ANTONÍN KUČERA

# DICTIONARY

# OF EXACT SCIENCE AND TECHNOLOGY

VOLUME II

GERMAN - ENGLISH

Second edition, completely revised and considerably enlarged

Including a paper by professor Gunter Neubert, Dresden:
A short comparative study of English and German word-formation principles
in science and technology

OSCAR BRANDSTETTER VERLAG · WIESBADEN

ANTONÍN KUČERA

# WÖRTERBUCH

# DER EXAKTEN NATURWISSENSCHAFTEN

# UND DER TECHNIK

## BAND II

DEUTSCH - ENGLISCH

Zweite, vollkommen überarbeitete und erheblich erweiterte Auflage

Mit einem Aufsatz von Prof. Gunter Neubert, Dresden:
Kurzgefaßte Gegenüberstellung der Fachwortbildung im
Englischen und Deutschen

OSCAR BRANDSTETTER VERLAG · WIESBADEN

Die Deutsche Bibliothek - CIP-Einheitsaufnahme

Ein Titeldatensatz für diese Publikation ist bei
der Deutschen Bibliothek erhältlich

In diesem Wörterbuch werden, wie in allgemeinen Nachschlagewerken üblich, etwa bestehende Patente, Gebrauchsmuster oder Warenzeichen nicht erwähnt. Wenn ein solcher Hinweis fehlt, heißt das also nicht, daß eine Ware oder ein Warenname frei ist.

In this dictionary, as in reference works in general, no mention is made of patents, trademark rights, or other proprietary rights which may attach to certain words or entries. The absence of such mention, however, in no way implies that the words or entries in question are exempt from such rights.

Dieses Werk ist urheberrechtlich geschützt. Die dadurch begründeten Rechte, insbesondere die der Übersetzung, des Nachdruckes, der Funksendung, der Wiedergabe auf fotomechanischem oder ähnlichem Wege und der Speicherung in Datenverarbeitungsanlagen bleiben, auch bei nur auszugsweiser Verwertung, vorbehalten.

All rights reserved. No part of this book may be translated, reproduced, stored in information retrieval systems, or transmitted, in any form or by any means - electronic, mechanical, photocopying, recording, or otherwise - without the prior written permission of the publishers.

2. Auflage 2002

Copyright © 1982, 2002 by
OSCAR BRANDSTETTER VERLAG GMBH & CO. KG, WIESBADEN

Datentechnische Verarbeitung: Acolada GmbH, Nürnberg
Druck: ELEKTRA Reprografischer Betrieb GmbH, Niedernhausen / Ts.
Buchbinderische Verarbeitung: Leipziger Großbuchbinderei Treuleben & Bischof GmbH

ISBN 3-87097-150-9

Printed in Germany

# Preface

While I am writing these lines, I am looking back on a period of 50 years as a lexicographer: it was exactly 50 years ago that I signed my first contract for the compilation of a specialized dictionary in Prague.

The second edition of my German-English Dictionary of Exact Science and Technology has grown out of the COMPACT dictionary series:
>English-German, 1st edition 1980,
German-English, 1st edition 1982,
English-German, 2nd edition 1989,
German-French, 1st edition 1991,
French-German, 1st edition 1996.

In 1985, a Japanese version of this dictionary was published under the title *Dictionary of Science and Technology*. Both the material collected for all my COMPACT dictionaries and my handwritten corrections served as a kind of lexicographic quarry during the compilation of the English-German and German-English *Dictionary of Chemistry* (1997), which has been well received by the specialist users. The French version of my *Dictionary of Chemistry* scheduled for publication in the summer of 2002 (co-author: Professor A. Clas, Montreal), will also benefit from this database.

The lexical material compiled for the English-German edition (1989) has been fully revised and updated. The number of entries has almost doubled, rising from 117,000 to about 220,000. The dictionary has thus outgrown its original "Compact" size which is why this word has been dropped from the title.

Work on the new edition was based on original material in the source and target languages (see the extensive bibliography for the German literature consulted). The hundreds of company brochures and instruction manuals, however, from which an enormous amount of lexical raw data has been extracted, have not been listed. The following two reference works have served as a basis for the systematic revision of this dictionary:

BROCKHAUS Enzyklopädie in 24 volumes, 20th edition (1996 to 1999), the technical and scientific entries of which I summarized in my review published in the *Mitteilungen für Dolmetscher und Übersetzer* (N° 3/2000) as follows: "Nowhere else have I ever found fundamental information being presented in such a compact, reliable, up-to-date and well-structured manner."

THE NEW OXFORD DICTIONARY OF ENGLISH (1998).

While preparing this dictionary, my overriding aim has been to disambiguate the different meanings of the term as much as possible by adding subject labels, concise definitions, usage notes and DIN standards, bearing in mind the scholastic principle: "Qui bene distinguit, bene docet."

Its compilation has taken a long time, and it is for this reason that I have not implemented the controversial German spelling reform that does not go down well with many people. My decision was also influenced by the fact that even the most recent specialist literature that I have consulted still follows the old spelling rules.

Dictionary work is drudgery. Although self-imposed, the work tends to become increasingly strenuous as time goes by, even unbearable at times. Holding out till the end requires continual encouragement by friends and acquaintances, not to mention their support. Therefore, I would like to thank in particular:

KARL-HEINZ TROJANUS (Saarbrücken), who checked meticulously the German and English texts of all entries, made corrections and suggested additions. His excellent specialized knowledge, coupled with his profound knowledge of the English language, has helped me to polish many entries and to eliminate errors and mistakes.

UDO AMM, reader at the Brandstetter publishing house. When I am sitting at my computer, time begins to fly by and before long I wonder what I have achieved. Mr. Amm has been so kind as to let me draw on his extensive computer knowledge for the benefit of this dictionary.

J. V. DRAZIL, a friend of mine, who lives in Little Chalfont near London: He wrote me many letters, often of several pages, with valuable information and suggestions which have influenced the final wording of many entries.

*My sincere gratitude goes out to these three experts.*

As I said at the beginning, I have been compiling dictionaries for translators for the past 50 years. Seeing the world through the eyes of a lexicographer has eventually put me in a singular frame of mind which was bravely endured by my wife, who has become a "dictionary widow", and my nearly 17-year-old son Marc-Anton, a "dictionary orphan" by now. I would therefore like to take this opportunity to thank both of them for the support they have given me. Being served food and drink by my wife while I was toiling along were moments of great happiness. After all, the just reward for dictionary-making will only be allotted in heaven.

D-65232 Taunusstein-Hahn  Antonín Kučera
December 2001

# Vorwort

Während ich diese Zeilen niederschreibe, blicke ich auf eine Zeitspanne von 50 Jahren zurück: genau vor 50 Jahren habe ich in Prag meinen ersten Fachwörterbuchvertrag unterschrieben.

Diese zweite Auflage des deutsch-englischen Wörterbuchs geht aus der COMPACT-Serie hervor:

    Englisch-Deutsch, 1. Auflage 1980
    Deutsch-Englisch, 1. Auflage 1982
    Englisch-Deutsch, 2. Auflage 1989
    Deutsch-Französisch, 1. Auflage 1991
    Französisch-Deutsch, 1. Auflage 1996

Als DICTIONARY OF SCIENCE AND TECHNOLOGY erschien 1985 auch eine Version auf Japanisch. Dem vom Fachpublikum gut aufgenommenen WÖRTERBUCH DER CHEMIE E-D und D-E (1997) dienten die Materialien und handschriftlichen Korrekturen zu allen meinen COMPACT-Wörterbüchern als eine Art lexikalischer Steinbruch – so wird es auch mit der französischen Version dieses chemischen Wörterbuchs sein, die Mitte 2002 erscheinen dürfte (Mitverfasser Professor André Clas, Montréal).

Das lexikalische Material der zweiten Auflage des englisch-deutschen Bandes (1989) wurde Wort für Wort überprüft und modernisiert. Die Anzahl der Einträge wurde von 117.000 auf etwa 220.000 erhöht und somit fast verdoppelt. Das Wörterbuch ist damit über den ursprünglich mit „Compact" bezeichneten Umfang hinausgewachsen, weshalb das Wort im neuen Titel weggelassen wurde.

Die Neubearbeitung stützt sich auf Quellen in der Ausgangs- und Zielsprache (für die deutschen siehe den ausführlichen Literaturnachweis). Nicht erwähnt werden dabei Hunderte von Firmenprospekten und Bedienungsanleitungen, deren Auswertung mir sehr viel Rohmaterial geliefert hat. Ganz grundlegend für die systematische Neubearbeitung waren folgende Werke:

BROCKHAUS Enzyklopädie in 24 Bänden, 20. Auflage (1996-1999), über deren technische und naturwissenschaftliche Partien ich in meiner Besprechung in den *Mitteilungen für Dolmetscher und Übersetzer* 3/2000 geschrieben habe: „Bisher habe ich nirgendwo so kompakte, verläßliche, moderne und dabei gut gegliederte Grundinformation gefunden", und

THE NEW OXFORD DICTIONARY OF ENGLISH (1998).

Bei allen meinen Arbeiten an diesem Werk ging es mir darum, die Eintragungen weitestgehend durch Fachzuordnungen, Definitionen, pragmatische Hinweise und DIN-Zuordnungen nach dem alten scholastischen Denkspruch »qui bene distinguit, bene docet« zu disambiguieren.

Die Arbeit an diesem Wörterbuch hat sich in die Länge gezogen – deshalb konnte ich mich der umstrittenen und ungeliebten Rechtschreibreform der deutschen Sprache nicht anschließen. Übrigens, auch die Schreibweise in den von mir benutzten Fachpublikationen bleibt nach wie vor beim alten.

Wörterbucharbeit ist Fronarbeit. Auch wenn sie frei gewählt ist, wird sie mit der Zeit immer anstrengender, zuweilen sogar unerträglich. Um durchzuhalten, bedarf es immer wieder der Aufmunterung und Unterstützung durch Freunde und Bekannte. Es waren dies folgende Herren:

KARL-HEINZ TROJANUS (Saarbrücken), der das gesamte Wortgut in beiden Sprachen genauestens überprüft, korrigiert und ergänzt hat. Seine hervorragenden Fach- und Sprachkenntnisse haben mir geholfen, viele Unebenheiten abzuschleifen und Irrtümer bzw. Versehen zu beseitigen.

UDO AMM, Lektor des Hauses Brandstetter. Wenn ich nämlich am Computer sitze, läuft nur der Chronos, der Kairos kommt nicht. Herr Amm hat freundlicherweise seine umfangreichen EDV-Kenntnisse in den Dienst dieses Werkes gestellt.

JAROMÍR VÁCLAV DRAZIL, mein Landsmann, der jetzt in Little Chalfont bei London lebt, hat mir seitenlange Briefe mit wertvollen Materialien und Anregungen zukommen lassen, welche die Darstellung vieler Eintragungen beeinflußt haben.

*Diesen drei Fachleuten gebührt mein herzlichster Dank.*

Wie erwähnt, mache ich seit 50 Jahren Fachwörterbücher für Übersetzer. Dies ist inzwischen eine anerzogene Art der geistigen Abnormität geworden, die von meiner Frau als „Wörterbuchwitwe" und meinem bald 17-jährigen Sohn Marc-Anton als „Wörterbuchwaisen" tapfer ertragen wurde. Ich bedanke mich an dieser Stelle dafür, daß sie beide trotzdem zu mir halten. Meine Frau hat mir dabei sogar das Essen und Trinken gereicht, was immer das Höchste war, was sich ein Fröner wünschen konnte. Denn bezahlt wird – wie bei allen Wörterbüchern – erst im Himmel.

D-65232 Taunusstein-Hahn  Antonín Kučera
Dezember 2001

## Layout of the dictionary

The presentation of lexicographic data follows the layout adopted for all my COMPACT dictionaries. British English spelling is given preference. Part-of-speech labels are provided for all German entries and their English translations. In addition, irregular morphological structures are indicated where applicable.

For practical reasons, I decided to enter a number of German multiword com-pounds beginning with an adjective under their individual elements. This approach is usually limited to two-word compounds, three-word compounds being the exception. *Kaustische Soda*, for example, therefore appears under both K and S. Decisions for multiple inclusion were subjective rather than systematic. Whenever I felt, based on personal experience, that the user might consider both words to be suitable candidates for inclusion, I included both. When in doubt, only one entry was made in order not to increase the size of the dictionary unduly.

An asterisk following an English translation refers the user to a definition of the term in the *LAROUSSE Dictionary of Science and Technology* (1995 edition, Edinburgh, now CHAMBERS Dictionary of Science and Technology).

## Bemerkungen zum Aufbau des Wörterbuchs

Die lexikografische Darstellung folgt der Darstellung in allen meinen COMPACT-Wörterbüchern. Die im britischen Englisch übliche Schreibweise wurde vorgezogen. Die Wortklassen sind in den beiden Sprachen ausgezeichnet, ebenso die punktuellen Unregelmäßigkeiten in der Morphologie.

Bei einigen Mehrworttermini in der Ausgangssprache, die mit einem Eigenschaftswort anfangen, habe ich mich aus pragmatischen Gründen entschieden, beide (ausnahmsweise sogar drei) Glieder der Benennung als Träger der alphabetischen Ordnung erscheinen zu lassen: *kaustische Soda* erscheint also unter K und S. Diese Entscheidung traf ich subjektiv dort, wo ich das empirisch untermauerte Gefühl hatte, der Benutzer könnte an beiden Stellen die benötigte Information suchen. In Zweifelsfällen handelte ich restriktiv, um das Wörterbuch nicht aufzublähen.

Ein Stern * kennzeichnet englische Entsprechungen, zu denen Definitionen in „LAROUSSE Dictionary of Science and Technology" (Ausgabe 1995, Edinburgh, jetzt „CHAMBERS Dictionary of Science and Technology") zu finden sind.

# LITERATURNACHWEIS
(nach aufsteigenden Erscheinungsjahren)

### Allgemein

DER GROSSE HEIMWERKER, Wiesbaden 1976
H.E. Wiegand – A. Kučera Brockhaus-Wahrig: Deutsches Wörterbuch auf dem Prüfstand der praktischen Lexikologie / 1. Teil in: Kopenhagener Beiträge zur Germanistischen Linguistik 18, Kopenhagen 1981, 2. Teil in: Germanistische Linguistik 3–6/80. Hildesheim-New York 1982
J. V. Drazil Quantities and Units of Measurement, A Dictionary and Handbook. London-Wiesbaden 1983
LEXIKON TECHNOLOGIE Metallverarbeitende Industrie. Haan 1989
H. F. Ebel – C. Bliefert Schreiben und Publizieren in den Naturwissenschaften, 4. Auflage. Weinheim 1998
M. Klein Einführung in die DIN-Normen, 11. Auflage. Stuttgart 1993
EINHEITEN UND BEGRIFFE FÜR PHYSIKALISCHE GRÖSSEN, DIN-Taschenbuch 22, 8. Auflage. Berlin-Wien-Zürich 1999
A. Böge Das Techniker Handbuch, 16. Auflage. Wiesbaden 2000
DUDEN Das Große Fremdwörterbuch, Herkunft und Bedeutung der Fremdwörter, 2. Auflage 2000. Mannheim-Leipzig
LEXICOGRAPHICA Internationales Jahrbuch für Lexikographie, Band 1–16. Tübingen 1985–2000
*Versandkatalog der Firma Quelle 2000*

### Anstrichtechnik und Oberflächenbehandlung

K. Sponsel – W.O. Wallenfang – I. Waldau Lexikon der Anstrichtechnik, 2 Bände, 5. Auflage. München 1978
RÖMPP Lexikon LACKE UND DRUCKFARBEN. Stuttgart – New York 1998

### Bauwesen und Architektur

H. Koepf Bildwörterbuch der Architektur, 2. Auflage. Stuttgart 1974
F. Eckmann Grundbau, 5. Auflage. Berlin 1977
F. W. Kühlmann Bauklempnerarbeiten, 3. Auflage. Berlin 1977
R. Ahnert Maurerarbeiten. Berlin 1977
W. Scholz – H. Knoblauch et alii: Baustoffkenntnis, 10. Auflage. Düsseldorf 1984
J. Böddecker Die deutsche Schloß- und Beschlagindustrie, 10. Ausgabe. Mannheim 1985
H. Wilcke Stuck- und Gipsarbeiten, 7. Auflage. Berlin 1985
V. N. Pevsner – H. Honour – J. Fleming Lexikon der Weltarchitektur, 2. Auflage. München 1987
BETON Lexikon. Düsseldorf 1990
Lexikon BAUINGENIEURWESEN, Hrsg. H. G. Olshausen. Düsseldorf 1991
VOB-92 Gesamtausgabe 1992. Berlin-Wien-Zürich
H. Decker – K. Weber Ratgeber für den Tiefbau, 5. Auflage. Düsseldorf 1998
G. Peters – K. Weber Ratgeber für den Hochbau, 12. Auflage. Düsseldorf 1998
R. Wormuth – K.-J. Schneider Baulexikon. Berlin 2000
N. Peter Lexikon der Bautechnik. Heidelberg 2001

### Bergbau

DAS KLEINE BERGBAULEXIKON, 8. Auflage. Essen 1998

### Bierbrauerei

L. Narziss Abriß der Bierbrauerei, 6. Auflage. Stuttgart 1994

### Biochemie und Biotechnologie

BROCKHAUS ABC Biochemie. Leipzig 1981
RÖMPP Lexikon BIOTECHNOLOGIE. Stuttgart-New York 1992

### Chemie

Chemisch-technisches Lexikon, Hrsg. D. Osteroth. Berlin-Heidelberg-New York 1979
B. Philipp – P. Stevens Grundzüge der industriellen Chemie. Weinheim 1987
E. Henglein LEXIKON Chemische Technik. Weinheim 1988
H. Beyer – W. Walter Lehrbuch der organischen Chemie, 21. Auflage. Stuttgart 1988
M. Hesse – H. Meier – B. Zeeh Spektroskopische Methoden in der organischen Chemie, 5. Auflage. Stuttgart-New York 1995
UNTERSUCHUNGSMETHODEN IN DER CHEMIE, Hrsg. H. Naumer und W. Heller, 3. Auflage. Stuttgart-New York 1997
RÖMPP Lexikon NATURSTOFFE. Stuttgart – New York 1997
E. Lindner – J. Hoinkis Chemie für Ingenieure, 11. Auflage. Weinheim 1997

RÖMPP Lexikon CHEMIE, 10. Auflage. Stuttgart – New York 1996–1999
K. P. C. Vollhardt – N. E. Schore Organische Chemie, 3. Auflage. Weinheim 2000

### Datenverarbeitung

G. Köthe – H. Sternberg CAD Lexikon. Haan 1990
M. Havlíček – E. Baďura Englisch für PC-Anwender. Wiesbaden 1997
K.-H. Brinkmann – H. F. Blaha Wörterbuch der Daten- und Kommunikationstechnik, Deutsch-Englisch, Englisch-Deutsch, 5. Auflage. Wiesbaden 1997
H.-J. Schneider Lexikon Informatik und Datenverarbeitung, 4. Auflage. München 1998
O. Rosenbaum PC/EDV-Lexikon. Berlin-Offenbach 2000
H. Ernst Grundlagen und Konzepte der Informatik, 2. Auflage. Wiesbaden 2000
N. Klussmann Lexikon der Kommunikations- und Informationstechnik, 3. Auflage. Heidelberg 2001

### Elektrotechnik und Elektronik

A. Warner – K.-L. Orth Lexikon der Elektrotechnik. VDE-Schriftenreihe 40. Berlin-Offenbach 1984
S. B. Rentzsch Begriffe der Elektronik, 2. Auflage. München 1985
P. Dietrich – W. Endres Lexikon der Nachrichtentechnik. VDE-Schriftenreihe 41. Berlin-Offenbach 1986
LEXIKON DER SENSORTECHNIK, Hrsg. E. Schoppnies. Berlin-Offenbach 1992
A. Möschwitzer Halbleiterelektronik. Ein Wissensspeicher. Weinheim 1993
J. Wanke – M. Havlíček Englisch für Elektrotechniker und Elektroniker, 4. Auflage. Wiesbaden 1993
R. Busch Elektrotechnik und Elektronik. Stuttgart-Leipzig 1994
D. Zastrow Elektronik, 5. Auflage. Wiesbaden 1999
R. Pregla Grundlagen der Elektrotechnik. Heidelberg 2001

### Energietechnik

VDI-Lexikon ENERGIETECHNIK, Hrsg. H. Schaefer. Düsseldorf 1994

### Erdöl

K. Kramer Erdöl-Lexikon, 5. Auflage. Heidelberg 1972

### Film und Video

VIDEO von „A bis Z", Wörterbuch und Lexikon Film & Video Englisch-Deutsch und Deutsch-Englisch. Köln 1990
W. Schild – T. Pehle Videofilmen wie ein Profi. Niedernhausen 1991

### Forstwirtschaft und Holz

Lueger Lexikon der Fertigungstechnik und Arbeitsmaschinen, Band 8 und 9. Stuttgart 1963
LEXIKON DER HOLZTECHNIK, 4. Auflage. Leipzig 1990
I. Vicena Wörterbuch der Holzindustrie und Forstwirtschaft, Deutsch-Tschechisch und T-D. Plzeň 1999
Zander Handwörterbuch der Pflanzennamen, 16. Auflage. Stuttgart 2000

### Fotografie

T. Kisselbach – H. Windisch Neue Foto-Schule. München 1977
H. Schöttle DuMont's Lexikon der Fotografie. Köln 1978
A. Feininger Feiningers große Fotolehre. Düsseldorf-Wien 1979

### Geologie

H. Murawski Geologisches Wörterbuch, 9. Auflage. Stuttgart 1992
M. Mattauer Strukturgeologie. Stuttgart 1993
F. Press – R. Siever Allgemeine Geologie. Heidelberg-Berlin-Oxford 1995

### Glas

W. Schnauck Glaslexikon. Ein Handbuch für Handwerk, Handel und Industrie. München 1959
K. Herkommer Verglasungsarbeiten, 5. Auflage. Berlin 1986
ABC Glas, 2. Auflage. Leipzig 1991

## Hütten- und Gießereitechnik

LUEGER Lexikon der Fertigungstechnik und Arbeitsmaschinen, Band 8 und 9. Stuttgart 1963
Metallurgie und Gießereitechnik, Deutsch-Englisch, Hrsg. K. STÖLZEL. Wiesbaden 1987
Elektroofentechnik in der Metallurgie. Weinheim 1988
K. TAUBE Stahlerzeugung kompakt. Wiesbaden 1998

## Keramik

H. HEUSCHKEL – K. MUCHE ABC Keramik. Leipzig 1977
B. PFANNKUCHE – J. BAUER Wörterbuch Keramik und Erden, Englisch-Deutsch und Deutsch-Englisch. Weinheim 1993
TECHNISCHE KERAMIK. Aufbau, Eigenschaften, Herstellung. Düsseldorf 1994

## Kraftfahrzeuge

P. A. SCHMITT Fachwörterbuch der Kfz-Technik, Deutsch-Englisch. Stuttgart-Dresden 1992
B. PIERBURG Gleichlaufgelenkwellen für Personenkraftfahrzeuge. Landsberg/Lech 1998
R. BOSCH GmbH Kraftfahrtechnisches Taschenbuch, 23. Auflage. Wiesbaden 1999
Prospekte der Firmen OPEL und MAZDA

## Künstliche Intelligenz

H. HELBIG Künstliche Intelligenz und automatische Wissensverarbeitung. Berlin 1991
O. VOLLNHALS A Multilingual Dictionary of Artificial Intelligence, English, German, French, Spanish, Italian. London-New York 1992
U. MENZEL – J. LÖSCHNER Künstliche Intelligenz. Düsseldorf 1993

## Kunststoffe

KUNSTSTOFF LEXIKON, Hrsg. K. STOECKHERT und W. WOEBCKEN, 9. Auflage. München 1998
G. MENGES Werkstoffkunde Kunststoffe, 5. Auflage. München 2000

## Lederverarbeitende Industrie

INTERNATIONAL GLOSSARY OF LEATHER TERMS, 2nd Edition. London 1975
Werkstoffe und Werkstoffprüfung für die lederverarbeitende Industrie, 4. Auflage. Leipzig 1976
K. PAULIGK – R. HAGEN Lederherstellung, 2. Auflage. Leipzig 1983

## Luftfahrt

transpress Lexikon LUFTFAHRT, 4. Auflage. Berlin 1979

## Maschinenbau

Internationale Gewindeübersicht. Berlin-Köln 1983
C.I.R.P. Wörterbuch der Fertigungstechnik, 9 Bände. Essen 1962–1984
DUBBEL Taschenbuch für den Maschinenbau, 17. Auflage. Berlin-Heidelberg-New York 1990
Mechanische Verbindungselemente 5, Grundnormen, DIN Taschenbuch 193, 2. Auflage. Berlin-Köln 1991
Lexikon MASCHINENBAU, Hrsg. M. HIERSIG. Düsseldorf 1994

## Mathematik und Statistik

I. N. BRONSTEIN – K. A. SEMENDJAJEW Taschenbuch der Mathematik, 25. Auflage. Leipzig 1991
H.G. ZACHMANN Mathematik für Chemiker, 5. Auflage. Weinheim 1994
U. BEHRENDS Überall Zufall. Mannheim-Leipzig 1994
K. FRITZSCHE Mathematik für Einsteiger. Heidelberg-Berlin-Oxford 1995
J. ERVEN – D. SCHWÄGERL Mathematik für Ingenieure. München 1999

## Medizin und Pharmazie

ROCHE Lexikon Medizin, 3. Auflage. München-Wien-Baltimore 1993

## Meßtechnik

P. PROFOS – H. DOMEISEN Lexikon und Wörterbuch der industriellen Meßtechnik, Wörterbuchteil Englisch-Deutsch, 3. Auflage. München-Wien 1993
W.-J. BECKER – W. BONFIG – K. HÖING Handbuch Elektrische Meßtechnik, 2. Auflage. Heidelberg 2000

## Meteorologie

Meyers Kleines Lexikon METEOROLOGIE. Mannheim-Wien-Zürich 1987

## Mineralogie und Kristallografie

H. Lüscher Die Namen der Steine. Das Mineralreich im Spiegel der Sprache. Thun und München 1968
G. Els Handlexikon Schmucksteine, Edelmetalle, Perlen. Frankfurt/Main 1978
KLOCKMANNs Lehrbuch der Mineralogie. Hrsg. P. Ramdohr und H. Strunz, 16. Auflage. Stuttgart 1978
M. Dietrich Grauspießglanz, Coelestin, Goethit – Mineralien und ihre Namen (in: Muttersprache 1978, 4)

## Nahrungsmittelindustrie

LEBENSMITTELLEXIKON, 2. Auflage. Leipzig 1981
E. Lück Viersprachiges Wörterbuch der Lebensmitteltechnologie, Englisch, Deutsch, Spanisch, Französisch. Hamburg 1992
LEXIKON LEBENSMITTELZUSATZSTOFFE, Hrsg. E. Lück. Hamburg 1992
RÖMPP Lexikon LEBENSMITTELCHEMIE. Stuttgart-New York 1995

## Papier

DIN 6730

## Physik

F. K. Kneubühl Repetitorium der Physik, 5. Auflage. Stuttgart-Leipzig 1994
E. Hering – R. Martin – M. Stohrer Physik für Ingenieure, 5. Auflage. Düsseldorf 1995
A. Kühhorn – G. Silber Technische Mechanik für Ingenieure. Heidelberg 2000

## Schiffbau und Schiffahrt

W. Claviez Seemännisches Wörterbuch. Bielefeld-Berlin 1973
transpress Lexikon SEEFAHRT, 5. Auflage. Berlin 1988

## Schweißen

G. Schulze – H. Krafka – P. Neumann Schweißtechnik. Düsseldorf 1992

## Textilindustrie

J. Lösch Fachwörterbuch Textil. Lexikon für die gesamte Textilindustrie. Frankfurt/Main 1975
A. Hofer Textil- und Mode-Lexikon, 4. Auflage. Frankfurt/Main 1979
Kleines Textilwaren-Lexikon. Leipzig 1985
P. Hohenadel – J. Relton Textil-Wörterbuch Deutsch-Englisch, 2. Auflage. Wiesbaden 1996

## Umweltschutz

H. Fey Wörterbuch der Schädlingsbekämpfung. Stuttgart 1983
RÖMPP Lexikon UMWELT, 2. Auflage. Stuttgart – New York 2000

## Wasserwirtschaft

H. Baumann – U. Schendel – G. Mann Wasserwirtschaft in Stichworten, Wasserhaushalt und seine Regelung. Kiel 1974
VKW Handbuch Wasser, 5. Auflage. Essen 1979
Lexikon der Abwassertechnik, 4. Auflage. Essen 1990

## Werkstofftechnik

VDI-Lexikon WERKSTOFFTECHNIK. Hrsg. H. Gräfen. Düsseldorf 1991
H.-J. Bargel u. a. Werkstoffkunde, 6. Auflage. Düsseldorf 1994
W. Weissbach Werkstoffkunde und Werkstoffprüfung, 13. Auflage. Wiesbaden 2000

## Zimmerei

W. Mönck u. a. Zimmerarbeiten, 5. Auflage. Berlin 1986

## LISTE DER VERWENDETEN ABKÜRZUNGEN
## ABBREVIATIONS USED IN THIS DICTIONARY

| | | |
|---|---|---|
| *A* | Österreich | Austria |
| *adj* | Adjektiv | Adjective |
| *adv* | Adverb | Adverb |
| *attr* | attributiver Gebrauch | Attributive |
| d. h. | das heißt | That is, i. e. |
| *f* | Femininum | Feminine noun |
| *GB* | britisches Englisch | British usage |
| i. e. | das heißt, d. h. | That is |
| *m* | Maskulinum | Masculine noun |
| *n* | (Deutsch:) Neutrum | (German:) Neuter noun |
| | (Englisch:) Substantiv | (English:) Noun |
| *pl* | Plural | Plural |
| *s* | siehe | See |
| *S* | Schweiz | Switzerland |
| *US* | amerikanisches Englisch | American usage |
| *v* | Verb | Verb |
| *vi* | intransitives Verb | Intransitive verb |
| *vt* | transitives Verb | Transitive verb |
| ~ | großer Anfangsbuchstabe | Capital letter |

# FACHGEBIETSZUORDNUNGEN
# SUBJECTS AND ABBREVIATIONS

| | | | |
|---|---|---|---|
| *Akus* | Akustik | *Masch* | Maschinenbau, allgemeine Technik |
| *Anstr* | Anstrichtechnik | | |
| *Arch* | Architektur | *Math* | Mathematik |
| *Astr* | Astronomie | *Mech* | Mechanik |
| *Aufber* | Aufbereitung | *Med* | Medizin |
| *Bahn* | Eisenbahntechnik | *Meteor* | Meteorologie |
| *Bakteriol* | Bakteriologie | *Mikros* | Mikroskopie |
| *Bau* | Wohnungsbau | *Mil* | Wehrtechnik |
| *Bergb* | Bergbau | *Min* | Mineralogie |
| *Biochem* | Biochemie | *Nahr* | Nahrungsmittelindustrie |
| *Biol* | Biologie | *Nav* | Navigation |
| *Bot* | Botanik | *Nukl* | Kerntechnik |
| *Brau* | Brauerei | *Opt* | Optik |
| *Buchb* | Buchbinderei | *Ozean* | Ozeanografie |
| *Chem* | Chemie | *Pap* | Papierindustrie |
| *Chem Verf* | chemische Verfahrenstechnik | *Pharm* | Pharmakologie |
| *Druck* | Druckindustrie | *Phys* | Physik |
| *EDV* | Datentechnik | *Physiol* | Physiologie |
| *Elektr* | Elektrizitätslehre | *Plasma Phys* | Plasmaphysik |
| *Eltech* | Elektrotechnik | *Plast* | Kunststoffe |
| *Eltronik* | Elektronik | *Psychol* | Psychologie |
| *Erdöl* | Erdölindustrie | *Pulv* | Pulvermetallurgie |
| *Fernm* | Fernmeldetechnik | *Radar* | Radartechnik |
| *Fernsp* | Fernsprechen | *Radio* | Funktechnik |
| *Film* | Film und Filmtechnik | *Radiol* | radiologische Technik |
| *For* | Forst- und Holzwirtschaft | *Raumf* | Raumfahrt |
| *F. Org* | Arbeitswissenschaft | *Regeln* | Regeln und Steuern |
| *Foto* | Fotografie | *Sanitär* | Sanitärtechnik |
| *Galv* | Oberflächenbehandlung | *Schiff* | Schiffbau und Schiffahrt |
| *Gen* | Genetik | | |
| *Geog* | Geografie | *Schw* | Schweißtechnik |
| *Geol* | Geologie | *Spektr* | Spektroskopie |
| *Geophys* | Geophysik | *Spinn* | Spinnerei |
| *Gieß* | Gießerei | *Stats* | Statistik |
| *Glas* | Glasindustrie | *Teleg* | Telegrafie |
| *HuT* | Hoch- und Tiefbau | *Tex* | Textilindustrie |
| *Hütt* | Hüttenwesen | *Tischl* | Tischlerei |
| *Hyd* | Hydraulik | *TV* | Fernsehen |
| *Instr* | Geräte | *Typog* | Schriftsatz |
| *Kab* | Kabeltechnik | *Uhr* | Uhren |
| *Kart* | Kartografie | *Umwelt* | Umweltschutz |
| *Keram* | Keramik | *Vakuumt* | Vakuumphysik und -technik |
| *Kernphys* | Kernphysik | | |
| *Kftst* | Kraftstoffe | *Verm* | Geodäsie |
| *Kfz* | Kraftfahrzeugtechnik | *V-Mot* | Verbrennungsmotoren |
| *KI* | Künstliche Intelligenz | *Wärm* | Heizung und Lüftung |
| *Klemp* | Klempner- und Rohrlegearbeiten | *Wasserb* | Wasserbau und -wirtschaft |
| *Krist* | Kristallografie | *Web* | Weberei |
| *Landw* | Landmaschinen und -geräte | *Werkz* | Werkzeuge |
| *Leder* | lederverarbeitende Industrie | *WP* | Werkstoffe und Werkstoffprüfung |
| *Licht* | Lichttechnik | *Zimm* | Zimmerarbeiten |
| *Luftf* | Luftfahrt | *Zool* | Zoologie |
| *Mag* | Magnetik | *Zyt* | Zytologie |

# A

**a** (Landw, Verm) / are* n
**α, α-Dichlor-toluol** n (Chem) / benzal chloride*, benzylidene chloride*
**a. m. K.** (Nahr) / gutted with head (fish)
**A** (DIN 1301, T 1) (Elektr) / ampere* n
**A** (Phys) / Helmholtz function, free energy*, Helmholtz free energy, work function (thermodynamic), Helmholtz potential
**a-Ader** f (Fernsp) / A-wire* n
**AAE** (EDV) / automatic calling unit (ACU)
**aa-Lava** f (Geol) / aa* n (basaltic lava forming very rough, jagged masses with a light frothy texture), aa lava
**α-Amylase** f (des Speichels) (Chem) / ptyalin* n, salivary amylase
**α-Anomalie** f (der Übergang eines Polymers von einem viskosen oder elastischen in einen spröden, glasartigen Zustand) (Chem Verf) / vitrification n, glass transition
**AAR** (Biochem) / antigen-antibody reaction
**aaRdT** / generally accepted technical conventions
**AAS** (DIN 51401, T 1) (Spektr) / atomic absorption spectroscopy, atomic absorption spectrometry
**aasen** v (Leder) / flesh v
**Aasseite** f (dem Körper zugewandte Seite der Haut) (Leder) / flesh side, flesh n
**ab Kai** (eine Liefervereinbarung) / ex quay || **~ Lager** (vorrätig) / off-the-shelf attr || **~ Lager** (eine Liefervereinbarung) / ex warehouse, from stock || **~ Modelljahr 2002** / starting with model year 2002 || **~ Schiff** (eine Liefervereinbarung) (Schiff) / ex ship, EXS || **~ Werk** (eine Liefervereinbarung) / ex factory, ex mill (e.g., paper-mill, saw-mill), ex works, EXW || **~ Werk** (Lieferung des Flugzeugs) (Luftf) / fly-away factory, FAF
**Ab-** (Vorsatz für die Einheiten im elektromagnetischen CGS-System) / ab- (an old prefix denoting a CGS unit in the USA)*
**AB** (eine Betriebsart) (Eltech) / periodic duty, intermittent duty*
**ABA** (Biochem) / abscisic acid*, abscisin n, ABA*
**abaasen** v (Leder) / flesh v
**Abacá** m (Bot, Tex) / abaca n, Manila hemp, Davao hemp, manila* n
**Abachi** n (hellgelbes, leichtes Holz des Sterkuliengewächses Triplochiton scleroxylon K. Schum. aus dem Äquatorialwald W-Afrikas) (For) / obeche* n, awara* n, African whitewood*, arere n
**Abaka** m (Spinnfaser der Faserbanane) (Bot, Tex) / abaca n, Manila hemp, Davao hemp, manila* n || **~faser** f (eine Hartfaser) (Bot, Tex) / abaca n, Manila hemp, Davao hemp, manila* n
**Abakus** m (pl. Abakus) (Arch) / abacus* n (pl. abacuses or abaci)
**Abalé** n (For) / essia n, stinkwood tree
**Abalyn** n (Warenzeichen für einen Harzester - als Lackrohstoff benutzt) (Chem) / Abalyn n
**abändern** v / alter v, modify v, change v
**Abänderungspatent** n / reissue patent
**Abandon** m (Schiff) / abandonment* n
**abandonnieren** v (Schiff) / abandon v
**abarbeiten** v (EDV) / service v (e.g. an interrupt, routine) || **~** (Flotte) (Leder, Tex) / exhaust v, spend v
**Abarbeitung** f (der Flotte) (Leder) / exhaustion n, spending n
**Abarbeitungsfolge** f (F.Org) / sequence of operations, operations sequence, operating sequence, routing n
**abarisch** adj (Astr, Phys) / abaric adj, agravic adj
**Abart** f (Spielart) (Biol) / variety* n, variation* n
**abäsen** v (Landw) / browse v || **~ n** (Landw) / browsing n
**abästen** v (gefällte Bäume) (For) / trim v, limb v, delimb v, lop v, lop off v, disbranch v
**A-Batterie** f (Radio) / stope* n || **~** (von /Kohle/Halden) (Bergb) / A-battery* n, heater battery (GB), low-tension battery (L.T.B.)
**abätzen** v / etch away v, remove by etching
**abaxial** adj (Opt) / abaxial* adj
**abbalgen** v (Hase, Kaninchen, Murmeltier und Haarraubwild) (Leder) / skin v
**Abbänken** n (Bergb) / slabbing n
**Abbau** m (von Handels- und Zollschranken bzw. -beschränkungen) / lifting n || **~** (von Bodenschätzen) (Bergb) / winning n, mining n, extraction n || **~** (Stelle der Erzgewinnung und der Verladung) (Bergb) / stope* n || **~** (von /Kohle/Halden) (Bergb) / reclaiming n || **~** (bei komplizierten Verbindungen) (Chem) / degradation n, disintegration n, breakdown n, decomposition* n || **~** (Chem) / lysis* n (pl. lyses) || **~** (der Gelstruktur des Kautschuks) (Chem) / breakdown n || **~** (von Dekorationen) (Film) / striking n || **~** (For) /

decay n || **~** (von Personalbeständen, von Überstunden) (F.Org) / cutback n, reduction n || **~** (der Lagerbestände) (F.Org) / reduction n || **~** (des Feldes) (Phys) / decomposition n || **~** (des Druckes) (Phys) / suppression n || **aerober** (biologischer) **~** (Sanitär) / aerobic digestion || **anaerober** (biologischer) **~** (Sanitär) / anaerobic digestion || **bakterieller ~** (Bakteriol, Umwelt) / bacterial degradation || **bankebener ~** (parallel zur Schichtfläche von Gesteinen oder Flözen) (Bergb) / face-on n || **bankrechter ~** (rechtwinklig zum Hangenden oder Liegenden) (Bergb) / end-on n || **belegter ~** (Bergb) / manned face || **biologischer ~** (Chem, Umwelt) / biodegradation* n, biological degradation || **fotochemischer ~** (Chem, Tex) / photodegradation n || **Hofmannscher ~** (quartärer Ammoniumhydroxide - nach A.W.v. Hofmann, 1818-1892) (Chem) / Hofmann degradation* || **langfrontartiger ~** (Bergb) / longwall working*, longwall system, longwalling n, longwork n || **säurekatalysierter ~** (bei der Stärkegewinnung) (Chem Verf) / acid-catalysed degradation || **selektiver ~** (Bergb) / selective mining || **selektiver ~ mit Stoßnachreißen** (Bergb) / resuing n || **unsystematischer ~** (Bergb) / gophering n, coyoting n, overmining n || **zyklischer ~** (Bergb) / cyclic mining, conventional mining || **~ m der Rüstung** (des Gerüsts) (Bau, HuT) / striking* n, taking down || **~ durch Säure** (Chem) / acid degradation || **~ im Bohrverfahren** (Bergb) / auger mining || **~ im Tagebau** (Bergb) / open-pit mining, open-cut mining, opencast mining* || **~ mit festem Schichtzyklus** (Bergb) / cyclic mining, conventional mining || **~ von bloßgelegtem Ausbiß** (Bergb) / strip mining || **~ von Nietkonstruktionen** (Bau) / unbuttoning n || **~ von Polen** (Eltronik) / removal of poles
**abbaubar** adj (Bergb) / exploitable adj || **~** (Chem, Umwelt) / degradable adj || **biologisch ~** (Waschmittel) (Chem, Umwelt) / biodegradable adj, soft adj || **~** (Chem) / photodegradable adj
**Abbaubarkeit, leichte** (gute) **biologische** (Umwelt) / ready biodegradability || **prinzipiell vorhandene** (mögliche) **biologische ~** (Umwelt) / inherent biodegradability
**Abbau • beleuchtung** f (Bergb) / face lighting || **~betrieb** m (Bergb) / working n || **~block** m (im Erzbergbau) (Bergb) / ore block || **~block** (Bergb) / block* n || **~breite** f **eines Erzgangs** (aus der Bemusterung festgelegt) (Bergb) / milling width*
**abbauen** v (Bergb) / get* v || **~** (von /Kohle/Halden) (Bergb) / reclaim v || **~** vt (Chem) / lyse* vt || **~** v (sich) (z.B. ein elektrisches Feld) (Elektr) / die away v || **~** (Dekorationen) (Film) / strike v || **~** (Lagerbestände) (F.Org) / run down v || **~** (Spannungen im Werkstück) (WP) / relieve v || **biologisch ~** (Chem, Umwelt) / biodegrade v || **Gerüst oder Rüstung ~** (Bau, HuT) / strike v, take down v || **völlig ~** (Bergb) / mine out v, work out v
**abbaufähig** adj (Bergb) / workable adj, minable adj, payable adj || **~e Vorräte** (Bergb) / reserves* pl
**Abbau • feld** n (Bergb) / district* n || **unverritztes ~feld** (Bergb) / maiden field || **~förderung** f (Bergb) / face conveying, face haulage || **~fortschritt** m (in Metern) / face advance rate || **~front** f (Kohlenstoß im Streb, an dem die Gewinnung der Kohle erfolgt) (Bergb) / face n || **mit senkrecht zu den Schlechten gestellter ~front** (Abbau) (Bergb) / end-on* attr || **stempelfreie ~front** (Bergb) / prop-free front || **~führung** f (Lage und Bewegung des Abbauraums in der Lagerstätte) (Bergb) / mining system || **~geschwindigkeit** f (Abbaufortschritt je Zeiteinheit) (Bergb) / speed of advance || **~geschwindigkeit** (Bergb) s. auch Abbaufortschritt || **~hammer** m (Bergb) / pneumatic drill*, pneumatic pick || **~hohlraum** m (in der Erzgrube) (Bergb) / stope* n, stoped-out workings || **~kammer** f (im Strossenbau) (Bergb) / underhand stope* || **~kratzer** m (für Zement, Kalk, Gips) (Bergb) / reclaiming scraper, reclaimer n || **~maschine** f (Bergb) / winning machine, miner n, getter n, mining machine
**abbäumen** v (festgemachtes Schiff oder festgemachten Schwimmkörper) (Schiff) / shore off v, boom off v
**Abbau • methode** f (Bergb) / exploitation art, exploitation method, mining method || **~ort** n (pl. -örter) (Bergb) / stope* n || **~produkt** n (Biochem) / breakdown product, degradation product, decomposition product || **thermophiler ~prozeß** (biologische Reinigung hochkonzentrierter Abwässer) (Sanitär, Umwelt) / thermophile digestion || **~raum** m (Bergb) / stall* n || **~reaktion** f (Chem) / degradation reaction, degradative reaction, decomposition reaction || **~resistent** adj (Substanz) (Umwelt) / poorly degradable || **~richtung** f (Bergb) / direction of mining || **~scheibe** f (Bergb) / slice n || **~sohle** f (Bergb) / working level, bank level || **~stoß** m (Angriffsfläche für die Gewinnung) (Bergb) / working face, bank n, face of work || **~strecke** f (Kohlenbergbau) (Bergb) / heading* n || **~strecke** (parallel zur Grundstrecke) (Bergb) / lift n || **~strecke** (Bergb) / drift* n, head* n || **untere ~strecke** (Bergb) / bottom gate || **obere ~strecke** (Bergb) / top gate, head gate || **~streckenförderung** f (hauptsächlich zum Anschlag) (Bergb) / subsidiary transport || **~strosse** f (Bergb) / bank n, bench n || **~verfahren** n (Bergb) / mining system, system of (coal) mining, working method

**abbauwürdig** *adj* (Bergb) / workable *adj*, minable *adj*, payable *adj* ∥ ~**e Eisenlager** *n pl* (Geol) / ferruginous deposits* ∥ ~**es Gelände** (Bergb) / pay* *n* ∥ ~**es Gestein** (Bergb) / pay dirt
**abbeeren** *v* (Früchte, Weinstock) (Landw) / pick *v*
**abbeizbar** *adj* (Anstr, Hütt) / pickleable *adj*
**Abbeize** *f* (verbrauchte Beize) (Anstr, Hütt) / pickle liquor (spent, waste)
**abbeizen** *v* (For) / strip *v* ∥ ~ *n* (von alten Anstrichen) (Anstr) / pickling *n* ∥ ~ (Anstr) / paint removal, paint stripping ∥ ~ (Anstr, Hütt) / cauterization *n*, cauterizing *n* ∥ ~ (des Betonwerksteines) (Bau, HuT) / acid washing
**Abbeiz•fluid** *n* (Gemisch stark lösender organischer Flüssigkeiten) (Anstr) / paint remover*, paint stripper* ∥ ~**fluid** (Anstr, Hütt) / pickling fluid ∥ ~**mittel** *n* (Anstr) / paint remover*, paint stripper* ∥ ~**stoff** *m* (Anstr) / paint remover*, paint stripper*
**Abbe•-Prisma** *n* (ein Dachkantprisma) (nach E. Abbe, 1840-1905) (Opt) / Abbe prism ∥ ~**-Prisma** (Opt) s. auch Pellin-Broca-Prisma ∥ ~**-Refraktometer** *n* (zur refraktometrischen Brechzahlmessung - DIN 51423) (Opt) / Abbe refractometer* ∥ ~**-Regel** *f* / Abbe principle
**Abbesch•er Grundsatz** (in der Längenprüftechnik nach DIN 2257, T 1) / Abbe principle ∥ ~**er Kondensor** (Opt) / Abbe condenser ∥ ~**e Sinusbedingung** (Opt) / sine condition*, Abbe's sine condition ∥ ~**e Zahl** (für die Kennzeichnung eines optischen Mediums) (Opt) / Abbe number, Abbe constant, Vee value, reciprocal relative dispersion, nu-value *n*, constringence *n*, V value
**Abbe-Spektrometer** *n* (die durch einfache Bauart und bequeme Handhabung gekennzeichnet ist) (Spektr) / Abbe spectrometer
**abbestellen** *v* (eine Zeitschrift) / discontinue *vt*, cancel *v*
**AB-Betrieb** *m* (einer Elektronenröhre - Betrieb auf einem Arbeitspunkt, welcher bei kleiner Aussteuerung A-Betrieb und bei größerer Aussteuerung B-Betrieb ergibt) (Eltronik) / AB-method *n*
**Abbiegefahrspur** *f* (Kfz) / turning lane
**abbiegen** *v* / bend *v*, flex *v* ∥ ~ (Kfz) / turn *v*, turn off *v* ∥ ~ (Masch) / fold *v*, cant *v* ∥ ~ *n* (von dünnen Blechen) (Masch) / folding *n*, canting *n*
**Abbiege•spur** *f* (Kfz) / turning lane ∥ ~**streifen** *m* (Kfz) / turning lane ∥ ~**verkehr** *m* (Kfz) / turning traffic ∥ ~**werkzeug** *n* (Masch) / bending tool ∥ ~**winkel** *m* (Masch) / angle of bend
**Abbiegung** *f* (Kfz) / turn-off *n*
**abbildbare Flächen** (Math) / applicable surfaces, isometric surfaces
**abbilden** *v* (Kart) / project *v*, map *v* ∥ ~ (Math) / map *v*, transform *v* ∥ ~ (Opt) / image *v*
**abbildend** *adj* (Opt) / image-forming *adj* ∥ ~**es Infrarotlenksystem** (Mil) / imaging infra-red guidance system ∥ ~**es System** (Opt) / image-forming system
**Abbild•relais** *n* (Eltech) / replica relay ∥ ~**spannung** *f* (eines Stromes) (Eltech) / representative voltage
**Abbildung** *f* (Druck) / figure *n*, illustration *n*, picture *n* ∥ ~ (Math) / mapping* *n*, transformation* *n*, map* *n* ∥ **abgeschlossene** ~ (eine Abbildung eines topologischen Raumes in einen topologischen Raum, wobei das Bild jeder abgeschlossenen Menge eine abgeschlossene Menge ist) (Math) / closed map ∥ **Adamssche** ~ (Kart) / Adams' projection ∥ **affine** ~ (Math) / affine transformation* ∥ **ähnliche** ~ (Math) / similarity transformation ∥ **äquiforme** ~ (Math) / similarity transformation ∥ **ausgeartete** ~ (Math) / singular mapping, degenerate mapping ∥ **Bonnesche** ~ (unechte konische Abbildung) (Kart) / Bonne's projection*, Bonne projection ∥ **diffeomorphe** ~ (Math) / diffeomorphic mapping, diffeomorphism *n* ∥ **doppelseitige** ~ (Zeichnung) (Druck) / spread* *n*, double-spread* *n*, double-page spread ∥ **Eckerts kartografische** ~ (I bis VI) (Kart) / Eckert projection ∥ **flächentreue** ~ (bei der die Flächenverzerrung gleich Null ist) (Geog, Kart) / equal-area projection, equivalent projection, authalic projection, homologous projection, homolographic projection ∥ **gnomonische** ~ (Abbildung einer Kugeloberfläche auf eine die Kugel tangierende Projektionsebene) (Kart) / gnomonic projection ∥ **Goodesche** ~ (Kart) / Goode's interrupted projection ∥ **herausklappbare** ~ (Buchb) / fold-out* *n*, pull-out *n*, throw-out* *n* ∥ **homolosine** ~ (Kart) / homolosine projection ∥ **homomorphe** ~ (Math) / homomorphism *n* ∥ **homotope** ~ (Math) / homotopic mapping* ∥ **identische** ~ (Math) / identity mapping*, identity function ∥ **injektive** ~ (Math) / injection *n* ∥ **isomorphe** ~ (Math) / isomorphism* *n* ∥ **isotone** ~ (Math) / isotone mapping, isotonic mapping, order homomorphism, monotone mapping ∥ **kartografische** ~ (Wiedergabe der Oberfläche eines Weltkörpers auf eine Kartenebene) (Geog, Kart) / projection* *n*, map projection ∥ **kollineare** ~ (Math) / collineation* *n*, collineatory transformation ∥ **konforme** ~ (kartografische Abbildung, die in ihren kleinsten Teilen dem Urbild ähnlich ist) (Kart, Verm) / conformal (map) projection, orthomorphic projection ∥ **konforme** ~ (Math) / conformal transformation*, isogonal transformation*, conformal mapping ∥ **konforme azimutale** ~ (spezielle, umkehrbar eindeutige, winkeltreue Abbildung einer Kugelfläche auf eine Ebene, die senkrecht steht zu dem Durchmesser der Kugel, der das Projektionszentrum enthält) (Geog, Krist) / stereographic projection ∥ **kongruente** ~ (Math) / congruent mapping, congruent transformation* ∥ **konische** ~ (Kart) / conical projection* ∥ **konstante** ~ (Math) / constant mapping, constant function ∥ **kontrahierende** ~ (eines metrischen Raumes) (Math) / contraction *n*, contractive mapping ∥ **lineare** ~ (Math) / linear transformation*, linear mapping ∥ **Murdochs kartografische** ~ (Kart) / Murdoch's projection ∥ **Nells kartografische** ~ (Kart) / Nell's projection ∥ **offene** ~ (eine Abbildung eines topologischen Raumes in einen topologischen Raum, wobei das Bild jeder offenen Menge eine offene Menge ist) (Math) / open map ∥ **optische** ~ (Opt) / optical image ∥ **orthografische** ~ (Kart) / orthographic projection* ∥ **polykonische** ~ (Geog) / polyconic projection*, polyconic map projection ∥ **projektive** ~ (Math) / projective transformation*, projective mapping ∥ **punktuelle** ~ (Opt) / point image ∥ **querachsige** ~ (Kart) / transverse projection ∥ **rationale** ~ (eine konforme Abbildung) (Math) / rational mapping, rational transformation ∥ **reelle** ~ (Opt) / real image ∥ **retrahierende** ~ (Math) / retraction *n*, retractive mapping ∥ **schiefachsige** ~ (Kart, Verm) / oblique projection, skew projection ∥ **senkrecht-affine** ~ (Math) / orthogonal affinity ∥ **singuläre** ~ (Math) / singular mapping, degenerate mapping ∥ **tensorielle** ~ (Math) / tensorial mapping ∥ **topologische** ~ (Math) / topological homeomorphism, topological mapping, homeomorphic mapping, homeomorphism* *n*, topological transformation ∥ **transponierte simpliziale** ~ (Math) / transposed homomorphism (of a simplicial map) ∥ **unitäre** ~ (Math) / unitary transformation ∥ **vermittelnde** ~ (die zwischen der konformen, der flächentreuen und der abstandstreuen Abbildung vermittelt) (Kart) / arbitrary projection, aphylactic projection ∥ **zylindrische** ~ (z.B. nach Mercator) (Kart) / cylindrical projection, cylindrical map projection ∥ ~ *f* **der Menge M auf die Menge N** (Math) / mapping of the set M onto the set N ∥ ~ **der Menge M in die Menge N** (Math) / mapping of the set M into the set N ∥ ~ **des Spaltes** (Opt, Spektr) / slit image ∥ ~ **durch reziproke Radien** (Math) / inversion* *n* ∥ ~ **durch Ultraschall** (Produkt) (Akus, WP) / acoustic image, ultrasonic image ∥ ~ **durch Ultraschall** (Vorgang) (Phys) / ultrasonic imaging, acoustic imaging
**Abbildungs•ebene** *f* (Kart) / plane of projection ∥ **horizontale** ~**ebene** (Opt) / ground plane ∥ ~**faktor** *m* (Foto) / magnification *n* ∥ ~**fehler** *m* (von Linsen) (Opt) / aberration* *n*, optical aberration ∥ **chromatischer** ~**fehler** (Opt) / chromatic aberration*, colour aberration ∥ **monochromatischer** ~**fehler** (Opt) / geometrical aberration ∥ ~**gleichung** *f* (Opt) / image equation ∥ ~**gleichung für einen Spiegel** (Opt) / mirror formula ∥ ~**gütemesser** *m* (WP) / image quality indicator, penetrameter *n* ∥ ~**magnet** *m* (Eltech, Eltronik) / focusing magnet ∥ ~**maßstab** *m* (bei Fernkopierern) / reproduction ratio ∥ ~**maßstab** (das Verhältnis der linearen Maße eines reellen Bildes zu denen des abgebildeten Gegenstands) (Math, Opt) / lateral magnification, linear magnification *n* ∥ ~**schärfe** *f* (Foto, Opt) / sharpness of image ∥ ~**speicher** *m* (auf der Grafikkarte) (EDV) / frame memory ∥ ~**tiefe** *f* (Foto, Opt) / depth of field* (of a three-dimensional object), depth of focus* (between the lens and the film), focal depth, D/F ∥ ~**verzeichnis** *n* (Druck) / list of illustrations
**abbimsen** *v* / pumice *v* ∥ ~ *n* (bei feuchten Ledern) (Leder) / fluffing *n*
**Abbinde•beschleuniger** *m* (Bau, HuT) / accelerator* *n*, accelerating admixture, setting accelerator ∥ ~**dauer** *f* (Bau, HuT) / time of set, setting time ∥ ~**klemme** *f* (Eltech) / bonding clip
**abbinden** *vt* / untie *vt*, unfasten *vt* ∥ ~ *vi* (Druckfarbe, Klebstoffe) / set *vi* ∥ ~ *v* (mit Band) / strap *v* ∥ ~ *vi* (Bindemittel) (Bau) / harden *vi* ∥ ~ (Zementleim) (Bau, HuT) / set *v*, hydrate *vi* ∥ ~ *v* (Garnstränge) (Web) / skein *v*, tie *v* (with tie bands) ∥ ~ (Zimm) / join *v* ∥ ~ *n* (Druckfarben, Klebstoffe) / setting* *n* ∥ ~ (Bau, HuT) / setting *n* ∥ ~ (maßstabgerechtes Zuarbeiten von Balken zu Balkenlagen und das Anreißen und Bearbeiten von Verbandshölzern für Dachtragwerke insbesondere bei Schiftung) (Zimm) / joining *n* ∥ ~**vorzeitiges** ~ (eines Bindemittels - Fehler) (HuT) / false set, early stiffening, grab set, premature stiffening, hesitation set, rubber set
**Abbinde•verzögerer** *m* (für Gips) (Bau) / size *n* ∥ ~**verzögerer** (ein Betonzusatzmittel) (Bau, HuT) / retarder *n*, retarder of set ∥ ~**verzögerer** (Bau, HuT) / retarder *n* (of set)*, retarding admixture, retardant *n* ∥ ~**wärme** *f* (Bau, HuT) / heat of hydration
**Abblasdruck** *m* (bei den Verdichter) (Masch) / blow-off pressure
**Abblaseeinrichtung** *f* **ins Freie** / atmospheric relief system
**abblasen** *v* / blow off *v* ∥ ~ (Gas, Dampf) / release *v* ∥ ~ (Staub) / dust *v*, dust off *v* ∥ ~ (die Oberfläche vor dem Lackieren) (Anstr) / fan *v*, blow off ∥ ~ (Dampf zum Kondensator) (Nukl) / dump *v* ∥ ~ *n* (Masch, Nukl) / blow-down *n*, depressurization *n* ∥ ~ *n* (von Dampf zum Kondensator) (Nukl) / dump *n*, dumping *n*, steam dump
**Abblase•station** *f* (der Pipeline) / pressure-limiting station, pressure-relief station ∥ ~**ventil** *n* (Masch) / blow-off valve
**Abblas•öffnung** *f* (im Airbag) (Kfz) / exhaust vent ∥ ~**produkt** *n* (Pap) / blow-off *n*
**Abblasung** *f* (Geol) / deflation* *n*, eolation *n*

**Abblatten** n (z.B. der Zuckerrübe) (Landw, Nahr) / leaf pruning
**abblättern** v (sich vom Grundwerkstoff ablösen) / flake off v, peel off v, peel* v ‖ ~ (Bergb) / slab v ‖ ≈ n (Bau, HuT) / spalling* n ‖ ≈ (bei Ziegelmassen, bei Begußmassen, bei Glasuren) (Keram) / peeling n, peeling-off n, shivering n ‖ ≈ (der Glasur - großflächiges) (Keram) / lift n, lifting n ‖ ≈ (der Reifenlauffläche) (Kfz) / flaking n
**abblätternd** adj (Farbe, Rost) / scaly adj
**Abblätterung** f (Geol) / exfoliation* n
**abblendbarer Innenspiegel** (Kfz) / antidazzle n (mirror), day/night mirror (US), dipping mirror
**Abblendeinrichtung** f (Galv) / robber n, thief n
**abblenden** v (Foto, Opt) / stop down* v, diaphragm v, diaphragm down v ‖ ~ (Scheinwerfer) (Kfz) / dip v, dim v (US) ‖ ≈ n (Akus) / shading n ‖ ≈ (Film) / fade-out* n ‖ ≈ (Foto, Opt) / stopping-down n ‖ ≈ (Kfz) / dipping n, dimming n (US) ‖ ≈ **beider Scheinwerfer** (Kfz) / double dipping ‖ ≈ **ins Schwarze** (bei der Bildmischung) (TV) / fading to black ‖ ≈ **ins Weiße** (bei der Bildmischung) (TV) / fading to white
**Abblend•knopf** m (Foto) / depth-of-field preview button ‖ ≈**licht** n (Kfz) / dipped beam, meeting beam, lower beam (US), passing beam (US), mid-beam n (US), passing light (US), low beam (US) ‖ ≈**schalter** m (Kfz) / dipper switch, dipswitch n, dimmer switch (US), headlamp dipper, headlight dimmer (US) ‖ ≈**spiegel** m (Kfz) / antidazzle n (mirror), day/night mirror (US), dipping mirror ‖ ≈**stellung** f (des Rückspiegels) (Kfz) / antidazzle position, antiglare position ‖ ≈**taste** f (des abblendbaren Innenspiegels) (Kfz) / day/night adjustment tab (US), day/night lever
**Abblendung** f (Akus) / shading n ‖ ≈ (Film) / fade-out* n ‖ ≈ (Foto, Opt) / stopping-down n ‖ ≈ (Kfz) / dipping n, dimming n (US)
**Abblendvorrichtung** f (Foto, Opt) / stop* n, diaphragm n
**abblinden** v (Rohr, Kanal) / blank off v, blind v
**A-B-Boden** m (Geol, Landw) / solum n (pl. -s or sola)
**abböschen** v (HuT) / slope v, scarp v, slant v
**Abböschung** f (HuT) / slope n, scarp n, fall n
**abbossieren** v (den Stein meist schon in dem Steinbruch mit dem Bossierhammer oder mit dem Zweispitz roh bearbeiten) / rough-hew v, rusticate v ‖ ≈ n (Bau) / rustication* n
**Abbott-Tragkurve** f (Masch) / Abbott bearing curve
**Abbrand** m (der Rückstand nach dem Rösten) (Aufber) / calcine* n ‖ ≈ (Metallverlust durch Oxidation oder Verflüchtigung) (Hütt) / melting loss, metal loss, combustion n ‖ ≈ (der Rückstand nach dem Rösten sulfidischer Erze) (Hütt) / roasting residue ‖ ≈ (zeitlich fortschreitende Verkleinerung des Faktors der Neutronenvermehrung bei der Kettenreaktion) (Nukl) / burnup* n ‖ ≈ (Abnahme der Brennstoffmenge während der Verbrennung) (Wärm) / burnup n ‖ **relativer** ≈ (die Spaltungen je ursprünglich vorhandener spaltbarer Atome) (Nukl) / fissions per initial fissile atoms, fifa ‖ **relativer** ≈ (die Spaltungen je ursprünglich vorhandener Schwermetallatome) (Nukl) / fissions per initial metal atoms, fima ‖ **spezifischer** ≈ (Nukl) / specific burnup ‖ ≈ m **der Elektroden** (Schw) / electrode burning, electrode burn-off, electrode consumption ‖ ≈**verminderer** m (Bau) / draught limiter ‖ ≈**widerstand** m (der Zündkerze) (Kfz) / burn-off resistor
**abbrausen** v / spray v, rinse v ‖ ~ (Erz mit starkem Wasserstrahl) (Bergb) / hush* v
**abbrechen** v (bei einseitiger Einspannung oder Unterstützung des Werkstücks) / break off v ‖ ~ / break off v, discontinue v ‖ ~ (Bau, HuT) / demolish v, take down v, pull down v, knock down v ‖ ~ (einen Programmlauf) (EDV) / abort v ‖ ~ (EDV) / truncate v ‖ ~ (EDV, Math) / truncate v ‖ ~ (den vorher geltenden Modus aufheben) (Fernm) / disconnect v ‖ ~ (Anflug) (Luftf) / break off v ‖ **vorzeitig** ~ (EDV) / abort v ‖ ≈ n (EDV, Math) / truncation* n ‖ ≈ (EDV) s. auch Abbruch
**abbrechend** adj (Math) / terminate adj, terminating adj ‖ **~er Dezimalbruch** (Math) / terminating decimal ‖ **~e Reihe** (Math) / finite series
**Abbrechfehler** m (EDV) / truncation error*
**Abbrechstift** m (Masch) / break-off pin
**abbremsen** v (Kernphys) / slow down v ‖ ~ (durch Seitenruderbetätigung) (Luftf) / swishtail v ‖ ~ (Masch) / brake v ‖ ~ (Raumf) / deboost v ‖ **auf thermische Geschwindigkeit** ~ (Neutronen) (Nukl) / thermalize v ‖ ~ (eine Leistungsprüfung) (Kfz) / braking test (GB), brake test (US) ‖ ≈ (Luftf) / run-up n
**Abbremsplatz** m (Luftf) / run-up area
**Abbremsung** f (Verhältnis zwischen Bremsverzögerung und Fallbeschleunigung und Bremskraft und Fahrzeuggewichtskraft) / braking ratio, braking factor ‖ ≈ (Neutronenbremsung) (Kernphys) / moderation* n ‖ ≈ (Nukl) / slowing-down n
**Abbrenn•apparat** m (für die Loslösung alter Öl- und Lackfarbenanstriche vom Untergrund) (Anstr) / blowlamp n ‖ ≈**apparat** (ein Farbentferner) (Anstr, Eltech) / hot-air gun*, hot-air paint remover, hot-air paint stripper

**abbrennbares Reaktorgift** (Kernphys) / burnable poison*, burnable neutron absorber, burn-out poison
**Abbrenneinrichtung** f (in Dieselrußfiltern) (Kfz) / trap oxidizer
**abbrennen** v (Haus) / burn down v ‖ ~ (alten Anstrich) (Anstr) / burn off v, burn v ‖ ~ (Glas) / burn off v. ‖ ~ (Landw) / burn off v ‖ ~ **v.** (Schw) / flash v, flash off v ‖ ≈ n (Glas) / burning-off n ‖ ≈ (Schnaps) (Nahr) / distillation n ‖ ≈ (Schw) / flashing n
**Abbrenn•kontakt** m (Eltech) / arcing contact*, arcing tip* ‖ ≈**schaltstück** n (Eltech) / arcing contact*, arcing tip* ‖ ≈**schweißen** n (Schw) / flash welding* ‖ ≈**stück** n (ein Schaltstück) (Eltech) / arcing contact*, arcing tip* ‖ ≈**stumpfschweißen** n (DIN 1910) (Schw) / flash-butt welding* ‖ ≈**verlust** m (Schw) / flashing loss, flash-off n ‖ ≈**zeit** f (Schw) / flashing time
**abbringen** v (z.B. mit Schlepperhilfe) (Schiff) / bring off v, get off v
**abbröckeln** v / flake off v, peel off v, peel* v
**Abbröckelung** f (Keram) / peeling n, peeling-off n, shivering n
**Abbruch** m / termination n ‖ ≈ (Beseitigung) (Bau) / clearance n ‖ ≈ (Bau, HuT) / demolition n, pulling down, taking down, razing n ‖ ≈ (beim Auftrag) (EDV) / abnormal termination, abnormal end n ‖ ≈ (beim Baumsuchverfahren für Spiele) (KI) / cut-off n ‖ ≈ (Krist) / truncation n ‖ ≈ (beim Anflug) (Luftf) / break-off n ‖ ≈ (einer Kernanlage) (Nukl) / dismantlement n ‖ ≈ (des Fluges oder des Starts) (Raumf) / abort* n ‖ ≈ **des Hauses** (Bau) / housebreaking n (GB) ‖ ≈**arbeiter** m (Bau) / demolisher n, topman n, mattock man, housebreaker n (GB), wrecker n (US) ‖ ≈**bedingung** f (EDV) / termination condition ‖ ≈**fehler** m (EDV) / truncation error ‖ **lokaler** ≈**fehler** (Math) / local truncation error, local discretization error ‖ ≈**genehmigung** f (bauaufsichtliche Genehmigung zum Abbrechen baulicher Anlagen) (Bau) / demolition permission ‖ ≈**haken** n (am Bagger) (Masch) / demolition hook, tear-down hook ‖ ≈**hammer** m (druckluftbetätigter) (Bergb) / pneumatic drill*, pneumatic pick ‖ ≈**reaktion** f (letztes Glied einer Kettenreaktion) (Chem) / break-off reaction ‖ **~reif** adj (Bau) / due for demolition, dilapidated adj, ramshackle adj, tumbledown adj, ruinous adj, shaky adj, rickety adj, unsafe adj, ripe for demolition ‖ ≈**routine** f (EDV) / abort routine
**abbrühen** v / scald v
**Abbuchung** f / debit n, debit entry
**Abbuchungsauftrag** m (des Schuldners an seine Bank) / direct-debit order
**abbuffen** v (Leder) (Leder) / buff v
**abbügeln** v / off-press v
**abbummeln** v (die Arbeitszeit) / loaf away v
**Abbund** m (Zimm) / joining n ‖ ≈**kreissägemaschine** f (For, Tischl) / joining machine ‖ ≈**zeichen** n (jeweils vom Gebäudeeingang beginnend von vorn nach hinten bzw. von links nach rechts fortschreitend verwendet) (Zimm) / carpenter's mark
**Abbürsten** n **mit der Drahtbürste** / wire brushing
**ABC-Analyse** f (Einteilungskriterium für das Mengen-Wert-Verhältnis von Materialien) (F.Org) / ABC analysis
**A-B-C-Boden** m (mit gut ausgestalteten A-, B- und C-Horizonten) (Geol, Landw) / abc soil
**ABC-Charter** m f (mit ABC-Flügen) (Luftf) / advance-booking charter, ABC charter, travel-group charter (US)
**A.B.C.-Hubschrauber** m (Sikorsky) (Luftf) / advancing-blade concept helicopter
**ABC•Koagulation** f (von Latex) / assisted biological coagulation ‖ ≈**-Tafeln** f pl (Astr, Nav) / azimuth tables ‖ ≈**-Transistor** m (Eltronik) / alloy bulk diffused-base transistor ‖ ≈**-Trieb** m (Warenzeichen für ein Backpulver für trockenes Flachgebäck) (Nahr) / ammonium hydrogen carbonate, ammonium bicarbonate
**Abdach** n (Bau) / canopy n
**Abdachung** f (Bau, Geol) / slope n ‖ **flache** ≈ (Geol) / glacis n ‖ ≈ f **zum Wasserablauf** (Bau) / weathering* n
**abdämmen** v (Wasserb) / dam v, dam up v, dike v, dyke v, stem v, impound v, pond v, back v, retain v, hold back v
**Abdämmsee** m (Geol) / dammed lake, ponded lake, impounded reservoir
**Abdämmung** f (eines Flußlaufs) (Wasserb) / damming n
**Abdämmungsmaßnahme** f (bei eruptierenden Bohrlöchern) (Erdöl) / plugging operation
**Abdampf** m (bei den Kraftmaschinen) / exhaust steam*, dead steam ‖ ≈ (im allgemeinen) (Masch) / waste steam
**abdampfen** v (Chem Verf) / evaporate v, vaporize v ‖ ≈ n (einer Flüssigkeit) (Chem Verf) / evaporation* n, vaporization n
**Abdampf•entölung** f (Masch) / oil removal from exhaust steam ‖ ≈**probe** f (bei Benzinen) (Erdöl) / gum test ‖ ≈**rückstand** m (DIN 53172) (Chem) / evaporation residue, residue from (or on) evaporation ‖ ≈**rückstand** (von Benzinen) (Chem Verf, Erdöl) / gum n ‖ ≈**schale** f (DIN 12903) (Chem) / evaporating dish ‖ ≈**turbine** f (die mit dem Abdampf anderer Energie- oder Industriedampfanlagen gespeist wird) (Masch) / exhaust-steam turbine

**abdarren** v (Brau) / dry v, kiln-dry v, cure v, kiln v ‖ ≙ n (des Grünmalzes) (Brau) / curing n
**Abdeckanstrichstoff, isolierender** (für Schweißarbeiten) (Anstr, Schw) / stop-weld n
**Abdeck•band** n (z.B. Tesa-Krepp) (Anstr, Bau) / masking tape ‖ **≙blech** n (z.B. am Stirnbrett, am Fensterrahmen oder unten an der Tür) (Klemp) / weather bar*, water bar* ‖ **≙blende** f (Film) / gobo* n, nigger n
**abdecken** v (Bedeckung abnehmen) / uncover v ‖ ~ (verdecken) / cover v, cover up v ‖ ~ (Anstr, Film, Foto, TV) / mask v ‖ ~ (Haus) (Bau) / unroof v, untile v ‖ ~ (z.B. beim Formätzen) (Druck) / mask v, stop out v ‖ ~ (Linse) (Foto) / cap v ‖ ~ (Galv) / stop off v., insulate v ‖ ~ (ein Schmelzbad mit Kohle oder Koks) (Hütt) / coke v, carbonize v ‖ ~ (Leder) / flay v, skin v, hide v ‖ ~ (Opt) / occlude v ‖ **helle Stellen** ~ (Foto) / spot v ‖ ~ **und abgrenzen** (Flächen oder Teile, z.B. beim Spritzen) (Anstr) / mask off v ‖ ≙ n (des Negativs) (Druck, Foto) / blocking-out* n, stopping-out* n, masking n ‖ ≙ (Galv) / stopping-off* n ‖ ≙ **eines Schmelzbads mit Kohle oder Koks** (Hütt) / coking n ‖ ≙ **mit Decklack** (Glas) / wax resist application
**Abdeckerde** f (bei Deponien) (Umwelt) / cover soil
**Abdeckerei** f (Sanitär) / animal rendering
**Abdeck•folie** f (Bau) / dust sheet ‖ **≙haube** f / dust cover, dust sheet, dust hood ‖ **≙haube** (Masch) / cap* n ‖ **≙haube** (Masch) / cover n ‖ **≙kappe** f (Masch) / cap* n ‖ **≙klebeband** n (z.B. Tesa-Krepp) (Anstr, Bau) / masking tape ‖ **≙lack** m (Druck, Eltronik) / photoresist n, resist n ‖ **≙lack** (Foto) / masking lacquer ‖ **≙material** (Druck, Foto oder säurefeste Lacke) (Druck, Foto) / resist* n ‖ **≙material** (Umwelt) / cover soil ‖ **≙mittel** n (z.B. Abdeckrot oder säurefeste Lacke) (Druck, Foto) / resist* n ‖ **≙platte** f (Bau) / dust sheet ‖ **≙platte** f (Opt) / occluder n ‖ **≙platte für Schalter** (Eltech) / switch plate*, flush-plate* n ‖ **≙rahmen** m (Eltech) / switch plate*, flush-plate* n ‖ **≙schablone** f (für das Abdeckschablonen-Verfahren) (Druck) / stencil mask ‖ **≙schablone** (z.B. für die Reservage) (Keram) / frisket n ‖ **≙schicht** f (die oberste Schicht freistehender Mauern - aus Mauerziegeln in Rollschicht) (Bau) / brick-on-edge coping* ‖ **≙stein** m (der Abdeckschicht) (Bau) / coping brick*, coping-stone n, capping brick*, cope n ‖ **≙stein** (Bau) / top-stone n, cap-stone n
**Abdeckung** f (zum Schutz gegen direkte Berührung) / barrier n, safety barrier ‖ ~ (Bedeckung) / covering n ‖ ≙ (Schutz gegen Eindringen von Feuchtigkeit von oben) (Bau) / cope n, coping* n ‖ ≙ (z.B. beim Formätzen) (Druck) / masking n, stop-out n ‖ ≙ (Schutzschicht bei der Herstellung von Leiterplatten und integrierten Schaltungen) (Eltronik) / resist n ‖ ≙ (Film, Foto, TV) / mask* n, mat n, matte* n ‖ ≙ (Galv) / stopping-off* n ‖ ≙ (isolierende) (Galv) / stop-off coating, insulation n ‖ **jalousienartige** ≙ (Chem) / secondary-valency bond
**Abdeckungs•plane** f (Leinen) (Kfz) / canvas cover ‖ **≙quote** f (bei Recherchen) / coverage ratio
**abdestillieren** v (Chem) / distil off v, remove by distillation
**abdichten** v (mit Schlamm) / mud dolly v ‖ ~ (mit Kitt) / lute v ‖ ~ (Bau) / seal v, weatherseal v ‖ ~ (ein Brandfeld) (Bergb) / bash v ‖ ~ (mit Lehm oder Ton) (HuT, Wasserb) / puddle v, pug* v ‖ ~ **mit Bohrschlamm** (Bohrloch) (Erdöl) / mud off v ‖ ≙ n (eines Brandfeldes) (Bergb) / bashing n ‖ ≙ (z.B. des Feldbrandofens) **mit Erde oder Lehm** (Keram) / clamming n, scoving n
**Abdichtmasse** f (Bau, Masch) / sealing compound
**Abdichtung** f (Bau) / seal n, sealing n, weathersealing n ‖ ≙ (Masch) / packing* n, dynamic seal
**Abdichtungsmasse** f (Gieß) / lute* n
**abdocken** v (Spinn) / batch off v ‖ ≙ n (Spinn) / batching-off n
**Abdrängkraft** f (Projektion der Zerspankraft auf eine Senkrechte zur Schneidenebene) (Masch) / resultant cutting force, antipenetration cutting force (US)
**abdrehen** v (Wasser, Gas) (Wasser, Gas, Radio) / turn off v, turn out v, put out v, put off v, shut off v ‖ ~ (Keram) / turn v ‖ ~ (aus einem Flugverband) (Luftf) / peel off v ‖ ~ (bei der Wurstherstellung) (Nahr) / twist v ‖ ≙ n (Formen rotationssymmetrischer Gegenstände und Gewinde aus einem bildsamen oder lederharten bzw. verglühten Hubel mit Hilfe von Schablonen oder Schneideisen) (Keram) / turning n
**Abdrehvorrichtung** f (fürs Schleifen) (Masch) / truing device, truing attachment, dressing device ‖ ≙ (Masch) / turning attachment (lathe)
**Abdrift** f (Landw) / drift n ‖ ≙ (seitliche Versetzung) (Luftf) / drift* n ‖ ≙ (Mil) / windage n ‖ ≙ (seitliche Versetzung) (Schiff) / leeway n, drift n ‖ **≙messer** m (Luftf) / drift meter, drift indicator ‖ **optischer ≙messer** (Luftf) / drift sight* ‖ **≙winkel** m (Luftf, Schiff) / drift angle*
**Abdruck** m (eines Zeichens) (auf dem Papier) (Druck) / print n, printing n ‖ ≙ (des Stempels) (Druck) / impression n, imprint n ‖ ≙ (Negativabdruck tierischer oder pflanzlicher Körper oder Körperteile in Gesteinen) (Geol) / mould* n ‖ ≙ (Gieß) / copy n ‖ ≙ (ein Walzfehler) (Hütt) / roll mark n ‖ ≙ (Mikros, Opt) / replica n ‖ ≙ s. auch Abzug und Nachdruck ‖ ≙ **der Formfläche** (Glas) / mould mark

**abdruckbares Zeichen** (Druck) / printable character, print character, printer character
**abdrucken** v (Druck) / print v, print out v, machine v ‖ ~ (Druck) / run down v
**abdrücken** v (Masch) / hydrotest v ‖ ≙ n (ein Rangiervorgang) (Bahn) / humping n ‖ ≙ **von oben** (aus dem Gesenk) (Plast) / top ejection
**Abdrück•lokomotive** f (Bahn) / hump locomotive ‖ **≙probe** f (mit Wasser als Druckmedium) / water-pressure test
**Abdruckstelle** f (Fehler beim Sanforisieren) (Tex) / sanforizing mark
**Abdrückversuch** m (DIN 50104) (ein Innendruckversuch mit Öl oder Wasser als Druckmedium) (Masch) / hydraulic test*, test under hydraulic pressure
**abduktiv** adj (KI) / abductive adj
**abdunkeln** v / darken v, sadden v
**Abdunkelung** f (der Farbe) / darkening n, saddening n ‖ ≙ (Phys) / obscuration* n
**abdunsten** v (von einem Anstrich) (Anstr) / flash off v ‖ ≙ n (eines Anstrichs nach DIN 55945) (Anstr) / flashing off, flash-off n
**abdünsten** v (Lösemittel) (Chem) / flash off v
**Abdunstzone** f (Anstr) / flash-off zone
**Abdüsen** n (Reinigung) / jet cleaning
**abecelich** adj / alphabetical adj, alphabetical adj
**Abeggsche Regel** (Chem) / Abegg's rule of eight*
**Abegg-Valenzregel** f (nach R.Abegg, 1869-1910) (Chem) / Abegg's rule of eight*
**abelsch** adj (Math) / abelian adj, Abelian adj ‖ ~e **Eichfeldtheorie** (Phys) / Abelian gauge theory, abelian gauge theory ‖ ~e **Gruppe** (nach N.H.Abel, 1802-1829) (Math) / Abelian group*, commutative group ‖ ~es **Gruppoid** (Math) / abelian grouppoid ‖ ~er **Körper** (Math) / Abelian field, Abelian domain
**Abenddämmerung, bürgerliche** ≙ (Astr) / evening civil twilight
**Abendfarbe** f (Farbton oder Farbtonverschiebung unter künstlichem Licht) (Tex) / evening shade
**abendfüllender Film** (Film) / full-length film, feature film, feature n
**Abendländisch•er Lebensbaum** (For) / Northern white cedar, white cedar, Eastern white cedar ‖ **≙e Platane** (For) / buttonwood* n, sycamore* n, American planetree, buttonball tree, button tree
**abendliche Sendezeit vor und nach der Hauptsendezeit** (TV) / fringe time (US)
**Abendpunkt** m (Astr) / west point
**Abenteuerspielplatz** m (auf dem die Kinder mit dem zur Verfügung gestellten Material selbständig bauend usw. sich betätigen können) (Arch) / adventure playground
**abernten** v (Landw) / crop v, gather v (a crop), harvest v, reap v (a crop)
**Aberration** f (scheinbare Ortsveränderung) (Astr) / aberration* n ‖ ≙ (der Chromosomen) (Gen) / aberration n ‖ ≙ (von Linsen) (Opt) / aberration* n, optical aberration ‖ **chromatische** ≙ (Opt) / chromatic aberration, colour aberration ‖ **geometrische** (**monochromatische**) ≙ (Opt) / geometrical aberration ‖ **jährliche** ≙ (Astr) / annual aberration ‖ **Seidelsche** ≙ (Abbildungsfehler dritter Ordnung; nach L.Ph. von Seidel, 1821 - 1896) (Opt) / Seidel aberration ‖ **sphärische** ≙ (Opt) / spherical aberration* ‖ **tägliche** ≙ (Astr) / diurnal aberration ‖ ≙ **des Sternlichts** f (nach J. Bradley, 1693 - 1762) (Astr) / Bradley aberration
**Aberrations•theorie** f (Opt) / aberration theory ‖ **≙winkel** m (Astr) / angle of aberration, aberration angle ‖ **≙zeit** f (die Zeitspanne, die ein Lichtstrahl auf seinem Weg von einem Gestirn zur Erde benötigt) (Astr) / light time
**aberregen** v (Eltech) / de-energize v, de-excite v
**Abessinierbrunnen** m (der einfachste Bohrbrunnen) / Abyssinian well, Abyssinian tube well, Norton tube well
**abessinischer Brunnen** (der einfachste Bohrbrunnen) / Abyssinian well, Abyssinian tube well, Norton tube well
**abfackeln** v (nicht nutzbare bzw. überschüssige Gase mit offener Flamme verbrennen) (Chem Verf) / burn off v (in the open), flare v, flare off v
**abfahren** v (Anlage) / shut down v, close down v ‖ ~ (Zug) (Bahn) / pull out v, leave v, depart v ‖ ~ (einen Meßbereich) (Chem, Instr) / scan v ‖ ~ (Kfz) / drive off v ‖ ~ (Masch) / shut down v ‖ ~ (Nukl) / shut down v ‖ ≙ n (Nukl) / shutdown* n
**Abfahrgrenze** f (noch zulässige Profiltiefe des Reifens) (Kfz) / minimum tread thickness
**Abfahrt** f (Bahn) / departure n ‖ ≙ (nach) (Schiff) / sailing n (for)
**Abfahrtsgleis** n (Bahn) / departure track
**Abfall** m / litter n, refuse n, garbage n ‖ ≙ (des Schneidstichels) (Akus) / swarf n, chip n ‖ ≙ (eines Strom- oder Spannungssprunges) (Eltech) / drop* n, decay n, fall n ‖ ≙ (Relais) (Eltech) / drop-out* n, release n ‖ ≙ (bei der Sägezahnform eines Impulses) (Eltech) / return n ‖ ≙ (For, Glas) / cull n ‖ ≙ (Hütt) / scrap* n, reject n ‖ ≙ (besonders Fleischabfall) (Nahr) / offal n ‖ ≙ (bei der Anreicherung von Isotopen) (Nukl) / tails* pl, waste n ‖ ≙ (Pap) / cassie n ‖ ≙ (Sanitär, Umwelt) / waste* n, junk n, residuary product ‖ ≙ s. auch Abfälle ‖

fettiger ⟲ / oily waste ‖ **flüssiger** ⟲ (Umwelt) / liquid waste ‖ **geringaktiver** ⟲ (Nukl) / low-activity waste, low-level radioactive waste, low-level waste* ‖ **hochradioaktiver** ⟲ (Nukl, Umwelt) / high-active waste, high-level (radioactive) waste, hot waste, high-activity waste, HAW ‖ **mittelaktiver** ⟲ (Nukl) / medium-activity waste, medium-level radioactive waste, intermediate-level waste* ‖ **mittelradioaktiver** ⟲ (Nukl) / medium-activity waste, medium-level radioactive waste, intermediate-level waste* ‖ **radioaktiver** ⟲ (flüssig oder gasförmig) (Nukl) / radioactive effluent ‖ **restlicher** ⟲ (Umwelt) / residual waste ‖ **⟲aufbereitung** f (Sanitär, Umwelt) / waste recovery ‖ **⟲baumwolle** f (Tex) / waste cotton ‖ **⟲beauftragte(r)** m (Umwelt) / waste commissioner ‖ **⟲begleitschein** m (Umwelt) / consignment note for waste ‖ **⟲beseitigung** f (Sanitär, Umwelt) / waste disposal ‖ **⟲beseitigungsanlage** f (Umwelt) / waste-disposal plant ‖ **⟲börse** f (Umwelt) / waste disposal exchange ‖ **⟲container** m (Umwelt) / waste container, dumpster n (US)
**Abfälle** m pl / litter n, refuse n, garbage n ‖ **faserige** ⟲ / tows pl ‖ **feste hochradioaktive** ⟲ (Nukl) / high-level solid waste ‖ ⟲ m pl **beim Beschneiden** (Druck, Pap) / trim n, trim waste, trimmings pl
**Abfalleimer** m (Umwelt) / dust bin, waste bin, refuse bin, trash can (US)
**abfallen** v / fall off v ‖ ~ (schräg nach unten verlaufen) / fall away v ‖ ~ (Gelände) / slope v ‖ ~ vi (von Meßwerten) / decrease v, drop v, fall v ‖ ~ / drop v ‖ ~ (von Bildern) (Druck) / bleed off* v ‖ ~ (Relais) (Eltech) / drop out v, become inoperative, release v ‖ ~ (um den Einfallswinkel des Windes zu vergrößern) (Schiff) / fall off v, pay off v ‖ ⟲ n (des Putzes) (Bau) / flaking* n ‖ ⟲ (Relais) (Eltech) / drop-out* n, release n
**abfallend** adj (z. B. Rampe) / sloping adj ‖ ~ (Berg, Boden, Ebene) / shelving adj ‖ ~ (z.B. Impulsflanke) (Fernm) / negative-going adj ‖ ~ (Raumf) / fall-away attr (canopy, section) ‖ **steil** ~ / precipitous adj, declivitous adj ‖ **~e Amplitudenverteilung** (Radio) / tapering amplitude distribution ‖ **~e Bewetterung** (Bergb) / descensional ventilation ‖ **~es Bild** (Druck) / bleed-off image, bleed illustration ‖ **~e Flanke** (Eltronik, Fernm) / negative slope, negative-going slope, downward slope ‖ **~e Raketenstufe** (Raumf) / fall-away section ‖ **~e Sicherung** (Eltech) / drop-out fuse ‖ **~er Teil** (eines Peaks) (Chem) / fall region
**Abfall•entsorgung** f (Abfallverwertung + Abfallbeseitigung) (Umwelt) / waste management ‖ **⟲erz** n (Bergb) / dirt* n, muck n (US)* ‖ **⟲flanke** f (eines Signals nach DIN 40146, T 3) (Eltronik, Fernm) / negative slope, negative-going slope, downward slope ‖ **⟲flüssigkeit** f (Sanitär, Umwelt) / waste liquid ‖ **⟲garn** n (Spinn) / waste yarn ‖ **⟲holz** n (For) / refuse n ‖ **⟲holz** (aus Sägewerken) (Bau, Zimm) / dunnage n ‖ **⟲holz** (Kisten- oder Brennholz) (For) / low-rate timber, brack n, wrack n ‖ **⟲holz aus dem Stemm-Zapfenloch** (Bau) / core* n
**abfällig** adj (eine Hautpartie) (Leder) / loose adj
**Abfall•katalog** m (Umwelt) / waste catalogue ‖ **⟲öl** n / waste oil, discarded oil, used oil, spent oil
**Abfallösung, [radioaktive]** ⟲ / effluent n
**Abfall•papier** n (Pap) / scrap paper, waste paper, scratch paper (US), old (waste) paper ‖ **nicht verwertbares ⟲produkt** (Umwelt) / waste product ‖ **~reich** adj (Verfahren, Werkstoff) / wasty adj ‖ **⟲rohr** n / waste pipe, drainpipe n ‖ **⟲rohr** (A) (Bau) / conductor n (US)*, downpipe* n, fall pipe*, downspout* n (US), downcomer n, rainwater pipe*, leader* n (US), R.W.P.* ‖ **⟲rohr** (Sanitär) / cesspipe n ‖ **⟲säure** f (Chem) / spent acid, waste acid, residuary acid ‖ **⟲schwefelsäure** f (Schwefelsäureraffination) (Erdöl) / sludge acid, spent acid, waste acid ‖ **⟲seide** f (Tex) / waste silk ‖ **⟲seide** s. auch Schappeseide ‖ **⟲spinnerei** f (Spinn) / waste spinning ‖ **⟲stoff** m (aus der Produktion) (Sanitär, Umwelt) / waste* n, junk n, residuary product ‖ **⟲strom** m (Strom durch eine Relaisspule, der den Ruhezustand des Relais herbeiführt)) (Eltech) / drop-out current, release current, drop current ‖ **⟲vermeidung** f (Umwelt) / waste avoidance ‖ **⟲verzögerte Bremse** (Masch) / delayed-off brake ‖ **⟲verzögerung** f (bei Relais) (Eltech) / releasing delay ‖ **⟲verzögerungszeit** f (DIN 41785) (Eltech) / fall delay, fall time ‖ **⟲wand** f (einer Stauanlage) (Wasserb) / downstream wall ‖ **⟲wert** m (bei Relais) (Eltech) / drop-out value ‖ **⟲wirtschaft** f (Umwelt) / waste management ‖ **⟲zeit** f (eines Strom- oder Spannungssprunges im allgemeinen) (Eltech) / decay time*, fall time* ‖ **⟲zeit** (der Zeitraum, in dem der Augenblickswert eines Signals von 90% auf 10% des im eingeschwungenen Zustand erreichten Endwertes abfällt) (Eltronik) / fall time* ‖ **⟲zeit** (beim Relais) (Eltronik) / release time, drop-out time
**Abfangdiode** f (zur Verbesserung der Flankensteilheit in Impulsschaltungen) (Eltronik) / clamping diode*
**abfangen** v (Anprall) / cushion v ‖ ~ (Druck) (Bau, Mech) / resist v (a pressure) ‖ ~ (Fernm) / intercept v ‖ ~ (eine Schicht) (Geol) / hold v ‖ ~ (Spurenelemente in Kristallgittern anreichern) (Krist) / enrich v ‖ ~ (Luftf) / pull out v, recover v ‖ ~ (ein feindliches Flugzeug beim Eindringen in den eigenen Luftraum) (Luftf, Mil) / intercept v ‖ ~ (Bau, Mech) s. auch stützen ‖ ⟲ n (Entfernen eines Reaktionspartners) (Chem) / scavenging n ‖ ⟲ (Anreichern von Spurenelementen in Kristallgittern) (Krist) / enrichment n ‖ ⟲ (z.B. eines Spurenelementes) (Krist) / capture n ‖ ⟲ (Zurückbringen eines Flugzeugs aus einer Sturzflug- oder anomalen Lage in die normale Fluglage) (Luftf) / pull-out* n, recovery n ‖ ⟲ (Ende des Sinkflugs vor dem Aufsetzen) (Luftf) / flare-out* n ‖ ⟲ (feindlicher Flugzeuge beim Eindringen in den eigenen Luftraum) (Luftf, Mil) / interception n ‖ **vom Boden geleitetes** ⟲ (Luftf, Mil) / ground-controlled interception*, GCI ‖ **zuvorkommendes** ⟲ (EDV) / wilful intercept, willfull intercept (US) ‖ ⟲ n **aus dem Trudeln** (Luftf) / spin recovery, pull-out (the transition from a spin to substantially normal flight)
**Abfang•flugkörper** m (Mil) / antiballistic missile, destructor n, ABM, interceptor-missile n ‖ **⟲jäger** m (Luftf) / interceptor n, fighter interceptor ‖ **⟲konstruktion** f (Bau) / crib n, grillage n ‖ **⟲kreis** m (bei Laufzeitröhren) (Eltronik) / intercepting circuit ‖ **⟲rakete** f (Mil) / antiballistic missile, destructor n, ABM, interceptor-missile n ‖ **⟲rechner** m (vor dem Aufsetzen) (Luftf) / flare computer ‖ **⟲satellit** m (Mil) / killer satellite, hunter satellite ‖ **⟲seil** n (Masch) / holding rope ‖ **~sicher** adj (Mittel) (EDV) / non-interceptable adj, intercept-proof adj ‖ **~sicher** (Fernm) / intercept-proof adj, tap-proof adj ‖ **⟲träger** m (langer) (Bau) / bressummer* n, breastsummer* n
**abfärben** vi (Farbstoff) / mark off v, smut v, stain v ‖ ~ (auf die Rückseite des nachfolgenden Bogens) (Druck) / offset v, set off vi ‖ ⟲ n (der noch nicht ganz trockenen Druckfarbe auf die Rückseite des nachfolgenden Bogens) (Druck) / set off* n, offset n ‖ ⟲ (bei fehlerhaften Färbungen) (Tex) / marking-off n ‖ ⟲ **durch Reibung** (Leder, Tex) / crocking n
**Abfärbung** f (Tex) / smudging n (of colour), staining n, marking-off n
**abfasen** v (Masch, Tischl, Zimm) / chamfer v, bevel v
**abfedern** vt (Masch) / spring vt
**Abfehmeisen** n (Glas) / skimming rod
**abfehmen** v (Schaum und Unreinheiten an der Oberfläche einer Glasschmelze mit Hilfe einer Eisenstange abziehen) (Glas) / skim v
**Abfehm•nische** f (Glas) / skimming pocket ‖ **⟲stein** m (Glas) / skimmer block, skimmer gate
**Abfeimeisen** n (Glas) / skimming rod
**abfeimen** v (Schaum und Unreinheiten an der Oberfläche einer Glasschmelze mit Hilfe einer Eisenstange abziehen) (Glas) / skim v
**Abfeim•nische** f (Glas) / skimming pocket ‖ **⟲stein** m (Glas) / skimmer block, skimmer gate
**abfertigen** v (Schiff) / dispatch v, despatch v
**Abfertigung** f (Schiff) / dispatch n, despatch n ‖ **nichtbehördliche** ⟲ (Luftf) / handling n
**Abfertigungs•bahnhof** m (Bahn) / forwarding station ‖ **⟲bereich** m (Luftf) / service area ‖ **⟲einrichtungen** f pl außerhalb des Flughafens (Luftf) / off-airport processing facilities ‖ **⟲feld** n (Luftf) / apron* n, tarmac n (paved apron) ‖ **⟲gebäude** n (Luftf) / terminal n, terminal building ‖ **⟲priorität** f (EDV) / dispatching priority ‖ **⟲schalter** m (Luftf) / check-in counter ‖ **⟲stelle** (auf dem Flughafen) (Luftf) / clearance point
**Abfeuerpunkt** m (Mil) / shot-point n
**abfiltern** v / filter v, filter off v, filter out v
**abfiltrieren** v / filter v, filter off v, filter out v
**Abfindung** f / severance pay
**Abfinnhammer** m (Werkz) / face-hammer* n
**abflachen** vt / flatten v ‖ ~ v (Kurve, Konjunktur) / level off v ‖ ~ (Gewindespitze) (Masch) / truncate v ‖ ⟲ n / flattening n
**Abflacher** m (Radio) / smoothing circuit
**Abflachschaltung** f (ein Tiefpaß zum Abflachen der Flankensteilheit von Sendeimpulsen) (Radio) / smoothing circuit
**Abflachungspunkt** m (der Siede-Tau-Kurve) (Chem Verf) / pinch point
**abflammen** (Anstr) / burn off v, burn v ‖ ~ (Gieß) / skin drying
**abflämmen** v (Tex) / singe v, gas v, scorch v ‖ ⟲ n (eine Methode der Textilveredlung) (Tex) / singeing* n, gassing* n, scorching n
**Abflammgerät** n (Landw) / haulm burner
**abflecken** v (Tex) / mark off v ‖ ⟲ n (bei fehlerhaften Färbungen) (Tex) / marking-off n
**abfliegen** v (nach) (Luftf) / take off v (for), fly v (to)
**abfließen** v / run down v
**abfluchten** v / sight out v, align v, line v, line up v
**Abflug** m (Luftf) / departure n, DEP ‖ ⟲ s. auch Abheben ‖ ⟲ **mit Starthilfe** (Luftf) / assisted take-off* ‖ **⟲freigabe** f (Luftf) / take-off clearance ‖ **⟲kurs** m **über Grund** (Luftf) / outbound track ‖ **⟲masse** f (Luftf) / take-off weight ‖ **⟲masse** (minus verbrauchter Kraft- und Schmierstoff) (Luftf) / all-up n, all-up weight, AUW ‖ **⟲masse** (zulässige) (Luftf) / maximum take-off weight, MTOW, max take-off weight*, max gross*, maximum weight* ‖ **⟲ort** m (Luftf) / point of departure ‖ **⟲punkt** m (Luftf) / point of departure ‖ **⟲raster** m (Luftf) / departure slot ‖ **⟲sektor** m (Luftf) / take-off climb area ‖ **⟲strecke** f (Luftf) / departure route ‖ **⟲zeit** f (Luftf) / departure time*, time of

**Abflugzeit**

departure || **voraussichtliche ~zeit** (Luftf) / estimated time of departure, ETD*
**Abfluß** m (das Abfließen) (Hyd, Phys) / outflow n, discharge n, running-out n, flowing-off n, running-off n, run-off n, draining-off n || ~ (Stelle, wo etwas abfließt - mit einem Stopfen, z. B. Badablauf) (Klemp) / plughole n || ~ (Masch) / drain n || ~ (eines Staudammes) (Wasserb) / outfall n || ~ (Menge) (Wasserb) / run-off* n, discharge* n || **bordvoller ~** (Wasserb) / discharge at bankfull stage, bankfull discharge || **oberirdischer ~** (auf Bodenoberfläche - die Gesamtmenge) (Wasserb) / surface run-off, overland run-off, immediate run-off || **oberirdischer ~** (prozentual zur Niederschlagsmenge) (Wasserb) / impermeability factor, run-off coefficient, coefficient of imperviousness (US) || **strömender ~** (Phys, Wasserb) / subcritical flow || ~ m **bei ufervollem Fließquerschnitt** (Wasserb) / discharge at bankfull stage, bankfull discharge
**Abfluß • beiwert** m (Verhältnis von Abfluß zu Niederschlag) (Geol, HuT, Wasserb) / impermeability factor, run-off coefficient, run-off percentage || **~ganglinie** f (Wasserb) / discharge hydrograph, run-off hydrograph || **~gebiet** n (im allgemeinen) (Geol) / hydrographic area || **~gebiet** (Wasserb) / catchment area*, river basin, catchment basin*, basin n, watershed n (US), drainage area, drainage basin, gathering ground, catchment n || **~graben** m (HuT) / drain n || **~hahn** m (Masch) / drain cock*, draw-off cock, draw-off tap || **~jahr** n (Wasserb) / hydrologic year, water year || **~kurve** f (Wasserb) / discharge mass curve || **~loch** n (Klemp) / plughole n
**abflußloses Gebiet** (Wasserb) / non-contributing area, closed-drain area
**Abfluß • menge** f (Wasserb) / run-off* n, discharge* n || **~mengenbestimmung** f (nach dem Geschwindigkeits-Integrationsverfahren) (Wasserb) / integration method || **~mengenkurve** f (Wasserb) / discharge hydrograph, run-off hydrograph || **~mengenlinie** f (Wasserb) / discharge hydrograph, run-off hydrograph || **~öffnung** f (Wasserb) / drop-out n || **~regime** n (ein Wasserhaushalt bei Fließgewässern) (Wasserb) / regime n, regimen n (US), river regime || **~rohr** n (für Kessel- oder Druckwasser) (Masch) / flow n, flow pipe || **~rohr** (Sanitär) / cesspipe n || **senkrechtes ~rohr** (Bau, Sanitär) / soil-pipe* (SP) n, downpipe n || **~spende** f (spezifische) (Wasserb) / specific discharge || **~vorhersage** f (Wasserb) / flow forecasting, discharge prediction, hydrologic forecast || **~wirksamer Niederschlag** (Wasserb) / direct run-off
**Abfluten** n (Trommelentsalzung bei Dampfkesseln) (Masch) / blow-down n, blow-off n (US), bleed-off n, purging n
**Abfolge** f (Biol) / succession* n || **nach oben feiner werdende ~** (in einem Sedimentationszyklus) (Geol) / fining-upwards cycle*
**abformen** v (Gieß) / mould v || ~ (Gieß) / moulding* n
**abformig** adj (nach der Spitze zu stark abnehmend - Baumstamm) (For) / tapered adj, tapering adj
**Abformigkeit** f (For) / taper n, rise n (US), fall-off n (US)
**Abformmasse** f / casting material
**abforsten** v (For) / deforest v, clear v (of trees)
**abfragbar** adj (durch Screening) (Chem) / able to be screened
**Abfrage** f (programmgesteuerte Feststellung, ob auf einem Platz im Arbeitsspeicher eine bestimmte Information vorhanden ist) (EDV) / scanning n || ~ (z. B. am Sichtgerät) (EDV) / inquiry n || ~ (zyklische - ob ein Paket zur Übermittlung bereitsteht) (EDV) / polling* n, POL || ~ (EDV) / query n (the extraction of data from a database) || ~ (durch den Operator usw.) (EDV) / keyboard inquiry, operator inquiry || ~ (Fernm) / interrogation* n || **automatische ~** (EDV) / autopolling n, automatic polling || **~apparat** m (Fernsp) / operator set || **~befehl** m (in der Fernwirktechnik) (Fernm) / interrogation command || **~betrieb** m (Fernm) / delivery n, direct trunking || **~blattschreiber** m (als Gegensatz zu console typewriter) (EDV) / interrogating typewriter || **~datei** (EDV) / query file, filter file || **~einrichtung** f (Fernm) / answering equipment || **~garnitur** f (am Vermittlungsplatz) (EDV, Fernm) / headset n || **~gerät** n (Fernm) / interrogator n, challenger n || **~konsole** f (EDV) / inquiry console
**abfragen** v (EDV) / sample v (input voltage, command functions) || ~ (Informationen aus einer Datenbank) (EDV) / query v, extract v || ~ n (Meßverfahren zur Lautstärkeermittlung) (Akus) / method of constant stimulus
**Abfrage • platz** m (Fernm) / inquiry station || **~prüfimpuls** m (EDV) / interrogation test pulse || **~satz** m (Fernsp) / answering set || **~schalter** m (Fernsp) / listening key* || **~sender** m (Fernm) / interrogator n, challenger n || **~sequenz** f (Abruffolge von Unterprogrammen) (EDV) / calling sequence || **~sprache** f (zur gezielten Abfrage und Selektion) (EDV) / query language, QL, inquiry language || **relationale strukturierte ~sprache** (EDV) / Structured Query Language, SQL || **~station** f (Fernm) / inquiry station || **~takt** m (Tastatur) (EDV) / scan pulse || **~taste** f (Fernsp) / answering button
**abfräsen** v (Masch) / remove by milling, mill off v

**abfressen** v (Landw) / crop v
**Abfühlbürste** f (EDV) / reading brush, sensing brush
**abfühlen** v (EDV, Masch) / sense v || ~ n (EDV, Masch) / sensing* n
**Abfühl • nadel** f (EDV) / pecker n || **~stift** m (EDV) / pecker n
**abführen** v (Flüssigkeit) (Masch) / drain of v || ~ (Späne) (Masch) / dispose v || ~ (Anführungszeichen hinten) (Typog) / unquote v || ~ (Wärme) / dissipate v, eliminate v
**Abführmittel** n pl (Pharm) / laxatives* pl
**Abfuhrrollgang** m (hinter dem Arbeitsrollgang in einem Walzwerk) (Hütt) / run-out roller table, delivery (roller) table, outgoing table, R/O table
**Abführung** f (der Wärme, z.B. ins Freie) (Wärm) / rejection n
**Abfuhrvermögen** n (von Überfällen) (Wasserb) / overflow capacity
**Abfüll • apparat** m (Masch, Nahr) / filler n, filling machine || **~bürette** f (Chem) / dispensing burette
**abfüllen** v / fill v || ~ (Bier, Wein) (Nahr) / rack off v, rack v || ~ (auf Flaschen ziehen) (Nahr) / bottle v || **in Fässer ~** / drum v || ~ n / filling n
**Abfüllgewicht** n (Nahr) / fillweight n
**Abfüllinie** f (aus mehreren Einzelkomponenten zusammengesetzte Einheit zum Abfüllen von Lacken und Druckfarben) (Anstr) / filling line
**Abfüll • maschine** f (Masch, Nahr) / filler n, filling machine || **~pipette** f (Chem) / delivery pipette
**Abfunkversuch** m (zur Grobsortierung von Stahllegierungen) (Chem Verf, Masch) / spark test
**abfüttern** v (ein Kleidungsstück) (Tex) / line v || ~ n (der Kleidungsstücke) (Tex) / lining n
**Abgabe** f (des Erdgases aus dem Speicher) / send-out n, gas send-out || ~ (z. B. des Kraftstoffs an der Tanksäule) / delivery n || ~ **eines Jobs** (EDV) / job submission || **~n** f pl **für Umweltverschmutzung** (Umwelt) / effluent charge(s) || **~förderer** m / discharge conveyor (system)
**abgabenfrei** adj / duty-and tax-free, duty-free adj
**Abgabe • preis** m / sales price, on-the-road price || **~rate** f (Radiol) / release rate (of radioactivity), emission rate || **~stelle** f (in der Fördertechnik) (Masch) / depositing station
**Abgang** m (der Leitung) (Eltech) / deflection n, deflexion n || ~ (Schiff) / sailing n
**Abgänge** m pl (aus der Rohfördermenge durch Sortieren ausgehaltene Berge) (Aufber) / rejects pl, refuse n || ~ (Aufber) / tailings* pl, tails* pl, tail n (US)*, colliery spoil, shale n, scaffings pl
**Abgangs • kontrolle** f (Kontrolle zur Verhinderung, daß Personen, die bei der Verarbeitung personenbezogenen Daten tätig sind, Datenträger unbefugt entfernen) (EDV) / removal control, physical exit control || **~welle** f (z.B. des Getriebes) (Masch) / output shaft, transmission output shaft
**Abgas** n (Erdöl) / off-gas n || ~ (Masch, Umwelt) / waste gas, exhaust gas*, exit gas || ~ (Pap) / relief gas, relief n || ~ (das den Rohrstutzen des Ofens verlassende Verbrennungsgas) (Umwelt) / flue gas*, fume n, stack gas || **trockenes ~** (aus dem Ofen) / dry flue gas* || **~analysator** m (Kfz) / exhaust-gas analyser || **~anlage** f (Kfz) / exhaust system || **~beheizt** adj / exhaust-gas heated || **~bestandteil** m (Umwelt) / exhaust-gas component || **~bestimmungen** f pl (Umwelt) / emission regulations, exhaust emission regulations, emission standards || **~druckgesteuerte Abgasrückführung** (Kfz) / exhaust-back-pressure modulated EGR || **~druckventil** (Kfz) / back-pressure valve, BPV, exhaust back-pressure transducer (valve) || **~druckwandler** m (Kfz) / back-pressure valve, BPV, exhaust back-pressure transducer (valve) || **~echtheit** f (Tex) / gas-fume fading resistance, gas fastness, gas fading resistance, fastness to gas fading, gas-fume fastness, fastness to gas-fume fading || **~emission** f (z. B. 3,4-Benzpyren, Blei usw.) (Kfz) / exhaust emission
**abgasen** v (Kocher) (Pap) / relieve v || ~ n (Kocher) (Pap) / relief n
**abgas • entgiftetes Fahrzeug** (Kfz) / low-emission vehicle || **~entschwefelung** f (Chem Verf, Umwelt) / waste-gas desulphurization || **~fahnenüberhöhung** f (Bau, Umwelt) / chimney superelevation || **~geheizt** adj / exhaust-gas heated || **~katalysator** m (als ganze Anlage) (Kfz) / catalytic converter, converter n || **~komponente** f (Umwelt) / exhaust-gas component || **~konus** m (Luftf) / exhaust cone* || **~krümmer** m (Kfz) / exhaust manifold* || **~leitung** f (Kfz) / exhaust pipe* || **~prüfung** f (Kfz) / exhaust test || **~reinigung** f **in Kraftfahrzeugen** (Kfz) / automotive emission control || **~rückführung** f (Kfz) / exhaust-gas recirculation, exhaust recycling, EGR || **abgasdruckgesteuerte ~rückführung** (Kfz) / exhaust-back-pressure modulated EGR || **unterdruckgesteuerte ~rückführung** (Kfz) / vacuum-modulated EGR || **~rückführventil** n (Kfz) / EGR valve || **~schalldämpfer** m (Kfz, V-Mot) / silencer* n, muffler (US)* || **~schleppe** f (Luftf) / exhaust trail || **~schornstein** m (der Rauchgase von gasförmigen Brennstoffen abführt) (Bau) / open-flue system || **~schutzmittel** n (Chem) / antifume agent || **~staugesteuertes AGR-System** (Kfz) / exhaust-back-pressure modulated EGR || **~strahl** m (Luftf) / exhaust blast, jet blast ||

⁀**tester** *m* (Kfz) / exhaust-gas analyser* ‖ ⁀**trübung** *f* (optischer Eindruck) (Kfz) / exhaust-gas opacity ‖ ⁀**turbine** *f* (Masch) / exhaust-gas turbine, exhaust-driven turbine ‖ ⁀**turbolader** *m* (Abgasturbine + Turbokompressor) (V-Mot) / exhaust-driven supercharger*, turbosupercharger* *n*, turbocharger* *n*, turbo *n*, turboblower *n*, turbo-driven supercharger ‖ ⁀**verbesserung(sanlage)** *f* (Kfz) / emission control (US) ‖ ⁀**vergaser** *m* (der einen niedrigeren CO-Wert der Abgase über eine lange Laufzeit gewährleistet) (V-Mot) / tamperproof carburettor ‖ ⁀**verluste** *m pl* (Kfz) / exhaust losses ‖ ⁀**verringerung** *f* (Kfz) / emission control (US) ‖ ⁀**verwertung** *f* / waste-gas utilization ‖ ⁀**vorschriften** *f pl* (Umwelt) / emission regulations, exhaust emission regulations, emission standards ‖ ⁀**waschkolonne** *f* (Chem Verf) / off-gas treater, off-gas scrubber ‖ ⁀**werte** *m pl* **am Endrohr** (Kfz) / tailpipe emissions, tailspout emissions

**abgautschen** *v* (Pap) / couch* *v* ‖ ⁀ *n* (Pap) / couching *n*
**abgebaut** *adj* (Gerüst) (Bau, HuT) / struck* *adj* ‖ ~ (Lagerstätte) (Bergb) / depleted *adj*, gotten *adj*, worked-out *adj* ‖ ~ (Wein, der infolge zu langer Lagerung seine Frische und Saftigkeit verloren hat und bei dem sich auch die Inhaltsstoffe nachteilig verändert haben) (Nahr) / over-aged *adj* ‖ ~**es Feld** (Bergb) / stope* *n*, stoped-out workings ‖ ~**er Raum** (Bergb) / stope* *n*, stoped-out workings
**abgebbare Leistung** (Eltech) / available power
**abgebeizte Wolle** (Tex) / pelt wool
**abgeblendet** *adj* (EDV) / dimmed *adj* (of menu options, indicating unavailability)
**abgebrannt•es Brennelement** (Nukl) / spent fuel element ‖ ~**er Brennstoff** (Nukl) / spent fuel*
**abgebremstes Drehmoment** (Eltech) / stalling torque*
**abgebrochen•er Anflug** (Luftf) / discontinued approach ‖ ~**e Darstellung** (bei technischen Zeichnungen nach DIN 6) / break *n* ‖ ~**er Flug** (Luftf) / interrupted flight ‖ ~**e Landung** (Luftf) / balked landing, baulked landing
**abgebröckelte Ecke** / chipped corner
**abgebürsteter Waschbeton** (Bau, HuT) / scrubbed concrete
**abgedichtet, umlaufend ~** / sealed around
**abgefallen•es Astholz** (For) / fallen wood ‖ ~**er Sand** (Gieß) / drop *n*
**abgefaste Kante** (z.B. bei Gipsplatten) (Bau) / tapered edge
**abgeflacht** *adj* (flat *adj* ‖ ~ (an den Polen) (Geophys) / oblate* *adj* ‖ ~**es Gewölbe** (Arch) / surbased vault ‖ ~**e Welle** (gegenüber der Sinusform) (Fernm) / flat-topped wave*
**abgeflammt** *adj* (Form) (Gieß) / skin-dried *adj*
**abgegeben•e Leistung** (Masch) / output* *n*, power output* ‖ ~**e Wellenleistung** (Masch) / shaft output, shaft power output
**abgeglichen** *adj* (Brücke) (Eltech) / balanced *adj* ‖ **nicht ~** (Brücke) (Eltech) / unbalanced* *adj*, out-of-balance *attr*
**abgegrenzt, genau ~** / well-defined *adj*
**abgegriffen** *adj* (durch häufiges Anfassen) / well-thumbed *adj*
**abgehackte Spannung** (Eltech) / intermittent voltage
**abgehangen** *adj* (Nahr) / well hung (of meat or game)
**abgehängte Decke** (die als Putz- oder Akustikdecke unter die Rohdecke gehängt wird) (Bau) / false ceiling, suspended ceiling
**abgehen** *v* (Farbe) / come off *v*
**abgehend** *adj* (Auslandsverkehr, Leitung, Verbindung) (Fernsp) / outgoing *adj* ‖ ~ (im Abflug) (Luftf) / outbound *adj* ‖ ~**es Gespräch** (Fernsp) / outgoing call ‖ ~**e Gruppe** (bei chemischen Reaktionen) (Chem) / leaving group, nucleofuge *n* ‖ ~**er Kurs über Grund** (Luftf) / outbound track ‖ ~**e Post** (EDV) / outgoing mail, out-basket *n* ‖ ~**e Speiseleitung** (Eltech) / outgoing feeder* ‖ ~**e Verbindung** (Fernm) / outgoing connection ‖ ~**er Verkehr** / outward traffic (GB), outbound traffic (US) ‖ ~**e Welle** (Radio) / outward-travelling wave, outgoing wave ‖ ~**er Zugang verhindert** (ein Leistungsmerkmal) (Fernsp) / outgoing calls barred, OCB
**abgehobenes Lötauge** (Eltronik) / lifted terminal pad
**abgekehrte Überstände** (bei Blattmetallen) / sweeps* *pl*
**abgekiestes Dach** (Bau) / gravel roof
**abgekochtes Wasser** / boiled water
**abgekürztes Verfahren** / short-cut method
**abgelagerte Moräne** (Geol) / morainal deposit
**abgelegt** *adj* (Kleidung) (Tex) / hand-me-down *attr*
**abgelehnt** *adj* (Bemerkung bei der Bewertung eines Terminus, z.B. in DIN 2336) / deprecated usage
**abgeleitet•e Bindung** (von den drei Grundbindungen) (Web) / derived weave ‖ ~**e Einheit ohne besonderen Namen** (in dem SI-System) / compound unit ‖ ~**e Einheiten** (DIN 1301, T 1) / derived units* ‖ ~**e Funktion** (Math) / derivative* *n*, differential coefficient*, derived function* ‖ ~**e Größe** / derived quantity ‖ ~**e Karte** (Kart) / derived map ‖ ~**e Menge** (Math) / derived set ‖ ~**es Normal** (z.B. Gebrauchsnormal) (Masch) / secondary standard*
**abgelenkter Strahl** (Phys) / deflected ray
**abgelesenes Minimum** / minimum reading

**abgemagert** *adj* (Version) (EDV) / scaled-down *adj*, crippled *adj* ‖ ~**es Gemisch** (V-Mot) / lean mixture ‖ ~**e Version** (ein System, das nur einen Teil der Funktionen einer anderen Version umfaßt) (EDV) / crippled version
**abgemessene Menge** / portion *n*
**abgenutzt** *adj* / worn-out *adj*, worn *adj* ‖ **stark ~** / badly worn ‖ ~**er Buchstabe** (im Bleisatz) (Druck) / batter* *n* ‖ ~**e Schrift** (im Bleisatz) (Druck) / battered types, worn types
**abgepackt** *adj* (Nahr) / pre-packed *adj*
**abgepaßt** *adj* (Maschenware) (Tex) / fully fashioned*, full-fashioned *adj*
**abgeplattet** *adj* / flattish *adj* ‖ ~ (an den Polen) (Geophys) / oblate* *adj* ‖ ~**es Ellipsoid** (Math) / oblate ellipsoid*, oblate spheroid
**abgeplatzt•es Email** / jumper *n*, popper *n* ‖ ~**es Putzstück** (Bau) / spall* *n*
**abgepreßte Zellulose** (Chem Verf) / pressed cellulose
**abgereichert•er Brennstoff** (Nukl) / spent fuel* ‖ ~**e Fraktion** (Nukl) / tails* *pl*, waste *n* ‖ ~**es Uran** (z.B. bei der Uranisotopentrennung) (Nukl) / depleted uranium*
**abgerichtet, nicht ~e Stelle** (beim Einsatz von Abrichtfräsmaschinen) (For) / skip *n*, planing skip ‖ ~**es Holz** (For) / dressed timber*, wrought timber, surfaced timber, planed lumber, surfaced lumber, planed timber
**abgeriebene Schicht** (Putz) (Bau) / floated coat*
**abgeriegelte Fernmeldeleitung** (Fernm) / DC-isolated communication line
**abgerissen•e Klebstelle** (Glas) / tear *n* ‖ ~**er Schuß** (Bergb) / hangfire* *n*, misfire *n* ‖ ~**e Strömung** (Luftf, Phys) / separated flow
**abgeröstetes Gut** (Hütt) / calcine* *n*, calcined product
**abgerundet** *adj* (Math) / round *adj* ‖ ~ (Wein) (Nahr) / round *adj* ‖ ~**e Antrittsstufe** (Bau) / curtail step* ‖ ~**e Außenkante** (Bau, Masch) / nosing* *n* ‖ ~**e Ecke** (Buchb) / rounded corner ‖ ~**e Eckenschutzleiste** (Bau) / angle bead* ‖ ~**e Kante** (Masch) / radiused edge, bull-nose *n* ‖ ~**er Kopf** (Masch) / round head ‖ ~**e oberste Schicht** (einer Mauer) (Bau) / bahut *n* ‖ ~**es Pulver** (Pulv) / nodular powder
**abgesackter Boden** (einer Flasche) (Glas) / rocker *n*, rocker bottom
**abgesättigt** *adj* (Chem, Phys) / saturated *adj*
**abgescanntes Bild** (EDV) / scanned image
**abgeschaltet** *adj* (bei kontinuierlichen Prozessen) (Chem Verf) / off-stream *attr* ‖ ~ (Eltech) / off *adv*, out *adv*
**abgeschertes Schubpaket** (Geol) / thrust slice, slice *n*
**abgeschirmt, partiell ~** (Eltech) / partially shielded ‖ ~**e Antenne** (Radio) / screened antenna ‖ ~**er Arbeitsraum** (Nukl) / shielded box* ‖ ~**e Box** (Nukl) / shielded box* ‖ ~**er Draht** (Eltech) / shielded wire, screened wire ‖ ~**er Indikator** (Chem) / screened indicator ‖ ~**es Kabel** (Kab) / screened cable, shielded cable ‖ ~**er Lagerraum** (DIN 25401) (Nukl) / cave *n* ‖ ~**e Leitung** (Eltech) / shielded line*, screened line ‖ ~**es Nuklid** (Kernphys) / shielded nuclide* ‖ ~**es Schnittstellenkabel** (EDV, Kab) / shielded interface cable ‖ ~**e symmetrische Leitung** (Eltech) / shielded pair* ‖ ~**e Verdrahtung** (Eltech) / screened wiring
**abgeschlagene Ecke** / chipped corner
**abgeschleudert•es Gestein** (Bergb) / fly-rock *n* ‖ ~**es Haufwerk** (Bergb) / fly-rock *n*
**abgeschlossen** *adj* (hermetisch) / sealed *adj* ‖ ~ (Wohnung) (Bau) / self-contained *adj* ‖ ~ **in sich** / self-contained *adj* ‖ ~**e Abbildung** (eine Abbildung eines topologischen Raumes in einen topologischen Raum, wobei das Bild jeder abgeschlossenen Menge eine abgeschlossene Menge ist) (Math) / closed map ‖ ~**er Ausdruck** (Math) / closed sentence, closed formula ‖ ~**es Intervall** (Math) / closed interval* ‖ ~**e Kugel** (Math) / closed ball ‖ ~**e Menge** (Math) / closed set* ‖ ~**es System** (das mit der Umgebung keinerlei Materie austauscht) (Phys) / closed system ‖ ~**es System** (das in keinerlei Wechselwirkung mit der Umgebung steht) (Phys) / isolated system ‖ ~**es Vakuumsystem** (Vakuumt) / sealed-off vacuum system, vacuum-sealed system ‖ ~**es vertikales Glied** (eines Bauwerks) (Arch) / bay* *n*
**Abgeschlossenheit** *f* (Math) / closure *n*
**Abgeschmack** *m* (Nahr) / foreign flavour, foreign taste, off-taste *n*
**abgeschnitten•er Lichtbogen** (Eltech) / chopped arc ‖ ~**es Paraboloid** (Radio) / truncated paraboloid (of an antenna) ‖ ~**e Scheibe** / slice *n* ‖ ~**er Streifen** / slice *n*
**abgeschnürtes Becken** (im Ozean) / restricted basin
**abgeschopft•es Blockende** (Hütt) / crop *n*, discard* *n* ‖ ~**es Ende** (des Blocks) (Hütt) / crop *n*, discard* *n*
**Abgeschöpftes** *n* (von der Oberfläche) / skimmings *pl*
**abgeschorene Wolle** (Tex) / sheared wool, shorn wool
**abgeschrägt** *adj* / slanted *adj*, sloping *adj* ‖ ~ (Arch, Bau) / splayed *adj* ‖ ~**es Felgenhorn** (Kfz) / flattened rim flange, flattened flange ‖ ~**e Kante** (Masch, Tischl, Zimm) / chamfer* *n*, chamfered edge ‖ ~**e Kante** (Schw) / scarfed edge ‖ ~**e obere Seite des Anfängers** (Bau, Glas) / skewback* *n* ‖ ~**er Pol** (Eltech) / skewed pole* ‖ ~**er Ziegel** (z.B.

**abgeschrieben**

Spitzkeil, Widerlagerstein) (Bau) / splay brick*, cant brick*, slope brick, slope* *n*
**abgeschriebene Anlage** / write-off *n*
**abgeschuppt** *adj* / scaly *adj*, scaled *adj*
**abgeschwächte Totalreflexion** (in der Infrarotspektroskopie) (Chem) / attenuated total reflectance (ATR), frustrated internal reflection
**abgesenkt•e Leerlaufzahl** (Kfz) / low-idle speed, off-idle speed, curb idle speed ‖ ~**e Stellung** (eines Wehrverschlusses) (Wasserb) / lowered position ‖ ~**es Tunnelrohr** (das an Land betoniert, an den Stirnseiten wasserdicht geschlossen, und an den Einsatzpunkt geschleppt wird) (HuT) / immersed tube
**abgesetzt** *adj* / stepped *adj*, stepping *adj* ‖ ~ (Kopf) (Masch) / undercut *adj*, truncated *adj* ‖ ~**er Dateizugriff** (EDV) / remote file access ‖ ~**er Datenbankzugriff** (EDV) / remote database access ‖ ~**er Datenzugriff** (EDV) / remote data access ‖ ~**es Endgerät** (entfernt aufgestellte Datenstation) (EDV) / remote station, remote terminal ‖ ~**e Frequenz** (Fernm) / offset frequency ‖ ~**er Köper** (Tex) / interrupted twill ‖ ~**er Niederschlag** (Form des Niederschlags in flüssigem oder festem Zustand, die unmittelbar an der Erdoberfläche, an Pflanzen oder Gegenständen entsteht, wenn diese kälter als die umgebende Luft sind - DIN 4049, T 101) (Meteor) / direct precipitation ‖ ~**e Nutverbindung** (Tischl) / stopped housing ‖ ~**er Prozeduraufruf** (EDV) / remote procedure call, RPC ‖ ~**er Senkkopf** (DIN 918) (Masch) / undercut flat head ‖ ~**er Stempel** (mit mehr als einem formgebenden Durchmesser) (Masch) / stepped punch ‖ ~**e Tastatur** (EDV) / detached keyboard ‖ ~**e Wahl** (zuerst Null mit Wählscheibe, dann Tastaturwahl) (EDV, Fernsp) / transmitted dialling, interrupted dialling ‖ ~**er Zugriff** (EDV) / remote access* (RA)
**abgesichert** *adj* (mit Sicherungen) (Eltech) / fused *adj*
**abgesondert** *adj* (Arch) / insulated* *adj*
**abgespannter Turm** (für Off-shore-Bohrungen) (Erdöl) / guyed tower
**abgespitzt•e Oberflächenstruktur** (von natürlichen und künstlichen Steinen) (Bau) / pick finish, pointed finish ‖ ~**er Stein** (Bau) / pointed ashlar*
**abgesplittert•e Ecke** / chipped corner ‖ ~**e Oberfläche** (des Chips) (Eltronik) / chip *n*, edge chip, nick* *n*, peripheral chip, peripheral indent
**abgesprengt•e Kante** (Glas) / edge as cut, rough edge, raw edge ‖ ~**er Spannbalken** (Zimm) / strut frame, truss-beam* *n*, trussed beam, strutted frame, strut bracing ‖ ~**er Träger** (Zimm) / strut frame, truss-beam* *n*, trussed frame, strutted frame, strut bracing
**abgesprungenes Stück** / chip *n*, splinter *n*
**Abgesprungenes** *n* / chip *n*, splinter *n*
**abgestanden** *adj* (Nahr) / insipid *adj*, stale *adj*, flat *adj*, tasteless *adj*, vapid *adj*
**abgestelltes Fahrzeug** (Kfz) / stationary vehicle
**abgestimmt, farblich** (aufeinander) ~ / colour-keyed *adj*, colour-matched *adj* ‖ **zeitlich aufeinander** ~ / timed *adj* ‖ ~**er Anodenkreis** (Eltronik) / tuned anode circuit ‖ ~**e Antenne** (Radio) / periodic antenna*, tuned antenna*, resonant antenna ‖ ~**es Filter** (Fernm) / matched filter ‖ ~**er Hohlraumresonator** (AkuS, Eltronik) / tuned cavity, tuned cell ‖ ~**er Kreis** *m* (Radio) / tuned circuit* ‖ ~**e Leitung** *f* (z.B. Lecher-Leitung) (Fernm) / resonant line* *n* ‖ ~**es Relais** (Eltech) / tuned relay* ‖ ~**e Schutzfunkenstrecke** (Eltech) / co-ordinating gap* ‖ ~**er Transformator** (Eltech) / tuned transformer, resonance transformer
**abgestorbene pflanzliche oder tierische Stoffe** (aus denen Humus gebildet wird) (Landw) / litter* *n*
**abgestrahlte Leistung** (Phys, Radio) / radiated power*
**abgestreiftes Neutron** (Kernphys) / stripped neutron
**abgestuft** *adj* / stepped *adj*, stepping *adj* ‖ ~**e Abschreckung** (Mil) / graduated deterrence ‖ ~**e Kiesfilterschüttung** (HuT) / graded filter ‖ ~**es Oxid** (unterschiedlich dicke Silizium(II)-oxidschichten auf einem Substrat) (Eltronik) / stepped oxide ‖ ~**e Sauerstoffzuführung** (beim Belebungsverfahren) (Sanitär) / tapered aeration ‖ ~**e Verwahrung** (Klemp) / skeleton flashing, stepped flashing
**abgestürzt** *adj* (EDV) / hung up *adj*
**abgetastet•es** (digitalisiertes) **Bild** (EDV) / sampled image ‖ ~**es Gebiet** (Eltronik) / scanned area ‖ ~**es Signal** (Fernm) / sampled signal
**abgetragen** *adj* (Kleidungsstück) (Tex) / well-worn *adj*, well-used *adj*, worn *adj*
**abgetrennt** *adj* / separate *adj* ‖ ~ **von der Stromquelle** (Elektr) / cold *adj*, dead *adj*, de-energized *adj*, dry *adj*, currentless *adj*
**abgetreppt•es Fundament** (Bau, HuT) / benched foundation*, stepped foundation ‖ ~**e Verwahrung** (Klemp) / skeleton flashing, stepped flashing
**abgetriebenes Glied** (Masch, Uhr) / follower* *n*
**abgetropfte Flüssigkeit** / droppings *pl*
**abgewalmtes Dach** (ungebrochene Dachformen) (Bau) / hipped roof*, hip roof, Italian roof*

**abgewandelt•er Naturstoff** (z.B. ein Derivat der Zellulose) (Chem) / modified natural product ‖ ~**er Naturstoff** (z.B. ein Derivat der Zellulose) (der der Umformung nichtelektrischer Meßgrößen in elektrische Widerstände dient) (Eltronik) / resistance pick-up, resistive pick-up
**abgewichene Bohrung** (Bergb) / off-centre hole
**abgewohnt** *adj* (schäbig) / shabby *adj*
**abgezeichneter Bogen** (Druck) / pass sheet*, o.k. sheet, o.k. proof
**abgezogener Beton** (Bau) / float (concrete) finish
**abgezweigter Verkehr** (Fernm) / add-drop traffic
**abgieren** *v* (Schiff) / sheer off *v*, sheer away
**abgießen** *v* (Gieß, Glas, Keram) / cast *v*, pour *v*, found *v* ‖ ~ (Glas, Hütt) / teem* *v*
**abglasen** *v* (Schuhleder, Schuhabsätze) (Leder) / scour *v*
**Abgleich** *m* / equalization *n* ‖ ≃ / balance* *n* ‖ ≃ (ein Abstimmvorgang) (Eltech) / balancing *n* ‖ ≃ (Masch) / lining-up* *n* ‖ **automatischer** ≃ (Eltech, Regeln) / automatic balancing ‖ **bohle** *f* (Gerät oder Vorrichtung, um Frischbeton-Oberflächen eben und mit Deckenschluß herzustellen) (Bau, HuT) / screed *n*, screed board, screed rail, screeding beam, tamper *n*, screeding board, smoothing beam
**Abgleichen** *n* (Feineinstellung von Kapazität, Induktivität oder Widerstand) (Eltech, Fernm) / alignment* *n*, trimming *n* ‖ ≃ (mit der Feile) (Masch) / topping *n*
**Abgleichfilter** *n* (Opt) / trimming filter
**Abgleichung** *f* / equalization *n*
**Abgleiten, subaquatisches** ≃ (Geol) / subaqueous gliding, subaqueous solifluction, subsolifluction *n*, slump under water
**Abgleit•fläche** *f* (Meteor) / katafront* *n* ‖ ≃**front** *f* (Meteor) / katafront* *n*
**Abgleitung** *f* (an den Kristallgrenzen) (Hütt, Krist) / slip* *n*
**Abgrabung** *f* (Veränderung der Erdoberfläche durch Entnahme von Boden- und Gesteinsmassen) (HuT) / stripping *n*
**abgrasen** *v* (Landw) / graze off *v*, graze down *v*
**Abgraten** *n* (Gieß) / deburring *n*, burring *n* ‖ ≃ (Masch) / frazing *n*, clipping *n*
**Abgrat•maschine** *f* (Masch) / deburrer *n*, frazing machine ‖ ≃**presse** *f* (Masch) / trimming press
**abgreifen** *v* (Eltech) / tap *v* ‖ ~ (Maße mit dem Tastzirkel) (Masch) / calliper *v*
**Abgreifklemme** *f* / alligator clip (US), crocodile clip, alligator clamp
**abgrenzen** *v* / bound *v*, mark the boundary
**Abgriff** *m* (die Anzapfung eines Bauelementes mit einem räumlich verteilten charakteristischen Parameter an einer Stelle, an der nur ein Teil dieses Parameters wirksam ist) (Eltech) / tapping* *n*, tap *n* ‖ ≃ (Regeln) / pick-off *n* ‖ ≃**arm** *m* (Eltech) / arm *n*
**abgriffest** *adj* (EDV) / wearproof *adj* (markings) ‖ ~ (Masch) / resistant to wear, wear-resistant *adj*, hard-wearing *adj*, hard-working *adj*
**Abgrusung** *f* (Geol) / gravel boulding
**Abguß** *m* (Gieß, Glas, Keram) / casting *n* ‖ ≃ (Stahlblockguß) (Hütt) / teeming *n* ‖ ≃**masse** *f* / casting material
**abhaken** *v* (bei Vergleich, Nachprüfung) / tick *v*, tick off *v*, check off *v* (US)
**abhalden** *v* (aus der Halde entnehmen) (Bergb) / take from the stock, take from the dump ‖ ~ (Bergb) / reclaim *v*
**Abhaldung** *f* (Bergb) / reclaiming *n*
**Abhalten** *n* (Foto) / dodging* *n*
**Abhaltung** *f* **einer Telekonferenz** (Fernm, TV) / teleconferencing *n* ‖ ≃ **einer Videokonferenz** (Fernm, TV) / video-conferencing* *n*
**Abhang** *m* (eines Berges, eines Hügels) (Geog) / versant *n*, hillside *n* ‖ ≃ (Geol) / escarpment *n*, scarp *n*
**abhängen** *v* (z.B. von einem Haken) (Masch) / take down *v*, remove *v*, take off *v* ‖ ~ (Fleisch) (Nahr) / hang *vt*, age *vt* ‖ ~ *n* (Sicherung oder Befestigung der Verrohrung an der Oberfläche) (Bergb, Erdöl) / landing *n* (of the casing) ‖ ≃ (von Geräten) (Landw) / unhitching *n*
**Abhänger** *m* (bei untergehängten Decken) (Bau) / hanger *n*
**abhängig** (von) / dependent (up)on ‖ **voneinander** ~ / interdependent *adj* ‖ **wechselseitig** ~ / interdependent *adj* ‖ ~**er Antrieb** (Masch) / slave drive, follower drive ‖ ~**er Ausfall** (aufgrund einer gemeinsamen Ursache) (Nukl) / common-mode failure*, CMF ‖ ~**es Ereignis** (Stats) / dependent event ‖ ~**e Löschwasserversorgung** (Wasserb) / piped-water supply ‖ ~**e Variable** (in der Analysis) (Math) / dependent variable* ‖ ~ **von der Zeit** / time-dependent *adj* ‖ ~**er Wartebetrieb** (DIN 44302) (EDV) / normal disconnected mode, NDM ‖ ~**e Wasserversorgung** (Wasserb) / piped-water supply ‖ ~**e Zeitverzögerung** (Eltech) / inverse time-lag*
**Abhängigkeit** *f* / dependence *n*, dependency *n* ‖ **gegenseitige** ≃ / interdependence *n* ‖ **lineare** ≃ (Math) / linear dependence ‖ **stetige** ≃ / continuous dependence
**Abhängigkeits•faktor** *m* (bei gegenseitiger Beeinflussung der Zeitglieder in der Rückführung eines PID-Reglers) (Regeln) /

interaction n ‖ ~gesteuert adj (KI) / dependency-directed adj ‖ ≃schaltung f (Eltech) / interlock* n, blocking n
**Abhängling** m (Arch) / pendant n
**Abhäsionsmittel** n / abherent n
**abhäsiv** adj / abherent adj ‖ ~es Mittel / abherent n
**Abhäsivmitel** n / abherent n
**abhaspeln** v / reel off v, unreel v, uncoil v, unwind v, pay off v ‖ ~ (Bergb) / unreel v, unwind v, reel off v
**Abhauen** n (Auffahren der Grubenbaue im Flöz in Abwärtsrichtung) (Bergb) / dipheading n, diphead n
**abhäuten** v (Leder) / flay v, skin v, hide v
**Abhebe•formmaschine** f (Preß- und Rüttelformmaschine ohne Wendevorrichtung) (Gieß) / lift-moulding machine, strip-moulding machine ‖ ≃geschwindigkeit f (des Wasserflugzeugs) (Luftf) / hump speed* ‖ ≃geschwindigkeit (bei der das Abheben des Flugzeugs vom Boden möglich ist) (Luftf) / lift-off n (speed)*, take-off speed ‖ ≃geschwindigkeit (des Landflugzeugs) (Luftf) / unstick speed ‖ **sichere** ≃**geschwindigkeit** (Luftf) / take-off safety speed
**abhebeln** v / pry off v, prise off f
**abheben** v / set off v ‖ ~ (eine Schutzschicht) / lift v ‖ ~ (Formkasten vom Modell) (Gieß) / strip v ‖ ~ (Luftf) / lift off v, blast off v, unstick v, get off v, take off v ‖ ≃ n (des Formkastens vom Modell) (Gieß) / stripping n (of a flask) ‖ ≃ (Lösen des Flugzeugs vom Boden nach Erreichen der Abfluggeschwindigkeit) (Luftf) / lift-off* n, blast-off n, getting-off n, unstick* n ‖ ≃ **der Scheibenwischer** (bei hoher Geschwindigkeit) (Kfz) / wiper lift ‖ ≃ **vom Wasser** (Luftf) / water take-off ‖ ≃ **vorgedruckter Farbe** (beim Überdrucken mit einer Farbe höherer Tackwerte) (Druck) / trapping n
**Abheber** m (Fehler) (Leder) / blister n ‖ ≃ (Abwasser) (Sanitär) / skimmer n
**abhebern** v (mit einem Heber) (Chem) / siphon off v
**Abhebe•stift** m (Gieß) / lifting pin ‖ ≃**technik** f (in der Halbleitertechnologie) (Eltronik) / lift-off n
**Abhebung** f (Verlagerung des durch Verwitterung gelockerten Gesteinsmaterials durch den Wind) (Geol) / deflation* n, eolation n ‖ ≃ (wenn das Schneidrad beim Rückhub außer Eingriff gebracht wird) (Masch) / lift-off n
**abheften** v (in einem Ordner) / file v
**Abhilfe** f (bei Schäden) / repair n ‖ ≃**maßnahme** f / remedy n, remedial action
**Abhitze** f (Wärm) / waste heat ‖ ≃**kessel** m (Masch) / waste-heat (recovery) boiler ‖ ≃**verwertung** f (Masch) / waste-heat recovery*
**abhobeln** v (mit einem Langhobel) (For, Zimm) / try v, try up v
**Abhollager** n / factory outlet (generally a drive-thru store)
**Abholung, kostenlose** ≃ (z.B. von Schrottfahrzeugen) / free towing
**abholzen** v (For) / deforest v, clear v (of trees) ‖ **vorbeugendes** ≃ (eine Art Flußräumung) (Wasserb) / preventative snagging, preventive snagging, stumping-off n
**abholzig** adj (nach der Spitze zu stark abnehmend - Baumstamm) (For) / tapered adj, tapering adj
**Abholzigkeit** f (Verjüngung des Rundholzes vom Stammende ausgehend in Richtung Zopfende in Zentimetern je Meter) (For) / taper n, rise n (US), fall-off n (US)
**Abhorchgerät** n (Fernm) / monitor* n
**abhören** v (Fernm) / intercept v ‖ ~ (Fernm) / monitor v ‖ ~ (Radio) / listen in v ‖ ~ (Fernm) / monitoring* n ‖ ≃ (unbefugtes) (Fernsp) / wiretapping n ‖ ≃ (Film, Radio, TV) / sound monitoring ‖ ≃ **von Übertragungsleitungen** (Fernm) / wire-tapping n ‖ ≃ **vor dem Regler** (des Mischpults) (Akus) / prefading* n
**Abhör•gerät** n (Fernm) / monitor* n ‖ ≃**kontrolle** f (Fernm) / aural monitoring, audio check ‖ ≃**lautsprecher** m (Fernm) / monitoring loudspeaker* ‖ ≃**schalter** m (Fernm, Fernsp) / monitoring key, listen-in key, monitoring button ‖ ≃**schaltung** f (Fernm, Fernsp) / monitoring circuit ‖ ~**sicher** adj (Fernm) / intercept-proof adj, tap-proof adj ‖ ≃**sicherheit** f (Fernsp) / privacy n ‖ ≃**stelle** f (Fernm) / intercept(ing) station ‖ ≃**tisch** m (Film, Radio, TV) / monitoring desk
**Abietan** n (Strukturtyp der Diterpene) (Chem) / abietane n
**Abietat** n (Salz oder Ester der Abietinsäure) (Chem) / abietate n
**Abietin** n (Chem) / coniferin* n ‖ ≃**säure** f (Chem) / abietic acid
**Ability** f (KI) / ability n
**Ab-initio-Rechnung** f (in der Quantenchemie) (Chem) / ab initio computation
**Abioseston** n (Biol) / detritus* n
**abiotisch** adj (unbelebt) (Biol) / abiotic* adj
**Abisolierautomat** m (Eltech) / stripper n, wire stripper
**abisolieren** v (z.B. Kabel) (Eltech) / skin v, strip v, bare v ‖ ≃ n (mit der Abisolierzange oder mit dem Abisolierautomaten, wenn auch die Schutzhülle eines Kabels oder einer Leitung entfernt wird) (Eltech) / skinning n, stripping n, sheath-stripping n
**Abisolier•maschine** f (Eltech) / stripper n, wire stripper ‖ ≃**zange** f (Eltech) / stripping tongs, stripper n, wire strippers, stripping pliers

**abkanten** v (dünne Bleche) (Masch) / fold v, cant v ‖ ~ (Plast) / fold v, crease v ‖ ≃ n (von dünnen Blechen) (Masch) / folding n, canting n ‖ ≃ (von Halbzeug) (Plast) / folding n, creasing n ‖ ≃ (mit Abkantstab) (Plast) / bar folding, bar creasing ‖ ≃ **mit Abkantklappe** (für stärkere Platten) (Plast) / folding with bending support, creasing with bending support
**Abkanter** m (der Nähmaschine) (Tex) / folder n
**Abkant•klappe** f (für stärkere Platten) (Plast) / bending support ‖ ≃**presse** f (Hütt, Masch) / edging press, brake n (US), power brake (US), press brake
**abkappen** v (Rundholz, Bretter, Bohlen) (For) / nose v (a tree trunk)), equalize v (sawnwood), dock v ‖ ~ (For) s. auch abschneiden
**abkapseln** v / encapsulate v
**abkarren** v / cart away v
**abkippen** v (eine Schraube verbiegen) (Masch) / tilt v ‖ ≃ n (ungewollte Rollbewegung um die Längsachse - durch Abreißen der Strömung und Zusammenbrechen des Auftriebs an nur einer Flügelhälfte infolge eines zu großen Anstellwinkels) (Luftf) / stall diving, stall dive
**Abkipphöhe** f / dumping height
**abklappbar** adj / retractable adj
**Abklärung** f / clarification n, clearing n
**Abklatschen** n (in der DC) (Chem) / contact spotting ‖ ≃ (bei fehlerhaften Färbungen) (Tex) / marking-off n
**Abklebbarkeit** f (des Zurichtfilms) (Leder) / tape resistance
**Abklebeband** n (z.B. Tesa-Krepp) (Anstr, Bau) / masking tape
**abkleben** v (die zu lackierende Stelle) (Anstr) / mask v, mask out v ‖ ≃ n (der zu lackierenden Stelle) (Anstr) / masking n, masking out
**Abklebfestigkeit** f (Grad der Widerstandsfähigkeit einer im allgemeinen noch frischen Lackschicht gegenüber der Einwirkung von Klebeband beim Abkleben) (Anstr) / masking resistance
**abklemmen** v (Kabel) (Kfz) / remove v ‖ ~ (Schläuche mit der Abklemmzange) (Masch) / pinch off v ‖ ≃ (Eltech) / terminal disconnection
**Abklemmung** f (Eltronik) / pinch-off n
**Abklemmzange** f (Eltronik, Masch) / hose pinch-off pliers
**Abklingbecken** n (Nukl) / cooling pond, spent-fuel pit, fuel storage pool, CP
**abklingeln** v (ein Kabel) (Kab) / buzz out v, ring out v
**abklingen** v (Akus, Phys) / die away v, die out v ‖ ≃ n (Akus, Phys) / dying-away n, dying-out n ‖ ≃ (der Aktivität) (Kernphys) / decay n ‖ ≃ (der Aktivität) (Kernphys) s. auch Abkühlung ≃ (einer Schwingung) (Phys) / evanescence n
**abklingend•e Schwingung** (Fernm) / ringing* n ‖ ~**e Schwingung** (Phys) / dying-out oscillation ‖ ~**e Welle** (Akus) / evanescent wave*
**Abklingenlassen** n (Nukl) / cooling* n
**Abkling•faktor** m (Phys) / decay factor*, damping factor, decay constant, decay coefficient ‖ ≃**fluidität** f (DIN 13 343) (Phys) / transient fluidity ‖ ≃**koeffizient** m (Phys) / decay factor*, damping factor*, decay constant, decay coefficient ‖ ≃**konstante** f (Kernphys) / Rossi alpha ‖ ≃**konstante** (Phys) / decay factor*, damping factor*, decay constant, decay coefficient ‖ ≃**resttoleranz** f (Eltronik) / ripple tolerance ‖ ≃**zeit** f (beim Signal) (Fernsp) / release time ‖ ≃**zeit** (Kernphys, Phys) / relaxation time*, decay time*
**abklopfen** v (entfernen) / knock off v, tap off v ‖ ~ (Glas) / crack off v ‖ ≃ n (Gieß) / chipping n, chip-off n ‖ ≃ (mit der Hammerfinne) (Masch) / peening n ‖ ≃ **der Firste** (Bergb) / drumming n
**Abklopfhammer** m (Masch) / boilermaker's hammer*, scaling hammer* ‖ ≃ s. auch Rosthammer
**abkneifen** v / nip v, nip off v
**abkochen** v (Milch) (Nahr) / scald v ‖ ~ (Pharm) / decoct v ‖ ~ (Baumwolltextilien) (Tex) / boil out v ‖ ~ (Rohseide) (Tex) / boil off v, scour v, degum v ‖ ≃ n (Entfernen des Seidenleims am Kokon) (Tex) / boiling-off n, scouring n, degumming n
**Abkoch•entfetten** n (mit alkalischen Reinigern bei Temperaturen in Siedepunktnähe) / hot alkaline cleaning ‖ ≃**mittel** n (z.B. Seife) (Tex) / boil-off assistant, degumming agent, scouring agent
**Abkochung** f (Pharm) / decoction* n
**Abkochverlust** m (Tex) / boiling-off loss
**Abkohlung** f (teilweiser Entzug des Kohlenstoffs nach DIN 17014, T 1) (Hütt) / partial decarburization
**abkommen** v (von der Piste) (Luftf) / run off v ‖ ≃ n (von der Piste) (Luftf) / run-off n
**Abkömmling** m (Chem) / derivative n
**abkoppeln** v (z.B. Systemeinheiten) (EDV) / disconnect v ‖ ~ (Raumf) / undock v
**abkrammen** v (Krätze) (Hütt) / skim v, scum v
**abkrampen** v (mechanisch) (Hütt) / skim v, scum v
**abkratzen** v / scrape off v ‖ ~ (mürben Putz, alten Anstrich) (Anstr, Bau) / rake out v
**abkrätzen** v (Hütt) / skim v, scum v
**Abkratzspachtel** m (Anstr) / stripping knife, broad knife
**Abkreiden** n (Anstr) / chalking* n, flouring n, powdering n

9

**abkröpfen** v (Masch) / offset v, crank v
**Abkühlanlage** f (Nukl) / afterheat removal system, residual heat removal system
**abkühlen** v / cool vt ‖ **sich ~** / cool vi
**Abkühl•geschwindigkeit** f (Hütt, Krist) / cooling rate ‖ **⁓kurve** f (Phys) / cooling curve
**Abkühlung** f (Nukl) / cooling* n ‖ ⁓ (Phys) / cooling n, cool-down n ‖ **adiabatische** ⁓ (Phys) / adiabatic cooling
**Abkühlungs•geschwindigkeit** f (Hütt, Krist) / cooling rate ‖ **Newtonsches ⁓gesetz** (Phys) / Newton's law of cooling* ‖ **⁓größe** f (Phys) / cooling effect (measured with the katathermometer) ‖ **⁓kurve** f (Phys) / cooling curve* ‖ **⁓ofen** m (für offene Häfen) (Glas) / soaking pit (for cast glass)
**abkupfern** v (illegal, einen Markenartikel) / knock off v
**abkürzen** v / poll v
**Abkürzkreissägemaschine** f (For) / radial saw, radial-arm saw
**Abkürzungs•taste** f (EDV) / hot key (key or key combination, e.g. Alt + S to start a TSR or activate a function within a program) ‖ **⁓verfahren** n (beim Werkstoffprüfen) (WP) / accelerated test
**abladen** v (z.B. ein Fahrzeug) / unload v, discharge v ‖ **~** (auf eine bestimmte Stelle) / deposit v, dump v
**Ablage** f (Tätigkeit - in den Bürosystemen) / filing n ‖ ⁓ (eine systematisch geordnete Sammlung von Schriftgut) (EDV) / file* n ‖ ⁓ (Kfz) / stowage shelf, open shelf ‖ ⁓ (wo etwas abgelegt wird) (Kfz) / rack n ‖ ⁓ f (auf Mittelkonsole, ohne Deckel) (Kfz) / floor tray ‖ ⁓ f (Wandbrett) (Tischl) / shelf n (pl. shelves) ‖ ⁓ (als Vorgang) (EDV) / electronic filing ‖ **papierlose** ⁓ (EDV) / paper-free filing system ‖ ⁓ **f für angearbeitete Werkstücke** (F.Org) / bank n, float n ‖ **⁓box** f (Kfz) / storage box, centre-console storage compartment ‖ **⁓datei** f (EDV) / permanent file ‖ **⁓fach** n (z.B. für Druckerpapier) (EDV) / stacker n, receiver n ‖ **⁓fach** (der Sortiermaschine) (EDV) / card pocket, pocket n, sorter pocket ‖ **⁓fach** (Kfz) / stowage shelf, open shelf ‖ **⁓fach** (auf Mittelkonsole, mit Deckel) (Kfz) / storage box, centre-console storage compartment ‖ **⁓korb** m / correspondence tray ‖ **⁓organisation** f / file organization
**ablagern** v / deposit vt ‖ **~** vt (Holz, Papier, Wein) / season v ‖ **~** v (Häute zwischen zwei Arbeitsgängen) (Leder) / pile v ‖ **~** vt (Wein, Käse) (Nahr) / age v ‖ **~** v (auf der Deponie) (Umwelt) / dump v, tip v (GB) ‖ **sich** ⁓ / sediment vi, subside v, deposit vi ‖ **~ lassen** / mature vt ‖ ⁓ **n von Müll** (Umwelt) / dumping n, tipping n (GB), disposal n
**Ablagerung** f (das Abgelagerte) / sediment n, subsidence n, precipitate n, deposit* n, lees pl, foots pl ‖ ⁓ (Holz, Papier, Wein) / seasoning n ‖ ⁓ (Chem, Med) / sedimentation* n, settling n ‖ ⁓ (von lockerem, durch die Verwitterung entstandenem Gesteinsmaterial oder von chemischen oder biogenen Sedimenten - Prozeß) (Geol) / sedimentary deposition, deposition* n, sedimentation* n ‖ ⁓ (von Lebensmitteln) (Nahr) / ageing n ‖ **äolische ⁓en** (Geol) / aeolian deposits*, eolian deposits* ‖ **glaziale** ⁓ (Geol) / glacial deposit* ‖ **gleichzeitige** ⁓ (Geol) / co-sedimentation n ‖ **kontinentale** ⁓ (Geol) / terrestrial deposit ‖ **rhythmische** ⁓ (Geol) / rhythmic sedimentation* ‖ ⁓ **f auf der Deponie** (Umwelt) / dumping n, tipping n (GB), disposal n ‖ ⁓ **im Motor** (V-Mot) / engine deposit
**Ablagerungen, fluviatile** ⁓ (Geol, Wasserb) / alluvial deposits* ‖ **pelagische** ⁓ (Geol) / deep-sea deposits*, pelagic deposits ‖ **terrigene** ⁓ (Geol) / terrigenous sediments*, terrigenous deposits ‖ ⁓ **in Deltamündungen** (Geol) / delta, deltaic deposits*
**Ablagerungs•becken** n (Geol) / depositional basin ‖ **⁓fläche** f (Geol) / depositional area ‖ **⁓gebiet** n (Geol) / depositional area ‖ **⁓geschwindigkeit** f (Geol, Umwelt) / deposition velocity ‖ **⁓gesteine** n pl (Geol) / sedimentary rocks* ‖ **⁓kreislauf** m (Sonderfall des Stoffkreislaufs eines Elementes) (Chem) / deposit circulation
**Ablage•struktur** f (von Schriftstücken) / file organization ‖ **⁓system** n (EDV) / filing system
**ablandig** adj (Strömung, Wind) (Meteor, Ozean) / offshore adj
**ablängen** v (Rund- oder Schnittholz) (For) / cut into length(s), cut to length, cross-cut v, dock* v, trim v
**Abläng•fräsmaschine** f (aus zwei Fräseinheiten aufgebaute Maschine zur beidseitigen Bearbeitung von Rohteilen auf eine vorgegebene Länge) (Masch) / cross-cut milling machine ‖ **⁓reste** m pl (For, Zimm) / ends pl, off-cuts pl ‖ **⁓säge** (For, Zimm) / cross-cut saw*, log cross-cutting saw ‖ **⁓säge** (For, Zimm) s. auch Kappsäge ‖ **⁓schnitt** m (For, Zimm) / cross-cut n, cross-section n, transverse section
**Ablaß** m (Masch) / drain n ‖ ⁓ (Wasserb) / blow-off n
**ablassen** v (Teich) / drain v, drain out v ‖ **~** (Glas) / tap v ‖ **~** (Öl) (Kfz) / drain out v ‖ **~** (Luft aus einem Reifen) (Kfz) / deflate v ‖ **~** (Rahmenkanten, Schnittkanten) (Leder) / feather v ‖ **~** (Flotte) (Leder, Tex) / drain v ‖ **~** (Treibstoff - als Notmaßnahme) (Luftf) / jettison v, dump v ‖ **~** (z.B. Schmierstoff) (Luftf) / drain v ‖ **~** n (Glas) / tapping n
**Ablaß•hahn** m (Masch) / drain cock*, draw-off cock, draw-off tap ‖ **⁓hahn** (kleiner) (Masch) / pet cock* ‖ **⁓kante** f (Schuhrahmen) (Leder) / feather n ‖ **⁓öffnung** f (Masch) / outlet n ‖ **⁓schieber** m (HuT, Wasserb) / wash-out valve* ‖ **⁓schraube** f (Kfz) / drain plug ‖ **⁓schütz** n (Wasserb) / scouring sluice (with a scouring gate) ‖ **⁓ventil** n (Masch) / drain valve
**Ablastbogen** m (Bau, HuT) / discharging arch*, relieving arch, rough arch, safety arch*
**Ablation** f (bei der Laserbearbeitung) / ablation n ‖ ⁓ (Abschmelzen von Schnee und Gletscher oder Inlandeis) (Geol) / ablation n, wastage n ‖ ⁓ (Raumf) / surface ablation, ablation n
**Ablations•beschichtung** f (Raumf) / ablative coating ‖ **⁓hitzeschild** m (Raumf) / ablation shield* ‖ **⁓kühlung** f (Raumf) / ablative cooling, ablation cooling ‖ **⁓schild** m (Raumf) / ablation shield* ‖ **der nicht durch den ⁓schild geschützte Teil des Rückkehrkörpers** (Raumf) / afterbody n ‖ **⁓werkstoff** m (Beryllium, Graphit, faserverstärkte Kunststoffe) (Raumf) / ablator n, ablative material, ablative agent ‖ **⁓werkstoff für die Sublimationskühlung** (Raumf) / subliming ablator
**ablativ** adj (Raumf, WP) / ablative adj
**Ablauf** m (der Vertragszeit) / expiry n, expiration n ‖ ⁓ (konkav kurvierte Vermittlung zwischen einem vorspringenden oberen und einem zurücktretenden unteren Bauglied) (Arch) / apophyge* n ‖ ⁓ (ein Rangiervorgang) (Bahn) / cut n ‖ ⁓ (dritte Fraktion bei der Destillation) (Chem Verf) / tails pl, tailings pl, last cut ‖ ⁓ (Tätigkeit) (Hyd, Phys) / discharge n, running-out n, flowing-off n, running-off n, run-off n, draining-off n ‖ ⁓ (Öffnung) (Masch) / outlet n ‖ ⁓ (Masch) / drain n ‖ ⁓ (von Nachprodukt) **1** (Nahr) / high-grade sirup, high-green sirup, high sirup, green sirup ‖ ⁓ (von Nachprodukt) **2** (Nahr) / low-grade sirup, low-green sirup, low sirup ‖ ⁓ (Bauteil des Entwässerungsnetzes, durch den Abwasser in das Leitungsnetz abgeführt wird, wie z.B. ein Straßenablauf) (Sanitär) / sink n ‖ ⁓ (Schiff) / launching n ‖ ⁓ **des Bremsmanövers** (Raumf) / retrosequence n ‖ **⁓anforderung** f (EDV) / routine request, sequence request ‖ **⁓anweisung** f (meistens grafische) / run chart ‖ **⁓backe** f (der Trommelbremse) (Kfz) / trailing shoe, following shoe ‖ **⁓bahn** f (für Wasserflugzeuge) (Luftf) / slipway n ‖ **⁓bahn** (der Helling) (Schiff) / launching ways, ways* pl, launchway n, standing ways* ‖ **~bereit** adj (Programm) (EDV) / loadable adj, operable adj, executable adj ‖ **⁓berg** m (bergartige Erhöhung eines Gleises in Rangierbahnhöfen) (Bahn) / hump n ‖ **⁓bühne** f (Schiff) / sliding ways*, slide ways ‖ **⁓diagramm** n / flowchart* n (ISO 2382 - 1: 1984), flow sheet ‖ **⁓diagrammsinnbild** n (EDV) / flowcharting symbol, flowchart symbol ‖ **⁓eigenschaften** f pl (Phys) / flow properties
**ablaufen** v (Flüssigkeit) / run out v, flow out v, drain v ‖ **~** vi (Frist) / elapse v, expire v ‖ **~** (Patent) / come off v ‖ **~** (Draht beim Schutzgasschweißen oder Klebeband) / uncoil vi ‖ **~** (Glasur) (Keram) / run off v, trickle v ‖ **~ lassen** (Wasser) / let out v, let off v ‖ **~ lassen** (Programm) (EDV) / run* vt ‖ ⁓ n (Anstr) / drainage n ‖ ⁓ (der Glasur) (Keram) / running-off n
**ablaufend•e Kante** (Eltech) / trailing edge ‖ **~e Kante** (der Bürste) (Eltech) / leaving edge*, heel* n, trailing edge*, back* n ‖ **~e Polkante** (Eltech) / trailing pole horn*, trailing pole tip* ‖ **~e Tide** (Ozean) / falling tide, ebb tide ‖ **~er Trum** (bei der Analyse der an den Umlenkrollen wirkenden Kräfte) (Masch) / lower strand, return strand, slack strand, slack side
**ablauffähig** adj (Programm) (EDV) / loadable adj, operable adj, executable adj ‖ **~e Phase** (EDV) / loadable phase ‖ **~es Programm** (EDV) / executable program
**Ablauf•fehler** m (der Gegenstelle) (EDV) / remote procedure error ‖ **⁓figur** f / run-down n ‖ **⁓fläche** f (einer Spüle) (Bau) / drainer n ‖ **⁓gleis** n (Bahn) / hump track, lead track ‖ **⁓haspel** f m (z.B. der Breitbandbeschichtungsanlage) (Anstr) / entry arbor ‖ **~invariant** adj (Programm) (EDV) / re-entrant* adj, re-enterable adj ‖ **⁓kanal** m (ein Triebwasserkanal) (Wasserb) / tail race ‖ **⁓kette** f (Regeln) / sequential circuit ‖ **⁓kühlturm** m (der lediglich für Ablaufkühlung ausgelegt ist) / helper tower, supplemental wet cooling tower ‖ **⁓kühlung** f / supplemental cooling (in a wet cooling tower) ‖ **⁓kurve** f (in der Serienfertigung) (Masch) / learning curve ‖ **⁓linie** f (in einem Programmablaufplan) (EDV) / flow line ‖ **⁓mittel** n (Anstr) / draw-down additive ‖ **⁓plansinnbild** n (EDV) / flowcharting symbol, flowchart symbol ‖ **⁓plansymbol** n (EDV) / flowcharting symbol, flowchart symbol ‖ **⁓punkt** m (beim Anflug) (Luftf) / gate n ‖ **⁓regelung** f (Regeln) / sequential control, sequencing n ‖ **⁓rohr** n s. Abflußrohr und Rückflußrohr ‖ **⁓rost** m (des Straßenablaufs) (HuT, Sanitär) / gully grating ‖ **⁓schale** f (Masch) / drip pan ‖ **⁓schema** n / schematic flow diagram, flow schematic ‖ **⁓schlitten** m (Schiff) / sliding ways*, slide ways ‖ **⁓schlittenstützen** f pl (besonders im Vor- und Hinterschiff) (Schiff) / poppets* pl ‖ **⁓sirup** m (in der Rohzuckerfabrikation) (Nahr) / treacle n, sugar-house molasses ‖ **⁓sirup** (Nahr) / run-off sirup, centrifugal sirup ‖ **⁓steuerung** f (EDV, Regeln) / sequential control, sequencing n ‖ **⁓steuerung** (Anlage) (Anlage) (EDV, Regeln) / sequencer n ‖ **⁓steuerung** (Regeln) / open-loop program control ‖ **⁓system** n (ausschließlich zum Ablauf, nicht zur Entwicklung von Software) (EDV) / delivery system ‖ **⁓teil**

*m* (des Organisationsprogramms) (EDV) / executive *n* ‖
⁓**terminierung** *f* (F.Org) / scheduling sequence ‖ ⁓**trichter** *m* (z.B.
zum Hefedeckenabschöpfen) (Chem Verf) / parachute *n* ‖
⁓**verfolgung** *f* (Überwachung des Programmlaufes mit Hilfe eines
Tracers) (EDV, Masch) / trace *n*
**Ablauge** *f* (Aufber) / barren solution* ‖ ⁓ (Chem) / waste lye, spent lye ‖
⁓ (Pap) / spent liquor, waste liquor
**ablaugen** *v* (alte Möbel) (Anstr, Tischl) / pickle *v* ‖ ⁓ *n* (alter Möbel)
(Anstr, Tischl) / pickling *n*
**ablaugendes Mittel** (alkalisches Abbeizmittel) (Anstr) / caustic paint
stripper, sugar soap*, caustic paint remover*
**Ablaugmittel** *n* (alkalisches Abbeizmittel) (Anstr) / caustic paint
stripper, sugar soap*, caustic paint remover*
**Abläutezeichen** *n* (Fernsp) / ring-off signal
**Ableerbütte** *f* (bei der Stoffaufbereitung) (Pap) / buffer chest, dump
chest
**Ableeren** *n* (der Färbeflotte) (Tex) / knock-over *n*
**Ablege•anweisung** *f* (EDV) / put statement ‖ ⁓**datei** *f* (EDV) / put file ‖
⁓**mäher** *m* (Landw) / reaper *n*, reaping machine
**ablegen** *v* (ein Handhabeobjekt) / place *v* ‖ ⁓ (Bogen) (Pap) / lay up *v* ‖
~ (Schiff oder Schwimmkörper) (Schiff) / shove off *v*, put out *v*, put
off *v*, sail out *v* ‖ ⁓ (Tex) / cuttle *v*, plait *v* ‖ ⁓ *n* (der Bogen) (Pap) /
lay-up *n* ‖ ⁓ (Tex) / cuttling* *n*, plaiting* *n* ‖ ⁓ *n* (des Satzes beim
Handsatz) (Typog) / distribution *n*, throwing-in *n* ‖ **schuppenförmiges**
⁓ (von Mikrofiches) (EDV) / offset stacking
**Ableger** *m* (Bot, Landw) / scion *n* ‖ ⁓ (Gartenbau) (Bot, Landw) / layer *n* ‖
⁓ (DIN 64990) (Tex) / folder *n*, folding machine
**Ablegesatz** *m* (Typog) / dead matter*, killed matter
**Ablegieren** *n* (beim Löten) / dissolving action (of the molten solder)
**ablehnen** *v* / reject *v*
**Ablehnung** *f* (bei der Kontrolle) (F.Org) / rejection *n*
**Ablehnungs•bereich** *m* (in der Testtheorie) (Stats) / rejection region,
critical region ‖ ⁓**grenze** *f* (Stats) / rejection limit (in quality control),
rejection level, cut-off level ‖ ⁓**wahrscheinlichkeit** *f* (Stats) / rejection
probability
**ablehren** *v* / calliper *v*, caliper *v* (US) ‖ ~ (Instr, Masch) / gauge *v*, gage *n*
(US)
**ableichtern** *v* (Schiff) / lighten *v*
**AB-Leistung** *f* (Eltech) / intermittent rating*
**Ableit•anode** *f* (Eltronik) / relieving anode ‖ ⁓**bar** *adj* (in einem Kalkül)
(EDV, Math) / deducible *adj* ‖ ⁓**bedingungen** *f pl* (unter denen die
Abgase in die Atmosphäre emittiert werden) (Umwelt) / discharge
conditions ‖ ⁓**bedingungen** (die Gesamtheit der physikalischen,
chemischen und technischen Bedingungen, unter denen die Abgase
in die Atmosphäre emittiert werden) (Umwelt) / discharge conditions
‖ ⁓**elektrode** *f* (eine Bezugselektrode nach DIN 19 261) (Eltronik) /
bleeder electrode
**ableiten** *v* / bleed off *v* ‖ ~ (Strom) (Eltech) / leak *v* ‖ ~ (z.B. eine
Formel) (Math) / derive *v*
**Ableit•fähigkeit** *f* (des Anstrichs) (Anstr) / leakage resistance ‖
⁓**kondensator** *m* (Eltech) / by-pass capacitor*
**Ableitung** *f* / derivation *n* ‖ ⁓ (in einer Grammatik) (EDV) / derivation
*n* ‖ ⁓ (Querleitwert) (Elektr) / leakance *n* ‖ ⁓ (der durch die
Leitfähigkeit der Isolation bedingte Nebenschluß) (Eltech) / leak* *n* ‖
⁓ (Math) / derivative* *n*, differential coefficient*, derived function* ‖
**höhere** ⁓ (Math) / higher derivative (of a function) ‖ **höhere partielle**
⁓ (Math) / higher-order partial derivative ‖ **kovariante** ⁓ (Math) /
covariant derivative ‖ **linksseitige** ⁓ (Math) / left derivative, left-hand
derivative ‖ **logarithmische** ⁓ (Math) / logarithmic derivative ‖
**partielle** ⁓ (Math) / partial derivative, partial differential coefficient*
‖ **rechte** ⁓ (Math) / right derivative ‖ **rechtsseitige** ⁓ (Math) / right
derivative, right-hand derivative ‖ **vordere** ⁓ (Math) / right
derivative, right-hand derivative ‖ **zweite** ⁓ (Math) / second
derivative ‖ ⁓ *f* **des Stromes durch Nässe** (Eltech) / weather-contact *n*
‖ ⁓ **in einer Richtung** (Math) / directional derivative*
**Ableitungs•baum** *m* **für die Satzanalyse** (EDV) / parsing derivation
tree ‖ ⁓**belag** *m* (eine Leitungskonstante) (Eltech) / leakance per unit
length, shunt conductance per unit length ‖ ⁓**graben** *m* (z.B. für
eine Bewässerungsanlage) (Wasserb) / outlet *n* ‖ ⁓**kanal** *m* (Wasserb) /
outfall *n*, outfall channel ‖ ⁓**regel** *f* (KI) / inference rule ‖ ⁓**rohr** *n*
(Klemp) / off-take pipe ‖ ⁓**spektroskopie** *f* (Spektr) / derivative
spectroscopy ‖ ⁓**strom** *m* (bei einer Doppelleitung durch die
Isolation zum Nachbarleiter oder zur Erde fließender Strom)
(Eltech) / leakage current, leak current
**Ablenk•blech** *n* (Masch) / deflector *n* ‖ ⁓**dehnung** *f* (Radar) / expanded
sweep ‖ ⁓**dehnungskreis** *m* (Radar) / expanded-sweep circuit ‖
⁓**elektrode** *f* (der Elektronenstrahlröhre) (Eltronik) / deflector
plate*, deflection plate, deflecting electrode*
**ablenken** *v* (Eltronik) / sweep *v* ‖ ⁓ *n* (eines Bohrlochs) (Erdöl) / drifting
*n*, sidetracking *n*
**Ablenk•generator** *m* (Eltronik) / sweep generator (in an oscilloscope),
time-base generator* ‖ ⁓**joch** *n* (Eltronik) / deflection yoke*,

scanning yoke ‖ ⁓**keil** *m* (bei Bohrungen) (Erdöl) / whipstock *n* ‖
⁓**kolben** *m* (Kfz) / deflector piston ‖ ⁓**kreis** *m* (Eltronik) / sweep
circuit* ‖ ⁓**linearität** *f* (Eltronik) / scanning linearity* ‖ ⁓**platte** *f* (der
Elektronenstrahlröhre) (Eltronik) / deflector plate*, deflection plate,
deflecting electrode* ‖ ⁓**platte** (eines
Quecksilberdampfgleichrichters) (Eltronik) / arc baffle*, splash
baffle* ‖ ⁓**platte** (Masch) / deflector *n* ‖ ⁓**prisma** *n* (Opt) / wedge* *n* ‖
⁓**schacht** *m* (Raumf) / flame bucket ‖ ⁓**schaltung** *f* (Eltronik) / sweep
circuit* ‖ ⁓**schuh** *m* (Erdöl) / deflecting shoe ‖ ⁓**seil** *n*
(Schachtführung) (Bergb) / damping rope ‖ ⁓**seil** (Bergb) / dead rope
‖ ⁓**spule** *f* (Eltronik) / deflector coil*, deflection coil*, scanning coil*
‖ ⁓**spulen** *f pl* (Nukl) / orbit shift coils*
**Ablenkung** *f* (Eltronik) / deflection *n*, deflexion *n*, sweep *n* ‖ ⁓ (eines
Bohrlochs) (Erdöl) / drifting *n*, sidetracking *n* ‖ **elektromagnetische**
⁓ (Mag) / electromagnetic deflection*, magnetic deflection* ‖
**elektrostatische** ⁓ (Eltronik) / electrostatic deflection* ‖ **getriggerte**
⁓ (Eltronik) / triggered sweep (that can be initiated only by a trigger
signal, not free running) ‖ ⁓ *f* **im Magnetfeld** (Mag) / electromagnetic
deflection*, magnetic deflection*
**Ablenk•verstärker** *m* (Eltronik) / time-base amplifier ‖ ⁓**vorrichtung** *f*
(Masch) / deflector *n* ‖ ⁓**vorrichtung** (Nukl) / deflector *n* ‖
**magnetische** ⁓**vorrichtung** (Phys) / divertor *n* ‖ **geringster** ⁓**winkel**
(Opt) / angle of minimum deviation*
**ablesbar** *adj* (Instr) / readable *adj*, legible *adj*
**Ablese•bereich** *m* (Masch, Opt) / reading range ‖ ⁓**bürste** *f* (EDV) /
reading brush, sensing brush ‖ ⁓**fehler** *m* (Instr) / misreading *n*,
reading error ‖ ⁓**genauigkeit** *f* (Instr) / least reading ‖ ⁓**hilfe** *f*
(Hilfseinrichtung zur Verminderung des Ablesefehlers bei
Zeigermeßinstrumenten) (Instr) / reading device, reading aid ‖
⁓**hilfe** (bei Skalenmeßgeräten) (Instr, Opt) / scale-reading aid ‖
⁓**lupe** *f* (Opt) / reading magnifier ‖ ⁓**mikroskop** *n* (zur vergrößerten
Wiedergabe der Meßmarke relativ zur Skale) (Mikros,
Opt) / reading microscope
**ablesen** *v* / read *v*, read out *v*, read off *v* ‖ ⁓ *n* / reading* *n*, read-out *n*
**Ablese•schieber** *m* **der Nivellierlatte** (Instr, Verm) / vane* *n* ‖ ⁓**strich** *m*
/ reading line ‖ ⁓**wert** *m* (Instr) / reading *n*, indicated value,
indication *n* ‖ ⁓**wert an der Meßlatte** (Verm) / staff intercept ‖
⁓**zeitspanne** *f* (zwischen zwei aufeinanderfolgenden
Zählerablesungen zwecks vorläufiger Abrechnung der in dieser
Zeitspanne abgegebenen Menge) (Instr) / reading interval
**Ablesung** *f* / reading* *n*, read-out *n* ‖ ⁓ (von Werten) (Instr) / reading *n*
**Ableuchtlampe** *f* (für Kontrollzwecke) / inspection lamp
**ablichten** *v* (Foto) / photocopy *v*, photoduplicate *v* ‖ ⁓ *n* (Foto) /
photocopying* *n*, photoduplication *n*
**Ablichtung** *f* (Druck, Foto) / copy* *n*, print* *n*
**Ablichtungspapier** *n* (Foto) / photocopying paper
**Ablieferungs•beschichtung** *f* (Anstr) / shop-primer *n*, factory primer,
mill primer, factory-applied coating ‖ ⁓**flug** *m* (Luftf) / delivery flight
‖ ⁓**schein** *m* (die schriftliche Anweisung des Wareneigentümers an
den Lagerhalter zur Auslieferung von Waren an den im Lieferschein
Bezeichneten) / delivery order, d/o, delivery slip ‖ ⁓**zustand** *m* /
as-delivered condition
**abliegen** *v* (auf die Rückseite des nachfolgenden Bogens) (Druck) /
offset *v*, set off *vi* ‖ ⁓ *n* (der noch nicht ganz trockenen Druckfarbe
auf die Rückseite des nachfolgenden Bogens) (Druck) / set-off* *n*,
offset *n*
**ablochen** *v* (manuell) (EDV) / keypunch *v*, punch *v*
**ablösbar** *adj* / strippable *adj*, detachable *adj*
**Ablösbarkeit** *f* (Druck, Pap) / release* *n*
**ablöschen** *v* (Kalk) (Bau) / slake *v*, slack *v* ‖ ~ (beim Härten) (Hütt) /
quench *v* ‖ ⁓ *n* (beim Härten) (Hütt) / quenching* *n*
**Ablöschtrog** *m* (Gieß) / bosh *n*
**Ablösemittel** *n* (Anstr) / paint remover*, paint stripper*
**ablösen** *v* / strip *v* ‖ ⁓ (etwas Geleimtes) / unglue *vt* ‖ ~ (eine
Lackschicht) (Anstr) / peel off *v*, peel *v*, strip *v* ‖ ~ (Druck) / release *v* ‖
**sich** ~ (Strömung) (Luftf) / stall* *vi*, break off *v*, break down *v* ‖ ⁓ *n*
(z.B. von alten Tapeten) / stripping *n* ‖ ⁓ (bei Niederschlags) (Chem)
/ peeling* *n* ‖ ⁓ (von Schichten) (Geol) / parting *n* ‖ ⁓ (der
Strömung) (Luftf) / stall* *n*, separation *n*, break-off *n*, breakdown *n* ‖
⁓ **der Emulsion** (Foto) / frilling*
**Ablöser** *m* (bei der Schichtarbeit) (F.Org) / worker of the following shift
**Ablösung** *f* (z.B. von alten Tapeten) / stripping *n* ‖ **stoßbedingte** ⁓
(Luftf) / shock stall ‖ ⁓ *f* **der Brotkruste** (ein Brotfehler) (Nahr) / shell
top, capping *n* ‖ ⁓ **einer Schicht** / delamination *n*, lamination *n*
**Ablösungs•besatzungsmitglied** *n* (Luftf) / relief crew member ‖
⁓**punkt** *m* (Phys) / separation point*, break-off point
**abloten** *v* (mit dem Lotblei) (Bau) / plumb *v*, plumb down *v* ‖ ⁓ *n* (mit
dem Lotblei) (Bau) / plumbing* *n* (down)
**ablöten** *v* (Eltronik) / desolder *v*
**Abluft** *f* (die gesamte abströmende Luft) / exhaust air, outgoing air,
exit air, discharge air ‖ ⁓ (die aus dem Raum abgesaugt wird) /
extracted air ‖ ⁓ (im Abzugsschacht) (Bau) / vent air

**ablüften** v (von einem Anstrich) (Anstr) / flash off v ‖ ~ n (eines Anstrichs) (Anstr) / flashing off, flash-off n
**Abluft•entlüftung** f (Masch) / extract ventilation ‖ ~**fahne** f (Sanitär) / waste-air plume ‖ ~**kanal** m (Bau) / foul-air flue* ‖ ~**reinigung** f (Umwelt) / waste-air treatment ‖ ~**schacht** m (Bau) / exhaust shaft*
**Ablüftzone** f (Anstr) / flash-off zone
**abmagern** v (Gemisch) (Kfz) / lean vt, lean out vt, weaken vt
**Abmagerungssystem** n (V-Mot) / air-gulp system
**Abmagnetisierung** f (Phys) / demagnetization* n
**abmanteln** v (ein Kabel) (Eltech) / skin v, strip v, bare v ‖ ~ n (wenn auch die Schutzhülle eines Kabels oder einer Leitung entfernt wird) (Eltech) / skinning n, stripping n, sheath-stripping n
**Abmantelung** f (wenn auch die Schutzhülle eines Kabels oder einer Leitung entfernt wird) (Eltech) / skinning n, stripping n, sheath-stripping n
**abmaschen** v (Tex) / fashion v, narrow v
**Abmaß** n (vorhandener Unterschied zwischen einem Grenz-, Ist- oder Paarungsmaß und dem Nennmaß - DIN 7182, T 1) (Masch) / deviation n ‖ ~ (als zulässige Größe) (Masch) / tolerance* n ‖ **oberes** ~ (algebraische Differenz zwischen Größtmaß und Nennmaß) (Masch) / upper deviation, allowance above nominal size, permissible allowance up ‖ **unteres** ~ (algebraische Differenz zwischen Kleinstmaß und Nennmaß) (Masch) / lower deviation, allowance below nominal size ‖ **zulässiges** ~ (Masch) / allowable limit
**Abmeißeln** n von Defektstellen (Hütt) / chipping* n
**abmelden, sich** ~ (Sitzung beenden) (EDV) / log off v, log out* v, sign off v
**Abmeldung** f (EDV) / log-off n, log-out n
**abmessen** v / measure v, meter v
**abmessern** v (Furniere) (For) / slice v ‖ ~ n (von Furnieren) (For) / slicing n ‖ **blattweises** ~ (des Messerfurniers) (For) / knife cutting
**Abmeß•gefäß** n (Bau, HuT) / gauge box*, batch box*, gauging box ‖ ~**kasten** m (Bau, HuT) / gauge box*, batch box*, gauging box
**Abmessung•(en)** f(pl) / size n ‖ ~ f (im Rahmen eines Einheiten- oder Maßsystems) (Math, Phys) / dimension* n ‖ **größte** ~**en** (Schiff) / extreme dimensions* ‖ **mit kleinen** ~**en** / compact adj ‖ **räumliche** ~**en** / physical size ‖ **sehr kleine** ~ / microsize n ‖ ~**en des Schiffes** f pl (die im Vermessungsbrief festgehalten sind) (Schiff) / registered dimensions*, identification dimensions*, tonnage dimensions
**Abmessungsfaktor** m (Summe von Reifenaußendurchmesser und Reifenbreite, gemessen auf einer Meßfelge) (Kfz) / size factor
**Abminderungsfaktor** m (zur Errechnung der Spannung der Schweißnaht aus der des Grundwerkstoffs) (Schw) / welding factor
**abmisten** v (Leder) / dedung v, demanure v
**abmontieren** v (Masch) / disassemble v, take down v, tear down v, dismantle v, strip v, strip down v, demount v, dismount v
**ABM-System** n (Mil) / antiballistic missile system
**abmustern** v (Seeleute) / discharge v, pay off v, sign off v ‖ ~ n (visuelles Prüfen und visuelle Beurteilung der Farbgleichheit bzw. des Farbabstandes) (Licht, Tex) / colour matching, matching of colours
**abnabeln** v (einen Tropfen am Speiser) (Glas) / shear v
**Abnäher** m (Tex) / dart n
**Abnahme** f / diminution n, decrease n, regression n, reduction n ‖ ~ (Bau) / approval n ‖ ~ (beim Walzen) (Hütt) / reduction n ‖ ~ (Phys) / decrement* n ‖ ~ (der gelieferten Ware) (WP) / acceptance n ‖ ~ **der flüchtigen Bestandteile** (Chem) / devolatilization n ‖ ~ **der Wanddicke** (Bau) / wall thinning n ‖ ~ **schwerer Schnitte** (Masch) / hogging n ‖ ~**beamter** m (einer internationalen Klassifikationsgesellschaft) / acceptance inspector ‖ **unabhängiger** ~**beamter** / authorized inspector ‖ ~**bedingungen** f pl / acceptance conditions ‖ ~**behörde** f / inspecting authority ‖ ~**bericht** m / certificate n, acceptance report, inspection report ‖ ~**filz** m (Pap) / pick-up felt ‖ ~**flug** m (Luftf) / acceptance flight ‖ ~**kopie** f (Film) / answer print n, first print, first-trial print ‖ ~**lehre** f (Masch) / inspection gauge* ‖ ~**probefahrt** f (Schiff) (Schiff) / acceptance trial trip ‖ ~**protokoll** n / certificate n, acceptance report, inspection report ‖ ~**prüfprotokoll** n / certificate n, acceptance report, inspection report ‖ ~**prüfung** f (meistens im Beisein eines unabhängigen Sachverständigen) / acceptance test, acceptance inspection ‖ ~**prüfung** / acceptance test, reception test ‖ ~**vorführung** f (TV) / preview* n, test viewing ‖ ~**zeichnung** f / acceptance drawing
**abnarben** v (Leder) / scrape v
**abnehmbar** adj / demountable adj, detachable adj, removable adj ‖ ~**er Boden** / loose bottom ‖ ~**er Bohrer** (Bergb) / detachable bit ‖ ~**e Bohrkrone** (Bergb) / detachable bit ‖ ~**er Griff** (Masch) / removable handle ‖ ~**er Trennboden** (Masch) / false bottom*
**abnehmen** v / take down v / take off v ‖ ~ vi (Meßwerte) / decrease v, drop v, fall v ‖ ~ v (Flüssigkeiten oder Gase) / withdraw v, extract v, exhaust v ‖ ~ (Mond) (Astr) / wane vi ‖ ~ (den Hörer) (Fernsp) /

remove v, unhook v, pick up v ‖ ~ (volle Spulen) (Spinn) / doff v ‖ ~ (Tex) / fashion v, narrow v
**Abnehmer** m (natürliche oder juristische Person, die aufgrund von Versorgungsverträgen versorgt wird) / consumer n ‖ ~ (Sachverständiger) / authorized inspector ‖ ~ / customer n ‖ ~ (im Betrieb) / quality inspector ‖ ~ / receiver n ‖ ~ (Bergb) / banksman n, bandsman n, onsetter n, hanger-on n ‖ ~ (Fernm) / server n, serving line ‖ ~ (der Kammwollkrempel) (Spinn) / doffing cylinder, doffer n ‖ ~ (Arbeiter) (Spinn) / doffer* n ‖ **belegter** ~ (Fernsp) / busy server ‖ ~**anlage** f (Bau) / consumer's installation, consumer's plant, customer's installation, customer's plant ‖ ~**bündel** n (Fernsp) / serving trunk group ‖ ~**grundstück** n (Elektroenergieabnehmer) (Eltech) / consumer's premises ‖ ~**kamm** m (Spinn) / doffer comb, comb n ‖ ~**leitung** f / consumer's main, consumer pipe ‖ **teilweise gemeinsame** ~**leitung** (Fernm) / partial common (trunk)* ‖ ~**risiko** n (bei der statistischen Qualitätskontrolle) / consumer's risk, purchaser's risk ‖ ~**walze** f (Spinn) / doffer* n ‖ ~**walzen** f pl (Spinn) / draw-box n
**Abney•-Aufstellung** f (Spektr) / Abney mounting ‖ ~**scher Neigungsmesser** (Verm) / Abney level*
**abnormal** adj / anomalous adj
**Abnormität** f / anomaly* n
**abnutschen** v (Chem) / filter (off) by suction, filter under suction
**abnutzen** vt / wear v, wear down v, wear out v
**Abnutzung** f (Oberbegriff für jegliche schädliche Einwirkung) / wear n ‖ ~ s. auch Abrieb und Verschleiß ‖ **zulässige** ~ (bei Kommutatoren) (Eltech) / wearing depth* ‖ ~ f **durch Korrosion** (Masch) / corrosive wear
**Abnutzungs•anzeiger** m (WP) / wear indicator ‖ ~**beständig** adj (Masch) / resistant to wear, wear-resistant adj, hard-wearing adj, hard-working adj ‖ ~**fläche** f (im allgemeinen) (Masch) / wearing surface ‖ ~**satz** m (For) / felling ratio ‖ ~**spuren** f pl (Foto) / stress marks*
**Abnutzwiderstand** m (der Widerstand von Beton gegen Abrieb durch starke mechanische Beanspruchung, wie starken Verkehr, rutschendes Schüttgut oder strömendes und Feststoffe führendes Wasser) (HuT) / wear resistance
**abölen** v (Narben) (Leder) / oil v, oil off v ‖ ~ n (der pflanzlich gegerbten, nur schwach zu fettenden Unterleder) (Leder) / currying n ‖ ~ (Leder) / oiling-off n
**A-Bombe** f (Mil) / atomic bomb*, atom bomb*, A-bomb* n, nuclear bomb ‖ **kombinierte A- und H-Bombe** (Mil) / fission-fusion-fission bomb, 3F-bomb n, three-F bomb
**Abonnement** n / subscription n ‖ ~**fernsehen** n (TV) / pay-television n, pay-as-you-view* n, pay TV*, subscription television*, toll television*, see-fee television, pay-per-view TV
**Abonnent** m (pl. -en) / subscriber n
**Abonnentenstation** f (EDV) / substation n
**Abort- m und Waschraum** (Bau) / half bath, half-bath n
**Abpackdatum** n / packaging date, packing date
**abpacken** v (Nahr) / prepack v ‖ ~ n / packing n
**abpausen** v / trace over v, trace v
**Abperleffekt** m (an Geweben) (Tex) / drop-repellent effect, water-repellent effect
**abpfeilern** v (Bergb) / draw v (pillars)
**Abpinseln** n (Überprüfung einer hergestellten Verbindung auf Dichtheit mittels schaumbildender Mittel) / soap-suds check
**abplatten** v / flatten v ‖ ~ n / flattening n
**Abplattung** f (breiter Falz mit abfallender Sohle) (Tischl) / flat rabbet ‖ ~ **der Erde** (Verm) / flattening of the Earth, oblateness n ‖ ~ **der Reifenlauffläche** (nach langem Stehen) (Kfz) / flat spotting
**Abplatzemail** n / chip enamel
**abplatzen** v (absplittern) / chip v ‖ ~ / flake off v, peel off v, peel* v ‖ ~ (Bergb) / slab v ‖ ~ (Hütt, Keram) / pop off v ‖ ~ (Narben) (Leder) / crack v ‖ ~ n / chipping n ‖ ~ (ein Putzschaden durch Expansionsdruck von innen) (Bau) / blowing* n, popping* n, pitting* n ‖ ~ (Bau, HuT) / spalling* n ‖ ~ (Keram) / peeling n, peeling-off n, shivering n ‖ ~ (großflächiges) (Keram) / lift n, lifting n ‖ ~ **der Glasur** (im Brennofen) (Keram) / spluttering n (the popping of glaze fragments) ‖ ~ **von Teilen der Reifenlauffläche** (Kfz) / chunking n
**Abplatzung** f (Fehler, der sich durch Abspringen bzw. Wegschleudern kleiner und kleinster runder Teilchen äußert - z.B. bei Glasuren) (Bau, Keram) / jumping n
**abpolieren** v (Anstr, For) / spirit off v, spirit out v ‖ ~ (Leder) / polish off v
**Abprall** m (von den obersten Schichten der Atmosphäre - beim mißglückten Anflug in den Eintrittskorridor) (Raumf) / aerodynamic skip
**abprallen** v (Phys, WP) / spring back v, rebound v ‖ ~ n / bouncing n
**abpressen** v (durch Pressen entfernen) / squeeze v ‖ ~ (Buchb) / smash v, nip v, crush v ‖ ~ (Masch) / hydrotest v ‖ **in Filterpressen** ~ (Chem Verf) / filter-press v ‖ ~ n (des Buchblocks) (Buchb) / smashing* n, nipping* n, crushing* n

**Abpreßwalze** *f* (Pap) / lumpbreaker roll
**Abprodukt** *n* (Sanitär, Umwelt) / waste* *n*, junk *n*, residuary product ‖ ~ (aus der Produktion) (Umwelt) / production residue ‖ ~ (aus der individuellen und gesellschaftlichen Konsumtion) (Umwelt) / consumption residue ‖ **nicht verwertbares** ~ (Umwelt) / waste product ‖ ~**beseitigung** *f* (Sanitär, Umwelt) / waste disposal ‖ ~**verwertung** *f* (Umwelt) / recycling* *n* ‖ ~**verwertung und/oder Abproduktbeseitigung** (Umwelt) / waste management
**abpuffern** *v* (Chem, EDV) / buffer *v* ‖ ~ *n* (Chem, EDV) / buffering *n*
**abpumpen** *v* (Masch) / pump out *v*, pump off *v*, pump *v* dry ‖ ~ (Vakuumt) / evacuate *v*, exhaust *v*, pump down *v*
**Abputzen** *n* (Feinstbearbeitung der Holzoberfläche) (Tischl) / cleaning up *n*
**Abquetscheffekt** *m* (ein Maß bei der Textilausrüstung) (Tex) / squeezing effect, quetsch effect (US)
**abquetschen** *v* (Tex) / quetsch *v* (US) ‖ ~ *n* (nach dem Evakuieren) (Eltech) / sealing-off* *n*
**Abquetsch•form** *f* (Plast) / flash mould ‖ ~**kante** *f* (beim Blasformen) (Plast) / flash edge, flashland *n*, pinch-off *n* (blade) ‖ ~**rand** *m* (Plast) / cut-off *n* ‖ ~**walze** *f* / squeegee *n*, squeezer *n*, squeegee roller, squeeze roller ‖ ~**werkzeug** *n* (Plast) / flash mould
**abrahmen** *v* (die Sahne abschöpfen) (Nahr) / skim *v*, cream *v*
**abrakeln** *v* / doctor off *v*
**abrammen** *v* (verdichten) (Gieß, HuT) / pun *v*, ram *v* ‖ ~ *n* (Verdichten) (Bau, HuT) / punning* *n*, ramming *n*
**Abrasinöl** *n* (aus Aleurites fordii Hemsl.) (Anstr, Chem) / tung oil, China wood oil
**Abrasion** *f* (ein allgemeiner Verschleißmechanismus) / abrasion *n* ‖ ~ (Abtragungswirkung der Meeresbrandung) (Geol, Ozean) / marine abrasion (of a bedrock surface), marine erosion* (of coastlines), sea-washing *n*, wave erosion
**Abrasions•fläche** *f* (Geol) / plain of denudation ‖ ~**-pH-Wert** *m* (Geol) / abrasion pH ‖ ~**platte** *f* (Geol) / shore platform, abrasion platform (wave-cut platform) ‖ ~**verschleiß** *m* (ein mechanischer Verschleißprozeß) (Masch) / abrasive wear
**abrasiv** *adj* / abrasive *adj* ‖ ~**er Verschleiß** (durch harte Partikel oder harte Rauheitshügel) (ein mechanischer Verschleißprozeß) (Masch) / abrasive wear ‖ ~**e** (Vulkan)**Fiber** (für Schleifscheiben) / abrasive fibre
**Abrasivseife** *f* / sand-soap *n*
**abrastern** *v* (Mikros) / scan *v*
**abrauchen** *vt* (flüchtige Anteile aus Feststoffen durch Erhitzen entfernen) (Chem Verf) / evaporate with fuming, fume *vt* ‖ ~ *n* (Zersetzung schwerlöslicher Stoffe durch Verdrängung flüchtiger Anteile durch Erhitzen) (Chem Verf) / evaporation with fuming
**Abraum** *n* (das auszuräumende taube Gestein od. die Bodenmassen, welche die abbauwürdigen Erze, Kohlen usw. bedecken) (Bergb) / capping *n*, top layer, strippings *pl* ‖ ~ (Bergb) / cover *n* ‖ ~ (Bergb, HuT) / overburden* *n*, spoil *n*, waste* *n* ‖ ~ (beim Holzfällen und Abtransport) (For) / slash *n* (US), forest residues, logging residues, brash *n*, felling refuse, felling waste ‖ ~**bagger** *m* (Bergb) / overburden excavator ‖ ~**bau** *m* (Bergb) / open-pit mining, open-cut mining, opencast mining* ‖ ~**hydraulische** ~**beseitigung** *f* (Bergb) / hydraulic stripping ‖ ~**beseitigung** *f* **durch hydromechanische Anlagen** (Bergb) / hydraulic stripping
**abräumen** *v* (Bergb) / strip *v* ‖ ~ (des Deckgebirges im Tagebau) (Bergb) / stripping* *n*, overburden removal
**Abraum•förderbrücke** *f* (Bergb) / conveyor bridge ‖ ~**gut** *n* (Bergb, HuT) / overburden* *n*, spoil *n*, waste* *n* ‖ ~**halde** *f* (Bergb) / spoil bank, spoil heap, dump* *n*, overburden dump, tip* *n*, waste bank ‖ ~**kippe** *f* (über Tage angelegte Aufschüttung von Abraum) (Bergb) / spoil bank, spoil heap, dump* *n*, overburden dump, tip* *n*, waste bank ‖ ~**löffelbagger** *m* (Bergb) / stripping shovel ‖ ~**lokomotive** *f* (Bergb) / beetle *n*
**abrechnen** *v* (Math) / subtract *v*, deduct *v*
**Abrechnung** *f* (der Arbeitskosten) **nach Zeitaufwand** / flat-time billing, billing on the clock ‖ ~ (der Arbeitskosten) **zum Pauschalpreis** / flat-rate billing
**Abrechnungs•management** *n* (z.B. Gebührendatenverarbeitung) (Fernm) / accounting management ‖ ~**maschine** *f* (DIN 9763) / accounting machine ‖ ~**routine** *f* (EDV) / accounting routine
**Abrechte** *f* (des Stoffes) (Tex) / wrong side, reverse side, back *n*, reverse *n*
**Abregler** *m* (für Höchstgeschwindigkeit) (Kfz) / limiter *n*
**Abregung** *f* (Kernphys) / de-excitation *n*
**Abreibbarkeit** *f* (Masch) / abradability *n*
**abreiben** *v* (verschleißen) (Masch) / abrade* *v* ‖ ~ (entfernen) (Masch) / rub away *v*, rub off *v*, rub down *v* ‖ **mit Bimsstein** ~ / pumice *v* ‖ ~ *n* (bei fehlerhaften, schlecht nachbehandelten Färbungen) (Leder, Tex) / crocking *n*
**abreibend** *adj* / abrasive *adj*
**Abreibschrift** *f* (Druck) / rub-on letters

**Abreibung** *f* (Typog) / frottage *n*
**Abreibungsversuch** *m* (WP) / friction test
**abreichern** *v* (z.B. Uran) (Eltronik, Nukl) / deplete *v*
**Abreicherung** *f* (Eltronik, Nukl) / depletion* *n*
**abreinigen** *v* / clean *v*, cleanse *v* ‖ ~ (Sanitär) / draw off *v*
**Abreinigung** *f* / cleaning *n*, cleansing *n*
**Abreiß•anschnitt** *m* (Spritzgießen) (Plast) / sprue puller gate ‖ ~**bewehrung** *f* (Stäbe zur Sicherung gegen das Abreißen zeitlich nacheinander betonierter Teile in der dadurch bedingten Fuge) (HuT) / crossing reinforcement (bridging the contraction joints) ‖ ~**bremse** *f* (bei ungewollter Trennung des Anhängers vom Zugfahrzeug) (Kfz) / breakaway brake
**abreißen** *v* (z.B. eine Tapete) (Bau) / tear away *n* ‖ ~ (Bau, HuT) / demolish *v*, take down *v*, pull down *v*, knock down *v*, raze *v* ‖ ~ *vi* (Strömung) (Luftf) / stall* *vi*, break off *v*, break down *v* ‖ ~ (Luftf) / the airfoil is stalled, the wing is stalled ‖ ~ *v* (einen Knopf) (Tex) / pull off *v* ‖ ~ *n* (Strom) (Eltech) / chopping *n* ‖ ~ (des Wasserstroms) (Hyd) / breakaway *n* ‖ ~ (der Strömung) (Luftf) / stall* *n*, separation *n*, break-off *n*, breakdown *n* ‖ ~ (Bruch) (WP) / rupture *n* ‖ ~ **der Flamme** / flame blow-off, flame lift-off ‖ ~ **der Flamme** (Luftf) / flame-out *n*, lift-off *n*, blow-off *n*
**Abreiß•faden** *m* (bei der Verpackung) / tear string ‖ ~**funke** *m* (V-Mot) / contact-breaking spark, breaking spark ‖ ~**geschwindigkeit** *f* (der Strömung) (Luftf, Phys) / stalling speed* ‖ ~**gutschein** *m* / tear-off coupon ‖ ~**heck** *n* (Kfz) / fastback *n*, Kamm back, Kamm tail ‖ ~**kontakt** *m* (Eltech) / arcing contact*, arcing tip* ‖ ~**kupon** *m* / tear-off coupon ‖ ~**prüfung** *f* (Anstr) / pull-off *n* ‖ ~**punkt** *m* (Phys) / separation point*, break-off point ‖ ~**steckverbinder** *m* (Eltronik) / umbilical connector ‖ ~**versuch** *m* (Anstr) / pull-off *n* ‖ ~**winkel** *m* (Luftf) / angle of stall*, stalling angle, stall angle ‖ ~**zündung** *f* (Kfz) / make-and-break ignition
**Abrichtdickenhobelmaschine** *f* (For, Tischl) / surfacing and thicknessing planer, surface-planing-and-thicknessing machine
**abrichten** *v* (For, Tischl, Zimm) / surface *v*, plane *v* ‖ ~ (Zurichtfilm) (Leder) / air off *v* ‖ ~ (Schleifkörper) (Masch) / dress *v*, true *v* ‖ ~ *n* (des Schleifkörpers) (Masch) / dressing* *n*, truing *n*
**Abricht•hobel** *m* (ein Handhobel) (For, Tischl) / planer *n* ‖ ~**hobelmaschine** *f* (mit untenliegender Messerwelle, die mit ihrem Scheitel zwischen zwei Tischlippen hobelt) (For, Tischl) / facer *n*, planing machine*, planer *n*, surface planer, surfacer *n*, woodplaning machine ‖ ~**rädchen** *n* (ein Handabrichtwerkzeug) (Masch) / dressing wheel, truing wheel, star dresser (with star-shaped metal cutters), freeing wheel, Huntington dresser ‖ ~**stab** *m* (Masch) / dressing stick, stick *n* ‖ ~**vorrichtung** *f* (Masch) / truing device, truing attachment, dressing device ‖ ~**werkzeug** *n* (Masch) / dresser* *n*
**Abrieb** *m* (Produkt) / abraded particles, rubbings *pl* ‖ ~ (Bergb) / breeze* *n*, coke breeze*, coke ashes ‖ ~ (Geol) / abrasion *n* ‖ ~ (bei Reibungspartner auftretender Verschleiß) (Masch) / abrasion *n*, attrition *n*, frictional wear, fretting *n* ‖ ~ (Oberflächenverschleiß) (Masch, Pap) / scuffing *n*, scuffing wear ‖ ~ *s.* auch Scheuern ‖ ~ (Geol) / attritional *adj*, attritive *adj* ‖ ~**anzeiger** *m* (WP) / wear indicator ‖ ~**bild** *n* (Verschleißmuster der Reifenlauffläche) (Kfz) / abrasion pattern ‖ ~**eigenschaften** *f pl* (Min, WP) / abrasiveness *n* ‖ ~**fest** *adj* / abrasion-resistant *adj*, non-abrasive *adj* ‖ ~**fest** (oberflächlich) (Masch, Pap) / scuff-resistant *adj* ‖ ~**festigkeit** *f* (als ermittelter Wert) / abrasion resistance*, abrasive hardness* ‖ ~**festigkeit** (als allgemeine Eigenschaft des Werkstoffs) (Masch) / abrasion resistance, resistance to abrasion ‖ ~**festigkeit** (Masch, Pap) / scuff resistance ‖ ~**prüfung** *f* (WP) / friction test ‖ ~**teilchen** *n pl* (Masch) / debris *n*, wear debris ‖ ~**versuch** *m* (bei Steinen) (HuT) / attrition test* ‖ ~**versuch** (WP) / abrasion test
**Abriegelungs•anlage** *f* (z.B. polizeiliche) / crush-barrier *n* ‖ ~**luftfahrzeug** *n* (zur Gefechtsfeldabriegelung eingesetztes Flugzeug) (Mil) / interdiction aircraft
**Abrikosow-Suhl-Resonanz** *f* (nach A.A. Abrikosow, geb. 1928) (Phys) / Abrikosov-Suhl resonance, Kondo resonance
**Abrin** *n* (ein Glykoproteid der Paternostererbse) (Chem) / abrin *n* ‖ ~ (N-Methyl-(L)-tryptophan) (Chem) / abrine *n*
**Abriß** *m* (von baulichen Anlagen) (Bau, HuT) / demolition *n*, pulling down, taking down, razing *n* ‖ ~ (Bergb) / flaking *n* ‖ ~ (beim Drucken) (Druck) / paper waste ‖ ~ (der Papierbahn) (Pap) / break *n* ‖ **totaler** ~ (Nukl) / dismantlement *n* ‖ ~ *m* **des Wasserfilms** / water-break *n* ‖ ~**birne** *f* (Bau) / wrecking ball, wrecker's ball, skull cracker, ball and chain, demolition ball, ball breaker ‖ ~**heck** *n* / fastback *n*, Kamm back, Kamm tail ‖ ~**karte** *f* (EDV) / stub card, ticket *n*, scored card, Kimball tag*
**Abrollbahn** *f* (Luftf) / exit taxiway, turn-off taxiway
**abrollen** *v* / reel off *v*, unreel *v*, uncoil *v*, unwind *v*, pay off *v* ‖ ~ (von der Fluggastbrücke) (Luftf) / be off blocks ‖ ~ (über eine Strecke) (Masch) / roll on *v*, roll onto *v* ‖ ~ (aufeinander) (Masch) / mesh with rolling contact, roll together in contact ‖ ~ (auf der Leitkurve) (Math) / roll *v*

**Abroller**

**Abroller** *m* (Druck) / reel stand
**Abroll•geräusch** *n* (des Reifens) (Kfz) / tyre noise ‖ ⁓**maschine** *f* (Vorrichtung zum Lösen eines in einem Rohr festgeklemmten Dorns) (Hütt) / reeler *n* ‖ ⁓**verhalten** *n* (des Reifens) (Kfz) / ride *n* ‖ ⁓**weg** *m* (Luftf) / exit taxiway, turn-off taxiway ‖ ⁓**widerstand** *m* (Masch, Phys) / rolling resistance*
**Abruf** *m* (der Lieferung durch den Käufer) / request for delivery ‖ ⁓ (EDV) / fetch *n* ‖ ⁓ (EDV) / polling* *n*, POL ‖ ⁓**betrieb** *m* (bei dem eine Zentraleinheit nach einer festgelegten Vorschrift von Benutzerstationen Daten abruft - DIN 44300) (EDV) / polling mode ‖ **automatischer** ⁓**betrieb** (EDV) / autopolling *n*, automatic polling
**abrufen** *v* (Daten, Zeichen - aus einem Speicher) (EDV) / call in *v*, fetch from a storage ‖ ~ (Informationen) (EDV) / retrieve *v*
**Abruf•operation** *f* (EDV) / solicit operation ‖ ⁓**phase** *f* (die Arbeitsphase in einem Leitwerk, in das Leitwerk den Betrieb eines Befehls oder Operanden aus dem Speicher steuert) (EDV) / fetch cycle, fetch/execute cycle*, instruction cycle* ‖ ⁓**phase** (EDV) s. auch Befehlsholphase ‖ ⁓**schutz** *m* (EDV) / fetch protection ‖ ⁓**sperre** *f* (EDV) / fetch protection ‖ ⁓**zyklus** *m* (EDV) / fetch cycle, fetch/execute cycle*, instruction cycle*
**abrunden** *v* (nach unten) / round down *v* ‖ ~ / round *v* ‖ ~ (auch den Buchblock) (Buchb) / round *v* ‖ ~ (Ecken, Kanten) (Masch) / radius *v* ‖ ⁓ *n* (auch des Buchblocks) (von Ecken) (Buchb) / rounding* *n*
**Abrundhobel** *m* (Tischl) / capping-plane* *n*
**Abrundungsfehler** *m* (EDV) / rounding error*, round-off error
**Abrußen** *n* (Farbstoffabgabe an weiße Stoffe) (Tex) / bleeding* *n*, crocking *n*
**abrüsten** *v* (Masch) / take down *v*, tear down *v*, strip *v*
**abrutschen** *v* (an einer Böschung) / slide down *v*, skid down *v* ‖ ~ (Email) (Glas) / sag *v*, slip *v* ‖ ~ (Luftf) / skid *v*, skid out *v* ‖ ⁓ *n* (des Emails) (Glas) / sagging *n*, slipping *n* ‖ ⁓ (beim Steilflug) (Luftf) / tail slide* *n* ‖ ⁓ (bei falsch geflogener Kurve) (Luftf) / skidding *n*, skid-out *n*
**ABS** (Chem) / acrylonitrile butadiene styrene*, ABS* ‖ ⁓ (Chem) / alkyl benzene sulphonate, ABS ‖ **lineares** ⁓ (Chem) / linear alkyl benzene sulphonate (LAS)
**absacken** *v* (in Säcke abfüllen) / sack *v*, bag *v* ‖ ⁓ *n* / sacking *n*, bagging *n* ‖ ⁓ (Bau, HuT) / subsidence* *n*, settlement* *n* ‖ ⁓ (der Karosserie durch mangelnde Steifigkeit des Fahrzeugrahmens) (Kfz) / drooping *n*
**Absack•halle** *f* / bagging plant ‖ ⁓**-Kartoffelsammelroder** *m* (Landw) / bagging potato harvester ‖ ⁓**plattform** *f* (Landw) / bagging platform, bagger platform ‖ ⁓**schnecke** *f* (Landw) / bagging auger ‖ ⁓**stand** *m* (Landw) / bagging platform, bagger platform ‖ ⁓**vorrichtung** *f* (Landw) / bagger *n*, bagging device ‖ ⁓**waage** *f* (Landw, Nahr) / bag-weighing machine, bag weigher, sacking weigher, bagging scale
**Absage** *f* (am Ende einer Sendung) (Radio, TV) / closing announcement ‖ **kurze** ⁓ **am Ende einer Programmsendung** (Radio, TV) / tag *n*
**absägen** *v* / saw off *v*
**Absalzung** *f* (Trommelentsalzung bei Dampfkesseln) (Masch) / blow-down *n*, blow-off *n* (US), bleed-off *n*, purging *n* ‖ ⁓ (Kontrollieren und Regeln der Kesselwasserdichte, die einen bestimmten Sollwert nicht überschreiten darf) (Masch) / desalting *n*
**Absanden** *n* (mit Strahlgebläsen) (Gieß) / sandblasting* *n* ‖ ⁓ (Ablösung feiner Zuschlagkörner von einer Putz- oder Betonfläche infolge zu geringer Gefügebindung) (Anstr) /dusting *n* ‖ ⁓ s. auch Abstrahlen und Sandstrahlen
**Absarokit** *m* (basisches Ergußgestein) (Geol) / absarokite *n*
**absättigen** *v* (Chem, Phys) / saturate *v*
**Absättigung** *f* (von freien Valenzen) (Chem) / saturation* *n*
**Absatz** *m* (Verkauf) / sales *pl* ‖ ⁓ / step *n* ‖ ⁓ (Bau, HuT) / racking *n* ‖ ⁓ (Druck, EDV, Typog) / paragraph *n*, PAR ‖ ⁓ (im Gelände) (Geol, HuT) / terrace *n* ‖ ⁓ (der Stützmauer) (HuT) / heel *n* ‖ ⁓ (z.B. der Welle) (Masch) / shoulder *n* ‖ ⁓ (Bau, HuT) s. Berme und Treppenabsatz ‖ ⁓**, bei dem die zweite und alle folgenden Zeilen eingezogen sind** (Druck, EDV, Typog) / hanging indentation*, hanging paragraph, reverse indent(ion) ‖ **stumpf anfangender** ⁓ (Druck, EDV, Typog) / flush paragraph ‖ **vorformulierte Sätze oder Absätze** (bei der Textverarbeitung - Textbausteine) (EDV) / boilerplates *pl*, canned paragraphs, standard paragraphs ‖ ⁓ *m* **mit hängendem Einzug** (Druck, EDV, Typog) / hanging indentation*, hanging paragraph, reverse indent(ion) ‖ ⁓ **ohne Einzug** (Druck, EDV, Typog) / flush paragraph ‖ ⁓**bauleder** *n* (Schuhe) (Leder) / lifting leather ‖ ⁓**bildung** *f* (Druck, EDV, Typog) / paragraphing *n* ‖ ⁓**chancen** *f pl* / sales prospects, potential sales ‖ ⁓**durchschuß** *m* (Druck, EDV, Typog) / interparagraph lead ‖ ⁓**einrückungstaste** *f* (nicht in den deutschsprachigen Ländern, da bei DIN 5008 die Briefe immer linksbündig begonnen werden) (EDV, Typog) / paragraph indent key ‖ ⁓**einzug** *m* (Typog) / paragraph indentation ‖ **ohne** ⁓**einzug** (Satzanweisung) (Typog) / full out*, set flush* ‖ ⁓**fleck** *m* / lift *n* ‖ ⁓**forschung** *f* / market research, marketing research ‖ ⁓**fräsen** *n* (bei Schuhen) / heel trimming, heel shaving ‖ ⁓**front** *f* (des Schuhabsatzes) / heel breast ‖ ⁓**gebiet** *n* / sales territory, sales area, trading area ‖ ⁓**gesteine** *n pl* (Geol) / sedimentary rocks* ‖ ⁓**kennzeichnung** *f* (Tätigkeit) (EDV) / paragraph marking, paragraph tagging ‖ ⁓**markierung** *f* (Tätigkeit) (EDV) / paragraph marking, paragraph tagging ‖ ⁓**markt** *m* / market *n* ‖ ⁓**markt** *f* / outlet *n*, commercial outlet ‖ ⁓**möglichkeit** *f* / outlet *n*, commercial outlet ‖ ⁓**oberfleck** *m* / top lift, top piece ‖ ⁓**pappe** *f* (für Schuhe) / heeling board ‖ ⁓**strategie** *f* / marketing strategy ‖ ⁓**überziehmaschine** *f* (für Schuhabsätze) / heel-covering machine
**absatzweises Mischen** (in Behältern) (Erdöl) / off-line blending
**Absatzzähler** *m* (EDV) / paragraph counter
**absäuern** *v* (Wasserglaskitt, Zementmörtel) / acidify *v*, sour *v* ‖ ~ (Chem) / acidify *v*, acidulate *v* ‖ ⁓ *n* (des Betonwerksteines) (Bau, HuT) / acid washing ‖ ⁓ (Chem) / acidification *n*, acidulation *n* ‖ ⁓ (Nahr) / souring *n*
**Absäuerung** *f* (Chem) / acidification *n*, acidulation *n*
**absaufen** *v* (Motor) (V-Mot) / flood *vi*
**Absauganlage** *f* (größere) (Masch, Sanitär) / exhaustion plant
**absaugen** *v* (mit einem Saugheber) / siphon *v* ‖ ~ (Teppiche) / vacuum *v* ‖ ~ / suck off *v*, suck away *v* ‖ ~ (Flüssigkeiten oder Gase) / withdraw *v*, extract *v*, exhaust *v* ‖ ~ (mit der Nutsche) (Chem) / filter (off) by suction, filter under suction
**Absaug•gebläse** *n* (Masch) / extract ventilator*, exhaust fan*, extractor fan, exhauster *n*, extraction fan* ‖ ⁓**rahmen** *m* (Galv) / canopy hood
**Absaugung** *f* **des Streustroms** (eine erzwungene Streustromableitung, bei der im Streustromrückleiter eine Gleichstromquelle liegt) (Eltech) / forced electrical drainage, forced drainage
**ABS-Ausschalttaste** *f* (Kfz) / ABS override button
**abschaben** *v* / scrape off *v*, abrade *v* ‖ ~ (mit der Rakel) / doctor off *v*
**abschäftig** *adj* (nach der Spitze zu stark abnehmend - Baumstamm) (For) / tapered *adj*, tapering *adj*
**Abschäftigkeit** *f* (For) / taper *n*, rise *n* (US), fall-off *n* (US)
**abschälen** *v* (Bergb) / slab *v* ‖ ~ (Nahr) / skin, peel *v* ‖ ⁓ *n* (des Stoßes) (Bergb) / slabbing *n*
**Abschaltautomatik** *f* (Eltronik) / auto-cut *n*, automatic cut
**abschaltbar** *adj* (Hinterradantrieb, bei Allradantrieben) (Kfz) / disengageable *adj* ‖ **nicht** ⁓**e Bezüge** (Gaslieferung) / firm gas, firm service (gas supply) (US) ‖ ⁓**er Thyristor** (Eltronik) / gate-controlled switch (GCS) ‖ ⁓**e Verbraucher** (während Spitzenlastzeiten) / interruptible loads
**Abschaltdruck** *m* (bei dem Verdichter) (Masch) / shut-off pressure
**abschalten** *v* (Eltech) / de-energize* *v*, disconnect *v*, cut off *v*, cut *v*, cut out *v*, power down *v*, shut down *v* ‖ ~ (Eltech) / switch off *v*, power off *v* ‖ ~ (sperren) (Eltech) / disable *v* ‖ ~ (Kraftstoffzufuhr) / shut off *v* ‖ ~ (Masch) / stop *v* ‖ ~ (Nukl) / shut down *n* ‖ ⁓ (Eltech, Masch) / cut-off *n* ‖ **ungewolltes** ⁓ (Fernm) / spurious switch-off (SSO) ‖ ⁓ *n* **der akustischen Anzeige** (Akus) / muting *n*
**Abschalt•funkenstrecke** *f* (Eltech) / cut-off to earth ‖ ⁓**kreis** *m* (Eltech) / cut-off circuit ‖ ⁓**leistung** *f* (Eltech) / breaking capacity*, rupturing capacity* ‖ ⁓**reaktivität** *f* (die Reaktivität des durch Abschaltung mit betriebsüblichen Mitteln in den unterkritischen Zustand gebrachten Reaktors) (Nukl) / shutdown reactivity ‖ ⁓**relais** *n* (Eltech) / cut-off relay ‖ ⁓**schütteln** *n* (bei Antrieben) (Masch) / turn-off shake ‖ ⁓**signalverstärker** *m* (Nukl) / trip amplifier, shut-down amplifier ‖ ⁓**strom** *m* (Eltronik) / turn-off current ‖ ⁓**thyristor** *m* (Eltronik) / turn-off thyristor
**Abschaltung** *f* (der Kraftstoffzufuhr) / fuel shut-off ‖ ⁓ (der Energiequelle) (Eltech) / power cut, power cut-off ‖ ⁓ (Eltech, Masch) / cut-off *n* ‖ ⁓ (Nukl) / shutdown* *n* ‖ **unbeabsichtigte** ⁓ (Nukl) / unintentional shutdown
**Abschaltungskraft** *f* (beim Plattenspieler) (Eltronik) / tripping force
**Abschaltventil, elektromagnetisches** ⁓ **für Kraftstoffdüse** (zur Verhinderung des Motornachlaufs nach Abschalten der Zündung) (Kfz) / antidieseling solenoid, idle-stop solenoid, idle shut-off solenoid(-operated valve)
**Abschalt•verstärker** *m* (Nukl) / trip amplifier*, shut-down amplifier* ‖ ⁓**vertrag** *m* (Gaslieferung) / interruptible contract ‖ ⁓**wärme** *f* (Nukl) / afterheat* *n*, residual heat, decay heat*, shut-down heat ‖ ⁓**zeit** *f* **des Systems** (in der es abgeschaltet, aber betriebsfähig ist) / system switched-off time
**Abschärfmesser** *n* (Werkz) / sharpening steel, steel
**abschatten** *v* ~ (Hindernisse) (Luftf) / shield *v* ‖ ~ (Opt) / vignette *v*, shade *v* ‖ ~ (abdecken) (Opt) / occlude *v*
**Abschattung** *f* (von Hindernissen) (Luftf) / shielding *n* ‖ ⁓ (Opt) / vignetting *n*, shading *n*
**Abschattungseffekt** *m* (bei elektromagnetischen Wellen) (Radio) / mountain effect
**abschätzen** *v* (z.B. Schweißfähigkeit) / assess *v*
**Abschätzung** *f* / estimation *n*, estimate *n*, rating *n*
**Abschaum** *m* / scum *n* ‖ ⁓ (auf der Schwarzlauge, der zur Gewinnung von Tallöls benutzt wird) (Pap) / skimmings *pl*

**abschäumen** v (Schaum und Unreinheiten an der Oberfläche einer Glasschmelze mit Hilfe einer Eisenstange abziehen) (Glas) / skim v ‖ ~ (Hütt) / skim v, scum v ‖ ~ (Nahr) / scum vt
**Abschaumhahn** m (des Kessels) (Masch) / foam cock
**Abschäum•nische** f (Glas) / skimming pocket ‖ ~**stein** m (Glas) / skimmer block, skimmer gate ‖ ~**vorbau** m (Glas) / skimming pocket
**abscheidbar** adj / separable adj ‖ ~ (Sanitär, Wasserb) / settleable adj
**Abscheidbarkeit** f (von Metallen auf Gegenständen) (Galv) / plateability n
**Abscheide•freudigkeit** f / ease of deposition ‖ ~**gefäß** n (Masch) / separating vessel
**abscheiden** v / segregate v, separate v ‖ ~ vt / deposit vt ‖ ~ v / isolate v ‖ ~ (aus Flüssigkeiten) (Chem, Sanitär, Wasserb) / settle vt, precipitate v ‖ ~ (Fette, Öle) (Sanitär) / separate v ‖ **gemeinsam** ~ (Galv) / codeposit vt, co-electroplate vt ‖ **sich** ~ / sediment vi, subside v, deposit vi ‖ ~ n / sedimentation* n, precipitation* n ‖ ~ / segregation* n, separation n ‖ **akustisches** ~ (bei Gasreinigung) / sonic precipitation ‖ **elektrochemisches** ~ (Galv) / electrodeposition n, electrolytic deposition, cold process ‖ **fremdstromloses** ~ (Galv) / electroless plating, electroless deposition, chemical deposition ‖ ~ **in Vakuum** (Galv) / vacuum coating, vacuum deposition (BS 2951, Part 2 : 1975)
**Abscheider** m (für Naturgas) / stripper n ‖ ~ (Aufber) / separator* n, grader n ‖ ~ (Masch) / trap n ‖ ~ (zum Entfernen von Fetten, Ölen, Benzinen und Feststoffteilchen aus dem Abwasser, von Stäuben und Nebeln aus Gasen) (Sanitär) / separator n ‖ ~ (DIN 64100) (Tex) / condenser n (in a blowing room), blowing-room condenser ‖ ~**kondensat** n (Nukl) / moisture separator drains
**Abscheidung** f (Galv) / deposition n ‖ ~ (von Legierungen) (Galv) / alloy plating ‖ **[galvanische]** ~ (eine Schutzschicht) (Galv) / deposit* n ‖ **chemische** ~ **aus der Gasphase** (Galv) / chemical vapour deposition, CVD ‖ **schmelzepitaxiale** ~ (Eltronik) / liquid-phase epitaxy (LPE) ‖ ~ f **aus der Gasphase** (z.B. Aufdampfen) / vapour deposition ‖ ~ **durch Ionenaustausch** (Galv) / displacement plating, immersion plating, displacement deposition ‖ ~ **im Tauchverfahren** (stromlos) (Galv) / displacement plating, immersion plating, displacement deposition ‖ ~ **mit periodischem Polwechsel** (Galv) / periodic reverse plating, periodic reverse-current plating, PRC plating
**Abscheidungs•elektrode** f (Galv) / precipitating electrode ‖ ~**kalorimeter** n (Phys) / separating calorimeter* ‖ ~**polarisation** f (Chem) / electrolytic polarization (based on chemical transformations) ‖ ~**potential** n (Galv) / deposition potential
**Abscherbeanspruchung** f (Masch, Mech) / shear stress, shearing stress
**abscheren** v (durch zwei sich aneinander vorbeibewegende Schneiden) / cut v ‖ ~ (mit der Schere) / shear* v ‖ ~ (durch Verschieben bei zu starker Belastung) (Masch, Mech) / shear v ‖ ~ (aus einer vorgegebenen Bahn) (Schiff) / sheer off v, sheer away
**Abscher•festigkeit** f (Mech, WP) / shear strength, ultimate shear strength, shear stability ‖ ~**stift** m (Masch) / shear pin*, shear bolt ‖ ~**ung** f (Geol) / décollement n ‖ ~**versuch** m (WP) / shear test
**abscheuern** v / attrite v ‖ ~ (entfernen durch Scheuern) / scrub off v ‖ ~ (Tex) / chafe v
**Abschichtung** f / delamination n, lamination n
**Abschieber** m (bei Flurförderzeugen) (Masch) / pusher device, pusher-type pallet unloader, pushing device, pusher n
**Abschiebevorrichtung** f (Masch) / pusher n
**Abschiebung** f (Lithoklase mit Verschiebungsbetrag) (Geol) / slip n ‖ ~ (Geol) / normal fault*, gravity fault (Geol) s. auch Verwerfung
**Abschieferung** f (Geol) / exfoliation* n
**abschießen** v (ein Flugzeug) (Mil) / down v, shoot down, bring down ‖ ~ (von Werbespots durch schnelles Umschalten) (TV) / zap v, flick v, switch v
**Abschirm•beton** m (DIN 25413) (Radiol) / shielding concrete, radiation-shielding concrete ‖ ~**dublett** n (Kernphys) / irregular doublet
**abschirmen** v (Eltech, Kernphys, Nukl, Radiol) / shield v, screen v
**Abschirm•faktor** m (der Elektronenröhre) (Eltronik) / screening factor, shielding factor ‖ ~**fenster** n (Nukl) / shielding window* ‖ ~**konstante** f (Nukl) / screening constant* ‖ **Debyescher** ~**radius** (Plasma Phys) / Debye shielding length, Debye length*, Debye-Hückel screening radius ‖ ~**stoff** m (Nukl) / shielding material
**Abschirmung** f (z.B. Faradayscher Käfig) (Eltech) / screen* n ‖ ~ (Behinderung der Wirkungsausbreitung von Feldern, Strahlungen, Störsignalen und Strömungen) (Eltech, Kernphys, Nukl, Radiol) / shielding* n, screening* n ‖ ~ s. auch Absicherung und Strahlenschutz ‖ **akustische** ~ (Akus) / cushioning* n ‖ **elektrische** ~ (Eltech) / electric screen, electric shielding* ‖ **elektrodynamische** ~ (Eltech) / electrodynamic shielding ‖ **flexible** ~ (Nukl) / flexible shielding ‖ **thermische** ~ (Nukl) / thermal shield* ‖ ~ f **aus flexiblem Material** (z.B. mit einer Strahlenschutzfolie) (Radiol) / flexible shielding ‖ ~ **gegen Strahlung** (Radiol) / radiation shielding

**Abschirmungs•dublett** n (zwei eng benachbarte Energieniveaus im Energieniveauschema der Atomhülle eines Atoms mit mehreren Elektronen) (Kernphys) / irregular doublet ‖ ~**konstante** f (Nukl) / screening constant* ‖ ~**zahl** f (Nukl) / screening constant*
**Abschirmvorrichtung** f (z.B. Faradayscher Käfig) (Eltech) / screen* n
**abschlacken** v (Hütt) / skim v, scum v ‖ ~ (Hütt) / slag v, deslag v, slag off v
**Abschlackung** f (Hütt) / slag removal, deslagging n, slagging n
**Abschlag** m (der durch Sprengarbeit gelöste Teil des Gebirgskörpers in einem Grubenbau) (Bergb) / round n ‖ ~ (Tex) / knock-over n ‖ ~ (Web) / slam-off n ‖ ~**barre** f (bei Cotton-Maschinen) (Tex) / knock-over bit ‖ ~**barre** (bei Raschelmaschinen) (Tex) / stripping bar
**abschlagen** v (einen Gegenstand vom Lasthaken oder eine Talje von dem Auge lösen) / unbend v ‖ ~ / knock off v, tap off v ‖ ~ (Anschnitte) (Gieß) / knock off v, flog v ‖ ~ (Speiser) (Gieß) / remove v ‖ ~ (Formkasten, Kernkasten) (Gieß) / strike off v ‖ ~ (Glas) / crack off v ‖ ~ (Spinn) / back off v ‖ ~ (Tex) / fashion v, narrow v ‖ ~ (alte Maschen) (Tex) / cast off v ‖ ~ (Web) / slam off v, unbatch v ‖ ~ (den Faden) (Web) / slough off v (the thread) ‖ ~ n (grobes Behauen des Steins) (Bau) / scabbling* n, scappling* n, scabbing n, dabbing* n, daubing* n, picking n ‖ ~ (Gieß) / chipping n, chip-off n ‖ ~ (des Anschnittsystems) (Gieß) / knocking-off n, flogging n ‖ ~ (Schiff) / laying-off* n ‖ ~ (Spinn) / backing-off n ‖ ~ (bei der Maschenbildung bei Wirkwaren) (Tex) / knock-over n ‖ ~ (Web) / slam-off n ‖ ~ **des Gießsystems** (Gieß) / sprueing n, spruing n ‖ ~ **des Gießsystems** (im heißen Zustand) (Gieß) / hot spruing ‖ ~ **des verlorenen Kopfes** (Gieß) / topping n
**Abschlag•kasten** m (Gieß) / snap flask ‖ ~**länge** f (Länge des Abschnitts, um den die Ortsbrust nach dem Sprengarbeit in Streckenrichtung vorrückt) (Bergb) / advance per round, depth of round, round depth ‖ ~**platine** f (bei Cotton-Maschinen) (Tex) / knock-over bit ‖ ~**platine** (ein Maschenbildungswerkzeug) (Tex) / strip n, knock-over bit, knock-over sinker ‖ ~**splitter** m (Bau) / galet* n, spall* n
**Abschlämmbares** n (Bau) / suspended solid particles, suspended solids
**abschlämmen** v / elutriate v, levigate v, wash v ‖ ~ n (Chem Verf) / elutriation* n, levigation* n, washing n
**Abschlammung** f (bei Sekundärzellen) (Eltech) / deposit* n
**Abschlämmung** f (Trommelentsalzung bei Dampfkesseln) (Masch) / blow-down n, blow-off n (US), bleed-off n, purging n
**Abschlammventil** n (Bahn) / waste cock
**abschleifen** v (abschmirgeln) (Anstr) / sand down v ‖ ~ (Leder) / buff v ‖ ~ (Masch) / abrade* v ‖ ~ (Masch) / grind off v, grind away v ‖ ~ **mit Bimsstein** ~ / pumice v ‖ ~ (des Zylinderkopfes) (Kfz) / shaving n ‖ ~ (Masch) / grinding-off n ‖ ~ **der** (überschüssigen) **Glasur** (Keram) / stoning n (by means of an abrasive rubbing stone)
**abschleifend** / abrasive adj
**Abschleppdienst** m (Kfz) / tow service, tow-truck service
**abschleppen** v (Kfz) / tow v, tow away v ‖ ~ n **mit angehobenen Vorderrädern** (Kfz) / tow lift, wheel lift type (towing)
**Abschlepp•fahrzeug** n (Kfz) / recovery vehicle, breakdown truck, wrecker n (US), breakdown lorry, breakdown vehicle, breakdown van ‖ ~**lug** f (Kfz) / towing lug ‖ ~**seil** n (ein Kunststoffseil nach DIN 76033) (Kfz) / tow rope, towing rope, towline n ‖ ~**seil** (ein Drahtseil - DIN 76033) (Kfz) / tow-cable n ‖ ~**seilanschlußstelle** f (Kfz) / tow-rope attachment point ‖ ~**stange** f (Kfz) / tow-bar n ‖ ~**wagen** m (Kfz) / recovery vehicle, breakdown truck, wrecker n (US), breakdown lorry, breakdown vehicle, breakdown van
**Abschleudereffekt** m **von 20%** / hydroextracting n down to 20%
**abschleudern** v (mit der Zentrifuge) / centrifuge v, centrifugate v ‖ ~ / throw off v, project v
**abschließbarer Tankverschluß** (Kfz) / lockable tank cap, fuel-tank locking cap, locking gas cap (US)
**abschließen** v (eine Transaktion) / complete v ‖ ~ / lock v ‖ ~ (hermetisch) / seal v ‖ ~ (am Ende) / terminate v ‖ ~ n (hermetisches) / sealing n
**abschließende Entscheidung** / final decision, terminal decision
**Abschließung** f / closure n, closing n ‖ ~ (z.B. einer Formel) (Math) / closure n
**Abschliff** m (des Zylinderkopfes) (Kfz) / shaving n ‖ ~ (Abschliffmenge) (Masch) / metal removal (a quantity characteristic) ‖ ~**menge** f (Masch) / metal removal (a quantity characteristic)
**Abschluß** m / closure n, closing n ‖ ~ (hermetischer) / seal n ‖ ~ (eines Vertrags) / conclusion n ‖ ~ (Eltech) / termination n ‖ ~ (beim Zurichten) (Leder) / sealing n ‖ ~ (Math) / closure n (of a set) ‖ ~ (Arch) / finial* adj, crowning adj, topping adj ‖ **hermetischer** ~ / hermetically tight sealing ‖ ~**diode** f (Eltronik) / terminating diode n ‖ ~**garnitur** f (Eltech) / terminal fittings n ‖ ~**immittanz** f **eines Tores** (Eltech) / terminating immittance of a port ‖ ~**impedanz** f (Eltech) / terminal impedance*, terminating impedance, load impedance* ‖ ~**körper** m (z.B. des Schiebers) (Masch) / closing element ‖ ~**leiste** f (Bau) / skirting board*, scrub board, skirting n, baseboard* n,

**Abschlußleiste**
  mopboard* n (US), subbase n (US), washboard* n (US) ‖ **obere ~leiste der Wandtäfelung** (Bau) / dado rail n, surbase n, dado capping* ‖ **~preis** m / contract price ‖ **~schicht** f (Bau) / setting coat*, fining coat*, finishing coat*, skim coat, skimming coat*, set n, white coat*, finish n ‖ **~schicht** (Galv) / top layer, overlayer n ‖ **~schirme** m pl (bei einem Magnetron) (Eltronik) / end-hats* pl ‖ **~stein** m (in der obersten Mauerlage) (Bau) / coping brick ‖ **~stein** (oben) (Bau) / top-stone n, cap-stone n ‖ **~stein** (Glas) / tuckstone n ‖ **~symbol** n (in einem Programmablaufplan) (EDV) / terminator n ‖ **~widerstand** m (Eltech) / termination* n ‖ **ohmscher ~widerstand** (Eltech) / ohmic terminating resistance
**abschmecken** v (Nahr) / taste vt
**abschmelz•bare Elektrode** (Schw) / consumable electrode, fusible electrode ‖ **~barer programmierbarer Festwertspeicher** (EDV) / fusible-link programmable ROM ‖ **~elektrode** f (Schw) / consumable electrode, fusible electrode
**abschmelzen** v / melt down vt, melt vt, fuse v ‖ **~** (Glas) / burn off v. ‖ **~** n (Glas) / burning-off n
**abschmelzende Elektrode** (Schw) / consumable electrode, fusible electrode
**Abschmelz•leistung** f (in kg/h) (Schw) / melting rate, deposition efficiency, MR, deposit efficiency ‖ **~schutzschicht** f (Raumf) / ablative coating ‖ **~schutzschild** m (Raumf) / ablation shield* ‖ **~steg** m (Plast) / meltable rib ‖ **~verfahren** n **mit Glühdraht** (Plast, Schw) / hot-wire welding, hot-filament sealing ‖ **~zeit** f (Hütt) / melting time
**Abschmierdienst** m (Kfz) / lubritorium n (US)
**abschmieren** v (Luftf) / skid v, skid out v ‖ **~** (Masch) / lubricate v, grease v ‖ **~** n (in der Kurve nach außen) (Luftf) / skidding n, skid-out n
**Abschmier•grube** f (Masch) / greasing pit, grease pit ‖ **~presse** f (Masch) / grease-gun* n
**Abschmierung** f (Masch) / lubrication n, lubricating n
**Abschmiervorrichtung** f (Masch) / lubricator n
**abschmirgeln** v / emery away v, emery off v ‖ **~** / emery v, rub down with an emery-paper or emery-cloth, emery off v, emery away v ‖ **~** (Gewebe) (Tex) / emerize v
**Abschmutzbogen** m (Druck) / set-off sheet
**abschmutzen** v (Farbstoff) / mark off v, smut v, stain v
**Abschmutz•makulatur** f (Druck) / set-off paper ‖ **~papier** n (Druck) / set-off paper
**Abschmutzung** f (mit Verfärbung) (Tex) / smudging n (of colour), staining n, marking-off n
**Abschneidefehler** m (Instr) / truncation error, discretization error, global discretization error
**abschneiden** v / cut away v, cut off v ‖ **~** / lop v, lop off v ‖ **~** / crop v ‖ **~** (einen Teil des Entscheidungsbaumes) (EDV) / prune v, cut off v ‖ **~** (EDV) / truncate v ‖ **~** (Stellen nach dem Dezimalbruch) (EDV, Math) / truncate v ‖ **~** (einen Baum) (KI) / prune v, truncate v, cut off v ‖ **Waldkanten ~** (For) / list v ‖ **~** n / cropping* n ‖ **~** (EDV) / clipping n, scissoring n ‖ **~** (eines Teiles des Entscheidungsbaumes) (EDV) / pruning n, cut-off n ‖ **~** (z.B. der Stellen nach dem Dezimalkomma (EDV, Math) / truncation* n ‖ **~** (mit der Schere) (Glas) / shear cut ‖ **~** (Stoßwelle) (Phys) / chopping n
**Abschneide•verfahren** n (beim Freitextretrieval) (EDV) / truncation n ‖ **~vorrichtung** f (zum Trennen von Formlingen von einem kontinuierlich aus einer Schneckenpresse austretenden Massestrang) (Keram) / cutter n ‖ **~vorschrift** f (in der Quantenfeldtheorie) (Phys) / cut-off n
**Abschnellen** n (Web) / picking* n
**Abschnitt** m (Rest) / off-cut n ‖ **~e** m pl (For, Zimm) / ends pl, off-cuts pl ‖ **~** m (zwischen zwei Spanten oder Schotten) (Luftf) / bay n ‖ **~** (Math) / segment* n ‖ **~** (geordneter Mengen) (Math) / section n ‖ **antriebsloser ~** (der Flugbahn eines ballistischen Flugkörpers) (Luftf, Mil, Raumf) / motorless flight ‖ **~** m **auf der x-Achse** (Math) / X-intercept n ‖ **~** **zwischen Streben, Stielen oder Verspannungsdrähten** (bei Mehrdeckern) (Luftf) / bay n ‖ **~narbe** f (beim Scherenschnitt) (Glas) / shear mark ‖ **~reparaturtechnik** f (partieller Austausch von Karosserieteilen) (Kfz) / section repair, sectional repair
**Abschnittsmarke (AM)** f (EDV, Mag) / tape mark (TM)
**abschnittsweise belastetes Kabel** (Kab) / intermittently loaded cable
**abschnüffeln** v (z.B. Chemikalien bei der Lecksuche) (Chem) / sniff v
**abschnüren** v (markieren mit einer Schlagleine) (Bau) / mark with a chalk line (plucked against a surface) ‖ **~** (Eltronik) / pinch off v ‖ **~** n (einer Bildwand) (Film) / lacing n ‖ **~** (Schiff) / laying-off* n
**Abschnürspannung** f (eines Verarmungs-FET) (Eltronik) / cut-off voltage (of a depletion-type field-effect transistor) ‖ **~** (Eltronik) / pinch-off voltage*
**Abschnürung** f (Eltronik) / pinch-off n
**Abschnürungsprozeß** m (Meteor) / cut-off process
**Abschöpfeinrichtung** f (Erdöl) / skimmer n
**abschopfen** v (Blockenden abschneiden) (Hütt) / crop v, top v, cut off v ‖ **~** n (Hütt) / cropping* n, topping n

**abschöpfen** v (Oxidablagerungen) (Hütt) / skim v, scum v
**Abschöpfer** m (Abwasser) (Sanitär) / skimmer n
**Abschöpftank** m (ein Teil des Wassereinpreßsystems) (Erdöl) / skimming tank
**abschrägen** v / slant v, slope v, splay v ‖ **~** (Masch) / scarf v ‖ **~** (Masch, Tischl, Zimm) / chamfer v, bevel v ‖ **~** n **zum Wasserablauf** (Bau) / weathering* n
**Abschrägung** f (Masch) / scarfing* n ‖ **~ des Schornsteinkopfs** (Bau) / flaunching* n
**Abschrägungsfläche** f (Masch) / bezel n
**abschränken** v (Glas) / crack off v
**Abschrankung** f / barrier n, safety barrier
**abschraubbar** adj (Masch) / unscrewable adj
**abschrauben** v (Masch) / unbolt v, unscrew v, screw off v ‖ **~** (Masch) / loosen vt (the nut)
**Abschreckalterung** f (Ausscheidung von Karbid oder Nitrid nach dem Abschrecken von höheren Temperaturen, vorzugsweise von rd. 700° C, aus dem übersättigten Mischkristall) (Hütt) / quench ageing
**abschrecken** v (schmelzflüssige Fritte) (Glas) / shrend v (make cullet by directing molten glass into a stream of water) ‖ **~** (Hütt) / quench v ‖ **~** (kurz) (Keram) / dunk v (to produce decorative crazing in the glaze) ‖ **ausschöpfen und im Wasser ~** (Glas) / dragladle v, dragade v ‖ **~** n (beim Gießen) (Gieß) / chill n, chilling n ‖ **~** (Glas) / tempering n, toughening n ‖ **~** (austenitische Stähle) (Hütt) / quench annealing ‖ **~** (DIN 17014, T 1) (Hütt) / quenching* n ‖ **~** (durch Insektenvertreibungs- und Wildverbißmittel) (Landw, Umwelt) / repelling n ‖ **~ in Wasser** (Hütt) / water quenching
**Abschreck•härten** n (zur Unterscheidung gegenüber dem Ausscheidungshärten) (Hütt) / quench-hardening n ‖ **~mittel** n (Medium zum Abschrecken von Behandlungsgut) (Hütt) / quenchant n, quenching medium ‖ **~platte** f (Gieß) / chill* n, chill plate n ‖ **~prüfung** f (Glas) / thermal-shock test ‖ **~schale** f (Gieß) / chill* n, chill plate ‖ **~schicht** f (Gieß) / chill n, chilling layer ‖ **~tiefe** f (Gieß) / chill depth
**Abschreckung** f (Mil) / deterrence n ‖ **~ im Bleibad** (Hütt) / lead quenching
**abschreiben** v (den anteiligen Wert der Wirtschaftsgüter, deren Nutzung sich über mehrere Geschäftsperioden erstreckt) / write off v, write down v, amortize v
**Abschreibung** f (Abschreibungsbetrag) / depreciation charge(s)
**Abschreibungsbetrag** m / depreciation charge(s)
**abschreiten** v (mit Schritten messen) / pace v
**Abschrot** m (meißelförmiger Amboßeinsatz) (Masch) / anvil cutter*, anvil chisel*, hardy n, hardie n
**abschroten** v (ein Freiform-Schmiedestück) (Masch) / part off v, cut v, chisel off v, cut off v ‖ **~** n (eines Freiform-Schmiedestücks) (Masch) / parting-off n, cutting n, chiselling-off n, cut-off n
**abschuppen** v (einen Fisch) (Nahr) / scale vt, descale vt ‖ **~** n (Bau) / flaking* n, scaling n
**abschuppend, sich ~** / scaly adj, scaled adj ‖ **~e** (rissige) **Appretur** (Leder) / flaky finish ‖ **~es Finish** (bei nicht ausreichender Haftfestigkeit) (Leder) / flaky finish
**Abschuppung** f (schalenförmige) (Geol) / exfoliation* n, flaking n, sheeting n, spalling n (US)
**Abschuß** m (einer Rakete) (Raumf) / shot n ‖ **~ einer Mondrakete** (Raumf) / moon shot
**abschüssig** adj / precipitous adj, declivitous adj ‖ **~e Stelle** (in der Straßenführung) (HuT) / gradient n
**Abschüssigkeit** f / declivity n, pitch n
**Abschuß•rampe** f (Raumf) / launching ramp, ramp n ‖ **~rinne** f (der Startrampe) (Raumf) / rail n
**abschwächen** v (Farbe) / diminish v, tone down v ‖ **~** (Foto) / reduce v ‖ **~** (Ascher, Gerbbrühe) (Leder) / mellow v
**Abschwächer** m (Foto) / reducer* n ‖ **Farmerscher ~** (Blutlaugensalzabschwächer) (Foto) / Farmer's reducer* ‖ **festeingestellter ~** (Eltech) / pad* n, fixed attenuator, attenuation pad, fixed-loss attenuator
**Abschwächung** f (proportionale, subproportionale, superproportionale) (Foto) / reduction n
**Abschwächungsglied, koaxiales ~ mit Blindleitungen** (Fernm) / chimney attenuator*
**abschwarten** v (For, Zimm) / slab v, slab off v ‖ **~** (Leder) / skin v, flay v ‖ **~** n (For, Zimm) / slabbing* n
**Abschwellzeit** f (Schw) / downslope time
**Abschwemmung** f (von Bodenmassen durch Überschwemmung) (Geol) / avulsion n
**abschwenden** v (For) / burn broadcast v
**abschwenkbar** adj / retractable adj ‖ **~es Zuführungsrohr** (beim Einpflügen des Kabels) (Kab) / hinged feed tube
**abschwerten** v (Bau, Zimm) / brace v
**Abschwung** m (Kehrtkurve mit Höhenunterschied) (Luftf) / bunt* n

**Abscisin** *n* II (Biochem) / abscisic acid*, abscisin *n*, ABA* || ~**säure** *f* (ein Phytohormon) (Biochem) / abscisic acid*, abscisin *n*, ABA*
**ABS-Copolymer** *n* (Chem) / ABS polymerisate
**abseifen** *v* (auch bei der Leckprüfung) / soap *v* || ~ *n* / soap-suds check || ~ (auch bei der Leckprüfung) / soaping *n*
**Abseilvorrichtung** *f* (am Kran) (Masch) / rope-down device
**Abseite** *f* (eines Langhauses) (Arch) / aisle* *n* || ~ (Unterseite eines beidseitig verwendbaren Gewebes) (des Stoffes) (Tex) / wrong side, reverse side, back *n*, reverse *n*
**Abseitenstoff** *m* (mit zwei unterschiedlichen Stoffseiten) (Tex) / reversible *n*, double-face[d] fabric
**absenden** *v* (Fernm) / originate *v*
**Absender** *m* (Fernm) / originator *n* (the user who creates adresses and usually sends a message), sender *n* || ~ (eines Rufes) (Fernsp) / calling party, originator *n*
**Absendetag** *m* / date of forwarding
**absengen** *v* (Landw) / burn off *v* || ~ (Tex) / singe *v*, gas *v*, scorch *v* || ~ *n* (Tex) / singeing* *n*, gassing* *n*, scorching *n*
**absenkbare Rumpfnase** (meistens an Überschallverkehrsflugzeugen) (Luftf) / droop nose*, droop snoot*
**absenken** *v* (etwas) / sink *vt* || ~ / lower *v* || ~ (mit dem Lotblei) (Bau) / plumb *v*, plumb down *v* || ~ (Gieß) / withdraw *v* || ~ (Grundwasser) (Wasserb) / lower *v* || ~ *n* (mit dem Lotblei) (Bau) / plumbing* *n* (down) || ~ (z.B. von Hangendschichten nach dem Abbau von Flözen - durch Gebirgsdruck) (Bergb) / subsidence *n* || ~ (Gieß) / withdrawal *n* || ~ (des Steuerstabes) (Nukl) / insertion *n*, drive-in *n*, run-in *n*, run-down *n*
**Absenker** *m* (Bot, Landw) / layer *n*
**Absenkung** *f* (Bergb) / subsidence *n* || ~ (des Grundwassers) (Wasserb) / lowering *n* || ~ **begriffen** *n* (Geol) / negative *adj* || ~ *f* **der Rumpfniveaus des Kristalls gegenüber denen des freien Atoms** (die durch die Summe der Potentiale aller Nachbaratome im Kristall verursacht wird) (Kernphys) / core level shift || ~ **des Hangenden** (Bergb) / lowering of the roof, subsidence of the roof, roof subsidence, squeeze *n* || ~ **des Wasserspiegels nach Wasserentnahme** (als Ergebnis, in Längeneinheiten ausgedrückt) (Wasserb) / drawdown* *n*
**Absenkungs•faktor** *m* (Nukl) / disadvantage factor* || ~**geschwindigkeit** *f* (Bodenmechanik) (HuT) / settling rate, settle rate
**Absenkziel** *n* (niedrigster zulässiger Oberwasserstand an der Stauanlage eines Wasserlaufs) (Wasserb) / drawdown *n*, lowest operating level
**absetz•bar** *adj* (Sanitär, Wasserb) / settleable *adj* || ~**bare Stoffe** (Sanitär) / settleable solids || ~**becken** *n* (zum Abscheiden ungelöster Sink- und Schwimmstoffe aus dem Abwasser) (Sanitär) / sedimentation tank*, settling tank*, detritus chamber*, detritus tank, settler *n* || ~**brett** *n* (für keramische Erzeugnisse) (Keram) / pallet *n* || ~**bütte** *f* (Pap) / drainer* *n*
**absetzen** *v* (verkaufen) / sell *vt* || ~ / put down *v* || ~ (EDV) / relocate *v* (a routine) || ~ (z.B. Produktionsrohrtouren auf dem Träger) (Erdöl) / seat *vt* || ~ (Nachricht) (Fernm) / transmit *v* || ~ (eine sprunghafte Querschnittsabnahme beim Recken eines Freischmiedestücks erzielen) (Hütt, Masch) / set down *v*, set off *v*, step *v* || ~ (eine Absetzkante herstellen) (Kfz) / joddle-join *v* || ~ (Welle) (Masch) / shoulder *v* || ~ (Math) / subtract *v*, deduct *v* || ~ (ein Programm) (Radio, TV) / discontinue *v* || ~ (den Kurs des Schiffs auf der Seekarte festlegen) (Schiff) / plot *v*, lay off *v* || ~ (einen Lotsen) (Schiff) / land *vt*, drop *vt* || ~ *vt* (Typog) / compose* *v*, set* *vt*, typeset *v* || **sich** ~ / sediment *vi*, subside *v*, deposit *vi* || ~ **lassen** (Chem, Sanitär, Wasserb) / settle *vt*, precipitate *v* || ~ *n* / sedimentation *n*, settling *n*, subsiding *n* || ~ (einer Nachricht) (Fernm) / transmission *n* || ~ (mit Fallschirm) (Luftf, Mil) / air-drop || **behindertes** ~ (Aufber) / hindered settling*, hindered settlement || **gestörtes** ~ (Aufber) / hindered settling*, hindered settlement || ~ **lassen** *n* s. Klärung und Sedimentation
**Absetzer** *m* (spezielle Bauart des Gurtförderers mit großer Wurfweite - verwendet zum Aufschütten von Kippen oder Halden) (Bergb) / spreader *n*, overburden spreader, stacker *n*
**Absetz•gefäß** *n* (beim Klassieren) (Aufber) / settling box || ~**geschwindigkeit** *f* (Aufber, Chem Verf) / settling rate, sedimentation rate, settling velocity || ~**grube** (Landw, Sanitär) / catch pit*, catch basin* || ~**grube** (Sanitär) / cesspool* *n*, sink *n*, cesspit* *n* || ~**kammer** *f* (Landw, Sanitär) / catch pit*, catch basin* || ~**kammer** (Masch) / dust chamber* || ~**kante** *f* (der mit einer Absetzzange im Blech ausgeformte Absatz) (Kfz) / step *n*, joddle *n* || ~**kipper** *m* (Bergb, Umwelt) / multi-bucket system vehicle || ~**neigung** *f* (Chem, Phys) / settling tendency || ~**platte** *f* (Glas) / dead plate, buck *n* || ~**platz** *n* (für Material und Personen) (Luftf) / drop zone || ~**raum** *m* (eines Emscherbrunnens) (Sanitär) / sewage settling chamber || ~**spinner** *m* (Spinn) / mule* *n*, self-actor mule || ~**teer** *m* (bei der flüssigen Pyrolyse des Holzes) (For) / settling tar || ~**teich** *m* (Sanitär) / settling pond || ~**teil** *m* (Sanitär) / sewage settling chamber || ~**verhinderndes Mittel** (Anstr) / antisettling agent || ~**verhinderungsmittel** *n* (Anstr) / antisettling agent || ~**verhütungsmittel** *n* (Anstr) / antisettling agent || ~**wagen** *m* (Förderer, der auf Holz- oder Metallplatten ruhendes Gut in mehreren Etagen übereinander aufnehmen, transportieren und absetzen kann) (Keram) / finger car, finger truck || ~**zange** *f* (zum Absetzen von Kanten in Feinblechen) (Kfz) / edge setter, joddler *n*
**ABS-Harz** *n* (Chem) / ABS resin
**absichern** *v* (Bau) / secure *v* (an entrance, a building) || ~ (mit Sicherungen) (Eltech) / fuse *v*, fuse-protect *v*
**Absicherung** *f* / protection *n* || ~ (mit Sicherungen) (Eltech) / fusing *n*, fuse protection
**Absichtserklärung** *f* / letter of intent
**absieben** *v* / sieve *v*, screen *v*, sift *v* || ~ (Grobkorn) (Aufber) / scalp *v* || ~ *n* (Tätigkeit) (Aufber) / screening *n*, sieving *n*, sifting *n*, sizing *n*, sieve classification || ~ **von Grobkorn** (Aufber) / scalping *n*
**Absiebung** *f* (Verlust) (Aufber) / screening-out *n*
**absinken** *v* (sedimentieren) / sediment *vi*, subside *v*, deposit *vi* || ~ *vi* (Geschwindigkeit) / fall *v*, decrease *v* || ~ *v* s. auch fallen || ~ *n* (Bergb) / subsidence *n* || ~ (einer Luftmasse) (Meteor) / subsidence *n* || ~ **der Gicht** (Hütt) / descent of charge || ~ **des Grundwasserspiegels** (Geol) / phreatic decline
**Absinkgeschwindigkeit** *f* (Aufber, Chem Verf) / settling rate, sedimentation rate, settling velocity
**Absinthöl** *n* (Med, Nahr) / oil of wormwood, wormwood oil, absinth oil
**absitzen lassen** (Chem, Sanitär, Wasserb) / settle *vt*, precipitate *v* || ~ *n* / sedimentation* *n*, precipitation* *n*
**Absitztank** *m* (Sanitär) / quiescent tank*
**Absolues** *pl* (die alkohollöslichen Anteile der aus Pflanzenteilen extrahierten Blütenöle; für Duftstoffe verwendet) / absolutes *pl*
**absolut** *adj* / absolute* *adj* || ~ **abgeschlossenes System** (Phys) / isolated system || ~**e Adresse** (EDV) / absolute address*, actual address, machine address, specific address || ~**er Alkohol** (Chem) / absolute alcohol* (containing not less than 99% pure ethanol by weight), anhydrous alcohol || ~**es Alter** (Geol, Kernphys) / absolute age* || ~**e Altersbestimmung** (Geol, Kernphys) / absolute dating, chronometric dating || ~**e Atommasse** (Chem, Phys) / absolute atomic mass || ~ **aufrunden** (maschinell runden, wobei der letzten verbleibenden Dezimalstelle eine 1 zugezählt wird, wenn die werthöchste abgestrichene Stelle einen Wert größer als Null hat - DIN 9757) (EDV) / round up *v* || ~**e Bewegung** (Mech) / absolute motion || ~**e Differentiation** (Math) / covariant derivative || ~**er Druck** (DIN 1314) (Phys) / absolute pressure* || ~**er Fehler** (Instr, Math) / absolute error || ~**e Feuchte** (Meteor) / absolute humidity* || ~**e Feuchtigkeit** (die Dampfmenge in g in 1cm$^3$ feuchter Luft) (Meteor) / absolute humidity* || ~**e Gaskonstante** (Phys) / molar gas constant, universal gas constant || ~**es Gehör** (die Fähigkeit, Töne und Tonarten ohne vorgegebenen Vergleichston zu bestimmen oder durch Singen anzugeben) (Akus, Physiol) / sense of absolute pitch*, perfect pitch, absolute pitch || ~**e Geometrie** (Math) / absolute geometry*, pangeometry *n*, intrinsic geometry || ~**e Geschwindigkeit** (Phys) / absolute velocity || ~**es Glied** (dasjenige Glied in einer Gleichung oder in einem Polynom, das keine Veränderlichen enthält) (Math) / absolute term, constant term || ~**es Halt** (unbedingtes Haltsignal für alle Zug- und Rangierfahrten) (Bahn) / absolute stop (signal), stop and stay || ~**es Haltsignal** (Bahn) / absolute stop signal, stop-and-stay signal || ~**e Häufigkeit** (Stats) / absolute frequency || ~**e Helligkeit** (M) (Astr) / absolute magnitude* || ~**e Höhe** (Verm) / absolute altitude, absolute elevation || ~ **integrierbar** (Math) / absolutely integrable || ~**es Kelvin-Elektrometer** (Eltech) / attracted-disk electrometer* || ~**er Kode** (Maschinenkode) (EDV) / absolute code*, actual code, specific code, direct code || ~**es Kommando** (EDV) / absolute command, absolute instruction || ~**e Konfiguration** (Chem) / absolute configuration* || ~ **konvergente Reihe** (Math) / absolutely convergent series || ~**e Konvergenz** (Math) / absolute convergence* || ~**es Maßsystem** (das bis 1954 galt) / absolute system (of units) || ~ **messende Spule** (Eltech) / absolute coil || ~**e Methode** (in der Analytik) (Chem) / absolute method || ~**er Nullpunkt** (-273,16 °C) (Phys) / absolute zero* || ~**es Öl** (aus dem "konkreten" Öl gewonnen) (Chem) / absolute *n* || ~**e Permeabilität**(skonstante) (des Vakuums) (Mag) / permeability of free space, magnetic constant, permeability of vacuum, space permeability || ~**er Pfad** (EDV) / absolute path || ~**e Programmierung** (EDV) / absolute programming || ~**er Spannungspegel** (Fernm) / through level* || ~**e Spule** (Eltech) / absolute coil || ~**e Struktur** (Krist) / absolute structure || ~**e Temperatur** (DIN 1345) (DIN 1345 und 5498) (Phys) / absolute temperature*, thermodynamic temperature || ~**e Temperaturskala** (Phys) / thermodynamic scale of temperature*, absolute temperature scale, scientific temperature scale, Kelvin thermodynamic scale of temperature || ~ **trocken** / absolutely dry || ~ **trockenes Papier** (Pap) / bone-dry paper*, oven-dry paper* || ~**es Vakuum** (Vakuumt) / absolute vacuum, perfect vacuum || ~**e Variation** (Math) / total

**absolut**

variation, absolute variation ‖ ~**e Vorticity** (Meteor) / absolute vorticity ‖ ~ **zuverlässig** (Masch) / fail-safe* *adj*
**Absolut•-** / absolute* *adj* ‖ ~**bemaßung** *f* (in der CNC-Technik) (Masch) / absolute dimensioning ‖ ~**betrag** *m* (Math) / absolute value*, modulus* *n*, numerical value ‖ ~**betrag** (Math) s. Betrag ‖ ~**bewegung** *f* (Mech) / absolute motion ‖ ~**bewegungsanzeige** *f* (Anzeige der "wahren Bewegung" auf dem Bildschirm) (Radar) / true-motion radar presentation ‖ ~**druck** *m* (DIN 1314) (Phys) / absolute pressure ‖ ~**fehler** *m* (z.B. eines Meßgeräts) (Instr, Math) / absolute error ‖ ~**filter** *n* (Umwelt) / HEPA filter, high-efficiency particulate air filter ‖ ~**geschwindigkeit** *f* (Luftf) / groundspeed* *n*, GS ‖ ~**geschwindigkeit** (die auf ein festes Koordinatensystem bezogen ist) (Phys) / absolute velocity ‖ ~**glied** *n* (bei Polynomen) (Math) / constant term ‖ ~**glied** (Math) / absolute term, constant term
**Absolutierung** *f* (Entwässerung von organischen Flüssigkeiten) (Chem) / dehydration* *n*
**Absolut•lader** *m* (EDV) / absolute loader ‖ ~**messung** *f* (des absoluten Wertes der Meßgröße) / absolute measurement ‖ ~**methode** *f* (Chem) / absolute method ‖ ~**stetiges Maß** (Stats) / absolutely continuous measure ‖ ~**striche** *m pl* (Stats) / straight brackets ‖ ~**trocken** *adj* / absolutely dry ‖ ~**wert** *m* (z.B. einer komplexen Zahl) (Math) / magnitude *n* ‖ ~**wert** (einer reellen oder komplexen Zahl) (Math) / absolute value*, modulus* *n*, numerical value ‖ ~**zeiger** *m* (EDV) / pointer *n*
**absondern** *v* / segregate *v*, separate *v* ‖ ~ (isolieren) / isolate *v* ‖ ~ *n* / segregation* *n*, separation *n*
**Absonderung** *f* (Geol) / joint* *n* (an actual or potential fracture in a rock), jointing* *n* ‖ ~ (Geol) / parting *n* ‖ ~ (Sekret) (Physiol) / secretion *n* ‖ ~ (Sekretion) (Physiol) / secretion* *n* ‖ **bankige** ~ (Geol) / sheeting *n*, sheet jointing
**Absonderungs•fläche** *f* (Geol) / joint sheet ‖ **säuliges** ~**großgefüge** (bei den Erstarrungsgesteinen) (Geol) / columnar structure* ‖ **kugelige** ~**klüftung** (Geol) / spheroidal jointing*
**Absorbat** *n* (Phys) / absorbate* *n*
**Absorbens** *n* (pl. Absorbenzien) (Chem) / absorber *n*, absorbent *n*, absorbent material, absorbant *n*
**Absorber** *m* (ein Apparat) (Chem Verf) / absorber *n* ‖ ~ (Stab) (Nukl) / absorber rod* ‖ ~ (neutronenabsorbierendes Material) (Nukl) / absorber* *n*, absorbing material* ‖ **grauer** ~ (Nukl) / grey absorber ‖ ~**element** *n* (z.B. Trimm-, Regel- oder Abschaltelement) (Nukl) / absorber element ‖ ~**finger** *m* (ein DWR-Steuerelement) (Nukl) / absorber finger ‖ ~**folie** *f* (Nukl) / catcher foil*, catcher *n* ‖ ~**stab** *m* (aus neutronenabsorbierendem Material) (Nukl) / absorber rod* ‖ ~**steuerung** *f* (des Reaktors) (Nukl) / absorption control, absorber control ‖ ~**zange** *f* (mit der die Störfähigkeit des Gerätes bei einer gegebenen Frequenz beurteilt werden kann) (Radio) / absorbing clamp
**Absorbierbarkeit** *f* (Chem, Phys) / absorbability *n*
**absorbieren** *v* (Chem, Phys) / absorb *v* ‖ **wieder** ~ (Chem, Phys) / reabsorb *v*
**absorbierend** *adj* / absorbent *adj*, absorptive *adj*
**absorbiert•e Dosis** (Radiol) / absorbed dose ‖ ~**er Stoff** (Phys) / absorbate* *n*
**Absorptio•meter** *n* (Chem) / absorptiometer* *n* ‖ ~**metrie** *f* (eine Methode der instrumentellen chemischen Analyse - kolorimetrische oder fotometrische) (Chem) / absorptiometric analysis, absorptiometry *n*
**Absorption** *f* (Chem, Phys) / absorption* *n* ‖ ~ (Radiol) / uptake* *n* ‖ **atmosphärische** ~ (Akus, Astr) / atmospheric absorption* ‖ **dielektrische** ~ (die zum dielektrischen Verlust führt) (Elektr) / dielectric absorption* ‖ **differentielle** ~ (Phys) / differential absorption ‖ **interstellare** ~ (Astr) / interstellar absorption ‖ **kontinuierliche** ~ (Phys) / continuous absorption ‖ **mehrfache** ~ (Phys) / multiple absorption ‖ **selektive** ~ (Phys) / selective absorption* ‖ ~ *f* **durch freie Ladungsträger** (Krist) / free-carrier absorption ‖ ~ **in Öl** (Chem) / oil absorption*
**Absorptions•apparat** *m* (Chem Verf) / absorber *n* ‖ ~**bande** *f* (Wellenlängenbereich, in dem Absorption erfolgt) (Spektr) / absorption band* ‖ ~**bande der magnetischen Kernresonanz** (Spektr) / NMR absorption band, NMR band ‖ ~**base** *f* (eine Salbengrundlage) (Chem, Pharm) / absorptive ointment base ‖ ~**dynamometer** *n* (Phys) / absorption dynamometer* ‖ **mit großer** ~**fähigkeit** (Phys) / superabsorbent *adj* ‖ ~**filter** *n* (ein Lichtfilter) (Foto) / absorption filter ‖ ~**frequenzmesser** *f* (Eltech) / dip meter ‖ ~**frequenzmesser** (Eltech) / absorption frequency meter, reaction frequency meter ‖ ~**gefäß** *n* (Chem Verf) / absorption vessel ‖ ~**gesetze** *n pl* (in einem Verband) (Math) / absorption laws ‖ ~**grad** *m* (nach dem Kirchhoffschen Strahlungsgesetz - DIN 5496) (Phys) / absorptivity* *n*, absorptance* *n*, absorptive power* ‖ **Sabinescher** ~**grad** (Akus) / Sabine absorption coefficient ‖ **Eyringscher** ~**grad** (Akus) / Eyring absorption coefficient ‖ **mit demselben** ~**grad** (Phys) / isoabsorption *attr* ‖ ~**grad** *m* **der Sonneneinstrahlung** (Verhältnis des absorbierten Strahlungsflusses zum einfallenden Strahlungsfluß) (Geophys) / solar absorptance ‖ ~**grundlage** *f* (Chem, Pharm) / absorptive ointment base ‖ ~**hygrometer** *n* (Meteor) / absorption hygrometer, chemical hygrometer ‖ ~**kältemaschine** *f* (eine Bauart der Kältemaschine) (Masch) / absorption refrigerator* ‖ ~**kälteverfahren** *n* (ein kältetechnisches Verfahren) (Masch) / absorption refrigeration process ‖ ~**kante** *f* (eines Filters) (Film, Foto) / filter cut*, cut *n* ‖ ~**kante** (Wellenlänge im Absorptionsspektrum eines Stoffes) (Spektr) / absorption edge*, absorption limit, absorption discontinuity* ‖ ~**koeffizient** *m* (in der Raumakustik) (Akus) / reverberation absorption coefficient ‖ ~**koeffizient** (Ostwaldscher) (Chem, Phys) / solubility coefficient ‖ ~**koeffizient** (bei Strahlung) (Phys) / absorption coefficient* ‖ **stoffmengenbezogener** ~**koeffizient** (Chem) / molar absorbance*, molar absorption coefficient*, molar absorptivity, molar extinction coefficient ‖ **atomarer** ~**koeffizient** ($\mu_a$) (Phys) / atomic absorption coefficient* ‖ **Bunsenscher** ~**koeffizient** (Phys) / Bunsen coefficient ‖ ~**konstante** *f* (nach dem Lambert-Beerschen Gesetz) (Phys) / linear absorption coefficient* ‖ ~**kurve** *f* (in der Textilfärberei) (Tex) / exhaustion curve, exhaustion diagram ‖ ~**küvette** *f* (Chem) / absorption cell ‖ ~**linie** *f* (scharfer Übergang zwischen Energiezuständen des absorbierenden Zentrums) (Spektr) / absorption line ‖ **[spektrales]** ~**maß** (Chem) / absorbance* *n*, absorbancy *n* ‖ **dekadisches** ~**maß** (der dekadische Logarithmus des Kehrwertes des spektralen Reintransmissionsgrades) (Opt) / internal transmission density (logarithm to the base 10) ‖ **natürliches** ~**maß** (der natürliche Logarithmus des Kehrwertes des spektralen Reintransmissionsgrades) (Opt) / internal transmission density (to the base e) ‖ ~**maximum** *n* (Phys) / absorption maximum ‖ ~**messer** *m* / absorption meter* ‖ ~**mittel** *n* (Chem) / absorber *n*, absorbent *n*, absorbent material, absorbant *n* ‖ ~**modulation** *f* (Radio) / absorption modulation, absorption control ‖ ~**öl** *n* (Erdöl) / scrubbing oil, stripping oil, absorption oil ‖ ~**öl** (zur Gasreinigung) (Erdöl) / straw oil ‖ ~**querschnitt** *m* (Wirkungsquerschnitt für die Absorption, z.B. von Neutronen) (Kernphys) / absorption cross-section ‖ ~**rohr** *n* (Chem) / absorption tube* ‖ ~**röhrchen** *n* (Chem) / absorption tube* ‖ ~**schalldämpfer** *m* (ein Auspuffschalldämpfer) (Kfz) / straight-through muffler, absorption-type muffler ‖ ~**spektrum** *n* (Spektr) / absorption spectrum* ‖ ~**spektrum** (mit dunklen Spektrallinien auf hellem Hintergrund) (Spektr) / dark-line spectrum ‖ ~**steuerung** *f* (Nukl) / absorption control, absorber control ‖ ~**turm** *m* (Chem Verf) / absorption tower, absorption column ‖ **differentielles** ~**verhältnis** (Verhältnis der Radioaktivität in einem Organ zur Radioaktivität im ganzen Körper) (Radiol) / differential absorption ratio*, DAR ‖ ~**vermögen** *n* (Phys) / absorbency *n*, absorptive capacity, absorptive power ‖ **akustisches** ~**vermögen** (in der Raumakustik) (Akus) / reverberation absorption coefficient ‖ ~**vermögen** *n* (Phys) s. auch Absorptionsgrad ‖ ~**wärme** *f* (Chem) / absorption heat ‖ ~**wasserkühlsatz** *m* (Masch) / absorption water chiller
**absorptiv** *adj* / absorbent *adj*, absorptive *adj* ‖ ~ *n* (Phys) / absorbate* *n*
**abspalten** *v* / split off *v* ‖ ~ (Chem) / separate *v*, abstract *v* ‖ ~ *n* (infolge thermisch bedingter Spannungen) (Keram) / structural spalling
**Abspaltung** *f* / splitting off *n* (Chem) / separation *n*, abstraction *n* ‖ ~ s. auch Spaltung ‖ ~ (Chem) s. auch Eliminierung ‖ ~ **nach Entspannungsrissen** (Geol) / exfoliation* *n*, sheeting *n* ‖ ~ **nach Mineralorientierungen** (Geol) / foliation* *n* ‖ ~ **von Polen** (ein Verfahren der Filtersynthese) (Eltronik) / removal of poles
**abspanen** *v* (Masch) / machine *v*, cut a chip ‖ ~ *n* (Masch) / machining *n*, metal cutting
**Abspangewicht** *n* (Masch) / chip weight
**Abspann** *m* (im Anschluß an die Film- und/oder Videoproduktion) (Film) / end credits, end titles ‖ ~**draht** *m* (Eltech, HuT) / guy wire, stay wire*
**abspannen** *v* (verankern) / grapple *v* ‖ ~ (mit Seilen) (HuT, Radio) / guy *v* ‖ ~ *n* (mit Seilen) (HuT, Radio) / guying* *n*
**Abspann•gittermast** *m* (Eltech) / anchor tower ‖ ~**isolator** *m* (Eltech) / strain insulator, dead-end insulator, tension insulator ‖ ~**klemme** *f* (Eltech) / anchor clamp* ‖ ~**mast** *m* (Eltech) / anchor tower ‖ ~**mast** (Eltech) / span pole* (to which the span wires are attached) ‖ ~**mast** (aus Holz) (Teleg) / telegraph pole ‖ ~**seil** *n* (Radio) / guy* *n*, guy rope ‖ ~**system** *n* (zur Aufrechterhaltung gleichbleibender Zugspannung) (Erdöl) / tensioner system ‖ ~**transformator** *m* (Eltech) / step-down transformer*
**Abspanvolumen** *n* (Masch) / volume of chips
**Absperr•anlage** *f* / crush-barrier *n* ‖ ~**armatur** *f* (Masch) / isolating valves, shut-off valves, stop valves, isolation valves ‖ ~**armatur mit steigender Spindel** (Masch) / rising-stem valve ‖ ~**armatur mit ad** (Rückschlagventil) (Masch) / stop-and-check *attr* ‖ ~**bares Rückschlagventil** (Masch) / stop-and-check valve, screw-down stop-and-check valve ‖ ~**bauwerk** *n* (Wasserb) / barrage* *n* ‖ ~**einrichtung** *f* / bollard *n*

**absperren** *v* (eine Straße mit Leitkegeln) / cone off *v* ‖ ~ (z.B. eine Verkehrsfläche) / cordon off *v* ‖ ~ (ein Brandfeld) (Bergb) / bash *v* ‖ ~ (For, Tischl) / crossband *v* ‖ ~ (Kftst) / shut off *v* ‖ ~ (Masch) / lock *v*, lock up *v* ‖ ~ (Wasserb) / dam *v*, dam up *v*, dike *v*, dyke *v*, stem *v*, impound *v*, pond *v*, back *v*, retain *v*, hold back *v* ‖ ~ *n* (Bergb) / bashing *n*
**Absperr•gestell** *n* (für Kabelschächte) (Kab) / fence *n* ‖ ~**hahn** *m* (DIN 74293) (Klemp) / stopcock* *n*, stop valve, turn-cock ‖ ~**kegel** *m* (ein Absperrkörper) (Masch) / shut-off disk ‖ ~**kette** *f* / barrier chain ‖ ~**körper** *m* (im allgemeinen) (Masch) / obturator *n* ‖ ~**körper** (verjüngter - bei dem Keilschieber) (Masch) / wedge *n* ‖ ~**körper** (des Hahns) (Masch) / plug *n*, taper plug ‖ ~**lampe** *f* / barrier lamp ‖ ~**mittel** *n* (DIN 55945) (Anstr) / sealer *n*, sealant *n*, surface waterproofer ‖ ~**mittel gegen das Durchschlagen von Teer und Kreosot** (Anstr) / stop-tar knotting ‖ ~**organ** *n* (zusammenfassende Bezeichnung für Hahn, Klappe, Schieber und Ventil) (Masch) / stop-off device, shut-off device ‖ ~**organ** (Ventil, Hahn, Schieber) **mit senkrechter Bewegung des Abschlußkörpers** (Masch) / lift-valve* *n* ‖ ~**schieber** *m* (Masch) / gate valve* ‖ ~**schieber** (z.B. ein Keilschieber) (Masch) / sluice valve ‖ ~**schwall** *m* (beim Aufstauen des Gerinnes) (Wasserb) / shut-off surge ‖ ~**sunk** *m* (Wasserb) / negative surge because of decreased inflow ‖ ~**topf** *m* (Masch) / liquid seal
**Absperrung** *f* (eine Schutzeinrichtung) / barrier *n*, safety barrier ‖ ~ (der Kraftstoffzufuhr) / fuel shut-off
**Absperr•ventil** *n* (Masch) / screw-down stop valve, spindle valve, stop valve* ‖ ~**ventil** (des Spülkastens) (Sanitär) / float valve ‖ ~**vorrichtung** *f* (Wasserb) / guard valve ‖ ~**wasser** *n* (Wasserb) / backwater* *n*, impoundment *n*, impoundage *n*
**Abspielen** *n* (Akus) / play-back* *n*, replay *n*, reproduction* *n*
**Abspiel•gerät** *n* (z.B. für Kassetten) (Akus) / player *n* ‖ ~**geräusch** *n* (einer Schallplatte) (Akus) / surface noise* *n* ‖ ~**tisch** *m* (Akus) / play-back console, play-back desk
**Abspitzen** *n* (Bau) / scabbling* *n*, scappling* *n*, scabbing* *n*, dabbing* *n*, daubing* *n*, picking *n*
**absplittern** *v* / chip *v* ‖ ~ *n* / chipping *n* ‖ ~ (Bau, HuT) / spalling* *n* ‖ ~ (infolge thermisch bedingter Spannungen in der Struktur feuerfester Steine) (Keram) / structural spalling ‖ ~ (der gebrannten Glasur vom Scherben) (Keram) / shivering *n*, strainlining *n*, crazing *n*
**Absplittung** *f* (z.B. einer frischen Bitumendecke) (HuT) / blinding* *n*, gritting *n*
**ABS-•Polymer** *n* (Chem) / ABS polymerisate ‖ ~**Polymerisat** *n* (DIN 7728, T 1) (Chem) / ABS polymerisate
**abspreizen** *v* (Bau, Zimm) / brace *v*, fasten by crossties, strut *v* ‖ ~ *n* (Bau, Zimm) / shoring *n*, propping *n*
**absprengen** *v* (Bergb) / shoot off *v* ‖ ~ (Glas) / crack off *v* ‖ ~ (einen Treibstoffbehälter) (Raumf) / separate *v*
**Abspreng•kappe** *f* (Glas) / moil* *n* ‖ ~**marke** *f* (Glas) / chill check, pressure vent
**absprießen** *v* (Bau, Zimm) / shore *v*, prop *v* ‖ ~ *n* (Bau, Zimm) / shoring *n*, propping *n*
**Abspringen** *n* (der Glasur) (Keram) / shivering *n*, strainlining *n*, crazing *n*
**abspritzen** *v* (mit dem Schlauch) / hose down *v* ‖ ~ (Öl) / throw off *v* ‖ ~ (waschen) / spray-wash *v*
**Absprühen** *n* (aus Arbeitsflugzeugen) (Landw) / aerial spraying
**Absprung** *m* (Luftf) / jump *n*
**abspulen** *v* / reel off *v*, unreel *v*, uncoil *v*, unwind *v*, pay off *v*
**abspülen** *v* / wash *v*, wash up *v*, rinse *v*, swill *v*, scour *v*, flush *v* ‖ ~ (fortspülen) / flush away *v*, rinse off *v*
**Abspülung, flächenhafte ~ durch diffusen Regenwassertransport** (Geol) / rain-wash* *n*, overland flow, sheet flow
**Abstammungslehre** *f* (Gen) / theory of descent
**Abstand** *m* / clearance* *n*, space *n*, interspace *n*, spacing *n* ‖ ~ (z.B. im Kristallgitter) (Krist) / separation *n* ‖ ~ (Math, Verm) / distance* *n* ‖ [**regelmäßiger**] ~ / pitch* *n* ‖ **Abstände halten** / space *v* ‖ **auf gewickelt** (Eltech) / space-wound *adj* ‖ **in ~ bringen** / space *v* ‖ **in gleichem ~ verteilt** (Bewehrungsstahl) (HuT) / equally spaced ‖ **interatomarer ~** (Kernphys) / interatomic distance ‖ **mit (auf) ~ gewickelt** (Spule) (Eltech) / space-wound *adj* ‖ **mit gleichem ~** (Geog, Kart) / equidistant *adj*, equally spaced, equispaced *adj* ‖ **~ *m* der Augen** (Opt) / interocular distance, separation of the eyes ‖ **~ der Bandsprossen** (nach DIN 44300) (Mag) / frame spacing ‖ **~ der Nachbarnieten voneinander** (beim Zickzacknieten) (Masch) / diagonal pitch (of a riveted joint) ‖ **~ halten!** / keep distance! ‖ **~ *m* zum Bild** (eine Kardinalstrecke) (Opt) / image distance ‖ **~ zur Augenlinse** (Opt) / eye relief ‖ **~ zweier Äquipotentiallinien** (Wasserb) / piestic interval ‖ **~ zwischen den Querhorizonten der Befeuerung** (Luftf) / gauge *n* ‖ **~ zwischen der Hauptkeule und dem Nebenzipfel** (der Richtcharakteristik) (Fernm) / gap *n* ‖ **~ zwischen Parallelpisten** (Luftf) / separation of runways, runway separation

**Überholungen** (Luftf) / time between overhauls*, TBO*, tbo*, overhaul period*
**Abständer** *m* (For) / snag *n*, standing dead tree, dead-standing tree
**Abstand•flugkörper** *m* (Mil) / stand-off missile ‖ ~**halter** *m* (der die Bewegung der Scheibe verhindert, daß sie im Dichtungsmittelbett nach innen oder nach außen wandern kann) (Bau, Glas) / spacer *n* ‖ ~**halter** (der die Abstände des Bewehrungsgeflechts gegen die Schalung sichert) (Bau, HuT) / distance piece, separator *n* ‖ ~**halter** (Masch) / distance block*, distance piece*, spacer *n*, separator* *n*, spacer block, spacing piece
**abständig** *adj* (For) / dead *adj* ‖ **Entfernen oder Fällen ~er Bäume an der Erdoberfläche oder im Wasser** (For, Wasserb) / snagging *n* ‖ **~er Baum** (For) / snag *n*, standing dead tree, dead-standing tree
**Abstands•- und Schutzzone** *f* (Bau) / buffer zone ‖ ~**element** *n* (Masch) / packing* *n* ‖ ~**gesetz** *n* (quadratisches) (das Entfernungsquadrat im Nenner des fotometrischen Grundgesetzes) (Phys) / inverse square law*, square law ‖ ~**gleich** *adj* (Geog, Kart) / equidistant *adj*, equally spaced, equispaced *adj* ‖ ~**halter** *m* (dünner) / shim* *n* ‖ ~**halter** (Masch) / distance block*, distance piece*, spacer *n*, separator* *n*, spacer block, spacing piece ‖ ~**hülse** *f* (Masch) / spacer sleeve ‖ ~**isolator** *m* (Eltech) / stand-off insulator ‖ ~**messender Lasersensor** (Phys) / laser distance sensor ‖ ~**radaranlage** *f* (zur Kollisionsverhütung) (Luftf, Radar) / anticollision radar, collision-avoidance radar ‖ ~**ring** *m* (Masch) / spacing ring, intermediate ring ‖ ~ (auf dem Bildschirm eines Rundsichtradars) (Radar) / range mark, range marker, range ring (distance from the radar) ‖ ~**scheibe** *f* (Masch) / distance washer ‖ ~**seil** *n* (Bergb) / damping rope ‖ ~**sensor** *m* (Masch) / distance sensor ‖ ~**stück** *n* (Masch) / distance block*, distance piece*, spacer *n*, separator* *n*, spacer block, spacing piece ‖ ~**stück** (Zimm) / spool *n* ‖ ~**treu** *adj* (Geog, Kart) / equidistant *adj*, equally spaced, equispaced *adj* ‖ ~**treue Abbildung** (bei der die Längen abstandstreu abgebildet sind) (Geog, Kart) / equidistant projection ‖ ~**treue Azimutalabbildung** (Geog, Kart) / zenithal equidistant projection*, azimuthal equidistant projection* ‖ ~**waffe** *f* (Mil) / stand-off weapon ‖ ~**zünder** *m* (Mil) / proximity fuse*, PF
**Abstandverhältnis** *n* (Math) / affine ratio, division ratio
**abstauben** *v* / dust *v*, dust off *v*
**Abstauber** *m* (ein Pinsel) (Anstr) / dust brush
**Abstech•drehen** *n* (Masch) / parting-off *n*, cut-off *n* ‖ ~**drehmaschine** *f* (Masch) / cut-off machine ‖ ~**drehmeißel** *m* (Werkz) / recessing tool, parting tool, vee tool
**abstechen** *v* (gegen etwas) / set off *v* ‖ ~ (Gieß, Hütt) / tap *v* ‖ ~ (Masch) / part off *v*, cut off *v*, part *v* ‖ ~ *n* (Gieß, Hütt) / tapping* *n* ‖ ~ (Stangen oder Rohre mit Hilfe eines Stechdrehmeißels) (Masch) / parting-off *n*, cut-off *n*
**Abstech•herd** *m* (Gieß) / basin *n*, sump *n* ‖ ~**meißel** *m* (Masch) / parting tool, parting-off tool ‖ ~**werkzeug** *n* (Masch) / parting tool, parting-off tool
**abstecken** *v* (eine Trasse) (Verm) / peg out *v*, stake *n*, mark out *v*, set out *v* ‖ ~ (Verm) / mark out *v* ‖ ~ (eine Fluchtlinie) (Verm) / align *v* ‖ ~ *n* (einer Fluchtlinie) (Verm) / alignment* *n* ‖ ~ (einer Trasse) (Verm) / pegging-out *n*, staking *n*, marking-out *n*, setting-out *n*
**Absteck•maß** *n* (der Weiche) (Bahn) / setting-out gauge ‖ ~**stab** *m* (Verm) / picket *n*, range pole, range rod, banderole *n*, ranging rod, ranging pole, flag-pole *n*, line rod
**Absteckung** *f* (Verm) / alignment* *n*
**abstehen lassen** / quiet *v* ‖ ~ *n* (der Schmelze) (Glas) / cooling-down period
**abstehende Faser** (Tex) / projecting fibre
**Absteh•ofen** *m* (für offene Häfen) (Glas) / soaking pit (for cast glass) ‖ ~**temperatur** *f* (Glas) / working temperature ‖ ~**wanne** *f* (für Flachglas) (Glas) / conditioner *n*, conditioning zone, refiner *n* ‖ ~**zone** *f* (Glas) / conditioner *n*, conditioning zone, refiner *n*
**Absteifelement** *n* (Streben, Stützen oder Spreizen) (Bau, HuT) / shore *n*
**absteifen** *v* (eine Konstruktion) / beef up *v* ‖ ~ (Bau, Zimm) / shore *v*, prop *v* ‖ ~ (mit drucksicheren Pfosten oder Streben) (Bau, Zimm) / shoring *n*, propping *n*
**Absteifung** *f* (Bau, Zimm) / shoring *n*, propping *n*
**Absteifungselement** *n* (Bau, HuT) / brace* *n*, strut* *n*
**absteigen** *v* / descend *v*
**absteigend** *adj* (Geol) / descendant *adj*, descendent *adj*, descending *adj* ‖ ~ (Math) / descending *adj* ‖ **~e Anordnung** (Math) / descending order ‖ **~e Bewetterung** (Bergb) / descensional ventilation ‖ **~e Destillation** (Chem Verf) / simple distillation ‖ **~e Differenz** (Math) / forward difference, descending difference ‖ **~er Hang** (Geol) / declivity *n* ‖ **~er Knoten** (Schnittpunkt, an dem der betreffende Körper die Grundebene von Norden nach Süden überschreitet) (Raumf) / descending node* ‖ **~e Papierchromatografie** (Chem) / descending paper chromatography ‖ **~e Quelle** (Fanggebiet höher als die Quelle) (Geol) / ascending spring
**Abstellbahnhof** *m* (eine Rangiergleisanlage) (Bahn) / railway-yard *n*

**abstellen**

**abstellen** *v* (absetzen) / put down *v* ‖ ~ (Zug, Lokomotive) (Bahn) / stable *v* ‖ ~ (Druck) (Druck) / throw off *v* ‖ ~ (HuT, Kfz) / park *v* ‖ ~ (Masch) / stop *v* ‖ ~ (Motor, Wasser, Gas) (Masch) / switch off *v*, turn off *v* ‖ ~ (Nukl) / shut down *v* ‖ ~ (Radio) / switch off *v* ‖ ~ *n* (HuT, Kfz) / parking *n* ‖ ~ (Lufft) / parking *n* ‖ ~ (Nukl) / shutdown* *n* ‖ **ohne** ~ (Masch) / on-the-fly *attr*, in-service *attr*
**Absteller** *m* (Tex) / stopping motion*
**Abstell•gleis** *n* (Bahn) / passing place, siding* *n*, hole* *n* ‖ ~**platte** *f* (in der automatischen Glasherstellung) (Glas) / dead plate, buck *n* ‖ ~**platz** *m* (für einen PKW) (Kfz) / parking space, parking stall ‖ ~**raum** *m* (Bau) / store-room *n*, lumber-room *n* ‖ ~**ventil** *n* (Masch) / screw-down stop valve, spindle valve, stop valve* ‖ ~**vorrichtung** *f* (Tex) / stopping motion*
**absteppen** *v* (Tex) / stitch *v* ‖ ~ (z.B. Falten) (Tex) / stitch down ‖ ~ *n* (Tex) / stitching *n*
**absterben** *v* (Kfz) / die *v*, die out *v*, stall *v* ‖ ~ *n* (des Glanzes) (Anstr) / bloom *n* ‖ ~ **im Leerlauf** (Kfz) / stalling at idle
**Abstich** *m* (Ablassen der Schmelze aus metallurgischen Öfen) (Gieß, Hütt) / tapping* *n* ‖ ~ (vom Geläger) (Nahr) / racking *n* ‖ ~**eisen** *n* (Hütt) / tapping bar, tapping rod ‖ ~**entgasung** *f* (Hütt) / vacuum degassing during tapping ‖ ~**grube** *f* (Gieß) / basin *n*, sump *n* ‖ ~**loch** *n* (Gieß, Hütt) / tap hole*, tapping-hole* *n*, mouth *n* ‖ **im** ~**loch erstarrtes Eisen** (Hütt) / chestnut *n* ‖ ~**lochstopfmasse** *f* (Hütt) / plugging material for the tap hole, tap-hole mixture ‖ ~**menge** *f* (bei einem Abstich) (Gieß, Hütt) / tap *n* ‖ ~**öffnung** *f* (Gieß, Hütt) / tap hole*, tapping-hole* *n*, mouth *n* ‖ ~**pfanne** *f* (Gieß, Hütt) / tap ladle ‖ ~**rinne** *f* (Hütt) / spout *n*, tapping spout, runner *n* ‖ ~**rinne** (Hütt) / launder *n*, runner *n* ‖ ~**spieß** *m* (Hütt) / tapping bar, tapping rod ‖ ~**stopfen** *m* (Hütt) / bot(t) *n*, plug *n*, bod* *n*
**Abstieg** *m* (Straße, Bahnstraße) (Bahn, Kfz) / downward gradient ‖ ~ (Bahn, Kfz) / downgrade *n* (a downward gradient) ‖ ~ (Lufft) / descent *n* ‖ ~ (eines Satelliten) (Raumf) / descent *n* ‖ **kontrollierter** ~ (Raumf) / controlled descent
**Abstiegs•bahn** *f* (z.B. eines Satelliten) (Raumf) / descent trajectory ‖ ~**geschwindigkeit** *f* (z.B. eines Satelliten) (Raumf) / descent velocity, descent rate ‖ ~**leiter** *f* (im Schwimmbecken) / access ladder
**Abstimm•anzeige** *f* (durch Drehspulinstrumente, Lumineszenzdioden oder steuerbare Luminenszenzplatten) (Eltech, Radio) / tuning indication ‖ ~**anzeiger** *m* (Eltech, Radio) / tuning indicator*, tuning eye ‖ ~**anzeigeröhre** *f* (Radio) / electron-ray indicator tube
**abstimmbar** *adj* / tunable *adj*, tuneable *adj* ‖ ~**er Laser** (Farbstofflaser, der mit äußeren Bauelementen wie Prismen, Gittern und Etalons auf jede gewünschte Wellenlänge innerhalb des Bereichs, für den der Farbstoff geeignet ist, eingestellt werden kann) (Phys) / tunable laser ‖ ~**es Magnetron** (Eltronik) / tunable magnetron*
**Abstimmeinrichtung** *f* (Eltech) / tuning device
**abstimmen** *v* (aufeinander) / match *v* ‖ ~ / coordinate *v* ‖ ~ (Akus) / tune* *v*, voice *v* ‖ ~ (Frequenzen) (Eltech, Radio) / syntonize *v* ‖ ~ (Sende-/Empfangsdatensynchronisation) (Fernm) / align *v* ‖ ~ (einen Empfänger) (Radio) / tune* *v*, tune in *v* ‖ **fein** ~ (Radio) / fine-tune *v* ‖ ~ **auf Kundenbelange** / customize *v*, custom-build *v* ‖ ~ *n* (Akus) / tuning* *n*, voicing *n* ‖ ~ (Verstellen der Resonanzfrequenz eines Schwingkreises) (Radio) / tuning* *n*, tuning-in* *n*
**Abstimm•häuschen** *n* (für Senderantennen) (Radio) / dog-house *n* ‖ ~**kondensator** *m* (Eltech) / tuning capacitor*, variable capacitor ‖ ~**kreis** *m* (Radio) / tuned circuit* ‖ ~**mittel** *n* (Eltech) / tuning device ‖ ~**schärfe** *f* (Radio) / sharpness* *n* ‖ ~**schraube** *f* (Eltronik) / tuning screw* ‖ ~**skale** *f* (Radio) / tuning scale ‖ ~**spule** *f* (Eltech) / tuning inductance*, tuning coil* ‖ ~**stichleitung** *f* (Radio) / stub tuner
**Abstimmung** *f* (aufeinander) / matching *n* ‖ ~ (das Einstellen von Schwingkreisen oder anderen frequenzselektkiven Schaltungen auf die gewünschte Frequenz oder Wellenlänge durch Veränderung ihrer Kapazität oder Induktivität) (Radio) / tuning* *n*, tuning-in* *n* ‖ ~ (mit mechanischen Mitteln, z.B. mit einem Abstimmknopf) (Radio) / tuning control* ‖ **automatische** ~ (Radio) / automatic tuning* ‖ **elektronische** ~ (Eltronik) / electronic tuning* ‖ **induktive** ~ (Radio) / permeability tuning*, slug tuning* ‖ **induktive** ~ (Radio) / inductive tuning ‖ **kapazitive** ~ (Radio) / capacitive tuning ‖ **optische** ~ (Radio) / visual tuning ‖ **thermische** ~ (Radio) / thermal tuning* ‖ **unscharfe** ~ (Radio) / flat tuning* ‖ **versetzte** ~ (z.B. bei gekoppelten Schwingkreisen) (Radio) / staggered tuning*
**Abstimm•vorrichtung** *f* (Fernm) / tuner* *n* ‖ ~**zeigerröhre** *f* (Eltech, Radio) / tuning indicator*, tuning eye
**Abstoppmittel** *n* (Chem) / short stop
**Abstoßbetrieb** *m* (Bahn) / fly shunting, flying switch (US), shunting by pushing off waggons
**abstoßen** *v* / repel *v* ‖ ~ (beschädigen) / chip *v* ‖ ~ (wegstoßen) / push off *v*, push away *v* ‖ ~ (beim Rangieren) (Bahn) / kick *v*, push off *v*, throw *v* ‖ ~ (Ecken) (Buchb) / round *v* ‖ ~ (ein Transplantat) (Med) / reject *v* ‖ ~ (eine Kante) (Tischl) / scuff *v* ‖ ~ *n* (ein Rangierverfahren) (Bahn) / kicking *n*, pushing-off *n*, throwing *n* ‖ ~ (von Ecken) (Buchb) / rounding* *n* ‖ ~ (der Druckfarbe) (Druck) / refusal* *n*
**abstoßend** *adj* (Phys) / repulsive *adj*
**Abstoßlösung** *f* (Aufber) / barren solution*
**Abstoßung** *f* (eines Transplantats) (Med) / rejection *n* ‖ ~ (Phys) / repulsion *n* ‖ **elektrostatische** ~ (Phys) / electrostatic repulsion
**Abstoßungsenergie** *f* (Kernphys) / repulsion energy
**Abstract** *m* (Zusammenfassung des Inhalts einer wissenschaftlichen Veröffentlichung) / abstract *n*
**abstrahlen** *v* (Gieß) / blast *v*, blast-clean *v* ‖ ~ (mit Sand) (Gieß) / sandblast *v* ‖ ~ (Phys) / radiate *v*, emit rays ‖ ~ **mit Kies** (Gieß) / grit-blast *v* ‖ ~ *n* (Gieß) / blasting *n*, blast-cleaning *n*, abrasion blasting, abrasive blasting, abrasive blast cleaning* ‖ ~ (mit Stahlsand oder Stahlkies) (Gieß) / shot-blasting* *n*, grit blasting*, steel-grit blasting ‖ **nasses** ~ (Gieß) / hydroblasting *n*, hydraulic blasting*, hydroblast cleaning, wet blasting, wet blast cleaning ‖ **trockenes** ~ / dry blasting, dry-blast cleaning ‖ ~ *n* **mit Sand** (mit Strahlgebläsen) (Gieß) / sandblasting* *n*
**Abstrahlgrad** *m* (Verknüpfung der Schalleistung mit dem über die gesamte abstrahlende Fläche gebildeten mittleren Schnellequadrat) (Akus) / radiation coefficient
**Abstrahlung** *f* (Phys) / radiation* *n* ‖ **elektromagnetische** ~ **im freien Raum oder auf Leitungen** (unerwünscht bei Geräten, die sicherheitsempfindlichen Klartext verarbeiten) (EDV) / temporary emanation and spurious transmission, tempest *n*
**Abstrahlungs•fläche** *f* (Wärm) / radiating surface* ‖ ~**hindernd** *adj* / antiradiating *adj* ‖ ~**winkel** *m* (einer Antenne) (Radio) / wave angle*
**Abstrahlverlust** *m* (Fernm) / radiation loss*
**abstrakt** *adj* / abstract *adj* ‖ ~**e Algebra** (Math) / abstract algebra, universal algebra ‖ ~**er Automat** (Math) / abstract automaton ‖ ~**e Automatentheorie** (zur mathematischen Beschreibung von Systemen und Prozessen) (Math) / abstract automata theory ‖ ~**er Datentyp** (EDV) / abstract data type ‖ ~**er Raum** (in der Funktionalanalyse) (Math) / abstract space ‖ ~**e Syntax** (analysierende Syntax bei von einer konkreten Notation unabhängigen Sprachen) (EDV) / abstract syntax
**Abstrakt-** / abstract *adj*
**Abstraktion** *f* / abstraction *n*
**Abstraktions•ebene** *f* (KI) / abstraction level, level of abstraction ‖ ~**raum** *m* (KI) / abstraction space
**abstreben** *v* (Bau, Zimm) / brace *v*, fasten by crossties, strut *v* ‖ ~ (Bau, Zimm) s. auch absteifen
**Abstrebung** *f* (durch Streben) (Bau) / bracing* *n*, strutting* *n*, fastening by cross ties
**Abstreck•drücken** *n* (Umformen eines Hohlkörpers oder eines ebenen Zuschnitts) (Hütt) / flow forming*, flospinning* *n* ‖ ~**durchziehen** *n* (Hütt) / plunging and ironing
**Abstrecken** *n* (Hütt) / flow forming*, flospinning* *n*
**Abstreckgleitziehen** *n* (eines Hohlkörpers) (Hütt) / ironing *n*
**Abstreichbohle** *f* (Bau) / floating rule*, rule* *n*
**abstreichen** *v* / skim *v* ‖ ~ (Löffel) / level *v* ‖ ~ (Bau) / float *vt* ‖ ~ (eine bestimmte Anzahl von Stellen einer Zahl, beginnend mit der niedrigsten Stelle, weglassen - DIN 9757) (EDV) / round down *v*, truncate *v*, cut off *v* ‖ ~ (mit einer Abstreichlatte) (Gieß) / strike *v*, strickle *v*, level *v* ‖ ~ *n* (Gieß) / striking-up *n*, striking *n*, striking-off *n*, levelling *n*
**Abstreicher** *m* (an Stetigförderern) (Masch) / plough *n*, plough deflector, scraper *n* ‖ ~ (Masch) / skimmer *n*, wiper *n*
**Abstreich•holz** *n* (Bau) / floating rule*, rule* *n* ‖ ~**lineal** *n* (Gieß) / straight edge ‖ ~**messer** *n* (Pap) / doctor* *n* ‖ ~**taste** *f* (EDV) / round-down key
**abstreif•bar** *adj* (obere Schicht) / strippable *adj*, detachable *adj* ‖ ~**bare Überzüge** (Anstr) / strippable coatings* ‖ ~**dichtung** *f* (Masch) / sweeper *n* ‖ ~**düsen** *f pl* (beim kontinuierlichen Feuerverzinken) (Galv) / air knives, air-jet knives
**abstreifen** *v* / skim *v* ‖ ~ / strip *v* ‖ ~ (Löffel) / level *v* ‖ ~ *n* (bei der Destillation) (Chem) / stripping *n* ‖ ~ (einer Kokille) (Gieß) / stripping *n* ‖ ~ **vom Stempel** (Plast) / top ejection
**Abstreifer** *m* (eines Filters) (Chem Verf) / knife *n* ‖ ~ (beim Schmelztauchmetallisieren) (Galv) / leveller *n*, leveler *n* (US) ‖ ~ (der das glatte Lösen des Walzguts bewirken soll) (Hütt) / stripper *n* ‖ ~ (Kernphys) / stripper* *n*, stripping column ‖ ~ (an Stetigförderern) (Masch) / plough *n*, plough deflector, scraper *n* ‖ ~ (Masch) / skimmer *n*, wiper *n* ‖ ~ (Vorrichtung, die verhindert, daß sich Schlamm an der Überfallkante von Nachklärbecken ablagert) (Sanitär) / skimmer *n*, scum collector ‖ ~ (Vorrichtung zum Entfernen der Grob- und Faserstoffe von der Rechenharke bei der Reinigung eines belegten Rechens) (Wasserb) / skimmer *n*, scum collector ‖ ~**rolle** *f* (bei einer Feuerverzinnungsanlage) (Galv) / wringer roll, roller leveller
**Abstreif•formkasten** *m* (Gieß) / slip flask ‖ ~**kasten** *m* (Gieß) / slip flask ‖ ~**platte** *f* (beim Walzen von Blechen) (Hütt) / stripper plate ‖ ~**reaktion** *f* (Kernreaktion, die durch Wechselwirkung von

20

Deuteronen mit Atomkernen ausgelöst wird) (Kernphys) / stripping* n ‖ ⁓ring m (V-Mot) / oil ring*, oil scraper ring, scraper ring*, oil-control ring* ‖ ⁓schneide f (eines Ölabstreifrings) (V-Mot) / oil rail ‖ ⁓stein m (Glas) / skimmer block, skimmer gate ‖ ⁓walze f (Galv) / wringer roll, roller leveller ‖ ⁓zone f (einer Destillations- bzw. Rektifizierkolonne) (Chem Verf) / stripping zone

**Abstrich** m (auf sterilem Watteträger) (Bakteriol, Med) / swab* n ‖ ⁓ (schwimmende Schicht auf der Oberfläche einer Metallschmelze, die abgezogen wird) (Hütt) / skimming n, scum n ‖ ⁓ (Med, Mikros) / smear n ‖ ⁓ (Hütt) s. auch Krätze ‖ ⁓ofen m (Hütt) / drossing oven ‖ ⁓präparat n (Bakteriol, Med) / swab* n

**abströmen lassen** / bleed off v

**Abströmöffnung** f (im Airbag) (Kfz) / exhaust vent

**abstufen** v / grade v ‖ ⁓ (die Farbtöne) (Anstr, Tex) / shade* v, tint v ‖ ⁓ (HuT) / step v

**Abstufung** f / gradation n ‖ ⁓ / grading n ‖ ⁓ (HuT) / stepping* n, benching n ‖ ⁓ **der Farbtöne** (Anstr, Tex) / shading n, tinting* n

**abstumpfen** v / blunt v, dull v ‖ ⁓ (Anstr) / deaden v, dull v ‖ ⁓ (Tex) / delustre v (GB), deluster v (US) ‖ ⁓ (stumpf werden) (Werkz) / dull vi, blunt v ‖ ⁓ (Anstr) / deadening n, dulling n ‖ ⁓ (von sauren Lösungen) (Chem) / buffering n ‖ ⁓ (Verminderung der Konzentration von Wasserstoff- bzw. Hydroxid-Ionen) (Chem) / blunting n ‖ ⁓ (der Rißspitze) (WP) / blunting n

**abstumpfendes Mittel** (HuT) / grit, gritting material

**Absturz** m (sehr steiler Hang) / precipice n ‖ ⁓ (eine fehler- oder störungsbedingte Beendigung eines Rechnerlaufs) (EDV) / crash n, abend n ‖ ⁓ (Luftf) / crash n ‖ ⁓ (Querbauwerk in einem Wasserlauf) (Wasserb) / well n ‖ ⁓bauwerk n (Wasserb) / well n ‖ ⁓becken n (mit Schikanen) (Wasserb) / stilling pool, stilling basin, water cushion, absorption basin ‖ ⁓risiko n (beim Seaskimmer-FK) (Mil) / ditching risk ‖ ⁓sicherung f (im Hochbau) (HuT) / antifall device

**Abstützbasis** f (eines Krans) (Masch) / outriggers pl

**abstützen** v / support v ‖ ⁓ (auf Wagenheber) (Kfz) / jack v, jack up v

**Abstützträger** m (ausziehbarer) (Masch) / outrigger n

**Abstützung** f (Bau, HuT, Zimm) / support pillar n, pillar n, post n, support n ‖ ⁓ (lotrechte) (Bau, Zimm) / prop* n, dead shore*, strut* n, post n, stud n ‖ ⁓ (Bau, Zimm) / bracing* n, shoring* n ‖ ⁓ **magnetische** (Eltech) / magnetic suspension* ‖ ⁓ f **des Tatzenlagers** (beim Gummiringfederantrieb der Elektrolokomotive) (Eltech) / nose suspension*

**Abstützvorrichtung** f (z.B. eines Autokranes) (Masch) / outrigger n

**absuchen** v (mit Scheinwerfern) / sweep v ‖ ⁓ n **auf Fehler** (Tex) / perching* n, inspection n

**Absud** m (Pharm) / decoction* n

**absüßen** v (Nahr) / sweeten v ‖ ⁓ (bei der Zuckerfabrikation) (Nahr) / sweeten off v ‖ ⁓ n (bei der Zuckerfabrikation) (Nahr) / sweetening off

**Absüßung** f (bei der Zuckerfabrikation) (Nahr) / sweetening off

**Absüßwasser** n (bei der Zuckerfabrikation) (Nahr) / sweet water

**ABS-Warnleuchte** f (die eine Störung im ABS-System anzeigt) (Kfz) / ABS warning light

**Abszisse** f (parallel zur Abszissenachse abgemessener Linienabschnitt in kartesischen Koordinaten) (Math) / abscissa* n (in a Cartesian coordinate system in the plane) (pl. abscissae or abscissas)

**Abszissenachse** f (der Gaußschen Zahlenebene, auf der die reellen Zahlen abgetragen werden) (Math) / real axis* (of the Argand diagram), x-axis n, axis of reals, axis of abscissas

**abtafeln** v (Tex) / cuttle v, plait v ‖ ⁓ n (Tex) / cuttling* n, plaiting* n

**Abtafler** m (Tex) / cuttling device, plaiter n

**Abtast•algorithmus** m (Verfahren zur Zerlegung eines Bildes in Rasterzeilen) (EDV) / scan line algorithm ‖ ⁓antenne f (eine Richtantenne) (Radar) / scanning antenna ‖ ⁓bürste f (EDV) / reading brush, sensing brush ‖ ⁓bürste (Eltech) / brush* n, wiper* n

**abtasten** v / sample v (signal, pulse), scan v (circuit, line) ‖ ⁓ (z.B. mit Prüfspitze oder Sonde) / probe v ‖ ⁓ (EDV, Masch) / sense v ‖ ⁓ ablenken (Eltronik) / sweep v ‖ ⁓ (Radar) / scan v ‖ ⁓ n (EDV, Masch) / sensing* n ‖ ⁓ (Radar) / scan* n, scanning n ‖ ⁓ **des digitalen CD-Signals mit einem Mehrfachen der ursprünglichen Frequenz** (Eltronik) / oversampling ‖ ⁓ **im Zeilensprung** (TV) / interlaced scanning*, progressive interlace*, line jump scanning ‖ ⁓ **mit Ultraschall** (WP) / ultrasonic scanning

**Abtaster** m (Akus) / sound pick-up ‖ ⁓ (Erfassung der Helligkeitswerte) (EDV, Eltronik, Fernm, TV) / scanner* n ‖ ⁓ (DIN 66201) (EDV, Regeln, TV) / sampler n ‖ ⁓ **für die axiale Computertomografie** (Med) / CAT scanner*, computerized axial tomography scanner

**Abtast•fähigkeit** f (Akus) / tracking ability, trackability ‖ ⁓fehler m (wenn die Tangente der Rille und die Schwingachse des Abtaststiftes nicht übereinstimmen) (Akus) / tracking error ‖ ⁓feld n (Eltronik) / scanning field, raster* n ‖ ⁓fläche f (TV) / scan area, scanned area ‖ ⁓fleck m (TV) / scanning spot ‖ ⁓frequenz f (Eltronik) / sampling frequency ‖ ⁓geschwindigkeit f (TV) / scanning speed*, spot speed* ‖ **unregelmäßige** ⁓**geschwindigkeit** (Fernm) / judder n ‖ ⁓glied n (EDV, Regeln, TV) / sampler n ‖ ⁓-**Halte-Schaltung** f (Eltronik) / sample-and-hold circuit, sampling and hold circuit, S/H circuit ‖ ⁓impuls m (Eltronik) / sampling strobe ‖ ⁓intervall n (Zeit zwischen zwei Abtastungen) (Eltronik) / sampling time ‖ ⁓**kreis und Haltekreis** m (Eltronik) / sample-and-hold circuit, sampling and hold circuit, S/H circuit ‖ ⁓**mikroskop** n (das nach dem Prinzip der Lichtpunktabtastung arbeitet) (Mikros) / flying-spot microscope* ‖ ⁓**mikroskop** (ein Ultraschallmikroskop) (Mikros) / scanning-acoustic microscope, SAM ‖ ⁓**nadel** f (des Plattenspielers) (Akus) / stylus* n (pl. -li or -uses), stylus tip ‖ ⁓**oszilloskop** n (Eltronik) / sampling oscilloscope ‖ ⁓**regelung** f (Regeln) / sampled-data control ‖ ⁓**schaltung** f (Eltronik) / sampling circuit ‖ ⁓**strahl** m (Radar, TV) / scanning beam ‖ ⁓**system** n (ein Kreis mit Abtastregler) (Regeln) / sampled-data control system ‖ **optisches** ⁓**system** (Opt) / optical scanning system ‖ ⁓**theorem** n (ein Lehrsatz der Informationstheorie) (EDV) / sampling theorem, Shannon's sampling theorem ‖ ⁓-**Ultraschallmikroskop** n (Mikros) / scanning-acoustic microscope, SAM

**Abtastung, konische** (Radar) / conical scanning* ‖ **rasterförmige** ⁓ (Radar) / raster scanning ‖ **spiralförmige** ⁓ (auch im Bildfunk) (TV) / spiral scanning ‖ ⁓ **zeilensequente** (TV) / sequential scanning* ‖ ⁓ f **mit Zeilensprung** (TV) / progressive scanning

**Abtast•verlust(e)** m (pl) (Radar) / scanning loss* ‖ ⁓**winkel** m (vom Zielsuchkopf bestrichener Winkel) (Mil) / scan angle, scanning angle ‖ ⁓**zeile** f (TV) / scanning line ‖ ⁓**zeit** f (Eltronik) / scanning time

**Abtauchen** n (einer Falte) (Geol) / plunge n, pitch n ‖ ⁓ (Geol) / subduction n ‖ ⁓ (Masch, Plast) / dipping* n

**abtauen** v (Wärm) / thaw vt ‖ ⁓ n (des Kühlschranks) / defrosting n (Wärm) / thawing* n

**Abteil** n (eines Regals) / pigeon-hole n ‖ ⁓ (Bahn) / compartment n

**Abteilung** f (einer Setzmaschine) (Aufber) / cell n ‖ ⁓ f (For) / compartment n ‖ ⁓ (in stratigrafischer Abschnitt) (Geol) / series* n ‖ **linke** ⁓ (Math) / left derivative ‖ ⁓ f **eines geringen Gasmengenstroms** (beim Einlaß in die Gaschromatografie) (Chem) / inlet splitting

**Abteufbohrhammer** m (Bergb) / sinker n, sinker drill

**Abteufen** n (Bergb, HuT) / sinking* n

**Abteuf•fortschritt** m (Bergb) / sinking advance ‖ ⁓**hauer** m (Bergb) / pitman n (pl. pitmen) ‖ ⁓**kübel** m (Bergb) / kibble* n, hoppit n, sinking bucket, skip n, bowk* n ‖ ⁓**pumpe** f (Bergb) / shaft-sinking pump, sinking pump

**abtönen** v (Anstr, Tex) / shade v, tint v ‖ ⁓ n (Anstr, Tex) / shading n, tinting* n

**Abtön•mittel** n (Anstr) / tinting agent ‖ ⁓**paste** f (hochpigmentierte Volltonfarbe mit hochviskosem Bindemittel, in Tuben oder Plastikbeuteln lieferbar) (Anstr) / stainer* n, tinter n, tint base, tinting paste ‖ ⁓**ruß** m (Pigmentruß, der vorwiegend zur Abmischung mit anderen Pigmenten eingesetzt wird) (Anstr) / carbon black for tinting

**Abtönung** f (Anstr, Tex) / shading n, tinting* n

**abtoppen** v (die Beladung eines Ladungstanks beenden) (Schiff) / top v

**abtöten** v (Mikroorganismen) (Bakteriol) / kill v

**Abtötungs•rate** f (z.B. bei der Pasteurisierung) (Nahr) / lethal rate ‖ ⁓**temperatur** f (Biol, Nahr) / thermal death-point*

**Abtrag** m (Tätigkeit) (HuT) / cutting* n, excavation n (digging, breaking and removing soil or rock) ‖ ⁓ (Masch) / removal n

**abtragen** vt / fray vt, unravel v ‖ ⁓ v (Bau, HuT) / demolish v, take down v, pull down v, knock down v, raze v ‖ ⁓ (Deckgebirge) (Bergb) / strip v ‖ ⁓ (durch Erosion) (Geol) / truncate v ‖ ⁓ (HuT) / cut v, dig v ‖ ⁓ (mit dem Bagger) (HuT) / excavate v ‖ ⁓ (Masch) / abrade* v ‖ ⁓ (die Oberflächenschicht) (Masch) / remove v ‖ ⁓ (übertragen, z.B. auf eine Gerade) (Math) / mark off v ‖ ⁓ n (des Deckgebirges im Tagebau) (Bergb) / overburden removal ‖ ⁓ (chemisches, elektrochemisches) (Galv) / machining n ‖ ⁓ (ein Fertigungsverfahren nach DIN 8590) (Masch) / material removal, removal n ‖ **elektroerosives** ⁓ (Masch) / electroerosion n, electroerosive machining, electrical discharge machining, EDM* ‖ **elektromechanisches** ⁓ (Masch) / electrolytic machining*, electrochemical machining*, ECM ‖ **thermisches** ⁓ (Masch) / removal by thermal operations ‖ ⁓ **der Vegetationsschicht** (HuT) / stripping n

**Abtrags•querschnitt** m (HuT) / section of cut ‖ ⁓**rate** v (Galv) / surface removal rate

**Abtragung** f / wear n ‖ ⁓ (Bau) / demolition n, pulling down, taking down, razing n ‖ ⁓ (Geol) / abtragung n ‖ ⁓ (Erosion) (Geol) / truncation n ‖ **flächenhafte** ⁓ (Geol, Landw) / sheet erosion, sheet-wash n, unconcentrated wash, slope wash, sheet-flood erosion ‖ **flächige** ⁓ **des Bodens durch abfließendes Regenwasser** (Geol) / rain-wash n, overland flow, sheet flow ‖ **nichtthermische** ⁓ (bei der Laserbearbeitung) / ablation n ‖ ⁓ f **der Oberflächenschicht** (Masch, WP) / surface removal ‖ ⁓ **des Mutterbodens** (Bau, HuT) / stripping n

**Abtragung**

(the first layer of the soil) ‖ ⁓ **durch Korrosion** (Masch) / corrosive wear
**Abtragungs•fläche** f (Geol) / erosion surface ‖ ⁓**geschwindigkeit** f (Galv) / corrosion rate ‖ ⁓**rate** f (der Korrosion) (Galv) / surface removal rate
**Abtransport** m (von Bauschutt) (Bau) / removal n ‖ ⁓ (z.B. der Reaktionsprodukte) (Chem, Phys) / transport n
**abtransportieren** v (z.B. Bauschutt) / cart away v
**Abtreiben** n (Hütt) / cupellation* n ‖ ⁓ (des Pestizids) (Landw) / drift n
**Abtreibe•pfahl** m (Bergb) / pile n ‖ ⁓**verfahren** n (Bergb) / piling n
**Abtrennarbeit** f (positive Arbeit bei gebundenen Zuständen) (Phys) / separative work
**abtrennbar** adj / separable adj ‖ ⁓**er Gutschein** / tear-off coupon
**abtrennen** v / part v, part off v, sever v ‖ ⁓ / separate v ‖ ⁓ (mit einer Säge) / saw off v ‖ ⁓ n / separation n ‖ ⁓ / parting n
**Abtrennschalter** m (Fernsp) / splitting key
**Abtrennung** f / separation n ‖ **mechanischer Prozeß zur** ⁓ **suspendierter Bestandteile** (Abwasserbehandlung) (Sanitär, Umwelt) / primary treatment, mechanical process ‖ ⁓ f **des Starttriebwerks** (Raumf) / booster separation
**Abtreppung** f (des Wandendes) (Bau) / racking back* ‖ ⁓ (Bau, HuT) / racking n ‖ ⁓ (bei der Gründung) (HuT) / stepping* n, benching n
**Abtretung** f / cession n
**Abtrieb** m (Leistung an der Abtriebswelle eines Motors, eines Getriebes oder einer Kraft- oder Arbeitsmaschine) (Eltech, Masch) / power take-off, output n, PTO, output power ‖ ⁓ (For) / clear cut, clear felling ‖ ⁓ (For) / final felling, final throwing, final cut ‖ ⁓ (mit Hilfe des Spoilers) (Kfz) / down-force n ‖ ⁓ (Nahr) / distillate n ‖ ⁓ (Schiff) / leeway n, drift n
**Abtriebs•alter** n (For) / removal age (of a timber state) ‖ **eine durch Rasten periodisch unterbrochene** ⁓**bewegung** (Regeln) / indexing n, index n (pl. indexes or indices) ‖ ⁓**drehzahl** f (auf der letzten Welle eines Getriebes) (Masch) / output rpm ‖ ⁓**fläche** f (For) / area under felling ‖ ⁓**glied** n (Masch) / driven member, driven link ‖ ⁓**glied** (im Getriebe) (Masch) / output link ‖ ⁓**glied** (Masch, Uhr) / follower* n ‖ ⁓**grenze** f (bei Alkoholdestillaten) / maximum alcohol content ‖ ⁓**kupplung** f (Masch) / output drive clutch, output clutch ‖ ⁓**leistung** f (Eltech, Masch) / power take-off, output n, PTO, output power ‖ ⁓**moment** n (Masch, Mech) / output torque ‖ ⁓**schlag** m (For) / final felling, final throwing, final cut ‖ ⁓**seite** f (Masch) / power take-off ‖ ⁓**seite** (Masch) / output end ‖ ⁓**teil** (Chem Verf) / stripping zone ‖ ⁓**welle** f (Masch) / output shaft, transmission output shaft
**Abtrift** f (Luftf) / drift* n ‖ ⁓ (Mil) / windage n ‖ ⁓ (Schiff) / leeway n, drift n
**Abtropf•blech** n (Masch) / drip-plate n, drip tray ‖ ⁓**brett** n (Masch) / draining board, draining board n (US)
**abtropfen** v / drip off v ‖ ⁓ (Anstr) / drainage n ‖ ⁓ (Nahr) / drainage n
**abtropfend•es Bratfett** (Nahr) / dripping n, drippings pl (US) ‖ ⁓**e Flüssigkeit** / drip n, dripping n ‖ ⁓**es Öl** (z.B. auf Parkplätzen) (Kfz) / oil droppings
**Abtropf•fläche** f (einer Spüle) (Bau) / drainer n ‖ ⁓**flüssigkeit** f / drip n, dripping n ‖ ⁓**gewicht** n (Nahr) / drained weight ‖ ⁓**schale** f (Foto) / drainer n ‖ ⁓**schale** (Masch) / drip pan ‖ ⁓**schmelzen** n (Hütt) / drip melting
**abtrudeln, sich ⁓ lassen** (Luftf) / spin vi
**Abtsche Lamellen-Zahnstange** (nach R. Abt, 1850-1933) (Bahn) / Abt rack
**Abt-System** n (mit der Abtschen Lamellen-Zahnstange) (Bahn) / Abt system
**abtun** v (Bergb) / fire v, shoot v, blow v
**abtupfen** v (mit Fließpapier) / blot v ‖ ⁓ / spot v, dab v, mottle v ‖ ⁓ n / spotting n, dabbing n, mottling n
**abundant** adj (Zahl) (Math) / abundant adj
**Abundanz** f (Individuenmenge pro Volumen- bzw. Flächeneinheit eines Ökosystems) (Umwelt) / abundance*, abundance ratio* ‖ **relative** ⁓ (Umwelt) / relative abundance*
**Abusus** f (Pharm) / misuse n
**ABV** (Kfz) / anti-blocking device, skid-control system, anti-lock(ing) device, anti-skid (brake) system, ABS brake*
**ABW** (Bahn) / contrary-flexure turnout, CEX
**abwalken** v (Flotte) (Leder) / drum off v
**abwällen** v / scald v ‖ ⁓ vt (mit Sattdampf oder Heißluft) (Nahr) / blanch v
**abwälzen** v (über eine Strecke) (Masch) / roll on v, roll onto v ‖ ⁓ (sich) (Masch) / see-saw v
**Abwälz•fräsen** n (Masch) / gear hobbing, hobbing n ‖ ⁓**fräser** m (Werkz) / hob* n, hobbing cutter* ‖ ⁓**fräsmaschine** f (Masch) / hobbing machine ‖ ⁓**-Gewindeschneiden** n (mit einem Schneidrad) (Masch) / thread generating ‖ ⁓**schleifen** n (Masch) / gear grinding by generation ‖ ⁓**werkzeug** n (Masch) / generating tool
**abwandern** v (Potential) (Phys) / shift vi ‖ ⁓ n **des Potentials** (Phys) / potential shift

**Abwanderung** f **aus ländlichen Gebieten** (Landw) / rural exodus, urban drift
**Abwärme** f (Wärm) / waste heat ‖ ⁓**rückgewinnung** f (Masch) / waste-heat recovery*
**abwärts geführter Scheibenbau mit Zubruchwerfen des Hangenden** (Bergb) / side slicing
**Abwärtsakzeleration, starke** ⁓ (Luftf, Raumf) / eyeballs up
**Abwärtsbeschleunigung, starke** ⁓ (Luftf, Raumf) / eyeballs up
**Abwärts•bewetterung** f (Bergb) / descensional ventilation ‖ ⁓**compoundierende Wicklung** (Eltech) / decompounding winding ‖ ⁓**diffusion** f (Chem, Phys) / downward(s) diffusion ‖ ⁓**frequenz** f (bei Nachrichtensatelliten) (Fernm) / down-link frequency, down-frequency n ‖ ⁓**hub** m (V-Mot) / downstroke n, downward stroke, decending stroke ‖ ⁓**kompatibel** adj (EDV) / downward(s) compatible, backward(s) compatible ‖ ⁓**lauf** m (z.B. einer Rolltreppe) (Masch) / downward travel ‖ ⁓**neigung** f / declivity n, pitch n ‖ ⁓**schweißen** n (Schw) / downhand welding, downward welding ‖ ⁓**sprühend** adj (z.B. Düse des Kühlturms) / downspray attr ‖ ⁓**strecke** f (bei Nachrichtensatelliten) (Fernm) / downlink n ‖ ⁓**strömung** f (Phys) / downflow n ‖ ⁓**transformator** m (Eltech) / step-down transformer* ‖ ⁓**visur** f (Verm) / plunging shot* ‖ ⁓**zähler** m (bei den Mikroprozessoren) (EDV) / decrementer n
**abwaschbar** adj / washable adj, launderable adj
**abwaschen** v / wash down v ‖ ⁓ (hydraulisch - eine Deckschicht) (Bergb) / hush* v ‖ ⁓ n **im Lösungsmittelbad** (Chem) / solvent washing ‖ ⁓ **mit Lösungsmitteln** (Chem) / solvent washing
**Abwaschung** f (Flöz) (Bergb) / wash-out n, fouls* pl
**Abwaschwasser** n / rinse water, rinsing water, scouring water, water for rinsing ‖ ⁓ (Chem Verf) / washwater n, washing water
**Abwasser** n (häusliches, städtisches, industrielles) (DIN 4045) (Sanitär, Umwelt) / sewage n (foul)*, waste n, waste-water n, effluent* n, sewerage n (US), sanitary sewage ‖ **angefaultes** ⁓ (Sanitär) / septic sewage ‖ **dickes** ⁓ (Sanitär) / strong sewage ‖ **dünnes** ⁓ (Sanitär) / dilute sewage, weak sewage ‖ **fauliges** ⁓ (Sanitär) / septic sewage ‖ **gewerbliches** ⁓ (Sanitär) / trade effluent*, trade waste water, industrial sewage, industrial waste water ‖ **häusliches** ⁓ (Sanitär) / domestic sewage, dwelling sewage, sullage water ‖ **häusliche Abwässer** (Sanitär) / domestic sewage, dwelling sewage, sullage water ‖ **industrielles** ⁓ (Sanitär) / trade effluent*, trade waste water, industrial sewage, industrial waste water ‖ **städtisches** ⁓ (Sanitär, Umwelt) / urban sewage, municipal waste water ‖ **städtisches häusliches** ⁓ (Sanitär, Umwelt) / residential sewage
**Abwasser•abgabe** f (bei Nichteinhaltung vorgegebener Grenzwerte nach dem Abwasserabgabengesetz) (Umwelt) / effluent charge (a fixed fee levied by a regulating body against a polluter for each unit of waste discharged into public waters), waste-water charge, effluent fee ‖ ⁓**abgabengesetz** n (Umwelt) / waste-water levy act, waste-water charges act ‖ ⁓**aufbereitung** f (Sanitär) / sewage purification, sewage treatment, waste-water treatment ‖ ⁓**behandlung** f (Sanitär) / sewage purification, sewage treatment, waste-water treatment ‖ **chemische** ⁓**behandlung** (Sanitär) / chemical waste-water treatment ‖ ⁓**belastung** f (mit sauerstoffzehrenden Abwasserinhaltsstoffen, mit Giftstoffen) (Sanitär, Umwelt) / pollutant content in effluent wastes, pollution load, pollution burden ‖ ⁓**belüftung** f (Sanitär) / sewage aeration ‖ ⁓**beseitigung** f (Rückführung des Abwassers in den natürlichen Wasserkreislauf) (Sanitär) / sewage disposal, waste disposal, waste-water disposal, sewerage n, effluent disposal ‖ ⁓**durchfluß** m **bei Trockenwetter** (Sanitär) / dry-weather flow, dwf, DWF ‖ ⁓**einleiter** m (a person or an organization) (Sanitär, Umwelt) / polluter n ‖ ⁓**einleitung** f (Sanitär, Umwelt) / waste-water discharge, waste-water effluent ‖ ⁓**entsorgung** f (Sanitär) / sewage disposal, waste disposal, waste-water disposal, sewerage n, effluent disposal ‖ ⁓**fahne** f (unterhalb der Einleitestelle im Vorfluter) (Sanitär) / sewage plume, sewage slick ‖ ⁓**faulraum** m (Becken, in dem Abwasser anaerob behandelt wird) (Sanitär) / septic tank ‖ ⁓**fischteich** m (Sanitär) / sewage fish pond ‖ ⁓**fracht** f (mit sauerstoffzehrenden Abwasserinhaltsstoffen, mit Giftstoffen) (Sanitär, Umwelt) / pollutant content in effluent wastes, pollution load, pollution burden ‖ ⁓**graben** m (Aufber) / sewage fish-pond, waste-water fish-pond ‖ ⁓**hebeanlage** f (Sanitär) / sewage lifting plant ‖ ⁓**kanal** m (für Abwässer) (Sanitär) / sewer n ‖ ⁓**kontrollstation** f (Bauwerk mit Einrichtungen zur automatischen Untersuchung der Abwasserbeschaffenheit) (Sanitär) / sewage monitoring station ‖ ⁓**landbehandlung** f (Sanitär) / land treatment* ‖ ⁓**last** f (mit sauerstoffzehrenden Abwasserinhaltsstoffen, mit Giftstoffen) (Sanitär, Umwelt) / pollutant content in effluent wastes, pollution load, pollution burden ‖ ⁓**leitung** f (z.B. in der Trennkanalisation) (HuT, Sanitär) / foul sewer, sanitary sewer (US) ‖ ⁓**leitung** (Sanitär) / sewer line ‖ ⁓**menge** f **bei Trockenwetter** (Sanitär) / dry-weather flow, dwf, DWF
**Abwassern** n (Luftf) / water take-off

**Abwasser•pilz** *m* (Sanitär) / sewage fungus ‖ ⁓**probe** *f* (Sanitär) / sewage sample ‖ ⁓**reinigung** *f* (Sanitär) / sewage purification, sewage treatment, waste-water treatment ‖ **Ultraschall-**⁓**reinigung** (Sanitär) / ultrasonic waste-water treatment ‖ **weitergehende** ⁓**reinigung** (Verfahren oder Verfahrenskombinationen, welche in ihrer Reinigungswirkung über die herkömmliche, in der Regel mechanisch-biologische Abwasserreinigung hinausgehen und insbesondere solche Stoffe eliminieren, die im Ablauf einer mechanisch-biologischen Kläranlage noch enthalten sind - DIN 4045) (Sanitär) / advanced waste-water treatment, AWT, tertiary treatment, polishing *n* ‖ ⁓**reinigungsanlage** *f* (Sanitär) / sewage-works *n (pl)*, sewage disposal plant, sewage treatment plant, purification plant ‖ ⁓**rohr** *n* (z.B. nach DIN 4032, 4035 und 19850) (Sanitär) / sewer pipe ‖ ⁓**rohr mit Reinigungskappe** (Sanitär) / capped pipe ‖ ⁓**schacht** *m* (Sanitär) / sewer manhole, SMH ‖ ⁓**schlamm** *m* (Rückstand bei der mechanischen Abwasserreinigung) (Sanitär) / sewage sludge, sludge* *n*, sewage solids
**Abwässertank** *m* (Schiff) / drain tank, waste-water tank, drainage tank
**Abwasser•technik** *f* (Oberbegriff für Technologien der Abwassersammlung und Abwasserableitung, Abwasserbehandlung und Abwasserbeseitigung - DIN 4045) (Sanitär) / waste-water engineering, sewage technology ‖ ⁓**teich** *m* (zur natürlichen biologischen Behandlung von Abwasser) (Sanitär) / waste-water lagoon, sewage pond, sewage lagoon ‖ **einstufiger** ⁓**teich** (Sanitär) / single pond ‖ **mehrstufiger** ⁓**teich** (Sanitär) / multiple pond ‖ **belüfteter** ⁓**teich** (Erdbecken zur biologischen Abwasserreinigung, in das Sauerstoff künstlich eingetragen wird) (Sanitär) / aerated lagoon ‖ ⁓**toxizität** *f* (Sanitär) / sewage toxicity ‖ ⁓**verregnung** *f* (künstliche Verregnung von Abwasser auf Landflächen, um durch Versickern das Abwasser zu reinigen, wobei die Bodenschichten als Filter wirken) (Landw, Sanitär) / sewage irrigation (by sprinkling or spraying) ‖ ⁓**verrieselung** *f* (Sanitär) / broad sewage irrigation, spray irrigation ‖ ⁓**verteilungsplan** *m* (Jahresplan für die Behandlung von Abwasser auf Landflächen nach DIN 4047, T 1) (Sanitär) / sewage distribution plan ‖ ⁓**verwertungsbetrieb** *m* (Landw, Sanitär) / sewage-farm* *n*
**abweben** *v* (Web) / weave *v* ‖ ⁓ *n* (Web) / weaving* *n*
**abwechselnd** *adj* / alternate *adj*, alternating *adj* ‖ ⁓ **Sprache und Daten** (EDV) / alternate voice/data (AVD) ‖ ⁓ **wirkend** / reciprocating *adj*
**Abwedeln** *n* (Foto) / dodging* *n*
**Abwehr•aussperrung** *f* (der streikenden Arbeiter) (F.Org) / defensive lock-out ‖ ⁓**flugkörper** *m* **gegen ballistische Flugkörper** (Mil) / antiballistic missile, destructor *n*, ABM, interceptor-missile *n* ‖ ⁓**maßnahmen** *f pl* **gegen Strahlengefahren** (Mil) / radiological defence
**abweichen** *vt* (etwas Geleimtes) / unglue *vt*
**Abweichstein** *m* (HuT) / fender post, guard post
**Abweichung** *f* (Nichteinhalten von Größen, Regeln oder Werten) / deviation* *n*, departure *n* (from) ‖ ⁓ (des Bohrgestänges von der zur Bohrung im Erdölbereich vorgesehenen Stelle) (Erdöl) / drift* *n*, deviation *n*, side track ‖ ⁓ (vorzeichenbehaftete Differenz zwischen dem Ist-Wert einer physikalischen Größe und deren Soll-Wert) (Phys, Regeln) / deviation *n* ‖ ⁓ (Stats) / deviation* *n* ‖ **durchschnittliche** ⁓ (Math, Stats) / mean deviation, average deviation, AD ‖ **mittlere quadratische** ⁓ (Stats) / variance* *n*, dispersion* *n*, spread *n*, scatter *n*, straggling *n* ‖ **systematische** ⁓ (in der Meßtechnik nach DIN 1319, T 3) / systematic deviation *n*, **vorgegebene** ⁓ / given error ‖ **zufällige** ⁓ (DIN 1319, T 3) (Stats) / chance difference ‖ ⁓ *f* **von der Geraden** / deviation from a straight line
**Abweichungs•bericht** *m* (bei der Qualitätssicherung) / non-conformance report ‖ ⁓**faktor** *m* (Eltech) / diversity factor* ‖ ⁓**kompaß** *m* (Bestimmung der erdmagnetischen Deklination) (Geophys) / declinometer *n*, declinimeter* *n*, declination compass ‖ ⁓**verzerrung** *f* (Radio) / deviation distortion*
**abweiden** *v* (z.B. eine Wiese) (Landw) / crop *v* ‖ ⁓ (Landw) / graze off *v*, graze down *v* ‖ **übermäßiges** ⁓ (Landw) / overgrazing *n*
**abweisen** *v* (Farbe, Wasser) / repel *v*
**abweisend** *adj* (gegen klebrige Stoffe) / anti-adhesive *adj*, non-stick *attr*, antistick *attr*
**Abweiser** *m* (Prellstein, Eckstein) (Bau) / hurter* *n* ‖ ⁓ (HuT) / fender post, guard post ‖ ⁓ (Kfz, Masch) / guard *n*, rejector *n* ‖ **Ladehaken mit** ⁓ / cargo hook
**Abweissignal** *n* (EDV) / non-acceptance signal
**Abweitung** *f* (Längenunterschied zwischen 2 Orten auf einem Breitenkreis) (Schiff, Verm) / departure *n*
**Abwelk•heu** *n* (Landw) / haylage *n* ‖ ⁓**maschine** *f* (Leder) / samming machine, sammying machine ‖ ⁓**presse** *f* (für die naß von der Gerbung kommenden Leder) (Leder) / samming machine, sammying machine
**Abwerbung** *f* (von Arbeitskräften) / enticement *n* ‖ ⁓ (von Spitzenfachleuten) / head-hunting *n*

**abwerfbar** *adj* (Raumf) / fall-away *attr* (canopy, section)
**abwerfen** *v* (Bomben, Nahrungsmittel) (Luftf, Mil) / drop *v* ‖ ⁓ *n* (Rufe) (Fernsp) / shedding *n* ‖ ⁓ (ohne Fallschirm) (Luftf, Mil) / free drop, air-drop *n* ‖ ⁓ (eines Steuerstabs) (Nukl) / fast insertion (of a control rod) ‖ ⁓ **von Versorgungsgütern** (Luftf, Mil) / supply dropping
**Abwesenheits•dienst** *m* (Fernsp) / absent-subscriber service ‖ ⁓**zeit** *f* (F.Org) / absence time
**Abwetter** *pl* (Bergb) / bad air, vitiated air, exit mine air, waste air
**abwettern** *v* / remove by weathering, weather away *v*
**abwetzen** *v* / scuff *v*
**abwickelbar** *adj* (Fläche) (Math) / developable *adj* ‖ ⁓**e Fläche** (Math) / developable surface* (that can be rolled out flat onto a plane without any distortion) ‖ ⁓**e Flächen** *f pl* (Math) / applicable surfaces, isometric surfaces
**Abwickelmagazin** *n* (des Laufbildwerfers) (Film) / higher magazine, feed magazine
**abwickeln** *v* / reel off *v*, unreel *v*, uncoil *v*, unwind *v*, pay off *v* ‖ ⁓ (Verkehr) (Fernsp) / handle *v* ‖ ⁓ (Kabel) (Kab) / de-reel *v* ‖ ⁓ (Fläche) (Math) / develop *v* (onto a plane without any distortion) ‖ ⁓ (Spinn) / batch off *v* ‖ ⁓ *n* (Spinn) / batching-off *n* ‖ ⁓ **des Kokons** (zur Gewinnung des Seidenfadens) (Tex) / reeling *n*
**Abwickel•spule** *f* (des Magnetbandlaufwerks) (EDV) / file spool ‖ ⁓**spule** (eines Laufbildwerfers oder eines Tonbandgeräts) (Film) / feed reel*, delivery spool, pay-off reel, take-off reel, supply reel ‖ ⁓**teller** *m* (in der Lochstreifentechnik) / unwinding plate
**Abwicklung** *f* (in einer Zeichnung) / developed view ‖ ⁓ **einer Fläche** (Math) / development of a surface
**Abwind** *m* (abwärts gerichtete Luftströmung) (Luftf, Meteor) / downward air current, downdraught *n*, downwash *n*
**abwinden** *v* (bei Selfaktoren) (Spinn) / back off *v* ‖ ⁓ *n* (bei Selfaktoren) (Spinn) / backing-off *n*
**Abwindwinkel** *m* (Luftf) / downwash* *n*, downwash angle
**abwirken** *v* (Leder) / flay *v*, skin *v*, hide *v*
**abwischen** *v* / wipe *v*, wipe off *v*, wipe away *v*
**abwittern** *v* (durch Bewittern entfernen) / remove by weathering, weather away *v*
**abwracken** *v* (Schiff) / scrap *v* ‖ ⁓ *n* (Schiff) / scrapping *n*, shipbreaking *n*
**Abwracker** *m* (Schiff) / ship-breaker *n*
**Abwrackprämie** *f* (Schiff) / shipbreaking subsidy
**Abwurf** *m* (Masch) / discharge *n* ‖ ⁓ (Mil) / dropping *n* ‖ ⁓ **auf den Bedienplatz** (Fernsp) / call return to attendant, call return to operator ‖ ⁓**bahn** *f* (eines Wurfförderers) (Masch) / discharge curve ‖ ⁓**band** *n* (Masch) / discharge conveyor ‖ ⁓**behälter** *m* (Anordnung u.a. als Flügelspitzentank unter den Tragflächenspitzen, als Rumpfaußentank unter dem Rumpf) (Luftf) / drop tank*, slipper tank*, jettisonable tank ‖ ⁓**einrichtung** *f* (Masch) / tripper *n* ‖ ⁓**ende** *n* (des Abwurfbandes) (Masch) / discharge end ‖ ⁓**platz** *m* (Luftf) / drop zone ‖ ⁓**sonde** *f* (Luftf) / dropsonde *n* ‖ ⁓ **release point** ‖ ⁓**stelle** (Umwelt) / discharge point ‖ ⁓**wagen** *m* (am Gurtbandförderer) (Masch) / tripper *n* ‖ ⁓**widerstand** *m* (bei Reifen) (Kfz, WP) / bead-unseating resistance
**abwürgen** *vt* (Motor) (Kfz) / stall *vt*, kill *v* (the engine)
**abyssal** *adj* (Geol, Ozean) / abyssal *adj* ‖ ⁓**er Bereich** (Geol, Ozean) / abyssal zone*
**abyssisch•es Gestein** (Geol) / plutonic rock, plutonite* *n* ‖ ⁓**e Gesteine** (Geol) / deep-sea deposits*, pelagic deposits
**abyssopelagisch** *adj* (Geol) / abyssopelagic *adj*
**abzählbar** *adj* (abzählbar unendlich) (Math) / countable *adj* ‖ **relativ** ⁓ (Math) / relatively countable ‖ ⁓**e Additivität** (Math) / countable additivity ‖ ⁓**e Menge** (die sich umkehrbar eindeutig auf die Menge der natürlichen Zahlen abbilden läßt) (Math) / countable set*, denumerable set*, enumerable set*, numerable set ‖ ⁓**e Subadditivität** (Math) / countable subadditivity ‖ ⁓**e Superadditivität** (Math) / countable superadditivity
**Abzählen** *n* / enumeration *n*, denumeration *n*
**Abzählung** *f* / enumeration *n*, denumeration *n*
**abzahnen** (mit dem Zahnhobel) (Tischl) / tooth *v*
**Abzapfdampf** *m* (Masch) / bleed steam
**abzapfen** *v* (Flüssigkeit abziehen) / tap *v*
**Abzeichnungen** *f pl* (Anstr) / sinking *n*
**Abzieh•band** *n* (im Haldentunnel) (HuT) / tunnel conveyor, tunnel conveyor belt ‖ ⁓**bar** *adj* / strippable *adj*, detachable *adj* ‖ ⁓**bild** *n* (Buntdruck, der vom Druckpapier auf nicht unmittelbar bedruckbare Porzellan- und Steingutoberflächen übertragen wird) (Keram) / transfer *n*, decal (US), decalcomania *n* ‖ ⁓**bilderpapier** *n* (Meta-, Duplex-, Kollodiumpapier) (Keram) / decalcomania paper* ‖ ⁓**bohle** *f* (des Straßenfertigers) (Bau, HuT) / screed *n*, screed board, screed rail, screeding beam, tamper *n*, screeding board, smoothing beam ‖ ⁓**brett** *n* (für Estrichbeläge) (Bau) / floating rule*, rule* *n* ‖ ⁓**emulsionsschicht** *f* (Foto, Kernphys) / strippable photographic emulsion, pellicle *n*

**abziehen**

**abziehen** v (eine Oberflächenschicht entfernen) / peel off v, strip v, strip off v, strip away:v. ‖ ~ / strip v ‖ ~ (Estrich) (Bau) / rule in v ‖ ~ (Druck) / run down v ‖ ~ (kopieren) (Foto) / print v ‖ ~ (einen galvanischen Überzug) (Galv) / deplate v, strip v ‖ ~ (Stranggguß) (Gieß) / withdraw v ‖ ~ (Frischbetonoberfläche) (HuT) / screed v ‖ ~ (Schlacke) (Hütt) / remove v ‖ ~ (Zündkabel) (Kfz) / remove v ‖ ~ n (z.B. ein Pelztier) (Leder) / flay v, skin v, hide v ‖ ~ v (mit einem Abziehstein) (Masch) / whet v, hone v ‖ ~ (Math) / subtract v, deduct v ‖ ~ (Bier, Wein) (Nahr) / rack off v, rack v ‖ ~ (auf Flaschen) (Nahr) / bottle v ‖ ~ (durch Ablassen der Flüssigkeit) (Sanitär) / draw off v ‖ ~ (fertige Garnkörper) (Spinn) / draw off v ‖ ~ (gefärbte Textilien mit farbstoffablösenden oder farbstoffzerstörenden Mitteln behandeln) (Tex) / remove colour (from), strip v, take off v ‖ **auf Fässer** ~ (Nahr) / barrel v ‖ **den Glanz** ~ (Tex) / delustre v (GB), deluster v (US) ‖ **neu** ~ (Schneide) (Masch) / reset v ‖ ~ n (der noch nicht ganz trockenen Druckfarbe auf die Rückseite des nachfolgenden Bogens) (Druck) / set-off* n, offset n ‖ ~ (Feinschleifen der Säge von Hand) (For) / side dressing ‖ ~ (Foto) / printing n ‖ ~ (eines galvanischen Überzugs) (Galv) / deplating n, stripping n ‖ ~ (Stranggguß) (Gieß) / withdrawal n ‖ ~ (von Feinplanum) (HuT) / fine levelling ‖ ~ (der Schlacke) (Hütt) / withdrawal n ‖ ~ (Hütt) / drossing* n ‖ ~ (von Färbungen und Appreturen) (Tex) / stripping n ‖ ~ **der Bodenpflanzendecke** (HuT) / stripping n ‖ ~ **von Negativhäutchen** (beim Iodkollodium-Silber-Verfahren) (Druck) / negative stripping
**Abzieher** m (Kfz) / puller n ‖ ~ (Arbeiter) (Spinn) / doffer* n
**Abzieh•etikettenpapier** n (Pap) / decalcomania simplex paper ‖ ~**film** m (Druck, EDV, Foto) / stripping film ‖ ~**gold** n / transfer gold (leaf) ‖ ~**kasten** m (Gieß) / snap flask ‖ ~**lack** m (auf elastischem Untergrund) (Anstr) / peelable lacquer, strippable lacquer ‖ ~**mittel** n (Tex) / stripping agent ‖ ~**öl** n (für Abziehsteine) / honing oil ‖ ~**presse** f (Druck) / proofing press*, proof press, press* n ‖ ~**spachtel** m (Anstr) / stripping knife, broad knife ‖ ~**stein** m (Masch) / whetstone* n, honestone* n, hone* n, rub-stone n, sharpening stone, stone n (a shaped piece of stone for grinding or sharpening, as a grindstone, millstone, or whetstone) ‖ ~**stein** (für Stuckmarmor) (Min) / snakestone n, Water of Ayr stone, Scotch stone ‖ ~**stein** (geformter für Stechbeitel) (Zimm) / gouge slip*, grinding slip*, slip-stone* n, oilstone slip ‖ ~**stein in Messerklingenform** (Masch) / hand-finishing stick, slip-stone n ‖ ~**verfahren** n (beim Pulverpreßverfahren) (Pulv) / withdrawal pressing ‖ ~**vorrichtung** f (Kfz) / puller n ‖ ~**werkzeug** n (Kfz) / puller n
**Abzinsfaktor** m (Math) / discount factor (reciprocal growth factor)
**Abzinsungsfaktor** m (Math) / discount factor (reciprocal growth factor)
**Abzug** m (ein völlig vom Arbeitsraum des Labors abgetrennter Experimentiertisch, der Arbeiten mit gesundheitsschädlichen und giftigen Dämpfen, Gasen und Stäuben gestattet - DIN 12924) (Chem Verf) / fume cupboard*, hood n, cupboard n, laboratory fume hood ‖ ~ (für Korrekturzwecke) (Druck, Foto) / copy* n, print* n ‖ ~ (Film, Foto) / print n, photoprint n ‖ ~ (abgezogene Oberflächenschicht) (Hütt) / skimming n, scum n ‖ ~ (bei Schußwaffen) (Mil) / trigger n ‖ ~ (Web) / take-down n, drawing-off n ‖ **durchgehender** ~ (Klemp) / continuous vent* ‖ **einen** ~ **machen** (Foto) / print v ‖ **erster** ~ (unkorrigierter) (Druck) / rough proof* ‖ **reproduktionsfähiger** ~ (Druck) / reproduction proof, repro proof ‖ ~ m **auf Kunstdruckpapier** (Druck) / art pull ‖ **ins Freie** (Klemp) / local vent* ‖ ~ **ohne Zurichten** (Druck) / rough proof*
**Abzug•hebel** m (der Spritzpistole) (Anstr) / trigger n ‖ ~**papier** n (für Schablonenvervielfältiger, nach DIN 6730) (Pap) / stencil duplicator copy paper
**Abzugs•bügel** m (der Spritzpistole) (Anstr) / trigger n ‖ ~**drehwerk** n (Tex) / can coiler ‖ ~**geschwindigkeitsmesser** m (Chem) / velometer n (air-velocity meter in the laboratory fume hood) ‖ ~**graben** m (Bau, HuT) / gutter* n ‖ ~**haube** f (im Abzug) (Chem Verf) / fume hood, hood n ‖ ~**überwölbter** ~**kanal** (HuT) / culvert* n ‖ ~**kraft** f (Tex) / take-off force (when unwinding fabrics) ‖ ~**rohr** n (Klemp) / off-take pipe ‖ ~**rohr für Klosettentlüftung** (Klemp) / continuous vent* ‖ ~**schrank** m (Chem Verf) / fume cupboard*, hood n, cupboard n, laboratory fume hood
**Abzweig** m (in der Chromatografie) (Chem) / split n ‖ ~ (von Leitern) (Eltech) / junction n ‖ **halbschräger** ~ (Sanitär) / Y-branch n ‖ ~**dose** f (Eltech) / conduit box*
**abzweigen** v (Klemp, Masch) / branch off v, tee vt ‖ ~ (den Luftstrom) (Luftf) / bleed vt
**Abzweig•filter** n (Fernm) / ladder-type filter ‖ ~**kasten** m (Eltech) / conduit box* ‖ ~**leitung** f (die von einer anderen Rohrleitung abzweigt) / branch line ‖ ~**leitung** (Bau) / lateral n ‖ ~**leitung** (Fernm) / branch* n, arm* n ‖ ~**leitung** (Masch) / branch main, branch line, lateral n (US), dead-end line (US) ‖ **kurze** ~**leitung** (Eltech) / spur n ‖ ~**muffe** f (eine Starkstromkabelgarnitur) (Kab) / branch joint ‖ ~**rohr** n (Masch) / branch pipe* ‖ ~**schalter** m (Eltech) / branch switch* ‖ ~**schaltung** f (Fernm) / ladder network ‖ ~**stück** n (Klemp) / branch n (fitting)

**Abzweigung** f (Fernm) / branch* n, arm* n ‖ ~ v (der Straße) (Kfz) / turning n, branch road ‖ ~ f (des Luftstroms) (Luftf) / bleeding* n
**Abzweigungsmuffe** f (Eltech) / tee joint*
**Abzweigverkehr** m (Fernm) / add-drop traffic
**abzwicken** v / nip v, nip off v
**Abzym** n (Biochem, Physiol) / abzyme n, catalytic antibody
**Ac** (Meteor) / altocumulus cloud, altocumulus* n (pl. altocumuli)
**AC** (Chem) / actinium* n ‖ ~ (Chem) / gel permeation chromatography, liquid-exclusion chromatography, exclusion chromatography, gel-filtration chromatography, gel chromatography, size-exclusion chromatography*, gel filtration, molecular-sieve chromatography, molecular exclusion chromatography ‖ ~ (Nahr) / caramel colour III, ammonia caramel, beer caramel
**Acajou Afrique** n (For) / African mahogany*, khaya n ‖ ~ **blanc** (For) / Uganda mahogany* ‖ ~**-Nußharz** n / cashew resin ‖ ~**-Nußschalenöl** n (von Anacardium occidentale L.) / cashew nut shell oil
**Acapu** n (For) / acapau n, acapu n, partridge wood
**Acaroidharz** n / acaroid resin, accroides n, gum accroides, grass-tree gum, yacca resin
**Access Provider** m (EDV) / access provider
**Accident Management** n (Nukl) / accident management
**Account-Datei** f (Speicherdatei, die die von der Abrechnungsroutine gesammelten Informationen enthält) (EDV) / account file
**ac-Ebene** f (Geol) / deformation plane, ac-plane n
**AcEm** (Radonisotop 219) (Chem) / actinon n, actinium emanation, AcEm
**Acenaphthen** n (Chem) / acenaphthene n
**Acene** n pl (linear kondensierte Reihe der aromatischen Kohlenwasserstoffe) (Chem) / acenes pl
**Acephat** n (ein Insektizid) (Chem) / acephate n
**Acesulfam-K** n (ein moderner Süßstoff) (Nahr) / acesulfame potassium, acesulfame K, sunett n
**Acetal** n (Chem) / acetal* n
**Acetaldehyd** m (Chem) / acetaldehyde* n, ethanal* n
**Acetaldol** n (Chem) / aldol* n, acetaldol n
**Acetalharze** n pl (Chem, Plast) / acetal resins*
**Acetamidierung** f (Chem) / acetamidation n
**Acetanhydrid** n (Chem) / ethanoic anhydride, acetic anhydride*
**Acetat** n (Salz oder Ester der Essigsäure) (Chem) / acetate* n, ethanoate* n ‖ ~ (Sammelbezeichnung für aus acetonlöslicher Acetylzellulose hergestellte Chemiefäden oder Chemiefasern) (Plast, Tex) / acetate n, acetate plastics, acetate rayon ‖ ~**fasern** f pl (Plast, Tex) / acetate fibres* ‖ ~**film** m (Foto) / acetate film ‖ ~**gewebe** n (Plast, Tex) / acetate cloth ‖ ~**kunstseide** f (Plast, Tex) / acetate rayon, acetate silk
**Acetessig•ester** m (3-Oxobutansäureester) (Chem) / ethyl acetoacetate*, acetoacetic ester*, ethyl-3-oxobutanoate* n ‖ ~**säure** f (Chem) / diacetic acid, acetoacetic acid, 3-oxobutanoic acid
**Acetin** n (Chem) / acetin* n
**Aceto•acetat** n (Chem) / acetoacetate n ‖ ~**bacter aceti** (ein Essigsäurebakterium) (Chem) / Acetobacter aceti
**acetogene Bakterien** (Bakteriol) / acid-producers pl, acetogenic bacteria
**Acetoin** n (Dimethylketol) (Chem) / acetoin n
**Acetolyse** f (Chem) / acetolysis n (pl. acetolyses)
**Aceton** n (2-Propanon) (Chem) / acetone* n, propanone* n, dimethyl ketone ‖ ~**cyanhydrin** n (Ausgangsprodukt für Methakrylsäure, Insektizid) (Chem) / acetone cyanhydrin* ‖ ~**extrakt** m n (Chem Verf) / acetone extract ‖ ~**harz** n (Chem) / acetone resin*
**Acetonitril** n (Chem) / acetonitrile* n, ethanenitrile n
**aceton•löslich** adj (Chem) / acetone-soluble adj ‖ ~**-Natriumhydrogensulfit** n (Chem, Foto) / acetone-sodium bisulphite
**Acetophenon** n (Anstr, Chem, Pharm) / acetophenone* n, phenylethanone* n, methyl phenyl ketone
**Acetoxylierung** f (Chem) / acetoxylation n
**Acetyl** n (Chem) / acetyl* n, ethanoyl* n ‖ ~**aceton** n (Chem) / acetylacetone n ‖ ~**benzol** n (Anstr, Chem, Pharm) / acetophenone* n, phenylethanone* n, methyl phenyl ketone ‖ ~**cellulose** f (Chem) / cellulose acetate*, acetylcellulose* n, CA, cellulose ethanoate ‖ ~**chlorid** n (Chem) / acetyl chloride*, ethanoyl chloride* ‖ ~**cholin** n (Physiol) / acetyl choline*, ACh ‖ ~**cystein** n (internationaler Freiname für N-Acetyl-L-cystein) (Pharm) / acetyl cysteine
**Acetylen** n (Chem) / acetylene* n, ethyne* n ‖ ~**e** n pl (Chem) / alkyne series, acetylene series ‖ ~**bindung** f (Chem) / acetylene linkage ‖ ~**carbonsäure** f (Chem) / propiolic acid*, propargylic acid*, propynoic acid, propinic acid
**Acetylenid** n (Chem) / acetylide* n, ethynide* n
**Acetylen•lampe** f / carbide lamp ‖ ~**-Luft-Schweißen** n (Schw) / air-acetylene welding ‖ ~**ruß** m / acetylene black ‖ ~**schwarz** n / acetylene black ‖ ~**schweißen** n (Schw) / acetylene welding ‖

⁓**tetrachlorid** *n* (nicht brennbares technisches Lösungsmittel) (Chem) / acetylene tetrachloride, tetrachloroethane\* *n*
**Acetylgruppe** *f* (Chem) / acetyl group\*, ethanoyl group\*
**Acetylid** *n* (Chem) / acetylide\* *n*, ethynide\* *n*
**Acetylieren** *n* (Chem) / acetylation\* *n*, ethanoylation\* *n*
**acetylierte Stärke** (Nahr) / starch acetate, acetylated starch
**Acetylierung** *f* (Chem) / acetylation\* *n*, ethanoylation\* *n*
**Acetylierungsmittel** *n* (Chem) / acetylating agent
**Acetyl•rest** *m* (Chem) / acetyl group\*, ethanoyl group\* ‖ ⁓**salicylsäure** *f* (2-Acetoxybenzoesäure) (Chem) / acetylsalicylic acid\* ‖ ⁓**tributylcitrat** *n* (Chem) / acetyl tributyl citrate ‖ ⁓**zahl** *f* (Chem) / acetyl value, acetyl number ‖ ⁓**zahl** *f* (Chem) / hydroxyl number, hydroxyl value
**ac-Gürtel** *m* (Geol) / a-c girdle
**Achat** *m* (ein verschiedenfarbig aufgebauter Chalzedon) (Min) / agate\* *n* ‖ ⁓**mörser** *m* (Masch) / agate mortar ‖ ⁓**opal** *m* (Min) / opal agate\* ‖ ⁓**ware** *f* (Keram) / agateware *n*
**Acheson-Graphit** *m* (synthetisch gewonnener Graphit - nach E.G. Acheson, 1856-1931) (Chem) / Acheson graphite\*
**achiral** (Chem, Kernphys) / achiral *adj* ‖ ⁓**es Molekül** (Chem) / achiral molecule
**Achirastärke** *f* (Nahr) / achira starch, tous-les-mois *n*
**Achondrit** *m* (eisenarmer chondrenfreier Steinmeteorit) (Geol) / achondrite\* *n*
**Achroit** *m* (ein farbloser oder ganz zart grüner Turmalin) (Min) / achroite\* *n*
**Achromasie** *f* (nach der Beseitigung der chromatischen Aberration) (Opt) / achromaticity *n* ‖ ⁓ (Opt, Physiol) / achromaticity *n*
**Achromat** *m* (DIN 19040) (Opt) / achromatic lens\*, achromat *n*, achromatic objective
**achromatisch** *adj* (Opt, Physiol) / achromatic\* *adj*, colourless *adj* ‖ ⁓**es Prisma** (Opt) / achromatic prism\* ‖ ⁓**es Triplet** (Opt) / achromatic triplet
**Achroodextrin** *n* (ein niedermolekulares Dextrin) (Chem) / achroodextrin *n*, achrodextrin *n*
**Achs•abstand** *m* (Bahn) / wheel centre distance, axle base ‖ ⁓**abstand** (der Walzen) (Hütt) / pitch *n* (of rolls) ‖ ⁓**abstand** (vom Bugrad zur Hauptachse) (Luftf) / wheelbase *n* ‖ ⁓**abstand** (zwischen den Achsen eines Zahnradpaares - DIN 3998) (Masch) / centre distance ‖ ⁓**anordnung** *f* (Bahn, Kfz) / axle arrangement, wheel arrangement, axle layout ‖ ⁓**antrieb** *m* (Kfz) / final drive ‖ **hinterer** ⁓**antrieb** (Kfz) / rear-axle final drive ‖ **vorderer** ⁓**antrieb** (Kfz) / front-axle final drive ‖ ⁓**antrieb** *m* **der Hinterachse** (Kfz) / rear-axle final drive ‖ ⁓**antriebsübersetzung** *f* (Kfz) / final reduction gear ratio, final drive ratio, axle differential ‖ ⁓**ausgleichsgetriebe** *n* (Kfz) / axle differential ‖ ⁓**differential** *n* (Kfz) / axle differential
**Achse** *f* (Astr, Math, Opt) / axis\* *n* (pl. axes) ‖ ⁓ (Masch) / axle\* *n* ‖ ⁓ (in der Darstellungsebene) (Math) / front line ‖ ⁓ (z.B. Drehachse in der Getriebelehre) (Phys) / spindle\* *n* ‖ **erste** ⁓ (in dem Koordinatensystem) (der Gaußschen Zahlenebene, auf der die reellen Zahlen abgetragen werden) (Math) / real axis\* (of the Argand diagram), x-axis *n*, axis of reals, axis of abscissas ‖ **festgelagerte** ⁓ (Bahn) / dead axle\*, fixed axle, rigid axle ‖ **flugzeugfeste** ⁓**n** (des Flugzeugs) (Luftf) / body axes ‖ **freie** ⁓ (Mech) / free axis ‖ **führende** ⁓ (Bahn) / leading axle ‖ **gekröpfte** ⁓ (Masch) / dropped axle, drop axle ‖ **gelenkte** ⁓ (Kfz) / steered axle, steerable axle ‖ **magnetische** ⁓ (Mag) / magnetic axis ‖ **nachlaufende** ⁓ (Bahn) / trailing axle\* ‖ **neutrale** ⁓ (Masch, Mech) / neutral axis\*, neutral fibre, neutral line ‖ **optische** ⁓ (in der Kristalloptik) (Krist) / optic axis\* ‖ **optische** ⁓ (die Symmetrieachse abbildender optischer Systeme) (Opt) / optic axis\*, optical axis, principal axis ‖ **optische** ⁓ (des Auges) (Physiol) / optic axis ‖ **polare** ⁓ (eine Symmetrieachse) (Krist) / polar axis\* ‖ **sekundäre optische** ⁓ (Krist) / biradial *n* ‖ **über der** ⁓ **liegende Blattfeder** (Kfz) / overslung leaf spring ‖ **unter der** ⁓ **liegende Blattfeder** (Kfz) / underslung leaf spring ‖ ⁓ *f* **der natürlichen Zahlen** (Math) / natural scale ‖ ⁓**n** *fpl* **des Flugzeugs** (Längs-, Quer- und Hochachse) (Luftf) / aircraft axes, axes of an aircraft
**Achs•ebene** *f* (Masch) / axial plane ‖ ⁓**eingang** *m* (in der Nabe) (Masch) / axle entrance, entrance of the axle
**Achsel** *f* (die den Bildkörper der Drucktype umgebende nichtdruckende Fläche) (Typog) / shoulder\* *n* ‖ ⁓**fläche** *f* (DIN 16507) (Typog) / shoulder\* *n*
**Achsen•-** / axial\* *adj* ‖ ⁓**abschnitt** *m* (Math) / intercept *n* ‖ ⁓**abschnittsform** *f* (eine spezielle Form der Gleichung einer Geraden bzw. einer Ebene) (Math) / intercept equation *n* ‖ ⁓**depression** *f* (wenn die Faltenachsen abwärts gebogen werden) (Geol) / axis depression ‖ ⁓**drehmaschine** *f* (Masch) / axle lathe ‖ ⁓**entfernt** *adj* (Opt) / abaxial\* *adj* ‖ ⁓**fett** *n* (Kfz) / axle grease, cart grease ‖ ⁓**fläche** *f* (Math) / axoid *n*, axoidal surface ‖ ⁓**flächenschieferung** *f* (Geol) / axial-plane cleavage\* ‖ **kristallografisches** ⁓**kreuz** (Krist) / crystallographic axes\* ‖ **flugbahnfestes** ⁓**kreuz** (Luftf) / flight path axis system ‖ **erdfestes** ⁓**kreuz** (Nav) / earth-fixed axis system ‖

**Achtköniginnenproblem**

⁓**kreuzungswinkel** *m* (bei Schraub- und Kegelradgetrieben nach DIN 3971) (Masch) / shaft angle ‖ ⁓**kulmination** *f* (wenn die Faltenachsen aufwärts gebogen werden) (Geol) / axis culmination ‖ ⁓**nagel** *m* (Masch) / linchpin\* *n*, lynchpin *n* ‖ **in der** ⁓**richtung** / axial\* *adj* ‖ ⁓**schmiere** *f* / axle grease, cart grease ‖ ⁓**spiegelung** *f* (Math) / axial symmetry ‖ ⁓**symmetrie** *f* (Math) / axial symmetry ‖ ⁓**symmetrisch** *adj* (Math) / axisymmetric *adj*, axially symmetric, symmetrical about a line ‖ ⁓**symmetrisch** (Brillengläser) (Opt) / spherical ‖ ⁓**verhältnis** *n* (Längenverhältnis der Achsen) (Krist) / axial ratio ‖ ⁓**versatz** *m* (bei den LWL) / axial misalignment ‖ **optischer** ⁓**winkel** (Krist) / optic-axial angle\* ‖ ⁓**zähler** *m* (Bahn) / axle counter, wheel-counting device ‖ ⁓**zwilling** *m* (Krist) / axial twin ‖ ⁓**zylinder** *m* (Physiol) / axon\* *n*, neuraxon *n*
**Achs•fahrmasse** *f* (Bahn) / wheel load ‖ ⁓**fahrmasse** (Kfz) / maximum axle weight ‖ ⁓**fern** *adj* (Opt) / abaxial\* *adj* ‖ ⁓**folge** *f* (Bahn, Kfz) / axle arrangement, wheel arrangement, axle layout ‖ ⁓**gabel** *f* (Lokomotive) (Bahn) / horn plates, pedestal *n* (US) ‖ ⁓**generator** *m* (Eltech) / axle generator ‖ ⁓**gleich** *adj* / coaxial *adj* ‖ ⁓**kilometer** *m* (Bahn) / axle kilometer, distance (run) per axle measured in km ‖ ⁓**-km** *m* (Bahn) / axle kilometer, distance (run) per axle measured in km ‖ ⁓**lager** *n* (Bahn) / axle-box\* *n* ‖ ⁓**lagergehäuse** *n* (Bahn) / axle housing ‖ ⁓**lagermotor** *m* rückseitig auf federndem Joch gelagert (Eltech) / bar-suspension motor, yoke-suspension motor ‖ ⁓**last** *f* (DIN 70020) (Kfz) / maximum axle weight ‖ ⁓**last** (Masch) / axle weight\*, axle load ‖ ⁓**lastmesser** *m* (Kfz) / wheel-load indicator, axle-load indicator ‖ **dynamische** ⁓**lastverlagerung** (beim Bremsen ober Beschleunigen) (Kfz) / dynamic axle-load shift ‖ **dynamische** ⁓**lastverlagerung** (beim Beschleunigen) (Kfz) / rearward load transfer ‖ ⁓**motor** *m* (Eltech) / gearless motor\* ‖ ⁓**rohr** *n* (im Abgassystem) (Kfz) / kick-up pipe, overaxle pipe ‖ ⁓**rohr** (der Hinterachse) (Kfz) / axle tube ‖ ⁓**schenkel** *m* (gelenkte Achse) (Kfz) / knuckle *n*, steering knuckle, upright *n* ‖ ⁓**schenkelbolzen** *m* (Kfz) / king-pin\* *n*, swivel-pin\* *n* ‖ ⁓**schenkelfederbein** *n* (Kfz) / McPherson strut\*, Macpherson strut\* ‖ ⁓**schenkellenkung** *f* (Kfz) / Ackermann steering\*, double-pivot steering ‖ ⁓**stift** *m* (ein Beschlag) (Bau) / pivoting pin ‖ ⁓**teilung** *f* (Masch) / axial pitch (BS 2519) ‖ ⁓**träger** *m* (ein quer zur Fahrtrichtung verlaufender Träger) (Kfz) / cross-member *n* ‖ ⁓**versetzte Kegelräder** (Masch) / hypoid bevel gear\*, hypoid gears ‖ ⁓**versetztes Kegelradgetriebe** (Masch) / hypoid bevel gear\*, hypoid gears ‖ ⁓**versetzung** *f* / axial offset ‖ ⁓**welle** *f* (die das Ausgleichsgetriebe mit dem Antriebsrad verbindet) (Kfz) / axle shaft ‖ **gekröpfte** ⁓**welle** (Bahn) / cranked axle, crank axle ‖ ⁓**wellenkegelrad** *n* (Kfz) / differential side gear ‖ ⁓**zähler** *m* (Bahn) / axle counter, wheel-counting device ‖ ⁓**zapfen** *m* (Kfz) / stub axle\*, stud axle ‖ ⁓**zapfen** (Masch) / journal\* *n*
**Acht** *f* (eine Kunstflugfigur) (Luftf) / eight *n* ‖ **liegende** ⁓ (eine Kunstflugfigur) (Luftf) / horizontal eight ‖ ⁓**bindig** *adj* (Web) / eight-harness *attr* ‖ ⁓**bindiger Atlas** (Tex) / eight-harness satin, eight-end satin ‖ ⁓**-Bit-Byte** *n* (EDV) / octet *n*, eight-bit byte ‖ ⁓**eck** *n* (Math) / octagon *n*, 8-gon *n* ‖ ⁓**eckig** *adj* (Math) / octagonal *adj*, octangular *adj* ‖ ⁓**eckige Säule** (Arch) / octahedral column
**Achtelflächner** *m* (Krist) / ogdohedron *(pl -drons or -dra)* *n*
**Achter•charakteristik** *f* (Richtcharakteristik bei Schallwandlern) (Akus) / bidirectional characteristic, bilateral characteristic ‖ ⁓**charakteristik** (ein Richtdiagramm, das in der betrachteten Ebene die Form der Ziffer Acht aufweist) (Radio) / figure-of-eight radiation pattern ‖ ⁓**kurve** *f* (Math) / eight curve, figure 8 (curve), lemniscate of Gerono ‖ ⁓**lastig** *adj* (Schiff) / down by the stern, stern-heavy *adj* ‖ ⁓**leitung** *f* (Eltech) / ghost line
**achterlich** *adj* (Schiff) / abaft *adv* (in the stern half)
**Achtermikrofon** *n* (Akus) / bidirectional microphone\*, bilateral microphone
**achtern** *adv* (Schiff) / astern *adv*, aft *adv* ‖ **nach** ⁓ **zu** (Schiff) / abaft *adv* (in the stern half) ‖ **von vorn nach** ⁓ (Schiff) / fore-and-aft *adv*
**Achter•piek** *f* (Raum hinter dem Stopfbuchsenschott) (Schiff) / afterpeak\* *n* ‖ ⁓**piektank** *m* (Schiff) / after peak tank ‖ ⁓**ring** *m* (Chem) / eight-membered ring ‖ ⁓**schale** *f* (bei der Edelgaskonfiguration) (Kernphys) / octet shell, eight-electron shell ‖ ⁓**steven** *m* (Schiff) / stern-frame\* *n* ‖ ⁓**system** *n* (EDV, Math) / octal number system, octal numeration system, octal system ‖ ⁓**telegrafie** *f* (Teleg) / superphantom telegraphy
**Acht•fachweg-Modell** *n* (Kernphys) / octet model, eightfold way model ‖ ⁓**felder-** (Gewölbe) (Arch) / octopartite *adj* ‖ ⁓**flach** (Krist, Math, Min) / octahedron\* *n* (pl. octahedra or -s) ‖ **[regulärer]** ⁓**flächner** (Krist, Math, Min) / octahedron\* *n* (pl. octahedra or -s) ‖ ⁓**gliedriger Ring** (Chem) / eight-membered ring ‖ ⁓**kant** *m* (Masch) / octagon *n* ‖ ⁓**kantkopf** *m* (einer Schraube) (Masch) / octagonal head ‖ ⁓**knoten** *m* (Schiff) / figure eight (knot), figure of eight (knot) ‖ **doppelter** ⁓**knoten** (Schiff) / wall knot (made on the end of a rope by unlaying and intertwining the strands), stevedore's knot (a stopper knot similar to a figure eight knot but with one or more extra turns) ‖ ⁓**königinnenproblem** *n* (im Schachspiel) (Math) / problem of eight

**Achtpolröhre**

queens ‖ ~polröhre f (Eltronik) / octode* n ‖ ~ring m (Chem) / eight-membered ring ‖ ~tangentenfigur f (Zeichnung einer Ellipse) (Math) / eight-tangent figure ‖ ~teilig (Gewölbe) (Arch) / octopartite adj

**Achtung !** (Warnung vor fallenden Gegenständen) / headache !, heads up ! ‖ ~, **Aufnahme !** (Film) / action* ! ‖ ~ **Bauarbeiten** (ein Verkehrszeichen) (Kfz) / construction site ahead ‖ ~**-Signal** n (im allgemeinen) / attention signal

**Achtungssignal** n (TV) / cue signal

**Acht•-vier-zwei-eins-Kode** m (EDV) / natural binary code (NBC) ‖ ~wertig adj (Chem) / octavalent* adj ‖ ~zehneck n (Math) / octadecagon n ‖ ~zehneckig adj (Math) / octadecagonal adj ‖ ~zehnerschale f (Kernphys) / eighteen-electron shell ‖ ~zylindermotor m in V-Anordnung (V-Mot) / V-eight engine, V-8 engine, V-8 ‖ ~-Zylinder-Reihenmotor m (V-Mot) / straight eight*

**acides Proton** (bei einer H/D-Austauschreaktion) (Chem) / acid proton

**Acid Yellow 36** / metanil yellow

**Acid-Fading** n (unter dem Einfluß sauer reagierender Chemikalien) (Tex) / acid fading

**Acidimetrie** f (Chem) / acidimetry* n

**Acidität** f (Chem) / acidity* n

**Acidoligand** m (Chem) / acidoligand n, anionic ligand

**acidophil** adj (durch saure Farbstoffe leicht färbbar) / acidophilic adj

**Acidose** f (Med, Pharm) / acidosis* n (pl. acidoses)

**Acidum** n (pl. Acida) (Pharm) / acid n

**ACK** (Fernm) / acknowledge n (an international transmission control code), acknowledgement n, ACK, acknowledge character

**AC-Kautschuk** m / anticrystallizing rubber, AC rubber

**Acker** m (Landw) / field n ‖ ~bau m (im weiteren Sinne, auch mit Viehhaltung usw. [ohne Plural]) (Landw) / agriculture n, farming n, husbandry n ‖ ~baulehre f (Landw) / agronomy n (science of land cultivation, crop production and soil management) ‖ ~boden m (Landw) / arable land, arable n, agricultural land ‖ ~bürste f (Landw) / weeder n ‖ ~egge f (meistens mit Vierkantzinken) (Landw) / tilling harrow

**Ackeret•-Keller-Prozeß** m (ein Vergleichsprozeß für Gasturbinen, wobei die Zustandsänderungen dieselben wie beim Ericsson-Prozeß sind) (Masch, Phys) / Ackeret-Keller cycle, Ackeret-Keller process ‖ ~-Methode f (für die Ermittlung des Profilverhaltens in Ultraschallströmungen - nach J. Ackeret, 1898 - 1981) (Luftf, Phys) / Ackeret method

**Acker•fräse** f (ein Bodenbearbeitungsgerät) (Landw) / tiller n, rotary cultivator, rotary tiller ‖ ~früchte f pl (Landw) / crop n, field crop, arable crop ‖ ~gare f (Zustand eines Bodens in stabiler Krümelstruktur) (Landw) / optimum arable-land condition, tilth n, stable-crumb structure, optimum soil condition ‖ ~geräte n pl (Landw) / tillage implements, tillage equipment ‖ ~grasbau m (Landw) / ley farming ‖ ~krume f (Landw) / topsoil n, tilthtop soil, vegetable soil ‖ ~land n (Landw) / arable land, arable n, agricultural land

**Ackermann-Lenkung** f (Kfz) / Ackermann steering*, double-pivot steering

**Ackermannsche Funktion** (Math) / Ackermann function

**Acker•maß** n (Landw) / field measure ‖ ~schiene f (am Heck des Traktors oder zwischen den Enden der Unterlenker des Dreipunktanbaus) (Landw) / toolbar n, toolbar ‖ ~schleife f (ein Bodenbearbeitungsgerät) (Landw) / scrubber n, (farm) leveller n, float* ‖ ~schleppe f (ein Bodenbearbeitungsgerät) (Landw) / scrubber n, (farm) leveller n, float* n ‖ ~schlepper m (DIN 11085 und 70010) (Kfz, Landw) / agricultural tractor, farming tractor, farm tractor, cultural tractor ‖ ~scholle f (Landw) / clod n ‖ ~unkraut n (Bot, Landw) / field weed ‖ ~walze f (DIN 11075) (Landw) / land roller

**ac-Kluft** f (Geol) / ac-joint n

**ACM** (Chem Verf) / acrylic rubber, acrylate rubber

**Acne chlorica** f (durch Einwirkung von Chlor auf die Haut ausgelöste Akne) (Med) / chloracne n, chlorine acne ‖ ~ **chlorica** (Med) s. auch Pernakrankheit

**Aconitin** n (Chem, Pharm) / aconitine n

**Aconitsäure** f (Propen-1,2,3-tricarbonsäure) (Chem) / aconitic acid

**Acornröhre** f (Kleinströhre) (Eltronik) / acorn valve*

**Acridin** n (Chem) / acridine* n ‖ ~farbstoff m (Chem) / acridine dye ‖ ~orange n (3,6-Bis(dimethylamino)-acridin) (Chem) / acridine orange

**Acri•flavin** n (ein Antiseptikum) (Med) / acriflavine* n ‖ ~sol m (Geol, Landw) / ultisol n, acrisol n

**Acrolein** n (Chem) / acrolein* n, propenal n, acrylaldehyde* n, vinyl aldehyde n

**Acryl•aldehyd** m (Chem) / acrolein* n, propenal n, acrylaldehyde* n, vinyl aldehyde n ‖ ~amid n (Chem) / acryl amide

**Acrylat** n (Chem) / acrylate n, propenoate n ‖ ~harze n pl (Chem, Plast) / acrylic resins* n ‖ ~kautschuk m (Chem Verf) / acrylic rubber, acrylate rubber ‖ ~kautschuk (Chem Verf) / acrylic rubber, acrylate rubber ‖ ~klebstoff m / acrylic adhesive

**Acryl•glas** n (Kunststoff aus Methacrylaten) / acrylic glass ‖ ~harze n pl (Chem, Plast) / acrylic resins* ‖ ~harzlack m (Anstr) / acrylic resin paint*, acrylic n ‖ ~kautschuk m (Chem Verf) / acrylic rubber, acrylate rubber ‖ ~nitril n (Chem) / acrylonitrile* n, propenonitrile n, vinyl cyanide* ‖ ~nitril-Butadien-Styrol n (Chem) / acrylonitrile butadiene styrene*, ABS* ‖ ~nitril-Butadien-Styrol-Harz n (Chem) / ABS resin ‖ ~nitril-Methylmethacrylat-Copolymer n (Chem) / acrylonitrile-methylmethacrylate copolymer ‖ ~säure f (Chem) / acrylic acid*, propenoic acid ‖ ~säureamid n (Chem) / acryl amide ‖ ~säureester m (Chem) / acrylic ester* (ester of acrylic acid), ethyl acrylate* ‖ ~säurenitril n (Chem) / acrylonitrile* n, propenonitrile n, vinyl cyanide*

**ACTH** (Biochem) / corticotrophin* n, corticotropin n, adrenocorticotrophic hormone*, ACTH*, adrenotropic hormone, adrencorticotrophic hormone

**Actin** n (neben Myosin eines der beiden wichtigsten Proteine im Muskel) (Biochem, Physiol) / actin n

**Actinium** n (Chem) / actinium* n

**Actinoide** n pl (Chem) / actinides* pl, actinide series, actinoids pl, actinoid elements

**Actinoidenkontraktion** f (Chem, Kernphys) / actinoid contraction

**Actino•mycetales** pl (eine Bakterienordnung) (Bakteriol) / Actinomycetales* pl ‖ ~mycetes pl (Bakteriol) / actinomycetes pl ‖ ~mycin n (Pharm) / actinomycin n ‖ ~myzeten pl (zu den Bakterien der Ordnung Actinomycetales gehörende unregelmäßig geformte Kurzstäbchen, hyphenartig fragmentierende Formen sowie Myzelbildner) (Bakteriol) / actinomycetes pl

**Actinon** n (Radonisotop 219) (Chem) / actinon n, actinium emanation, AcEm

**Actinouran** n (Chem) / actino-uranium n, uranium 235

**active subscribers file** (Fernsp) / check-in file

**Actomyosin** n (Biochem) / actomyosin n, AM

**Actuator** m (bistabiles elektromechanisches Antriebselement) (Eltronik) / actuator n

**AcU** (das Uranisotop 235U) (Chem) / actino-uranium n, uranium 235

**Acutance** f (Maß für die Schärfeleistung eines fotografischen Aufnahmematerials) (Foto) / acutance* n

**acyclisch** adj (Chem) / acyclic adj ‖ ~er Kohlenwasserstoff (Chem) / aliphatic hydrocarbon

**Acyl•-Carrier-Protein** n (Proteinkomponente des Fettsäure-Synthetase-Komplexes) (Biochem) / acyl-carrier protein, ACP ‖ ~glycerin n (Chem) / glyceride* n, acylglycerol n ‖ ~gruppe f (Chem) / acyl group* ‖ ~halogenid n (Chem) / acyl halide

**acylieren** v (Chem) / acylate v

**Acylierung** f (Chem) / acylation* n

**Acyloin** n (Chem) / acyloin* n ‖ ~kondensation f (Chem) / acyloin condensation

**Acyl•rest** m (Chem) / acyl group* ‖ ~transferase f (Biochem) / transacylase n

**ADA** f (auf Pascal basierende Programmiersprache für mikroprozessorgesteuerte Systeme, nach Augusta Ada Byron, 1815-1852, einer Mitarbeiterin von Ch. Babbage, benannt) (EDV) / ADA* n

**Adamantan** n (mit Brückenkopf-C) (Chem) / adamantane n

**Adamin** m (ein Mineral der Oxidationszone) (Min) / adamite n

**Adams-Bashforth-Verfahren** n (ein lineares Mehrschrittverfahren zur numerischen Behandlung eines Anfangswertproblems) (Math) / Adams-Bashforth process

**Adamsit** m (ein alter Kampfstoff) (Mil) / adamsite n, DM (US)

**Adams-Katalysator** m (aus Platinoxid, zu Hydrierung organischer Verbindungen in flüssiger Phase – $PtO_2 \cdot nH_2O$) (Chem) / Adam's catalyst

**Adamssche Abbildung** (Kart) / Adams' projection

**Adaptabilität** f / adaptability n

**Adaptation** f (Opt) / adaptation* n

**Adapter** m (Steckverbinder oder Zwischenstück, um nicht zueinander passende Stecker und Buchsen oder Geräte und Baugruppen miteinander zu verbinden) (Eltech) / adapter* n, plug adapter, adapter plug, attachment plug ‖ ~ (für Platten oder Filme) (Foto) / adapter* n ‖ ~ s. auch Übergangsstück ‖ **jumperlose ~karte** (EDV) / switchless adapter card

**adaptieren** v / adapt v, adjust v, accommodate v

**adaptionsfähig** adj / adaptable adj, adapting adj

**Adaptionsphase** f (die Zeit, in der bei einer submers betriebenen Batchfermentation direkt nach dem Beimpfen noch keine Zellvermehrung zu beobachten ist) (Chem Verf) / lag phase

**adaptiv** adj / adaptable adj, adaptive adj ‖ ~e **Antenne** (die Antenneneigenschaften optimieren kann) (Radio) / adaptive antenna ‖ ~es **Antennensystem** (das z.B. durch Überlagerung der Empfangssignale von Teilantennen Nebenzipfelsignale auslöscht

oder andere Antenneneigenschaften optimiert) (Radio) / adaptive antenna system ‖ ~e **Deltamodulation** (Fernm) / adaptive delta modulation, ADM ‖ ~es **Filter** (Radar) / adaptive filter ‖ ~e **Optik** (mit Rechnereinsatz bei Spiegelsystemen) (Astr, Opt) / adaptive optics ‖ ~e **Regelung** (mit Einhaltung vorgegebener Grenzwerte) (Regeln) / adaptive control constraint, ACC ‖ ~e **Regelung** (mit Erreichen vorgegebener Gütekriterien) (Regeln) / adaptive control optimization, ACO ‖ ~e **Regelung** (Regeln) / adaptive control*, AC ‖ ~e **Regelung mit Rückführung** (Regeln) / closed-loop adaption ‖ ~er **Roboter** / adaptive robot ‖ ~e **Steuerung** (Regeln) / adaptive control*, AC ‖ ~e **Verfolgung** (Radar) / adaptive tracking
**Adaptiv•filter** n (Radar) / adaptive filter ‖ ~**regelung** f (Regeln) / adaptive control*, AC ‖ ~**steuerung** f (Regeln) / adaptive control*, AC
**Adaptogen** n (Wirkstoff, der die allgemeine Fähigkeit des Organismus erhöht, äußere Belastungen durch Anpassung zu überwinden) (Pharm) / adaptogen n
**Adaptometer** n (zur Untersuchung der Anpassung des Lichtsinnes an die Umweltleuchtdichte) (Opt) / adaptometer n
**Adaptor** m (Gen) / adaptor n
**adäquat** adj / adequate adj
**A-Darstellung** f (Entfernung des Zieles und seine Echoamplitude werden durch Auslenkung der Leuchtspur oder Zeitlinie angezeigt) (Radar) / A-display* n
**Adatom** n (Phys) / adatom n
**Adcock-Antenne** f (für Adcock-Peilung) (Fernm) / Adcock antenna*, Adcock direction finder
**Addend** m (pl. -en) (Math) / addend* n
**Adder** m (EDV) / adder* n ‖ ~ s. auch Halbaddierer und Volladdierer
**Addiereinrichtung** f (EDV) / adder* n
**addieren** v (Math) / add v, total v ‖ ~ n (Math) / addition* n
**Addierer** m **mit Übertragsvorausberechnung** (EDV) / carry look ahead adder ‖ ~ **mit Übertragsvorausberechnung nach dem Ripple-Carry-Prinzip** (EDV) / ripple-carry adder ‖ ~**-Subtrahierer** m (EDV) / adder-subtracter n
**Addier•glied** n (EDV) / adder* n ‖ ~**glied** (EDV) / full-adder* n, digital adder, three-point adder*, three-input adder* ‖ ~**maschine** f / adding machine ‖ ~**-Subtrahierwerk** n (EDV) / adder-subtracter n ‖ ~**werk** n (EDV) / adder* n
**Addition** f (ein Reaktionstyp in der organischen Chemie) (Chem) / addition reaction, addition n ‖ ~ (eine Grundrechenart) (Math) / addition* n ‖ **elektrophile** ~ (Chem) / electrophilic addition ‖ **logische** ~ (EDV) / logical addition, logical add
**Additions•baufehler** m (Krist) / additional disorder ‖ ~**kontrollbuchse** f (EDV) / plus hub ‖ ~**maschine** f / adding machine ‖ ~**name** m (Chem) / additive name ‖ ~**polymer** n (durch Polyaddition hergestelltes Polymer) (Chem) / addition polymer, polyaddcut n, addition resin ‖ ~**polymerisation** (Chem) / addition polymerization ‖ ~**polymerisation** (als Stufenreaktion) (Chem) / step-growth polymerization ‖ ~**polymerisation** (als Kettenreaktion) (Chem) / chain-grow polymerization ‖ ~**reaktion** f (Chem) / addition reaction, addition n ‖ ~**satz** m (Stats) / addition formula, addition theorem, addition principle ‖ ~**schaltung** f (Regeln) / adding circuit, summing circuit ‖ ~**stelle** f (Ort im Signalflußbild, wo zwei oder mehr Signale algebraisch addiert werden) (Regeln) / summing point ‖ ~**substitution** f (Krist) / substitution by addition ‖ ~**tabelle** f (EDV) / addition table ‖ ~**taste** f (EDV) / add key ‖ ~**theorem** n (Stats) / addition formula, addition theorem, addition principle ‖ ~**verbindung** f (Eltronik) / summing junction ‖ ~**verbindungen** f pl (Chem) / additive compounds, addition compounds ‖ ~**verfahren** f (zur Lösung eines linearen Gleichungssystems mit zwei Gleichungen und zwei Variablen) / addition method ‖ ~**zeit** f (EDV) / add time
**additiv** adj (Größe, Gruppe, Quantenzahl, Quarkmodell, Verfärbung) / additive adj ‖ ~e **Dreifarbenmethode** (Foto) / additive process* ‖ ~e **Farbmischung** (Opt) / additive colour mixture ‖ ~er **Feldrechner** (EDV) / distributed array processor* (DAP) ‖ ~e **Größe** (Phys) / extensive quantity ‖ ~e **Gruppe** (Math) / additive group ‖ ~e **Komposition** (Math) / additive composition ‖ ~e **Verbindung** (Chem) / additive compound ‖ ~es **Verfahren** (Eltronik) / additive process, additive method ‖ ~es **Verfahren** (z.B. Kornrasterverfahren, Linsenrasterverfahren - ein veraltendes Verfahren der Farbfotografie) (Foto) / additive process* ‖ ~e **Verknüpfung** (Math) / additive composition ‖ ~e **Wirkung** (Summation von Einzelwirkungen) / additive effect
**Additiv** n (in Mineralölprodukten) (Erdöl) / additive n, dope n ‖ ~ **zur Vergaserreinigung** (Kfz) / carburettor detergent
**additivfrei** adj (ohne Fremdzusatz) (Erdöl) / undoped adj
**additiviertes Öl** (Erdöl) / additive oil, additive-treated oil, fortified oil
**Additivierung** f (von Schmierstoffen) (Erdöl) / fortification n
**Additivität** f (Gen) / codominance n ‖ **abzählbare** ~ (Math) / countable additivity

**Additiv•paket** n (Mischung verschiedener Zusätze zu einem Schmierstoff) / additive package ‖ ~**verfahren** n (zur Herstellung von Leiterplatten) (Eltronik) / additive process, additive method
**Add-On** n (Zusatztools zur Erweiterung der Leistungsfähigkeit einer Programmierumgebung) (EDV) / add-on n
**Addukt** n (Chem) / adduct* n
**Ade** (Biochem) / adenine* n (6-aminopurine)
**A/D-Einrampenumsetzer** m (Eltronik) / single-slope converter
**Adel** m (A) (Landw) / liquid manure, dung water
**Adelaidewolle** f (Tex) / Adelaide wool
**Adelszone** f (metallreicher Teil einer Erzlagerstätte) (Bergb) / run of ore, high-grade streak, gulf n, bonanza* n
**Adenin** n (Biochem) / adenine* n (6-aminopurine)
**Adenosin** n (Chem) / adenosine n ‖ **zyklisches** ~**-3',5'-monophosphat** (Biochem) / cyclic adenylic acid, cyclic AMP, cyclic adenosine 3',5'-monophosphate*, cAMP* ‖ ~**-5'-diphosphat** n (Biochem) / adenosine diphosphate, ADP ‖ ~**-5'-diphosphorsäure** f (Biochem) / adenosine diphosphate, ADP ‖ ~**-5'-monophosphat** n (Biochem) / adenosine monophosphate, AMP ‖ ~**-5'-triphosphat** n (Biochem) / adenosine triphosphate*, ATP* ‖ ~**triphosphatase** f (Biochem) / adenosine triphosphatase, ATPase n
**Adenovirus** n (Biochem) / adenovirus n
**Adenylat** n (Biochem) / adenosine monophosphate, AMP
**Adenylatcyclase** f (ein Enzym) (Biochem) / adenylate cyclase
**Adenylcyclase** f (Biochem) / adenylate cyclase
**Adenylsäure** f (Biochem) / adenylic acid*
**Ader** f (Leitungsbahn) (Bot, For) / vein* n ‖ ~ (Linie der Maserung) (For) / vein n ‖ ~ (kleiner Gang) (Geol) / ledge n, vein* n, veinlet n ‖ ~ (Geol) / leader* n ‖ ~ (Leiter mit Isolierhülle) (Kab) / insulated wire, wire n (insulated), insulated conductor (US), core n (GB) ‖ **anstehende** ~ (Bergb) / apex* n (pl. apexes or apices) ‖ **pulpisolierte** ~ (Eltech) / pulped wire ‖ **vertauschte** ~**n** (Eltech, Kab) / reversed wires ‖ ~ f **zum Stöpselkörper** (Fernsp) / sleeve wire ‖ ~ **zur Stöpselhülse** (Fernsp) / sleeve wire ‖ ~ **zur Stöpselspitze** (Fernsp) / T-wire n, tip-wire n
**Äderchen** n (in Gesteinen) (Geol) / stringer n
**Ader•isolierung** f (Kab) / conductor insulation ‖ ~**leitung** f (Kab) / insulated wire, wire n (insulated), insulated conductor (US), core n (GB)
**Adern•paar** n (Kab) / pair n ‖ ~**vertauschung** f (Kab) / wire reversing
**Ader•spritzpökelung** f (Nahr) / artery pumping, artery cure ‖ ~**spritzung** f (Nahr) / artery pumping, artery cure ‖ ~**system** n (Bot) / nervation* n, nervature* n, venation* n, veining n
**Aderung** f (Bot) / nervation* n, nervature* n, venation* n, veining n
**Äderung** f (Bot) / nervation* n, nervature* n, venation* n, veining n ‖ ~ (des Marmors) (Min) / veining n
**Aderverseilmaschine** f / core-stranding machine, core strander
**ADH** (Biochem) / alcohol dehydrogenase ‖ ~ (Physiol) / vasopressin* n, antidiuretic hormone, ADH
**Adhärenzverbindung** f (zwischen den Außenseiten der Plasmamembranen) (Biochem) / adherent junction
**adhärieren** v (Phys) / adhere v, stick vi
**Adhärometer** n / adherometer n
**Adhäsion** f (als Phänomen) (Phys) / adhesion* n, adherence n, adherency n
**Adhäsions•aktivator** m (zur Verbesserung der Haftfestigkeit von Schutzschichten) (Galv) / activator n ‖ ~**arbeit** f (Phys) / adhesional work, work of adhesion ‖ ~**bahn** f (Bahn) / adhesion railway ‖ ~**beschleuniger** m (eine Substanz, die, ohne Klebstoff zu sein, die Verbindung zweier verschiedenartiger Materialien fördert) (Phys) / adhesion promoter, adhesive promoter ‖ ~**bruch** m (an der Grenzfläche von Verbundwerkstoffen) (WP) / interfacial adhesion failure ‖ ~**feindlich** adj / abherent adj ‖ ~**hemmend** adj / anti-adhesive adj, non-stick attr, antistick attr ‖ ~**kraft** f (Phys) / adhesive force, bond strength*, adherence n ‖ ~**verschleiß** m (bei dem in der Kontaktfläche der Reibpartner Haftverbindungen in Form von Mikroverschweißungen entstehen) (Masch) / adhesive wear*
**adhäsiv** adj (Chem, Phys) / adhesive adj, well adherent adj ‖ ~**er Verschleiß** (Masch) / adhesive wear* ‖ ~**e Vliesverfestigung** (Tex) / adhesive bonding
**Ad-hoc-Anfrage** f (EDV) / ad hoc inquiry (a single request for a piece of information)
**adiabate Wand** (Phys) / adiabatic wall
**Adiabate** f (Meteor) / adiabat n ‖ ~ (Phys) / adiabatic curve* ‖ **dynamische** ~ (Lufft, Phys) / Hugoniot adiabatic, Hugoniot curve
**Adiabaten•exponent** m (Phys) / ratio of specific heat capacities* ‖ ~**gleichung** f (für ideale Gase) (Phys) / Poisson relation, adiabatic equation, adiabatic gas law
**adiabatisch** adj (Phys) / adiabatic* adj ‖ **nicht** ~ / non-adiabatic adj ‖ ~**e Abkühlung** (Phys) / adiabatic cooling ‖ ~**e Ausdehnung** (im Carnot-Prozeß) (Phys) / adiabatic expansion* ‖ ~**e**

**adiabatisch**

**Entmagnetisierung** (zur Erzeugung sehr tiefer Temperaturen) (Phys) / adiabatic demagnetization*, Giauque-Debye method ‖ **~e Entmagnetisierung** (Phys) s. auch magnetokalorischer Effekt ‖ **~es Fließpressen** (bei dem die in der Umformzone erzeugte Wärme nicht abgeleitet wird) / adiabatic extrusion ‖ **~es Gleichgewicht** (Phys) / adiabatic equilibrium ‖ **~e Invariante** (Phys) / adiabatic invariant ‖ **~er Prozeß** (bei dem kein Wärmeaustausch mit der Umgebung stattfindet) (Phys) / adiabatic process* ‖ **~er Temperaturgradient** (Meteor) / adiabatic lapse rate*, adiabatic rate ‖ **~e Verdichtung** (im Carnot-Prozeß) (Phys) / adiabatic compression ‖ **~e Wand** (Trennung durch einen idealen Wärmeisolator) (Phys) / adiabatic wall ‖ **~e Zustandsänderung** (Änderung des physikalischen Zustandes eines eingeschlossenen Gases ohne Wärmeaustausch mit der Umgebung) (Phys) / adiabatic change*
**adiaktinisch** *adj* (Phys) / adiactinic* *adj*
**adiatherman** *adj* (Wärmestrahlen nicht hindurchlassend) / adiathermanous *adj*, athermanous *adj*, adiathermic *adj*
**Adipat** *n* (Salz oder Ester der Adipinsäure - E356 bis E 359) (Chem, Nahr) / adipate *n*, hexanedioate *n*
**Adipin•säure** *f* (E 355) (Chem) / adipic acid*, hexanedioic acid, butanedicarboxylic acid* ‖ **~säurediisopropylester** *m* (Chem) / diisopropyl adipate ‖ **~säuredinitril (ADN)** *n* (Chem) / adiponitrile *n*
**Adiponitril** *n* (Chem) / adiponitrile *n*
**Adiuretin** *n* (Physiol) / vasopressin* *n*, antidiuretic hormone, ADH
**ADI-Wert** *m* (höchste duldbare Tagesdosis für einen Pflanzenschutzmittelrückstand) (Landw, Nahr) / acceptable daily intake, ADI
**Adjabbutter** *f* (Nahr) / adjab butter, djave butter
**adjazent** *adj* (Math) / adjacent *adj*, neighbouring *adj*
**Adjazenzmatrix** *f* (EDV) / adjacency matrix, connectivity matrix, reachability matrix
**adjektiver Farbstoff** (Chem, Tex) / adjective dye*, adjective dyestuff, mordant dyestuff, lake* *n*
**adjungiert** *adj* (Math) / adjoint* *adj*, Hermitian conjugate, adjugate* *adj* ‖ **~e Matrix** (Math) / adjoint of a matrix, adjugate of a matrix
**Adjunkte** *f* (Math) / cofactor* *n*, signed minor*
**Adjunktion** *f* (DIN 44300, T 5) (mit dem einschließenden ODER) (EDV, Math) / disjunction *n*
**Adjustage** *f* (in der Zurichterei in Walzwerken) (Hütt) / finishing *n*
**Adjuvans** (*pl* -anzien) *n* (Pharm) / adjuvant* *n*
**ADM** (Fernm) / adaptive delta modulation, ADM
**Administrator** *m* (EDV) / network administrator (person responsible for network management), network manager ‖ **~** (EDV) / data-entry administrator, administrator *n*
**Admiralitäts•anker** *m* (mit beiklappbarem Stahlstock) (Schiff) / admiralty anchor ‖ **~karte** *f* (Schiff) / admiralty chart ‖ **~konstante** *f* (Kennzahl für die Qualität der Antriebsverhältnisse eines Schiffes) (Schiff) / admiralty constant, admiralty coefficient ‖ **~messing** *n* (Hütt) / Admiralty brass, Admiralty metal ‖ **~metall** *n* (Hütt) / Admiralty brass, Admiralty metal
**Admiralty-metal** *n* (Hütt) / Admiralty brass, Admiralty metal
**Admittanz** *f* (beim Körperschall) (Akus) / receptance *n* ‖ **~** (DIN 1320) (Akus) / acoustic admittance ‖ **~** (der Kehrwert der Impedanz - DIN 40110) (Elektr) / admittance* *n*, electrical admittance
**ADN** (Chem) / adiponitrile *n*
**A-DNA** *f* (eine rechtsgängige Doppelhelix, bei der jedoch die "Stufen der Wendeltreppe" beim "Aufwärts-Steigen" nach rechts geneigt sind) (Biochem) / A-DNA *n*
**Ado** (Chem) / adenosine *n*
**ADO** (Eltech) / connection box*, connecting box*
**Adobe** *m* (in tropischen Ländern vorkommende Lehmart zur Herstellung luftgetrockneter Ziegel) (Geol) / adobe *n* (clay)*, dobe *n* (US)
**Adonit** *n* (Chem) / ribitol *n*, adonitol *n*, adonite *n*
**ADP** (Biochem) / adenosine diphosphate, ADP
**Adrenalin** *n* (Biochem) / adrenaline* *n*, epinephrine* *n*
**Adrenergikum** *n* (pl. -gika) (Pharm) / sympathomimetic *n*
**adrenokortikotropes Hormon** (Biochem) / corticotrophin* *n*, corticotropin *n*, adrenocorticotrophic hormone*, ACTH*, adrenotropic hormone, adrencorticotrophic hormone
**Adrenokortikotropin** *n* (Biochem) / corticotrophin* *n*, corticotropin *n*, adrenocorticotrophic hormone*, ACTH*, adrenotropic hormone, adrencorticotrophic hormone
**Adrenolytikum** *n* (pl. -tika) (Pharm) / sympatholytic *n*
**Adreßabbildung** *f* (EDV) / address mapping
**Adressatengruppe** *f* / target audience
**Adreß•buch** *n* (DIN 7498) (EDV) / directory* *n* ‖ **~buchpapier** *n* (Dünndruckpapier - gestrichen oder nicht gestrichen) (Pap) / catalogue paper ‖ **~bus** *m* (Anzahl von Leitungen eines Rechners, die Adreßinformationen übertragen) (EDV) / address bus (ADB) ‖ **~computer** *m* (EDV) / addressing computer

**Adresse** *f* (DIN 44300) (EDV) / address* *n* ‖ **absolute ~** (EDV) / absolute address*, actual address, machine address, specific address ‖ **echte ~** (EDV) / absolute address*, actual address, machine address, specific address ‖ **echte ~** (EDV) / real address (contrasted with "virtual address") ‖ **effektive ~** (EDV) / effective address* (EA) ‖ **errechnete ~** (EDV) / synthetic address, generated address ‖ **indexierte ~** (EDV) / indexed address* ‖ **indirekte ~** (EDV) / indirect address*, multilevel address, deferred address, second-level address ‖ **indizierte ~** (EDV) / indexed address* ‖ **physikalische ~** (EDV) / physical address ‖ **relative ~** (EDV) / relative address, floating address ‖ **unmittelbare ~** (EDV) / immediate address* ‖ **virtuelle ~** (eine Adresse im virtuellen Speicher) (EDV) / virtual address, immediate address, zero-level address ‖ **weltweite ~** (Fernm) / all-station address, global address ‖ **~ *f* eines Speicherplatzes** (EDV) / memory address (MA), storage address
**Adressen•berechnung** *f* (EDV) / address calculation*, address computation ‖ **oberer ~bereich** (EDV) / high-order memory locations ‖ **unterer ~bereich** (EDV) / low-order memory locations ‖ **~bildung** *f* (EDV) / address generation ‖ **~feld** *n* (EDV) / address array, address field* ‖ **~form** *f* (EDV) / address pattern ‖ **~freier Befehl** (EDV) / zero-address instruction* ‖ **~los** *adj* (EDV) / addressless *adj*, zero-address *attr*, no-address *attr* ‖ **~loser Befehl** (EDV) / zero-address instruction* ‖ **~modifikation** *f* (EDV) / address modification* ‖ **~puffer** *m* (EDV) / address buffer, address-line buffer ‖ **~register** *n* (EDV) / address register* ‖ **~-Signalspeicher** *m* (EDV) / address latch ‖ **~übersetzung** *f* (EDV) / address conversion, address translation ‖ **~umwandlung** *f* (EDV) / address conversion, address translation ‖ **~verlag** *m* / mailing house ‖ **~verwaltung** *f* (EDV) / address handling, address administration ‖ **~zähler** *m* (EDV) / address counter ‖ **~zuordnung** *f* (symbolische Zuweisung von Adressen in einem in einer Programmiersprache geschriebene Programm) (EDV) / address assignment
**Adreß•feld** *n* (EDV) / address array, address field* ‖ **zyklische ~folge** (im Kernspeicher) (EDV) / wraparound *n* ‖ **~format** *n* (EDV) / address format
**adressierbar** *adj* (EDV) / addressable *adj* ‖ **~er Cursor** (EDV) / addressable cursor* ‖ **~e Position** (in der grafischen Datenverarbeitung) (EDV) / addressable point ‖ **~er Punkt** (in der grafischen Datenverarbeitung) (EDV) / addressable point ‖ **~er Speicher** (EDV) / addressable memory
**Adressierbarkeit** *f* (EDV) / addressability *n*
**adressieren** *v* (EDV) / address *v*
**Adressiermaschine** *f* / addressing machine
**Adressierung** *f* (EDV) / addressing *n* ‖ **byteweise ~** (EDV) / byte addressing ‖ **direkte ~** (EDV) / direct addressing ‖ **erweiterte ~** (EDV) / additional addressing ‖ **explizite ~** (EDV) / explicit addressing ‖ **implizite ~** (EDV) / one-ahead addressing, implied addressing, stepped addressing, inherent addressing ‖ **indirekte ~** (EDV) / indirect addressing, multi-level addressing, deferred addressing, second-level addressing ‖ **indizierte ~** (EDV) / indexed addressing ‖ **selbstindizierte ~** (EDV) / list-sequential addressing, auto-indexed addressing ‖ **symbolische ~** (EDV) / symbolic addressing ‖ **unmittelbare ~** (EDV) / immediate addressing
**Adressierungs•art** *f* (EDV) / addressing mode ‖ **~bereich** *m* (EDV) / address space
**Adreß•konstante** *f* (eine numerische Adresse, die als Maschinenadresse in einem Wort des Speichers zum Zeitpunkt des Ladens steht, und sobald sie in ein Register übertragen ist, als Basisadresse für einen Programm- oder Datenbereich dienen kann) (EDV) / address constant ‖ **~listen-Sortieren** *n* (EDV) / tag sort ‖ **~los** *adj* (EDV) / addressless *adj*, zero-address *attr*, no-address *attr* ‖ **~modifikation** *f* (EDV) / address modification* ‖ **~rechner** *m* (EDV) / addressing computer ‖ **~rechnung** *f* (EDV) / address calculation*, address computation ‖ **~register** *n* (zur Aufnahme einer Adresse) (EDV) / address register* ‖ **~spur** *f* (EDV) / address track ‖ **~teil** *m* (in der Befehlsstruktur) (EDV) / address part ‖ **~übersetzung** *f* (Umsetzung virtueller Adressen in reale Primärspeicheradressen) (EDV) / address translation ‖ **dynamische ~umsetzung** (EDV) / dynamic address translation, DAT ‖ **dynamische ~umsetzungseinrichtung** (EDV) / dynamic address translation feature, DAT feature ‖ **~umwandlungstabelle** *f* (EDV) / memory map ‖ **~verkettung** *f* (EDV) / address chaining ‖ **~verwaltung** *f* (EDV) / address handling, address administration ‖ **~wert** *m* (in der CNC-Steuerung) (Masch) / address value ‖ **~zähler** *m* (EDV) / address counter
**Adriabindung** *f* (Web) / corkscrew weave
**Adriamycin** *n* (ein Anthracyclin) (Pharm) / adriamycin *n*, doxorubicin *n*
**adrig** *adj* (mit Abdrücken von Blutadern auf der Narben- oder Aasseite) (Leder) / veiny *adj*
**Adsorbat** *n* (Chem, Phys) / adsorbate* *n*
**Adsorbens** *n* (pl. Adsorbenzien) (Chem, Phys) / adsorbent* *n*

**adsorbierbar** *adj* / adsorbable *adj* ‖ ~**e organische Halogenverbindungen** (in der Wasserprobe) (Sanitär) / adsorbable organic halides
**adsorbieren** *v* (Chem, Phys) / adsorb *v* ‖ **chemisch ~** (Chem) / chemisorb *v*
**adsorbiert•es Atom** (Phys) / adatom *n* ‖ ~**er Stoff** (Chem, Phys) / adsorbate* *n*
**Adsorption** *f* (DIN 13310) (Chem, Phys) / adsorption* ‖ **bioselektive ~** (in der Affinitätschromatografie) (Chem) / bioselective adsorption ‖ **chemische ~** (bei der chemische Bindungskräfte wirken) (Chem) / chemisorption* *n*, chemical adsorption ‖ **negative ~** (Chem) / negative adsorption ‖ **physikalische ~** (Phys) / physical adsorption, physisorption *n*, van der Waals' adsorption ‖ **selektive ~** (Phys) / selective adsorption
**Adsorptionsanalyse, chromatografische ~** (Chem) / chromatographic adsorption
**Adsorptions•chromatografie** *f* (die auf dem Prinzip der unterschiedlichen Adsorption der zu trennenden Verbindung an der stationären Phase beruht) (Chem) / adsorption chromatography* ‖ ~**-Gaschromatografie** *f* (Chem) / gas-solid chromatography, GSC ‖ ~**gleichgewicht** *n* (Phys) / adsorption equilibrium ‖ **Gibbssche ~gleichung** (Phys) / Gibbs adsorption equation (the relation between surface tension and adsorption) ‖ ~**indikator** *m* (z.B. Eosin bei Adsorption an Silberbromid) (Chem) / adsorption indicator ‖ ~**indikator** (in der Fällungsanalyse) (Chem) / precipitation indicator ‖ ~**isostere** *f* (Abhängigkeit der adsorbierten Menge vom Druck des Gases über dem Adsorbat bei konstanter Temperatur) (Chem) / adsorption isostere ‖ ~**isotherme** *f* (Chem) / adsorption isotherm* ‖ **Freundlichsche ~isotherme** (nach H. Freundlich, 1880-1941) (Chem) / Freundlich's adsorption isotherm* ‖ ~**isotherme** *f* **nach Langmuir** (nach I. Langmuir, 1881-1957) (Chem) / Langmuir adsorption isotherm ‖ ~**kapillarsäule** *f* (Chem) / porous layer open tubular column, PLOT column ‖ ~**mischkristall** *m* (festes Stoffgemisch, das sich nicht auf ein einheitliches Translationsgitter beziehen läßt, in dem jedoch die einzelnen Komponenten in submikroskopischen Bereichen in gesetzmäßiger Weise verwachsen sind) (Krist) / adsorption mixed crystal ‖ ~**mittel** *n* (Chem, Phys) / adsorbent* *n* ‖ ~**pumpe** *f* (Vakuumt) / adsorption pump ‖ ~**schicht** *f* (Bestandteil der äußeren Grenzschichten von Werkstoffen) / adsorbed layer, adlayer *n* ‖ ~**wärme** *f* (Chem, Phys) / heat of adsorption
**adsorptiv** *adj* / adsorptive *adj* ‖ ~ *n* (Chem, Phys) / adsorbate* *n*
**adstringent** *adj* (Med) / styptic* *adj*, haemostatic* *adj*, astringent* *adj* ‖ ~ (Pharm) / astringent* *adj*
**ADU** (z.B. im Yellow cake) (Chem, Nukl) / ammonium diuranate (ADU) ‖ ~ (Eltronik) / analogue-digital converter (ADC), quantizer *n*, A/D converter, analogue-to-digital converter*, A to D converter*, digitizer* *n*
**Adular** *m* (ein farbloser Schmuckstein) (Min) / adularia* *n*
**A/D-Umsetzer** *m* (Eltronik) / analogue-digital converter (ADC), quantizer *n*, A/D converter, analogue-to-digital converter*, A to D converter*, digitizer* *n* ‖ ~ **mit parallelem Komparatoren** (Eltronik) / flash converter
**ADV** (EDV) / automatic data processing*, ADP, datamation *n*
**Advantage-Faktor** *m* (Nukl) / advantage ratio*
**advektieren** *v* (Meteor, Ozean) / advect *v*
**Advektion** *f* (horizontale Verlagerung von Luftmassen und ihren Eigenschaften in der Atmosphäre) (Meteor) / advection* *n*
**Advektions•-** (Meteor) / advective *adj* ‖ ~**frost** *m* (infolge Heranführung von Kaltluft, deren Temperatur unter dem Gefrierpunkt liegt) (Meteor) / advective frost ‖ ~**nebel** *m* (wenn feuchtwarme Luftmassen über eine kalte Unterlage geführt werden) (Meteor) / advection fog*
**advektiv** *adj* (Meteor) / advective *adj*
**Advektivfrost** *m* (infolge Heranführung von Kaltluft, deren Temperatur unter dem Gefrierpunkt liegt) (Meteor) / advective frost
**Adventure-Spiel** *n* / adventure game
**Advertising** *n* / advertising *n*
**A/D•-Wandler** *m* (Eltronik) / analogue-digital converter (ADC), quantizer *n*, A/D converter, analogue-to-digital converter*, A to D converter*, digitizer* *n* ‖ ~**-Zweirampenumsetzer** *m* (Eltronik) / dual-slope converter
**AE** (149,599.000 km) (Astr) / astronomical unit*, A.U.*, AU
**AED** *m* (Atomemissionsdetektor in der Gaschromatografie) (Chem) / AED *n*
**AeDTE** (Chem) / ethylenediaminetetraacetic acid*, EDTA*
**α-Einfang** *m* (Kernphys) / alpha capture, α capture
**AEM** (Eltech) / single-phase induction motor, single-phase asynchronous motor
**Aenigmatit** *m* (ein orthorhombischer Amphibol mit verzweigten Ketten) (Min) / aenigmatite* *n*
**Aerämie** *f* (Ursache der Caissonkrankheit) (Med) / aeroembolism* *n*

**Aeration** *f* (bei Tragflügelbooten durch Seegang, Stampfen oder Sogwirkung hervorgerufener Lufteinbruch in das Unterdruckgebiet an der Profiloberseite des Auftrieb liefernden Tragflügels) (Schiff) / aeration *n*
**Aerationszone** *f* (Geol) / zone of aeration
**Aerial** *n* (die Luft als Lebensraum) (Biol) / air environment, aerial *n*
**aerifizieren** *v* (Landw) / aerate *v* ‖ ~ *n* (Landw) / aerating *n*
**aerob** *adj* (Biol) / aerobic* *adj* ‖ ~**e Biologie** (Biol) / aerobic biology ‖ ~**er** (biologischer) **Abbau** (Sanitär) / aerobic digestion ‖ ~**er Teich** (Sanitär) / aerobic pond, aerobic lagoon ‖ ~**er Verderb** (der Lebensmittel) (Nahr) / decay *n*
**Aero•ballistik** *f* (Luftf, Mil, Raumf) / aeroballistics *n* ‖ ~**batik** *f* (Luftf) / aerobatics *n*, acrobatics *n* (US), stunt flying
**Aerobier** *m* (Biol) / aerobe* *n*
**Aero•biologie** *f* (die sich mit der Erforschung in der Luft schwebender Organismen befaßt) (Biol) / aerobiology *n* ‖ ~**biont** *m* (pl. Aerobionten) (Biol) / aerobe* *n* ‖ ~**biose** *f* (Biol) / aerobiosis *(pl -bioses) n*
**aerobisch** *adj* (Biol) / aerobic* *adj*
**Aero•dyn** (strömungsgetragenes Luftfahrzeug) (Luftf) / aerodyne *n* (heavier-than-air craft)* ‖ ~**dynamiker** *m* (Luftf) / aerodynamicist *n*
**aerodynamisch** *adj* (Luftf, Phys) / aerodynamic *adj* ‖ ~**e Aufheizung** (Luftf, Raumf) / aerodynamic heating* ‖ ~**e Bremse** (Luftf) / aerodynamic brake, air brake*, speed brake ‖ ~**e Bremsung** (Raumf) / air drag*, drag* *n*, aerodynamic drag, aerodynamic resistance ‖ ~**e Fläche** (Tragfläche) (Luftf) / aerofoil* *n*, plane *n*, airfoil *n* (US) ‖ ~**e Fläche** (Phys) / aerodynamic surface ‖ ~**e Glätte** (des Profils) (Luftf) / aerodynamic smoothness ‖ ~**es Gleichgewicht** (Luftf) / aerodynamic balance* ‖ ~**e Güte** (Kehrwert der Gleitzahl) (Phys) / aerodynamic efficiency ‖ ~**e Kraft** (Phys) / aerodynamic force ‖ ~**er Luft-Boden-Flugkörper** (Mil) / air-to-surface aerodynamic missile ‖ ~**e Rauhigkeit** (des Profils) (Luftf) / aerodynamic roughness ‖ ~**e Reinigung** (Luftf) / clean-up *n* ‖ ~**es Ruder** (bei Raketen) / aerodynamic controller ‖ ~**e Schränkung** (Luftf) / aerodynamic twist ‖ ~**e Stabilität** (z.B. einer Hängebrücke) / aerodynamic stability ‖ ~**störungsfrei** (Luftf) / clean *adj* ‖ ~**e Torsion** (Luftf) / aerodynamic twist ‖ ~**e Waage** (in einem Windkanal) (Luftf) / aerodynamic balance*, wind-tunnel balance ‖ ~**er Widerstand** (Phys) / aerodynamic drag, aerodynamic resistance ‖ ~**er Wiedereintritt** (mit einer rein ballistischen oder einer flugzeugähnlichen Landung) (Raumf) / lifting re-entry ‖ ~ **wirksame Fläche** (Phys) / aerodynamic surface ‖ ~**es Zentrum** (Luftf, Phys) / aerodynamic centre, AC
**Aero•elastik** *f* (Luftf, Mech) / aeroelasticity* *n* ‖ ~**elastizität** *f* (ein Spezialgebiet der Flugmechanik) (Luftf, Mech) / aeroelasticity* *n* ‖ ~**embolismus** *m* (Med) / aeroembolism* *n* ‖ ~**fall-Mühle** *f* (für autogenes Mahlen) / Aerofall mill* ‖ ~**foil-Fluggerät** *n* (Luftf) / aerofoil boat ‖ ~**fotografie** *f* (Foto, Verm) / aerial photography, aerophotography *n* ‖ ~**fotogrammetrie** *f* (Verm) / aerial surveying*, aerial survey, air surveying* ‖ ~**gel** *n* (hochporöses Xerogel mit gasförmigem Dispersionsmittel) (Chem) / aerogel *n* ‖ ~**geologie** *f* (Geol) / photogeology *n* ‖ ~**geologisch** *adj* (Geol) / photogeological *adj*, photogeologic *adj* ‖ ~**geophysik** *f* (Geophys) / aerogeophysics *n* ‖ ~**graf** *m* (Druck) / air brush*, aerograph *n* ‖ ~**gramm** *m* (Luftf) / aerogramme *n*, aerogram *n*, air letter ‖ ~**gramm** *n* (Meteor) / meteorogram *n* ‖ ~**gravimetrie** *f* (ein Teil der Aerogeophysik) (Geophys) / aerogravimetry *n* ‖ ~**lith** *m* (Astr) / aerolite* *n*, stony meteorite*, meteoric stone, meteorolite *n* ‖ ~**logie** *f* (Meteorologie, die sich mit der reinen Atmosphäre befaßt) (Meteor) / aerology *n* ‖ ~**logisch** *adj* (Meteor) / aerological *adj* ‖ ~**magnetik** *f* (Verm) / aeromagnetic surveying ‖ ~**magnetische Vermessung** (Verm) / aeromagnetic surveying ‖ ~**magnetischer Zug** (Bahn) / aeromagnetic train ‖ ~**mechanik** *f* (ein Teilgebiet der Mechanik, Lehre vom Gleichgewicht und von der Bewegung der Gase) (Luftf, Phys) / aeromechanics *n* ‖ ~**meter** *n* (zum Wägen von Luft oder zur Bestimmung der Luftdichte) (Phys) / aerometer *n* ‖ ~**navigation** *f* (Luftf, Mil) / air navigation, avigation *n*, aircraft navigation ‖ ~**nomie** *f* (Physik und Chemie der oberen Erdatmosphäre) (Meteor) / aeronomy *n* ‖ ~**pulsive Quelle** (die die sie umgebende Luft pulsierend verdrängt, z.B. Ansaug- oder Auspuffgeräusch) (Akus) / aeropulsive force ‖ ~**sinusitis** *f* (Luftf, Med) / aerosinusitis *n*
**Aerosol** *n* (Sol mit gasförmigem Dispersionsmittel) (Chem) / aerosol* *n* ‖ ~**behälter** *m* / aerosol can, aerosol container ‖ ~**dose** *f* / aerosol can, aerosol container ‖ ~**druckdose** *f* / aerosol can, aerosol container
**aerosolieren** *v* / aerosolize *v*, nebulize *v*
**Aero•sonde** *f* (Meteor, Radio) / radiosonde* *n*, radiometeorograph *n* ‖ ~**space** *m* (Luft- und Weltraum) / aerospace *n* ‖ ~**sphäre** *f* (der Teil der Atmosphäre, in dem der aerodynamische Effekt zu berücksichtigen ist) (Raumf) / sensible atmosphere ‖ ~**stat** *m* (Luftf) / aerostat* *n*, lighter-than-air aircraft ‖ ~**statik** *f* (Zweig der Aeromechanik) (Luftf, Phys) / aerostatics *n* ‖ ~**taxi** *n* (Luftf) / air taxi ‖ ~**thermodynamik** *f* (Raumf) / aerothermodynamics* *n*

≃**thermoelastizität** f (Luftf) / aerothermoelasticity n ‖ ≃**train** m / hovercraft train ( a train that travels on a cushion of air), hovertrain n ‖ ≃**triangulation** f (in der Fotogrammetrie) (Verm) / aerotriangulation n ‖ ≃**zin-50** n (50% Hydrazin + 50% unsymmetrisches Dimethylhydrazin) (Chem) / aerozine n ‖ ≃**zug** m / hovercraft train ( a train that travels on a cushion of air), hovertrain n ‖ ≃**zyklon** m (zum Abtrennen von Feststoffen aus Gasen) (Aufber, Chem Verf) / aerocyclone n

**Aerugo** f (auf Kupfer oder Messing) (Chem) / verdigris* n, aerugo n, crystal aerugo

**AES** (Spektr) / Auger electron spectroscopy, AES ‖ ≃ (Spektr) / atomic emission spectroscopy, AES

**Aesculetin** n (Chem) / esculin n, esculetin n

**Aesculin** n (ein Cumarin) (Chem) / esculin n, esculetin n

**af** / ash-free adj, ashless adj

**AFC** (Radio) / automatic frequency control*, AFC*

**AF-Coating** n (Dauerschmierfilm) / antifriction coating, AF coating

**AF-Code** m (Funktion im RDS) (Kfz, Radio) / AF code

**Affen•gekreisch** n (eine Seitenbandstörung) (Fernm) / monkey-chatter n ‖ ≃**haut** f (Velveton) (Tex) / ape-skin pattern ‖ ≃**hautmuster** n (Tex) / ape-skin pattern

**Affichenpapier** n (Pap) / poster paper

**affin** adj / affine* adj ‖ **~e Abbildung** (Math) / affine transformation* ‖ **~ abhängig** (Punkte) (Math) / linearly dependent ‖ **~ abhängige Punkte** (Math) / linearly dependent points ‖ **~e Ebene** (Math) / affine plane ‖ **~e Funktion** (Math) / affine function ‖ **~e Funktion** (Math) s. auch lineare Funktion ‖ **~e Geometrie** (Geometrie des affinen Raumes) (Math) / affine geometry ‖ **~e Gerade** (Math) / affine line ‖ **~ unabhängige Punkte** (Math) / linearly independent points ‖ **~e Unabhängigkeit** (von Punkten) (Math) / linear independence

**Affinade** f (affinierter, weißer bis gelbstichiger, trockener Zucker) (Nahr) / white sugar, white crystals

**Affination** f (Zuckerreinigungsverfahren) (Nahr) / affination n

**Affindrachen** m (Math) / general quadrilateral

**Affinerie** f (zur Gold-Silber-Scheidung) (Hütt) / refinery* n

**Affingeometrie** f (Math) / affine geometry

**Affinität** f (Triebkraft einer Reaktion) (Chem) / affinity* n, chemical affinity* ‖ ≃ (parallelentreu, teilverhältnistreu) (Math) / affine transformation* ‖ ≃ (eines Farbstoffes oder Textilhilfsmittels auf die Faser bzw. das Gewebe) (Tex) / affinity* n ‖ **senkrechte** ≃ (Math) / orthogonal affinity

**Affinitäts•achse** f (Math) / axis of affinity ‖ ≃**chromatografie** f (Biol, Chem) / affinity chromatography, AC ‖ ≃**markierung** f (in der biochemischen Forschung) (Biochem) / affinity labelling ‖ ≃**richtung** f (Math) / direction of affinity ‖ ≃**strahl** m (Math) / projector n, projecting line

**affin-lineare Funktion** (Math) / affine function

**Affinoberfläche** f (Math) / affine surface

**Affinoelektrophorese** f (Chem) / affinity electrophoresis

**Affinspiegelung** f (Math) / parallel reflection

**Affirmation** f (eine Geradeausschaltung, die nur zur Verstärkung schwacher Impulse dient) (Eltronik) / affirmation n

**Afghalaine** m (ein Kleiderstoff) (Tex) / afgalaine n, afghalaine n

**Aflatoxin** n (ein krebserregendes Pilzgift, bes. der Schimmelpilzart Aspergillus flavus) (Biochem, Bot) / aflatoxin* n

**AFM** (Mikros) / atomic force microscope, AFM

**AF-Mikroskop** n (bei dem die Kraft zwischen der Prüfspitze und der zu untersuchenden Oberfläche gemessen wird - ähnlicher Aufbau wie beim Tunnelmikroskop) (Mikros) / atomic force microscope, AFM

**afokal** adj (System, bei dem Parallelstrahlenbündel, die aus dem Unendlichen kommen, auch nach dem Durchgang parallel bleiben) (Opt) / afocal adj ‖ **~es System** (mehrgliedriges) (Opt) / afocal system

**AFPL** (Luftf) / alternate aerodrome, alternative airport, alternate airfield*

**African satinwood** n (For) / olonvogo n, African satinwood, bongo n

**afrikanisch•er Birnbaum** (For) / makore n, cherry mahogany ‖ **~e Grenadilla** (For) / African blackwood, granadilla wood, grenadilla wood, green ebony, Mozambique ebony ‖ **~es Sandelholz** (aus Pterocarpus soyauxii Taub.) (For) / barwood n, African padauk ‖ **~e Bleistiftzeder** (Juniperus procera Hochst. ex Endl.) (For) / African juniper, African cedar, African pencil cedar ‖ **~es Canarium** (For) / aieli n, canarium n ‖ ≃**es Mahagoni** (meistens aus Khaya ivorensis A. Chev.) (For) / African mahogany*, khaya n ‖ ≃**er Nußbaum** (ein Ausstattungs- und Konstruktionsholz) (For) / dibétou n, African walnut, noyer d'Afrique, Benin walnut ‖ **~es Zitronenholz** (For) / movingui n, ayan n

**A-Frittung** f (Frittung im engeren Sinne) (Eltech) / A-fritting n

**Afrormosia** f (Afrormosia elata Harms - mit dauerhaftem dunkelbraunem Holz) (For) / afrormosia* n, kokrodua n ‖ ≃ (For) s. auch Gold Teak

**After•burner** m (Luftf) / afterburner* n, reheater n (GB) ‖ ≃**kristall** m (Krist) / pseudomorph* n, pseudomorphous crystal ‖ ≃**loading-Technik** f (Radiol) / afterloading n ‖ ≃**ramme** f (HuT) / dolly* n, long dolly (when the pile head is below the leaders and thus out of reach of the pile hammer), punch n, puncheon n, follower* n, sett n

**Aft-Fan-Triebwerk** n (ein Zweistrom-TL-Triebwerk) (Luftf) / aft fan*

**Afwillit** m (ein Silikat mit Kationen in höherer Koordination als 6) (Min) / afwillite* n

**Ag** (Chem) / silver* n

**Ag-aktiviertes Phosphatglas** (Glas) / silver-activated phosphate glass, Yokota glass

**Agalmatolith** m (eine Abart des Pyrophyllits) (Min) / agalmatolite* n, pagodite* n, lardite n, figure stone

**Agar, Dänischer** ≃ (Chem) / furcellaran n

**Agar-Agar** m n (gelbildendes Heteropolysaccharid aus der Zellwand zahlreicher Rotalgen) (Biochem) / agar-agar* n, agar n

**Agardiffusionstest** m (zur Prüfung der Wirksamkeit von Antibiotiken) (Pharm) / agar diffusion test

**Agargel-Elektrophorese** f (unter Verwendung von Agarose als Trägermaterial) (Biol) / agarose gel electrophoresis

**Agaricinsäure** f (2-Hydroxy-monadecan-1,2,3-tricarbonsäure) (Chem) / agarinic acid, agaric acid

**Agarin** n (Chem) / muscimol n

**Agarofuran** n (Pharm) / agarofuran n

**Agaropektin** n (ein Bestandteil des Agar-Agars) (Chem) / agaropectin n

**Agarose** f (ein lineares Polysaccharid, das besonders in der Gel- und Affinitätschromatografie Verwendung findet) (Chem) / agarose n

**Agarplatte** f (Chem) / agar plate

**Agate-Zeile** f (1/14-Zoll-Zeile in Zeitungen) (Druck) / agate line

**Agathokopal** m (aus der Kaurifichte) (Chem) / kauri-gum* n, kauri n, kauri copal

**Agba** n (ein wertvolles Laubholz von Gosswilerodendron balsamiferum Vermoesen/Harms) (For) / agba n

**AG-Beschleuniger** m (Nukl) / alternating-gradient accelerator

**Agboin** n (For) / dahoma n

**Age-Gleichung** f (Kernphys) / age equation*

**Agenda** f (pl. Agenden) (KI) / agenda n, job list ‖ **~gesteuertes System** (KI) / agenda-based system

**Agens** n (pl. Agenzien) (Chem, Med) / agent n ‖ **korrodierendes** ≃ (Galv) / corrodent n, corrosive n, corrosive agent, corroding agent

**Agent, intelligenter** ≃ (EDV) / intelligent agent

**ageostrophischer Wind** (der vom geostrophischen Wind abweicht) (Meteor) / ageostrophic wind

**Age-Theorie** f (Kernphys) / Fermi age theory, age theory*

**Ageusie** f (Nahr, Physiol) / ageusia n

**AG-Fokussierung** f (Nukl) / strong focusing, alternating-gradient focusing*, AG focusing

**Agglomerat** n (vulkanisches Auswurfsprodukt) (Geol) / agglomerate* n ‖ ≃ (ein Vorprodukt aus oberflächlich zusammengeschmolzenen feinkörnigen Erzen) (Hütt) / agglomerate* n

**Agglomeration** f (Hütt) / nodulizing* n, agglomeration n

**agglomerieren** v (Hütt) / modulize v, agglomerate v ‖ ≃ n (Hütt) / nodulizing* n, agglomeration n

**agglomerierter Kork** / manufactured cork, corkwood n, compressed cork, agglomerated cork

**Agglomerierung** f (Hütt) / nodulizing* n, agglomeration n

**Agglutination** f (Anstr) / agglutination* n ‖ ≃ (Biochem) / agglutination n (von antigenetragenden Körpern mit Antikörpern)

**Agglutinin** n (spezifischer Antikörper) (Biochem) / agglutinin* n

**Agglutinogen** n (Stoff, der die Bildung von Agglutininen anregt) (Biochem) / agglutinogen n

**Aggradation** f (Wasserb) / aggradation n ‖ ≃ s. auch Sedimentzuwachs

**Aggregat** n (eine benannte Zusammenfassung von Datenfeldern in einem Satz) (EDV) / aggregate n ‖ ≃ (Geol) / aggregate* n ‖ ≃ (von Bodenprimärteilchen) (Landw) / soil aggregate, floc of soil ‖ ≃ (Masch) / unit n, set n ‖ **blättriges** ≃ (Min) / bladed aggregate ‖ **unlösliches** ≃ (in der Zelle - bei der Produktaufbereitung in der Biotechnologie) (Chem Verf) / inclusion body ‖ ≃**gefüge** n (Landw) / aggregate structure

**Aggregationsverhalten** n (von Tensiden) (Chem) / aggregation behaviour

**Aggregat•parameter** m **mit übernommener Länge** (EDV) / assumed-size aggregate ‖ ≃**parameter mit veränderbarer Länge** (EDV) / adjustable-size aggregate ‖ ≃**struktur** f (des Bodens) (Landw) / aggregate structure ‖ ≃**zentrum** n (mit eingefangenen Elektronen) (Eltronik, Krist) / aggregation centre ‖ ≃**zustand** m (fester, flüssiger, gasförmiger) (Chem, Phys) / state of matter*, state of aggregation ‖ ≃**zustandsänderung** f (Phys) / change of state*, change of phase, phase change

**aggregieren** v (Chem, Geol, Kernphys) / aggregate v

**aggressiv** adj / aggressive adj ‖ **~** (korrosiv) (Galv) / corrodent adj, corrosive adj ‖ **~es Medium** (Galv) / corrodent n, corrosive n, corrosive agent, corroding agent ‖ **~es Verkaufen** (mit aggressiven

Werbemitteln) / hard selling ‖ **~e Verkaufspolitik** / hard selling ‖ ~**es Wasser** / aggressive water
**Aggressivität** f (Korrosivität) (Chem, Galv) / corrosivity, corrosiveness n, corrosion activity
**Aggressivwasser** n / aggressive water
**Aging** n (die Reifung bestimmter Tabaksorten durch eine ein bis zwei Jahre dauernde Lagerung in Ballen oder Fässern) / ageing n, aging n (US)
**Ägirin** m (grüner Natronaugit) (Min) / aegirine* n
**Agitation** f (des Bades) (Foto) / agitation* n
**Aglucon** n (glucosefreier Bestandteil der Glucoside) (Chem) / aglucon n
**Aglykon** n (zuckerfreier Bestandteil eines Glykosids) (Chem) / aglycone n, aglycon n
**Agmatit** m (ein Migmatit) (Geol) / agmatite* n
**Agnesische Kurve** (eine glockenförmige höhere Kurve nach M.G. Agnesi, 1718-1799) (Math) / witch of Agnesi*, witch n, versiera n, Agnesi's versiera
**Ago-Arbeit** f (geklebte Schuhe) (Leder) / cemented shoes
**Agone** f (die die Punkte mit der Deklination Null des erdmagnetischen Feldes verbindet) (Geophys) / agonic line*
**Ago-Presse** f (zur Sohlenklebung) (Leder) / stuck-on press, Ago press
**AG-Prinzip** n (Nukl) / strong focusing, alternating-gradient focusing*, AG focusing
**AGR** (Kfz) / exhaust-gas recirculation, exhaust recycling, EGR
**Agrar•alkohol** m (aus Agrarprodukten) (Chem) / agricultural alcohol ‖ ~**biologie** f (Biol, Landw) / agricultural biology ‖ ~**biomasse** f (Umwelt) / agricultural biomass ‖ ~**chemie** f (Chem, Landw) / agricultural chemistry ‖ ~**flugzeug** n (Landw, Luftf) / agricultural aircraft ‖ ~**flugzeug zum Stäuben und Streuen** (Landw, Luftf) / spreader n ‖ ~**geologie** f (Geol) / agricultural geology ‖ ~**land** n (dessen Wirtschaftsstruktur, im Ggs. zu den Industrieländern, noch weitgehend von der Landwirtschaft geprägt ist) (Landw) / agricultural country ‖ ~**meteorologie** f (Landw, Meteor) / agricultural meteorology, agrometeorology n ‖ ~**ökologie** f (Landw, Umwelt) / agroecology n ‖ ~**ökologisch** adj (Landw, Umwelt) / agroecological adj ‖ ~**pilot** m (Landw, Luftf) / agricultural pilot ‖ ~**statistik** f (Landw, Stats) / agricultural statistics ‖ ~**wirtschaft** f (Landw) / agriculture n, farming n, husbandry n ‖ ~**- und Ernährungswirtschaft** f (Landw) / agro-food n
**Agri•business** n (Gesamtheit aller für die Versorgung der Bevölkerung mit Nahrungsmitteln ablaufenden Wirtschaftsprozesse - meistens von großen privaten Unternehmen getätigt) (Landw) / agribusiness n ‖ ~**kultur** f (Landw) / agriculture n, farming n, husbandry n ‖ ~**kulturchemie** f (Chem, Landw) / agricultural chemistry
**Agro•biologie** f (Biol, Landw) / agricultural biology ‖ ~**business** n (Landw) / agribusiness n ‖ ~**chemie** f (Chem, Landw) / agricultural chemistry ‖ ~**chemikalie** f (in der Pflanzen- und der Tierernährungslehre) (Chem, Landw) / agricultural chemical, agrochemical n, agrichemical n ‖ ~**forstwirtschaft** f (Form der Landnutzung, meistens in Entwicklungsländern der Tropen und Subtropen) (For, Landw) / agroforestry n, farm forestry ‖ ~**nomie** f (Landw) / agronomy n (science of land cultivation, crop production and soil management)
**AGR•-System** n (Kfz) / exhaust-gas recirculation, exhaust recycling, EGR ‖ **abgasstaugesteuertes** ~**-System** (Kfz) / exhaust-back-pressure modulated EGR
**Agrumen** pl (Nahr) / citrus fruits
**Agrumi** pl (Zitrusfrüchte) (Nahr) / citrus fruits
**AGR-Ventil** n (Kfz) / EGR valve
**AG-Synchrotron** n (Nukl) / alternating-gradient synchrotron*, AG synchrotron
**ägyptisch•e Baumwolle** (z.B. Ashmouni, Menoufi usw.) (Tex) / Egyptian cotton ‖ ~ **Blau** n (Kupferpigment von himmelblauer bis ultramarinblauer Farbe, chemisch Kalzium-Kupfersilikat - es wurde früher zur Wandmalerei verwendet) / Egyptian blue* ‖ ~**er Schotendorn** m (Bot) / babul n
**Ah** (SI-fremde Einheit der elektrischen Ladung) (Elektr) / ampere hour*
**Aharonov-Bohm-Effekt** m (Kernphys) / Aharonov-Bohm effect
**A.H.C.-Verfahren** n (Galv) / Alumilite hard coating
**AH-Felge** f (Kfz) / AH rim, asymmetric double-hump rim
**AHK** (Kfz, Landw) / trailer hitch
**Ahle** f (für Korrekturen im Bleisatz) (Typog) / bodkin n, spike n ‖ ~ (Werkz) / awl n
**Ahming** f (an Bug und Heck) (Schiff) / draught marks pl
**ähnlich** adj (Math, Phys) / similar adj ‖ ~**e Abbildung** (Math) / similarity transformation ‖ ~**e Produkte** / similar products ‖ ~ **und ähnlich liegend** (Math) / homothetic adj, radially related
**Ähnlichkeit** f (Math, Phys) / similarity n, similitude n ‖ **dynamische** ~ (Mech) / dynamic similarity ‖ **gleichsinnige** ~ (Math) / direct similitude ‖ ~ f **von Dreiecken** (Math) / similarity of triangles

**Ähnlichkeits•abbildung** f (Math) / similarity transformation ‖ **perspektive** ~**abbildung** (Math) / homothety n, homothetic transformation ‖ ~**geometrie** f (Math) / conformal geometry ‖ ~**gesetz** n (Modellgesetz) / similarity law ‖ ~**koeffizient** m (Stats) / measure of similarity, measure of association, coefficient of similarity ‖ ~**maß** n (wie z.B. ein Überlappungsmaß) (EDV) / similarity measure ‖ ~**maß** (Stats) / measure of similarity, measure of association, coefficient of similarity ‖ ~**matrix** f (Stats) / similarity matrix ‖ ~**mechanik** f (die die Aufgabe hat, Gesetze aufzustellen, nach denen am Modell gewonnene Versuchsergebnisse auf die wirkliche Ausführung übertragen werden können) (Mech) / similarity mechanics ‖ ~**punkt** m (Zentrum einer Homothetie) (Math) / centre of similitude, centre of similarity ‖ ~**satz** m (Laplacetransformation) (Math) / law of similarity transformation ‖ ~**theorie** f (die, gestützt auf die Dimensionsanalyse, in der Lage ist, die Behandlung eines physikalischen Problems durch Bildung dimensionsloser Kennzahlen wesentlich zu vereinfachen) (Phys) / similarity theory ‖ ~**transformation** f (eine affine Abbildung) (Math) / similarity transformation ‖ ~**verbundwirkung** f (in der Toxikologie) (Chem) / similar joint action
**A-Horizont** m (Geol, Landw) / A horizon, horizon A ‖ **A- und B-Horizont** (die oberen Schichten des Bodenprofils) (Geol, Landw) / solum n (pl. -s or sola) ‖ **durch Pflügen gelockerter, gewendeter und durchmischter** ~ (Landw) / ploughed A-horizon, $A_p$, ploughed horizon
**Ahorn** m (Acer L.) (For) / maple* n ‖ **Davids** ~ (Acer davidii Franch.) (For) / snakebark maple, David's maple ‖ **Französischer** ~ (Acer monspessulanum L.) (For) / Montpellier maple ‖ ~**blättrige Platane** (For) / London plane*, sycamore* n (US), American sycamore, English plane ‖ ~**saft** m (Nahr) / maple sap ‖ ~**sirup** m (Nahr) / maple syrup* ‖ ~**zucker** m (Nahr) / maple sugar* ‖ ~**zuckerfabrik** f (Nahr) / sugar-house n
**Ährchen** n (ein Blütenstand) (Bot, Landw) / spikelet* n
**Ähre** f (Blüten- bzw. Fruchtstand von Getreidearten) (Bot, Landw) / ear n ‖ ~ (ein Blütenstand) (Bot, Landw) / spike* n ‖ ~ (kleine) (Bot, Landw) / spikelet* n
**Ähren•heber** m (des Mähdreschers) (Landw) / ear lifter*, grain lifter ‖ ~**köpfer** m (Landw) / header n ‖ ~**mäher** m (Landw) / header n ‖ ~**schieben** n (Landw) / heading n
**AH-Salz** n (Salz der Adipinsäure mit 1,6-Hexandiamin) (Chem) / hexamethylenediamine salt of adipic acid, 6,6 salt, AH-salt n
**Ah-Wirkungsgrad** m (Elektr) / ampere-hour efficiency*
**Ahypergol** n (Raketentreibstoff, der erst nach äußerer Energiezufuhr reagiert) (Kftst, Raumf) / ahypergol n
**AIBN** (Chem) / 2,2'-azobisisobutyronitrile n (initiator of free-radical reactions and blowing agent for plastics and elastomers)
**Aida** n (ein Stickereigrundstoff) (Tex) / aida canvas
**Aiélé** n (Canarium schweinfurthii Engl.) (For) / aieli n, canarium n
**Aiguille** f (im französischen Sprachgebiet der Alpen ein steiler, zugespitzter Berggipfel) (Geol) / aiguille n
**Aiken•-Code** m (EDV) / Aiken code ‖ ~**-Kode** (ein vierstelliger Binärkode zur Darstellung von Dezimalziffern - nach H.H.Aiken, 1900-1973) (EDV) / Aiken code
**Ailanthusspinner** m (Philosamia cynthia) (Zool) / ailanthus silkworm
**AIM** (ein Verfahren zur Programmierung von Festwertspeichern) (EDV, Eltronik) / avalanche-induced migration (AIM)
**Air tumbler** m (Wäscherkonstruktion, bei der das zu reinigende Abgas in einer gewendelten Bahn strömt) (Umwelt) / air tumbler ‖ ~**bag** (Luftkissen) (Kfz) / air bag ‖ **intelligenter** ~**bag** (Kfz) / smart airbag ‖ ~**base** f (Mil) / airbase n, air station (GB), station n (GB) ‖ ~**blue** adj (Tex) / air-force blue adj
**Airborne disease** f (Infektionskrankheit, deren Keime durch die Luft verbreitet werden) (Med) / airborne disease
**Air•brush** n (eine leichte Spritzpistole) (Anstr) / air brush ‖ ~**bus** m (ein Großraumflugzeug) (Luftf) / airbus* n, aerobus n ‖ ~**-conditioner** m / air-conditioner n, air-conditioning equipment ‖ ~**-conditioning** n / air-conditioning n, A/C n ‖ ~**dox-Verfahren** (Bergb) / airdox* n ‖ ~**fall-Tuff** m (eine Fallablagerung) (Geol) / air-fall tuff ‖ ~**flow-Methode** f (zur Bewertung der mittleren Feinheit von Baumwollfasern und Wollhaaren) (Tex) / airflow method ‖ ~**foil-Fluggerät** n (bei dem der Bodeneffekt durch den Fahrluftstrom selbst bewirkt wird) (Luftf) / aerofoil boat ‖ ~**glow** m n (Astr) / airglow* n ‖ ~**-Gulp-System** n (V-Mot) / air-gulp system ‖ ~**hosteß** f (Luftf) / stewardess n, flight attendant (female), air hostess ‖ ~**-Jet-Verfahren** (Spinn) / air-jet crimping, air-jet process, air-jet texturing*, air texturing ‖ ~**-Knives** n pl (Galv) / air knives, air-jet knives ‖ ~**less-Lasur** f (Lasur auf der Grundlage lösungsmittelgelöster Alkydharze bzw. wasserdünnbarer Acrylharze mit Einstellung für eine Spritzverarbeitung) (Anstr, For) / airless glaze ‖ ~**less-Spritzsystem** n luftloses Spritzen (das heute vorherrschende Spritzverfahren) (Anstr) / airless spraying* ‖ ~**lift** m (Erdöl) / airlift process ‖ ~**lift** (Luftf) / airlift n ‖ ~**lift** (Nukl) / airlift* n

**Airlift-Fermenter**

‖ ⁓**lift-Fermenter** *m* (ein Bioreaktor) (Biol, Chem) / airlift fermenter ‖ ⁓**liftförderung** *f* (Erdöl) / airlift process ‖ ⁓**lift-Reaktor** *m* (Biol, Chem) / airlift fermenter ‖ ⁓**liner** *m* (Luftf) / airliner, liner *n* ‖ ⁓**pollution** *f* (Umwelt) / air pollution, atmospheric pollution, atmospheric contamination, air contamination ‖ ⁓**port** *m* (Luftf) / airport *n* ‖ ⁓**stat** *m* (ein Thermostat) / airstat *n* ‖ ⁓**terminal** *m n* (Luftf) / terminal *n*, terminal building

**Airysch • es Integral** (in der Theorie der Beugung) (Licht) / Airy's integral* ‖ ⁓**e Spannungsfunktion** (Mech) / Airy stress function ‖ ⁓**e Spiralen** *f pl* (kristalloptische Interferenzfiguren - nach Sir G.B.Airy, 1801-1892) (Licht) / Airy spirals*

**Aitken-Kerne** *m pl* (im atmosphärischen Aerosol - nach J.Aitken, 1839-1919) (Geophys) / Aitken nuclei

**Ajax-Wyatt • -Niederfrequenzinduktionsofen** *m* (Hütt) / Ajax-Wyatt furnace ‖ ⁓**-Ofen** *m* (Hütt) / Ajax-Wyatt furnace

**Ajmalin** *n* (Pharm) / ajmaline *n*

**Ajour • gewebe** *n* (Tex) / open-texture weave, open-structure fabric, open fabric ‖ ⁓**gewirk** *n* (Tex) / openwork* *n*, lace fabric*, lacework *n* ‖ ⁓**stoff** *m* (Tex) / openwork *n*, lace fabric*, lacework *n* ‖ ⁓**wirkware** *f* (Tex) / openwork* *n*, lace fabric*, lacework *n*

**Ajowanöl** *n* (etherisches Öl aus Trachyspermum ammi (L.) Sprague) / ajowan oil, ptychotis oil

**Ak** (Biochem, Physiol) / antibody* *n*, immune body*, Ab

**AK** / forced outage rate, FOR ‖ ⁓ (Chem, Plast) / alkyd resin* ‖ ⁓ (Tageskopie des ungeschnittenen Films) (Film) / dailies* *pl*, daily *n*, rushes* *pl* ‖ ⁓ (Tex) / angora rabbit hair, angora* *n*

**Akanthit** *n* (monokliner Silberglanz) (Min) / acanthite* *n*

**Akanthus** *m* (pl. -) (Ornament) (Arch) / acanthus *n*

**Akarizid** *n* (Mittel zur Bekämpfung von Milben) (Chem, Landw) / acaricide *n* (used to kill mites and ticks), miticide *n*, miticidal agent

**Akaroid • harz** *n* (aus Xanthorrhoea-Arten) (Chem) / acaroid resin, accroides *n*, gum accroides, grass-tree gum, yacca resin ‖ **Gelbes** ⁓**harz** / blackboy gum, Botany Bay gum, yellow grass-tree gum

**Akaustobiolith** *m* (nichtbrennbarer Biolith, wie z.B. Kieselgur, Kalkstein, See- und Sumpferz usw.) (Geol) / acaustobiolith *n*

**Akazien • gummi** *n* (Gummi arabicum, Gummi acaciae) (Bot, Chem) / gum arabic*, acacia gum*, arabic gum, gum acacia ‖ ⁓**rinde** *f* (aus verschiedenen Akazienarten - z.B. Acacia catechu (L.f.) Willd., Acacia karroo Hayne oder Acacia mearnsii De Wild.) (Leder) / wattle bark

**AKB** (Nukl) / cooling pond, spent-fuel pit, fuel storage pool, CP

**Akermanit** *m* (einer der Hauptbestandteile der Hochofenschlacke) (Hütt, Min) / akermanite* *n*

**Akklimatisierung** *f* / acclimatization* *n*, acclimation* *n*

**Akkolade** *f* (Typog) / brace* *n*

**Akkommodation** *f* (Scharfstellung des Auges) (Opt, Physiol) / accommodation *n*

**Akkommodationskoeffizient** *m* (Kennzeichnung des Energieaustausches beim Stoß von Gas- oder Dampfmolekülen gegen feste und flüssige Oberflächen) (Phys) / accomodation coefficient

**Akkord** *m* (Akus) / chord *n* (major, minor)

**akkordant** *adj* (angepaßt an vorhandene Strukturelemente, z.B. an die Schichtung) (Geol) / accordant *adj*

**Akkordanz** *f* (Geol) / accordance *n*

**Akkordeonfalte** *f* (Tex) / accordion pleat

**Akkordzuschlag** *m* (F.Org) / bonus increment

**Akkreditierung** *f* (eines Prüflabors nach DIN EN 45000) (Chem) / accreditation *n*

**Akkreditiv** *n* / letter of credit

**Akkretion** *f* (die gravitationsbedingte Massenzunahme) (Astr) / accretion* *n* ‖ ⁓ (z.B. eines Kristalls) (Krist) / accretion *n*

**Akkretionsscheibe** *f* (Astr) / accretion disk

**Akku** *m* (Eltech) / accumulator* *n*, storage battery*, secondary battery*, battery* *n* ‖ ⁓**-Bike** *n* (Kfz) / battery-powered moped ‖ ⁓**-Bohrhammer** *m* (Masch) / accumulator hammer-drill, cordless hammer-drill ‖ ⁓**halter** *m* (Eltech) / stillage* *n* ‖ ⁓**kopf** *m* (der Hohlkörperblasmaschine) (Plast) / storage head, accumulator head

**Akkumulate, harte, verkittete** ⁓ (von Sanden und Kiesen) (Geol) / hard pan*, pan* *n*

**Akkumulation** *f* / accumulation *n* ‖ ⁓ (Geol) / aggradation *n*, accretion *n*, alluviation *n* ‖ ⁓ (Ablagerung) (Geol, Wasserb) / accumulation *n*

**Akkumulationsfaktor** *m* (Quotient aus der Konzentration bzw. dem Massenanteil eines Stoffes im betrachteten Bereich zu der Konzentration bzw. dem Massenanteil in der Umgebung) (Chem) / accumulation factor

**akkumulativ** *adj* / accumulative *adj* ‖ **~es (Schiebe)Register** (EDV) / accumulator* *n*, accumulator register, ACC

**Akkumulator** *m* (EDV) / accumulator* *n*, accumulator register, ACC ‖ ⁓ (DIN 40719) (Eltech) / accumulator* *n*, storage battery*, secondary battery*, battery* *n* ‖ ⁓ (Plast) / accumulator *n*

**Akkumulatoren • antrieb** *m* (Eltech) / battery traction*, accumulator traction* ‖ ⁓**batterie** *f* (Eltech) / accumulator* *n*, storage battery*, secondary battery*, battery* *n* ‖ **alkalische** ⁓**batterie** (Eltech, Kfz) / alkaline storage battery ‖ ⁓**fahrzeug** *n* (Eltech) / battery vehicle*, accumulator vehicle* ‖ ⁓**-Lastkraftwagen** *m* (Kfz) / battery truck ‖ ⁓**papier** *n* (Pap) / battery paper, battery pasting paper ‖ ⁓**platte** *f* (Eltech) / plate* *n* ‖ ⁓**säure** *f* (20-26%ige Schwefelsäure besonderer Reinheit für Bleiakkumulatoren) (Eltech) / battery acid, electrolyte *n*, battery electrolyte, battery fluid ‖ ⁓**-Zugförderung** *f* (Bahn) / battery traction

**Akkumulator • kasten** *m* (Eltech) / accumulator box*, battery case, battery box ‖ ⁓**lampe** *f* (Eltech) / battery-lamp* ‖ ⁓**register** *n* (ein Arbeitsregister) (EDV) / accumulator* *n*, accumulator register, ACC ‖ ⁓**-Signalspeicher** *m* (EDV) / accumulator latch ‖ ⁓**triebwagen** *m* (Bahn) / accumulator rail car, battery-driven rail car

**akkumulieren** *v* / accumulate *v*

**akkumuliert • e Dosis** (Radiol) / cumulative dose* ‖ ⁓**er Fehler** (EDV) / accumulated error ‖ ⁓**e Gesteinsbruchstücke** (Geol) / debris *n*, detritus* *n*, fragments *pl*, fragmental products

**Akku • prüfer** *m* (Eltech) / cell tester* ‖ **aufladbarer** ⁓**satz** (Eltech) / rechargeable battery pack ‖ ⁓**ständer** *m* (Eltech) / stillage* *n*

**Akline** *f* (Linie, die alle Punkte verbindet, in denen die magnetische Inklination null beträgt) (Geophys) / aclinic line, magnetic equator

**Akmit** *m* (brauner Natronaugit) (Min) / acmite* *n*

**Ako** *n* (For) / antiaris *n*

**A-Kohle** *f* (Chem, Pharm) / activated charcoal*

**Akonitin** *n* (Alkaloid aus dem Sturmhut) (Chem, Pharm) / aconitine *n*

**Akonitsäure** *f* (Chem) / aconitic acid

**Akquisition** *f* (alle Tätigkeiten der Verkaufsorgane eines Unternehmens zur Gewinnung neuer Kunden oder zu Geschäftsabschlüssen mit bestehenden Kunden beim Absatz von Wirtschaftsgütern) / field marketing

**Akratotherme** *f* (Geol) / hot spring, thermal spring

**Akridin** *n* (Chem) / acridine* *n* ‖ ⁓**farbstoff** *m* (basischer Beizenfarbstoff) (Chem) / acridine dye ‖ ⁓**orange** *n* (Chem) / acridine orange

**Akriflavin** *n* (Med) / acriflavine* *n*

**Akrolein** *n* (Chem) / acrolein* *n*, propenal *n*, acrylaldehyde* *n*, vinyl aldehyde

**Akroter** *m* (pl. -e) (Arch) / acroterion *n* (pl. -ria), acroterium *n* (pl. -ria)

**Akroterion** *n* (pl. -ien) (Arch) / acroterion *n* (pl. -ria), acroterium *n* (pl. -ria)

**Akryl • aldehyd** *m* (Chem) / acrolein* *n*, propenal *n*, acrylaldehyde* *n*, vinyl aldehyde *n* ‖ ⁓**amid** *n* (Chem) / acryl amide

**Akrylat** *n* (Salz oder Ester der Akrylsäure) (Chem) / acrylate *n*, propenoate *n* ‖ ⁓**harze** *n pl* (Chem, Plast) / acrylic resins* ‖ ⁓**klebstoff** *m* / acrylic adhesive

**Akryl • fasern** *f pl* (die aus mindestens 85% Polyakrylnitril bestehen) (Tex) / acrylic fibres, acrylics *pl* ‖ **modifizierte** ⁓**faser** (Spinn) / modacrylic fibre* ‖ ⁓**glas** *n* / acrylic glass ‖ ⁓**harze** *n pl* (zu den Akrylharzen werden im weiteren Sinne auch Polymethakrylate gezählt) (Chem, Plast) / acrylic resins* ‖ ⁓**harzlack** *m* (mit Polyakrylatharzen als Bindemittel) (Anstr) / acrylic resin paint*, acrylic *n* ‖ ⁓**kautschuk** *m* (Chem Verf) / acrylic rubber, acrylate rubber ‖ ⁓**nitril** *n* (Chem) / acrylonitrile* *n*, propenonitrile *n*, vinyl cyanide* ‖ ⁓**nitril-Butadien-Styrol** *n* (Chem) / acrylonitrile butadiene styrene*, ABS ‖ ⁓**nitril-Butadien-Styrol-Harz** *n* (Chem) / ABS resin ‖ ⁓**nitril-Methylmethakrylat-Kopolymer** *n* (Chem) / acrylonitrile-methylmethacrylate copolymer ‖ ⁓**säure** *f* (Chem) / acrylic acid*, propenoic acid ‖ ⁓**säureamid** *n* (Chem) / acryl amide ‖ ⁓**säureester** *m* (Chem) / acrylic ester* (ester of acrylic acid), ethyl acrylate* ‖ ⁓**säuremethylester** *m* (zur Herstellung von Kunststoffen) (Chem) / methyl acrylate, methyl propenoate ‖ ⁓**säurenitril** *n* (Chem) / acrylonitrile* *n*, propenonitrile *n*, vinyl cyanide*

**Akte** *f* (Sammlung inhaltlich zusammengehörender Schriftstücke, z.B. eine Personalakte) / file *n*

**Akten • aufzug** *m* / file elevator ‖ ⁓**deckel** *m* / folder *n* (for filing purposes) ‖ ⁓**deckelkarton** *m* (Pap) / folder stock ‖ ⁓**einsicht** *f* (z.B. bei den Patentanmeldungen) / inspection of files ‖ ⁓**koffer** *m* / attaché case ‖ ⁓**ordner** *m* / file *n* ‖ ⁓**taschencomputer** *m* (EDV) / laptop *n*, laptop computer, briefcase computer, portable computer ‖ ⁓**taschenrechner** *m* (EDV) / laptop *n*, laptop computer, briefcase computer, portable computer ‖ ⁓**vernichter** *m* (Pap) / document shredder, document-destroying machine, paper shredder ‖ ⁓**vernichtungsmaschine** *f* (DIN 32757) (Pap) / document shredder, document-destroying machine, paper shredder

**Aktien • markt** *m* / stock market ‖ ⁓**papier** *n* (Pap) / security paper

**aktinisch** *adj* (durch Strahlen hervorgerufen) (Chem, Phys) / actinic *adj* ‖ **~es Glas** (Glas) / actinic glass ‖ **~es Grünglas** (Glas) / actinic-green glass ‖ **~es Licht** / actinic light ‖ **~e Strahlung** (Radiol) / actinic radiation*

**Aktinium (AC)** n (Chem) / actinium* n ‖ ~**emanation** f (Radonisotop 219) (Chem) / actinon n, actinium emanation, AcEm ‖ ~**reihe** f (Chem) / actinides* pl, actinide series, actinoids pl, actinoid elements ‖ ~**zerfallsreihe** f (Chem) / actinium decay series

**Aktinoide** n pl (Chem) / actinides* pl, actinide series, actinoids pl, actinoid elements

**Aktinoiden • elemente** n pl (Chem) / actinides* pl, actinide series, actinoids pl, actinoid elements ‖ ~**kontraktion** f (Chem, Kernphys) / actinoid contraction

**Aktino • lith** m (Min) / actinolite* n ‖ ~**meter** n (ein Radiometer) (Chem) / actinometer n ‖ ~**metrie** f (Chem) / actinometry n ‖ ~**morph** adj (Biol) / polysymmetrical adj, actinomorphic* adj, star-shaped* adj ‖ ~**therapie** f (Med) / actinotherapy* n, ray therapy, radiation therapy

**Aktion** f (z.B. des Spielers in der Spieltheorie) / action n ‖ ~ (in der Entscheidungstabelle) (KI) / action n

**Aktionär** m / shareholder n

**Aktions • frame** m (KI) / action frame ‖ ~**konstante** f (der präexponentielle Faktor in der Arrhenius-Gleichung) (Chem) / frequency factor*, pre-exponential factor ‖ ~**kraft** f (Mech) / applied force, active force ‖ ~**liste** f (KI) / agenda n, job list ‖ ~**plan** m (KI) / action plan ‖ ~**potential** n (Physiol) / action potential* ‖ ~**prinzip** n (Mech) / minimal principle, integral variational principle ‖ ~**rad** n (der Turbine) (Masch) / impulse wheel* ‖ ~**radius** m (Kfz) / operating range, touring range, cruise range ‖ ~**radius** (Strecke, die ein Luftfahrzeug in einer Richtung fliegen kann, wenn es zum Ausgangspunkt ohne Nachtanken zurückkehren soll) (Luftf) / radius of action* ‖ ~**-Reaktions-Turbine** f (Masch) / disk-and-drum turbine*, impulse-reaction turbine*, combination turbine* ‖ ~**(dampf)turbine** f (Masch) / impulse turbine* ‖ ~**turbine** f (Reaktionsgrad O) (Masch) / impulse turbine*

**aktiv** adj / active adj ‖ **biologisch ~** (Biol) / biologically active, bioactive adj ‖ **~e Antenne** (Radio) / active aerial, primary radiator, active antenna, exciter n ‖ **~es Bauelement** (mit Verstärker- und/oder Gleichrichtereigenschaften) (Eltronik) / active device*, active component ‖ **~es Chlor** (Chem) / available chlorine, active chlorine, free available chlorine ‖ **~e Datenstation** (EDV) / active station ‖ **~e elektronische Gegenmaßnahmen** (Mil) / active electronic countermeasures ‖ **~er Erddruck** (HuT) / active earth pressure, active soil pressure ‖ **~e Faser** (lichtemittierende Faser) (Opt) / active fibre n ‖ **~es Fenster** (EDV) / active window ‖ **~es Filter** (das aktive Elemente zur Realisierung einer vorgegebenen Dämpfungscharakteristik verwendet) (Eltronik) / active filter* ‖ **~e Flanke** (Teil der Zahnflanke, der mit den Gegenflanken eines bestimmten Gegenrades in Eingriff kommt) (Masch) / active flank, active face (US) ‖ **~er Flugbahnabschnitt** (ein Teil der Flugbahn eines ballistischen Körpers) (Luftf, Mil) / powered flight, propelled flight ‖ **~e Front** (Meteor) / active front ‖ **~es Gitter** (Reaktorgitter) (Nukl) / active lattice* ‖ **~e grafische Datenverarbeitung** (EDV) / active graphics ‖ **~er Kohlenstoff** (Chem) / activated carbon* ‖ **~er Kommunikationssatellit** (Raumf) / active communications satellite, active satellite* ‖ **~er Korrosionsschutz** (Galv) / corrosion protection by conditioning ‖ **~e Masse** (Chem) / active mass* ‖ **~e Masse** (bei Batterien) (Eltech) / active materials (the materials of the plates that react chemically to produce electric energy when the cell discharges and that are restored to their original composition, in the charged condition, by oxidation and reduction processes produced by the charging current) ‖ **~es Medium** (für Laser) (Phys) / laser medium, lasing medium, active laser medium, lasing material, active medium (for lasers) ‖ **~es Netzwerk** (Fernm) / active network ‖ **~e Optik** (Astr, Opt) / active optics ‖ **~es Pigment** (das mit ölhaltigen und ölmodifizierten Bindemitteln Metallseifen bilden kann) (Anstr) / active pigment, reactive pigment ‖ **~es RC-Filter** (Fernm) / RC-active filter ‖ **~er Ruß** (Chem Verf) / reinforcing black ‖ **~er Sauerstoff** (Chem) / active oxygen ‖ **~es Schaltelement** (Akkumulator, Generator) (Eltech) / active element ‖ **~e Schicht** (Eltronik) / active layer ‖ **~es Schutzgas** (Schw) / active shielding gas ‖ **~er Schwefel** (Pap) / reducible sulphur, active sulphur (that can be converted to hydrogen sulphide on treatment with a metal such as aluminium and an acid) ‖ **~e Sicherheit** (Kfz) / active safety ‖ **~e Steuerungstechnik** (Luftf) / active control, active control system*, ACS* ‖ **~er Strahler** (Radio) / active aerial, primary radiator, active antenna, exciter n ‖ **~er Wandler** (Fernm, Regeln) / active transducer* ‖ **~er Wasserstoff** (Chem) / active hydrogen* ‖ **~es Zentrum** (z.B. einer Katalysatoroberfläche) (Biochem) / active centre* ‖ **~e Zielsuchlenkung** (Mil, Radar) / active homing*, active homing guidance

**Aktiva** n pl **und Passiva** / assets and liabilities

**Aktiv • anode** f (eine Art Schutzanode) (Galv) / active anode ‖ **katodischer Schutz mit ~anoden** (Galv) / sacrificial protection*

**Aktivation** f / activation* n

**Aktivator** m (Aufber) / activating agent*, activator* n ‖ ~ (Biochem, Chem) / promoter* n ‖ ~ (Chem) / activating agent*, activator* n ‖ ~ (eingelagertes Fremdatom) (Krist) / activator* n ‖ ~ (einer leuchtfähigen Substanz zugesetzter Wirkstoff) (Phys) / luminogen n

**Aktiv • chlor** n (Chem) / available chlorine, active chlorine, free available chlorine ‖ ~**datei** f (im Mobilfunk) (Fernsp) / check-in file

**aktivieren** v / activate v ‖ ~ (Leistungen - als Bilanzposten) / capitalize v ‖ ~ (einen Computervirus) (EDV) / trigger vt ‖ ~ (Galv) / activate v (by pickling prior to plating)

**aktivierendes Mittel** (bei der Schwimmaufbereitung) (Aufber) / activating agent*, activator* n

**aktiviert • e anionische Polymerisation** (Chem) / catalyzed anionic polymerization ‖ **~e Holzkohle** (Chem, Pharm) / activated charcoal* ‖ **~e Katode** (eine Glühkatode, z.B. Barium- oder Oxidkatode) (Eltronik) / activated cathode* ‖ **~e Kohle** (Chem, Pharm) / activated charcoal* ‖ **~er Kohlenstoff** (Chem) / activated carbon* ‖ **~er Komplex** (Chem) / activated complex, encounter complex ‖ **~er Schlamm** (Sanitär) / activated sludge* ‖ **~es Sintern** (Pulv) / activated sintering* ‖ **~er Ton** (Keram) / activated clay (a clay, such as bentonite, which is treated with acid to improve its bleaching and adsorptive properties) ‖ **~e (künstlich) Tonerde** (Chem) / activated alumina

**Aktivierung** f / activation* n ‖ ~ (Galv) / activation* n ‖ **biologische ~** (Biol) / bioactivation n, biological activation ‖ **chemische ~** (der Aktivkohle) (Chem) / chemical activation ‖ **mustergesteuerte ~** (Aufruf eines Theorems) (KI) / pattern-directed matching ‖ ~ f **durch Licht(einwirkung)** (Biol, Chem, Kernphys) / photoactivation n

**Aktivierungs • analyse** f (kernphysikalische Meßmethode zur chemischen Analyse) (Kernphys) / radioactivation analysis*, activation analysis ‖ ~**analyse mit thermischen Neutronen** (Kernphys) / thermal-neutron activation analysis ‖ ~**bestimmt** adj / activation-controlled adj ‖ ~**energie** f (DIN 41852) (Chem, Phys) / activation energy* ‖ ~**enthalpie** f (die thermodynamische Grenze zwischen dem Ausgangszustand und dem Zwischenzustand, der bei der chemischen Reaktion durchlaufen wird) (Chem) / activation enthalpy, enthalpy of activation ‖ ~**gesteuert** adj / activation-controlled adj ‖ ~**mittel** n (Chem) / activating agent*, activator* n ‖ ~**polarisation** f (ein Elektrodenvorgang) (Phys) / transfer polarization, activation polarization ‖ ~**potential** n (das bei dem Übergang vom aktiven in den passiven Zustand und umgekehrt entsteht - nach Friedrich Flade, 1880-1916) (Elektr) / Flade potential, activation potential ‖ ~**querschnitt** m (Wirkungsquerschnitt eines Atomkerns für eine bestimmte, zu seiner Aktivierung führende Reaktion) (Kernphys) / activation cross-section* ‖ ~**volumen** n (bei allseitiger Dilatation/Kompression durch Druckeinwirkung) (Phys) / activation volume

**Aktivität** f (auch in der Netzplantechnik) / activity* n ‖ ~ (Wirksamkeit des Stoffes in biologischen Systemen) (Biochem) / activity n ‖ ~ (wirksame Konzentration) (Chem) / activity ‖ ~ (Größe zur Kennzeichnung der Umwandlungsrate eines radioaktiven Nuklids in Bq) (Radiol) / activity* n, nuclear activity ‖ **enzymatische ~** (Biochem) / enzyme activity ‖ **katalytische ~** (von Enzymen) (Biochem) / specific activity ‖ **optische ~** (Fähigkeit, die Polarisationsebene zu drehen) (Chem, Phys) / optical activity*, rotary polarization ‖ **spezifische ~** (Radiol) / specific activity*

**Aktivitäts • barriere** f (z.B. Brennstoffmatrix) (Nukl) / active barrier ‖ ~**filter** n (Nukl) / activity filter ‖ ~**koeffizient** m (Chem) / activity coefficient ‖ ~**konzentration** f (Quotient aus der Aktivität eines Stoffes und dem Volumen dieses Stoffes) (Nukl) / activity concentration

**Aktiv • kohle** f (Chem) / activated carbon* ‖ ~**kohle** (Chem, Pharm) / activated charcoal* ‖ ~**kohlebehälter** m (Kfz) / activated charcoal canister, charcoal canister, evaporation control canister ‖ ~**kohlefilter** n (z.B. zur Entölung des Wassers) (Chem Verf) / activated-carbon filter ‖ ~**kohlefilter-Behälter** m (Kfz) / activated charcoal canister, charcoal canister, evaporation control canister ‖ ~**kohleverfahren** n (Reinigungsverfahren in der Gasaufbereitung bei der Aktivkohle als Adsorptionsmittel dient) / active-carbone process ‖ ~**kraft** f (Projektion der Zerspankraft auf die Arbeitsebene) (Masch) / projection of the resultant cutting force on the working plane ‖ ~**lampe** f (die während eines Datenzugriffs oder wenn eine Audio-CD abgespielt wird, leuchtet) (EDV, Eltronik) / busy lamp ‖ ~**lenkung** f (Mil) / active homing ‖ ~**-Passiv-Kurzschlußstelle** f (Eltech) / passive-active cell ‖ ~**-Passiv-Lokalelement** n (Eltech) / passive-active cell ‖ ~**-Passiv-Zelle** f (Eltech) / passive-active cell ‖ ~**sonar** n (DIN 1320) (Akus) / active sonar ‖ ~**stelle** f (Galv) / active site (actual corrosion site - CASS testing) ‖ ~**tonerde** f (Chem) / activated alumina ‖ ~**zentrum** n (Galv) / active site (actual corrosion site - CASS testing)

**Aktor** *m* (Eltronik, Regeln) / actuator *n* ‖ ~ (Objekt, das über Nachrichten kommuniziert) (Fernm) / actor *n* ‖ ~ (Eltronik, Regeln) s. auch Sensor
**Aktorenformalismus** *m* (KI) / actor formalism
**Aktorformalismus** *m* (KI) / actor formalism
**Aktorik** *f* (diejenigen Komponenten im Feld, die den ausgangsseitigen Informationsfluß eines Leitsystems in einen Materialfluß umformen) (Regeln) / actorics *n*
**aktualisieren** *v* / update* *v*
**Aktualisierung** *f* **der Aufenthaltsregistrierung** (beim Mobilfunk) (Fernm) / location update
**Aktualisierungs•frequenz** *f* (EDV) / update frequency ‖ ~**routine** *f* (EDV) / update *n*, update routine, update program, updating program
**Aktualismus** *m* (eine Arbeitshypothese der Geologie) (Geol) / actualism *n*, uniformitarianism* *n*
**Aktualität** *f* (der Daten) (EDV) / timeliness *n* ‖ ~ (KI) / recency *n*
**Aktualparameter** *m* (EDV) / actual parameter, argument* *n*, actual argument
**Aktuator** *m* (Einrichtung, über welche eine Bewegung des Industrieroboters ausgeführt wird) (Eltronik, Regeln) / actuator *n* ‖ ~**-Sensor-Interface** *n* (Regeln) / AS interface, actuator-sensor interface
**aktuell•er Gum** (Abdampfrückstand der Benzine) (Chem Verf) / existent gum ‖ ~**er Parameter** (der zur Übergabe von Werten aus dem aufzurufenden Programm an ein Programm verwendet wird) (EDV) / actual parameter, argument* *n*, actual argument ‖ ~**er Satz** (die letzte in jeder Datei zu lesende oder zu schreibende Eintragung) (EDV) / current record
**Akustik** *f* (als technische Disziplin) (Akus) / acoustic engineering, audio engineering ‖ ~ (DIN 1320) (Akus, Bau) / acoustics* *n* ‖ **atmosphärische** ~ (Akus) / atmospheric acoustics* ‖ **physikalische** ~ (Akus) / physical acoustics ‖ **physiologische** ~ (Akus) / physiological acoustics ‖ **technische** ~ (Akus) / engineering acoustics ‖ ~ *f* **der Atmosphäre** (Akus) / atmospheric acoustics* ‖ ~ **im Städtebau** (Akus) / urban acoustics ‖ ~**bau** *m* (HuT) / acoustical engineering
**Akustiker** *m* (Fachmann für Akustik) (Akus) / acoustician *n*
**Akustik•fliese** *f* (Bau, Keram) / acoustic tile* ‖ ~**koppler** *m* (ein alter Modem zur Datenfernübertragung) (EDV) / acoustic coupler* ‖ ~**log** *n* (Gerät zur Schichtgrenzenbestimmung in Bohrlöchern durch Messung der Laufzeit elastischer Wellen unter Einsatz einer Ultraschallquelle und eines Seismografen) (Erdöl) / sonic log, acoustic log
**Akustikophobie** *f* (Akus, Med) / acousticophbia *n*
**Akustik•platte** *f* (den Nachhall regelnde Platte) (Bau) / acoustical board ‖ ~**prozessor** *m* (EDV) / acoustic processor ‖ ~**putz** *m* (Akus, Bau) / acoustic plaster*
**Akustikus** (*pl -tizi*) *m* (Akus) / acoustic nerve, auditory nerve, vestibulocochlear nerve
**akustisch** *adj* (Akus) / acoustic *adj* (energy, feedback, impedance, inertance, load, memory, output, resistance, signal, transducer, wave), acoustical *adj* (device, engineer, glossary, measurement, method, school, society, stiffness, symbol, unit) ‖ ~ s. auch Schall- ‖ ~**es Abscheiden** (bei Gasreinigung) / sonic precipitation ‖ ~**e Abschirmung** (Akus) / cushioning* *n* ‖ ~**es Absorptionsvermögen** (in der Raumakustik) (Akus) / reverberation absorption coefficient ‖ ~**es Anemometer** (Meteor) / sonic anemometer ‖ ~**e Anlage** (als Gesamtheit) (Akus) / sonics *n* ‖ ~**e Blendung** (Akus) / aural dazzling ‖ ~**er Blindwiderstand** (Akus) / acoustic reactance ‖ ~**e Brücke** (zur Messung akustischer Impedanzen) (Akus, Bau) / acoustic bridge, Schuster bridge ‖ ~**e Dateneingabe** (EDV) / voice input, voice entry, phonetic input, speech input ‖ ~**e Dispersion** (Akus) / acoustic dispersion ‖ ~**er Doppler-Effekt** (Phys) / acoustical Doppler effect, Doppler effect in acoustics ‖ ~**es Doppler-Gerät** (Radar) / audible Doppler enhancer, ADE ‖ ~**e Emission** (Akus) / sound emission, acoustic emission ‖ ~**e Ermüdung** (Phys) / sonic fatigue*, acoustic fatigue ‖ ~**e Federung** (Akus) / acoustic compliance* ‖ ~**es Filter** (Akus) / acoustic filter* ‖ ~**e Funkenkammer** (Kernphys) / sonic spark chamber ‖ ~**es Gitter** (zur spektralen Zerlegung eines aus mehreren Teiltönen bestehenden Schallsignals) (Akus) / acoustic grating* ‖ ~**er Höhenmesser** (Luftf) / sonic altimeter ‖ ~**e Holografie** (Phys) / ultrasonic holography, acoustical holography ‖ ~**e Impedanz** (DIN 1320) (Akus) / acoustic impedance* ‖ ~**er Koppler** (DIN 44302) (EDV) / acoustic coupler* ‖ ~**e Kopplung zwischen Mikrofon und Lautsprecher** (Akus, Eltronik) / throwback* *n* ‖ ~**er Kurzschluß** (bei einem frei aufgestellten Lautsprecher) (Akus) / acoustic short circuit ‖ ~**er Laufzeitspeicher** (EDV) / acoustic memory, acoustic store ‖ ~**e Linse** (Anordnung zur Streuung der Schallwellen bei höheren Tonfrequenzen) (Akus) / acoustic lens* ‖ ~**e Masse** (Akus) / acoustical mass*, acoustic inertance ‖ ~**es Meldegerät** (Bahn) / annunciator *n* ‖ ~**e Messung** (Akus) / acoustic measurement, acoustic measuring ‖ ~**es Mikroskop** (mit Eindringtiefen bis 10 mm unter die Oberfläche) (Mikros, WP) / ultrasonic microscope, acoustic microscope ‖ ~**e Mikroskopie** (Mikros, WP) / acoustical microscopy ‖ ~**es Minimum** (Luftf) / aural null ‖ ~**e Oberflächenwelle** (Akus, Radar) / acoustic surface wave, surface acoustic wave*, SAW* ‖ ~**es Oberflächenwellenbauelement** (Fernm) / SAW device, surface-acoustic-wave device ‖ ~**e Raumwirkung** (Akus) / auditory perspective ‖ ~**e Reaktanz** (Akus) / acoustic reactance ‖ ~**e Resistanz** (Akus) / acoustic resistance ‖ ~**e Rückkopplung** (Fernm) / acoustic feedback* ‖ ~**es Signal** (Akus) / acoustic signal, audio signal, sound signal ‖ ~**er Speicher** (EDV) / acoustic memory, acoustic store ‖ ~**e Steife** (Akus) / acoustical stiffness* ‖ ~**er Strahler** (Akus) / acoustic radiator*, sound source ‖ ~**e Strömung** (Akus) / acoustic streaming ‖ ~**es Thermometer** (Phys) / sonic thermometer ‖ ~**er Torpedo** (aktiver oder passiver) (Mil) / acoustic torpedo ‖ ~**e Trägheit** (Akus) / acoustical mass*, acoustic inertance ‖ ~**es Trauma** (Akus, Med) / acoustic trauma ‖ ~**e Verzögerungsleitung** / acoustic delay line*, sonic delay line ‖ ~ **wirksame Porosität** (DIN 1320) (Akus, Bau) / acoustically effective porosity ‖ ~**er Zweig** (Phys) / acoustic branch*
**Akusto•chemie** *f* (Chem) / phonochemistry* *n* (any chemical change, such as in reaction type or rate, that occurs in response to sound or ultrasound), sonochemistry *n* ‖ ~**chemie** (ein Teilgebiet der physikalischen Chemie, das sich mit der Erzeugung von Schall durch chemische Reaktionen und mit der Beeinflussung chemischer Reaktionen durch Schall- und Ultraschallschwingungen befaßt) (Chem) / acoustochemistry *n*, sonochemistry *n*, ultrasonic chemistry, phonochemistry* *n*, chemical ultrasonica ‖ ~**elektrisch** *adj* / acoustoelectric *adj* ‖ ~**elektrisches Filter** (ein akustisches Oberflächenbauelement) (Fernm) / SAW filter*, surface acoustic wave filter ‖ ~**elektrischer Oberflächenwellenwandler** (Akus, Eltronik) / interdigital transducer, IDT ‖ ~**elektronik** *f* (ein Teilgebiet der Elektronik) (Eltronik) / acoustoelectronics *n* ‖ ~**elektronisches Bauelement** (Eltronik) / acoustic-wave device ‖ ~**mikroskop** *n* (mit Eindringtiefen bis 10 mm unter die Oberfläche) (Mikros, WP) / ultrasonic microscope, acoustic microscope ‖ ~**optik** *f* (Wechselwirkungen zwischen hochfrequenten Ultra- und Hyperschallwellen mit elektromagnetischen Wellen) (Akus, Opt) / acoustooptics *n*, optoacoustics *n*
**akustooptisch** *adj* (Akus, Opt) / acoustooptic *adj* ‖ ~**er Effekt** (Akus, Opt) / acoustooptic effect ‖ ~**er (Licht)Modulator** (der ein Lichtbündel ohne Schallfeld ungehindert passieren läßt, mit Feld dagegen einen Teil des Lichtbündels um einen bestimmten Winkel ablenkt) (Akus, Opt) / acoustooptic modulator, a-o modulator
**Akustowellenelement** *n* (Eltronik) / acoustic-wave device
**akut** *adj* (Erkrankung, Toxizität) (Med) / acute* *adj*
**AKW** (Eltech, Nukl) / atomic power plant, nuclear power-station, nuclear power plant, nuclear power plant (US), nuclear (power) generating station
**Akzeleration** *f* / acceleration* *n* ‖ **säkulare** ~ (Astr) / secular acceleration ‖ **starke** ~ (Beschleunigungsrichtung sitzend: von der Brust aus in Richtung Rücken) (Luftf, Raumf) / eyeballs in
**Akzent** *m* (Akus) / accent *n* ‖ ~ (Druck, Typog) / peculiar* *n*, accented character, accent-bearing letter, accented letter, accent *n* ‖ ~ (Druck, Typog) / accent *n* ‖ **fliegender** ~ (EDV) / flying accent, floating accent ‖ ~**abdruck** *m* **ohne Vorschub** (EDV) / non-feed accent print ‖ ~**buchstabe** *m* (Druck, Typog) / peculiar* *n*, accented character, accent-bearing letter, accented letter, accent *n*
**Akzentuierung** *f* (Akus, Eltronik) / pre-emphasis* *n*, accentuation* *n*
**Akzentzeichen** *n* (das über oder unter einem Buchstaben stehende Ton- oder Lesezeichen) . (Druck, Typog) / accent *n*
**Akzeptanz** *f* (subjektive Bewertung der Annehmbarkeit von Geräten, Systemen, Dienstleistungen usw. durch den Benutzer) / acceptance *n* ‖ ~ (eines Beschleunigers) (Kernphys) / acceptance *n* ‖ ~**winkel** *m* (Fernm) / acceptance angle, collection angle
**akzeptierbare Menge** (EDV, Math) / semi-calculable set, acceptable set
**akzeptieren** *v* / accept *v*
**Akzeptizität** *f* (Maßzahl zur Charakterisierung der elektrophilen Eigenschaften eines Lösungsmittels) (Chem) / acceptor number
**Akzeptor** *m* (Identifikationsgrammatik) / identification grammar ‖ ~ (Stoff oder Körper, der einen anderen bindet) (Chem) / acceptor* *n* ‖ ~ (in der Halbleiterphysik nach DIN 41852) (Eltronik) / acceptor* *n*, acceptor impurity ‖ ~ (bei der Aggregation von Zellen) (Zyt) / acceptor *n* ‖ **endlicher** ~ (EDV, Eltronik) / finite-state acceptor ‖ ~**atom** *n* (dem Halbleitermaterial eingelagertes Fremdatom) (Eltronik) / acceptor atom ‖ ~**folie** *f* (mit speziell behandelter Oberfläche, die feinste Kavernen zur chemischen Kupferabscheidung aufweist) (Galv) / acceptor laminate ‖ ~**ion** *n* (Akzeptoratom, das durch Aufnahme eines Elektrons zu einem negativen Ion geworden ist) (Eltronik) / acceptor ion ‖ ~**niveau** *n* (Phys) / acceptor level ‖ ~**zahl** *f* (Chem) / acceptor number
**akzessorisch•er Gemengteil** (der an der Zusammensetzung eines Gesteins mit weniger als 5% beteiligt, ggf. aber wichtig für dessen

Bestimmung ist) (Geol, Min) / accessory mineral* ‖ ~**es Mineral** (Geol, Min) / accessory mineral*
**Akzessorium** n (pl. -ien) (Geol, Min) / accessory mineral*
**akzidentell** adj / accidental adj
**Akzidenzdruck** m (Herstellung von Geschäftsdrucksachen, Behördenformularen usw. (Druck) / jobbing work*, jobbing printing
**Akzidenzen** pl (Herstellung von Geschäftsdrucksachen, Behördenformularen usw. (Druck) / jobbing work*, jobbing printing
**Akzidenz•maschinen** f pl (Druck) / jobbing machines* ‖ ~**pressen** f pl (Druck) / jobbing machines*
**Al** (Chem) / aluminium n (GB)*, aluminum* n (US)
**AL** (Plast) / alginate fibre
**Ala** (Chem) / alanine* n, Ala* n
**Alabandin** m (Min) / alabandite* n, manganblende* n
**Alabaster** m (dichter, durchscheinender Gips) (Min) / alabaster* n ‖ **Orientalischer** ~ (Min) / Mexican onyx*, Gibraltar stone, onyx marble*, Algerian onyx*, Oriental alabaster* ‖ ~**glas** n (entglastes Trübglas) (Glas) / alabaster glass ‖ ~**papier** n (mit einer aufgestrichenen kristallisierenden Flüssigkeit, die beim Auftrocknen dem Moiré ähnliche Figuren hervorruft) (Pap) / ice paper ‖ ~**weiß** adj / alabaster-white adj
**Alanat** n (ein gemischtes Metallhydrid, z.B. Aluminium-tris(tetrahydridoaluminat)) (Chem) / alanate n
**Alanin (Ala)** n (eine Aminosäure) (Chem) / alanine* n, Ala* n
**Alaninol** n (2-Amino-1-propanol) (Chem) / alaninol n
**Alantolakton** n (helenin n, alantolactone n
**Alarm•anlage** f / protective signalling plant ‖ ~**bearbeitungsprogramm** n (EDV) / interrupt processing program, alarm-signal processing routine ‖ ~**einrichtung** f / alarm system ‖ ~**geber** m / alarm-signalling system ‖ ~**kasten** n (der bei grafischen Benutzeroberflächen Alarm- und Fehlermeldungen auf dem Bildschirm anzeigt) (EDV) / alert box ‖ ~**start** m (Luftf, Mil) / scramble ‖ **einen ~ start befehlen** (Mil) / scramble vt ‖ **einen ~ start durchführen** (Mil) / scramble vi ‖ ~**stoff** m (Chem, Zool) / alarming substance, warning substance ‖ ~**stufe** f 1 (Luftf) / uncertainty phase ‖ ~**substanz** f (Chem, Zool) / alarming substance, warning substance ‖ ~**wort** n (EDV) / interrupt word ‖ **automatischer** ~**zeichenempfänger** n (Radio) / auto-alarm n, automatic alarm receiver
**Alaskagarn** n (Spinn) / alaska yarn
**Alaun** m (ein Doppelsulfat) (Chem) / alum* n ‖ **gebrannter** ~ (Alumen ustum) / burnt alum, alumen ustum (pl. alumina usta), dried alum ‖ ~**fixierbad** n (Foto) / hardening bath ‖ ~**fixiermittel** n (Foto) / hardening fixer ‖ ~**gerbung** f (Mineralgerbung mit Aluminiumsalzen) (Leder) / tawing n ‖ ~**gips** m (Bau) / alum-soaked gypsum ‖ ~**leder** n (Leder) / alum leather ‖ ~**schiefer** m (durch organische Stoffe und feinverteilten Schwefelkies dunkelgraues bis shwarzes, feinkörniges Sedimentgestein) (Geol) / alum shale, alum slate, alum schist ‖ ~**stein** m (Kaliumaluminiumhexahydroxiddisulfat) (Min) / alunite* n, alumite n, alumstone* n
**Alazan** n (eine Aluminium-Stickstoff-Verbindung) (Chem) / alazane n
**Albada-Sucher** m (nach L.E.W. van Albada) (Foto) / Albada viewfinder*, sports finder
**Albarco** n (Holz der Cariniana pyriformis Miers) (For) / Colombian mahogany, albarco n
**Albardinzellstoff** m (aus Lygeum spartum Loefl. ex L.) (Pap) / esparto pulp
**Albedo** f (ungefärbte innere Schicht der Zitrusfruchtschale) (Bot, Nahr) / albedo n, pith n ‖ ~ (das Verhältnis der von einer Fläche zurückgeworfenen Strahlung zu der gesamten auf sie fallenden Strahlung; die Wahrscheinlichkeit, daß ein Neutron, welches durch eine Fläche in einen Bereich unter bestimmten Bedingungen eindringt, durch diese Fläche wieder zurückkehrt - DIN 25401) (Kernphys, Opt) / albedo* n
**Albers flächentreue Schnittkegelrumpfabbildung** (ein Kartennetzentwurf) (Kart) / Albers projection
**Albers-Projektion** f (mit zwei längentreuen Breitenkreisen) (Kart) / Albers projection
**Albertit** m (natürlich vorkommende feste Bitumensorte) (Min) / albertite* n, asphaltite coal
**Albertschlag** m (nach J. Albert, 1787-1846 - eine Seilmacherart) (Masch) / lang lay*, Albert's lay, Lang's lay
**Albit** m (ein Natronfeldspat - Anfangsglied der Plagioklas-Reihe) (Min) / albite* n ‖ ~**gesetz** n (Krist) / albite law
**Albizia** n (Albizia lebbeck (L.) Benth.) (For) / lebbek m, lebbek tree, koko n, siris n, woman's tongue tree, kokko n
**Albumen** n (pl. -s) (das Eiklar des Vogeleis) (Biol) / albumen n (egg white or the protein found in egg white)
**Albumfalz** m (Buchb) / broad fold, album fold, oblong folding
**Albumin** n (zu den Sphäroproteinen gehörender Eiweißstoff) (Biochem) / albumin* n ‖ ~**artig** adj (Chem) / albuminoid adj

**Albuminat** n (Alkalisalz der Albumine) (Chem) / albuminate n
**Albuminleim** m / albumin glue, blood glue, blood-albumen glue
**albuminoid** adj (eiweißähnlich) (Chem) / albuminoid adj
**albuminös** adj (Biochem) / proteinaceous adj, containing protein, albuminous adj
**Albumose** f (Spaltprodukt aus hochmolekularen Eiweißstoffen) (Chem, Mikros) / albumose n, proteose n ‖ ~**silber** n (Pharm) / silver protein
**Alcantara** n (Kunstleder, das besonders für die Verwendung als Rock-, Jacken- oder Mantelstoff geeignet ist - besteht aus einem mit Polyurethan verfestigten Faservlies aus Polyestermikrofasern, hat Wildledercharakter, ist sehr haltbar, knitterarm und pflegeleicht) (Tex) / Alcantara n (a trade name of the company Toray)
**Älchenmittel** n (Chem, Landw) / nematicide n, nematocide n
**Alclad** n (mit Al beschichtetes Duralumin) (Hütt) / Alclad* n
**ALCOR-Code** m (EDV) / ALCOR code
**ALCOR-Kode** m (ALgol COnverteR Code) (EDV) / ALCOR code
**Aldarsäure** f (eine Zuckersäure) (Chem) / aldaric acid
**Aldehyd** m (Chem) / aldehyde* n, alkanal n ‖ **aliphatischer** ~ (Chem) / aliphatic aldehyde, alkanal n ‖ ~**alkohole** m pl (Chem) / hydroxy aldehydes ‖ ~**carbonsäure** f (eine Oxocarbonsäure) (Chem) / aldehyde (carboxylic) acid* ‖ ~**frei** adj (Chem) / aldehyde-free adj ‖ ~**gerbung** f (Leder) / aldehyde tanning ‖ ~**harze** n pl (Chem, Plast) / aldehyde resins*
**aldehydisch** adj (Chem) / aldehydic adj
**Aldehyd•karbonsäure** f (eine Oxocarbonsäure) (Chem) / aldehyde (carboxylic) acid* ‖ ~**leder** n (mit Formaldehyd gegerbtes) (Leder) / aldehyde leather ‖ ~**lyase** f (Chem) / aldolase* n ‖ ~**säure** f (eine Oxocarbonsäure) (Chem) / aldehyde (carboxylic) acid* ‖ **Gattermannsche** ~**synthese** (Chem Verf) / Gattermann aldehyde synthesis, Gattermann-Koch synthesis
**Alderson-Phantom** n (Radiol) / radiation analogue dosimetry system
**Aldicarb** n (Insektizid, Nematizid) (Chem, Landw) / aldicarb n (a systemic agricultural pesticide used particularly against some mites, insects, and nematode worms)
**Aldimine** n pl (organische Verbindungen mit der allgemeinen Formel R-CH=NH) (Chem) / aldimines* pl
**Aldit** m (natürliches oder synthetisches Polyol) (Chem) / alditol n
**Aldohexose** f (ein Monosaccharid) (Chem) / aldohexose* n
**Aldoketen** n (Chem) / aldoketene* n
**Aldol** n (Chem) / aldol* n, acetaldol n ‖ ~**addition** f (Chem) / aldol condensation*, aldol reaction, aldol addition
**Aldolase** f (eine Lyase) (Biochem) / aldolase* n
**Aldolisation** f (Chem) / aldol condensation*, aldol reaction, aldol addition
**Aldolkondensation** f (Chem) / aldol condensation*, aldol reaction, aldol addition
**Aldonsäure** f (eine Zuckersäure) (Biochem) / aldonic acid
**Aldopentose** f (ein Monosaccharid) (Chem) / aldopentose n
**Aldose** f (ein Monosaccharid) (Chem) / aldose* n
**Aldosteron** n (ein hochwirksames Nebennierenrindenhormon) (Biochem) / aldosterone* n
**Aldotetrose** f (ein Monosaccharid) (Chem) / aldotetrose n
**Aldoxim** n (Oxim der Aldehyde) (Chem) / aldoxime* n
**Aldrin** n (ein Cyclodien-Insektizid, zu Ehren von K. Alder benannt - in Deutschland verboten) (Chem) / Aldrin* n
**aleatorisch** adj / aleatory adj, aleatoric adj
**Alembert-, d'~Operator** m (Math) / d'Alembertian n ‖ **d'~Paradoxon** n / d'Alembert's paradox
**Alembertsche, d'~ Kraft** (Phys) / force of inertia, vis inertiae, inertial force ‖ **d'~ Prinzip** (nach J. Le Rond d'Alembert, 1717-1783) (Mech) / d'Alembert's principle
**Alençonspitze** f (Tex) / alençon n, Alençom lace
**A-Lenkung** f (Kfz) / Ackermann steering*, double-pivot steering
**Aleph** n (Formelzeichen für die Mächtigkeit einer wohlgeordneten Menge) (Math) / aleph n ‖ ~ **Null** (DIN 5473) (Math) / aleph null, aleph-0 n
**Aleppo•-Galläpfel** m pl (Gerbstoff - meistens von der Sumpfeiche) (Chem, Leder) / Aleppo galls ‖ ~**Gallen** f pl (Gerbstoff - meistens von der Sumpfeiche) (Chem, Leder) / Aleppo galls ‖ ~**kiefer** f (For) / Aleppo pine
**Alerceholz** n (aus Fitzroya cupressoides (Molina) Johnst.) (For) / alerce n, alerse n
**Aleuritinsäure** f (die im Schellack enthalten ist) (Chem) / aleuritic acid
**Aleuron** n (Reserveeiweiß pflanzlicher Gewebe) (Bot) / aleurone* n (reserve protein material), aleuron n
**Alexanderson-Antenne** f (Radio) / multiple-tuned antenna*
**Alexandrit** m (grüne Varietät des Chrysoberylls) (Min) / alexandrite* n ‖ ~**laser** m (ein abstimmbarer Festkörperlaser) (Phys) / alexandrite laser
**Alexin** n (natürlicher Schutzstoff des Blutserums) (Biochem) / alexin n

**Alfagras**

**Alfa•gras** *n* (aus der Stipa tenacissima L.) (Bot) / esparto *n*, esparto grass, alfa *n*, alfa grass ‖ ≃**-papier** *n* (Pap) / esparto* *n*, esparto paper, alpha paper
**Alfin-Polymerisation** *f* (zur Darstellung extrem hochmolekularer Polybutadiene) (Chem) / alfin polymerization
**Alfisol** *m* (durch einen Tonanreicherungshorizont gekennzeichneter Bodentyp in niederschlagsreichen Gebieten) (Landw) / alfisol *n*
**Alfol••Isolierung** *f* (eine Wärmedämmung mit blanken Aluminiumfolien) (Bau, Wärm) / Alfol heat insulation ‖ ≃**-Prozeß** *m* (Verfahren zur Herstellung geradkettiger Fettalkohole, bei dem Ethylen und Triethylaluminium umgesetzt werden - aus diesen entstehen durch Oxidation die entsprechenden Trialkoxyverbindungen, die dann bei Hydrolyse die Fettalkohole ergeben) (Chem Verf) / Alfol process
**Alford-Rahmenantenne** *f* (Radio) / Alford loop antenna
**Alfvén-Geschwindigkeit** *f* (Ausbreitungsgeschwindigkeit der Alfvén-Wellen) (Phys) / Alfvén speed
**Alfvénsche Zahl** (Phys) / Alfvén number
**Alfvén••Schicht** *f* (Ladungstrennungsschicht in einem inhomogenen Magnetfeld mit überlagertem elektrischem Feld) (Phys) / Alfvén layer ‖ ≃**-Welle** *f* (eine transversale magnetohydrodynamische Welle - nach dem schwedischen Physiker Hannes Alfvén 1908-1995 benannt) (Phys) / Alfvén wave, hydromagnetic wave
**Algarobilla** *n f* (gerbstoffreiche Schoten von Caesalpinia-Arten, als Gerbmittel verwendet) (Leder) / algarrobilla *n*, algarroba *n*, algarovilla *n*
**Algebra** *f* (Math) / algebra* *n* ‖ **abstrakte** ≃ (Math) / abstract algebra, universal algebra ‖ ≃**, Boolesche** ≃ (ein komplementärer distributiver Verband) (Math) / Boolean algebra* ‖ **Chevalleysche** ≃ (nach C. Chevalley, 1909 - 1984) (Math) / Chevalley algebra ‖ **Cliffordsche** ≃ (Math) / Clifford algebra ‖ **homologische** ≃ (Math) / homological algebra ‖ **kommutative** ≃ (Math) / commutative algebra ‖ **Liesche** ≃ (nach S. Lie, 1842-1899) (Math) / Lie algebra* ‖ **lineare** ≃ (Math) / linear algebra ‖ **multilineare** ≃ (Math) / multilinear algebra ‖ **relationale** ≃ (EDV, Math) / algebra of relations, calculus of relations, relation algebra, relational algebra ‖ σ-≃ (Math) / sigma-algebra *n* (of sets) ‖ **Steenrodsche** ≃ (Math) / Steenrod algebra
**algebraisch** *adj* (Math) / algebraic *adj* ‖ ~**e ebene Kurve sechster Ordnung** (Math) / sextic *n*, plane sextic ‖ ~**e Fläche** (Math) / algebraic surface ‖ ~**e Funktion** (Math) / algebraic function* ‖ ~**e Geometrie** (Math) / algebraic geometry ‖ ~**e Gleichung** (Math) / algebraic equation ‖ ~ **irrational** (Zahl) (Math) / algebraic irrational ‖ ~**es Komplement** (Math) / cofactor* *n*, signed minor* ‖ ~**er Körper** (Math) / algebraic field ‖ ~**er Körper über einem Körper** (Math) / algebraic extension ‖ ~**e Körpererweiterung** (Math) / algebraic extension ‖ ~**e Mannigfaltigkeit** (Math) / algebraic variety, algebraic manifold ‖ ~**e Singularität** (Math) / algebraic branch point, algebraic singularity ‖ ~**e Sprache** (EDV) / context-free language, algebraic language ‖ ~**e Struktur** (Math) / algebraic structure ‖ ~**e Summe** (Math) / algebraic sum ‖ ~**e Topologie** (Math) / algebraic topology ‖ ~**e Zahl** (wenn sie Lösung einer algebraischen Gleichung mit ganzzahligen Koeffizienten ist) (Math) / algebraic number*
**Algebraisierung** *f* (Math) / algebraization *n*
**algebroid** *adj* (Math) / algebroid *adj*
**Algen** *f pl* (Pflanzenabteilung) (Bot) / Algae* *pl* ‖ **durch** ≃ **verursachte Korrosion** (Lufft, Raumf) / algal corrosion* ‖ **festhaftende** ≃ (Ozean) / sessile algae ‖ ≃**bekämpfung** *f* (Wasserb) / algal control ‖ ≃**bekämpfungsmittel** *n* (Chem, Umwelt) / algicide *n*, algaecidal substance ‖ ≃**biomasse** *f* (Umwelt) / algal biomass, algae biomass ‖ ≃**blüte** *f* (Umwelt) / algal bloom, water bloom ‖ ≃**farm** *f* (Bot, Landw) / algae farm ‖ ≃**kulturanlage** *f* (Umwelt) / algal-culture installation, algal-growth pond ‖ ≃**kunde** *f* (Bot, Umwelt) / algology *n*, phycology *n* ‖ ≃**masse** *f* (Umwelt) / algal biomass, algae biomass ‖ ≃**mehl** *n* (ein wichtiger Futtermittelzusatz) (Landw) / seaweed meal ‖ ≃**schleim** *m* (Biochem) / phycocolloid *n* ‖ ≃**teich** *m* (der der Algenzucht dient und mit biologisch gereinigtem Abwasser zur Nährstoffzufuhr beschickt wird und damit gleichzeitig als 3. Reinigungsstufe zur Stickstoff- und Phosphatbeseitigung aus dem Abwasser wirkt) (Sanitär) / algal pond, algae (growth) pond ‖ ≃**toxin** *n* (Chem) / algae toxin, algal toxin ‖ ≃**weide** *f* (Bot, Landw) / algae farm
**Algin** *n* (ein Inhaltsstoff der Braunalgen) (Nahr, Pharm, Tex) / algin *n*
**Alginat** *n* (Salz oder Ester der Alginsäure - E 401 bis 405) (Chem) / alginate *n* ‖ ≃**faser** *f* (auf der Basis der Alginsäure oder deren Metallsalzen hergestellt) (Plast) / alginate fibre
**Alginit** *m* (ein Mazeral) (Bergb, Min) / alginite *n*
**Alginsäure** *f* (ein Polysaccharid) (Chem) / alginic acid*, algin *n* ‖ ≃**ester** *m* (Chem) / alginic ester
**Algizid** *n* (Chem, Umwelt) / algicide *n*, algaecidal substance
**Algodonit** *m* (legierungsartige Verbindung von As und Cu) (Min) / algodonite *n*
**Algol** *m* (β Persei) (Astr) / Algol* *n*

**ALGOL** *n* (eine problemorientierte Programmiersprache nach DIN 66026) (EDV) / Algol* *n*
**Algologie** *f* (Lehre von den Algen) (Bot, Umwelt) / algology* *n*, phycology* *n*
**Algorithmentheorie** *f* (EDV, Math) / algorithm theory, theory of algorithms
**algorithmisch** *adj* (EDV, Math) / algorithmic *adj* ‖ **nicht ~** (EDV) / non-algorithmic *adj*
**algorithmisieren** *v* (EDV, Math) / algorithmize *v*
**Algorithmus** *m* (EDV, Math) / algorithm* *n* ‖ **euklidischer** ≃ (Bestimmung des größten gemeinsamen Teilers) (Math) / Euclidean algorithm, Euclid's algorithm ‖ **Gaußscher** ≃ (Math) / Gaussian elimination ‖ **genetischer** ≃ (KI) / genetic algorithm, GA ‖ **normaler** ≃ (EDV) / Markov algorithm ‖ ≃ *m* **für Silbentrennprogramme** (EDV) / hyphenation algorithm ‖ ≃ **zur Beseitigung verdeckter Linien** (EDV) / hidden-line algorithm ‖ ≃ **zur Suffixentfernung** (EDV) / suffix-removal algorithm, stemming algorithm
**Algorrababaum** *m* (For) / mesquite *n*, mesquit *n*
**Alhenna** *f* (Chem, Nahr) / henna *n*
**Alhidade** *f* (bei Winkelmeßinstrumenten) (Verm) / alidade* *n*, sight rule*
**Alhidadenachse** *f* (Verm) / vertical axis
**Alias** *n* (EDV) / alias *n* ‖ ≃**effekt** *m* (ein Störeffekt bei der regelmäßigen Entnahme von Proben aus einem kontinuierlichen analogen Signal) (Eltronik) / aliasing* *n* ‖ ≃**eintrag** *m* (Fernm) / alias entry ‖ ≃**frequenz** *f* (Eltronik) / alias frequency
**Aliasing** *n* (Ersetzen der geraden durchgehenden Linie durch eine Treppenlinie aus Pixeln) (EDV) / aliasing* *n* ‖ ≃**-Effekt** *m* (EDV) / aliasing effect ‖ ≃**-Effekt** (Eltronik) / aliasing* *n*
**alicyclisch** *adj* (Chem) / alicyclic* *adj*, cycloaliphatic *adj*, aliphatic-cyclic* *adj*
**Alignement** *n* (zu einem gesuchten Stern führende Verlängerung der Verbindungslinie auffälliger Sterne) (Astr) / alignment *n*
**Alignierinstrument** *n* (DIN 18718) (Verm) / aligning instrument
**Alignment-Tool** *n* (EDV) / alignment tool
**alimentär** *adj* (Nahr) / alimentary* *adj*, food *attr* ‖ ~**e Vergiftung** (Med, Nahr) / food poisoning*
**aliphatisch** *adj* (Chem) / aliphatic *adj* ‖ ~**er Aldehyd** (Chem) / aliphatic aldehyde, alkanal *n* ‖ ~**e Alkohole** *m pl* (Chem) / aliphatic alcohols ‖ ~**es Amin** (Chem) / aliphatic amine ‖ ~**er Kohlenwasserstoff** (Chem) / aliphatic hydrocarbon ‖ ~**e Verbindung** (Chem) / aliphatic compound*
α**-Liponsäure** *f* (Biochem) / lipoic acid, thioctic acid
**aliquoter Teil** (Chem, Math) / aliquot part*, aliquot *n*
**Aliquote** *f* (Teiler, der ganzzahligen Quotienten gibt) (Chem, Math) / aliquot part*, aliquot *n*
**Aliquotsaite** *f* (Akus) / aliquot string, sympathetic string
**Aliquotton** *m* (der mit dem Grundton mitklingende Oberton) (Akus) / aliquot tone
**Alit** *m* (eine Klinkerphase) / alite *n*
**Alitieren** *n* (DIN 50 902) (Galv) / alitizing *n*
**Alizarin** *n* (ein Farbstoff) (Chem) / alizarin* *n* (1,2-dihydroxyanthraquinone) ‖ ≃**brillantgrün** *n* (Chem, Tex) / alizarin cyanine green ‖ ≃**cyaningrün** *n* (Chem, Tex) / alizarin cyanine green ‖ ≃**farbstoff** *m* (ein Beizenfarbstoff) (Chem, Tex) / alizarin dyestuff ‖ ≃**zyaningrün** *n* (Chem, Tex) / alizarin cyanine green
**alizyklisch** *adj* (Chem) / alicyclic* *adj*, cycloaliphatic *adj*, aliphatic-cyclic* *adj*
**Alkali** *n* (Chem) / alkali* *n* (pl. alkalis or alkalies) ‖ ≃**-** (Chem) / alkaline *adj*, alkalic *adj*, alk, basic *adj* ‖ **titrierbares** ≃ (einer alkalischen Reinigungslösung) (Tex) / titratable alkali ‖ ≃**amphibol** *m* (z.B. Arfvedsonit, Riebeckit) (Min) / soda hornblende ‖ ~**arm** *adj* / low-alkali *attr* ‖ ~**armes Borosilikatglas** (mit hohem Erdalkalioxidgehalt) (Glas) / E glass* (of low alkali content) ‖ ~**beständiger Anstrichstoff** (Anstr) / alkali-resisting paint* ‖ ~**bildend** *adj* (Chem) / alkaligenous *adj* ‖ ≃**blau** *n* (Na-Salz der Monosulfonsäure des Triphenylrosanilins) (Chem) / alkali blue ‖ ≃**boden** *m* (dessen pH-Wert oberhalb von 7 liegt) (Landw) / alkaline soil ‖ ≃**cellulose** *f* (Natroncellulose) (Chem) / alkali cellulose, soda cellulose (US) ‖ ≃**dampflampe** *f* (Eltronik) / alkaline metal-vapour lamp ‖ ≃**echtheit** *f* (DIN 54030) (Tex) / alkali fastness ‖ ≃**fehler** *m* (bei Glaselektroden) / alkali error, sodium error ‖ ≃**feldspat** *m* (Sanidin, Orthoklas, Mikroklin, Adular, Albit) (Min) / alkali felspar ‖ ≃**gestein** *n* (Geol) / alkaline rock, alkalic rock ‖ ≃**glas** *n* **mit 10-15% Na₂O** (Glas) / A-glass* *n* ‖ ≃**glasur** *f* (Keram) / alkaline glaze, alkali glaze ‖ ≃**granit** *m* (Geol) / alkali granite* ‖ ≃**hornblende** *f* (z.B. Arfvedsonit, Riebeckit) (Min) / soda hornblende ‖ ≃**lauge** *f* (Chem) / lye* *n* (alkaline solution) ‖ ≃**lignin** *n* (Bot, For) / alkali lignin, soda lignin ‖ ~**löslich** *adj* (Chem) / alkali-soluble *adj* ‖ ≃**-Mangan-Batterie** *f* (Eltech) / alkaline manganese battery ‖ ≃**metall** *n* (Li bis Fr) (Chem) / alkali metal* ‖ ≃**metrie** *f* (ein Verfahren der Maßanalyse) (Chem) / alkalimetry *n*

**alkalin** *adj* (Chem) / alkaline *adj*, alkalic *adj*, alk, basic *adj*
**Alkali • patrone** *f* (eine Regenerationspatrone nach DIN 3183) / caustic soda cartridge, alkali canister ‖ ⁓**pflanze** *f* (Bot) / basiphyte *n* ‖ ⁓**reaktion** *f* **im Beton** (schädigende) (HuT) / concrete cancer, alkali-silica reactivity ‖ ⁓**reiche Glasur** (Keram) / alkaline glaze, alkali glaze ‖ ⁓**reserve** *f* (Standard bicarbonat) (Physiol) / alkali reserve ‖ ⁓**rückgewinnung** *f* (Pap) / soda recovery* ‖ ⁓**salz** *n* (Salz der Alkalimetalle) (Chem) / alkali (metal) salt
**alkalisch** *adj* (Chem) / alkaline *adj*, alkalic *adj*, alk, basic *adj* ‖ **schwach ~** (Chem) / subalkaline *adj* ‖ **~e Akkumulatorenbatterie** (Eltech, Kfz) / alkaline storage battery ‖ **~e Batterie** (Eltech, Kfz) / alkaline storage battery ‖ **~e Beschaffenheit** (Chem) / alkalinity* *n*, basicity* *n*, alkalescence *n* ‖ **~e Entfettung** (Anstr) / alkali degreasing ‖ **~e Erde** (Chem) / alkaline earth ‖ **~e Lösung** (Chem) / alkaline solution* ‖ **~ machen** (Chem) / alkalify *vt*, alkalize *v* ‖ **~e Phosphatase** (z.B. die Dünndarmschleimhautphosphatase) (Biochem) / alkaline phosphatase*, AP* ‖ **~e Reaktion** (Chem) / alkaline reaction, basic reaction ‖ **~ werden** (Chem) / alkalify *vi* ‖ **~e Zink-Braunstein-Batterie** (Eltech) / alkaline manganese battery
**Alkalischmelze** *f* (zur Einführung von Hydroxylgruppen in aromatische Verbindungen) (Chem) / alkali melt
**alkalisieren** *v* (Chem) / alkalify *vt*, alkalize *v*
**Alkalisierungsmittel** *n* (Chem) / basifier *n*
**Alkali • suspensionsvorlage** *f* (Rauchgasentschwefelung) (Chem Verf) / alkali suspension feed tank ‖ ⁓**syenit** *m* **aus Nordmark** (Norwegen) (Geol) / nordmarkite* *n*
**Alkalität** *f* (Chem) / alkalinity* *n*, basicity* *n*, alkalescence *n*
**Alkali, mit** ⁓**überschuß** (Geol) / peralkaline *adj* ‖ ⁓**unlöslich** *adj* (Chem) / alkali-insoluble *adj* ‖ ⁓**zelle** *f* (Eltech) / alkaline cell, alkali cell ‖ ⁓**zellulose** *f* (Chem) / alkali cellulose, soda cellulose (US)
**alkaloid** *adj* (Chem) / alkaloidal *adj* ‖ ⁓ *n* (überwiegend in Pflanzen vorkommender alkalisch reagierender stickstoffhaltiger Naturstoff, häufig mit ausgeprägter Giftwirkung) (Chem) / alkaloid* *n* ‖ ⁓**chemie** *f* (Chem) / chemistry of the alkaloids ‖ ⁓**fällungsreagens** *n* (zum Nachweis von Alkaloiden) (Chem) / precipitating agent for alkaloids
**alkaloidisch** *adj* (Chem) / alkaloidal *adj*
**Alkan** *n* (Chem) / alkane* *n*, paraffin hydocarbon*
**Alkanal** *n* (aliphatischer Aldehyd) (Chem) / aliphatic aldehyde, alkanal *n*
**Alkanamin** *n* (Chem) / alkylamine *n*
**Alkanna • rot** *n* (Chem) / alkannin *n* ‖ ⁓**wurzel** *f* (Alkanna tuberculata (Forssk.) Meikle) (Bot) / alkanet *n*, dyer's alkanet
**Alkannin** *n* (Chem) / alkannin *n*
**Alkanolamin** *n* (Chem) / alkanolamine *n*, alkyloamine *n*, alkamine *n*
**Alkanole** *n pl* (von Alkanen abgeleitete Alkohole, wie z.B. die Fettalkohole) (Chem) / alkanols *pl*
**Alkanolid** *n* (Hydroxyalkansäurelacton) (Chem) / alkanolide *n*
**Alkan • sulfonat** *n* (Chem) / alkyl sulphonate ‖ ⁓**sulfonsäure** *f* (Chem) / alkylsulphuric acid
**Alkene** *n pl* (Chem) / alkenes* *pl*, olefins *pl*, ethylenic hydrocarbons
**Alkenal** *n* (Chem, Nahr) / alkenal *n*
**Alkensäure** *f* (einfach ungesättigte Fettsäure) (Chem) / alkenoic acid
**Alkenylverbindung** *f* (Chem) / alkenyl compound
**Alkermes** *m* (ein alter Farbstoff) / kermes scarlet
**Alkin** *n* (Gruppenbezeichnung für ungesättigte aliphatische Kohlenwasserstoffe der allgemeinen Formel $C_nH_{2n-2}$) (Chem) / alkyne* *n* ‖ **~e** *n pl* / alkyne series, acetylenc series
**Alkogel** *n* (Gel mit Alkohol als Dispersionsmittel) (Chem) / alcogel *n*
**Alkohol** *m* / alcohol* *n* ‖ ⁓ (Ethanol) (Chem) / ethanol* *n*, ethyl alcohol* ‖ ⁓ (als Lösungsmittel) (Chem) / industrial alcohol ‖ **absoluter** ⁓ (Chem) / absolute alcohol* (containing not less than 99% pure ethanol by weight), anhydrous alcohol ‖ **aliphatische ~e** (Chem) / aliphatic alcohols ‖ **aromatische ~e** (Chem) / aromatic alcohols* ‖ **denaturierter** ⁓ (im allgemeinen) (Chem) / denatured alcohol* ‖ **denaturierter** ⁓ (Chem) / methylated spirit* ‖ **dreiwertiger** ⁓ (Chem) / trihydric alcohol, triol *n* ‖ **einwertiger** ⁓ (Chem) / monohydric alcohol* ‖ **primärer** ⁓ (Chem) / primary alcohol* ‖ **sekundärer** ⁓ (Chem) / secondary alcohol* ‖ **technischer** ⁓ (Chem Verf) / industrial alcohol ‖ **tertiäre ~e** (Chem) / tertiary alcohols* ‖ **vierwertiger** ⁓ (Chem) / tetrahydric alcohol ‖ **wasserfreier** ⁓ (Chem) / absolute alcohol* (containing not less than 99% pure ethanol by weight), anhydrous alcohol ‖ ⁓ **am Steuer** (Kfz) / drink-driving *n* ‖ ⁓ **für äußerliche Zwecke** (meist Isopropylalkohol, seltener vergälltes Ethanol) (Pharm) / rubbing alcohol
**Alkoholat** *n* (Chem) / alcoholate *n* (formed by the reaction of an alcochol with an alkali metal), alkoxide *n*
**Alkohol • dehydrogenase** *f* (Biochem) / alcohol dehydrogenase ‖ **hochgradiges** ⁓**destillat zur Rückverdünnung auf Trinkstärke** (Nahr) / neutral spirit(s) ‖ ⁓**essig** *m* (Chem, Nahr) / spirit vinegar ‖ ⁓**frei** *adj* (Nahr) / non-alcoholic *adj*, soft *adj* ‖ **Herabsetzen** *n* **des** ⁓**gehalts** (von Spirituosen) (Nahr) / breaking-down *n*, reduction in proof
**alkoholisch** *adj* (Chem, Nahr) / alcoholic *adj* ‖ **~e Gärung** (Biochem, Nahr) / alcoholic fermentation*
**alkoholisieren** *v* (Nahr) / alcoholize *v*
**Alkohol • kraftstoff** *m* (Kftst) / alcohol fuel* ‖ ⁓**lignin** *n* (Bot) / alcohol lignin ‖ **~löslich** *adj* (Chem) / alcohol-soluble *adj*, soluble in alcohol ‖ ⁓**messer** *m* (Chem) / alcoholometer *n*, alcoholimeter *n*, alcoholmeter *n*
**Alkoholo • meter** *n* (Chem) / alcoholometer *n*, alcoholimeter *n*, alcoholmeter *n* ‖ ⁓**metrie** *f* (Chem) / alcoholometry* *n*
**Alkoholtest** *m* (Kfz) / Breathalyser test, breathalyser test, breath test, Breathalyzer test
**Alkoholyse** *f* (eine der Hydrolyse analoge Reaktion) (Chem) / alcoholysis *n* (pl. alcoholyses)
**Alkosol** *n* (Sol mit Alkohol als Dispersionsmittel) (Chem) / alcosol *n*
**Alkotest** *m* (Kfz) / Breathalyser test, breathalyser test, breath test, Breathalyzer test
**Alkoven** *m* (Bettnische, fensterloser Schlafraum) (Arch, Bau) / alcove *n*, recess *n*, closet *n* (US)
**Alkoxid** *n* (Chem) / alcoholate *n* (formed by the reaction of an alcochol with an alkali metal), alkoxide *n*
**Alkoxy-Gruppe** *f* (Chem) / alkoxy group
**Alkyd • harz** *n* (DIN 53183 und 55945) (Chem, Plast) / alkyd resin* *n* ‖ **mittelöliges** ⁓**harz** / middle-oil alkyd (resin) ‖ **styrolisiertes** ⁓**harz** (Chem) / styrenated alkyd ‖ **fetter** ⁓**harzlack** (mit >60% Öl) (Anstr) / long-oil alkyd ‖ ⁓**preßmasse** *f* (Plast) / dough-moulding compound*
**Alkyl** *n* (Chem) / alkyl* *n*
**Alkylamin** *n* (Chem) / alkylamine *n*
**Alkylans** *n* (pl. -anzien) (Chem) / alkylating agent
**Alkylarensulfonat** *n* (Chem) / alkylaryl sulphonate
**Alkylarylsulfonat** *n* (ein Waschrohstoff) (Chem) / alkylaryl sulphonate
**Alkylatbenzin** *n* (Erdöl, Kftst) / alkylated gasoline (US), alkylation gasoline (US)
**Alkylation** *f* (Chem) / alkylation *n*
**Alkyl • benzol** *n* (Chem) / alkyl benzene ‖ ⁓**benzolsulfonat** *n* (ein Aniontensid) (Chem) / alkyl benzene sulphonate, ABS ‖ **lineares** ⁓**benzolsulfonat** (ein Aniontensid) (Chem) / linear alkyl benzene sulphonate (LAS) ‖ ⁓**bromid** *n* (Chem) / alkyl bromide
**Alkylen** *n* (Chem) / alkylene* *n*
**Alkylhalogenid** *n* (Chem) / haloalkane *n*, alkyl halide
**Alkylidenphosphoran** *n* (z.B. bei der Wittig-Reaktion) (Chem) / alkylidene phosphorane
**Alkylidin** *n* (Chem) / alkylidine *n*
**Alkylierung** *f* (Chem) / alkylation *n* ‖ **reduzierende** ⁓ (Chem Verf) / reductive alkylation *n* ‖ ⁓ *f* **in Gegenwart von HF** (Chem) / hydrofluoric-acid alkylation, HF alkylation
**Alkylierungsmittel** *n* (Chem) / alkylating agent
**alkyl • metallische Verbindung** (Chem) / metal alkyl ‖ ⁓**parabene** *n pl* (die in Deutschland als Konservierungsmittel gesetzlich zugelassen sind) (Chem, Nahr) / Parabens *pl* ‖ ⁓**phenol** *n* (Derivat des Phenols) (Chem) / alkylphenol *n* ‖ ⁓**phenolethoxylat** *n* (ein Tensid) (Chem) / alkylphenol ethoxylate ‖ ⁓**phenolharz** *n* (in Phenoplast) (Chem, Plast) / alkylphenol resin ‖ ⁓**polyglykolether** *m* (Chem) / fatty-alcohol polyglycol ether ‖ ⁓**quecksilber** *n* (Chem) / mercury alkyl ‖ ⁓**rest** *m* (Chem) / alkyl radical ‖ ⁓**schwefelsäure** *f* (Chem) / alkylsulphuric acid ‖ ⁓**sulfat** *n* (Chem) / alkyl sulphate ‖ ⁓**sulfat** (Chem) / fatty alcohol sulphate, fatty alkyl sulphate ‖ ⁓**sulfonat** *n* (grenzflächenaktive Substanz, Salz der Alkylsulfonsäure) (Chem) / alkyl sulphonate ‖ ⁓**sulfonsäure** *f* (Chem) / alkylsulphuric acid
**All** *n* / cosmos *n*, universe *n* ‖ **im** ⁓ **spazieren** (Raumf) / spacewalk *v*
**Allanit** *m* (Min) / allanite* *n*, orthite* *n*, cerine *n*
**Allantoin** *n* (ein Produkt des Purinabbaus - 5-Ureidohydantoin) (Biochem) / allantoin* *n* ‖ ⁓**säure** *f* (Diureidoessigsäure) (Biochem) / allantoic acid
**Allaussage** *f* (logische) / "for-every" statement
**allein • betriebsfähig** *adj* (EDV) / independently operating *adj* ‖ ⁓**fliegendes Feindflugzeug** (Mil) / rat *n* ‖ ⁓**flug** *m* (Luftf) / solo flight ‖ ⁓**gerbung** *f* (Gerbvermögen eines Syntans ohne Zusatz von Vegetabilgerbstoffen) (Leder) / self-tannage *n* ‖ ⁓**inhaber** *n* / sole proprietor ‖ ⁓**stehend** *adj* (Arch) / insulated* *adj* ‖ ⁓**verkäufer** *m* / sole distributor ‖ ⁓**vertretung** *f* / sole agency, exclusive agency
**Allel** *n* (Gen) / allele* *n*
**Allelochemikalie** *f* (interspezifisch wirkender Insektensignalstoff) (Chem, Physiol, Zool) / allelochemical *n* (a semiochemical), ecomone *n*
**Allelopathie** *f* (gegenseitige biochemische Beeinflussung) (Bot) / allelopathy* *n*
**Allelotropie** *f* (Biol) / allelotropism *n*
**Allen** *n* (Chem) / allene* *n* (1,2-diene), propadiene *n* ‖ ⁓**-Kegel** *m* (Aufber) / Allen cone classifier
**Allensch • e Proportionsregel** (Physiol, Umwelt) / Allen's rule ‖ **~e Regel** (eine ökogeografische Regel) (Physiol, Umwelt) / Allen's rule

**Allergen**

**Allergen** n (Med) / allergen* n
**Allergie** f (Krankheitszustand nach Antigen-Antikörper-Reaktion) (Med) / allergy n
**allergisch** adj (gegen) (Med) / allergic adj (to)*
**alles in Ordnung** (Raumf) / all systems go ‖ **~ i.O.** (Raumf) / all systems go ‖ **≈ n oder Nichts** / quantal response, all or none
**Alles•brenner** m / multifuel burner ‖ **≈kleber** m / all-purpose adhesive, universal adhesive ‖ **≈könner** m (For) / double ender ‖ **≈-oder-nichts-Antwort** f (Biochem, Zool, Zyt) / all-or-nothing response* ‖ **≈-oder-nichts-Gesetz** n (Biol) / all-or-none law ‖ **≈reiniger** m (Chem) / all-purpose cleaner, universal cleaner
**Allevardit** m (ein Tonmineral, das sich aus Silikatdoppelschichten aufbaut, die vorwiegend durch Na-Ionen zusammengehalten werden) (Min) / allevardite n
**Allgebrauchslampe** f (Eltech, Licht) / general-lighting service lamp, GLS lamp, general service (electric) lamp
**allgemein** adj / general adj ‖ **~ anerkannte Regeln der Technik** / generally accepted technical conventions ‖ **~er Anruf "an alle"** (Fernm) / general call "to all stations" ‖ **~er Baustahl** (Hütt) / general-purpose steel, steel of tonnage grade, tonnage steel, steel for general structural purposes ‖ **~er Baustahl** (DIN 17100) (Hütt) / commercial steel ‖ **~e Benennung** / omnibus term ‖ **~e Dielektrizitätskonstante** (Elektr) / electric field constant ‖ **~e Erlangverteilung** (Stats) / general Erlang distribution ‖ **~e Form** (Math) / general form ‖ **~e Gasgleichung** (Phys) / ideal-gas law, ideal-gas equation ‖ **~e Gaskonstante** (Phys) / molar gas constant, universal gas constant ‖ **~e Lösung** (bei den Differentialgleichungen) (Math) / complete primitive*, general integral*, general solution*, primitive n ‖ **~e Luftfahrt** (Luftf) / general aviation* ‖ **~er Maschinenbau** (Masch) / general engineering ‖ **~e Nachtabfrage** (EDV) / universal night answer ‖ **~e Relativitätstheorie** (Phys) / general theory of relativity* ‖ **~e Statistik** (Stats) / descriptive statistics ‖ **~e Systemtheorie** / general systems theory ‖ **~e Topologie** (Math) / set topology ‖ **~e Unkosten** / on-costs* pl, overhead expenses*, overheads pl, loading* n, overhead costs, establishment charges* ‖ **~es Viereck** (alle Seiten verschieden lang) (Math) / general quadrilateral ‖ **~e Zirkulation der Atmosphäre** (Meteor) / general atmospheric circulation, planetary circulation ‖ **~ zugänglicher Bereich** (eines Flughafens) (Luftf) / land-side n
**Allgemein•abtragung** f (bei der Korrosion) / overall attack ‖ **≈angriff** m (bei der Korrosion) / overall attack ‖ **≈beleuchtung** f (DIN 5035) (Licht) / general lighting* ‖ **≈formel** f / general formula ‖ **≈gültig** adj (Math) / universal adj ‖ **~rekursiv aufzählbare Menge** (Math) / recursively enumerable set ‖ **~rekursive Funktion** (Math) / general-recursive function
**allgemeinster Unifikator** (KI) / most general unifier, mgu
**Allgeschwindigkeits-Querruder** n (Luftf) / all-speed aileron, inner aileron
**Allicin** n (ein Inhaltsstoff des Knoblauchs) (Pharm) / allicin n
**Alligator•-Ring** m (Bau) / alligator connector ‖ **≈-Zahnring-Dübel** m (ein Einpreßdübel) (Bau) / alligator connector
**Allihnscher Kühler** (Chem) / Allihn condenser
**Alliin** n (ein Inhaltsstoff des Knoblauchs) (Pharm) / alliin n
**Al-Li-Legierung** f (Hütt, Luftf) / allithium* n
**Allizin** n (Pharm) / allicin n
**All-Lage-Motor** m / all-position motor
**allmählich** adj (Steigung) / gentle adj ‖ **~** (Veränderung) / gradual adj ‖ **~** (Übergang) / slow adj ‖ **~ abklingen** (Schwingungen) (Phys) / tail off v
**Allmenge** f (Math) / universal set*
**Allobar** n (ein chemisches Element mit anderer als der natürlichen Isotopenzusammensetzung) (Kernphys) / allobar* n
**allochromatisch** adj (Eltronik, Krist) / allochromatic* adj
**allochthon** adj (Geol, Umwelt) / allochthonous* adj
**Allocrotonsäure** f (Chem) / isocrotonic acid, cis-2-butenoic acid
**Allogamie** f (Bot) / cross-pollination* n, allogamy* n, cross-fertilization* n, amphimixis n
**allogen** adj (in anderen Gesteinsmassen entstanden) (Geol) / allogenic adj
**Allokation** f (Verteilung der begrenzten Produktionsfaktoren einer Volkswirtschaft auf unterschiedliche Verwendungszwecke) / allocation n
**allokieren** v (EDV) / allocate v (memory area, peripheral unit)
**Allokierung** f (EDV) / allocation n (of store space), assignment n (of a device)
**Allomerie** f (Übereinstimmung in der Kristallform bei verschiedener chemischer Zusammensetzung) (Krist) / allomerism n
**Allomon** n (Insektensignalstoff) (Chem, Physiol, Zool) / allomone n
**allomorph** adj (Chem) / allomorphous adj
**Allomorphie** f (Chem) / allotropy* n, allotropism n
**Allonge** f (Filmstück am Anfang der Filmrolle) (Film) / head leader*, leader* n

**Allopatrie** f (Tierverbreitung ohne Überlappung von Arten) (Umwelt) / allopatry n
**All-Operator** m (Math) / universal quantifier (a /pre/determiner)
**Allophan** m (Min) / allophane* n (a phyllosilicate)
**Allopolarisierungsprinzip** n (um Selektivitäten bei Reaktionen ambidenter Anionen vorhersagen zu können) (Chem) / allopolarization principle
**Allosterie** f (besondere Art und Weise, wie niedermolekulare Substanzen in die Regulation biochemischer Reaktionsketten eingreifen, wenn sie als Effektoren auf die Aktivität eines Enzyms einwirken) (Biochem) / allostery n
**allosterisch** adj (Enzym mit sigmoider Kinetik) (Biochem) / allosteric adj
**allo•thigen** adj (Komponente in Gesteinen, die ihren Ursprung in anderen Bildungsräumen hat) (Geol) / allothigenous adj ‖ **≈transplantat** n (Med) / homograft* n, allograft* n ‖ **~triomorph** adj (Minerale, die bei der Erstarrung von Gesteinsschmelzen infolge gegenseitiger Störung beim Wachstum nicht die ihnen zukommende Eigengestalt entwickeln können) (Geol, Min) / allotriomorphic* adj, xenomorphic* adj, anhedral* adj
**allotrop** adj (Chem) / allomorphous adj ‖ **~e Form** (Min) / allotrope n, allotropic form ‖ **~e Modifikation** (Min) / allotrope n, allotropic form
**Allo•trop** n (Min) / allotrope n, allotropic form ‖ **~troph** adj (in der Ernährung auf andere organische Stoffe angewiesen) (Bot) / allotrophic adj ‖ **≈tropie** f (Polymorphie von chemischen Elementen) (Chem) / allotropy* n, allotropism n ‖ **~tropisch** adj (Chem) / allomorphous adj
**Allover•-Muster** n (das eine Warenfläche ganz bedeckt) (Tex) / allover pattern ‖ **≈-Spitze** f (Meterware) (Tex) / allover lace, allover n
**Alloxan** n (Chem) / alloxan n
**allozieren** v (EDV) / allocate v (memory area, peripheral unit)
**Allozierung** f (EDV) / allocation n (of store space), assignment n (of a device)
**All•paß** m (Übertragungsglied, das Schwingungen theoretisch jeder Frequenz überträgt, dessen Amplitudengang somit bei keiner Frequenz verschwindet) (Fernm) / all-pass network ‖ **≈quantor** m (DIN 5474) (Math) / universal quantifier (a /pre/determiner)
**Allradantrieb** m (Kfz) / all-wheel drive ‖ **automatisch zuschaltender ≈** (Kfz) / real-time four-wheel drive, automatically engaging four-wheel drive ‖ **manuell zuschaltbarer ≈** (Kfz) / manually selectable four-wheel drive ‖ **permanenter ≈** (Kfz) / full-time four-wheel drive, permanent four-wheel drive ‖ **ständiger ≈** (Kfz) / full-time four-wheel drive, permanent four-wheel drive ‖ **≈ für die Straße** (eines Personenkraftwagens) (Kfz) / road-going four-wheel drive
**All•rad-Doppelschlepper** m (Landw) / four-wheel drive tandem tractor ‖ **≈radler fürs Gelände** (Kfz) / off-road 4x4 ‖ **≈radschlepper** m (Landw) / four-wheel drive tractor ‖ **≈richtungsmikrofon** m (Akus) / non-directional microphone*, astatic microphone, omnidirectional microphone*, polydirectional microphone ‖ **≈roundreifen** m (Kfz) / town-and-country tyre, all-surface tyre ‖ **≈roundterminal** m n (Schiff) / multi-purpose terminal ‖ **~seitig flächenzentriert** (Krist) / face-centred adj ‖ **~seitig vorgerichtetes Erz** (Bergb) / positive ore*, blocked-out ore ‖ **~seits gelenkig gelagerte Platte unter Längsspannungen** (Mech) / plate hinged on all sides under longitudinal stresses
**Allsolid-state•ionenselektive Elektrode** / all-solid-state electrode, solid-state electrode, all-solid state ion-selection electrode ‖ **≈-Elektrode** f (eine ionenselektive Elektrode) / all-solid-state electrode, solid-state electrode, all-solid state ion-selection electrode
**Allstrom•empfänger** m (für den Anschluß an Gleich- und/oder Wechselstrom) (Radio) / all-mains receiver, universal receiver, ac/dc receiver ‖ **≈empfangsgerät** n (für den Anschluß an Gleich- und/oder Wechselstrom) (Radio) / all-mains receiver, universal receiver, ac/dc receiver ‖ **≈gerät** n (Eltech) / all-mains appliance
**Alltags•geräusch** n (Verkehr, spielende Kinder, Straßenlärm) (Akus) / community noise ‖ **≈kleidung** f (Tex) / everyday wear, streetwear n ‖ **~tauglich** adj / suitable for day-to-day use, suitable for everyday purposes ‖ **≈verstand** m (KI) / common sense ‖ **≈wissen** n (Wissen über Tatsachen, welche im alltäglichen Leben im allgemeinen zutreffen) (KI) / common-sense knowledge
**alluvial** adj (Geol) / alluvial adj ‖ **~es Material** (Geol) / fill n ‖ **~e Seife** (Bergb, Geol) / wash gravel* n ‖ **≈boden** m (junger Schwemmlandboden in Niederungen, in Tälern und an der Küste) (Geol) / alluvial soil, alluvium* n (pl. -via or -viums), alluvial deposit ‖ **≈ebene** f (Geol) / alluvial plain, river plain
**Alluvionen, goldführende ≈** (Geol) / auriferous gravels, auriferous alluvia
**Alluvium** n (Geol) / Holocene* n, Recent n
**Allwellenempfänger** m (Radio) / all-wave receiver, all-band receiver

**Allwetter•echtheit** f (Tex) / all-round fastness to weathering ‖ **⁓jäger** m (bei jedem Wetter und nachts einsatzfähiger Jäger) (Luftf, Mil) / all-weather fighter ‖ **⁓kampffähiger Jäger** (Luftf, Mil) / all-weather fighter ‖ **⁓landung** f (Landung ohne Bodensicht) (Luftf) / blind landing, all-weather landing

**Allyl** n (Chem) / allyl n ‖ **⁓aldehyd** m (Chem) / acrolein* n, propenal n, acrylaldehyde* n, vinyl aldehyde n ‖ **⁓alkohol** m (2-Propen-1-ol) (Chem) / allyl alcohol*, propenol* n (2-propen-1-ol) ‖ **⁓amin** n (3-Aminopropen) (Chem) / allylamine n ‖ **⁓chlorid** n (einer der giftigsten Halogenkohlenwasserstoffe) (Chem) / allyl chloride* n ‖ **⁓harz** n (Chem, Plast) / allyl resin*

**allylisch** adj (Chem) / allylic adj

**Allyl•isothiocyanat** n (Chem) / allyl isothiocyanate, allyl mustard oil, propenyl isothiocyanate ‖ **⁓isothiozyanat** n (Hauptbestandteil des etherischen Senföls) (Chem) / allyl isothiocyanate, allyl mustard oil, propenyl isothiocyanate ‖ **⁓senföl** n (Chem) / allyl isothiocyanate, allyl mustard oil, propenyl isothiocyanate ‖ **⁓thioharnstoff** m (Chem) / allylthiourea n ‖ **π-⁓-Übergangsmetallverbindungen** (Chem) / allyl derivatives of metals, π-allyl transition metal compounds ‖ **⁓umlagerung** f (Chem) / allylic rearrangement

**Allzeichen** n (Math) / universal quantifier (a /pre/determiner)

**Allzweck•-** / all-purpose attr, universal adj ‖ **landwirtschaftliches ⁓fahrzeug** (Landw) / multipurpose farm vehicle ‖ **⁓-Geländereifen** m (Kfz) / all-terrain vehicle tyre ‖ **⁓kleber** m / all-purpose adhesive, universal adhesive ‖ **⁓reiniger** m (Chem) / all-purpose cleaner, universal cleaner

**Almandin** m (ein Eisentongranat) (Min) / almandine* n, Syrian garnet*, almandite n

**Almukantarat** n (Verm) / parallel of altitude, altitude circle, almucantar n

**AlNiCo** n / Alnico* n, Alcomax* n (GB)

**Alnico** n (ein hartmagnetischer Stoff) / Alnico* n, Alcomax* n (GB) ‖ **⁓-Legierung** f / Alnico* n, Alcomax* n (GB)

**Aloeholzöl** n (aus Aquilaria agallocha (Lour.) Roxb.) / oriental linaloe, agar attar, aloe wood oil

**Aloi** m (bei Edelmetallen) (Hütt) / fineness* n, standard n

**Alpaca** m (ein Oberkleidungsgewebe) (Tex) / alpaca* n

**Alpaka** n (Wolle des Schafkamels Alpaka) (Tex) / alpaca* n ‖ **⁓** (eine Reißwollqualität) (Tex) / alpaca n ‖ **⁓haar** n (Wolle des Schafkamels Alpaka) (Tex) / alpaca* n ‖ **⁓wolle** f (Wolle des Schafkamels Alpaka) (Tex) / alpaca* n

**Alpakka** f (Tex) / alpaca n

**Alpax** n (Al-Si-Legierung mit etwa 13% Si) (Hütt) / Alpax n, Silumin n

**Alpenglühen** n (Geophys) / alpenglow n, Alpine glow

**Alpha•-Abbruch** m (KI) / alpha cutoff ‖ **⁓-Abschneiden** n (der Bäume beim Spielen) (KI) / alpha cutoff

**Alphabet** n (in vereinbarter Reihenfolge geordneter Zeichenvorrat - DIN 44300) / alphabet n ‖ **griechisches ⁓** (Typog) / Greek alphabet ‖ **kyrillisches ⁓** (Typog) / Cyrillic n ‖ **lateinisches ⁓** (Typog) / Roman alphabet ‖ **nichtlateinisches ⁓** (EDV, Typog) / non-Roman alphabet ‖ **⁓flagge** f (eine Signalflagge) (Schiff) / alphabet flag

**alphabetisch** adj / alphabetic adj, alphabetical adj ‖ **⁓er Kode** (EDV) / alphabetic code ‖ **⁓es Ordnen** (DIN 5007) / alphabetical ordering, alphabetical arrangement ‖ **⁓es Wort** (EDV) / alphabetic word ‖ **⁓es Zeichen** (Typog) / letter n ‖ **⁓er Zeichenvorrat** (ein Buchstaben enthaltender Zeichenvorrat, der auch Steuerzeichen und Sonderzeichen, jedoch keine Ziffern beinhalten kann) (EDV) / alphabetic character set

**Alpha•-Canum-Venaticorum-Sterne** m (Astr) / spectrum variables ‖ **⁓detektor** m (Kernphys) / alpha-ray detector, alpha detector ‖ **⁓-Einfang** m (Kernphys) / alpha capture ‖ **⁓eisen** n (Hütt) / alpha-iron* n ‖ **⁓fehler** m (Stats) / type I error, error of first kind ‖ **⁓fotografisches Verfahren** (ein Bildschirmdarstellungsverfahren, z.B. das britische Picture Prestel) (TV) / alphaphotographic mode ‖ **⁓geometrisches Verfahren** (ein Bildschirmdarstellungsverfahren, z.B. das kanadische Télidon) (TV) / alphageometric mode ‖ **⁓-Grenzfrequenz** f (Eltronik) / alpha cut-off ‖ **⁓kode** m (EDV) / alphabetic code ‖ **⁓-Komponente** f (in Drehstromnetzen) (Eltech) / alpha component

**alphamerisch** adj (EDV) / alphanumeric* adj, alphameric* adj

**Alpha•messing** n (Hütt) / alpha brass* n ‖ **⁓mosaik-Verfahren** n (ein Bildschirmdarstellungsverfahren wie Antiope oder Prestel) (TV) / alphamosaic mode

**alphanumerisch** adj (EDV) / alphanumeric* adj, alphameric* adj ‖ **⁓e Meldung** (bei programmierbaren Taschenrechnern) (EDV) / alpha prompt

**Alpha•quelle** f (Kernphys) / alpha emitter*, alpha source ‖ **⁓-Strahl** m (Kernphys) / alpha ray* ‖ **⁓strahldetektor** m (Kernphys) / alpha-ray detector, alpha detector ‖ **⁓strahlungsquelle** f (Kernphys) / alpha emitter*, alpha source ‖ **⁓teilchen** n (Kernphys) / helium nucleus, alpha-particle* n, α-particle n

**Alphatron** n (Ionisationsvakuummeter zum Messen von niedrigen Gasdrücken) (Phys) / alpha-ray vacuum gauge, alphatron n

**Alpha•wort** n (bestehend aus Alphazeichen) (EDV) / alphabetic word ‖ **⁓zeichenvorrat** m (EDV) / alphabetic character set ‖ **⁓zellulose** f (Chem) / alpha-cellulose n ‖ **⁓zerfall** m (Kernphys) / alpha decay*, alpha disintegration*, alpha-ray decay

**alpin•es Gesetz** (Krist) / Dauphiné law ‖ **⁓er Gletschertyp** (Geol) / valley glacier

**Alptraum-Software** f (mit Computerviren) (EDV) / nightmare software

**Alsbachit** m (ein Aplit) (Geol) / alsbachite n

**ALS-Technik** f (Eltronik) / ALS technology

**Alstoniarinde** f (Pharm) / bitterbark n, Australian fever bark

**Alstonit** n (Mischkristall Aragonit-Witherit) (Min) / alstonite* n, bromlite n

**ALSTTL-Technik** f (verbesserte Bipolartechnik mit sehr niedriger Verlustleistung) (Eltronik) / ALS technology

**alt** adj (Tex) / hand-me-down attr ‖ **⁓er Anstrich** (Anstr) / old coating, old paint ‖ **⁓er** (ausgeerzter) **Grubenbau** (Bergb) / guag* n, gunis* n, gunnis* n, gunnice* n ‖ **⁓er Kalkäscher** (Leder) / old lime, stale lime ‖ **⁓er Mann** (verlassener, abgesperrter, versetzter oder zu Bruch gewordener Grubenbau oder -raum) (Bergb) / gob* n, goaf* n, old workings, self-fill n (US) ‖ **⁓er Tintenfleck** (Eisengallustinte) (Pap) / iron-mould n, rust stain ‖ **im ⁓en Mann aufgefahrene Strecke** (Bergb) / gob road*, gob heading*

**Altait** m (Bleitellurid) (Min) / altaite n

**Altan** m (Arch) / gallery n, gazebo n

**Altanstrich** m (Anstr) / old coating, old paint

**Altar** n (Stätte des eucharistischen Mahles) (Arch) / altar n ‖ **⁓grab** n (Arch) / altar tomb* ‖ **⁓retabel** n (Arch) / retable n ‖ **⁓staffel** f (Zwischenstück zwischen Mensa und Altarretabel) (Arch) / predella n

**Alt•azimut** m (Astr, Instr, Verm) / altazimuth* n, universal instrument ‖ **⁓backen** adj (Brot) (Nahr) / stale adj ‖ **⁓backenwerden** n (Nahr) / staling n ‖ **⁓bausanierung** f (meistens im Stadtkern) (Arch) / urban renewal n ‖ **⁓bausanierung** (mit öffentlichen Mitteln) (Bau) / rehabilitation n ‖ **⁓bausanierung** (aus eigenen Mitteln am eigenem Objekt) (Bau) / refurbishing n, refurbishment n ‖ **⁓bestand** m (For) / old growth, old crop ‖ **⁓eisen** (Hütt) / iron scrap, junk iron, scrap-iron n

**Altenroboter** m (KI) / gerontological robot

**Alter** n (auch als chronologischer Abschnitt in der Geologie) (Geol, Kernphys) / age n ‖ **absolutes ⁓** (Geol, Kernphys) / absolute age* n ‖ **geologisches ⁓** (Geol) / geologic age ‖ **radiometrisches ⁓** (Geol, Kernphys) / radiometric age* n ‖ **relatives ⁓** (Geol, Kernphys) / relative age

**Alterans** n (pl. -ranzien od. -tia) (Mittel zur Umstimmungstherapie bei chronischen Krankheiten, die spezifisch nicht zu beeinflussen sind) (Pharm) / alterant n

**altern lassen** (Nahr) / age vt ‖ **⁓** n (natürliches) (WP) / ageing* n, aging n ‖ **künstliches ⁓** (im allgemeinen) / artificial ageing ‖ **künstliches ⁓** (von Kohlenstoffstählen und niedriglegierten Öl- und Wasserhärtern) (Hütt) / artificial ageing* n ‖ **natürliches ⁓** (Hütt) / natural age hardening, natural ageing (at room temperature), natural aging ‖ **thermisches ⁓** / thermal ageing, thermosenescence n

**Alternante** f (Math) / alternant* n

**alternativ** adj (Energie) / alternative adj ‖ **⁓e Hypothese** (Math) / alternative hypothesis ‖ **⁓er Kraftstoff** (z.B. Wasserstoff oder Ethanol) (Kftst) / substitute fuel, alternative fuel, replacement fuel ‖ **⁓e Landwirtschaft** (Landw) / organic farming ‖ **⁓e Variabilität** (Stats) / dichotomy n ‖ **⁓energie** f (z.B. Sonne, Wind, Wasser) (Umwelt) / substitute energy, alternative energy ‖ **⁓hypothese** f (Math) / alternative hypothesis ‖ **⁓kraftstoff** m (Kftst) / substitute fuel, alternative fuel, replacement fuel ‖ **⁓material** n (Masch) / substitute material, alternative material, alternate material ‖ **⁓reaktion** f / quantal response, all or none ‖ **⁓verbot** n (Raman- und IR-Spektroskopie) (Spektr) / mutual-exclusion rule

**Alternator** m (EDV) / OR element, OR gate, mix gate

**alternd** adj (Biol) / senescent adj

**alternierend** adj (Math) / alternating adj ‖ **⁓es Copolymer** (Chem) / alternating copolymer ‖ **⁓e Funktion** (Math) / alternating function, antisymmetric function* ‖ **⁓e Gruppe** (von n Elementen) (Math) / alternating group ‖ **⁓e Kohlenwasserstoffe** (Chem) / alternant hydrocarbons, AH ‖ **⁓es Kopolymer** (Chem) / alternating copolymer ‖ **⁓e Quersumme** (wenn die Ziffern, die an geraden Stellen stehen, negativ gerechnet werden) (Math) / alternating cross-sum ‖ **⁓e Reihe** (Math) / alternating series* ‖ **⁓er Tensor** (Math) / alternating tensor

**Altersbestimmung** f / dating n ‖ **absolute ⁓** (Geol, Kernphys) / absolute dating, chronometric dating ‖ **chemische ⁓** (z.B. anhand von Razemisierungserscheinungen bei Aminosäuren) (Chem) / chemical dating ‖ **physikalische ⁓** (z.B. von Mineralien, Gesteinen, Gläsern usw.) / radiometric dating, radioactive age determination, physical dating ‖ **radioaktive ⁓** (Geol, Phys) / radioactive dating*, radiometric

**Altersbestimmung**

dating*, radioactive age determination, isotope dating ||
**radiometrische** ≈ (Geol, Phys) / radioactive dating*, radiometric dating*, radiometric dating*, radioactive age determination, isotope dating ||
**radiometrische** ≈ **nach der Rubidium-Strontium-Methode** (Geol) / strontium dating || **relative** ≈ (Geol, Kernphys) / relative dating || ≈ *f* **aus Thermolumineszenzdaten** / thermoluminescent dating || ≈ **mit Hilfe der Thermolumineszenz** (der keramischen Scherben) / thermoluminescent dating
**Alters•schwerhörigkeit** *f* (Akus, Med) / presbycousis *n*, presbycusis *n* || ~**sichtig** *adj* (Med, Opt) / presbyopic *adj* || ≈**sichtigkeit** *f* (Med, Opt) / presbyopia* *n* || ≈**theorie** *f* **nach Fermi** (die das räumliche, energetische und zeitliche Verhalten von Neutronen bei der Neutronenbremsung behandelt) (Kernphys) / Fermi age theory, age theory* *n* || ~**weitsichtig** *adj* (Med, Opt) / presbyopic *adj* || ≈**weitsichtigkeit** *f* (Med, Opt) / presbyopia* *n*
**Alterung** *f* (des Leichtmetalls) (Hütt) / age hardening* || ≈ ≈ (DIN 17014, T 1 und DIN 50035, T1) (WP) / ageing* *n*, aging *n* || **thermische** ≈ / thermal ageing, thermosenescence *n* || ≈ *f* **durch Licht** (Licht) / light ageing || ≈ **durch Lichteinwirkung** (Licht) / light ageing
**Alterungs•ausfall** *m* (eines Systems) / degradation failure || ~**beständig** *adj* / age-resistant *adj*, non-ageing *adj*, insusceptible to ageing || ~**beständiger Stahl** (DIN 17135) (Hütt) / ageing-resistant steel, age-resistant steel || ≈**geschmack** *m* (Brau, Nahr) / stale flavour || ≈**schutzmittel** *n* / anti-ageing agent, antiager *n* || ≈**sprödigkeit** *f* (die durch Alterung bedingt ist) (Hütt) / precipitation brittleness || ≈**stabilisator** *m* / anti-ageing agent, age-resistor *n*, antiager *n*
**Alt•farbe** *f* (Anstr) / paint waste || ≈**geschmack** *m* (Brau, Nahr) / stale flavour || ≈**geschmacksausbildung** *f* (Brau, Nahr) / staling *n* || ≈**glas** *n* (Glas) / ecology cullet, recycled cullet, bottle bank cullet || ≈**glasbehälter** *m* (Glas) / bottle bank || ≈**gold** *n* (Bronzepulver im tiefgoldenen Farbton des Dukatengoldes) (Anstr) / old gold || ≈**grubengerbung** *f* (Leder) / old pit tannage || ≈**holz** *n* (gebrauchtes Holz - z.B. alte Eisenbahnschwellen) (For) / used wood || ≈**holz** (Bäume und forstliche Bestände, die aufgrund ihres hohen Alters die maximalen jährlichen Zuwachsleistungen nicht mehr erreichen) (For) / old-growth timber || ≈**holz** (For) s. auch Abfallholz
**Altimeter** *n* (Lufft, Phys) / altimeter* *n*
**Altiplano** *m* (in Südperu und Bolivien) (Geog) / altiplano *n*
**Alt•lack** *m* (Lackabfälle) (Anstr) / paint waste || ≈**lack** (Anstr) / old paint || ≈**lackierung** *f* (der als Lackierung vorhandene Untergrund) (Kfz) / existing coating (undercoat) || ≈**land** *n* (Geol) / old landmass || ≈**last** *f* (Sammelbezeichnung für alte Ablagerungen umweltgefährdender Abfälle aus der Zeit ungeordneter Abfallbeseitigung) (Umwelt) / inherited environmental damage, abandoned disposal site, environmental legacy || **militärische** ≈**last** (Mil, Umwelt) / environmental legacy || ≈**lastsanierung** *f* (Umwelt) / decontamination *n* (cleanup of inherited environmental damage) || ≈**material** *n* / salvage *n* || ≈**metall** *n* (Hütt) / scrap metal
**Altokumulus** *m* (pl. -li) (Meteor) / altocumulus cloud, altocumulus* *n* (pl. altocumuli)
**Alt•öl** *n* / waste oil, discarded oil, used oil, spent oil || ≈**ölaufbereitung** *f* / oil reclaiming, oil re-refining || ≈**öliger Geschmack** (verdorbener Fette) (Nahr) / oiliness *n*, oxidative rancidity || ≈**ölschmierung** *f* (Masch) / waste lubrication, waste-oil lubrication
**Altostratus** *m* (pl. -strati) (Meteor) / altostratus cloud, altostratus* *n* (pl. altostrati)
**Alt•papier** *n* (Pap) / scrap paper, waste paper, scratch paper (US), old (waste) paper || ≈**papier** (von den Verbrauchern bereits benutzet) (Pap, Umwelt) / postconsumer waste paper || ≈**papieraufbereitung** *f* (Pap) / waste-paper dressing, waste-paper preparation || ≈**papierpresse** *f* (Pap) / waste-paper baling press || ≈**reifen** *m* (bereits ausgemusterter) (Kfz) / discarded tyre || ~**rosa** *adj* / antique pink, old rose
**Altrose** *f* (eine Aldohexose) (Chem) / altrose* *n*
**Alt•sand** *m* (Gieß) / old sand, used sand, returned sand || ≈**sand** (am Ausleerrost) (Gieß) / shake-out sand || ≈**schmieröl** *n* / lubrication oil waste || ≈**schmierstoff** *m* / used lubricant || ≈**schnee** *m* (Meteor) / old snow || ≈**schrott** *m* (Hütt) / capital scrap || ≈**stoff** *m* (Sanitär, Umwelt) / waste* *n*, junk *n*, residuary product || ≈**-Taste** *f* (erzeugt in Verbindung mit einer anderen, gleichzeitig gedrückten Taste eines Rechners ein Sonderzeichen, das in Abhängigkeit vom Anwenderprogramm definiert werden kann) (EDV) / ALT key
**ALT-Taste** *f* (EDV) / ALT key
**Alt•wasser** *n* (Geog, Wasserb) / oxbow *n* || ≈**wasserarm** *m* (z.B. nach dem Mäanderdurchbruch) (Geog, Wasserb) / oxbow *n* || ≈**wassersee** *m* (charakteristischer Seentyp in den Niederungen von Deltaregionen und großen Strömen) (Geog, Wasserb) / oxbow lake*, crescentic lake, horseshoe lake* || ≈**wolle** *f* (Tex) / reused wool || ≈**ziegel** *m* (Bau) / old brick, second-hand brick || ≈**zink** *n* (Hütt) / zinc scrap
**ALU** *f* (EDV) / arithmetic logic unit* (ALU)

**Alu** *n* s. Aluminium || ≈**coating** *n* (Herstellung von Korrosionsschutzüberzügen hoher Haftfestigkeit aus Aluminium auf Stahl durch Lichtbogen- oder Plasmaspritzen) (Galv) / alucoating *n* || ≈**felge** *f* (Kfz) / aluminium wheel, alloy wheel || ≈**folie** *f* (Bau) / aluminium foil* || ≈**gel** *n* (Chem) / alumina gel, gelatinous aluminium hydroxide || ≈**goldfarbe** *f* (eine Goldimitationsfarbe) (Anstr) / imitation gold ink
**Alumel** *n* (Legierung mit etwa 94% Ni, 2% Al, 2% Mn und 1% Si) (Hütt) / Alumel *n* (Hoskins Manufacturing Company)
**alumetieren** *v* (Galv) / alumetize *v*
**Alumilite Hard Coating** *n* (Hart-Eloxalverfahren mit 10-15%iger Schwefelsäure und 1%iger Oxalsäure) (Galv) / Alumilite hard coating
**Alumilite-Verfahren** *n* (elektrolytische Oxidation des Aluminiums in Schwefelsäure verschiedener Konzentration, das im wesentlichen dem Eloxal-(GS)-Verfahren entspricht) (Galv) / Alumilite process (US)
**Aluminat** *n* (Chem) / aluminate* *n*
**Aluminid** *n* (intermetallische Verbindung zwischen Aluminium und einem oder mehreren anderen Metallen) (Chem) / aluminide *n*
**aluminieren** *v* / aluminize *v*
**aluminisieren** *v* / aluminize *v*
**aluminisierter Bildschirm** (EDV, Eltronik) / aluminized screen
**Aluminium (Al)** *n* (Chem) / aluminium *n* (GB)*, aluminum* *n* (US) || ≈ **gebürstet** (Metallfinish an Gehäusen der Geräte der Unterhaltungselektronik) / brushed aluminium || ≈**acetat** *n* (Chem) / aluminium ethanoate, aluminium acetate || ≈**antimonid** *n* (Chem) / aluminium antimonide* || ≈**azetat** *n* (Chem) / aluminium ethanoate, aluminium acetate || ≈**beize** *f* (z.B. Aluminiumsulfat, basisches Aluminiumazetat) (Tex) / aluminium mordant || ~**beschichteter Spiegel** (Opt) / aluminium-coated mirror || ≈**beschichtung** *f* / aluminium coating || ≈**blechrad** *n* (Kfz) / aluminium-sheet wheel, sheet wheel || ≈**boranat** *n* (Chem) / aluminium borohydride || ≈**bromid** *n* (AlBr₃) (Chem) / aluminium bromide || ≈**bronze** *f* (Anstr) / aluminium paint (aluminium paste or powder mixed with a suitable medium - the most widely used medium is varnish) || ≈**bronze** (Anstr) / aluminium pigment || ≈**bronze** (ein Knet- od. Gußwerkstoff aus mindestens 70% Cu sowie Al als Hauptlegierungszusatz) (Hütt) / aluminium bronze* || ≈**chlorid** *n* (AlCl₃) (Chem) / aluminium trichloride, aluminium chloride || ≈**email** *n* (zum Schutz und Schmuck der Oberfläche von Aluminiumlegierungen) (Chem) / aluminium enamel || ≈**ethanoat** *n* (Chem) / aluminium ethanoate, aluminium acetate || ≈**farbe** *f* (Anstr) / aluminium paint (aluminium paste or powder mixed with a suitable medium - the most widely used medium is varnish) || ≈**felge** *f* (eine Leichtmetallfelge) (Kfz) / aluminium wheel, alloy wheel || ≈**fluorid** *n* (Chem) / aluminium fluoride || ≈**folie** *f* (Bau) / aluminium foil* || ≈**formiat** *n* (Chem) / aluminium formate || ≈**hydrid** *n* (Chem) / aluminium hydride || ≈**hydroxid** *n* (Chem) / aluminium hydroxide || **hydratisiertes** ≈**hydroxid** (Chem) / hydrated aluminium hydroxide, alumina trihydrate || ≈**isopropylat** *n* (Chem) / aluminium isopropoxide, aluminium isopropylate || ≈**karosserie** *f* (Kfz) / aluminium body || ≈**knitterfolie** *f* / dimpled aluminium foil || ≈**lackfarbe** *f* (Kunstharzlack, mit Aluminiumpulver pigmentiert) (Anstr) / aluminium paint || ≈**legierung** *f* (DIN 1725) (Hütt) / aluminium alloy* || ≈**lunge** *f* (Med) / aluminosis *n* (pl. aluminoses) || ≈**mantel** *m* (Kab) / aluminium sheath || ≈**messing** *n* (Hütt) / aluminium brass* || ≈**metahydroxid** *n* (z.B. Diaspor od. Böhmit) (Chem, Min) / aluminium oxide and hydroxide || ≈**oxid** *n* (Chem) / aluminium oxide, alumina* *n* || ≈**oxid G** (mit Gips als Bindemittel) (Chem) / alumina *n* G || ≈**oxidfaser** *f* (zur Verstärkung der Konstruktionen und zur Wärmedämmung) / aluminium oxide fibre || ≈**oxidgel** *n* (Chem) / alumina gel, gelatinous aluminium hydroxide || ≈**oxidhydrat** *n* (Chem) / hydrated alumina || ≈**oxidkeramik** *f* (mit hohem Anteil an Al₂O₃) (Keram) / alumina porcelain, alumina ceramics || ≈**oxidkeramik** (Keram) / sintered alumina || ≈**oxidschicht** *f* (Galv) / aluminium oxide coating, aluminium oxide film (if thin) || ≈**paste** *f* (Anstr) / aluminium paste (aluminium powder mixed with sufficient liquid) || ≈**phosphat** *n* (Chem) / aluminium phosphate || ≈**pigment** *n* (Anstr) / aluminium pigment || ~**plattiert** *adj* / aluminium-clad *adj* || ≈**pulver** *n* (Hütt) / aluminium powder* || ≈**raffinationselektrolyse nach Hoopes** (Hütt) / Hoopes process* || ≈**reiche Gesteine** (Aluminiumhydrate oder Aluminiumhydrosilikate) (Geol) / aluminous rocks || ~**schichthinterlegter Bildschirm** (EDV, Eltronik) / aluminized screen || ≈**seife** *f* (eine Metallseife) (Chem) / aluminium soap || ≈**silicat** *n* (Min) / alumino-silicate* *n* || ≈**silikat** *n* (mit SiO₄-Tetraeder-Struktur) (Min) / alumino-silicate* *n* || ≈**stahl** *m* (Hütt) / aluminium steel || ≈**-Stahl-Kabel** *n* (Kab) / aluminium cable, steel-reinforced, ACSR || ≈**stearat** *n* (Chem) / aluminium stearate || ≈**sulfat** *n* (E 520) (Chem, Nahr) / aluminium sulphate || **technisches** ≈**sulfat** (mit Fe^{II} und Fe^{III}) (Chem Verf) / aluminoferric || **technisches** (handelsübliches) ≈**sulfat** (Hydrat) (Pap) / alum *n*, acid

alum ‖ ⁻sulfat *n* als Flockungsmittel (bei der Oberflächenwasser-Reinigung) (Sanitär) / filter alum ‖ ⁻titanat *n* (Chem, Keram) / aluminium titanate ‖ ⁻trichlorid *n* (Chem) / aluminium trichloride, aluminium chloride ‖ ⁻triethyl *n* (Chem) / triethylaluminium *n* ‖ ⁻trifluorid *n* (AlF$_3$) (Chem) / aluminium fluoride ‖ ⁻trihydroxid *n* (Chem) / aluminium trihydrate, aluminium trihydroxide ‖ ⁻trimethyl *n* (ein Ziegler-Natta-Katalysator) (Chem) / trimethyl aluminium, aluminium trimethyl ‖ ⁻überzug *m* / aluminium coating ‖ ~ummantelt *adj* / aluminium-clad *adj* ‖ ~verlacktes Pigment (Anstr) / aluminium pigment lake ‖ ⁻wasserstoff *m* (Chem) / aluminium hydride

**Aluminon** *n* (Chem) / aluminon* *n*, ammonium aurine-tricarboxylate*

**Aluminose** *f* (eine Staublungenerkrankung) (Med) / aluminosis *n* (pl. aluminoses)

**Aluminosis** *f* (Med) / aluminosis *n* (pl. aluminoses)

**Alumino•thermie** *f* (Chem Verf) / aluminothermic process*, aluminothermy *n*, Goldschmidt process*, thermit(e) process ‖ ~thermisches Schweißen (Schw) / aluminothermic welding, thermit welding ‖ ~thermisches Verfahren (Chem Verf) / aluminothermic process*, aluminothermy *n*, Goldschmidt process*, thermit(e) process

**Alumo•gel** *n* (Min) / alumogel *n* ‖ ⁻silicat *n* (Min) / alumino-silicate* *n* ‖ ⁻silikat *n* (Min) / alumino-silicate* *n*

**Alundum** *n* (reines kristallisiertes Aluminiumoxid als Schleifmittel oder feuerfester Stoff) / Alundum *n* (Norton Company)

**Alunit** *m* (Kaliumaluminiumhexahydroxiddisulfat) (Min) / alunite* *n*, alumite *n*, alumstone* *n*

**Alunogen** *m* (Aluminiumsulfat-18-Wasser) (Min) / alunogen* *n*, hair salt

**Alu•plate-Setter** *m* (Druck, EDV) / aluminium-plate setter, aluminium platesetter ‖ ⁻plattenbelichter *m* (in der elektronischen Vorstufe) (Druck, EDV) / aluminium-plate setter, aluminium platesetter ‖ ⁻zinc *n* (eine Al-Zn-Legierung mit etwa 55% Al, ca. 43,4 Zn und ca. 1,6 Si) (Hütt) / Galvalume *n*

**Alweg-Bahn** *f* (der bekannteste Vertreter der Sattelbahn) (Bahn) / Alweg monorail system

**Alychne** *f* (Ebene mit der Helligkeit Null im Vektorraum der Farben) (Opt) / alychne *n*

**Am** (Chem) / americium* *n*

**AM** (EDV, Mag) / tape mark (TM) ‖ ⁻ (Eltech) / induction machine ‖ ⁻ (Phys) / amplitude* *n*, amplitude peak*, amplitude crest ‖ ⁻ (Radio) / amplitude modulation, AM

**Amadori-Umlagerung** *f* (säurekatalysierte Umlagerung eines Aldose-N-Glucosids in ein Isoglucosamin) (Chem) / Amadori reaction, Amadori rearrangement

**Amagat** *n* (Phys) / amagat* *n*

**Amagat-Einheit** *f* (Molvolumen von Gasen bei 0 °C und 1 at) (Phys) / amagat* *n*

**amagnetischer Stahl** (Hütt) / non-magnetic steel*, antimagnetic steel

**Amalgam** *n* (Hütt) / amalgam* *n*

**Amalgamation** *f* (Anreicherungsverfahren bei der Gewinnung von Metallen, besonders von Gold und Silber, aus Erzen durch Auflösen in Quecksilber) (Aufber) / amalgamation *n*, amalgamation process

**Amalgamations•platte** *f* (im Pochwerk) (Aufber) / apron plate ‖ ⁻platte (Hütt) / amalgamating table* ‖ ⁻tisch *m* (beim Goldwaschen) (Aufber) / amalgamating table*, amalgamated plate*

**Amalgamieren** (Aufber) / amalgamation *n*, amalgamation process

**Amalgamierpfanne** *f* (Aufber) / amalgamation pan*

**Amalgamzelle** *f* (Chem Verf) / mercury cell*, mercury element

**Amanitin** (Giftstoff des Knollenblätterpilzes) (Chem) / amanitin *n*, amanitine *n*

**Amarant** *m* (Chem) / amaranth *n*, acid red 27

**Amarantholz** *n* (For) / purpleheart* *n*, amaranth* *n*, violetwood* *n*

**Amarum** *n* (pl. Amara) (Nahr) / bitter principle

**Amaryllidaceen-Alkaloide** *n pl* (z.B. Galanthamin oder Lycorin) (Pharm) / Amaryllidaceae alkaloids

**A-Mast** *m* (Eltech) / A-type pole

**Amateur•fernsehen** *n* (TV) / amateur television ‖ ⁻funker *m* (Radio) / radio amateur, radio ham, ham *n* (amateur radio operator), amateur radio operator ‖ ⁻funkfrequenzband *n* (das für den Amateurfunkverkehr freigegeben wurde) (Radio) / amateur band ‖ ⁻funkstelle *f* (Radio) / amateur station, ham station ‖ ⁻funkverkehr *m* (Radio) / amateur radio service (communications)

**Amatol** *n* (ein alter Sicherheitssprengstoff; Ammoniumnitrat + Glyzerintrinitrat) / amatol *n*

**Amatoxin** *n* (Chem) / amanitin *n*, amanitine *n*

**Amazonenstein** *m* (ein grüner Kalifeldspat) (Min) / amazonstone* *n*, amazonite* *n*

**Amazonit** *m* (ein grüner Kalifeldspat) (Min) / amazonstone* *n*, amazonite* *n*

**Ambari** *m* (Bot) / kenaf *n*, deccan hemp, ambari hemp, gambo hemp

**Ambatsch** *n* (Aeschynomene elaphroxylon (Guill. et Perr.) Taub.) (For) / ambatch *n*

**Amberbaum** *m* (Liquidambar L. sp.) (For) / liquidambar *n* ‖ **Amerikanischer** ⁻ (Liquidambar styraciflua) (For) / American red gum*, red gum, sweet gum, gum* *n*, satin walnut

**Ambercodon** *n* (Gen) / amber codon

**AM-Bereich** *m* (Kurzwelle + Mittelwelle + Langwelle) (Radio) / AM range

**Amberglas** *n* (Glas) / amber glass

**Amberglimmer** *m* (eine Sonderform des Phlogopits mit einer Kalzinierungstemperatur von etwa 80° C) (Min) / amber mica

**Amberoi** *n* (Pterocymbium beccarii) (For) / amberoi *n*

**ambident** *adj* (Ligand) (Chem) / ambident *adj*

**Ambiguität, semantische** ⁻ (KI) / semantic ambiguity

**Ambiophonie** *f* (Stereophonie mit zusätzlichen Raummikrofonen) (Akus) / ambiophony* *n*

**ambipolar** *adj* (Diffusion, Drift) / ambipolar* *adj*

**Ambitus** *m* (Chorumgang) (Arch) / ambulatory* *n*

**ambivalent** *adj* (Ligand) (Chem) / ambident *adj*

**Ambler-Streckwerk** *n* (für das Ambler-Hochverzugsspinnverfahren) (Spinn) / Ambler superdraft

**Amblygonit** *m* (ein Lithiummineral) (Min) / amblygonite* *n*

**Amblyopie** *f* (Med, Opt) / amblyopia *n*

**Amboß** *m* (der Bügelmeßschraube) (Instr) / anvil *n* ‖ ⁻ (zum Ausformen von Gefäßen) (Keram) / anvil *n* (a piece of wood, a pebble, or other hard substance) ‖ ⁻ (Handfaust mit länglichem Griff) (Kfz) / mushroom-shaped dolly, mushroom dolly ‖ ⁻ (Schmiedeunterlage) (Masch) / anvil* *n* ‖ ~ähnliche Wolke (Cumulonimbus incus) (Meteor) / anvil cloud*, incus *n* (pl.incudes), thunderhead *n* ‖ ⁻klotz *m* (auf dem der Amboß steht - meistens Eiche, Ahorn oder Kiefer) (Masch) / anvil block ‖ ⁻kontakt *m* (feststehender Kontakt des Unterbrechers) (Kfz) / fixed contact, stationary contact ‖ ⁻wolke *f* (eine voll entwickelte Gewitterwolke) (Meteor) / anvil cloud*, incus *n* (pl.incudes), thunderhead *n*

**Amboyna** *n* (For) / amboyna *n*, Manila padouk

**Ambra, [natürliche, graue]** ⁻ (Chem, Zool) / ambergris* *n*

**Ambrein** *n* (Hauptinhaltsstoff der grauen Ambra) (Chem) / ambrein *n*

**Ambrette•butter** *n* (ambrette-seed oil, ambrette *n* ‖ ⁻körner *n pl* / musk seed, ambrette *n*, amber seed

**Ambrosiakäfer** *m pl* (For) / ambrosia beetles*

**Ambursenstaumauer** *f* (aufgelöste Staumauer mit Pfeilern in kleinem Abstand, an denen Stahlbetonplatten befestigt sind) (Wasserb) / flat-slab buttress dam, flat-slab deck dam, Ambursen dam

**AME** (der zwölfte Teil der Masse eines Atoms des Nuklids $^{12}$C) (Kernphys) / (unified) atomic mass unit*

**Ameisensäure** *f* (als Konservierungsstoff = E 236) (Chem, Nahr) / formic acid*, methanoic acid* ‖ ⁻amid *n* (Chem) / formamide *n* ‖ ⁻butylester *m* (Chem) / butyl formate ‖ ⁻ethylester *m* (Chem) / ethyl formate ‖ ⁻methylester *m* (Chem) / methyl formate

**Americium** *n* (Chem) / americium* *n*

**Amerikanisch•er Amberbaum** (Liquidambar styraciflua) (For) / American red gum*, red gum, sweet gum, gum* *n*, satin walnut ‖ ⁻e **Buche** (Fagus grandifolia Ehrh.) (For) / American beech ‖ ~e **Darstellungsweise** (in dem Dreitafelverfahren) (Masch) / third-angle projection* ‖ ~e **Eberesche** (Sorbus americana Marshall) (For) / rowan *n*, rowan-tree *n* (US) ‖ ⁻es **Elemi** (aus Bursera simaruba (L.) Sarg.) / tacamahac *n* ‖ ⁻e **Espe** (For) / trembling aspen, quaking aspen ‖ ~e **Fadenheftung** (nicht auf Gaze) (Buchb) / French sewing*, Smyth sewing ‖ ⁻e **Faulbaumrinde** (aus Frangula purshiana (D.C.) J.G. Cooper) (Pharm) / cascara sagrada*, chittam bark, chittem bark, chittim bark ‖ ⁻e **Gleditschie** (For) / locust *n* (honey), honeylocust *n* ‖ ~e **Hainbuche** (Carpinus caroliniana Walter) (For) / American hornbeam, blue beech ‖ ~er **Kopal** (aus der Hymenaea courbaril L.) / courbaril *n* (from the locust tree), South American copal gum ‖ ⁻e **Lärche** (Larix laricina (Du Roi) K. Koch) (For) / tamarack *n*, Eastern larch, hackmatack *n* ‖ ⁻e **Linde** (meistens Tilia americana) (For) / basswood* *n*, American lime, American basswood ‖ ~er **Mauersteinverband** (Bau) / English garden-wall bond*, common bond (US), American bond*, Scotch bond* ‖ ~e **Nacht** (Eindruck einer Nachtaufnahme bei einer am Tag gedrehten Szene) (Film) / day for night, night effect ‖ ⁻es **Poleiöl** (aus der Hedeoma pulegioides (L.) Pers.) (Pharm) / pennyroyal oil (US), hedeoma oil, American pennyroyal oil ‖ ~e **Projektion** (Masch) / third-angle projection* ‖ ~e **Roteiche** (Quercus rubra L. oder Quercus falcata Michx.) (For) / red oak, Northern red oak, American red oak ‖ ⁻e **Roteiche** (For) s. auch Sichelblättrige Eiche ‖ ⁻es **Rotholz** (Sequoia Endl.) (For) / redwood* *n*, sequoia* *n* ‖ ⁻e **Rotkiefer** (Pinus resinosa Aiton) (For) / American red pine, Norway pine, Canadian red pine ‖ ⁻e **Schabe** (Periplaneta americana L.) (Med, Nahr, Zool) / American cockroach ‖ ⁻er **Standard-Zeichensatz für den Informationsaustausch** (kodierter Zeichenvorrat für den allgemeinen Informationsaustausch zwischen DV-Systemen, Datenübertragungssystemen und zugehörigen

**amerikanisch**

Geräten) (EDV) / ASCII* (American Standard Code for Information Interchange) ‖ ~**e Teppichwäsche** (Tex) / American carpet wash ‖ ~**e Thuje** (Thuja occidentalis L.) (For) / Northern white cedar, white cedar, Eastern white cedar ‖ ~**er Verband** (ein spezieller Verband mit erhöhter Zahl von Läuferschichten) (Bau) / English garden-wall bond*, common bond (US), American bond*, Scotch bond* ‖ ~**e Vogelbeere** (For) / rowan n, rowan-tree n (US) ‖ ~**e Wasserturbine** (eine Reaktionsturbine mit radial eintretendem Wasser und einem axialen Austritt) / American water turbine*, mixed-flow water turbine* ‖ ~**e Zitterpappel** (Populus tremuloides Michx.) (For) / trembling aspen, quaking aspen
**Amerikanische** f (Film) / mid-shot n, bust-shot n
**Amerizium (Am)** n (Chem) / americium* n
**Amesit** m (ein Blätterserpentin) (Min) / amesite* n
α-**Messing** n (Hütt) / alpha brass*
**Ames-Test** m (zur Bestimmung der Mutagenität chemischer Verbindungen) (Gen) / Ames test
**Amethyst** m (violett gefärbte Varietät des Quarzes) (Min) / amethyst* n ‖ **Orientalischer** ~ (ein Schmuckstein aus der Gruppe der Korunde) (Min) / Oriental amethyst*, false amethyst*
**Ametropie** f (Med, Opt, Physiol) / ametropia n, eye deficiency, defective vision
**Amiant** m (ein Hornblendenasbest) (Min) / amianthus* n, amiantus n
**Amici-Bertrand-Linse** f (bei den Polarisationsmikroskopen) (Mikros) / Bertrand lens
**Amici-Prisma** n (ein Reversionsprisma nach G.B.Amici, 1786-1863) (Opt) / Amici roof prism, Amici prism
**Amid** n (Säure- oder Metallamid) (Chem) / amide* n
**Amidase** f (eine Hydrolase) (Biochem) / amidase n
**Amidharz** n (Chem, Plast) / aminoplastic resin*, amino resin
**amidieren** v (Chem) / amidate v
**Amidin** n (Carbamidsäureamid) (Chem) / amidine n
**Amido•gruppe** f (Chem) / amido group* ‖ ~**hydrolase** f (Biochem) / amidase n
**Amidol** n (Entwicklungsubstanz und Reagens) (Foto) / amidol n
**Amido•phosphorsäure** f (Chem) / phosphamic acid, amidophosphoric acid ‖ ~**schwefelsäure** f (Chem) / sulphamic acid* ‖ ~**sulfat** n (Chem) / amidosulphate n, sulphamate n
**AMI-Kode** m (ein Leitungskode zur Signalumsetzung) (Fernm) / AMI-code n, alternate-mark inversion code
**Amikron** n (mikroskopisch unsichtbares Schwebeteilchen) / amicron* n, subsubmicron n
**Amin** n (primäres, sekundäres, tertiäres) (Chem) / amine* n ‖ **aliphatisches** ~ (Chem) / aliphatic amine ‖ **aromatisches** ~ (Chem) / aromatic amine ‖ **biogenes** ~ (Biol, Chem) / biogenic amine ‖ **primäres** ~ (Chem) / primary amine* ‖ **sekundäres** ~ (Chem) / secondary amine* ‖ **tertiäre** ~**e** (Chem) / tertiary amines* ‖ ~**äscher** m (Leder) / amine liming liquor
**Aminase** f (Biochem) / aminase n
**Aminierung** f (Chem) / amination n
**Amino•acetaldehyddimethylacetal** n (Chem) / aminoacetaldehyde dimethylacetal ‖ ~**alkohol** m (Chem) / alkanolamine n, alkyloamine n, alkamine n ‖ ~**ameisensäure** f (Chem) / carbamic acid*, aminoformic acid ‖ ~**anisol** n (Chem) / anisidine* n, methoxyaniline n ‖ ~**anthrachinon** n (Chem) / aminoanthraquinone n ‖ ~**azetaldehyddimethylazetal** n (2,2-Dimethoxyethylamin) (Chem) / aminoacetaldehyde dimethylacetal ‖ ~**benzoesäure** f (Chem) / aminobenzoic acid ‖ **para-**~**benzoesäure** f (Chem) / para-aminobenzoic acid, PABA ‖ **2-**~**benzoesäure** f (Chem) / anthranilic acid* ‖ ~**benzol** n (Chem) / aniline* n, phenylamine* n, aminobenzene* n ‖ **m-**~**benzolsäure** f (Chem) / metanilic acid* ‖ ~**bernsteinsäure** f (Chem, Nahr) / aspartic acid* (Asp), asparaginic acid, aminosuccinic acid* ‖ ~**butandisäure** f (Chem, Nahr) / aspartic acid* (Asp), asparaginic acid, aminosuccinic acid* ‖ ~**buttersäure** f (Chem) / aminobutyric acid ‖ **4-**~**buttersäure** f (Chem) / gamma-amino butyric acid*, GABA ‖ **4-**~**buttersäurelactam** n (Chem) / pyrrolidone n ‖ ~**cyclohexan** n (Chem) / cyclohexylamine* n, cyclohexanamine* n ‖ ~**desoxyzucker** m (Chem) / amino sugar ‖ ~**essigsäure** f (Chem) / glycine* n, aminoacetic acid, aminoethanoic acid*, Gly* n, glycocoll* n ‖ ~**ethan** n (Chem) / ethylamine* n ‖ ~**ethanol** n (Chem) / aminoethanol n, ethanolamine* n ‖ ~**ethansäure** f (Biochem) / glycine* n, aminoacetic acid, aminoethanoic acid*, Gly* n, glycocoll* n ‖ ~**glykoside** n pl (eine Gruppe der Oligosaccharid-Antibiotika, wie z.B. Streptomycin) (Pharm) / aminoglycosides pl ‖ ~**gruppe** f (Chem) / amino group* ‖ ~**guanidin** n (Chem) / aminoguanidine n ‖ ~**harz** n (Chem, Plast) / aminoplastic resin*, amino resin ‖ **iminomethansulfinsäure** f (Chem) / formamidinesulphinic acid ‖ ~**methan** n (Chem) / methylamine* n, aminomethane n ‖ ~**naphthaline** n pl (Chem) / naphthylamines* pl ‖ ~**naphtholdisulfo(n)säure** f (Chem) / aminonaphtholdisulphonic acid ‖ ~**naphtholsulfo(n)säure** f (Chem) / aminonaphtholsulphonic acid ‖ ~**phenetol** n (Pharm, Tex) / phenetidine* n, aminophenol ethyl

ether, 4-ethoxyaniline n ‖ ~**phenol** n (Phenol, bei dem ein oder mehrere Wasserstoffatome des Kerns durch eine Aminogruppe ersetzt sind) (Chem) / aminophenol n ‖ **para-**~**phenol** n (eine Entwicklungsubstanz, z.B. unter dem Namen Rodinal) (Foto) / para(4)-aminophenol n ‖ ~**phenolethylether** m (Pharm, Tex) / phenetidine* n, aminophenol ethyl ether, 4-ethoxyaniline n ‖ **4-**~**phenylarsonsäure** (Chem) / arsanilic acid, p-aminophenylarsonic acid ‖ ~**phenylmethylether** m (Chem) / anisidine* n, methoxyaniline n ‖ ~**plast** m (ein Duroplast) (Chem, Plast) / aminoplastic resin*, amino resin ‖ ~**plastharz** n (Chem, Plast) / aminoplastic resin*, amino resin ‖ ~**propan** n (Chem) / propylamine n ‖ ~**propanol** n (Chem) / aminopropanol n ‖ **2-**~**propionsäure** (Chem) / alanine* n, Ala* n ‖ ~**pyridin** n (Aminoderivat des Pyridins) (Chem) / aminopyridine n ‖ **p-**~**salicylsäure** (Pharm) / para(4)-aminosalicylic acid*, PAS* ‖ **p-**~**salizylsäure** (Pharm) / para(4)-aminosalicylic acid*, PAS*
**Aminosäure** f (Biochem, Chem) / amino acid* ‖ **Buchstabenkode** m **von** ~**n** (Chem) / amino-acids letter code ‖ **essentielle** ~ (Valin, Leuzin, Isoleuzin, Threonin, Histidin, Methionin, Phenylalanin, Tryptophan, Lysin und Arginin) (Biochem) / essential amino acid ‖ **ketogene** ~ (Biochem) / ketogenic amino acid ‖ **ketoplastische** ~ (die bei ihrem Abbau im intermediären Stoffwechsel Ketonkörper liefert) (Biochem) / ketogenic amino acid ‖ ~**austausch** m (in einem Protein) (Biochem) / amino-acid exchange ‖ ~**datierung** f (Biochem, Geol) / amino acid dating
**Amino•thioharnstoff** m (Chem, Foto) / thiosemicarbazide n ‖ ~**transferase** f (Biochem) / transaminase* n, aminotransferase n
**Aminoxid** n (Chem) / amine oxide
**Amino•xylol** n (Chem) / xylidine n, xylidene n, dimethylaniline n ‖ ~**zucker** m (Chem) / amino sugar ‖ ~**zyklohexan** n (Chem) / cyclohexylamine* n, cyclohexanamine* n
**Amin•wert** m (Chem) / amine value, amine number (US) ‖ ~**zahl** f (Chem) / amine value, amine number (US)
**Amiodaron** n (Pharm) / amiodarone* n
**Amitose** f (Zyt) / amitosis n (pl. amitoses)
**Amitriptylin** n (ein Antidepressivum) (Pharm) / amitriptyline n (an antidepressant drug of the tricyclic group, with a mild tranquillizing action)
**A/MMA** (Chem) / acrylonitrile-methylmethacrylate copolymer
**Ammin** n (Anlagerung von Ammoniak an Metallionen) (Chem) / ammine* n, ammonate n, ammoniate n ‖ ~**salz** n (Anlagerung von Ammoniak an Metallionen) (Chem) / ammine* n, ammonate n, ammoniate n
**Ammoniacum** n (pl. -aca) / ammoniac n, gum ammoniac, ammoniacum n
**Ammoniak** n (NH$_3$) (Chem) / ammonia* n ‖ ~ **enthaltend** (Chem) / ammoniacal adj, ammoniac adj ‖ ~**alaun** n (Min) / tschermigite n
**ammoniakalisch** adj (Chem) / ammoniacal adj, ammoniac adj
**Ammoniakanlage** f (Chem Verf) / ammonia plant
**Ammoniakat** n (Anlagerung von Ammoniak an Metallionen) (Chem) / ammine* n, ammonate n, ammoniate n
**Ammoniak•fabrik** f (Chem Verf) / ammonia plant ‖ ~**flüssigkeit** f (Liquor Ammonii caustici nach DAB 10) (Pharm) / ammonia water, ammonia solution, aqua ammonia (pl. aquae ammoniae), spirit of hartshorn ‖ ~**gummi** n (Chem) / ammoniac n, gum ammoniac, ammoniacum n ‖ ~**-Gummiharz** n (natürliches Harz des Dorema ammoniacum D.Don) / ammoniac n, gum ammoniac, ammoniacum n ‖ ~**haltig** adj (Chem) / ammoniacal adj, ammoniac adj ‖ ~**harz** n / ammoniac n, gum ammoniac, ammoniacum n ‖ ~**Kompressionskältemaschine** f / ammonia compressor ‖ ~**Kopierverfahren** n (entweder trocken, wie z.B. Ozalid-Verfahren, oder naß) (Druck) / diazo process*, diazo n, dyeline* n, white print, diazotypy n ‖ ~**kulör** f (hergestellt durch kontrollierte Hitzeeinwirkung auf Kohlenhydrate mit Ammoniumverbindungen) (Nahr) / caramel colour III, ammonia caramel, beer caramel ‖ ~**lösung** f (zur Entwicklung von belichtetem Diazomaterial) (Foto) / ammonia solution ‖ ~**lösung** f (wäßrige) (Liquor Ammonii caustici nach DAB 10) (Pharm) / ammonia water, ammonia solution, aqua ammonia (pl. aquae ammoniae), spirit of hartshorn ‖ ~**weingeistige** ~**lösung** f (Pharm) / spirit of ammonia ‖ ~**molekülstrahl-Maser** m (Phys) / ammonia beam maser, ammonia maser ‖ ~**molekühr** f (eine Atomuhr) / ammonia clock* ‖ ~**salpeter** m (Chem) / ammonium nitrate ‖ ~**stickstoff** m (Chem) / ammonia nitreogen, ammoniacal nitrogen, amino nitrogen ‖ ~**sulfitzuckerkulör** f (hergestellt durch kontrollierte Hitzeeinwirkung auf Kohlenhydrate mit ammonium- und sulfithaltigen Verbindungen) (Nahr) / caramel colour IV, ammonia sulphite caramel, soft-drink caramel ‖ ~**synthese** f (Chem Verf) / ammonia synthesis, synthetic ammonia process ‖ ~**uhr** f / ammonia clock*
**Ammoniakum** n (pl. -aka) / ammoniac n, gum ammoniac, ammoniacum n
**Ammoniak•verbrennung** f (die katalytische Oxidation von Ammoniak, zumeist zur Gewinnung von Salpetersäure) (Chem Verf) /

ammonia oxidation process* ‖ ~**verbrennung** (katalytische) (Chem Verf) / Ostwald process ‖ ~**wasser** n (in Kokereien und Gaswerken anfallendes Kühl- und Waschwasser) (Chem Verf) / gas liquor*, ammonia water, ammonia liquor, ammoniacal liquor ‖ ~**zuckerkulör** f (Nahr) / caramel colour III, ammonia caramel, beer caramel
**Ammonifikation** f (Bakteriol, Bot) / ammonification* n, ammonization* n
**Ammonifizierung** f (Ammoniakbildung durch bakterielle Zersetzung organischer Stoffe im Boden) (Bakteriol, Bot) / ammonification* n, ammonization* n
**Ammonit** m (Geol) / ammonite* n
**Ammonium** n (Chem) / ammonium* n ‖ ~**acetat** n (Chem) / ammonium acetate ‖ ~**alaun** m (Chem, Med) / ammonium alum*, ammonia alum (aluminium ammonium sulphate) ‖ ~**alginat** n (E 403) (Chem, Nahr) / ammonium alginate ‖ ~**-Aluminiumalaun** m (Chem, Med) / ammonium alum*, ammonia alum (aluminium ammonium sulphate) ‖ ~**azetat** n (Chem) / ammonium acetate ‖ **quaternäre** ~**basen** (Chem) / quaternary ammonium bases* ‖ ~**bikarbonat** n (Chem) / ammonium hydrogen carbonate, ammonium bicarbonate ‖ ~**bikarbonat** (Nahr) / ammonium hydrogen carbonate, ammonium bicarbonate ‖ ~**bromid** n (Chem) / ammonium bromide ‖ ~**carbonat** n (Chem) / ammonium carbonate ‖ ~**chlorid** n (Chem) / ammonium chloride* ‖ ~**citrat** n (Chem, Landw) / ammonium citrate ‖ ~**dihydrogen[ortho]phosphat** n (Chem) / ammonium dihydrogen phosphate*, ammonium dihydroxide phosphate* ‖ ~**diuranat (ADU)** n (z.B. im Yellow cake) (Chem, Nukl) / ammonium diuranate (ADU) ‖ ~**eisenalaun** m (Chem) / iron-ammonium alum ‖ ~**eisenalaun** s. auch Eisenammonium-12-Wasser ‖ ~**eisen(III)-oxalat** n (Chem) / ferric ammonium oxalate ‖ ~**eisensulfat** n (Chem) / iron-ammonium sulphate ‖ ~**eisen(II)-sulfat** n (Chem) / iron(II) ammonium sulphate, ammonium ferrous sulphate ‖ ~**eisen(III)-sulfat** n (Chem) / iron (III) ammonium sulphate, ammonium ferric sulfate ‖ ~**eisen(III)-zitrat** n (Chem) / ferric ammonium citrate, iron(III) ammonium citrate ‖ ~**ferrizitrat** n (Chem) / ferric ammonium citrate, iron(III) ammonium citrate ‖ ~**fluorid** n (neutrales oder Ammoniumhydrogenfluorid) (Chem, Glas) / ammonium fluoride ‖ ~**hexachlorostannat** n (Chem) / ammonium hexachlorostannate ‖ ~**hexachlorostannat(IV)** n (Chem, Tex) / ammonium hexachlorostannate(IV) (pink salt) ‖ ~**hexafluorosilicat** n (Chem) / ammonium fluosilicate, ammonium silicofluoride ‖ ~**hexafluorosilikat** n (Chem) / ammonium fluosilicate, ammonium silicofluoride ‖ ~**hydrogenkarbonat** n (Chem) / ammonium hydrogen carbonate, ammonium bicarbonate ‖ ~**hydrogensulfid** n (Chem) / ammonium hydrogen sulphide, ammonium sulphydrate ‖ ~**hydrosulfid** n (Chem) / ammonium hydrogen sulphide, ammonium sulphydrate ‖ ~**hydroxid** n (Chem) / ammonium hydroxide* ‖ ~**iodid** n (Chem) / ammonium iodide ‖ ~**karbonat** n (Chem) / ammonium carbonate ‖ ~**magnesiumphosphat** (Chem) / magnesium ammonium phosphate ‖ ~**molybdat** n (Chem) / ammonium molybdate ‖ ~**nickel(II)-sulfat-6-Wasser** n (Chem) / nickel ammonium sulfate, double nickel salt ‖ ~**nitrat** (Stickstoffdünger, Sicherheitssprengstoff) (Chem) / ammonium nitrate ‖ **granuliertes** ~**nitrat** (als Sprengstoff) (Bergb) / prill-size ammonium nitrate, prilled ammonium nitrate, granular ammonium nitrate ‖ ~**nitratsprengstoff** m / ammonia dynamite ‖ ~**oxalat** n (Chem, Tex) / ammonium oxalate ‖ ~**parawolframat** n (Chem) / ammonium paratungstate ‖ ~**perchlorat** n (für Sicherheitssprengstoffe und Raketentreibstoffe) (Chem, Raumf) / ammonium perchlorate ‖ ~**peroxodisulfat** n (ein Oxidationsmittel) (Chem) / ammonium peroxodisulphate ‖ ~**phosphat** n (Chem) / ammonium phosphate ‖ ~**purpurat** n (saures) (Chem) / murexide* n ‖ ~**reineckat** n (Chem) / Reinecke's salt ‖ ~**rhodanid** n (Chem) / ammonium thiocyanate ‖ ~**sonde** f (Chem) / ammonia sensing probe ‖ ~**stickstoff** m (Chem) / ammonia nitreogen, ammoniacal nitrogen, amino nitrogen ‖ ~**sulfamat** n (Chem, Pap, Tex) / ammonium sulphamate ‖ ~**sulfat** n (Chem) / ammonium sulphate, sulphate of ammonia ‖ ~**sulfhydrat** n (Chem) / ammonium hydrogen sulphide, ammonium sulphydrate ‖ ~**sulfitkulör** f (Nahr) / caramel colour IV, ammonia sulphite caramel, soft-drink caramel ‖ ~**thiocyanat** n (Chem) / ammonium thiocyanate ‖ ~**thiozyanat** n (Chem) / ammonium thiocyanate ‖ ~**triebmittel** n (ein Gemisch verschiedener Ammoniumsalze) / ammonium leavening agent (e.g. ammonium bicarbonate) ‖ **quaternäre** ~**verbindung** (Chem) / quaternary ammonium compound ‖ ~**zitrat** n (zur Bestimmung der Phosphate in Düngemitteln) (Chem, Landw) / ammonium citrate ‖ ~**zyanat** n (Chem) / ammonium cyanate
**Ammonnitrat** n (Chem) / ammonium nitrate
**Ammonolyse** f (Chem) / ammonolysis* n (pl.-lyses) ‖ **oxidative** ~ (von Lignin) (Chem) / oxidative ammonolysis
**Ammon•oxidation** f (Chem Verf) / ammoxidation n ‖ ~**salpetersprengstoff** m / ammonia dynamite

**Ammonshorn** n (Geol) / ammonite* n
**Ammonsulfatsalpeter** m (Chem, Landw) / ammonium nitrate sulphate
**Ammoxidation** f (technisches Verfahren zur Herstellung von Nitrilen) (Chem Verf) / ammoxidation n
**Amöbizid** n (Chemotherapeutikum gegen Amöben) (Chem) / amoebicide n, amebicide n (US)
**Amontonssches Gesetz** (nach G. Amontons, 1663-1705) (Phys) / Charles's law*, Charles' law, Charles-Gay-Lussac law, Gay-Lussac's law*
**amorph** adj (als Gegensatz zu kristallin) (Krist) / amorphous* adj, non-crystalline* adj ‖ ~**er Halbleiter** (Eltronik) / amorphous semiconductor ‖ ~**es Metall** (z.B. METGLAS oder VITROVAC) (Glas) / amorphous metal*, glassy metal, metglass n, glassy alloy, metallic glass ‖ ~**er Schwefel** (Chem) / amorphous sulphur* ‖ ~**es Silizium** (Chem) / non-crystalline silicon, amorphous silicon, a-Si ‖ ~**er Zustand** (Chem, Phys) / amorphous state
**Amortisationszeit** f / payback period
**amortisieren** v / write off v, write down v, amortize v
**Amosit** m (ein Eisenanthophyllit aus Transvaal) (Min) / amosite* n
**AMP** (Biochem) / adenosine monophosphate, AMP
**Ampel** f (Kfz) / traffic light(s), traffic signal, lights pl, road traffic signal system ‖ ~**anlage** f (Kfz) / traffic light(s), traffic signal, lights pl, road traffic signal system
**Ampere** n (SI-Basiseinheit der elektrischen Stromstärke - nach A.M.Ampère, 1775-1836) (Elektr) / ampere* n ‖ ~**leiter** m (Elektr) / ampere-conductor n ‖ ~**meter** n (Eltech) / ammeter* n, amperemeter n
**Ampèresch•e Doppelschicht** / magnetic double layer ‖ ~**e Formel** (Phys) / integral Biot-Savart law (in non-vector notation) ‖ ~**es Gesetz** (das Elementargesetz über die Kraft zwischen elektrischen Strömen) (Elektr) / Ampère's law, Laplace's law ‖ ~**e Schwimmerregel** (Elektr) / Ampère's rule* ‖ ~**es Verkettungsgesetz** (allgemeine Formulierung für den Zusammenhang der Stärke eines magnetischen Feldes und des erzeugenden Stroms) (Elektr) / Ampère's law*, magnetic field strength produced by an electric current
**Ampere•stab** m (Elektr) / ampere-conductor n ‖ ~**stunde** f (SI-fremde Einheit der elektrischen Ladung) (Elektr) / ampere hour* ‖ ~**-Verkettungsgesetz** n (allgemeine Formulierung für den Zusammenhang der Stärke eines magnetischen Feldes und des erzeugenden Stroms) (Elektr) / Ampère's law*, magnetic field strength produced by an electric current ‖ ~**windung** f (DIN 42005) (Elektr) / ampere-turn* n, AT ‖ ~**windungszahl** f (Elektr) / linkage* n, flux linkage*, current linkage ‖ ~**zange** f (Eltech) / tong-test ammeter*, split-core current transformer, hook-on meter
**Amperometrie** f (Chem) / amperometric analysis, amperometric method, amperometry n ‖ ~ **mit gerührter Quecksilberelektrode** (Chem) / stirred-mercury-pool amperometry
**amperometrische Titration** (ein Verfahren der Elektroanalyse) (Chem) / amperometric analysis, amperometric method, amperometry n
**amperostatisch** adj (Eltech) / galvanostatic adj
**Ampex-Verfahren** n (ein elektromagnetisches Bild- und Tonaufzeichnungsverfahren) (TV) / Ampex n, Ampex recording
**Amphetamin** n (internationaler Freiname für 2-Amino-1-phenylpropan, z.B. Benzedrin oder Pervitin) (Pharm) / amphetamine* n
**Amphibien•fahrzeug** n (Sammelbegriff für schwimmfähige motorisierte Landfahrzeuge) (Kfz) / amphibian n, amphibious vehicle ‖ ~**flugzeug** n (Luftf) / amphibian* n ‖ ~**gift** n (z.B. von Fröschen, Kröten und Lurchen) / amphibian venom, amphibian toxin ‖ ~**hubschrauber** m (Luftf) / amphibian helicopter
**Amphibol•e** m pl (Min) / amphiboles* pl ‖ **monokliner** ~ (Min) / monoclinic amphibole ‖ ~**asbest** m (Geol) / amphibole asbestos ‖ ~**fels** m (Geol) / amphibolite* n ‖ ~**gruppe** f (z.B. Hornblenden) (Min) / amphiboles* pl
**Amphibolit** m (Geol) / amphibolite* n
**Amphidromie** f (Drehpunkt bei der Überlagerung von Gezeiten) (Ozean) / amphidromic point
**amphipathisch** adj (Biochem) / amphipathic adj (of a molecule, especially a protein, having both hydrophilic and hydrophobic parts)
**amphiprotisch** adj (Chem) / amphoteric* adj, amphiprotic* adj
**Amphitheater** n (Arch) / amphitheatre* n
**Ampholyt** m (nach Brönsted) (Chem) / ampholyte* n, amphoteric electrolyte
**ampholytische Tenside** (Chem) / amphoteric tensides, amphoteric detergents, ampholytic detergents
**Amphotenside** n pl (Chem) / amphoteric tensides, amphoteric detergents, ampholytic detergents
**amphoter** adj (Chem) / amphoteric* adj, amphiprotic* adj ‖ ~**es Oxid** (Chem) / intermediate oxide, amphoteric oxide ‖ ~**e Tenside** (Chem) / amphoteric tensides, amphoteric detergents, ampholytic detergents
**Amphoterie** f (als Erscheinung) (Chem) / amphoterism n

**Ampicillin**

**Ampicillin** *n* (Pharm) / ampicillin *n* (a semi-synthetic form of penicilin)
**Amplidyne** *f* (spezielle Erreger- oder Verstärkermaschine) (Eltech) / amplidyne* *n*
**Amplitron** *n* (Variante des Magnetrons zur Mikrowellenverstärkung) (Eltronik) / amplitron *n*
**Amplitude** *f* (der maximale Augenblickswert einer Sinusgröße nach DIN 1311, T 1) (Phys) / amplitude* *n*, amplitude peak*, amplitude crest ‖ ⁓ (Grenzen, zwischen denen die Stabilität eines Ökosystems erreicht werden kann) (Umwelt) / amplitude *n* ‖ **mit konstanter** ⁓ (Phys) / constant-amplitude *attr* ‖ **ökologische** ⁓ (Wirkungsbreite eines Umweltfaktors für eine Art) (Umwelt) / ecological amplitude
**Amplituden•bedingung** *f* (bei Oszillatoren) (Phys) / amplitude condition ‖ ⁓**begrenzer** *m* (ein Amplitudenfilter nach DIN 40146, T 1) (Eltronik, Fernm) / amplitude limiter*, limiter *n* ‖ ⁓**dichtespektrum** *n* (DIN 13 320) (Akus) / amplitude-density spectrum ‖ ⁓**diskriminator** *m* (Schaltung, die einen Impuls abgibt, wenn das Eingangssignal eine bestimmte, einstellbare Amplitude über- oder unterschreitet) (Fernm) / amplitude discriminator*, pulse-height discriminator*, pulse-height selector* ‖ ⁓**entzerrung** *f* (Eltech) / amplitude correction ‖ ⁓**fluktuation** *f* (die durch Swerling-Modelle beschrieben werden kann) (Radar) / amplitude fluctuation ‖ ⁓**gang** *m* (Betrag der Amplitude in Abhängigkeit von der Frequenz) (Fernm) / amplitude response ‖ ⁓**hub** *m* (eine Größe der Amplitudenmodulation) (Radio) / amplitude swing ‖ ⁓**korrektur** *f* (Eltech) / amplitude correction ‖ ⁓**modulation (AM)** *f* (bei der die Amplitude als Signalparameter verändert wird) (Radio) / amplitude modulation, AM ‖ **~modulierter Puls** (DIN 5483, T 1) (Fernm) / amplitude-modulated pulse train ‖ ⁓**quantisierung** *f* (Phys) / amplitude quantization ‖ ⁓**sieb** *n* (eine Impulsabtrennstufe) (Fernm, TV) / amplitude separator ‖ ⁓**sieb** (Fernm, TV) s. auch Separator ‖ ⁓**spektrum** *n* (DIN 13320) (Akus) / amplitude spectrum, spectral amplitude distribution ‖ **~stabil** *adj* (Phys) / constant-amplitude *attr* ‖ ⁓**umtastung** *f* (eine Art Trägerumtastung) (Fernm) / amplitude shift keying, ASK ‖ **gleitende** ⁓**veränderung** (Phys) / amplitude sweep ‖ ⁓**verteilung** *f* (bei Signalen) (Stats) / amplitude distribution ‖ **abfallende** ⁓**verteilung** (Radio) / tapering amplitude distribution ‖ ⁓**verzerrung** *f* (Eltech) / amplitude distortion*
**Ampulle** *f* (Glasbehälter mit engem Hals, der nach dem Füllen zugeschmolzen wird) (Glas) / ampoule *n*, ampul *n* (US), ampule *n* (US) ‖ **geschlossene** ⁓ **mit gebogenem Hals** (Glas) / presealed ampoule with bent neck, closed ampoule (domed) ‖ **vorangeritzte** ⁓ (Glas) / pre-scored ampoule
**Ampullen•diffusion** *f* (ein Diffusionsverfahren, bei dem die zu dotierenden Halbleiterkristalle mit der Dotierungsquelle in einer Quarzampulle eingeschmolzen sind) (Eltronik) / closed-tube process ‖ ⁓**glas** *n* (Glas) / ampoule tubing* ‖ ⁓**verfahren** *n* (eine Art Diffusionsverfahren) (Eltronik) / closed-tube process
**Amt** *n* (Fernsp) / station *n*, office *n*, exchange *n* ‖ **bemanntes** ⁓ (Fernsp) / attended exchange ‖ **besetztes** ⁓ (Fernsp) / attended exchange
**Amtec-Konverter** *m* (zur direkten Umwandlung von Wärme in elektrischen Strom) (Eltech) / alkali metal thermoelectric converter, Amtec converter
**amtsberechtigt, nicht ~e Nebenstelle** (Fernsp) / fully restricted extension
**Amts•berechtigung** *f* (Fernsp) / class of service (COS) ‖ ⁓**haltedrossel** *f* (Fernsp) / exchange-line holding coil ‖ ⁓**sperrtaste** *f* (Fernsp) / exchange-line barring button ‖ ⁓**sprache** *f* (z.B. des Patentamtes) / official language ‖ ⁓**teilnehmer** *m* (Fernsp) / public-exchange subscriber ‖ ⁓**verbindungsleitung** *f* (Fernsp) / interexchange link ‖ ⁓**zeichen** *n* (Fernm) / proceed-to-send signal ‖ ⁓**zeichen** (Fernsp) / dial tone ‖ ⁓**zugriff** *m* (Fernsp) / access to public exchange
**AM-Unterdrückung** *f* (Radio) / AM suppression
**AMX** (Fernm) / output matrix
**Amygdalin** *n* (ein zyanogenes Glykosid in bitteren Mandeln und Obstkernen) (Chem) / amygdalin* *n*
**Amygdaloidtextur** *f* (Geol) / amygdaloid texture
**Amylalkohol** *m* (Chem) / pentanol* *n*, pentyl alcohol, amyl alcohol (normal)*
**Amylase** *f* (stärkespaltendes Ferment) (Chem) / amylase* *n* ‖ $\alpha$-⁓ (des Speichels) (Chem) / ptyalin* *n*, salivary amylase
**Amylchlorid, n-**⁓ (Chem) / pentyl chloride, amyl chloride
**Amylen** *n* (isomerer Kohlenwasserstoff der Alkenreihe) (Chem) / pentene *n*, amylene *n* (2-methyl-2-butene)
**Amylgruppe** *f* (Chem) / amyl group*
**Amylin** *n* (Biochem) / amylin *n*
**Amylnitrit** *n* (3-Methylbutylnitrit) (Chem) / amyl nitrite
**Amylo•dextrin** *n* (ein hochmolekulares Dextrin) (Chem) / amylodextrin *n* ‖ ⁓**glucosidase** *f* (eine Amylase) (Biochem) / amyloglucosidase *n* ‖ ⁓**glukosidase** *f* (Biochem) / amyloglucosidase *n*
**amyloid** *adj* (stärkehaltig) / amyloid *adj* ‖ ⁓ *n* (ein faseriges Glykoprotein) (Biochem, Med) / amyloid* *n* ‖ ⁓ (mit konzentrierter Schwefelsäure behandelte Zellulose) (Chem) / amyloid* *n*

**amylo•lytisch** *adj* (Chem) / amylolytic* *adj* ‖ ⁓**pektin** *n* (wasserunlösliche Hülle der Stärkekörner - ein stark verzweigtes Polysaccharid) (Chem) / amylopectin *n*
**Amylose** *f* (Stärkezellulose) (Chem) / amylose* *n*
**Amyloverfahren** *n* (Chem) / amylo fermentation process
**Amylrest** *m* (Chem) / amyl group*
**Amylum** *n* (Nahr, Pharm) / starch* *n*, amylum* ‖ ⁓ **Oryzae** (Nahr) / rice starch ‖ ⁓ **Solani** (Chem Verf, Nahr, Tex) / potato starch, farina *n*
**Amyrin** *n* (pentacyclisches Triterpen, das im Latex von Gummibäumen vorkommt) (Bot, Chem) / amyrin *n*
**an Land** (Schiff) / ashore *adv* ‖ ~ **Ort und Stelle** (HuT) / in situ *adv*
**An** (Chem) / actinides* *pl*, actinide series, actinoids *pl*, actinoid elements ‖ ⁓ (Radonisotop 219) (Chem) / actinon *n*, actinium emanation, AcEm
**Anabasin** *n* (ein Insektizid) (Chem, Landw) / anabasine *n*
**anabatisch** *adj* (mit aufwärts gerichteter Bewegungskomponente) (Meteor) / anabatic* *adj* ‖ **~er Wind** (mit aufwärts gerichteter Bewegungskomponente) (Meteor) / anabatic wind
**anabol** *adj* (Pharm) / anabolic *adj*
**Anabolikum** *n* (pl. -lika) (Pharm) / anabolic steroid
**anabolisch** *adj* (Pharm) / anabolic *adj* ‖ **~es Steroid** (Pharm) / anabolic steroid
**Anabolismus** *m* (die Gesamtheit der aufbauenden Stoffwechselreaktionen) (Biochem) / anabolism* *n*, constructive metabolism
**Anacardsäure** *f* (Inhaltsstoff der Cashewnuß) (Chem) / anacardic acid
**anaerob** *adj* (Biol) / anaerobic* *adj* ‖ **~e Abwasserreinigung** (Sanitär) / anaerobic process ‖ **~er** (biologischer) **Abbau** (Sanitär) / anaerobic digestion ‖ **~ härtender Einkomponentenklebstoff** / anaerobic adhesive ‖ **~er Teich** (Sanitär) / anaerobic pond, anaerobic lagoon
**Anaerobe** *f* (Biol) / anaerobe* *n*, anaerobiont *n*
**Anaerobier** *m* (Biol) / anaerobe* *n*, anaerobiont *n*
**Anaerobiont** *m* (pl. Anaerobionten) (Biol) / anaerobe* *n*, anaerobiont *n*
**Anaerobiose** *f* (Leben ohne Sauerstoff) (Biol) / anaerobiosis* *n* (pl. anaerobioses)
**anaerobisch** *adj* (Biol) / anaerobic* *adj*
**Anafront** *f* (Meteor) / anafront* *n*
**Anaglyphe** *f* (Foto) / anaglyph* *n*
**Anaglyphendruck** *m* (Druck) / anaglyph *n*
**Anaglypta** *f* (eine faserhaltige Strukturtapete, die in einem Spezialverfahren mit einer dauerhaften und anstrichbeständigen Musterprägung ausgestattet ist) (Bau) / Anaglypta *n*
**Analcim** *m* (Min) / analcime* *n*, analcite* *n*
**Analeptikum** (pl -tika) *n* (anregendes, belebendes Mittel) (Med, Pharm) / analeptic* *n*, stimulant *n*
**Analgetikum** *n* (Med, Pharm) / analgesic* *n*, anodyne *n*, painkiller *n*, analgetic *n*
**analgetisch** *adj* (Med, Pharm) / analgesic *adj*, pain-relieving *adj*, painkilling *adj*, analgetic *adj*
**anallaktisches Fernrohr** (früher bei Entfernungsmessungen gebraucht) (Opt) / anallactic telescope*, internally focusing telescope
**analog** *adj* / analogue* *adj* (to), analog *adj* (US) ‖ **~e Daten** (die nach DIN 44300 nur aus kontinuierlichen Funktionen bestehen) (EDV) / analogue data ‖ **~er Fernsprechapparat** (Fernsp) / analogue telephone ‖ **~e integrierte Mikroschaltung** (Eltronik) / linear integrated circuit (LIC), analogue integrated circuit ‖ **~e integrierte Schaltung** (Eltronik) / linear integrated circuit (LIC), analogue integrated circuit ‖ **~e Meßwerterfassung** / analogue data logging ‖ **~er Schaltkreis** (Elektr) / analogue integrated circuit ‖ **~e Schaltung** (Elektr) / analogue circuit ‖ **~es Schließen** (KI) / analogical reasoning, analogical inference, inference by analogy ‖ **~es Signal** (DIN 40146, T 1) (EDV, Fernm) / analogue signal ‖ **~es Sprachendgerät** (EDV) / analogue voice terminal
**Analog•computer** *m* (EDV) / analogue computer* ‖ ⁓**-digitale anwendungsspezifische integrierte Schaltung** (EDV) / mixed-mode ASIC ‖ ⁓**-Digital-Rechner** *m* (EDV) / hybrid computer* ‖ ⁓**-Digital-Umsetzer (ADU)** *m* (Eltronik) / analogue-digital converter (ADC), quantizer *n*, A/D converter, analogue-to-digital converter*, A to D converter*, digitizer* *n* ‖ ⁓**filter** *n* (Eltronik) / analogue filter
**Analogie** *f* / analogy* *n* ‖ **elektrische** ⁓ (Elektr) / electrical analogy* ‖ **hydraulische** ⁓ (Phys) / hydraulic analogy ‖ **Napersche** ⁓**n** (Math) / Napier's analogies* ‖ ⁓ *f* **von Prandtl** (Phys) / membrane analogy, soap-bubble analogy ‖ ⁓**-Rechengerät** *n* (EDV) / analogue computer*
**Analogon** *n* (Math, Phys) / similarity *n*, similitude *n* ‖ **dynamisches** ⁓ (Mech) / dynamic similarity
**Analog•rechner** *m* (EDV) / analogue computer* ‖ ⁓**schaltkreis** *m* (Elektr) / analogue circuit ‖ ⁓**schaltung** *f* (Elektr) / analogue circuit ‖ ⁓**signal** *n* (EDV, Fernm) / analogue signal ‖ ⁓**speicher** *m* (EDV) / analogue storage, analogue memory ‖ **magnetischer** ⁓**speicher**

(EDV) / magnetic analogue memory ‖ ~**stromkreis** *m* (Eltech) / equivalent circuit* ‖ ~**zustand** *m* (Kernphys) / isobaric analogue state, analogue state

**Analysator** *m* / analyser* *n*, analyzer *n* (US) ‖ ~ (des Polarimeters) (Chem) / analyser* *n*, analyzer *n* (US) ‖ **harmonischer** ~ (Phys) / harmonic analyser, harmonic wave analyser ‖ ~**kristall** *m* (Spektr) / analyser crystal, analyzer crystal

**Analyse** *f* (Chem) / analysis *n* (pl. analyses) ‖ ~ (Chem, Hütt) / assay* *n* ‖ ~ (von Daten) (EDV) / reduction *n* ‖ **biochemische** ~ (Biochem) / biochemical analysis, bioassay *n*, biological assay ‖ **chemische** ~ (Chem) / chemical analysis ‖ **direktgekoppelte** ~ (Chem) / on-line analysis ‖ **elektrochemische** ~ (Chem) / electroanalytical method, electrolytic analysis, electrometric analysis, electrical analysis, electroanalysis* *n* ‖ **enantioselektive** ~ (Chem) / chiral analysis ‖ **enzymatische** ~ (Biochem) / enzymatic analysis ‖ **halbquantitative** ~ (z.B. Schnelltests mit Testpapieren und Teststäbchen) (Chem) / semi-quantitative analysis ‖ **harmonische** ~ (DIN 1311, T 1) (Math, Phys) / Fourier analysis*, harmonic analysis* ‖ **instrumentelle** ~ (Chem) / instrumental analysis, instrument analysis ‖ **kinematische** ~ (eines Getriebes) (Masch, Mech) / kinematic analysis ‖ **kolorimetrische** ~ (ein Verfahren der Absorptiometrie) (Chem) / colorimetric analysis* ‖ **konduktometrische** ~ (Chem) / conductimetric analysis* ‖ **lexikalische** ~ (EDV) / lexical analysis*, scanning *n* ‖ **logische** ~ (KI) / logic analysis, LA ‖ **mehrdimensionale** ~ (Stats) / multivariate analysis*, MVA ‖ **modale** ~ (der Schwingungen) (Phys) / modal analysis ‖ **numerische** ~ (Berechnung der Feldverteilung eines meteorologischen Elements aus den unregelmäßig verteilten, zum Teil auch lückenhaften synoptischen Beobachtungen eines Termins mit Hilfe eines speziellen Rechenprogramms) (EDV, Meteor) / objective analysis* ‖ **operationale** ~ (EDV) / operational analysis ‖ **organische** ~ (Chem) / organic analysis ‖ **physikalische** ~ (Chem) / physical analysis ‖ **qualitative** ~ (Chem) / qualitative analysis*, qual analysis ‖ **quantitative** ~ (Chem) / quantitative analysis* ‖ **retrosynthetische** ~ (Chem) / retrosynthesis *n* (pl. -syntheses) ‖ **röntgenchemische** ~ (Chem) / X-ray (chemical) analysis ‖ **röntgenstrahlen-spektrometrische** ~ (Spektr) / X-ray spectrometric analysis ‖ **semantische** ~ (KI) / semantic analysis ‖ **sensorische** ~ (zur Beurteilung sensorischer Merkmale von Lebensmitteln - Aussehen, Klarheit, Geruch, Geschmack, DIN 10956) (Nahr) / organoleptic estimation, organoleptic test, sensory analysis, sensory evaluation, tasting *n* ‖ **spektrochemische** ~ (ein Teilgebiet der physikalischen Analyse) (Chem, Spektr) / spectrum analysis, spectral analysis, spectroscopic analysis, spectrographic analysis, spectroanalysis *n*, spectrochemical analysis ‖ **syntaktische** ~ (EDV) / syntax analysis*, syntactic analysis ‖ **tektonische** ~ (Geol) / tectonic analysis, tectoanalysis *n* ‖ **thermische** ~ (die über temperaturabhängige Änderungen von ausgewählten Eigenschaften Rückschlüsse auf das untersuchte System zieht - DIN 15005) (Chem, Hütt) / thermal analysis*, thermographic analysis, thermoanalysis *n* ‖ **thermogravimetrische** ~ (gravimetrische Verfolgung der Masseänderung einer Probe, solange diese einem Temperaturprogramm unterworfen wird - DIN 51006) (Chem) / thermogravimetry *n*, thermal gravimetric analysis* (TGA), themogravimetric analysis ‖ **thermomechanische** ~ (Phys) / thermomechanical analysis ‖ **volumetrische** ~ (Chem) / volumetric analysis*, titrimetry *n* ‖ **Was-wäre-wenn-**~ (EDV, KI) / what-if analysis ‖ **zur** ~ (p.a.) (Chem) / analytical reagent grade, reagent grade ‖ ~ **der freigesetzten Gase** (bei der thermischen Analyse) (Chem) / evolved gas analysis, EGA ‖ ~ **der möglichen Wege** (die ein Programm durchläuft) (EDV) / path analysis ‖ ~ **der Ursachen der Fehlfunktion** (einer Maschine) (Masch) / failure-source analysis, FSA ‖ ~ **des Arbeitsvollzuges** (anhand einer Filmaufnahme) (F.Org) / film analysis ‖ ~ **des Bewegungsablaufs** (F.Org) / motion analysis ‖ ~ **von Erzproben** (Hütt) / ore assaying, ore analysis, assaying *n*

**Analysegerät, ein** ~ **zur Durchführung des Alkoholtests** (wie in Deutschland z.B. Alcotest) (Chem) / Breathalyzer* *n* (US), Breathalyser *n* (GB)

**Analysen•automat** *m* (pl. -en) (zur selbständigen serienmäßigen Durchführung von chemischen Analysen bei großer Zahl von Proben) (Chem) / automatic analyser, automatic analyzer ‖ ~**befund** *m* (Chem) / analysis result, analytical result ‖ ~**ergebnis** *n* (Chem) / analysis result, analytical result ‖ ~**fehler** *m* (Standardabweichung, die aus den Einzelfehlern berechnet wird) (Chem) / analysis error ‖ ~**feuchtigkeit** *f* (bei der Immediatanalyse nach DIN 51718) (Bergb) / total moisture content of the proximate analysis sample ‖ ~**filter** *n* (für Schnellfiltration) (Chem) / analysis funnel ‖ ~**formel** *f* (eine Molekularformel) (Chem) / empirical formula* ‖ ~**lampe** *f* (Ultraviolettlichtquelle) (Chem) / quartz lamp ‖ ~**linie** *f* (Spektr) / analysis line, analytical line ‖ ~**linie** (Spektr) s. auch Restlinie ‖ ~**rein** *adj* (Chem) / analytical reagent grade, reagent grade ‖ ~**sieb** *n* (Chem) / analyse test sieve ‖ ~**spanne** *f* / range of analyses ‖ ~**straße** *f* (Chem) / automatic analyser, automatic analyzer ‖ ~**substanz** *f* (im allgemeinen) (Chem) / analysand *n* ‖ ~**substanz** (während der Analyse) (Chem) / substance under analysis ‖ ~**trichter** *m* (Chem) / fluted funnel, analytical funnel, ribbed funnel, 60°-filtration funnel ‖ ~**waage** *f* (Chem) / analytical balance*, chemical balance* ‖ ~**waage** (meistens für Edelmetalle) (Hütt) / assay balance* ‖ **elektronische** ~**waage** (mit Tarierautomatik, vollautomatischer Gewichtsschaltung und Digitalanzeige) (Chem) / electronic analytical balance (with a digital read-out)

**analysieren** *v* / analyse *v*, analyze *v* (US) ‖ **syntaktisch** ~ (EDV) / parse *v*

**Analysierer, lexikalischer** ~ (EDV) / lexical analyser, lexical analyzer (US) ‖ **syntaktischer** ~ (EDV) / parser *n*, syntax analyser

**Analysiergerät** *n* / analyser* *n*, analyzer *n* (US)

**Analysis** *f* (Teilgebiet der Mathematik, das als grundlegende Begriffe die Funktion, den Grenzwert und die Stetigkeit hat) (Math) / analysis* *n* (pl. analyses), mathematical analysis ‖ **komplexe** ~ (Math) / complex analysis, theory of functions ‖ **numerische** ~ (Math) / numerical analysis*

**Analyt** *m* (Chem, Hütt) / analyte *n*

**Analytik, chirale** ~ (Chem) / chiral analysis

**Analytiker** *m* (Chem) / analyst* *n*, analytical chemist

**analytisch** *adj* / analytic *adj*, analytical *adj* ‖ ~**e Chemie** (Chem) / analytical chemistry ‖ ~**e Fortsetzung** (Math) / analytical continuation* ‖ ~**e Funktion** (Math) / analytic function*, holomorphic function*, monogenic function* ‖ ~**e Geometrie** (Teilgebiet der Mathematik, in dem man sich mit der zahlenmäßigen Beschreibung von Eigenschaften geometrischer Figuren beschäftigt) (Math) / analytical geometry*, Cartesian geometry, coordinate geometry, analytic geometry (US) ‖ ~**e Gesamtreaktion** (Chem) / overall analytical reaction ‖ ~**e Lösung** (in der technischen Mechanik) (Mech) / analytical solution ‖ ~**e Mechanik** (Mech) / analytic mechanics ‖ ~**e Qualitätssicherung** (Chem) / analytical quality control ‖ ~**e Säule** (in der Gaschromatografie) (Chem) / analytical column ‖ ~**e S-Matrix** (Phys) / analytic S-matrix ‖ ~**e S-Matrix-Theorie** (Phys) / analytic S-matrix theory ‖ ~**e Topologie** (Math) / set topology ‖ ~**es Wissen** (KI) / analytic knowledge

**Analzim** *m* (Min) / analcime* *n*, analcite* *n*

**Anamorphose** *f* (optische Abbildung) (Opt) / anamorphosis *(pl -oses)* *n*

**Anamorphot** *m* (ein Abbildungssystem) (Film, Opt) / anamorphic lens*

**anamorphotisch** *adj* (Film, Opt) / anamorphotic *adj* ‖ ~ **aufgenommener Film** (z.B. CinemaScope) (Film) / squeezed print*

**Ananasbatist** *m* (Tex) / pineapple cloth, piña cloth

**Ananase** *f* (Chem) / bromelin *n*, bromelain *n*

**Ananas•faser** *f* (Tex) / pineapple fibre, abacaxi fibre, Piña *n* ‖ ~**fasergewebe** *n* (Tex) / pineapple cloth, piña cloth ‖ ~**musterung** *f* (Tex) / pelerine work, porcupine work

**Anaphase** *f* (eine charakteristische Phase der Mitose) (Biol) / anaphase* *n*

**Anaphorese** *f* (bei der Elektrophorese) (Chem, Phys) / anaphoresis* *n* (pl. anaphoreses)

**anaphoretisch** *adj* (Chem, Phys) / anaphoretic *adj*

**Anaphylaxie** *f* (schockartige allergische Überempfindlichkeitsreaktion) (Med) / anaphylaxis* *(pl -axes)* *n*, anaphylactic shock*

**anaplerotisch** *adj* (Chem) / anaplerotic *adj*

**anäschern** *v* (Leder) / lime slightly

**Anästhesie** *f* (DIN ISO 4135) (Med) / anaesthesia* *n*, anesthesia* *n* (US)

**Anästhetikum** *n* (pl. -ka) (Pharm) / anaesthetic* *n*, anesthetic* *n* (US)

**Anastigmat** *m* (DIN 19040) (Foto, Opt) / anastigmat lens*, anastigmat *n*

**anastigmatisch** *adj* (Opt) / anastigmatic *adj*

**Anatas** *m* (ein $TiO_2$-Mineral) (Min) / anatase* *n* ‖ ~**pigment** *n* (Titandioxidpigment mit Anatasstruktur) (Anstr) / anatase pigment

**Anatexis** *f* (teilweises Aufschmelzen von Gesteinen) (Geol) / anatexis *n*

**Anatexit** *n* (Geol) / anatexite *n*

**Anatoxin** *n* (aus Blaualgen) (Biochem) / anatoxin *n* ‖ ~ (das durch Wärmeeinwirkung und Formolzusatz gewonnene Toxoid) (Med) / toxoid* *n*, anatoxin *n*

**anaxial** *adj* (Biol) / anaxial *adj*

**Anazidität** *f* (Med, Pharm) / anacidity *n*

**Anbacken** *n* / caking *n*, adhesion *n* (by caking)

**Anbau** *m* (Erweiterung) (Bau) / extension *n* ‖ ~ (Bau) / annex(e) *n* ‖ ~ (ohne Plural) (Landw) / cultivation *n*, culture *n*, growth *n* ‖ **bodenbearbeitungsloser** ~ (Landw) / zero-tillage *n* (the process of fertilizing by which a narrow slit is cut in the soil and seed and fertilizers are sown directly without further seedbed preparation), direct drilling ‖ **praxisgerechter landwirtschaftlicher** ~ (Landw) / good agricultural practice

**Anbauer** *m* (Landw) / grower *n*

**anbau•fähiges Land** (Landw) / arable land, arable *n*, agricultural land ‖ ~**fläche** *f* (Landw) / area under cultivation, area under crop, crop area ‖ ~**fläche in Hektar** (Landw) / hectarage *n* ‖ ~**gerät** *n* / attachment *n*,

**Anbaugeräte**

accessory n, add-on equipment || ~**geräte** n pl (Landw) / mounted implements, integral (mounted) implements, tractor-mounted implements || ~**-Kältesatz** m (zum Anbringen an einem Container) / clip-on refrigerating unit system || ~**möbel** n (Tischl) / unit furniture, sectional furniture, sectional n || ~**motor** m (Masch) / build-on motor || ~**pflug** m (Landw) / mounted plough, integral plow (US) || ~**schloß** n (Bau, Tischl) / rim lock*
**anbetonieren** v (an bestehende Bauteile) (Bau) / concrete on v
**anbieten** v / offer v || ~ (z.B. Software) (EDV) / provide v
**Anbieter** m / supplier n, vendor n || ~ (EDV) / provider n || ~ **von Inhalten** (EDV) / content provider
**Anbietezeichen** n (Fernsp) / offering signal
**anbinden** v (an eine Verbindungsstraße) / link up v || ~ (Tex) / tie v
**Anbindung** f (von Netzen) (Fernm) / interworking n
**anblasen** v (einen Hochofen) (Hütt) / blow in v
**Anblasöl** n (Gieß) / blowing oil
**Anblattung** f (For, Zimm) / halving* n
**anbohren** v (Bergb) / spud v, spud in v, collar v
**Anbohrer** m (Masch) / spotting drill*
**Anbohr•gerät** n (zur Herstellung eines Abzweigs an einer unter Betriebsdruck stehenden Rohrleitung) / tapping machine || ~**schelle** f (die mit dem Schellenbügel auf der anzubohrenden Rohrleitung festgeschraubt wird) (Masch) / service clip, service saddle (US), saddle n (US), pipe-boring saddle
**Anbohrung** f (Herstellung eines Abzweigs /ohne Gasaustritt/ an einer Rohrleitung unter Betriebsdruck) / tapping n || **leichte** ~ (Masch) / dimple n
**anbrennen** vi / bake on v, burn on v || ~ v (eine Gummimischung) (Chem Verf) / scorch vt, cure up v || ~ (Formsand) (Gieß) / burn on v || ~ (Nahr) / burn vi || ~ n (einer Gummimischung) (Chem Verf) / scorching n, curing-up n || ~ (Entstehen mißfarbiger, pulveriger oder schwammiger, schlecht haftender Niederschläge) (Galv) / burning n (z.B. von Formsand) (Gieß) / burning-on* n
**anbringen** v / fasten v, fix v, attach v, secure v || ~ (Plakat) / post v || ~ (montieren) / mount v
**Anbringung** f (Masch) / mounting n
**Anbruch, fortgeschrittene** ~ (ein Holzfehler) (For) / advanced decay
**anchimer•e Beschleunigung** (Chem) / neighbouring-group participation || ~**e Hilfe** (wenn bestimmte nukleophile Substitutionen schneller als erwartet und unter Erhalt der Konfiguration ablaufen) (Chem) / neighbouring-group participation
**ANC-Sprengstoff** m / ammonium-nitrate-carbon explosive
**Andalusit** m (ein Neso-Silikat) (Min) / andalusite* n
**andecken** v **mit Rasenplaggen** (HuT, Umwelt) / turf v, sod v (cover with sods or pieces of turf) || ~ n **von Mutterboden** (Bau, HuT, Landw) / topsoiling n (topsoil redeposition)
**Andeckung** f **mit Rasenplaggen** (HuT, Umwelt) / turfing n, sodding n
**Andentanne** f (For) / monkey puzzle, Chile pine, monkey puzzle tree
**änderbar** adj (Speicher) (EDV) / alterable adj || ~**er Festwertspeicher** (EDV) / alterable read-only memory, AROM
**ändern** v / alter v, modify v, change v || ~ (ein Programm punktuell verbessern) (EDV) / patch v || **die Tastaturbelegung völlig** ~ (EDV) / remap the keyboard
**Anderson-Dayem-Brücke** f (eine Mikrobrücke) (Elektr) / Anderson-Dayem bridge
**Andersonsche Brückenschaltung** f (eine Induktivitätsmeßbrücke - nach A. Anderson, 1858-1936) (Elektr) / Anderson bridge
**Anderthalbdecker** m (ein Doppeldecker, dessen unterer Flügel kürzer ist als der obere) (Luftf) / sesquiplane n
**Änderung** f (geringfügige) / modification n || ~ (wesentliche) / change n || ~ (Math) / variation n || **[gezielte]** ~ **der Polymerstruktur** (Chem) / molecular engineering || **irreversible** ~ / irreversible change || **konstruktive** ~ (Masch) / design change || **reversible** ~ / reversible change || **sekuläre** ~**en** (Geol) / secular changes* || **sprunghafte** ~ / step change || ~ f (punktuelle Verbesserung) **des Programms** (EDV) / patching n || ~ **der Frequenz** (eines Senders, Generators oder Oszillators als Folge z.B. einer Laständerung oder durch Mitnahme oder Mitziehen der Frequenz des Generators durch eine fremde Frequenz) (Fernm) / pulling* n || ~ **der Konfiguration** / reconfiguration n || ~ **des Profils** (Bahn) / regrading n (of a line)
**Änderungs•antrag** m (z.B. bei Verträgen) / amendment n (to) || ~**band** n (EDV) / change tape, transaction tape || ~**bit** n (EDV) / change bit || ~**datei** f (EDV) / change(s) file, amendment file (a file of change records), transaction file*, detail file, activity file, movement file, update file*, modification file || ~**dienst** m (Aktualisierung und Dateipflege) (EDV) / updating service, modification service, revision service || ~**mitteilung** f (HuT, Masch) / variation order*, technical modification report || ~**programm** n (EDV) / update n, update routine, update program, updating program || **routine** f (EDV) / update n, update routine, update program, updating program || ~**satz** m (EDV) / change record, transaction record || ~**suchprogramm** n (EDV) / alteration searcher, AS

**Andesin** m (ein Glied der Plagioklas-Reihe) (Min) / andesine* n
**Andesit** m (ein junges Ergußgestein) (Geol) / andesite* n || ~**linie** f (Geol) / andesite line, Marshall line
**andicken** v (Nahr) / thicken v, bind v
**Andirobaholz** n (meistens aus Carapa guianensis Aubl.) (For) / crabwood* n, carap-wood n
**andocken** v (Raumfahrzeuge) (Raumf) / dock v
**Andorit** m (Min) / andorite n, sundtite n
**Andradit** m (ein Granat) (Min) / andradite* n, colophonite n
**Andrang** m / rush n
**Andreasen-Pipette** f (zur Messung der Sedimentation von Schwebestoffen in Flüssigkeiten im Schwerefeld) (Chem, Phys) / Andreasen sedimentation pipette
**Andrehen** n **des Fadens** (Spinn) / piecing n, piecing-up n
**Andreher** m (Web) / twister n, twister-in n (pl. twisters-in)
**androgen** adj (Biochem, Med, Physiol) / androgenic* adj || ~**er Stoff** (männliches Keimdrüsenhormon) (Biochem, Med, Physiol) / androgen* n, androgenic hormone, male sex hormone || ~ n (Biochem, Med, Physiol) / androgen* n, androgenic hormone, male sex hormone
**Androsteron** n (ein Androgen) (Med, Physiol) / androsterone n
**Andruck** m (Druck) / proof* n, pull* n, test print, proof print, trial print || ~ (Druck, EDV) / proof printing || **einen** ~ **machen** (Druck) / to pull a proof || ~ **genehmigter** ~ (vor dem Auflagendruck) (Druck) / pass sheet*, o.k. sheet, o.k. proof || ~**belastung** f (Mech) / stress imposed on body due to applied force (causing acceleration or deceleration), G
**andrucken** v (Druck) / to pull a proof
**Andrücken, festes** ~ (der Erde gegen das untere Umfangsdrittel des Rohrs beim Eingraben) (HuT) / shovel slicing, spading n
**Andruck•magnet** m (Eltech) / press-on magnet, pressure solenoid || ~**maschine** f (Druck) / proofing press*, proof press, press* n || ~**platte** f (Film) / pressure pad*, pressure plate, flat n || ~**presse** f (Druck) / proofing press*, proof press, press* n || ~**rolle** f (Akus, Masch) / pressure roller, pressure roll || ~**rolle** (eine verriegelbare Rolle, die den Film gegen die intermittierende oder ziehende Zahnrolle drückt) (Film) / pad roller*, hold-down roller*, intermittent shoe
**Andrück•rolle** f (Akus, Masch) / pressure roller, pressure roll || ~**rolle** (Film) / pad roller*, hold-down roller*, intermittent shoe
**Andruck•skale** f (Druck) / progressive proofs*, progs pl, colour guides* || ~**skale** (im Textildruck) (Tex) / progressive proofs || ~**steckverbinder** m (mehrpoliger Steckverbinder, bei dem die Kontaktkraft erst nach dem Stecken des beweglichen Teils durch Betätigen eines Keiles, Drehen einer Nockenwelle oder einfach durch Schrauben aufgebracht wird) (Eltronik) / butt connector || ~**verstärker** m (für Scheibenwischer) (Kfz) / wiper wings, wiper aid
**Andrussow-Verfahren** n (zur Herstellung von Blausäure) (Chem Verf) / Andrussow process
**aneinander•fügen** v (Masch) / join v, bond v, joint v || **stumpf ~fügen** / abut v, butt v || ~**grenzend** adj / adjacent adj, conterminous adj, coterminous adj, adjoining adj, neighbouring adj, contiguous adj || ~**haften** n (Plast) / blocking n || ~**reihen** v / chain v || ~**spritzgießen** n (Plast) / side-by-side injection moulding || ~**stoßen** v (mit der Stirnfläche) / abut v, butt v || **stumpf ~stoßen** / abut v, butt v
**Anelektrolyt** n (Chem, Eltech, Galv) / non-electrolyte n
**anellieren** v (Ringe) (Chem) / fuse v, condense v
**anellierter Ring** (Chem) / condensed nucleus*, fused ring*, anellated ring
**Anellierung** f (Angliederung weiterer Ringe an einen od. mehrere schon vorhandene) (Chem) / anellation n
**Anellierungsname** m (Chem) / fusion name
**Anemo•graf** m (Meteor) / anemograph* n || ~**gramm** n (von einem Anemografen aufgezeichnetes Schaubild) (Meteor) / anemogram n || ~**meter** n (Meteor) / anemometer* n || **akustisches** ~**meter** (Meteor) / sonic anemometer || ~**stat** m (Sanitär) / diffusor n
**Anergie** f (der nicht in Exergie umgewandelte Anteil einer Energie) (Phys) / anergy n
**anerkannt** adj (Berufskrankheit) (Med) / prescribed adj || ~**e private Betriebsgesellschaft** (Fernm) / recognized private operating company, RPOA
**Aneroid** n (Meteor, Verm) / aneroid barometer*, aneroid n || ~**barometer** n (Dosen-, Kapselbarometer) (Meteor, Verm) / aneroid barometer*, aneroid n || ~**dose** f (Meteor) / sylphon bellows* (of the aneroid barometer), pressure capsule*, aneroid capsule, bellows n (or pl.) || ~**kapsel** f (Meteor) / sylphon bellows* (of the aneroid barometer), pressure capsule*, aneroid capsule, bellows n (or pl.)
**Anethol** n (Chem) / anethole* n, anise camphor
**Aneurin** n (Biochem) / thiamin* n, thiamine n, vitamin $B_1$* n, aneurin n || ~**chloridhydrochlorid** n (Pharm) / thiamin hydrochloride ($C_{12}H_{18}Cl_2N_4OS$) || ~**pyrophosphat** n (Diphosphorsäureester von

Thiamin) (Biochem, Pharm) / thiamin pyrophosphate, co-carboxylase *n*, aneurin diphosphate
**anfachen** *v* (Feuer) / fan *v* ‖ ~ (bei Schwingungs- und Wellenvorgägen) (Phys) / build up *v*
**Anfachung** *f* (Vergrößerung der Amplitude eines Schwingung) (Phys) / building-up *n* ‖ ⁓ (Verstärkung der Phosphoreszenz bei Phosphoren) (Phys) / activation *n* ‖ ⁓ **der Grenzschicht** (Luftf) / boundary-layer excitation
**Anfahr•bereich** *m* (Nukl) / counter range* ‖ ⁓**block** *m* (Industrieofen) (Masch) / slug *n* ‖ ⁓**bolzen** *m* (Hütt) / dummy bar ‖ ⁓**brennelement** *n* (Nukl) / booster element ‖ ⁓**drehmoment** *n* (Mech) / starting torque
**anfahren** (stoßfrei) / start up *v* (without a jerk) ‖ ~ (Materialien) / deliver *v*, convey *v* ‖ ~ (Bergb) / descend *v*, go down *v*, go underground, ride in *v* ‖ ~ (Kfz) / move off *v*, start off *v*, take off *v* (in a fast car) ‖ ~ (bei numerischer Steuerung) (Masch) / approach *v* ‖ ~ (Positionen) (Masch) / position *v* ‖ ~ (eine Anlage) (Masch) / start *v*, start up *v*, start *v* from rest ‖ **ruckartig** ~ (Kfz) / pitch forward *v* ‖ **wieder** ~ (z.B. einen Kernreaktor) (Nukl) / restart *v* ‖ ~ **auf Rollen** / wheel *v* ‖ ~ (und abfahren) **mit Radfahrzeugen** (Luftf) / wheel *v* ‖ ~ **und speichern** (bei den IR) (Masch) / start and store *v* ‖ ⁓ *n* (z.B. der Zeichnungskontur bei den Brennschneidmaschinen) (Masch) / lead-in *n* ‖ ⁓ (Masch, Nukl) / start-up procedure*, start-up *n* ‖ **kaltes** ⁓ (Masch) / cold start-up ‖ **träges** ⁓ (einer Maschine) (Masch) / sluggish starting ‖ **warmes** ⁓ (Masch) / warm start-up ‖ ⁓ *n* **und Speichern** (ein Programmierverfahren bei den IR) (Masch) / starting and storage *n* ‖ ⁓ (von Punkten) **und Speichern** (bei Schweißrobotern) (Schw) / teach-in process
**Anfahr•entspanner** *m* (Masch) / start-up flash tank ‖ **hydrostatische** ⁓**hilfe** (Gleitlagerung, die beim Anlauf von Großmaschinen das Durchfahren des Mischreibungsgebiets erleichtert) (Masch) / bearing with hydrostatic jacking system ‖ **hydrostatische** ⁓**hilfe** (die beim Anlauf von Großmaschinen das Durchfahren des Mischreibungsgebiets erleichtert - als System) (Masch) / hydrostatic jacking system ‖ ⁓**klopfen** *n* (Kfz) / take-off knock ‖ ⁓**momentausgleich** *m* (Kfz) / antisquat *n* ‖ ⁓**nickabstützung** *f* (Kfz) / antisquat *n* ‖ ⁓**nicken** *v* (beim Anfahren oder Beschleunigen) (Kfz) / squat *v* ‖ ⁓**reibung** *f* (Masch) / starting friction ‖ ⁓**schütteln** *n* (Kfz) / shudder *n*, take-off shudder ‖ ⁓**störfall** *m* (Nukl) /,start-up accident ‖ ⁓**unfall** *m* (Nukl) / start-up accident ‖ ⁓**vorgang** *m* (z.B. bei einer Turbine) (Masch, Nukl) / start-up procedure*, start-up *n* ‖ ⁓**zeit** *f* (des Reaktors) (Nukl) / starting-up time*, start-up time*
**anfallende Späne** (For) / abatement *n*
**anfällig** *adj* (für) / susceptible *adj* (to) ‖ ~ (System) (EDV) / vulnerable *adj* ‖ ~ **für die erosive Wirkung** (Geol, Landw) / erodible *adj*, susceptible to erosion
**Anfälligkeit** *f* (für) / susceptibility *n* (to) ‖ ⁓ (des Systems) (EDV) / vulnerability *n* ‖ ⁓ **gegen Verschmutzung** (als Eigenschaft eines Gewebes) (Tex) / dirt retention
**Anfall•punkt** *m* (in dem die Gratsparren stumpf zusammenstoßen) (Zimm) / hip rafters meeting point ‖ ⁓**stelle** *f* (z.B. von Abwässern) (Umwelt) / point of origin
**Anfang** *m* (z.B. des Magnetbandes) / front end ‖ ⁓ / beginning *n*, start *n* ‖ ⁓ (Math) / origin *n* ‖ ⁓ **des Kopfes** (ein CCITT-Steuerzeichen für Datenübertragung) (Fernm) / start of heading, SOH ‖ ⁓ **des Textes** (ein CCITT-Steuerzeichen für Datenübertragung) (Fernm) / start of text, SOT, STX ‖ ⁓ **eines Filmschnittpunkts** (Film) / cut-in *n*, edit-in *n* ‖ ⁓**eisen** *n* (Glas) / punty* *n*, gathering iron, puntee* *n*, pontie* *n*, pontil* *n*, rod *n*
**anfangen** *v* / begin *v*, start *v* ‖ ~ (Glas) / gather *v* ‖ ~ *n* (Glas) / gathering *n*
**Anfänger** *m* (der erste Stein des Bogens) (Arch, Bau) / springer* *n*, springing* *n*, rein *n* ‖ ⁓ (ein Facharbeiter) (Glas) / gatherer* *n*, parison gatherer, post gatherer ‖ **abgeschrägte obere Seite des** ⁓**s** (Bau, Arch) / skewback* *n* ‖ ⁓ **schild** *n* (ohne Führerschein - rotes L auf weißem Hintergrund) (Kfz) / L-plate *n*
**anfänglich** *adj* / initial *adj*
**Anfangs•** - / initial *adj* ‖ ⁓ **anflug** *m* (Luftf) / initial approach ‖ ⁓**ausfall** *m* (eines Systems) (EDV) / early failure ‖ ⁓**bande** *f* (Spektr) / initial band ‖ ⁓**bedingungen** *f pl* (Math) / initial conditions* ‖ ⁓**blase** *f* (Glas) / gathering bubble ‖ ⁓**brühe** *f* (Farbengang) (Leder) / initial liquor ‖ **großer** ⁓**buchstabe** (verzierter) (Typog) / initial *n*, initial letter ‖ ⁓**druck** *m* (Masch) / inlet pressure, initial pressure, intake pressure ‖ ⁓**einsatz** *m* (bei Seismogrammen) (Geol) / first arrival ‖ ⁓**einstellung** *f* (die einen Überblick über die Szene gibt) (Film) / establishing shot ‖ ⁓**energie** *f* (Phys) / initial energy ‖ ⁓**etikett** *n* (EDV) / header *n*, header label, heading *n* ‖ ⁓**fehler** *m* (EDV) / inherited error*, inherent error ‖ ⁓**form** *f* / starting form ‖ ⁓**geschwindigkeit** *f* (Mil) / muzzle velocity ‖ ⁓**glied** *n* (der Zahlenfolge) (Math) / first term, leading term ‖ ⁓**knoten** *m* (KI) / starting node, start node, initial node ‖ ⁓**kompliianz** *f* (DIN 1342, T 1) / initial compliance ‖ **vorausgesetzte** (höchste) ⁓**konzentration** (eines Stoffes in der Umwelt) (Umwelt) / predicted initial environmental concentration, PIEC ‖ ⁓**laden** *n* (EDV) / initial program loading ‖ ⁓**lader** *m* (EDV) / initial program loader (IPL) ‖ ⁓**lage** *f* / initial position, starting position ‖ ⁓**lösung** *f* (Chem) / original solution, initial solution ‖ ⁓**meridian** *m* (Kart) / zero meridian ‖ ⁓**permeabilität** *f* (DIN 1325) (Eltech) / initial permeability* ‖ ⁓**punkt** (Null) / zero point ‖ ⁓**punkt** (Math) / origin *n* ‖ ⁓**retention** *f* (Pflanzenschutz) (Bot, Landw) / initial retention ‖ ⁓**rückhaltevermögen** *n* (Wasserb) / initial detention ‖ ⁓**satz** *m* (PCM-Daten) (Fernm) / start record ‖ ⁓**schenkel** *m* (eines orientierten Winkels) (Math) / initial *n*, initial side ‖ ⁓**spannung** *f* (Mech) / initial stress ‖ ⁓**stabilität** *f* (für sehr kleine Krängungswinkel) (Schiff) / initial stability* ‖ ⁓**stein** *m* (Arch, Bau) / springer* *n*, springing* *n*, rein *n* ‖ ⁓**strahlung** *f* (Mil, Nukl) / initial radiation ‖ ⁓**verdichtung** *f* (HuT) / initial consolidation, initial compression ‖ ⁓**wert** *m* / initial value ‖ **auf** ⁓**wert zurückstellen** (Instr) / clear* *v*, reset* *v*, restore* *v* ‖ ⁓**wertproblem** *n* (Math) / initial-value problem, Cauchy's problem, Cauchy problem ‖ ⁓**zustand** *m* / initial state
**anfärben** *v* (Tex) / dye *v* ‖ ⁓ *n* (Tex) / dyeing* *n*, colouring *n*, coloration *n*
**Anfärbevermögen** *n* (Foto) / tinctorial power
**Anfärbung** *f* (Mikros) / staining *n* ‖ ⁓ (Tex) / dyeing* *n*, colouring *n*, coloration *n* ‖ **unegale** ⁓ **an den Salleisten** (Tex) / listing* *n* (defect)
**anfasen** *v* (Masch, Tischl, Zimm) / chamfer *v*, bevel *v*
**Anfasmaschine** *f* (Tischl) / chamfering machine
**Anfasser** *m* (in der grafischen Datenverarbeitung) (EDV) / sizing handle
**Anfechtungsrecht** *n* (im Datenschutz) (EDV) / right to challenge (the veracity)
**anfersen** *v* (Tex) / heel *v*
**anfertigen** *v* (Zeichnungen) / prepare *v*
**Anfettung** *f* (des Gemischs) (V-Mot) / enrichment *n*
**anfeuchten** *v* / wet *v*, moisten *vt*, humidify *v*, dampen *v*, moisturise *v* ‖ ~ (Formsand) (Gieß) / temper *v* ‖ **wieder** ~ / rewet *v* ‖ ⁓ *n* (von Formsand) (Gieß) / tempering *n*
**Anfeuchtung** *f* / wetting *n*, damping *n*, moistening *n*
**anfeuern** *v* (z.B. mit Firnis) (For) / grain-raise *v*
**anfeuernde Beizung** (For) / grain-raising staining
**Anfingermaschine** *f* (Tex) / finger-knitting machine
**anflachen** *v* / flatten *v* ‖ ⁓ *n* / flattening *n*
**anflanschen** *v* (Masch) / flange *v*, flange-mount *v*, flange on *v*, cup *v* ‖ ⁓ *n* (Masch) / flanging *n*, flanging-on *n*
**Anflanschglocke** *f* (Kfz) / torque converter housing, bell housing
**anfliegen** (ein Flugfeld) (Luftf) / head *v* (for an airfield), make *v* (for an airfield)
**anfliegend** *adj* (Luftf) / incoming *adj* ‖ ~**er Flugkörper** (Mil) / incoming missile
**Anflug** *m* (natürliche Bestandsverjüngung) (For) / natural regeneration by self-sown seed ‖ ⁓ (Luftf) / approach *n* ‖ ⁓ (Min) / efflorescence* *n*, bloom* *n*, blooming *n* ‖ ⁓ (leichte Färbung als Eigenschaft) (Tex) / tinge *n*, tint *n* ‖ ⁓ **abgebrochener** ⁓ (Luftf) / discontinued approach ‖ **im** ⁓ (Luftf) / incoming *adj* ‖ **überwachter** ⁓ (Luftf) / monitored approach ‖ **zeitgesteuerter** ⁓ (Luftf) / timed approach ‖ ⁓ *m* **auf rückseitigem Kurs** (Luftf) / back-course approach ‖ ⁓ **mit Triebwerksleistung** (Luftf) / powered approach ‖ ⁓**befeuerung** *f* (Luftf) / approach lighting, approach lights ‖ ⁓**befeuerungssystem** *n* (Luftf) / approach lights* *pl*, approach lighting system ‖ ⁓**feuer** *n* (Luftf) / locator beacon*, locator *n* ‖ ⁓**funkfeuer** *n* (Luftf) / locator beacon, locator *n* ‖ ⁓**geschwindigkeit** *f* (Luftf) / approach speed ‖ ⁓**glasur** *f* (Keram) / vapour glaze (composed of lead, sodium, and boric oxides which volatilize from a melt during firing, but will condense and reliquify on ceramic surfaces on cooling) ‖ ⁓**kontrolle** *f* (Luftf) / approach control ‖ ⁓**kontrollor** *m* (A) (Luftf) / approach controller ‖ ⁓**kurs** *m* **über Grund** (Luftf) / inbound track ‖ ⁓**leitung** *f* (S) (Luftf) / approach control ‖ ⁓**lotse** *n* (Luftf) / approach controller ‖ ⁓**radar** *n* (Luftf) / approach control radar*, ACR* ‖ ⁓**schneise** *f* (Luftf) / approach lane, approach course ‖ ⁓**sektor** *m* (Luftf) / approach area ‖ ⁓**sinkverfahren** *n* (Luftf) / landing procedure*
**Anflugswinkel, flacher** ⁓ (auf die Eintauchbahn) (Raumf) / shallow angle
**Anflug•verkehrsleiter** *m* (S) (Luftf) / approach controller ‖ ⁓**winkel** *m* (Luftf) / angle of approach ‖ ⁓**zeit** *f* (Luftf) / approach time ‖ **voraussichtliche** ⁓**zeit** (Luftf) / expected approach time, EAT ‖ ⁓**zeitpunkt** *m* (Luftf) / approach time ‖ **voraussichtlicher** ⁓**zeitpunkt** (Luftf) / expected approach time, EAT
**Anforderer** *m* (EDV) / requester *n*, requesting user
**anfordern** *v* (etwas) / apply *v* (for)
**Anforderung** *f* / requirement *n*, demand *n* ‖ ⁓ (EDV) / request *n* ‖ ⁓ (Masch) / specification *n* ‖ **körperliche** ⁓**en** (*pl*) / physical requirements ‖ **künstliche** ⁓ (EDV) / simulated request ‖ **sicherheitstechnische** ⁓ / safety requirement
**anforderungs•abhängiges Programm** (EDV) / demand-driven program ‖ ⁓**art** *f* (F.Org) / job factor ‖ ⁓**definition** *f* (in der

Anforderungsmeldung

Systemanalyse) (EDV) / requirements definition || ~**meldung** f (an den Anlagenbedienern) (EDV) / prompt* n (message provided by an operating system calling for operator action) || ~**register** n (EDV) / request register || ~**signalspeicher** m (EDV) / request latch || ~**studie** f (EDV) / requirements analysis || ~**zeichen** n (EDV) / prompt n, prompt character
**anformen** v (Schuhsohlen) / mould v
**Anformung** f (eines Biegeträgers) (Bau, Mech) / forming n
**Anfrage** f (an ein System) (EDV) / inquiry n, information request || ~-**Antwort-Sendung** f (Fernm) / request/reply transmission
**Anfragensprache** f (zur gezielten Abfrage und Selektion) (EDV) / query language, QL, inquiry language
**anfressen** v / corrode vt, eat away v || **punktförmig** ~ (Oberfläche) / pit v || ~ n (Masch) / seizure n, scuffing* n, seizing n, galling v
**Anfressung** f (ein kleines Korrosionsgrübchen) / pit n || **korrosive** ~ (örtliche kleine) (Galv) / corrosion pit
**Anfügen** n (im frischen Zustand) (Bau, HuT) / jointing* n
**anführen** v (Anführungszeichen vorne) (Typog) / quote v
**Anführungszeichen** n pl (englische - meistens doppelte) (Typog) / inverted commas, quotation marks*, quotes* pl, quote marks || **doppelte** ~ (Typog) / double quotes*, double quotation marks || **einfache** ~ (Typog) / single quotes*, single quotation marks || **französische** ~ (<<...>>) (Typog) / duckfoot quotes*, guillemets pl || **halbe** ~ (Typog) / single quotes*, single quotation marks
**ANG** (Biol) / all-or-none law
**Angabe** f **von Betriebsbedingungen** (für Motorenöle) / service rating || ~ n f pl **zur Person** (EDV) / personal data || ~**fehler** m (Stats) / response error
**Angärgefäß** n (Brau) / starting tank, pitching vessel, starting tub
**angearbeitete Werkstücke** (F.Org) / work in process, WIP
**angebaut, im eigenen Betrieb** ~ (Landw) / home-grown adj || ~**e Erregermaschine** (Eltech) / direct-coupled exciter*
**angeben** v (genau) / specify v || ~ (Meßgeräte) (Instr) / indicate v, read v || **detailliert** ~ / specify v
**angeblasene Klappe** (Luftf) / blown flap*, suction flap
**angeblaute Wolle** (Tex) / wool from the blue vat
**angeboren** adj (Biol) / inborn adj, innate adj || ~ (Krankheit) (Med) / congenital (present from birth)
**Angebot** n / offer n || ~ (bei Ausschreibungen) / tender n || ~ (eingesetzte Menge, z.B. Chromoxidangebot) (Leder) / addition n || **telegrafisches** ~ (Teleg) / cable offer, cabled offer || **verstecktes** ~ (der in Werbetests häufig verwendet wird, um die Aufmerksamkeit oder das Interesse von Lesern zu messen) / blind offer, buried offer, hidden offer
**angebots•orientierte Wirtschaftspolitik** / supply-side economics || ~**zeichnung** f (DIN 199) (als Erläuterung einer Ausschreibung oder zur Abgabe eines Angebots) / quotation drawing
**angebrannt•er Niederschlag** (bei der elektrochemischen Metallabscheidung) (Galv) / burnt deposit* || ~**er Sand** (Gieß) / burnt sand || ~**er Porling** (For) / scorched conk || ~**er Rauchporling** (For) / scorched conk
**angedrehte Rohseidenfäden** (Tex) / singles pl
**angefachte aperiodische Bewegung** (Luftf) / divergence* n
**angefault** adj (For) / dozy adj, putrid adj, doze adj || ~**es Abwasser** (Sanitär) / septic sewage || ~**er Ast** (For) / rotten knot, unsound knot, decayed knot, punk knot
**angeflanschter Motor** (Masch) / flanged motor, flange-mounted motor
**angefressener Kontakt** (Eltech) / pitted contact
**angegossener Zylinderkopf** (V-Mot) / solid head*
**angehaltenes Programm** (EDV) / suspended program
**angehobener Träger** (Fernm) / exalted carrier*
**angeklebt•es Glas** (Glas) / stuck-on particles, stuck-on n, adhered glass || ~**e Glasteilchen** (Glas) / stuck-on particles, stuck-on n, adhered glass || ~**er Rücken** (Buchb) / tight backbone, tight back, fast back
**angekokte Kohle** (Min) / burnt coal*
**angekoppelte Stromkreise** (Elektr) / coupled circuits
**Angel** f (des Sägeblattes) / buckle n || ~ (Akus, Film, TV) / microphone boom, boom n || ~ (Bau) / pintle* n, pivot n || ~ (der Kelle) (Bau) / handle n || ~ (der Feile, des Spiralbohrers) (Masch) / shank* n || ~ (der spitz zulaufende Fortsatz zur Befestigung des Handgriffs, des Sägeblattes usw.) (Tischl, Zimm) / tang* n
**angelassen, nicht** ~ (Stahl) (Hütt) / untempered adj
**angelegt•e Frequenz** (Fernm) / applied frequency || ~**es Kapital** / investment n || ~**e Spannung** (Arch, Mech) / applied stress* || ~**e Spannung** (Elektr) / applied voltage
**angelenkt** adj (Masch) / pin-jointed adj, pinned adj, pin-connected adj, hinged adj
**angelernt** adj (mit mindestens 3monatiger Anlernzeit) / semi-skilled adj
**Angelicasäure** f (eine Methyl-2-butensäure) (Chem) / angelic acid

**Angelikaöl** n (Wurzel- oder Samenöl der Angelica archangelica L.) / angelica oil
**Angelikasäure** f (Chem) / angelic acid
**Angelique** n (Holz aus Dicorynia paraensis) (For) / angelique n
**Angel•kloben** m (Bau) / pintle* n, pivot n || ~**zapfen** m (Bau) / pintle* n, pivot n
**angemacht, weich** ~ (Beton) (HuT) / mushy adj
**angemessen** adj (z.B. Temperatur) / adequate adj
**angenähert** adj (Math, Stats) / approximate adj, approximative adj
**angenehm riechend** / pleasant-smelling adj
**angenommen•er Name** (Fernm) / purported name || ~**er Standort** (Nav) / assumed position
**angepaßt** adj (Tex) / fitted adj, form-fitting adj || **richtig** ~ / well-matched adj || ~**er Abschluß** (Fernm) / matched termination* || ~**er Gegentaktverstärker** (Fernm) / low-loading amplifier, loaded push-pull amplifier
**angequetschtes Flachbandkabel** (Kab) / daisy-chain flat cable, daisy-chained ribbon cable
**Angerbfleck** m (Leder) / kiss mark
**Angerbung** f (unvollständige) (Leder) / slack tannage || ~ (Leder) / initial tannage || ~ (Leder) s. auch Vorgerbung
**angeregt•es Atom** (Kernphys) / excited atom* || ~**er Atomkern** (Kernphys) / excited nucleus* || ~**e Emission** (nach dem Einfall der auslösenden Strahlung) (Phys) / stimulated emission*, induced emission || ~**es Ion** (Phys) / excited ion || ~**er Zustand** (ein stationärer Zustand größerer Energie, verglichen mit dem Grundzustand) (Phys) / excited state
**angereichert•es Gut** (aus der Setzmaschine) (Aufber) / hutchwork n || ~**es Gut** (Aufber) / concentrate* n || ~**er Reaktor** (Nukl) / enriched reactor || ~**es Uran** (heute meistens durch Laseranreicherung) (Nukl) / enriched uranium*
**angeriebenes Garn** (Spinn) / abraded yarn
**angerissene Probe** (WP) / precracked specimen
**Angerkamera** f (Radiol) / scintillation camera*, gamma camera*
**angerostet** adj (Galv) / pre-rusted
**angesäte Böschung** (HuT) / seeded slope
**angesäuert** adj / sourish adj || ~**es Wasser** / acidulous water
**angesaugte Luft** (Masch) / sucked-in air
**angeschärfter Äscher** (der den Äscherprozeß verkürzt) (Leder) / sharpened lime
**angeschmutzt** adj / shop-soiled adj, shop-worn adj
**angeschnitten•e Anzeige** (Druck) / bleed advertisement || ~**es Bild** (Druck) / bleed-off image, bleed illustration || ~**er Rand** (Druck) / bleed border
**angeschriebener Kreis** (eines Dreiecks) (Math) / escribed circle* (of a triangle), excircle n
**angesetzte Stuckplastik** (mit Schrauben, Stahlnägeln, durch Anrödeln) (Bau) / planted moulding*
**angesparter Urlaubsanspruch** (F.Org) / cumulative earned leave (CEL)
**angespitztes Ende** (Werkz) / tang n
**angespülter Boden** (HuT) / hydraulic fill*
**angestaubt** adj (z.B. Textilie) / shop-soiled adj, shop-worn adj
**angestautes Wasser** (Wasserb) / backwater* n, impoundment n, impoundage n
**angestellte Lagerung** (üblicherweise mit Schräglagern - eine Wälzlagerung) (Masch) / adjusted bearing
**Angestellter, leitender** ~ (F.Org) / executive officer, executive n
**angestoßenes Atom** (Kernphys) / knock-on atom, knocked-on atom
**angestrahlt** adj (Licht) / floodlit adj
**angeströmt•er** (strömungsgünstig geformter) **Körper** (Luftf, Phys) / aerofoil n, airfoil n (US) || ~**er Teil** (der Tragfläche) (Luftf) / entry n
**angetrieben•er Förderer** (Masch) / powered conveyor || ~**es Glied** (Masch) / driven member, driven link || ~**es Ritzel** (Masch, Uhr) / follower* n || ~**e Rollenbahn** (Hütt, Masch) / power-driven roller conveyor, powered roller conveyor, live roller conveyor || ~**er Rollengang** (Hütt) / live roller table || ~**e Welle** (Masch) / driven shaft || ~**es Zahnrad** (Masch, Uhr) / follower* n
**angetrocknet** adj (Anstr) / flash-dry adj
**angewandt** adj / applied adj (science) || ~**e Geochemie** (Bergb) / geochemical prospecting* || ~**e Geologie** (Geol) / applied geology* || ~**e Karte** (in der Erscheinung und Sachverhalte zur Erkenntnis ihrer selbst dargestellt sind) (Kart) / thematic map, special-subject map || ~**e Mathematik** (Math) / applied mathematics*, applicable mathematics || ~**e Physik** (Phys) / applied physics || ~**e Rheologie** (Phys) / rheodynamics n || ~**e Seismik** (Geophys) / seismic prospecting*, seismic exploration
**angewehter Boden** (Geol, HuT) / aeolian soil, eolian soil (US)
**Angewende** n (zum Wenden des Pfluges) (Landw) / headland n
**angewiesenes Ziel** (Mil) / intended target

**angezapft•es Feld** (Eltech) / tapped field, short field ‖ **~er Fluß** (Wasserb) / beheaded stream, beheaded river ‖ **~e Spule** (Eltech) / tapped coil ‖ **~e Wicklung** (Eltech) / tapped winding

**angezeigte Fluggeschwindigkeit** (Luftf) / indicated airspeed*, IAS* (when corrected for instrument error)

**angezogen** adj (Anstr) / touch-dry adj, dry to touch, hand-dry adj ‖ **leicht ~** (Masch) / finger-tight adj ‖ **nicht ~** / slack adj ‖ **~es Teilchen** (die Erscheinungsform eines mit Masse behafteten Elementarteilchens oder Quasiteilchens) (Kernphys) / bound particle

**Angiospermen** pl (Bot) / Angiospermae pl, angiosperms* pl

**Angiotensin** n (Biochem) / angiotensin n, angiotonin n, hypertensin n

**Angiotensinogenase** f (Biochem) / renin* n

**Angiotonin** n (Biochem) / angiotensin n, angiotonin n, hypertensin n

**Angleichen** n (Meßverfahren zur Lautstärkeermittlung) (Akus) / method of adjusting ‖ **pendelndes ~** (Meßverfahren zur Lautstärkeermittlung) (Akus) / method of tracking

**Angleichschaltung** f (eine Interface-Schaltung) (Eltronik) / interfacing circuit, interface circuit

**Anglesit** m (Min) / anglesite* n, lead spar, lead vitriol

**anglo-kontinentales System** (eine Kombination des französischen Systems mit dem Bradford-System) (Spinn) / Anglo-Continental drawing

**Angolaholz** n (aus Baphia nitida Lodd.) (For) / camwood n

**Angora** f (im allgemeinen: Haartyp bestimmter Haustiere, der durch Verlängerung der Unterwolle gegenüber dem Deckhaar gekennzeichnet ist) (Tex) / angora n ‖ **kaninchenwolle (AK)** f (Tex) / angora rabbit hair, angora* n ‖ **~kaninwolle** f (Tex) / angora rabbit hair, angora* n ‖ **~wolle** f (Wolle der Angoraziege und die Haare der Angorakaninchen) (Tex) / angora wool, angora*

**Angosturarinde** f (Rinde der Cusparia febrifuga Humb. ex DC.) (Nahr, Pharm) / angostura n, angostura bark

**angreifen** v / corrode vt, eat away v ‖ **~** (Galv) / attack v ‖ **~** vi (Walzen) (Hütt) / grip vi ‖ **in einem Punkt ~** (Mech) / act at a point

**angreifend•es Medium** (Galv) / corrodent n, corrosive n, corrosive agent, corroding agent ‖ **~es Wasser** (Galv) / corrosive water

**angrenzen** v / abut v (on/against), adjoin v (something), border v (on)

**angrenzend** adj / adjacent adj, conterminous adj, coterminous adj, adjoining adj, neighbouring adj, contiguous adj

**Angriff** m (auf die DV-Anlage) (EDV) / attack n ‖ **~** (auch der Korrosionsmittel) (Galv) / attack n ‖ **~** (der Kraft) (Mech) / application n ‖ **chemischer ~** (Chem) / chemical attack ‖ **ebenmäßiger ~** (Galv) / uniform attack, even attack ‖ **gleichmäßiger ~** (eines Korrosionsmittels) (Galv) / uniform attack, even attack ‖ **punktförmiger ~** (Korrosion) / pitting attack (in an initial state)

**Angriffs•aussperrung** f (eine Kampfmaßnahme der Arbeitgeber) (F.Org) / offensive lock-out ‖ **~hubschrauber** m (Mil) / attack helicopter ‖ **~kante** f (des Profilstollens) (Kfz) / leading edge ‖ **~linie** f (Mech) / line of action, action line, application line ‖ **~mittel** n (Galv) / corrodent n, corrosive n, corrosive agent, corroding agent ‖ **~punkt** m **einer Kraft** (Phys) / point of application of a force ‖ **atomare ~rolle** (MFK-Option) (Mil) / nuclear attack role ‖ **~winkel** m (Anflugwinkel eines Flugkörpers) (Mil) / angle of attack*

**Ångström** n (nicht mehr zugelassene Längeneinheit = $10^{-10}$ m) / Ångström n, Angstrom unit

**angulär** adj (Methylgruppe) (Chem) / angular adj

**angulares Auflösungsvermögen** (Opt, Spektr) / angular resolving power

**angurten, sich ~** (Kfz) / put on one's seat-belt, belt up v, buckle up v ‖ **sich ~** (Luftf) / fasten one's seat-belt

**Anguß** m (auf einem Bauteil) (Plast) / boss n ‖ **~** (als Kennzeichen eines Systems) (Plast) / gate* n ‖ **~** (beim Spritzgußverfahren) (Plast) / sprue* n ‖ **~** (Typog) / tang n ‖ **~kanal** m (Plast) / runner n ‖ **geheizter ~kanal** (Plast) / hot runner ‖ **~los** adj (Plast) / sprueless adj, runnerless adj ‖ **~loses Spritzen** (Plast) / sprueless moulding ‖ **~system** n (Plast) / gating n, gate system ‖ **~verteiler** m (Plast) / runner n

**anhaften** v (Phys) / adhere v, stick vi

**anhaftend** adj (innewohnend) / inherent adj ‖ **~** (Chem, Phys) / adhesive adj, well adherent adj

**Anhaftungslänge** f (Stahlbeton) (HuT) / grip length, lap n

**anhaken** v / hook on v, engage the hook

**Anhalin** n (Brau, Pharm) / hordenine n, anhaline n

**Anhall** m (die in geschlossenen Räumen zu beobachtende akustische Erscheinung eines zeitlich verzögerten Anstiegs der Lautstärke von Schallvorgängen) (Akus) / rising of sound

**Anhalonidin** n (ein Anhalonium-Alkaloid) (Pharm) / anhalonidine n

**Anhalonium-Alkaloide** n pl (Pharm) / anhalonium alkaloids, cactus alkaloids

**anhalten** v / stop v ‖ **~** (z.B. Band) (Eltronik) / halt vt ‖ **~** vt (Kfz) / stop v, pull up v ‖ **~** v (ein anderes Auto bei einer Panne) (Kfz) / flag down v ‖ **auf Sichtweite ~** / pull up within the range of vision, pull up within sight distance, pull up within sight ‖ **~** n (von Verkehrsmitteln) (Bahn, Kfz) / stop n

**anhaltend** adj / permanent adj ‖ **~e Entwicklung** (Umwelt) / sustainable development

**Anhalte•sichtweite** f (Kfz) / stopping sight distance ‖ **~weg** m (Bremsweg plus Reaktionsweg) (Kfz) / overall stopping distance, stopping distance

**Anhalts•wert** m / reference value ‖ **~werte** m pl / guide data

**Anhang** m (Schlußbogen als Gegensatz zum Titelbogen) (Typog) / end-matter* n, subsidiaries pl, back matter (US)

**Anhänge•fahrzeug** n **für Kraftfahrzeuge** (Kfz) / trailer n, towed vehicle ‖ **~geräte** n pl (Landw) / pulled implements, trailed implements, tow-behind accessory ‖ **~kupplung** f (Kfz) / trailer hitch, hitch n ‖ **~last** f (Kapazität) (Kfz) / towing capacity, trailing capacity ‖ **~last** (als Last selbst) (Kfz) / trailing load ‖ **~last gebremst** (Kfz) / trailer braked ‖ **~last ungebremst** (Kfz) / trailer unbraked

**anhängen** v (Geräte) (Landw) / hitch v ‖ **~** (einen Absatz wegfallen lassen) (Typog) / run on* v, run in v (US)* ‖ **~** n (von Geräten) (Landw) / hitching n

**Anhängepflug** m (Kab, Landw) / trailer plough

**Anhänger** m / label n, tag n, tie-on label ‖ **~** (Kfz) / trailer n, towed vehicle ‖ **~** (DIN 70010) (Kfz) / full trailer ‖ **~ des geografischen Determinismus** (Geog) / environmentalist n ‖ **~ mit Drehschemellenkung** (Kfz) / turntable-steer trailer ‖ **~gewicht** n (Kfz) / towed weight ‖ **~karton** m (Pap) / tag board ‖ **~kugelkopf** m (Kfz) / trailer ball, trailer hitch ball, tow ball ‖ **~kupplung** f (Kfz, Landw) / trailer hitch ‖ **~masse** f (Kfz) / towed weight ‖ **~steckdose** f (Kfz) / trailer tow socket ‖ **~stütze** f (Kfz) / dolly n

**Anhänge•schloß** n / padlock n ‖ **~schürfmaschine** f (HuT) / towed scraper, drawn scraper ‖ **~vorrichtung** f (Kfz) / trailer hitch, hitch n

**anharmonisch** adj (Phys) / anharmonic* adj ‖ **~er Oszillator** (Eltronik, Phys) / anharmonic oscillator ‖ **~es Verhältnis** (Math) / cross-ratio* n, anharmonic ratio*, double ratio

**Anharmonizität** f (Eltronik, Phys) / anharmonicity n

**anhäufeln** v (Landw) / ridge v, hill v, list v

**anhäufen** v / heap v ‖ **~** (akkumulieren) / accumulate v ‖ **~** / mass v ‖ **~** (Kohle auf dem Förderwagen) (Bergb) / top v

**Anhäufung** f / accumulation n

**Anhebemoment** m (der Rakete - in streng vertikaler Richtung) (Raumf) / lift-off* n

**anheben** v / hoist v ‖ **~** (Masch) / lift v, raise v, uplift v ‖ **~** (Masch) / jack v, jack up v, lift by jack ‖ **hier ~** (Aufschrift auf der Kiste) / lift here ‖ **~** n (des Bohrgestänges) (Bergb) / back-off* n ‖ **~** (Masch) / lift n, lifting n ‖ **~ von Wolken** (Luftf, Meteor) / lifting of clouds

**Anheber** m (Akus, Eltronik) / pre-emphasizing network, emphasizer n

**Anhebung** f (von Tonfrequenzbereichen) (Akus) / emphasis n (pl. emphases) ‖ **~ des Trägers** (Fernm) / exaltation n

**Anhebungsschaltung** f (zur Vorverzerrung) (Akus, Eltronik) / pre-emphasizing network, emphasizer n

**anheften** v (mit Zwecken) / tack v, fasten with tacks

**anheizen, sich ~** (Gerät) (Phys) / warm up vi, heat up vi ‖ **~** n (Eltronik) / preheating n, heat-up n

**Anheizzeit** f (Eltronik) / preheating time*, heat-up time

**anhenkeln** v (garnieren) (Keram) / handle v

**Anhieb** m (For) / first felling

**anhobeln, eine Feder ~** (Zimm) / tongue v

**anholonomes System** (ein mechanisches System) (Mech) / non-holonomic system

**Anhydrid** n / anhydride* n ‖ **chloriertes ~** (Epoxyharzhärter) (Chem) / HET-anhydride n, hexachloro-endomethylene-tet-rahydrophthalic anhydride ‖ **cyclisches ~** (Chem) / cyclic anhydride **zyklisches ~** (Chem) / cyclic anhydride

**Anhydrit** m ($CaSO_4$) (Min) / anhydrite* n ‖ **~** (würfelähnlicher) (Min) / cube spar ‖ **Kontaktverfahren** n **mit ~ als Ausgangsmaterial** (Chem Verf) / anhydrite process* ‖ **Umwandlung von ~ zu Gips** (Geol) / gypsification n ‖ **~binder** m (DIN 4208) (Bau) / anhydrite plaster ‖ **~mörtel** m (Mörtel mit Anhydritbinder als Bindemittel) (Bau) / anhydrite mortar

**Anhydrogitalin** n (Pharm) / gitoxin n

**Anhydrozucker** m (Chem) / anhydro sugar

**Anilid** n (Säureamidderivat des Anilins) (Chem) / anilide* n

**Anilin** n (das wichtigste aromatische Amin) (Chem) / aniline* n, phenylamine* n, aminobenzene* n ‖ **technisches ~** (mit etwa 99% Reinheit) (Chem) / aniline oil* (commercial grade of aniline) ‖ **~blau** n (Chem) / aniline blue, spirit blue ‖ **~farben** f pl (Chem) / aniline dyes* ‖ **~farbstoffe** m pl (Chem) / aniline dyes* ‖ **~formaldehydharz** n / aniline formaldehyde* (resin) ‖ **~gummidruck** m (Druck) / flexographic printing*, aniline printing*, flexography n, flexo n ‖ **~harz** n (ein thermoplastischer Kunststoff von geringer Bedeutung) (Plast) / aniline resin ‖ **~hydrochlorid** n (Anilin + HCl) (Chem) / aniline hydrochloride, anilinium chloride* ‖ **~leder** n (das nur mit wasserlöslichen synthetischen Farbstoffen gefärbt ist) (Leder) / aniline leather ‖ **~öl** n (Chem) / aniline oil* (commercial grade of

aniline) ∥ ~**punkt (AP)** *m* (Chem, Erdöl) / aniline point ∥ ~**salz** *n* (Chem) / aniline hydrochloride, anilinium chloride* ∥ ~**schwarz** *n* (ein Entwicklungsfarbstoff) (Chem, Tex) / aniline black*
**Anilox-Roller** *m* (eine gravierte Stahlwalze, chrombeschichtet oder mit einer Oberfläche aus Chromoxid) (Druck) / Anilox roller
**Anilox-Walze** *f* (für den Aniloxhochdruck oder -offsetdruck) (Druck) / Anilox roller
**animalisieren** *v* (Zellulosefasern durch Zusatz von natürlichen Eiweißkörpern) (Tex) / proteinize *v*, animalize *v*
**Animation** *f* (EDV, Film, TV) / animation *n* ∥ **elektronische** ~**en** (EDV, Film) / animatronics *n*
**Animations•film** *m* (Zeichen- und Trickfilm) (Film, TV) / animated cartoon, cartoon *n* ∥ ~**grafik** *f* (EDV, Film) / animation graphics, animated graphics ∥ ~**sequenz** *f* (EDV, Film) / animation sequence ∥ ~**software** *f* (EDV) / animation software
**Animator** *m* (in Trickfilmen) (Film) / animator
**Animé-Kopal** *m* (von Hymenaea courbaril L. oder Trachylobium hornemannianum Hayne) / animé copal
**Anion** *n* (negativ geladenes Ion) / anion* *n*, negative ion* *n* ∥ ~**aktiv** *adj* (Chem) / anionic *adj*
**anionen•aktiv** *adj* (Chem) / anionic *adj* ∥ ~**aktive Stoffe** (Chem, Tex) / anionic detergents, anionic tensides, anionic surfactants ∥ ~**austausch** *m* (Chem) / anion exchange ∥ ~**austauscher** *m* (Chem) / anion exchanger, anionic exchanger ∥ ~**austauschsäule** *f* (Chem) / anion column, anion-exchange column
**anionisch** *adj* (Chem) / anionic *adj* ∥ ~**e Farbstoffe** (Foto, Tex) / acid dyes* ∥ ~**e Polymerisation** (Chem) / anionic polymerization ∥ ~**e Tenside** (Chem, Tex) / anionic detergents, anionic tensides, anionic surfactants
**anionotrop** *adj* (Chem) / anionotropic *adj*
**anionotropische Umlagerung** (Chem) / anionotropic rearrangement
**Aniontenside** *n pl* (Chem, Tex) / anionic detergents, anionic tensides, anionic surfactants
**aniontropisch** *adj* (Chem) / anionotropic *adj*
**Anis•aldehyd** *m* (4-Methoxybenzaldehyd) (Chem, Galv, Pharm) / anisaldehyde* *n*, aubepine *n* ∥ ~**alkohol** *m* (ein Riechstoff) (Chem) / anisyl alcohol, anisalcohol *n*, anisic alcohol, anise alcohol
**Anisidin** *n* / anisidine* *n*, methoxyaniline *n*
**Aniskampfer** *m* (Chem) / anethole* *n*, anise camphor
**anisobar** *adj* (Massenfluß) (Meteor) / anisobaric *adj*
**aniso•chrones Signal** (wenn die Abstände nicht zeitlich konstant sind) (Fernm) / anisochronous signal ∥ ~**chrone Übertragung** (EDV) / anisochronous transmission ∥ ~**desmisch** *adj* (Krist) / anisodesmic *adj*, anisodemic *adj* ∥ ~**desmische Kristallstruktur** (Krist) / anisodesmic structure*
**Anisol** *n* (Chem) / anisole* *n*, methyl phenyl ether, methoxybenzene *n*, phenyl methyl ether*
**Anisöl** *n* (entweder Anis oder Sternanis) (Chem) / oil of anise ∥ ~ s. auch Anethol
**anisomer** *adj* (Chem) / anisomeric* *adj*
**anisometrisch** *adj* (Krist) / anisometric *adj*
**anisotherm** *adj* (Phys) / athermal *adj*
**anisotonisch** *adj* (Biol, Chem) / anisotonic* *adj*
**anisotopes Element** (Chem, Kernphys) / pure element, monoisotopic element, anisotopic element
**anisotrop** *adj* (richtungsabhängig) (Bot, Phys) / anisotropic* *adj*, aeolotropic* *adj* ∥ **mechanisch** ~ (Körper nach DIN 13 316) (Mech) / mechanically anisotropic ∥ ~**er Kristall** (Krist) / anisotropic crystal ∥ ~**e Leitfähigkeit** (Phys) / anisotropic conductivity* ∥ ~**e Turbulenz** (Phys) / anisotropic turbulence
**Anisotropie** *f* (DIN 13316) (Bot, Mag, Phys) / anisotropy* *n*, aeolotropy *n*, eolotropy *n* ∥ **magnetische** ~ (Mag) / magnetic anisotropy ∥ **physikalische** ~ (Phys) / physical anisotropy ∥ ~ *f* **der Suszeptibilität** (Mag) / magnetic anisotropy
**anisotropisch** *adj* (Bot, Phys) / anisotropic* *adj*, aeolotropic* *adj*
**Ankämpfen** *n* (gegen Strom, Sturm usw.) / stemming *n*
**Ankathete** *f* (des rechtwinkligen Dreiecks) (Math) / adjacent (small) side
**ankeimen** *v* (Bot, Landw) / pregerminate *v* ∥ ~ (Kartoffeln) (Landw) / chit *v*
**Anker** *m* (z.B. zur Aufnahme von Ringspannungen bei Kuppeln) (Arch) / bandage *n* ∥ ~ (eines elektromagnetischen Relais) (Eltech) / armature* *n* ∥ ~ (der ein Öffnen der Längsfugen und Abwandern der Platten verhindern soll - bei Betonfahrbahndecken) (HuT) / tie-bar *n* ∥ ~ (HuT) / deadman *n*, deadmen* *pl*, anchor element, anchor block, anchor log, snub *n* ∥ ~ (HuT, Schiff, Uhr) / anchor *n* ∥ **genuteter** ~ (Eltech) / slotted armature ∥ **nutenloser** ~ (eines Turbogenerators) (Masch) / smooth-core armature, smooth-core rotor* ∥ **vor** ~ **treibendes Schiff** (Schiff) / dragging ship ∥ ~ *m* **mit nicht geschlossener Wicklung** (Eltech) / open-coil armature ∥ ~ **mit Stabwicklung** (Eltech) / bar-wound armature*

**Anker•aufgehen** *n* (Schiff) / weighing anchor ∥ ~**ausbau** *m* (im Hangenden) (Bergb) / roof bolting*, rock bolting, strata bolting ∥ ~**ball** *m* (kugelförmiger schwarzer Signalkörper mit einem Durchmesser von mindestens 0,6 m, der als Tagessignal im Vorschiff gesetzt, ein ankerndes Schiff bezeichnet) (Schiff) / anchor ball ∥ ~**bandage** *f* (Eltech) / armature band, armature bandage ∥ ~**bohrgerät** *n* (HuT) / anchor drill ∥ ~**boje** *f* (Erdöl, Schiff) / mooring buoy ∥ ~**boje** (zur Kennzeichnung des Ortes eines unter Wasser befindlichen Ankers) (Schiff) / anchor buoy ∥ ~**boje** (am Anker eines Schiffes befestigte Boje zur Kennzeichnung des Standortes) (Schiff) / cable buoy* ∥ ~**bolzen** *m* (Bau) / swage bolt ∥ ~**druckplatte** *f* (Eltech) / armature end plate* ∥ ~**eisen** *n* (Eltech) / armature core* ∥ ~**element** *n* (Bodenverankerung) (HuT) / deadman *n*, deadmen* *pl*, anchor element, anchor block, anchor log, snub *n* ∥ ~**fahnen** *f pl* (Eltech) / armature end connections* ∥ ~**flott** *n* (Schiff) / anchor buoy ∥ ~**gegenwirkung** *f* (Eltech, Mag) / armature reaction* ∥ ~**geschirr** *n* (Einrichtung zum Festlegen eines Schiffes auf freiem Wasser) (Schiff) / ground tackle ∥ ~**geschirr** (Gesamtheit aller Ankereinrichtungen) (Schiff) / anchorage *n* ∥ ~**grund** *m* (in den sich der Anker eingraben bzw. festhaken soll) (Schiff) / anchor ground, holding ground ∥ **schlechter** ~**grund** (Schiff) / foul bottom ∥ ~**haken** *m* (Bau) / wall hook* ∥ ~**hemmung** *f* (Uhr) / recoil escapement*, anchor escapement* ∥ ~**hub** *m* (bei Relais) (Eltech) / escapement *n*
**Ankerit** *m* (Min) / ankerite* *n* (a ferroan variety of dolomite), ferroan dolomite, cleat spar, ferrodolomite *n*
**Anker•kabel** *n* (für Luftschiffe) (Luftf) / mooring line, main line ∥ ~**kern** *m* (Bodenverankerung) (HuT) / anchor cable, anchor chain ∥ ~**kettenstopper** *m* (Schiff) / chain cable stopper, cable stopper ∥ ~**klüse** *f* (Schiff) / hawse hole ∥ ~**leiter** *m* (Eltech) / armature conductor* ∥ ~**lichter** *n pl* (bei Wasserflugzeugen) (Luftf) / riding lamps*, riding lights ∥ ~**lichter** (durch die Seestraßenordnung vorgeschriebene Lichter) (Schiff) / riding lamps*, riding lights ∥ ~**loses Relais** (Eltech) / relay without armature ∥ ~**mast** *m* (für Luftschiffe) (Luftf) / mooring tower*, mooring mast ∥ ~**pfahl** *m* (Schiff) / spud *n*, anchorage spud ∥ ~**pfeiler** *m* (der Brücke) (HuT) / anchorage pier ∥ ~**platte** *f* (die den Druck verteilt) (HuT) / anchor plate ∥ ~**platz** *m* (Schiff) / anchorage *n* ∥ ~**prellung** *f* (Eltech) / armature chatter ∥ ~**preßplatte** *f* (Eltech) / armature end plate* ∥ ~**prüfgerät** *n* (Eltech, Kfz) / growler* *n* ∥ ~**punkt** *m* (im Datennetz) (EDV) / anchor point, point of entry ∥ ~**rad** *n* (Uhr) / escape wheel ∥ ~**relais** *n* (bei dem eine stromdurchflossene Spule einen Anker betätigen kann) (Eltech) / armature relay* ∥ ~**rohrfahrt** *f* (Erdöl) / surface casing*, surface pipes*, anchor string* ∥ ~**rückwirkung** *f* (Eltech, Mag) / armature reaction* ∥ ~**rührer** *m* / horseshoe mixer, anchor agitator ∥ ~**säule** *f* (der Hochofenmauerung) (Hütt) / buckstay *n*, buckstave *n* ∥ ~**schraube** *f* (HuT) / anchor bolt*, foundation bolt ∥ ~**seil** *n* (Radio) / guy* *n*, guy rope ∥ ~**setzen** *n* (Schiff) / setting of the anchor ∥ ~**spill** *n* (Schiff) / capstan windlass ∥ ~**spule** *f* (Eltech) / armature coil* ∥ ~**stab** *m* (für Spannbeton) (Bau, HuT) / tie bar ∥ ~**stäbe** *m pl* (Eltech) / armature bars* ∥ ~**stein** *m* (Durchbinder) (Bau) / through-stone *n*, perpend* *n*, jumper* *n*, perpend-stone *n* ∥ ~**stellbereich** *m* (bei Elektromotoren) (Eltech) / armature-position range ∥ ~**stern** *m* (Eltech) / armature spider, armature quill, armature sleeve ∥ ~**strom** *m* (Eltech) / armature current ∥ ~**tau** *n* (für Luftschiffe) (Luftf) / mooring line, main line ∥ ~**tau** (Schiff) / mooring line ∥ ~**taumine** *f* (Art der Seeminen, die mittels einer speziellen Ankereinrichtung am Wurfort in einem bestimmten eingestellten Abstand unter der Wasseroberfläche gehalten wird) (Mil, Schiff) / anchored mine ∥ ~**tour** *f* (Erdöl) / surface casing*, surface pipes*, anchor string* ∥ ~**trosse** *f* (Schiff) / mooring line ∥ **vertörnte** ~**trossen** (beim Ankersetzen) (Erdöl, Schiff) / fouled mooring lines ∥ ~**verhältnis** *n* (Eltech) / armature ratio* ∥ ~**welle** *f* (Eltech) / armature shaft ∥ ~**wicklung** *f* (Eltech) / armature winding* ∥ ~**wicklung mit kleinerer Spulenbreite als die Polteilung** (Eltech) / short-chord winding* ∥ ~**winde** *f* (Schiff) / windlass *n*, mooring winch, anchor windlass
**anketten** *v* / chain *v*, chain up *v*
**Ankippstellung** *f* (der Ladeschaufel) (HuT) / crowd-back position
**ankleben** *vt* / stick on *v* ∥ ~ (mit Leim) / glue on *v* ∥ ~ *vt* (mit Gummi) / gum on *v* ∥ ~ (mit Kleister) / paste on *v* ∥ ~ *vi* / stick on *vi* ∥ ~ *v* / stick on;*v*., glue on *v* ∥ ~ *n* (beim Druckguß) (Hütt) / soldering *n*
**anklebendes Walzgut** (Hütt) / cobble *n*
**anklemmbar** *adj* / clip-on *attr*
**anklemmen** *v* / clamp on *v*, clip on *v* ∥ ~ *n* (des Gerätes) / clipping *n* ∥ ~ (Eltech) / terminal connection
**anklicken** *v* (mit einer Maus) (EDV) / click *v* ∥ ~ **und ziehen** (EDV) / click and drag *v*
**anklingende Schwingung** (Phys) / increasing oscillation, increasing vibration
**Anklingkoeffizient** *m* (DIN 5483, T 1) (Phys) / growth coefficient
**anklippen** *v* / clip on *v*

**Anklopfen** *n* (Leistungsmerkmal bei Nebenstellenanlagen) (Fernsp) / call waiting
**Anklopfschutz** *m* (Fernsp) / intrusion protection
**anknüpfen** *v* (Web) / tie *v* ‖ ~ *n* (Web) / tying *n*
**Anknüpfung, prozedurale** ~ (Anbindung von Prozeduren in einer nicht prozeduralen Umgebung) (EDV) / procedural attachment
**ankochen** *v* (Nahr) / parboil *v*, parcook *v*, pre-cook *v*
**ankolben** *v* (Erdöl) / swab in *v* ‖ ~ *n* (eine Komplettierungsarbeit) (Erdöl) / swabbing *n*
**ankommend•es Flugzeug** (Lufft) / arrival *n* ‖ **~es Gespräch** (Fernsp) / incoming call ‖ **~es Signal** (Fernm) / ingoing signal ‖ **~er Verkehr** / inward traffic (GB), inbound traffic (US), inward-bound traffic ‖ **~e Welle** (Phys) / oncoming wave, incoming wave
**ankondensieren** *v* (durch Anellierung) (Chem) / condense together
**Ankoppelöffnung** *f* (z.B. bei Hohlwellenleitern) (Fernm) / coupling aperture (an aperture in the bounding surface of a cavity resonator, waveguide, transmission line, or waveguide component which permits the flow of energy to or from an external circuit), coupling hole, coupling slot
**Ankopplung** *f* (Eltronik, Fernm) / coupling *n* ‖ ~ (Fernm) / launching* *n* ‖ ~ (Raumf) / docking* *n*, link-up *n* ‖ **elektronische** ~ (Wechselwirkung zwischen dem Elektronenstrahl und dem elektromagnetischen Feld einer fortschreitenden Welle) (Eltronik) / beam coupling
**Ankopplungs•mechanismus** *m* (Raumf) / probe assembly ‖ **~trichter** *m* (Fernm) / launcher *n*
**ankörnen** *v* (mit dem Körner) / mark *v* (with a centre-punch), punch *v* (with a centre-punch) ‖ ~ (Masch) / centre-punch *v*, mark with a centre punch
**Ankreis** *m* (eines Dreiecks) (Math) / escribed circle* (of a triangle), excircle *n*
**Ankündigungs•signal** *n* (das den Signalbegriff des zugehörigen Hauptsignals ankündigt) (Bahn) / distant signal, warning signal ‖ **~zeichen** *n* (EDV) / announcer *n*
**Ankunft** *f* (Bahn, Kfz, Lufft) / arrival *n*
**Ankunftszeit, voraussichtliche** ~ (Lufft) / estimated time of arrival, ETA*
**ankuppeln** *v* (einen Anhänger) (Kfz) / hitch up *v*
**ankurbeln** *v* / crank *vt*, crank up *v* ‖ ~ (die Wirtschaft) / boost *v*, give a boost
**Ankylostomiase** *f* (Med) / ankylostomiasis* *n* (pl. -ases), hookworm disease*, miners' anaemia*, tunnel disease
**Ankylostomiasis** (pl. -asen) *f* (Med) / ankylostomiasis* *n* (pl. -ases), hookworm disease*, miners' anaemia*, tunnel disease
**Anlage** *f* (Anordnung) (Bau) / layout *n* ‖ ~ (Gesamtheit von technischen Einrichtungen gleicher Funktion) (Eltech, Masch) / system* *n* ‖ ~ (des Scharfpflugkörpers) (Landw) / landside *n* ‖ ~ (des Pflugs) (Landw) / heel *n* ‖ ~ (Masch) / plant* *n*, operating facility ‖ ~ (Masch) / unit *n*, set *n* ‖ ~**(n)** *f(pl)* (Masch) / facility *n*, rig* *n*, installation *n* ‖ ~**n** *f pl* (Masch) / hardware *n* ‖ ~ *f* (geregelte, gesteuerte) (Regeln) / object *n* ‖ **abgeschriebene** ~ / write-off *n* ‖ **"auf der grünen Wiese" errichtete** ~ (Bau) / grass-roots plant, green-field plant ‖ **auf nicht aufgeschlossenem Gelände errichtete** ~ (Bau) / grass-roots plant, green-field plant ‖ **elektrische** ~ **im Freien** (Eltech) / electrical installation for outdoor sites ‖ **hydraulische** ~ (Masch) / hydraulics *n*, hydraulic system ‖ **in der** ~ **vorhanden** (Biol) / rudimentary *adj* ‖ **industrielle** ~ (Masch) / industrial plant ‖ **kerntechnische** ~ (Nukl) / nuclear plant, N-plant *n*, nuclear facility, nuclear installation ‖ **untertägige** ~ (Bergb) / underground working ‖ ~ *f* **im Freien** / outdoor installation ‖ ~ **zur Herstellung von VLSI-Chips** (Eltronik) / silicon foundry ‖ ~**berater** *m* / investment adviser ‖ **~böckchen** *n* (Opt) / banking pad ‖ **~feder** *f* (in Trommelbremsen) (Kfz) / tensioning spring ‖ **~investitionsgut** *n* / capital equipment ‖ **~kante** *f* (Druck) / lay edge*
**anlagen•abhängig** *adj* (EDV) / configuration-dependent *adj*, site-dependent *adj* ‖ **~ausbau** *m* (Masch) / plant completion ‖ **~ausfall** *m* (Masch) / failure *n*, breakdown *n*, outage *n* ‖ **~bau** *m* (Masch) / plant engineering, plant technology ‖ **~konfiguration** *f* (EDV) / system configuration ‖ **~programm** *n* (EDV) / site program ‖ **~spezifisch** *adj* (Software) (EDV) / system-dependent *adj*, machine-dependent *adj* ‖ **~technik** *f* (Masch) / plant engineering, plant technology ‖ **~technischer Restart** (EDV) / reconfiguration routine
**Anlage-Restart** *m* (EDV) / reconfiguration routine
**Anlagerung** *f* **von Chlorwasserstoff** (Chem) / hydrochlorination *n*
**Anlagerungs•gefüge** *n* (Geol) / depositional fabric, geopetal fabric ‖ **~komplex** *m* (Chem) / addition complex ‖ **~reaktion** *f* (Chem) / addition reaction, addition *n*
**Anlage•vermögen** *n* / physical assets ‖ **~vermögen** (ein Bilanzposten) / fixed assets ‖ **~wert** *m* / investment *n*
**An-Land-Holen** *n* **von Schwimmflugzeugen** (Lufft) / beaching *n*
**Anlandung** *f* (Geol) / aggradation *n*, accretion *n*, alluviation *n*

**anlaschen** *v* (durch Laschen verbinden - z.B. Schienen) (Bahn) / fish *v*, splice *v*, strap *v* (with a fish-plate) ‖ ~ (Bäume) (For) / mark *v*, blaze *v* ‖ ~ *n* (Bahn) / fishing *n*, splicing *n*, strapping *n*
**Anlaß•ätzung** *f* (Hütt) / temper etching ‖ **~beständigkeit** *f* (Hütt) / good tempering properties ‖ **~einspritzpumpe** *f* (Lufft) / priming pump*
**anlassen** *v* (Hütt, Masch) / let down *v*, temper *v* ‖ ~ (einen Motor an der Kurbel) (Kfz, Masch) / crank *v* (an engine) ‖ **wieder ~** (während des Flugs) (Lufft) / relight* *v* ‖ ~ *n* (Hütt, Masch) / letting down*, tempering* *n*, reheat drawing of the temper, drawing *n* (US) ‖ **direktes** ~ (Eltech) / across-the-line starting ‖ ~ *n* **auf zu hohe Temperatur** (Hütt) / overdrawing *n* ‖ ~ **mit Spartransformator** (Eltech) / autotransformer starting
**Anlasser** *m* (Eltech, Kfz) / starter *n*, starting motor (US) ‖ **ausgebauter** ~ (Kfz) / detached starting motor ‖ **selbsttätiger** ~ (Anlasserschaltanlage, die bei Stillstand des Motors und eingeschalteter Zündung den Anlasser selbsttätig einschaltet) (Kfz) / self-starter *n* ‖ ~ **mit Langsamgang** (Eltech) / inching starter* ‖ ~ **mit Schubanker** (Anker und Ritzel sind starr miteinander verbunden) (Kfz) / sliding-armature starting motor ‖ ~ **mit Schubtrieb** (der Anlassermotor schaltet erst ein, wenn das Ritzel auf den Keilnuten der verlängerten Ankerwelle so weit vorgeschoben ist, daß es mit der Schwungradverzahnung in Eingriff steht) (Kfz) / sliding-gear starting motor ‖ **~zahnkranz** *m* (Kfz) / flywheel ring gear, starter ring gear
**Anlaß•farbe** *f* (die zur Temperaturbestimmung benutzt werden kann) (Hütt) / temper colour* ‖ **~folge** *f* (Eltech) / starting sequence ‖ **~hilfe** *f* (bei kalten Dieselmotoren) / starting aid ‖ **~kraftstoff** *m* (Kftst) / priming fuel ‖ **~kurbel** *f* (Kfz) / starting handle ‖ **~martensit** *m* (Hütt) / temperate martensite ‖ **~ofen** *m* (Glas) / colour striking furnace, colour turning furnace ‖ **~ofen** *m* (Hütt) / tempering furnace, reheating furnace* ‖ **~öl** *n* (Hütt) / tempering oil ‖ **~schalter** *m* (Eltech) / switch-starter* *n*, direct-switching starter*, starting switch ‖ **~schalter mit mehreren Schaltstellungen** (Eltech) / multiple-switch starter*, multiple-switch controller* ‖ **~schütz** *n* (Eltech) / contactor starter* ‖ **~spartransformator** *m* (Eltech) / autotransformer starter* ‖ **~sperre** *f* (Kfz) / starter interlock, starting interlock ‖ **~spitzenstrom** *m* (Eltech) / peak inrush current ‖ **~sprödigkeit** *f* (DIN 17014, T 1) (Hütt) / temper brittleness* ‖ **~steuerschieber** *m* (Anlaßhilfe bei Dieselmotoren) (Kfz) / starting air pilot valve, start pilot ‖ **~stufe** *f* (Eltech) / starter step ‖ **~transformatorschalter** *m* (Eltech) / autotransformer starter* ‖ **~turbine** *f* (Lufft) / turbo-starter* *n* ‖ **~versprödung** *f* (Abnahme der Zähigkeit beim Anlassen, insbesondere von Martensit) (Hütt) / temper brittleness* ‖ **~wicklung** *f* (Eltech) / starting winding ‖ **~widerstand** *m* (Eltech) / starting resistance* ‖ **~zündkerze** *f* (Lufft) / igniter plug*
**Anlauf** *m* (Versuch) / attempt *n* ‖ ~ (konkav kurvierte Vermittlung zwischen einem vorspringenden unteren und einem zurücktretenden oberen Bauglied) (Arch) / apophyge *n* ‖ ~ (For) / butt *n*, butt log ‖ ~ (beim Start) (Kfz) / starting run ‖ ~ (Arch) s. auch Anzug ‖ ~ **mit direktem Einschalten** (Eltech) / across-the-line starting ‖ ~ **über Vorschaltdrossel** (Eltech) / reactor starting ‖ **~backe** *f* (der Trommelbremse) (Kfz) / leading shoe, primary shoe (US) ‖ **~bereich** *m* (Nukl) / counter range ‖ **~beständig** *adj* / resistant to tarnish(ing), tarnish-resistant *adj*, non-tarnishing *adj*, untarnishable *adj*, antitarnish *attr*, tarnish-resisting *adj* ‖ **~bund** *m* (Masch) / stop collar
**anlaufen** *v* (bei der Korrosion von Metallen) / tarnish *v* ‖ ~ (Anstr) / bloom *v*, blush *v* ‖ ~ (Nickelschicht) (Galv) / fog *v* ‖ ~ (eine Anlage) (Masch) / start *v*, start up *v*, start *v* from rest ‖ ~ (einen Hafen) (Schiff) / call at *v*, arrive in *v*, enter *v* ‖ **blau ~ lassen** (Hütt) / blue *vt* ‖ ~ *n* (bei der Korrosion von Metallen) / tarnish* *n*, tarnishing *n* ‖ ~ (eines Prozesses) / start-up *n*, starting *n* ‖ ~ (DIN 55945) (Anstr) / blooming* *n* (of hard gloss paints or enamel and varnish films), haziness *n*, hazing *n* ‖ ~ (Galv) / fogging *n* ‖ ~ (Anstr) s. auch Weißanlaufen
**Anlauf•entlaster** *m* (im oder am Verdichter) (Masch) / starting unloader ‖ **~farbe** *f* (Hütt) / temper colour* ‖ **~fruchtfolge** *f* (Landw) / initial crop rotation ‖ **~glas** *n* (Farbglas, bei dem die Farbbildung erst in einem Wiedererwärmungsprozeß, dem sogenannten Anlaufen, stattfindet) (Glas) / flash(ed) glass (struck by reheating) ‖ **~halbscheibe** *f* (Masch) / thrust half-washer ‖ **~kondensator** *m* (beim Kondensatormotor) (Eltech) / starter capacitor, starting capacitor, starting capacitance ‖ **~kondensatormotor** *m* (Eltech) / starter capacitor motor, capacitor-start motor ‖ **~moment** *n* (das Drehmoment, das eine Kraftmaschine schon bei der Drehzahl Null aufbringen kann) (Eltech, Masch) / starting torque* ‖ **~reibung** *f* (Masch) / starting friction ‖ **~scheibe** *f* (Masch) / thrust washer ‖ **mit ~schutz** (ein Putzmittel) / antitarnish *attr* (DIN 42005) (Eltech) / starting current* ‖ **~strom** (der Elektronenröhre) (Eltronik) / residual current* ‖ **~wand** *f* (Bau) / talus wall* ‖ **~wicklung** *f* (bei Synchronmaschinen) (Eltech, Schiff) / amortisseur winding
**Anlege•apparat** *m* (Druck) / continuous feeder ‖ **~goniometer** *n* (Krist) / contact goniometer ‖ **~hölzer** *n pl* (HuT) / walings* *pl*, wales

**Anlegekante** *pl* (US) ‖ ⁓**kante** *f* (als Bezugselement) (Bau, Zimm) / working edge*, face edge* ‖ ⁓**kante** (Druck) / lay edge* ‖ ⁓**marke** *f* (Druck) / lay* *n*, lay mark*, lay gauge, lay guide ‖ ⁓**marke** (zur Kontrolle des Registers) (Druck) / registration mark ‖ ⁓**maschine** *f* (Spinn) / spreadboard *n*, spreading machine
**anlegen** *v* (die Leiter) / put up *v*, pitch *v* ‖ ~ (Druck) / feed *v* ‖ ~ (elektrische Spannung) (Elektr) / apply *v* (a voltage), feed *v* ‖ ~ (Masch) / plant *v* ‖ ⁓ *n* (Auftragen eines Anstrichs oder eines Mauerputzes sowie Beginnen einer Mauerwerk- oder Plattenlegearbeit) (Bau) / coating* *n* ‖ ⁓ (eines Schiffes an dem Liegeplatz) (Schiff) / berthing *n* ‖ ⁓ (Schiff) / landing *n* ‖ ⁓ **des Fadens** (Spinn) / piecing *n*, piecing-up *n* ‖ ⁓ **von Vorräten** / stockpiling *n*
**Anlege•öl** *n* (bei Mordant-Vergoldung) / oil gold size, gold size ‖ ⁓**pinsel** *m* (ein Vergolder-Flachpinsel) (Anstr) / gilder's tip*
**Anleger** *m* (Druck) / sheet feeder, feeder *n* ‖ ⁓ (künstlich angelegte, ins Wasser hinausragende Landzunge) (Schiff) / jetty *n* ‖ ⁓ (eine Schiffsanlegestelle) (Schiff) / landing stage, stairs *pl* ‖ ⁓**stapel** *m* (Druck) / feeder pile
**Anlegesand** *m* (Gieß) / facing sand*
**Anlegieren** *n* (Schw) / pick-up *n*
**anlegiert** *adj* (Pulv) / semi-alloyed *adj*, partially alloyed ‖ ⁓**es Pulver** (Pulv) / semi-alloyed powder, partially alloyed powder
**anleimen** *v* / glue on *v*
**Anleimer** *m* (For, Tischl) / edge band
**Anleimmaschine** *f* / gluing machine
**Anleitung, technische** ⁓ / technical instruction
**Anlenk•pleuelstangen** *f pl* (bei Sternmotoren) (Lufft) / articulated connecting rods, link rods ‖ ⁓**punkt** *m* (am Gerät beim Dreipunktanbau) (Landw) / link point
**Anlieferung** *f* / delivery *n* ‖ ⁓ (Versorgung) / supply *n*, supplying *n*
**Anlieferungszustand** *m* / as-received condition ‖ **im** ⁓ (Material) / as-received *adj*
**anliegen** *v* (Schiff) / stand *v*
**anliegend** *adj* / adjacent *adj*, conterminous *adj*, coterminous *adj*, adjoining *adj*, neighbouring *adj*, contiguous *adj* ‖ ~ (Strömung) / attached *adj* ‖ **am Ufer** ~ (Geog) / riparian *adj* ‖ ~**er Narben** (Leder) / tight grain ‖ ~**er Winkel** (Math) / adjacent angle
**Anlieger** *m* (Straßen-) (US) / frontager *n*, resident *n* ‖ **[für]** ⁓ **frei** (ein Verkehrszeichen) (Kfz) / except for access ‖ ⁓**staat** *m* (ein Küstenstaat) / littoral state ‖ ⁓**straße** *f* (Kfz) / service road, frontage road (US) ‖ ⁓**verkehr frei!** (Kfz) / access only!
**anlisten** *v* (EDV) / list* *v*
**Anlösemittel** *n* (für Schneidefilme) / adhering liquid
**anlüften** *v* (Masch) / lift *v*, crack *v*
**Anlüft•hahn** *m* (Masch) / lift plug valve ‖ ⁓**hebel** *m* (Regeln) / easing lever
**anluven** *v* (Schiff) / luff *v*
**anmachen** *v* (Mörtel) (Bau) / gauge *v* ‖ ~ (Farbe) (Druck) / mix *v* ‖ ~ (Licht) (Eltech) / switch on *v*, put on *v*, turn on *v* ‖ **mit Wasser** ~ / temper *v* ‖ ⁓ *n* (z.B. des Mörtels) (Bau) / gauging *n*
**Anmachholz** *n* / kindling *n*
**Anmachwasser** *n* (das zur Herstellung des Betons benötigt wird) (HuT) / water for making concrete (BS 3148) ‖ ⁓ (Wassermenge, die einen keramischen Stoff in einen knetbaren Teig verwandelt) (Keram) / water of plasticity, mixing water ‖ ⁓**zementwert** *m* (HuT) / water-cement ratio
**anmaischen** *v* (Kohle beim Hydrieren) (Chem Verf) / slurry *v*
**anmelden, sich** ~ (Sitzung mit der Eröffnungsmaske zum Bestellen eines gewünschten Menüs eröffnen) (EDV) / log in* *v*, log on *v*
**Anmeldenachricht** *f* (Datenfernverarbeitung) (EDV) / log-on message
**Anmelder** *m* (des Patents) / applicant *n*
**Anmeldetag** *m* (bei Patenten) / date of filing
**Anmeldung** *f* (EDV) / log-in *n*, log-on *n*
**Anmeldungsunterlage** *f* (bei Patenten) / application document
**Anmerkung** *f* (EDV) / remark *n*
**Anmerkungszeichen** *n* (Typog) / mark of reference*, reference mark*
**Anmoor** *n* (feuchter, humusreicher Boden) (For, Geol) / mor *n*
**anmustern** *v* (Seeleute) (Schiff) / sign on *v*, engage *v*, ship *v*
**Annabergit** *m* (Min) / annabergite* *n*, nickel bloom*, nickel ochre
**annageln** *v* / nail *v*
**annähen** *v* (Tex) / sew on *v*
**Annäherungs•schalter** *m* (berührungslos arbeitender Schalter, der anzeigt, ob sich Metallteile auf eine bestimmte Entfernung genähert haben) (Eltech) / proximity switch ‖ ⁓**system** *n* (der Befeuerung) (Lufft) / Calvert lighting ‖ ⁓**warnanzeiger** *m* (Lufft) / proximity warning indicator, PWI ‖ ⁓**zünder** *m* / proximity fuse*, PF
**Annahme** *f* (KI, Math) / assumption *n*, presumption *n* ‖ ⁓ (WP) / acceptance *n* ‖ **begründete** ⁓ (KI) / reasoned assumption ‖ **rechnerische** ⁓ (Math) / rating *n* ‖ ⁓ *f* **der Domänenabgeschlossenheit** (KI) / domain-closure assumption, DCA ‖ ⁓ **einer geschlossenen Welt** (KI) / closed-world assumption ‖ ⁓ **einer offenen Welt** (KI) / open-world assumption ‖ ⁓**bereich** *m* (in der Testtheorie) (Stats) / acceptance region ‖ ⁓**grenze** *f* (Stats) / acceptable quality level, AQL, acceptance quality level ‖ ⁓**kennlinie** *f* (in der Testtheorie) (Stats) / operating characteristic curve, OC curve, operating characteristic, operation characteristic ‖ ⁓**prüfung** *f* / acceptance test, acceptance inspection ‖ ⁓**stichprobenverfahren** *n* (Stats) / acceptance sampling ‖ ⁓**wahrscheinlichkeit** *f* (bei der Qualitätskontrolle) (Stats) / probability of acceptance ‖ ⁓**zahl** *f* (die Anzahl der in einer Stichprobe maximal zugelassenen fehlerhaften Teile) (Stats) / acceptance number
**Annäßmittel** *n* (bei Naßschleifen) (Anstr) / lubricant *n*
**Annatto** *m n* (E 160b) (Farbstoff aus dem Orleansstrauch = Bixa orellana L. - mit bis zu 30% Bixin) (Chem, Nahr) / annatto *n*, roucou *n*, urucú *n*
**annehmbare Qualitätsgrenzlage** (bei der statistischen Qualitätskontrolle) (Stats) / acceptable quality level, AQL, acceptance quality level
**annehmen** *v* / accept *v* ‖ ~ (KI, Math) / presume *v*, assume *v* ‖ ~ (einen Wert) (Math) / take on *v*, attain *v*, take *v*
**Annetzbürste** *f* (Bau) / stock brush*
**Annidation** *f* (Umwelt) / occupation of a niche, annidation *n*
**annieten** *v* (befestigen) (Masch) / fasten by riveting ‖ ~ (Masch) / rivet on *v*
**Annihilation** *f* (Kernphys) / annihilation* *n*, pair annihilation
**annihilieren** *v* (Kernphys) / annihilate *v*
**Annivit** *m* (Min) / annivite *n*
**Annotation** *f* (kurze Inhaltsangabe) / annotation *n*
**Annuelle** *f* (Bot) / therophyte* *n*
**Annularpreventer** *m* (ringförmig wirkender) (Erdöl) / annular preventer
**Annulen** *n* (monozyklisches Polyen mit maximaler Anzahl konjugierter Doppelbindungen) (Chem) / annulene *n*
**annullieren** *v* (eine Eintragung in der Datenbank) (EDV) / cancel (CNCL) *v* (information), delete (DEL) *v*, CNL, erase *v* ‖ ⁓ *n* (EDV) / clearing *n*, erasure *n*
**Annullierung** *f* (Math) / annihilation *n*
**annus fictus** *m* (Astr) / Besselian year, fictitious year
**Anode** *f* (die positive Elektrode) (Eltronik) / anode* *n*, plate* *n* (US) ‖ ⁓ (der Röntgenröhre) (Eltronik) / anticathode* *n*, target* *n*, target electrode ‖ ⁓ (eine Elektrode oder der Bereich einer heterogenen Mischelektrode, wenn an ihr ein positiver Gleichstrom in die ionenleitende Phase austritt) (Galv) / anode *n* ‖ **galvanische** ⁓ (Galv) / sacrificial anode*, reactive anode* ‖ **geschwärzte** ⁓ (Eltronik) / carbonized anode* ‖ **kugelförmige** ⁓ (Eltronik) / spherical anode ‖ **quaderförmige** ⁓ (für Anodentaschen) (Galv) / square *n* ‖ **unlösliche** ⁓ (Galv) / inert anode*, insoluble anode ‖ **virtuelle** ⁓ (Eltronik) / virtual anode ‖ ⁓ *f* **aus Blei** (DIN 1728) (Galv) / lead anode
**Anoden•-** / anodic *adj* ‖ ⁓**abfall** *m* (Galv) / anode scrap ‖ ⁓**abstand** *m* (Eltronik) / anode spacing ‖ ⁓**auflösung** *f* (Oberflächenzerstörung der Anode durch Korrosion) (Galv) / anode corrosion, anodic solution ‖ ⁓**basisschaltung** *f* (Eltronik) / cathode follower ‖ ⁓**batterie** *f* (Eltronik) / high-tension battery, anode battery, H.T. battery, B-battery (US), plate battery* (US) ‖ ⁓**belag** *m* (Chem) / anode film ‖ ⁓**dunkelraum** *m* (Phys) / anode dark space* ‖ ⁓**effekt** *m* (Eltronik) / anode effect ‖ ⁓**fall** *m* (Galv) / anode drop*, anode fall* ‖ ⁓**film** *m* (aus Reaktionsprodukten des Anodenmaterials) (Chem) / anode film ‖ ⁓**film** (aus der die Anode unmittelbar umgebenden Flüssigkeit) (Galv) / anode film, anodic film ‖ ⁓**fleck** *m* (Stelle, an der die Elektronen auf die Anode treffen) (Eltronik) / anode spot ‖ ⁓**gleichrichtung** *f* (Eltronik) / anode-bend rectification ‖ ⁓**glimmen** *n* (Eltronik) / anode glow* ‖ ⁓**glimmhaut** *f* (Eltronik) / anode sheath ‖ ⁓**glimmlicht** *n* (Eltronik) / anode glow* ‖ ⁓**kappe** *f* (Eltronik) / anode cap ‖ ⁓**kennlinie** *f* (Eltronik) / anode characteristic* ‖ ⁓**knick** *m* (der Anodenstrom-Anodenspannungskennlinie) (Eltronik) / anode bend, bottom bend ‖ ⁓**kohle** *f* (Eltech) / positive carbon ‖ ⁓**korrosion** *f* (Galv) / anode corrosion, anodic solution ‖ ⁓**kreis** *m* (Eltronik) / anode circuit ‖ **abgestimmter** ⁓**kreis** (Eltronik) / tuned anode circuit ‖ ⁓**lösung** *f* (Chem, Eltech, Galv) / anolyte *n* ‖ ⁓**metall** *n* / anode metal ‖ ⁓**modulation** *f* (eine Art Amplitudenmodulation) (Eltronik) / anode modulation, plate modulation* (US) ‖ ⁓**neigungswinkel** *m* (zwischen der Anodenfläche im Brennfleck und dem Zentralstrahl) (Radiol) / target angle, anode angle ‖ ⁓**ofen** *m* (Hütt) / anode furnace ‖ ⁓**polarisation** *f* (Eltech) / anodic polarization (polarization of an anode) ‖ ⁓**reaktion** *f* (Galv) / anodic (corrosion) reaction ‖ ⁓**reste** *m pl* (Galv) / anode scrap ‖ ⁓**ring** *m* (z.B. eines Magnetrons) (Eltronik) / anode ring ‖ ⁓**sättigung** *f* (Eltronik) / anode saturation* ‖ ⁓**schiene** *f* (Galv) / anode rail, anode rack ‖ ⁓**schirm** *m* (Eltronik) / anode shield ‖ ⁓**schlamm** *m* (Galv) / anode slime*, anode mud*, anode sludge ‖ ⁓**schutz** *m* (eine aktive Schutzmaßnahme) (Galv, Hütt) / anodic protection* ‖ ⁓**schutzrohr** *n* (Eltronik) / anode shield ‖ ~**seitig steuerbarer Thyristor** (Eltronik) / n-gate thyristor ‖ ⁓**spannungsmodulation** *f* (mit Parallelröhre) (Eltronik) / Heising modulation*, anode choke modulation, constant-current

modulation* ‖ ⁓**sparhalter** *m* (Metallhalter, an dessen Plattenanoden mittels eines Gewindebolzens durch ein in der Anode befindliches Loch an der Anodenstange befestigt werden können) (Galv) / anode (plating) support rod, anode basket ‖ ⁓**stange** *f* (Galv) / anode bar ‖ ⁓**strahlen** *m pl* (Phys) / anode rays ‖ ⁓**strom** *m* (Eltronik) / anode current, plate current (US) ‖ ⁓**stumpf** *m* (Galv) / anode butt ‖ ⁓**tasche** *f* (Galv) / anode bag ‖ ⁓**verluste** *m pl* (Eltronik) / anode dissipation*, plate dissipation* (US) ‖ ⁓**verlustleistung** *f* (Eltronik) / anode dissipation*, plate dissipation* (US) ‖ ⁓**wechselstromleitwert** (Eltronik) / differential anode conductance* ‖ ⁓**widerstand** *m* (Eltronik) / anode impedance, plate impedance (US), plate-load impedance (US) ‖ ⁓**winkel** *m* (Eltronik) / anode angle ‖ ⁓**winkel** (Radiol) / target angle, anode angle ‖ ⁓**zündspannung** *f* (Eltronik) / anode breakdown voltage* ‖ ⁓**zylinder** *m* (des Magnetrons) (Eltronik) / anode ring

**Anodisation, kontinuierliche** ⁓ (Galv) / continuous anodizing, coil anodizing, band anodizing, strip anodizing

**anodisch** *adj* / anodic *adj* ‖ **~es Ätzen** (Eltech) / anodic etching* ‖ **~e Auflösung** (Abnahme des anodischen Stromes in der inversen Polarografie) (Chem) / anodic stripping ‖ **~e Behandlung** (Umwandlung von Oberflächenschichten von Metallen in oxidische Deckschichten durch anodische Oxidation) (Galv) / anodizing* *n*, anodic treatment*, anodization *n* ‖ **~es Beizen** (Galv) / anodic pickling ‖ **~ hergestellte Schicht** (Galv) / anodic coating ‖ **~e Korrosion** (Galv) / anodic corrosion, anode corrosion ‖ **~er Korrosionsschutz** (Galv, Hütt) / anodic protection* ‖ **~e Oxidation** (Galv) / anodic oxidation*, electrolytic oxidation ‖ **~e Oxidation von Aluminium** (Chem Verf) / anodic oxidation of aluminium, aluminium anodizing ‖ **~es Polieren** (das Werkstück wird als Anode geschaltet und sich auf) (Masch) / electrolytic polishing*, anode polishing*, electropolishing* *n*, electrobrightening* *n*, anode brightening* ‖ **~e Reaktion** (Galv) / anodic (corrosion) reaction ‖ **~e Reinigung** / anodic cleaning, reverse cleaning, reverse-current cleaning ‖ **~er Schutz** (Galv, Hütt) / anodic protection* ‖ **~e Stromausbeute** (Eltronik) / anode efficiency* ‖ **~er Überzug** (Galv) / anodic coating

**Anodisieren** *n* (Galv) / anodizing* *n*, anodic treatment*, anodization *n*

**Anodisierschicht** *f* (Galv) / anodic coating

**Anol** *n* (Anstr, Chem) / cyclohexanol* *n*, hexahydrophenol* *n*

**Anolyt** *m* (Elektrolytlösung im Bereich der Anode) (Chem, Eltech, Galv) / anolyte *n*

**Anolytkreislauf** *m* (bei der Elektrotauchlackierung) (Anstr) / anolyte circuit

**anomal** *adj* / anomalous *adj* ‖ **~e Dispersion** (meistens in den im Ultraviolett und im Infrarot gelegenen Wellenlängenbereichen) (Licht) / anomalous dispersion ‖ **~es magnetisches Moment** (Mag) / anomalous magnetic moment ‖ **~er Mischkristall** (Krist) / adsorption mixed crystal ‖ **~es Programmverhalten** (EDV) / abnormal program behaviour ‖ **~er Skineffekt** (Eltronik) / anomalous skin effect ‖ **~er Stahl** (mit anomalem Gefüge in der Randschicht) (Hütt) / anormal steel ‖ **~er Zeeman-Effekt** (Phys, Spektr) / anomalous Zeeman effect

**Anomalie** *f* / anomaly* *n* ‖ ⁓ (Winkel zur mathematischen Beschreibung der Stellung eines Planeten in seiner Bahn um die Sonne) (Astr) / anomaly* *n* ‖ **Dentsche** ⁓ (Uhr) / middle temperature error* ‖ **exzentrische** ⁓ (Astr) / eccentric anomaly ‖ **magnetische** ⁓ (im Hauptfeld) (Geol, Mag) / magnetic anomaly* ‖ **mittlere** ⁓ (Astr) / mean anomaly ‖ **optische** ⁓ (Chem, Opt) / optical anomaly (the phenomenon in which an organic compound has a molar refraction which does not agree with the value calculated from the equivalents of atoms and other structural units composing it) ‖ **wahre** ⁓ (Astr) / true anomaly

**anomalistisch • es Jahr** (365 d 6 h 13 min 53 s) (Astr) / anomalistic year* ‖ **~er Monat** (die Zeit zwischen zwei Erdnähen des Mondes) (Astr) / anomalistic month*

**Anomaloskop** *n* (Gerät zur Prüfung auf Farbfehlsichtigkeit) (Licht, Opt) / anomaloscope *n*

**Anomer** *n* (Chem) / anomer* *n*

**Anon** *n* (Anstr, Chem) / cyclohexanone* *n*

**anonym** *adj* (Produkt) / unbranded *adj* ‖ ⁓ s. auch weiße Produkte ‖ **~e Pipe** (EDV) / anonymous pipe

**anonymisieren** *v* (Daten) (EDV) / depersonalize *v*

**anordnen** *v* / prescribe *v* ‖ ⁓ / order *v* ‖ ⁓ (Elemente) (Math) / order *v* ‖ **nebeneinander ~** (Fenster) (EDV) / tile *v* ‖ **paarig ~** / pair *v* ‖ **regellos ~** (Stats) / randomize *v* ‖ ⁓ *n* **der Maße** (Masch) / dimensioning *n*

**Anordnung** *f* (regelmäßige Gruppierung) / array *n* ‖ ⁓ (Disposition) / arrangement *n*, alignment *n* ‖ ⁓ / order *n* ‖ ⁓ (Bau) / layout *n* ‖ ⁓ (Chem) / constitution* *n* ‖ ⁓ (der Elemente, der Verknüpfungsgebilde) (Math) / ordering *n*, order *n* ‖ ⁓ (von Brennstäben) (Nukl) / array *n* ‖ **[regelmäßige]** ⁓ (Kernphys) / alignment* *n*, alinement *n* ‖ **absteigende** ⁓ (Math) / descending order ‖ **aufsteigende** ⁓ (Math) / ascending order ‖ **dreidimensionale** ⁓ / three-dimensional array ‖ **kritische** ⁓ (DIN 25401) (Nukl) / critical assembly ‖ **lichtschaltende** ⁓ (steuerbare Lichtschleuse, bei der die Eigenschaft optomagnetischer Materialien auf der Grundlage des Faraday-Effekts genutzt wird) (Licht) / light-switching array, LISA ‖ **paarweise** ⁓ / pairing* *n* ‖ **räumliche** ⁓ (allgemein) / spatial arrangement ‖ **räumliche** ⁓ (Krist) / space arrangement ‖ **rechteckige** ⁓ (von Geometrieelementen) (EDV) / rectangular array ‖ **überkritische** ⁓ (Kernphys) / supercritical assembly ‖ **unterkritische** ⁓ (Kernphys) / subcritical assembly ‖ **zentrale** ⁓ / centrality *n* ‖ **zufällige** ⁓ (Stats) / random order, randomization *n* ‖ **zyklische** ⁓ (Math) / circular permutation* ‖ ⁓ *f* **der Strickschlösser** (Tex) / camming *n*, camming arrangement ‖ ⁓ **in Spalten** (Druck) / column arrangement ‖ ⁓ **von Brennstäben** (als konkrete Anlage) (Nukl) / fuel array, array of fuel rods ‖ ⁓ **von drei Lampen** (im Dreieck) (Film) / triangle *n*

**Anordnungsrelation** *f* (Math) / order relation, ordering relation

**Anorektikum** *n* (pl. -tika) (Pharm) / anorectic* *n*, anorexin *n*

**anorektisch** *adj* (Pharm) / anorectic *adj*, anorexic *adj*

**Anorexigen** *n* (Pharm) / anorectic* *n*, anorexin *n*

**anorexigenes Mittel** (Pharm) / anorectic* *n*, anorexin *n*

**Anorganiker** *m* (Chem) / inorganic chemist

**anorganisch** *adj* / inorganic *adj* ‖ **~er Anstrichstoff** (Anstr) / inorganic coating ‖ **~es Benzol** (Chem) / borazole* *n*, borazine *n* ‖ **~e Beschichtung** (Anstr) / inorganic coating ‖ **~er Binder** (Gieß, Keram) / inorganic binder ‖ **~es Buntpigment** (Anstr) / inorganic colour pigment ‖ **~e Chemie** (Chem) / inorganic chemistry* ‖ **~er Chemiker** (Chem) / inorganic chemist ‖ **~e gebundener Schwefel** (in anorganischen Füll- und Zusatzstoffen) (Chem Verf) / inorganically combined sulphur ‖ **~er Kautschuk** (anorganische Verbindung mit kautschukähnlichen Eigenschaften) (Chem Verf) / inorganic rubber ‖ **~es Nitrat** (Chem) / inorganic nitrate ‖ **~es Pigment** (Anstr) / inorganic pigment ‖ **~es Polymer** (dessen Hauptkette keine Kohlenstoffatome enthält) (Chem) / inorganic polymer ‖ **~e Säure** (Chem) / mineral acid, inorganic acid ‖ **~e Verbindung** (Chem) / inorganic compound

**anormale Glimmentladung** (Eltronik) / abnormal glow discharge*, abnormal glow*

**anorogen** *adj* (Geol) / anorogenic *adj*

**Anorthit** *m* (Endglied der Plagioklas-Reihe) (Min) / anorthite* *n*, calcium feldspar

**Anorthoklas** *m* (trikliner Kali-Natronfeldspat) (Min) / anorthoclase* *n*, anorthose *n*, soda microcline

**Anorthosit** *m* (ein Tiefengestein) (Geol) / anorthosite* *n*

**Anorthositierung** *f* (Geol) / anorthositization (a process of anorthosite formation by replacement or metasomatism)

**Anoxämie** *f* (totaler Sauerstoffmangel im Blut) (Med) / anoxaemia* *n*

**Anoxibiose** *f* (Leben ohne Sauerstoff) (Biol) / anaerobiosis* *n* (pl. anaerobioses)

**Anoxie** *f* (völliger Mangel an Sauerstoff in den Geweben) (Med) / anoxia* *n*

**Anoxybiose** *f* (Leben ohne Sauerstoff) (Biol) / anaerobiosis* *n* (pl. anaerobioses)

**anpappen** *v* (Typog) / case in *v*

**anpassen** *v* (alle notwendigen Bedingungen für das Zusammen- und Aufeinanderwirken zweier oder mehrerer Aggregate schaffen) / interface *v* ‖ ⁓ (maßgerecht) / tailor *v* ‖ ⁓ / adapt *v*, adjust *v*, accommodate *v* ‖ ⁓ / match *v* ‖ ⁓ (einen bestimmten Betriebszustand in einem elektrischen Stromkreis durch Angleichen herbeiführen) (Eltech) / match *v* ‖ ⁓ (Masch) / fit *v* ‖ **größenmäßig ~** / size *v* ‖ **~ an Kundenwünsche** / customize *v*, custom-build *v* ‖ ⁓ *n* (von Kurven) / adapting *n* ‖ ⁓ (Masch) / fitting* *n* ‖ ⁓ **mittels Stichleitung** (Fernm) / stub matching, stub tuning

**Anpaß • optimum** *n* (Fernm) / matched load ‖ **~regelung** *f* (Regeln) / adaptive control*, AC ‖ **~stecker** *m* (Eltech) / adapter *n*, plug adapter, adapter plug, attachment plug ‖ **~stichleitung** *f* (Fernm) / matching stub* ‖ **~stück** *n* (Chem) / adapter *n* (an accessory appliance), adaptor *n* ‖ **~transformator** *m* (für die induktive Erwärmung) (Eltech) / workhead transformer*

**Anpassung** *f* / adaptation* *n*, adjustment *n* ‖ ⁓ / matching *n* ‖ ⁓ (Abschluß eines Netzwerkes mit einem Lastwiderstand, der gleich dem Innenwiderstand des Netzwerks ist) (Eltronik) / matching *n* ‖ ⁓ s. auch Assimilation ‖ **größenmäßige** ⁓ / sizing *n* ‖ **laufende** ⁓ / serial adaptation ‖ ⁓ *f* **an Kundenwünsche** (an die Forderungen der Benutzer) / customization *n*

**Anpassungs • bit** *n* (EDV, Fernm) / justification bit, stuffing bit, bit rate justification bit ‖ **~dämpfung** *f* (Fernm) / matching attenuation

**anpassungsfähig** *adj* / adaptable *adj* ‖ ⁓ (vielseitig) / versatile *adj* ‖ ⁓ / adaptable *adj*, adaptive *adj* ‖ **~e Regelung** (Regeln) / adaptive control*, AC

**Anpassungs • fähigkeit** *f* / adaptability *n* ‖ **~fähigkeit** / flexibility *n* ‖ **~fähigkeit** (Vielseitigkeit) / versatility *n* ‖ **~fähigkeit** (Fähigkeit eines Lagerwerkstoffs, anfängliche Anpassungsmängel der sich

**Anpassungsfaktor**

berührenden Oberflächen durch elastische und plastische Verformung zu kompensieren) (Masch) / frictional conformability, conformability n ‖ ~**faktor** m (bei der Wellenwiderstandsanpassung) (Fernm) / standing-wave ratio ‖ ~**faktor** (Kehrwert des Welligkeitsfaktors) (Fernm) / inverse standing-wave ratio, inverse SWR ‖ ~**glied** n (Fernm) / matching network ‖ ~**konstruktion** f (an eine andere Aufgabenstellung) (Masch) / redesign n ‖ ~**kreis** m (Fernm) / matching circuit ‖ ~**netzwerk** n (Fernm) / matching network ‖ ~**optik** f (Opt) / matching optics ‖ ~**phase** f / adaptation phasse, adaption phase ‖ ~**schaltung** f (Fernm) / matching circuit ‖ ~**schicht** f (Schicht 6 im ISO-Referenzmodell) (EDV) / presentation layer, PRL ‖ ~**stichleitung** f (Fernm) / matching stub* ‖ ~**test** m (Stats) / goodness-of-fit test ‖ χ²-~**test** (Stats) / goodness-of-fit test ‖ ~**theorie** f (in der Enzymologie) (Biochem) / induced-fit theory ‖ ~**theorie** (Theorie zur Substratspezifität von Enzymen) (Biochem) / induced-fit theory ‖ ~**transformator** m (Fernm) / matching transformer*
**anpeilen** v (Nav, Radar, Radio) / bear v, take a bearing, fix the direction, find the direction
**anpfahlen** v (junge Bäume) (Landw) / stake v
**anpflanzen** v (Landw) / plant v
**anplätzen** v (Bäume) (For) / mark v, blaze v
**Anprall** m / impingement n (on, upon), collision* n (with) ‖ ~**festigkeit** f (des Reifens) (Kfz) / impact resistance (of the tyre) ‖ ~**festigkeit** (WP) / resistance to shock, shock resistance
**Anpreßdruck** m (bei Bremsen) (Kfz) / application factor ‖ ~ (Masch) / contact pressure ‖ **geschwindigkeitsabhängige** ~**regelung** (bei Scheibenwischern) (Kfz) / speed-sensitive wiper system
**anpressen** v (an) / press on(to) v ‖ ~ n (von Kronkorken in der Flaschenverschließmaschine) (Nahr) / crimping n
**anprobieren** v (Kleid) (Tex) / try on v
**Anrainerstaat** m / littoral state
**anrampen** v / ramp v
**Anrampungsknick, oberer** ~ (HuT) / ramp-slope breakover (point) ‖ **unterer** ~ (HuT) / ramp-slope departure (point)
**anrauhen** v (Masch) / roughen v
**Anraum** m (Meteor) / hoar frost*, white frost*, silver thaw, white dew (US)
**Anrede** f (in Briefen) (EDV) / salutation n
**Anregelzeit** f (Regeln) / rise time
**anregen** v (Elektr, Kernphys, Phys) / excite, activate v ‖ ~ (Krist) / induce v ‖ ~ (Phys) / stimulate v
**Anregung** f (Eltronik, Kernphys, Phys) / excitation* n, activation* n ‖ ~ (der Emission) (Phys) / stimulation n ‖ **elementare** ~ (Phys) / elementary excitation ‖ **kumulative** ~ (Eltronik) / cumulative excitation* ‖ **stufenweise** ~ (Phys) / step-by-step excitation ‖ **thermische** ~ (Kernphys) / thermal excitation*
**Anregungs•energie** f (Differenz zwischen den Energieeigenwerten des angeregten Zustands und des Grundzustands) (Phys) / excitation energy ‖ ~**mittel** n (Med, Pharm) / analeptic* n ‖ ~**mittel** (Pharm) / stimulant n ‖ ~**monochromator** m (Spektr) / excitation monochromator ‖ ~**potential** n (Eltronik) / excitation potential*, resonance potential* ‖ ~**spektrum** n (Erregeramplituden in Abhängigkeit von der Frequenz) (Akus) / excitation spectrum ‖ ~**spektrum** (z.B. eines Spektrofluorimeters) (Spektr) / excitation spectrum ‖ ~**zustand** m (ein stationärer Zustand größerer Energie, verglichen mit dem Grundzustand) (Phys) / excited state
**Anreibbarkeit** f (Anstr, Pharm) / grindability n, triturability n, friability n
**Anreibbuchstaben** m pl (Typog) / transfer lettering system*
**Anreibebuchstaben** m pl (Typog) / transfer lettering system*
**anreiben** v (Anstr, Pharm) / grind v, triturate v, mill v ‖ ~ (Farbe) (Druck) / grind v, mill v ‖ ~ n (Anstr, Pharm) / grinding n, trituration n, milling n ‖ ~ (tribogalvanischer Korrosionsschutz) (Galv) / peen plating, mechanical plating
**Anreibeschrift** f (Typog) / transfer lettering system*
**anreichern** v / enrich v ‖ ~ (Eltronik) / enhance v ‖ ~ (Boden, z.B. mit bestimmten Substanzen) (Landw) / enrich v, fatten v ‖ ~ (Kochsäure) (Pap) / fortify v
**Anreicherung** f (von Erzen) (Aufber) / mineral processing*, beneficiation* n, mineral dressing* ‖ ~ (Eltronik) / enhancement n ‖ ~ (des Bodens, z.B. mit bestimmten Substanzen) (Landw) / enrichment n, fattening n ‖ ~ (mit Nährstoffen) (Nahr) / fortification n, enrichment n, complementation n, supplementation n, nutrification n (US) ‖ ~ (prozentuale) (Nukl) / enrichment factor*, process factor ‖ ~ (durch Aufbereitung) (Nukl) / enrichment* n ‖ ~ (Pap) / fortification n ‖ ~ (Aufkonzentrierung von /Schad/Stoffen in Organismen, Sedimenten und Klärschlamm) (Sanitär) / accumulation n ‖ ~ (V-Mot) / enrichment n ‖ ~ (von Erzen) (Aufber) s. Aufbereitung, [bergbauliche] ‖ **biologische** ~ (Umwelt) / bioaccumulation n ‖ **grobe** ~ (des Fördererzes - z.B. durch Klassieren) (Aufber) / ragging* n ‖ **pyrometallurgische** ~ (Hütt) / thermal upgrading ‖ ~ f

**durch deszendente Lösungen** (Geol) / secondary enrichment (by precipitation from downward-percolating waters)*, supergene enrichment*, downward enrichment ‖ ~ **mit Sauerstoff** (Chem, Hütt) / oxygenation n, oxygen enrichment
**Anreicherungs•anlage** f (Aufber) / concentration plant*, concentrator n ‖ ~**anlage** (Nukl) / enrichment plant ‖ ~**faktor** m (Kurzzeichen q) (Nukl) / enrichment factor*, process factor ‖ ~**grad** m (Anreicherungsfaktor minus 1) (Nukl) / enrichment n ‖ ~**horizont** m (des Bodenprofils) (Landw) / illuvial horizon, B-horizon n, horizon B, subsoil* n ‖ ~**schicht** f (eine Randschicht) (Eltronik) / enhancement zone ‖ ~**typ** m (des Feldeffekttransistors) (Eltronik) / enhancement-mode transistor*, enhancement-mode FET ‖ ~**ventil** n (für Vergaser) (V-Mot) / power valve
**anreißen** v (Kokille) (Hütt) / reek v ‖ ~ (Masch) / scribe v ‖ ~ (Masch, Zimm) / mark out v, mark v, lay out v ‖ ~ n (das Kennzeichnen der in der Werkstückzeichnung festgelegten Maße durch Bearbeitungs- und Hilfslinien auf dem Werkstück) (Masch, Zimm) / marking n, marking-out* n, laying-out* n ‖ ~ (auf dem Schnürboden) (Schiff) / lofting n ‖ ~ (erste erkennbare Farbänderung eines Musters) (Tex) / first break ‖ **fotomechanisches** ~ (Luftf, Schiff) / photolofting n, photographic layout drawing
**Anreiß•farbe** f (Masch, Zimm) / marking ink ‖ ~**kopie** f (Luftf, Masch, Schiff) / phototemplate n ‖ ~**körner** m (Masch) / dot punch ‖ ~**maß** n (Bau) / back gauge, back mark ‖ ~**messer** m (Tischl, Zimm) / marking knife ‖ ~**nadel** f (Werkz) / scriber* n, scribing point ‖ ~**platte** f (Masch) / marking-out table, marking-out plate ‖ ~**prisma** n (mit Klemmbügel) (Masch) / V-block n, vee block
**Anreiz** m (EDV, Fernsp) / event n ‖ ~ (Physiol) / stimulus n (pl. stimuli)*, irritation n (the stimulation of an organism, cell or organ to produce an active response) ‖ ~ (Hilfsinformation innerhalb von Fernwirkanlagen) (Regeln) / change-of-state information ‖ ~ **aus der Peripherie** (EDV) / peripheral event
**Anrichte** f (Bau) / pantry n ‖ ~**raum** m (Bau) / pantry n
**anriegeln** v (Tex) / tack v ‖ ~ n (Tex) / tacking n
**Anriß** m (Vorstadium eines Risses in der Bauteiloberfläche) (Bau) / surface crack ‖ ~ (Masch) / surface crack ‖ ~**freier Werkstoff** (WP) / material without precrack
**Anroller** m (für Reifen) (Kfz) / tread roller
**Anroll•strecke** f (beim Start) (Luftf) / unstick distance ‖ ~**verschluß** m (der Flasche) (Nahr) / roll-on closure
**Anruf** m (Fernsp) / ringing n, call n ‖ **böswilliger** ~ (Fernsp) / malicious call ‖ **nicht zur Verbindung führender** ~ (Fernsp) / lost call ‖ ~ m **an alle** (Fernm) / general call "to all stations" ‖ ~ **von dem Münzfernsprecher** (Fernsp) / coin call ‖ ~**aufzeichner** m (ein Zusatzgerät zum Telefon) (Fernsp) / call recorder ‖ **automatischer** ~**aufzeichner** (Fernsp) / automatic call recorder ‖ ~**beantworter** m (ein Zusatzgrät zum Telefon) (Fernsp) / telephone answering set, answerphone n, answering machine, telephone answering machine ‖ ~**beantwortung** f (Fernsp) / answering n, call response ‖ ~**einrichtung** f (Fernsp) / telephone calling equipment, calling equipment, calling device, calling unit
**anrufen** v (Fernsp) / call v, ring up v, ring v
**Anrufer** m (Fernsp) / caller n, calling party, calling subscriber ‖ ~**identifizierung** f (Fernsp) / caller ID, caller identification, telephone-caller identification
**Anruf•ordner** m (Fernsp) / allotter* n ‖ ~**schutz** m (ein Leistungsmerkmal) (Fernsp) / do-not-disturb facility, incoming call protection ‖ ~**signal** n (Fernsp) / calling signal ‖ ~**suchen** n (Fernsp) / hunting* n ‖ ~**sucher** m (Fernsp) / finder* n, line finder* ‖ ~**übernahme** f (Leistungsmerkmal bei Nebenstellenanlagen) (Fernsp) / call pick-up ‖ ~**umleitung** f (Leistungsmerkmal bei Nebenstellenanlagen) (Fernsp) / call diversion
**Anrufungsrecht** n (des einzelnen, sich an den Datenschutzbeauftragten zu wenden) (EDV) / right of appeal, right of complaint
**Anruf•verteiler** m (Fernsp) / call distributor, traffic distributor ‖ **automatischer** ~**verteiler** (Fernsp) / automatic call distributor, ACD ‖ **automatische** ~**verteilung** (Fernsp) / automatic call distribution ‖ ~**weiterschaltung** f (Leistungsmerkmal bei Nebenstellenanlagen) (Fernsp) / call forwarding ‖ ~**weiterschaltung B** (Fernsp) / call forwarding on busy, CFB ‖ ~**weiterschaltung bei Besetztfall** (ISDN-Leistungsmerkmal) (Fernsp) / call forwarding on busy, CFB ‖ ~**weiterschaltung bei Nichtmelden** (ISDN-Leistungsmerkmal) (Fernsp) / call forwarding no reply, CFNR ‖ ~**weiterschaltung N** (Fernsp) / call forwarding no reply, CFNR
**Ansagedienst** m (Fernsp) / recorded information service
**Ansager** m (Radio, TV) / announcer n
**Ansagestudio** n (Radio, TV) / continuity studio
**ansämen** v (Nahr) / thicken v, bind v
**ansammeln** v / mass v ‖ **sich** ~ (Staub) / gather vi
**Ansamycin** n (antibiotisch wirksame makrocyclische Verbindung) (Pharm) / ansamycin n

**Ansatz** *m* (Anstr, Plast) / formulation *n* ‖ ⁓ (der Tapete) (Bau) / match *n* ‖ ⁓ (Chem) / batch *n*, charge *n*, stock *n* ‖ ⁓ (ein unerwünschtes Agglomeratgebilde im Hochofen) (Hütt) / scaffold *n* ‖ ⁓ (Zunahme von Körpersubstanz bei Masttieren) (Landw) / gain *n* ‖ ⁓ (Masch) / fur *n*, incrustation *n* ‖ ⁓ (Masch) / nose *n*, lug *n* ‖ ⁓ (z.B. der Welle) (Masch) / shoulder *n* ‖ ⁓ (Verlängerungsstück) (Masch) / lengthening piece, extension piece ‖ ⁓ (Math) / ansatz *n* (an assumption about the form of an unknown function which is made in order to facilitate solution of an equation or other problem) ‖ ⁓ (Formulieren einer Textaufgabe in einer zur Lösung führenden Gestalt) (Math) / set-up *n*, formulation *n*, statement *n* ‖ **(seitlicher)** ⁓ (z.B. der Saugflasche) (Chem) / lateral *n* ‖ **systemanalytischer** ⁓ (EDV) / systems approach *n* ‖ **viereckiger** ⁓ (bei Schrauben) (Masch) / square point ‖ ⁓ *m* **neuer Bohrung** (Erdöl) / hole opening ‖ ⁓**buch** *n* (Chem) / batch book ‖ ⁓**fehlstelle** *f* (Schw) / intermediate crater (due to electrode changing) (Masch) ‖ ⁓**kuppe** *f* (Masch) / half-dog point (with rounded end) ‖ ⁓**lösung** *f* (Chem) / original solution, initial solution ‖ ⁓**punkt** *m* **für den Wagenheber** (Kfz) / jacking point ‖ ⁓**rohr** *n* (Chem) / arm *n* ‖ ⁓**rohr** (seitliches) (Chem) / side-arm *n* ‖ ⁓**schaft** *m* (Masch) / shoulder *n* ‖ ⁓**spitze** *f* (DIN 78) (Masch) / dog point ‖ ⁓**spitze** (Masch) / half-dog point (with cone end) ‖ ⁓**stück** *n* (Fitting) (Masch) / lateral *n* ‖ ⁓**tubus** *m* (Opt) / extension tube*

**ansäuern** *v* (Chem) / acidify *v*, acidulate *v* ‖ ⁓ (Nahr) / sour *v* ‖ ⁓ *n* (Chem) / acidification *n*, acidulation *n* ‖ ⁓ (Nahr) / souring *n*

**Ansäuerung** *f* (Chem) / acidification *n*, acidulation *n*

**Ansaug•abschluß** *m* (V-Mot) / cut-off* *n* ‖ ⁓**druck** *m* (bei Verdichtern) (Masch) / inlet pressure, initial pressure, intake pressure

**ansaugen** *v* / suck *v*, suck in *v*, suck up *v*, aspirate *v* ‖ ⁓ *n* / suction *n*, aspiration *n* ‖ ⁓ (des Luft-Kraftstoff-Gemisches) (V-Mot) / induction *n*, inlet *n*, intake *n* ‖ ⁓**lassen** *n* (Pumpen) (Masch) / priming* *n*, pump-priming *n*

**Ansaug•geräusch** *n* (V-Mot) / intake noise, induction noise ‖ ⁓**geräuschdämpfer** *m* (V-Mot) / aspirator silencer *n*, intake silencer ‖ ⁓**hub** *m* (im Viertaktzyklus) (V-Mot) / induction stroke*, inlet stroke, intake stroke, suction stroke, charging stroke ‖ ⁓**kanal** *m* (im Zylinderkopf) (V-Mot) / intake port, inlet port ‖ ⁓**krümmer** *m* (V-Mot) / induction manifold*, intake manifold, inlet manifold* ‖ ⁓**luftsammler** *m* (V-Mot) / intake plenum, plenum *n*, plenum chamber ‖ ⁓**menge** *f* (bei einem Verdichter) (Masch) / intake capacity, inlet capacity ‖ ⁓**öffnung** *f* (Masch) / intake *n*, inlet *n* ‖ **zentrale** ⁓**öffnung** (Pumpe, Verdichter) (Masch) / eye* *n* ‖ ⁓**rohr** *n* (V-Mot) / induction manifold*, intake manifold, inlet manifold*

**Ansaugung** *f* / suction *n*, aspiration *n*

**Ansaug•unterdruck** *m* (Kfz) / manifold pressure* ‖ ⁓**ventil** *n* (Masch) / priming valve*

**Ansaverbindung** *f* (organische Verbindung, in der ein aromatisches Ringsystem durch einen henkelförmigen aliphatischen Molekülbestandteil überbrückt ist) (Chem) / ansa compound *n* ‖ ⁓ (Chem) s. auch Cyclophan

**Anschaffungs•kosten** *pl* / purchase cost, acquisition cost, original cost, initial cost (of an asset) ‖ ⁓**wert** *m* / purchase value, value at the time of purchase (of an asset)

**anschäften** *v* (For, Zimm) / scarf *v* ‖ ⁓ *n* (For, Zimm) / scarf* *n*, scarfed joint, scarf joint, splice *n*

**anschälen** *v* (Furnierblöcke) (For) / round *v* ‖ ⁓ *n* (von Furnierblöcken) (For) / rounding *n* (of veneer logs)

**anschalmen** *v* (Bäume) (For) / mark *v*, blaze *v*

**anschalten** *v* (Licht) (Eltech) / switch on *v*, turn on *v*, put on *v* ‖ ⁓ (Eltech) / connect *v*, join up *v* (in a circuit)

**Anschalte•netz** *n* (Fernsp) / access network ‖ ⁓**satz** *m* (Fernsp) / connector *n* ‖ ⁓**taste** *f* (Fernm) / connect button

**Anschalttaste** *f* (Fernm) / connect button

**Anschaltung, funktionelle** ⁓ **an das System** (Fernsp) / affiliation *n* ‖ **provisorische** ⁓ (Fernm) / lash-up* *n*, hook-up* *n*

**anschärfen** *v* (bei der Weiche und im Ascher bei der Gerbvorbereitung von Blößen) (Leder) / sharpen *v* ‖ ⁓ (Ascher beim Ascherverfahren, z.B. mit Natriumsulfid) (Leder) / mend *v* ‖ ⁓ (Leder) / skive *v* ‖ ⁓ (Kanten) (Masch) / scarf *v* ‖ ⁓ (Bad, Küpe) (Tex) / sharpen *v*

**Anschärfungsmittel** *n* (Mittel zur Regenerierung von Abfallbeizen aus Eisenbeizereien, im allgemeinen Schwefelsäure) (Sanitär) / sharpening agent

**Anschauungs•material** *n* / visual aid, illustrative material ‖ ⁓**mittel** *n* / visual aid, illustrative material ‖ ⁓**modell** *n* / demonstration model, demonstrator* *n* ‖ ⁓**unterricht** *m* / visual education

**Anschellen** *n* (des Schließkopfs) (Masch) / closing-up* *n*

**Anschieben** *n* (eines Fahrzeugs mit entladener Batterie) (Kfz) / push starting

**Anschiebestart** *m* (Kfz) / push-start *n*

**Anschießer** *m* (ein Vergolder-Flachpinsel zur Abnahme des Blattgolds und zum Anschießen auf den Untergrund) (Anstr) / gilder's tip*

**Anschlag** *m* (Tür, Fenster) (Bau) / respond* *n*, reveal* *n* ‖ ⁓ (Hängebank oder Füllort) (Bergb) / landing* *n* ‖ ⁓ (an dem Förderwagen auf- und abgeschoben werden oder Personen den Förderkorb betreten oder verlassen können) (Bergb) / inset *n*, ingate *n*, shaft station*, station *n* ‖ ⁓ (als Einheit bei der Umfangsberechnung eines Manuskripts) (Druck) / character *n* ‖ ⁓ (auf der Tastatur) (EDV) / stroke *n*, key depression, key-stroke *n*, touch *n*, impression *n* ‖ ⁓ (Kfz) / lock *n*, hard over (US), full lock ‖ ⁓ (Masch) / dog *n* ‖ ⁓ (zur Begrenzung des Vorschubweges) (Masch) / feed stop ‖ ⁓ (Masch, Tischl, Zimm) / stop* *n*, fence* *n*, mechanical stop ‖ ⁓ (Befestigung eines Gegenstandes am Lasthaken oder einer Talje an einem Auge) (Schiff) / bend *n* ‖ ⁓ (Pigment-Feinteig) (Tex) / batch *n* ‖ **federnder** ⁓ (Masch) / spring stop, yielding stop ‖ **fester** ⁓ (Masch) / hard stop, dead stop ‖ **gleichmäßiger** ⁓ (auf der Tastatur) (EDV) / even touch ‖ **von** ⁓ **zu Anschlag** (Kfz) / full lock ‖ ⁓ *m* **beim Bohren** (Masch) / bit gauge*, hit gauge*, depth gauge* ‖ ⁓ **der Fingerlochscheibe** (Fernsp) / dial finger stop, finger stop ‖ ⁓ **machen**, post *v*

**anschlag•bohren** *v* (Masch) / trip *v* ‖ ⁓**drucker** *m* (EDV) / impact printer*

**anschlagen** *v* (Plakat) / post *v* ‖ ⁓ (Taste) (Druck, EDV) / depress *v*, press *v*, hit *v* ‖ ⁓ (eine Masche) (Tex) / cast on *v* ‖ ⁓ (Web) / beat up *v* ‖ ⁓ *n* (Düsennadel) (Kfz) / bouncing *n* ‖ ⁓ (Befestigung eines Gegenstandes am Lasthaken oder an einer Talje an einem Auge) (Schiff) / bend *n* ‖ ⁓ (Web) / beat-up *n*, beating-up* *n* ‖ ⁓ **des Pigments** (Tex) / batching of pigment

**Anschläger** *m* (die Person, die am Anschlag den Förderverkehr regelt und dazu die nötigen Signale zum Betrieb des Förderkorbes gibt) (Bergb) / banksman *n*, bandsman *n*, onsetter *n*, hanger-on *n* ‖ ⁓ (Masch) / crane follower, burden-man *n*, groundsman *n*, sling-man *n*, spotter *n*, slinger *n*

**Anschlagfolge** *f* (EDV) / key sequence

**anschlagfrei•er Drucker** (bei dem das Druckbild durch elektronische Techniken erzeugt wird - z.B. Laserdrucker) (EDV) / non-impact printer ‖ **~es Druckverfahren** (EDV) / non-impact printing

**Anschlag•hammer** *m* (zur Holzkennzeichnung) (For) / marking hammer ‖ ⁓**kette** *f* (ein Lastaufnahmemittel) (Masch, Schiff) / sling chain, chain sling ‖ ⁓**kloben** *m* (als Gegenlager des Spannklobens) (Masch, Werkz) / stop dog ‖ ⁓**kosten** *pl* (Schiff) / slinging *n* ‖ ⁓**leiste** *f* (bei senkrecht verschiebbaren Fenstern) (Bau) / pulley head, yoke *n* (US) ‖ ⁓**mittel** *n pl* (Hilfsmittel zum Befestigen von Einzellasten am Lasthaken der Hebezeuge, z.B. Seile, Ketten, Stropps usw.) (Schiff) / lifting gears, sling gears, sling devices ‖ ⁓**nase** *f* (Masch) / stop dog, stop-lug *n* ‖ ⁓**nase** (Masch) / stop-lug *n* ‖ ⁓**nickel** *n* (Galv) / nickel strike ‖ ⁓**puffer** *m* (oberer Anschlag zur Begrenzung des Einfedervorgangs) (Kfz) / bump stop, snubber *n* ‖ ⁓**rahmen** *m* (der Tür) (Zimm) / hanging stile* ‖ ⁓**säule** *f* / advertising column, post *n*

**Anschlags•intensität** *f* (in der Außenwerbung) / showing *n* ‖ ⁓**kapazität** *f* (bei Farbbändern) / yield *n*

**Anschlag•stärke** *f* (bei mechanischen Druckern) (EDV) / print force, print intensity, striking force, penetration *n* ‖ ⁓**stärkeeinstellung** *f* (auf der Schreibmaschine) / striking force control, impression control ‖ ⁓**stärkesteuerung** *f* (EDV) / striking force control, impression control ‖ ⁓**stellenpaket** *n* (als 100 Showing gilt die Gesamtzahl der Plakate, die erforderlich sind, um in einem bestimmten Gebiet alle oder wenigstens die meisten Haupt- und Nebenverkehrswege in Kontakt mit der Werbebotschaft des Anschlags zu bringen) / showing *n* ‖ ⁓**stift** *m* (Bau) / stop pin ‖ ⁓**verkupferung** *f* (Galv) / copper striking ‖ ⁓**vernickelung** *f* (Galv) / nickel striking ‖ ⁓**vernicklung** *f* / Ni-strike *n*

**Anschlagversilberung** *f* (Galv) / silver striking

**Anschlag•wand** *f* (Bau) / hoarding *n* (GB), billboard *n* (US) ‖ ⁓**winkel** *m* (von 90°) (Zimm) / try square*, square *n*, builder's square ‖ ⁓**zaun** *m* (Bau) / hoarding *n* (GB), billboard *n* (US) ‖ ⁓**zug** *m* (Masch) / first draw, first drawing, cupping *n*, initial draw

**anschleudern** *v* (Wäsche) / prespin *v*

**anschließen** *v* / attach *v* ‖ ⁓ (Masch) / connect *v*, join *v* ‖ **kompatibel** ⁓ (EDV, Eltech) / interface *v*

**anschließend•e Aufgabe** (EDV) / attacking task ‖ **~e Wärmebehandlung** (Schw) / postheating* *n*

**Anschliff** *m* (einseitig angeschliffene und polierte Fläche bei undurchsichtigen Stoffen) (HuT) / polished face*

**Anschluß** *m* (EDV) / port *n* ‖ ⁓ (Eltech) / terminal *n* (connexion)* ‖ ⁓ (Eltech) / connexion *n* (GB), joining *n* ‖ ⁓ (eines Bauteils) (Eltronik) / lead-out *n* ‖ ⁓ (Fernm) / access *n* ‖ ⁓ (Verzweigung) (HuT) / junction* *n* ‖ ⁓ (Masch) / junction *n* ‖ **biegsamer** ⁓ (Eltech) / flexible connexion ‖ **flexibler** ⁓ (Eltech) / flexible connexion ‖ **fliegender** ⁓ (provisorische Leitung) (Eltech) / jumper* *n* ‖ **getriebeseitiger** ⁓ (der Gelenkwelle) (Kfz) / gearbox interface ‖ **integrierter digitaler** ⁓ (Fernm) / integrated digital access, IDA ‖ **paralleler** ⁓ (EDV) / parallel port ‖ **provisorischer** ⁓ (Fernm) / lash-up* *n*, hook-up* *n* ‖ **radseitiger** ⁓ (der Gelenkwelle) (Kfz) / wheel interface ‖ **serieller** ⁓ (EDV) / serial

55

**Anschluß**

port ‖ ~ *m* **für gedruckte Schaltungen** (Eltronik) / printed-circuit tag ‖ ~ **je Anschlußleitung** (Fernsp) / terminal per line ‖ ~ **je Sprechstelle** (Fernsp) / terminal per station ‖ ~**art** *f* (Eltech) / type of connection, connecting mode ‖ ~**auftrag** *m* (F.Org) / follow-up order ‖ ~**bahn** *f* (Eisenbahn des nichtöffentlichen Verkehrs) (Bahn) / private siding ‖ ~**belegung** *f* (z.B. bei Mikroprozessoren) (EDV) / pin-out *n*, pin configuration, pin assignment, pin definition ‖ ~**bewehrungsstab** *m* (Bau, HuT) / starter bar ‖ ~**blatt** *n* (Nachbarblatt in der gleichen Abbildungseinheit) (Kart, Verm) / adjoining sheet, adjacent sheet ‖ ~**bolzen** *m* (der Zündkerze) (V-Mot) / terminal stud ‖ ~**brett** *n* (Eltronik) / terminal board ‖ ~**buchse** *f* (EDV, Eltech) / port* *n* ‖ ~**daten** *pl* (EDV) / port data ‖ ~**dose** *f* (Eltech) / connection box*, connecting box* ‖ ~**eisen** *n* (Bau) / connecting-rod *n* ‖ ~**elektronik** *f* (EDV, Eltronik) / interface electronics ‖ ~**fähnchen** *n* (Eltech) / lug* *n*, soldering lug ‖ ~**fahne** *f* (Eltech) / terminal lug*, lug* *n*, connecting lug ‖ ~**faser** *f* (zwischen einem Bauelement und einer Übertragungsfaser) (Fernm) / pigtail *n* (a short length of optical fibre, permanently fixed to a component, used to couple power between it and transmission fibre) ‖ ~**feld** *n* (bei Halbleitern) (Eltronik) / bonding pad ‖ ~**fertig** *adj* (Eltech, Masch) / ready for connexion ‖ ~**fläche** *f* (des Leiterbildes) (Eltronik) / land *n*, pad *n*, solder pad, soldering pad, terminal pad ‖ ~**fläche** (DIN 40804) (Masch) / spot *n* ‖ ~**glatte** ~**fläche** (eines Flansches) (Masch) / plain straight face ‖ ~**flansch** *m* (Masch) / connecting flange ‖ ~**flug** *m* (Luftf) / connecting flight ‖ ~**frei** *adj* (eine Nachrichtenverbindung) (EDV, Fernm) / connexionless *adj* ‖ ~**gewinde** *n* (der Zündkerze) (V-Mot) / connection lead ‖ ~**gewinde für Gasflaschenventile** (Masch) / national gas outlet (US) ‖ ~**kanal** *m* (ISDN) (Fernm) / access channel ‖ ~**kapazität** *f* (Kollektor-Basis, Kollektor-Emitter, Emitter-Basis) (Eltronik) / interterminal capacity ‖ ~**kasten** *m* (Eltech) / junction box, J-box *n* ‖ ~**kasten** *m* (Eltech) s. auch Dose ‖ ~**kennung** *f* (gerufene Station - nach DIN 44302) (EDV) / called-line identification, CLI ‖ ~**kennung** *n* (rufende Station - nach DIN 44302) (EDV) / calling-line identification, CLI ‖ ~**kennung** (bei Fernschreibern) (Fernm) / terminal identification code ‖ ~**klasse** *f* (Fernm) / class of line ‖ ~**klemme** *f* (Eltech) / terminal *n* ‖ ~**klemme** (für Netzstrom) (Eltech) / supply terminal* ‖ ~**klemmleiste** *f* (Eltech) / terminal strip ‖ ~**kompatibel** *adj* (Eltronik) / pin-compatible *adj* ‖ ~**lasche** *f* (Eltech) / terminal lug*, lug* *n*, connecting lug ‖ ~**leistung** *f* (EDV) / load *n* ‖ ~**leitung** *f* (Fernsp) / subscriber's line*, local line, customer's loop (US) ‖ **bewegliche** ~**leitung** (Eltech) / pigtail* *n* ‖ **flexible** ~**leitung** (Eltech) / flylead *n* ‖ ~**litze** *f* (kurze) (Eltech) / pigtail* *n* ‖ ~**loch** *n* (in einem Bauteil) (Eltronik) / component hole ‖ ~**maße** *n pl* (Masch) / mating dimensions, fitting dimensions, companion dimensions, interrelated dimensions ‖ ~**modul** *m* (EDV) / access module, AM ‖ ~**mutter** *f* (der Zündkerze) (V-Mot) / terminal nut ‖ ~**nummer** *f* (Fernsp) / telephone number, subscriber's (telephone) number, call number, subscriber number ‖ **örtliche** ~**nummer** (Fernsp) / local number ‖ ~**orientiert** *adj* (eine Nachrichtenverbindung) (Fernm) / connexion-oriented *adj* ‖ ~**öse** *f* (Eltech) / terminal lug*, lug* *n*, connecting lug ‖ ~**pin** *m* (EDV, Eltronik, Fernm) / pin *n*, terminal pin ‖ ~**plan** *m* (Eltech) / terminal diagram ‖ ~**punkt** *m* (Eltronik) / wiring point* ‖ ~**punkt** (Verm) / turning-point* (TP) *n*, change point*, hub* *n* ‖ ~**querschnitt** *m* (Fernm) / cross-section for connexion ‖ ~**rohr** *n* (Klemp) / service pipe, supply pipe ‖ ~**rohr** (zwischen Lüftungsleitung und Entsorgungsgegenstand) (Sanitär) / vent pipe* (VP) ‖ ~**säule** *f* (Kfz) / electric hook-up point ‖ **konzentrierte** ~**schaltung** (EDV) / pooled termination ‖ ~**schnur** *f* (Eltech) / power cord ‖ ~**schnur** (flexible) (Eltech) / flexible cord*, flex *n*, lamp cord (US), electric cord, flexible conductor, flex cord ‖ ~**schraube** *f* (Eltech) / clamping screw, terminal screw, binding screw ‖ ~**spannung** *f* (für Haushaltsbedarf) (Eltech) / household line voltage ‖ ~**stab** *m* (Bau) / connecting-rod *n* ‖ ~**stecker** *m* (Eltech) / connector *n*, connector pin ‖ ~**stelle** *f* (Bahn) / junction point ‖ ~**stelle** (ein Verkehrsknoten in mehreren Ebenen, der die Verbindung einer kreuzungsfrei geführten Straße mit dem übrigen Straßennetz herstellt - z.B. Kleeblatt) (HuT, Kfz) / interchange *n*, access point ‖ ~**stelle** (am Gerät beim Dreipunktanbau) (Landw) / link point ‖ ~**stelle** (Masch) / junction *n* ‖ ~**stift** *m* (Eltech) / pin* *n*, contact tag, connector pin ‖ ~**stift** (für Wickel- und Crimptechnik) (Eltronik) / termination post ‖ ~**stiftmatrix** *f* (Eltronik) / pin grid array (PGA) ‖ ~**straße** *f* (HuT, Kfz) / feeder road, accommodation road, feeder *n* ‖ ~**strecke** *f* (Bahn) / connecting line ‖ ~**streifen** *m* (z.B. Kehlblech) (Klemp) / flashing* *n*, flashing strip ‖ ~**stück** *n* (Masch) / fitting *n* ‖ ~**stutzen** *m* (ein Rohrstutzen mit Außengewinde) (Masch) / pipe nipple ‖ **lötfreie** ~**technik** (**IDC**) (Eltronik) / insulation displacement connexion (IDC) ‖ ~**temperatur** *f* (Eltronik) / terminal temperature ‖ ~**weiche** *f* (Bahn) / junction points ‖ ~**wert(e)** *m* (*pl*) (Eltech) / power rating ‖ ~**wert** *m* (Eltech) / connected load*

**Anschmelzen** *n* (Anfang des Schmelzvorgangs) / incipient melting ‖ ~ (meistens von Zinnschutzschichten) (Galv) / flow brightening

**Anschmiermaschine** *f* (Anleimmaschine) / gluing machine
**anschmutzbar** *adj* (Tex) / soilable *adj*
**Anschmutzbarkeit** *f* (Tex) / soilability *n*, soiling property
**anschmutzen** *v* (Tex) / soil *v*
**Anschmutzung** *f* (Tex) / soil *n*, soiling *n*
**Anschmutzverhalten** *n* (eine Eigenschaft der Textilien) (Tex) / soiling behaviour
**anschnallen, sich** ~ (Kfz) / put on one's seat-belt, belt up *v*, buckle up *v*
**Anschnallgurt** *m* (Luftf) / safety-belt *n*, seat-belt *n*
**anschneiden** *v* / cut *v* (into, first slice), make the first cut ‖ ~ (Gieß) / gate *v*
**Anschnitt** *m* (Gieß) / gate* *n* ‖ ~ (der Reibahle) (Masch) / lead *n* (li:d), starting taper (US) ‖ ~ (Plast) / sprue* *n* ‖ **gerichteter** ~ (Gieß) / ingate* *n* ‖ **im** ~ **dunkles Rindfleisch** (Nahr) / dark cutting beef ‖ ~ *m* **für steigendes Gießen** (Gieß) / bottom gate* ‖ ~**steuerung** *f* (Eltronik) / phase control, phase-angle control ‖ ~**-Technik** *f* (Gieß) / gating *n*
**anschnüren** *v* (Web) / tie *v*
**Anschnürung** *f* (Web) / tying *n*
**anschrauben** *v* (Masch) / bolt on *v*, screw on *v* ‖ ~ *n* (Masch) / bolting *n*
**anschuhen** *v* (Pfahl, Mast) (HuT) / shoe *v*
**anschütten** *v* (HuT) / backfill *v*, back *v*
**Anschüttung** *f* (eine im Erdbau durch Aufbringen neuer Erdmassen gebildete Geländeerhöhung) (Bau, HuT) / made ground*, fill *n* ‖ ~ (HuT) / filling *n*
**Anschwänzapparat** *m* (Brau) / sparger *n*
**anschwänzen** *v* (Brau) / sparge *v* ‖ ~ *n* (Brau) / sparging* *n*
**Anschwänzvorrichtung** *f* (Brau) / sparger *n*
**Anschweiß•mutter** *f* (Masch) / welding nut, weld nut ‖ ~**teile** *n pl* (Masch, Schw) / weld attachments
**anschwellen** *vi* / swell *vi* ‖ ~ **lassen** / swell *vt* ‖ ~ *n* (des Drucks) / surge *n* ‖ ~ (unter Einfluß von Wasser bzw. einer anderen Flüssigkeit) / swelling *n* ‖ ~ (des Wassers) (Wasserb) / rising *n*
**anschwemmen** *v* (an einem Ufer) (Ozean) / wash *v* (ashore)
**Anschwemm•filter** *n* (Filterapparat, bei dem auf ein grobporiges Filtermittel vor der Filtration durch einen Anschwemmprozeß ein Poren verfeinerndes Filterhilfsmittel aufgebracht wird) (Chem) / precoat filter ‖ ~**filtration** *f* (Chem) / precoating *n* ‖ ~**löten** *n* (Masch) / flood soldering ‖ ~**schicht** *f* (angeschwemmtes Filterhilfsmittel) (Chem) / precoat *n*
**Anschwemmung** *f* (Feststoffansammlung in Gewässern) (Geol) / aggradation *n*, accretion *n*, alluviation *n*
**Anschwing•bedingung** *f* (Phys) / lasing condition ‖ ~**strom** *m* (eines Oszillators) (Eltech) / starting current, pre-oscillation current
**Anschwitzen** *n* (Chem Verf, Leder) / sweating *n*
**anschwöden** *v* (mit Schwödebrei) (Leder) / flood *vt* ‖ ~ *n* (mit Schwödebrei) (Leder) / flooding *n*
**ansengen** *v* / scorch *v*
**ansenken** *v* (eine Nebenfläche senken, die eine Bohrung umgibt) (Masch) / chamfer *v*
**ansetzen** *v* (Bad) / start *v* (the bath), prepare *v* ‖ ~ (beim Bohren) (Bergb) / spud *v*, spud in *v*, collar *v* ‖ ~ (z.B. eine Lösung) (Chem) / prepare *v* ‖ ~ (Früchte) (Landw) / set *vt* ‖ ~ (Flotte) (Tex) / prepare *v* ‖ **Kesselstein** ~ (Masch) / fur *v* ‖ ~ *n* (beim Bohren) (Bergb) / spudding *n*
**Ansetzstation** *f* (Rauchgasentschwefelung) (Chem Verf) / mixing tank
**Ansicht** *f* (nicht frontal) / view *n* ‖ ~ (vom Norden) (Arch, Bau) / Dünnfilmelevation *n* (north ~) ‖ ~ (Bau) / scenograph *n* ‖ ~ **in natürlichem Maßstab** / full-scale view ‖ ~ **von oben** / plan view, horizontal projection, plan *n*, top view ‖ ~ **von unten** / bottom view ‖ ~**funktion** *f* (EDV) / preview function
**Ansichts•exemplar** *n* (für Buchhändler) (Druck) / sale or return ‖ **ausgearbeitete** ~**fläche** (eines Steins) (Bau) / sunk face* (SF) ‖ ~**seite** *f* (einer Bauplatte, eines Paneels) (Bau) / face *n* ‖ ~**seite** (des Mauerwerks) (Bau) / fair face ‖ ~**seitenkarton** *m* (bei Gipskartonplatten) (Bau) / face paper ‖ ~**zeichnung** *f* (Bau) / scenograph *n*
**ANSI•-Cobol** *n* (von ANSI normierte Sprachmenge aus COBOL) (EDV) / ANSI-Cobol (American National Standards Institute Common Business Oriented Language) ‖ **eingebetteter** ~**-Kode** (EDV) / embedded ANSI code
**anspinnen** *v* (in der Anfangsphase) (Spinn) / start spinning ‖ ~ (den Spinnvorgang vorbereiten und einleiten) (Spinn) / piece *v*, piece up *v* ‖ ~ *n* (Vorbereiten und Einleiten des Spinnvorganges nach Partie- oder Vorgarnwechsel auf einer Spinnmaschinenseite) (Spinn) / piecing *n*, piecing-up *n*
**Anspinner** *m* (Spinn) / piecer *n*
**anspitzen** *v* (Masch) / point *v* ‖ ~ *n* (Masch) / pointing *n* ‖ ~ **mit Hämmermaschinen** (Hütt) / swaging *n*, rotary swaging
**Ansprache** *f* (kennzeichnende Beschreibung) (Bergb, Geol) / identification *n*
**Anspreche•dauer** *f* (Akus) / reaction duration, reaction time ‖ ~**dauer** (einer Schmelzsicherung) (Eltech) / melting time (of a fuse) ‖ ~**dauer**

(Eltronik) / operation time ‖ ~**dauer** (bei Bremsen) (Kfz) / initial delay time, brake-system-application time, brake-system-activation time, reaction time, initial response time ‖ ~**druck** m (bei Armaturen) (Masch) / response pressure, start-to-leak pressure ‖ ~**empfindlichkeit** f / sensitivity* n, responsivity n, responsiveness n, response sensibility ‖ ~**empfindlichkeit** (Akus) / response n ‖ ~**empfindlichkeit des Mikrofons** (Akus) / microphone response*
**ansprechen** v (auf) / respond v (to), react v (to) ‖ ~ (Eltech) / respond v, pick up v, pull up v ‖ ~ n (Relais) (Eltech) / response n, pick-up n, pull-up n ‖ ~ (eines Ableiters) (Eltech) / sparkover n ‖ ~ (Relais) (Fernsp) / make* n ‖ ~ (Film, TV) / voice test ‖ **verzögertes** ~ (Eltech) / delayed action*
**ansprechendes Design** / appealing design, pleasing design
**Ansprech•geschwindigkeit** f (Akus) / attack rate ‖ ~**geschwindigkeit** (Relais) (Eltech) / response speed, responding speed, speed of response ‖ ~**schwelle** f (DIN 1319, T 2) (Instr) / response threshold ‖ ~**spannung** f (Eltech) / response voltage, pick-up voltage ‖ ~**strom** m (Stromwert, bei dem und über dem das Gerät anspricht) (Eltech) / just-operating current ‖ ~**strom** (bei Relais) (Eltech) / operate current, pick-up current ‖ ~**strom** (bei der Sicherung) (Eltech) / minimum blowing current*, fusing current ‖ ~**verzögerung** f (Eltech) / operate delay ‖ ~**wahrscheinlichkeit** f (eines Strahlungsmeßgerätes) (Kernphys) / counter efficiency*, efficiency n ‖ ~**wert** m (bei Relais) (Eltech) / must-operate value, relay must-operate value, responding value, pick-up value ‖ ~**wert** (DIN 1319, T 2) (Instr) / threshold value ‖ ~**zeit** f (Zeitspanne, die vergeht, bis die Wiederholfunktion einer Tastatur einsetzt) (EDV) / pick time ‖ ~**zeit** (bei Relais) (Eltech) / response time ‖ ~**zeit** (eine Komponente der Schaltzeit) (Eltronik) / operation time
**ansprengen** v (Masch, Opt) / wring v, wring together v ‖ ~ n (Aneinanderhaften optischer Flächen durch Adhäsion) (Masch, Opt) / wringing* n, optical contacting
**anspringen** vt (eine Routine) (EDV) / activate v (a routine) ‖ ~ v (V-Mot) / start up vi, kick over vi
**Anspring•temperatur** f (bei einem katalytischen Prozeß) (Chem Verf) / kick-off temperature ‖ ~**verhalten** n (beim Katalysator) (Kfz) / light-off performance ‖ ~**verhalten** (des Katalysators) (Kfz) / light-off performance, light-off characteristics
**Anspritzeffekt** m (erhöhte Lederstellen dunkler zurichten als die tiefliegenden) (Leder) / spray effect
**Anspritzkanal** m (Plast) / runner n
**Anspruch** m (aus Patent, aus Schaden) / claim n
**Anspruchsklasse** f (in der Qualitätskontrolle) / grade n
**Anstaubverfahren** n (Druck) / dragon's blood process
**anstauchen** v (Nietköpfe) (Masch) / head v ‖ ~ n (örtliches Stauchen an den Enden von Werkstücken) (Hütt, Masch) / upsetting n ‖ ~ (Kopf) (Hütt, Masch) / heading n
**Anstauchpinsel** m (ein Vergolderpinsel zum behutsamen Festdrücken des Blattgolds) / gilder's mop*
**anstechen** v / stick vt, prick v ‖ ~ (ein Bierfaß) / tap v, broach v ‖ ~ v (Holz vor der Tränkung) (For) / incise v ‖ ~ (Web) / reed v
**Ansteckbrett** n (für Flachpaletten) / deck extension board
**anstecken** v / pin v
**ansteckend** adj (Med) / infectious adj, contagious adj, catching adj ‖ ~ (Med) / virulent adj ‖ **~e Krankheit** (Med) / infectious disease, contagion n
**Ansteck•mikrofon** n (Krawatte) (Akus) / tie clip microphone, tie clip mike ‖ ~**mikrofon** (Revers) (Akus) / lapel microphone ‖ ~**teil** n (Gieß) / loose piece*
**Ansteckung** f (Med) / infection* n, contagion n
**Ansteckungs•stoff** m (Med) / contagium n (pl. -gia) ‖ ~**verteilung** f (Stats) / Pólya distribution
**anstehen** v (Geol) / outcrop v, crop out v, crop up n, come up to the grass ‖ ~ n (Geol) / outcrop* n, outcropping n, crop* n, cropout n
**anstehend** adj (Med) / solid adj ‖ **~e Ader** (Bergb) / apex* n (pl. apexes or apices) ‖ **~es Erz** / ore in place, ore in site, ore in-situ ‖ **~es Holz** (For) / standing timber, stumpage n ‖ **~e Kohle** (durch einen Schrämrahmen unterschnitten) (Bergb) / buttock* n ‖ **~e Kohle** (im festen Gebirgsverband) (Bergb) / unworked coal, maiden coal ‖ **~e Kohle** (in der Abbaustrecke) (Bergb) / rib n, ribside n ‖ **~e Unterbrechung** (EDV) / pending interrupt
**Anstehendes** n (Gestein, das in seinem natürlichen Verband leicht zugänglich ist) (Bergb, Geol) / bedrock* n, outcrop* n, rock-head n, solid n
**ansteigen** v (Gelände) / rise v, slope v ‖ ~ (zunehmen) / rise v ‖ ~ / climb v ‖ ~ (Akus) / rise n, increase n (in)
**ansteigend•er Bogen** (bei dem die Kämpfer verschieden hoch liegen) (Arch, HuT) / rising arch*, rampant arch* ‖ **~e Flanke** (Eltronik, Fernm) / positive slope, positive-going slope, upward slope ‖ **~er Hang** (Geol) / acclivity n ‖ **~er Teil** (eines Peaks) (Chem) / rise region

**Anstell•bewegung** f (zwischen Werkzeugschneide und Werkstück - DIN 6580) (Masch) / tool-approach motion, initial setting motion ‖ ~**bottich** m (Brau) / starting tank, pitching vessel, starting tub
**Anstelleiter** f / single ladder
**anstellen** v / turn on v, put on v, power on v ‖ ~ (Arbeiter) / take on v, hire v ‖ ~ (Hefe) (Brau) / pitch v ‖ ~ (Druck) (Druck) / throw on v ‖ ~ (Walzen) (Hütt) / screw down v ‖ ~ n (Brau) / pitching n
**Anstell•hefe** f (zur Einleitung der Gärung) (Brau) / pitching yeast ‖ ~**mechanismus** m (für Walzen) (Hütt) / screw-down mechanism
**Anstellung** f (Verstellen der Walzöffnung durch Anstellvorrichtungen) (Hütt) / screw-down n, roll adjustment
**Anstell•winkel** m (des Heckspoilers) (Kfz) / attack angle, angle of attack ‖ ~**winkel** (Winkel zwischen der Flügelprofilsehne und der Anblasrichtung) (Luftf) / angle of attack*, AOA ‖ ~**winkel** (der Rotorblätter) (Luftf) / pitch angle ‖ **kritischer** ~**winkel** (Luftf) / angle of stall*, stalling angle, stall angle ‖ ~**würze** f (Brau) / original wort
**Anstett-Probe** f (zur Prüfung der Sulfatbeständigkeit des Zementes) (HuT) / Anstett test
**Ansteuerung** f (von Senderstufen) (Radio) / drive* n
**Ansteuerungszeit** f (beim Einschalten des Thyristors) (Eltronik) / gate-controlled rise time
**Anstich** m (beim Walzen) (Hütt) / initial pass, leading pass ‖ ~**querschnitt** m (Hütt) / leading pass section
**Anstieg** m / rise n, increase n (in) ‖ ~ (bei der Sägezahnform eines Impulses) (Eltronik) / ramp n ‖ ~ (des Grundwasserspiegels) (Wasserb) / uplift n
**Anstiegs•flanke** f (eines Signals nach DIN 40146, T 3) (Eltronik, Fernm) / positive slope, positive-going slope, upward slope ‖ ~**funktion** f (eine Zeitfunktion) (EDV, Math, Regeln) / ramp function ‖ ~**geschwindigkeit** f (Eltronik) / slew rate, slewing rate ‖ ~**zeit** f (die Zeit, die erforderlich ist, um einen Stromkreis von einem Zustand in den anderen zu schalten) (Eltronik) / build-up time*, rise time* n ‖ ~**zeit** (beim Impuls nach DIN 40146, T3) (Eltronik) / rise time*, build-up time*
**Anstirnen** n (Masch) / spotfacing n
**Anstoß•atom** n (Kernphys) / knock-on atom, knocked-on atom ‖ ~**elektronen** n pl (Kernphys) / knock-on electrons*
**anstoßen** v (an) / abut v (on/against), adjoin v (something), border v (on) ‖ ~ (z.B. Programm) (EDV) / initiate v ‖ ~ (Rad bei der Federung) (Kfz) / impact v ‖ ~ (Zahnkopfkanten) (Masch) / foul v, clash v ‖ ~ (von Zahnkopfkanten) (Masch) / clashing n, fouling* n
**anstoßend** adj / adjacent adj, conterminous adj, coterminous adj, adjoining adj, neighbouring adj, contiguous adj
**Anstoßnaht** f (Tex) / rentering seam
**Anstrahler** m (Licht) / floodlight projector*, floodlight* n, flood* n
**Anstrahlung** f (Licht) / floodlighting* n
**anstreichbar** adj (Anstr) / paintable adj
**anstreichen** v (Anstr, Bau) / paint v ‖ ~ (Buchb) / paste v ‖ ~ n (Anstr, Bau) / painting n
**Anstreicher** m (Anstr) / painter n, decorator n
**anstreichfähig** adj (Anstr) / paintable adj
**Anstrengungsverhältnis** n **nach Bach** (eine Festigkeitshypothese) (Mech, WP) / Bach's correction factor
**Anstrich** m (Tätigkeit) (Anstr) / application n, painting n, coating* n ‖ ~ (DIN 55945) (Anstr) / coating n, coat n (of paint) ‖ **alter** ~ (Anstr) / old coating, old paint ‖ **fleckiger** ~ **mit der Leimfarbe** (Anstr) / gathering n ‖ ~ m **mit metallischem Pulver als Pigment** (Anstr) / metallic paint ‖ ~**algizid** n (Algizid bzw. Algistatikum, die in Anstrichmitteln homogen verteilt werden, damit daraus hergestellte Anstriche dauerhaft gegen Bewuchs durch Algen geschützt sind) (Anstr) / paintfilm algicide ‖ ~**aufbau** m (Vorgang) (Anstr) / sequence of coats, coating system ‖ ~**bezinkung** f (mit zinkstaubhaltigen Beschichtungsstoffen) (Anstr) / zinc-dust paint coating, painting-galvanizing n, zinc-rich paint coating ‖ ~**bindemittel** n (Anstr) / medium* n (pl. media or mediums), vehicle* n
**Anstrichfarbe** f (ein pigmentierter Anstrichstoff) (Anstr) / paint* n ‖ ~, **die mutwillige Beschädigungen** (des Objekts) **erschweren soll** (Anstr) / anticlimb scheme* (to deter vandals) ‖ **fungizide** ~ (Anstr) / fungicidal paint*, paint-film fungicide ‖ **gegen Pilzbefall beständige** ~ (Anstr) / fungicidal paint*, paint-film fungicide ‖ **temperaturanzeigende** ~ (Anstr) / thermo-indicator paint, temperature-indicating paint
**Anstrich•film** m (Anstr) / paint film, coating film ‖ ~**fungizid** n (Anstr) / fungicidal paint*, paint-film fungicide ‖ ~**haftung** f (Anstr) / paint adhesion, coating adhesion ‖ ~**mittel** n (Anstr) / paint ‖ **seewasserfestes** ~**mittel** (Anstr) / marine paint, marine coating*, marine varnish ‖ **wäßriges** ~**mittel** (Anstr) / water-thinned paint, water-base paint ‖ ~**mittelbecken** n (beim Fluten) (Anstr) / sump n ‖ ~**mittelindustrie** f (Anstr) / varnish industry ‖ **rauhe** ~**oberfläche** (Fehler beim Farbspritzen) (Anstr) / sandy finish ‖ ~**roboter** m (Anstr) / painting robot ‖ ~**schaden** m (Anstr) / paint defect, coating defect, paint-film defect ‖ ~**schicht** f (Anstr) / coating n, coat n (of paint) ‖

**Anstrichschicht**

**äußere** (oberste) ~**schicht** (des Anstrichsystems) (Anstr) / outer paintwork, top paintwork

**Anstrichstoff** *m* (ein flüssiger bis pastenförmiger Beschichtungsstoff, der vorwiegend durch Streichen, Rollen oder Spritzen aufgetragen wird - DIN 55945) (Anstr) / paint* *n* ‖ **alkalibeständiger** ~ (Anstr) / alkali-resisting paint* ‖ **flammschützender** ~ (Anstr) / fire-retardant paint, fire-retardant coating, fire-resisting finish ‖ **hitzebeständiger** ~ (z.B. für Heizkörperanstriche) (Anstr) / heat-resisting paint* ‖ **irreversibler** ~ (filmbildendes Anstrichmittel, das nach der Trocknung in ihrem Lösemittel nicht mehr wieder löslich ist) (Anstr) / irreversible coating (compound) ‖ **kondensationsmindernder** ~ (Anstr) / anticondensation paint ‖ **metallpigmentierter** ~ (Anstr) / metallic paint ‖ **molybdänhaltiger schwarzer** ~ (für Zink und Zinklegierungen) (Anstr) / moly-black *n* ‖ **organischer** ~ (der vornehmlich aus Kohlenstoff, Wasserstoff und Sauerstoff besteht und Bindemittelcharakter hat) (Anstr) / organic coating ‖ **plastischer** ~ (Anstr) / plastic paint*, texture paint ‖ **schaumschichtbildender** ~ (Anstr) / intumescent paint* ‖ **tropffreier** ~ (Anstr) / non-drip paint ‖ **wasserbeständiger** ~ (Anstr) / surface waterproofer ‖ ~ **mit anorganischem Bindemittel** *m* (Anstr) / inorganic coating ‖ ~ **zum Spritzen** (Anstr) / spraying paint ‖ ~**behälter** *m* (wannenförmiger) (Anstr) / paint tray ‖ ~**verarbeitungstechnologie** *f* (Anstr) / painting technology, coating(s) technology

**Anstrich•system** *n* (fertig aufgebauter Anstrich) (Anstr) / coating system, paint system, paintwork *n* ‖ ~**technik** *f* (Anstr) / painting technology, coating(s) technology ‖ ~**technologie** *f* (Anstr) / painting technology, coating(s) technology ‖ ~**untergrund** *m* (Anstr) / ground *n* (a surface to which paint is to be applied) ‖ ~**verzinkung** *f* (Herstellung von Anstrichschichten mit einem überwiegenden Anteil an Zinkpigmenten) (Anstr) / zinc-dust paint coating, painting-galvanizing *n*, zinc-rich paint coating

**Anström•geschwindigkeit** *f* (Relativgeschwindigkeit zwischen der Luft und dem umströmten Körper in der Anströmrichtung) (Luftf) / relative wind ‖ ~**geschwindigkeit** (Wasserb) / velocity of approach, approach velocity ‖ ~**-Machzahl** *f* (Luftf, Raumf) / free-stream Mach number ‖ ~**richtung** *f* (Luftf) / relative wind ‖ ~**winkel** *m* (Luftf) / angle of attack*, AOA

**Ansturm** *m* / rush *n*

**Antacidum** *n* (pl. -acida) (Magensäure bindendes Arzneimittel) (Pharm) / antacid* *n*

**Antagonismus** *m* (Biochem, Pharm) / antagonism* *n*

**Antagonist** *m* (pl. -sten) (Stoff, der die Wirkung eines anderen aufhebt) (Biochem, Pharm) / antagonist* *n*

**antagonistisch** *adj* (Biochem, Pharm) / antagonistic *adj*

**antailliert** *adj* (Tex) / semi-fitted *adj*

**Antapex** *m* (pl. -apizes) **der Sonnenbewegung** (Astr) / solar antapex*, antapex* *n* (pl. -es or -apices)

**antarafacial** *adj* (Prozeß - bei sigmatroper Wanderung eines H-Atoms) (Chem) / antarafacial *adj*

**antarktisch** *adj* (Geog) / antarctic *adj* ‖ ~**es Ozonloch** (Geophys, Umwelt) / Antarctic ozone hole

**Antazidum** *n* (pl. -azida) (Mittel gegen Übersäuerung) (Pharm) / antacid* *n*

**Ante** *f* (bei griechischen Tempeln) (Arch) / anta *n* (pl. -ae)

**anteigen** *v* / paste *v*, paste up *v*

**Anteil** *m* (jemandem zustehender Teil) / share *n* ‖ ~ (z.B. am Gewinn) / cut *n* (a share of profits) ‖ ~ (Portion) / portion *n* ‖ ~ (Chem) / moiety *n* ‖ **erzwungener** ~ (z.B. eines Signals) (Fernm) / forced component ‖ **nichtflüchtiger** ~ (Anstr) / non-volatile matter, solids content ‖ **prozentualer** ~ / percentage *n* ‖ ~ *m* **an Oberschwingungen** (Funktion, die durch Beseitigung der Grundfrequenz aus einem nichtsinusförmigen Vorgang entsteht) (Phys) / harmonic content ‖ ~ **des nutzbaren Metalls im Fördererz** (Erz : Nichterz) (Bergb, Hütt) / value *n* ‖ ~ **des sichtbaren Lichts an der Gesamtstrahlung** (Licht) / luminosity factor* ‖ ~ *m* **fehlerhafter Einheiten** (DIN 55 350, T 31) (Stats) / nonconforming fraction

**Anteklise** *f* (weiträumige Aufwölbung in Tafelgebieten) (Geol) / anteclise *n*

**Antempern** *n* **der Häfen** (Glas) / pot arching

**Antenne** *f* (Teil der Antennenanlage) (Radio) / antenna *n* (US) (pl. antennas), aerial* (AE) *n* (GB) ‖ ~ (mit Endbelastung) (Radio) / loaded antenna ‖ **abgeschirmte** ~ (Radio) / screened antenna ‖ **abgestimmte** ~ (Radio) / periodic antenna*, tuned antenna*, resonant antenna ‖ **aktive** ~ (Radio) / active aerial, primary radiator, active antenna, exciter *n* ‖ **auf** ~ **kommen** (Radio) / go on the air ‖ **aufblasbare** ~ (Raumf) / inflatable antenna ‖ **belastete** ~ (Radio) / loaded antenna* ‖ **dachbelastete** ~ (Radio) / top capacitor antenna, tail-cap antenna, top-loaded vertical antenna ‖ ~, **die nicht aus der Kontur heraustritt** (z.B. bei Luftfahrzeugen) (Fernm, Luftf, Radio) / conformal antenna ‖ **dielektrische** ~ (Fernm, Radio) / dielectric antenna* ‖ **eingefahrene** ~ (Radio) / drawn-in antenna ‖ **eingegrabene** ~ (Fernm) / buried antenna, earth antenna, ground antenna (US) ‖ **elektronische** ~ (Kfz) / electronic antenna (AM/FM) ‖ **entdrallte** ~ (Fernm, Raumf) / despun antenna* ‖ **fußpunktbelastete** ~ (meist vertikale Halbdipolantenne mit in Serie geschalteter Induktanz am Fußpunkt, womit die effektive Antennenhöhe vergrößert wird) (Radio) / base-loaded antenna ‖ **gespeiste** ~ (Radio) / active aerial, primary radiator, active antenna, exciter *n* ‖ **gestockte** ~ (Radio) / stacked antenna ‖ **horizontale** ~ (Radio) / horizontal antenna* ‖ **kapazitiv beschwerte** ~ (Radio) / top capacitor antenna, tail-cap antenna, top-loaded vertical antenna ‖ **künstliche** ~ (die strahlungsfreie elektrische Nachbildung einer Antenne durch einen Ersatzwiderstand, dessen Wert dem Wellenwiderstand der Antenne an ihrem Eingang entspricht) (Radio) / artificial antenna, dummy antenna ‖ **künstliche** ~ (Radio) / artificial antenna*, dummy antenna*, phantom antenna* ‖ **logarithmische** ~ (Radio) / logarithmic antenna ‖ **logarithmisch-periodische** ~ (Radio) / log-periodic antenna, LP antenna ‖ **mehrfach abgestimmte** ~ (Radio) / multiple-tuned antenna* ‖ **nutierende** ~ (Radar) / nutating antenna ‖ **oberwellenerregte** ~ (Radio) / harmonic antenna* ‖ **passive** ~ (Radio) / parasitic antenna*, passive antenna, secondary radiator, parasitic aerial ‖ **phasengesteuerte** ~ (Radar) / phased array*, phased-array antenna ‖ **retrodirektive** ~ (Radio) / van Atta array ‖ **schwundmindernde** ~ (eine Sendeantenne) (Radio) / antifading antenna*, fade-reducing antenna ‖ **spannungsgespeiste** ~ (Fernm) / voltage-fed antenna* ‖ **superdirektive** ~ (Fernm) / spot-beam antenna ‖ **symmetrische** ~ (z.B. mittengespeister Dipol) (Radio) / symmetrical antenna ‖ **unabgestimmte** ~ (Radio) / aperiodic antenna*, non-resonant antenna*, untuned antenna*, broadband antenna ‖ **unbelastete** ~ (Radio) / unloaded antenna* ‖ **versenkte** ~ (Luftf, Radio) / flushed antenna, suppressed antenna, flush antenna, flush-mounted antenna ‖ **verstellbare** ~ (Radio) / steerable antenna*, steerable-beam antenna ‖ **vertikale** ~ (mit vertikalem Strahler) (Radio) / vertical antenna, Marconi antenna* ‖ **vertikale** ~ (Radio) / **von einer superdirektiven** ~ **bestrahlte Fläche** (Fernm) / footprint *n* (US) ‖ **zylindrische** ~ (Radio) / cylindrical antenna ‖ ~ *f* **für störungsfreien Empfang** (Radio) / mush killer ‖ ~ **mit Dachkapazität** (meist vertikale Halbdipolantenne mit zusätzlichem Metallkörper an der Spitze, womit die effektive Antennenhöhe vergrößert wird) (Radio) / top capacitor antenna, tail-cap antenna, top-loaded vertical antenna ‖ ~ **mit fortschreitender Welle** (Radio) / travelling-wave antenna*, TW antenna* ‖ ~ **mit Mittelpunktspeisung** (Radio) / apex-driven antenna ‖ ~ **mit schwenkbarer Charakteristik** (Radio) / steerable antenna*, steerable-beam antenna ‖ ~ **mit schwenkbarer Strahlungsrichtung** (Radio) / steerable antenna*, steerable-beam antenna

**Antennen•ableitung** *f* (Radio) / antenna downlead ‖ ~**abstandsfehler** *m* (Radar) / spacing error ‖ ~**abstimmhäuschen** *n* (Radio) / dog-house *n* ‖ ~**anlage** *f* (Antenne + Antennenzuleitung + Antennenträger + Erdungsanlage) (Radio) / aerial system ‖ ~**anordnung** *f* (Radio) / antenna array, aerial array, array antenna ‖ ~**anordnung für Rundumstrahlung** (Luftf, Radar) / clearance antenna array ‖ ~**array** *n* (Radio) / antenna array, array antenna ‖ ~**bau** *n* (Eltech, Radio) / antenna construction ‖ ~**charakteristik** *f* (Radio) / radiation pattern, antenna pattern ‖ ~**effekt** *m* (meist unerwünscht) (Radio) / antenna effect ‖ ~**eigenschwingung** *f* (Radio) / natural frequency of antenna* ‖ ~**einführung** *f* (Radio) / lead-in *n*, antenna lead-in ‖ ~**element** *n* (Radio) / antenna element ‖ ~**feld** *n* (Radio) / antenna field ‖ ~**fußpunkt** *m* (Radio) / antenna base ‖ ~**gewinn** *m* (im Sendefall, im Empfangsfall) (Radio) / gain* *n*, antenna gain*, power gain ‖ ~**gruppe** *f* (Radio) / antenna array, aerial array, array antenna ‖ **effektive** ~**höhe** (Radio) / effective antenna height* ‖ ~**impedanz** *f* (Radio) / antenna impedance* ‖ ~**kabel** *n* (Radio) / antenna cable ‖ **symmetrisches** ~**kabel** (Radio) / twin-lead cable ‖ ~**kombination** *f* (Radio) / antenna array, aerial array, array antenna ‖ **fadingmindernde** ~**kombination** (voneinander getrennte Einzelantennen) (Radio) / spaced antennas, spaced antennae* ‖ ~**kombination** *f* **mit vertikal angeordneten Einzelantennen** (Radio) / stacked array*, tiered array ‖ ~**komplex** *m* (Chem) / antenna complex ‖ ~**kreis** *m* (Radio) / antenna circuit ‖ ~**länge** *f* (Radio) / antenna length ‖ ~**leistung** *f* (Radio) / antenna power ‖ ~**leistungsaufnahme** *f* (Radio) / power handling (capacity) ‖ ~**mast** *m* (Radio) / antenna mast ‖ **selbstschwingender** ~**mast** (Radio) / mast antenna ‖ ~**niederführung** *f* (Radio) / antenna downlead* ‖ ~**plattform** *f* (des Fernmeldeturms) (Fernm) / antenna gallery, antenna platform ‖ ~**polarisation** *f* (relative Lage des von einer Antenne abgestrahlten oder aufgenommenen elektromagnetischen Feldes zur Erdoberfläche) (Radio) / antenna polarization, aerial polarization ‖ ~**positioner** *m* (Radio, TV) / antenna positioner ‖ ~**rauschen** *n* (Rauschen des Antennenwirkwiderstandes und des aufgenommenen galaktischen Rauschens) (Radio) / antenna noise, antenna pick-up ‖ ~**referenzachse** *f* (Radio) / reference boresight (a direction established as a reference for the alignment of an antenna) ‖ ~**reflektor** *m* (ein parasitäres Antennenelement) (Radio) / antenna

reflector ‖ ~**rotor** *m* (zum Einstellen einer UKW- oder Fernsehantenne in die Empfangsrichtung) (Radio) / antenna rotator, antenna rotor ‖ ~**schacht** *m* (Radio) / antenna trunk ‖ ~**scheinwiderstand** *m* (Radio) / antenna impedance* ‖ ~**spannung** *f* (Radio) / antenna voltage ‖ ~**speisekabel** *n* (Radio) / antenna feeder*, feeder* *n* ‖ ~**speiseleitung** *f* (Radio) / antenna feeder*, feeder* *n* ‖ ~**stab** *m* (Kfz) / antenna mast, antenna rod ‖ ~**synthese** *f* (interferometrisches Verfahren der Radioastronomie zur genaueren Positionsbestimmung und Beobachtung der Detailstruktur von kosmischen Radioquellen) (Astr) / aperture synthesis* ‖ ~**system** *n* (Radio) / antenna array, aerial array, array antenna ‖ ~**temperatur** *f* (Radio) / antenna temperature ‖ ~**träger** *m* (jene Teile der Antennenanlage, die zum Befestigen der Antenne errichtet sind) / antenna support ‖ ~**tragwerk** *n* (DIN 4131) (Radio) / radio-tower *n*, antenna tower ‖ ~**turm** *m* (Radio) / radio-tower *n*, antenna tower ‖ ~**umschalter** *m* (Radio) / antenna changeover switch ‖ ~**verkürzung** *f* (Radio) / antenna shortening, aerial shortening ‖ ~**verkürzungskondensator** *m* (Radio) / antenna-shortening capacitor* ‖ ~**verstärker** *m* (in Gemeinschaftsantennenanlagen) (Radio) / antenna amplifier ‖ ~**verteiler** *m* (Radio) / antenna diplexer, aerial two-way splitter ‖ ~**wand** *f* **mit ebenem Reflektor** (Radio) / billboard antenna (array) ‖ ~**weiche** *f* (Trennfilter an der Antenne) (Radio) / antenna diplexer, aerial two-way splitter ‖ ~**wirkungsgrad** *m* (Fernm) / radiation efficiency ‖ ~**wirkwiderstand** *m* (Radio) / antenna resistance* ‖ ~**zuleitung** *f* (Radio) / antenna feeder*, feeder* *n*
**Anteportikus** (pl. - oder -ken) (der frühchristlichen Basilika) (Arch) / anteport *n*
**Antezedens** *n* (pl. -enzien) / antecedent* *n*
**antezedens** *adj* (Geol) / antecedent *adj* ‖ ~**er Fluß** (Geol) / antecedent stream ‖ ~**es Tal** (Geol) / antecedent valley
**Antezedenz** *f* (Geol) / antecedence *n*
**Anthelmintikum** *n* (pl. -tika) (Pharm) / anthelmintic* *n*
**Anthere** *f* (Bot) / anthere *n*
**Anthidrotikum** *n* (pl. -tika) (Pharm) / antiperspirant *n*
**Antho•cyan** *n* (blauer und roter glykosidischer Pflanzenfarbstoff) (Bot, Chem) / anthocyanin* *n*, anthocyan *n* ‖ ~**cyanidin** *n* (Chem) / anthocyanidin *n* ‖ ~**phyllit** *n* (ein orthorhombischer Amphibol) (Min) / anthophyllite* *n* ‖ ~**zyan** *n* (blauer und roter glykosidischer Pflanzenfarbstoff) (Bot, Chem) / anthocyanin* *n*, anthocyan *n* ‖ ~**zyanidin** *n* (Aglykon der Anthozyane) (Chem) / anthocyanidin *n*
**Anthracen** *n* (Chem) / anthracene* *n*
**anthrachinoider Farbstoff** (Tex) / anthraquinone-type dyestuff
**Anthrachinon** *n* (9,10-Anthracendion) (Chem) / anthraquinone* *n* ‖ ~**farbstoff** *m* (ein sehr lichtechter synthetischer Farbstoff) (Chem, Druck) / anthraquinone dye, anthraquinone dyestuff
**Anthracyclin** *n* (z.B. Doxorubicin oder Daunomycin) (Pharm) / anthracycline *n*
**Anthraflavin** *n* (Chem) / anthraflavine* *n*
**Anthraknose** *f* (Sammelbezeichnung für bestimmte Pflanzenkrankheiten) (Bot) / anthracnose* *n*
**Anthrakose** *f* (eine Staubinhalationskrankheit) (Bergb, Med) / anthracosis* *n* (pl. -coses), blacklung *n*, coal-miners' lung
**Anthrakosilikose** *f* (Bergb, Med) / anthracosilicosis *n* (pl. -silicoses)
**Anthranil** *n* (Chem) / anthranil* *n*
**Anthranilat** *n* (Chem) / anthranilate *n*
**Anthranilsäure** *f* (eine Aminobenzoesäure) (Chem) / anthranilic acid* ‖ ~**azodimethylanilin** *n* (Chem) / methyl red ‖ ~**methylester** *m* (in vielen Blütenölen) (Chem) / methyl anthranilate (artificial neroli oil)
**Anthrapurpurin** *n* (1,2,7-Trihydroxy-9,10-anthrachinon) (Chem) / anthrapurpurin *n*, isopurpurin *n*
**Anthrax** *m* (Med) / anthrax* *n*
**Anthraxylon** *n* (glänzende Bestandteile der Kohle) (Geol) / anthraxylon* *n*
**Anthrazen** *n* (Chem) / anthracene* *n* ‖ ~**öl** *n* (der höchstsiedende Anteil des Steinkohlenteers) (Chem) / anthracene oil* ‖ **filtriertes** ~**öl** (Chem) / green oil
**anthrazit** *adj* / charcoal-grey *adj*, anthracite *attr* ‖ ~ *m* (Handelsbezeichnung für hochwertige, gasarme Steinkohle im allgemeinen) (Bergb) / anthracite coal, anthracite* *n*, kilkenny coal, stone coal, hard coal ‖ ~ (mit 7-14% flüchtigen Bestandteilen) (Bergb) / semianthracite *n*, dry steam coal ‖ ~ (mit 2% flüchtigen Bestandteilen) (Bergb) / metaanthracite *n* (US) ‖ ~ (mit höherem Anteil von flüchtigen Bestandteilen) (Bergb) / semianthracite *n* (US) ‖ ~**farben** *adj* / charcoal-grey *adj*, anthracite *attr* ‖ ~**fein** *n* (Bergb) / anthracite duff, anthracite dust ‖ ~**feinkohle** *f* (4,8 bis 7,9 mm) (Bergb) / culm *n*, rice coal
**Anthrazitierung** *f* (Umwandlung in Anthrazit) (Geol) / anthracitization *n*
**anthrazitisch** *adj* (Geol) / anthracitic *adj*
**Anthrazitkohle** *f* (Bergb) / anthracite coal, anthracite* *n*, kilkenny coal, stone coal, hard coal ‖ ~ (Bergb) / metaanthracite *n* (US) ‖ ~ (mit 8 bis 14% flüchtigen Bestandteilen) (Bergb) / semianthracite *n* (US) ‖ ~ (Bergb) s. auch Eßkohle und Magerkohle
**Anthron** *n* (Chem) / anthrone *n*
**anthropisches kosmologisches Prinzip** (nach Brandon Carter, geb. 1942) (Astr) / anthropic cosmological principle
**anthropogen** *adj* (vom Menschen beeinflußt oder hergestellt) / anthropogenic* *adj* ‖ ~**er Boden** (der über das in der Landwirtschaft übliche Maß der Bodenbearbeitung hinaus vom Menschen umgestaltet wurde) (Landw, Umwelt) / anthrosol* ‖ ~ **verursachtes Erdbeben** (Geol) / man-made earthquake
**Anthropo•geografie** *f* (die Geografie des Menschen und der Gesellschaft in ihren Beziehungen zum geografischen Raum) (Geog) / human geography ‖ ~**geologie** *f* (die sich mit der Prognose der durch menschliche Tätigkeit ausgelösten Prozesse und Veränderungen geologischer Art befaßt) (Geol) / anthropogeology *n* ‖ ~**morph** *adj* (Bezeichnung in der Kybernetik - z.B. "Befehl", "Nachricht", "Rückmeldung") (Informatik) / anthropomorph* *adj*, anthropomorphic *adj* ‖ ~**technik** *f* (Zweig der Industrieanthropologie) (Med) / human engineering, human-factors engineering
**Anti•abgleitleisten** *f pl* (bei den Crashtests) (Kfz) / antislide device ‖ ~**ablaufmittel** *n* (Anstr) / antisagging agent ‖ ~**absetzmittel** *n* (Anstr) / antisettling agent ‖ ~**adhäsiv** *adj* / abherent *adj* ‖ ~**-Aids-Handschuhe** *m pl* / anti-AIDS gloves ‖ ~**-Aliasing** *n* (Ersetzen der Treppenlinie durch eine durchgehende Linie mit Hilfe von Mischfarben und überhaupt bei runden Grafikelementen) (EDV) / antialiasing *n* ‖ ~**-Aliasing** *n* (zur Verhinderung des Alias-Effektes) (Eltronik) / antialiasing* *n* ‖ ~**allergikum** *n* (Pl. -gika) (Pharm) / anti-allergic agent ‖ ~**alternative** *f* (EDV) / NOR operation, rejection *n*, dagger operation, nondisjunction *n*, Peirce function *n* ‖ ~**apex** *m* (pl. -apixes) **der Sonnenbewegung** (der entgegengesetzte Punkt zu Apex) (Astr) / solar antapex*, antapex* *n* (pl. -es or -apices)
**Antiaris** *n* (For) / antiaris *n*
**anti•aromatisch** *adj* (Chem) / anti-aromatic *adj* ‖ ~**aromatizität** *f* (Chem) / anti-aromaticity *n*, anti-Hückel system, Möbius system, Möbius aromaticity ‖ ~**arrhythmikum** *n* (Pl.-mika) (Pharm) / anti-arhythmic agent ‖ ~**asthmatikum** *n* (pl -tika) (Pharm) / anti-asthmatic drug ‖ ~**atom** *n* (ein Atom, das aus lauter Antiteilchen zusammengesetzt ist) (Kernphys) / anti-atom *n* ‖ ~**ausschwimmittel** *n* (DIN 55945) (Anstr) / antiflooding agent, antifloating agent ‖ ~**backmittel** *n* (das das Zusammenbacken von Stoffen verhindern soll) (Pharm) / anticaking agent ‖ ~**backmittel** (für Schüttgüter) / anticaking agent ‖ ~**bakteriell** *adj* (Pharm) / antibacterial ‖ ~**bakterielles Spektrum** (Gruppe experimentell ermittelter Testkeime, gegen die ein Antibiotikum wirksam ist) (Pharm) / antibacterial spectrum ‖ ~**baryon** *n* (Kernphys) / antibaryon* *n* ‖ ~**beschlagmittel** *n* (Opt) / antifogging compound, antifogging agent ‖ ~**bindend** *adj* (Kernphys) / antibonding *adj* ‖ ~**bindendes Orbital** ($\pi$- oder $\sigma$-Orbital) (Kernphys) / antibonding orbital*
**Antibiose** *f* (Biol) / antibiosis* *n* (pl. antibioses)
**Antibiotika** *n pl* (Pharm) / antibiotics* *pl*
**antibiotisch** *adj* (Pharm) / antibiotic *adj* ‖ ~**e Heilmittel** (Pharm) / antibiotics* *pl*
**Anti•blockiereinrichtung** *f* (Kfz) / anti-blocking device, skid-control system, anti-lock(ing) device, anti-skid (brake) system, ABS brake* ‖ ~**blockiervorrichtung** *f* (für Bremsen) (Kfz) / anti-blocking device, skid-control system, anti-lock(ing) device, anti-skid (brake) system, ABS brake* ‖ ~**blockingmittel** *n* (bei Folien und Papieren) / antiblocking agent ‖ ~**blockmittel** *n* (bei Folien und Papieren) / antiblocking agent ‖ ~**cakingmittel** *n* / anticaking agent ‖ ~**chlor** *n* (zur Chlorentfernung nach der Chlorbleiche, z.B. Natriumthiosulfat) (Tex) / antichlor *n* ‖ ~**cholinerg** *adj* (Pharm) / anticholinergic *adj* ‖ ~**circularchromatografie** *f* (Chem) / anticircular chromatography ‖ ~**codon** *n* (Biochem) / anticodon *n* ‖ ~**darstellung** *f* (Math) / antirepresentation *n* ‖ ~**depressivum** *n* (Pharm) / antidepressant *n* ‖ ~**deuteron** *n* (ein Antiteilchen) (Kernphys) / antideuteron *n* ‖ ~**diabetisch** *adj* (Pharm) / antidiabetic *adj* ‖ ~**diazotat** *n* (Chem) / antidiazo compound* ‖ ~**diuretin** *n* (Physiol) / vasopressin* *n*, antidiuretic hormone, ADH ‖ ~**diuretisches Hormon** (Physiol) / vasopressin* *n*, antidiuretic hormone, ADH ‖ ~**dive** *m* (Bremsnickausgleich durch Radaufhängung gegen Tauchen der Vorderachse beim Bremsen) (Kfz) / antidive *n* ‖ ~**dot** *n* (pl. -dote) (Pharm) / antidote *n* ‖ ~**doton** *n* (pl. -dota) (Pharm) / antidote *n* ‖ ~**dotum** *n* (pl. -dota) (Pharm) / antidote *n* ‖ ~**dröhnbehandlung** *f* (Anstr, Masch) / antidrumming treatment ‖ ~**dröhnmasse** *f* (Anstr, Masch) / antinoise compound, antidrumming compound, antinoise paint, antidrum compound ‖ ~**enzym** *n* (Biochem) / antienzyme *n*, enzyme inhibitor *n* ‖ ~**erosionsnetz** *n* (Geol, Landw) / anti-erosion net ‖ ~**fading-Antenne** *f* (Radio) / antifading antenna*, fade-reducing antenna ‖ ~**febriles Mittel** (Pharm) / febrifuge* *n*, antipyretic* *n* ‖ ~**febrile** *n* (Pharm) / febrifuge* *n*, antipyretic* *n* ‖ ~**febrilium** *n* (pl. -ien) (Pharm) /

**Antifebrin**

febrifuge* n, antipyretic* n ‖ ⁓**febrin** n (Pharm) / acetanilide n, antifebrin n ‖ ⁓**ferment** n (Biochem) / antienzyme n, enzyme inhibitor ‖ ⁓**ferroelektrikum** n (pl. -rika) (z.B. Bleizirkonat) (Eltech, Phys) / antiferroelectric material, antiferroelectric n ‖ ⁓**ferromagnetikum** n (pl. -tika) (Eltech, Phys) / antiferromagnetic material, antiferromagnetic n ‖ ⁓**ferromagnetisch** adj (Phys) / antiferromagnetic adj ‖ ⁓**ferromagnetische Domäne** (Phys) / antiferromagnetic domain ‖ ⁓**ferromagnetische Resonanz** (Phys) / antiferromagnetic resonance ‖ ⁓**ferromagnetismus** m (Phys) / antiferromagnetism n ‖ ⁓**fertilitätspräparat** n (Pharm) / antifertility agent, ovulation inhibitor, anovulant n, contraceptive n ‖ ⁓**fibrinolytikum** n (pl. -lytika) (fibrinolysehemmendes Mittel (z.B. Tranexamsäure)) (Pharm) / antifibrinolytic agent ‖ ⁓**filzausrüstung** f (Tex) / antifelt finish ‖ ⁓**flammausrüstung** f (Tex) / flame-retardant finish, flame-retardant treatment ‖ ⁓**form** f (Geol) / antiform n (a fold which closes upward) ‖ ⁓**formant** m (pl. -ten) (Akus) / antiformant n ‖ ⁓**foulant** m (Anstr) / antifoulant n ‖ ⁓**fouling** n (gifthaltige anwuchsverhindernde Unterwasseranstrichfarbe) (Anstr) / antifouling composition*, antifouling paint*, antifouling n ‖ ⁓**foulinganstrichmittel** n (gifthaltige anwuchsverhindernde Unterwasseranstrichfarbe) (Anstr) / antifouling composition*, antifouling paint*, antifouling n ‖ ⁓**foulingfarbe** f (gifthaltige anwuchsverhindernde Unterwasseranstrichfarbe) (Anstr) / antifouling composition*, antifouling paint*, antifouling n ‖ ⁓**foulingwirkstoff** m (Anstr) / antifoulant n ‖ ⁓**fraßstoff** m (Landw) / antifeedant n, antifeeding compound ‖ ⁓**g-Anzug** m (Luft- und Raumfahrtanzug) (Luftf, Raumf) / anti-g suit*, g-suit* n ‖ ⁓**g-Anzug** (mit Wasserfüllung) (Luftf, Raumf) / water suit n ‖ ⁓**gefrierprotein** n (Biochem, Zool) / antifreeze protein, antifreeze glycoprotein

**antigene Determinante** (an der Oberfläche eines Antigens) (Biochem) / epitope n, antigenic determinant

**Antigen** n (Antisomatogen) (Biochem, Med) / antigen* n ‖ autologes ⁓ (Biochem, Med) / autoantigen n ‖ **löslicher** ⁓**-Antikörper-Komplex** (Biochem) / soluble complex* ‖ ⁓**-Antikörper-Reaktion** f (Biochem) / antigen-antibody reaction ‖ ⁓**determinante** f (Biochem) / epitope n, antigenic determinant

**Antigenität** f (Voraussetzung für eine Immunantwort) (Biochem, Med) / antigenicity n

**Antigorit** m (Min) / antigorite* n, baltimorite n, picrolite n

**Anti‧graffiti-Anstrichfarbe** f (gegen die Wandschmierereien) (Anstr, Bau) / antigraffiti n ‖ ⁓**gravitation** f (Phys) / anti-gravity n ‖ ⁓**haft-** / anti-adhesive adj, non-stick attr, antistick attr ‖ ⁓**haftbeschichtet** adj / anti-adhesive adj, non-stick attr, antistick attr ‖ ⁓**haftmittel** n (bei Folien und Papieren) / antiblocking agent ‖ ⁓**hämophil** adj (Med) / antihaemophilic adj, antihemophilic adj (US) ‖ ⁓**hautmittel** n (bei oxidativ trocknenden Lacken und Druckfarben) (Anstr) / antiskinning agent, ASKA ‖ ⁓**hidrotikum** n (pl. -tika) (Pharm) / antiperspirant n ‖ ⁓**histamin** n (z.B. Alimemazin, Antazolin, Bamipin usw.) (Biochem, Pharm) / antihistamine* n ‖ ⁓**histaminikum** n (pl. -nika) (Biochem, Pharm) / antihistamine* n ‖ ⁓**hormon** n (Biochem, Biol) / antihormone* n ‖ ⁓**hyperon** n (Kernphys) / antihyperon n ‖ ⁓**hypertensivum** n (pl. -tensiva) (Pharm) / hypotensor n, antihypertensive agent ‖ ⁓**hypertonikum** n (pl. -tonika) (Pharm) / hypotensor n, antihypertensive agent ‖ ⁓**icing** n (Kfz) / anti-icing agent, anti-icing additive ‖ ⁓**icing-Mittel** n (Kfz) / anti-icing agent, anti-icing additive ‖ ⁓**infektiös** adj (Med, Pharm) / anti-infective adj ‖ ⁓**infektiöses Vitamin** (Vitamin A) (Pharm) / anti-infective vitamin

**Antiker Purpur** / Tyrian purple

**Anti‧katalysator** m (Chem) / anticatalyst n, negative catalyst, stabilizer* n ‖ ⁓**katalyse** f (pl. anticatalyses) / anticatalysis n (pl. anticatalyses), negative catalysis* ‖ ⁓**katode** f (der Röntgenröhre) (Eltronik) / anticathode* n, target* n, target electrode

**Antikeffekt** m (Leder) / antique effect

**antikisieren** v (Möbel) (Tischl) / distress v (with simulated marks of age and wear)

**Antikisierung** f (der Teppiche) (Tex) / American carpet wash

**Anti‧kleb-** / anti-adhesive adj, non-stick attr, antistick attr ‖ ⁓**kleber** m (adhäsionshemmender Stoff) / anti-adhesive n, non-stick agent, anti-stick agent, anti-tack agent

**antiklinale Konformation** (Chem) / anticlinal conformation

**Antiklinale** f (Geol) / anticline* n, saddle n, col n, upfold n ‖ **offene** ⁓ (Geol) / nose n

**Antiklinal‧falle** f (Geol) / anticlinal trap ‖ ⁓**kern** m (Geol) / core of anticline ‖ ⁓**tal** n (Geol) / anticlinal valley

**Anti‧kline** f (Geol) / anticline* n, saddle n, col n, upfold n ‖ ⁓**klinorium** n (pl. Antiklinorien) (Geol) / anticlinorium n (pl. -noria) ‖ ⁓**klopfmittel** n (Kftst) / antiknock substance*, antiknock n, antiknock additive, antidetonant n, fuel inhibitor, knock suppressor ‖ ⁓**koagulans** n (pl. Antikoagulanzien) (Med) / anticoagulant* n ‖ ⁓**koagulationsmittel** n (Med) / anticoagulant* n ‖ ⁓**kodon** n (Biochem) / anticodon n ‖ ⁓**koinzidenz** f (EDV, Fernm, Kernphys) / anticoincidence n ‖ ⁓**koinzidenz** s. auch ausschließendes ODER ‖ ⁓**koinzidenzschaltung** f (EDV, Fernm, Kernphys) / anticoincidence circuit* ‖ ⁓**koinzidenzzähler** m (Kernphys) / anticoincidence counter* ‖ ⁓**kommutativ** adj (Math) / anticommutative adj ‖ ⁓**kommutator** m (in der Quantentheorie) (Phys) / anticommutator n ‖ ⁓**körper** m (Biochem, Physiol) / antibody* n, immune body*, Ab ‖ **katalytischer** ⁓**körper** (Biochem, Physiol) / abzyme n, catalytic antibody ‖ **gentechnisch hergestellter** ⁓**körper** (Gen) / engineered antibody ‖ **natürlicher** ⁓**körper** (Med) / natural antibody* ‖ ⁓**korrosionsadditiv** n (Zusatz, der die Korrosion an geschmierten metallischen Oberflächen verhindert, verzögert oder begrenzt) (Galv) / anticorrosion additive ‖ ⁓**krackmittel** n (Erdöl) / anticracking agent ‖ ⁓**lärm** m (Akus) / antinoise n ‖ ⁓**lepton** n (Kernphys) / antilepton* n ‖ ⁓**logarithmus** m (Math) / antilogarithm* n, antilog n ‖ ⁓**log-Verstärker** m (analoge Rechenschaltung mit nichtlinearer, antilogarithmischer Übertragungskennlinie) (Eltronik) / antilog amplifier ‖ ⁓**magnetischer Stahl** (Hütt) / non-magnetic steel*, antimagnetic steel ‖ ⁓**malariamittel** n (Pharm) / antimalarial n, antipaludian n ‖ ⁓**-Markownikoff-Addition** f (Chem) / anti-Markownikoff addition n ‖ ⁓**materie** f (die ausschließlich aus Antiteilchen besteht) (Kernphys) / antimatter n ‖ ⁓**materie-Treibstoff** m (Raumf) / antimatter fuel

**Antimer** n (Chem) / enantiomer n, optical isomer, antimer n, optical antipode

**Anti‧metabolit** m (pl. -en) (Med, Pharm) / antimetabolite* n ‖ ⁓**metrisch** adj (Math) / antisymmetric adj, antisymmetrical adj ‖ ⁓**metrische Matrix** (Math) / skew-symmetric matrix, antisymmetric matrix ‖ ⁓**metrischer Tensor** (Math) / alternating tensor n ‖ ⁓**mikrobiell** adj (Bakteriol) / microbicide adj, microbicidal adj, antimicrobial adj ‖ ⁓**mikrobielle Ausrüstung** (Tex) / antimicrobial finish ‖ ⁓**mikrobieller Wirkstoff** / microbicide n ‖ ⁓**mitotikum** n (pl. -totika) (Zyt) / mitotic poison, antimitotic n, antimitotic agent, mitosis inhibitor ‖ ⁓**modalwert** m (Math) / antimode n ‖ ⁓**modus** m (wenigst dichter Wert) (Math) / antimode n

**Antimon** (Sb) n (Chem) / antimony* n ‖ ⁓**(III)-** (Chem) / stibious* adj, antimonious adj, antimonous adj ‖ ⁓**(V)-** (Chem) / stibic* adj, antimonic* adj

**Antimonat‧(III)** n (Chem) / antimonite n ‖ ⁓**(V)** (Chem) / antimoniate* n, antimonate n

**Antimon‧blei** n (mit 0,5 - 13 Gew. % Antimon und manchmal mit Zinn) (Hütt) / antimonial lead*, hard lead*, regulus metal ‖ ⁓**blende** f (Antimon(III)-oxidsulfid) (Min) / kermesite* n, kermes mineral, purple blende, red antimony, kermes n, pyrostilbite* n ‖ ⁓**blüte** f (Min) / valentinite* n ‖ ⁓**butter** f (Chem) / antimony trichloride, antimony(III) chloride, butter of antimony ‖ ⁓**(III)-chlorid** n (Chem) / antimony trichloride, antimony(III) chloride, butter of antimony ‖ ⁓**(V)-chlorid** (Chem) / antimony(V) chloride, antimony pentachloride, antimony perchloride ‖ ⁓**erstarrungspunkt** m (Phys) / antimony point, freezing point of antimony ‖ ⁓**fahlerz** n (Min) / tetrahedrite* n, gray copper ore, stylotypite n ‖ ⁓**gelb** n (Künstlermal- und Zementfarbe) (Anstr, Glas, Keram) / Naples yellow, antimony yellow, Mérimée's yellow ‖ ⁓**glanz** m (Min) / stibnite* n, antimonite* n, antimony glance ‖ ⁓**grauschwarz** n (eine Modifikation des Antimontrisulfids) (Min) / antimony black* ‖ ⁓**halogenid** n (Verbindung des Antimons mit den Elementen der Halogengruppe) (Chem) / antimony halide

**Antimonialblei** n (mit 0,5 - 13 Gew. % Antimon und manchmal mit Zinn) (Hütt) / antimonial lead*, hard lead*, regulus metal

**Antimonid** n (Metallverbindung des Antimons) (Chem) / antimonide n, stibide n

**antimonige Säure** (Chem) / antimonous acid

**Antimonit** n (Salz der hypothetischen antimonigen Säure) (Chem) / antimonite n ‖ ⁓ m (wichtigstes Erz zur Gewinnung von Antimon) (Min) / stibnite* n, antimonite* n, antimony glance

**Antimon‧karmin** n (Chem) / antimony cinnabar, antimony vermilion ‖ ⁓**nickel** n (Min) / breithauptite* n ‖ ⁓**nickelglanz** m (Min) / ullmanite* n, nickel antimony glance* ‖ ⁓**nickelkies** m (Min) / ullmanite* n, nickel antimony glance* ‖ ⁓**(III)-oxid** n (Chem) / antimony trioxide, antimony(III) oxide ‖ ⁓**(V)-oxid** (Chem) / antimony pentoxide, antimony(V) oxide ‖ ⁓**(III)-oxidchlorid** (Chem) / antimonyl chloride ‖ ⁓**pentachlorid** n (Chem) / antimony(V) chloride, antimony pentachloride, antimony perchloride ‖ ⁓**pentasulfid** n (Chem) / antimony(V) sulphide, antimony pentasulphide, antimony persulphide ‖ ⁓**pentasulfid** (Chem) s. auch Goldschwefel ‖ ⁓**pentoxid** n (Chem) / antimony pentoxide, antimony(V) oxide ‖ ⁓**pigment** n (z.B. Antimonweiß, Antimonzinnober oder Neapelgelb) (Anstr) / antimony pigment ‖ ⁓**punkt** m (sekundärer Fixpunkt, der der Temperatur von 903,7 K entspricht) (Phys) / antimony point, freezing point of antimony ‖ ⁓**regulus** m (Hütt) / regulus of antimony* ‖ ⁓**silber** n (Silberantimonid) (Min) / dyscrasite* n ‖ ⁓**silberblende** f (Min) / pyrargyrite* n, dark-red silver ore* ‖ ⁓**(V)-sulfid** n (Chem) /

antimony(V) sulphide, antimony pentasulphide, antimony persulphide ‖ ⁓**(III)-sulfid** n (Chem) / antimony(III) sulphide, antimony trisulphide ‖ ⁓**trichlorid** n (Chem) / antimony trichloride, antimony(III) chloride, butter of antimony ‖ ⁓**trioxid** n (Chem) / antimony trioxide, antimony(III) oxide ‖ ⁓**trisulfid** n (Chem) / antimony(III) sulphide, antimony trisulphide ‖ ⁓**vergiftung** f (Med) / stibialism n ‖ ⁓**wasserstoff** m (Chem, Eltronik) / stibine* n, antimony hydride* ‖ ⁓**weiß** n (Antimon(III)-oxid - in Deutschland nicht mehr verwendet) / antimony white ‖ ⁓**zinnober** m (Antimonoxidsulfid - heute nicht mehr verwendet) (Anstr) / antimony cinnabar, antimony vermilion

**Anti•müon** n (Kernphys) / antimuon n, muon plus, positive muon ‖ ⁓**mykotikum** n (pl. -tika) (gegen Hautpilze) (Pharm) / antifungal agent, fungicide* n, antimycotic agent ‖ ⁓**myon** n (Positron) (Kernphys) / antimuon n, muon plus, positive muon ‖ ⁓**neutrino** n (Kernphys) / antineutrino* n ‖ ⁓**neutron** n (Kernphys) / antineutron* n ‖ ⁓**-Newton-Glas** n (das das Auftreten von Interferenzerscheinungen zwischen planen Flächen verhindert) (Glas) / anti-Newton glass

**Antinomie** f (logische, semantische) (Math) / antinomy n ‖ **Grellingsche** ⁓ (nach K. Grelling, 1886 - 1942) (KI, Math) / Grelling's paradox ‖ ⁓ f **des Lügners** (KI, Math) / liar paradox (e.g. "This statement is false"), Epimenides contradiction ‖ ⁓ **vom Lügner** (KI, Math) / liar paradox (e.g. "This statement is false"), Epimenides contradiction ‖ ⁓ **von Burali-Forti** (KI, Math) / Burali-Forti paradox

**Anti•nukleon** n (Kernphys) / antinucleon n ‖ ⁓**oxidans** n (pl. Antioxidanzien) (Chem) / antioxidant* n, oxidation inhibitor, antioxygen n ‖ ⁓**oxidationsadditiv** n (Kftst) / anti-oxidant additive, gum inhibitor ‖ ⁓**oxidationsmittel** n (Chem) / antioxidant* n, oxidation inhibitor, antioxygen n ‖ ⁓**oxygen** n (Chem) / antioxidant* n, oxidation inhibitor, antioxygen n ‖ ⁓**ozonans** n (pl. -tien) (Chem Verf, Plast) / antiozonant n ‖ ~**parallel** adj (Geraden) (Math) / antiparallel* adj ‖ ⁓**parallel geschaltete Thyristoren** (Eltronik) / back-to-back thyristors ‖ ⁓**parallele Kräfte** (Mech) / antiparallel forces ‖ ~**paralleler Spin** (Kernphys) / antiparallel spin ‖ ⁓**parallelschaltung** f (z.B. Wechselstromsteller mit zwei Thyristoren) (Eltech) / antiparallel connexion ‖ ⁓**partikel** f (Kernphys) / antiparticle* n ‖ ⁓**passate** m pl (Meteor) / antitrades* pl ‖ ⁓**pellagra-Vitamin** n (Nahr) / vitamin PP ‖ ~**periplanar** adj (Chem) / antiperiplanar adj ‖ ⁓**permeabilitätsvitamin** n (Rutin) (Biochem) / vitamin n P ‖ ⁓**perthit** m (Geol) / antiperthite* n ‖ ⁓**phase** f (Krist) / antiphase n ‖ ⁓**phasengrenze** f (Phasensprung zwischen zwei Domänen) (Krist) / antiphase boundary ‖ ⁓**phlogistikum** n (pl. -tika) (Pharm) / antiphlogistic n ‖ ⁓**picking-Ausrüstung** f (die die Herauslösung einzelner Fäden aus dem Gewebeverband verhindern soll) (Tex) / antipicking finish ‖ ⁓**pilling-Ausrüstung** f (um die Pillbildung zu verhindern) (Tex) / antipilling finish ‖ ⁓**pode** n (eines von zwei Isomeren, deren Moleküle sich wie Bild und Spiegelbild verhalten) (Chem) / antipode n ‖ **optischer** ⁓**pode** (Chem) / enantiomer n, optical isomer, antimer n, optical antipode n ‖ ⁓**podenpaar** n (auf einer Kugel) (Math, Verm) / antipodal points* (on a sphere) ‖ ⁓**podenpaar** (Math, Verm) s. auch Diametralpunkte ‖ ⁓**podenpunkte** m pl (Math, Verm) / antipodal points* (on a sphere) ‖ ~**polar** adj (Math) / antipolar adj ‖ ⁓**port** n (gekoppelter Transport von zwei verschiedenen Molekülen oder Ionen in Gegenrichtung durch eine Biomembran) (Chem, Phys) / antiport n

**antippen** v (Masch) / tap v

**Anti•preignition-Wirkstoff** m (Kfz) / deposit modifier ‖ ~**proportional** adj (Math) / inversely proportional ‖ ⁓**proportionalität** f (Math) / inverse proportionality ‖ ⁓**proton** n (ein Antiteilchen) (Kernphys) / negative proton*, antiproton* n ‖ ⁓**psoriaticum** n (pl.: -tika) (Pharm) / antipsoriatic drug ‖ ⁓**pumpeinrichtung** f (die das Wiedereinschalten verhindert) (Eltech) / anti-pumping device ‖ ⁓**pyretikum** n (Pharm) / febrifuge* n, antipyretic* n ‖ ~**pyretisch** adj (Pharm) / antipyretic adj

**Antiqua** f (DIN 16518) (Typog) / roman* n, rom., roman type, antiqua* n ‖ **klassizistische** ⁓ (z.B. Bodoni, Didot oder Walbaum) (Typog) / modern face* ‖ **kursive** ⁓ (Typog) / sloped roman*

**Antiquark** n (hypothetisches Teilchen im Quarkmodell) (Kernphys) / antiquark* n

**Antirad** n (Strahlungsschutzmittel) (Chem Verf, Plast) / antirad n

**Anti•radarbeschichtung** f (Radar) / antiradar coating ‖ **manövrierfähiges** ⁓**radarfahrzeug** (für die militärische Raumfahrt) (Mil) / manoeuvrable antiradar vehicle, MARV ‖ ⁓**radar-Flugkörper** m (Mil, Radar) / antiradar missile, ARM, antiradiation missile ‖ ⁓**radar-Schutzhülle** f (auf der Fronthaube) (Kfz) / stealth bra ‖ ⁓**rakete** f (zur Abwehr von ballistischen Flugkörpern) (Mil) / antiballistic missile, destructor n, ABM, interceptor-missile n ‖ ⁓**raketenrakete** f (Mil) / antiballistic missile, destructor n, ABM, interceptor-missile n ‖ ⁓**reflex-** / antiradiating adj ‖ ⁓**reflexbelag** m (Opt) / antireflection coating, blooming* n, bloom n, blooming coat ‖ ~**reflexiv** adj (Math) / antireflexive adj ‖ ⁓**resistant** m (Biochem, Med) / antiresistant n ‖ ⁓**resonanz** f (Eltech) / parallel resonance*, current resonance, antiresonance n, shunt resonance*, tunance* n, voltage resonance ‖ ⁓**rheumatikum** n (pl. -tika) (Pharm) / antirheumatic n ‖ ⁓**-Rolling-Mechanismus** m (um die Gleichlaufschwankungen bei starken Bewegungen zu unterdrücken) (Radio) / antirolling mechanism ‖ ⁓**rostadditiv** n (das das Rosten der Oberflächen von Eisenlegierungen verhindert, verzögert oder begrenzt) (Galv, Kftst) / rust-preventing additive, antirust additive ‖ ⁓**rutsch-** / non-skid adj, antiskid adj, antislip adj, non-slip adj, skid-proof adj, slip-free adj ‖ ⁓**rutschpaste** f (ein Druckhilfsmittel) (Druck) / antislip paste ‖ ⁓**satellit** m (Mil) / killer satellite, hunter satellite ‖ ⁓**scattering-Blende** f (Radiol) / Potter-Bucky grid*, Bucky diaphragm, antidiffusion grid ‖ ⁓**schall** m (für ausgewählte Lärmsituationen) (Akus) / antisound* n ‖ ⁓**schäumadditiv** n (das das Schäumen eines flüssigen Schmierstoffs verhindert oder verringert) / antifoam additive ‖ ⁓**schaummittel** n (Chem, Phys) / antifoaming agent, defoaming agent*, defoamer n ‖ ⁓**schaumöl** n (Aufber) / antifroth oil, antifoam oil, froth-preventing oil ‖ ⁓**schleiermittel** n (Foto) / antifogging agent ‖ ⁓**schlupfregelung** f (Kfz) / acceleration skid control, ASC, drive slip control, antispin regulation, ASR ‖ ⁓**schlupfzubehör** n (z.B. Schneeketten) (Kfz) / antislip devices n ‖ ⁓**schweißmittel** n (Pharm) / antiperspirant n ‖ ⁓**scorcher** m (bei der Kautschukvulkanisation) (Chem Verf) / retarder n, antiscorcher n, antiscorching agent ‖ ⁓**scoring-Additiv** n (Zusatz, der die Riefenbildung in den Reibflächen verhindert, verringert oder begrenzt) / antiscoring additive ‖ ⁓**sense-RNS** f (Biochem) / antisense RNA ‖ ⁓**sense-Sequenz** f (Biochem) / antisense sequence ‖ ⁓**septikum** n (pl. -tika) (Med) / antiseptic* n, antiseptic agent ‖ ⁓**septisch** adj (Wundinfektion verhindernd) (Med) / antiseptic* adj ‖ ~**septisches Mittel** (Med) / antiseptic* n, antiseptic agent ‖ ⁓**serum** n (pl -seren oder -sera) n (Med, Pharm) / antiserum (pl -rums or -ra) n, immune serum ‖ ⁓**skating-Einrichtung** f / antiskating device ‖ ⁓**skating-Kompensationseinrichtung** f / antiskating device ‖ ⁓**skating-Vorrichtung** f (des Tonarms) / antiskating device ‖ ⁓**smog-Schaltung** f (Kfz) / anti-smog circuit ‖ ⁓**snagging-Ausrüstung** f (die die Herauslösung einzelner Garnschlaufen aus dem Gewebeverband verhindern soll) (Tex) / anti-snag finish ‖ ⁓**soil-Mittel** n (Tex) / antisoil agent ‖ ⁓**soliton** n (das durch Spiegelung an der Mittelpunktsebene des Solitons entsteht) (Phys) / antisoliton n ‖ ⁓**spritzmittel** n (Nahr) / antispattering agent ‖ ⁓**-Squat** n (Anfahrnickausgleich) (Kfz) / antisquat n ‖ ⁓**statikflüssigkeit** f / antistatic fluid* ‖ ⁓**statikhülle** f (für Disketten) (EDV) / antistatic envelope ‖ ⁓**statikmittel** n / antistatic agent, antistat n, antistatic n, destaticizer n ‖ ⁓**statikspray** m / antistatic fluid* ‖ ⁓**statikum** n (pl. Antistatika) / antistatic agent, antistat n, antistatic n, destaticizer n ‖ ⁓**statisch** adj / antistatic adj ‖ ~**statische Ausrüstung** (Tex) / antistatic finish ‖ ~**statisches Armband** (Eltech) / antistatic wrist strap ‖ ~**statisches Mittel** / antistatic agent, antistat n, antistatic n, destaticizer n ‖ ⁓**-Stokes-Linien** f pl (Phys) / anti-Stokes lines* ‖ **kohärente** ⁓**stokes-Raman-Spektroskopie** (Spektr) / coherent anti-Stokes Raman spectroscopy, CARS ‖ ⁓**stokessche Linien** f pl (mit höherer Frequenz) (Phys) / anti-Stokes lines* ‖ ⁓**-Stokes-Streuung** f (Brillouin-Streuung, bei der das einfallende Phonon ein Phonon vernichtet) (Phys) / anti-Stokes scattering ‖ ⁓**streßmineral** n (das im Streßfeld unbeständig ist) (Min) / antistress mineral ‖ ⁓**symmetrie** f (Phys) / antisymmetry n

**antisymmetrisch** adj (Relation) (Math) / antisymmetric adj, identitive adj ‖ ~ (Math) / antisymmetric adj, antisymmetrical adj ‖ ~ (z.B. Wellenfunktion) (Phys) / antisymmetric* adj ‖ ~**e Funktion** (Math) / alternating function*, antisymmetric function* n ‖ ~**e Relation** (logische) / antisymmetric relation

**anti•symmetrischer Tensor** (Math) / alternating tensor ‖ ⁓**teilchen** n (Kernphys) / antiparticle* n ‖ ⁓**template-Substanz** f (gewebseigener und gewebsspezifischer Mitosehemmer von Proteinnatur) (Biol, Physiol) / chalone n ‖ ⁓**tensor** m (Math) / alternating tensor ‖ ~**thetisch** adj (Verwerfung) (Geol) / antithetic adj (fault) ‖ ⁓**thixotropie** f (DIN 1342, T 1) (Zunahme der Scherviskosität bei zunehmender Beanspruchung) (Phys) / rheopexy n, negative thixotropy, antithixotropy n

**antitone Funktion** (Math) / decreasing function

**Anti•toxin** n (spezifischer Antikörper des Blutserums) (Med) / antitoxin* n ‖ ⁓**transpirant** n (Pharm) / antiperspirant n ‖ ⁓**transpirationsmittel** n (Pharm) / antiperspirant n ‖ ⁓**-Treppenkurveneffekt** m (EDV) / antialiasing n ‖ ~**triptischer Wind** (bei dem der Luftdruckgradient nur durch die Reibungskraft kompensiert wird und die Coriolis-Kraft nicht zur Geltung kommt) (Meteor) / antitriptic wind ‖ ⁓**valenz** f (wenn von zwei Eingängen nur der eine oder nur der andere ein Signal führt - DIN 44300, T 5) (EDV, Regeln) / antivalence n, exclusive OR, anticoincidence n, non-equivalence n, EXOR, XOR ‖ ⁓**valenzglied** n (das ausschließendes ODER realisiert) (EDV, Regeln) / exclusive OR-gate,

**Antivenin**

difference gate, non-equivalence gate*, exjunction gate, non-equivalence element, except gate, exclusive OR-circuit, NOT-equivalence gate, symmetric difference gate, XOR gate* ||
≃**venin** n (Pharm) / antivenom n, antivenin n || ≃**verschleißadditiv** n (Erdöl) / friction-reducing additive, antiwear additive ||
≃**verschleißwirkstoff** m (Erdöl) / friction-reducing additive, antiwear additive || ~**virales Chemotherapeutikum** (Pharm) / antiviral agent ||
≃**virenexpertensystem** n (EDV) / antiviral expert system ||
≃**virenprogramm** n (EDV) / antiviral program || ≃**virus** n m (pl. -viren) (EDV) / antivirus n || ≃**vitamin** n (Antimetabolit eines Vitamins) (z.B. Avidin gegen Biotin usw.) (Biochem) / antivitamin n, vitagonist n || ≃**zellkern-Antikörper** m (Gen) / antinuclear antibody
**Antizipation** f / anticipation n
**antizipativ** adj (vorwegnehmend) / anticipative adj, anticipatory adj
**Anti•zirkularchromatografie** f (Chem) / anticircular chromatography ||
~**zyklonal** adj (Meteor) / anticyclonic adj || ≃**zyklone** f (ein Hochdruckgebiet) (Meteor) / anticyclone* n || ≃**zyklotron** n (Eltronik) / anticyclotron tube* || ≃**zym** n (Biochem) / antienzyme n, enzyme inhibitor
**Antlerit** m (Kupfer(II)-tetrahydroxidsulfat) (Min) / antlerite n
**Antoine-Gleichung** f (Konstante eines Stoffes) / Antoine equation
**Antonowsche Regel** (Phys) / Antonoff's rule*
**Antrag** m (auf Erteilung eines Patents) / request n (for granting a patent) || ≃ **auf Erteilung eines Europäischen Patents** / request for granting a European patent || ≃**steller** m / applicant n
**antreffen** v (Erdöl in einer Aufschlußbohrung) (Bergb, Erdöl) / strike v
**antreiben** v (Masch) / drive v || ~ (Masch) / propel v || ≃ n (Masch) / driving n
**antreibend** adj (Masch) / propelling adj, propellent adj || ~**es Glied** (Masch) / driving member, driving link
**Antrieb** m (der einem Körper zugeführte Impuls) (Masch, Mech) / drive* n, propulsion n || ≃ (Masch) s. auch Antriebsorgan und Antriebsstrang || **abhängiger** ≃ (Masch) / slave drive, follower drive || **chemischer** ≃ (Verbrennungsmotor oder Strahltriebwerk) (Chem, Masch) / chemical drive (propulsion) || **dieselelektrischer** ≃ / diesel-electric drive, oil-electric drive || **einseitiger** ≃ (Masch) / unilateral drive || **elektrischer** ≃ (Eltech) / electric drive || **elektrischer** ≃ (Masch, Raumf) / electric propulsion* || **elektromagnetischer** ≃ (Raumf) / plasma propulsion **elektrostatischer** ≃ (Raumf) / ion propulsion* || **fluidischer** ≃ (fluidic (hydraulic and/or pneumatic) power transmission || **getrennter** ≃ (Masch) / separate drive || **hydrostatischer** ≃ (Masch) / hydrostatic transmission, hydrostatic drive || **mit elektrischem** ≃ (Eltech) / electrically driven || **nuklearer** ≃ (Raumf) / nuclear propulsion* || **stufenloser** ≃ (Masch) / infinitely variable drive, steplessly variable drive || **turboelektrischer** ≃ (Eltech) / turbo-electric propulsion* || **verbrennungsmotorischer** ≃ (V-Mot) / internal-combustion power || ≃ **m der Treibachsen von einem einzigen Motor** (über Kuppelstangen) (Bahn, Eltech) / collective drive* || ≃ **der Vorderachse** (Kfz) / front-axle final drive
**Antriebs•abschnitt** m (ein Teil der Flugbahn eines ballistischen Körpers) (Luftf, Mil) / powered flight, propelled flight || ≃**achse** f (Masch) / driving axle*, drive axle, live axle || ≃**aggregat** n (Eltech, Masch) / powerplant n || ≃**aggregat** (Luftf) / propulsion system ||
≃**drehmoment** n (Mech) / driving torque || ≃**drehzahl** f (der ersten Welle eines Getriebes) (Masch) / input rpm || ≃**einflüsse** m pl (bei Fronttrieblern) (Kfz) / torque steer || ≃**flug** f (ein Teil der Flugbahn eines ballistischen Körpers) (Luftf, Mil) / powered flight, propelled flight || ≃**glied** n (Masch) / driving member, driving link ||
≃**höhe** f (bei Schraubenschlüsseln - DIN ISO 225) (Masch) / wrenching height || ≃**impuls** m **im Apogäum** (Raumf) / kick n, apogee kick || ≃**kegelrad** n (Masch) / crown wheel* || ≃**kette** f (Masch) / driving chain* || ≃**kraft** f (Kfz, Masch, Phys) / driving force, motive power, propulsive force || **höherer** ≃**kraftanteil** (an einer Achse) (Kfz) / bias n || ≃**kraftverteilung** f (Kfz) / power split || **schlupfabhängige** ≃**kraftverteilung** (Kfz) / slip-sensitive power split, variable power split || **asymmetrische** ≃**kraftverteilung** (Kfz) / asymmetric power split || ≃**lager** n (an der Riemenscheibe, z.B. beim Generator) (Kfz) / drive-end bearing || ≃**leistung** f (Eltech, Masch) / driving power, driving capacity || ≃**leistung des Motors** (Masch) / motor rating ||
≃**loch** n (einer Diskette) (EDV) / drive-spindle hole || ~**loser Abschnitt** (ein Teil der ballistischen Flugbahn eines ballistischen Flugkörpers) (Luftf, Mil, Raumf) / motorless flight || ~**loser Flug** (der Flugbahn eines ballistischen Flugkörpers) (Luftf, Mil, Raumf) / motorless flight ||
≃**magnet** m (Eltech) / drive magnet, driving magnet || ≃**maschine** f (im breitesten Sinne) (Masch) / prime mover*, engine n || ≃**maschine** (Eltech, Masch) / powerplant n || **mit einer** ≃**maschine ausrüsten** (Masch) / power v || ~**mindernd** adj (Raumf) / retrograde adj ||
≃**modul** n (bei Hybridantrieben) (Kfz) / drive module || ≃**moment** n (Masch, Mech) / driving torque, input torque || ≃**motor** m **für den Aufzug** (meist Drehstrom-Asynchronmotor) (Eltech) / lift motor*, hoisting motor* || ≃**nocken** m (Masch) / actuating cam || ≃**organ** n (Vorrichtung zur Kraftübertragung) (Masch) / drive element, driving

element || ≃**organ** (Masch) / driving gear*, propulsion gear || ≃**rad** n (Bahn) / driving wheel*, traction-wheel n || ≃**rad** (Kfz) / driving wheel* || ≃**reaktor** m (Masch, Nukl) / propulsion reactor* || ≃**riemen** m (Masch) / drive belt || ≃**rolle** f (des Gurtbandförderers) (Masch) / head roller || ≃**schlupf** m (zwischen Reifen und Fahrbahn) (Kfz) / drive slip, wheel slip, wheelspin n || ≃**schlupf** (beim Beschleunigen) (Kfz) / acceleration skid || ≃**schlupfregelung** f (Kfz) / acceleration skid control, ASC, drive slip control, antispin regulation, ASR || ≃**seite** f (Eltech) / back n || ≃**seite** (Masch) / driving side*, driving end ||
≃**spindel** f (Masch) / drive spindle || ≃**spindel** (Masch) / drive unit || ~**steigernd** adj (Raumf) / posigrade adj ||
≃**strang** m (zwischen dem Motor und den Antriebsrädern) (Kfz) / drivetrain n, power train, driveline n || ≃**system** n (Masch) / driving system, driveline system || ≃**technik** f (Masch) / motive power engineering || ≃**trommel** f (des Bandförderers) (Masch) / driving drum || ≃**trommel** (Masch) / head roller || ~**verstärkend** adj (Raumf) / posigrade adj || ≃**verteilung** f (Kfz) / power split || ≃**welle** f (im allgemeinen) (Masch) / drive shaft, driving shaft, engine shaft ||
≃**welle** (z.B. des Getriebes) (Masch) / input shaft, primary shaft ||
≃**wellenkegelrad** n (Kfz) / axle pinion || ≃**werkzeug** n (zum Betätigen von Steckschlüsseleinsätzen) (Werkz) / drive handle, drive tool ||
≃**zerren** n (in der Lenkung bei Fronttrieblern) (Kfz) / torque steer
**Antritts•pfosten** m (Bau) / newel* n, newel post (at the head or foot of a flight of stairs, supporting a handrail), rail post*, stair post || ≃**stufe** f (die erste Stufe einer Treppe) (Bau) / first step, bottom step, bottom-most step, starting step || **gebogene** ≃**stufe** (Bau) / commode step* || **abgerundete** ≃**stufe** (Bau) / curtail step*
**antrocknen** v / dry on v || ≃ n (Anstr) / flashing off, flash-off n || ~ (einen Anstrich):**v.** (Anstr) / flash off v
**Antrocknungszeit** f (Trocknungszeit bis zum klebfreien Film) (Anstr) / tack-free time
**Antwort** f / response n, reply n || **automatische** ≃ (eine bedienerlose Reaktion des Terminals) (EDV) / auto-answer n || ≃**ausfall** m (Stats) / non-response n || ≃**block** n (Puls-Code-Modulation) (Fernm) / response block || ≃**empfänger** m (Radar) / responsor n, responser* n ||
≃**fehler** m (Stats) / response error || ≃**frequenz** f (Fernm) / reply frequency || ≃**gerät** n (ein Sender) (Fernm) / responder* n ||
≃**impulsgenerator** m (Fernm) / reply pulse generator || ≃**klinke** f (Fernm) / subscriber's jack*, answering jack* || ≃**kodierung** f (Fernm) / reply coding || ≃**sender** m (Fernm) / responder* n || ≃**senderbake** f (Sekundärradar) (Luftf) / responder beacon || ≃**signal** n (DIN 40146, T 3) (EDV, Fernm) / response signal || ≃**verschlüsselung** f (Fernm) / reply coding || ≃**verweigerung** f (Stats) / non-response n || ≃**zeichen** n **für „Nummer besetzt"** (Fernm) / number-busy signal || ≃**zeit** f (DIN 44300) (EDV) / response time* || ≃**zeit** ( = 2x Signallaufzeit in der Satellitenkommunikation) (Fernm) / round-trip delay
**Anvulkanisation** f (einer Gummimischung) (Chem Verf) / scorching n, curing-up n
**Anvulkanisationsdauer** f (bestimmt mit dem Mooney-Viskometer) (Chem Verf) / scorch time
**anvulkanisieren** v (Chem Verf) / scorch vt, cure up v
**Anwachsen** n / growth* n, increment n, accretion* n, increase n || ≃ (des Wassers) (Wasserb) / rising n
**anwählen** v (Leitung) (Fernm) / select v
**Anwahl•schalter** m (Fernm) / selector switch, multiple-contact switch, selector n || ≃**steuerung** f (Fernm) / selective control
**Anwalt** m (z.B. in Patentsachen) / attorney n
**anwärmen** v / preheat v || ~ (Glas) / warm in v || ≃ n / preheating n || ≃ (Glas) / warming-in n
**Anwärmer** m / preheater n
**Anwärm•gefäß** n **für Pfeifen** (Glas) / shoe n || ≃**kegel** m (beim Schneidbrenner) (Schw) / preheat cone || ≃**loch** n (Glas) / glory-hole* n, sample port (US) || ≃**zeit** f (Fernm) / heating time
**Anweisung** f (in der gültigen Bediensprache abgefaßte Vorschrift zur Geräte- bzw. Systembedienung) (EDV) / command n || ≃ (bei höheren Programmiersprachen - ALGOL, PL/1, FORTRAN) (EDV) / statement (STMT) n || ≃ (allgemeine Bezeichnung für in beliebiger Sprache abgefaßte Arbeitsvorschrift, die im Gegensatz zum Befehl aus weiteren Anweisungen zusammengesetzt sein kann, jedoch im gegebenen Zusammenhang wie auch im Sinne der benutzten Sprache abgeschlossen ist) (EDV) / instruction* n (general meaning) || ≃ (EDV) / instruction* n (specific meaning) || **bedingte** ≃ (EDV) / conditional statement || **bewachte** ≃ (eine verallgemeinerte Form der bedingten Anweisung) (EDV) / guarded command, guarded statement
**Anweisungs•feld** n (EDV) / statements field || **geordnete** ≃**liste** (EDV) / agenda n || ≃**marke** f (EDV) / statement label || ≃**name** m (EDV) / statement name || ≃**nummer** f (EDV) / statement number*
**anwelken** v (Bot, Landw) / wilt vt
**Anwelksilage** f (wenn Grünfutter am Boden wie Heu getrocknet wird) (Landw) / wilted silage

**anwendbar** *adj* / applicable *adj* ‖ **gewerblich** ~ (Erfindung) / susceptible of industrial application ‖ **nicht** ~ (Regel) / inapplicable *adj*
**Anwendbarkeit, praktische** ⁓ (einer Theorie) / practicality *n*
**Anwendeln** *n* (Kab) / lashing *n*
**anwenden** *v* / apply *v*, use *v* ‖ ~ (feuern) (KI) / fire *v* (a rule), execute *v*
**Anwender** *m* (z.B. in einem Time-Sharing-System) (EDV) / user *n* ‖ **vom** ⁓ **zusammensetzbar** (EDV) / user-configurable *adj* ‖ **~abhängig** *adj* (EDV) / user-dependent *adj* ‖ **⁓-Anwender-Protokoll** *n* (Fernm) / user-to-user protocol ‖ **⁓ausbildung** *f* (EDV) / user training ‖ **⁓bereich** *m* (DIN 2257, T 1) / scope of application ‖ **im ⁓bereich** (befindlich, programmierbar usw.) (EDV) / field *attr* ‖ **~bezogen** *adj* (EDV) / user-related *adj* ‖ **⁓datei** *f* (EDV) / user file *n* ‖ **~definierbar** *adj* (EDV) / user-definable *adj* ‖ **~definiert** *adj* (EDV) / user-defined *adj* ‖ **~eigen** *adj* (Software) (EDV) / proprietary *adj* ‖ **⁓gruppe** *f* (EDV) / user group (UG) ‖ **⁓konfiguration** *f* (EDV) / user configuration, user environment ‖ **⁓koordinate** *f* (EDV) / user coordinate ‖ **~neutral** *adj* (EDV) / user-independent *adj* ‖ **~orientiert** *adj* (EDV) / user-oriented *adj* ‖ **⁓programm** *n* (vom Anwender geschrieben) (EDV) / user-written program, user program ‖ **⁓programm** (teils von den Herstellern geliefert, teils von den Anwendern selbst geschrieben für spezifische Aufgaben) (EDV) / application program, applications program ‖ **~programmierbares Logikfeld** (EDV) / field-programmable logic array (FPLA) ‖ **⁓schaltkreis** *m* (EDV, Eltronik) / application-specific integrated circuit, ASIC ‖ **⁓schulung** *f* (EDV) / user training ‖ **⁓software** *f* (vom Anwender geschrieben) (EDV) / user software ‖ **⁓software** (vom Anlagenhersteller dem Anwender zur Verfügung gestelltes Programmpaket) (EDV) / applications software*, application software, application package, software package ‖ **⁓spezifikation** *f* (EDV) / user specification ‖ **~spezifisch** *adj* (EDV) / user-specific *adj* ‖ **~spezifische integrierte Schaltung (ASIC)** (Eltronik) / application-specific integrated circuit (ASIC) ‖ **⁓support** *m* (Service für Endanwender) (EDV) / user support ‖ **⁓system** *n* (EDV) / user system ‖ **~technischer Restart** (EDV) / user-oriented restart ‖ **⁓terminal** *n* (EDV) / user terminal, user station
**Anwendung** *f* / application *n*, use *n* ‖ **bandförmige** ⁓ (Landw) / band application ‖ **gewerbliche** ⁓ (des Patents) / industrial application ‖ **kryptografische** ⁓ (EDV) / crypto application ‖ **verteilte** ⁓ (EDV) / distributed application ‖ ⁓ *f* **in der Industrie** / industrial application
**Anwendungs • bedingungen** *f pl* / service conditions, SC ‖ **⁓bereich** *m* / scope of application ‖ **⁓bereich** *m* / scope *n* ‖ **⁓bericht** *m* / application report ‖ **~bezogen** *adj* (EDV) / application-oriented *adj* ‖ **⁓dienstelement** *n* (bei Mobilkommunikationsnetzen) (Fernm) / application service element, ASE ‖ **~erprobt** *adj* / application-proven *adj* ‖ **⁓fenster** *n* (EDV) / application window ‖ **⁓gebiet** *n* / application field, field of application ‖ **⁓generator** *m* (EDV) / application generator ‖ **⁓instanz** *f* (OSI) (Fernm) / application entity
**anwendungsorientiert • e Forschung** / applications research ‖ **~e Programmiersprache** (EDV) / applications programming language, APL
**Anwendungs • programm** *n* (EDV) / applications program ‖ **⁓programmierer** *m* (z.B. zur Lagerkontrolle oder zur Lohnabrechnung) (EDV) / applications programmer* ‖ **⁓schicht** *f* (Schicht 7 im ISO-Referenzmodell) (EDV) / application layer ‖ **⁓server** *m* (EDV) / apllication server (server dedicated to specific tasks, as e.g. running a database) ‖ **~spezifisch** *adj* / application-specific *adj* ‖ **⁓studie** *f* / application(s) study ‖ **⁓verfahren** *n* / method of application, application method
**Anwerbung** *f* / recruitment *n*
**anwerfen** *v* (einen Motor mit der Kurbel) (Kfz, Masch) / crank *v* (an engine)
**Anwesen** *n* (Haus mit Grundbesitz) (Bau) / messuage* *n*
**Anwesenheits • signal** *n* / presence signal ‖ **⁓zeichen** *n* / presence signal ‖ **⁓zeit** *f* (F.Org) / attendance time
**Anwölber** *m* (Arch, Bau) / springer* *n*, springing* *n*, rein *n*
**Anwuchs** *n* (Anstr) / fouling* *n* ‖ ⁓ (an Kontaktelementen bei der Lagerung) (Eltech) / shelf dirt
**Anwurf, erster** ⁓ (beim dreilagigen Putz) (Bau) / roughing-in* *n* ‖ **⁓motor** *m* (Hilfsmotor) (Eltech) / pony motor* ‖ **⁓motor** (DIN 42005) (Kfz) / starting motor, cranking motor
**Anwürgezange** *f* (Bergb) / crimping pliers, crimper *n*
**anxiolytisch** *adj* (geeignet für den Einsatz bei Angstzuständen) (Med, Pharm) / anxiolytic *adj*
**Anyaran** (For) / movingui *n*, ayan *n*
**Anyon** *n* (an eine zweidimensionale Fläche gebundenes Quasiteilchen, das einer verallgemeinerten Statistik genügt) (Kernphys) / anyon *n*
**Anzahl** *f* **der abgelieferten Quellprogrammzeilen** (EDV) / number of delivered source lines ‖ ⁓ **der Argumente** (eines Prädikats) (KI) / arity *n* ‖ ⁓ **der Bilder pro Sekunde** (Film) / film speed*, filming speed ‖ ⁓ **der Freiheitsgrade** (DIN 1311, T 3) (Chem, Phys) / variability* *n*, number of degrees of freedom ‖ ⁓ **der Sitzplätze** / seating capacity ‖ ⁓ **der Spaltakte pro anfängliches spaltbares Atom** (Nukl) / fifa *n*, fissions per initial fissile atom ‖ ⁓ **der Spuren** (Akus, EDV) / number of tracks
**Anzapfdampf** *m* (Masch) / bleed steam
**anzapfen** *v* (ein Faß) / tap *v*, broach *v* ‖ ~ (Eltech) / tap *v* ‖ ~ (Bäume beim Harzen) (For) / cup *v*, box *v*, tap *v* ‖ ~ (den Luftstrom) (Luftf) / bleed *vt* ‖ ⁓ *n* (Leitungen) (Fernsp) / wire-tapping ‖ ~ (For) / cupping *n*, boxing *n* ‖ ⁓ (des Luftstroms) (Luftf) / bleeding* *n* ‖ ⁓ (Masch) / bleeding* *n* ‖ ⁓ **von Übertragungsleitungen** (Fernm) / passive wire-tapping (form of wire-tapping in which the intruder listens only and does not originate any data on the line)
**Anzapf • stelle** *f* (Eltech) / tapping point ‖ **⁓turbine** *f* / extraction turbine*
**Anzapfung** *f* (Eltech) / tapping* *n*, tap *n* ‖ ⁓ (Geol) / abstraction *n*, beheading *n*, stream robbery, river capture*, piracy of streams, stream capture ‖ ⁓ (der Wasserleitung) (Wasserb) / tapping *n* ‖ ⁓ **am Sternpunkt** (Eltech) / neutral-point tapping ‖ ⁓ **einer optischen Leitung** (Fernm) / optical tap-off
**Anzapfungsfaktor** *m* (Eltech) / tapping factor
**Anzapf • ventil** *n* (bei Dampfmaschinen) (Masch) / bleeder valve ‖ **⁓verflüssiger** *m* (ein Berieselungsverflüssiger) (Masch) / bleeder-type condenser ‖ **⁓widerstand** *m* (Eltech) / tapped resistor
**Anzeichnen, optisches** ⁓ (Ersatz für Schnurbodenarbeit) (Schiff) / optical marking
**Anzeichner** *m* (ein Werftarbeiter) (Schiff) / liner-off* *n*
**Anzeige** *f* (in der Zeitung, in der Zeitschrift) (Druck) / advertisement *n*, ad *n* ‖ ⁓ (EDV, Masch) / read-out *n* ‖ ⁓ (ein- bis dreidimensional) (EDV, Radar) / display* *n* ‖ ⁓ (abgelesener Stand nach DIN 1319, T 2) (Instr) / reading *n*, indicated value, indication *n* ‖ ⁓ (DIN 1319, T 2) (Instr) / indication *n*, reading *n* ‖ ⁓ (z.B. der Richtungsänderung) (Kfz) / signal *n* ‖ ⁓ **angeschnittene** (Druck) / bleed advertisement ‖ **digitale** ⁓ (EDV) / digital display, numeric display ‖ **doppelseitige** ⁓ (Druck) / spread *n* ‖ **einzeilige** ⁓ (EDV) / thin window (display), one-line display, single-line strip display ‖ **elektrochrome** ⁓ (deren lichtabsorbierende Eigenschaften erst bei Vorliegen eines elektrischen Feldes auftreten) (EDV) / electrochromic display, ECD ‖ **farbige** ⁓ (EDV) / colour display ‖ **grafische** ⁓ (EDV) / graphic(al) display ‖ **selektive** ⁓ (EDV) / filtered display, partial display, selective display ‖ **tabellarische** ⁓ / tabular display ‖ **telefonisch aufgegebene** ⁓ (Druck) / tele-ad *n* ‖ ⁓ *f* **des Betreffs** (bei der Mitteilungsübermittlung) (Fernm) / subject indication ‖ ⁓ **des Ungültigwerdens** (Fernm) / obsoleting indication ‖ ⁓ **mit Wahlmöglichkeiten** (die im Menüdialog realisiert werden können) (EDV) / display menu
**Anzeige • änderung** *f* (durch Einflußgröße) (Instr) / variation *n* ‖ **⁓attribut** *n* (EDV) / display attribute ‖ **⁓bauelement** *n* / display element (Bauelement zur Darstellung oder Anzeige von Betriebszuständen und Signalen zum Aufbau von Displays zur Zeichendarstellung), display component ‖ **⁓bereich** *m* (DIN 1319, T 2 und DIN 2257, T 1) (Instr) / indicating range ‖ **⁓datei** *f* (EDV) / display file ‖ **⁓datei** (EDV) s. auch Bilddatei ‖ **⁓einheit** *f* (Eltronik) / display *n*, display device ‖ **optische ⁓einheit** (EDV) / display *n* (unit), video display (unit)*, VDU*, display device, display terminal, video terminal, visual display terminal, visual display unit* ‖ **⁓einrichtung** *f* (Instr) / indicating instrument*, indicator *n*, tell-tale *n*, indicating gauge ‖ **⁓empfindlichkeit** *f* (Instr) / indication sensitivity ‖ **⁓fehler** *m* (Instr) / error in indication*, indication error, false indication ‖ **⁓feld** *n* (EDV) / display area, display field ‖ **⁓gerät** *n* (Instr) / indicating instrument*, indicator *n*, tell-tale *n*, indicating gauge ‖ **⁓hintergrund** *m* (grafische Datenverarbeitung) (EDV) / static image, background image, background display ‖ **⁓instrument** *n* (Instr) / indicating instrument*, indicator *n*, tell-tale *n*, indicating gauge ‖ **⁓konstanz** *f* (Instr) / indication stability ‖ **⁓leuchte** *f* (Eltech) / pilot light, pilot lamp, indicator lamp ‖ **⁓marke** *f* (Masch) / index *(pl indexes or indices)* *n* ‖ **⁓menü** *n* (EDV) / display menu ‖ **⁓modus** *m* (EDV) / display mode
**anzeigen** *v* (Eltronik) / display *v* ‖ ~ (Instr) / indicate *v*, read *v* ‖ ~ (auf einer Skale) (Instr) / dial *v* ‖ **⁓block** *m* / clutter *n*
**anzeigend • e Funktionseinheit** (Eltronik) / display *n*, display device ‖ **~es Meßgerät** (DIN 1319, T 2) (Instr) / indicating instrument*, indicator *n*, tell-tale *n*, indicating gauge ‖ **~es Meßinstrument** (Instr) / indicating instrument*, indicator *n*, tell-tale *n*, indicating gauge ‖ **~er Regler** (Regeln) / indicating controller
**Anzeigen • fläche** *f* (in einer Zeitung) (Druck) / advertising space, space *n* ‖ **⁓raum** *m* (Druck) / advertising space, space *n* ‖ **⁓seite** *f* (Druck) / advertisement page ‖ **⁓werbung** *f* / advertising *n* ‖ **⁓wirkung** *f* (die nach einer bestimmten Periode abgefragt wird) / advertising tracking
**Anzeige • pflicht** *f* / statutory obligation to report (to inform) ‖ **~pflichtig** *adj* (Med) / notifiable *adj*

**Anzeiger** *m* (Instr) / indicating instrument*, indicator *n*, tell-tale *n*, indicating gauge ‖ ⁓ (Masch) / index (pl indexes or indices) *n* ‖ **integrierender** ⁓ / integrating indicator
**Anzeige•relais** *n* (Eltech) / indicator relay ‖ ⁓**röhre** *f* (Eltech, Radio) / tuning indicator*, tuning eye ‖ ⁓**steuergerät** *n* (EDV) / display adapter, display controller ‖ ⁓**tableau** (Instr) / annunciator *n* ‖ ⁓**treiber** *m* (EDV) / display driver ‖ ⁓**vordergrund** *m* (EDV) / dynamic image, foreground image, display foreground ‖ ⁓**wert** *m* (Instr) / reading *n*, indicated value, indication *n* ‖ ⁓**wert** (Radiol) / response *n* ‖ ⁓**wert** s. auch Meßwert
**anzetteln** *v* (auf den Zettelbaum wickeln) (Web) / warp *vt*
**anziehen** *v* (z.B. Spachtelmasse) / go off *vi*, kick over *vi*, kick *vi* ‖ ~ *v* (Astr, Phys) / attract *v* ‖ ⁓ (Relais) (Eltech) / respond *v*, pick up *v*, pull up *v* ‖ ~ (Bremsen, Schrauben) (Masch) / put on *v*, pull on *v* ‖ ~ (eine Mutter) (Masch) / fasten *v* ‖ ~ (fest - eine Mutter) (Masch) / tighten *vt* ‖ **handfest** ~ (Schraube) (Masch) / tighten by hand ‖ ~ *n* (Relais) (Eltech) / response *n*, pick-up *n*, pull-up *n* ‖ ⁓ (des Glasbandes) (Glas) / start-up *n* ‖ **zu rasches** ⁓ (Bildung des Ansatzes) (Anstr) / piling *n*
**Anziehgriff** *m* (Bau, Tischl) / pull-on handle
**Anziehung** *f* (Astr, Phys) / attraction *n* ‖ **gravitative** ⁓ (Phys) / gravitation* *n* ‖ **lokale** ⁓ (Phys) / local attraction* ‖ **magnetische** ⁓ (Mag) / magnetic attraction
**Anziehungskraft** *f* (die den gegenseitigen Abstand zwischen Körpern oder Teilchen zu verringern sucht) (Phys) / attraction force ‖ ⁓ **eines Magneten** (Mag) / magnetic strength
**Anzuchtbeet** *n* (Landw) / plant bed
**anzuckern** *v* (Dragées) (Pharm) / sugar *v*, sprinkle with sugar
**Anzug** *m* (einer Mauer) (Arch) / batter* *n* ‖ ⁓ (Gieß, Plast) / taper *n* ‖ ⁓ (des Walzkalibers) (Hütt) / draught *n*, draw *n* ‖ ⁓ (beim Gesenkschmieden) (Masch) / draught angle ‖ ⁓ (bei Keilen nach DIN 6886) (Masch) / tapering *n* ‖ ⁓ (der Dammkrone) (Wasserb) / batter *n*
**Anzugs•moment** *n* (das kleinste Drehmoment, das eine elektrische Maschine im Stillstand nach Abklingen des Einschaltvorganges entwickeln kann) (Eltech) / breakaway torque ‖ ⁓**reibung** *f* (bei der Mutter) (Masch) / tightening friction ‖ ⁓**strom** *m* (Eltech) / breakaway starting current
**Anzugstoff** *m* (Tex) / suiting *n*
**anzünden** *v* / set fire *v* (to), fire *v*, set on fire ‖ ~ / light *v*, ignite *v* ‖ ~ (Bergb) / ignite *v*, spit *v* ‖ **wieder** ~ / relight *v* ‖ ⁓ *n* / lighting *n*, ignition *n*
**Anzünder** *m* / lighter *n*
**anzunehmender Unfall** *m* (Nukl) / credible accident, conceivable accident
**anzwecken** *n* / tack *v*, fasten with tacks
**Anzwirner** *m* (Spinn) / piecer *n*
**AO** (Kernphys) / atomic orbital*, AO
**AOD-Konverter** *m* (Hütt) / argon-oxygen converter, AOD converter
**a.o.K.** (Fisch) (Nahr) / gutted without head (fish)
**Äolinite** *mpl* (Geol) / aeolian deposits*, eolian deposits*
**äolisch** *adj* (Geol) / aeolian *adj*, eolian *adj* ‖ ~ **e Ablagerungen** (Geol) / aeolian deposits*, eolian deposits* ‖ ~ **bearbeiteter Felsen** (Geol) / ventifact* *n*, windkanter *n*, wind-shaped stone, wind-cut stone ‖ ~ **er Boden** (Geol, HuT) / aeolian soil, eolian soil (US) ‖ ~ **e Seife** (Bergb) / aeolian placer, eolian placer
**Äolsball** *m* (Phys) / aeolipile *n*
**Äon** *m* (pl. -en) (größter chronologischer Abschnitt) (Geol) / eon* *n*, aeon *n*
**AOW-Bauelement** *n* (Fernm) / SAW device, surface-acoustic-wave device
**AP** (Chem, Erdöl) / aniline point
**A$_p$** (Landw) / ploughed A-horizon, A$_p$, ploughed horizon
**Ap** (Wolle des Schafkamels Alpaka) (Tex) / alpaca* *n*
**A.P.** (Amsterdamer Pegel - das Normalnull der Höhenmessung für Deutschland) (Verm) / AP (Amsterdamsch Peil)*
**Apastron** *n* (pl. -stren) (Punkt der größten Entfernung des massearmen Sterns bei physischen Doppelsternen) (Astr) / apastron *n*
**apathogen** *adj* (Med) / apathogenic *adj*
**Apatit** *m* (Min) / apatite* *n* ‖ **erdiger** ⁓ (Geol, Min) / osteolite *n*
**Apaya** *n* (For, Tischl) / avodiré *n*
**APC** (EDV) / office workstation (off-line), workstation computer
**APCVD-Prozeß** *m* (eine Schichtabscheidung aus der Gasphase) (Galv) / atmospheric process CVD
**APE** (Chem) / alkylphenol ethoxylate
**aper** /A,S/ *adj* / free of snow
**aperiodisch** *adj* / aperiodic* *adj*, non-periodic *adj* ‖ ~ (Chem) / acyclic *adj* ‖ ~ **es Abklingen** (z.B. eines Signals) (Eltech, Instr, Phys) / aperiodic damping ‖ ~ **e Antenne** (Radio) / aperiodic antenna*, non-resonant antenna*, untuned antenna*, broadband antenna ‖ ~ **e Dämpfung** (Eltech, Instr, Phys) / aperiodic damping ‖ ~ **e Dämpfung** (Phys) s. auch Überdämpfung ‖ ~ **es Galvanometer** (Eltech) / dead-beat galvanometer ‖ ~ **gedämpft** (Eltech, Instr) / dead-beat *attr* ‖ ~ **er Kreis** (Fernm) /

untuned circuit* ‖ ~**er Verlauf** / aperiodicity *n* ‖ ~**e Zeitkonstante** (bei umlaufenden Maschinen) (Eltech) / aperiodic time constant
**Aperiodizität** *f* / aperiodicity *n*
**Apertometer** *n* (zur Messung der numerischen Apertur eines Mikroskopobjektivs) (Mikros, Opt) / apertometer *n*
**Apertur** *f* (DIN 19040) (Foto, Opt) / aperture*, optical aperture ‖ ⁓ (Radar, Radio, Radiol) / aperture* *n* ‖ **kodierte** ⁓ (ausgedehnter, teilweise strahlungsdurchlässiger Schirm zur Abbildung eines Objekts) (Radiol) / coded aperture ‖ **numerische** ⁓ (das Produkt aus dem Brechungsindex und der Apertur) (Opt) / numerical aperture*, NA* ‖ **numerische** ⁓ **der Einkopplung** (bei LWL-Systemen) (Fernm) / launch numerical aperture, LNA ‖ ⁓**blende** *f* (die die Bildhelligkeit regelt) (Foto, Opt) / aperture stop, stop *n* ‖ ⁓**strahler** *m* (bei dem die von einem Erreger ausgehende Strahlung durch Reflektor- oder Linsenanordnungen in eine ebene Welle verwandelt und dann von der Öffnungsebene abgestrahlt wird) (Radio) / aperture antenna ‖ ⁓**synthese** *f* (Astr) / aperture synthesis* ‖ ⁓**zeit** *f* (bei der Abtast-Halte-Schaltung die Zeit zwischen Umschaltbefehl von "Abtasten" auf "Halten" und dem Abklingen der Änderung des Ausgangssignals) (Regeln) / aperture time
**Apex** *m* (pl. Apizes) (Zielpunkt eines Gestirns) (Astr) / apex *n* (pl. -es or apices) ‖ ⁓ (pl. Apizes) **der Sonnenbewegung** (Punkt, auf den sich das Sonnensystem mit einer Geschwindigkeit von 20 km/s hin bewegt) (Astr) / solar apex*, apex *n* (pl.-es or apices)
**Apfel•aroma** (Nahr) / apple flavour ‖ ⁓**essig** *m* (Nahr) / cider vinegar ‖ ⁓**ether** *m* (Hauptbestandteil Isopentylvalerianat) (Chem) / apple oil ‖ ~**grün** *adj* (z.B. Kennfarbe 57 in den CENELEC-Ländern) (Kab) / apple-green *adj* ‖ ⁓**motte** *f* (Argyrestia conjugella Tell.) (Landw, Zool) / apple-fruit moth ‖ ⁓**säure** (Chem, Nahr) / malic acid*, 2-hydroxybutanedioic acid, hydroxysuccinic acid
**Äpfelsäure** *f* (E 296) (Chem, Nahr) / malic acid*, 2-hydroxybutanedioic acid, hydroxysuccinic acid
**Apfelsinen•haut** *f* (Hütt) / orange-peel effect ‖ ⁓**hauteffekt** *m* (eine Oberflächenstörung des Anstrichfilms, die unter ungünstigen Bedingungen bei Spritzlackierungen auftritt) (Anstr) / orange-peel* *n*, orange-peeling *n*, alligator skin, pebbling *n* ‖ ⁓**schalenmuster** *n* (narbige Oberfläche kaltumformter Bleche) (Hütt) / orange-peel effect
**Apfeltrester** *pl* (Nahr) / pomace *n*
**APF-Faktor** *m* (Landw) / animal protein factor
**Aphanit** *n* (Geol) / aphanite *n* ‖ ⁓ (Geol) s. auch Felsit
**aphanitisch** *adj* (Geol) / aphanitic *adj*
**Aphel** *n* (Astr, Raumf) / aphelion* *n* (pl. aphelia or aphelions)
**Aphelium** *n* (Astr, Raumf) / aphelion* *n* (pl. aphelia or aphelions)
**Aphizid** *n* (Mittel zur Bekämpfung der Blattläuse, z.B. TEPP) (Chem, Landw) / aphicide *n*
**A$_p$-Horizont** *m* (Landw) / ploughed A-horizon, A$_p$ ploughed horizon
**aphotischer Bereich** (lichtloser Bereich in Gewässern) (Umwelt) / aphotic zone*
**API** / Application Programming Interface, API ‖ ⁓**-Dichte** *f* (Phys) / API gravity
**Apiezon•-Fett** *n* (Vakuumt) / apiezon oil ‖ ⁓**-Öl** *n* (mit extrem geringer Flüchtigkeit) (Vakuumt) / apiezon oil
**Apigenin** *n* (ein Flavonoid) (Chem) / apigenin *n*
**apikal** *adj* (den Apex betreffend) / apical *adj*
**Apikalmeristem** *n* (Bot) / apical meristem*
**Apiol** *n* (Pharm) / apiole *n*, parsley camphor
**API-Skale** *f* (Phys) / API scale* (scale of relative density)
**APL** *n* (eine Dialogsprache) (EDV) / APL* *n*
**Aplanat** *m* (DIN 19040) (Opt) / aplanatic lens
**aplanatisch** *adj* (Opt) / aplanatic* *adj*
**APLG** *n* (Erweiterung des APL für grafische Ein- und Ausgabe) (EDV) / APLG *n*
**Aplit** *m* (feinkörniges magmatisches Ganggestein) (Geol) / aplite* *n*
**Apo•apside** *f* (der Punkt der elliptischen Bahn eines Himmelskörpers, in dem dieser dem in einem der Brennpunkte stehenden Hauptkörper am fernsten ist) (Astr) / apoapsis point ‖ ⁓**chromat** *m* (DIN 19040) (Opt) / apochromatic lens*, apochromatic objective* ‖ ⁓**chromatisch** *adj* (Opt) / apochromatic *adj* ‖ ⁓**cynaceen-Alkaloide** *pl* (Pharm) / Apocyneae alkaloids ‖ ⁓**cynaceen-Steroidalkaloide** *n pl* (Pharm) / Apocyneae alkaloids
**Apodisation** *f* (Maßnahme zur Verbesserung des Auflösungsvermögens durch Veränderung der Beugungsfiguren) (Opt) / apodization *n*
**Apo•enzym** *n* (Biochem) / apoenzyme *n* ‖ ⁓**ferment** *n* (Biochem) / apoenzyme *n* ‖ ⁓**gamie** *f* (bei Algen und Farnen) (Bot) / apogamy *n*
**Apogäum** *n* (pl. Apogäen) (Astr, Raumf) / apogee* *n*
**Apogäums•impuls** *m* (Raumf) / kick *n*, apogee kick ‖ ⁓**triebwerk** *n* (ein Korrekturtriebwerk) (Raumf) / apogee motor*, apogee kick motor
**apolar** *adj* (Phys) / apolar *adj*, non-polar *adj*

**apollonisch • es Berührungsproblem** (Math) / problem of Apollonius, Apollonius' problem || **~er Kreis** (Math) / circle of Apollonius*, Apollonius' circle*
**Apollo-Objekt** *n* (ein Planetoid) (Astr) / Earth crosser
**Apo • lun** *n* (mondfernster Punkt einer Mondsatellitenbahn - bei den auf dem Mond gestarteten Satelliten) (Astr, Raumf) / apolune *n*, aposelene *n*, apocynthion *n* (pl. -thions or -thia) || **≏mixis** *f* (z.B. Apogamie) (Bot) / apomixis *n* || **≏morphin** *n* (ein Morphinabkömmling) (Pharm) / apomorphine* *n* || **≏morphinalkaloide** *n pl* (mit dem wichtigsten Vertreter - Apomorphin) (Pharm) / apomorphine alkaloids || **≏phyllit** *m* (Min) / apophyllite* *n*, fisheye stone || **≏physe** *f* (Abzweigung von einem Gang oder einem anderen Magmagesteinskörper) (Geol) / apophysis* *(pl -physes)* *n*
**Aporphinalkaloide** *n pl* (z.B. Apomorphin) (Pharm) / aporphine alkaloids
**Apo • selen** *n* (mondfernster Punkt einer Mondsatellitenbahn - bei den auf dem Mond gestarteten Satelliten) (Astr, Raumf) / apolune *n*, aposelene *n*, apocynthion *n* (pl. -thions or -thia) || **≏sematik** *f* (Zool) / aposematic coloration*, warning coloration* || **~sematische Färbung** (Zool) / aposematic coloration*, warning coloration*
**A-posteriori-Wahrscheinlichkeiten** *f pl* (Stats) / posterior probabilities, a posteriori probabilities || s. auch Bayes-Regel
**Apotheke** *f* (Pharm) / chemist's shop (GB), pharmacy *n*, dispensary* *n*
**apotheken • pflichtig** *adj* (Pharm) / available at (or in) a chemist's shop only, available at (or in) a pharmacy only || **≏ton** *m* (Nahr) / chemical flavour, pharmaceutical flavour, pharmaceutical taste
**Apotheker** *m* (Pharm) / dispensing chemist, pharmacist *n*, druggist *n* (US) || **≏gefäß** *n* (für Salben) (Pharm) / gallipot *n* || **≏zwirn** *m* (Tex) / druggists' twine
**apotracheal** *adj* (Parenchym) (For) / apotracheal *adj* || **~es Parenchym** (For) / apotracheal (wood) parenchyma
**APP** (Diphosphorsäureester von Thiamin) (Biochem, Pharm) / thiamin pyrophosphate, co-carboxylase *n*, aneurin diphosphate
**AP-Packpapier** *n* (aus Altpapier nach DIN 6730) (Pap) / wrapping paper consisting mainly of waste paper
**Apparat** *m* (Instr) / apparatus *n* (pl. -tuses or -tus), device *n* || **≏** (Radio, TV) / set *n* || **fotografischer ≏** (Foto) / still camera, camera *n*
**Apparate • bau** *m* (Masch) / process equipment construction || **≏färberei** *f* (Tex) / circulating-liquor dyeing || **≏konstante** *f* (Instr) / apparatus constant
**apparativer Fehler** (Instr) / instrumental error
**Apparatur** *f* (Gesamtheit der Geräte) / equipment *n*, gear* *n*, outfit *n* || **≏** (Masch) / hardware *n*
**Appearance Potential Spectroscopy** (Methode zur Untersuchung elektronischer Energieniveaus in Festkörpern) (Phys, Spektr) / appearance potential spectroscopy, APS
**Apperzeption** *f* (bewußte Wahrnehmung eines Sinneseindruckes) (Psychol) / apperception *n*
**appetit • anregend** *adj* (Pharm) / savoury *adj*, savory *adj* (US), spicy *adj*, picante *adj*, pungent *adj* || **~anregendes Mittel** (Pharm) s. Orexigen und Stomachikum || **~zügelnd** *adj* (Pharm) / anorectic *adj*, anorexic *adj* || **≏zügler** *m* (Pharm) / anorectic* *n*, anorexic *n*
**applanieren** *v* (HuT) / level* *v*, plane *v*, grade *v*, flat *v*, planish *v*, skim *v*
**Applegate-Diagramm** *n* (Geschwindigkeitsmodulation) (Eltronik) / Applegate diagram*
**Appletonschicht** *f* (der Ionosphäre - nach Sir V.E. Appleton, 1892-1965) (Geophys) / Appleton layer* *n*, $F_2$-layer* *n*
**Application Programming Interface** *f* (Schnittstelle zwischen Betriebssystem und Anwendungs- und Systemprogrammen) / Application Programming Interface, API
**Applikate** *f* (in der analytischen Geometrie des Raumes die dritte Koordinate eines Punktes in einem kartesischen Koordinatensystem) (Math) / z co-ordinate, applicate axis, z-axis *n* (pl. z-axes)
**Applikatenachse** *f* (in der analytischen Geometrie des Raumes die dritte Koordinate eines Punktes in einem kartesischen Koordinatensystem) (Math) / z co-ordinate, applicate axis, z-axis *n* (pl. z-axes)
**Applikation** *f* (Anstr) / application *n* || **≏** (Zufuhr von Nährstoffen oder Pflanzenschutzmitteln auf bzw. in die Pflanze, vor allem durch Streuen, Stäuben, Sprühen oder Spritzen) (Landw) / application *n* || **≏** (Pharm) / administration *n*, application *n* || **≏** (Tex) / appliqué* *n* || **nestweise ≏** (z.B. von Pestiziden) (Landw) / spot application
**Applikations • arbeit** *f* (Tex) / appliqué* *n* || **≏fenster** *n* (einer Spritzkabine) (Anstr) / application window || **≏labor** *n* / applications laboratory || **≏modell** *n* (KI) / application model || **≏programm** *n* (EDV) / applications program || **≏report** *m* / application report || **≏verfahren** *n* / method of application, application method || **≏verfahren** (Anstr) / application *n*, painting *n*, coating *n*
**applikative Programmiersprache** (EDV) / functional programming language, functional language, applicative language

**Applikator** *m* (Chem) / applicator *n* || **≏** (zum Verabreichen von Arzneimitteln) (Pharm) / applicator *n*
**applizieren** *v* (Anstr) / apply *v*, paint *v*, coat *v*, lay on *v* || **~** (Anstr, Landw) / apply *v* || **~** (Pharm) / administer *v*, apply *v*
**Apposition** *f* (Bot, For) / apposition *n*
**Appositions • färbung** *f* (Tex) / apposition dyeing || **≏wachstum** *n* (Bot, Krist) / apposition growth
**Appretbrecher** *m* (Tex) / button breaker
**Appreteur** *m* (Tex) / finisher *n*
**appretieren** *v* (Tex) / finish *v*, dress *v* || **≏** *n* (ein Arbeitsgang der Lederzurichtung) (Leder) / seasoning *n* || **≏** (Tex) / finish *n*, finishing *n* (cotton), dressing *n*
**Appretur** *f* (Tex) / finish *n*, finishing (cotton), dressing *n* || **griffgebende ≏** (Tex) / stiffening *n* || **mechanische ≏** (Tex) / mechanical finishing* || **waschfeste ≏** (Tex) / washable finish || **≏bad** *n* (Tex) / finishing bath, finishing liquor || **≏flotte** *f* (Tex) / finishing bath, finishing liquor || **≏mittel** *n* (Tex) / dressing agent, dressing *n* || **≏ware** *f* (Tex) / after-finished goods
**Approach** *m* (Luftf) / approach *n*
**Approximation** *f* (näherungsweise Darstellung einer komplizierten Funktion durch eine einfachere Funktion) (Math) / approximation *n* || **geostrophische ≏** (Meteor) / geostrophic approximation* || **stochastische ≏** (Stats) / stochastic approximation || **sukzessive ≏** (schrittweise Verbesserung von Näherungswerten oder Näherungsfunktionen durch wiederholte Anwendung eines Verfahrens) (Math) / successive approximation, stepwise approximation || **≏** *f* **nach der Methode der kleinsten Quadrate** (Math) / least-squares approximation
**Approximations • fehler** *m* (EDV) / truncation error* || **≏theorie** *f* (Math) / approximation theory
**approximativ** *adj* (Math, Stats) / approximate *adj*, approximative *adj* || **~es Schließen** (KI) / approximate reasoning || **~es Schließen** (KI) / fuzzy reasoning
**approximieren** *v* (Math) / approximate *v*
**Appulsum** *n* (Astr) / appulse* *n*
**A-priori-Wahrscheinlichkeiten** *f pl* (Stats) / prior probabilities, a priori probabilities || ≏ s. auch Bayes-Regel
**Aprotinin** *n* (Biochem, Pharm) / aprotinin *n*
**aprotisch** *adj* (Lösungsmittel) (Chem) / aprotic* *adj*
**APS** (Anstr) / aqueous powder suspension || **≏** (Biochem) / aqueous phase system, APS || **≏** (EDV) / applications programming language, APL
**Apside** *f* (Arch) / apse* *n*, apsis *n* (pl. -ides) || **≏** (Punkt der elliptischen Bahn eines Himmelskörpers, in dem dieser dem in einem Brennpunkte stehenden Hauptkörper am nächsten oder am fernsten ist) (Astr) / apsis *n* *(pl -ides)* *n*, apse *n*, chevet *n*
**Apsidenlinie** *f* (Astr, Raumf) / apse line*, line of apsides*
**Apsidiola** *f* (kleine Apsis oder Kapelle des Kapellenkranzes) (Arch) / apsidiola *n*
**Apsis** *f* (pl. -siden) (Arch) / apse* *n*, apsis *n* (pl. -ides)
**APT** *f* (eine problemorientierte Programmiersprache zur Werkzeugmaschinensteuerung) (EDV) / APT (automatic programming for tools)
**AQS** (Chem) / analytical quality control
**Aqua** *f*, *n* **Calcariae** (Chem, Pharm) / lime water* || **≏ fortis** (Aufber, Chem) / aqua fortis* || **≏ plumbi** (Pharm) / lead water || **≏ plumbi "Goulard"** (Pharm) / Goulard's extract || **≏ regia** (Salzsäure-Salpetersäure-Gemisch) (Chem, Hütt) / aqua regia*, aq. reg., nitromuriatic acid, chloroazotic acid, chloronitrous acid, nitrohydrochloric acid
**Aquadag** *n* (kolloidale Lösung aus Wasser und künstlichem kolloidalem Graphit, mit Zusatz von Tannin und Ammoniak) / aquadag *n*
**Aqua • ion** *n* (Chem, Phys) / aquo ion, aqueous ion, hydrated ion* || **≏komplex** *m* (Chem) / aqua compound, aquo compound || **≏lunge** *f* (Tauchgerät) / aqualung *n*, scuba *n*
**Aquamarin** *m* (ein Edelberyll) (Min) / aquamarine* *n*
**Aqua • metrie** *f* (Methode zur quantitativen Bestimmung von Wasser) (Chem) / aquametry *n* || **≏naut** *m* (pl. -en) (in einem Unterwasserlabor) / aquanaut *n* || **≏planing** *n* (Kfz) / hydroplaning *n*, aquaplaning *n*
**Aquarellpapier** *n* (Pap) / water-colour paper
**α-Quarz** *m* ($< 573 °C$) (Min) / low-quartz *n*, alpha quartz
**Aquastat** *m* (ein Thermostat) / aquastat *n*
**Aquatinta** *f* (ein grafisches Tiefdruckverfahren) (pl. Aquatinten) (Druck) / aquatint* *n*
**aquatisch** *adj* (im Wasser befindlich, im Wasser entstanden) (Geol) / aqueous *adj*, aquatic *adj* || **~e Denudation** (Geol, Landw) / sheet erosion, sheet-wash *n*, unconcentrated wash, slope wash, sheet-flood erosion || **~e Erosion** (Geol, Wasserb) / water erosion, wash *n*, hydraulic erosion

**Äquator**

**Äquator** m (Geog) / equator* n ‖ **erdmagnetischer** ≃ (Geophys) / aclinic line, magnetic equator ‖ **galaktischer** ≃ (Astr) / galactic circle*, galactic equator ‖ **magnetischer** ≃ (Verbindungslinie um den Erdball durch alle Orte, an denen die Inklination des erdmagnetischen Vektors gleich Null ist) (Geog, Geophys) / magnetic equator* ‖ **thermischer** ≃ (Meteor) / thermal equator, heat equator
**Äquatoreal** n (Fernrohr mit parallaktischer Montierung) (Astr) / equatorial* n
**Äquatorebene** f (z.B. des Vierkreisdiffraktometers) (Opt) / equatorial plane
**äquatorial** adj (Chem) / equatorial adj ‖ ~ (Geog) / equatorial adj ‖ **~e Bindung** (in der Konformationstheorie) (Chem) / equatorial bond ‖ **~e Montierung** (des Fernrohrs) (Astr) / equatorial mounting ‖ **~e Umlaufbahn** (Astr, Raumf) / equatorial orbit ‖ **≃orbit** m (Astr, Raumf) / equatorial orbit ‖ **≃platte** f (in der Metaphase) (Gen) / equatorial plate* ‖ **≃projektion** f (Kart) / equatorial projection ‖ **≃schnitt** m (Opt) / sagittal section ‖ **≃system** n (ein Koordinatensystem) (Astr) / equatorial system, equator system of coordinates
**Äquator·radius** m (der Erde) (Verm) / equatorial radius ‖ **≃system** n (Astr) / equatorial system, equator system of coordinates
**Aquaverbindung** f (Chem) / aqua compound, aquo compound
**Aqueous Powder Suspension** f (wäßrige Suspension von pulverförmigen Bindemittelkomponenten) (Anstr) / aqueous powder suspension ‖ ≃ **Powder Suspension** (Anstr) s. auch Slurry
**Aquiclude** m (ein Grundwassernichtleiter) (Geol) / aquiclude n
**Äquidensiten** pl (Foto) / lines of equal density, equidensities pl ‖ ≃ (Foto) s. auch Isophote
**äquidistant** adj (gleich weit voneinander entfernt, gleiche Abstände aufweisend) (Geog, Kart) / equidistant adj, equally spaced, equispaced adj
**Aquifer** m (Geol) / aquifer* n, water-bearing bed ‖ **gespannter** ≃ (Geol) / confined aquifer ‖ **≃speicherung** f (von Erdgas) (Bergb, Geol) / aquifer storage
**äquiforme Abbildung** (Math) / similarity transformation
**Aquifuge** f (ein Grundwassernichtleiter) (Geol) / aquifuge n
**Äqui·junktion** f (DIN 44300, T 5) (KI, Math) / equivalence n, equivalency n ‖ **≃librierung** (Erreichen eines Gleichgewichts in der Dünnschichtchromatografie) (Chem) / equilibration n, saturation n ‖ **~molar** adj (Chem) / equimolar adj, equimolecular adj ‖ **≃noktialpunkt** m (auf der Ekliptik) (Astr) / equinoctial point* ‖ **≃noktialsturm** m (Meteor) / equinoctial storm ‖ **≃noktium** n (Astr) / equinox* n ‖ **≃partition** f / equipartition n ‖ **≃partitionsprinzip** n (Chem) / principle of the equipartition of energy*, equipartition law ‖ **≃partitionstheorem** n (Chem) / principle of the equipartition of energy*, equipartition law ‖ **~pollent** adj (geordnete Punktpaare) (Math, Phys) / equipollent adj ‖ **~pollente Strecke** (Math) / equipollent segment ‖ **≃potentialfläche** f (in wirbelfreien physikalischen Feldern) (Phys) / equipotential surface* ‖ **≃potentialfläche** (Fläche konstanter hydraulischer Druckhöhe) (Wasserb) / piezometric surface, potentiometric surface, isopotential level ‖ **≃potentialkatode** f (Eltronik) / equipotential cathode ‖ **≃potentiallinie** f (Linie konstanter hydraulischer Druckhöhe) (Wasserb) / equipotential line, piezometric line ‖ **≃potentiallinienabstand** m (Wasserb) / piestic interval ‖ **≃potentialpunkt** m (Phys) / isopotential point, equipotential point ‖ **~potentiell** adj (Biol) / equipotential adj ‖ **~singulär** adj (Math) / equisingular adj ‖ **≃tangentialkurve** f (Math) / equitangential curve ‖ **≃tangentialkurve** (Math) s. auch Traktrix
**Aquitard** m (Geol) / aquitard n
**äquivalent** adj (DIN 4898) / equivalent adj ‖ **topologisch** ~ (Math) / topologically equivalent ‖ **~e Echofläche** (Radar) / equivalent echoing area, effective echoing area ‖ **~e Elektronen** (Eltronik) / equivalent electrons* ‖ **~e Fluggeschwindigkeit** (Luftf) / equivalent air speed*, E.A.S. (RAS minus compressibility correction), EAS* ‖ **~e Füllkörperhöhe** (bei Füllkörperkolonnen) (Chem) / height equivalent to a theoretical plate, H.E.T.P.* ‖ **~e Höhe** (Radio) / equivalent height* ‖ **~er Megatonnenwert** (Mil) / equivalent megatonnage, EMT ‖ **~e Mengen** (Mengen gleicher Mächtigkeit) (Math) / equipotent sets, equivalent sets, sets of equal cardinality ‖ **~e Niederschlagshöhe** (etwa 10%) (Meteor) / water equivalent (of snow) ‖ **~e Rauschleistung** (diejenige 100% modulierte Strahlungsleistung, die am Ausgang eines Strahlungsdetektors einen Signalstrom hervorruft, dessen Effektivwert dem gesamten effektiven Rauschstrom des Detektors gleich ist) (Eltronik) / noise-equivalent power (NEP) ‖ **~er Rauschwiderstand** (eines Potentiometers) (Eltech) / equivalent noise resistance ‖ **~e Schaltung** (Eltech) / equivalent circuit*, equivalent network ‖ **~e Strahlungsleistung** (Halbwellenstrahler) (Fernm) / effective radiated power* ‖ **≃-** / equivalent adj
**Äquivalent** n (Chem) / gram-equivalent n ‖ ≃ (Chem, EDV, Math) / equivalent n ‖ **elektrochemisches** ≃ (Chem) / electrochemical equivalent* ‖ **fotochemisches** ≃ (Chem) / photochemical equivalent ‖ **toxisches** ≃ (Chem, Pharm) / toxic equivalent (value), TE ‖ **≃anode** f (Eltronik) / virtual anode ‖ **~bezogene Masse** (Chem) / equivalent weight*, combining weight*, chemical equivalent ‖ **≃brennweite** f (Opt) / equivalent focal length*, EFL ‖ **≃dosis** f (gemessen in Sv nach DIN 1301, T1) (Radiol) / biological dose, dose equivalent ‖ **maximal zulässige ≃dosis** (Radiol) / maximum permissible concentration, permissible dose*, tolerance dose, MPD* ‖ **≃dosiscommitment** n (Radiol) / dose-equivalent commitment ‖ **≃dosisrate** f (DIN 1301, T 2) (Radiol) / dose equivalent rate ‖ **≃durchmesser** m (Phys) / equivalent diameter ‖ **Stark-Einsteinsches ≃gesetz** (Chem) / Stark-Einstein equation*, Stark-Einstein law, Einstein photochemical equivalence law ‖ **≃gewicht** n (Chem) / equivalent weight*, combining weight*, chemical equivalent ‖ **≃konzentration** f (Chem, Phys) / equivalent concentration ‖ **≃leitfähigkeit** f (die im Falle mehrwertiger Elektrolyte auf die Äquivalentkonzentration bezogene Leitfähigkeit) (Chem, Phys) / equivalent conductance*, equivalent conductivity ‖ **≃masse** f (Chem) / equivalent weight*, combining weight*, chemical equivalent ‖ **≃teilchen** n (als Stoffmengenangabe nach DIN 32625) (Chem) / equivalent entity ‖ **≃wind** m (die durch die herrschende Luftströmung verursachte Verminderung oder Erhöhung der Fluggeschwindigkeit über Grund unter Berücksichtigung der Flugzeugeigengeschwindigkeit) (Luftf) / equivalent wind
**Äquivalenz** f (auch eine Aussageverbindung) (KI, Math) / equivalence n, equivalency n ‖ ≃ (Phys) / equivalency* n, equivalence* n ‖ **~erhaltend** adj / equivalence-preserving adj ‖ **≃glied** n (das die Äquivalenz realisiert) (EDV, Regeln) / exclusive NOR-gate, match gate, equivalence gate*, biconditional gate, identity gate, equivalence element exclusive NOR-circuit, EQ gate* ‖ **≃klasse** f (Math) / equivalence class* ‖ **≃punkt** m (theoretischer Endpunkt bei der Titration) (Chem) / equivalent point, equivalence point ‖ **≃relation** f (Math) / equivalence relation* ‖ **≃satz** m **von Bernstein** (Math) / Schroeder-Bernstein theorem, equivalence theorem ‖ **≃umformung** f (einer Gleichung oder Ungleichung in eine andere, die dieselbe Lösungsmenge hat) (Math) / equivalent transformation ‖ **≃verknüpfung** f (EDV) / equivalence operation, biconditional operation, if-and-only-if operation, iff operation ‖ **≃zeichen** n (Math) / equivalence symbol, symbol of equivalence
**Äqui·viskosität** f (Phys) / equiviscosity n ‖ **≃vokation** f (bei bedingter Entropie) (Phys) / equivocation n
**Aquolumineszenz** f (beim Auflösen von Kristallen) (Phys) / aquoluminescence n
**Aquotisierung** f (Chem) / aquation n
**Aquoxid** n (Chem) / aquoxide n
**Ar** (Chem) / argon* n ‖ ≃ n m (Einheit der Fläche = $10^2$ m²) (Landw, Verm) / are* n
**AR** (Astr) / right ascension*, R.A.* ‖ ≃ (EDV) / address register*
**Ara** f (einfacher Zucker) (Chem) / arabinose* n
**Ära** f (ein chronologischer Abschnitt) (Geol) / era n
**Araban** n (Chem) / araban n
**Arabeske** f (Dekoration oder Ornament) (Arch, Tischl) / arabesque* n
**Arabinan** n (aus Arabinose zusammengesetzte Polyose) (Chem) / araban n
**Arabingummi** n (Gummi arabicum, Gummi acaciae) (Bot, Chem) / gum arabic*, acacia gum*, arabic gum, gum acacia
**Arabinogalaktan** n (eine Hemizellulose) (Chem) / arabinogalactan n
**Arabinose** f (einfacher Zucker) (Chem) / arabinose* n
**arabisch** adj (Ziffer) (Math) / Arabic adj ‖ **~e Ziffer** (Math) / Arabic numeral, digit n ‖ **~es Gummi** (Gummi arabicum, Gummi acaciae) (Bot, Chem) / gum arabic*, acacia gum*, arabic gum, gum acacia
**Arabit** m (Chem) / arabitol* n
**Arachidonsäure** f (Biochem) / 5,8,11,14-eicosatetraenoic acid, arachidonic acid
**Arachinsäure** f (Chem) / eicosanoic acid, arachic acid, arachidic acid
**Arachisöl** n / peanut oil, arachis oil*, ground-nut oil, katchung oil, earth-nut oil
**A-Radarabtastung** f (Radar) / A-scan n
**Aragonit** m (Min) / aragonite* n
**Arago-Punkt** m (ein neutraler Punkt) (Astr, Meteor) / Arago point
**Aragoscher Punkt** (zwischen Sonne und Horizont - auf der der Sonne abgewandten Seite) (Astr, Meteor) / Arago point
**Arago-Scheibe** f (nach D.F.J. Arago, 1786-1853) (Mag) / Arago's disk
**Aramid** n (DIN 60001, T 3) / aramide n ‖ **~e** n pl (aromatische Polyamide aus aromatischen Diaminen und Arylendikarbonsäuren - DIN 60001, T 3) (Chem) / aramides pl ‖ **≃faser** f (wie z.B. Kevlar oder PPTA) (Plast) / aramid fibre*
**Araminafaser** f (Tex) / urena fibre
**Aräo·meter** n (Phys) / areometer n, hydrometer* n ‖ **~metrisch** adj (Phys) / areometric adj, hydrometric adj ‖ **≃pyknometer** n (Phys) / areopyknometer* n

**Arbeitslehre**

**Araukarie, Brasilianische** ≃ (For) / parana pine*, Parana pine, Brazilian pine ‖ **Chilenische** ≃ (Araucaria araucana (Mol.) K.Koch) (For) / monkey puzzle, Chile pine, monkey puzzle tree
**Arbeit** f (F.Org) / labour n, labor n (US) ‖ ≃ (in J oder kWh) (Phys) / work* n ‖ **äußere** ≃ (DIN 13 316) (Phys) / virtual work ‖ **eingelegte** ≃ (Kunsthandwerk) (Tischl) / inlay* n, inlaid work, wood inlay ‖ **elektrische** ≃ (DIN 40 110, T 1) (Elektr) / electric work, electrical work ‖ **gebundene** ≃ (bei der die Ausbringung des Arbeiters durch Faktoren bestimmt ist, die außerhalb seines Einflußbereiches liegen) (F.Org) / restricted work ‖ **geleistete** ≃ (Phys) / work done ‖ **ideelle** ≃ (Arbeitsbetrag bei reibungsfrei gedachter Umformung) (Mech) / ideal work (of deformation) ‖ **indizierte** ≃ (bei Kolbenmaschinen - die sich aus der Differenz der technischen Arbeiten, der Expansion und der Kompression ergibt) (Masch) / indicated work ‖ **manuelle** ≃ (F.Org) / manual labour, handwork n ‖ **mechanische** ≃ (DIN 13 317) (Mech) / mechanical work ‖ **mit dem Zeitlohn bezahlte** ≃ (F.Org) / timework n ‖ **nach Zeit bezahlte** ≃ (F.Org) / timework n ‖ **nebenberufliche** ≃ (an Abenden und in der freien Zeit) / moonlighting n ‖ **tatsächlich geleistete** ≃ (F.Org) / work done ‖ **ungebundene** ≃ (bei der der Ausbringung des Arbeiters nur durch Faktoren bestimmt wird, die innerhalb seines Einflußbereiches liegen) (F.Org) / unrestricted work ‖ **virtuelle** ≃ (bei virtuellen Verrückungen) (Phys) / virtual work ‖ ≃ f **an der Werkbank** (Masch) / bench work* ‖ ≃ **im Fels** (mit Sprengungen) (Bergb) / hard-rock mining* ‖ ≃ **im Gelände** (HuT) / fieldwork n ‖ ≃ **mit umgedrehten Tapetenbahnen** (die ohne Rapport sind) (Anstr, Bau) / reversing alternate lengths ‖ ≃ **pro Einheit des Hubvolumens** (Masch) / mean effective pressure*, mep, mean pressure, mp
**arbeiten** v / work v ‖ ≃ n / working n ‖ ≃ (von Holz infolge Quellung und Schwindung) (For) / movement n, working of wood (due to swelling and shrinkage) ‖ **mittelbar** ≃ (im Zusammenhang mit einem Fertigungsverfahren) (F.Org) / ancillary work ‖ **öffentliche** ≃ (die die öffentliche Hand vergibt und finanziert) (HuT) / public works ‖ **unmittelbare** ≃ (die für den direkten Ablauf des Fertigungsprozesses erforderlich sind) (F.Org) / productive work ‖ **verzögertes** ≃ (Eltech) / delayed action* ‖ ≃ n **an unter Spannung stehenden Teilen** (Eltech) / live working ‖ ≃ **mit mehrfacher Genauigkeit** (EDV) / multiple-length working, multiple-precision working ‖ ≃ **mit mehrfacher Wortlänge** (EDV) / multiple-length working, multiple-precision working ‖ ≃ **mit zuviel Gas** (Masch, Wärm) / overgassing* n
**arbeitend** adj (Masch) / running adj, in operation, in service, active adj
**Arbeiter** m / worker n, hand n (a manual worker), workingman n (US), workman n (pl. -men), operative n ‖ ≃ (angelernter, ungelernter) / labourer n (a person doing unskilled manual work for wages), laborer n (US) ‖ ≃ (einer Kammwollkrempel) (Spinn) / worker n, worker roller, working roller ‖ **gelernter** ≃ / skilled worker (who is expert in some particular general skill, e.g. press-setter, kiln-operator etc.) ‖ ≃ **gruppe** f / gang n
**Arbeiterin** f / workwoman n (pl. -women)
**Arbeiterkolonne** f / gang n
**Arbeit** ≃ **geber** m / employer n ‖ ≃ **nehmer** m / employee n ‖ ≃ **nehmererfindung** f (von einem oder mehreren Arbeitnehmern mit einem Arbeitsverhältnis in innerem Zusammenhang stehende Erfindung) / employee invention
**Arbeits • ablauf** m (als Sequenz von Arbeitsgängen) (F.Org) / operations sequence, operating sequence ‖ ≃ **ablauf** (als Ganzes) (F.Org) / work flow ‖ ~**ablaufbedingte Wartezeit** (F.Org) / unavoidable delay ‖ ≃ **ablaufbogen** m (eine spezielle Arbeitsablaufdarstellung) (F.Org) / flow process chart ‖ ≃ **ablaufdarstellung** f (Masch) / process chart*, process flow sheet ‖ ≃ **ablaufdiagramm** n (Masch) / process chart*, process flow sheet ‖ ≃ **ablaufplan** m (F.Org) / flow diagram ‖ ≃ **amt** n / jobcentre n (GB) ‖ ≃ **analyse** f (methodische Stufe des Arbeitsstudiums bei der Untersuchung eines Ist-Zustandes, speziell die Auswertung der Untersuchung - DIN 33407) (F.Org) / operation analysis ‖ ≃ **kalorisches** **äquivalent** (Phys) / equivalent of heat, energy equivalent ‖ ≃ **aufgabe** f (die den Zweck des Arbeitssystems kennzeichnet) (F.Org) / work-load n ‖ ≃ **aufnahmefähigkeit** f (einer Feder) (Masch) / energy storage (of a spring) ‖ ≃ **aufwand** m (F.Org) / labour n, labor n (US) ‖ ~**aufwendig** adj (F.Org) / labour-intensive adj ‖ ≃ **band** n (EDV) / scratch tape* ‖ ≃ **band** (beim Magnetbandsortieren) (EDV) / work tape ‖ ≃ **bedingungen** f pl / operating conditions, in-service conditions ‖ ≃ **belastung** f (Gesamtheit der Einflüsse, die im Arbeitssystem auf den Menschen einwirken) (F.Org) / work-load n ‖ ≃ **bereich** m (im allgemeinen) / operating range ‖ ≃ **bereich** (EDV) / work space n, working space, WS, work-area n ‖ ≃ **bereich** (eines Industrieroboters) (F.Org) / working envelope, working profile ‖ ≃ **bereich** (Leistungsbereich einer Maschine) (Masch) / performance range ‖ ≃ **bereich** (Brenner) (Masch) / turn-down range, turn-down ratio ‖ **sicherer** ≃ **bereich** (ohne Schäden am Bauelement) (Eltronik) / safe operating area, SOA ‖ ≃ **beschaffungsprogramm** n / make-work scheme ‖ ≃ **bewegung** f (Masch) / travel n ‖ ≃ **bewertung** f (F.Org) / job evaluation ‖ ≃ **blatt** n (F.Org) / worksheet n ‖ ≃ **blende** f (Foto, Opt) / working aperture ‖ ≃ **blendenmessung** f (Foto) / stopped-down metering ‖ ≃ **breite** f / working width ‖ ≃ **brett** n (Keram) / batt n, bat n ‖ ≃ **bühne** f (Bau, HuT) / stage* n, staging* n (temporary), operating floor, working floor, operating platform, working platform ‖ ≃ **bühne** (meistens in steilen Ganglagerstätten) (Bergb) / stull n ‖ ≃ **bühne** (Erdöl) / derrick floor ‖ **[hebbare] bühne (hydraulische)** (Masch) / hydraulic platform ‖ ≃ **bühne** (Bau, HuT) s. auch Arbeitsgerüst ‖ ≃ **datei** f (eine Datei auf einem Sekundärspeicher, die für die zwischenzeitliche Speicherung von Ergebnissen während der Ausführung eines speziellen Programms reserviert ist) (EDV) / work file, scratch file ‖ ≃ **diagramm** n (als Kurve) (Kfz, Masch) / indicator diagram* ‖ ≃ **diagramm** (als Träger) (Kfz, Masch) / indicator card* ‖ ≃ **diagramm** (V-Mot) / pressure-volume diagram ‖ ≃ **dichte** f (Masch) / mean effective pressure*, mep, mean pressure, mp ‖ ≃ **diskette** f (EDV) / work diskette, working diskette ‖ ≃ **drahtseil** n (des Bewegungsausgleichsgeräts) (Erdöl) / working wire-line ‖ ≃ **druck** m (Masch) / operating pressure, working pressure ‖ ≃ **ebene** f / working plane ‖ ≃ **einheit** f (z.B. eine Standardstunde) (F.Org) / unit of work ‖ ≃ **elektrode** f (Eltech) / working electrode, work electrode, WE ‖ ≃ **emigrant** m (pl. -en) / emigrant worker ‖ ≃ **ergebnis** n (Masch) / output* n, outturn n, produce n, production n (figure), production run, make n (Fernsp) / section control unit ‖ ≃ **fenster** n (in der Mehrfenstertechnik) (EDV) / action window ‖ ≃ **fläche** f / top-work surface, worktop n ‖ ≃ **fläche** (Bau, HuT) / stage* n, staging* n (temporary), operating floor, working floor, operating platform, working platform ‖ ≃ **fläche** (Bildschirmteilbereich) (EDV) / viewport n ‖ ≃ **fläche** (Masch) / face* n ‖ ≃ **flamme** f (des Brenners) (Chem) / working flame ‖ ≃ **flug** m (eines Arbeitsflugzeugs) (Lufft) / aerial work ‖ ≃ **flüssigkeit** f (für die ED-Maschinen) (Masch) / dielectric fluid, dielectric n, dielectric medium ‖ ≃ **frequenz** f (Fernm) / working frequency, utility frequency ‖ ≃ **fuge** f (DIN 1045) (Bau, HuT) / construction joint ‖ ≃ **gang** m (selbständiger Teil des technologischen Prozesses) (F.Org) / operation* n, work cycle* ‖ ≃ **gang** (Fortgang der Arbeit) (F.Org) / work flow ‖ ≃ **gang** (einer Maschine) (Masch) / passage n ‖ ≃ **gangfolge** f (F.Org) / sequence of operations, operations sequence, operating sequence, routing n ‖ ≃ **gebiet** n (eines Unternehmens) / sphere of activity (of an enterprise) ‖ ~**gebundene Preßmaschinen** (Masch) / hammers pl and screw presses ‖ ≃ **gedächtnis** n (KI) / working memory ‖ ≃ **gegenstand** m (Masch) / workpiece n ‖ ≃ **gerät** n (Masch) / tool n ‖ ≃ **gericht** n / employment tribunal, labor court (US) ‖ ≃ **gerüst** n (einfaches) (Anstr) / splitheads pl, splits pl, bandstands pl, bands pl ‖ ≃ **gerüst** (DIN 4420) (Masch) / scaffolding* n, man-carrying platform ‖ ≃ **geschwindigkeit** f (Kennwert zur Charakterisierung der Leistungsfähigkeit von elektronischen Systemen) (Eltronik) / operating speed ‖ ≃ **gestaltung** f (F.Org) / method study* ‖ ≃ **grube** f (Masch) / engine pit* ‖ ≃ **handschuhe** m pl (Tex) / work gloves, utility gloves ‖ ≃ **herd** m (eines Schachtofens) (Hütt) / working bottom ‖ ≃ **herd** (eines Schmelz- oder Flammofens) (Hütt, Keram) / hearth* n ‖ ≃ **hub** m (allgemein bei Arbeitsmaschinen) (Masch) / working stroke ‖ ≃ **hub** (im Verbrennungsmotor) (V-Mot) / firing stroke*, working stroke, power stroke ‖ ≃ **hubgeschwindigkeit** f (des Stößels während des Arbeitsvorganges) (Masch) / pressing speed ‖ ≃ **hygiene** f (ein Teilgebiet der Arbeitsmedizin) (Med) / industrial hygiene, occupational hygiene ‖ ≃ **intensität** f (F.Org) / rating n ‖ ~**intensiv** adj (F.Org) / labour-intensive adj ‖ ≃ **kaliber** n (mit dem Normal verglichene Maßverkörperung) (Eltech, Masch) / working standard* ‖ ≃ **kammer** f (Innenraum des Senkkastens) (HuT) / working chamber* ‖ ≃ **karte** f (zum Eintragen thematischer Kartengegenstände) (Kart) / base map ‖ ≃ **kittel** m (Tex) / warehouse coat, smock, smock-frock n ‖ ≃ **kleidung** f (Tex) / work clothes, workwear n, career apparel ‖ ≃ **kleidung** (Tex) s. auch Berufskleidung ‖ ≃ **klima** f (F.Org) / working environment ‖ ≃ **kollege** m / workmate n ‖ ≃ **kombination** f (Tex) / overall(s) n(pl), coverall(s) n(pl) (US) ‖ ≃ **kontakt** m (Eltech) / make-contact* n, N.O. contact, normally open contact, "a" contact, NOC, maker n, closer n ‖ ≃ **kontrolluhr** f (F.Org) / time clock (automatic recording clock) ‖ ≃ **kopie** f (Eltronik) / phototool n ‖ ≃ **kopie** (Film) / work-print n ‖ ≃ **kopie** (Tageskopie des ungeschnittenen Films) (Film) / dailies* pl, daily n, rushes* pl ‖ ≃ **kopie zur Nachsynchronisation** (Film) / dubbing print ‖ ≃ **kraft** f / worker n, hand n (a manual worker), workingman n (US), workman n (pl. -men), operative n ‖ ≃ **kraft** (weibliche) / workwoman n (pl. -women) ‖ ≃ **kräfte** f pl / workforce n, human resources, labour n, labor n (US) ‖ **ausländische** ≃ **kräfte** / foreign labour ‖ ≃ **kräfteabbau** m / demanning n, run-down n ‖ ≃ **kräfteeinsparung** f / demanning n, run-down n ‖ ≃ **kräftemangel** m / labour shortage, manpower shortage, staffing shortage ‖ ≃ **kräftepotential** n / workforce n, human resources, labour n, labor n (US) ‖ ≃ **lampe** f (Licht) / work light ‖ ≃ **laufkarte** f (F.Org) / progress chart ‖ ≃ **lehre** f (mit dem Normal verglichene Maßverkörperung) (Eltech, Masch) /

**Arbeitslehre**

working standard* ‖ ⁓**lehre** (Masch) / manufacturing gauge* ‖ ⁓**leiste** f (bei Flanschen) (Masch) / raised face, RF ‖ **Flansch** m **mit** ⁓**leiste** (Masch) / raised-face flange, RF flange ‖ ⁓**licht** n (Licht) / work light ‖ ⁓**linie** f (Destillation) (Chem) / operating line ‖ ⁓**loch** n (Glas) / gathering hole (in a glass pot or tank) ‖ ⁓**lohn** m (F.Org) / pay n, wage n, wages pl ‖ ~**los** adj / unemployed adj, out of job (US) ‖ ⁓**losenversicherung** f / unemployment insurance, UI ‖ ⁓**losigkeit** f / unemployment n ‖ **friktionelle** ⁓**losigkeit** (die mit dem Wechsel des Arbeitsplatzes verbunden ist) / frictional unemployment ‖ **strukturelle** ⁓**losigkeit** / structural unemployment ‖ ⁓**lösung** f (Chem) / working solution ‖ ⁓**luftfahrt** f (meistens Einsatz von Arbeitsflugzeugen) (Luftf) / aerial work ‖ ⁓**maschine** f (die eine Arbeit verrichtet) (Masch) / machine* n (working) ‖ ⁓**maske** f (Eltronik) / working plate ‖ **[technologisch bedingtes]** ⁓**maß** (Masch) / workable size ‖ ⁓**medium** n / working fluid, process fluid ‖ ⁓**medizin** f (Med) / occupational medicine, industrial medicine ‖ ⁓**mittelplanung** f (F.Org) / equipment planning ‖ ⁓**modell** n (Gieß, Keram) / working mould ‖ ⁓**nische** f (Glas) / arch n, pot opening ‖ ⁓**norm** f (Bemessungssatz für die Arbeitsleistung und ihre Entlohnung) (F.Org) / production standard ‖ ⁓**paket** n (EDV) / work cluster ‖ ⁓**planer** m (F.Org) / scheduler n ‖ ⁓**planungsbogen** m (auf dem die Tätigkeiten von mehr als einem Arbeiter oder mehr als einem Betriebsmittel auf einer gemeinsamen Zeitskale aufgezeichnet sind) (F.Org) / multiple-activity chart, man-and-machine chart ‖ ⁓**platte** (z.B. bei den Hausgeräten) / top-work surface, worktop n ‖ ⁓**plattform** f (Bau, HuT) / stage* n, staging* n (temporary), operating floor, working floor, operating platform, working platform

**Arbeitsplatz** m (rechnergestützt) (EDV) / workstation* n ‖ ~ (Glas) / shop n ‖ ~ (der Fließstraße) (Masch) / station* n ‖ ~ (DIN 33400) (Masch) / working place, workplace n ‖ **CAD-tauglicher** ~ (F.Org) / workstation with CAD capabilities ‖ **grafischer** ~ (meistens mit einem Bildschirmgerät) (EDV) / graphics workstation ‖ **intelligenter** ~ (EDV) / intelligent workstation ‖ ⁓**analyse** f (F.Org) / workstation analysis ‖ ⁓**befragung** f (F.Org) / job diagnostic survey, JDS ‖ ⁓**beleuchtung** f (Licht) / local lighting, localized lighting ‖ ⁓**beschreibung** f (F.Org) / job description ‖ ⁓**computer** m (DIN 32748, T 1) (EDV) / office workstation (off-line), workstation computer ‖ ⁓**gestaltung** f / workplace design ‖ ⁓**konzentration** f (Chem, Umwelt) / workplace concentration ‖ ⁓**rechner** m (F.Org) / office workstation (off-line), workstation computer ‖ ⁓**terminal** n (on line) (EDV) / office terminal, office workstation (on-line) ‖ **biologischer** ⁓**toleranzwert (BAT)** (Chem) / biological limit of occupational tolerability ‖ ⁓**wechsel** m (F.Org) / job rotation

**Arbeits•preis** m (je abgenommene Einheit, z.B.kWh) / commodity charge ‖ ⁓**projektor** m (DIN 19040) / overhead projector* ‖ ⁓**psychologie** f (Zweig der angewandten Psychologie) (Psychol) / industrial psychology, occupational psychology ‖ ⁓**punkt** m (im Ausgangskennlinienfeld) (Eltronik) / working point, operating point ‖ ⁓**punkt** (bei den Schweißrobotern) (Schw) / tool-centre point ‖ ⁓**raum** m (des Ofens) (Glas) / gathering end ‖ **abgeschirmter** ⁓**raum** (Nukl) / shielded box* ‖ ⁓**rechner** m (als Gegensatz zum Bereitschaftsrechner) (EDV) / working computer ‖ ⁓**rollgang** m (in einem Walzwerk) (Hütt) / mill table ‖ ⁓**rückstände** m pl / backlog n (an accumulation of uncompleted work or matters needing to be dealt with) ‖ ⁓**schicht** f (Glas) / turn* n ‖ ⁓**schuhe** m pl (als Gattungsbegriff) / industrial footwear ‖ ⁓**schutz** m (F.Org, Med) / protection of health and safety standards at work ‖ ⁓**schutz** (F.Org, Med) s. auch Arbeitssicherheit ‖ ⁓**schutzhelm** m (DIN 7948) (Bau, Masch, Med) / safety helmet, hard hat ‖ ⁓**seite** f (Masch) / face* n ‖ ⁓**sicherheit** f (F.Org) / occupational safety, industrial safety, safety at work ‖ **eine** ⁓**sitzung beenden** (das Menü verlassen) (EDV) / log off v, log out* v, sign off v ‖ ⁓**spannung** f (Eltech) / running voltage, operating voltage, working voltage ‖ ⁓**sparend** adj (F.Org) / labour-saving adj ‖ ⁓**speicher (ASP)** m (EDV) / main memory*, main storage, main store ‖ ⁓**speicher** m (bei Taschenrechnern mit UPN-Logik) (EDV) / operational stack ‖ ⁓**speicher** (Teil des Hauptspeichers, in dem Daten gespeichert werden; im Gegensatz zum Programmteil) (EDV) / working memory (WM), working storage (WS) ‖ ⁓**speicherkapitel** n (COBOL) (EDV) / working-storage section ‖ ⁓**speicherplatz** m (EDV) / memory location*, storage location, store location* ‖ ⁓**spiel** n (Masch, V-Mot) / cycle n, working cycle ‖ ⁓**spindel** f (Masch) / spindle* n ‖ ⁓**station** f (EDV) / workstation* n ‖ ⁓**stich** m (beim Walzen) (Hütt) / live pass ‖ **gefährlicher** ⁓**stoff** (Chem, Med) / hazardous material, hazardous substance ‖ **gesundheitsschädlicher** ⁓**stoff** (Chem, Med) / occupational toxicant ‖ ⁓**stromauslöser** m (Eltech) / shunt release ‖ ⁓**stück** m (Masch) / workpiece n ‖ ⁓**studie** f (Oberbegriff für alle betrieblichen Methoden zur systematischen Untersuchung der menschlichen Arbeit mit dem Ziel, die Arbeit ökonomisch und menschengerecht zu gestalten) (F.Org) / work study*, work measurement ‖ ⁓**studien-Fachmann** m (F.Org) / methods engineer ‖ ⁓**studien-Ingenieur** m (F.Org) / methods engineer ‖ ⁓**studienwesen** n (F.Org) / methods engineering ‖ ⁓**studium** n (F.Org) / methods engineering ‖ ⁓**stunde** f (F.Org) / man-hour n ‖ ⁓**tag** m (F.Org) / workday n, working day ‖ ⁓**takt** m (F.Org) / cycle n ‖ ⁓**takt** (V-Mot) / firing stroke*, working stroke, power stroke ‖ ⁓**technik** f **mit dem Mikromanipulator** (Biol, Mikros) / micromanipulation n ‖ ⁓**teilung** f (F.Org) / division of labour ‖ ⁓**temperatur** f (Glas) / working temperature ‖ ⁓**therapie** f (Med) / ergotherapy n, occupational therapy ‖ ⁓**tisch** m (Masch) / workbench n, bench n ‖ ⁓**trum** m (bei Angabe des Abstands der Tragrollen) (Masch) / upper strand, carrying strand, tight strand, tight side ‖ ⁓**turbine** f / power turbine ‖ ⁓**unfall** m (Chem, Chem Verf) / chemical accident ‖ ⁓**unfall** (Med) / industrial accident, occupational accident ‖ ⁓**verlust** m **bei Zustandsänderung** (Masch) / unavailable energy ‖ ⁓**vermittlungsstelle** f (offizielle) / jobcentre n ‖ ⁓**vermögen** n (die Gesamtheit der Fähigkeiten eines Erwerbstätigen oder einer Gruppe von solchen - ein Teil des Volksvermögens) / human capital ‖ ⁓**vermögen** (einer Feder) (Masch) / energy storage (of a spring) ‖ ⁓**vermögen** (der Presse) (Masch) / energy capability ‖ ⁓**vermögen** (des Garns) (Spinn) / springiness n ‖ ⁓**vermögen** (Wasserkraftwerk) (Wasserb) / energy capability ‖ ⁓**verteiler** m (F.Org) / dispatcher n ‖ ⁓**vertrag** m (F.Org) / contract of employment ‖ ⁓**viskosität** f (beim Spritzen) (Anstr) / spraying consistency, spraying viscosity ‖ ⁓**vorbereitung** f (F.Org) / job planning, job scheduling, operations scheduling ‖ ⁓**vorbereitung** (F.Org) / work scheduling ‖ ⁓**vorgang** m (Abschnitt eines Arbeitsablaufes, bezogen auf einen Arbeitsplatz oder eine Arbeitsstation) (F.Org) / operation* n, work cycle* ‖ ⁓**vorgangsbeleg** m (F.Org) / worksheet n ‖ ⁓**vorrat** m (in der Zwischenablage für angearbeitete Werkstücke) (F.Org) / bank n, float n ‖ ⁓**walze** f (Hütt) / working roll ‖ ⁓**wanne** f (ein Teil des kontinuierlichen Glaswannenofens, in dem das Abstehen stattfindet) (Glas) / working end, nose n, working chamber ‖ **mehrschützige** ⁓**weise** (Web) / multishuttle operation ‖ ⁓**weise** f **der Schaltung** (Eltech) / circuit operation ‖ ⁓**weise mit festem Takt** (EDV) / fixed-cycle operation ‖ ⁓**wicklung** f (Eltech) / load winding ‖ ⁓**widerstand** m (Eltech) / load resistance ‖ ⁓**zeichnung** f / workshop drawing ‖ ⁓**zeit** f (meistens durch Tarifvertrag oder Betriebsvereinbarungen geregelt) (F.Org) / working time ‖ **gleitende** ⁓**zeit** (F.Org) / gliding time, flexitime n, flextime n, staggered work time, sliding time ‖ ⁓**zeitstudie** f (F.Org) / time study, stop-watch time study ‖ ⁓**zeitverkürzung** f (F.Org) / reduction in working hours ‖ ⁓**zettel** m (F.Org) / worksheet n ‖ ⁓**zimmer** n (Bau) / study n ‖ ⁓**zyklus** m (EDV) / operation cycle ‖ ⁓**zyklus** (Masch) / machining cycle, working cycle ‖ **(fester)** ⁓**zyklus** (bei der numerischen Steuerung nach DIN 66257) (EDV, Masch) / canned cycle, fixed cycle ‖ **vollständiger** ⁓**zyklus** (F.Org) / closed cycle ‖ ⁓**zyklus** m (F.Org) s. auch Spiel und Zykluszeit ‖ ⁓**zylinder** m **des Hydraulikantriebs** (Masch) / hydraulic cylinder

**arbiträr** adj / arbitrary adj
**Arboreszenz** f (Math) / directed tree
**Arborizid** n (Herbizid gegen Gehölze) (Chem, Umwelt) / arboricide n, brushkiller n
**Arbutin** n (Hydrochinon-mono-β-D-glucopyranosid) (Chem, Foto) / arbutin n
**arc cos** (Math) / inverse cosine, arc cosine, arc cos* ‖ ~ **sin** (Math) / inverse sine, arc sine, arc sin ‖ ~ **cos** (Math) / inverse cosine, arc cosine, arc cos* ‖ ~ **sin** (Math) / inverse sine, arc sine, arc sin
**Arcatom-Schweißung** f (z.B. MAG-Verfahren) (Schw) / atomic hydrogen welding, atomic hydrogen arc welding
**Arcatom-Verfahren** n (Schw) / atomic hydrogen welding, atomic hydrogen arc welding
**archäologische Chemie** (Chem) / archaeological chemistry
**Archäomagnetismus** m (zur Altersbestimmung) (Geophys) / archaeomagnetism n
**Archibenthal** n (Bereich des See- und Meeresbodens zwischen 200 und 1000 m Tiefe) (Umwelt) / archibenthic zone, archibenthos n
**Archie** m / Archie n (an Internet service)
**Archimedes-Zahl** f (DIN 1341) (Phys) / Archimedes number
**archimedisch** adj (Math, Phys) / Archimedean adj ‖ **nicht ~e Bewertung** (eines Körpers) (Math) / non-Archimedean valuation ‖ **~es Axiom** (Math) / Archimedes' axiom, Eudoxus' axiom ‖ **~er Körper** (Math) / Archimedean solid, Archimedean polyhedron, Catalan's solid ‖ **~e Schraube** (Wasserb) / Archimedean screw*, Archimedes' screw ‖ **~e Spirale** (Math) / Archimedes' spiral*, spiral of Archimedes, Archimedean spiral ‖ **~es Prinzip** (des hydrostatischen Auftriebs) (Phys) / Archimedes' principle*, principle of Archimedes
**Archipel** m (Ozean) / archipelago* (pl-s or -es) n
**Architekt** m (ausführender) (Arch) / surveyor n ‖ ~ (Arch) / architect n
**Architektenbüro** n (Arch) / architect's office, drawing office
**architektonisch** adj (Arch) / architectural adj, architectonic adj ‖ **~es Glied** (Arch, Bau) / moulding* n

**Architektur** f / architecture n, system architecture ‖ ~ (Arch) / architecture n ‖ **erweiterte** ~ (des Rechners) (EDV) / extended architecture (XA) ‖ **landschaftsgebundene** ~ (Arch) / landscape architecture, environmental architecture ‖ **Neumannsche** ~ (der ersten vier Rechnergenerationen - nach Johann Baron v. Neumann, 1903-1957) (EDV) / Neumann architecture, von-Neumann architecture ‖ **organische** ~ (Arch) / organic architecture ‖ ~ f **des Boundary Scans** (Eltronik) / boundary-scan architecture ‖ ~ **lokaler Netze** (EDV) / LAN architecture ‖ ~**bronze** f (für die Bildhauerkunst) (Hütt) / statuary bronze ‖ ~**glied** n (Arch, Bau) / moulding* n ‖ ~**kamera** f (Foto) / architecture camera, architectural camera ‖ ~**zeichnung** f / architectural drawing
**Architrav** m (Arch) / architrave* n, epistyle* n, transverse architrave* ‖ ~**bau** n (Arch) / trabeation n
**Archiv•aufnahme** f (Foto) / stock shot, library shot ‖ ~**datei** f (EDV) / archive file ‖ ~**datei** (EDV) / history file
**archivieren** v / archive v
**archivierfähig** adj (Papier) (Pap) / archival adj
**Archivierung** f (von Belegen) / archiving n ‖ ~ (EDV) / filing n
**Archivierungsdatei** f (EDV) / archive file
**Archivolte** f (profilierte Stirnseite eines Rundbogens) (Arch) / archivolt* n, compound arch*, recessed arch* ‖ ~ s. auch Stirn (des Bogens)
**Archivspeicher** m (EDV) / offline storage
**Arcologie** f (architektonische Entwürfe, die die Umweltfreundlichkeit herausstreichen - z.B. von P. Soleri) (Arch, Umwelt) / arcology n
**arctan-Reihe** f (Math) / Gregory series
**Arcus** m (Math) / circular measure*, radian measure
**Arcyria-Farbstoff** m (Bisindolylmaleinimid) (Bot, Chem) / arcyria dye
**Ardometer** n (ein spezielles Gesamtstrahlungspyrometer) (Phys) / ardometer* n
**Area** f (pl. -s) (ein benannter /Teil/Bereich des Adreßraums einer Datenbank) (EDV) / realm n, area n ‖ ~**funktion** f (Umkehrfunktion der Hyperbelfunktion) (Math) / inverse hyperbolic function*, arc hyperbolic function
**Areal** n (Grundstück) (Bau, Verm) / lot n, plot n, parcel n (of land), building plot, plat n (US) ‖ ~ (Wohngebiet der Sippen mit allen ihren Populationen und Individuen) (Bot) / area n ‖ ~ (Umwelt) / range n
**Areca-Alkaloide** n pl (aus der Betelnuß) (Pharm) / areca alkaloids
**Arecolin** n (Hauptalkaloid der Betelnuß) (Pharm) / arecoline n
**Arekanuß** f (Bot) / betel nut
**Arekolin** n (Pharm) / arecoline n
**Arene** n pl (mono- und polyzyklische Kohlenwasserstoffe sowie kondensierte Ringsysteme) (Chem) / arenes pl
**Arenit** m (ein klastisches Karbonatsediment mit Korngrößen 0,63 bis 2 mm) (Geol) / arenite n, arenyte n
**arenitischer Dolomit** (Geol) / dolarenite n
**Arenoxide** n pl (unsystematische Bezeichnung für Epoxide, die sich von aromatischen Verbindungen ableiten und die zu einer Reihe von Valenzisomerisierungen befähigt sind) (Chem) / arene oxides
**Aresti-Katalog** m (Katalog der Kunstflugfiguren und deren Bewertung - nach J.L. de Aresti) (Luftf) / Aresti catalogue
**Arfvedsonit** m (eine Natronhornblende) (Min) / arfvedsonite* n
**Arg** (Biochem, Nahr) / arginine* n, Arg*
**Argasidae** pl (Familie der Zecken) (Landw, Zool) / Argasidae pl
**Argentit** m (kubischer Silberglanz) (Min) / argentite* n, argyrite n
**Argillit** m (vorgefestigtes Tongestein) (Geol) / argillite* n
**argillitisch** adj (Geol, Keram) / argillaceous adj, clayey adj
**Arginase** f (Hydrolase aus der Leber harnstoffbildender Tiere) (Biochem) / arginase n
**Arginin** n (eine essentielle Aminosäure) (Biochem, Nahr) / arginine* n, Arg* ‖ ~**-Harnstoff-Zyklus** m (Biochem, Physiol) / ornithine cycle, urea cycle*, Krebs-Henseleit cycle ‖ ~**pyroglutamat** n (ein Moisturizer) (Chem) / arginine pyroglutamate
**Argon (Ar)** n (Chem) / argon* n ‖ ~**arc-Verfahren** n (ein zum WIG-Schweißen zählendes Schweißverfahren) (Schw) / argon-arc (welding) process ‖ ~**detektor** m (für die gaschromatografische Spurenanalyse) (Chem) / argon detector ‖ ~**-Ionen-Laser** m (ein Gaslaser) (Phys) / argon laser* ‖ ~**-Sauerstoff-Konverter** m (Hütt) / argon-oxygen converter, AOD converter ‖ ~**-Wasserstoff-Plasma** n / argon-hydrogen plasma
**Argument** n (Winkel zwischen der x-Achse der reellen Zahlen und Ortsvektor bei der Darstellung einer komplexen Zahl in Gaußscher Zahlenebene) (Math) / argument* n (of a complex number) ‖ ~ (unabhängige Variable einer Funktion) (Math) / independent variable, argument n ‖ ~**anzahl** f (Math) / arity n
**argumentativer Werbetext** / argumentative copy
**Argument•bereich** m (Math) / domain* n (left) ‖ ~**wert** m (einer Funktion) (Math) / independent variable, argument n
**Argus-Schmidt-Rohr** n (Luftf) / pulse-jet* n, pulsating jet engine, aeropulse n, intermittent jet*, intermittent duct

**Argyle-Muster** n (Tex) / Argyle n, argyll n
**Argyrie** f (Blaugrauverfärbung der Haut und der innerer Organe bei längerem Gebrauch von Silberpräparaten) (Med) / argyria* n
**Argyrodit** m (ein Silbererz) (Min) / argyrodite* n
**Argyrose** f (Med) / argyria* n
**ARI** (auf der ARI-Trägerfrequenz) (Kfz) / ARI n, driver information system
**arides Klima** (wenn die Verdunstung stärker ist als der Niederschlag) (Meteor) / arid climate
**Aridisol** m (Trockenbodentyp) (Landw) / aridisol n
**Aridität** f (ein Klimatyp) (Meteor) / aridity n
**aridophil** adj (Bot) / xerophilous adj
**Arin** n (eine kurzlebige, nicht isolierbare aromatische Verbindung, deren aromatischer Ring eine Dreifachbindung enthält) (Chem) / aryne n
**Aristolochiasäure** f (3,4-Methylendioxy-8-methoxy-10-nitro-1-phenanthrencarbonsäure) (Chem) / aristolochic acid
**aristotelische Logik** (nach Aristoteles, 384-322 v.Chr.) / Aristotelian logic
**Arität** f (Math) / arity n
**Arithmetik** f (Math) / arithmetic* n ‖ **binäre** ~ (Math) / binary arithmetic* ‖ **dezimale** ~ (Math) / decimal arithmetic ‖ **doppeltgenaue** ~ (bei der speicherinternen Darstellung von Zahlen werden doppelt so viele Bits verwendet als bei normaler Darstellung) (EDV) / double-precision arithmetic ‖ ~ f **mit bedeutsamen Ziffern** (EDV) / significant digit arithmetic ‖ ~**-Logik-Einheit** f (EDV) / arithmetic logic unit* (ALU) ‖ ~**prozessor** m (ein Mikroprozessor) (EDV) / arithmetic processing unit, APU, arithmetic processor
**arithmetisch** adj (Math) / arithmetic adj, arithmetical adj, arith. ‖ ~**er Befehl** (EDV) / arithmetical instruction, arithmetic instruction ‖ ~**e Folge** (Math) / arithmetic progression*, arithmetic sequence ‖ ~**es Kontinuum** (Math) / numerical axis, number line, arithmetic continuum*, real line ‖ ~**er Koprozessor** (EDV) / arithmetic coprocessor ‖ ~**es Mittel** (Math, Stats) / arithmetic mean*, arithmetic average, AA ‖ ~**er Mittelwert** (der Fläche) (Math) / mean centre ‖ ~**e Operation** (EDV, Math) / arithmetical operation ‖ ~**er Operator** (EDV, Math) / arithmetic operator ‖ ~**e Reihe** (Math) / arithmetic series, AS ‖ ~**er Strommittelwert** (Elektr) / average current* ‖ ~**e Verschiebung** (EDV) / arithmetic shift*, arithmetical shift ‖ ~**e Zahlenfolge** (Math) / arithmetic progression*, arithmetic sequence
**arithmetisch-logische Einheit** (ein Schaltnetz, das zweistellige arithmetische und logische Operationen ausführt) (EDV) / arithmetic logic unit* (ALU)
**Arithmetisierung** f (Kodierung der Symbole und Ausdrücke einer formalen Sprache durch natürliche Zahlen) (Math) / Gödel numbering, arithmetization n
**Arkaden** f pl (Web) / cords to raise the threads
**Arkansasstein** m (ein Wetzstein) / Arkansas stone
**Arkose** f (über 25 % Feldspat enthaltender Sandstein) (Geol) / arkose* n, arcose n, granite wash
**Arktikluft** f (Meteor) / arctic air
**arktisch** adj (Geog) / arctic adj ‖ ~**er Kautschuk** / anticrystallizing rubber, AC rubber ‖ ~**es Klima** (Meteor) / polar climate, arctic climate
**Arkus** m (Math) / circular measure*, radian measure ‖ ~ (Math) / circular arc, arc of circle ‖ ~**funktion** f (Umkehrfunktion der trigonometrischen Funktion) (Math) / inverse trigonometrical function*, antitrigonometrical function ‖ ~**kosinus** m (Math) / inverse cosine, arc cosine, arc cos* ‖ ~**sinus** m (Math) / inverse sine, arc sine, arc sin* ‖ ~**tangensreihe** f (Math) / Gregory series
**arm** adj / poor adj ‖ ~ (Boden) / thin adj ‖ ~**es Erz** (Bergb) / lean ore*, low-grade ore ‖ ~**es Zwischengut** (Aufber) / skimmings pl, skimpings pl
**Arm** m (Eltech) / arm n ‖ ~ (des Emulsionssterns) (Kernphys) / prong n ‖ ~ (eines Hebels, einer Maschine, eines IR) (Masch) / arm n ‖ ~ (der Schneidkluppe) (Masch) / handle n ‖ ~ (eines Flusses) (Wasserb) / arm n
**Armalcolit** m (ein Mineral der Pseudobrookit-Reihe - nach den amerikanischen Raumfahrer Arm/strong/, Al/drin/ und Col/lins/) (Min) / armalcolite n
**Armatur•en** f pl (Masch) / valves and fittings ‖ ~ f (z.B. eines Schlauchs) (Masch) / fitting n ‖ ~**en** f pl (Absperr-, Meß- und Drosselvorrichtungen für Rohrleitungen) (Masch) / plumbing controls ‖ **[kleine]** ~**en** (Masch) / fittings* pl ‖ **feine** ~ (des Kessels) (Masch) / valves and accessories ‖ **grobe** ~ (des Kessels) (Masch) / appurtenances pl, mountings pl, trim n, boiler mountings ‖ **witterungsbeständige** ~ (Eltech) / weatherproof fitting ‖ ~ f **mit nichtsteigender Spindel** (Masch) / non-rising stem valve ‖ ~ **mit vollem Durchgang** (Masch) / full-bore valve
**Armaturen•brett** n (Kfz) / dashboard n, instrument panel, fascia* n, fascia board, facia board, dash n, front dashboard, instrument board

**Armaturenträger**
‖ ≃-träger *m* (Instr) / dash panel, dashboard support ‖ ≃-**verluste** *m pl* (Sanitär) / waste *n*
**Armband, antistatisches** ≃ (Eltech) / antistatic wrist strap ‖ ≃-**uhr** *f* (Uhr) / wristwatch *n* ‖ ≃-**uhr mit Pulszähler** (Uhr) / pulse-rate watch ‖ ≃-**uhr mit Videospiel** (Uhr) / game watch
**Armco-Eisen** *n* (technisch reines Eisen) (Hütt) / Armco iron*
**Ärmel** *m* (Tex) / sleeve *n* ‖ ≃-**los** *adj* (Tex) / sleeveless *adj* ‖ ≃-**maschine** *f* (Tex) / sleeve machine ‖ ≃-**umschlag** *m* (Tex) / cuff *n*
**armenischer Bolus** (zum Vergolden) / Armenian bole, bole armoniac
**ar-Methylstyrol** *n* (Chem) / vinyltoluene *n*, methyl styrene
**Armgas** *n* (mit niedrigem spezifischem Brennwert) (Kftst) / lean gas
**armieren** *v* (Beton) / reinforce *v*
**Armierung** *f* (als Tätigkeit) (HuT) / armouring* *n* ‖ ≃ (als Einrichtung) (HuT) / armour *n*, armor *n* (US)
**Armierungs•gewebe** *n* (im Armierungskleber eingebettet - zur Überbrückung arbeitender Risse) (Bau) / scrim* *n*, patching tape, tape joint* ‖ ≃-**stahl** *m* (S) (HuT, Hütt) / concrete steel, reinforcing steel, concrete reinforcing steel
**Arm•koordinaten** *f pl* (die die Stellungen der Bewegungsachsen bei den IR beschreiben) (Masch) / arm coordinates ‖ ≃-**lehne** *f* / armrest *n* ‖ ≃-**nähmaschine** *f* (Tex) / cylinder-bed sewing machine ‖ ≃-**signal** *n* (Bahn) / semaphore *n* ‖ ≃-**signal** (der Signalbrücke) (Masch) / doll* *n* ‖ ≃-**stern** *m* (Eltech) / spider* *n*, rotor spider
**Armstrong•-Schaltung** *f* (Eltronik) / Armstrong circuit ‖ ≃-**Verfahren** *n* (Sprengverfahren mit hochgespannter Luft) (Bergb) / airdox* *n*
**Armstütze** *f* / armrest *n*
**Armüre** *f* (Web) / armure *n*
**Armure** *f* (kleingemustertes Schaftgewebe) (Web) / armure *n*
**Arnaudons Grün** (Anstr) / Plessy's green
**Arndt-Eistert-Reaktion** *f* (zur Synthese homologer Säuren - nach F.Arndt, 1885-1969, und B.Eistert, 1902-1978) (Chem) / Arndt-Eistert reaction*
**Arnikatinktur** *f* (Pharm) / arnica tincture, arnica *n*
**Aroma** *n* (pl. -men) (Eigenart der Lebensmittel nach DIN 10950) (Nahr) / flavour *n*, savour *n* ‖ ≃ s. auch Aromastoff ‖ ≃-**dicht** *adj* (Nahr) / odour-proof *adj* ‖ ≃-**fehler** *m* (Nahr) / off-flavour *n*, foreign flavour, off-odour *n*, taint *n* ‖ ≃-**fülle** *f* (Nahr) / fullness *n* (richness of flavour) ‖ ≃-**schutz** *n* (Nahr) / flavour protection ‖ ≃-**stoff** *n* (Nahr) / flavour *n*, flavouring *n*, flavour substance ‖ **natürlicher** ≃-**stoff** (Nahr) / natural flavouring ‖ ≃-**stoff-Präkursor** *m* (Chem, Nahr) / flavour precursor
**Aromat** *m* (Chem) / aromatic hydrocarbon, aromatic carbohydrate ‖ ≃-**en** *pl* (Chem) / aromatic compounds*, aromatics *pl* ‖ **kondensierte** ≃-**en** (Chem) / fused aromatics ‖ **polyzyklisches** ≃ (Chem) / polycyclic aromatic hydrocarbon, PAH, polynuclear aromatic hydrocarbon
**Aromateil, bei der alkoholischen Gärung entstehender** ≃ (Brau) / congener *n*
**aromatisch** *adj* / fragrant *adj*, odoriferous *adj*, odorous *adj*, aromatic *adj*, redolent *adj*, pleasant-smelling *adj* ‖ ≃ (mit dem Benzolring) (Chem) / aromatic *adj* ‖ ≃-**e Alkohole** (Chem) / aromatic alcohols* ‖ ≃-**es Amin** (Chem) / aromatic amine ‖ ≃-**er Kern** (Chem) / aromatic ring ‖ ≃-**er Kohlenwasserstoff** (Chem) / aromatic hydrocarbon, aromatic carbohydrate ‖ ≃-**es Proton** (bei einer H/D-Austauschreaktion) (Chem) / aromatic proton ‖ ≃-**e Säure** (z.B. Karbonsäure) (Chem) / aromatic acid* ‖ ≃-**e Verbindungen** (Chem) / aromatic compounds*, aromatics *pl*
**Aromatisierung** *f* (Überführung in eine aromatische Verbindung) (Chem) / aromatization *n* ‖ ≃ (Nahr) / aromatization *n*
**Aromatizität** *f* (Chem) / aromaticity *n*
**aroma•versiegelt** *adj* (Nahr) / aroma-sealed *adj* ‖ ≃-**verstärker** *m* (Nahr) / flavour potentiator ‖ ≃-**vorläufer** *m* (Verbindung, aus der Aromastoffe entstehen) (Nahr) / flavour precursor ‖ ≃-**vorstufe** *f* (Nahr) / flavour precursor
**Aron-Schaltung** *f* (Meßschaltung mit zwei Wattmetern - nach H.Aron, 1845-1913) (Eltech) / Aron measuring circuit
**Aronwurzelstärke** *f* (aus Arum maculatum L.) (Nahr) / arum *n*, Portland arrowroot
**Aron-Zähler** *m* (Eltech) / Aron meter
**ARQ** *n* (EDV) / automatic request for repeat, ARQ
**Arquerit** *m* (bis 13% Hg) (Min) / silver amalgam*, arquerite* *n*
**Array** *n* (mehrere unabhängige Teleskope in räumlicher Nachbarschaft, die zu einem Syntheseteleskop zusammengeschaltet sind) (Astr) / array *n* ‖ ≃ *n m* (Datenfeld, das eine Zusammenfassung von untereinander gleichartigen Einzelkomponenten darstellt) (EDV) / array *n* ‖ ≃ (EDV) / array* *n* (an arrangement of items of data each identified by a key or subscript) ‖ ≃ *n m* (matrixförmige Anordnung gleichartiger elektronischer Bauelemente und logischer Schaltungen) (Eltronik) / array *n* ‖ ≃ *n* (Geol) / array *n* ‖ ≃ (eine Antennenanordnung) (Radio) / antenna array, array antenna ‖ **seismisches** ≃ (Geophys) / seismic array ‖ ≃ *n* **mit unbestimmter Logik** (Eltronik) / uncommitted logic array, ULA ‖ ≃-**Prozessor** *m* (EDV) / array processor*

**arretierbar** *adj* (EDV) / locking *adj* (key) ‖ ≃ (Masch) / lockable *adj*, securable *adj* ‖ ≃-**er schneller Vorlauf** (z.B. bei Kassettenabspielgeräten) (Akus, Eltronik) / locking fast forward ‖ ≃-**e Taste** (EDV) / staydown key
**Arretiereinrichtung** *f* (Masch) / locking device, arrest *n*, arrester *n*, arrest device, lock *n*, latch *n*
**arretieren** *v* (Masch) / lock *v*, stop *v*, arrest *v*
**Arretierung** *f* (Masch) / arrest *n*, arrestment *n*, detent* *n*, lock* *n*, stop *n*
**Arrhenische Gleichung** (Chem) / Arrhenius equation
**Arrhenius•-Diagramm** *n* (grafische Darstellung der Arrhenius-Gleichung) (Chem) / Arrhenius plot ‖ ≃-**Gleichung** *f* (nach S. Arrhenius, 1859 - 1927) (Chem) / Arrhenius equation
**Arrival** *n* (Luftf) / arrival *n*
**Arrondieren** *n* (Schaffung einer kugelförmigen Gestalt bei Drahtkorn) / rounding *n*
**Arrowroot** *n* (Sammelbegriff für die aus tropischen und subtropischen Gewächsen, vorwiegend aus Knollen, gewonnene Stärke) (Chem, Nahr) / arrowroot* *n* ‖ **Brasilianisches** ≃ (aus Manihot esculenta Crantz) (Nahr) / Brazil arrowroot
**Arsan** *n* (Chem, Eltronik) / arsine* *n*, arseniuretted hydrogen*, arsenic(III) hydride*
**Arsanilsäure** *f* (Chem) / arsanilic acid, p-aminophenylarsonic acid
**Arsen (As)** *n* (Chem) / arsenic* *n* ‖ **gelbes** ≃ (monotrope Modifikation von Arsen) (Chem) / yellow arsenic ‖ **graues** ≃ (monotrope Modifikation von Arsen) (Chem) / grey arsenic ‖ **mit** ≃ **behandeln oder verbinden** (Chem) / arsenicate *v* ‖ **nichtmetallisches** ≃ (monotrope Modifikation von Arsen) (Chem) / yellow arsenic ‖ ≃-**äscher** *m* (mit Arsensulfid angeschärfte Äscherbrühe) (Leder) / arsenic lime liquor
**Arsenat(III)** *n* (Salz der arsenigen Säure) (Chem) / arsenate(III) *n*, arsenite* *n*
**Arsen•blüte** *f* (auf verwitternden As-Erzen) (Min) / arsenolite* *n*, arsenic bloom ‖ ≃-**(III)-chlorid** *n* (Chem) / arsenic trichlorid, arsenic(III) chloride ‖ ≃-**fahlerz** *n* (Min) / tennantite* *n*
**Arseniakalkies** *m* (Min) / löllingite* *n*, loellingite* *n*
**Arsenid** *n* (Verbindung des Arsens mit Metallen) (Chem) / arsenide *n*
**arsenige Säure** (ortho-Form = $H_3AsO_3$) (Chem) / arsenious acid*
**Arsenik** *n* (Chem) / arsenic trioxide, arsenic(III) oxide ‖ **weißes** ≃ (Arsentrioxid) (Chem) / white arsenic*
**Arsen•intoxikation** *f* (Med) / arsenic poisoning ‖ ≃-**kies** *m* (Min) / arsenopyrite* *n*, mispickel* *n*, arsenical pyrites* ‖ ≃-**kupfer** *n* (Hütt) / arsenical copper* ‖ ≃-**nickel** *n* (Min) / niccolite* *n*, copper nickel*, nickeline *n*, kupfernickel* *n*, arsenical nickel
**Arsenobenzol** *n* (Diphenyldiarsen) (Chem) / arsenobenzene *n*
**Arsenolith** *m* (Min) / arsenolite* *n*, arsenic bloom
**Arsenopyrit** *m* (Min) / arsenopyrite* *n*, mispickel* *n*, arsenical pyrites* ‖ **kobalthaltiger** ≃ (z.B. Danait oder Glaukodot) (Min) / cobaltiferous arsenopyrite
**arsen•organische Verbindung** (mit As als Heteroatom) (Chem) / organoarsenic compound ‖ ≃-**(III)-oxid** *n* (Chem) / arsenic trioxide, arsenic(III) oxide ‖ ≃-**sauerstoffsäure** *f* (Chem) / oxoarsenic acid ‖ ≃-**(V)-säure** *f* (Chem) / arsenic acid* ‖ ≃-**(III)-sulfid** *n* (Chem) / arsenic trisulphide ‖ ≃-**trichlorid** *n* (Chem) / arsenic trichloride, arsenic(III) chloride ‖ ≃-**trioxid** *n* (Chem) / arsenic trioxide, arsenic(III) oxide ‖ ≃-**trisulfid** *n* (Chem) / arsenic trisulphide ‖ ≃-**vergiftung** *f* (Med) / arsenic poisoning ‖ ≃-**(III)-Wasserstoff** *m* (Chem, Eltronik) / arsine* *n*, arseniuretted hydrogen*, arsenic(III) hydride*
**Arsin•e** *n pl* (Gruppenbezeichnung für die organischen Substitutionsprodukte des Arsenwasserstoffs mit den allgemeinen Formeln $RAsH_2$) (Chem) / arsines* *pl* ‖ ≃ *n* (Chem, Eltronik) / arsine* *n*, arseniuretted hydrogen*, arsenic(III) hydride*
**Arsoniumsalz** *n* (z.B. Tetramethylarsoniumiodid) (Chem) / arsonium salt
**Arsonvalisation** *f* (nach J.A. d'Arsonval, 1851-1940) (Med) / d'Arsonvalism *n*
**Arsphenamin** *n* (Pharm) / arsphenamine *n*, Salvarsan *n* (six-o-six, 606)
**Art** *f* (Biol) *n* (pl. species) ‖ ≃ (z.B. der Energie) (Phys) / mode *n* ‖ **der gleichen** ≃ **angehörend** (Biol) / conspecific* *adj* ‖ ≃ *f* **des Versagens** (Masch) / failure mode
**Art nouveau** *m* (Arch) / art nouveau
**Art•bezeichnung** *f* (Biol) / specific name* ‖ ≃-**bildung** *f* (Biol) / speciation* *n* ‖ ≃-**dichte** *f* (Umwelt) / abundance*, abundance ratio*
**Arteannuin** *n* (das potente plasmodizide Prinzip der Artemisia annua L.) (Pharm) / qinghaosu *n*
**Artefakt** *n* (etwas von Menschenhand Geschaffenes) / artefact* *n*, artificat* *n* ‖ ≃ (durch den Untersuchungsmechanismus künstlich hervorgerufene Veränderung der wahren untersuchten Struktur) (Mikros) / artefact *n*, artifact* *n*
**arteigen** *adj* (Biol) / specific* *adj*
**Arten•arealkurve** *f* (Umwelt) / species/area curve* ‖ ≃-**diversität** *f* (Biol, Umwelt) / diversity* *n* ‖ ≃-**schutz** *m* (Biol, Umwelt) / protection of species

**artesisch•er Brunnen** (bei dem das Wasser infolge eigenen Überdrucks aus einem gespannten Grundwasserhorizont zutage tritt) (Geol, Wasserb) / Artesian well*, blow-well n, confined well, flowing well, pressure well ‖ **~e Druckhöhe** (Geol, Wasserb) / artesian head, pressure head of artesian flow ‖ **~es Grundwasser** (Geol) / artesian water, confined water (US), confined ground water ‖ **~e Quelle** (Geol, Wasserb) / artesian spring ‖ **~es Wasser** (Geol) / artesian water, confined water (US), confined ground water

**art•fremd** adj (Biol) / foreign adj ‖ **~fremdes Transplantat** (Med) / heterograft n, xenograft n ‖ **~genosse** m (Biol) / conspecific* n ‖ **~gleich** adj (Metall) / similar adj ‖ **~gleich** (Biol) / of the same species ‖ **~gleiches Transplantat** (Med) / homograft* n, allograft* n

**Artikel** m (als Posten) / item n ‖ **auslaufender ~** / discontinued article ‖ **diverse** (kleine) **~** / sundries pl (items or oddments not mentioned individually)

**Artikulation** f (Akus, Physiol) / phonation* n, articulation n

**Artilleriebeschuß** m (Mil) / shelling n

**Artinit** m (ein wasserhaltiges Magnesiumkarbonat) (Min) / artinite n

**Artinscher Modul** (nach E. Artin, 1898-1962) (Math) / Artinian module

**Artischockengrün** n / artichoke green

**Art•name** m (Biol) / specific name* ‖ **~ware** f (Software für grafische Datenverarbeitung, Raum- und Klanginstallationen, elektronische Skulpturen usw.) (EDV) / artware n ‖ **~wärme** f (Phys) / specific heat capacity*

**Arumstärke** f (Nahr) / arum n, Portland arrowroot

**Arve** f (Pinus cembra L.) (For) / Swiss pine, stone pine, cembra pine, Cembrian pine, arolla n, arolla pine

**Aryl** n (Chem) / aryl* n ‖ **~halogenid** n (Chem) / aryl halide ‖ **~hydrazon** n (Chem) / aryl hydrazone

**arylieren** v (Chem) / arylate v

**Arylierung** f (Einführung eines Arylrestes in eine andere Verbindung) (Chem) / arylation n

**Arznei, galenische ~** (Pharm) / galenical n ‖ **~behandlung** f (Med) / pharmacotherapy n ‖ **~buch** n (Pharm) / pharmacopoeia n ‖ **Deutsches ~buch** (Pharm) / German Pharmacopoeia ‖ **~flasche** f (Glas, Pharm) / vial n, medicine bottle

**arzneiliches Öl** (Pharm) / medicinal oil

**Arzneimittel** n (das nicht auf den Markt gelangt) (Pharm) / orphan drug ‖ **~** (Pharm) / (medicinal) drug* n ‖ **parasitentötendes ~** (Pharm) / parasiticide n, parasiticidal agent ‖ **parasitotropes ~** (Pharm) / parasiticide n, parasiticidal agent ‖ **rezeptpflichtiges ~** (Pharm) / ethical drug, ethical preparation, ethical medicine, prescription drug ‖ **verschreibungspflichtiges ~** (Pharm) / ethical drug, ethical preparation, ethical medicine, prescription drug ‖ **~ n auf pflanzlicher Basis** (Pharm) / botanical n, drug of plant origin ‖ **~ auf Sulfonamidbasis** (Pharm) / sulpha drug ‖ **rechnergestützter ~entwurf** (Pharm) / computer-assisted drug design ‖ **~mißbrauch** m (Pharm) / drug abuse ‖ **~resistenz** f (Pharm) / drug resistance ‖ **~sucht** f (mit Arzneimittelmißbrauch und -gewöhnung) (Pharm) / drug addiction ‖ **~toleranz** f (Pharm) / drug tolerance ‖ **~verschreibung** f (Pharm) / medication n ‖ **~zubereitung** f (Pharm) / pharmacy n

**Arznei•pflanze** f (Pharm) / officinal herb, medicinal plant ‖ **lipidblutspiegelsenkender ~stoff** (Pharm) / lipid-lowering substance, antihyperlipidaemic drug ‖ **~wein** m (Pharm) / medicinal wine

**ärztlich** adj / medical adj ‖ **~e Untersuchung** (Med) / medical examination

**As** (Chem) / arsenic* n ‖ **~** (Meteor) / altostratus cloud, altostratus* n (pl. altostrati)

**ASA** f (veraltete Einheit für Lichtempfindlichkeit fotografischer Materialien; ASA 64 = 19 DIN) (Foto) / ASA n, A.S.A.

**Asa foetida** f (Pharm) / asafoetida n, asafetida n (US), devil's dung

**Asaleder** n (Leder) / leather for worker's protective clothing, protective clothing leather

**Asant** m (Pharm) / asafoetida n, asafetida n (US), devil's dung

**ASAP-Test** m (ein Freiluftbewitterungsverfahren, bei dem in drei Wochen eine Aussage über das Verhalten in drei Monaten gewonnen wird) (Galv) / accelerated salt spray and air pollution test, ASAP test

**Asarin** n (Chem, Pharm) / asarone n

**Asaron** n (Chem, Pharm) / asarone n

**Asarumkampfer** m (aus Asarum europaeum L. = Gewöhnlicher Haselwurz) (Chem, Pharm) / asarone n

**A-Säule** f (die die Scharniere der Vordertür aufnimmt) (Kfz) / hinge pillar, hinge post ‖ **~** (vor der Vordertür) (Kfz) / A-pillar n, front pillar

**Asbest** m (ein verfilztes, faseriges Silikatmineral) (Min) / asbestos* n ‖ **~faser** (Geol) / asbestos fibre ‖ **~faserbündel** n (Bau) / pencil n ‖ **~filter** / asbestos filtre ‖ **~filz** n / asbestos felt ‖ **~frei** adj / asbestos-free adj ‖ **~garn** n (Tex) / asbestos yarn ‖ **~gewebe** n (Tex) / asbestos cloth, asbestos fabric

**Asbestine** f (feinfaseriges Asbestpulver, hauptsächlich Magnesiumsilikat; verwendet als Füllstoff oder Absetzverhütungsmittel) (Anstr, Chem Verf, Pap) / Asbestine n

**Asbest•litze** f (Tex) / asbestos cord ‖ **~lunge** f (eine Staublungenerkrankung durch anorganischen Staub) (Med) / asbestosis* n (pl. asbestoses) ‖ **parallelfaserige ~masse** / spelk n

**Asbestose** f (eine Staublungenerkrankung durch anorganischen Staub) (Med) / asbestosis* n (pl. asbestoses)

**Asbest•papier** n (Pap) / asbestos paper ‖ **~pappe** f (DIN 6730) (Pap) / asbestos board ‖ **~schiefer** (Bau) / machine-made slate ‖ **~schnur** f / asbestos rope ‖ **~staublungenerkrankung** f (eine Staublungenerkrankung durch anorganischen Staub) (Med) / asbestosis* n (pl. asbestoses) ‖ **~tuch** n (Tex) / asbestos cloth, asbestos sheeting ‖ **~zement** m (Gemisch aus fein aufgeschlossenem Asbest und mit Portlandzement als Matrix) (Bau) / asbestos cement*, fibro-cement n ‖ **~zement-Dachplatte** f (DIN 274, T 3) (Bau) / asbestos shingle ‖ **~zementplatte** f (glatt oder gewellt) (Bau, HuT) / asbestos sheeting ‖ **~zementrohr** n (für Haustechnik und Tiefbau - DIN 19800 und 19850) (Bau, HuT) / asbestos-cement pipe, Transite pipe ‖ **~zementrohr-Verbindungsstück** n (Bau) / coupling n ‖ **~zementtafel** f (DIN 274, T 3) (Bau) / asbestos shingle ‖ **~zementwellplatte** f (DIN 274) (Bau) / corrugated-asbestos sheeting, asbestos-cement corrugated sheet, fibrotile n ‖ **~zementwelltafel** f (Bau) / corrugated-asbestos sheeting, asbestos-cement corrugated sheet, fibrotile n

**Asbolan** m (Min) / asbolane* n, asbolite* n, earthy cobalt*

**Ascarel** n (früher als Dielektrikum und als Flammschutzmittel genutztes Chlorbiphenyl) (Chem, Eltech) / Askarel n

**Ascaridol** n (Monoterpenperoxid) (Pharm) / ascaridole n

**Asche** f (auch Aschengehalt bei Mineralölprodukten) (Chem) / ash* n ‖ **eingebrachte ~** (z.B. in der Kohle) (Kftst) / ash in fuel ‖ **freie ~** (der Kohle) / secondary ash ‖ **fremde ~** (Aufber) / extraneous ash* ‖ **gebundene ~** (der Kohle) (Bergb) / constitutional ash*, fixed ash ‖ **glimmende ~** / sleeping embers, smouldering embers ‖ **innere ~** (Aufber, Bergb) / inherent ash* (in the original coal-forming vegetation) ‖ **säureunlösliche ~** (Pap) / acid-insoluble ash ‖ **vulkanische ~** (Geol) / volcanic ash*

**Asche•breipumpe** f (bei den Generatoranlagen) (Masch) / slurry pump ‖ **erweichungspunkt** m / ash softening point ‖ **~fließpunkt** m / ash fluid point ‖ **~frei** adj / ash-free adj, ashless adj ‖ **~freies Papier für quantitative Analysen** (Chem) / ashless quantitative-grade paper ‖ **~gehalt** m (Pharm) / ash content ‖ **~gehaltskurve** f (Chem, Kftst) / ash curve* ‖ **~-Glasur** f (vorwiegend in China, Japan und Korea in Töpfereien verwendete Glasuren mit einem erheblichen Anteil von Aschen) (Keram) / ash glaze ‖ **stark ~haltig** (Chem, Kftst) / high-ash attr, rich in ash, with high ash content ‖ **schwach ~haltig** (Chem, Kftst) / low-ash attr

**Aschen•ablagerung** f / ash deposit ‖ **~arm** adj (Chem, Kftst) / low-ash attr ‖ **~bahn** f (für athletische Wettbewerbe) / cinder track ‖ **~becher** m (Kfz) / ashtray n, ash receptacle ‖ **~bild** n (Bot) / spodogram* n ‖ **~boden** m (aus silikatarmem Sand) (Landw) / podzol* n, podsol* n ‖ **~einbindung** f / ash retention ‖ **~fall** m (des Glasofens) (Glas) / ashpit n, cave n ‖ **~falltür** f (eine Reinigungsöffnung) (Bau) / soot door, cleansing door, ashpit door (US) ‖ **~frei** adj / ash-free adj, ashless adj ‖ **~gehalt** m (Verbrennungsrückstand organischer Verbindungen und Drogen nach DAB) (Pharm) / ash content ‖ **mit hohem ~gehalt** (Chem, Kftst) / high-ash attr, rich in ash, with high ash content ‖ **...mit niedrigem ~gehalt** (Chem, Kftst) / low-ash attr ‖ **~gehaltsbestimmung** f (Chem, Kftst) / ash determination ‖ **~gehaltskurve** f (Chem, Kftst) / ash curve* ‖ **~kegel** m (bei Vulkanen) (Geol) / cinder cone ‖ **~reich** adj (Chem, Kftst) / high-ash attr, rich in ash, with high ash content ‖ **~rennbahn** f (für athletische Wettbewerbe) / cinder track ‖ **~transportanlage** f / ash-conveying plant, ash-handling plant

**Ascher** m (Kfz) / ashtray n, ash receptacle

**Äscher** m (Leder) / lime liquor, leach liquor ‖ **~** (Tätigkeit) (Leder) / liming n ‖ **haarerhaltender ~** (Leder) / hair-save liming, wool-save liming (sheep) ‖ **sulfidarmer ~** (Leder) / low-sulphide liming liquor, low-sulphide lime (liquor) ‖ **toter ~** (Leder) / dead lime, rotten lime, slacked lime ‖ **~ m mit Haargewinnung** (Leder) / hair-save liming, wool-save liming (sheep) ‖ **~ ohne Haargewinnung** (Leder) / hair-burn liming, wool-burn liming (sheep) ‖ **~abwasser** n (Leder, Sanitär) / liming effluent ‖ **~brühe** f (z.B. Weißkalkäscher) (Leder) / lime liquor, leach liquor ‖ **~faß** n (Leder) / liming drum ‖ **~fleck** m (Leder) / liming stain ‖ **~flecken** m (Fehler) (Leder) / liming stain ‖ **~flotte** f (Leder) / lime liquor, leach liquor ‖ **~geschwollen** adj (Leder) / lime-plumped adj ‖ **~grube** f (in der Wasserwerkstatt) (Leder) / limepit n

**äschern** v (Häute, meistens mit Weißkalkäscher) (Leder) / lime v ‖ **~** n (Leder) / liming n

**Asche•schmelzen** n / ash fusion ‖ **~schmelzverhalten** n / ash fusibility

**asch•farben** adj / ash-coloured adj, ashy adj || **~farbig** adj / ash-coloured adj, ashy adj || **~graues Licht** (auf der dunklen Seite der Venus) (Astr) / ashen light*
**aschist** adj (Geol) / aschistic adj
**A-Schlamm** m (Sanitär) / activated sludge*
**α-Schwefel** m (Chem) / rhombic sulphur
**ASCII-Datei** f (EDV) / ASCII file
**ASCII-Umwandlungsprogramm** n (EDV) / ASCII conversion subroutine
**Ascomycetes** pl (Bot) / ascomycetes pl
**Ascorbat** n (E 301 - E 302) (Chem, Nahr) / ascorbate n
**Ascorbigen** n (eine Form der L-Ascorbinsäure, z.B. im Kohlgemüse) (Chem) / ascorbigen n
**Ascorbinsäure** f (E 300) (Nahr, Pharm) / ascorbic acid*, cevitamic acid
**Ascorbylpalmitat** n (E 304) (Chem, Nahr) / ascorbyl palmitate
**ascosporogene Hefen** (Nahr) / true yeast
**ASD** (Kfz) / automatic slip-control differential, ASD n, automatic limited-slip differential
**ASDIC-Methode** f (Ultraschallecholotung) (Akus) / asdic* n
**ASE** (EDV, KI) / automatic speech recognition, ASR
**aseismisch** adj (Gebiet) (Geophys) / aseismic adj (free of seismic disturbances), non-seismic adj
**A-Seite** f (Eltech) / back n
**aselektiv** adj / non-selective adj
**äsen** v (Landw) / browse v || **~** n (Landw) / browsing n
**aseptisch** adj (Med) / aseptic adj
**AS-Faser** f / silica fibre, all-silica fibre
**Ashby-Diagramm** n (zweidimensionale Karte der Verformungsmechanismen) (Mech) / deformation-mechanism map, Ashby map
**a-Si** (Chem) / non-crystalline silicon, amorphous silicon, a-Si
**ASIC** (Eltronik) / application-specific integrated circuit (ASIC)
**A-Signal** n (TV) / blanking signal
**AS-Interface** n (Regeln) / AS interface, actuator-sensor interface
**ASIS-Effekt** m (Verschiebung von NMR-Signalen bei Wechsel von einem unpolaren zu einem aromatischen Lösungsmittel) (Chem) / aromatic-solvent induced shift
**Askarel** n (Chem, Eltech) / Askarel n
**Asklepiasfaser** f (seidenartig glänzende Pflanzenfaser aus den Samen der Seidenpflanze) (Tex) / asclepias fibre, asclepias cotton
**Askorbat** n (Salz der Askorbinsäure) (Chem, Nahr) / ascorbate n
**Askorbigen** n (Chem) / ascorbigen n
**Askorbinsäure** f (Nahr, Pharm) / ascorbic acid*, cevitamic acid
**Askorbylpalmitat** n (Chem, Nahr) / ascorbyl palmitate
**Asl** (Fernsp) / subscriber's line*, local line, customer's loop (US)
**Asn** (Chem) / asparagine* n, aminosuccinamic acid
**Asp** (Chem, Nahr) / aspartic acid* (Asp), asparaginic acid, aminosuccinic acid*
**ASP** (EDV) / main memory*, main storage, main store
**Asparagin** (Asn) n (Chem) / asparagine* n, aminosuccinamic acid
**Asparaginase** f (Chem) / asparaginase n
**Asparaginsäure** (Asp) f (L-Asparaginsäure) (Chem, Nahr) / aspartic acid* (Asp), asparaginic acid, aminosuccinic acid*
**Aspartam** n (ein moderner Süßstoff - E 951) (Nahr) / aspartame n
**Aspe** f (For) / aspen n, trembling poplar
**Aspekt** m (Stellung der Planeten zueinander) (Astr) / aspect n || **~winkel** m **des Zieles** (Radar) / target aspect angle
**Aspergillus** m (pl.: -llen) (Pilzgattung der Klasse Ascomyceten) (Bot, Chem Verf) / Aspergillus n
**asperomagnetisch** adj (Mag) / asperomagnetic adj, asymmetric speromagnetic
**Asphalt** m (ein Bitumen) (Geol, Min) / asphalt n || **~** (ein Gemisch von Bitumen und Mineralstoffen nach DIN 55946) (HuT) / asphalt* n || **geblasener ~** / steam-blown asphalt || **raffinierter und entwässerter ~** (Geol, HuT) / epuré n || **~** m **mit Glasmehlzusatz** (HuT) / glasphalt n || **~beton** m (zum Heißeinbau) / bitumen concrete, asphaltic concrete, hot-mix asphalt || **~brenner** m (HuT) / devil n (a wheeled iron firegrate)
**Asphalten** n (Chem) / asphaltene* n
**Asphalt•filz** m (Bau) / asphalt felt || **~gestein** n (Geol) / asphalt rock, bituminous rock, asphalt stone, rock asphalt || **~grube** f (Geol) / tar pit*
**Asphaltierung** f / bituminization n, asphalting n
**asphaltische Kohle** (Min) / libollite* n
**Asphaltit** m (festes, natürliches Bitumen) (Min) / asphaltite* n
**Asphalt•kitt** m (HuT) / asphalt cement || **~kocher** m (HuT) / devil n (a wheeled iron firegrate) || **~kochmaschine** f (HuT) / devil n (a wheeled iron firegrate) || **~lack** m (bitumenhaltiger Schwarzlack) (Anstr, Druck) / bitumen varnish*, asphalt paint, asphalt varnish, bituminous varnish || **~lack** (Abdeckmittel in der Ätzerei und in der Galvanotechnik, Rostschutzmittel) (Anstr, Druck, Galv) / Brunswick black || **~lager** n (Geol) / asphalt lake || **~mastix** m (fabrikmäßig hergestelltes Gemisch aus Steinmehl und Bitumen mit genau eingestelltem Bitumengehalt) (HuT) / mastic asphalt*, asphalt mastic || **~mischmakadam** m n (HuT) / asphalt macadam (with an asphaltic binder) || **~öl** n / liquid asphalt || **~papier** n (bitumenbeschichtetes oder -imprägniertes Papier) (Bau, Pap) / asphalt paper || **~platte** f (für Asphaltbelagarbeiten) (Bau) / bitumen-impregnated insulating board, bitumen-impregnated softboard, asphalt-treated fibreboard || **~platte** (eine Bodenplatte) (Bau) / asphalt tile || **~rohpapier** n (Pap) / asphalting paper || **~sand** m (Geol) / bitumen sand, bituminous sand, asphaltic sand || **~see** m (Geol) / asphalt lake
**asphärisch** adj (Math, Opt) / non-spherical adj, aspheric adj, aspherical adj || **~e Fläche** (brechende oder reflektierende Fläche einer Linse oder eines Spiegels, die von einer Kugelfläche abweicht) (Opt) / aspheric surface* || **~er Spiegel** (der den Blick in den toten Winkel erlaubt) (Kfz) / convex mirror
**Aspherix-Spiegel** m (Kfz) / convex mirror
**Aspidosperma-Alkaloide** n pl (eine Gruppe von monoterpenoiden Indolalkaloiden) (Pharm) / aspidosperma alkaloids
**Aspik** m n (Gallert mit Fleisch- oder Fischeinlage) (Nahr) / aspic n || **in ~ einlegen** (Nahr) / gelatinise vt, gelatinize vt
**Aspirateur** m (Landw) / fanning mill
**Aspirations•psychrometer** n (Aßmannsches) (Meteor) / aspirated psychrometer*, wet and dry bulb hygrometer*, aspiration psychrometer, Assmann psychrometer || **~suche** f (Suchmethode für Spielbäume) (KI) / aspiration search
**Aspirator** m (Chem) / aspirator n
**Asplund-Defibrator** m (mit vorgeschalteter Dämpfeinrichtung) (Pap) / Asplund grinder
**A-Sprengkopf** m (Mil) / nuclear warhead
**ASR** (Kfz) / acceleration skid control, ASC, drive slip control, antispin regulation, ASR
**assanieren** (A) (Arch, HuT) / sanitize v
**Assanierung** f (A) (Bau) / sanitation n, sanitization n, sanitisation n
**AS-Schweißen** n **mit Glühdraht** (Plast, Schw) / hot-wire welding, hot-filament sealing
**Assel** f (Ordnung Isopoda) (Landw, Zool) / woodlouse n (pl. -lice), slater n
**Asselwalzwerk** n (mit drei kegelförmigen Walzen, die symmetrisch, je 120 Grad versetzt um die Walzmitte angeordnet und gegen die Walzgutebene geneigt sind) (Hütt) / Assel mill
**Assembler** m (EDV) / assembler* n, assembly program, assembly routine || **~protokoll** n (EDV) / assembly list || **~sprache** f (EDV) / assembly language* || **~sprache übersetzen** (EDV) / assemble v
**Assembleschnitt** m (mit dem man eine Bildpassage an eine Aufnahme fügen kann, ohne Störstreifen zu erhalten) (Film) / assembly n, assemble edit*
**assemblieren** v (EDV) / assemble v || **~** n (EDV) / assembling n
**Assemblierer** m (DIN 44300) (EDV) / assembler* n, assembly program, assembly routine || **~sprache** f (eine Quellsprache, die symbolische Anweisungen in Maschinensprache enthält, die eine Eins-zu-eins-Beziehung zu den Instruktions- und Datenformaten des Rechners herstellen) (EDV) / assembly language*
**Assemblierprogramm** n (EDV) / assembler* n, assembly program, assembly routine
**Assembling** n (Zusammenschluß von Industriebetrieben zwecks Rationalisierung im weitesten Sinne) / assembling n
**AS-Sequenz** f (Biochem) / primary structure (of proteins)
**Assessment Center** n (Testverfahren zur Personalauswahl) (F.Org) / assessment center
**Assimilat** n (Bot, Chem) / photosynthate* n
**Assimilation** f (Biol) / assimilation* n || **~** (Geol) / assimilation* n, magmatic assimilation || **durch ~ freigesetztes Gas** (Geol) / resurgent gas*
**Assimilatory Power** f (bei der Fotosynthese) (Bot, Chem) / assimilatory power
**Assistenzsystem** n (EDV, KI) / programming assistant (system)
**Assistor** m (Thermistor mit besonders großem Temperaturkoeffizienten) (Eltronik) / assistor n
**Aßmann-Aspirationspsychrometer** n (nach R. Aßmann, 1845 -1918) (Meteor) / aspirated psychrometer*, wet and dry bulb hygrometer*, aspiration psychrometer, Assmann psychrometer
**Assoziat** n (Chem) / associate n, complex n
**Assoziation** f (Astr, Bot) / association n || **~** (Chem) / molecular association*, association n || **~** (Beziehung zwischen zwei oder mehreren dichotomen Zufallsgrößen) (Stats) / association n || **~** (zwischen zwei Kategorien) (Stats) / association n || **~ gleich beladener Ionen** (Chem, Phys) / self-association n
**Assoziations•grad** m / degree of association || **~kolloid** n (Chem) / association colloid, micellar colloid
**assoziativ** adj / associative* adj || **~es Detachment** (Phys) / associative detachment || **~es Gruppoid** (Math) / monoid* n, semigroup* n || **~er**

**Speicher** (DIN 44300) (EDV) / associative memory*, associative storage*, content-addressed storage, parallel-search storage, CAM, content-adressable storage*, recognition memory (REM)
**Assoziativ** *n* (Math) / monoid* *n*, semigroup* *n* ‖ ⁓**gesetz** *n* (Verknüpfungsgesetz bei der Addition und Multiplikation) (Math) / associative law
**Assoziativität** *f* (Math) / associativity *n*
**Assoziativspeicher** *m* (DIN 44300) (EDV) / associative memory*, associative storage*, content-addressed storage, parallel-search storage, CAM, content-adressable storage*, recognition memory (REM)
**assoziiertes Gas** (Erdöl) / associated gas, petroleum gas
**ASS-Test** *m* (eine Korrosions-Kurzprüfung) (Anstr, Galv) / ASS test
**AST** (Fernsp) / section control unit
**Ast** *m* (verholzter Seitentrieb des Baumes) (For) / branch *n*, primary branch, limb *n*, bough *n* ‖ ⁓ (der beim gefällten und ausgeformten Rohholz im Holz eingeschlossene Aststumpf) (For) / knot* *n*, knob *n* ‖ **angefaulter** ⁓ (For) / rotten knot, unsound knot, decayed knot, punk knot ‖ **ausfallender** ⁓ (For) / loose knot, dead knot ‖ **dunkler** ⁓ (For) / dark knot ‖ **durchgehender** ⁓ (For) / passing knot ‖ **eingewachsener** ⁓ (For) / encased knot ‖ **fauler** ⁓ (For) / rotten knot, unsound knot, decayed knot, punk knot ‖ **fester** ⁓ (im Holz) (For) / tight knot ‖ **gesunder** ⁓ (For) / sound knot ‖ **grüner** ⁓ (For) / live knot, sound knot, tight knot ‖ **loser** ⁓ (For) / loose knot, dead knot ‖ **loser** ⁓ (For) s. auch Schwarzast ‖ **nichtverwachsener** ⁓ (For) / loose knot, dead knot ‖ **ovaler** ⁓ (For) / oval knot ‖ **toter** ⁓ (For) / dead knot ‖ **toter** ⁓ (For) s. auch loser Ast‖ **verwachsener** ⁓ (For) / intergrown knot, red knot
**astabil•er Multivibrator** (Flipflop, das keine stabile Lage hat) (Fernm) / relaxation oscillator* *n* ‖ ⁓**er Multivibrator** (Fernm) / astable multivibrator, free-running multivibrator
**Astansammlung** *f* (For) / knot cluster, cluster of knots
**astasieren** *v* (störende Einflüsse bei Präzisionsmeßinstrumenten ausschalten) (Phys) / astatize *v*
**Astasierung** *f* (Phys) / astatizing *n*
**Astat (At)** *n* (Chem) / astatine* *n*
**astatisch** *adj* (Phys) / astatic *adj* ‖ ⁓**e Spule** (Elektr) / astatic coil ‖ ⁓**es System** (Mag) / astatic system*
**astatisieren** *v* (Phys) / astatize *v*
**Astatisierung** *f* (bei Präzisionsmeßinstrumenten) (Phys) / astatizing *n*
**Astausbohrer** *m* (Forstnerbohrer oder Kunstbohrer) (For) / knot borer
**Astausbohrmaschine** *f* (For) / knot-boring machine, knot-hole boring machine
**Astaxanthin** *n* (als Farbstoff in Deutschland nicht zugelassen) (Chem) / astaxanthin *n*
**Astbüschel** *n* (ein Holzfehler) (For) / knot cluster, cluster of knots
**Ästelack** *m* (Lösung von Schellack in Spiritus) (Anstr, Bau) / knotting* *n*, patent knotting
**ästen** *v* (For) / prune *v*, delimber *v* ‖ **stehend** ⁓ (For) / lop *v*, limb *v* (US)
**Asteran** *n* (eine sternförmige Käfigverbindung) (Chem) / asterane *n*
**Asteriskus** *m* (pl. Asterisken) (Typog) / asterisk *n*
**Asterismus** *m* (radiale streifenförmige Schwärzungen, die durch Reflexion der Röntgenstrahlung an gebogenen Netzebenen zustande kommen) (Krist) / asterism *n* ‖ ⁓ (besonders bei den Korunden) (Min) / asterism* *n*
**Asteroid** *m* (Astr) / asteroid* *n*, planetoid* *n*, minor planet*
**ästetragend** *adj* (For) / branchy *adj*
**Astfänger** *m* (Pap) / picker *n*, knot catcher, knotter* *n*, strainer *n* ‖ **rotierender** ⁓ (Pap) / rotary strainer*, rotary sliver screen
**ast•frei** *adj* (For) / clear* *adj*, clean *adj*, free of knots, FOK, knot-free *adj* ‖ ⁓**freies Holz** (For) / knotless wood, clear stuff ‖ ⁓**gabel** *f* (For) / crotch *n*, curl *n* ‖ ⁓**formzahl** *f* (For) / branch form factor ‖ ⁓**größe** *f* **unter 40 mm** (For) / standard knot*
**Asthenosphäre** *f* (Fließzone des oberen Erdmantels unterhalb der Lithosphäre) (Geol) / zone of mobility, asthenosphere* *n*
**Asthippe** *f* (Landw) / pruning knife
**Asthma, berufsbedingtes** ⁓ (Med) / occupational asthma ‖ **durch Einatmen von Schwefeldioxid verursachtes** ⁓ (nach dem petrolchemischen Kombinat in Yokkaichi/Japan/ benannt) (Erdöl, Med) / Yokkaichi asthma ‖ ⁓**papier** *n* (mit Kaliumnitrat getränkt) (Pap) / asthma paper
**Astholz** *n* (For) / limbs *pl*, branch-wood *n* ‖ **abgefallenes** ⁓ (For) / fallen wood ‖ ⁓**formzahl** *f* (For) / branch form factor
**astig** *adj* (Rohholz) (For) / knotty *adj*, knotted *adj*
**ästig** *adj* (For) / knotty *adj*, knotted *adj*
**astigmatisch** *adj* (Opt) / astigmatic *adj* ‖ ⁓**e Aufstellung** (Spektr) / astigmatic mounting
**Astigmatismus** *m* (Med) / astigmatism* *n* ‖ ⁓ (ein Abbildungsfehler mit schlechter Vereinigung sagittaler und meridionaler Lichtbündel) (Opt) / astigmatism* *n*
**Ast•knorren** *m* (For) / knag *n* ‖ ⁓**knoten** *m* (For) / knot* *n*, knob *n* ‖ ⁓**loch** *n* (For) / knot-hole *n* ‖ ⁓**lochbohrmaschine** *f* (For) / knot-boring machine, knot-hole boring machine ‖ ⁓**los** *adj* (For) / clear* *adj*, clean *adj*, free of knots, FOK, knot-free *adj* ‖ ⁓**los bis zum Wipfel auslaufend** (Baumstamm) (For) / excurrent *adj*
**ASTM** = American Society for Testing and Materials
**ASTM-D 614-Methode** *f* (zur Bestimmung der Oktanzahl von Flugkraftstoffen) (Kftst) / aviation method ‖ ⁓ **909-Methode** (zur Bestimmung der Oktanzahl von Flugkraftstoffen) (Kftst) / supercharge method
**Aston-Prozeß** *m* (zur Herstellung von synthetischem Schmiedeeisen) (Hütt) / Aston process
**Astonscher Dunkelraum** *m* (der unmittelbar an der Katode liegt - nach F.W. Aston, 1877 - 1945) (Phys) / Aston dark space*
**Ast•quirl** *m* (in gleicher oder fast gleicher Höhe des Stammes gewachsene Äste, im Stammquerschnitt sternförmig sichtbar) (For) / branch whorl, limb whorl ‖ ⁓**ragal** *m* (ein Rundprofil) (Arch) / astragal* *n* ‖ ⁓**ragalus** *m* (Perlstab, Rundstab) (Arch) / astragal* *n* ‖ ⁓**rakanit** *m* (Min) / bloedite *n*, astrakanite *n*, astrakhanite *n* ‖ ⁓**reich** *adj* (For) / branchy *n* ‖ ⁓**reich** *adj* (For) / knotty *adj*, knotted *adj* ‖ ⁓**rein** *adj* (For) / clear* *adj*, clean *adj*, free of knots, FOK, knot-free *adj* ‖ ⁓**reines Holz** (For) / knotless wood, clear stuff
**Astrionik** *f* (elektronische Verfahren und Geräte der Raumfahrt) (Eltronik, Raumf) / astrionics *n*
**Astro•biologie** *f* (Biol) / astrobiology *n*, exobiology* *n*, xenobiology *n* ‖ ⁓**blem** *n* (fossiler Meteoritenkrater) (Geol) / astrobleme* *n* ‖ ⁓**chemie** *f* (Astr, Chem) / cosmochemistry *n*, cosmic chemistry, astrochemistry *n* ‖ ⁓**dom** *n* (Luftf) / astrodome* *n*, astral dome, navigation dome ‖ ⁓**dynamik** *f* (Astr, Phys, Raumf) / astrodynamics *n* ‖ ⁓**fix** *n* (Luftf) / astro fix, celestial fix, celestial position ‖ ⁓**fotografie** *f* (Anwendung der Fotografie zur Aufnahme von Himmelskörpern mit Fernrohren) / astrophotography *n* ‖ ⁓**geodätisch** *adj* / astrogeodetic *adj* ‖ ⁓**geologie** *f* (Lunargeologie + Kosmogeologie) (Geol) / astrogeology *n*, extraterrestrial geology ‖ ⁓**graf** *m* (Astr) / astrograph *n*
**Astroide** *f* (eine spitze Hypozykloide) (Math) / astroid* *n*
**Astro•kamera** *f* (Astr) / astrograph *n* ‖ ⁓**kernphysik** *f* (Phys) / nuclear astrophysics *n* ‖ ⁓**kompaß** *m* (für die Astronavigation) (Luftf) / astrocompass *n* ‖ ⁓**kuppel** *f* (Luftf) / astrodome* *n*, astral dome, navigation dome ‖ ⁓**meteorologie** *f* (Meteor) / astrometeorology *n* ‖ ⁓**metrie** *f* (Astr) / positional astronomy, spherical astronomy *n*, astrometry* *n* ‖ ⁓**metrischer Doppelstern** (Astr) / astrometric binary star
**Astronaut** *m* (pl. -en) (Raumf) / astronaut* *n*, space traveller, spaceman *n*, cosmonaut* *n*, spationaut* *n*
**Astronautik** *f* (Raumf) / astronautics* *n*, cosmonautics *n*
**astronautische Geschwindigkeit** (Raumf) / cosmic velocity, cosmic speed
**Astronavigation** *f* (unter Verwendung von Meßdaten angepeilter Himmelskörper) (Nav) / celestial navigation, astrogation *n*, astronavigation *n*, stellar guidance ‖ **automatische** ⁓ (Nav) / automatic celestial navigation, celestial guidance
**Astronmaschine** *f* (Nukl) / astron* *n*
**Astronomie** *f* (Astr) / astronomy* *n* ‖ **geodätische** ⁓ (Astr, Verm) / geodetic astronomy ‖ **optische** ⁓ (Astr) / optical astronomy
**astronomisch** *adj* (Astr) / astronomical *adj* ‖ ⁓**e Dämmerung** (Astr) / astronomical twilight* ‖ ⁓**e Einheit** (Astr) / astronomical unit*, A.U.*, AU ‖ ⁓**es Fenster** (Astr) / atmospheric window ‖ ⁓**es Fernrohr** / astronomical telescope* ‖ ⁓**e Größenklasse** (eines Gestirns) (Astr) / magnitude* *n*, stellar magnitude*, star magnitude* ‖ ⁓**e Konstanten** (Astr) / astronomical constants ‖ ⁓**e Koordinaten** (Astr) / celestial co-ordinates ‖ ⁓**es Koordinatensystem** (z.B. galaktisches, Horizontal- usw.) (Astr) / celestial co-ordinate system ‖ ⁓**e Navigation** (Nav) / celestial navigation, astrogation *n*, astronavigation *n*, stellar guidance ‖ ⁓**e Refraktion** (Ablenkung der Lichtstrahlen beim Durchgang durch die Erdatmosphäre) (Anstr) / astronomical refraction ‖ ⁓**er Standort** (Luftf) / astro fix, celestial fix, celestial position ‖ ⁓**e Uhr** (z.B. Straßburger Münster, Altstädter Rathaus in Prag) (Arch, Uhr) / astronomical clock* ‖ ⁓**e Uhr** (die die Sternzeit angibt) (Astr, Uhr) / astronomical clock* ‖ ⁓**es Zeichen** (z.B. für die Planeten, Konstellationen und Tierkreissternbilder) (Astr) / astronomical symbol, astronomical sign
**Astro•physik** *f* / astrophysics* *n* ‖ ⁓**physikalisch** *adj* / astrophysical *adj* ‖ ⁓**physiker** *m* / astrophysicist *n* ‖ ⁓**quarzgewebe** (Raumf) / astroquartz fabric (ablative fabric laminate) ‖ ⁓**quarzlaminat** *n* (Raumf) / astroquartz fabric (ablative fabric laminate) ‖ ⁓**standort** *m* (Luftf) / astro fix, celestial fix, celestial position
**Ast•säge** *f* (For) / pruning saw ‖ ⁓**stummel** *m* (For) / snag *n*, knag *n* ‖ ⁓**stumpf** *m* (For) / snag *n*, knag *n*
**Ästuar** *n* (Flußmündung, die durch den freien Zutritt von Ebbe und Flut vom Gezeitenstrom trichterartig erweitert wurde) (Geog) / estuary *n*
**Astüberwallungsnarbe** *f* (For) / branch stop occlusion, nodal swelling occlusion
**Astung** *f* (For) / pruning *n*

**Ästung**

**Ästung** f (For) / pruning n
**Ästungsnarbe** f (For) / pruning scar
**Ästungs•säge** f (For) / pruning saw ‖ ~**wunde** f (For) / pruning wound
**Ästungswunde** f (For) / pruning wound
**Asulam** n (Common name für ein Herbizid, das selektiv gegen Ampferarten wirksam ist) (Chem, Landw) / asulam* n
**ASU-Plakette** f (auf dem vorderen polizeilichen Kennzeichen) (Kfz) / emission-control label, ASU sticker
**ASW-Flugzeug** n (zur Bekämpfung von U-Booten) (Luftf, Mil) / antisubmarine warfare aircraft, ASW aircraft
**Asymmeter** n (Eltech) / asymmeter* n
**Asymmetrie** f / asymmetry* n, dissymmetry n ‖ ~**fehler** m (Opt) / coma* n (pl. comae) ‖ ~**meßgerät** n (Eltech) / asymmeter* n ‖ ~**potential** n (bei Glaselektroden) (Eltech) / asymmetry potential*
**asymmetrisch** adj / asymmetric* adj, asymmetrical* adj, unsymmetrical adj, dissymmetrical* adj, nonsymmetrical* adj ‖ ~**e Antriebskraftverteilung** (Kfz) / asymmetric power split ‖ ~**e Falte** (ungleichschenklige Falte) (Geol) / asymmetrical fold ‖ ~**er Fehler** (EDV) / unbalanced error ‖ ~**e Felge** (Kfz) / asymmetric rim ‖ ~**es Gewinde** (z.B. für Knochenschrauben nach DIN 58810) (Masch) / asymmetrical thread ‖ ~**e Katalyse** (Chem) / asymmetric catalysis ‖ ~**es Kohlenstoffatom** (Chem) / asymmetric carbon atom* ‖ ~**e Leitfähigkeit** (Eltronik) / unilateral conductance ‖ ~**e Lichtkuppel** (Bau) / double-pitch skylight* ‖ ~**e Membrane** / asymmetric membrane ‖ ~**e Spule** (Eltech) / skew coil* ‖ ~**e Synthese** (Chem) / asymmetric synthesis* ‖ ~**e Verteilung** (Stats) / asymmetric distribution
**Asymptote** f (einer ebenen Kurve) (Math) / asymptote* n (to a plane curve)
**asymptotisch** adj / asymptotic adj, asymptotical adj ‖ ~**e Entwicklung** (der Funktion) (Math) / asymptotic series ‖ ~**e Freiheit** (bei der effektiven Kopplung) (Kernphys) / asymptotic freedom ‖ ~**e Spalterwartung** (Kernphys) / iterated fission expectation* ‖ ~**e Stabilität** (Math) / asymptotic stability ‖ ~**e Wirksamkeit** (einer Folge von Tests) (Stats) / asymptotic efficiency
**asynchron** adj / asynchronous adj, non-synchronous adj ‖ ~ (Eingang, Ausgang) (EDV) / deferred adj ‖ ~**e Antworten** (Radar) / fruit pulse, fruit n, non-synchronous garbling ‖ ~**e Bedienerverständigung** (EDV) / asynchronous operator communication ‖ ~**er Einphasenmotor** (Eltech) / single-phase induction motor, single-phase asynchronous motor ‖ ~**e Störung** (Radar) / fruit pulse, fruit n, non-synchronous garbling ‖ ~**er Ton** (Tonaufnahme ohne Bildaufnahme) (Film) / wild track* ‖ ~**er Transfermodus (ATM)** (bei dem eine feste Anzahl von Bits in regelmäßig wiederkehrenden Abständen für jede Verbindung zur Verfügung steht) (Fernm) / asynchronous transfer mode ‖ ~**e Übertragung** (DIN 44302) (EDV) / asynchronous transmission ‖ ~**generator** m (Eltech) / induction generator*
**Asynchronität** f (Eltech) / asynchronism n
**Asynchron, polumschaltbarer, polamplitudenmodulierter** ~**käfigläufermotor** (Eltech) / pole-amplitude-modulated motor ‖ ~**-Linearmotor** m (Eltech) / linear induction motor, LIM ‖ ~**maschine** f (Eltech) / induction machine ‖ **einsträngige** ~**maschine** (Eltech) / single-phase induction machine, single-phase asynchronous machine ‖ ~**motor** m (Eltech) / asynchronous motor*, non-synchronous motor*, induction motor* ‖ **linearer** ~**motor** (Eltech) / linear induction motor, LIM ‖ **synchronisierter** ~**motor** (Eltech) / synchronous-asynchronous motor*, synchronous induction motor*, autosynchronous motor* ‖ **phasenkompensierter** ~**motor** (Eltech) / all-watt motor ‖ ~**rechenanlage** f (EDV) / asynchronous computer*, non-synchronous computer* ‖ ~**rechner** m (EDV) / asynchronous computer*, non-synchronous computer* ‖ ~**-Schleifringläufermotor** m (Eltech) / slip-ring motor, wound-rotor induction motor, slip-ring induction motor ‖ ~**verfahren** n (ein Gleichlaufverfahren) (Fernm) / start-stop transmission
**asynoptisch** adj (Meteor) / asynoptic adj, asynoptical adj
**aszendent** adj (Geol) / ascendant adj, ascendent adj, ascending adj
**aszendierendes Wasser** (Geol) / ascending water
**At** (Chem) / astatine*
**AT** (Fernsp) / trunk-offering tone, offering tone
**Atacamit** m (Min) / atacamite* n
**Atakamit** m (ein hydroxidhaltiges Kupferchlorid) (Min) / atacamite* n
**ataktisch** adj (Chem) / atactic* adj ‖ ~**er Block** (bei Blockpolymeren) (Chem) / atactic block ‖ ~**es Polymer** (Chem) / atactic polymer
**Ataraktikum** n (ein Psychotherapeutikum) (Pharm) / ataractic n, ataraxic n, minor tranquilizer
**Ataxit** m (ein Eisenmeteorit) (Astr) / ataxite n
**ATB-Prüfbrenner** m (Masch) / aeration test burner*, ATB*
**α-Teilchen** n (Kernphys) / helium nucleus, alpha-particle* n, α-particle n
**atektonisch** adj (Geol) / atectonic adj, non-tectonic adj
**Atelier•arbeiter** m (Film) / grip n (a member of a camera crew responsible for moving and setting up equipment) ‖ ~**fenster** n (Bau) / studio window ‖ ~**fenster** (Bau) / skylight n, garret window ‖ ~**gelände** n (Film) / studio lot, studio area ‖ ~**mikrofon** n (Akus, Radio, TV) / studio microphone ‖ ~**sekretärin** f (Film) / continuity girl (a continuity clerk), script-girl n ‖ ~**wohnung** f (Bau) / studio flat, studio apartment (US), studio n
**Atelit** m (ein Oxygenhalogenid) (Min) / paratacamite n, atelite n
**Atem-** (Physiol) / respiratory adj
**atembar** adj (Physiol) / respirable adj
**Atembarkeit** f (z.B. unter Tage) (Physiol) / ease of breathing
**Atem•filter** n / respiratory filter ‖ ~**gift** n (Med) / respiratory poison ‖ ~**schutzgerät** n (DIN 3175) / breathing apparatus* ‖ **unabhängig von der Umgebungsatmosphäre wirkendes** ~**schutzgerät** (z.B. Schlauchgerät, Behältergerät, Regenerationsgerät mit Kreislaufatmung usw.) (Bergb) / self-contained breathing apparatus ‖ ~**schutzmaske** f (das Gesicht schützende Vollmaske) / respirator n ‖ ~**schutzmaske für Spritzlackierer** / paint spray respirator ‖ ~**ventil** n (Masch) / breather n ‖ ~**volumen** n (Physiol) / tidal volume* ‖ ~**zugvolumen** n (Physiol) / tidal volume*
**ATH** (Chem) / allylthiourea n
**Äth-** (Chem) s. Eth-
**Athabascasand** m (Geol) / Athabasca tar sand
**Äther** m / ether* n, aether* n
**athermal** adj (Phys) / athermal adj ‖ ~**e Umwandlung** (Hütt) / athermal transformation*
**atherman** adj / adiathermanous adj, athermanous adj, adiathermic adj
**athermisch** adj (Phys) / athermal adj
**Äthiopisches Liebesgras** (Landw) / teff n, teff grass, love grass
**Ätiologie** f (Lehre von den Krankheitsursachen; Gesamtheit der ursächlichen Faktoren, die zu einer bestehenden Krankheit geführt haben) (Med) / aetiology* n, etiology* n
**AT-Kran** m (Masch) / all-terrain crane
**Atlant** m (pl. Atlanten) (Arch) / atlas n (pl. atlantes), telamon n (pl. telamones), Persian n
**Atlantischer Küstentyp** (Geol) / Atlantic-type coastline
**Atlas** m (pl. Atlasse od. Atlanten) (Arch) / atlas n (pl. atlantes), telamon n (pl. telamones), Persian n ‖ **achtbindiger** ~ (Tex) / eight-harness satin, eight-end satin ‖ ~**bindige Damast** (Tex) / double damask ‖ ~**bindung** f (Web) / satin weave ‖ ~**holz** n (For) / West Indian satinwood, Jamaican satinwood ‖ ~**legung** f (Tex) / atlas lapping ‖ ~**spat** m (seltene, asbestartige Ausbildung von Kalzit, Aragonit oder Gips mit seidenem Glanz) (Min) / satin-spar* n, satin stone ‖ ~**stein** m (seltene, asbestartige Ausbildung von Kalzit, Aragonit oder Gips mit seidenem Glanz) (Min) / satin-spar* n, satin stone
**atm** (nicht mehr benutzte Einheit des Druckes = 101325 Pa) (Phys) / International Standard Atmosphere*, ISA*
**ATM** (bei dem eine feste Anzahl von Bits in regelmäßig wiederkehrenden Abständen für jede Verbindung zur Verfügung steht) (Fernm) / asynchronous transfer mode ‖ ~ (Kfz) / rebuilt engine, remanufactured engine
**atmen** v / breath v ‖ ~ n / breathing n
**"Atmen"** n (des Bildes bei der Vorführung) (Film) / breathing* n, breezing n
**atmend** adj (eine physiologische Eigenschaft) (Tex) / breathable adj, breathing adj, good breathing properties ‖ ~**e Lösung** (pulsierende Zweisolitonenlösung) (Phys) / breather solution
**Atmo** f (Tonaufzeichnung von allgemeinen Geräuschen, welche in einem Zusammenhang zu einer bildlich aufgenommenen Szene stehen) (Film) / wild sound, room sound, room noise
**atmoklastisch** adj (Geol) / atmoclastic adj
**Atmolyse** f (Trennung eines Gasgemisches) / atmolysis* n (pl. atmolyses)
**Atmometer** n (Meteor) / evaporimeter* n, atmidometer n, atmometer n, evaporometer n, evaporation gauge
**atmophil** adj (Element, wie C, H, O, N und Edelgase) (Chem) / atmophile* adj, atmophil adj
**Atmosphäre** f (der Erde) (Geophys) / atmosphere n, Earth's atmosphere, aerosphere n ‖ ~ (bis zum 31.12.1977 benutzte Einheit des Druckes) (Phys) / atmosphere n ‖ ~ (Schw) / atmosphere n ‖ **allgemeine Zirkulation der** ~ (Meteor) / general circulation, planetary circulation ‖ **äußere** ~ (Geophys) / outer atmosphere ‖ **die in die** ~ **abgestrahlte Wärmeenergie der Erde** (Meteor) / terrestrial radiation n, earth radiation, eradiation n, terrestrial radiant energy ‖ **freie** ~ (Meteor) / free atmosphere* ‖ **in den oberen Schichten der** ~ (Meteor) / high-level attr ‖ **kontrollierte** ~ (Gasatmosphäre, Schutzgas) / controlled atmosphere, CA ‖ **ländliche** ~ (Anstr, Umwelt) / rural atmosphere, country atmosphere ‖ **obere** ~ (in etwa die warme Schicht der Stratosphäre) (Astr, Geophys) / upper atmosphere*, upper air ‖ **oxidierende** ~ (Hütt, Keram) / oxidizing atmosphere ‖ **physikalische** ~ (Phys) / International Standard Atmosphere*, ISA* ‖ **reduzierende** ~ (Hütt) / reducing atmosphere* ‖ **städtische** ~ (Sanitär, Umwelt) / urban atmosphere
**Atmosphärenchemie** f (Chem) / atmospheric chemistry

**Atmosphärilien** *f pl* (chemisch wirksame Stoffe in der Atmosphäre) (Chem) / atmospheric constituents
**atmosphärisch** *adj* (Geophys) / aerial *adj*, atmospheric *adj* ǁ ~**e Absorption** (Akus, Astr) / atmospheric absorption* ǁ ~**e Akustik** (Akus) / atmospheric acoustics* ǁ ~**e Bedingungen** / atmospheric conditions ǁ ~**es Bremsen** (an der Rückkehrbahn) (Raumf) / atmospheric braking ǁ ~**er Druck** (vom Barometer abgelesen) (Meteor) / barometric pressure*, atmospheric pressure*, air pressure ǁ ~**e Elektrizität** (Elektr, Meteor) / atmospheric electricity* ǁ ~**es Fenster** (Astr) / atmospheric window ǁ ~**e Funkstörungen** (Fernm) / atmospherics* *pl*, statics* *pl*, atmospheric interference, sferics* *pl*, spherics* *pl*, X's, strays* *pl* ǁ ~**e Gegenstrahlung** (Meteor) / counterradiation ǁ ~**e Gezeiten** (Geophys) / atmospheric tides* ǁ ~**e Grenzschicht** (die unterste Schicht im Aufbau der Atmosphäre, in der aufgrund der Rauhigkeit der Erdoberfläche und der daraus resultierenden Reibung eine ungeordnete turbulente Strömung vorherrscht) (Meteor) / friction layer*, planetary boundary layer*, PBL, surface boundary layer ǁ ~**e Korrosion** (ein Spezialfall der elektrolytischen Korrosion) (Galv) / atmospheric corrosion ǁ ~**er Kühlturm** / atmospheric cooling tower ǁ ~**e Optik** (die das Verhalten des Lichts in der Atmosphäre beschreibt) (Opt) / atmospheric optics, meteorological optics ǁ ~**es Rauschen** (Fernm) / atmospherics* *pl*, statics* *pl*, atmospheric interference, sferics* *pl*, spherics* *pl*, X's, strays* *pl* ǁ ~**e Refraktion** (Opt) / atmospheric refraction ǁ ~**er Speiser** (Gieß) / atmospheric feeder, atmospheric riser ǁ ~**e Strahlenbrechung** (Sammelbegriff für die mit der Krümmung der Lichtstrahlen in der Atmosphäre zusammenhängenden Erscheinungen) (Opt) / atmospheric refraction ǁ ~**e Trocknung** / open-air drying ǁ ~**e Welle** (im horizontalen Strömungsmuster, welches Perioden im Raum und/oder Zeit aufweist) (Meteor) / atmospheric wave ǁ ~**er Wellenleiter** (Radio) / duct waveguide*
**Atmospherics** *pl* (Fernm) / atmospherics* *pl*, statics* *pl*, atmospheric interference, sferics* *pl*, spherics* *pl*, X's, strays* *pl*
**Atmung** *f* / breathing *n* ǁ ~ (Dampfdurchlässigkeit) (Bau) / breathing *n* ǁ ~ (langsamer Druckausgleich) (Masch) / breathing *n* ǁ ~ (Physiol) / respiration* *n*
**Atmungs**·- (Physiol) / respiratory *adj* ǁ ~**aktiv** *adj* (eine physiologische Eigenschaft) (Tex) / breathable *adj*, breathing *adj*, with good breathing properties ǁ ~**aktivität** *f* (Tex) / breathability *n* ǁ ~**fähig** *adj* (eine physiologische Eigenschaft) (Tex) / breathable *adj*, breathing *adj*, with good breathing properties ǁ ~**fähigkeit** *f* (eine die Behaglichkeit der Textilien bestimmende Eigenschaft) (Tex) / breathability *n* ǁ ~**gift** *n* (Mil) / asphyxiant *n* ǁ ~**kette** *f* (Biochem) / electron transport chain, respiratory chain ǁ ~**kettenphosphorylierung** *f* (Biochem) / oxidative phosphorylation* ǁ ~**quotient** *m* (Bot) / respiratory quotient*, RQ* ǁ ~**schwand** *m* (in der Mälzerei) (Brau) / respiration loss ǁ ~**sensor** *m* (in der Biotelemetrie) / respiration sensor ǁ ~**substrat** *n* (Biol) / respiratory substrate* ǁ ~**trockner** *m* (bei Furnieren) (For) / contact drier ǁ ~**wärme** *f* (lagerndes Gemüse und Obst) (Nahr) / respiratory heat
**ATN-Grammatik** *f* (zur Beschreibung der natürlichen Sprache) (KI) / ATN grammar
**ATN-Netzwerk** *n* (KI) / augmented-transition network, ATN
**Atom** *n* (Kernphys) / atom* *n* ǁ ~- (Kernphys) / atomic *adj* ǁ **adsorbiertes** ~ (Phys) / adatom *n* ǁ **angeregtes** ~ (Kernphys) / excited atom* ǁ **angestoßenes** ~ (Kernphys) / knock-on atom, knocked-on atom ǁ **aus einem** ~ **bestehend** (Kernphys) / atomic *adj* ǁ **benachbartes** ~ (Kernphys) / adjacent atom, neighbouring atom ǁ **elektronenberaubtes** ~ (Phys) / stripped atom*, fully ionized atom ǁ **endständiges** ~ (Chem) / terminal atom ǁ **exotische** ~**e** (kurzlebige Atome, in denen eines der üblichen Elementarteilchen durch ein anderes Lepton, ein Meson oder Hyperon ersetzt ist) (Kernphys) / exotic atoms ǁ **freies** ~ (Chem, Phys) / free atom* ǁ **hadronisches** ~ (Kernphys) / hadronic atom ǁ **heißes** ~ (Atome, die sich als Folge von Kernprozessen in einem angeregten Energiezustand befindet oder eine kinetische Energie besitzt, die größer als die der umgebenden Atome ist - DIN 25401, T 16) (Kernphys) / hot atom ǁ **hochionisiertes** ~ (Phys) / stripped atom*, fully ionized atom ǁ **ionisiertes** ~ (Phys) / ionized atom*, atomic ion ǁ **kaonisches** ~ (Kernphys) / kaonic atom ǁ **markiertes** ~ (Kernphys) / tracer atom*, label atom, labelled atom*, tagged atom ǁ **mesisches** ~ (Kernphys) / mesic atom*, mesonic atom, mesoatom *n* ǁ **paramagnetisches** ~ (dessen Hülle ein permanentes magnetisches Dipolmoment aufweist, das sich aus den magnetischen Momenten der Elektronenspins und den von ihrer Bewegung herrührenden zusammensetzt) (Kernphys) / paramagnetic atom ǁ **radioaktives** ~ (Kernphys) / radioactive atom* ǁ **substituiertes** ~ (Phys) / substitutional atom
**Atom**·**abfall** *m* (Nukl) / radioactive waste, radwaste *n*, atomic waste, nuclear waste ǁ ~**absorptionsanalyse** *f* (Chem) / atomic absorption analysis ǁ ~**absorptionsspektrometrie** *f* (Spektr) / atomic absorption spectroscopy, atomic absorption spectrometry ǁ ~**absorptionsspektroskopie** *f* (Spektr) / atomic absorption spectroscopy, atomic absorption spectrometry ǁ ~**abstand** *m* (die Entfernung der Atomkerne eines Moleküls) (Kernphys) / interatomic distance ǁ ~**abstand** (Kernphys) s. auch Bindungslänge und Kernabstand ǁ ~**antrieb** *m* (Raumf) / nuclear propulsion*
**atomar** *adj* (Kernphys) / atomic *adj* ǁ ~**er Absorptionskoeffizient** ($\mu_a$) (Phys) / atomic absorption coefficient* ǁ ~**e Angriffsrolle** (MFK-Option) (Mil) / nuclear attack role ǁ ~**es Bremsvermögen** (Kernphys) / atomic stopping power ǁ ~**e Einheit** (verschiedene Größen und Dimensionen) (Kernphys) / atomic unit ǁ ~**es Ereignis** (Stats) / atomic event ǁ ~**e Fehlordnung** (Eltronik, Krist) / point defect* ǁ ~**e Fehlstelle** (Eltronik, Krist) / point defect* ǁ ~**e Formel** (KI) / atomic formula ǁ ~**e Formel** (der Prädikatenlogik) (KI) / atomic formula ǁ ~**er Fotoeffekt** (Phys) / photoionization *n* ǁ ~**er Gefechtskopf** (Mil) / nuclear warhead ǁ ~**er Gegenschlag** (Mil) / nuclear retaliation ǁ ~**e Konstante** (z.B. die Elektronenmasse, die Elementarladung und das Plancksche Wirkungsquantum) (Phys) / atomic constant ǁ ~**e Kriegführung** (Einsatz von taktischen und strategischen Kernwaffen im Kriegsfall) (Mil) / nuclear warfare ǁ ~**es Lichtbogenschweißen** (Schw) / atomic hydrogen welding, atomic hydrogen arc welding ǁ ~**e Masseeinheit** (der zwölfte Teil der Masse eines Atoms des Nuklids $^{12}$C) (Kernphys) / (unified) atomic mass unit* ǁ ~**er Schwächungskoeffizient** (DIN 1304) / atomic attenuation coefficient ǁ ~**er Verband** (bei dem jedes vom Nullelement verschiedene Element mindestens ein Atom umfaßt) (Kernphys) / atomic lattice ǁ ~**er Wasserstoff** (ein Quantengas) (Chem) / active hydrogen*, atomic hydrogen*, monohydrogen *n*
**Atom**·**aufbau** *m* (Phys) / atomic structure* ǁ ~**batterie** *f* (Nukl) / nuclear battery*, atomic battery, radioisotope battery, radionuclide battery, RNB, isotopic battery, radioisotopic generator ǁ ~**bau** *m* (Phys) / atomic structure* ǁ ~**betriebenes U-Boot** (Mil) / nuclear-powered submarine ǁ ~**bindigkeit** *f* (Chem) / covalency *n* (GB)*, covalence *n* (US) ǁ ~**bindung** *f* (Chem) / covalent bond*, atomic bond*, homopolar bond, electron-pair bond ǁ ~**bindungszahl** *f* (Chem) / covalency *n* (GB)*, covalence *n* (US) ǁ ~**bombe** *f* (Mil) / atomic bomb*, atom bomb*, A-bomb* *n*, nuclear bomb ǁ ~**brennstoff** *m* s. Kernbrennstoff und Spaltstoff ǁ ~**durchmesser** *m* (Chem) / atomic diameter ǁ ~**emissionsspektrometrie** *f* **mit induktiv gekoppeltem Argonplasma** (Spektr) / inductively coupled argon-plasma atomic emission spectrometry ǁ ~**emissionsspektroskopie** *f* (Spektr) / atomic emission spectroscopy, AES ǁ ~**energie** *f* (Nukl) / nuclear energy*, atomic energy*, nuclear *n* ǁ ~**energierecht** *n* / nuclear law, atomic energy law ǁ ~**fluoreszenzspektroskopie** *f* (eine Methode der Atomabsorptionsspektroskopie) (Spektr) / atomic fluorescence spectroscopy, AFS ǁ ~**fluoreszenz** *f* (Chem) / atomic fluorescence, AFS ǁ ~**formamplitude** *f* (Kernphys) / atomic scattering factor, atomic form factor ǁ ~**formel** *f* (KI) / atomic formula ǁ ~**formfaktor** *m* (Kernphys) / atomic scattering factor, atomic form factor ǁ ~**frequenz** *f* (Phys) / atomic frequency* ǁ ~**getrieben** *adj* (Nukl) / nuclear-powered *adj* ǁ ~**gitter** *n* (z.B. Diamant) (Krist) / atomic lattice ǁ **dreiwertige** ~**gruppe** (Chem) / triad* *n* ǁ **zweiwertige** ~**gruppe** (Chem) / diad *n* ǁ **vierwertige** ~**gruppe** (Chem) / tetrad *n* ǁ ~**hülle** *f* (Kernphys) / electron shells (one to seven) ǁ ~**industrie** *f* (Nukl) / nuclear industry ǁ ~**ion** *n* (Phys) / ionized atom*, atomic ion
**Atomiseur** *m* (Instr) / atomizer *n*, nebulizer *n*, sprayer *n*
**atomisieren** *v* (feinstmahlen) / micronize *v*
**Atomisierung** *f* (Chem Verf) / atomizing *n* ǁ ~ (Chem Verf) s. auch Mikronisierung ǁ **elektrothermische** ~ (Spektr) / electrothermal atomization
**atomistische Konkurrenz** / perfect competition
**Atomizer-Test** *m* (Verfahren zur Sichtbarmachung anhaftender Verunreinigungen auf Metalloberflächen bzw. der Reinigungswirkung von Entfettungsmitteln,) (Galv) / atomizer test
**Atom**·**kanone** *f* (beim Fast-Atom Bombardment) (Kernphys, Spektr) / atom gun ǁ ~**kern** *m* (Kernphys) / nucleus* *n* (pl. nuclei), atomic nucleus ǁ **angeregter** ~**kern** (Kernphys) / excited nucleus* ǁ ~**kernenergie** *f* (Nukl) / nuclear energy*, atomic energy* ǁ ~**kette** *f* (Chem) / chain* *n*, atomic chain ǁ ~**konstante** *f* (Phys) / atomic constant ǁ ~**kraft** *f* (Nukl) / nuclear power* ǁ ~**kraftbefürworter** *m* (Nukl) / nuclear power advocate, nuclear power proponent, proponent of nuclear energy (plants) ǁ ~**kraftgegner** *m* (Nukl) / antinuclear activist, antinuker *n* (US), nuclear foe ǁ ~**kraftwerk** *n* (Eltech, Nukl) / atomic power plant, nuclear power-station, nuclear power plant (US), nuclear (power) generating station ǁ ~**kristall** *m* (Krist) / covalent crystal ǁ ~**laser** *m* (Gaslaser, bei dem die Laserübergänge zwischen Niveaus neutraler Atome stattfinden) (Phys) / atomic gas laser, atomic laser ǁ ~**lehre** *f* (Chem) / atomic theory ǁ ~**linie** *f* (eine Spektrallinie) (Spektr) / atom line ǁ ~**masse** *f* (Kernphys) / atomic mass ǁ **relative** ~**masse** ("Atomgewicht") (Chem, Phys) / relative atomic mass*, atomic weight*, r.a.m. ǁ **absolute** ~**masse** (Chem, Phys) / absolute atomic mass ǁ ~**massenskala** *f* **mit**

**Atommodell**

$_{12}{}^6$**C-Basis** (Chem) / unified scale* ‖ ⁓**modell** n (Kernphys) / atom model, atomic model ‖ ⁓**müll** m (Nukl) / radioactive waste, radwaste n, atomic waste, nuclear waste ‖ ⁓**müllager** n (Nukl) / burial site*, burial ground, graveyard* n, nuclear waste repository ‖ ⁓**mülldeponie** f (Nukl) / burial site*, burial ground, graveyard* n, nuclear waste repository ‖ ⁓**nummer** f (im Periodensystem der Elemente) (Chem) / atomic number*, proton number, nuclear-charge number ‖ ⁓**orbital** n (ein Elektronenzustand) (Kernphys) / atomic orbital*, AO ‖ ⁓**physik** f (Phys) / atomic physics ‖ ⁓**physik** (Phys) s. auch Kernphysik ‖ ⁓**pilz** m (pilzförmige Rauchwolke bei der Explosion einer Atombombe) (Nukl) / mushroom cloud, nuclear cloud ‖ ⁓**polarisation** f (Eltronik, Phys) / ionic polarization, atomic polarization, lattice polarization ‖ ⁓**radius** m (Kernphys) / atomic radius* ‖ ⁓**rakete** f (Mil, Raumf) / atomic rocket, nuclear rocket ‖ ⁓**reaktor** m (Nukl) / nuclear reactor*, reactor* n, pile* n, NR ‖ ⁓**refraktion** f (Chem, Opt) / atomic refraction ‖ ⁓**rumpf** m (Kernphys) / core* n ‖ ⁓**schiff** n (Schiff) / nuclear ship, NS ‖ ⁓**schirm** m (Mil) / nuclear umbrella ‖ zweiter ⁓**schlag** (Mil) / second strike ‖ erster ⁓**schlag** (Mil) / first strike ‖ ⁓**sicherheit** f (Nukl) / nuclear safety ‖ ⁓**spektroskopie** f (Chem, Spektr) / atomic spectroscopy ‖ ⁓**spektrum** f (Akus, Spektr) / line spectrum* ‖ ⁓**spektrum** (Kernphys, Spektr) / atomic spectrum* ‖ ⁓**spektrum** (Kernphys, Spektr) s. auch Linienspektrum ‖ ⁓**sprengkopf** m (Mil) / nuclear warhead ‖ **taktischer** ⁓**sprengkörper** (Mil) / tactical nuclear weapon, theatre nuclear weapon ‖ ⁓**strahl** m (ein gebündelter Molekülstrahl aus neutralen Atomen) (Phys) / atomic beam ‖ ⁓**strahlresonanzmethode** f (in der Hochfrequenzspektroskopie) (Spektr) / atomic-beam resonance method ‖ ⁓**streuung** f (Phys) / atomic scattering* ‖ ⁓**strom** m (Eltech, Nukl) / atomic power plant current ‖ ⁓**stromerzeugung** f (Eltech, Nukl) / nuclear electricity generation ‖ ⁓**struktur** f (Phys) / atomic structure* ‖ ⁓**teststoppabkommen** n (Mil, Nukl) / test-ban treaty ‖ ⁓**theorie** f (Kernphys) / atomic theory ‖ ⁓**übertragung** f (Kernphys) / atom transfer ‖ ⁓**U-Boot** n (Mil) / nuclear-powered submarine ‖ ⁓**uhr** f (Frequenzstandard höchster Genauigkeit, z.B. Cäsiumuhr) / atomic clock* ‖ ⁓**umwandlung** f (Kernphys) / atomic transformation, nuclear transformation ‖ ⁓**unterseeboot** n (Mil) / nuclear-powered submarine ‖ ⁓**verband** m (Kernphys) / atom union ‖ ⁓**verhältnis** n (Chem) / atomic proportion, atomic ratio ‖ ⁓**verhältniszahl** f (Chem) / atomic proportion, atomic ratio ‖ ⁓**volumen** n (der von 1 Mol eines Elementes bei 0 K eingenommene Raum) (Chem) / atomic volume* ‖ ⁓**waffe** f (Mil) / nuclear weapon, nuke n, atomic weapon ‖ ⁓**waffensperrvertrag** m (Mil) / non-proliferation treaty, Treaty on the Non-Proliferation of Nuclear Weapons ‖ ⁓**wärme** f (die nötig ist, um ein Grammatom eines chemischen Elements um 1 K zu erhöhen) (Chem) / atomic heat* ‖ ⁓**zeit** f (Zeitmaß, bei dem die Resonanzschwingungen des Caesiumatoms 133 oder des Ammoniakmoleküls als Normal dienen) (Phys) / Atomic Time ‖ **Internationale** ⁓**zeit** (Phys) / International Atomic Time, IAT
**ATP** (Biochem) / adenosine triphosphate*, ATP*
**ATPase** f (Biochem) / adenosine triphosphatase, ATPase n
**Atramentverfahren** n (ein altes Korrosionsschutzverfahren für Stahl durch Phosphatieren in einer Zinkphosphatlösung bei 90° C) (Galv) / atramentizing n
**Atrazin** n (Common name für ein Herbizid) (Chem) / atrazine n
**atro** adj (absolutely dry)
**Atropin** n (Alkaloid der Solanacaeen, z.B. der Tollkirsche, des Gemeinen Stechapfels, des Bilsenkrauts) (Chem, Pharm) / atropine* n
**Atropisomer** n (Chem) / atropisomer n
**Attachment** n (Anlagerung eines Elektrons an ein neutrales Atom oder Molekül unter Bildung eines Anions) (Chem) / electron attachment*, attachment n ‖ ⁓ (KI) / attachment n ‖ **dissoziatives** ⁓ (Phys) / dissociative attachment
**Attapulgit** n (von Attapulgus in Georgia) (Min) / attapulgite n, palygorskite* n
**AT-Tastatur** f (EDV) / MF2 keyboard
**ATT-Diode** f (Siliziumdiode nach dem Mesaprinzip mit ausgeprägtem Lawinen- und Laufzeiteffekt) (Eltronik) / avalanche transit time diode, ATT diode
**Attenuation** f (Opt) / attenuation n ‖ ⁓ s. auch Extinktion
**Atterbergsche Grenzen** (Zustandsgrenzen für bindigen Boden, nach DIN 18122) (HuT) / consistency limits, Atterberg limits
**Attika** f (Arch) / attic n, attic storey, garret n ‖ ⁓ (umlaufender Dachrand beim Flachdach) (Bau) / fascia n
**Attikageschoß** n (ein niedriges Obergeschoß über dem Hauptgesims) (Arch) / attic n, attic storey, garret n
**Atto-** (Vorsatz für $10^{-18}$ - Kurzzeichen a) / atto- (SI-prefix denoting x $10^{-18}$)
**Attraktans** n (pl. -tien) (Chem) / attractant n, insect attractant
**Attraktant** m (Substanz, die Schädlinge anlockt, jedoch keine pestizide Wirkung besitzt) (Chem) / attractant n, insect attractant
**Attraktion** f (Astr, Phys) / attraction n

**Attraktor** m (Endzustand eines dynamischen Systems) (Math, Phys) / attractor n ‖ ⁓ (in der Chaostheorie) (Phys) / attractor n
**Attrappe** f / mock-up n ‖ ⁓ / dummy n ‖ ⁓ (maßstabsgetreue) / scale model ‖ ⁓ (Luftf) / mock-up n
**Attribuierung** f (KI) / tagging n
**Attribut** n (EDV, Fernm) / attribute n ‖ ⁓**, gültig für einen Versorgungsbereich** (Verzeichnissystem, Mitteilungsübermittlung) / domain-defined attribute ‖ ⁓ n **eines Versorgungsbereichs** / domain-defined attribute ‖ ⁓**prüfung** f (DIN 55350, T 31) (EDV, Fernm, Stats) / inspection by attributes
**Attritor** m (eine Rührwerkkugelmühle mit Perlen oder Sand als Mahlhilfskörpern) (Masch) / attritor n
**Attritus** m (Pflanzenzerreibsel) (Geol) / attritus n
**ATV** (TV) / amateur television ‖ ⁓**-Reifen** m (Kfz) / all-terrain vehicle tyre
**Atwoodsche Fallmaschine** (zur Untersuchung gleichförmig beschleunigter Bewegung, nach G. Atwood, 1745 - 1807) (Phys) / Atwood machine
**ATWS** (Nukl) / anticipated transient without scram, ATWS
**ATWS-Störfall** m (Nukl) / anticipated transient without scram, ATWS
**ATX-Board** n (ein Layout des Motherboards) (EDV) / ATX board
**A-Typ** m (des Feldeffekttransistors) (Eltronik) / depletion-mode transistor*, depletion-mode field-effect transistor, depletion-mode FET
**Ätz•alkali** n (Ätznatron und Ätzkali) (Chem) / caustic alkali, caustic n ‖ ⁓**alkalische Fällflüssigkeit** (Chem) / caustic alkaline precipitant (fluid) ‖ ⁓**druck** m (Tätigkeit - Weißätzen oder Bundätze) (Tex) / discharge printing*
**Ätze** f (Tex) / discharge n
**ätzen** v / etch v ‖ ⁓ n (selektiver Kristallabbau auf einer Einkristalloberfläche bzw. unterschiedlicher Abbau auf der Oberfläche eines polykristallinen Gefüges) / etching* n ‖ ⁓ (mit Lauge) (Anstr, Hütt) / cauterization n, cauterizing n ‖ ⁓ (eine metallografische Prüfung) (Hütt) / etch inspection, etch test, etching test ‖ ⁓ (Tex) / discharge n ‖ **anodisches** ⁓ (Eltech) / anodic etching* ‖ **chemisches** ⁓ (Eltronik) / chemical etching ‖ **elektrolytisches** ⁓ (Eltech) / anodic etching* ‖ **galvanisches** ⁓ (Galv) / electroetching n ‖ **naßchemisches** ⁓ (Eltronik) / wet chemical etching
**ätzend** adj (Geruch) / pungent adj, acrid adj, sharp adj ‖ ~ (Chem) / caustic* adj
**Ätz•figur** f (Krist) / etch-figure* n, etched figure* n ‖ ⁓**gewebe** n (modisches Gewebe, in dem aus Musterungsgründen Faserzerstörungen vorgenommen worden sind) (Tex) / discharge fabric ‖ ⁓**grübchen** n (Galv) / etching pit*, etch pit ‖ ⁓**grube** f (Galv) / etching pit*, etch pit ‖ ⁓**kali** n (Kaliumhydroxid) (Chem) / caustic potash* ‖ ⁓**kalk** m (Kalziumoxid) (Bau, Chem) / quicklime* n, caustic lime*, burnt lime*, anhydrous lime* ‖ ⁓**mittel** n (Chem) / etchant* n ‖ ⁓**mittel** n (Med) / caustic* n ‖ ⁓**mittel** (Tex) / discharge agent ‖ ⁓**näpfchen** n (Typog) / cell n ‖ ⁓**natron** n (Natriumhydroxid) (Chem) / caustic soda* ‖ ⁓**polieren** n / chemical brightening, chemical polishing ‖ ⁓**reserveverfahren** n (Tex) / discharge resist process ‖ ⁓**schutzschicht** f / etch stop ‖ ⁓**spitze** f (Tex) / burnt-out lace ‖ ⁓**sublimat** n (Quecksilber(II)-chlorid) (Chem, Pharm) / corrosive sublimate*
**Ätzung** f (Tex) / discharge n
**Ätz•versuch** m (Hütt) / etch inspection, etch test, etching test ‖ ⁓**vorlage** f (Eltronik) / master pattern
**Au** (Chem) / gold* n
**AÜ** (Radio) / nemo n (not emanating from main office), outside broadcast, OB report, O.B. (GB), outdoor pick-up, field broadcasting
**Aubépine** n (Chem, Galv, Pharm) / anisaldehyde* n, aubepine n
**aubergine** adj (rötlichviolett) / aubergine adj
**Aubert-Blende** f (Opt) / cat's eye aperture
**Aucubin** n (ein glykosidischer Bitterstoff aus dem Augentrost) (Chem) / aucubin n
**Audimeter** n (der A.C. Nielsen Company - zur Ermittlung von Hörer- bzw. Zuschauerzahlen) (Radio, TV) / Audimeter n
**Audioanlage, hochformatiger Schrank für** ⁓ (Eltronik) / vertical audio cabinet
**Audio•book** n (gesprochene Texte auf Kassette) (Akus) / audiobook n ‖ ⁓**datei** f (Akus, EDV) / audio file (containing audible data) ‖ ⁓**dubbing** n (nachträgliches Vertonen einer Videoaufzeichnung mit Mikrofon oder über Tonband) (Akus, Film) / audio dubbing ‖ ⁓**gramm** n (Akus) / audiogram* n ‖ ⁓**meter** n (Akus, Physiol) / audiometer* n ‖ ⁓**metrie** f (Methode zur Prüfung der Hörfähigkeit mit Hilfe von elektroakustischen Hörmeßgeräten) (Akus, Physiol) / audiometry n ‖ ⁓**schnittstelle** f (EDV) / audio interface ‖ ~**visuell** adj / audio-visual adj, AV ‖ ~**visuelles Publizieren** (Druck, EDV) / audio-visual publishing
**Audit** m n (z.B. nach ISO 9002) / audit n

**auditiv** *adj* (Sensor des Industrieroboters) / auditive *adj* ∥ **~er Sensor** (ein Sensor /Mikrofon/ zur Aufnahme von Schallwellen innerhalb des menschlichen Hörbereichs und zum Wandeln in elektrische Ströme) (Akus) / sound sensor, auditive sensor
**Aue** *f* (feuchtes, oft mit Laubwald bestandenes Flußtal) (Geog, Geol) / water-meadow *n*, floodplain *n* ∥ ≃ (Geol) / valley flat, valley plain
**Auelehm** *m* (Geol) / alluvial clay, floodplain clay
**Auenboden** *m* (Geol) / alluvial soil, alluvium* *n* (pl. -via or -viums), alluvial deposit
**Auenwald** *m* (For) / floodplain forest, flooded forest
**Auerbrenner** *m* (Eltronik) / Welsbach burner
**Auermetall** *n* (pyrophore Zer-Eisen-Legierung nach C. Frhr. Auer von Welsbach, 1858-1929) (Hütt) / Auer metal (a pyrophoric alloy)
**auf** *adv* (Eltech) / on *adv*
**auf- oder absteigend sortieren** (EDV) / sort in ascending or descending order
**auf- und abgehende Bewegung** (Masch) / up- and down-motion
**Auf- und Niedergang** *m* (Masch) / up- and down-motion
**aufaddieren** *v* / tot up *v*
**aufarbeiten** *v* (verschlissene Teile) / regenerate *v* ∥ ~ (Haldenberge) (Bergb) / reclaim *v* ∥ ~ (Chem Verf) / work up *v* ∥ ~ (Formsand) (Gieß) / reclaim *v*, recondition *v* ∥ ~ (abgebrannten Kernbrennstoff) (Nukl) / regenerate *v*, reprocess *v* ∥ ~ (Abfallmaterial) (Plast, Umwelt) / rework *v*, reprocess *v* ∥ ~ (alte Möbel) (Tischl) / refurbish *v*, refinish *v*
**Aufarbeitung** *f* (der Haldenberge) (Bergb) / reclaiming *n* ∥ ≃ (Chem Verf) / work-up *n* ∥ ≃ (des Formsandes) (Gieß) / reclaiming *n*, reconditioning *n* ∥ ≃ (des abgebrannten Brennstoffes) (Nukl) / regeneration* *n*, reprocessing *n* ∥ **pyrochemische** ≃ (von abgebrannten Brennstoffelementen) (Nukl) / pyrochemical reprocessing *n* ∥ ≃ *f* **von Ölschiefer** (Erdöl) / oil-shale processing
**Aufarbeitungsplatz** *m* (For) / processing yard, processing site
**auf•asten** *v* (For) / trim *v*, limb *v*, delimb *v*, lop *v*, lop off *v*, disbranch *v* ∥ **~ästen** *v* (stehende Bäume) (For) / prune *v*, delimb *v*, lop *v* ∥ **≃astung** *f* (For) / pruning *n*
**Aufbau** *m* (einer Schaltung) (Eltech) / set-up *n* ∥ ≃ (einer Verbindung) (Fernm) / set-up *n*, build-up *n*, setting-up *n*, establishment *n* ∥ ≃ (Foto) / composition *n* ∥ ≃ (der Fahrbahn) (HuT) / construction *n* ∥ ≃ (Kfz) / body *n*, bodywork *n*, coachwork *n*, shell *n* ∥ ≃ (eines Caravans) (Kfz) / body shell ∥ ≃ (Masch) / erection* *n*, rigging *n* ∥ ≃ (einer Strahlungsgröße) (Radiol) / build-up* *n* ∥ ≃ (Schiff) / superstructure* *n*, erection *n* ∥ ≃ (eines Geräts) (Verm) / set-up* *n* ∥ **kristalliner** ≃ **bei dem die einzelnen Zonen und deren Abgrenzungen in das Grundmaterial integriert wurden** (und nicht mehr als solche erkennbar sind) (Eltronik) / integrated morphology ∥ **kristalliner** ≃ **bei dem sich die einzelnen Zonen und deren Abgrenzungen deutlich vom Grundmaterial abheben** (Eltronik) / translational morphology ∥ **kurzer** ≃ (Schiff) / short superstructure ∥ **langer** ≃ (Schiff) / long superstructure ∥ **logischer** ≃ (EDV) / logical design*, logic design ∥ **modularer** ≃ / modular design*, modular construction ∥ **selbsttragender** ≃ (Kfz) / self-supporting body, monocoque* *n*, unitized body* *n* ∥ ≃ *m* **der Spule** (Spinn) / package build, package build-up
**Aufbau•deck** *n* (Schiff) / superstructure deck ∥ **≃einheit** *f* (Eltronik, Masch) / module *n*, unit *n*, building block ∥ **≃element** *n* (Masch) / structural element
**aufbauen** *v* / build *v*, construct *v* ∥ ~ (eine Organisation) / build up *v* ∥ ~ (eine Verbindung) (Fernm) / establish *v*, set up *v*, build up *v* ∥ ~ (ein Gerät) (Fernm, Verm) / set up *v* ∥ ~ (Verbindung, Gespräch) (Fernsp) / establish *v* ∥ ~ (am Aufstellungsort) (Masch) / erect *v*, rig *v* ∥ ~ (Anhäufen von Druckfarbe auf den farbübertragenden Teilen der Offset-Druckmaschine) (Druck) / piling* *n*
**aufbauendes Polieren** (nach dem Ballenverfahren) (Tischl) / French polishing
**Aufbau•faktor** *m* (Radiol) / build-up factor ∥ **≃instrument** *n* (Instr, Kfz) / pod-mounted gauge ∥ **≃maschine** *f* (Masch) / unitized machine, unit-type machine, building-block machine ∥ **≃maschine** (Masch) s. auch Sondermaschine
**aufbäumen** *v* (Web) / beam *v*, take up *v* ∥ ≃ *n* (Web) / beaming *n*, beam-warping *n*, direct warping, turning-on *n*, batching *n*, batching-up *n*
**Aufbäummaschine** *f* (zur Aufwicklung von Kettfäden zum fertigen Kettbaum) (Web) / beamer *n*, beaming machine
**Aufbau•platte** *f* (Radio) / chassis* *n*, frame *n*, mounting frame ∥ **≃prinzip** *n* (Permanenz der Quantenzahlen) (Kernphys) / Aufbau principle ∥ **≃prozeß** *m* (z.B. Kernfusion) (Nukl) / Aufbau process ∥ **≃schneide** *f* (eine Ablagerung im Bereich der Stauzone auf der Spanfläche) (Masch) / built-up edge ∥ **≃spant** *n* (Schiff) / superstructure frame ∥ **≃stoff** *m* / constituent* *n* ∥ **≃symmetrie** *f* (DIN 40 148, T 2) (Fernm) / symmetrical arrangement
**Aufbautendeck** *n* (über dem Hauptdeck) (Schiff) / superstructure deck
**Aufbau•trommel** *f* (der Reifenbaumaschine) / building drum ∥ **≃zeit** *f* (bei Gasentladungen) (Eltronik) / formative time*

**Aufbenzolung** *f* (des Gases) (Chem Verf) / rebenzolization *n*
**aufbereitbar, naß** ~ (Aufber) / washable *adj*
**aufbereiten** *v* (Formsand) (Gieß) / prepare *v*, condition *v* ∥ ~ (Manuskript) (Typog) / mark up *v* ∥ ~ (Altöl, gebrauchte Teile) (Umwelt) / reclaim *v*, regenerate *v*, recover *v*, regain *v* ∥ ~ (Abfälle) (Umwelt) / reprocess *v* ∥ ~ **zum Drucken** (EDV) / edit *v*
**Aufbereiter** *m* (Erdöl) / treater *n*
**aufbereitetes Gut** (Aufber) / concentrate* *n*
**Aufbereitung** *f* (von Kohle) (Bergb) / cleaning *n* ∥ ≃ (des Formsandes) (Gieß) / preparation *n*, conditioning *n* ∥ ≃ (gebrauchter Teile) (Masch) / regeneration *n* ∥ ≃ (von Abwässern) (Sanitär) / renovation *n* (of waste-water) ∥ ≃ (z.B. des Altöls) (Umwelt) / reclaiming *n*, reclamation *n*, regeneration *n*, recovery* *n*, re-refining *n* ∥ ≃ (von Abfällen) (Umwelt) / reprocessing *n* ∥ ≃ s. auch Wiederaufbereitung ∥ **[bergbauliche]** ≃ (Aufber) / mineral processing*, beneficiation* *n*, mineral dressing* ∥ **elektromagnetische** ≃ (Aufber) / electromagnetic separation* ∥ **magnetische** ≃ (Trennung aufgrund unterschiedlicher magnetischer Eigenschaften) (Aufber) / magnetic separation ∥ **naßmechanische** ≃ (Aufber) / wet cleaning, washing *n* ∥ **trockene** ≃ (Aufber) / dry cleaning *n* ∥ ≃ *f* **der Steine und Erden** (Aufber) / mineral processing*, beneficiation* *n*, mineral dressing* ∥ ≃ **zum Druck** (EDV) / editing *n*
**Aufbereitungs•anlage** *f* (Aufber) / concentration plant*, concentrator *n* ∥ **≃anlage** (für Erz, Steine und Erden) (Aufber) / mineral processing plant, mineral treatment plant, mineral dressing plant ∥ **≃anlage** (für Erze) (Bergb) / mill *n* (US)* ∥ **≃berge** *mpl* (die meistens als heizwertarmes Abfallprodukt verstromt werden können) (Aufber) / tailings* *pl*, tails* *pl*, tail *n* (US)*, colliery spoil, shale *n*, scafflings *pl* ∥ **~freundlich** *adj* (Bergb) / easy-to-separate *attr* ∥ **≃gut** *n* (Aufber) / concentrate* *n* ∥ **≃pfeiltaste** *f* (EDV) / editing arrow key ∥ **≃verfahren** *n pl* (mechanische, chemische, elektrostatische) (Aufber) / processing routes* ∥ **~würdiges Erz** (Aufber) / milling ore, milling-grade ore, mill ore
**Aufbesserung** *f* (des Nährwertes) (Nahr) / fortification *n*, nutrification *n*
**Aufbeton** *m* (auf ein bereits vorhandenes Bauteil aufgebrachter Frischbeton) (Bau, HuT) / topping *n*
**aufbewahren** *v* ∥ ~ (Nahr) / keep *v* ∥ ~ (Satz) (Typog) / keep standing*, keep up* *v*
**Aufbewahrung** *f* / storage *n*, storing *n*, keeping *n* ∥ ≃ **in (Groß)Behältern** / tankage *n*
**aufbiegen** *v* (Stahlbetonbewehrung) (HuT) / bend up *v*
**aufblähen** *v* / bloat *v* ∥ ~ **sich** ~ (Nahr) / blow *vi*, swell *vi* ∥ ≃ *n* / swelling *n* ∥ ≃ **der Sohle** (Bergb) / creep* *n*, heave* *n*, lift *n*, upheaval *n*, boiling-up *n*, swelling *n*
**Aufblähung** *f* (Anstr, Chem) / intumescence* *n* ∥ ≃ (eines Speisers) (Gieß) / bleeding *n*, rising *n*
**aufblasbar•e Antenne** (Raumf) / inflatable antenna ∥ **~e Schalung** (Bau, HuT) / inflatable shuttering ∥ **~e Schwimmweste** (nach der amerikanischen Filmschauspielerin Mae West, 1892-1980) (Luftf) / Mae West* ∥ **~er Sicherheitsgurt** (passives Rückhaltesystem) (Kfz) / inflatable seat belt, inflatable safety belt
**aufblasen** *vt* / swell *vt* ∥ ~ *v* / inflate *v*, blow up *v* ∥ ≃ *n* (z.B. von Reaktionsmitteln im Konverterbetrieb) (Hütt) / top blowing
**Auf•blaskonverter** *m* (Hütt) / top-blown converter ∥ **rotierender** **≃blaskonverter** (Hütt) / top-blown rotary converter ∥ **≃blasverhältnis** *n* (beim Folienblasen) (Plast) / blow ratio ∥ **≃blätterung** *f* (von Sperrholz) (For) / delamination *n* ∥ **~blenden** (Film) / fade in *v*, fade up *v* ∥ **~blenden** (Foto, Opt) / stop in *v*, iris in *v* ∥ **≃blenden** *n* (Film) / fade-in* *n*, fade-up *n* ∥ **≃blendung** *f* (Film) / fade-in* *n*, fade-up *n* ∥ **≃blitzen** (z.B. von Leuchtstofflampen) / flashing *n*, flash *n* ∥ **~bocken** *v* (ein Fahrzeug) (Kfz) / jack up *v* ∥ **~bohren** *v* (Masch) / bore *v*, counterbore *v*, rebore *v* ∥ **≃bohren** *n* (der vorgebohrten oder vorgegossenen Bohrung mit Hilfe nicht verstellbarer Bohrwerkzeuge) (Masch) / boring* *n*, counterboring* *n*, reboring *n* ∥ **~brauchen** *v* / consume *v* ∥ **~brauchen** (Vorräte) / use up *v*, exhaust *v* ∥ **~brauchen** / spend *v* ∥ **empfohlene ≃brauchfrist** (A) (Nahr) / best-before date, use-by date ∥ **≃brausen** *n* / effervescence* *n*, sparkling *n*
**aufbrechen** *v* (Bergb) / raise *v*, upraise *v*, rise *v* ∥ ~ (Sohle) (Bergb) / deepen *v* ∥ ~ (Stoß) (Bergb) / cut in *v* ∥ ~ (Gestein während der Bohrung) (Erdöl) / fracture *v* ∥ ≃ *n* (Bergb) / raising *n*, upraising *n*, rising *n* ∥ ≃ (Gestein während der Bohrung) (Erdöl) / fracturing *n*
**Aufbrennampulle** *f* (Glas) / presealed ampoule with bent neck, closed ampoule (domed)
**aufbringen** *v* (Anstr) / apply *v*, paint *v*, coat *v*, lay on *v* ∥ ~ (Druck - z.B. in einer Formation) (Geol) / impose *v* ∥ ~ (Kraft) (Mech) / impose *v*, apply *v* ∥ ~ (ein Schiff) (Schiff) / capture *v*, bring in *v*, take *v*, seize *v* ∥ ~ **schmelzflüssig** (eine Bleischicht) / weld on *v*, burn on *v* ∥ ≃ *n* (mit Kalander) / calender coating ∥ ≃ (des Anstrichstoffes) (Anstr) / application *n*, painting *n*, coating* *n* ∥ ≃ (mit Walze, mit Rollwerkzeugen) (Anstr) / roller coating* ∥ ≃ s. auch Streichauftrag ∥ ≃ **der Sichtschicht** (Bau) / fining-off* *n* ∥ ~ **harter Schutzschichten**

**Aufbringung**

(Keramik, Hartmetall, Cermets usw.) (Masch) / hard coating, hard-facing n
**Auf•bringung** f (Landw) / placing n, application n ‖ **~broschieren** v (Leder) / wet back v, full v ‖ **⁓bruch** m (seigerer Grubenbau, der von unten nach oben aufgebrochen wird) (Bergb) / rising shaft*, raise n, rising shaft* ‖ **⁓bruchhammer** m (HuT) / ripper n, road ripper, road breaker ‖ **pneumatischer ⁓bruchhammer** (Masch) / pneumatic pick* ‖ **⁓bruchschacht** m (ein Blindschacht) (Bergb) / raise n, rising shaft ‖ **~buchsen** v (Masch) / bush on v ‖ **~bügeln** v (Tex) / iron on v, fuse on v, press on v ‖ **⁓bügelstoff** m (Tex) / ironing fabric ‖ **~bürsten** v / brush on v ‖ **⁓dampfen** n (von Metallüberzügen) (Galv) / vapour deposition, vapour condensation plating, vapour-phase coating ‖ **physikalisches ⁓dampfen** (Beschichtung von Teilen im Hochvakuum durch Kondensation von Dampf) (Galv) / physical vapour deposition (PVD) ‖ **gleichzeitiges ⁓dampfen aus zwei verschiedenen Quellen** (Eltronik) / co-evaporation n ‖ **⁓dampfmetallisieren** n (Galv) / vapour deposition, vapour condensation plating, vapour-phase coating ‖ **⁓dampfniederschlag** m (bei der Glasfaserherstellung, z.B. Ge Cl₄) / soot n ‖ **⁓-Dicke-Schleifen** n (For) / sizing n ‖ **⁓docken** v (Schiff) / dock up v
**aufdrehen** v (Gas, Wasser) / turn on v, put on v, power on v ‖ ~ / unlay vt ‖ ~ (lauter stellen) (Radio) / turn up v ‖ ~ (Spinn) / detwist v ‖ **sich ~** (ein Seil) / spin vi ‖ **⁓ n** / spinning n ‖ **⁓** (Spinn) / detwisting n, untwisting n
**Auf•drehverfahren** n (für Garne nach DIN 53 832, T 1) (Spinn) / untwisting method ‖ **⁓dringlich** adj (Farbe) / glaring adj, gaudy adj, loud adj, garish adj, brash adj ‖ **⁓dringlich** (Geräusch) / obtrusive adj ‖ **⁓druck** m (Druck) / surprint n, overprint n ‖ **⁓druck** (Tex) / application n ‖ **⁓drucken** v (Druck) / surprint v, overprint v ‖ **~drücken** v (Spannung) (Eltech) / impress v, impose v ‖ **~düsen** v / spray v
**aufeinander abstimmen** (alle notwendigen Bedingungen für das Zusammen- und Aufeinanderwirken zweier oder mehrerer Aggregate schaffen) / interface v ‖ ~ **einstellen** / line up v ‖ ~ **einwirken lassen** (Chem) / react vt, cause to react ‖ **⁓folge** f / sequence n ‖ **⁓folge** (Biol) / succession* n ‖ **~folgend** adj (unmittelbar) / consecutive adj ‖ **~folgend** / sequential adj (forming a sequence) ‖ **~folgend** / successive adj, succeeding adj ‖ **~folgend** (in mehreren Schüben) (EDV) / batched adj ‖ **~legen** v / lay on v ‖ **⁓überblendung** f (Film, TV) / match dissolve
**Aufeis** n (gefrorenes aufdringendes Wasser auf einer bereits bestehenden Eisfläche) (Geol) / aufeis n ‖ **~hügel** m (Geol) / soil blister, frost mound, soffosian knob
**Aufenthalt** m (von Verkehrsmitteln) (Bahn, Kfz) / stop n ‖ **⁓ zwischen zwei Einsätzen** (der Raumfähre) (Raumf) / turnaround n ‖ **⁓ im Gefahrenbereich verboten!** / stay clear of machine! ‖ **⁓ im Raum** (außerhalb der Satelliten) (Raumf) / extravehicular activity*, EVA*
**Aufenthalts•dauer** f (Luftf) / stay n ‖ **⁓ort** m (Mobilfunk) (Fernm) / location n ‖ **~wahrscheinlichkeit** f (für das Auffinden eines Teilchens innerhalb eines gegebenen Volumenelements) (Kernphys) / probability distribution of a particle ‖ **⁓zeit** f (Chem Verf, F.Org) / dwell time, hold-up time, residence time, dwell* n, retention time
**Auf•erregung** f (Eltech) / voltage build-up ‖ **~fächern** v (Lichtstrahl, Signale) / fan out v ‖ **~fächern** / fan v ‖ **⁓fächern** n / fanning n ‖ **~fädeln** v (Ferritkerne zur Matrix) (Eltronik) / string v
**auffahrbar•e Weiche** (Bahn) / trailable points ‖ **~e Weiche mit Rückführung der Zungen** (Bahn) / spring points*
**Auffahrbühne** f (Kfz) / car ramp, drive-on ramp, drive-up ramp
**auffahren** v (Bahn) / bump v, buff v ‖ ~ (Strecke) (Bergb) / drive v, drift v, run vt ‖ ~ (Kammer oder Abbau) (Bergb) / open v ‖ **(auf ein Auto) ~** (Kfz) / bump v (a car)
**Auffahr•rampe** f (Kfz) / car ramp, drive-on ramp, drive-up ramp ‖ **⁓rampe** (Masch) / ascent n, ramp* n, onramp (US)
**Auffahrt** f (Masch) / ascent n, ramp* n, onramp n (US)
**Auffahrunfall** m (Kfz) / rear-end collision, shunt n (GB)
**auffallend** adj (Farbe) (Farbe) / bold adj ‖ **~es Licht** (Licht) / incident light
**auffalten** v (Peptid) (Biochem) / expand v
**Auffang•anlage** f (des Flugzeugträgers) (Luftf) / arrester gear*, arresting gear, arrestor n ‖ **⁓ausbeute** f (Eltronik) / collection efficiency ‖ **~bares Bild** (Opt) / real image* ‖ **⁓becher** m (For) / tapping cup, buck n, dabrey n ‖ **⁓becken** n (im allgemeinen) / catch basin ‖ **⁓becken** (HuT) / sump* n ‖ **⁓behälter** m (Chem Verf) / receiver n, receptacle n, collecting vessel ‖ **⁓behälter** (großer) (Chem Verf) / receiving tank, run-down tank, pan tank ‖ **⁓bunker** m (Aufber, Bergb, Erdöl) / surge bin*, surge tank*, surge hopper ‖ **⁓einrichtung** f **für einen abschmelzenden Reaktorkern** (Nukl) / core catcher, melting core catcher ‖ **⁓elektrode** f (Eltronik) / collector n, collecting electrode*, passive electrode*
**Auffänger** m (zum Ionennachweis in dem Massenspektrometer) (Eltronik) / target electrode

**Auffang•-Flipflop** n (beim Datenaustausch zwischen Mikroprozessor und Peripheriegeräten) (EDV) / latch n ‖ **⁓gefäß** n (For) / tapping cup, buck n, dabrey n ‖ **⁓raum** m (rund um die Behälter) / leak-catchment area ‖ **⁓raumwall** m (eines Erdöltanks) / bund n ‖ **⁓stange** f (der Blitzschutzanlage) (Eltech) / lightning rod, lightning conductor n ‖ **⁓stange** (der Blitzschutzanlage) (Eltech) / lightning-conductor* n, lightning-rod* n ‖ **~wanne** f (Masch) / drip pan
**Auf•federung** f (elastische Formänderung des Pressengestells) (Masch) / frame spring, frame stretch ‖ **~flackern** v / flare vi ‖ **⁓flackern** n / flare n ‖ **⁓flammung** f (selbständige Flammen in explosionsfähiger Atmosphäre) (Chem Verf) / flash n, flush n ‖ **⁓flanschen** n (Masch) / flange mounting ‖ **~flechten** v / unlay vt ‖ **~fordernde Station** (EDV) / inquiring station ‖ **⁓forderung** f **zum Empfang** (ein CCITT-Steuerzeichen für Datenübertragung) (EDV) / enquiry (ENQ) ‖ **⁓forderungszeichen** n (EDV) / prompt n, prompt character ‖ **~forsten** v (For) / afforest v, forest v ‖ **⁓forstung** f (For) / afforestation n, forestation n
**auffrischen** v (Bäder) / top up v ‖ ~ / renovate v, refresh v ‖ ~ (eine Oberfläche) / refurbish v ‖ ~ (Farbe) (Anstr) / restore v, revive v ‖ ~ (Aufber, Chem) / regenerate v ‖ ~ (Farbenlösung) (Tex) / replenish v, feed up v, regenerate v ‖ ~ **⁓ n** (von Informationen in dynamischen RAMs) (EDV) / refreshment n, regeneration n
**Auf•frischrate** f (Frequenz, in der die Regenerierung einer grafischen Darstellung stattfindet) (EDV) / refresh rate ‖ **~frischschaltung** f (EDV) / refresh circuit ‖ **~frischspeicher** m (ein digitaler Speicher als Teil eines Bildschirmgeräts) (EDV) / refresh store, refresh memory, refresh storage ‖ **⁓frischung** f / renovation n ‖ **⁓frischung** (Aufber, Chem) / regeneration* n ‖ **⁓frischungseffekt** m (vermehrte und beschleunigte Bildung von Antikörpern im Serum) (Med) / booster response* ‖ **⁓füllböschung** f (HuT) / embankment slope
**auffüllen** v / top up v, top out v ‖ ~ (EDV) / pad v ‖ **Luft ~** (Kfz) / air v ‖ **wieder ~** / refill v, replenish v ‖ **⁓ n** / topping-up n, topping-out n ‖ ~ (EDV) / padding n
**Auffüllung** f (zur Wärme- und Schalldämmung bei Holzbalkendecken) (Bau) / deadening* n, deafening n, dead sounding n ‖ ~ (Bau, HuT) / made ground*, fill n ‖ ~ (F.Org, Masch) / make-up n, compensation n ‖ **⁓ der Flußsohle** (Wasserb) / aggradation n ‖ **⁓ der Mauerlücken mit Steinsplittern** (Bau) / garreting*, galleting* n, garneting* n
**Auffüllzeichen** n (EDV) / fill character, filler n, padding character, pad n, pad character ‖ **⁓, das nach der Information gesendet wird** (bei der Datenfernübertragung) (EDV) / trailing pad ‖ **⁓, das n vor der Information gesendet wird** (bei der Datenfernübertragung) (EDV) / leading pad
**Aufgabe** f (Einstellung des Geschäftsbetriebs) / dereliction n, closure n (of the business) ‖ ~ (EDV) / task n ‖ ~ (Math) / problem n ‖ **anschließende ⁓** (EDV) / attacking task ‖ **⁓ f der landwirtschaftlichen Nutzfläche** (Landw, Umwelt) / abandonment n of tilled land, abandonment n of farmland ‖ **⁓bahnhof** m (Bahn) / forwarding station ‖ **⁓gut** n (Aufber) / heads pl, feed n ‖ **⁓gut** (Masch) / charge* n, burden n, feed material, feeding stock, charging stock, feedstock n, educt n
**Aufgaben•analyse** f (EDV) / task analysis ‖ **⁓angemessenheit** f (EDV) / task adequacy ‖ **~angepaßt** adj (z.B. Werkstoff) / customized adj ‖ **⁓bereich** m (bei Expertensystemen) (KI) / task domain ‖ **⁓bereicherung** f (F.Org) / job enrichment ‖ **⁓dekomposition** f (EDV) / task decomposition ‖ **⁓erweiterung** f (F.Org) / job enlargement ‖ **~orientierte Außenstation** (Datenstation) (EDV) / job-oriented terminal ‖ **⁓rahmen** m (KI) / task domain ‖ **⁓raum** m (KI) / task space ‖ **~spezifisch** adj (KI) / task-specific adj ‖ **⁓stellung** f (EDV, Math) / problem definition ‖ **⁓steuerungsroutine** f (EDV) / task dispatcher ‖ **⁓strom** m (EDV) / job stream, input stream, run stream ‖ **⁓verwalter** m (KI) / scheduler n ‖ **⁓verwaltung** f (EDV) / task management ‖ **⁓verwaltung** (EDV) s. auch Prozeßverwaltung ‖ **⁓warteschlange** f (EDV) / task queue ‖ **⁓wissen** n (KI) / task knowledge ‖ **⁓zerlegung** f (EDV) / task decomposition
**Aufgabe•schleuse** f (für Molche) (Masch) / pig-launching trap ‖ **⁓stelle** f (in der Fördertechnik) (Masch) / pick-up station ‖ **⁓tag** m / date of forwarding ‖ **⁓teil** m (Fernm) / origin n ‖ **⁓tisch** m (der Abrichthobelmaschine) (For) / infeed table ‖ **⁓trichter** m (Gieß, Hütt) / feed hopper, hopper* n, feeding hopper ‖ **⁓vorrichtung** f (Masch) / feed* n, feeder* n, feeding device ‖ **⁓zeile** f (einer Nachricht) (Fernm) / origin n
**aufgalvanisierte Verbindung** (Eltronik, Galv) / plated-up interconnection
**Aufgang** m (Sonne) (Astr) / rise n
**aufgearbeitetes Abfallmaterial** (Plast) / reworked material, reworked plastic, reprocessed plastic
**aufgeben** v (eine Grube) (Bergb) / quit v, give up v, abandon v ‖ ~ (Erdöl) / abandon v ‖ ~ (eine Nachricht) (Fernm) / originate v ‖ ~ (Hütt) / feed v, charge v ‖ ~ (Schiff) / abandon v

78

**Aufgeber** *m* (einer Nachricht) (Fernm) / originator *n* (the user who creates adresses and usually sends a message), sender *n* ‖ ⁓ (Masch) / feed* *n*, feeder* *n*, feeding device
**aufgeblähter Speiser** (durch Gas) (Gieß) / cauliflower head
**aufgeblasen, nicht voll** ~ (Glas) / slack blown
**aufgebogener Federring** (DIN ISO 1891) (Masch) / single-coil spring lock washer with tang ends
**aufgebrachte Last** (Mech) / applied load
**auf•gebrochene Bewölkung** (Meteor) / broken clouds ‖ **~gedrückte Schwingung** (Phys) / forced oscillations*, forced vibrations*, constrained oscillation, constrained vibration
**aufgedrückte Spannung** (Eltech) / impressed voltage
**aufgefaltetes Eis** (Geol) / ridged ice
**aufgefingerte** (verzahnte) **lithostratigrafische Einheit** / lithosome *n*, intertongued lithofacies
**aufgeforstet** *adj* (For) / forested *adj*
**aufgefrischter Träger** (Eltronik) / reconditioned carrier*
**aufgegebenes** (eingechecktes) **Gepäck** (Luftf) / registered baggage
**aufgehängt** *adj* (Rechner) (EDV) / hung up *adj*
**aufgehen** *v* / open *vi* ‖ ~ (Naht) / come open *v* ‖ ~ (Landw) / sprout *v* ‖ ~ (keimende Nutzpflanzen) (Landw) / emerge *v*, come up *v* ‖ ~ (Blößen) (Leder) / plump *v* ‖ ~ (Zurichtung) (Leder) / open up *v* ‖ ~ (Math) / work out *v*, come out *v* ‖ ~ (Teig) (Nahr) / rise *vi*, prove *vi* ‖ ~ (Reißverschluß, Knopf) (Tex) / come undone *v* ‖ ~ **lassen** (Teig bei der Brotherstellung) (Nahr) / leave to prove (the dough) ‖ ~ **lassen** (Teig) (Nahr) / leaven *v* ‖ ~ *n* (Landw) / sprouting *n* ‖ ⁓ (der Zurichtung) (Leder) / opening-up *n*
**aufgehend** *adj* (Mauer) (Bau) / rising *adj* ‖ ~**e Division** (Math) / exact division (without a remainder)
**aufgekelcht** *adj* (Lautsprecher) (Radio) / dome-cone *attr*
**aufgekittete Linse** (auf den Linsentragkörper) (Opt) / blocked lens
**aufgelockert** *adj* (Bewölkung) (Meteor) / scattered *adj*
**aufgelöst•er Düsenstrahl** (Chem) / spray *n*, spray jet ‖ ~**er Stoff** (Chem) / solute* *n*, dissolved substance, dissolved matter
**aufgenagelter Aufschiebling** (Zimm) / sprocket* *n*
**aufgenommene•e Leistung** (Eltech, Mech) / input *n* (power), power input ‖ ~**e Wirkleistung** (Eltech) / active input
**aufgepfropft** *adj* (Fluß, Tal) (Geol) / engrafted *adj*
**aufgeplatzt•e Blase** (Anstr) / broken blister, blub *n* ‖ ~**e Brennelementhülle** (Nukl) / burst can
**aufgeprägte Schwingung** (Phys) / forced oscillations*, forced vibrations*, constrained oscillation, constrained vibration
**aufgerahmter Latex** / creamed latex
**aufgerauht•e Faser** (ein Bearbeitungsfehler) (For) / raised grain ‖ ~**er Grund** (Anstr) / tooth *n* ‖ ~**e Oberfläche** (Substrat) (Eltronik) / high-area surface
**aufgerissene Bewölkung** (Meteor) / broken clouds
**aufgerollter Span** (For) / curl *n*
**aufgesattelt** *adj* (Holztreppe) (Zimm) / bracketed *adj* ‖ ~**er Treppenbaum** (Zimm) / cut string*, open string*, bracketed string
**aufgeschäumtes Brenngut** (Keram) / kiln scum (discolouration of the surface of a body, such as brick or roofing tile, caused by the migration of soluble salts from the interior to the surface of the body or by the reaction of kiln gases with surface constituents during the drying and firing operations)
**aufgeschlossener Glimmer** (Eltech) / integrated mica, reconstituted mica
**aufgeschmolzen** *adj* (eine Schutzschicht) / fusion-coated *adj* ‖ ~ / melted *adj*, molten *adj* (of things that melt at a very high temperature), fused *adj*
**aufgeschnittene Darstellung** (Masch, Math) / cutaway *n*
**aufgeschossenes Milcheiweiß** (nach der deutschen Fleisch-Ordnung) (Chem, Nahr, Plast) / caseinate *n*
**aufgeschüttet•er Boden** (HuT) / made-up *adj* ‖ ~**e Gesteinsbruchstücke** (Geol) / debris *n*, detritus* *n*, fragments *pl*, fragmental products ‖ ~**es Planum** (HuT) / artificial subgrade
**aufgesetzt•es Schloß** (Bau, Tischl) / rim lock* ‖ ~**e Tasche** (Tex) / patch pocket
**aufgespannter Graf** / stretched graph
**aufgespritzte Schaltung** (Eltronik) / sprayed wiring
**aufgespulte Elektrode** (Schw) / coil electrode, coiled electrode
**aufgespült•er Erddamm** (Wasserb) / hydraulic-fill (earth) dam ‖ ~**es Neuland** (Wasserb) / innings* *pl*
**aufgeständerte Bogenbrücke** (HuT) / spandrel-braced arch bridge
**aufgetragene Schicht** (Hütt) / deposit *n*
**aufgetürmte Eisschollen** (Geol) / floeberg *n*
**aufgewendete Energie** (zum Betrieb einer Maschine) (Mech) / input *n*, work input
**aufgezwungene Frequenz** (Fernm) / impressed frequency
**aufgipsen** *v* (Glas) / lay on plaster
**Aufglasur** *f* (Keram) / overglaze *n*, on-glaze *n* ‖ ⁓**dekor** *n* (Keram) / overglaze decoration, on-glaze decoration ‖ **~dekoration** *f* (durch Auftragen der Aufglasurfarben) (Keram) / overglaze decoration, on-glaze decoration ‖ ⁓**farbe** *f* (Keram) / overglaze colour, enamel colour ‖ ~**methode** *f* **mit breitem Pinselstrich** (Keram) / washbanding *n* (the application of a thin, brush coating of colour over a glaze as a decoration)
**auf•gleisen** *v* (Bahn) / re-rail *v*, re-track *v* ‖ ~**gleisgerät** *n* (Bahn) / re-railer *n*, re-tracker *n* ‖ ⁓**gleisungsschuh** *m* (Bahn) / re-railer *n*, re-tracker *n* ‖ ⁓**gleisvorrichtung** *f* (Bahn) / re-railer *n*, re-tracker *n* ‖ ~**gleiten** *v* / override *v* ‖ ~**gleitfront** *f* (Meteor) / anafront* *n*
**Aufguß** *m* (nach Vorschrift des DAB 10) (Chem) / infusion* *n* ‖ ⁓ (in Konserven) (Nahr) / pickle *n*
**aufhacken** *v* (Malz) (Brau) / cut *v* ‖ ~ (HuT) / pick *v*, pick up *v* ‖ ~ (den Boden) (Landw) / hoe up *v*
**Aufhackmaschine** *f* (in der Mälzerei) (Brau) / cutting machine
**aufhalden** *v* / heap *v* ‖ ~ (Kohle) (Bergb) / heap *v*, stack *v*
**Aufhängeleine** *f* (dünne) (Schiff) / tricing pennant, tricing pendant
**aufhängen** *v* / suspend *v*, hang *vt*, hang up *v*
**Aufhängeplattform** *f* (für Reparaturen der Oberleitung) (Eltech) / basket *n*, bucket *n*
**Aufhänger** *m* (für das Druckpapier) (Druck) / hanger *n* ‖ ⁓ (Masch) / hanger *n*, hanger fixture, suspension fixture
**Aufhänge•seilverankerung** *f* (HuT) / suspension cable anchor* ‖ ⁓**teil** *n* (Masch) / hanger *n*, hanger fixture, suspension fixture ‖ ⁓**vorrichtung** *f* (Keram) / rack *n*
**Aufhängung** *f* (Masch) / suspension* *n* ‖ **bewegliche** ⁓ (Eltech) / flexible suspension* ‖ **bifilare** ⁓ (bei Pendelmasse des Bifilarpendels) (Phys) / bifilar suspension* ‖ **kardanische** ⁓ (Masch) / gimbal mount*, Cardan mount*, Cardan's suspension, cardanic suspension
**Aufhärtung** *f* (Hütt) / hardness increase
**aufhaspeln** *v* / reel up *v*, coil up *v*
**aufhauen** *v* (einen Grubenbau im Flöz in Aufwärtsrichtung auffahren) (Bergb) / raise *v*, upraise *v*, rise *v* ‖ ~ (mit der Spitzhacke) (HuT) / pick *v*, pick up *v* ‖ ~ (Feilen) (Masch) / cut *v* ‖ ~ *n* (Auffahren im Grubenbaue im Flöz in Aufwärtsrichtung) (Bergb) / raise *n*, raising *n*, upraise *n*, rise heading (up-dip), rise *n*, rising *n* (up-dip), up-dip rise heading ‖ ⁓**hauer** *m* (Bergb) / raiseman *n* ‖ ⁓**hauer** (Bergb) s. auch Bohrhauer in einem Überhauen
**auf•häufen** *v* (zu einem Haufen aufeinanderlegen) / heap *v* ‖ ~**hebeln** *v* (Werkz) / prise *v*, prize *v* (US)
**aufheben** *v* (Masch) / lift *v*, raise *v*, uplift *v* ‖ ~ (Bewegung) (Mech) / nullify *v* ‖ **sich** (gegenseitig) ~ / offset *v* ‖ ~ *n* (Masch) / lift *n*, lifting *n* ‖ ⁓ (Masch, Werkz) / elevation *n*
**aufhebend, sich gegenseitig ~e Fehler** (Zufallsfehler) (Verm) / compensating errors*
**Aufheber** *m* (Web) / neck twine, neck cord ‖ ⁓ (Web) / cords to raise the threads
**Aufhebung** *f* **einer Verkehrsbeschränkung** (Kfz) / derestriction *n* ‖ ⁓ **schienengleicher Wegübergänge** (Bahn) / grade separation
**aufheizen** *v* / warm *v*, warm up *v*, heat *v*, heat up *v*
**Aufheiz•geschwindigkeit** *f* / heating rate ‖ ⁓**kurve** *f* (Hütt) / heating curve ‖ ⁓**kurve** (bei der Altersbestimmung mit Hilfe der Thermolumineszenz) (Keram) / glow curve
**Aufheizung** *f* (Phys) / warming *n* (increase in temperature), warming-up *n*, heating *n*, heating-up *n* ‖ **aerodynamische** ⁓ (Luftf, Raumf) / aerodynamic heating*
**Aufheizzeit** *f* (Eltronik) / heating time*
**aufhellen** *v* (heller machen) / lighten *v*, brighten *v* ‖ ~ (Präparate) (Keram) / dye *v* ‖ ~ (Farben) (Tex) / brighten *v*, liven *v* ‖ ~ *n* (Anstr, Licht) / lightening *n*, brightening *n*
**Aufheller** *m* (Film) / broad* *n*, broadside *n* ‖ ⁓ (nach A.T. und J.H. Kliegl) (nach A.T. und J.H. Kliegl) (Film) / Klieg light, klieg *n* ‖ **optischer** ⁓ (Tex) / fluorescent whitening agent* (FWA), brightener *n*, fluorescent brightener*, optical bleach*, optical white*, optical brightener*, colourless dye, white dye, brightening agent*
**Auf•hell-Licht** *n* (eine Zusatzbeleuchtung) (Foto) / filler-light* *n*, fill-in *n*, fill-in light, kicker light ‖ ⁓**hellung** *f* (Anstr, Licht) / lightening *n*, brightening *n* ‖ ⁓**hellungsmittel** *n* (Flüssigkeit, die zu mikroskopischen Präparaten auf den Objektträgern gegeben wird, um deren Durchsichtigkeit zu erhöhen - z.B. Glycerin, Kalilauge usw.) (Mikros) / brightening agent ‖ ⁓**hellvermögen** *n* (eines Weißpigments nach DIN 53191) (Anstr) / reducing power ‖ ~**heulen lassen** (Radio) / blast *v* ‖ ~**hocken** (Maschen auf den Nadeln) (Tex) / load up *v* ‖ ⁓**höhung** *f* **der Wasserlaufsohle** (Wasserb) / aggradation *n* ‖ ⁓**holen** (mit einem Tau) (Schiff) / tricing *n* ‖ ~**hydrieren** *v* (Chem) / rehydrogenate *v* ‖ ⁓**kadung** *f* (vorübergehende Erhöhung eines Deiches bei steigendem Wasser durch leicht zu beschaffende Baustoffe) (Wasserb) / topping *n* (temporary), heightening *n*, rise *n* (of dyke elevation) ‖ ⁓**kalandrieren** *v* / calender coating ‖ ~**keilen** *v* (Welle) (Masch) / feather *vt* ‖ ⁓**keilen** (Masch) / key *v* ‖ ⁓**keilen** *n* (Masch) / keying* *n* ‖ ~**kimmen** *v* (den Schiffsboden) (Schiff) / rise *v* (the floor line) ‖ ⁓**kimmung** *f* (seitliches Ansteigen des Schiffbodens gegen die Horizontale) (Schiff) / rise of floor line*,

**Aufkippen**

slope of the ship's bottom ‖ ≈**kippen** *n* (Luftf) / pitch-up *n* ‖ ~**klaffen** *v* / gape *v*
**aufklappbar** *adj* / hinged *adj* ‖ ~**er Kasten** (Gieß) / snap flask ‖ ~**er Sucherschacht** (Foto) / collapsible hood
**Aufklaren** *n* (z.B. auf der Rückseite einer Front) (Meteor) / clearing *n*
**Aufklärer** *m* (Mil) / reconnaissance plane, reconnaissance aircraft ‖ **strategischer** ≈ (Mil) / strategic reconnaissance aircraft
**Aufklärung** *f* (Luftf, Mil) / reconnaissance *n*, recon *n*, recce *n* ‖ **elektronische** ≈ (Eltronik, Mil) / electronic intelligence, ELINT
**Aufklärungs•flug** *m* (Mil) / reconnaissance flight ‖ ≈**flugzeug** *n* (Mil) / reconnaissance plane, reconnaissance aircraft ‖ ≈**satellit** *m* (Mil) / reconnaissance satellite ‖ ≈**trägerfahrzeug** *n* (Mil) / ferret *n* ‖ **Luftfahrzeug für** ≈**zwecke** (kleines, wendiges) (Mil) / scout *n*
**aufkleben** *v* / stick on *v*, glue on *v* ‖ ~ (Buchb, Druck) / tip on *v* ‖ ~ (die Kopiervorlagen bei der Montage) (Druck) / paste up *v*
**Aufkleber** *m* / sticker *n*, stick-on label, gummed label
**Aufklebezettel** *m* / sticker *n*, stick-on label, gummed label
**auf•klotzen** *v* (Druckplatten für den Buchdruck) (Druck) / mount *v* ‖ ~**knäueln** *v* (Tex) / ball *v* ‖ ~**kochen** *f* (Glasur) (Keram) / boil up *v* ‖ ~**kochen** *v* (Nahr) / scald *v* ‖ **wieder** ~**kochen** / reboil *v* ‖ **blasenartiges** ≈**kochen** (der Glasur) (Keram) / blistering *n* ‖ ≈**kochen** *n* **der Glasur** (ein Glasurfehler) (Keram) / ground-coat boiling ‖ ≈**kohlen** *n* (Hütt) / carburizing* *n*, carburization *n*, carbon case-hardening, cementation* *n*, carbonization* *n*, carburising *n*
**Aufkohlung** *f* (Hütt) / carburizing* *n*, carburization *n*, carbon case-hardening, cementation* *n*, carbonization* *n*, carburising *n* ‖ ≈ **in festen Kohlungsmitteln** (Hütt) / powder carburizing, solid carburizing, pack carburizing
**Aufkohlungs•mittel** *n* (Hütt) / carburizer *n*, carburizing agent ‖ ≈**schicht** *f* (Hütt) / case* *n*, case-hardened layer ‖ ≈**tiefe** *f* (DIN 17014, T 1) (Hütt) / carburization depth, carburizing depth ‖ ≈**zone** *f* (Hütt) / carburizing zone
**auf•kommen** *v* (einem Schiff näherkommen) (Schiff) / come up *v*, approach *v* ‖ ≈**konzentrierung** *f* (der Kochsäure) (Pap) / fortification *n* ‖ ~**kratzmaschine** *f* (Tex) / gig *n* ‖ ~**kräusen** *f* (Brau) / krausening *n* ‖ ~**ladbar** *adj* (Eltech) / rechargeable *adj*, deep-cycle *attr* (battery) ‖ ~**ladbarer Akkusatz** (Eltech) / rechargeable battery pack
**Auflade•gebläse** *n* (V-Mot) / supercharger* *n*, blower* *n*, booster *n* ‖ ≈**gerät** *n* (V-Mot) / supercharger* *n*, blower* *n*, booster *n* ‖ ≈**motor** *m* (V-Mot) / supercharged engine
**aufladen** *v* (Chem, Elektr) / charge *v* ‖ ~ (V-Mot) / supercharge *v*, boost *v* ‖ ≈ *n* / loading *n*, lading *n*
**Aufladung** *f* (Chem, Eltech, Phys) / charge* *n* ‖ ≈ (eines festen Körpers) (Elektr) / electrification* *n* ‖ ≈ (Druck) (V-Mot) / boost* *n*, boost pressure, supercharge *n*, supercharging pressure ‖ ≈ (DIN 1940) (V-Mot) / supercharging* *n*, boosting* *n*, pressure-charging *n* ‖ **elektrostatische** ≈ (EDV, Elektr) / build-up of static charge ‖ **statische** ≈ (Elektr) / static charge, electrostatic charge*
**aufladungsfrei** *adj* (Eltech) / static-free *adj*
**Auflage** *f* (Bau, HuT, Zimm) / support pillar *n*, pillar *n*, post *n*, support *n* ‖ ≈ (Nachdruck) (Druck) / impression* *n* ‖ ≈ (Auflagenhöhe); Auflagenzahl;f. (Druck) / edition* *n*, run* *n*, print *n*, circulation *n* (newspapers) ‖ ≈ (zweite, dritte) (Druck) / edition* *n* ‖ ≈ (Werkz) / heel *n* ‖ **verschleißfeste** ≈ (durch Schweißen oder Spritzen) / surfacing *n* ‖ **vom Gesetz vorgeschriebener Test zur Prüfung des Einhaltens von** ~**n** (Umwelt) / legal test ‖ ≈**block** *m* (HuT) / shoe *n* ‖ ≈**brett** *n* (der Palette) / board *n* ‖ ≈**ebene** *f* (gegen die sich das Werkzeug nach DIN 6581 in seiner Einspannung abstützt) (Masch) / base plane ‖ ≈**fläche** *f* (Masch) / seat *n* ‖ ≈**fläche** (der Schraube) (Masch) / bearing surface, washer face ‖ ≈**fläche** (bei Schraubenkopf mit Bund) (Masch) / washer face, bearing face ‖ ≈**gummi** *n* (für Kofferraumdeckel) (Kfz) / bumper *n* ‖ ≈**humus** *n* (Landw) / ectohumus *n* ‖ ≈**kraft** *f* (des Tonarms) (Akus) / tracking force ‖ ≈**kraft der Nadel** (beim Plattenspieler) (Akus) / stylus pressure, stylus force ‖ ≈**maske** *f* (Eltronik) / overlay mask
**Auflagen•druck** *m* (Fertigungsphase im Druckvorgang) (Druck) / running-on* *n*, production run, press-run *n*, print-run *n*, final run, total print-run ‖ ≈**rest** *m* (Druck) / remainder *n*, remainders *pl*
**Auflage•platte** *f* (z.B. des Vollwandträgers) (Bau) / cover plate ‖ ≈**punkt** *m* (Mech) / reaction point, point of support
**Auflager** *n* (Bau, HuT) / bearing* *n*, support *n* ‖ ≈ (Stelle, an der ein Tragwerk an der Unterkonstruktion aufliegt und die von ihm belastet wird) (Bau, HuT, Zimm) / support pillar *n*, pillar *n*, post *n*, support *n* ‖ ≈ (HuT) / bolster* *n* ‖ ≈ (federndes) (HuT) / cushion* *n* ‖ **bewegliches** ≈ (HuT) / free bearing ‖ **festes** ≈ (HuT) / fixed bearing ‖ ≈**balken** *m* (Bau) / raising-plate* *n*, reason-piece* *n* ‖ ≈**bank** *f* (Bau, HuT) / template* *n*, pad-stone* *n*, pad *n* ‖ ≈**bank** (HuT) / bolster* *n* ‖ ≈**kraft** *f* (Mech) / reaction *n*, support force, supporting force ‖ ≈**länge** *f* (z.B. eines Trägers) (Bau, HuT) / bearing length ‖ ≈**platte** *f* (Bau, HuT) / template* *n*, pad-stone* *n*, pad *n* ‖ ≈**reaktion** *f* (in den Lagern durch die eingeprägten Kräfte verursachte Reaktion) (Mech) / reaction *n*, support force, supporting force ‖ ≈**schräge** *f* (HuT) / haunch *n* ‖ ≈**stein** *m* (Bau, HuT) / template* *n*, pad-stone* *n*, pad *n*
**Auflage•tisch** *m* (der Spaltmaschine) (Leder) / feed table ‖ ≈**tisch** (der Abrichtmaschine) (Tischl) / surfacing table ‖ ≈**werkstoff** *m* (beim Plattieren) (Masch) / facing *n* ‖ ≈**werkstoff** (Masch) / veneer *n*
**auf•landig** *adj* (Wind, Strömung) (Meteor, Ozean) / inshore *adj*, onshore *adj* ‖ ≈**landung** *f* (Geol) / colmatage *n* ‖ ≈**landung** (der Flußsohle) (Wasserb) / silting *n*, warping *n*, silt-fill *n*, silting-up *n*, mud silting, mud filling, siltation *n* ‖ ~**lassen** *v* (eine Grube) (Bergb) / quit *v*, give up *v*, abandon *v* ‖ ≈**lattung** *f* (Bau) / strapping* *n* ‖ ≈**lattung** (Zimm) / lathing* *n*
**Auflauf** *m* (vor- und nachlaufender Pflanzenschutz) (Bot, Landw) / emergence *n* ‖ ≈ (von Wellen) (Wasserb) / swash *n*, uprush *n* ‖ ≈**bock** *m* (ein Beschlag) (Bau) / overrun fitting for windows ‖ ≈**bremse** *f* (Kfz) / automatic overrun brake
**auflaufen** *v* (Bahn) / bump *v*, buff *v* ‖ ~ (Saat) (Landw) / sprout *v* ‖ ~ (Landw) / emerge *v*, come up *v* ‖ ~ (Schiff) / go aground, ground *v*, strand *v* ‖ ≈ *n* (des Anhängers) (Kfz) / overrun *n* ‖ ~ (Landw) / sprouting *n* ‖ ≈ (des Riemens) (Masch) / ascent *n* ‖ ≈ (Festkommen auf Grund) (Schiff) / stranding *n*, grounding *n* ‖ ≈ **der Wellen** (Ozean) / uprush *n* (the advance of water up the foreshore of a beach or structure, following the breaking of a wave), swash *n*
**auflaufend** *adj* (Bremsbacke mit Selbstverstärkung) (Kfz) / self-energizing *adj* ‖ ~**e Bürstenkante** (Eltech) / entering edge (of a brush)*, leading edge* (of a brush), toe of the brush* ‖ ~**e Kante** (der Bürste) (Eltech) / leading edge ‖ ~**e Polkante** (Eltech) / leading pole horn*, leading pole tip* ‖ ~**e Tide** (Ozean) / rising tide ‖ ~**er Trum** (bei der Analyse der an den Umlenkrollen wirkenden Kräfte) (Masch) / upper strand, carrying strand, tight strand, tight side
**Auflauf•geschwindigkeit** *f* (Spinn) / take-up speed ‖ ≈**spule** *f* (Spinn) / take-up bobbin, take-up *n* ‖ ≈**tuch** *n* (Pap) / apron* *n*
**Auf•legblatt** *n* (Kart) / overlay *n* ‖ ~**legen** *v* (den Hörer) (Fernsp) / hang up *v*, replace *v*, receive *v*, go on-hook ‖ ≈**legerei** *f* (Glas) / laying yard, jointing yard ‖ ≈**legestelle** *f* (Glas) / laying yard, jointing yard ‖ ≈**leuchten** *n* (z.B. von Leuchtstofflampen) / flashing *n*, flash *n*
**Auflicht** *n* (Opt) / incident light, impinging light, reflected light, surface light, top light ‖ ≈**mikroskop** *n* (Mikros) / reflected-light microscope ‖ ≈**projektion** *f* (Betrachter und Projektor befinden sich auf derselben Seite vor der Bildwand) (Film) / front projection* ‖ ≈**verfahren** *n* (bei der digitalen Positionswerterfassung) (Masch) / font-lighting operation system
**aufliegen** *v* / rest on *v*, lie on *v*
**aufliegend** *adj* (Geol) / superjacent *adj* ‖ ~ (z.B. Möbelschloß) (Tischl) / surface-mounted *adj* ‖ **frei** ~ (Träger, Platte) (Bau) / simply supported, supported at both ends ‖ ~**e Hauptwolkenuntergrenze** (Luftf, Meteor) / ceiling zero
**Auf•liegezeit** *f* (Lebensdauer von Drahtseilen, in der die Seile voll funktionsfähig auf den Seilrollen des Hebezeuges aufliegen - DIN 15020) / usable lifetime (of cables) ‖ ~**listen** *v* (EDV) / list *v* ‖ ≈**listung** *f* (gedruckte) (EDV) / print-out* *n*, printer output ‖ ~**lockern** *v* (Formsand) (Gieß) / fluff *v*, aerate *v*
**Auflockerung** *f* (bei pneumatischen Fördermitteln) / fluidization *n*, fluidisation *n* ‖ ≈ (z.B. des Formsandes) (Gieß) / fluffing *n*, aeration *n* ‖ ≈ (des Bodens) (HuT) / decompaction *n*
**auflösbar** *adj* (Math) / soluble *adj*, resolvable *adj*, solvable *adj* ‖ ~**e Gruppe** (mit einer Kompositionsreihe, in der die Faktorgruppen von je zwei aufeinanderfolgenden Normalteilern abelsch sind) (Math) / soluble group, solvable group
**Auflöseanforderung** *f* (bei virtuellen Verbindungen) (EDV) / clear request
**auflösen** *v* (Chem, Phys) / dissolve *v*, bring into solution ‖ ~ (Gleichung, Klammer) (Math) / solve *v* ‖ ≈ *n* (Chem, Phys) / dissolution *n* ‖ ≈ (einer Verbindung) (Fernm) / release* *n*
**Auflösewalze** *f* (vor dem OE-Rotor) (Spinn) / opening roller, opening cylinder
**Auflösung** *f* (Chem) / resolution* *n*, resolving power ‖ ≈ (Chem, Phys) / dissolution* *n* ‖ ≈ (Foto, Opt) / resolution* *n*, definition* *n*, resolving power*, resolution power ‖ ≈ (von Gesteinen als Folge der chemischen Verwitterung) (Geol) / decomposition *n* ‖ ≈ (kleinste durch ein Meßgerät noch feststellbare Änderung der Meßgröße - DIN 1319, T 1) (Instr) / resolution *n* ‖ ≈ (zur Charakterisierung der Eigenschaften von Strahlungsdetektoren) (Kernphys) / resolution *n* ‖ ≈ (Math) / resolution *n* ‖ ≈ (Radar) / discrimination *n*, resolution* *n*, resolving power*, resolution power ‖ **anodische** ≈ (Abnahme des anodischen Stromes in der inversen Polarografie) (Chem) / anodic stripping ‖ **elektrolytische** ≈ (Eltech) / electrodissolution* *n* ‖ **funktionale** ≈ (EDV) / functional decomposition ‖ **hohe** ≈ / high resolution, hi res ‖ **mit höherer** ≈ (EDV, Opt) / higher-resolution *attr* ‖ **radiale** ≈ (Radar) / radial resolution power ‖ **räumliche** ≈ (Kernphys) / spatial resolution, space resolution ‖ **spektrale** ≈ (Spektr) / spectral resolution ‖ **stufenweise** ≈ (bei der strukturierten Programmierung verwendete Methode der Programmentwicklung,

Programmdokumentation und Programmierung unter stufenweise erfolgender Verfeinerung einer zunächst umfassenden Beschreibung des zu programmierenden Systems) (EDV) / stepwise refinement ‖ **zeitliche** ≃ (EDV, Spektr, Umwelt) / temporal resolution, time resolution ‖ ≃ *f* **bei weißem Licht** (Opt) / white-light resolution ‖ ≃ **der Entfernungsanzeige** (bei Rückstreumeßgeräten) (Phys) / horizontal read-out resolution ‖ ≃ **durch den zuletzt auflegenden Teilnehmer** (Fernsp) / last-subscriber release*, last-party release* ‖ ≃ **in Pixel** (EDV) / pixel resolution, pixel density, pixel depth
**Auflösungs•formel** *f* **für quadratische Gleichungen** (Math) / quadratic formula ‖ ≃**gewinn** *m* (Opt, Spektr) / resolution enhancement ‖ ≃**grenze** *f* (Foto, Opt) / resolution* *n*, definition *n*, resolving power*, resolution power ‖ ≃**grenze** (Opt, Spektr) / resolution limit ‖ ≃**vermögen** *n* (Foto, Opt) / resolution* *n*, definition* *n*, resolving power*, resolution power ‖ ≃**vermögen** (zur Charakterisierung der Eigenschaften von Strahlungsdetektoren) (Kernphys) / resolution *n* ‖ ≃**vermögen** (Radar) / discrimination *n*, resolution* *n*, resolving power*, resolution power ‖ **besonders hohes** ≃**vermögen** (ein Grafikstandard mit zurzeit 2048 x 1536 Pixeln) (EDV) / ultra-high resolution ‖ **zeitliches** ≃**vermögen** (EDV, Spektr, Umwelt) / temporal resolution, time resolution ‖ **lineares** ≃**vermögen** (Opt) / linear resolving power ‖ **angulares** ≃**vermögen** (Opt, Spektr) / angular resolving power ‖ **spektrales** ≃**vermögen** (Spektr) / spectral resolving power ‖ ≃**zeit** *f* (bei Zählrohren das Zeitintervall, das zwischen dem Eintreffen zweier atomarer Teilchen liegen muß, um sie getrennt registrieren zu können) (Kernphys) / resolution time*, resolving time* ‖ ≃**zeitkorrektur** *f* (Kernphys) / resolution-time correction*
**auf•machen** *v* / open *v* ‖ ~**machen** (Spinn) / make up *v* ‖ ≃**macher** *m* (Druck) / banner headline, streamer *n* ‖ ≃**machung** *f* (Spinn) / making-up* *n*, make-up *n* ‖ ≃**machung auf konischen Kreuzspulen** (DIN 62511) (Spinn) / cone winding ‖ ≃**machungseinheit** *f* (Spinn) / package* *n*, yarn package ‖ ≃**maß** *n* (bei Rohrleitungen) / site measurement(s) ‖ ≃**maße** *n pl* (Schiff) / offsets *pl* ‖ ≃**maßmaterial** *n* (Masch) / excess material ‖ ≃**maßposition** *f* (Bau) / measurement item ‖ ≃**merksamkeitssignal** *n* (Fernsp) / special-information signal ‖ ≃**merksamkeitston** *m* (Fernsp) / attention tone ‖ ≃**messen** *n* (Schiff) / lifting the offsets* ‖ ≃**modulieren** *v* (Radio) / modulate upon *v* ‖ ~**nadeln** *v* / pin on *v* ‖ ~**nadeln** (Tex) / pin *v* ‖ ≃**nadeln** *n* (Tex) / pinning *n* ‖ ~**nageln** *v* / nail on *v* ‖ ≃**näharbeit** *f* (Tex) / appliqué* *n* ‖ ~**nähen** *v* (Tex) / sew on *v*
**Aufnahme** *f* (von Flüssigkeiten) / uptake *n* ‖ ≃ (Speicherung von Ton, z.B. auf Band) (Akus) / record* *n*, recording* *n* ‖ ≃ (mit einer Laufbildkamera) (Film) / shooting *n* ‖ ≃ (Film, TV) / take *n* ‖ ≃ (Foto) / photograph *n* (z.B. in der Wendung: She has 2 exposures left on the film) (Foto) / exposure *n* ‖ ≃ (eines Elements in eine Legierung) (Hütt) / pick-up *n* ‖ ≃ (von Meßwerten) (Instr) / registration *n* ‖ ≃ (Kart, Verm) / field mapping, mapping* *n*, charting *n* ‖ ≃ (Teil des Innenräumwerkzeuges - DIN 1415) (Masch) / front pilot ‖ ≃ (chemischer Stoffe im Körpergewebe) (Physiol) / uptake *n* ‖ ≃ (Radiol) / uptake* *n* ‖ ≃ (des Appreturmittels) (Tex) / dip pick-up ‖ **Achtung,** ≃ **!** (Film) / action* ! ‖ **aufziehende** ≃ (bei der Zoomfahrt) (Film) / zoom-out shot, zoom-away shot ‖ **autoradiografische** ≃ (Radiol) / autoradiograph* *n*, radioautograph *n*, radioautogram *n* ‖ **bei der übernommene Geräusche** (Akus, Film) / fuzz *n* ‖ **digitale** ≃ (Akus) / digital record ‖ **duldbare tägliche** ≃ (Chem, Landw) / acceptable daily intake *n* ‖ ≃, **in der man einen Markenartikel identifizieren kann** (Product Placement) (Film) / pack shot ‖ **makroskopische** ≃ (Foto) / macrograph* *n* ‖ **mikroskopische** ≃ (Foto, Mikros) / micrograph *n*, photomicrograph *n*, microphotograph *n*, microfilm* *n* ‖ **röntgenografische** ≃ **nach der Pulvermethode** (z.B. nach Debye-Scherrer, nach Straumanis, nach Seemann-Bohlin) (Krist) / powder photography* ‖ **stumme** ≃ (Film) / mute shot* ‖ **verdichtende** ≃ (bei der Zoomfahrt) (Film) / zoom-in shot ‖ **vertretbare tägliche** ≃ (Nahr) / acceptable daily intake *n* ‖ ≃ *f* **aus dem Fahrzeug** (Film) / rolling shot ‖ ≃ **durch die Haut** (Pharm, Radiol) / percutaneous absorption ‖ ≃ **mit nichtsynchronisierter Kamera** (Film) / wild take ‖ ≃ **ohne Kontrolle der Filmlaufgeschwindigkeit** (Film) / wild take ‖ ≃ **über die Schulter** (des Schauspielers) (Film) / over-the-shoulder shot, dandruff shot ‖ ≃ **von oben** (Film, TV) / top shot*
**Aufnahme•apparat** *m* (Film, Foto) / camera* *n* ‖ ≃**bohrung** *f* (zur Aufnahme der Räumnadel) (Masch) / pilot hole, guide hole ‖ ≃**bohrung** (Masch) / socket *n* ‖ ≃**bolzen** *n* (Masch) / locating pin *n* ‖ ≃**einrichtung** *f* (z.B. bei Industrierobotern) (Masch) / reception device ‖ ≃**fähigkeit** *f* (Chem, Phys) / absorbability *n* ‖ ≃**fähigkeit des Marktes** / market capacity, capacity of the market ‖ ≃**filter** *n m* (Film, Foto) / filter* *n* ‖ ≃**gefäß** *n* (Chem Verf) / receiver *n*, receptacle *n*, collecting vessel ‖ ≃**gegenstand** *n* (Foto) / object *n* ‖ ≃**gerät** *n* (DIN 19040) (Akus) / recorder* *n* ‖ ≃**geräusch** *n* (Akus) / gimp *n* ‖ ≃**kegel** *m* (Masch) / machine taper *n* ‖ ≃**kopf** *n* (Akus, Eltech, Mag) / recording head*, magnetic recording head ‖ ≃**leiter** *m* (der für die organisatorische Vorbereitung und für die Durchführung zuständig ist) (Film, TV) / unit manager, unit production manager, floor manager, production manager, studio manager ‖ ≃**loch** *n* (Eltronik, Masch) / manufacturing hole, tooling hole, locator hole, location hole, fabrication hole, dowel hole, outrigger hole ‖ ≃**loch** (Masch) / socket *n* ‖ ≃**lupe** *f* (handgeführtes Digitalisierungsgerät für grafische Vorlagen) (EDV) / hand-held cursor ‖ ≃**material** *n* (für Schallplattenherstellung) (Akus) / stock* *n* ‖ ≃**medium** *n* / recording medium ‖ **empfohlene tägliche** ≃**menge** (Nahr, Pharm) / recommended daily amount, recommended daily intake, recommended daily allowance, RDA, RDI ‖ ≃**objektiv** *n* (der zweiäugigen Spiegelreflexkamera) (Foto) / object lens ‖ ≃**öffnung** *f* (zur Aufnahme des Kugelrohrs einer abnehmbaren Anhängerkupplung) (Kfz) / receiver pocket ‖ ≃**platte** *f* (für die Schallaufzeichnung) (Akus) / blank* *n* ‖ ≃**raum** *m* (Akus, Radio, TV) / studio *n* ‖ ≃**röhre** *f* (TV) / camera tube*, pick-up tube* (US), television camera tube ‖ ≃**seite** *f* (des Werkzeugs) (Masch) / front end ‖ ≃**spule** *f* (Spinn) / take-up bobbin, take-up *n* ‖ ≃**studio** (Akus, Radio, TV) / studio *n* ‖ ≃**techniker** *m* (Akus) / recordist* *n* ‖ ≃**vermögen** *n* (Phys) / absorbency *n*, absorptive capacity, absorptive power ‖ ≃**verstärker** *m* (Akus) / recording amplifier* ‖ ≃**winkel** *m* (Film) / shooting angle ‖ ≃**winkel** (Film, Foto) / camera angle, lens angle
**aufnehmen** *v* / take in *v*, hold *v* ‖ ~ (Ton speichern) (Akus) / record *v* ‖ ~ (in sich) (Chem, Phys) / absorb *v* ‖ ~ (Strom, Leistung) (Elektr) / consume *v* ‖ ~ (ein Handhabeobjekt) (Masch) / pick *v* ‖ ~ (Fall- oder Laufmaschen) (Tex) / lift *v* ‖ ~ (Kart, Verm) / field mapping, mapping* *n*, charting *n*
**Aufnehmer** *m* (Akus) / sound pick-up ‖ ≃ (Eltech, Regeln) / pick-off *n*, pick-up *n* ‖ ≃ (in der Automatikgetriebesteuerung) (Kfz) / accumulator *n* ‖ ≃ (Kammer, die das Werkstück vor der Umformung aufnimmt) (Masch) / container *n* ‖ ≃ (Regeln) / sensor *n*, probe *n*, measuring sensor, sensing element ‖ **piezoelektrischer** ≃ (Akus) / piezoelectric pick-up* ‖ ≃ *m* **für Infrarotstrahlung der Erde** (Geophys) / IR Earth sensor ‖ ≃**presse** *f* (Landw) / pick-up baler
**auf•nieten** *v* (Masch) / rivet on *v* ‖ ≃**panzerung** *f* (des Sitzes) (Masch) / hard-facing* *n* (of a seat) ‖ ~**pappen** *v* (Typog) / case in *v* ‖ ≃**pfropfen** *n* (Bot, Landw) / grafting *n* ‖ ~**pinseln** *v* (Anstr) / brush *v* ‖ ≃**plattiermuster** *n* (Tex) / wrap-thread design, wrap-thread pattern ‖ ~**platzen** *v* (Holz) (For) / spring *vi* ‖ ≃**platzen** *n* (des Pfahlkopfs beim Rammen) (HuT) / brooming *n* ‖ ≃**platzen** (der Blechenden) (Hütt) / alligatoring *n*, fishmouthing *n* ‖ ~**polieren** *v* / polish up *v* ‖ ~**prägen** *v* (Spannung) (Eltech) / impress *v*, impose *v*
**Aufprall** *m* / impingement *n* (on, upon), collision* *n* (with) ‖ ≃ (Masch) / impact *n*, impingement *n*, impaction *n* ‖ ≃**dämpfer** *m* (Schutzvorrichtung für auf starre, ortsfeste Bauteile, wie Brückenpfeiler, auffahrende Fahrzeuge) (HuT, Kfz) / impact attenuator
**aufprallen** *v* (Masch) / impact *v*, impinge *v* ‖ ≃ *n* / bouncing *n*
**Aufprall•energie** *f* (Kfz) / impact energy ‖ ≃**erosion** *f* (durch feste Stoffe oder Flüssigkeiten) (Geol) / impingement erosion, impingement attack ‖ ≃**erosion durch feste Stoffe** (Geol) / solid impingement erosion ‖ ≃**erosion durch Flüssigkeiten** (Geol) / liquid impingement erosion ‖ ≃**korrosion** *f* / impingement corrosion ‖ ≃**kühlung** *f* / impact cooling, bombardment cooling ‖ ≃**marke** *f* (Geol) / bounce cast ‖ ≃**prüfung** *f* (der Verpackung auf der schiefen Ebene) / incline impact test, Conbur test ‖ ≃**sensor** *m* (Kfz) / crash sensor
**Auf•preis** *m* / extra cost ‖ **ohne** ≃**preis** / at no extra cost, ANC ‖ ~**preispflichtige Sonderausstattung** (Kfz) / cost option ‖ ≃**preßschicht** *f* / pressed (top) layer ‖ ≃**projektion** *f* (Betrachter und Projektor befinden sich auf derselben Seite vor der Bildwand) (Film) / front projection* ‖ ~**propfen** *v* (Bot, Landw) / graft *v* ‖ ≃**propfen** (Chem) / graft *v* ‖ ~**pudern** *v* (Email) / dredge *v*, dust *v* ‖ ≃**pudern** (Keram) / dust on *v*, dust over *v* ‖ ~**pumpen** *v* (Reifen) (Kfz) / pump up *v*, inflate *v*, blow up *v*
**Aufputz•montage** *f* (Bau, Eltech) / surface mounting, surface installation, surface wiring* ‖ ≃**steckdose** *f* (Eltech) / surface socket ‖ ≃**verlegung** *f* (Bau, Eltech) / surface mounting, surface installation, surface wiring*
**auf•quellen** *vi* / swell *vi* ‖ ≃**quellen** (unter Einfluß von Wasser bzw. einer anderen Flüssigkeit) / swelling *n* ‖ ≃**quellen** (Nukl) / swelling* *n* ‖ ≃**radlinie** *f* (Math) / epicycloid* *n* ‖ ≃**rahmen** *v* (Nahr) / cream *v* ‖ ≃**rahmpotential** *n* ‖ ≃**rahmung** *f* **einer Emulsion** (Phys) / creaming of an emulsion ‖ ≃**rahmungsmittel** *n* / creaming agent ‖ ≃**rahmungsvermögen** *n* / creamability *n* ‖ ~**rakeln** *v* / apply with a doctor blade ‖ ≃**rakeln** (Plast) / blade coating, knife coating ‖ ≃**randeln** *n* (Glas) / flaring *n* ‖ ≃**rastern** *v* (Druck, EDV, Foto) / screen *v* ‖ ≃**rasterung** *f* (Druck, Foto) / screening *n*
**aufrauhen** *v* (Futterleder) / rough *v* ‖ ~ (den Anstrichgrund) (Anstr) / tooth *v* ‖ ~ (den Putzgrund) (Bau) / devil *v*, scratch *v*, hack *v*, stab *v*, pick *v*, stug *v* ‖ ~ (Buchb) / rout *v* ‖ ~ (Galv) / activate *v* (by pickling

**aufrauhen**

prior to plating) ‖ ~ (Masch) / roughen v ‖ ~ (auf der Rauhmaschine) (Tex) / gig v ‖ ~ (Tuch) (Tex) / nap v, raise v, tease v, tiger v ‖ ~ n (Buchb) / routing n ‖ ~ (auf der Rauhmaschine) (Tex) / gigging n ‖ ~ **des Putzgrundes** (für die nächste Putzlage) (Bau) / devilling* n, hacking* n, picking* n, stugging* n, stabbing* n, scoring n, scratching n, wasting* n ‖ ~ **des Putzgrunds mit einem speziellen Hammer** (Bau) / sparrow pecking

**Aufrauhung** f (von Oberflächen) (Galv) / activation* n

**aufrecht** adj / standing adj ‖ ~**es Bild** (Opt) / erect image, upright image ‖ ~**e Falte** (Geol) / upright fold

**aufrechterhalten** v (ein Feld) (Phys) / sustain v (a field)

**Aufrechterhaltung** f (z.B. der Genauigkeit) / preservation n ‖ ~ **der Identität von Radarzielen** (bei rechnergesteuerten synthetischen Darstellungen) (Radar) / radar blip identification, RBI ‖ ~ **der Wahrheit** (KI) / truth maintenance

**aufrechtstehend • es Bild** (Opt) / erect image, upright image ‖ ~**e Ziegelschicht** (Bau) / soldier* n

**Aufreiber** m (Masch) / countersink n, rose countersink, countersinking bit

**Aufreibhammer** m (für Furniere) (Werkz) / veneering hammer*

**aufreihen** v / thread v (beads, pearls) ‖ ~ (in eine Reihe). / line up v, put in a row ‖ ~ (Eltronik) / string v

**Aufreiß • band** n / tab n ‖ ~**dose** f (Nahr) / ring-pull can ‖ ~**ebene** f (Math) / vertical plane

**aufreißen** vi (z.B. Mauerwerk) / burst vi, crack vi, crack up v ‖ ~ v (Straßendecke) (HuT) / scarify v ‖ ~ (Fahrbahn) (HuT) / tear up v ‖ ~ (Landw) / chisel v, rip v, bust v ‖ ~ n (Landw) / chiselling n, ripping n, busting n, chisel ploughing ‖ **schrittweises** ~ (metallischer Schutzschichten) (Galv) / gradual cracking

**Aufreißer** m (meistens als Anhängegerät) (HuT) / ripper n, road ripper, road breaker, scarifier n

**Aufreiß • faden** m / tear string ‖ ~**hammer** m (HuT) / ripper n, road ripper, road breaker ‖ ~**packung** f / tear-off pack ‖ ~**ring** m (bei Flaschen) (Nahr) / pull-ring n ‖ ~**streifen** m (bei der Verpackung) / tear strip

**Aufricht- und Startgerät** n (Raumf) / erector-launcher n

**aufrichten** v / right v, erect v ‖ ~ n **des Bugs** (im Seegang) (Schiff) / scending n, scend n

**Aufrichteprisma** n (Foto, Opt) / erecting prism*

**Aufrichter** m (für Flugkörper) (Mil) / erector n

**Aufricht • geschwindigkeit** f (Luftf) / rotation speed* ‖ ~**moment** n (Luftf) / restoring moment*, righting moment

**Aufrichtung, geotropische** ~ (Bot) / geotropism* n

**aufriegeln** v / unlock v, unlatch v, release v

**Aufriß** m (Aufrißzeichnung) (Arch) / front view, principal view, front elevation ‖ ~**darstellung** f **eines Handlaufs** (Tischl) / falling mould*

**Aufrollautomatik** f (Kfz) / safety-belt retractor, seat-belt retractor, belt retractor ‖ **im Gefahrenfall sperrende** ~ (bei Sicherheitsgurten) (Kfz) / emergency locking retractor

**aufrollen** v / reel up v, coil up v ‖ ~ (sich) (Kfz) / retract vi ‖ ~ n / curling-up n ‖ ~ (von flüssigen oder pastösen Beschichtungsstoffen, meistens im Gleichlauf) (Anstr) / roll coating n ‖ ~ (Web) / take-up n ‖ **iteratives** ~ (des Syntheseprozesses) (Chem) / deconvolution n

**Aufroller, Sicherheitsgurt-** ~ (Kfz) / safety-belt retractor, seat-belt retractor, belt retractor n

**Aufroll • haspel** f m (z.B. der Breitbandbeschichtungsanlage) (Anstr) / exit arbor ‖ ~**spule** f (Spinn) / take-up bobbin, take-up n

**Aufruf** m (z.B. eines Unterprogramms) (EDV) / call-in* n, call* n, invoking n ‖ ~ (Befehlsfolge für die Auslösung einer bestimmten Funktion) (EDV) / call* n ‖ ~ **an das Organisationsprogramm** (EDV) / supervisor call (SVC) ‖ ~**adresse** f (EDV) / call address

**aufrufbar** adj (gespeicherte Information) (EDV) / addressable adj ‖ ~**er Speicherplatz** (EDV) / addressable location

**Aufrufbefehl** m (spezieller Unterprogrammsprung) (EDV) / call instruction

**aufrufen** v (ein Unterprogramm) (EDV) / call in v, call v, invoke v

**aufrufender Virus** (EDV) / call virus

**Auf • rufliste** f (EDV) / polling list, poll list, poll train ‖ ~**rühren** v (Brühe) (Leder) / plunge up v ‖ ~**runden** v (maschinell, bei Taschenrechnern) (EDV) / half-adjust v ‖ ~**runden** (nach oben) (Math) / round up v ‖ **absolut** ~**runden** (maschinell runden, wobei der letzten verbleibenden Dezimalstelle eine 1 zugezählt wird, wenn die werthöchste abgestrichene Stelle einen Wert größer als Null hat - DIN 9757) (EDV) / round up v ‖ ~**rüstbar** adj / expandable adj, upgradable adj (to a higher standard), expansible adj ‖ ~**rüstung** f (EDV) / expansion n, extension n ‖ ~**rüstung** (Luftf) / rigging* n ‖ ~**rüstung** (Mil) / armament n ‖ ~**sammelpresse** f (Landw) / pick-up baler

**Aufsattel • geräte** n pl (die hinten mit einem Stützrad versehen sind und mit ihrer Vorderseite am Schlepperheck befestigt sind) (Landw) / semi-mounted implements, semi-integral implements (US) ‖ ~**pflug** m (Landw) / semi-mounted plough ‖ ~**scheibenegge** f (Landw) / offset disk harrow

**Aufsatz** m (für Straßenabläufe) (HuT) / frame with grating (for gullies), road inlet top ‖ ~ (Masch) / yoke n ‖ ~ **des Schiebers** (bei Ventilen) (Masch) / valve bonnet ‖ ~**backe** f (auf die Grundbacke eines Spannfutters aufgeschraubte gehärtete oder ungehärtete Spannbacke) (Masch, Werkz) / false jaw, top jaw ‖ ~**band** n (ein Beschlag) (Bau) / loose butt hinge*, loose joint butt ‖ ~**-Bordwand** f (eines LKWs) (Kfz) / removable side ‖ ~**ventil** n (bei dem in einen Aufsatz mit Spindelbuchse zur Führung der Spindel auf das Gehäuse aufgesetzt und unter Verwendung von Flachdichtung, Schrauben und Muttern mit diesem verschraubt ist) (Masch) / yoke-type valve ‖ ~**wand** f (eines LKWs) (Kfz) / removable side

**auf • saugen** v (Staub, Feuchtigkeit) / suck up v ‖ ~**saugen** (Chem, Phys) / absorb v ‖ **sich** ~**schalten** (Rakete) (Mil) / lock on v (to a target) ‖ ~**schalten** n (Herstellen einer - meist kurzzeitigen - Verbindung zu einer besetzten Endstelle; ein Leistungsmerkmal) (Fernsp) / offering n, intrusion n, breaking-in n, cut-in n ‖ ~**schalten** (des Suchkopfes auf das Ziel) (Mil) / lock-on n ‖ **[manuelles]** ~**schalten** / overplugging n ‖ **internes** ~**schalten** (Fernsp) / internal cut-in ‖ ~**schalteschutz** m (Fernsp) / intrusion protection ‖ ~**schalteton** m (Fernsp) / trunk-offering tone, offering tone ‖ ~**schaltung** f (Regeln) / feedforward n, feedforwarding n, blending-in n, superimposition n ‖ ~**schaukeln** n (zum Flottmachen eines festsitzenden Autos) (Kfz) / rocking n ‖ ~**schaukeln** (selbsterregte Schwingung) (Phys) / hunting n ‖ ~**schaukeln** (von Schwingungen) (Phys) / building up (of oscillation) ‖ ~**schäumbar** adj (Plast) / expandable adj, foamable adj ‖ ~**schäumung** f (Plast) / foaming n, expanding n ‖ ~**schieben** v / slip on v ‖ ~**schieben** n (Bergb) / decking n ‖ ~**schiebling** m (ein Ausgleichsstück, das den Übergang zwischen der Sparrenschräge und den überstehenden Enden der Dachbalken vermittelt) (Zimm) / eave-board* n, eaves board, tilting fillet*, eaves catch, skew fillet* ‖ **aufgenagelter** ~ (Zimm) / sprocket* n ‖ ~**schiebung** f (in der Tektonik) (Geol) / reverse fault, reversed fault*, thrust fault ‖ ~**schiebung** (als Höhenunterschied) (Geol) / heave* n

**Aufschlag** m (Verteuerung des Preises) / extra cost, extra charge, additional charge, surcharge n ‖ ~ (Masch) / impact n, impingement n, impaction n ‖ ~ (Masch) / strike n ‖ ~ (Mil) / impact n ‖ ~ (z.B. bei Hosen) (Tex) / turn-up n

**aufschlagbare Seite** (eine Falttafel) (Buchb) / folding plate*, gatefold n

**aufschlagen** v (an Seil) / unlay v ‖ ~ (Cellulose) (For) / disintegrate v ‖ ~ (Häute im Faß) (Leder) / open v ‖ ~ (Masch) / impact v, impinge v

**Aufschlag • gebiet** n (Astr, Mil) / impact area ‖ ~**kern** m (ein Einlegekörper aus Kernsand im Einguß) (Gieß) / splash core ‖ ~**mittel** n (Nahr) / whipping agent, foaming agent ‖ ~**punkt** m (Astr, Mil) / point of impact ‖ ~**zünder** m (Mil) / impact fuse

**auf • schlämmen** v / slurry v ‖ ~**schlämmen** (Chem) / suspend v (bring into suspension) ‖ ~**schlämmung** f (Aufber, Chem) / pulp* n, slurry n, mud n, suspension n, sline n ‖ ~**schlämmung** (Chem) / suspension* n ‖ ~**schleppdock** n (Schiff) / slip dock* ‖ ~**schleppe** f (Schiff) / slip* n, slipway* n ‖ ~**schleuderverfahren** n (Eltronik, Opt) / spin-on deposition, spin coating ‖ ~**schlickung** f (Wasserb) / silting n, warping n, silt-fill n, silting-up n, mud silting, mud filling, siltation n

**aufschließen** v / unlock v, unlatch v, release v ‖ ~ (durch Schmelzen) / flux v ‖ ~ (Bau, Bergb, Geol) / expose v ‖ ~ (Bergb) / develop v, open v ‖ ~ (in der chemischen Analyse) (Chem) / decompose v ‖ ~ (Häute im Äscher) (Leder) / open up v ‖ ~ (Altpapier) (Pap) / repulp v ‖ ~ v (zu Halbstoff) (Pap) / pulp v, cook v ‖ ~ n (Herstellung des Zugangs zur Lagerstätte durch Grubenbaue der Ausrichtung) (Bergb) / development* n ‖ ~ (in der chemischen Analyse) (Chem) / decomposition* n ‖ ~ (Chem) / digestion n ‖ ~ (zu Halbstoff) (Pap) / pulping* n, cooking n, digestion n, defibration* n

**aufschlitzen** v (mit dem Messer) / slash v, rip v (with a knife) ‖ ~ (Kolbenring) (Kfz) / split v ‖ ~ (Masch) / slot v ‖ ~ (Fisch) (Nahr) / rip v ‖ ~ n (mit dem Messer) / slashing n

**Aufschluß** m (von Erzen - mit Aufschlußreagenzien) (Aufber) / digestion n ‖ ~ (Stelle im Gelände, die Einblick in die Lagerung der Gesteine und des verwitterten Materials zuläßt) (Bergb, Geol) / outcrop* n, outcropping n ‖ ~ (in der chemischen Analyse) (Chem) / decomposition* n ‖ ~ (durch Hitze und/oder Lösungsmittel) (Chem) / digestion n ‖ ~ (chemischer) (zu Halbstoff) (Pap) / pulping* n, cooking n, digestion n, defibration* n ‖ **chemischer** ~ (Chem Verf, For, Pap) / full chemical pulping ‖ **halbchemischer** ~ (Chem Verf, Pap) / semi-chemical pulping ‖ **nasser** ~ (zur Gewinnung von Aluminiumoxid aus Bauxit) (Chem Verf) / Bayer process* (of alumina extraction) ‖ ~**bohrloch** n (Erdöl) / exploration well ‖ ~**bohrung** f (ein Bohrloch) (Erdöl) / exploration well ‖ ~**bohrung** (Tätigkeit) (Erdöl) / exploratory drilling, test drilling, test boring ‖ ~**lösung** f (Kochsäure oder Kochlauge) (Pap) / cooking liquor ‖ ~**mittel** n (das auf chemischem Wege unlösliche Bestandteile löslich macht - z.B. Kalium- oder Natriumhydroxid) (Nahr) / digesting agent ‖

**radiometrisches ⁓verfahren** (Bergb, Geol) / radiation prospecting*, radiometry n
**aufschmelzen** v / weld on v, burn on v ‖ ⁓ (galvanisch abgeschiedene Metallschichten) (Galv) / reflow v ‖ ⁓ n (galvanische Abscheidung von Metallschichten) (Galv) / reflow n ‖ ⁓ (Galv) / flow brightening ‖ ⁓ (Schw) / fusing n ‖ ⁓ **in der Dampfphase** (Eltronik) / vacuum-phase reflow
**Aufschmelz•lötung** f (Eltronik) / reflow soldering ‖ ⁓**tiefe** f / depth of fusion (the distance to which fusion extends into a body from its original surface following exposure of the body to its fusion temperature) ‖ ⁓**tiefe** (Schw) / depth of fusion* ‖ ⁓**überzug** m / hot-melt coating
**auf•schmieren** v / smear vt ‖ ⁓**schneidbare Weiche** (Bahn) / trailable points ‖ ⁓**schneiden** v (Ware in der Wirkerei) (Tex) / cut up v ‖ ⁓**schraubband** n (Bau) / surface-mounted hinge ‖ ⁓**schraubbares Scharnier** (Bau) / surface-mounted hinge ‖ ⁓**schrauben** v (Masch) / bolt on v, screw on v ‖ ⁓**schraubflansch** m (Masch) / screwed flange ‖ ⁓**schraubschloß** n (Bau, Tischl) / rim lock* ‖ ⁓**schraubschloß** (Bau, Tischl) / surface-mounted lock ‖ ⁓**schraubung** f (des Möbelschlosses) (Bau, Tischl) / surface mounting ‖ ⁓**schreiben** v / write* v ‖ ⁓**schrift** f / inscription n, label n ‖ ⁓**schrumpfen** v (auf die Welle) (Masch) / shrink-fit v (on the shaft) ‖ ⁓**schrumpfen** (Masch) / shrinking-on* n ‖ ⁓**schrumpfen** (z.B. Bekleiden von Metallrohr mit Kunststoffschlauch) (Plast) / shrink-coating n, snap-back coating ‖ ⁓**schütten** v (HuT) / fill v ‖ **lose ⁓schütten** (HuT) / bulk v ‖ ⁓**schüttung** f (Bau, HuT) / made ground*, fill n ‖ ⁓**schüttung** (als Vorgang) (HuT) / filling n ‖ ⁓**schüttungsterrasse** (Geol) / alluvial terrace, fill terrace ‖ **litorale ⁓schüttungsterrasse** (Geol) / wave-built terrace ‖ ⁓**schwefeln** n (Hütt) / sulphurization n ‖ ⁓**schwefelung** f (des Eisens während des Schmelzprozesses im Kupolofen) (Hütt) / sulphurization n ‖ ⁓**schweißbiegeversuch** m (WP) / welding bend test ‖ ⁓**schweißen** v (auf) (Schw) / weld on(to) v, build v up with weld ‖ ⁓**schweißlegierung** f (Schw) / surfacing alloy ‖ ⁓**schwemmen** v (Aufber, Chem) / pulp v ‖ ⁓**schwemmen** (Chem) / suspend v (bring into suspension) ‖ ⁓**schwemmen** (Zinn bei Karosseriereparaturen) (Kfz) / pad v ‖ ⁓**schwemmung** f (Chem) / suspension* n ‖ ⁓**schwenk** m (Film) / pan-up n ‖ ⁓**schwimmen** v (der hydrophoben Erzbestandteile in einem Schaum an der Oberfläche) (Aufber) / levitation n ‖ ⁓**schwimmendes Metalleffektpigment** (Anstr) / leafing pigment n ‖ ⁓**schwimmzustand** m (Kfz) / hydroplaning n, aquaplaning n ‖ ⁓**seher** m (Masch) / supervisor n ‖ ⁓**senken** v (Erweiterung einer Bohrung über ihre gesamte Länge) (Masch) / boring n ‖ ⁓**setzbare Bohrkrone** (Bergb) / jackbit* n, rip-bit* n
**aufsetzen** v / put on v, place on v ‖ ⁓ (Programmablauf, Monitor) (EDV) / restart v, reboot v ‖ ⁓ (unerwünschten Bodenkontakt haben) (Kfz) / bottom v (on uneven roads), have ground contact ‖ ⁓ (beim Landen) (Luftf) / touch down v ‖ ⁓ (einen Flicken) (Tex) / patch v ‖ ⁓ n (Luftf) / touchdown n ‖ ⁓ **des Decks** (die letzte Bauphase am Tiefwasserliegeplatz) (Erdöl) / deck mating ‖ ⁓ **und Durchstarten** (Luftf) / touch-and-go landing, touch-and-go n
**Aufsetzer** m (eine Rammhaube) (HuT) / punch n
**Aufsetz•punkt** m (Luftf) / touchdown point ‖ ⁓**rahmen** m **für Paletten** (Masch) / collar n ‖ ⁓**schloß** n (Bau, Tischl) / rim lock* ‖ ⁓**vorrichtung** f (Falle) (Bergb) / fallers* pl, folding boards, chairs pl, keeps pl, keps pl ‖ ⁓**zone** f (Luftf) / touchdown zone, TDZ ‖ ⁓**zone der Piste** (Luftf) / runway touchdown zone ‖ ⁓**zonenbefeuerung** f (Luftf) / runway touchdown zone lighting
**Aufsicht** f (Überwachung) / supervision n, inspection n ‖ ⁓- / supervisory adj ‖ ⁓**farbe** f (von Mineralölen) (Erdöl) / reflected colour, bloom n ‖ ⁓**farbe** (Licht, Opt) / object colour, surface colour ‖ ⁓**führend** adj / supervisory adj ‖ ⁓**graukeil** m (Foto) / grey card
**Aufsichts•-** / supervisory adj ‖ ⁓**organ** n / supervisor n ‖ ⁓**person** f / chargehand n (GB) (a worker, ranking below a foreman, in charge of others on a particular job)
**auf•silizieren** v (flüssiges Eisen) (Hütt) / siliconize v ‖ ⁓**sitzmäher** m (Landw) / riding mower, rider n ‖ ⁓**sitzrasenmäher** m (Landw) / riding mower, rider n ‖ ⁓**slippen** v (ein Schiff mit einer Slipanlage aus dem Wasser ziehen) (Schiff) / slip up v, haul up v, draw up v ‖ ⁓**spachteln** v (viskose Massen) (Anstr) / knife v ‖ ⁓**spachteln** (Anstr, Bau) / trowel v, fill v, surface v ‖ ⁓**spalten** v / split v ‖ ⁓**spalten** (Biol) / segregate v ‖ ⁓**spalten** (Spektrallinien) (Phys) / split v ‖ ⁓**spalten** v / splitting n ‖ ⁓**spaltung** f (von Schichten) / delamination n, lamination n ‖ ⁓**spaltung** / splitting n ‖ ⁓**spaltung** (Biol) / segregation* n ‖ ⁓**spaltung** (eine Stelle im Programmablaufplan, von der aus im Programmablauf mehrere Zweige parallel verfolgt werden können) (EDV) / fork n ‖ ⁓**spaltung** (von Spektrallinien) (Spektr) / splitting n ‖ ⁓**spaltung einer Spektrallinie** (Spektr) / line splitting, splitting of a spectral line ‖ ⁓**spaltungsfaktor** m (Phys) / Landé splitting factor*, Landé g factor, spectroscopic splitting factor, gyromagnetic ratio, magnetomechanical factor
**aufspannen** n pl (Werkstücke auf den Paletten) / load v ‖ ⁓ (Platten) (Druck) / lock v ‖ ⁓ (Werkzeug) (Masch) / set vt, set-up v ‖ ⁓ (Masch) / clamp v, mount v ‖ ⁓ (im Futter) (Masch) / chuck v ‖ ⁓ n (Platten) (Druck) / locking n
**aufspannender Baum** (EDV) / spanning tree
**Aufspann•fläche** f (zum Befestigen von Werkzeugen bzw. Werkstücken an Werkzeugmaschinen) (Masch) / clamping surface ‖ ⁓**fläche** (des Pressentisches oder Stößels) (Masch) / platen n ‖ ⁓**platte** v (bei Versuchsaufbauten in der Bauteilprüfung eingesetztes Hilfsmittel zur Befestigung von Prüfkörpern und Prüfeinrichtungen und Übertragung von Kräften und Momenten) (Eltronik, WP) / mounting plate ‖ ⁓**platte** f (Gieß) / platen n ‖ ⁓**schlitten** m (Masch) / tool-rest n ‖ ⁓**transformator** m (Eltech) / step-up transformer* ‖ ⁓**vorrichtung** f (Masch) / fixture* n, chuck* n, chucking device ‖ ⁓**winkel** m (Masch) / angle plate*
**auf•speichern** v (Wärme) / retain v ‖ ⁓**spindeln** v / spindle v ‖ ⁓**spleißen** v (Seil) / fan out v ‖ ⁓**spleißen** n (Hütt) / alligatoring n, fishmouthing n ‖ ⁓**splittern** vi (For, Min) / splinter vi ‖ ⁓**splitterung** f (HuT) / brooming n ‖ ⁓**sprechkopf** m (Akus, Eltech, Mag) / recording head*, magnetic recording head ‖ ⁓**sprengen** v (Ringverbindung) (Chem) / rupture v ‖ ⁓**springen** v (rissig werden) / crack vi, break vi ‖ ⁓**springen** (Tür) / spring open v ‖ ⁓**spriten** v (Wein) (Nahr) / fortify v ‖ ⁓**spritzen** v (eine Schutzschicht) (Anstr) / spray on v, apply by spraying ‖ ⁓**spritzen** (Beton) (Bau) / gun v, gunite v ‖ ⁓**spritzen** n (Bau) / guniting n, gunning n (US), shotcret n ‖ ⁓**spulen** v / reel up v, coil up v ‖ ⁓**spulgeschwindigkeit** f (Spinn) / take-up speed ‖ ⁓**spulvorrichtung** f (Masch) / winder n ‖ ⁓**ständern** v / support v, place upon supports ‖ ⁓**standsellipse** f (Reifens) (Kfz) / contact area, contact patch, tyre contact area ‖ ⁓**standsfläche** f (des Reifens) (Kfz) / contact area, contact patch, tyre contact area ‖ ⁓**stapeln** v / stack v, pile v, pile up v ‖ ⁓**stapeln** n / stacking n, tiering n, piling n ‖ ⁓**stau** m (Versetzungen) (Krist) / pile-up n ‖ ⁓**stauchung** f (Zerstörung von Betonfahrbahnen im Fugenbereich, bei der die Plattenenden übereinandergeschoben werden und nach oben ausweichen) / blow-up n ‖ ⁓**stauen** v (Wasserb) / dam up v, dam v, dike v, dyke v, stem v, impound v, pond v, back v, retain v, hold back v ‖ **sich ⁓stauen** / back up vi ‖ ⁓**stauen** n (Wasser) (Wasserb) / impoundment n, impoundage n, ponding n ‖ ⁓**stechen** v / stick vt, prick v ‖ ⁓**stechen** (eine Blase) / prick v ‖ ⁓**steckbar** adj / clip-on attr
**aufstecken** v (aufschieben) / slip on v ‖ ⁓ (Masch) / mount v ‖ ⁓ (Spulen) (Spinn) / creel v ‖ ⁓ n (Masch) / mounting n
**Aufsteck•fräserdorn** m (Werkzeugspanner an Fräsmaschinen) (Masch) / shell end mill arbor ‖ ⁓**gatter** n (Spinn, Tex) / creel* n ‖ ⁓**halter** m (zur Aufnahme der Aufsteckreibahle) (Masch) / arbor* n ‖ ⁓**knarre** f (zwischen dem Steckschlüsseleinsatz und dem Antriebswerkzeug ohne Knarrenmechanismus) (Kfz) / ratchet adapter ‖ ⁓**rahmen** m (Spinn, Tex) / creel* n ‖ ⁓**ratsche** f (Kfz) / ratchet adapter ‖ ⁓**reibahle** f (DIN 219) (Masch) / shell reamer* ‖ ⁓**ringschlüssel** m (Werkz) / heavy-duty wrench ‖ ⁓**rohr** n (für Zugringschlüssel) (Werkz) / tubular handle, detachable handle ‖ ⁓**schlüssel** m (Werkz) / socket spanner*, socket wrench (US) ‖ ⁓**schuh** m (Foto) / hot shoe* ‖ ⁓**schuh mit Kontakt für T-Geräte** (Foto) / hot shoe with contact for T series flash ‖ ⁓**senker** m (DIN 222) (Masch) / arbor-mounted counterbore, counterbore cutter (US) ‖ ⁓**spindel** f (Spinn) / skewer n ‖ ⁓**spule** f (Eltech) / plug-in coil
**aufsteigend** adj (Luftstrom, Wasser) / ascending adj ‖ ⁓ (Math) / ascending adj, rising adj ‖ ⁓**e Anordnung** (Math) / ascending order ‖ ⁓**e Bewetterung** (Bergb) / ascensional ventilation ‖ ⁓**e Differenz** (Math) / backward difference*, ascending difference n ‖ ⁓**e Feuchte** (Bau) / rising damp ‖ ⁓**e Feuchtigkeit** (Bau) / rising damp ‖ ⁓**e Folge** (Math) / increasing sequence ‖ ⁓**es Grundwasser** (Geol) / subartesian water ‖ ⁓**er Knoten** (Schnittpunkt, an dem der betreffende Körper die Grundebene von Süden nach Norden überschreitet) (Raumf) / ascending node* ‖ ⁓**er Luftstrom bei Aufwind** (Luftf) / thermal current ‖ ⁓**e Papierchromatografie** (Chem) / ascending paper chromatography ‖ ⁓**e Quelle** (Fanggebiet tiefer als die Quelle) (Geol) / ascending spring
**Aufsteigung, gerade ⁓** (im Äquatorialsystem) (Astr) / right ascension*, R.A.*
**aufstellen** v / advance v, set up v ‖ ⁓ (einen Plan) / work out v ‖ ⁓ pitch v ‖ ⁓ (ein Gerät) (Fernm, Verm) / set up v ‖ ⁓ (Masch) / erect v, rig v ‖ ⁓ (Masch) / install v, instal v ‖ **eine Hypothese ⁓** / hypothesize v, frame v a hypothesis
**Aufsteller** m / display n
**Aufstellfläche** f (benötigte Fläche zum Aufstellen bzw. Befestigen von technologischen Haupt- und Hilfsausrüstungen oder von allgemeinen Werkseinrichtungen auf eine Unterlage, z.B. Fußboden oder Fundament) (F.Org) / floor space required
**Aufstellinie** f (auf der untergeordneten Straße) (Kfz) / give-way line
**Aufstellung** f (Liste, Plan, Bilanz) / schedule n ‖ ⁓ / erection* n, rigging n ‖ ⁓ (Masch) / installation n ‖ ⁓ (des Monochromators) (Phys) / mounting n ‖ ⁓ (eines Geräts) (Verm) / set-up* n ‖ **astigmatische ⁓** (Spektr) / astigmatic mounting ‖ **tabellarische ⁓** / tabulation n ‖ ⁓ **f auf dem Dach** (Bau) / roof installation, top

installation ‖ ⁓ **einer Formel** / formulation *n* ‖ ⁓ **von Genkarten** (Gen) / genetic mapping, gene mapping ‖ ⁓ **von Notsteifen** (Bau) / needling* *n*
**Aufstellungs•fläche** (z.B. für einen Rechner) (EDV) / footprint *n* (the space taken up on a surface by a piece of computer hardware) ‖ ⁓**ort** *m* (bei Korrosionsprüfungen) / test site ‖ ⁓**ort** *n* / site *n*
**auf•stemmen** *v* (Werkz) / prise *v*, prize *v* (US) ‖ ⁓**stemmen** *n* (von Magma) (Geol) / stoping* *n* ‖ **magmatische** ⁓**stemmung** (mechanische Raumschaffung bei magmatischer Intrusion) (Geol) / magmatic stoping ‖ ⁓**sticken** *n* (Glühen in Stickstoff abgebenden Mitteln zum Erzielen einer mit Stickstoff angereicherten Oberfläche) (Hütt) / nitriding* *n*, nitrogen case-hardening*
**Aufstieg** *m* (eines Ballons) (Luftf) / ascent *n* ‖ ⁓ (Masch) / ascent *n*, ramp* *n*, onramp *n* (US) ‖ ⁓ (eines Satelliten unter Antrieb) (Raumf) / ascent *n* ‖ **kapillarer** ⁓ (Landw) / capillary rise
**Aufstiegs•bahn** *f* (eine ballistische Flugbahn) (Phys) / ascent trajectory ‖ ⁓**hilfe** *f* (für Personen) / passenger hoist ‖ ⁓**stufe** *f* (Raumf) / ascent stage
**auf•stocken** *v* (das Kapital) / increase *v* ‖ ~**stocken** (Bau) / add a storey, heighten *v* ‖ ⁓**stocken** *n* (Bau) / scabbling* *n*, bush-hammering* *n*, scappling* *n* ‖ ⁓**stockmethode** *f* (bei den Analysenproben) (Chem) / standard addition method ‖ ⁓**strandsetzen** *n* (des Schiffes) (Schiff) / voluntary stranding, beaching *n* ‖ ⁓**streichbare Lötmasse** (Masch) / solder paint* ‖ ~**streichen** *v* (mit einer Bürste) / brush on *v* ‖ ~**streichen** (Aufstrich) (Nahr) / spread *v* ‖ ~**streuen** *v* / sprinkle *v* (on) ‖ ~**streumethode** *f* (zur Korrosionsprüfung) / strewing method ‖ ~**strippen** *v* (Druck, EDV) / strip in *v* ‖ ⁓**stromklassierer** *m* (Aufber) / countercurrent classifier, upward-current classifier ‖ ⁓**stufgeschwindigkeit** *f* (Luftf) / hump speed* *n* ‖ ~**summieren** *v* (Math) / totalize *v*, add up *v* ‖ ~**taljen** *v* (Schiff) / bowse *v* ‖ ~**tanken** *v* (neu) (Kftst) / refuel *v*, fuel *vi*, tank *v* ‖ ~**tasten** *v* (Verstärker) (Eltronik) / gate *v* ‖ **tastsignal** *n* (Eltronik) / gate signal ‖ ⁓**tauboden** *m* (Geol) / mollisol *n* ‖ ⁓**tauboden** (HuT) / thawed soil ‖ ~**tauchen** *v* / emerge *v* ‖ ~**tauen** *v* (Wärm) / thaw *vt* ‖ ⁓**tauen** *n* (Wärm) / thawing* *n* ‖ ⁓**tausalz** *n* (im Straßenwinterdienst verwendetes Salz, das Schnee- und Eisschichten zum Auftauen bringt) (HuT) / de-icing salt, thawing salt, road salt, highway salt, ice-control salt ‖ ⁓**tauschicht** *f* (im Permafrost) (Geol) / active layer
**aufteilen** *v* / partition *v* (divide into parts) ‖ ~ (in Segmente) / segment *v*, segmentalize *v*, segmentalise *v* (GB) ‖ ~ (Bildschirm in verschiedene Bereiche) (EDV) / split *v*
**Aufteil•kreissäge** *f* (für Großformatplatten) (For) / panel-dividing circular saw ‖ ⁓**schnitt** *m* (bei Platten) (For) / dividing cut
**Aufteilung** *f* (Unterteilung eines großen Blockes in mehrere kleinere Subblöcke) (EDV) / partitioning *n* ‖ ⁓ (von zeitabhängigen Kriech- und Relaxationsprozessen) (WP) / strain rate partitioning ‖ ⁓ **des Bildschirms** (in verschiedene Bereiche) (EDV) / screen splitting
**Aufteilungs•armatur** *f* (eine Starkstromkabelgarnitur, welche den Verband mehradriger Kabel in einzelne Adern aufteilt) (Kab) / trifurcating joint ‖ ⁓**muffe** *f* (Kab) / trifurcating joint ‖ ⁓**muffe** (Kab) / dividing box*, spreading box, spreader box ‖ ⁓**verhältnis** *n* (Nukl) / cut* *n*, splitting ratio*
**Auftrag** *m* (Anstr) / application *n*, painting *n*, coating* *n* ‖ ⁓ (eine Aufforderung, in vereinbarter Form eine bestimmte Datenverarbeitungsleistung zu erbringen - DIN 44300) (EDV) / job* *n* ‖ ⁓ (F.Org) / order *n* ‖ **in** ⁓ **geben** / commission *v* ‖ **satter** ⁓ (Anstr) / rich application ‖ **Straße** *f* **im** ⁓ (HuT) / embanked road, road in embankment ‖ **vorgezogener oder verspätet vorgegebener** ⁓ **zum Abbau von Belastungsspitzen** (F.Org) / forcing order ‖ ⁓ *m* **von oben** (Masch) / top feeding
**Auftragebrett** *n* (Bau) / hawk* *n*, mortar-board *n*
**auftragen** *v* (Anstrichstoffe) (Anstr) / apply *v*, paint *v*, coat *v*, lay on *v* ‖ ~ (die Grundschicht - bei mehrlagigem Putz) (Bau) / render *v*, lay *v* ‖ ~ (auf einer Achse) (Math) / plot *v* ‖ ~ (eine Masche) (Tex) / cast on *v* ‖ **noch einmal** ~ (Anstr) / reapply *v* ‖ **punktförmig** ~ (Anstr) / application *n*, painting *n*, coating* *n* ‖ ~ (mit Walze) (Anstr) / roller coating* ‖ **galvanisches** ⁓ (Galv) / electrodeposition *n*, electrolytic deposition, cold process ‖ ⁓ **der Grundschicht** *n* (eines mehrlagigen Putzes) (Bau) / rendering* *n*, laying* *n*
**Auftrag•geber** *m* (Arch) / client *n* ‖ ⁓ **(s)gerät** *n* (Anstr) / applicator *n* ‖ ⁓**gerät** *n* (für Proben in der Chromatografie) (Chem) / applicator *n* ‖ ⁓**gerät** *n* (Kart, Verm) / co-ordinatograph *n* ‖ ⁓**nehmer** *m* / contractor *n*
**auftrags•abhängig** *adj* (Kosten) / job-related *adj* ‖ ⁓**abwicklung** *f* (DIN 66 200, T 1) (EDV) / job handling ‖ ⁓**abwicklungssystem** *n* (F.Org) / order processing system ‖ ⁓**arbeit** *f* (EDV) / jobbing *n* ‖ ~**ätzen** *n* (bei dem die Ätzlösung mit Hilfe eines Wattebausches oder Pinsels so oft auf die zu ätzende Stelle aufgetragen wird, bis die gewünschte Ätzung erreicht ist) (Masch) / coating etching, local etching ‖ ⁓**bestand** *m* (F.Org) / orders on hand ‖ **eingefrorener** ⁓**bestand** (F.Org) / frozen stock ‖ ~**bezogen** *adj* (EDV) / job-oriented *adj* ‖ ~**bezogener Werkstattbestand** (F.Org) / work in process, work in progress, WIP ‖ ⁓**bibliothek** *f* (EDV) / job library ‖ ⁓**buch** *n* (F.Org) / order book
**Auftrag•schweißen** *n* **von Plattierungen** (Schw) / deposition welding of cladding, cladding by welding, weld cladding, fusion welding (of cladding material) ‖ ⁓**schweißen von Pufferschichten** (Schw) / deposition welding of buffer layers, buffering *n*
**Auftrags•datei** *f* (EDV) / job file ‖ ⁓**dienst** *m* (Fernsp) / telephone answering service, TAS ‖ ⁓**eingabe** *f* (EDV) / job input ‖ ⁓**ende** *n* (DIN 66200, T 1) (EDV) / end of job (EOJ), job end ‖ ⁓**ergebnis** *n* (Teil des Auftragsgesamtergebnisses, der ausgegeben wird - DIN 66 200, T1) (EDV) / job output, job result ‖ ⁓**erteilung** *f* / award of a contract, contract award ‖ ⁓**färberei** *f* (Tex) / commission dyeing ‖ ⁓**ferneingabe** *f* (EDV) / remote job entry (RJE) ‖ ⁓**forschung** *f* (z.B. Battelle-Institut) / contract research, research under contract ‖ ⁓**gewicht** *n* (Keram) / pickup *n* (the amount of porcelain enamel retained on dipped ware per unit of area, usually expressed as ounces per square foot) ‖ ⁓**kennzeichen** (DIN 66 200, T 1) (EDV) / job identification ‖ ⁓**kosten** *pl* / order costs, job order costs ‖ ⁓**löten** *n* (Beschichten durch Löten nach DIN 50902) (Hütt) / coat soldering ‖ ⁓**material** *n* (HuT) / fill* *n*, made ground ‖ ⁓**menge** *f* / ordering quantity ‖ ⁓**naheingabe** *f* (EDV) / local job entry (LJE) ‖ ⁓**name** *m* (EDV) / job name ‖ ⁓**organisation** *f* (EDV) / job scheduling ‖ ⁓**polster** *n* (F.Org) / backlog *n* (of unfilled orders) ‖ ⁓**priorität** *f* (EDV) / job priority ‖ ⁓**profil** *n* (Gesamtheit aller von einem DV-System zu bearbeitenden Aufträge) (EDV) / work-load *n* ‖ ⁓**querschnitt** *m* (HuT) / section of fill ‖ ⁓**rückstand** *m* (F.Org) / back orders ‖ ⁓**schritt** *m* (die Ausführung eines einzelnen Verarbeitungsprogramms) (EDV) / job step ‖ ⁓**schweißen** *n* (DIN 1910, T 1) (Schw) / build-up *n* (welding), surfacing by welding, deposition welding, overlay welding, padding *n* ‖ ⁓**schweißen** (von Verschleißschichten) (Schw) / hard-facing *n*, hard-surfacing *n* ‖ ⁓**sprache** *f* (EDV) / job control language* (JCL), control language, operating language ‖ ⁓**stauraum** *m* (DIN 66200, T 1) (EDV) / let-in area ‖ ⁓**strom** *m* (EDV) / job stream, input stream, run stream ‖ ⁓**syntaxprüfung** *f* (EDV) / job validation ‖ ⁓**überhang** *m* (F.Org) / backlog *n* (of unfilled orders) ‖ ⁓**umlaufzeit** *f* (EDV) / job around time ‖ ⁓**unterlagen** *f pl* (EDV) / job documentation ‖ ⁓**variable** *f* (EDV) / job variable ‖ ⁓**verfahren** *n* (Anstr) / application *n*, painting *n*, coating* *n* ‖ ⁓**verfolgung** *f* (F.Org) / follow-up of orders ‖ ⁓**vergabe** *f* / award of a contract, contract award ‖ ⁓**volumen** *n* (F.Org) / orders on hand ‖ ⁓**walze** *f* (bei Klebeaggregaten) / spreader roller, pick-up roll ‖ ⁓**walze** (Druck) / inker *n*, ink roller, inking roller, ink forme roller ‖ ⁓**warteschlange** *f* (EDV) / job queue*, job pool ‖ ⁓**werkzeug** *n* (für die handwerkliche Verarbeitung) (Anstr) / applicator *n* ‖ ⁓**wirkungsgrad** *m* (Wirkungsgrad von Applikationsverfahren) (Anstr) / transfer efficiency
**Auftragung** *f* **der Druckfarbe** (Druck) / inking *n*
**Auftrag•walze** *f* (bei Klebeaggregaten) / spreader roller, pick-up roll ‖ ⁓**walze** (für Druckfarben) (Druck) / inker *n*, ink roller, inking roller, ink forme roller
**Auftreffdruck** *m* / impact pressure (of extinguishing agent)
**auftreffen** *v* (Masch) / impact *v*, impinge *v* ‖ ⁓ *n* (z.B. des Bärs auf das Werkstück) (Masch) / impact *n*, impingement *n*, impaction *n*
**Auftreff•geschwindigkeit** *f* (z.B. des Fallhammers) (Masch) / impact speed ‖ ⁓**platte** *f* (der Röntgenröhre) (Eltronik) / anticathode* *n*, target* *n*, target electrode ‖ ⁓**punkt** *m* (Masch, Phys) / impact point, point of impact ‖ ⁓**winkel** *m* (Mil) / angle of incidence ‖ ⁓**winkel** (Phys) / angle of impact
**auftreiben** *vt* / swell *vt* ‖ ~ (Sand in der Baugrube) (HuT) / boil *v*, blow *v* ‖ ⁓ *n* (des Sandes - in der Baugrube) (HuT) / boiling *n*, blowing *n*
**Auf•treiber** *m* (Glas) / reamer *n*, flaring tool ‖ ⁓**treibung** *f* (auf furnierten Flächen) (For) / bump *n* ‖ ~**trennen** *v* (eine Naht) (Tex) / undo *v*, unpick *v*, ravel *vt* ‖ ⁓**trennen** *n* **der Bindung** (Chem) / bond breaking ‖ ⁓**trennzeit** *f* (Fernsp) / splitting time
**auftreten** *v* / occur *v* ‖ ⁓ *n* / occurrence *n* ‖ **periodisches** ⁓ / periodicity* *n* ‖ ⁓ *n* (natürliche Ansammlung) **von Erdöl** (Erdöl, Geol) / oil accumulation, oil pool
**auf•trichtern** *v* (Masch) / bell *v*, bell out *v* ‖ ⁓**trichterung** *f* (Masch) / bellmouthing *n*
**Auftrieb** *m* (hydrostatischer) (Hyd, Phys) / buoyancy *n*, upthrust *n* ‖ ⁓ (Aufsteigen von kaltem und nährstoffreichem Tiefenwasser an die Oberfläche) (Ozean) / upwelling *n*, upward pressure ‖ ⁓ (des Vorderschiffs) (Schiff) / bearing *n* (of a vessel) ‖ **[dynamischer, aerodynamischer]** ⁓ (Luftf, Phys) / (vertical) lift* *n*, aerodynamic lift ‖ **dynamischer** ⁓ (Luftf) / dynamic lift ‖ **hydrostatischer** ⁓ (Phys, Wasserb) / buoyancy* *n*
**auftriebs•begrenzt** *adj* (z.B. Kurvengeschwindigkeit) (Luftf) / lift-limited *adj* ‖ ⁓**beiwert** *m* (Luftf) / lift coefficient* *n* ‖ ⁓**hilfe** *f* (Luftf) / lift-increasing device ‖ ⁓**kapsel** *f* (für Unterwasserstart) (Mil) / buoyant capsule ‖ ⁓**keil** *m* (Schiff) / wedge of buoyancy ‖ ⁓**koeffizient** *m* (Luftf) / lift coefficient* *n* ‖ ⁓**körper** *m* (flügelloser Flugkörper, dessen Rumpf so geformt ist, daß er einen für einen

Gleitflug ausreichenden Auftrieb liefert) (Luftf) / lifting body ‖ ~**körper** (Phys, Schiff) / float n ‖ ~**korrektur** f (beim Wiegen) (Phys) / correction for buoyancy*, buoyancy correction ‖ ~**kraft** f (Luftf, Phys) / lifting force ‖ ~**mittelpunkt** m (Hyd, Schiff) / centre of buoyancy* ‖ ~**mittelpunkt** (Luftf, Phys) / centre of lift ‖ ~**sicherung** f (Beschwerung oder Verankerung von Rohrleitungen in Gebieten mit hohem Grundwasserstand zur Vermeidung des Aufschwimmens der Leitung) (HuT) / ballast n ‖ ~**steuerung** f (Luftf) / lift control ‖ ~**wasser** n (durch Aufwärtsbewegung aus tieferen, kälteren Schichten an die Meeresoberfläche gelangtes Wasser) (Ozean) / upwelling water

**Auftritt** m (der Stufe) (Bau) / going* n, go* n ‖ ~**breite** f (z.B. bei geneigter Stoßfläche) (Bau) / tread* n ‖ ~**fläche** f / foothold n

**Auf•türmen** n (optische Täuschung, welche die Senkrechten länger erscheinen läßt) (Opt) / towering n ‖ ~**wachsverfahren** n (Eltronik) / epitaxial growth technique, van Arkel-de Boer process ‖ ~**walken** v (Leder) / wet back v, full v ‖ ~**wallen** v (beim Kochen) / boil v, bubble v ‖ ~**wallen** n (beim Kochen) / boiling* n, bubbling n ‖ ~**wältigen** v (wiederherstellen) (Bergb) / reopen v, clear v ‖ ~**wältigen** v (Erdöl) / work over v ‖ ~**wältigung** f (im Bohrloch, um die Förderung wiederherzustellen oder zu steigern) (Erdöl) / work-over n ‖ ~**walzen** n (Anstr) / roller coating* ‖ ~**wand** f (Kosten) / outlay n (an amount of money spent on something) ‖ ~**wärmloch** n (des Glasschmelzofens) (Glas) / glory-hole* n, sample port (US) ‖ ~**wärmung** f (Phys) / warming n (increase in temperature), warming-up n, heating n, heating-up n ‖ ~**wärmzeit** f (in der Löttechnik) (Masch) / warming-up time ‖ ~**wärmzeit** (Masch) / heating time

**Aufwärtsakzeleration, starke** (Luftf, Raumf) / eyeballs down
**Aufwärtsbeschleunigung, starke** ~ (Luftf, Raumf) / eyeballs down
**Aufwärts•bewetterung** f (Bergb) / ascensional ventilation ‖ ~**bohren** n (Abtrag des Feuerfestmaterials über der Blase) (Glas) / upward drilling ‖ ~**diffusion** f (Chem, Phys) / upward(s) diffusion ‖ ~**frequenz** f (bei Nachrichtensatelliten) (Fernm) / uplink frequency, up-frequency n ‖ ~**hub** m (V-Mot) / ascending stroke, up-stroke n ‖ ~**kompatibel** adj (EDV) / upward(s) compatible ‖ ~**lauf** m (z.B. einer Rolltreppe) (Masch) / upward travel ‖ ~**schweißen** n (Schw) / uphand welding, upward welding ‖ ~**sprühend** adj (z.B. Düse des Kühlturms) / upspray attr ‖ ~**strecke** f (bei Nachrichtensatelliten) (Fernm) / uplink n ‖ ~**strömung** f (Phys) / upflow n, rising flow n ‖ ~**transformator** m (Eltech) / step-up transformer* ‖ ~**zähler** m (EDV) / incrementer n ‖ ~**ziehverfahren** n (Glas) / updraw process ‖ ~**-Zwirnmaschine** f (z.B. Etagenzwirnmaschine) (Spinn) / uptwister n

**aufweichen** vt / soften vt ‖ ~ (Chem, Plast) / plastify v, plasticate v, plasticize v, soften vt, flux v ‖ ~ n / softening n
**Aufweitdorn** m (DIN 50 135) (Werkz) / drift n
**aufweiten** v / broaden v, widen v ‖ ~ (einen Hohlkörper) (Hütt) / expand, flare ‖ **glockenförmig** ~ (Masch) / bell v, bell out v ‖ ~ n / broadening n, widening n
**Aufweitewalzwerk** n (für Rohre) (Hütt) / tube expanding mill, expanding mill
**Aufweitung** f (Vergrößerung der Querschnitte von Hohlkörpern) (Hütt) / expanding n ‖ ~ (aufgeweitetes Ende eines Rohrs) (Klemp, Masch) / socket* n, hub* n, bell (US)* ‖ **konische** ~ (Akus, Hütt) / flaring* n
**Aufweitversuch** m (eine Rohrprüfung nach DIN 50135) (Hütt) / drift expanding test, flaring test
**aufwendig** adj / costly adj, pricey adj, pricy adj, expensive adj
**Aufwickel•gestell** n (Spinn) / winding machine, winding frame ‖ ~**magazin** n (Film) / lower magazine, take-up magazine, spool-box n (GB)
**aufwickeln** v / reel up v, coil up v ‖ ~ / reel v ‖ ~ (Ware) (Web) / take up v ‖ ~ (Web) / batch v, batch up v ‖ ~ / reeling n ‖ ~ (Web) / batching n, batching-up n ‖ ~ (Ware) (Web) / take-up n ‖ ~ **dichtes** (Pap) / tight winding ‖ **klanghartes** ~ (Pap) / tight winding
**Aufwickel•rolle** f (eines Laufbildwerfers oder eines Tonbandgeräts) (Film) / take-up reel ‖ ~**spule** f (eines Laufbildwerfers oder eines Tonbandgeräts) (Film) / take-up reel ‖ ~**spule** (Spinn) / take-up bobbin, take-up n ‖ ~**teller** m (Film) / winding plate, take-up plate, winding disk ‖ ~**trommel** f (eines Laufbildwerfers) (Film) / lower magazine, take-up magazine, spool-box n (GB) ‖ ~**trommel** (Masch) / winding drum ‖ ~**vorrichtung** f (Masch) / winder n
**Auf•wicklung** f mit dem Endband vorne (Film) / tails-up n, tails-out n ‖ ~**wicklung mit dem Vorspann vorne** (Film) / head-up n, head-out n ‖ ~**wind** m (aufwärts gerichtete Luftströmung - Gelände-, Wärme- und Scherungs-) (Luftf, Meteor) / upward air current, updraught n, upwind n, upcurrent n, upwash n ‖ **thermischer** ~**wind** (Luftf, Meteor) / thermal* n, thermal lift
**aufwinden** v (mit einer Winde) (Masch) / wind up v ‖ ~ (Ware) (Web) / take up v ‖ ~ n / reeling n ‖ ~ (mit einer Winde) (Masch) / hoisting n ‖ ~ (Ware) (Web) / take-up n

**Auf•windespule** f (Spinn) / take-up bobbin, take-up n ‖ ~**windevorrichtung** f (Web) / take-up motion* ‖ ~**wirbeln** v (Staub oder Schnee) / raise v ‖ ~**wirbeln** (Phys) / whirl up v, stir up v, swirl up v ‖ ~**wirbelung** f (von Staub oder Schnee) / raising n (the swelling or uparching of a volcano) ‖ ~**wölbung** f (als Folge vulkanischer Tätigkeit) (Geol) / tumescence n ‖ ~**wölbung** (Geol) / uparching n, upwarping n (the uplift of a region) ‖ ~**wölbung** (HuT, Masch) / camber* n ‖ **weitspannige** ~**wölbung** (Geol) / warping n ‖ ~**wühlen** v (Erdstoff) (HuT) / boil v, blow v ‖ ~**wühlen** n (des Erdstoffes) (HuT) / boiling n, blowing n ‖ ~**zählung** f / enumeration n ‖ ~**zählungszeichen** n / bullet n (a mark used to distinguish items in a list) ‖ ~**zehreffekt** m (Vakuumt) / clean-up effect ‖ ~**zehrung** f (der Opferanode) (Galv) / consumption n
**aufzeichnen** v (Akus) / record v ‖ ~ (in Abhängigkeit von) (Math) / plot v (versus) ‖ ~ (auf Stofflagen) (Tex) / mark in v
**aufzeichnendes Titriergerät** (Chem) / titrigraph n
**Aufzeichnung** f (Akus) / record n, recording* n ‖ ~ (Film) / scoring n ‖ ~ (eines Detektors, eines Meßinstruments) (Instr) / tracing n, recording n ‖ **magnetische** ~ (Akus) / magnetic recording ‖ **mikrografische** ~ (Mag) / micrographic recording ‖ **optische** ~ (Opt) / optical recording ‖ **vertikale** ~ (Mag) / perpendicular magnetic recording, vertical magnetic recording ‖ ~ **mit doppelter Schreibdichte** (EDV) / double-density recording ‖ ~ **mit einfacher oder doppelter Schreibdichte** (EDV) / single or double density recording ‖ ~ **mit konstanter Amplitude** (Akus) / constant-amplitude recording ‖ ~ **mit konstanter Geschwindigkeit** (Akus) / constant-velocity recording ‖ ~ **mit mehreren Kameras** (Film) / multi-camera recording ‖ ~ **mit Rückkehr nach Null** (polarisiert) (EDV) / polarized return-to-zero recording ‖ ~ **von Ausnahmen** (EDV) / exception reporting
**Aufzeichnungs•dichte** f (im allgemeinen) / recording density ‖ ~**fehler** m / write error, recording error ‖ ~**gerät** n (Akus) / recorder* n ‖ ~**kopf** m (Akus, Eltech, Mag) / recording head*, magnetic recording head ‖ ~**medium** n / recording medium ‖ ~**oberfläche** f (EDV) / recordable surface, recording surface ‖ ~**spur** f (Akus) / recording track ‖ ~**stift** m / recording stylus, pen n
**Aufzeit** f (bei dem Aufzeitschießen) (Geol) / uphole time, T-AT-shot point
**Aufziehbrett** n (Bau) / hawk* n, mortar-board n
**aufziehen** v (viskose Massen) (Anstr) / knife v ‖ ~ (Anstr, Bau) / trowel v, fill v, surface v ‖ ~ (Bilder) (Foto) / mount v ‖ ~ (mit einer Winde) (Masch) / wind up v ‖ ~ (Farbstoff) (Tex) / pickup v, takeup v, uptake v, absorb v, go on v ‖ ~ (Reißverschluß) (Tex) / undo v ‖ ~ (Uhr) / wind v ‖ ~ n (Anstr) / lifting* n, pulling-up n, raising n, picking-up n, pull-up n, picking n ‖ ~ (Brau) / rousing n ‖ ~ (mit einem Hebezeug) (Masch) / hoisting n ‖ **tongleiches** ~ (beim Färben) (Tex) / on-tone exhaustion ‖ ~ n **des Farbstoffs** (Tex) / dye take-up, dye uptake
**aufziehende Aufnahme** (bei der Zoomfahrt) (Film) / zoom-out shot, zoom-away shot
**Aufzieh•karton** m (Druck) / mounting board ‖ ~**kleber** m (Foto) / mountant* n ‖ ~**leine** f (bei der manuellen Öffnung des Fallschirms) (Luftf) / ripcord n ‖ ~ **[mit dem Luftfahrzeug verbundene] leine** (Luftf) / static line ‖ ~**presse** f (Druck) / transfer press ‖ ~**schnur** f (Web) / lifting cord ‖ ~**vermögen** n (Tex) / affinity* n
**Auf•zinsfaktor** m (Druck) / growth factor (of interests) ‖ ~**zinsungsfaktor** m (in der Zinseszinsformel) / growth factor (of interests) ‖ ~**zubereitendes Erz** (Aufber) / milling ore, milling-grade ore, mill ore ‖ ~**zucht** f (Landw) / breeding n, culture n, raising n (livestock), production n, rearing n
**Aufzug** m (auf dem Druckliegel oder auf dem Druckzylinder) (Druck) / tympan n, packing n ‖ ~ (Masch) / elevator n (US)*, lift n (GB)* ‖ **harter** ~ (Druck) / hard packing* ‖ **hydraulischer** ~ **mit Seilübersetzung** (Masch) / jigger* n ‖ ~**feder** f (Uhr) / mainspring* n ‖ ~**haltestelle** f (Masch) / lift landing (GB), elevator landing (US)
**Aufzugs•bogen** m (Druck) / tympan sheet, tympan n ‖ ~**schloß** n (Masch) / elevator lock, lift lock ‖ ~**kabine** f (Masch) / lift car, lift cage, elevator car (US), car n ‖ ~**maschine** f (meist Drehstrom-Asynchronmotor) (Eltech) / lift motor*, hoisting motor* ‖ ~**schacht** m (Bau) / lift shaft, lift well ‖ ~**seil** n (Schiff) / halyard n ‖ **zweiteilige** ~**tür** (meistens eine Falt- oder Schiebetür) (Masch) / biparting door
**Aufzug-Tauenpapier** n (zum Herstellen des Aufzuges auf der Gegendruckfläche von Hochdruckmaschinen) (Druck) / tympan paper
**Auf-Zu•Regelung** f (bei der das Stellglied nur zweier Zustände fähig ist) (Regeln) / on-off control*, on-off system, two-position system, ON-OFF control, on/off-control ‖ ~**-Regelungssystem** n (Regeln) / two-point control system, bang-bang n, on-off control system
**Auge** n (kreisrunde Lichtöffnung im Scheitel einer Kuppel) (Arch) / eye* n ‖ ~ (Masch) / eye* n, ear* n, eyelet n, lug* n ‖ ~ (des Hammers) (Masch) / eye* n ‖ ~ (in der perspektivischen Darstellung) (Math, Opt) / visual point ‖ ~ (Med, Opt) / eye* n ‖ ~ (im

**Auge**

Zentrum des tropischen Wirbelsturms) (Meteor) / eye* n ‖ ~ (eingespleißte Öse im Tauwerk) (Schiff) / eye n ‖ ~ (Bild) (Typog) / face n (of a type), type-face* n ‖ ~ (Web) / mail n, heald mail ‖ **Flämisches ~** (ein Aufspleiß) (Schiff) / Flemish eye, Flemish loop ‖ **innerhalb des ~s liegend** (Opt) / intraocular* adj ‖ **magisches ~** (alte Abstimmanzeigeröhre) (Radio) / electric eye*, magic eye* ‖ **mit bloßem ~ erkennbarer Stern** (Astr) / naked-eye star ‖ **mit bloßem ~ sichtbar** (Opt) / macroscopic* adj ‖ **offenes ~** (Bau) / open newel, hollow newel*
**Augen • abstand** m (Opt) / interocular distance, separation of the eyes ‖ **~achse** f (Physiol) / optic axis ‖ **unwillkürliche ~bewegung** (Opt) / involuntary eye movement
**augenblicklich** adj / instantaneous adj, momentary adj ‖ **~e Bremsleistung** (Kfz) / instantaneous braking power
**Augenblicks • -** / instantaneous adj, momentary adj ‖ **~beschleunigung** f (Phys) / instantaneous acceleration ‖ **~drehpunkt** m (Mech) / instantaneous centre* (of rotation), virtual centre, momentary centre ‖ **~frequenz** f (die Änderungsgeschwindigkeit des Phasenwinkels einer winkelmodulierten Schwingung, dividiert durch $2\pi$) (Fernm) / instantaneous frequency* ‖ **~geschwindigkeit** f (Phys) / instantaneous velocity ‖ **~leistung** f (Eltech) / instantaneous power* ‖ **~wert** m (der zu jedem Zeitpunkt vorhandene Wert einer Wechselgröße) (Phys) / instantaneous value* ‖ **~wert der Leistung** (Eltech) / instantaneous power
**Augenbraue** f (zum Augenschutz) (Chem) / eyewash fountain
**Augend** m (Math) / augend* n
**Augen • diagramm** n (zur Darstellung und Messung von Übertragungsverzerrungen digitaler Signale) (Fernm) / eye pattern ‖ **~empfindlichkeit** f (Med, Opt) / eye sensitivity, eye response ‖ **spektrale ~empfindlichkeitskurve** (Opt) / visibility curve*, luminosity curve, spectral sensitivity curve ‖ **~ermüdung** f (Med) / eye fatigue ‖ **~gneis** m (Geol) / augen-gneiss* n ‖ **~kohle** f (Geol) / eye coal, circular coal, augen kohle ‖ **~kreis** m (Opt) / Ramsden circle, Ramsden disk ‖ **~lager** n (ungeteiltes Stehlager für Hebemaschinen) (Masch) / eye-type bearing, solid journal bearing ‖ **~lager** s. auch Deckellager ‖ **~licht** n (Film) / eye-light n ‖ **~linse** f (z.B. im Okular) (Opt) / eye lens ‖ **~muschel** f (Film) / eye-cup* n ‖ **faltbare ~muschel** (Film) / flexible eye-cup ‖ **~optik** f (ein Teilgebiet der biologischen Optik) (Opt) / ophthalmic optics ‖ **~optiker** m (Med, Opt) / ophthalmic optician, optometrist n ‖ **~optisch** adj (Opt, Physiol) / optic* adj, visual adj ‖ **~optische Geräte** (Med, Opt) / ophthalmic instruments ‖ **~pulver** n (Text in Druckerzeugnissen, der mit engen Schriften oder in kleinen Schriftgraden gesetzt wurde) (Typog) / eye-wearing face ‖ **~punkt** m (Projektionszentrum einer Perspektive) (Math) / centre of vision, visual point ‖ **~reizend** adj (Chem, Med) / lachrymatory adj, lacrimatory adj ‖ **~reizstoff** m (Chem, Mil) / lachrymator n, lacrimator n (US) ‖ **~reizstoff** (gasförmiger) (Chem, Mil) / tear-gas* n ‖ **gasförmiger ~reizstoff** (Chem, Mil) / tear-gas* n ‖ **~reizung** f (Chem, Med) / eye irritation ‖ **~schonendes Kontrastfilter** (TV) / eye-protecting contrast filter ‖ **~schraube** f (mit Ring und Gewindebolzen zum Einschrauben) (Masch) / eye-bolt* n ‖ **~schutz** m (als Maßnahme nach DIN 4646) / eye protection ‖ **~schutz** (z.B. Brille) (Opt) / eye protector, eye guard, eye-wear n ‖ **~schutzfilter** (Schw) / filter lens (for eye protection) ‖ **~schutzgerät** n (Opt) / eye protector, eye guard, eye-wear n ‖ **~spiegel** m (Instrument zur Untersuchung des Augeninneren, insbesondere des Augenhintergrundes) (Med) / ophthalmoscope* n ‖ **~struktur** f (Geol) / augen structure, eye structure ‖ **~textur** f (Geol) / orbicular structure* (with spherical orbs up to several centimetres in diameter), spheroidal structure (large rounded masses) ‖ **~trägheit** f (Opt, Physiol) / persistence of vision ‖ **~veredlung** f (Landw) / bud grafting, budding n ‖ **~verletzung** f (Med) / eye injury ‖ **~zittern** n **der Bergleute** (eine Berufskrankheit) (Med) / miner's nystagmus
**Auge/Rad-Vertikalabstand** m (Luftf) / eye-to-wheel height
**Auger • -Effekt** m (nach P.V. Auger, 1899-1993) (Kernphys) / Auger effect* ‖ **~-Elektronenausbeute** f (Kernphys) / Auger yield* ‖ **~-Elektronenspektroskopie** f (Spektr) / Auger electron spectroscopy, AES ‖ **winkelaufgelöste ~-Elektronenspektroskopie** (Spektr) / angular dependent Auger spectroscopy, ADAS, angle-resolved Auger electron spectroscopy, ARAES ‖ **~-Rekombination** f (Phys) / Auger recombination ‖ **~-Schauer** m (durch die γ-Strahlung erzeugter Elektronen- und Positronenstrom - weiche Komponente) (Geophys) / Auger shower, extensive (cosmic) shower, extensive air shower, extended (cosmic) shower ‖ **~-Spektroskopie** f (Spektr) / Auger electron spectroscopy, AES
**Augit** m (Min) / augite* n
**Augmentation** f (Math) / augmentation n
**augmentiertes Übergangsnetzwerk** (KI) / augmented-transition network, ATN

**Aug • punkt** m (in der perspektivischen Darstellung) (Math, Opt) / visual point ‖ **~spleiß** m (Schiff) / eye splice ‖ **~stropp** m (ein Tau mit eingespleißtem Auge an jedem Ende) (Schiff) / snotter n
**Aulakogen** n (tektonische Strukturform) (Geol) / aulacogen n
**aural** adj (Akus) / aural adj
**Auramin** n (gelber Diphenylmethanfarbstoff, auch als Färbemittel in der Mikroskopie) (Chem) / auramine* n
**Aurantiin** n (Chem, Pharm) / naringin n, aurantiin n
**Aurat** n (Salz der Goldsäure) (Chem) / aurate n
**Aureole** f (der Benzinwetterlampe) (Bergb) / firedamp cap*, blue cap, cap n, show n ‖ **~** (Geophys) / aureole* n, aureola n
**Aureolenbildung** f (Tex) / haloing n
**Aureolin** n (Kaliumhexanitrokobaltat(III)) (Chem) / aureolin n, cobalt yellow, Indian yellow
**Aureomycin** n (7-Chlortetracyclin) (Pharm) / Aureomycin* n
**Aurin** n (Pararosolsäure) (Chem) / aurine* n ‖ **~trikarbonsäure-Ammoniumsalz** n (ein Nachweisreagens für bestimmte Metalle) (Chem) / aluminon* n, ammonium aurine-tricarboxylate*
**Auripigment** n (Arsen(III)-sulfid) (Min) / orpiment* n, yellow arsenic, yellow orpiment ‖ **künstlich dargestelltes ~** (Königsgelb) (Anstr) / orpiment n
**Auroraspektrallinie** f (Spektr) / auroral line
**Aurora-Verbindungen** f pl (UKW-Überreichweiten durch Reflexionen an Ionisationszentren in der Polarlichtzone) (Radio) / auroral communication
**Aurosmirid** m (Iridium mit je 25% Au und Os) (Min) / aurosmiridium n
**aus** adv / out of operation, out of action, out of service, inoperative adj, out adv, out of order ‖ **~** (Eltech) / off adv, out adv
**aus- und einrückbare Kupplung** (Masch) / clutch* n, loose coupling*, cut-off coupling
**aus • arbeiten** v (hohl machen) / hollow v ‖ **~arbeiten** / work out v, develop v ‖ **~ästen** v (For) / prune v, delimber v ‖ **~ästen** v (For) / prune v, delimber v
**ausbaggern** v (HuT) / excavate v, dig out v, dig v, unearth v ‖ **~ (komplett)** (HuT) / work out v ‖ **~ (unter Wasser)** (HuT, Schiff) / dredge v ‖ **~** n (HuT) / excavation* n, digging out n, digging n, unearthing n ‖ **~ (unter Wasser)** (HuT, Schiff) / dredging* n
**Aus • baggerung** f (HuT) / excavation* n, digging out n, digging n, unearthing n ‖ **~balancieren** v (ins Gleichgewicht bringen) (Masch, Mech) / equilibrate v ‖ **~balancierung** f (Masch, Phys) / equilibration* n ‖ **~ball** m / bottom filler ‖ **~ballmaterial** n / bottom filler ‖ **~ballmittel** n (zur Ausfüllung eines zwischen Lang- und Brandsohle bestehenden Hohlraums oder von Höhenunterschieden bei orthopädischem Schuhwerk) / bottom filler
**Ausbau** m (Erweiterung) (Bau) / extension n ‖ **~** (Bauarbeiten auf der Baustelle und am Bau, die nach Fertigstellung des Rohbaues bis zur gebrauchsfertigen Übergabe eines Gebäudes erforderlich sind) (Bau) / finishing n ‖ **~ (des Schachts)** (Bergb) / lining n ‖ **~** (Bergb, HuT) / timbering* n, support n ‖ **~ (des Rechners)** (EDV) / upgrading n ‖ **mechanisierter ~** (Bergb) / powered supports* ‖ **nachgiebiger ~** (Bergb) / yielding support, flexible support ‖ **offener ~** (Bergb) / open timbering n ‖ **starrer ~** (Bergb) / rigid support, non-yielding support
**ausbaubar** adj / expandable adj, upgradable adj (to a higher standard), expansible adj ‖ **~** / demountable adj, detachable adj, removable adj ‖ **~** (EDV) / open adj
**Ausbaubogen** m (Bergb) / support arch ‖ **stählerner ~** (Bergb) / steel arch
**ausbauchen** v (Hohlkörper in der Mitte weiten) / bulge vt, barrel vt
**Ausbauchung** f / bulging n, barrelling n, barreling n (US), convexity n, outward bulging ‖ **~** (Masch) / belly n
**ausbauen** v / develop v ‖ **~ (verbessern)** / upgrade v (to a higher standard) ‖ **~ (Schacht)** (Bergb) / line v ‖ **~** (Bergb, HuT) / support v, timber v, set supports ‖ **~** (Druck, EDV) / expand v ‖ **~ (Gestänge)** (Erdöl) / hoist v ‖ **~ (aus einer Baugruppe herausmontieren)** (Masch) / remove v, dismantle v detach ‖ **~ (Wein) (Nahr) / stabilize v, age vt ‖ **~ in Holz** (Bergb) / timber v, crib v
**ausbau • fähig** adj / expandable adj, upgradable adj (to a higher standard), expansible adj ‖ **~holzwerk** n (Bau) / trim n ‖ **~kranz** m (Bergb) / curb* n ‖ **~rahmen** m (Liegendschwelle, Kappe und zwei Stempel) (Bergb) / set* n, four-piece set
**aus • beinen** v (Nahr) / bone v, debone v ‖ **~beinmesser** n (Nahr) / boning knife ‖ **~beißen** vi (Geol) / outcrop v, crop out v, crop up n, come up to the grass
**ausbessern** v (die Oberflächenschichten) (Anstr) / retouch v ‖ **~ (punktuell)** (Anstr) / touch up v ‖ **~ (Ofenfutter)** (Hütt) / fettle v, patch v ‖ **~** (Tex) / mend v ‖ **~** n (punktuelles) (Anstr) / touching-up n ‖ **~ (Ofenfutter)** (Hütt) / fettling* n, patching n ‖ **~** (Tex) / mending* n
**Ausbesserung** f (der Furniere) (For, Tischl) / plugging n
**Ausbesserungs • gleis** n (Bahn) / maintenance siding, repair siding ‖ **~kitt** m / beaumontage n, patcher n ‖ **~lack** m (Anstr) / touch-up paint ‖ **~material** n (für den Straßenoberbau) (HuT) / patch mix n

⁓**schweißen** n (Schw) / maintenance welding ‖ ⁓**werk** n (Bahn) / repair works

**ausbeulen** v (Masch) / bell v, bell out v ‖ ~ (trichterförmig) (Masch) / funnel v ‖ ~ (Schale, Platte) (Mech) / buckle* v ‖ **sich** ~ (Tex) / stretch v (out of shape) ‖ ⁓ n (verbeulter Blechteile) (Kfz) / dent removal ‖ ⁓ (Masch) / bulging n ‖ ~ (Mech) / buckling n ‖ **punktförmiges** ⁓ (mit Hilfe des Spitzhammers) (Kfz) / panel picking, picking n ‖ ⁓ n **mit dem Ausbeulklotz** (ohne Karosseriehammer) (Kfz) / dollying n

**Ausbeul•klotz** m (Kfz) / dolly block, dolly* n ‖ ⁓**prüfverfahren** n (Zerreißprüfung von Metallüberzügen) (Galv) / bulge testing

**Ausbeulung** f (eines Rohrs an einer Stelle bei der Wasserdruckprobe) (Masch) / ballooning n

**Ausbeulwerkzeug** n (Kfz) / dolly block, dolly* n

**Ausbeute** f / yield n, outturn n ‖ ⁓ (Chem Verf) / yield n ‖ ⁓ (z.B. das Verhältnis der einwandfreien Fertigerzeugnisse zum Ausschuß) (F.Org) / yield n ‖ **optische** ⁓ (einer Reaktion) (Chem) / optical yield ‖ ⁓ f **an angereichertem Material** (Chem Verf) / enriched output ‖ ⁓**pro Ionenpaar** (Kernphys) / yield per ion pair, M/N ratio ‖ ⁓ **von Schnittholz** (maximale) (For) / log run, machine run, mill run ‖ ⁓**gleichung** f (in der Prozeßrechentechnik) (EDV) / yield equation

**Aus•beutungsmethode** f (Bergb) / exploitation art, exploitation method, mining method ‖ ⁓**biegung** f **beim Knicken** (Mech) / bending outward with buckling

**Ausbilder** m / instructor n, trainer n

**Ausbildung** f / training* n, instruction n, formation n ‖ ⁓ (bauliche) (Bau) / construction n, make n ‖ ~ (des Korns) (Hütt) / production n ‖ **betriebsinterne** ⁓ (F.Org) / in-company training, on-the job training, in-house training ‖ **fliegerische** ⁓ (am Boden und in der Luft/im Fluge) (Luftf) / aviation training ‖ **fliegerische** ⁓ **am Boden** (Luftf) / ground training ‖ **fliegerische** ⁓ **im Fluge** (in der Luft) (Luftf) / flying training ‖ **rechnergestützte** ⁓ (EDV) / computer-based training (CBT) ‖ ⁓ f **am Arbeitsplatz** (F.Org) / in-company training, on-the-job training, in-house training ‖ ⁓ **von Bindungen** (Chem) / bond making, bond formation

**Ausbildungs•anflug** m (Luftf) / training approach, practice approach ‖ ⁓**berater** m / training adviser ‖ ⁓**fähig** adj (Arbeiter) (F.Org) / trainable adj ‖ ⁓**flug** m (Luftf) / training flight ‖ ⁓**flugzeug** n (Luftf) / training airplane ‖ ⁓**flugzeug** (Luftf) s. auch Schulflugzeug ‖ ⁓**handbuch** n / training manual ‖ ⁓**labor** n (Chem) / teaching laboratory ‖ ⁓**programm** n / trainee curriculum, training scheme, training program ‖ ⁓**reaktor** m (Nukl) / training reactor ‖ ⁓**schiff** n (Schiff) / training vessel ‖ ⁓**stätte** f (betriebliche) / vestibule school (US) ‖ ⁓**vertrag** m / indenture n ‖ ⁓**zentrum** n / training centre

**Ausbiß** m (Geol) / outcrop* n, crop* n, cropout n, outcropping n ‖ **Bruchstück** n **vom** ⁓ **eines Ganges** (Geol) / shoad* n, shode* n ‖ ⁓ m **eines Ganges** (Bergb) / apex* n (pl. apexes or apices) ‖ ⁓ **eines Kohlenflözes** (Bergb) / coal smut, coal blossom

**Ausblasearmatur** f (im normalen Betrieb geschlossene Armatur mit guten Drosseleigenschaften zum Entspannen von Anlagenteilen oder Gasleitungsabschnitten) / vent valve

**ausblasen** v (Chem Verf) / blow down v ‖ ~ (Hütt) / blow out v ‖ ⁓ n (Chem Verf) / blow-down n ‖ ~ (eines Hochofens) (Hütt) / blowing-out* n ‖ ⁓ **von** (Triebwerks)**Luft** (zur Auftriebsänderung) (Luftf) / blowing n

**ausblasende Tätigkeit des Windes** (Geol) / deflation* n, eolation n

**Aus•bläser** m / vent n ‖ ⁓**bläser** (beim Sprengen) (Bergb) / blow* n ‖ ⁓**bläser** (Bergb) / blower* n, feeder n ‖ ⁓**blaserohr** n (Endstück einer Ausblaseleitung der Gasleitung) (Werkz) / blow gun ‖ ⁓**blaspistole** f (Werkz) / blow gun ‖ ⁓**bleichen** vi (von Farbtönen) (Tex) / fade v, lose colour, discolour vi ‖ ⁓**bleichen** (Tex) / fading* n, discolouration n ‖ ⁓**blendebefehl** m (EDV) / extraction instruction*, extract instruction

**ausblenden** v (Anzeigeelemente) (EDV) / shield v ‖ ~ (EDV) / extract v ‖ ~ (Textverarbeitung) (EDV) / mask out v ‖ ~ (grafische Datenverarbeitung) (EDV) / shield v ‖ ~ (Zeitsignale) (Eltronik) / gate v ‖ ~ (Film, Ton) (Film) / fade out v ‖ ~ (neue Szene) (Film) / dissolve out v ‖ ~ (einen Spektralbereich) (Phys) / stop down v ‖ ~ (z.B. einen Störsender) (Radio) / tune out v ‖ ⁓ n (in der grafischen Datenverarbeitung) (EDV) / shielding n, reverse clipping ‖ ⁓ (Zeitsignale) (Eltronik) / gating* n ‖ ~ (Film) / fade-out* n ‖ ~ (z.B. eines Störsenders) (Radio) / tuning-out n ‖ **weiches** ⁓ (von Teilen eines bespielten Magnetbandes) (Akus, Mag) / post fading

**Aus•blendsatz** m (fertigungstechnisch bedingtes Weglassen eines CNC-Satzes) (EDV, Masch) / optional block skip ‖ ⁓**blendung** f (Film, Ton) (Film) / fade-out* n ‖ ~**blocken** v (Erz) (Bergb) / expose in block(s) ‖ ⁓**blühen** v (Bau, Keram, Landw) / effloresce v ‖ ⁓**blühen** (Galv) / spot out v ‖ ⁓**blühen** n (von Salzen an der Oberfläche von Mauersteinen) (Bau, Keram) / efflorescence* n ‖ ⁓**blühen** (Galv) / spotting out n ‖ ⁓**blühung** f (von Salzen an der Oberfläche von Mauersteinen) (Bau, Keram) / efflorescence* n ‖ ⁓**blühung** (Beton) (HuT) / laitance* n (milky white deposit on new concrete; a form of bleeding) ‖ ⁓**blühung** (beim Brennen entstandene) (Keram) / scumming n, scum n ‖ ⁓**blühung** (auf Böden in Trockengebieten)

(Landw) / efflorescence n ‖ ⁓**blühungen** f pl (linienhafte) (Keram) / shorelines pl (a defect in the surface of porcelain enamel characterized by a series of lines in a pattern similar to the lines produced on a shore by receding water)

**Ausbluten** n (von Bestandteilen, die aus dem Untergrund oder einem früheren Anstrich in den neuen Anstrich einwandern - DIN 55945) (Anstr, Bau) / bleeding n, colour bleeding* ‖ ⁓ (Wanderung von Pigmenten aus Kunststoffen und Papier) (Pap, Plast) / bleeding n ‖ ⁓ (Auslaufen von Färbungen oder Drucken bei Naßbehandlung) (Tex) / bleeding* n

**ausbohren** v (Masch) / bore v, counterbore v, rebore v ‖ ⁓ n (Masch) / boring* n, counterboring* n, reboring* n ‖ ~ (Vollbohrverfahren) (Masch) / drilling n ‖ ~ (from the solid) ‖ ⁓ **der unrundgelaufenen Zylinderbohrung** (V-Mot) / cylinder reboring

**aus•booten** v (Passagiere oder Ladung) (Schiff) / disembark vt ‖ ⁓**brand** m (Hütt) / melting loss, metal loss, combustion n

**ausbrechen** vi (Schleifkorn) / release n ‖ ~ (sich lösen) / come out v ‖ ~ v (Steine aus der Mauer) / knock out v ‖ ~ (Asche, Lava, Gas, Dampf) (Geol) / erupt v ‖ ~ (Heck in einer Kurve) (Kfz) / break away v ‖ ~ (Kfz) / skid v, go into a skid v ‖ ~ (von der Piste) (Luftf) / run off v ‖ ⁓ n (von Gebirgsteilen aus dem Verband) (Bergb) / flaking n ‖ ⁓ (Spitzlaufen der Lichter) (Druck) / dot distortion ‖ ⁓ (HuT) / breaking n ‖ ⁓ (des Hecks in einer Kurve) (Kfz) / breaking away, breakaway n ‖ ⁓ (aus der Fahrtrichtung) (Kfz, Luftf) / swing* n ‖ ⁓ (am Boden) (Luftf) / ground loop* n ‖ ⁓ (von der Piste) (Luftf) / run-off n ‖ ⁓ **auf dem Wasser** (Luftf) / water loop ‖ ⁓ **der Teile der Reifenlauffläche** (Kfz) / tread chunk-out

**Ausbrechzunge** f (um die ungewollte Löschung oder Überspielung zu verhindern) (Akus, Mag) / break-out lug

**ausbreiten** v / spread v ‖ **sich** ~ (Phys) / propagate vi

**Ausbreiter** m (Spinn) / evener frame ‖ ⁓ (DIN 64990) (Tex) / spreader n, fabric spreader, guider n, stretcher n

**Ausbreitmaß** n (eine Information über die Konsistenz des Frischbetons, die mit dem Ausbreitversuch nach DIN 1048 bestimmt wird) (Bau, HuT) / slump n

**Ausbreitung** f (einer Tierart) (Biol, Umwelt) / dispersion n ‖ ⁓ (des Schalles, des Lichts, von Erdbebenwellen) (Phys) / propagation* n ‖ ⁓ (in neue Gebiete) (Umwelt) / spread* n, spreading n ‖ ⁓ (der Schadstoffe in der Luft) (Umwelt) / transmission n ‖ ⁓ **in der Ionosphäre** (Radio) / ionospheric propagation

**Ausbreitungs•anomalie** f (beim Wasserschall nach DIN 1320) (Akus) / propagation anomaly ‖ ⁓**ebene** f (Radio) / plane of propagation ‖ ~**fähiger Mode** (in den Multimodefasern) / mode of propagation, propagation mode ‖ ⁓**faktor** m (der die Ausbreitung der wirksamen Substanz erhöht) (Pharm) / spreading factor, hyaluronate lyase, hyaluronidase n ‖ ⁓**funktion** f (Phys) / propagator n ‖ ⁓**funktion** (in einem Feynman-Diagramm) (Phys) / Feynman propagator ‖ ⁓**geschwindigkeit** f (Eltech) / velocity of propagation* ‖ ⁓**mode** m (Fernm) / mode of propagation, propagation mode ‖ ⁓**modus** m (Fernm) / mode of propagation, propagation mode ‖ ⁓ **zur** ⁓**richtung senkrechte Fläche** (Phys) / area normal to the direction of propagation ‖ ⁓**vektor** m (Phys) / wave vector (a vector quantity that describes not only the magnitude of a wave but also its direction) ‖ ⁓**verlust** m (z.B. bei Wellen) (Phys) / propagation loss* ‖ ⁓**verzögerung** f (Fernm) / propagation delay ‖ ⁓**widerstand** m (Eltronik) / spreading resistance ‖ ⁓**widerstandssensor** m (Temperatursensor, der der Temperaturabhängigkeit des Ausbreitungswiderstandes eines monokristallinen Siliciumkristalls zum Ermitteln der Temperatur nutzt) (Eltronik) / spreading-resistance sensor

**Ausbreitversuch** m (DIN 1048) (Bau, HuT) / flow-table test, flow-test n

**Ausbrennen** n (Nukl) / burnup* ‖ ⁓ (in der Textildruckerei) (Tex) / burning-out n

**Ausbrenner** m (z.B. Ätzcloqué) (Tex) / burnt-out fabric

**Ausbrenn•gewebe** n (Tex) / burnt-out fabric ‖ ⁓**muster** n (Tex) / burnt-out pattern, etched-out pattern, devorant pattern ‖ ⁓**stoff** m (wie Sägemehl, Torfkoks usw.) (Keram) / opening material, opener n

**ausbringen** v / discharge v ‖ ~ (Düngemittel) (Landw) / place v, apply v ‖ ~ (Anker) (Schiff) / deploy v, put out v ‖ ~ (Wortzwischenräume beim Setzen vergrößern) (Typog) / drive out v, white out v, space out v, quad v (set to full measure) ‖ ~ (Typog) / take out v, space out v ‖ ⁓ n (das Verhältnis des niedergeschmolzenen Schweißgutes zum abgeschmolzenen Kernstab) (Schw) / metal recovery ‖ ⁓ (Typog) / quadding n ‖ **breitwürfiges** ⁓ (z.B. von Düngemitteln) (Landw) / broadcast application, broadcasting n ‖ **nesterweises** ⁓ (Landw) / spot application n ‖ **prozentuales** ⁓ (Bergb) / loss of vend*

**Ausbringung** f (z.B. bei der Aufbereitung) / yield n, output n ‖ ⁓ (von Wirtschafts- und Handelsdüngern) (Landw) / placing n, application n ‖ **breitflächige** ⁓ (z.B. von Pestiziden) (Landw) / blanket application ‖ ⁓ f **auf den Boden** (von Pestiziden) (Landw) / soil application

**ausbröckeln**

**ausbröckeln** *v* (bei rissiger Struktur) / drop out *v* ‖ ~ (z.B. durch Ermüdungsverschleiß) (Masch) / spall *v* ‖ ~ *n* (von Materialteilchen durch Ermüdungsverschleiß) (Masch) / spalling *n*
**Ausbröckelung** *f* (der Schneide) (Masch) / chipping *n* ‖ **grübchenartige ~** (am Zahnrad) (Masch) / pitting* *n* (destructive)
**Ausbruch** *m* (ein mit Freihandlinien begrenzter Schnitt nach DIN 6) / broken-out section ‖ **~** (plötzlicher) / rush *n* ‖ **~** (im Gestein) (Bergb) / excavation *n* ‖ **~** (Bergb, Geol) / outburst *n*, eruption *n* ‖ **~** (Erdöl) / blow-out* *n* ‖ **~** (Masch) / chipping *n* ‖ **phreatischer ~** (Geol) / phreatic explosion, phreatic eruption ‖ **respiratorischer ~** (bei Makrophagen) (Biochem) / respiratory burst ‖ **~gerät** *n* (eine Bohrausrüstung) (Bergb) / clearing equipment
**Ausbruchs•beben** *n* (Geol) / volcanic earthquake ‖ **~querschnitt** *m* (Bergb) / excavated cross section
**aus•buchen** *v* / write off *v* ‖ **~buchten** *v* / bulge *vt*, barrel *vt* ‖ **~buchtung** *f* / bulging *n*, barrelling *n*, barreling *n* (US), convexity *n*, outward bulging ‖ **~buchtung** (Verm) / salient* *n* ‖ **~dämpfen** *v* / steam out *v* ‖ **~dämpfen** *n* / steaming-out *n* ‖ **~dämpfen** (bei der Destillation) (Chem) / stripping *n* ‖ **~deckmuster** *n* (Tex) / transfer pattern, transfer stitch pattern, transfer design
**ausdehnen, sich ~** (meistens räumlich) / expand *v* ‖ **sich ~** (Phys) / stretch *vi*, extend *vi*
**Ausdehnung** *f* / extent *n* ‖ **~** (räumlich) (Masch, Phys) / expansion* *n* ‖ **~** (Phys) / extension *n*, elongation *n* ‖ **adiabatische ~** (im Carnot-Prozeß) (Phys) / adiabatic expansion* ‖ **isotherme ~** (im Carnot-Prozeß) (Phys) / isothermal expansion ‖ **thermische ~** (Phys) / thermal expansion, thermoexpansion *n* ‖ **~** *f* **des Weltalls** (Astr) / expansion of the universe
**Ausdehnungs•arbeit** *f* (Phys) / work of expansion ‖ **~fähigkeit** *f* (Phys) / expansion capability, expansiveness *n* ‖ **~gefäß** *n* (Bau) / expansion tank*, overflow tank ‖ **~gefäß** (des Öltransformators) (Eltech) / conservator tank* ‖ **~kessel** *m* (Bau) / expansion tank*, overflow tank ‖ **~koeffizient** *m* (Phys) / coefficient of expansion*, expansivity *n* ‖ **thermischer kubischer ~koeffizient** (des Gay-Lussac-Gesetzes) (Phys) / coefficient of thermal expansion, volume coefficient ‖ **linearer ~koeffizient** (Phys) / linear expansivity, coefficient of linear expansion ‖ **thermischer ~koeffizient** (Phys) / thermal expansion coefficient ‖ **~kupplung** (Erdöl) / slip joint* ‖ **~kupplung** (Masch) / expansion coupling ‖ **~lager** *n* (z.B. ein Brückenlager) (HuT, Masch) / sliding bearing ‖ **~lücke** *f* (Bahn) / interstice of rails ‖ **~raum** *m* (im Tank) (Luftf) / ullage space ‖ **~thermometer** *n* / expansion thermometer ‖ **~vermögen** *n* (als Eigenschaft) (Phys) / expansivity *n*
**Aus•diffundieren** *v* / outward diffusion ‖ **~diffusion** *f* / outward diffusion ‖ **~docken** *v* (Schiff) / dock out *v* ‖ **~dornen** *v* (Masch) / broach *v* ‖ **~dornwerkzeug** *n* (Masch) / broach* *n*, broaching tool ‖ **~drehen** *n* (Vergrößerung einer Bohrung auf einer Drehmaschine) (Masch) / boring *n* ‖ **~drehstütze** *f* (bei Anhängern) (Kfz) / corner steady, steady leg
**Ausdruck** *m* (Hardcopy)(pl. -e) (EDV) / print-out* *n*, printer output ‖ **~** (pl. Ausdrücke) (EDV, Math) / expression *n* ‖ **einfacher boolescher ~** (EDV) / simple Boolean ‖ **einstufiger ~** (Math) / first-order formula ‖ **prädikatenlogischer ~** / meaningful formula, well-formed formula (wff) ‖ **regulärer ~** (EDV) / regular expression ‖ **unbestimmter ~** (Math) / indeterminate form ‖ **zusammengesetzter ~** (EDV) / multiterm expression ‖ **~** *m* **des Prädikatenkalküls** / meaningful formula, well-formed formula (wff) ‖ **~ erster Stufe** (Math) / first-order formula
**ausdrückbare Hülle** (Nukl) / collapsible can
**ausdrucken** *v* (Druck) / print *v*, print out *v*, machine *v*
**ausdrücken** *v* (durch Drücken herausholen) / press out *v*, squeeze out *v*, express *v* ‖ **~** *n* / expression *n* ‖ **~ von unten** (aus dem Gesenk) (Plast) / bottom ejection
**Ausdrück•maschine** *f* / coke pusher *n*, pusher ‖ **~stange** *f* / ram bar ‖ **~stift** *m* (Plast) / ejector pin
**aus•dünnen** *v* (Landw) / thin *v*, gap *v* ‖ **~dünnen** (Landw) s. auch vereinzeln ‖ **~dünner** *m* (Landw) / thinner *n* ‖ **~dünngerät** *n* (Landw) / thinner *n* ‖ **~dünnungsmittel** *n* (zur Ausdünnung der Blüte und des Fruchtansatzes) (Landw) / thinning agent ‖ **~dünsten** *v* / transpire *v*, evaporate *v* ‖ **~dünstung** *f* (meistens schädliche oder unangenehme) (Umwelt) / effluvium *n* (pl. -uvia or -s) ‖ **~dünstungsmeßgerät** *n* (HuT) / phytometer *n*
**auseinander•bauen** *v* (Masch) / disassemble *v*, take down *v*, tear down *v*, dismantle *v*, strip *v*, strip down *v*, demount *v*, dismount *v* ‖ **~driften** *v* / gap *v* ‖ **~gehen** *v* / diverge *v* ‖ **~klappen** *vt* / unfold *vt* ‖ **~laufen** *v* / diverge *v* ‖ **~laufen** (langsam - bei zusammengehörenden Teilen) / gap *n* ‖ **~nehmbar** *adj* (Eltech) / demountable* *adj* ‖ **~nehmen** *v* / dismember *v* ‖ **~nehmen** (Masch) / disassemble *v*, take down *v*, tear down *v*, dismantle *v*, strip *v*, strip down *v*, demount *v*, dismount *v* ‖ **~nehmen** *n* (einer großen Form) (Gieß) / opening *n* ‖ **~schraubbare Filmspule** (Film) / split reel ‖ **~schrauben** *v* (Masch) /unbolt *v*, unscrew *v*, screw off *v* ‖ **~spreizen** *v* (Masch) / expand *vt* ‖ **~spreizen** *n* (Masch) / expansion *n*

**aus•erzen** *v* (Bergb) / breast out *v* ‖ **~ethern** (Chem) / extract with ether ‖ **~ethern** *n* (Chem) / extraction with ether ‖ **~fächern** *v* / fan *v* ‖ **~fächern** *n* / fanning *n* ‖ **~fachung** *f* (Ausmauerung der Fächer im Fachwerkwänden) (Bau) / infilling *n* ‖ **~fädeln** *v* (aus dem Nadelöhr herausziehen) (Tex) / unthread *v* ‖ **~fädelung** *f* (Kfz) / leaving a traffic stream ‖ **~fädelungsstreifen** *m* (Kfz) / unweaving lane
**ausfahrbar** *adj* (Schalter) (Eltech) / truck-type *attr*, carriage-type *attr*, horizontal draw-out *attr* ‖ **~e Gangway für strahlgetriebene Flugzeuge** (Luftf) / jetway *n*, apron-drive bridge, passenger loading bridge ‖ **~e Landeklappe** (z.B. Fowlerklappe) (Luftf) / area-increasing flap, extension flap* ‖ **~es metallgekapseltes Schaltgerät** (Eltech) / draw-out metal-clad switchgear*
**Ausfahreinrichtung** *f* (für Ablagefächer) (EDV) / pull-out mechanism
**ausfahren** *vt* (Belegschaft) (Bergb) / hoist *v*, raise *v* ‖ **~** *vi* (Belegschaft) (Bergb) / come up *v*, climb up *v*, walk out *v*, ascend *v* ‖ **~ v** (Klappen, Fahrwerk) (Luftf) / extend *vt* ‖ **~** *v* (das Hubgerüst des Staplers) (Masch) / raise *v* ‖ **~** *vt* (z.B. einen Ausleger) (Masch) / telescope *vt*, extend *vt* ‖ **~** *v* (einen Brennstab) (Nukl) / withdraw *v* ‖ **~** *n* (der Belegschaft) (Bergb) / raising *n*, men hoist, ascent *n*
**ausfahrender Verkehr** / outward traffic (GB), outbound traffic (US)
**Ausfahrt** *f* (Bahn) / departure *n* ‖ **~** (der Autobahn) (Kfz) / exit *n* ‖ **~** (z.B. aus einem Verkehrskreisel) (Kfz) / turn-off *n* ‖ **~ freihalten!** / keep exit clear!
**Ausfall** *m* (Wasser, Dampf, Gas) / outage *n* ‖ **~** (meistens bei Hardware) (EDV) / failure *n* ‖ **~** (von Samen) (Landw) / shattering *n*, shedding *n* ‖ **~** (der Anlage) (Masch) / failure *n*, breakdown *n*, outage *n* ‖ **abhängiger ~** (aufgrund einer gemeinsamen Ursache) (Nukl) / common-mode failure*, CMF ‖ **Anzahl** *f* **der Ausfälle** (sehr oft in $10^9$ Stunden) (Masch) / failure unit, FIT ‖ **harmloser ~** (eines Systems) (Masch) / minor failure ‖ **kritischer ~** (eines Systems) / critical failure ‖ **mittlere Zeit bis zum ersten ~** / mean time to first failure, MTTFF ‖ **schwerer ~** (eines Systems) (Masch) / major failure ‖ **sicher bei ~** (Masch) / fail-safe* *adj* ‖ **sicher nach ~** (einmaligem ~) (Masch) / fail-operational* *adj* ‖ **systematischer ~** (eines Systems - in der Zuverlässigkeitstheorie) / systematic failure ‖ **totaler ~** (EDV) / complete failure ‖ **unabhängiger ~** (eines Systems) / non-relevant failure ‖ **verhängnisvoller ~** (eines Systems in der Zuverlässigkeitstheorie) / catastrophic failure ‖ **vorzeitiger ~** / premature failure ‖ **~** *m* **aus gemeinsamer Ursache** (Nukl) / common-mode failure*, CMF ‖ **~ bei unzulässiger Beanspruchung** (Masch) / misuse failure ‖ **~ bei zulässiger Beanspruchung** (Masch) / inherent weakness failure ‖ **~ des Bildschirmgeräts** (EDV) / VDU failure ‖ **~ durch äußere Einwirkung** (Masch) / induced failure ‖ **~ durch Ermüdung** (Masch) / fatigue failure ‖ **~ durch Korrosion** (Galv) / corrosion failure
**Ausfallabstand, mittlerer ~** / mean time between failures, MTBF*
**Ausfall•art** *f* (Ereignis oder Zustand, bei dessen Auftreten der Ausfall festgestellt wird) (Masch) / failure mode ‖ **~ast** *m* (For) / loose knot, dead knot
**ausfällbar** *adj* (Chem) / precipitable *adj* ‖ **~es Wasser** (Gesamtgehalt der Atmosphäre an Wasserdampf) (Meteor) / precipitable water*
**Ausfall•bogen** *m* (bei Sonderanfertigung von Papier) (Pap) / outturn sheet* ‖ **~dauer** *f* / down time*, failure period ‖ **~effektanalyse** *f* (DIN 25448) / failure analysis ‖ **~empfindlich** *adj* / fail-hard *adj*
**ausfallen** *v* (Anlage) / fail *v*, break down *v* ‖ **~** (Samenkörner) (Landw) / shatter *vi* ‖ **~** (Maschine) (Masch) / be on the fritz (US), go on the fritz ‖ **~** *n* / sedimentation* *n*, precipitation* *n*
**ausfällen** *v* (lassen) (Chem) / precipitate *vt*, precipitate out *v* ‖ **~** *n* (Chem) / precipitation* *n*
**ausfallend•er Ast** (For) / loose knot, dead knot ‖ **~er Bug** (oben nach auswärts gebogen) (Schiff) / flare-out bow ‖ **~es Heck** (Schiff) / counter-stern* *n* ‖ **~er Strahl** (Opt) / emergent beam, emerging beam ‖ **~er Vorsteven** (Schiff) / raking stem
**Ausfall•erkennung** *f* (Masch) / failure detection ‖ **mittlere für ~erkennung benötigte Zeit** (F.Org, Masch) / mean-failure-detection time, MFDT ‖ **~erkennungsfaktor** *m* / coverage factor ‖ **~getreide** *n* (Landw) / spilt grain ‖ **~häufigkeit** *f* (Masch) / failure rate, fault rate* ‖ **~kennwert** *m* / forced outage rate, FOR ‖ **~kombination** *f* (Nukl) / common-mode failure*, CMF ‖ **~körnung** *f* (Korngemisch, in dem eine oder mehrere Korngruppen zwischen den feinsten und der gröbsten Gruppe fehlen) (HuT) / gap-graded aggregate ‖ **~muster** *n* (Pap) / outturn sample, outturn *n* ‖ **~quote** *f* (Quotient aus der Anzahl der Ausfälle in Beziehung zur Gesamtheit der möglichen Ausfälle) / failure quota ‖ **~rate** *f* (Masch) / failure rate, fault rate* ‖ **~rate** (Wahrscheinlichkeit dafür, daß ein Erzeugnis, Prozeß oder System im Zeitintervall (t, t + dt) ausfällt unter der Bedingung, daß bis zum Zeitpunkt t das Erzeugnis, der Prozeß oder das System nicht ausgefallen sind) (Masch) / failure rate, fault rate* ‖ **~ratekurve** *f* (die die Ausfallrate z.B. von elektronischen Bauelementen in Abhängigkeit von der Zeit zeigt) (Eltronik) / bathing-tub diagram, bath-tub curve, failure rate curve ‖ **~rechenzentrum** *n* (EDV) / back-up processing centre ‖ **~sicher** *adj* / fail-proof *adj* ‖

⁓**sicherung** f / failure prevention ‖ ⁓**straße** f (Kfz) / main road (leading out of the city) ‖ ⁓**summenverteilung** f / distribution of cumulative failure frequency ‖ **~unempfindlich** adj / fail-passive adj
**Ausfällung** f (Chem) / precipitation* n ‖ ⁓ (als Ergebnis) (Geol) / illuviation n ‖ ⁓ (als Prozeß) (Geol) / eluviation n
**Ausfällungszone** f (des Bodenprofils) (Landw) / illuvial horizon, B-horizon n, horizon B, subsoil* n
**Ausfall•wahrscheinlichkeit** f (DIN ISO 281) / probability of failure, failure probability ‖ **~wahrscheinlichkeit** s. auch Unzuverlässigkeit ‖ ⁓**wechselteil** n (das beim Ausfall ausgewechselt wird) (Masch) / failure change item ‖ ⁓**zeit** f (Zeitspanne, bei der Maschinen und/oder Anlagen nicht im Einsatz sind - z.B. organisatorische und technische Wartungszeit) / down time*, failure period ‖ ⁓**zeit** (Eltech) / outage duration, outage time ‖ **umgebungsbedingte** ⁓**zeit** / environmental loss time, external loss time ‖ **systembedingte** ⁓**zeit** (z.B. Warten auf Reparatur, Reparatur selbst, Wiederanlauf) (F.Org) / inoperable time ‖ ⁓**zeitpunkt** m / instant of failure
**aus•falzen** v (Zimm) / rebate v, rabbet v ‖ ⁓**falzung** f (Tischl, Zimm) / rebate* n, rabbet* n ‖ ⁓**färbung** f (Tex) / dyeing* n, colouring n, coloration n ‖ **~fasern** vt / fray vt, unravel v ‖ **~fasern** v (Tex) / fray out vt ‖ **sich ~fasern** (Tex) / ravel vi, fray vi ‖ **~fasern** v (Tex) / ravelling n, raveling n (US) ‖ **~faulen** v (von Schlamm) (Sanitär) / digestion n ‖ **~feilen** v (Masch) / file v, file out v ‖ **zweifach ~fertigen** / duplicate v ‖ **zweite ~fertigung machen** / duplicate v ‖ **~filtern** v (Akus) / filter out v ‖ **~flammen** v (Glas, Hütt) / sting out v ‖ **~flammen** m (Austreten heißer Flammengase aus Öffnungen und Leckstellen konventioneller Schmelzöfen) (Glas, Hütt) / sting-out n
**ausflecken** v (Anstr) / touch up v ‖ ⁓ (die Filmvorlage) (Druck, Foto) / spot out vt ‖ ⁓ (Foto) / spot v ‖ ⁓ n (von schadhaften Stellen) (Anstr) / spot priming*, spot finishing, spotting-in n ‖ ⁓ (Anstr) / touching-up n ‖ ⁓ (der Filmvorlage) (Druck, Foto) / spotting-out n
**ausflicken** v (Hütt) / fettle v, patch v ‖ ⁓ n (Hütt) / fettling* n, patching n ‖ ⁓ **mit Grobputz** (Bau) / dubbing* n
**aus•fließen** v / flow out v, issue v, emanate v, discharge v ‖ ⁓**fließen** n (Hyd, Phys) / outflow n, discharge n, running-out n, flowing-off n, running-off n, run-off n, draining-off n ‖ **~fließende Lava** (Geol) / outpouring lava ‖ **~fließendes Medium** / effluent n ‖ **~flocken** n (Aufber, Chem) / flocculation* n ‖ ⁓**flockung** f (Fluidifikation) / fluidification n ‖ ⁓**flockung** (Abstreichen von störenden Schlämmen bei der Flotation) (Aufber) / scavenging* n ‖ ⁓**flockung** (Aufber, Chem) / flocculation* n ‖ ⁓**flockungspunkt** m / flocculation point ‖ ⁓**flugfixpunkt** m (Luftf) / exit fix ‖ **festgelegter ~flugort** (Luftf) / exit fix ‖ ⁓**flugpunkt** m (z.B. aus dem kontrollierten Luftraum) (Luftf) / point of exit, exit point, leaving point
**Ausfluß** m / effluent n ‖ ⁓ n (Chem, Phys) / emanation* n ‖ ⁓ (Hyd) / discharge n ‖ ⁓ (Masch) / drain n ‖ ⁓**ganglinie** f (Wasserb) / outflow hydrograph ‖ ⁓**geschwindigkeit** f (mit der ein Fluid aus einem Behälter ausströmt) (Hyd, Phys) / outflow velocity, discharge velocity, efflux velocity n ‖ ⁓**menge** f (Hyd) / discharge n, rate of discharge, efflux n ‖ ⁓**öffnung** f (Masch) / orifice n ‖ ⁓**probe** f **bei offenem Bohrlochschieber** (Erdöl) / open-flow test ‖ ⁓**schlitz** m (des Stoffauflaufs) (Pap) / slice* n ‖ ⁓**ventil** n (Masch) / discharge valve* n ‖ ⁓**ziffer** f (das Verhältnis der tatsächlich aus einer Mündung in der Sekunde austretenden Masse einer Flüssigkeit oder eines Gases zu der theoretischen möglichen Masse) (Phys) / coefficient of discharge, discharge coefficient
**Aus•förderungsrollgang** m (Hütt) / run-out roller table, delivery (roller) table, outgoing table, R/O table ‖ ⁓**formen** v / form vt, shape v ‖ **~formen** (Butter) (Nahr) / stamp v ‖ ⁓**formung** f / forming n, shaping n ‖ ⁓**formung** (For) / conversion n ‖ ⁓**formungsplatz** m (For) / processing yard, processing site ‖ ⁓**forstungsholz** n (For) / forestry thinnings, forest thinnings, thinnings pl ‖ **~fransen** vt / fray vt, unravel v ‖ **~fransen** v (Tex) / ravel out vt ‖ **sich ~fransen** (Tex) / ravel vi, fray vi ‖ **~fransen** v (Tex) / ravelling n. raveling n (US) ‖ **nicht ~fransend** (Tex) / fray-proof adj, ravel-proof adj ‖ **~fransende Kante** (Tex) / raw edge ‖ **~fransfest** adj (Tex) / fray-proof adj, ravel-proof adj ‖ **~fräsen** v (Buchb) / rout v ‖ **~fräsen** (Masch) / mill out v ‖ **~fräsen** (Tischl) / sink vt ‖ ⁓**fräsung** f (Buchb) / routing n ‖ ⁓**fräsung** (Masch) / milling out n ‖ ⁓**fräsung** (Tischl) / sinking* n ‖ ⁓**fressung** f (des Ofenfutters) (Hütt) / scouring n ‖ ⁓**frieren** n (ein Trennverfahren) (Chem Verf, Nahr) / freeze separation, freezing-out n ‖ **~fugen** v (Bau, HuT) / joint v ‖ **~fugen** (mit Auskratzen) (Bau, HuT) / point v ‖ **~fügen** v (Zeichen am Bildschirm) (EDV) / delete v ‖ **~fugen** n (Bau) / pointing* n ‖ **wasserabweisendes ~fugen** (nach innen abgeschrägtes) (Bau) / struck-joint pointing*, weathered pointing* ‖ **~fugen mit farbigem Fugenfüller** (Anstr, Bau) / pencilling n ‖ ⁓**fugen mit wasserabweisender Fugenausbildung** (Bau) / struck-joint pointing*, weathered pointing* ‖ ⁓**fuhr** f / export n
**ausfuhrbar** adj (Projekt) / feasible adj, workable adj ‖ ⁓ (Anweisung) / executable adj
**ausführen** v (einen Versuch) / conduct v, carry out v ‖ ⁓ (z.B. Programm) (EDV) / execute* v ‖ **erneut ⁓** / redo v

**ausführender** (funktioneller) **Teil** (des Werkzeuges) (Werkz) / business end, output end
**Ausfuhrland** n / exporting country
**Ausführung** f / design n, configuration n, model n, pattern n ‖ ⁓ / execution n ‖ ⁓ (Version) (Masch) / make n, version n, build n ‖ **einfache ⁓** / economy model
**Ausführungs•form** f (Masch) / make n, version n, build n ‖ ⁓**programm** n (EDV) / executive n ‖ ⁓**qualität** f / workmanship n, sound workmanship, craftsmanship n, workmanlike manner ‖ ⁓**zeichnung** f (Bau) / working drawing ‖ ⁓**zeit** f (z.B. eines Programms) (EDV) / run time, execution time, running time, run duration ‖ ⁓**zeit** (eines Befehls); Befehlausführungszeit;f. (EDV) / execution time, instruction time ‖ ⁓**zyklus** m (eines Befehls usw.) (EDV) / execution cycle, execute cycle, execute phase
**Aus•fuhrverbot** n / ban on exports, prohibition on exportation, export prohibition ‖ **~füllen** v (Hohlräume) / fill in v ‖ ⁓**füllung** f (Mauer) (Bau) / hearting* n ‖ ⁓**füllung** (Bau, HuT) / packing* n, infilling* n ‖ ⁓**füllungsgrad** m (des Propellers) (Luftf) / solidity n
**ausfüttern** v / line v ‖ ⁓ (Tex) / stuff v, pad v, line v
**Ausfütterung** f / lining* n, liner n ‖ ⁓ **des Spills** (Schiff) / whelps pl
**Ausgabe** f (überarbeitete, unveränderte) (Druck) / edition* n ‖ ⁓ (EDV) / output* n ‖ ⁓ (Anzeige) (EDV) / read-out n ‖ ⁓ (Ausgangsgröße eines Systems) (EDV, Phys) / output n, response* n ‖ **direkte ⁓** (DIN 1319, T 2) (Instr) / indication n, reading n ‖ **unvorgesehene ~n** / contingencies pl ‖ ⁓ f **von Text** (EDV) / text output n ‖ ⁓**befehl** m (EDV) / output instruction ‖ ⁓**bereich** m (EDV) / output area, output block ‖ ⁓**block** m (EDV) / output block ‖ ⁓**-Bus-Treiber** m (EDV) / output bus driver ‖ ⁓**daten** pl (EDV) / output n, output data ‖ ⁓**diskette** f (EDV) / output diskette ‖ ⁓**einheit** f (EDV) / output n, output unit, output equipment, output device* ‖ ⁓**fach** n (des Druckers) (EDV) / OUT tray ‖ ⁓**format** n (EDV) / output format ‖ ⁓**gerät** n (DIN 44300) (EDV) / output n, output unit, output equipment, output device* ‖ ⁓**grundelement** n (mit dessen Hilfe eine grafische Darstellung aufgebaut wird) (EDV) / graphics primitive, display element, output primitive ‖ ⁓**kanal** m (EDV) / output channel ‖ ⁓**matrix** f (in der Fernschreibtechnik) (Fernm) / output matrix
**Ausgaben** f pl / expense n, outgoings pl, expenses pl, expenditure n
**Ausgabe•programm** n (EDV) / output program ‖ ⁓**sperrimpuls** m (EDV) / output disable pulse ‖ ⁓**stauraum** m (DIN 66200, T 1) (EDV) / let-out area ‖ ⁓**wort** n (EDV) / output word ‖ ⁓**ziel** n (EDV) / output destination
**Ausgang** m (Tür ins Freie) / exit n ‖ ⁓ (als Aufschrift oder Hinweis) (Bau) / way out, exit n (US) ‖ ⁓ (letzter Befehl eines Programms) (EDV) / exit n ‖ ⁓ (der Punkt, an dem die Steuerung ein Unterprogramm verläßt) (EDV) / exit n (to) ‖ ⁓ (Eltech, Eltronik) / output n ‖ ⁓ (die letzte Zeile) (Typog) / club line*, break line* ‖ ⁓ **auf volles Satzformat** (mit einer vollen Zeile) (Typog) / make even* ‖ ⁓ **mit Drittzustand** (EDV) / tri-state output, three-state output ‖ ⁓ **mit offenem Kollektor** (unbeschaltet herausgeführter Kollektorausgang des letzten Transistors bei integrierten Schaltungen) (Eltronik) / open-collector output
**Ausgangs•** - / initial adj ‖ ⁓**anschluß** m (EDV) / output terminal ‖ ⁓**auffächerung** f (EDV, Eltronik) / fan-out n ‖ ⁓**datei** f (EDV) / source file ‖ ⁓**drehmoment** n (Mech) / output torque ‖ ⁓**erz** n (Geol) / protore n ‖ ⁓**fächerung** f (Maß der an den Ausgang einer digitalen integrierten Schaltung anschließbaren Eingänge anderer Schaltungen der gleichen Schaltungsfamilie, ohne daß vorgegebene, logische Pegel oder andere Parameter überschritten werden) (EDV, Eltronik) / fan-out n ‖ ⁓**form** f (für die Weiterbearbeitung nach DIN 8560) / starting form ‖ ⁓**format** n (Druck, Pap) / basic size* ‖ ⁓**gestein** n (Erdöl, Geol) / parent rock ‖ ⁓**größe** f (DIN 1319, T 1) (Phys) / output quantity ‖ ⁓**größe** (Regeln) / output variable, output signal ‖ ⁓**immittanz** f **eines Zweitors** (Elektr) / output immittance of a two-port network ‖ ⁓**impedanz** f (Eltronik) / output impedance* ‖ ⁓**impuls** m (Fernm) / output pulse ‖ ⁓**kante** f (bei Formularen) (EDV) / reference edge ‖ ⁓**kapazität** f (Eltronik) / output capacitance* ‖ ⁓**kennlinie** f (Eltronik) / output characteristic* ‖ ⁓**knoten** m (des neuralen Netzes) (EDV) / output node ‖ ⁓**konfiguration** f (EDV) / output configuration ‖ ⁓**kontrolle** f (des Materials, der Ware) / outcoming inspection ‖ ⁓**lastfaktor** m (EDV, Eltronik) / fan-out n ‖ ⁓**legierung** f (Hütt) / base alloy ‖ ⁓**leistung** f (Masch) / output n, power output* ‖ ⁓**leistungsmesser** m (Eltronik) / output meter* ‖ ⁓**logik** f (EDV) / output logic ‖ ⁓**material** n / source material ‖ ⁓**material** (Chem Verf) / starting material ‖ ⁓**menge** f (bei mengentheoretischer Definition der Funktion) (Math) / domain n (left) ‖ ⁓**nuklid** n (Kernphys) / parent nuclide ‖ ⁓**öffnung** f (bei Lasern) / output aperture ‖ ⁓**öl** n (Erdöl) / mother oil ‖ ⁓**paketlänge** f (EDV) / default packet length ‖ ⁓**punkt** m / starting point, point of departure ‖ ⁓**punkt des Schauers** (Kernphys) / start of the shower ‖ ⁓**rauschen** n (Eltronik) / output noise, output signal noise ‖ ⁓**resonator** m (z.B. eines Zweikammerklystrons) (Eltronik) / catcher* n, output resonator, catcher cavity, catcher resonator ‖

**Ausgangssignal**

~**signal** n (DIN 40146, T 3) (Eltech, Fernm) / output signal ‖ ~**spannung** f (Eltech, Eltronik) / output voltage ‖ ~**sprache** f (in einem Wörterbuch) / source language ‖ ~**stellung** f / initial position, starting position, original position ‖ ~**stellung** (EDV) / home n, home position (the starting position for a cursor on a terminal screen, usually in the top left-hand corner) ‖ ~**stoff** m / source material ‖ ~**stufe** f (eines Prozesses) / tail-end n ‖ ~**transistor** m (Eltronik) / output transistor ‖ ~**übertrager** m (der den Außenwiderstand der Transistoren an die Impedanz des Lautsprechers anpaßt oder die Gleichspannungen der Verstärker vom Lautsprecher fernhält) (Akus, Eltronik) / output transformer* ‖ ~**verstärker** m (Akus) / output amplifier ‖ ~**welle** f (Masch) / output shaft, transmission output shaft ‖ ~**werkstoff** m / source material ‖ ~**wert** m (bei einer Berechnung) / initial value ‖ ~**wicklung** f (Eltech) / secondary winding*, secondary n, SEC ‖ ~**wicklung** (Eltech) / output winding* ‖ ~**zeile** f (im allgemeinen) (Typog) / widow line, break-line n

**aus•gasen** vi (Bergb) / bleed off v ‖ ~**gasen** v (Chem, Eltronik) / outgas v, degas v, degasify v ‖ ~**gasen** n (Chem, Eltronik) / outgassing* n, degassing* n ‖ ~**gasend** adj (Bergb) / hot adj ‖ ~**gasendes Flöz** (im Steinkohlenbergbau) (Bergb) / fiery seam ‖ ~**gastechnik** f (der Gaschromatografie) (Chem, Sanitär) / gas-phase stripping technique ‖ ~**gasung** f (Austritt von Grubengas aus dem Gebirge) (Bergb) / gas emission, degassing n ‖ ~**gasung** (Chem, Eltronik) / outgassing* n, degassing* n ‖ ~**gasung** s. auch Entgasungsstrecke ‖ ~**gearbeitete Ansichtsfläche** (eines Steins) (Bau) / sunk face* (SF) ‖ ~**geartete Abbildung** (Math) / singular mapping, degenerate mapping ‖ ~**geartete Verteilung** (Stats) / degenerated distribution ‖ **nicht gut ~gebacken** (Brot) (Nahr) / sodden adj ‖ ~**gebaggerte Fahrrinne** (Wasserb) / dredged channel ‖ ~**gebauter Anlasser** (Kfz) / detached starting motor ‖ ~**geben** v (verbrauchen) / spend v ‖ ~**geben** v (dump) v (contents of memory) ‖ ~**geben** (EDV) / output* v (data or information) ‖ ~**gebesserte Stelle** / patch n ‖ ~**gebeultes Blech** (nach der Reparatur) (Kfz) / straightened panel ‖ ~**gebeultes Blech** (z.B. Kotflügel - vor der Reparatur) (Kfz) / bowed-out panel ‖ ~**gebildet** adj (Strömung) (Phys) / fully developed ‖ ~**geblockter Erzvorrat** (Bergb) / blocked-out ore*, developed ore

**ausgebrochen•e Bohrung** (Erdöl) / wild well, well out of control ‖ ~**e Kante** (Eltronik) / chip n, edge chip, nick* n, peripheral chip, peripheral indent ‖ ~**e Kante** (Masch) / chip n

**ausgedehnt•e Lichtquelle** (Licht, Opt) / extended light source ‖ ~**er Luftschauer** (Geophys) / Auger shower, extensive (cosmic) shower, extensive air shower, extended (cosmic) shower

**ausgedienter Brennstoff** (Nukl) / spent fuel*
**ausgedörrt** adj (Land, Boden) (Geol, Landw) / parched adj
**ausgefahren** adj (Straße, Radspur) (HuT, Kfz) / rutty adj, rutted adj ‖ ~**es Fahrwerk** (Luftf) / gear down
**ausgefaulter Schlamm** (Sanitär) / digested sludge
**ausgefördertes Gasfeld** / depleted gas reservoir
**ausgefranst** adj (Kontur) (Foto) / jagged adj ‖ ~**e Kante** / damaged edge, ragged edge
**ausgefugte Stoßfuge** (Bau) / perpend* n
**ausgeglichen arbeitender Entwickler** (Foto) / compensating developer ‖ ~**er Baum** (EDV, Math) / balanced tree ‖ ~**e Trittstufenfläche** (bei gewundenen Treppen) (Bau, Zimm) / balanced step, dancing step ‖ ~**e Verbunderregung** (Eltech) / flat-compound excitation, level-compound excitation ‖ ~**er Zug** (Bau) / balanced flue ‖ ~**er Zustand des Flusses** (ohne Erosion und Ablagerungen) (Geol) / poised stream

**aus•gegossen** adj (Eltech) / compound-filled adj ‖ ~**gehärtet** adj (Lack) (Anstr) / hard-dry adj ‖ ~**gehärteter Kern** (Gieß) / baked core*

**ausgehen** v (fast aufgebraucht sein) / run out v ‖ ~ (Feuer) / go out v, burn out v ‖ ~ (Geol) / outcrop v, crop out v, crop up n, come up to the grass n ‖ ~ (Kfz) / stall* vi ‖ ~ (Motor) (Kfz) / die out v, stall v ‖ ~ n (Geol) / outcrop* n, outcropping n, crop* n, cropout n ‖ ~ (einer Lagerstätte) (Geol) / make-up n

**ausgehend** adj (Verkehr) / outward bound, outbound adj, outward adj ‖ ~**e Post** (EDV) / outgoing mail, out-basket n ‖ ~**es Signal** (Fernm) / outgoing signal ‖ ~**er Verkehr** / outward traffic (GB), outbound traffic (US) ‖ ~**e Zeile eines Absatzes** (Typog) / club line*, break line* ‖ ~**es** n (Geol) / outcrop* n, crop* n, cropout n, outcropping n

**aus•gehobene Erdmasse** (HuT) / excavated material, earth n, diggings pl, muck n ‖ ~**gekesselt** adj (Bohrloch) (Erdöl) / washed-out adj ‖ **mit Kunststoff ~gekleidet** (Plast) / plastic-lined adj ‖ ~**geklügelt** adj / sophisticated adj ‖ ~**gekragt** adj / cantilevered adj ‖ ~**gelassener Stich** (Tex) / skipped stitch

**ausgelaufen, nicht ~** (Gieß) / short-run attr ‖ ~**es Lager** (Masch) / worn-out bearing ‖ ~**er Mörtel** (Beton) **in den Fugen** (Bau) / fin n ‖ ~**es Mörtelnest** (Bau) / curtain n

**ausgelaugt•er Boden** (Landw) / leached soil ‖ ~**e Zuckerrübenschnitzel** (Landw, Nahr) / beet pulp, sugar-beet pulp, exhausted slices

**aus•gelegtes Maß** (For) / surface measure*, SM ‖ ~**gelenkter Gasstrahl** (des Marschtriebwerkes bei V/STOL-Flugzeugen) (Luftf) / deflected slipstream, directed slipstream ‖ ~**geliefert** adj (Auftrag) / shipped adj ‖ ~**gemauerter Schacht** (Bergb) / walled shaft

**ausgenommen mit Kopf** (Fisch) (Nahr) / gutted with head (fish) ‖ ~ **ohne Kopf** (Fisch) (Nahr) / gutted without head (fish)

**ausgeprägt** adj (Geschmack, Geruch) / pronounced adj ‖ ~ (Grenze) / net adj, sharp adj, distinct adj ‖ ~**es Korn** (Leder) / defined grain ‖ ~**er Pol** (Eltech) / salient pole*

**Ausgerbung** f (Leder) / main tannage
**ausgereckter Hals** (Leder) / pinned shoulder
**ausgereift** adj (Konstruktion) / mature adj ‖ ~ / ripe adj (fruit, cereal), mature adj (cheese, wine)
**ausgerissene Faser** (For) / chipped grain, torn grain
**ausgerückt** adj (Masch) / out of gear
**ausgerüstete Stoffe** (Tex) / converted goods, converted fabrics
**ausgeschaltet** adj (Chem Verf) / off-stream attr ‖ ~ (Eltech) / off adv, out adv ‖ ~**er Zustand** (Eltech) / off-state n
**ausgeschleppte Elektrolytmenge** (Galv) / drag-out n
**ausgeschlossener Satz** (Druck) / justified setting, justified style
**ausgeschlossenes Volumen** (bei Hochpolymeren) (Chem) / excluded volume

**aus•geschmolzenes Fett** (Nahr) / rendered fat ‖ ~**geschrägter Ziegel** (z.B. Spitzkeil, Widerlagerstein) (Bau) / splay brick*, cant brick*, slope brick, slope* n ‖ ~**geschwänzter Gang** (Geol) / horse n ‖ ~**gesetztsein** n (einer Einwirkung) / exposure n

**ausgespart** adj (im Material) / recessed adj ‖ ~ (Zimm) / recessed adj, checked back

**Ausgestaltung** f (in der grafischen Datenverarbeitung) (EDV) / rendering n
**ausgestrahlte Leistung** (Phys, Radio) / radiated power*
**ausgetretenes Fett** (Nahr) / rendered fat
**ausgetrockneter Fluß** (Geol) / lost river (a dried-up stream in an arid region)
**ausgewähltes Bitmuster** (Fernm) / signalling opportunity pattern, SOP
**ausgewiesen•er Erzvorrat** (Bergb, Geol) / measured ore* ‖ ~**er Fachmann** / expert of proven ability
**ausgewogen** adj (Konzept) / well-balanced adj
**ausgewuchtet, nicht ~** (Rad) (Kfz, Masch) / unbalanced adj, out of balance*
**ausgezackte Perforation** (Film) / picked perforation
**ausgezehrtes Bad** (Tex) / exhausted bath, spent bath
**ausgezogen** adj (Linie) / full adj ‖ ~**es Bad** (Tex) / exhausted bath, spent bath ‖ ~**e Linie** / solid line
**Ausgiebigkeit** f (Anstr) / spreading rate, spreading capacity*, spreading power, coverage n, coverage rate
**ausgießen** v (Eltech) / fill v (with compound)
**Ausgleich** m / compensation n ‖ ~ (von Unregelmäßigkeiten) / evening-out n, evening n ‖ ~ (Druck, Kräfte, Temperatur) / equalization n ‖ ~ (Eltech) / bucking n ‖ ~ (für verbrauchtes Material) (F.Org, Nahr) / make-up n, compensation n ‖ ~ (Ruderausgleich) (Luftf) / balance n ‖ ~ (der Störung) (Regeln) / annihilation n ‖ **elektrischer oder mechanischer ~** / balance* n ‖ ~ m **der Drehzahldifferenz** (Funktion des Differentials) (Kfz) / balance of speed difference, equalization of speed difference ‖ ~ **einer Baßabsenkung** (Akus) / bass compensation* ‖ ~**becken** n (bei Wasserbauten) (Wasserb) / equalizing reservoir, balancing tank ‖ ~**beton** (der auf bereits vorhandenen Beton aufgebracht wird, um eine bestimmte Höhenlage der Oberkante zu erreichen, ein gewünschtes Gefälle zu erzeugen oder Unebenheiten auszugleichen) (Bau, HuT) / blinding concrete ‖ ~**düse** f (Zusatz- oder Nebendüse eines Vergasers) (V-Mot) / compensating jet*

**ausgleichen** v / even v (irregularities, differences in height) ‖ ~ (kompensieren) / compensate v ‖ ~ (Farbtöne) (Tex) / even v, even out v ‖ ~ n / equalization n

**Ausgleich•kapazität** f (Eltech) / neutralizing capacitance*, balancing capacitance* ‖ ~**kolben** m (bei Reaktionsturbinen) (Masch) / dummy piston*, balance piston* ‖ ~**kondensator** m (Eltech) / neutralizing capacitor ‖ ~**kupplung** f (z.B. zwischen Antriebsmotor und Arbeitsmaschine) (Masch) / flexible coupling*, resilient coupling, self-aligning coupling ‖ ~**moment** n (Mech) / balancing moment

**Ausgleichs•becken** n (bei Wasserbauten) (Wasserb) / equalizing reservoir, balancing tank ‖ ~**behälter** m (z.B. für die Bremsflüssigkeit) (Kfz) / fluid tank ‖ ~**behälter** (Nukl) / surge tank, volume-control surge tank ‖ ~**beton** (Bau, HuT) / topping n ‖ ~**bohrung** f (Masch) / balance hole, compensating hole ‖ ~**bunker** m (zur Vergleichmäßigung von Förderströmen) (Aufber, Bergb, Erdöl) / surge bin*, surge tank*, surge hopper

**Ausgleich•scheibe** f (Masch) / shim* n ‖ ~**schicht** f (2. Schicht) (Bau) / floating coat, browning coat, topping coat, floating* n, brown coat, browning n ‖ ~**schiene** f (bei Wellenmaschinen) (Eltech) / equalizing bar

**Ausgleichs • entwickler** *m* (Foto) / surface developer ‖ ⁓**estrich** *m* (DIN 18202, T 5) (Bau) / screed* *n* (a level layer), topping *n* ‖ ⁓**faktor** *m* (Masch) / shock coefficient ‖ ⁓**filter** *n* (Foto) / colour-compensating filter, CC filter*, compensating filter* ‖ ⁓**gehäuse** *n* (Kfz) / differential case, differential cage, differential housing ‖ ⁓**getriebe** *n* (Kfz) / differential gear*, differential *n*, differential assembly ‖ ⁓**getriebe** (Tex) / jack-in-the-box *n* ‖ **selbstsperrendes** ⁓**getriebe** (Kfz) / non-slip differential ‖ ⁓**gewicht** *n* (Mech) / balance weight*, counterweight *n*, bob-weight* *n*, counterbalance *n*, counterpoise *n*, counterbalance weight ‖ ⁓**grube** *f* (Hütt) / soaking pit, pit furnace ‖ ⁓**impuls** *m* (TV) / equalizing pulse* ‖ ⁓**kegelrad** *n* (Kfz) / bevel spider, differential pinion gear, pinion gear ‖ ⁓**korb** *m* (Kfz) / differential case, differential cage, differential housing ‖ ⁓**kreuz** *n* (Kfz) / pinion shaft, pinion gear shaft ‖ ⁓**ladung** *f* (Eltech) / equalizing charge ‖ ⁓**lager** *n* (für Rohstoffe im Welthandel) / buffer stock ‖ ⁓**lager** (im Fertigungsprozeß) (Masch) / buffer stock ‖ ⁓**masse** *f* (Masch) / balancing mass ‖ ⁓**mittel** *n* (Anstr) / flow agent, flow-control agent, levelling agent ‖ ⁓**pendel** *n* (Uhr) / compensation pendulum ‖ ⁓**radachse** *f* (Kfz) / pinion shaft, pinion gear shaft ‖ ⁓**rechnung** *f* (eine Fehlerrechnung) (Verm) / calculus of observations, adjustment calculus, adjustment of observations ‖ ⁓**rechnung** s. auch Methode der kleinsten Quadrate ‖ ⁓**ring** *m* (Eltech) / equalizer ring, balancing ring* ‖ ⁓**ring** (Masch) / shim* *n* ‖ ⁓**ritzel** *n* (Teil des Kegelraddifferentials) (Kfz) / bevel spider, differential pinion gear, pinion gear ‖ ⁓**ruder** *n* (Luftf) / balance tab* ‖ ⁓**schalter** *m* (Eltech) / equalizer switch ‖ ⁓**schicht** *f* (eine Estrichschicht) (Bau) / screed* *n* (a level layer), topping *n* ‖ ⁓**schicht** (aus besserem Material, z.B. im Bruchsteinmauerwerk) (Bau) / lacing course* ‖ ⁓**schicht** (Bau, HuT) / topping *n* ‖ ⁓**schraube** *f* (des Hubschraubers) (Luftf) / tail-rotor* *n*, antitorque rotor, auxiliary rotor* ‖ ⁓**sperre** *f* (Kfz) / differential lock ‖ ⁓**spule** *f* (Eltech) / bucking coil*, backing coil*, differential coil, compensating coil ‖ ⁓**strom** *m* (Eltech) / equalizing current, compensating current ‖ ⁓**stück** *n* (eines Lagers) (Masch) / levelling plate ‖ ⁓**teilen** *n* (Masch) / differential indexing ‖ ⁓**transformator** *m* (Eltech) / a.c. balancer*, balancer transformer*, balance-transformer *n* ‖ ⁓**verfahren** *n* (Eltech) / zero method*, null method*, balance method ‖ ⁓**vorgang** *m* (Eltech) / transient *n*, transient phenomenon ‖ ⁓**welle** *f* (gegenläufige) (Kfz) / counter-rotating balancer shaft, silencer shaft, balancer shaft ‖ ⁓**wicklung** *f* (eine zusätzliche Wicklung in Dreieckschaltung) (Eltech) / stabilizing winding, stabilized winding ‖ ⁓**zahl** *f* (bei der Berechnung von Maschinenteilen) (Masch) / shock coefficient
**Ausglühen** *n* (Spannungsarmglühen) (Hütt) / stress relief*, stress relieving
**Ausguß** *m* (an Kannen) / spout *n*, beak *n* ‖ ⁓ (Bau, Klemp) / sink *n*, kitchen sink ‖ ⁓ (Gieß) / nozzle *n*, lip *n* ‖ ⁓ (Glas) / lip *n* ‖ ⁓ (Abflußloch) (Klemp) / plughole *n* ‖ ⁓**becken** *n* (Sanitär) / sink *n* ‖ ⁓**rinne** *f* (Hütt) / spout *n*, tapping spout, runner *n* ‖ ⁓**schere** *f* (Glas) / pinchers *pl*, pincers *pl*, lip tool ‖ ⁓**schnauze** *f* / discharge spout *n* ‖ ⁓**tülle** *f* / discharge spout ‖ ⁓**tülle** s. auch Schnabel
**Aus • hagerung** *f* (leichte Bodenerosion) (Geol) / impoverishment *n* ‖ ⁓**haken** *n* (ausklinken) / unlatch *v* ‖ ⁓**haken** *n*, unhook *v* ‖ ⁓**halten** *v* (Belastung) (Mech) / hold out *v*, hold up *v*, resist *v*, withstand *v*, sustain *v* ‖ ⁓**händigen** *v* (Fernm) / deliver *v* ‖ ⁓**hängebogen** *m pl* (während des Fortdruckes der Auflage entnommene Bogen, die dem Auftraggeber zugestellt werden) (Druck) / folded and collated copies, advance sheets
**aushängen** *v* (Tür) / take off *v* (its hinges - door) ‖ ⁓ (aus einer Warteschlange) (EDV) / remove *v*
**aushärtbar** *adj* (Legierung) / age-hardenable *adj*
**aushärten** *vt* (Klebstoff) / cure *v* ‖ ⁓ *v* / harden *v* ‖ ⁓ *vi* (Klebstoff) / set up *vi* ‖ ⁓ *n* (Anstr, Plast) / curing* *n*, hardening* *n*
**Aushärtung** *f* (des Klebstoffes) / set-up *n* ‖ ⁓ (DIN 17014, T 1) (Hütt) / age hardening ‖ ⁓ (bei Raumtemperatur) **und Auslagern** (Hütt) / age hardening* ‖ ⁓ **bei erhöhter Temperatur** (Hütt) / temper-hardening* *n*
**Ausharzung** *f* (Harzausschwitzung auf der Lederoberfläche) (Leder) / resinous spew
**Aushau • messer** *n* (mit prismenförmig zugeschliffener Klinge) (Anstr, Glas) / hacking-knife* ‖ ⁓**schere** *f* (Masch) / nibbling shears ‖ ⁓**werkzeug** *n* (für nichtmetallische Werkstoffe) (Masch) / hollow punch*
**Aushebeband** *n* (ein Formerwerkzeug) (Gieß) / lifter* *n*, gagger* *n*, dabber *n*, cleaner *n*
**ausheben** *v* / take off *v* (ist hinges - door) ‖ ⁓ (aus der Form) (Gieß) / draw *v*, withdraw *v*, lift off *v* ‖ ⁓ (Form) (Gieß) / withdraw *v*, lift off *v* ‖ **Graben** (HuT, Landw) / trench *v* ‖ ⁓ *n* (der Modelle) (Gieß) / drawing of patterns*, lifting of patterns*
**Ausheber** *m* (Leder) / gash *n*, gouge *n*, damage to flesh surface (with a fleshing knife)
**aushebern** *v* (Chem) / siphon off *v*

**Aushebe • schräge** *f* (des Modells) (Gieß) / draught *n*, draft *n* (US) ‖ ⁓**schräge** (des Gesenkschmiedewerkzeugs nach DIN 7523, T 2) (Masch) / draught *n*, draft *n* (US) ‖ ⁓**schraube** *f* (des Modells) (Gieß) / lifting screw*, draw-screw* *n*, pattern lifting screw ‖ ⁓**stift** *m* (des Modells) (Gieß) / draw-nail* *n*
**aus • heilen** *v* (Anstr) / heal *v* ‖ ⁓**heilen** *n* (von Strahlenschäden in der Halbleitertechnologie) (Eltronik) / annealing *n* ‖ ⁓**heizen** *v* (zum Abbau von Restspannungen oder zum Austreiben versprödender Gase) (Galv) / bake *v* ‖ ⁓**heizen** (Röhren) (Vakuumt) / bake out* *v*, bake *v* ‖ ⁓**heizen mittels Gasflamme** (Vakuumt) / torch *v* ‖ ⁓**heizen mittels Gasflamme** (Vakuumt) / torching *n* ‖ ⁓**höhlen** *v* / hollow *v* ‖ ⁓**höhlen** (Masch) / recess *v* ‖ ⁓**höhlung** *f* (in einer Ziegelfläche) (Bau) / frog *n* ‖ ⁓**höhlung** (Masch) / recess *n*, hollow *n*, cavity *n*, relief *n* ‖ ⁓**höhlung** (als Tätigkeit) (Masch) / recessing *n*, hollowing *n*, relieving *n*
**Aushub** *m* (Tätigkeit) (HuT) / cutting* *n*, excavation *n* (digging, breaking and removing soil or rock) ‖ ⁓ (HuT) / excavated material, earth *n*, diggings *pl*, muck *n* ‖ ⁓ **mit Hilfe von nuklearen Sprengungen** (HuT, Nukl) / nuclear excavation ‖ ⁓**material** *n* (HuT) / excavated material, earth *n*, diggings *pl*, muck *n* ‖ ⁓**rest** *m* (HuT) / dumpling* *n*
**aus • kaschieren** *v* (mit Klebstoff) (Buchb, Tex) / laminate *v*, line *v* ‖ ⁓**kaschieren** *n* (Buchb, Tex) / lamination *n*, lining* *n* ‖ ⁓**kehlen** *v* / flute *v* ‖ ⁓**kehlen** (Gieß) / groove *v* ‖ ⁓**kehlen** (Masch) / recess *v* ‖ ⁓**kehlung** *f* (Ausrundung) / fillet *n*, quirk *n* ‖ ⁓**kehlung** (eines Modells) (Gieß) / groove *n* ‖ ⁓**kehlung** (Masch) / recess *n* ‖ ⁓**keilen** *n* (allmähliches Dünnerwerden von Flözen) (Bergb) / balk *n* ‖ ⁓**keilen** (einer Schicht) (Geol) / wedging-out *n*, thinning-out *n*, wedge-out *n*, thinning-off *n*, lensing *n*, lensing-out *n*, pinching *n* (of a stratum), thinning-away *n*, squeeze *n* ‖ ⁓**keilender Jahrring** (For) / discontinuous growth ring ‖ ⁓**kernen** *n* (Gieß) / core removal, decoring *n* ‖ ⁓**kernmaschine** *f* (Nahr) / stoner *n*, pitter *n* ‖ ⁓**kesseln** *v* (Bohrloch) (Erdöl) / wash out *v* ‖ ⁓**kesseln** (Bohrloch) (Bergb) / chambering *n*, squibbing *n*, springing *n* ‖ ⁓**kittung** *f* (hinter der Glashalteleiste) (Bau, Glas) / back putty, bed putty
**ausklappbar • e Abbildung** (Buchb) / fold-out* *n*, pull-out *n*, throw-out* *n* ‖ ⁓**es Chassis** (Radio) / hinge-out chassis ‖ ⁓**e Karte** (Buchb) / fold-out* *n*, pull-out *n*, throw-out* *n*
**auskleben** *v* (Buchb, Tex) / laminate *v*, line *v* ‖ ⁓ *n* (Buchb, Tex) / lamination *n*, lining* *n*
**auskleiden** *v* / line *v*
**Auskleidung** *f* / lining* *n*, liner *n* ‖ ⁓ (mit Holz, Stein oder Metall) (HuT) / facing *n*, steining* *n*, steaning* *n*, steening *n* (the lining of a well or soakaway with stones or bricks laid usually dry, sometimes with mortar) ‖ **saure** ⁓ (Hütt) / acid bottom and lining ‖ **verschleißfeste** ⁓ (einer Mühle) (Masch) / liner *n*, lining* *n* ‖ ⁓ *f* **des Himmels** (Kfz) / head lining ‖ ⁓ **mit Blei** / lead lining
**ausklengen** *v* (Koniferensamen) (For) / extract *v* ‖ ⁓ *n* (von Koniferensamen) (For) / extraction *n*
**ausklinken** *v* / unlatch *v* ‖ ⁓ (Druck) / mortise *v* ‖ ⁓ (Masch) / disengage *v*, throw out *v* ‖ ⁓ (Sperre) (Masch) / release *v* ‖ ⁓ (Flächenteile herausschneiden) (Masch) / notch *v* ‖ ⁓ *n* (Herausschneiden eines Stückes von rechteckiger oder auch anderer Form aus Druckplatten, Vignetten oder Drucktypen) (Druck) / mortising *n* ‖ ⁓ (Herausschneiden von Flächenteilen aus der äußeren Umgrenzung von Erst- oder Zwischenformen im offenen Schnitt) (Masch) / notching* *n*
**aus • klopfen** *v* (Schokolade auf der Klopfbahn) (Nahr) / demould *v*, knock out *v* ‖ ⁓**knicken** *v* (Mech) / buckle* *v*, cripple *v* ‖ ⁓**knicken** *n* (Mech) / buckling *n*, crippling *n* ‖ ⁓**knickung** *f* (bei Knickbelastung) (Mech) / buckling *n*, crippling *n* ‖ ⁓**knöpfbar** *adj* (Futter) / removable *adj* ‖ ⁓**kochen** *n* (des Dampferzeugers, meistens mit alkalischen Lösungen) (Masch) / boiling-out *n* ‖ ⁓**kocher** *m* (eine Sprengladung) / squealer *n*, buller *n*, hung fire shot ‖ ⁓**koffern** *v* (Randsteingraben) (HuT) / draw *v* (a curbstone) ‖ ⁓**kofferung** *f* (auf wenig tragfähigem Untergrund) (HuT) / excavation *n* ‖ ⁓ (Kohle) ⁓**kohlen** (Bergb) / mine out *v*, work out *v* ‖ ⁓**kohlen** *n* (Entfernen pflanzlicher Bestandteile aus Wollgeweben auf chemischem Wege) (Tex) / carbonization *n*, carbonizing *n* ‖ ⁓**kohlung** *f* (der Eisenwerkstoffe nach DIN 17014, T 1) (Hütt) / complete decarburization, decarburization* *n* ‖ ⁓**kolken** *v* (Geol, Wasserb) / scour *v*, undermine *v*, undercut *v*, wash out *v* ‖ ⁓**kolken** (Schneide) (Masch) / pit *v* ‖ ⁓**kolkung** *f* (Geol, Wasserb) / scouring* *n*, undermining *n*, undercutting *n*, wash-out *n*, scour *n* ‖ ⁓**kolkung** (der Schneide) (Masch) / pitting *n* ‖ ⁓**kolkung** (Masch) / crater *n* ‖ ⁓**kopierpapier** *n* (Foto) / printing-out paper*, POP*, heliograph paper, heliogravure paper ‖ ⁓**koppelmodulation** *f* (wenn die im optischen Resonator vorhandene Lichtenergie gesteuert ausgekoppelt wird) (Eltronik, Radio) / decoupling modulation ‖ ⁓**koppelraum** *m* (Eltronik) / catcher *n*, output resonator, catcher cavity, catcher resonator ‖ ⁓**koppelspalt** *m* (Eltronik) / output gap* ‖ ⁓**koppler** *m* (Eltronik) / optical receiver ‖ ⁓**körner** *m* (Landw) / sheller *n* ‖ ⁓**korrodieren** *v* / corrode out *v* ‖ ⁓**kragen** *v* (Arch, Bau) / project

**auskragen**

*vi*, protrude *v* ‖ **~kragen** (Bau) / sail-over* *v*, project over *v* ‖ **~kragende Ziegelschicht** (Arch, Bau) / belt* *n*, belt course*, string course* ‖ **~kragende Ziegelschichten** (Arch, Bau) / oversailing courses*, sailing courses*, cantilevering courses ‖ **~kragung** *f* (Arch) / jetting-out* *n* ‖ **~kragung** (Bau) / projection *n*, protrusion *n* ‖ **~kragung** (Masch) / overhang *n* ‖ **~kratzen** *v* (lose Putzteile aus Rissen vor der Reparatur) (Bau) / rake out *v* ‖ **~kreiden** *n* (dem Ausblühen ähnliche Erscheinung, vor allem bei Anatas-Pigment enthaltenden Gegenständen) (Anstr) / chalking* *n*, flouring *n*, powdering *n* ‖ **~kreuzen** *n* (am Gestänge) (Eltech) / transposition* *n* ‖ **~kristallisation** *f* **an der Gefäßwand bei Verdunstung** (Chem) / creep* *n* ‖ **~kristallisieren** *vt* (lassen) (aus der Lösung) / crystallize out *v*

**Auskunfts•dienst** *m* (Fernsp) / information service ‖ **~recht** *n* (eines Betroffenen, Auskunft über die zu seiner Person gespeicherten Daten und unter bestimmten Voraussetzungen über deren Weitergabe zu erhalten) (EDV) / right to be informed

**auskuppeln** *v* (Masch) / declutch* *v*

**Ausladung** *f* (Abstand der Spindelachse vom Bohrmaschinengestell) (Masch) / overhang *n* ‖ **~** (Masch) / swing *n* ‖ **~** (der Presse) (Masch) / throat* *n*, throat clearance ‖ **~** (horizontale Reichweite des Krans) (Masch) / outreach *n*, reach *n*

**Auslage** *f* (in der die Ware ausgelegt wird) (Bau) / show-window *n*, window *n*, shop-window *n* ‖ **~** (Tätigkeit) (Druck) / delivery *n* ‖ **~** (Druck) s. auch Ausleger

**auslagern** *v* (einen Teil des Arbeitsspeicherinhalts auf einem peripheren Speicher vorübergehend speichern) (EDV) / roll out *v*, swap out *v* ‖ **~** (z.B. spannungsbehaftete Gußteile) (Hütt) / weather *vt*, age *vt* ‖ **~ seitenweise ~** (EDV) / page out *v* ‖ **~** *n* (z.B. spannungsbehafteter Gußteile) (Hütt) / weathering *n*, ageing *n*, aging *n*

**Auslagerung** *f* (bei Korrosionsprüfungen) (Galv) / exposure *n* ‖ **~ im marinen Klima** (bei Korrosionsprüfungen) (Galv) / marine exposure

**Auslagerungsdatei** *f* (EDV) / swap file ‖ **ständige ~** (EDV) / permanent swap file, PSF

**ausländische Arbeitskräfte** / foreign labour

**Auslands•gespräch** *n* (Fernsp) / international call ‖ **~gespräch über eine Grenze** (Fernsp) / direct call ‖ **~leitung** *f* (Fernm) / international line ‖ **~markt** *m* / foreign market ‖ **~-Selbstwählfernverkehr** *m* (Fernsp) / international direct distance dialling, IDDD ‖ **~verbindung** *f* (Fernsp) / international connection, international call ‖ **~vermittlung** *f* (Fernm) / international call exchange, foreign exchange, FX ‖ **~vermittlung** (Amt) (Fernsp) / international gateway exchange, international gateway centre ‖ **~zahlungsverkehrsabwicklung** *f* (EDV) / handling of foreign payments

**Aus•längen** *n* (For) / setting for length ‖ **~längung** *f* (verwendungsgerechtes Festlegen der Schnittstellen für das Querschneiden von Rundholz zu Blöcken) / marking-off *n*

**Auslaß** *m* / exhaust* *n* ‖ **~** (des Hydranten) / fire-plug* *n*, plug *n* ‖ **~** (Masch) / drain *n* ‖ **~deckung** *f* (Masch) / inside lap*, exhaust lap*

**aus•lassen** *v* (EDV) / omit *v* ‖ **~lassen** (Fett) (Nahr) / render down *v*, render *v*, try *v*, try out *v*

**Auslaß•hahn** *m* (Masch) / drain cock*, draw-off cock, draw-off tap ‖ **~kanal** *m* (in einem Viertaktmotor) (V-Mot) / exhaust port* ‖ **~nocken** *m* (V-Mot) / exhaust cam ‖ **~nockenwelle** *f* (bei Doppelnockenwellenmotoren) (Kfz) / exhaust camshaft ‖ **~öffnung** *f* (der Speiserinne) (Glas) / spout *n* ‖ **~öffnung** (Masch) / outlet *n* ‖ **~schlitz** *m* (in einem Zweitaktmotor) (V-Mot) / exhaust port* ‖ **~steuerung** *f* (Kfz) / exhaust timing, exhaust control

**Auslassungspunkte** *m pl* (Typog) / marks *pl* of omission

**Auslaß•ventil** *n* (Masch) / discharge valve* ‖ **~ventil** (im Verbrennungsmotor) (V-Mot) / exhaust valve* ‖ **natriumgekühltes ~ventil** (V-Mot) / sodium-cooled exhaust valve ‖ **~verlust** *m* (bei Turbinen) (Masch) / outlet loss ‖ **~voreilung** *f* (Dampfmaschinen) (Masch) / inside lead, internal lead ‖ **~zeichen** *n* (EDV) / ignore character, ignore *v*

**Auslastungsgrad** *m* (als Prozentsatz) (Masch) / utilization factor, utilization coefficient, coefficient of utilization

**Auslauf** *m* (Eltech) / coasting* *n* ‖ **~** (Hyd) / discharge *n* ‖ **~** (bei der Landung) (Luftf) / landing run ‖ **~** (wodurch etwas ausfließt oder abgeleitet wird) (Masch) / outlet *n* ‖ **~** (des Fräsers, des Gewindes) (Masch) / running-out *n*, run-out *n* ‖ **gebremster ~** (Luftf) / braked run ‖ **~armatur** *f* (Masch) / outlet valves, discharge valves*, bip valves ‖ **~bauwerk** *n* (Wasserb) / discharge structure ‖ **~becher** *m* (zur Beurteilung der Viskosität - DIN 53211) (Anstr) / flow cup

**auslaufen** *v* / flow out *v*, issue *v*, emanate *v*, discharge *v* ‖ **~** (Druck) / bleed *v* ‖ **~** (Eltech) / coast *v* ‖ **~** (Bindemittel im Straßenbau) (HuT) / bleed *v* ‖ **~** (Luftf) / roll out *v* ‖ **~ lassen** (Glas) / tap *v* ‖ **~** *n* (ungewolltes - z.B. einer Flüssigkeit aus einem Behälter) / leak *n*, leakage *n*, run *n* ‖ **~** (Druck) / bleeding* *n*, bleed* *n* ‖ **~** (des Bindemittels im Straßenbau) (HuT) / bleeding* *n* ‖ **~** (Hyd, Phys) / outflow *n*, discharge *n*, running-out *n*, flowing-off *n*, running-off *n*, run-off *n*, draining-off *n* ‖ **~** (Luftf) / roll-out *n* ‖ **~** (eines Schiffs) (Schiff) / departure *n*, sailing *n* ‖ **~ eines Tintenstriches** (auf ungeleimtem Papier) (Pap) / feathering* *n*

**auslaufend** *adj* / outward bound, outbound *adj*, outward *adj* ‖ **astlos bis zum Wipfel ~** (Baumstamm) (For) / excurrent *adj* ‖ **~er Artikel** / discontinued article ‖ **~er Verkehr** / outward traffic (GB), outbound traffic (US) ‖ **~e Verzierung** (Arch) / stop moulding*

**Auslaufenlassen** *n* (der Wanne) (Glas) / tapping *n*

**Ausläufer** *m* (Bot) / runner* *n* ‖ **~** (Bot) / stolon* *n*, runner* *n* ‖ **~** (des Gebirges) (Geol) / spur* *n*, limb *n* ‖ **~** (Verm) / salient* *n*

**Auslauf•leine** *f* (des Fallschirms) (Luftf) / shroud line*, rigging line* ‖ **~menge** *f* (Hyd) / discharge *n*, rate of discharge, efflux *n* ‖ **~öffnung** *f* (Masch) / orifice *n* ‖ **~quelle** *f* (Geol) / ascending spring ‖ **~rille** *f* (der Schallplatte) (Akus) / lead-out* *n*, lead-out groove, throw-out spiral, run-out groove ‖ **endlose ~rille** (Akus) / locked groove*, eccentric groove* ‖ **~rohr** *n* (Hyd) / adjutage *n*, ajutage *n* ‖ **~rollgang** *m* (Hütt) / run-out roller table, delivery (roller) table, outgoing table, R/O table ‖ **~scheibe** *f* (Kfz) / thrust washer ‖ **~seite** *f* (eines Walzgerüsts, einer Maschine) (Hütt) / exit side, delivery side ‖ **~spirale** *f* (der Schallplatte) (Akus) / spiral throw-out ‖ **~teil** *n* (Masch) / phase-out part ‖ **~ventil** *n* (z.B. Wasserhahn) (Klemp, Masch) / plug cock*, screw-down valve, plug valve, plug tap* ‖ **~versuch** *m* (Eltech) / retardation test* ‖ **~zeit** *f* (bei Viskosimetern) (Chem) / efflux time, outflow time ‖ **~zone** *f* (Sicherheitsmaßnahme an der Rennstrecke) (Kfz) / slip-road *n*

**Auslaugen** *n* (Chem Verf) / leaching* *n*, lixiviation* *n*, decantation-settling *n* ‖ **~** (Geol) / eluviation *n* ‖ **~** (Pharm) / digestion *n*

**Auslaugung** *f* (Chem Verf) / leaching* *n*, lixiviation* *n*, decantation-settling *n*

**Auslaugungszone** *f* (im allgemeinen) (Geol) / leached zone* ‖ **~** (Geol, Landw) / A horizon, horizon A ‖ **~ + Ausfällungszone** (Geol, Landw) / solum *n* (pl. -s or sola)

**ausleeren** *v* / empty *v* (bucket, bowl, container, dustbin) ‖ **~** (Gieß) / knock out *v*, shake out *v*

**Ausleer•platz** *m* (in der Gießerei) (Gieß) / shake-out station ‖ **~rost** *m* (Gieß) / shake-out grid, knock-out grid

**auslegen** *v* / dimension *v*, rate *v*, size *v*, proportion *v* ‖ **~** (Druck) / deliver *v*, take off *v* ‖ **~** (Samen) (Landw) / set *vt* ‖ **~ mit Papier ~** / paper *v* ‖ **~** *n* (Druck) / delivery *n*

**Auslege•papier** *n* (Druck) / backing paper ‖ **~pappe** *f* (in der Stereotypie) (Druck) / backing paper

**Ausleger** *m* (über die Unterstützung hinausragender Träger oder hinausragende Tragwerksteile) (Bau) / end flange, flange *n* ‖ **~** (kurzer - für das Auslegergerüst) (Bau) / cripple *n* ‖ **~** (Druck) / sheet deliverer ‖ **~** (Masch) / arm *n* ‖ **~** (eines Drehkrans) (Masch) / jib* *n* ‖ **~** (der Radialmaschine) (Masch) / swivelling arm, radius arm ‖ **~** (auch des Schaufelradladers) (Masch, Schiff) / boom* *n* ‖ **~band** *n* (Bergb) / boom conveyor ‖ **~bohrinsel** *f* (Erdöl) / outrigger drilling platform, outrigger drilling rig ‖ **~bohrmaschine** *f* (Masch) / radial drill*, radial drilling machine ‖ **~brücke** *f* (HuT) / cantilever bridge* ‖ **~feder** *f* (Kfz) / cantilever spring ‖ **~gerüst** *n* (Bau) / flying scaffold*, bracket scaffold*, projecting scaffold, cantilever scaffold ‖ **~industrieroboter** *m* (dessen Gestell ein waagerechter Träger ist, der an einem Ständer, einer Säule oder an einer Wand einseitig befestigt wurde und sich über dem Arbeitsraum des IR befindet) (Masch) / boom industrial robot* ‖ **~kragbrücke** *f* (HuT) / cantilever bridge* ‖ **~kran** *m* (Masch) / jib crane* ‖ **~kreissägemaschine** *f* (For) / radial saw, radial-arm saw

**Auslege•schrift** *f* (im Patentwesen) / specification laid open to opposition (B-publication) ‖ **~teppich** *m* (Tex) / wall-to-wall carpet, fitted carpet ‖ **~vorrichtung** *f* (Druck) / delivery* *n*, delivery device ‖ **~ware** *f* (Tex) / wall-to-wall carpet, fitted carpet

**Auslegung** *f* (Bau) / design *n* ‖ **~** (z.B. nach DIN) (Masch) / design *n* ‖ **(konkrete) ~** (einer Anlage) / engineering *n* ‖ **redundante ~** (Masch) / redundant design ‖ **~** *f* **für eine (Grenz)Temperatur** (einer Apparatur) (Masch) / thermal rating ‖ **~ für Notbetrieb** (bei Hubschraubern und Senkrechtstartflugzeugen) (Luftf) / contingency rating

**auslegungs•bedingter Fehler** (Nukl) / design-related defect (of a fuel element) ‖ **~daten** *pl* (Masch) / design data, design parameters ‖ **~diagramm** *n* (Masch) / design diagram ‖ **~druck** *m* (Masch) / design pressure ‖ **~fehler** *m* (Nukl) / design-related defect (of a fuel element) ‖ **~parameter** *m* (Masch) / design data, design parameters ‖ **~störfall** *m* (Nukl) / design-based accident ‖ **~überschreitend** *adj* (Ereignis) (Nukl) / beyond design basis

**aus•leiern** *v* (Tex) / stretch *v* (out of shape) ‖ **~leisten** *v* (Schuhe) / relast *v* ‖ **~leiten** *v* (ein Flugzeug) (Luftf) / pull out *v*, recover *v* ‖ **~leiten** *n* (Luftf) / pull-out* *n*, recovery *n* ‖ **~lenkkraft** *f* (der Abtastnadel) (Akus) / stiffness *n* ‖ **[seitliche] ~lenkkraft** (Akus) / side thrust* ‖ **~lenkung** *f* (Entfernen eines schwingungsfähigen Körpers aus seiner Ruhelage; der Betrag, um den ausgelenkt wird) (Mech) / deflection n, swing n ‖ ≃lenkung (in der Radardarstellung) (Radar) / deflection n, deflexion n ‖ momentane ≃lenkung (der momentane Wert der schwingenden Größe) (Phys) / displacement n ‖ ≃lenkungswinkel m (Eltronik) / angle of deflection*, deflection angle* ‖ ≃lenkwinkel m (Eltronik) / angle of deflection*, deflection angle*

**Auslese** f / selection n, choice n ‖ ≃ (Biol) / selection* n ‖ **natürliche** ≃ (Biol) / natural selection*

**auslesen** v / select v, choose v ‖ ~ / single v, single out v ‖ ~ (Aufber) / pick v, sort v, wale v (GB), cull v ‖ ~ (Informationen) (EDV) / read out v ‖ ~ (erkrankte oder sortenuntypische Pflanzen) (Landw) / rogue v ‖ ~ (Nahr) / sort v ‖ ~ n ‖ ≃ singling n, singling-out n ‖ ~ (Aufber) / picking n, sorting n, waling n (GB), culling n ‖ ≃ (von Informationen) (EDV) / read-out n ‖ **zerstörendes** ≃ (EDV) / destructive read-out, DRO

**Auslese•paarung** f (beschränkte Austauschbarkeit von zu paarenden Teilen) (Masch) / selective assembly* ‖ ≃**rauschen** n (Opt) / read-out noise

**ausleuchten** v / illuminate v ‖ ~ (Film, Foto) / light v

**Ausleuchtung** f (Tätigkeit) / illumination n ‖ ≃ (Ergebnis) (Licht) / illumination level ‖ ≃ (Lichtverteilung im Raum) (Licht) / illumination n ‖ **flache** ≃ (Foto) / flat lighting* ‖ **schattenfreie** ≃ (des Motivs, z.B. für die High-key-Technik) (Film, Foto) / high-key lighting

**Aus•leuchtzone** f (Fernm) / footprint* n ‖ ~**lichten** v (For) / thin vt ‖ ~**lichten** (Landw) / thin v, gap v ‖ ~**liefern** v (Fernm) / deliver v ‖ ~**liefernde Stelle** / shipping point

**Auslieferung** f / delivery n ‖ ≃ (Expedition) / dispatch n, shipping n ‖ ≃ (Fernm) / delivery n

**Auslieferungs•beschichtung** f (Anstr) / shop-primer n, factory primer, mill primer, factory-applied coating ‖ ≃**lager** n / consignment stock ‖ ≃**schein** m (die schriftliche Anweisung des Warenigentümers an den Lagerhalter zur Auslieferung von Waren an den im Lieferschein Bezeichneten) (Fernm) / delivery order, d/o, delivery slip

**Aus•lieger** m (Geol) / outlier* n, farewell rock ‖ ~**liegerberg** m (Geol) / outlier* n, farewell rock ‖ ~**litern** n (des Hubraums) (Kfz) / cc-ing n ‖ ≃**litern** (des Kofferraums) (Kfz) / cargo capacity measurement ‖ ~**lochen** v (mittels Vollochung) (EDV) / delete v ‖ ~**löschen** v (Feuer, Licht) / put out v, extinguish v ‖ ~**löschen** (Feuer im Bohrloch) (Erdöl) / snuff out v ‖ ≃**löschung** f (sichtbar als dunkle Streifen) (Opt) / destructive interference ‖ **undulöse** ≃**löschung** (Min) / wavy extinction, undulatory extinction

**Auslöse•batterie** f (Eltech) / tripping battery* ‖ ≃**bereich** m (Nukl) / Geiger region*, Geiger-Müller region ‖ ≃**diode** f (Eltronik) / trigger diode, triggering diode ‖ ≃**funkenstrecke** f (Eltech) / trigger gap (enclosed electrodes that initiate the sparkover of the bypass gap) ‖ ≃**hebel** m (Foto) / release lever, trip lever ‖ ≃**impuls** m (EDV, Eltronik) / trigger* n, trigger pulse*, stimulus n (pl. stimuli) ‖ ≃**kraft** f / tripping force

**auslösen** v (Infektion, Reaktion) / set up v, initiate v ‖ ~ (eine Reaktion) / bring about v, induce v ‖ ~ (EDV) / initiate v ‖ ~ (einen Computervirus) (EDV) / trigger v ‖ ~ (Eltech, Foto, Masch) / release v, trip v ‖ ~ (Eltronik) / trigger* v ‖ ~ (z.B. Korrosion) (Galv) / initiate v ‖ ~ (Masch) / disconnect v ‖ ~ (Knochen aus dem Fleisch) (Nahr) / bone v, debone v ‖ ≃ n (Trennen) (Masch) / disconnection n, disconnexion n ‖ ≃ **der Verbindung** (EDV, Fernm) / disconnection n, disconnexion n (GB)

**auslösend•er Drehmomentschlüssel** (Kfz, Werkz) / click-type torque wrench, automatic cutout torque wrench ‖ ~**er Jet** (Kernphys) / trigger jet ‖ ~**e Kraft** / tripping force ‖ ~**es Signal** (EDV, Eltronik) / triggering signal

**Auslösepegel** m (Eltronik) / trigger level*

**Auslöser** m (Eltech, Foto) / release* n ‖ ≃ (Eltech, Foto) / trip n, tripping device, tripping mechanism, tripper n ‖ ≃ (Eltronik) / trigger n ‖ **thermischer** ≃ (Eltech) / thermal trip ‖ **übernormaler** ≃ (Biol) / supernormal stimulus

**Auslöse•relais** n (Eltech) / trip relay* ‖ ≃**schalter** m (für Fernsteuerung) (Eltech) / trip switch* ‖ ≃**schaltung** f (Eltech) / trip cırcuit* ‖ ≃**schwelle** f (für Gefahrstoffe) (Chem, Umwelt) / release limit ‖ ≃**signal** n (EDV, Eltronik) / triggering signal ‖ ≃**spannung** f (Eltech) / trip voltage ‖ ≃**spule** f (Eltech, Teleg) / trip coil* ‖ ≃**spule** (Masch) / release coil, trip coil (of a mechanical switching device) ‖ ≃**strecke** f (Eltech) / trigger gap (enclosed electrodes that initiate the sparkover of the bypass gap) ‖ **strom** m (durch den die Auslösevorrichtung zum Ansprechen gebracht wird) (Eltech) / tripping current n ‖ ≃**taste** f (EDV) / release key ‖ ≃**taste** (deren Betätigung eine Funktion bewirkt; Gegensatz: Schreibtaste) (EDV) / action key ‖ ≃**vorrichtung** f (Eltech, Foto) / trip n, tripping device, tripping mechanism, tripper n ‖ ≃**vorrichtung** (Masch) / release device, release mechanism ‖ ≃**wert** m (der Spannung, des Stroms) (Eltech) / trip value* ‖ ≃**zählrohr** n (nach H. Geiger, 1882-1945, und W.M. Müller, 1905-1979) (Nukl) / Geiger-Müller counter*, G-M counter*, Geiger counter*, gas counter*, Geiger-Mueller counter

**Auslösung** f (Freigabe) / release n ‖ ≃ (ein Vorgang, durch den eine Datenverbindung getrennt und der Zustand "bereit" hergestellt wird) (EDV) / clearing n ‖ ≃ (Eltronik) / triggering n ‖ **thermische** ≃ (Eltech) / thermal tripping ‖ ≃ **durch den gerufenen Teilnehmer** (Fernsp) / called-party release ‖ ≃ **durch den rufenden Teilnehmer** (Fernsp) / calling-party release, forward release ‖ ≃ **durch den zuerst auflegenden Teilnehmer** (Fernsp) / first-party release

**Auslösungs•anschlag** m (Masch) / trip dog ‖ **Verzug der** ≃**anzeige** (Fernsp) / clear indication delay ‖ ≃**beben** n (Geol) / induced (secondary) earthquake

**aus•löten** (Eltronik) / desolder v ‖ ~**machen** v (Licht) (Eltech) / switch off v, put off v, turn off v ‖ ≃**mahlung** f (Aufber) / comminution* n ‖ ≃**maß** n / extent n ‖ **unberührte** ≃**masse** (in der Mitte der Aushubgrube) (HuT) / dumpling* n ‖ ~**mästen** v (Landw) / finish v (complete the fattening of (livestock) before slaughter) ‖ ~**mauern** v (Bau) / brick v, wall v, brick up v ‖ ~**mauern** (Hütt) / line v ‖ ~**mauern** n (des Mauerwerks in den Skelettbauten) (Bau) / bricknogging* n, brick-and-stud work* ‖ ≃**mauerung** f (Auskleidung mit Ziegeln) (Bau) / brick-lining n ‖ ~**meißeln** v (Bau, Masch) / chop away v, chop out v ‖ ~**messen** v / measure up v ‖ ≃**mischung** f (als Vergleichsprobe bei der Charakterisierung der Farbkraft von Rußen) (Chem Verf) / reduction paste, reduced paste ‖ ≃**mitteln** n **von Signalen** (Fernm) / signal averaging ‖ ~**mörteln** v (z.B. eine Fuge) (Bau) / mortar v ‖ ≃**muschelung** f (Unregelmäßigkeit der Scheibenkante, hervorgerufen durch Ausbrechen von Splittern) (Glas) / shell n, chip n, adhesion chip ‖ ~**mustern** v (als Ausschuß) / discard v, reject v, refuse v ‖ ~**mustern** (sortieren) / select v ‖ ≃**musterung** f (Sortierung) / selection n ‖ ≃**nadeleinrichtung** f (DIN 64 990) (Tex) / device for unspinning ‖ ~**nadeln** v (im allgemeinen) / de-needle v

**Ausnahme** f **von der Patentierbarkeit** / exception to patentability ‖ ≃**bewilligung** f (Umwelt) / exemption n ‖ ≃**genehmigung** f (Umwelt) / exemption n ‖ ~**gesteuert** adj (KI) / exception-based adj ‖ ≃**lexikon** n (für Trennprogramme aus Ausnahmefälle gespeicherte Worttrennungen) (EDV) / exception word dictionary, exception dictionary ‖ ≃**liste** f (EDV) / list of exceptions ‖ ≃**wörterbuch** n (EDV) / exception word dictionary, exception dictionary

**Ausnebeln** n (Anstr) / fading n (of the edges)

**ausnehmen** v (Ware aus dem Brennofen) (Keram) / draw (remove a charge of fired ware from a kiln) ‖ ~ (Masch) / recess v ‖ ~ (Geflügel, Fisch) (Nahr) / gut v, draw v, eviscerate v ‖ ~ (Tischl) / sink vt ‖ ≃ n (eines Brennofens) (Keram) / drawing n

**Ausnehmung** f (für das Einsteckschloß in der Tür) (Tischl) / gain n, notch n, slot n (cut up the edge of the door - for a mortise lock) ‖ ≃ (Tischl) / sinking* n

**Ausnutzung** f (des Flugzeugs) (Luftf) / utilization rate, utilization n, flying hour rate

**Ausnutzungs•faktor** m (ein Kraftwerkennwert) (Eltech) / plant factor, plant-capacity factor, plant load factor*, average load per cent ‖ ≃**faktor** (als Prozentsatz) (Masch) / utilization factor, utilization coefficient, coefficient of utilization ‖ ≃**grad** m (als Prozentsatz) (Masch) / utilization factor, utilization coefficient, coefficient of utilization ‖ ≃**ziffer** f (Eltech) / Esson coefficient*, specific torque coefficient*, output coefficient*

**aus•ölen** v (Butter oder Margarine) (Nahr) / oil off v ‖ ~**packen** v (Formen) (Gieß) / knock out v, shake out v ‖ ≃**packqualität** f (eines Erzeugnisses) (Masch) / time-zero quality ‖ ~**pechen** v / pitch v ‖ ≃**pendler** m (Bezeichnung für Pendler vom Standpunkt seiner Wohngemeinde) / out-commuter n ‖ ~**pflanzen** v (Landw) / plant out v ‖ ~**pflocken** v (Bau, Verm) / set out v (with poles) ‖ ~**polieren** v / shine vt ‖ ~**polstern** v / cushion v ‖ ~**polstern** (Tex) / upholster v ‖ ~**polstern** (Tex) / stuff v, pad v, line v ‖ ~**pressen** v / press out v, squeeze out v, express v ‖ ~**pressen** (Früchte) (Nahr) / wring v ‖ ≃**pressen** n / expression n ‖ ≃**pressungsdifferentiation** f (Geol) / filter-press action*, filter pressing (a process of magmatic differentiation) ‖ ~**probieren** v / try v ‖ ~**probieren einer Kurve** (Punkt für Punkt) (Phys) / curve fitting* ‖ ~**prüfen** v / check out v, test out v ‖ ~**prüfen** (z.B. ein Programm) / test out v

**Auspuff** m / exhaust* n ‖ [**komplette**] ≃**anlage** f (Kfz) / exhaust system ‖ ≃**dampfmaschine** f (bei der die Abdampf ins Freie austritt) (Masch) / non-condensing (steam) engine ‖ ≃**endrohr** n (Kfz) / tailpipe n, tailspout n ‖ ≃**gas** n (Kfz) / exhaust gas*, exhaust* n ‖ ≃**gasverluste** m pl (Energieverluste des Motors) (Kfz) / exhaust losses ‖ ≃**geräusch** n (Kfz) / exhaust noise ‖ ≃**hub** m (V-Mot) / exhaust stroke*, scavenging stroke* ‖ ≃**kitt** m (Kfz) / muffler cement ‖ ≃**knallen** n (Kfz) / back-fire* n ‖ ≃**krümmer** m (Übergangsstück von den Zylindern zur Rohrleitung) (Kfz) / exhaust manifold* ‖ ≃**leitung** f (DIN 70023) (Kfz) / exhaust pipe* ‖ **weißer** ≃**qualm** (bei durchgebrannter Kopfdichtung) (Kfz) / white exhaust smoke ‖ ≃**rohr** n (DIN 70023) (Kfz) / exhaust pipe* ‖ ≃**rückstau** m (Kfz) / exhaust

**Auspuffschlitz**

back-pressure ‖ ≈**schlitz** m (V-Mot) / exhaust port* ‖ ≈**sound** m (Kfz) / exhaust note ‖ ≈**staudruck** m (beim Zweitakter) (Kfz) / exhaust back-pressure ‖ ≈**ton** m (Kfz) / exhaust note ‖ ≈**topf** m (Kfz, V-Mot) / silencer* n, muffler (US)* ‖ **hinterer** ≈**topf** (Kfz, V-Mot) / rear silencer, rear muffler (US) ‖ ≈**turbine** f (Masch) / exhaust-gas turbine, exhaust-driven turbine

**aus•pumpen** v (Masch) / pump out v, pump off v, pump v dry ‖ ~**pumpen** (Vakuumt) / evacuate v, exhaust v, pump down v ‖ ≈**punktierung** f (meistens Mehrzahl) (z.B. im Katalog- und Registersatz und bei Inhaltsverzeichnissen) (Druck) / leader* n ‖ ≈**putz** m / shoe finish ‖ ≈**putz** (Spinn) / strip waste ‖ ~**putzen** v (Schuhe) / finish v ‖ ≈**putzmaschine** f (Schuhfabrikation) / finishing machine ‖ ~**quetschen** v / press out v, squeeze out v, express v ‖ ~**radieren** v / erase* v, rub out v ‖ ≈**radieren** / erasure n ‖ ~**radierte Stelle** / erasure n ‖ ~**rangiert** adj (Anlage) / unserviceable adj ‖ ~**räuchern** v (Chem, Landw, Umwelt) / fumigate v, smoke vt, smoke out v ‖ ≈**räuchern** n (Chem, Landw, Umwelt) / fumigation* n, smoking n ‖ ~**räumen** v (Sanitär) / unload v ‖ ≈**räumung** f (Sanitär) / unloading n ‖ ~**rechnen** v (Rechn) / reckon v ‖ ~**recken** v (von Hand) (Leder) / setting-out n ‖ ~**regeln** v (Abweichungen) (Regeln) / control out v, correct v ‖ ≈**regelung** f **von Lastschwankungen** (Regeln) / load regulation ‖ ≈**regelzeit** f (die ein Regler nach dem Auftreten einer Störgröße benötigt, um die Regelgröße wieder in den vorgegebenen Bereich zu bringen) (Regeln) / settling time, correction time ‖ ~**reichende Sichtverhältnisse** (Kfz) / adequate visibility ‖ ~**reifen** v / mature vi (cheese, wine), ripen v (fruit, cereal, cheese) ‖ ≈**reifen** n (Klebstoffe, Nahrungsmittel) / maturation* n, ripening n

**ausreißen** v (Holzfasern) (For) / pick up v ‖ ~ (Baum) (For) / tear up v ‖ ~ (aus dem Gewinde) (Masch) / strip v ‖ ~ (Tex) / zip out v ‖ ≈ n (von Holzfasern) (For) / picking-up n ‖ ≈ (der Gewindegänge) (Masch) / stripping n

**Ausreißer** m (Ausschuß) (Gieß) / outlier n, maverick n ‖ ≈ (ein Meßwert, der im Vergleich zu der Mehrzahl der anderen gemessenen Werte stark abweicht) (Stats) / outlier n, freak value ‖ ≈**test** m (Stats) / outlier test

**ausrichten** v / true v, ‖ ~ / orient v, orientate v ‖ ~ (Lagerstätten) (Bergb) / develop v, open v ‖ ~ (positionieren) (Masch) / position v ‖ ~ (Masch) / align v, be aligned ‖ ≈ n (Masch) / alignment* n, lining-up* n, lining-in n ‖ ≈ **des Formulars** (z.B. im Drucker) (EDV) / form alignment

**Ausrichtung** f (Herstellung von Grubenbauen zur Erschließung einer Lagerstätte für den späteren Abbau) (Bergb) / development* n ‖ ≈ (Chem, Hütt, Krist, Math, Verm) / orientation* n ‖ ≈ (Kernphys) / alignment* n, alinement f / n (Masch) / location* n ‖ ≈ (auf die Grundlinie) (Typog) / base alignment ‖ [**axiale**] ≈ (Opt, Radar) / boresighting n ‖ **falsche** ≈ / misalignment n ‖ **mittige** ≈ (Masch) / centring* n, centering* n (US) ‖ ≈ f **der Bohrung** (Bergb) / hole straightening

**Ausrichtungs•bau** m (Bergb) / development drift, development opening, drift n ‖ ≈**strecke** f (Bergb) / development drift, development opening, drift n

**ausrißfrei** adj (z.B. Sägeschnitt) (For) / splinter-free adj

**ausrollen** v (z.B. eine Tapetenrolle) / unroll v ‖ ~ (Eltech) / coast v ‖ ~ (Sonnenschutzrollo) (Kfz) / roll down v ‖ ~ (vom Aufsetzen bis zum Stillstand) (Luftf) / roll out v ‖ ≈ n (Eltech) / coasting* n ‖ ≈ (des Flugzeugs - vom Aufsetzen bis zum Stillstand) (Luftf) / roll-out n

**Ausroll•grenze** f (bei bindigen Böden) (HuT, Landw) / plastic limit, PL ‖ ≈**strecke** f (Luftf) / landing run ‖ ≈**strecke** (auf dem Flugdeck eines Flugzeugträgers) (Luftf) / pull-out distance*, run-out distance*

**ausrücken** v (Masch) / demesh v ‖ ~ (Masch) / disengage v, throw out v ‖ ~ (trennen) (Masch) / disconnect v ‖ ≈ n (Masch) / disconnection n, disconnexion n

**Ausrück•hebel** m (der Kupplung) (Masch) / release lever, release finger ‖ ≈**kupplung** f (Masch) / clutch* n, loose coupling*, cut-off coupling ‖ ≈**lager** n (Kfz) / release bearing

**Ausrufen, [selektives]** ≈ (einer Person) (Akus, Eltronik) / paging* n

**ausrunden** v (Gewinde) (Masch) / round off v ‖ ~ (Ecken) (Masch) / radius v

**Ausrundung** f (konkaves Profil) / fillet n, quirk n

**ausrüsten** v / furnish v ‖ ~ (Bau, HuT) / strike v, take down v ‖ ~ (Masch, Werkz) / tool v, outfit v ‖ ~ (Pap, Tex) / finish v ‖ ~ (mit wasserabstoßenden Chemikalien) (Tex) / proof v, impregnate v ‖ **neu wasserdicht** ~ (Tex) / reproof v ‖ ~ v **mit** / fit with v

**Ausrüster** m / supplier n, vendor n ‖ ≈ (ein Facharbeiter) (Tex) / finisher n

**Ausrüstung** f (Ausrüsten und Gesamtheit der Geräte) / equipment n, gear* n, outfit n ‖ ≈ (Gesamtheit kleiner Geräte) / kit n ‖ ≈ (Bau, HuT) / striking* n, taking down ‖ ≈ (Pap, Tex) / proofing n, impregnation n ‖ ≈ (mit Werkzeugen und Maschinen) (Werkz) / tooling n, outfit n, gear* n ‖ **antimikrobielle** ≈ (Tex) / antimicrobial finish ‖ **antistatische** ≈ (Tex) / antistatic finish ‖ **chemische** ≈ (z.B. Färben oder Drucken) (Tex) / chemical finishing* ‖ **einsatzspezifische** ≈ (Luftf, Mil) / role equipment ‖ **fäulnishemmende** ≈ (Tex) / rotproof finish ‖ **flammfeste** ≈ (Tex) / flameproof finish, non-flammable finish, flame-resistant finish ‖ **fungizide** ≈ (Tex) / fungicidal finish ‖ **gerätetechnische** ≈ (Instr) / instrumentation n ‖ **knitterfreie** ≈ (Tex) / crease-resist* finish*, crease-resistance finish, wrinkle-resistance finish ‖ **mechanische** ≈ (Tex) / mechanical finishing* ‖ **schiebefeste** ≈ (z.B. bei Chemieseidengeweben, Baumwollstramin usw.) (Tex) / non-slip finish, antislip finish ‖ **schmutzabweisende** ≈ (Tex) / stain-release finish ‖ **übertägige** ≈ (Erdöl) / surface equipment ‖ **verrottungsfeste** ≈ (Tex) / rot resistance finish, rot-resistant finish ‖ **verrottungssichere** ≈ (Tex) / rot resistance finish, rot-resistant finish ‖ **wasserabweisende und wasserdichte** ≈ (Tex) / repellent finish ‖ ≈ f **mit PP-Effekt** (Hochveredlung von Textilien) (Tex) / durable press*, permanent press

**Ausrüstungs•saal** m (Pap) / finishing house, finishing room ‖ ≈**straße** f (Tex) / finishing range

**ausrutschen** v / slide v, skid v, slip v

**Aussaat** f (Saatgut) (Landw) / seeding n, seed* n ‖ ≈ (Tätigkeit) (Landw) / sowing n ‖ ≈**fläche** f (Landw) / seeded area, sowing area ‖ ≈**zeit** f (Landw) / sowing time

**aussäen** v (Landw) / sow v, seed v ‖ **sich** ~ (Bot) / seed vi

**Aussage** f (EDV, KI) / assertion n ‖ ≈ (wahr oder falsch - in der Logik) (KI, Math) / proposition n, statement n ‖ **logische** ≈ (KI) / logic proposition ‖ ≈**form** f (Math) / statement form, propositional form, sentence form

**Aussagen•kalkül** m (KI) / propositional calculus*, sentential calculus ‖ ≈**logik** f (KI) / assertion logic, propositional logic, sentential logic ‖ ≈**verbindung** f (Math) / compound statement

**Aus•salzeffekt** m (Chem Verf) / salting-out effect ‖ ~**salzen** v (Chem) / salt out v ‖ ≈**salzen** (durch Salzeffekte bedingte Ausscheidung) (Chem) / salting-out* n ‖ ≈**salzung** f (Chem) / salting-out* n ‖ ~**schachten** v (HuT) / excavate v, dig out v, dig v, unearth v ‖ ≈**schachtung** f (HuT) / excavation* n, digging out n, digging n, unearthing n ‖ ~**schalen** v (als Gegensatz zu einschalen) (Bau, HuT) / strike v, strip v, remove v (the forms, the shuttering, the centring) ‖ ~**schalmen** v (For) / mark v, blaze v ‖ ≈**schaltdauer** f (bei Sicherungen) (Eltech) / operating time, total clearing time

**ausschalten** v (Wasser, Gas, Radio) / turn off v, turn out v, put out v, put off v, shut off v ‖ ~ (Eltech) / switch off v, power off v ‖ ~ (Relais) (Eltech) / trip v ‖ ~ (aus einem Stromkreis) (Eltech) / put out v (of a circuit) ‖ ≈ **Beleuchtung** ~ (Film) / save the lights ‖ ≈ n (Eltech, Masch) / cut-off n

**Ausschalter** m / ON/OFF switch ‖ ≈ (Einwegschalter) (Eltech) / one-way switch ‖ ≈ (Eltech) / cut-out* n, miniature circuit breaker, automatic cut-out*

**Ausschalt•kontakt** m (Bahn, Eltech) / strike-out contact ‖ ≈**leistung** f (Eltech) / breaking capacity*, rupturing capacity* ‖ ≈**rille** f (der Schallplatte) (Akus) / lead-out* n, lead-out groove, throw-out spiral, run-out groove ‖ ≈**spitzenstrom** m (bei Sicherungen) (Eltech) / cut-off current ‖ ≈**stellung** f (Eltech) / off-position n ‖ ≈**thyristor** m (Eltronik) / turn-off thyristor

**Ausschaltung** f (Eltech, Masch) / cut-off n ‖ ≈ (nachteiliger Gene) (Gen) / elimination n

**Ausschalt•vermögen** n (Wert des unbeeinflußten Stromes, den ein Leistungsschalter bei der angegebenen Spannung unter vorgeschriebenen Bedingungen ausschalten kann) (Eltech) / breaking capacity ‖ ≈**vermögen** (Eltech) / breaking capacity*, rupturing capacity* ‖ ≈**zeit** f (beim Ausschalten eines Thyristors) (Eltronik) / gate-controlled turn-off time ‖ ≈**zustand** m (Eltech) / off-state n

**Aus•schalung** f (Bau, HuT) / striking* n, stripping n, removal n (of the forms of the shuttering, of the centring) ‖ ≈**schalung** (HuT) / sheathing* n, sheeting* n, timbering* n ‖ ≈**schankgerät** n (Brau) / dispenser n ‖ ~**schärfen** v (Masch) / scarf v ‖ ≈**schärfen** (des Blechs) (Hütt) / bevelling n ‖ ≈**schärfen** (des Zahngrunds) (Tischl, Zimm) / gumming n ‖ ≈**schärfung** f (Masch) / scarfing* n ‖ ≈**schäumen** (der Hohlräume der Karosserie) (Kfz) / foaming n ‖ ≈**schäummasse** f (für Hohlraumversiegelung) (Kfz) / pour-and-set foam ‖ ~**scheidbar** adj (Chem) / precipitable adj

**ausscheiden** vt (als Ausschuß) / discard v, reject v, refuse v ‖ **sich** ~ (Hütt) / precipitate vi

**Ausscheider** m (Bakteriol) / carrier* n

**Ausscheidung** f (Biol) / excretion* n ‖ ≈ (Chem, Phys) / separation n, elimination n

**Ausscheidungs•härten** n (Hütt) / precipitation hardening* ‖ ≈**härtung** f (Festigkeitssteigerung infolge der Behinderung der Versetzungsbewegung durch Ausscheidungen) (Hütt) / precipitation hardening* ‖ ≈**messung** f (Radiol) / excretion measurement ‖ ≈**phase** f (Chem, Hütt) / precipitation phase ‖ ≈**wärmebehandlung** f (Hütt) / precipitation heat treatment

**aus•scheren** *v* (z.B. zum Überholen) (Kfz) / pull out *v*, move out *v* ‖ **~scheren** (z.B. beim plötzlichen Bremsen des Vordermanns) (Kfz) / swerve *v* ‖ **~schieben** *n* (der Abgase des Kreiskolbenmotors) (V-Mot) / exhaust* *n* ‖ **~schießen** *v* (Typog) / impose *v* ‖ **neu ~schießen** (Typog) / reimpose *v* ‖ **~schießen** *n* (Typog) / imposition* *n* ‖ **~schießsoftware** *f* (Druck, EDV) / imposition software ‖ **~schiffen** *v* (Schiff) / land *vt*, disembark *vt* ‖ **~schiffung** *f* (Schiff) / landing *n* ‖ **~schildern** *v* (Straßen, Wege) / signpost *v* ‖ **~schlachtung** *f* (der Teile) (Kfz) / cannibalization *n* ‖ **~schlacken** *v* (Hütt) / slag *v*, deslag *v*, slag off *v*
**Ausschlag** *m* (bei Zeigern) (Instr) / deflection* *n*, swing *n*, excursion *n*, throw *n*, overshoot *n* ‖ **~** (Leder) / spew *n*, spue *n* ‖ **~** (von Rudern) (Luftf) / travel *n* ‖ **~betrieb** *m* (For) / pollard system
**ausschlagen** *v* (z.B. Kiste mit Papier) / line *v* ‖ **~** (nachträglich bei elektrochemisch hergestellten Schutzschichten) (Galv) / spot out *v* ‖ **~** (Gieß) / knock out *v*, shake out *v* ‖ **~** (Maschenzahl in einer Reihe vergrößern) (Tex) / cast on *v* ‖ **~** *n* (Brau) / casting *n* ‖ **~** (Galv) / spotting out ‖ **~** (bei Zeigern) (Instr) / deflection* *n*, swing *n*, excursion *n*, throw *n*, overshoot *n*
**ausschlag•gebend** *adj* / primordial *adj* ‖ **~holzbetrieb** *m* (For) / coppice management, sprout forest management ‖ **~wald** *m* (For) / coppice forest, low forest, sprout forest ‖ **~waldbetrieb** *m* (For) / coppice management, sprout forest management ‖ **~würze** *f* (Brau) / hot wort
**Aus~schlämmen** *n* (Chem Verf) / elutriation* *n*, levigation *n*, washing *n* ‖ **~schleifen** *v* (Zylinderlaufbuchsen) (Kfz) / rebore* *v* ‖ **~schleifen** *n* (Zylinderlaufbuchsen) (Kfz) / reboring *n* ‖ **~schleppen** *v* (anhaftende Elektrolytmenge) (Galv) / drag out *v* ‖ **~schleudern** *vt* / project *v* ‖ **~schleudern** *n* (Geol) / projection *n* ‖ **~schleusen** *v* (aus dem Caisson) (HuT) / lock out *v* ‖ **~schleusen** *n* (von abgebrannten BE) (Nukl) / outward transfer ‖ **stufenweises ~schleusen** (der Arbeiter aus dem Caisson bei der Druckluftgründung) (HuT) / decanting *n* ‖ **~schleusung** *f* **von Teilchen** (Kernphys) / particle extraction, particle ejection
**ausschließen** *v* (Typog) / justify *v* ‖ **eng ~** (Spatien) (Typog) / keep in *v* ‖ **~** *n* (Tätigkeit) (Typog) / justification* *n*
**ausschließend, sich gegenseitig ~** / mutually exclusive ‖ **~es ODER** (EDV, Regeln) / antivalence *n*, exclusive OR, anticoincidence *n*, non-equivalence *n*, EXOR, XOR
**ausschließliche Lizenz** (die dem Lizenznehmer das Recht zur alleinigen Nutzung gibt) / exclusive licence
**Ausschließlichkeitspatent** *n* / exclusive patent
**Ausschließlogik** *f* (eines Satzprogramms) (EDV, Typog) / justification logic
**Ausschließungsprinzip** *n* (Kernphys) / Pauli exclusion principle*, exclusion principle*, Pauli's principle
**Ausschliff** *m* (Opt) / segment *n*, portion *n*
**Ausschluß** *m* (Tätigkeit) (Typog) / justification* *n* ‖ **~** (Ausschlußstück nach DIN 16507) (Typog) / space* *n*, justifier *n* ‖ **mit wechselseitigem ~** / mutually exclusive ‖ **mitdruckender ~** (der Spieße versursacht) (Typog) / rising space* ‖ **sterischer ~** (Chem) / steric exclusion ‖ **vertikaler ~** (Typog) / vertical justification ‖ **~chromatografie** *f* (Chem) / gel permeation chromatography, liquid-exclusion chromatography, exclusion chromatography, gel-filtration chromatography*, gel filtration, molecular-sieve chromatography, molecular exclusion chromatography ‖ **~grenze** *f* (in der Gel-Permeationschromatografie) (Chem) / exclusion limit ‖ **~keile** *m pl* (in Zeilensetz- und -gießmaschinen) (Druck) / space bands*
**aus•schmelzen** *v* (Fett) (Nahr) / render down *v*, render *v*, try *v*, try out *v* ‖ **~schmelzmodell** *n* (für das Feingußverfahren) (Gieß) / fusible pattern ‖ **~schmieren** *v* (HuT, Wasserb) / puddle *v*, pug* *v* ‖ **~schmoren** *v* (Nahr) / extract by stewing ‖ **~schmücken** *v* (Arch, Bau) / enrich *v*, embellish *v* ‖ **~schmückung** *f* (Arch, Bau) / enrichment* *n*, embellishment* *n* ‖ **~schnappen** *v* (Türschloß) / unlatch *v* ‖ **~schneiden** *v* (Tex) / pink *v*, pink out *v* ‖ **~schneiden** *n* (mit Umgrenzungsschnitt) (zur Herstellung der Außenform am geschlossenen Blechwerkstück) (Masch) / blanking *n* ‖ **~schneiden** (Masch) s. auch Blechumformen ‖ **~schneidepapier** *n* (für Schulen) (Pap) / school paper, construction paper
**Ausschnitt** *m* / cut-out *n* ‖ **~** (aus einem Ausschnittbüro) / press cutting, press clipping (US), clipping *n* (US) ‖ **~** (bei Trafoblechen) (Eltech) / window* *n* ‖ **~** (Math) / sector* *n* ‖ **~ an einem Wehr** (Wasserb) / weir notch *n* ‖ **~ des Kuchendiagramms** / pie slice *n* ‖ **~-Plotten** *n* (EDV) / window plotting
**Ausschnitts•vergrößerung** *f* (Foto) / selective enlargement ‖ **~vergrößerung** (bei der Röntgenkinematografie) (Radiol) / overframing *n*
**Ausschnittware** *f* (Meterware) (Tex) / yard goods (US), goods sold by metres, yardage goods, yardage *n*, metrage *n*
**Aus•schöpfungstyp** *m* (der selbstleitende MOS-FET) (Eltronik) / depletion-mode transistor*, depletion-mode field-effect transistor, depletion-mode FET ‖ **~schrägen** *v* / slant *v*, slope *v*, splay *v* ‖ **~schrägung** *f* (z.B. einer Fensterlaibung) / splay *n*

**Ausschreibung** *f* (bei der Vergabe von Aufträgen der öffentlichen Hand) / tender *n*, call for tenders ‖ **beschränkte ~** (bei der Vergabe von Aufträgen der öffentlichen Hand - auf einen bestimmten Kreis von Unternehmen beschränkt) / restricted tender ‖ **durch ~** (auf dem Submissionswege) / by tender ‖ **eine ~ veranstalten** / put out to tender ‖ **öffentliche ~** (bei der Vergabe von Aufträgen der öffentlichen Hand - die Interessenten werden aufgefordert, fristgerechte Angebote einzureichen) / open tender
**Ausschreibungs•dokumentation** *f* / tender documents, bidding documents (US) ‖ **~unterlagen** *f pl* / tender documents, bidding documents (US)
**Ausschuß** *m* (bei der Klassifizierung von Fertigwaren) / undergrade *n* ‖ **~** (als fehlerhaft ausgesondertes Erzeugnis) / waster *n* ‖ **~** (For, Glas) / cull *n* ‖ **~** (Hütt) / scrap* *n*, reject *n* ‖ **~** (Pap) / broke* *n* ‖ **~** (beim Brechen und Packen von Papier) (Pap) / cassie *n* ‖ **zum ~ erklären** / discard *v*, reject *v*, refuse *v* ‖ **~blech** *n* (Hütt) / reject sheet ‖ **~lehre** *f* (Masch) / no-go gauge ‖ **~papier** *n* (Pap) / broke* *n* ‖ **~seite** *f* (einer Lehre) (Masch) / no-go end, NO-GO gauging member ‖ **~seiten-Meßfläche** *f* (einer Lehre) (Masch) / no-go end, NO-GO end ‖ **~teil** *n* (Masch) / rejected part ‖ **~verluste** *m pl* (Masch) / spoilage *n* ‖ **~ziegel** *m pl* (Bau) / chuffs* *pl*, shuffs* *pl*, merch bricks, chuff bricks
**ausschütteln** *v* (Chem) / shake out *v*, extract by shaking (with solvents) ‖ **mit Ether ~** (Chem) / extraction by shaking ‖ **~ mit Ether** (Chem) / extraction with ether
**ausschütten** *v* (Flüssigkeit) / spill *v*, slop *vt* ‖ **~** / tip out *v* (water, sand, coal)
**Aus•schwebeentfernung** *f* (Luftf) / float* *n* ‖ **~schweben** *n* (vor der Landung) (Luftf) / flare-out* *n* ‖ **~schwefeln** *v* (ausräuchern mit Schwefelverbindungen) / fumigate with sulphur ‖ **~schweißstraße** *f* (in der Autofabrik) (Kfz, Schw) / finish-welding line ‖ **~schwenkbar** *adj* (nach außen) / swing-out *attr* ‖ **~schwenkbare Brennerfrontplatte** (Masch) / hinged burner front ‖ **~schwenkbarer Spiegel** / swing-out mirror ‖ **~schwenken** *v* (nach außen) / swing out *v* ‖ **~schwimmen** *n* (vertikales Entmischen des Pigments) (Anstr) / floating* *n* ‖ **~schwimmen** (DIN 55945) (horizontales Entmischen des Pigments) (Anstr) / flooding *n* (an extreme form of floating); *n*. ‖ **~schwimmverhinderungsmittel** *m* (Anstr) / antiflooding agent, antifloating agent ‖ **~schwingen** *v* (Akus, Phys) / die away *v*, die out *v* ‖ **~schwingen** *n* (Akus, Phys) / dying-away *n*, dying-out *n* ‖ **~schwitzen** *vt* (etwas - z.B. Harz) / sweat *vt* ‖ **~schwitzen** *v* (von Harz) / exudation *n* ‖ **~schwitzen** (das Wandern von Bestandteilen eines Anstriches an die Anstrichoberfläche, die dadurch klebrig wird - DIN 55945) (Anstr) / sweating *n*, exudation *n* ‖ **~schwitzen** (z.B. Flüssigkeit aus den Rohren) (Masch) / seepage *n*, weeping *n*
**Aussehen** *n* / appearance *n*, exterior *n*, look *n* ‖ **~** (einer Ware) (Tex) / look *n* ‖ **mattes ~** (Anstr, Keram) / dullness *n* ‖ **~ n der Bruchfläche** (WP) / fracture appearance ‖ **~ der Oberfläche** (WP) / surface appearance
**ausselektieren** *v* (erkrankte oder sortenuntypische Pflanzen) (Landw) / rogue *v*
**außen, nach ~ öffnend** (Fensterflügel) (Bau) / outward-opening *adj*, opening out (window) ‖ **von ~ wirkend** / extrinsic *adj* ‖ **~** *n* (Film) / location* *n* ‖ **~-** (unter freiem Himmel) / open-air *attr*, outdoor *attr* ‖ **~-** / external *adj* ‖ **~-** (Film) / outdoor *adj* ‖ **~-** (Gewinde) (Masch) / male *adj*, external *adj* ‖ **~abdichtung** *f* (Bau) / outside sealing ‖ **~abguß** *m* (eines Fossils) (Geol) / external mould, external cast ‖ **~abmessungen** *f pl* (Masch) / outside dimensions, OD ‖ **~abmessungen** s. auch Außenmaß ‖ **~angriff** *m* (Werkz) / external drive ‖ **~anlage** *f* (unter freiem Himmel) / outdoor installation ‖ **~anlagen** *f pl* (als Posten in dem Leistungsverzeichnis) (Bau) / building incidentals ‖ **~anlagen** (von Gebäuden) (Bau) / groundworks *pl* ‖ **Herstellung von ~anlagen** (Bau, HuT) / external works ‖ **~anode** *f* (Radiol) / outer anode ‖ **~ansicht** *f* (Film) / exterior view ‖ **~anstrichmittel** *n* (Anstr) / outdoor paint, exterior paint ‖ **~antenne** *f* (Radio) / open aerial, outdoor aerial, outside aerial, open antenna*, outdoor antenna ‖ **~antrieb** *m* (Werkz) / external drive ‖ **~arbeit** *f* (HuT) / fieldwork *n* ‖ **~arbeiten** *f pl* (Bau, HuT) / external works ‖ **~armatur** *f* (Licht) / splashproof fitting*, weatherproof fitting* *n* ‖ **~aufnahme** *f* (Film) / location shot ‖ **~aufnahmen** *f pl* (mit der Handkamera) (Film) / electronic field production* (EFP) ‖ **~aufnahmen** (Film) / outdoors shooting ‖ **bei ~aufnahmen** (Film) / on location ‖ **~backenbremse** *f* (meist Getriebebremse, bei der die Bremsbacken von außen auf die Bremstrommel wirken) (Kfz) / external shoe brake, external brake ‖ **~bahn** *f* (im Atommodell) (Kernphys) / outer orbit ‖ **~ballistik** *f* (Phys) / exterior ballistics ‖ **~bau** *m* (Masch) / external mounting ‖ **~beheizter Ofen** / externally heated furnace ‖ **~bekleidung** *f* (aber nicht Ziegel) (Bau) / cladding* *n*, siding *n* (US) ‖ **~beleuchtung** *f* (Licht) / exterior lighting (e.g. street lighting) ‖ **mit ~belüftung** (Eltech) / enclosed-ventilated *adj* ‖ **~berme** *f* (am Fuße eines Deichs) (Wasserb) / outer berm ‖ **~beschichtung** *f* / outside coating, external coating ‖ **~beständigkeit** *f* (Anstr, WP) / outdoor durability ‖ **~bewetterung** *f*

**Außenbewitterung**

(Anstr, WP) / outdoor weathering, outdoor exposure, atmospheric exposure, air exposure, weathering* n ‖ ⁓**bewitterung** f (Anstr, WP) / outdoor weathering, outdoor exposure, atmospheric exposure, air exposure, weathering* n ‖ ⁓**bewitterungsstand** m (Anstr, WP) / outdoor weathering station, outdoor exposure station, natural weathering station ‖ ⁓**bezirk** m / outskirts pl, fringe area ‖ ⁓**bezirk** (vornehmer) (Arch) / exurb n ‖ ⁓**blatt** n (Zool) / ectoderm* n ‖ ⁓**bogenweiche** f (Bahn) / contrary-flexure turnout, CEX

**Außenbord** m (eines Blechteils) (Hütt) / flanged edge ‖ ⁓**anlieferung** f (Schiff) / overside delivery ‖ ⁓**betätigung** f (außerhalb des Satelliten) (Raumf) / extravehicular activity*, EVA* ‖ ⁓**fahrzeug** n (Raumf) / extravehicular mobility unit, EMU ‖ ⁓**motor** m (kleiner) / kicker n ‖ ⁓**motor** (ein Bootsmotor, der am Bootsende angebracht wird, meist ein Zweitakt-Ottomotor) (Schiff) / outboard engine, outboard motor ‖ ⁓**-Motorboot** n (Schiff) / outboarder n ‖ ⁓**tätigkeit** f (außerhalb des Satelliten) (Raumf) / extravehicular activity*, EVA*

**Außen•böschung** f (der Wasserseite) (Wasserb) / water slope ‖ ⁓**bürtig** adj (Geol) / exogenic adj, exogenous adj, exogenic adj ‖ ⁓**dienst** m (beim Marketing) / sales force ‖ ⁓**diensttechniker** m / field engineer ‖ ⁓**drehen** n (Masch) / turning* n ‖ ⁓**druckkabel** n (Kab) / gas-filled external-pressure cable, external gas pressure cable, external gas compression cable ‖ ⁓**-Durchlaufspulen** f pl (die das zu untersuchende Teil umgeben) (WP) / encircling coils, circumferential coils ‖ ⁓**durchmesser** m / outer diameter, outside diameter, o.d., OD ‖ ⁓**durchmesser** (eines aufgepumpten Reifens) (Kfz) / overall diameter ‖ ⁓**durchmesser** (Gewinde) (Masch) / major diameter ‖ ⁓**ecke** f (Bau) / external corner ‖ ⁓**elektron** n (Kernphys) / outer electron, outermost electron ‖ ⁓**elektron** s. auch Valenzelektron ‖ ⁓**fenster** n (im allgemeinen) (Bau) / outside window ‖ ⁓**fenster** (bei einem Doppelfenster) (Bau) / storm-window* n ‖ ⁓**fläche** f / outer surface, exterior surface, external surface ‖ ⁓**formdrücken** n (Masch) / metal spinning*, spinning* n ‖ ⁓**furnier** n (For) / outside veneer ‖ ⁓**ganghaus** n (Arch) / block of flats with access balconies, apartment house with access balconies (US), balcony-access block ‖ ⁓**gebäude** n (Bau) / outbuilding n ‖ ⁓**gerüst** n (Bau) / scaffolding* n, scaffold* n ‖ ⁓**gewinde** n (Masch) / external screw-thread*, male thread*, external thread, A thread, class A thread (US)

**außengezahnt** adj (Masch) / external-tooth attr, externally toothed ‖ ⁓**e Fächerscheibe** (Masch) / serrated external-tooth lock washer ‖ ⁓**e kegelige Fächerscheibe** (Masch) / countersunk serrated external-tooth lock washer ‖ ⁓**e kegelige Zahnscheibe** (Masch) / countersunk external-tooth lock washer ‖ ⁓**e Zahnscheibe** (Masch) / external-tooth lock washer

**Außen•glied** n (einer Proportion) (Math) / extreme n, outer term, extreme term ‖ ⁓**handel** m / foreign trade ‖ ⁓**haut** f (der Karosserie) (Kfz) / skin n ‖ ⁓**haut** (die äußere Wandung) (Luftf) / skin* n ‖ ⁓**haut** (aus Platten) (Schiff) / shell plating, plating n, skin plating ‖ ⁓**haut** (Schiff) / skin n, shell n ‖ **glatte** ⁓**haut** / smooth skin ‖ ⁓**hautbeplattung** f (Schiff) / shell plating, plating n, skin plating ‖ ⁓**hautpforte** f (Schiff) / shell door, gangway port ‖ ⁓**indikator** m (Chem) / external indicator ‖ ⁓**jalousie** f (Bau) / Italian blind*, canalette blind* ‖ ⁓**jalousie** (Kfz) / rear-window louvres, rear louvres ‖ ⁓**abgerundete** ⁓**kante** (Bau, Masch) / nosing* n ‖ **gerundete** ⁓**kante** (Bau, Masch) / nosing* n ‖ ⁓**kegel** m (der die äußere Form eines Kegelkörpers begrenzt) / external cone ‖ ⁓**kegel** (Masch) / male taper ‖ ⁓**kern** m (Gieß) / inset core ‖ ⁓**kippe** f (Bergb, Umwelt) / external spoil heap, outside dump ‖ ⁓**kippe** (Bergb, Umwelt) s. auch Halde und Hochkippe ‖ ⁓**korrosion** f (z.B. von Behältern und Rohren) (Galv) / external corrosion ‖ ⁓**kurbel** f (Masch) / outside crank* ‖ ⁓**laden** m (ein Fensterladen) (Bau) / outside shutter ‖ ⁓**lage** f (Bestandteil eines Multilayers) (Eltronik) / outer layer, external layer ‖ ⁓**langträger** m (des Wagenuntergestells) (Bahn) / solebar n ‖ ⁓**lastflattern** n (Luftf) / store flutter ‖ ⁓**lastflatterschwingungen** f pl (Luftf) / store flutter ‖ ⁓**läufermotor** m (Eltech) / external-rotor motor, outside rotor motor ‖ ⁓**leiter** m (eines verketteten Netzes) (Eltech) / phase conductor (in a polyphase circuit) ‖ ⁓**leiter** (Eltech) / outdoor conductor ‖ [**geerdeter**] ⁓**leiter** (Eltech) / outer*, outer conductor*, external conductor* ‖ ⁓**leuchte** f (Straßenlaterne) (Licht) / lantern n ‖ ⁓**leuchte** (Licht) / outdoor light fixture ‖ ⁓**liegendes Gewinde** (der Spindel) (Masch) / outside screw (of the stem) ‖ ⁓**luft** f / outdoor air, outside air ‖ ⁓**lufttemperatur** f / outdoor air temperature, outside air temperature ‖ ⁓**lunker** m (Gieß) / surface shrinkage ‖ ⁓**mantel** m (des Kabels) (Kab) / cable sheath, cable cover, cable coating ‖ ⁓**maß** m (Bau) / out-to-out* n ‖ ⁓**maß** (Masch) / overall dimension ‖ ⁓**mauer** f (Bau) / external (masonry) wall, exterior wall, outer wall ‖ ⁓**meßfühler** mpl (der Schieblehre) (Masch) / outside jaws ‖ ⁓**oberfläche** f (Masch) / skin n ‖ ⁓**prüfung** f (seitens des Finanzamtes) / audit n of the firm's accounts ‖ ⁓**putz** m (DIN 18550) (Bau) / external rendered finish, external rendering, external finish, exterior rendering ‖ **gemusterter** ⁓**putz** (Bau) / pargeting n, pargework n ‖ **dreilagiger** ⁓**putz** (DIN 18550) (Bau) / three-coat work*, three-coat plaster (render, float and set) ‖

[**glatter, geglätteter**] ⁓**putz** (ein Außenwandputz) (Bau) / stucco* n (pl. -s or stuccoes), stuke* n ‖ ⁓**rad** n (bei der Kurvenfahrt) (Kfz) / outer wheel ‖ ⁓**rad** (Masch) / external gear ‖ ⁓**räummaschine** f (Masch) / external broaching machine ‖ ⁓**räumwerkzeug** n (Masch) / external broach ‖ ⁓**reede** f (äußerer Ankerplatz vor einem Seehafen) (Schiff) / outer roads ‖ ⁓**reportage** f (Radio) / nemo n (not emanating from main office), outside broadcast, OB report, O.B. (GB), outdoor pick-up, field broadcasting ‖ ⁓**rinde** f (For) / outer bark n, rind n ‖ ⁓**ring** m (eines Kugellagers) (Masch) / outer race ‖ ⁓**ring** (des Wälzlagers) (Masch) / outer ring ‖ ⁓**rohrschneider** m (ein Fanggerät) (Erdöl) / outside cutter ‖ ⁓**rundschleifen** n (Masch) / external cylindrical grinding ‖ ⁓**rüttler** m (zur Verdichtung von Frischbeton durch Rütteln) (Bau) / external vibrator ‖ ⁓**schale** f (Chem, Kernphys) / valence shell, outer shell, peripheral shell ‖ ⁓**schutz** m (Kab) / serving* n, oversheath n, bedding* n ‖ ⁓**seite** f / outside n ‖ ⁓**seite** (des Riemens) (Masch) / grain side ‖ ⁓**seiter** m (der seinen Liniendienst außerhalb der Schiffahrtskonferenz betreibt) (Schiff) / outsider n ‖ ⁓**seitig** adj / external adj, exterior adj ‖ ⁓**senke** f (Geol) / foredeep n (an elongate depression bordering an island arc or other orogenic belt) ‖ ⁓**spiegel** m (Kfz) / exterior mirror, door mirror ‖ **von innen verstellbarer** ⁓**spiegel** (Kfz) / remote-control door mirror ‖ **elektrisch einstellbarer** ⁓**spiegel** (Kfz) / power mirror ‖ **elektrisch verstellbarer** ⁓**spiegel** (Kfz) / power-adjustable mirror, power mirror ‖ ⁓**spiegel** m **an der Beifahrerseite** (Kfz) / passenger door mirror, passenger-side door mirror ‖ ⁓**spiegel an der Fahrerseite** (Kfz) / driver's door mirror, driver-side door mirror ‖ ⁓**sprinkleranlage** f / drencher installation, drencher system ‖ ⁓**stände** m pl (Forderungen aus Warenlieferungen und Leistungen) / outstanding accounts, receivable accounts, outstanding debts, receivable debts ‖ ⁓**station** f (EDV) / out-station n ‖ ⁓**station** (ständiger Stützpunkt für die Raumfahrt außerhalb der Hochatmosphäre) (Raumf) / space station*, orbital station, orbital base ‖ **aufgabenorientierte** ⁓**station** (Datenstation) (EDV) / job-oriented terminal ‖ ⁓**steg** m (Außenrand) (Buchb, Druck) / fore-edge* n, outer margin, outside margin ‖ ⁓**steg** (Buchb, Druck) / side-stick* n ‖ ⁓**steuerung** f (bei Aufzügen) / lift landing control ‖ ⁓**streifen** m (HuT, Kfz) / verge n ‖ ⁓**stromloses Metallabscheiden aus wäßrigen Lösungen** (DIN 50902) (Galv) / electroless plating, electroless deposition, chemical deposition n ‖ ⁓**stromturbine** f (Luftf) / ram-air turbine*, RAT* ‖ ⁓**tank** m (Luftf) / slipper tank* ‖ ⁓**tank** (z.B. des Raumtransporters) (Raumf) / external tank ‖ ⁓**taster** m (Instr) / external callipers, outside callipers ‖ ⁓**teil** n (bei Passungen) (Masch) / female component, housing n, outer member ‖ ⁓**temperatur** f (Phys) / outside temperature, outdoor temperature ‖ ⁓**temperaturfühler** m (der Heizanlage) (Bau) / outdoor temperature control (element) ‖ ⁓**thermometer** n / outdoor thermometer ‖ ⁓**torx** m (Werkz) / external TORX ‖ ⁓**treppe** f (Vortreppe zum ersten Stock, Terrassentreppe) (Arch) / perron* n ‖ ⁓**treppe** (im allgemeinen) (Arch) / exterior stair, external staircase ‖ ⁓**tür** f (in einer Öffnung der Außenwand) (Arch) / external door, outer door ‖ ⁓**übertragung** f (Radio) / nemo n (not emanating from main office), outside broadcast, OB report, O.B. (GB), outdoor pick-up, field broadcasting ‖ ⁓**verkleidung** f (aber nicht Ziegel) (Bau) / cladding* n, siding n (US) ‖ ⁓**verpackung** f (zussätzliche Verpackung von Verkaufsverpackungen) / outer package, exterior package ‖ ⁓**verzahnt** adj (Masch) / external-tooth attr, externally toothed ‖ ⁓**verzahntes Rad** (Masch) / external gear ‖ ⁓**verzahnung** f (Masch) / external teeth ‖ **mit** ⁓**verzahnung** (Masch) / external-tooth attr, externally toothed ‖ ⁓**wand** f (eines Stahlskelettbaus) (Bau) / clothing* n ‖ ⁓**wand** (Bau) / external (masonry) wall, exterior wall, outer wall ‖ ⁓**wanddämmung** f (Bau) / outer-wall insulation ‖ ⁓**wandstützträger** m (Bau) / spandrel beam ‖ ⁓**wange** f (der Treppe) (Zimm) / wall string ‖ ⁓**wellen** f pl (bei Mehrschraubenschiffen) (Schiff) / wing shafts* ‖ ⁓**werbefirma** f / outdoor plant ‖ ⁓**werbefläche** f / outdoor space ‖ ⁓**werbeunternehmen** n / outdoor plant ‖ ⁓**werbung** f / outdoor advertising ‖ ⁓**widerstand** m (Eltech) / load resistance ‖ ⁓**winkel** m (Math) / exterior angle*, external angle* ‖ ⁓**winkel** (eines konkaven n-Ecks) (des Vieleckswinkels) (Math, Verm) / salient angle* ‖ ⁓**zahnrad** n (Masch) / external gear ‖ ⁓**zahnradgetriebe** n (Masch) / external gear

**außer Betrieb setzen** / knock out v ‖ ⁓ **Dienst stellen** (Nukl) / decommission v (a nuclear power plant) ‖ **Eingriff** (Masch) / out of gear ‖ ⁓ **Eingriff bringen** (Masch) / demesh v ‖ ⁓ **Gleichgewicht** (Masch, Mech) / unbalanced adj, out of balance* attr ‖ ⁓ **Haus geben** (Arbeit) / put out v, contract s.th. out to s.o. ‖ ⁓ **Kontrolle geraten** / run wild v ‖ ⁓ **Kontrolle geratene Reaktion** (Nukl) / runaway reaction ‖ ⁓ **Phase** (Eltech, Fernm) / out of phase*, offset in phase, shifted in phase

**äußer•e** (**oberste**) **Anstrichschicht** (des Anstrichsystems) (Anstr) / outer paintwork, top paintwork ‖ ⁓**e Arbeit** (DIN 13 316) (Phys) / virtual work ‖ ⁓**e Atmosphäre** (Geophys) / outer atmosphere ‖ ⁓**e**

**Ballistik** (Phys) / exterior ballistics ‖ **~e Begrenzung** / perimeter n ‖ **~e Belastungskennlinie** (eines Generators) (Eltech) / external characteristic* ‖ **~e Bogenfläche** (Bau) / extrados* n, back n ‖ **~e Böschung** (HuT) / counterscarp n ‖ **~es Chromatogramm** (Chem) / external chromatogram ‖ **~e Dichtungswand** (Bau) / retention wall*, reception wall* ‖ **~e Druckform** (Schöndruckform - in Schön- und Widerdruck) (Druck) / outer forme ‖ **~e Form** (Schöndruckform - in Schön- und Widerdruck) (Druck) / outer forme ‖ **~er Fotoeffekt** (Eltronik) / external photoeffect, photoemission effect, external photoelectric effect ‖ **~e Gewölbefläche** (Bau) / extrados* n, back n ‖ **~es Glied** (einer Proportion) (Math) / extreme n, outer term, extreme term ‖ **~er Indikator** (Chem) / external indicator ‖ **~er Inhalt** (Math) / outer content, exterior content ‖ **~er Interzeptor** (Luftf) / outboard spoiler ‖ **~e Isolation** (Eltech) / external insulation ‖ **~e Isolation** (Luftstrecken und Oberflächen fester Isolationen von Betriebsmitteln in Luft) (Eltech) / system voltage insulation ‖ **~e Kehlnaht** (Schw) / corner seam ‖ **~es Keimblatt** (Zool) / ectoderm* n ‖ **~e Kennlinie** (Eltech) / external characteristic ‖ **~er Kern** (der Erde) (Geol) / outer core (the outer or upper zone of the earth's core) ‖ **~e Korrosion** (Galv) / external corrosion ‖ **~e Kraft** (Mech) / external force ‖ **~e Landeklappe** (Luftf) / outboard flap ‖ **~er lichtelektrischer Effekt** (wenn das Fotoelektron das Atom oder den Fremdkörper verläßt) (Eltronik) / external photoeffect, photoemission effect, external photoelectric effect ‖ **~es Magnetfeld** (Mag) / applied magnetic field ‖ **~es Maß** (nach Carathéodory) (Math) / outer measure ‖ **~e Mauerschale** (Arch) / mantle n ‖ **~e Phase** (Chem, Phys) / dispersion medium*, dispersive medium, continuous phase, external phase ‖ **~e Planeten** (Jupiter bis Pluto) (Astr) / outer planets ‖ **~es Potential** (Elektr) / Volta potential, outer potential, psi potential, Volta tension ‖ **~es Produkt** (Math) / cross product (of a vector)*, vector product* ‖ **~es Querruder** (Luftf) / low-speed aileron, outer aileron ‖ **~e Reibung** (Luftf, Phys) / skin friction*, surface drag, surface friction, surface traction ‖ **~e Reibung** (zwischen zwei Körpern) (Masch, Phys) / external friction ‖ **~er Ring** (Kfz) / ring road n, beltway n, belt highway (US) ‖ **~es Rohrende** (bei Rohrverbindungen) (Masch) / male end (of a pipe), tongue n ‖ **~e Rückführung** (Regeln) / external feedback* ‖ **~e Schieberdeckung** (Masch) / outside lap*, steam lap* ‖ **~e Schutzhülle** (Kab) / serving* n, oversheath n, bedding* n ‖ **~e Spannung** (Eltech) / external voltage ‖ **~er Speicher** (EDV) / external store, external memory, external storage ‖ **~e Spur** (EDV) / outer track (of a CD-ROM) ‖ **~er Standard** (in der Chromatografie) (Chem) / external standard ‖ **~er Stromkreis** (Eltech) / external circuit* ‖ **~e Symmetrie** (die mit Transformationen in Raum und Zeit verknüpft ist) (Phys) / space-time symmetry ‖ **~er Totpunkt** (von der Kurbelwelle abliegender Umkehrpunkt) (V-Mot) / top dead centre*, TDC ‖ **~er Wärmewiderstand** (Kühlkörperwärmewiderstand, gekapseltes Bauelement) (Eltech) / thermal case-to-ambient resistance ‖ **~e Weite** (eines Kanals) / width over plates ‖ **~er Wenderadius** (Kfz) / outside turning radius ‖ **~e Wicklung** (Eltech) / outer winding ‖ **~er Winkel** (Math) / exterior angle*, external angle

**außer•axial** adj / off-axis attr ‖ **~axiale Nachführung** (Teil der Ausrüstung von Amateurastrofotografen, der die Verwendung eines teuren Leitrohrs entbehrlich macht) (Astr) / off-axis tracking, off-axis guiding ‖ **~axialer Strahl** (Opt) / abaxial ray* ‖ **~band-Kennzeichengabe** f (Fernm) / outband signalling ‖ **~betriebliches System** (EDV) / out-plant system ‖ **~dienststellung** f (Nukl) / decommissioning* n (of a nuclear power plant) ‖ **~fokale Strahlung** (Radiol) / extrafocal radiation (of an X-ray tube), stem radiation ‖ **~galaktisch** adj (Astr) / extragalactic adj ‖ **~galaktischer Nebel** (Astr) / extragalactic nebula*

**außergewöhnlicher Hochwasserspeicherraum** (Wasserb) / surcharge (flood) storage
**außergewöhnlicher Strahl** (Licht, Opt) / extraordinary ray*, E ray
**außerhalb der Haupt•diagonale** (Math) / off-diagonal adj ‖ **~ des Hauses** / open-air attr, outdoor attr
**außerirdisch** adj (Leben, Forschung, Strahlung) / extraterrestrial* adj
**äußerlich** adj / external adj, exterior adj
**Außer•mittedrehen** n (Masch) / eccentric turning ‖ **~mittig** adj / eccentric* adj, off-centre attr ‖ **~mittige Belastung** (Mech) / eccentric load* n ‖ **~mittigkeit** f (Mech) / eccentricity* n, off-centre position ‖ **~ordentlich schwere See** (ein Seezustand) (Ozean, Schiff) / precipitous sea ‖ **~ordentlicher Strahl** (eine Teilwelle bei der Doppelbrechung) (Licht, Opt) / extraordinary ray, E ray ‖ **~planmäßig** adj / non-scheduled adj ‖ **~sinnlich** adj (Wahrnehmung) (Psychol) / extrasensory* adj (perception)
**äußerst** adj (letztmöglich) / utmost adj ‖ **~e Elektronenschale** (Chem, Kernphys) / valence shell, outer shell, peripheral shell ‖ **~e Spur** (EDV) / outermost track (of a CD-ROM)
**Außer•trittfallen** n des Bildgleichlaufs (TV) / phase swinging ‖ **~trittziehen** n (DIN 42005) (Eltech) / rising out of synchronism

**Äußerung** f (sprachliche) / utterance n
**Aussetz•belastung** f (Eltech) / intermittent loading*, periodic loading ‖ **~betrieb** m (Eltech) / periodic duty, intermittent duty*
**aussetzen** v (einer Einwirkung) / expose v, subject v ‖ **~** (z.B. Atomversuche) / suspend vt ‖ **~** (Satzfische) (Nahr, Zool) / plant v ‖ **~** (Boot) (Schiff) / launch v ‖ **~** (Zündfunke) (V-Mot) / miss v
**aussetzend** adj / intermittent adj, discontinuous adj ‖ **~e Belastung** (Eltech) / intermittent loading*, periodic loading ‖ **~er Betrieb** (Eltech) / periodic duty, intermittent duty* ‖ **~er Erdschluß** (Eltech) / intermittent earth* ‖ **~er Fehler** (Eltech) / intermittent fault, intermittent error
**Aussetzer** m (Mag) / drop-out* n ‖ **~** (V-Mot) / misfiring* n, misfire n, missing n ‖ **~betrieb** m (Eltech) / periodic duty, intermittent duty*
**Aussetz•fehler** m (Mag) / drop-out* n ‖ **~leistung** f (Eltech) / intermittent rating*
**Aussetzung** f / exposure n ‖ **~** (z.B. von Kernwaffenversuchen) (HuT, Mil) / discontinuance n, suspension n
**Aus•sicht** f / view n ‖ **~sichten** f pl (z.B. für einen Industriezweig) / outlook n (for the future), prospect for the future ‖ **weitere ~sichten** (Meteor) / further outlook ‖ **großes ~sichtsfenster** (eines Wohnzimmers) (Arch, Bau) / picture window ‖ **~sichtsstraße** f (Kfz) / scenic road ‖ **~sickern** v (Wasserb) / seep v, soak v (away), percolate v ‖ **~sickern** n (Wasserb) / seepage n, percolation n ‖ **~sieben** v / screen out v ‖ **~sieben** (Akus) / filter out v ‖ **~solen** v **von Salzstöcken** (Bergb) / solution mining ‖ **~solung** f (Bergb) / solution mining* ‖ **~sommern** n (der rohen Tonschollen) (Keram) / summering n, seasoning in summer ‖ **~sondern** v / segregate v, separate v ‖ **~sondern** v / single v, single out v ‖ **~sondern** (Landw) / rogue v ‖ **~sondern** n / segregation* n, separation n ‖ **~sondern** / singling n, singling-out n ‖ **~sondernde Prüfung** (bei der Kontrolle der Rückstände von Pflanzenschutzmitteln in Nahrung und Umwelt) (Nahr, Umwelt) / segregative screening ‖ **~spachteln** v (Bau) / trowel off v ‖ **~spänen** n (Masch) / chip relief
**aussparen** v (Masch) / recess v ‖ **~** (Tischl) / sink vt
**Aussparung** f (Druck) / window n ‖ **~** (als Ergebnis) (Masch) / recess n, hollow n, cavity n, relief n ‖ **~** (als Tätigkeit) (Masch) / recessing n, hollowing n, relieving n ‖ **~** (Tischl) / sinking* n ‖ **~** (beim Holzverband) (Zimm) / gain n ‖ **~** (inject v (the box sections - with)) ‖ **~ für das Schleusentor** (Wasserb) / gate-chamber* n ‖ **~ für die Einfassung** (von Schornsteinen, Rohren und Masten) (Bau) / raggle* n, raglet* n ‖ **~ im Lagerstuhl** (für Haltenasen) (Masch) / nesting hole slot(s) ‖ **~ in der Mauer** (für Unterputzleitungen usw.) (Bau) / chase* n
**aus•speichern** v (EDV) / roll out v, swap out v ‖ **~sperren** v (eine Kampfmaßnahme des Arbeitgebers) (F.Org) / lock out v ‖ **~sperrung** f (beim Arbeitskampf) (F.Org) / lock-out n ‖ **~spinngrenze** f (Spinn) / spinning limit, spin-out limit ‖ **~spinn-Nummer** f (Spinn) / spinning count ‖ **~spitzen** v (Bohrer) (Masch) / point v ‖ **~spitzen** n (des Bohrers) (Masch) / pointing n ‖ **~spitzmaschine** f (für Bohrer) (Masch) / pointer n ‖ **~spitzung** f (Masch) / web thinning (BS 328) ‖ **~spoolen** v (Druckdateien vor dem eigentlichen Druck in einen Pufferspeicher spielen, um dem Rechner während des Druckvorganges für andere Aufgaben frei zu haben) (EDV) / spool v, spool out v ‖ **~sprengen** v (mit Sprengstoff) (Bergb, HuT) / blast out v ‖ **~sprengen** n (Bau) / pit and pop, pitting and popping ‖ **~sprengung** f (aus dem Putz) (Bau) / pit and pop, pitting and popping ‖ **~springende Ecke** (Arch, Bau) / arris* n ‖ **~springende Gebäudeecke** (Arch) / hip n, piend n, pien n, arris n ‖ **~spritzen** v (z.B. Hohlräume) (Masch) / inject v (the box sections - with) ‖ **~spritzer** m (Fehler im Dekorbrennofen) (Keram) / spitout n, spitting n ‖ **~spritzmaschine** f (für Einwegbehälter) (Nahr) / rinser n ‖ **~sprungstelle** f (EDV) / exit* n, exit point n ‖ **~spülen** v / wash v, wash up v, rinse v, swill v, scour v ‖ **~spülen** v (EDV) / spool v, spool out v ‖ **~spülen** v (ein festsitzendes Schiff durch Wegspülen des Grunds) (Schiff) / float off v ‖ **~spülen** (Masch) / flush* n, flushing n, washing n, rinsing n ‖ **~spuren** v (Starterritzel) (Kfz) / demesh v ‖ **~stand** m (eine Kampfmaßnahme der Arbeitnehmer) (F.Org) / strike n ‖ **~stapeln** v / unpile v, depile v
**ausstatten** v / furnish v / supply vt ‖ **~** (mit) / provide v ‖ **~** (mit Zusatzwerkzeugen) (Werkz) / kit out v
**Ausstattung** f / equipment n, gear* n, outfit n ‖ **~** (Gesamtheit kleiner Geräte) / kit n ‖ **~** (mit Werkzeugen und Maschinen) (Werkz) / tooling n, outfit n, gear* n ‖ **~ gerätetechnische** (als komplexe Einheit) (Instr) / complexity n ‖ **ohne besondere ~** (Bau) / no-frills attr, with no frills ‖ **periphere ~** (Anlagen, die eine einfache Verbindung zur zentralen Recheneinheit haben) (EDV) / peripheral equipment ‖ **~ f für den Winter(einsatz)** (Luftf) / winterization n ‖ **~ mit Personal** / staffing n
**Ausstattungs•gegenstände** m pl (für ein Haus) (Bau) / furniture n, furnishings n, equipment n ‖ **~holz** n (For) / decorative wood, trim wood ‖ **~karton** m (Pap) / fancy board ‖ **~merkmal** n (bei technischen Beschreibungen) / feature n ‖ **~mittel** n pl (Packhilfsmittel) / labels and dressings ‖ **~paket** n (Kfz) / equipment

**Ausstattungspapier**

package || ⁓**papier** n (Pap) / fancy paper || ⁓**sperrholz** n (für Innenräume) (Tischl) / interior-type plywood || ⁓**tischlerei** f (Tischl) / high-class joinery, cabinet-making n
**Aus•stechzylinder** m (HuT) / sampling tube, sampling barrel || **~stecken** v (Landw) / prick off v, prick out v, transplant v, prick v || ⁓**steckstab** m (Verm) / picket* n, range rod, range pole, banderole n, ranging rod, ranging pole, flag-pole n, line rod || ⁓**steifelement** n (Bau, HuT) / shore n
**aussteifen** v / stiffen v || ~ (Bau, HuT, Masch) / reinforce v || ~ (mit Holz) (HuT) / timber v || ~ n (Bau, Zimm) / shoring n, propping n
**aussteifende Wand** (Arch) / tie wall*
**Aussteifwand** f (Arch) / tie wall*
**Aussteifung** f / stiffening n || ⁓ (Bau, HuT) / reinforcement n
**Aussteifungs•einlage** f (Mech) / stiffener n, stiffening n || ⁓**element** n (Bau, HuT) / brace* n, strut* n || ⁓**träger** m (wandartiger) (HuT) / diaphragm n || ⁓**verband** m (durch Windrispen) (Bau) / wind bracing (by sway rods)
**aussteigen** v (aus einem Auto, Boot) / get out v || ~ (aus einem Zug, Bus) / get off v || ~ (aus einem Flugzeug) (Luftf) / deplane v || ~ (aus einem Flugzeug oder Schiff) (Luftf, Schiff) / disembark v, land v || ⁓ n **im Weltraum** (Raumf) / space walk
**aussteinen** v (Nahr) / stone v, pit v (US)
**ausstellbares Fenster** (Kfz) / vent wing, quarter-light n
**Ausstelldreiecksfenster** n (Kfz) / quarter-light n, quarter-window n
**ausstellen** v (ein Dokument) / issue v || ~ (Waren) / exhibit v, display v || ~ (Rock, Hose) (Tex) / flare v
**Ausstellfenster** n (Kfz) / quarter vent || ⁓ (hintere Seitenscheibe) (Kfz) / hinged quarter window || ⁓**gummi** m (ein Dichtprofil) (Kfz) / vent rubber, vent-window rubber
**Ausstellung** f (z.B. Messe) / exhibition n, exposition n
**"Aus"-Stellung** f (Eltech) / off-position n
**Ausstellungs•areal** n / exhibition premises || ⁓**bus** m (Kfz) / demonstration van || ⁓**fahrzeug** n (Kfz) / demonstration van || ⁓**gelände** n / exhibition premises || ⁓**raum** m / showroom n, exhibition room
**aus•stemmen** v (Zimm) / chisel out v, notch v || ⁓**steuerbereich** m (Akus) / dynamic range, drive range
**aussteuern** v (EDV) / reject v, outsort v (card, etc. not read successfully) || ~ (Eltronik, Fernm, Radio) / modulate v
**Aussteuerung** f (Akus) / drive* n || ⁓ (Eltronik, Fernm, Radio) / modulation* n
**Aussteuerungs•bereich** m (Lautstärkeumfang) (Akus) / dynamic range, drive range || ⁓**drift** f (durch den Grad der Aussteuerung eines Transistors bedingte Änderung der Transistoreigenschaften) (Eltronik) / control drift, transistor drift || ⁓**grad** m (Fernm) / depth of modulation*, modulation depth*, modulation factor, percentage modulation* || ⁓**messer** m (Fernm) / peak program meter* || ⁓**messer** (Radio) / volume indicator* (V.I.), volume unit meter, VU meter* || **automatische** ⁓**regelung** (Radio) / automatic volume control*, AVC*
**Ausstieg, den** ⁓ **aus der Kernenergie vollziehen** (Nukl) / abandon nuclear power || ⁓**luke** f (Raumf) / hatch n
**Ausstiegs•beleuchtung** f (Kfz) / illuminated-exit system, exit lights || ⁓**leuchte** f (unten in der Türverkleidung) (Kfz) / kerb light, curb light (US), exit light || ⁓**seite** f (Kfz) / kerb side, curb side (US)
**Ausstiegtür** f (Bau) / trapdoor n, trap n
**ausstopfen** v (Tex) / stuff v, pad v, line v
**Ausstoß** m (eines Glasmacherstuhls) (Glas) / move* n || ⁓ (des Glasofens, meistens pro Tag) (Glas) / load n || ⁓ (Leistung eines Produktionsbetriebes oder einer Maschine an Fertigwaren in einem bestimmten Zeitraum) (Masch) / output* n, outturn n, produce n, production n (figure), production run, make n || ⁓ (des Mahlguts) (Masch) / discharge n, unloading n || ⁓ (von Schadstoffen) (Umwelt) / discharge n || ⁓ **in Tonnen** / tonnage n
**ausstoßen** v (Moleküle bei Eliminierungsreaktionen) (Chem) / expel v || ~ (z.B. Mahlgut) (Masch) / discharge v, unload v || ⁓ n (einer Kassette) / ejection n || ⁓ (mit der Ausstoßmaschine) (Leder) / setting-out n || ⁓ (der Abgase) (V-Mot) / exhaust* n
**Ausstoßer** m (z.B. an Pressen) (Masch) / ejector* n
**Ausstoßvorrichtung** f (z.B. an Pressen) (Masch) / ejector* n
**ausstrahlen** v (Phys) / radiate v, emit rays || ~ (mit Richtstrahlen) (Phys) / beam v || **über (im) Fernsehen** ~ (TV) / televise v, telecast v, transmit by television
**ausstrahlend** adj / outward bound, outbound adj, outward adj || **~er Verkehr** / outward traffic (GB), outbound traffic (US)
**Ausstrahlung** f (Chem, Phys) / emanation* n || ⁓ (Phys) / radiation* n || **spezifische** ⁓ (DIN 5031, T 1) (Phys) / radiant exitance || **unerwünschte** ⁓ (Fernm) / spurious radiation*, spurious emission, unwanted radiation || ⁓ f **desselben Programms zu verschiedenen Zeiten und auf verschiedenen Wellenlängen** (Radio) / diagonalizing n

**Aus•strahlungsfrost** m (Meteor) / radiational frost || ⁓**strahlwinkel** m (einer Antenne) (Radio) / wave angle* || ⁓**strecke** f (Spinn) / finisher drawing frame, finisher n
**ausstreichen** v (aus dem Text) (EDV, Typog) / strike out, strike through v || ~ vi (Geol) / outcrop v, crop out v, crop up n, come up to the grass || ⁓ n (Geol) / outcrop* n, outcropping n, crop* n, cropout n || **verdecktes** ⁓ (Geol) / blind apex*, suboutcrop* n || ⁓ n **des Frischmörtels auf dem zu versetzenden Stein** (Bau) / buttering* n
**Ausstreichrad** n (der Bogenanlage) (Druck) / stroke wheel
**Ausstrich** m (Geol) / outcrop* n, crop* n, cropout n, outcropping n || ⁓ (Med, Mikros) / smear n
**ausströmen** v / outflow v, discharge v, flow off v, run off v, pour out v || ~ (z.B. Gasbläser) (Bergb) / bleed off v || ~ (Lava) (Geol) / flow out v, issue v || ⁓ n (Chem, Phys) / emanation* n || ⁓ (Hyd, Phys) / outflow n, discharge n, running-out n, flowing-off n, running-off n, run-off n, draining-off n
**Ausströmer** m (Kfz) / air outlet
**Ausströmgeschwindigkeit** f (Bewegungsgeschwindigkeit, mit der die Teilchen des Antriebsstrahls die Austrittsöffnung eines Raketentriebwerks verlassen) (Raumf) / exhaust velocity*
**Ausströmungsgeschwindigkeit** f (Hyd, Phys) / outflow velocity, discharge velocity, efflux velocity
**aus•strudeln** v (Geol, Wasserb) / scour v, undermine v, undercut v, wash out v || ⁓**strudeln** n (Geol, Wasserb) / scouring* n, undermining n, undercutting n, wash-out n, scour n || **~suchen** v / select v, choose v || **~takten** v (mit dem Takt auslesen) (EDV, Eltronik) / clock out v
**austasten** v (Zeitsignale) (Eltronik) / gate v || ~ (Eltronik, TV) / blank v || ⁓ n (das Löschen von Darstellungselementen oder Anliegegruppen, die ganz oder teilweise außerhalb eines Fensters liegen) (EDV) / blanking n || ⁓ (von Zeitsignalen) (Eltronik) / gating* n || ⁓ (Eltronik, TV) / blanking* n
**Austast•impuls** m (TV) / blanking pulse || ⁓**lücke** f (TV) / blanking interval* || **horizontale** ⁓**lücke** (TV) / line blanking interval || **vertikale** ⁓**lücke** (TV) / vertical blanking interval*, field blanking*, field-blanking interval || ⁓**schaltung** f (fremdgesteuerte) (Radar) / killer circuit || ⁓**schulter** f (TV) / porch* n || ⁓**signal** n (TV) / blanking signal
**Austastung, horizontale** ⁓ (TV) / horizontal blanking*, line blanking || **vertikale** ⁓ (TV) / vertical blanking, vertical scanning*
**Austast•verfahren** n (Loran) (Radar) / blinking* n || ⁓**wert** m (DIN 45060) (TV) / blanking level
**Austausch** m (z.B. der Glühbirne) / replacement n || ⁓ / interchange n, exchange n, replacement n, substitution n || ⁓ (Chem, Phys) / exchange* n || ⁓ **paarweiser** ⁓ (EDV) / exchange sort || ⁓**adsorption** f (Chem, Phys) / exchange adsorption || **~aktive Gruppe** (bei Ionenaustauschern) (Chem) / functional group || ⁓**band** n (nach DIN 2341) (EDV) / data interchange tape || **~bar** adj / interchangeable adj, exchangeable adj || **~bar** ⁓ (Eltech) / interchangeable adj || ⁓**bau** m (F.Org, Masch) / interchangeable manufacturing || ⁓**bindung** f (Chem) / covalent bond*, atomic bond*, homopolar bond, electron-pair bond || ⁓**boden** m (der Bodenkolonne) (Chem Verf) / plate* n (GB), tray n (US) || ⁓**chromatografie** f (Chem) / exchange chromatography || ⁓**effekt** m (Phys) / exchange effect
**austauschen** v (Glühbirne) / replace v || ~ (die Arbeitsmengen von Adreßräumen austauschen) (EDV) / swap v
**Austausch•energie** f (Kernphys) / exchange energy || ⁓**energie** (Kernphys) s. auch Austauschintegral || ⁓**entartung** f (Kernphys) / exchange degeneracy || ⁓**enthärtung** f (Chem Verf) / ion-exchange softening
**Austauscher** m (Chem Verf, Wärm) / exchanger n || ⁓ s. auch Ionenaustauscher und Wärmeaustauscher
**Austausch•fertigung** f (F.Org, Masch) / interchangeable manufacturing || ⁓**gerbstoff** m (ein synthetischer Gerbstoff) (Leder) / exchange syntan, replacement syntan || ⁓**grad** m (Chem Verf) / plate efficiency, tray efficiency (US) || ⁓**harz** n (Chem) / ion-exchange resin* || ⁓**integral** n (Phys) / exchange integral || ⁓**kapazität** f (des Bodens) / exchange capacity || ⁓**kapazität** / exchange capacity || ⁓**koeffizient** m (in der Strömungslehre) (Phys) / austausch coefficient, exchange coefficient, interchange coefficient || ⁓**konstante** f (Chem) / exchange constant || ⁓**kraft** f (jede auf eine Austauschwechselwirkung zurückführbare Wechselwirkungskraft zwischen gleichartigen mikrophysikalischen Teilchen) (Phys) / exchange force* || ⁓**lufterhitzer** m (Hütt, Masch) / regenerative air heater* || ⁓**mischkristall(e)** m pl (Krist, Phys) / substitutional solid solution, substitutional mixed crystal || ⁓**motor** m (aus Neuteilen oder generalüberholt) (Kfz) / rebuilt engine, remanufactured engine || ⁓**name** m (Chem) / replacement name || ⁓**operator** m (Kernphys) / exchange operator, permutation operator || ⁓**phänomen** n (Spektr) / exchange phenomenon || ⁓**reaktion** f (Chem, Kernphys) / exchange reaction || ⁓**reaktion** f (Chem, Kernphys) s. auch Metathese || **Steinitzer** ⁓**satz** (in der linearen Algebra - nach E. Steinitz, 1871 - 1928) (Math)

/ Steinitz exchange theorem ‖ ⁓stoff m (Masch) / substitute material, alternative material, alternate material ‖ ⁓stromdichte f (die für die Hin- und Rückreaktion beim Gleichgewichtspotential gilt) / exchange current density ‖ ⁓stromdichte (z.B. in der Butler-Volmer-Gleichung) (Chem) / exchange-current density ‖ ⁓teilchen n (Kernphys) / exchange particle ‖ ⁓verband m (Math) / exchange lattice ‖ ⁓verbreiterung f (Spektr) / exchange broadening ‖ ⁓vermögen n (Chem) / exchange capacity ‖ ⁓verschmälerung f (Spektr) / exchange narrowing ‖ ⁓wechselwirkung f (Phys, Spektr) / exchange interaction ‖ ⁓werkstoff m (Masch) / substitute material, alternative material, alternate material

austeleskopieren v / telescope v

Austenit m (bei reinem Eisen zwischen 911 und 1392 °C - nach Sir W. Ch. Roberts-Austen, 1843-1902) (Hütt) / austenite* n ‖ ⁓formhärten n (eine thermomechanische Behandlung) (Hütt) / ausforming n, austenitic hot hardening ‖ ⁓formschmieden n (Hütt) / ausforging n

austenitisch adj (Hütt) / austenitic adj ‖ ⁓es Gußeisen (DIN 1694) (Hütt) / austenitic cast iron ‖ ⁓er Stahl (Hütt) / austenitic steel*

Austenitisieren n (DIN 17014, T 1) (Hütt) / austenitizing n
Austenitisierungstemperatur f (Hütt) / austenitizing temperature

aus•testen v / check out v, test out v ‖ ⁓tiefung f (in einer Ziegelfläche) (Bau) / frog n

Austrag m (Galv) / drag-out n ‖ ⁓ (des Mahlguts) (Masch) / discharge n, unloading n ‖ ⁓ (der Radioaktivität) (Nukl) / release n (uncontrolled)

austragen v (aussondern) (Aufber) / discard v ‖ ~ (aus einer Datei) (EDV) / remove v ‖ ~ (anhaftende Elektrolytmenge) (Galv) / drag out v ‖ ~ (z.B. Mahlgut) (Masch) / discharge v, unload v

Austrag•generator m (Masch) / self-clinkering producer ‖ ⁓rohr n (Klemp) / off-take pipe ‖ ⁓schnecke f (Landw) / grain discharge auger ‖ ⁓seite f (einer Fließstrecke) (Masch) / exit end

Austragung, bandförmige ⁓ (von Pestiziden) (Landw) / band application

Australien, aus ⁓ und Neuseeland stammende Wollsorten (Tex) / Australian wools

Australisch•e Haselnuß (Bot) / macadamia nut, Queensland nut ‖ ⁓e Schabe (Periplaneta australasiae L.) (Zool) / Australian cockroach ‖ ⁓e Silbereiche (Grevillea robusta A. Cunn. ex R. Br.) (For) / silky oak

Australit m (ein Tektit) (Min) / australite* n
Australnuß f (Bot) / macadamia nut, Queensland nut
austransferieren v (EDV) / roll out v, swap out v
Austreibedorn m (Masch) / pin-punch* n, pin n

austreiben v (Gase) / expel v, drive out v ‖ ~ (eine Zeile, um eine Verlängerung der Dimensionen der Satzkolumne zu erreichen) (Typog) / drive out v, white out v, space out v, quad v (set to full measure) ‖ aus der Wurzel ~ (Landw) / ratoon v ‖ ⁓ n / expulsion n (of gases from liquids) ‖ ⁓ (Desorption gelöster Gase aus Flüssigkeiten oder von festen Grenzflächen) (Chem) / desorption* n, stripping n ‖ ⁓ (von zwei oder mehr nebeneinanderliegenden Druckspalten) (Typog) / feathering n ‖ ⁓ (einer gesetzten Zeile) (Typog) / quadding n ‖ ⁓ von CO₂ oder H₂CO₃ (Chem, Nahr) / decarbonation n, decarbonizing n

Austreiber m (Masch) / drift* n, piercer n, drift punch, solid punch ‖ ⁓ (Masch) / pin-punch* n, pin n ‖ ⁓ (einer Absorptionskältemaschine) (Masch) / generator n ‖ ⁓kolonne f (Chem Verf) / desorber n, desorption tower

Austreiblappen m (des Kegelschafts des Bohrers) (Masch) / tang n

austreten v (Fett) / seep out v ‖ ~ (Opt) / emerge v ‖ unabgelenkt ~ (Opt) / emerge undeviated ‖ ⁓ n (von Gasen) / escape n ‖ ⁓ (von Harz) / exudation n ‖ ⁓ (Geol) / exposure n ‖ ⁓ (des Bindemittels im Straßenbau) (HuT) / bleeding* n ‖ ⁓ (Masch) / seepage n, weeping n

austretend•e Lichtintensität (Licht) / transmitted intensity ‖ ⁓er Strahl (Opt) / emergent beam, emerging beam ‖ ⁓e Welle (bei Antennen) (Radio) / outward-travelling wave, outgoing wave

Austrieb m (Gummiherstellung) (Chem Verf) / spew n, spue n ‖ ⁓ (Chem Verf, Hütt, Plast) / flash* n, spew n, spue n

Austritt m (z.B. des Wassers aus der Turbine) / leave n ‖ ⁓ (einer Treppe) (Bau) / stairhead n ‖ ⁓ (der Lava) (Eruption oder Effusion) (Geol) / extravasation n ‖ ⁓ (Öffnung) (Masch) / outlet n ‖ ⁓ (eines Strahls) (Opt) / emergence n ‖ ⁓ von Radioaktivität (Nukl, Radiol) / radioactivity release ‖ ⁓ (im Teilzylinder) (Masch) / vom Wälzpunkt bis zum Eingriffsende (Masch) / arc of recess*

Austritts•arbeit f (die Energie, die aufgebracht werden muß, um ein Elektron aus dem Innern eines Stoffes durch seine Oberfläche nach außen zu bringen) (Kernphys) / work function*, electronic work function ‖ fotoelektrische ⁓arbeit (bei der Fotoemission) (Eltronik) / photoelectric work function* ‖ thermische ⁓arbeit (Eltronik) / thermionic work function* ‖ ⁓arbeit f bei der Glühemission (Eltronik) / thermionic work function* ‖ ⁓kante f (der Bürste) (Eltech) / trailing edge ‖ ⁓öffnung f (Masch) / outlet n ‖ ⁓öffnung (z.B. in der Fluidik) (Masch) / port n ‖ ⁓öffnung (z.B. eines Objektivs) (Opt) / exit pupil*, exit port ‖ ⁓pupille f (z.B. eines Objektivs) (Opt) / exit pupil*, exit port ‖ ⁓rohr n (Klemp) / off-take pipe ‖ ⁓seite f (von Walzen) (Hütt) / delivery side ‖ ⁓seite (der Wasserturbine) (Wasserb) / downstream n, downstream end ‖ ⁓spalt m (des Stoffauflaufs) (Pap) / slice* n ‖ ⁓spalt (des Massenspektrometers) (Phys) / output slit ‖ ⁓stelle f (Masch) / outlet n ‖ ⁓stufe f (Bau) / last step, landing step, end step ‖ ⁓verlust m (Masch) / outlet loss ‖ ⁓winkel m (eines Strahls) (Opt) / emergence angle, emergent angle

austrocknen vt / dry up vt, desicate v ‖ ~ vi / dry out v ‖ ⁓ n / drying n, desiccation* n, exsiccation* n, drying-out n

Austrocknungsvermögen n (z.B. bei poikilohydrischen Pflanzen) (Bot) / drought tolerance

Ausufern n (Wasserb) / spill n

Aus- und Einbau m (Masch) / remove and refit, remove and install

Ausverkauf m wegen Geschäftsaufgabe / closing-down sale, going-out-of-business sale (US)

Ausvulkanisieren n (Chem Verf) / tight cure

Auswahl f / selection n, choice n ‖ ⁓ (Kollektion) / range n, collection n ‖ ⁓ (Netzauswahl) (Fernm) / dial-out n ‖ ⁓ (Stats) / selection n, sampling n ‖ bewußte ⁓ (Stats) / purposive sampling, purposive selection ‖ ⁓ f aus dem Menü (EDV) / menu selection ‖ ⁓ mit veränderlichen Auswahlwahrscheinlichkeiten (Stats) / selection with arbitrary probabilities ‖ ⁓ mit willkürlich gesetzten Wahrscheinlichkeiten (Stats) / selection with arbitrary probabilities ‖ ⁓axiom n (Math) / axiom of choice

auswählbar adj (Attribut, Element - PL/1) (EDV) / generic adj

Auswahl•box f (EDV) / option box ‖ ⁓cursor m (EDV) / selection cursor

auswählen v / select v, choose v ‖ ⁓ (ein Element mit dem Auswahlcursor markieren) (EDV) / select v ‖ ~ (aus einem Listenfeld) (EDV) / select v (from a list box)

Auswahl•feld n (EDV) / select field ‖ ⁓frage f (Stats) / multiple-choice question, cafeteria question ‖ ⁓logik f / selector logic ‖ ⁓priorität f (EDV) / dispatching priority ‖ Laportesche ⁓regel (für erlaubte Übergänge müssen die miteinander kombinierenden Atomzustände verschiedene Parität haben) (Kernphys) / Laporte selection rule ‖ ⁓regeln f pl (auf Erhaltungssätzen von physikalischen Größen basierende Regeln, die angeben, zwischen welchen Zuständen Übergänge stattfinden können) (Kernphys) / selection rules*, nuclear selection rules* ‖ ⁓sortierung f (EDV) / selection sort, selection sorting, sorting by selection, straight insertion sort

aus•wälzen v (die Arbeitsmenge eines Adreßraumes) (EDV) / roll out v, swap out v ‖ ~walzen v (Hütt) / roll out v ‖ ~walzen (zu Feinblech) (Hütt) / sheet v ‖ ⁓walzgrad m (Hütt) / degree of roll-out, roll-out degree ‖ ~wandern v / migrate out v ‖ ⁓wärtsdiffusion f / outward diffusion

Auswaschbarkeit, erleichterte ⁓ von Flecken (Tex) / stain-release n ‖ ⁓ f von Schmutzflecken (Tex) / soil release (SR)

Auswascheffekt m (bei Fermentern) (Chem Verf) / washout n

auswaschen v / wash out v, rinse out v ‖ ~ (Nährstoffe aus dem Oberboden) (Landw) / dilute v ‖ ⁓ n (Chem Verf) / elutriation* n, levigation* n, washing n ‖ ⁓ des Flußbettes (Geol) s. auch Seitenerosion ‖ ⁓ des Harzes / deresinification, deresination n ‖ ⁓ mit Säurebrause (beim Bleichen) (Tex) / degging n

Auswasch•reliefdruckstock m (aus Nylon) (Druck) / nylon printing plate ‖ ⁓rinne f (heute weitgehend durch automatisierte Aufbereitungsanlagen verdrängt) (Bergb) / sluice* n, sluice box*, launder* n

Auswaschung f (Flöz) (Bergb) / wash-out n, fouls* pl ‖ ⁓ (Geol, Wasserb) / water erosion, wash n, hydraulic erosion

auswaschungsfest adj (z.B. Holzschutzmittel) (For) / leach-resistant adj

auswechselbar adj / interchangeable adj, exchangeable adj ‖ ~ / demountable adj, detachable adj, removable adj ‖ ~ (Sicherung) (Eltech) / interchangeable adj ‖ ~e Pflugkörperspitze (besonders bei Forstpflügen) / sock n

auswechseln v (Glühbirne) / replace v

Auswechslung f / interchange n, exchange n, replacement n, substitution n ‖ ⁓ (Abfangen eines Balkens oder Sparrens, der nicht in ganzer Länge von einem Auflager zum anderen durchgehen kann - z.B. wegen Schornstein, Treppe oder Deckenöffnungen) (Bau, Zimm) / trimming n

Ausweichanschlußstelle f (eine Bahnanlage der freien Strecke) (Bahn) / siding n, passing track, passing place, railway siding

Ausweiche f (HuT) / passing place

ausweichen v (einem Druck) / give way, back away ‖ ~ (abrupt) (Kfz) / swerve v ‖ ⁓ n (in der Mälzerei) (Brau) / casting n

ausweichende Prellung (Uhr) / resilient escapement*

Ausweich•flugplatz m (Lufft) / alternate aerodrome, alternative airport, alternate airfield* ‖ ⁓frequenz f (Radio) / alternate frequency ‖ ⁓gleis n (Bahn) / passing place, siding* n, hole* n ‖ ⁓gleis (Bergb) / turn-off n, lay-by n, turnout* n, pass-by n ‖ ⁓kraftstoff m (Kftst) / substitute fuel, alternative fuel, replacement

**Ausweichlandung**

fuel ‖ ~**landung** f (Luftf) / diversionary landing ‖ ~**manöver** n (Luftf) / evasive action ‖ ~**rechenzentrum** n (EDV) / back-up processing centre ‖ ~**stelle** f (Bergb) / turn-off n, lay-by n, turnout* n, pass-by n ‖ ~**stelle** (HuT) / passing place ‖ ~**straße** f (Kfz) / relief road ‖ ~**strecke** f (Kfz) / relief road
**Ausweichung** f (Elongation) (Astr) / elongation* n
**ausweiden** v (Wild) (Nahr) / disembowel v, eviscerate v, draw v
**Ausweis** m / badge n ‖ ~**karte** f / badge n ‖ ~**leser** m (EDV) / badge reader, identification card reader, ID card reader, identity card reader
**ausweißen** v (Anstr) / limewash v, whitewash v
**Ausweissystem** n (EDV) / identification system
**Ausweisung** f (eines neuen Baugebiets) (Bau) / subdivision n (US), division into lots
**ausweiten** vt / stretch vt (the elastic) ‖ ~ v (Masch) / funnel v ‖ **glockenförmig** ~ (Masch) / bell v, bell out v ‖ ~ n / stretching n
**Auswendiglernen** n (KI) / rote learning
**auswerfen** v / eject v ‖ ~ / project v ‖ ~ n / ejection n
**Auswerfer** m (z.B. an Pressen) (Masch) / ejector* n ‖ ~**formhälfte** f (bewegliche Formhälfte) (Gieß) / ejector half, ejector die half ‖ ~**führung** f (Hütt, Masch) / guide n ‖ ~**platte** f (Masch) / ejector plate ‖ ~**stange** f (beim Spritzgießen) / ejector rod ‖ ~**stift** m (Masch) / ejector pin, knock-out pin ‖ ~**taste** f (des Recorders) / eject key, eject button
**Auswertelogik** f (EDV) / scoring logic
**auswerten, Ergebnisse grafisch** ~ (Math) / plot v
**Auswertung** f / evaluation n (of a system) ‖ ~ (kommerzielle) / exploitation n ‖ ~ (von Daten) (EDV) / reduction n ‖ ~ (KI) / attachment n ‖ ~ (von Luft- oder Fernerkundungsbildern - digitale) (Verm) / data extraction ‖ **visuelle** ~ (z.B. von Fernerkundungsaufnahmen) / visual interpretation ‖ ~ f **eines Luftbildpaares** (Verm) / compilation from an aerial stereopair
**Auswertungsmaschine, stereokartografische** ~ (Kart, Luftf) / stereoplotter n, stereoplotting machine
**Auswintern** n (Keram) / seasoning in winter
**auswirken, sich stark** ~ (auf) / impact v (on)
**Auswirkung** f / effect n, action* n ‖ ~ (negative) (Umwelt) / impact n ‖ **mittelbare** ~ (meistens negative) / knock-on effect
**Aus•witterung** f (die Erscheinung, daß gelöste Substanzen in einem porösen Körper durch Kapillarität an die Oberfläche steigen und dort einen Überzug bilden - z.B. in der Salzsteppe) (Geol) / efflorescence n ‖ ~**wringen** v (Tex) / wring v (out) ‖ ~**wringen** n (Tex) / wringing n
**Auswuchs** m / outgrowth n ‖ ~ (vorzeitiges Keimen dsr Getreides) (Landw) / sprouting n ‖ ~**getreide** (Landw) / sprouted grain, sprouting grain
**Auswuchtbohrung** f (in der Kurbelwelle) (Kfz) / balance hole
**auswuchten** v (Masch, Mech) / balance v ‖ ~ (durch Gegenmasse) (Masch, Mech) / counterbalance v ‖ ~ n (durch Gegenmasse) (Masch, Mech) / counterbalancing n ‖ ~ (Masch, Mech) / balancing n ‖ ~ **am Fahrzeug** (Kfz) / on-the-car balancing ‖ ~ **des demontierten Rades** (Kfz) / off-the-car balancing
**Auswucht•gewicht** n (zur Massenkorrektur) (Masch) / balance weight, balancing weight ‖ ~**gewicht** (aus Blei) (Masch) / lead (balancing) weight ‖ ~**maschine** f (für Räder) (Kfz) / wheel balancer ‖ ~**maschine** (Masch) / balancing machine*
**Auswuchtung, dynamische** ~ (Mech) / dynamic balancing ‖ **statische** ~ (Masch) / static equilibration, static balancing
**Auswurf** m (Material) (Geol) / ejecta* pl, ejectamenta* pl ‖ ~ (von Staub) (Geol) / emission n ‖ ~ (Geol) / projection n ‖ **feinkörniger** ~ (eines Konverters) (Hütt) / spittings pl ‖ ~**bogen** m (des Feldhäckslers) (Landw) / spout n ‖ ~**bogen** (bei Gebläsen) (Landw) / outlet n ‖ ~**effekt** m (des Schraubendrehers aus dem Kreuzschlitz) (Werkz) / camout n ‖ ~**fell** n (Leder) / slunk n ‖ ~**krümmer** m (Landw) / outlet n ‖ ~**masse** f (Geol) / ejecta* pl, ejectamenta* pl ‖ ~**rate** f (Radiol) / release rate (of radioactivity), emission rate
**Auswurfsmaterial** n (vulkanisches) (Geol) / ejecta* pl, ejectamenta* pl
**Auswurfüberwachungsgerät** n (Nukl) / effluent monitor*
**aus•zacken** v (Leder) / scallop v ‖ ~**zacken** (Masch) / jag vt ‖ ~**zacken** (Tex) / pink v, pink out v ‖ ~**zackschere** f (Tex) / pinking scissors, pinking shears ‖ ~**zahlungsfunktion** f (in der Spieltheorie) (Stats) / pay-off function ‖ ~**zahlungsmatrix** f (Math) / pay-off matrix ‖ ~**zehren** v (Flotte) (Leder, Tex) / exhaust v, spend v ‖ ~**zehren** (ein Färbebad) (Tex) / exhaust v ‖ ~**zehrung** f (Leder) / exhaustion n, spending n ‖ ~**zeichnen** v (Ware mit Preisen) / mark v, price v ‖ ~**zeichnen** (bei der Satzanweisung) (Manuskript) (Typog) / mark up v ‖ [größere] ~**zeichnungsschriften** (Typog) / display types ‖ ~**zementieren** n **der waagerechten Schieferplattenfugen** (von innen) (Bau) / torching* n
**ausziehbar** adj / telescopic adj ‖ ~ (in die Länge) / stretchable adj, extensible adj, tensile adj, tractile adj ‖ ~ / withdrawable adj ‖ **nach unten** ~**e gußgekapselte Schaltvorrichtung** (Eltech) /

vertical-draw-out metal-clad switchgear ‖ ~**es Bodenstativ** (Film) / telescopic floor stand ‖ ~**e Fluggastbrücke** (Luftf) / telescopic bridge, jetty n ‖ ~**es Lampenstativ** (ein Bodenstativ) (Film) / telescopic floor stand ‖ ~**er Stempel** (Bergb) / telescopic (hydraulic) prop
**ausziehen** v / pull out v (of), draw out v ‖ ~ (Stempel) (Bergb) / strike v ‖ ~ (Gieß) / withdraw v, lift off v ‖ ~ (ein Färbebad) (Tex) / exhaust v ‖ ~ n (Pharm) / digestion n
**ausziehend•er Schacht** (Bergb) / upcast ventilating shaft, uptake n ‖ ~**e Wetterstrecke** (Bergb) / return airway*, return aircourse*
**Auszieher** m (Kfz, Werkz) / extractor n, puller n
**Auszieh•färbeverfahren** n (ein diskontinuierliches Verfahren zum Aufbringen von Farben auf Stoffe) (Tex) / exhaustion dyeing*, exhaust dyeing ‖ ~**hilfsmittel** n (in der Textilfärberei) (Tex) / exhausting agent ‖ ~**kurve** f (Tex) / exhaustion curve, exhaustion diagram ‖ ~**länge** f (einer Leiter) / extension length (of a ladder) ‖ ~**schacht** n (Abwetteröffnung einer Grube mit Ventilator über Tage) (Bergb) / upcast shaft*, upcast n, discharge air shaft ‖ ~**schirm** m (Luftf) / pilot chute*, pilot canopy, pilot parachute ‖ ~**schirm** (Luftf) / extraction parachute ‖ ~**tür** f (Tischl) / telescopic type door ‖ ~**tusche** f / drawing ink ‖ ~**verfahren** n (Gegenstück zu Klotzen) (Tex) / exhaustion dyeing*, exhaust dyeing ‖ ~**walzwerk** n (Hütt) / extraction mill ‖ ~**widerstand** m (von Nägeln) (Zimm) / resistance to drawing
**aus•zimmern** v (Bergb) / timber v, crib v ‖ ~**zippen** v (mittels Reißverschluß herausnehmen) (Tex) / zip out v ‖ ~**zirkulieren** v (einen Kick) (Erdöl) / circulate out v
**Auszubildender** m (F.Org) / apprentice n, trainee n ‖ ~ **in der Druckindustrie** (Druck) / printer's devil
**Auszug** m (aus einem Dokument) / extract n ‖ ~ (eines Stempels) (Bergb) / striking n, stroke n ‖ ~ (Farbauszug) (Druck, Foto) / colour separation*, separation* n ‖ ~ (Verlängerung des Objektivs) (Foto) / extension n ‖ **wäßriger** ~ (Chem) / water extract
**Auszugs•film** m (Foto) / separation film ‖ ~**mehl** n (Ausmahlungsgrad 40%, Mehltype 405) (Nahr) / patent flour ‖ ~**negativ** n (Foto) / separation negative ‖ ~**positiv** n (Schwarzweißfilm-Kopie von Separationsnegativen) (Foto) / separation master ‖ ~**positiv** (Foto) / separation positive
"**Aus**"-**Zustand** m (Eltech) / off-state n
**Authentifikation** f (EDV, Fernm) / authentication n, verification n
**Authentifizierung** f (Überprüfung der Echtheit) (EDV, Fernm) / authentication n, verification n ‖ ~ **der Partnerinstanz** (EDV, Fernm) / peer-entity authentication ‖ ~ **des Ursprungs eines Berichts** (Fernm) / report origin authentication
**authigen** adj (am Fundort selbst entstanden) (Geol) / authigenic* adj
**Authoring** n (EDV) / authoring n ‖ ~-**Tools** pl (Hilfe für die redaktionelle Bearbeitung) (EDV) / authoring tools ‖ ~-**Werkzeuge** n pl (EDV) / authoring tools
**Autizidverfahren** n (biologische Schädlingsbekämpfung bei Insekten mit geschlechtlicher Vermehrung) (Biol, Umwelt) / auticide process, sterile male technique, sterile insect release method, autocidal control*
**Auto** n (Kfz) / car n, automobile n ‖ ~- (Kfz) / automotive adj ‖ **kleines, leistungsfähiges, sparsames** ~ (Kfz) / econobox n ‖ **offenes** ~ (Kfz) / cabriolet n, cabrio n, convertible n, soft-roof convertible (US), drophead n (GB), drop-top n (GB) ‖ ~ **schadstoffarmes** ~ (Kfz) / low-pollutant car, emission-controlled car ‖ **umweltfreundliches** ~ (Kfz) / low-pollutant car, emission-controlled car
**Auto•abdeckung** f (Kfz) / car cover, auto bonnet, car-top (plastic) cover ‖ ~**adhäsion** f (zwischen zwei gleichartigen Adhärenden) / autoadhesion n ‖ ~**aggressionskrankheit** f (Med) / autoimmune disease* ‖ ~**analyzer** m (Automat, der selbsttätig Laboruntersuchungen durchführt) (Chem) / autoanalyser n, autoanalyzer n (US) ‖ ~**antenne** f (Kfz) / car aerial ‖ **elektronische** ~**antenne** (Kfz) / electronic antenna (AM/FM) ‖ ~**antigen** n (Biochem, Med) / autoantigen n ‖ ~**antikörper** m (Biochem, Physiol) / autoantibody n ‖ ~**atlas** m (Kart, Kfz) / motoring atlas ‖ ~**aufkleber** m (meistens auf dem Stoßfänger) (Kfz) / bumper sticker (US)
**Autobahn** f (Kfz) / motorway n (GB)*, freeway n (US), superhighway n (US), Fwy ‖ ~**gebührenpflichtige** ~ (Kfz) / toll-road n, turnpike n (US), pike n, tpk ‖ ~**fahrzyklus** m (Kfz) / highway driving cycle, HDC ‖ ~**kleeblatt** n (symmetrisches, asymmetrisches - eine Anschlußstelle) (HuT, Kfz) / cloverleaf n, cloverleaf interchange ‖ ~**knoten** m (HuT, Kfz) / interchange n, access point ‖ ~**kreuz** n (HuT, Kfz) / rotary interchange ‖ ~**papier** n (das den Feuchtigkeitsentzug des Frischbetons einer Betondecke nach unten verhindern soll) (HuT, Pap) / concreting paper ‖ ~**plakette** f (Kfz) / toll sticker (US) ‖ ~**standspur** f (HuT) / hard shoulder ‖ ~**station** f (A) (Kfz) / service area (GB) ‖ ~**vignette** f (Kfz) / toll sticker ‖ ~**zubringer** m (HuT, Kfz) / slip-road n (GB) ‖ ~**zubringerstraße** f (HuT, Kfz) / slip-road n (GB)
**Auto•bauding** n (Verfahren zur automatischen Adaption asynchroner Modems auf die maximal mögliche Übertragungsgeschwindigkeit und zur Abstimmung der verwendeten Zeichenstruktur und Parität

an der Datenschnittstelle) (EDV) / autobauding n ‖ **~betonpumpe** f (auf dem LKW-Fahrgestell aufgebaut) (HuT) / lorry-mounted concrete pump, truck-mounted concrete pump (US) ‖ **~bezugsstoff** m (Kfz, Tex) / car upholstery fabric, car seat covering fabric, automotive fabric ‖ **~bücherei** f (Kfz) / mobile library, bookmobile n (US) ‖ **~bumsen** n (Kfz) / car banging ‖ **~bus** m (Kfz) / bus n, motor bus, motor-coach n ‖ **~car** m (S) (pl. Autocars) (Kfz) / coach n (GB), motor coach

**autochthon** adj (Geol, Umwelt) / autochthonous* adj ‖ **~e Kohle** (Bergb) / in situ coal

**Auto·coner** m (automatische Kreuzspulmaschine) (Spinn) / autoconer n ‖ **~copser** m (ein Schußspulautomat) (Spinn) / autocopser n ‖ **~digestion** f (Biochem) / autolysis* n (pl. autolyses) ‖ **~doping** n (unerwünschte Dotierung von epitaktischen Schichten) (Eltronik) / autodoping n ‖ **~drom** n (Versuchsgelände) (Kfz) / vehicle proving ground ‖ **~duplikation** f (Gen) / autoreduplication n ‖ **~dyn** n (Radio) / autodyne n, self-heterodyne n, autoheterodyne n, endodyne n ‖ **~dynempfänger** m (Radio) / autodyne receiver* (a device that is both an oscillator and detector) ‖ **~elektrik** f (Eltronik, Kfz) / auto-electrics n, car's electrics n ‖ **~elektrik** f (Eltronik, Kfz) / automotive electrical equipment ‖ **~elektronik** f (elektronische Ausrüstung) (Eltronik, Kfz) / automotive electronic equipment (system) ‖ **~elektronischer Effekt** (Eltronik) / autoemission n, autoelectric effect, cold emission, field emission* n ‖ **~empfänger** m (Radio) / car radio ‖ **~fähre** f (Kfz) / car ferry ‖ **~fahren** n (Kfz) / motoring n ‖ **~fahrer-Rundfunk-Information** f (Kfz) / ARI n, driver information system ‖ **~fell** n (Kfz) / sheepskin seat cover ‖ **~fining** n (alter katalytisch-hydrierender Entschwefelungsprozeß der Erdölraffination) (Erdöl) / Autofining n ‖ **~fining-Verfahren** n (Erdöl) / Autofining n ‖ **~fokus** m (Foto) / autofocus n, automatic focusing*, AF* ‖ **~fokus** m (Foto) / autofocus, automatic focusing*, AF* ‖ **~frachter** m (Schiff) / car carrier ‖ **~frettage** f (z.B. eines dickwandigen Zylinders) (WP) / autofrettage n ‖ **~friedhof** m (Kfz, Umwelt) / car dump, breaker's yard, car mortuary, scrapyard n ‖ **~gamie** f (Bot) / self-fertilization* n, autogamy* n ‖ **~gas** n (ein Flüssiggas) (Kftst) / liquefied petroleum gas

**autogen·es Fugenlöten** (Schw) / gas braze welding ‖ **~er Reaktivantrieb** (Luftf) / jet propulsion*, reaction propulsion*, duct propulsion ‖ **~es Schneiden** (Schw) / gas-cutting n, oxygen cutting, flame cutting*, oxy-cutting n

**Autogen·härten** n (Hütt) / flame-hardening* n ‖ **~mühle** f (eine spezielle Trommelmühle) / autogenous tumbling mill, autogenous mill ‖ **~schweißen** n (Schw) / oxyacetylene welding*, autogenous welding

**Auto·giro** n (Luftf) / gyroplane* n, autogyro n, rotaplane* n, autogiro n ‖ **~grafie** f (DIN 16544) (Druck) / autolithography* n, autography n ‖ **~häsion** f / tack n ‖ **~hersteller** m (Kfz, Masch) / car maker, motor car manufacturer ‖ **~immunkrankheit** f (Med) / autoimmune disease* n ‖ **~immunopathie** f (Med) / autoimmune disease* n ‖ **~indizierung** f (bei älteren Rechnern) (EDV) / autoindexing n ‖ **~industrie** f (Kfz) / automobile industry, car industry, automotive industry (US), motor industry ‖ **~inkrement-Adressierung** f (EDV) / autoincrement addressing n ‖ **~ionisation** f (die Ionisation eines Atoms oder Moleküls infolge Doppelanregung) (Kernphys) / preionization n, autoionization n ‖ **~ionisation** n (Kernphys) s. auch Auger-Effekt ‖ **~karte** f (Kart) / road-map n ‖ **~katalyse** f (Chem) / autocatalysis* n (pl. -catalyses) ‖ **~katalytisch** adj (Chem) / autocatalytic adj ‖ **~katalytische Zersetzung** (Chem) / autocatalytic decomposition ‖ **~katalytische Zinnabscheidung** (Galv) / autocatalytic tin plating ‖ **~kindersitz** m (Kfz) / child's safety seat, child's seat, baby seat, infant carrier ‖ **~klastisch** adj (Geol) / autoclastic adj ‖ **~klav** m (Druckgefäß) (Bau, Chem) / autoclave* n ‖ **~klav** (zur Sterilisation) (Nahr) / autoclave n, retort n (US) ‖ **~klavbehandlung** f (von Beton) (Bau) / autoclaving n, high-pressure steam curing, autoclave curing ‖ **~klavenerde** n (Nahr) / retort crate (US) ‖ **~klavgips** m (Bau) / autoclave plaster ‖ **~klavhärtung** f (von Beton) (Bau) / autoclaving n, high-pressure steam curing, autoclave curing ‖ **~klavieren** n (Nahr) / autoclaving n ‖ **~koagulation** f (Biol, Chem) / autocoagulation n ‖ **~kollimation** f (Opt) / autocollimation n ‖ **~kollimator** m (Opt) / autocollimator* n

**Autökologie** f (Lehre von der Beziehung der Organismen zu ihrer Umgebung) (Umwelt) / autecology* n

**Auto·konfiguration** f (EDV) / autoconfiguration n ‖ **~konservierung** f (Getreidelagerung in hermetisch abgeschlossenen Behältern) (Landw) / sealed storage n ‖ **~kopser** m (ein Schußspulautomat) (Spinn) / autocopser n ‖ **~korrelation** f (Eltronik) / autocorrelation n ‖ **~korrelationsanalyse** f (Stats) / autocorrelation analysis ‖ **~korrelationsfunktion** f (DIN 1311, T 1) (Stats) / autocorrelation function n ‖ **~kovarianzfunktion** f (Stats) / autocovariance function n ‖ **~kran** m (auf einem LKW-Fahrgestell montierter Auslegerkran) (Masch) / truck-crane n, truck-mounted crane, autotruck crane ‖ **~krankheit** f (eine Kinetose) (Med) / car sickness ‖ **~lack** m (Anstr, Kfz) / car finish, automotive coating ‖ **~leder** n (Leder) / chamois n ‖ **~lith** m (Einschluß eines jüngeren Magmas in einen älteren, wobei beide von dem gleichen Muttermagma stammen) (Geol) / autolith n, cognate inclusion ‖ **~lith** m (endogener Einschluß) (Geol) / autolith n, cognate inclusion ‖ **~lithografie** f (ein altes Vervielfältigungsverfahren) (Druck) / autolithography* n, autography n

**autologes Antigen** (Biochem, Med) / autoantigen n

**Auto·luftfähre** f (Luftf) / air-ferry n ‖ **~lysat** n (Biochem) / autolysate n ‖ **~lyse** f (Biochem) / autolysis* n (pl. autolyses)

**Automat** m / automaton* n (pl. automatons or automata) ‖ **~** (Masch) / automatic n ‖ **[Waren-, Spiel-] ~** (Masch) / slot-machine n, coin machine ‖ **abstrakter ~** (Math) / abstract automaton ‖ **endlicher ~** (mathematisches Modell zur Beschreibung von Schaltsystemen, Nervennetzen und anderen digital arbeitenden kybernetischen Systemen) (Math) / finite automaton, finite-state machine, finite-state automaton, FSA ‖ **endlicher erkennender ~** (EDV, Eltronik) / finite-state acceptor ‖ **konkreter ~** (EDV) / concrete automaton ‖ **lernender ~** (der das Verhalten des Gesamtsystems und seine Anpassung an die Umgebung durch Lernen verbessern kann) (EDV) / learning machine ‖ **linear beschränkter ~** (restriktive Turing-Maschine) (EDV) / linear-bounded automaton (LBA) ‖ **minimaler ~** (reduzierter endlicher Automat) (EDV) / minimal machine ‖ **nicht deterministischer ~** (EDV, Math) / non-deterministic FSA ‖ **prozeßflexibler ~** (Masch) / process-flexible automaton ‖ **sequentieller ~** (EDV) / sequential machine ‖ **stochastischer ~** (EDV) / stochastic automaton, probabilistic automaton ‖ **zellularer ~** (EDV) / cellular automaton*, CA

**Automaten·drehen** n (Masch) / turning on automatics ‖ **~messing** n (Hütt, Masch) / free-cutting brass*, leaded brass ‖ **~schützen** m (DIN 64685) (Web) / shuttle for automatic loom(s) ‖ **~schweißbrenner** m (Schw) / machine flame cutter, automatic flame cutter ‖ **~stahl** m (DIN 1651) (Hütt, Masch) / free-cutting steel, free-machining steel ‖ **~theorie** f (EDV, Math) / automata theory ‖ **abstrakte ~theorie** (zur mathematischen Beschreibung von Systemen und Prozessen) (Math) / abstract automata theory

**Automatic-Schraubendreher** m (Werkz) / pump-action screwdriver, torque driver

**Automatik·filmspule** f (Film) / self-loading reel ‖ **~getriebe** n (Masch) / automatic transmission* ‖ **~gurt** m (Kfz) / inertia-reel seat belt, safety-belt with automatic coil-up, automatic seat belt, retractor seat belt ‖ **~kamera** f (Film, Foto) / automatic camera* ‖ **~sicherheitsgurt** m (Kfz) / inertia-reel seat belt, safety-belt with automatic coil-up, automatic seat belt, retractor seat belt ‖ **~spule** f (Film) / self-loading reel ‖ **~tuner** m (Radio) / self-seeking tuner ‖ **~uhr** f (Uhr) / self-winding watch*

**Automation** f (Automatisierung und ihre Auswirkung auf soziale und wirtschaftliche Systeme - DIN 19223) (F.Org) / automation* n

**automatisch** adj / automatic adj, self-acting adj ‖ **~** (ohne Eingriff des Bedienungspersonals) (Masch, Regeln) / unattended adj ‖ **nicht ~** / non-automatic adj ‖ **~e (lichttelektrische) Korrektion der bei der Nachführung auftretenden Restfehler** (Astr) / autoguiding n ‖ **~er Start** (EDV) / autoboot n ‖ **~e Abfrage** (EDV) / autopolling n, automatic polling ‖ **~er Abgleich** (Eltech, Regeln) / automatic balancing ‖ **~er Abrufbetrieb** (EDV) / autopolling n, automatic polling ‖ **~e Abstimmung** (Radio) / automatic tuning ‖ **~er Alarmzeichenempfänger** (Radio) / auto-alarm n, automatic alarm receiver ‖ **~er Anrufaufzeichner** (Fernsp) / automatic call recorder ‖ **~e Anrufeinrichtung (AAE)** (EDV) / automatic calling unit (ACU) ‖ **~er Anrufverteiler** (Fernsp) / automatic call distributor, ACD ‖ **~e Anrufverteilung** (Fernsp) / automatic call distribution ‖ **~e Antwort** (eine bedienerlose Reaktion des Terminals) / auto-answer n ‖ **~es Antwortgerät** (die Kombination aus einem Empfänger, einem Umsetzer und einem Sender) (Fernm, Nav) / transponder* n, transmitter responder, xponder n, XPR, TXP, TPDR, XPDR ‖ **~e Astronavigation** (Nav) / automatic celestial navigation, celestial guidance ‖ **~e Aussteuerungsregelung** (Radio) / automatic volume control, AVC* ‖ **~e Bandwaage mit einer Registriereinrichtung** (Aufber) / weightometer* n ‖ **~e Beantwortung** (EDV) / autoanswer n ‖ **~e Bildübertragung** (Funkfax) (Fernm) / automatic picture transmission, ATP ‖ **~er Blinkgeber** (Eltech) / flasher* n ‖ **~er Blockierverhinderer** (Kfz) / anti-blocking device, skid-control system, anti-lock(ing) device, anti-skid (brake) system, ABS brake ‖ **~e Datenverarbeitung** (EDV) / automatic data processing*, ADP, datamation n ‖ **~es (selbstbremsendes) Differential** (Kfz) / multiplate limited-slip differential, limited-slip differential, friction-disk differential ‖ **~er Drehmomentschlüssel** (Kfz, Werkz) / click-type torque wrench, automatic cutout torque wrench ‖ **~e Empfindlichkeitsregelung mit Schwelleneinstellung** (Radio) / quiet automatic volume control*, delayed automatic gain control*, quiet automatic gain control, LQAGC, QAVC ‖ **~e Endabschaltung** (Eltronik) / auto-cut n, automatic cut ‖ **~e**

**automatisch**

**Fahrscheinentwertung** / ticket-dating by machine ‖ **~er Fallschirm** (der durch eine mit dem Luftfahrzeug verbundene Aufziehleine zur Entfaltung gebracht wird) (Luftf) / automatic parachute* ‖ **~es Flurfördersystem** / automatic guided vehicle system ‖ **~es Flüssigkeitsgetriebe** (Kfz) / fluid drive, hydramatic transmission (General Motors) ‖ **~es Folienbondverfahren** (Eltronik) / tape-automated bonding, TAB ‖ **~e Frequenzabstimmung** (bei FM-Empfang) (Radio) / automatic frequency control*, AFC ‖ **~e Frequenzregelung** (Radio) / automatic frequency control*, AFC ‖ **~e Geräteprüfung** (EDV, Eltronik) / hardware check, automatic check (when applied to hardware), built-in check ‖ **~es Getriebe** (Masch) / automatic transmission* ‖ **~e Gittervorspannung** (Eltronik) / self-bias $n$ ‖ **~e Helligkeitsregelung** (TV) / automatic brightness control* (ABC), automatic background control ‖ **~e Kamera** (bei der die [meisten] Bedienungsfunktionen automatisiert sind) (Film, Foto) / automatic camera* ‖ **~e Klimaanlage** (Kfz) / automatic climate control system ‖ **~e Konstruktionstechnik** / automated design engineering, ADE ‖ **~es Kurzreferat** (EDV) / auto-abstract $n$, automatic abstract ‖ **~e Kurzunterbrechung** (Eltech) / automatic reclosing ‖ **~e Landehilfe** (Luftf) / autoflare* $n$ ‖ **~e Lautstärkeregelung** (Radio) / automatic volume control*, AVC ‖ **~es Lichtbogenschweißen** (Schw) / automatic arc welding* ‖ **~e Montage** / automatic assembly, mechanized assembly ‖ **~es Montieren** / automatic assembly, mechanized assembly ‖ **~e Nachführung** (Zielverfolgung) (Radar) / automatic tracking* ‖ **~e Nachstellung** (Kfz) / self-adjustment $n$ ‖ **~es Nivellier** (Verm) / autoset level, automatic level ‖ **~es Nivellier** (Verm) / self-levelling level*, automatic level ‖ **~e Papierbahn-Anklebevorrichtung** (Druck) / autopaster* $n$, flying paster*, automatic reel change* ‖ **~es Peilgerät** (Luftf) / automatic direction-finder, ADF ‖ **~e Phasenregelung** (TV) / automatic phase control*, APC* ‖ **~er Probengeber** (Chem) / automatic sampler, autosampler $m$ ‖ **~e Programmierung** (EDV) / automatic programming* ‖ **~e Prüfung** (der elektronischen Bauteile) (Eltronik) / built-in test, BIT ‖ **~es Radarbild-Auswertegerät** (Radar) / automated radar plotting aid, ARPA ‖ **~e Regelung** (Regeln) / automatic control* ‖ **~e Rostbeschickungsanlage** (Masch) / automatic stoker*, mechanical stoker*, firing machine ‖ **~er Ruf** (Fernsp) / keyless ringing, machine ringing ‖ **~e Rufwiederholung** (Fernsp) / automatic retry ‖ **~er Satz** (Typog) / automatic setting ‖ **~e Scharfabstimmung** (Radio) / automatic tuning* ‖ **~e Scharfeinstellung** (Foto) / autofocus $n$, automatic focusing*, AF* ‖ **~es Schnappschloß** (des Kopplungsmechanismus) (Raumf) / latch assembly ‖ **~es Schweißen** (Schw) / automatic welding ‖ **~er Schwundausgleich** (Radio) / automatic gain control*, AGC* ‖ **~es Sperrdifferential** (Kfz) / automatic slip-control differential, ASD $n$, automatic limited-slip differential ‖ **~e Spracherkennung** (EDV, KI) / automatic speech recognition, ASR ‖ **~e Sprachübersetzung** (die Maschine übersetzt allein) (EDV) / fully automatic translation, machine translation (of languages), computer translation, MT ‖ **~e Spurfolgenregelung** (TV) / dynamic track following ‖ **~er Startvorgang** (EDV) / autoboot $n$ ‖ **~e Steuerung** (Regeln) / automatic control* ‖ **~er Stoker** (Masch) / automatic stoker*, mechanical stoker*, firing machine ‖ **~e Störaustastung** (Radio) / muting* $n$, desensitizing $n$ ‖ **~e Stummabstimmung** (Fernm) / interstation noise suppression* ‖ **~er Tonarmlift** (bei Plattenspielern) (Eltronik) / auto-cut $n$, automatic cut ‖ **~e Türverriegelung** (Eltech) / automatic gate lock* ‖ **~es Unterschneiden** (EDV, Typog) / automatic kerning, autokerning $n$ ‖ **~e Verknüpfung** (DDE-Verbindung, bei der Server im Falle einer Datenaktualisierung alle Clientprogramme automatisch und unaufgefordert mit den geänderten Daten versorgt) (EDV) / hot link, automatic link ‖ **~e Verstärkungsregelung** (Radio) / automatic gain control*, AGC* ‖ **~e Verstellung** (der Luftschraube) **auf große Steigung** (Luftf) / auto coarse pitch*, automatic pitch coarsening ‖ **~e Vorschubeinrichtung** (EDV) / automatic carriage ‖ **~er Vortriebsregler** (Luftf) / autothrottle* $n$ ‖ **~e Wähler-Prüfeinrichtung** (Fernsp) / routiner* $n$ ‖ **~es Weitertelegrafieren** (mit Zwischenspeicherung) (Teleg) / automatic retransmission ‖ **~e Werkzeugmaschine** (Masch) / automatic $n$ ‖ **~e Wiedereinschaltung** (Eltech) / automatic reclosing ‖ **~e Wiederholung** (nach Ablauf der Kassette) (Akus, Eltronik) / autorepeat $n$ ‖ **~e Wiederholung** (auf der Tastatur) (EDV) / autorepeat $n$ ‖ **~e Wiederholung bei Aufforderung** (EDV) / automatic request for repeat, ARQ ‖ **~e Wiederholung des Verbindungsversuches** (Fernsp) / automatic repeat attempt ‖ **~e Wiederholungsanforderung** (tritt bei der Datenübertragung ein Fehler auf, wird die Übertragung automatisch wiederholt) (EDV) / automatic request for repeat, ARQ ‖ **~es Wörterbuch** (bei der maschinellen Übersetzung) (EDV) / automatic dictionary ‖ **~es Zeichnen** (mit dem Rechner) (EDV) / automated draughting ‖ **~er Zeilenumbruch** (Druck, EDV) / wordwrap $n$, wraparound $n$ ‖ **~er Zeilenwechsel** (bei der Texteingabe) (EDV) / wrap $n$, wrap mode ‖ **~e Zielansteuerung** (Mil, Nav) / homing guidance (that form of missile guidance wherein the missile steers itself toward a target by means of a mechanism actuated by some distinguishing characteristic of the target), homing $n$ ‖ **~e Zuführung** (Masch) / power feed* ‖ **~er Zugbetrieb** (Bahn) / automatic train operation* ‖ **~e Zugsteuerung** (Bahn) / automatic train operation* ‖ **~ zuschaltender Allradantrieb** (Kfz) / real-time four-wheel drive, automatically engaging four-wheel drive

**automatisieren** $v$ / automate $v$
**automatisierte Fabrik** / unmanned factory
**Automatisierung** $f$ (DIN 19233) / automatization $n$, automation* $n$ ≟ (DIN 19233) s. auch Automation und Vollautomatisierung ‖ **flexible** ≟ (F.Org) / flexible automation ‖ ≟ **f der Büroarbeiten** (Rationalisierung der Tätigkeiten im Büro durch rechnergestützte Büroinformationssysteme) (EDV, F.Org) / office automation (ISO/IEC 2382, part 27), OA
**Automechaniker** $m$ (Kfz) / car mechanic
**Automerisierung** $f$ (Chem, Spektr) / automerization $n$ ‖ ≟ (Chem, Spektr) s. auch Topomerisierung
**auto•metamorph** adj (Min) / penecontemporaneous adj ‖ ≟**metamorphose** $f$ (in der deuteristischen Phase) (Geol) / autometamorphism $n$ ‖ ≟**metrie** $f$ (automatische Meßdatengewinnung und -verarbeitung) / autometry $n$
**Automobil** $n$ (Kfz) / car $n$, automobile $n$ ‖ ≟ **mit stillgelegter Abgaseinrichtung** (Kfz) / desmogged car ‖ ≟**industrie** $f$ (Kfz) / automobile industry, car industry, automotive industry (US), motor industry ‖ ≟**kran** $m$ (Masch) / truck-crane $n$, truck-mounted crane, autotruck crane ‖ ≟**mechaniker** $m$ (Kfz) / car mechanic ‖ ≟**motor** $m$ (Kfz, V-Mot) / automobile engine ‖ ≟**versuchsgelände** $n$ (Kfz) / vehicle proving ground
**Automonitor** $m$ (EDV) / automonitor $n$, automatic monitor
**automorph** adj (Geol, Krist, Min) / idiomorphic* adj, euhedral* adj, automorphic adj ‖ **~e Funktion** (spezielle analytische Funktion) (Math) / automorphic function
**Automorphismus** $m$ (Isomorphismus einer algebraischen Struktur auf sich) (Math) / automorphism* $n$
**autonom** adj / autonomous* adj, autonomic* adj ‖ ~ (Einheit) / self-contained adj ‖ ~ (Arbeitsplatzrechner) (EDV) / stand-alone attr ‖ **~e Befehlsausführung** (EDV) / autonomous working ‖ **~e Lenkung** (Luftf) / preset guidance ‖ **~e Regelung** (Regeln) / independent control ‖ **~e Replikation** (Gen) / self-replication $n$ ‖ **~es Robotersystem** / autonomous robot system ‖ **~er Simultanbetrieb** (EDV) / autonomous working ‖ **~es System** (Phys, Regeln) / autonomous system
**Autonomisierung** $f$ (bei Regelkreisen und anderen rückgekoppelten Systemen) (Regeln) / autonomization $n$
**Auto•packer** $m$ (Kfz) / flat-bed recovery vehicle ‖ ≟**-Paletot** $m$ (Kfz) / car cover, auto bonnet, car-top (plastic) cover ‖ ≟**paster** $m$ (Druck) / autopaster* $n$, flying paster*, automatic reel change* ‖ ≟**-Pelerine** $f$ (Kfz) / car cover, auto bonnet, car-top (plastic) cover ‖ ≟**pilot** $m$ (Kfz) / cruise control* ‖ ≟**pilot** (Luftf) / automatic pilot*, autopilot* $n$, gyro-pilot $n$, George* $n$ ‖ ≟**pilot als Machzahl-Halter eingesetzt** (Luftf) / Mach holder ‖ ≟**politur** $f$ (Anstr, Kfz) / finish restorer ‖ ≟**polsterbezugsstoff** $m$ (Kfz, Tex) / car upholstery fabric, car seat covering fabric, automotive fabric ‖ ≟**polsterstoff** $m$ (Kfz, Tex) / car upholstery fabric, car seat covering fabric, automotive fabric ‖ ≟**protolyse** $f$ (Säure-Base-Disproportionierung) (Chem) / self-ionization $n$, self-dissociation* $n$
**Autor** $m$ (COBOL) (EDV) / author $n$ ‖ ≟ (eines Virenprogramms) (EDV) / creator of a virus
**Auto•racemisation** $f$ (Chem) / autoracemization $n$ ‖ ≟**racemisierung** $f$ (Chem) / autoracemization $n$ ‖ ≟**radio** $n$ (Stereo) (Kfz) / car stereo ‖ ≟**radio** (Radio) / car radio ‖ ≟**radiochromatografie** $f$ (Chem) / autoradiochromatography $n$ ‖ ≟**radiografie** $f$ (Radiol) / autoradiography* $n$ ‖ **~radiografische Aufnahme** (Radiol) / autoradiograph* $n$, radioautograph $n$, autoradiogram $n$ ‖ ≟**radiogramm** (Radiol) / autoradiograph* $n$, radioautograph $n$, autoradiogram $n$ ‖ ≟**razemisation** $f$ (Chem) / autoracemization $n$ ‖ ≟**razemisierung** $f$ (Chem) / autoracemization $n$ ‖ ≟**reduplikation** $f$ (Gen) / autoreduplication $n$ ‖ ≟**regeneration** $f$ / self-regeneration $n$ ‖ ≟**regression** $f$ (Math, Stats) / autoregression $n$ ‖ **~regressiver Prozeß** (ein stochastischer Prozeß) (Stats) / autoregressive process ‖ **~regressiver Prozeß der gleitenden Mittel** (Stats) / autoregressive moving average process ‖ ≟**regulation** $f$ (Selbststeuerung bestimmter Körperfunktionen) (Med) / autoregulation $n$ ‖ ≟**reisezug** $m$ (Bahn) / motorail $n$ (train), auto train (US)
**Autoren•exemplar** $n$ (Druck) / author's copy ‖ ≟**honorar** $n$ (Druck) / royalty $n$ ‖ ≟**korrektur** $f$ (meistens Ergänzungen und Änderungen) (Druck) / author's correction, author addition (AA)
**Auto•rennen** $n$ (Vorgang) (Kfz) / racing $n$ ‖ ≟**rennen** (Ereignis) (Kfz) / race $n$

**Autoren•programm** *n* (EDV) / authoring program ‖ **~sprache** *f* (bei tutoriellen Lehrstrategien) (EDV) / author language ‖ **~system** *n* (EDV) / authoring system
**Auto•reparaturlack** *m* (Anstr, Kfz) / vehicle refinishing paint, car refinishing paint ‖ **~repeat** *n* (bei Kassettenrekordern und CD-Playern) (Akus, Eltronik) / autorepeat *n* ‖ **~restart** *m* (zu Beginn jeder Datenbanksitzung) (EDV) / autorestart *n* ‖ **~reverse** *n* (Rückspielautomatik bei Kassetten-Abspielgeräten) / autoreverse *n* ‖ **~riemen** *m* (Kfz) / automotive belt
**autorisiert, nicht ~** / illicit *adj*, unauthorized *adj* ‖ **~er Benutzer** (EDV) / legitimate user, authorized user ‖ **~er Zugriff** (der aufgrund vorher übertragener Rechte ausdrücklich erlaubt ist) (EDV) / authorized access
**Autorität** *f* (z.B. der elektronischen Dämpfungsregelung, so daß der Pilot bei der Steuerung nur eine untergeordnete Rolle spielt) (Luftf) / authority *f*
**Autoritätsentzug** *m* (EDV) / authority revocation
**Autorkorrektur** *f* (das Lesen des Abzuges von Satz sowie das Anzeichnen der Satzfehler und die Angabe von gewünschten Änderungen durch den Autor) (Druck) / author's correction, author addition (AA)
**Auto•rotation** *f* (Luftf) / autorotation* *n*, self-rotation *n* ‖ **~routing** *n* (automatische Layouterzeugung von Verbindungen zwischen Bauelementeanschlüssen auf Leiterplatten und Chips) (Eltronik) / autorouting *n* ‖ **~sampler** *m* (automatisches Probenaufgabegerät für die Analytik) (Chem) / automatic sampler, autosampler *m* ‖ **~schlange** *f* (Kfz) / queue of cars, line of cars ‖ **~schlauchventil** *n* (Kfz) / Schrader valve ‖ **~schnellstraße** *f* **mit Richtungsfahrbahnen** (Kfz) / divided highway, dual expressway (US) ‖ **~schütter** *m* (Kfz) / dumper* *n*, dumping truck, dump truck (US) ‖ **~spengler** *m* (Kfz) / body repair man, body man, body technician ‖ **~spenglerei** *f* (Kfz) / panel beating*, sheet-metal forming ‖ **~steckdose** *f* (Steckdose für ortsunabhängige Verbraucher im Kraftfahrzeug) (Kfz) / vehicle socket ‖ **~stecker** *m* (Stecker für ortsunabhängige Verbraucher im Kraftfahrzeug) (Kfz) / vehicle plug ‖ **~straße** *f* (Kfz) / highway *n*, Hwy, Hy ‖ **~teil** *n* (Kfz) / automotive part ‖ **~telefon** *n* (Fernsp) / motor-car telephone, car radiotelephone, car telephone, car phone ‖ **~test** *m* (Kfz) / road test ‖ **~test** (auf dem Testgelände) (Kfz) / car test ‖ **~therm** *adj* (Vergasung) / autothermic *adj* ‖ **~thermatikkolben** *m* (mit eingegossenen Stahlstreifen - der Übergang vom Kopf zum Schaft ist nicht geschlitzt - ähnlich dem Autothermikkolben) (Kfz) / autothermatic piston ‖ **~thermikkolben** *m* (mit Streifen aus Stahlblech als dehnungshemmendes Glied) (Kfz) / autothermic piston ‖ **~transduktor** *m* (Eltech) / autotransductor* *n* ‖ **~transporter** *m* (Kfz) / haulaway *n* ‖ **~transporter** (Spezialfrachtschiff für den Transport von Kraftfahrzeugen) (Schiff) / car carrier ‖ **~mehrstöckiger ~transportwagen** (Bahn) / rack car ‖ **~troph** *adj* (sich aus Mineralstoffen selbst Nährstoffe bildend) (Bot) / autotrophic* *adj* ‖ **~trophe Bakterien** *f pl* (Bakteriol) / autotrophic bacteria* ‖ **~tür** *f* (Kfz) / car door ‖ **~typie** *f* (Druck) / half-tone block* ‖ **~typieraster** *m* (Druck, Foto) / screen* *n*, half-tone screen ‖ **~unterstand** *m* (Kfz) / carport *n*, garage-porch ‖ **~vektor** *m* (Vektor-Interrupt, bei dem das Lesen der Vektornummer wegfällt und der diesem Interrupt zugeordnete Befehlszähler aus der Vektortabelle direkt in das Steuerwerk des Rechners geladen wird) (EDV) / autovector *n* ‖ **~verkehr** *m* (Kfz) / motor traffic ‖ **~verleih** *m* (Kfz) / car hire, rent-a-car (service) ‖ **~versicherung** *f* (Kfz) / motor insurance, car insurance, motor-vehicle insurance ‖ **~wachs** *n* (Kfz) / car wax, car polish ‖ **~waschanlage** *f* (Kfz) / car wash, automatic car wash ‖ **~werkstatt** *f* (Kfz) / garage *n* (commercial), car repair shop ‖ **~werkzeug** *n* (Kfz) / automotive tool, car tool
**Autoxidation** *f* (Chem) / autoxidation* *n*, autooxidation *n*
**Autoxidator** *m* (Chem) / autoxidator* *n*
**Autozidverfahren** *n* (biologische Schädlingsbekämpfung bei Insekten mit geschlechtlicher Vermehrung) (Biol, Umwelt) / auticide process, sterile male technique, sterile insect release method, autocidal control*
**Auto•zoom** *n* (Film) / automatic zoom ‖ **~zubehör** (Kfz) / car accessories
**Autracon** *n* (For) / autracon *n*
**Autunit** *n* (Kalkuranglimmer) (Min) / autunite* *n*, calcouranite *n*
**Auwers-Skita-Regel** *f* (Chem) / Auwers-Skita rule
**auxanografischer Test** (zur Ermittlung des Spektrums assimilierbarer Substrate) / auxanographic test
**Auxin** *n* (ein Pflanzenwuchsstoff) (Bot, Chem) / auxin* *n*
**auxochrom•e Gruppe** (Chem) / auxochrome* *n*
**auxotroph** *adj* (auf Zusatz eines bestimmten Stoffes zur Nahrung angewiesen - z.B. Bakterien oder Pilze) / auxotrophic *adj* ‖ **~er Mutant** (Gen) / auxotrophic mutant, auxotroph mutant, defect mutant
**AV** / audio-visual *adj*, AV ‖ **~** (F.Org) / job planning, job scheduling, operations scheduling

**Available-light-Fotografie** *f* (mit dem verfügbaren Licht, also ohne zusätzliche Lichtquellen) (Foto) / available-light photography*
**Avalanche•-Diode** *f* (eine Halbleiterdiode nach DIN 41855) (Eltronik) / avalanche diode* ‖ **~-Effekt** *m* (bei Halbleitern) (Eltronik) / avalanche effect* ‖ **~-Fotodiode** *f* (Eltronik) / avalanche photodiode (APD) ‖ **~-induced-Migration** *f* (ein Verfahren zur Programmierung von bestimmten bipolaren PROMs) (EDV, Eltronik) / avalanche-induced migration (AIM)
**avanciertes Potential** (Phys) / advanced potential
**AV-Anschluß** *m* (Fernm) / AV jack
**Avantfinisseur** *m* (beim französischen Vorbereitungsverfahren in der Kammgarnspinnerei) (Spinn) / third-bobbin drawing box
**Avanturin** *m* (Min) / aventurine *n*
**Avenalin** *n* (Globulin des Hafers) (Chem, Landw) / avenalin *n*
**Avenin** *n* (Prolamin des Hafers) (Chem, Landw) / avenin *n*
**Aventurin** *m* (Schmuckstein aus Quarz oder Feldspat) (Min) / aventurine *n* ‖ **~feldspat** *m* (Min) / aventurine feldspar*, sunstone* *n*, heliolite *n* ‖ **~glas** *n* (rotes) (aus Murano) (Glas) / aventurine glass ‖ **~glasur** *f* (Keram) / aventurine glaze (containing coloured, opaque spangles of non-glassy materials such as copper, gold, chrome, or haematite which give the glaze a shimmering appearance) ‖ **~quarz** *m* (Min) / aventurine quartz*, gold-stone *n*, gold-aventurine *n*, Indian jade*
**Avermectin** *n* (ein Makrolidantibiotikum) (Pharm) / avermectin *n*
**A-Verstärker** *m* ($A_1$-Verstärker: Betrieb ohne Gitterstrom, $A_2$-Verstärker: Betrieb mit Gitterstrom - DIN 44400) (Fernm) / class-A amplifier*
**AVG** (F.Org) / operation* *n*, work cycle*
**Avidin** *n* (tetrameres Glykoprotein aus rohem Hühnereiweiß) (Biochem) / avidin *n*
**Avidität** *f* (Wechselwirkung zwischen multivalenten Antikörpern und multideterminanten Antigenen) (Biol) / avidity *n*
**Avionik** *f* (Sammelbezeichnung für elektronische Geräte und Ausrüstungen der Luftfahrt) (Eltronik, Luftf) / avionics* *n*, aeronautical electronics
**avirulent** *adj* (Med) / avirulent *adj*
**Avirulenz** *f* (Med) / avirulence *n*
**Avitaminose** *f* (Erkrankung beim völligen Fehlen von Vitaminen) (Med) / avitaminosis* *n* (pl. -oses)
**Avivage** *f* (von Garnen mit Präparationsölen) (Spinn) / lubrication *n* ‖ **~** (von Viskosefilamentgarnen) (Spinn) / avivage *n* ‖ **~** (Aufhellen von Farben) (Tex) / brightening *n*, livening *n* ‖ **~** (Weichmachen von Geweben durch Nachbehandlung mit Seifen und Ölen) (Tex) / soft finish, softening* *n*, avivage *n* ‖ **~mittel** *n* (Tex) / lubricant *n*, lubricating agent ‖ **~mittel** (z.B. Seife oder Öl) (Tex) / softener *n*, softening agent
**Avivierechtheit** *f* (DIN 54092) (Tex) / brightening fastness
**avivieren** *v* (Farben) (Tex) / brighten *v*, liven *v*
**Aviviermittel** *n* (Tex) / lubricant *n*, lubricating agent
**Avizid** *n* (ein vogeltoxisches Produkt, wie z.B. Queletox, Starlicide usw.) / avicide *n*
**AVL-Baum** *m* (binärer Baum, bei dem sich in jedem Knoten die Höhen der Teilbäume um höchstens Eins unterscheiden) (EDV, Math) / balanced tree
**Avocadoöl** *n* (aus dem Fruchtfleisch der Avocadobirne) (Chem, Nahr) / avocado oil, alligator-pear oil
**Avodiré** *n* (Turraeanthus africana Pellegr. - dekoratives Furnier- und Tischlerholz) (For, Tischl) / avodiré *n*
**Avogadro•-Konstante** (in mol$^{-1}$ nach DIN 1304) (Phys) / Avogadro number*, Avogadro's number, Avogadro constant* ‖ **~sches Gesetz** (Phys) / Avogadro's law*, Avogadro's hypothesis ‖ **~sche Temperaturskale** (Phys) / ideal gas temperature scale, Avogadro temperature scale
**Avulsion** *f* (Geol) / avulsion *n*
**AW** (Bahn) / repair works
**Awaruit** *m* ($Ni_3Fe$) (Min) / awaruite *n*
**AW-Bauelement** *n* (Eltronik) / acoustic-wave device
**AWE** (Eltech) / automatic reclosing
**AWL** / selector logic
**AWSB** (Fernsp) / call forwarding on busy, CFB
**AWSN** (Fernsp) / call forwarding no reply, CFNR
**Axerophthol** *n* (Vitamin A) (Biochem) / antixerophthalmic vitamin
**axial** *adj* / axial* *adj* ‖ **~e Chiralität** (Chem) / axial chirality ‖ **~er Druck** (Mech) / axial pressure ‖ **~es Einstechdrehen** (Masch) / trepanning *n* ‖ **~e Empfindlichkeit** (Akus) / axial response* ‖ **~e Symmetrie** (Krist) / axial symmetry, holoaxial symmetry ‖ **~e Symmetrie** (bezüglich einer Achse) (Math) / axial symmetry ‖ **~e Übertragungsfaktor** (Akus) / axial response* ‖ **~er Vektor** (z.B. der Winkelgeschwindigkeit) (Phys) / axial vector ‖ **~er Vektor** (Phys) s. auch Pseudovektor ‖ **~er Vorsatzläufer** (Masch) / inducer *n* ‖ **~er Vorschub** (Masch) / axial feed

**Axial-**

**Axial •** - / axial* adj ‖ **⁓abscheideverfahren** n (aus der Gasphase) / axial vapour-phase oxidation process, AVPO ‖ **⁓chiralität** f (Chem) / axial chirality ‖ **⁓druck** m (Mech) / axial pressure ‖ **⁓drucklager** n (Masch) / axial thrust bearing, thrust bearing ‖ **⁓gebläse** n (mit einem Druckverhältnis von 1,1 bis 3) (Masch) / propeller fan*, axial-flow fan, axial fan ‖ **⁓gleitlager** n (Masch) / plain thrust bearing ‖ **⁓-Kippsegementlager** n (Masch) / pivoted segmental thrust bearing, tilting-pad thrust bearing ‖ **⁓-Kippsegmentlager** n (Bauart Michell - nach A.G.M. Michell, 1870-1959) (Masch) / Michell bearing* ‖ **⁓-Kippsegmentlager** (Bauart Kingsbury) (Masch) / Kingsbury thrust bearing ‖ **⁓kompressor** m (Masch) / axial compressor*, axial-flow compressor* ‖ **⁓kraft** f (Mech) / longitudinal force, axial force ‖ **⁓kreisel** m (Raumf) / axial gyro ‖ **⁓lager** n (Masch) / axial thrust bearing, thrust bearing ‖ **⁓lüfter** m (Masch) / axial fan, axial-flow fan ‖ **⁓pendelrollenlager** n (Masch) / axial self-aligning roller bearing ‖ **⁓rad** n (der Turbine, der Kreiselpumpe) (Masch) / axial-flow wheel ‖ **⁓-Radial-Lager** n (Belastung sowohl in axialer als auch in radialer Richtung) (Masch) / thrust-journal bearing ‖ **⁓-Radialverdichter** m (Masch) / axial-centrifugal compressor ‖ **⁓-Schlag** m (doppelte größte Abweichung von der Drehebene) (Masch) / axial eccentricity, axial runout ‖ **⁓schnitt** m (bei technischen Zeichnungen) (Masch) / axial plane ‖ **⁓schub** m (Masch) / axial thrust ‖ **⁓segmentlager** n (Masch) / pad thrust bearing ‖ **⁓spiel** n (Längsspiel der Welle) (Eltech, Masch) / end play ‖ **⁓strahl** m (Opt) / axial ray ‖ **⁓symmetrie** f (Math) / axial symmetry ‖ **~symmetrisch** adj (Math) / axisymmetric adj, axially symmetric, symmetrical about a line ‖ **⁓teilung** f (bei Schrägzahnrädern nach DIN 3960) (Masch) / axial pitch (BS 2519) ‖ **⁓triebwerk** n (mit Axialverdichter) (Luftf) / axial engine ‖ **⁓turbine** f (mit parallel zur Welle durchströmtem Laufrad) (Luftf) / axial-flow turbine* ‖ **⁓vektor** m (Phys) / axial vector ‖ **partiell erhaltener ⁓vektorstrom** (Kernphys) / oartially conserved axial current, PCAC ‖ **⁓verdichter** m (Masch) / axial compressor*, axial-flow compressor* ‖ **⁓verlagerung** f (von zwei Wellen zueinander) (Masch) / axial misalignment ‖ **⁓versatz** m / axial misalignment ‖ **⁓vorschub** m (Masch) / axial feed ‖ **⁓zylinderrollenlager** n (DIN 722) (Masch) / axial cylindrical roller bearing

**Axinit** m (ein Schmuckstein) (Min) / axinite* n

**Axiom** n (Math) / axiom* n ‖ (Math) s. auch Postulat ‖ **archimedisches ⁓** (Math) / Archimedes' axiom, Eudoxus' axiom ‖ **⁓ n der Fundierung** (Math) / axiom of regularity, axiom of foundation ‖ **⁓ von Eudoxos** (von Knidos) (Math) / Archimedes' axiom, Eudoxus' axiom

**Axiomatik** f (Lehre vom Definieren und Beweisen mit Hilfe von Axiomen) / science of axioms, axiomatics n

**axiomatisch** adj (auf Axiomen beruhend; unanzweifelbar) / axiomatic adj ‖ **~e Feldtheorie** (Phys) / axiomatic field theory ‖ **~e Quantenfeldtheorie** (Phys) / axiomatic quantum field theory ‖ **~e Semantik** (EDV) / axiomatic semantics ‖ **~es System** / axiomatic system

**axiomatisieren** v (Math) / axiomatize v

**Axiomensystem** n (Menge von Sätzen einer gegebenen Theorie, aus denen alle übrigen Sätze dieser Theorie beweisbar sind) / axiomatic system ‖ **Peanosches ⁓** (fünf Axiome, aus denen sich die Eigenschaften der natürlichen Zahlen ableiten lassen - nach dem italienischen Mathematiker G. Peano, 1858-1932) (Math) / Peano's postulates, Peano's axiom system

**Axion** n (ein sehr leichtes pseudoskalares Teilchen) (Kernphys) / axion n

**Axis opticus** (Physiol) / optic axis

**Axminsterteppich** m (ein handgeknüpfter Chenilleteppich) (Tex) / Axminster carpet*

**Axoid** n (Math) / axoid n, axoidal surface

**Axon** n (Physiol) / axon* n, neuraxon n ‖ **⁓hügel** m (Physiol) / axon hillock

**Axonometrie** f (spezielle Parallelprojektion) (Math) / axonometry* n

**axonometrische Projektion** (DIN 5, T 1) (Math) / axonometric projection*

**Axt** f (Werkz) / axe n, ax n (US) ‖ **einschneidige ⁓** (Werkz) / single-bit axe ‖ **zweischneidige ⁓** (Werkz) / double-bit axe ‖ **⁓brecherbaum** m (For) / quebracho n ‖ **⁓hammer** m (Werkz) / hammer-axe* n ‖ **⁓keil** m (For) / axe wedge ‖ **⁓rücken** m (Werkz) / poll n

**AY** (Chem, Plast) / acrylic resins*

**Ayan** n (For) / movingui n, ayan n

**Ayrton-Nebenwiderstand** m (z.B. bei Vielfachinstrumenten) (Eltech) / Ayrton shunt, universal shunt

**Ayrton-Widerstand** m (zur Meßbereichserweiterung - nach W.E. Ayrton, 1847-1908) (Eltech) / Ayrton shunt, universal shunt

**AZ** (Chem) / acetyl value, acetyl number

**Aza-** (Präfix, das nach IUPAC-Regel R-2 in Austauschnamen und vor Vokalen zu Az- gekürzt , im Hantzsch-Widman-System den Ersatz einer CH-Gruppe durch ein N-Atom anzeigt) (Chem) / aza-, az-

**Azadirachtin** n (als systemisches Fraßabschreckungsmittel eingesetzt) / azadirachtin n

**Azbel-Kaner • -Effekt** m (Eltronik) / anomalous skin effect ‖ **⁓-Resonanz** f (Zyklotronresonanz in Metallen) (Phys) / Azbel-Kaner resonance

**Azelainsäure** f (Chem) / azelaic acid*, nonanedioic acid, lepargylic acid

**Azelat** n (Salz und Ester der Azelainsäure) (Chem) / azelate n

$\alpha$-**Zellulose** f (Chem) / alpha-cellulose n

**Azene** n pl (Chem) / acenes pl

**azentrisch** adj (Biol, Gen, Krist) / acentric* adj

**azeotrop • e Destillation** (Chem Verf) / azeotropic distillation* ‖ **~es Gemisch** (Chem) / azeotropic mixture*, azeotrope n, constant-boiling mixture* ‖ **~e Mischung** (Chem) / azeotropic mixture*, azeotrope n, constant-boiling mixture* ‖ **~er Punkt** (Chem) / azeotropic point ‖ **binäres ⁓** (azeotrope Mischung aus zwei Komponenten) / binary azeotrope ‖ **⁓destillation** f (bei der entweder durch Unter- oder Überdruck oder durch Zumischung einer Zusatzkomponente das Phasengleichgewicht derart beinflußt wird, daß eine leichte Trennung möglich ist) (Chem Verf) / azeotropic distillation*

**Azeotropie** f (Chem) / azeotropy n

**azeotropisch • es Gemisch** (Chem) / azeotropic mixture*, azeotrope n, constant-boiling mixture* ‖ **~e Mischung** (Chem) / azeotropic mixture*, azeotrope n, constant-boiling mixture*

**Azetal** n (Chem) / acetal* n

**Azetaldehyd** m (Chem) / acetaldehyde* n, ethanal* n

**Azetalharze** n pl (Chem, Plast) / acetal resins*

**Azetamid** n (Chem) / acetamide* n, ethanamide* n

**Azetanhydrid** n (Chem) / ethanoic anhydride, acetic anhydride*

**Azetanilid** n (Pharm) / acetanilide n, antifebrin n

**Azetat** n (Salz oder Ester der Essigsäure) (Chem) / acetate* n, ethanoate* n ‖ **⁓** (Plast, Tex) / acetate n, acetate plastics, acetate rayon ‖ **desazetyliertes ⁓** (DIN 60001) (Tex) / deacetylated acetate fibres ‖ **verseifter ⁓elementarfaden** (Tex) / saponified acetate filament ‖ **⁓film** m (Foto) / acetate film* ‖ **⁓viskose** f (Plast, Tex) / acetate rayon, acetate silk ‖ **⁓-Viskosefilamentfasern** f pl (Plast, Tex) / acetate rayon, acetate silk

**Azetessig • ester** m (Chem) / ethyl acetoacetate*, acetoacetic ester*, ethyl-3-oxobutanoate n ‖ **⁓säure** f (Chem) / diacetic acid, acetoacetic acid, 3-oxobutanoic acid

**Azetidine** n pl (gesättigte viergliedrige, ein Stickstoffatom enthaltende Ringsysteme) (Chem) / azetidines pl

**Azetin** n (Chem) / acetin* n

**Azetoazetat** n (Chem) / acetoacetate n

**azetogene Bakterien** (Bakteriol) / acid-producers pl, acetogenic bacteria

**Azetoin** n (Chem) / acetoin n

**Azetolyse** f (Chem) / acetolysis n (pl. acetolyses)

**Azeton** n (Chem) / acetone* n, propanone* n, dimethyl ketone

**Azetonaphthon, 2-⁓** (Chem) / methylnaphthyl ketone, orange ketone

**Azeton • extrakt** m (Kautschukverarbeitung) (Chem Verf) / acetone extract n ‖ **⁓harz** n (Chem) / acetone resin*

**Azetonitril** n (Chem) / acetonitrile* n, ethanenitrile n

**azeton • löslich** adj (Chem) / acetone-soluble adj ‖ **⁓-Natriumhydrogensulfit** n (Chem, Foto) / acetone-sodium bisulphite ‖ **⁓zyanhydrin** n (Chem) / acetone cyanhydrin*

**Azetophenon** n (Anstr, Chem, Pharm) / acetophenone* n, phenylethanone* n, methyl phenyl ketone

**Azetoxylierung** f (Chem) / acetoxylation n

**Azetyl** n (Chem) / acetyl* n, ethanoyl* n ‖ **⁓azeton** n (2,4-Pentandion) (Chem) / acetylacetone n ‖ **⁓benzol** n (Anstr, Chem, Pharm) / acetophenone* n, phenylethanone* n, methyl phenyl ketone ‖ **⁓chlorid** n (Chem) / acetyl chloride*, ethanoyl chloride* ‖ **⁓cholin** n (eine quarternäre Ammoniumverbindung von physiologischer Bedeutung) (Physiol) / acetyl choline*, ACh

**Azetylen** n (Chem) / acetylene* n, ethyne* n ‖ **⁓bindung** f (Chem) / acetylene linkage

**Azetylenid** n (Chem) / acetylide* n, ethynide* n

**Azetylen • lampe** f / carbide lamp ‖ **⁓-Luft-Schweißen** n (Schw) / air-acetylene welding ‖ **⁓ruß** m (bei der sauerstoffarmen Verbrennung von Azetylen erhaltener Ruß) / acetylene black ‖ **⁓-Sauerstoff-Schweißen** n (Schw) / oxyacetylene welding*, autogenous welding ‖ **⁓schleier** m (um den Flammkegel beim Azetylenschweißen) (Schw) / acetylene feather ‖ **⁓schwarz** n / acetylene black ‖ **⁓schweißen** n (Schw) / acetylene welding ‖ **⁓tetrachlorid** n (nicht brennbares technisches Lösungsmittel) (Chem) / acetylene tetrachloride, tetrachloroethane* n

**Azetylgruppe** f (Chem) / acetyl group*, ethanoyl group*

**Azetylid** n (Chem) / acetylide* n, ethynide* n

**Azetylieren** n (Chem) / acetylation* n, ethanoylation* n

**azetylierte Stärke** (Nahr) / starch acetate, acetylated starch

**Azetylierung** f (Chem) / acetylation* n, ethanoylation* n

**Azetylierungsmittel** n (Chem) / acetylating agent

**Azetylnaphthalin, 2-⁓** (Chem) / methylnaphthyl ketone, orange ketone

**Azetyl • rest** m (Chem) / acetyl group*, ethanoyl group* ‖ **⁓salizylsäure** f (Chem) / acetylsalicylic acid* ‖ **⁓tributylzitrat** n (ein Weichmacher,

der u.a. zur Herstellung von Nagellacken verwendet wird) (Chem) / acetyl tributyl citrate ‖ ⁓**zahl (AZ)** *f* (Chem) / acetyl value, acetyl number ‖ ⁓**zahl** (Chem) s. auch Hydroxylzahl ‖ ⁓**zellulose** *f* (Chem) / cellulose acetate\*, acetylcellulose\* *n*, CA, cellulose ethanoate
**AZI** (EDV) / output destination
**Azid** *n* (Salz oder Ester der Stickstoffwasserstoffsäure) (Chem) / azide\* *n*
**Azidifizierung** *f* (Chem) / acidification *n*, acidulation *n*
**Azidimetrie** *f* (Chem) / acidimetry\* *n*
**Azidität** *f* (Fähigkeit einer Verbindung, Wasserstoffionen zu bilden; Maß für Säuregehalt bzw. Säurestärke; Anzahl der Hydroxylgruppen von Basen) (Chem) / acidity\* *n* ‖ ⁓ **nach Lewis** (Chem) / electrophilicity *n*, Lewis acidity
**Aziditätsfunktion, Hammettsche** ⁓ (Chem) / Hammett acidity function
**azidophil** *adj* (durch saure Farbstoffe leicht färbbar) / acidophilic *adj* ‖ ⁓**e Pflanze** (eine bodenanzeigende Pflanze) (Bot) / acidophilic plant, acidophilous plant
**Azidose** *f* (Med, Pharm) / acidosis\* *n* (pl. acidoses)
**azikulär** *adj* / acicular\* *adj*, needle-like *adj*, needle-shaped *adj*, aciculate *adj*
**Azimut** *n m* (Math, Nav, Verm) / azimuth\* *n* ‖ **echter** ⁓ (Verm) / true azimuth\* ‖ **geodätischer** ⁓ (Verm) / compass bearing ‖ **magnetischer** ⁓ (Luftf, Nav) / magnetic bearing\*, aberrational bearing
**azimutal** *adj* (Math, Nav, Verm) / azimuthal *adj* ‖ ⁓**e Fernrohrmontierung** (Astr) / azimuthal mounting ‖ ⁓**e Leistungsverschiebung** (eines Reaktors) (Nukl) / power tilt ‖ ⁓**e Quantenzahl** (Phys) / orbital quantum number\*, azimuthal quantum number, secondary quantum number, angular momentum quantum number ‖ ⁓**e Zentralprojektion** (Kart) / gnomonic projection ‖ ⁓**abbildung** *f* (Geog, Kart) / zenithal projection, azimuthal map projection ‖ **flächentreue** ⁓**abbildung** (nach J.H. Lambert, 1728-1777) (Geog, Kart) / zenithal equal-area projection\*, Lambert's projection\*, Lambert conformal conic projection ‖ **abstandstreue** ⁓**abbildung** (Geog, Kart) / zenithal equidistant projection\*, azimuthal equidistant projection ‖ ⁓**beschleunigung** *f* (Einheit = Radiant durch Sekundenquadrat) (Phys) / angular acceleration\* ‖ ⁓**effekt** *m* (die beobachtete Abhängigkeit der Intensität der kosmischen Strahlung vom Azimut) (Astr) / azimuthal effect ‖ ⁓**entwurf** *m* (Geog, Kart) / zenithal projection, azimuthal map projection ‖ ⁓**kreis** *m* (Verm) / parallel of altitude, altitude circle, almucantar *n* ‖ ⁓**refraktion** *f* (eine Refraktionsanomalie) (Astr) / azimuthal refraction
**Azimut·anzeige** *f* (Luftf, Radar) / azimuth indication, azication *n* ‖ ⁓**anzeiger** *m* (Luftf, Radar) / omnibearing indicator, OBI ‖ ⁓**aufzeichnung** *f* (magnetische Speicherung von Bildsignalen durch ein Schreiben von Videospuren auf dem Videoband, wobei eine gegeneinanderversetzte Neigung der Spalte der Videoköpfe angewendet wird) (TV) / azimuth recording ‖ ⁓**kreis** *m* (Verm) / parallel of altitude, altitude circle, almucantar *n* ‖ ⁓**winkel** *m* (Verm) / azimuth angle\*
**Azin** *n* (Chem) / azine\* *n*, azin *n* ‖ ⁓ (Chem) s. auch Pyridin ‖ ⁓**farbstoffe** *m pl* (Tex) / azine dyes, azine dyestuffs
**Azinphos-methyl** *n* (ein Insektizid) / azinphos-methyl *n*
**Aziridin** *n* (Chem) / aziridine *n*, dihydroazirine *n*
**Azirine** *n pl* (Chem) / azirines pl.
**Azobé** *n* (For) / ekki *n*, azobé *n*, red ironwood, eba *n*
**Azo·benzol** *n* (Diphenyldiimid - die einfachste aromatische Azoverbindung; die Stammsubstanz der Azofarbstoffe) (Chem) / azobenzene\* *n* ‖ ⁓**bisbuttersäuredinitril** *n* (Chem) / 2,2'-azobisisobutyronitrile *n* (initiator of free-radical reactions and blowing agent for plastics and elastomers) ‖ ⁓**bisformamid** *n* (oft als Treibmittel zum Verschäumen von Thermoplasten und Elastomeren verwendet) (Chem) / azodicarbonamide ‖ ⁓**dicarbonamid** *n* (Chem) / azodicarbonamide *n* ‖ ⁓**dikarbonamid** *n* (Chem) / azodicarbonamide *n* ‖ ⁓**druck** *m* (Tex) / azoic printing ‖ ⁓**farbstoff** *m* (gekuppelter Entwicklungsfarbstoff mit Azogruppen) (Chem, Tex) / azoic dye, azoic dyestuff, azoic coupling component dye, azo dye\*, ingrain colour ‖ ⁓**gruppe** *f* (-N=N-) (Chem) / azo group\* ‖ ⁓**imid** *n* (Chem) / hydrazoic acid\*, azoimide *n*, hydrogen azide, hydronitric acid ‖ ⁓**isobutyronitril** *n* (Chem) / 2,2'-azobisisobutyronitrile *n* (initiator of free-radical reactions and blowing agent for plastics and elastomers) ‖ ⁓**kupplung** *f* (bei Kupplungsreaktionen) (Chem) / azo coupling
**Azol** *n* (organischer Fünfring mit mindestens einem Stickstoffatom) (Chem) / azole *n* ‖ ⁓**-Fungizid** *n* (Chem, Landw) / azole fungicide
**Azo·methan** *n* (die einfachste aliphatische Azoverbindung - ein explosives Gemisch) (Chem) / azomethane\* *n* ‖ ⁓**methine** *n pl* (Chem) / azomethines pl ‖ ⁓**methinpigment** *n* (Anstr) / azomethine pigment
**azonal** *adj* (Boden) / azonal *adj* ‖ ⁓**er Boden** (Geol) / azonal soil
**Azopigment** *n* (eine Azoverbindung) (Anstr) / azopigment *n* ‖ **verlacktes** ⁓ (Anstr) / azopigment lake
**Azorenhoch** *n* (Meteor) / Azores high, Azores anticyclone

**Azorubin** *m* (Chem, Nahr) / carmoisin *n*, azo rubin
**Azotometer** *n* (Meßanordnung zur volumetrischen Bestimmung von organisch gebundenem Stickstoff) (Chem) / nitrometer *n*, azotometer *n*
**Azoverbindungen** *f pl* (Chem) / azo compounds
**Azoxyverbindungen** *f pl* (Chem) / azoxy compounds\*
**Azubi** *m* (F.Org) / apprentice *n*, trainee *n*
**Azulen** *n* (eine aromatische Verbindung, z.B. Chamazulen der Kamillenblüte oder Schafgarbe) (Chem) / azulene *n* ‖ ⁓**bildner** *m* (Chem) / proazulene *n*
**Azulon** *n* (Chem) / guaiazulene *n*
**azurblau** *adj* (von der Farbe des wolkenlosen Himmels) / sky-blue *adj*, azure *adj*
**Azureelinie** *f* (auf Schecks, Wechseln, Quittungen u.ä.) (Druck) / cheque line
**Azurit** *m* (Min) / azurite\* *n*, blue copper ore, chessylite *n*, chessy copper, blue malachite
**A-Zustand** *m* (bei Phenolharzen) (Plast) / A-stage\* *n*
**azyklisch** *adj* (Chem) / acyclic *adj* ‖ ⁓**er Kohlenwasserstoff** (Chem) / aliphatic hydrocarbon
**Azyl·gruppe** *f* (Chem) / acyl group\* ‖ ⁓**halogenid** *n* (Säurehalogenid von Karbonsäuren) (Chem) / acyl halide
**azylieren** *v* (Chem) / acylate *v*
**Azylierung** *f* (Chem) / acylation\* *n*
**Azylrest** *m* (Chem) / acyl group\*

# B

**b** (Kernphys) / barn* n
**B** (Dämpfungs- bzw. Verstärkungsmaß nach DIN 5493) (Akus, Fernm) / bel* n
**B** (Chem) / boron* n
**B** (Einheit der Schrittgeschwindigkeit) (Fernm) / baud* n (pl. baud or bauds)
**B & S-Drahtlehre** f (US-Normlehre für Drähte und Bleche aus Buntmetallen) (Hütt, Masch) / Brown and Sharpe Wire Gauge*, American Standard wire gage*, B and S Wire Gauge*
**Ba** (Chem) / barium* n
**Baader-Kolben** m (ein spezieller Erlenmeyerkolben nach DIN 51559) (Chem) / Baader flask
**BAB** (EDV) / manufacturing cost sheet, MCS ‖ ~ (Kfz) / federal motorway
**Babalglas** n (Glas) / babal glass
**Babassufett** n (Nahr) / babassu oil, babaçu oil, cohune oil, cohune-nut oil, cohune fat
**Babassukernöl** n (Nahr) / babassu oil, babaçu oil, cohune oil, cohune-nut oil, cohune fat
**Babbeln** n (Fernm) / babble n
**Babbitt-Metall** n (Sammelname für zahlreiche amerikanische weiße Lagermetalle auf Pb- oder Sn-Basis - nach I. Babbitt, 1799-1862) (Hütt) / Babbitt's metal*, babbitt n, babbitt metal
**Babcock-Kessel** m (ein Teilkammerkessel nach G.H.Babcock, 1832-1893) (Masch) / Babcock and Wilcox boiler*
**Babinet • Kompensator** m (ein optischer Kompensator) (Opt) / Babinet's compensator* ‖ ~-**Punkt** m (ein neutraler Punkt) (Astr, Meteor) / Babinet point
**Babinetsch • es Prinzip** (Phys) / Babinet's principle* ‖ ~**er Punkt** (zwischen Sonne und Zenit - 15° bis 20° über der Sonne) (Astr, Meteor) / Babinet point ‖ ~**es Theorem** (ein Satz der Beugungstheorie - nach J.Babinet, 1794-1872) (Phys) / Babinet's principle*
**Babington nebulizer** m (Chem Verf) / V-nut nebulizer
**Babingtonit** m (ein Mineral der Rhodonit-Reihe) (Min) / babingtonite n
**Baboen** n (ein Muskatholz) (For, Tischl) / banak* n, virola n ‖ ~**holz** n (For, Tischl) / banak* n, virola n
**Babosches Gesetz** (nach C.H.L. von Babo, 1818-1899) (Phys) / Babo's law*
**Babulbaum** m (Acacia nilotica (L.) Willd. ex Delile) (For) / babul n
**Baby • -AT-Gehäuse** n (EDV) / mini-AT-style case ‖ ~**sicherheitssitz** m (Kfz) / infant carrier, baby seat ‖ ~**sitz** m (Kfz) / infant carrier, baby seat ‖ ~**spot** m (kleiner Scheinwerfer mit Fresnel-Linsen, mit max. 750 W) (Film) / baby n (spot)* ‖ ~**stativ** n (Film, Foto) / table stand
**Bach** m (Geog) / brook n ‖ **subglazialer** ~ (Geol) / subglacial stream
**Bacharach-Skala** f (DIN 51 502) (Umwelt) / Bacharach scale
**Bachdurchlaß** m (HuT) / brook culvert
**Bächlein** n (Geog) / rill n, rillet n, brooklet n, run n (US)
**Bach • röhrenwurm** m (Substratfresser verschmutzter Gewässer in Schlammröhren - Tubifex tubifex) (Sanitär, Zool) / tubifex n, sludge worm, pink worm ‖ ~**schwinde** f (Wasserb) / interrupted stream ‖ ~**umlegung** f (HuT) / brook diversion ‖ ~**umleitung** f (HuT) / brook diversion ‖ ~**verlegung** f (HuT) / brook diversion
**Bacitracin** n (internationaler Freiname für eine Gruppe von antibiotisch wirkenden Zyklopeptiden) (Pharm) / bacitracin n
**Back** f (Schiff) / forecastle n, fo'c's'le n ‖ ~**aroma** (Nahr) / baking aroma
**Backbending** n (Kernphys) / backbending n
**Backblech** n (Nahr) / sheet n, baking-sheet n
**Backblock** m (Trennstein zwischen separaten Heizzonen im Oberbau von Öfen) (Glas) / back block
**Backbone • -Hub** m (EDV, Fernm) / backbone hub ‖ ~**-Netz** n (eine Infrastruktur zum Informationsaustausch zwischen den inkompatiblen Netzen) (EDV, Fernm) / backbone network ‖ ~**-Verbindungen** f pl (meistens eine Kopplung von LAN) (EDV, Fernm) / backbone communication
**Backbord** n (Lufft, Schiff) / port n ‖ ~**licht** n (Lufft) / port light ‖ ~**motor** m (auf der linken Seite) (Lufft) / port engine ‖ ~**schlagseite** f (Schiff) / list to port ‖ ~**seite** f (linke Seite in bezug auf die Längsachse, von hinten nach vorn gesehen) (Lufft, Schiff) / port n ‖ ~**tonne** f (Schiff) / port-hand buoy
**Backdeck** n (Schiff) / forecastle deck

**Backe** f (Bau, Masch) / cheek n ‖ ~ (bei Preventern) (Erdöl) / ram n ‖ ~ (einer Bremse) (Kfz) / block n, shoe n ‖ ~**n** f pl (Leder) / cheeks pl ‖ ~ f (des Futters) (Masch) / jaw* n, grip jaw, dog n ‖ ~ (des Backenbrechers) (Masch) / jaw* n ‖ **bewegliche** ~ (Masch) / chop* n, movable jaw ‖ **feste** ~ (des Schraubstocks) (Masch) / fixed jaw
**backen** v (Obst) (Nahr) / dry v ‖ ~ (Nahr) / bake v ‖ ~ m (Bau, Masch) / cheek n ‖ ~ n (Nahr) / baking n ‖ ~ (bei Folien) (Plast) / blocking n ‖ ~**brecher** m (eine Grobzerkleinerungsmaschine) (Masch) / jawbreaker* n, jaw crusher* ‖ ~**brecher mit untenliegender Schwingachse** (Masch) / Dodge crusher ‖ ~**bremse** f (Masch) / block brake*, shoe brake
**backende Kohle** (Bergb) / caking coal*
**Back-End** n (der Teil der Halbleiterfertigungslinie, in dem die im Front-End hergestellten Halbleiterscheiben zu fertigen Halbleiterbauelementen weiterverarbeitet werden) (Eltronik) / back end
**Backen • futter** n (Masch) / jaw chuck, dog chuck ‖ ~**preventergehäuse** n (Erdöl) / ram-blowout-preventer chamber ‖ ~**schiene** f (gerade oder dem Zweiggleis entsprechend gekrümmte feststehende Schiene der Zungenvorrichtung einer Weiche) (Bahn) / stock rail* ‖ ~**spannfutter** n (Masch) / jaw chuck, dog chuck
**Bäckerei** f (Backwaren) (Nahr) / bakery products ‖ ~ (Betrieb) (Nahr) / bakery n ‖ ~**hefe** f (Stangenhefe, Würfelhefe, Instanthefe, Trockenhefe) (Nahr) / bakers' yeast
**Bäcker • ekzem** n (Med) / bakers' itch, bakers' eczema ‖ ~**hefe** f (Nahr) / bakers' yeast ‖ ~**schabe** f (Blatta orientalis L.) (Med, Nahr) / Oriental cockroach, Asiatic cockroach, Oriental roach
**Back • fähigkeit** f (eine der Kenngrößen für die Verkokbarkeit einer Kohlensorte) (Bergb) / caking capacity, coking capacity ‖ ~**fertig** adj (Nahr) / ready-to-bake adj ‖ ~**fertiges Mehl** (Nahr) / self-raising flour, self-rising flour (US) ‖ ~**fett** n (Nahr) / shortening n (fat used for making pastry), baking oil
**Backfire-Antenne** f (als Rückwärtsstrahler arbeitende UKW-Antenne mit großer Reflektorwand) (Radio) / backfire antenna
**Backfitting** n / retrofitting n, backfitting n, retrofit n ‖ ~ (neue Auflagen der Genehmigungsbehörde aufgrund neuester wissenschaftlicher Erkenntnisse über die Sicherheit - z.B. nach dem Tschernobyl-Unfall in der ehemaligen UdSSR) (Nukl) / backfitting n
**Backflush** m n (eine Säulenschalttechnik in der Hochleistungsgaschromatografie) (Chem) / backflush n
**Back-Goudsmit-Effekt** m (Spektr) / Paschen-Back effect*
**Backgrinding** n (Ausfressungen und Risse an den Formentrennstellen größerer Gummiartikel) (Chem Verf) / backgrinding n
**Background** n (als Hintergrundkulisse) (Akus, Film) / background n, bg ‖ ~**-Aerosol** n (feinste Partikel, die weitab von einer Verunreinigungsquelle in sogenannter Reinluft enthalten sind) (Meteor) / background aerosol
**Back • hefe** f (Nahr) / bakers' yeast ‖ ~**hilfsmittel** n pl (Chem, Nahr) / baking aids, baking agents ‖ ~**kohle** f (Bergb) / caking coal* ‖ ~**kork** m (Dämmstoff) (Bau) / baked cork
**Backliner** m (Buchb) / backliner n
**Backloader** m (HuT) / backloader n
**Back • mittel** n pl (Stoffe oder Stoffgemische, die zur Verbesserung der Qualität von Brot und anderen Backwaren sowie zur Erleichterung ihrer Herstellung bestimmt sind) (Chem, Nahr) / baking aids, baking agents ‖ ~**mulde** f (Nahr) / pan n, kneading-trough n ‖ ~**obst** n (Nahr) / dried fruit ‖ ~**obstkäfer** m (Carpophilus sp. - ein Vorratsschädling) (Nahr, Zool) / dried-fruit beetle ‖ **selbstreinigender** ~**ofen** (Nahr) / self-clean oven ‖ ~**öl** n (Nahr) / shortening n (fat used for making pastry), baking oil
**Backplane** n (zentrales Architekturelement eines Hubs) (EDV) / backplane n ‖ ~ f (Eltronik) / backplane n
**Back • pulver** n (Backtriebmittel aus Natriumhydrogenkarbonat als Kohlendioxidträger) (Chem, Nahr) / baking soda* ‖ ~**pulver** (im allgemeinen - Hirschhornsalz, ABC-Trieb oder Pottasche) (Chem, Nahr) / baking powder, raising powder ‖ **Weizenmehl mit** ~**pulverzusatz** (Kuchenmehl) (Nahr) / self-raising flour, self-rising flour (US) ‖ ~**qualität** f (bei Mehl) (Nahr) / baking quality
**Backscatter** n (Ausbreitung durch Rückstreuung) (Radar, Radio) / backscatter n
**Backslash** m (EDV) / backslash n
**Backspace-Taste** f (EDV) / back spacer, backspace key
**Back • stein** m (Bau, Keram) / brick* n, building brick, block n (US) ‖ ~**steinbau** m (Bau) / brickwork n, brick masonry ‖ ~**steinraster** m (ein Tiefdrucknetzraster mit backsteinartiger Anordnung der Rasterelemente) (Druck) / Backstein screen ‖ ~**stube** f (Nahr) / bakery n
**Backtracking** n (Zurückgehen in einem Lösungsbaum an einen bestimmen Knoten, von dem aus erneut eine Lösung versucht wird) (KI) / backtracking n ‖ **im** ~ **arbeiten** (KI) / backtrack v

**Back•triebmittel** n (meistens Kalium- oder Natriumhydrogenkarbonat) (Nahr) / leavening agent, saleratus n (US), aerating agent, blowing agent, leaven n, raising agent ‖ ~**trog** m (Nahr) / pan n, kneading-trough n
**Backup** m (pl. -s) (EDV) / backup n ‖ ~**-Datei** f (EDV) / back-up file* ‖ ~**-Rechenzentrum** n (EDV) / back-up processing centre ‖ ~**-Regelsystem** n (ein Reservesystem in verfahrenstechnischen Anlagen, die mit einem Prozeßrechner geregelt werden) (Regeln) / back-up system
**Backus•-Naur-Form** f (EDV) / Backus normal form, Backus-Naur form*, BNF* ‖ ~**-Naur-Notation** f (EDV) / Backus normal form, Backus-Naur form*, BNF* ‖ ~**-Normal-Form** f (EDV) / Backus normal form, Backus-Naur form*, BNF*
**Back•verhalten** n (der Kohle) (Bergb) / caking properties ‖ ~**verlust** m (Nahr) / baking loss ‖ ~**versuch** m (Nahr) / baking test
**Backward•-Chaining** n (KI) / backward chaining ‖ ~**diode** f (Eltronik) / backward diode*, unitunnel diode, AU diode*, back diode*
**Back•waren** f pl (Nahr) / bakery products ‖ ~**werk** n (Nahr) / bakery products ‖ ~**zahl** f **nach Roga** (bei Kohlen) (Kftst) / Roga index
**Bacon** n (leicht durchwachsener und angeräucherter Speck) (Nahr) / bacon n, streaky bacon
**Bad** n / bath n ‖ ~ (Schw) / welding pool, weld pool, weld puddle, welding puddle, pool of weld metal, puddle of weld metal ‖ ~ (zur Verbesserung der Adhäsionsfähigkeit bei gummierten Stoffen) (Tex) / dip n ‖ s. auch Elektrolyt **ausgezehrtes** ~ (Tex) / exhausted bath, spent bath ‖ **erschöpftes** ~ (Tex) / exhausted bath, spent bath ‖ **galvanisches** ~ (Galv) / electroplating bath ‖ **gleich aus dem** ~ (Beschichtung) (Galv) / as plated adj
**Badam** n (Holz aus Terminalia procera Roxb. oder Terminalia catappa L.) (For) / white bombway n ‖ ~ m (Terminalia catappa L.) (For, Leder) / Malabar almond, country almond, Indian almond, tropical almond, olive bark tree
**Bad•ansatz** m (Galv) / bath formulation, bath composition ‖ ~**aufkohlen** n (in flüssigen Wirkmedien) (Hütt) / liquid carburizing, bath carburizing ‖ ~**aufkohlung** f (Hütt) / liquid carburizing, bath carburizing ‖ ~**behälter** m / tank n ‖ ~**betriebsspannung** f (Galv) / bath voltage, tank voltage ‖ ~**bewegung** f (Galv) / solution agitation, bath agitation
**Baddeleyit** m (Zirkoniumdioxid) (Min) / baddeleyite* n
**Bade- und Waschwasser** (Sanitär) / grey water
**b-Ader** f (Fernsp) / B-wire n, R-wire n, ring-wire n
**Bade•salz** n (z.B. mit Trinatriumhydrogenkarbonat) (Chem) / bath salt ‖ ~**schwefel** m (technisches Kaliumsulfid) (Pharm) / sulphurated potash ‖ ~**wannenkurve** f (die die Ausfallrate z.B. von elektronischen Bauelementen in Abhängigkeit von der Zeit zeigt) (Eltronik) / bathing-tub diagram, bath-tub curve, failure rate curve
**Badge** n / badge n
**Badgersche Regel** (Zusammenhang zwischen den Kraftkonstanten und dem Gleichgewichtsabstand zweier Atome - nach R. McLean Badger, 1896-1974) (Phys) / Badger's rule
**Badin-Metall** n (ein Desoxidationsmittel für Stahl) (Hütt) / Badin metal
**Bad•konzentration** f (Chem Verf, Galv) / bath concentration, concentration of the bath ‖ ~**kopf** m (Schmelzen, Formgebung, Kühlung) (Glas) / hot end
**Badlands** pl (unauflösbares Gewirr von kleinen Schluchten und unbeständigen niedrigen Kämmen - in Dakota) (Geol) / badlands pl
**Bad•löten** n (ein Weichlöten) (Hütt) / dip soldering ‖ ~**löten** (ein Hartlöten) (Hütt) / dip brazing ‖ ~**nitrieren** (in Stickstoff abgebenden Salzbädern nach DIN 17014, T 1) (Hütt) / bath nitriding, liquid nitriding ‖ ~**nitrierung** f (Hütt) / bath nitriding, liquid nitriding ‖ ~**patentieren** n (Galv, Hütt) / dip patenting ‖ ~**regenerierung** f (Foto) / bath replenishment ‖ ~**schmierung** f (Masch) / bath lubrication* ‖ ~**sicherung** f (zur Ausführung einer mangelfreien Wurzel) (Schw) / support of the weld pool, backing for the molten pool ‖ ~**spannung** f (Galv) / bath voltage, tank voltage ‖ ~**spiegel** m / bath level ‖ ~**standzeit** f (Galv) / bath life ‖ ~**strom** m (Galv) / plating current, bath current ‖ ~**temperierregelung** f (Foto) / bath-temperature control ‖ ~**widerstand** m (Galv) / bath resistance
**Baeyersche Spannungstheorie** (über Raumstruktur und Reaktivität der Cycloalkane - nach A.von Baeyer, 1835 - 1917) (Chem) / Baeyer's tension (strain) theory*
**Baeyer•-Spannung** f (Chem) / Baeyer tension, Baeyer strain ‖ ~**-Villiger-Oxidation** f (Oxidation von Ketonen mit Persäuren - nach V. Villiger, 1868-1934) (Chem) / Baeyer-Villiger oxidation
**Baffle** m n (Vakuumt) / baffle n
**Bag** m (das Innere eines Quark-Antiquark-Paares) (Kernphys) / bag n
**Bagasse** f (die bei der Zuckergewinnung anfallenden Zuckerrohrabfälle) / bagasse n
**Bagassose** f (Med) / bagassosis* (pl -oses) n
**Bagassosis** f (Med) / bagassosis* (pl -oses) n

**Bagdadwolle** f (Tex) / Bagdad wool
**Bagger** m (HuT) / excavator* n, universal excavator ‖ ~ **auf Schwimmkörper** (ohne Fahrwerk, auf einem Ponton) (HuT) / excavator on floats ‖ ~**ausleger** m (HuT) / boom of a shovel ‖ ~**ausleger** (der während des Baggerns gehoben und gesenkt werden kann) (HuT) / live boom ‖ ~**boje** f (HuT) / dredging buoy ‖ ~**böschung** f (Vor-Kopf-Böschung des Baggers) (HuT) / digging face ‖ ~**führer** m (Naßbagger) (HuT) / dredgerman n ‖ ~**führer** (Löffelbagger) (HuT) / shovelman n ‖ ~**gleis** n (HuT) / excavator track ‖ ~**gut** n (HuT) / excavated material, earth n, diggings pl, muck n ‖ ~**gut** (beim Naßbaggern) (HuT) / dredgings pl, dredged material, mud n ‖ ~**gutladeraum** m (HuT) / hopper n, hold n ‖ ~**halde** f (HuT) / waste bank
**baggern** v (HuT) / excavate v, dig out v, dig v, unearth v ‖ ~ (unter Wasser) (HuT, Schiff) / dredge v ‖ ~ n (HuT) / excavation* n, digging out n, digging n, unearthing n ‖ ~ (unter Wasser) (HuT, Schiff) / dredging* n
**Bagger•personal** n (Baggerführer, Fahrsteiger, Disponent, Einweiser am Baggerabwurf) (Masch) / excavator crew ‖ ~**prahm** m (HuT) / hopper barge, dump barge, dump scow, dumping scow, dredging barge ‖ ~**schute** f (HuT) / hopper barge, dump barge, dump scow, dumping scow, dredging barge ‖ ~**stiel** m (HuT) / boom of a shovel ‖ ~**strossenband** n (Bergb, HuT) / bench conveyor, face conveyor
**Baggerung** f (HuT) / excavation* n, digging out n, digging n, unearthing n
**Baggings** pl (grobes leinwandbindiges Gewebe) (Tex) / sackcloth n, bagging n, sacking*, n, heavy goods, gunny n
**Bag-o-matic** m (Vulkanisierapparat für Reifen) (Chem Verf) / Bag-o-matic n
**Bahé** n (For) / olonvogo n, African satinwood, bongo n
**Bahia-Rosenholz** n (aus Dalbergia nigra (Vell.) Allemann ex Benth.) (For) / Brazilian rosewood, Bahia rosewood, jacaranda n, rio rosewood
**Bahn** f / way n ‖ ~ (Astr, Kernphys, Luftf, Raumf) / orbit* n ‖ ~ (in der Chromatografie) (Chem) / lane n, track n ‖ ~ (Teil der Rindshaut) (Leder) / range n ‖ ~ (aus einem Croupon geschnittener Rindshautstreifen) (Leder) / range n ‖ ~ (des Fallschirms) (Luftf, Tex) / gore*, parachute gore ‖ ~ (Math, Raumf) / trajectory* n ‖ ~ (Mech) / path n ‖ ~ (Pap) / web* n, paper web ‖ ~ (Phys) / path n, track n ‖ ~ (zugeschnittene Ausrollware) (Plast) / sheet n ‖ ~ (Stoff-, Waren-, Tuch-) (Tex) / length n ‖ ~ (bei Vliesstoffen) (Tex) / web* n ‖ ~ (Amboß-, Hammer-) (Werkz) / face* n ‖ ~ s. auch Eisenbahn und Stoffbahn ‖ ~- (Chem, Phys, Raumf) / orbital adj **elliptische** ~ (Raumf) / elliptical orbit* ‖ **erdnahe** ~ (Raumf) / near-earth orbit (a circumterrestrial orbit) ‖ **gestörte** ~ (Astr) / disturbed orbit ‖ **karierte** ~ (des Karosseriehammers) (Kfz) / cross-milled serrated face, cross-hatched face ‖ **Keplersche** ~ (eine Kegelschnittbahn nach Johannes Kepler, 1571-1630) (Astr) / Keplerian orbit ‖ **kreisnahe** ~ (Raumf) / near-circular orbit ‖ **momentane** ~ (Kernphys) / instantaneous orbit ‖ **stationäre** ~ (bei Satelliten) (Raumf) / stationary orbit* ‖ **ungestörte** ~ (Astr) / non-disturbed orbit ‖ ~ f **mit Kreuzlinien** (des Karosseriehammers) (Kfz) / cross-milled serrated face, cross-hatched face
**Bahn•abschnitt** m **mit Antrieb** (ein Teil der Flugbahn eines ballistischen Körpers) (Luftf, Mil) / powered flight, propelled flight ‖ ~**änderung** f **durch Gravitation** (Astr) / capture n ‖ ~**anschlußgleis** n (Bahn) / rail siding ‖ ~**beförderung** f (Bahn) / railway transport ‖ ~**belastung** f (Bahn, Eltech) / traction load* ‖ ~**beschleunigung** f (die ein Körper auf einer Kreisbahn in tangentialer Richtung erfährt) (Phys) / tangential acceleration ‖ ~**betriebsstrom** m (Bahn, Eltech) / traction current ‖ ~**betriebswerk** n (Bahn) / railway repair and servicing shop ‖ ~**brechende Erfindung** / breakthrough n, pioneering invention, trail-blazing invention ‖ ~**damm** m (Bahn) / railway embankment, subgrade n (US) ‖ ~**dehner** m (Kernphys) / orbit expander, particle-orbit expander ‖ ~**drehimpuls** m (als Gegensatz zu Spindrehimpuls) (Kernphys) / orbital angular momentum ‖ ~**drehimpulsquantenzahl** f (DIN 1304) (Phys) / orbital quantum number*, azimuthal quantum number, secondary quantum number, angular momentum quantum number ‖ ~**ebene** f (Astr) / orbital plane, plane of the orbit ‖ ~**elektron** n (Kernphys) / orbital electron, planetary electron, extranuclear electron ‖ ~**elektroneneinfang** m (Kernphys) / K-capture* n, K-electron capture* ‖ ~**element** n (bei Getrieben) (Masch) / path element ‖ ~**elemente** n pl (wie z.B. die große Halbachse, die numerische Exzentrizität, das aufsteigenden Knotens usw.) (Astr) / elements of an orbit*, orbital elements
**Bahnen** f pl (als Material) (Plast) / sheeting n ‖ ~**deckung** f (Bau) / built-up roofing ‖ ~**trockner** m (Plast, Tex) / sheeting drier, web drier
**Bahn•fahrzeuge** n pl **des öffentlichen Nahverkehrs** (Bahn) / rolling-stock used on local services ‖ ~**genauigkeit** f (numerische Steuerung) (Masch) / path accuracy ‖ ~**generator** m (Bahn, Eltech) / traction generator* ‖ ~**geschwindigkeit** f (Vektorsumme der

**Bahngeschwindigkeit**

Bewegungsgeschwindigkeit sich gleichzeitig bewegender Achsen der Werkzeugmaschine) (Masch) / path velocity, velocity along the path ‖ ~**geschwindigkeit** (Raumf) / orbital velocity, orbital speed ‖ ~**gesteuerte Fertigung** (in der Robotertechnik) / path-controlled production ‖ ~**graben** m (Bahn) / side ditch

**Bahnhof** m (als ganze Anlage) (Bahn) / depot n (US), (railway) station

**Bahnhofs·dach** n (Bahn, Bau) / station roof ‖ ~**gebäude** n (Bahn) / depot n (US), station n (a building) ‖ ~**halle** f (Bahn) / station concourse, concourse n

**Bahn·knoten** m (Raumf) / node* n ‖ ~**körper** m (Bahn) / track formation ‖ ~**korrektur** f (lenkender Eingriff zum Einhalten der gewünschten Bahn eines Raumflugkörpers in der Freiflugbahn) (Raumf) / post-cutoff correction ‖ ~**kraftwerk** n (Eltech) / traction generating station ‖ **schwingendes Warnsignal für** ~**kreuzungen** (meistens mit rot beleuchteter Scheibe) (Bahn) / wig-wag* n ‖ ~**länge** f (Tex) / table n ‖ ~**last** f (Bahn, Eltech) / traction load* ‖ ~**linie** f (Bahn) / line n, railway line, railroad line ‖ ~**linie** (auf der sich ein Werkstoffelement während der Umformung bewegt) (Masch) / flow line ‖ ~**linie** (eine Kurve, die von den Flüssigkeitsteilchen durchlaufen wird) (Phys) / flow line ‖ ~**magnetismus** m (Kernphys) / orbital magnetism ‖ ~**mäßig verpackt** / packed for rail ‖ ~**material** n (zur Eindeckung) (Bau) / built-up roofing ‖ ~**metall** n (bei der deutschen Eisenbahn verwendetes Lagermetall auf Pb-Basis mit geringen Zusätzen an Al, Ca, Na, K und Li) (Hütt) / lead-base Babbitt metal (without Zn) ‖ ~**moment** n (Kernphys) / orbital moment ‖ **magnetisches** ~**moment** (Kernphys) / orbital (magnetic) moment ‖ ~**motor** m (Bahn, Eltech) / traction motor* ‖ ~**neigung** f (Astr) / inclination of the orbit ‖ ~**neigung** (Raumf) / path inclination ‖ ~**netz** n (Bahn) / railway network, railroad network (US), trackage n (US) ‖ ~**paramagnetismus** m (Kernphys) / orbital paramagnetism ‖ ~**punkt** m (für die Positionierung des Arbeitsorgans) / via point, waypoint n ‖ ~**radius** m (Kernphys) / orbital radius ‖ ~**räumer** m (der Lokomotive) (Bahn) / guard iron, rail guard, pilot n (US), cowcatcher n (US) ‖ ~**rißkontrolleinrichtung** f (Druck) / web-break detector*, detector finger* ‖ ~**schrumpfung** f (Raumf) / orbit decay*, orbital decay ‖ ~**schwingreifer** m (Web) / CB shuttle, central-bobbin shuttle ‖ ~**spur** f (in der empfindlichen Schicht) (Foto) / star* n ‖ ~**spur** (entlang der Flugbahn) (Kernphys) / track* n, particle track, nuclear track ‖ ~**station** f (kleinere) (Bahn) / railway halt (US), railroad stop ‖ ~**steig** m (zum Ein- und Aussteigen der Fahrgäste) (Bahn) / (station) platform (GB) ‖ ~**steigkante** f (Bahn) / edge of platform ‖ ~**steuerung** f (numerisches Steuerungssystem, bei dem eine Bewegung in mehr als einer Achse gleichzeitig und kontinuierlich gesteuert wird) (Regeln) / continuous path control (system), contour control system, CP control ‖ **zweiphasige** ~**steuerung** (bei CNC-Maschinen) (Masch) / velocity vector control contouring system, contouring system by velocity vector control ‖ ~**strom** m (Bahn, Eltech) / traction current ‖ ~**stromabnehmer** m (Bahn, Eltech) / pantograph* n ‖ ~**theorie** f (der wechselwirkungsfreien Bewegung geladener Teilchen in elektromagnetischen Feldern) (Kernphys) / orbit theory ‖ ~**überführung** f (Bahn) / underbridge n, bridge under railway ‖ ~**übergang** m (höhengleiche Kreuzung) (Bahn) / (level) crossing n, grade crossing (US) ‖ **schienengleicher** ~**übergang** (Bahn) / level crossing, grade crossing (US) ‖ **beschrankter** ~**übergang** (ein Verkehrszeichen) (Bahn, Kfz) / level crossing with barrier or gate ahead ‖ **unbeschrankter** ~**übergang** (ein Verkehrszeichen) (Bahn, Kfz) / level crossing without barrier or gate ahead ‖ **beschrankter** ~**übergang** (Bahn, Kfz) / barrier level crossing ‖ ~**übergang mit Halbschranken** (Bahn, Kfz) / half-barrier level crossing ‖ ~**übergang mit Vollschranken** (Bahn, Kfz) / full-barrier level crossing ‖ ~**unterführung** f (Bahn) / overbridge n, overline bridge ‖ ~**unterhaltungsarbeiter** m (Bahn) / platelayer n, fettler n, track-layer n, section hand (US), trackman n (US) ‖ ~**verfall** m (Raumf) / orbit decay*, orbital decay ‖ ~**verfolgung** f (Raumf) / tracking* n ‖ **optische** ~**verfolgung** (Raumf) / optical tracking ‖ ~**widerstand** m (der in Fluß- und Sperrichtung unveränderte Widerstandsteil eines Halbleitersystems mit Sperrschicht) (Eltronik) / bulk resistance

**Bai** f (flache Einbiegung der Meeresküste) (Geog, Ozean) / bay n

**Bailysche Perlen** (unmittelbar vor Eintreten der Totalität bei einer Sonnenfinsternis - nach F. Baily, 1774-1844) (Astr) / Baily's beads

**Bainit** m (Hütt) / bainite* n ‖ **mittlerer** ~ (Hütt) / intermediate bainite ‖ **oberer** ~ (Hütt) / upper bainite ‖ **unterer** ~ (dem Martensit ähnlich) (Hütt) / lower bainite ‖ ~**härtung** f (Hütt) / bainitic hardening

**bainitisch** adj (Hütt) / bainitic adj ‖ ~**er Stahl** (Hütt) / bainitic steel

**Bainitstufe, isothermische Umwandlung in der** ~ (Hütt) / isothermal transformation in the bainite stage

**Baire-Funktion** f (nach R. Baire, 1874-1932) (Math) / Baire function

**Baisalz** n (aus Meersalinen gewonnenes Salz) / bay salt

**Bajonett·bruch** m (Glas) / hackle marks (fine ridges on a glass surface parallel to the direction a fracture is propagated) ‖ ~**fassung** f (Eltech, Masch) / bayonet holder*, bayonet socket, bayonet fitting ‖ ~**fassung** (für Objektive) (Foto) / bayonet mount ‖ ~**scheibe** f (flache runde Scheibe am Drehspindellkopf) (Masch) / bayonet plate ‖ ~**sockel** m (ein Glühlampensockel) (Eltech) / bayonet cap*, bayonet lamp cap, BC*, bayonet base ‖ ~**steckverbinder** m **mit Überwurfmutter** (Eltronik) / bayonet-nut connector (BNC) ‖ ~**verschluß** m / bayonet catch, bayonet joint, bayonet fastener, quarter-turn fastener (US)

**Bake** f (vor dem Bahnübergang) (Bahn, Kfz) / count-down marker, distance marker ‖ ~ (Luftf, Schiff, Wasserb) / beacon* n ‖ ~ (Verm) / station staff, direction staff ‖ ~ (Verm) s. auch Absteckstab

**Bake-Hardening-Stahl** m (im Durchlaufofen geglühtes Kaltband, das noch im Ferrit gelöste Anteile an Kohlenstoff aufweist) (Hütt) / bake-hardening steel

**Bakelit** n (ein Kunststoff der Union Carbide Corp. oder der Bakelite GmbH - nach L.H. Baekeland, 1863-1944) (Plast) / Bakelite* n

**Bakerit** n (eine B-reichere Varietät von Datolith) (Min) / bakerite n

**Baker·-Nathan-Effekt** m (Chem) / hyperconjugation n, Baker-Nathan effect ‖ ~**-Nunn-Kamera** f (zur Satellitenfotografie) (Foto) / Baker-Nunn camera ‖ ~**-Schmidt-Kamera** f (Foto) / Baker-Schmidt camera ‖ ~**-Schmidt-Spiegel** m (Astr, Opt) / Baker-Schmidt telescope

**Bakterie** f (Bakteriol) / bacterium* n (pl. bacteria) ‖ **acetogene** ~**n** (Bakteriol) / acid-producers pl, acetogenic bacteria ‖ **azetogene** ~**n** (Bakteriol) / acid-producers pl, acetogenic bacteria ‖ **denitrifizierende** ~**n** (Bakteriol) / denitrifying bacteria, nitrate-reducing bacteria* ‖ **fermentative** ~**n** (Bakteriol) / fermentative bacteria ‖ **formaldehydresistente** ~**n** (Bakteriol) / formaldehyde-resistant bacteria ‖ **hydrolytische** ~**n** / hydrolytic bacteria ‖ **nitrifizierende** ~**n** (Sammelname für Nitrit-&und Nitratbakterien) (Bakteriol) / Nitrobacteriaceae* n, nitrifying bacteria* ‖ **säurebildende** ~**n** (Bakteriol) / acid-producers pl, acetogenic bacteria ‖ **sulfatreduzierende** ~**n** (Bakteriol, Sanitär) / sulphate-reducing bacteria

**bakteriell** adj (Bakteriol) / bacterial adj ‖ ~**er Abbau** (Bakteriol, Umwelt) / bacterial degradation ‖ ~**e Entschwefelung** / bacterial desulphurization ‖ ~**e Erzlaugung** (Aufber) / biological leaching, bioleaching n, bacterial leaching, microbial leaching ‖ ~**e Laugung** (von Erzen und mineralischen Rohstoffen) (Aufber) / biological leaching, bioleaching n, bacterial leaching, microbial leaching ‖ ~**e Verschmutzung** (Med) / bacterial contamination

**bakterien·abtötend** adj (Bakteriol, Landw, Med) / bactericidal* adj, bacteriocidal adj, bactericide adj ‖ ~**auflösend** adj (Pharm, Physiol) / bacteriolytic adj ‖ ~**cellulose** f (Chem Verf) / bacterial cellulose ‖ ~**dicht** adj (Sanitär) / bacteria-tight adj ‖ ~**filter** n (zum Abtrennen von Bakterien aus Flüssigkeiten und Gasen) (Sanitär, Umwelt) / bacterial filter, bacteriological filter, germ-tight filter ‖ ~**gift** n (Bakteriol) / bacteriotoxin* n ‖ ~**hemmstoff** m (Pharm) / bacteriostat* n ‖ ~**kontamination** f (Med) / bacterial contamination ‖ ~**laugung** f (Hütt) / bacterial leaching* ‖ ~**masse** f (Bakteriol, Sanitär) / bacterial mass, bacteria mass ‖ ~**stamm** m (Bakteriol) / strain* n ‖ ~**wachstumshemmend** adj (Pharm) / bacteriostatic* adj ‖ ~**zellulose** f (im Bioreaktor gewonnene) (Chem Verf) / bacterial cellulose ‖ ~**zellwand** f (Bakteriol) / bacterial cell wall

**Bakteriochlorophyll** n (Biochem) / bacteriochlorophyll n

**Bakteriologe** m (Bakteriol) / bacteriologist n

**Bakteriologie** f (Bakteriol) / bacteriology* n

**bakteriologisch** adj (Bakteriol) / bacteriological adj, bacteriologic adj

**Bakterio·lysin** n (bakterienauflösender Antikörper) (Pharm, Physiol) / bacteriolysin n ‖ ~**lytisch** adj (Pharm, Physiol) / bacteriolytic adj ‖ ~**phage** m (Virus, dessen Wirtszellen Bakterien sind) (Bakteriol) / bacteriophage* n, phage n ‖ ~**statikum** (pl -statika) n (Pharm) / bacteriostat* n ‖ ~**statisch** adj (Pharm) / bacteriostatic* adj ‖ ~**statische Substanz** (Pharm) / bacteriostat* n ‖ ~**toxin** n (Bakteriol) / bacteriotoxin* n ‖ ~**tropin** n (Physiol) / bacteriotropin* n

**Bakterium** n (Bakteriol) / bacterium* n (pl. bacteria)

**bakterizid** adj (bakterienabtötend) (Bakteriol, Landw, Med) / bactericidal* adj, bacteriocidal adj, bactericide adj

**Baktofuge** f (zum Entfernen von Bakterien aus Milch durch Zentrifugieren) (Nahr) / bactofuge n

**Balance** f (die Pegeldifferenz zwischen den beiden Wiedergabekanälen bei Stereofonie) (Akus) / balance n ‖ ~**-Chart** m n (Nomogram zum Ermitteln der Schwerpunktlage an einem beladenen Luftfahrzeug) (Luftf) / balance chart ‖ ~**mischer** m (Radio) / double-balanced mixer

**Balancer** m (Masch) / weight arm manipulator

**Balance-Ruder** n (Schiff) / balanced rudder

**Balanciergewicht** n (Mech) / balance weight*, counterweight n, bob-weight* n, counterbalance n, counterpoise n, counterbalance weight

**balanciert·e Stichprobe** (Stats) / balanced sample ‖ ~**e Ware** (Web) / balanced cloth

**Balanidenklebstoff** m / Balanidae adhesive

**Balasrubin** m (ein blaßroter Rubin) (Min) / balas n (ruby)*

**Balata** *f* (ein der Guttapercha sehr ähnlicher koagulierter Milchsaft, der vor allem aus dem Balatabaum gewonnen wird) / balata* *n* ‖ ⁓**rouge** (Manilkara bidentata (A.DC.) A. Chev.) (For) / bully tree, bullet tree ‖ ⁓**baum** *m* (For) / bully tree, bullet tree ‖ ⁓**holz** *n* (aus Manilkara bidentata) (For) / bulletwood* *n*, wood of the bully tree, massaranduba *n*
**Balau** *n* (Shorea sp.) (For) / balau *n* (a heavy heartwood)
**Baldachin** *m* (ein dachartiger Aufbau) (Arch) / baldacchino* *n*, baldachin* *n*, baldaquin* *n* ‖ ⁓-**Effekt** *m* (Hütt) / canopy effect
**Baldrian • öl** *n* (aus den Wurzeln der Valeriana officinalis L.) (Chem) / valerian oil ‖ ⁓**säure** *f* (Chem) / n-valeric acid*, n-pentanoic acid*
**Balescu-Lenard-Gleichung** *f* (Phys) / Balescu-Lenard equation
**Balg** *m* (Chem Verf) / bladder *n*, curing bladder ‖ ⁓ (abgezogenes Fell von Hase, Kaninchen und Murmeltier sowie vom Haarraubwild) (Leder) / skin* *n*, coat *n* ‖ **[gewellter]** ⁓ (Kfz, Masch) / bellows* *n (or pl)*, sylphon bellows
**B-Algebra** *f* (Math) / Banach algebra
**Balgen** *m* (ausziehbare lichtdichte Hülle, z.B. bei Klappkameras zwischen Gehäuse und Objektiv) (Foto) / bellows* *n (or pl)* ‖ ⁓**federmanometer** *n* (Masch) / bellows gauge ‖ ⁓**gaszähler** *m* / dry-type gas meter, diaphragm meter, dry gas meter ‖ ⁓**kamera** *f* (Foto) / folding camera
**Balg • feder** *f* (Kfz, Masch) / bellows* *n (or pl)*, sylphon bellows ‖ ⁓**kontakt** *m* (Steckverbinder) (Eltronik) / bellows contact
**Balken** *m* (der Waage) / beam *n* ‖ ⁓ (in den Strichkodes) / bar *n* ‖ ⁓ (in statischen Berechnungen) (Bau, Mech) / girder* *n*, beam* *n* ‖ ⁓ (im Petrinetz ein vereinfachter Knoten, der Ereignisse kennzeichnet, die den Übergang von einem Zustand in den nächsten bewirken) (EDV) / token *n* (indicating dynamic properties) ‖ ⁓ (Kantholz über 20 x 20 cm) (For) / baulk* *n* ‖ ⁓ *m pl* (TV) / bars *pl* ‖ ⁓ *m* (Bauholz) *s*. auch Vollholzbalken ‖ **beidseitig eingespannter** ⁓ (Bau) / fixed beam*, restrained beam, beam fixed at both ends ‖ **durchgehender** ⁓ (Bau, Zimm) / through beam ‖ **durchlaufender** ⁓ (Bau, Masch) / continuous beam*, continuous girder* *n* ‖ **genagelter** ⁓ (ein zusammengesetzter Balken) (Zimm) / nailed beam ‖ **lamellierter** ⁓ (Bau, Zimm) / glue-laminated beam, laminated timber beam ‖ **massiver** ⁓ (Bau, HuT) / solid beam ‖ **Saniosche** ⁓ (For) / bars of Sanio (crassulae and trabeculae) ‖ **schlanker** ⁓ (Zimm) / slender beam ‖ **verdübelter** ⁓ (ein zusammengesetzter Balken) (Zimm) / keyed beam, key beam ‖ **verklebter** ⁓ (ein zusammengesetzter Balken) (Zimm) / glued beam ‖ **verleimter** ⁓ (Zimm) / glued beam ‖ **verzahnter** ⁓ (Zimm) / joggle beam ‖ **zusammengesetzter** ⁓ (Zimm) / built-up beam, compound beam
**Balken • abstand** *m* (z.B. bei Deckenkonstruktionen) (Zimm) / inter-joist *n* ‖ ⁓**anker** *m* (auf der tragenden Außenwand) (Zimm) / wall anchor, joist anchor ‖ ⁓**auflager** *n* **innerhalb der Wand** (Bau) / wall box* *n*, beam box ‖ ⁓**band** *n* (Zimm) / accouplement* *n* ‖ ⁓**brücke** *f* (HuT) / girder bridge*, beam bridge ‖ ⁓**bucht** *f* (Schiff) / camber of beam, round of beam ‖ ⁓**decke** *f* (Zimm) / joist ceiling ‖ ⁓**diagramm** *n* (z.B. bei Maschinenbelegungsproblemen) / Gantt chart* ‖ ⁓**geber** *m* (TV) / bar generator* ‖ ⁓**generator** *m* (TV) / bar generator* ‖ ⁓**gleisbremse** *f* (z.B. am Ablaufberg) (Bahn) / beam rail brake ‖ ⁓**herdofen** *m* (Hütt) / walking-beam furnace, rocker-bar furnace ‖ ⁓**kode** *m* (EDV) / bar code* ‖ ⁓**kodeleser** *m* (EDV) / bar-code reader*, optical bar reader, wand* *n*, bar-code scanner ‖ ⁓**kopf** *m* (das in oder auf einer Wand liegende oder über diese hinausragende Ende eines Balkens) (Bau) / beam head, end of beam ‖ ⁓**lage** *f* (Gesamtheit aller Balken in einer waagrechten Ebene) (Bau) / system of binders and joists (plane) ‖ **englische** ⁓**lage** (bei einer Holzbalkendecke) (Zimm) / double floor* ‖ ⁓**mähwerk** *n* (Landw) / cutter bar ‖ ⁓**muster** *n* (TV) / bar pattern ‖ ⁓**plan** *m* (z.B. bei Maschinenbelegungsproblemen) / Gantt chart* ‖ ⁓**prüfung** *f* (DIN 1048) (HuT) / beam test ‖ ⁓**rührer** *m* (Chem Verf) / paddle mixer, paddle agitator ‖ **einfacher** ⁓**rührer** (Chem Verf) / straight-arm paddle mixer, beam agitator, paddle mixer with single beam, straight-arm paddle agitator ‖ ⁓**schuh** *m* (für Balken- und Kantholzauflagerungen) (Bau, Zimm) / joist hanger ‖ ⁓**spirale** *f* (eine besondere Form der Spiralsystems) (Astr) / barred spiral galaxy, barred spiral ‖ ⁓**stanzmaschine** *f* (Leder) / beam cutting machine, beam cutter ‖ ⁓**überschrift** *f* (Druck) / banner headline, streamer *n* ‖ ⁓**unterseite** *f* (Zimm) / soffit *n* ‖ ⁓**verbindungsringeisen** *n* (Zimm) / split-ring connector ‖ ⁓**waage** *f* (Zimm) / arm balance ‖ **ungleicharmige** ⁓**waage** / unequal-arm balance ‖ **gleicharmige** ⁓**waage** / equal-arm balance, simple beam balance ‖ ⁓**wechsel** *m* (Bau, Zimm) / trimming *n* ‖ ⁓**werk** *n* (Arch) / entablature* *n*
**Balkon** (Arch) / balcony* *n* ‖ **mit** ⁓ (Arch) / balconied *adj* ‖ ⁓**brüstung** *f* (Bau) / balustrade of a balcony, balcony parapet, balcony railing ‖ ⁓**tür** *f* (Arch) / French window*, French door*, casement door
**Ball Clay** *m* (feuerfester bildsamer Ton, der durch organische Beimengungen dunkel gefärbt ist, aber weiß oder cremefarbig ausbrennt) / ball clay*, ware clay

**Ballard-Haut** *f* (Kupferhaut im Ballard-Verfahren) (Druck) / Ballard skin
**Ballas** *m* (ein Industriediamant) / ballas *n*
**Ballast** *m* (Menge der bei einem Suchlauf anfallenden Fehlselektionen) (EDV) / noise *n* ‖ ⁓ (des Krans - z.B. Betonplatten) (HuT) / kentledge* *n* ‖ ⁓ (auch im Ballon) (Luftf, Schiff) / ballast* *n*, blst ‖ ⁓ (Wasser) (Schiff) / water ballast* ‖ **festeingebauter** ⁓ (Luftf) / fixed ballast ‖ ⁓**eisen** *n* (des Krans) (HuT) / kentledge* *n* ‖ ⁓**gewicht** *n* / ballast weight ‖ ⁓**kohle** *f* (Kohle mit erhöhtem Asche- und Wassergehalt von beispielsweise insgesamt 35%, die im Aufbereitungsverfahren anfällt und nicht weiter aufgeschlossen wird) (Aufber, Bergb) / lowest-grade coal, high-ash coal ‖ ⁓**pumpe** *f* (meist selbstansaugende Kreisel- oder Kolbenpumpe im Ballastsystem) (Schiff) / ballast pump ‖ ⁓**quote** *f* (Zahl der nichtrelevanten nachgewiesenen Dokumentationseinheiten im Verhältnis zu allen nachgewiesenen Dokumentationseinheiten) (EDV) / noise factor ‖ ⁓**röhre** *f* (heute obsolet) (Eltech) / ballast tube*, ballast lamp* ‖ ⁓**stoff** *m* (Nahr) / roughage *n*, bulk *n* ‖ ⁓**stoffreiche Lebensmittel** (Nahr) / high-fibre foods ‖ ⁓**system** *n* (Rohrleitungssystem mit Pumpe zum Fluten von Ballast- und Wechseltanks mit Seewasser zur Verbesserung der See-Eigenschaften) (Schiff) / ballast system ‖ ⁓**übernahme** *f* (Schiff) / ballasting *n* ‖ ⁓**wasser** *n* (Schiff) / ballast water ‖ ⁓**widerstand** *m* (Eltech) / ballast resistor*, electric ballast, ballast *n*
**Ball • eisen** *n* (For) / paring chisel ‖ ⁓**empfang** *m* (Radio, TV) / rebroadcast reception
**Ballen** *m* / pack *n*, package *n*, packet *n*, bundle *n* ‖ ⁓ / ball *n* ‖ ⁓ (zum Schellackpolituraufbrag) (Anstr) / fad *n* (a pad used in the application of french polish), pad *n*, rubber *n* ‖ ⁓ (Druck) / ink ball, inking ball, dabber *n*, tampon *n* ‖ ⁓ (Hütt) / barrel *n*, body *n* ‖ ⁓ (z.B. von Baumwolle) (Landw, Tex) / bale* *n* ‖ ⁓**abbaumaschine** *f* (Tex) / bale breaker*, bale opener ‖ ⁓**auftrag** *m* (manueller Auftrag mittels Stoffballen) (Anstr) / pad application, fad application ‖ ⁓**blume** *f* (ein Ornament in Hohlkehlen und Gesimsen) (Arch) / ball flower* ‖ ⁓**brecher** *m* (Tex) / bale breaker*, bale opener ‖ ⁓**griff** *m* (eines Handrads - fester oder drehbarer nach DIN 39 oder 98) (Masch) / handle *n* (egg-shaped - of a handwheel) ‖ ⁓**klammer** *f* (bei Gabelstaplern) (Masch) / bale clamps ‖ ⁓**länge** *f* (bei Walzen) (Hütt) / body length, barrel length, face length ‖ ⁓**öffner** *m* (Tex) / bale breaker*, bale opener ‖ ⁓**packpresse** *f* (Landw) / baler *n*, baling press ‖ ⁓**presse** *f* (Landw) / baler *n*, baling press ‖ ⁓**schleuder** *f* (Landw) / bale thrower ‖ ⁓**umreifen** *n* (Tex) / ball strapping ‖ ⁓**werfer** *m* (Landw) / bale thrower
**Ballhammer** *m* (Masch, Werkz) / fuller *n*, top fuller
**ballig** *adj* (Zahnradzahn) (Masch) / crowned *adj* ‖ ⁓ (Masch) / convex *adj*, ball-shaped *adj* ‖ ⁓ (Schweißelektrodenspitze) (Schw) / doming *adj*, dome-shaped *adj* ‖ ⁓ **ausgeführte Riemenscheibe** (Masch) / crown-face pulley, crowned pulley ‖ ⁓ **bearbeiten** (Masch) / crown *v* ‖ ⁓**e Elektrode** (Schw) / dome electrode, domed electrode ‖ ⁓**e gedrehte Riemenscheibe** (Masch) / crown-face pulley, crowned pulley ‖ ⁓ **schaben** (Masch) / crown-shave *v* ‖ ⁓**e Zahnflanke** (Masch) / convex tooth flank
**Balligkeit** *f* (Hütt, Masch) / camber* *n*, crown *n* ‖ ⁓ (Masch) / convexity *n* ‖ ⁓ (gewollte Abweichung einer Zahnflanke von der theoretischen Flankenfläche - verstärkte Krümmung nach DIN 3960) (Masch) / crowning *n*, tapering *n*
**Balligläppen** *n* (Masch) / crown lapping
**Balling-Skala** *f* (auf Aräometern) / Balling scale
**Ballistik** *f* (Phys) / ballistics* *n* ‖ **äußere** ⁓ (Phys) / exterior ballistics ‖ **innere** ⁓ (Phys) / interior ballistics
**ballistisch** *adj* (Phys) / ballistic *adj* ‖ ⁓**es Dreieck** (Phys) / ballistic triangle ‖ ⁓**es Fahrzeug** (Raumf) / ballistic vehicle ‖ ⁓**e Flugbahn** (Mech) / ballistic trajectory, ballistic path ‖ ⁓**er Flugkörper** (Luftf, Raumf) / ballistic missile* ‖ ⁓**er Flugkörper mit MARV-Technik** (Mil) / manoeuvrable antiradar vehicle, MARV ‖ ⁓**er Flugkörper mit MIRV-Technik** (Mil) / multiple independently targeted (or targetable) re-entry vehicle (type of missile), MIRV ‖ ⁓**er Flugkörper mit MRV-Technik** (Mil) / multiple re-entry vehicle (type of missile), M.R.V., MRV ‖ ⁓**e Fokussierung** (Eltronik) / ballistic focussing, BF ‖ ⁓**es Galvanometer** (Eltech) / ballistic galvanometer ‖ ⁓**e Kurve** (Mech) / ballistic curve ‖ ⁓**e Meßstrecke** (Mil) / ballistic range ‖ ⁓**es Meßverfahren** (ein Gleichfeld-Meßverfahren) (Eltech) / ballistic method* ‖ ⁓**es Pendel** (Phys) / ballistic pendulum*
**Balloelektrizität** *f* (Elektr) / balloelectricity *n*
**Ballon** *m* (bauchiger Behälter) / carboy* *n* ‖ ⁓ (Luftf) / balloon* *n* ‖ ⁓ (Spinn) / balloon *n* ‖ **auf einem gleichbleibenden Niveau triftender** ⁓ (Luftf) / constant-level balloon ‖ **tropfenförmiger** ⁓ (Luftf, Meteor) / teardrop balloon ‖ ⁓**astronomie** *f* (Astr) / balloon astronomy ‖ ⁓**bildung** *f* (Spinn) / ballooning *n* (of yarn)
**Ballonett** *n* (in nichtstarren Luftschiffen und Ballonen) (Luftf) / ballonnet* *n*

## Ballonfahrer

**Ballon·fahrer** m (Luftf) / aeronaut n, balloonist n ‖ **~fallschirm** m (Luftf) / ballute n, balloon-parachute n ‖ **~flasche** f (Glas, Keramik - Inhalt etwa 19 bis 57 l) / carboy* n ‖ **~getragen** adj (z.B. Meßgerät) / balloon-borne adj ‖ **~hülle** f (Luftf) / balloon envelope ‖ **~krankheit** f (Med) / altitude sickness, air bends, Acosta's disease, puna n, mountain sickness ‖ **~netz** n (Luftf) / balloon net, rigging* n ‖ **~reifen** m (ein alter großvolumiger Niederdruckreifen) / balloon tyre ‖ **~seide** f (Tex) / balloon silk ‖ **~sonde** f (mit Meßgeräten ausgerüsteter unbemannter Ballon für Messungen in verschiedenen Höhen) (Meteor) / sounding balloon*, balloon sonde ‖ **~sperre** f (Luftf) / balloon barrage* ‖ **~startplatz** m (Luftf) / balloon release area ‖ **~stoff** m (für Ballons und Gaszellen) (Luftf, Tex) / balloon fabric ‖ **~zwirnmaschine** f (Spinn) / uptwister n, multiple-twisting machine, twisting machine with several tiers
**Ballotini** pl (Mikroglaskugeln) (Glas) / ballotini* pl
**ball·senden** v (nur Infinitiv und Partizip) (Radio, TV) / rebroadcast v ‖ **~sender** m (Radio, TV) / rebroadcasting transmitter
**Ballung** f (Eltronik) / bunching* n ‖ **überkritische ~** (Paketierung) (Eltronik) / overbunching n ‖ **unterkritische ~** (Eltronik) / underbunching* n
**Ballungs·gebiet** n (z.B. Ruhrgebiet) (Arch) / conurbation n ‖ **~raum** m (städtische Agglomeration) (Arch) / conurbation n
**Balmer·Formel** f (für die Wellenzahlen) (Spektr) / Balmer formula ‖ **~-Serie** f (im Termschema des Wasserstoffatoms - nach J.J. Balmer, 1825-1898) (Spektr) / Balmer series*
**Balsa** f (des Balsabaumes = Ochroma pyramidale) (For) / balsa-wood* n, balsa n ‖ **~holz** n (des Balsabaumes = Ochroma pyramidale) (For) / balsa-wood* n, balsa n
**Balsam** m (ein natürliches Harz von Pinus-Arten) / colophony* n, rosin* n, colophonium* n (pl. -ms) ‖ **~** (Chem) / balsam n, balm n ‖ **~baum** m (Amyris balsamifera L.) (For) / balsam torchwood ‖ **~essig** m (Nahr) / balsamic vinegar (an Italian vinegar) ‖ **~harz** n (Chem, For) / gum rosin, gum n
**balsamisch** adj (Chem, For) / balsamic adj
**Balsam·kitt** m (Opt) / balsam cement ‖ **~kolophonium** n (Chem, For) / gum rosin, gum n ‖ **~liefernd** adj (Bot, For) / balsamiferous adj ‖ **~pappel** f (Populus balsamifera L.) (For) / balsam poplar ‖ **~strauch** m (Commiphora opobalsamum (L.) Engl.) (For) / balm of Gilead ‖ **~tanne** f (Abies balsamea (L.) Mill.) (For) / balsam fir, balm of Gilead ‖ **Fraser's ~tanne** (For) / Fraser fir, southern balsam fir ‖ **Westamerikanische ~tanne** (For) / subalpine fir, Alpine fir, Rocky Mountains fir
**Balun-Transformator** m (Eltech) / balanced-unbalanced transformer, balun transformer, BALUN*
**Baluster** m (gedrungenes, säulenartiges Stützglied an einer Brüstung oder einem Geländer) (Arch) / baluster* n, banister* n, bannister n
**Balustrade** f (Brüstung aus gedrungenen, stark profilierten Säulen) (Arch) / balustrade* n
**Bamberger-Reaktion** f (Umsetzung von aromatischen Hydroxylaminen - nach E. Bamberger, 1857 - 1932) (Chem) / Bamberger reaction
**Bambus** m (For) / bamboo n ‖ **~kurare** n (Pharm) / tube curare ‖ **~struktur** f (bei dünnen Drähten nach Kaltverformung und Rekristallisation) (Hütt) / bamboo structure ‖ **~ware** f (hellbraunes oder bambusfarbenes englisches Steinzeug) (Keram) / bamboo ware
**Bamford-Stevens-Reaktion** f (Chem) / Bamford-Stevens reaction
**Banach·Algebra** f (Math) / Banach algebra ‖ **~-Raum** m (ein vollständiger, normierter, linearer Raum, nach S. Banach, 1892-1945) (Math) / Banach space
**Banak** n (Schäl- und Tischlerholz des Baumes Virola aus Zentralamerika) (For, Tischl) / banak* n, virola n
**Banane** f (Nahr) / banana n
**Bananen·buchse** f (Radio) / banana jack ‖ **~öl** n (Pentylacetat-Cellulose-Lösung) (Chem) / banana oil ‖ **~prinzip** n (wenn die Standardsoftware bei dem Anwender ausreifen soll) (EDV) / banana principle ‖ **~regime** n (Nukl) / banana regime ‖ **~röhre** f (eine Einstrahl-Farbbildröhre) (Eltronik) / banana tube ‖ **~schaden** m (ein Rahmenschaden) (Kfz) / centre-section damage ‖ **~stärke** f (Nahr) / plantain starch ‖ **~stecker** m (einpoliger Stecker mit federnden Kontaktflächen) (Radio) / banana plug* ‖ **~walze** f (der Abwelkmaschine) (Leder) / banana roller
**Banbury·Innenmischer** m / Banbury mixer ‖ **~-Mischer** m (ein Stempelkneter) / Banbury mixer
**Band** m (pl. Bände) (Buchb) / volume n ‖ **~** (eines mehrbändigen Werkes) (pl. Bände) (Buchb) / tome n ‖ **~** n (pl. Bänder) (Akus, Mag) / tape* n ‖ **~** (eine Gesimsform) (Arch) / fillet* n ‖ **~** (ein waagerechtes Bauglied) (Arch) / band* n, band course ‖ **~** (ein Baubeschlag) (pl. Bänder) (Bau) / hinge n (of a door) ‖ **~** (Bau, Masch) / belt n, band n ‖ **~** (bei Cameron belt-press) (Druck) / belt n ‖ **~** (sehr dünne, meistens andersfarbige Schicht) (Geol) / band n ‖ **~** (Geol) / ribbon n ‖ **~** (Hütt) / strip n ‖ **~** (Hütt, Masch) s. auch Bandstahl und Förderband ‖ **~** (Kart) / flow line ‖ **~** (der Bandbremse)

(Masch) / strap n ‖ **~** (Tex) / ribbon* n, textile ribbon ‖ **~** (kardiertes, Kammzugband) (Tex) / sliver n ‖ **~** (beim Reißverschluß) (Tex) / tape n ‖ **als ~ ablegen** (Tex) / coil v ‖ **auf ~ aufnehmen** (EDV, Mag) / tape v ‖ **auf ~ ausgeben** (EDV, Mag) / tape vt ‖ **besetztes ~** (Kernphys) / filled band, occupied band ‖ **Deutsches ~** (aus hochkantigen übereckkgestellten Bachsteinen) (Arch) / indented frieze ‖ **elastisches ~** (mit Gummi oder anderen Elastomeren) / elastic tape, elastic web ‖ **endloses ~** (eine Magnetbandkassette) (EDV, Mag) / endless loop ‖ **endloses ~** (z.B. für Fretz-Moon-Verfahren) (Hütt) / skelp* n ‖ **erlaubtes ~** (Kernphys) / allowed band* ‖ **gekästeltes ~** (Kart) / diced line ‖ **gummibeschichtetes ~** (Kab) / proofed tape ‖ **gummiertes ~** (Kab) / proofed tape ‖ **hochaussteuerbares ~** (Mag) / high-output tape ‖ **kopiertes ~** (als Sicherung beim Timesharing) (EDV) / incremental dump tape, fail-safe tape ‖ **mit ~ umwickeln** / tape vt ‖ **unbesetztes ~** (Kernphys) / unoccupied band ‖ **verbotenes ~** (DIN 41852 - im Energiebändermodell) (Phys) / forbidden band*, band gap ‖ **~** n **in Kästchenmanier** (als kartografisches Ausdrucksmittel, z.B. für die Darstellung der Eisenbahnlinien) (Kart) / diced line
**Band·abklebevorrichtung** f (Kontaktkamm) (Eltronik) / tapemaster n ‖ **~abschnittsmarke** f (EDV, Mag) / tape mark (TM) ‖ **~absetzer** m (Bergb) / belt-type spreader, belt-type stacker (US) ‖ **~abstand** m (Energiedifferenz zwischen zwei Bändern nach DIN 41852) (Phys) / energy gap* ‖ **~abwurfgerät** n (mit dem die Schüttgüter vor Bandende vom Band abgeworfen werden) (Masch) / conveyor-belt dumping device ‖ **~abzug** m (Akus, EDV, Mag) / tape edit ‖ **~achat** m (Min) / banded agate
**Bandage** f (Bahn) / tyre* n, tire n (US) ‖ **~** (an den Spulenseiten und Wicklungköpfen von Läuferwicklungen) (Eltech) / banding n, bandage n. ‖ **~** (Kab) / bandage n ‖ **~n** f pl (Versteifungen der Kesselwand) (Masch) / structural bracing ‖ **heiße ~** (Masch) / tie bar ‖ **kalte ~** (Masch) / buckstay n ‖ **kaltliegende ~** (Versteifung der Kesselwand) (Masch) / buckstay n ‖ **warmliegende ~** (Versteifung der Kesselwand) (Masch) / tie bar
**Bandagen·draht** m (Eltech) / tie wire, binding wire ‖ **~verfahren** n (ein Holzschutzverfahren - heute fast ausschließlich mit Fertigbandagen) (For) / bandage process, bandage treatment ‖ **~verluste** m pl (Eltech, Kab) / band losses ‖ **~walzwerk** n (Bahn, Hütt) / strip rolling mill for tyres, tyre rolling mill, wheel tyre rolling mill
**bandagieren** v (auch Käse) / bandage v
**Bandanatechnik** f (zur Erzielung von Batikeffekten) (Tex) / tie-dyeing n, tie-and-dye n, bandanna dyeing
**Band·anfangsetikett** n (EDV) / tape header label ‖ **~anfangsmarke** f (EDV) / beginning-of-tape marker, BOT marker ‖ **~anlage** f (ortsfest oder rückbar) (Masch) / belt-conveyor system ‖ **~anodisation** f (Galv) / continuous anodizing, coil anodizing, band anodizing, strip anodizing ‖ **~archiv** n (Akus, EDV, Mag) / magnetic tape library, tape library ‖ **~archivar** m (EDV) / magnetic tape librarian, tape librarian ‖ **~artiger Geweberand** (Tex) / tape selvedge ‖ **~artiger Vorformling** (Plast) / strip parison, sheet parison ‖ **~aufbereitung** f (Akus, EDV) / magnetic-tape editing, tape editing ‖ **~aufnahme** f (Ergebnis) (Akus) / taperecord ‖ **~aufnahme** f (Verfahren) (Akus) / tape recording* ‖ **~aufnahme** (Verm) / taping n ‖ **~ausgleichswagen** m (in einer Bandverzinkungsanlage) (Galv) / looper n, loop car ‖ **~ausleger** m (Stahlkonstruktion an Baggern und Absetzern in Tagebauen mit Gurtbandförderer zur Aufnahme und zum Transport von Förder- und Schüttgut) (Bergb) / conveyor boom ‖ **~-Band-** (EDV, Mag) / tape-to-tape ‖ **~-Band-Übergang** m (der Übergang im Energiespektrum eines Festkörpers, bei dem der Anfangs- und Endzustand zu verschiedenen Energiebändern gehören) (Eltronik) / interband transition ‖ **~bebauung** f (Arch) / ribbon building ‖ **~bebauung** f (Bau) / linear development ‖ **~bedampfung** f (Vakuumt) / continuous strip coating, roll coating ‖ **~begichtung** f (Hütt) / band charging ‖ **~begrenzung** f (EDV, Fernm) / band limitation, band limiting ‖ **~berg** m (Bergb) / incline n ‖ **~beschichten** n (von Stahl- und Aluminiumbändern) (Anstr) / coil coating, strip coating ‖ **~beschichtung** f (Anstr) / coil coating, strip coating ‖ **~betriebssystem (BBS)** n (EDV) / tape operating system (TOS) ‖ **~bewehrung** f (Kab) / tape armour, band armour ‖ **~bibliothek** f (Akus, EDV, Mag) / magnetic tape library, tape library ‖ **~blitz** m (Meteor) / ribbon lightning, band lightning ‖ **~block** m (auf Magnetband gespeicherter Block nach DIN 66010) (EDV) / tape block ‖ **~breite** f (EDV, Fernm) / bandwidth n ‖ **~breite** f (einer Bandmatrix) (Math) / bandwidth n ‖ **~breite eines äquivalenten idealen Filters** (Fernm) / effective bandwidth* ‖ **~breite-Verkettungsfaktor** m (bei den LWL) / concatenation factor ‖ **~bremse** f (Masch) / band brake, strap brake, ribbon brake ‖ **~brenner** m (Wärm) / ribbon-flame burner ‖ **~brücke** f (ein Gerät für den Tagebau) (Bergb) / belt conveyor gallery, conveyor gallery
**Bändchen·mikrofon** n (ein elektrodynamisches Mikrofon) (Akus) / ribbon microphone* ‖ **~spitze** f (Tex) / point lace

**Band•datei** f (EDV) / tape file ‖ ~**dehnung** f (auf einen größeren Bereich des Abstimmittels) (Fernm) / band-spreading* n ‖ ~**drucker** m (ein mechanischer Drucker) (EDV) / tape printer, belt-type printer, belt printer ‖ ~**durchhang** m (in einem Molekülspektrum) (Spektr) / band sag
**Bande** f (im Chromatogramm oder Elektropherogramm) (Chem) / solute band, band n, zone n ‖ ~ (Spektr) / band n ‖ ~**n** f pl (Fehler) (Tex) / rawkiness n ‖ ~ f (ein Webfehler) (Web) / stripe n
**Band•einfasser** m (der Nähmaschine) (Tex) / edge binder ‖ ~**eisen** n (in der Verpackungsindustrie) / hoop n ‖ ~**elektrode** f (Schweißzusatzwerkstoff mit rechteckigem Querschnitt) (Schw) / strip electrode
**Bandenanalyse** f (Spektr) / band analysis
**Band•ende** n (EDV) / end of tape (EOT) ‖ ~**endemarke** f (EDV) / end-of-tape marker, EOT marker ‖ ~ end tape marker, ET marker
**Banden•kante** f (Spektr) / band edge ‖ ~**parameter** m (Spektr) / band parameter ‖ ~**spektrum** n (Kernphys, Spektr) / band spectrum* ‖ ~**spektrum** (Kernphys, Spektr) s. auch Molekülspektrum
**Band•entartung** f (Phys) / band degeneration ‖ ~**entspannungsofen** m (Glas) / lehr* n, leer* n, lear* n, lier* n
**Bandenverbreiterung** f (Chem) / zone spreading ‖ ~ (Chem, Spektr) / band broadening ‖ ~ **außerhalb der Kolonne** (Chem) / extra-column band broadening
**Bänder** n pl (Tex) / smallwares* pl ‖ ~**eisenerz** n (Geol) / banded iron formation (the rock that consists of alternating bands of iron-rich minerals, generally haematite, and chert or fine-grained quartz), bif ‖ ~**erz** n (Geol) / banded ore (ore that consists of layers of the same minerals differing in colour, texture, or proportions, or of different minerals) ‖ ~**fallschirm** m (Luftf) / ribbon parachute* ‖ ~**gang** m (Geol) / banded vein, ribbon vein ‖ ~**modell** n (Phys) / energy-band model
**Banderole** f / package band, tape n
**Banderoleneinschlag** m / sleeve wrapping
**Banderolieren** n / sleeve wrapping
**Bänder•schirm** m (ein Fallschirm) (Luftf) / ribbon parachute* ‖ ~**strickmaschine** f (Tex) / ribbon knitting machine ‖ ~**struktur** f (Phys, Spektr) / band structure ‖ ~**theorie** f (der Festkörper) (Phys) / band theory* (of solids) ‖ ~**ton** m (infolge regelmäßiger Wechsellagerung von hellen Feinsand- und dunklen Tonlagen im Querbruch bändrig aussehendes Sedimentgestein) (Geol) / varved clay*, banded clay, leaf clay
**Bänderung** f (Wechsel von verschieden zusammengesetzten oder gefärbten Schichten oder Lagen in einem Gestein) (Geol) / banded structure*, bands pl., banding ‖ ~ (Geol) / foliation* n
**Band•etikett** n (EDV) / tape label ‖ ~**fehlstelle** f (DIN 66 010) (EDV, Mag) / bad spot ‖ ~**filter** n (Chem Verf) / belt filter, belt-type filter, band filter ‖ ~**filter** (zum Aussieben eines Frequenzbandes) (Fernm) / band-pass filter ‖ ~**filter** (in Rundfunkempfängern) (Fernm, Radio) / band-pass filter*, BPF ‖ ~**filterpresse** f (Chem Verf) / filter belt press, belt pressure filter ‖ ~**förderer** m (ein Stetigförderer) (Masch) / belt conveyor, band conveyor ‖ ~**format** n (EDV) / tape format ‖ ~**förmige Anwendung** (Landw) / band application ‖ ~**förmige Austragung** (von Pestiziden) (Landw) / band application ‖ ~**führungsfehler** m (Eltronik) / scalloping n ‖ ~**führungsrolle** f (einer Bandsäge) (Masch) / guide pulley ‖ ~**führungsstück** n (EDV, Mag) / leader tape ‖ ~**generator** m (Eltech) / Van de Graaff generator* ‖ ~**gerät** n (Akus) / tape recorder ‖ ~**geschwindigkeit** f (mit der ein Magnetband am Schreib-/Lesekopf als Magnetbandstation vorbeigeführt wird - DIN 66010) (Akus, Mag) / tape speed ‖ ~**gesteuert** adj / tape-operated adj ‖ ~**gewebe** n (Tex) / narrow fabric, narrow tape, tape goods, smallwares* pl ‖ ~**gewickelter Kern** (EDV) / tape-wound core ‖ ~**gießanlage** f (Gieß) / strand-casting plant, strip-casting plant ‖ ~**gießen** n (Gieß) / strand casting, strip casting, belt casting ‖ ~**granulator** m (Plast) / dicer n, cube dicer (US), cutter n (GB) ‖ **7-~-Graphic-Equalizer** / 7-band graphic equalizer ‖ ~**heizung** f (bei der Verleimung) (Tischl) / strip heating ‖ ~**holz** n (Zimm) / angle tie n, angle brace ‖ ~**isolierung** f (Eltech) / lapped insulation ‖ ~**jaspis** m (Min) / banded jasper ‖ ~**kabel** n (Kab) / flat cable, FC, flat-type cable ‖ ~**kante** f (der Rand einer Linienstruktur im elektromagnetischen Spektrum; energetisch höchster möglicher Zustand eines Energiebandes im Bändermodell) (Spektr) / band edge ‖ ~**karte** f (mit sehr langem Hoch- oder Querformat) (Kart) / strip map ‖ ~**kassette** f / cassette ribbon, ribbon cassette ‖ ~**kern** n (EDV) / tape-wound core ‖ ~**kühlofen** m (Glas) / lehr* n, leer* n, lear* n, lier* n ‖ ~**kupplung** f (Masch) / band clutch* ‖ **lose ~lage** (Mag) / slackening of the tape ‖ ~**länge** f (EDV, Mag) / tape length ‖ ~**lauf** m (Akus, Mag) / tape travel ‖ ~**laufanzeige** f (eine Kontrollampe im Sucher von Videorekordern) (Film) / tape run ‖ ~**laufwerk** n (EDV, Mag) / magnetic tape drive, tape drive*, tape transport mechanism ‖ ~**leiter** m (Eltech) / strip conductor ‖ ~**leitung** f (Eltronik) / stripline* n, strip-type transmission line, strip n ‖ ~**los** adj (Reißverschluß) (Tex) / tapeless adj ‖ ~**lücke** f (Phys) / forbidden band*, band gap ‖ ~**lücke** (in der keine Elektronenzustände erlaubt sind) (Phys) / energy gap* ‖ ~**marke** f (EDV, Mag) / tape mark (TM) ‖ ~**maschine** f (Glas) / ribbon machine ‖ ~**maß** n (bedrucktes Meßband in Stahl- oder Kunststoffgehäuse) (Bau) / builder's tape, tape* n, measuring tape*, tape-measure n ‖ ~**maß** (Stahl oder Invar) (Verm) / steel tape*, band chain* ‖ **mit ~maß messen** (Bau, Verm) / tape v ‖ ~**maßpegel** m (Wasserb) / tape gauge, chain gauge ‖ ~**matrix** f (eine verallgemeinerte Diagonalmatrix) (Math) / band matrix ‖ ~**messerspaltmaschine** f (Leder) / band-knife splitting machine ‖ ~**messung** f (Verm) / taping n ‖ ~**mischer** m / belt mixer ‖ ~**muldung** f / belt troughing ‖ ~**paß** m (eine Siebschaltung als Gegensatz zu Bandsperre) (Fernm, Radio) / band-pass filter*, BPF ‖ ~**paßkombination** f (im TF-System) (Fernm) / directional filter* ‖ ~**paßverstärker** m (Fernm) / band-pass amplifier ‖ ~**-Platte-Betriebssystem** n (EDV) / tape-disk operating system, TDOS ‖ ~**positionierung** f (EDV) / tape positioning ‖ ~**rad** n (Kfz) / aluminium-sheet wheel, sheet wheel ‖ ~**rand** m (Tex) / tape selvedge ‖ ~**räumer** m (Schlammräumer in rechteckigen Absetzbecken, bestehend aus endlosen Kettenbändern parallel zu den beiden Beckenlängsseiten, zwischen denen Räumbalken zum Abschieben des Schlammes am Beckenboden angebracht sind) (Sanitär) / flight scraper ‖ ~**rauschen** n (Akus, Mag) / tape noise ‖ ~**rechen** m (Wasserb) / band screen ‖ ~**reinheit** f (Spinn) / sliver purity ‖ ~**reiniger** m (EDV, Mag) / tape cleaner ‖ ~**riemen** m **mit breiten Zugbändern** / band belt with wide tension bend ‖ ~**ring** n (Hütt) / coil n ‖ ~**säge** f / bandsaw* n, endless saw* ‖ ~**säge** (Bandbreite > + 51,9 mm) (For) / ribbon saw ‖ ~**säge mit breitem Bandsägeblatt** (For) / band mill ‖ ~**sägeblatt** n (For) / bandsaw blade ‖ ~**sägeblattflattern** n (bei mangelhafter Führung) (For) / bandsaw surging ‖ ~**sägemaschine** f / bandsaw* n, endless saw* ‖ ~**schären** n (Web) / section warping, sectional warping ‖ ~**(schief)laufüberwachung** f (Masch) / belt training ‖ ~**schleif- und Polieranlage** f (Glas) / continuous grinder and polisher ‖ ~**schleife** f (EDV, Mag) / endless loop ‖ ~**schleifen** n (DIN 8589, T 2) (Masch) / belt grinding, linishing n ‖ ~**schleifwagen** m (ein Gerät für den Tagebau) (Bergb) / tripper car ‖ ~**schleifwagen** (bei Gurtförderern) (HuT) / travelling hopper, travelling tripper, tripper car ‖ ~**schleifer** m (Werkz) / belt sander ‖ ~**schleuder** f (Gieß) / royer n, belt aerator ‖ ~**schlupf** m (EDV) / magnetic tape slippage, tape slippage ‖ ~**schlüssel** m (Werkz) / strap spanner, strap wrench ‖ ~**schnecke** f (ein Schneckenförderer, der weniger zum Verstopfen neigt) (Masch) / ribbon conveyor ‖ ~**schräglauf** m (EDV) / skew n ‖ ~**schreiber** m (ein Registriergerät) / strip-chart recorder ‖ ~**schreiber** (zum Entwerfen von Leiterplatten mit Selbstklebebändern) (Eltronik) / tape pen ‖ ~**selektor** m (zur Anpassung an verschiedene Bandsorten) (Mag, Radio) / tape selector ‖ ~**sinterung** f / continuous sintering, stoking n ‖ ~**sortieren** n (EDV, Mag) / tape sort, tape sorting, magnetic tape sorting ‖ ~**spannung** f (EDV, Mag) / tape tension ‖ ~**speicher** m (grubenförmiger - einer Bandbeschichtungsanlage) (Hütt) / looping pit ‖ ~**speicher** (turmartiger - einer Bandbeschichtungsanlage) (Hütt) / looping tower ‖ ~**sperre** f (Gegensatz zu Bandpaß) (Fernm, Radio) / band-elimination filter, band-rejection filter*, band-stop filter*, rejection filter, BEF, elimination filter* ‖ **schmalbandige ~sperre** (ein hochselektives Sperrfilter für einen schmalen Nf-Bereich) (Radio) / notch filter ‖ ~**sperrfilter** n (Fernm, Radio) / band-elimination filter, band-rejection filter*, band-stop filter*, rejection filter, BEF, elimination filter* ‖ ~**spinnen** n (Spinn) / ribbon spinning ‖ ~**spinnverfahren** n (Plast) / ribbon spinning ‖ ~**spitze** f (Tex) / tape lace ‖ ~**spreizung** f (auf einen größeren Bereich des Abstimmittels) (Fernm) / band-spreading* n ‖ ~**sprosse** f (des Magnetbandes nach DIN 66010) (Akus, Mag) / tape row ‖ ~**stahl** m (zu Bändern ausgewalzter Stahl) (Hütt) / strip steel, hoop-steel n, hoop-iron* n, strip (up to and including 4,78 x 610 mm) ‖ **warmgewalzter ~stahl** (Hütt) / hot-rolled strip, hot band, hot strip ‖ **kaltgewalzter ~stahl** (Hütt) / cold-rolled strip, cold strip, cold band ‖ ~**stahlverzinkung** f (Galv) / strip galvanizing, continuous-strip galvanizing ‖ ~**stahl-Walzwerk** n (Breit-, Mittel- und Schmalband) (Hütt) / strip mill ‖ ~**stapelkabel** n (LWL-Kabel mit Flachbandstruktur) (Kab) / ribbon cable ‖ ~**startroutine** f (EDV) / tape bootstrap routine ‖ ~**stift** n (Tischl) / broach n ‖ ~**stopp** m (Fernm) / band-stop n ‖ ~**strahlungspyrometer** n (Wärm) / narrow-band pyrometer ‖ ~**straße** f (wenn bei einer längeren Förderstrecke mehrere Bandförderer hintereinandergereiht sind) / conveyor line, conveyorized line ‖ ~**streifigkeit** f (Web) / bar marks ‖ ~**strickmaschine** f (Tex) / ribbon knitting machine ‖ ~**struktur** f (das Energiespektrum eines Elektrons im idealen Kristall) (Phys, Spektr) / band structure ‖ ~**stuhl** m (Web) / ribbon loom ‖ ~**stumpfschweißmaschine** f (Schw) / butt-seam welding machine, strip butt welding machine ‖ ~**transport** m (EDV) / tape feed, tape transport ‖ ~**überstände** m pl (beim Reißverschluß) (Tex) / tape ends ‖ ~**umspinnung** f (Kab) / lapping n, taping n, wrapping n, serving* n ‖

**Bandverschmelzung**

⁓**verschmelzung** f (EDV) / tape merging ‖ ⁓**verstärker** m (Fernm) / band amplifier ‖ ⁓**verzinkung** f (Galv) / strip galvanizing, continuous-strip galvanizing ‖ ⁓**vorsatz** m (EDV) / tape header label ‖ ⁓**vorschub** m (Akus, EDV) / tape feed ‖ ⁓**waage** f (mit Förderband als Lastträger für kontinuierliches Wägen von Schüttgut) / band scale, continuous weigh scale, continuous weigher ‖ **automatische** ⁓**waage mit einer Registriereinrichtung** (Aufber) / weightometer* n ‖ ⁓**wagen** m (ein Gerät für den Tagebau) (Bergb) / mobile transfer conveyor ‖ ⁓**walzwerk** n (Breit-, Mittel- und Schmalband) (Hütt) / strip mill ‖ ⁓**ware** f (Tex) / narrow fabric, narrow goods, tape goods, smallwares* pl ‖ ⁓**webmaschine** f (Web) / narrow-fabric loom, bar loom, loom for narrow fabrics, tape loom ‖ **schiffchenlose** ⁓**webmaschine** (Web) / needle loom ‖ ⁓**webstuhl** m (Web) / narrow-fabric loom, bar loom, loom for narrow fabrics, tape loom ‖ ⁓**webstuhl** (Web) / ribbon loom ‖ ⁓**werkstoff** m (Tex) / belting* n, belt material ‖ ⁓**wickel** m (EDV) / coil* n ‖ ⁓**wickelmaschine** f (Kab) / lapping machine ‖ ⁓**wickelmaschine** (Spinn) / sliver lapper, Derby doubler, sliver lap machine, ribbon folder ‖ ⁓**wickler** m (DIN 64 100) (Spinn) / sliver lapper, Derby doubler, sliver lap machine, ribbon folder ‖ ⁓**widerstand** m (Eltech) / flexible resistor* ‖ ⁓**wiedergabe** f (Akus) / tape reproduction ‖ ⁓**wölbung** f (bei Magnetbändern) / tape cupping ‖ ⁓**zählwerk** n (Akus, Mag) / tape counter ‖ ⁓**zellenfilter** n (Chem Verf) / travelling-pan filter, TP filter
**Bang-Bang-Regelung** f (Regeln) / on-off control*, on-off system, two-position system, ON-OFF control, on/off-control n
**Bangkazinn** n (nach der Sundainsel Banka) / Banka tin
**Banisterin** n (Chem) / harmine n
**Banjoachse** f (starre einteilige Hinterachse) (Kfz) / banjo axle*
**Bank** f (Oberbank oder Unterbank) (Bergb) / layer n, leaf n ‖ ⁓ (Bergb) / rashing n ‖ ⁓ (Eltech) / bank* n ‖ ⁓ (Geol) / measures pl (a group of rock strata) ‖ ⁓ (Erhebung des Fluß- oder Meeresbodens bis nahe unter den Wasserspiegel) (Geol, Schiff) / bank n ‖ ⁓ (Gieß) / bench n ‖ ⁓ (für die Häfen) (Glas) / siege* n, seat n, bench n ‖ ⁓ (als Sitzart) (Kfz) / bench n ‖ ⁓ (eine Werkbank) (Masch) / workbench n, bench n ‖ ⁓ (Meteor) / bank n ‖ ⁓ (Geol, Schiff) s. auch Sandbank ‖ **optische** ⁓ (Opt) / optical bench* ‖ ⁓ f **minderwertiger Kohle** (Bergb) / dilsh n ‖ ⁓ **mit Autoschalter** / drive-in bank
**Banka-Handdrehbohrung** f (für Schürfbohrungen) (Bergb) / Banka drill*
**Bankamboß** m (Masch, Werkz) / beak iron*, beakhorn n (stake), beck iron*, bick iron*
**Bankazinn** n / Banka tin
**bankebener Abbau** (parallel zur Schichtfläche von Gesteinen oder Flözen) (Bergb) / face-on n
**Bankensoftware** f (EDV) / bank software
**Bankett** n (HuT, Kfz) / verge n ‖ **befahrbares** ⁓ (befestigter Seitenstreifen) (HuT) / traffic-bearing shoulder
**Bank·formen** n (Gieß) / bench work*, bench moulding ‖ **~förmig** adj (Geol) / platy adj, tabular adj ‖ ⁓**formmaschine** f (Gieß) / bench-type moulding machine ‖ ⁓**hammer** m (Werkz) / fitter's hammer*, locksmith's hammer ‖ ⁓**horn** n (Masch, Werkz) / beak iron*, beakhorn n (stake), beck iron*, bick iron*
**bankig** adj (Bergb) / stratiform adj, stratified adj, bedded adj ‖ ⁓ (Geol) / flaggy adj ‖ **~e Absonderung** (Geol) / sheeting n, sheet jointing
**Bánki-Turbine** f (nach D. Bánki, 1859-1912) (Masch) / Michell turbine, Banki turbine, direct-flow turbine
**Bank·notenpapier** n (Pap) / banknote paper ‖ ⁓**notenpapier** f (Pap) s. auch Sicherheitspapier ‖ ⁓**postpapier** n (hochwertiges Schreibpapier) (Pap) / bank paper*, bond paper ‖ **~rechter Abbau** (rechtwinklig zum Hangenden oder Liegenden) (Bergb) / end-on n ‖ ⁓**schalterterminal** n (EDV) / banking terminal ‖ **~schräg** adj (schräg zur Schichtebene) (Bergb) / inclined adj (to the stratification) ‖ ⁓**schraubstock** m (Masch) / bench vice, table vice
**Bankskiefer** f (Pinus banksiana Lamb.) (For) / jack pine, prince's pine, Hudson bay pine, Labrador pine
**bank·streifig** adj (Geol) / streaked adj ‖ **intelligentes** ⁓**system** (EDV) / intelligent banking system ‖ **elektronische** ⁓**überweisung** (EDV) / electronic funds transfer* (system) (EFT (S))
**Bankulöl** n (von Samen der Aleurites moluccana (L.) Willd.) / lumbang oil, candlenut oil, kekune oil, kukui oil
**Bankverkehr, elektronischer** ⁓ (EDV) / electronic banking
**Bannerschleppflug** m (mit einem Werbebanner) (Luftf) / sign-towing flight
**Banse** f (mit Wänden umgebene Freilagerfläche) (Schiff) / bay n
**Bantamröhre** f (Kleinröhre mit Oktalsockel) (Eltronik) / bantam tube
**Baptitoxin** n (Chem, Pharm) / cytisine n, sophorine n, ulexine n, baptitoxine n
**bar** (Phys) / bar* n ‖ ⁓ n (inkohärente Einheit des Druckes = $10^5$ Pa) (Phys) / bar* n
**Bär** m (-s,pl. -en oder -e) (HuT) / monkey n, beetle-head n, tup n, ram*
**Baracke** f (Bau) / cabin n (on a building site), site hut

**Barackenlager** n (Bau, Mil) / hut camp, hutment n
**Barathea** m (feines Kammgarngewebe) (Tex) / barathea* n
**Baratte** f (Chem Verf) / xanthating churn
**Barbier-Wieland-Reaktion** f (mehrstufiger Abbau von Karbonsäuren zu ihren nächstniedrigen Homologen) (Chem) / Barbier-Wieland degradation
**Barbital** n (eine Puffersubstanz) (Chem) / barbitone n, barbital n (US)
**Barbiturat** n (rezeptpflichtiges Medikament auf der Basis von Barbitursäure) (Pharm) / barbiturate n
**Barbitursäure** f (Malonylharnstoff, Pyrimidin-2,4,6-trion) / barbituric acid*, malonylurea n
**Barchan** m (Geol) / barkhan n, barchan* n
**Barchent** m (historischer Name) (Tex) / barchant n, barchent n
**Barcode** m (EDV) / bar code*
**Bardeen-Cooper-Schrieffer-Theorie** f der Supraleitfähigkeit (nach J. Bardeen, 1908-1991) (Phys) / Bardeen-Cooper-Schrieffer theory of superconductivity, BCS theory* (of superconductivity)
**Bareboat-Charter** m (Schiff) / bare-boat charter, bare-hull charter
**Barège** m (durchsichtiges Seidengewebe) (Tex) / barège n
**Bar·frost** m (ohne Vorhandensein einer Schneedecke) (Meteor) / frost without snow (cover) ‖ ⁓**fuß-Bohrlochkomplettierung** f (Erdöl) / barefoot completion
**Barge** f (motorloser, völliger, schwimmfähiger Behälter zur Aufnahme von Frachtgut) (Schiff) / barge n ‖ ⁓**-Carrier** m (Schiff) / barge carrier, lighter-aboard-ship carrier, LASH
**Barilla** f (Asche aus Meeres- oder Salzsteppenpflanzen mit Sodagehalt) / barilla n
**barisch** adj (den Luftdruck betreffend) (Meteor) / baric adj ‖ **~er Gradient** (Meteor) / barometric gradient, pressure gradient ‖ **~es Windgesetz** (Meteor) / baric wind law
**BARITT-Diode** f (eine Mikrowellendiode) (Eltronik) / barrier-injection-transit-time diode, BARITT diode
**Barium (Ba)** n (Chem) / barium* n ‖ ⁓**acetat** n (Chem, Druck) / barium acetate ‖ ⁓**azetat** n (Chem, Druck) / barium acetate ‖ ⁓**beton** n (mit hohem Gehalt an Bariumsulfat - ein Strahlenschutzbaustoff, z.B. für Kämpe-Lorey-Wände) (Nukl) / barium concrete*, barytite X-ray plaster, barytes concrete* ‖ ⁓**boroaluminiumglas** n (Glas) / babal glass ‖ ⁓**brei** m (Röntgenkontrastmittel) (Radiol) / barium meal ‖ ⁓**carbonat** n (Chem) / barium carbonate* ‖ ⁓**chlorat** n (Chem) / barium chlorate ‖ ⁓**chlorid** n (Chem) / barium chloride ‖ ⁓**chromat** n ($BaCrO_4$) (Chem) / barium chromate ‖ ⁓**feldspat** n (Hyalophan oder Celsian) (Min) / barium feldspar* ‖ ⁓**feldspat** (Mischkristalle von Adular mit Celsian) (Min) / hyalophane* n ‖ ⁓**gips** m (Bau, Radiol) / barium plaster* ‖ ⁓**gipsputz** m (Bau, Radiol) / barium plaster* ‖ ⁓**hydroxid** n (Octahydrat) (Chem) / barium octahydrate ‖ ⁓**hydroxid** (Chem) / barium hydroxide* ‖ ⁓**karbonat** n (Witherit - meist synthetisch aus Schwerspat gewonnen) (Chem) / barium carbonate* ‖ ⁓**metaborat-Monohydrat** n (Anstr, Chem) / barium metaborate monohydrate ‖ ⁓**monosulfid** n (Chem) / barium monosulphide, barium sulphide ‖ ⁓**mörtel** m (Bau, Radiol) / barium plaster* ‖ ⁓**nitrat** n (Chem) / barium nitrate, nitrobarite n ‖ ⁓**oxid** n (Chem) / barium oxide*, barium monoxide, barium protoxide ‖ ⁓**peroxid** n (Chem) / barium peroxide, barium binoxide, barium dioxide, barium superoxide ‖ ⁓**pigment** n (z.B. Barytgelb) (Anstr) / barium pigment ‖ ⁓**sulfat** n (Chem) / barium sulphate* ‖ ⁓**sulfid** n (Chem) / barium monosulphide, barium sulphide ‖ ⁓**sulfid-Schmelze** f (Anstr, Chem) / black ash ‖ ⁓**tetracyanoplatinat(II)** (Aufber, Chem) / barium cyanoplatinite, barium platinocyanide ‖ ⁓**tetraiodomercurat(II)** n (Chem) / barium tetraiodomercurate(II) ‖ ⁓**tetraiodomerkurat(II)** n (Chem) / barium tetraiodomercurate(II) ‖ ⁓**tetrazyanoplatinat(II)** n (fluoreszierender Stoff bei der Röntgendurchleuchtung) (Aufber, Chem) / barium cyanoplatinide, barium platinocyanide ‖ ⁓**thiocyanat** n (Chem) / barium thiocyanate ‖ ⁓**thiozyanat** n (Chem) / barium thiocyanate ‖ ⁓**titanat** n (ferroelektrischer Werkstoff, synthetisch aus Titandioxid und Bariumkarbonat gewonnen) (Chem, Eltech, Keram) / barium titanate* ‖ ⁓**wolframat** n (Chem) / barium tungstate, barium wolframate
**Bark** n (Einheit der Tonheit) (Akus) / bark n
**Barke** f (kleines Boot ohne Masten und Antrieb) (Schiff) / barge n
**Barkevikit** m (eine Natronhornblende) (Min) / barkevikite* n
**Barkhausen·-Effekt** m (nach H. Barkhausen, 1881-1956) (Mag) / Barkhausen effect* ‖ ⁓**-Kurz-Röhre** f (Eltronik) / retarding-field tube, negative-transconductance tube, positive-grid oscillator tube, Barkhausen tube ‖ ⁓**-Kurz-Schwingungen** f pl (Phys) / Barkhausen-Kurz retarding-field oscillations ‖ ⁓**-Rauschen** n (infolge des Barkhausen-Effekts) (Phys) / Barkhausen noise n ‖ ⁓**-Sprünge** m pl (sprunghafte irreversible Wandverschiebungen beim Erreichen einer bestimmten Feldstärke) (Mag) / Barkhausen jumps, Barkhausen steps
**Barkode** m (EDV) / bar code*
**Bärlappsporen** f pl (Gieß, Pharm) / lycopodium n

**Barlow-Linse** f (eine Negativlinse - ein zweiteiliger Achromat) (Astr, Opt) / Barlow lens* ‖ $\stackrel{\sim}{-}$ (Astr, Opt) s. auch Shapley-Linse
**Barlowsches Rad** (eine experimentelle Anordnung zum Nachweis der Kraftwirkung eines stationären magnetischen Feldes auf einen stromdurchflossenen Leiter - nach P.Barlow, 1776-1862) / Barlow's wheel*
**Bärmasse** f (bei Hammern) (Masch) / hammer mass
**Bärme** f (Bot) / yeast* n, barm n
**Barmer-Maschine** f (Tex) / Barmeen machine
**Barn** (n (nach DIN 1301, T 3 nicht mehr zugelassene inkohärente Einheit für den Wirkungsquerschnitt in der Atom- und Kernphysik = $10^{-28} m^2$) (Kernphys) / barn* n
**Barnards Pfeilstern** (nach E.E.Barnard, 1857-1923) (Astr) / Barnard's star*
**Barnett-Effekt** m (Magnetisierungsänderung durch Änderung des Drehimpulses eines Körpers - nach S.J. Barnett, 1873-1956) (Phys) / Barnett effect*, magnetization by rotation
**Baro•graf** m (mit einer Schreibvorrichtung versehenes Barometer) (Meteor) / barograph* n, self-recording barometer, aneroid barograph ‖ **~grafisch** adj / barographic adj ‖ $\stackrel{\sim}{-}$**kammer** f / pressure chamber ‖ **~klin** adj (Meteor) / baroclinic adj ‖ **~kline Instabilität** (Meteor) / baroclinic instability ‖ $\stackrel{\sim}{-}$**klinität** f (ein Zustand der Atmosphäre, bei dem die Flächen gleichen Luftdrucks gegenüber den Flächen gleicher Dichte bzw. Temperatur geneigt sind, so daß sich Schnittlinien ergeben) (Meteor) / baroclinity, baroclinicity n, barocliny n
**Barometer** n m (Meteor) / barometer* n ‖ $\stackrel{\sim}{-}$**druck** m (Meteor) / barometric pressure*, atmospheric pressure*, air pressure
**barometrisch** adj (Meteor) / barometric adj, bar. ‖ **~es Fallrohr** (des barometrischen Kondensators) (Masch) / barometric downpipe ‖ **~er Gradient** (Meteor) / barometric gradient, pressure gradient ‖ **~e Höhenformel** (in der barometrischen Höhenmessung) / barometric formula ‖ **~er Höhenmesser** (Verm) / aneroid altimeter, pressure altimeter, barometric altimeter ‖ **~e Höhenmessung** (Verm) / barometric levelling ‖ **~er Kondensator** (Masch) / barometric condenser ‖ **~e Navigation** (Luftf, Nav) / pressure-pattern flying*
**Baro•rezeptor** (pl -en) m (Physiol) / baroreceptor* n, baroceptor n ‖ $\stackrel{\sim}{-}$**sinusitis** f (Luftf, Med) / aerosinusitis n
**Baroskampfer** m (aus Dryanops aromatica Gaertn.) / Borneo camphor*, Malayan camphor, Sumatra camphor
**Barostat** m (Druckregler) / barostat* n
**barostatischer Brennstoffregler** (bei Gasturbinen) (Luftf) / fuel trimmer*
**Barothermograf** m (Barograf + Thermograf) (Meteor) / barothermograph* n
**Barotor-Färbemaschine** f (eine Färbeapparatur zum diskontinuierlichen HT-Färben von Stückwaren) (Tex) / barotor machine (Du Pont)
**Barotrauma** n (Med) / barotrauma n
**barotrop** adj (Meteor, Phys) / barotropic adj
**Barotropie** f (Meteor, Phys) / barotropy n
**barotropisch** adj (Meteor, Phys) / barotropic adj
**Barras** m (Resina pini) (Pharm) / galipot n
**barré** adj (mit feinen Traversstreifen) (Tex) / barré* adj, barry adj
**Barre** f (Untiefe in Flußmündungen und Hafeneinfahrten) (HuT, Wasserb) / bar n ‖ $\stackrel{\sim}{-}$ (Untiefe in Flußmündungen) (HuT, Wasserb) / river bar (at the mouth of a river)
**Barrel** n (Erdöl: 42 US-Gallonen = 158,983 l, Brauerei: 31 1/2 US-Gallonen = 119,237 l) (Brau, Erdöl) / barrel* n, bbl (US), brl ‖ $\stackrel{\sim}{-}$ (107 - 111 kg Paraffin) (Erdöl) / slack barrel
**Barren** m (Hütt) / billet* n, bar n ‖ $\stackrel{\sim}{-}$ (aus NE-Metall - DIN 17600, T 1) (Hütt) / ingot n ‖ $\stackrel{\sim}{-}$ (Futtertrog der Rinder) (Landw) / manger n
**Barretter** m (stark temperaturabhängiger Widerstand) (Eltech) / barretter* n
**Barrier Coating** n (Grundbeschichtung auf glasfaserverstärkten Kunststoffen) (Anstr) / barrier coating
**Barriere** f (Masch) / barrier n ‖ $\stackrel{\sim}{-}$ (die Kollision zwischen Werkzeug und Futter bzw. Reitstock verhindert - CNC-Steuerung) (Masch) / barrier n ‖ $\stackrel{\sim}{-}$**pfeiler** m (Bergb) / barrier pillar* ‖ $\stackrel{\sim}{-}$**riff** n (Geol) / barrier reef* ‖ $\stackrel{\sim}{-}$**schutzwirkung** f (Galv) / barrier effect ‖ $\stackrel{\sim}{-}$**wirkung** f (die Eigenschaft organischer Beschichtungen, korrosionsfördernde Substanzen wie Wasser, Wasserdampf, Sauerstoff, Schwefeldioxid und Kohlendioxid vom zu schützenden Werkstoff weitgehend fernzuhalten) (Anstr) / barrier effect ‖ $\stackrel{\sim}{-}$**wirkung** (Galv) / barrier effect
**Barringtonit** m (ein triklines wasserhaltiges Magnesiumkarbonat) (Min) / barringtonite n
**Bart** m (des Schlüssels) (Bau, Masch) / bit n, key-bit n ‖ $\stackrel{\sim}{-}$ (For) / sloven n, cutting crest n ‖ $\stackrel{\sim}{-}$ (Masch) / burr* n, bur n (US), burl n ‖ $\stackrel{\sim}{-}$ (Masch) / mushrooming n ‖ $\stackrel{\sim}{-}$ (der Spitzennadel - DIN 62150) (Tex) / beard n ‖ $\stackrel{\sim}{-}$**bildung** f (Chem) / fronting n, leading n, bearding n ‖ $\stackrel{\sim}{-}$**bildung** (Tex) / bearding n (preliminary stage of pilling)

**Bartelwerg** n (Tex) / hackled tow (waste)
**Bartergeschäft** n (ein Kompensationsgeschäft) / barter-trade n, bartering n
**Bartgrasöl** n / citronella oil, oil of citronella
**Bartholomew's kartografische Abbildung** (Kart) / nordic projection
**Bartlett•-Kraft** f (nach J.H. Bartlett, 1904- ) (Kernphys) / Bartlett force, spin-exchange force ‖ $\stackrel{\sim}{-}$**-Test** f (ein Signifikanztest) (Stats) / Bartlett's test
**Bart•nadel** f (Tex) / barbed needle ‖ $\stackrel{\sim}{-}$**-Reaktion** f (Chem) / Bart reaction
**Bartsche Reaktion** (Chem) / Bart reaction
**Bart-Scheller-Reaktion** f (Chem) / Bart reaction
**Baryon** n (ein Hadron) (Kernphys) / baryon* n
**Baryonen•ladung** f (Kernphys) / baryon number* ‖ $\stackrel{\sim}{-}$**oktett** n (Kernphys) / baryon octet ‖ $\stackrel{\sim}{-}$**resonanzen** f pl (Kernphys) / baryon resonances ‖ $\stackrel{\sim}{-}$**spektroskopie** f (Spektr) / baryonic spectroscopy ‖ $\stackrel{\sim}{-}$**zahl** f (Kernphys) / baryon number*
**baryonisch** adj (Kernphys) / baryonic adj ‖ **~e Ladung** (Kernphys) / baryon number*
**Baryonium** n (Meson mit der Struktur qqqq) (Kernphys) / baryonium n
**Baryon•oktett** n (Kernphys) / baryon octet ‖ $\stackrel{\sim}{-}$**resonanzen** f pl (Kernphys) / baryon resonances
**Barysphäre** f (der Erdkern) (Geol) / barysphere n, centrosphere n
**Baryt** m (Min) / barite* n, barytes* n, basofor n, cawk n, cauk n, heavy spar* ‖ $\stackrel{\sim}{-}$**abzug** m (Druck) / reproduction proof (on baryta paper)* ‖ $\stackrel{\sim}{-}$**erde** f (BaO) (Chem) / baryta* n ‖ $\stackrel{\sim}{-}$**gelb** n (BaCrO$_4$) (Anstr) / lemon yellow, ultramarine yellow
**Barytocalcit** m (Min) / barytocalcite* n
**Barytokalzit** m (Min) / barytocalcite* n
**Baryt•papier** n (mit Bariumsulfat als Streichpigment) (Pap) / baryta paper* ‖ $\stackrel{\sim}{-}$**wasser** n (Chem) / baryta water* ‖ $\stackrel{\sim}{-}$**weiß** n (Chem) / blanc fixe n, permanent white, baryta white
**baryzentrisch** adj (auf den Schwerpunkt bezogen) (Phys) / barycentric adj, centrobaric adj ‖ **~es Bezugssystem** (Phys) / centre-of-mass coordinate system, centre-of-gravity system, centre-of-momentum coordinate system ‖ **~e Koordinaten** (Math) / barycentric coordinates ‖ **~e Regeln** (Math) / Pappus' theorems*, Guldin's theorems*
**Baryzentrum** n (Schwerpunkt eines Körpers) (Math, Phys) / barycentre n
**BAS** (TV) / video signal*, composite (video) signal, composite picture signal
**basal** adj (die unterste Lage einer Schichtfolge betreffend) (Geol) / basal adj ‖ $\stackrel{\sim}{-}$**amputation** f (Geol) / base truncation ‖ $\stackrel{\sim}{-}$**konglomerat** n (Geol) / basal conglomerate* ‖ $\stackrel{\sim}{-}$**metabolismus** m (Physiol) / basal metabolism
**Basalt** m (dunkles Ergußstein) (Geol) / basalt* n ‖ $\stackrel{\sim}{-}$- (Geol) / basaltic adj ‖ **tholeiitischer** $\stackrel{\sim}{-}$ (Geol) / tholeiite* n ‖ $\stackrel{\sim}{-}$**faser** f (durch Schmelzen von Basalt gewonnene Mineralfaser) (Bau) / basalt fibre ‖ $\stackrel{\sim}{-}$**gut** n (Keram) / basalt n, basaltware n, Egyptian black
**basaltisch** adj (Geol) / basaltic adj
**Basalton** m im Flözliegenden (Geol) / underclay n, seat earth, coal clay, warrant n
**Basalt•säule** f (Geol) / basaltic column, palisade n (US) ‖ $\stackrel{\sim}{-}$**steingut** n (Keram) / basalt n, basaltware n, Egyptian black ‖ $\stackrel{\sim}{-}$**ware** f (schwarze Biskuitkeramik, von J. Wedgwood entwickelt) (Keram) / basalt n, basaltware n, Egyptian black ‖ $\stackrel{\sim}{-}$**wolle** f (langfaserige Wolle aus Basaltfasern) (Bau) / basalt wool
**Basalumsatz** m (Physiol) / basal metabolism
**Basan** n (halbgares Schafleder) (Buchb) / basil* n
**Basane** f (halbgares Schafleder) (Buchb) / basil* n
**Basanit** m (Geol) / basanite* n
**Base** f (Chem) / base* n ‖ **harte** $\stackrel{\sim}{-}$ (nach Pearson) (Chem) / hard base ‖ **organische** $\stackrel{\sim}{-}$ (Chem) / organic base ‖ **Schiffsche** $\stackrel{\sim}{-}$**n** (Azomethine - Kondensationsprodukte von Karbonylverbindungen mit primären Aminen; nach H. Schiff, 1834-1915) (Chem) / Schiff's bases* ‖ **schwache** $\stackrel{\sim}{-}$ (nach dem Dissoziationsgrad) (Chem) / weak base ‖ **starke** $\stackrel{\sim}{-}$ (nach dem Dissoziationsgrad) (Chem) / strong base ‖ **stickstoffhaltige** $\stackrel{\sim}{-}$ (Chem) / nitrogenous base ‖ **weiche** $\stackrel{\sim}{-}$ (nach Pearson) (Chem) / soft base
**Basement** n (Bau) / basement n, basement storey, cave n
**Basen•analog** n (Biochem) / base analogue ‖ $\stackrel{\sim}{-}$**austausch** m (Chem) / base exchange* ‖ $\stackrel{\sim}{-}$**bildner** m (Chem) / basifier n ‖ $\stackrel{\sim}{-}$**dissoziationskonstante** f (Chem) / basic dissociation constant, basicity constant ‖ $\stackrel{\sim}{-}$**katalyse** f (Chem) / base catalysis ‖ $\stackrel{\sim}{-}$**paar** n (Biochem) / base pair ‖ $\stackrel{\sim}{-}$**paarung** f (spezifische Bindungen im Doppelstrangmolekül von Nukleinsäuren) (Biochem) / base-pairing n ‖ $\stackrel{\sim}{-}$**stärke** f (Chem) / basic strength ‖ **Schiffsche** s. auch Basizität
**Basic** n (einfache höhere Programmiersprache) (EDV) / BASIC n ‖ $\stackrel{\sim}{-}$ **Design** n (Masch) / basic design
**BA-Signal** n (TV) / non-composite picture signal
**Basil** n (halbgares Schafleder) (Buchb) / basil* n

**Basilika**

**Basilika** f (mehrschiffige Kirche mit höherem, durch eigene Fenster belichtetem Mittelschiff) (Arch) / basilica n ‖ **dreischiffige** ~ (Arch) / three-aisled basilica

**Basilikumöl** n (aus dem Kraut des Ocimum basilicum L.) (Nahr) / sweet basil oil

**Basiphyt** m (pl. -en) (Bot) / basiphyte n

**Basis** f / base n ‖ ~ (Standglied einer Säule oder eines Pfeilers) (Arch) / base n ‖ ~ (Bau, Math, Verm) / base* n ‖ ~ (EDV, Math) / radix* n (pl. radices), base* n, rad ‖ ~ (der mittlere Teil eines Transistors) (Eltronik) / base* n, base region ‖ ~ (Math) / base n, base number ‖ ~ (Mil) / base n ‖ ~ (Verm) / baseline* n ‖ **endliche** ~ (Math) / finite base ‖ **gemischte** ~ (EDV, Math) / mixed base, mixed radix ‖ **ungesättigte** ~ (deren Ladung im Falle eines auf Durchlaß geschalteten Transistors nicht ganz oder nur gerade ausreicht, um die Kollektor-Emitter-Schaltung auf die zu dem Kollektorstrom gehörende Restspannung herunterzudrücken) (Eltronik) / non-saturated base ‖ ~ f **der Gitter** (Krist) / lattice base ‖ ~ **der natürlichen Logarithmen** (Math) / number e, base of natural logarithms ‖ ~ **der Zahlendarstellung** (z.B. Zehn im Dezimalsystem) (Math) / radix of the number representation ‖ ~ **des Vektorraumes** (pl Basen) f (Math) / basis* (pl bases) n

**Basis • abfluß** m (Wasserb) / base flow ‖ ~**adresse** f (verdeckte, offene) (EDV) / base address ‖ ~**anschluß** m (Eltronik) / base terminal ‖ ~**anschluß** (ISDN) (Fernm) / basic access ‖ ~**anschlußkonzentrator** m (ISDN) (Fernm) / basic access concentrator ‖ ~**bahnwiderstand** m (Eltronik) / extrinsic base resistance ‖ ~**band** n (Fernm) / baseband* n ‖ ~**breite** f (der Abstand zwischen den beiden Stereolautsprecherboxen) (Akus) / stereobase n ‖ ~**breite** (Dicke der Basiszone) (Eltronik) / base width

**basisch** adj (Chem) / alkaline adj, alkalic adj, alk, basic adj ‖ ~**e Beschaffenheit** (Chem) / alkalinity* n, basicity* n, alkalescence n ‖ ~**er Betrieb** (Hütt) / basic process*, basic open-hearth (steel-making) process ‖ ~**es Bismutkarbonat** (Chem) / bismuth subcarbonate ‖ ~**es Bismutnitrat** (Chem) / bismuth subnitrate, basic bismuth nitrate ‖ ~**er Blasstahl-Konverter** (Hütt) / basic oxygen furnace, BOF ‖ ~**es Bleikarbonat** (Bleiweiß) (Chem) / basic lead carbonate*, lead(II) carbonate hydroxide ‖ ~**es Bleisulfat** (Chem) / basic lead sulphate* ‖ ~ (ein)**stellen** (Chem) / basify v ‖ ~ **erschmolzener Stahl** (Hütt) / basic steel* ‖ ~**es Erstarrungsgestein** (mit einem Gesamt-SiO$_2$-Gehalt von > 52 Prozent) (Geol) / basic rock*, basic igneous rock ‖ ~**es Erz** (Geol) / basic ore ‖ ~**es Färbeverfahren** (mit basischen Farbstoffen) (Biochem, Mikros) / basic staining ‖ ~**e Farbstoffe** (Foto, Tex) / basic dyes*, cationic dyestuffs ‖ ~**er feuerfester Stoff** (Hütt) / basic refractory ‖ ~**es Futter** (Hütt) / basic lining ‖ ~**es Karbonat** (Chem) / subcarbonate n ‖ ~**es Kupferkarbonat als blaues Pigment** (z.B. Azurblau, Hamburgerblau, Mineralblau usw.) (Anstr) / verditer blue, azurite blue, Hungarian blue, mineral blue, copper blue, blue verditer (a basic copper carbonate) ‖ ~**es Oxid** (Chem) / basic oxide ‖ ~**e Reaktion** (Chem) / alkaline reaction, basic reaction ‖ ~**es Salz** (Chem) / basic salt ‖ ~**e Schlacke** (Hütt) / basic slag*, Thomas cinder, Thomas slag ‖ ~**er Siemens-Martin-Ofen-Prozeß** (Hütt) / basic process*, basic open-hearth (steel-making) process ‖ ~**er Siemens-Martin-Stahl** (Hütt) / basic open-hearth steel ‖ ~**er SM-Ofen-Prozeß** (Hütt) / basic process*, basic open-hearth (steel-making) process ‖ ~**es SM-Verfahren** (Hütt) / basic process*, basic open-hearth (steel-making) process ‖ ~**er Stahl** (Hütt) / basic steel* ‖ ~ **umhüllte Elektrode** (Schw) / basic-coated electrode, basic-covered electrode ‖ ~**e Umhüllung** (der Elektrode - meistens Kalziumkarbonat und Flußspat) (Schw) / basic coating ‖ ~**es Verfahren** (Siemens-Martin-Verfahren in mit Magnesit- oder Dolomitsteinen und Teerdolomit ausgekleideten Stand- oder Kippöfen) (Hütt) / basic process*, basic open-hearth (steel-making) process ‖ ~**e Zustellung** (Hütt) / basic lining

**Basis • dienst** m (EDV, Fernm) / basic service, fundamental service, standard service ‖ ~**dienstmerkmal** n (Fernm) / basic service attribute ‖ ~**diffusion** f (z.B. in der Bipolartechnik) (Eltronik) / base diffusion ‖ ~**diffusionsisolation** f (Eltronik) / base-diffusion isolation technology, BDI technology ‖ ~**dimension** f (DIN 1313) / basic dimension ‖ ~**dotierung** f (Eltronik) / base doping ‖ ~**einheit** f (z.B. Kelvin im SI-System) / base unit*, fundamental unit ‖ ~**fläche** f (Krist) / basal plane* ‖ ~**flächenzentriertes Gitter** (Krist) / base-centred lattice ‖ ~**größe** f / fundamental quantity ‖ ~**gummi** m n (des Reifens) (Kfz) / undertread n ‖ ~**kanal** m (ISDN) (Fernm) / B channel ‖ ~**kante** f (Math) / base edge ‖ ~**karte** f (Unterlage für Überdrucke) (Nav) / base chart, basic chart ‖ ~**klemmschaltung** f (Fernm) / level setting* ‖ ~**komplement** n (EDV, Math) / radix complement, noughts complement, true complement, zero complement ‖ ~**konfiguration** f (EDV) / basic configuration, basic version ‖ ~**lack** m (Werkstoff) (Anstr, Kfz) / base coat paint ‖ ~**latte** f (bei der optischen Streckenmessung) (Fernm, Verm) / subtense bar* ‖ ~**linie** f / baseline* n ‖ ~**lösung** f (Math) / basic solution ‖ ~**maschine** f (Masch) / basic machine ‖ ~**menge** f (Math) / base set ‖ ~**metall** n

(Hütt, Pulv) / base metal ‖ ~**periode** f (Stats) / base period, reference period ‖ ~**pinakoid** n (Krist) / basal pinacoid ‖ ~**register** n (EDV) / base register, memory pointer ‖ ~**satz** m (in der Quantentheorie) (Chem, Phys) / basis set ‖ ~**schaltung** f (eine Grundschaltung des Transistors) (Eltronik) / common-base connection*, grounded base connexion, common-base circuit ‖ ~**schicht** f (Geol) / bottomset n ‖ ~**schmelze** f (Hütt) / master heat ‖ ~**sicherheit** f (von Kernreaktoren) (Nukl) / basic safety ‖ ~**sicherheit** (Nukl) / basic safety ‖ ~**sicherheitskonzept** n (Nukl) / basic safety principle ‖ ~**software** f (EDV) / systems software*, system software ‖ ~**spreizung** f (Eltronik) / expanded sweep* ‖ ~**station** f (Fernm) / base station ‖ ~**teil** m (Unterteilung der Platzrunde beim Landeanflug) (Luftf) / base leg ‖ ~**vektor** m (Math) / base vector*, basis vector* ‖ ~**widerstand** m (Eltronik) / base resistance* ‖ ~**winkel** m (eines Dreiecks) (Math) / base angle ‖ ~**zentriertes Gitter** (Krist) / base-centred lattice ‖ ~**zone** f (zwischen Kollektor und Emitter) (Eltronik) / base* n, base region ‖ ~**zwischenzone** f (Eltronik) / interbase region

**Basizität** f (Chem) / alkalinity* n, basicity* n, alkalescence n ‖ ~ **nach Lewis** (Chem) / nucleophilicity n, Lewis basicity ‖ ~ **von Harzen** (Chem, Plast) / ionic strength of resins

**Basizitätsbestimmung** f (bei Chrombrühen) (Leder) / precipitation figure test

**Basketen** n (eine Käfigverbindung) (Chem) / basketene n

**Basküleverschluß** m (an Fenstern und Türen) (Bau, Tischl) / cremorne bolt*, espagnolette* n, cremone bolt

**basophil** adj (durch basische Farbstoffe leicht färbbar) (Chem, Med) / basophilic adj, basophilous adj., basiphilic adj, basiphil* adj, basophil* adj

**Basrelief** n (Arch) / bas-relief* n, low relief, basso rilievo n

**Baß** m (unter 250 Hz) (Akus) / bass n ‖ ~**anhebung** f (zur Anhebung von tiefen Frequenzen) (Akus) / bass boost*

**Bassanit** m (ein Halbhydrat) (Min) / bassanite n

**Bass-Booster** m (Verstärker oder Lautsprecher für den Tieftonbereich) (Akus) / bass booster

**BaS-Schmelze** f (rohe) (Anstr, Chem) / black ash

**Basselissestuhl** m (Web) / low-warp loom, Basselisse loom

**Baß • entzerrung** f (Akus) / bass compensation* ‖ ~**frequenz** f (Akus) / bass frequency*

**BAS-Signal** n (das den Fernseh-Bildsender moduliert) (TV) / video signal*, composite (video) signal, composite picture signal

**Bassin** n (der Wanne) (Glas) / tank n

**Bassinstein** m (Glas) / flux-line block, flux block

**Bassora • galle** f (Bot, Leder) / bassora gall ‖ ~**gummi** n (geringwertige Tragantsorten - Baumwollabfallspinnerei) / bassora gum

**Bassorin** n (ein Bestandteil des Tragants) (Chem) / bassorin n

**Baß • -Reflex-Box** f (zur Verbesserung der Tiefenabstrahlung) (Akus) / bass-reflex enclosure (loudspeaker) ‖ ~**-Reflex-Gehäuse** n (Akus) / bass-reflex enclosure (loudspeaker) ‖ ~**ton** m (unter 250 Hz) (Akus) / bass n

**Bast** m (For, Landw) / bast* n, liber n

**Bastard** m / hybrid system ‖ ~ (Gen) / hybrid* n ‖ ~**bande** f (Phys, Spektr) / bastard band, hybrid band ‖ ~**feile** f (Masch) / bastard-cut file, bastard file ‖ ~**fell** n (Leder) / Persian n ‖ ~**hieb** m (Masch) / bastard cut*

**bastardisieren** v (Chem) / hybridize v

**Bastardisierung** f (Chem) / hybridization n ‖ ~ (Mischung von Atomorbitalen zu Hybridorbitalen) (Kernphys) / hybridization n

**Bastard • orbital** n (z.B. sp$^3$) (Chem, Kernphys) / hybridized orbital, hybrid orbital ‖ ~**platane** f (For) / London plane*, sycamore* n (US), American sycamore, English plane

**Bastfaser** f (z.B. Flachs, Hanf) / bast fibre*

**Bastit** n (ein Inosilikat) (Min) / bastite* n, schillerspar* n

**Bastkäfer** m (ein tierischer Holzschädling - ein Borkenkäfer) (For) / dendroctonus n

**Bastler** m / hobbyist n, do-it-yourselfer n, do-it-yourself enthusiast, handyman n (pl. -men) ‖ ~**-Bausatz** m / do-it-yourself kit, DIY kit

**Bastnäsit** (mit großem Anteil des Zerfluoridkarbonats - Hauptquelle zur Gewinnung von Ce) (Min) / bastnaesite* n

**Bast • parenchym** n (For) / soft bark ‖ ~**seide** f (Tex) / raw silk, unscoured silk

**BAT** (Chem) / biological limit of occupational tolerability

**Batatenstärke** f (Nahr) / Brazil arrowroot

**Bataviabindung** f (Web) / Batavia weave

**Batavische Träne** (Glas) / Rupert's drop, glass tear

**Batch** m (für die Vulkanisation) (Chem Verf) / batch n ‖ ~ (in der Stapelverarbeitung) (EDV) / batch n ‖ ~**-Accounting** n (die Abrechnungsroutine läuft als Batch-Routine) (EDV) / batch accounting ‖ ~**-Betrieb** m (EDV) / batch processing*, batch-processing mode ‖ ~**-Fermentation** f (Bakteriol) / batch fermentation ‖ ~**formatierer** m (EDV) / batch formatter ‖ ~**job** m (EDV) / batch job ‖ ~**-off-Vorrichtung** f (in der Gummiverarbeitung)

(Chem Verf) / batch-off device || ≃**-Seitenumbruch** *m* (Druck, EDV) / batch composition || ≃**-Terminal** *n* (EDV) / batch terminal || ≃**-Verfahren** *n* (EDV) / batch processing*, batch-processing mode || ≃**-Verfahren** (Masch) / batch process*
**Bath-Metall** *n* (ein Messingguß für Sanitärarmaturen) (Hütt) / bath metal
**bathochrom** *adj* (Chem) / bathochrome* *adj*, bathochromic *adj* || ≃ *n* (bathochrome Gruppe) (Chem) / bathochrome* *n*
**Batholith** *m* (großes Tiefengesteinsmassiv) (Geol) / bathylith* *n*, batholith* *n*
**Bathometer** *n* (Ozean) / bathometer *n*, bathymeter *n*
**bathyal•er Bereich** (Ozean) / bathyal zone* || ≃ *n* (Ozean) / bathyal zone*
**Bathy•meter** *n* (Ozean) / bathometer *n*, bathymeter *n* || ~**metrische Karte** (Kart, Ozean) / bathymetric chart || ≃**scaphe** *m n* (Ozean) / bathyscaphe *n*, bathyscaph *n* || ≃**skaph** *m* (ein Tiefseeboot) (Ozean) / bathyscaphe *n*, bathyscaph *n* || ≃**sphäre** *f* (eine Tauchkugel) (Ozean) / bathysphere *n*
**Batik** *m f* (Tex) / batik printing* || ≃**druck** *m* (Tex) / batik printing*
**batiken** *v* (Tex) / batik *v*
**Batist** *m* (aus Baumwolle) (Tex) / batiste* *n* || **[feiner]** ≃ (Tex) / lawn* *n*
**Batrachotoxin** *n* (tierisches Toxin, das aus dem kolumbianischen Pfeilgiftfrosch /Phyllobates aurotaenia oder bicolor/ isoliert wurde) (Biochem) / batrachotoxin *n*
**batschen** *v* (Tex) / batch *v* || ≃ *n* (Jutespinnerei) (Tex) / batching *n*
**Batschmittel** *n* (zur Vorbehandlung von Stengelfasern) (Spinn) / batch oil
**Batschöl** *n* (Spinn) / batch oil
**Batterie** *f* / battery* *n* || ≃ (von Verkokungsöfen) (Chem Verf) / coke-oven battery, retort bench, bench *n*, carbonization bench, carbonizing bench || ≃ (Sekundärzelle nach DIN 40729) (Eltech) / accumulator* *n*, storage battery*, secondary battery*, battery* *n* || ≃**...** (Eltech) / battery-operated *adj*, battery-energized *adj*, battery-powered *adj*, battery-driven *adj* || ≃ *f* (Landw) / battery *n* (a series of small cages for the intensive rearing and housing of farm animals, especially poultry) || **alkalische** ≃ (Eltech, Kfz) / alkaline storage battery || **gepufferte** ≃ (Eltech) / floating battery* || **nachlassende** ≃ (Eltech) / dying battery || **trocken geladene** ≃ (Eltech) / dry-charged battery || **ungefüllte geladene** ≃ (Eltech) / dry-charged battery || ≃ *f* **von Meßkondensatoren** (im geschlossenen Kasten) (Eltech) / capacitance box, capacitance decade box
**Batterie•antrieb** *m* (Eltech) / battery traction*, accumulator traction* || **mit** ≃**antrieb** (Eltech) / battery-operated *adj*, battery-energized *adj*, battery-powered *adj*, battery-driven *adj* || ≃**betrieb** *m* (Eltech) / battery traction*, accumulator traction* || ~**betrieben** *adj* (Eltech) / battery-operated *adj*, battery-energized *adj*, battery-powered *adj*, battery-driven *adj* || ≃**deckel** *m* (Eltech) / battery cover* || ≃**fach** *n* (Instr) / battery compartment || ≃**fahrbetrieb** *m* (Eltech) / battery traction*, accumulator traction* || ≃**form** *m* (für Batterieschalungen bei tafelfertigen Betonfertigteilen) (Bau, HuT) / battery mould || ~**gepuffert** *adj* (Eltech) / battery-buffered *adj* || ~**gespeist** *adj* (Eltech) / battery-operated *adj*, battery-energized *adj*, battery-powered *adj*, battery-driven *adj* || ≃**halter** *m* (Eltech, Kfz) / battery tray, battery carrier || ≃**handgriff** *m* (einer Schmalfilmkamera) (Film) / handgrip with battery chamber || ≃**kabelschuh** *m* (Eltech) / battery clip || ≃**käfig** *m* (Landw) / battery cage || ≃**kasten** *m* (Eltech) / accumulator box*, battery case, battery box || ≃**klemme** *f* (Eltech) / battery terminal, battery cable terminal || ≃**ladeanzeige** *f* (z.B. bei Elektroautos) (Instr, Kfz) / battery-discharge indicator || ≃**ladegerät** *n* (Eltech) / battery charger || ≃**ladekontrolleuchte** *f* (Kfz) / alternator charging light || ≃**ladezustand** *m* (Eltech, Kfz) / state of charge of a battery, battery charge, battery condition || ≃**platte** *f* (Eltech) / plate* *n* || ≃**prüfer** *m* (Eltech, Kfz) / battery charge tester, battery tester || ≃**säure** *f* (Eltech) / battery acid, electrolyte *n*, battery electrolyte, battery fluid || ≃**säureprüfer** *m* (Kfz) / hydrometer *n* || ≃**zange** *f* (Kfz, Werkz) / battery nut pliers, battery pliers || ≃**zündanlage** *f* (Kfz) / battery system || ≃**zündung** *f* (Kfz) / battery ignition
**Battery-Limit** *n* (Anlagengrenze) (Chem Verf) / battery limit
**Batteur** *m* (Einprozeßanlage zum Öffnen, Reinigen und Mischen von Baumwolle und Chemiefasern) (Spinn) / scutcher *n*, beater* *n*
**Batteuse** *f* (Rührgefäß aus verzinntem Kupfer zur Extraktion mit Alkohol in der Kosmetik) / batteuse *f*
**Batwing-Antenne** *f* (Radio) / batwing antenna
**Batzen** *m* (Keram) / lump *n*, clot *n*
**Bau** *m* (als Tätigkeit - ohne Plural) / building *n*, construction *n* || ≃ (pl. Bauten) (Arch) / building *n* || ≃ (des Skeletts) (Bau) / framing* *n* || ≃ (Bau) / construction *n*, structure *n*, building structure || ≃ (als Bausubstanz) (Bau) / fabric* *n* || ≃ (ohne Plural) (Landw) / cultivation *n*, culture *n*, growth *n* || ≃**-** / structural *adj* || **im** ≃ (Bau) / under construction || **mehrgeschossiger** ≃ (mit mehreren Nutzebenen) (Bau) / multistorey building || ≃ *m* **von Traglufthallen und Schlauchstützkonstruktionen** (Arch) / pneumatic architecture

**Bau•ablaufplan** *m* (Bau) / construction progress chart, progress chart || ≃**ablaufplan** (nach Baugewerken) (Bau) / sequence of trades || ≃**abteilung** *f* (Bergb) / district* *n* || ≃**akustik** *f* (Raum- und Gebäudeakustik, die sich vornehmlich mit Körperschall befaßt) (Akus) / architectural acoustics*, room acoustics || ≃**arbeiten** *f pl* (Bau) / constructional operations || **Achtung** ≃**arbeiten** (ein Verkehrszeichen) (Kfz) / construction site ahead || ≃**arbeiter** *m* (Bau) / construction worker
**Bauart** *f* (Design) / design *n*, configuration *n*, model *n*, pattern *n* || ≃ (Masch) / make *n*, version *n*, build *n* || **geschlossene** ≃ (Eltech) / totally enclosed type || **in gedrungener** ≃ (Masch) / of compact design || **konventionelle** ≃ / conventional design || ≃ *f* **mit unlösbaren Verbindungen** / closed construction || ≃**prüfung** *f* / type approval test || ≃**zulassung** *f* / pattern approval || ~**zulassungspflichtig** *adj* / subject to pattern approval
**Bau•aufsicht** *f* (Bau) / control of building, site supervision || ≃**aufsichtsbehörde** *f* (Bau) / construction supervision authority || ≃**aufzug** *m* (Bau) / building hoist || ≃**ausführung** *f* (Masch) / construction *n* || ≃**behörde** *f* (Bau) / building authority || ≃**beschläge** *m pl* (Bau, Tischl) / furniture* *n* || ≃**beschreibung** *f* / building specification || ≃**bestimmungen** *f pl* (Bau) / building regulations || ≃**biologie** *f* (Bau, Biol) / building biology || ≃**bude** *f* (für den Bauleiter) (Bau) / cabin *n* (on a building site), site hut || ≃**büro** *n* (größeres) (Bau) / site office || ≃**büro** (Bau) / cabin *n* (on a building site), site hut
**Bauch** *m* (Leder) s. auch Seite || **[Wellen-, Schwingungs-]** ≃ (Phys) / loop* *n*, antinode* *n* || ≃**binde** *f* (Druck) / book-band *n*, jacket band || ≃**freiheit** *f* (Kfz) / ramp break-over angle, ramp angle
**bauchig** *adj* / bulged *adj*, bulbous *adj*
**Bauch•landung** *f* (Luftf) / belly-landing *n*, wheels-up landing || ≃**säge** *f* (die stark gebauchte Zugsäge) (For) / bellied cross-cut saw || ≃**wolle** *f* (DIN 60004) (Tex) / belly wool, bellies *pl*
**Baud** *n* (Einheit der Schrittgeschwindigkeit) (Fernm) / baud* *n* (pl. baud or bauds)
**Bau•dekorateur** *m* (Bau) / interior decorator, interior designer || ≃**denkmal** *n* (Arch) / architectural monument, historic monument || ≃**denkmäler** *n pl* (Arch) / architectural heritage || ≃**denkmalpflege** *f* / conservation of historic buildings, architectural conservation, preservation of historic buildings || ≃**dock** *m* (Schiff) / building berth
**Baudot-Alphabet** *n* (zur binären Zeichendarstellung) (Teleg) / Baudot code*
**Baudot-Code** *m* (Teleg) / Baudot code*
**Baudot-Kode** *m* (nach E.Baudot, 1845-1903) (Teleg) / Baudot code*
**Baud•rate** *f* (EDV) / baud rate || ≃**zahl** *f* (bei der Datenübertragung) (EDV) / baud rate
**Bau•einheit** *f* (die durch Fügen von mindestens zwei Bauelementen entstanden ist) (Eltronik, Masch) / assembly *n*, package *n*, unit *n*, assy || **sekundäre** ≃**einheit** (zur Einteilung der Zeolithe) / secondary building unit, SBU || ≃**eisenwaren** *f pl* (z.B. Schrauben oder Nägel) (Bau) / rough hardware
**Bauelement** *n* (Bau, Eltech, Eltronik) / component* *n*, component part, element *n*, device *n* || ≃**e** *n pl* (vorgefertigtes - aus Holz) (Bau, For) / millwork *n* || ≃ *n* (Masch) / structural element || **aktives** ≃ (mit Verstärker- und/oder Gleichrichtereigenschaften) (Eltronik) / active device*, active component || **akustoelektronisches** ≃ (Eltronik) / acoustic-wave device || **diskretes** ≃ (Eltronik) / discrete device || **fotoelektrisches** ≃ (z.B. Fotozelle) (Eltronik) / photodetector (PD) *n*, light-sensitive cell, light-sensitive detector, light sensor photodevice, photodevice *n*, photoelectric detector, photosensor *n*, light detector || **mehrfach analoge** ≃**e (MAC)** (TV) / MAC* *n*, multiplexed analogue components* || **nipi-** ≃ (Eltronik) / nipi-device *n*, np-device *n* || **passives** ≃ (ohne Verstärker- und/oder Gleichrichtereigenschaften) (Eltronik) / passive device, passive element, passive component || **programmierbares** ≃ (Eltronik) / programmable logic device, PLD || **steckkraftloses** ≃ (Eltronik) / zero-insertion-force component, ZIF component || **vorgefertigtes** ≃ (Bau) / prefabricated section, prefabricated part || ≃ *n* **der Halbleiterelektronik** (Eltronik) / semiconductor device, solid-state device || ≃**anordnung** *f* (Eltronik) / component layout
**Bauelementendichte** *f* (Eltronik) / packing density, components density
**bauen** *v* (Brücke) / build *v*, throw *v*, construct *v* || ~ (im allgemeinen) / build *v*, construct *v* || ~ (Bau) / erect *v* || ~ (Straßen, Brücken) (HuT) / engineer *v* || ≃ *n* / building *n*, construction *n* || ≃ (Bau) / erection* *n* || **computerintegriertes** ≃ (Bau) / computer-integrated building (construction) || **industrielles** ≃ (Bau) / system building*, industrialized building*, factory industrialized building || **rechnerintegriertes** ≃ (Bau) / computer-integrated building (construction)
**Bauer** *m* (Landw) / farmer *n*
**Bauer-Mühle** *f* (zum thermomechanischen Zerfasern von vorzerkleinertem Holz oder anderen lignozellulosehaltigen Faserrohstoffen für die Herstellung von Faserplatten) (For) / Bauer double-disk refiner

115

**Bauerneuerung** f (Bau) / refurbishing n, refurbishment n
**Bauernhof** m (Landw) / farm n, farmstead n
**Bau•erwartungsland** n (Bau) / land shortly to be made available for building ‖ **~fällig** adj (Bau) / due for demolition, dilapidated adj, ramshackle adj, tumbledown adj, ruinous adj, shaky adj, rickety adj, unsafe adj, ripe for demolition ‖ **~fälligwerden** n (Bau) / ruin n, dilapidation n ‖ **~fehler** m (Krist) / defect* n, crystal defect ‖ **~feld** n (Bergb) / district* n ‖ **außerhalb des ~felds befindliche Hilfs- und Nebenanlage** (Erdöl) / off-site facility ‖ **~flucht** f (Bau) / alignment* n ‖ **~fluchtlinie** f (Bau) / building line*, frontage line* ‖ **~form** f / design n, configuration n, model n, pattern n ‖ **~form** (Masch) / make n, version n, build n ‖ **~gelände** n (auf dem gebaut wird) (Bau) / (building) site n, construction site*, job site ‖ **~gelände** (Bau) / building land ‖ **~genehmigung** f (Bau) / planning permission (and building regulations clearance), planning building permission, building permit ‖ **~geologie** f (Geol) / engineering geology*, geological engineering ‖ **schweres ~gerät** (Bau, HuT) / heavy plant ‖ **~gerüst** n (Bau) / scaffolding* n, scaffold* n ‖ **~gewerbe** n (Bau) / construction industry, building trade, building industry ‖ **~gewerk** n (Bau) / trade n ‖ **~gips** m (DIN 1168, T 1) (Bau) / building plaster, building trade, gypsum cement ‖ **~glas** n (Bau, Glas) / building glass, structural glass (US), construction glass, architectural glass, glass for building purposes ‖ **~gleich** adj / of identical construction ‖ **~glied** n (Bau) / structural member ‖ **~grenze** f (Bau) / building line*, frontage line* ‖ **~grube** f (Bau) / trench n, pit n, foundation pit ‖ **offene ~grube** (Bau, HuT) / open cut ‖ **~grubensohle** f (Bau, HuT) / floor n ‖ **~grubenverkleidung** f (Bau) / building-pit lining, building-pit sheeting ‖ **~grund** m (Gesamtheit der Erdstoffschichten, die der Belastung durch Bauwerke eine Tragkraft entgegensetzen und dementsprechend beansprucht werden - DIN 1054) (Bau, HuT) / foundation n, subsoil n, foundation soil ‖ **auf den tragfähigen ~grund hinuntergeführt** (Senkbrunnen) (HuT) / founded* adj ‖ **~grundboden** m (Bau, HuT) / foundation n, subsoil n, foundation soil ‖ **~grunderkundung** f (zur Vorausbestimmung der gegenseitigen Einwirkung von Bauwerk und Baugrund) (HuT) / site investigation, site exploration ‖ **~grundstück** n (großen Ausmaßes) (Bau) / estate n, housing estate ‖ **~grundstück** (Bau, Verm) / lot n, plot n, parcel n (of land), building plot, plat n (US) ‖ **~grunduntersuchung** f (HuT) / site investigation, site exploration ‖ **~grundverbesserung** f (Bau, HuT) / soil conditioning, ground improvement ‖ **~gruppe** f (für digitale Technik) (Eltronik) / digital assembly ‖ **~gruppe** (DIN 19226) (die durch Fügen von mindestens zwei Bauelementen entstanden ist) (Eltronik, Masch) / assembly n, package n, unit n, assy ‖ **~gruppenprüfung** f (einer Leiterbaugruppe) (Eltronik) / board test ‖ **~gruppenträger** m (DIN 43350) **(BGT)** (Eltronik) / chassis* n, subrack n ‖ **~halbfabrikate** n pl (aus Holz) (Bau, For) / millwork n ‖ **~herr** m (Bau) / building owner, client n ‖ **~herr oder Bauunternehmer, der Neuland erschließt oder alte Wohngebiete neu bebaut** (Bau) / developer n ‖ **~hof** m (Bau) / contractor's yard ‖ **~höhe** f (senkrechtes Raumbedarfsmaß) (Bau) / headroom* n, headway* n ‖ **~höhe** (einer Armatur) (Masch) / centre-to-top dimension, centre-line to top ‖ **~holz** n (Bau, For) / building timber, structural timber (US), wood for building, general construction timber ‖ **zugeschnittenes ~holz** (Bau, For) / scantlings* pl ‖ **~holz für den Hochbau** (Bau) / carcassing timber*, structural timber ‖ **~holz-Kreissägemaschine** f (For) / scantlings saw ‖ **~hütte** f (mittelalterlicher Werkstattverband) (Arch) / lodge n ‖ **~industrie** f (Bau) / construction industry, building trade, building industry ‖ **~ingenieurwesen** n (Bau) / civil engineering* ‖ **~jahr 1999** (Kfz) / model 1999, model year 1999 ‖ **ab ~jahr 2000** / starting with model year 2000 ‖ **~kalk** m (vorwiegend zur Bereitung von Mauer- und Putzmörtel verwendet - DIN 1060) (Bau) / building lime (BS 890), construction lime, mason's quicklime
**Baukasten•-** / modular adj, modularized adj, unitized adj ‖ **in ~form** / modular adj, modularized adj, unitized adj ‖ **in ~form** (Eltronik) / modular* adj, unitized adj ‖ **~prinzip** n (systematisches Gliedern technischer Gebilde in funktionell abgegrenzte und montagemäßig selbständige Bauelemente im Sinne von Bausteinen) (Masch) / modular principle, building-block principle ‖ **nach dem ~prinzip gebauter Dampferzeuger** (Masch) / modular steam generator, module steam generator, MSG ‖ **~roboter** m (der aus modular zusammengesetzten Baueinheiten besteht, die je nach Verwendungszweck oder Handhabungsaufgabe zusammengestellt werden können) / modular robot ‖ **~struktur** f (EDV) / modularity n (of the software) ‖ **~-Stückliste** f (F.Org) / modular parts list ‖ **~system** n (Bau) / open system ‖ **im ~system aufgebaut** / modular adj, modularized adj, unitized adj ‖ **nach dem ~system aufgebaut** / modular adj, modularized adj, unitized adj
**Bau•keramik** f / building ceramics, construction ceramics, architecturally applied ceramics, structural ceramics ‖ **~keramik** f (als Erzeugnis) (Bau, Keram) / structural (clay) product(s) ‖ **rustikale ~keramik** (Bau) / rustics* pl, tapestry bricks* ‖ **~klammer** f (Bau) / dog* n, joining dog ‖ **Z-förmige ~klammer** (mit in gegensätzlicher Richtung abgewinkelten Enden) (Bau) / bitch* n ‖ **~kleineisenwaren** f pl (z.B. Beschläge) (Bau) / finish hardware ‖ **~klempnerarbeiten** f pl (Bau) / plumbing* n ‖ **~kolonne** f (Bau) / gang n, construction gang ‖ **~körper** m (Bau) / carcass* n, carcase n, fabric* n, shell n ‖ **~kosten** pl (DIN 276) (Bau) / building cost(s), construction costs ‖ **~kran** m (Bau) / building crane ‖ **~kunststoffe** m pl (Bau, Plast) / building plastics ‖ **~land** n (Bau) / building land ‖ **~landerschließung** f (Bau) / development of building sites, building-land development ‖ **~landumlegung** f (nach dem Bundesbaugesetz) (Bau) / land reallotment, building-land redevelopment ‖ **~länge** f (bei Flanscharmaturen) (Masch) / face-to-face dimension ‖ **~länge** (bei Armaturen mit Gewindeanschlüssen oder Einschweißenden) (Masch) / end-to-end dimension ‖ **~laser** m (Bau) / laser level (tool) ‖ **~leistung** f (Bau) / building work ‖ **~leistungsverzeichnis** n (mit Angabe der erforderlichen Materialien, Arbeitskräfte usw.) (Bau, HuT) / bill of quantities (GB)* ‖ **~leiter** m (Bau, HuT) / site manager, site superintendent, site agent, superintendent n (US), resident engineer ‖ **~leiter der Bauherrschaft** (Bau, HuT) / clerk of works* ‖ **~leitplan** m (Arch) / urban development plan ‖ **~leitplanung** f (Arch) / city planning (US), community planning ‖ **~leitung** f (Bau) / construction management, site management
**baulich** adj / structural adj ‖ **~e Anlage** (Arch) / building n ‖ **~es Gestaltelement** (Arch) / building element
**Bau•linie** f (Bau) / building line*, frontage line* ‖ **~los** n (bei umfangreichen Bauleistungen) (Bau) / subdivision of building works ‖ **~lücke** f (Bau) / gap between buildings (a vacant lot)
**Baum** m (ein Holzgewächs) (Bot, For) / tree* n ‖ **~** (eine Datenstruktur) (EDV) / tree* n ‖ **~** (Leder) / scudding beam, beam n, wet-shop beam ‖ **~** (zur Handhabung schwerer Lasten) (Masch) / boom* n, jig n ‖ **~** (Masch, Schiff) / boom* n ‖ **~** (zusammenhängender kreisfreier Graf, der mindestens zwei Knotenpunkte enthält) (Math) / tree n (a connected graph with no cycles) ‖ **~** (Web) / beam* n, loom beam ‖ **abständiger ~** (For) / snag n, standing dead tree, dead-standing tree ‖ **aufspannender ~** (EDV) / spanning tree ‖ **ausgeglichener ~** (EDV, Math) / balanced tree ‖ **bidualer ~** (Math) / second adjoint space, second dual ‖ **binärer ~** (ein geordneter Baum einer Ordnung kleiner o. gleich 2) (EDV) / binary tree* ‖ **einzeln stehender ~** (Kart) / solitary tree ‖ **einzelstehender ~** (For, Kart) / single tree ‖ **freier ~** (EDV) / free tree ‖ **gefallener ~** (infolge Alters oder Fäulnis) (For) / deadfall n ‖ **geordneter ~** (EDV) / ordered tree ‖ **knotenorientierter ~** (EDV) / node-oriented tree ‖ **komplementärer ~** (Elektr) / co-tree n ‖ **maximaler ~** (Math) / maximal tree, maximal tree subgraph, skeleton n ‖ **mit Bäumen bewachsen** (For) / timbered adj, wooded adj ‖ **quaternärer ~** / quad tree ‖ **syntaktischer ~** (zum Parsing) (EDV) / parse tree, syntax tree ‖ **transgener ~** (Bot, For) / transgenic tree ‖ **~** m **der Entscheidung** (bei Ja-Nein-Entscheidungen) (EDV, KI) / decision tree ‖ **~ der vorausschauenden Suche** (KI) / look-ahead tree ‖ **~ mit Verzweigungsgrad 4** / quad tree
**Baum•achat** m (Min) / mocha n, mocha stone* ‖ **~algorithmus** m (z.B. Dijkstra- oder Ford-Algorithmus) (EDV) / tree algorithm ‖ **~alter** n (For) / tree age
**Baumannabdruck** m (Hütt) / Baumann print, sulphur print
**Baumannsche Schwefelprobe** (Nachweis der Schwefelseigerung) (Hütt) / Baumann print, sulphur print
**Bau•maschine** f (Bau, HuT) / building machine, construction machine, piece of construction machinery ‖ **~maschinen** f pl (Bau, HuT) / building machinery ‖ **~masse** f (die nach den Außenmaßen der Gebäude zu ermitteln ist) (Bau, HuT) / cubage n ‖ **Ermittlung der ~masse** (Bau, HuT) / cubing n
**Baum•automat** m (EDV, KI) / tree automaton ‖ **~band** n (For, Landw) / tree wall ‖ **~bestand** m (For) / tree stock ‖ **mit ~bestand** (For) / timbered adj, wooded adj ‖ **~bestanden** adj (For) / timbered adj, wooded adj ‖ **~chirurg** m (Fachmann für die Erhaltung von Bäumen) (For) / tree surgeon ‖ **~chirurgie** f (For) / tree surgery ‖ **~diagramm** n / stemma n (pl. stemmata), tree n ‖ **~durchmesser** m (For) / tree diameter
**Baumé-Aräometerskala** f (eine alte Skala nach A.Baumé, 1728-1804) (Phys) / Baumé hydrometer scale*, Lunge scale
**bäumen** v (Web) / beam v, take up v ‖ **~** n (Web) / beaming n, beam-warping n, direct warping, turning-on n, batching n, batching-up n
**Baumé-Skale** f (Phys) / Baumé hydrometer scale*, Lunge scale
**Baum•fällen** n (For) / logging n, tree felling, lumbering n (US), felling n ‖ **~färbeanlage** f (Tex) / beam dyeing plant ‖ **~färben** v (nur Infinitiv oder Partizip) (Tex) / dye on the beam ‖ **~farm** (For) / tree farm (US) ‖ **~farn** m (z.B. Cyathea sp.) (Bot) / tree-fern* n ‖ **~form** f (z.B. Kugel-, Schirm- oder Hängebaum) (For, Landw) / growth habit (of a tree) ‖ **~förmig ausgelegtes Netz** (Eltech) / tree network ‖ **~graf** m / stemma n (pl. stemmata), tree n ‖ **~grenze** f (durch klimatische Verhältnisse bedingte Grenze, an der ein aufrechter Baumwuchs

aufhört - montane, polare) (For) / tree line ‖ ⁓**gürtelpapier** n (Pap) / tree-wrap paper ‖ ⁓**harz** n (Chem, For, Landw) / tree resin ‖ ⁓**hecke** f (For, Landw) / tree wall ‖ ⁓**heide** f (Erica arborea L.) (For) / brier n, briar n ‖ ⁓**höhe** f (For) / tree height ‖ ⁓**holz** n (mit Brusthöhendurchmessern über 14 cm) (For) / old-growth timber
**Baumischverfahren** n (ein Bodenmischverfahren - mixed-in-place) (HuT) / mixed-in-place n, road-mix n
**Baum•kante** f (For) / wane* n, waney edge, dull edge ‖ ~**kantig** adj (For) / waney adj ‖ ⁓**kluppe** f (For) / tree calliper ‖ ⁓**kompositionsgrammatik** f (KI) / tree-adjoining grammar ‖ ⁓**krankheit** f (For) / tree disease ‖ ⁓**krone** f (For) / crown* n, top n, head n ‖ ~**los** adj (Umwelt) / treeless adj
**Bäummaschine** f (DIN 62 500) (Web) / beamer n, beaming machine
**Baum•messer** n (Landw) / pruning knife ‖ ⁓**meßkunde** f (For) / dendrometry n ‖ ⁓**neigung** f (eines Ladebaumes) (Schiff) / derrick angle ‖ ⁓**netz** n (mit einer Kopfstelle) (Eltech) / tree network
**Baumodul** n (Grundmaß im Bauwesen) (Bau) / module* n
**Baum•öl** n (aus Warmpreßrückständen) / olive-residue oil ‖ ⁓**pfahl** m (Landw) / stake n ‖ **an einen** ⁓**pfahl binden** (Landw) / stake v ‖ ~**reich** adj (For, Umwelt) / densely wooded ‖ ⁓**reißer** m (For) / scriber n, scribe n ‖ ⁓**rinde** f (Bot, For) / bark* n ‖ ⁓**ringchronologie** f (For) / dendrochronology* n, tree-ring dating ‖ ⁓**rodemaschine** f (For, HuT) / treedozer n ‖ ⁓**rodung** f (For) / tree extraction ‖ ⁓**säge** f (kleine Bügelsäge zum Entfernen von Ästen) (For) / pruning saw
**Baumsche Setzmaschine** (zur Kohleaufbereitung) (Aufber) / Baum jig*, Baum coal washer
**Baum•schaft** m (der Stammteil bis zum Kronenansatz - bei wipfelschäftigen Bäumen bis zum Gipfel) (For) / bole* n, stem* n ‖ ⁓**schicht** f (For) / storey n, story n (US) ‖ ⁓**schule** f (For) / forest nursery, nursery n, forest-tree nursery ‖ ⁓**stamm** m (Bot, For) / stem* n, trunk* n, bole* n ‖ **unbearbeiteter** ⁓**stamm** (For) / log n ‖ ⁓**stein** m (faseriges Quarzaggregat) (Min) / mocha n, mocha stone* ‖ ⁓**stockrodegerät** n (For) / stump grubber, stumper n, stump puller ‖ ⁓**struktur** f (eines Diagramms) / tree structure ‖ **mit** ⁓**struktur** / tree-structured adj ‖ ~**strukturiert** adj / tree-structured adj ‖ ⁓**stumpf** m (Bot) / stump n, tree-stump n ‖ ⁓**untersuchungsbohrer** m (For) / increment borer, accretion borer
**Bau•muster** n / design n, configuration n, model n, pattern n ‖ ⁓**musterzeugnis** n (S) (Luftf) / type certificate
**Baum•wachs** n (zum Wundverschluß) (Landw) / grafting wax, grafting clay ‖ ⁓**wachstum** n (For) / tree growth ‖ ~**wälzig** adj (A) (For) / waney adj ‖ ~**weise Bringung** (For) / full-tree logging
**Baumwoll•abfall** m (Spinn) / cotton waste ‖ ⁓**abfallspinnerei** f (Spinn) / cotton-waste spinning ‖ ⁓**artikel** m pl mit **Wash-and-Wear-Ausrüstung auf Kunstharzbasis** (Tex) / dressed cotton ‖ ⁓**atlas** m (Tex) / satin n, sateen n ‖ ⁓**ballen** m (Tex) / cotton bale ‖ ⁓**biber** m n (Tex) / beaverteen n ‖ ⁓**blau** n (ein Triarylmethanfarbstoff) (Chem) / methyl blue ‖ ⁓**bleiche** f (Tex) / cotton bleaching ‖ ⁓**druck** m (bedruckter Baumwollstoff) (Tex) / cotton print
**Baumwolle** f (Tex) / cotton* n ‖ **ägyptische** ⁓ (z.B. Ashmouni, Menoufi usw.) (Tex) / Egyptian cotton ‖ **aus reiner** ⁓ (Tex) / all-cotton attr, pure-cotton attr ‖ **gekämmte** ⁓ (Spinn) / combed cotton ‖ **gute** ⁓ **mit hohem Garnertrag** (Tex) / meaty cotton ‖ **indische** ⁓ (Tex) / Indian cotton ‖ **kurzstapelige** ⁓ (mit einem Handelsstapel unter 22 mm) (Tex) / short cotton ‖ **mittelstapelige** ⁓ (mit einem Handelsstapel zwischen 22 und 29 mm) (Tex) / medium cotton ‖ **noch nicht entkörnte** ⁓ (Tex) / seed cotton ‖ **unbehandelte** ⁓ (Tex) / natural cotton ‖ **unreife** ⁓ (Tex) / immature cotton* ‖ ⁓ f **aus Baumwollmustern, Kehrabfall und beschädigten Ballen** (Tex) / city crop
**Baumwolleinen, gestärktes** ⁓ (Tex) / Holland cloth, holland n
**Baumwoll•entkörnungsmaschine** f (Tex) / cotton gin, gin* n ‖ ⁓**erntemaschine** f (Landw) / cotton picker, cotton picking machine ‖ ⁓**färben** n (Tex) / cotton dyeing ‖ ⁓**faser** f (Tex) / cotton fibre ‖ **langstapelige** ⁓**faser** (> 29 mm) (Tex) / long-staple cotton, high-quality cotton ‖ ⁓**flanell** m (Tex) / cotton flannel ‖ ⁓**flanell** (Tex) / flannelette* n ‖ **mit Türkischrot gefärbtes** ⁓**gewebe** (Tex) / Turkey red ‖ **bunte** ⁓**gewebe** (Tex) / coloured cottons ‖ **Sammelbezeichnung für knitterarm ausgerüstete** ⁓**gewebe** (Tex) / disciplined fabrics (US) ‖ ~**isolierter Draht** (Eltech) / cotton-covered wire ‖ ⁓**kapselkäfer** m (ein Baumwollschädling) / boll weevil, cotton-boll weevil ‖ ⁓**-Linters** pl (Tex) / linters* pl, cotton linters* ‖ ⁓**molton** m (Tex) / beaverteen n ‖ ⁓**nesseltuch** n (Buchb, Tex) / calico* n (pl. -oes, /US/ -os) ‖ **gebleichtes, stark appretiertes** ⁓**nesseltuch** (Tex) / waterfinish n ‖ ⁓**numerierung** f (Tex) / cotton count ‖ ⁓**öffner** m (Tex) / opener n ‖ ⁓**pflanzer** m (Landw) / cotton grower ‖ ⁓**pflücker** m (Maschine) (Landw) / cotton picker, cotton picking machine ‖ ⁓**pflückmaschine** f (Landw) / cotton picker, cotton picking machine ‖ ⁓**picker** m (Landw) / cotton picker, cotton picking machine ‖ ⁓**reife** f (Bot) / cotton maturity ‖ ⁓**saatkuchen** m (als Futtermittel) (Landw) / cotton cake ‖ ⁓**saatöl** n (Oleum gossypii) / cottonseed oil*, cotton oil, oleum gossypii seminis ‖ ⁓**sämaschine** f (Landw) / cotton planter ‖ ⁓**samen** m (Bot) / cotton seed ‖ ⁓**samenöl** n (Oleum gossypii) / cottonseed oil*, cotton oil, oleum gossypii seminis ‖ ⁓**samt** m (Schußsamt, dessen Flor aus Baumwolle besteht) (Tex) / cotton velvet, beggar's velvet ‖ **besonders feinrippiger** ⁓**samt** (Tex) / silver cord ‖ **gerippter** ⁓**samt** (Tex) / velveret n ‖ ⁓**satin** m (Tex) / satin n, sateen n ‖ ⁓**scheibe** f (zum Polieren) (Masch) / cotton buff ‖ ⁓**scheibe** (für den Baumwollscheiben-Test - Prüfung der Eindringtiefe von eingefärbten Aluminiumoxidschichten) (WP) / cotton buff ‖ ⁓**seidenkabel** n (Kab) / silk-and-cotton covered cable ‖ **ägyptische** ⁓**sorte** (Sea Island Baumwolle - 1838 vom französischen Kaufmann Jumel eingeführt) (Tex) / jumel cotton ‖ **ägyptische** ⁓**sorte** (eine Abart der amerikanischen Pima-Baumwolle) (Tex) / maarad n ‖ ⁓**spinnerei** f (Werk) (Spinn) / cotton mill ‖ ⁓**spinnerei** (Tätigkeit) (Spinn) / cotton spinning ‖ ⁓**spinngarn** n (Spinn) / cotton spun yarn ‖ ⁓**stapel** m (Spinn) / cotton staple ‖ **denimartiger** ⁓**stoff** (Tex) / galatea n ‖ **waffelähnlicher** ⁓**stoff** (Tex) / brighton n ‖ ⁓**stoff** m **für Bettbezüge** (Tex) / bed (cotton) sheeting ‖ ⁓**stripper** m (eine Erntemaschine) (Landw) / cotton stripper ‖ **einfach** ~**umsponnen** (Kab) / single cotton-covered (wire), s.c.c.* ‖ ~**umsponnener Draht** (Eltech) / cotton-covered wire
**Baumwollungone** f (Med) / byssinosis* n (pl. byssinoses), cotton-mill fever
**Baumwoll•wachs** n / cotton wax ‖ ⁓**waren** f pl (Tex) / Manchester goods (GB), cotton goods, cottons pl ‖ ⁓**weberei** f (Werk) (Web) / cotton mill ‖ ⁓**wurzelfäule** f (durch Phymatotrichum omnivorum verursacht) (Bot) / cotton root rot ‖ ⁓**zug** m (Spinn) / cotton sliver
**Bau•ordnung** f (die Verordnungen, die den Bauherrn bzw. den Baumeister zwingen, sich bestimmten Regelungen und Vorschriften zu unterwerfen) (Bau) / building code ‖ ~**ordnungsrechtliche und bautechnische Maßnahmen zur Gefahrenabwehr bei Menschenansammlungen** (z.B. in Theatern, Sportanlagen usw.) (Bau) / crowd safety ‖ ⁓**pappe** f (Bau) / building paper* ‖ ⁓**physik** f (Bau, Phys) / physics relating to construction, building physics ‖ ⁓**plan** m (Bau) / construction diagram ‖ ⁓**plastik** f (Arch) / sculpture n, architectural sculpture ‖ ⁓**platte** f (Sammelbegriff für plattenförmige Bauteile für Wände, Wand- und Deckenbekleidungen, für Dämmzwecke usw.) / building board* ‖ ⁓**platz** m (auf dem gebaut werden soll) (Bau) / site n, lot n (US), building plot ‖ ⁓**platz** s. auch Baustelle ‖ ⁓**polizei** f (Bau) / construction supervision authority ‖ ~**reif** adj (Bau) / ready for building ‖ ⁓**reihe** f (Menge konstruktiv gleichartig gestalteter technischer Gebilde mit qualitativ gleicher Funktionserfüllung) (Masch) / series n ‖ **halbähnliche** ⁓**reihe** (im Rahmen der Baureihen- und Baukastenentwicklung) (Masch) / semi-similar series ‖ **geometrisch ähnliche** ⁓**reihen** (im Rahmen der Baureihen- und Baukastenentwicklung) (Masch) / geometrically similar series
**Baur-Moschus** m (Chem) / Baur musk, musk Baur
**Bau•rundholz** n (DIN 4074, T 2) (Bau, For) / structural timber, round construction timber, construction logs ‖ ⁓**sand** m (Natursand und Brechsand bis 7 mm Korngröße) (Bau) / building sand, construction sand, builder's sand ‖ ⁓**satz** m (zum Selbstzusammenbau) / kit n ‖ ⁓**schaltplan** m (Eltech) / wiring diagram
**Bausch•appretur** f (Tex) / blow finish ‖ ⁓**elastizität** f (eines Faserbausches oder anderer textiler Gebilde, sich nach Druckbeanspruchung wieder auszudehnen) (Spinn) / bulk elasticity
**bauschen** vi / bulk v, swell vi
**Bauschgarn** n (ein texturiertes Garn) (Spinn) / bulked yarn*, bulk yarn
**bauschig** adj (Garn) (Spinn) / bulky adj, lofty adj
**Bauschigkeit** f (Spinn) / bulkiness n, loft n, bulk n
**Bauschinger-Effekt** m (Beziehung zwischen plastischer Verformung und der Elastizitätsgrenze - nach J.Bauschinger, 1834-1893) (Hütt) / Bauschinger effect
**Bau•schlosser** m (Bau) / locksmith n ‖ ⁓**schnittholz** n (Bau, For) / converted building timber, sawn structural timber, lumber n (US) ‖ ⁓**schragen** m (Bau) / scaffolding* n, scaffold* n ‖ ⁓**schreiner** m (Bau, Tischl) / joiner n ‖ ⁓**schreinerei** f (Bau, Tischl) / joinery* n, finishing carpentry (US) ‖ ⁓**schutt** m (Bau) / building rubbish, waste n (US) ‖ ~**seitig** adj (Leistungen) (Bau) / provided by the owner ‖ ~**seitige Leistungen** (Bau) / services and facilities provided by the owner ‖ ⁓**sparkasse** f / building society, building and loan association (US), savings and loan association (US) ‖ ⁓**sperre** f (Bau) / prohibition of building, ban on building ‖ ⁓**stahl** m (unlegiert oder niedriglegiert nach DIN 17006, DIN 17100) (Bau, HuT, Hütt) / constructional steel, structural steel, mild steel* ‖ **wetterfester** ⁓**stahl** (Bau, HuT, Hütt) / weatherproof structural steel ‖ ⁓**stahlmatte** f (punktgeschweißte - für Stahlbeton) (kaltbearbeitete Stahlstäbe, die in ihren Kreuzungspunkten durch Punktschweißung miteinander verbunden sind) (Bau, HuT) / welded wire fabric, wiremesh n, wiremesh reinforcement, welded fabric, welded wiremesh, lock-woven mesh* ‖ ⁓**stahlnetz** n (S) (kaltbearbeitete Stahlstäbe, die in ihren Kreuzungspunkten durch Punktschweißung miteinander verbunden

**Baustein**

sind) (Bau, HuT) / welded wire fabric, wiremesh *n*, wiremesh reinforcement, welded fabric, welded wiremesh, lock-woven mesh*
**Baustein** *m* (meistens Naturbaustein) (Bau) / building stone ‖ ≃ (Aggregat von Bauelementen) (Eltronik, Masch) / module *n*, unit *n*, building block ‖ **geprüfter** ≃ (der gerade geprüft wird) (Eltronik) / module under test, MUT ‖ **große** ≃**e** (Bau) / scantling* *n* ‖ **ladungsgekoppelter** ≃ (Eltronik) / charge-coupled device*, CCD* ‖ **synthetischer** ≃ (meistens aus Kunststoff mit entsprechender Oberflächenbehandlung) (Bau) / synthetic tile ‖ ≃ *m* **ohne Drahtanschlüsse** (Eltronik) / leadless package ‖ ≃**auswahlsignal** *n* (EDV) / chip-select signal ‖ ≃**bibliothek** *f* (EDV) / relocatable library, module library ‖ ≃**familie** *f* (aufeinander abgestimmte Bausteine) (Eltronik) / device family ‖ ≃**freigabe** *f* (EDV) / chip enable, CE ‖ ≃**freigabeeingang** *m* (DIN 41 859, T 1) (EDV) / chip-enable input ‖ ≃**system** *n* (der Software) (EDV) / modularity *n* (of the software)
**Baustelle** *f* (auf der gebaut wird) (Bau) / (building) site *n*, construction site*, job site ‖ ≃ (auf der ein Bauwerk abgerissen wird) (Bau, HuT) / demolition site ‖ ≃ (eine Straßenbaustelle) (HuT, Kfz) / road-construction site ‖ ≃ (ein Verkehrszeichen) (Kfz) / road-works *pl*
**Baustellen • abbau** *m* (Bau) / demobilization *n* ‖ ≃**beton** *m* (Bau, HuT) / site-mixed concrete ‖ ≃**einrichtung** *f* (Vorgang) (Bau) / mobilization *n*, job-site mobilization ‖ ≃**einrichtung** (alle zur Errichtung eines Bauwerks erforderlichen Herstellungs-, Transport- und Lagereinrichtungen, sowie Einrichtungen zur sozialen Betreuung der Arbeitnehmer) (Bau) / site equipment, construction equipment, construction plant, site facilities, site plant ‖ ≃**entwässerung** *f* (Bau, HuT) / site drainage ‖ ≃**labor** *n* (Bau, HuT) / on-site laboratory, on-job laboratory ‖ ≃**leiter** *m* (Bau, HuT) / site manager, site superintendent, site agent, superintendent *n* (US), resident engineer ‖ ≃**naht** *f* (Schw) / site weld, field weld ‖ ≃**niet** *m* (Masch) / field rivet*, site rivet* ‖ ≃**räumung** *f* (die Schlußphase der Einrichtungsplanung) (Bau, HuT) / job site demobilization, demobilization of job site ‖ ≃**rodehobel** *m* (For, HuT) / treedozer *n* ‖ ≃**schweißnaht** *f* (Schw) / site weld, field weld ‖ ≃**schweißung** *f* (Schw) / site welding, field welding ‖ ≃**versuch** *m* (Bau) / field test, in situ test
**Bau • stil** *m* (Arch, Bau) / style *n* ‖ **romanischer** ≃**stil** (Arch) / Romanesque *n* (a style of architecture) ‖ ≃**stoff** *m* (zur Fertigung von Bauteilen und Bauwerken) (Bau) / building material, construction material ‖ **mineralische** ≃**stoffe** (die nicht Holz, Holzwerkstoffe, Kunststoffe und Metalle sind) (Bau) / mineral building materials ‖ ≃**stoffindustrie** *f* (Bau) / building-materials industry, structural-materials industry ‖ ≃**stoffwechsel** *m* (Biochem) / anabolism* *n*, constructive metabolism ‖ ≃**stopp** *m* **durch gerichtliche Maßnahmen** (Bau) / hold-up caused by legal action ‖ ≃**strecke** *f* (HuT) / field *n* ‖ ≃**stromverteiler** *m* (Bau, Eltech) / assembly of electrical equipment for power distribution on building sites ‖ ≃**stufenplan** *m* (nach Baugewerken) (Bau) / sequence of trades ‖ ≃**stufenzeitplan** *m* (Bau) / construction progress chart, progress chart ‖ ≃**stütze** *f* (Bau, Zimm) / prop* *n*, dead shore*, strut* *n*, post *n*, stud *n* ‖ **mit guter** ≃**substanz** (Bau) / structurally sound ‖ ≃**technik** *f* (Bau) / structural engineering, building engineering, constructional engineering ‖ ≃**techniker** *m* (Bau) / structural engineer, site engineer ‖ ~**technische Bodenkunde** (HuT) / soil mechanics*, geotechnics *n* ‖ ~**technische und/oder chemische Holzschutzmaßnahmen** (gegen Witterungseinflüsse) (Bau) / weather treatment (of wood)
**Bauteil** *n* (Bau, Eltech, Eltronik) / component* *n*, component part, element *n*, device *n* ‖ ≃**e** *n pl* (Eltech, Eltronik) / componentry *n* ‖ **eingestecktes** ≃ (Eltronik) / insert-mounted device (IMD) ‖ **elektronisches** ≃ (in dem die Stromleitung grundsätzlich durch Elektronenbewegung im Vakuum, Gas oder in Halbleitern stattfindet) (Eltronik) / electron device* ‖ **formgebendes** ≃ (Luftf) / former* *n* ‖ ≃**formgebendes** ≃ (Luftf) ‖ **tragende** ≃**e** (Luftf) / primary structure* ‖ **zu wartendes** ≃ (Masch) / serviceable component
**Bau • teileseite** *f* (einer Leiterplatte) (Eltronik) / component side ‖ ≃**teilgruppe** *f* (die durch Fügen von mindestens zwei Bauelementen entstanden ist) (Eltronik, Masch) / assembly *n*, package *n*, unit *n*, assy
**Bauten • farbe** *f* (Anstr) / architectural paint, paint for buildings ‖ ≃**lack** *m* (Anstr) / architectural paint, paint for buildings ‖ ≃**schutzanstrichmittel** *n* (Anstr) / architectural paint, paint for buildings ‖ ≃**schutzmittel** *n* (Bau) / building protective agent ‖ ≃**standsbestätigung** *f* (Bau) / progress report, building certificate*
**Bau • tischler** *m* (Bau, Tischl) / joiner *n* ‖ ≃**tischlerei** *f* (Bau, Tischl) / joinery* *n*, finishing carpentry (US) ‖ ≃**träger** *m* (Bau) / builder *n* ‖ ≃**trupp** *m* (Bau) / gang *n*, construction gang ‖ ≃**überwachung** *f* (durch den Bauherrn) (Bau) / inspection *n* ‖ ≃**überwachung** (meistens durch Werksabnahme) (Bau) / supervision *n* ‖ ≃**überwachung durch Kunden auf der Baustelle** (Bau) / independent field inspection, third-party field inspection ‖ ≃**überwachung durch Kunden im Werk** (Bau) / independent in-process inspection, third-party inspection ‖ ≃**überwachung im Werk durch Werksabnahme** (Bau) / fabrication supervision, manufacturing supervision ‖ ≃**unterlagen** *f pl* (Masch) / construction documents ‖ ≃**unternehmer** *m* (Bau) / builder *n*, building contractor, contractor *n* ‖ ≃**verbot** *n* (Bau) / prohibition of building, ban on building ‖ ≃**vermessung** *f* (Bau) / construction surveying ‖ ≃**vorhaben** *n* (Bau) / building project, development *n* ‖ **örtliche** ≃**vorschrift** (die sich auf die äußere Gestaltung baulicher Anlagen, auf Anlagen der Außenwerbung in schutzbedürftigen Ortsteilen, auf die Festlegung von Grundstücksgrößen und deren Nutzung und Gebäudeabstände bezieht) (Bau) / local building regulation(s) ‖ ≃**vorschriften** *f pl* (Bau) / building regulations
**Bauweise** *f* (z.B. einer Turbine) (Masch) / design *n* ‖ **belgische** ≃ (eine geschlossene Tunnelbauweise) (HuT) / top-heading method ‖ **deutsche** ≃ (eine geschlossene Tunnelbauweise) (HuT) / German tunnelling method ‖ **geodätische** ≃ (Bau, Luftf) / geodetic construction* ‖ **geschlossene** ≃ (z.B. der Ver- und Entsorgungsleitungen) (HuT) / trenchless construction method ‖ **industrielle** ≃ (Bau) / system building*, industrialized building*, factory industrialized building ‖ **integrierende** ≃ / integral construction ‖ **leichte** ≃ (Bau) / lightweight construction ‖ **modulare** ≃ (Bau) / open system ‖ **offene** ≃ (eine Tunnelbauweise) (HuT) / open cut ‖ **offene** ≃ (einer Untergrundbahn, eines Tunnels) (HuT) / cut-and-cover* *n* ‖ **schalldichte** ≃ (Bau) / acoustic construction ‖ **stoßartige** ≃ (mit schmalen Stößen) (Bergb) / shortwall working
**Bau • werk** *n* (Bau) / construction *n*, structure *n*, building structure ‖ ≃**werk** (bedachtes) (Bau) / building *n* ‖ **unter Denkmalschutz stehendes, im Denkmalbuch erfaßtes** ≃**werk** (Arch) / listed building (GB) ‖ ≃**werksgründung** *f* (Bau) / construction engineering ‖ ≃**werkslast** *f* (Bau) / structure load ‖ ≃**werksteil** *n* (Bau) / building component ‖ ≃**wesen** *n* (Bau) / civil engineering* ‖ ≃**wich** *m* (seitlicher Abstand eines Gebäudes von den Nachbargrenzen) (Bau) / distance between buildings ‖ ≃**winde** *f* (Bau) / builder's winch, builder's hoist ‖ **[handbetätigte]** ≃**winde** (Bau) / gin* *n* ‖ ≃**wirtschaft** *f* (Bau) / construction industry, building trade, building industry
**bauwürdig** *adj* (Bergb) / workable *adj*, minable *adj*, payable *adj* ‖ **~er Boden** (Bergb) / pay* *n* ‖ **~es Gestein** (Bergb) / pay dirt ‖ **~er Kies** (in Seifenlagerstätten) (Bergb) / pay dirt ‖ **~ nachgewiesenes Erz** (durch Vorrichtungsstrecken) (Bergb) / blocked-out ore*, developed ore ‖ **~er Sand** (Bergb) / pay dirt
**Bauxit** *m* (Min) / bauxite* *n*
**bauxitisch** *adj* (Geol) / bauxitic *adj*
**Bauxitisierung** *f* (Geol) / bauxitization *n*
**Bau • zaun** *m* (Bau) / hoarding *n* ‖ ≃**zeichnung** *f* (DIN 1356) (Bau) / building drawing, structural drawing
**Bavenoer Gesetz** (Krist) / Baveno twin law ‖ ≃ **Zwilling** (Krist) / Baveno twin
**BAW** / operating instructions ‖ ≃**-Bauelement** *n* (Akus, Eltronik) / bulk acoustic wave element, BAW element
**Baxic Green 4** (wasserlöslicher grüner Triacrylmethanfarbstoff) / malachite green*, mineral green, Hungarian green, Olympian green
**Bayberrytalg** *m* / bayberry wax, bayberry tallow, laurel wax, myrtle wax, myrica tallow
**Bayberrywachs** *n* / bayberry wax, bayberry tallow, laurel wax, myrtle wax, myrica tallow
**Bayerit** *m* (monoklines Aluminiumhydroxidmineral) (Min) / bayerite *n*
**Bayer-Verfahren** *n* (nach K.J. Bayer, 1847-1904) (zur Gewinnung von Aluminiumoxid aus Bauxit) (Chem Verf) / Bayer process* (of alumina extraction)
**Bayes-Regel** *f* (Stats) / Bayes' theorem (for calculating a posterior probability)
**Bayessche Formel** (nach Th.Bayes, 1702-1761) (Stats) / Bayes' theorem (for calculating a posterior probability)
**Bayöl, echtes** ≃ (aus Pimenta racemosa (Mill.) J.W. Moore) / bay oil, oil of bay
**Bay-Störung** *f* (buchtförmige Auslenkung in der Registrierung der Komponenten des geomagnetischen Feldes) (Geophys) / magnetic bay, bay *n*
**BAZ** (F.Org, Masch) / machining center (US), machine centre (GB)
**Bazille** *f* (Bakteriol) / bacillus* *n* (pl. -lli)
**Bazillus** *m* (pl. -llen) (Bakteriol) / bacillus* *n* (pl. -lli)
**Bb** (Luftf, Schiff) / port *n*
**B-Baum** *m* (EDV) / B-tree *n*
**BBD-Schaltung** *f* (Eltronik) / bucket-brigade device, BBD
**BB-Entkopplung** *f* (Spektr) / proton-noise decoupling, PND, proton decoupling, broadband decoupling, BB decoupling, $^1$H-decoupling *n*
**BB-Filztuch** *n* (DIN 61205) (Tex) / batt-on-base woven felt
**BBP** (DIN 7723) (Chem) / benzyl butyl phthalate
**BBS** (EDV) / Bulletin Board System, BBS ‖ ≃ (EDV) / Bulletin Board System *n*, BBS ‖ ≃ (EDV) / console typewriter (CTW) ‖ ≃ (EDV) / tape operating system (TOS)
**BB-Sack** *m* (Tex) / anti-hypothermia bag
**BB-Verfahren** *n* (Glas) / blow-and-blow process

**BCC** (Chem) / bioaccumulative chemicals (of concern), BCC
**BCD•-Arithmetik** f (EDV) / binary coded arithmetic, packed decimal arithmetic, BCD arithmetic ‖ ⁓-**C** (EDV) / binary-coded decimal code, BCD code ‖ ⁓-**Code** m (EDV) / binary-coded decimal code, BCD code ‖ ⁓-**Darstellung** f (EDV) / BCD notation, binary-coded decimal notation, binary-coded decimal representation ‖ ⁓-**Kode** m (EDV) / binary-coded decimal code, BCD code
**BCF-Garn** n (aus endlosen texturierten Synthetics) (Spinn) / bulked continuous filament (yarn)*, BCF yarn
**BCH-Kode** m (zyklischer Kode, der Fehlererkennung und Fehlerkorrektur über Hardware ermöglicht) (EDV) / BCH code, Bose-Chandhuri-Hocquenghem code
**BCS-Theorie** f der Supraleitfähigkeit (Phys) / Bardeen-Cooper-Schrieffer theory of superconductivity, BCS theory* (of superconductivity)
**Bd** (Einheit der Schrittgeschwindigkeit) (Fernm) / baud* n (pl. baud or bauds)
**BDA** = Bundesvereinigung der deutschen Arbeitgeberverbände
**B-Darstellung** f (Anzeige in rechtwinkligen Koordinaten: die Abszisse zeigt die Richtung, die Ordinate die Entfernung des Zieles an) (Radar) / B display*, range-bearing display
**BDE** (F.Org) / factory data capture, industrial data capture, production data acquisition
**Bdellium** n (ein Balsamharz) (Pharm) / bdellium n
**BDI** = Bundesverband der Deutschen Industrie e.V. ‖ ⁓-**Technik** f (Eltronik) / base-diffusion isolation technology, BDI technology
**B-DNA** f (die in der lebenden Zelle vorherrschende Form der Doppelhelix) (Biochem) / B-DNA n
**Be** (Chem) / beryllium* n
**BE** (Bau, HuT) / accelerator* n, accelerating admixture, setting accelerator ‖ ⁓ (EDV) / Big Endian n (binary data format in which the most significant bit/byte comes first), BE ‖ ⁓ (Nahr) / bread unit ‖ ⁓ (Nukl) / fuel element*
**beabsichtigt•er Empfänger** (Mitteilungsübermittlung) (Fernm) / intended recipient ‖ **⁓er Flugweg** (Luftf) / intended flight path
**beachten, nicht** ⁓ (EDV) / ignore v, skip v
**Bead** n (Chem Verf) / bead n
**beamen** v (Phys) / beam v
**Beam-Foil-Spektroskopie** f (Spektr) / beam-foil spectroscopy
**Beam-Lead-Technik** f (eine Kontaktierungstechnik für Halbleiter) (Eltronik) / beam-lead technology
**Beam-Stopper** m (Nukl) / beam stopper, beam dump
**Beam-Suche** f (bei Expertensystemen) (KI) / beam search
**beanspruchen** v (Mech) / impose stress (on)
**Beanspruchung** f (durch von außen einwirkende Kräfte) (Mech) / load* n ‖ ⁓ (auf einen Körper wirkende verformende Spannung) (Mech) / strain* n, engineering strain ‖ ⁓ (unterhalb der E-Grenze) (Mech) / stress* n ‖ **funktionsbedingte** ⁓ (Mech) / functional stress ‖ **klimatische** ⁓ (WP) / climatic strain ‖ **mehrachsige** ⁓ (des Bauteils) (Mech) / multiaxial stress ‖ **schwingende** ⁓ (meistens sinusförmig) (Mech) / waved stress ‖ **thermische** ⁓ (Phys) / thermal stress, heat stress ‖ **wiederkehrende** ⁓ (Mech, WP) / cyclic loading ‖ **zusammengesetzte** ⁓ (Mech) / composite load ‖ **zyklische** ⁓ (Mech, WP) / cyclic loading ‖ ⁓ f **auf Zug** (Mech, WP) / tensioning n, tensile stress ‖ ⁓ **bei Berührung zweier Körper** (Mech) / Hertzian contact stresses
**Beanspruchungs•geschwindigkeit** f (Mech) / rate of stress, stress rate ‖ ⁓**geschwindigkeit** (bei Schnellzerreißversuchen) (WP) / tensile stress rate ‖ ⁓**zeit** f (bei Festigkeitsberechnungen) (Mech) / loading time ‖ ⁓**zyklus** m (WP) / stressing cycle
**beanstandete Ware** / goods under claim
**Beanstandung** f (der gelieferten Ware) / complaint n, claim n ‖ **ohne** ⁓ (Prüfberichtsvermerk) / satisfactory adj
**Beanstandungs•abzug** m / allowance n ‖ ⁓**recht** n (EDV) / right to challenge (the veracity)
**beantragen** v (etwas) / apply v (for)
**Beantwortung, automatische** ⁓ (EDV) / autoanswer n
**Bear gun** m (ein Gerät zum Aufbrechen des Gebirges) (Erdöl) / bear gun
**bearbeitbar** adj / workable adj, processable adj, processible adj
**Bearbeitbarkeit** f / workability n, processability n ‖ ⁓ / working property, workability n, processability n, fabrication property ‖ ⁓ (For) / working quality (e.g. can be sawn quite easily or easy to break down in a sawmill) ‖ ⁓ (meistens durch Zerspanung) (Masch) / machinability* n ‖ ⁓ **mit der Strangpresse** (Masch) / extrudability n
**bearbeiten** v / process v, treat v ‖ ⁓ (Werksteine) (HuT) / tool v ‖ ⁓ (Boden) (Landw) / husband v ‖ ⁓ (Boden) (Landw) / cultivate v, farm v, till v, husband v ‖ ⁓ (spanend) (Masch) / machine v, cut a chip ‖ ⁓ (nichtspanend) (Masch) / work v ‖ ⁓ (mit Werkzeug) (Masch, Werkz) / tool v ‖ **[mechanisch, maschinell]** ⁓ (Masch) / machine v ‖ **stapelweise** ⁓ (EDV) / batch v

**bearbeitet•e** (Bezugs)**Oberfläche** (Bau, Zimm) / working face* ‖ **⁓er Boden** (Landw) / tilth n, tillage n, tilled land ‖ **⁓es Ende** (Holz) (Bau, Zimm) / working end ‖ **⁓e Fläche** (maschinell) (Masch) / machined surface ‖ **⁓e Paßfläche** (Masch) / facing n ‖ **⁓er Quader** (Bau) / tooled ashlar*
**Bearbeitung** f / processing n, treatment n, treating n ‖ ⁓ (Landw) / cultivation n, tillage n ‖ **[mechanische, maschinelle]** ⁓ (Masch) / machining n ‖ **elektroerosive** ⁓ (Masch) / electroerosion n, electroerosive machining, electrical discharge machining*, EDM* ‖ **fehlerhafte** ⁓ / imperfect manufacture ‖ **gemeinsame** ⁓ (EDV, F.Org) / coprocessing n ‖ **mechanische** ⁓ (mechanische Technologie) (Hütt, Masch) / mechanical working* ‖ **redaktionelle** ⁓ (von Satzvorlagen) (Druck) / copy editing ‖ **sachgemäße handwerkliche** ⁓ (in einem Merkblatt beschriebene) / recommended practice ‖ **sequentielle** ⁓ (Jobbearbeitung) (EDV) / stacked job processing, sequential job scheduling ‖ **spanabhebende** ⁓ (Masch) / machining n, metal cutting ‖ ⁓ f **auf Fertigmaß** (Masch) / finish sizing ‖ ⁓ **im Kopierwerk** (Foto) / processing* n ‖ ⁓ **in der Retorte** (Chem Verf) / retorting n ‖ ⁓ **mit dem Besen** (z.B. beim Besenwurf) (Bau) / brooming n ‖ ⁓ **mit dem Hammer** (Masch) / hammering n ‖ ⁓ **von Stirnflächen** (Masch) / facing* n
**Bearbeitungs•fehler** m (in der Maschinenbearbeitung) (Masch) / machining defect ‖ ⁓**folge** f (F.Org) / sequence of operations ‖ ⁓**güte** f / workmanship n, sound workmanship, craftsmanship n, workmanlike manner ‖ ⁓**programm** n **für Maschinenfehler der Zentraleinheit** (EDV) / trap handler ‖ ⁓**schicht** f (durch mechanische Bearbeitung /insbesondere mechanisches Polieren/ in ihrem Gefüge und ihrer Struktur veränderte Oberflächenzone metallischer Werkstoffe bis in eine Tiefe von etwa 10 $\mu$m) (Masch) / Beilby layer ‖ ⁓**zeit** f (F.Org) / machining time ‖ ⁓**zentrum** n (eine hochentwickelte Vielzweckmaschine) (F.Org, Masch) / machining center (US), machine centre (GB) ‖ ⁓**zugabe** f (Rohteilaufmaß zur Erzielung von Oberflächen definierter Qualität durch nachfolgende abtrenntechnische, meist spanende Bearbeitung) (Gieß, Masch) / machining allowance* ‖ ⁓**zyklus** m (Masch) / machining cycle, working cycle
**beastet** adj (For) / branchy adj
**Beat-Frequency-Oszillator (BFO)** m (Radio) / beat-frequency oscillator* (B.F.O.)
**Beattie-Bridgman-Gleichung** f (thermische Zustandsgleichung für reale Gase nach J.A. Beattie, 1895-1981 und P.W. Bridgman, 1882-1961) (Phys) / Beattie-Bridgman equation of state, Beattie and Bridgman equation
**Beaufort-Skala** f (eine 12teilige Windskala nach Sir F. Beaufort, 1774-1857) (Meteor) / Beaufort scale*
**Beaufschlagung** f (der Turbine) (Masch) / admission* n ‖ ⁓ (allgemein - bei Strömungsmaschinen) (Masch) / discharge n ‖ ⁓ **mit äußerer** ⁓ (Strömungsmaschine) / inward-flow attr
**Beaufsichtigung** f / supervision n, inspection n
**beauftragen** v / commission v, authorize v
**Beauty** f (Kernphys) / beauty* n, bottomness* n ‖ ⁓-**Quark** n (Kernphys) / beauty quark, bottom quark
**Beaverteen** n (Tex) / beaverteen n
**bebaken** v (mit Baken besetzen) / beacon v
**Beballastung** f (Schiff) / ballasting n
**bebauen** v (Bau, HuT) / build on v, build up v ‖ ⁓ (Landw) / cultivate v, farm v, till v, husband v
**bebaut** adj / built-up adj ‖ **⁓e Fläche** (Bau, HuT) / built-up area ‖ **⁓es Gelände** (Bau, HuT) / built-up area
**Bebauung** f (Art und Umfang der baulichen Nutzung eines Gebietes) (Bau) / development n (of site) ‖ ⁓ (Landw) / cultivation n, tillage n
**Bebauungs•gesetz** n (Bau) / zoning law ‖ ⁓**plan** m (Bau) / development plan
**bebeilen** v (Zimm) / axe v, axe-hew v, hew v
**Beben** n / quake n ‖ ⁓ (leichtes) (Geol) / tremor n, earth tremor ‖ **vulkanisches** ⁓ (Geol) / volcanic earthquake
**bebilderter Katalog** / illustrated catalogue
**Beblasung** f (z.B. magnetische, um eine Bewegung des Schaltlichtbogens in die Löscheinrichtung zu bewirken) (Eltech) / blow-out n
**Bebrütung** f (Bakteriol, Med) / incubation* n
**bebunkern** v / bunker v
**BE-Byteordnung** f (EDV) / Big Endian n (binary data format in which the most significant bit/byte comes first), BE
**Béchamp-Reduktion** f (nach P. J. A. Béchamp, 1816 - 1908) (Chem Verf) / Béchamp reduction
**Becher** m / bowl n ‖ ⁓ (der Zelle) (Eltech) / container n, cup n ‖ ⁓ (des Mikrofons) (Fernm) / mouthpiece n ‖ ⁓ (des Pelton-Rades) (HuT) / bucket n ‖ ⁓ (Masch) / cup n ‖ **⁓artige Schaufel** (des Pelton-Rades) (HuT) / bucket n ‖ ⁓**aufzug** m (senkrechter oder schräger Stetigförderer) (HuT) / bucket elevator, bucket conveyor-elevator ‖ ⁓**bruch** m (Zugprobe) (Hütt) / cup fracture, cup-and-cone fracture ‖

**Becherelevator**

⁓**elevator** m (HuT) / bucket elevator, bucket conveyor-elevator ‖ ⁓**fließzahl** f (Plast) / cup flow figure* ‖ ⁓**glas** n (meistens mit Ausguß - DIN 2331) (Chem) / beaker n ‖ ⁓**glaszange** f (Chem) / beaker tongs ‖ ⁓**halter** m (im Auto) (Kfz) / cup holder ‖ ⁓**karton** m (Pap) / cup board, cup paper ‖ ⁓**kettenförderer** m (HuT) / bucket conveyor* ‖ ⁓**läufer** m (ein Außenläufer) (Eltech) / bell-shaped rotor ‖ ⁓**läufer** (ein Innenläufer) (Eltech) / hollow rotor ‖ ⁓**schließzeit** f (Plast) / cup flow figure* ‖ ⁓**turbine** f (Masch) / Pelton-type hydraulic turbine, Pelton turbine ‖ ⁓**werk** n (HuT) / bucket elevator, bucket conveyor-elevator ‖ **senkrechtes** ⁓**werk** (Masch) / jacob's ladder*
**Beck•-Bogenlampe** f (nach H. Beck, 1878 - 1937) (Eltech, Licht) / Beck arc-lamp ‖ ⁓**-Effekt** m (Auftreten einer weiß-leuchtenden Anodenflamme vor dem Krater der positiven Kohle einer Bogenentladung bei Überschreiten einer bestimmten Anodentemperatur) (Eltech) / Beck effect
**Becke-Linie** f (Mikros, Min) / Becke line*
**Becken** n (Eintiefung der Erdoberfläche) (Geol) / basin* n ‖ ⁓ (des Speisers) (Glas) / feeder nose ‖ ⁓ (Masch) / basin n ‖ ⁓ (Wasserb) / basin n, tank n, pool n, pond n ‖ ⁓ (Wasserstreifen zwischen zwei Piers oder Kais) (Wasserb) / slip n ‖ **abgeschnürtes** ⁓ (im Ozean) / restricted basin ‖ **intermontanes** ⁓ (Geol) / intermontane basin*, intermountain basin ‖ **tektonisches** ⁓ (Geol) / fault basin ‖ **total durchmischtes** ⁓ (Sanitär) / well-mixed reactor, complete-mix reactor
**Becken•bewässerung** f (Landw) / basin irrigation ‖ ⁓**gurt** m (Kfz) / lap belt ‖ ⁓**wasser** n (Nukl) / refuelling water
**Beckesche Linie** (nach F. Becke, 1855-1931) (Mikros, Min) / Becke line*
**Beck•-Lampe** f (mit Anodenflamme) (Eltech, Licht) / Beck arc-lamp ‖ ⁓**-Lichtbogen** m (Lichtbogen sehr hoher Leuchtintensität - nach H. Beck, 1878-1937) (Eltech) / Beck arc ‖ ⁓**-Lichtbogen** (Eltech) s. auch Hochintensitätsbogen
**Beckmannsche Umlagerung** (eines Ketoxims in ein substituiertes Amid in Gegenwart saurer Katalysatoren - nach E.O. Beckmann, 1853-1923) (Chem) / Beckmann molecular transformation*, Beckmann rearrangement
**Beckmann-Thermometer** n (ein altes Einstellthermometer zur Molmassenbestimmung nach DIN 16160, T 3) (Wärm) / Beckmann thermometer*
**BECN-Bit** n (EDV) / backward error congestion notification bit, BECN bit
**Becquerel** n (abgeleitete SI-Einheit der Aktivität) (Radiol) / becquerel* n ‖ ⁓**-Effekt** m (nach A.E. Becquerel, 1820-1891 benannt) (Eltronik, Foto) / Becquerel effect
**bedachen** v (Bau) / roof v, roof over v, put the roof on ‖ ⁓ n (Bau) / roofing n
**Bedachung** f (Bau) / roofing n, roof covering, roofage n, roof cladding ‖ ⁓ (Tätigkeit) (Bau) / roofing n ‖ **weiche** ⁓ (Stroh, Rohr) (Bau) / thatching* n ‖ ⁓ f **mit Bitumenpappe** (oder mit Hilfe von Asphaltmastix) (Bau) / asphalt roofing
**Bedachungs•blech** n (Bau, Klemp) / roofing sheet ‖ ⁓**stoff** m (Bau) / roofing n, roof cladding, roof covering, roofage n ‖ **metallischer** ⁓**stoff** (Bau) / flexible-metal roofing, metallic roofing ‖ [**abdichtender**] ⁓**stoff in Rollen** (Bau) / roll roofing, rolled-strip roofing
**Bedampfen** n (Galv) / vapour deposition, vapour condensation plating, vapour-phase coating
**Bedampfung** f (zur Steigerung des Bildkontrastes) (Mikros, Pulv) / shadow casting technique, shadowing technique*, shadowing n (oblique evaporation) ‖ **chemische** ⁓ (Galv) / chemical vapour deposition, CVD
**Bedampfungswinkel** m (Mikros) / shadow angle
**Bedarf** m (z.B. an Raum) / requirement n ‖ **bei** ⁓ / on demand ‖ **nach** ⁓ / when required, as required, if required, according to requirements ‖ ⁓ m **an Stellfläche** (für die Aufstellung der Maschine) / floor space (required), area requirement, footprint requirements, space required
**Bedarfs•-** (Lufft) / non-scheduled adj, nonsked adj (US) ‖ ⁓**ampel** f (Kfz) / pedestrian crossing light ‖ ⁓**beschreibung** f (mit Anforderungsstudien - als Teilgebiet der Systemanlage, das die Anforderungsdefinitionen aufstellt) (EDV) / requirements engineering ‖ ⁓**flug** m (Lufft) / non-scheduled flight, nonsked flight (US) ‖ ⁓**gesteuert** adj / demand-responsive adj, demand-controlled adj ‖ ⁓**haltestelle** f (Bahn) / flag-station n ‖ ⁓**haltestelle** (Kfz) / request stop (GB) ‖ ⁓**luftfahrtunternehmen** n (Lufft) / non-scheduled air carrier, supplemental (air) carrier ‖ ⁓**luftverkehrsunternehmen** n (Lufft) / non-scheduled air carrier, supplemental (air) carrier ‖ ⁓**spitze** f / peak demand, maximum demand ‖ ⁓**trennstrich** m (EDV) / soft hyphen ‖ ⁓**trennstrich** (EDV) / soft hyphen, discretionary hyphen, ghost hyphen ‖ ⁓**verschiebung** f (z.B. bei Rohstoffen) / shift in demand ‖ ⁓**wartung** f (EDV) / remedial maintenance (performed on an unscheduled basis) ‖ ⁓**wartung** (EDV, Masch) / corrective maintenance ‖ ⁓**weise Kanalzuteilung** (EDV) / demand assignment, DA
**Bedaux-System** n (ein Arbeits-, Zeitstudien- und Lohnsystem, von C. Bedaux 1916 in den USA eingeführt) (F.Org) / Bedaux-system n
**Bedaux-Verfahren** n (ein Arbeits-, Zeitstudien- und Lohnsystem, von C. Bedaux 1916 in den USA eingeführt) (F.Org) / Bedaux-system n
**bedecken** v / cover v, cover up v ‖ ⁓ / lay v (with linoleum) ‖ ⁓ / top v
**bedeckt** adj (Meteor) / overcast adj
**Bedecktsamer** pl (Bot) / Angiospermae pl, angiosperms* pl
**bedecktsamig•e Pflanzen** (Bot) / Angiospermae pl, angiosperms* pl ‖ ⁓**e** pl (Abteilung der Samenpflanzen) (Bot) / Angiospermae pl, angiosperms* pl
**Bedeckung** f / covering n ‖ ⁓ (z.B. bei der Sonnenfinsternis) (Astr) / occultation* n ‖ ⁓ (Meteor) / cloudiness* n, cloud cover, cloud amount (in tenths of sky covered) ‖ ⁓ **mit einem Schutzgaspolster** / inert-gas blanketing
**Bedeckungs•diagramm** n eines Rundfunksenders (Radio) / service diagram ‖ ⁓**grad** m (Meteor) / cloud cover ‖ ⁓**grad** (beim Stoffdruck) (Tex) / coverage n ‖ ⁓**material** n (für Gewächshäuser) (Landw) / cladding material ‖ ⁓**veränderliche** m pl (z.B. Algol) (Astr) / eclipsing variables ‖ ⁓**zeit** f (bei der Adsorption) (Phys) / coverage time
**bedenklich** adj (Herstellungsmethode) / dubious adj, questionable adj, debatable adj ‖ ⁓ (bedrohlich) / alarming adj
**bedeutsam•e Wettererscheinung(en)** (Lufft, Meteor) / significant weather ‖ ⁓**e Ziffer** (gültige Ziffer mit Ausnahme führender Nullen) (Math) / significant figure*, significant digit*, sig. fig.*
**Bedeutsamkeit** f / significance n
**Bedeutung** f (KI) / meaning n ‖ ⁓ **im Kontext** (eines Wortes) (KI) / contextual meaning
**bedeutungslos** adj / irrelevant adj
**bedeutungsvoll** adj / meaningful adj
**Bedford-Zement** m (bei der Linoleumherstellung) / Bedford cement
**bedielen** v (Zimm) / board v, plank v, floor v
**Bedienbarkeit, leichte** ⁓ / easy-to-use operation
**Bedienelement** n (EDV, Masch) / control* n, control element
**bedienen** v (eine Maschine) / attend v, actuate v, operate vt ‖ ⁓ / service v
**Bediener•anweisung** f (meistens grafische) (Masch) / run chart ‖ ⁓**armer Betrieb** / unmanned factory ‖ ⁓**befehl** m (EDV) / operator command ‖ ⁓**führung** f (EDV) / operator prompting, prompting n, operator guidance ‖ ⁓**führungstext** m (EDV) / prompt n, cue n ‖ ⁓**herberuf** m (EDV) / operator recall ‖ ⁓**nachricht** f (eine Nachricht vom Betriebssystem oder vom Problemprogramm, die den Operator anweist, eine bestimmte Aktion auszuführen) (EDV) / operator message ‖ ⁓**ruf** m (EDV) / operator recall ‖ **asynchrone** ⁓**verständigung** (EDV) / asynchronous operator communication
**Bedien•feld** n (des Druckers) (EDV) / control panel ‖ ⁓**feld** (der Zentraleinheit) (EDV) / operator control panel ‖ ⁓**organ** n (EDV, Masch) / control* n, control element ‖ ⁓**rechner** m (Fernm) / service computer ‖ ⁓**seite** f (z.B. bei der Pressenbeschickung) (Masch) / operator's side ‖ ⁓**strategie** f (EDV) / scheduling discipline ‖ ⁓**teil** n (z.B. Hebel, Griff) (Masch) / actuator n, actuating element ‖ ⁓**teil** (Masch) / operating control (element), operating element ‖ **freibewegliches** ⁓**teil** (EDV) / detached control panel
**Bedienung** f (EDV, Masch) / attendance n, operation* n, service n, manipulation n ‖ ⁓ (Masch) / control* n ‖ ⁓ **durch Spracheingabe** (Regeln) / oral control ‖ ⁓ **nach der zufälligen Auswahl** ("auf gut Glück") (ein Wartesystem) / service in random order, SIRO
**Bedienungs•anleitung** f / operating instructions ‖ ⁓**anweisung** f (EDV) / command n ‖ ⁓**blattschreiber (BBS)** m (EDV) / console typewriter (CTW) ‖ ⁓**bühne** f (Bau, HuT) / stage* n, staging* n (temporary), operating floor, working floor, operating platform, working platform ‖ ⁓**einheit** f (EDV) / server n, service facility ‖ ⁓**element** n (EDV, Masch) / control* n, control element ‖ ⁓**fehler** m (Instr, Masch) / operating error, malattendance n, maloperation n ‖ ⁓**feld** n (DIN 44300) (EDV) / operator control panel ‖ ⁓**frei** adj / unmanned adj ‖ ⁓**gang** m (Bau) / gangway* n ‖ ⁓**gang** (VDE 0660, T 500) (Eltech) / control aisle ‖ ⁓**gang** (Masch) / gallery n, passage gallery, operating gallery ‖ ⁓**handbuch** n (EDV) / user manual ‖ ⁓**knopf** m (Masch) / control knob, attendance knob, attendance button, control button ‖ ⁓**komfort** m / operational comfort, operator convenience ‖ ⁓**komfort** (alle Anlagen dazu) (EDV) / smartware n ‖ ⁓**konsole** f (EDV) / console* n, operator's console, operating console ‖ ⁓**laufgang** m (Masch) / gallery n, passage gallery, operating gallery ‖ ⁓**maßnahme** f (EDV) / action n ‖ ⁓**person** f (EDV) / operator n ‖ ⁓**person** (an der Maschine) (Masch) / attendant n, operator* n, actuator n, operative n, jockey n ‖ ⁓**person des Tachymetertheodolits** (Verm) / transitman* n (US) ‖ ⁓**person in der Telefonzentrale** (Fernsp) / operator, central n (US), telephonist n (GB), switchboard operator, telephone operator ‖ ⁓**personal** n / service personnel ‖ ⁓**platz** m (EDV) / console* n, operator's console,

operating console || ⁓**pult** n (Regeln) / console* n, control-board* n, control panel*, control console, operator's desk, control desk || ⁓**qualität** f / service quality || ⁓**rechner** m (EDV) / service computer || ⁓**reep** n (Schiff) / lanyard n || ⁓**system** n (Math) / service system || ⁓**theorie** f (ein Teilgebiet der Unternehmensforschung) (EDV, Math) / queuing theory, theory of queues, waiting-line theory || ⁓**vorgang** m (EDV) / action n || ⁓**vorschrift** f / operating instructions || ⁓**zeichnung** f / operation drawing || ⁓**zeit** f (der Maschine) (F.Org) / attended time

**bedingt** adj / conditional adj || ~e **Anweisung** (EDV) / conditional statement || ~er **Block** (läßt mehrere Züge auf dem Blockabschnitt zu) (Bahn) / permissive block system || ~e **Entropie** (eines zufälligen Versuches) (Stats) / conditional entropy || ~e **Erwartung** (Stats) / conditional expectation || ~er **Erwartungswert** (Stats) / conditional expected value || ~ **gleiche Farben** (Licht) / metameric colours, metamers pl || ~ **konvergente Reihe** (Math) / conditionally convergent series* || ~e **Konvergenz** (Math) / conditional convergence || ~ **periodisch** (Mech) / quasi-periodic adj || ~er **Programmstopp** (EDV) / breakpoint* n, checkpoint n || ~er **Sprung** (EDV) / conditional jump* || ~er **Sprungbefehl** (EDV) / conditional branch instruction, conditional transfer || ~e **Verteilung** (Stats) / conditional distribution || ~e **Verteilungsfunktion** (Stats) / conditional distribution function || ~e **Verzweigung** (EDV) / conditional jump* || ~er **Verzweigungsbefehl** (EDV) / conditional branch instruction, conditional transfer || ~e **Wahrscheinlichkeit** (Stats) / conditional probability* || ~e **Wahrscheinlichkeitsdichte** (Stats) / conditional probability density

**Bedingung** f / condition n || **Doeblinsche** ⁓ (bei Markovschen Prozessen) (Stats) / Doeblin's condition || **notwendige und hinreichende** ⁓ / necessary and sufficient condition || ⁓**en** f pl **für das Feuern** (einer Regel) (KI) / firing conditions (for a rule)

**Bedingungs•analyse** f (KI) / conditions analysis || ⁓**anzeige** f (EDV) / condition flag || ⁓**-Ereignis-System** n (in der Theorie der nebenläufigen Prozesse) / condition-event system

**bedrahten** v (Eltech) / wire v

**Bedrahtung** f (Eltech) / wiring n, electric wiring

**Bedrohung** f **der Persönlichkeitssphäre** (EDV) / invasion of privacy, intrusion into privacy

**bedruckbar, nicht** ~e **Fläche** (Druck, EDV) / print exclusion area

**Bedruckbarkeit** f (des Papiers, des Kartons) (Pap) / printability n, printing quality

**bedrucken** v (Pap, Typog) / print v, imprint v, impress v || **zweiseitiges** ⁓ **von Druckbogen mit zwei Druckformen** (Druck) / sheet-work* n

**Bedruckstoff** m (Material bzw. Werkstoff, dessen Oberfläche in einem Druckverfahren bedruckt sowie unter Umständen lackiert oder beschichtet werden kann - DIN 16500) (Druck) / substrate for printing || ⁓ (Träger des Drucks) (Druck) / stock* n, printing carrier, print carrier

**bedruckt, nicht** ~e **Stelle** (Defekt) (Druck) / holiday n || ~e **Darmhülle** (Nahr) / printed casing || ~es **Gewebe** (Tex) / printer n, printed fabric || ~er **Stoff** (Tex) / printer n, printed fabric

**Bedürfnisanstalt** f / public toilet, comfort station (US)

**bedüsen** v / spray v

**beeidigter Sachverständiger** / sworn expert

**beeinflußbare Maschinenzeit** (F.Org) / controlled machine time

**beeinflussen** v (störend) / interfere v (with) || **stark** ⁓ / impact v (on)

**Beeinflussung** f / influence n, affection n || **[störende]** ⁓ / interference n || **gegenseitige** ⁓ / interaction* n || **ohne gegenseitige** ⁓ / non-interacting adj || ⁓ f **der toxischen Wirkung durch ein anders wirkendes Gift** (Med) / dependent joint action

**beeinträchtigen** v / impair v

**beeinträchtigte Flugbetriebsfläche** (z.B. durch Schnee, Matsch oder stehendes Wasser) (Luftf) / degraded surface

**Beekit** m (Min) / beekite* n

**beenden** v (einen Programmablauf) (EDV) / quit v, exit v || ⁓ (die Sendung) (Radio) / sign off v || **vorzeitig** ⁓ (laufendes Programm) (EDV) / abort v || ⁓ n (Name eines Menüpunktes, der zur Rückkehr in eine höhere Menüebene oder zum Verlassen des Programms dient) (EDV) / exit n (to)

**Beendigung** f / end n || **vorzeitige** ⁓ (des Programmlaufs) (EDV) / abnormal termination, abortion n (of program execution), abnormal end || ⁓ f **des Kettenwachstums** (Chem) / termination n

**Beerbachit** m (Geol) / beerbachite n

**Beere** f (Bot, Nahr) / berry* n || **mit** ⁓**n** (Bot) / bacciferous adj, baccate adj

**Beeren•tang** m (Bot) / sargasso (pl -s or -es) n, sargassum n (pl. -ssa) sargassum weed, gulfweed n || ⁓**tragend** adj (Bot) / bacciferous adj, baccate adj

**Beersches Gesetz** (nach A. Beer, 1825-1863) (Phys) / Lambert-Beer law

**Beeteln** n (Tex) / beetling n

**Beetlekalander** m (Tex) / beetle* n

**Beetlemaschine** f (Tex) / beetle* n

**befahrbar** adj (Straße, Gelände) (HuT) / trafficable adj, carriageable adj, practicable, adj. || ⁓ (mit Kraftfahrzeugen) (Kfz) / motorable adj || ~**es Bankett** (befestigter Seitenstreifen) (HuT) / traffic-bearing shoulder

**Befahrbarkeit** f (Straße, Gelände) (HuT) / trafficability n, carriageableness n, practicability n

**befahren** v (eine Grube) (Bergb) / descend v (into a mine) || ⁓ (einen Kessel) (Masch) / inspect v || ⁓ n (Masch) / inspection n

**Befahrung** f (Masch) / inspection n

**Befall** m (mit/durch Parasiten) (Biol) / invasion n || ⁓ (durch Schädlinge) (For, Landw) / infestation* n, infection n (US) || **lokal begrenzter** ⁓ (durch Schädlinge) (For, Landw) / spot infestation || ⁓ m **durch Termiten** (Bau) / termite attack

**befallen** v (Bot, Med) / affect v || ~**es Holz** (For) / affected timber

**Befehl** m (Teil eines Befehlswortes) (EDV) / command n || ⁓ (bei maschinenorientierten Programmiersprachen eine Arbeitsvorschrift, die sich nicht in weitere Anweisungen zerlegen läßt) (EDV) / instruction* n (specific meaning) || **adressenloser** ⁓ (EDV) / zero-address instruction* || **arithmetischer** ⁓ (EDV) / arithmetical instruction, arithmetic instruction || **boolescher** ⁓ (EDV) / logic instruction || **effektiver** ⁓ (EDV) / actual instruction, effective instruction || **logischer** ⁓ (EDV) / logic instruction || **nicht interpretierbarer** ⁓ (EDV) / illegal instruction || **organisatorischer** ⁓ (EDV) / organizational instruction, housekeeping instruction || **privilegierter** ⁓ (EDV) / privileged instruction || **unzulässiger** ⁓ (EDV) / illegal instruction || ⁓ m "**neue Seite**" (EDV) / page break || ⁓ **im Maschinenkode** (EDV) / machine instruction*, machine-code instruction*

**Befehls•ablauf** m (EDV) / instruction cycle, instruction execution cycle, basic cycle, fetch-execute cycle*, instructional cycle || ⁓**adresse** f (EDV) / instruction address || ⁓**adreßregister** n (EDV) / instruction address register* || ⁓**änderung** f (EDV) / instruction modification || ~**äquivalente Funktion** (EDV) / command-equivalent function || ⁓**aufbau** m (EDV) / instruction format || **autonome** ⁓**ausführung** (EDV) / autonomous working || ⁓**block** m (eine Gruppe von Befehlen) (EDV) / instruction block || ⁓**falle** f (ein automatischer Sprung oder Unterprogrammaufruf, der das gerade aktive Programm unter gewissen Bedingungen unterbricht) (EDV) / instruction trap || ⁓**folge** f (EDV) / instruction sequence, sequence of instructions || ⁓**format** n (EDV) / instruction format || ⁓**gesteuert** adj (EDV) / command-controlled adj || ⁓**holphase** f (die Arbeitsphase des Leitwerks, in der ein Befehl aus dem Arbeitsspeicher gelesen und in das Befehlsregister geladen wird) (EDV) / instruction fetch cycle || ⁓**kette** f (EDV) / chain n, catena n (pl. catenae or catenas) || ⁓**kode** m (EDV) / instruction code* || ⁓**lenkung** f (Raumf) / command guidance* || ⁓**liste** f (Darstellung eines Befehlsvorrats mit Beschreibung der zugehörigen Funktionen und mit Angabe über die Operandenteile - DIN 44300) (EDV) / instruction list || ⁓**mix** m (bei der Beurteilung der Leistungsfähigkeit eines Rechnerkerns) (EDV) / instruction mix || ⁓**mix** (EDV) / instruction mix, mix n || ⁓**phase** f (EDV) / command phase || ⁓**register** n (in einem Leitwerk nach DIN 44300) (EDV) / instruction register, current address register, IR || ⁓**repertoire** n (pl. -s) (EDV) / instruction set*, instruction repertoire, instruction repertory || ⁓**satz** m (Gesamtheit der Befehle, die von einer bestimmten Funktionseinheit ausgeführt werden können) (EDV) / instruction set*, instruction repertoire, instruction repertory || ⁓**schaltfläche** f (EDV) / button n, push-button n || ⁓**schlüssel** n (EDV) / instruction code* || ⁓**sprache** f (EDV) / instruction language || ⁓**struktur** f (EDV) / instruction format || ⁓**syntax** f (EDV) / command syntax || ⁓**taste** f (EDV) / command key || ⁓**übernahme** f (bei Zentraleinheiten) (EDV) / instruction staticizing, staticizing n || ⁓**vorrat** m (DIN 44300) (EDV) / instruction set*, instruction repertoire, instruction repertory || ⁓**wort** n (DIN 44300) (EDV) / instruction word || ⁓**zahl** f (EDV) / instruction number* || ⁓**zähler** m (DIN 44300) (EDV) / program counter, instruction counter, sequence register*, PC || ⁓**zählerinhalt** m (EDV) / program count, program counter contents || ⁓**zählerstand** m (EDV) / program count, program counter contents || ⁓**zeile** f (EDV) / command line || ⁓**zeit** f (EDV) / instruction time, instruction execution time, command execution time || ⁓**zyklus** m (Zeitspanne, die zur Ausführung eines Befehls erforderlich ist, bevor der nächstfolgende Befehl ausgeführt werden kann) (EDV) / instruction cycle, instruction execution cycle, basic cycle, fetch-execute cycle*, instructional cycle

**befeilen** v (ein Werkstück) (Masch) / file v

**Befensterung** f (Bau) / fenestration* n

**befestigen** v (mit Gurten) / cinch v || ⁓ (mit Bolzen) / bolt v || ⁓ / fasten v, fix v, attach v, secure v || ⁓ (den Seitenstreifen) (HuT) / shoulder v || ⁓ (Flugbetriebsflächen) (Luftf) / pave v || ⁓ n (mit Gurten) / cinching n

**befestigt** adj (Mech) / fixed adj || ~e **Düne** (ingenieurbiologisch) (Geol) / stabilized dune, anchored dune || ~e **Feldstellung** (Mil) / strong point || ~e **Fläche** (meistens auf dem Grundstück, außerhalb des Hauses)

**befestigt**

(Arch) / paved area ‖ ~e **Fläche** (zum Parken) (Kfz) / hardstanding *n*, hardstand *n* (US) ‖ ~e **Oberfläche** (zum Parken) (Kfz) / hardstanding *n*, hardstand *n* (US) ‖ ~**er Seitenstreifen** (einer Straße) (HuT) / hard shoulder, shoulder *n* ‖ ~e **Straße** (HuT) / sealed road ‖ ~e **Verkehrsraumbreite** (HuT) / carriageway *n*, roadway *n*, travelled way
**Befestigung** *f* / fastening *n*, fixing *n*, securing *n* ‖ ~ (z.B. des Ornaments) (Arch) / bedding *n* ‖ ~ (von Flugbetriebsflächen - Pflaster, Decke, Belag) (Luftf) / pavement *n*, paving *n* ‖ ~ (der Kanalböschung) (Wasserb) / lining* *n* (to minimise seepage losses, resist erosion, withstand pressure, and in general improve flow conditions) ‖ ~ (Masch) / mounting *n* ‖ ~ **mit Flansch** (Masch) / flange mounting ‖ ~ **ohne Deckenschluß** (Luftf) / unsurfaced pavement
**Befestigungs•bolzen** *m* (Masch) / clamping bolt ‖ ~**bügel** *m* (Masch) / mounting bracket ‖ ~**element** *n* (Masch) / fastener* *n*, fastening device, fixing element, fixing* *n* ‖ ~**element der Federteller am Ventilschaft** (V-Mot) / valve-spring cotter ‖ ~**fläche** *f* (Masch) / seat *n*, seat face ‖ ~**gewinde** *n* (Masch) / fastening thread ‖ ~**kegel** *m* (Masch) / machine taper ‖ ~**konsole** *f* (Masch) / mounting bracket ‖ ~**lasche** *f* (Kfz) / tab *n* ‖ ~**mittel** *n* (Masch) / fastener* *n*, fastening device, fixing element, fixing* *n* ‖ ~**punkt** *m* **für Zugseil** (Kfz) / rope attachment point ‖ ~**schraube** *f* (Masch) / fixing bolt ‖ ~**teil** *n* (Masch) / fastener* *n*, fastening device, fixing element, fixing* *n* ‖ **eingemauerter Holzklotz für** ~**zwecke** (Bau) / wood brick*, timber brick*, fixing brick, fixing block, anchoring block, nailing block
**befeuchten** *v* / wet *v*, moisten *vt*, humidify *v*, dampen *v*, moisturize *v*
**Befeuchter** *m* (Bau) / humidifier* *n*
**Befeuchtung** *f* / wetting *n*, damping *n*, moistening *n*
**befeuern** *v* (Bau, Masch) / fire *v* ‖ ~ (Luftf) / light *v*
**Befeuerung** *f* (durch elektrische Leuchtfeuer) (Luftf) / lighting *n* ‖ ~ (z.B. als Schornstein-Flugsicherung) (Luftf) / aircraft warning lights, aviation obstruction lights ‖ **Abstand** *m* **zwischen den Querhorizonten der** ~ (Luftf) / gauge *n*
**befilmen** *v* (Buchb, Tex) / laminate *v*, line *v* ‖ ~ *n* / lamination *n*, laminating *n*
**Befilmungsmaschine** *f* (Pap, Plast, Tex) / laminator *n*, laminating machine, lining machine
**befilzen** *v* / felt *v*
**Beflammung** *f* (im allgemeinen) / flame impingement ‖ ~ (Vorbehandlung von Folien vor dem Druck) (Plast) / flame treatment
**Beflammungszeit** *f* (bei der Werkstoffprüfung) (WP) / flame exposure time, flame application time
**beflecken** *v* / spot *vt*, stain *vt* ‖ ~ *n* / spotting *n*, staining *n*
**befleckt** *adj* / smudgy *adj*, stained *adj*, blotchy *adj*, splodgy *adj*, splotchy *adj*
**Beflocken** *n* (Musterung und Veredelung von Geweben, Kunststoffen, Papier usw.) / flocking *n*, flock coating, flock finishing, flock spraying
**beflocktes Garn** (Spinn) / flocked yarn
**Beflockungs•klebstoff** *m* (Tex) / flocking adhesive ‖ ~**maschine** *f* (DIN 64 990) (Tex) / flocker *n*
**beflößtes Rohr** (Hütt, Masch) / finned tube, gilled tube, ribbed tube
**Beförderer** *m* (Kfz) / carrier *n*
**befördern** *v* / convey *v*, transport *v*, carry *v*, ship *v* (US) ‖ ~ (Güter) / haul *v*, forward *v*, consign *v* ‖ ~ / handle *v* ‖ **auf Schienen oder Rollen** ~ / skid *vt*
**Beförderung** *f* (innerbetrieblich) / handling *n* ‖ ~ / transport *n*, carriage *n*, conveyance *n*, transportation *n*, cartage *n* ‖ ~ (von Gütern) / haulage *n*, forwarding *n*, consignment *n* ‖ ~ (in eine höhere Stellung) / promotion *n* ‖ ~ **durch Leichter** (Schiff) / lighterage *n*
**Beförderungs•kosten** *pl* / cost of transport, carriage *n*, transport costs ‖ ~**mittel** *n* (Kfz, Masch) / vehicle *n*, conveyance *n* ‖ ~**mittel** *n pl* / transportation *n* (US) ‖ ~**pflicht** *f* / obligation to carry (to accept and convey passengers and goods) ‖ ~**tarif** *m* / transport tariff ‖ ~**vorschriften** *f pl* / transport regulations ‖ ~**weg** *m* (im allgemeinen) (Straße) / transport road, traffic road ‖ ~**weg** (Entfernung) / haulage distance
**Befrachter** *m* (beim Seefrachtvertrag) (Schiff) / charterer *n*, freighter *n* ‖ ~ (Absender in Seefrachtgeschäften) (Schiff) / shipper *n*
**befragen** *v* (Stats) / interview *v*
**Befrager** *m* (Stats) / interviewer *n*
**Befragter** *m* (Stats) / interviewee *n*
**Befragung** *f* (Stats) / interview *n*
**befräsen** *v* (Drahtbarren) (Hütt) / scalp *v* ‖ ~ *n* (von Drahtbarren) (Hütt) / scalping *n*
**befreien** *v* / free *v*, set free *v* ‖ ~ (von Verunreinigungen) / liberate *v* (from contaminants)
**Befreiung** *f* / liberation *n* (from contaminants) ‖ ~ (von Auflagen) (Umwelt) / exemption *n* ‖ ~ **von überflüssigen Elementen** / streamlining *n*

**befreundete Zahlen** (zwei natürliche Zahlen a, b, deren Teilersummen $\sigma$ (a), $\sigma$ (b) die Gleichung $\sigma$ (a) = $\sigma$ (b) = a + b erfüllen) (Math) / friendly numbers*, amicable numbers*
**befriedigen,** [eine Gleichung] ~ (Math) / satisfy *v* (an equation), fulfil *v*, fullfill *v* (US)
**befristete Zulassung** / temporary admission
**Befrostung** *f* (z.B. der Dachziegel) (Keram) / freezing *n*
**Befruchtung** *f* (Biol) / fertilization* *n*, fecundation* *n*, fertilisation *n*
**Befüllleitung** *f* (Erdöl) / filling line
**befüllen** *v* / fill *v* ‖ ~ (Hütt) / fill *v*, load *v*, charge *v*, burden *v* ‖ **wieder** ~ / refill *v*, replenish *v* ‖ ~ *n* / filling *n*
**Befundungssystem, rechnergestütztes** ~ (EDV, Med) / computer-aided reporting system, computer-supported reporting system
**Befürworter** *m* **der Kernenergie** (Nukl) / nuclear power advocate, nuclear power proponent, proponent of nuclear energy (plants)
**begasen** *v* (Chem, Landw, Med) / fumigate *v* ‖ ~ *n* (Chem, Landw, Med) / fumigation* *n* ‖ ~ (eine Dispergieroperation zur Herstellung einer Gas/Flüssigkeits-Dispersion) (Chem Verf) / dispersion of gases ‖ ~ **mit reinem Sauerstoff** (in der Abwasserbehandlung) (Sanitär) / pure-oxygen aeration
**Begasung** *f* (Chem, Landw, Med) / fumigation* *n* ‖ ~ (Kernaushärtung) (Hütt) / gassing *n* ‖ **blasenfreie** ~ (einer Zellkultur) (Zyt) / bubble-free aeration
**Begasungs•automat** *m* (für Kernhärtung) (Gieß) / automatic gassing machine ‖ ~**filter** *n* (Chem) / sintered bubbler ‖ ~**flotation** *f* (ein Fest-Flüssig-Trennverfahren) (Chem Verf) / floatation by gassing, flotation by gassing ‖ ~**mittel** *n* (Chem, Landw) / fumigant* *n*, fumigator *n* ‖ ~**rührer** *m* (Chem Verf) / hollow stirrer
**begazen** *v* (Buchb) / gauze *v*
**begegnen** *v* (Risiko, Gefahr) / obviate *v*
**Begegnungskomplex** *m* (Chem) / activated complex, encounter complex
**begehbar** *adj* (Straße, Gelände) / trafficable *adj* ‖ ~ (Kanal) (HuT) / walk-in *attr*, man-size *attr*, walkable *adj*, negotiable *adj* (for plant personnel), accessible *adj* ‖ **nicht** ~ (HuT) / inaccessible *adj* ‖ ~**er Leitungskanal** (HuT) / subway *n*
**Begehbarkeit** *f* / accessibility *n* ‖ ~ (einer Straße, eines Geländes) (HuT) / trafficability *n*
**begehen** *v* (einen Kessel) (Masch) / inspect *v*
**Begeh•komfort** *m* (bei Teppichen) (Tex) / walking comfort ‖ ~**test** *m* (bei Teppichen) (Tex) / floor test
**Begehung** *f* (z.B. der Gasleitungen) / inspection *n* ‖ ~ (des Kessels) (Masch) / inspection *n*
**begichten** *v* (Hütt) / fill *v*, load *v*, charge *v*, burden *v*
**Begichtung** *f* (des Hochofens) (Hütt) / filling *n*, loading *n*, charging *n*
**Begichtungs•band** *n* (Hütt) / charging belt ‖ ~**förderer** *m* (Hütt) / feed conveyor, charging conveyor ‖ ~**kran** *m* (Hütt) / charging crane ‖ ~**öffnung** *f* (des Hochofens) (Hütt) / throat *n*, charging hole, furnace throat, furnace top
**begießen** *v* (Pflanzen) / water *v*
**Beginn** *m* / onset *n* ‖ ~ **des Bohrprogramms** (Erdöl) / spud-in *n* ‖ ~**- und Endemarkierung** *f* (EDV) / start-and-end tag
**beginnen** *v* (einsetzen) / onset *v* ‖ ~ (einen Ruf) (Fernm) / originate *v*
**beginnend•e kritische Wärmestromdichte** (Nukl) / departure from nucleate boiling, DNB ‖ ~**e Rißbildung** (WP) / incipient cracking ‖ ~**e Rotglut** (Glühfarbe) (Hütt) / low red heat*
**Beginnsiedepunkt** *m* (Chem, Phys) / initial boiling point (IBP)
**Beginnzeichen** *n* (von gerufener Station) (Fernsp) / off-hook signal, answer signal
**beglaubigte Kopie** / authentic copy, confirmed copy, attested copy
**Begleit•alkaloid** *n* (Pharm) / companion alkaloid ‖ ~**element** *n* (unerwünschtes - in einer Legierung) (Chem, Hütt) / tramp element ‖ ~**element** (in Rohstoffen zur Metallgewinnung, z.B. P, S, N, H) (Hütt) / companion element, accompanying element, tramp element
**begleitend•es Dreibein** (Math, Phys) / moving trihedral* *n* ‖ ~**e Gerade** (Math) / satellite line ‖ ~**e Worte** (Film, TV) / voice-over *n*
**Begleiter** *m* (Astr) / companion *n* ‖ ~ (in Rohstoffen zur Metallgewinnung, z.B. P, S, N, H) (Hütt) / companion element, accompanying element, tramp element
**Begleit•flöz** *n* (Bergb) / rider* *n*, rib *n* ‖ ~**galaxie** *f* (die physisch zu einer größeren Galaxie gehört) (Astr) / satellite galaxy ‖ ~**gas** *n* (Erdöl) / associated gas, petroleum gas ‖ ~**gerade** *f* (Math) / satellite line ‖ ~**gewebe** *n* (Tex) / adjacent fabric ‖ ~**heizung** *f* (ein Heizsystem, das ein in einer Rohrleitung zu transportierendes Medium auf einer bestimmten vorgegebenen Temperatur hält - z.B. in Produktleitungen von Tanklagern) (Chem Verf) / accompanying heating, trace heating ‖ ~**jäger** *m* (Luftf) / escort fighter ‖ ~**körper** *m* (eines Satelliten) (Raumf) / companion body ‖ ~**schein** *m* (zur Nachweisführung über entsorgte Abfälle) (Umwelt) / consignment note for waste ‖ ~**schiff** *n* (Mil, Schiff) / depot-ship *n* ‖ ~**stoff** *m* / admixture *n*
**Begleitung** *f* (Begleitheizung) (Chem Verf) / accompanying heating, trace heating

**begradigen** *v* / true *v* ‖ ~ (den Wasserlauf) (Wasserb) / straighten *v*
**begrannt** *adj* (Brau, Landw) / awned *adj*
**begrasen** *v* (HuT, Umwelt) / grass *v*
**begrenzen** *v* / delimit *v*, limit *v* ‖ ~ (einschließen) / confine *v* ‖ ~ / bound *v*, mark the boundary ‖ ~ (Radiol) / define *v*
**begrenzender Faktor** (Bot, Umwelt) / limiting factor*
**Begrenzer** *m* (EDV, Fernm) / limiter* *n* ‖ **harter** ≃ (EDV) / hard limiter ‖ **weicher** ≃ (EDV) / soft limiter ‖ ≃**röhre** *f* (Fernm) / limiter valve
**begrenzt** *adj* (Math) / bounded *adj* ‖ ~ (atomare Reaktion, Krieg, Vergeltung) (Mil) / limited *adj* ‖ ~**e Lebensdauer** (als Prognose) / finite service-life expectancy ‖ ~**e Lebensdauer** / limited service-life, finite service-life ‖ ~**e Mischbarkeit** (Chem) / limited miscibility, incomplete miscibility, partial miscibility ‖ ~**e Sprache** (mit formalisierten grammatischen Regeln und taxativ begrenztem Wortschatz) (EDV) / controlled language ‖ ≃**heit** *f* (Math) / boundedness *n*
**Begrenzung** *f* / limit *n* ‖ ≃ (Grenze) / boundary *n*, margin *n* ‖ ≃ / limitation *n* ‖ **äußere** ≃ / perimeter *n* ‖ **definierte** ≃ (beim Containment) (Nukl) / containment facility ‖ **örtliche** ≃ / localization* *n*, location *n* ‖ **weiche** ≃ (EDV) / soft limiting ‖ ≃ *f* **von strategischen Waffen** (Mil) / strategic arms limitation
**Begrenzungs•anschlag** *m* (Masch, Tischl, Zimm) / stop* *n*, fence* *n*, mechanical stop ‖ ≃**drossel** *f* (Eltech) / impedor* *n* ‖ ≃**flächenmodell** *n* (ein Volumenmodell) (EDV) / boundary representation ‖ ≃**kurve** *f* **des Stabilitätsbereichs in der Phasenebene** (Phys) / separatrix *n* (pl. -ices), stability boundary ‖ ≃**leuchte** *f* (Standlicht vorne) (Kfz) / sidelight *n*, side-marker lamp (US), marker light, front-parking light ‖ **obere** ≃**leuchte** (bei LKWs) (Kfz) / clearance marker lamp ‖ ≃**licht** *n* (Kfz) / sidelight *n*, side-marker lamp (US), marker light, front-parking light ‖ ≃**linie** *f* / boundary line ‖ ≃**linie** (EDV) / border *n* ‖ ≃**linie** (zwischen Flächen aus gesundem und durch Pilze oder andere Zersetzungsprodukte abgebautem Holz) (For) / pencil line, pencilling *n* ‖ ≃**register** *n* (zur Festlegung der befugten Speicherbereiche) (EDV) / bounds register ‖ ≃**zeichen** *n* (EDV) / data delimiter, delimiter *n*
**Begriff** *m* (DIN 2330) / concept *n*
**begriffliches Lernen** (KI) / concept learning, conceptual learning
**Begriffs•abhängigkeit** *f* (KI) / conceptual dependency, CD ‖ ≃**netz** *n* (KI) / conceptual network ‖ ≃**vermögen** *n* (KI, Psychol) / comprehension *n*
**begründete Annahme** (KI) / reasoned assumption
**Begründungsverwaltung** *f* (KI) / truth maintenance
**begrünen** *v* (HuT, Umwelt) / green *v* (make (an urban or desert area) more verdant by planting or encouraging trees or other greenery) ‖ ~ **mit Rasensoden** (HuT, Umwelt) / turf *v*, sod *v* (cover with sods or pieces of turf)
**Begrünung** *f* (vegetationsloser Flächen) (HuT, Umwelt) / establishment of vegetation cover, establishment of vegetative cover ‖ ≃ **mit Rasensoden** (HuT, Umwelt) / turfing *n*, sodding *n*
**Begrüßungs•bildschirm** *m* (EDV) / welcome screen, initial screen ‖ ≃**seite** *f* (EDV) / welcome page
**Beguß** *m* (Emulsion auf dem Träger) (Film) / coating *n* ‖ ≃ (Keram) / engobe *n*, slip *n*
**Behaglichkeit** *f* (in bezug auf das Raumklima) (Bau, Physiol) / comfort *n*
**Behaglichkeits•temperatur** *f* (Physiol) / comfort temperature ‖ ≃**ziffer** *f* (Physiol) / discomfort index, comfort index, temperature-humidity index, CI, DI, THI
**behalten** *v* / retain *v*, keep *v*
**Behälter** *m* / container *n*, freight container, shipping container ‖ ≃ / vessel *n* ‖ ≃ / receptacle *n*, repository *n* ‖ (**offener**) ≃ / reservoir *n*, tank *n* ‖ [**großer**] ≃ / bin *n* ‖ [**geschlossener**] ≃ (für Flüssigkeiten) (Masch) / tank *n* ‖ **festwandiger** ≃ / rigid-walled tank ‖ **in einem** ≃ **einbetten** (Plast) / pot *v* ‖ **oberirdischer** ≃ / above-ground storage tank ‖ **undichter** ≃ / leaker *n* ‖ **zerlegbarer** ≃ / joinable container ‖ ≃ *m* **aus beschichteten Spezialsperrholz** / plywood container ‖ ≃ **der Druckluftspritzpistole** (beim Saugsystem) (Anstr) / suction cup, suction-feed cup ‖ ≃ **für Faltformulare** (EDV) / fanfold tank ‖ ≃ **vor der Siebpartie** (einer Papiermaschine) (Pap) / pond *n* ‖ ≃ **zur Spülung der Dränage** (HuT) / flushing tank*
**Behälter•auskleidung** *f* / tank lining ‖ ≃**fahrzeug** *n* (Kesselwagen für den Transport flüssiger oder staubförmiger Güter) (Kfz) / tanker *n*, road tanker, tank truck ‖ ≃**gerät** *n* (die Atemluft wird aus einer oder zwei Stahlflaschen entnommen, die Ausatemluft über ein Ventil in die Außenluft abgegeben) (Bergb) / compressed-air breathing apparatus, self-contained breathing apparatus ‖ ≃**glas** *n* (Glas) / container glass ‖ ≃**glasindustrie** *f* (Glas) / glass container industry ‖ ≃**heizung** *f* (Chem Verf) / vessel heating ‖ ≃**inhalt** *m* (Masch) / tankage *n* ‖ ≃**kette** *f* / container chain ‖ ≃**pappe** *f* (Pap) / container board, fibreboard *n* ‖ ≃**wagen** *m* **mit Bodenentleerung** (Bahn) / hopper *n*, hopper waggon
**Behältnismöbel** *n pl* (zum Aufbewahren und Ablegen von Gegenständen) (Tischl) / case furniture

**behandeln** *v* / process *v*, treat *v* ‖ **ausführlich** ~ / detail *v* ‖ **wiederholt** ~ / re-treat *v*
**Behandlung** *f* / processing *n*, treatment *n*, treating *n* ‖ ≃ (Med) / therapy *n*, treatment *n* ‖ **anodische** ≃ (Umwandlung von Oberflächenschichten von Metallen in oxidische Deckschichten durch anodische Oxidation) (Galv) / anodizing* *n*, anodic treatment*, anodization *n* ‖ **thermochemische** ≃ (Wärmebehandlung, bei der die chemische Zusammensetzung eines Werkstoffs durch Ein- oder Ausdiffundieren eines oder mehrerer Elemente absichtlich geändert wird) (Hütt) / thermochemical treatment ‖ **thermomechanische** ≃ (eine Verbindung von Umformvorgängen mit Wärmebehandlungen, um bestimmte Werkstoffeigenschaften zu erzielen) (Hütt) / thermomechanical treatment ‖ ≃ *f* **mit der Drahtbürste** / wire brushing ‖ ≃ **mit Kleie** / branning *n* ‖ ≃ **mit Kleienbeize** / branning *n* ‖ ≃ **nach dem Schweißen** (Schw) / postweld treatment
**Behandlungs•gefäß** *n* (Chem) / treater *n* ‖ ≃**legierung** *f* (für Gußeisen mit Kugelgraphit) (Hütt) / nodularizing alloy ‖ ≃**symbol** *n* (Tex) / care symbol
**Beharrungs•gesetz** *n* (Phys) / Newton's first law of motion, Galileo's law of inertia ‖ ≃**regler** *m* (Masch) / inertia governor* ‖ ≃**vermögen** *n* (Phys) / inertia* *n* ‖ ≃**wert** *m* (Wert einer an sich veränderlichen physikalischen Größe eines im Beharrungszustand befindlichen dynamischen Systems) (Phys) / steady-state value ‖ ≃**wert** (eines Signals) (Regeln) / steady-state value ‖ ≃**zustand** *m* (Phys) / persistence *n*
**behauen** *v* (Steine, Holz) / hew *v* ‖ ~ *adj* (mit Rillenmuster - Naturstein) (Bau) / stroked* *adj* ‖ **roh** ~ (For) / rough-hew *v* ‖ ~**er Stein** (Bau) / cut-stone* *n*
**Behauptung** *f* (EDV, KI) / assertion *n*
**Behäutung** *f* (Metall oder Kunststoff) (Luftf) / skin* *n* ‖ ≃ (Metall oder Kunststoff) (Luftf) / skin* *n* ‖ **verstärkende Schicht der** ≃ (Luftf) / doubler *n*
**behebbarer Fehler** (EDV) / transient error, recoverable error
**beheizbar•e Heckscheibe** (Kfz) / heated rear window ‖ ~**e Presse** (Masch, Pulv) / hot press
**beheizen** *v* (Bau, Masch) / fire *v* ‖ ≃ *n* / heating *n* ‖ ≃ (Bau, Masch) / firing* *n*
**beheizt, mit Gas** ~ / gas-fired *adj* ‖ ~**er Angußverteiler** (Plast) / hot runner ‖ ~**er Fahrersitz** (Kfz) / heated driver seat
**Beheizung, direkte** ≃ (Wärm) / direct heating ‖ **mit direkter** ≃ (Ofen) / direct-fired* *adj* ‖ ≃ *f* **von oben** (Masch) / top firing ‖ ≃ **von unten** (Masch) / down firing
**Beheizungsgas** *n* (Wärm) / heating gas, fuel gas
**Behelfs•brücke** *f* (zum Stahlplatten - im Straßenbau) (HuT) / dam *n* ‖ ≃**brücke** (HuT) / temporary bridge ‖ ~**mäßig** *adj* / temporary *adj*, provisional *adj* ‖ ~**mäßiger Sperr- und Schutzwall** (bestehend aus einzelnen Säcken mit Beton und Kies) / bagwork *n* ‖ ≃**sammelschienen** *f pl* (Eltech) / hospital bus-bars*
**Behennußöl** *n* / ben oil, behen oil
**Behenöl** *n* (aus den Samen des Pferderettichbaums - Moringa oleifera Lam.) / ben oil, behen oil
**Behensäure** *f* (Chem) / behenic acid, docosanoic acid
**beherrschbarer Hochwasserschutzraum** (Wasserb) / flood retention storage
**Beherrschbarkeit** *f* (des Fahrzeugs) (Kfz) / controllability *n*
**beherrschen** *v* (den Ausbruch) (Erdöl) / contain *v* ‖ ~ (ein Fahrzeug) (Kfz) / control *v*
**beherrschtes Trudeln** (Luftf) / controlled spin
**Beherrschung** *f* **des Hangenden** (Bergb) / roof control, ground control
**behindern** *v* / impede *v*, obstruct *v*
**behindert•es Absetzen** (Aufber) / hindered settling*, hindered settlement *n* ‖ ~**e Rotation** (Chem, Opt) / restricted rotation ‖ ~**e Rotation** (Spektr) / restricted rotation
**Behinderten-Fernsprechapparat** *m* (Fernsp) / telephone set for disabled persons
**Behinderung** *f* / constraint *n*
**Behinderungsisomer** *n* (ein Spiegelbildisomer) (Chem) / atropisomer *n*
**Behm-Lot** *n* (nach A. Behm, 1880-1952) (Akus, Schiff) / echo sounder, echo depth finder, sonic depth finder
**behobeltes Schnittholz** (Zimm) / wrought timber, wrot timber, dressed timber*, surfaced timber
**behöfter Tüpfel** (For) / bordered pit
**Behörde, zuständige** ≃ (für die Erteilung der Erlaubnis) / licensing authority
**Behörden** *f pl* / public authorities
**behördlich** *adj* / statutory *adj*, legal *adj* ‖ ~**e Genehmigung** / licence *n* ‖ ~ **vorgeschrieben** / stipulated by the authorities
**Behrens-Fisher-Problem** *n* (ein spezieller Fall der Aufgaben mit störenden Parametern - nach W.U. Behrens, 1903-1963, und Sir R.A. Fisher, 1890-1962) (Stats) / Behrens-Fisher problem

**bei•behalten** v / retain v, keep v || ≈**blatt** n (bei DIN-Normen) / companion sheet || ≈**boot** n (Schiff) / launch n
**beidäugig** adj (Opt) / binocular adj
**Beidellit** m (ganz ähnlich Montmorillonit, jedoch ohne Mg, etwas Si durch Al ersetzt) (Min) / beidellite* n
**beiderseitig gelagerte Kurbel** (Masch) / inside crank* || ~ **geschweißter Stumpfstoß** (Schw) / double-welded butt joint
**beiderseits kein Ruf** (Fernsp) / no ring each way
**beidohrig** adj (Akus) / binaural* adj
**beidrechter Köper** (Web) / double-face twill
**beidseitig** adj / double-sided adj || ~ **beschichtet** (Film) / double-emulsion attr || ~**e Bestrahlung** (Radiol) / sandwich irradiation* || ~ **eingespannter Balken** (Bau) / fixed beam*, restrained beam, beam fixed at both ends || ~ **kaschierte Leiterplatte** (Eltronik) / two-sided printed circuit board, double-face printed circuit board || ~ **stetig** (Math) / bicontinuous adj
**beieinanderliegende Flöze** (Bergb) / contiguous seams
**Beifahrer** m (berufsmäßiger Mitfahrer im Lkw) (Kfz) / driver's mate, co-driver n || ≈ (bei Rallyes) (Kfz) / navigator n || ≈ (Begleiter des Fahrers) (Kfz) / front-seat passenger n, passenger n || ≈**sonnenblende** f (Kfz) / passenger visor
**Bei•fang** m (Sammelbezeichnung für Fische und Meerestiere, die mitgefangen, aber nicht zu Speisezwecken verwendet werden) (Nahr) / by-catch n || ≈**film** m (Film) / supporting film, featurette n, B-picture n || ≈**flamme** f (Schw) / envelope of the flame, flame envelope || ~**füllen** v (Nahr) / top v || ≈**füllen** n (Nahr) / topping n
**bei-Funktion** f (Math) / bei function
**Beifußöl** n (für Parfümeriezwecke - "frisch-herbe Noten mit maskulinem Akzent") / armoise oil, artemisia oil
**beige** adj / beige adj, ecru adj || **Modefarbe** f **zwischen** ≈ **und Grau** / grège n, greige n || ~**farben** adj (von der Farbe des Dünensands) / beige adj, ecru adj
**Bei•geschmack** m (zusätzlicher, den eigentlichen Geschmack von Eßwaren meist beeinträchtigender Geschmack) (Nahr) / foreign flavour, foreign taste, off-taste n || ≈**geschoß** n (Arch, Bau) / mezzanine* n, entresol* n || ~**klappbarer Flügel** (Luftf) / fold wing, folding wing || ~**klappbares Leitwerk** (Luftf, Mil) / folding fins
**Beil** n (Zimm) / hatchet* n, hacket n, chip axe || ≈ **mit zwei Schneiden** (Werkz) / double-bit axe
**bei•lackieren** v (den Lack nachbessern) (Anstr) / touch up v || ≈**lackierung** f (punktuelle) (Anstr, Kfz) / spotting n
**Beilage** f (Druck) / insert n || ≈**n** f pl (Druck) / loose insert(s), throws-in pl || ≈**(n)einsteckmaschine** f (Druck) / inserting machine
**Beilagenhinweis** m (Druck) / insert notice
**Bei•lagscheibe** f (A) (Masch) / plain washer, flat washer, washer* n || ≈**lauf** m (zum Ausfüllen der zwischen den Adern verbleibenden Zwischenräume) (Kab) / filler n, cable filler
**Beilby-Schicht** f (nach G.T. Beilby, 1850-1924) (Masch) / Beilby layer
**Beil•picke** f (Werkz) / pickaxe n, pickax n (US) || ≈**planimeter** n (ein einfaches Hilfsmittel zur näherungsweisen Bestimmung von Flächeninhalten) / hatchet planimeter
**Beilstein•-Datenbank** f (des Beilstein-Instituts für Literatur der Organischen Chemie in Frankfurt) (Chem) / Beilstein data bank || ≈**-Probe** f (Chem) / Beilstein test*
**Beilsteinsche Probe** (zum unspezifischen Halogennachweis in organischen Verbindungen, nach F.K. Beilstein, 1838-1906) (Chem) / Beilstein test*
**Beiluft** f / secondary air
**Bei•mann** m (Triebfahrzeug) (Bahn) / assistant driver, helper n (US) || ~**mengen** v / admix v || ~**mischen** v / admix v || ~**mischen** (Masch) / add v || ≈**mischung** f / admixture n || ≈**mischung** (Tätigkeit) / admixture n, addition n
**Beimpfen** n (der Getränke) (Nahr) / inoculation n
**Beimpfung** f (der Getränke) (Nahr) / inoculation n
**Bein** n (des Schreitroboters) / pedipulator n
**Beinahekollision** f (Luftf) / airmiss n, near collision, near miss
**Beinahezusammenstoß** m (von Flugzeugen) (Luftf) / airmiss n, near collision, near miss
**Bein•freiheit** f (z.B. im Fond, am Sitzarbeitsplatz) (Kfz, Masch) / leg-room n || ≈**glas** n (Glas) / bone glass || ≈**raum** m (Kfz, Masch) / leg-room n || ≈**schutz** m (Schw) / welding spats n || ≈**schwarz** n (Chem) / bone black || ≈**stütze** f (bei Kindersitzen) (Kfz) / leg rest, leg support || ≈**wolle** f (Tex) / shanking n, thigh wool
**Bei•pflichtung** f (KI) / endorsement n || ~**schleifen** v (Anstr) / rub down v, flat down v, sand v || ≈**schleifen** (Anstr) / rubbing-down n, flatting-down n, sanding n, sanding-down n
**beiseite räumen** / shunt v
**beispielgesteuert** adj (Lernen) (KI) / example-based adj || ~**es System** (KI) / induction system, example-driven system, example-based system
**Beispritzen** n (kleiner Flecken) (Anstr, Kfz) / touch-up spraying, blending-in n (touch-up spraying)

**beißen, sich** ~ (Farben) / clash v, conflict v
**beißend** adj (Qualm) (Geruch) / pungent adj, acrid adj, sharp adj
**Beiß•keil** m (des Einspannkopfes der Zerreißmaschine) (WP) / serrated tapered holder || ≈**zange** f (Masch) / pincers pl, pair of pincers || ≈**zange** (kleine) (Masch) / pliers n
**Bei•stoff** m / inert ingredient, corrective n (in building up active-substance material) || ≈**strich** m (Druck, EDV) / comma n
**Beitel** m (meißelartiges Werkzeug mit rechteckigem Querschnitt zur Holzbearbeitung) (Tischl, Zimm) / chisel* n, mortise chisel*, firmer chisel*, framing chisel*, heading chisel*, socket chisel*
**Bei•wagen** m (mehrachsiger, antriebsloser Wagen zur Beförderung von Personen sowie z.T. von Nutzlast, der ausschließlich vom Triebwagen bewegt wird und keinen Steuerstand besitzt) (Bahn) / trailer n, trailer car || ≈**wagen** (beim Kraftrad) (Kfz) / side-car n || ≈**wert** m / coefficient* n
**Beizablauge** f (Anstr, Hütt) / pickling-acid waste
**Beizahl** f / coefficient* n
**Beiz•aktivierung** f (Plast) / pickling activation || ≈**anlage** f (Bergb, Chem, Hütt, Landw) / pickler n, pickling plant || ≈**bad** n (Chem, Hütt, Landw) / pickling bath || ~**bar** adj (Anstr, Hütt) / pickleable adj || ~**bar** (For, Glas) / stainable adj || ≈**bast** m (nach dem Beizen auf den Werkstücken anhaftende, meist dunkle Deckschicht - heute nicht mehr aktuell) (Hütt) / pickling smut || ≈**behandlung** f **mit Säure** (Leder) / drenching n || ≈**blase** f (die nach dem Beizen in Säurelösungen entstanden ist) (Hütt) / pickling blister
**Beize** f (Anstr, Hütt) / pickle n, pickling solution || ≈ (Chem, Foto, Tex) / mordant* n, mordanting agent || ≈ (z.B. Kupferbeize, Silberbeize) (Glas) / stain n || ≈ (Hütt) / acid pickle, acid dip || ≈ (Gemisch von Beizpräparaten) (Leder) / bate || ≈ (als Vorgang) (Leder) / bating* n || ≈ (Nahr) / marinade n (liquid in which meat or fish is steeped to tenderize and flavour it before cooking) || ≈ (Tischl) / wood stain, stain n || **deckende** ≈ (Anstr) / opaque stain || **verbrauchte** ≈ (Anstr, Hütt) / pickle liquor (spent, waste)
**beizen** v (Anstr, Hütt) / pickle v || ≈ (For) / stain v || ≈ (Glas) / stain v || ≈ (Saat- und Pflanzgut schützen) (Landw) / pickle v, dress v || ≈ (chemisch enthaarte und dabei zum Quellen gebrachte Häute mit schwach erwärmten Bädern) (Leder) / bate v || ≈ (Nahr) / marinate v, marinade n (Anstr, Hütt) / pickling* n || ≈ (Bergb) / pickling n || ≈ (Chem, Foto, Tex) / mordanting* n || ≈ (For) / staining n || ≈ (oberflächliches transparentes Einfärben von klar durchsichtigen Gläsern mit Färbemitteln) (Glas) / staining n || ≈ (von Saatgut) (Landw) / pickling n, dressing n || ≈ (mit eiweißabbauenden Enzymen vor der Gerbung) (Leder) / bating* n || ≈ (Masch) / acid cleaning || **anodisches** ≈ (Galv) / anodic pickling || **elektrochemisches** ≈ (Hütt) / electrochemical pickling || **elektrolytisches** ≈ (Hütt) / electrolytic pickling || ≈ n **in der Gasphase** (Hütt) / gas pickling || ≈**farbstoff** m (Chem, Tex) / adjective dye*, adjective dyestuff, mordant dyestuff, lake* n
**Beiz•entfetter** m (eine Reinigungslösung) (Galv, Hütt) / pickling cleaner, acid(ic) detergent || ≈**enzym** n (Leder) / bating ferment
**Beizereiabwasser** n (Anstr, Hütt) / pickling wastes
**Beiz•fehler** m (Beeinträchtigung der Werkstoffeigenschaften, die infolge des Beizens eintreten kann, z.B. Beizsprödigkeit) (Hütt) / pickling defect || ≈**ferment** n (Leder) / bating ferment || ≈**fleck** m (Leder) / bate stain || ≈**flecken** (Leder) / bate stain || ≈**flüssigkeit** f (Anstr, Hütt) / pickle n, pickling solution || ≈**grund** m (Tex) / mordanted ground, mordanted bottom || ≈**hilfsmittel** n (Chem, Tex) / mordant auxiliary || ≈**inhibitor** m (meistens Dibenzoylsulfoxid und Hexamethylentetramin) (Anstr) / pickling inhibitor || ≈**korb** m (Galv) / pickle basket, pickling basket || ≈**linie** f (Galv) / pickling line || ≈**lösung** f (Anstr, Hütt) / pickle n, pickling solution || ≈**maschine** f (für Saatgut) (Landw) / seed dresser || ≈**mittel** n (Chem, Foto, Tex) / mordant* n, mordanting agent || ≈**mittel** (für Saatgut) (Landw) / seed protectant, seed dressing agent || **enzymatisches** ≈**mittel** (Leder) / enzymatic bating agent || ≈**mittelösung** f (Galv) / acid pickle, acid dip || ≈**paste** f (von einem Trägerstoff aufgenommene Beizlösung, die auf die zu beizenden Teile aufgestrichen werden kann) / acid paste || ≈**riß** m (WP) / pickling crack || ≈**säure** f (Anstr, Chem, Hütt) / pickling acid || ≈**sprödigkeit** s. auch Wasserstoffsprödigkeit ≈ (Zähigkeitsabfall von Metallen und Legierungen durch eindiffundierten Wasserstoff, der beim Beizen entsteht - nach DIN 50900) (Hütt) / acid brittleness*, pickling brittleness || ≈**sprödigkeit** n. auch Wasserstoffsprödigkeit || ≈**stippe** f (Fehler) (Leder) / bate pinhole || ≈**stoff** m (Chem, Foto, Tex) / mordant* n, mordanting agent || ≈**straße** f (als kontinuierliche Anlage) (Chem, Hütt) / pickling line || ≈**ton** m (For) / hue of a stain
**Beizung** f (von Dampferzeugeranlagen) (Masch) / acid cleaning || **anfeuernde** ≈ (For) / grain-raising staining
**Beiz•verzögerung** f (Anstr, Hütt) / pickle lag || ≈**(ab)wasser** n (Anstr, Hütt) / pickling wastes
**Bekämpfer** m **der Kernenergie** (Nukl) / antinuclear activist, antinuker n (US), nuclear foe
**Bekämpfung** f (von Lärm usw.) (Umwelt) / control n || ≈ **des katastrophalen Blowouts** (Erdöl) / well killing

**Bekämpfungsreichweite** *f* (Mil) / engagement range, engagement envelope

**bekannt** *adj* / known *adj* ‖ ~**e Erzvorräte** (Bergb, Geol) / indicated ore* ‖ ~**e Größe** (Math) / known quantity ‖ ~**e Reserven** (Bergb, Geol) / indicated ore* ‖ ~**e Reserven** (Bergb, Geol) / known reserves ‖ ~**e Vorräte** (an Erzen) (Bergb, Geol) / indicated ore* ‖ ~**e Vorräte** (an Mineralien und Steinen) (Bergb, Geol) / known reserves

**Bekanntheitsgrad** *m* (eines Markenprodukts) / brand awareness, awareness rate

**bekanten** *v* (Glas) / edge *v* ‖ ~ *n* (Glas) / edging *n*, edge work, pencil edging

**Bekappungsmaschine** *f* **für bestückte Leiterplatten** (Eltronik) / printed-circuit-board lead-trimming machine

**Bekernung** *f* (Bildung von Kondensationskernen auf einer Oberfläche, um die Kondensation bei der Bildung einer dünnen Schicht zu begünstigen) (Phys) / prenucleation *n*

**beketteln** *v* (Tex) / overlock *v*

**bekiesen** *v* (Bau, HuT) / gravel *v*

**Beklebepapier** *n* (DIN 6730) (Pap) / liner paper

**bekleiden** *v* (verblenden) / face *v*

**Bekleidung** *f* (Bau, Masch) / cover *n*, case *n*, casing *n*, jacketing *n* ‖ ~ (mit Holz, Stein oder Metall) (HuT) / facing *n*, steining* *n*, steaning* *n*, steening *n* (the lining of a well or soakaway with stones or bricks laid usually dry, sometimes with mortar) ‖ ~ (Tex) / clothing *n*, clothes *pl*, apparel *n*, garments *pl*, wearing apparel ‖ **profilierte** ~ (meistens rechteckig - bei Türen und Fernstern) (Bau, Tischl) / architrave* *n*

**Bekleidungs•gewerbe** *n* (Tex) / clothing industry, ready-to-wear industry, garment industry ‖ ~**industrie** *f* (Tex) / clothing industry, ready-to-wear industry, garment industry ‖ ~**leder** *n* (Leder) / clothing leather, garment leather ‖ ~**physiologie** *f* (Tex) / physiology of clothing ‖ ~**stoff** *m* (Tex) / clothing material ‖ ~**stoff** (Tex) s. auch Gewebe ‖ **feines Leder für** ~**zwecke** (aus brasilianischen Schaffellen) (Leder, Tex) / cabretta *n* (for glove and garment lesthers)

**bekohlen** *vt* (mit Kohle versorgen) / coal *vt*

**Bekohlung** *f* (Masch) / coal handling, coaling *n*, coal charging

**Bekohlungskran** *m* (Masch) / coaling crane

**bekömmlich** *adj* (Nahr, Physiol) / easily digestible, wholesome *adj*

**bekrönend** *adj* (Arch) / finial* *adj*, crowning *adj*, topping *adj* ‖ ~**es Element** (Arch) / finial* *n* ‖ ~**es steigendes Karnies** (Arch) / cyma recta*, ogee moulding

**Bekrönung** *f* (Arch) / cresting* *n*, bratticing* *n*, brattishing* *n*

**Bel** *n* (Dämpfungs- bzw. Verstärkungsmaß nach DIN 5493) (Akus, Fernm) / bel* *n*

**beladen** *v* / load *v* ‖ ~ (Herdwagen) (Keram) / place *v* ‖ ~ (Container) (Masch) / stuff *v*

**beladen•e Gasreinigungsmasse** (Chem Verf) / part-spent oxide ‖ ~**es Papier** (in der Flüssigkeitschromatografie) (Chem) / loaded paper

**Beladen** *n* / loading* *n*, lading *n* ‖ ~ (des Reaktorkerns) (Nukl) / loading* *n*

**Belade•plan** *m* (Luftf) / stowing plan ‖ ~**rohr** *n* (Nukl) / charge tube, charging tube ‖ ~**vorschrift** *f* (Bahn) / loading instruction

**Beladung** *f* (bei Ionenaustauschern) (Chem Verf) / exhaustion cycle ‖ ~ (eines Adsorbens) (Chem Verf) / resorption *n* ‖ ~ (Stoffkonzentration in einer fluiden Phase) (Chem Verf) / load *n*

**Beladungs•plan** *m* (Luftf) / stowing plan ‖ ~**seite** *f* (Nukl) / charge face*

**Belag** *m* (des Schleifpapiers) / coat *n* ‖ ~ / coating *n*, coat *n* ‖ ~ / cover *n* ‖ ~ (eines Gerüsts) (Bau) / working platform (of a scaffold) ‖ ~ (Brems-, Kupplungs-) (Kfz) / lining *n*, facing *n* ‖ ~ (der Piste) (Luftf) / surface course, surfacing *n* ‖ ~ (z.B. auf Früchten und auf Schokolade) (Nahr) / bloom* *n* ‖ ~ (DIN 5485) (Phys) / linear density ‖ ~ (Eltech) s. auch Kapazitätsbelag und Kondensatorbelag ‖ **eingezwängter** ~ (ein Dämpfungsbelag) (Akus) / constrained layer ‖ **fugenloser** ~ (Bau) / jointless flooring*, composition flooring, seamless flooring, poured floor ‖ **geschlossener** ~ (des Schleifpapiers mit Bestreuungsmittel) / closed coat ‖ **offener** ~ (des Schleifpapiers mit Bestreuungsmittel) / open coat ‖ **reflexmindernder** ~ (Opt) / antireflection coating, blooming* *n*, bloom *n*, blooming coat

**Belag•bohle** *f* (des Gerüsts) (Bau) / scaffold board ‖ ~**brett** *n* (des Gerüsts) (Bau) / scaffold board ‖ ~**brett** *n* (eines Gerüstes) (Bau) / scaffold board ‖ ~**brettchen** *n* (Web) / lag *n* (dobby)

**BE-Lagerbecken** *n* (Nukl) / pond *n* (GB), pool *n*

**Belag•haltefeder** *f* (Kfz) / anti-rattle spring ‖ ~**korrosion** *f* (Spalt- und Kontaktkorrosion) (Galv) / deposit corrosion, deposition corrosion ‖ ~**korrosion** *f* **durch Verbrennungsrückstände** (Galv) / ash corrosion ‖ ~**material** *n* / facing material, facing *n* ‖ ~**platte** *f* (Bau) / flooring plate

**Belagskorrosion** *f* (eines Metallgegenstandes unter Ablagerung bei Berührung mit anderen nichtmetallischen/ nichtleitenden/ Festkörpern) / deposit attack, deposit corrosion, poultice corrosion*, deposition corrosion

**Belagstoff** *m* (Verkleidungs•stoff) / facing material, facing *n* ‖ ~ (Masch) / surfacing material ‖ **wasserbeständiger** ~ (Masch) / surface waterproofer

**belastbar** *adj* / loadable *adj*

**Belastbarkeit** *f* (maximale Leistung, die ein Lautsprecher verarbeiten kann, ohne größere Verzerrungen zu erzeugen oder Schaden zu nehmen) (Akus) / power-handling capacity ‖ ~ (der Säule) (Chem Verf) / capacity *n* ‖ ~ (Angabe des zulässigen Nennstromes oder der Nennleistung bei Kabeln, Leitungen und Geräten) (Eltech) / rating *n* ‖ ~ (des Kabels) (Kab) / current-carrying capacity* ‖ ~ (Masch) / load-bearing capacity, load-bearing ability, loading capacity, load capacity ‖ **thermische** ~ (Wärm) / thermal load capacity ‖ ~ *f* (eines Gewässers) **mit Schmutzstoffen** (Wasserb) / pollution load capacity of water ‖ ~ (eines Raumes) **unter den Gesichtspunkten des Umweltschutzes** (Umwelt) / environmental capacity

**belasten** *v* (ein Konto auf der Sollseite) / debit *v*

**belastet** *adj* / on-load *attr*, loaded *adj* ‖ **nicht** ~ / unladen *adj*, unloaded *adj* ‖ ~**e Antenne** (Radio) / loaded antenna*

**Belästigung** *f* (z.B. durch Lärm) / nuisance *n* ‖ ~ (Umwelt) / annoyance* *n*

**Belastung** *f* (der Energieanlage in kW) (Eltech) / load* *n* ‖ ~ (Aufbringung einer Last) (Mech) / load application, loading *n* ‖ ~ (Radioaktivitätsgehalt eines Organs oder des Körpers) (Radiol) / burden *n* ‖ ~ (mit wasserverschmutzenden Stoffen) (Sanitär) / load *n*, loading *n* ‖ **außermittige** ~ (Mech) / eccentric load* ‖ **aussetzende** ~ (Eltech) / intermittent loading*, periodic loading ‖ **beliebige** ~ (Mech) / arbitrary load ‖ **gleichbleibende** ~ (Mech) / constant load ‖ **gleichförmige** ~ (Mech) / constant load ‖ **gleichmäßige** ~ (Mech) / uniform loading ‖ **induktive** ~ (Eltech) / inductive load*, lagging load* ‖ **kapazitive** ~ (Eltech) / capacitative load*, leading load* ‖ **konstante** ~ (Masch, Mech, WP) / permanent load*, dead load*, sustained load, constant load ‖ **konzentrierte** ~ (HuT) / concentrated load* ‖ **rechnerische** ~ (Mech) / design load ‖ **ruhende** ~ (Bau, HuT) / static loading, resting loading ‖ **spezifische organische** ~ (bei Ionenaustauschern) (Chem Verf) / specific organic load (S.O.L.) ‖ **statische** ~ (Bau, HuT) / static loading, resting loading ‖ **stoßartige** ~ (Mech) / sudden load ‖ **symmetrische** ~ (liegt in einem Drehstromnetz vor, wenn alle drei Außenleiter identische Ströme führen) (Eltech) / balanced load* ‖ **tatsächliche** ~ / actual load ‖ **thermische** ~ (Wärm) / thermal load ‖ **unsymmetrische** ~ (Eltech) / unbalanced load* ‖ **zeitweilige** ~ (Bau) / live load*, superload *n*, superimposed load ‖ **zufallsbedingte** ~ (Mech) / random loading, incident loading ‖ **zulässige** ~ (HuT, Mech) / safe load*, allowable load ‖ **zulässige** ~ (Masch) / load-bearing capacity, load capacity, bearing strength, bearing capacity, load-carrying capacity, carrying *n* ‖ ~ *f* **aus gewollter Flugbewegung** (Luftf) / manoeuvring load ‖ ~ **außerhalb der Spitzenlastzeit** (z.B. Nachtbelastung) (Eltech) / off-peak load* ‖ ~ **der Spannweite** (Luftf) / span loading* ‖ ~ **durch hydrodynamische Kräfte** (Luftf) / water load(ing) ‖ ~ **durch organische Verbindungen** (Sanitär) / organic load ‖ ~ **durch Wirkwiderstand** (Eltech) / non-reactive load*, non-inductive load* ‖ ~ **in Achsrichtung** (zulässige - des Lagers) (Masch) / thrust rating

**belastungs•abhängiger Münzzähler** (Eltech) / load-rate prepayment meter* ‖ ~**änderung** *f* (Masch) / variation in load ‖ ~**annahme** *f* (Mech) / design load ‖ ~**art** *f* (Mech, WP) / type of loading ‖ ~**bedingung** *f* (Mech, WP) / loading condition ‖ ~**charakteristik** *f* (Eltech) / load characteristic*, operating characteristic* ‖ ~**dichte** *f* (einer Netzebene in einem Kristallgitter) (Krist) / loading density ‖ ~**eisen** *n* (Gegengewicht eines Krans) (HuT) / kentledge* *n* ‖ ~**fähigkeit** *f* (z.B. des Bodens) (HuT) / safe load*, soil-bearing capacity ‖ ~**faktor** *m* (bei der Ausfallratenberechnung) / stress factor, load factor ‖ ~**faktor** / load factor* ‖ ~**faktor** (Luftf, Masch) / proof factor ‖ ~**fall** *m* (Bau, Mech) / load(ed) condition, loading condition ‖ ~**ganglinie** *f* (Eltech) / load curve* ‖ ~**gebiet** *n* (Umwelt) / polluted area ‖ ~**gewicht** *n* / loading weight ‖ ~**grenze** *f* (Mech, WP) / load limit ‖ **obere** ~**grenze** (einer Rektifiziersäule) (Chem Verf) / flooding point ‖ **untere** ~**grenze** (einer Rektifiziersäule) (Chem Verf) / loading point ‖ ~**hergang** *m* (Mech, WP) / loading history ‖ ~**hochrechnung** *f* (Mech, WP) / load projection ‖ ~**immittanz** *f* (Abschlußimmittanz am Ausgangstor) (Elektr) / load immittance ‖ ~**kennlinie** *f* (Eltech) / load characteristic*, operating characteristic* ‖ ~**innere** ~**kennlinie** (eines Generators) (Eltech) / internal characteristic* ‖ ~**kennlinie** *f* **für reine Blindlast** (bei Synchronmaschinen) (Eltech) / zero power-factor characteristic* ‖ ~**kollektiv** *n* (statistisch ermittelte durchschnittliche Belastung) (WP) / average statistical load ‖ ~**kondensator** *m* (Eltech) / load capacitor* ‖ ~**konfiguration** *f* (Mech, WP) / load configuration ‖ ~**kurve** *f* (Eltech) / load curve, load graph ‖ ~**kurve** *f* (Eltech) / load curve* ‖ ~**marke** *f* (Leder) / load cast* (a sole mark) ‖ ~**pfad** *m* (Radiol) / exposure pathway ‖ ~**regelung** *f* (Regeln) / load regulation ‖ ~**schall** *m* (Akus) / sound impact ‖ ~**stufe** *f* (Einteilung der Gewässergüte) (Umwelt, Wasserb) / load class (five classes in

Belastungsstufe

**Belastungstal**

Germany) ‖ **jahreszeitliches ⁓tal** (Eltech) / seasonal minimum ‖ **⁓verstimmung** f (z.B. bei Elektronenröhren) (Fernm) / pulling* n ‖ **⁓versuch** m (Bau, HuT) / load test, loading test ‖ **⁓vorschau** f (Mech) / load projection ‖ **⁓wulst** m (Geol) / load cast* (a sole mark) ‖ **⁓ziffer** f (der kurzzeitig gemittelten Höchstlast) (Eltech) / load factor*
**Belattung** f (Zimm) / lathing* n
**belebendes Mittel** (Aufber) / activating agent*, activator* n
**Beleber** m (regelndes Schwimmittel) (Aufber) / activating agent*, activator* n
**belebt•er Schlamm** (DIN 4045) (Sanitär) / activated sludge* ‖ **⁓schlamm** m (Sanitär) / activated sludge* ‖ **⁓schlammbecken** n (Sanitär) / activated-sludge tank, aeration tank, aerator n, reactor n, bio-aerator n ‖ **⁓schlammverfahren** n (Sanitär) / activated-sludge process (a biological treatment of sewage)
**Belebungs•becken** n (im Belebtschlammverfahren - DIN 4045) (Sanitär) / activated-sludge tank, aeration tank, aerator n, reactor n, bio-aerator n ‖ **⁓verfahren** n (aerobe Abwasserreinigung) (Sanitär) / activated-sludge process (a biological treatment of sewage)
**BE-Lecknachweisgerät** n (Nukl) / burst-can detector*, BCD, leak detector*, burst-cartridge detector*
**Beleg** m (EDV) / document n, piece of documentary evidence ‖ **⁓** (besonders im Zahlungsverkehr der Kreditinstitute) (EDV) / item n ‖ **⁓** (in der Buchhaltung) (EDV) / voucher n ‖ **⁓abriß** m (der Teilbeleg für die Kasse) / stub n ‖ **Fehler beim ⁓abzug** (EDV) / misfeed n ‖ **⁓anstoßstange** f (EDV) / jam sense bar ‖ **⁓durchlauf** m (EDV) / document pass
**Belegeglas** n (zur Herstellung von Spiegeln) (Glas) / silvering-quality glass
**belegen** v / lay v (with linoleum) ‖ **⁓** / coat v ‖ **⁓** (ein Gerät) / reserve v (a device), allocate v ‖ **⁓** (den Träger mit Trennflüssigkeit in der Gaschromatografie) (Chem) / coat v ‖ **⁓** (Speicherbereich) (EDV) / occupy v, use v, load v ‖ **⁓** (Leitung) (Fernm) / seize v ‖ **⁓** (Kanal) (Fernm) / use v ‖ **⁓** (Fernm, Fernsp) / occupy v ‖ **⁓** (Maschinen mit Werkstücken) (Masch) / load v ‖ **⁓** (z.B. mit Früchten, Tomaten usw.) (Nahr) / top v ‖ **⁓** (Leine auf einem Pollert, an einer Belegklampe oder einem Belegnagel) (Schiff) / belay v (fix /a running rope/ round a cleat, pin, rock, or other object, to secure it)
**Beleg•exemplar** n (für Anzeigenkunden) (Druck) / voucher copy ‖ **⁓fluß** m (F.Org) / document flow ‖ **⁓gerät** n (bei Prüfungen) (Eltech) / known-good device, KGD ‖ **⁓klampe** f (Vorrichtung zum Festmachen) (Schiff) / cleat n (a T-shaped piece of metal or wood on a boat or ship, to which ropes are attached), belaying cleat ‖ **⁓leser** m (der bei der Belegverarbeitung genormte Schriftzeichen erfaßt) (EDV) / document reader ‖ **optischer ⁓leser** (EDV) / optical document reader, videoscan document sorter ‖ **⁓qualität** f (des Glases) (Glas) / silvering quality, SQ, mirror quality
**Belegschaft** f (F.Org) / workforce n, labor n (US), workpeople n, staff n, personnel n
**Belegsortierer** m (EDV) / document sorter
**belegt** adj (Stimme) (Akus) / raucous adj, husky adj, hoarse adj, harsh-sounding adj ‖ **⁓** (Fernsp) / busy* adj, engaged adj ‖ **⁓er Abbau** (Bergb) / manned face ‖ **⁓er Abnehmer** (Fernsp) / busy server ‖ **⁓e Kipse** (Leder) / coated kips ‖ **⁓er Streb** (Bergb) / manned face ‖ **⁓-Anzeigefeld** n (Fernsp) / busy indication field
**Belegung** f (der Tastatur) (EDV) / layout n ‖ **⁓** (von Leitungen) (Eltech) / occupancy n ‖ **⁓** (Fernm) / seizure n ‖ **⁓** (Fernm, Fernsp) / occupation n ‖ **⁓** (Fernsp) / loop closure on a/b wires ‖ **⁓** (Funktion, die jeder Variablen aus einem Individuenbereich zuordnet) (Math) / assignment n ‖ **unnötige ⁓** (Fernsp) / unnecessary seizure ‖ **wartende ⁓** (Fernsp) / delayed call ‖ **⁓** f **des Spektrums** (Spektr) / spectrum occupancy
**Belegungs•dauer** f (z.B. Leitung, Vermittlung, Rechner) (EDV, Fernm) / holding time ‖ **⁓dichte** f (eines Datenbestandes) (EDV) / file packing ‖ **⁓impuls** m (Fernm) / seizing pulse ‖ **⁓liste** f (Gehäuseanschlüsse) (Eltronik) / pin-assignment list ‖ **⁓plan** m (Bauelemente auf Platte) (Eltronik) / components layout diagram ‖ **⁓planung** f (EDV) / utilization planning ‖ **⁓problem** n (Stats) / occupancy problem ‖ **⁓versuch** m (Fernsp) / call attempt ‖ **⁓vorgang** m (Fernm) / seizure n ‖ **⁓wirksamkeit** f (der Kapillarsäule) (Chem) / coating efficiency ‖ **⁓zeichen** n (Fernm) / seizing signal* ‖ **⁓zustand** m (Eltech) / occupancy n
**Beleg•verarbeitung** f (z.B. Schecks, Zahlungsanweisungen usw.) (EDV) / document handling, document processing ‖ **⁓verarbeitung** (besonders bei Kreditinstituten) (EDV) / item processing ‖ **⁓zettel** m (für einen Terminus) / record slip ‖ **fortlaufende ⁓zufuhr** (EDV) / continuous feed **unterbrochene ⁓zufuhr** (EDV) / discontinuous feed
**Belehrung** f (über die auftretenden Gefahren) (F.Org) / instruction n (about occupational hazards)
**beleimen** v (Pap) / size v
**Beleimmaschine** f (For) / glue spreader, glue-spreading machine ‖ **⁓** (für Späne) (For) / chip-and-glue blending machine

**Beleimung** f / sizing n
**Belemnit** m (Geol) / belemnite n
**Beletage** f (Hauptgeschoß eines größeren Gebäudes) (Arch) / piano nobile*
**beleuchten** v (Licht) / illuminate v, light v, light up v
**Beleuchter•brücke** f (Film) / lighting bridge, gantry n ‖ **⁓gang** m (Film) / catwalk n
**beleuchtet, festlich ⁓** / festively lit
**Beleuchtung** f (Licht) / illumination n, lighting n ‖ **diffuse ⁓** (Licht) / diffused lighting ‖ **direkte ⁓** (Licht) / direct lighting* ‖ **elektrische ⁓** (Licht) / electric lighting ‖ **halbdirekte ⁓** (Licht) / semi-direct lighting ‖ **halbindirekte ⁓** (Licht) / semi-indirect lighting ‖ **indirekte ⁓** (Licht) / indirect lighting* ‖ **kontraststarke ⁓** (im Stile von Helldunkel bei Rembrandt) (Licht) / Rembrandt lighting ‖ **kritische ⁓** (Mikros) / critical illumination ‖ **künstliche ⁓** (Licht) / artificial lighting ‖ **natürliche ⁓** (Licht) / daylighting n, natural lighting ‖ **öffentliche ⁓** (Licht) / public lighting ‖ **schräge ⁓** (Licht) / oblique illumination ‖ **vorwiegend direkte ⁓** (Licht) / semi-direct lighting ‖ **vorwiegend indirekte ⁓** (Licht) / semi-indirect lighting ‖ **⁓ ausschalten** (Film) / save the lights ‖ **⁓** f **der Fluchtwege** (Bau, Licht) / escape lighting ‖ **⁓ der Netzhaut** (Opt) / retinal illumination* ‖ **⁓ durch gerichtetes Licht** (Licht) / directional lighting ‖ **⁓ mit drei Lampen** (Film) / triangle lighting ‖ **⁓ mit Druckluftleuchten** (Bergb) / pneumatic lighting* ‖ **⁓ mit Tageslicht** (Licht) / daylighting n, natural lighting
**Beleuchtungs•anlage** f (Licht) / lighting equipment ‖ **⁓apparat** m (unter dem Mikroskoptisch) (Mikros) / substage n, substage illuminator, microscope illuminator ‖ **⁓dichte** f (die auf eine Fläche einfallende Strahlungsflußdichte) (Licht) / irradiance* n ‖ **⁓einrichtung** f (Lampe mit Kondensor) **des Vergrößerers** (Foto) / lamphouse* n, lamp housing ‖ **⁓glas** n (für Beleuchtungskörper) (Glas) / lighting glass, lighting ware, illuminating ware ‖ **⁓körper** m (Licht) / lighting fixture, luminaire* n, electric-light fitting, light fixture ‖ **⁓mast** m (Licht) / lighting column, lamp post, lamp pole ‖ **⁓messer** m (Licht, Opt) / illuminometer n ‖ **⁓öffnung** f (Mikros) / lamphole n ‖ **⁓radar** m n (Radar) / illuminating radar ‖ **⁓rampe** f (Eltech, Licht) / float n ‖ **⁓regelung** f (Licht) / lighting control ‖ **⁓schacht** m (Sanitär) / lamphole n ‖ **⁓stärke** f (in lx) (Licht) / illuminance* n, illumination* n ‖ **Berechnung der horizontalen ⁓stärke nach der Beleuchtungsformel** (Eltech, Licht) / point method, point-by-point method ‖ **⁓stärkemesser** m (Licht, Opt) / illuminometer n ‖ **⁓technik** f (Licht) / illumination engineering, illuminating engineering, lighting engineering ‖ **⁓techniker** m (Licht) / illuminating engineer, light engineer ‖ **⁓wanne** f (bei der indirekten Deckenbeleuchtung) (Licht) / lighting trough ‖ **⁓wirkungsgrad** m (Licht) / utilization factor*, coefficient of utilization*
**belgisch•e Bauweise** (eine geschlossene Tunnelbauweise) (HuT) / top-heading method ‖ **⁓ Rot** (Handelsbezeichnung für belgischen Marmor) / rouge roi
**belichten** v (beim Desktop publishing) (Druck, EDV) / output v ‖ **⁓** (Foto) / expose v ‖ **⁓** n **der lichtempfindlichen Schicht** (Druck) / printing down*
**Belichter** m (Druck, EDV) / photoplotter n ‖ **⁓ mit Papierausgabe** (Druck, Foto) / paper imagesetter
**belichtet** adj (unabsichtlich - Fotomaterial) (Foto) / light-struck adj ‖ **⁓** (Foto) / exposed adj
**Belichtung** f (Produkt aus Beleuchtungsstärke und der Zeit - eine fotometrische Größe) (Film, Foto, Opt) / illumination n ‖ **⁓** (als Prozeß nach DIN 19040) (Foto) / exposure* n ‖ **intermittierende ⁓** (Foto) / intermittent exposure ‖ **nochmalige ⁓** (Foto) / re-exposure n
**Belichtungs•automat** m (in der Fotolithografie) (Eltronik) / programmable light table (PLT) ‖ **⁓automatik** f (Foto) / automatic exposure (control)*, AE* ‖ **⁓dauer** f (Foto) / exposure n, exposure duration ‖ **⁓effekt** m (ein fotografischer Effekt) (Foto) / exposure effect ‖ **⁓keil** m (zur Ermittlung der Belichtungszeiten) (Foto) / exposure step wedge, step tablet ‖ **⁓messer** m (zur objektiven Bestimmung der Belichtung) (Foto) / exposure meter*, light meter* ‖ **fotoelektrischer ⁓messer** (Foto) / photoelectric exposure meter ‖ **⁓messer** m s. auch Fotometer ‖ **⁓messung** (Film, Foto, Opt) / exposure measurement, exposure metering ‖ **mittenbetonte ⁓messung** (Foto) / centre-weighted measurement ‖ **⁓probe** f (Foto) / test exposure ‖ **⁓register** n (bei den Kopiergeräten) (Foto) / exposure indicator ‖ **⁓reihe** f (Foto) / bracketed series ‖ **⁓spielraum** m (das Verhältnis des durch die Gradation vorgegebenen Umfangs der richtigen Belichtung zum Belichtungsumfang des aufgenommenen Motivs) (Foto) / latitude n ‖ **⁓umfang** m (Foto) / range of exposures ‖ **⁓wert** m (Foto) / exposure value* (EV) ‖ **⁓zeit** f (Foto) / exposure n, exposure duration
**beliebig** adj / facultative* adj ‖ **⁓** / arbitrary adj ‖ **⁓e Belastung** (Mech) / arbitrary load ‖ **⁓ groß** (Math) / unlimited adj ‖ **⁓ klein** (Math) / arbitrarily small ‖ **⁓es Zeichen** (EDV) / wild character, wild char
**beliefern** v / supply vt

**Belieferung, reibungslose** ≃ / no-break supply
**Belit** *m* (eine Klinkerphase - Dicalciumsilicat) / belite *n*
**Belladonnaalkaloid** *n* (z.B. Atropin oder Scopolamin) (Chem) / belladonna alkaloid
**Belleville-Dichtungsring** *m* (Masch) / Belleville washer
**Bellini-Tosi-Richtantenne** *f* (ein Goniometerpeiler) (Radio) / Bellini-Tosi antenna*, crossed-loop antenna
**Bellmansches Prinzip** (nach R. Bellmann, 1920-1984) (Stats) / Bellman's principle of optimality
**Bellytank** *m* (ein Abwurfbehälter unter dem Rumpf) (Luftf) / belly tank*, ventral tank*
**Belonit** *m* (nadelförmiger Mikrolith) (Geol) / belonite *n*
**Belousov-Zhabotinski-Reaktion** *f* (eine oszillierende Reaktion) (Chem) / Belousov-Zabotinski reaction
**Below-cloud-scavenging** *n* (Anlagerung von atmosphärischen Spurenstoffen unterhalb einer Wolke an fallendem Niederschlag) (Meteor) / below-cloud scavenging, wash-out *n*
**Belt** *n* (bei Cameron belt-press) (Druck) / belt *n* ‖ ≃**-Drive** *m* (des Plattenspielers) / belt drive ‖ ≃**-Filter** *n* (zur kontinuierlichen Vakuumfiltration und zum Auswaschen sehr großer Mengen gut filtrierbarer Feststoffe) (Chem Verf) / belt filter, belt-type filter, band filter
**Belting** *m* (Baumwollkreuzgewebe für Fördergurte und Antriebsriemen) (Tex) / belting* *n*
**Beltrami-Operator** *m* (das Quadrat des Drehimpulsoperators - nach E. Beltrami, 1835-1900) (Phys) / Beltrami operator
**belüften** *v* (Boden) (Landw) / aerate *v* ‖ ~ (Masch) / aerate *v*, vent* *v*, ventilate *v*
**Belüfter** *m* (Sanitär) / aerator *n* ‖ ≃ (bei Druckbelüftung) (Sanitär) / diffuser *n* ‖ **tiefliegender** ≃ (bei der Druckbelüftung) (Sanitär) / bottom diffuser
**belüftet, nicht ~er Raum** (Bau) / unventilated room ‖ **~er Abwasserteich** (Erdbecken zur biologischen Abwasserreinigung, in das Sauerstoff künstlich eingetragen wird) (Sanitär) / aerated lagoon ‖ **~e Maschine** (Eltech) / ventilated machine ‖ **~er Motor** (Eltech) / ventilated motor ‖ **~e Schutzbrille mit großem Gesichtskreis** / wide-visibility ventilated protection goggles
**Belüftung** *f* (Masch) / aeration *n*, venting *n*, airing *n*, ventilation *n* ‖ ≃ (DIN 4045 und 4046) (Sanitär) / aeration *n* ‖ **feinblasige** ≃ (Sanitär) / fine-bubble aeration ‖ **grobblasige** ≃ (Sanitär) / large-bubble aeration ‖ **mittelblasige** ≃ (Sanitär) / medium-bubble aeration ‖ ≃ *f* **der Arbeitsstätte** (Med) / shop aeration
**Belüftungs•anlage** *f* (Eltech) / ventilating plant* ‖ ≃**anlage** (z.B. zur Wasseraufbereitung) (Sanitär) / aerator *n* ‖ ≃**aufsatz** *m* (Arch, Zimm) / femerell* ‖ ≃**becken** (Sanitär) / activated-sludge tank, aeration tank, aerator *n*, reactor *n*, bio-aerator *n* ‖ ≃**bohrungen** *pl* (Kfz) / antisiphon passage ‖ ≃**element** *n* (ein durch unterschiedliche Belüftung entstehendes Korrosionselement, in dem die stärker belüfteten Stellen die Katode und die schwächer belüfteten die Anode bilden) (Galv) / oxygen cell, oxygen-concentration cell, aeration cell, differential aeration cell, ventilation element, aeration element ‖ ≃**kanal** *m* (Eltech) / ventilating duct, ventiduct *n* ‖ ≃**klappe** *f* (Masch) / louver *n*, louvre *n* ‖ ≃**laterne** *f* (Arch, Zimm) / femerell* *n* ‖ ≃**loch** *n* (Masch) / vent* *n*, air-port *n*, vent hole, vent opening ‖ ≃**schlitz** *m* / ventilation slot ‖ **zugfreies** ≃ **und Entlüftungssystem** (Kfz) / draught-free flow-through ventilation ‖ ≃**ventil** *n* (Masch) / air valve, aeration valve ‖ ≃**- und Entlüftungsventil** *n* (Masch) / double air valve ‖ ≃**zelle** *f* (Galv) / oxygen cell, oxygen-concentration cell, aeration cell, differential aeration element, ventilation element, aeration element
**Belvedere** *n* (Aussichtsterrasse oder Lustschloß mit schöner Aussicht) (Arch) / belvedere* *n*
**BEM** (Phys) / boundary-element method, BEM, boundary-element technique
**bemalbar** *adj* (Anstr) / paintable *adj*
**bemannt•es Amt** (Fernsp) / attended exchange ‖ **~es Forschungslaboratorium in einer** (Erd)**umlaufbahn** (Raumf) / manned orbiting research laboratory, MORL ‖ **~es Laboratorium in einer** (Erd)**Umlaufbahn** (Raumf) / manned orbiting laboratory, MOL ‖ **~er Raumflug** (Raumf) / manned space flight* ‖ **~er Raumflug** (mit einer ganzen Besatzung) (Raumf) / staff space flight
**Bemannung** *f* (als Tätigkeit) (Schiff) / manning *n* ‖ ≃ (die Mannschaft) (Schiff) / crew *n*
**Bemantelung** *f* **des Rollwerkzeuges** (Gummi, Schaumstoff, Lammfell, Filz) (Anstr) / roller sleeve, sleeve *n*
**BE-Maschine** *f* (Nukl) / refuelling machine
**Bemaßung** *f* (DIN 823) (Masch) / dimensioning *n* ‖ **inkrementale** ≃ (Masch) / point-to-point dimensioning, chain dimensioning, incremental dimensioning
**Bemaßungssystem, bei dem die Dimensionen ausschließlich durch ganze Zahlen und Dezimalbrüche ausgedrückt werden** (technisches Zeichnen) (Masch) / complete decimal system ‖ ≃**, bei dem die Dimensionen durch ganze Zahlen und gemeine Brüche ausgedrückt werden** (technisches Zeichnen) (Masch) / common-fraction system ‖ ≃**, bei dem die Dimensionen durch gemeine Brüche und Dezimalbrüche ausgedrückt werden** (technisches Zeichnen) (Masch) / common-fraction decimal-fraction system
**Bemberg-Stiefel** *m* (Tex) / J-box *n*, J-tube *n*
**Bemerkung** *f* (Angabe zu einem Befehl, die keinen Einfluß auf das Programm hat, jedoch das Lesen des Programmprotokolls erleichtert) (EDV) / comment *n*, annotation *n*
**bemessen** *v* (dimensionieren) / dimension *v*, rate *v*, size *v*, proportion *v* ‖ **karg ~** (Masch) / undersized *adj*
**bemesserter Kegelstumpf** (einer Kegelstoffmühle) (Pap) / conical plug
**Bemesserung** *f* (Pap) / filling *n*, tackle *n*
**Bemessung** *f* / structural design ‖ ≃ (der Beiträge) / assessment *n* ‖ ≃ (Masch) / dimensioning *n*, rating *n*, proportioning *n*, sizing *n*
**Bemessungs•annahme** *f* (Masch) / design assumption ‖ ≃**daten** *pl* (DIN 40 200) / rating *n* ‖ ≃**daten** (DIN 40200) / rating *n* ‖ ≃**flügelfläche** *f* (Luftf) / design wing area ‖ ≃**höchstmasse** *f* (Luftf) / design maximum weight ‖ ≃**hochwasser** *n* (Wasserb) / design flood ‖ ≃**landemasse** *f* (Luftf) / design landing weight ‖ ≃**last** *f* (Bau) / design load, calculated load, rated load ‖ ≃**welle** *f* (bei der Berechnung von Konstruktionen der Meerestechnik) (Ozean) / design wave ‖ ≃**wert** *m* (DIN 40200) / rated value, rating *n* ‖ ≃**wirkungsgrad** *m* (Masch) / declared efficiency
**bemustern** *v* / sample *v*
**Bemusterung** *f* (Aufber, Bergb) / sampling *n*, assay *n* ‖ **visuelle** ≃ (Aufber) / eye assay, eyeball assay ‖ ≃ *f* **mit einem Schürfschacht** (Bergb, HuT) / pitting *n*
**benachbart** *adj* / adjacent *adj*, conterminous *adj*, coterminous *adj*, adjoining *adj*, neighbouring *adj*, contiguous *adj* ‖ ≃ / collateral *adj* ‖ ~ (Math) / consecutive *adj* ‖ ~ (von Knotenpunkten eines Grafen) (Math) / adjacent *adj*, neighbouring *adj* ‖ **~es Atom** (Kernphys) / adjacent atom, neighbouring atom ‖ **~er Nachrichtenkanal** (Fernm) / adjacent channel ‖ **~es Teil** (technisches Zeichnen) / adjacent part
**Benachbartheit** *f* (Math) / contiguity *n*
**Benachbartsein** *n* (Math) / contiguity *n*
**Benachrichtigungsgebühr** *f* (Fernm) / report charge
**benadeln** *v* (Masch) / needle *v*, pin *v* ‖ ~ (Tex) / pin *v*
**Benadelung** *f* (Tex) / needling *n*, needle setting ‖ ≃ (Tex) / pinning *n*
**benagelin** *v* (mit Nägeln beschlagen) / nail *v*
**benannte Zahl** (Symbol zur Kennzeichnung einer Größe) (Math) / concrete number, denominate number
**Bénard-Effekt** *m* (Ausbildung einer vertikalen Konvektionsströmung mit wabenförmiger Zellstruktur, besonders in einer von unten her erhitzten Flüssigkeitsschicht, bei einem kritischen Wert des Temperaturgradienten) (Phys) / Bénard effect
**Bénard-Instabilität** *f* (nach H.C. Bénard, 1874 - 1939) (Meteor) / convective instability, potential instability
**Bénard-Konvektion** *f* (Phys) / Bénard effect
**Benardos-Verfahren** *n* (Schw) / Benardos welding, Benardos process, carbon-arc welding*
**Bénard-Zelle** *f* (an der Lackschichtoberfläche) (Anstr, Phys) / Bénard cell
**Benchmark** *f* (EDV) / benchmark *n* ‖ ≃ *m* (ein Vergleichstest) (EDV) / benchmark test, benchmark *n* ‖ ≃**-Programm** *n* (EDV) / benchmark program ‖ ≃**-Test** *m* (EDV) / benchmark test, benchmark *n*
**Bendix•-Trieb** *m* (Kfz) / Bendix drive ‖ ≃**-Weiss-Gelenk** *n* (ein Gleichlaufgelenk) (Kfz, Masch) / Bendix-Weiss universal joint
**Bends** *pl* (Glieder- und Gelenkschmerzen als Folge von Gasbläschenbildung) (HuT, Med) / bends* *pl*
**Benedicks-Effekt** *m* (ein thermoelektrischer Effekt, nach C.A. Benedicks, 1875 - 1958) (Phys) / Benedicks effect
**Benedicts Reagens** (eine Variante der Fehlingschen Lösung - nach S.R.Benedict, 1884-1936) (Chem) / Benedict's reagent, Benedict solution
**benennen** *v* / name *v* ‖ **neu ~** / rename *v*
**Benennung** *f* (aus mindestens einem Wort bestehende Bezeichnung eines Begriffs in der Fachsprache - DIN 199) / term *n* ‖ **allgemeine** ≃ / omnibus term ‖ ≃ *f* **von Vertragsstaaten** (bei Patentanmeldungen) / designation of contracting states
**benetzbar** *adj* (Chem, Phys) / wettable *adj* ‖ ≃ (Chem, Phys) s. auch hydrophil ‖ **nicht ~** (Chem, Phys) / non-wettable *adj*, hydrophobic *adj*
**Benetzbarkeit** *f* (Chem, Phys) / wettability* *n*
**Benetzen** *n* (Chem, Phys) / wetting *n*
**benetzend, nicht ~e Flüssigkeit** (Chem, Phys) / non-wetting fluid, non-wetting liquid
**benetzt•e Oberfläche** (Anstr, Chem, Phys) / wetted surface ‖ **~er Umfang** (Hyd) / wetted perimeter
**Benetzung, vollkommene** ≃ (Chem) / complete wetting
**Benetzungs•fähigkeit** *f* (Chem, Phys) / wetting power, wetting ability ‖ ≃**mittel** *n* (Chem) / wetting agent*, wetter *n* ‖ ≃**säule** *f* (z.B. Füllkörpersäule oder Rieselkolonne) (Chem Verf) / wetted column ‖

**Benetzungsvermögen**

⁓**vermögen** n (Chem, Phys) / wetting power, wetting ability ‖
⁓**volumen** n (Menge an Flüssigkeit, die eine vorgegebene Menge an Pigment- oder Füllstoff-Pulver von alleine in sich aufsaugt) (Anstr) / wetting volume ‖ ⁓**volumen** (Chem, Phys) / wetting volume ‖ ⁓**wärme** f (die bei der Benetzung eines Pigments oder Füllstoffs entsteht) (Anstr) / heat of immersion ‖ ⁓**wärme** (Energieumsatz, der mit der Ausbildung einer Kontaktfläche fest/flüssig verbunden und der Berührungsfläche proportional ist) (Chem, Phys) / heat of wetting
**Bengalhanf** m (Crotalaria juncea L.) (Bot, Tex) / Bengal hemp, janapan n, sunn hemp, madras n, Bombay hemp, sunn n
**Bengalin** n (Tex) / bengaline n
**Bengaline** f (popelinartiger Seidentaft) (Tex) / bengaline n
**bengalisch•es Feuer** / Bengal light ‖ ⁓**er Hanf** (Crotalaria juncea L.); Sunn (DIN 60001, T 1); SN (Bot, Tex) / Bengal hemp, janapan n, sunn hemp, madras n, Bombay hemp, sunn n
**Bengough-Stuart-Verfahren** n (zur anodischen Oxidation von Aluminium in Chromsäure) (Galv) / Bengough-Stuart process
**Benham-Farben** f pl (Phys) / Fechner's colours*
**Benham-Fechner-Farben** f pl (Phys) / Fechner's colours*
**Benioff-Zone** f (eine Erdbebenzone nach V.H. Benioff, 1899-1968) (Geol) / Benioff zone*, Benioff seismic zone
**Benomyl** n (Common name für ein systemisch wirkendes Fungizid und Akarizid) (Chem) / benomyl n
**Benson-Kessel** m (ein Höchstdruckdurchlaufkessel) (Masch) / Benson boiler
**Bensulid** n (ein selektives Bodenherbizid gegen Unkräuter und Ungräser im Rasen sowie im Gemüse- und Baumwollanbau) (Chem, Landw) / bensulide n
**Benthal** n (Biol) / benthic region
**benthischer Bereich** (Biol) / benthic region
**benthonisch** adj (Biol) / benthic adj, demersal adj, benthal adj, benthonic adj
**Benthont** m (die Gesamtgemeinschaft der am Boden der Gewässer lebenden Organismen) (Biol) / benthont n, benthos* n
**Benthos** n (Biol) / benthon* n, benthos n ‖ **festsitzendes** ⁓ (Biol) / sessile benthos ‖ **freibewegliches** ⁓ (Biol) / vagrant benthos ‖ **sessiles** ⁓ (Biol) / sessile benthos ‖ **vagiles** ⁓ (Biol) / vagrant benthos
**Bentonit** n (ein montmorillonitreiches Tongestein) (Geol) / bentonite* n, colloidal clay (US)
**bentonitisch** adj / bentonitic adj
**Bentonitsuspension** f (als Stützflüssigkeit in dem Grundbau) (HuT) / bentonite mud, bentonite suspension
**benummern** v / number v
**benutzbar, gemeinsam** ⁓ / shareable adj, sharable adj ‖ ⁓**e Schnittstelle** (EDV) / accessible interface
**Benutzbarkeit** f / usability n, serviceability n
**benutzen** v / use v
**benützen** v / use v
**Benutzer** m / user n ‖ ⁓ (z.B. in einem Time-Sharing-System) (EDV) / user n ‖ ⁓ (der Benutzerstation) (EDV) / terminal user n, transactor n ‖ **auf die Forderungen der** ⁓ **abstimmen** / customize v, custom-build v ‖ **autorisierter** ⁓ (EDV) / legitimate user, authorized user ‖ **berechtigter** ⁓ (EDV) / legitimate user, authorized user ‖ **gelegentlicher** ⁓ (EDV) / casual user ‖ **vom** ⁓ **aktualisierbar** (z.B. ein Wörterbuch) (EDV) / user-updatable adj ‖ **vom** ⁓ **definierbare Zeichen** (EDV) / user-definable characters ‖ ⁓ m **des Dienstes der Kommunikationssteuerung** (Fernm) / session service user, SS user
**benutzer•abhängig** adj (EDV) / user-dependent adj ‖ ⁓**akzeptanz** f / user acceptance ‖ ⁓**anfrage** f (die ein Informationssuchender an eine Informations- und/oder Dokumentationseinrichtung richtet) (EDV) / user inquiry ‖ ⁓**-Benutzer-Information** f (EDV) / user-user information ‖ ⁓**bereich** m (EDV) / user area ‖ ⁓**bestimmbar** adj (Zugriffsberechtigungszuweisung) (EDV) / discretionary adj ‖ ⁓**bestimmbare Zugriffsberechtigungsvergabe** (EDV) / discretionary access control, discretionary security ‖ ⁓**datei** f (EDV) / user file ‖ ⁓**definierbar** adj (EDV) / user-definable adj ‖ ⁓**definierbare Zeichen** (EDV) / user-definable characters ‖ ⁓**definiert** adj (EDV) / user-defined adj ‖ ⁓**definierte Hilfe** (EDV) / custom help ‖ ⁓**eigen** adj / user-own adj ‖ ⁓**fehler** m (EDV) / user error ‖ ⁓**freundlich** adj / user-friendly adj, user-convenient adj ‖ ⁓**freundliche Schnittstelle** (EDV) / user-friendly interface ‖ ⁓**freundlichkeit** f / user-friendliness n, ease of use ‖ ⁓**führung** f (EDV) / user guidance, user prompting ‖ ⁓**gebühr** f / user charge ‖ ⁓**gruppe** f (EDV) / user group (UG) ‖ **geschlossene** ⁓**gruppe** / closed user group ‖ **geschlossene** ⁓**gruppe** (EDV) / closed user group (CUG) ‖ ⁓**handbuch** n (EDV) / user manual ‖ ⁓**-ID** f (EDV) / user identification, user ID, USERID ‖ ⁓**identifikation** f (EDV) / user identification, user ID, USERID ‖ ⁓**-Interface** n (EDV) / user interface, user/system interface, user surface ‖ ⁓**kennsatz** m (ein Identifikationssatz für Magnetband- oder Plattendateien) (EDV) / user label ‖ ⁓**kennung** f (EDV) / user identification, user ID, USERID ‖ ⁓**kennzeichen** n (DIN 66200, T 1) (EDV) / user identification, user ID, USERID ‖ ⁓**klasse** f (EDV) / user class ‖ ⁓**menü** n (EDV) / user menu ‖ ⁓**modell** n (bei der Mensch-Maschine-Kommunikation) (EDV) / user model ‖ ⁓**modell** (KI) / user model (in an ICAI system) ‖ ⁓**neutral** adj (EDV) / user-independent adj ‖ ⁓**oberfläche** f (Schnittstelle zwischen Benutzer und System) (EDV) / user interface, user/system interface, user surface ‖ **grafische** ⁓**oberfläche** (EDV) / graphic(al) user interface, GUI ‖ ⁓**organisation** f (EDV) / user organization ‖ ⁓**schnittstelle** f (EDV) / user interface, user/system interface, user surface ‖ ~**seitige Geräte** (EDV) / user equipment ‖ ⁓**station** f (EDV) / user terminal, user station ‖ ⁓**status** m (EDV) / user state ‖ ⁓**teil** m (Signalisierungssystem Nr. 7) (Fernm) / user part, UP ‖ ⁓**-Übertragungsgeschwindigkeit** f (EDV) / user data signalling rate ‖ ⁓**variable** f (EDV) / user variable ‖ ⁓**zeit** f (einer Maschine) / up-time n, operable time
**Benutzung** f / use n ‖ **gemeinsame** ⁓ / joint use ‖ **private** ⁓ / private use ‖ ⁓ f **im Freien** / outdoor use
**Benzalchlorid** n (Chem) / benzal chloride*, benzylidene chloride*
**Benzaldehyd** m (künstliches Bittermandelöl) (Chem) / benzaldehyde* n
**Benzaldoxim** n (Chem) / benzaldoxime n
**Benzalkoniumchloride** n pl (internationaler Freiname für ein Gemisch quartärer Ammoniumverbindungen) (Chem) / benzalkonium chlorides
**Benzamid** n (Chem) / benzamide* n, benzene carboxamide
**Benzanilid** n (Chem) / benzanilide n
**Benzanthron** n (Ausgangsmaterial für Farbstoffe) (Chem, Tex) / benzanthrone* n ‖ ⁓**küpenfarbstoff** m (Tex) / benzanthrone dyestuff, benzanthrone dye
**Benzedrin** n (ein Amphetamin) (Pharm) / Benzedrine*
**Benzen** n (Chem) / benzene* n
**Benzhydrol** n (ein aromatisch substituierter sekundärer Alkohol) (Chem) / benzhydrol* n
**Benzidin** n (4,4'-Diaminobiphenyl) (Chem) / benzidine* n (4,4'-diaminobiphenyl) ‖ ⁓**farbstoff** m (ein substantiver Disazofarbstoff - heute nicht mehr wegen Karzinogenität benutzt) / benzidine dyestuff ‖ ⁓**probe** f (zum Blutnachweis) (Chem) / benzidine test ‖ ⁓**umlagerung** f (Chem) / benzidine transformation*
**Benzil** n (Chem) / benzil* n, bibenzoyl* n, diphenyl-glyoxal* n ‖ ⁓**säure** f (eine aromatische Carbonsäure) (Chem) / benzilic acid
**Benzimidazol** n (eine das kondensierte Ringsystem des Benzols und des Imidazols enthaltende heterozyklische Verbindung) (Chem, Pharm) / benzimidazole n
**Benz-in** n (das einfachste Dehydroaromat oder Arin) (Chem) / dehydrobenzene n, benzyne* n
**Benzin** n (besonders für technische Zwecke oder als Reformingstock) (Chem Verf, Erdöl) / naphtha* n ‖ ⁓ (Fahrbenzin, Flugbenzin, Ottokraftstoff) (Kftst) / petrol n (GB)*, gasoline* n (US), gas* n (US), motor spirit (GB)* ‖ **gelatiniertes** ⁓ (Kftst) / jellied gasoline, gelatinized gasoline ‖ **leichtes** ⁓ (Siedebereich 20 - 135 °C) (Kftst) / benzine n, light gasoline ‖ **merkaptanreiches** ⁓ (Erdöl) / sour gasoline ‖ **saures** ⁓ (thiolhaltig) (Erdöl) / sour gasoline ‖ **stabilisiertes** ⁓ (Chem) / stabilized gasoline, stable gasoline ‖ ⁓ n **mit definierten Siedegrenzen** (Erdöl) / end-point gasoline (US) ‖ ⁓ **mit geringem Bleigehalt** (Kftst, Kfz) / low-lead petrol, low-lead gasoline (US) ‖ ⁓ **mit vollem Siedebereich** (Kftst) / full-range naphtha
**Benzin•abscheider** m (DIN 1999) (Sanitär) / petrol separator, petrol intercepting chamber, petrol trap ‖ ⁓**beständig** adj / petrol-resistant adj, gasoline-resistant adj ‖ ⁓**einspritzung** f (V-Mot) / petrol injection, gasoline injection ‖ **kontinuierliche** ⁓**einspritzung** (Kfz) / continuous injection system, CIS ‖ ~**elektrischer Generator** (Eltech) / petrol-electric generating set*
**Benziner** m (V-Mot) / petrol engine*, gasoline engine (US)*
**Benzin•-Ethanol-Gemisch** n (ein Alternativkraftstoff) / gasohol n ‖ ~**fest** adj / petrol-resistant adj, gasoline-resistant adj ‖ ⁓**fraktionierung** f (Erdöl) / gasoline fractionation ‖ ~**freier Pigmentdruck** (Tex) / solvent-free pigment printing, pigment printing witkout white spirits ‖ ⁓**löslich** adj / petrol-soluble adj, gasoline-soluble adj ‖ ⁓**motor** m (V-Mot) / petrol engine*, gasoline engine (US)* ‖ **mit** ⁓**motorantrieb** / petrol-motored adj (GB), gasoline-engined adj (US) ‖ ⁓**motorgetrieben** adj / petrol-motored adj (GB), gasoline-engined adj (US) ‖ ⁓**pumpe** f (auch in der Tanksäule) (Kfz) / petrol-pump* n, gas pump* (US) ‖ ~**reicher Pigmentdruck** (Tex) / pigment printing rich in white spirits ‖ ~**seife** f (Tex) / benzine soap, dry-cleaning soap ‖ ⁓**sicherungsring** m (Masch) / circlip*, E-clip n ‖ ⁓**süßung** f (Erdöl) / naphtha sweetening
**Benzoat** n (Salz oder Ester der Benzoesäure) (Chem) / benzoate n, benzenecarboxylate n
**Benzo•cain** n (ein altes Lokalanästhetikum) (Chem, Med) / benzocaine* n ‖ ⁓**chinon** n / benzoquinone* n ‖ ⁓**diazepin** n (eine bizyklische Verbindung mit einem siebengliedrigen Ring und 2 N-Atomen- Grundkörper der wichtigsten Ataraktika) (Chem, Pharm) / benzodiazepine* n

**Benzoe** f (meistens aus Styrax benzoin Dryand.) (Chem, For) / benzoin* n, benjamin gum, gum benjamin, benzoin gum, gum benzoin
**Benzoechtfarbstoff** m (Tex) / benzo-fast dyestuff
**Benzoe·harz** n (E 906) (Chem, For) / benzoin* n, benjamin gum, gum benjamin, benzoin gum, gum benzoin ‖ ~**säure** f ($C_6H_5COOH$) (Chem) / benzoic acid*, benzenecarboxylic acid* ‖ ~**säureamid** n (Chem) / benzamide* n, benzene carboxamide ‖ ~**säureanilid** n (Chem) / benzanilide n ‖ ~**säurechlorid** n (Chem) / benzoyl chloride*
**Benzofuran** n (Chem) / benzofuran n
**benzoid** adj (Chem) / benzenoid adj ‖ ~**e Kohlenwasserstoffe** (Chem) / benzene hydrocarbons*
**Benzoin** n (ein aromatisch substituiertes Hydroxyketon) (Chem) / benzoin* n ‖ ~**kondensation** f (Chem) / benzoin condensation
**Benzol** n (aromatischer Kohlenwasserstoff) (Chem) / benzene* n ‖ ~ (als Handelsprodukt) (Chem) / industrial-grade benzene, benzol* n, benzole n ‖ **anorganisches** ~ (Chem) / borazole* n, borazine n ‖ **mit** ~ **anreichern** (Chem) / benzolize v ‖ **mit** ~ **beladen** (Chem) / benzolized adj ‖ **mit** ~ **beladen** (Chem) / benzolize v ‖ ~**abkömmling** m (Chem) / benzene derivative ‖ ~**abscheidung** f (Chem Verf) / benzol separation ‖ ~**beladung** f (des Gases) (Chem Verf) / rebenzolization n ‖ ~**derivat** n (Chem) / benzene derivative ‖ **1,2-~dicarbonsäure** (Chem) / phthalic acid*, benzene-1,2-dicarboxylic acid ‖ **1,4-~dicarbonsäure** (Chem) / terephthalic acid*, TPA ‖ ~**dikarbonsäure** f (Chem) / benzene dicarboxylic acid ‖ ~**eisenkomplexkationen** n pl (Chem) / ferrocenium complexes ‖ ~**essigsäure** f (Chem) / phenylacetic acid*, phenylethanoic acid* ‖ ~**ethanamin** n ‖ ~**phenylethylamine** n ‖ ~**gesättigt** adj (Chem) / benzolized adj ‖ ~**hexacarbonsäure** f (Chem) / mellitic acid*, benzene-hexacarboxylic acid ‖ ~**hexachlorid** n (Chem, Landw, Umwelt) / hexachlorocyclohexane n, benzene hexachloride*, BHC* ‖ ~**hexaol** n (Chem) / benzenehexol n ‖ ~**karbonsäure** f ($C_6H_5COOH$) (Chem) / benzoic acid*, benzenecarboxylic acid* ‖ ~**kern** m (Chem) / aromatic ring ‖ ~**kohlenwasserstoffe** m pl (Chem) / benzene hydrocarbons* ‖ ~**laugeverfahren** n (Chem Verf) / benzene process ‖ ~**reihe** f (Chem) / benzene series ‖ ~**ring** m (Chem) / benzene nucleus*, benzene ring* ‖ ~**sulfonsäure** f (Chem) / benzenesulphonic acid* ‖ ~**thiol** n (Chem) / thiophenol n, phenyl mercaptan, phenylthiol n, mercaptobenzene n ‖ **1,2,4-~tricarbonsäure** (Chem) / trimellitic acid, benzene-1,2,4-tricarboxylic acid, TMA ‖ ~**waschanlage** f (Chem Verf) / benzol separation ‖ ~**wäsche** f (Chem Verf) / benzol separation ‖ ~**wascher** m (Chem Verf) / benzol scrubber* ‖ ~**wäscher** m (Chem Verf) / benzol scrubber*
**Benzo·nitril** n (Chem) / benzonitrile* n, phenyl cyanide ‖ ~**phenon** n (Chem) / benzophenone* n, diphenyl ketone ‖ ~**pyran** n (Chem) / chromene, benzopyrane n ‖ ~**pyren** n (Bestandteil des Steinkohlenteers, hochkarzinogene Substanz) (Chem) / benzopyrene* n ‖ ~**thiophen** n (Chem) / benzothiophene n ‖ ~**-[-b-]-thiophen** n (Chem) / thionaphthene n, thianaphthene n, benzothiofuran n ‖ ~**triazol** n (Chem) / benzotriazole n ‖ ~**trichlorid** n (Chem) / benzotrichloride n
**Benzoyl·benzon** n (Chem) / benzophenone* n, diphenyl ketone ‖ ~**chlorid** n (Säurechlorid der Benzoesäure) (Chem) / benzoyl chloride* ‖ ~**gruppe** f (Chem) / benzoyl group, benzenecarbonyl group
**benzoylieren** v (Chem) / benzoylate v
**Benzoyl·peroxid** n (Chem) / benzoyl peroxide* ‖ ~**rest** m (Chem) / benzoyl group, benzenecarbonyl group
**Benzyl·acetat** n (Chem) / benzyl acetate, phenylmethyl acetate ‖ ~**alkohol** m (Chem) / benzyl alcohol*, phenylmethanol n ‖ ~**amin** n (Chem) / benzylamine* n ‖ ~**azetat** n (Chem) / benzyl acetate, phenylmethyl acetate ‖ ~**benzoat** n (Benzylester der Benzoesäure) (Pharm) / benzyl benzoate ‖ ~**butylphthalat** n (Chem) / benzyl butyl phthalate ‖ ~**cellulose** f (Chem) / benzylcellulose n ‖ ~**chlorid** n (aus Toluol und elementarem Chlor - ein Zwischenprodukt) (Chem) / benzyl chloride* ‖ ~**cinnamat** n (ein wichtiger Parfümeriegrundstoff) (Chem) / benzyl cinnamate
**Benzyliden·acetophenon** n (Chem) / chalcone n, chalkone n, benzalacetophenone n ‖ ~**dichlorid** n (Chem) / benzal chloride*, benzylidene chloride*
**Benzyl·isochinolinalkaloide** n pl (Chem, Pharm) / benzylisoquinoline alkaloids, benzyltetrahydroquinoline alkaloids ‖ ~**isothiocyanat** n (Chem) / benzylisothiocyanate n, benzyl mustard oil ‖ ~**isothiozyanat** n (Chem) / benzylisothiocyanate n, benzyl mustard oil ‖ ~**nicotinat** n (Chem) / benzyl nicotinate ‖ ~**octyladipat (BOA)** n (ein Weichmacher nach DIN 7723) (Chem) / benzyl octyl adipate n ‖ ~**orange** n (ein Indikator) (Chem) / benzyl orange ‖ ~**penicillin** n (Pharm) / benzyl penicillin*, penicillin G, penicillin II (US) ‖ ~**penizillin** n (Pharm) / benzyl penicillin*, penicillin G, penicillin II (US) ‖ ~**senföl** n (Chem) / benzylisothiocyanate n, benzyl mustard oil ‖ ~**tetrahydrochinolinalkaloide** n pl (Chem, Pharm) / benzylisoquinoline alkaloids, benzyltetrahydroquinoline alkaloids ‖ ~**zellulose** f (ein Zelluloseether) (Chem) / benzylcellulose n

**Benzyn** n (Chem) / dehydrobenzene n, benzyne* n
**Beobachtbarkeit** f (dualer Begriff zur Steuerkarkeit nach DIN 19 226) / observability n
**beobachten** v (Psychol) / observe v
**Beobachter·fehler** m (Psychol) / personal error ‖ ~**perspektive** f / viewer-centred perspective ‖ ~**system** n (Masch, Math) / reference frame, reference system, frame of reference
**beobachtete Zeit** (F.Org) / observed time
**Beobachtung** f (Psychol) / observation n ‖ ~ **aus der Luft** / air observation
**Beobachtungs·bedingungen** f pl / viewing conditions ‖ ~**brunnen** m (zur Beobachtung des Grundwassers) (Wasserb) / observation well ‖ ~**fehler** m (Stats) / observational error ‖ ~**hütte** f (Meteor) / thermometer screen, thermometer shelter, thermoscreen n, instrument shelter ‖ ~**plattform** f / monitoring platform ‖ ~**prozeß** m (Stats) / observation n ‖ ~**standpunkt** m (Fernm, Verm) / station n ‖ **globales ~system** (eine Komponente der Weltwetterwacht) (Meteor) / Global Observing System (GOS) ‖ ~**wert** m (DIN 55350, T 12) / observation n, observed value ‖ ~**zeit** f (die Gesamtzeit vom Beginn bis zum Ende der Zeitstudie) (F.Org) / elapsed time
**bepalettieren** v / palletize v
**bepechen** v (mit Pech bestreichen) / pitch v
**bepflanzen** v (mit Feldfrüchten) (Landw) / crop vt ‖ ~ (Landw) / plant v
**bepflanzter Hang** (Geol) / vegetated slope
**beplanken** v / plank v
**Beplankung** f (Holz) (Luftt) / skin* n
**beplatten** v (die Außenhaut) (Schiff) / plate v, skin v
**Beplattung** f (Schiff) / shell plating, plating n, skin plating
**Bepp-Kurve** f (Verlauf der Kernbindungsenergie pro Nukleon) (Kernphys) / binding-energy per particle curve
**Beprobung** f (Aufber, Bergb) / sampling n, assay n
**bepudern** v / dust v, powder v
**bepudert** adj / dusted adj, powdered adj
**bequarzen** v / quartz v
**Berapp** m (Bau) / rendering coat, daubing* n, dabbing* n, rendering n
**berappen** v (Bau) / render v, lay v ‖ ~ (Rinde) (For) / patch-bark v, bark in patches ‖ ~ **und putzen** (Bau) / render and set* v, render-set v ‖ ~ n (Bau) / rendering* n, laying* n
**berasen** v (HuT, Umwelt) / turf v, sod v (cover with sods or pieces of turf)
**beraste Böschung** (HuT) / turfed slope
**Berasung** f (HuT, Umwelt) / turfing n, sodding n
**Berater** m / consultant n ‖ ~ **für Öffentlichkeitsarbeit** / publicity agent ‖ ~**honorar** n / consultancy fee
**Beratung** f / consultation n ‖ **rechnergestützte medizinische** ~ (EDV, Med) / computer-based medical consultation(s)
**Beratungs·dienst** m / advisory service, consulting service ‖ ~**gremium** n / advisory body ‖ ~**luftraum** m (Luftt) / advisory airspace ‖ ~**system** n (KI) / advisory system
**beräumen** v (Sanitär) / unload v
**Beräumung** f (Sanitär) / unloading n
**Berberin** n (ein Isochinolinalkaloid) (Chem) / berberine* n, jamaicin* n, xanthopicrite* n
**Berberteppich** m (Tex) / berber* n
**berechenbar** adj (Math) / calculable adj, computable adj ‖ **nicht** ~ (EDV) / non-algorithmic adj
**Berechenbarkeit** f (Math) / calculability n, computability* n ‖ **effektive** ~ (Math) / effective computability
**berechnen** v (Kosten, Lohn) / reckon v ‖ ~ / calculate v, compute v ‖ ~ (schätzen) / estimate v, rate v ‖ ~ (in Rechnung stellen) / invoice v, bill v
**Berechnung** f / calculation n, computation n ‖ ~ (Schätzung) / estimation n, estimate n, rating n ‖ **iterative** ~ (Math) / iterative computation ‖ **optische** ~ (Opt) / optical computing ‖ ~ **f des umbauten Raums** (Bau) / cubing* n ‖ ~ **einer Animationssequenz** (EDV, Film) / rendering of an animation sequence ‖ ~ **nach der Elastizitätstheorie** (HuT) / elastic design
**Berechnungsdruck** m (Masch) / design pressure
**Berechnungsschritt** m / calculation step
**berechtigen** v / authorize v, licence v, license v
**berechtigt·er Benutzer** (EDV) / legitimate user, authorized user ‖ ~**er Empfänger** (Fernm) / legitimate recipient ‖ ~**er Zugriff** (EDV) / authorized access
**Berechtigung** f (zum Zugriff) (EDV) / authorization n ‖ ~ (zum Zugriff) (Fernm) / credentials pl ‖ ~ (Luftt) / rating n
**Berechtigungs·karte** f (für das Kartentelefon) (Fernsp) / phonecard n, calling card (US) ‖ ~**nachweis** m (Fernm) / credentials pl ‖ ~**stufe** f (EDV) / clearance level (maximum level of classified information to which an individual is granted access) ‖ ~**umschalttaste** f (Fernm) / COS switch-over button, COS change-over key ‖ ~**umschaltung** f (Fernm) / modification of COS, COS changeover ‖ **fremdbestimmte ~zuweisung** (Zugriffsberechtigungskonzept, in dem es nicht in das

Belieben des Eigentümers gestellt ist, wer auf seine Objekte zugreifen darf) (EDV) / non-discretionary access control
**Beregnung** f (Landw) / sprinkler irrigation, spray irrigation
**Beregnungs•düngung** f (Landw) / fertirrigation n, fertilizer sprinkling ‖ ⁓**karussell** n (Landw) / irrigation roundabout ‖ ⁓**probe** f (Tex) / spray test, rain test ‖ ⁓**prüfgerät** n (Tex) / rain tester ‖ ⁓**pumpe** f (Landw) / irrigation pump (eine Bewässerungspumpe) ‖ ⁓**turm** m (Landw) / overhead irrigation tower ‖ ⁓**versuch** m (Tex) / spray test, rain test ‖ ⁓**versuch nach Dr. Bundesmann** (DIN 53888) (Tex) / Bundesmann shower test
**Bereich** m / region n, area n ‖ ⁓ (bei einer Klassifikation) / subject n ‖ ⁓ (Reichweite) (Fernm, Radio) / range* n, radio range ‖ ⁓ (z.B. Verarbeitungs-, Erweichungs-) (Glas, Phys) / range n ‖ ⁓ (des Wissens) (KI) / domain n ‖ ⁓ (Menge von Punkten eines topologischen Raumes) (Math) / domain* n, region* n ‖ **[Zähl-, Meß-]** ⁓ (Instr, Phys) / range n, region n ‖ **[erfaßter]** ⁓ (Radio) / coverage n ‖ **erdnaher** ⁓ (Geophys) / near-Earth environment ‖ **kaufmännischer** ⁓ (im Betrieb) / accounting n ‖ **markierter** ⁓ (DIN 66254) (EDV) / eligible area ‖ **mehrfach zusammenhängender** ⁓ (Math) / multiply connected domain*, multiply connected region ‖ **oberer** ⁓ (eines binären Signals nach DIN 41859, T 1) (EDV, Instr) / high range ‖ **oberflächennaher** ⁓ / subsurface n ‖ **plastischer** ⁓ (Phys) / plastic range ‖ **privater** ⁓ (auf einer von mehreren Teilnehmern genutzten Platte) (EDV) / private partition ‖ **sichtbarer** ⁓ (Opt) / visible region, visible range ‖ **sichtbarer** ⁓ **des Spektrums** (Licht, Opt, Spektr) / visible spectrum, visible spectral range ‖ **unterer** ⁓ (eines binären Signals nach DIN 41859, T 1) (EDV, Instr) / low range ‖ **virtueller** ⁓ (EDV) / virtual space ‖ **zulässiger** ⁓ (Math) / feasible region ‖ ⁓ m **begrenzter Proportionalität** (Kernphys) / region of limited proportionality* ‖ ⁓ **der Einheiten** / size of units ‖ ⁓ **der Glasbildung** (Glas) / glass-forming region ‖ ⁓ **der starken Strömung** (Wasserb) / rapids zone, race n, rapids pl, riffles pl (US) ‖ ⁓ **des eingefangenen Plasmas** (Astr) / trapping region*, magnetic tube* ‖ ⁓ **des Gleisstumpfs** (mit der Kopfplattform) (Bahn) / bay n (GB) ‖ ⁓ **des Schwingungsbauchs** (des Wellenbauchs) (Phys) / antinodal region ‖ ⁓ **erhöhter Spannung** (Bodenmechanik) (HuT) / overstressed area ‖ ⁓ **großer Verkehrsdichte** (Luftf) / hard-core area ‖ ⁓ **über der Maschine freihalten !** (Aufschrift) / keep the area above the machine clear! ‖ ⁓ m **unter Solidus** (Hütt) / subsolidus region
**Bereichs•adresse** f (EDV) / area address, extent address ‖ ⁓**definition** f (EDV) / area definition, area-definition statement ‖ ⁓**schätzung** f (Stats) / confidence region ‖ ⁓**suche** f (EDV) / range search ‖ ⁓**überschreitend** adj (z.B. Meßergebnisse) / overrange attr ‖ ⁓**überschreitung** f (EDV) / overflow* n ‖ ⁓**unterschreitung** f (EDV) / underflow* n ‖ ⁓**verstärker** m (Fernm) / band amplifier ‖ ⁓**wechsel** m (Ruf- oder Verkehrsbereich) (Fernm) / roaming n ‖ ⁓**weiser** (dynamischer) **Speicherauszug** (EDV) / snapshot dump
**bereifen** v / frost v
**bereift** adj (Bot) / pruinose* adj ‖ ⁓ (Kfz) / tyred adj
**Bereifung** f (Kfz) / tyre equipment, tyres pl, set of tyres ‖ **mit** ⁓ (Kfz) / tyred adj
**Bereinigung** f (einer Datei) (EDV) / clean-up n ‖ **saisonbedingte** ⁓ (der statistischen Angaben) (Stats) / seasonal adjustment, deseasonalization n
**Bereißen** n (nach den Sprengarbeiten) (Bergb) / scaling n, barring n, barring down
**bereit sein** (ohne zu arbeiten - Sendestation) / stand by v
**Bereitschaft** f / standby n, STBY
**Bereitschafts•aggregat** n (Eltech) / standby generating set ‖ ⁓**boot** n (Erdöl, Schiff) / standby vessel ‖ ⁓**dienst** m (im allgemeinen) / on-call service ‖ ⁓**dienst** m (z.B. einer Apotheke) / rota duty ‖ ⁓**rechner** m (EDV) / standby computer ‖ ⁓**stufe** f (Luftf) / uncertainty phase ‖ ⁓**system** n (EDV) / fallback system, standby system ‖ ⁓**system** (Eltech) / standby system, fallback system ‖ ⁓**tasche** f (Foto) / ever-ready case*, ERC* ‖ ⁓**verluste** m pl (Eltech) / standby losses* ‖ ⁓**zeit** f (F.Org) / waiting time
**bereitstellen** v / supply v ‖ ⁓ / provide v ‖ ⁓ (EDV) / enable v
**Bereitsteller** m (EDV) / provider n
**Bereitstellung** f / supply n, supplying n ‖ **körperliche** ⁓ (von Werkstoffen) / staging n
**Bereitstellungsfläche** f (Luftf) / make-up area
**Berek-Kompensator** m (ein Drehkompensator) (Opt) / Berek compensator
**Berekscher Kalkspatkompensator** (ein Drehkompensator) (Opt) / Berek compensator
**ber-Funktion** f (Math) / ber function
**Berg** m (in geografischen Namen) (Geog) / mount n, Mt. ‖ **finanziell schlecht abgesicherter** ⁓**(raub)bau** (Bergb) / mining on a shoestring (US), grass-roots mining ‖ **submariner** ⁓ (Geol, Ozean) / seamount n
**Berg•ahorn** m (Acer pseudoplatanus L.) (For) / sycamore* n, sycamore maple ‖ **vitriolgebeiztes** ⁓**ahornholz** (Tischl) / harewood n

**Bergamottöl** n (aus Citrus bergamia Risso et Poit.) / bergamot oil*, oil of bergamot
**Berg•arbeiter** m (Bergb) / miner n, pitman n (pl. pitmen) ‖ ⁓**aufsicht** f (Bergb) / mines inspection ‖ ⁓**bahn** f (Bahn) / mountain railway
**Bergbau** m (Bergb) / mining n ‖ **die für den** ⁓ **eingesetzte Energie(art)** (Bergb) / mining power ‖ ⁓ **mariner** ⁓ (Bergb) / sea-bed mining, ocean mining, marine mining ‖ ⁓ m **im Tagebau** (Bergb) / open-pit mining, open-cut mining, opencast mining* ‖ ⁓ **und Industrie "Steine und Erden"** / mineral industry (non-metallic), extractive industry, non-metal mining and quarrying industry, non-metallic mineral industry, pit-and-quarry industry ‖ ⁓ m **unter Tage** (Bergb) / underground mining, deep mining, underground working ‖ ⁓**folgelandschaft** f (Bergb, Umwelt) / landscape (man-made) following mining activities ‖ **nicht ⁓freie Mineralien** (bei denen das Gewinnungsrecht dem Staat vorbehalten ist) (Geol) / reserved minerals ‖ ⁓**geologie** f (Geol) / economic geology* ‖ ⁓**-Gerechtsame** f (Bergb) / mining right, mining lease
**bergbauliche Tätigkeit** (Bergb) / mining activity, mining activities
**Bergbau•maschinen** f pl (Bergb) / mining machinery ‖ ⁓**rechtliche Gewerkschaft** (in der BRD zum 31.12.1985 aufgelöst) (Bergb) / mining company ‖ ⁓**sicherheit** f (Bergb) / mining safety ‖ ⁓**technik** f (Bergb) / mineral extraction technology ‖ ⁓**technik** (als angewandte Disziplin) (Bergb) / mining engineering* ‖ ⁓**unternehmen** n (Bergb) / mining company ‖ ⁓**wesen** n (Bergb) / mining engineering*, mineral engineering
**berg•blau** adj / true-blue adj ‖ ⁓**butter** f (Aluminiumeisen(II)-sulfat-22-Wasser) (Min) / halotrichite* n, butter rock, mountain butter, iron alum*
**Berge** m pl (Aufber) / tailings* pl, tails* pl, tail n (US)*, colliery spoil, shale n, scaffings pl ‖ ⁓ (Bergb) / dead ground*, deads* pl, non-value n, waste rock, dirt* n, muck* n (US), barren rock, colliery spoil ‖ ⁓**halde** f (Bergb) / heap n
**Bergeisen** n (Bergb) / gad n, moil n
**Berge•klein** n (Bergb) / debris n ‖ ⁓**laden** n (Bergb) / clearing n, lashing* n, mucking* n, mucking out*, treatment of loose rock and ore ‖ ⁓**lohn** m (Schiff) / salvage n, salvage payment ‖ ⁓**mittel** n (eine Gesteinslagerung) (Bergb) / rashing n
**bergen** v (Schiff) / salvage v, save v
**Bergepanzer** m (Mil) / wrecker tank, recovery tank
**Bergeron-Theorie** f (der Bildung von Niederschlägen aus Mischwolken - nach T. Bergeron, 1891 - 1977) (Meteor) / Bergeron-Findeisen theory*
**Berge•versatz** m (Vorgang) (Bergb) / filling* n, stowing n, packing n ‖ ⁓**versatz** (Material) (Bergb) / gob* n, pack* n, deads* pl, waste n, fill* n, back fill*, filling material
**Berg•fahrt** f (von Gewinnungsmaschinen - im allgemeinen ansteigend) (Bergb) / cutting run ‖ ⁓**fahrt** (Kfz) / uphill run ‖ ⁓**fahrt** (Schiff) / upstream navigation ‖ ⁓**feste** f (Bergb) / pillar* n ‖ ⁓**feucht** adj (Bergb) / pit-moist adj, green adj, moist adj, freshly mined, with inherent moisture, fresh adj ‖ ⁓**feuchtes Gestein** (Bergb) / fresh rock ‖ ⁓**feuchtigkeit** f (Bergb) / interstitial water ‖ ⁓**feuchtigkeit** (im frischgebrochenen Stein) (HuT) / quarry sap, quarry water ‖ ⁓**flachslunge** f (eine Staublungenerkrankung durch anorganischen Staub) (Med) / asbestosis* n (pl. asbestoses) ‖ ⁓**föhre** f (For) / mountain pine ‖ ⁓**gang** m (Kfz) / hill-climbing gear, Low, L ‖ ⁓**gold** n (auf primärer Lagerstätte) (Bergb) / native gold* ‖ ⁓**hang** m / mountainside n ‖ ⁓**hemlocktanne** f (For) / mountain hemlock, black hemlock ‖ ⁓**holz** n (weniger biegsamer Asbest) (Min) / mountain wood*, rock wood ‖ ⁓**ingenieurwesen** n (Bergb) / mining engineering*, mineral engineering
**Bergius•-Hydrierverfahren** n (nach F.Bergius, 1884-1949) (Chem Verf) / Bergius process* ‖ ⁓**-Pier-Verfahren** n (Chem Verf) / Bergius process* ‖ ⁓**-Verfahren** n (Chem Verf) / Bergius process*
**Berg•kaffee** m (Coffea arabica L.) (Bot, For) / coffee shrub, arabica n ‖ ⁓**kiefer** f (For) / mountain pine ‖ ⁓**koller** m (Med) / altitude sickness, air bends, Acosta's disease, puna n, mountain sickness ‖ ⁓**kompaß** m (Bergb, Verm) / dial* n, mining dial* ‖ ⁓**kork** m (wirrfaseriger Asbest) (Min) / mountain cork*, rock-cork n ‖ ⁓**krankheit** f (Med) / altitude sickness, air bends, Acosta's disease, puna n, mountain sickness ‖ ⁓**kristall** m (wasserklarer Schmuckstein der Quarzgruppe) (Min) / rock-crystal* n, quartz crystal*, berg crystal, mountain crystal ‖ ⁓**leder** n (faserige Schichten von Asbest) (Min) / mountain leather* ‖ ⁓**mann** m (pl. -leute) (Bergb) / miner n, pitman n (pl. pitmen) ‖ **⁓männischer Riß** (Karte od. Grubenbild) (Bergb) / mine plan
**Bergmann-Serie** f (Spektr) / fundamental series*, Bergmann series
**Bergmanns•kompaß** m (Geol) / geologist's compass, geologic compass ‖ ⁓**nystagmus** m (eine Berufskrankheit) (Med) / miner's nystagmus
**Berg•mehl** n (Min) / diatomaceous earth*, diatomite* n, diatomaceous silica, infusorial earth*, kieselguhr* n, fossil meal* ‖ ⁓**mehl** (erdiger Kalk aus Quellabsätzen) (Min) / rock-meal* n ‖ ⁓**milch** f (flockiger Kalk aus Quellabsätzen) (Min) / rock-milk* n, moon milk ‖ ⁓**pech**

(Min) / mineral pitch ‖ ⁓**rennen** *n* (Kfz) / hill climb ‖ ⁓**rutsch** *m* (von Gesteinsmassen) (Geol) / rock-slide *n*, rock-slip *n* ‖ ⁓**schaden** *m* (der vom Bergwerkseigentümer zu ersetzen ist) (Bergb) / mine damage, mine subsidence damage ‖ ⁓**schrund** *m* (Geol) / bergschrund *n* ‖ ⁓**seife** *f* (ein Bolus) (Min) / mountain soap ‖ ⁓**spitze** *f* (Geol) / peak *n*
**Bergsteigeverfahren** *n* (der Optimierung) (Fernm) / hill-climbing* *n*
**Berg•steigfähigkeit** *f* (Kfz) / gradability *n* ‖ ⁓**sturz** *m* (plötzlicher Absturz umfangreicher Erd- und Felsmassen an Steilwänden und übersteilen Hängen) (Geol) / landslip* *n*, landslide *n* ‖ ⁓**sturzmasse** *f* (Geol) / block stream, stone river, rock stream, stone run, train of stones ‖ ⁓**sturzmasse** (Geol) / downslope-moving mass of rock and soil material ‖ ⁓**sturzsee** *m* (Geol) / landslide lake ‖ ⁓**stütze** *f* (Kfz) / hillholder *n* (automatic climb lock) ‖ ⁓**talg** *m* (talgige erdwachsartige Substanz) (Min) / hatchettite *n*, mineral tallow, mountain tallow, hatchettine *n*, naphthine *n*, adipocerite *n*, adipocire *n* ‖ ⁓**teer** *m* (natürlicher, asphaltartiger Verdunstungsrest von Erdöl) (Erdöl) / mineral tar, maltha *n* (GB) ‖ ⁓**tunnel** *m* (HuT) / mountain tunnel, rock tunnel ‖ ⁓**ulme** *f* (Ulmus glabra Huds. emend. Moss) (For) / wych elm *n*, witch-elm *n*
**Bergung** *f* (Luftf, Schiff) / salvage *n* ‖ ⁓ (Raumf) / recovery *n*
**Bergungs•fahrzeug** *n* (Kfz) / recovery vehicle, breakdown truck, wrecker *n* (US), breakdown lorry, breakdown vehicle, breakdown van ‖ ⁓**gut** *n* (Schiff) / salvage *n* ‖ ⁓**hilfseinheit** *f* (Raumf) / recovery package ‖ ⁓**kran** *m* (Kfz) / recovery crane ‖ ⁓**kran** *m* (Masch) / breakdown crane*, accident crane ‖ ⁓**schiff** *n* (Schiff) / salvor *n* ‖ ⁓**schlepper** *m* (Schiff) / salvage tug, wrecking tug (US)
**Bergviscacha** *f* (Gattung Lagidium) (Leder, Zool) / mountain viscacha
**Bergwerk** *n* (alle über- und untertägigen Einrichtungen) (Bergb) / mine* *n*
**Bergwerks•feld** *n* (Bergb) / claim *n* (US), mining claim ‖ ⁓**gesellschaft** *f* (Bergb) / mining company
**Berg•wesen** *n* (Bergb) / mining *n* ‖ ⁓**zinn** *n* (als Gegensatz zu Seifenzinn) (Bergb) / lode tin
**Bericht** *m* (im Tätigkeitsbericht) / report *n* (classified, declassified) ‖ ⁓ (Radio, TV) / coverage *n*
**berichten** *v* (Radio, TV) / cover *vt*
**Berichterstattung** *f* (Radio, TV) / coverage *n*
**berichtigen** *v* / correct *v*
**berichtigte Fluggeschwindigkeit** (Luftf) / rectified airspeed*, RAS (when corrected for position error)
**Berichtigung** *f* / correction *n* ‖ ⁓ (Regeln) / corrective action
**Berichtigungswert** *m* (Regeln) / correction value
**Berichtszeitraum** *m* / period under review
**berieseln** *v* (mit Kühlmittel) (Masch) / flood *vt*
**Berieselung** *f* (Landw) / irrigation* *n*, watering *n* ‖ ⁓ (mit Kühlmittel) (Masch) / flooding *n*
**Berieselungs•kühler** *m* / trickle cooler, spray cooler, film cooler ‖ ⁓**verflüssiger** *m* (für Kältemittel) (Masch) / atmospheric condenser
**berindet** *adj* (For) / barked *adj*
**berippen** *v* (zur Versteifung) (Masch) / rib *v* ‖ ⁓ (Masch, V-Mot) / fin *v*
**beripptes Rohr** (bei Wärmeträgern) (Hütt, Masch) / finned tube, gilled tube, ribbed tube
**Berippung** *f* (Masch) / ribbing *n* ‖ ⁓ (Masch, V-Mot) / finning *n*
**Berkefeld-Filter** *n* (zur Trinkwasserentkeimung für den Labor- und Hausgebrauch - nach W. Berkefeld, 1836-1897) (Chem, Sanitär) / Berkefeld filter*
**Berkelium (Bk)** *n* (Chem) / berkelium* *n*
**Berlese-Apparat** *m* (Erfassen der Mikroorganismen nach Verhaltensweise mittels Licht- und Wärmewirkung) (Umwelt) / Berlese funnel
**Berlin•er Blau** *n* (ein lichtechtes Pigment) (Anstr) / Berlin blue, Prussian blue, iron blue, ferrocyanide blue, Chinese blue, bronze blue ‖ ⁓**er Lattendecke** (Bau) / counter-lathing* *n*, brandering* *n*
**Berliner-Schrift** *f* (mit horizontaler Auslenkung der Graviernadel - nach E.Berliner, 1851-1929) (Akus) / lateral recording*, radial recording*
**Berl-Sattel** *m* (Füllkörper einer Rektifiziersäule - nach E. Berl, 1877-1946) (Chem Verf) / Berl saddle*
**Berme** *f* (Geol) / berme *n*, berm *n* ‖ ⁓ (horizontaler oder schwach geneigter schmaler Absatz in einer Böschung) (HuT) / berm* *n*, bench* *n*, ledge *n*, berme *n*, banquette* *n*
**Bermudahoch** *n* (über dem Nordatlantik im Gebiet der Bermudainseln) (Meteor) / Bermuda high, Bermuda anticyclone
**Berner Hohl•schlüssel** (Bahn) / Berne barred key, four-sided hollow socket key ‖ ⁓ **Raum** (Sicherheitsraum für den Kuppler) (Bahn) / Berne rectangle, free-coupling space
**Bernoulli•-Box** *f* (ein magnetisches Speichermedium) (EDV) / Bernoulli box ‖ ⁓**-Lemniskate** *f* (Math) / lemniscate *n*, lemniscate of Bernoulli
**Bernoullisch•e Differentialgleichung** (nichtlineare, erster Ordnung - nach D.Bernoulli, 1700-1782) (Math) / Bernoulli differential equation, Bernoulli equation* ‖ ⁓**es Gesetz der großen Zahlen**

# Berufsausbildung

(Stats) / Bernoulli's law of large numbers ‖ ⁓**e Gleichung** (eine Strömungsgleichung) (Hyd) / Bernoulli equation, Bernoulli's theorem, Bernoulli's principle ‖ ⁓**e Lemniskate** (Math) / lemniscate *n*, lemniscate of Bernoulli* ‖ ⁓**es Polynom** (Math) / Bernoulli's polynomial* ‖ ⁓**es Theorem** (Hyd) / Bernoulli equation, Bernoulli's theorem, Bernoulli's principle ‖ ⁓**e Ungleichung** (nach J. Bernoulli I, 1654 - 1705) (Math) / Bernoulli inequality ‖ ⁓**e Verteilung** (Stats) / binomial distribution*, Bernoulli's distribution, Bernoulli distribution ‖ ⁓**e Zahlen** (Math) / Bernoulli's numbers*
**Bernoulli•-Schema** *n* (eine Serie von endlich vielen unabhängigen Wiederholungen ein und desselben Versuches, wobei man sich bei jeder Wiederholung nur dafür interessiert, ob ein Ereignis eingetreten ist oder nicht) (Stats) / Bernoulli trials ‖ ⁓**-Ungleichung** *f* (Math) / Bernoulli inequality ‖ ⁓**-Zahlen** *f pl* (Math) / Bernoulli's numbers*
**Bernstein** *m* (ein fossiles Harz) / amber* *n*, succinite* *n* ‖ **spröder** ⁓ / gedanite *n* ‖ ⁓**farben** *adj* / amber-yellow *adj*, amber *attr* ‖ ⁓**farbig** *adj* / amber-yellow *adj*, amber *attr* ‖ ⁓**farbiger Grossular** (Min) / succinite* *n* ‖ ⁓**gelb** *adj* / amber-yellow *adj*, amber *attr* ‖ ⁓**öl** *n* / amber oil, oil of amber ‖ ⁓**säure** *f* (Chem) / succinic acid*, butanedioic acid ‖ ⁓**säureanhydrid** *n* (Tetrahydrofuran-2,5-dion) (Chem, Nahr) / succinic anhydride, butanedioic anhydride ‖ ⁓**säuredehydrogenase** *f* (Biochem) / succinic acid dehydrogenase, succinic dehydrogenase ‖ ⁓**säuredialdehyd** *m* (Chem) / succindialdehyde *n*, 1,4-butanedial *n* ‖ ⁓**säuredichlorid** *n* (Chem) / succinyl chloride ‖ ⁓**säuredinitril** *n* (Chem) / succinonitrile *n*, ethylene cyanide ‖ ⁓**säureimid** *n* (2,5-Pyrrolidindion) (Chem, Landw) / succinimide *n* ‖ ⁓**säuremonoamid** *n* (Chem) / succinamic acid*, monoamidobutandioic acid*
**Berostung** *f* (der Schale) (Bot, Nahr) / russet* *n*
**Berry-Pseudorotation** *f* (Chem) / pseudorotation *n*, Berry pseudorotation, BPR
**Bersenham-Algorithmus** *m* (ein Elementaralgorithmus zur Umsetzung von Vektor-Grafik in Pixel-Grafik) (EDV) / Bersenham algorithm
**Berst•druck** *m* (Mech) / bursting pressure ‖ ⁓**druckprüfung** *f* (Pap) / burst test*
**bersten** *vi* / crack *vi*, break *vi* ‖ ⁓ / burst *vi*, explode *v*, blow apart *v* ‖ ⁓ *n* / blow-out *n*, exploding *n*, bursting *n*
**Berst•festigkeit** *f* (Mech, WP) / bursting strength ‖ ⁓**festigkeit** (Pap) / bursting strength, pop strength ‖ ⁓**festigkeitsprüfer** *m* nach Mullen (Pap) / Mullen tester, Mullen instrument* ‖ ⁓**festigkeitsprüfung** *f* **nach Mullen** (Pap) / Mullen burst test* ‖ ⁓**platte** *f* (Chem Vrf) / bursting disk*, rupture disk ‖ ⁓**prüfer** *m* (der den Berstwiderstand des Papiers prüft) (Pap) / pop tester ‖ ⁓**relining** *n* (bei der Erneuerung oder Sanierung nicht begehbarer Kanäle (beim Relining)) (HuT) / pipe cracking ‖ ⁓**scheibe** *f* (mechanisch wirkende Sicherheitseinrichtung bei Druckanlagen) (Chem Verf) / bursting disk*, rupture disk ‖ ⁓**sicherheit** *f* (des Behälters) (Nukl) / bursting resistance ‖ ⁓**verfahren** *n* (HuT) / pipe cracking ‖ ⁓**versuch** *m* (ein Innendruckversuch nach DIN 50105) (WP) / burst test ‖ ⁓**widerstand** *m* (Pap) / bursting strength, pop strength
**Berthelot•-Kalorimeter** *n* (Phys) / Berthelot's calorimeter ‖ ⁓**-Kalorimeter** (Phys) s. auch Kalorimeterbombe ‖ ⁓**-Reaktion** *f* (eine Nachweisreaktion für Ammoniak) (Chem) / Berthelot reaction
**Berthelotsch•e Bombe** (nach P.E.M.Berthelot, 1827-1907) (Phys) / Berthelot's calorimeter ‖ ⁓**e Gleichung** (Phys) / Berthelot equation
**berthollid•e Verbindung** (nach C.L. Graf von Berthollet, 1748-1822) (Chem) / berthollide *n*, Berthollide compound, nonstoichiometric compound* ‖ ⁓ *n* (Chem) / berthollide *n*, Berthollide compound, nonstoichiometric compound*
**Bertrandit** *m* (Min) / bertrandite* *n*
**Bertrand•-Linse** *f* (Mikros) / Bertrand lens ‖ ⁓**-Postulat** *n* (zwischen einer natürlichen Zahl >1 und ihrem Doppelten liegt mindestens eine Primzahl) (Math) / Bertrand's postulate
**Bertrandsch•es Kurvenpaar** (nach J. Bertrand, 1822 - 1900) (Math) / conjugate Bertrand curves*, associate Bertrand curves*, Bertrand curves* ‖ ⁓**es Paradoxon** (Math) / Bertrand's paradox
**berücksichtigen** *v* / take into consideration, allow *v* (for)
**Beruf, auf den** ⁓ **vorbereitend** / prevocational *adj* ‖ **handwerklicher** ⁓ / trade *n*
**beruflich** *adj* / professional *adj* ‖ ⁓**e Exposition** (Radiol) / occupational exposure ‖ ⁓ **strahlenexponierte Person** (Radiol) / occupationally radiation-exposed person, category A worker ‖ ⁓**er Strahlenschutz** *m* (Radiol) / health physics* ‖ ⁓**e Weiterbildung** / continuing professional development ‖ ⁓**er Werdegang** (als Bewerbungsunterlage) / career résumé ‖ ⁓**e Wiedereingliederung** / occupational resettlement
**Berufs•anzugköper** *m* (z.B. auch für Bluejeans) (Tex) / denim* *n* ‖ ⁓**asthma** *n* (durch berufsbedingten Kontakt mit Allergenen in Dampf- und/oder Staubform) (Med) / occupational asthma ‖ ⁓**ausbildung** *f* / vocational training, professional education ‖

131

**berufsbedingt**

~**bedingtes Asthma** (Med) / occupational asthma ‖ ~**bedingte Strahlendosis** (Radiol) / occupational (radiation) dose ‖ ⁓**berater** *m* (an einer Schule) / careers master ‖ ⁓**berater** (z.B. für Schulabgänger) / careers officer ‖ ⁓**beratung** *f* / careers guidance, careers advice, vocational guidance ‖ ⁓**bildung** *f* / vocational training, professional education ‖ ⁓**flugzeugführer** *m* (II. Klasse) (Luftf) / commercial pilot ‖ ⁓**flugzeugführer** (I. Klasse) (Luftf) / senior commercial pilot ‖ ⁓**geheimnis** *n* / professional secret ‖ ⁓**kleidung** *f* (modisch beeinflußte, repräsentative, nicht strapazierfähige) (Tex) / dress career apparel ‖ ⁓**kleidung** (zweckmäßige, strapazierfähige) (Tex) / vocational career apparel ‖ ⁓**kleidung** (Tex) / professional wear, professional clothing, career apparel ‖ ⁓**krankheit** *f* (z.B. Lärmschwerhörigkeit, Staublunge, Farmerlunge usw. - Entschädigung durch die gesetzliche Unfallversicherung) (Med) / occupational disease, industrial disease ‖ ⁓**krankheiten hervorrufendes Gift** (Chem, Med) / occupational toxicant ‖ ⁓**neurose** *f* (Med) / occupational neurosis ‖ ⁓**pendler** *m* (Person, die ihre Arbeitsstätte außerhalb ihrer Wohngemeinde aufsucht) / commuter *n* ‖ ⁓**pendlerverkehr** *m* (starker Verkehr zu Beginn und nach dem Ende der allgemeinen Arbeitszeit) / home-to-work traffic, commuter traffic, rush-hour traffic ‖ ⁓**psychologie** *f* / occupational psychology ‖ ⁓**psychologie** s. auch Industriepsychologie ‖ ⁓**risiko** *n* / occupational hazard, occupational risk ‖ ⁓**tauglichkeit** *f* / professional fitness ‖ ⁓**umschulung** *f* / vocational retraining ‖ ⁓**vereinigung** *f* / professional body ‖ ⁓**verkehr** *m* / home-to-work traffic, commuter traffic, rush-hour traffic ‖ ⁓**wahl** *f* / occupational choice
**beruhigen** *v* (Med, Pharm) / sedate *v*
**beruhigend** *adj* (Med, Pharm) / calmative *adj*, sedative *adj*
**beruhigter Stahl** (Hütt) / killed steel*
**Beruhigung** *f* (einer Schwingung) (Eltech) / smoothing *n* ‖ ⁓ (Fernm) / antihunting* *n*
**Beruhigungs•becken** *n* (mit Schikanen) (Wasserb) / stilling pool, stilling basin, water cushion, absorption basin ‖ ⁓**flügel** *m* (eines Umlaufverschlusses) (Film) / antiflicker blade, antiflicker vane ‖ ⁓**kreis** *m* (Fernm) / antihunting circuit ‖ ⁓**mittel** *n* (Pharm) / sedative *n*, calmative *n* ‖ ⁓**ton** *n* (EDV) / music-on-hold *n* ‖ ⁓**widerstand** *m* (ein Vorschaltwiderstand) (Eltech) / steadying resistance* ‖ ⁓**zeit** *f* (Instr) / response time, setting time
**berührbares leitfähiges Teil** (von Betriebsmitteln) (Eltech) / exposed conductive part
**Berührellipse** *f* (bei Reibrädern) (Masch) / contact ellipse
**berühren** *v* / touch *vt* ‖ **gegenseitiges störendes** ⁓ (Masch) / fouling* *n*
**Berührkreis** *m* (Math) / circle of contact
**Berührpunkt** *m* (einer Menge) (Math) / point of tangency, point of contact, point of closure
**Berührung** *f* (von zwei Leitern) (Elektr) / contact* *n* ‖ ⁓ (von Kurven, Flächen) (Math) / tangency *n*, contact *n* ‖ **direkte** ⁓ **mit Sauerstoff** (z.B. bei Kolbenringen der Sauerstoffkompressoren) / direct oxygen service ‖ **gegen** ⁓ **geschützt** (Eltech) / protected-type* *attr* ‖ **gegen** ⁓ **geschützter Motor** (Eltech) / screen-protected motor*, guarded motor ‖ **in** ⁓ **kommen** / touch *v* ‖ **körperliche** ⁓ / physical contact, PC ‖ **metallische** ⁓ (Eltech) / metal-to-metal contact ‖ **zufällige** ⁓ (durch Unaufmerksamkeit) (Eltech) / inadvertent contact
**Berührungs•bahnhof** *m* (Bahn) / junction station (where two lines run in side by side) ‖ ⁓**bildschirm** *m* (EDV) / touch screen, touch-sensitive screen ‖ ⁓**dichtung** *f* (als ebene Flachdichtung) (Masch) / static contact seal ‖ ⁓**dichtung** (im allgemeinen) (Masch) / mechanical-contact seal, contact seal ‖ ⁓**dichtung an gleitenden Flächen** (Masch) / dynamic-contact seal ‖ ⁓**dichtung an ruhenden Flächen** (Masch) / static-contact seal ‖ ⁓**ebene** *f* (Krist) / composition plane (of a contact twin), twinning plane ‖ ⁓**elektrizität** *f* (Elektr) / contact electricity ‖ ⁓**fläche** *f* / area of contact, contact area ‖ ⁓**fläche** **des Reifens** (Kfz) / contact area, contact patch, tyre contact area ‖ ⁓**fläche** (Krist) / composition face, composition surface ‖ **wirkliche** ⁓**fläche** (die Mikrokontakte) / true area of contact ‖ ⁓**fleck** *m* (Fehler) (Leder) / kiss mark, kiss spot ‖ ⁓**fleck** (Leder) / kiss mark ‖ ⁓**frei** *adj* / free of contact, non-contact *attr* ‖ ~**freie Dichtung** (Masch) / non-contacting seal, non-contact seal ‖ ~**freier optischer Wegmeßwandler** / non-contacting photoconductive displacement transducer ‖ ⁓**gefahr** *f* (Eltech) / shock hazard ‖ ⁓**gift** *n* (z.B. DDT, E 605) (Chem, Landw) / contact insecticide* ‖ ⁓**korrosion** *f* / deposit attack, deposit corrosion, poultice corrosion*, deposition corrosion ‖ ⁓**korrosion** (Galv) / contact corrosion, bimetallic corrosion, galvanic corrosion ‖ ⁓**kreis** *m* (einer Kurve) (Math) / circle of contact ‖ ⁓**linie** *f* (Verbindung von sämtlichen möglichen Berührungspunkten der Flanken einer Radpaarung) (Masch) / path of contact, line of contact ‖ ⁓**linie** (z.B. von zwei Walzen) (Masch) / nip *n* ‖ ~**los** *adj* / free of contact, non-contact *attr* ‖ ~**lose Dichtung** (Masch) / non-contacting seal, non-contact seal ‖ ~**loser Drucker** (EDV) / non-impact printer ‖ ~**loses Druckverfahren** (EDV) / non-impact printing ‖ ~**los wirkende Schutzeinrichtung** (Masch) /

no-contact protective equipment ‖ ⁓**potential** *n* (Eltech) / contact potential* ‖ ⁓**potentialwall** *m* (Eltronik) / contact barrier ‖ **apollonisches** ⁓**problem** (Math) / problem of Apollonius, Apollonius' problem ‖ ⁓**punkt** *m* (einer Menge) (Math) / point of tangency, point of contact, point of closure ‖ ⁓**punkt** (Math) / point of osculation*, double cusp ‖ ⁓**schalter** *n* (Eltech) / touch switch, sensor switch ‖ ⁓**schutz** *m* (DIN 57470, T 1) (Eltech, Med) / protection against electric shock, protection against (accidental) contact ‖ ⁓**schutz** )**eine Schutzvorrichtung**) *m* (Masch) / guard* *n*, defence *n*, fence* ‖ ⁓**schweißen** *n* (Schw) / touch welding ‖ ⁓**sehne** *f* (Math) / chord of contact* ‖ ~**sensitiver Bildschirm** (EDV) / touch screen, touch-sensitive screen ‖ ~**sicher abgedeckt** (z.B. mit Schutzhülle) (Eltech) / protected-type* *attr* ‖ ~**sicherer Schalter** (Eltech) / shockproof switch*, all-insulated switch*, Home Office switch* ‖ ⁓**spannung** *f* (die Spannung, welche bei der elektrischen Durchströmung eines Menschen oder Nutztieres zwischen den Berührungspunkten auftritt) (Eltech) / contact voltage ‖ ⁓**spannung** (mit Ausbildung einer elektrischen Doppelschicht) (Eltech, Phys) / contact voltage ‖ ⁓**spannungsschutz** *m* (Eltech, Med) / protection against electric shock, protection against (accidental) contact ‖ ⁓**stelle** (Masch) / nip *n* ‖ ⁓**stelle** (im Tragbild) (Masch) / contact point ‖ ⁓**strom** *m* (Eltech) / contact current ‖ ⁓**thermometer** *n* (Phys) / contact thermometer ‖ ⁓**transformation** *f* (z.B. Legendre-Transformation) (Math) / contact transformation ‖ ~**trocken** *adj* (Anstr) / touch-dry *adj*, dry to touch, hand-dry *adj* ‖ ⁓**überhitzer** *m* (des Dampferzeugers) (Masch) / convection superheater ‖ ⁓**zeit** *f* / contact time, touch time ‖ ⁓**zündung** *f* (Schw) / touch starting ‖ ⁓**zwillinge** *m pl* (Wachstumszwillinge) (Krist) / juxtaposition twins*, contact twins
**berußen** *v* / soot *vt*
**Beryll** *m* (Berylliumaluminiumhexasilikat) (Min) / beryl* *n*
**Beryllat** *n* (Salz der Berylliumsäure) (Chem) / beryllate *n*
**Beryll•erde** *f* (Chem, Min) / beryllia *n* ‖ ⁓**erde** s. auch Berylliumoxid
**Beryllid** *n* (intermetallische Verbindung von Beryllium mit hochschmelzenden Übergangselementen) (Chem) / beryllide* *n*
**Berylliose** *f* (eine Staublungenerkrankung) (Med) / berylliosis* *n*
**Beryllium (Be)** *n* (Chem) / beryllium* *n* ‖ **elektrolytisches Diffusionsbeschichten mit** ⁓ **über Berylliumfluorid als Zwischenstufe** (Galv) / berylliding *n* ‖ ⁓**bronze** *f* (Hütt, Uhr) / beryllium bronze*, beryllium copper ‖ ⁓**chlorid** *n* (Chem) / beryllium chloride ‖ ⁓**detektor** *m* (in der Analyse) (Chem) / berylometer *n*, beryllium detector ‖ ⁓**fenster** *n* (Nukl) / beryllium window ‖ ⁓**fluorid** *n* (Chem) / beryllium fluoride ‖ ⁓**glas** *n* (z.B. Lindemann-Glas) (Glas) / beryllium glass ‖ ⁓**granulomatose** *f* (Med) / beryllium granulomatosis ‖ ⁓**hydrid** *n* (Chem) / beryllium hydride ‖ ⁓**iodid** *n* (Chem) / beryllium iodide ‖ ⁓**krankheit** *f* (Med) / beryllosis* *n* ‖ ⁓**kupfer** *n* (eine Vorlegierung) (Hütt) / beryllium copper ‖ ⁓**legierung** *f* (Hütt) / beryllium alloy ‖ ⁓**oxid** *n* (Chem) / beryllium oxide ‖ ⁓**silizid** *n* (Chem, Nukl) / beryllium silicide ‖ ~**wasserstoff** *m* (BeH₂) (Chem) / beryllium hydride
**Beryllonit** *m* (Natriumberylliumphosphat) (Min) / beryllonite *n*
**Berzelianit** *m* (Min) / berzelianite *n*
**besäen** *v* (Feld) (Landw) / sow *v*, seed *v* ‖ ⁓ *n* **von Wolken** (z.B. mit Silberiodid) (Meteor) / cloud seeding
**Besamung** *f* (künstliche - die von einer behördlichen Erlaubnis abhängig ist) (Landw) / insemination *n*
**besanden** *v* (Bahn, Bau, Keram) / sand *v*
**besandet** *adj* (mit Sand bedeckt) / sand-surfaced *adj*
**Besandungsmaschine** *f* / sanding machine
**Besatz** *m* (eines Süßgewässers mit Jungfischen) / stocking *n* ‖ ⁓ (von Sprengbohrlöchern) (Bergb) / stemming *n*, tamping *n* ‖ ⁓ (Keram) / setting *n* (of ware in a kiln), load *n*, filling *n*, charge *n* ‖ ⁓ (Verunreinigung des Saatguts) (Landw) / impurity *n* ‖ ⁓ (Erntegutbeimengungen) (Landw) / rubbish *n* ‖ ⁓ (bei Schuhen) (Leder) / foxing *n* ‖ ⁓ (an Kleidern) (Tex) / trimmings *pl*, facings *pl* ‖ **schräggeschnittener** ⁓ (Tex) / bias binding* ‖ ⁓**höhe** *f* (Keram) / setting height ‖ ⁓**scherling** *m* (gegerbtes und zugerichtetes Schaf- oder Lammfell mit kurzer oder mittellanger Wolle für Besatzzwecke) (Leder) / trimming shearling ‖ ⁓**stärke** *f* (bei der Weidenutzung) (Landw) / stocking rate ‖ ⁓**stein** *m* (für Winderhitzer und Regenerativkammern) (Hütt) / filler brick ‖ ⁓**stock** *m* (Bergb) / tamping bar, charging bar, tamping rod ‖ ⁓**stoff** *m* (z.B. Cotelé oder Velvet) (Tex) / trimming fabric, trimming material ‖ ⁓**teile** *n pl* (Tex) / trimmings *pl*
**Besatzung** *f* (Luftf, Schiff) / crew *n* ‖ **dreiköpfige** ⁓ (Luftf, Schiff) / three-man crew, crew of three ‖ **zweiköpfige** ⁓ (Luftf) / two-crew *n*
**Besatzungs-, Passagier- und Frachtraum** *m* (innerhalb des Flugzeugs) (Luftf) / car* *n* ‖ ⁓**mitglied** *n* (Luftf) / aircrew *n* (pl. aircrew) ‖ ⁓**mitglied** (Luftf, Schiff) / crew member
**Besäumautomat** *m* (For) / automatic edger

**besäumen** v (Baumkanten entfernen) (For) / edge v, square v ‖ ~ (Hütt, Plast) / trim v ‖ ⁓ n (Entfernen der Baumkanten) (For) / edging n, squaring n, square-edging n ‖ ⁓ (Hütt, Plast) / trimming* n
**Besäum- und Lattenkreissäge, mehrblättrige automatische** ⁓ (For) / trimmer n
**Besäum•schere** f (Hütt) / trimmer n, trimming shears ‖ ⁓- **und Längsteilschere** f (ganze Anlage) (Hütt) / trimming and slitting line ‖ **besäumt, dreiseitig** ~ (For) / three-edged adj
**BE-Schaden** m (im allgemeinen) (Nukl) / fuel element defect
**beschädigen** (Pflanzen durch frost) / nip v ‖ ~ v (durch Quetschen) / bruise v ‖ ~ (durch Kratzen) / mar v ‖ ~ v / damage v
**beschädigt** adj (Datei) (EDV) / corrupt adj ‖ ~ (Sektor) (EDV) / bad adj ‖ ~**es Brennelement** (Nukl) / failed fuel element, failed element ‖ ~**e Kante** / damaged edge, ragged edge
**Beschädigung, leichte** ⁓ (äußere) / blemish n ‖ ⁓ f **durch** (in das Triebwerk geratene/n/) **Fremdkörper** (Luftf) / foreign-object damage, FO damage, FOD
**Beschädigungs•gefahr** f / risk of damage ‖ ⁓**risiko** n / risk of damage ‖ ⁓**spannung** f (Eltech) / injury potential, demarcation potential
**beschaffen** v / supply v ‖ ~ / procure v, get v, obtain v
**Beschaffenheit** f / condition n, state n ‖ **alkalische** ⁓ (Chem) / alkalinity* n, basicity* n, alkalescence n ‖ **quadratische** ⁓ / squareness n ‖ **saure** ⁓ / sourness n, acidity n ‖ **teigige** ⁓ / doughiness n
**Beschaffung** f / supply n, supplying n
**Beschaffungskosten** pl (in der Lagerhaltungstheorie) / ordering costs, order costs
**Beschäftigung, eine** ⁓ **annehmen** / take on v, hire on v
**Beschäftigungs•grad** m (F.Org) / employment level ‖ ⁓**therapie** f (z.B. als Vorstufe der Arbeitstherapie) (Med) / occupational therapy ‖ ⁓**therapie** (Med) / ergotherapy n, occupational therapy ‖ ⁓- **und Arbeitstherapeut** m (Med) / occupational therapist, occupational therapeutist
**Beschallung** f (Akus) / exposure to sound ‖ **durch** ⁓ **zerstören** (Akus) / sonicate v
**Beschallungsanlage** f (Akus) / public-address system*, PA system, sound reinforcement system*, tannoy n (GB)
**beschalten** v (Eltech) / wire v
**beschaltet, nicht** ~ (Fernm) / vacant adj
**Beschaltung** f (Eltech) / wiring n, electric wiring
**Beschaufelung** f (des Turbinenlaufrads) (Masch) / blading n ‖ **3D-**⁓ (bei Laufrädern) (Masch) / three-dimensional blading
**Bescheidleitung** f (Fernsp) / information line
**beschichten** v / coat v ‖ ~ (Gegenstände mit dünner Metallschicht) / plate v ‖ ~ (Buchb, Tex) / laminate v, line v ‖ ~ n (DIN 8500) / coating n, laminating n ‖ ~ (von Gegenständen mit dünner Metallschicht) (Chem, Eltech) / plating n ‖ ⁓ (Pap, Plast) / lamination n ‖ **elektrochemisches** ~ (Herstellung der Überzüge); Aufbringen (von metallischen Schutzschichten);n. (Galv) / electroplating* n, E.P., plating n, metal plating ‖ ⁓ n **im Tauchverfahren** (Eltronik, Plast) / dip coating, dipping mandrel blowing ‖ ⁓ **in der Werkstatt** (Anstr) / factory coating ‖ ~ **mit Kunststoffen** (um die Verpackungseigenschaften zu verbessern) (Pap, Plast) / coating n
**beschichtet•es Brennstoffteilchen** (Nukl) / coated particle ‖ ~**es Gewebe** (Tex) / coated fabric* ‖ ~**es Glas** (Glas) / coated glass ‖ ~**es Lackleder** (Leder) / patent laminated leather, plastic-surfaced laminated leather ‖ ~**e Partikel** (mit pyrolytisch abgeschiedenem Kohlenstoff) (Nukl) / coated particle ‖ ~**es Textil** (Tex) / coated fabric*
**Beschichtung** f (als Schutzschicht) / coating n, coat n ‖ ⁓ / coating n, laminating n ‖ ⁓ (Pap, Plast) / lamination n ‖ **anorganische** ⁓ (Anstr) / inorganic coating ‖ **eishemmende** ⁓ (Anstr, Luftf) / de-icing coat(ing) ‖ **elektrophoretische** ⁓ (Anstr) / electrophoretic coating, electrocoating n, electrophoretic painting ‖ **elektrophoretische** ⁓ (Anstr) ‖ **magnetische** ⁓ (Mag) / magnetic coating ‖ **maritime** ⁓ (Anstr) / maritime coating ‖ **mit antiadhäsiver** ⁓ / anti-adhesive adj, non-stick attr, antistick attr ‖ **organische** ⁓ (aus organischen hochpolymeren Stoffen) / organic coating ‖ ⁓ f **aus Lösungen** / solution coating ‖ ⁓ **der Teppichrücken** (Tex) / back coating ‖ ⁓ **durch Vakuumzerstäubung** (Eltronik) / sputter coating, sputtering* n ‖ ⁓ **mit Streichroller** (Anstr) / roller coating
**Beschichtungsanlage, elektrochemische** ⁓ (Galv) / plating installation
**Beschichtungs•fehler** m (Anstr) / coating defect ‖ ⁓**gerät** n (Chem) / spreader n ‖ ~**gerechte Gestaltung** (Anstr) / suitable design for coating ‖ ⁓**gut** n (Vakuumt) / substrate n (BS 2951, P. 2 : 1975) ‖ ⁓**kanone** f (Anstr) / detonation gun ‖ ⁓**maschine** f (Anstr) / coater n ‖ ⁓**maschine** (Pap, Plast, Tex) / laminator m, laminating machine, lining machine ‖ ⁓**masse** f (Tex) / dope n (to make fabric impervious to water or air or both) ‖ ⁓**material** n (Masch) / surfacing material ‖ ⁓**mittel** n (Pap, Tex) / laminant n ‖ **keramisches** ⁓**mittel** n (Keram) / solution ceramic ‖ ⁓**papier** n (für Skelettkonstruktionen - mit Asphaltzwischenschicht) (Bau) /

sheathing paper* ‖ ⁓**pulver** n (pulverförmiger Beschichtungsstoff) (Anstr) / coating powder ‖ ⁓**pulver** (das ausschließlich aus Festkörpern besteht und völlig frei von Lösemitteln ist) (Anstr) / powder coating ‖ ⁓**stoff** m (DIN 55945) (Anstr) / coating material, coating n ‖ ⁓**stoff** (für den Bau) (Bau) / architectural coating ‖ ⁓**system** n (Anstr) / paint system, coating system ‖ ⁓**system** (Anstr) / coating system, paint system, paintwork n
**Beschickblech** n (in der Spanplattenherstellung) (For) / caul n
**beschicken** v / charge v, fill v, feed v, load v ‖ ~ (Galv) / load v ‖ ~ (Hütt) / fill v, load v, charge v, burden v ‖ ~ (mit Brennstoff) (Nukl) / fuel v ‖ ~ **neu** ~ (Nukl) / refuel v ‖ ⁓ n (des Hochofens) (Hütt) / filling n, loading n, charging n ‖ **satzweises** ⁓ (z.B. eines Ofens) (Hütt) / batch charging, batch feeding
**Beschickung** f (Galv) / loading n ‖ ⁓ (Material) (Hütt) / charge* n, burden n ‖ ⁓ (des Hochofens) (Hütt) / filling n, loading n, charging n ‖ ⁓ **durch Trichter** (Masch) / hopperfeed n ‖ ⁓ **für Strom** (ein Abdriftwinkel) (Schiff) / current correction-angle ‖ ⁓ **für Wind** (ein Abdriftwinkel) (Schiff) / wind correction-angle ‖ ⁓ **mit körniger Masse** / granular feed ‖ ⁓ **mit Löffel** (Gieß) / ladling n ‖ ⁓ **von Hand** (Masch) / hand feed ‖ ⁓ **von oben** (Masch) / top feeding
**Beschickungs•aufgabe** f (z.B. eines IR) (Masch) / loading task, feeding task ‖ ⁓**band** n (Hütt) / charging belt ‖ ⁓**förderer** m (meistens eine Bandförderanlage) (Hütt) / feed conveyor, charging conveyor ‖ ⁓**kran** m (Hütt) / charging crane ‖ ⁓**maschine** f (Hütt) / charging machine, charger n ‖ ⁓**material** n (Hütt) / charge* n, burden n ‖ ⁓**mechanismus** m (Hütt) / feed n, feeder* n, feeding device ‖ ⁓**öffnung** f (des Schachtofens) (des Hochofens) (Hütt) / throat n, charging hole, furnace throat, furnace top ‖ ⁓**roboter** m / charging robot, feeding robot ‖ ⁓**seite** f (Nukl) / charge face ‖ ⁓**trichter** m (Gieß, Hütt) / feed hopper, hopper* n, feeding hopper ‖ ⁓**tür** f (Hütt) / charging door ‖ ⁓**vorrichtung** f (Hütt) / feed n, feeder* n, feeding device
**beschießen** v (mit Granaten) (Mil) / shell v ‖ ~ (Nukl) / bombard v ‖ **mit Raketen** ~ (Mil) / rocket v ‖ ⁓ n (Nukl) / bombardment* n
**Beschießung** f **mit Neutronen** (Nukl) / neutron bombardment
**Beschirmungsgrad** m (Bot) / canopy* n, crown canopy
**Beschirmungsraum** m (Eltronik) / flow-coat room
**Beschlag** m (feuchter Niederschlag, z.B. an Fenstern, Scheiben) / mist n, fog n, cloud n, steam-up n ‖ ⁓ (Bau, Tischl) / fitting n, fitment n, domestic fitting ‖ ⁓ (Geol, Min) / efflorescence* n ‖ ⁓ (z.B. der Krempel nach DIN 64 108) (Spinn) / clothing n ‖ **eiserner** ⁓ (HuT) / shoe n
**Beschläge** m pl (Bau, Tischl) / furniture* n
**beschlagen** v (sich) (Glas) / mist up vi, cloud over v, steam v, steam up v, fog v ‖ ⁓ adj (Fensterscheibe) / misted-up adj, fogged-up adj, fogged adj, steamed-up adj ‖ ~ (Langholz) (For) / rough-hew v ‖ ~**e Flächen putzen** (reinigen) (Glas) / defog v, demist v ‖ ⁓ **durch Kondensation von Wasserdampf** / fogging due to condensation of water vapour
**beschlag•frei** adj / non-fogging adj ‖ ⁓**teile** n pl (im allgemeinen) (Masch) / metalware n, hardware n, ironmongery n, ironwork n ‖ ⁓**verhinderungsmittel** n (Opt) / antifogging compound, antifogging agent
**beschleunigen** v (Tempo) / put on v ‖ ~ / accelerate v ‖ ~ (z.B. eine Reaktion) / speed up v ‖ ~ / stimulate v ‖ **sich** ~ / accelerate vi
**beschleunigend** adj (Phase im Antriebsprogramm) (Raumf) / posigrade adj ‖ ~**es Feld** (Eltech, Kernphys) / accelerating field, acceleration field
**Beschleuniger** m (chemischer Stoff, der die Reaktionsgeschwindigkeit zwischen Schwefel und Kautschuk erhöht oder die Vulkanisationstemperatur herabsetzt) (Chem Verf) / accelerator* n, vulcanization accelerator, accelerating agent ‖ ⁓ (Bestandteil des Entwicklers) (Foto) / accelerator n, activator n ‖ ⁓ (Galv) / exaltant n (electroless plating) ‖ ⁓ (Nukl) / accelerator* n, accelerating machine*, particle accelerator ‖ ⁓ (Chem Verf) s. auch Aktivator, Katalysator und Promotor ‖ **elektrostatischer** ⁓ (Nukl) / electrostatic accelerator* ‖ ⁓ m **für mehrere Teilchenarten** (Nukl) / multiparticle accelerator ‖ ⁓ **für schwere Ionen** (Nukl) / heavy-ion accelerator ‖ ⁓ **mit Eisenkernspulen** (Nukl) / iron-core accelerator ‖ ⁓ **mit gegeneinanderlaufenden Strahlen** (Nukl) / colliding-beam accelerator ‖ ⁓ **mit kollidierenden Strahlen** (Nukl) / colliding-beam accelerator ‖ ⁓ **vom Typ "Pelletron"** (Nukl) / pelletron electrostatic accelerator
**Beschleuniger•physik** f (Kernphys) / accelerator physics ‖ ⁓**pumpe** f (Kfz, V-Mot) / accelerating pump, accelerator pump*
**beschleunigt•e Bewegung** (Phys) / accelerated motion, accelerated movement ‖ ~**e Gerbung** (meistens eine Faßgerbung) (Leder) / accelerated tannage ‖ ~**es Kriechen** (Hütt, WP) / tertiary creep (until failure occurs) ‖ ~**e Prüfung** (WP) / accelerated test ‖ ~**e Stromwendung** (Eltech) / forced commutation* ‖ ~**es Teilchen** (Nukl) / accelerated particle ‖ ~**e Trocknung** (Anstr) / forced drying, accelerated drying

**Beschleunigung**

**Beschleunigung** f / acceleration* n ‖ **anchimere** ~ (Chem) / neighbouring-group participation ‖ **kollektive** ~ (Nukl) / collective acceleration ‖ **örtliche** ~ (Mech) / local acceleration ‖ **sekuläre** ~ (Astr) / secular acceleration* ‖ ~ f **in Richtung Fuß-Kopf** (Raumf) / foot-to-head acceleration ‖ ~ **in Richtung Kopf-Fuß** (Raumf) / head-to-foot acceleration
**Beschleunigungs•andruck** m (Luftf, Raumf) / G-factor n ‖ ~**anode** f (Eltronik) / accelerating anode ‖ ~**anreicherung** f (Vollast) (Kfz) / full-throttle enrichment ‖ ~**arbeit** f (Mech) / acceleration work ‖ ~**aufzeichnungsgerät** n (Instr, Phys) / accelerograph n ‖ ~**elektrode** f (Eltronik) / accelerating electrode* ‖ ~**faktor** m (in der Arrhenius-Gleichung) (Chem) / acceleration factor ‖ ~**feld** n (Eltech, Kernphys) / accelerating field, acceleration field ‖ **negative** ~**kraft** (in Richtung Fuß-Kopf) (Luftf, Raumf) / negative g*, minus g* ‖ **positive** ~**kraft** (in Richtung Kopf-Fuß) (Raumf) / positive g*, plus g ‖ ~**loch** n (Kfz) / flat spot*, hesitation n, sag n ‖ ~**messer** m (Instr) / accelerometer* n ‖ ~**pol** m (Mech) / instantaneous centre of acceleration, acceleration pole, acceleration centre ‖ ~**potential** n (Phys) / acceleration potential ‖ ~**pumpe** f (Kfz, V-Mot) / accelerating pump, accelerator pump* ‖ **torusförmiger** ~**raum** (im Betatron) (Kernphys) / doughnut* n, donut* n, toroid* n ‖ ~**schreiber** m (Instr, Phys) / accelerograph n ‖ ~**schütteln** n (Kfz) / shudder n, take-off shudder ‖ ~**spannung** f (Eltronik) / accelerating potential* ‖ ~**sprung** m (Masch) / jerk n, jolt n, jerky movement ‖ ~**spur** f (Kfz) / acceleration lane ‖ ~**streifen** m (Kfz) / acceleration lane ‖ ~**toleranz** f (Raumf) / acceleration tolerance* ‖ ~**verhältnis** n (das die Effizienz einer Zentrifuge charakterisiert) (Masch) / relative centrifugal force, accelerating ratio ‖ ~**zeit** f (Magnetbandtechnik) (EDV) / acceleration time, start time ‖ ~**zunahme** f (Luftf) / acceleration build-up ‖ ~**zustand** m (eine Übertragungsfunktion der Gelenkgetriebe) (Mech) / state of acceleration
**beschmieren** vt / smear vt ‖ ~ v (mit Fett) / grease v ‖ ~ n (mit Fett) / greasing n
**Beschmierung** f / smearing n
**beschmutzen** v / spot vt, stain vt ‖ ~ (verunreinigen) / soil vt ‖ ~ n / spotting n, staining n
**Beschneide•abfall** m (Druck, Pap) / trim n, trim waste, trimmings pl ‖ ~**hobel** m (Buchb) / plough* n, plow* n (US) ‖ ~**maschine** f (Buchb) / guillotine* n ‖ ~**messer** n (Buchb) / plough* n, plow* n (US)
**beschneiden** v (Sohlen) / rough round ‖ ~ / lop v, lop off v ‖ ~ (Anstr, Buchb, Leder, Masch) / trim v ‖ ~ (einen Baum) (KI) / prune v, truncate v, cut off v ‖ ~ (Landw) / trim v ‖ **rechteckig oder quadratisch** ~ (behauen, zurichten) / square v ‖ **rechtwinklig oder quadratisch** ~ (For) / die-square v ‖ **Waldkanten** ~ (For) / list v ‖ ~ n (Anstr, Buchb, Masch) / trimming n ‖ ~ (eines Baumes) (EDV) / pruning n, cut-off n
**Beschneidmarke** f (Druck) / trim mark
**Beschnitt** m (Anstr, Buchb, Masch) / trimming n ‖ ~ (Abfall) (Leder) / trimmings pl
**beschnitten•e Kanten** (meistens auf Dreimessermaschinen) (Buchb) / cut edges* ‖ ~**es Papierformat** (Buchb, Druck) / trimmed size*
**Beschnitt•marke** f (Druck) / trim mark ‖ ~**rand** m (Druck) / bleed border
**beschossener Kern** (Kernphys) / target nucleus
**beschottern** v (Straße, Weg) (HuT) / metal v
**Beschotterung** f (Bahn) / ballasting n
**beschränken** v (auf) / restrict v (to)
**beschränkt•er Bahnübergang** (ein Verkehrszeichen) (Bahn, Kfz) / level crossing with barrier or gate ahead ‖ ~**er Bahnübergang** (Bahn, Kfz) / barrier level crossing
**beschränkt** adj (Math) / bounded adj ‖ **gleichmäßig** ~ (Funktionenfolge) (Math) / uniformly restricted ‖ **nach oben** ~ (Math) / bounded above ‖ ~**e Ausschreibung** (bei der Vergabe von Aufträgen der öffentlichen Hand - auf einen bestimmten Kreis von Unternehmen beschränkt) / restricted tender ‖ ~**e Funktion** (die sowohl nach oben als auch nach unten beschränkt ist) (Math) / bounded function* ‖ ~**e Haltbarkeit** (Lagerfähigkeit) / limited shelf life ‖ ~**e Mischbarkeit** (Chem) / limited miscibility, incomplete miscibility, partial miscibility ‖ ~**e Punktmenge** (Math) / bounded set of points* ‖ ~**e Randemitter-LED** (Eltronik) / restricted edge-emitting diode, REED ‖ ~**e Summation** (EDV) / bounded summation ‖ ~**e Variation** (Math) / bounded variation
**Beschränktheit** f (Math) / boundedness n
**Beschränkung** f (Hemmung) / constraint n ‖ ~ / limitation n
**beschreibbar** adj (z.B. ein Prozeß) / describable adj ‖ ~ (EDV) / writable adj ‖ **einseitig** ~ (Diskette) (EDV) / single-sided adj, single-face attr ‖ **wieder** ~ (EDV) / rewritable adj ‖ ~**e CD** (Akus, EDV, Eltronik) / recordable compact disk, CD-R, compact disk recordable ‖ ~**e Oberfläche** (EDV) / recordable surface, recording surface ‖ ~**er Steuerspeicher** (bei der Mikroprogrammierung) (EDV) / writeable control storage (WCS), writable control storage

**beschreiben** v (vollschreiben) / fill with writing ‖ ~ (darstellen) / describe v ‖ ~ (eine Compactdisk) (EDV) / write v ‖ ~ (Math) / describe v ‖ **in Einzelheiten** ~ / detail v ‖ **wieder** ~ / rewrite v
**beschreibende Statistik** (DIN 13303, T 1) (Stats) / descriptive statistics
**Beschreibung** f / description n ‖ ~ **durch Oberflächen** (bei einem Flächenbegrenzungsmodell) (EDV) / boundary representation ‖ ~ **durch Oberflächen** s. auch Flächenmodell ‖ ~ **eines Parameters** / parameter description
**Beschreibungs•fehler** m (EDV) / description error ‖ ~**raum** m (KI) / description space
**beschriebene Oberfläche** (z.B. der Diskette) (EDV) / recorded surface
**beschriften** v (eine Zeichnung nach DIN 16 und 17) / letter v ‖ ~ (mit maschinenlesbaren Schriftzeichen) (EDV) / inscribe v
**Beschriftung** f / inscription n, label n ‖ ~ (der Zeichnungen nach DIN 16 und 17) / lettering n ‖ **magnetische** ~ (Mag) / magnetic lettering
**Beschriftungs•feld** n (DIN 66 154) (EDV) / active field ‖ ~**stelle** f (Masch) / body recess (GB), neck n (US) ‖ ~**stift** m (Foto) / photo marker
**beschuhen** (HuT) / shoe v
**Beschuß** m (Artillerie) (Mil) / shelling n ‖ ~ (Nukl) / bombardment* n ‖ ~ **mit schnellen Atomen** (Kernphys, Spektr) / fast-atom bombardment, liquid secondary ion mass spectrometry, LSIMS ‖ ~**prüfung** f (Tex) / ballistic testing
**Beschwerde** f / complaint n, claim n
**beschweren** v (mit Füllstoffen) (Chem, Pap) / load v ‖ ~ (Garn) (Spinn) / load v ‖ ~ (Tex) / fill v ‖ ~ (Baumwoll- und Zellwollgewebe bei der Ausrüstung) (Tex) / charge v, load v, weight v ‖ ~ (Naturseide) (Tex) / charge v, load v, weight v ‖ ~ n (mit Füllstoffen) (Chem, Pap) / loading* n ‖ ~ (eine Ausrüstung bei Baumwoll- und Zellwollgeweben) (Tex) / charging n, loading n, weighting n ‖ ~ (Tex) / filling n
**Beschwergewicht** n / ballast weight ‖ ~ / loading weight
**beschwert, unterseitig** ~ (Tex) / back-filled adj ‖ ~**es Garn** (Spinn) / loaded yarn ‖ ~**er Stoff** (Tex) / filled cloth
**Beschwerungsmittel** n (Pap) / loading agent, loading material ‖ ~ (z.B. Schwerspat) (Plast) / extender* n ‖ ~ (Tex) / loading n, load n, weighting material, filling n, filler n
**Beschwerwalzen** f pl (Druck) / rider rollers*
**beseitigen** v / remove v ‖ ~ (einen Fehler) / eliminate v, remove v ‖ ~ (Müll) / dispose v (of) ‖ ~ / eliminate v, remove v, get out vt ‖ ~ (abgebrannten Kernbrennstoff) (Nukl) / discharge* v
**Beseitigung** f (des Mülls) / disposal n ‖ ~ / elimination n, removal n ‖ ~ (z.B. der Lärmbelästigung) / abatement n ‖ ~ (der Störung) (Regeln) / annihilation n ‖ ~ **des abgebrannten Kernbrennstoffs** (Nukl) / discharge* n ‖ ~ **und/oder Verwertung von festen Abprodukten** (Umwelt) / solid waste management ‖ ~ **verdeckter Linien** (EDV) / hidden-line removal ‖ ~ **von Restbeständen an Bioziden und biozidhaltigen Abwässern** (Umwelt) / eradication n
**Besen** m / broom n ‖ **kugelförmiger** ~ (am langen Stiel) (Schiff) / Turks head
**besetzen** v (Sprengbohrlöcher mit Besatz) (Bergb) / stem v, tamp v ‖ ~ (Fernm, Fernsp) / occupy v ‖ ~ (Phys) / occupy v ‖ ~ (mit einer Paspel) (Tex) / pipe v, braid v, hem v ‖ ~ (einfassen) (Tex) / face v ‖ ~ (Tex) / trim v ‖ ~ n (bei den Sprengarbeiten) (Bergb) / bulling n ‖ ~ **mit Nadeln** (Tex) / needling n, needle setting
**Besetzschlegel** m (HuT) / beetle* n, punner* n, hand rammer
**besetzt** adj (Fernsp) / busy* adj, engaged adj ‖ **nicht** ~ (Schalter) / unmanned adj ‖ **nicht** ~ (Fernsp) / free adj ‖ ~**es Amt** (Fernsp) / attended exchange ‖ ~**es Band** (Kernphys) / filled band, occupied band ‖ ~**fall** m (Fernsp) / engaged condition ‖ **im** ~**fall** (Fernsp) / on busy ‖ ~**prüfung** f (Fernsp) / busy test, engaged test ‖ ~**ton** m (450 Hz, Morsezeichen e) (Fernsp) / busy tone*, audible busy signal, engaged tone ‖ ~**zeichen** n (450 Hz, Morsezeichen e) (Fernsp) / busy tone*, audible busy signal, engaged tone
**Besetzung** f (Fernm, Fernsp) / occupation n ‖ ~ (Verhältnis der auf einer Oberfläche durch Fremdatome besetzten Plätze zu den auf der Oberfläche vorhandenen Plätzen) (Kernphys, Phys) / population n ‖ ~ (Phys) / occupation n ‖ ~ **mit Nadeln** (Tex) / needling n, needle setting
**Besetzungs•chef** m (Film) / casting director ‖ ~**grad** m (Phys) / occupancy n ‖ ~**inversion** f (Phys) / population inversion ‖ ~**umkehr** f (Phys) / population inversion ‖ ~**wahrscheinlichkeit** f (Phys) / occupation probability, occupancy probability ‖ ~**zahl** f (die Zahl der Mikroteilchen, die sich in einem Quantenzustand befinden) (Phys) / occupation number
**besiedeln** v (mit Bakterien) (Bakteriol) / colonize vt
**Besiedlung** f durch Pilze (Bot) / fungal colonization
**Besiedlungsdichte** f (Umwelt) / abundance*, abundance ratio*
**besohlen** (Schuhe) / sole v ‖ **neu** ~ (Schuhe) / resole v
**besondere Havarie** (nach 701 des Handelsgesetzbuches) (Schiff) / particular average*
**Besonderheit, technische** ~ / technicality n

**besonders ergiebig** / high-yield *attr* ‖ ~ **feinrippiger Baumwollsamt** (Tex) / silver cord ‖ ~ **fettige Schmutzwolle** (Tex) / sappy wool ‖ ~ **gefährdeter Flug** (Luftf) / special-risk flight ‖ ~ **hohes Auflösungsvermögen** (ein Grafikstandard mit zurzeit 2048 x 1536 Pixeln) (EDV) / ultra-high resolution
**Bespannen** *n* (der Züge mit einem Triebfahrzeug) (Bahn) / coupling *n* (of a locomotive)
**Bespannstoff** *m* (für Lautsprecher) (Eltronik, Tex) / grille cloth
**bespannt, mit Stoff** ~ (Luftf) / fabric-covered *adj*
**Bespannung** *f* (Stoff) (Luftf) / skin* *n* ‖ **textile** ~ (Tex) / cloth covering, fabric covering
**bespielbar • e CD** (nach dem Orange Book) (Akus, EDV, Eltronik) / recordable compact disk, CD-R, compact disk recordable ‖ **~e CD** (EDV) s. überschreibbare CD
**Bespielen** *n* (des Tonträgers) (Akus) / recording* *n*
**bespielt** *adj* (z.B. Kassette) (Akus) / pre-recorded *adj*
**Bespinnung** *f* (Kab) / taping *n*, wrapping *n*, lapping *n* ‖ ~ (mit Kordel, Garn) (Kab) / spinning *n* ‖ ~ (Kab) s. auch Umwicklung
**Besprechungs • exemplar** *n* / review copy, press copy ‖ **~stück** *n* / review copy, press copy
**besprengen** *v* / sprinkle *v*, water *v*, sparge *v*
**besprenkelt** *adj* / flecked *adj*, speckled *adj*
**bespritzen** *v* (mit Wasser oder Schmutz) / splash *v*
**besprühen** *v* (mit Spritzmitteln) / spray *v* ‖ ~ *n* (von Schädlingsbekämpfungs- und Unkrautvernichtungsmitteln von der Luft aus) (Landw) / aerial spraying
**Bespulung** *f* (Eltech) / coil loading*, loading *n*
**Bespurung** *f* (Film, TV) / striping *n*
**Bessel • -Filter** *n* (analoges Filter mit annähernd frequenzproportionalem Phasengang im Durchlaßbereich, was eine geringe Verzerrung eines Signalverlaufes ergibt) (Fernm) / Bessel filter ‖ **~-Funktion** *f* (allgemein) (Math) / Bessel function* ‖ **~-Funktion dritter Art** (Math) / Bessel function of the third kind*, first or second Hankel function, Hankel function of the first and second kind* ‖ **~-Funktion erster Art** (Math) / Bessel function of the first kind*, Bessel function of order n*, cylinder function ‖ **~-Funktion zweiter Art** (Math) / Bessel function of the second kind*, Neumann function
**Besselsch • e Differentialgleichung** (nach F.W.Bessel, 1784-1846) (Math) / Bessel's differential equation*, Bessel equation ‖ **~e Funktion** (allgemein) (Math) / Bessel function* ‖ **~es Jahr** (Astr) / Besselian year, fictitious year ‖ **~e Punkte** (Unterstützungspunkte für Lineale und Maßstäbe, bei denen Abstützung die kleinste Verkürzung der Gesamtlänge auftritt) (Masch) / Bessel's points
**Bessemer • birne** *f* (nach Sir H.Bessemer, 1813-1898) (Hütt) / Bessemer converter*, Bessemer vessel (a pear-shaped open-mouthed steel vessel) ‖ **~konverter** *m* (Hütt) / Bessemer converter*, Bessemer vessel (a pear-shaped open-mouthed steel vessel) ‖ **~schlacke** *f* (Hütt) / acid slag* ‖ **~stahl** *m* (Hütt) / acid steel* ‖ **~stahl** (Hütt) / Bessemer steel, acid Bessemer steel ‖ **~verfahren** *n* (ein altes Windfrischverfahren) (Hütt) / Bessemer process*, bessemerizing *n*
**bessere Seite** (For) / better face
**best • e erwartungstreue Schätzung** (Stats) / best unbiased estimator ‖ **~e lineare erwartungstreue Schätzung** (Stats) / Gauss-Markov theorem, best linear unbiased estimator, BLUE ‖ **~e verfügbare Technik** / best available technology, B.A.T. ‖ **~e Wolle eines Vlieses** (Tex) / picklock *f*
**Bestand** *m* / store *n*, stock *n* ‖ ~ (For) / stand *n* ‖ ~ (z.B. an Kernwaffen) (Mil) / panoply *n* ‖ ~ **an Gebäuden** (Bau) / building stock
**Bestandeslücke** *f* (For) / blank *n*
**Bestandesschicht** *f* (For) / storey *n*, story *n* (US)
**beständig** *adj* / stable* *adj*, resistant *adj*, proof *adj* ‖ ~ / steady *adj* ‖ ~ / constant* *adj* ‖ ~ (Wetter) (Meteor) / settled *adj* ‖ ~ (WP) / resistant *adj*, tough *adj*, strong *adj* ‖ **~er Fluß** (der trotz geografischer Veränderungen seinen Lauf beibehalten hat) (Wasserb) / antecedent stream ‖ **~ gegen chemische Einflüsse** (Chem) / chemical-resistant *adj* ‖ **~e Konvergenz** (Math) / permanent convergence, convergence everywhere ‖ **~er Speicher** (z.B. Magnetplatte oder -band) (EDV) / non-volatile memory*, non-volatile storage
**Beständigkeit** *f* / fastness *n* (to)* ‖ ~ / constancy* *n* ‖ ~ (gegen) / stability *n* (to) ‖ ~ (WP) / resistance *n*, toughness *n* ‖ **chemische** ~ (Chem) / chemical resistance ‖ **thermische** ~ / heat resistance, heat stability ‖ ~ *f des Aussehens* (Tex) / appearance retention ‖ ~ **gegen Abplatzen** (Anstr) / chipping resistance ‖ ~ **gegen Absplittern** (Anstr) / chipping resistance ‖ ~ **gegen chemische Einflüsse** (Chem) / chemical resistance ‖ ~ **gegen oberflächliche Beschädigungen** (WP) / scratch-resistance *n*, mar-resistance *n*, scratch hardness, resistance to scratching ‖ ~ **gegen oxidative Einflüsse** (Chem) / oxidation resistance, resistance to oxidation ‖ ~ **gegen Umwelteinflüsse** (Umwelt) / environmental resistance
**Bestands • alter** *n* (For) / crop age ‖ **~aufbau** *m* (z.B. bei Dokumenten) / stock development ‖ **~aufnahme** *f* (als Listenverzeichnis) / inventory *n* ‖ **~aufnahme** (als Tätigkeit) / inventory *n*, stock-taking *n* ‖ **~band** *n* (Akus, EDV) / master tape ‖ **~datei** *f* (EDV) / master file*, main file (GB) ‖ **~funktion** *f* (Zusammenhang zwischen relativem Bestand und Zeit - DIN 40042) (Eltech) / survival function ‖ **~liste** *f* / inventory *n* ‖ **~pflege** *f* (EDV) / maintenance *n* ‖ **~plan** *m* (Plan mit den wesentlichen für den Betrieb erforderlichen technischen Daten einer Gasleitung) / as-built map ‖ **~verzeichnis** *n* / inventory *n*
**Bestandteil** *m* / constituent* *n* ‖ ~ (eines Mehrstoffsystems) (Chem, Phys) / component* *n* ‖ ~ (A) (Nahr) / ingredient *n* ‖ **disperser** *n* (Chem, Phys) / dispersed phase*, internal phase, disperse phase ‖ **glänzende ~e** (der Kohle) (Bergb) / anthraxylon *n*
**Bestätigung** *f* / confirmation *n* ‖ ~ (des Erhalts der Mitteilung) (Fernm) / affirmation *n*, acknowledgement *n* ‖ ~ (bei der Repräsentation von Ungewißheit) (KI) / endorsement *n* ‖ ~ (beim Begriffslernen) (KI) / validation *n* ‖ **ohne Folgenummer** (Protokoll) (EDV, Fernm) / unnumbered acknowledgement, UA ‖ ~ **über Nichterhalt** (Fernm) / non-affirmation *n*
**Bestätigungs • ton** *m* (Fernm) / backward tone ‖ **~zeichen** *n* (Kfz) / confirmatory sign
**bestauben** *v* / dust *v*, powder *v* ‖ ~ (Bergb) / dust *v*
**bestäuben** *v* / dust *v*, powder *v* ‖ ~ (Gieß) / black *v*, blacken *v* ‖ **sich selbst** ~ (Bot) / self* *v*, self-pollinate *v* ‖ ~ *n* (um ein Abliegen zu verhindern) (Druck) / anti-set-off dusting ‖ ~ (Landw) / dusting *n*, crop dusting
**bestäubt** *adj* / dusted *adj*, powdered *adj*
**Bestäubung** *f* (Bot, Landw) / pollination* *n*
**Bestäubungs • gerät** *n* (Landw) / duster *n* ‖ **~geräte** *n pl* (Landw) / dusting equipment
**Besteck** *n* (Schiffsort auf See nach geografischen Koordinaten) (Schiff) / reckoning *n* ‖ **~einlage** *f* (in der Schublade) (Tischl) / cutlery insert ‖ **~einschub** *m* (Tischl) / cutlery insert ‖ **~stahl** *m* (Hütt) / cutlery steel
**Besteg** *m* (in der Kluft) (Geol) / bedding *n*, filling *n*
**bestellen** *v* / order *v* ‖ ~ (meistens bei Künstlern) / commission *v* ‖ ~ (Landw) / cultivate *v*, farm *v*, till *v*, husband *v*
**Besteller** *m* (Werkbesteller) / person ordering the work and services, agency ordering the work and services
**Bestell • gewicht** *n* (F.Org) / ordered weight ‖ **~kombination** *f* (Landw) / cultivating and sowing combination ‖ **~kosten** *pl* / ordering costs, order costs ‖ **~masse** *f* (F.Org) / ordered weight ‖ **~menge** *f* / ordering quantity ‖ **~punkt** *m* (bei dessen Erreichen eine Beschaffung zu veranlassen ist) (F.Org) / reorder point, order point ‖ **terminabhängiger ~punkt** (F.Org) / time-phased order point ‖ **~schein** *m* (F.Org) / order-form *n*
**bestellt • es Land** (Landw) / tilth *n*, tillage *n*, tilled land ‖ **~e** (vertraglich abgesicherte) **Transportkapazität** / contracted carrying capacity
**Bestellung** *f* (Auftrag) / order *n* ‖ ~ (Landw) / cultivation *n*, tillage *n* ‖ **auf ~ gefertigtes Formular** / custom form
**Bestellzettel** *m* (F.Org) / order-form *n*
**Best • -first-Strategie** *f* (KI) / best-first strategy ‖ **~-first-Suche** *f* (KI) / best-first search
**Bestich** *m* (Bau) / rendering coat, daubing* *n*, dabbing* *n*, rendering *n*
**Bestiftung** *f* (einer Schmelzkammer) / studding *n* (of a slag-tap furnace)
**bestimmen** *v* / regulate *v* ‖ ~ / determine *v*, detect *v*
**bestimmend, zu ~er Stoff** (Chem, Hütt) / analyte *n*
**bestimmt** *adj* (Math) / definite *adj* ‖ **statisch** ~ (Mech) / perfect *adj*, statically determinate *adj*, isostatic *adj* ‖ **~e divergente Folge** (Math) / properly divergent sequence ‖ **~es Integral** (Math) / definite integral*
**Bestimmung** *f* / regulation *n* ‖ ~ (Bot) / identification *n* ‖ ~ / assay* *n* ‖ ~ (Galv) / determination *n* ‖ **gesetzliche ~en** / legal provisions ‖ **nochmalige** ~ / redetermination *n* ‖ **nochmalige** ~ (Biochem, Hütt) / reassay *n* ‖ **nochmalige** ~ (Chem) / redetermination *n* ‖ **örtliche** ~ / localization* *n*, location *n* ‖ ~ *f der Bestandteile* (einer unbekannten Substanz) (Chem) / determination of content ‖ ~ **der Dampfdichte nach Victor Meyer** (1848-1897) (Phys) / Victor Meyer method for vapour densities ‖ ~ **der Trommelfestigkeit** (von Koks) (WP) / tumbler test ‖ ~ **der Wasseraufnahme nach Cobb** (Pap) / Cobb sizing test* ‖ ~ **des Mischungsverhältnisses** (bei Betonmischungen) (Bau, HuT) / batching *n*, gauging *n* ‖ ~ **von Massen** (Phys) / massing *n* ‖ ~ *f von Schwefel und Halogenen in dem Schöniger-Verbrennungsrohr* (eine Art Verbrennungsanalyse nach DIN 51400, T 3) (Chem) / flask combustion (Schöniger), Schöniger combustion
**Bestimmungs • bahnhof** *m* (Bahn) / destination station ‖ **~dreieck** *n* (eines regelmäßigen Vielecks) (Math) / determining triangle ‖ **~flughafen** *m* (Luftf) / terminal airport, terminal aerodrome ‖ **~gerecht** *adj* / fit for purpose ‖ **~gleichung** *f* (Math) / conditional equation ‖ **~land** *n* / country of destination ‖ **~ort** *m* / place of destination, destination ‖ **~register** *n* (EDV) / destination register
**bestmöglich** *adj* / optimal *adj*, optimum *attr*
**bestockt** *adj* (For) / stocked *adj*

**Bestockung**

**Bestockung** f (von Getreide) (Landw) / tillering n
**bestoßen** v (Kanten, Überstände) (Tischl) / edge v ‖ ≈ n (von Stereos und Galvanos) (Druck) / edge planing*, edge trimming ‖ ≈ (mit Druckluftwerkzeugen) (Gieß) / chipping n, chip-off n
**Bestoß • hobel** m (Tischl) / block plane, low-angle plane (about 34°) ‖ ≈**lade** f (zur seitlichen Bearbeitung von Stereos und Galvanos) (Druck) / trimmer n ‖ ≈**maschine** f (zum Glätten von Querholzflächen) (For) / trimmer n, trimming machine ‖ ≈**zeug** n (zur seitlichen Bearbeitung von Stereos und Galvanos) (Druck) / trimmer n
**bestrahlen** v (Ziehgut mit flüssigem Schmiermittel) (Hütt) / drench v ‖ ≈ n (Radiol) / irradiation* n
**bestrahltes Saatgut** (Landw) / irradiated seed
**Bestrahlung** f (DIN 5031, T 1) (Licht) / illumination n ‖ ≈ (in J/m²) (Phys) / radiant exposure* ‖ ≈ (mit ionisierender Strahlung) (Radiol) / irradiation* n ‖ **beidseitige** ≈ (Radiol) / sandwich irradiation* ‖ **durch** ≈ **heilbar** (Radiol) / radiocurable adj
**Bestrahlungs • dosis** f (Radiol) / exposure dose* ‖ ≈**dosismesser** m (Radiol) / exposure-rate meter ‖ ≈**geschmack** m (Nahr) / wet dog ‖ ≈**kanal** m (Nukl) / beam hole* ‖ ≈**karte** f (Radiol) / treatment chart, irradiation chart ‖ ≈**lampe** f (mit Quarzbrenner) (Med) / sunlamp n, sunray lamp ‖ ≈**mutation** f (Gen) / radiomutation n ‖ ≈**reaktor** m (Kernphys, Med, Nahr) / irradiation reactor ‖ ≈**stärke** f (Strahlungsmenge, die die Oberfläche eines bestrahlten Körpers in einem Strahlungsfeld gegebener Stärke erhält) (Phys) / irradiance n ‖ ≈**tubus** m (zur Begrenzung des Nutzstrahlungsbündels) (Radiol) / applicator* n, treatment cone ‖ ≈**versprödung** f (des Stahls) (Hütt) / radiation embrittlement ‖ ≈**versuch** m **innerhalb des Reaktors** (Nukl) / in-pile test*
**bestreichbar** adj (Anstr) / paintable adj
**bestreichen** vt (beschmieren) / smear vt ‖ ~ v / sweep v ‖ ~ (Radar) / scan v ‖ ≈ n (Radar) / scan* n, scanning* n
**Bestreichung** f / smearing n
**bestreuen** v / dust v, powder v
**Bestreuung, mineralische Stoffe für die** ≈ **der Dachpappe** (Bau) / roofing granules (slag, slate, rock, tile, porcelain)
**Bestreuungsgut** n (für Dachpappen) (Bau) / mineral surfacing material, aggregate n
**Bestreuungsmaterial** n (Bau) / mineral surfacing material, aggregate n
**Bestreuungsmittel, geschlossene Schicht des** ≈**s** (auf dem Schleifpapier) / closed coat ‖ **offene Schicht des** ≈**s** (auf dem Schleifpapier) / open coat
**Besttechnologie** f / best available technology, B.A.T.
**bestücken** v (Leiterplatte) (Eltronik) / insert v, place v, mount v, load v ‖ ~ (mit Werkzeugen) (Werkz) / tool v, load v ‖ ~ (Werkzeuge mit Hartmetall) (Werkz) / hard-face ‖ ≈ n (von Werkzeugen mit Hartmetall) (Werkz) / hard-facing* n
**bestückte Leiterplatte** (auf der alle elektrischen und mechanischen Bauteile und gegebenenfalls weitere Leiterplatten montiert und bei der alle Fabrikationsgänge, wie Löten, Schutzlackierungen usw. abgeschlossen sind) (Eltronik) / assembled printed circuit board, printed-circuit assembly, printed-board assembly (pba)
**Bestückung** f (der Leiterplatte mit Bauelementen) (Eltronik) / insertion n, placement n, component placement ‖ **maschinelle reihenweise** ≈ **(gedruckter Schaltungen)** (Eltronik) / in-line assembly*
**Bestückungs • automat** m (für Leiterplatten) (Eltronik) / automatic insertion machine, automatic insertion equipment ‖ ≈**loch** n (Eltronik) / lead hole, mounting hole, component mounting hole, insertion hole ‖ ≈**seite** f (Eltronik) / component(s) side
**Best • wert** m / optimum n (pl. optima) ‖ ≈**zeit** f / optimum n (pl. optima) ‖ ≈**zeitprogramm** n (EDV) / minimum-access program*, optimized program, optimally coded program ‖ ≈**zeitprogrammierung** f (EDV) / optimum programming, minimum-access programming, minimum-delay programming
**Besucher • fluß** m (Personen, die innerhalb eines Zeitraums ein Geschäft betreten) / traffic n ‖ ≈**terrasse** f (des Flughafens) (Luftf) / spectators' terrace
**Besuchsschaltung** f (Fernsp) / call transfer ‖ **feste** ≈ (Fernsp) / fixed call transfer ‖ **veränderliche** ≈ (Fernsp) / flexible call transfer
**Beta - Abbruch** m (KI) / beta cutoff ‖ ≈**Abschneiden** n (der Bäume beim Spielen) (KI) / beta cutoff ‖ ≈**absorption** f (Phys) / beta absorption ‖ ≈**blocker** m (Physiol) / beta blocker ‖ ≈**detektor** m (Kernphys) / beta-ray detector, beta detector*
**BET-Adsorptionsisotherme** f (Chem) / BET adsorption isotherm, Brunauer-Emmett-Teller adsorption isotherm
**Beta • eisen** n (Hütt) / beta-iron* n ‖ ≈**fehler** m (Stats) / type II error, error of second kind ‖ ≈**fit** n (ein radioaktives Mineral der Pyrochlor-Reihe) (Min) / betafite* n
**Betain** n (als Sammelname) (Biochem) / betaine* n ‖ ≈ (Biochem) / trimethylglycine* n, betaine* n, trimethyl-amino-ethanoic acid*
**Betaindex** m (Stats) / beta index
**Betalain** n (Chem) / betalain n

**Beta • LISP** f (ein LISP-Dialekt) (EDV) / BetaLISP n ‖ ≈**messing** n (Hütt) / beta brass*
**betanken** vt (Kftst) / refuel v, fuel vi, tank v
**betanktes Flugzeug** (Luftf) / receiving aircraft
**Betankung f in der Luft** (Luftf) / in-flight refuelling, flight refuelling, aerial refuelling, mid-air refuelling
**Betankungsausleger** m (Luftf) / refuelling probe
**Beta • quelle** f (Kernphys) / beta emitter, beta source ‖ ≈**rezeptorenblocker** m (Physiol) / beta blocker ‖ ≈**rückstreuverfahren** n (DIN EN ISO 3543) (Anstr) / beta backscatter method ‖ ≈**spektrometer** n **vom Typ "Orange"** (Nukl) / orange-type spectrometer
**betasten** v / touch vt
**Beta • strahl** m (Kernphys) / beta ray* ‖ ≈**strahlendetektor** m (Kernphys) / beta-ray detector, beta detector* ‖ ≈**strahlungsquelle** f (Kernphys) / beta emitter, beta source ‖ ≈**teilchen** n (Kernphys) / beta particle* ‖ ≈**test** m (EDV) / beta test (extensive test in production environments outside the developing company)
**betätigen** v / actuate v, operate v, service v, work vt ‖ **periodisch** ~ (zyklisieren) / cycle v
**Betätigung** f (Bedienung) (EDV, Masch) / attendance n, operation* n, service n, manipulation n ‖ ≈ (Steuerung) (Masch) / control* n ‖ ≈ (z.B. der Bremse) (Masch) / application n, actuation n ‖ **elektrische** ≈ (Regeln) / electric operation ‖ ≈ f **der Starteinrichtung** (V-Mot) / choking n, priming n ‖ ≈ **durch Seilzug** (von Hand - eines Aufzugs) (Eltech) / hand-rope operation ‖ ≈ **durch Speicherantrieb** (Eltech) / stored-energy operation
**Betätigungs • einrichtung** f (im Sinne der DIN 70012) / control n ‖ ≈**element** n (Masch) / actuator n, actuating element ‖ ≈**reep** n (Schiff) / lanyard n ‖ ≈**reihe** f (eine Folge von Betätigungen, die kein Schaltspiel bilden) (Eltech) / actuating series ‖ ≈**schalter** m (für Fernsteuerung) (Eltech) / trip switch* ‖ ≈**spiel** n (eines Bedienteils nach VDE 0660, T 200) (Regeln) / actuating cycle ‖ ≈**spindel** f (bei Armaturen) (Masch) / actuating stem ‖ ≈**stange** f (Eltech) / operating rod ‖ ≈**weg** m (eines beweglichen Elements) (Eltech) / travel n ‖ ≈**zeit** f (Regeln) / actuation delay, actuation time
**Betatron** n (Kernphys) / betatron* n, induction accelerator ‖ ≈**einfang** m (Nukl) / betatron capture
**betäuben** v (Tiere vor der Schlachtung) (Nahr) / stun vt
**betäubend** adj (Lärm) / deafening adj ‖ ~ (Med, Pharm) / analgesic adj, pain-relieving adj, painkilling adj, analgetic adj ‖ ~ (Pharm) / narcotic* adj
**Betäubung** f (des Schlachtviehs) / knocking n
**Betäubungsmittel** n (das dem Betäubungsmittelgesetz und der Betäubungsmittel-Verschreibungsverordnung unterliegt) (Chem, Pharm) / narcotic* n
**Beta • Version** f (Produktversion, die ziemlich genau dem geplanten Produkt entspricht und Basis für den Beta-Test ist) (EDV) / beta version ‖ ≈**verteilung** f (1. und 2. Art) (Stats) / beta distribution, Pearson type I distribution ‖ ≈**wert** m (Nukl) / beta value*, plasma beta*, beta ratio ‖ ≈**zellulose** f (der aus der natronalkalischen Lösung mit Methanol ausfällbare Anteil) (Chem) / beta-cellulose n ‖ ≈**zerfall** m (Kernphys) / beta decay*, beta disintegration*, beta-ray decay ‖ **doppelter** ≈**zerfall** (Kernphys) / double beta decay ‖ **dualer** ≈**zerfall** (Kernphys) / dual beta decay*
**Beteiligung** f (als Bilanzposten) / investment n, participation n
**Beteiligungsgesellschaft** f / holding n
**Betelnuß** f (aus Areca catechu L.) (Bot) / betel nut
**BET-Gleichung** f (die das Gleichgewicht der Gasadsorption gestattet) (Chem, Phys) / BET equation, Brunauer-Emmett-Teller equation
**Bethe-Bloch-Formel** f (Kernphys) / Bethe-Bloch formula
**Bethell-Volltränkverfahren** n (ein Kesseldruckverfahren) (For) / Bethell's process*, full-cell pressure-system of preservative treatment
**Bethe • -Salpeter-Gleichung** f (Kernphys) / Salpeter-Bethe equation, Bethe-Salpeter equation ‖ ≈**-Tait-Störfall** m (bei schnellen Brütern) (Nukl) / Bethe-Tait accident ‖ ≈**-Weizsäcker-Zyklus** m (nach H.A. Bethe, 1906- , und C.F. Freiherr von Weizsäcker, 1912- ) (Astr) / carbon cycle*, Bethe cycle*, carbon-nitrogen cycle*
**Betitelung** f (Film) / titling n
**Beton** m (Bau, HuT) / concrete* n ‖ ≈ (aus der Schalung) **ausgelaufener** ≈ **der die Wand herabläuft** (Bau) / curtain n ‖ **abgezogener** ≈ (Bau) / float (concrete) finish ‖ **bewehrter** ≈ (HuT) / reinforced concrete*, RC* ‖ **erhärteter** ≈ (DIN 52170) (Bau, HuT) / hardened concrete ‖ **farbiger** ≈ (farbige Zuschläge, Farbpigmente oder besondere Oberflächenbehandlung) (Bau, HuT) / pigmented concrete ‖ **feuchter** ≈ (Bau, HuT) / moist concrete ‖ **feuerfester** ≈ (der gegen Feuerbeanspruchung von mindestens 250° C widerstandsfähig ist) (Bau, HuT) / refractory concrete* ‖ **gepumpter** ≈ (Bau, HuT) / pumped concrete, pumpcrete n, pumping-grade concrete ‖ **gerüttelter** ≈ (Bau, HuT) / vibrated concrete (compacted by vibration from an internal or external vibrator) ‖ **junger** ≈ (HuT) / green concrete,

unset concrete, fresh concrete, green* n, freshly mixed concrete, wet concrete || **magerer** ⁓ (mit geringem Zementgehalt, z.B. für Sauberkeitsschichten) (Bau) / lean concrete, weak concrete, lean-mix concrete || **nagelbarer** ⁓ (HuT) / nailing concrete (lightweight saw-dust concrete) || **polymerimprägnierter** ⁓ (Bau, HuT) / polymer-impregnated concrete, PIC || **Römischer** ⁓ (Opus caementicium) (Bau) / lime concrete (a mixture of gravel, sand and lime which sets hard and was used in Roman times and later before Portland cement was made) || **wärmedämmender** ⁓ (Bau, HuT) / heat-insulating concrete* || **wasserundurchlässiger** ⁓ (DIN 1045) (HuT) / waterproof(ing) concrete || ⁓ **einbringen** (Bau, HuT) / concrete v, place v (concrete) || ⁓ m **für biologische Abschirmung** (mit Blei u.ä.) (Nukl) / loaded concrete* || ⁓ **in Betonfertigteilen** (Bau, HuT) / precast concrete || ⁓ **mit höherer Rohdichteklasse** (mehr als 2,8 kg/dm³) (Bau, HuT) / dense concrete (more then 2000 kg/m³), heavy-aggregate concrete*, heavyweight concrete || ⁓ **ohne Bewehrung** (HuT) / plain concrete

**Beton•abriß** m (beim Ausschalen) (HuT) / form scabbing || ⁓**abschirmung** f (Nukl) / concrete shielding || ⁓**anstrichfarbe** f (Anstr, Bau) / concrete paint, cement paint* || ⁓**anstrichmittel** n (Anstr, Bau) / concrete paint, cement paint* || ⁓**arbeiten** f pl (Bau, HuT) / concreting jobs, concrete work || ⁓**arbeiter** m (Bau, HuT) / concretor n, concreter n || ⁓**aufbruchhammer** m (HuT) / concrete breaker, concrete ripper || ⁓**auflager** n (HuT) / concrete bedding (on which an undergroud pipe is laid) || ⁓**aufreißhammer** m (HuT) / concrete breaker, concrete ripper || ⁓**auskleidung** f (HuT) / concrete lining || ⁓**balkenprüfung** f (Bau, HuT) / beam test, concrete-beam test || ⁓**bau** m (Sammelbezeichnung für das Bauen mit Beton) (Bau) / concrete engineering || ⁓**bau** (ein Bauwerk nach DIN 1045) (Bau, HuT) / concrete construction || ⁓**bedeckung** f (für Böschungen) (HuT) / benching n || ⁓**belegt** adj (Bau, HuT) / concrete-lined adj || ⁓**bereitung** f (ein Teilgebiet der Betonherstellung) (Bau, HuT) / preparation of concrete || ⁓**block** m (Bau) / concrete block*, patent stone, cast stone*, precast stone*, reconstructed stone*, cement block || ⁓**blockmauerwerk** n (Bau) / blockwork* n || ⁓**brecher** m (HuT) / concrete breaker, concrete ripper || ⁓**brücke** f (meistens Stahlbetonbrücke) (HuT) / concrete bridge || ⁓**containment** n (Nukl) / concrete containment, reinforced-concrete shell || ⁓**dachstein** m (DIN 1115) (Bau) / concrete roofing tile || ⁓**decke** f (einer Straße) (Bau, HuT) / concrete pavement, concrete surfacing || **kassettierte** ⁓**decke** (Bau) / waffle floor || **freitragende** ⁓**decke** (Bau, HuT) / beamless floor, plate floor || ⁓**deckeneinbaumaschine** f (HuT) / concrete-finishing machine, concrete finisher, concrete paver, paver n || ⁓**deckenfertiger** m (z.B. im Straßenbau) (HuT) / concrete-finishing machine, concrete finisher, concrete paver, paver n || **trägerlose** ⁓**deckenkonstruktion** (Bau, HuT) / beamless floor, plate floor || ⁓**deckung** f (der Bewehrung) (Bau, HuT) / cover n (of the reinforcement) || ⁓**deckung** (des Bewehrungsstahls) (HuT) / concrete covering || ⁓**dichtungsmittel** n (ein Zusatzmittel zur Verminderung der kapillaren Wasseraufnahme) (HuT) / concrete waterproofing additive || ⁓**eigenschaften** f pl (DIN 1045) (Bau, HuT) / concrete properties || ⁓**einbringer** m (HuT) / concrete spreader

**betonen** v (z.B. Beize die Maserung) / emphasize v

**Beton•facharbeiter** m (Bau, HuT) / concretor n, concreter n || ⁓**fahrbahndecke** f (Bau, HuT) / concrete pavement, concrete surfacing || ⁓**fallrohr** n (Bau, HuT) / articulated drop chute || ⁓**fertiger** m (zur Herstellung von Verkehrsflächen aus Ortbeton) (HuT) / concrete-finishing machine, concrete finisher, concrete paver, paver n || ⁓**fertigteil** n (aus unbewehrtem Beton, Stahl- oder Spannbeton) (Bau, HuT) / precast concrete element || ⁓**fertigteilwerk** n (Bau, HuT) / precasting plant || ⁓**förderer** m (HuT) / concrete placer n || ⁓**förderpumpe** f (Rotor- oder Kolben-) (Bau, HuT) / concrete pump || ⁓**formöl** n (Bau, HuT) / concrete form oil, concrete mould oil || ⁓**formstahl** m (mit profilierter Oberfläche, um eine bessere Verbundwirkung zwischen Beton und Stahl zu schaffen) (Bau, HuT) / grip bar, high-bond bar || ⁓**formstahl** (HuT) / deformed bar || ⁓**füllstein** m (großer) (HuT) / plum n, rubble* n, displacer n || ⁓**fundament** n (Bau, HuT) / concrete foundation || ⁓**fundamentplatte** f (bei einer Plattengründung) (Bau) / oversite concrete* || ⁓**glas** n (in der künstlerischen Beton-Glas-Technik) (Bau) / glass-concrete n || ⁓**glas** (als lichtdurchlässiges Element nach DIN 4243) (Bau) / glass block*, structural glass (US), glass brick (a hollow glass block) || ⁓**granit** m (Bau) / granitic finish* || ⁓**grasstein** m (mit Aussparungen für eine Begrünung) (Bau, Keram) / perforated (lawn) paving block, lawn paving block || ⁓**härtungsmittel** n (Bau, HuT) / concrete hardener || ⁓**herstellung** f / concrete production || **äußere** ⁓**hülle** (des Reaktorgebäudes) (Bau, Nukl) / concrete shell

**betonieren** v (Bau, HuT) / concrete v, place v (concrete)

**Betonierer** m (Bau, HuT) / concretor n, concreter n

**Beton•karren** m (HuT) / concrete cart, buggy n, concrete buggy || ⁓**kippkarren** m (HuT) / concrete cart, buggy n, concrete buggy || ⁓**mantel** m (HuT) / concrete lining || **gewichtsmäßiges** ⁓**mischen** (Bau, HuT) / weigh batching (of concrete) || ⁓**mischen** n **nach Gewicht** (HuT) / weigh batching* || ⁓**mischer** m (HuT) / concrete-mixer* n, cement mixer || ⁓**mischmaschine** f (HuT) / concrete-mixer* n, cement mixer || ⁓**mischung** f (HuT) / concrete mix || ⁓**nachbehandlung** f (HuT) / concrete curing

**betonnen** v (Schiff) / buoy v, buoy out v

**Betonnung** f (Vorgang) (Schiff) / buoying n || ⁓ (System) (Schiff) / buoyage n

**Beton•pfahl** m (HuT) / concrete pile || ⁓**pfropfen** m (z.B. bei Franki-Pfählen) (HuT) / concrete plug || ⁓**platte** f (HuT) / concrete slab || ⁓**pumpe** f (für Pumpbeton) (Bau, HuT) / concrete pump || ⁓**randzone** f (als Gegenteil zu Kernbeton) / concrete boundary layer || ⁓**rasenstein** m (mit Löchern versehenes Betonbauteil zur Befestigung von begrünbaren Verkehrsflächen) (Bau, Keram) / perforated (lawn) paving block, lawn paving block || ⁓**reiter** m (U-förmiges Stahlbetonfertigteil, das über die erdverlegte Gasleitung gestülpt wird, um sie gegen Auftrieb oder Beschädigung zu schützen) (HuT) / concrete set-on weight || ⁓**rippenstahl** m (Rundstahl) (HuT, Hütt) / ribbed round steel || ⁓**rippenstahl** (Bewehrungsstäbe) (HuT, Hütt) / ribbed bars || ⁓**rohr** n (bewehrt oder unbewehrt - DIN 4032) (HuT) / concrete pipe || ⁓**rutsche** f (Bau, HuT) / flume n || ⁓**rüttler** m (Bau, HuT) / concrete vibrator, concrete-vibrating machine || ⁓**säge** f (meistens eine Diamantsäge) / concrete saw || ⁓**sand** m / concrete sand || ⁓**sanierung** f (Bau, HuT) / concrete refurbishment, concrete repair, concrete refurbishing || ⁓**schale** f (Bau, Nukl) / concrete shell || ⁓**schneiden** n (HuT) / concrete cutting || ⁓**schütttrichter** m (HuT) / tremie n, trommie n (US) || ⁓**schwelle** f (Bahn) / concrete sleeper || ⁓**schwellenverlegegerät** n (Bahn) / concrete sleeper layer || ⁓**-, Kies- oder Sandsacksperre** f (Wasserb) / bagwork n || ⁓**splitt** m (Zuschlagstoff für Beton in der Körnung von 7-30 mm) (HuT) / crushed gravel || ⁓**spritzmaschine** f (Bau, HuT) / cement gun* || ⁓**stabstahl** m (gerippt oder glatt -DIN 488, T2) (HuT) / steel rod(s) (for reinforced concrete) || **gezackter** ⁓**stabstahl** (HuT) / indented bar* || ⁓**stahl** m (DIN 488) (HuT, Hütt) / concrete steel, reinforcing steel, concrete reinforcing steel || ⁓**stahlbieger** m (HuT) / bar bender, steel bender, iron fighter, steel fixer || ⁓**stahlkorrosion** f (Galv) / reinforcement-steel corrosion, reinforcing-steel corrosion || ⁓**stahlmatte** f (DIN 488, T 5) (kaltbearbeitete Stahlstäbe, die in ihren Kreuzungspunkten durch Punktschweißung miteinander verbunden sind) (Bau, HuT) / welded wire fabric, wiremesh n, wiremesh reinforcement, welded fabric, welded wiremesh, lock-woven mesh* || ⁓**stahlmatte** (HuT) / mattress* n || ⁓**stahlstab** m **mit Haken** / hooked bar || ⁓**stahlstab mit Winkelhaken** (HuT) / right angle bend bar || ⁓**stahlverleger** m / steel fixer n || ⁓**staumauer** f (Wasserb) / concrete dam || **durch Walzen verdichtete** ⁓**staumauer** (Gewichtsstaumauer, in die Magerbeton eingebracht, dann verteilt und durch Rüttelwalzen verdichtet wird - luftseitig keine Schalung, wasserseitig wasserdichte Betonteile als Schalung) (Wasserb) / roller-compacted concrete dam, RCC dam || ⁓**stein** m (Bau) / concrete block*, patent stone, cast stone*, precast stone*, reconstructed stone*, cement block || ⁓**steinpflaster** n (HuT) / cast-concrete paving || ⁓**straßenfertiger** m (HuT) / concrete-finishing machine, concrete finisher, concrete paver, paver n || **dünnste Stelle einer** ⁓**stufe** (Bau) / waist n

**betont** adj (Akus) / accented adj, tonic adj, stressed adj

**Beton, wassergefüllte** ⁓**tanks** (für Aufschlußbohrungen im Meer) (Erdöl) / concrete-island drilling system, CIDS || ⁓**träger** m (Bau, HuT) / concrete beam || ⁓**überdeckung** f (der Bewehrung) (HuT) / concrete cover

**Betonung** f (Akus) / accent n

**Beton•verdichter** m (Bau, HuT) / concrete vibrator, concrete-vibrating machine || ⁓**verflüssiger** m (ein Betonzusatzmittel) (HuT) / concrete plasticizer, plasticizing admixture, water reducer, water-reducing admixture, water-reducing additive || ⁓**verteiler** m (HuT) / concrete spreader, concreting boom, spreader n || ⁓**verteilergerät** n (HuT) / concrete spreader, concreting boom, spreader n || ⁓**verteilungsrutsche** f (Bau, HuT) / flume n || ⁓**waren** f pl (Bau, HuT) / precast concrete || ⁓**werk** n (Oberbegriff für Betonfertigteilwerk und Transportbetonwerk) (Bau, HuT) / concretor n, concreter n || ⁓**werker** m (Bau, HuT) / concretor n, concreter n || ⁓**werkstein** m (Beton mit Natursteinzusätzen nach DIN 18500) (Bau) / concrete block*, patent stone, cast stone*, precast stone*, reconstructed stone*, cement block || **kleiner** ⁓**werkstein** (Bau, HuT) / concrete brick || ⁓**würfel** m (Probewürfel zum Nachweis der Würfeldruckfestigkeit) (Bau, HuT, WP) / concrete cube || ⁓**zusatzmittel** n (DIN 1045) (HuT) / concrete admixture || ⁓**zusatzstoff** m (mineralischer, organischer) (HuT) / concrete additive || ⁓**zuschlag** m (ein Gemenge oder Haufwerk von ungebrochenen und/oder gebrochenen Körpern aus natürlichen und/oder künstlichen mineralischen Stoffen und dichtem oder porigem Gefüge) (HuT) / aggregate* n, concrete aggregate ||

**Betonzuschlag**

natürlicher ⁓zuschlag (nicht aufbereiteter) (Bau, HüT) / bank-run gravel, bank gravel, run-of-bank gravel
**Betracht, in** ⁓ **ziehen** / take into consideration, allow *v* (for)
**Betrachten** *n* **am Bildschirm** (EDV) / on-screen viewing, screen viewing
**Betrachtungs•einheit** *f* (bei einer Aufzählung) / item *n* ‖ ⁓**winkel** *m* (dessen Schenkel die Ränder der Wand berühren) (Film) / viewing angle ‖ **erhöhter** ⁓**winkel** (beim Flüssigkristalldisplay) (EDV, Phys) / extended viewing angle, EVA
**Betrag** *m* (einer Zahl) (Math) / absolute value*, modulus* *n*, numerical value ‖ ⁓ (eines Vektors) (Math, Phys) / magnitude *n* ‖ ⁓ **des Nachlaufs** (Kfz) / trail* *n* ‖ ⁓ **einer komplexen Zahl** (Math) / modulus of a complex number
**BE-Transportbehälter** *m* (z.B. Castor) (Nukl) / coffin* *n*, flask* *n*, nuclear cask, cask *n*
**betreiben** *vt* / operate *vt*, run *vt* ‖ ⁓ *v* (Anlagen) (Masch) / run *vt*, operate *vt*, work *v*
**Betreiber** *m* (z.B. der Erdöllagerstätte) (Erdöl) / operating company, operator *n* ‖ ⁓ (Fernm) / operator *n*, operating body ‖ ⁓ (Fernm) / carrier *n*, common carrier ‖ ⁓**station** *f* (z.B. firmeneigenes Unterwerk) (Eltech) / customer substation
**Betreuung** *f* **der Flugreisenden** (gesundheitliche) (Luftf) / flight nursing
**Betreuungsfahrzeug** *n* (Kfz) / canteen van
**Betreuungswagen** *m* (Kfz) / canteen van
**Betrieb** *m* (Eltech, Masch) / duty* *n*, operation *n*, working *n* ‖ ⁓ (z.B. manueller, automatischer) (Foto) / mode *n* ‖ ⁓ (Kfz, Schiff) / traffic *n* ‖ ⁓ (auf militärischen Flugplätzen) (Luftf) / operation *n* ‖ ⁓ (Masch) / shop *n*, works *n(pl)*, factory *n*, plant* *n*, mill* *n* ‖ **außer** ⁓ / out of operation, out of action, out of service, inoperative *adj*, out *adv*, out of order ‖ **außer** ⁓ **setzen** / knock out *v* ‖ **aussetzender** ⁓ (Eltech) / periodic duty, intermittent duty* *n* ‖ **basischer** ⁓ (Hütt) / basic process*, basic open-hearth (steel-making) process ‖ **chemischer** ⁓ (Chem) / chemical-maker *n*, chemical firm ‖ **dämpfungsbegrenzter** ⁓ (eines LWL) / attenuation-limited operation ‖ **dispersionsbegrenzter** ⁓ (eines LWL) / dispersion-limited operation ‖ **einphasiger** ⁓ (Eltech) / single phasing ‖ **galvanischer** ⁓ (Galv) / electroplating plant, plating plant, plating shop (if small), electroplating shop (if small) ‖ **gemischter** ⁓ (Amts- und Privatnebenstellen) (Fernsp) / mixed service* ‖ **gepulster** ⁓ (eines Lasers) (Eltronik, Phys) / pulsed mode ‖ **in** ⁓ (Masch) / running *adj*, in operation, in service, active *adj* ‖ **in** ⁓ **gehen** / come on stream ‖ **in** ⁓ **gesetzt werden** / come on stream ‖ **in** ⁓ **nehmen** (Anlage) / bring on stream, put on operation ‖ **in** ⁓ **nehmen** (Masch) / commission *v*, put in operation, put into service, start up *v* ‖ **in** ⁓ **sein** (Masch) / work *v*, run *v*, operate *v*, act *v* ‖ **in** ⁓ **setzen** (Maschine) (Masch) / commission *v*, put in operation, put into service, start up *v* ‖ ⁓**, in dem Gewerkschaftsmitglieder Vorteile haben** (sehr oft mit Gewerkschaftszwang) (F.Org) / preferential shop ‖ **interaktiver** ⁓ (EDV) / interactive mode, conversational mode, dialogue mode ‖ **landwirtschaftlicher** ⁓ (Landw) / farm *n*, farmstead *n* ‖ **paralleler** ⁓ (EDV, Eltech) / parallel operation ‖ **serieller** ⁓ (EDV, Eltech) / serial operation ‖ **unabhängiger** ⁓ (EDV) / local mode ‖ **zeilenweiser** ⁓ (des Printers) (EDV) / line mode ‖ **zweigleisiger** ⁓ (Bahn) / double-track running ‖ ⁓ **mit Fließfertigung** / flow-shop *n* ‖ ⁓ **mit Gewerkschaftszwang** / closed shop, union shop ‖ ⁓ **mit mehreren Betriebsarten** (EDV) / multimode operation ‖ ⁓ **mit Nennspannung** (Eltech) / rated-voltage operation ‖ ⁓ **mit vertauschten Frequenzen** (Fernm) / reversed-frequency operation ‖ ⁓ **ohne Gewerkschaftszwang** / open shop
**betrieben, motorisch** ⁓ (Masch) / motor-driven *adj*, motored *adj*, engine-driven *adj* ‖ **von ...** ⁓ (Masch) / operated from
**betrieblich•e Kostenrechnung** / operational costing ‖ ⁓**e Schulung** (F.Org) / in-company training, on-the-job training ‖ ⁓**es Vorschlagswesen** (F.Org) / suggestion system
**Betriebs•abrechnungsbogen** *m* (EDV) / manufacturing cost sheet, MCS ‖ ⁓**anlage** *f* (Masch) / plant* *n*, operating facility ‖ ⁓**anleitung** *f* / operating instructions ‖ ⁓**anleitung** (als Sammelmappe) / service and maintenance manual ‖ ⁓**anweisung** *f* / operating instructions ‖ ⁓**anzeige** *f* (Eltronik) / on-indicator pilot light ‖ ⁓**anzeigelampe** *f* (Eltronik) / on-indicator pilot light ‖ ⁓**art** *f* (EDV, Eltech) / mode* *n*, mode of operation, operating mode ‖ ⁓**art** (bei elektrischen Maschinen) (Eltech) / duty type ‖ ⁓**ausbildung** *f* (praktische) (F.Org) / in-company training, on-the-job training, in-house training ‖ ⁓**ausbildung** (in eigenen Werkstätten) (F.Org) / shop training ‖ ⁓**beanspruchung** *f* (eines Schalters) (Eltech) / operating duty* *n* ‖ ⁓**bedingungen** *f pl* / operating conditions, in-service conditions ‖ **normale** ⁓**bedingungen** / normal operating conditions ‖ **extreme** ⁓**bedingungen** / extreme operating conditions ‖ ⁓**bereich** *m* / operating range ‖ ⁓**bereit** *adj* / ready for operation, operable *adj*, turnkey *attr*, operational *adj*, ready for start-up, operative *adj* ‖ ⁓**bereite Anlage** (in Baustechnik hergestellt) (Masch) / packaged unit, package *n* ‖ ⁓**bereit machen** (eine Maschine) / arm *v* ‖ ⁓**bereit** *v* **machen** (Gerät) / ready *v* ‖ ⁓**bereiter Ruhezustand** (auf der Leitung) (Fernm) / free-line condition ‖ ⁓**bereitschaft** *f* / availability *n* ‖ ⁓**bewilligung** *f* (Luftf) / operating authorization ‖ ⁓**breite** *f* (zwischen den Außenseiten der Seitenwände eines aufgepumpten Reifens) (Kfz) / overall width ‖ ⁓**bremsanlage** *f* (DIN 70012) (Kfz) / service braking-system ‖ ⁓**bremse** *f* (Masch) / service brake ‖ ⁓**brenner** *m* (Masch) / load-carrying burner ‖ ⁓**dampf** *m* / process steam, operating steam ‖ ⁓**daten** *n pl* (Eltech) / rating* *n* ‖ ⁓**datenerfassung** *f* (F.Org) / factory data capture, industrial data capture, production data acquisition ‖ ⁓**dauer** *f* / time of operation ‖ ⁓**dauer** (z.B. einer Maschine) (F.Org, Masch) / operational lifetime, operating life ‖ ⁓**dauer** (z.B. Laufdauer oder Tragedauer bei Kleidern) (Tex) / wear life ‖ **nominelle** ⁓**dauer** (F.Org, Masch) / design life ‖ **mittlere** ⁓**dauer** (Masch) / mean time to failure, MTTF ‖ ⁓**drehzahl** *f* (Masch) / operating speed ‖ ⁓**druck** *m* (Masch) / operating pressure, working pressure ‖ ⁓**eigen** *adj* / company-owned *adj*, factory-owned *adj* ‖ ⁓**eigenes Netz** (Nebenstellenanlagen + DV-Netz + lokales Netz) (EDV) / in-house network ‖ ⁓**eigenschaften** *f pl* **auf dem Wasser** (Luftf) / water-handling characteristics ‖ ⁓**erde** *f* (DIN 66020, T 1) (EDV) / system ground, common return* ‖ ⁓**erde** (Eltech) / functional earth, station ground (US) ‖ ⁓**erde** (Netz) (Eltech) / system earth, system ground ‖ ⁓**erlaubnis** *f* (behördliche Zulassung für die Bauart und den Betrieb eines technischen Gerätes) / operating licence (GB), operating license (US) ‖ ⁓**erlaubnis** (für ein öffentliches Versorgungsunternehmen) / authorization *n* ‖ ⁓**fähig** *adj* / in (good) working condition, serviceable *adj* ‖ **nicht** ⁓**fähig** / inoperative *adj*, non-operational *adj* ‖ **volle** ⁓**fähigkeit** (als Zeiteinheit) / qualified life ‖ ⁓**faktor** *m* (Chem Verf) / stream factor* ‖ ⁓**fernsehen** *n* (TV) / closed-circuit television ‖ ⁓**fernsehen** s. auch Industriefernsehen ‖ ⁓**fertig** *adj* / ready for operation, operable *adj*, turnkey *attr*, operational *adj*, ready for start-up, operative *adj* ‖ ⁓**flugplan** *m* (S) (Luftf) / operational flight plan ‖ ⁓**flüssigkeiten** *f pl* (Kfz, Masch) / service fluids ‖ ⁓**formen** *f pl* **der Seeschiffahrt** (Unterteilung der Seeschiffahrt anhand ökonomisch-organisatorischer Merkmale in Linien-, Tramp- und Spezialschiffahrt) (Schiff) / types of service of the merchant fleet ‖ ⁓**frequenz** *f* (US + Kanada 60 Hz, GB + Europa 50 Hz, Japan 50 und 60 Hz) (Eltech) / operating frequency, industrial frequency*, power frequency* ‖ **günstigste** ⁓**frequenz** (für die ionosphärische Ausbreitung) (Radio) / optimum working frequency, FOT (fréquence optimum de travail) ‖ ⁓**gas** *n* (Chem Verf) / process gas ‖ ⁓**gefahr** *f* (F.Org) / operational hazard ‖ ⁓**geheimnis** *n* / trade secret, company secret ‖ ⁓**gelände** *n* / premises *pl* ‖ **anerkannte private** ⁓**gesellschaft** (Fernm) / recognized private operating company, RPOA ‖ ⁓**gewicht** *n* (Kfz) / operating weight ‖ ⁓**gewicht** (Masch) / service weight ‖ ⁓**gift** *n* (Chem, Med) / occupational toxicant ‖ ⁓**handbuch** *n* (Masch) / operations manual ‖ ⁓**image** *n* / corporate image ‖ ⁓**inhalt** *m* (z.B. der Kolonne) (Chem Verf) / hold-up* *n*, static hold-up, wettage *n*, hold-up volume ‖ ⁓**intern** *adj* / in-house *attr*, in-plant *attr* ‖ ⁓**interne Ausbildung** (F.Org) / in-company training, on-the-job training, in-house training ‖ ⁓**internes Netz** (EDV) / corporate network, company-operated and -maintained network, COAM ‖ ⁓**kanzel** *f* (des Fernmeldeturms) (Fernm) / operations rooms, apparatus rooms ‖ ⁓**kategorie** *f* (festgelegte Grenzwerte für Start und Landung sowie zu Planungszwecken) (Luftf) / operational performance category
**betriebsklar** *adj* / ready for operation, operable *adj*, turnkey *attr*, operational *adj*, ready for start-up, operative *adj* ‖ **nicht** ⁓ / inoperable *adj*
**Betriebs•kondensatormotor** *m* (Eltech) / capacitor start-run motor, permanent-split capacitor motor, PSC motor ‖ ⁓**kosten** *pl* (z.B. der Heizanlage) / running costs ‖ ⁓**lebensdauer** *f* / service life ‖ ⁓**leistungskategorie** *f* (Luftf) / operational performance category ‖ ⁓**leiter** *m* (Masch) / manager *n*, superintendent *n* ‖ ⁓**masse** *f* (des Eisenbahnwagens) (Bahn) / service weight, weight in running order ‖ ⁓**masse** (Masch) / service weight ‖ ⁓**mittel** *n pl* (DIN 66200, T 1) / resources *pl* ‖ ⁓**mittel** (Bahn) / plant* *n*, rolling-stock* *n* ‖ **freigegebene** ⁓**mittel** (EDV) / de-allocated resources ‖ **elektrische** ⁓**mittel** (alle Gegenstände, die als Ganzes oder in einzelnen Teilen dem Anwenden elektrischer Energie dienen) (Eltech) / electric(al) apparatus(es) *pl*, electrical equipment ‖ ⁓**mittelplanung** *f* (F.Org) / equipment planning ‖ **[technisch bedingte]** ⁓**mittelstillstandszeit** (Masch) / down-time* *n*, fault-time *n* ‖ ⁓**mittelumdisponierung** *f* / preemptive allocation ‖ ⁓**mittelverbund** *m* (EDV) / resource sharing ‖ ⁓**mittelzuweisung** *f* / resource allocation ‖ ⁓**molchung** *f* (bei Überlandrohrleitungen) / on-line pigging ‖ ⁓**organisation** *f* (im Sinne von F.W. Taylor) / shop management ‖ ⁓**praxis** *f* / engineering practice, shop practice ‖ ⁓**protokoll** *n* **des lokalen Netzes** (EDV) / LAN performance protocol, local-area-network performance protocol ‖ ⁓**prüfquelle** *f* (Instr) / check source (a radioactive source, not necessarily calibrated, which is used to confirm the continuing satisfactory operation of an instrument) ‖ ⁓**prüfung** *f* / audit *n* of the firm's accounts ‖ ⁓**prüfung** (EDV) / dynamic check ‖ ⁓**prüfung** (bei

laufender Maschine) (Masch) / in-service test ‖ ⁓**punkt** *m* (Arbeitsplatz im Untertagebetrieb, an dem bergmännische Arbeiten durchgeführt werden) (Bergb) / working point ‖ ⁓**reichweite** *f* (Fernm, Luftf) / operational range ‖ **festgelegte** ⁓**reichweite** (Fernm, Luftf) / designated operational range ‖ ⁓**risiko** *n* / operational hazard ‖ ⁓**schadenanalyse** *f* (Masch) / service failure analysis ‖ ⁓**scheitelspannung** *f* **im Aus-Zustand** (Eltronik) / working-peak off-state voltage ‖ ⁓**schrott** *m* (Hütt) / process scrap ‖ ⁓**schulung** *f* (F.Org) / in-company training, on-the-job training ‖ ~**sicher** *adj* / reliable *adj*, dependable *adj* ‖ ⁓**spannung** *f* (Eltech) / running voltage, operating voltage, working voltage ‖ ⁓**spitzenspannung** *f* **im Aus-Zustand** (bei Thyristoren) (Eltronik) / working-peak off-state voltage ‖ ⁓**sprache** *f* (DIN 44300) (EDV) / job control language* (JCL), control language, operating language ‖ ⁓**standort** *m* / plant location, works location, location of a plant ‖ ⁓**stoffe an Bord nehmen** (Luftf) / replenish *v* ‖ ⁓**stofftransporter** *m* (Mil) / tanker *n* ‖ ⁓**stoffwechsel** *m* (die Gesamtheit der Abbauprozesse des Stoffwechsels) (Biochem) / catabolism* *n*, katabolism* *n*, degradative metabolism, dissimilation *n* ‖ ⁓**stoffwechsel** (Biol) / energy metabolism ‖ ⁓**störung** *f* (Defekt) / malfunction *n* ‖ ⁓**stromkreis** *m* (Eltech) / power circuit* ‖ ⁓**stunde** *f* (bei Maschinen) (Masch) / service hour ‖ ⁓**stunden** *f pl* / operating hours ‖ ⁓**stunden** (z.B. jährliche) (Masch) / stream days ‖ ⁓**stundenzähler** *m* (EDV) / power-on time meter ‖ ⁓**stundenzähler** (Eltech) / time-meter* *n*, hour-counter* *n*, hour-meter* *n* ‖ ⁓**stundenzähler** (Instr) / elapsed-time meter ‖ ⁓**system** *n* (DIN 44300) **(BS)** (EDV) / operating system* (OS) ‖ ⁓**system-Testzeit** *f* (in der das Betriebssystem und die Dienstprogramme gepflegt und getestet werden) (EDV) / system test time ‖ ~**systemunabhängig** *adj* (EDV) / stand-alone *attr* ‖ ⁓**tank** *m* (Erdöl) / lease tank ‖ ~**technisches Leasing** (kurz- und mittelfristiges Leasing, wobei dem Leasingnehmer normalerweise unter Einhaltung einer bestimmten Frist ein Kündigungsrecht eingeräumt wird) / operating lease, service lease ‖ ⁓**temperatur** *f* (eines Gerätes) (Instr) / operating temperature, warmed-up temperature, service temperature ‖ ⁓**überwachung** *f* (Radiol, Regeln) / monitoring* *n* ‖ ~**unfähig** *adj* / inoperative *adj*, non-operational *adj* ‖ ~**unfähig** s. auch unbrauchbar ‖ ⁓**unfall** *m* (Med) / industrial accident, occupational accident ‖ ⁓**unterbrechungsversicherung** *f* / business interruption coverage (US), loss of profits coverage (GB) ‖ ⁓**unwucht** *f* (der Schleifscheibe unter den jeweiligen Arbeitsbedingungen) (Masch) / operating unbalance ‖ ⁓**verhalten** *n* (Masch) / operating characteristics ‖ ⁓**verhalten auf dem Wasser** (Luftf) / water-handling characteristics ‖ ⁓**wasser** *n* / industrial water, service water ‖ **häufiger Berufs- oder** ⁓**wechsler** / job hopper ‖ ⁓**weise** *f* (Eltech, Masch) / duty* *n*, operation *n*, working *n* ‖ ⁓**wellenlänge** *f* (Radio) / operating wavelength ‖ ⁓**wirtschaft** *f* / business management ‖ ⁓**zeit** *f* (in der das System läuft) / operating time ‖ ⁓**zeit** (einer Anlage) / time of operation ‖ ⁓**zeit** (EDV) / attended time ‖ **sonstige** ⁓**zeit** (z.B. für Vorführungen, Bedienerausbildung usw.) (EDV, F.Org) / miscellaneous time, incidental time ‖ ⁓**zustand** *m* (der die Belastung kennzeichnet) (Eltech) / load *n* ‖ ⁓**zustand** (des Systems) (Fernm) / regime *n* ‖ ⁓**zustand mit mehreren Schwingungsperioden** (Phys) / multiperiodic regime ‖ ⁓**zuverlässigkeit** *f* (Masch) / use reliability, operational reliability ‖ ⁓**zyklus** *m* (z.B. eines Beschleunigers) (Nukl) / duty cycle

**Betroffener** *m* (dessen Daten geschützt werden sollen) (EDV) / data subject

**Betropfen** *n* **mit Wasser** / water spotting

**betrügerische Werbung** / deceptive advertising

**Bett** *n* (Bau, Chem) / bed* *n* ‖ ⁓ (ein Gestellteil der Werkzeugmaschine) (Masch) / bed *n* ‖ **chromatografisches** ⁓ (allgemeine Bezeichnung der stationären Phase) (Chem) / chromatographic bed ‖ **wallendes** ⁓ (im Reaktor zur katalytischen Hydrierung von Kohleaufschlämmungen) (Chem Verf) / ebullient bed ‖ ⁓ *n* **mit Einsatzbrücke** (der Drehmaschine) (Masch) / gap bed*

**Bett•bahn** *f* (Masch) / ways* *pl*, shears *pl* ‖ ~**bildender Wasserstand** (eines Flusses) (Wasserb) / bed-building stage ‖ ⁓**drell** *m* (Tex) / ticking *n*, tick *n*

**betten** *v* (Bahn) / ballast *v*

**Bettendorf-Arsenprobe** *f* (nach A.J.H. Bettendorf, 1839 - 1902) (Chem) / Bettendorf's test

**Bettendorf-Test** *m* (auf Arsen) (Chem) / Bettendorf's test

**Bett•fräsmaschine** *f* (deren Werkstücktisch auf einem flachen Bett geführt wird) (Masch) / bed-type milling machine ‖ ⁓**führungen** *f pl* (Masch) / ways* *pl*, shears *pl*

**BET-Theorie** *f* **der Adsorption** (Chem) / BET adsorption theory*

**Bettischer Satz** (Mech) / Betti reciprocal theorem, reciprocal theorem

**Betti-Zahl** *f* (nach E. Betti, 1823-1892) (Math) / connectivity number, Betti number

**Bett•laken** *n* (Tex) / sheet *n* ‖ ⁓**lakentuch** *n* (als Material) (Tex) / sheeting* *n* ‖ ⁓**platte** *f* (Masch) / bedplate* *n* ‖ ⁓**rippel** *n* (in der Gewässersohle) (Wasserb) / sand wave ‖ ⁓**schlitten** *m* (der Bohrmaschine) (Masch) / movable table, workpiece carriage ‖ ⁓**schlitten** (Unterteil des Werkzeugschlittens der Drehmaschine) (Masch) / bed carriage, saddle *n* ‖ ⁓**schlittenrevolverdrehmaschine** *f* (Masch) / saddle-type turret lathe ‖ ⁓**setzmaschine** *f* (Aufber) / fixed-bed jig

**Betts-Verfahren** *n* (elektrolytische Raffination von Blei) (Hütt) / Betts process*

**Bettuch** *n* (Tex) / sheet *n* ‖ ⁓**leinen** *n* (Tex) / sheeting* *n*

**Bettung** *f* / bedding *n* ‖ ⁓ (Bahn) / roadbed* *n*, ballast bed ‖ ⁓ (Tätigkeit) (Bahn) / ballasting *n* ‖ ⁓ (beim Klinkerpflaster) (HuT) / subcrust* *n*, cushion course*, bedding course ‖ **festgesackte** ⁓ (Bahn) / consolidated ballast

**Bettungs•beton** *m* (HuT) / bedding concrete ‖ ⁓**erneuerung** *f* (Bahn) / ballast renewal ‖ ⁓**körper** *m* (Bahn) / body of ballast ‖ ⁓**sand** *m* (Unterlage des Betonsteinpflasters) (HuT) / bedding sand ‖ ⁓**schicht** *f* (beim Klinkerpflaster) (HuT) / subcrust* *n*, cushion course*, bedding course ‖ ⁓**umbau** *m* (Bahn) / ballast reconstruction

**Bett•wäschestoff** *m* (Tex) / bedding *n* ‖ ⁓**wäschezeug** *n* (Tex) / bedding *n*

**Betulin** *n* (ein Triterpenalkohol) (Chem, For) / betulin *n*

**Betulinsäure** *f* (Triterpen aus den Blättern von Syzygium claviflorum mit signifikanter Wirkung gegen HIV-Viren und Phosphokinase C) (Chem, Pharm) / betulinic acid ‖ ⁓ (Chem, Pharm) s. auch Platansäure

**Betulol** *n* (Chem, For) / betulin *n*

**betupfen** *v* / spot *v*, dab *v*, mottle *v* ‖ ~ (Med) / swab *v* ‖ ⁓ *n* / spotting *n*, dabbing *n*, mottling *n*

**Beuchanlage** *f* (für Baumwollgewebe) (Tex) / scouring plant, kier-boiling plant

**Beuche** *f* (eine chemische Vorreinigung von Baumwollgeweben nach DIN 54295) (Tex) / scouring* *n* (of cotton), kiering *n*, kier boiling, bucking *n* ‖ ⁓ (Tex) / kier (solution of caustic soda)

**beuchen** *v* (Tex) / buck *v* ‖ ~ (DIN 61703, 61704 und 54295) (Tex) / scour *v* (cotton), kier-boil *v*, kier *v*, buck *v* ‖ ⁓ *n* (eine chemische Vorreinigung von Baumwollgeweben nach DIN 54295) (Tex) / scouring* *n* (of cotton), kiering *n*, kier boiling, bucking *n*

**Beuch•hilfsmittel** *n* (Tex) / kier-boiling assistant ‖ ⁓**kessel** *m* (DIN 64990) (Tex) / bucking kier, kier* *n* ‖ ⁓**prozeß** *m* (eine chemische Vorreinigung von Baumwollgeweben nach DIN 54295) (Tex) / scouring* *n* (of cotton), kiering *n*, kier boiling, bucking *n*

**beugen** *v* (Lichtstrahlen, Wellen) (Licht, Phys) / diffract *v*

**Beuge•schwingung** *f* (Spektr) / scissor vibration ‖ ⁓**winkel** *m* (zwischen den sich kreuzenden Wellenachsen) (Kfz, Masch) / articulation angle

**Beugung** *f* (von elektromagnetischen und Materiewellen) (Licht, Phys) / diffraction* *n* ‖ **Fraunhofersche** ⁓ (Opt) / Fraunhofer diffraction* ‖ **Fresnelsche** ⁓ (nach A.J. Fresnel, 1788-1827) (Opt) / Fresnel diffraction* ‖ ⁓ *f* **am Gitter** (Opt) / grating diffraction ‖ ⁓ **am Spalt** (Opt) / diffraction at a slit ‖ ⁓ **an Einkristallen** (Krist, Opt) / single-crystal diffraction ‖ ⁓ **des Lichts** (Licht, Opt) / diffraction* *n* ‖ ⁓ **mit energiereichen Elektronen** (Phys) / high-energy electron diffraction, HEED ‖ ⁓ **mit langsamen Elektronen** (Methode zur Untersuchung der Struktur von Oberflächen bzw. dünnen Schichten) (Phys) / low-energy electron diffraction*, LEED ‖ ⁓ **nullter Ordnung** (z.B. bei ZOD-Dias) (Foto, Opt) / zero-order diffraction, ZOD

**Beugungs•-** (Farbe) (Opt) / prismatic *adj* ‖ ⁓**analyse** *f* (Krist, Opt) / diffractometry *n*, diffraction analysis* *n* ‖ ~**begrenzt** *adj* (Opt) / diffraction-limited *adj* ‖ ⁓**bild** *n* (Opt) / diffraction pattern* ‖ ⁓**figur** *f* (Opt) / diffraction pattern* ‖ **Fraunhofersche** ⁓**figur** / Fraunhofer diffraction pattern ‖ ⁓**gitter** *n* (Phys) / grating* *n*, diffraction grating*, optical grating* ‖ **gekreuzte** ⁓**gitter** (Opt) / cross grating ‖ ⁓**gitteraufstellung** *f* (Opt, Phys) / diffraction-grating mounting ‖ **den Furchen eines** ⁓**gitters den Blaze-Winkel geben** (um die Intensität zu vergrößern) / blaze *v* ‖ ⁓**muster** *n* (Opt) / diffraction pattern ‖ ⁓**ring** *m* (Mikros) / diffraction ring ‖ ⁓**ringe** *m pl* (Opt) / diffraction fringes ‖ ⁓**scheibchen** *n* (Foto, Opt) / Airy disk*, diffraction disk ‖ ⁓**spektrum** *n* (Opt) / diffraction spectrum *n* ‖ ⁓**spektrum** (Opt, Spektr) / grating spectrum* ‖ ⁓**streifen** *m pl* (Opt) / diffraction fringes ‖ ⁓**streuung** *f* (innerhalb des geometrischen Schattens hinter dem streuenden Objekt) (Kernphys) / shadow scattering*, diffraction scattering ‖ ⁓**untersuchung** *f* (Krist, Opt) / diffractometry *n*, diffraction analysis* *n* ‖ ⁓**winkel** *m* (bei Gelenkwellen) (Masch) / working angle ‖ ⁓**winkel** (Opt) / diffraction angle*

**Beule** *f* (im Putz) (Bau) / blub* *n* ‖ ⁓ (auf furnierten Flächen) (For) / bump *n* ‖ ⁓ (Schichtverdünnung am Kopf der Aufwölbung gegenüber den Flanken) (Geol) / supratenuous fold, bending fold ‖ ⁓ (Kfz) / dent *n*, indentation *n*, impression *n*

**Beulen** *n* (von Schalen oder Platten) (Mech) / buckling *n* ‖ ⁓**auszieher** *m* (ein Karosseriewerkzeug) (Kfz, Werkz) / dent puller, backhammer *n*

**Beulfestigkeit** *f* (Mech) / buckling strength
**Beuligwerden** *n* (Pap) / cockling* *n*
**Beulspannung** *f* (Mech) / buckling stress
**Beulung** *f* (nach außen) (Masch) / bulging *n*
**Beulverformung** *f* (Mech) / buckling *n* ‖ ~ **von Akkuplatten** (Eltech) / buckling of plates
**Beurteilungs•abweichung** *f* / error *n* ‖ **systematische** ~**abweichung** (Stats) / bias *n* ‖ ~**fehler** *m* / error *n* ‖ ~**tabelle** *f* (EDV, F.Org) / decision table
**Beutel** *m* / bag *n* ‖ ~ (für eine Kamera) (Foto) / pouch *n* ‖ **doppelwandiger** ~ / duplex bag ‖ **gefütterter** ~ (Pap) / multi-wall bag, lined bag ‖ ~ **m mit dem Puder** (Gieß) / plumbago bag, dust bag ‖ ~**aufdruck** *m* (z.B. Verfallsdatum) (Druck) / print on the bag ‖ ~**filter** *n* / bag filter ‖ ~**gaze** *f* (Tex) / bolting-silk *n*
**beuteln** *v* (Nahr) / bolt *v*, boult *v* ‖ ~ *n* (Nahr) / bolting *n*, boulting *n*
**Beutelsieb** *n* (Nahr) / bolting sieve, bolter *n*, bolt *n*
**Bevatron** *n* (Protonensynchrotron der Berkeley University) (Kernphys) / Bevatron* *n*
**Beverage-Antenne** *f* (eine Langdrahtantenne) (Radio) / wave antenna*, Beverage antenna*
**Bevölkerung** *f* (Umwelt) / population *n*
**Bevölkerungs•entwicklung** *f* (Veränderung der Größe und Zusammensetzung einer Bevölkerung) (Stats, Umwelt) / population dynamics ‖ ~**kautschuk** *m* (von Kleinbetrieben der Eingeborenen) (Chem Verf) / smallholding rubber, native rubber ‖ ~**wachstum** *n* (Stats) / population growth, population increase, demographic increase ‖ ~**wissenschaft** *f* / demography *n* ‖ ~**zuwachs** *m* (Stats) / population growth, population increase, demographic increase
**bevollmächtigen** *v* / commission *v*, authorize *v*
**bevorraten** *v* / store *v*, stockpile *v* ‖ ~ *n* / storage *n*, stockpiling *n*
**Bevorratung** *f* / storage *n*, stockpiling *n* ‖ ~ **aus der Luft** (mit Hubschraubern oder mit den Senkrechtstartflugzeugen) (Luftf, Schiff) / vertical on-board delivery, VOD, vertical replenishment, vertrep *n*
**bevorrechtigte Nebenstelle** (Fernsp) / priority extension
**Bevorrechtigungstaste** *f* (Fernsp) / priority button
**bevorzugte Orientierung** (der Kristalle eines vielkristallinen Werkstoffs) (Geol, Hütt, Krist, WP) / preferred orientation*
**bewachsen•es Flußbett** (Wasserb) / grassed channel, vegetated channel ‖ ~**es Kanalbett** (Wasserb) / grassed channel, vegetated channel
**Bewachsung** *f* (Bot, Umwelt) / vegetation *n*, plant cover, vegetation cover, vegetative cover, cover *n*
**bewachte Anweisung** (eine verallgemeinerte Form der bedingten Anweisung) (EDV) / guarded command, guarded statement
**bewaffnen** *v* (Mil) / arm *v*
**bewählen** *v* (Leitung) (Fernm) / select *v*
**bewalden** *v* (For) / afforest *v*, forest *v*
**bewaldet** *adj* (aufgeforstet) (For) / forested *adj* ‖ ~ (For) / wooded *adj* (having woods or many trees) ‖ ~**e Zone** (mit Nutzholz) (For) / forestry *n*, timberland *n* (US), woodland* *n*
**bewaldrechten** *v* (Langholz) (For) / rough-hew *v*
**Bewaldung** *f* (For) / afforestation *n*, forestation *n*
**bewältigen** *v* / negotiate *v*
**Bewandertsein** *n* **im Umgang mit Computern** (EDV) / computer literacy
**bewässerbar** *adj* (Landw) / irrigable *adj*
**bewässern** *v* (Landw) / water *v*
**Bewässerung** *f* (Landw) / irrigation* *n*, watering *n* ‖ **zu reichliche** ~ (Landw) / overirrigation *n* ‖ ~ *f* **durch Überschwemmung** (Landw) / check flooding, check irrigation, irrigation by flooding, flood irrigation
**Bewässerungs•anlagen** *f pl* (Wasserb) / catch work* *n* ‖ ~**bedarf** *m* (Landw) / irrigation requirement ‖ ~**fruchtfolge** *f* (Landw) / irrigation rotation ‖ ~**graben** *m* (Landw, Wasserb) / ditch *n* ‖ **schmaler** ~**graben** (Landw, Wasserb) / drove* *n* ‖ ~**kanal** *m* (Landw, Wasserb) / irrigation canal ‖ ~**vlies** *n* (Landw, Tex) / irrigation mat ‖ ~**werk** *n* (Wasserb) / catch work* ‖ ~**würdig** *adj* (Landw) / irrigable *adj*
**BE-Wechsel** *m* (Nukl) / refuelling *n*, fuel recharge, reactor refuelling, fuel recharging
**bewegbar** *adj* / mobile *adj*, portable *adj* ‖ ~**er Leiter** (Eltech) / flexible conductor
**bewegen** *v* / move *v* ‖ ~ (Bild, Text) (EDV) / move *v* ‖ ~ (Leder und Flotte im Faß) (Leder) / run *v*
**beweglich** *adj* / mobile *adj*, portable *adj* ‖ ~ (Flügel bei Fenstern) (Bau) / operable *adj* ‖ **frei** ~ / free to move ‖ ~**e Anschlußleitung** (Eltech) / pigtail* *n* ‖ ~**e Aufhängung** (Eltech) / flexible suspension* ‖ ~**es Auflager** (bei einem Träger) (HuT) / free bearing ‖ ~**e Backe** (Masch) / chop* *n*, movable jaw ‖ ~**e Brechbacke** (des Backenbrechers) (Masch) / swinging jaw ‖ ~**e Brücke** (z.B. Klappbrücke, Drehbrücke, Hubbrücke) (HuT) / movable bridge ‖ ~**e Brücke** (ein Verkehrszeichen nach StVO) (Kfz) / opening bridge ‖ ~**es Endstück** (des Reißverschlusses) (Tex) / movable retainer ‖ ~**es Feld** (Elektr) / moving field ‖ ~**es Fenster** (als Gegensatz zu deadlight) (Bau) / open light, opening window ‖ ~**er Flugfernmeldedienst** (Luftf) / aeronautical mobile services, AMS ‖ ~**er Funkdienst** (Fernsp, Radio) / mobile radio service, mobile communication system ‖ ~**es Gelenk** (Arch, Masch) / movable hinge ‖ ~**es Gerüst** (Bau) / mobile scaffold ‖ ~**er Kontakt** (Eltech) / moving contact ‖ ~**e Kontaktfeder** (Eltech) / swinger *n* ‖ ~**e Kupplung** (zum Ausgleich geringer Lagerungsungenauigkeiten bei den zu verbindenden Wellen) (Masch) / flexible coupling* ‖ ~**e Ladung** (Elektr) / moving charge ‖ ~**er Landfunkdienst** (Radio) / land mobile service ‖ ~**e Last** (Mech) / mobile load ‖ ~**e Leitung** (Kab) / flexible cable*, flexible wire ‖ ~**er magnetischer Speicher** (EDV) / moving magnetic memory ‖ ~**es Mikrofon** (Akus) / following microphone ‖ ~**es Oberhaupt** (Masch) / cross-head *n* ‖ ~**es Organ** (des Meßwerkes) (Eltech) / moving element ‖ ~**e Phase** (Chem) / mobile phase* ‖ ~**es Querhaupt** (Masch) / cross-head *n* ‖ ~**er Rohgrabenaussteifkasten** (HuT) / trench box ‖ ~**e Rolle** (des Flaschenzugs) (Masch) / running pulley ‖ ~**er Rost** (Masch) / movable grate, travelling grate, shaking grate ‖ ~**es Schaltstück** (Eltech) / movable contact ‖ ~**e Schalung** (HuT) / moving form*, moving formwork ‖ ~**e Spannbacke** (des Schraubstocks) (Masch) / chop* *n*, movable jaw ‖ ~**es Teil** (der Maschine) (Masch) / moving part ‖ ~**e Wehr** (Wasserb) / movable dam, movable weir ‖ ~**es Ziel** (Mil, Radar) / moving target
**Beweglichkeit** *f* (Eltronik) / mobility* *n* ‖ **elektrophoretische** ~ (Chem) / electrophoretic mobility ‖ **intermolekulare** ~ (Chem, Phys) / intermolecular mobility ‖ ~ *f* **der Ladungsträger** (Phys) / carrier mobility*
**bewegt•e Dichtung** (Masch) / dynamic packing ‖ ~**er Massenpunkt** (Phys) / moving mass point ‖ ~**e Ware** (beim Färben) (Tex) / moving goods ‖ ~**bett** *n* (Chem Verf) / moving bed ‖ ~**bild** *n* (EDV, Fernm) / full-motion image, full-motion picture, moving image (WB video) ‖ ~**bild** (als Gegensatz zu Standbild) (Film) / motion picture ‖ ~**bilddienst** *m* (Fernm) / videophone teleservice, live-picture service ‖ ~**bild-Telekonferenz** *f* (mit der Möglichkeit zur Übertragung bewegter Bilder der Teilnehmer zusätzlich zur Übertragung von Sprache und grafischen Dokumenten) (Fernm) / full-video teleconference ‖ ~**filmaufnahme** *f* (Krist) / moving-film method (of studying crystal structure by X-ray diffraction) ‖ ~**ziel** *n* (Mil, Radar) / moving target
**Bewegung** *f* (bei der Verarbeitung fotografischer Materialien, damit sie ständig mit frischer Lösung in Kontakt kommen) (Foto) / agitation* *n* ‖ ~ (DIN 13317) (Masch, Mech) / movement *n* ‖ ~ (Abbildung bei der die Originalfigur und die Bildfigur kongruent sind) (Math) / motion *n*, movement *n* ‖ ~ (Phys) / motion *n*, movement *n* ‖ ~ (z.B. unregelmäßige) (Stats) / movement *n* ‖ **absolute** ~ (Mech) / absolute motion ‖ **angefachte aperiodische** ~ (Luftf) / divergence* *n* ‖ **beschleunigte** ~ (Phys) / accelerated motion, accelerated movement ‖ **Brownsche** ~ (Chem, Phys) / Brownian movement*, Brownian motion, colloidal movement* ‖ **drehende** ~ (Mech) / rotational motion, rotating motion, rotary motion ‖ **ebene** ~ (Phys) / plane motion ‖ **gebundene** ~ (Phys) / restricted motion ‖ **gegensinnige** ~ (in der euklidischen Geometrie) (Math) / orientation-reversing motion ‖ **geradlinige** ~ (Phys) / rectilinear motion, straight-line motion ‖ **gleichförmig beschleunigte** ~ (Phys) / uniformly accelerated motion ‖ **gleichförmig verzögerte** ~ (Phys) / uniformly retarded motion, uniformly decelerated motion ‖ **gleichsinnige** ~ (in der euklidischen Geometrie) (Math) / orientation-preserving motion ‖ **gleitende** ~ (Mech) / sliding motion ‖ **horizontale** ~ (des Bauwerkes) (Bau) / sideway *n* ‖ **hüpfende** ~ / skipping motion, jumping motion ‖ **immer wiederkehrende** ~ (F.Org) / repetitive movement ‖ **in** ~ **setzen** (Masch, Phys) / set in motion, start up *v* ‖ **kollektive** ~ (Nukl) / collective motion ‖ **kontinuierliche** ~ (Mech) / continuous motion ‖ **makrobrownsche** ~ (Phys) / macrobrownian motion ‖ **mikrobrownsche** ~ (Phys) / microbrownian motion ‖ **millimeterweise** ~ (Masch) / inching* *n* ‖ **nastische** ~ (Turgor- und Wachstumsbewegung) (Bot) / nasty* *n*, nastic movement* ‖ **pekuliare** ~ (Astr) / peculiar motion ‖ **periodische** ~ (Mech) / periodic motion ‖ **pulsierende** ~ / pulsation *n* ‖ **räumliche** ~ (Mech) / motion in space, movement in space ‖ **relative** ~ (Mech) / relative motion ‖ **retrograde** ~ (scheinbare Bewegung eines Himmelskörpers) (Astr) / retrograde motion*, retrogradation *n*, retrogression *n* ‖ **rückläufige** ~ (eines Himmelskörpers) (Astr) / retrograde motion*, retrogradation *n*, retrogression *n* ‖ **ruckweise** ~ (Masch) / jerk *n*, jolt *n*, jerky movement ‖ **schrittweise** ~ / step-by-step movement ‖ **sich wiederholende** ~ (F.Org) / repetitive movement ‖ **sinusförmige** ~ (Phys) / sinusoidal movement ‖ **tägliche** ~ (die scheinbare Bewegung der Himmelssphäre im Verlauf eines Tages in Ost-West-Richtung, verursacht durch die in umgekehrter Richtung erfolgende Erdrotation) (Astr) / diurnal motion ‖ **thermische** ~ (Phys) / thermal motion, thermal agitation ‖ **translatorische** ~ (Mech) / translational motion ‖ **ungleichförmig beschleunigte** ~ (Phys) / non-uniformly accelerated motion ‖ **unregelmäßige** ~**en** (Stats)

erratic movements || **verzögerte** ~ (Phys) / retarded motion, decelerated motion || ~ *f* **des Baugrunds** (HuT) / ground movement || ~ **(Förderung) durch Schwerkraft** (Geol) / gravity transport* || ~ **durch Schwerkraft** (Phys) / gravitation *n* || ~ **eines schwimmenden Körpers durch Wellen** (Wasserb) / heave *n* || ~ **in Längsrichtung** (Masch) / traversing* *n*, traverse *n*
**Bewegungs•ablauf** *m* (F.Org) / motion sequence, sequence of motions || ~**ablauf** *m* **eines Verschlusses** (Foto) / operational shutter cycle || ~**achse** *f* (Mech) / axis of motion || ~**analyse** *f* (F.Org) / motion analysis || ~**anweisung** *f* **(bei CNC-Maschinen)** (Masch) / motion statement || ~**ausgleichsgerät** *n* (eine Einrichtung zum Aufheben der Vertikalbewegung der schwimmenden Anlage bei Wireline-Arbeiten) (Erdöl) / motion compensation (machinery)* || ~**bahn** *f* (Phys) / motion path || ~**bestrahlung** *f* (eine Therapietechnik) (Radiol) / moving-field therapy* || ~**bestrahlung** (bei der sich die Strahlungsquelle während einer Bestrahlung um einen begrenzten Winkel zum Patienten bewegt) (Radiol) / arc therapy* || ~**datei** *f* (EDV) / change(s) file, amendment file (a file of change records), transaction file*, detail file, activity file, movement file, update file*, modification file || ~**daten** *pl* (EDV) / transaction data || ~**dichtung** *f* (Masch) / dynamic packing || **mit versetzter** ~**ebene** / drunken *adj* || ~**einschränkung** *f* (in der Kinematik) (Mech) / restraint of motion || ~**energie** *f* (Mech) / kinetic energy*, vis viva, KE || ~**fläche** *f* (auf dem Flugplatz) (Luftf) / movement area* || ~**freiheit** *f* / freedom of movement || ~**freiheit für den Kopf** (Kfz) / headroom || ~**fuge** *f* (bei Gipsbauplatten) (Bau) / control joint || ~**fuge** (die die relative Bewegung benachbarter Teile nach DIN 1045 ermöglicht) (Masch) / movement joint || ~**führer** *m* (im Puppenspielfilm) (Film) / puppet animator || ~**gewinde** *n* (Masch) / power-transmission screw thread, power-transmission thread || ~**gleichung** *f* (Phys) / equation of motion, kinematic equation || **Lagrangesche** ~**gleichung** (nach L.J. de Lagrange, 1736-1813) (Mech) / Lagrange's dynamical equation*, Lagrangian equation of motion || **Newtonsche** ~**gleichung** (das zweite Newtonsche Axiom - Lex secunda) (Phys) / Newton's equation of motion, Newton's second law of motion || ~**größe** *f* (der Betrag des Impulses) (Math, Mech) / momentum *n* (pl. momenta or -s) || ~**gruppe** *f* (Math) / group of motions, group of movements || ~**haufen** *m* (Astr) / star streaming*, star stream, star drift || ~**häufigkeit** *f* (in den Dateien) (EDV) / activity ratio || ~**impedanz** *f* (Akus, Fernm) / motional impedance* || ~**integral** *n* (Phys) / integral of motion || ~**kopplung** *f* (Akus) / motional feedback || ~**krankheit** *f* (Med) / motion sickness || ~**lehre** *f* (Mech) / kinematics* *n*, phoronomy *n* || ~**melder** *m* (einer Alarmanlage) / movement detector, motion detector || ~**muster** *n* (F.Org) / motion pattern || ~**ordnung** *f* (zeitliche, räumliche) (Mech) / order of motion || ~**reibung** *f* (Phys) / kinetic friction*, dynamic friction || ~**richtung** *f* (Mech) / direction of motion, direction of movement || ~**rechtläufige** ~**richtung** (eines Himmelskörpers) (Astr) / direct motion || ~**satz** *m* (EDV) / change record, transaction record || ~**schleife** *f* (eines Anschlußkabels) (Kab) / slackness loop || ~**schraube** *f* (Masch) / motion screw, power screw (US) || ~**schrittmaß** *n* (der Maus) (EDV) / movement step size (mickeys per pixel) || ~**schwebeflug** *m* (Luftf) / air taxiing || ~**stabilität** *f* (Kernphys) / motion stability, stability of motion || ~**sternhaufen** *m* (Astr) / star streaming*, star stream, star drift || ~**studie** *f* (Teilgebiet der Arbeitsstudie) (F.Org) / motion study || ~**unfähiges Luftfahrzeug** (Luftf) / disabled aircraft || ~**unschärfe** *f* (Verschwommenheit) (Foto) / blur *n* || ~**unschärfe (durch Bewegung)** (Foto, Opt) / image motion, motional distortion
**bewehren** *v* (Beton) (HuT) / reinforce *v*
**bewehrt, einachsig** ~ (Stahlbeton) (HuT) / simply reinforced || ~**er Beton** (HuT) / reinforced concrete*, RC* || ~**es Mauerwerk** (Bau) / reinforced-brick masonry, RBM
**Bewehrung** *f* (HuT) / armouring* *n* || ~ (Stahlbetonbewehrung) (HuT) / reinforcement *n* || ~ (Metall-) (Masch) / armour *n*, armor (US) || ~ (Metall-) (Masch) / metalwork *n* || **kreisrunde oder spiralige** ~ (HuT) / hooping* *n* || **schlaffe** ~ (HuT) / unstressed reinforcement, untensioned reinforcement
**Bewehrungs•bügel** *m* (HuT) / stirrup* *n*, binder *n* || ~**draht** *m* (glatter oder profilierter Betonstahl, der als Ring hergestellt wird) (HuT, Hütt) / reinforcement cable, reinforcing (indented) wire || ~**flechter** *m* (HuT) / bar bender, steel bender, iron fighter, steel fixer || ~**korb** *m* (HuT) / reinforcement cage, reinforcing cage || ~**matte** *f* (für Betondecken) (Bau, HuT) / BRC fabric* (GB) || ~**matte** (bei den Flachgründungen) (HuT) / mattress *n* || ~**matte** (HuT) / reinforcing wire mesh || ~**plan** *m* (Stahlbeton) (Bau) / reinforcement drawing || ~**schelle** *f* (Kab) / armour clamp*, armour grip*, armour gland* || ~**skelett** *n* (Geflecht aus Bewehrungsstählen zur Aufnahme der Zugspannungen) (HuT) / reinforcement cage, reinforcing cage || ~**stab** *m* (HuT) / reinforcing bar, rebar *n*, reinforcement bar || ~**stahl** *m* (HuT, Hütt) / concrete steel, reinforcing steel, cold reinforcing steel || ~**sucher** *m* (Bau, HuT) / cover meter, electromagnetic cover meter || ~**zeichnung** *f* (DIN 1045) (HuT) / placing drawing

**beweidet** *adj* (Landw) / grazed *adj*
**Beweis** *m* (eines mathematischen Satzes) (Math) / proof *n* || **indirekter** ~ (durch reductio ad absurdum) (Math) / proof by contradiction*, reductio ad absurdum proof*
**beweisbar** *adj* (Math) / provable *adj*
**beweisen** *v* (Math) / prove *v*, demonstrate *v*
**Beweis•findung** *f* (KI) / proof finding || ~**findungsstrategie** *f* (KI) / proof strategy || **strenge** ~**führung** (Math) / rigorous argumentation || ~**programm** *n* (EDV, KI) / theorem prover || ~**strategie** *f* (KI) / proof strategy || ~**theorie** *f* (nach D. Hilbert) (Math) / proof theory ("Beweistheorie")
**bewerten** *v* / estimate *v*, rate *v*
**bewerteter Standard-Trittschallpegel** (DIN 1320) (Akus) / weighted standardized impact-sound-pressure level
**Bewertung** *f* / estimation *n*, estimate *n*, rating *n* || ~ (Wertung) / evaluation *n*, valuation *n* || ~ (Akus) / weighting *n* || **diskrete** ~ (eines Körpers) (Math) / discrete valuation || **nicht archimedische** ~ (eines Körpers) (Math) / non-Archimedean valuation || **p-adische** ~ (Math) / p-adic valuation || **vergleichende** ~ (z.B. von Hypothesen) (Stats) / scoring *n*
**Bewertungs•bohrung** *f* (Erdöl) / appraisal well* || ~**netzwerk** *n* (Fernm) / weighting network* || ~**pegel** *m* (Eltech) / assessment level || ~**programm** *n* (EDV) / benchmark program || ~**schaltung** *f* (Fernm) / weighting network*
**bewettern** *v* (Anstr) / weather *vt* || ~ **(eine Grube)** (Bergb) / ventilate *v*, aerate *v*, air *v* || ~ *n* (Anstr) / weathering *n*
**Bewetterung** *f* (Anstr) / weathering *n* || ~ (einer Grube) (Bergb) / ventilation *n* || **abfallende** ~ (Bergb) / descensional ventilation || **absteigende** ~ (Bergb) / descensional ventilation || **aufsteigende** ~ (Bergb) / ascensional ventilation || **blasende** ~ (Bergb) / blowing ventilation, forced ventilation, blowing system || **künstliche** ~ (Bergb) / artificial ventilation || **saugende** ~ (Bergb) / exhaust ventilation, extraction ventilation, exhaust system
**Bewetterungshaut** *f* (bei rußfreien Heißvulkanisaten) (Chem Verf) / crazing effect
**bewickeln** *v* (Kab) / lap *v*, tape *v*, wrap *v*, serve *v*
**Bewicklung** *f* **mit Band** (Kab) / lapping *n*, taping *n*, wrapping *n*, serving* *n*
**Bewicklungslänge** *f* (bei Spulen) (Spinn) / winding length
**bewilligen** *v* / authorize *v*, licence *v*, license *v*
**bewilligte Werbemittel** / advertising appropriation
**bewirken** *v* / effect *v* || ~ / cause *v*
**bewirtschaften** *v* (z.B. Rohstoffe) / ration *v*, ration out *v* || ~ **(Land)** (Landw) / husband *v* || ~ (Landw) / cultivate *v*, farm *v*, till *v*, husband *v*
**Bewirtschaftung, teilflächenspezifische** ~ (wenn die Bestellung auf großen Ackerschlägen mit Hilfe von Rechnern nach Unterschieden in Boden und Pflanzenbestand bemessen wird) (Landw) / computer-aided farming, precision farming
**bewittern** *v* (Anstr) / weather *vt*
**Bewitterung** *f* (Prüfung von Anstrichmitteln auf Wetterbeständigkeit) (Anstr) / weathering *n* || **künstliche** ~ (eine Kurzprüfung) (Anstr) / accelerated weathering || **natürliche** ~ / outdoor exposure, outdoor weathering, atmospheric weathering
**Bewitterungs•stand** *m* (Anstr) / weathering station || ~**versuch** *m* (ein Korrosionsversuch) (Galv) / atmospheric exposure test, weathering test, outdoor exposure test
**bewohnbar** *adj* / habitable *adj*, inhabitable *adj* || ~ **(Haus)** (Bau) / liveable *adj*, livable *adj* || ~**es Freizeitfahrzeug** (Kfz) / leisure accommodation vehicle || ~**es Zimmer** (Bau) / habitable room
**Bewohnung** *f* (Bau) / occupancy *n*
**Bewölkung** *f* (in Achteln) (Meteor) / cloudiness* *n*, cloud cover, cloud amount (in tenths of sky covered) || **(stark) aufgelockerte** ~ (Meteor) / scattered clouds || **aufgebrochene** ~ (Meteor) / broken clouds
**Bewölkungsgrad** *m* (in Achteln oder Zehnteln) (Meteor) / cloud cover
**Bewuchs** *m* (Anstr) / fouling *n* || ~ (Pflanzendecke) (Bot, Umwelt) / vegetation *n*, plant cover, vegetation cover, vegetative cover, cover *n* || ~ (Umwelt) / fouling *n* || **mariner** ~ / marine growth, marine fouling
**Bewurf** *m* (Bau) / laying* *n*
**bewurzelt** *adj* (Bot, For, Landw) / rooty *adj*, rooted *adj*
**Bewurzelung** *f* (Bot, For, Landw) / rooting *n*, root penetration
**bewußte Auswahl** (Stats) / purposive sampling, purposive selection
**bezahlter Urlaub** (F.Org) / paid leave
**bezeichnen** *v* / mark *v*
**Bezeichner** *m* (zur Kennzeichnung eines Programmobjektes (Cobol, Pearl, PL/1, Algol 60)) (EDV) / identifier *n*
**Bezeichnung** *f* (die Zusammenfassung von Benennung und weiteren identifizierenden Merkmalen) / designation *n* || ~ / inscription *n*, label *n* || ~ / designation *n* || **falsche** ~ (Kennzeichnung) / false marking || **irrtümliche** ~ / misnomer *n*

**Bezeichnungsschild**

**Bezeichnungs•schild** n / label n, tag n, tie-on label || ⁓**weise** f (EDV) / notation n || **Stocksche** ⁓**weise** (bei der Angabe der Mengenverhältnisse der Bestandteile) (Chem) / Stock notation
**beziehen** v (Polstermöbel) (Tex) / cover v || **neu** ⁓ (Polstermöbel) (Tex) / re-cover v || **sich** ⁓ (auf) / relate v (to), refer v (to)
**Beziehung** f / relation* n, relationship n || **elementare** ⁓ (kleinstes informationstragendes Element eines Informationsbereichs) (EDV) / elementary relation, elementary relationship || **lineare** ⁓ (Math) / linear relationship || **Maxwellsche** ⁓ (Zusammenhang zwischen dem Brechungsindex, der relativen Permeabilität und der relativen Dielektrizitätskonstanten eines Mediums) (Phys) / Maxwell relationship || **Titius-Bodesche** ⁓ (Astr) / Titius-Bode law*, Bode's law* || ⁓**en** f pl **zwischen den Sozialpartnern** (F.Org) / industrial relations, labour relations
**Beziehungs•graf** m (Math) / relational graph, relation graph || ~**los** adj / unrelated adj
**Bézier-Kurve** f (beim approximierenden Verfahren nach Bezier zur Erzeugung von Splines) / Bezier curve
**Bezifferung** f (Math) / figuring n, numbering n
**Bezimmerung** f (des Holzes) (Zimm) / flogging* n
**Bezoarstein** m (Geol) / stomach stone, gastrolith n, gizzard stone
**bezogen** adj (Übermaß, Spiel, Außermittigkeit) (Masch) / specific adj || ~**er Blindleitwert** (Eltech) / per unit susceptance || ~**e Formänderung** / degree of deformation || ~**e Größen** (dimensionslose, auf definierte Bezugsgrößen bezogene Variablen und Parameter elektrischer Betriebsmittel) (Eltech) / per unit quantities || ~**e Leistungen** (als Bilanzposten) / purchased services
**Bézoutsche Identität** (nach E. Bézout, 1730 - 1783) (Math) / Bézout's identity
**Bezug** m (der Walzen im Druckwerk einer Hochdruck-Rollenrotationsmaschine) (Druck) / blanket* n || ⁓ (in technischen Zeichnungen) (Masch) / datum* n (pl. data)
**Bezugnahme** f (auf) / reference n (to) || ⁓ (im Verzeichnis) (Fernm) / referral n || **gleichförmige** ⁓ (EDV) / uniform referencing || **indirekte** ⁓ (EDV) / indirect referencing || ⁓ f **auf bereits bekannte Vermessungspunkte** (Verm) / referencing n
**Bezugs•-** (Verm) / fiducial* adj || ⁓**adresse** f (EDV) / reference address* || ⁓**apparat** m **zur Bestimmung der Ersatzdämpfung** (Fernsp) / A.R.A.E.N.* || ⁓**basis** f **Feuchtgutmasse** / wet-weight basis, WWB || ⁓**basis Masse des feuchten Stoffes** / wet-weight basis, WWB || ⁓**bemaßung** f (von einer einheitlichen Bezugslinie - DIN 406, T 3) (Masch) / reference-line system (of dimensioning), datum dimensioning, dimensioning from a common datum || ⁓**dämpfung** f (eines Übertragungssystems) (Fernm) / reference equivalent* || **objektiver** ⁓**dämpfungsmeßplatz** (Fernm) / objective reference system test station || ⁓**dreieck** n / solid triangle || ⁓**druck** m (Phys) / reference pressure || ⁓**ebene** (Masch) / datum* n (pl. data), reference point || ⁓**ebene** (Verm) / reference level || ⁓**ecke** f (Halbband) (Buchb) / corner* n || ⁓**elektrode** f (DIN 50900) (Chem) / reference electrode, RE || ⁓**farben** f pl (Phys) / primary additive colours*, fundamental colours* || ~**fertig** adj (Bau) / occupiable adj || ⁓**feuchtigkeit** f (Meteor) / reference humidity || ⁓**fläche** f (Luftf) / datum level, rigging datum || ⁓**fläche** (in technischen Zeichnungen) (Masch) / datum surface, reference surface, datum face || ⁓**flügelfläche** f (Luftf) / design wing area || ⁓**formstück** n (Masch) / master* n || ⁓**frequenz** f (Fernm) / reference frequency || ⁓**gerät** n (Eltech) / known-good device, KGD || ⁓**größe** f (DIN 7184, T 1) (Masch) / datum* n (pl. data) || ⁓**größe** (Math, Phys) / reference quantity || ⁓**impuls** m (Fernm) / reference pulse || ⁓**kante** f (die dem Gerät als Anhaltspunkt für die Position der Schrift auf dem Beleg dient) (EDV) / reference edge, guide edge || ⁓**kassette** f (mit einem in bestimmten Eigenschaften festgelegten Magnetband zum Vergleich verschiedener Kassetten bzw. zum Einstellen von Magnetband-Kassettenlaufwerken - DIN 66010) / reference cassette || ⁓**klima** n (für die Konditionierung oder Prüfung) (WP) / reference atmosphere || ⁓**koordinatensystem** n (Masch, Math) / reference frame, reference system, frame of reference || ⁓**kraftstoff** m (Kftst) / reference fuel || ⁓**kraftstoff** (Kftst) / reference fuel || ⁓**kreis** m (ein international festgelegter Bezugswert für das zulässige Rauschen einer Richtfunklinie und einer Kabelverbindung von 2500 km Streckenlänge) (Radio) / master reference system || ⁓**länge** f / reference length || ⁓**lautstärke** f (Radio) / reference volume* || ⁓**leistung** f (REFA-Normalleistung) (F.Org) / standard performance || ⁓**linie** f (Masch) / datum* n (pl. data), reference point || ⁓**linie** (in technischen Zeichnungen) (Masch) / leader n || ⁓**linie** (im Absorptionsspektrum) (Spektr) / baseline n || ⁓**loch** n (der Leiterplatte) (Eltronik) / indexing hole || ⁓**marke** f (Eltech, Instr, Masch) / fiducial point*, alignment mark || ⁓**marke** (Verm) / reference mark*, reference object* || ⁓**maßstab** m / principal scale, basic scale || ⁓**meßsender** m (Radio) / reference signal generator || ⁓**papier** n (Buchb, Pap) / covering paper, lining paper, liner n || ⁓**pegel** m (Fernm) / reference level* || ⁓**pegel** (0 dB) (Fernm) / zero level* || ⁓**pegel**

(Radio) / reference volume* || ⁓**periode** f (Stats) / base period, reference period || **fester** ⁓**pflock** (Verm) / recovery peg* || ⁓**potential** n (Eltech) / reference potential || ⁓**profil** n (bei Zahnrädern nach DIN 867) (Masch) / basic profile || ⁓**profil** (Masch) / reference profile || ⁓**punkt** m (von dem aus Messungen gemacht werden) (EDV) / benchmark n || ⁓**punkt** (Eltech, Instr, Masch) / fiducial point*, alignment mark || ⁓**punkt** (Masch) / datum* n (pl. data), reference point || ⁓**punkt** (Masch) / reference point || ⁓**punkt** (Verm) / reference mark*, reference object* || ⁓**quellenverzeichnis** n / buyer's guide || ⁓**rauschwert** m (Fernm) / reference noise* || ⁓**register** n (IBM) (EDV) / index register, base register, B-register n || ⁓**richtung** f (DIN 5489) (Elektr) / reference direction || ⁓**sehweite** f (Opt) / least distance of distinct vision* || ⁓**sehweite** (Opt) / normal reading distance || ⁓**signal** n (Regeln) / reference signal || ⁓**signalgenerator** m (Radio) / reference signal generator || ⁓**spannung** f (Eltech) / reference voltage* || ⁓**spannungsdiode** f (Eltronik) / voltage reference diode, reference diode* || ⁓**stoff** m (Tex) / cover fabric || ⁓**stück** n (Masch) / copy n || ⁓**stück** (Masch) / master* n || ⁓**stück** (beim Kopierfräsen) (Masch) / reference item || ⁓**substanz** f (Chem) / reference substance || ⁓**system** n (Masch, Math) / reference frame, reference system, frame of reference || **nicht inertiales** ⁓**system** (Mech) / non-inertial frame of reference || **baryzentrisches** ⁓**system** f (Phys) / centre-of-mass coordinate system, centre-of-gravity system, centre-of-momentum coordinate system || ⁓**temperatur** f (DIN 102) (Phys) / reference temperature || ⁓**ton** m (Akus) / reference tone, reftone n || **hypothetische** ⁓**verbindung** (Fernm) / hypothetical reference circuit || ⁓**weiß** n (TV) / reference white || ⁓**weißpegel** m (TV) / reference white level || ⁓**werkstück** n (beim Kopierfräsen) (Masch) / master component, master piece || ⁓**wert** m (Anhaltswert) / reference value || ⁓**wert** (in technischen Zeichnungen) (Masch) / datum feature || ⁓**zahl** f (EDV) / indicator n || ⁓**zahnstange** f (DIN 867) (Masch) / basic rack || ⁓**zylinder** m (DIN 8000) (Masch) / reference cylinder
**bezuschussen** v / subsidize v, grant-aid v
**Bezuschussung** f / subsidizing n, grant aid
**Bf.** (Bahn) / depot n (US), (railway) station
**B-Faktor** m (3'-AMP - monobutylester) (Biochem) / B factor
**BFI** (Verhältnis der im Pflanzenbestand vorhandenen Blattfläche zu der überdeckten Bodenfläche) (Bot) / leaf area index*, LAI
**BFK** (DIN 7728, T 2) / boron-fibre reinforced plastic
**BFL** (eine Transistor-Transistor-Logik auf GaAs-Basis, bei der sowohl Schalter- als auch Lastelemente-MESFET verwendet werden) (Eltronik) / buffered FET logic (BFL)
**BFO** (Radio) / beat-frequency oscillator* (B.F.O.)
**BFR** (Fernm) / bit error rate, BER
**B-Frittung** f (die bereits vorhandene Leitfähigkeit der Fremdschicht erfolgt eine Zerstörung durch den Stromfluß) (Eltech) / B-fritting n
**BGK-Stoßterm** m (Bhatnagar, Gross und Krook) (Kernphys) / BGK collision term
**bg-Stein** m (Bau, Keram) / perforated (lawn) paving block, lawn paving block
**BGT** (Eltronik) / chassis* n, subrack n
**BHA** (E 321) (Chem) / butylated hydroxytoluene (2,6-di-tert-butylmethylphenol), BHT || ⁓ (Chem, Nahr) / tert-butylmethoxyphenol, butylated hydroxyanisole, BHA || ⁓ (Chem, Nahr) / butylated hydroxyanisole, BHA
**Bhabha-Streuung** f (hochenergetischer Positronen an freien ruhenden Elektronen - nach H.J. Bhabha, 1909-1966) (Kernphys) / Bhabha scattering
**BHC** (Chem, Landw, Umwelt) / hexachlorocyclohexane n, benzene hexachloride*, BHC*
**BHD** (bei der Holzmessung) (For) / breast-height diameter
**Bhf.** (Bahn) / depot n (US), (railway) station
**B-H-Kurve** f (Hysteresekurve bei Magnetwerkstoffen) (Eltech) / magnetization curve*, B/H curve*
**BHKW** (Eltech) / block-type thermal power station
**BH-Laser** m (Phys) / buried heterostructure laser, BH laser, buried heterogeneous laser
**B-Horizont** m (des Bodenprofils) (Landw) / illuvial horizon, B-horizon n, horizon B, subsoil* n
**BHT** (E 320) (Chem) / butylated hydroxytoluene (2,6-di-tert-butylmethylphenol), BHT
**BHT-Verfahren** n (Kftst) / lignite high-temperature process
**Bi** (Chem) / bismuth* n
**Bi-** (Chem) s. Di- und Hydrogen-
**Biacetyl** n (Chem) / diacetyl* n, butane 2,3-dione*
**Bialternante** f (Math) / bialternant* n
**biamperometrisch** adj (Chem) / biamperometric adj
**Bianchische Identität** (Math) / Bianchi identity
**biangular** adj / biangular adj
**bianguläre Koordinaten** (Math) / bipolar coordinates*
**Biaryl** n (Chem) / biaryl n, diaryl n

**Biarylgelbpigment** *n* (Druck) / diarylide yellow pigment
**Bias** *n* (EDV, KI) / bias *n* ‖ ≃ *m* (systematischer Fehler) (Stats) / bias *n*
**Bias-Belted-Reifen** *m* (Kfz) / belted bias tyre, bias-belted tyre
**biasfrei** *adj* (Stats) / unbiased *adj*, unbiassed *adj*
**Bias-Sputtering** *n* (Vakuumt) / bias sputtering
**Bias-Strom** *m* (Eltech, Eltronik) / bias current*
**biaxial** *adj* / biaxial *adj* ‖ ~ (Krist, Min) / biaxial* *adj*, diaxial *adj* ‖ **~er Druck** (Mech) / biaxial compression
**Biazetyl** *n* (Chem) / diacetyl* *n*, butane 2,3-dione*
**Bibby-Kupplung** *f* (eine drehfedernde Wellenverbindung) (Masch) / Bibby coupling
**Bibeldruckpapier** *n* (Pap) / Bible paper*, India paper*, India Bible, Cambridge Bible paper
**Bibenzoyl** *n* (Chem) / benzil* *n*, bibenzoyl* *n*, diphenyl-glyoxal* *n*
**Bibenzyl** *n* (Chem) / dibenzyl* *n*
**Biber** *m n* (Tex) / beaver cloth ‖ ≃**geil** *n* (Pharm) / castor *n*, castoreum *n* ‖ ≃**lamm** *n* (Lamm- oder Schaffell mit kurzer, feiner Wolle und wetterbeständigem Glanz) (Tex) / beaver lamb ‖ ≃**schwanz** *m* (Tischl) / taper-ground saw, foxtail saw, straight-back handsaw with open handle ‖ ≃**schwanzstrahl** *m* (Radio) / beavertail beam ‖ ≃**schwanzziegel** *m* (Dachziegel einfachster Form) (Bau) / crown-tile* *n*, plain tile*, plane-tile* *n*
**Bibliobus** *m* (Kfz) / mobile library, bookmobile *n* (US)
**Bibliothek** *f* (eine Sammlung von Dateien oder Programmen, die durch gemeinsame Eigenschaften miteinander verbunden sind) (EDV) / library* *n* ‖ **private** ≃ (EDV) / private library ‖ **vorgegebene** ≃ (EDV) / predetermined library ‖ ≃ *f* **der ladbaren Programme** (EDV) / core image library ‖ ≃ **für Lademodulu** (EDV) / core image library
**Bibliotheks•ausgabe** *f* (Druck) / library edition ‖ ≃**einband** *m* (für Bibliotheken und Leihbüchereien bestimmter Einband, der eine besonders hohe Haltbarkeit aufweist) (Buchb) / library binding* ‖ ≃**führungsprogramm** *n* (EDV) / librarian *n*, librarian program ‖ ≃**funktion** *f* (EDV) / library function ‖ ≃**name** *n* (EDV) / library name ‖ ≃**programm** *n* (EDV) / library routine*, library program* ‖ ≃**spektrum** *n* (Spektr) / library spectrum ‖ ≃**unterprogramm** *n* (EDV) / library subroutine* ‖ ≃**verwaltungsprogramm** *n* (EDV) / librarian *n*, librarian program ‖ ≃**wissenschaft** *f* / library science
**Bicap** *m* (ein in MOS-Technik hergestellter Kondensator) (Eltronik) / binary capacitor, bicap *n*
**Bicheroux-Verfahren** *n* (zur Herstellung von Flachglas) (Glas) / Bicheroux process*
**Bichromatverfahren** *n* (Druck) / chromate process
**BiCMOS-Schaltung** *f* (kombinierte Bipolar- und CMOS-Technik) (Eltronik) / BICMOS circuit
**Bicuhybafett** *n* (aus den Samen des baumförmigen Muskatnußgewächses Virola officinalis, das v. a. für die Kerzen- und Seifenherstellung verwendet wird) / ucuuba butter, ucuuba tallow, ucuuba oil
**bicyclisch** *adj* (Chem) / dicyclic *adj*, bicyclic *adj* ‖ **~e Verbindung** (Chem Verf) / bicyclic compound
**bidirektional** *adj* / bidirectional *adj* ‖ **~er Bus** (EDV) / bidirectional bus ‖ **~er Druck** (EDV) / bidirectional printing ‖ **~er Druck mit Wegoptimierung** (EDV) / optimized bidirectional printing ‖ **~er Drucker** (der die Zeilen in beiden Richtungen druckt, so daß die Zeit für den Wagenrücklauf entfällt) (EDV) / bidirectional printer* ‖ **~er Traktor** (EDV) / bidirectional tractor ‖ **~e Triggerdiode** (Eltronik) / bidirectional diode-thyristor (thyristor ac power controller), Diac *n* (General Electric Company)
**bidual** *adj* (Math) / bidual *adj* ‖ **~er Baum** (Math) / second adjoint space, second dual ‖ ≃ *m* (Math) / second adjoint space, second dual
**Bieberit** *n* (seltenes Verwitterungsprodukt von Kobalterzen) (Min) / bieberite* *n*, cobalt vitriol*
**Biebricher Scharlach** / scarlet red, Biebrich red, Biebrich scarlet
**biegbar** *adj* / bendable *adj*, flexible *adj* ‖ **~er Hohlleiter** (Fernm) / semi-rigid waveguide
**Biegbarkeit** *f* (Masch) / bending property
**biege•anisotropischer Rotor** (Eltech) / flexural anisotropic rotor ‖ **~beanspruchtes Element** (Mech) / flexural member, bending member ‖ **~beanspruchte Schraubenfeder** (Masch) / helical torsion spring, leg spring ‖ ≃**beanspruchung** *f* (mit Dehnung) (Mech) / bending strain ‖ ≃**beanspruchung** (z.B. eines Trägers) (Mech) / flexural load, bending load ‖ ≃**block** *m* (Masch) / dresser* *n* ‖ ≃**bruch** *m* (Masch) / fracture by bending ‖ ≃**bruchzeit** *f* (bei Biegeermüdung von Gummierzeugnissen) (WP) / flex life *n* ‖ ≃**dorn** *m* (Hütt) / bending mandrel, bending pin*, bending iron* ‖ ≃**drillknicken** *n* (Mech) / torsion and buckling, torsional buckling, twist buckling ‖ ≃**eigenfrequenz** *f* (Schwingungsanregungsfrequenz, bei der die Schwingung der Welle selbst verstärkt wird) / natural bending frequency ‖ ≃**eigenschaft** *f* (Masch) / bending property ‖ ≃**elastizität** *f* (Phys) / elasticity of flexure ‖ ≃**element** *n* (Mech) / flexural member, bending member ‖ ≃**ermüdung** *f* (von Gummiproben) (WP) / flex-cracking *n* ‖ **~fähig** *adj* / bendable *adj* ‖ ≃**falte** *f* (Leder) / flexing crease ‖ ≃**faltversuch** *m* (WP) / single-bend test ‖ ≃**feder** *f* (Masch) / spring subjected to bending ‖ **schraubenförmig gewundene** ≃**feder** (Masch) / helically coiled spiral spring ‖ ≃**festigkeit** *f* (Beanspruchung der Randfaser eines Prüfkörpers im Augenblick des Bruchs) (WP) / bending strength*, flexural strength* ‖ ≃**gelenk** *n* (Masch) / flector *n* ‖ ≃**geschwindigkeit** *f* (Hütt) / bending rate ‖ ≃**gesenk** *n* (Masch) / snaker *n* ‖ ≃**glied** *n* (Mech) / flexural member, bending member ‖ ≃**grenze** *f* (WP) / bending limit ‖ ≃**halbmesser** *m* (Masch) / bend radius ‖ ≃**holz** *n* (für Möbel) (For, Tischl) / bentwood ‖ ≃**holzteil** *n* (Tischl) / bent *n*, bent-wood element ‖ ≃**kontur** *f* (Folienverbiegung im Elektronenmikroskop) (Mikros) / bend contour ‖ **~kritische Drehzahl** (bei der die Welle die Schwingungen selbst verstärkt) (Masch) / critical speed for bending ‖ ≃**länge** *f* (WP) / bending length ‖ ≃**linie** *f* (Mech) / elastic curve, deflexion curve, deflection curve ‖ ≃**liste** *f* (Stahlbeton) (HuT) / bending schedule ‖ ≃**maschine** *f* (Masch) / bending machine ‖ ≃**maschine** (Masch) s. auch Richtmaschine ‖ ≃**moment** *n* (Mech) / bending moment ‖ **negatives** ≃**moment** (Mech) / hogging moment, negative moment, support moment ‖ **positives** ≃**moment** (Mech) / sagging moment, positive moment
**biegen** *v* / bend *v*, flex *v* ‖ ~ (in Form einer Kurve) / curve *vt* ‖ ≃ *n* (von Röhren und Flachglas) (Glas) / bending *n* ‖ **freies** ≃ (Masch) / free bending and folding ‖ ≃ **im U-Gesenk** (Masch) / channel bending, U-bending *n*, bending in U-die ‖ ≃ **im V-Gesenk** (Masch) / bending in Vee-die, V-bending *n* ‖ ≃ **um gekrümmte Kanten** (Masch) / raising *n*
**Biegenormalspannung** *f* (Mech) / bending stress
**Biegenumformen** *n* (DIN 8586) (Masch) / forming under bending conditions
**Biege•ofen** *m* (in dem Flachglasscheiben auf einem Gestell unter Einfluß der Schwerkraft verformt werden) (Glas) / sagging furnace ‖ ≃**presse** *f* (meistens hydraulische Presse in Torgestellbauweise) (Masch) / bending press ‖ ≃**probe** *f* (WP) / bending test specimen, bending test piece ‖ ≃**prüfung** *f* (Anstr) / deflection test ‖ ≃**prüfung am Balken** (HuT) / beam test ‖ ≃**radius** *n* / bending radius ‖ ≃**richten** *n* (Masch) / bending and straightening, straightening by bending ‖ ≃**richtstranggießanlage** *f* (Gieß) / bending and straightening continuous casting plant (machine) ‖ ≃**riß** *m* (an Gummiproben) (WP) / flex crack ‖ ≃**rißfestigkeit** *f* (von Gummiproben) (Chem Verf, WP) / flex-resistance *n* ‖ **~schlaffe Rotationsschale** (Mech) / shell under internal pressure ‖ ≃**schrank** *m* (For) / spring set ‖ ≃**schwellfestigkeit** *f* (DIN 50 100) (WP) / pulsating fatigue strength under bending stress ‖ ≃**schwingung** *f* (Mech) / bending vibration(s) ‖ ≃**spannung** *f* (Mech) / bending stress ‖ ≃**stanze** *f* (Masch) / bender *n*, bending tool ‖ ≃**steif** *adj* (Masch) / inflexible *adj* ‖ **~steife Form** (für Spannbeton) (HuT) / rigid mould ‖ **~steifer Rahmen** (Mech) / rigid frame, stiff frame ‖ ≃**steifheit** *f* (Mech) / flexural rigidity*, flexural stiffness, stiffness under flexure ‖ ≃**steifigkeit** *f* (DIN 53362) (Mech) / flexural rigidity*, flexural stiffness, stiffness under flexure ‖ ≃**stempel** *m* (Masch) / punch *n*, forming punch ‖ ≃**teil** *n* (Masch) / bent component, bent element ‖ ≃**umformen** *v* (nur Infinitiv oder Partizip) / bend *v* ‖ ≃**verhalten** *n* (WP) / flexural behaviour ‖ ≃**versuch** *m* (WP) / bending test* (BS 2094), bend test ‖ ≃**vorrichtung** *f* (Werkz) / bending jig ‖ ≃**walze** *f* (in der Blechbearbeitung) (Hütt) / bending roll ‖ ≃**walzen** *n* (in der Blechbearbeitung) (Hütt) / roll bending ‖ ≃**wechselfestigkeit** *f* (WP) / bend fatigue strength ‖ **~weich** *adj* (Ofentür, Rohr) / flexible *adj* ‖ ≃**welle** *f* (DIN 1320) (Akus) / bending wave, flexural wave ‖ ≃**werkzeug** *n* (Masch) / bending tool ‖ ≃ (DIN 13316) (Masch) / angle of bend ‖ ≃**zahl** *f* (beim Biegeversuch) (WP) / number of bends, bend number ‖ ≃**zange** *f* (Werkz) / bend pliers ‖ ≃**zugfestigkeit** *f* (Festigkeit des Betons in der Zugzone bei Biegung) (Bau, HuT) / flexural strength
**biegsam** *adj* / flexible *adj* ‖ ~ (biegefähig) / bendable *adj* ‖ ~ / pliable *adj*, pliant *adj*, supple *adj* ‖ **~es, flexibles, normales Sohlleder** (meistens für geklebtes Schuhwerk) (Leder) / factory sole leather ‖ **~er Anschluß** (Eltech) / flexible connexion *n* ‖ **~es Kabel** (Kab) / flexible cable*, flexible wire ‖ **~e Lutte** (Bergb) / flexible duct ‖ **~er Schlauch** (Masch) / flexible pipe, hose-pipe *n* ‖ **~e Schlauchwaren** / flexible tubing ‖ **~e Welle** (Masch) / flexible shaft
**Biegsamkeit** *f* / flexibility *n*
**Biegung** *f* (unter Last) / deflection* *n*, deflexion *n* ‖ ≃ (in entgegengesetzte Richtung) / contraflexure *n* ‖ ≃ (For) / bowing *n*, bow *n* ‖ ≃ (HuT, Kfz) / curve *n*, bend *n* ‖ ≃ (Masch, WP) / bend *n*, flexure* *n* ‖ ≃ (des Flusses) (Wasserb) / bend *n*, curve *n*, rincon *n* ‖ **auf ≃ beanspruchtes** (Bau)**Element** (Mech) / flexural member, bending member ‖ **reine** ≃ (Mech) / pure bending ‖ **statische** ≃ (For) / static bending
**Biegungs•halbmesser** *m* / bending radius ‖ ≃**winkel** *m* (Masch) / angle of bend
**Biemann-Shift** *m* (Spektr) / shift technique
**Bienen•gift** *n* (Sekret aus der Giftblase der Honigbiene) (Chem, Pharm) / bee venom ‖ ≃**harz** *n* / propolis *n* ‖ ≃**haus-Netzwerk** *n* (Aktorenformalismus) (KI) / apiary network ‖ ≃**kitt** *m* / propolis *n* ‖

**Bienenkorbkoksofen**

⁓**korbkoksofen** m / beehive coke oven ‖ ⁓**korbspule** f (Eltech) / duolateral coil* ‖ ⁓**wachs** n (E 901) / beeswax* n ‖ **japanisches** ⁓**wachs** / Japan wax*, Japan tallow, sumac wax, Japanese beeswax ‖ **gebleichtes** ⁓**wachs** / white beeswax (GB), white wax (US)
**Bier** n (Brau, Nahr) / beer n ‖ ⁓**aroma** n (Brau, Nahr) / beer flavour ‖ ⁓**ausstoß** m (in Fässern) (Brau) / barrelage n ‖ ⁓**brauen** n (Brau) / brewing n ‖ ⁓**brauerei** f (Unternehmen, Betrieb) (Brau) / brewery n ‖ ⁓**brauerei** (Brau) / brewery n ‖ ⁓**druckapparat** m (Brau) / beer-engine n, beer pump (US) ‖ ⁓**glasuntersetzerpappe** f (DIN 6730) (Pap) / beer-mat board, coaster board, beer plaque ‖ ⁓**hefe** f (Saccharomyces cerevisiae oder S. carlsbergensis - obergärige, untergärige) (Brau, Nahr) / brewers' yeast n, barm n ‖ ⁓**lasur** f (eine Lasurfarbe, mit abgestandenem Bier angerieben) (For) / beer water graining colour ‖ ⁓**reaktor** m (Brau) / tower fermenter, tower fermentor ‖ ⁓**schwand** m (Brau) / beer loss ‖ ⁓**stein** m (in Bierleitungen) (Brau) / beer stone, beer scale ‖ ⁓**steinentferner** m (für die Reinigung von Bierleitungen) (Brau, Chem) / beer-scale destroying agent ‖ **zylindrisches** ⁓**transportfaß** (Brau) / keg n ‖ ⁓**würze** f (Brau) / wort n ‖ ⁓**würze im frühen Gärstadium** (Brau) / gyle n
**Biese** f (Ziernaht) (Tex) / cording n, welting n ‖ ⁓ (wulstartige Verdickung an der Nähgutoberseite) (Tex) / tuck n ‖ ⁓**n einnähen** (Tex) / tuck v
**Biesen•maschine** f (Tex) / tucking machine ‖ ⁓**nadel** f (Kombination von Nähmaschinennadeln in Sonderausführung zum Nähen von Biesen, bei der zwei oder drei normale Nadeln in einem Nadelhalter oder in einem gemeinsamen Nadelkolben zu einer Nadeleinheit zusammengefaßt sind) (Tex) / tucking-unit needle ‖ ⁓**stich** m (Tex) / air tuck stitch
**bifazial** adj (Bot) / bifacial adj
**BIFF-Dateiformat** n (EDV) / binary interchange file format, BIFF
**bifilar•e Aufhängung** (der Pendelmasse des Bifilarpendels) (Phys) / bifilar suspension* ‖ ⁓**e Wicklung** (Eltech) / bifilar winding ‖ ⁓**wicklung** f (Eltech) / bifilar winding
**Bifokalglas** n (ein Mehrstärkenbrillenglas) (Opt) / bifocal glass, bifocal n, bifocal lens
**bifunktional** adj / bifunctional adj, difunctional adj
**bifunktionell** adj / bifunctional adj, difunctional adj ‖ ⁓**er Katalysator** (Chem) / bifunctional catalyst
**Bifurkation** f (Lösungsverzweigung einer nichtlinearen Gleichung) (Math) / bifurcation n ‖ ⁓ (des Wasserlaufes) (Wasserb) / bifurcation n, forking n
**Big-Bang-Kosmologie** f (Astr) / big-bang theory, superdense theory
**Big-big-Gastrin** n (aus 83 Aminosäureresten) (Biochem) / big big gastrin
**Big-Endian-Byteordnung** f (EDV) / Big Endian n (binary data format in which the most significant bit/byte comes first), BE
**BIGFERN** n (breitbandiges integriertes Glasfaser-Fernmeldefernnetz der Deutschen Telekom AG) (Fernsp) / long-haul wide-band integrated glass-fibre telephone network
**BIGFON** n (breitbandiges integriertes Glasfaser-Fernmeldeortsnetz der Deutschen Telekom AG) (Fernsp) / local wide-band integrated glass-fibre telephone network
**Big-Gastrin** n (aus 34 Aminosäureresten) (Biochem) / big gastrin
**Big-Packer-Haut** f (Rindhaut aus Großschlachthöfen) (Leder) / big-packer hide
**Bigramm** n (EDV) / two-digit group
**Biguanid** n (Chem) / biguanide* n
**Big-Wheel-Antenne** f (eine UKW-Rundstrahlantenne) (Radio) / big wheel
**biharmonisch** adj (Math) / biharmonic adj ‖ ⁓**e Differentialgleichung** (Math) / biharmonic equation*, bipotential equation ‖ ⁓**e Funktion** (Math) / biharmonic function*
**biholomorph** adj (Math) / biholomorphic adj
**biionisch** adj (Phys) / biionic adj
**Bijektion** f (wenn eine Funktion injektiv und zugleich surjektiv ist) (Math) / bijection n, one-to-one onto function, bijective mapping
**bijektiv** adj (Math) / bijective adj
**Bijunktion** f (KI, Math) / equivalence n, equivalency n
**Bijvoet-Methode** f (zur Bestimmung der absoluten Konfiguration eines Isomeren unter Verwendung von Röntgenstrukturanalyse) / Bijvoet method
**bikompakte Menge** (Math) / bicompact set
**Bikomponenten•fasern** f pl (Spinn) / conjugate fibres, bicomponent fibres* ‖ ⁓**fasern** f pl **vom C/C-Typ** (Mantel-Kern-Fasern) (Spinn) / centric cover-core bicomponent fibres, skin-core bicomponent fibres ‖ ⁓**garn** n (Spinn) / bicomponent yarn
**Bikone** f (Kreuzspule mit schrägen Flanken) (Tex) / pineapple cone, bicone n
**bikonischer Taperkoppler** (EDV, Fernm) / bitaper n
**bikonkav** adj (Opt) / biconcave* adj, double-concave adj, concavo-concave adj
**Bikonstituentenfasern** f pl (Spinn) / bicomponent bigeneric fibres, biconstituent fibres
**Bikonus** m (Kreuzspule mit schrägen Flanken) (Tex) / pineapple cone, bicone n
**bikonvex** adj (Opt) / biconvex* adj, double-convex adj
**Bikristall** m (vorwiegend für Forschungszwecke verwendete Probe aus zwei Einkristallen mit gezielt eingestelltem Orientierungsunterschied und vorher bestimmter Lage der Korngrenze zwischen ihnen) (Krist) / bicrystal n
**bikubisch** adj (Math) / bicubic adj
**Bilanz** f (Gegenüberstellung von zwei Größen) / balance n ‖ ⁓**analyse** f / balance sheet analysis ‖ ⁓**gewinn** m / unappropriated profit, net earnings available for distribution, profit available for distribution
**bilateral** adj / bilateral adj ‖ ⁓**e Symmetrie** (Biol) / bilateral symmetry* (about a line) ‖ ⁓**spalt** m (Licht) / bilateral slit*
**Bild** n / image* n, picture n ‖ ⁓**er** n pl / imagery n ‖ ⁓-/ video* adj ‖ ⁓ n (Druck) / figure n, illustration n, picture n ‖ ⁓ (gedruckte Schaltung) (Eltronik) / pattern n ‖ ⁓ (Foto) / exposure n ‖ ⁓ (TV) / picture* n, frame n (US) ‖ **abfallendes** ⁓ (Druck) / bleed-off image, bleed illustration ‖ **abgescanntes** ⁓ (EDV) / scanned image ‖ **angeschnittenes** ⁓ (Druck) / bleed-off image, bleed illustration ‖ **auffangbares** ⁓ (Opt) / real image* ‖ **aufrechtes** ⁓ (Opt) / erect image, upright image ‖ **dargestelltes** ⁓ (die augenblicklich sichtbare Bild) (EDV) / display image ‖ **das vom Okular vergrößerte virtuelle** ⁓ **des reellen Zwischenbildes** (Mikros) / secondary image ‖ **digitalisiertes** ⁓ (EDV) / digitized image ‖ **drahtübertragenes** ⁓ (Fernm) / wirephoto* n ‖ **ein** ⁓ (Bilder) **machen** (Opt) / image v ‖ **freigestelltes** ⁓ (Druck) / isolated figure ‖ **freistehendes** ⁓ (Druck) / isolated figure ‖ **geteiltes** ⁓ (in technischer oder künstlerischer Absicht) / part image, split image ‖ **inverses** ⁓ (Math) / inverse image, antecedent n, prototype n ‖ **latentes** ⁓ (die durch Lichtabsorption verursachte stabile Veränderung der Silberhalogenidkörner einer fotografischen Emulsion) (Foto) / latent image* ‖ **mit Hilfe von** ⁓**ern darstellen** / picture v ‖ **nachleuchtendes** ⁓ (Eltronik) / image burn, retained image ‖ **optisches** ⁓ (Opt) / optical image ‖ **punktförmiges** ⁓ (Opt) / point image ‖ **scharfes** ⁓ / sharp image ‖ **schattiertes** ⁓ / shaded picture ‖ **sichtbares** ⁓ (EDV) / display image ‖ **umgekehrtes** ⁓ (das auf dem Kopf steht) (Opt) / inverted image, reversed image ‖ **virtuelles** ⁓ (Opt) / virtual image* ‖ **zusammengesetztes** ⁓ (Foto) / composite photograph ‖ ⁓ n **auf der Netzhaut** (Opt) / retinal image ‖ ⁓ **aus der Unschärfe in die Schärfe ziehen** (Film) / refocus v, focus up v ‖ ⁓ n **des Spaltes** (Opt, Spektr) / slit image ‖ ⁓**er** n pl **pro s** (Film, TV) / frames per sec (fps)
**Bild•ablenkspule** f (TV) / frame deflecting coil, frame coil ‖ ⁓**ablenkung** f (TV) / vertical scanning*, vertical sweep ‖ ⁓**abschattung** f (TV) / shading n ‖ ⁓**-Ab-Taste** f (EDV) / page-down key, PG DN ‖ ⁓**abtaster** m (EDV, TV) / scanner n, video scanner ‖ ⁓**abtastung** f (EDV, TV) / image scanning, frame scanning ‖ ⁓**abtastung** (im allgemeinen) (Eltronik) / frame scan ‖ ⁓**amplitude** f (TV) / frame amplitude ‖ ⁓**analysator** m (EDV) / image analysing computer ‖ ⁓**analyse** f (EDV) / image analysis ‖ ⁓**analyseprozessor** m (EDV) / image analysing computer ‖ ⁓**anordnung** f (die Anordnung mehrerer Mikrokopien innerhalb eines Formats, z.B. eines Mikrofiches) / image arrangement ‖ ⁓**archiv** n (Foto) / photo library ‖ ⁓**auflösung** f (TV) / resolution* n, definition* n ‖ ⁓**aufnahmebericht** m (Film) / dope sheet ‖ ⁓**aufnahmebericht** (Film) / camera sheet ‖ ⁓**aufnahmeröhre** f (TV) / camera tube*, pick-up tube* (US), television camera tube ‖ ⁓**-Auf-Taste** f (EDV) / page-up key, PG UP ‖ ⁓**aufzeichnung** f / picture recording, vision recording ‖ **magnetische** ⁓**aufzeichnung** (Film, TV) / videotape recording* ‖ **magnetische** ⁓**- und Tonaufzeichnung mit der Ampex-Maschine** (TV) / Ampex n, Ampex recording ‖ ⁓**ausfall** m (TV) / vision break, image drop-out ‖ **vergrößerter** ⁓**ausschnitt** (EDV) / zoom window ‖ ⁓**auswertung** f (Fernm, Verm) / image interpretation, image evaluation ‖ ⁓**auswertungsergebnisse** n pl (Mil) / photographic intelligence ‖ ⁓**bahn** (Film) / picture track ‖ ⁓**band** n (Film) / film strip, cinestrip n ‖ ⁓**band** (Film, TV) / videotape n, VT, video n ‖ ⁓**bandgerät** n (Film, TV) / videotape recorder, video recorder ‖ ⁓**bearbeitung** f (EDV) / image editing ‖ ⁓**bereich** m (Math) / codomain n, range n (of a function) ‖ ⁓**beschreibungssprache** f (EDV) / picture description language ‖ ⁓**betrachter** m (Film) / action viewer, animated viewer*, movie editor, viewer* n, film viewer ‖ ⁓**betrachter** (ohne Tonwiedergabeeinrichtung) (Film) / mute head ‖ ⁓**bewegung** f (Foto, Opt) / image motion, motional distortion ‖ ⁓**datei** f (EDV) / picture file, image file ‖ ⁓**datenbank** f (EDV) / image data-bank, pictorial data-base ‖ ⁓**datenbank** (EDV) / image data bank, picture data bank, visual-data bank, image database ‖ ⁓**datenverarbeitung** f (z.B. durch optoelektronische Sensorsysteme) (EDV) / image processing, picture processing ‖ ⁓**datenverarbeitungsanlage** f (EDV) / image processor ‖ **elektronisches** ⁓**datenverarbeitungssystem** (EDV) / electronic imaging system ‖ ⁓**dezentrierung** f (Radar) / off-centring n ‖

**Bildschirmgerät**

⁓**durchlauf** *m* (horizontaler, vertikaler) (EDV) / scrolling* *n*, scroll *n* ‖ **weicher** ⁓**durchlauf** (das übergangslose Verschieben eines Bildschirminhalts nach allen Richtungen) (EDV) / soft scrolling ‖ **vertikaler** ⁓**durchlauf** (EDV) / vertical scrolling, rolling *n* ‖ ⁓**durchlaufsperrtaste** *f* (EDV) / scroll lock key ‖ ⁓**ebene** *f* (Math) / projection plane, plane of projection ‖ ⁓**ebene** (eine Kardinalfläche) (Opt) / image plane ‖ ⁓**einstelleinrichtung** *f* (Film) / framer *n* ‖ ⁓**einstellsignal** *n* (Film, TV) / framing signal ‖ ⁓**einstellung** *f* (Film, TV) / framing* *n* ‖ **falsche** ⁓**einstellung** (Film, TV) / misframing *n* ‖ ⁓**element** *n* (kleinstes Element einer Darstellungsfläche, dem Farbe oder Lichtintensität unabhängig zugeordnet werden kann) (EDV) / picture element (PEL, pel), PIX ‖ ⁓**elementwiederholfrequenz** *f* (DIN 66233, T 1) (EDV) / refresh rate
**bilden** *v* / form *vt*, shape *v* ‖ **neu** ~ / reconstitute *v*
**Bild·entwicklungseinheit** *f* (bei Fernkopierern) / imaging cartridge ‖ ⁓**erfassung** *f* (EDV) / image input
**Bilderglas** *n* (Flachglas, das zum Schutz von Bildern angewendet wird, meistens entspiegeltes Glas) (Glas) / picture glass
**Bilderkennung** *f* (EDV) / image recognition
**Bilder·liste** *f* (zur Sammlung von Bildern, nicht zu deren Anzeige - sie bleiben während der Laufzeit des einsetzenden Programms unsichtbar) (EDV) / image list control ‖ ⁓**schrift** *f* (Druck) / ideographic script, pictography ‖ ⁓**wäscher** *m* (Foto) / print washer
**bild·erzeugend** *adj* (Opt) / image-forming *adj* ‖ ⁓**fang** *m* (vertikaler) (TV) / vertical hold ‖ ⁓**fangregler** *m* (TV) / hold control ‖ ⁓**fehler** *m* (von Linsen) / aberration* *n*, optical aberration ‖ ~**fehlerbedingt** *adj* (Opt) / aberrational *adj* ‖ ⁓**fehlertheorie** *f* (Opt) / aberration theory ‖ ⁓**feld** *n* (der Kamera) (Film) / camera coverage ‖ ⁓**feld** (Opt, Physiol) / field of view*, field of vision, visual field ‖ **sagittales** ⁓**feld** (Opt) / sagittal field* ‖ **tangentiales** ⁓**feld** (Opt) / tangential field* ‖ ⁓**feldblende** *f* (Opt) / field stop ‖ ⁓**feldwölbung** *f* (ein Abbildungsfehler) (Opt) / curvature of field*, field curvature ‖ ⁓**fenster** *n* (EDV) / window* *n*, screen window ‖ ⁓**fenster** (Film) / gate* *n* ‖ ⁓**fensterplatte** *f* (Film) / aperture plate* ‖ ⁓**fenstertemperatur** *f* (Maß für die Erwärmung der Projektionsvorlage im Bildfenster) (Film) / gate temperature ‖ ⁓**fernschreiben** *n* (Fernm) / telewriting *n*, teleautography *n*, teleautography *n* ‖ ⁓**fernschreiber** *m* (Fernm) / telewriter *n*, teleautograph *n* ‖ ⁓**fernsprechen** *n* (Fernsp) / videotelephony *n*, videophony *n* ‖ ⁓**fernsprecher** *m* (Fernsp) / videotelephone *n*, videophone *n*, video display telephone, face-to-face phone, see-as-you-talk phone (US), picturephone *n* ‖ ⁓**fernsprechkonferenz** *f* (TV) / TV conference ‖ ⁓**fläche** *f* / image area ‖ ⁓**fläche** (TV) / viewing area ‖ ⁓**fluktuation** *f* (Helligkeitsschwankung bei der Zielabbildung) (Radar) / speckle noise, speckle *n* ‖ ⁓**folgefrequenz** *f* (TV) / frame frequency (US)*, scanning frequency*, picture frequency*, framing rate, frame rate ‖ ⁓**format** *n* (EDV, Foto) / image size ‖ ⁓**format** (für Kinofilm, 17 x 22 mm) (Film) / Academy ratio ‖ ⁓**format** (des Bildes) (TV) / picture ratio*, aspect ratio* (AR) ‖ ⁓**frequenz** *f* (TV) / frame frequency (US)*, scanning frequency*, picture frequency*, framing rate, frame rate ‖ ⁓**frequenz pro s** (Film, TV) / frames per sec (fps) ‖ ⁓**führung** *f* (am Bildmischpult) (TV) / vision switching ‖ ⁓**funk** *m* **für Halbtöne** (Fernm) / facsimile class B ‖ ⁓**funk für Strichzeichnungen** (ein Bildtelegraf mit synchron laufender Sender- und Empfängertrommel zum Übertragen von Schwarzweißvorlagen ohne Halbtöne) / facsimile class A, facsimile telegraph ‖ ~**gebend** *adj* (Gerät) / imaging *adj* ‖ ~**gebende magnetische Kernresonanz** / NMR imaging, nuclear magnetic imaging resonance ‖ ⁓**generator** *m* (Eltronik) / frame oscillator*, field oscillator* ‖ ⁓**geometrie** *f* (EDV) / image geometry ‖ ⁓**gerade** *f* (Math) / image line ‖ ⁓**gleichlauffehler** *m* (TV) / picture slip*, frame slip* ‖ ⁓**gütemesser** *m* (der mit der "Drahtkennbarkeit" arbeitet - in der Defektoskopie) (WP) / image quality indicator, penetrameter *n* ‖ ⁓**haftes Diagramm** / pictogram *n*, picture graph, pictograph *n* ‖ ~**haftes Gedächtnis** (KI) / iconic memory *n* ‖ ⁓**hauerknüpfel** *m* (Werkz) / mallet *n*, woodworker's mallet ‖ ⁓**hauermarmor** *m* (Geol) / statuary marble ‖ ⁓**hauptpunkt** *m* (Opt) / image-side principal point, second principal point ‖ ⁓**helligkeit** *f* (in cd/m²) (Film, TV) / brilliance *n* ‖ ⁓**impuls** *m* (TV) / frame pulse ‖ ⁓**-in-Bild** *n* (TV) / picture-in-picture *n* ‖ ⁓**interpret** *m* (EDV) / image interpreter *n* ‖ ⁓**kamera** *f* s. Kamera, Laufbildkamera und Stehbildkamera ‖ ⁓**karte** *f* (Kart) / photomap *n* ‖ ⁓**knotenpunkt** *m* (Opt) / rear nodal point ‖ ⁓**kommunikation** *f* (Fernm) / image communication *n* ‖ ⁓**kompression** *f* (EDV) / image compression ‖ ⁓**konferenz** *f* (Fernm) / videoconference *n* ‖ ⁓**kontrollgerät** *n* (TV) / picture monitor* *n* ‖ ⁓**kraft** *f* (Eltech) / image force ‖ ⁓**krümmung** *f* (Opt) / image curvature* ‖ ⁓**lage** *f* (geometrische Lage einer Abbildung in einem Bildfeld) (Opt) / image orientation ‖ ⁓**lauf** *m* (EDV) / scrolling* *n*, scroll *n* ‖ ⁓**laufleiste** *f* (EDV) / scroll bar ‖ ⁓**laufpfeil** (EDV) / scroll arrow ‖ ⁓**leitstab** *m* (Faserstab mit geometrisch identischer Anordnung der Lichtleitfasern an beiden Enden; nach DIN 58140) / image conduit (rod) ‖ ⁓**leitung** *f* (TV) / video circuit ‖ ⁓**leser** *m* (EDV, TV) / scanner *n*, video scanner
**bildlich** *adj* (Darstellung) / pictorial *adj*, pictured *adj*
**Bild·marke** *f* (einbelichtete Markierung, die bei der Verfilmung unter der Mikrokopie einbelichtet wird und von Maschinen gelesen werden kann) (Druck, EDV) / document mark, blip *n* ‖ ⁓**maske** *f* (Foto) / mask* *n* ‖ ⁓**material** *n* / imagery *n* ‖ ⁓**material** / imagery *n* ‖ **druckreifes** ⁓**material** (Druck, EDV) / camera-ready art ‖ ⁓**menge** *f* (Math) / codomain *n*, range *n* (of a function) ‖ ⁓**menge** (Math) / image set, range *n* (of a mapping) ‖ ⁓**meßkammer** *f* (Fernm, Verm) / metric camera ‖ ⁓**meßkammer** (Foto, Verm) / mapping camera, photogrammetric camera ‖ ⁓**messung** *f* (Verm) / photogrammetry* *n* ‖ ⁓**mischer** *m* (Film) / video mixer ‖ ⁓**mischer** (TV) / vision-mixer* *n*, switcher *n* ‖ ⁓**mischpult** *n* (Film, TV) / vision-control desk ‖ ⁓**mittelpunkt** *m* (Foto) / photograph centre ‖ ⁓**modell** *n* (EDV) / imaging model ‖ ⁓**modulation** *f* (TV) / vision modulation* ‖ ⁓**muster** *n* (Tageskopie des ungeschnittenen Films) (Film) / dailies* *pl*, daily *n*, rushes* *pl* ‖ ⁓**nachweis** *m* (Quellenangabe für Illustrationen) (Druck) / photo credits, illustration credits ‖ ⁓**plan** *m* (Verm) / photomap *n* ‖ ⁓**platte** *f* (EDV) / videodisk* *n*, videodisc* *n* ‖ **optische** ⁓**platte** (EDV, Opt) / optical disk, optical videodisk, OVD, optical disc, video long-play disk, VLP disk, OD ‖ ⁓**plattengerät** *n* (EDV) / videodisk recorder, VDR ‖ ⁓**plattenspieler** *m* (EDV) / videodisk player (VDP) ‖ ⁓**platten-Wiedergabegerät** *n* (EDV) / videodisk player (VDP) ‖ ⁓**punkt** *m* (bei der Reproduktion) (Druck) / image dot ‖ ⁓**punkt** (Math, Opt) / image point ‖ ⁓**punkt** (TV) / picture point, picture element, pel ‖ **Gaußscher** ⁓**punkt** (Opt) / Gauss image point ‖ ⁓**punkt** *m* s. auch Dingpunkt ‖ ⁓**punkteditor** *m* (EDV) / pixel editor ‖ ⁓**qualität** *f* (EDV, Eltronik, Foto) / image quality, picture quality ‖ ⁓**quellen** *f pl* (im Nachspann eines Buches) (Druck) / photo credits, illustration credits ‖ ⁓**raum** *m* (Opt) / image space ‖ ⁓**rauschen** *n* (Film) / frame noise* ‖ ⁓**regelung** *f* (TV) / framing control ‖ ⁓**regiepult** *n* (Film, TV) / vision-control desk ‖ ⁓**rekonstruktion** *f* (EDV) / image reconstruction ‖ **magnetische** ⁓**resonanz** (Med) / magnetic image resonance, MIR ‖ ⁓**röhre** *f* (auf der Bildausgangsseite) (Eltronik, Opt) / image tube* ‖ ⁓**röhre** (TV) / kinescope *n* (US)*, picture tube*, television picture tube, television tube, teletube *n*, kine *n* (US) ‖ **flache** ⁓**röhre** (EDV, TV) / flat CRT ‖ ⁓**röhrenhals** *m* (TV) / tube neck ‖ ⁓**röhrenkolben** *m* (Glas, TV) / TV bulb
**bildsam** *adj* / plastic *adj* ‖ ~ / mouldable *adj* ‖ **wenig** ~ (Keram) / short *adj* ‖ ~**es Verfahren** (Keram) / stiff-mud process ‖ ~**er Zustand** (Phys) / plastic state
**Bildsamkeit** *f* / plasticity* *n* ‖ ~ / mouldability *n*
**Bildschärfe** *f* (Foto, Opt) / sharpness of image ‖ ~ (auf der spiegelnden Oberfläche) (Opt) / distinctness-of-image gloss
**Bildschirm** *m* (EDV, Eltronik) / screen* *n*, visual display screen, video screen, CRT display screen ‖ ⁓**aluminisierter** ~ (EDV, Eltronik) / aluminized screen ‖ **auf dem** ~ **darstellbar** (EDV) / displayable *adj* ‖ **berührungssensitiver** ~ (EDV) / touch screen, touch-sensitive screen ‖ **farbiger** ~ (EDV) / colour screen ‖ **flacher** ~ (EDV, TV) / flat-square screen, flat display screen ‖ **flacher** ~ (EDV, TV) / flat screen, FS, flat display ‖ **geteilter** ~ (EDV) / split screen ‖ **grüner** ~ (EDV) / green-toned screen ‖ **Inhalt m des** ~**s** (EDV) / screenful *n* ‖ **kalligrafischer** ~ (ein grafisches Gerät) (EDV) / calligraphic display, directed-beam display ‖ **kipp- und drehbarer** ~ (EDV) / tilt/swivel screen, tilt-and-swivel screen ‖ **neigbarer** ~ (EDV) / tiltable screen, tilt screen ‖ **schwenkbarer** ~ (EDV) / swivel screen ‖ **sehr hoch auflösender** ~ (EDV) / very-high-resolution screen, VHR screen ‖ **voller** ~ (Inhalt) (EDV) / screenful *n* ‖ ~ *m* **langer Nachleuchtdauer** (Eltronik) / long-persistence screen* ‖ ~ **mit Bildwiederholung** (EDV) / refresh screen
**Bildschirm·abzug** *m* (EDV) / screen dump (on hardcopy), screenshot *n* ‖ ⁓**arbeitsplatz** *m* (DIN 66233 und 66234) (EDV) / video workstation, video station, display workstation ‖ **grafischer** ⁓**arbeitsplatz** (EDV) / display console plotter ‖ ⁓**aufbau** *m* (EDV) / screen layout ‖ ⁓**ausdruck** *m* (EDV) / screen dump (on hardcopy), screenshot *n* ‖ ⁓**ausschnitt** *m* (EDV) / view box ‖ ⁓**bandbreite** *f* (Angabe, wie schnell der Elektronenstrahl der Bildröhre an- und wieder ausgeschaltet werden kann) (TV) / bandwidth *n* ‖ ⁓**blättern** *n* (EDV) / page turning ‖ ⁓**darstellung** *f* (EDV) / screen image ‖ ⁓**darstellung mit Langzeitspeicherung** (Eltronik) / infinite persistence screen* ‖ ⁓**diagonale** *f* (EDV) / screen diagonal ‖ **in die linke obere** ⁓**ecke positionieren** (den Cursor) (EDV) / clear home *v* ‖ ⁓**editor** *m* (EDV) / screen editor ‖ ⁓**einheit** *f* (EDV) / display *n* (unit), video display (unit)*, VDU*, display device, display terminal, video terminal, visual display terminal, visual display unit* ‖ ⁓**fenster** *n* (EDV) / screen window ‖ ⁓**fenstereinblendung** *f* (EDV) / picture in picture, PIP ‖ ⁓**filter** *n* (ein reflexminderndes Filter) (EDV) / screen filter ‖ ⁓**fläche** *f* (verfügbare) (EDV) / screen area ‖ ⁓**format** *n* (EDV) / screen format ‖ ⁓**gerät** *n* (EDV) / display *n* (unit), video display (unit)*, VDU*,

145

**Bildschirmgestaltung**

display device, display terminal, video terminal, visual display terminal, visual display unit* || ~**gestaltung** f (EDV) / display design || ~**grabber** m (Hilfsprogramm zur Erstellung von Bildschirmausdrucken) (EDV) / screen grabber || ~**-Handling** n (EDV) / screen handling || ~**inhalt** m (voller) (EDV) / screenful n || ~**inhalt** (eine relative Größe) (EDV) / screen load || ~**konsole** f (ein Bildschirmgerät zur Steuerung eines Großcomputersystems) (EDV) / display console || ~**kontroller** m (EDV) / videocontroller n || ~**kopie** f (Abbild des Bildschirminhalts) (EDV) / screen capture || ~**kopie** (EDV) / screen-dump n, screen snapshot || ~**krankheit** f (EDV, Med) / computer-vision syndrome
**Bildschirmlandkarte, synthetische** ~ (Luftf) / synthetic video map
**Bildschirm • lexikon** n (EDV) / video dictionary || ~**maske** f (EDV) / mask n || ~**maske** (EDV) / screen mask || ~**neigung** f (EDV) / screen inclination || ~**orientierter Editor** (EDV) / screen-oriented editor || ~**programmierung** f (über Bildschirmterminals) (EDV) / VDT programming || ~**reiniger** m (Flüssigkeit) (EDV) / screen cleaning fluid || ~**schnappschuß** m (EDV) / screen snapshot, screenshot n || ~**schoner** m (EDV) / screen saver || ~**schrift** f (EDV) / screen font || ~**seite** f (EDV) / screen page || ~**spalte** f (EDV) / screen column || ~**spiel** n (Eltronik, TV) / TV game, video game, electronic game || ~**ständer** m (EDV) / monitor stand || ~**technik** f (EDV) / display technology || ~**technologie** f (EDV) / display technology || ~**telefon** n (Fernsp) / videotelephone n, videophone n, video display telephone, face-to-face phone, see-as-you-talk phone (US), picturephone n || ~**terminal** n (EDV) / display n (unit), video display (unit)*, VDU*, display device, display terminal, video terminal, visual display terminal, visual display unit* || ~**text** m (dialogfähiges System) (interaktiver - z.B. Prestel und Viewdata in GB, Télétel in Frankreich, Teledata in Deutschland, Viditel in den Niederlanden und Telidon in Kanada) (Fernm, TV) / interactive videotex, two-way videotex system, telephone-based videotex, Bildschirmtext n (German public interactive videotex system || ~**text** (Fernm, TV) s. auch Datex-Dienst || ~**text-Rechnerverbund** m (Fernm) / gateway n || ~**textsystem** n (interaktiver - z.B. Prestel und Viewdata in GB, Télétel in Frankreich, Teledata in Deutschland, Viditel in den Niederlanden und Telidon in Kanada) (Fernm, TV) / interactive videotex, two-way videotex system, telephone-based videotex, Bildschirmtext n (German public interactive videotex system || ~**texttelefon** n / interactive videotex telephone || ~**treiber** m (EDV) / display driver || ~**umbruch** m (Druck, EDV) / onscreen page makeup || ~**zeitung** f (nicht dialogfähiges Bildschirmtextsystem deutscher Zeitungsverleger) (TV) / broadcast videotex system, one-way videotex system
**Bild • schlupf** m (TV) / picture slip*, frame slip* || ~**schnittweite** f (Foto, Opt) / back focus*, back focal distance, back focal length, BFL || ~**schritt** m (der Abstand zwischen zwei korrespondierenden Punkten in zwei aufeinanderfolgenden Bildern eines Bildstreifens) / frame pitch || ~**schrittschaltung** f (intermittierender Filmtransport) (Film) / intermittent motion || ~**schwärze** f **im diffusen Tageslicht oder auf dem Leuchttisch** (Foto) / diffuse density* || ~**schwärzung** f (Foto) / image density || ~**seitenverhältnis** n (des Bildes) (TV) / picture ratio*, aspect ratio* (AR) || ~**seitige Brennebene** (Opt) / rear focal plane || ~**seitiger Brennpunkt** (Opt) / back focus, image-side principal focus || ~**seitiger Knotenpunkt** (Opt) / rear nodal point || ~**seitige Schnittweite** (Foto, Opt) / back focus*, back focal distance, back focal length, BFL || ~**sender** m (Fernm) / video transmitter || ~**sensor** m (Eltronik) / image sensor || ~**sichtgerät** n (EDV) / display n (unit), video display (unit)*, VDU*, display device, display terminal, video terminal, visual display terminal, visual display unit* || ~**signal** n (TV) / picture signal* || ~**signal mit Austastung** (TV) / non-composite picture signal || ~**sondenröhre** f (TV) / image dissector || ~**speicher** m (im allgemeinen) / image store || ~**speicher** (ein besonderer Teil des Speichers, der die für einen Rasterbildschirm bestimmten Bitmuster enthält) (EDV) / frame buffer || ~**speicher** (TV) / still picture memory || ~**speicherung** f (im allgemeinen) / image storage || ~**splitting** n (TV) / picture-in-picture n || ~**sprung** m (Schnittwechsel von einer Szene zu einer anderen, der visuell eine Unterbrechung darstellt) (Film) / jump cut* || ~**sprung** (bei Mehrstärkengläsern) (Opt) / break of vision, image jump, prismatic jump, image step || ~**seitlicher** ~**standfehler** (horizontale Bildstandsschwankungen während des Filmlaufs) (UE) (Film) / weave || **vertikaler** ~**standfehler** (Film) / projection jump || ~**steg** m (Abstand vom Ende eines Bildfeldes zum Anfang des folgenden Bildfeldes in einer Filmrolle) (Film) / spacing n || ~**stein** m (eine Abart des Pyrophyllits) (Min) / agalmatolite* n, pagodite* n, lardite n, figure stone || ~**stillstand** m (Film) / freeze-frame* n, still frame, frozen picture || ~**störung** f (TV) / interference n || **kurzzeitige** ~**störung** (TV) / flash n || ~**streifen** m (Film) / film strip, cinestrip n || ~**strich** m (Film, TV) / frame line* || ~**stricheinstellung** f (Film, TV) / framing* n || ~**symbol** n / pictogram n, picture graph, pictograph n || ~**symbol** (EDV, KI) / icon n, ikon n,

iconic sign || ~**synchronisierungsimpuls** m (TV) / field-synchronizing impulse* || ~**tafel** f (in der darstellenden Geometrie) (Math) / projection plane || ~**technik** f (Film + Fotografie + Fernsehen + grafische Datenverarbeitung) (EDV, Film, Foto) / image technology, imaging technology || ~**techniker** m (Film, TV) / vision-mixer* n, switcher n || ~**telefon** n (Fernsp) / videotelephone n, videophone n, video display telephone, face-to-face phone, see-as-you-talk phone (US), picturephone n || ~**telefonie** f (Fernsp) / videotelephony n, videophony n || ~**telegrafie** f (Festbildübertragung von Halbtonbildern mit beliebigen Grauwerten) (Fernm) / phototelegraphy n, picture telegraphy, still-picture transmission || ~**-Text-Verarbeitung** f (EDV) / image and text processing || ~**tiefeninformation** f (EDV) / depth cue || ~**tiefensimulation** f (in der grafischen Datenverarbeitung) (EDV) / depth cueing || ~**-Ton-Versatz** m (bei einer kombinierten Bild-Ton-Kopie) (Film) / pull-up n (sound advance) || ~**träger** m (bei Projektoren) / carrier n || ~**träger** (eine hochfrequente Welle) (TV) / picture carrier, luminance carrier || ~**überblendung** f (mit Hilfe einer Addierstufe) (Film) / dissolve* n, lap dissolve, fade-over n, changeover n || ~**überblendzeichen** n (Film) / changeover cue || ~**übermittlung** f (Fernm) / picture messaging || ~**übermittlung** (Fernm) / video transmission, image transmission || ~**übertragung** f (bei dem Sofortbildverfahren) (Foto) / image transfer* || **automatische** ~**übertragung** (Funkfax) (Fernm) / automatic picture transmission, ATP || ~**umlauf** m (EDV) / wraparound n
**Bildung** f / formation n || ~ (des Zuges) (Bahn) / formation n || ~ **blasenförmiger Abscheidungen** (Nukl) / pimpling* n, blistering n || ~ **der Braunkohle** (Bergb, Geol) / lignitization n (US) || ~ **der Quersumme** (EDV) / crossfoot operation (XFOOT), crossfooting n || ~ **des Farbsaums** (Mangel) (Foto, TV) / fringing n || ~ **des Spitzenwertes** / peaking n || ~ **des Verstreckungshalses** (bei Fasern) (Tex) / necking* n || ~ **einer Wartesschlange** (EDV) / queuing* n || ~ **einer Zacke** (Eltronik) / spiking n || ~ **eines Bodensatzes** / sedimentation n, settling n, subsiding n || ~ **nadelstichartiger Lochfraßstellen** (Masch) / pinholing n || ~ **von Ablagerungen** / deposit forming, forming of deposits || ~ **von Durchschlagmustern oder von Schmutzfahnen** (an hellen Wänden oder Decken infolge ungleicher Wärmeleitfähigkeit und Feuchtigkeit) (Bau) / ghosting n, pattern staining*, ghost marking || ~ f **von harzartigen Ablagerungen** (Bot, Erdöl) / gumming n, gum formation || ~ **von leuchtenden Streifen** (bei elektrischer Entladung) (Eltronik) / striation* n || ~ **von Wasserflecken** / water spotting || **wabenartiger Innenrisse** (in Schnittholz) (For) / honeycombing n
**Bildungs • enthalpie** f (Chem) / enthalpy of formation, Gibbs energy of formation || ~**fernsehen** n (TV) / educational television, instructional television, ITV, ETV || ~**gesetz** n (einer Folge) (Math) / law of formation || ~**gewebe** n (embryonaler Zellen) (Bot) / meristem* n || ~**grad** m (einer Reaktion oder einer Reaktionsfolge) (Chem Verf) / yield n || ~**konstante** f (Chem) / formation constant || ~**wärme** f (die Wärme, die bei der Bildung chemischer Verbindungen aus den Elementen abgegeben oder aufgenommen wird) (Chem) / heat of formation* || ~**zentrum** n / educational centre
**Bild • unterschrift** f (Typog) / caption* n, legend* n, underline n, cutline n || ~**verarbeitendes System** (EDV) / vision system, imaging system || ~**verarbeitung** f (EDV) / image processing, picture processing || **digitale** ~**verarbeitung** (Druck, EDV) / digital imaging, digital image processing, DIP || **ikonische** ~**verarbeitung** (EDV) / iconic image processing || ~**verarbeitungssoftware** f (EDV) / image-processing software || ~**verarbeitungstechnik** f (EDV, Film, Foto) / image technology, imaging technology || ~**verdopplung** f (TV) / ringing* n || ~**verschiebung** f (TV) / hunting n || **vertikale** ~**verschiebung** (TV) / slip* n || ~**verstärker** m (Radiol) / X-ray image intensifier, X-ray image amplifier || ~**verstärker** (Radiol) / image intensifier* || ~**verstärkerfernsehkette** f (in der Röntgenkinematografie) (Radiol, TV) / image-intensifier television system || ~**verstehen** n (KI) / image understanding || ~**verstehen** (bei Robotern) (Masch) / pattern recognition || ~**verstellung** f (Film, TV) / framing* n || ~**vervielfachung** f (TV) / split image || ~**wand** f (feste oder aufrollbare Auffangfläche für das projizierte Bild) (Film) / projection screen, screen n || **geprägte** ~**wand** (die projiziertes Licht mit einer stark ausgeprägten Vorzugsrichtung reflektiert) (Film) / lenticular screen || ~**wandabdeckung** f (dunkle Streifen am Rand der Bildwand zum Begrenzen des projizierten Bildes) (Film) / screen mask || ~**wanderung** f (Foto, Opt) / image motion, motional distortion || ~**wanderungsausgleich** m (bei Luftbild- oder Weltraumkameras) (Verm) / forward motion compensation, FMC || ~**wandler** m (Eltronik, Opt) / image converter || ~**wandlerröhre** f (ein Teil des Bilderzeugungssystems) (Eltronik, Opt) / image converter tube* || ~**wandleuchtdichte** f (der Anteil des von der Bildwand reflektierten Projektionslichtes) (Film) / screen luminance || ~**wandlung** f (Eltronik) / image conversion || ~**weberei** f (Web) / figured weaving, fancy weaving, figure weaving || ~**wechselfrequenz** f (EDV) / refresh

rate ‖ ⁓**wechselfrequenz** (TV) / frame frequency (US)*, scanning frequency*, picture frequency*, framing rate, frame rate ‖ ⁓**weite** f (Opt) / image distance ‖ ⁓**werfer** m (Film, Foto, Opt) / projector* n, optical projector ‖ ⁓**werferlampe** f (Bogen-, Xenonhochdruck-, Glüh- oder Impulslampe) (Eltech, Film, Foto) / projection lamp*, projection-type lamp ‖ ⁓**werferraum** m (ein meist hinter der Rückwand des Vorführraumes untergebrachter Raum zur Aufnahme der technischen Einrichtung für die Wiedergabe von Bild und Ton mit einem oder mehreren Projektoren) (Film) / projection room*, booth* n, projection booth ‖ ⁓**werk** n (Arch) / sculpture n, architectural sculpture ‖ ⁓**wiederholspeicher** m (ein digitaler Speicher als Teil eines Bildschirmgeräts) (EDV) / refresh store, refresh memory, refresh storage ‖ ⁓**wiederholungsrate** f (EDV) / refresh rate ‖ ⁓**winkel** m **eines Objektivs** (Größe des Lichtfeldes in Grad) (Opt) / angle of lens, angle of coverage, angle of view* ‖ ⁓**wölbung** f (Opt) / image curvature* ‖ ⁓**wurftiefe** f (Film) / projection distance*, throw* n ‖ ⁓**wurfweite** f (Film) / projection distance*, throw* n ‖ ⁓**zähler** m (Foto) / frame-counter* n ‖ ⁓**zeichen** n (ein Warenzeichen) / figurative mark, device mark (GB) ‖ ⁓**zeichen** n (DIN 30600) (EDV, Typog) / graphic character, character* n, letter n ‖ ⁓**zeile** f / image line ‖ ⁓**zeile** (bim Abtasten) (Eltronik) / scanning line, available line* ‖ ⁓**zeile** (TV) / active line* ‖ ⁓**zerleger** m (TV) / image dissector ‖ ⁓**zerlegerröhre** f (TV) / image dissector ‖ ⁓**zerlegung** f (bei Aufnahme) (TV) / scanning* n ‖ ⁓**zerlegungsapparat** m (Foto) / image-dissection camera* ‖ ⁓**zerlegungskamera** f (Foto) / image-dissection camera* ‖ ⁓**-zu-Bild-Kodierung** f (TV) / interframe coding ‖ ⁓**zusammensetzung** f (bei Wiedergabe) (TV) / scanning* n
**Bilge** f (Sammelraum für Schwitz- und Leckwasser) (Schiff) / bilge* n
**bilinear** adj / bilinear adj
**Bilinearform** f (Math) / bilinear form
**Bilirubin** n (rötlich-brauner Gallenfarbstoff) (Physiol) / bilirubin* n
**Biliverdin** n (grüner Gallenfarbstoff) (Physiol) / biliverdin* n
**Billardtuch** n (Tex) / billiard cloth*
**Billetsche Halblinsen** (eine Anordnung zum Erzeugen von Interferenzen) (Opt) / Billet split lens*
**billig** adj (Ware) / low-cost attr, low-priced adj, inexpensive adj, cheap adj ‖ **Gruppe** f **von Ländern** (Panama, Honduras, Liberia**), die ~e Flaggen führt** (Schiff) / PanHonLib group ‖ **~e Flagge** (Liberia, Panama, Libanon, Honduras, Bermudas, Haiti usw.) (Schiff) / flag of convenience ‖ **~e Kleidung von der Stange** (Tex) / slop n (ready-made or cheap clothing)
**Billon** m n (Hütt) / bullion* n
**Billrothbatist** m (wasserdichter Verbandstoff nach T. Billroth, 1829-1894) (Med, Med) / cerecloth n
**Bilux-Lampe** f (Kfz) / double-filament bulb, double-filament lamp
**Bimetall** n / bimetal n, thermobimetal n ‖ ⁓**-** / bimetallic adj
**bimetallisch** adj / bimetallic adj
**Bimetall•meßwerk** n (Eltech) / bimetallic measuring system ‖ ⁓**sicherung** f (Eltech) / bimetal-fuse* n ‖ ⁓**streifen** m (Eltech, Masch) / bimetallic strip* ‖ ⁓**thermometer** n (Ausdehnungsthermometer, bei dem die temperaturabhängige Verbiegung eines Bimetallstreifens als Meßeffekt benutzt wird) / bimetallic thermometer ‖ ⁓**wärmeleitungsvakuummeter** n (Vakuumt) / bimetallic strip gauge
**Bimlijute** f (Bot) / kenaf n, deccan hemp, ambari hemp, gambo hemp
**Bimlipatamjute** f (Bot) / kenaf n, deccan hemp, ambari hemp, gambo hemp
**bimodal** adj (Verteilung) (Math, Stats) / bimodal adj (frequency distribution)
**bimolekular•e Reaktion** (Chem) / bimolecular reaction ‖ **~e Schicht** (Phys) / bimolecular layer, bilayer n
**BIMOS-Technik** f (Eltronik) / bipolar-metal-oxide semiconductor technology, BIMOS technology
**Bims•beton** m (ein Bimsbaustoff - ein Leichtbeton aus Zement und Bimskies) (HuT) / pumice concrete ‖ ⁓**betonstein** m (ein hochporöser Vollstein aus Leichtbeton mit Naturbims als Zuschlag) (Bau) / Rhenish brick*, floating brick*
**bimsen** v / pumice v
**Bims•kissen** n (Anstr) / buffing pad ‖ ⁓**mehl** n / powdered pumice, pumice powder ‖ ⁓**seife** f / pumice soap ‖ ⁓**staub** m / powdered pumice, pumice powder ‖ ⁓**stein** n (helles, aus kieselsäure- und gasreicher Lava schaumig erstarrtes Gesteinsglas) (Geol) / pumice* n, pumice stone n, pumicite n ‖ **mit ⁓stein abreiben** / pumice v ‖ **mit ⁓stein abschleifen** / pumice v ‖ ⁓**steinpapier** n (ein Schleifpapier mit Bims als Streumittel) (Pap) / pumice-stone paper ‖ ⁓**steinpulver** n / powdered pumice, pumice powder ‖ ⁓**steinseife** f / pumice soap ‖ ⁓**steintuff** m (Geol) / pumice tuff
**Bin** m (z.B. in den Kühlladeräumen, durch Querschotten abgeteilter Raum eines Zwischendecks, in dem loses Getreide gefahren werden kann) (Schiff) / bin n
**binär** adj (Prädikat) (Math) / binary* adj ‖ **den ~en Zustand ändern** (EDV) / switch v ‖ **~e algebraische Operation** (Math) / binary operation, dyadic operation ‖ **~e Arithmetik** (Math) / binary arithmetic* ‖ **~es Azeotrop** (azeotrope Mischung aus zwei Komponenten) (Chem) / binary azeotrope ‖ **~er Baum** (ein geordneter Baum einer Ordnung kleiner o. gleich 2) (EDV) / binary tree* ‖ **~e Darstellung** (EDV, Math) / binary representation, binary notation* ‖ **~er Kanal mit Auslöschung** (EDV) / binary erasure channel (BEC) ‖ **~ kodierte Dezimalziffer** (EDV) / binary-coded decimal (BCD) ‖ **~es Komma** (EDV) / binary point* ‖ **~e Legierung** (Hütt) / binary alloy ‖ **~es Logarithmus** (DIN 5493, T 1) (Math) / binary logarithm ‖ **~e Logik** / binary logic, two-valued logic ‖ **~e Lösung** (Chem) / binary solution ‖ **~e Nomenklatur** (Biol) / binomial system (of scientific nomenclature by genus and species), binomial nomenclature*, binomial nomenclature ‖ **~es Pseudorauschsignal** (Fernm) / pseudorandom binary signal ‖ **~e Relation** (Math) / binary relation ‖ **~es Schieben** (EDV) / logical shift*, logic shift ‖ **~es Signal** (Fernm) / binary signal, two-state signal ‖ **~e Signalgebung** (Fernm) / two-state signalling ‖ **~e Spaltung** (Kernphys) / binary fission ‖ **~e Speicherzelle** (EDV) / binary cell ‖ **~er Stellenwert** (Math) / binary weight ‖ **~es System** (Hütt, Phys) / binary system*, two-component system ‖ **~e Verbindung** (Chem) / binary compound ‖ **~e Zahl** (Math) / binary number ‖ **~es Zustandsdiagramm** (Hütt, Phys) / binary diagram
**Binär•arithmetik** f (Math) / binary arithmetic* ‖ ⁓**baum** m (EDV) / binary tree* ‖ ⁓**code** m (EDV) / binary code* ‖ ⁓**darstellung** f (EDV, Math) / binary representation, binary notation* ‖ ⁓**datei** f (keine Textdatei) (EDV) / binary file ‖ ⁓**Dezimal-Kode** m (zur binären Verschlüsselung von Dezimalziffern) (EDV) / binary-coded decimal code, BCD code ‖ ⁓**Dezimal-Umwandler** m (EDV) / binary-to-decimal converter ‖ ⁓**Dezimal-Umwandlung** f (EDV) / binary-to-decimal conversion ‖ ⁓**folge** f (EDV) / binary sequence ‖ ⁓**folge** (EDV) s. auch Bitmuster ‖ ⁓**gas** n (ein chemischer Kampfstoff) (Mil) / binary gas ‖ **symmetrischer ⁓kanal** (EDV) / binary symmetric channel (BSC) ‖ ⁓**kode** m (bei dem jedes Zeichen ein Wort aus Binärzeichen ist - DIN 44300) (EDV) / binary code* ‖ **reiner ⁓kode** (EDV) / natural binary code (NBC) ‖ ⁓**komma** n (EDV) / binary point* ‖ ⁓**kompatibel** adj (EDV) / binary-compatible adj ‖ ⁓**lader** m (EDV) / binary loader ‖ ⁓**muster** n (EDV) / bit string ‖ ⁓**operation** f (eine Funktion mit zwei Eingangs- und einer Ausgangsvariablen) (EDV) / dyadic operation, binary operation ‖ ⁓**-reflektierter Kode** (Spezialfall der zyklisch-permutierten Kodes) (EDV) / Gray code ‖ ⁓**signal** n (dessen Parameter eine Nachricht oder Daten darstellt, die nur aus Binärzeichen besteht oder bestehen) (Fernm) / binary signal ‖ **pseudozufälliges ⁓signal** (Fernm) / pseudorandom binary signal ‖ ⁓**stufe** f (ein Zählspeicher) (Eltech) / binary reducing stage ‖ ⁓**system** n (EDV, Math) / binary numeration system, binary system ‖ ⁓**system** (EDV, Math) s. auch Dualsystem ‖ ⁓**zahl** f (Math) / binary number ‖ ⁓**zähler** m (EDV) / binary counter*, binary scaler ‖ ⁓**zeichen** n (Zeichen aus einem Vorrat von zwei Zeichen) (EDV, Math) / binary character ‖ ⁓**zelle** f (EDV) / binary cell
**binaural** adj (Akus) / binaural* adj
**Binde•blech** n (Versteifungswand) (Masch) / diaphragm n ‖ ⁓**draht** m (Eltech) / tie wire*, binding wire* ‖ ⁓**eisen** n (Glas) / punty* n, gathering iron, puntee* n, pontie* n, pontil* n, rod n ‖ ⁓**fehler** m (örtlich begrenzter Bereich einer Schweißnaht, in dem keine stoffschlüssige Verbindung zwischen dem Schweißgut und dem Fügeteil bzw., bei Schweißungen ohne Zusatzwerkstoff, zwischen den einzelnen Fügeteilen vorliegt) (Schw) / lack of fusion, unfused area, incomplete joint penetration ‖ ⁓**fläche** f (Schw) / weld junction ‖ ⁓**garn** n (Landw) / twist n ‖ ⁓**gewebe** n (Zool) / connective tissue* n [**angelenktes**] ⁓**glied** (Masch) / link* n ‖ ⁓**grenzschicht** f (Schw) / weld junction ‖ ⁓**kette** f (Web) / binder warp, binding warp, stitching warp ‖ ⁓**lader** m (Ladeprogramm zum Zusammenfügen mehrerer unabhängig voneinander erstellter Programmteile zu einem Gesamtprogramm) (EDV) / linking loader, linking loader program, link loader
**Bindemittel** n (zum Andicken und Binden von Flüssigkeiten) / thickening agent ‖ ⁓ (DIN 55950) (Anstr, Bau, Chem, Gieß) / binding agent, binder* n ‖ ⁓ (Bau, Chem) / matrix* n (pl. matrices or matrixes) ‖ ⁓ (z.B. des Sandsteins) (Geol) / cement* n ‖ **mineralisches** ⁓ (DIN 18555) (Bau) / mineral binder ‖ **wasserlösliches** ⁓ (Anstr) / water-soluble binder ‖ ⁓**lösung** f (Anstr) / medium* n (pl. media or mediums), vehicle* n
**Bindemodul** n (EDV) / object module (a program unit that is the output of an assembler or a compiler and that is suitable for input to a linkage editor)
**binden** vt / bind vt, bond vt ‖ ⁓ v / tie v ‖ ⁓ vi (Bau) / set vi ‖ ⁓ v (Buchb) / bind v ‖ ⁓ (Chem) / fix v ‖ ⁓ (absorbieren) (Chem, Phys) / absorb v ‖ ⁓ (adsorbieren) (Chem, Phys) / adsorb v ‖ ⁓ (übersetzte, aber noch nicht ablauffähige Programme in einem Binderlauf zu einem Lademodul verknüpfen) (EDV) / link-edit v, link v ‖ ⁓ v (Garben) (Landw) / sheaf v, sheave v ‖ ⁓ (Suppen, Soßen) (Nahr) / thicken v ‖ ⁓ vt (Tex) / tie v ‖ **neu** ⁓ (Buchb) / rebind v ‖ ⁓ n / binding n ‖ ⁓ n (Buchb) /

147

**Binden**

bookbinding* n, binding n ‖ ~ **durch Aufsprühen** (Tex) / spray bonding
**Binde•nadel** f (des Sattlers) / sewing awl ‖ ~**nähte** f pl (Plast) / weld lines
**bindend•es Elektronenpaar** (Chem) / binding-electron pair ‖ ~**es Orbital** (σ- oder π-Orbital) (Phys) / bonding orbital
**Binde•protein** n (Biochem) / binding protein ‖ **gezeichneter** ~**punkt** (Web) / raiser n ‖ ~**quote** f (Buchb) / binding-up n, length of run
**Binder** m (Anstr, Bau, Chem, Gieß) / binding agent, binder* n ‖ ~ (ein Naturstein) (Bau) / bondstone* n, bonder* n ‖ ~ (als Gegensatz zu Läufer) (Bau) / header* n ‖ ~ (Bau, Chem) / matrix* n (pl. matrices or matrixes) ‖ ~ (ein Verarbeitungsprogramm, das die Ausgabe der Sprachübersetzer für die Ausführung aufbereitet) (EDV) / linkage editor, link editor, linker* n ‖ ~ (Landw) / binder n ‖ ~ (am Kran) (Masch) / crane follower, burden-man n, groundsman n, sling-man n, spotter n, slinger n ‖ ~ (Bundbalken) (Zimm) / binder n, binding beam*, binding joist* ‖ ~ (Zimm) / principal rafter*, principal* n ‖ **anorganischer** ~ (Gieß, Keram) / inorganic binder ‖ **heißhärtender** ~ (Gieß) / hot-setting binder, hot-hardening binder ‖ **kalthärtender** ~ (Gieß) / cold-setting binder, airbond n, cold-hardening binder ‖ **organischer** ~ (Gieß, Keram) / organic binder
**Binder•abstand** m (Zimm) / case bay ‖ ~**balken** m (Zimm) / binder n, binding beam*, binding joist* ‖ ~**farbe** f (auf der Grundlage von Kunstharzdispersionen) (Anstr) / emulsion paint*, dispersion paint* ‖ ~**farbe** (eine aus Binder und Pigmenten hergestellte Dispersionsanstrichfarbe) (Anstr, Bau) / binder* n ‖ ~**farbe** (Anstr, Bau) s. auch Dispersionsfarbe ‖ ~**frei** adj (Formsand) (Gieß) / binder-free adj ‖ ~**programm** n (EDV) / linkage editor, link editor, linker* n ‖ ~**schicht** f (eine Mauerschicht) (Bau) / heading course*, heading* n (a course of headers) ‖ ~**sparren** m (Zimm) / principal rafter*, principal* n ‖ ~**stein** m (Bau) / bondstone* n, bonder* n ‖ ~**stein** (Bau) / header* n ‖ ~**verband** m (Bau) / heading bond*
**Binde•schnur** f für Jacquardkarten (Web) / card lacing, jacquard cord ‖ ~**schuh** m / tie shoe ‖ ~**strich** m (in Strukturformeln) (Chem) / bonding dash ‖ ~**strich** (EDV, Typog) / hyphen n ‖ ~**strich von 1/2 Quadrat Länge** (Typog) / en rule*, en score ‖ ~**ton** m (anorganisches Bindemittel) (Gieß, Keram) / binding clay, bonding clay
**Bindfaden** m (zu Verpackungs- und technischen Zwecken) / string n, cord n, twine n
**bindig** adj (HuT, Landw) / cohesive* adj, tenacious adj ‖ **nicht ~** (HuT, Landw) / non-cohesive adj, cohesionless adj, frictional adj, crumbly adj
**Bindigkeit** f (Chem) / covalency n (GB)*, covalence n (US) ‖ ~ (des Bodens) (HuT, Landw) / cohesion* n, tenacity n
**Binding** n (Prozeß, der einen Kommunikationskanal zwischen einem Protokolltreiber und dem Treiber einer Netzkarte herstellt) (EDV) / binding n
**Bindung** f / binding n ‖ ~ (Zustand) (Chem) / linkage* n, link n, bond* n ‖ ~ (als Vorgang) (Chem) / bonding n ‖ ~ (der Schleifscheibe) (Masch) / bond n ‖ ~ (infolge von Diffusion) (Pulv) / fusion n ‖ ~ (eines Gestricks) (Tex) / structure n ‖ ~ (Gewebebindung) (Web) / weave n ‖ **äquatoriale** ~ (in der Konformationstheorie) (Chem) / equatorial bond ‖ **chemische** ~ (Chem) / chemical bond* ‖ **delokalisierte** ~ (Bindung in einem Molekül, dessen Struktur nicht durch eine einzige Valenzstrichformel dargestellt werden kann, sondern durch Überlagerung von zwei oder mehreren Grenzstrukturen beschrieben werden muß) (Chem) / delocalized bond, non-localized bond ‖ **doppelte** ~ (Chem) / double bond* ‖ **dreifache** ~ (Chem) / triple bond* ‖ **elastische** ~ (der Schleifscheibe) (Masch) / elastic bond ‖ **energiereiche** ~ (Chem) / high-energy bond, energy-rich bond ‖ **fluktuierende** ~ (z.B. bei Bullvalen) (Chem) / fluctuating bond ‖ **"gebogene"** ~ (eine Elektronenmangelbindung bei Zyklopropan, Boranen usw.) (Chem) / banana bond ‖ **glycosidische** ~ (Chem) / glycoside linkage, glycosidic linkage ‖ **glykosidische** ~ (Chem) / glycoside linkage, glycosidic linkage ‖ **gratartige** ~ (Web) / twill interlacing ‖ **griechische** ~ (Tex) / Grecian honeycomb, Grecian weave comb ‖ **heteropolare** ~ (Chem) / ionic bond*, electrostatic bond[ing]*, electrovalence* n, electrovalent bond, polar bond*, heteropolar bond ‖ **homöopolare** ~ (Chem) / covalent bond*, atomic bond*, homopolar bond, electron-pair bond ‖ **hydrophobe** ~ (von Proteinen) (Biochem) / hydrophobic bonding ‖ **koordinative** ~ (Chem) / coordinate bond*, dative bond*, coordinate-covalent bond ‖ **kovalente** ~ (Chem) / covalent bond*, atomic bond*, homopolar bond, electron-pair bond ‖ **lexikalische** ~ (KI) / lexical binding ‖ **lokalisierte** ~ (Chem) / localized bond ‖ **mehrfache** ~ (Chem) / multiple bond ‖ **metallische** ~ (eine chemische Bindung) (Chem) / metallic bond* ‖ **mit drei koordinativen** ~**en** (Chem) / tricoordinate(d) adj ‖ **mit fünf koordinativen** ~**en** (Chem) / pentacoordinate(d) adj ‖ **mit vier koordinativen** ~**en** (Chem) / tetracoordinate(d) adj ‖ **mit zwei koordinativen** ~**en** (Chem) / dicoordinate(d) adj ‖ **nichtlokalisierte** ~ (Bindung in einem Molekül, dessen Struktur nicht durch eine einzige Valenzstrichformel dargestellt werden kann, sondern durch Überlagerung von zwei oder mehreren Grenzstrukturen beschrieben werden muß) (Chem) / non-localized bond, delocalized bond ‖ **polare** ~ (Chem) / ionic bond*, electrostatic bond[ing]*, electrovalence* n, electrovalency n, electrovalent bond, polar bond*, heteropolar bond ‖ ~ f an einen Ionenaustauscher (bei Enzymfixierung) (Biochem) / ionic binding to a carrier ‖ ~ **der Oberware** (Web) / top-cloth weave ‖ ~ **der Unterware** (Web) / bottom-cloth weave ‖ ~ **in Broché** (Web) / swivel weave
**Bindungs•abstand** m (Chem) / bond length*, bond distance* ‖ ~**analyse** f (Web) / weave analysis ‖ ~**art** f (stoffliche Beschaffenheit des Schleifkörperbindemittels) / type of bond ‖ ~**bild** n (Web) / weave pattern ‖ ~**bildung** f (Chem) / bond making, bond formation ‖ ~**bruch** m (Chem) / bond breaking ‖ ~**elektronenpaar** m (Chem) / binding-electron pair ‖ ~**energie** f (Maß der Festigkeit der Verbindung) (Chem, Phys) / bond energy* ‖ ~**energie** (Eltronik) / binding energy* (Chem, Phys) s. auch Dissoziationsenergie ‖ ~**energie des Atomkerns** (Kernphys) / nuclear binding energy* ‖ ~**energie des Protons** (Kernphys) / proton-binding energy ‖ ~**kräfte** f pl (z.B. bei der Elektronenemission) (Phys) / surface forces ‖ ~**länge** f (Chem) / bond length*, bond distance* ‖ ~**länge** (Chem) s. auch Kernabstand ‖ ~**lockernd** adj (Kernphys) / antibonding adj ‖ ~**ombré** m (Web) / shaded weave ‖ ~**orbital** n (Chem) / bond orbital, bonding orbital ‖ ~**ordnung** f (ein Maß für den π-Bindungsanteil einer chemischen Bindung) (Chem) / bond order, bond number ‖ ~**ort** m (Chem) / binding site ‖ ~**patrone** f (zeichnerische Darstellung der Gewebebindung auf Patronenpapier nach festgelegter Symbolik) (Web) / weave design ‖ ~**punkt** m (Web) / crossing-point n, interlacing point n ‖ ~**rapport** m (die Einheit der Bindungspatrone) (Web) / pattern repeat, repeat of weave, weave rapport ‖ ~**stelle** f (Chem) / binding site ‖ ~**wertigkeit** f (Chem) / covalency n (GB)*, covalence n (US) ‖ ~**winkel** m (Chem) / bond angle*
**Bineutron** n (Kernphys) / dineutron* n
**Binge** f (Bergb) / day fall, cave hole, breach n
**Binge-Sponer-Extrapolation** f (lineare Extrapolation nach dem Binge-Sponer-Diagramm) / Binge-Sponer extrapolation
**Bingham•Körper** m (Phys) / Bingham body, Bingham plastic ‖ ~**-Modell** n (DIN 1342, T 1) (Phys) / Bingham body, Bingham plastic
**Binghamsch•es Fließen** (Phys) / structural viscosity, shear thinning ‖ ~**es Medium** (eine rheologische Modellvorstellung nach E.C. Bingham, 1878 - 1945) (Phys) / Bingham body, Bingham plastic
**Bingham-Zahl** f (zur Auslegung von Knetern und deren Leistungsbedarf) (Chem Verf, Masch) / Bingham number
**Binistor** m (transistorähnliche pnpn-Flächentetrode) (Eltronik) / Binistor n
**Binnen•** (innerhalb der EU) / intracommunity attr ‖ ~**druck** m (Mech) / cohesion pressure ‖ ~**druck** (innerer Druck) (Phys) / internal pressure, inside pressure ‖ ~**eis** n (Geol) / ice sheet, ice mantle ‖ ~**gewässer** n pl (Flüsse, Kanäle, Seen, die zu einem Staatsgebiet gehören) (Geog, Wasserb) / inland waters ‖ ~**hafen** m (Geog, Wasserb) / inland port (e.g. Houston, Texas) ‖ ~**handel** m / domestic trade ‖ ~**kanal** m (z.B. Main-Donau-Kanal) (Geog, Wasserb) / inland canal ‖ ~**klima** n (das Klima im Innern großer Landmassen) (Meteor) / continental climate* ‖ ~**markt** m / home market, domestic market ‖ ~**markt** (innerhalb der EG - seit dem 1.1.1993) (Geog) / Common Market ‖ ~**meer** n (Geog) / inland sea ‖ ~**meer** (Geog) s. auch Schelfmeer ‖ ~**schiffahrt** f (Schiff) / inland navigation ‖ ~**schiffahrtsstraße** f (Geog, Wasserb) / inland waterway ‖ ~**schlepper** m (Schiff) / river tug ‖ ~**see** m (Geog, Geol) / lake* n ‖ ~**verkehr** m / local traffic ‖ ~**wasserstraße** f (Geog, Wasserb) / inland waterway
**binodale Kurve** (Math, Phys) / binodal curve
**Binodale** f (Math, Phys) / binodal curve
**Binodalkurve** f (Trennungslinie zwischen den Bereichen stabiler Zustände und labiler sowie metastabiler Zustände) (Math, Phys) / binodal curve
**binokular** adj (Opt) / binocular adj ‖ ~**es Sehen** (Opt, Physiol) / stereoscopic vision, binocular vision, stereopsis n, three-dimensional vision, stereovision n ‖ ~**er Tubus** (Mikros) / binocular tube, binocular body ‖ ~**mikroskop** n (Mikros) / binocular microscope ‖ ~**tubus** m (Mikros) / binocular tube, binocular body
**Binom** n (Polynom vom Grade 2) (Math) / binomial* n
**Binomen** n (pl. -nomina) (Biol) / binomen (pl -nomina) n, binomial name
**Binomial•** (Math) / binomial adj ‖ ~**entwicklung** f (Math) / binomial expansion ‖ ~**koeffizient** m (Math) / binomial coefficient* ‖ ~**papier** n (ein orthogonales Funktionspapier) (Pap) / binomial paper ‖ ~**reihe** f (Math) / binomial series ‖ ~**satz** m (Math) / binomial theorem* ‖ ~**verteilung** f (Stats) / binomial distribution*, Bernoulli's distribution, Bernoulli distribution
**binominale Nomenklatur** (Biol) / binomial system (of scientific nomenclature by genus and species), binominal nomenclature*, binomial nomenclature*

**binomisch** *adj* (Math) / binomial *adj* ‖ **~e Formeln** (für alle Zahlen a,b) (Math) / binomial formulae ‖ **~er Lehrsatz** (Math) / binomial theorem* ‖ **~e Reihe** (Math) / binomial series ‖ **~er Satz** (Math) / binomial theorem*
**binormale Verteilung** (Stats) / bivariate normal distribution
**Binormale** *f* (eine der beiden optischen Achsen in zweiachsigen Kristallen) (Krist) / binormal *n* ‖ ⁓ (Normale, die in der rektifizierenden Ebene liegt) (Math) / binormal* *n*
**Bin-Picking-Roboter** *m* (Masch) / bin-picking robot
**Binsenmatte** *f* / rush mat
**bio•abbaubar** *adj* (Chem, Umwelt) / biodegradable *adj*, soft *adj* ‖ ⁓**akkumulation** *f* (Umwelt) / bioaccumulation *n* ‖ ⁓**akkumulationsfaktor** *m* (Umwelt) / bioconcentration factor, BCF ‖ ⁓**akkumulierende Chemikalien** (die Anlaß zur Besorgnis geben) (Umwelt) / bioaccumulative chemicals (of concern), BCC ‖ ⁓**akkumulierung** *f* (Umwelt) / bioaccumulation *n* ‖ ⁓**aktiv** *adj* (Biol) / biologically active, bioactive *adj* ‖ ⁓**aktivierung** *f* (Biol) / bioactivation *n*, biological activation ‖ ⁓**akustik** *f* (Teilgebiet der Biophysik) (Biol) / bioacoustics *n* ‖ ⁓**alkohol** *m* (durch Gärung aus Biomasse gewonnener Ethylalkohol) (Biochem) / bioalcohol *n* ‖ ⁓**anorganische Chemie** (ein Teilgebiet der Biochemie) (Biochem) / bioinorganic chemistry ‖ ⁓**assay** *m n* (auf der Anwendung biochemischer Reaktionsprinzipien beruhendes empfindliches Analysenverfahren) (Umwelt) / bioassay *n* ‖ ⁓**astronautik** *f* (Wissensgebiet, das verschiedene biomedizinische Fächer umfaßt, die sich mit Erforschung, Erschließung und Ausnutzung des Weltraumes befassen) (Biol, Raumf) / bioastronautics *n* ‖ ⁓**astronautisch** *adj* (Biol, Raumf) / bioastronautic *adj* ‖ ⁓**astronomie** *f* (Astr, Biol) / bioastronomy *n* ‖ ⁓**behälter** *m* (Raumf) / biopak *n* ‖ ⁓**bewuchs** *m* (Biol) / biofouling *n* ‖ ⁓**brennstoff** *m* (Kftst) / biomass fuel, biofuel *n*, fuel from crops, green fuel ‖ ⁓**brennstoffzelle** *f* (Kftst) / biofuel cell, biomass fuel cell ‖ ⁓**chemie** *f* (Biochem) / biochemistry* *n*, biological chemistry, chemistry of life ‖ ⁓**chemikalie** *f* (Substanz, die als Substrat, Metabolit oder Katalysator im Organismus eine Rolle spielt) (Biochem) / biochemical *n* ‖ ⁓**chemisch** *adj* (Biochem) / biochemical *adj*
**biochemisch•e Analyse** (Biochem) / biochemical analysis, bioassay *n*, biological assay ‖ **~es Element** (Kftst) / biochemical (fuel) cell ‖ **~e Evolution** (Biochem) / biochemical evolution ‖ **~er Sauerstoffbedarf** (Biochem) / biological oxygen demand*, biochemical oxygen demand, BOD*, B.O.D. ‖ **~er Sauerstoffbedarf** (auf 5 Tage bezogen) (Biochem) / five-day biochemical oxygen demand, BSB₅ ‖ **~er Sensor** (Biochem) / biochemical sensor
**Bio•chinon** *n* (Chem) / bioquinone *n* ‖ ⁓**chip** *m* (mit biologischen Molekülen als Monolayer) (EDV, Med) / biochip *n* ‖ ⁓**chronologie** *f* (anhand von paläontologischen Daten) (Geol) / biochronology *n* ‖ ⁓**computer** *m* (aus Biochips) (EDV) / biocomputer *n* ‖ ⁓**container** *m* (für lebende Organismen) (Raumf) / biopak *n* ‖ ⁓**cytin** *n* (Biochem) / biocytin *n*, biotin complex of yeast ‖ ⁓**datenbank** *f* (Biol, EDV) / biodata bank, biodata base ‖ ⁓**deterioration** *f* (mikrobielle Materialzerstörung) (Umwelt) / biodeterioration *n* ‖ ⁓**diesel** *m* (DIN E 51606) (Kftst) / bio-diesel *n*, organic diesel ‖ ⁓**diversität** *f* (Biol, Umwelt) / biodiversity *n* ‖ ⁓**dynamik** *f* (Lehre von den Einflüssen physikalischer Faktoren auf lebende Organismen) (Biol) / biodynamics *n* ‖ ⁓**dynamisch** *adj* (Biol) / biodynamic *adj* ‖ ⁓**elektrisch** *adj* (Biol) / bioelectric *adj*, bioelectrical *adj* ‖ ⁓**elektrizität** *f* (in Zellen, Geweben und Organismen) (Biol) / bioelectricity* *n* ‖ ⁓**elektrochemie** *f* (ein Teilgebiet der Elektrochemie, das sich mit den elektrochemischen Aspekten biologischer Systeme beschäftigt) (Chem) / bioelectrochemistry *n* ‖ ⁓**elektrochemisch** *adj* (Biol) / bioelectrochemical *adj* ‖ ⁓**elektronik** *f* (Wissenschaftszweig, der eine Verbindung von Biologie bzw. Biochemie mit moderner Mikroelektronik darstellt) (Biol, Eltronik) / bioelectronics *n* ‖ ⁓**elektronischer Rechner** (EDV) / bioelectronic computer *n* ‖ ⁓**element** *n* (ein elektrochemisches Element) (Kftst) / biochemical (fuel) cell ‖ ⁓**energetik** *f* (ein Teilgebiet der Biophysik) (Phys) / bioenergetics *n* ‖ ⁓**energie** *f* (die in der Biomasse gespeichert ist) (Phys) / bioenergy *n* ‖ ⁓**engineering** *n* (Biochem, Chem Verf) / bioengineering* *n*, biological engineering ‖ ⁓**erosion** *f* (durch die Organismen) (Geol, Umwelt) / bioerosion *n* ‖ ⁓**fazies** *f* (Geol) / biofacies *n* ‖ ⁓**film** *m* (an Grenzflächen von Festkörpern oder Flüssigkeiten) (Sanitär) / biofilm *n*, biological film *n* ‖ ⁓**filmreaktor** *m* (Sanitär) / biofilm reactor *n* ‖ ⁓**filter** *n* (Gerät zur Geruchsbeseitigung von Abluft) (Umwelt) / biological filter, biofilter *n* ‖ ⁓**flavonoid** *n* (z.B. Rutin oder Hesperidin) (Chem, Pharm) / bioflavonoid *n* ‖ ⁓**gas** *n* (Sanitär) / biogas *n*, fermentation gas ‖ ⁓**gas** s. auch Faulgas ‖ ⁓**gasofen** *m* / methane digester ‖ ⁓**gefährdung** *f* (Med) / biohazard *n* ‖ ⁓**gen** *adj* (Biol) / biogenic *adj* ‖ ⁓**genes Amin** (Biol, Chem) / biogenic amine ‖ ⁓**genes Gift** (z.B. Krötengift) (Biochem) / biogenic toxin ‖ ⁓**genes Sediment** (Geol) / biogenic deposit, biogenous deposit, biolith *n*, biogenous sediment, biological deposit ‖ ⁓**genese** *f* (Biol) / biogenesis* *n* (pl. -neses) ‖ ⁓**genie** *f* (Biol) /

biogenesis* *n* (pl. -neses) ‖ ⁓**geochemie** *f* (Grenzgebiet zwischen Biochemie und Geochemie) (Chem) / biogeochemistry *n* ‖ ⁓**geochemisch** *adj* (Chem) / biogeochemical *adj* ‖ ⁓**geochemische Prospektion** (mittels chemischer Analyse metallanzeigender Pflanzen und Mikroorganismen) (Bergb) / biogeochemical prospecting, biogeochemical exploration ‖ ⁓**geochemischer Zyklus** (Umwelt) / biogeochemical cycle ‖ ⁓**geografie** *f* (Biol, Geog) / biogeography *n* ‖ ⁓**geografisch** *adj* (Biol, Geog) / biogeographic *adj*, biogeographical *adj* ‖ ⁓**geoprospektion** *f* (Bergb) / biogeochemical prospecting, biogeochemical exploration ‖ ⁓**glas** *n* (als Knochen- oder Gewebeersatz) (Glas, Med) / bioglass *n* ‖ ⁓**hand** *f* (eines IR) (Masch) / biohand *n* ‖ ⁓**hazard** *n* (Med) / biohazard *n* ‖ ⁓**herm** *n* (Riff mit kräftigem Höhenwachstum) (Ozean) / bioherm* *n* (an organic reef) ‖ ⁓**indikator** *m* (eine Art von Lebewesen, deren Vorkommen oder leicht erkennbares Verhalten sich mit bestimmten Umweltverhältnissen korrelieren läßt) (Umwelt) / indicator species, biological indicator, bioindicator *n* ‖ ⁓**insektizid** *n* (pflanzlicher und mikrobieller Naturstoff, der sich in seiner Wirkung besonders gegen Insekten und deren Entwicklungsformen richtet) (Chem, Landw) / bioinsecticide *n*, biological insecticide ‖ ⁓**kalorimetrie** *f* (Phys) / biocalorimetry *n* ‖ ⁓**katalysator** *m* (Wirkstoff, Ergin, Ergon) (Biochem) / biocatalyst *n* ‖ ⁓**immobilisierter ~katalysator** (Biochem) / immobilized biocatalyst ‖ ⁓**katalyse** *f* (Biochem) / biocatalysis *n* ‖ ⁓**katalytisch** *adj* (Biochem) / biocatalytic *adj* ‖ ⁓**keramik** *f* (inerte, resorbierbare) (Keram) / bioceramics *n* ‖ ⁓**keramisch** *adj* (Stoff, der eine hervorragende Verträglichkeit mit biologischem Gewebe besitzt) (Keram) / bioceramic *adj* ‖ ⁓**klast** *m* (zerbrochene oder isolierte Organismenreste) (Geol) / bioclast *n* ‖ ⁓**klastisch** *adj* (Geol) / bioclastic *adj* ‖ ⁓**klimatik** *f* (ein Anwendungsgebiet der Bioklimatologie) (Biol, Landw) / bioclimatics *n* ‖ ⁓**klimatologie** *f* (Biol) / bioclimatology* *n* ‖ ⁓**kompatibilität** *f* (des chirurgischen Implantats) (Med) / biocompatibility *n* ‖ ⁓**konversion** *f* (ein Verfahren, mit dem die Biomasse durch mikrobielle Einwirkung in andere Produkte, bes. Energieträger, umgewandelt wird) (Biochem, Umwelt) / bioconversion *n* ‖ ⁓**konzentration** *f* (ein Teilbereich der Bioakkumulation) (Umwelt) / bioconcentration *n* ‖ ⁓**konzentrationsfaktor** *m* (Quotient aus der Konzentration bzw. dem Massenanteil eines angereicherten Stoffes im Organismus oder einem seiner Teile und der Konzentration bzw. dem Massenanteil in der Umgebung) (Umwelt) / bioconcentration factor, BCF ‖ ⁓**korrosion** *f* / microbial corrosion, microbiological corrosion, microbial-induced corrosion, MIC ‖ ⁓**kraftstoff** *m* (aus nachwachsenden Rohstoffen) (Kftst) / biomass fuel, biofuel *n*, fuel from crops, green fuel ‖ ⁓**kybernetik** *f* (Anwendung der Kybernetik auf biologische Regelvorgänge) / biocybernetics *n*, biological cybernetics *n* ‖ ⁓**leaching** *n* (Verfahren zur Anreicherung von Metallen mit Hilfe von Mikroorganismen, z.B. auf ehemaligen Abraumhalden) (Aufber) / biological leaching, bioleaching *n*, bacterial leaching, microbial leaching ‖ ⁓**lith** *m* (Geol) / biogenic deposit, biogenous deposit, biolith *n*, biogenous sediment, biological deposit
**Biological Monitoring** *n* (Verfahren zur Beurteilung der Belastung des Menschen durch bestimmte Arbeits-/Schad-/-Stoffe unter besonderer Berücksichtigung der Arbeitswelt und Umwelt) (Med, Umwelt) / biological monitoring ‖ **Monitoring** s. auch Biomonitoring
**Biologie** *f* (als übergeordneter Begriff) (Biol) / biology *n*, bioscience *n*, life science *n* (Wissenschaft und biologische Beschaffenheit) (Biol) / biology *n* ‖ **aerobe** ⁓ (Biol) / aerobic biology ‖ **marine** ⁓ (ein Teilgebiet der Hydrobiologie) (Biol) / marine biology ‖ **mathematische** ⁓ (Biol) / mathematical biology ‖ **pharmazeutische** ⁓ (Pharm) / pharmacognosy *n*, pharmaceutical biology ‖ **technische** ⁓ (Biol) / industrial biology, technical biology ‖ ⁓ *f* **des Bauens** (Bau, Biol) / building biology
**biologisch** *adj* (Biol) / biological *adj* ‖ **~er Abbau** (Chem, Umwelt) / biodegradation* *n*, biological degradation ‖ **~ abbaubar** (Waschmittel) (Chem, Umwelt) / biodegradable *adj*, soft *adj* ‖ **~ abbauen** (Chem, Umwelt) / biodegrade *v* ‖ **~ aktiv** (Biol) / biologically active, bioactive *adj* ‖ **~e Aktivierung** (Biol) / bioactivation *n*, biological activation ‖ **~e Anreicherung** (Umwelt) / bioaccumulation *n* ‖ **~er Arbeitsplatztoleranzwert (BAT)** (Chem) / biological limit of occupational tolerability ‖ **~es Containment** (Schutz durch biologische Schranken) (Biol) / biological containment* ‖ **~es Gefährdungspotential** (z.B. eines Isotops) (Nukl) / biological hazard potential, BHP ‖ **~ gut abbaubares Waschmittel** (Chem, Umwelt) / soft detergent ‖ **~e Halbwertszeit** (Biol, Kernphys) / biological half-time, biological half-life* ‖ **~e Kriegführung** (unter Einsatz biologischer Massenvernichtungsmittel) (Mil) / biological warfare* ‖ **~e Laugung** (Aufber) / biological leaching, bioleaching *n*, bacterial leaching, microbial leaching ‖ **~e Membran** (zwischen innerem und äußerem Milieu der Zelle sowie zwischen Zellstrukturen) (Zyt) / biological membrane ‖ **~ nicht abbaubare Detergenzien** (Chem, Umwelt) / hard detergents ‖ **~er Rasen** (Bewuchs von

**biologisch**

Mikroorganismen auf einem Festbett, z.B. Füllstoffe von Tropfkörpern) (Sanitär) / biological slime, fixed biological film, microbial mat ‖ ~es **Risiko** (Biol) / biohazard n ‖ ~e **Röste** (Tex) / biological retting, natural retting ‖ ~e **Schädlingsbekämpfung** (Landw) / biological control* ‖ ~er **Schild** (ein Teil der Reaktorabschirmung) (Biol, Nukl) / biological shield* ‖ ~e **Synthese** (Biol) / biosynthesis* n (pl. -theses) ‖ ~e **Umwandlung von Kohle** (Chem Verf) / bioprocessing of coal ‖ ~e **Verfügbarkeit** (Pharm, Physiol) / bioavailability n ‖ ~e **Wertigkeit** (ein Wertmaßstab für die ernährungsphysiologische Qualität von Eiweißkörpern) (Nahr) / biological value ‖ ~e **Wertigkeit der Proteine** (Nahr) / protein quality, protein value
**biologisch-dynamisch** adj (Biol) / biodynamic adj
**Bio•lumineszenz** f (eine Art Chemilumineszenz) (Chem) / bioluminescence* n ‖ ~**lyse** f (chemische Zersetzung organischer Substanz durch lebende Organismen) (Biochem) / biolysis n
**Biom** n (Organismengesellschaften einer Bioregion) (Umwelt) / biome* n
**Bio•magnifikation** f (ein Teilbereich der Bioakkumulation) (Umwelt) / biomagnification n ‖ ~**marker** m (Med, Umwelt) / biological marker, biomarker n ‖ ~**masse** f (Umwelt) / biomass* n ‖ **forstliche** ~**masse** (Biol, For, Umwelt) / forest biomass, silviculture biomass, silvicultural biomass ‖ ~**material** n (für implantierte Funktions- und/oder Gliedmaßensubstitutionen) (Med) / biomaterial n ‖ ~**mathematik** f (Anwendung der Mathematik auf biologische Fragestellungen) (Biol, Math) / biomathematics n ‖ ~**mechanik** f (Betrachtung des Baues von Organismen oder Organen unter technischen Aspekten) (Biol) / biomechanics n ‖ ~**medizinische Technik** (Med) / biomedical engineering, medical technology ‖ ~**membran** f (Zyt) / biological membrane ‖ ~**meteorologie** f (Meteor) / biometeorology* n ‖ ~**methylierung** f (enzymatische Methylierung) (Biochem) / biomethylation n ‖ ~**metrie** f (die Lehre von der Anwendung mathematisch-statistischer Verfahren bei der Erforschung der Sphäre des Lebendigen) (Stats) / biometry* n, biometrics n ‖ ~**metrik** f (Stats) / biometry* n, biometrics n ‖ ~**mimetisch** adj (Katalysator, Verfahren, Werkstoff) / biomimetic adj ‖ ~**mineralisation** f (Aufbau mineralischer Strukturen durch den lebenden Organismen) (Biol) / biomineralization n ‖ ~**molekül** n (das am Aufbau und Stoffwechsel lebender Organismen beteiligt ist) (Biochem) / biomolecule n ‖ ~**monitoring** n (kontinuierliche Beobachtung und Aufzeichnung biologisch relevanter Parameter) (Med, Umwelt) / biomonitoring n
**Bionik** f (Biol, Eltronik) / bionics* n, biological electronics
**bionisch** adj (zur Bionik gehörend) / bionic adj
**bio•nom** adj (den Lebensgesetzen gemäß) (Biol) / bionomic adj, bionomical adj ‖ ~**organische Chemie** (ein Teilgebiet der Biochemie) (Biochem) / bioorganic chemistry ‖ ~**organische Chemie** (Chem) / natural products chemistry (the chemistry of compounds synthesized by living organisms), chemistry of natural products ‖ ~**pharmazeutisch** adj (Pharm) / biopharmaceutical adj ‖ ~**pharmazie** f (Pharm) / biopharmaceutics n ‖ ~**physik** f (Phys) / biophysics* n ‖ ~**polymere** n pl (durch Polymerisation entstandene ketten- und ringförmige höher- und hochmolekulare Naturstoffe, wie Eiweißstoffe, Nukleinsäure usw.) (Chem) / biopolymers pl ‖ ~**protein** n (Biochem, Biol) / single-cell protein* (SCP) ‖ ~**prozeßtechnik** f (Biochem, Chem Verf) / bioengineering* n, biological engineering ‖ ~**pterin** n (ein Wuchsstoff) (Chem) / biopterin n ‖ ~**reaktor** m (mit Pfropfenströmung) / plug-flow reactor ‖ ~**reaktor** (Biochem, Chem Verf) / bioreactor n ‖ ~**rheologie** f (Phys) / biorheology n ‖ ~**risiko** n (Biol) / biohazard n
**Bios** m (ein Biowuchsstoff) (Biochem) / bios* n
**BIOS** n (Teil des Betriebssystems, der mit der Hardware kommuniziert) (EDV) / basic input-output system, BIOS n
**Biosatellit** m (Raumf) / biosatellite n
**Biose** f (Monosaccharid mit zwei Sauerstoffatomen, z.B. Glykolaldehyd) (Biochem) / biose n ‖ ~ (Biochem) s. auch Disaccharid
**bio•selektive Adsorption** (in der Affinitätschromatografie) (Chem) / bioselective adsorption n ‖ ~**sensor** m (für biologische Parameter) (Biol) / biosensor n ‖ ~**signalverarbeitung** f (EDV) / biosignal processing ‖ ~**solarzelle** f (zur Umwandlung von Sonnenenergie in chemische Energie unter Ausnutzung biologischer Prozesse) (Bot, Eltech) / biosolar cell
**Biosorption** f (Sanitär) / biosorption n ‖ ~ (Umwelt) / bioaccumulation n
**bio•spezifische Chromatografie** (Biol, Chem) / affinity chromatography, AC ‖ ~**sphäre** f (der von den Lebewesen bewohnbare Teil der Erde) (Biol) / biosphere* n, ecosphere n, physiological atmosphere
**Bios-Stoff** m (Wachstumsstoff) (Biochem) / bios* n
**Bio•statistik** f (Stats) / biometry* n, biometrics n ‖ ~**stereometrie** f (räumliche Vermessung von Lebewesen und die Wiedergabe in zweidimensionalen Fotografiken) (Biol) / biostereometry n ‖ ~**strom** m (flaches Riff) (Geol) / biostrome n (a broad sheet of sediment

consisting of a large quantity of organic remains) ‖ ~**synthese** f (Biol) / biosynthesis* n (pl. -theses) ‖ **vorläuferdirigierte** ~**synthese** (Biochem) / precursor-directed biosynthesis ‖ ~**technologie** f (Wissengebiet, das den Einsatz z.B. von Algen, Bakterien, Hefen in großtechnischen Prozessen zur Stoffumwandlung erforscht) (Chem Verf) / biotechnology* n, bioprocessing n ‖ ~**technologisch** adj (Chem Verf) / biotechnological adj ‖ ~**telemetrie** f (Fernübertragung biologischer und medizinischer Größen) (Biol, Med) / biotelemetry n ‖ ~**telemetrisch** adj / biotelemetric adj ‖ ~**thermodynamik** f (Thermodynamik des Stoffwechsels) (Physiol) / biothermodynamics n
**Biotin** n (Biochem) / biotin* n, vitamin H
**biotisch** adj (Biol) / biotic* adj ‖ ~e **Schranke** (limitierende biotische Faktoren) (Biol) / biotic barrier*
**Biotit** m (dunkler Glimmer) (Min) / biotite* n, black mica
**Biotop** m n (Umwelt) / biotope* n ‖ ~**klima** n (Umwelt) / ecoclimate* n ‖ ~**pflegeplanung** f / biotope-management planning
**Biotransformation** f (Stoffumwandlung mittels eines Biokatalysators) (Biochem, Umwelt) / bioconversion n ‖ ~ (biochemische Umwandlung von Arzneistoffen und anderen Fremdstoffen im Organismus) (Biol, Pharm) / biotransformation n
**Biot-Savart-Gesetz, integrales** ~ (in nichtvektorieller Schreibweise) (Phys) / integral Biot-Savart law (in non-vector notation)
**Biot-Savartsches Gesetz** (in der Elektrodynamik - nach J.B. Biot, 1774-1862, und F. Savart, 1791-1841) (Phys) / Biot-Savart's law*, magnetic field strength produced by an electric current
**Biot-Savartsches Gesetz, integrales** ~ (Phys) / integral Biot-Savart law (in non-vector notation)
**Biotsche Gesetze** (zur Ermittlung des Drehvermögens) (Licht) / Biot laws*
**Bio•typ** m (Biol) / biotype* n ‖ ~**typus** m (Biol) / biotype* n
**Biot-Zahl** f (DIN 1341) (Wärm) / Biot number ‖ ~ (Wärm) s. auch Nußelt-Zahl
**Bio•verfahrenstechnik** f (Biochem, Chem Verf) / bioengineering* n, biological engineering ‖ ~**verfügbarkeit** f (der Wirkstoffe einer Arznei) (Pharm, Physiol) / bioavailability n ‖ ~**verträglichkeit** f (Biol) / biocompatibility n ‖ ~**wäscher** m (Sanitär) / bioactive scrubber ‖ ~**werkstoff** m (Med) / biomaterial n ‖ ~**wissenschaften** f pl (Biol) / biology n, bioscience n, life science ‖ ~**zelle** f (Kftst) / biochemical (fuel) cell ‖ ~**zid** adj (Landw, Umwelt) / biocidal adj, pesticidal adj ‖ ~**zid** n (Chemikalie, die zur Bekämpfung schädlicher Pflanzen und Lebewesen eingesetzt wird) (Landw, Umwelt) / biocide n, pesticide n ‖ ~**zid zur Bekämpfung der schädlichen Weichtiere** (Chem, Ozean) / molluscicide n ‖ ~**zidrückstand** m (Landw, Umwelt) / biocide residue, pesticide residue ‖ ~**zönose** f (Lebensgemeinschaft von Organismen) (Biol) / biocoenosis* n (pl. biocoenoses), biocenosis n (pl. biocenoses) ‖ ~**zönotik** f (Lehre von der Beziehung der Organismen zueinander) (Biol) / synecology* n ‖ ~**zytin** n (an Lysinreste der Carboxylasen gebundenes Biotin) (Biochem) / biocytin n, biotin complex of yeast
**BIP** / gross domestic product, GDP
**BiP** (Biochem) / binding protein
**Bipack-Film** m (für Zweifarben-Verfahren oder optische Effekte) / bipack* n
**bipartiter Graf** (Math) / bipartite graph
**Biphenyl** n (Chem) / diphenyl* n, biphenyl n ‖ **polybromiertes** ~ (PBB) (Chem) / polybrominated biphenyl (PBB) ‖ **polychloriertes** ~ (Chem) / polychlorinated biphenyl (PCB)
**bipolar** adj (Eltech, Phys) / bipolar adj ‖ ~e **Elektrode** (Eltech) / bipolar electrode* ‖ ~es **IC** (Eltronik) / bipolar integrated circuit (in which the principal element is the bipolar junction transistor) ‖ ~er **Impuls** (Fernm) / bidirectional pulse, bipolar pulse ‖ ~er **Kode** (Fernm) / AMI-code n, alternate-mark inversion code ‖ ~e **Koordinaten** (Math) / bipolar coordinates* ‖ ~er **Sensor** (Sperrschichttemperatursensor, bei dem die Temperatur mit Hilfe von Dioden- bzw. bipolaren Transistorstrukturen gemessen wird) (Eltronik) / bipolar sensor ‖ ~er **Speicher** (EDV) / bipolar memory ‖ ~er **Transistor** (Eltronik) / bipolar transistor*
**Bipolarität** f (bei der galvanischen Metallabscheidung auftretende Erscheinung) (Galv) / bipolar action, bipolarity n
**Bipolar•kode** m (erster Ordnung) (Fernm) / AMI-code n, alternate-mark inversion code ‖ ~**koordinaten** f pl (Math) / bipolar coordinates* ‖ **integrierter** ~**schaltkreis** (Eltronik) / bipolar integrated circuit (in which the principal element is the bipolar junction transistor) ‖ ~**schaltung** f (eine monolithisch integrierte Schaltung) (Eltronik) / bipolar circuit n ‖ ~**speicher** m (EDV) / bipolar memory ‖ ~**transistor** m (Eltronik) / bipolar transistor* ‖ ~**transistor mit Heteroübergang** (Eltronik) / heterojunction bipolar transistor (HJBT)
**Bipolymer** n (Chem) / bipolymer n
**Bipotential•funktion** f (Math) / biharmonic function* ‖ ~**gleichung** f (Math) / biharmonic equation*, bipotential equation

**Biprisma** *n* (gleichschenkliges Prisma mit einem brechenden Winkel von nahezu 180°) (Opt) / biprism* *n* ‖ ⁓ **von Fresnel** (Opt) / Fresnel biprism
**Bipyridin, 2,2'-**⁓ (Ligand in Koordinationsverbindungen) (Chem, Landw) / 2,2'-dipyridyl, dipy *n*, bipy *n*
**biquadratisch** *adj* (Gleichung) (Math) / biquadratic *adj*, quartic *adj* ‖ ~**e Gleichung** (Math) / biquadratic equation, quartic equation*
**Biquarz** *m* (Phys) / biquartz* *n*
**biquinäre Schreibweise** (EDV) / biquinary notation
**Biquinärcode** *m* (EDV) / biquinary code
**Biquinärkode** *m* (EDV) / biquinary code
**Biradiale** (bei Kristallen mit Doppelbrechung) (Krist) / biradial *n*
**Biradikal** *n* (Chem) / diradical *n* ‖ ⁓ (mit zwei ungepaarten Elektronen) (Chem) / biradical *n*
**birational** *adj* (Abbildung) (Math) / birational *adj*
**Birch-Hückel-Reaktion** *f* (Chem) / Birch reduction
**Birch-Reduktion** *f* (zur Hydrierung aromatischer Verbindungen mit metallischem Natrium und flüssigem Ammoniak in etherischer oder alkoholischer Lösung) (Chem) / Birch reduction
**Birdie-Lenkgerät** *n* (Eltronik, Luftf) / birdie *n*
**Bireflexion** *f* (Krist, Min) / bireflection *n*
**Birke** *f* (Betula L.) (For) / birch* *n* ‖ **Mandschurische** ⁓ (Betula platyphylla Sukaczev) (For) / Japanese white birch
**Birkeland-Eyde-Verfahren** *n* (ein veraltendes großtechnisches Verfahren zur Gewinnung des Stickstoffmonoxids) (Chem Verf) / Birkeland-Eyde process
**Birken•öl** *n* (im allgemeinen) / birch oil ‖ ⁓**teeröl** *n* (Oleum Betulae empyreumaticum) (For, Pharm) / birch tar oil ‖ ⁓**wasser** *n* (aus Oberflächenwunden der Birkenrinde) (For, Pharm) / birch water
**Birnbaum, afrikanischer** ⁓ (For) / makore *n*, cherry mahogany
**Birne** *f* (Eltech, Licht) / bulb* *n*, electric light bulb, light-bulb *n*, pear-shaped bulb ‖ ⁓ (zum Herausziehen eines Rohrelements) (Erdöl) / spear *n* ‖ ⁓ (ein metallurgischer Schmelzofen für das Blasstahlverfahren) (Hütt) / steel converter, converter *n*, steel convertor ‖ ⁓ (meistens beim Verneuil-Verfahren) (Krist) / boule* *n*
**Birnen•ether** *m* (ein Essigsäurepentylester) (Chem) / pear essence ‖ ~**förmig** *adj* / pear-shaped *adj*, pyriform* *adj*, piriform *adj* ‖ ~**förmige Druckverteilung** (im Baugrund) (HuT) / bulb of pressure, pressure bulb ‖ ⁓**öl** *n* (Chem) / pear oil* (amyl acetate)
**Birntang** *m* (Macrocystis pyrifera) (Bot) / giant kelp
**Bisabolen** *n* (ein monozyklisches Sesquiterpen in verschiedenen Pflanzenölen) (Chem) / bisabolene *n*
**Bisabolol** *n* (z.B. im Kamillenöl oder in den Knospen einiger Pappelarten) (Chem) / bisabolol *n*
**Bisamkörner** *n pl* / musk seed, ambrette *n*, amber seed
**Bisazofarbstoffe** *m pl* (Tex) / disazo dyes*, tetrazo dyes*, bis-azo dyes*, disazo dyestuffs
**Bisazokondensationspigment** *n* (Anstr) / disazo condensation pigment
**Bisbenzylisochinolinalkaloid** *n* (z.B. Ipecaalkaloid oder Tubocurarin) (Pharm) / bisbenzylisoquinoline alkaloid
**Bischofsholz** *n* (von der Peltogyne sp. - ein Ausstattungs- und Drechslerholz) (For) / purpleheart* *n*, amaranth* *n*, violetwood* *n*
**B-ISDN** *n* (Fernm) / broadband ISDN
**Bisektrix** *f* (pl. -trizes) (zwischen den Binormalen eines opt. zweiachsigen Kristalls) (Krist) / bisectrix *n* (pl. bisectrices) ‖ **erste** ⁓ (Krist, Math, Opt) / acute bisectrix ‖ **spitze** ⁓ (Krist, Math, Opt) / acute bisectrix ‖ **stumpfe** ⁓ (Krist, Math, Opt) / obtuse bisectrix ‖ **zweite** ⁓ (Krist, Math, Opt) / obtuse bisectrix
**Bishop- und Hill-Theorie** *f* (zur Berechnung der relativen Fließgrenze) (Phys) / Bishop-Hill theory
**Bishop-Ring** *m* (um die Sonne - nach S.E. Bishop) (Astr) / Bishop's ring
**Bisimulation** *f* (Theorie der nebenläufigen Prozesse) (EDV) / bisimulation *n*
**Biskuit•brand** *m* (bei der Biskuit-Keramik) (Keram) / biscuit firing, biscuiting *n*, bisque fire ‖ ⁓**-Keramik** *f* (unglasiert gebranntes Weichporzellan mit matter, etwas rauher Oberfläche) (Keram) / biscuit *n*, bisque *n*, bisque ware ‖ ⁓**-Porzellan** *n* (Keram) / biscuit *n*, bisque *n*, bisque ware ‖ ⁓**-Porzellan** *n* **mit eingeritztem Liniendekor** (Keram) / engine-turned ware (lined or fluted in a special lathe)
**Bismarckbraun** *n* (ein Disazofarbstoff) (Chem) / Bismarck brown*, basic brown 1
**Bismit** *m* (Min) / bismite* *n*
**Bismut (Bi)** *n* (Chem) / bismuth* *n* ‖ ⁓**(III)-** (Chem) / bismuthous *adj* ‖ ⁓**(V)-** (Chem) / bismuthic *adj*
**Bismutat(V)** *n* (Chem) / bismuthate *n*
**Bismut•blende** *f* (Min) / eulytite *n*, eulytine *n* ‖ ⁓**(III)-chlorid** *n* (Chem) / bismuth(III) chloride, bismuth trichloride ‖ ⁓**chromat** *n* (Chem, Keram) / bismuth chromate ‖ ⁓**citrat** *n* (Chem) / bismuth citrate ‖ ⁓**fahlerz** *n* (Min) / annivite *n* ‖ ⁓**glanz** *m* (Min) / bismuthinite* *n*, bismuth glance*
**Bismuthinit** *m* (Min) / bismuthinite* *n*, bismuth glance*
**Bismutit** *m* (Min) / bismutite* *n*, bismuth spar

**Bismut, basisches** ⁓**karbonat** (Chem) / bismuth subcarbonate ‖ ⁓**(III)-nitrat** *n* (Chem) / bismuth(III) nitrate ‖ **basisches** ⁓**nitrat** (Chem) / bismuth subnitrate, basic bismuth nitrate ‖ ⁓**ocker** *m* (Bismut(III)-oxid-3-Wasser) (Min) / bismuth ochre* ‖ ⁓**(III)-oxid** *n* (Chem) / bismuth(III) oxide*, bismuth trioxide ‖ ⁓**oxidchlorid** *n* (Chem) / bismuth oxide chloride, bismuth oxychloride ‖ ⁓**spat** *m* (Min) / bismutite* *n*, bismuth spar ‖ ⁓**subcitrat** *n* (Pharm) / tripotassium dicitratobismuthate* ‖ ⁓**subnitrat** *n* (Chem) / bismuth subnitrate, basic bismuth nitrate ‖ ⁓**subzitrat** *n* (kolloidales) (Pharm) / tripotassium dicitratobismuthate* ‖ ⁓**trichlorid** *n* (Chem) / bismuth(III) chloride, bismuth trichloride ‖ ⁓**trinitrat** *n* (Chem) / bismuth(III) nitrate ‖ ⁓**trioxid** *n* (Chem) / bismuth(III) oxide*, bismuth trioxide ‖ ⁓**wasserstoff** *m* ($BiH_3$) (Chem) / bismuth(III) hydride, bismuthine* *n*
**Bismutylnitrat** *n* (Chem) / bismuth subnitrate, basic bismuth nitrate
**Bismutzitrat** *n* (Chem) / bismuth citrate
**bisphärisch** *adj* (Linse) (Opt) / bispherical *adj*
**Bisphenoid** *n* (Krist) / bisphenoid* *n*
**Bisphenol** *n* **A** (Chem) / bisphenol *n* A
**Bisquare-Antenne** *f* (offene, mittengespeiste, quadratische Ganzwellenantenne) (Radio) / bisquare antenna
**Bisselgestell** *n* (Bahn) / pony truck, bissel truck
**Bissen** *m* (hauptsächlich für Tiere) (Pharm) / bole *n*, ball *n*, bolus *n*
**bissig** *adj* (Wein) (Nahr) / acrid *adj*, biting *adj*
**bistabil** *adj* (EDV, Eltronik) / bistable* *adj* ‖ ~**es Kippglied** (Eltronik) / bistable circuit*, trigger pair, flip-flop* *n*, toggle* *n*, flop *n*, FF, flip-flop circuit, flop-over *n* ‖ ~**e Kippschaltung** (Eltronik) / bistable circuit*, trigger pair, flip-flop* *n*, toggle* *n*, flop *n*, FF, flip-flop circuit, flop-over *n* ‖ ~**e Kippstufe** (Eltronik) / bistable circuit*, trigger pair, flip-flop* *n*, toggle* *n*, flop *n*, FF, flip-flop circuit, flop-over *n* ‖ ~**er Multivibrator** (Eltronik) / bistable multivibrator* ‖ ~**es Relais** (Eltech) / bistable relay
**Bistabilität** *f* (EDV, Eltronik) / bistability *n* ‖ **optische** ⁓ (bei Halbleiterkristallen) (Phys) / optical bistability
**Bister** *m n* (Anstr) / bistre* *n*, bister *n* (US) ‖ ⁓ (Anstr) s. auch Manganbraun ‖ ~**braun** *adj* / brownish black *adj*, bistre *adj*, bister *adj* (US) ‖ ⁓**braun** *n* (als schwarzbraune Malerfarbe verwendetes Mangan(III)-oxid-Hydrat) (Anstr) / manganese brown, bister *n*, manganese bister
**Bisubjunktion** *f* (KI, Math) / equivalence *n*, equivalency *n*
**Bisulfitzellstoff** *m* (nach dem Sulfitverfahren gewonnener Zellstoff) (Pap) / sulphite wood pulp*, sulphite pulp
**bit** = Zeichen für Bit ‖ ⁓ *n* (kleinste Einheit zur Darstellung binär verschlüsselter Daten) (EDV) / bit* *n*, binary digit*, binary numeral ‖ ⁓ (für Schraubendreher) (Werkz) / bit *n* ‖ **fehlerhaftes** ⁓ (EDV) / erroneous bit ‖ **höchstwertiges** ⁓ (EDV) / most significant bit*, MSB*, highest-order bit ‖ **höherwertiges** ⁓ (EDV) / high-order bit ‖ **letztes** ⁓ (EDV) / final bit ‖ **niederwertiges** ⁓ (EDV) / low-order bit ‖ **niedrigstwertiges** ⁓ (bei einer Dual- bzw. Binärzahl) (EDV) / lowest-order bit, least significant bit (LSB) ‖ ⁓ *n* **für Innensechskantschrauben** (Werkz) / hexagon bit, hex bit ‖ ⁓ *n* **für Kreuzschlitzschrauben** (Werkz) / Philips bit ‖ ⁓ *n* **für Schlitzschrauben** (Werkz) / slotted bit, plain-slot bit, flat-tip bit ‖ ⁓**s pro Sekunde** (EDV) / bits per second (bps) ‖ ~**adressierbare Darstellung** (EDV) / bit-mapped display*
**Bitapper** *m* (EDV, Fernm) / bitapper *n*
**Bit•bündelübertragung** *f* (DIN 44302) (EDV) / burst transmission ‖ **4-**⁓**-Byte** (EDV) / quartet *n* ‖ **4-**⁓**-Einheit** (EDV) / tetrad *n* (a group of four bits or pulses, used to express a decimal or hexadecimal number in binary form) ‖ ⁓**-Einsatz** *m* (mit Außensechskantantrieb) (Werkz) / screwdriver bit
**biternär** *adj* (EDV) / biternary *adj*
**Biternärcode** *m* (EDV) / biternary code
**Biternärkode** *m* (EDV) / biternary code
**Bit•fehler** *m* (bei Digitalsignalübertragung) (EDV, Fernm) / bit error ‖ ⁓**fehlerhäufigkeit** *f* (bei Digitalsignalübertragung) (EDV, Fernm) / bit error ratio ‖ ⁓**fehlermeßgerät** *n* (EDV, Fernm) / bit error measuring set ‖ ⁓**fehlerquote** *f* (EDV, Fernm) / bit error ratio ‖ ⁓**fehlerrate** *f* (Anzahl der fehlerhaften binären Signalelemente, bezogen auf die Zeit) (Fernm) / bit error rate, BER ‖ ~**folgetransparent** *adj* (EDV) / transparent *adj* ‖ ⁓**folgetransparenz** *f* (EDV) / transparency *n*, bit sequence independence ‖ ~**folgeunabhängig** *adj* (EDV) / transparent *adj* ‖ ⁓**folgeunabhängigkeit** *f* (EDV) / transparency *n*, bit sequence independence ‖ ⁓**geschwindigkeit** *f* (EDV, Fernm) / bit rate ‖ ⁓**kette** *f* (EDV) / bit string ‖ ⁓**konfiguration** *f* (EDV) / bit configuration ‖ ⁓**liste** *f* (EDV) / bit pattern matrix, bitlist *n* ‖ ⁓**map** *f* (Desktop Publishing) (EDV) / bit map ‖ ⁓**map-Grafik** *f* (Desktop Publishing) (EDV) / bit-map graphics ‖ ⁓**-Mapper-Technik** *f* (EDV) / bit mapping ‖ ⁓**map-Terminal** *n* (EDV) / bit-map terminal ‖ ⁓**muster** *n* (in RIPs) (EDV) / bit string ‖ **ausgewähltes** ⁓**muster** (Fernm) / signalling opportunity pattern, SOP ‖ ~**organisierter Font**

**bitorganisiert**

(EDV) / bit-mapped font, raster font ‖ **~organisierter Speicher** (EDV) / bit-organized memory
**bitorische Linse** (Opt) / bitoric lens
**bit•parallel** adj (Übertragung oder Verarbeitung mehrerer Bits gleichzeitig) (EDV) / bit-parallel adj ‖ **~parallele Schnittstelle** (EDV) / parallel interface, bit-parallel interface ‖ **~rahmen** m (eine Folge von Ziffern, die ein Zeichen repräsentieren) (EDV) / bit frame ‖ **~rate** f (EDV, Fernm) / bit rate ‖ **digitale ~ratenanpassung** (Fernm) / digital bit rate adaption ‖ **~scheiben-Mikroprozessor** m (EDV) / bit-slice microprocessor (an n-bit-wide processing element usually connected in parallel to implement a microcomputer of n-bit word length), bit-slice processor ‖ **~seriell** adj (Übertragung oder Verarbeitung mehrerer Bits zeitlich nacheinander) (EDV) / bit-serial adj ‖ **~-Slice** n (EDV) / bit slice, slice n ‖ **~-Slice-Prozessor** m (EDV) / bit-slice microprocessor (an n-bit-wide processing element usually connected in parallel to implement a microcomputer of n-bit word length), bit-slice processor
**Bits/s** (EDV) / bits per second (bps)
**bitte kommen** (im Funkverkehr) (Luftf, Radio) / over
**Bitteil-Mikroprozessor** m (EDV) / bit-slice microprocessor (an n-bit-wide processing element usually connected in parallel to implement a microcomputer of n-bit word length), bit-slice processor
**bitteres Orangenöl** / bitter orange oil, Seville orange oil
**Bittere** f (Brau) / bitterness n (of hops) ‖ **~** n pl (Bitterstoffe enthaltende Spirituosen) (Nahr) / bitters pl
**Bitter•erde** f (MgO) (Chem, Min) / magnesia* n (magnesium oxide), bitter-earth n ‖ **~holz** n (aus verschiedenen Quassiaarten) (For, Pharm) / bitterwood n ‖ **~kleesalz** n (ein Gemisch von Kaliumtetraoxalat und Kaliumhydrogenoxalat) (Chem) / salt(s) of sorrel, sal acetosella, salt of lemon ‖ **~mandelöl** n (meistens von Prunus dulcis var. amara (DC.) Buchheim) (Chem) / bitter-almond oil*, oil of bitter almonds* ‖ **künstliches ~mandelöl** (Chem) / artificial bitter-almond oil ‖ **~nuß** f (Carya cordiformis (Wangenh.) K. Koch) (For) / bitternut hickory ‖ **~rinde** f (Pharm) / bitterbark n, Australian fever bark ‖ **~salz** n (Chem, Min) / Epsom salt*, epsom salt ‖ α-**~säure** (Brau) / humulone n, alpha resin, α-lupulinic acid ‖ β-**~säure** (Brau) / lupulone n, β-lupulinic acid ‖ **~spat** m (Magnesiumkarbonat) (Min) / magnesite* n ‖ **~stoff** m (ein Pflanzeninhaltsstoff, wie Lupulon, Absinthin usw.) (Nahr) / bitter principle ‖ **~-Streifen** m pl (Abbild der magnetischen Bezirksstruktur - nach F. Bitter, 1902-1967) (Chem, Kernphys, Mag) / Bitter pattern*, Bitter powder pattern, powder pattern* ‖ **~wasser** n (Heilquelle mit Bitter-, Glauber- oder Kochsalz) (Pharm) / bitter water
**Bitübertragungsschicht** f (DIN 7498) (EDV) / physical layer
**Bitumen•-** bituminous adj ‖ **~** n (pl Bitumen od Bitumina) (DIN 55946, T 1) (bei der Aufarbeitung geeigneter Erdöle gewonnenes schwerflüchtiges Gemisch) (Erdöl, HuT) / petroleum pitch ‖ **~** n (natürliches) (Geol, Min) / bitumen* n ‖ **~ als Bedachungsstoff** (Bau) / roofing asphalt ‖ **~anstrichfarbe** f (Anstr) / bituminous paint* ‖ **~anstrichmittel** n (Anstr) / bituminous paint* ‖ **~dachpappe** f (eine mit Bitumen getränkte Wollfilzpappe mit beiderseitiger Bitumendeckschicht, die im Überzug bis zu 20% Steinmehl enthalten darf) (Bau) / bituminous felt*, bitumen felt, rag felt (US), composition roofing (US) ‖ **~emulsion** f (kationische, anionische) / bituminous emulsion, tar emulsion ‖ **~faserplatte** f (Bau) / bitumen-impregnated insulating board, bitumen-impregnated softboard, asphalt-treated fibreboard ‖ **~haftmittel** n (Bau) / bituminous adhesive, plying cement ‖ **~kitt** m (zähviskose Lösung von Bitumen ohne oder mit Füllstoff) (Bau, Glas) / bituminous cement ‖ **~korkfilz** m (Bau) / tar-cork felt ‖ **~lackfarbe** f (Anstr, Druck) / bitumen varnish*, asphalt paint, asphalt varnish, bituminous varnish ‖ **~papier** n (Bau, Pap) / asphalt paper ‖ **~papier** n (Bau, Pap) / tar paper ‖ **~pappe** f (Bau) / bituminous felt*, bitumen felt, rag felt (US), composition roofing (US) ‖ **~preßmassen** f pl / bituminous plastics* ‖ **~sand** m (Geol) / bitumen sand, bituminous sand, asphaltic sand ‖ **~schlämme** f (HuT) / bitumen slurry ‖ **~-Schweißbahn** f (DIN 52131) (Bau) / bitumen sheeting for fusion welding ‖ **~sprengwagen** m (HuT) / tank sprayer (a pressure tank on wheels), blacktop paver ‖ **~zellulosefaserrohr** n (Bau) / pitch-fibre pipe, bituminized fibre pipe
**bituminiertes Papier** (Bau, Pap) / tar paper
**Bituminierung** f / bituminization n, asphalting n
**Bituminit** m (Min) / torbanite* n, bitumenite n, kerosine shale
**bituminös** adj / bituminous adj ‖ **~** (Fahrbahndecke - Sammelbezeichnung für die Bindemittel Bitumen, Teer und Naturasphalte sowie deren Gemische mit Mineralstoffen) (HuT) / bituminous adj ‖ **~er Dachbelag** (Bau) / roofing asphalt ‖ **~e Decke** (im Straßenbau) (HuT) / blacktop n (US) ‖ **~es Kaltmischgut** (zentral hergestellt) (HuT) / cold-laid plant mix ‖ **~er Klebstoff** (Bau) / bituminous adhesive, plying cement ‖ **~e Kohle** (mit 5 bis 6% Wasserstoffgehalt) (Bergb) / orthohydrous coal ‖ **~e Kohle** (Eßkohle, Fettkohle, Gaskohle, Gasflammkohle; Flammkohle) (Bergb) / bituminous coal, soft coal ‖ **~er Sand** (Geol) / bitumen sand, bituminous sand, asphaltic sand ‖ **~er Schiefer** (Geol) / oil-shale* n, kerogen shale, pyroschist n, bituminous shale*, petroleum shale, petroshale n ‖ **~e Schlämme** (HuT) / bituminous grout ‖ **~e Steinkohle** (ohne Anthrazit) (Bergb) / coal n (US)*, pit coal ‖ **~er Teppich** (HuT) / bituminous carpeting, thin surfacing (with bitumen)
**Bituminosulfonat** n (z.B. Ichthyol) (Chem) / bituminosulphonate n, shale-oil sulphonate
**Bit•versatz** m (der tatsächliche oder scheinbare Abstand zweier Elemente einer Bandsprosse) (EDV) / skew n ‖ **~verschachtelt** adj (EDV) / bit-interleaved adj
**Biuret** n (Amid der Allophansäure) (Biochem) / biuret* n
**Biuretreaktion** f (eine Nachweismethode für Verbindungen mit zwei oder mehr Peptidbindungen) (Chem) / biuret reaction*
**bivalent** adj (Chem) / divalent* adj, bivalent* adj
**Bivalentventil** n (z.B. bei der Wärmepumpenanlage) / bivalent valve
**bivariant** adj (Phys) / bivariant* adj, divariant adj
**bivariat** adj (Schätzverfahren) (Stats) / bivariate adj ‖ **~e Verteilung** (Stats) / bivariate distribution
**Bivektor** m (äußeres Produkt von Vektoren) (Phys) / bivector n
**Bivibrator** m (eine Kippstufe) (Eltronik) / bistable multivibrator*
**Bixbyit** m (Min) / bixbyite n
**Bixin** n (Farbstoff des Orleans) (Chem) / bixin n ‖ **~** (Chem) s. auch Annatto und Orlean
**bizyklisch** adj (z.B. Terpen) (Chem) / dicyclic adj, bicyclic adj ‖ **~e Verbindung** (Chem Verf) / bicyclic compound
**Bjerkandera adusta** (Willd.: Fr.) Karst. (For) / scorched conk
**Bjerknes-Zirkulationssatz** m (nach V. Bjerknes, 1862 - 1951) (Meteor) / Bjerknes circulation theorem*
**Bjerrum-Schirm** m (Med, Opt) / campimeter n
**Björkman-Lignin** n (Chem, For) / milled-wood lignin, MWL
**Bk** (Chem) / berkelium* n
**BK** (Fernm) / broadband communication ‖ **~** (Landw) / Borna disease
**BKA** (For) / incense cedar
**B-Kanal** m (Fernm) / B channel
**BK-Netz** n (Fernm) / broadband communication network
**B-Komplement** n (EDV, Math) / radix complement, noughts complement, true complement, zero complement
**Black Band** n (Bergb) / black-band iron-ore*, carbonaceous ironstone ‖ **~ Bean** (Holz aus Castanospermum australe A. Cunn. et Fraser ex Hook.) (For) / black bean* ‖ **~ Box** f (pl. Black Boxes) (KI) / black box* ‖ **~ Butt** n (Eucalyptus pilularis Sm.) (For) / blackbutt* n ‖ **~ Denim** m (Tex) / black denim ‖ **~ Frost** m (Meteor, Schiff) / black frost ‖ **~ Hole** n (Astr) / black hole*, collapsar n ‖ **~band** n (Bergb) / black-band iron-ore*, carbonaceous ironstone ‖ **~board** n (globale dynamische Datenbasis) (EDV, KI) / blackboard n ‖ **~boardmodell** n (KI) / blackboard model ‖ **~boardsystem** n (KI) / blackboard system ‖ **~box** f (KI) / black box* ‖ **~light-Therapie** f (Med) / phototherapy n ‖ **~-Orlon** n (aus Polyacrylnitril durch Pyrolyse in Gegenwart dehydrierender Katalysatoren entstehendes Produkt, dem die Konstitution eines Leiterpolymers zugeschrieben wird) (Plast) / Black Orlon ‖ **~out** n (völliger Stromausfall) (Eltech) / blackout n ‖ **~out** (Verlust des Sehens unter der Einwirkung hoher Beschleunigung) (Luftf, Med) / blackout* n ‖ **~out** (Totalausfall von Radiowellen infolge des Mögel-Dellinger-Effekts usw.) (Radio, Raumf) / blackout n, radio blackout ‖ **~watch** m (blau-grüner Schotten, ursprünglich des Royal Highland Regiments) (Tex) / black-watch n (tartan)
**Bladder** m (Chem Verf) / bladder n, curing bladder
**blähen** vi (z.B. Koks) / swell vi ‖ **~** v (Sohle) (Bergb) / creep v, heave vi, lift v ‖ **~** (HuT, Plast) / expand v ‖ **~** n / swelling n ‖ **~** (Anstr, Chem) / intumescence* n
**Bläh•grad** m (Maß für das Backvermögen von Steinkohlen, bestimmt durch Vergleich einer Tiegelprobe in einem genormten Tiegel mit Standardprofilen) (Bergb) / crucible swelling number, swelling index ‖ **~kork** m (Bau) / expanded cork ‖ **~mittel** n (Chem Verf, Plast) / blowing agent, expanding agent ‖ **~schlamm** m (fadenförmige Mikroorganismen, die zu Störungen bei der Schlammsedimentation im Verlauf der biologischen Abwasserreinigung führen - DIN 4045) (Sanitär) / bulking sludge ‖ **~ton** m (ein künstlicher Zuschlagstoff) (Bau) / bloated clay, swelling clay, expanded clay, haydite n (US)
**Blähung** f (z.B. der Schutzschichten bei Wärmeeinwirkung) (Anstr, Chem) / intumescence* n
**Blähungsgrad** m (Bergb) / crucible swelling number, swelling index ‖ **freier ~** (Bergb) / free-swelling index ‖ **~** m **ohne Belastung der Kohle** (Bergb) / free-swelling index
**Blähzahl** f (der Kohle) (Bergb) / swelling index
**Blaine-Wert** m (zur Kennzeichnung der Mahlfeinheit eines Pulvers) / Blaine fineness

**Blake-Backenbrecher** m (Masch) / Blake crusher*, Blake-type jaw crusher, double-toggle jaw crusher
**Blanc fixe** n (Chem) / blanc fixe n, permanent white, baryta white
**Blanchiereisen** n (Leder) / whitening blade
**blanchieren** v (die Fleischseite) (Leder) / whiten v ‖ ~ (Nahr) / blanch v ‖ ~ n (der Fleischseite) (Leder) / whitening n ‖ ~ (Nahr) / blanching n
**Blanc-Regel** f (offenkettige Dicarbonsäuren mit fünf und weniger C-Atomen bilden beim Erhitzen mit dehydratisierenden Mitteln wie Acetanhydrid cyclische Anhydride) (Chem) / Blanc rule
**blank** adj (Leiter, Bad, Schmelze, Verdrahtung) / bare adj ‖ ~ (Draht) / naked adj, uninsulated adj ‖ ~ (glänzend) / bright adj ‖ ~**e Elektrode** (Schw) / bare electrode* ‖ ~**es Holz** (ohne Farbfehler) (For) / bright wood ‖ ~**er Leiter** (Eltech) / uninsulated conductor*, plain conductor, bare conductor* ‖ ~ **putzen** / scour v, scrub v ‖ ~ **reiben** / rub up v, polish v, shine v, furnish v ‖ ~**er Stahl** (Hütt) / bright-finished steel ‖ ~**e Verdrahtung** (Eltech) / bare wiring
**Blank** n (EDV) / blank character, blank n ‖ **mit ~s ausfüllen** (Druck, EDV) / spacefill v ‖ **tailored** ~ (maßgeschneiderter Feinblechzuschnitt aus Streifen verschiedener Dicke und Festigkeit, lasergeschweißt) (Masch) / tailored blank ‖ ~**bremsung** f (eine Spur der stumpfen Schneide) (Masch) / burnished strip
**Blanket** n (dickes Crêpefell) (Chem Verf) / blanket n, blanket crepe ‖ ~ n m (eine Schicht aus Brutstoff rings um den Spaltstoff in einem Reaktor) (Nukl) / blanket* n
**Blank•filmvorspann** m (Film) / clear leader ‖ ~**filtrieren** v / polish v ‖ ~**fix** n (Chem) / blanc fixe n, permanent white, baryta white ‖ ~**glühen** v (DIN 17014, T 1) (Hütt) / bright annealing* ‖ ~**hart gewalzt** (Hütt) / bright-dense rolled ‖ ~**laufen** n (Abstoßen der Druckfarbe auf den Metallwalzen im Offsetdruck) (Druck) / reticulation n ‖ ~**leder** n (nach Fläche verkauftes, vegetabil gegerbtes Rindleder für Aktenmappen, Schulranzen, Koffer, Sattlerwaren) (Leder) / sleek leather, strap leather ‖ ~**loch** n (Eltronik) / bare hole
**blanko** adj / blank adj, clean adj
**Blanko-** / blank adj, clean adj
**Blankophor** (auf der Basis von Stilben- oder Pyrazolderivaten - Warenzeichen der Firma Bayer) (Tex) / fluorescent whitening agent* (FWA), brightener n, fluorescent brightener*, optical bleach*, optical white*, optical brightener*, colourless dye, white dye, brightening agent*
**Blank•polspule** f (Eltech) / copper-strip field coil ‖ ~**putzen** n / scouring n, scrubbing n ‖ ~**rollen** v (nur Infinitiv und Partizip) (Masch) / burnish v ‖ ~**rollen** n (Masch) / burnishing n ‖ ~**schlagen** v (nur Infinitiv und Partizip) (Druck) / blank v ‖ ~**schmelze** f (Glas) / fining n, founding* n, plaining* n, refining* n, melting until seed-free ‖ ~**schmelzen** n (Glas) / fining* n, founding* n, plaining* n, refining* n, melting until seed-free ‖ ~**stahl** m (maßgenauer Stabstahl mit blanker Oberfläche) (Hütt) / bright-finished steel ‖ ~**stoßen** v (nur Infinitiv oder Partizip) (Leder) / glaze v ‖ ~**stoßen** n (Leder) / glazing n ‖ ~**verdrahtung** f (Eltech) / bare wiring ‖ ~**verdrahtung** (Fernm) / strapping n ‖ ~**zeichen** n (Leerzeichen mit der Bedeutung: "keine Information") (EDV) / blank character, blank n

**blas•bar** adj (Gieß) / blowable adj ‖ ~**-Blas-Verfahren** n (bei Enghalsgefäßen) (Glas) / blow-and-blow process
**Bläschen** n (0,2 - 2 mm) (Glas) / seed* n, boil n ‖ ~ (Med, Zyt) / vesicle* n ‖ ~**artig** adj (Med, Zyt) / vesicular* adj ‖ ~**bildung** f / bubbling n, bubble formation, blistering* n ‖ ~**fahne** f (Gaseinschlüsse) (Opt) / skim n ‖ ~**kette** f (Glas) / seed train ‖ ~**sieden** (Chem Verf) / nucleate boiling ‖ ~**spur** f (Glas) / seed trail ‖ ~**streifen** m (Opt) / skim n
**Blas•dauer** f (Hütt) / blowing time ‖ ~**dorn** m (Plast) / blow mandrel, blow pin ‖ ~**dornbewegung** f (Plast) / movement of mandrel, mandrel movement
**Blase** f / bubble~ n ‖ ~ (glasförmiger Einschluß zwischen einer Lackschicht und dem Untergrund) (Anstr) / blister n ‖ ~ (Astr) / void n ‖ ~ (zum Verdampfen oder zur diskontinuierlichen Destillation) (Chem Verf) / boiler n, reboiler n, still pot, still n, distillation boiler, alembic n, limbeck n ‖ ~ (Gieß, Hütt) / blowhole* n, gas cavity, gas pocket, gas blowhole, gas hole ‖ ~ (ein Glasfehler) (Glas) / glass eye ‖ **geplatzte** ~ (Anstr) / broken blister, blub n ‖ **in** ~**n aufsteigen** / bubble vi ‖ **in** ~**n aufsteigen lassen** (Chem Verf) / bubble vt ‖ **langgestreckte** ~ (Glas) / air line ‖ **ungeplatzte** ~ (Anstr) / enclosed blister ‖ **voller** ~**n** / blistery adj ‖ ~**n bilden** / bubble vi
**Blasebalg** m / bellows* n (or pl), sylphon bellows
**blasen** v / blow v ‖ ~ (mit Ölen) (Anstr) / air-blowing* v ‖ ~ (Einbringen von Luft in einen Glasposten zur Herstellung von Hohlkörpern oder -profilen) (Glas) / blowing n ‖ ~ (Hütt) / blow* n, blowing n ‖ ~ **seitliches** (Hütt) / lateral blowing, side blowing ‖ ~ **mit Bodenwind** (Hütt) / bottom blowing, bottom blow ‖ ~ **ohne Formbegrenzung** (Plast, Plast) / blowing into the open ‖ ~ **von der Seite** (Hütt) / lateral blowing, side blowing ‖ ~ **von Hohlkörpern oder Blasfolien** (Plast) / blow moulding*, blast moulding process ‖ ~ **von oben** (bei Kleinkonvertern) (Hütt) / top blowing, top blasting, surface blowing ‖ ~ **von unten** (Hütt) / bottom blowing, bottom blow
**blasen•artiges Aufkochen** (der Glasur) (Keram) / blistering n ‖ ~**bildung** f / bubbling n, bubble formation, blistering* n ‖ ~**bildung** (ein Glasurfehler) (Keram) / blistering n ‖ ~**bildung** (Nukl) / pimpling* n, blistering n ‖ ~**bildungspunkt** m (Phys) / bubble point* ‖ ~**chip** m (EDV, Eltronik) / bubble chip
**blasende Bewetterung** (Bergb) / blowing ventilation, forced ventilation, blowing system
**Blasen•destillierapparat** m (Chem) / pot still* ‖ ~**freie Begasung** (einer Zellkultur) (Zyt) / bubble-free aeration ‖ ~**freier Stahl** (Hütt) / sound steel ‖ ~**freisetzung** f / bubble release ‖ ~**kammer** f (ein Spurkammer nach D.A. Glaser, geb. 1926) (Nukl) / bubble chamber* ‖ ~**keim** m (durch statistische Fluktuation entstehender Mikrobereich geringer Dichte an überhitzten Flüssigkeiten) (Phys) / active nucleus, nucleus n (pl nuclei) ‖ ~**korrosion** f (Galv, Hütt) / tuberculation n ‖ ~**krepp** m (Tex) / cloqué n, blister cloth* ‖ ~**kupfer** n (Hütt) / blister copper* ‖ ~**länge** f (bei Kavitation) / bubble length (gas- or vapour-filled cavity) (Phys) / bubble surface ‖ ~**loch** n (Anstr) / broken blister, blub n ‖ ~**oberfläche** f (Phys) / bubble surface ‖ ~**rost** m (der Kiefern, verursacht durch Cronartium flaccidum) (For) / blister rust ‖ ~**säule** f (Chem) / bubble column (reactor) ‖ ~**säulenreaktor** m (Chem) / bubble column (reactor) ‖ ~**schleier** m (Glas) / bloom* n ‖ ~**sieden** n (Chem Verf) / nucleate boiling ‖ ~**speicher** m (EDV) / magnetic bubble memory*, MBM, bubble store*, bubble memory ‖ **magnetischer** ~**speicher** (EDV) / magnetic bubble memory*, MBM, bubble store*, bubble memory ‖ ~**sperre** f (unter Wasser) (Erdöl) / bubble barrier ‖ ~**stahl** m (Hütt) / blister steel*, blister bar* ‖ ~**tang** (Fucus vesiculosus - eine Braunalge) (Bot) / bladderwrack n, sea oak ‖ ~**textur** f (Gefügetyp vulkanischer Gesteine) (Geol) / vesicular structure* ‖ ~**verpackung** f / bubble pack ‖ ~**zähler** m (Chem Verf) / bubble counter, bubbler n ‖ ~**ziehend** adj (Pharm) / vesicant* adj, vesicatory adj, blistering adj
**Bläser** m (Bergb) / blow* n ‖ ~ (mit Grubengas gefüllte und unter Überdruck stehende Gebirgsspalte) (Bergb) / blower* n, feeder n ‖ ~ (zur Reinigung der Kesselheizflächen) (Masch) / soot blower, blower n ‖ ~ (Masch) / blower n ‖ ~**triebwerk** n (Luftf) / ducted fan*, ducted-fan engine ‖ ~**triebwerk** (Lufft) / front fan
**Blas•folie** f (Plast) / blown film, tubular film ‖ ~**form** f (Glas) / blow mould ‖ ~**form** (Hochofen) (Hütt) / tuyère* n, twyer(e)* n ‖ **gepastete** ~**form** (mit pastenförmigem Formenschmiermittel, beim maschinellen Blasen von Hohlglas) (Glas) / paste mould* ‖ ~**formebene** f (Hütt) / blast tuyères level ‖ ~**formen** n (Plast) / blow moulding*, blast moulding process ‖ ~**formen mit Viereckbewegung des Blaswerkzeugs** (Plast) / rising-table blow moulding ‖ ~**formverfahren** n (Plast) / blow moulding*, blast moulding process ‖ ~**garn** n (Spinn) / air-jet yarn
**Blashko-Effekt** m (periodische Veränderung der Lichtkurven bei Pulsationsveränderlichen) (Astr) / Blashko effect
**Blashochofen** m (Hütt) / blast-furnace* n, BF
**blasig** adj / blistery adj ‖ ~ (Gestein) (Geol) / vesicular adj ‖ ~ (Hütt) / blown adj
**Blasiussche Formel** (zur Berechnung von Kräften und Momenten, die auf einen zylindrischen Körper in stationärer reibungsfreier inkompressibler Strömung wirken) (Phys) / Blasius equation
**Blas•kern** m (Gieß) / blow core ‖ ~**kopf** m (Glas, Plast) / blow head ‖ ~**kopf** (bei Gebläsen) (Landw) / outlet n ‖ ~**lanze** f (mit der man die verstopften Rohre freiblasen kann) (HuT, Klemp) / airlance* n ‖ ~**lanze** (ein mehrwandiges, gekühltes Rohr mit einer oder mehreren Öffnungen zum Auf- oder Einblasen von Sauerstoff und staub- oder stückförmigem Kalk auf Roheisenschmelzen zur Erzeugung von Stahl) (Hütt) / lance n ‖ ~**luftgeschwindigkeit** f (Spinn) / quench air velocity ‖ ~**lunker** m (ein Gußfehler) (Gieß) / shrinkage blowhole, blowhole n ‖ ~**maschine** f (Formgebungsmaschine, bei der zur Formung des geschmolzenen Glases Druckluft verwendet wird) (Glas) / blowing machine ‖ ~**öl** n (bei Temperaturen zwischen 100 und 120° C voroxidiert) (Chem) / blown oil* ‖ ~**öl** (ein Kernbindemittel) (Gieß) / blowing oil ‖ ~**probe** f (Nahr) / bubble test ‖ ~**richtung** f (Eltech) / direction of arc blow ‖ ~**rohr** n (der Dampflokomotive) (Bahn) / blast-pipe* n
**blaß** adj / pale adj, pallid adj
**Blassäule** f (ein Kontaktapparat) (Chem Verf) / bubble-cap tray column, bubble-cap column
**blaßblau** adj / pale-blue adj ‖ ~ n / Cambridge blue, pale blue, Eton blue
**Blasschacht** m (Spinn) / air quench duct, air quench chamber
**blaßgrün- bis olivgrün** adj / celadon adj, celadon-green adj
**Blas•spule** f (Eltech) / blow-out coil* ‖ ~**stahl** m (Hütt) / blown steel ‖ **basischer** ~**stahl-Konverter** (Hütt) / basic oxygen furnace, BOF ‖ ~**stahlverfahren** n (Hütt) / pneumatic process, converter steel process ‖ ~**stahlwerk** n (Hütt) / converting mill ‖ **in** ~**stellung bringen** (Konverter) (Hütt) / right vt (for blowing) ‖ ~**stellung** f **des**

153

**Blastese**

(Thomas-)**Konverters** (Hütt) / converter upright for blowing, blowing position of the converter
**Blastese** f (Geol) / crystalloblastesis n (pl. -ses)
**Blasung, magnetische** ~ (Eltech) / magnetic blowout*
**Blas•verfahren** n (Hütt) / pneumatic process, converter steel process ‖ ~**verfahren** (Plast) / blow moulding*, blast moulding process ‖ ~**verfahren** (bei Non-wovens) (Tex) / air laying* ‖ ~**versatz** m (mit Hilfe von Druckluft) (Bergb) / pneumatic packing, pneumatic stowing ‖ ~**versatzmaschine** f (Bergb) / pneumatic stowing machine ‖ ~**werkzeug** n (Plast) / blow mould ‖ ~**wind** m (Hütt) / blast n, air n ‖ ~**wirkung** f **des Lichtbogens** (Eltech) / arc blow (effect)
**Blatt** n / leaf n ‖ ~ (Akus) / reed* n ‖ ~ (im gotischen Maßwerk) (Arch) / foil n ‖ ~ (Bot) / leaf* n ‖ ~ (eines Blattfilters) (Chem Verf, Hütt) / leaf n ‖ ~ (bei Btx) (EDV, Fernm) / frame* n, videotex frame, subpage n ‖ ~ (der Säge) (For) / blade n ‖ ~ (pl. -e) (schräges, gerades) (For, Zimm) / scarf* n, scarfed joint, scarf joint, splice n ‖ ~ (Kart) / sheet n, quadrangle n (US) ‖ ~ (eines Baumes - ein Knoten, der keine Nachfolger hat) (KI) / leaf node, leaf n (end node of a tree), terminal node, external node, tip node, terminal vertex ‖ ~ (Teil des Schuhs über dem Spann) (Leder) / vamp n ‖ ~ (einer Luft- oder Tragschraube) (Luftf) / blade n ‖ ~ (der Blattfeder) (Masch) / leaf n ‖ ~ (Riemannsche Fläche) (Math) / sheet n, layer n (Riemann surface) ‖ ~ (Pap) / sheet n ‖ ~ (Tex) / leaf n ‖ ~ (Web) / reed* n, comb n ‖ ~ (der Axt) (Werkz) / blade n ‖ **Blätter** (Bot) / leafage n, foliage n ‖ **fliegendes** ~ (im Vorsatz) (Buchb) / fly leaf* ‖ **gerades** ~ (Überblattung, Anblattung) (Zimm) / half-lap joint* ‖ **magnetisches** ~ / magnetic double layer ‖ **welkes** ~ (eine Kunstflugfigur) (Luftf) / falling leaf ‖ **zweites** ~ (mit vereinfachtem Briefkopf als Fortsetzungsblatt bei Briefen) (EDV, Pap) / second sheet ‖ ~ n **des Descartes** (eine algebraische Kurve dritter Ordnung) (Math) / folium of Descartes*, leaf of Descartes
**Blatt•abnehmer** m (am Bogenschneider) (Pap) / lay boy ‖ ~**aluminium** n (reines gewalztes Aluminium; Lieferform Bücher wie bei Blattgold oder unregelmäßige Blätter in Schlägen) (Bau) / aluminium leaf* ‖ ~**atmung** f (Bot) / leaf respiration ‖ ~**auswerfer** m (Webstuhl mit Losblatteinrichtung, d.h. mit ausschwenkbarem Blatt) (Web) / loose-reed loom ‖ ~**bildung** f (Pap) / sheet forming, sheet formation ‖ ~**bindemaschine** f (Web) / reed-binding machine ‖ ~**brand** m (For) / leaf blight ‖ ~**breite** f (im Drucker) (EDV) / sheet width ‖ ~**breite** (Web) / reed width, width of the reed, reed space ‖ ~**bund** m (Web) / binding of reed
**Blättchen** n / lamina* n (pl. laminae) ‖ ~**elektroskop** n (Nachweisgerät für elektrische Ladungen) (Eltech) / electroscope* n
**Blatt•dichte** f (Web) / set of the reed, sett of the reed, count of the reed ‖ ~**dünger** m (Landw) / foliar fertilizer, foliar nutrient, foliar feed ‖ ~**düngung** f (Landw) / foliar fertilization, foliar nutrition, foliar feeding, leaf dressing, leaf feeding ‖ ~**dürre** f (For) / leaf blight ‖ **kollektive** ~**einstellung** (bei Hubschraubern) (Luftf) / collective pitch (pilot control in rotary-wing aircraft directly affecting pitch of all blades of lifting rotor(s) simultaneously, irrespective of azimuth position) ‖ ~**einzug** n (Web) / reeding n, sleying n
**Blätter•erz** n (Min) / nagyagite n, black tellurium, tellurium glance ‖ ~**kohle** f (Geol) / paper shale, dysodile n ‖ ~**leiste** f (EDV) / scroll bar
**blättern** v / leaf v (through a book), turn over leaves or pages ‖ ~ (zurück) (EDV) / page down v ‖ ~ (vorwärts) (EDV) / page up v, page forward v ‖ ~ n (am Bildschirm) (EDV) / page turning
**Blätter•pilze** m pl (viele Pilze dieser Art sind Holzzerstörer) (Bot) / agarics pl, gill fungi ‖ ~**schellack** m (Tischl) / dewaxed orange shellac, lemon shellac ‖ ~**serpentin** m (Min) / antigorite* n, baltimorite n, picrolite n ‖ ~**staub** m (als Verunreinigung der Baumwolle) (Tex) / leaf n
**Blatterstein** m (Geol) / variolite n
**Blätter•teig** m (Nahr) / puff paste, puff pastry dough ‖ ~**tellur** m (Min) / nagyagite n, black tellurium, tellurium glance
**Blätterung** f (Geol) / foliation* n ‖ ~ (Math) / foliation n
**Blätterzeolith** m (Min) / foliated zeolite
**Blatt•farbstoff** m (z.B. Chlorophyll) (Bot, Chem) / leaf pigment ‖ ~**faser** f (Naturfaser wie z.B. Abaka, Ananas od. Sisal) (Tex) / leaf fibre
**Blattfeder** f (Masch) / flat spring, leaf spring, single-leaf spring ‖ ~ (geschichtete) (Masch) / compound spring, laminated spring* ‖ **einfache** ~ (meistens Rechteckfeder) (Masch) / flat spring, leaf spring, single-leaf spring ‖ **geschichtete** ~ (Masch) / stratified leaf spring ‖ **über der Achse liegende** ~ (Kfz) / overslung leaf spring ‖ **unter der Achse liegende** ~ (Kfz) / underslung leaf spring ‖ **viertelelliptische** ~ (eine Blattfeder) (Kfz, Masch) / quarter-elliptic (leaf)spring ‖ **Reibung** f **zwischen einzelnen** ~**lagen** (Masch) / interleaf friction
**Blatt•fernschreiber** m (Fernm) / page printer, page teleprinter, page copy teleprinter ‖ ~**film** m (Foto) / sheet film ‖ ~**filter** n (Chem Verf, Hütt) / leaf filter* ‖ ~**flächenindex** m (Bot) / leaf area index*, LAI n ‖ ~**folie** f (Buchb) / foil n, leaf n ‖ ~**gold** n / gold leaf (thin)*, golden foil (thick), gold foil (thick) ‖ **unechtes** ~**gold** / gilding metal (leaf) ‖ **die beim Versäubern anfallenden** ~**goldüberstände** / skewings pl ‖ ~**grün** n (Farbe) / leaf-green n ‖ ~**grün** (Blattpigment der Höheren Pflanzen und Grünalgen) (Bot, Chem) / chlorophyll* n ‖ ~**haar** n (Bot) / leaf hair ‖ ~**halter** m (Typog) / copyholder* n, manuscript holder, paper holder ‖ ~**höhe** f (im Drucker) (EDV) / sheet length ‖ ~**kapitell** n (Arch) / foliated capital, leaf capital ‖ **Schwarze** ~**laus** (Aphis fabae Scop.) (Landw) / black aphid ‖ ~**lausbekämpfungsmittel** n (Chem, Landw) / aphicide n ‖ ~**meißel** m (Erdöl) / fish-tail bit, drag bit ‖ ~**nahme** f (Glas) / dip n ‖ ~**nervatur** f (Bot) / nervation* n, nervature* n, venation* n, veining n ‖ ~**numerierung** f (die die Feinheit des Blattes ausdrückt) (Web) / reed counting, reed count ‖ ~**pfeilung** f (Luftf) / blade sweep ‖ ~**randlinie** f (Kart) / neat line, sheet line
**blättrig** adj / foliated adj, leafy adj, leaved adj ‖ ~**es Aggregat** (Min) / bladed aggregate
**Blatt•rollkrankheit** f (bei Kartoffeln und Tomaten) (Landw) / leaf roll ‖ ~**rührer** m (Chem Verf) / vane stirrer ‖ ~**säge** f (For, Masch) / blade saw ‖ ~**schädling** m (Bot, Landw) / foliage pest, foliar pest ‖ ~**schnittschnürschuh** m / oxford n, Oxford shoe ‖ ~**schraube** f (Masch) / flat-leaf screw ‖ ~**schreiber** m (in der Fernschreibtechnik) (Fernm) / page printer, page teleprinter, page copy teleprinter ‖ **über** ~**schreiber melden** (EDV) / type out v ‖ ~**silber** n (reines geschlagenes Silber, gehandelt in Büchern ähnlich echtem Blattgold) / silver leaf* ‖ ~**silikat** n (z.B. Kaolinit) (Min) / phyllosilicate* n ‖ ~**spaltsäge** f (mit geradem Blatt) (For) / pit-saw* n, cleaving saw*, long saw* ‖ ~**spaltsäge** (Zimm) / rip-saw n, ripping saw ‖ **mit vielen** ~**spitzen** (Tee) (Nahr) / tippy adj ‖ ~**spitzenantrieb** m (der Tragschraube bei Rotorflugzeugen) (Luftf) / tip drive ‖ ~**spitzenantriebsdüsen** f pl (Luftf) / rotor-tip jets* ‖ ~**spitzenebene** f (bei den Hubschraubern) (Luftf) / tip-path plane* ‖ ~**stechen** n (DIN 62500) (Web) / reeding n, sleying n ‖ ~**stoß** m (For, Zimm) / scarf* n, scarfed joint, scarf joint, splice n ‖ ~**streifen** m pl **von der Panamapalme** (Carludovica palmata Ruiz et Pav.) (Tex) / toquilla n ‖ ~**streifig** adj (Ware in der Kettrichtung) (Tex) / reedy adj ‖ ~**vergoldung** f (Buchb) / gold blocking ‖ ~**verlust** m (Glas) / loss of sheet, loss of machine, ribbon loss ‖ ~**verschiebung** f (Geol) / strike-slip fault*, strike-shift fault, tear fault*, wrench fault, transcurrent fault, torsion fault, flaw n, transverse fault ‖ **rechtshändige** ~**verschiebung** (Geol) / dextral fault*, right-lateral fault, right-lateral slip fault ‖ **linkshändige** ~**verschiebung** (Geol) / sinistral fault*, left-lateral fault, left-lateral slip fault ‖ ~**verstellhebel** m (bei Hubschraubern) (Luftf) / collective lever, collective stick, collective pitch lever ‖ ~**verstellung** f (Anstellwinkeländerung) (Luftf) / pitch control* ‖ **kollektive** ~**verstellung** (Anstellwinkeländerung bei Rotorflugzeugen) (Luftf) / collective pitch control*, collective n, simultaneous pitch control ‖ **zyklische** ~**verstellung** (Luftf) / cyclic pitch control*, azimuth control ‖ ~**ware** f (bei der Entwicklung) (Foto) / sheets pl ‖ ~**weises Abmessern** (des Messerfurniers) (For) / knife cutting ‖ ~**werk** n (Arch) / leafage n ‖ ~**wespe** f (eine Pflanzenwespe) (Zool) / saw-fly n ‖ ~**winkel** m (Luftf) / blade angle* ‖ ~**wurzel** f (Glas) / meniscus n (pl. -sci), onion n ‖ ~**zinn** n / tin foil
**blau anlaufen lassen** (Hütt) / blue vt ‖ ~ **färben** (Pap) / blue vt ‖ ~**es Glimmlicht** (in der Elektronenröhre) (Eltronik) / blue glow ‖ ~**er Innenkegel** (der Flamme) (Chem) / blue cone (of a flame) ‖ ~**er Kasten** (TV) / blue box ‖ ~**er Mond** (Astr) / blue moon ‖ ~**es Rauschen** / blue noise (a region in which the spectral density is proportional to the frequency) ‖ ~**er Strahl** (einer Farbfernsehröhre) (TV) / blue beam
**Blau** n (Anstr) / blue* n ‖ ~ (als Farbempfindung) (Phys) / blue n ‖ **Braunschweiger** ~ (Chem) / Bremen blue, Neuwied blue, Peligot's blue, water blue ‖ **echtes** ~ (Dunkelblau) / Oxford blue ‖ **ins** ~**e gehend** / bluish adj, blueish adj ‖ **waschechtes** ~ (Tex) / true blue ‖ ~**es Kamillenöl** (Pharm) / oil of German chamomile, German camomile oil, German chamomile oil ‖ ~**er Nachzügler** (im Hertzsprung-Russell-Diagramm) (Astr) / blue straggler ‖ ~**es Tetrazoliumchlorid** (Chem) / blue tetrazolium
**Blau•algen** f pl (Klasse der Algen) (Bot) / blue-green algae*, Cyanophyta pl, Cyanophyceae* pl ‖ ~**anilin** n (zur Herstellung von Anilinblau) (Chem) / blue (aniline) oil ‖ ~**anteil** n (Licht) / blue content ‖ ~**asbest** m (Min) / Cape asbestos*, Cape blue asbestos, crocidolite* n, blue asbestos* ‖ ~**beimischer** m (TV) / blue adder ‖ ~**blättertextur** f (im Gletschereis) (Geol) / foliation n ‖ ~**blattgefüge** n **der Gletscher** (vielfacher Wechsel härterer bläulicher Eislagen mit weicheren, an Luftbläschen reicheren, weißen Lagen) (Geol) / foliation n ‖ ~**blind** adj (Opt) / tritanopic* adj ‖ ~**blindheit** f (Opt) / tritanopia n, blue-yellow blindness ‖ ~**bruch** m (Hütt, WP) / blue fracture ‖ ~**brüchigkeit** f (Hütt, WP) / blue brittleness, blue shortness ‖ ~**druck** m (traditioneller Textildruck) (Tex) / blue-printing n, indigo printing

**Bläue** f (durch Bläuepilze hervorgerufene Blaufärbung des Holzes) (For) / blue stain* (a sapstain), blueing n
**Blau•eisenerde** f (erdig-krümeliger Vivianit) (Min) / blue iron earth ‖ ~**eisenerz** n (Min) / vivianite* n ‖ ~**eisenstein** m (Min) / Cape asbestos*, Cape blue asbestos, crocidolite* n, blue asbestos* ‖ ~**empfindlich** adj / blue-sensitive adj
**bläuen** v (ein Weißpigment durch Zusatz geringer Mengen eines blauen Pigmentes schönen) (Anstr) / blue vt ‖ ~ (Pap) / blue vt ‖ ~ (Wäsche) (Tex) / blue vt ‖ ~ n (der Stahloberfläche nach DIN 50902) (Hütt) / blue annealing ‖ ~ (der Wäsche) (Tex) / blueing n
**Blau•fäule** f (falsche Bezeichnung für den Zustand bläuebefallenen Holzes) (For) / blue rot ‖ ~**fäule** s. auch Bläue ‖ ~**fichte** f (eine Kultursorte mit blaugrünen Nadeln) (For) / Colorado spruce, Colorado blue spruce, silver spruce, blue spruce* ‖ ~**filter** n (Foto) / blue filter ‖ ~**filterauszug** m (Druck) / yellow separation ‖ ~**gas** n (Luftf) / blau gas ‖ ~**gehärtet** adj (Hütt) / hardened to a blue temper ‖ ~**gel** n (das mit Cobalt(II)-nitrat als Feuchtigkeitsindikator imprägniert ist) (Chem) / blue gel ‖ ~**glas** n (Foto) / blue filter ‖ ~**grün** adj (wie der Rücken des Eisvogels) / turquoise adj ‖ ~**grund** m (Muttergestein der südafrikanischen Diamanten; schwarz-grüner Kimberlit) (Geol) / blue ground* ‖ ~**gummibaum** m (Eucalyptus globulus Labill.) (For) / bluegum* n, Southern bluegum, Sydney bluegum ‖ ~**holz** n (Haematoxylum campechianum L.) (For) / Campeachy wood, logwood* n, blue-wood n, CAM ‖ ~**köper** m (Tex) / blue denim ‖ ~**küpe** f (Tex) / blue vat
**bläulich** adj / bluish adj, blueish adj
**Blau•licht** n (Film, TV) / blue light, cold light ‖ ~**licht** (mit vorgesetztem Blaufilter) (Med) / blue light, cold light ‖ ~**linie** f (Licht) / blue boundary ‖ ~**masse** f (Chem Verf) / cuprammonium cellulose ‖ ~**öl** n (Chem) / blue (aniline) oil ‖ ~**pause** f / blueprint n ‖ positive ~**pause** (Lichtpause mit blauen Linien auf weißem Hintergrund) (Druck) / positive blueprint, blue-line print ‖ negative ~**pause** (Druck) / negative blueprint, white-line print ‖ ~**pause** f s. auch Eisenblaudruck ‖ ~**pausen herstellen** / blueprint v ‖ ~**pauspapier** n (für die Zyanotypie) (Pap) / blueprint paper*, cyano paper, ferroprussiate paper* ‖ ~**phosphor** m (TV) / blue phosphor ‖ ~**quarz** m (intensiv blauer Quarz) (Min) / sapphire quartz, azure quartz, blue quartz ‖ ~**sand** m (Geol) / blue sand ‖ ~**säure** f (Nitril der Ameisensäure) (Chem) / hydrocyanic acid*, prussic acid*, hydrogen cyanide* ‖ ~**säureglykosid** n (Biochem, Bot) / cyanogenetic glycoside, cyanogenic glycoside, cyanophoric glycoside ‖ ~**schiefer** m (Geol) / blue schist*, glaucophane schist ‖ ~**schimmel** m (in verschiedenen Käsesorten) (Nahr) / blue mould ‖ ~**schlick** m (eine Meeresablagerung) (Geol) / blue mud ‖ ~**schönung** f (des Weins mit Kaliumhexazyanoferrat(II)) (Nahr) / blue fining ‖ ~**schreiber** m (mit einer Blauschriftspeicherröhre) (Eltronik) / storage oscillograph ‖ ~**schwarzfärbung** (For) / iron-tannate stain ‖ ~**sieb** n (Zeuzera pyrina L.) (For, Zool) / zeuzera wood miner, leopard moth ‖ ~**skale** f (Meteor) / blue-sky scale, Linke scale ‖ ~**spat** n (ein Aluminium, Magnesium und Eisen enthaltendes Phosphat) (Min) / lazulite* n, blue spar ‖ ~**sprödigkeit** f (eine Anlaßsprödigkeit, die zum Blaubruch führen kann) (Hütt) / blue brittleness* ‖ ~**stanze** f (Film, TV) / blue-screen process ‖ ~**stich** m (Foto) / blue cast ‖ ~**stich** (Verschiebung in Richtung blau) / blueness n ‖ ~**strahlendes Objekt** (Astr) / blazar* n, BL Lacertae, BL Lac ‖ ~**sucht** f (Med) / cyanosis n ‖ ~**thermik** f (Luftf) / blue-sky thermal ‖ ~**ton** m (Keram) / blue clay
**Bläuung** f (Schönung eines Weißpigmentes durch Zusatz geringer Mengen eines blauen Pigmentes) (Anstr) / blueing n
**Blau•verschiebung** f (durch Doppler-Effekt verursachte geschwindigkeitsabhängige Verkürzung der Wellenlänge elektromagnetischer Strahlung) (Phys) / blue shift ‖ ~**verschiebung** (Spektr) / hypsochromic shift, hypsochromatic shift ‖ ~**vitriol** n (Chem) / chalcanthite* n, blue vitriol*, bluestone* n, blue vitriol* ‖ ~**wassergas** n / blue (water) gas, B.W.G.
**Blazar** m (Astr) / blazar* n, BL Lacertae, BL Lac
**Blaze** m (Bereich maximaler Intensität eines Beugungsgitters) (Opt) / blaze n ‖ ~**-Bereich** m (Bereich maximaler Intensität eines Beugungsgitters) (Opt) / blaze n ‖ ~**-Bereich** m (Bereich maximaler Intensität eines Beugungsgitters) (Opt) / blaze n ‖ **den Furchen eines Beugungsgitters den** ~**-Winkel geben** (um die Intensität zu vergrößern) (Opt) / blaze v
**Blears-Effekt** m (bei Anwesenheit organischer Dämpfe im Vakuum) (Vakuumt) / Blears effect
**Blech** n (bis zu 0,645 cm) (Hütt, Luftf) / sheet* n ‖ ~ (Blechteil) (Kfz) / panel n ‖ ~ (Backblech) (Nahr) / sheet n, baking-sheet n ‖ ~ (Hütt) s. auch Feinblech und Grobblech ‖ **ausgebeultes** ~ (nach der Reparatur) (Kfz) / straightened panel ‖ **ausgebeultes** ~ (z.B. Kotflügel - vor der Reparatur) (Kfz) / bowed-out panel ‖ **gekrümpeltes** ~ (Maschn) / dished plate ‖ **kunststoffverkleidetes** ~ / skin plate ‖ **plattiertes** ~ (Hütt) / clad plate ‖ ~ n **mit magnetischer Vorzugsrichtung** (Mag) / grain-oriented electrical sheet, grain-oriented sheet steel

**Blech•alterung** f (Eltech) / magnetic fatigue ‖ ~**arbeiten** f pl (Kfz) / panel beating*, panel work ‖ ~**ausschnitt** m (ein beim Scherschneiden oder Keilschneiden entstehendes Werkstück nach DIN 8588) (Masch) / blank* n ‖ ~**band** n (Hütt) / strip n ‖ ~**bau** m / plate (and sheet) construction ‖ ~**bearbeitung** f (Masch) / sheet-metal work(ing) ‖ ~**biegemaschine** f (Masch) / Farnham roll ‖ ~**dachabdeckung** f (Bau) / flexible-metal roofing, metallic roofing ‖ ~**dicke** (durch die Blechlehre ermittelte) / gauge number* ‖ ~**dickeabmessungen** f pl (Schiff) / scantlings pl ‖ ~**doppler** m (für Grobbleche) (Hütt) / plate doubler ‖ ~**doppler** (für Feinbleche) (Hütt) / sheet doubler ‖ ~**durchzug** m **mit Gewinde** (DIN 7952, T 1) (Masch) / sheet metal anchorage with threads
**Blechen** n (z.B. von Eisenkernen) (Eltech) / lamination* n
**Blech•fassung** f (eines Pinsels) (Anstr) / ferrule n ‖ ~**feldflattern** n (Kfz) / panel flutter ‖ ~**formung** f (Masch) / sheet-metal work(ing), sheet-metal forming ‖ ~**gewinde** n (für Blechschrauben nach DIN 7970) (Masch) / tapping screw thread, spaced thread ‖ ~**glühofen** m (Hütt) / sheet furnace* ‖ ~**halter** m (Hütt) / blank holder, hold-down plate
**blechig** adj (Leder) (Leder) / tinny adj
**Blech•joch** n (Eltech) / laminated yoke* ‖ ~**kante** f (Hütt) / plate edge, edge of plate ‖ ~**kantenanbiegemaschine** f (Hütt) / plate-edge crimping machine ‖ ~**kantenhobelmaschine** f (Sonderhobelmaschine zum Bearbeiten von Blechkanten und schmalen Flächen an sperrigen Werkstücken) (Hütt, Masch) / plate-edge planing machine, plate-edge planer ‖ ~**kantenvorbereitung** f (Schw) / plate-edge preparation ‖ ~**kastenträger** m (Bau) / box-plate girder ‖ ~**kern** m (bei Transformatoren) (Eltech) / laminated core*, laminated-iron core ‖ ~**kettenläufer** m (Eltech) / segmental rim rotor, laminated-rim rotor ‖ ~**klammer** f **für Falzverbindungen** (Maschn) / cleat n ‖ ~**knabber** m (Werkz) / nibbler m, Monodex-type cutter ‖ ~**konstruktion** f **mit diagonalen Verstärkungsrippen** / diagrid n ‖ ~**lack** m (Anstr) / sheet paint, sheet varnish, plate paint, plate varnish ‖ ~**lamelle** f (Eltech) / lamination* n, stamping* n ‖ ~**lasche** f (zur Befestigung) (Kfz) / tab n ‖ ~**lehre** f (für Grobbleche) (Hütt) / plate gauge* ‖ ~**lehre** (für Feinbleche) (Hütt) / sheet gauge
**Blechner** m (Klemp) / sheet-iron worker, sheet-metal worker ‖ ~ (Klemp) s. auch Blechschlosser
**Blech•paket** n (einer elektrischen Maschine) (Eltech) / core stack, laminated core ‖ ~**paket** (Feinbleche) (Hütt) / sheet pack, stack of sheets ‖ ~**reste** m pl / sheet-metal remains ‖ ~**schablone** f (für die Zugarbeiten) (Bau) / metal template, metal profile ‖ ~**schaden** m (Kfz) / bodywork defect, bodywork blemish, damage to the bodywork ‖ ~**schere** f (für Weißblech) (Klemp) / tin-snips n, tinner's snips, tinmen's shears ‖ ~**schere** (eine Handschere) (Klemp) / snips pl, metal shears (hand-operated) ‖ ~**schere mit Übersetzung** (Masch) / cantilever action shears, lever shears, alligator shears, crocodile shears, compound leverage snips (US) ‖ ~**schiebemutter** f (Masch) / speed nut ‖ ~**schiene** f (am Dach) (Bau) / tag n ‖ ~**schlosser** m (Kfz, Klemp) / plate fitter, plater n ‖ ~**schlosserei** f (Kfz) / panel beating*, panel work ‖ ~**schneiden** n (Kfz, Masch) / plate cutting, sheet cutting ‖ ~**schraube** f (DIN 918) (Masch) / self-tapping screw, sheet-metal screw, tapping screw ‖ ~**schraubengewinde** n (Masch) / tapping screw thread, spaced thread ‖ ~**schraubenspitze** f (Masch) / tapping-screw type AB point ‖ ~**schraubenzapfen** m (Masch) / tapping-screw type B point ‖ ~**segment** n (Eltech) / segmental lamination ‖ **obere** ~**seite** (beim Umformen) (Masch) / punch side, smooth side ‖ ~**spezifikation J** (Hütt) / Z-plate ‖ ~**spezifikation K** (Hütt) / K-plate ‖ ~**straße** f (eine Warmwalzstraße) (Hütt) / plate mill train ‖ ~**streifen** m (Hütt) / sheared strip ‖ ~**tafel** f (Hütt) / sheet metal (cut in rectangular form), plate n (in rectangular form) ‖ ~**teil** n (der Karosserie) (Kfz) / panel n, body panel ‖ ~**textur** f (Hütt) / sheet texture ‖ ~**träger** m (HuT, Masch) / plate girder*, solid-web girder, web girder ‖ ~**träger mit Kastenquerschnitt** (Bau) / box-plate girder ‖ ~**umformen** n (Masch) / sheet metal forming n ‖ ~**umformung** f (Masch) / sheet metal forming n ‖ ~**ummantelter Stein** (Hütt) / ferroclad brick ‖ ~**verarbeitung** f (Masch) / sheet-metal work(ing), sheet-metal forming ‖ ~**verkleidet** adj / metal-clad adj ‖ ~**verkleidung** f (der Motorrollers) / metal fairings ‖ ~**verpackung** f / metal package ‖ ~**walzstraße** f (Hütt) / plate mill train ‖ ~**walzwerk** n (Hütt) / sheet mill, plate mill ‖ ~**werkstatt** f / sheet-metal shop ‖ ~**werkstoffkennwert** m (Hütt) / sheet parameter ‖ ~**ziehen** n (Hütt) / drawing n ‖ ~**zuschnitt** m (Hütt) / sheet-metal blank ‖ ~**zwinge** f (eines Flachpinsels) (Anstr) / ferrule n
**bleedern** v (bei der Methangasabströmung aus dem Alten Mann) (Bergb) / bleed v
**Blei** n (als Material in der Bauklempnerei) (Bau) / leading n (led-) ‖ ~ (als Bedachungsmaterial und zur Bleiverglasung) (Bau) / leads pl (leds) ‖ ~ (**Pb**) (Chem) / lead n (led)* ‖ ~ / **leaden** adj ‖ ~(**II**)- (Chem) / plumbous adj ‖ ~(**IV**)- (Chem) / plumbic adj ‖ **aus** ~ / leaden

**Blei**

*adj* ‖ **metallisches** ≈ (Chem, Hütt) / blue lead* ‖ **nicht radiogenes** ≈ (Geol) / common lead, ordinary lead
**Blei•abdruck** *m* (Hütt) / lead print ‖ ≈**abfälle** *m pl* (Hütt) / lead waste ‖ ≈**abgabe** *f* / lead release ‖ ≈**abscheidung** *f* (als Überzug) (Galv) / lead plating ‖ ≈**abschirmung** *f* (Tätigkeit) (Radiol) / lead shielding, lead screening ‖ ≈**abschirmung** *f* (Material) (Radiol) / lead shield, lead screen ‖ ≈**akkumulator** *m* (Eltech, Kfz) / lead accumulator*, lead storage battery, lead-acid accumulator*, lead-acid battery ‖ ≈**alkyl** *n* (Chem) / lead alkyl ‖ ≈**alter** *n* (Gesteinsalter, nach der Blei/Blei-Methode geschätzt) (Geol) / lead age* ‖ ≈**anode** *f* (Galv) / lead anode ‖ ≈**antimonat(III)** *n* (Chem) / lead antimonite
**Bleiantimonglanz** *m* (Min) / zinckenite* *n*, zinkenite *n*
**Blei•-Antimon-Legierung** *f* (DIN 17641) (Hütt) / lead-antimony alloy ‖ ≈**antimonspießglanz** *m* (Min) / jamesonite* *n* ‖ ≈**äquivalent** *n* (Radiol) / lead equivalent*
**bleiarm•es Benzin** (Kftst, Kfz) / low-lead petrol, low-lead gasoline (US) ‖ ~**er Ottokraftstoff** (Kftst, Kfz) / low-lead petrol, low-lead gasoline (US)
**Blei•arsenat** *n* (ein Fraßgift gegen Obstmaden) (Chem) / lead arsenate ‖ ≈**auskleidung** *f* / lead lining ‖ ≈**(II)-azetat** *n* (Chem) / lead(II) acetate, sugar of lead, lead(II) ethanoate ‖ ≈**azid** *n* ($PbN_6$) (Chem) / lead azide* ‖ ≈**babbitt** *n* (weißes Lagermetall: Pb + Sb + Sn) (Hütt, Masch) / lead-base babbitt, lead-base Babbitt metal, white-metal bearing alloy ‖ ≈**bad** *n* (Galv) / lead bath, lead-plating bath ‖ ≈**bad** (zur Wärmeübertragung beim Brünieren) (Hütt) / lead bath ‖ ≈**badpatentieren** *n* (Hütt) / lead patenting ‖ ≈**bahn** *f* (als Bedachungsstoff) (Bau) / sheet lead*, flat lead* ‖ ≈**barren** *m* (Hütt) / lead pig ‖ ≈**batterie** *f* (Eltech, Kfz) / lead accumulator*, lead storage battery, lead-acid accumulator*, lead-acid battery ‖ ≈**baum** *m* (Chem) / lead tree*, Saturn's tree ‖ ≈**baustein** *m* (für Isotopenlaboratorien) (Nukl) / lead brick
**bleibt!** (bei aus Versehen falsch korrigierten Stellen) (Typog) / stet*
**bleibend** *adj* / permanent *adj* ‖ ~ / residual *adj* ‖ ~ (Verformung) (Mech) / non-recoverable *adj*, plastic *adj* ‖ ~**e Belastung** (Masch, Mech, WP) / permanent load*, dead load*, sustained load, constant load ‖ ~**e Dehnung** (die nach Entlastung meßbare Dehnung) (Masch, Mech) / permanent set*, plastic strain, permanent strain, set *n* ‖ ~**e Falte** (Tex) / memory creasing, permanent crease ‖ ~**er Fehler** (EDV) / permanent error, unrecoverable error, irrecoverable error (without use of recovery techniques external to the computer program or run), nontransient error ‖ ~**e Gewebedehnung** (Tex) / fabric growth ‖ ~**e Gewebelängung** (Tex) / fabric growth ‖ ~**e Härte** (durch Kalzium- und Magnesiumsulfate verursacht) (Chem) / permanent hardness*, non-carbonate hardness (of water) ‖ ~**e Hörschwellenverschiebung** (Akus, Med) / permanent threshold shift*, PTS* ‖ ~**e Regelabweichung** (Regeln) / steady-state deviation, steady-state error, sustained deviation ‖ ~**e Setzung** (Bau, HuT) / permanent settlement ‖ ~**e Spannung** (Eltech) / remanent voltage ‖ ~**e Spannung** (Mech) / residual stress, internal stress, self-contained stress ‖ ~**e Spannung** (Mech) / internal stress*, residual stress, remaining stress ‖ ~**e Verformung** (Mech) / plastic deformation*
**Blei•benzin** *n* (Kftst, Kfz) / leaded fuel, leaded gasoline, ethyl gasoline, leaded petrol ‖ ≈**blech** *n* (als Bedachungsstoff) (Bau) / sheet lead*, flat lead* ‖ ≈**blech** (Hütt) / milled lead, rolled lead ‖ ≈**block** *m* (nach Trauzl) / lead block ‖ ≈**block** (Hütt) / lead pig ‖ ≈**blockausbauchung** *f* (bei der Bleiblockprobe zur Ermittlung der Sprengkraft von Stoffen) / bulging of lead block, lead-block expansion ‖ ≈**blockprobe** *f* (Prüfstück zur Ermittlung der Sprengkraft) / lead block ‖ ≈**(II)-borat** *n* (Chem) / lead borate ‖ ≈**(II)-bromid** (Chem) / lead bromide ‖ ≈**bronze** *f* (ein Lagermetall aus mindestens 60% Cu und dem Hauptlegierungszusatz Pb - DIN 1718) (Hütt) / lead bronze, copper lead ‖ ≈**burg** *f* (Radiol) / lead castle ‖ ≈**(II)-carbonat** *n* (Chem) / lead(II) carbonate*
**bleich** *adj* / pale *adj*, pallid *adj* ‖ ≈**bad** *n* (Foto, Tex) / bleaching bath ‖ ≈**chlor** *n* (aus Hypochloriten) (Chem) / available chlorine, active chlorine, free available chlorine
**Bleiche** *f* (Tex) / bleaching* *n*, bleach *n*
**bleichen** *v* / bleach *v* ‖ ~ (Tex) / bleach *v* ‖ ≈ *n* (Erhöhung des Weißgehalts) / whitening *n* ‖ ≈ (Tex) / bleaching* *n*, bleach *n* ‖ ≈ **auf Bandablage** (Tex) / bleaching on a conveyor belt
**Bleich•erde** *f* (montmorillonithaltige Xerogele, die nicht im Wasser zerfallen, zum Entfärben und Reinigen von Ölen verwendet) (Chem Verf) / bleaching clay, bleaching earth ‖ ≈**erde** (Erdöl) / clay *n* (for refining) ‖ ≈**erde** (aus silikatarmem Sand) (Landw) / podzol* *n*, podsol* *n* ‖ ≈**erdebehandlung** *f* (Chem Verf) / bleaching-earth treatment, clay treatment, clay refining ‖ ~**erderaffiniertes Öl** (Erdöl) / contacted oil ‖ ≈**fixierbad** *n* (kombiniertes Bleich- und Fixierbad) (Foto) / bleach-fix* *n* ‖ ≈**gerbstoff** *m* (Leder) / bleaching tanning material ‖ ≈**hilfsmittel** *n* (Tex) / bleaching assistant ‖ ≈**holländer** *m* (Pap) / potcher *n* ‖ ≈**horizont** *m* (der entfärbte Auswaschungs- oder Eluvialhorizont, besonders des Podsols) (Landw) / bleached horizon ‖ ≈**kohle** *f* (Chem) / decolorizing charcoal, decolorizing carbon
**Blei•(II)-chlorid** *n* ($PbCl_2$) (Chem) / lead(II) chloride, lead dichloride ‖ ≈**(IV)-chlorid** ($PbCl_4$) (Chem) / lead(IV) chloride, lead tetrachloride
**Bleich•mittel** *n* (E 920 - E 927) (Nahr) / bleaching agent ‖ ≈**mittel** (Tex) / bleaching agent, bleach *n* ‖ **oxidierendes** ≈**mittel** (Tex) / oxidizing bleaching agent, oxidizing bleach ‖ **reduzierendes** ≈**mittel** (Tex) / reducing bleaching agent, reducing bleach ‖ ≈**mittel** *n* **auf Sauerstoffbasis** (Tex) / oxygen-based bleaching pigment ‖ ≈**pulver** *n* (meistens Bleichkalk, Chlorkalk) (Chem) / bleaching powder*
**Blei•(II)-chromat** *n* (Chem) / lead(II) chromate(VI) ‖ ≈**chromatpigment** *n* (Anstr) / lead-chromate pigment
**Bleichung** *f* / whitening *n* ‖ ≈ (Tex) / bleaching* *n*, bleach *n* ‖ ≈ **durch Lichteinwirkung** (Biol) / photobleaching *n*
**Bleichwasser** *n* (mit Chlor) (Chem) / chlorine water
**Blei•dämpfe** *m pl* / lead fume ‖ ≈**diazetat** *n* (Chem) / lead(II) acetate, sugar of lead, lead(II) ethanoate ‖ ≈**dichlorid** (mindergiftige Bleiverbindung) (Chem) / lead(II) chloride, lead dichloride ‖ ≈**dioxid** *n* (Chem) / lead(IV) oxide, lead dioxide, lead peroxide, brown lead oxide ‖ ≈**draht** *m* / lead wire ‖ ≈**dübel** *m* (Bau) / lead dot*, lead dowel ‖ ≈**dübel** (zur Befestigung von Blechteilen auf Naturstein) (Bau) / lead plug* ‖ ≈**elektrode** (Eltech) / lead electrode ‖ ≈**empfindlichkeit** *f* (bei Benzin) (Kftst) / lead susceptibility
**bleien** *v* (als Oberflächenschutz) / lead *v* (led)*
**Bleierde** *f* (Min) / cerussite* *n*, white lead ore*
**bleiern** *adj* / leaden *adj*, plumbeous *adj*
**Bleierz, hochwertiges** ≈ (mit großen Bleiglanzkristallen) (Hütt) / bing ore ‖ ≈**grube** *f* (Bergb) / lead ore mine
**Blei•essig** *m* (basische Blei(II)-acetat-Lösung) (Chem) / lead subacetate, vinegar of lead ‖ ≈**farbe** *f* (als Anstrichstoff verwendete Bleipigment) (Anstr) / lead paint* ‖ ≈**farbe** (Anstr) s. auch Bleipigment ‖ ≈**farben** *adj* / lead-coloured *adj*, leaden *adj* (ledn), plumbeous *adj* ‖ ≈**farbig** *adj* / lead-coloured *adj*, leaden *adj* (ledn), plumbeous *adj* ‖ ≈**(faser)dichtung** *f* (Klemp) / lead wool ‖ ≈**feld** *n* (eines bleiverglasten Fensters) (Arch, Bau) / leaded light ‖ **rautenförmiges** ≈**feld** (Arch, Bau) / quarrel* *n* ‖ ≈**fenster** *n pl* (Arch, Bau) / leaded lights*, lead-lights *pl* ‖ ≈**fenster** *n* (mit Rautenscheiben) (Arch, Bau) / lattice window* (with diamond-shaped leaded lights) ‖ ≈**fensterstab** *m* (Anschlagleiste) (Bau) / saddle bar* ‖ ≈**folie** *f* / lead foil ‖ ~**frei** *adj* (Benzin) (Kftst) / non-leaded *adj*, unleaded *adj*, leadless *adj*, lead-free *adj*, white *adj* (gasoline) (US) ‖ ≈**freie Glasur** (Keram) / leadless glaze *n* ‖ ≈**freies Löten** (Eltronik) / lead-free soldering ‖ ≈**freibetrieb** *m* (heute der übliche Kraftfahrzeugbetrieb) (Kfz) / operation with unleaded fuel ‖ ≈**fritte** *f* (Chem, Keram) / lead frit* ‖ ≈**fuß-** (Fahrstil) (Kfz) / foot-to-the-boards-at-all-times, with the pedal to the metal ‖ **mit niedrigem** ≈**gehalt** (Kftst) / low-leaded *adj* ‖ ≈**gehalt** *m* **der Luft** (Umwelt) / air-lead level ‖ ≈**glanz** *m* (Blei(II)-sulfid) (Min) / galena* *n*, galenite *n*, lead glance* ‖ ≈**glanz-** (Min) / galenic *adj*, galenical *adj* ‖ ≈**glas** *n* (mit PbO) (Glas) / lead glass* ‖ ≈**glas** (Min) / anglesite* *n*, lead spar, lead vitriol ‖ ≈**glasfensterhorizontalleiste** *f* (Bau) / saddle bar* ‖ ≈**glasur** *f* (Keram) / lead glaze ‖ ≈**glätte** *f* / massicot* *n* (the mineral form of lead monoxide), lead ochre ‖ ≈**glätte** (natürliches PbO) (Min) / lithargite *n*, litharge* *n* ‖ ≈**glätte** (Min) s. auch Massicot ‖ ≈**gleichwert** *m* (Radiol) / lead equivalent* ‖ ≈**grau** *n* (basisches Bleipigment) (Anstr, Chem) / sublimed blue lead ‖ ≈**gummi** *m* (ein Gelgemenge von wasserhaltigen Al- und Pb-Phosphaten) (Min) / plumbogummite *n* ‖ ≈**gummi** (zur Abschirmung ionisierender Strahlung) (Radiol) / lead rubber* ‖ ≈**gummischürze** *f* (Radiol) / lead-rubber apron ‖ ~**haltig** *adj* / leaded *adj* ‖ ~**haltige Glasur** (Keram) / lead glaze ‖ ~**haltiger Mörtel** (zur Herstellung von Abschirmbauten) (Nukl, Radiol) / metallic mortar ‖ ≈**handschuhe** *m pl* (Radiol) / lead-impregnated gloves ‖ ≈**hornerz** *n* (Min) / phosgenite* *n*, horn lead* ‖ ≈**hütte** *f* (Hütt) / lead-works *pl* ‖ ≈**(II)-hydroxid** *n* (Chem) / lead(II) hydroxide* ‖ ≈**hydroxidcarbonat** *n* (Chem) / basic lead carbonate*, lead(II) carbonate hydroxide ‖ ≈**hydroxidchromat** *n* (als Chromatpigment Chromorange) (Chem) / basic lead chromate*, Austrian cinnabar* ‖ ≈**hydroxidkarbonat** *n* (Chem) / basic lead carbonate*, lead(II) carbonate hydroxide ‖ ≈**intoxikation** *f* (Med) / lead poisoning*, plumbism* *n*, saturnism *m*, poisoning by lead ‖ ≈**iodid** *n* (Chem, Druck, Foto) / lead iodide ‖ ≈**kammerkristalle** *m pl* (Chem Verf) / chamber crystals* ‖ ≈**kammerverfahren** *n* (Schwefelsäuregewinnung - heute restlos veraltet) (Chem Verf) / chamber process* ‖ ≈**(II)-karbonat** *n* (Chem) / lead(II) carbonate* ‖ ≈**klemme** *f* (Kab) / lead grip* ‖ ≈**kolik** *f* (eine Bleivergiftung) (Med) / painters' colic, lead colic, painter's colic ‖ ≈**krankheit** *f* (Med) / lead poisoning*, plumbism* *n*, saturnism *m*, poisoning by lead ‖ ≈**krätze** *f* (Hütt) / lead dross ‖ ≈**kreisel** *m* (Instrument zur näherungsweisen Messung der Schaltzeit bei Röntgengeneratoren) (Radiol) / spinning top ‖ ≈**kristall** *n* (mit mindestens 24% PbO) (Glas) / lead crystal ‖ ≈**kugel** *f* (in Schallschutzmaterialien) (Kfz) / lead ball ‖ ≈**lagerbronze** *f* (72-84%

Cu, 5-10% Sn, 8-20% Pb + Spuren von Zn, Ni und P) (Hütt) / plastic bronze* ‖ ~**lagermetall** n (mit etwa 78-84% Pb und einem hohen Anteil an Sb) (Hütt) / magnolia metal* ‖ ~**lähmung** f (der Streckermuskulatur infolge von Bleivergiftung) (Med) / lead palsy, lead paralysis, painters' palsy ‖ ~**lässigkeit** f (Angreifbarkeit bleihaltiger Glasuren durch Säure und Abgabe von Blei in das angreifende Medium) / lead release ‖ ~**- und Kadmiumlässigkeit** f (von Eßgeschirr) / release of lead and cadmium ‖ ~**lasur** f (Min) / linarite* n ‖ ~**legierung** f (z.B. Hartblei, Blei-Zinn-Lote oder Letternmetall - DIN 17640) (Hütt) / lead alloy ‖ **eine** ~**legierung für Gasinstallationsrohre** (Hütt) / compo n ‖ ~**legierungsanode** f (Galv) / lead-alloy anode ‖ ~**legierungsrohr** n (Hütt) / compo pipe ‖ ~**leitungsrohr** n (Klemp) / lead pipe ‖ ~**löten** n **durch Zusammenschmelzen** (Bau) / lead burning ‖ ~**mantel** m (Kab) / lead sheath ‖ **gepreßter** ~**mantel** (Kab) / moulded lead covering ‖ ~**mantelkabel** n (Kab) / lead-covered cable, lead-sheathed cable, lead cable, LC cable ‖ ~**massel** f (Hütt) / lead pig ‖ ~**mennige** f (rote Modifikation nach DIN 55916 - Korrosionsschutz) (Anstr, Chem, Glas) / red lead (oxide)*, minium n, glassmaker's lead ‖ ~**meßkammer** f (Radiol) / lead castle ‖ ~**monoxid** n (Chem, Glas) / lead(II) oxide*, lead monoxide ‖ ~**naphthenat** n (Chem) / lead naphthenate ‖ ~**-Nickel-Bronze** f (Hütt) / acid bronze ‖ **(II)-nitrat** n (Chem) / lead(II) nitrate ‖ ~**(II,IV)-oxid** (Anstr, Chem) / lead tetroxide, trilead tetroxide, dilead(II) lead(IV) oxide ‖ ~**(IV)-oxid** (PbO$_2$) (Chem) / lead(IV) oxide, lead dioxide, lead peroxide, brown lead oxide ‖ ~**(II)-oxid** (PbO) (Chem, Glas) / lead(II) oxide*, lead monoxide ‖ ~**(II,IV)-oxid** (Chem) s. auch Mennige ‖ ~**(II)-oxidchlorid** (Chem) / lead oxychloride* ‖ ~**oxidsulfat** n (Chem) / basic lead sulphate* ‖ ~**papier** n (Filterpapier, mit Bleiazetat- oder Bleinitrat-Lösung getränkt; zum Nachweis von Schwefelwasserstoff) (Chem) / lead paper ‖ ~**phthalocyanin** (Chem, Eltech) / lead phthalocyanine ‖ ~**phthalozyanin** n (ein organischer Leiter) (Chem, Eltech) / lead phthalocyanine ‖ ~**pigment** n (z.B. Bleiweiß oder Bleimennige) (Anstr) / lead pigment ‖ ~**platte** f / lead plate ‖ ~**plombe** f (Chem) / lead seal ‖ ~**profil** n (der Bleiverglasung) (Bau, Glas) / lead (led)*, lead came, came* n ‖ ~**pulveranstrichstoff** m (Anstr) / metallic lead paint ‖ ~**rohr** n (Klemp) / lead pipe ‖ ~**rohr-Richtwerkzeug** n (Klemp) / dummy* n ‖ ~**rohr-Trap** m (des Geruchverschlusses) (Sanitär) / trap* n ‖ ~**sammler** m (Eltech, Kfz) / lead accumulator*, lead storage battery, lead-acid accumulator*, lead-acid battery ‖ ~**satz** m (Typog) / hot composition*, hot-metal composition ‖ **durchgeschossener** ~**satz** (Typog) / leaded matter ‖ ~**schirm** m (Radiol) / lead shield, lead screen ‖ ~**schlacke** f (Hütt) / lead slag ‖ ~**schlamm** m (in der Batterie) (Eltech, Kfz) / lead sludge, lead deposit ‖ ~**schmelze** f (Galv) / lead bath, lead-plating bath ‖ ~**schrott** m (Hütt) / scrap lead, lead scrap ‖ ~**schutz** m (z.B. Bleigummischutz, Bleiglasfenster, Bleibausteine usw.) (Radiol) / lead protection ‖ ~**schutzschicht** f / lead coating ‖ ~**schwamm** m (Hütt) / mossy lead, spongy lead ‖ ~**seife** f (eine Metallseife) / lead soap ‖ ~**(II)-selenid** n (Chem) / lead selenide ‖ ~**silicochromat** n (Anstr, Chem) / lead silicochromate ‖ ~**silikat** n (System PbO - SiO$_2$) (Chem, Keram) / lead disilicate*, lead bisilicate ‖ ~**silikochromat** n (Anstr, Chem) / lead silicochromate ‖ ~**sprosse** f (der Bleiverglasung) (Bau, Glas) / lead n (led)*, lead came, came* n ‖ ~**staub** m / lead dust, lead powder ‖ ~**stearat** n (Chem) / lead stearate ‖ ~**stift** m / lead pencil, pencil n ‖ **elektronischer** ~**stift** (ein Zeichenwerkzeug bei Grafikprogrammen) (EDV) / electronic pencil ‖ ~**stiftbrettchen** n / pencil slat ‖ ~**stifthärte** f (Anstr) / pencil hardness ‖ **Kalifornisches** ~**stiftholz** (For) / incense cedar ‖ ~**stiftlinie** f / pencil line ‖ ~**stiftmarkierung** f / pencil marking ‖ ~**stiftmine** f / lead n (led), pencil lead ‖ ~**stiftprüfung** f (Lötmaskenabriebtest) (Eltronik) / pencil test ‖ ~**stiftröhre** f (Eltronik) / pencil tube ‖ **~stiftstarker Stab** (Mech) / pencil rod ‖ ~**stiftstrahlantenne** f (eine Richtantenne, deren Hauptkeulen etwa kreisförmige Querschnitte aufweisen) (Radio) / pencil-beam antenna ‖ **Virginische** ~**stiftzeder** (Juniperus virginiana L.) (For) / Virginia pencil cedar, Eastern red cedar ‖ **Afrikanische** ~**stiftzeder** (Juniperus procera Hochst. ex Endl.) (For) / African juniper, African cedar, African pencil cedar ‖ ~**stiftzeichnung** f / pencil drawing ‖ ~**styphnat** n (Chem) / lead styphnate ‖ ~**(II)-sulfat** n (Chem) / lead(II) sulphate*, sulphate of lead* ‖ ~**sulfat** n (Chem) / lead(II) sulphate*, sulphate of lead* ‖ ~**(II)-sulfatbildung** f (Eltech) / sulphation* n, sulphating n ‖ ~**(II)-sulfid** n (Chem) / lead(II) sulphide*, plumbous sulphide ‖ ~**sulfidzelle** f (Eltech) / lead sulphide cell ‖ ~**(II)-tellurid** n (Chem, Eltronik) / lead(II) telluride* ‖ ~**tetrachlorid** n (Chem) / lead(IV) chloride, lead tetrachloride ‖ ~**tetraethyl** n (Chem) / lead tetraethyl, tetraethyl lead, lead tetraethyl(IV), TEL ‖ **ohne** ~**tetraethyl** (Benzin) (Kftst) / non-leaded adj, unleaded adj, leadless adj, lead-free adj, white adj (gasoline) (US) ‖ **mit** ~**tetraethyl versetzen** (Kraftstoff) (Kftst, Kfz) / lead v (led)* ‖ ~**tetrahydrid** n (Chem) / lead(IV) hydride, plumbane n ‖ ~**tetramethyl** n (Chem) / lead tetramethyl, tetramethyl lead, TML ‖ ~**titanat** n (PbTiO$_3$) (Chem) / lead titanate ‖ ~**trinitroresorcinat** n

(Chem) / lead styphnate ‖ ~**trinitroresorzinat** n (Chem) / lead styphnate ‖ ~**trizinat** n (Bleisalz der Styphninsäure) (Chem) / lead styphnate ‖ ~**überzug** m / lead coating
**Bleiverbindung, verschiedene** ~**en die als Stabilisatoren für Vinylharze verwendet werden** (Chem Verf) / Dutch boy
**Blei • vergiftung** f (z.B. Bleianämie, Bleiarthralgie usw.) (Med) / lead poisoning*, plumbism* n, saturnism m, poisoning by lead ‖ **~verglaste Fenster** (Arch, Bau) / leaded lights*, lead-lights pl ‖ **~verglastes Fenster** (mit Rautenscheiben) (Arch, Bau) / lattice window* (with diamond-shaped leaded lights) ‖ ~**verglasung** f (Arch) / lead glazing ‖ ~**verglasung mit Kupferhaftern** (zur Stabilisierung größerer Bleifelder) (Arch) / copper glazing* ‖ ~**verglasung mit rautenförmigen Bleifeldern** (Arch) / fretwork* n ‖ **~verträglicher Katalysator** (Kfz) / lead-tolerant catalyst ‖ ~**wasser** n (Pharm) / lead water ‖ ~**wasserstoff** m (unbeständiger Grundkörper der bleiorganischen Verbindungen) (Chem) / lead(IV) hydride, plumbane n ‖ ~**weiß** n (basisches Bleikarbonat) (Chem) / white lead*, ceruse n ‖ **[feines]** ~**weiß** (Anstr) / flake white ‖ ~**weißanstrichstoff** m (für frischen Putz) (Anstr) / sharp colour, sharp paint ‖ ~**(II)-wolframat** n (Anstr, Chem) / lead tungstate, lead wolframate ‖ ~**ziegel** n (Nukl) / lead brick ‖ ~**-Zinn-Legierung** f (80 % Pb, 18 % Sn und 1 1/2 bis 2 % Sb) (Hütt) / terne metal* ‖ ~**-Zinn-Weichlot** n (DIN 1707) (Klemp) / plumber's solder*, coarse solder ‖ ~**zirkonat** n (PbZrO$_3$) (Chem) / lead zirconate ‖ ~**zirkonattitanat** n (Chem) / lead zirconate titanate* (PZT) ‖ ~**zucker** m (Chem) / lead(II) acetate, sugar of lead, lead(II) ethanoate ‖ **mit** ~**zusatz** / leaded adj
**Blend** m n (Mischung verschiedener Polymere, um eine Kombination ihrer Eigenschaften zu erreichen) (Chem, Plast) / blend n ‖ ~ (Verschnitt, Mischung, z.B. bei Tee und Tabak, vor allem aber bei alkoholischen Getränken zur Verbesserung der sensorischen Eigenschaften) (Nahr) / blend n ‖ ~ (Nahr) / blend n ‖ ~ (Mischungen verschiedener Fasern im Garn) (Tex) / blend* n
**Blend • arkade** f (Arch) / arcature n ‖ ~**arkatur** f (Arch) / arcature n ‖ ~**arkaturpilaster** m (Arch) / respond* n ‖ ~**boden** m (Bau, Zimm) / sub-floor* n, blind floor (US), rough floor (US), counter-floor* n ‖ ~**bogen** m (Arch) / blind arch*
**Blende** f (bei Hausgeräten) / control panel board ‖ ~ (Farbglas, das vor eine Signallampe gesetzt wird) (Bahn) / colour disk ‖ ~ (für die Gardinenleiste) (Bau) / pelmet n (GB), valance n (US) ‖ ~ (im Objektiven) (Foto, Opt) / stop* n, diaphragm* n ‖ ~ (Galv) / shield n (as of sputtering system) ‖ ~ (in der Galvanotechnik verwendete Einrichtung zur Herabsetzung unzulässig hoher Stromdichte an strombegünstigten Stellen/Spitzen und Kanten, die ein Anbrennen führen könnte) (Galv) / robber n, thief n ‖ ~ (in eine Rohrleitung fest eingebaute Scheibe mit kreisrunder Durchflußöffnung von unveränderlichem Durchmesser - zur Messung des Durchsatzes nach dem Wirkdruckverfahren) (Hyd, Masch) / orifice gauge*, orifice plate, orifice meter ‖ ~ (Kfz) / cover n, wheel cover, wheel cap ‖ ~ (im Auspufftopf) (Kfz) / baffle n ‖ ~ (ein sulfidisches Mineral) (Min) / glance* n, blende n ‖ ~ (Radar) / hood n ‖ ~ (an- oder aufgesetzter Stoffstreifen zum Säubern oder Verzieren von Kanten) (Tex) / trimming n, braiding n ‖ **chemische** ~ (Film) / chemical fade ‖ **kritische** ~ (bei der Bildschärfe im Optimum wird) (Opt) / critical aperture ‖ **leitfähige** ~ (zum Abschirmen von Kanten) (Galv) / current thief (in anodizing), current robber ‖ **ringförmige** ~ (bei Phasenkontrastmikroskopen) (Mikros) / annular diaphragm ‖ **telezentrische** ~ (Opt) / telecentric stop*
**blenden** v (Licht) / glare v, dazzle v, blind v, bedazzle v ‖ ~ (einen Satelliten) (Mil) / blind v ‖ ~**automat** m (Foto) / shutter-priority camera
**blendend** adj (Licht) / glaring adj, dazzling adj ‖ **~es Licht** (Licht) / glare* n
**Blenden • durchmesser** m (Foto, Opt) / aperture* n, optical aperture ‖ ~**einstellring** m (Foto, Opt) / aperture setting ring, aperture ring ‖ ~**einstellung** f (Foto, Opt) / stop setting ‖ **mit verschiedenen** ~**einstellungen aufnehmen** (Foto) / bracket vi ‖ ~**loch** n (Eltronik) / anode aperture ‖ ~**meßgerät** n (mit einer Meßblende, zur Bestimmung des Durchsatzes) (Instr) / orifice plate flowmeter, orifice meter ‖ ~**regelung** f (Foto, Opt) / diaphragm control ‖ ~**reihe** f (Foto) / bracketed series ‖ ~**sprünge machen** (um die optimale Belichtung bei schwierigen Beleuchtungsverhältnissen zu ermitteln) (Foto) / bracket vi ‖ **effektive** ~**zahl** (Foto) / T-stop n ‖ ~**zahl** f k (der Kehrwert der relativen Öffnung nach DIN 4521) (Foto, Opt) / f-number* n, aperture number*, focal ratio, f-stop n, stop-number n ‖ ~**ziehen** (ein vertikal verwischtes Bild) (Film) / ghost n, ghost travel
**blend • frei** adj (Opt) / glare-free adj, non-glare attr, non-reflecting adj, antiglare adj ‖ ~**giebel** m (Arch) / false gable ‖ ~**licht** n (Licht) / glare* n ‖ ~**maßwerk** n (einer nicht durchbrochenen Fläche vorgeblendetes Maßwerk) (Arch) / blind tracery, blank tracery ‖ ~**rahmen** m (bei Türen, Fenstern und Einbauschränken) (Tischl) /

**Blendschirm**

blind casing, ground casing (US) ‖ ~**schirm** *m* (EDV) / antiglare shield ‖ ~**schutzfilter** *n* **für Bildschirme** (EDV) / non-glare screen filter, antiglare filter ‖ ~**schutzvorrichtung** *f* (über Instrumententrägern) (Kfz) / antidazzle cowling ‖ ~**schutzzaun** *m* (HuT, Kfz) / antiglare fence, glare screen ‖ ~**stein** *m* (Bau) / facing brick* (designed for use on the exterior or facing of a structure or wall), face brick (US) ‖ ~**tür** *f* (Bau) / dead door
**Blendung** *f* (blendendes Licht) (Licht) / glare* *n* ‖ **akustische** ~ (Akus) / aural dazzling ‖ **physiologische** ~ (Opt) / disability glare ‖ **psychologische** ~ (Opt) / discomfort glare
**Bleomycin** *n* (Pharm) / bleomycin *n*
**Bleomyzin** *n* (Pharm) / bleomycin *n*
**Bleu** *n* / Cambridge blue, pale blue, Eton blue
**Blick • fang** *m* / eye-stopper *n*, eye-catcher *n* ‖ ~**feld** *n* (Foto) / photographic field ‖ ~**feld** (Opt) / field of view, viewing field, visual field, field of vision ‖ **im** ~**feld der Kamera** (Film, Foto) / in camera ‖ ~**felddarstellungsgerät** *n* (Luftf) / head-up display*, HUD* ‖ ~**prüfung** *f* (WP) / visual inspection, sight check, visual examination ‖ ~**punkt** *m* (Punkt, von dem aus beim Schlußfolgern alternative Hypothesen untersucht werden) (KI) / viewpoint *n* ‖ ~**winkel** *m* (Winkel, unter dem der Betrachter ein projiziertes Bild als Gesamtinformation sehen kann) (Film) / sight-lines* *pl* ‖ ~**winkel** (Opt, Physiol) / angle of vision
**Blimp** *m* (Film) / blimp* *n*, soundproof housing, barney *n*, bungalow *n* ‖ ~ (geräuschdämpfendes Kameragehäuse) (Film) / blimp* *n*, soundproof housing, barney *n*, bungalow *n*
**blind** *adj* (Oberfläche) / dull *adj*, tarnished *adj* ‖ ~ (Wein und Sekt) (Nahr) / dull *adj* ‖ ~ (Käse ohne Löcher) (Nahr) / blind *adj*, without eyes ‖ ~ (Opt) / blind *adj* ‖ ~**e Naht** (Tex) / blind stitch ‖ ~**es Chor-Füllgarn** (Spinn) / dead frame yarn ‖ ~**es Ende** (Masch) / dead end*, dead leg* ‖ ~**es Kaliber** (bei Schienenwalzung) (Hütt) / dummy pass ‖ ~**er Narben** (Leder) / blind grain ‖ ~**er Zapfen** (Zimm) / stub tenon*, joggle* *n* ‖ ~**es Zapfenloch** (Zimm) / blind mortise*, stopped mortise*, dead mortise
**Blind • -** (Elektr) / reactive *adj*, wattless *adj* ‖ ~**analyse** *f* (Chem) / blank analysis ‖ ~**anteil** *m* (Eltech) / reactive component, wattless component*, idle component* ‖ ~**aufkohlen** *n* (ohne Aufkohlungsmittel) (Hütt) / blank carburizing ‖ ~**backe** *f* (bei Backenpreventern) (Erdöl) / blind ram, Totalbacke *f* ‖ ~**band** *m* ("Messemuster" mit teilweise bedruckten Seiten) (Buchb, Druck) / dummy *n* ‖ ~**befehl** *m* (EDV) / dummy instruction ‖ ~**belastung** *f* (Eltech) / reactive load* ‖ ~**boden** *m* (Bau, Zimm) / sub-floor* *n*, blind floor (US), rough floor (US), counter-floor* *n* ‖ ~**boden** (Masch) / false bottom* ‖ ~**bogen** *m* (Arch) / blind arch* ‖ ~**daten** *n pl* (EDV) / dummy data ‖ ~**einschub** *m* (Eltronik) / dummy module
**Blinden • platz** *m* (Fernsp) / sight-impaired operator position, blind-operator position ‖ ~**schrifttastatur** *f* (EDV) / Braille keyboard ‖ ~**terminal** *n* (z.B. an Vermittlungsplätzen von Nebenstellenanlagen) (EDV) / Braille terminal
**Blind • farbe** *f* (bei der optischen Zeichenerkennung) (EDV) / drop-out colour ‖ ~**fenster** *n* (z.B. zur Gliederung einer Gebäudewand) (Arch) / blank window ‖ ~**flansch** *m* (Masch) / blind *n*, blank *n*, blank flange*, blind flange ‖ ~**fliegen** *n* (Luftf) / blind flying* ‖ ~**furnier** *n* (zur Absperrung von Qualitätsmöbeln) (For, Tischl) / crossband *n*, crossband veneer, cross veneer, diagonal-band veneer ‖ ~**gänger** *m* (Geschoß, dessen Sprengladung infolge Versagens der Zündvorrichtung nicht detoniert ist) (Mil) / dud *n* ‖ ~**geschwindigkeit** *f* (Luftf, Radar) / blind speed ‖ ~**härtungsversuch** *m* (standardisierter Versuch zur annähernden Bestimmung der im nichtaufgekohlten Kern austenitisierter und abgeschreckter Einsatzstähle erreichbaren Härte) (Hütt) / blank hardening test ‖ ~**holz** *n* (Mittelschicht von Tischlerplatten) (For, Tischl) / core *n* ‖ ~**kappe** *f* (Tischl) / cover button ‖ ~**katode** *f* (zum Abfangen von Verunreinigungen beim Galvanisieren) (Galv) / dummy *n*, dummy cathode, additional cathode ‖ ~**komponente** *f* (Eltech) / reactive component, wattless component*, idle component* ‖ ~**kopie** *f* (EDV) / blind copy, BC ‖ ~**landung** *f* (Landung ohne Bodensicht) (Luftf) / blind landing, all-weather landing ‖ ~**last** *f* (Eltech) / reactive load* ‖ ~**last** (Radio) / dummy load*, antenna load* ‖ ~**leistung** *f* (die von Spulen und Kondensatoren am Wechsel- oder Drehstromnetz aufgenommene Leistung zum Feldaufbau) (Eltech) / reactive volt-amperes*, reactive power*, wattless power, quadrature power ‖ ~**leistungsfaktor** *m* (Eltech) / reactive factor* ‖ ~**leistungsmaschine** *f* (Eltech) / phase advancer* ‖ ~**leistungsmesser** *m* (Eltech) / varimeter* *n*, varmeter* *n*, varometer* *n* ‖ ~**leistungszähler** *m* (ein integrierendes Meßinstrument, welches die elektrische Blindarbeit in Varstunden oder einem Vielfachen davon mißt) (Eltech) / idle-current wattmeter, reactive energy meter, wattless component meter, var-hour meter ‖ ~**leitung** *f* (bei Wellenleitern) (Fernm) / stub* *n* ‖ ~**leitwert** *m* (der Kehrwert des Blindwiderstands im Wechselstromkreis) (Elektr) / susceptance* *n* ‖ ~**leitwertbelag** *m* (Eltech) / per unit susceptance ‖ ~**material** *n* (Typog) / spacing material*, blanking material, whiting-out material ‖ **hochstehendes** ~**material** (der Spieße verursacht) (Typog) / rising space* ‖ ~**mauer** *f* (Bau) / blank wall ‖ ~**modulation** *f* (z.B. mit einer Reaktanzröhre) (Eltech) / reactance modulation* ‖ ~**muster** *n* (ein Illustrationsmuster für ein Layout oder eine grafische Darstellung) (EDV, Typog) / dummy *n* ‖ ~**niet** *m* (Masch) / blind rivet* ‖ ~**niet mit Sollbruchdorn** (Masch) / blind rivet with breaking mandrel ‖ ~**nitrieren** *n* (ohne Nitriermittel) (Hütt) / blank nitriding ‖ ~**ort** *n* (Bergb) / dead end ‖ ~**pore** *f* / closed pore*, blind pore ‖ ~**prägen** *n* (durch Warmeinpressen der Prägeformen - ohne Folien und Farbe) (Buchb) / blind blocking*, blocking* *n*, blinding* *n*, blind stamping ‖ ~**prägen** (manuell) (Buchb) / blind tooling* ‖ ~**prägen** (von Folien) (Plast) / blind blocking ‖ ~**pressen** *n* (Buchb) / blind blocking*, blocking* *n*, blinding* *n*, blind stamping ‖ ~**pressen** (manuell) (Buchb) / blind tooling* ‖ ~**probe** *f* (Nachweisreaktion in der chemischen Analyse) (Chem) / blank experiment ‖ ~**rahmen** *m* (bei Türen, Fenstern und Einbauschränken) (Tischl) / blind casing, ground casing (US) ‖ ~**röhre** *f* (Eltronik) / reactance valve, reactance tube ‖ ~**saum** *m* (Tex) / blind-stitch hem, blind hem ‖ ~**schacht** *m* (seigerer Grubenbau, der zwei oder mehrere Sohlen miteinander verbindet oder den Zugang von einer Sohle zu einem Flöz herstellt) (Bergb) / internal shaft, inside shaft, staple *n*, staple pit, blind shaft, subshaft *n* ‖ ~**schaltbild** *n* (für Schaltwarten) (Eltech) / mimetic diagram*, mimic diagram ‖ ~**schaltbild zur Darstellung des Netzzustandes** (Eltech) / matrix mimic board ‖ ~**scheibe** *f* (Masch) / blind *n*, blank *n*, blank flange*, blind flange ‖ ~**schloß** *n* (von der Kante her in die Tür eingelassen) (Bau, Tischl) / mortise lock*, rabbeted lock ‖ ~**schreiben** *n* (mit zehn Fingern auf der Schreibmaschine) / touch-typing *n* ‖ ~**spannung** *f* (Eltech) / reactance voltage* ‖ ~**spannungsabfall** *m* (Eltech) / reactance drop* ‖ ~**spannungsanstieg** *m* (Eltech) / reactance rise* ‖ ~**speiser** *m* (Gieß) / bob *n*, blind riser ‖ ~**stab** *m* (Eltech) / idle bar ‖ ~**standwert** *m* (einer Masse) (Akus) / inertance *n* ‖ ~**stecker** *n* (Fernm) / dummy plug ‖ ~**stich** *m* (Tex) / blind-stitch *n* ‖ ~**strecke** *f* (Bergb) / blind level ‖ ~**strom** *m* (Eltech) / reactive component of current*, quadrature current, wattless current, reactive current ‖ **kapazitiver** ~**strom** (Eltech) / capacitive current ‖ ~**stromkomponente** *f* (zur Erzeugung der Blindleistung) (Eltech) / reactive component of current*, quadrature current, wattless current, reactive current ‖ ~**stromtarif** *m* (Eltech) / power-factor rate ‖ ~**text** *m* (ein Entwurfsblatt für ein Layoutmuster, bei dem Schriftart, Größe und Zeilenabstand dem später zu setzenden Text entsprechen) (EDV, Typog) / dummy page ‖ ~**titration** *f* (Chem) / blank titration ‖ ~**verbrauchszähler** *m* (Eltech) / idle-current wattmeter, reactive energy meter, wattless component meter, var-hour meter ‖ ~**verkehr** *m* (Fernm) / waste traffic ‖ ~**versuch** *m* (Verabreichung von Placebos) (Pharm) / blind trial, placebo test ‖ **einfacher** ~**versuch** (Pharm) / single-blind trial ‖ ~**walze** *f* (Masch) / dead roll, dummy roll ‖ ~**wand** *f* (Bau) / blank wall ‖ ~**watt** *n* (gebräuchliche Einheit der Blindleistung nach DIN 1301, T 1) (Eltech) / volt-ampere reactive*, reactive volt-ampere, VAr* ‖ ~**welle** *f* (Bahn, Eltech) / jack shaft* ‖ ~**werden** (Anstr) / bloom *n* ‖ ~**werden** (Glas) / staining *n*, fogging *n*, tarnish *n*, dimming *n*, weathering *n* ‖ ~**wert** *m* (Chem) / blank value, blank reading ‖ ~**widerstand** *n* (DIN 40110) (Elektr) / reactance* *n* ‖ **akustischer** ~**widerstand** (Akus) / acoustic reactance ‖ **kapazitiver** ~**widerstand** (Elektr) / capacitive reactance*, capacitative reactance* ‖ **induktiver** ~**widerstand** (ein Wechselstromwiderstand) (Eltech) / inductive reactance* ‖ ~**widerstandsröhre** *f* (Eltronik) / reactance valve, reactance tube ‖ ~**zeichen** *n* (EDV) / dummy character
**Blink** *m* (Widerschein der Schnee- und Eisfelder an der Wolkengrenze) (Meteor) / blink *n*, iceblink *n* ‖ ~**anzeige** *f* / flashing indicator
**blinken** *v* / blink *v* ‖ ~ (Signalleuchte) / flash *v* ‖ ~ *n* (z.B. von Leuchtstofflampen) / flashing *n*, flash *n* ‖ ~ (eine beabsichtigte periodische Änderung der Intensität von Darstellungselementen) (EDV, Eltronik) / blinking *n* ‖ ~ (Kfz) / winking *n*, blinking *n* (US), turn (flashing) signal
**blinkend anzeigen** / flash *v* ‖ ~**er Cursor** (EDV) / blinking cursor
**Blinker** *m* (an der Fahrzeugaußenseite) (Kfz) / turn indicator light, blinker *n*, flasher unit, turn signal (US) ‖ ~**rücksteller** *m* (an der Lenksäule) (Kfz) / turn-signal cancelling cam ‖ ~**schalter** *m* (Kfz) / direction-indicator control, turn signal lever (US)
**Blink • feuer** *n* (an Gefahrenstellen) / blinker *n*, blinking light ‖ ~**feuer** (Schiff) / flashing light (the period of light is shorter than the period of darkness) ‖ ~**frequenz** *f* (z.B. des Cursors) (EDV, Eltronik) / flash frequency ‖ **automatischer** ~**geber** (Eltech) / flasher* *n* ‖ ~**komparator** *m* (zum Vergleich zweier zu verschiedener Zeit gemachter Aufnahmen des gleichen Himmelsbereichs) (Astr) / blink comparator *n*, blink microscope ‖ ~**leuchte** *f* (Kfz) / turn indicator light, blinker *n*, flasher unit, turn signal (US) ‖ ~**licht** *n* (Bahn) / blinker *n*, blinking light ‖ ~**licht** (für Fußgänger an den Fußgängerüberwegen) (HuT, Kfz) / pedestrian-crossing light, Belisha

beacon (GB), beacon *n* ‖ **~relais** *n* (Eltech) / flasher relay ‖
**thermische ~schalteinrichtung** (Phys) / thermal flasher*
**BLIP** (Fernm) / background limited performance, BLIP
**Blister** *m* (größere Blase in Sheets) (Chem Verf) / blister *n* ‖ **~haube** *f* (bei der Blisterverpackung) / blister cap
**Blistering** *n* (Nukl) / pimpling* *n*, blistering *n*
**Blister•karte** *f* (Verpackung) / blister card ‖ **~kupfer** *n* (Hütt) / blister copper* ‖ **~pack** *m* / blister pack ‖ **~verpackung** *f* / blister pack
**Blitz** *m* (Meteor) / lightning* *n* ‖ **schwarzer ~** (beim Clayden-Effekt) (Foto) / dark lightning ‖ **~ableiter** *m* (der Blitzschutzanlage) (Eltech) / lightning rod, lightning conductor ‖ **~bahn** *f* (Geophys, Meteor) / lightning channel, lightning path, track of lightning ‖ **~birnchen** *n* (DIN 19040) (Foto) / flash bulb*, photoflash lamp, flash-lamp *n*, photographic flash bulb ‖ **~dränung** *f* (als System) (Landw) / zigzag drainage system ‖ **~einschlag** *m* (Geophys, Meteor) / lightning stroke
**Blitzen, indirektes ~** (z.B. gegen die Zimmerdecke) (Foto) / bounce-light *n*
**Blitzentladung** *f* (Meteor) / lightning* *n*
**Blitzer** *m* (Anstr) / misregister *n*
**Blitz•feuer** *n* (Luftf, Schiff) / quick-flashing light, rapid-flashing light ‖ **~folgefeuer** *n* (eine Lichterscheinung) (Luftf) / sequenced flashing light ‖ **~folgefeuer** (als Anlage) (Luftf) / sequence flasher ‖ **~folgezeit** *f* (Foto) / recycle time, recycling time ‖ **~fotolyse** *f* (Chem) / flash photolysis* ‖ **~gerät** *n* (zur Aufnahme und zum Betrieb von Blitzlichtquellen) (DIN 19040) (Foto) / flashgun* *n* ‖ **~gerät** (z.B. Blitzlampengerät, Blitzröhrengerät) (Foto) / photoflash unit, flash unit, flash equipment ‖ **~gespräch** *n* (Fernsp) / top priority call, lightning call ‖ **~kanal** *m* (Geophys, Meteor) / lightning channel, lightning path, track of lightning ‖ **~kleber** *m* (Einkomponenten-Reaktionsklebstoff) (Chem) / cyanoacrylate adhesive (super glue) ‖ **~kontakt** *m* (Foto) / flash socket ‖ **~lampe** *f* (DIN 19040) (Foto) / flash bulb*, photoflash lamp, flash-lamp *n*, photographic flash bulb ‖ **~leiste** *f* (Foto) / flash-bar *n*
**Blitzlicht•fotografie** *f* (Foto) / flashlight photography* ‖ **~lampe** *f* (DIN 19040) (Foto) / flash bulb*, photoflash lamp, flash-lamp *n*, photographic flash bulb ‖ **~-Synchronisation** *f* (die dem Bewegungsablauf einer Kameraverschlusses angepaßte Kontaktgabe zur Zündung einer Blitzlichtquelle in Abhängigkeit vom Verschlußöffnungsvorgang) (Foto) / flash synchronization ‖ **~-Synchronisation mit F-Kontakt** (für Blitzlampen kurzer Scheitelzeit) (Foto) / F-synchronization *n* ‖ **~-Synchronisation mit M-Kontakt** (an Zentral- und Schlitzverschlüssen, die etwa 15 bis 18 ms vor dem X-Kontakt schaltet) (Foto) / M-synchronization* *n* ‖ **~-Synchronisation mit X-Kontakt** (Kontaktgabe unmittelbar vor Erreichen der vollen Öffnung des Verschlusses) (Foto) / X-synchronization* *n*
**Blitz•löter** *m* / high-speed soldering iron ‖ **~neiger** *m* (Foto) / angle flash ‖ **~periode** *f* (Luftf) / flashing period ‖ **~pulver** *n* (Gieß, Pharm) / lycopodium *n* ‖ **~pyrolyse** *f* (Chem) / flash pyrolysis *f* ‖ **~riß** *m* (ein Holzschaden) (For) / thunder shake, lightning shake, lightning scar ‖ **~röhre** *f* (DIN 19040) (Eltronik) / flash tube* ‖ **~röhre** (durch Blitzeinschlag im Sand entstanden) (Min) / fulgurite* *n*, lightning tube* *n* ‖ **~rohrzange** *f* (Werkz) / footprints *pl*, pipe tongs, combination pliers ‖ **~röstung** *f* (bei der das fein vermahlene, abzuröstende Gut in einer hocherhitzten Reaktionskammer herabfällt, während ihm die Röstluft entgegenströmt) (Hütt) / flash roasting* ‖ **~- und Biwaksack** *m* (Tex) / anti-hypothermia bag ‖ **~schiene** *f* (Foto) / flash bracket ‖ **~schlag** *m* (Geophys, Meteor) / lightning stroke ‖ **direkter ~schlag** (Eltech) / direct stroke* ‖ **induzierter ~schlag** (Eltech) / indirect stroke (a lightning stroke that does not strike directly any part of a network but that induces an overvoltage in it) ‖ **~schutz** *m* (Eltech) / lightning (surge) arrester*, arrester* *n* ‖ **~schutzanlage** *f* (Eltech) / lightning (surge) arrester*, arrester* *n* ‖ **~sinter** *m* (Min) / fulgurite* *n*, lightning tube* ‖ **~start** *m* (mit Durchdrehen der Antriebsräder) (Kfz) / racing start ‖ **~thermolyse** *f* (Chem) / flash pyrolysis ‖ **~Winkelschiene** *f* (Foto) / angular flash bracket ‖ **~würfel** *m* (die einzelnen Blitzlampen dieser Einheit werden unabhängig voneinander durch einen elektrischen oder mechanischen Impuls gezündet) (Foto) / flash-cube* *n* ‖ **~zement** *m* (Bau, HuT) / rapid-hardening cement, quick-setting cement, fast-setting cement, high-speed cement
**BL-Lac-Objekt** *n* (Unterklasse oder besonderer Entwicklungszustand eines Quasars) (Astr) / blazar* *n*, BL Lacertae, BL Lac
**Blob** *m n* (Kernphys) / blob *n* ‖ **~dichte** *f* (Kernphys) / blob density
**Bloch-Funktion** *f* (die Eigenfunktion eines Elektrons) (Phys) / Bloch function*
**Blochsch•e Eigenfunktion** (nach F. Bloch, 1905-1983) (Phys) / Bloch function* ‖ **~e Wand** (Mag) / Bloch wall
**Bloch•-Siegert-Effekt** *m* (leichte Verschiebung der Resonanzlagen durch zusätzliche Einstrahlung) (Spektr) / Bloch-Siegert effect ‖ **~-Summe** *f* (mit der Eigenschaft einer Bloch-Funktion) (Phys) / linear combination of atomic orbitals, LCAO ‖ **~-Theorem** *n* (Phys) /

Bloch theorem ‖ **~wand** *f* (zwischen zwei Weissschen Bezirken - nach F. Bloch, 1905-1983) (Mag) / Bloch wall
**Block** *m* (Einrichtung zur Sicherung) (Bahn) / block *n* ‖ **~** (Bauelement) (Bau) / building block ‖ **~** (im Blockbruchbau) (Bergb) / underhand stope ‖ **~** (Bergb) / block* *n* ‖ **~** (Naturgruppe benachbarter Einträge in einer Datei) (EDV) / bucket *n* ‖ **~** (zusammenhängende Wort- oder Informationseinheit) (EDV) / block* *n* ‖ **~** (im Gegensatz zum Datensatz) (EDV) / physical record, data block, block *n* ‖ **~** (Tastaturzone eines Textautomaten) (EDV) / keypad *n* ‖ **~** (Eltech) / block *n* ‖ **~** (For) / log *n* ‖ **~** (abgeschwarteter) (För) / baulk* *n* ‖ **~** (Geol) / block *n* ‖ **~** (zum Walzen) (Hütt) / bloom* *n*, cog *n*, cogged ingot ‖ **~** (gegossene Masse, meistens mit quadratischem Querschnitt) (Hütt) / ingot* *n*, ingot bar ‖ **~** (von Instrumenten) (Instr) / cluster *n* ‖ **~** (der Seilführung dienende Rillenscheibe in einem Gehäuse; Zylinderblock) (Masch) / block* *n* ‖ **~** (Masch) / unit *n*, set *n* ‖ **~** (Masch) / gauge block ‖ **ataktischer ~** (bei Blockpolymeren) (Chem) / atactic block ‖ **bedingter ~** (läßt mehrere Züge auf dem Blockabschnitt zu) (Bahn) / permissive block system ‖ **regelmäßiger ~** (bei Blockpolymeren) (Chem) / regular block ‖ **taktischer ~** (bei Blockpolymeren) (Chem) / tactic block ‖ **unbedingter ~** (läßt nur einen Zug auf dem Blockabschnitt zu) (Bahn) / absolute block system* ‖ **unregelmäßiger ~** (bei Blockpolymeren) (Chem) / irregular block ‖ **verkürzter ~** (EDV) / short block ‖ **vorgewalzter ~** (Hütt) / bloom* *n*, cog *n*, cogged ingot ‖ **~** *m* **von Zahnrädern** (Masch) / gear cluster*
**Block•abbruch** *m* (Anweisung, einen teilweise übertragenen DÜ-Block nicht auszuwerten) (EDV) / block abort, frame abortion ‖ **~abschnitt** *m* (Bahn) / block section* ‖ **~abstand** *m* (räumlicher Abstand zwischen zwei Blocksignalen) (Bahn) / block interval ‖ **~abstreifer** *m* (Hütt) / ingot stripper* ‖ **~abstreiferkran** *m* (Hütt) / stripper crane, ingot stripping crane
**Blockade** *f* (mit umgedrehten Lettern) (Typog) / turned letters
**Block•adresse** *f* (EDV) / block address ‖ **~anfang** *m* (EDV) / start of block, SOB, block start ‖ **~anlage** *f* (als System) (Bahn) / block signal system, block system*, block equipment ‖ **~aufsatz** *m* (Gieß, Hütt) / hot top* ‖ **~aufzug** *m* (For) / log haul ‖ **~aufzug** (For) s. auch Sägeblockkettenlängsförderer ‖ **~aufzugkette** *f* (For) / bull-chain* *n* ‖ **~ausgleichung** *f* (in der Fotogrammetrie) / block adjustment ‖ **~bandsägemaschine** *f* (Bandsägemaschine zur Herstellung von Schnittholz aus Sägeholz und zum Zuschnitt von Messerfurnierblöcken) (For) / log band-sawing machine ‖ **~bau** *m* (Bergb) / block (system) of mining ‖ **~bauweise** *f* (Masch) / block system of construction ‖ **~bauweise** (Masch) s. auch Baukastensystem ‖ **~befehl** *m* (EDV) / block command ‖ **~begrenzung** *f* (EDV) / flag* *n* ‖ **~beutel** *m* (mit rechteckigem Boden und gefalzter eingelegter Falte) / self-opening square bottom bag, SOS bag with sharply creased fold) ‖ **~bild** *n* (schematisches Schrägbild eines blockförmigen Ausschnittes der Erdkruste) (Geol, Kart) / block diagram (of the earth's crust) ‖ **~blei** (Hütt) / pig lead ‖ **~bruchbau** *m* (Bergb) / block caving*, gravity block caving ‖ **~chargiermaschine** *f* (Hütt) / ingot charger
**Blöckchen** *n* (Hütt, Masch) / blank* *n*, slug *n*
**Block•code** *m* (EDV) / block code ‖ **~copolymerisation** *f* (Chem) / block copolymerization, block copolymerisation ‖ **~diagramm** *n* (eine vereinfachende Darstellung eines hardware- oder softwaremäßigen Sachverhaltes) (EDV) / block diagram* ‖ **~diagramm** (Eltech) / block diagram ‖ **~diagramm** (Geol, Kart) / block diagram (of the earth's crust) ‖ **~drehen** *n* (Erzeugung von Vierkantblöcken) (Masch) / block turning ‖ **~drehmaschine** *f* (zum Entfernen der Gußhaut von Metallblöcken) (Hütt, Masch) / ingot lathe ‖ **~drucker** *m* (EDV) / block printer ‖ **~drücker** *m* (im Stoßofen) (Hütt) / ingot pusher, furnace ingot pusher ‖ **~einheit** *f* (Eltech) / block *n* ‖ **~einheitentreiber** *m* (EDV) / block-device driver ‖ **~einsatzmaschine** *f* (Hütt) / ingot charger ‖ **~einsetzmaschine** *f* (Hütt) / ingot charger ‖ **~empfangswagen** *m* (des Gatters) (For) / rear auxiliary carriage
**Blocken** *n* (der Datensätze) (EDV) / blocking *n* ‖ **~** (Plast) / blocking *n*
**Blockende** *n* (EDV) / end of block (EOB) ‖ **~** (For) / saw log end ‖ **~** (unteres) (Hütt) / crop *n*, discard* *n* ‖ **abgeschopftes ~** (Hütt) / crop *n*, discard* *n*
**Block•faktor** *m* (die Anzahl der logischen Sätze, die mit einer E/A-Operation übertragen werden) (EDV) / blocking factor* ‖ **~fett** *n* / block grease, brick grease ‖ **~form** *f* (Glas) / block mould ‖ **~form** (Hütt) / ingot mould* ‖ **~förmiger Rückstand erodierter Tertiärschichten** (Geol) / sarsen* *n*, grayweather *n* ‖ **~fräsmaschine** *f* (Hütt, Masch) / ingot miller ‖ **~generator** *m* (Eltech) / unit-connected generator ‖ **~geschwindigkeit** *f* (Luftf) / block speed ‖ **~gießen** *n* (bei Edelstählen und speziellen NE-Metallen) (Gieß) / ingot casting ‖ **~gletscher** *m* (Geol) / rock glacier ‖ **~glimmer** (Eltech) / block mica ‖ **~glimmer** (in "Buchform") (Eltech) / mica book ‖ **~glimmer** (Scheiben von 10 bis 400 cm² mit einer Dicke von 0,3 bis 3 mm) (Eltech) / mica slab, mica block ‖ **~guß** *m* (Gieß) / ingot casting ‖

**Blockhaube**

⁓**haube** f (Gieß, Hütt) / hot top* ‖ ⁓**haus** n (Bau) / log cabin, log house, blockhouse n ‖ ⁓**haus** n (Mil, Nukl) / blockhouse n ‖ ⁓**heftung** f (Drahtheftung durch den seitlichen Falz) (Buchh) / side wire stitching ‖ **seitliche** ⁓**heftung** (Buchh) / side wire-stitching ‖ ⁓**heizkraftwerk** n (Eltech) / block-type thermal power station ‖ ⁓**hobelmaschine** f (For) / log-planing machine ‖ ⁓**hobelmaschine** (Masch) / ingot planing machine ‖ ⁓**holz** n (in handelsüblichen Abmessungen) (For) / stuff* n, stock lumber, stock n ‖ ⁓**hütte** f (Bau) / log cabin, log house, blockhouse n

**blockieren** vi (von Bremsen) / lock up v ‖ ~ v (reaktionsfähige Substituenten) (Chem) / block v ‖ ~ (Eltronik) / inhibit v ‖ ~ (Räder) (Kfz) / lock v ‖ ~ (Masch) / block v, jam v, interlock v ‖ ~ n (Eltech) / interlock* n, blocking n ‖ ⁓ (100%iger Schlupf) (Kfz) / wheel lock ‖ ⁓ (Masch) / blocking n, jamming n, jam n, interlock n

**Blockier•regler** m (Kfz) / anti-blocking device, skid-control system, anti-lock(ing) device, anti-skid (brake) system, ABS brake* ‖ ⁓**relais** n (Eltech) / blocking relay ‖ ⁓**schaltung** f (Fernm, TV) / clamp* n, clamping circuit ‖ ⁓**schaltung** (bei einem Zähler) (Instr) / paralysis circuit ‖ ⁓**schutz** m (Kfz) / anti-blocking device, skid-control system, anti-lock(ing) device, anti-skid (brake) system, ABS brake* ‖ ⁓**schutzeinrichtung** f (Kfz) / anti-blocking device, skid-control system, anti-lock(ing) device, anti-skid (brake) system, ABS brake*

**blockiert** adj (EDV) / hung up adj ‖ ~ (Bremse) (Masch) / bound adj ‖ ~**er Rotor** (Eltech) / locked rotor, stalled rotor ‖ ~**e Strömung** (Phys) / choked flow

**Blockierung** f (des Austauschers) (Chem Verf) / fouling n ‖ ⁓ (Eltech) / interlock* n, blocking n ‖ ⁓ (Masch) / blocking n, jamming n, jam n, interlock n ‖ **externe** ⁓ (Zustand, in dem alle Abnehmerleitungen in die gewünschte Richtung belegt sind) (Fernsp) / external blocking ‖ **gegenseitige** ⁓ (aufgrund fehlender Zugriffssynchronisierung) (EDV) / deadlock n

**Blockierungs•effekt** m (beim Färben mit Reaktivfarbstoffen) (Tex) / blocking effect ‖ ⁓**frei** adj (Durchschaltung) (Fernsp) / non-blocking adj ‖ ⁓**-Machzahl** f (Luftf) / choking Mach number

**Blockierverhinderer, automatischer** ⁓ (Kfz) / anti-blocking device, skid-control system, anti-lock(ing) device, anti-skid (brake) system, ABS brake*

**Blockierzustand** m (z.B. eines Thyristors) (Eltronik) / off-state n

**Blocking** n (eine unerwünschte Erscheinung bei Folien) (Plast) / blocking n

**Block•kalibrierwalzwerk** n (Hütt) / billet cornering and tapering mill ‖ ⁓**karo** n (Karomusterung, etwa ab 20mm) (Tex) / plaid n ‖ ⁓**kasten** m (für mehrere Zellen einer Batterie) (Eltech) / battery container, battery case ‖ ⁓**kette** f (Masch) / block chain ‖ ⁓**kipper** n (Hütt) / ingot tilter ‖ ⁓**kode** n (EDV) / block code ‖ ⁓**koeffizient** m (Schiff) / block coefficient* ‖ ⁓**kokille** f (Hütt) / ingot mould* ‖ ⁓**kokillenhaube** f (Gieß, Hütt) / hot top* ‖ ⁓**kondensator** m (Eltech) / blocking capacitor, buffer capacitor* ‖ ⁓**kopolymerisation** f (Chem) / block copolymerization, block copolymerisation ‖ ⁓**kraftwerk** n (aus mehreren selbständig funktionierenden Kraftwerksblöcken) (Eltech) / block power station, unit-type power station ‖ ⁓**kran** m (Hütt) / ingot crane ‖ ⁓**laden** n (EDV) / block loading ‖ ⁓**länge** f (EDV) / block length, block size ‖ **feste** ⁓**länge** (EDV) / fixed block length ‖ ⁓**lava** f (Geol) / block lava* ‖ ⁓**lehm** m (Geol) / till* n ‖ ⁓**leistung** f (eines Kraftwerksblocks) (Eltech) / unit capacity ‖ ⁓**loses Walzen** (Hütt) / strand rolling, cast rolling ‖ ⁓**lücke** f (zwischen zwei Bandblöcken) (EDV) / gap n, interblock gap, interblock space, IBG, IBS ‖ ⁓**lücke** (Tonband) (Mag) / gap* n ‖ ⁓**matching** (Prüfung von Pixelblöcken auf Gleichheit) (EDV) / block matching (an image compression) ‖ ⁓**meer** n (Geol) / felsenmeer n, stone field, boulder field, block field ‖ ⁓**metall** n (Hütt) / ingot metal ‖ ⁓**motor** m (eine Motorradmotorenbauart) (Kfz) / unit engine ‖ ⁓**multiplexkanal** m (EDV) / block multiplex channel ‖ ~**orientierter Schreib-/Lesespeicher** (EDV) / block-oriented RAM, BORAM, block-oriented random-access memory ‖ ~**orientierter Speicher mit wahlfreiem Zugriff** (EDV) / block-oriented RAM, BORAM, block-oriented random-access memory ‖ ⁓**parität** f (Parität eines Datenblocks nach Ergänzung durch ein Blockprüfzeichen; im Gegensatz zur Quer- bzw. Zeichenparität) (EDV) / longitudinal parity, block parity, horizontal parity ‖ ⁓**pflaster** n (HuT) / block pavement ‖ ⁓**polymer** n (Chem) / block polymer ‖ ⁓**polymerisation** f (Chem) / block polymerization ‖ ⁓**polymerisation** (Chem) s. auch Massepolymerisation ‖ ⁓**prüfkode** m (EDV) / block code ‖ ⁓**prüfung** f (DIN 44302) (EDV) / longitudinal redundancy check (LRC), longitudinal check, block check ‖ **zyklische** ⁓**prüfung** (auf Richtigkeit einer übertragenen Nachricht) (EDV) / cyclic redundancy check (CRC) ‖ ⁓**prüfzeichen** n (EDV) / longitudinal redundancy check character, LRC character, block check character, BCC ‖ ⁓**regen** m (Modellregen mit konstanter Regenintensität und vorgegebener Regenhäufigkeit) (Sanitär, Wasserb) / block rain ‖ ⁓**rückweisung** f (EDV) / frame reject (FRMR) ‖ ⁓**säge** f (For) / head saw ‖ ⁓**satz** m (Druck) / justified setting, justified style ‖ ⁓**satz** (Anordnung von Titelzeilen oder anderen Satzgruppen in Blockform (ohne Einzug)) (Typog) / flush matter ‖ ⁓**satz und Silbentrennung** f (EDV) / hyphenation and justification (H + J) ‖ ⁓**schaltbild** n (grafische Darstellung der Struktur eines Systems) / functional diagram ‖ ⁓**schaltbild** (Eltech) / block diagram ‖ ⁓**schaltplan** m (grafische Darstellung der Struktur eines Systems) / functional diagram ‖ ⁓**schaum** m (Hütt) / ingot scum ‖ ⁓**schere** f (Hütt) / ingot shears ‖ ⁓**schnitt** m (For) / through-and-through sawing ‖ ⁓**schrift** f (Druck) / block letters, block capitals ‖ ⁓**schrott** m (Hütt) / heavy scrap ‖ ⁓**seigerung** f (Gieß) / macrosegregation n, major segregation ‖ **zyklische** ⁓**sicherung** (EDV) / cyclic redundancy check (CRC) ‖ ⁓**signal** n (Bahn) / block signal ‖ ⁓**sortierer** m (For) / log sorter ‖ ⁓**stapel** m (blockweise sortiertes hochwertige einheimisches Laubschnittholz) (For) / hardwood sawn timber pile, hardwood lumber pile (US) ‖ ⁓**stapeln** n (For) / log piling ‖ ⁓**stapelung** f (For) / log piling ‖ ⁓**stein** m (Bauelement) (Bau) / building block ‖ ⁓**steinmauerwerk** n (Bau) / blockwork* n ‖ ⁓**stelle** f (die die Strecke in Blockabschnitte unterteilt) (Bahn) / block post, end of block section ‖ ⁓**strecke** f (zwischen zwei Zugfolgestellen liegend und von Blocksignalen begrenzt) (Bahn) / block section* ‖ ⁓**strom** m (Geol) / block stream, stone river, rock stream, stone run, train of stones ‖ ⁓**system** n (Bahn) / block system* ‖ ⁓**teich** m (For) / log storage pond, log pond, mill-pond n ‖ ⁓**transfer** m (EDV) / block transfer ‖ ⁓**übertragung** f (Übertragung eines Blocks oder mehrerer Blöcke mit einem Befehl) (EDV) / block transfer

**Blockungsfaktor** m (EDV) / blocking factor*

**Block•verarbeitung** f (EDV) / block processing ‖ ⁓**verband** m (Bau) / English bond* ‖ ⁓**verband mit versetzten Fugen** (Bau) / English cross bond*, St Andrew's cross bond, Saint Andrew's cross bond, Dutch bond* ‖ ⁓**verwerfung** f (Geol) / block faulting (a type of normal faulting in which the crust is divided into structural or fault blocks of different elevations and orientations) ‖ ⁓**wagen** m (des Gatters) (For) / saw carriage, logsaw carriage ‖ ⁓**walzwerk** n (Hütt) / blooming mill*, cogging mill, bloomer n, primary mill ‖ **rauscharmer** ⁓**wandler** (Satellitenkommunikation) (Fernm) / low-noise block converter, LNB ‖ ⁓**ware** f (For) / boule n ‖ ~**weises Sortieren** (EDV) / block sort ‖ ⁓**wender** m (For) / log turner ‖ ⁓**zangenkran** m (Hütt) / ingot tongs crane ‖ ⁓**zeit** f (Luftf) / block time*, chock-to-chock time*, ramp-to-ramp time ‖ ⁓**zeit** (bei Wasserflugzeugen) (Luftf) / buoy-to-buoy time* ‖ ⁓**ziehkran** m (Hütt) / stripper crane, ingot stripping crane ‖ ⁓**zinn** n (Hütt) / block tin* ‖ ⁓**zuführungswagen** m (des Gatters) (For) / front auxiliary carriage ‖ ⁓**zug** m (im Sägewerk) (For) / log haul ‖ ⁓**zwischenraum** m (EDV) / gap n, interblock gap, interblock space, IBG, IBS

**Blödit** m (Magnesiumnatriumsulfat) (Min) / bloedite n, astrakanite n, astrakhanite n

**Blonde** f (feine Seidenspitze mit Blumen- und Figurenmuster) (Tex) / blonde lace

**Blooming** n (im Bild sichtbare Lampen erzeugen ein helles und farbiges Nachziehen) (Film) / blooming n ‖ ⁓ (Hütt) / blooming mill*, cogging mill, bloomer n, primary mill ‖ ⁓ (störende Erscheinung an Bildstellen mit sehr hellen Details) (TV) / blooming n

**Bloom-Zahl** f (Maß für die Gallertfestigkeit) (Chem) / Bloom number

**bloß** adj (Auge) / naked adj, unaided adj

**Blöße** f (in einem Waldgebiet) (For) / blank n ‖ ⁓ (die von Haaren, Oberhaut und Unterhautgewebe befreite, aber noch nicht gegerbte Tierhaut) (Leder) / pelt n

**Blößen•konditionierung** f (Entkälken, Sauerstellen) (Leder) / pelt conditioning n ‖ ⁓**masse** f (Leder) / beam weight, beamhouse weight ‖ ⁓**querschnitt** m (Leder) / pelt cross section ‖ ⁓**schnitt** m (Leder) / pelt cross section

**bloß•gelegt** adj (Bergb) / stripped adj ‖ ~**legen** v / uncover v ‖ ~**legen** (Bau, Bergb, Geol) / expose v ‖ ~**legen** (im Tagebau) (Bergb) / strip v ‖ ⁓**legung** f (im Tagebau) (Bergb) / stripping* n

**Blotting** n (eine Nachweismethode für Proteine, Nukleinsäuren usw.) (Chem) / blotting n

**Blowby** n (das Blowby-Volumen kann als Maß für den Zylinder-, Kolben- und Ringverschleiß sowie für den Ölverbrauch und die Ölverschmutzung betrachtet werden) (V-Mot) / blow-by n, crankcase blow-by

**Blowdown** n (Masch, Nukl) / blow-down n, depressurization n ‖ ⁓**-Störfall** m (Nukl) / blow-down accident, depressurization accident ‖ ⁓**-System** n (eine Sicherheits- und Entleerungseinrichtung für gasförmige und flüssige Produkte) (Erdöl) / blow-down system ‖ ⁓**-Windkanal** m (die gespeicherte Druckluft wird in die Atmosphäre ausgeblasen) (Luftf) / blow-down tunnel

**Blowout** n (unkontrolliertes Ausströmen von Erdöl) (Erdöl) / blow-out* n ‖ **katastrophaler** ⁓ (Erdöl) / catastrophic blowout ‖ ⁓**-Preventer** m (Erdöl) / blow-out preventer*, preventer n, BOP*

**Blow-up** n / blow-up n ‖ ⁓ (Foto) / blow-up* n, enlargement n

**Blubber** m / blubber n

**Blubbern** *n* (unerwünschter Rückkopplungseffekt bei mehrstufigen Verstärkern) (Radio) / motor-boating* *n*
**Blue Cotton** *m n* (Baumwolle, angefärbt mit Reactive Blue) (Tex) / blue cotton ‖ ~ **Denim** *m* (Tex) / blue denim ‖ ~ **Ground** (Geol) / blue ground* ‖ ~ **Jeans** (Tex) / blue jeans, jeans *pl* ‖ ~ **Lead** *n* (ein aus sulfidischen Bleierzen durch Abrösten gewonnenes Bleisulfat, welches noch Bleisulfid, Bleisulfit, Zinkoxid und Kohlenstoff enthält) (Anstr) / blue lead ‖ ~**-Box-Effekt** *m* (TV) / blue box ‖ ~**-box-Verfahren** *n* (Film, TV) / blue-screen process ‖ ~**jeans** *pl* (Tex) / blue jeans, jeans *pl* ‖ ~**-screen-Verfahren** *n* (Film, TV) / blue-screen process
**blühen** *v* (Bot) / flower *v*, bloom *v*, be in flower, be in bloom ‖ ~ (Mais) (Landw) / silk *v*
**Blühhormon** *n* (Biochem, Bot) / flowering hormone
**Blume** *f* (Leder) / bloom *n* ‖ ~ (z.B. Eisenblüte) (Min) / flores *n*, bloom* *n*, blossom *n* ‖ ~ (des Weins) (Nahr) / bouquet *n* ‖ ~ (Schaum des frisch eingeschenkten Biers) (Nahr) / head *n*
**Blumeakampfer** *m* (aus Blumea balsamifera (L.) DC.) (Chem) / ngai camphor
**blumebildender** (hydrolysierbarer) **Gerbstoff** (z.B. Myrobalanen) (Chem, Leder) / ellagitannin *n*
**Blumen•draht** *m* / florist's wire ‖ ~**erde** *f* (für Blumentöpfe) / potting soil ‖ ~**erde** (For) / leaf mould, mould *n* ‖ ~**esche** *f* (Fraxinus ornus L.) (For) / flowering ash, manna ash ‖ ~**frischhaltemittel** *n* / flower preservative ‖ ~**geschmückt** *adj* (Arch) / floriated* *adj* ‖ ~**hartriegel** *m* (Cornus florida L.) (For) / flowering dogwood, flowering cornel ‖ ~**kelch** *m* (Bot) / calyx* *n* (pl. calyces or -es) ‖ ~**krepp** *m* (Pap) / florist's crêpe ‖ ~**muster** *n* (Galv) / spangle *n* ‖ ~**muster** (Keram, Tex) / floral design ‖ ~**ornament** *n* (Arch) / floral ornament, fleuron *n* ‖ **mit** ~**ornament** (Arch) / floriated* *adj* ‖ ~**schmuck** *m* (Arch) / floral ornament, fleuron *n* ‖ **mit** ~**schmuck** (Arch) / floriated* *adj* ‖ ~**stück** *n* (Druck) / flowers* *pl*, floret *n*, flourish *n*, fleurons *pl* ‖ ~**verziert** *adj* (Arch) / floriated* *adj* ‖ ~**zierstück** *n* (Druck) / flowers* *pl*, floret *n*, flourish *n*, fleurons *pl*
**blumig** *adj* (Geruchseindruck) (Nahr) / floral *adj* ‖ ~ (Wein) (Nahr) / fragrant *adj* ‖ ~**e Textur** (z.B. bei Mahagoni-Pommelé) (For) / pommelle *n*
**Blunting-Line** *f* (eine Ursprungsgerade bei Bestimmung der Rißeinleitungswerte) (WP) / blunting line
**β-Lupulinsäure** *f* (Brau) / lupulone *n*, β-lupulinic acid
**Blut•albuminleim** *m* / albumin glue, blood glue, blood-albumen glue ‖ ~**alkohol** *m* (Konzentration von Ethylalkohol im Blut, angegeben meist in Promille) (Med) / blood alcohol, BAC ‖ ~**alkoholgehalt** *m* (Kfz, Med) / blood-alcohol content, BAC level ‖ ~**alkoholspiegel** *m* (Kfz, Med) / blood-alcohol content, BAC level ‖ ~**buche** *f* (Rotbuche mit rotbraunen Blättern - Fagus sylvatica cuprea) (For) / copper beech ‖ ~**drucksenkendes Mittel** (Pharm) / hypotensor *n*, antihypertensive agent
**Blüte** *f* (z.B. Eisenblüte) (Min) / flores *n*, bloom* *n*, blossom *n*
**Bluten** *n* (Ölabscheidung vom Schmierfett) (Chem Verf) / bleeding *n* ‖ ~ (der Farbe beim Textildruck) (Tex) / flushing *n*
**Blüten•bestäubung** *f* (Bot, Landw) / pollination* *n* ‖ ~**farbstoff** *m* (Bot, Chem) / flower pigment, blow-down pigment ‖ ~**formel** *f* (Bot) / floral formula* ‖ ~**öl** *n* / flower oil ‖ ~**ornament** *n* (Arch) / floral ornament, fleuron *n* ‖ ~**pollen** *m* (Bot) / pollen* *n* ‖ ~**scheide** *f* (Bot) / spathe* *n* ‖ ~**stand** *n* (Bot) / inflorescence* *n*
**Blut•ersatzmittel** *n* (Pharm, Physiol) / expander *n*, blood substitute ‖ ~**fett** *n* (Physiol) / blood lipid ‖ ~**flüssigkeit** *f* (Physiol) / blood plasma*, plasma* *n* ‖ **blutisotonischer** ~**flüssigkeitsersatz** (Pharm, Physiol) / expander *n*, blood substitute ‖ ~**gerinnung** *f* (Physiol) / blood clotting, blood coagulation ‖ ~**holz** *n* (Haematoxylum campechianum L.) (For) / Campeachy wood, logwood* *n*, blue-wood *n*, CAM ‖ ~**isotonisches Blutflüssigkeitsersatz** (Pharm, Physiol) / expander *n*, blood substitute ‖ ~**isotonischer Plasmaexpander** (Pharm, Physiol) / expander *n*, blood substitute ‖ ~**jaspis** *m* (ein lauchgrüner Chalzedon mit blutroten Punkten) (Min) / bloodstone* *n*, heliotrope* *n*, oriental jasper ‖ ~**körperchen** *n* (Physiol) / blood corpuscle*, blood cell ‖ **weißes** ~**körperchen** (Physiol) / leucocyte *n*, leukocyte *n* ‖ **rotes** ~**körperchen** (Physiol) / erythrocyte *n*, red blood cell ‖ ~**körperchensenkungsreaktion** *f* (Med) / sedimentation reaction ‖ ~**laugensalz** *n* (Chem) / prussiate of potash, potassium prussiate, potassium hexacyanoferrate ‖ **gelbes** ~**laugensalz** (Chem) / yellow prussiate of potash, yellow potassium prussiate ‖ **rotes** ~**laugensalz** (Chem) / red prussiate of potash, red potassium prussiate ‖ ~**mehl** *n* (Landw) / blood meal ‖ ~**plasma** *n* (Physiol) / blood plasma*, plasma* *n* ‖ ~**plättchen** *n* (Zyt) / platelet *n*, thrombocyte* *n*, blood-platelet *n* ‖ ~**regen** *n* (Meteor) / blood-rain ‖ ~**rot** *adj* / blood-red *adj* ‖ ~**schnee** *m* (im Hochgebirge und in der Arktis) (Bot) / red snow* *n* ‖ ~**senkungsreaktion** *f* (Med) / sedimentation reaction ‖ ~**serum** *n* (Physiol) / serum* *n* (pl. serums or sera), blood serum* *n*

~**stein** *m* (dichter Hämatit) (Min) / bloodstone *n* ‖ ~**stillend** *adj* (Med) / styptic* *adj*, haemostatic* *adj*, astringent* *adj*
**blutsverwandt** *adj* (Geol) / consanguineous *adj*
**Blutsverwandtschaft** *f* (einheitliche Merkmale des chemischen Bestandes der Erstarrungsgesteine in einem größeren Gebiet) (Geol) / consanguinity* *n*
**Blut•transfusion** *f* (Med) / transfusion* *n*, blood transfusion* ‖ ~**zelle** *f* (der zellige Anteil des Bluts) (Physiol) / blood corpuscle*, blood cell ‖ ~**zucker** *m* (Biochem) / blood sugar*
**BMA** / fire-alarm system, fire-detecting system
**B-Meißel** *m* (Bergb) / wedge bit, wedging bit, bull-nose bit, wedge reaming bit
**B-Meson** *n* (mit Bottomness) (Kernphys) / B meson
**B-meßbare Funktion** (Math) / Borel measurable function
**B-minus-1-Komplement** *n* (EDV) / diminished radix complement, radix-minus-one complement
**BMT** (Med) / biomedical engineering, medical technology
**BMX-Rad** *n* / high-riser *n*, high-rise bicycle
**Bn** (Bau, HuT) / concrete* *n*
**BN** (hexagonales ~ Schmiermittel, kubisches = Schleif- und Bohrmittel) (Chem) / boron nitride*
**BNC-Stecker** *m* (Eltronik) / bayonet-nut connector (BNC)
**BNF** (eine Metasprache im Rahmen der ALGOL-60-Definition) (EDV) / Backus normal form, Backus-Naur form*, BNF* ‖ ~**-Beschreibung** *f* (EDV) / Backus normal form, Backus-Naur form*, BNF*
**BN-Metall** *n* (bei der deutschen Eisenbahn verwendetes Lagermetall auf Pb-Basis mit geringen Zusätzen an Al, Ca, Na, K und Li) (Hütt) / lead-base Babbitt metal (without Zn)
**BNR-Diode** *f* (Eltronik) / bonded negative resistance diode, BNR diode
**Bö** *f* (Meteor) / gust *n*, squall* *n*, bump* *n*, flurry *n* (US), SQ ‖ **scharfbegrenzte** ~ (Meteor) / sharp-edged gust ‖ **sichere** ~ (Luftf, Meteor) / limit gust
**BOA** (ein Weichmacher nach DIN 7723) (Chem) / benzyl octyl adipate
**Board-Foot-System** *n* (ein Schnittholzmaßsystem) (For) / board measure*
**Bobby** *m* (Akus, Film) / core* *n*, spool core
**Bobierit** *n* (ein farbloses bzw. weißes Magnesiumphosphat) (Min) / bobierite *n*
**Bobine** *f* (Seilträger der Schachtförderanlage) (Bergb) / flat-rope drum ‖ ~ (Garnspule) (Spinn) / bobbin* *n* ‖ ~ (Spinn) s. auch Spule
**Bobinet** *m* (DIN 60000) (undichtes, stark lichtdurchlässiges Gewebe mit spitzenähnlichem Charakter, Abwandlung des Tülls) (Tex) / bobinet *n* ‖ ~**maschine** *f* (Tüllmaschine, Spitzenmaschine, Gardinenmaschine) (Tex) / bobbinet machine ‖ ~**spitze** *f* (Tex) / bobbinet lace ‖ ~**tüll** *m* (Tex) / bobbinet *n*
**BOCA** (EDV) / Borland Object Component Architecture *n*, BOCA
**Bock** *m* (vierbeiniges Gestell, über das Häute zum Abtropfen oder Transportieren gelegt werden) (Leder) / horse *n* ‖ ~ (zum Auswuchten) (Mech) / stand *n* ‖ ~**brücke** *f* (HuT) / trestle bridge ‖ ~**käfer** *m* (Käfer der Familie Cerambycidae) (For, Umwelt) / long-horned beetle, longhorn beetle, round-headed borer (US) ‖ ~**käfer** *m pl* (For, Umwelt) / Cerambycidae *pl* ‖ ~**kran** *m* (Masch) / gantry crane, portal crane ‖ ~**leiter** *f* / step-ladder *n*, steps *pl*, pair of steps
**Bocksfell** *n* (Leder) / billy-goatskin *n*, billy skin
**Bockshornkleesamen** *m pl* (aus dem Griechischen Bockshornklee = Trigonella foenum-graecum L.) (Nahr, Pharm) / fenugreek *n* (seeds)
**Bock•sprungtest** *m* (EDV) / leap-frog test* *n* ‖ ~**straße** *f* (im Karosseriewerk) (Kfz) / body-framing line
**Bode-Diagramm** *n* (Frequenzkennlinien) (Regeln) / Bode plot, Bode diagram
**Boden** *m* / bottom *n* ‖ ~ (der Dose) / bottom part ‖ ~ (Sammelbegriff für alle Schichten oberhalb der tragenden Konstruktion) (Bau) / floor *n* ‖ ~ (Dachboden) (Bau) / attic, attic *n* ‖ ~ (eines Gerüsts) (Bau) / working platform (of a scaffold) ‖ ~ (als Baugrund) (Bau, HuT) / foundation *n*, subsoil *n*, foundation soil ‖ ~ (der Bodenkolonne) (Chem Verf) / plate *n* (GB), tray *n* (US) ‖ ~ (Gieß) / floor* *n* ‖ ~ (eines Glasgefäßes) (Glas) / punt *n*, base *n*, bottom *n* ‖ ~ (HuT) / ground *n*, earth *n* ‖ ~ (des Tauchkolbens) (Masch) / crown *n* ‖ ~ (des Dampferzeugers) (Masch) / end *n*, head *n* ‖ ~ (im Textildruck) (Tex) / blotch (wet-in-wet process) ‖ **abgesackter** ~ (einer Flasche) (Glas) / rocker *n*, rocker bottom ‖ **abnehmbarer** ~ / loose bottom ‖ **angespülter** ~ (HuT) / hydraulic fill* ‖ **angewehter** ~ (Geol, HuT) / aeolian soil, eolian soil (US) ‖ **anthropogener** ~ (über das in der Landwirtschaft übliche Maß der Bodenbearbeitung hinaus vom Menschen umgestaltet wurde) (Landw, Umwelt) / anthrosol *n* ‖ **äolischer** ~ (Geol, HuT) / aeolian soil, eolian soil (US) ‖ **ausgelaugter** ~ (Landw) / leached soil ‖ **azonaler** ~ (Geol) / azonal soil ‖ **breiiger** ~ (HuT) / pappy soil ‖ ~, **dessen Eigenschaften durch äußere Einflüsse bestimmt werden** (Geol) / ectodynamic soil, ectodynamomorphic soil ‖ **durchgesackter** ~ (Glas) / rocker *n*,

**Boden**

rocker bottom ‖ **eingesunkener** ~ (einer Flasche) (Glas) / rocker n, rocker bottom ‖ **endodynamomorpher** ~ (dessen Eigenschaften durch innere Einflüsse bestimmt werden) (Geol) / endodynamic soil, endodynamomorphic soil ‖ **Entstehung** f **der Böden** (Geol) / soil genesis, pedogenesis n (pl. -geneses), soil formation ‖ **ferralitischer** ~ (Geol, Landw) / red earth, red soil ‖ **fester** ~ (unter den Fundamenten) (Bau, HuT) / firm ground ‖ **fließender** ~ (nicht stabiler) (HuT) / lost ground, running (unstable) ground ‖ **gefrorener** ~ (Geol) / frozen ground, frozen soil ‖ **gestampfter** ~ (Hütt) / rammed bottom ‖ **gestörter** ~ (HuT) / remoulded soil ‖ **gewachsener** ~ (natürlich gelagerter Boden) (HuT) / natural soil, grown soil, natural ground, unspoilt land ‖ **gewölbter** ~ (Glas) / pushed punt*, push-up* n ‖ **herangebrachter** ~ (Bau, HuT) / made ground*, fill n ‖ **im** (oder auf dem) ~ **lebend** (Bot) / terricolous adj ‖ **landwirtschaftlich bebaubarer** ~ (Landw) / arable land, arable n, agricultural land ‖ **leichter** ~ (Landw) / light soil ‖ **plastischer** ~ (HuT) / plastic soil ‖ **praktischer** ~ (der Destillationskolonne) (Chem Verf) / actual plate ‖ **rutschender** ~ (HuT) / lost ground, running (unstable) ground ‖ **saurer** ~ (dessen pH-Wert unter 7 liegt) (Landw) / acid soil ‖ **schiefer** ~ (Glas) / slugged bottom (of a bottle or container) ‖ **schwerer** ~ (Landw) / heavy soil ‖ **subhydrischer** ~ (Gyttja, Dy, Sapropel) (Geol) / underwater soil ‖ **sumpfiger** ~ (Geol) / quagmire n, quag n ‖ **theoretischer** ~ (der Destillationskolonne) (Chem Verf) / theoretical plate* ‖ **ungleicher** ~ (Glas) / slugged bottom (of a bottle or container) ‖ **von** (aus) **einem Fluß abgelagerter** ~ (Geol) / fluviogenic soil ‖ **zu** ~ **schleudern** (Kfz) / knock down v, knock over v ‖ ~ **heranbringen** (HuT) / fill v ‖ ~ m **im engeren Sinne** (A- und B-Horizonte) (Geol, Landw) / solum n (pl. -s or sola) ‖ ~ **ohne Horizontbildung** (Geol) / azonal soil ‖ ~ **vulkanischen Ursprungs** (Landw) / volcanic soil ‖ ~ **zur Neuverteilung** (in Füllkörperkolonnen) (Chem Verf) / redistributor n

**Boden • abdeckplatte** f (Bau) / ground plate ‖ ~**ablagerung** f (Geol) / bottomset bed* ‖ ~**ablagerung** (Baggerhalde) (HuT) / waste bank ‖ ~**ablauf** m (in einer begangenen oder befahrenen Fläche - DIN 4045) (Sanitär) / floor drainage ‖ ~**absorption** f (Radio) / ground absorption* ‖ ~**abstich** m (z.B. bei Lichtbogenschmelzöfen) (Hütt) / bottom tapping ‖ ~**abstichtechnologie** (bei Lichtbogenschmelzöfen) (Hütt) / eccentric bottom tapping system, EBT system ‖ ~**abtrag** m (mit Baumaschinen) (Tätigkeit) (HuT) / cutting* n, excavation n (digging, breaking and removing soil or rock) ‖ ~**aggregat** n (Zusammenballung von Bodenprimärteilchen) (Landw) / soil aggregate, floc of soil ‖ ~**aggressivität** f / soil corrosivity, soil corrosiveness ‖ ~**analyse** f / soil analysis ‖ ~**anlagen** f pl (Lufft) / ground support equipment*, GSE ‖ ~**anschüttung** f (HuT) / earth filling ‖ ~**anzeigende Pflanze** (Bot, Geol) / indicator plant (that grows exclusively or preferentially on soil rich in a given metal or other element), indicator* n, soil plant ‖ ~**art** n (nach der Korngrößenzusammensetzung) (Landw) / soil fraction, soil grade ‖ ~**atmosphäre** f / soil atmosphere, soil aerosphere ‖ ~**atmosphäre** s. auch Bodenluft ‖ ~**atmung** f (Gasaustausch zwischen Boden- und atmosphärischer Luft) (Landw) / soil respiration ‖ ~**aufklärungsradar** m n (Radar) / ground-mapping radar ‖ ~**auftrag** m (Bau, HuT) / made ground*, fill n ‖ ~**auftrag** (HuT) / earth filling ‖ ~**aufwölbung** f (Glas) / pushed punt*, push-up* n ‖ ~**ausbringung** f (von Pestiziden) (Landw) / soil application ‖ ~**aushub** n (Tätigkeit) (HuT) / cutting* n, excavation n (digging, breaking and removing soil or rock) ‖ ~**austausch** m (Umsetzen der verunreinigten Bodenmassen auf eine Sondermülldeponie und der ersatzweise Einbau nicht belasteten Bodens) (HuT) / soil replacement, soil exchange ‖ ~**auswaschung** f (extreme) (Landw, Umwelt) / soil erosion ‖ **niedriger** (Erd)**damm zur Verhinderung der** ~**auswaschung** (Wasserb) / soil-saving dam ‖ ~**azidität** f (pH-Wert des Bodens) (Landw) / soil acidity ‖ ~**bakterien** f pl (Bakteriol, Landw) / soil bacteria ‖ ~**bearbeitung** f (Landw) / tillage n, soil cultivation, farming n, tilth,n. ‖ ~**bearbeitungsgeräte** n pl (primäre und sekundäre) (Landw) / soil-working equipment ‖ ~**bearbeitungsgeräte** (Landw) / tillage implements, tillage equipment ‖ ~**bearbeitungsloser Anbau** (Landw) / zero-tillage n (the process of fertilizing by which a narrow slit is cut in the soil and seed and fertilizers are sown directly without further seedbed preparation), direct drilling ‖ ~**bedienung** f (Lufft) / ground handling, ground servicing ‖ ~**bedienungsgerät** n (Lufft) / ground handling equipment, ground servicing equipment ‖ ~**befestigung** f (bei Schuhen) / bottom attachment, sole attachment ‖ ~**beheizung** f / bottom heating ‖ ~**belag** m (DIN 4102) (Bau) / flooring n, floor covering ‖ ~**belag** (Kfz) / carpeting n ‖ **verlegter textiler** ~**belag** (Tex) / fitted textile floor covering ‖ ~**belagplatte** f (Bau, HuT) / paving flag*, flagstone n, paving stone*, paving slab, paving n, paver n ‖ **zulässige** ~**belastung** (z.B. in einer Ausstellungshalle) (Masch) / safe floor load ‖ ~**belüftung** f (Landw) / soil aeration, aeration of soil ‖ ~**berührung** f (Lufft) / contact with the earth ‖ ~**berührungsfläche** f (die bei Belastung entstehende Aufstandsfläche des Reifens am Boden) (Kfz) / footprint n ‖ ~**berührungsfläche** (Kfz) s. auch Reifenaufstandfläche ‖ ~**beschaffenheit** f (Landw) / soil condition ‖ ~**bestellung** f (Landw) / tillage n, soil cultivation, farming n, tilth,n. ‖ ~**betrieb** m (Lufft) / ground handling, ground servicing ‖ ~**bewegung** f (Verlagerung von Boden und Verwitterungsmaterial aufgrund der Schwerkraft) (Geol, Landw) / soil movement ‖ ~**bewegung** (Lufft) / ground movement, surface movement ‖ ~**bildend** adj (Geol) / pedogenetic adj, pedogenic adj, soil-forming adj ‖ ~**bildung** f (Geol) / soil genesis, pedogenesis n (pl. -geneses), soil formation ‖ ~**biologie** f (Biol, Landw) / soil biology, pedobiology n ‖ ~**biozid** n (Landw, Umwelt) / soil pesticide ‖ ~**blasen** n (Hütt) / bottom blowing, bottom blow ‖ ~**blasender Konverter** (Hütt) / bottom-blown converter, bottom-blowing converter ‖ ~**blasendes Sauerstoffkonverterverfahren** (Hütt) / QBOP process, oxygen bottom-blowing process, quiet basic oxygen process ‖ ~**blech** n (Masch) / floorpan n ‖ ~**-Boden-Flugkörper** m (Mil) / surface-to-surface missile, SSM, ground-to-ground missile ‖ ~**bohrer** m (in der Bodenuntersuchung) (HuT) / soil sampler*, soil borer*, soil pencil*, sampling spoon, clay sampler ‖ ~**-Bord-** (Mil) / surface-to-air attr, ground-to-air attr, ground-air attr ‖ ~**bürtig** adj (Viren) (Landw) / soilborne adj ‖ ~**bürtig** (Med) / soil-borne adj ‖ ~**chemie** f (Chem, Landw) / soil chemistry, chemistry of soil ‖ ~**decke** f (HuT, Landw) / soil cover ‖ ~**degeneration** f (Landw) / soil degradation ‖ ~**degradation** f (Landw) / soil degradation ‖ ~**degradierung** f (Landw) / soil degradation ‖ ~**desinfektion** f (HuT, Landw) / soil disinfestation, soil sterilization, soil disinfection ‖ ~**desinfizierung** f (HuT, Landw) / soil disinfestation, soil sterilization, soil disinfection ‖ ~**diele** f (Zimm) / floorboard n ‖ ~**dienst** m (Lufft) / ground service ‖ ~**dienstabfertigung** f (Lufft) / ground handling, ground servicing ‖ ~**druck** m (z.B. der Zugtiere oder Landmaschinen auf den Boden) (Landw) / ground pressure, soil loading ‖ ~**druck** (in Großbehältern) (Masch) / bottom pressure ‖ ~**druckellipse** f (Auflagefläche des unter Last abgeplatteten Reifens) (Kfz) / footprint n ‖ ~**düngung** f (Landw) / soil fertilization ‖ ~**durchlässigkeit** f (Fähigkeit des Bodens, Wasser und Luft durch das Porenvolumen zu transportieren) (HuT, Landw) / soil permeability ‖ ~**durchlüftung** f (Landw) / soil aeration, aeration of soil ‖ ~**echo** n (Radar) / ground return* ‖ **unerwünschte** ~**echos** (Radar) / ground clutter*, terrain echoes ‖ ~**effekt** m (z.B. bei Hubschraubern oder Senkrechtstartern) (Lufft, Phys) / ground effect ‖ ~**effektfluggerät** n (Lufft) / ground-effect vehicle, air-cushion vehicle, ACV*, ground-effect machine, surface-effect vehicle, hovercraft n ‖ ~**effektgerät** n (Lufft) / ground-effect vehicle, air-cushion vehicle, ACV*, ground-effect machine, surface-effect vehicle, hovercraft n ‖ ~**eigen** adj (Geol, Umwelt) / autochthonous* adj ‖ ~**eigenschaft** f (Landw) / soil property ‖ ~**einschubtreppe** f (zum Dachboden) (Bau) / loft ladder (folding or concertina), disappearing stair, attic stairs (US), attic ladder ‖ ~**eis** n (Geol) / ground ice, tjäle n, tjaele n, fossil ice ‖ ~**elektrode** f (eines Elektroofens) (Hütt) / hearth electrode, bottom electrode ‖ ~**entladewagen** m (Bergb) / drop-bottom car, bottom-dump car ‖ ~**entleerer** m (Bahn) / hopper n, hopper waggon ‖ ~**entleerer** (selbstentleerender Förderwagen) (Bergb) / drop-bottom car, bottom-dump car ‖ ~**entleerung** f / bottom discharge ‖ ~**entleerungskübel** m (HuT) / drop-bottom bucket, bottom-opening bucket ‖ ~**entnahmestelle** f (HuT) / borrow pit*, ditch n ‖ ~**entseuchung** f (HuT, Landw) / soil decontamination ‖ **chemische** ~**entseuchung** (HuT, Landw) / soil disinfestation, soil sterilization, soil disinfection ‖ ~**erhaltung** f (Landw) / soil conservation ‖ ~**erhebung** f (Meereshöhe) (Geog) / elevation n ‖ **kleine** (vulkanische) ~**erhebung mit rundem Top** (Geol) / mamelon n ‖ ~**ermüdung** f (Landw) / soil fatigue, soil sickness ‖ ~**erosion** f (die durch die Tätigkeit des Menschen über das natürliche Maß hinaus gesteigerte Abtragung vor allem des landwirtschaftlich genutzten Bodens durch Wasser und Wind) (Landw, Umwelt) / soil erosion ‖ ~**erosion infolge der Strahlflächenbelastung** (z.B. bei Hubschraubern) (Lufft) / slipstream erosion ‖ ~**ersatz** m (vor der Dammschüttung auf wenig tragfähigem Untergrund) (HuT) / resoiling n ‖ ~**erschöpfung** f (Landw) / soil exhaustion ‖ ~**erschöpfung** (Landw) / soil fatigue, soil sickness ‖ ~**erschütterung** f (Geol) / tremor n, earth tremor ‖ ~**ertrag** m (Roheertrag des landwirtschaftlichen Bodens) (Landw) / produce of soil ‖ ~**fackel** f (zum Abfackeln) / grade flare ‖ ~**falltür** f (Bau) / loft-access hatch ‖ ~**falz** m (der Konservendose) (Nahr) / end seam, bottom seam ‖ ~**festiger** m (HuT) / soil stabilizer ‖ ~**feuchte** f (in den Kapillaren des Erdbodens) (Geol, Landw) / soil moisture, soil water, rhizic water ‖ ~**feuchte vor der Regenperiode** (Meteor) / antecedent moisture, antecedent wetness ‖ ~**feuchtedefizit** n (Wasserb) / soil moisture deficit, SMD ‖ ~**feuchtigkeit** f (Bau, HuT, Phys) / water of capillarity*, capillary water ‖ ~**feuchtigkeit** (wassergesättigter Zustand in bezug auf die höchste Wasserkapazität eines Bodens) (Geol, Landw) / soil moisture, soil water, rhizic water ‖ ~**feuer** n (ein Waldbrand im Bodenüberzug) (For) / surface fire ‖ ~**feuer** (For, Masch) / ground fire, brush-fire n ‖ ~**filter** n (Sanitär) / soil filter, intermittent sand filter ‖ ~**filter**

(Sanitär) s. auch Abwasserverregnung und Abwasserverrieselung ∥ ~**filtration** f (Entfernung von Abwasserinhaltsstoffen bei der Verrieselung von vorgereinigtem Abwasser im Untergrund) (Sanitär) / soil filtration ∥ ~**fläche** f / floor space ∥ ~**fliese** f (für Innen- oder Außenbereich) (Bau) / flag n ∥ ~**fliese** (keramische) (Keram) / flooring tile, floor tile, floor brick ∥ ~**fließen** n (infolge Porenwasserüberdrucks) (Geol) / solifluction* n, earthflow n, soil flow, soil fluction, solifluxion* n ∥ ~**flora** f (Bot) / soil flora* n ∥ ~**folgesystem** n (Mil) / terrain-contour matching system ∥ ~**förderer** m (Masch) / floor-running conveyor ∥ ~**form** f (Geog) / landform n ∥ ~**formen** n (Gieß) / floor moulding ∥ ~**formerei** f (Gieß) / floor moulding ∥ ~**formerei** (in der Grube) (Gieß) / pit moulding* ∥ ~**fräse** f (ein Bodenbearbeitungsgerät) (Landw) / tiller n, rotary cultivator, rotary tiller ∥ **mit der** ~**fräse arbeiten** (Landw) / rototill v ∥ ~**freiheit** f (DIN 70020) (Kfz) / ground clearance, terrain clearance, chassis clearance ∥ ~**frost** m (Meteor) / ground frost* ∥ ~**fruchtbarkeit** f (Fähigkeit, Erträge zu bringen) (Landw) / soil fertility ∥ ~**funker** m (Luftf) / ground radio operator ∥ ~**funkfeuer** n (Luftf) / surface beacon ∥ ~**funkstelle** f (Radio) / ground station, earth station, Earth station ∥ ~**gare** f (Landw) / optimum arable-land condition, tilth n, stable-crumb structure, optimum soil condition ∥ ~**gasabsaugung** f (Verfahren zur Entfernung leichtflüchtiger Schadstoffe aus der in den Bodenporen der wasserungesättigten Bodenzone vorhandenen Bodenluft) (HuT) / removal of ground air ∥ ~**gefrornis** f (Geol) / frozen ground, frozen soil ∥ ~**gefüge** n (Geol, Landw) / soil structure ∥ ~**gekriech** n (Geol) / soil creep ∥ ~**genese** f (Geol) / soil genesis, pedogenesis n (pl. -geneses), soil formation ∥ ~**geschwindigkeit** f (Luftf) / groundspeed* n, GS ∥ ~**gestützt** adj (Flugkörper) (Mil) / ground-launched adj ∥ ~**glas** n (am Boden der Glaswannen) (Glas) / bottom glass ∥ ~**gleicher Durchlaß** (Glas) / straight throat ∥ ~**greifer** m (Gerät der Meeresbiologie und der Ozeanografie) (Ozean) / bottom sampler ∥ ~**gruppe** f (Kfz) / underbody n, floorpan n, undercarriage n ∥ ~**gruppe** (DIN 18 196) (Landw) / soil group ∥ ~**guß** m (bei den das flüssige Gießmetall von unten in den Formhohlraum einströmt und in diesem aufsteigt) (Gieß) / bottom casting, bottom pouring, uphill casting, pit casting ∥ ~**haftung** f (Kfz) / road-holding n, wheel grip, grip n, road adhesion, road adherence ∥ ~**härte** f (HuT, Landw) / soil hardness ∥ ~**hebung** f (die den Frostaufbruch zur Folge hat) (HuT) / frost heaving, frost heave, frost boil, frost lifting, frost lift ∥ ~**hebung** (HuT) / land upheaval, land lift, heaving n ∥ ~**heizung** f (Heizung von unten im allgemeinen) / bottom heating ∥ ~**heizung** (Bau) / underfloor heating, floor heating, soil heating (hidden in floor) ∥ ~**heizung** (unter dem Boden von Flüssigerdgasbehältern, um das Gefrieren des Erdreichs unter dem Behälter zu verhindern) (HuT) / underfloor heating ∥ ~**herbizid** n (Landw) / soil-acting herbicide*, soil herbicide ∥ ~**hilfe** f (Luftf) / ground aid ∥ ~**hindernisradar** m n (Radar) / terrain-avoidance radar (which provides assistance to a pilot for navigation around obstacles by displaying obstacles at or above the pilot's altitude) ∥ ~**höhe** f (Bau) / floor level ∥ ~**höhe** (Chem Verf) / plate height n ∥ ~**höhe** (Verm) / ground-level* n, level n, grade n (US), grade level (US) ∥ ~**horizont** m (im Bodenprofil) (Landw) / soil horizon ∥ ~**hygiene** f (alle Maßnahmen zur Beseitigung von Schaderregern und Krankheiten im Boden, um die Entwicklung gesunder Kulturpflanzen zu gewährleisten) (Landw) / soil hygiene ∥ ~**informationssystem** n (rationaler und zweckgerichteter Verbund von Techniken und Methoden zur Erfassung, Verarbeitung und Übertragung von Boden-Umweltdaten mit Menschen und Institutionen der Bodeninventur) / soil information system ∥ ~**injektion** f (Landw) / soil injection ∥ ~**insekt** n (Landw, Zool) / soil insect n ∥ ~**insektizid** n (Mittel gegen die im Boden lebenden Entwicklungsstadien von Insekten) (Landw) / soil insecticide ∥ ~**inversion** f (Meteor) / ground inversion, surface inversion ∥ ~**karte** f (Landw, Verm) / soil map ∥ ~**kartierung** f (Kart, Landw) / soil mapping ∥ ~**kehle** f (zwischen Fußboden und Wand) (Arch) / congé* n, sanitary shoe (US) ∥ ~**klasse** f (Geol, Landw) / soil order ∥ ~**klima** n (klimatische Verhältnisse im Erdboden, insbesondere bis in 1 m Tiefe) / soil climate, climate of the soil ∥ ~**kolloid** n (Landw) / soil colloid n ∥ ~**kolonne** f (mit Glocken, Siebplatten, Gitterrosten, Ventilen usw.) (Chem Verf) / plate column*, plate tower, tray column (US) ∥ ~**konsistenz** f (Landw) / soil consistency ∥ ~**kontakt** m (Kfz) / floor contact, car-floor contact* ∥ ~**kontakt** (der Glühlampe) (Eltech) / centre contact, base contact ∥ ~**kontamination** f (Landw) / soil contamination ∥ ~**körper** m / sediment n, subsidence n, precipitate n, deposit* n, lees pl, foots pl ∥ ~**korrosion** f / soil corrosion, underground corrosion ∥ ~**korrosionsversuch** m / soil corrosion test ∥ ~**korrosivität** f (Gesamtheit aller Einflußgrößen, die zu Korrosionserscheinungen an im Erdreich verlegten Bauteilen führen können) / soil corrosivity, soil corrosiveness ∥ ~**kriechen** n (Geol) / soil creep ∥ ~**krume** f (der Mutterboden des Ackers) (Landw) / topsoil n, tilthtop soil, vegetable soil ∥ ~**kunde** f (HuT, Landw) / pedology* n, soil science ∥ **bautechnische** ~**kunde** (HuT) / soil mechanics*, geotechnics n ∥ ~**kundlich** adj (HuT, Landw) / pedological adj ∥ ~**laufschiene** f (z.B. für die Schiebetür) (Bau) / floor guide* ∥ ~**leder** n (Leder) / sole leather, bottom leather, bottoming leather ∥ ~**leder-Croupon** m (Leder) / sole leather bend ∥ ~**lockerung** f (HuT, Landw) / soil loosening ∥ ~**lose Kapsel** (Keram) / ringer n ∥ ~**luft** f (HuT, Landw, Sanitär) / ground air*, soil air ∥ ~**-Luft-** (Mil) / surface-to-air attr, ground-to-air attr, ground-air attr ∥ ~**-Luft-Flugkörper** m (Mil) / surface-to-air missile, S.A.M., SAM, ground-to-air missile ∥ ~**-Luft-Lenkwaffe** f (Mil) / surface-to-air missile, S.A.M., SAM, ground-to-air missile ∥ ~**luftzone** f (Geol) / zone of aeration ∥ ~**matte** f (Kfz) / floor mat, car mat ∥ ~**mechanik** f (HuT) / soil mechanics*, geotechnics n ∥ ~**meißel** m (HuT, Landw) / subsoiler n ∥ ~**melioration** f (Landw) / soil improvement, soil amelioration, amelioration n, land improvement ∥ ~**mikroorganismus** m (Bakteriol) / soil microorganism ∥ ~**montage** f (bei Schuhen) / bottoming n ∥ ~**müdigkeit** f (Absinken der Erträge) (Landw) / soil fatigue, soil sickness ∥ ~**nahe Grenzschicht** (die unterste, der laminaren Bodenschicht aufliegende Schicht der atmosphärischen Grenzschicht von einigen Dekametern Mächtigkeit) (Meteor) / surface boundary layer* ∥ ~**nahe Rückströmung in Küstennähe** (Ozean) / undertow n ∥ ~**nährstoff** m (Landw) / soil nutrient ∥ ~**nässe** f (schädliche) (HuT, Landw) / soil wetness ∥ ~**nässebildung** f (Landw) / waterlogging n, soil waterlogging n ∥ ~**nebel** m (auf dem Erdboden aufliegender, flacher Nebel) (Meteor) / ground fog, ground mist ∥ ~**niederschlag** m / sediment n, subsidence n, precipitate n, deposit* n, lees pl, foots pl ∥ ~**nullpunkt** m (Mil, Nukl) / ground zero, GZ, surface ground zero ∥ ~**öl** n (Chem Verf) / foot oil ∥ ~**organisation** f (z.B. Anlagen für Raketenstart und Bahnverfolgung) (Luftf, Raumf) / ground equipment n ∥ ~**packer** m (Landw) / furrow press, land packer, undersoil packer ∥ ~**personal** n (Luftf) / ground personnel, ground crew, ground staff ∥ ~**pestizid** n (Landw, Umwelt) / soil pesticide ∥ ~**physik** f (Luftf) / soil physics ∥ ~**platte** f (Fliese) (Bau) / flag n ∥ ~**platte** (Bau) / foundation slab, groundslab n, foundation plate ∥ ~**platte** (Gieß) / group-teeming plate, group teeming stool (US) ∥ ~**platte** (beim Gespanngießen) (Gieß) / bottom plate ∥ ~**platte** (Masch) / bedplate* n ∥ ~**porosität** f (HuT, Landw) / soil porosity ∥ **siehe** ~**prägung** / see bottom ∥ ~**pressung** f (Beanspruchung des Baugrundes unter der Fundamentsohle) (Bau, HuT) / pressure on ground, foundation pressure ∥ ~**probe** f (aus dem untersten Teil des Behälters) (Chem) / bottom sample ∥ ~**probe** (z.B. ungestörte) (HuT) / soil sample* ∥ **gestörte** ~**probe** (Lagerungszustand und Wassergehalt wurden durch die Probenahme geändert) (Bau, HuT) / disturbed sample ∥ **ungestörte** ~**probe** (Lagerungszustand und Wassergehalt wurden durch die Probenahme nicht geändert) (Bau, HuT) / undisturbed sample ∥ **gestörte** ~**probe** (HuT) / disturbed sample, auger sample ∥ ~**probenahme** f (HuT) / soil sampling ∥ ~**probenehmer** m (HuT) / soil sampler, soil borer, soil pencil*, sampling spoon, clay sampler ∥ ~**probenzieher** m (HuT) / soil sampler*, soil borer*, soil pencil*, sampling spoon, clay sampler ∥ ~**produkt** n (Chem Verf) / bottoms pl, bottom product ∥ ~**produkt** (beim Orford-Verfahren) (Hütt) / bottoms* pl ∥ ~**profil** n (senkrechter Schnitt durch den Boden mit Unterscheidung der einzelnen Zonen verschiedener Bodenbildungswirkung) (Geol, Landw) / soil profile, profile n ∥ ~**prüflauf** m (Luftf) / ground check run, ground test run ∥ **im Boden eingelassenes Bronzeschildchen, das einen** ~**punkt bezeichnet** (Verm) / triangulation mark ∥ ~**radar** m n (Radar) / ground-based radar ∥ ~**rand** (bei zylindrischen Fässern) / bottom chime ∥ ~**reaktion** f (Chem, Landw) / soil reaction ∥ ~**reflektierte Welle** (Radio) / ground-reflected wave ∥ ~**reflexion** f (Radar) / ground reflection ∥ ~**reform** f / land reform ∥ ~**reißer** m (Fehler beim Tiefziehen) (Hütt) / bottom tearer, crack n (transversal), bottom crack ∥ ~**resonanz** f (des Hubschrauberrotors) (Luftf) / ground resonance ∥ ~**rückstand** m (in einem Öltank) (Erdöl) / bottoms ∥ ~**rückstrahler** m pl (HuT) / road studs*, studs pl, buttons pl ∥ ~**salinität** f (Landw) / soil salinity ∥ ~**sanierung** f (HuT, Landw) / soil decontamination ∥ ~**satz** m / sediment n, subsidence n, precipitate n, deposit* n, lees pl, foots pl ∥ ~**satz** (beim Wein) (Nahr) / dregs of wine, wine lees, emptings pl (US) ∥ **brauner** ~**satz** (im Trafo) (Eltech) / sludging n ∥ ~**sauerstoff** m (Landw) / soil oxygen ∥ ~**säule** f (Chem Verf) / plate column*, plate tower, tray column (US) ∥ ~**schätze** m pl (Bergb) / mineral resources ∥ ~**schätzung** f (Landw) / soil assessment, soil evaluation ∥ ~**scheibe** f (z.B. bei der Leclanché-Rundzelle) (Eltech) / cupped bottom washer ∥ ~**schicht** f (Geol, Landw) / soil layer n ∥ ~**schütter** n (HuT) / backfiller n ∥ ~**schüttgerät** n (HuT) / backfiller n ∥ ~**schutz** m (Landw, Umwelt) / soil conservation ∥ ~**schutzpflanze** f (Biol, Umwelt) / soil-protecting plant ∥ ~**schwelle** f (Bau) / sill* n, door sill, threshold* n ∥ ~**sediment** n (Geol) / bottomset n ∥ ~**seitige Kontrolle** (beim GCA-Verfahren) (Radar) / ground control* ∥ ~**senke** f (flache, meistens morastige) (Geol) / swale n ∥ ~**senkung** f (Geol) / depression n, sagging n, subsidence n, submergence n ∥ ~**sequenz** f (regelhafte,

**Bodenserie**

kleinräumige Abfolge von Böden, vor allem an Hängen) (HuT, Landw, Umwelt) / soil sequence ‖ ~serie *f* (HuT, Landw) / soil series ‖ ~sicherungsstift *m* (Nukl) / warning flag pin ‖ ~sicht *f* (Luftf) / ground visibility ‖ ~skelett *n* (grobkörnige Bestandteile des Bodens) (HuT, Landw) / soil skeleton, coarse fragments (of the soil) ‖ ~sonde *f* (Landw) / soil probe ‖ ~stabilisation *f* (HuT) / soil stabilization, soil solidification ‖ ~stabilisator *m* (HuT) / soil stabilizer ‖ ~stabilisierung *f* (durch Bodenvermörtelung) (HuT) / soil-cement *n*, soil cementation ‖ ~stabilisierung (HuT) / soil stabilization, soil solidification ‖ ~start *m* (Raumf) / ground start ‖ ~station *f* (Radio) / ground station, earth station, Earth station ‖ ~station (zur Verfolgung von Raumflugkörpern) (Raumf) / ground tracking station ‖ ~stativ *n* (Film, Foto) / table stand ‖ **ausziehbares ~stativ** (Film) / telescopic floor stand ‖ ~stein *m* (des Hochofens) (Hütt) / stool *n*

**Bodenstein-Zahl** *f* (DIN 5491- nach M. Bodenstein, 1871-1942) (Phys) / Bodenstein number

**Boden•stelle** *f* mit sehr kleinem Öffungswinkel (in der Satellitenkommunikation) (Fernm) / very small aperture terminal (VSAT) ‖ ~sterilisation *f* (HuT, Landw) / soil disinfestation, soil sterilization, soil disinfection ‖ ~stromgerät *n* (auf dem Flughafen) (Luftf) / ground power unit ‖ ~struktur *f* (Art und Weise der Zusammenlagerung der mineralischen und organischen Primärteilchen des Bodens unter Mitwirkung strukturbildender und strukturstabilisierender Faktoren) (Geol, Landw) / soil structure* ‖ ~strukturverbesserung *f* (Bau, HuT) / soil conditioning, ground improvement ‖ ~strukturverbesserungsmittel *n* (Landw) / soil conditioner, soil ameliorant ‖ ~suspension *f* (HuT) / soil suspension ‖ ~teilchen *n* (Landw) / soil particle ~temperatur *f* (Landw, Meteor) / soil temperature, temperature of the soil ‖ ~temperatur (in 2 m Höhe) (Meteor) / surface temperature ‖ ~textur *f* (Anteil der einzelnen Korngrößen am Feinboden) (Geol, Landw) / soil texture* ‖ ~thermometer *n* (Meteor) / earth thermometer*, soil thermometer ‖ ~tragfähigkeit *f* (HuT) / soil bearing capacity, safe load ‖ ~tragfähigkeit (Masch) / safe floor load ‖ ~transport *m* (Geol) / traction *n* (of the bed load) ‖ ~transport über die vertragliche Menge hinaus (kostenloser) (HuT) / overhaul* *n* ‖ ~treppe *f* (zum Dachboden) (Bau) / loft ladder (folding or concertina), disappearing stair, attic stairs (US), attic ladder ‖ ~treppe (vom obersten ausgebauten Geschoß zum Dachboden) (Bau) / garret stairs ‖ ~türschließer *m* (Bau) / floor spring ‖ ~typ *m* (HuT, Landw) / soil type ‖ ~übertragbar *adj* (Krankheit) (Med) / soil-borne *adj* ‖ ~überzug *m* (im Wald) (For) / forest cover ‖ ~unabhängige Navigationshilfe (Luftf, Nav) / self-contained aid ‖ ~unfall *m* (Luftf) / ground accident ‖ ~untersuchung *f* (physikalische, chemische und biologische) / soil analysis *n* ‖ ~untersuchung (vor dem Bau) (HuT) / site investigation, site exploration ‖ ~untersuchung mit Kegeldrucksonden (HuT) / cone sounding ‖ ~ventil *n* (Masch) / foot valve*, bottom valve ‖ ~verankert *adj* (Bau, Masch) / tied to ground ‖ ~verarmung *f* (Landw) / soil impoverishment ‖ ~verbesserung *f* (Bau, HuT) / soil conditioning, ground improvement ‖ ~verbesserung (durch Erhöhung des Nährstoffgehalts) (Landw) / amendment of the soil ‖ ~verbesserung (Landw) / soil improvement, soil amelioration, amelioration *n*, land improvement ‖ **Verfahren** *n* zur ~verbesserung (Bau, HuT) / geotechnical process* ‖ ~verbesserungsmittel (BVM) *n* (Landw) / soil conditioner, soil ameliorant ‖ ~verdichter *m* (HuT) / compacting plant, compaction plant ‖ ~verdichtung *f* (HuT) / soil consolidation, soil compaction ‖ ~verdichtung mit Rüttel- und Schlaggeräten (bei nichtbindigen Böden) (HuT) / ground bashing, dynamic consolidation, vibrating compaction ‖ ~verdichtungsgerät *n* (HuT) / compacting plant, compaction plant ‖ ~verdichtungswalze *f* (HuT) / tamping roller, steel-wheeled roller ‖ ~verdunstung *f* (Landw) / soil evaporation ‖ ~verfestiger *m* (der die Tragfähigkeit und die Frostbeständigkeit des Bodens erhöht) (HuT) / soil stabilizer ‖ ~verfestigung *f* (künstliche Verbesserung der Festigkeitseigenschaften des Bodens) (HuT) / soil stabilization, soil solidification ‖ ~verfestigungspfahl *m* (HuT) / consolidation pile*, sand pile, compaction pile ‖ ~verhältnisse *n pl* (HuT) / soil conditions ‖ ~verheerung *f* (Landw, Umwelt) / soil erosion ‖ ~verlagerung *f* (eine Schwerkraft-Gleitbewegung) (Geol, HuT) / mass wasting* ‖ ~vermörtelungsgerät *n* (im Straßenbau) (HuT) / soil stabilizing machine ‖ ~vernässung *f* (Landw) / waterlogging *n*, soil waterlogging ‖ ~versalzung *f* (Anreicherung von Salzen im Boden) (Landw) / soil salination, soil salinization ‖ ~versalzungsgrad *m* (Landw) / soil salinity ‖ ~versauerung *f* (Landw) / soil acidification ‖ ~verschmutzung *f* (Landw, Umwelt) / soil pollution ‖ ~verseuchung *f* (Bot) / staling* *n* ‖ ~verseuchung (Landw) / soil contamination ‖ ~versteinerung *f* (Geol) / soil petrification ‖ ~verunreinigung *f* (Landw, Umwelt) / soil pollution ‖ ~vorbereitung *f* (Landw) / land preparation ‖ ~walze *f* (Landw) / land roller ‖ ~wanne *f* (Masch) / floorpan *n* ‖ ~wärme *f* (HuT, Landw) / soil heat ‖ ~wärmestrom *m* (negativer, positiver) (HuT, Landw) / soil-heat flux ‖ ~wasser *n* (Erdöl) / bottom water ‖ ~wasser (Zustand der Wassersättigung oder -übersättigung des Bodens) (Geol) / soil water, gravitational water, subsurface water ‖ ~wasserbewegung *f* (Geol) / soil-water movement ‖ ~wasserdefizit *n* / soil water deficit ‖ ~welle *f* (Raumwelle + Oberflächenwelle) (Radio) / ground wave ‖ ~wetterkarte *f* (Meteor) / surface weather chart ‖ ~wetterkarte mit Isobaren (Meteor) / isobarometric chart*, isobaric chart*, constant-pressure chart ‖ ~widerstandsprofil *n* (im Bohrloch) (HuT) / ground resistance profile ‖ ~wind *m* (Luftbewegung in der bodennahen Luftschicht und im hindernisfreien Gelände) (Meteor) / surface wind* ‖ ~windkonverter *m* (Hütt) / bottom-blown converter, bottom-blowing converter ‖ ~wirkungsgrad *m* (von Rektifizierböden) (Chem Verf) / plate efficiency, tray efficiency (US) ‖ ~wirkungsgrad nach Murphree (Destillation) (Chem Verf) / Murphree efficiency* ‖ ~wrange *f* (Querträger im Schiffsboden) (Schiff) / floor frame, floor transom, floor* *n* ‖ ~zahl *f* (Chem Verf) / plate number, number of plates ‖ ~zeigende Pflanze (Bot, Geol) / indicator plant (that grows exclusively or preferentially on soil rich in a given metal or other element), indicator* *n*, soil plant ‖ ~zeiger *m* (Bot, Geol) / indicator plant (that grows exclusively or preferentially on soil rich in a given metal or other element), indicator* *n*, soil plant ‖ ~zerstörung *f* (Landw, Umwelt) / soil erosion ‖ mit Fe-Oxiden zementierte ~zone (Geol) / ferricrete *n* ‖ ~zustand *m* (Landw) / soil condition

**Bode-Titiussche Beziehung** (Astr) / Titius-Bode law*, Bode's law*

**Bodmerei** *f* (ein Darlehensgeschäft des Seerechts) (Schiff) / bottomry *n*

**Bodroux-Tschitschibabin-Synthese** *f* (eine Aldehydsynthese aus Orthoestern und Grignard-Reagenzien) (Chem) / Bodroux-Chichibabin reaction

**Body Counter** *m* (Kernphys, Radiol) / whole body counter, body counter, human body counter, whole body monitor* ‖ ~-Effekt *m* (Eltronik) / body effect ‖ ~maker *m* / bodymaker *n*

**Böen•-Abminderungszahl** *f* (Luftf) / gustiness factor, gust alleviating factor ‖ ~beanspruchung *f* (Luftf) / gust loading ‖ ~faktor *m* (Luftf) / gustiness factor, gust alleviating factor ‖ ~front *f* (Meteor) / squall line ‖ ~linie *f* (Verbindungslinie aller Orte mit böigem Wetter) (Meteor) / squall line ‖ ~schreiber *m* (Luftf, Meteor) / gust recorder ‖ ~-v-n-Diagramm *n* (Luftf) / gust V-n diagram, gust V-n envelope

**Bogen** *m* (Bau) / arch* *n* ‖ ~ (mit Bogensignatur) (Buchb, Druck) / signature* *n*, section *n* (folded and gathered) ‖ ~ (Buchb, Druck, Pap) / sheet* *n* ‖ ~ (Eltech) / arc* *n*, electric arc ‖ ~ (Fernm) / normal bend* ‖ ~ (For) / bow *n* ‖ ~ (des Hafenofens) (Glas) / pillar arch ‖ ~ (z.B. bei der Linienführung der Verkehrswege) (HuT) / curve *n*, bend *n*, turn *n* ‖ ~ (einer Staumauer) (HuT, Wasserb) / arch *n* ‖ ~ (gekrümmtes Rohr) (Klemp, Masch) / bend* *n*, pipe bend ‖ ~ (Teilstück einer Kurve) (Math) / arc* *n* ‖ ~ (Math) / arc *n* ‖ 90° -~ (Klemp) / elbow* *n*, sharp-bend *n*, quarter bend* / pipe elbow ‖ 22,5° -~ (Klemp) / eight bend ‖ **abgezeichneter** ~ (Druck) / pass sheet*, o.k. sheet, o.k. proof ‖ **ansteigender** ~ (bei dem die Kämpfer verschieden hoch liegen) (Arch, HuT) / rising arch*, rampant arch* ‖ **einen** ~ **bilden** / arch *vi* ‖ **einen** ~ **bilden** (Eltech) / arc *v* ‖ **eingespannter** ~ (Arch) / fixed-end arch ‖ **einhüftiger** ~ (bei dem die Kämpfer verschieden hoch liegen) (Arch, HuT) / rising arch*, rampant arch* ‖ **Florentiner** ~ (Arch) / Florentine arch*, Tuscan arch ‖ **geneigter** ~ (Arch) / oblique arch* ‖ **gestelzter** ~ (Arch) / stilted arch*, surmounted arch ‖ **graugedruckter** ~ (Typog) / friar* *n* ‖ **innerer** ~ (Arch) / rear arch, rere arch* ‖ **mit** ~ **überspannen** (Arch) / arch *v* ‖ **persischer** ~ (Arch) / ogee arch, ogee* *n*, OG*, ogival arch* ‖ **rektifizierbarer** ~ (Math) / rectifiable arc ‖ **sächsischer** ~ (Arch) / triangular arc ‖ **scheitrechter** ~ (ein gemauerter Sturz über einer Öffnung ganz oder fast ohne Stich) (Arch) / flat arch*, Dutch arch, French arch, straight arch*, jack arch* (US) ‖ **schiefwinkliger** ~ (Arch) / skew arch* ‖ **steigender** ~ (bei dem die Kämpfer verschieden hoch liegen) (Arch, HuT) / rising arch*, rampant arch* ‖ **toskanischer** ~ (Arch) / Florentine arch*, Tuscan arch ‖ **venezianischer** ~ (von einem Faszienrundbogen überfangener Zwillingsbogen mit Scheitelkreis und Spandrillen) (Arch) / Venetian arch* ‖ **verdeckter** ~ (Arch) / back arch ‖ **voll eingespannter** ~ (Arch, HuT) / rigid arch* ‖ **zischender** ~ (Eltech) / hissing arc, frying arc* ‖ **zusammengesetzter** ~ (aus Kreisbogenstücken, wie z.B. der Korbbogen) (Math, Verm) / compound curve* ‖ ~ *m*, dessen Stichhöhe kleiner ist als eine halbe Spannweite (z.B. ein Segmentbogen) (Arch) / surbased arch ‖ ~ **in Fachwerkbauweise** (für Brückenbauwerke) (HuT) / braced-rib arch

**Bogen•** - / arched *adj*, arcuate* *adj*, arcuated *adj*, bow-shaped *adj* ‖ ~- (Druck) / sheet-fed* *attr* ‖ ~ableger *m* (bei Bogendruckmaschinen) (Druck) / sheet deliverer ‖ ~abschlagvorrichtung *f* (Druck) / sheet severer ‖ ~abschluß *m* (z.B. der Laibungsbogen eines Fensters) (Bau) / arched head ‖ ~abstreicher *m* (Druck) / strippers* *pl* ‖ ~achse *f* (Bau, HuT) / arch axis ‖ ~achsel *f* (Bau) / haunch *n* ‖ ~anfang *m* (Arch, Bau) / cushion* *n*, impost *n*, platband *n* ‖ ~anfang (einer Kurve im Grundriß) (HuT) / point of curvature, P.C. ‖ mit ~anlage

(Druck) / sheet-fed* attr ‖ ~anlegeapparat m (Druck) / sheet feeder, feeder n ‖ ~anleger m (Druck) / sheet feeder, feeder n ‖ ~ausbau m (Stahlausbau in Strecken und Großräumen) (Bergb) / arch support(s), arching n, arch girder set ‖ ~auslauf m (Druck) / sheet outlet ‖ ~ausleger m (Druck) / sheet deliverer ‖ ~bauwerk n (Arch) / arcuated structure, arched structure ‖ **magnetische** ~**beeinflussung** (Eltech) / magnetic blowout* ‖ ~**beschleunigung** f (Druck) / sheet acceleration ‖ ~**bildung** f (Bau) / turning* n ‖ ~**binderdach** n (Bau, Zimm) / bowstring roof, Belfast roof ‖ ~**blende** f (Arch) / blind arch* ‖ ~**brücke** f (HuT) / arch bridge* ‖ **aufgeständerte** ~**brücke** (HuT) / spandrel-braced arch bridge ‖ ~**dämpfer** m (Tex) / gantry ager ‖ ~**design** n (der Instrumentenanlage) (Kfz) / wraparound dash design ‖ ~**differential** n (Math) / differential of arc, element of length ‖ ~**dreiecknocken** m (Masch) / triangular circular arc cam ‖ ~**düne** f (Geol) / barkhan n, barchan* n ‖ ~**durchgang** m (Arch) / archway n ‖ ~**einlauf** m (Druck) / sheet entry ‖ ~**element** n (das Differential der Bogenlänge einer Kurve) (Math) / differential of arc, element of length ‖ ~**ende** n (einer Kurve im Grundriß) (HuT) / point of tangency, P.C. ‖ ~**entladung** f (Eltech) / arc discharge ‖ ~**entrollen** n (Druck) / sheet decurling, sheet uncurling ‖ ~**falzmaschine** f (Druck) / sheet folder, sheet folding machine ‖ ~**fänger** m (Druck) / sheet catcher ‖ ~**feld** n (Arch) / tympanum* n (pl. tympana or tympanums), tympan n ‖ ~**fenster** n (Fensterform mit Bogenabschluß) (Arch) / arched window, arch window ‖ **äußere** ~**fläche** (Bau) / extrados* n, back n ‖ ~**förmig** adj / arched adj, arcuate* adj, arcuated adj, bow-shaped adj ‖ ~**gang** m (auf einer Seite von einer Arkade begrenzter Gang) (Arch) / archway n ‖ ~**geradleger** m (Druck) / jogger* n (at the delivery) ‖ ~**geradstoßer** m (Druck) / jogger* n (at the delivery) ‖ ~**gerüst** n (Bau) / centring* n, centres* pl, centering* n ‖ ~**gewichtsmauer** f (HuT, Wasserb) / arch-gravity dam ‖ ~**gewichtsstaumauer** f (HuT, Wasserb) / arch-gravity dam ‖ ~**gleis** n (Bahn) / curved track ‖ ~**hälfte** f (zwischen Kämpfer und Scheitel) (Bau) / haunch n ‖ ~**hanf** m (Sansevieria spp.) / sansevieria n, bowstring hemp ‖ ~**haupt** n (Bau) / arch face ‖ ~**höhe** f (Bau, HuT) / rise* n, versed sine*, sagitta n (pl. sagittae) ‖ ~**höhe** (bei Blattfedern) (Masch) / arc rise ‖ ~**kalander** m (Pap) / plater n, sheet plater ‖ ~**keilstein** m (Bau) / arch stone*, voussoir* n, arch brick* ‖ ~**kiel** m (Schiff) / rocker keel ‖ ~**konstruktion** f (Bau) / turning* n ‖ ~**korrektur** f (Typog) / page proof*, made-up proof, proof in sheets ‖ ~**laibung** f (Bau) / intrados* n ‖ ~**lampe** f (Eltech, Licht) / arc lamp* ‖ ~**lampenkohle** f (Eltech) / arc-lamp carbon* ‖ ~**lampenscheinwerfer** m (Eltech, Film) / arc lamp* ‖ ~**länge** f (Math) / arc length, length of arc ‖ ~**länge** (ein Kurvenstück) (Math) / curve length ‖ ~**laube** f (Arch) / archway n ‖ ~**lauf** m (Bahn) / curve passage, curve negotiation ‖ ~**laufverhalten** n (der Lokomotive) (Bahn) / curve-passing-behaviour curve ‖ ~**licht** n (Licht) / arc light ‖ ~**lichtscheinwerfer** m (Eltech, Film) / arc lamp* ‖ ~**maß** n (ein Maß, bei dem der ebene Winkel durch die Länge des zugeordneten Bogens im Einheitskreis bzw. durch das Verhältnis der Längen von Kreisboden und -radius gemessen wird) (Math) / circular measure*, radian measure ‖ ~**montage** f (Druck) / sheet assembly ‖ ~**norm** f (unter der Prime der Bogensignatur) (Druck) / designation marks* pl ‖ ~**offset** m (Druck) / sheet offset printing, sheet-feed offset printing ‖ ~**offsetdruck** m (Druck) / sheet offset printing, sheet-feed offset printing ‖ ~**papier** n (Druck, Pap) / sheet paper ‖ ~**pfeil** m (Bau, HuT) / rise* n, versed sine*, sagitta n (pl. sagittae) ‖ ~**plasma** n / arc plasma ‖ ~**plasmaschweißen** n (Schw) / arc plasma welding ‖ ~**rechen** m (viertelkreisförmiger Rechen, der tangential an die Kanalsohle anschließt) (Sanitär) / curved screen ‖ ~**rohr** n (Fernm, Masch) / bend* n ‖ ~**rotationsmaschine** f (Druck) / sheet-fed rotary ‖ ~**rücken** m (Bau) / extrados* n, back n ‖ ~**schablone** f (Bau) / reverse n ‖ ~**scheibe** f (z.B. einer Staumauer) (HuT, Wasserb) / arch n ‖ ~**scheitel** m (Arch) / arch key ‖ ~**schenkel** m (Bau) / haunch n ‖ ~**schlußstück** n (am Oberteil des Hinterstevens) (Schiff) / arch piece ‖ ~**sehne** f (Verbindungslinie der Kämpfer) (Bau) / arch chord ‖ ~**sehnensystem** n (HuT, Wasserb) / bowstring girder ‖ ~**sieb** n (das die Zentrifugalkräfte in einem bogenförmig umgelenkten Produktstrom zum Eindicken, Entwässern oder Klassieren ausnutzt) (Sanitär) / curved sieve ‖ ~**signatur** f (Buchb, Druck) / signature mark* ‖ ~**spannung** f (Eltech) / arc voltage* (the total voltage across an electric arc) ‖ ~**spannung** (Eltech) / arcing voltage* (below which a current cannot be maintained between two electrodes) ‖ ~**spannungsabfall** m (Eltech) / arc drop ‖ ~**spektrum** n (im Lichtbogen einer Bogenlampe erzeugtes reines Atomspektrum) (Elektr, Phys) / arc spectrum* ‖ ~**staudamm** m (HuT, Wasserb) / arch dam* ‖ ~**staumauer** f (HuT, Wasserb) / arch dam* ‖ ~**stein** m (Bau) / arch stone*, voussoir* n, arch brick* ‖ ~**stein** (ein Bordstein) (HuT) / curved curb ‖ ~**stellung** f (Arch) / archway n ‖ ~**stich** m (Bau, HuT) / rise* n, versed sine*, sagitta n (pl. sagittae) ‖ ~**stirn** f (Bau) / arch face ‖ ~**stranggießanlage** f (Gieß) / S-type continuous casting machine, bow-type continuous casting machine ‖ ~**stück** n (z.B. bei einer Hängebahn) / curved section ‖ ~**träger** m **mit geradem**

**Untergurt** (Arch) / hogback girder ‖ ~**träger mit Zugband** (Arch) / tied arch ‖ ~**tragsystem** n (Arch) / arcuated structure, arched structure ‖ ~**trennung** f (Druck) / sheeting n ‖ ~**verlangsamung** f (Druck) / sheet slow-down n ‖ ~**verzahnung** f (von Kegelrädern) (Masch) / Palloid teeth ‖ ~**weiche** f (Bahn) / curved points, bent switch ‖ ~**widerlager** n (Arch) / skewback* n ‖ ~**zahn** m (eines Fräsers) (Masch) / curved-back tooth, eccentric relieved tooth (US) ‖ ~**zahnkegelrad** n (Masch) / spiral bevel gear ‖ ~**zahnkupplung** f (Masch) / curved-tooth gear coupling
**Boghead** m (Bergb) / boghead coal*, parrot coal* ‖ ~-**Kohle** f (Bergb) / boghead coal*, parrot coal*
**bogig•er Bruch** (Min) / crescentic fracture ‖ ~**er Schuß** (Fehler) (Web) / bow n
**Bogoljubow-Transformation** f (Phys) / Bogolyubov transformation
**Bogusware** f (zur böswilligen Störung der Rechnerarbeit bestimmte Software) (EDV) / bogusware n
**Bohle** f (Nadelholz, bis 48 mm) (For) / board* n ‖ ~ (40 - 120 mm dick, Mindestbreite 140 bzw. 200 mm) (For, Zimm) / deal n (48 - 102 mm thick, 229 - 279 mm wide)*, plank n (48-102 mm thick, > 279 mm wide - in softwoods) ‖ ~ (für lotrechten Verbau der Baugrube) (HuT) / guide pile ‖ **mit** ~ **belegen** (Zimm) / board v, plank v, floor v
**Bohlen•- und/oder Schalbretterkranz** m (beim Betonieren) (Bau) / supporting formwork ‖ ~**weg** m (Bau, HuT) / plank roadway, boardway n (US) ‖ ~**weg** (Bau, HuT) s. auch Schubkarrenweg
**Bohm-Aharonov-Effekt** m (Kernphys) / Aharonov-Bohm effect
**Bohm-Diffusion** f (durch Turbulenz und Instabilitäten bewirkte Diffusion von geladenen Teilchen in einem von einem Magnetfeld zusammengehaltenen Plasma quer zu den Feldlinien - nach D.J. Bohm 1917 - 1992) (Phys) / Bohm diffusion
**böhmisch•es Kristall** (Glas) / Bohemian glass ‖ ~**es Kristallglas** (Glas) / Bohemian glass ‖ ~**e Erde** (Seladonit aus Böhmen) (Min) / Bohemian earth ‖ ~**er Granat** (Min) / Bohemian garnet* ‖ ~**e Grünerde** (Min) / Bohemian earth ‖ ~**e Kappe** (ein Gewölbe über einer kleineren Fläche als dem Grundquadrat) (Arch) / Bohemian vault ‖ ~**er Rubin** (eine Farbvarietät des Quarzes) (Min) / rose quartz* ‖ ~**er Topas** (Min) / false topaz*, Bohemian topaz*
**Böhmit** m (kristallines Aluminiummetahydroxid) (Min) / boehmite* n
**Bohm-Pines-Theorie** f (der Plasmaschwingungen von Elektronen in Metallen) (Phys) / Bohm-Pines theory
**Bohne** f (Nahr) / bean n
**Bohnenkrautöl** n (aus dem Sommerbohnenkraut = Satureja hortensis L.) / savory oil, summer-savory oil
**Bohnermaschine** f / floor polisher, floor machine
**bohnern** v (einen Fußboden) / wax and polish ‖ ~ n (eines Fußbodens) / waxing and polishing
**Bohnerwachs** n (ein Fußbodenpflegemittel) / floor wax
**Bohnerz** n (Bergb) / pea ore
**Bohr•anlage** f (sowohl zu Lande als auch offshore) (Bergb, Erdöl) / rig* n, drilling rig, oil rig ‖ **fahrbare** ~**anlage** (HuT) / truck-mounted drilling rig, truck rig ‖ ~**anlageneinrichtung** f (Erdöl) / rig equipment ‖ ~**arbeiten** pl (von schwimmenden Anlagen) (Erdöl) / floating drilling operations ‖ ~**arbeiter** m (Erdöl) / roughneck n, floorman n ‖ ~**assel** f (Limnoria lignorum Rathke) (Schiff) / gribble n ‖ ~**bar** adj (ins Volle) (Masch) / drillable adj ‖ ~**barkeit** f (ins Volle) (Masch) / drillability n ‖ ~**bericht** m (Erdöl) / driller's log n, log n ‖ ~**betriebsführer** m (Erdöl) / drilling superintendent ‖ ~**bewegung** f (im Reibradgetriebe) (Masch) / sliding motion ‖ ~**brunnen** m (bis etwa 10 m tief, mit Rohrweite unter 100 mm) (HuT, Wasserb) / tube-well n, tubular well ‖ ~**buchse** f (DIN 179) (Masch) / drill bush* ‖ ~**buchse** (an der Bohrvorrichtung) (Masch) / jig bushing ‖ **glatte** ~**buchse** (Masch) / headless drill bush ‖ ~**deck** n (Erdöl) / derrick floor, rig floor ‖ ~**durchmesser** m (Innendurchmesser eines Arbeitszylinders) (Kfz, Masch) / bore* n
**Bohr-Effekt** m (Änderung des Sauerstoffbindungsvermögens eines Eiweißkörpers unter dem Einfluß des pH-Wertes - nach Ch. Bohr, 1855-1911) (Biochem) / Bohr effect
**Bohreisen** n (ein Handgerät) (HuT) / jumper* n, jumper bar
**Bohren** n (des Dachschiefers) (Bau) / holing* n ‖ ~ (nach Metallerzen) (Bergb) / drilling* n ‖ ~ (nach Erdöl, nach Erdgas) (Bergb, Erdöl) / boring n, drilling n ‖ ~ (Masch) / boring* n ‖ ~ (DIN 8589, T 2) (Masch) / drilling n (from the solid) ‖ **drehendes** ~ (Bergb, Erdöl) / rotary drilling (system) ‖ **gerichtetes** ~ (Bergb, Erdöl) / directional drilling* ‖ ~ **kernendes** (Bergb) / core drilling ‖ **kernloses** ~ (Bergb) / plugging n, non-core drilling, solid drilling, full-hole drilling ‖ **Loch bei Loch** ~ (mit nachfolgendem Wegbrechen der Rippen zwischen den Löchern) (Bergb) / line drilling ‖ **schlagendes** ~ (Bergb) / percussion drilling, percussive boring ‖ ~ **thermisches** (Erdöl, HuT) / thermic boring (boring holes into concrete by means of a high temperature, produced by a steel lance packed with steel wool which is ignited and kept burning by oxyacetylene or other gas), thermal boring ‖ ~ n **auf Erdöl** (Erdöl) / petroleum drilling, oil drilling ‖ ~ **einer Anzahl von Löchern in einem waagerechten Fächer von einem**

**Bohren**

**Maschinenstandort aus** (Erdöl) / horadiam drilling, horizontal-ring drilling ‖ ~ **in gut bohrbarem Gestein** (Bergb, Erdöl) / smooth drilling, snow-bank digging ‖ ~ **in weichen Schichten** (Bergb, Erdöl) / smooth drilling, snow-bank digging ‖ ~ **ins volle** (Masch) / drilling n (from the solid) ‖ ~ **mit der Sauerstofflanze** (Masch) / oxygen lancing*, thermal hole boring ‖ ~ **mit Luftspülung** (Erdöl) / air-drilling n ‖ ~ **mit Schaumzusatz** (Erdöl) / foam drilling ‖ ~ **mit Wasser** (Erdöl) / water drilling ‖ ~ **mit Wasserspülung** (Erdöl) / water drilling ‖ ~ **mittels Stoßwellen** (Masch) / shock-wave drilling ‖ ~ **nach Mineralien** (Bergb) / mineral boring ‖ ~ **zwischen den** (bestehenden) **Fördersonden** (um die Erträge zu steigern) (Erdöl) / in-fill drilling
**Bohrer** m (mit drehender Bewegung) (Bergb) / rotary drill* ‖ ~ (Bergb, Masch, Werkz) / drill* n ‖ ~ (der Bohrwinde) (Masch) / bit* n ‖ ~ (Arbeiter) (Masch) / drilling machine operator ‖ ~ (Tischl) / burr n, bur n ‖ ~ (Werkz) / auger* n ‖ ~ s. auch Schlagbohrmaschine ‖ **geradnutiger** ~ (Masch) / straight-flute drill* ‖ **verstellbarer** ~ (Bau) / expanding bit* ‖ ~ **mit geraden Nuten** (Masch) / straight-flute drill* ‖ ~ **mit Tiefenanschlag** (Masch) / stop-drill n ‖ **nummerngekennzeichnete** ~**abmessungen** (Masch) / number sizes* ‖ ~**achse** f (Masch) / drill axis ‖ ~**rücklauf** m (Masch) / drill return ‖ ~**stahl** m (Hütt) / drill steel ‖ ~**verschleiß** m (Werkz) / drill wear
**Bohr•fliege** f (Familie Trypetidae) (Nahr, Zool) / fruit fly ‖ ~**fortschrittsaufzeichnung** f (Bergb, Erdöl) / drilling-time log ‖ ~**futter** n (Werkzeugspanner) (Masch) / drill chuck*, drill head ‖ ~**futterrohr** n (HuT) / Gow caisson, Boston caisson, caisson pile ‖ ~**gang** m (des Ambrosiakäfers) (For) / pin-hole n, shot-hole n, ambrosia-beetle tunnel ‖ ~**gang** (For, Zool) / insect mine, insect hole, mine n, gallery n ‖ ~ (**großer**) ~**gang** (meistens durch Bockkäfer verursacht - etwa 6 mm im Durchmesser) (For) / grub-hole n ‖ ~**garnitur** f (für das Seilbohren) (Bergb) / cable tools* ‖ ~**genehmigung** f (Erdöl) / well permit, drilling permit ‖ ~**gerät** n (Bergb) / drill* ‖ **künstliches Caissonfundament für das** ~**gerät** (Kombination von Kiesinsel und CIDS - mit Stahlbehältern als Schutzwall gegen Eisdruck und Wellen) (Erdöl) / caisson-retained island, CRI ‖ ~**gerüst** n (Erdöl) / derrick ‖ ~**gestänge** n (im Bohrturm aufgehängt) (Erdöl) / drill pipes, drill-rods pl, drill stem ‖ ~**gestängefett** n (Erdöl) / rod dope, gunk n, rod grease ‖ ~**grat** m (Masch) / drilling burr ‖ ~**hammer** m (für das schlagende Bohren) (Bergb) / hammer-drill* n, heavy-duty drilling machine ‖ **schwerer** ~**hammer** (für den Streckenvortrieb) (Bergb) / drifter* n ‖ **leichter** ~**hammer** (Bergb) / jackhammer* n ‖ **auf Lafette montierter schwerer** ~**hammer** (HuT) / drill carriage, jumbo n, drilling jumbo ‖ ~**hammer** m **für Vortrieb** (Bergb) / drifter* n ‖ ~**hammerstütze** f (Bergb) / air leg* ‖ ~**hauer** m **in einem Überhauen** (Bergb) / raise driller ‖ ~**hubinsel** f (mit absenkbaren, in den Boden einfahrenden Beinen) (Erdöl) / jack-up platform, jack-up n, self-elevating drilling platform, jack-up rig ‖ ~**hülse** f (Masch) / jig bushing ‖ ~**insel** f (ortsfester, am Meeresboden verankerter Geräteträger zum Abteufen von Bohrungen nach Erdöl und Erdgas im Meer) (Erdöl) / oil rig ‖ **flutbare** ~**insel** (Erdöl) / submersible drilling rig ‖ ~**installation** f (Erdöl) / drilling equipment ‖ ~**journal** n (Erdöl) / driller's log, log n ‖ ~**käfer** m pl (Vorratsschädlinge) (For, Landw, Zool) / Bostrychidae pl ‖ ~**kern** m (Bergb) / core* n ‖ ~**kernprobe** f (Bergb) / core sample* ‖ ~**kernuntersuchung** f (Bergb, Geol) / core analysis ‖ ~**klein** n (Erdöl) / drill cuttings, borings pl, cuttings pl, well cuttings ‖ **mit** ~**klein beladene Spülung** (Erdöl) / returns* pl ‖ ~**knarre** f (Masch) / ratchet brace*, ratchet drill* ‖ ~**knecht** m (Bergb) / air leg* ‖ ~**-Kompaktifizierung** f (nach H. Bohr, 1887-1951) (Math) / Bohr's compactification ‖ ~**kopf** m (der auf das Bohrgestänge aufgeschraubt, aufgesteckt oder mit ihm fest verbunden ist) (Bergb, Erdöl) / drill head, boring head ‖ ~**kopf** (zum Aufbohren von Bohrungen) (Masch) / boring head, cutter head ‖ ~**- und Ausdrehkopf** m (Masch) / boring head, cutter head ‖ ~**krone** f (Bergb) / bit* n ‖ **gezahnte** ~**krone** (Bergb) / castellated bit ‖ **abnehmbare** ~**krone** (Bergb) / detachable bit ‖ ~**mit Diamanten** (Hartmetall) **besetzte** ~**krone** (Bergb) / set bit ‖ **aufsetzbare** ~**krone** (Bergb) / jackbit n, rip-bit n ‖ **zerstörte** ~**krone** (durch Überlastung) (Bergb) / burned bit ‖ ~**lafette** f (Vorschubeinrichtung, auf der die Bohrmaschine befestigt ist) (Bergb) / moving support (for a boom) ‖ ~**lehre** f (ein Meßhilfsmittel beim Bohren) (Masch) / drill template (a metal plate attached to the work and providing a drill bush where each hole is to be drilled), drill bush ‖ ~**lehre** (Masch) / drilling jig*
**Bohrloch** n (zylindrischer Hohlraum im Gebirge, der durch drehendes, schlagendes oder drehschlagendes Bohren hergestellt wird) (Bergb, Erdöl) / borehole* n, boring n, hole n ‖ ~ (verrohrtes) (Erdöl) / well n, wellbore n ‖ ~ (kleines) (For) / shot hole n (For) / borer hole, wormhole n ‖ ~ (HuT) / borehole n, hole n ‖ ~ (Masch) / bore* n, borehole n ‖ **Bohrlöcher stopfen** (Bergb, HuT) / tamp* v ‖ **eruptierendes** ~ (Erdöl) / wild well, blowing well ‖ **falsch angesetztes** ~ (Bergb, Erdöl) / misplaced well ‖ **horizontales** ~ (z.B: in den dünnen Erdöllagerstätten in der Nordsee) (Erdöl) / horizontal borehole ‖ **im** ~ **befindlicher Schrott** (Gegenstände, die unbeabsichtigt im Bohrloch gelassen wurden) (Bergb, Erdöl) / downhole junk ‖ **im** ~ **einsetzbares Werkzeug** (Bergb, Erdöl) / downhole instrument ‖ **nicht gekommenes** ~ (Bergb) / failed hole, missed hole, misfire hole ‖ **offenes** ~ (Erdöl) / open hole ‖ **Serie** f **nebeneinanderliegender Bohrlöcher** (deren Rippen beseitigt wurden) (Bergb) / lewis hole ‖ **spiralförmiges** ~ (Erdöl) / spiral hole ‖ **tiefes** ~ (Bergb, Erdöl) / deep well ‖ **wassergefülltes** ~ (Bergb) / wet hole ‖ ~ n **kleinsten Durchmessers** (z.B. bei stratigrafischen Proben) (Geol) / slim hole ‖ ~ **ohne Liner im Erdölträger** (Erdöl) / open hole ‖ ~ **zur Endlagerung** (giftiger oder korrosiver Abfallstoffe) (Umwelt) / disposal well, injection well
**Bohrloch•absperrvorrichtung** f (zur Verhinderung des Blowouts) (Erdöl) / blow-out preventer*, preventer n, BOP* ‖ ~**abstand** m (Erdöl) / well spacing ‖ ~**abweichung** f (Erdöl) / hole deviation ‖ ~**anordnung** f (Erdöl) / drill-hole pattern ‖ ~**ansatzpunkt** m (Erdöl) / well location ‖ ~**arbeit** f (Erdöl) / well-service operation ‖ ~**aufnahme** f (Erdöl) / log* n ‖ ~**auskesselung** f (bei Sprengarbeiten) / camouflet n ‖ ~**behandlungsanlage** f (Erdöl) / well-service unit ‖ ~**bild** n (um eventuelle Bohrlochablenkungen zu ermitteln) (Bergb) / borehole survey* ‖ ~**bildung** f (im Zementsilo) (Bau, HuT) / rathole formation, ratholing n ‖ ~**-Diverter** m (ein Blowout-Preventer großen Durchgangs mit Nennarbeitsdrücken unter 7,000.000 Pa) (Erdöl) / well diverter ‖ ~**einzugsbereich** m (Erdöl) / drainage area ‖ ~**impfung** f (ein Holzschutzverfahren mit Patronen oder Pasten) (For) / borehole treatment ‖ ~**kopf** m (Erdöl) / well-head* n ‖ ~**kopfdruck** m (Erdöl) / pressure at the head (of the drill string), well-head pressure ‖ ~**kopffließdruck** m (Erdöl) / flowing well-head pressure ‖ ~**messung** f (Bergb, Erdöl) / logging n, well logging, borehole logging, drillhole logging ‖ **seitliche** ~**messung** (Bergb, Erdöl) / lateral logging ‖ ~**neigung** f / drift of the well ‖ ~**pfeife** f (Bergb) / bootleg n ‖ ~**räumer** m (Bergb) / reamer n, belling tool ‖ ~**schablone** f (Bergb) / hole director ‖ ~**sohle** f (Bergb, Erdöl) / bottom of the well, hole toe, toe of a hole, hole bottom ‖ ~**stimulation** f (Erdöl) / well stimulation ‖ ~**temperaturmessung** f (Bergb, Erdöl) / temperature well logging, thermal logging, temperature survey, temperature logging ‖ ~**teufe** f (Erdöl) / depth of the borehole ‖ ~**tiefstes** n (Bergb, Erdöl) / bottom of the well, hole toe, toe of a hole, hole bottom ‖ ~**torpedierung** f (Erdöl) / well shooting, shooting n ‖ ~**verfahren** n (For) / borehole treatment ‖ ~**wand** f (Bergb, Erdöl) / wall of the hole, side of the hole ‖ ~**wandung** f (Bergb, Erdöl) / wall of the hole, side of the hole ‖ ~**zementierung** f (Bergb, Erdöl) / cementation n, cementing n
**Bohr•lokation** f (Erdöl) / drilling site ‖ ~**mannschaft** f (Bergb, Erdöl) / drilling crew, well crew, rig crew ‖ ~**maschine** f (für Bohren aus dem vollen) (Masch) / drilling machine*, drill press (US) ‖ **mehrspindlige** ~**maschine** (Masch) / multiple-spindle drilling machine*, multiple boring machine ‖ **dreispindlige** ~**maschine** (Masch) / three-spindle drilling machine ‖ ~**maschine** f **in Abbaukammern** (Bergb) / stoping drill, stoper n ‖ ~**maschine mit Spindelvorschub** (Bergb) / drifter* n ‖ ~**mehl** n (Erdöl) / drill cuttings, borings pl, cuttings pl, well cuttings ‖ ~**mehl** (das durch das Bohren tierischer Holzschädlinge entsteht) (For) / frass* ‖ **mit feinstem** ~**mehl gefüllte Gänge des Großen Holzwurms** (For) / powder-post borings ‖ ~**meißel** m (das Bohrwerkzeug einer Stoßbohranlage) (Bergb, Erdöl) / drill bit*, bit* n, chisel bit ‖ ~**meißel** (in dem Bohr- und Ausdrehkopf) (Masch) / boring tool* ‖ ~**meißelinstandhalter** m (Erdöl) / tool dresser, toolie n ‖ ~**meister** m (Erdöl) / driller ‖ **schichtführender** ~**meister** (Erdöl) / toolpusher n (field supervision of drilling operations) ‖ **einschneidiges** ~**messer** (Werkz) / fly cutter ‖ ~**muschel** f (Meeresmuschel) (For) / marine borer ‖ ~**öl** n (beim Bohren verwendetes emulgierbares Schneid- und Kühlmittelöl) (Masch) / drilling oil ‖ ~**pfahl** m (geschütteter, DIN 4014, T 1) (HuT) / bored pile, bored cast-in-situ pile, bored cast-in-place pile, uncased concrete pile ‖ ~**pfahl mit Fuß** (DIN 4014, T 1) (HuT) / enlarged-base pile ‖ ~**pfahl mit Verrohrung** (z.B. nach Franki) (HuT) / tube pile ‖ ~**plattform** f (Offshore) (Erdöl) / oil platform, drilling platform, production platform*, offshore drilling platform, platform n ‖ ~**plattform mit mittlerem Stahlbetonteil** (die mit wassergefüllten Tanks am Meeresboden verankert ist) (Erdöl) / concrete-island drilling system, CIDS ‖ ~**probe** f (HuT) / disturbed sample, auger sample
**Bohr-Radius** m (Kernphys) / Bohr radius*
**Bohr•ratsche** f (Masch) / ratchet brace*, ratchet drill* ‖ ~**reibung** f / drilling friction ‖ ~**rohr** n (Erdöl) / hollow rod, hollow stem, hollow drill ‖ ~**rohr** (für Bohrpfähle) (HuT) / driving tube ‖ **horizontale** ~**säule** (für den Gesteinsbohrer) (Bergb) / stretcher n
**Bohrsch•e Frequenzbedingung** (Kernphys) / Bohr frequency principle ‖ ~**es Magneton** (nach N. Bohr, 1885 - 1962) (Eltronik, Kernphys) / Bohr magneton* ‖ ~**er Radius** (Kernphys) / Bohr radius*
**Bohr•schablone** f (für Schrägbohrlöcher) (Bergb) / hole director ‖ ~**schablone** (Masch) / drill template (a metal plate attached to the work and providing a drill bush where each hole is to be drilled), drill

bush || ~schablone (Masch) / drilling template, drill template, drilling job, jig n || ~schema n (Erdöl) / drill-hole pattern || ~schiff n (Erdöl) / drilling vessel || ~schiff (eine Art Bohrinsel in der Offshoretechnik) (Erdöl) / drill-ship n || ~schlamm m (Bergb) / drilling mud*, sludge n || verfestigter ~schlamm (Bergb) / cake n || mit ~schlamm abdichten (ein Bohrloch) (Erdöl) / mud off v || ~schlitten m (Radialbohrmaschine) (Masch) / drilling head || ~schlitten (Ständerbohrmaschine) (Masch) / drill slide || ~schmant m (Bergb) / drilling mud*, sludge n || ~schmant (Erdöl) / returns* pl || ~schneide f (Bergb) / jackbit*, rip-bit* n || ~schraube f (Masch) / self-drilling screw || ~schwengel m (beim Seilbohren) (Erdöl) / walking beam* || ~seil n (Erdöl) / drilling line || ~seiltrommel f (Erdöl) / bull wheel || ~span m (des Prüfbohrers) (For) / increment core, borer core, boring core || ~spindel f (Werkzeugträger der Bohrmaschine) (Masch) / drill spindle, drilling spindle || ~spindelschlitten m (an Ständer- und Radialbohrmaschinen) (Masch) / drilling head slide || ~spülmittel n (Bergb, Erdöl) / drilling fluid, flushing fluid, drilling mud*, circulating fluid, circulation fluid, driller's mud || ~spülung f (Flüssigkeit) (Bergb, Erdöl) / drilling fluid, flushing fluid, drilling mud*, circulating fluid, circulation fluid, driller's mud || hochvergaste ~spülung (Erdöl) / heavily gas-cut mud || schwachvergaste ~spülung (Erdöl) / slightly gas-cut mud || vergaste ~spülung (Erdöl) / gas-cut mud || ~ständer m (Werkz) / bench drill stand, drill stand || ~stange f (Erdöl) / drill-rod* n || ~stange (ein Handgerät) (HuT) / jumper* n, jumper bar || ~stange (Verlängerung der Bohrspindel) (Masch) / boring bar* || ~staub m (For) / frass* n || ~stelle f (Erdöl) / well location || ~stickerei f (Tex) / broderie anglaise || ~strangtest m (Erdöl) / drill-stem test || ~stütze f (pneumatische) (Bergb) / air leg* || ~tisch m (Masch) / drilling table || ~turm m (in der Erdöl- und Erdgasförderung) (Erdöl) / derrick n || ~turmgalgen m (Erdöl) / gin pole
**Bohrung** f (Bergb, Erdöl) / borehole* n, boring n, hole n || ~ (fündige) (Erdöl) / well n, wellbore n || ~ (Kfz) / gallery n, drilled passage n (Innendurchmesser eines Arbeitszylinders) (Kfz, Masch) / bore* n || ~ (Masch) / bore* n, borehole n || ~ (Masch) / passage n (of a valve) || ~ (Masch) / port n || ~ (Masch) / hole n || **abgewichene** ~ (Bergb) / off-centre hole || **ausgebrochene** ~ (Erdöl) / wild well, well out of control || **fündige** ~ (Erdöl) / discovery well* (an exploratory well that encounters a new and previously untapped petroleum deposit) || **im Pumpbetrieb fördernde** ~ (Erdöl) / pumping well, pumper n || **kalibrierte** ~ (z.B. von Vergaserdüsen) (Kfz) / metered port, metered bore, metered drilling || **totgepumpte** ~ (Erdöl) / killed well || **trockene** ~ (Erdöl) / duster n (a completely dry hole), dry hole, dry well || **verlaufene** ~ (Masch) / out-of-true hole, untrue no hole || **Vorbereitung** f einer ~ **aus unverrohrtem Speicher** (z.B. in festem Sand- oder Kalkstein) (Erdöl) / barefoot completion || **zylindrische** ~ (DIN 625) (Masch) / cylindrical bore || ~ f **auf Erdöl** (Erdöl) / petroleum drilling, oil drilling || ~ **in der Nachbarschaft von produzierenden Quellen** (Erdöl) / development well || ~/Hub-Verhältnis n (V-Mot) / bore/stroke ratio, stroke/bore ratio
**Bohrungs•durchmesser** m (im allgemeinen) (Masch) / size of bore || ~durchmesser (Innendurchmesser eines Arbeitszylinders) (Kfz, Masch) / bore* n || ~fräser m (ein Walzenfräser mit Bohrung) (Masch) / arbor-mounted cutter || ~körner m (Masch) / centre punch* || ~kurzzeichen n (in den Zeichnungen) (Masch) / hole designation, class of hole
**Bohr-van-Leeuwen-Satz** m (Phys) / Bohr-van Leeuwen theorem
**Bohr•vorrichtung** f (Masch) / drilling jig* || ~vorschub m (Masch) / drill feed* || ~vorschubmechanismus m (Masch) / drill feed* || ~wagen m (HuT) / drill carriage, jumbo n, drilling jumbo || **kleiner** ~wagen (auf Schienen, für das Herstellen von nebeneinanderliegenden Bohrlöchern) (HuT) / gadder n, gadding machine, gadding car || ~-/Wälzverhältnis n (im Reibgetriebe) (Masch) / sliding/rolling ratio || ~werk n (Masch) / boring mill* || ~werkzeug n (Bergb) / bit* n || ~winde f (mit Kurbelgriff) (Zimm) / brace* n, bit-stock* n || ~, carpenter's brace, wheel brace, hand brace* || ~wurst f (Bergb) / drilling mud*, sludge n || ~zyklus m (in einer CNC-Steuerung) (Masch) / drilling cycle
**Boi** m (Tex) / baize* n
**Böigkeit** f (kurze Schwankungen der Windgeschwindigkeit und Windrichtung) (Meteor) / gustiness n
**böigkeitsfrei** adj (Luft) (Meteor) / smooth adj
**Boiler** m (Bau) / boiler* n, water-heater n
**Boil-off** n (Abführen von Gasen aus Isolierbehältern) (Chem Verf) / boil-off n || ~ (Erdöl) / boil-off n || ~-**Gas** n (Erdöl) / boil-off gas n || ~-**Rate** f (bei LNG und LPG) (Erdöl) / boil-off rate || ~-**Verlust** m (bei LNG und LPG) (Erdöl) / boil-off n
**Bois-de-rose-Öl** n / rosewood oil, Brazilian bois de rose oil, Cayenne linaloe oil, bois de rose oil
**Boje** f (in der Hochseefischerei und bei der Minenabwehr) (Mil, Schiff) / dan n, dan buoy || ~ (Schiff) / buoy* n, marker buoy
**Bojenlicht** n (Schiff) / lifebuoy light

**Bokapi** n (For) / niové n
**Bok-Globule** f (kompakte rundliche Dunkelwolke, bei der es sich vermutlich um eine Vorstufe bei der Bildung von Protosternen handelt - nach B.J. Bok, 1906 - 1983) (Astr) / Bok globule*
**Bol** m (montmorillonitreiche Erde) (Geol, Min) / bole* n
**Boldin** n (1,10-Dimethoxyporphin-2,9-diol) (Pharm) / boldine n
**Boldindimethylether** m (Chem, Pharm) / glaucine n
**Bolekoöl** n / isano oil
**Bolid** m (pl. Boliden) (ein besonders heller Meteor) (Astr) / bolide* n, fireball* n
**Bollen** m (Baumwolle) (Bot, Tex) / boll* n
**Bollermann** m / bullet n (a mark used to distinguish items in a list)
**Bollmehl** n (ein Mühlenprodukt bzw. Nebenerzeugnis der Getreidevermahlung) (Landw, Nahr) / short(s) n(pl)
**Bolognese•r Spat** (Min) / Bologna stone || ~r **Träne** (rasch erstarrter Glastropfen mit fadenförmigem Stiel, der bei Beschädigung des Stiels brisant zerplatzt) (Glas) / Bologna flask, Bologna phial, Bologna vial
**Bolometer** n (temperaturempfindlicher Meßwiderstand zur Bestimmung der absorbierten Hochfrequenzleistung sowie Gerät zur Messung der Lichtintensität im sichtbaren und infraroten Bereich) (Instr, Phys) / bolometer* n || ~- (Instr, Phys) / bolometric adj
**bolometrisch** adj (Instr, Phys) / bolometric adj || ~**er Sensor** (dessen Wandlerprinzip auf der Temperaturabhängigkeit der Leitfähigkeit spezieller Widerstandselemente beruht) / bolometric sensor
**Boltzmann•-Gleichung** f (quantitative Beschreibung des Transports von Masse, Ladung, Energie und Impuls in Vielteilchensystemen) (Phys) / Boltzmann (transport) equation*, Maxwell-Boltzmann equation || ~-**Konstante** f (Phys) / Boltzmann's constant*, Stefan-Boltzmann constant || ~-**Maschine** f (ein Parallelverarbeitungsmodell) (KI) / Boltzmann machine || ~-**Matano-Auswertung** f (von Konzentrationsprofilen im Verlauf der Diffusion in Zweistoffsystemen) (Hütt) / Boltzmann-Matano solution
**Boltzmannsch•es Energieverteilungsgesetz** (Phys) / Boltzmann distribution law || ~e **Entropiekonstante** (DIN 5031, T 8) (Phys) / Boltzmann's constant*, Stefan-Boltzmann constant || ~e **Konstante** (eine Fundamentalkonstante) (Phys) / Boltzmann's constant*, Stefan-Boltzmann constant || ~e **Stoßgleichung** (Phys) / Boltzmann collision equation
**Boltzmann•-Statistik** f (Phys) / Boltzmann statistics, Maxwell-Boltzmann statistics || ~-**Theorem** n (gaskinetische Formulierung des Entropiesatzes - nach L.Boltzmann, 1844-1906) (Phys) / Boltzmann H theorem, H theorem of Boltzmann || ~-**Wlassow-Gleichung** f (in der Plasmastatistik) (Phys) / Boltzmann-Vlasov equation
**Bolus** m (Siegelerde, Terra sigillata) (Geol, Min) / bole* n || ~ (große Arzneipille) (hauptsächlich für Tiere) (Pharm) / bole n, ball n, bolus n || **armenischer** ~ (zum Vergolden) / Armenian bole, bole armoniac || **Roter** ~ (stark mit Ton verunreinigtes Eisen(III)-oxid) (Anstr, Min) / reddle* n, red ochre, red ocher (US), raddle n, ruddle n || **Weißer** ~ (ein wasserhaltiges Aluminiumsilikat) (Geol, Min, Pharm) / bolus alba, white bole || ~ **alba** (ein wasserhaltiges Aluminiumsilikat) (Geol, Min, Pharm) / bolus alba, white bole || ~ **rubra** (zum Vergolden) / Armenian bole, bole armoniac
**Bolzanosatz** m (Math) / Bolzano's theorem
**Bolza-Problem** n (Math) / problem of Bolza
**Bolzen** m (für Bolzenschießgeräte) (Bau) / plug n, stud n || ~ (lösbarer) (Masch) / bolt* n (DIN 1433) (Masch) / pivot pin || ~ (dicker) (Masch) / shaft n || **durchgehender** ~ (Eltech, Masch) / through-bolt n, bolt n || **durchgehender** ~ **mit selbstsichernder Mutter** (Masch, Zimm) / fang bolt* || ~ **mit Gewinde an beiden Enden** (Masch) / double-ended bolt* || ~**befestigung** f (Masch) / bolt fastening || ~**gelenk** n (Bau, Mech) / pin joint || ~**gewinde** n (Masch) / external screw-thread*, male thread*, external thread, A thread (US), class A thread (US) || ~**kette** f (Masch) / plate link chain || ~**kupplung** f (eine elastische Kupplung) (Masch) / flexible pin coupling || ~**lichtbogenschweißen** (Schw) / arc stud welding, stud arc welding || ~**loch** n (für die Radbefestigung) (Kfz) / stud hole || ~**schießer** m (Bau) / stud gun, plug-driving gun, cartridge-operated hammer* || ~**schießgerät** n (Bau) / stud gun, plug-driving gun, cartridge-operated hammer* || ~**schneider** m (auch für größere Drahtquerschnitte) (Werkz) / bolt cutter (for cutting the heads of bolts) || ~**schußgerät** n (Bau) / stud gun, plug-driving gun, cartridge-operated hammer* || ~**schweißen** n (Schw) / stud welding || ~**schweißpistole** f (Schw) / stud welding gun || ~**schweißung** f (Schw) / stud welding || ~**setzapparat** m (Bau) / stud gun, plug-driving gun, cartridge-operated hammer* || ~**stauchmaschine** f (Masch) / bolt-making machine*, bolt machine || ~**verbindung** f (Masch) / bolt fastening

**Bombage** *f* (der Walzen zur Kompensation der Durchbiegung beim Walzen) (Hütt, Masch) / camber* *n*, crown *n* ‖ ⁓ *f* (Aufwölben einer Konservendose infolge Gasentwicklung) (Nahr) / swelling *n*
**bombardieren** *v* (Nukl) / bombard *v*
**Bombardierung** *f* (Nukl) / bombardment* *n*
**Bombasin** *m* (Gewebe aus Halbseide) (Tex) / bombazine *n*, bombasine *n*
**Bombaxwolle** *f* (Tex) / bombax cotton, bombax floss
**Bombayhanf** *m* (Crotalaria juncea L.); Sunn (DIN 60001, T 1); SN (Bot, Tex) / Bengal hemp, janapan *n*, sunn hemp, madras *n*, Bombay hemp, sunn *n*
**Bombe** *f* (mit oder für Gas) / gas cylinder *n*, gas-bottle *n*, cylinder *n* ‖ ⁓ (aus einem Vulkan ausgeworfener Lavafetzen, der im Flug durch Rotation eine bestimmte Form annimmt und erstarrt zu Boden fällt) (Geol) / volcanic bomb* ‖ ⁓ (Mil) / bomb *n* ‖ **gelenkte** ⁓ (durch Laser, IR oder TV) (Mil) / smart bomb ‖ **lasergeführte** ⁓ (Mil) / laser-guided bomb ‖ **logische** ⁓ (die zu einem bestimmten Zeitpunkt Schäden anrichtet) (EDV) / logical bomb, bomb *n* ‖ **selbstgesteuerte oder gelenkte** ⁓ (z.B. die V-Geschosse) (Luftf, Mil) / robot bomb, buzz bomb, flying bomb, smart bomb ‖ **thermonukleare** ⁓ (Mil) / fusion bomb*, thermonuclear bomb
**Bomben•aufschluß** *m* (vor der Elementaranalyse) (Chem) / bomb fusion process ‖ ⁓**ernte** *f* (Landw) / bumper crop ‖ ⁓**kalorimeter** *n* (Phys) / bomb calorimeter*, calorimetric bomb ‖ ⁓**methode** *f* (zur quantitativen Bestimmung von Schwefel und Halogenen) (Chem) / bomb method ‖ ⁓**ofen** *m* (Chem) / Carius furnace ‖ ⁓**rohr** *n* (Chem) / tube for sealing, sealing tube, sealed tube, fusion tube ‖ ⁓**rohr nach Carius** (G.L.Carius, 1829-1875) (Chem) / Carius tube ‖ ⁓**schacht** *m* (Luftf) / bomb bay ‖ ⁓**schleuderwurf** *m* (Mil) / toss bombing* ‖ ⁓**schulterwurf** *m* (Mil) / over-the-shoulder bombing
**Bomber, [mittlerer] strategischer** ⁓ (Mil) / strategic (medium) bomber
**Bombesin** *n* (pharmakologisch wirksames Peptid) (Pharm) / bombesin *n*
**bombieren** *vt* (Walzen) (Hütt, Masch) / camber *vt* ‖ ⁓ *v* (Konservendosen) (Nahr) / blow *vi*, swell *vi*
**bombiert, verkehrt** ⁓ (Walze) (Hütt) / concave *adj*
**Bombierung** *f* (Hütt, Masch) / camber* *m*, crown *n*
**Bommerband** *n* (doppeltwirkender Spezialbeschlag für Pendeltüren) (Tischl) / Bommer-type helical hinge, double-acting hinge
**Boms** *m* (ein Brennhilfsmittel) (Keram) / setter *n* (an item of kiln furniture)
**Bomse** *f* (Keram) / setter *n* (an item of kiln furniture)
**Bonanzaeffekt** *m* (Längsruckeln der Karosserie beim Wiedereinkuppeln) (Kfz) / jolting *n*
**Bonboneinwickelpapier** *n* (Pap) / candy twisting paper
**Bond** *m* (bei Supraleitern - metallurgischer) (Phys) / bond *n*
**bonden** *v* (Eltronik) / bond *v* ‖ ⁓ *n* (Eltronik) / bonding *n*, electric bonding ‖ ⁓ **durch Explosion** (Eltronik) / big-bang bond(ing)
**Bondern** *v* (Galv) / Bonderizing *n*
**Bonderverfahren** *n* (Phosphorsäurebeize) (Galv) / Bonderizing *n*
**Bondhügel** *m* (Eltronik) / pillar *n*, bump contact
**bondieren** *v* (Eltronik) / bond *v* ‖ **eutektisches** ⁓ (Eltronik) / eutectic bonding
**bondierter Chip** (Eltronik) / face-bonded device
**Bondierung** *f* (Eltronik) / bonding *n*, electric bonding
**Bondierverbundstoffe** *m pl* (Tex) / bonded fabrics*, formed fabrics (US), bonded fibre fabrics
**Bondings** *pl* (Kleb-Flächenverbundstoffe) (Tex) / bonded fabrics*, formed fabrics (US), bonded fibre fabrics
**Bondinsel** *f* (eines integrierten Schaltkreises) (Eltronik) / bonding pad
**Bondpapier** *n* (Bankpost- + Hartpostpapier) (Pap) / bond paper*
**Bonebed** *n* (Geol) / bone bed
**Bongo** *n* (For) / olonvogo *n*, African satinwood, bongo *n*
**Bongossi** *n* (dunkelbraunes, schweres Eisenholz der Art Lophira lanceolata aus dem westafrikanischen Äquatorialwald) (For) / ekki *n*, azobé *n*, red ironwood, eba *n*
**Bonitierung** *f* (des Bodens) (Landw) / soil assessment, soil evaluation
**Bonkonko** *n* (Antiaris africana Engl. oder Antiaris welwitschii Engl.) (For) / antiaris *n*
**Bonnesch•e Abbildung** (unechte konische Abbildung) (Kart) / Bonne's projection*, Bonne projection ‖ ⁓**er Entwurf** (Kart) / Bonne's projection*, Bonne projection
**Bonsamdua** *n* (For) / movingui *n*, ayan *n*
**Bonus-Effekt** *m* (bessere Wirkung der Pflanzenschutzmittel als erwartet) (Landw) / bonus effect
**Bookmark** *f n* (leserdefinierter Fixpunkt im Hypertext) (EDV) / bookmark *n*
**Booksize-PC** *m* (EDV) / booksize PC
**Boole-Operation** *f* (Math) / Boolean operation
**boolesch** *adj* (nach G. Boole, 1815-1864, benannt) (EDV) / Boolean* *adj*, Boolean, adj., logical *adj* ‖ ⁓**er Befehl** (EDV) / logic instruction ‖ ⁓**er Elementarausdruck** (EDV) / logical element ‖ ⁓**er Operator** (z.B. im Relationenkalkül) (EDV) / logical operator, Boolean operator ‖ ⁓**e Suche** (EDV) / Boolean search ‖ ⁓**er Wert** (EDV) / logical value, Boolean value ‖ ⁓ *adj* (EDV) / Boolean* *adj*, Boolean, adj., logical *adj* ‖ **dyadische** ⁓**e Verknüpfung** (EDV) / dyadic Boolean operation, binary Boolean operation ‖ ⁓**e Algebra** (ein komplementärer distributiver Verband) (Math) / Boolean algebra* ‖ ⁓**e Funktion** (Math) / Boolean function ‖ ⁓**er Ring** (Ring mit Einselement, dessen Elemente alle idempotent sind) (Math) / Boolean ring ‖ ⁓**e Variable** (Math) / Boolean variable ‖ ⁓**er Verband** (Math) / Boolean algebra*
**Boom** *m* (starker Konjunkturaufschwung) / boom *n* ‖ ⁓ (einer Richtantenne) (Radio) / boom *n*
**Boomer** *m* (Energiequelle; scharfer niederfrequenter Reflexionseinsatz) (Geol) / boomer *n*
**Booster** *m* (Bergb) / booster *n* ‖ ⁓ (in Waschmitteln) (Chem) / foam stabilizer, booster *n* ‖ ⁓ (bei Explosiv- und Raketentreibstoffen) (Chem, Raumf) / booster *n* ‖ ⁓ (Film) / booster *n* ‖ ⁓ (zwischen Lautsprecherausgang des Radios und Lautsprecher) (Kfz, Radio) / booster *n* ‖ ⁓ (Masch) / booster *n* ‖ ⁓ (Nachbeschleunigungsstrecke bei Beschleunigern) (Nukl) / booster *n* ‖ ⁓**diode** *f* (Eltronik) / booster diode, efficiency diode ‖ ⁓**effekt** *m* (Med) / booster response* ‖ ⁓**generator** *m* (Eltech) / booster *n* ‖ ⁓**motor** (Luftf, Raumf) / booster* *n*, booster engine ‖ ⁓**pumpe** *f* (eine vorgeschaltete Zubringerpumpe) / booster pump* ‖ ⁓**transformator** *m* (Eltech) / booster transformer* ‖ ⁓**verdichter** *m* (Masch) / booster *n* ‖ ⁓**verstärker** *m* (Akus) / booster amplifier*
**Boot** *n* (Schiff) / boat *n*
**Boot-Diskette** *f* (EDV) / boot disk
**booten** *v* (EDV) / boot *v*, bootstrap *v* ‖ **dual** ⁓ (EDV) / dual boot *v* ‖ ⁓ *n* (des Systems) (EDV) / booting *n*
**boot•fähig** *adj* (EDV) / bootable *adj* ‖ ⁓**form** *f* (flexible Form in der Stereochemie) (Chem) / boat form, boat* *n* ‖ ⁓ **form** (Chem) s. auch Sesselform ‖ ⁓**konformation** *f* (Chem) / boot conformation ‖ ⁓**manager** *m* (der ein wahlweises Booten unterschiedlicher Betriebssysteme erlaubt) (EDV) / boot manager ‖ ⁓**partition** *f* (EDV) / boot partition
**Boots•anhänger** *m* (Kfz) / boat trailer ‖ ⁓**bau** *m* (Schiff) / boatbuilding *n* ‖ ⁓**deck** *n* (Schiff) / boat deck ‖ ⁓**ektor** *m* (EDV) / boot sector
**Boot-Sektor-Virus** *m* (EDV) / boot-sector virus, boot virus
**Boots•haken** *m* (Schiff) / boat hook ‖ ⁓**lack** *m* (ein wasser- und wetterbeständiger Lack auf Ölgrundlage, bes. für Holzboote) (Anstr) / boat varnish, spar varnish ‖ ⁓**mann** *m* (pl. -leute) (Schiff) / boatswain *n*, bosun *n* ‖ ⁓**riemen** *m* (Schiff) / oar *n* ‖ ⁓**rumpf** *m* (des Flugboots) (Luftf) / planing bottom* ‖ ⁓**taljenläufer** *m* (Schiff) / boat fall ‖ ⁓**trailer** *m* (Kfz) / boat trailer
**Bootstrap** *m* (Vorgang, den ein Ureingabeprogramm anführt) (EDV) / bootstrap *n* ‖ ⁓**hypothese** *f* (Kernphys) / bootstrap hypothesis ‖ ⁓**-Lader** *m* (EDV) / bootstraploader *n* ‖ ⁓**modell** *n* (in der analytischen S-Matrix-Theorie) (Kernphys) / bootstrap model ‖ ⁓**ping** *n* (Digitalrechner, Kompilierer) (EDV) / bootstrapping *n* ‖ ⁓**schaltung** *f* (zur Erhöhung des Eingangswiderstandes) (Eltronik) / bootstrap circuit* ‖ ⁓**system** *n* (geschlossenes Fördersystem) (Masch, Raumf) / bootstrap* *n* ‖ ⁓**verfahren** *n* (Stats) / bootstrap process, resampling process
**Boot-Virus** *m* (der den Boot-Sektor von Disketten oder Festplatten befällt) (EDV) / boot-sector virus, boot virus
**BOP** (DIN 7723) (Chem) / butyl octylphthalate ‖ ⁓ (Erdöl) / blow-out preventer*, preventer *n*, BÖP*
**Bor (B)** *n* (Chem) / boron* *n*
**Boracit** *n* (Min) / boracite* *n*
**Boralkyl** *n* (Chem) / boron alkyl
**BORAM** *n* (EDV) / block-oriented RAM, BORAM, block-oriented random-access memory
**Boran** *n* (ein Borhydrid) (Chem) / borane* *n*, hydroboron *n*
**Boranat** *n* (komplexes Metallborhydrid) (Chem) / borohydride *n*, hydroborate *n*
**Boräquivalent** *n* (Maßzahl für die Neutronenabsorption eines Stoffes) (Kernphys) / boron equivalent
**Borat** *n* (Salz oder Ester der Borsäure) (Chem) / borate* *n* ‖ ⁓ (z.B. Borax oder Ulexit) (Min) / borate mineral ‖ ⁓**glas** *n* (Glas) / borate glass
**Borax** *m* (Chem) / borax *n* ‖ ⁓ (Min) / borax* *n* (sodium tetraborate decahydrate), tincal* *n*
**Boraxglas** *n* / borax glass
**Boraxieren** *n* (der gebeizten Stahldrähte nach dem Abspritzen) (Hütt) / boraxing *n*, fluxing with borax
**Boraxperle** *f* (Vorprobe in der qualitativen Analyse) (Chem) / borax bead (test)*
**Boraxsee** *m* (Geol) / borax lake
**Borazin** (Chem) / borazole* *n*, borazine *n*
**Borazit** *n* (Min) / boracite* *n*
**Borazol** *n* (Chem) / borazole* *n*, borazine *n*

**Borazon** n (Warenzeichen für diamantanaloges kubisches Bornitrid als Schleif- und Bohrmittel) / Borazon n
**Borcarbid** n (Chem) / boron carbide*
**Borchermaschine** f (eine Dosenschließmaschine) (Masch) / seaming machine*
**Bor(III)-chlorid** n (Chem) / boron trichloride
**Bord** m (Luftf, Schiff) / board n ‖ ~ n (des Behälters) (Masch) / skirt n ‖ ~ (Tischl) / shelf n (pl. shelves) ‖ **an** ~ **gehen** (Luftf, Schiff) / embark vi, board v ‖ **an** ~ **nehmen** (Schiff) / ship v ‖ **frei an** ~ (Klausel im Außenhandelsgeschäft) / free on board, f.o.b. ‖ ~**abfragegerät** n (Luftf) / interrogator n
**Borda-Mündung** f (düsenförmige Ausflußöffnung an Behältern, Kesseln und dgl.) (Masch) / Borda mouthpiece
**Bordasche Wägung** (nach Ch. de Borda, 1733-1799) (bei der der Hebel der Hebelwaage auf beiden Hebelarmen stets gleichmäßig belastet ist) (Phys) / substitution weighing, counterpoise weighing
**Bord•batterie** f (Zusatzbatterie bei Wohnanhängern) (Kfz) / inboard battery, on-board battery ‖ ~**batterie** (Raumf) / on-board battery ‖ ~-**Bord-Flugkörper** m (Mil) / air-to-air missile, AAM ‖ ~**buch** n (Luftf) / logbook n, log n
**bordeaux** adj (dunkelrot) / burgundy adj, claret attr, claret-coloured adj ‖ ~ n **B** (Anstr, Chem, Nahr, Tex) / Bordeaux n B* ‖ ~-**Brühe** f (von Millardet erfunden) (Landw) / Bordeaux mixture ‖ ~**rot** adj / burgundy adj, claret attr, claret-coloured adj
**bord•eigen** adj / on-board attr ‖ ~**einfassung** f (HuT) / kerb n (GB), kerbstone n (GB), curb n (US), curbstone n (US)
**Bördel** n (DIN 55 405) / chime n, chine n
**Bordelaiser Kupferkalkbrühe** f (ein Fungizid) (von Millardet erfunden) (Landw) / Bordeaux mixture
**Bördelmaschine** f (eine Dosenschließmaschine) (Masch) / seaming machine*
**bördeln** v (Dosen) (Masch) / seam v ‖ ~ n (von Dosen) (Masch) / seaming n, lock seaming ‖ ~ **mit Bördelrollen** (Hütt) / roller flanging
**Bördel•naht** f (eine Stumpfnaht nach DIN 1912, T 5) (Schw) / butt weld between plates with raised edges ‖ ~**presse** f (Masch) / crimping machine ‖ ~**rand** m (bei Dosen) / flange n ‖ ~**versuch** m (an Rohren - DIN 50139) (Masch) / flanging test ‖ ~**werkzeug** n (Stempel + Gegenstempel) (Masch) / cupping tool, raising tool
**Borderline•-Klopfkurve** f (Kftst) / borderline knock curve ‖ ~-**Methode** f (zur Ermittlung der Straßenoktanzahl) / borderline method
**Bord•flugzeug** n (Luftf, Mil) / ship plane, shipboard aircraft*, carrier-borne aircraft ‖ ~**funkstation** f (Radio, Schiff) / ship station ‖ ~**generator** m (Elteck, Masch) / board generator ‖ ~**ingenieur** m (Luftf) / flight engineer ‖ ~**kante** f (HuT) / edge of the kerb ‖ ~**kran** m (Schiff) / deck crane* ‖ ~-**Land-Verbindung** f (Fernm, Schiff) / ship-to-shore communication
**Bordoni-Maximum** n (Dämpfungsmaximum) (Krist) / Bordoni relaxation
**Bord•pflasterstein** m (Bau, HuT) / edging n ‖ ~**programmierung** f / on-board programming ‖ ~**radar(gerät)** n (Luftf) / airborne radar, on-board radar ‖ ~**rand** m (der Riemenscheibe) (Masch) / flange n ‖ ~**rechner** m (Kfz) / on-board computer, trip computer (on-board) ‖ ~**rechner** (Luftf, Raumf, Schiff) / on-board computer ‖ ~**rinnen-Ablaufkombination** f (HuT) / combination curb and gutter inlet ‖ ~**schwelle** f (HuT) / upstanding kerb, raised kerb ‖ ~**service** m n (Luftf) / board service
**Bordstein** m (Stein aus der oberen Reihe) (Glas) / flux-line block, flux block n ‖ ~ (DIN 482) (HuT) / kerb n (GB), kerbstone n (GB), curb n (US), curbstone n (US) ‖ ~ (HuT) s. auch Hochbordstein ‖ ~**anscheuerung** f (des Reifens) (Kfz) / kerb scuffing, curb scuffing (US) ‖ ~**führung** f (HuT) / kerb alignment ‖ ~**kante** f (HuT) / edge of the kerb ‖ ~**seite** f (Kfz) / kerb side, curb side (US)
**Bordünger** m (Landw) / boron fertilizer
**Bordüre** f (Tex) / trimming n, trimming ribbon ‖ ~ (Tex) s. auch Borte und Einfassung
**bord•voller Abfluß** (Wasserb) / discharge at bankfull stage, bankfull discharge ‖ ~**wagenheber** m (Kfz) / side-lift jack ‖ ~**wand** f (US) n ‖ **hintere** ~**wand** (Kfz) / hatchback n, tailgate n (US), hatchback n, hatchback door ‖ ~**zielanfluggerät** n (Luftf) / aircraft homing device
**Bore** f (stromaufwärts gerichtete Flutwelle) (Wasserb) / bore* n, eagre n
**boreal** adj (Geol, Meteor) / boreal adj
**Boreinspeisung** f (Nukl) / boration n
**Borel•-Cantelli-Lemma** f (Stats) / Borel-Cantelli lemma ‖ ~-**Körper** m (nach E. Borel, 1871-1956) (Math) / field of Borel set, Borel field ‖ ~-**Menge** f (Math) / Borel set ‖ ~-**meßbare Funktion** (Math) / Borel measurable function
**Borelsche Funktion** (Math) / Baire function ‖ ~**er Mengenkörper** (Math) / field of Borel set, Borel field
**Bor•entzug** m (Chem) / boron removal, deboration n ‖ ~**faser** f / boron fibre ‖ ~**faserverstärkter Kunststoff** / boron-fibre reinforced plastic

‖ ~**(III)-fluorid** n (Chem) / boron trifluoride, boron fluoride ‖ ~**fluorwasserstoffsäure** f (Chem) / fluoroboric acid*, fluoboric acid, tetrafluoroboric acid
**Borgen** n (bei der Subtraktion) (Math) / borrow n
**Borhalogenid** n (z.B. Bortrifluorid) (Chem) / boron trihalide*, boron halide
**Borid** n (Chem) / boride* n ‖ ~**werkstoff** m (Masch) / boride material
**Borieren** n (der Stahloberfläche nach DIN 50902) (Hütt) / boronizing n
**boriertes Wasser** (Nukl) / borated water
**Borierung** f (Nukl) / boration n
**Borierungstank** m (Nukl) / borated water storage tank, BWST
**Borimplantation** f (Eltronik) / boron implantation
**Borin** n (Grundbaustein der Borane - $B_nH_{n+2}$) (Chem) / borine radical*
**Borinsäure** f (organisches Derivat der Borsäure) (Chem) / borinic acid
**Bor•ionisationskammer** f (Nukl) / boron chamber* ‖ ~**kammer** f (eine mit Bortrifluorid gefüllte Ionisationskammer) (Nukl) / boron chamber* ‖ ~**karbid** n ($B_4C$) (Chem) / boron carbide*
**Borke** f (For) / outer bark n, rind n
**Borken•bildung** f (bei Anstrichen auf Ölbasis) (Anstr) / crocodiling* n, alligatoring* n, alligator effect ‖ ~**fahlleder** n (Leder) / russet n, skirt leather ‖ ~**käfer** m (eine Schädlingskäferart der Familie Scolytidae) (For) / bark beetle, shot-hole borer ‖ ~**käferfalle** f (For) / bark-beetle trap ‖ ~**krepp** m (Tex) / bark crepe, tree-bark crepe ‖ ~**leder** n (gegerbtes, noch nicht zugerichtetes, trockenes Leder) (Leder) / crust leather ‖ ~**tasche** f (For) / bark pocket ‖ ~**zustand** m (Leder) / crust condition ‖ **im** ~**zustand** (ausgegerbt und getrocknet, aber noch nicht zugerichtet) (Leder) / in the crust
**Borland Object Component Architecture** f (objektorientiertes modulares Konzept zur Schaffung durchgängig objektorientierter Anwendungen) (EDV) / Borland Object Component Architecture n, BOCA
**Borna-Krankheit** f (Landw) / Borna disease*
**Bornan** n (ein Grundköper der bizyklischen Monoterpene - früher Camphan) (Chem) / bornane n, camphane* n
**Borneokampfer** m (d-Borneol) (aus Dryanops aromatica Gaertn.) / Borneo camphor*, Malayan camphor, Sumatra camphor
**Borneokautschuk** m / Borneo rubber
**Borneol** n (Bornan-2-ol) (Chem) / borneol* n, bornyl alcohol ‖ ~**acetat** n (Chem) / bornyl acetate ‖ ~**azetat** n (Chem) / bornyl acetate
**Borneotalg** m (Kakaobutterersatzstoff) (Nahr) / Borneo tallow, tenkawang n
**Born-Haberscher Kreisprozeß** (ein thermodynamischer Kreisprozeß) (Phys) / Born-Haber cycle, Haber-Born cycle
**Bornit** m (Min) / bornite* n, erubescite* n, horse-flesh ore, purple copper ore*, variegated copper ore*, peacock ore*, peacock copper
**Bornitrid (BN)** n (hexagonales = Schmiermittel, kubisches = Schleif- und Bohrmittel) (Chem) / boron nitride* ‖ **kubisch kristallines** ~ (Chem) / cubic boron nitride, CBN ‖ **kubisches** ~ (Chem) / cubic boron nitride, CBN
**Born-Näherung** f (Kernphys) / Born-Oppenheimer approximation*
**Bornologie** f (Math) / bornology n
**Born-Oppenheimer-Näherung** f (nach M. Born, 1882-1970, und J.R. Oppenheimer, 1904-1967) (Kernphys) / Born-Oppenheimer approximation*
**Bornsche Näherung** (Kernphys) / Born approximation
**Bornyl•acetat** n (Chem) / bornyl acetate ‖ ~**alkohol** m (ein sekundärer Alkohol) (Chem) / borneol* n, bornyl alcohol ‖ ~**azetat** n (Chem) / bornyl acetate ‖ ~**chlorid** n (Zwischenprodukt bei der technischen Herstellung von Kampfer) (Chem) / pinene hydrochloride
**Borol** n (Chem) / borole n
**Boronatrocalcit** m (Min) / ulexite* n, cotton ball*
**Boronatrokalzit** m (Min) / ulexite* n, cotton ball*
**bororganische Verbindungen** (mit Bor-Kohlenstoff-Bindungen) (Chem) / organoborans pl, organoboron compounds
**Borosilikatglas** n (Glas) / borosilicate glass* n (having at least 5% of boron trioxide) ‖ **alkaliarmes** ~ (mit hohem Erdalkalioxidgehalt) (Glas) / E glass* (of low alkali content)
**Borotartrat** n (Chem) / borotartrate n
**Bor•(III)-oxid** n (Chem) / boron trioxide, boric oxide*, boron(III) oxide*, boric anhydride ‖ ~**phosphid** n (BP - ein wichtiger Halbleiter) (Chem) / boron phosphide
**Borreliose** f (durch Bakterienarten der Gattung Borrelia hervorgerufene Krankheit - eine Berufskrankheit der Förster) (Med) / borreliosis (pl -oses) n
**Borsäure** f (Chem) / boric acid*, boracic acid* ‖ ~**anhydrid** n (Chem) / boron trioxide, boric oxide*, boron(III) oxide*, boric anhydride ‖ ~**ester** m (Chem) / boric acid ester
**BORSCHT-Funktionen** f pl (Speisung, Überspannungsschutz, Rufen, Überwachen und Signalisieren, Analog-Digital- und Digital-Analog-Umsetzung, Zweidraht-Vierdraht-Umsetzung/Gabelschaltung, Anschalten für Prüfzwecke/Testen) (Fernm) /

BORSCHT functions (battery, overvoltage protection, ringing, supervision and signalling, coding, hybrid, testing)
**Börsen•-Streifendrucker** *m* (Teleg) / ticker* *n* ‖ ~-**telegraf** *m* (Teleg) / ticker* *n*
**Borstahl** *m* (mit maximal 0,01% B) (Hütt) / boron steel
**Borste** *f* (Anstr) / bristle* *n* ‖ ~ (Bot, Zool) / seta* *n* ‖ ~-**n** *f pl* (des Pinsels als Sammelbegriff) (Anstr) / filling *n*
**borsten•artiges Haar** (Bot, Zool) / seta* *n* ‖ ~-**hirse** *f* (Bot, Landw) / foxtail millet, Hungarian grass, Italian millet, foxtail bristle grass ‖ ~-**kiefer** *f* (Pinus aristata Engelm.) (For) / bristlecone pine
**borstig** *adj* (Gewebe) (Tex) / brushy *adj*
**Bort** *m* (Diamantenschleifpulver) (Min) / bort* *n*, boart* *n*
**Börtchen** *n* (Web) / border *n*
**Borte** *f* (Posament) (ein elastisches, meist gemustertes Besatzband) (Tex) / galloon *n* ‖ ~ (Schmalgewebe zum Einfassen) (Web) / border *n* ‖ ~-**n schneiden** (Glas) / edge *v*
**Borten•stuhl** *m* (Web) / ribbon loom ‖ ~-**weberei** *f* (Tätigkeit) (Web) / tape weaving
**Bortkugel** *f* / ballas *n*
**Bor•trichlorid** *n* (Chem) / boron trichloride ‖ ~-**trifluorid** *n* (Chem) / boron trifluoride, boron fluoride ‖ ~-**trifluorid-Etherat** *n* (Chem) / boron trifluoride etherate ‖ ~-**trioxid** *n* (Chem) / boron trioxide*, boric oxide*, boron(III) oxide*, boric anhydride ‖ ~-**wasser** *n* (Nukl) / borated water ‖ ~-**wasserflutbehälter** *m* (Nukl) / borated water storage tank, BWST ‖ ~-**wasserstoff** *m* (Wasserstoffverbindung des Bors) (Chem) / borane* *n*, hydroboron *n* ‖ ~-**wasservorratsbehälter** *m* (Nukl) / borated water storage tank, BWST ‖ ~-**zähler** *m* (zum Nachweis langsamer Neutronen) (Kernphys) / boron counter ‖ ~-**zusatz** *m* (für das Kühlwasser) (Nukl) / boration *n*
**böse Wetter** (Bergb) / white damp*
**bösartig** *adj* (Med) / malignant* *adj* ‖ ~ (unheilbar) (Med) / pernicious *adj* ‖ ~**er Virus** (EDV) / malicious virus
**böschen** *v* (HuT) / slope *v*, scarp *v*, slant *v*
**Böschung** *f* / batter *n*, rake *n* ‖ ~ (durch Austritt verschieden harter Schichten verursachte Stufe) (Geol) / glint *n* (an escarpment, particularly one produced by the outcrop of a dipping resistant formation) ‖ ~ (Geol) / acclivity *n* ‖ ~ (HuT) / slope *n*, scarp *n*, fall *n* ‖ **angesäte** ~ (HuT) / seeded slope ‖ **äußere** ~ (HuT) / counterscarp *n* ‖ **beraste** ~ (HuT) / turfed slope ‖ **wasserseitige** ~ (der Talsperre) (Wasserb) / upstream slope ‖ **wasserseitige** ~ (des Flußdeiches) (Wasserb) / inside slope ‖ ~ *f* **im Abtrag** (HuT) / slope of cutting ‖ ~ **im Auftrag** (HuT) / embankment slope ‖ ~ **mit einem natürlichen Böschungswinkel** (HuT) / talus *n* (pl. -es), talus slope, colluvial slope, constant slope
**Böschungs•anstieg** *m* (Geol) / acclivity *n* ‖ ~-**arbeiten** *f pl* (HuT) / grading *n* ‖ ~-**befestigung** *f* (HuT) / slope stabilization ‖ **~befestigung** (HuT) / slope stabilization ‖ ~-**dränage** *f* (mit Abflußgraben) (HuT) / sough* *n* ‖ ~-**flügel** *m* (des Widerlagers) (HuT) / skewback *n* ‖ ~-**linie** *f* (Math) / helix* *n* (circular) (pl. helices or -es), cylindrical helix ‖ **maximale** ~-**neigung** (HuT) / critical slope ‖ ~-**stabilisierung** *f* (HuT) / slope stabilization ‖ ~-**standfestigkeit** *f* (HuT) / slope stability ‖ ~-**verfestigung** *f* (HuT) / slope stabilization ‖ ~-**winkel** *m* (einer konkreten Böschung) (HuT) / slope angle, slope *n* (angle) ‖ ~-**winkel** (unter dem sich der Boden normalerweise abböscht) (HuT, Phys) / angle of slide* *n* ‖ ~-**winkel** (beim Verlassen einer Böschung) (Kfz) / departure angle ‖ ~-**winkel** (beim Angehen einer Böschung) (Kfz) / approach angle, entry angle (to gradients) ‖ **natürlicher** ~-**winkel** (HuT) / angle of repose*, natural slope*, angle of rest ‖ **zulässiger** ~-**winkel** (HuT) / critical slope
**Bose•-Einstein-Kondensation** *f* (wenn sich in der Nähe des Nullpunktes der Temperatur alle Teilchen im Grundzustand befinden) (Phys) / Bose-Einstein condensation, Einstein condensation ‖ ~-**Einstein-Statistik** *f* (nach S. Bose, 1894-1974) (Phys) / Bose-Einstein statistics* ‖ ~-**Einstein-Verteilungsfunktion** *f* (Phys) / Bose-Einstein distribution law*
**Bosenge** *n* (For) / umbrella tree
**Boskett** *n* (Arch, For) / boscage *n*, boskage *n*
**Boson** *n* (Bose-Teilchen) (Kernphys) / boson* *n*
**Bossage** *f* (Bau) / rustication* *n*
**Bossé** *n* (tropisches Holz aus Guarea cedrata (Chev.) Pellegr.) (For) / pink mahogany, scented guarea
**bosselieren** *v* (Bau) / rusticate *v*, rough-hew *v* ‖ ~ *n* (Bau) / rustication* *n*
**bosseln** *v* (Bau) / rusticate *v*, rough-hew *v*
**bossen** *v* (Bau) / rusticate *v*, rough-hew *v* ‖ ~ *n* (Bau) / rustication* *n* ‖ ~-**mauerwerk** *n* (Bau) / rustic-work *n*, rustication *n*, opus rusticum, bossage* *n* ‖ ~-**quader** *m* (Bau) / rusticated ashlar* ‖ ~-**werk** *n* (Bau) / rustic-work *n*, rustication *n*, opus rusticum, bossage* *n*
**bossieren** *v* (weiches Material modellieren) / mould *v* ‖ ~ (mit dem Bossierhammer oder dem Zweispitz) (Bau) / rusticate *v*, rough-hew *v* ‖ ~ (Keram) / emboss *v*, scabble *v* ‖ ~ *n* (Bau) / rustication* *n* ‖ ~ (des Blei- oder Zinkblechs) (Klemp) / bossing* *n*, dressing *n*

**Bossierhammer** *m* (zur ersten Bearbeitung der Steinblöcke aus dem Rohen) (Bau) / pick hammer, scabbling pick, scabbling hammer*
**bossierter Quader** (Buckelstein) (Bau) / rusticated ashlar*
**Bossierwachs** *n* (für die Bildhauerei) / moulding wax
**Bostonit** *m* (Alkalisyenitaplit) (Geol) / bostonite* *n*
**Bostrychidae, Insektenfamilien** ~ **und Lyctidae** (Zool) / powder-post borers
**böswilliger Anruf** (Fernsp) / malicious call
**Botanik** *f* (Bot) / botany *n*
**botanisch** *adj* (Bot) / botanical *adj*
**Botanywolle** *f* (australische Wollsorte feinster Qualität - nach der Botany Bay in New S. Wales) (Tex) / Botany wool, Botany *n*
**Boten-RNS** *f* (Biochem) / m-RNA* *n*, messenger RNA*, template RNA
**Botenstoff** *m* (chemischer - zur Übermittlung von Reizen zwischen Organismen) (Biochem) / semiochemical* *n* ‖ **sekundärer** ~ (Biochem) / second messenger
**Botn** *n* (pl. Botner) (Geol) / cirque* *n*, corrie* *n*
**Böttcher** *m* / cooper *n*, white cooper
**Böttcherei** *f* / cooperage *n*
**Böttcherwerkstatt** *f* / cooperage *n*
**Bott-Duffin-Prozeß** *m* (Zweipolsynthese zur Realisierung von Zweipolfunktionen durch RLC-Netzwerke) (Eltronik) / Bott-Duffin procedure
**Böttgers-Test** *m* (Chem) / Boettger's test (for the presence of saccharides)
**Bottich** *m* / vat *n*, back* *n*, tub *n*, beck* *n*, bark *n* ‖ ~-**e herstellen** / cooper *v* ‖ ~-**waschmaschine** *f* / tub-washing machine
**Bottleneck** *n* / bottleneck *n*
**Bottoming-Zyklus** *m* (Kreisprozeß zur Nutzung der Abgaswärme von Verbrennungsmotoren) (Kfz, Umwelt) / bottoming cycle
**Bottomness** *f* (ladungsartige Quantenzahl B der Elementarteilchen) (Kernphys) / beauty* *n*, bottomness* *n*
**Bottomonium** *n* (kurzzeitig bestehender Bindungszustand eines Bottom-Quarks mit seinem Antiteilchen) (Kernphys) / bottomonium *n*
**Bottom-Quark** *n* (Kernphys) / beauty quark, bottom quark
**Bottom-up•-Prinzip** *n* (Einzel-/Teilaufgaben werden zu übergeordneten Aufgaben zusammengefaßt, so daß eine Aufgabenhierarchie gebildet werden kann) (EDV) / bottom-up principle ‖ ~-**Verfahren** *n* (eine Parsing-Technik) (EDV) / bottom-up parsing technique
**Botulin** *n* (Toxin des Clostridium botulinum) (Chem) / botulin *n*
**Botulinustoxin** *n* (Chem) / botulin *n*
**Botulismus** *m* (eine Wurstvergiftung) (Med) / botulism* *n*
**Boucherieverfahren** *n* (nach A. Boucherie, 1801-1871) (For) / sap displacement method (of woodpreservation)
**Bouclé** *n* (Spinn) / bouclé* *n*, curl yarn, loop yarn* ‖ ~ *m* (Tex) / bouclé* *n* ‖ ~ (Teppich) (Tex) / looped pile floor covering, loop pile carpet, uncut pile carpet ‖ ~-**Fußbodenbelag** *m* (Tex) / looped pile floor covering, loop pile carpet, uncut pile carpet ‖ ~-**garn** *n* (Spinn) / bouclé* *n*, curl yarn, loop yarn* ‖ ~-**gewebe** *n* (Tex) / bouclé* *n*
**Boudin** *n* (Gesteinsgefüge) (Geol) / boudinage* *n*, sausage structure
**Boudinage** *f* (tektonische Verformung) (Gesteinsgefüge) (Geol) / boudinage* *n*, sausage structure
**Boudouard-Gleichgewicht** *n* (chemisches Gleichgewicht zwischen Kohlendioxid, Kohlenstoff und Kohlenmonoxid nach O.L. Boudouard, 1872-1923) (Chem) / Boudouard equilibrium, producer-gas equilibrium
**Bougierohr** *n* (Eltech) / spaghetti *n*
**Bougram** *m* (leinwandbindiges, hart appretiertes Zwischenfutter aus Baum- oder Zellwolle, das auch als Bucheiband benutzt wird) (Tex) / buckram *n* ‖ ~ (Tex) s. auch Buckram
**Bougran** *m* (Tex) / buckram *n*
**Bouguer-Anomalie** *f* (DIN 1358 - nach P. Bouguer, 1698-1758) (Geol) / Bouguer anomaly*
**Bouguer-Halo** *m* (ein zarter kreisförmiger Lichtbogen um den Gegenpunkt der Sonne mit einem Radius von etwa 39°) (Astr) / Bouguer's halo, Ulloa's ring
**Bouillon** *f* (ein Nährboden) (Bakteriol, Pharm) / broth *n*, bouillon *n* ‖ ~-**würfel** *m* (Nahr) / soup cube, bouillon cube
**Boulangerit** *m* (Blei(II)-antimon(III)-sulfid) (Min) / boulangerite *n*
**Bouma-Sequenz** *f* (ideale vertikale Abfolge in einem Turbiditzyklus) (Geol) / Bouma sequence
**Bouncebewegung** *f* (Elektr, Mag) / bouncing *n*
**Bouncelight** *n* (z.B. gegen die Zimmerdecke) (Foto) / bounce-light *n*
**Bouncing Putty** *n* (knetbares Material) / bouncing putty
**Bound Control** *f* (EDV) / bound control (data-aware control through which access to information in a database is facilitated) ‖ ~ **Rubber** *m* (der in Benzol unlösliche Kautschukanteil von unvulkanisierten Kautschuk-Füllstoff-Mischungen) (Chem Verf) / carbon gel, carbon-rubber gel, bound rubber

**Boundary, Architektur des ~ Scans** (Eltronik) / boundary-scan architecture ‖ **~ Representation** f (Rechenmethode zur Definition von Volumina über die Körperkanten in der rechnerunterstützten Konstruktion) (EDV) / boundary representation ‖ **~ Scan** m n (eine Maßnahme des testgerechten Entwurfes von Baugruppen und Systemen) (Eltronik) / boundary scan
**Boundary-Elemente-Methode** f (ein Berechnungsverfahren für physikalische Vorgänge innerhalb eines Gebiets, wobei die physikalischen Zusammenhänge nur auf der Berandung des Gebiets beschrieben werden) (Phys) / boundary-element method, BEM, boundary-element technique
**Boundstone** m (ein Kalkstein, dessen Komponenten organogen miteinander verbunden sind) (Erdöl, Geol) / boundstone n
**Bouquet** n (Nahr) / bouquet n
**Bourbonal** n (3-Ethoxy-4-hydroxybenzaldehyd) (Chem, Nahr) / ethylvanillin n
**Bourdon•-Feder** f / Bourdon gauge*, Bourdon n, Bourdon tube, Bourdon-tube gauge ‖ **~-Manometer** n (mit einer Bourdon-Röhre als Meßglied); (Instr, Masch) / pressure gauge*, Bourdon gauge* ‖ **~-Röhre** f (Meßglied bei der Druckmessung - nach E.Bourdon, 1808-1884) / Bourdon gauge*, Bourdon n, Bourdon tube, Bourdon-tube gauge
**Bourette** f (Tex) / bourette n
**Bourne-Shell** f (eine alte Shell für das Unix-System) (EDV, KI) / Bourne shell ‖ **~** (EDV, KI) s. auch Korn-Shell
**Bournonit** m (Min) / bournonite* n, cogwheel ore*, wheel-ore* n, endellionite* n, antimonial lead ore*
**Bourrette** f (Garn + Naturseidengewebe) (Tex) / bourette n
**Boussinesq-Zahl** f (Phys) / Boussinesq number
**Bouteillenstein** m (Min) / moldavite* n, water-chrysolite n, bottle-stone n, pseudochrysolite n, vitavite n
**Bouton** m (Zyt) / bouton n
**Bouveault-Blanc-Reaktion** f (Reduktion von Estern mittels Natrium in alkoholischer Lösung) (Chem) / Bouveault-Blanc reduction, Bouveault-Blanc reaction
**Bow Shock** m (die sich wegen der Überschallströmung im Sonnenwind auf der Tagseite der Erde vor der Magnetosphäre ausbildende stehende Welle) (Meteor, Phys) / bow shock
**Bowdenzug** m (nach Sir H. Bowden, 1880-1960) / Bowden [control] cable, flexible-shaft drive ‖ **~kabel** n / Bowden [control] cable, flexible-shaft drive
**Bower-Barff-Verfahren** n (Färbeverfahren für Eisen und Stahl, bei dem die Teile auf Rotglut erhitzt und mit Wasserdampf angeblasen werden) (Hütt) / Bower-Barff process*
**Box** f (Akus) / loudspeaker box, speaker box ‖ **~** (DIN 19040, T 3) (Foto) / box camera ‖ **~** (kurze Konsensussequenz) (Gen) / box n ‖ **~** (an der Rennstrecke) (Kfz) / pit n ‖ **~** (Landw) / pen n ‖ **~** (Landw) / stand n ‖ **abgeschirmte ~** (Nukl) / shielded box* ‖ **~calf** n (Leder) / boxcalf n
**Boxenliegestall** m (Landw) / cubicle n
**Boxentrenngitter** n (im Stall) (Landw) / stanchion n
**Boxermotor** m (DIN 1940) (V-Mot) / opposed-cylinder engine*, pancake engine, opposed engine, flat engine, horizontally opposed cylinder engine, boxer* n
**β-Oxidation** f (Fettsäureabbau) (Biochem) / beta-oxidation* n
**Box•kalb** n (Leder) / boxcalf n ‖ **~kalf** n (Leder) / boxcalf n ‖ **~kamera** f (eine einfache Rollfilmkamera) (Foto) / box camera ‖ **~loader** m (Einrichtung für den automatischen Spulenaustausch in der Webmaschine) (Web) / box loader ‖ **~palette** f (mit der international festgelegten Ladeflächenabmessung von 800 mm x 1200 mm) / box pallet ‖ **~verfahren** n (eine Kombination des Durchströmverfahrens und der Ampullendiffusion) (Eltronik) / box process
**Boy** m (Tex) / baize* n
**Boyer-Lindquist-Koordinaten** f pl (Phys) / Boyer-Lindquist coordinates
**Boyle-Gay-Lussac-Gesetz** n (ein Gasvolumengesetz nach J.L. Gay-Lussac, 1778-1850) (Chem) / Gay-Lussac's law
**Boyle-Mariottesches Gesetz** (nach R. Boyle, 1627-1691, und Mariotte Edme Seigneur de Chazenil, 1620-1684) (Phys) / Boyle's law*, Mariotte's law*
**BP** (Chem, Phys) / fire point ‖ **~** (Fernm, Radio) / band-pass filter*, BPF ‖ **~ Fr** (DIN 52012) / Fraas breaking point
**BPBS** (EDV) / tape-disk operating system, TDOS
**BPR** (Chem) / pseudorotation n, Berry pseudorotation, BPR
**b-Quark** n (Kernphys) / beauty quark, bottom quark
**β-Quarz** n (574-870 ° C) (Min) / high-quartz n
**Br** (Chem) / bromine* n
**BR** (EDV, Fernm) / bit rate
**Brabanterpflug** m (Landw) / two-way turn-over plough, turnover plow (US), half-turn plough
**Brabbeln** n (Akus) / mutter n, babbling n, mumbling n
**brach** adj (Landw) / fallow adj
**Brachacker** m (Landw) / fallow n, fallow land, wasteland n, old field

**Brache** f (Landw) / fallow n, fallow land, wasteland n, old field
**Brachflur** f (Landw) / fallow n, fallow land, wasteland n, old field
**Brachistochronen-Problem** n (Variationsrechnung) (Math) / brachistochrone problem
**Brachland** n (Landw) / fallow n, fallow land, wasteland n, old field
**brachliegend** adj (Landw) / fallow adj
**Brachy•antiklinale** f (Geol) / brachyanticline n (a long, narrow anticline) ‖ **~antikline** f (Geol) / brachyanticline n (a long, narrow anticline) ‖ **~doma** n (pl. Brachydomen) (Krist) / brachydome n ‖ **~synklinale** f (Geol) / brachysyncline n ‖ **~synkline** f (Geol) / brachysyncline n
**Brachzeit** f (F.Org) / idle time ‖ **überlappende ~** (bei Mehrstellenarbeit) (F.Org) / machine interference
**Brackett-Serie** f (im Termschema des Wasserstoffatoms - nach F.P. Brackett, 1865-1953) (Phys) / Brackett series*
**brackig** adj / brackish* adj
**brackisch** adj / brackish* adj
**Brackwasser** n (polyhalines, mesohalines, oligohalines) / brackish water* ‖ **~marsch** f (Geol) / salt marsh*, salt n
**Brackzeit** f / down time*, failure period
**Bradfordbrecher** m (für Kohle) (Aufber, Bergb) / Bradford breaker
**Bradford-Kammgarnspinnverfahren** n (Spinn) / Bradford spinning, Bradford system
**Bradform-System** n (für lange, glatte Wollen) (Spinn) / Bradford spinning, Bradford system
**Bradykinin** n (ein Plasmakinin) (Biochem) / bradykinin n
**Bragg•-Gebiet** n (der Foton-Phonon-Wechselwirkung) (Krist) / Bragg region ‖ **~-Gleichung** f (Krist) / Bragg equation*, Bragg's law ‖ **~-Gray-Laurence-Theorie** f (der Hohlraumionisation) (Phys) / Bragg-Gray-Laurence theory ‖ **~-Kurve** f (Phys) / Bragg curve*, Bragg ionization curve ‖ **~-Maximum** n (Phys) / Bragg peak ‖ **~-Peak** m (Phys) / Bragg peak ‖ **~-Reflektor** m (optischer Wellenleiter mit einer periodischen Störung, die zu einer teilweisen Abstrahlung bzw. Reflexion der sich im Wellenleiter ausbreitenden elektromagnetischen Strahlung führt) / Bragg reflector ‖ **~-Reflexion** f (Krist) / Bragg reflection ‖ **~-Reflexionsbedingung** f (Reflexion der Röntgen-, Elektronen- oder Neutronenstrahlen an einer Schar paralleler Gitterebenen) (Krist) / Bragg equation*, Bragg's law
**Braggsch•e Drehkristallmethode** (Phys) / Bragg method ‖ **~e Indizes** (Krist) / Bragg indices ‖ **~e Reflexion** (durch die Bragg-Gleichung bestimmte Beugung monochromatischer Röntgenstrahlung an den Netzebenen von Kristallen) (Krist) / Bragg reflection
**Bragg•-Verfahren** n (Phys) / Bragg method ‖ **~-Zelle** f (akustooptischer Lichtmodulator und Lichtablenker) / Bragg cell (acoustooptic modulator)
**Braindrain** m (Abwanderung von Wissenschaftlern) / brain drain
**Brainstorming** n (Verfahren, bei dem zur Lösung praktischer Probleme eine Fülle von Einfällen zu der betreffenden Frage gesammelt wird, um die beste Lösung zu finden) / brainstorming n
**Brainware** f (das geistige und erfinderische Potential) / brainware f
**braisieren** v (Nahr) / braise v, stew v
**BRAM** (Umwelt) / refuse-derived fuel, RDF
**Bramme** f (Hütt) / slab
**Brammen•form** f (Hütt) / slab mould ‖ **~gießen** n (Hütt) / slab casting ‖ **~greifzange** f (Hütt) / slab grab ‖ **~guß** m (Hütt) / slab casting ‖ **~kokille** f (Hütt) / slab mould ‖ **~stranggießanlage** f (Gieß) / continuous slab-casting plant, continuous slab caster ‖ **~walzwerk** n (Hütt) / slabbing mill
**Branch** m (EDV) / branch* n, jump* n
**Branch-and-bound-Verfahren** n (bei dem Entscheidungsbaumverfahren) (KI) / branch-and-bound method
**Branch-Befehl** m (EDV) / jump instruction (an instruction that specifies a jump), branch instruction
**Branchen•adreßbuch** n (EDV) / trade directory, classified directory ‖ **~fernsprechbuch** n (Fernsp) / classified register ("yellow pages") ‖ **~software** f (EDV) / industry-segment software
**Branch-Target-Cache** m (EDV) / branch target cache
**Brand** m (EDV) / blaze n, (destructive) fire n ‖ **~** (Getreidekrankheit) (Bot, Landw) / smut n, blight n ‖ **~** (Keram) / firing n, baking n ‖ **in ~ stecken** / set fire v (to), fire v, set on fire ‖ **mit ~ befallen** (Bot, Landw) / smutted adj, smutty adj ‖ **~ stehender ~** (bei Flachware) (Keram) / reared firing, rearing n ‖ **~ m im Versatz** (Bergb) / gob fire*, goaf fire ‖ **~ in der Gewalt** / fire under control ‖ **~ unter Kontrolle** / fire under control
**Brand•abschnitt** m (Teil eines Gebäudes usw., der durch Brandmauern, brandbeständige Decken, Schutzstreifen oder Schutzzonen begrenzt ist) (Bau) / fire cut, fire compartment ‖ **~alarm** m / fire-alarm n ‖ **~arten** f pl (nach DIN 14011; T 2) / fire classification ‖ **~ausbreitung** f / fire spread, spread of fire ‖ **~befallen** adj (Bot, Landw) / smutted adj, smutty adj ‖ **~bekämpfung** f / fire-fighting n ‖ **~belastung** f (Bau) / fire load* ‖ **~blende** f (Bau)

**Brandbutte**

fire barrier*, fire stop*, draft stop (US)*, draught stop ‖ ~**butte** f (Bot, Landw) / smut-ball n ‖ ~**damm** m (der den zum oder vom Brandherd führenden Wetterweg abdichtet) (Bergb) / dam* n, fire dam ‖ ~**eigenschaften** f pl / flammability n, inflammability n
**Branden** n (Ozean) / wash n
**Brand•entdeckung** f / fire detection ‖ ~**feld** n (Bergb) / fire zone ‖ ~**fleck** m (im allgemeinen) / burn-mark n, burn n ‖ ~**fleck** / scorch n ‖ ~**fleck** (durch unsachgemäße Bearbeitung) (For) / machine burn ‖ ~**fleck** (nach dem Schleifen) (Masch) / grinding burn ‖ ~**fördernd** adj (durch Sauerstoffabgabe) / oxidizing adj ‖ ~**gase** n pl (giftige und/oder brennbare Bestandteile im Abwetterstrom eines Grubenbrandes) (Bergb) / fire gases ‖ ~**gefahr** f / fire hazard, fire risk, fire danger ‖ ~**gefährlich** adj / presenting a fire hazard ‖ ~**geruch** m (im allgemeinen) / smell of burning, burnt smell ‖ ~**geruch** (Bergb) / fire stink ‖ ~**geruch** (aus dem alten Mann) (Bergb) / gob stink* ‖ ~**giebel** m (Bau) / fire gable ‖ ~**hemmend** adj (laut DIN 4102 = 30 Minuten) / fire-retardant adj, fire-resistant adj (1/2 hour), fire-resistive adj ‖ ~**herd** m / seat of fire (point where fire started)
**brandig** adj (Getreide) (Bot, Landw) / smutted adj, smutty adj ‖ ~ (Geschmack) (Nahr) / burnt adj, scorched adj
**Brand•klasse** f (DIN 14406, T 1) / class of inflammability ‖ ~**krankheit** f (Bot, Landw) / smut* n, blight n ‖ ~**lackieren** v (mit anschließender Hitzehärtung) (Anstr) / japan v ‖ ~**lackierung** f (mit anschließender Hitzehärtung) (Anstr) / japanning* n ‖ ~**last** f (DIN 18230) (Bau) / fire load* ‖ ~**liniment** n (Pharm) / lime liniment, carron oil ‖ ~**markierungen** f pl (Oberflächenfehler) (Plast) / burn marks ‖ ~**mauer** f (mindestens brandbeständige Trennungswand zur Bildung von Brandabschnitten) (Bau) / firewall n (US), division wall (GB) ‖ ~**meldeanlage** f / fire-alarm system, fire-detecting system ‖ [**öffentlicher**] ~**melder** / fire-alarm box ‖ ~**meldezentrale** f (als Kontrolltafel ausgelegt) / fire-alarm control panel ‖ ~**meldezentrale** / fire-call receiving point ‖ ~**narbe** f (For) / fire scar ‖ ~**pilz** m (Erreger von Brandkrankheiten) (Bot, Landw) / smut fungus, smut* n ‖ ~**platz** m / fireground n, scene of (the) fire ‖ ~**riß** m (der Kokille) (Gieß) / craze n ‖ ~**riß** (Gieß, Hütt) / fire crack, hot crack ‖ ~**riß** (Keram) / fire crack ‖ ~**rodung** f (For, Landw) / fire clearing ‖ ~**schaden** m / fire damage pl, fire losses pl ‖ ~**schiefer** m (aus Gyttjatonen) (Geol) / combustible shale, carbonaceous shale ‖ ~**schneise** f / fire-break n (inside a building or in the open) ‖ ~**schott** n (Querwand in mindestens brandhemmender Ausführung zur Unterteilung eines langgestreckten Raumes, um eine Brandausbreitung zu erschweren) (Bau) / bulkhead n ‖ ~**schott** (Luftf) / bulkhead* n, firewall n ‖ ~**schürze** f (Hängewand in mindestens brandhemmender Ausführung im oberen Teil eines Raumes, um eine Brandausbreitung zu erschweren) (Bau) / fire curtain ‖ ~**schutt** m (Überreste der bei einem Brand vernichteten Objekte) / debris n
**Brandschutz** m (DIN 14010 und 14011) / fire protection ‖ ~ (Bau) / fire barrier*, fire stop*, draft stop (US)*, draught stop ‖ **vorbeugender** ~ (Bau) / fire prevention ‖ ~**helm** m / fireman's helmet ‖ ~**klasse** f / fire rating ‖ ~**streifen** m / fire-break n (inside a building or in the open) ‖ ~**technik** f / fire engineering ‖ ~**tür** f (Bau) / fire-resistant door, fire-check door ‖ ~**tür** (mindestens brandhemmende Tür, die aus Gründen der Brandsicherheit vorgeschrieben ist) (Bau) / fire door*
**brand•sicher** adj / fireproof adj ‖ ~**sicherheit** f / fire safety ‖ ~**sicherheitswache** f / fire picket, fire watcher, fireguard n ‖ ~**sohle** f (Innensohle des Schuhs) (Leder) / insole n ‖ ~**sohlenleder** n (Leder) / insole leather ‖ ~**sohlenpappe** f (Pap) / insole board ‖ ~**sohlenriß** m (bei Schuhen) (Leder) / channel n ‖ ~**sohlenschlitzmaschine** f / insole-slashing machine ‖ ~**spant** m (vollwandiger) (Luftf) / bulkhead* n, firewall n ‖ ~**stelle** f / fireground n, scene of (the) fire ‖ ~**stelle** (nach dem Schleifen) (Masch) / grinding burn ‖ ~**stellen** f pl (Plast) / burn marks ‖ ~**tür** f / fire (emergency) door
**Brandung** f (Ozean) / surf n, breakers pl ‖ **rote** ~ (Ozean) / red tide*, red water
**Brandungs•erosion** f (Abtragungswirkung der Meeresbrandung) (Geol, Ozean) / marine abrasion (of a bedrock surface), marine erosion* (of coastlines), sea-washing n, wave erosion ‖ ~**höhle** f (Geol) / marine cave, sea cave ‖ ~**kehle** f (bei Klippenbrandung) (Geol, Ozean) / wave-cut notch (deep cut along the base of a sea cliff near the high-water mark) ‖ ~**lösung** f (pulsierende Zweisolitonenlösung) (Phys) / breather solution ‖ ~**pfeiler** m (Geog) / stack n ‖ ~**platte** f (Geol) / shore platform, abrasion platform (wave-cut platform) ‖ ~**plattform** f (Geol) / shore platform, abrasion platform (wave-cut platform) ‖ ~**terrasse** f (Geol) / shore platform, abrasion platform (wave-cut platform) ‖ ~**zone** f (Ozean) / surf zone
**Brand•verhalten** n (DIN 4102) (For) / fire behaviour ‖ ~**verhütung** f (Bau) / fire prevention ‖ ~**versicherung** f / fire insurance ‖ ~**wache** f / fire picket, fire watcher, fireguard n ‖ ~**waffe** f (Mil) / incendiary weapon ‖ ~**wand** f (die das ganze Haus durchzieht) (mindestens brandbeständige Trennungswand zur Bildung von Brandabschnitten) (Bau) / firewall n (US), division wall (GB) ‖

~**wetter** n pl (Abwetter, die einen Brandherd passiert haben und eventuell gefährliche Mengen von Brandgasen mit sich führen) (Bergb) / fire stink ‖ ~**wolle** f (Tex) / stained wool ‖ ~**wunde** f (Med) / burn n ‖ ~**zeichen** n (heute fast nicht mehr benutzt) (Leder) / brand n
**Brannerit** m (lokal wichtiges Uranerz) (Min) / brannerite f
**Branntkalk** m (Kalziumoxid) (Bau, Chem) / quicklime* n, caustic lime*, burnt lime*, anhydrous lime* ‖ **zweitklassiger** ~ (mit Asche und Schlacke vermischt) (Bau, Chem) / small lime, lime ashes
**Branntstein** m (Bau) / burnt brick
**Brans-Dicke-Theorie** f (Phys) / Brans-Dicke theory (a theory of gravitation in which the gravitational field is described by the tensor field of general relativity and by a new scalar field, which is determined by the distribution of mass-energy in the universe and replaces the gravitational constant) ‖ ~ (eine überholte Theorie der Gravitation) (Phys) / Brans-Dicke theory
**Brasilein** n (Farbstoff des Rotholzes - oxidiertes Brasilin) (Chem) / brazilein n, brasilein n
**Brasilettholz** n (For) / brazilwood n
**Brasilholz** n (z.B. Pernambukholz oder Sappanholz) (For) / brazilwood n
**Brasilholzextrakt** m n (Chem) / brazilin n, brasilin n
**Brasilianer Zwilling** (Min) / Brazilian twin
**Brasilianer-Gesetz** n (Krist) / Brazil law, Brazilian law
**Brasilianisch•e Araukarie** (For) / parana pine*, Parana pine, Brazilian pine ‖ ~**es Arrowroot** (aus Manihot esculenta Crantz) (Nahr) / Brazil arrowroot ‖ ~**es Rosenholz** (aus Dalbergia nigra (Vell.) Allemann ex Benth.) (For) / Brazilian rosewood, Bahia rosewood, jacaranda n, rio rosewood ‖ ~**es Rosenholzöl** (aus Ocotea caudata Mez.) / rosewood oil ‖ ~**es Rosenholz** (aus Bois de rose oil, Cayenne linaloe oil, bois de rose oil ‖ ~**es Sassafrasöl** / ocotea cymbarum oil, ocotea oil ‖ ~**e Schmucktanne** (For) / parana pine*, Parana pine, Brazilian pine
**Brasilienholz** n (For) / brazilwood n
**Brasilin** n (ein im Rotholz enthaltener Naturfarbstoff) (Chem) / brazilin n, brasilin n
**Brasil•kiefer** f (Araucaria angustifolia - Verwendung als Bau-, Möbel-, Furnier- und Zellstoffholz) (For) / parana pine*, Parana pine, Brazilian pine ‖ ~**kopal** m / South American copal gum ‖ ~**nußöl** n (aus den Samen der Bertholletia excelsa Humb. et Bonpl. gewonnenes Feinöl) / para nut oil, Brazil nut oil
**Brassidinsäure** f (E-Form der Erukasäure) (Chem) / brassidic acid
**Brassinosteroid** n (ein Pflanzenhormon) (Biochem) / brassinosteroid n
**bra-Symbol** n (Schreibweise in der Quantenmechanik) (Phys) / bra symbol
**Brät** n (Nahr) / meat-mix n, meat emulsion, sausage meat
**braten** v (in der Pfanne) (Nahr) / fry v
**Bratensaft** m (Nahr) / drip n, dripping n, juice n, basting n, gravy n
**Bratensoße** f (Nahr) / gravy n
**brat•fertig** adj (Nahr) / pan-ready adj ‖ ~**fett** n (Nahr) / frying fat ‖ **abtropfendes** ~**fett** (Nahr) / dripping n, drippings pl (US) ‖ ~**folie** f (Nahr) / cooking foil ‖ ~**pfanne** f (Nahr) / frying pan, skillet n (US) ‖ ~**pfanne** (innenbeschichtete) (Nahr) / non-stick pan ‖ **innenbeschichtete** ~**pfanne** (meistens mit Teflon) (Nahr) / non-stick pan ‖ ~**schlauch** m (Folie) (Nahr) / cooking foil
**Brätwagen** m (Nahr) / dolly n
**Bräu** n (Brau) / brewery n
**Brauchbarkeit** f / usability n, serviceability n
**Brauchbarkeitsdauer** f / useful life, usable life
**Brauchwasser** n (industrielles) / industrial water, service water ‖ ~ (für den Haushalt) / water for domestic use
**brauen** v (Brau) / brew v ‖ ~ n (von Bier) (Brau) / brewing n ‖ ~ (als Industriezweig) (Brau) / brewery n
**Brauerei** f (Unternehmen) (Brau) / brewery n ‖ ~ (als Industriezweig) (Brau) / brewery n ‖ ~ (Tätigkeit) (Brau) / brewing n ‖ **an eine bestimmte** ~ **gebunden** (Gaststätte) (Brau, Nahr) / tied adj (owned by a brewery and bound to supply the products produced or specified by that brewery) ‖ ~**chemie** f (Brau) / brewing chemistry ‖ ~**gerste** f (Brau) / brewers' barley, malting barley ‖ ~**gewerbe** n (Brau) / brewery n ‖ ~**nebenprodukt** n (Brau) / brewery by-product
**Brau•gerste** f (Brau) / brewers' barley, malting barley ‖ ~**haus** n (Unternehmen) (Brau) / brewery n ‖ ~**malz** n (z.B. Pilsener oder Münchner) (Brau) / brewer's malt ‖ ~**malz** (Brau) / kiln-dried malt, kiln malt, cured malt
**braun, gelblich** ~ / buff adj ‖ ~**er Bodensatz** (im Trafo) (Eltech) / sludging n ‖ ~**e Hackschnitzel** (For) / brown chips ‖ ~**er Rauch** (stark eisenoxidhaltige Emission von Stahlwerken) (Umwelt) / brown smoke ‖ ~ **rösten** (Nahr) / crisp vt ‖ ~**es Steinzeug** (Keram) / brown ware ‖ ~**e Verfärbung** (durch holzverfärbende Pilze) (For) / brown stain (a sapstain) ‖ ~**er Waldboden** (ein Bodentyp des gemäßigten Klimas) (Bot) / brown earth*, brown forest soil* ‖ ~**e Ware** (Eltronik) / brown goods ‖ ~**er Zucker** (Nahr) / soft sugar, brown sugar
**Braun** n (Anstr) / brown n ‖ ~ (als Farbempfindung) (Phys) / brown n ‖ **Florentiner** ~ / Florence brown, Vandyke red ‖ **Kasseler** ~ (Min) / Cassel brown, cassel earth, Cologne earth, Cologne brown ‖ ~ n **FK**

(zum Färben von Heringen - E 154) (Nahr) / brown n FK ‖ ~ **HT** (E 155) (Nahr) / brown n HT ‖ **~er Kellerschwamm** (For) / Coniophora puteana*, cellar fungus ‖ **~er Zwerg** (Astr) / brown dwarf ‖ **~algen** pl (Klasse festsitzender Algen) (Bot) / brown algae*, Phaeophyta pl, Phaeophyceae* pl
**Braunauer Linien** (Hütt, Krist) / Neumann lamellae*, Neumann bands, Neumann lines
**Braunbeize** f (For) / brown stain
**Bräune** f (For) / brown rot*
**Braun•eisenerz** n (Min) / liminite* n, brown haematite* ‖ **~eisenstein** m (mit 60 bis 63% Fe-Gehalt) (Min) / liminite* n, brown haematite* ‖ **~erde** f (ein Bodentyp des gemäßigten Klimas) (Bot) / brown earth*, brown forest soil* ‖ **~erde** (in Laub- und Mischwäldern) (For, Landw) / cambisol n ‖ **~fäule** f (Destruktionsfäule des Holzes) (For) / brown rot* ‖ **~fleck** m (hell- bis dunkelbraun gefärbtes Wundnarbengewebe der Fraßgänge von Kambium-Minierfliegen) (For) / pith-ray fleck, pith fleck, medullary spot ‖ **~glas** n (Glas) / amber glass ‖ **~holzpappe** f (Pap) / leatherboard* n, leather-fibre board
**Braunit** m (Min) / braunite* n (a manganese silicate)
**Braunkern** m (For) / brown heart
**Braunkohle** f (subbituminöse) (Bergb) / brown coal*, lignitic coal, lignite* n (US) ‖ **helle ~** (mit etwa 70 % C) (Bergb, Kftst) / brown lignite, lignite B (65-73,5° C), lignite n (loosely consolidated material), brown coal (unconsolidated material) ‖ **schwarze ~** (mit 70-75 % C) (Bergb) / black lignite, lignite A (73,6 - 76,2 % C) ‖ **xylitische ~** (Bergb) / bituminous wood, board coal, wood coal, woody lignite, xyloid coal, xyloid lignite
**Braunkohlen•bildung** f (Bergb, Geol) / lignitization n (US) ‖ **~-Hochtemperaturverfahren** n (Kftst) / lignite high-temperature process ‖ **~schwelkoks** m (Kftst) / brown-coal low-temperature coke, brown-coal semi-coke, lignite (low-temperature) coke, char n ‖ **~teer** m (Chem Verf) / lignite tar ‖ **~verschwelung** f (Chem Verf) / brown coal low-temperature distillation, carbonization of brown coal
**Braunkohleschwelung** f (Chem Verf) / brown coal low-temperature distillation, carbonization of brown coal
**Braun•malz** n (Brau) / brown malt ‖ **~oliv** adj / olive drab ‖ **~pause** f / sepia print, brown-line print, dyeline print ‖ **~pulvereffekt** m (bei reibenden Kontakten) (Eltech) / brown-powder effect ‖ **~reis** m (Nahr) / brown rice, husked rice, hulled rice ‖ **~rot** adj (eine Anlauffarbe) (Hütt) / brownish purple adj
**Braunsches Gesetz** (Verhältnis Löslichkeit/Druck) (Chem) / Braun's law
**Braunschliff** m (aus gedämpftem Holz) (Pap) / brown mechanical pulp, brown wood-pulp, brown groundwood pulp
**Braunschweig•er Blau** (Chem) / Bremen blue, Neuwied blue, Peligot's blue, water blue ‖ **~er Grün** (Dikupfer(II)-chloridtrihydroxid-Tetrahydrat) (Anstr) / Brunswick green
**Brauns-Lignin** n (Chem, For) / native lignin, Brauns lignin, BL
**Braun•spat** m (Min) / ankerite* n (a ferroan variety of dolomite), ferroan dolomite, cleat spar, ferrodolomite n ‖ **~stein** m ($MnO_2$) **für Trockenelemente** (Leclanché) / battery ore (manganese dioxide), battery manganese ‖ **~steinelement** n (Eltech) / Leclanché cell*, sal-ammoniac cell ‖ **~streifigkeit** f (des Eichenkernholzes) (For) / foxiness n ‖ **~streifigkeit** (oxidative Verfärbung insbesondere des Eichenkernholzes) (For) / foxiness n ‖ **~tönung** f (Foto) / sepia toning
**Bräunung, enzymatische ~** (Nahr) / enzymatic browning ‖ **enzymatische ~ verhinderndes Mittel** (Nahr) / antibrowning agent ‖ **nichtenzymatische ~** (Maillard-Reaktion) (Nahr) / non-enzymatic browning
**bräunungsverhütendes Mittel** (Nahr) / antibrowning agent
**Braunverfärbung** f (unregelmäßige - nach künstlicher Trocknung) (For) / kiln burn
**Brause** f / spray n, sprinkler n, rose n, spray-head n, shower-head n ‖ **~** (Bau) / shower n ‖ **~bad** n (Bau) / shower stall ‖ **~kopf** m / spray n, sprinkler n, rose n, spray-head n, shower-head n
**Brausen** n / effervescence* n, sparkling n ‖ **~** / roaring n
**Brausewanne** f (Bau) / shower tray (floor-standing or recessed)
**Brauwasser** n (ein Gebrauchswasser mit weitgehender Ausscheidung der Alkali- und Erdalkalihydrogenkarbonate) (Brau) / brewing water, brew water
**brav•e Westwinde** (Meteor) / prevailing westerlies ‖ **~e Westwinde** (in 40° südlicher Breite) (Meteor) / roaring forties ‖ **~e Westwinde** (in 50° südlicher Breite) (Meteor) / furious fifties ‖ **~e Westwinde** (in 60° südlicher Breite) (Meteor) / shrieking sixties
**Bravais-Gitter** n (ein Punktgitter, nach A. Bravais, 1811-1863) (Krist) / Bravais lattice*
**bra-Vektor** m (in der Diracschen Schreibweise - gebildet aus dem englischen Wort für Klammer bra*-cket) (Phys) / bra vector

**Bravoit** m (ein intermediäres Verwitterungsprodukt von Pentlandit) (Min) / bravoite n, nicopyrite n
**Braze** n (Mischung von Chlorkautschuk und hypochloriertem Kautschuk; Bindemittel für Gummi-Metall-Verbindungen) (Chem) / braze n
**Brazilein** n (Chem) / brazilein n, brasilein n
**Brazilin** n (Chem) / brazilin n, brasilin n
**Brazilit** m (Min) / baddeleyite* n
**Breakeven** n (Nukl) / breakeven* n
**Breakeven-Analyse** f (bei der diejenige Absatzmenge eines Produkts gesucht wird, bei der die gesamten zugerechneten Kosten gerade gedeckt sind) / breakeven point analysis, breakeven analysis
**Breccie** f (Geol) / breccia* n
**Brech•ampulle** f (Glas, Med) / easy-break ampoule, friable ampoule, crushable ampoule ‖ **~anlage** f (für Erze) (Bergb) / mill n (GB)*, mill plant, crushing plant ‖ **bewegliche ~backe** (des Backenbrechers) (Masch) / swinging jaw ‖ **~bar** adj (Aufber, Masch) / crushable adj ‖ **~bar** (Opt) / refrangible adj ‖ **~bühne** f (bei dem Fourcault-Verfahren) (Glas) / cut-off floor ‖ **~eisen** n (kleines) (Masch) / jemmy* n, jimmy* n, pinch bar ‖ **~eisen** (Werkz) / crowbar* n, crow n, dwang* n, gablock* n, gavelock* n
**brechen** v / crush v, buck v ‖ **~** / break v, fracture v ‖ **~** (Aufber, Bergb) / mill v ‖ **~** (Steine) (Bergb) / quarry v ‖ **~** v (Kante) (Masch, Tischl, Zimm) / chamfer v, bevel v ‖ **~** / fracturing n ‖ **~** (Aufber, Bergb) / milling n, crushing n, grinding* n ‖ **~** (einer Emulsion) (Chem) / demulsification n, de-emulsification n, breaking n, breakdown n ‖ **~** (Geol) / fraction n ‖ **~** (Zerkleinerung, Trennen durch ein Biegemoment) (HuT) / breaking n ‖ **~** (von Flachs) (Tex) / braking n, breaking n ‖ **~** (Probestab) (WP) / breaking n
**brechend•e Fläche** (Opt) / refracting surface ‖ **~e Kante** (Schnittkante der Prismenebenen) (Opt) / refracting edge (intersection of the prism's sides) ‖ **~er Winkel** (beim Prisma) (Opt) / refracting angle, angle of refraction*, refraction angle
**Brecher** m (Aufber) / crusher* n ‖ **~** (Welle mit langer Periode) (Ozean) / comber n (Ozean) / breaker n ‖ **~** (Ozean) / surging breaker, plunging breaker, collapsing breaker, spilling breaker, breaker wave ‖ **~ für die Zwischenzerkleinerung** (Masch) / secondary crusher ‖ **~ für Kohle** (Bergb) / coal breaker, coal crusher ‖ **~backe** f (Masch) / jaw plate ‖ **~mantel** m (Masch) / crusher bowl
**Brech•fläche** f (Opt) / refracting surface ‖ **~flachs** m (Tex) / breaked flax ‖ **~folie** f (Buchb) / foil n, leaf n ‖ **~gas** n (ein Gaskampfmittel) (Chem, Mil) / vomiting gas ‖ **~gut** n (das zu brechende Material) / material to be crushed, material being crushed ‖ **~kegel** m (Masch) / crusher cone, crusher mantle ‖ **~kohle** (Bergb, Kftst) / crushed coal ‖ **~kraft der Linse** (Foto) / power of lens* ‖ **~maschine** f (DIN 64950) (Tex) / milling machine ‖ **~maul** n (bei Brechern) (Masch) / feed inlet, feed opening ‖ **~mittel** n (Pharm) / emetic n ‖ **~nuß** f (reifer Same des Strychninbaums) (Pharm) / nux vomica*, dog button, strychnos seed ‖ **Schwarze ~nuß** (Jatropha curcas L.) (Bot, Pharm) / physic nut, curcas nut, Barbados nut ‖ **~nußpulver** n / powdered strychnos seed ‖ **~punkt** m (Temperatur, bei der plastische Materialien verspröden) / brittle point ‖ **~punkt** (am Ablaufberg) (Bahn) / crest n ‖ **~punkt nach Fraaß** (des Bitumens) / Fraas breaking point ‖ **~sand** m (eine durch Brechen und Sieben gewonnene Korngruppe von 0,09 bis 4mm) (HuT) / crushed sand ‖ **~spalt** m (bei Brechern) (Masch) / gape* n, throat of a crusher, crusher gap, feed outlet ‖ **~stange** f (kurze) (Masch) / jemmy* n, jimmy* n, pinch bar ‖ **~stange** (Werkz) / crowbar* n, crow n, dwang* n, gablock* n, gavelock* n ‖ **~stempel** m (Bergb) / breaker prop ‖ **~stuhl** m (in der Müllerei) (Nahr) / cracking roll ‖ **~topf** m (Hütt) / breaker n, breaker block
**Brechung** f (von Schlüsseln in der Kryptologie) (EDV) / breaking n ‖ **~** (sprunghafte Änderung der Ausbreitungsrichtung an der Grenzfläche von zwei verschiedenen optischen Medien) (Opt) / refraction* n ‖ **übernormale ~** (Meteor, Radar) / superrefraction* n, superstandard refraction ‖ **unterschiedliche ~** (z.B. der verschiedenen Lichtkomponenten) (Opt) / differential refraction
**Brechungs•differenzdetektor** m (Chem, Opt) / refractive-index-difference detector, RI detector ‖ **~dispersion** f (bei Lichtwellen) (Licht) / dispersion* n ‖ **~exponent** m (Opt) / refractive index*, index of refraction*, RI, refractivity n, refractive constant ‖ **~gesetz** n (Opt, Phys) / refraction law, law of refraction ‖ **Snelliussches ~gesetz** (nach W. Snellius, 1580-1626) (Phys) / Snell's law* ‖ **~index** m (Opt) / refractive index*, index of refraction*, RI, refractivity n, refractive constant ‖ **~indexdetektor** m (Chem, Opt) / refractive-index-difference detector, RI detector ‖ **~vermögen** n (Phys) / refringence n ‖ **~winkel** m (Phys) / angle of refraction*, refraction angle n ‖ **~zahl** f (Opt) / refractive index*, index of refraction*, RI, refractivity n, refractive constant
**Brech•walze** f (Masch) / crushing roll ‖ **~weinstein** m (Chem) / tartar emetic* n ‖ **~werk** n (Aufber) / crusher* n ‖ **~werkzeug** n (z.B. Läufer im Kollergang) (Aufber) / muller* n ‖ **~werkzeug** (für optisches Glas)

**Brechwert**

(Glas) / cracking tool ‖ ⁓**wert** *m* (Opt) / dioptric power, focal power ‖ ⁓**wert** (bei der Wellenausbreitung - immer größer als 1) (Radio) / refractive modulus* ‖ ⁓**wurzel** *f* (aus Psychotria ipecacuanha (Brot.) Stokes) (Pharm) / ipecac *n*, ipecacuanha *n* ‖ ⁓**zahl** *f* (DIN 1349, T 1) (Opt) / refractive index*, index of refraction*, RI, refractivity *n*, refractive constant ‖ ⁓**zahlmesser** *m* (Med, Opt) / refractometer* *n* ‖ ⁓**zahlprofil** *n* (Verlauf der Brechzahl über der Querschnittsfläche eines LWL) (Opt) / radial refractive-index profile, refractive-index profile

**Bredigit** *m* (rhombisch kristallisierendes ß-Dikalziumsilikat) (Min) / bredigite *n*

**Bredtsch•e Formeln** (bei dünnwandigen Hohlquerschnitten) / Bredt-Batho theory (for thin-walled tubes) ‖ ⁓**e Regel** (nach J. Bredt, 1855-1937) (Chem) / Bredt's rule

**Breeder** *m* (Nukl) / breeder reactor*, nuclear breeder*

**Bréguetsche Reichweitenformel** (nach L. Bréguet, 1880-1955) (Luftf) / Bréguet range formula

**Brei** *m* / paste *n* ‖ ⁓ / pulp *n*, mash *n*, mush *n* ‖ ⁓ / slurry *n* ‖ dünner ⁓ (Bau) / slurry *n* ‖ **in ⁓ verwandeln** / pulp *vt* ‖ **zu ⁓ werden** / pulp *vi* ‖ **zu ⁓ zerstampfen** / mash *v* (potatoes, bananas) ‖ ⁓**apfelbaum** *m* (For) / sapodilla *n* ‖ ⁓**artig** *adj* / pulpy *adj*, mushy *adj*, squashy *adj*

**breiig** *adj* / pulpy *adj*, mushy *adj*, squashy *adj* ‖ ⁓ (Geschmackseindruck) (Nahr) / mashed *adj* ‖ ⁓**er Boden** (HuT) / pappy soil ‖ ⁓**e Masse** / pulp *n*, mash *n*, mush *n* ‖ ⁓**e Streichmasse** / slurry *n* ‖ ⁓**werden** (von Erzkonzentraten) (Schiff) / pulping *n*

**Brei•pumpe** *f* (Bergb) / slurry pump ‖ ⁓**strom** *m* (Geol) / earthflow *n*, mud flow, mud avalanche, flow slide, mud stream, debris flow

**breit** *adj* / wide *adj* ‖ ⁓**en** *v* (schmieden) (Masch) / plate *v* ‖ ⁓**es Frequenzband** (über 3000 Hz) (Fernm) / wide band, broadband *n* ‖ ⁓**er Schnitt** (Destillat) (Chem Verf) / bulk distillate ‖ ⁓**e Schrift** (EDV) / expanded style of type, expanded type

**Breitbahn** *f* (Hammer) (Werkz) / face* *n*

**Breitband** *n* (Fernm) / wide band, broadband *n* ‖ ⁓ (zu einem Bund aufgewickelter Flachstahl mit einer Breite über 600 mm) (Hütt) / broad strip, wide strip ‖ ⁓**antenne** *f* (Radio) / aperiodic antenna*, non-resonant antenna*, untuned antenna*, broadband antenna ‖ ⁓**antibiotikum** *n* (Pharm) / broad-spectrum antibiotic*, wide-spectrum antibiotic* ‖ ⁓**beschichtung** *f* (Spezialform der Walzlackierrung) (Anstr) / coil coating, strip coating ‖ ⁓**beschichtungsanlage** *f* (Anstr) / coil-coating line ‖ ⁓**entkopplung** *f* (Spektr) / proton-noise decoupling, PND, proton decoupling, broadband decoupling, BB decoupling, $^1$H-decoupling *n* ‖ **integriertes ⁓fernmeldenetz** (Fernm) / integrated broadband communications network

**breitbandig** *adj* (Fernm) (Fernm) / broadband *attr* ‖ ⁓**e Frequenzkurve** (Eltech) / flat response ‖ ⁓**es Rauschen** (DIN 5483, T 1) (Akus) / broadband noise, wideband noise

**Breitband•-ISDN** *n* (Fernm) / broadband ISDN ‖ ⁓**kommunikation** *f* (bei der eine große Bandbreite benötigt wird, wie z.B. Bildtelefon, Bildfernsprechkonferenz, Kabelfernsehen) (Fernm) / broadband communication ‖ ⁓**netz** *n* (Fernm) / broadband network ‖ **überlagertes ⁓netz** (Fernm) / broadband overlay network ‖ ⁓**rauschen** *n* (Akus) / broadband noise, wideband noise ‖ ⁓**resonanz** *f* (Spektr) / broadband NMR ‖ ⁓**resonanzverstärker** *m* (Radio) / stagger-tuned amplifier* ‖ ⁓**richtfunk** *m* (Radio) / broadband microwave transmission ‖ ⁓**schleifmaschine** *f* (For) / wide-belt sanding machine, wide-belt sander ‖ ⁓**signal** *n* (Fernm) / broadband signal *n* ‖ ⁓**sprache** *f* (eine erweiterte Programmiersprache, welche neben Konstrukten für verschiedene Programmierstile auch Konstrukte zur Spezifikation enthält) (EDV) / wide-spectrum language, wide-band language ‖ ⁓**störer** *m* (Radio) / barrage jammer ‖ ⁓**störung** *f* (Radio) / barrage jamming ‖ ⁓**strahlung** *f* **der Magnetosphäre** (Akus) / whistlers* *pl* ‖ ⁓**-TF-System** *n* (Fernm) / broadband carrier system ‖ ⁓**-Universalnetz** *n* (Fernm) / universal broadband network ‖ ⁓**verstärker** *m* (Fernm) / wideband amplifier* ‖ ⁓**verstärkung** *f* (Fernm) / wideband amplification ‖ ⁓**verteilernetz** *n* (Fernm) / broadband ditributor network ‖ ⁓**walzstraße** *f* (Hütt) / broad-strip mill ‖ ⁓**walzwerk** *n* (Hütt) / broad-strip mill

**Breit•beil** *n* (Werkz) / broad axe ‖ ⁓**bildverfahren** *n* (Film) / wide-screen process ‖ ⁓**düngerstreuer** *m* (Landw) / full-width fertilizer distributor, fertilizer broadcaster

**Breite** *f* / width *n*, breadth *n* ‖ ⁓ (Film) / gauge* *n* ‖ ⁓ (in einem Koordinatensystem) (Geog, Verm) / latitude* *n* ‖ ⁓**galaktische** ⁓ (Astr) / galactic latitude ‖ ⁓**geografische** ⁓ (nach Norden oder Süden gezählter Winkel zwischen der Lotrichtung in einem Punkt und der Äquatorialebene) (Geog) / geographical latitude* *n* ‖ **größte äußere** ⁓ (Kfz) / overall width ‖ **tragende** ⁓ (Masch) / supporting width ‖ **vergrößerte** ⁓ (Kart, Luftf, Schiff) / mercator sailing ‖ ⁓ *f* **auf Spanten** (größte Breite, auf Mallkante Spant gemessen) (Schiff) / moulded breadth*, moulded beam ‖ ⁓ **des Peaks auf halber Höhe** (Chem) / peak width at half height ‖ ⁓ **über alles** (auf Mallkante Spant gemessen) (Schiff) / beam *n* ‖ ⁓ **über alles** (Schiff) / extreme breadth*, maximum beam

**Breiteisen** *n* (Bau, Werkz) / batting tool, broad boaster, broad tool

**Breiten** *n* (Freiformen) (Masch) / plating *n* ‖ ⁓**durchlauf** *m* (KI) / breadth-first-search *n*, BFS ‖ ⁓**effekt** *m* (Geophys) / latitude effect ‖ ⁓**faxstation** *f* (Fernm) / broadband fax station ‖ ⁓**kreis** *m* (Astr, Geog, Verm) / parallel* *n*, parallel of latitude* ‖ **⁓mäßig ungenaue Rillenführung** (der Schallplatte) (Akus) / pinch *n* ‖ ⁓**metazentrum** *n* (Schiff) / transverse metacentre* ‖ **⁓orientiertes Suchverfahren** (KI) / breadth-first-search *n*, BFS ‖ ⁓**rapport** *n* (Web) / horizontal repeat ‖ ⁓**schwankung** *f* (Veränderung der geografischen Breite durch Polhöhenschwankung - nach K.F. Küstner, 1856-1936) (Astr, Geog) / variation of latitude* ‖ **Periodizität der ⁓schwankung** (Geophys) / Chandler period ‖ ⁓**verbindung** *f* (mit der stumpfen oder gedübelten Fuge) (For) / edge joint

**Breite•-zuerst-Strategie** *f* (KI) / breadth-first strategy ‖ ⁓**-zuerst-Suche** *f* (KI) / breadth-first-search *n*, BFS

**Breit•falten** *n* (Tex) / cuttling* *n*, plaiting* *n* ‖ ⁓**färbemaschine** *f* (Tex) / jig* *n*, full-width dyeing machine, whole-width dyeing machine, jigger* *n* ‖ ⁓**felge** *f* (DIN 7823) (Kfz) / wide-base rim, wide base ‖ ⁓**film** *m* (Film) / wide film ‖ ⁓**flächige Ausbringung** (z.B. von Pestiziden) (Landw) / blanket application ‖ ⁓**flanschträger** *m* (HuT, Hütt) / wide-flange beam ‖ **Doppel-T-⁓flanschträger** (HuT, Hütt) / H-beam*, H-girder* *n*, I-beam* *n* ‖ ⁓**fußschiene** *f* / flanged rail*, flat-bottomed rail*, foot-rail *n*, Vignoles rail, inverted-T rail ‖ ⁓**gewebe** *n* (als Gegensatz zu Schmalgewebe) (Tex) / broad fabric, broad-width fabric ‖ ⁓**hacke** *f* (Landw) / hoe *n* ‖ ⁓**hacke** (Werkz) / mattock *n* ‖ ⁓**halter** *m* (der Veredlungsmaschine) (Tex) / spreader *n*, fabric spreader, guider *n*, stretcher *n* ‖ ⁓**halter** (zur Ausbreitung der Ware vor der Aufwicklung auf den Warenbaum) (Web) / temple* *n*, expander *n* ‖ ⁓**halterfleck** *n* (Web) / temple mark ‖ ⁓**haltermarkierung** *f* (Web) / temple mark ‖ ⁓**halterschaden** *m* (ein Webfehler) (Web) / temple mark ‖ ⁓**haue** *f* (Werkz) / mattock *n* ‖ ⁓**hauptit** *m* (Nickelantimonid) (Min) / breithauptite* *n* ‖ ⁓**köpfig** *adj* / broad-headed *adj*, large-headed *adj* ‖ ⁓**kopfnagel** *m* (Masch) / large-head nail, nail with a large head (e.g. clout nail, roofing nail) ‖ ⁓**kopfschiene** *f* (Bahn) / bull-headed rail*, bull-head rail *n* ‖ **⁓kroniges Wehr** (Wasserb) / broadcrested weir ‖ ⁓**passage** *f* (Tex) / passage in full width ‖ ⁓**quetschen** *n* (Schw) / mushrooming *n* ‖ ⁓**rauhen** *n* (Tex) / cross raising (in open width) ‖ ⁓**reifen** *m* (Kfz) / low-aspect ratio tyre, wide tyre ‖ ⁓**richter** *m* (zur Ausbreitung der Ware vor der Aufwicklung auf den Warenbaum) (Web) / temple* *n*, expander *n* ‖ ⁓**saat** *f* (Landw) / broadcast seed ‖ ⁓**sämaschine** *f* (Landw) / seed broadcaster ‖ ⁓**säureanlage** *f* (einer Tuchkarbonisieranlage) (Tex) / open-width souring plant ‖ ⁓**schärbaum** *n* (Web) / full-width warping ‖ ⁓**schärmaschine** *f* (Web) / beam warping machine, direct warping machine, full-width warper ‖ ⁓**schlitzextrusion** *f* (Plast) / slit-die extrusion ‖ ⁓**schnitt** *m* (bei Pflügen) (Landw) / wide cut ‖ ⁓**schrift** *f* (Druck) / wide-space lettering ‖ ⁓**schrift** (die mit elektronischen Mitteln breiter gemacht wurde als die entsprechende normale Schrift) (EDV) / expanded style of type, expanded type ‖ ⁓**schrift** (Leistungsmerkmal bei Druckern) (EDV) / wide font ‖ **⁓sohliges Tal** (Geol) / broad-floored valley, wide-bottomed valley ‖ ⁓**spektrumantibiotikum** *n* (Pharm) / broad-spectrum antibiotic*, wide-spectrum antibiotic* ‖ ⁓**spur** *f* (Bahn) / broad gauge* *n* ‖ ⁓**strahl** *m* (der Taschenlampe) (Licht) / wide beam ‖ ⁓**strahlbeleuchtung** *f* (Licht) / high-bay lighting ‖ ⁓**strahler** *m* (im allgemeinen) (Film) / broad* *n*, broadside *n* ‖ ⁓**strahler** (nach A.T. und J.H. Kliegl) (Film) / Klieg light, klieg *n* ‖ ⁓**strahler** (Tex) / super hank ‖ ⁓**streuer** *m* (entweder Kasten- oder Schleuderstreuer) (Landw) / full-width fertilizer distributor, fertilizer broadcaster ‖ ⁓**strich** *m* (Fahrbahnmarkierung) / wide stripe ‖ ⁓**stuhlteppich** *m* (Web) / broadloom carpet ‖ ⁓**wand** *f* (Film, TV) / wide screen* ‖ ⁓**wandverfahren** *n* (Film) / wide-screen process ‖ ⁓**ware** *f* (Bretter über 28 cm) (For, Zimm) / broad stuff, broads *pl* ‖ ⁓**waschmaschine** *f* (zur Reinigung von Tuchen) (Tex) / open-width washer*, full-width washer *n* ‖ ⁓**weberei** *f* (Web) / broad weaving, weaving of broad fabrics

**Breit-Wigner-Formel** *f* (für die Energieabhängigkeit von Wirkungsquerschnitten in der Nähe einer isolierten Resonanz - nach G. Breit, 1899-1981) (Phys) / Breit-Wigner formula*

**Breit•winkelstreuung** *f* (Licht) / wide-angle diffusion (that in which flux is scattered at angles far from the direction which the flux would take by regular reflection or transmission) ‖ ⁓**winklig** *adj* / wide-angled *adj*, wide-angle *attr* ‖ ⁓**würfiges Ausbringen** (z.B. von Düngemitteln) (Landw) / broadcast application, broadcasting *n*

**Brekzie** *f* (verfestigtes Trümmergestein, dessen Bruchstücke eckig-kantig ausgebildet sind) (Geol) / breccia* *n* ‖ ⁓ (Geol) s. auch Konglomerat ‖ **tektonische** ⁓ (Geol) / crush breccia*, fault breccia*

**Brekzienbildung** *f* (Geol) / brecciation *n*

**Bremerblau** *n* (Chem) / Bremen blue, Neuwied blue, Peligot's blue, water blue

**Brems•anlage** f (DIN 70012) (Kfz) / brake system, breaking system ‖ ~**anpreßdruck** m (Kfz) / brake pressure ‖ ~**backe** f (Masch) / brake shoe* ‖ ~**band** n (Masch) / brake band, braking band ‖ ~**belag** m (der Scheibenbremse) (Kfz) / brake pad* ‖ ~**belag** (Masch) / brake lining* ‖ ~**belagwarnleuchte** f (Kfz) / brake-wear warning light ‖ ~**berg** m (Bergb) / self-acting incline, gravity plane*, braking decline, self-acting plane ‖ **zweitrümiger** ~**berg** (Bergb) / double-track plane ‖ **eintrümiger** ~**berg** (Bergb) / single-track plane, back balance ‖ ~**block** m (unter den Rädern) / chock n ‖ ~**block** (Nukl) / moderating block ‖ ~**blockiertes Rad** (Kfz) / locked-up wheel ‖ ~**dauer** f (Kfz, Masch) / total braking time ‖ ~**dichte** f (Kernphys) / slowing-down density* ‖ ~**dreieck** n (Bahn) / triangular brake beam, brake triangle ‖ ~**druck** m (Kfz) / brake pressure ‖ ~**dynamometer** n (Masch) / dynamometer* n, brake dynamometer

**Bremse** f (automatische - die die Papierspannung zwischen Rolle und Druckwerk konstant hält) (Druck) / brake* n ‖ ~ (Masch) / brake* n ‖ ~ (des Kleinhebezeugs) (Masch) / load brake ‖ **abfallverzögerte** ~ (Masch) / delayed-off brake ‖ **direktwirkende** ~ / direct-acting brake (US), through brake, straight air brake (US) ‖ **durchgehende** ~ (Bahn) / continuous brake* ‖ **elektrische** ~ (Masch) / electric dynamometer* ‖ **elektromechanische** ~ / electromechanical brake* ‖ **elektropneumatische** ~ / electropneumatic brake* ‖ **Froudesche** ~ (nach W. Froude, 1810-1879) / Froude brake* ‖ **hydraulische** ~ (Kfz) / hydraulic brake* ‖ **hydrodynamische** ~ (für Schienen- und Straßenfahrzeuge) (Masch) / retarder n, hydrodynamic brake ‖ **innenbelüftete** ~ (Kfz) / ventilated brake ‖ **mechanische** ~ (Masch) / mechanically operated brake* ‖ ~ f **des Fahrwerkrades** (Luftf) / wheel brake ‖ ~ **mit zweistufigem Lastwechsel** (Bahn) / two-range brake, empty and load brake, empty-load brake, dual-capacity brake

**Brems•einheit** f (Raumf) / retro-pack n ‖ ~**elektrode** f (TV) / decelerating electrode, retarding electrode ‖ ~**ellipse** f (Raumf) / braking ellipse

**bremsen** v (Kernphys) / slow down v ‖ ~ (Masch) / brake v ‖ ~ **per Draht** (mit E-Bremse) (Kfz) / brake by wire ‖ ~ n (Masch) / braking n ‖ **atmosphärisches** ~ (an der Rückkehrbahn) (Raumf) / atmospheric braking ‖ **dynamisches** ~ (Eltech) / dynamic braking ‖ **elektrisches** ~ (Eltech) / electric braking* ‖ **hartes** ~ (Kfz) / severe braking ‖ ~ n **durch Gegendrehfeld** (DIN 42005) (Eltech) / plugging* n, plug braking, regenerative braking*, countercurrent braking

**bremsend** adj (Phase im Antriebsprogramm) (Raumf) / retrograde adj

**Bremserhaus** n (Bahn) / brakeman's cabin

**Brems•fading** n (Kfz) / fading* n, brake-fade* n ‖ ~**fallschirm** m (Luftf) / brake parachute*, drag chute, drogue parachute*, landing parachute*, parabrake* n, drag parachute ‖ ~**federzange** f (zum Aushängen der Bremsbackenrückzugfeder beim Belagwechsel) (Kfz) / brake spring pliers ‖ ~**federzange** (Kfz, Werkz) / brake-spring pliers ‖ ~**feld** n (Eltronik) / retarding field*, braking field ‖ ~**feldgenerator** m (Eltech) / retarding-field oscillator*, negative-transconductance generator, positive-grid oscillator, Barkhausen-Kurz oscillator* ‖ ~**feldröhre** f (DIN 44400) (Eltronik) / retarding-field tube, negative-transconductance tube, positive-grid oscillator tube, Barkhausen tube ‖ ~**feldschwingungen** f pl (Phys) / Barkhausen-Kurz retarding-field oscillations ‖ ~**fläche** f (Kernphys) / slowing-down area*, moderating area ‖ ~**flüssigkeit** f (eine Hydraulikflüssigkeit) (Kfz) / brake fluid ‖ ~**flüssigkeitsausgleichsbehälter** m (Kfz) / brake-fluid reservoir ‖ ~**flüssigkeitsbehälter** m (Kfz) / brake-fluid reservoir ‖ ~**förderer** m (Bergb) / retarding conveyor ‖ ~**gestänge** n (Bahn) / brake rigging ‖ ~**gestänge** (Masch) / brake (control) linkage ‖ ~**gitter** n (Hilfsgitter bei Leistungsröhren) (Eltronik) / suppressor grid, sup ‖ ~**gittermodulation** f (Eltronik) / suppressor-grid modulation* ‖ ~**gleichung** f (Kernphys) / age equation* ‖ ~**klotz** m (Bahn) / block n, brake block ‖ ~**klotz** (der Außenbackenbremse) (Kfz) / brake pad*, brake block, friction block ‖ ~**kraft** f (DIN 70012) (Mech) / braking force ‖ ~**kraft am Radumfang** (Bahn) / braking effort ‖ ~**kraftregler** m (Kfz) / brake-pressure regulator, brake-pressure limiting valve ‖ ~**kraftverstärker** m (zur Unterstützung der vom Fahrzeugführer aufgebrachten Pedalkraft) (Kfz) / power brake unit, power booster ‖ ~**kraftverteiler** m (ein Druckbegrenzungsventil) (Kfz) / brake power distributor, brake force reducer ‖ ~**länge** f (Kernphys) / slowing-down length* ‖ ~**lauf** m (Prüfen eines Flugtriebwerks durch Laufenlassen am Boden zur Kontrolle der Funktionstüchtigkeit des Triebwerks und seiner Anlagen) (Luftf) / run-up n ‖ ~**leistung** f (mit Hilfe eines Bremsdynamometers durch Abbremsen ermittelt) / braking power ‖ ~**leistung** (Masch) / brake horsepower*, brake power, bhp, BHP* ‖ **augenblickliche** ~**leistung** (Kfz) / instantaneous braking power ‖ **gesamte äquivalente** ~**leistung** (Luftf) / total equivalent brake horsepower*, t.e.h.p.* , ehp* ‖ ~**leitung** f (DIN 74234) (Kfz) / brake line ‖ ~**leuchte** f (Kfz) / stop-lamp n ‖ ~**licht** n (Kfz) / stop-light n, brake light ‖ ~**lichtschalter** m (Kfz) / stop switch ‖ ~**luftbehälter** m (Kfz) / brake air reservoir ‖ ~**lüfter** m (Teil der Sicherheitsbremse in Fördertechnik und Fahrzeugbau) (Eltech) / brake-lifting device,

brake solenoid, thruster n, thrustor n, operator n (US) ‖ ~**lüftgerät** n (Eltech) / brake-lifting device, brake solenoid, thruster n, thrustor n, operator n (US) ‖ ~**luftschraube** f (eine Verstell-Luftschraube) (Luftf) / reverse-pitch airscrew, reverse-pitch propeller ‖ ~**lüftschütz** n (Eltech) / reset n, reset contactor ‖ ~**magnet** m (einer Wirbelstrombremse oder eines Elektrizitätszählers) (Eltech) / magnetic brake, brake magnet ‖ **Ablauf des** ~**manövers** (Raumf) / retrosequence n ‖ ~**moment** n (Masch) / braking torque, brake torque, braking moment ‖ ~**motor** m (dessen Nachlauf unterdrückt wird) (Eltech) / brake motor ‖ ~**motor** (z.B. eines Elektrokettenzugs) (Masch) / self-braking motor ‖ ~**nickabstützung** f (Kfz) / antidive n ‖ ~**nickausgleich** m (Kfz) / antidive n ‖ ~**nicken** n (Kfz) / diving n, brake dive ‖ ~**nutzung** f (in der Vierfaktorenformel) (Kernphys) / resonance escape probability* ‖ ~**parameter** m (in der Kosmologie) / deceleration parameter, braking parameter ‖ ~**pedal** n (Kfz) / brake pedal ‖ ~**pedalweg** m (Kfz) / brake-pedal travel ‖ ~**potential** n (Eltronik) / stopping potential* ‖ ~**probe** f (Kfz) / braking test (GB), brake test (US) ‖ ~**propeller** m (eine Verstell-Luftschraube) (Luftf) / reverse-pitch airscrew, reverse-pitch propeller ‖ ~**PS** f (Kfz) / brake horsepower ‖ ~**rakete** f (selbständige Antriebseinheit, die zum Vermindern der Bahngeschwindigkeit einer Rakete, einer Raketenstufe oder eines Raumflugkörpers dient, indem sie einen Bremsschub erzeugt) (Luftf, Raumf) / retrorocket* n, braking rocket, retro n ‖ ~**rakete zünden** (Luftf) / retrofire v, retro v ‖ ~**röntgenstrahlung** f (Radiol) / white radiation, continuous radiation ‖ ~**sattel** m (Kfz) / calliper n ‖ ~**sattel**, brake calliper ‖ ~**scheibe** f (DIN 15432) / brake disk, brake disc, brake rotor ‖ ~**schild** n (Kfz) / brake backing plate, brake support plate ‖ ~**schirm** m (Luftf) / brake parachute*, drag chute, drogue parachute*, landing parachute*, parabrake* n, drag parachute ‖ ~**schirm abbremsen** (bei Landung) (Luftf) / parabrake v ‖ ~**schlauch** m (Kfz) / brake hose ‖ ~**schlupf** m (zwischen Reifen und Fahrbahn) (Kfz) / brake slip ‖ ~**schlupf** (Kfz) s. auch Blockieren ‖ ~**schlupfregler** m (Kfz) / anti-blocking device, skid-control system, anti-lock(ing) device, anti-skid (brake) system, ABS brake* ‖ ~**schlußleuchte** f (Kfz) / combined stop-and-tail lamp ‖ ~**schub** m (Raumf) / retrothrust n, reverse thrust ‖ ~**schuh** m / chock n ‖ ~**schuh** (Bahn) / Scotch block* ‖ ~**seil** n (Masch) / brake cable ‖ ~**spannung** f (Eltronik) / stopping potential* ‖ ~**spektrum** n (bei Röntgenstrahlen) (Radiol) / retardation spectrum ‖ ~**spur** f (Kfz) / braking marks ‖ ~**stand** m (Prüfstand zum Bestimmen der Bremsleistung und des Brennstoffverbrauchs) (Masch) / brake* n ‖ ~**steigung** f (der Luftschraube) (Luftf) / reverse pitch ‖ ~**stottern** n (Kfz) / brake judder ‖ ~**strahlung** f (Sekundärstrahlung im Target eines Elektronenbeschleunigers nach DIN 25401, T 1) (Nukl) / bremsstrahlung n ‖ ~**strahlung** (Radiol) / white radiation, continuous radiation ‖ **innere** ~**strahlung** (Kernphys) / inner bremsstrahlung ‖ **inverse** ~**strahlung** (Nukl) / inverse bremsstrahlung, free-free absorption ‖ **innere** ~**strahlung** (Radiol) / inner bremsstrahlung ‖ ~**strahlungsspektroskopie** f (Spektr) / bremsstrahlung spectroscopy, BS ‖ ~**substanz** f (Kernphys) / moderator* n ‖ ~**system** n / braking system ‖ ~**tauchen** n (Kfz) / diving n, brake dive ‖ ~**träger** m (bei Trommelbremsen) (Kfz) / brake backing plate, brake support plate ‖ ~**träger** (bei Scheibenbremsen - ein mit der Radaufhängung fest verschraubtes Gußteil) (Kfz) / adapter n ‖ ~**trommel** f (Kfz) / brake drum*

**Bremsung** f (Masch) / braking n ‖ ~ (Nukl) / slowing-down n ‖ **elektrische** ~ (Eltech) / electric braking* ‖ **ungewollte** ~ / ill-timed braking

**Brems•verhalten** n (Kfz) / braking response ‖ ~**verhältnis** n (Kernphys) / moderating ratio* ‖ ~**vermögen** n (bei geladenen Teilchen) (Kernphys) / stopping power* ‖ ~**vermögen** (Lethargiezuwachs) (Nukl) / slowing-down power* ‖ **atomares** ~**vermögen** (Kernphys) / atomic stopping power* ‖ **lineares** ~**vermögen** (Kernphys) / linear stopping power* ‖ ~**vermögen** n **für Elektronen** (Kernphys) / electron stopping power ‖ ~**versagen** n (Kfz) / brake failure ‖ ~**versuch** m (DIN 42005) (Kfz) / braking test (GB), brake test (US) ‖ ~**verzögerung** f (Kfz) / braking rate, deceleration rate ‖ ~**verzögerung** (Kfz) s. auch Bremsweg ‖ ~**vorgang** m (Masch) / braking n ‖ ~**weg** m (Anhalteweg minus Reaktionsweg) (Kfz) / braking distance ‖ ~**welle** f (Bahn) / brake shaft ‖ ~**wirkung** f (einer Flüssigkeit) (Phys) / viscous drag ‖ ~**wirkungsgrad** m (Teil einer Scheibenbremsanlage, das die Reibkraft am äußeren Rand der Bremsscheibe aufbringt) (Kfz) / brake efficiency* ‖ ~**zange** f (der Scheibenbremse) / brake calliper, calliper n ‖ ~**zaum** m (nach M.R. de Prony, 1755-1839) (Masch) / Prony brake, prony brake ‖ ~**zylinder** m (hydraulischer) (Kfz) / dash pot*

**Brenn•** (Opt) / focal adj ‖ ~**oxidierende** ~**atmosphäre** (Keram) / oxidizing atmosphere (in which an oxidation reaction takes place) ‖ **reduzierende** ~**atmosphäre** (Keram) / reducing atmosphere (a furnace atmosphere deficient in oxygen and containing a reducing gas such as hydrogen), reduction atmosphere

**brennbar** adj / combustible adj, flammable adj ‖ **nicht ~** / incombustible adj, non-combustible adj ‖ **~es** (technisches) **Gas** (Kftst) / gaseous fuel*, fuel gas
**Brennbarkeit** f / combustibility n, flammability n
**Brenn•bereich** m (Keram) / firing range (the time-temperature interval in which bodies and coatings attain the respective desired maturities or properties) ‖ **~bock** m (DIN 64 990) (Tex) / crabbing jack, crabbing roller ‖ **~bohren** n (Masch) / oxygen lancing*, thermal hole boring ‖ **~dauer** f / burning time ‖ **~dauer** (des Lichtbogens) (Eltech) / arcing time, arc duration* ‖ **~dauer** (des Raketenmotors) (Raumf) / burn time, burning time, burning period ‖ **~dauer** (Raumf) / combustion time
**Brenne** f (Galv) / fire-off dip (mixture of nitric acid and sulphuric acid for pretreating copper and its alloys)
**Brennebene** f (Opt) / focal plane* ‖ **dingseitige ~** (Opt) / object-side principal focal plane, first principal focal plane ‖ **feststehende ~** (Opt) / stationary focal plane ‖ **hintere ~** (Opt) / rear focal plane ‖ **unveränderliche ~** (Opt) / stationary focal plane ‖ **vordere ~** (Opt) / front focal plane ‖ **vordere ~** (Opt) / object-side principal focal plane, first principal focal plane
**Brennelement** n (Nukl) / fuel element* ‖ **abgebranntes ~** (Nukl) / spent fuel element ‖ **beschädigtes ~** (Nukl) / failed fuel element, failed element ‖ **defektes ~** (Nukl) / failed fuel element, failed element ‖ **halbhomogenes ~** (Nukl) / semi-homogeneous fuel element ‖ **nacktes ~** (Nukl) / uncanned fuel element ‖ **plattenförmiges ~** (Nukl) / fuel plate, plate-type fuel element ‖ **ringförmiges ~** (Nukl) / annular fuel element ‖ **rohrförmiges ~** (Nukl) / tubular fuel element ‖ **stabförmiges ~** (mit größerem Durchmesser) (Nukl) / fuel rod* ‖ **stabförmiges ~** (mit sehr kleinem Durchmesser) (Nukl) / fuel pin*, pin* n ‖ **~** n **mit Drahtabstandshalter** (Nukl) / wire-wrapped fuel element ‖ **~e wechseln** (Nukl) / refuel v
**Brennelementebecken** n (für frischen Kernbrennstoff) (Nukl) / new fuel storage pit, new fuel storage pond
**Brennelementen•bündel** n (Nukl) / fuel bundle, fuel element bundle, stringer* n ‖ **~hülle** f (Nukl) / can* n, fuel can, jacket* n
**Brennelementen•fabrik** f (zur Herstellung von Brennelementen für Kernreaktoren) (Nukl) / fuel-element plant ‖ **~hülle** f (Nukl) / can* n, fuel can, jacket* n ‖ **~kanal** m (Nukl) / fuel channel ‖ **~kassette** f (von einer metallischen Hülle umgebener Kernbrennstoff) (Nukl) / fuel assembly* ‖ **~lagerbecken** n (Nukl) / cooling pond, spent-fuel pit, fuel storage pool, CP ‖ **~schaden** m (Nukl) / fuel element defect ‖ **~transportbehälter** m (Nukl) / fuel shipping cask, shipping flask ‖ **~transportbehälter** (für abgebrannte Brennelemente) (Nukl) / spent-fuel shipping cask, spent-fuel shipping flask ‖ **~transportcontainer** m (Nukl) / fuel shipping cask, shipping flask ‖ **~transportcontainer** (für verbrauchte Elemente) (Nukl) / spent-fuel shipping cask, spent-fuel shipping flask ‖ **~wechsel** m (Nukl) / refuelling n, fuel recharge, reactor refuelling, fuel recharging ‖ **~wechsel während des Reaktorbetriebs** (Nukl) / on-load refuelling ‖ **~wechselmaschine** f (Nukl) / refuelling machine
**brennen** v (Schmucksteine) / burn v ‖ **~** vi / burn vi ‖ **~** vt (Kalk) (Bau) / calcine v, burn v ‖ **~** (keramischen Formling) (Keram) / fire vt, bake v ‖ **~** (Nahr) / distil v, distill v (US) ‖ **~** (Hartkäse) (Nahr) / scald v ‖ **~** (krabben) (Tex) / crab v ‖ **~** vt (Wärm) / combust v, burn v, fire vt ‖ **~** n / burning* n ‖ **~** (Schmucksteinbearbeitung) / burning* n ‖ **~** (von Kalk) (Bau) / calcination* n, burning* n ‖ **~** (des keramischen Formlings) (Keram) / firing n, baking n ‖ **~** (Nahr) / distillation n ‖ **~** (Tex) / crabbing* n ‖ **~ in offener Ofenatmosphäre** (ohne Kapseln) (Keram) / direct firing (in direct contact with the products of combustion in the furnace or kiln)
**brennende Halde** (Bergb) / fire bank*
**Brenner** m (Einrichtung) (Chem Verf, Kftst, Masch) / burner n ‖ **~** (im Wannenofen) (Glas) / port n ‖ **~** (Fachkraft) (Keram) / burner n ‖ **~** (Schneid- oder Schweißbrenner) (Masch, Schw) / blowpipe n, torch n ‖ **dreiflammiger ~** (Masch) / triflame burner ‖ **~** m **des Hafenofens** (Glas) / eye* n ‖ **~ mit laminarem Plasma** (Eltech) / laminar plasma torch ‖ **~ mit mechanischer Abgasführung** (Masch) / induced-draught burner ‖ **~ mit Nachmischung** (Masch) / outside-mix burner ‖ **~ mit Saugzuggebläse** (Masch) / induced-draught burner ‖ **~ mit Vormischung** (z.B. Bunsenbrenner) (Masch) / premix burner, inside-mix burner ‖ **~ mit Zwangsvormischung** (Masch) / pre-aerated burner
**Brenner•anstellwinkel** m (Schw) / torch angle ‖ **~armaturen** f pl (Masch) / burner valves and accessories ‖ **~befestigungsteile** n pl (Masch) / burner fastenings ‖ **~düse** f (Masch) / burner nozzle ‖ **~düse** (Schw) / torch nozzle, blowpipe tip ‖ **~ebene** f (Masch) / burner plane
**Brennerei** f (zur Herstellung von Branntwein) (Nahr) / distillery n ‖ **~abfälle** m pl (Nahr) / distillers' grain(s), slops pl ‖ **~abwasser** n (Nahr, Sanitär) / distillery waste water ‖ **~darrmalz** n (Brau) / distiller's barley malt, distillery malt ‖ **~gewerbe** n (Nahr) / distilling industry ‖ **~industrie** f (Nahr) / distilling industry ‖ **~maische** f (Nahr) / distillery mash ‖ **~malz** n (Brau) / distiller's barley malt, distillery malt

**Brenner•einbruch** m (Bergb) / burnt-round n, burn-cut n, Michigan cut ‖ **~einstellwinkel** m (Schw) / torch angle ‖ **~ausschwenkbare frontplatte** (Masch) / hinged burner front ‖ **~führung** f (Schw) / manipulation of blowpipe, manipulation of torch ‖ **~gehäuse** n (Masch) / burner casing ‖ **~geschränk** n (Masch) / burner air register, burner box ‖ **~geschränk** (Masch) s. auch Brennergehäuse ‖ **~gürtelbelastung** f (im Feuerraum) / burner-belt heat release ‖ **~hals** m (Glas) / port neck ‖ **~kopf** m (Chem) / burner head ‖ **~kopf** (Schw) / burner tip ‖ **~leistung** f (Masch) / burner loading*, burner capacity ‖ **~löten** n (Klemp, Masch) / torch brazing* ‖ **~maul** n (im Wannenofen) (Glas) / port mouth, drum n ‖ **~maul** (Keram) / burner opening ‖ **~-Mindestbelastung** f (im Verhältnis zur Maximalleistung) (Masch) / burner turndown factor ‖ **~muffel** f (in der Zündung und Mischung erfolgen) (Masch) / burner throat, burner firing block*, quarl* n, burner quarl ‖ **~mundstück** n (Schw) / burner tip ‖ **~mündung** f (im Wannenofen) (Glas) / port mouth, drum n ‖ **~öffnung** f (im Wannenofen) (Glas) / port mouth, drum n ‖ **~plattform** f (des Heißluftballons) (Luftf) / burner platform ‖ **~rohr** n (Mischrohr des Bunsenbrenners) (Chem) / burner tube ‖ **~schlitz** m (Chem) / burner slot ‖ **~spitze** f (Schw) / burner tip ‖ **~stein** (Masch) / burner firing block*, quarl* n ‖ **~stichleitung** f (Masch) / burner spur line ‖ **~wagen** m (mit Rädern) (Schw) / wheel guide, roller guide ‖ **~zange** f (für Gasbrenner) (Masch) / burner pliers
**Brenn•farbe** f (Tönung keramischer Massen und Rohstoffe nach dem Brennen) (Keram) / fired colour ‖ **~fehler** m (Qualitätsminderung) (Keram) / firing defect ‖ **~fläche** f (Opt) / caustic surface* ‖ **~flämmen** n (von Gußstücken) (Gieß) / flaming n, torch deseaming, flame chipping, flame scarfing, flame descaling, flame cleaning ‖ **~fleck** m (Lichtbogenfußpunkt einer Bogenentladung) (Eltronik) / cathode spot* ‖ **~fleck** (Eltronik, Schw) / focal spot* ‖ **~fleck** (der Röntgenröhre) (Radiol) / X-ray focal spot*, focal spot ‖ **~fleckenkrankheit** f (Bot) / anthracnose* n ‖ **~form** f (Keram) / firing mould ‖ **~freudige Kohle** (Bergb, Kftst) / cooperative coal ‖ **~fugen** n (Schw) / flame gouging ‖ **~gas** n (im allgemeinen) / burning gas, burnable gas ‖ **~gas** (in Stahlflaschen komprimiertes) / bottled gas ‖ **~gas** (Kftst) / gaseous fuel*, fuel gas ‖ **~gas-Luft-Brenner** m / gas-air torch ‖ **~gasventil** n (Schw) / fuel gas valve ‖ **~geschnitten** adj (Schw) / gas-cut adj ‖ **~geschwindigkeit** f (mit der der Abbrand eines festen Brennstoffes, z.B. eines Pulvers, fortschreitet) / burning rate, burning velocity ‖ **~glas** n (Glas, Opt) / burning glass ‖ **aufgeschäumtes ~gut** (Keram) / kiln scum (discolouration of the surface of a body, such as brick or roofing tile, caused by the migration of soluble salts from the interior to the surface of the body or by the reaction of kiln gases with surface constituents during the drying and firing operations) ‖ **~gut** n **einer Ofenladung** (Keram) / kiln run (brick, tile, or other product from a kiln which has not been sorted or graded for size, uniformity, colour variation, or other property) ‖ **~härten** n (von Werkstücken nach oberflächigem oder durchgreifendem Erwärmen mit einer Brennerflamme) (Hütt) / flame-hardening* n ‖ **~hilfsmittel** n (kleines, spitzes - zum Aufständern glasierter Ware) (Keram) / pip n (a type of kiln furniture which consists of a rounded refractory with a protruding point upon which ware is rested during firing) ‖ **~hilfsmittel** n pl (z.B. Stützen, Stäbchen, Dreifuß usw.) (Keram) / kiln furniture ‖ **~hilfsmittel** n **aus Cordierit** (Keram) / cordierite furniture ‖ **~hobeln** n (Putzen) (Hütt) / hogging n ‖ **~holz** n (For, Kftst) / firewood n, stovewood n, fuelwood n ‖ **~holz-Kreissägemaschine** f (For) / circular sawing-machine for firewood ‖ **~holzspalter** m (For) / log splitter ‖ **~holzspaltmaschine** f (For) / log splitter ‖ **~intervall** n (Keram) / firing range (the time-temperature interval in which bodies and coatings attain the respective desired maturities or properties) ‖ **~kammer** f (z.B. einer Gasturbine) / combustor n ‖ **~kammer** (Keram) / firing chamber ‖ **~kammer** (Luftf) / combustion chamber* ‖ **~kammer** (mit Düse, Zünder und Einspritzsystem) (Raumf) / thrust chamber* ‖ **zylindrische ~kammer** (ohne Einschnürung) (Luftf) / throatless chamber ‖ **~kapsel** f (zur Aufnahme von Brenngut) (Keram) / saggar* n, sagger n (US) ‖ **~kasten** f (DIN 50 050) / combustion tray ‖ **~kegel** m (Keram) / pyrometric cone*, fusible cone, melting cone, pyrometer cone ‖ **~kraftmaschine** f (Masch) / combustion engine* (e.g. a Stirling engine), internal-combustion engine ‖ **~kurve** f (grafische Darstellung des Brennverlaufs in Abhängigkeit von der Zeit) (Keram) / firing curve ‖ **~linie** f (Opt) / caustic curve*, focal line, caustic n ‖ **~linse** f (Glas, Opt) / burning glass ‖ **~luft** f (Masch, Wärm) / air for combustion, combustion air ‖ **~maschine** f (die der Fixierung von Geweben zur Beseitigung der Krumpfneigung bei den nachfolgenden Appreturarbeiten dient) (Tex) / crabbing machine ‖ **~material** n (Kftst) / fuel n, combustible n (material) ‖ **~ofen** m (Keram) / kiln*, n, oven n, stove n ‖ **periodisch arbeitender ~ofen** (Keram) / intermittent kiln ‖ **~platte** f (Glas, Keram) / bat n, batt n ‖ **~probe** f (gezogene) (Keram) / fishout n ‖ **~probe** (von Garnen und Geweben) (Tex) / burning test, ignition test, flame test

**Brennpunkt (BP)** *m* (eine Temperaturangabe) (Chem, Phys) / fire point ‖ ~ (ausgezeichneter Punkt in Bezug auf einen Kegelschnitt) (Math) / focus* *n* (pl. foci or -es) ‖ ~ (Opt) / focus* *n* (pl. foci or -es) ‖ ~ (Phys) / focal point* ‖ **dingseitiger** ~ (Opt) / object-side principal focus, first principal focus ‖ **gegenstandsseitiger** ~ (Opt) / object-side principal focus, first principal focus ‖ **hinterer** ~ (Opt) / back focus, image-side principal focus ‖ **konjugierte** ~**e** (Opt) / conjugate foci* ‖ **paraxialer** ~ (Opt) / paraxial focus* ‖ **primärer** ~ (eines Spiegelteleskops mit parabolischem Hauptspiegel) (Opt) / primary focus ‖ **reeller** ~ (Opt) / real focus ‖ **sagittaler** ~ (Opt) / sagittal focus, secondary focus ‖ **sich in einem** ~ **vereinigen** (z.B. Strahlen) (Opt) / focus *vi* ‖ **virtueller** ~ (Opt) / virtual focus

**Brenn•putzen** *n* (von Gußstücken) (Gieß) / flaming *n*, torch deseaming, flame chipping, flame scarfing, flame descaling, flame cleaning ‖ ~**raum** *m* (Kfz, Masch) / combustion chamber*, firing chamber ‖ **kugelförmiger** ~**raum** (V-Mot) / spherical combustion chamber ‖ ~**regime** *n* (Keram) / firing conditions ‖ ~**rinde** *f* (For) / fuel bark, bark *n* (as fuel) ‖ ~**ring** *m* (aus dessen Schwindung auf die erreichte Temperatur geschlossen werden kann) (Keram) / Buller ring ‖ ~**riß** *m* (ein Brennfehler) (Keram) / fire crack, fire check ‖ ~**rohr** *n* (des Bunsenbrenners) (Chem) / barrel *n* ‖ ~**schluß** *m* (Raumf) / all-burnt time, brennschluss *n*, burnout *n*, flame-out *n*, all-burnt* *n* ‖ ~**schluß** (durch Abschalten der Treibstoffzufuhr) (Raumf) / cut-off *n* ‖ ~**schlußgeschwindigkeit** *f* (Raumf) / burnout velocity* ‖ ~**schlußpunkt** *m* (der Flugbahn) (Raumf) / burnout *n*, flame-out *n* ‖ ~**schneiden** (thermisches Schneiden mit einer Brenngas-Sauerstoff-Flamme) (Schw) / gas-cutting *n*, oxygen cutting, flame cutting, oxy-cutting ‖ ~**schneiden mit Azetylen-Sauerstoff** (Schw) / oxyacetylene cutting*, acetylene cutting ‖ ~**schneider** *m* (ein Facharbeiter) (Schw) / burner *n*, cutter *n* ‖ ~**schneider** (Schw) / gas cutter, oxygen cutter, flame cutter, cutter *n* ‖ ~**schneidmaschine** *f* (Schw) / gas-cutting machine, flame-cutting machine ‖ ~**schnitt** *m* (Vorgang) (Schw) / gas-cutting *n*, oxygen cutting, flame cutting*, oxy-cutting *n* ‖ ~**schnitt** (Fuge) (Schw) / kerf *n* ‖ ~**schnittgüte** *f* (Qualitätsziffer für die beim Brennschneiden erreichte Oberflächenform und Kontur der Schnittfläche) (Schw) / cutting quality ‖ ~**schwindung** *f* (Keram) / firing shrinkage, burning shrinkage ‖ ~**spannung** *f* (einer Gasentladungsröhre) (Eltronik) / burning voltage, maintaining voltage* ‖ ~**spannung** (zur Aufrechterhaltung der Zündfunkens nach Absinken der Zündspannung) (Kfz) / spark voltage ‖ ~**spiritus** *m* (konzentriertes vergälltes Ethanol für Brennzwecke) (Chem Verf) / methylated spirits ‖ ~**stab** *m* (stabförmiges Brennstoffelement) (Nukl) / fuel rod* ‖ ~**stab** (Nukl) / fuel pin*, pin* *n* ‖ ~**stabanordnung** *f* (Nukl) / fuel array, array of fuel rods ‖ ~**stabbündel** *n* (Nukl) / fuel bundle, fuel element bundle, stringer* *n* ‖ ~**staub** *m* (pulverisierte Kohle als Produkt) / pulverized coal, powdered coal, pulverized fuel, PF ‖ ~**stelle** *f* (Decken-, Wand-) (Bau, Eltech) / point* *n*, lighting point, lighting outlet, outlet *n* (US), power point, supply point*

**Brennstoff** *m* (Kftst) / fuel *n*, combustible *n* (material) ‖ ~ (Nukl) / nuclear fuel, fission fuel, nuclear reactor fuel, reactor fuel, fuel* *n* ‖ **abgebrannter** ~ (Nukl) / spent fuel ‖ **abgereicherter** ~ (Nukl) / spent fuel* ‖ **ausgedienter** ~ (Nukl) / spent fuel* ‖ **dispergierter** ~ (Nukl) / dispersed fuel ‖ **fester** ~ (Kftst) / solid fuel ‖ **flüssiger** ~ (DIN 51416) (Kftst) / liquid fuel ‖ **fossiler** ~ (mineralischer) ~ (Kftst) / fossil fuel, mineral fuel ‖ **karbidischer** ~ (Nukl) / carbide (nuclear) fuel ‖ **keramischer** ~ (Nukl) / ceramic fuel ‖ **kolloidaler** ~ (Nukl) / colloidal fuel*, coal-in-oil suspension ‖ **natürlicher** ~ (z.B. Kohle, Erdgas) (Kftst) / primary fuel ‖ **nuklearer** ~ (Nukl) / nuclear fuel*, fission fuel, nuclear reactor fuel, reactor fuel, fuel* *n* ‖ **oxidischer** ~ (Nukl) / oxide fuel, oxidic nuclear fuel ‖ **rußfreier** ~ (Kftst) / smokeless fuel ‖ **veredelter** ~ (z.B. Koks, Stadtgas) (Kftst) / secondary fuel ‖ ~ *m* **aus Müll** (Umwelt) / refuse-derived fuel, RDF ‖ ~ **der Erstbeladung** (Nukl) / first core load fuel, initial fuel ‖ ~ **für Schiffsdieselmotoren** (Kftst) / marine diesel fuel, marine diesel oil ‖ ~ **mit hohem Schwefelgehalt** (Kftst) / high-sulphur fuel ‖ ~ **mit niedrigem Schwefelgehalt** (Kftst) / low-sulphur fuel ‖ ~ **umladen** (Nukl) / refuel *v*

**Brennstoff•aufbereitung** *f* (Nukl) / fuel reprocessing*, nuclear fuel reprocessing ‖ ~**behälter** *m* (Kfz) / fuel tank* ‖ ~**beladung** *f* (Nukl) / fuelling *n*, charge *n*, charging *n* ‖ ~**beschickung** *f* (Nukl) / fuelling *n*, charge *n*, charging *n* ‖ ~**bett** *n* (Chem Verf) / fuel bed ‖ ~**block** *m* (kurzer, dicker) (Nukl) / slug* *n*, fuel slug ‖ ~**bündel** *n* (Nukl) / fuel bundle, fuel element bundle, stringer* *n* ‖ ~**chemie** *f* (Chem, Kftst) / fuel chemistry ‖ ~**chemiker** *m* (Chem, Kftst) / fuel chemist ‖ ~**einsatz** *m* (Nukl) / fuelling *n*, charge *n*, charging *n* ‖ ~**element** *n* (Nukl, Eltech) / fuel cell* (FC) ‖ ~**element** *n* (Nukl) / fuel element* ‖ ~**experte** *m* (Kftst) / fuel technologist ‖ ~**freie Energie** / fuelless energy (e.g. wind, solar energy) ‖ ~**gekühlt** *adj* (Masch) / fuel-cooled *adj* ‖ ~**gitter** *n* (Nukl) / fuel lattice ‖ ~**handhabung** *f* (Nukl) / fuel handling ‖ ~**hülle** *f* (DIN 25401) (Nukl) / cladding* *n*, sheath* *n* ‖ ~**kassette** *f* (Nukl) / fuel assembly* ‖ ~**komponente** *f* **des Raketentreibstoffs** (Raumf) / rocket fuel, fuel *n* ‖ ~**kraftwerk** *n* / fossil-fuelled power station ‖ ~**kreislauf**

*m* (Nukl) / fuel cycle*, nuclear fuel cycle, reactor fuel cycle, operating fuel cycle ‖ **offener** ~**kreislauf** (Nukl) / open fuel cycle ‖ ~**kreislauf-Entsorgung** *f* (Nukl) / back-end fuel cycle service ‖ ~**länge** *f* (Nukl) / fuel length (within the core) ‖ ~**leistung** *f* (Nukl) / fuel rating*, specific power (US)* ‖ ~**lose Energie** / fuelless energy (e.g. wind, solar energy) ‖ ~**/Luft-Gemisch-Sprengsystem** *n* (Kftst) / fuel-air explosive, FAX ‖ ~**matrix** *f* (Nukl) / nuclear matrix ‖ ~**nachfüllung** *f* (Nukl) / fuel reloading, reloading *n*, fuel make-up ‖ ~**nullmasse** *f* (Luftf) / zero fuel weight*, ZFW ‖ ~**orschung** *f* (Kftst) / fuel research ‖ ~**pellet** *n* (Nukl) / fuel pellet, pellet *n* ‖ ~**platte** *f* (Nukl) / fuel plate, plate-type fuel element ‖ ~**refabrikation** *f* (Nukl) / refabrication *n*, fuel refabrication ‖ ~**barostatischer** ~**regler** (bei Gasturbinen) (Luftf) / fuel trimmer* ‖ ~**-Sauerstoff-Schrott-Stahlerzeugungsverfahren** *n* (Hütt) / fuel-oxygen-scrap steelmaking process, FOS process ‖ ~**sorte** *f* **nach Leistungszahl** (Performance Number) (Luftf) / fuel grade* ‖ ~**spezialist** *m* (Kftst) / fuel technologist ‖ ~**stab** *m* (mit größerem Durchmesser) (Nukl) / fuel rod* ‖ ~**stab** (mit sehr kleinem Durchmesser) (Nukl) / fuel pin*, pin* *n* ‖ ~**stock** *m* (kurzes, dickes Stab-BE) (Nukl) / slug* *n*, fuel slug ‖ ~**tablette** *f* (Nukl) / fuel pellet, pellet *n* ‖ **beschichtetes** ~**teilchen** (Nukl) / coated particle ‖ ~**umladung** *f* (Nukl) / on-load refuelling ‖ ~**umladung** (Nukl) / refuelling *n*, fuel recharge, reactor refuelling, fuel recharging ‖ ~**verbrauch** *m* (spezifischer) / burning rate ‖ ~**verbrauch** (Kftst) / fuel consumption ‖ ~**vergiftung** *f* (Nukl) / fuel poisoning ‖ ~**verhältnis** *n* (Verhältnis des Anteils an festem Kohlenstoff zum Gehalt an flüchtigen Bestandteilen einer Kohlenart) (Bergb) / fuel ratio, carbon ratio ‖ ~**verlust** *m* **durch Dampfhalten** (Masch) / banking loss* ‖ ~**verminderte Lebensmittel** (Nahr) / calorie-reduced foods ‖ ~**wagen** *m* (Kftst, Luftf) / bowser *n* ‖ ~**zelle** *f* (ein Stromerzeuger zur direkten Energieumsetzung) (Chem, Eltech) / fuel cell* (FC) ‖ ~**zellenwagen** *m* (Chem, Eltech, Kfz) / fuel-cell car ‖ ~**zyklus** *m* (Nukl) / fuel cycle*, nuclear fuel cycle, reactor fuel cycle, operating fuel cycle

**Brenn•strahl** *m* (Math) / focal radius (of a conic) ‖ ~**strahlen** *m pl* (die durch den Brennpunkt gehen) (Opt) / focal rays ‖ ~**stufe** *f* **zum Eintauchen in eine Erdumlaufbahn** (Raumf) / transearth injection burn, TEI burn ‖ ~**stütze** (Keram) / dot *n* (a refractory spacer used with kiln furniture) ‖ ~**stütze** (ein Brennhilfsmittel) (Keram) / prop *n*, upright *n*, post *n* ‖ ~**stütze** (dreikantige) (Keram) / pin *n* ‖ ~**stützenanordnung für Flachware** (Keram) / dottling *n* (the horizontal placement of flatware on refractory pins in kilns preparatory for firing) ‖ ~**temperatur** *f* (Keram) / firing temperature ‖ ~**test** *m* (Tex) / burning test, ignition test, flame test ‖ ~**unterlage** *f* (Glas, Keram) / bat *n*, batt *n* ‖ ~**verhalten** *n* (For) / fire behaviour ‖ ~**verhalten** *f* (Keram) / firing behaviour ‖ ~**verhalten** *n* **von Teppichen** (Tex) / carpet combustion properties ‖ ~**wachsen** *n* (Keram) / firing expansion ‖ ~**wagen** *m* (Keram) / firing platform truck ‖ ~**weite** *f* (der Ellipse, der Hyperbel) (Math) / linear eccentricity, focus-to-centre distance, eccentricity *n* ‖ ~**weite** (Opt) / focal length*, focal distance ‖ **vordere** ~**weite** (Opt) / front focal length, FFL ‖ **die** ~**weite mit Hilfe des Varioobjektivs stetig (stufenlos) verändern** (Film, Foto) / zoom* *v* ‖ ~**weiteneinstellung** *f* (Foto, Opt) / focusing* *n*, focussing *n* ‖ ~**weitenmessung** *f* (Opt) / focometry *n* ‖ ~**wert** *m* (Wärmeleistung bei Heizgeräten in kJ/g) / heat value, heating value ‖ **[spezifischer]** ~**wert** (DIN 5499) / gross calorific value, gross heating value, high(er) heating value, heat of combustion, high-heat value (US), HHV (US) ‖ **mit hohem physiologischen** ~**wert** (Nahr) / high-energy *attr* ‖ **mit reduziertem** ~**wert** (Nahr) / calorie-reduced *adj* ‖ **physiologischer** ~**wert** (Nahr, Physiol) / physiological energy value, calorific value, joule value, calorie value ‖ **im** ~**wert steigern** (Kftst) / enrich *v* ‖ ~**wertarm** *adj* (Nahr) / low-energy *attr*, low-calorie *attr*, low-joule *attr* ‖ ~**wertgerät** *n* (Wärmeerzeuger, in dem zur möglichst vollständigen Ausnutzung der im Brennstoff enthaltenen Energie der im Abgas vorhandene Wasserdampf kondensiert und die dabei gewonnene Kondensationswärme dem Wärmeträger zugeführt wird) (Wärm) / condensing appliance ‖ ~**wertechnik** *f* (die es ermöglicht, die Kondensationswärme des im Abgas enthaltenen Wasserdampfes zu nutzen) / condensing-appliance technology ‖ ~**wertvermindert** *adj* (Nahr) / calorie-reduced *adj* ‖ ~**zeit** *f* (im allgemeinen) / burning time ‖ ~**zeit** (Keram) / firing time (the time porcelain-enamelled ware remains in the firing zone of a furnace to attain coating maturity) ‖ ~**zeit** (reine Schweißzeit beim Lichtbogenschweißen) (Schw) / arcing time ‖ ~**zone** *f* (z.B. in den Tunnelöfen) / firing zone *n* ‖ ~**zyklus** *m* (Keram) / firing cycle (the time required for one complete firing operation)

**Brenz•catechin** *n* (Benzol-1,2-diol) (Chem) / pyrocatechin* *n*, pyrocatechol* *n* ‖ ~**catechindimethylether** *m* (Chem) / veratrol *n*, veratrole *n* (catechol dimethyl ether) ‖ ~**katechin** *n* (Chem) / pyrocatechin* *n*, pyrocatechol* *n* ‖ ~**katechindimethylether** *m* (Chem) / veratrol *n*, veratrole *n* (catechol dimethyl ether) ‖ ~**schleimsäure** *f* (Chem) / furancarboxylic acid, furoic acid,

**Brenztraubensäure**

pyromucic acid ‖ ~**traubensäure** f (2-Oxopropansäure) (Chem) / pyruvic acid, pyroracemic acid, 2-oxopropanoic acid ‖ ~**traubensäurealdehyd** m (Chem) / pyruvic aldehyde, pyruvaldchyde n, methylglyoxal n ‖ ~**weinsäure** f (Chem) / methylsuccinic acid, pyrotartaric acid

**Brett** n (For) / board* n ‖ **gespundete** ~**er** (Tischl, Zimm) / match-boarding* n, matched boards*, match-lining* n ‖ **schwarzes** ~ (globale dynamische Datenbasis) (EDV, KI) / blackboard n ‖ **übereinandergreifendes** ~ (bei der Stülpschalung) (Bau) / shiplap board, shiplap siding ‖ ~ n **von 5 bis 8" Breite und 2 bis 4" Dicke** (For) / batten* n, narrow board ‖ ~**binder** m (Zimm) / built-up truss, compound-board beam

**Brettelboden** m (A) (Bau, Zimm) / tongued-and-grooved floorboards (up to 10 x 80 cm), strip flooring, overlay flooring

**Bretter•maßstab** m (For) / board measure ‖ ~**säge** f (für Dielen) (Zimm) / flooring saw, floorboard saw ‖ ~**tür** f (gespundete oder stumpf gestoßene Bretter) (Zimm) / ledged door, batten door ‖ ~**zaun** m (Bau) / board fence, closeboard fence (overlapping featherboard strips nailed to horizontal rails)

**Brettfallhammer** m (ein Schabottehammer für das Gesenkschmieden, dessen Bär durch ein von zwei Reibrollen angetriebenes Brett gehoben wird) (Masch) / board (drop) hammer*

**brettig•er Griff** (Tex) / boardy feel ‖ ~**er Griff** (Tex) s. auch harter Griff

**Brett•kante** n (Saumholz) (Zimm) / listing* n ‖ ~**kante** f (Zimm) / board edge ‖ ~**maß** n (For) / board measure ‖ ~**nagel** m (Zimm) / plank nail ‖ ~**platte** f (als Schalungselement nach DIN 18 215) (Bau) / shuttering panel ‖ ~**schaltung** f (Versuchsaufbau einer Schaltung) (Eltronik) / breadboard circuit ‖ ~**schalung** f (des Schieferdaches) (Bau) / slate boarding*, sarking* n ‖ ~**schichtbalken** m (Bau, Zimm) / glue-laminated beam, laminated timber beam ‖ ~**schichtholz** n (For, Tischl) / glued-laminated wood, glulam n, glulam timber, glue-laminated timber, structural laminated timber ‖ ~**wurzel** f (Bot, For) / buttress root, tabular root

**Breunnerit** m (Magnesit mit etwa 5-30% Eisenkarbonat) (Min) / breunnerite* n

**Brevetoxin** n (ein lineares polycyclisches Neurotoxin) (Chem) / brevetoxin n

**Brew** n (Vorgäransatz) (Nahr) / preferment n

**Brewster•-Fenster** n (in Gaslasern) (Phys) / Brewster window* ‖ ~**-Punkt** m (ein neutraler Punkt) (Astr, Meteor) / Brewster point

**Brewsterscher Punkt** (zwischen Sonne und Horizont, etwa 15° unterhalb der Sonne) (Astr, Meteor) / Brewster point

**Brewster•-Streifen** m pl (Licht) / Brewster's bands* ‖ ~**-Winkel** m (nach Sir David Brewster, 1781-1868) (Opt, Radio) / Brewster angle*, polarizing angle*, angle of polarization

**Brianchonlüster** m (Keram) / Brianchon lustre (in which a reducing agent is incorporated as a component of a ceramic glaze)

**Bride** f (S) (Kab) / cable clamp, clip n, crosby n, Crosby clip, cable clip

**Bridge** f (zur Verbindung von Netzen gleichen Protokolls) (EDV) / bridge n

**Bridgeware** f (Software, mit deren Hilfe bestehende Anwenderprogramme von einer Hardware zur anderen übertragen werden können) (EDV) / bridgeware n

**Bridging Router** n (EDV) / hybrid router (a combined bridge and router), bridge/router n, B router, bridge router, bridging router

**Bridgman•-Effekt** m (nach P.W. Bridgman, 1882-1961) (Phys) / Bridgman effect ‖ ~**-Methode** f (der Kristallzüchtung in einem Spitzentiegel) (Krist) / Bridgman technique ‖ ~**-Stockbarger-Verfahren** n (der Kristallzüchtung) (Krist) / Stockbarger process, Bridgman-Stockbarger process

**Briede-de-Lavaud-Verfahren** n (ein Schleudergußverfahren mit wassergekühlter Kokille) (Gieß) / de-Lavaud process

**Brief** m / letter n ‖ **vorformulierter** ~ (im Gegensatz zum individuell formulierten Brief) (EDV) / boilerplate letter ‖ ~**faltmaschine** f / letter-folding machine ‖ ~**hülle** f (Pap) / envelope* n ‖ ~**hüllenpapier** n (DIN 6730) (Pap) / envelope paper

**Briefing** n (eine schriftliche Aufgabenstellung an einen am Kommunikationsprozeß beteiligten Partner bei der Erstellung einer Werbekonzeption) / briefing n ‖ ~ (Flugberatung) (Luftf) / briefing n, flight briefing, pilot briefing

**Brief, elektronischer** ~**kasten** (bei Fernkopierern) (EDV, Fernm) / electronic mailbox ‖ ~**kastenfirma** f / accommodation address ‖ ~**klammer** f / paper clip, clip n, clip for paper ‖ ~**kopf** m / letterhead n, letter-heading n

**brieflich•e Weiterleitung** (Fernm) / physical forwarding ‖ ~**e Weitersendung** (Fernm) / physical forwarding

**Brief•markendruck** m (Druck) / postage stamps printing ‖ ~**markenpapier** n (Pap) / postage stamp paper ‖ ~**öffnermaschine** f / letter-opening machine ‖ ~**öffnungsmaschine** f / letter-opening machine ‖ ~**papier** n (Pap) / note paper ‖ ~**qualitätsdrucker** m (EDV) / letter-quality printer, LQ printer, correspondence-quality printer, letter-perfect printer ‖ ~**qualitätsdrucker** (gehobener Klasse) (EDV) / super-letter-quality printer, SLQ printer ‖ ~**sortieranlage** f / letter-sorting unit ‖ ~**taschen-PC** m (EDV) / pocket PC ‖ ~**trägerproblem** n (mit dem Königsberger Brückenproblem verwandtes Verfahren) (Math) / Chinese postman's problem ‖ ~**übermittlungssystem** n (Fernm) / physical delivery system ‖ ~**umschlag** m (Pap) / envelope* ‖ ~**umschlagzuführung** f (EDV) / envelope feeder ‖ ~**werbematerial** n (das per Post verschickt wird) / mailer n ‖ ~**werbung** f (adressierte Werbung per Post) / direct-mail advertising

**Briggsscher Logarithmus** (nach H. Briggs, 1561-1630) (Math) / Briggs logarithm*, common logarithm*, Briggsian logarithm

**Brightband** n (bei einer RHI-Abbildung) (Radar) / bright band

**Brighton-Bindung** f (Web) / brighton weave ‖ **wollener Westenstoff in** ~ (Tex) / brighton n

**Brightstock** m (hochmolekularer, isoparaffinischer Kohlenwasserstoff) / brightstock n

**Brikett** n / briquette n, briquet n ‖ **eiförmiges** ~ (Kftst) / eggette n ‖ ~**eiserzeuger** m / briquette ice maker ‖ ~**fett** n / block grease, brick grease

**brikettieren** v / briquette v, briquet v

**brikettierte Kohle** (Kftst) / briquetted coal

**brillant** adj (mit klaren farbigen Nuancen) / brilliant adj ‖ ~**farbstoff** m (Nahr, Tex) / brilliant dye ‖ ~**gelb** n (Anstr) / yellow brilliant ‖ ~**grün** n (Anstr) / brilliant green* ‖ ~**säuregrün BS** (Nahr) / green n S ‖ ~**sucher** m (Foto) / brilliant viewfinder* ‖ ~**weiß** n (CaSO$_4$ . 2 H$_2$O) (Pap) / puritan filler, crown filler

**Brillanz** f (der Lackierung des Pigments) (Anstr) / brilliance n, brilliancy n ‖ ~ (Schärfe und Kontrastreichtum) (Foto) / brilliance n, brilliancy n

**Brille** f (Kühlerblech) (Kfz) / front panel, radiator support panel ‖ ~ (Opt) / eyeglasses pl, glasses pl, spectacles pl

**Brillen•blindflansch** m (miteinander verbundene kreisförmige oder kreisringförmige Scheiben, die je nach Durchfluß oder Sperrung mit der jeweiligen Seite zwischen die Flansche einer Rohrverbindung eingebaut wird) (Masch) / spectacle valve ‖ ~**fassung** f **mit Goldbeschichtung** (Opt) / gold-filled frame ‖ ~**glas** n (Glas, Opt) / spectacle glass, eyeglass n ‖ ~**glas** (als Material) (Glas, Opt) / ophthalmic glass ‖ ~**glas mit 3 1/2" Wölbungsradius** (Glas, Opt) / coquille* n ‖ ~**kronglas** n (Glas, Opt) / ophthalmic crown glass, spectacle crown* ‖ ~**trägerokular** n (Opt) / high-eyepoint eyepiece

**Brillouin•-Funktion** f (nach L.N. Brillouin, 1889-1969) (Elektr) / Brillouin function ‖ ~**-Streuung** f (von Licht an akustischen Phononen in Festkörpern und Flüssigkeiten) (Phys) / Brillouin scattering*, Mandelstam effect ‖ ~**-Zone** f (die symmetrische Elementarzelle des reziproken Gitters) (Phys) / Brillouin zone*, first Brillouin zone, central Brillouin zone ‖ **höhere** ~**-Zone** (Phys) / higher Brillouin zone

**Brine** f (zur Korrosionsprüfung verwendete Lösung, z.B. aus künstlichem Seewasser bestehend) (Galv) / brine n

**Brinell•härte** f (als Eigenschaft) (WP) / Brinell hardness ‖ ~**-Härte** f (WP) / Brinell hardness number*, Brinell number, BHN* ‖ ~**-Härteprüfung** f (ein statisches Härteprüfverfahren nach J.A.Brinell, 1849-1925) (WP) / Brinell hardness test*, ball (pressure) test

**Brinelling** n (Bildung von Eindrücken in den Oberflächenbereichen eines Körpers durch wiederholte örtliche Stöße oder durch eine statische Überbeanspruchung) (Mech) / brinelling n

**bringen** v (Einsparungen, z.B. eine Maßnahme) / produce v ‖ ~ (Holz) (For) / log v, lumber v (US)

**Bringung** f (Rücken, Vorführen, Abfuhr) (For) / logging n, lumbering n (US) ‖ **alle auf das Werben und die** ~ **von Rundholz gerichtete Tätigkeiten** (For) / chance* n ‖ ~**baumweise** ~ (For) / full-tree logging

**brisant** adj / highly explosive ‖ ~**er Explosivstoff** (z.B. Gelatine-Dynamit) (Chem, Mil) / high explosive*

**Brisanz** f (zertrümmernde Wirkung von Sprengstoffen mit hoher Detonationsgeschwindigkeit) / brisance n, shattering power ‖ ~**fördernder Zusatz** (in Explosivstoffen) (Bergb) / booster n

**Brise** f (leichte, schwache, mäßige, frische) (Meteor, Ozean) / breeze n (light, gentle, moderate, fresh) ‖ **frische** ~ (nach der Beaufort-Skala) (Meteor) / fresh breeze ‖ **leichte** ~ (nach der Beaufortskala) (Meteor, Ozean) / light breeze ‖ **mäßige** ~ (nach der Beaufort-Skala) (Meteor, Ozean) / moderate breeze ‖ **schwache** ~ (Meteor, Ozean) / gentle breeze

**Brisesoleil** m (Arch) / brise soleil*

**Bristol, echter** ~ (Pap) / genuine bristol ‖ ~**glasur** f (eine zinkhaltige Glasur, z.B. für Terrakotta) (Keram) / Bristol glaze ‖ ~**karton** m (Pap) / Bristol board*, bristol n ‖ ~**papier** n (Pap) / Bristol board*, bristol n

**Britannia•metall** n (88-94% Sn, 4-10% Sb und um 2% Cu) (Hütt) / Britannia metal* ‖ ~**silber** n (eine Silberlegierung mit 95,8% Ag) / Britannia silver

**British antilewisite** (BAL) (Chem) / dimercaprol n

**Brittleheart** *n* (ein Holzfehler bei verschiedenen nichteinheimischen Laubhölzern - Sprödigkeit des inneren Holzteiles) (For) / brittle heart
**Brittle-Punkt** *m* (Hütt, WP) / brittle point
**Brix-Grad** *m* (n Brix-Grade bedeuten n Gramm Zucker in 100 g Zuckerlösung bei 20° C - nach A.F.W. Brix, 1798-1870) / Brix *n* (degree)*, degree Brix, degree Fisher
**Broadcastqualität** *f* (für Videobilder) / broadcast quality
**Broadside-Technik** *f* (eine Kurventechnik bei Rennwagen) (Kfz) / drifting *n*
**Brochantit** *m* (Kupfer(II)-hexahydroxidsulfat) (Min) / brochantite *n*, brochanite* *n*
**Broché** *m* (Tex) / broché *n* ‖ ⁓**-Weben** *n* (Web) / swivel weaving, broché weaving
**bröckelig** *adj* (Gebäck) (Nahr) / short *adj*
**bröckeln** *v* / crumble *v*
**Bröckelspan** *m* (Masch) / discontinuous chip
**Bröckelzange** *f* (Glas) / glazier's pliers
**Brocken** *m* (Bau) / bat* *n*, batt *n* ‖ ⁓**gespenst** *n* (Glorie) (Meteor) / spectre of the Brocken*, Brockenspectre* ‖ ⁓**lava** *f* (Geol) / aa* *n* (basaltic lava forming very rough, jagged masses with a light frothy texture), aa lava ‖ ⁓**moos** *n* (Bot) / Iceland moss, Iceland lichen
**bröcklig** *adj* / friable* *adj*, crumbly *adj*, frangible *adj*
**Brockmann-Skale** *f* (Einteilung von als chromatografisches Adsorptionsmittel verwendetem Aluminiumoxid in Aktivitätsklassen - nach H. Brockmann, 1903-1988) (Chem) / Brockmann scale
**brodeln** *v* / simmer *vi*, bubble *v* ‖ ⁓ *n* (störendes Geräusch) (Radio) / bubble *n*, boiling noise
**brodelndes Wirbelbett** (Chem Verf) / boiling bed*
**Broderie anglaise** *f* (Sammelbegriff für Bohrstickereien) (Tex) / broderie anglaise
**Broglie-Welle, de-**⁓ (nach L.V. Prinz von Broglie, 1892-1987) (Phys) / matter wave, de Broglie wave
**Broglie-Wellenlänge, de-**⁓ (Phys) / de Broglie wavelength*
**Brokat** *m* (Tex) / brocade* *n*
**Brokatell** *m* (Baumwoll- oder Halbseidenstoff mit plastisch hervortretendem Muster) (Tex) / brocatelle *n*
**Brokatelle** *f* (Tex) / brocatelle *n*
**Brokatgewebe** *n* (Tex) / brocade* *n*
**Broken Twill** *m* (mit einem nervigeren, nicht so "kahlen" Griff) (Tex) / broken twill*
**Brom (Br)** *n* (Chem) / bromine* *n* ‖ ⁓**abspaltung** *f* (Chem) / debromination *n* ‖ ⁓**aceton** *n* (Chem) / bromoacetone *n* ‖ ⁓**acil** *n* (ein Herbizid auf Nichtkulturland ohne Unterwuchs und auf Gleisanlagen) (Chem, Umwelt) / bromacil *n*
**Bromal** *n* (Chem) / tribromoethanal *n*, bromal *n*, tribromoacetaldehyde *n*
**Bromargyrit** *m* (Min) / bromyrite *n*, bromargyrite *n*
**Bromat** *n* (Chem) / bromate *n* ‖ ⁓**(I)** (Chem) / bromate(I) *n*, hypobromite *n* ‖ ⁓**(VII)** (Chem) / perbromate *n*, bromate(VII) *n*
**Bromatik** *f* (Nahr) / bromatology *n*
**Bromatologie** *f* (Wissenschaft von Nahrungsmitteln und Diätprodukten) (Nahr) / bromatology *n*
**Bromatometrie** *f* (eine oxidimetrische Methode der Maßanalyse mit Bromationen als Oxidationsmittel) (Chem) / bromatometry *n*
**Brom•azeton** *n* (Chem) / bromoacetone *n* ‖ ⁓**benzol** *n* (Chem) / bromobenzene *n* ‖ ⁓**chlorargyrit** *m* (Min) / embolite *n* ‖ ⁓**chlordifluormethan** *n* (ein Chlorfluorkohlenstoff) (Chem) / bromochlorodifluoromethane* (BCF) *n* ‖ ⁓**chlormethan** *n* (Chem) / bromochloromethane *n* ‖ ⁓**chlorophen** *n* (Pharm) / bromochlorophene *n* ‖ ⁓**cyan** *n* (Chem) / cyanogen bromide, bromine cyanide
**Bromelain** *n* (Chem) / bromelin *n*
**Bromelin** *n* (ein proteolytisch wirkendes, milchausflockendes Enzym aus Ananasfrüchten und -stengeln) (Chem) / bromelin *n*, bromelain *n*
**Bromellit** *m* (Berylliumoxid) (Min) / bromellite *n*
**Brom•essigester** *m* (Chem) / ethylbromoacetate *n* ‖ ⁓**essigsäure** *f* (eine Halogenessigsäure) (Chem) / bromoethanoic acid, bromoacetic acid ‖ ⁓**essigsäureethylester** *m* (Chem) / ethylbromoacetate *n* ‖ ⁓**ethan** *n* (Chem) / ethyl bromide, bromoethane *n* ‖ ⁓**ethansäure** *f* (Chem) / bromoethanoic acid, bromoacetic acid ‖ ⁓**ethen** *n* (Chem) / vinyl bromide ‖ ⁓**ethyl** *n* (Chem) / ethyl bromide, bromoethane *n* ‖ ⁓**gelatine** *f* (Foto) / gelatinobromide *n* ‖ ⁓**haltig** *adj* (Chem) / bromine-containing *adj*
**Bromid** *n* (Salz der Bromwasserstoffsäure) (Chem) / bromide* *n* ‖ ⁓**papier** *n* (Foto) / bromide paper
**bromieren** *v* (Chem) / brominate *v* ‖ ⁓ *n* (Chem) / bromination* *n*
**bromiertes Öl** (mit Brom umgesetztes etherisches Öl) (Nahr) / brominated oil, weighting oil
**Bromierung** *f* (Chem) / bromination* *n*
**Bromierungsmittel** *n* (Chem) / brominating agent

**Bromismus** *m* (Med) / bromism *n*, brominism *n*
**Bromit** *m* (Min) / bromyrite *n*, bromargyrite *n*
**Brom•kresolgrün** *n* (zur Herstellung von Indikatoren) (Chem) / bromcresol green*, bromocresol green ‖ ⁓**kresolpurpur** *m* (Chem) / bromcresol purple*, bromocresol purple ‖ ⁓**methan** *n* (ein Kühl-, Lösch- und Methylierungsmittel sowie ein Nematizid) (Chem) / methyl bromide*, bromomethane *n*
**Bromo•form** *n* (Chem, Pharm) / bromoform* *n*, tribromomethane* *n* ‖ ⁓**formum** *n* (Chem, Pharm) / bromoform* *n*, tribromomethane* *n*
**Brom•öldruck** *m* (Foto) / bromoil process* ‖ ⁓**ölumdruck** *m* (Foto) / bromoil transfer*
**Bromo•metrie** *f* (eine oxidimetrische Methode der Maßanalyse mit Bromlösung als Oxidationsmittel) (Chem) / bromometry *n* ‖ ⁓**metrisch** *adj* (Chem) / bromometric *adj*
**Brom•phenolblau** *n* (Chem) / bromophenol blue ‖ ⁓**säure** *f* (Chem) / bromic(V) acid, bromic acid* ‖ ⁓**silber** *n* (Chem, Foto) / silver(I) bromide* ‖ ⁓**silber** *n* (Min) / bromyrite *n*, bromargyrite *n* ‖ ⁓**silberpapier** *n* (Foto) / bromide paper ‖ ⁓**styrol** *n* (Chem) / bromostyrene *n* ‖ ⁓**sukzinimid** *n* (Chem) / N-bromosuccinimide *n* ‖ ⁓**thymolblau** *n* (ein Triphenylmethanfarbstoff) (Chem) / bromthymol blue* ‖ ⁓**trifluormethan** *n* (ein Chlorfluorkohlenstoff) (Chem) / bromotrifluoromethane (BTM) *n* ‖ ⁓**vergiftung** *f* (Med) / bromism *n*, brominism *n* ‖ ⁓**wasser** *n* (die gesättigte Wasserlösung mit etwa 3,5% Br) (Pharm) / bromine water ‖ ⁓**wasserstoff** *m* (Chem) / hydrogen bromide* ‖ ⁓**wasserstoffsäure** *f* (Chem) / hydrobromic acid* ‖ ⁓**zahl** *f* (DIN 51774) (Chem) / bromine number, bromine value ‖ ⁓**zyan** *n* (Chem) / cyanogen bromide, bromine cyanide
**Bronceblau** *n* (Anstr) / Berlin blue, Prussian blue, iron blue, ferrocyanide blue, Chinese blue, bronze blue
**broncieren** *v* (Tex) / bronce *v*
**Brönner-Säure** *f* (eine Naphthylaminsulfonsäure) (Chem) / Brönner's acid, 2-naphthylamine-6-sulfonic acid, Broenner's acid
**Brønsted-Base** *f* (Chem) / proton acceptor, emprotide *n*
**Bronze** *f* (DIN 1718) (Hütt) / bronze* *n* ‖ ⁓ (für die Bronzekunst) (Hütt) / statuary bronze ‖ ⁓**braun** *adj* / bronze-brown *adj* ‖ ⁓**elektrode** *f* / bronze electrode ‖ ⁓**farbe** *f* (Anstr) / bronze powder* ‖ ⁓**leiter** *m* (Eltech) / bronze conductor ‖ ⁓**papier** *n* (DIN 6730) (Pap) / bronze paper ‖ ⁓**pigment** *n* (Anstr) / bronze powder* ‖ ⁓**pulver** *n* (Pigment) (Anstr) / bronze powder* ‖ ⁓**schweißen** *n* (Schw) / bronze welding ‖ ⁓**tinktur** *f* (Anstr) / bronzing liquid
**Bronzieren** *n* (Druck) / bronzing* *n* ‖ ⁓ (Austritt eines metallisch glänzenden Belages) (Leder) / bronzing *n*
**Bronzit** *m* (ein orthorhombischer Pyroxen) (Min) / bronzite* *n* ‖ ⁓ s. auch Bastit
**Brookit** *m* (ein TiO$_2$-Mineral) (Min) / brookite* *n*
**broschieren** *v* (Leder) / wet back *v*, full *v* ‖ ⁓ *n* (ein Weichvorgang, bei dem die Lederoberfläche gleichzeitig von ungebundenem Gerbstoff befreit werden soll, um die Aufnahmefähigkeit für Zurichtprodukte zu verbessern) (Leder) / wetting-back *n*, fulling *n*
**Broschierschiffchen** *n* (Web) / swivel shuttle, swivel *n*
**broschiertes Gewebe** (Tex) / broché *n*
**Broschierweberei** *f* (Web) / swivel weaving, broché weaving
**Broschur** *f* (meistens geheftet) (Buchb) / brochure* *n*
**Broschürenschnitt** *m* (Buchb) / flush cut
**Brosylat** *n* (Brombenzensulfonat) (Chem) / brosylate *n*
**Brot** *n* (Nahr) / bread *n* ‖ ⁓**aroma** *n* (Nahr) / bread flavour ‖ ⁓**bohrer** *m* (Zool) / drugstore beetle, drugstore weevil, bread beetle ‖ ⁓**einheit** *f* (12 g eines Nahrungskohlehydrats, das bei Verdauung Glukose liefert) (Nahr) / bread unit ‖ ⁓**geschmack** *m* (Pasteurisationsgeschmack) (Brau) / bready flavour ‖ ⁓**getreide** *n* (besonders Weizen und Roggen) (Landw, Nahr) / breadgrains *pl*, breadstuffs *pl* ‖ ⁓**getreidemehl** *n* (Nahr) / breadflour *pl*, breadmaking flour ‖ ⁓**käfer** *m* (Stegobium paniceum L.) (Zool) / drugstore beetle, drugstore weevil, bread beetle ‖ ⁓**krustenbombe** *f* (eine vulkanische Bombe) (Geol) / breadcrust bomb* ‖ ⁓**mehl** *n* (Nahr) / breadflour *pl*, breadmaking flour ‖ ⁓**schabe** *f* (Blatta orientalis L.) (Med, Nahr) / Oriental cockroach, Asiatic cockroach, Oriental roach ‖ ⁓**schneidemaschine** *f* (industrielle) / loaf splitter ‖ ⁓**schrift** *f* (Typog) / body type, book type ‖ ⁓**schrift** s. auch Grundschrift ‖ ⁓**zucker** *m* (Nahr) / sugar loaf
**Brouter** *m* (EDV) / hybrid router (a combined bridge and router), bridge/router *n*, B router, bridge router, bridging router
**Brown & Sharpe-Drahtlehre** *f* (US-Normlehre für Drähte und Bleche aus Buntmetallen) (Hütt, Masch) / Brown and Sharpe Wire Gauge*, American Standard wire gage*, B and S Wire Gauge*
**Brownheart** *n* (For) / acapau *n*, acapu *n*, partridge wood
**Brown-Molekularbewegung** *f* (nach R. Brown, 1773-1858) (Chem, Phys) / Brownian movement*, Brownian motion*, colloidal movement*
**Brownsche Bewegung** (Chem, Phys) / Brownian movement*, Brownian motion, colloidal movement*
**Browser** *m* (ein Programm) (EDV) / browser *n*

**Browsing**

**Browsing** *n* (schnelles Durchsehen der gefundenen Informationen am Bildschirm bei der Bearbeitung einer Suchfrage) (EDV) / browsing *n*
**Bruce-Antenne** *f* (Eltech) / inverted vee, inverted-V antenna*
**Bruch** *m* / failure *n*, break *n* ‖ ~ (zerbrochene Ware) / scrap *n* ‖ ~ (Koagulation der Hefe) (Brau) / break *n*, flocculation *n* ‖ ~ (Buchb, Druck) / fold *n* ‖ ~ (Geol) / cave-in *n*, foundering *n*, falling-in *n*, collapse *n*, fall* *n* ‖ ~ (pl. Brüche oder Brücher) (Geol) / fen* *n*, bog* *n*, moor* *n* (US), swamp *n*, moorland* *n*, marsh *n* ‖ ~ (Geol) / fraction *n* ‖ ~ *m n* (Geol, Umwelt) / bog *n*, slough *n*, swamp *n*, morass *n*, marsh *n* ‖ ~- (Hütt, Math) / fractional *adj* ‖ ~ *m* (Trennung eines Körpers durch Überbeanspruchung) (Masch, WP) / break *n*, rupture *n*, fracture *n*, breaking *n* ‖ ~ (Math) / fraction* *n*, fractional number ‖ ~ (gemeiner) (Math) / simple fraction ‖ ~ (durch Druck, Stauchen) (Mech) / crushing *n* ‖ ~ (meistens unregelmäßiger) (Min) / fracture* *n*, fracture surface ‖ ~ (Käseteig) (Nahr) / curd *n* ‖ ~ s. auch Doppelbruch ‖ **bis zum** ~ (WP) / until breakage (failure) occurs ‖ **bogiger** ~ (Min) / crescentic fracture ‖ **duktiler** ~ (Mech, WP) / ductile fracture, plastic fracture ‖ **ebener** ~ (z.B. beim Kalkspat) (Min) / even fracture, flat fracture ‖ **echter** ~ (Math) / proper fraction* ‖ **erdiger** ~ (z.B. bei Pyrolusit) (Min) / earthy fracture ‖ **faseriger** ~ (Hütt, WP) / fibrous fracture ‖ **faseriger** ~ (z.B. bei Vivianit) (Min) / fibrous fracture ‖ **gemeiner** ~ (Math) / vulgar fraction, common fraction ‖ **glasiger** ~ (WP) / vitreous fracture ‖ **glatter** ~ (z.B. bei Glimmer) (Min) / smooth fracture, clean fracture, clean-cut fracture ‖ **gleichnamige Brüche** (Math) / similar fractions, fractions with equal denominator ‖ **interkristalliner** ~ (Hütt, WP) / intercrystalline failure*, intergranular fracture, grain-boundary fracture, intercrystalline fracture ‖ **interlaminarer** ~ (WP) / interlaminar fracture ‖ **intrakristalliner** ~ (Hütt, WP) / transcrystalline failure*, intracrystalline fracture ‖ **kegelförmiger** ~ (WP) / cup fracture ‖ **keramischer** ~ (meistens gemahlen) (Keram) / pitchers *pl*, sherd *n*, shard *n* ‖ **kristalliner** ~ / crystalline fracture ‖ **kumulativer** ~ (WP) / cumulative fracture ‖ **mechanischer** ~ (WP) / mechanical rupture, mechanical fracture ‖ **mehrfacher** ~ (Masch, WP) / multiple fracture ‖ **muscheliger** ~ (Geol, Min) / conchoidal fracture ‖ **seidenartiger** ~ (Hütt) / silky fracture ‖ **splittriger** ~ (z.B. bei Quarz oder Alunit) (Min) / splintery fracture ‖ **systematischer** ~ (Math) / systematic fraction ‖ **unebener** ~ (z.B. bei Zinnkies oder Kryolith) (Min) / uneven fracture ‖ **unechter** ~ (Math) / improper fraction* ‖ **winkelartiger** ~ (WP) / chevron-type break ‖ ~ *m* **der Sicherheit** (EDV) / security breach, breach *n* ‖ ~ **des Hangenden** (Bergb) / roof break, fall of hanging ‖ ~ **eingeleitet durch ....** (WP) / failure commenced in .... ‖ ~ **machen** (Lufft) / crash *v*
**Bruch•analyse** *f* (experimentell-statistisches Verfahren zum Bestimmen der Schädigungsgrenzen) (WP) / fracture analysis ‖ **~arbeit** *f* (Mech) / work of fraction, fraction work ‖ **~arbeitsvermögen** *n* (Mech) / unit rupture work, ultimate resilience ‖ **~ausbildung** *f* (WP) / fracture pattern, break pattern ‖ **~ausbreitung** *f* (WP) / fracture propagation, propagation of fracture ‖ **~aussehen** *n* (WP) / fracture appearance ‖ **~aussehen** (WP) s. auch Bruchbild ‖ **~bau** *m* (planmäßiges Zubruchwerfen der Dachschichten im Gefolge des Abbaus) (Bergb) / caving* *n* (controlled) ‖ **~beanspruchung** *f* (Mech) / breaking stress*, fraction stress ‖ **~becken** *n* (Geol) / fault basin ‖ **~bild** *n* (WP) / fracture pattern, break pattern ‖ **~bildung** *f* (Koagulation der Hefe) (Brau) / break *n*, flocculation *n* ‖ **~bildung** (in der Käseherstellung) (Nahr) / curd formation ‖ **~bö** *f* (Lufft) / ultimate gust ‖ **~dehnung** *f* (Dehnung nach dem Bruch in % der Anfangslänge - DIN 50145) (Masch) / elongation* *n*, breaking elongation, elongation at fracture, ultimate elongation, stretch at break ‖ **~dehnung** (Pap) / elongation at rupture ‖ **~einschnürung** *f* (DIN 50145) (Bruchquerschnittsverminderung eines zugbeanspruchten Probestabs nach dem Bruch) (WP) / reduction of area (in a tensile test), necking *n* (in a tensile test), contraction in area, waisting *n* ‖ **~empfindlich** *adj* / breakable *adj*, fragile *adj*, brittle *adj* ‖ **~energie** *f* / energy at break, energy of fracture ‖ **~exponent** *n* (Math) / fractional exponent ‖ **~feld** *n* (EDV) / sequence-interruption field, break field ‖ **~fest** *adj* / unbreakable *adj*, shatter-proof *adj*, fracture-safe *adj* ‖ **~festigkeit** *f* (auf den ursprünglichen Probenquerschnitt bezogene größte Spannung, die den Bruch hervorgerufen hat) (Mech, WP) / ultimate strength, fracture strength, breaking strength ‖ **~fläche** *f* (Geol) / fault-plane *n* ‖ **~fläche** (Min) / fracture* *n*, fracture surface ‖ **~flächenprofil** *n* (Mech) / fracture strength profile ‖ **~flächenverlauf** *m* (WP) / fractured area ‖ **werkstoffbedingte ~gefahr** (Schw) / cracking due to the instrinsic properties of the material ‖ **~gefüge** *n* (WP) / grain structure of a fracture ‖ **~geräusche** *n pl* **im Hangenden** (Bergb) / gulching* *n* ‖ **~glas** *n* (Glas) / cullet* *n*, collet *n*, glass cullet ‖ **~gleichung** *f* (in der die Variable im Nenner eines Bruches vorkommt) (Math) / fractional equation ‖ **~glied** *n* (Masch) / breaking piece*, breaking point ‖ **~grenze** *f* (Mech) / fracture limit ‖ **~grenze** (Mech, WP) / ultimate strength, fracture strength, breaking strength

**brüchig** *adj* / breakable *adj*, fragile *adj*, brittle *adj* ‖ ~ (For) / brash *adj*, brashy *adj* ‖ ~ (Hütt) / short* *adj*, brittle *adj* ‖ **~er Kalkstein** (Geol) / malm *n*
**Brüchigkeit** *f* (For) / brashness *n*, brash *n* ‖ ~ (Hütt) / shortness *n*, brittleness* *n*
**Bruch•initiierung** *f* (WP) / fracture initiation ‖ **~kante** *f* (Glas) / edge as cut, rough edge, raw edge ‖ **~kante** (technisches Zeichnen) (HuT) / break *n* ‖ **~korn** *n* (Landw) / broken grain ‖ **~korn** (Käseherstellung) (Nahr) / curd particle ‖ **~kriterium** *n* (Mech) / criterion of failure ‖ **~landen** *v* (Lufft) / crash-land *v*, make a crash-landing ‖ **~landesicherheit** *f* (Lufft) / crashworthiness *n* ‖ **~landung** *f* (Lufft) / crash-landing *n* ‖ **eine ~landung machen** (Lufft) / crash-land *v*, make a crash-landing ‖ **~last** *f* (Lufft) / ultimate load* ‖ **~last** (die Last, die überschritten werden muß, um einen Bruch herbeizuführen) (Mech) / breaking load, load at rupture ‖ **~last** (beim Bruch durch Stauchung) (Mech) / crushing load ‖ **~leiste** *f* (beim Baumfällen) (For) / holding wood, hold *n*, bridge *n* ‖ **~linie** *f* (Geol) / fault-line *n* ‖ **Mohrsche ~linie** (Mech) / Mohr's envelope, rupture envelope, rupture line ‖ **wassergefülltes ~loch** (Bergb) / flash *n* ‖ **~lochwicklung** *f* (Eltech) / fractional-slot winding
**bruchlose Verformbarkeit** (Hütt) / malleability* *n*
**Bruch•mechanik** *f* (Teil der Festigkeitslehre) (Mech, WP) / fracture mechanics ‖ **elastisch-plastische ~mechanik** (WP) / elastic-plastic fracture mechanics, EPFM ‖ **linear-elastische ~mechanik** (WP) / linear-elastic fracture mechanics, LEFM ‖ **~modul** *m* (Biegefestigkeit) (Mech) / modulus of rupture*, MOR ‖ **~modus** *m* (WP) / fracture mode ‖ **~rechnen** *n* (Math) / fractional arithmetics (operations with fractions) ‖ **~rechnung** *f* (Math) / fractional arithmetics (operations with fractions) ‖ **~reis** *m* (Nahr) / milled rice ‖ **~schaden** *m* / breakage *n* ‖ **~scholle** *f* (Geol) / fault block ‖ **~schollengebirge** *n* (Geol) / block mountains, fault-block mountains ‖ **~sicher** *adj* / unbreakable *adj*, shatter-proof *adj*, fracture-safe *adj* ‖ **~spaltenbildung** *f* (Geol) / rifting *n* ‖ **~span** *m* (Masch) / discontinuous chip ‖ **~spannung** *f* (Bruchlast, der bei Materialversagen eintritt, bezogen auf eine konkrete Fläche) (Mech) / breaking stress*, fraction stress ‖ **~stauchung** *f* (Masch) / compressive failure, compression at failure, compression at rupture, compression failure
**Bruchstein** *m* (im Steinbruch gewonnener Naturstein) (Bergb, HuT) / quarry stone ‖ ~ (für Bruchsteinbeton) (HuT) / plum *n*, rubble* *n*, displacer *n* ‖ **unregelmäßig bearbeiteter** ~ (Bau) / random-tooled ashlar* ‖ **~bau** *m* (antiker) (Arch) / opus incertum, incertum* *n* (pl. incerta) ‖ **~beton** *m* (HuT) / cyclopean *n*, rubble concrete ‖ **~mauer** *f* (Bau) / rubble walling ‖ **~mauerwerk** *n* (Bau) / random* *n*, random masonry, random rubble, rubble masonry, uncoursed masonry* ‖ **~mauerwerk** (mit Füllsteinen) (Bau) / snecked rubble* ‖ **~schutt** *m* (Bau) / rubble* *n*
**Bruch•stelle** *f* / break *n*, breaking point ‖ **~stempel** *m* (Bergb) / breaker prop ‖ **~strich** *m* (Math) / fraction line, fraction bar ‖ **~struktur** *f* (Hütt, Min, WP) / fracture structure* ‖ **~stück** *n* / fragment *n* ‖ **~stück** (Bau) / galet* *n*, spall* *n* ‖ **~stück** (Geol) / clast *n* ‖ **~stück vom Ausbiß eines Ganges** (Geol) / shoad* *n*, shode* *n* ‖ **~stückartig** *adj* (Geol) / fragmental *adj*, fragmentary *adj* ‖ **~stückion** *n* (Spektr) / fragment ion ‖ **~teil** *m* (ganzzahliger) (Math) / submultiple *n*, factor *n* ‖ **~teil einer Sekunde** / split second ‖ **~tektonik** *f* (Zerbrechungs- und Versetzungserscheinungen und -formen der Erdkruste) (Geol) / fracture tectonics, faulting tectonics ‖ **~typ** *m* (WP) / fracture mode ‖ **splittriges ~ufer** (Glas) / fin *n* ‖ **~verformung** *f* (WP) / deformation at break ‖ **~verhalten** *n* (des Werkstoffs) (WP) / fracture behaviour, break behaviour ‖ **~verlauf** *m* (Spur) (WP) / fracture path ‖ **~weide** *f* (Salix fragilis L.) (For) / crack willow ‖ **~widerstand** *m* **im initial nassen Zustand** (Pap) / initial wet strength ‖ **~zähigkeit** *f* (WP) / fracture toughness ‖ **~zahl** *f* (Math) / fraction* *n*, fractional number ‖ **~ziffer** *f* **mit Querstrich** (Typog) / split fraction*
**Brucin** *n* (Chem) / brucine* *n*
**Brucit** *m* (Min) / brucite* *n*
**Brücke** *f* (Chem, Elektr, Eltech, HuT, Schiff) / bridge *n* ‖ ~ (zum Einstellen der Gerätekonfiguration) (EDV) / jumper *n*, device configuration block ‖ ~ (zwischen lokalen Netzwerken) (Fernm) / bridge *n* ‖ ~ (Einbau im Schmelzteil der Glaswanne zur Beeinflussung der Glasströmung) (Glas) / bridge *n*, bridge wall ‖ ~ (Math) / isthmus *n*, bridge *n*, separating edge ‖ ~ (Teppich) (Tex) / rug *n* ‖ **akustische** ~ (zur Messung akustischer Impedanzen) (Akus, Bau) / acoustic bridge, Schuster bridge ‖ **bewegliche** ~ (z.B. Klappbrücke, Drehbrücke, Hubbrücke) (HuT) / movable bridge ‖ **bewegliche** ~ (ein Verkehrszeichen nach StVO) (Kfz) / opening bridge ‖ **eine** ~ **bauen** (HuT) / bridge *v*, span *v* (with a bridge) ‖ **eine** ~ **schlagen** (HuT) / bridge *v*, span *v* (with a bridge) ‖ **eingleisige** ~ (Bahn, HuT) / single-line bridge, single-track bridge ‖ **feste** ~ (z.B. Balken- oder Bogenbrücke) (HuT) / fixed bridge ‖ **gedeckte** ~ (HuT) / roofed bridge, covered bridge ‖ **in** ~ **schalten** (Elektr, Eltech) / bridge *v* ‖ **leitende** ~ (bei den Anodensegmenten des Vielschlitzmagnetrons)

(Eltronik) / anode strap*, strap n ‖ **metallische** ⁓ (Eltech) / metallic bridge ‖ **permanente** ⁓ (als Gegensatz zur zerlegbaren Brücke) (HuT, Wasserb) / permanent bridge ‖ **überflutbare** ⁓ (HuT, Wasserb) / submersible bridge ‖ **Wiensche** ⁓ (eine Wechselstrommeßbrücke mit frequenzabhängigen Abgleichbedingungen) (Eltech) / Wien bridge*‖ **zerlegbare** ⁓ (HuT) / sectional bridge ‖ **zweistöckige** ⁓ (HuT) / double-deck bridge ‖ ⁓ *f* **mit Fachwerkträgern** (HuT) / framed truss bridge, lattice bridge*, truss bridge ‖ ⁓ **mit obenliegender Fahrbahn** (HuT) / deck bridge* ‖ ⁓ **mit untenliegender Fahrbahn** (HuT) / through bridge*, bottom-road bridge

**Brücken•aufbau** *m* (Schiff) / bridge superstructure ‖ ⁓**auffahrt***f* (HuT) / bridge approach ‖ ⁓**auflager** *n* (HuT) / bridge bearing ‖ ⁓**baum** *m* (an der Pier) (Ozean) / stringpiece *n* ‖ ⁓**bauwerk** *n* (HuT) / bridge structure ‖ ⁓**bildung** *f* (wenn die Charge hängengeblieben ist) (Aufber, Bergb) / bridging* *n*, arching *n* ‖ ⁓**bildung** (Chem) / bridging *n* ‖ ⁓**bildung** (beim Mobilfunk) (Fernm) / relay *n* ‖ ⁓**bildung an den Zündkerzenelektroden** (die zum Kurzschluß der Kerze führen kann) (Kfz) / gap bridging, plug whiskering ‖ ⁓**bildung des Sandes** (an der Bohrlochwand) (Erdöl) / sand bridging (at the well bore face) ‖ ⁓**bindung** *f* (Chem) / bridge bond ‖ ⁓**bogen** *m* (HuT) / bridge arch ‖ ⁓**deck** *n* (mit Navigationszentrale und Steuerstand) (Schiff) / bridge deck ‖ ⁓**einsatz** *m* (Masch) / gap bridge* ‖ ⁓**eisbrecher** *m* (HuT) / ice-apron *n*, ice-breaker* *n* ‖ ⁓**fahrbahn** *f* (HuT) / bridge deck ‖ ⁓**filter** *n* (Radio) / lattice filter* ‖ ⁓**gegenkopplung** *f* (Fernm) / bridge feedback, black feedback ‖ ⁓**geländer** *n* (HuT) / bridge railing ‖ ⁓**gleichrichter** *m* (Eltech) / bridge rectifier ‖ ⁓**glied** *n* (mit dem der Ligand an den Träger gekoppelt wird) (Chem) / spacer *n* ‖ ⁓**glied** (Zweitor) (Eltech) / bridge network*, lattice network*, lattice section ‖ ⁓**hammer** *m* (Masch) / bridge-type hammer ‖ ⁓**ion** (Chem) / bridged ion, cyclic ion, bridged intermediate ‖ ⁓**joch** *n* (für kleine Holzbrücken) (Bau) / trestle *n* ‖ ⁓**kamera** *f* (großformatige Zweiraumkamera für Aufnahmen extrem großer Vorlagen) (Druck, Foto) / bridge-type camera, gallery-type camera ‖ ⁓**kohlenwasserstoff** *m* (Chem) / bridged hydrocarbon ‖ ⁓**kopf** *m* (bei Brückenringsystemen) (Chem) / bridgehead *n* ‖ ⁓**kopfatom** *n* (Chem) / bridgehead atom ‖ ⁓**kopf-C** *m* (z.B. beim Adamantan) (Chem) / bridgehead carbon ‖ ⁓**kran** *m* (z.B. in der Montagehalle) (Masch) / overhead travelling crane*, shop traveller*, travelling (shop) crane, overhead traveller ‖ ⁓**kran** (Masch) / bridge-type displacement crane, bridge-type crane ‖ ⁓**ligand** *m* (Chem) / bridge ligand ‖ ⁓**-Megaohmmeter** *n* (Eltech) / bridge-megger* *n* ‖ ⁓**name** *m* (Chem) / bridge name ‖ ⁓**netzwerk** *n* (Eltech) / bridge network* ‖ ⁓**öffnung** *f* (HuT) / bridge opening ‖ ⁓**pfeiler** *m* (HuT) / bridge pier, pier *n* ‖ ⁓**prefix** *n* (Chem) / bridge name ‖ **Königsberger ⁓problem** (von L. Euler) (Math) / Königsberg bridge problem ‖ ⁓**rampe** *f* (HuT) / bridge approach ‖ ⁓**rechner** *m* (in Netzen) (EDV) / bridging computer, bridge computer ‖ ⁓**ringsystem** *n* (Chem) / bridged hydrocarbon ‖ ⁓**rückkopplung** *f* (Fernm) / bridge feedback, black feedback ‖ ⁓**schaltung** *f* (zur Bestimmung von Widerstands-, Kapazitäts- und Induktivitätswerten von Bauteilen) (Eltech) / bridge circuit ‖ **Andersonsche ⁓schaltung** (eine Induktivitätsmeßbrücke - nach A. Anderson, 1858-1936) (Elektr) / Anderson bridge ‖ **Campbellsche ⁓schaltung** (Eltech) / Campbell bridge* ‖ **Maxwellsche ⁓schaltung** (eine Induktivitätsmeßbrücke) (Eltech) / Maxwell bridge* ‖ ⁓**seil** *n* (HuT) / bridge rope ‖ ⁓**spannweite** *f* (HuT) / bridge span ‖ ⁓**übertrager** *m* (Fernm) / hybrid coil*, bridge transformer*, differential transformer, hybrid transformer ‖ ⁓**vibration** *f* (HuT) / bridge vibration ‖ ⁓**waage** *f* / weighbridge *n*, weighing bridge ‖ ⁓**wand** *f* (über einer festeingebauten Brücke errichtete Trennwand) (Glas) / bridge wall ‖ ⁓**widerlager** *n* (Endauflager des Überbaus) (HuT) / bridge abutment ‖ ⁓**zweig** *m* (Eltech) / bridge arm *n*, arm *n*

**Brücknersche Periode** (35jährige Klimaschwankung) (nach E. Brückner, 1862-1927) (Meteor) / Brückner cycle

**Brücknerschwankung** *f* (nach E. Brückner, 1862-1927) (Meteor) / Brückner cycle

**Brüden** *m* / vapours *pl* (water) ‖ ⁓**abzug** *m* / vapour escape ‖ ⁓**kompression** *f* (Chem Verf) / vapour compression ‖ ⁓**kondensator** *m* (Masch) / vapour condenser ‖ ⁓**raum** *m* (der das aus dem Verdampferheizkörper strömende Flüssigkeit/Brüden-Gemisch aufnimmt) (Chem Verf) / vapour chamber ‖ ⁓**verdichtung** *f* (Chem Verf) / vapour compression

**Bruder** *m* (in der Grafentheorie) / brother *n* ‖ ⁓ **oder Schwester** (mit demselben Vorgänger - in der Grafentheorie) / sibling *n* (brother or sister)

**Brühe** *f* (zur Schädlingsbekämpfung) (Landw) / wash *n*, mixture *n* ‖ ⁓ (Leder) / liquor *n* ‖ **maskierte** ⁓ (Leder) / masked liquor ‖ **unmaskierte** ⁓ (Leder) / straight liquor

**brühen** *v* / scald *v* ‖ ⁓ (Nahr) / blanch *v* ‖ ⁓ *n* (Tex) / crabbing* *n*

**Brüh•maschine** *f* (Tex) / crabbing machine ‖ ⁓**schaden** *m* (meistens bei Schweinshäuten) (Leder) / scalding damage ‖ ⁓**wurst** *f* (Nahr) / emulsion-type sausage

**Brumm** *m* (Akus, Eltech) / hum* *n*, ripple *n* ‖ ⁓ (Fernm) / mains hum, power hum ‖ **elektromagnetischer** ⁓ (Eltronik) / electromagnetic interference* (EMI)

**Brummen** *n* (Akus) / boom* *n*

**Brumm•filter** *n* (Eltech) / ripple filter*, smoothing filter* ‖ **~frei** *adj* (Radio) / no-ripple *attr* ‖ ⁓**frequenz** *f* (Eltech) / ripple frequency* ‖ ⁓**spannung** *f* (Eltech) / hum voltage, ripple voltage ‖ ⁓**streifen** *m pl* (TV) / hum bars*

**Brunauer-Emmett-Teller-Adsorptionsisotherme** *f* (Chem) / BET adsorption isotherm, Brunauer-Emmett-Teller adsorption isotherm

**Brunauer-Emmett-Teller-Gleichung** *f* (nach S. Brunauer, 1903-1987, P.H. Emmett, 1900-1985, und E. Teller, 1908- ) (Chem, Phys) / BET equation, Brunauer-Emmett-Teller equation

**Brünieren** *n* (des Stahls mit heißen, alkalischen Salzlösungen - DIN 50902) (Hütt) / browning *n*, burnishing *n*, blacking *n*, black finishing

**Brünierschicht** *f* (Hütt) / black oxide

**Brunnen** *m* (künstlicher Zugang zum Grundwasservorkommen) (HuT, Wasserb) / well *n* ‖ **abessinischer** ⁓ (der einfachste Bohrbrunnen) / Abyssinian well, Abyssinian tube well, Norton tube well ‖ **artesischer** ⁓ (bei dem das Wasser infolge eigenen Überdrucks aus einem gespannten Grundwasserhorizont zutage tritt) (Geol, Wasserb) / Artesian well*, blow-well *n*, confined well, flowing well, pressure well ‖ ⁓ **mit Beruhigungsschacht** (Wasserb) / stilling well ‖ ⁓ **mit geschlitztem Mantelrohr** (Wasserb) / perforated-casing well ‖ ⁓ **ohne Filterboden** (Wasserb) / open-end well

**Brunnen•abstand** *m* (Wasserb) / spacing of wells ‖ ⁓**bau** (HuT, Wasserb) / well sinking ‖ ⁓**bauer** (Wasserb) / well sinker, well borer, well digger ‖ ⁓**bauwerk** *n* (Bau, HuT) / fountain *n* ‖ **gegenseitige ⁓beeinflussung** (Wasserb) / well interference *n* ‖ ⁓**deck** (Schiff) / well deck (an open space on the main deck of a ship, lying at a lower level between the forecastle and pop) ‖ ⁓**dränung** *f* (Wasserb) / well drainage ‖ ⁓**einfassung** *f* (Wasserb) / well curb, head of the well ‖ ⁓**feld** *n* (Wasserb) / well field ‖ ⁓**feld** (Wasserb) s. auch Brunnenreihe ‖ ⁓**galerie** (Sanitär) / battery of wells, line of wells, series of wells, gang of wells ‖ ⁓**kopf** *m* (Wasserb) / well-head *n* ‖ ⁓**körper** *m* (HuT) / open caisson, open well, Chicago caisson, Chicago well, drop shaft, cylinder caisson*, monolith *n*, foundation cylinder* ‖ ⁓**profil** *n* (vertikales) (Wasserb) / well section ‖ ⁓**protokoll** *n* (Wasserb) / well record ‖ ⁓**reihe** *f* (Sanitär) / battery of wells, line of wells, series of wells, gang of wells ‖ ⁓**rohr** *n* (Wasserb) / well casing ‖ ⁓**schalter** *m* (Eltech) / well-pump switch ‖ ⁓**schüttung** *f* (Wasserb) / capacity of well, well capacity ‖ **durch Versuch ermittelte (maximale) ⁓schüttung** (Wasserb) / tested well capacity ‖ ⁓**spiegelhöhe** *f* (Wasserb) / standing water level, rest water level ‖ ⁓**wächter** *m* (Eltech) / well-pump switch ‖ ⁓**wasser** *n* (Sanitär) / well water ‖ ⁓**zulauf** *m* (Wasserb) / well intake

**Brunsvigit** *m* (ein Prochlorit) (Min) / brunsvigite *n*

**Brunton-Kompaß** *m* (ein Geologenkompaß) (Geol) / Brunton compass, Brunton pocket transit, Brunton

**Brush-Denim** *m* (velvetartig geschmirgelte Köperware aus Baumwolle) (Tex) / brushed denim

**Brussa-Rohseide** *f* (aus Bursa) (Tex) / Brussa silk

**Brüssel** *m* (Tex) / Brussels carpet ‖ ⁓**er Spitze** (Tex) / Brussels lace ‖ ⁓**er Teppich** (Tex) / Brussels carpet

**Brust** (Bergb) / breast *n* ‖ ⁓ (des Sägezahns) (For) / face *n* ‖ ⁓ (des Hochofens) (Hütt) / front *n* ‖ ⁓**baum** *n* (der Webmaschine) (Web) / breast beam ‖ ⁓**blech** *n* (bei einer Blecheinfassung) (Klemp) / upturn* *n*, apron flashing, upstand *n*, apron *n* ‖ ⁓**blech** (Werkz) / breastplate *n* ‖ ⁓**bohrmaschine** *f* (Masch) / breast-drill *n*, chest drill ‖ ⁓**höhendurchmesser** *m* (For) / breast-height diameter ‖ ⁓**holz** *n* (für den waagrechten Verbau von Baugruben) (Zimm) / waler *n*, whaler *n* ‖ ⁓**kalander** *n* (Chem Verf) / inverted-L-type of calender ‖ ⁓**leder** *n* (Pap) / apron* ‖ ⁓**leier** *f* (mit Kurbelgriff) (Werkz) / breast-drill *n*, chest drill ‖ ⁓**mikrofon** *n* (Akus) / chest set, breastplate transmitter ‖ ⁓**platte** *f* (der Brustleier) (Werkz) / breastplate *n* ‖ ⁓**/Rückenrichtung-Beschleunigung** *f* (Luftf, Raumf) / chest-to-back acceleration ‖ ⁓**/Rückenrichtung-Beschleunigung** (Luftf, Raumf) s. auch starke Akzeleration ‖ ⁓**schild** *n* (eines Dozers - an zwei Schubholmen) (HuT) / fixed blade *n* ‖ ⁓**stimme** *f* (Akus) / chest voice

**Brüstung** *f* (ein Teil der Außenwand) (Bau) / breast *n* ‖ ⁓ (Schutzgeländer, Schutzeinfassung eines Balkons, einer Terrasse usw.) (Bau) / parapet *n*

**Brüstungs•mauer** *f* (Arch) / parapet *n*, parapet wall, breast wall ‖ ⁓**mauer** (die eine Fahrbahn auf der Dammkrone wasserseitig schützt) (HuT, Wasserb) / parapet wall, storm wall, wave wall ‖ ⁓**träger** *m* (meist die Außenwandelemente tragend) (Bau) / spandrel beam

**Brust•walze** *f* (Pap) / breast roll ‖ ⁓**walze** (der Webmaschine) (Web) / breast beam ‖ ⁓**zapfen** *m* (Zimm) / shouldered tenon, axled tenon ‖ ⁓**zapfung** *f* **mit ebener Untersicht** (meistens bei Balkenwechsel) (Zimm) / pulley mortise

**Brut** *f* (bei Sämischgerbung) (Leder) / stoving *n*

**Brutalismus** *m* (eine Richtung der Architektur in den fünfziger Jahren des 20. Jahrhunderts) (Arch) / brutalism* *n*

**Brutapparat** m (für Bakterienkulturen) (Bakteriol) / incubator n
**brütbar** adj (Nukl) / fertile* adj
**brüten** v (Nukl) / breed v ‖ ~ (DIN 25 401, T 2) (Nukl) / breeding n
**Brüter** m (Nukl) / breeder reactor*, nuclear breeder* ‖ **schneller** ~ (Nukl) / fast breeder reactor*, FBR*
**brut•fähig** adj (Nukl) / fertile* ‖ **~faktor** m (Nukl) / conversion ratio*, nuclear conversion ratio* ‖ **~gewinn** m (Brutverhältnis minus eins) (Nukl) / breeding gain* ‖ **~kasten** m (Bakteriol) / incubator n ‖ **~mantel** m (Nukl) / blanket* n ‖ **~platz** m (For) / nesting place, nesting site (e.g. of wood pests) ‖ **~reaktor** m (Nukl) / breeder reactor*, nuclear breeder* ‖ **~schrank** m (Bakteriol) / incubator n ‖ **~stoff** m (Nukl) / fertile material
**Brutto•drehmoment** n (Kfz) / gross torque ‖ **~durchsatz** m (Masch) / gross throughput ‖ **~ergebnis** n **vom Umsatz** (ein Bilanzposten) / gross profit from sales, gross profit on sales ‖ **~fallhöhe** f (Wasserb) / gross head ‖ **~formel** f (Chem) / empirical formula* ‖ **~gewicht** n / gross weight, GWT ‖ **~inlandsprodukt** n / gross domestic product, GDP ‖ **~-Leasing** n / gross lease ‖ **~masse** f / gross weight, GWT ‖ **~sozialprodukt** n (Gesamtleistung einer Volkswirtschaft) / gross national product, GNP ‖ **~tragfähigkeit** f (Schiff) / dead weight*, deadweight tonnage, deadweight capacity, d.w.t.
**Brut•verdopplungzeit** f (bei einem Brutreaktor) (Nukl) / doubling time*, breeding doubling time ‖ **~verhältnis** n (Konversionsverhältnis, wenn dessen Wert größer als eins ist) (Nukl) / breeding ratio*, breeding factor
**brutzeln** v (zischen) (Nahr) / sizzle v, frizzle v
**Brutzone** f (Nukl) / breeder blanket
**Bruun-Kolonne** f (eine Füllkörperkolonne) (Chem Verf) / Bruun column
**Bruyère** f (For) / brier n, briar n
**Bruyèreholz** n (der Baumheide - Erica arborea L.) (For) / brier n, bruyère n, briar n
**Bruzin** n (ein Strychnosalkaloid) (Chem) / brucine* n
**Bruzit** m (Magnesiumhydroxid) (Min) / brucite* n
**Bryophyta** pl (Bot) / Bryophyta* pl
**Bryostatin** n (ein Makrolid) (Chem, Pharm) / bryostatin n
**Bryozoenalkaloid** n (ein Indolalkaloid) (Chem) / bryozoan alkaloid
**BS** (EDV) / operating system* (OS) ‖ ~ (Fernm, Radio) / band-elimination filter, band-rejection filter*, band-stop filter*, rejection filter, BEF, elimination filter* ‖ ~ (Nukl) / nuclear fuel*, fission fuel, nuclear reactor fuel, reactor fuel, fuel* n ‖ ~ (Spektr) / bremsstrahlung spectroscopy, BS ‖ ~ (Umwelt, Wasserb) / load class (five classes in Germany)
**B-Säule** f (vor der Vordertür) (Kfz) / B-pillar n, centre pillar, lock pillar
**BSB** (Biochem) / biological oxygen demand*, biochemical oxygen demand, BOD*, B.O.D. ‖ ~ (For, Tischl) / glued-laminated wood, glulam n, glulam timber, glue-laminated timber, structural laminated timber
**BSB₅** (Biochem) / five-day biochemical oxygen demand, BSB₅
**BSC-Übertragung** f (EDV) / binary synchronous communication (BSC)
**BSE** (Landw, Med, Nahr) / bovine spongiform encephalopathy, BSE, mad cow disease, MCD
**B-Signal** n (TV) / picture signal*
**BSK** (Nukl) / fuel assembly*
**BS-Kabel** n (Kab) / silk-and-cotton covered cable
**BSO** (Astr) / blazar* n, BL Lacertae, BL Lac
**B-Spline** m (EDV) / B spline
**B-Spline-Kurve** f (Math) / B-spline curve
**BSR** (Med) / sedimentation reaction
**BSt** (HüT) / reinforcing bar, rebar n, reinforcement bar
**BTC** (Chem) / blue tetrazolium
**BTR** (Masch) / behind-tape reader system, BTR system
**BTR-Anschluß** m (für eine direkte numerische Steuerung ohne Bandleser) (Masch) / behind-tape-reader connexion
**BTR-Schnittstelle** f (Merkmal eines direkten numerischen Steuerungsystems, mit dem Steuerdaten entweder von einem Steuerstreifen oder direkt von einem Rechner aufgenommen werden können) (Masch) / behind-tape reader system, BTR system
**Btx** (interaktiver - z.B. Prestel und Viewdata in GB, Télétel in Frankreich, Teledata in Deutschland, Viditel in den Niederlanden und Telidon in Kanada) (Fernm, TV) / interactive videotex, two-way videotex system, telephone-based videotex, Bildschirmtext n (German public interactive videotex system
**BTX** (Abkürzung für die Aromaten Benzen, Toluen und Xylen) (Chem) / BTX ‖ ~ (Chem) / brevetoxin n ‖ ~ (interaktiver - z.B. Prestel und Viewdata in GB, Télétel in Frankreich, Teledata in Deutschland, Viditel in den Niederlanden und Telidon in Kanada) (Fernm, TV) / interactive videotex, two-way videotex system, telephone-based videotex, Bildschirmtext n (German public interactive videotex system
**Btx•Begrüßungsseite** f (EDV) / welcome page ‖ **~-Editiereinrichtung** f (zur Informationseingabe) (EDV) / editing terminal ‖ **~-Leitseite** f (EDV, TV) / videotex leading page, leading page, viewdata leading page
**Bubble•-Jet-Drucker** m (EDV) / bubble-jet printer ‖ **~-Jet-Verfahren** n (gepulste Technik bei Tintenstrahldruckern) (EDV) / bubble-jet process
**"Bubble-point"** m (Phys) / bubble point*
**Bubble•policy** f (ein Element der US-amerikanischen Luftreinhaltetechnik) (Umwelt) / bubble policy ‖ **~sort** m (eine Art Sortieren durch Austausch) (EDV) / bubble sort
**Bubbling** n (Verfahren zur Beeinflussung der Glasströmungen in der Schmelzwanne durch einen künstlich erzeugten Vorhang von Blasen, die vom Wannenboden stetig aufsteigen) (Glas) / bubbling n
**Bubinga** n (hartes, dauerhaftes Holz der verschiedenen westafrikanischen Guibourtia-Arten) (For) / bubinga n
**Buccoblätteröl** n (Chem, Nahr) / buchu-leaf oil
**Buccocampher** m (Nahr, Pharm) / buchucamphor n, diosphenol n
**Buch** n (z.B. von Blattgold) / book n ‖ ~ (Buchb, Druck) / book n ‖ ~ (eine Gruppe von Quellenanweisungen, die in einer der vom DOS/VSE unterstützten Sprachen geschrieben sind und in der Bibliothek für Quellenmoduln gespeichert sind) (EDV) / book n ‖ ~ (Film) / script* n, scenario* n, screenplay n ‖ ~ s. auch Buchblock ‖ **Bücher für modernes Antiquariat** (Druck) / remainders pl ‖ **elektronisches** ~ (elektronisches Textmedium, in dem die Benutzeroberfläche am Modell von Büchern orientiert ist) (EDV) / electronic book ‖ **gebundenes** ~ (Buchb) / cased book*, bound book ‖ ~ n **mit neuem Einband** (Buchb) / rebound book
**Buch•aushänger** m (Buchb) / hang-out n ‖ **~bauchbinde** f (Buchb) / bookband n ‖ **~binde** f (Buchb) / bookband n
**Buchbinder** m (Buchb) / bookbinder n, binder n ‖ **~band** m (Buchb) / cased book*, bound book ‖ **~bogen** m (mit Bogensignatur) (Buchb, Druck) / signature* n, section n (folded and gathered)
**Buchbinderei** f (Werkstatt) (Buchb) / bookbinder's shop, bookbindery n, bindery n ‖ ~ (Buchb) / bookbinding* n, binding n ‖ **Gewebe** n **für industrielle** ~ (Buchb) / publisher's cloth ‖ **handwerkliche** ~ (Buchb) / craft bookbinding, miscellaneous binding ‖ **kleine** ~ (als Druckereiabteilung) (Buchb, Druck) / warehouse* n ‖ **~maschine** f (Buchb) / bookbinding machine
**Buchbinder•leinen** n (Buchb, Tex) / book cloth*, binder's cloth ‖ **~pappe** f (Pap) / bookbinder's cardboard, bookbinding board, cardboard for bookbinding, binder's board, book board ‖ **~rolle** f (Buchb) / roll* n
**Buch•block** m (pl. -s) (Buchb) / book block, body of the book ‖ **kaptalter ~block** (Buchb) / headbanded book ‖ **~blockstärke** f (Buchb) / thickness of the body of the book, bulk n ‖ **~decke** f (besteht aus den beiden Deckeln, der Rückeneinlage und den Rücken- und Bezugsmaterialien) (Buchb) / book case, case n ‖ **~deckel** m (Buchb) / book cover, cover n ‖ **vorderer ~deckel** (Buchb) / front cover, front board ‖ **~deckelgelenk** n (Buchb) / joint n, book joint ‖ **~deckelpappe** f (Buchb) / cover board n ‖ **~deckenmaschine** f (Buchb) / case-making machine, case maker ‖ **~druck** m (Druck) / letterpress* n, relief printing, relief process*, relief press ‖ **Großer ~drucker** (Ips typographus L.) (For, Zool) / spruce bark beetle ‖ **~druckerzeichen** n (zur Kennzeichnung der Drucke) (Druck) / printer's mark, colophon* n ‖ **~druckpapier** n (Druck, Pap) / book paper, text paper (US) ‖ **~druckrollenrotation** f (Druck) / letterpress rotary press
**Buche** f (Fagus L. sp.) (For) / beech n
**Bucheckernöl** n / beechnut oil
**Buch•einband** m (Buchb) / binding n ‖ **~einhängemaschine** f (Buchb) / casing-in machine, attaching machine
**Buchelmast** f (Fruchtertrag der Buche) (For) / beechmast n
**Buchen•holz** n (For) / beechwood n, beech n ‖ **~holzteeröl** n (ein Buchenholzschwelprodukt) / beech-tar oil ‖ **~mast** f (For) / beechmast n ‖ **~teer** m (ein Holzteer) / beech tar
**Bücher•druck** m (Druck) / book printing, bookprint n, bookwork n ‖ **~laus** f (Liposcelis divinatorius) / book-louse n ‖ **~wagen** m (Kfz) / mobile library, bookmobile n (US)
**Buch•fadenheftung** f **ohne Gaze** (Buchb) / Smyth sewing ‖ **~falz** m (Buchb) / stub n, guard n ‖ **~fertigungsstraße** f (eine Rollen-Rotationshochdruckmaschine) (Druck) / belt press ‖ **~format-PC** m (EDV) / booksize PC ‖ **~förmig falten** (Häute) (Leder) / bookfold v ‖ **~führung** f / accounting n ‖ **nationale ~führung** (quantitative Erfassung und Darstellung der ökonomischen Transaktionen in einer Volkswirtschaft) / national accounting, overall accounting ‖ **~führungsmanipulation** f (z.B. Überziehungsmanipulation) (EDV) / embezzlement n ‖ **~gelenk** n (Buchb) / joint n, book joint / book designer
**Buchholz•-Härte** f (ein Eindruckversuch nach DIN 53153) (Anstr) / Buchholz hardness ‖ **~-Relais** n (Eltech) / Buchholz relay* ‖ **~-Schutzsystem** n (für ölgekühlte Transformatoren, nach M. Buchholz, 1876 - 1956) (Eltech) / Buchholz (gas-bubble) protective device
**Buchit** m (Hyalomylonit) (Geol) / buchite* n

**Buch·kassette** *f* (Buchb) / slip case *n* ‖ **~mäßiger Lagerbestand** / accounted stock ‖ **~mäßig nachweisen** / account *v*
**Büchner-Trichter** *m* (eine starkwandige Nutsche) (Chem) / Buchner funnel*
**Buch·prüfung** *f* / audit *n* ‖ **~rücken** *m* (als Teil der Buchdecke) (Buchb) / spine* *n*, shelf-back* *n*, backbone *n* ‖ **~rücken** (als Teil des Buchblocks) (Buchb) / back *n* ‖ **fester ~rücken** (Buchb) / tight backbone, tight back, fast back ‖ **~rücken-Hinterklebe- und Kapitalmaschine** *f* (Buchb) / backliner *n*
**Buchs** *m* (Reaktionsholz, das bei Nadelhölzern in der Druckzone biegebeanspruchter Äste oder Stämme entsteht) (For) / compression wood*, rotholz *n*
**Buchsbaum** *m* (Buxus sempervirens L.) (For) / box *n*, box tree ‖ **Südafrikanischer ~** (Buxus macowani Oliv.) (For) / East London boxwood, African boxwood, gonioma kamassi, Cape box ‖ **~holz** *n* (aus Buxus sempervirens) (For) / boxwood* *n*
**Buch·schnitt** *m* (Buchb) / edge *n* ‖ **marmorierter ~schnitt** (Buchb) / marbled edge ‖ **~schriften** *f pl* (für den Satz von Büchern und Broschüren verwendbare Schriften in den Schriftgraden bis 14 Punkt) (Typog) / composition fonts*
**Buchse** *f* (Eltech) / socket connector, socket *n* ‖ **~** (Masch) / bush* *n*, sleeve* *n*, bushing *n* ‖ **~** (der Kette) (Masch) / bushing *n* ‖ **~** (Radio) / jack* *n* ‖ **~** (für Bananenstecker) (Radio) / banana jack ‖ **gerollte ~** (eines Lagers) (Masch) / wrapped bush
**Büchse** *f* / box *n* ‖ **~** (Masch) / bush* *n*, sleeve* *n*, bushing *n* ‖ **~** (Nahr) / tin *n*, can *n* (US), tin can
**Buchseite** *f* (Druck, Typog) / book page ‖ **linke ~** (mit gerader Seitenzahl) (Druck, Typog) / verso* *n*, even-numbered page, left-hand page, reverso *n* ‖ **rechte ~** (mit ungerader Seitenzahl) (Druck, Typog) / recto* *n* (pl. -s), right-hand page, odd-numbered page, right-facing page
**Büchsenfleisch** *n* (Nahr) / tinned meat, canned meat (US)
**Buchsen·kette** *f* (Gliederkette, deren Laschen über in Buchsen geführte Bolzen zusammengehalten werden - z.B. eine Fahrradkette) / steel-bar bushed roller chain, bush chain ‖ **~klemmleiste** *f* (Eltech) / bushing terminal strip
**Büchsenspeicher** *m* (EDV) / cartridge memory, magnetic-stripe storage, magnetic-stripe memory
**Buchsensteckverbinder** *m* (Eltech) / female connector
**Buchstabe** *m* (Typog) / letter *n* ‖ **abgenutzter ~** (im Bleisatz) (Druck) / batter* *n* ‖ **fetter ~** (Typog) / heavy-faced type ‖ **griechischer ~** (Typog) / Greek letter ‖ **hochstehender ~** (Druck, EDV, Typog) / superior letter* ‖ **tiefstehende ~n** (eine Art Index) (Druck, EDV, Typog) / inferior letters* ‖ **verschmutzter ~** (Typog) / pick *n* ‖ **~n** *m pl* (des kleinen Alphabets) **mit Oberlänge** (Typog) / ascending letters*, ascenders *pl* ‖ **~n** (des kleinen Alphabets) **mit Unterlänge** (Typog) / descending letters*, descenders *pl* ‖ **~n mit normalen Unterlängen** (Typog) / long descenders* ‖ **~n mit verkürzten Unterlängen** (z.B. beim Wörterbuchsatz) (Typog) / short descenders*
**Buchstaben·fehler** *m* (falscher Buchstabe) (Typog) / literal* *n*, literal error ‖ **~folge** *f* (EDV) / letter string ‖ **~holz** *n* (aus Piratinera guianensis Aubl.) (For) / snake-wood* *n*, leopardwood* *n*, letterwood* *n* ‖ **~kode** *m* **von Aminosäuren** (Chem) / amino-acids letter code ‖ **~kombination** *f* / letter combination ‖ **~rechnen** *n* (mit unbestimmten Zahlen) (Math) / operating with algebraic symbols ‖ **~säure** (eine Gruppe von Sulfonsäuren der Naphthalin-Reihe, deren Trivialnamen aus einem Buchstaben als Präfix und -säure gebildet werden) (Chem) / letter acid, alphabet acid ‖ **~umschaltzeichen** *n* (EDV) / letter shift character, LET
**Buch·stabieralphabet** *n* / phonetic alphabet ‖ **~stabieren** *v* / spell *v*, spell out *v* ‖ **~stabieren** *n* **eines Wortes** / word spelling ‖ **~stabiertafel** *f* (z.B. Fernsprech-Buchstabiertafel, Sprechfunk-Buchstabiertafel) (Fernm) / spelling-table *n*
**Bucht** *f* (Fernm) / bay* *n* ‖ **~** (große - z.B. Australische oder von Benin) (Geog) / bight *n*, open bay ‖ **~** (Geog, Ozean) / bay *n* ‖ **~** (als Parkplatz oder Haltestelle gekennzeichneter Teil der Straße) (HuT, Kfz) / lay-by *n*, turn-out (US) ‖ **~** (Landw) / pen *n* ‖ **~** (eine Abteilung, z.B. in einem Raumtransporter) (Raumf) / bay *n* ‖ **~** (kleine) (Wasserb) / inlet *n* ‖ **kleine (seichte) ~** (Geog) / cove *n* (a small sheltered bay)
**Buchtenkraftwerk** *n* (Eltech) / bay-type hydroelectric power station
**Buchtsignal** *n* (Fernsp) / bay signal
**Buchukampfer** *m* (Nahr, Pharm) / buchucamphor *n*, diosphenol *n*
**Buchungs·maschine** *f* (EDV) / accounting machine, bookkeeping machine ‖ **~platz** *m* (EDV) / reservation terminal, booking terminal, agent's set ‖ **~posten** *m* / item *n* ‖ **~system** *n* (für Kernbrennstoffe) (Nukl) / accountability *n*
**Buch·weizen** *m* (Bot, Nahr) / buckwheat *n* ‖ **~wert** *m* (ein Wertansatz in den Geschäftsbüchern oder in der Bilanz) / book value ‖ **~wippe** *f* (Einrichtung zum schnellen Verfilmen dickerer gebundener Bücher) (Film) / book carriage ‖ **~zeichen** *n* (Druck) / bookmark *n*, marker *n*

**Buckel** *m* (einer Kurve) / hump *n* ‖ **~** (auf furnierten Flächen) (For) / bump *n* ‖ **~blech** *n* (Hütt) / buckle plate, dished plate ‖ **~schweißen** *n* (Widerstandpreßschweißen) (Schw) / projection welding*
**Bucket** *m* (ein Adreßraum) (EDV) / bucket *n*
**Buckingham-Potential** *n* (Chem) / Buckingham potential
**Buckling** *n* (Kernphys) / buckling* *n* ‖ **~** (Form der inkohärenten Drehung) (Kernphys, Mag) / buckling *n* ‖ **negatives ~** (Kernphys, Mag) / laplacian *n*, negative of buckling
**Buckminsterfulleren** *n* (Chem) / buckminsterfullerene *n*
**Buckram** *m* (Steifleinen) (Buchb, Tex) / buckram* *n*
**Buckramleinen** *n* (Buchb, Tex) / buckram* *n*
**Buckskin** *m* (Woll- bzw. Halbwollstoff, köperbindig, vielfach mit Reißmaterial im Schuß) (Tex) / buckskin cloth, buckskin *n* ‖ **~stoff** *m* (Tex) / buckskin cloth, buckskin *n* ‖ **~webmaschine** *f* (Web) / buckskin loom
**Bucky·ball** *m* (Chem) / buckminsterfullerene *n* ‖ **~-Blende** *f* (nach G. Bucky, 1880-1963) (Radiol) / Potter-Bucky grid*, Bucky diaphragm, antidiffusion grid ‖ **~-Raster** *m* (Radiol) / Potter-Bucky grid*, Bucky diaphragm, antidiffusion grid ‖ **~-Strahlen** *m pl* (nach G. Bucky, 1880-1963) (Radiol) / grenz rays*
**Bufadienolid** *n* (ein herzwirksames Steroid) (Chem, Pharm) / bufadienolide *n*
**Buffer-Insertion-Verfahren** *n* (wenn eine sendewillige Station eines Ringnetzes ein Paket variabler Länge zwischen zwei Pakete, die sich bereits auf dem Ring befinden, einfügen kann) (EDV) / buffer-insertion scheme
**Bufferstock** *m* (internationales Ausgleichslager für Rohstoffe, das Produktionsschwankungen ausgleichen und starke Preisausschläge verhindern soll) / buffer stock
**Buffeting** *n* (des Leitwerks) (Lufft) / buffeting* *n*
**buffieren** *v* (Leder) / buff *v*
**buffiertes Leder** (Leder) / buff leather
**Buffon-Nadelproblem** *n* (nach G.L. Leclerc Graf von Buffon, 1707-1788) (Math) / Buffon's needle problem
**Bufotenin** *n* (ein Halluzinogen) (Chem) / bufotenin *n*
**Bufotoxin** *n* (ein Krötengift) (Chem) / bufotoxin *n*
**Bug** *m* (Lufft) / nose *n* ‖ **~** (Vorderteil des Schiffes) (Schiff) / bow *n* ‖ **~** (Zimm) / angle tie *n*, angle brace ‖ **am ~** (Schiff) / on the bow ‖ **ausfallender ~** (oben nach auswärts gebogen) (Schiff) / flare-out bow ‖ **über ~** (Richtung vier Strich oder weniger vom Bug) (Schiff) / on the bow
**Bug·anker** *m* (Schiff) / bower anchor, bower *n* ‖ **~band** (Zimm) / angle tie *n*, angle brace
**Bügel** *m* (einer Handsäge) (For) / bow *n* ‖ **~** (im Stahlbetonbau) (HuT) / stirrup* *n*, binder *n* ‖ **~** (am Ende der Doppelsitzbank des Motorrads) (Kfz) / sissy bar ‖ **~** (der Bügelmeßschraube) (Masch) / frame *n* ‖ **~** (Masch) / shackle* *n* ‖ **~** (Masch) / yoke* *n* ‖ **~** (des Reißverschlusses) (Tex) / bail *n* ‖ **kardanischer ~** / gimbal(s) *n(pl)*, gymbal(s) *n(pl)* ‖ **~aufsatz** *m* (eines Aufsatzventils) (Masch) / yoke *n* ‖ **~buchse** *f* (Masch) / yoke bushing, yoke sleeve ‖ **elektrisches ~eisen** / electric iron ‖ **~falte** *f* (Tex) / pressed-in crease, pressed crease ‖ **~faltenbeständigkeit** *f* (Tex) / crease retention, pressed-in crease retention ‖ **~festigkeit** *f* (beim Zurichten) (Leder) / plating resistance ‖ **~flasche** *f* (zip-lock bottle, lever-type closure bottle ‖ **~fleck** *m* (zum Aufbügeln) (Tex) / iron-on patch ‖ **~frei** *adj* (bügeln unnötig) (Tex) / non-iron *attr*, no-iron *attr* ‖ **~frei** (Tex) / wash-and-wear *attr*, wash-and-use *adj* ‖ **~**, self-smoothing *adj* ‖ **~freies Kabrio** (Kfz) / all-open convertible ‖ **~griff** *m* (Tischl) / D-handle *n* ‖ **~** (Kfz) / convertible with roll bar ‖ **~kante** (Lufft) / trimming strip* ‖ **~kettensäge** (For) / bow chainsaw ‖ **~kettensägemaschine** *f* (For) / bow chainsaw ‖ **~kontakt** *m* (Eltech) / bow contact ‖ **~leicht** *adj* (Tex) / easy to iron *adj*, easy-iron *attr* ‖ **~maschine** *f* (mit rotierender Walze) (Tex) / rotary ironer ‖ **~meßschraube** *f* (ein Längenmeßgerät, bei dem die Meßverkörperung als Meßgewinde ist) (Masch) / machinist's outside (micrometer) calliper ‖ **~mutter** *f* (Masch) / lifting nut
**bügeln** *v* (maschinell) (Tex) / press *v* ‖ **~** (Tex) / iron *v* ‖ **~** (Tex) / ironing *n* ‖ **~** (maschinelles) (Tex) / pressing* *n*
**Bügel·presse** *f* (mit zwei ruhenden Arbeitsflächen) (Tex) / ironing machine, ironer *n* ‖ **~probe** *f* (für eine Korrosionsprüfung) (WP) / U-band specimen ‖ **~probe** (eine Probeform) (WP) / U-bend specimen ‖ **~säge** *f* (eine Spannsäge) (For) / bow-saw* *n* ‖ **~säge** (für Metall) (Masch) / hack-saw* *n* ‖ **~sägemaschine** *f* (für metallische Halbzeuge) (Masch) / hack-saw* *n*, hack-sawing machine ‖ **~sägen** *n* (Masch) / hack-sawing *n* ‖ **~schraube** *f* (DIN 918) (Kfz) / U-bolt* *n* ‖ **~straße** *f* (Tex) / ironing range ‖ **~stromabnehmer** *m* (Eltech) / bow* *n* (a type of current collector), bow current collector ‖ **~tuch** *n* (Bügelunterlage) (Tex) / ironing cloth ‖ **~verschluß** *m* (ein Dauerverschluß an der Flaschenmündung) (Nahr) / swing stopper ‖ **~zapfenverbindung** *f* (Tischl) / through bridle joint ‖ **~zughacke** *f* (Landw) / bow hoe
**Bug·fahrwerk** *n* (Lufft) / nose-wheel landing gear*, nose landing gear ‖ **~flaggenstock** *m* (Schiff) / jack-staff *n*

183

**buggen**

**buggen** v (Lederschuhe) / bead v
**Bug•lastigkeit** f (Luftf) / nose heaviness* ‖ ⁓**rad** n (auf der Caravandeichsel) (Kfz) / jockey wheel ‖ ⁓**rad** (Luftf) / nose wheel n, front wheel ‖ ⁓**radfahrwerk** n (Luftf) / nose-wheel landing gear*, nose landing gear ‖ ⁓**radflattern** n (Luftf) / nose-wheel shimmy ‖ ⁓**radschacht** m (Luftf) / nose-wheel well ‖ ⁓**see** f (am Bug eines fahrenden Schiffs entstehende Welle, die sich seitlich ausbreitet) (Schiff) / bow wave
**bugsieren** v (Schiff) / tow v, tug v
**Bugsierschlepper** m (Schiff) / tugboat n, tug n, towboat n
**Bug•spoiler** m (Kfz) / front spoiler, front deflector shield ‖ ⁓**spriet** m (Schiff) / bowsprit n ‖ ⁓**wulst** m (Schiff) / bow bulb
**Buhne** f (vom Ufer aus in das Wasser hineingebauter Dammkörper - DIN 4054) (Wasserb) / croy* n, spur n, groyne* n (river), groin n (US), jetty n ‖ ⁓ **aus Faschinen** (Wasserb) / kid* n, groyne* n (a structure of fascines)
**Bühne** f (Bau, Masch) / platform n ‖ ⁓ (Schachtabsatz) (Bergb) / sollar n, solar n, soler n
**Bühnenarbeiter** (der für den Dolly und den Kamerakran zuständig ist) (Film) / grip n
**Buhnen•bau** m (Wasserb) / groynework n ‖ ⁓**kopf** m (wasserseitiges Ende einer Buhne - DIN 4054) (Wasserb) / groyne head, groyne nose
**Bühnenmann** m (auf der Gestängebühne) (Erdöl) / derrick man, tower hand
**Buhnen•pfahl** m (zum Befestigen von Faschinen am Boden) (Wasserb) / faggot stake n ‖ ⁓**wurzel** f (landseitiges, in das Ufer eingebundenes Ende einer Buhne - DIN 4054) (Wasserb) / groyne root
**Bühnloch** n (Vertiefung in der Sohle oder im Stoß eines Grubenbaues, in die der Fuß eines Stempels oder das Ende eines Trägers eingelassen wird) (Bergb) / hitch* n, holing n, gain n
**Builder** m (anorganischer Zusatz zu Waschmitteln) (Chem) / builder n
**Build-up-Faktor** m (Radiol) / build-up factor
**Built-In-Self-Test** m (Oberbegriff für alle Maßnahmen, die erlauben, daß sich eine Schaltung selbst überprüft) (Eltronik) / built-in self-test
**Bukett** n (Nahr) / bouquet n
**Bukkokampfer** m (aus getrockneten Blättern verschiedener südafrikanischer Barosma-Arten) (Nahr, Pharm) / buchucamphor n, diosphenol n
**Bukranion** n (pl. -nien) (ein antikes Schmuckmotiv) (Arch) / bucrane n, bucranium n
**Bulb** n (eine Verdickung zur Verbesserung der Fahreigenschaften) (Schiff) / bulb n
**Bulbus** m (pl. Bulben) (Bot) / bulb* n
**Bulge** f (im Zentrum von Spiralgalaxien vorkommende Anschwellung, die morphologisch einer elliptischen Galaxie gleicht) (Astr) / bulge n ‖ ⁓ m (die Aufwölbung der oberen Atmosphärenschichten über der Tagesseite der Erde infolge der Erwärmung der Thermosphäre) (Geophys, Raumf) / bulge n
**Bulk•carrier** m (für schüttfähige Massengüter) (Schiff) / bulk carrier ‖ ⁓**frachtschiff** n (für schüttfähige Massengüter) (Schiff) / bulk carrier ‖ ⁓**garn** n (Spinn) / bulked yarn*, bulk yarn
**Bulking-Agent** m (körpergebender Inhalts- bzw. Zusatzstoff in Süß- und Backwaren) (Nahr) / bulking agent ‖ ⁓ (z.B. Sorbit, Xylit, Mannit) (Nahr) / bulking agent
**Bulk•ladung** f (unverpacktes Schüttgut) / bulk cargo ‖ ⁓**-Moulding-Compound** n (Plast) / bulk moulding compound ‖ ⁓**substanz** f (Pharm) / bulk substance ‖ ⁓**ware** f (Massengut) / bulk ware
**Bullauge** n (Luftf, Schiff) / porthole n
**Bulldog•-Dübel** m (ein Krallendübel) (Bau, Zimm) / bulldog plate, toothed plate (connector), bulldog connector ‖ ⁓**-Verbinder** m (Bau, Zimm) / bulldog plate, toothed plate (connector), bulldog connector
**Bull•dozer** m (HuT) / bulldozer* n ‖ ⁓**dozer** (in einer Schmiede- oder Biegepresse) (Masch) / bulldozer n
**Bullenhaut** f (Leder) / bull-hide n
**Bullers Ring** (aus dessen Schwindung auf die erreichte Temperatur geschlossen werden kann) (Keram) / Buller ring
**Bullerton** m (ein rauher, schnarrender Ton bei Streichinstrumenten, der infolge eines instabilen Verhaltens einer Saitenschwingung entsteht) (Akus) / wolf n, wolf tone, wolf note*
**Bulletin Board System** n (rechnergestütztes und meist frei zugängliches Nachrichten- und Telefonkonferenzsystem) (EDV) / Bulletin Board System n, BBS
**Bulletin-Board-System** n (Mailbox) (EDV) / Bulletin Board System, BBS
**bullig** adj (Haut mit verhältnismäßig dünnem Rücken bei dicken Stellen in Bauch und Hals) (Leder) / lumpy adj
**Bullvalen** n (Chem) / bullvalene n
**Bult** f (in Hochmooren vorkommende, bis etwa 50 cm hohe von Moosen der Gattung Sphagnum gebildete Kuppe, mit nassen Vertiefungen und Schlenken) (Geol) / hummock n ‖ ⁓ m (Geol) / tussock n

**Bülte** f (feste, mit Gras bewachsene Stelle im Moor) (Geol) / tussock n
**Bülwern** n (Glas) / blocking n
**Bummelzug** m (Bahn) / stopping train (GB), milk train (US), accommodation train (US)
**Bummler** m (Bahn) / stopping train (GB), milk train (US), accommodation train (US)
**Bump** m (kurzzeitige Überhöhung des Impulsdaches) (Eltronik) / bump n ‖ ⁓ (kugelförmig erhöhter Kontaktfleck für die Flip-Chip-Technik) (Eltronik) / bump n ‖ ⁓ (eine Aufmachungsform) (Spinn) / bump n ‖ ⁓**garn** n (Spinn) / bump yarn, bump n
**Bums** m (Akus) / bump n
**Bumslandung** f (Luftf) / pancaking* n, pancake landing
**Buna** n (ein altes Butadienpolymerisat) (Plast) / Buna* n, buna rubber
**Bunch** n (Nukl) / bunch n
**Buncher** m (Nukl) / beam buncher, buncher n
**Bund** m (Kreuzbund, Stoßbund - bei der Bleiverglasung) (Arch) / fretted lead* ‖ ⁓ (Hütt) / barrel n, body n ‖ ⁓ (Masch) / collar* n ‖ ⁓ (der Lagerschale) (Masch) / flange n ‖ ⁓ (der Bundmutter) (Masch) / flange n, collar n ‖ ⁓ (pl. Bünde) (Taillenanschluß an Damen- und Herrenhosen sowie an Damenröcken) (Tex) / waistband n ‖ **eingesägter** ⁓ (Buchb) / sawn-in cord ‖ **halbe Seite über den** ⁓ (Druck) / half-page spread ‖ **Bünde** (Buchb) / bands* pl ‖ **Bünde** (runde) (Buchb) / cords* pl ‖ **Bünde** (flache) (Buchb) / tapes pl
**Bund** n / pack n, package n, packet n, bundle n ‖ ⁓ (Arch) / band n ‖ ⁓ (schmales) (Arch) / bandelet n, bandlet n, bandelette n ‖ ⁓ (Stahldraht mit regelmäßig verlegten Windungen) (Hütt) / coil n ‖ ⁓ (Flachs) (Tex) / hank n
**Bund•axt** f (Werkz, Zimm) / carpenter's axe ‖ ⁓**balken** m (Zimm) / binder n, binding beam*, binding joist* ‖ ⁓**beschichtet** adj (Hütt) / coil-coated adj ‖ ⁓**bohrbuchse** f (Masch) / headed drill bush
**Bündchen** n (Tex) / band n ‖ **mit elastischem** ⁓ (Tex) / elasticized adj
**Bündel** n / bunch n ‖ ⁓ (z.B. Strahlenbündel) (Eltronik) / pencil* n ‖ ⁓ (Fernsp) / trunk group, group of trunks ‖ ⁓ (aus zusammengefaßten Verseilelementen) (Kab) / bunch n ‖ ⁓ (Rohrbündel) (Klemp) / bank n, nest n ‖ ⁓ (Lichtbüschel) (Licht) / pencil* n, bunch n ‖ ⁓ (von Geraden) (Math) / sheaf n (pl. sheaves) ‖ ⁓ (von Teilchen) (Nukl) / bunch n ‖ **unvollkommenes** ⁓ (Fernm) / limited-availability group ‖ ⁓ **besetzt** (Fernsp) / bundle busy ‖ ⁓**betriebsart** f (Fernsp) / bundle-operating mode ‖ ⁓**divertor** m (Nukl) / bundle divertor* ‖ ⁓**endröhre** f (Eltronik) / beam-power valve (GB), beam power tube (US), beam tube (US) ‖ ⁓**förmig** adj / clustered adj ‖ ⁓**funk** m ("Chekker") (Radio) / trunk radio, trunked mobile radio ‖ ⁓**funknetz** n (Radio) / trunked mobile radio network ‖ ⁓**garn** n (Spinn) / fasciated yarn ‖ ⁓**holz** n (For) / bundled wood ‖ ⁓**holzschaltungen** f pl (als Sammelbegriff) (Eltronik) / cordwood circuitry ‖ ⁓**kabel** n (Kab) / bunched cable, unit-stranded cable ‖ ⁓**leiter** n (Eltech) / bundled conductor, bundled wire
**bündeln** v / bundle v, bundle up v ‖ ⁓ (konvergent) / converge vt ‖ ⁓ (zusammenschnüren) (zu wie (into bundles or bunches)) ‖ ⁓ (gefalzte Buchbinderbogen einpressen) (Buchb) / bundle v ‖ ⁓ (Frequenzen) (Fernm) / group v ‖ ⁓ (Fernm) / trunk v
**Bündel•packer** m (Plast) / bundle packer ‖ ⁓**pfeiler** m (mit Diensten) (Arch) / annulated column*, clustered column*, clustered pier, compound pier ‖ ⁓**presse** f (zum Einpressen der gefalzten Buchbinderbogen) (Buchb) / bundler n, bundle press ‖ ⁓**säule** f (Arch) / twin column* ‖ ⁓**tetrode** f (Eltronik) / beam tetrode*
**Bündelung** f (von Leitern) (Eltech) / harnessing n, harness wiring ‖ ⁓ (Eltronik) / bunching* n
**Bündelungs•gewinn** m (bei einer Richtantenne) (Radio) / directive gain ‖ ⁓**spule** f (TV) / convergence coil
**bündel•verseiltes Kabel** (Kab) / bunched cable, unit-stranded cable ‖ **~verseilter Leiter** (Kab) / rope-lay strand ‖ ⁓**verseilung** f (des Kabels) (Kab) / bunching n
**Bundes•autobahn** f (in Deutschland) (Kfz) / federal motorway ‖ ⁓**straße** f (Fernstraße, die in der BRD zusammen mit den Bundesautobahnen zum Netz der Bundesfernstraßen gehört) (HuT) / arterial road, trunk road
**Bundglühung, offene** ⁓ (Hütt) / open-coil annealing
**bündig** adj (abscheidend) (Bau, Eltech) / flush* adj ‖ ⁓ (z.B. 5bündiger Atlas) (Tex) / -end (e.g. 5-end satin) ‖ **nicht ~er Rand** (Druck) / ragged margin ‖ **~e Fuge** (bei der der Mörtel bündig mit den Steinen abschließt) (Bau) / flush joint* ‖ **~e Füllung** (Tischl) / flush panel ‖ **~e** (Verkleidungs)**Platte** (Bau) / solid panel, flush panel
**Bund•kopf** m (Masch) / washer head ‖ ⁓**lager** n (Masch) / collar end bearing, flange bearing
**Bundle, im** ⁓ **verkaufen** (EDV) / bundle v
**Bundling** n (z.B. von Hardware und Software) (EDV) / bundling n
**Bund•mutter** f (Masch) / flanged nut*, collar nut ‖ ⁓**säule** f (mit einem Schaftring) (Arch) / banded column ‖ ⁓**schwelle** f (Bau) / bressummer* n, breastsummer* n ‖ ⁓**steg** m (jene freien Räume zwischen zwei abgedruckten Kolumnen, die nach dem Falzen an den

184

Buch- oder Broschurenblockrücken zu liegen kommen) (Buchb, Druck) / gutter* n (two adjacent back margins), gutter margin ‖ ≃tram m (Zimm) / binder n, binding beam*, binding joist* ‖ ≃wagen m (Hütt) / coil buggy, coil car ‖ ≃weite f (Tex) / waist n
**Bungalow** m (Bau) / bungalow* n, ranch house (US), rancher n (US), ranch n (US)
**Bungarotoxin** n (ein Neurotoxin) (Chem) / bungarotoxin n
**Bunjakowskische Ungleichung** (nach V.Ja. Bunjakowski, 1804-1889) (Math) / Schwarz's inequality*, Cauchy-Schwarz inequality, Buniakowski's inequality
**Bunker** m (Bergb) / hopper* n, bin n, bunker n ‖ ≃ (Vorratsraum) (HuT) / silo n (pl. silos), storage bin, bin n ‖ ≃ (z.B. des Kessels) (Masch) / bunker* n ‖ ≃beschickung f (Masch) / hopperfeed n
**bunkern** v / bunker v ‖ ~ (Kohle) (Schiff) / coal v ‖ **neu** ~ (Schiff) / recoal v
**Bunker•öl** n (herkömmliche, jedoch nicht verbindliche Bezeichnung des schweren Rückstandheizöls für Schiffe, Industrieanlagen und Großkraftwerke) / bunker oil (No. 5 and 6), fuel oil No. 5 and 6, Navy heavy ‖ ≃**wagen** m (Bahn) / hopper n, hopper waggon ‖ ≃**wärter** m (Bergb) / binman n ‖ ≃**zug** m (Bergb) / mucking train
**Bunsen•brenner** m (ein Glasbrenner nach R.W.Bunsen, 1811-1899) (Chem) / Bunsen burner* ‖ ≃**flamme** f (Chem) / Bunsen flame* ‖ ≃**Fotometer** n (Licht) / grease-spot photometer* ‖ ≃**-Roscoesches Gesetz** (Rezprozitäts- oder Lichtmengengesetz) (Licht) / Bunsen-Roscoe law ‖ ≃**scher Absorptionskoeffizient** (Phys) / Bunsen coefficient ‖ ≃**trichter** m (DIN 12446) (Glastricher mit magerem Stiel) (Chem) / Bunsen funnel ‖ ≃**ventil** n (ein einfaches Überdruckventil aus einem Schlauchstück) (Chem) / Bunsen valve
**bunt** adj / coloured adj, many-coloured adj, variocoloured adj, particoloured adj ‖ ≃ (z.B. ein Gewebe) (Tex) / motley adj ‖ ~ (mit Phantasiefarben geschmückt oder bemalt) / fancy adj ‖ ~ / variegated adj, versicoloured adj ‖ ~**e Baumwollgewebe** (Tex) / coloured cottons ‖ ~**e Farbe** (Licht) / chromatic colour* ‖ ~**er Marmor** (Bau, Geol) / fancy marble ‖ ~**es Noppengarn** (Tex) / knickerbocker* n, knickerbocker yarn, nepp yarn, knicker yarn ‖ ~**e Reihe** (von Bakterien) (Bakteriol) / coloured series ‖ ~**es Vorsatz** (Buchb, Druck) / fancy leaf
**Bunt•artikel** m (Ätzdruck mit einer Paste, die auch ätzbeständige Farbstoffe enthält) (Tex) / multicoloured article ‖ ≃**ätze** f (Tex) / coloured discharge ‖ ≃**ätzafbteig** m (Tex) / coloured discharge paste ‖ ≃**aufbau** m (beim Desktop Publishing) (EDV) / colour modelling ‖ ≃**automat** m (Web) / automatic multicolour loom, automatic multishuttle loom ‖ ≃**bartschlüssel** m (Werkz) / snapped-bit key ‖ ≃**blättrigkeit** f (Mosaikfleckung - unregelmäßige Ausfärbung von Blättern und Blüten als Folge von Krankheiten oder Erbdefekten) (Bot) / variegation* n ‖ ≃**bleiche** f (Tex) / bleaching of coloured goods ‖ ≃**druck** m (Druck) / colour printing*
**Bunte-Bürette** f (nach H. Bunte, 1848-1925) (Chem) / Bunte gas burette
**Bunteinsatzhärtung** f (Hütt) / colour case hardening
**Bunte-Salze** n pl (nach H. Bunte, 1848 - 1925) (Chem) / Bunte salts
**bunt•farbene Lasur** (Anstr, For) / coloured lacquer ‖ ~**gewebt** adj (Web) / colour-woven adj ‖ ≃**glas** n (Glas) / coloured glass ‖ ≃**härtung** f (Hütt) / colour case hardening ‖ ≃**heit** f / chroma n (in the Munsell colour system) ‖ ≃**karierter Flanell** (Tex) / plaid flannel ‖ ≃**kupfererz** n (Min) / bornite* n, erubescite* n, horse-flesh ore, purple copper ore*, variegated copper ore*, peacock ore*, peacock copper ‖ ≃**kupferkies** m (Min) / bornite* n, erubescite* n, horse-flesh ore, purple copper ore*, variegated copper ore*, peacock ore*, peacock copper ‖ ≃**metall** n (z.B. Bi, Cu, Ni, Zn) (Hütt) / non-ferrous heavy metal ‖ ≃**muster** n (Tex) / multicolour pattern ‖ ≃**papier** n (Pap) / fancy paper ‖ ≃**pigment** n (Anstr) / coloured pigment, colouring pigment ‖ **anorganisches** ≃**pigment** (Anstr) / inorganic colour pigment ‖ ≃**reserve** f (Tex) / colour resist ‖ ≃**reservierung** f (Tex) / coloured resisting ‖ ≃**sandstein** n (rotbrauner) (Geol) / brownstone n, mottled sandstone* ‖ ~**scheckig** adj / motley adj ‖ ≃**spinnerei** f (Spinn) / spinning of coloured yarns ‖ ≃**stift** m / coloured pencil, clour pencil ‖ ≃**ton** m (DIN 5033, T 1) (Anstr, Tex) / shade* n, tint* n, tone n
**Buntwäsche** f (Tex) / coloured wash
"**Buntwäsche**" f (Aufschrift auf dem Pflegeetikett) (Tex) / washing with similar colours
**buntweben** v (Web) / water v
**Bupivacain** n (internationaler Freiname für ein Anästhetikum) (Pharm) / bupivacaine* n
**Burberry-Regen- und Wettermantelstoff** m (geschützter Name eines hochwertigen imprägnierten Kammgarngewebes) (Tex) / Burberry n (GB)
**Bürde** f (der Belastungswiderstand eines Wandlers, der durch das angeschlossene Meßinstrument und seine Zuleitungen gegeben ist) (Eltech) / load* n, burden* n
**Bureaufax** n (öffentlich zugänglicher Telefaxdienst) (Fernm) / bureaufax n

**Bürette** f (DIN 12700) (Chem) / burette* n, buret n (US) ‖ ≃ **mit automatischer Nullpunkteinstellung** (Chem) / automatic-zero burette
**Büretten•spitze** f (Chem) / burette tip ‖ ≃**stativ** n (Chem) / burette stand, burette holder
**Bürger•funk** m (BRD: 11 m) (Fernm, Kfz) / citizen radio, citizens' band (for private radio communications), citizens' waveband, CB* ‖ ≃**haus** n (Arch) / civic centre
**bürgerlich** adj (Abend- oder Morgendämmerung) (Astr) / civil adj ‖ ~**e Abenddämmerung** (Astr) / evening civil twilight ‖ ~**e Dämmerung** (in der man bei klarem Himmel im Freien gerade noch lesen kann) (Astr) / civil twilight* ‖ ~**es Jahr** (EN 28601) / calendar year*, civil year ‖ ~**er Kalender** (DIN 1355, T 1) / civil calendar ‖ ~**e Morgendämmerung** (Astr) / morning civil twilight
**Burgers•-Flüssigkeit** f (Phys) / four-parameter liquid ‖ ≃**-Modell** n (ein rheologisches Modell nach DIN 1342, T 1) (Phys) / Burgers model
**Bürgersteig** m (HuT) / pavement n (GB), footway n (GB), sidewalk n (US), walkway n (US), footpath n (GB) ‖ **dem** ≃ **zugewandte Seite** (eines Verkehrsmittels) (Kfz) / kerb side, curb side (US)
**Burgers•-Umlauf** m (nach J.M. Burgers, 1895 - 1981) (Krist) / Burgers closure circuit, Burgers circuit ‖ ≃**-Vektor** m (zur Charakterisierung der Gitterverzerrungen einer Versetzung - nach J.M. Burgers, 1895-1981) (Krist) / Burgers' vector*
**Burghügel** m (für eine Turmburg) (Arch) / motte* n
**Burgunder Brühe** (ein Fungizid) (Landw) / soda bordeaux, Burgundy mixture ‖ ≃ **Harz** / Burgundy pitch ‖ ≃ **Harz s. auch Fichtenharz** ‖ ≃ **Pech** / Burgundy pitch
**Buried wiring** n (bei Dickschichtschaltungen) (Eltronik) / buried wiring
**Buripalmenfaser** f (aus Corypha umbraculifera) / buntal fibre, buri fibre n ‖ ≃ (Tex) / gebanga n, agel fibre
**Burn out** n (Raumf) / all-burnt time, brennschluss n, burnout n, flame-out n, all-burnt* n ‖ ≃ **up** (Hütt) / melting loss, metal loss, combustion n
**Burner** m (eine Brennkammer, in der Holzreste und Rinde ohne Nutzung der entstehenden Wärmeenergie verbrannt werden) (For) / burner n ‖ ≃ (Nukl) / burner n
**Burnett-Verfahren** n (ein obsoletes Kesseldruckverfahren mit einer wäßrigen Chlorzinklösung) (For) / burnettizing n
**Burn-In-Verfahren** n (zur Steigerung der Zuverlässigkeit) (Eltronik) / burn-in process
**Büro** n (Bau, EDV, F.Org) / office n ‖ **integriertes** ≃ (das im Rechnerverbund arbeitet) (EDV) / integrated office ‖ **papierloses** ≃ (EDV) / paperless office, electronic office, paper-free office ‖ **rechnerunterstütztes** ≃ (EDV) / computer-aided office, CAO ‖ ≃**angestellte** m / office worker, black-coat worker ‖ ≃**arbeit** f / office work ‖ ≃**automation** f (EDV, F.Org) / office automation (ISO/IEC 2382, part 27), OA ‖ ≃**automatisierung** f (EDV, F.Org) / office automation (ISO/IEC 2382, part 27), OA ‖ **integrierte** ≃**automatisierung** (EDV) / integrated office automation ‖ ≃**bedarf** m / office supplies ‖ ≃**beleuchtung** f (Licht) / office lighting ‖ ≃**computer** m (EDV) / office computer ‖ ≃**druck** m (mit Vervielfältigungsmaschinen) / reprography n ‖ ≃**fachkraft** f / skilled clerical worker ‖ ≃**fernschreiben** n (EDV) / Teletex ‖ ≃**fotokopiergerät** n (dem Papier mit einer im sichtbaren Strahlungsbereich lichtempfindlichen Schicht belichtet und mit Hilfe von Chemikalien entwickelt wird - DIN 9780) / silver machine ‖ ≃**gebäude** n (Bau) / office building, office block ‖ ≃**grafik** f (EDV) / business graphics ‖ ≃**haus** n (Bau) / office building, office block ‖ ≃**informationssystem** n (EDV) / office information system, OIS ‖ ≃**klammer** f / paper clip, clip n, clip for paper ‖ ≃**kommunikation** f (EDV) / office communication, interoffice communication ‖ ≃**kopierer** m / office copying machine, office copier ‖ ≃**kraft** f / office worker, black-coat worker ‖ ≃**landschaft** f (eine Sonderform des Großraumbüros) (F.Org) / landscape office, burolandschaft n ‖ ≃**maschine** f / business machine, office machine ‖ ≃**möbel** n (DIN 4553) (Tischl) / office furniture ‖ ≃**organisation** f (F.Org) / office organization ‖ ≃**personal** n / office staff, clerical staff ‖ ≃**rechenanlage** f (EDV) / office computer ‖ ≃**rechner** m (meistens für die mittlere Datentechnik) (EDV) / office computer ‖ ≃**system** n (EDV) / office system ‖ ≃**technik** f (EDV) / office technology, office systems technology ‖ ≃**telefonanlage** f (Fernsp) / office telephone system ‖ ≃**terminal** n (on line) (EDV) / office terminal, office workstation (on-line)
**Bürotik** f (EDV, F.Org) / office automation (ISO/IEC 2382, part 27), OA
**Büro•vervielfältigungsmaschine** f (DIN 9775) / office duplicating machine ‖ ≃**waage** f / office scales ‖ ≃**zeit** f (F.Org) / office hours
**Burst** m (ein Impulsbündel) (Eltronik) / burst* n ‖ ≃ (auf die Sonne bezogen) (Geophys) / burst n ‖ ≃ (TV) / burst signal, colour burst* ‖ ≃ (Farbsynchronisierpuls) (TV) / burst n
**Burstcanmonitor** m (Nukl) / burst-can monitor
**Bürste** f (großes, langborstiges Streichwerkzeug) (Anstr) / paint brush, brush n ‖ ≃ (Eltech) / brush* n, wiper n ‖ ≃ (für das

**Bürste**

Tampongalvanisieren) (Galv) / brush n ‖ ~ (Beschädigung des Meißelkopfes) (Masch) / mushrooming n ‖ **lamellierte** ~ (Eltech) / laminated brush* ‖ **metallhaltige** ~ (Eltech) / metal-graphite brush, metallized brush ‖ **mit einer** ~ **auftragen** / brush on v
**bürsten** v / brush v ‖ ~ (Waschputz) (Bau) / scrub v ‖ **ohne** ~ (Eltech) / brushless adj ‖ ~ **und Dämpfen** n (Tex) / brushing and steaming
**Bürsten•abhebevorrichtung** f (Eltech) / brush lifting device ‖ ~**apparat** m (bei einem Elektromotor) (Eltech) / brush gear*, brush rigging ‖ ~**belüfter** m (zur Oberflächenbelüftung) (Sanitär) / brush surface aerator, brush aerator ‖ ~**bolzen** m (Eltech) / brush-holder arm*, brush-spindle* n, brush stud* ‖ ~**brücke** f (drehbar) (Eltech) / brush-rocker* n, brush-rocker ring*, rocker n ‖ ~**bündelkontakt** m (Eltech) / bristle brush bundle contact ‖ ~**feuchtwerk** n (Druck) / brush dampening system ‖ ~**galvanisieren** n (Galv) / brush plating* ‖ ~**halter** m (Eltech) / brush-holder* n ‖ ~**halterbolzen** m (Eltech) / brush-holder arm*, brush-spindle* n, brush stud* ‖ ~**halterdruckgeber** m (Eltech) / brush hammer ‖ ~**halterfeder** f (Eltech) / brush-holder spring ‖ ~**halterkasten** m (Eltech) / brush-box* n, box-type brush holder* ‖ ~**halterspindel** f (Eltech) / brush-holder arm*, brush-spindle* n, brush stud* ‖ ~**holzbohrer** m (Zimm) / spoon bit ‖ ~**joch** n (Eltech) / brush yoke, brush-holder yoke ‖ ~**kante** f (Eltech) / brush edge ‖ **auflaufende** ~**kante** (Eltech) / entering edge (of a brush)*, leading edge* (of a brush), toe of the brush* ‖ ~**kasten** m (Eltech) / brush-box* n, box-type brush holder* ‖ ~**kontakt** m (Eltech) / brush contact ‖ ~**los** adj (Flaschenspülmaschine) / brushless adj ‖ ~**los** (Eltech) / brushless adj ‖ ~**molch** m (Stahlträger mit Bürsten und Manschetten) (Masch) / swabbing pig ‖ ~**putz** m (einlagier) (Bau) / dinging* n ‖ ~**putzmaschine** f (in der Müllerei) (Nahr) / scourer* n ‖ ~**reibungsverluste** m pl (Eltech) / brush-friction loss ‖ ~**rückschub** m (Eltech) / backward shift*, backward shift ‖ ~**rückschubwinkel** m (Eltech) / brush-lag angle, angle of brush lag ‖ ~**standzeit** f (Eltech) / brush service life ‖ ~**streichen** n (Pap) / brush coating* ‖ ~**strich** n (Pap) / brush coating* ‖ ~**strom** m (Eltech) / brush current ‖ ~**träger** m (Eltech) / brush gear*, brush rigging ‖ ~**trägerring** m (Eltech) / brush-rocker* n, brush-rocker ring*, rocker n ‖ ~**übergangsverluste** m pl (Eltech) / brush-contact loss ‖ ~**verschiebung** f (Eltech) / shifting of brushes*, brush shift* ‖ ~**verschiebung aus der neutralen Zone** (Eltech) / staggering* n ‖ ~**verschiebung entgegen der Drehrichtung** (Eltech) / backward shift*, backward lead* ‖ ~**verstellung** f (Eltech) / shifting of brushes*, brush shift* ‖ ~**vorderkante** f (Eltech) / entering edge (of a brush)*, leading edge* (of a brush), toe of the brush* ‖ ~**voreilung** f (Eltech) / brush lead* ‖ ~**vorschub** m (Eltech) / forward shift*, forward lead*
**Bürstfärbung** f (ein Zurichtprozeß) (Leder) / brush colouring, table dyeing
**Bursting** n (Zersetzungsvorgang bei einem feuerfesten Stein) (Keram) / bursting n
**Burst•-Kennimpuls** m (TV) / burst flag ‖ **maximale** ~**länge** (Fernm) / maximum burst rate
**Bürstmaschine** f (z.B. zur Kartoffelreinigung) (Landw) / scrubber n
**Burst•mode** m (EDV) / burst mode (packet-burst technology) ‖ ~**modus** m (EDV) / burst mode (packet-burst technology) ‖ ~**reaktor** m (Nukl) / burst reactor, flash reactor, single-burst-pulsed reactor
**Bürst•sauger** m / rotating-disk vacuum cleaner ‖ ~**spanen** n (spanendes Fertigungsverfahren, vorwiegend zur Veränderung der Oberflächenstruktur sowie der Form von Werkstücken mit Hilfe eines Bürstwerkzeugs) (Masch) / brush machining
**Burtonisieren** n (Brau) / burtonizing n
**Burunduk** n (das Backenhörnchen Eutamias sibiricus, dessen Felle zu Mänteln verarbeitet werden) (Leder, Zool) / baronduki n, burunduki n
**Bus** m (Sammelschiene für den Datenaustausch) (EDV, Fernm) / bus* n ‖ ~ (Kfz) / bus n, motor bus, motor-coach n ‖ ~ (Behältnis für Mehrfachgefechtsköpfen) (Mil) / bus n ‖ **bidirektionaler** ~ (EDV) / bidirectional bus ‖ **geführter** ~ (in einem Dual-Mode-System) (Bahn) / railbus n ‖ **passiver** ~ (Fernm) / short passive bus, one-way passive bus ‖ ~ m **in schaffnerlosem Betrieb** (Kfz) / one-man bus ‖ ~ **ohne Billeteur** (S) (Kfz) / one-man bus
**Bus•architektur** f (EDV) / bus architecture ‖ ~**bahnhof** m / bus terminal
**Busch** m (For) / shrub n
**Büschel** n (Lichtbüschel) (Licht) / pencil* n, bunch n ‖ ~ (einparametrische Figurenschar) (Math) / pencil* n, one-parametric family ‖ ~ (von Vektoren, von Geraden) (Phys) / sheaf n (pl. sheaves) ‖ ~ (Math) s. auch Geradenbüschel ‖ ~**entladung** f (eine Gasentladung) (Eltech) / brush[ing] discharge* ‖ ~**falte** f (bei Gardinen) (Tex) / pinch pleat ‖ ~**förmig** adj / clustered adj
**Busch•flugzeug** n (Lufft) / bush aircraft ‖ ~**holz** n (For) / brushwood n ‖ ~**messer** n / bush knife, machete n ‖ ~**schneider** (For, Landw) / shrub cutter ‖ ~**werk** n (For) / scrub n

**Bus•controller** m (zur Steuerung des Datenverkehrs auf einem Bus) (EDV) / bus controller ‖ ~**Enumerator** m (EDV) / bus enumerator ‖ ~**erweiterungsmodul** n (EDV) / bus extender ‖ ~**freigabe** f (EDV) / bus enable ‖ ~**haltestelle** f (Kfz) / bus stop
**Bushel** n (35,2391 l) / bushel n (a US unit of volume for dry measure), bu
**Business-Software** f (EDV) / business software
**Bus•kollision** f (EDV, Fernm) / bus collision ‖ ~**maus** f (mit eigener Steckkarte) (EDV) / bus mouse ‖ ~**netz-Koppelservice** m n (EDV, Fernm) / LAN coupling service ‖ ~**platine** f (die sämtliche Busleitungen enthält) (EDV) / bus frame ‖ ~**-Ruhezustand** m (EDV) / bus idle ‖ ~**schnittstelle** f (EDV) / bus interface
**Büßerschnee** m (Schmelzform von Schnee, Firn und Gletschereis in den tropischen und subtropischen Hochgebirgen) (Geol) / penitent ice, penitent snow, nieve penitente
**Busslave** m (untergeordnetes Bussystem) (EDV) / bus slave
**Bussole** f (Instr, Nav, Phys) / compass* n
**Bussolenzug** m (Verm) / compass traverse
**Bus•stecker** m (EDV) / bus connector ‖ ~**steckverbinder** m (EDV) / bus connector ‖ ~**struktur** f (EDV) / bus structure ‖ **verkettete** ~**struktur** (EDV) / daisy-chain bus structure, chained bus structure ‖ **geteilte** ~**struktur** (mit verschiedenen Pfadsystemen) (EDV) / shared bus structure ‖ ~**struktur** (EDV) s. auch Ringstruktur und Sternstruktur ‖ ~**system** n (Zusammenfassung paralleler Leitungen zur standardisierten Übertragung von Informationen zwischen Elementen eines Rechners oder einer Steuerung) (EDV, Regeln) / bus system ‖ ~**treiber** m (EDV) / bus driver ‖ ~**zyklus** m (EDV) / bus cycle
**Butadien** n (das einfachste 1,3-Dien) (Chem) / butadiene* n ‖ ~**-Acrylnitril-Kautschuk** m (Plast) / nitrile rubber, acrylonitrile-butadiene rubber, NBR, nitrile-butadiene rubber, NR, nitrile-based rubber ‖ ~**-Akrylnitril-Kautschuk** m (Plast) / nitrile rubber, acrylonitrile-butadiene rubber, NBR, nitrile-butadiene rubber, NR, nitrile-based rubber ‖ ~**gift** n (verursacht Verhärten der Zurichtung beim Altern) (Leder) / butadiene poison ‖ ~**kautschuk** m (Plast) / butadiene rubber ‖ ~**-Styrol-Kautschuk** m (Plast) / styrene-butadiene rubber*, SBR
**Butan** n (Kohlenwasserstoff der Alkanreihe - farbloses, brennbares Gas) (Chem) / butane* n ‖ ~**-1,4-carbonsäure** f (Chem) / adipic acid*, hexanedioic acid, butanedicarboxylic acid* ‖ ~**abtrennung** f (bei Rohöl) (Erdöl) / debutanization n (of crude petroleum)
**Butanal** n (Chem) / butanal n, butyraldehyde* n, butaldehyde n
**Butan•-Dehydrierung** f **nach Houdry** (eine US-amerikanische Firma) (Chem) / Houdry butane dehydrogenation ‖ ~**dial-(1,4)** n (Chem) / succindialdehyde n, 1,4-butanedial n ‖ ~**diol** n (konstitutionsisomerer zweiwertiger Alkohol) (Chem) / butylene glycol, dihydroxybutane n, butanediol n ‖ ~**disäure** f (Chem) / succinic acid*, butanedioic acid
**Butanol** n (Chem) / butyl alcohol*, butanol* n ‖ **tert-**~ (Anstr, Chem, Kftst) / tert-butyl alcohol, 2-methyl-2-propanol n
**Butanolat** n (Chem) / butoxide n
**Butanon, 2-**~ (Chem) / methyl ethyl ketone* (MEK)
**Butan•säure** f (Chem) / butyric acid*, butanoic acid* ‖ ~**säureanhydrid** n (Chem) / butyric anhydride ‖ ~**säureethylester** m (Chem) / ethyl butyrate ‖ **1-**~ (Chem) / butyl mercaptane
**BU-Taste** f (Fernm) / COS switch-over button, COS change-over key
**Buten** n (Chem) / butylene* n, butene* n ‖ ~**disäure** f (Chem) / butenedioic acid ‖ **(Z)-2-**~**disäure** (Chem) / maleic acid*
**Butenyl, 2-**~ (-CH₂-CH=CH-CH₃) (Chem) / butenyl n
**Butin-1,4-diol, 2-**~ (Chem, Galv) / butynediol n
**Butlerit** m (Grubenbrandsulfat von Jerome, Arizona) (Min) / butlerite n
**Butler-Volmer-Gleichung** f (Kinetik der Elektrodenprozesse) (Elektr) / Butler-Volmer equation
**Butoxid** n (Gruppenbezeichnung für Alkoholate, die sich von den Butanolen ableiten) (Chem) / butoxide n
**Bütte** f (Pap) / vat n, tub n ‖ ~ (bei der Stoffaufbereitung) (Pap) / stock chest*, chest n
**Bütten** n (handgeschöpftes) (Pap) / handmade paper*, deckle-edge paper, vat paper (US) ‖ ~**leimung** f (Pap) / tub-sizing* n ‖ ~**ofen** m (ein Hafenofen) (Glas) / underfired furnace, furnace with ports in siege ‖ ~**papier** n (Pap) / handmade paper*, deckle-edge paper, vat paper (US) ‖ ~**papierersatz** m (Pap) / mould-made paper, cylinder paper, vat paper (GB), imitation handmade ‖ ~**rand** m (Pap) / deckle edge*
**Butter** f (Nahr) / butter* n ‖ **gesalzene** ~ (Nahr) / salted butter ‖ ~**baum** m (For) / shea tree, shea butter tree, shea n ‖ ~**bohnenfett** n / malabar tallow, piney tallow ‖ ~**brotpapier** n (Pap) / butter paper, butter wrapper ‖ ~**ei** f (Nahr) / butter-making process, butter making, churning n ‖ ~**einwickelpapier** n (Pap) / butter paper, butter wrapper ‖ ~**einwickler** m (Pap) / butter paper, butter wrapper ‖ ~**farbstoff** m (Nahr) / butter colouring agent, butter colour ‖ ~**fertiger** m (Nahr) / churn n, butter churn, churner n ‖ ~**fertigung** f (Nahr) /

butter-making process, butter making, churning n ‖ ≈**fett** n (Nahr) / milk fat, butterfat n ‖ ≈**gelb** n (4-(Dimethylamino)-azobenzol) (Chem) / butter yellow, solvent yellow 2 ‖ ≈**herstellung** f (Nahr) / butter-making process, butter making, churning n ‖ ≈**milch** f (bei der Verbutterung von pasteurisierter und mittels Buttereikultur gesäuerter Sahne anfallende Flüssigkeit) (Nahr) / buttermilk* n
**buttern** v (Nahr) / churn v ‖ ≈ n (Nahr) / butter-making process, butter making, churning n
**Butter·nußbaum** m (Juglans cinerea L.) (For) / butternut* n, white walnut ‖ ≈**nußbaumholz** n (aus Juglans cinerea L.) (For) / butternut* n ‖ ≈**papier** n (Pap) / butter paper, butter wrapper ‖ ≈**reinfett** n (Nahr) / concentrated butter ‖ ≈**säure** f (Chem) / butyric acid*, butanoic acid* ‖ ≈**säureanhydrid** n (Chem) / butyric anhydride ‖ ≈**säurebakterien** f pl (Bakteriol) / butyric-acid bacteria ‖ ≈**säure-Butanol-Gärung** f (Chem) / butyric fermentation ‖ ≈**säureethylester** m (Chem) / ethyl butyrate ‖ ≈**säuregärung** f (Chem) / butyric fermentation ‖ ≈**schmalz** n (Nahr) / milk fat, butterfat n ‖ ≈**schmalz** (Nahr) / rendered butter ‖ ≈**stößel** n (Nahr) / dasher n
**Butterung** f (Nahr) / butter-making process, butter making, churning n
**Butterworthfilter** n (Eltronik) / Butterworth filter*, maximally flat filter
**Butterworth-Waschmaschine** f (zur Tankreinigung) (Schiff) / Butterworth head (a mechanical hose head with revolving nozzles; used to wash down shipboard storage tanks)
**Button-down-Hemd** n (sportliches Oberhemd, dessen Kragenspitzen festgeknöpft sind) (Tex) / button-down shirt
**Butyl·acetat** n (Chem) / butyl acetate*, butyl ethanoate* ‖ ≈**alkohol** m (Chem) / butyl alcohol*, butanol* ‖ **tert-**≈**alkohol** (Anstr, Chem, Kftst) / tert-butyl alcohol, 2-methyl-2-propanol n
**Butylat** n (Chem) / butoxide n ‖ ≈ (selektives Bodenherbizid gegen Ungräser im Maisbau) (Landw) / butylate n
**Butyl·benzylphthalat** n (Chem) / benzyl butyl phthalate ‖ ≈**chlorid** n (Chem) / butyl chloride
**Butylen** n (Chem) / butylene* n, butene* n ‖ ≈**glykol** n (konstitutionsisomerer zweiwertiger Alkohol) (Chem) / butylene glycol, dihydroxybutane n, butanediol n
**Butyl·ethanoat** n (Chem) / butyl acetate*, butyl ethanoate* ‖ ≈**formiat** n (Chem) / butyl formate ‖ ≈**glykolacetat** n (2-Butoxyethylacetat) (Chem) / butylglycol acetate ‖ ≈**glykolat** n (Chem) / butyl glycolate ‖ ≈**glykolazetat** n (Chem) / butylglycol acetate ‖ ≈**gruppe** f (Chem) / butyl group* ‖ ≈**hydroxyanisol** n (E 320 - ein Antioxidans) (Chem, Nahr) / butylated hydroxyanisole, BHA ‖ **tert-**≈**hydroxyanisol** (E 320) (Chem, Nahr) / tert-butylmethoxyphenol, butylated hydroxyanisole, BHA ‖ ≈**hydroxytoluol** n (Chem) / butylated hydroxytoluene (2,6-di-tert-butylmethylphenol), BHT ‖ ≈**kautschuk** m (Bau, Chem, Plast) / butyl rubber*, isobutylene-isoprene rubber, IIR ‖ ≈**lactat** n (Anstr, Chem) / butyl lactate ‖ ≈**laktat** n (Anstr, Chem) / butyl lactate ‖ ≈**lithium** n (die technisch wichtigste lithiumorganische Verbindung) (Chem) / butyllithium n ‖ ≈**mercaptan** n (Chem) / butyl mercaptane ‖ ≈**merkaptan** n (Chem) / butyl mercaptane ‖ **tert-**≈**methoxyphenol** (Chem, Nahr) / tert-butylmethoxyphenol, butylated hydroxyanisole, BHA ‖ **tert-**≈**methylether** (Chem, Kftst, Kfz) / methyl-tert-butyl-ether (MTBE) n ‖ ≈**octylphthalat** n (Chem) / butyl octylphthalate ‖ ≈**oktylphthalat** n (Chem) / butyl octylphthalate ‖ ≈**rest** n (Chem) / butyl group* ‖ ≈**stearat** n (Chem) / butyl stearate ‖ ≈**titanat** n (Bindemittel für hochhitzebeständige Anstrichmittel) (Anstr, Chem) / tetrabutyl titanate, butyl titanate, TBT
**Butyral** n (Acetal des Butyraldehyds) (Chem) / butyral n
**Butyraldehyd, n-**≈ (Chem) / butanal* n, butyraldehyde* n, butaldehyde n
**Butyraldehydacetal** n (Chem) / butyral n
**Butyraldehydazetal** n (Chem) / butyral n
**Butyrat** n (Salz oder Ester der n-Buttersäure) (Chem) / butyrate n
**Butyro·lacton** n (1,4-Butanolid) (Chem) / butyrolactone n ‖ ≈**lakton** n (Chem) / butyrolactone n ‖ ≈**meter** n (zur Bestimmung des Fettgehalts der Milch bzw. des Rahms) (Nahr) / butyrometer n ‖ ~**metrisch** adj (Nahr) / butyrometric adj
**Butyrum** n **Nucistae** (Nahr) / nutmeg oil, myristica oil
**Butzen** m (unregelmäßige Erzeinsprengung im Gestein) (Bergb) / bunney n, bunny n ‖ ≈ (Druck) / hickie* n ‖ ≈ (z.B. beim Stanzen) (Masch) / knock-out n ‖ ≈ (Abfall beim Blasformen) (Plast) / flash n ‖ ≈**scheibe** f (Glas) / bull's eye
**Buyin** n (pl. -s) (Übernahme eines Unternehmens durch den Erwerb von Geschäftsanteilen von einem externen Manager oder Managementteam) (F.Org) / buy-in n, management buy-in, MBI
**Buyingcenter** n / buying centre
**Buyout** n (pl. -s) (Übernahme eines Unternehmens durch die eigene Geschäftsleitung) (F.Org) / buyout n, management buyout, MBO
**Buys-Ballotsch·es Gesetz** (nach Ch.H. Buys-Ballot, 1817-1890) (Meteor) / Buys Ballot's law* ‖ ≈**es Gesetz** (Meteor) s. auch barisches Windgesetz
**Buzz-Track-Tonspur** f (ein Ton-Testfilm) (Film) / buzz track*

**BV** (HuT) / concrete plasticizer, plasticizing admixture, water reducer, water-reducing admixture, water-reducing additive
**B-Verstärker** m ($B_1$-Verstärker: Betrieb ohne Gitterstrom, $B_2$-Verstärker: Betrieb mit Gitterstrom - DIN 44400) (Fernm) / class-B amplifier* ‖ ≈ **im Gegentaktbetrieb** (Fernm) / quiescent push-pull amplifier*, QPP amplifier*
**BVM** (Landw) / soil conditioner, soil amelioriant
**BWG-Drahtlehre** f (eine veraltete Drahtlehre von No. 4/0 bis 36 = 0,454" bis 0,004") (Hütt) / Birmingham wire gauge*, Birmingham gauge*, B.W.G.*, B.G., Stub's wire gauge
**BW-Zyklus** m (Astr) / carbon cycle*, Bethe cycle*, carbon-nitrogen cycle*
**Bypass** m (beim Gaszähler) / bypass n ‖ ≈ (Bau, Wasserb) / bypass* n, diversion n ‖ ≈ (Umleitung des Signals ohne Aktivierung nachgeschalteter Elektronik) (Eltronik) / by-pass n ‖ ≈**-Kanal** m (in Turbinentriebwerken) (Luftf) / by-pass n ‖ ≈**-Strömung** f (Masch) / by-pass flow ‖ ≈**-Triebwerk** n (ein Strahltriebwerk mit einem zweiten Luftstrom in einer äußeren Ummantelung) (Luftf) / by-pass engine ‖ ≈**-Triebwerk** s. auch Ducted fan ‖ ≈**-Ventil** n (Masch) / bypass valve* ‖ ≈**-Verhältnis** n (Luftf) / bypass ratio
**Byssinose** f (Erkrankung der Baumwollarbeiter) (Med) / byssinosis* n (pl. byssinoses), cotton-mill fever
**Byssochlamsäure** f (ein Mykotoxin, das insbesondere Fruchtsäfte und Obstkonserven befällt) (Chem, Nahr) / byssochlamic acid
**Byssus-Seide** f (Tex) / shell silk, byssus n
**Byte** n (DIN 44300) (EDV) / byte* n ‖ ≈**gruppe** f (EDV) / gulp (group of several consecutive bytes) ‖ ≈**multiplexkanal** m (EDV) / byte multiplex channel ‖ ≈**orientierter Rechner** (der Operanden unterschiedlicher Stellenzahl zuläßt) (EDV) / byte-oriented computer ‖ ≈**seriell** adj (EDV) / serial-by-byte adj ‖ ≈**takt** m (Fernm) / byte timing ‖ ~**weise** adj (EDV) / byte-serial adj ‖ ~**weise Adressierung** (EDV) / byte addressing
**Bytownit** n (ein Zwischenglied der Plagioklas-Reihe) (Min) / bytownite* n
**byzantinische Einigung** (Verfahren zur gemeinsamen Beschlußfassung von Prozessen in verteilten Systemen) (EDV) / Byzantine agreement
**BZ** (450 Hz, Morsezeichen e) (Fernsp) / busy tone*, audible busy signal, engaged tone
**β-Zellulose** f (Chem) / beta-cellulose n
**BZ-Reaktion** f (Chem) / Belousov-Zabotinski reaction
**Bz-Sicherung** f (Masch) / circlip* n, E-clip n
**B-Zustand** m (bei Phenolharzen) (Plast) / B-stage* n
**Bz-Zellulose** f (Chem) / benzylcellulose n

# C

**C** (Biochem) / cytidine $n$, Cyd
**C** (Chem) / carbon* $n$
**C** (Elektr) / coulomb* $n$, coul $n$
$^{14}$**C** (Chem) / radiocarbon* $n$, carbon-14 $n$
**Ca** (Chem) / calcium* $n$
**CA - DIN 7728** (Chem) / cellulose acetate*, acetylcellulose* $n$, CA, cellulose ethanoate
**CAAT-Box** $f$ (DNA-Konsensussequenz im Bereich von Promotoren) (Gen) / CAAT box
**CAB** (DIN 7728, T 1) (Chem) / cellulose acetate butyrate, CAB*
**Cabalglas** $n$ (Dreikomponentenglas mit CaO, $B_2O_3$ und $Al_2O_3$) (Glas) / cabal glass
**Cabibbo-Theorie** $f$ (von Baryonen) (Kernphys) / Cabibbo theory
**Cabibbo-Winkel** $m$ (bei dem Hadronenstrom) (Kernphys) / Cabibbo angle
**Cabinet-Feile** $f$ (Werkz) / cabinet-file* $n$
**Cabretta** $n$ (südamerikanische Haarschaffelle für Handschuh- und Schuhoberleder oder sehr feines Nappaleder aus den Häuten spanischer Bergziegen) (Leder) / cabretta $n$
**Cabreuvaöl** $n$ (etherisches Öl aus Myrocarpus fastigiatus oder M. frondosus) / cabreuva oil
**Cabrio** $n$ (Kfz) / cabriolet $n$, cabrio $n$, convertible $n$, soft-roof convertible (US), drophead $n$ (GB), drop-top $n$ (GB)
**Cabriolet** $n$ (Kfz) / cabriolet $n$, cabrio $n$, convertible $n$, soft-roof convertible (US), drophead $n$ (GB), drop-top $n$ (GB)
**CAB-Schiff** $n$ (das sich auf Luftblasen bewegt) (Schiff) / captured air-bubble ship
**C-Abstimmung** $f$ (Radio) / capacitive tuning
**Cabuya-Faser** $f$ (Tex) / cabuja fibre, cabuya fibre
**Cache•-Bereich** $m$ (EDV) / cacheable area || ~-**Controller** $m$ (Baugruppe, die den Cache steuert) (EDV) / cache controller
**Cachectin** $n$ (Biochem) / TNF cachectin
**cachen** $v$ (EDV) / cache $v$
**Cache•-Speicher** $m$ (ein kleiner und schneller Zusatzspeicher, meist als Halbleiterspeicher ausgeführt) (EDV) / cache memory*, cache $n$ || ~-**Speicher für die Schriften** (ein extrem schneller Speicher, der einen unmittelbaren Zugriff auf häufig benötigte Schriften ermöglicht) (EDV) / font cache || ~-**SRAM-Datenspeicher** $m$ (EDV) / cache-data SRAM || ~-**SRAM-Markierungsspeicher** $m$ (EDV) / cache-tag SRAM
**Cachet** $n$ (eine Arzneiform) (Pharm) / cachet $n$, medicinal wafer
**Caching** $n$ (bei Platten) (EDV) / caching $n$
**Cacholong** $m$ (perlmuttglänzende Abart des Opals) (Min) / cacholong $n$
**CAD** (EDV) / computer-assisted drauwing, CAD || ~ (EDV, Masch) / computer-aided design*, CAD*
**Cadaverin** $n$ (Chem) / pentamethylene-diamine* $n$, cadaverine* $n$ (1,5-diaminopentane)
**Caddy** $m$ (Schutzkassette für CD-ROMs) (EDV) / caddy $n$, disk caddy
**c-Ader** $f$ (Fernsp) / P-wire $n$, sleeve wire, private wire
**Cadetsche Flüssigkeit** (Chem) / cacodyl oxide, alkarsine $n$
**Cadett** $n$ (Tex) / cadet cloth
**Cadinen** $n$ (Chem) / cadinene $n$
**CAD-Interface** $n$ (EDV) / CAD interface
**Cadmieren** (Galv) / cadmium-plating $n$
**Cadmierung** $f$ (Galv) / cadmium-plating $n$
**Cadmium** $n$ (Chem) / cadmium* $n$ || ~**blende** $f$ (Min) / greenockite* $n$, cadmium blende || ~**chlorid** $n$ (Chem) / cadmium chloride || ~**fluorid** $n$ (Chem) / cadmium fluoride || ~-**Fotozelle** $f$ (Eltronik) / cadmium photocell* || ~**grenze** $f$ (Kernphys) / cadmium cut-off || ~**hydroxid** $n$ (Chem) / cadmium hydroxide || ~**iodid** $n$ (Chem) / cadmium iodide || ~**iodidtyp** $n$ (Krist) / cadmium-iodide type, cadmium-iodide structure || ~**nitrat** $n$ (Chem) / cadmium nitrate || ~**(II)-oxid** $n$ (Chem) / cadmium oxide || ~**selenid** $n$ (Chem) / cadmium selenide || ~**sulfat** $n$ (Chem) / cadmium sulphate || ~**tellurid** $n$ (Chem) / cadmium telluride || ~**verhältnis** $n$ (Kernphys) / cadmium ratio || ~**wolframat** $n$ (Chem) / cadmium tungstate, cadmium wolframate
**CAD•-Platte** $f$ (EDV, Opt) / CAD disk, constant area density disk || ~-**Schnittstelle** $v$ (EDV) / CAD interface || ~-**tauglicher Arbeitsplatz** (F.Org) / workstation with CAD capabilities
**Ca-Dünger** $m$ (Landw) / lime fertilizer
**CAE** (Masch) / computer-aided engineering, CAE
**Caesium** $n$ (Chem) / caesium* $n$, cesium $n$ (US)*
**CAF** (For) / aieli $n$, canarium $n$

**Caged Verbindungen** $f pl$ (synthetische Moleküle, deren biologische Aktivität durch Lichteinstrahlung kontrollierbar ist und die in biochemischer und zellbiologischer Forschung zur Anwendung kommen) (Biochem, Zyt) / caged compounds
**Cage-Effekt** $m$ (Chem) / cage effect
**CA-geregelte Atmosphäre** / controlled atmosphere, CA
**Cagniard-de-la-Tourscher Zustand** (nach Ch.Baron Cagniard de la Tour, 1777-1859) (Phys) / critical state*
**Cahn-Ingold-Prelog-Sequenzregeln** $f pl$ (Chem) / CIP rules
**Cailletet-Mathiassche Regel** (nach L.P. Cailletet, 1832-1913) (Chem, Phys) / Cailletet's and Mathias' law*
**Cairngormstone** $m$ (Min) / cairngorm* $n$, smoky quartz*, smokestone $n$, smoky topaz
**Caisson** $m$ (HuT) / caisson $n$ || ~ **als Abschlußbauwerk** (HuT) / floating dam* || **künstliches** ~**fundament für das Bohrgerät** (Kombination von Kiesinsel und CIDS - mit Stahlbehältern als Schutzwall gegen Eisdruck und Wellen) (Erdöl) / caisson-retained island, CRI || ~**krankheit** $f$ (eine Luftdruckkrankheit) (HuT, Med) / caisson disease*, screws $pl$ || ~**krankheit** (HuT, Med) s. auch Bends und Druckfallkrankheit
**CA-Kammer** $f$ (in der Massenspektrometrie) (Spektr) / collision-activation chamber
**cal** (nicht mehr zugelassene Einheit der Wärmemenge = 4,1868 J) (Wärm) / calorie* $n$
**cal$_{15}$** (nicht mehr zugelassene Einheit der Wärmemenge = 4,1855 J) (Wärm) / small calorie
**Cal** (nicht mehr zugelassene Einheit der Wärmemenge) (Phys) / large calorie*
**Calabarbohnen** $f pl$ (giftige Samen von Physostigma venenosum Balf.) (Pharm) / Calabar beans, ordeal beans
**CA-Lager** $n$ (zur langfristigen Lagerung bestimmter Obst- und Gemüsearten in Lagerluft mit erhöhtem Kohlendioxidgehalt) (Nahr) / controlled-atmosphere store, CA store
**CA-Lagerung** $f$ (Nahr) / controlled-atmosphere storage, CA storage
**Calamina** $f$ (Pharm) / medicinal calamine, calamine $n$
**Calandria** $f$ (druckloses Stahlgefäß bei Schwerwasserreaktoren) (Nukl) / calandria* $n$
**Calaverit** $m$ (ein wichtiges Golderz) (Geol) / calaverite $n$
**Calciferol** $n$ (Biochem) / calciferol* $n$, vitamin D* (antirachitic vitamin)
**calcifug** adj (Bot) / calcifuge* adj, calciphobe* adj, calcifugous adj, calciphobous adj
**calcinieren** $v$ (Chem Verf) / calcine $v$ || ~ $n$ (Chem Verf) / calcination* $n$
**Calcinierung** $f$ (Chem Verf) / calcination* $n$
**Calcinosis** $f$ (Verkalkung von Gewebe infolge vermehrter Ablagerung von Kalziumsalzen) (Med) / calcinosis* $n$ (pl. calcinoses)
**Calciol** $n$ (Biochem) / cholecalciferol $n$, vitamin $n$ $D_3$
**Calciothermie** $f$ (Kernphys) / calciothermy $n$, calciothermic process
**Calcipotriol** $n$ (ein Vitamin-D-Analoges, das als Antipsoriatikum eingesetzt wird) (Chem, Pharm) / calcipotriol $n$
**Calcit** $m$ (Min, Opt) / calcite* $n$, calcspar* $n$
**Calcitonin** $n$ (Biochem) / calcitonin* $n$, thyrocalcitonin $n$
**Calcium** $n$ (Chem) / calcium* $n$ || ~- (Chem) / calcic adj || ~ **sulphuratum Hahnemanni** (Pharm) / sulphurated lime || ~**acetat** $n$ (Chem) / calcium acetate, calcium ethanoate || ~**acrylat** $n$ (Chem) / calcium acrylate || ~**carbid** $n$ (Chem) / calcium carbide*, calcium acetylide || ~**chromat** $n$ (Chem) / calcium chromate || ~**cyanamid** $n$ (Chem) / calcium cyanamide || ~**cyanid** $n$ (Chem) / calcium cyanide, black cyanide || ~**cyclamat** $n$ (Chem) / calcium cyclamate || ~**formiat** $n$ (Chem) / calcium formate || ~**gluconat** $n$ (Chem, Nahr) / calcium gluconate || ~**härte** $f$ / calcium hardness || ~**hydroxid** $n$ / calcium hydroxide || ~**iodat** (Keram) / calcium iodate || ~**lactat** $n$ (Chem, Pharm) / calcium lactate || ~**metasilicat** $n$ (Chem) / calcium metasilicate || ~**naphthenat** $n$ (eine Calciumseife) (Chem) / calcium naphthenate || ~**nitrat** $n$ (Chem) / calcium nitrate || ~**oxalat** $n$ (Bot, Chem) / calcium oxalate || ~**pantothenat** $n$ (Chem) / calcium pantothenate || ~**peroxid** $n$ (Chem) / calcium peroxide || ~**phosphat** $n$ (Chem) / calcium phosphate || ~**phosphid** $n$ (Chem) / calcium phosphide || ~**polysulfid** $n$ (Chem) / calcium polysulphide || ~**propionat** $n$ (Chem, Nahr) / calcium propionate || ~**seife** $f$ (eine Metallseife) (Chem) / lime soap, calcium soap || ~**silicat** $n$ (Chem) / calcium silicate || ~**sulfid** $n$ (Chem) / calcium sulphide
**Caldera** $f$ (pl. Calderen) (kesselartige Vertiefung an Vulkanen) (Geol) / caldera* $n$
**Calendulaöl** $n$ (aus der Gartenringelblume = Calendula officinalis L.) (Pharm) / calendula oil
**Calgon** $n$ (Warenzeichen für ein Wasch- und Kalkschutzmittel auf der Basis von mittel- und hochmolekularen Polyphosphaten) (Chem) / Calgon* $n$
**Caliche** $m$ (Geol) / caliche* $n$
**Californiaschuhwerk** $n$ / slip-lasted footwear
**Californiatest** $m$ (Begrenzung der Emission von Kohlenwasserstoffen und Kohlenmonoxid) (Kfz) / California test

**Californit** *m* (ein Schmuckstein) (Min) / Californian jade*, californite* *n*
**Californium** *n* (Chem) / californium* *n*
**Calisaya-Chinarinde** *f* (aus Cinchona officinalis L.) (Pharm) / calisaya bark, yellow cinchona, Peruvian bark
**cal$_{IT}$** (nicht mehr zugelassene Einheit der Wärmemenge = 4,1868 J) (Wärm) / calorie* *n*
**Calix** *m* (pl. Calices) (Zool) / calyx* *n* (pl. calyces or -es), calix *n* (pl. calices or -es)
**Callan-Gross-Beziehung** *f* (Kernphys) / Callan-Gross relation
**Callendar-Gleichung** *f* (eine thermodynamische Zustandsgleichung) (Phys) / Callendar's equation
**Caller-ID** *m* (Fernsp) / call identification, caller identification, caller ID
**Callier•-Effekt** *m* (bei der Schwärzungsmessung) (Foto) / Callier effect* ‖ ≏-**Quotient** *m* (Verhältnis der in gerichtetem und in diffusem Licht gemessenen Dichten; ein Maß für die Körnigkeit der betreffenden Schicht) (Foto) / Callier coefficient*, Callier quotient*, Callier Q factor*
**Call-Level-Interface-Spezifikation** *f* (die die SQL-Zugriffe auf Datenbankumgebungen regelt) (EDV) / call-level interface, CLI
**Callow-Apparat** (nach J.M. Callow, 1867-1940) (Aufber) / pneumatic flotation cell*, Callow flotation cell
**Callus** (Wund- und Vernarbungsgewebe) (Bot, For) / callus* *n* (pl. calluses), callous *n* (pl. callouses)
**Call•-Virus** *m* (EDV) / call virus ‖ ≏-**Zentrum** *n* (in dem speziell ausgebildete Mitarbeiter sitzen, um per Telefon und durch Computerbildschirme unterstützt Kundenkontakte zu pflegen sowie Kundenprobleme schnell und sicher zu lösen) (Fernm) / call centre
**Calmagit** *n* (Indikator bei der Komplexometrie von Ca und Mg mit EDTA) (Chem) / calmagite *n*
**Calmes-Walzwerk** *n* (Hütt) / Calmes cross-rolling mill
**Calmodulin** *n* (Chem) / calmodulin* *n*
**Calmodulin-Faltung** *f* (Biochem) / EF hand, calmodulin fold
**Calmuc** *m* (Tex) / kalmuck *n*, calmuc *n* (a cotton double-weave fabric)
**Calmusöl** *n* / oil of calamus
**Calophyllum inophyllum L.** (Bitangor) (For) / yellow tacamahac (bitangor), Alexandrian laurel
**Calorisieren** *n* (Galv) / alitizing *n*
**Calvert-System** *n* (der Befeuerung) (Luftf) / Calvert lighting
**Calvin-Zyklus** *m* (der reduktive Pentosephosphatzyklus - nach dem amerikanischen Chemiker M. Calvin, 1911-1997) (Biochem) / Calvin-Benson cycle, Calvin cycle*, Benson-Calvin cycle, Benson-Calvin-Basham cycle, photosynthesis cycle, reductive pentose phosphate cycle
**Calyx** *m* (pl. Calyces) (Bot) / calyx* *n* (pl. calyces or -es) ‖ ≏ (pl. Calyces) (Teil eines Hohlorgans) (Zool) / calyx* *n* (pl. calyces or -es), calix *n* (pl. calices or -es) ‖ ≏-**Bohrverfahren** *n* (großkalibriges Schrotverfahren) (Bergb) / Calyx drilling, Calyx boring (system)
**CAM** (Bot) / crassulacean acid metabolism*, CAM* ‖ ≏ (EDV, Masch) / computer-aided manufacturing, CAM
**CAMAC** *n* (modular aufgebautes Peripheriesystem in der automatisierten Prozeßrechnertechnik) (EDV) / computer-automated measurement and control, CAMAC
**Camaieu** *f* (EDV) / tint drawing, camaieu *n*
**Cambisol** *n* (Boden mit Braunhorizont in Laub- und Mischwäldern) (For, Landw) / cambisol *n*
**Cambium** *n* (Bot, For) / cambium* *n*
**Cambric** *m* (Tex) / cambric *n*
**Cambridge-Walze** *f* (eine Rauhwalze, bei der je ein Ring mit doppelkehligem Profil und eine Zackenscheibe abwechseln) (Landw) / Cambridge roller, continental Cambridge roller
**Camcorder** *n* (Videokamera mit integriertem Videorecorder) (Film) / camcorder* *n*, camera recorder
**Camelback-Prinzip** *n* **der Quervliesbildung** (Tex) / camelback web cross-lapping principle
**Camelot** *n* (ein feines leinwandbindiges Gewebe mit Changeantwirkung) (Tex) / camlet *n*
**Camera lucida** *f* (Phys) √ / camera lucida* ‖ ≏ **obscura** (Phys) / camera obscura*, pin-hole camera
**Cameron-Scherbacken** *f pl* (zum Schneiden des Gestänges) (Erdöl) / Cameron shear ram
**Camholz** *n* (aus Baphia nitida Lodd.) (For) / camwood *n*
**Camion** *m* (S) (Kfz) / lorry *n* (GB), truck *n* (US), motortruck *n* (US)
**Camlock-Befestigung** *f* (des Spannfutters auf dem Drehspindelkopf mittels mehrerer Exzenterbolzen - DIN 55 029) (Masch) / camlock mounting
**Cam-out-Effekt** *m* (Werkz) / camout *n*
**cAMP** (Biochem) / cyclic adenylic acid, cyclic AMP, cyclic adenosine 3',5'-monophosphate*, cAMP*
**Campanile** *m* (Arch) / campanile* *n*
**Campbell•-Brücke** *f* (zur Bestimmung der Gegeninduktivität) (Eltech) / Campbell bridge* ‖ ≏-**Feinköper** *m* (Tex) / Campbell twill ‖

≏-**Hausdorffsche Formel** (symbolische Exponentialformel) (Math) / Campbell-Hausdorff formula
**Campbellsche Brückenschaltung** (Eltech) / Campbell bridge*
**Campecheholz** *n* (Haematoxylum campechianum L.) (For) / Campeachy wood, logwood* *n*, blue-wood *n*, CAM
**Camphen** *n* (Chem) / camphene* *n*
**Campher** *m* (Borman-2-on) (Chem, Pharm) / camphor* *n* ‖ ≏- / camphoric *adj*
**Campheröl, starkes** ≏ (mit Erdnußöl) (Pharm) / camphorated oil
**Camphora** *f* **artefficialis** (Pharm) / artificial camphor, terpene hydrochloride
**Camphoricin** *n* (Pharm) / artificial camphor, terpene hydrochloride
**Campimeter** *n* (zur Untersuchung des Gesichtsfeldes) (Med, Opt) / campimeter *n*
**Camping•bus** *m* (Kfz) / motorhome *n* (US) ‖ ≏**bus** (Kfz) / camper *n* ‖ ≏**gasleuchte** *f* / Coleman lantern (US), Coleman lamp (US) ‖ ≏**platz** *m* / camping site, campsite *n*, campground *n* (US) ‖ ≏**platz** (für Wohnwagen) / caravan park, caravan site, trailer park (US), trailer camp (US), trailer court (US) ‖ ≏**wagen** *m* (Kfz) / camper *n* ‖ ≏**wagen** (Kfz) s. auch Wohnmobil
**Campus-Wide-Information-System** *n* (EDV) / campus-wide information system, CWIS
**Camulöl** *n* (fettes Öl aus den Samen von Mallotus philippensis (Lam.) Müll. Arg.) / kamala oil, kamela oil
**Camwood** *n* (aus Baphia nitida Lodd.) (For) / camwood *n*
**Canangaöl** *n* (das etherische Öl aus den Blüten einer hauptsächlich auf Java wachsenden Unterart der Ylang-Ylangpflanze - Cananga odorata ssp. macrophylla) / cananga oil ‖ ≏ s. auch Ylang-Ylang-Öl
**Canarium, Afrikanisches** ≏ (For) / aieli *n*, canarium *n*
**Cancrinit** *m* (ein Tektosilikat mit tetraederfremden Anionen - magmatische Ausscheidung $CO_2$-haltiger Magmen unter hohem Druck) (Min) / cancrinite* *n*
**Candela** *f* (SI-Basiseinheit der Lichtstärke - DIN 1301, T 1) (Licht) / candela* *n*, cd*
**Candelillawachs** *n* / candelilla wax
**Candelinawachs** *n* / candelilla wax
**Candelkohle** *f* (Kftst) / cannel coal*, cannel *n*
**Candlewick-Garn** *n* (Spinn) / candlewick* *n*, candlewick yarn
**Candy-Lack** *m* (ein Effektlack) (Anstr) / candy paint
**Canevas** *n* (Tex) / canvas* *n* (pl. canvases or canvasses)
**Cannabinoide** *n pl* (Inhaltsstoffe der Cannabis-Arten) (Pharm) / cannabinoids *pl*
**Cannabinol** *n* (ein Cannabinoid) (Pharm) / cannabinol *n*
**Cannastärke** *f* (Nahr) / achira starch, tous-les-mois *n*
**Cannelé** *m* (mit verschieden breiter Rippenmusterung) (Tex) / cannele rep
**Cannelérips** *m* (Tex) / cannele rep
**Cannelkohle** *f* (Kftst) / cannel coal*, cannel *n*
**Canning** *n* (Kfz) / canning *n* ‖ ≏ (Nukl) / canning *n*, jacketing *n*
**Cannizzaro-Reaktion** *f* (Disproportionierung eines Aldehyds - nach S. Cannizzaro, 1826-1910) (Chem) / Cannizzaro reaction*
**Cañon** *m* (Geol) / canyon* *n*
**Cantharidin** *n* (Gift aus dem Blut bestimmter Weichkäferarten, hauptsächlich der Spanischen Fliege) / cantharidin *n*, cantharides camphor
**Cantor-Bernsteinscher Äquivalenzsatz** (Math) / Schroeder-Bernstein theorem, equivalence theorem
**Cantors Diagonalverfahren** (in der Mengenlehre) (Math) / diagonal procedure, Cantor's diagonal method
**Canum-Venaticorum-Sterne, Alpha-**≏ (Astr) / spectrum variables
**Canyon** *m* (durch einen Fluß sehr tief eingeschnittene steilwandige Schlucht in Tafelländern) (Geol) / canyon* *n* ‖ **submariner** ≏ (vom Schelf in den Kontinentalhang) (Geol) / submarine canyon*
**CAP** (Chem) / cellulose acetate propionate ‖ ≏ (DIN 7728, T 1) (Chem) / cellulose propionate ‖ ≏ (EDV, F.Org) / computer-aided planning, CAP
**CAPB** / cocoamidopropyl betaine
**Capping** *n* (Biochem, Gen) / capping *n*
**Caprinaldehyd** *m* (Chem) / capric aldehyde, decanal *n*
**Caprolactam** *n* / caprolactam *n*
**Capronaldehyd** *m* (Chem) / hexanal *n*, capronaldehyde *n*
**Capronsäureethylester** *m* (Chem, Nahr) / ethyl caproate, ethyl hexanoate
**Capsanthin** *n* (ein Xanthophyll des Paprikas) (Chem, Nahr) / capsanthin *n*
**capsicumrot** *adj* / capsicum-red *adj*
**Capsid** *n* (Proteinhülle von Viren, die den Nucleinsäurekern enthält) (Biochem) / capsid *n*
**Capsomer** *n* (Protein-Untereinheit von Capsiden, die aus mehreren Polypeptidketten zusammengesetzt und elektronemikroskopisch erkennbar ist) (Biochem) / capsomere *n*

**Capstan**

**Capstan** *m* (Antriebswelle von Tonbandgeräten und Videorekordern) (Akus, Mag) / capstan* *n* ‖ ˜ (EDV) / capstan *n*
**Capsula** *f* (pl. -ae) (Pharm) / capsule* *n*
**Captan** *n* (ein Phthalsäurederivat als Fungizid-Präparat) (Chem) / captan* *n*
**Captureboard** *n* (das Informationen erfaßt und digitalisiert) (EDV) / capture board
**Caput mortuum** *n* / colcothar *n*, red iron oxide, Prague red
**Capybaraleder** *n* (von dem südamerikanischen Riesennager Hydrochaerus hydrochaeris) (Leder) / carpincho leather, capybara leather
**Caran** *n* (ein Grundkörper der bizyklischen Monoterpene) (Chem) / carane *n*
**Carapaöl** *n* (sehr bitteres Öl aus den Samen des Crabbaums) / carap oil, carapa oil
**Carathéodory-Prinzip** *n* (der adiabatischen Unerreichbarkeit - nach C. Carathéodory, 1873-1950) / Carathéodory principle, principle of inaccessibility
**Carathéodorysches Maß** (Math) / outer measure
**Caravan** *m* (Kfz) / caravan *n* (GB), mobile home (US), trailer *n* (US), house trailer (US), van *n* (GB) ‖ ˜**gespann** *n* (Pkw und Wohnanhänger) (Kfz) / outfit *n* (car + caravan) ‖ ˜**spiegel** *m* (Kfz) / trail-view mirror
**Carbaboran** *n* (Chem) / carborane *n*, carbaborane *n*
**Carbamat** (Ester und Salz der Carbamidsäure) (Chem) / carbamate *n*
**Carbamid** *n* (Endprodukt des Eiweißstoffwechsels) (Biochem) / urea* *n*, carbamide* *n* ‖ ˜**säure** *f* (Chem) / carbamic acid*, aminoformic acid *n* ‖ ˜**säurehydrazid** *n* (Chem) / semicarbazide* *n*
**Carbamoyl** *n* (Chem) / carbamyl *n* ‖ ˜**phosphat** *n* (ionisierte Form des gemischten Anhydrids der Carbamidsäure und der Phosphorsäure) (Biochem) / carbamoyl phosphate
**Carbanion** *n* (Chem) / carbanion* *n*
**Carbaryl** *n* (1-Naphthylmethylcarbamat - ein Insektizid) (Chem, Landw) / carbaryl *n*
**Carbazid** *n* (Chem) / carbazide *n*
**Carbazol** *n* (Chem) / carbazole* *n*, dibenzopyrrole *n*
**Carbazon** *n* (Chem) / carbazone *n*
**Carbene** *n pl* (Chem) / carbenes* *pl*
**Carbenicillin** *n* (halbsynthetisches Penicillin) (Pharm) / carbenicillin *n*
**Carbeniumion** *n* (Carbokation mit dreibindigem Kohlenstoff und einem Elektronensextett) (Chem) / carbenium ion
**Carbid** *n* (Chem) / carbide* *n* ‖ ˜**lampe** *f* / carbide lamp ‖ ˜**ofen** *m* / carbide furnace ‖ ˜**schutzschicht** *f* (Galv) / carbide coating
**Carbin** *n* (eine Kohlenstoffmodifikation) (Chem) / carbyne *n*
**Carbitol** *n* (ein Warenzeichen für Ethyldiglykol) (Chem) / Carbitol *n*
**carbo** *m* **activatus** (Chem, Pharm) / activated charcoal* ‖ ˜ *m* **ligni** (Pharm) / wood charcoal, Carbo ligni ‖ ˜ **ossium** (Pharm) / spodium *n*, bone char ‖ ˜ **vegetabilis** (Pharm) / vegetable black
**Carbo•anhydrase** *f* (Biochem) / carbonic anhydrase*, carbonic acid anhydrase, carboanhydrase *n*, carbonate dehydratase ‖ ˜**chemie** *f* (Chem) / coal chemistry, chemistry of coal ‖ ˜**cyclisch** *adj* / carbocyclic *adj* ‖ ˜**gel** *n* (aus Paraffin und Vaseline) (Chem, Pharm) / carbogel *n* ‖ ˜**kation** *n* (positiv geladenes Kohlenstoffion) (Chem) / carbocation *n* ‖ ˜**lineum** *n* (Holzschutzmittel aus Steinkohlenteer-Bestandteilen für Außenholz, Zäune, Pfähle usw. - auch Schädlingsbekämpfungsmittel) (Chem, For) / carbolineum *n*
**Carbolöl** *n* (Steinkohlenteerdestillat) (Chem Verf) / carbolic oil*, middle oil*
**Carbonat** *n* (Chem) / carbonate* *n* ‖ **neutrales** ˜ (Chem) / neutral carbonate, secondary carbonate ‖ **normales** ˜ (Chem) / neutral carbonate, secondary carbonate
**Carbonatisierung** *f* (HuT) / carbonation *n*, carbonization *n*
**Carbon•-Black** *n* (Chem Verf) / carbon black* ‖ ˜**bremse** *f* (Luftf) / carbon brake* ‖ ˜**datierung** *f* (zur Altersbestimmung organischer Reste; Verhältnis zwischen C$^{14}$ und C$^{12}$) / carbon dating*, carbon-14 dating, radiocarbon dating ‖ ˜**druck** *m* (Druck) / carbon printing
**Carboneum sesquichloratum** (Chem) / hexachloroethane *n*, carbon trichloride, perchloroethane *n*, hexachloretane *n*
**Carbonfaser** *f* (Chem) / carbon fibre*, c-fibre *n*
**Carbo•nitrid** *n* / carbonitride *n* ‖ ˜**nitrieren** (Hütt) / carbonitriding *n*, nicarbing *n*, carbonitrating *n*
**Carboniumion** *n* (ein Carbokation) (Chem) / carbonium ion*
**Carbonohydrazid** *n* (Chem) / carbazide *n*
**Carbonsäure** *f* (die eine oder mehrere Carboxygruppen enthält) (Chem) / carboxylic acid*
**Carbonyl** *n* (Chem) / carbonyl* *n*, carbonyl group* ‖ ˜**dichlorid** *n* (Chem) / phosgene* *n*, carbonyl chloride* ‖ ˜**gruppe** *f* (Chem) / carbonyl group
**Carbonylierung** *f* (Chem) / carbonylation *n*
**Carbopech** *n* / carbopitch *n*
**Carboran** *n* (Gruppenbezeichnung für Bor-Kohlenstoff-Wasserstoff-Verbindungen, die systematisch als Carbaborane bezeichnet werden) (Chem) / carborane *n*, carbaborane *n*
**Carborundum** *n* (Siliziumkarbid als Schleifmittel - Warenzeichen der Deutschen Carborundum Schleifmittelwerke GmbH) / Carborundum* *n*
**Carbowax** *n* (Warenzeichen für eine Gruppe von Polyethylenglykolen) (Chem Verf, Pharm, Tex) / Carbowax *n*
**Carboxygruppe** *f* (Chem) / carboxyl group*
**Carboxylase** *f* (Biochem) / carboxylase* *n*
**Carboxy•methylcellulose** *f* (DIN 7728, T 1) (Chem) / carboxymethylcellulose *n*, CMC, cellulose gum ‖ ˜**peptidase** *f* (Biochem) / carboxypeptidase *n*
**Carbro-Druck** *m* (ein altes Edeldruckverfahren) (Foto) / Carbro process*
**Carburieren** *n* (Chem Verf) / carburetting *n*, carburetion (US)
**Carbylamin** *n* (Chem) / isonitrile* *n*, isocyanide* *n*, carbylamine* *n* ‖ ˜**reaktion** *f* (zum Nachweis primärer Aminogruppen) (Chem) / carbylamine reaction, isocyanide test
**carcinogen** *adj* (Med) / carcinogenic *adj*, oncogenic *adj*
**Carcinotron** *n* (eine Lauffeldröhre) (Eltronik) / carcinotron *n* ‖ ˜ **M** (Eltronik) / M-type backward-wave oscillator
**Cardamomenöl** *n* (Nahr) / oil of cardamom
**cardanisch•e Aufhängung** (Masch) / gimbal mount*, Cardan mount*, Cardan's suspension, cardanic suspension ‖ ˜**e Formel** (zur Lösung der kubischen Gleichung) (Math) / general cubic equation, Cardan's solution of the cubic
**Cardano-Formel** *f* (nach G. Cardano, 1501 - 1576) (Math) / general cubic equation, Cardan's solution of the cubic
**Cardenolid** *n* (eine herzwirksame Substanz) (Bot, Pharm) / cardenolide *n*
**Cardenolidglykosid** *n* (Bot, Pharm) / cardenolide *n*
**Cardioide** *f* (Math) / cardioid* *n*
**Carey-Foster-Brücke** *f* (Eltech) / Carey-Foster bridge
**Cargo** *m* (Schiff) / cargo *n* (pl. cargoes or cargos), load* *n*, shipload *n*
**Carius-Methode** *f* (zum quantitativen Nachweis von Chlor, Brom, Iod und Schwefel - nach G.L. Carius, 1829-1875) (Chem) / Carius method
**Carmichaelsche Zahl** (Math) / pseudoprime *n*, Carmichael number
**Carminsäure** *f* (Chem) / carminic acid
**Carmoisin** *n* (E 122) (Chem, Nahr) / carmoisin *n*, azo rubin
**Carnallit** *m* (nach R.v.Carnall, 1804-1874) (Min) / carnallite* *n*
**Carnauba•palme** *f* (Copernicia prunifera L. (Mill.) H.E. Moore) / carnauba *n*, wax palm ‖ ˜**wachs** *n* (E 903) (von der Karnaubawachspalme) / carnauba wax, Brazil wax
**Carneol** *m* (Min) / carnelian* *n*, cornelian* *n*
**Carnet** *n* (Zollbescheinigung zur Einfuhr von Kraftfahrzeugen) (Kfz) / carnet *n*
**Carnitin** *n* (3-Hydroxy-4-(trimethylammonio)-buttersäurebetain) (Biochem) / carnitine *n*, vitamin B$_T$
**Carnot-Energieverlust** *m* (Phys) / impact loss
**carnotisieren** *v* (Phys) / carnotize *v*
**Carnotit** *m* (Uran- und Vanadiummineral - nach M.A. Carnot, 1839-1920) (Min) / carnotite* *n*
**Carnot-Maschine** *f* (reversibel und periodisch mit dem Carnotschen Wirkungsgrad arbeitende Wärmekraftmaschine) (Phys) / Carnot engine ‖ ˜**-Prozeß** *m* (nach S.Carnot, 1796-1832) (Phys) / Carnot cycle*, Carnot working cycle
**Carnotsch•er Energieverlust** (Phys) / impact loss ‖ ˜**er Kreisprozeß** (Phys) / Carnot cycle*, Carnot working cycle ‖ ˜**es Reagens** (zum Kaliumnachweis) (Chem) / Carnot's reagent ‖ ˜**es Theorem** (Aussage über den Wirkungsgrad einer Wärmekraftmaschine) (Phys) / Carnot's theorem*, Carnot law, Carnot's principle ‖ ˜**er Wirkungsgrad** (im Carnotschen Kreisprozeß) (Phys) / Carnot efficiency, thermal efficiency of the Carnot cycle, efficiency of Carnot cycle
**Carosche Säure** (nach H.Caro, 1834-1910) (Chem) / permonosulphuric(VI) acid*, peroxymonosulphuric acid, peroxomonosulphuric acid, Caro's acid*
**Carotin** *n* (E 160 a) (Chem) / carotene* *n*
**Carotinoid** *n* (Chem) / carotenoid* *n*
**Carottage** *f* (Bergb, Erdöl) / logging *n*, well logging, borehole logging, drillhole logging
**Carpincholeder** *n* (Leder) / carpincho leather, capybara leather
**Carport** *m* (Kfz) / carport *n*, garage-porch *n*
**Carrageen** *n* (E 407) (Bot, Nahr) / carragheen *n*, carrageen *n*, carrageen moss, Irish moss*
**Carrageenan** *n* (Extrakt aus nordatlantischen Rotalgen) (Chem) / carrageenan *n*, carragheenan *n*, carrageenin *n*
**Carragheen** *n* (Bot, Nahr) / carragheen *n*, carrageen *n*, carrageen moss, Irish moss*
**Carraramarmor** *m* (Bau, Geol) / Carrara marble, carrara *n* (a general name for the marbles quarried near Carrara, Italy)

**carrarischer Marmor** (Bau, Geol) / Carrara marble, carrara *n* (a general name for the marbles quarried near Carrara, Italy)
**Carrez-Klärung** *f* (mit einer Carrez-Lösung bei der Zuckerherstellung) (Nahr) / Carrez purification
**Carrier** *m* (Biochem) / carrier protein, transport protein ‖ ~ (Biol, Chem, Kernphys) / carrier* *n* ‖ ~ (Salbengrundlage) (Chem, Pharm) / carrier *n* ‖ ~ (Katalysatorträger oder Quellmittel in der Färberei) (Chem, Tex) / carrier* *n* ‖ ~ (bei der Modulation) (Fernm, Radio) / carrier* *n* ‖ ~ (Luftverkehrsgesellschaft, die Passagiere, Luftfracht und Luftpost gewerblich befördert) (Luftf) / carrier *n*, air carrier ‖ ~**protein** *n* (z.B. Hämoglobin) (Biochem) / carrier protein, transport protein
**Carr-Price-Reagens** *n* (eine 30%-ige Lösung von Antimon(III)-chlorid in ethanol- und wasserfreiem Chloroform) (Chem) / Carr-Price reagent
**Carry•-Look-Ahead** *n* (EDV) / carry look ahead, look ahead ‖ ~**-Look-Ahead-Addierer** *m* (EDV) / carry look ahead adder ‖ ~**-over-Effekt** *m* (Übergang von einem Lebensmittel auf ein anderes im Wege der Verarbeitung) (Nahr) / carry-over effect ‖ ~**-over-Effekt** (Umwelt) / carry-over effect ‖ ~**-through-Effekt** *m* (Wirkung eines dem Rohstoff zugesetzten Wirkstoffes bis zum Endprodukt) (Nahr) / carry-through effect
**CARS** (Spektr) / coherent anti-Stokes Raman spectroscopy, CARS
**CARS-Methode** *f* (der Raman-Spektroskopie) (Spektr) / coherent anti-Stokes Raman spectroscopy, CARS
**Carson-Transformation** *f* (DIN 13 343) (Math, Phys) / Carson transformation
**Cartertrieur** *m* (Landw) / disk separator
**cartesisch** *adj* (Math, Phys) / Cartesian *adj*, cartesian *adj* ‖ ~**er Taucher** (oft in Form eines Teufelchens) / Cartesian diver
**Carthamin** *n* (Chem) / carthamine *n*
**Cartridge** *f* (Akus) / cartridge* *n* ‖ ~ (EDV) / cartridge* *n* ‖ ~ (EDV) / magnetic tape cartridge, tape cartridge, data cartridge ‖ ~**-Bandlaufwerk** *n* (EDV) / cartridge drive ‖ ~**-Font** *m* (EDV) / cartridge font (stored in a removable printer cartridge) ‖ ~**-Laufwerk** *n* (EDV) / cartridge drive ‖ ~**-Streamer** *m* (eine Magnetbandeinheit mit vollautomatischer Bandeinfädelung, die der Datensicherung dient) (EDV) / streamer *n*, cartridge streamer
**Carubinose** *f* (Chem) / mannose* *n*
**Carvacrol** *n* (Chem) / carvacrol* *n*
**Carvon** *n* (in mehreren etherischen Ölen vorkommendes Terpenketon mit charakteristischem Kümmelgeruch) (Chem) / carvone* *n*
**Caryophyllen** (in etherischen Ölen der Nelkengewächse enthaltenes Sesquiterpen, Zusatz zu verschiedenen Duftstoffen) (Chem) / caryophyllene* *n*
**CAS** (eine Abteilung der American Chemical Society) (Chem) / Chemical Abstracts Service, CAS
**Cascadevirus** *m* (EDV) / cascade virus, fall virus
**Cascara sagrada** *f* (aus Frangula purshiana (D.C.) J.G. Cooper) (Pharm) / cascara sagrada*, chittam bark, chittem bark, chittim bark
**Cascara-Rinde** *f* (aus Frangula purshiana (D.C.) J.G. Cooper) (Pharm) / cascara sagrada*, chittam bark, chittem bark, chittim bark
**Cascarillrinde** *f* (Pharm) / cascarilla bark, cascarilla *n*, eleuthera bark, sweetwood bark
**Cascodeverstärker** *m* (DIN 44400) (Fernm) / cascode amplifier*
**CASE** (EDV) / computer-aided software engineering (CASE)
**Casein** (gefälltes) (Chem) / casein* *n* (GB), paracasein *n* (US) ‖ ~ (nicht gefälltes) (Chem) / caseinogen *n* (GB), casein *n* (US)
**Caseinat** *n* (Chem, Nahr, Plast) / caseinate *n*
**Casein•farbe** *f* (z.B. für Restaurierungen) (Anstr) / casein paint, casein coating, washable distemper (bound with casein), calcimine *n* (US) ‖ ~**kunststoff** *m* (DIN 7728, T 1) (Plast) / casein plastic ‖ ~**leim** *m* (Anstr) / casein glue ‖ ~**tempera** *f* (Anstr) / washable distemper (bound with casein)
**Casement** (Strukturgardinenstoff, meistens in Leinwandbindung) (Tex) / casement* *n*, casement cloth, in-between *n*
**Casestudy** *f* / case-study *n*
**Casey-Evans-Powell-Regeln** *f pl* (Benennungs- und Numerierungsregeln für Dreiecknetzpolyeder und ihre Derivate) (Chem) / CEP rules
**Cashew•-Nußharz** *n* / cashew resin ‖ ~**-Nußschalenöl** *n* (von Anacardium occidentale L.) / cashew nut shell oil
**Casimir-Operator** *m* (Phys) / Casimir operator
**Casing** *n* (Vorbehandlung des Tabaks) / casing *n* ‖ ~ (Bergb, Erdöl) / casing* *n*, well casing ‖ ~**-head-Benzin** *n* (Erdöl) / casinghead gasoline, natural gasoline ‖ ~**-Verfahren** *n* (zur Oberflächenvernetzung von Polymeren) (Plast) / Casing process, cross-linking by activated species of inert gases, CASING
**Cäsium** *n* (Chem) / caesium* *n*, cesium *n* (US)* ‖ ~**chlorid** *n* (Chem) / caesium chloride ‖ ~**chloridtyp** *m* (ein verbreiteter Strukturtyp für Verbindungen der allgemeinen Zusammensetzung AB) (Eltronik, Krist) / caesium chloride structure ‖ ~**element** *n* (Eltech) / caesium

cell* ‖ ~**iodid** *n* (Chem) / caesium iodide ‖ ~**uhr** *f* / caesium clock*, caesium-beam atomic clock ‖ ~**zelle** *f* (Eltech) / caesium cell*
**Casparyscher Streifen** (in der Wurzelendodermis - nach J.X.R. Caspary, 1818 - 1887) (Bot) / casparian strip*, casparian band*
**Cassawa** *f* (Bot) / cassava* *n*, manioc *n*, tapioca plant, manioca *n*
**Cassegrain•-Antenne** *f* (mit zweimaliger Strahlumlenkung zur Verringerung der räumlichen Abmessungen) (Radio) / Cassegrain (reflector) antenna* ‖ ~**-Fokus** *m* (Brennpunkt hinter dem Hauptspiegel des Spiegelteleskops) (Opt) / Cassegrainian focus ‖ ~**-Reflektor** *m* (Astr) / Cassegrain telescope*, Cassegrainian telescope
**Cassegrainsches Spiegelteleskop** (Astr) / Cassegrain telescope*, Cassegrainian telescope
**Cassegrain-Teleskop** *n* (Astr) / Cassegrain telescope*, Cassegrainian telescope
**Casseiver** *m* (elektroakustisches Kompaktgerät, bestehend aus Kassettendeck und Rundfunkempfänger) (Radio) / casseiver *n*
**Cassella-Säure** *f* (Chem) / F acid, Cassella's acid
**Cassette** *f* / cassette* *n* ‖ ~ (Film) / cartridge* *n* ‖ ~ (für die Filmspule) (Film) / container *n*
**Cassetten•deck** *n* (Akus) / cassette deck ‖ ~**recorder** *m* (Akus) / cassette recorder, cassette tape recorder
**Cassiakölbchen** *n* (Chem) / cassia flask
**Cassiaöl** *n* (aus Cinnamomum aromaticum Nees) / cassia oil*, Chinese (cinnamon) oil*
**Cassinisch•e Kurven** (nach G.D. Cassini, 1625-1712) (Math) / ovals of Cassini, Cassini's ovals* ‖ ~**e Teilung** *f* (Hauptteilung im Ringsystem von Saturn, welche die beiden hellen Ringe A und B trennt) (Astr) / Cassini's division*
**Cassiterit** *n* (Min) / cassiterite* *n*, tin-stone* *n*
**Cassius-Purpur** *m* (purpurfarbene kolloidale Goldlösung nach A. Cassius, 1605-1673) (Chem, Glas, Keram) / purple of Cassius*, gold tin purple, Cassius purple, gold tin precipitate
**Cassiusscher Goldpurpur** (Chem, Glas, Keram) / purple of Cassius*, gold tin purple, Cassius purple, gold tin precipitate
**Cassonscher Stoff** (plastische Masse, die das Verhalten bestimmter nichtnewtonscher Flüssigkeiten zeigt) (Phys) / Casson mass
**Casson-Viskosität** *f* (DIN 1342, T 1) (Phys) / Casson viscosity
**CASS-Test** *m* (eine Korrosions-Kurzprüfung mit Natriumchlorid, Kupferchlorid und Essigsäure) (Anstr) / CASS test, copper accelerated salt spray test
**Cassur** *f* (Naht, die Revers und Kragen verbindet) (Tex) / gorge seam
**Cast** *n* (der gesamte Stab von Mitwirkenden in einem /Fernseh/Film) (Film, TV) / cast *n*
**Castiglianoscher Satz** (nach C.A. Castigliano, 1847-1884) (Mech) / Castigliano's theorem
**Casting** *n* (Film) / casting *n*
**Castle-Ferment** *n* (Biochem) / intrinsic factor, Castle's intrinsic factor
**Castner-Kellner-Verfahren** *n* (zur Gewinnung von Natriumzyanid) (Chem Verf) / Castner's process*
**Castner-Kellner-Zelle** *f* (für die Chloralkalielektrolyse) (Chem Verf) / Castner-Kellner cell
**Cast-off** *n* (Cache) (EDV) / cast-off *n*
**Castoreum** *n* (ein Duftrohstoff aus der getrockneten Duftdrüse des kanadischen Bibers) (Pharm) / castor *n*, castoreum *n*
**Castoröl** *n* (aus dem Ricinus communis L.) (Chem) / castor oil*
**Casualcoat** *m* (unkonventionell geschnittener Kurzmantel im Stil der Freizeitkleidung) (Tex) / casual coat
**Casus irreducibilis** *m* (bei kubischen Gleichungen) (Math) / irreducible case
**CAT** (Luftf, Meteor) / clear-air turbulence*, CAT
**Catacarb-Verfahren** *n* (ein Absorptionsverfahren zur Entfernung von $CO_2$ und $H_2S$ aus Gasgemischen) (Chem Verf) / Catacarb process
**Catalansche Trisektrix** (Math) / Catalan's trisektrix, Tschirnhausen trisectrix, l'Hôpital cubic
**Catapinat** *n* (Chem) / catapinate *n*
**Catcher** *m* (Nukl) / catcher foil*, catcher *n*
**Catcracken** *n* (Chem Verf, Erdöl) / catalytic cracking*, cat-cracking *n*
**Catcracker** *m* (Chem Verf, Erdöl) / cat cracker*, catalyst cracker
**Catcracking** *n* (Chem Verf, Erdöl) / catalytic cracking*, cat-cracking *n*
**Catechin** *n* (Biochem) / catechol* *n*, 1,2-dihydroxybenzene *n*
**Catecholamin** *n* (Biochem) / catecholamine *n*
**Catechu** *n* / cutch *n*
**Catena** *f* (pl.: -nae) (Kraterkette vulkanischen Ursprungs) (Astr, Geol) / catena *n* ‖ ~ (pl.: -nae) (die typische und regelhafte Vergesellschaftung von Standorteinheiten /Boden- und Vegetationseinheiten, Ökotope/) (Bot, Umwelt) / catena *n* ‖ ~ (pl. -ae) (Bot, Umwelt) / catena *n*
**Catenaverbindung** *f* (Konfiguration mit Kettenstruktur) (Chem) / catena compound
**Catering** *n* (die auf dem Flughafen durchgeführte Versorgung von Verkehrsflugzeugen mit Bordverpflegung) (Luftf) / catering *n*

**Caterpillar**

**Caterpillar** m (ein Gleiskettenfahrzeug der Caterpillar Tractor Co., Peoria, Illinois) (HuT) / Caterpillar* n, cat n ‖ ~-**Lader** m (ein Raupenkettenbagger der Caterpillar Tractor Co., Peoria, Illinois) (HuT) / traxcavator n ‖ ~-**Testmotor** m (ein Dieselmotor der Caterpillar Tractor Co., der zu Prüfstand-Motoröltesten herangezogen wird) (V-Mot) / Caterpillar engine, Caterpillar test engine
**Catforming** n (katalytisches Reformieren mit Platin-Aluminiumoxid-Siliziumdioxid als Katalysator) (Erdöl) / catforming n
**Catgut** n (Med) / catgut* n
**Catharanthus roseus** (L.) G. Don (Bot, Pharm) / Madagascar periwinkle
**Catharanthus-Alkaloide** n pl (Pharm) / vinca alkaloids*
**Cathodic Stripping** n (Chem) / cathodic stripping
**Catlinit** m (indianischer Pfeifenstein) (Geol) / pipestone n, catlinite n
**CATT-Triode** f (aus der Kombination von Transistor- und IMPATT-Technologie entstandenes Bauelement) (Eltronik) / controlled-avalanche transit-time triode
**Cauchy • s Diagonalverfahren** (Math) / Cauchy's diagonal procedure, diagonal method of Cauchy ‖ ~-**Folge** f (nach Baron A.L. Cauchy, 1789-1857) (Math) / Cauchy sequence, fundamental sequence ‖ ~-**Integralformel** f (die Folgerung aus dem Cauchy-Integralsatz) (Math) / Cauchy's integral formula* ‖ ~-**Integralsatz** m (Hauptsatz der Funktionentheorie) (Math) / Cauchy's theorem* ‖ ~-**Riemannsche Differentialgleichungen** (Math) / Cauchy-Riemann equations*
**Cauchysch • er Hauptwert** (Math) / Cauchy principal value ‖ ~**er Verdichtungssatz** (Math) / Cauchy condensation test ‖ ~**es Wurzelkriterium** (Math) / Cauchy radical test ‖ ~**es Konvergenzkriterium** (Math) / Cauchy's convergence test*, Cauchy integral test, integral convergence test ‖ ~**es Polarisationsellipsoid** (eine einschalige Hilfsfläche) (Krist) / index ellipsoid, indicatrix n (pl. indicatrices), optical indicatrix, reciprocal ellipsoid, ellipsoid of wave normals ‖ ~**es Problem** (Bestimmung der Lösung einer Differentialgleichung) (Math) / initial-value problem, Cauchy's problem, Cauchy problem ‖ ~**e Ungleichung** (Math) / Cauchy's inequality* ‖ ~**e Verteilung** (Stats) / Cauchy distribution (a particular case of Students t distribution; it has no finite moments apart from the mean)
**Cauchy • -Schwarzsche Ungleichung** (Math) / Schwarz's inequality*, Cauchy-Schwarz inequality, Buniakowski's inequality ‖ ~-**Verteilung** f (Math) / Cauchy distribution ‖ ~-**Zahl** f (kompressible Strömung) (Phys) / Cauchy number, Hooke number
**Causticaire-Index** m (Tex) / Causticaire maturity index
**Causticaire-Wert** m (ermittelt im Causticaire-Verfahren, das zur Feststellung der Reifegrades der Baumwolle dient) (Tex) / Causticaire maturity index
**Cavalierisches Prinzip** n (Spezialfall eines Satzes von Fubini über das Produktmaß - nach B.Cavalieri, 1598-1647) (Math) / Cavalieri's theorem
**CAV-Platte** f (EDV, Opt) / CAV disk, constant angular velocity disk
**Cayenne-Linaloeöl** n / rosewood oil, Brazilian bois de rose oil, Cayenne linaloe oil, bois de rose oil
**Cayley • -Algebra** f (eine nichtassoziative Algebra über dem Körper der reellen Zahlen, deren als Cayley-Zahlen bezeichnete Elemente als Linearkombinationen von 8 Basiselementen gebildet werden) (Math) / Cayley's algebra ‖ ~-**Hamiltonscher Satz** (Math) / Cayley-Hamilton theorem, Hamilton-Cayley theorem ‖ ~-**Kleinsche Parameter** (Math, Phys) / Cayley-Klein parameters
**Cayleysch • e Sextik** (Math) / Cayley's sextic ‖ ~**e Tafel** (Math) / Cayley table, group table ‖ ~**e Tafel** (nach A. Cayley, 1821-1895) (Math) / multiplication table, Cayley (multiplication) table
**Cayley-Zahlen** f pl (in der Cayley-Algebra) (Math) / Cayley numbers
**CaZ** (Kftst) / cetane number*
**Cb** (Meteor) / cumulonimbus* n, thundercloud n, Cb*
**CBA** (Proteinfaktoren, die an der Ausschleusung von synthetisierter mRNA auch im Komplex mit Proteinen vom Zellkern in das Cytoplasma beteiligt sind) (Zyt) / cap binding activity, CBA
**CB-Element** n (für den Erdgas-Zellenbrenner) (Masch) / centre-fire fuel element
**CB-Funk** m (BRD: 11 m) (Fernm, Kfz) / citizen radio, citizens' band (for private radio communications), citizens' waveband, CB*
**CBG** (Biochem) / transcortin n
**C-Bilanz** f (Biochem) / carbon balance, C balance
**CBM** (Bergb) / coal-bed methane
**CBN** (Chem) / cubic boron nitride, CBN
**CBR-Dienste** m pl (mit konstanter Bitrate) (EDV) / CBR services
**CBR-Versuch** m (HuT) / California bearing ratio test, CBR test (for comparing the strenghts of base courses of roads or airstrips)
**C-Bus** m (EDV) / communication bus, C bus
**Cc** (Meteor) / cirrocumulus* n (pl. cirrocumuli), Cc
**CC** (Chem) / coupled cluster ‖ ~ (Tex) / cuprammonium rayon, cupro n

**C/C-Bikomponentenfasertyp** m (Mantel-Kern-Fasern) (Spinn) / centric cover-core bicomponent fibres, skin-core bicomponent fibres
**C-C-Bindung** f (Chem) / carbon-carbon bond
**CCC** (Chem, Landw) / cholcholine chloride
**CCD • -Abtaster** m (des Camcorders) / CCD pick-up device, CCD scanner, CCD image sensor ‖ ~-**Element** n (Eltronik) / charge-coupled device*, CCD*
**C-C-Dreifachbindung** f (Chem) / C-C triple bond
**CCD • -Speicher** m (EDV) / charge-coupled device*, charge-coupled memory ‖ ~-**Zelle** f (CCD-Sensor, dessen Gate-Elektroden zeilenförmig angeordnet sind) (Eltronik) / CCD sensing row
**CC-Filter** n (Foto) / colour-compensating filter, CC filter*, compensating filter*
**CCIR** (Radio) / International Radio Consultative Committee, CCIR*, Comité Consultatif International des Radiocommunications* ‖ ~ = Comité Consultatif International des Radiocommunications
**CCITT** / International Telegraph and Telephone Consultative Committee, CCITT*, Comité Consultatif International Télégraphique et Téléphonique* ‖ ~-**Hochsprache** f (EDV, Fernm) / CCITT high-level language, CHILL n ‖ ~-**Kode Nr. 5** (Fernm) / International Alphabet, Number 5, IA5
**CCK** (Biochem) / cholecystokinin n
**C-C-Konnektivität** f (Chem) / carbon-carbon connectivity, CC connectivity, CCC
**C$_{60}$-Cluster** m (Chem) / buckyball n
**CC-Ruß** m (leitfähiger Kanalruß) (Chem Verf) / conducting-channel black
**CCS** (Nahr) / caramel colour II, caustic sulphite-process caramel
**CC-Vertrieb** m (Zeitungen, Zeitschriften) / controlled circulation, CC
**CCV-Technik** f (mit künstlicher Stabilität) (Luftf) / CCV technology
**cd** (SI-Basiseinheit der Lichtstärke - DIN 1301, T 1) (Licht) / candela* n, cd* ‖ ~ (Chem) / cadmium* n
**CD** (Akus) / compact disc, CD, compact disk* ‖ ~ (Chem, Krist, Opt) / circular dichroism, C.D. ‖ **bespielbare** ~ (nach dem Orange Book) (Akus, EDV, Eltronik) / recordable compact disk, CD-R, compact disk recordable ‖ **bespielbare** ~ (EDV) s. überschreibbare CD ‖ **einmal beschreibbare** ~ (EDV) s. überschreibbare CD ‖ **überschreibbare** ~ (EDV) / compact disk ReWritable, CD-RW
**CD-Abspielgerät** n (Akus, EDV, Eltronik) / CD player
**C-Darstellung** f (wie B-Darstellung, jedoch zeigt die Ordinate den Höhenwinkel des Zieles an) (Radar) / C display*
**CD-Brenner** m (schreibfähiges CD-Laufwerk) (EDV) / CD burner, CD writer
**CDDI-Schnittstelle** f (EDV) / Copper Distributed Data Interface (the copper version of FDDI)
**CD-I** (EDV) / compact disk interactive, CD-I
**C-Diode** f (EDV) / variable-capacitance diode, Varicap n, varactor diode, parametric diode*
**CDI- • Technik** f (Eltronik) / CDI technology, collector diffusion isolation process ‖ ~-**Verfahren** n (Eltronik) / CDI technology, collector diffusion isolation process
**CD • -Player** m (Akus, EDV, Eltronik) / CD player ‖ ~-**R** (Akus, EDV, Eltronik) / recordable compact disk, CD-R, compact disk recordable ‖ ~-**ROM-Speicher** m (optischer Festspeicher) (EDV, Eltronik) / CD ROM n, CD-ROM memory, optical ROM, pre-recorded ROM, optical non-erasable read-only memory, compact-disk read-only memory ‖ ~-**RW** (EDV) / compact disk ReWritable, CD-RW ‖ ~-**Schreiber** m (EDV) / CD-recordable drive, CD-R-drive n ‖ ~-**Speicher** m (EDV) / compact-disc memory, CD memory ‖ ~-**Spektrum** n (Spektr) / CD spectrum ‖ ~-**Spieler** m (Akus, EDV, Eltronik) / CD player
**CdTe-Solarzelle** f / cadmium telluride cell, CdTe solar cell
**CDV** (EDV) / compact-disk video, CD video, CDV
**CD • -Video** n (EDV) / compact-disk video, CD video, CDV ‖ ~-**Videoplatte** f / laser disk ‖ ~-**Writer** m (EDV) / CD burner, CD writer
**Ce** (Chem) / cerium* n
**CE** (Chem) / tetryl* n
**Ceanderkabel** n (mit einem Ceanderleiter) (Kab) / Waveconal cable, Alpex cable, waveform cable
**Ceará-Kautschuk** m (aus Manihot glaziovii Müll. Arg.) / ceará rubber
**Čebyšev-Filter** n (nach P.L.Čebyšev, 1821-1894) (Radio) / Chebyshev filter*
**Čebyševsche Ungleichung** (Math) / Chebyshev inequality*, Tchebycheff's inequality
**Cedeline** m (leichtes Baumwoll- oder Chemiefasergewebe, weiß oder bedruckt, das durch Längsripsbindung fein gestreift ist - für Kinderkleidung und Strandmoden) (Tex) / haircord* n
**Cedille** f (diakritisches Zeichen unter den Buchstaben im Französischen und im Türkischen) (Typog) / cedilla n
**Cedro** n (Cedrela sp.) (For) / cedro n, cedrela n, cedar n
**Ceibawolle** f (Tex) / kapok* n, Java cotton, ceiba n, capoc n, silk cotton

**Ceiling** n (Höhe der tiefsten Wolkenschicht, die mehr als 4/8 des Himmels bedeckt) (Luftf, Meteor) / ceiling n, cloud base, cloud ceiling
**Ceiling-Temperatur** f (die Temperatur, oberhalb der keine Polymerisation mehr eintritt) (Chem) / ceiling temperature ‖ ≃ s. auch Floor-Temperatur
**Ceilometer** n (Gerät zur fortlaufenden Messung und Registrierung von Wolkenhöhen) (Luftf, Meteor) / ceilometer n
**Celasteröl** n (das fette Öl von Samen des Celastrus paniculatus L.) / bittersweet oil
**Celdecor-Pomilio-Verfahren** n (Pap) / celdecor process*
**Celdecor-Verfahren** n (Pap) / celdecor process*
**Celite** n (eine Art Filterhilfsmittel aus Kieselgur der Manville Corp.) (Chem) / Celite* n
**Cella** f (pl. -llae) (Arch) / naos (pl naoi) n, cella n (pl. -ae)
**Cellobiose** f (ein Disaccharid) (Chem) / cellobiose* n, cellose* n
**Celloidin** n (Chem, Mikros) / celloidin n
**Cellophan** n (Handelsname für Zellglas) (Plast) / cellophane n
**Cellophane** f (Plast) / cellophane n
**Cellophanviskose** f / cellophane pulp
**Cellosolve** n (ein Markenname für Ethylenglykolethylether) (Plast) / Cellosolve* n
**Cellulase** f (ein Enzym) (Biochem) / cellulase* n
**Celluloid** n (Chem Verf) / celluloid* n
**Cellulose** f (ein Polysaccharid) (Bot, Chem) / cellulose* n ‖ **regenerierte ≃** (Chem Verf) / regenerated cellulose ‖ **≃acetat** n (Chem) / cellulose acetate*, acetylcellulose* n, CA, cellulose ethanoate ‖ **≃acetatpropionat** n (Chem) / cellulose acetate propionate ‖ **≃acetobutyrat** n (Chem) / cellulose acetate butyrate, CAB* ‖ **≃acetophthalat** n (Chem, Pharm) / cellulose acetate phthalate ‖ **≃carbamat** n (Chem) / cellulose carbamate ‖ **≃derivat** n (Chem) / cellulose derivative, cellulosic n ‖ **≃ester** n (Chem) / cellulose ester* ‖ **≃ether** n (Chem) / cellulose ether ‖ **≃faser** f (Chem, Tex) / cellulosic fibre ‖ **≃füllstoff** m (Chem Verf) / cellulose filler ‖ **≃hydrat** n (Chem) / cellulose hydrate* ‖ **≃lack** m (auf der Basis von Celluloseacetat und Cellulosenitrat) (Anstr) / cellulose lacquer* ‖ **≃nitrat** n (Salpetersäureester der Cellulose) (Chem) / nitrocellulose* n, cellulose nitrate ‖ **≃pfropfcopolymer** n (Chem) / cellulose graft copolymer ‖ **≃propionat** n (Chem) / cellulose propionate ‖ **≃triacetat** n (Chem) / cellulose triacetate ‖ **≃umhüllung** f (Schw) / cellulosic coating, cellulose covering ‖ **≃xanthogenat** n (ein anorganischer Celluloseseester) (Chem, Umwelt) / cellulose xanthate*
**Celsian** m (Barium-Anorthit, Endglied der Hyalophane) (Min) / celsian* n
**Celsius•-Skala** f (für die Angabe der auf den Eispunkt des Wassers bezogenen Temperaturdifferenz - nach A. Celsius, 1701-1744) (Phys) / Celsius scale*, centigrade scale, Centigrade scale* ‖ **≃-Temperatur** f (DIN 13346, T 2) (Phys) / Celsius temperature ‖ **≃-Temperaturskale** f (für die Angabe der auf den Eispunkt des Wassers bezogenen Temperaturdifferenz - nach A. Celsius, 1701-1744) (Phys) / Celsius scale*, centigrade scale, Centigrade scale* ‖ **≃-Thermometerskale** f (für die Angabe der auf den Eispunkt des Wassers bezogenen Temperaturdifferenz - nach A. Celsius, 1701-1744) (Phys) / Celsius scale*, centigrade scale, Centigrade scale*
**Celtis laevigata Willd.** (For) / sugarberry n
**Cementit** m (Hütt) / cementite* n
**CeMM** (50-60% Ce, 25-30% La, 10-15% Nd, 4-6% Pr und 1% Fe) (Hütt) / cerium misch metal, misch metal of cerium
**CEN** (Europäisches Komitee für Normung) / Comité Européen de Normalisation
**CENELEC** (Europäisches Komitee für Elektrotechnische Normung) (Eltech) / Comité Européen de Normalisation Electrotechnique
**Census** m (pl. -) (Stats) / census of population
**Cent** n (ein Frequenzmaßintervall nach DIN 1301, T 1, dessen Frequenzverhältnis die zwölfhundertste Wurzel aus 2 ist) (Akus, Fernm) / cent n ‖ **≃** m (Kernphys) / cent* n
**Centi•grammethode** f (Chem) / semimicroanalysis n, semimicromethod n ‖ **~normal** adj (Chem) / centinormal adj
**Centronics-Schnittstelle** f (der Centronics-Drucker) (EDV) / Centronics interface
**CEPE** (Europäischer Dachverband der Lack-, Druckfarben- und Künstlerfarben-Industrie mit Sitz in Brüssel) (Anstr, Druck) / CEPE (Confédération Européenne des Associations de Fabricants de Peintures, d'Encres d'Imprimerie et de Couleurs d'Art)
**Cephalin** n (Biochem) / kephalin n, cephalin n
**Cephalosporine** n pl (eine wichtige Gruppe der β-Lactam-Antibiotika) (Pharm) / cephalosporins pl
**Cepheiden** pl (Astr) / Cepheid variables*
**CEP-Regeln** f pl (Chem) / CEP rules
**Cepstrum** n (Spektralanalyse) (Akus) / cepstrum n (pl -tra)
**CEPT-Standard** m (von den europäischen Postverwaltungen / Conférence Européenne des Administrations des Postes et des Télécommunications / für den Bildschirmtext entwickelter Standard) (Fernm) / CEPT standard

**Cer** n (Chem) / cerium* n ‖ **≃(III)-** (Chem) / cerous adj ‖ **≃(IV)-** (Chem) / ceric adj
**Cera Carnauba** f (von der Karnaubawachspalme) / carnauba wax, Brazil wax ‖ **≃ chinensis** (von den Larven der Wachsschildlaus abgeschieden) / Chinese wax, Chinese insect wax, insect wax, pela n ‖ **≃ japonica** / Japan wax*, Japan tallow, sumac wax, Japanese beeswax ‖ **≃ mineralis alba** (Chem Verf) / ceresine wax, ceresin n
**Cerambycidae** pl (eine Käferfamilie) (For, Umwelt) / Cerambycidae pl
**Cerat** n (Chem) / cerate n
**Ceratopetalum apetalum Sm.** (Bot, For) / coachwood n
**Cerdip** n (Eltronik) / ceramic dual-in-line package, cerdip n
**Cerealien** pl (Nahr) / cereals pl (a breakfast food) ‖ **≃stärke** f (Chem) / grain starch, cereal starch
**Cerebrosid** n (ein Glykolipid) (Chem, Physiol) / cerebroside* n
**Cereisen** n (Cermischmetall) (Hütt) / ferrocerium n
**Čerenkov•-Detektor** m / Cerenkov counter*, Cherenkov counter* ‖ **≃-Effekt** m (elektromagnetisches Analogon zur Kopfwelle) (Phys) / Cerenkov effect ‖ **≃-Strahlung** f (bei dem Tscherenkow-Effekt) (Phys) / Cerenkov radiation* ‖ **≃-Zähler** m / Cerenkov counter*, Cherenkov counter
**Cerepidot** m (Min) / allanite* n, orthite* n, cerine n
**Ceresin** n (Chem Verf) / ceresine wax, ceresin n
**Cerevitinov-Reagens** n (Chem) / Zerewitinoff reagent, Cerevitinov reagent
**Cerfluorit** m (ein Fluorit) (Min) / yttrocerite* n
**Cerglas** n (mit Cerdioxid) (Glas) / ceria glass
**Cerimetrie** f (eine oxidimetrische Methode der Maßanalyse) (Chem) / ceriometry n, cerometry n
**Ceriterden** f pl (Chem) / cerite earths
**Cermet** n (Mischkeramik aus einer oxidischen und einer metallischen Komponente) (Chem) / metal-ceramic n, ceramal n
**Cer-Mischmetall** n (Hütt) / cerium misch metal, misch metal of cerium
**Cerojeöl** n (aus den Früchten oder Kernen der Orbignya cohune (Mart.) Dahlgren ex Standl.) (Nahr) / babassu oil, babaçu oil, cohune oil, cohune-nut oil, cohune fat
**Cerotinsäure** f (Chem) / cerotic acid, cerinic acid, hexacosanoic acid
**Cerpac** n (Eltronik) / ceramic flat-pack, cerpac n
**Cer(IV)-sulfat** n (Chem) / cerium(IV) sulphate
**Cerussit** m (Min) / cerussite* n, white lead ore*
**Cerylalkohol** m (Hexacosan-1-ol) (Chem) / ceryl alcohol
**Cesarosche Summation** (nach E. Cesaro, 1859 -1906) (Math) / Cesaro summation
**Cetaceum** n (Chem) / spermaceti* n, spermaceti wax, sperm n
**Cetan** n (Chem) / cetane* n, hexadecane* n
**Cetanol** n (Hexadecan-1-ol) (Chem) / cetyl alcohol*
**Cetanzahl** f (Kftst) / cetane number* ‖ **≃verbesserer** m (Kftst) / cetane number improver, ignition accelerator, Diesel ignition improver
**Cetenzahl** f (heute obsolet) (Kftst) / cetene number
**Cetyl•alkohol** m (Chem) / cetyl alcohol* ‖ **≃pyridiniumchlorid** n (internationaler Freiname für ein kationaktives Tensid) (Chem) / cetylpyridinium chloride ‖ **≃säure** f (Chem) / palmitic acid*, hexadecanoic acid, cetylic acid ‖ **≃trimethylammoniumbromid** n (Chem) / cetyltrimethylammonium bromide
**Cevadin** (Chem, Med) / cevadine n, crystalline veratrine
**Ceva-Gerade** f (Math) / cevian n
**Ceva-Satz** m (nach G.Ceva, 1647 oder 1648-1734) (Math) / Ceva's theorem
**Cevin** n (Chem, Med) / cevadine n, crystalline veratrine
**Ceylonisches Eisenholz** (For) / Ceylon ironwood*
**Ceylonit** m (Min) / pleonaste* n, ceylonite* n, zeylanite n
**Ceylon-Moos** n (ein Hydrokolloid aus Rotalgen) / Ceylon moss
**Ceylonopal** n (ein farbloser Schmuckstein) (Min) / adularia* n
**Ceylonzimt** n (Nahr) / Ceylon cinnamon
**CeZ** (Kftst) / cetene number
**Cf** (Chem) / californium* n
**C-Fassung** f (für Objektive) (Foto) / C-mount n
**CF-Harz** n (Plast) / cresol resin*
**CFK** (Plast) / carbon-fibre reinforced plastic, CFRP
**C-förmig** adj / C-shaped adj, sigmoidal adj, sigmoid adj
**CFR-Motor** m (Prüfmotor zur Bestimmung der Klopffestigkeit) (V-Mot) / CFR engine
**CF-Sprache** f (EDV) / context-free language, algebraic language
**$C_{60}$-Fulleren** n (Chem) / buckminsterfullerene n
**C-Gestell** n (eine Baugruppe der Presse nach DIN 55170 bis 55174) (Masch) / C-frame n, single-leg frame, gap frame, open frame, c-type frame ‖ **≃-Presse** f (z.B. eine Exzenterpresse) (Masch) / C-frame press, open-front press, gap-frame press, gap press, throat-type press, goose-neck press, open-gap press, open-frame press

**CG-Fokussierung** *f* (Nukl) / constant-gradient focusing, CG focusing, weak focusing
**C-Glied** *n* (Eltech) / C-network* *n*
**cGMP** (Biochem) / cyclic GMP
**CGPM** / Conférence Générale des Poids et Mesures
**C-Gripzange** *f* (Werkz) / C-clamp *n*, self-grip C-clamp
**-C(=O)-Gruppe** *f* (Chem) / carbonyl group
**Chabasit** *m* (Min) / chabazite* *n*, chabasite *n*
**Chagrin** *n* (Haifischleder) (Leder) / shagreen *n* ‖ ≃ (durch Narbenpressen erzielter Effekt) (Leder) / shagreen *n*
**Chagrinieren** *n* (Leder) / pebbling *n*, embossing *n*, pebble graining
**Chagrinleder** *n* (Haifischleder) (Leder) / shagreen *n* ‖ ≃ (durch Narbenpressen erzielter Effekt) (Leder) / shagreen *n*
**Chaineuse** *f* (Futterrad bei der französischen Rundkulierwirkmaschine) (Tex) / backing wheel
**Chaining-Methode** *f* (für die Traversierung von baumartigen Datenstrukturen) (KI) / chaining method
**Chaising-Kalander** *m* (auf dem man die plastische Fadenform und einen mangelähnlichen Glanzeffekt erzielen kann) (Tex) / chasing calender
**C³-Halbleiterlaser** *m* (Phys) / cleaved coupled cavity laser
**Chalcedon** *m* (Min) / chalcedony* *n* (a variety of fibrous quartz)
**Chalcon** *n* (1,3-Diphenyl-2-propen-1-on) (Chem) / chalcone *n*, chalkone *n*, benzalacetophenone *n*
**chaldäische Periode** (durch die Rückwärtsbewegung der Mondknoten bedingter Zyklus von 18 Jahren und 11 1/3 Tagen) (Astr) / saros* *n*
**Chalet** *n* (meist hölzernes Land- oder Ferienhaus in den Bergen) (pl. -s) (Arch) / chalet* *n*
**Chalikose** *f* (Med) / chalicosis *n* (pl. chalicoses)
**Chalkanthit** *m* (Chem) / chalcanthite* *n*, blue vitriol*, bluestone* *n*, blue vitriol*
**Chalko•cyanit** *m* (Kupfer(II)-sulfat) (Min) / chalcocyanite *n*, hydrocyanite *n* ‖ ≃**gen** *n* (Element der 6. Hauptgruppe des Periodensystems) (Chem) / chalcogen *n*, chalkogen *n* ‖ ≃**genid** *n* (binäre Verbindung, in der die Chalkogene als elektronegative Komponenten auftreten) (Chem) / chalcogenide *n* ‖ ≃**genidglas** *n* (ein halbleitendes Glas) (Glas) / chalcogenide glass ‖ ≃**grafie** *f* (Druck) / copperplate engraving ‖ ≃**lith** *m* (Min) / torbernite* *n*, copper uranite*, cuprouranite* *n*
**Chalkon** *n* (1,3-Diphenyl-2-propen-1-on) (Chem) / chalcone *n* ‖ ≃ (Chem) / chalcone *n*, chalkone *n*, benzalacetophenone *n*
**chalko•philes Element** (z.B. Antimon, Arsen, Blei) (Chem) / chalcophile element, chalcophile* *n* ‖ ≃**pyrit** *m* (Min) / chalcopyrite* *n*, copper pyrites* ‖ ≃**sin** *m* (ein monoklin-orthorhombischer Kupferglanz) (Min) / chalcocite* *n*, chalcosine *n* ‖ ≃**sphäre** *f* (Sulfid-Oxidschale) (Geol) / chalcosphere *n* ‖ ≃**stibit** *n* (ein Cu-Sulfosalz) (Min) / chalcostibite *n* ‖ ≃**trichit** *m* (haarförmiger Cuprit) (Min) / chalcotrichite* *n*, plush copper (ore), capillary cuprite
**Chalon** *n* (Biol, Physiol) / chalone *n*
**Chalzedon** *m* (Min) / chalcedony* *n* (a variety of fibrous quartz)
**Chamazulen** *n* (antiphlogistisch wirksames Prinzip im Kamillenöl) (Pharm) / chamazulene *n*
**Chamberland-Filter** *n* (aus unglasiertem Porzellan - zur Entkeimung von Flüssigkeiten und Gasen) (Sanitär) / Chamberland filter
**Chambray** *m* (leinwandbindige Baumwollgewebe, Kette weiß, Schuß farbig, für Spiel- und Arbeitskleidung) (Tex) / chambray *n*
**Chamosit** *m* (ein Phyllosilikat - ferrireicher Chlorit) (Min) / chamosite* *n*
**Champak** *n* (Michelia champaca L.) (For) / champak *n*, safan *n*
**Chance-Sand-Verfahren** *n* (mit Sand-Wasser-Gemisch als Trennmedium) (Aufber) / Chance process, sand floatation process
**Chandelle** *f* (Gewinn an Höhe durch Ausnutzung der kinetischen Energie) (Luftf) / zooming* *n*, zoom *n*, zoom climb
**Chandlersche Periode** (die Umlaufperiode der Rotationsachse der Erde um deren geometrische Achse - nach S.C. Chandler, 1846-1913) (Geophys) / Chandler period
**Chandrasekhar-Grenze** *f* (die maximal mögliche Masse für einen Weißen Zwerg - nach S. Chandrasekhar, 1910-1995) (Astr) / Chandrasekhar limit
**changeant** *adj* (Tex) / shot *adj*, shot-through *adj* ‖ ≃ *m* (Gewebe, das in Kette und Schuß verschiedenfarbig ist) (Tex) / shot cloth ‖ ≃**samt** *m* (Tex) / nacré velvet ‖ ≃**seide** *f* (Tex) / shot-silk *n*
**Changieren** *n* (der Changeants) (Tex) / shot effect*
**changierend** *adj* (Tex) / shot *adj*, shot-through *adj* ‖ ~**e Walze** (Druck) / oscillating roller
**Channel** *n* (EDV) / channel *n* ‖ ≃ (Strompfad zwischen Source und Drain beim Feldeffekttransistor) (Eltronik) / channel *n*
**Channel-Black** *n* (Chem Verf) / channel black*, impingement black
**Channel-Hoppen** *n* (TV) / zapping *n*
**Channelling** *n* (Eltronik) / channelling *n* ‖ ≃**-Effekt** *m* (Krist) / channelling effect

**Channel-Surfen** *n* (TV) / zapping *n*
**Chaos** *n* (Phys) / chaos *n* ‖ **deterministisches** ≃ (Phys) / deterministic chaos
**chaotisches System** (Phys) / chaotic system
**chaotrop** *adj* (Chem) / chaotropic *adj*
**Chaperon** *m* (molekularer - Protein, das die Faltung oder Oligomerisierung anderer Proteine kontrolliert) (Biochem) / chaperon *n*, chaperone *n*
**Chaperon-Widerstand** *m* (frei von Blindwiderstand) (Eltech) / Chaperon resistor*
**Chapman•-Enskog-Modell** *n* (in der Gastheorie nach S. Chapman, 1888-1970, und D. Enskog, 1884-1947) (Phys) / Chapman-Enskog model ‖ ≃**-Ferrero-Modell** *n* (niedrigste Näherung einer modellmäßigen Beschreibung der Wechselwirkung zwischen Sonnenwind und Magnetosphäre) (Geophys, Meteor) / Chapman-Ferrero model ‖ ≃**-Kolmogorowsches Gleichungssystem** *n* (Stats) / Chapman-Kolmogorov equation system ‖ ≃**-Schicht** *f* (Geophys) / Chapman region
**Chaptalisierung** *f* (Mostzuckerung nach J. Chaptal, Graf von Chanteloup, 1756 - 1832) (Nahr) / chaptalization *n*
**Charactron** *n* (eine Elektronenstrahlröhre, mit der annähernd eine Million Zeichen je Minute sichtbar gemacht werden können) (EDV, Eltronik) / charactron *n*
**Charakter, periodischer** ≃ / periodicity* *n*
**Charakterart** *f* (Umwelt) / index species
**Charakteristik** *f* (der Gleitpunktzahl) (EDV) / exponent *n*, characteristic *n* ‖ ≃ (z.B. eines Verstärkers) (Eltronik) / response *n* ‖ ≃ (grafische Darstellung einer Gesetzmäßigkeit) (Math) / characteristic* *n* ‖ ≃ (des dekadischen Logarithmus, einer Zahlendarstellung, einer Skale) (Math) / characteristic *n* ‖ ≃ (Kurve) (Math) / characteristic curve ‖ **schleifenförmige** ≃ (Regeln) / loop characteristic ‖ **spektrale** ≃ (Abhängigkeit von der Wellenlänge) (Spektr) / spectral characteristic*
**charakteristisch** *adj* / characteristic *adj* ‖ ~**e Funktion** (eine spezielle erzeugende Funktion) (Math) / characteristic function ‖ ~**e Funktion einer Menge** (Math) / characteristic function of a set* ‖ ~**e Gleichung** (das Eigenwertproblem einer quadratischen Matrix) (Math) / characteristic equation* ‖ ~**e Gruppe** (in org. Verbindungen häufig wiederkehrende Gruppe, die den übereinstimmenden Charakter und die charakteristische Reaktionsfähigkeit ganzer Stoffklassen bedingt) (Chem) / functional group ‖ ~**e Kurve** (bei Schwarzweißmaterialien) (Foto) / characteristic curve ‖ ~**e Länge** (der Brennkammer) (Luftf) / characteristic length ‖ ~**e Mannigfaltigkeit** (Math) / characteristic manifold ‖ ~**es Polynom** (Math) / characteristic polynomial ‖ ~**e Punkte** (Math) / characteristic points ‖ ~**e Röntgenstrahlung** (Radiol) / characteristic X-radiation*, characteristic X-rays, characteristic radiation*, fluorescence X-radiation* ‖ ~**es Spektrum** (Kernphys) / characteristic spectrum* ‖ ~**e Temperatur** (Phys) / characteristic temperature ‖ ~**er Wert** / characteristic value
**Charaktron** *n* (EDV, Eltronik) / charactron *n*
**Charas** *m* (harzige Pflanzenteile des Indischen Hanfs) (Bot, Chem) / charas *n*
**Charge** *f* / load *n*, charge *n*, batch *n* ‖ ≃ (Chem) / run *n* ‖ ≃ (in einem Schmelzofen) (Hütt) / heat *n* ‖ ≃ (Tex) / lot *n*, batch *n*, run *n* ‖ ≃ **in Tonnen** (bei Schmelzöfen) (Hütt) / tonnage *n* ‖ ≃ **Transfer** *m* (Eltronik) / charge transfer, charge transport
**Charged-System** *n* (Chemischreinigungsverfahren, bei dem bis zu 40 g Reinigungsverstärker pro Liter Lösungsmittel eingesetzt werden) (Tex) / charged system*
**Chargen•betrieb** *m* (Masch) / batch process* ‖ ≃**destillation** *f* (Chem Verf) / batch distillation* ‖ ≃**mischer** *m* (Masch) / batch mixer ‖ ≃**nummer** *f* / batch number ‖ ≃**ofen** *m* / batch furnace*, periodic furnace ‖ ≃**trennmolch** *m* (in Erdölleitungen) (Erdöl) / batching pig ‖ ≃**trockner** *m* / batch drier ‖ ≃**waage** *f* / batch scale, charging scale ‖ ≃**waage** / batch-weighing scale, metering scale ‖ ~**weise** *adj* / batchwise *adj*, batch *attr*
**Charge-transfer-Komplex** *m* (Chem) / charge-transfer complex
**chargieren** *v* (Hütt) / fill *v*, load *v*, charge *v*, burden *v* ‖ ~ (Nukl) / fuel *v* ‖ ~ (Naturseide) (Tex) / charge *v*, load *v*, weight *v*
**Chargier•kran** *m* (Hütt) / charging crane ‖ ≃**maschine** *f* (Hütt) / charging machine, charger *n*
**chargierte Seide** (Tex) / weighted silk
**Chargiertür** *f* (des SM-Ofens) (Hütt) / charging door
**Chargierung** *f* (Tex) / charging *n*, loading *n*, weighting *n*
**Charlessches Gesetz** (nach J.A.C. Charles, 1746-1823) (Phys) / Charles's law*, Charles' law, Charles-Gay-Lussac law, Gay-Lussac's law*
**Charm** *n* (Quantenzahl des charmanten Quarks) (Kernphys) / charm* *n*, c ‖ ≃- (Kernphys) / charmed *adj* ‖ **mit** ≃ (Kernphys) / charmed *adj*
**charmantes Meson** (Kernphys) / charming meson

**Charmat-Verfahren** n (Nahr) / tank process, Charmat process, bulk fermentation method
**Charmelaine** n (wollener Abseitenstoff) (Tex) / charmelaine n
**Charmeuse** f (maschenfeste Kettenwirkware aus zwei Fadensystemen in gegenlegiger Tuchtrikotbindung gewirkt) (Tex) / locknit* n, charmeuse n
**Charmonium** n (gebundenes System cqc des Teilchens Charm-Quark mit seinem Antiteilchen qc) (Kernphys) / charmonium n ‖ **molekulares** ⁓ (Kernphys) / molecular charmonium, charmonium molecule ‖ ⁓**molekül** n (Kernphys) / molecular charmonium, charmonium molecule
**Charm-Quark** n (Kernphys) / charmed quark, c quark
**Charnockit** m (magmatisches granitisches Gestein) (Geol) / charnockite* n
**Charpy•-Kerbschlagbiegeversuch** m (WP) / Charpy (impact) test*, Charpy V-notch impact test ‖ ⁓**-Prüfmaschine** f (WP) / Charpy pendulum machine (the hammer strikes the specimen on its notched side at a specified distance above the notch)
**Charpyscher Pendelhammer** (WP) / Charpy pendulum machine (the hammer strikes the specimen on its notched side at a specified distance above the notch)
**Chart** f (zur Darstellung von syntaktischen Strukturen) (EDV) / chart n
**Charter** m f (Luftf, Schiff) / charter-party n ‖ ⁓ m **eines Schiffes ohne Mannschaft** (Schiff) / bare-boat charter, bare-hull charter ‖ ⁓ **für besondere Veranstaltungen** (Luftf) / special-event charter, SEC
**Charterer** m (Luftf) / charterer n
**Charterflug** m (Luftf) / charter flight, chartered flight
**chartern** v (Luftf, Schiff) / charter v
**Charter•partie** f (Urkunde) / charter-party n ‖ ⁓**vertrag** m (Luftf, Schiff) / charter-party n
**Chart-Parser** m (zur syntaktischen Sprachanalyse) (EDV) / chart parser
**Chasing-Kalander** m (Tex) / chasing calender
**Chaslesscher Satz** (nach M. Chasles, 1793 - 1880) (Math) / Chasles' theorem
**Chassis** n (für Leiterplatten) (Eltronik) / backplane n ‖ ⁓ (Kfz) / chassis* n, bare chassis, automotive chassis, running gear ‖ ⁓ (Radio) / chassis* n, frame n, mounting frame ‖ ⁓ (bei Veredlungsmaschinen) (Tex) / trough n ‖ **ausklappbares** ⁓ (Radio) / hinge-out chassis
**Chat•-Funktion** f (bei Kommunikationsprogrammen eine Funktion, die eine "Online-Unterhaltung" erlaubt) (EDV) / chat n ‖ ⁓**-Gruppe** f (EDV) / chat group
**Chatoyieren** n (wandernder Lichtschein) (Min) / chatoyancy* n
**Chatraum** m (IRC-Online-Konferenz zu einem bestimmten Thema) (EDV) / channel n
**Chatroom** m (virtueller Gesprächsraum im Internet) (EDV) / chat room
**chatten** v (sich per Online mit Hilfe einer Mailbox unterhalten) (EDV) / chat v ‖ ⁓ (im Internet) (EDV) / chat v
**Chatter** m (der im Internet chattet) (EDV) / chatter n
**Chattock-Manometer** n (Phys) / Chattock gauge
**Chaulmoograöl** n (aus Hydnocarpus kurzii (King) Warb.) (Med, Pharm) / chaulmoogra oil, hydrocarpus oil
**Chauvel-Glas** n (Gußspiegelglas mit einer Drahteinlage aus parallelen Stahldrähten) (Glas) / Chauvel glass
**Chavicolmethylether** m (Chem) / estragole n, esdragol n, chavicol methyl ether, methyl chavicol
**Chayotestärke** f (Nahr) / chayote starch
**CHDM** (Chem) / 1,4-cyclohexanedimethanol (CHDM) n
**Cheat** m (pl. -s) (undokumentierte Funktionen in Computer- oder Videospielen, die spielverlaufsabhängige Limitationen /z.B. Spieldauer, Spielstufe/ aufheben) (EDV) / cheat n
**Cheat-System** n (Software zum Aufspüren von Cheats) (EDV) / cheat system
**Chebulagsäure** f (ein hydrolysierbarer Gerbstoff) (Leder) / chebulagic acid
**Chebulsäure** f (ein Bestandteil der Chebulagsäure) (Leder) / chebulic acid
**Check•-in** m (Abfertigung des Fluggastes vor dem Flug) (Luftf) / check-in n ‖ ⁓**-in-Time** f (Luftf) / check-in time ‖ ⁓**list** f (Masch) / checklist n ‖ ⁓**liste** f (Liste der Flugpassagiere, die eingecheckt worden sind) (Luftf) / checklist n ‖ ⁓**liste** (Masch) / checklist n ‖ ⁓**-out** m (Überprüfung oder programmierte Einweisung) (Luftf, Mil, Raumf) / check-out n
**Cheddit** n (ein alter Chloratsprengstoff) / cheddite* n
**Cheesecloth** m n (Tex) / cheesecloth n
**Chef•apparat** m (Fernsp) / executive set ‖ ⁓**beleuchter** m (Film, TV) / gaffer* n ‖ ⁓**kameramann** m (Film) / director of photography, head cameraman ‖ ⁓**programmierer** m (EDV) / chief programmer ‖ ⁓**-Sekretär-Anlage** f (Fernsp) / manager/secretary station ‖ ⁓**-Sekretärin-Anlage** f (Fernsp) / manager/secretary station ‖ ⁓**-Telefonanlage** f (Fernsp) / executive telephone system

**Chelat** n (Chem) / chelate n, chelate compound ‖ ⁓**bildner** m (Chem) / chelating agent*, chelator n ‖ ⁓**bildner** (Chem) s. auch Komplexbildner und Maskierungsmittel ‖ ⁓**bildung** f (Chem) / chelation n ‖ ⁓**ion** f (Chem) / chelation n ‖ ⁓**komplex** m (Chem) / chelate n, chelate compound ‖ ⁓**ligand** m (Chem) / multidentate ligand, polydentate ligand*
**Chelatometrie** f (eine Art Komplexometrie) (Chem) / chelatometry n
**Chelator** m (Chem) / chelating agent*, chelator n
**Chelat•ring** m (Chem) / chelate ring ‖ ⁓**verbindung** f (Chem) / chelate n, chelate compound
**cheletrope Reaktion** (eine spezielle perizyklische Reaktion) (Chem) / cheletropic reaction
**Chelidonsäure** f (Chem) / chelidonic acid
**Chemie** f (Chem) / chemistry* n ‖ ⁓- (Chem) / chemical adj, chem. ‖ **analytische** ⁓ (Chem) / analytical chemistry ‖ **anorganische** ⁓ (Chem) / inorganic chemistry* ‖ **archäologische** ⁓ (Chem) / archaeological chemistry ‖ **bioanorganische** ⁓ (ein Teilgebiet der Biochemie) (Biochem) / bioinorganic chemistry ‖ **bioorganische** ⁓ (Chem) / natural products chemistry (the chemistry of compounds synthesized by living organisms), chemistry of natural products ‖ **forensische** ⁓ (Chem) / forensic chemistry, legal chemistry ‖ **fotografische** ⁓ (Chem, Foto) / photographic chemistry ‖ **gerichtliche** ⁓ (Chem) / forensic chemistry, legal chemistry ‖ **heiße** ⁓ (Chem) / hot chemistry ‖ **industrielle** ⁓ (Erkenntnis und Beherrschung der zweckmäßigsten Mittel für die unter Stoffumsatz verlaufende Herstellung einer gewünschten Ware) (Chem, Chem Verf) / industrial chemistry ‖ **klinische** ⁓ (analytische Probleme in der klinischen Medizin) (Chem, Med) / clinical chemistry ‖ **kombinatorische** ⁓ (Chem) / combinatorial chemistry ‖ **makromolekulare** ⁓ (Chem) / polymer chemistry, macromolecular chemistry ‖ **medizinische** ⁓ (klinische + physiologische Chemie) (Chem, Med) / medicinal chemistry ‖ **metallorganische** ⁓ (Chem) / metalloorganic chemistry ‖ **metallurgische** ⁓ (Chem, Hütt) / metallurgical chemistry ‖ **ökologische** ⁓ (Chem, Umwelt) / environmental chemistry, ecological chemistry ‖ **organische** ⁓ (Chem) / organic chemistry* ‖ **orthogonale** ⁓ (Chem) / orthogonal chemistry ‖ **pharmazeutische** ⁓ (Chem, Pharm) / pharmaceutical chemistry ‖ **physikalische** ⁓ (Chem) / physical chemistry* ‖ **physiologische** ⁓ (Chem) / physiological chemistry ‖ **präparative** ⁓ (ein Teilgebiet der Chemie, das sich mit der Herstellung von definierten chemischen Stoffen befaßt) (Chem) / preparative chemistry ‖ **sanfte** ⁓ (Chem) / soft chemistry ‖ **siliziumorganische** ⁓ (Chem) / organosilicon chemistry ‖ **supramolekulare** ⁓ (Chem) / supramolecular chemistry ‖ **technische** ⁓ (Chem Verf) / technical chemistry ‖ **troposphärische** ⁓ (Chem) / tropospheric chemistry ‖ ⁓ f **der Alkaloide** (Chem) / chemistry of the alkaloids ‖ ⁓ **der Assoziaten** (Chem) / supramolecular chemistry ‖ ⁓ **der Atmosphäre** (Chem) / atmospheric chemistry ‖ ⁓ **der Einlagerungsverbindungen** (Chem) / intercalation chemistry ‖ ⁓ **der fotografischen Prozesse** (Chem, Foto) / photographic chemistry ‖ ⁓ **der Fullerene** (Chem) / fullerene chemistry ‖ ⁓ **der heißen Atome** (Chem, Kernphys) / hot-atom chemistry ‖ ⁓ **der Hochpolymeren** (Chem) / polymer chemistry, macromolecular chemistry ‖ ⁓ **der Kohlenhydrate** (Chem) / carbohydrate chemistry ‖ ⁓ **der Kristallbaufehler** (Krist) / defect chemistry ‖ ⁓ **der Mischphasen** (Chem) / mixed-phase chemistry ‖ ⁓ **der Naturstoffe** (meistens Biochemikalien) (Chem) / natural products chemistry (the chemistry of compounds synthesized by living organisms), chemistry of natural products ‖ ⁓ **der Riechstoffe** (Chem) / fragrance chemistry ‖ ⁓ **der siliziumhaltigen organischen Verbindungen** (Chem) / organosilicon chemistry ‖ ⁓ **der Spurenelemente** (Chem) / trace chemistry ‖ ⁓ **des Bodens** (Chem, Landw) / soil chemistry, chemistry of soil ‖ ⁓ **des Holzes** (Chem, For) / wood chemistry ‖ ⁓ **des Wassers** (Chem) / water chemistry, aquatic chemistry, hydrochemistry n ‖ ⁓ **von Heteroatomverbindungen** (Chem) / heteroatom chemistry
**Chemie•betrieb** m (Chem) / chemical-maker n, chemical firm ‖ ⁓**endlosgarn** n (aus einem einzigen Filament) (Plast, Tex) / monofilament* n, monofilament yarn, monofil yarn ‖ ⁓**fabrik** f (Chem) / chemical-maker n, chemical firm ‖ ⁓**fasern** f pl (DIN 60001) (Tex) / man-made fibres*, artificial fibres ‖ **synthetische** ⁓**fasern** (Tex) / synthetics pl, synthetic fibres* ‖ ⁓**faserzellstoff** m (Pap, Tex) / dissolving pulp* ‖ ⁓**holz** n (das unter Auflösung seines Gefüges in chemischem Verfahren verarbeitet wird) (Chem Verf, For) / chemical wood ‖ ⁓**-Ingenieurwesen** n (Chem Verf) / chemical engineering* ‖ ⁓**klo** n (Sanitär) / chemical closet* ‖ ⁓**-Kupferseide** f (Tex) / cuprammonium rayon, cupro n ‖ ⁓**laborant** m (Chem) / laboratory assistant ‖ ⁓**leder** n (Chem, Leder) / synthetic leather ‖ ⁓**manometer** n (aus korrosionsfesten Materialien) (Chem) / chemical manometer ‖ ⁓**pulpe** f (Chem Verf, Pap) / chemical wood pulp*, chemimechanical pulp, chemigroundwood pulp ‖ ⁓**rohstoff** m (aus Kohle) (Chem Verf) / chemical feedstock (from coal) ‖ ⁓**seide** f (Spinn) / artificial silk ‖ ⁓**techniker** m (Chem) / chemical engineer, chemical technician ‖ ⁓**waffe** f (Mil) / chemical weapon ‖ ⁓**waffenfrei** adj (Mil) / free of chemical weapons ‖ ⁓**werkstoff** m (Grundstoff für Anstriche,

**Chemiezellstoff**

Lacke, Klebstoffe, Bindemittel usw.) (Plast) / engineering plastic (e.g. nylon, acetal resins, polycarbonate resins, ABS resins) ‖ ⁓**zellstoff** *m* (Pap, Tex) / dissolving pulp*
**Chemi•grafie** *f* (Druck) / process-engraving* *n*, photoengraving* *n* ‖ ⁓**ionisation** *f* (Spektr) / chemical ionization, CI
**Chemikal** *n* (Chem) / chemical *n*
**Chemikalie** *f* (Chem) / chemical *n* ‖ **organische** ⁓ **die persistent ist** (in Wasser, Böden und Luft) (Chem, Umwelt) / persistent organic pollutant, POP ‖ **bioakkumulierende** ⁓**n** (die Anlaß zur Besorgnis geben) (Chem) / bioaccumulative chemicals (of concern), BCC ‖ **flüchtige organische** ⁓ (Chem, Sanitär) / volatile organic chemical (VOC) ‖ **fotografische** ⁓ (Chem, Foto) / photographic chemical
**Chemikalien•ausbringung** *f* **mit Beregnungsanlagen** (Landw) / chemigation *n* ‖ ⁓**beständig** *adj* (Chem) / chemical-resistant *adj* ‖ ⁓**beständigkeit** *f* (Chem) / chemical resistance ‖ ⁓**fest** *adj* (Chem) / chemical-resistant *adj* ‖ ⁓**festigkeit** *f* (Chem) / chemical resistance ‖ ⁓**geschmack** *m* (Nahr) / chemical flavour, pharmaceutical flavour, pharmaceutical taste ‖ ⁓**tanker** *m* (Schiff) / chemical carrier, chemical tanker ‖ ⁓**toilette** *f* (Sanitär) / chemical closet* ‖ ⁓**verregnung** *f* (Landw) / chemigation *n* ‖ ⁓**verschmutzung** *f* (Umwelt) / chemical pollution ‖ ⁓**verschüttung** *f* (Umwelt) / chemical spill ‖ ⁓**vorratsbehälter** *m* (Chem Verf) / chemicals storage bin
**Chemiker** *m* (Chem) / chemist *n* ‖ **anorganischer** ⁓ (Chem) / inorganic chemist ‖ **organischer** ⁓ (Chem) / organic chemist
**chemilumineszent** *adj* (Chem) / chemiluminescent *adj*
**Chemilumineszenz** *f* (Chem) / chemiluminescence* *n*, chemical luminescence ‖ ⁓**indikator** *m* (Chem) / chemiluminescent indicator
**Cheminée** *n* (Bau) / open fire
**chemiosmotisch** *adj* (Biochem) / chemiosmotic *adj*
**Chemiresistor** *m* (ein chemischer Sensor) (Chem, Eltech) / chemical resistor
**chemisch** *adj* (Chem) / chemical *adj*, chem. ‖ ⁓**es Screening** (Werkstoffsuche) (Chem, WP) / chemical screening ‖ ⁓**e Abscheidung aus der Gasphase** (Galv) / chemical vapour deposition, CVD ‖ ⁓**es Abtragen** / chemical machining, chemical milling ‖ ⁓**e Abwasserbehandlung** (Sanitär) / chemical waste-water treatment ‖ ⁓ **adsorbieren** (Chem) / chemisorb *v* ‖ ⁓**e Adsorption** (bei der chemische Bindungskräfte wirken) (Chem) / chemisorption* *n*, chemical adsorption ‖ ⁓**e Aktivierung** (der Aktivkohle) (Chem) / chemical activation ‖ ⁓**e Altersbestimmung** (z.B. anhand von Razemisierungserscheinungen bei Aminosäuren) (Chem) / chemical dating ‖ ⁓**e Analyse** (Chem) / chemical analysis ‖ ⁓**er Angriff** (Chem) / chemical attack ‖ ⁓**er Antrieb** (Verbrennungsmotor oder Strahltriebwerk) (Chem, Masch) / chemical drive (propulsion) ‖ ⁓**es Ätzen** (Eltronik) / chemical etching ‖ ⁓**e Aufbereitung des abgebrannten Kernbrennstoffs** (Nukl) / fuel reprocessing*, nuclear fuel reprocessing ‖ ⁓ **aufschließen** (Pap) / pulp *v*, cook *v* ‖ ⁓**er Aufschluß** (Chem Verf, For, Pap) / full chemical pulping ‖ ⁓**e Ausrüstung** (z.B. Färben oder Drucken) (Tex) / chemical finishing* ‖ ⁓**e Bedampfung** (Galv) / chemical vapour deposition, CVD ‖ ⁓**beständig** (Chem) / chemical-resistant *adj* ‖ ⁓**e Beständigkeit** (Chem) / chemical resistance ‖ ⁓**er Betrieb** (Chem) / chemical-maker *n*, chemical firm ‖ ⁓**e Bindung** (Chem) / chemical bond* ‖ ⁓**e Blende** (Film) / chemical fade ‖ ⁓**e Bodenentseuchung** (HuT, Landw) / soil disinfestation, soil sterilization, soil disinfection ‖ ⁓**e Dampfinfiltration** (Chem Verf) / chemical vapour infiltration ‖ ⁓**es Dosimeter** (Radiol) / chemical dosemeter, chemical dosimeter ‖ ⁓ **einheitlich** (Chem) / chemically uniform ‖ ⁓**e Einwirkung** (negative, z.B. Korrosion) (Chem) / chemical attack ‖ ⁓**es Element** (Chem) / chemical element* ‖ ⁓**e Energie** (Zustandsenergie) (Chem) / chemical energy* ‖ ⁓**e Entwicklung** (Foto) / chemical development ‖ ⁓**es Erzeugnis für gewerbliche Zwecke** (Chem) / chemical product used in industry ‖ ⁓**e Evolution** (Biochem) / chemical evolution ‖ ⁓**e Färbung** (For) / chemical stain ‖ ⁓**es Festkörperdosimeter** (Radiol) / solid-phase chemical dosimeter ‖ ⁓**e Flockung** (Entfernung von vorwiegend kolloidal verteilten anorganischen und organischen Substanzen des Roh- und Abwassers durch Zusatz von Chemikalien) (Sanitär) / chemical flocculation ‖ ⁓**es Fluten** (eine tertiäre Fördertechnik mit Hilfe von Chemikalien) (Erdöl) / chemical flooding ‖ ⁓**es Fluten** (mit Tensiden) (Erdöl) / surfactant flooding*, micellar flooding, microemulsion flooding ‖ ⁓**e Formel** (Chem) / chemical formula ‖ ⁓ **gebundenes Wasser** (Chem) / combined water ‖ ⁓**es Geräteglas** (Chem, Glas) / chemical glass, laboratory glass ‖ ⁓ **gesteuerter Feldeffekttransistor** (Eltronik) / chemically controlled field-effect transistor, ChemFET ‖ ⁓**es Glänzen** (wenn dem Poliermittel ein Ätzmittel zugesetzt wird) / chemical brightening, chemical polishing ‖ ⁓**es Gleichgewicht** (Chem) / chemical equilibrium ‖ ⁓**e Gleichung** (Chem) / chemical equation*, reaction equation ‖ ⁓**er Grundstoff** (Chem) / chemicals element* ‖ ⁓**er Holzstoff** (Chem Verf, Pap) / chemical wood pulp*, chemimechanical pulp, chemigroundwood pulp ‖ ⁓**e Hydrologie** (Chem) / chemical hydrology ‖ ⁓ **induzierte dynamische Elektronenspinpolarisation** (in der EPR-Spektroskopie) (Spektr) / CIDEP, chemically induced dynamic electron polarization ‖ ⁓ **induzierte dynamische Kernpolarisation** (in der Kernresonanzspektroskopie) (Spektr) / CIDNP, chemically induced dynamic nuclear polarization ‖ ⁓ **inert** (Chem) / noble *adj* ‖ ⁓**es Ionenplattieren** (eine Verfahrensvariante des CVP-Verfahrens) (Galv) / chemical ion plating ‖ ⁓**e Ionisation** (in der Massenspektroskopie) (Spektr) / chemical ionization, CI ‖ ⁓**es Kampfmittel** (Mil) / chemical weapon ‖ ⁓**e Kennzahl** (z.B. Iodzahl, Bromzahl usw.) (Chem) / chemical index ‖ ⁓**e Kinetik** (die Untersuchung der Geschwindigkeit, mit der chemische Reaktionen ablaufen - DIN 13345) (Chem) / chemical kinetics*, reaction kinetics ‖ ⁓**es Klosett** (Sanitär) / chemical closet* ‖ ⁓**e Kompensation** (Nukl) / chemical shim ‖ ⁓**e Korrosion** (Galv) / chemical corrosion, direct chemical corrosion, non-electrochemical corrosion ‖ ⁓**er Korrosionsinhibitor** (Galv) / anticorrosion additive ‖ ⁓**e Kriegführung** (Mil) / chemical warfare, CW ‖ ⁓**er Laser** (z.B. HCl- oder Iodlaser) (Chem, Phys) / chemical laser ‖ ⁓**e Metallabscheidung** (Galv) / electroless plating, electroless deposition, chemical deposition ‖ ⁓ **modifiziertes Papier** (Chem) / chemically modified paper ‖ ⁓**e Modifizierung** (Chem) / chemical modification ‖ ⁓**es Nebenprodukt** (Chem Verf) / off-stream chemical ‖ ⁓**e Normpumpe** (DIN 24256) (Chem Verf) / standard chemical pump ‖ ⁓**e Oberflächenbehandlung** (Chem Verf) / chemical surface treatment ‖ ⁓**e Ökologie** (Chem, Umwelt) / chemical ecology ‖ ⁓**e Physik** (Chem, Phys) / chemical physics ‖ ⁓**e Physiologie** (Chem) / physiological chemistry ‖ ⁓**es Plastiziermittel** (ein Peptisiermittel) (Chem Verf) / peptizer *n*, peptizing agent ‖ ⁓**e Polarisation** (Chem) / electrolytic polarization (based on chemical transformations) ‖ ⁓**es Polieren** / chemical brightening, chemical polishing ‖ ⁓**es Porzellan** (Chem, Keram) / chemical porcelain ‖ ⁓**es Porzellan** (Chem, Keram) s. auch Laborporzellan ‖ ⁓**es Potential** (die freie Enthalpie, die in einem gegebenen System unter definierten Bedingungen auf ein Mol einer Komponente entfällt - DIN 1345) (Chem) / chemical potential ‖ ⁓**es Pumpen** (für spezielle Gaslaser) (Phys) / chemical pumping ‖ ⁓**es Putzen** (A) (Chem, Tex) / dry cleaning ‖ ⁓**e Reaktion** (Chem) / chemical reaction* ‖ ⁓**e Reaktionstechnik** (Chem) / chemical reaction engineering ‖ ⁓**es Recycling** (z.B. Pyrolyse) (Chem Verf, Umwelt) / chemical recycling ‖ ⁓ **rein** (Chem) / chemically pure ‖ ⁓ **reinigen** (Chem, Tex) / dry-clean *v* ‖ ⁓**e Reinigung** (Chem, Tex) / dry cleaning ‖ ⁓**e Relaxation** (allmähliche Wiedereinstellung eines chemischen Gleichgewichts nach plötzlicher Störung durch schnelle Änderung von Druck, Volumen, Temperatur, elektrische Feldstärke usw.) (Chem) / chemical relaxation ‖ ⁓**e Röste** (Tex) / chemical retting, artificial retting ‖ ⁓**er Sauerstoffbedarf** (Chem, Umwelt) / chemical oxygen demand* (COD) ‖ ⁓**er Schaum** (ein Löschschaum) / chemical foam ‖ ⁓**er Schliff** (Chem Verf, Pap) / chemical wood pulp*, chemimechanical pulp, chemigroundwood pulp ‖ ⁓**es Schweißen** (Chem) / solvent bonding, solvent cementing ‖ ⁓**e Sedimente** (die durch chemische Abscheidung gebildet werden) (Geol) / chemical sediments ‖ ⁓**er Sensor** (zum Erfassen chemischer Eingangsgrößen und deren Umsetzung in elektrische Signale) (Chem) / chemical sensor ‖ ⁓**e Separation** (Chem) / chemical separation ‖ ⁓**e Spezies** (Chem) / chemical species ‖ ⁓**es Steinzeug** (Chem, Keram) / chemical stoneware ‖ ⁓**e Technik** (Chem, Chem Verf) / industrial chemistry ‖ ⁓**e Technologie** (Chem Verf) / technical chemistry ‖ ⁓**e Thermodynamik** (Chem) / thermochemistry* *n*, chemical thermodynamics ‖ ⁓**er Treibstoff** (der sowohl als Stützmasse als auch Energieträger dient) (Raumf) / chemical fuel ‖ ⁓**e Trennung** (Chem) / chemical separation ‖ ⁓**es Trimmen** (Nukl) / chemical shim ‖ ⁓ **trocknend** (mit Hilfe von chemischen Reaktionen härtend, z.B. durch oxidative Vernetzung) (Anstr) / convertible *adj* ‖ ⁓**e Trocknung** (Härtung durch chemische Reaktion, z.B. oxidative Vernetzung) (Anstr) / chemical drying ‖ ⁓**e Umweltgefahr** (Chem, Umwelt) / chemical hazard ‖ ⁓**e Verbindung** (Chem) / chemical compound* ‖ ⁓**e Verfahrenstechnik** (Chem Verf) / chemical engineering* ‖ ⁓**e Verfestigung** (Glas, Opt) / chemical tempering ‖ ⁓**e Verschiebung** (in der Kernresonanzspektroskopie) (Spektr) / chemical shift, shift *n*, isomeric shift, isomer shift ‖ ⁓**e Verwitterung** (Geol) / chemical weathering, rotting *n* ‖ ⁓**e Wechselwirkung** (Chem) / chemical interaction ‖ ⁓**e Widerstandfähigkeit** (Chem) / chemical resistance ‖ ⁓ **widerstandsfähig** (Chem) / chemical-resistant *adj* ‖ ⁓**es Zeichen** (Chem) / chemical symbol* ‖ ⁓**e Zusammensetzung** (Chem) / chemical composition
**"chemische Keule"** (Augenreizstoff [Chlorazetophenon], der in feinverteilten Partikeln bei Krawallen und Tumulten eingesetzt wird) (Chem) / Mace *n*, chemical mace
**Chemisch•putzerei** *f* (A) (Chem, Tex) / dry cleaning ‖ ⁓**reinigung** *f* (Chem, Tex) / dry cleaning ‖ **für die** ⁓**reinigung geeignet** (Tex) / dry-cleanable *adj* ‖ ⁓**reinigungsbeständig** *adj* (Tex) / unaffected by dry cleaning ‖ ⁓**reinigungsecht** *adj* (Tex) / unaffected by dry cleaning ‖ ⁓**reinigungsmaschine** *f* (DIN 11915) (Tex) / dry-cleaning machine

**Chemismus** *m* (Ablauf chemischer Stoffumsetzungen) (Biochem, Chem) / chemism *n* ‖ ˜ **der Beschichtung** (Chem, Galv) / coating chemism, coating chemistry
**chemisorbieren** *v* (Chem) / chemisorb *v*
**Chemisorption** *f* (Chem) / chemisorption* *n*, chemical adsorption
**Chemiurgie** *f* (For, Landw) / chemurgy *n*
**Chemo•asphalt** *m* (mit Wasserdampf geblasener künstlicher Asphalt) / steam-blown asphalt ‖ ˜**autotroph** *adj* (zur Chemosynthese aus anorganischen Verbindungen befähigt) (Chem) / chemoautotrophic *adj* ‖ ˜**autotrophie** *f* (Bakteriol, Bot) / chemosynthesis* *n* (pl. -theses) ‖ ˜**formung** *f* / autocatalytic forming ‖ ˜**lumineszent** *adj* (Chem) / chemiluminescent *adj* ‖ ˜**lumineszenz** *f* (Chem) / chemiluminescence* *n*, chemical luminescence ‖ ˜**lyse** *f* (Chem) / chemolysis (pl -lyses) *n* ‖ ˜**lytisch** *adj* (Chem) / chemolytic *adj* ‖ ˜**mechanischer Holzstoff** (Chem Verf, Pap) / chemical wood pulp*, chemimechanical pulp, chemigroundwood pulp ‖ ˜**metrik** *f* (Chem) / chemometrics *n* ‖ ˜**nastie** *f* (Bot) / chemonasty* *n* ‖ ˜**nuklear** *adj* (Nukl) / chemonuclear *adj* ‖ ˜**resistenz** *f* (Pharm) / chemotherapy resistance ‖ ˜**rezeptor** *m* (Sinneszelle oder Sinnesorgan, die chemische Reize aufnehmen) (Biochem) / chemoreceptor* *n* ‖ ˜**selektiv** *adj* (Chem) / chemoselective *adj* ‖ ˜**selektivität** *f* (Chem) / chemoselectivity *n* ‖ ˜**sensor** *m* (Chem) / chemical sensor ‖ ˜**sorbieren** *v* (Chem) / chemisorb *v* ‖ ˜**sorption** *f* (Chem) / chemisorption* *n*, chemical adsorption ‖ ˜**sphäre** *f* (etwa 80 - 100 km) (Astr) / chemosphere* *n* ‖ ˜**-Splicing** *n* (Kaltkleben mit chemischen Reagenzien) (Film) / chemosplicing *n*, chemical splicing ‖ ˜**stat** *n* (kontinuierliche Fermentation) (Chem Verf) / chemostat *n* ‖ ˜**sterilans** *n* (pl. Chemosterilanzien) (Chem, Landw) / chemosterilant *n* ‖ ˜**sterilisation** *f* (Herabsetzung oder totale Unterbindung der Fortpflanzungsfähigkeit bestimmter Schadinsekten) (Chem, Landw) / chemosterilization *n* ‖ ˜**sterilisierungsmittel** *n* (Chem, Landw) / chemosterilant *n* ‖ ˜**synthese** *f* (unabhängig von Licht) (Bakteriol, Bot) / chemosynthesis *n* (pl. -theses) ‖ ˜**taxis** *f* (pl.-taxen) (durch Chemikalien hervorgerufene Ortsbewegung von Lebewesen) (Biochem) / chemotaxis* *n* ‖ ˜**taxonomie** *f* (Einordnen anhand der Inhaltsstoffe) (Chem) / chemotaxonomy* *n* ‖ ˜**techniker** *m* (Chem) / chemical engineer, chemical technician ‖ ˜**therapeutikum** *n* (pl. Chemotherapeutika) (Pharm) / chemotherapeutic *n* ‖ **antivirales** ˜**therapeutikum** (Pharm) / antiviral agent ‖ ˜**therapie** *f* (Behandlung mit Chemotherapeutika) (Pharm) / chemotherapy* *n*, chemotherapeutics *n* ‖ ˜**therapieresistenz** *f* (Pharm) / chemotherapy resistance ‖ ˜**tronik** *f* (Teilgebiet der angewandten Elektrochemie) (Chem) / chemotronics *n* ‖ ˜**tropismus** *m* (Bot) / chemotropism* *n*
**Chemtempern** *n* (durch selektiven Ionenaustausch - z.B. zur Brillenglashärtung) (Glas, Opt) / chemical tempering
**Chemurgie** *f* (Gewinnung chemischer Produkte aus land- oder forstwirtschaftlich erzeugten Stoffen) (For, Landw) / chemurgy *n*
**Chengal** *n* (Balanocarpus heimii King) (For) / chengal *n* (a heavy heartwood)
**Chenille** *f* (Spinn) / chenille *n*, chenille yarn ‖ ˜**-Effektgarn** *n* (Spinn) / chenille *n*, chenille yarn ‖ ˜**garn** *n* (Spinn) / chenille *n*, chenille yarn ‖ ˜**gewebe** *n* (Tex) / chenille *n* ‖ ˜**stoff** *m* (Tex) / chenille *n* ‖ ˜**ware** *f* (Tex) / chenille *n*
**Chenodesoxycholsäure** *f* (Physiol) / chenodeoxycholic acid*
**Chenodiol** *n* (Physiol) / chenodeoxycholic acid*
**Chenopodiumöl** *n* (aus Chenopodium ambrosioides var. anthelminticum (L.) A. Gray) (Pharm) / chenopodium oil, American wormseed oil, goosefoot oil, oil of chenopodium, wormseed oil
**Cheralith** *m* (Monazit mit etwa 33% Th) (Min) / cheralite* *n*
**chersogen** *adj* (in oder auf der Erdkruste oder aus Festlandsmaterial entstanden) (Geol) / terrigenous *adj*
**Chesterfield** *n* (ein streng geschnittener Herrenmantel, meistens mit einem Samtkragen) (Tex) / chesterfield *n*
**Chevalleysche Algebra** (nach C. Chevalley, 1909 - 1984) (Math) / Chevalley algebra
**chevillieren** *v* (Tex) / wring *v*, gloss *v*, chevil *v* ‖ ˜ *n* (mechanische Nachbehandlung bei der Garnveredlung) (Tex) / wringing *n*, glossing *n*, chevilling *n*
**Cheviot** *m* (Tex) / Cheviot *n*, cheviot *n* ‖ **haariger** ˜**mantelstoff** (Tex) / fearnought *n* ‖ ˜**stoff** *m* (Tex) / Cheviot *n*, cheviot *n* ‖ ˜**wolle** *f* (Grobwolle) (Tex) / Cheviot *n*, cheviot *n*
**Chevreau** *n* (Leder) / glacé kid, glazed kid ‖ ˜**leder** *n* (chromgegerbtes, feinnarbiges Schuhoberleder aus kleinen Ziegenhäuten) (Leder) / glacé kid, glazed kid
**Chevrette** *n* (Leder) / imitation kid
**Chevretteleder** *n* (dem Chevreauleder nachgeahmtes Leder aus grobwolligen Schaffellen) (Leder) / imitation kid
**Chevron** *m* (ein Wollstoff in abgeleiteter Köperbindung mit wechselnder Gratrichtung) (Tex) / chevron *n* ‖ ˜**kerb** *m* (beim Kerbschlagversuch) (WP) / chevron notch

**Chew-Frautschi-Diagramm** *n* (grafische Darstellung der Regge-Trajektorie) (Kernphys) / Chew-Frautschi diagram
**Chew-Goldberger-Low-Gleichungen** *f pl* (ein Gleichungssystem zur hydrodynamischen Beschreibung eines stoßfreien Plasmas in der Einflüssigkeitsnäherung) (Plasma Phys) / Chew-Goldberger-Low equations
**Chézysche Gleichung** (Phys) / Chézy's formula
**CH$_3$F-Laser** *m* (ein Gaslaser im FIR) (Phys) / CH$_3$F-laser *n*
**Chi-Anpassungstest** *m* (Stats) / goodness-of-fit test
**Chiastolith** *m* (Min) / chiastolite* *n*
**Chicle** *m* (Kautschuk aus dem Latex von Manilkara zapota (L.) van Royen und Achras chicle) / chicle *n*
**Chiclegummi** *m* / chicle *n*
**Chief-Programmer-Team** *n* (Organisation eines Softwareprojekts) (EDV) / chief programmer team
**Chiffon** *m* (Tex) / chiffon* *n*
**Chiffre** *f* / cipher *n*
**Chiffrenstrom** *m* (die Chiffrenfolge nach dem Verschlüsselungsvorgang) (Fernm) / cipher stream
**Chiffreschrift** *f* / cipher *n*
**Chiffrieralgorithmus** *m* (die Menge der Vorschriften, die die Art der kryptografischen Transformation festlegen) (EDV) / encryption algorithm, cryptographic algorithm
**chiffrieren** *v* / encipher *v*, encrypt *v*
**Chiffrierung** *f* / cryptography *n*, encryption *n*
**Child-Langmuirsche Gleichung** (Eltronik) / Child-Langmuir equation*, Child's law, Child-Langmuir-Schottky equation, Langmuir-Child equation
**Chilefichte** *f* (For) / monkey puzzle, Chile pine, monkey puzzle tree
**Chilenische Araukarie** (Araucaria araucana (Mol.) K.Koch) (For) / monkey puzzle, Chile pine, monkey puzzle tree
**Chile•salpeter** *m* (Natriumnitrat) (Chem, Min) / Chile nitre*, Chile saltpetre* ‖ ˜**tanne** *f* (For) / monkey puzzle, Chile pine, monkey puzzle tree
**Chilisalpeter** *m* (Natriumnitrat) (Chem, Min) / Chile nitre*, Chile saltpetre*
**CHILL** (eine höhere Programmiersprache für Vermittlungssysteme) (EDV, Fernm) / CCITT high-level language, CHILL *n*
**Chiltonit** *m* (Min) / prehnite* *n*
**chimäres Gen** (Gen) / chimaeric gene
**China Clay** *m n* (ein Kaolin, der sich in der Hauptsache aus dem Tonmineral Kaolinit aufbaut; seine typische Zusammensetzung: 47 % SiO$_2$, 38 % Al$_2$O$_3$, 0,8 % Fe$_2$O$_3$, 1,7 % Alkalien und 12 % Glühverlust) (Keram, Min) / china clay*, porcelain clay*
**China•alkaloid** *n* (Pharm) / cinchona alkaloid ‖ ˜**blau** *n* (für Bakteriennährböden) (Bakteriol) / Chinese blue ‖ ˜**blau** (Chem, Tex) / water blue, soluble blue ‖ ˜**cridonpigment** *n* (Anstr) / quinacridone pigment ‖ ˜**gras** *n* (Bastfaser aus Boehmeria nivea L. Gaudich. oder Boehmeria nivea var. tenacissima Gaudich.) (Tex) / ramie* *n*, rami *n*, China grass *n* ‖ ˜**-Holzöl** *n* (aus Aleurites fordii Hemsl.) (Anstr, Chem) / tung oil, China wood oil ‖ ˜**krepp** *n* (Tex) / crêpe de chine*, China crêpe
**Chinaldin** *n* (2-Methylchinolin) (Chem) / quinaldine* *n* ‖ ˜**rot** *n* (Chem) / quinaldine red
**China•leinen** *n* (aus Ramiegarn) (Tex) / grass-cloth *n* ‖ ˜**papier** *n* (Pap) / China paper, Chinese paper ‖ ˜**rinde** *f* (rote offizinelle) (Pharm) / red bark ‖ ˜**rinde** (aus etwa 40 Cinchona-Arten) (Pharm) / cinchona bark, Jesuits' bark, cinchona *n* ‖ ˜**rindenalkaloid** *n* (z.B. Chinin) (Pharm) / cinchona alkaloid ‖ ˜**rindenbaum** *m* (Cinchona L.) (For) / cinchona *n* ‖ ˜**säure** *f* (1,3,4,5-Tetrahydroxycyclohexancarbonsäure) (Pharm) / quinic acid, kinic acid, chinic acid ‖ ˜**seide** *f* (ein Naturseidengewebe aus Wildseiden, wie Honan, Shantung usw., schwerer als Japanseide) (Tex) / China silk ‖ ˜**weiß** *n* (Zinkoxid) (Chem) / China white, Chinese white
**Chinazolin** *n* (ein wichtiger Vertreter der Benzodiazine) (Chem) / quinazoline *n*
**Chinchilla** *f n* (pl. -s) (Leder, Zool) / chinchilla *n*
**Chiné** *m* (Kettdruckware für Oberbekleidung, Dekorationen und Bänder) (Tex) / chiné *n*, chiné cloth, chiné fabric ‖ ˜**druck** *m* (Tex) / chiné printing, warp printing
**Chinesen•bart** *m* (beiderseits des Siegels bartförmig herablaufende Rindenquetschfalte) (For) / Chinese beard ‖ ˜**schrift** *f* (meistens eine Fe- und Mg-Phase in Aluminiumlegierungen) (Hütt) / Chinese script eutectic
**chinesisch•e Blockbindung** (Buchb) / side sewing ‖ ˜**es Grün** / locao *n*, Chinese green, lokao *n* ‖ ˜**er Hanf** / China jute, Chinese jute ‖ ˜**es Holzöl** (aus Aleurites fordii Hemsl.) / tung oil ‖ ˜**e Jute** (Abutilon theophrasti Medik.) / China jute, Chinese jute ‖ ˜**es Moos** (gewaschene, gebleichte und getrocknete Rotalgen) (Bot) / Chinese moss ‖ ˜**e Samtpappel** *f* / China jute, Chinese jute ‖ ˜**er Talgbaum** (Sapium sebiferum (L.) Roxb.) (For) / Chinese tallow-tree *n*, vegetable tallow tree ‖ ˜**es Wachs** / Chinese wax, Chinese insect

wax, insect wax, pela n ‖ ⁓**es Zimtöl** (aus Cinnamomum aromaticum Nees) / cassia oil*, Chinese (cinnamon) oil*
**Chinesischweiß** n (Zinkoxid) (Chem) / China white, Chinese white
**Chinhydron** n (Chem) / quinhydrone* n ‖ ⁓**elektrode** f (eine Redoxelektrode) (Chem) / quinhydrone electrode*, quinhydrone half-cell
**Chinidin** n (ß-Chinin) (Chem) / quinidine n, chinidine n
**Chinin** n (das wichtigste Alkaloid aus den Chinarinden) (Chem, Pharm) / quinine* n
**Chininum** n (das wichtigste Alkaloid aus den Chinarinden) (Chem, Pharm) / quinine* n
**chinoid** adj (Chem) / quinoid adj, chinoid adj
**Chinolin** n (Chem, Mikros, Pharm) / quinoline* n, 1-benzazine n, chinoline n ‖ ⁓**alkaloid** n (mit dem Grundgerüst des Chinolins) (Pharm) / quinoline alkaloid, quinoline-type alkaloid, cinchona alkaloid, chinchona alkaloid ‖ ⁓**blau** n (Foto) / quinoline blue ‖ ⁓**gelb** n (E 104) (Chem, Nahr, Tex) / quinoline yellow ‖ **Skraupsche** ⁓**synthese** (nach Z.H. Skraup, 1850-1910) (Chem) / Skraup's synthesis*
**Chinolizidinalkaloid** n (mit dem Grundgerüst des Chinolizidinalkaloids, z.B. Spartein oder Cytisin) (Chem) / quinolizidine alkaloid
**Chinomethan** n (Chem) / quinone methide
**Chinon** n (Chem) / quinone* n, kinone n ‖ ⁓**gerbung** f (Leder) / quinone tannage ‖ ⁓**methid** n (Chem) / quinone methide
**Chinophthalonpigment** n (Anstr) / quinophthalone pigment
**Chinoxalin** n (Benzopyrazin) (Chem) / quinoxaline* n
**Chintschintsches Gesetz** (nach A. Ja. Chinčin, 1894 - 1959) (Math) / Khintchine's theorem
**Chintz** m (einseitig stark glänzend ausgerüsteter Baumwollstoff in Leinwandbindung, meist uni und bedruckt) (Tex) / chintz* n ‖ ⁓**druck** m (Tex) / chintz printing, chintzing printing ‖ ⁓**kalander** m (Tex) / chintz calender, chintzing calender
**Chiosterpentin** n m / Chian turpentine
**Chip** m (Einkristallblock aus Halbleitermaterial, vorwiegend aus Silizium, der eine Diode, einen Transistor oder eine integrierte Schaltung trägt) (EDV, Eltronik) / chip* n ‖ ⁓**s** pl (Kunststoffgranulat) (Plast) / chips pl ‖ ⁓ m (EDV, Eltronik) s. auch Mikrochip ‖ **bondierter** ⁓ (Eltronik) / face-bonded device ‖ **dreidimensionaler** ⁓ (Eltronik) / layered chip, 3D-chip n, three-dimensional chip ‖ **geklebter** ⁓ (Eltronik) / glue chip
**Chip•architektur** f (EDV) / chip architecture ‖ ⁓**ausbeute** f (Eltronik) / chip yield ‖ ⁓**bonden** n (Eltronik) / chip bonding ‖ ⁓**bonder** m (technologische Spezialausrüstung zur Bauelementemontage) (Eltronik) / chip bonder ‖ ⁓**enable-Eingang** m (EDV) / chip-enable input ‖ ⁓**ergiebigkeit** f (Eltronik) / chip yield ‖ ⁓**ertrag** m (Eltronik) / chip yield ‖ ⁓**freigabe** f (EDV) / chip enable, CE ‖ ⁓**halterung** f (Eltronik) / package header ‖ ⁓**karte** f (intelligente Kunststoffkarte mit integriertem Chip) (EDV) / chip card, smart card ‖ ⁓**kartenleser** m (EDV) / chip-card reader ‖ ⁓**kondensator** m (für die Mikroelektronik) (Eltronik) / chip capacitor
**Chippendale-Stil** m (ein Möbelstil mit stark geschwungenen Formen nach T. Chippendale, 1718-1779) (Tischl) / Chippendale n
**Chip•-Rechner** m (EDV) / single-chip computer ‖ ⁓**streifenleiter** n (Eltronik) / chip-to-pad-to-chip bond, CPC bond ‖ ⁓**träger** m (Eltronik) / chip carrier ‖ **leitungsloser** ⁓**träger** m (Eltronik) / leadless chip carrier (LCC) ‖ ⁓**träger mit Stiften** (Eltronik) / leaded chip carrier ‖ ⁓**trägeranordnung** f (auf der Leiterplatte) (Eltronik) / chip carrier array ‖ ⁓**transistor** m (Eltronik) / chip transistor ‖ ⁓**verarbeitungsanlage** f (EDV) / slice-processing facility ‖ ⁓**verdrahtung** f (Eltronik) / interchip wiring ‖ ⁓**widerstand** m (Eltronik) / resistor chip
**Chi-Quadrat•-Test** m (Stats) / chi-squared test ‖ ⁓**-Verteilung** f (Stats) / chi-squared distribution*
**chiral** adj (Chem, Kernphys) / chiral adj ‖ ~**e Analytik** (Chem) / chiral analysis ‖ ~**es Molekül** (Chem) / chiral molecule ‖ ~**e stationäre Phase** (Chem) / chiral stationary phase
**Chiralität** f (die Eigenschaft aller Elementarteilchen mit halbzähligem Spin) (Chem) / chirality* n ‖ ⁓ (Kernphys) / chirality n ‖ **axiale** ⁓ (Chem) / axial chirality ‖ **planare** ⁓ (Chem) / planar chirality ‖ **zentrale** ⁓ (Chem) / central chirality
**Chiralitäts•ebene** f (Chem) / chiral plane ‖ ⁓**zentrum** n (Chem) / chiral centre
**Chireix-Mesny-Antenne** f (die Felder der quergerichteten Stromkomponenten addieren sich, die der längsgerichteten heben sich auf) (Radio) / Chireix-Mesny antenna
**chiroptisch** adj (Chem, Kernphys) / chiroptical adj ‖ ~**e Methoden** (zur Untersuchung der Chiralität) (Chem, Kernphys) / chiroptical methods
**Chirp** m (Frequenzänderung des Telegrafietons) (Teleg) / chirp n ‖ ⁓**-Radar** m n (Radar) / chirp radar*
**Chitin** n (ein besonders aus tierischen Organismen isoliertes aminozuckerhaltiges geradkettiges Polysaccharid) / chitin* n

**Chitosamin** n (Biochem) / glucosamine n
**Chladni-Figuren** f pl (Akus) / Chladni figures*, sonorous figures
**Chladnische Klangfiguren** f pl (nach E.F.F. Chladni, 1756-1827) (Akus) / Chladni figures*, sonorous figures
**Chloanthit** m (Min) / chloanthite* n, cloanthite* n, white nickel*
**Chlor (Cl)** n (Chem) / chlorine* n ‖ ⁓**(V)-** (Chem) / chloric adj ‖ ⁓**(III)-** (Chem) / chlorous adj ‖ **aktives** ⁓ (Chem) / available chlorine, active chlorine, free available chlorine ‖ ⁓**aceton** n (Chem) / chloropropanone n, chloroacetone n ‖ ⁓**acetophenon** n (Chem) / chloroacetophenone (CN) ‖ ⁓**akne** f (Med) / chloracne n, chlorine acne
**Chloral** n (Chem) / chloral* n, trichloroethanal* n, trichloroacetic aldehyde, trichloroacetaldehyde n ‖ ⁓**hydrat** n (Hydrat des Chlorals - das älteste künstlich hergestellte Schlafmittel) (Chem, Pharm) / chloral hydrate*, trichloroethylidene glycol, 2,2,2-trichloroethanediol, crystalline chloral
**Chlor•alkalielektrolyse** f (großtechnisches Verfahren zur Gewinnung von Chlor und Alkalilauge sowie Wasserstoff) (Chem Verf) / electrolysis of alkali-metal chlorides ‖ ⁓**ameisensäureester** m (Chem) / ethyl chloroformate, chloroformic ester, chlorocarbonic ester, ethyl chlorocarbonate ‖ ⁓**ameisensäuretrichlormethylester** m (Chem) / diphosgene n ‖ ⁓**amin** n (Chem) / chloramine* n ‖ ⁓**amin T** n (N-Chlor-4-toluolsulfonsäureamid-Natrium) (Pharm, Sanitär) / chloramine T* ‖ ⁓**amphenikol** n (Breitbandantibiotikum aus Streptomyces venezuelae, das heute synthetisch hergestellt wird) (Pharm) / chloramphenicol* n, Chloromycetin n ‖ ⁓**anil** n (Tetrachlor-1,4-benzochinon) (Chem) / chloranil n ‖ ⁓**apatit** m (Min) / chlorapatite* n ‖ ⁓**argyrit** m (Min) / chlorargyrite, cerargyrite* n, horn silver*
**Chlorat** n (M'ClO₃) (Chem) / chlorate(V)* n ‖ ⁓**(I)** (Salz der hypochlorigen Säure) (Chem) / chlorate(I) n, hypochlorite* n ‖ ⁓**(III)** (Salz der chlorigen Säure) (Chem) / chlorate(III) n, chlorite n ‖ ⁓**(VII)** (Chem) / chlorate(VII)* n, perchlorate* n ‖ ⁓**sprengstoffe** m pl (explosives Gemisch von Chloraten der Alkalimetalle, wie z.B. Cheddit, Chloratit - heute nicht mehr verwendet) / chlorate explosives
**Chlor•aufschluß** m nach Celdecor (Pap) / celdecor process* ‖ ⁓**azeton** n (Chem) / chloropropanone n, chloroacetone n ‖ ⁓**azetophenon** n (international geächteter Reizkampfstoff) (Chem) / chloroacetophenone (CN) n ‖ ⁓**azid** n (farbloses explosives Gas - ClN₃) (Chem) / chlorazide* n ‖ ⁓**badwasserechtheit** f (von Färbungen und Drucken) (Tex) / fastness to chlorinated water ‖ ⁓**bedarf** m (Chem) / chlorine requirement ‖ ⁓**benzol** n (organische Verbindung, in der ein oder mehrere Wasserstoffatome des Benzolsdurch Chloratome ersetzt sind) (Chem) / chlorobenzene n ‖ ⁓**biphenyl** n (Chem) / polychlorinated biphenyl (PCB) ‖ ⁓**bleiche** f (Tex) / chlorine bleaching ‖ ⁓**brommethan** n (Chem) / bromochloromethane n ‖ ⁓**cholinchlorid** n (Chem, Landw) / chlorcholine chloride ‖ ⁓**cyan** n (Chem) / cyanogen chloride ‖ ⁓**dan** n (ein Cyclodien-Insektizid, das in der BRD verboten ist) / chlordan(e)* n ‖ ⁓**dimethylether** m (Chem) / chloromethyl methyl ether ‖ ⁓**dioxid** n (Chem) / chlorine(IV) oxide*, chlorine dioxide ‖ ⁓**echtheit** f (Weißeffekt) (Tex) / chlorine fastness
**chloren** v (bei der Ausrüstung) (Tex) / chemic v ‖ ⁓ n (Behandlung mit Chlor - z.B. des Wassers nach DIN 4046) (Chem Verf) / chlorination* n
**Chlor•essigsäure** f (Chem) / chloroacetic acid ‖ ⁓**ethan** n (der Ethylester der Chlorwasserstoffsäure) (Chem) / ethyl chloride, monochloroethane n, chloroethane n ‖ **2-**⁓**-ethanol** n (Chem) / ethylene chlorohydrin, 2-chloroethanol n ‖ ⁓**ethen** n (Chem) / vinyl chloride, chloroethene n, chloroethylene n, VC ‖ ⁓**ethylen** n (Chem) / vinyl chloride, chloroethene n, chloroethylene n, VC ‖ ⁓**faser** f (Tex) / chlorofibre* n ‖ ⁓**fluorkohlenwasserstoffe** m pl (Chem) / chlorofluorocarbons pl, CFC, chlorofluoromethanes pl, CFM ‖ ⁓**fluorkohlenwasserstoffe** (Chem) s. auch Fluorkohlenwasserstoffe ‖ ⁓**formiat** n (Chem) / ethyl chloroformate, chloroformic ester, chlorocarbonic ester, ethyl chlorocarbonate ‖ ~**frei** adj / chlorine-free adj (Ozean) / chlorinity n ‖ ⁓**geschmack** m (des Wassers) (Sanitär) / chlorinous taste ‖ ⁓**hydrin** n (Trivialname für vicinale Chloralkohole) (Chem) / chlorohydrin* n, chlorhydrin n
**Chlorid** n (Chem) / chloride* n ‖ ⁓**ionenkorrosion** f (eine Lochfraßkorrosion) / chloride corrosion ‖ ⁓**korrosion** f (eine Lochfraßkorrosion) / chloride corrosion ‖ ⁓**prozeß** m (Verfahren zur Herstellung von Titandioxid-Pigmenten durch chlorierende Röstung von titanreichen Rohstoffen, wie Naturrutil oder Titanschlacke) (Chem Verf) / chloride process
**chlorieren** v (Aufber) / chloridize v, chloridate v (to treat with chlorine or with a chloride) ‖ ⁓ (halogenieren) (Chem) / chlorinate v ‖ ~ (Tex) / chemic v ‖ **mehrfach** ⁓ (Chem) / polychlorinate v
**chlorierend•es Rösten** (mit Kochsalz) (Hütt) / chloridizing roasting* ‖ ~**e Röstung** (Hütt) / chloridizing roasting*
**Chlorierer** m (Chem Verf) / chlorinator n

**chloriert • es Anhydrid** (Epoxyharzhärter) (Chem) / HET-anhydride n, hexachloro-endomethylene-tet-rahydrophthalic anhydride ‖ **~er Kohlenwasserstoff** (Chem) / chlorinated hydrocarbon, chlorocarbon n, chlorohydrocarbon n ‖ **~es Polyethylen** (Chem, Plast) / chlorinated polyethylene, CPE ‖ **~es Polyolefin** (Anstr, Chem) / chlorinated polyolefin ‖ **~es Polyvinylchlorid** (Chem) / chlorinated polyvinyl chloride, chlorinated poly, CPVC ‖ **~e Wolle** (Tex) / chlorinated wool
**Chlorierung** f (Halogenierung) (Chem) / chlorination* n ‖ **fotochemische ~** (Chem) / photochemical chlorination, photochlorination n
**Chlorierungs • gefäß** n (Chem Verf) / chlorinator n ‖ **~gerät** n (Chem Verf) / chlorinator n
**chlorige Säure** (Chem) / chloric(III) acid, chlorous acid
**Chlorimetrie** f (eine oxidimetrische Methode) (Chem) / chlorimetry n (an oxidimetric method), chlorometry n
**Chlorinität** f (eine Bezugsgröße für die Beurteilung der Salzkonzentration im Meerwasser) (Chem, Ozean) / chlorinity n
**Chlorinsektizid, organisches ~** (z.B. DDT, Lindan oder Chlordan) (Chem, Landw) / organochlorine insecticide
**Chlorit** n (Salz der chlorigen Säure) (Chem) / chlorate(III) n, chlorite n ‖ **~** n (ein Schichtsilikat) (Min) / chlorite* n ‖ **~bleiche** f (mit Natriumchlorit) (Tex) / chlorite bleaching ‖ **~isierung** f (Geol) / chloritization* n
**Chloritoid** n (Min) / chloritoid* n ‖ **~** s. auch Ottrelith
**Chloritschiefer** m (Geol) / chlorite schist
**Chlor • kalk** m (Chem) / chlorinated lime, chloride of lime* ‖ **~kalzium** n (Chem) / calcium chloride* ‖ **~kautschuk** m (durch Chlorieren von Naturkautschuk hergestelltes Produkt) / chlorinated rubber, chlorine rubber ‖ **~kautschukanstrichstoff** m (Anstr) / chlorinated rubber paint* ‖ **~kautschuklackfarbe** f (auf der Bindemittelbasis Chlorkautschuk) (Anstr) / chlorinated rubber paint* ‖ **~kohlensäureester** m (Chem) / ethyl chloroformate, chloroformic ester, chlorocarbonic ester, ethyl chlorocarbonate ‖ **~kohlenwasserstoff** m (Chem) / chlorinated hydrocarbon, chlorocarbon n, chlorohydrocarbon n ‖ **~kohlenwasserstoff-Insektizid** n (DDT, Methoxychlor, DFDT, TDE, Perthan, Dilan usw.) / chlorinated hydrocarbon insecticide, organochlorine n (insecticide) ‖ **~kresol** n (Chem) / chlorocresol n ‖ **~messer** m (Tex) / chlorimeter n, chlorometer n ‖ **~methan** n (Chem) / methyl chloride*, chloromethane n ‖ **~methin** n (internationaler Freiname für ein alkylierend wirkendes Zytostatikum) (Chem, Med) / mechlorethamine n, chlormethin n ‖ **~methylmethylether** m (Chem) / chloromethyl methyl ether n ‖ **~methylphenol** n (Chem) / chlorocresol n ‖ **~methylsilan** n (Chem) / methylchlorosilane n ‖ **~monoxid** n (Chem) / chlorine oxide, chlorine monoxide, chlorine(I) oxide*, hypochlorous anhydride* ‖ **~naphthalene** n pl (Chem) / chloronaphthalenes pl ‖ **~naphthaline** n pl (Chlorderivate des Naphthalins) (Chem) / chloronaphthalenes pl ‖ **~nitrobenzole** n pl (Chem) / nitrochlorobenzenes n
**Chloro • form** n (Chem) / chloroform* n, trichloromethane* n ‖ **~formiat** n (Chem) / ethyl chloroformate, chloroformic ester, chlorocarbonic ester, ethyl chlorocarbonate ‖ **~gensäure** f (eine tanninhaltige Substanz in grünen Kaffeebohnen) (Chem) / chlorogenic acid ‖ **~metrie** f (Chem) / chlorimetry n (an oxidimetric method), chlorometry n ‖ **~mycetin** n (Warenzeichen von Parke-Davis) (Breitband-Antibiotikum aus Streptomyces venezuelae, das heute synthetisch hergestellt wird) (Pharm) / chloramphenicol* n, Chloromycetin n ‖ **~phyceae** pl (Klasse der Algen) (Bot) / green algae*, Chlorophyta* pl, Chlorophyceae* pl ‖ **~phyll** n (E 140) (Bot, Chem) / chlorophyll* n ‖ **~phyllin** n (wasserlösliches, lichtbeständiges Chlorphylpigment) (Bot) / chlorophyllin n ‖ **~plast** m (fotosynthetisch aktives Chromatophor) (Bot) / chloroplast* n ‖ **~platinat** n (Chem) / chloroplatinate n ‖ **~platin(IV)-säure** f (Chem, Keram) / chloroplatinic(IV) acid* ‖ **~pren** n (eine chlorierte Butadienverbindung) / chloroprene* n, 2-chlorobuta-1,3-diene* n ‖ **~prenkautschuk** m (Poly-2-chlorbutadien, Neopren) / chloroprene rubber ‖ **~schwefelsäure** f (Chem) / chlorosulphuric acid, chlorosulphonic acid
**Chlorose** f (Chlorophyllmangelerscheinung) (Bot) / chlorosis n (pl. -oses)*
**Chlor • (IV)-oxid** n (Chem) / chlorine(IV) oxide*, chlorine dioxide ‖ **~(VII)-oxid** (Chem) / dichlorine heptoxide ‖ **~(VI)-oxid** (Chem) / dichlorine hexoxide ‖ **~(I)-oxid** (Chem) / dichlorine oxide, chlorine monoxide, chlorine(I) oxide*, hypochlorous anhydride* ‖ **~paraffine** n pl (Chem) / chlorinated paraffins n ‖ **~pentafluorid** n (Chem, Raumf) / chlorine pentafluoride ‖ **~phenol** n (früher als Holzschutz- und Desinfektionsmittel benutzt) (Chem) / chlorophenol n ‖ **~phenolrot** n (ein Indikator der Maßanalyse) (Chem) / chlorophenol red*, chlorphenol red ‖ **~pikrin** n (Chem) / trichloronitromethane n, chloropicrin n, nitrotrichloromethane n, nitrochloroform n ‖ **~polyvinylchlorid** n (Chem) / chlorinated polyvinyl chloride, chlorinated poly, CPVC ‖ **~promazin** n (10-(δ-Dimethylaminopropyl)-3-chlorphenothiazin) (2-Chlor-10-(3-dimethylaminopropyl)-phenothiazin) (Pharm) / chlorpromazine* n ‖ **~propan** n (Chem) / propyl chloride, chloropropane n ‖ **~propanol** n (Chem) / chlorohydrin* n, chlorhydrin n ‖ **~propanon** n (Chem) / chloropropanone n, chloroacetone n ‖ **3-~-propen** (Chem) / allyl chloride* ‖ **~retention** f (Tex) / chlorine retention ‖ **~rückhaltevermögen** n (Tex) / chlorine retention ‖ **~säure** f (Chem) / chloric(V) acid* ‖ **~(I)-säure** f (Chem) / hypochlorous acid*, chloric(I) acid ‖ **~(III)-säure** f (Chem) / chloric(III) acid, chlorous acid ‖ **~(VII)-säure** (Chem) / chloric(VII) acid*, perchloric acid* ‖ **~schädigung** f (Tex) / chlorine damage ‖ **~silber** n (Min) / chlorargyrite n, cerargyrite* n, horn silver* ‖ **~silberelement** n (Eltech) / chloride of silver cell*, De la Rue cell* ‖ **~sucrose** f (Nahr) / sucralose n ‖ **~sulfonieren** v (Chem) / sulphochlorinate v ‖ **~sulfoniertes Polyethylen** (CSM) (Chem) / chlorosulphonated polyethylene ‖ **~sulfonsäure** f (Chem) / chlorosulphuric acid, chlorosulphonic acid ‖ **~thalonil** n (Anstr, Landw) / chlorothalonil n ‖ **~toluidin** n (Chem) / chlorotoluidine n ‖ **~toluol** n (Chem) / chlorotoluene n ‖ **~trifluorid** n (Chem, Raumf) / chlorine trifluoride n ‖ **~überschuß** m (bei der Chlorung von Wasser) (Chem, Umwelt) / residual chlorine, chlorine residual
**Chlorung** f (Behandlung mit Chlor - z.B. des Wassers nach DIN 4046) (Chem Verf) / chlorination* n
**Chlor • verbrauchszahl** f (Pap) / chlorine number* ‖ **~wasser** n (Chem) / chlorine water ‖ **~wasserstoff** m (Chem) / hydrogen chloride* ‖ **Anlagerung** f **von ~wasserstoff** (Chem) / hydrochlorination n ‖ **~wasserstoffsäure** f (Chem) / hydrochloric acid*, muriatic acid* ‖ **~zahl** f (Pap) / chlorine number* ‖ **~zyan** n (Chem) / cyanogen chloride
**Choke** (V-Mot) / choke* n, strangler* n ‖ **Manifold** (Erdöl) / choke manifold
**Chokerschlinge** f (For) / choker n
**Chokes** pl (Lungenstiche bei Dekompressionskrankheit) (Med) / chokes pl
**Cholan** n (Chem, Physiol) / cholane n ‖ **~säure** f (Grundkörper der Gallensäuren) (Physiol) / cholanic acid
**Cholecalciferol** n (Biochem) / cholecalciferol n, vitamin n $D_3$
**Cholecystokinin** n (ein zu den Gewebshormonen gerechnetes Polypeptid) (Biochem) / cholecystokinin n
**Cholekalziferol** n (Vitamin $D_3$) (Biochem) / cholecalciferol n, vitamin n $D_3$
**Choleravibrio** m (pl. -ionen oder -iones) (Med) / comma bacillus
**Cholesky-Methode** f (Math) / Cholesky method, Choleski method, Cholesky's method, Choleski's method
**Cholesterin** n (Chem, Med) / cholesterol* n ‖ **~ester** m (Biochem) / cholesteryl ester
**cholesterinisch** adj (Phys) / cholesterinic adj
**cholesterisch** adj (Ordnungszustand in flüssigen Kristallen) (Phys) / cholesteric adj ‖ **~e Phase** (Phys) / cholesteric phase
**Cholesterol** n (Chem, Med) / cholesterol* n
**Cholesterylester** m (Biochem) / cholesteryl ester
**Cholezystokinin** n (Biochem) / cholecystokinin n
**Cholin** n (Bestandteil oder natürliches Spaltprodukt des Lezithins) (Chem, Physiol) / choline* n ‖ **~base** f (Chem, Physiol) / choline base
**cholinerg** adj (Biol) / cholinergic adj ‖ **~** (Pharm) / parasympathomimetic adj, cholinergic adj
**Cholinesterase** f (Biochem) / cholinesterase n
**Cholsäure** f (Physiol) / cholic acid* (the most widely occurring bile acid)
**Chomsky • -** (nach dem amerikanischen Linguisten und Kommunikationstheoretiker Awram Noam Chomsky, geb. 1928) / chomskian adj, chomskyan adj ‖ **~-Hierarchie** f (eine Einteilung der Regelgrammatiken) (EDV) / Chomsky hierarchy ‖ **~-Sprache** f (EDV) / context-free language, algebraic language
**Chondrit** m (ein Steinmeteorit) (Astr, Min) / chondrite* n
**Chondrodit** m (ein Mineral der Norbergit-Gruppe - ein Silikat) (Min) / chondrodite* n
**Chondroitinsulfat** n (ein Glykosaminglykan) (Biochem) / chondroitin sulphate
**Chondrula** f (pl. -len) (Astr, Min) / chondrule* n
**Chop-and-Leach-Prozeß** m (Nukl) / chop-leach process, chop-and-leach process
**Chop-Leach-Verfahren** n (in Wiederaufbereitungsanlagen, zum Aufschluß der Brennstäbe) (Nukl) / chop-leach process, chop-and-leach process
**Chopper** m (Spiegel bei Infrarotteleskopen) (Astr) / chopper n ‖ **~** (kontinuierlich arbeitender Unterbrecher) (Eltech) / chopper* n, vibrator n ‖ **~** (mechanischer Zerhacker für Teilchenstrahlen) (Kernphys) / chopper n ‖ **~verstärker** m (Eltech) / chopper amplifier*, chopper-stabilized amplifier*
**Chopping** n (Eltech) / chopping n, arc brake

**Chor**

**Chor** n (der Platz in der Kirche) (Arch) / choir n ‖ ≃ (z.B. 7-choriger Teppich) (Tex) / row n (e.g. 7-row-Axminster) ‖ ≃**brett** n (Web) / comber board, cord board, harness board
**chordal** adj (Math) / chordal adj
**Chordale** f (die Verbindungsgerade der Schnittpunkte zweier sich schneidender Kreise) (Math) / radical axis* (of two circles)
**Chordalpunkt** m (Math) / radical point (of three circles)
**Chor-Füllgarn, blindes** ≃ (Spinn) / dead frame yarn
**Chorgestühl** n (Arch) / choir stalls
**Chorisminsäure** f (in der Aromatensynthese) (Ausgangsgestein, Muttergestein) (Biochem) / chorismic acid
**C-Horizont** m (Geol) / C horizon (weathered parent material), horizon n C
**CHR** (Chem Verf) / epichlorhydrin rubber
**Christiansenfilter** n (ein Dispersionsfilter) (Opt) / Christiansen filter
**Christoffel-Symbole** n pl (nach E.Christoffel, 1829-1900) (Math) / Christoffel symbols*
**Christophinenstärke** f (aus Sechium edule (Jacq.) Sw.) (Nahr) / chayote starch
**Christophit** m (eisenreiche Zinkblende) (Min) / christophite n
**Christusdorn** m (ein Parkbaum) (For) / locust n (honey), honeylocust n
**Chrom (Cr)** n (Chem) / chromium* n ‖ ≃**(III)-** (Chem) / chromic adj ‖ ≃**(II)-** (Chem) / chromous adj
**Chroma** n (Akus) / tone chroma, tone quality
**Chrom•(III)-acetat** n (Chem) / chromium acetate ‖ ~**affin** adj (Biol) / chromaffin adj
**Chromakey-Technik** f (Trickmischung im Fernsehen) (EDV, Film, TV) / chromakey technique (a special effect), blue-screen technique ‖ ≃ (Film, TV) / blue-screen process
**Chromalaun** m (Chem) / chrome alum* (potassium chromium sulphate)
**Chroman** n (Grundgerüst einer Reihe von Naturstoffen) (Chem) / chroman n
**Chromasie** f (Opt) / chromatism n
**Chromat•(VI)** n (Salz der Chromsäure) (Chem) / chromate(VI)* n ‖ ≃**(III)** n (Chem) / chromite n, chromate(III) n
**Chromatid** n (Gen) / chromatid* n
**chromatieren** v (DIN 50902) (Galv, Hütt) / chromate v, chromatize v ‖ ≃ n (DIN 50902) (Galv, Hütt) / chromating n, chromate treatment*, chromatizing n, dichromate treatment
**Chromatierlösung** f (Galv) / chromating solution
**Chromatik** f (Licht, Opt) / chromatics* n, colour science
**Chromatin** n (im Zellkern) (Zyt) / chromatin* n
**chromatisch** adj (Tonleiter) (Akus) / chromatic adj ‖ ~ (Opt) / chromatic adj ‖ ~**er Abbildungsfehler** (Opt) / chromatic aberration*, colour aberration ‖ ~**e Aberration** (Opt) / chromatic aberration*, colour aberration ‖ ~**e Abweichung** (Opt) / chromatic aberration*, colour aberration ‖ ~**e Dispersion** (in einem Lichtwellenleiter) / chromatic dispersion ‖ ~**e Farbe** (Licht) / chromatic colour* ‖ ~**e Tonleiter** (mit zwölf Halbtönen in der Oktave) (Akus) / chromatic scale
**Chromat•kolloidkopierverfahren** n (z.B. Emailkopierverfahren) (Druck) / chromate process ‖ ≃**nachbehandlung** f (Galv) / chromate passivation treatment
**Chromatografie** f (ein physikalisches Trennverfahren) (Chem, Phys) / chromatography* n ‖ **biospezifische** ≃ (Biol, Chem) / affinity chromatography, AC ‖ **horizontale** ≃ (Chem) / horizontal chromatography ‖ **hydrophobe** ≃ (eine Unterart der Affinitätschromatografie) (Chem) / hydrophobic chromatography, hydrophobic interaction chromatography, HIC ‖ **isotherm-isobare** ≃ (Chem) / isothermal-isobaric chromatography ‖ **kovalente** ≃ (eine Unterart der Affinitätschromatografie) (Chem) / covalent chromatography, CC ‖ **mizellare elektrokinetische** ≃ (Chem) / micellar electrokinetic chromatography, MEKC ‖ **planare** ≃ (Chem) / planar chromatography ‖ **präparative** ≃ (Chem) / prep-scale chromatography, preparative-scale chromatography ‖ **radial-horizontale** ≃ (Chem) / horizontal radial chromatography ‖ **zirkulare** ≃ (Chem) / circular chromatography, radial chromatography, radial-paper chromatography ‖ **zweidimensionale** ≃ (Chem) / two-dimensional chromatography ‖ ≃ f **an gebundenen Phasen** (Chem) / bonded-phase chromatography ‖ ≃ **mit programmierter Temperatur** (Chem) / temperature-programmed chromatography ‖ ≃ **mit Temperaturgradient** (Chem) / temperature-programmed chromatography ‖ ≃ **mit überkritischen Fluiden** (Chem) / supercritical fluid chromatography
**Chromatografie•kammer** f (in der Chromatografie) (Chem) / chromatography chamber, chromatography tank (a glass-vessel) ‖ ≃**trog** m (in der Chromatografie) (Chem) / chromatography chamber, chromatography tank (a glass-vessel)
**chromatografisch** adj (Chem, Phys) / chromatographic adj ‖ ~**e Adsorptionsanalyse** (Chem) / chromatographic adsorption ‖ ~**es Bett** (allgemeine Bezeichnung der stationären Phase) (Chem) / chromatographic bed ‖ ~**er Lauf** (Chem) / chromatographic run ‖ ~**es Papier** (Chem, Pap) / chromatographic paper ‖ ~**er Parameter** (z.B. Durchbruchszeit oder Peakhöhe) (Chem) / chromatographic parameter
**Chromatogramm** n (Ergebnis einer chromatografischen Trennung auf dem Papier, auf der Dünnschichtplatte oder auf dem Diagramm der jeweiligen Auswerteeinheit) (Chem) / chromatogram n, chromatograph n ‖ **äußeres** ≃ (Chem) / external chromatogram ‖ **inneres** ≃ (Chem) / internal chromatogram ‖ **integrales** ≃ (Chem) / integral chromatogram ‖ ≃**-Spektralfotometer** n (Spektr) / TLC scanner, scanning densitometer, spectrodensitometer n
**Chromato•meter** n (ein Apparat zur Farbenmischung) / chromatometer n ‖ ≃**metrie** f (eine Methode der Redoxanalyse) (Chem) / chromatometry n ‖ ≃**metrisch** adj (Chem) / chromatometric adj ‖ ~**phil** adj (Mikros) / chromophil* adj, chromophilic* adj, chromatophil adj, chromophile adj, chromatophile adj ‖ ≃**phor** n (ein farbiges Plastid) (Bot, Zyt) / chromatophore* n
**Chromatron** n (TV) / chromatron n
**Chrom•auszehrung** f (in der Gerbflotte) (Leder) / chrome exhaustion ‖ ≃**(III)-azetat** n (Chem) / chromium acetate ‖ ≃**beize** f (z.B. Chromalaun, Chromazetat, Kaliumdichromat) (Tex) / chrome mordant, chromium mordant ‖ ≃**borid** n (Chem) / chromium boride ‖ ≃**brühe** f (Leder) / chrome liquor, chrome tan liquor ‖ ≃**carbid** n (Chem) / chromium carbide ‖ ≃**-Crustleder** n (chromgegerbtes und nachgegerbtes Leder aus Übersee für die Weiterbearbeitung) (Leder) / chrome crust ‖ ≃**diffundieren** (durch Diffusion von Chrom in die Stahloberfläche) (Galv) / chromizing n, chromizing process ‖ ≃**diffusionsverfahren** n (durch Diffusion von Chrom in die Stahloberfläche) (Galv) / chromizing n, chromizing process ‖ ≃**dioxid** n (z.B. für Kassetten) (Chem, Mag) / chromium(IV) oxide, chromium dioxide ‖ ≃**dioxidband** n (Mag) / chrome tape ‖ ≃**eisenerz** n (Min) / chrome iron ore* ‖ ≃**eisenstein** m (Min) / chromite* n, chrome iron ore*
**Chromel** n (eine Ni-Legierung, meistens mit Cr) (Eltech) / Chromel* n
**Chromelektrolyt** m (Galv) / chromium plating bath
**Chromen** n (Chem) / chromene n, benzopyrane n
**Chrom•erz** n (Min) / chromium ore ‖ ≃**erzstein** m (Hütt) / chrome brick*, chromite brick ‖ ≃**falzspäne** m pl (Leder) / chrome shavings ‖ ≃**farbstoff** m (Tex) / chrome dyestuff ‖ ~**feucht** adj (Leder) / blue wet, in the blue ‖ ~**gar** adj (Leder) / chrome-tanned adj, green adj ‖ ~**gares ungetrocknetes Leder als Halbfabrikat** (bei der Zweibadchromgerbung) (Leder) / wet blue, wet-blue leather ‖ ~**gegerbt** adj (Leder) / chrome-tanned adj, green adj ‖ ~**gegerbtes Handschuhleder** (Rind oder Roß) (Leder) / willow-tanned leather ‖ ≃**gelb** n (Anstr) / lead chrome, chrome yellow, Leipzig yellow, chrome n ‖ **hellgelbes, rhombisches** ≃**gelb** (mit etwa 40 % Bleisulfat) (Anstr) / primrose chrome ‖ ≃**gerbflotte** f (Leder) / chrome liquor, chrome tan liquor ‖ ≃**gerbung** f (z.B. mit Chrom(III)-sulfat oder Chromalaun) (Leder) / chrome tanning, chrome tannage ‖ ≃**glimmer** m (Min) / fuchsite* n ‖ ≃**grün** n (ein Gemisch bestimmter Chromgelbsorten mit Berliner Blau) (Anstr) / chrome green, lead chrome green ‖ ≃**gummi-Kopierverfahren** n (ein altes Positiv-Kopierverfahren) (Foto) / gum dichromate process* ‖ ≃**handschuhleder** n (Leder) / chrome gloving leather
**Chromiak** n (Amminchrom(III)-Komplex) (Chem) / chromiac n, chrome ammine
**Chromierungsfarbstoff** m (wird während oder nach dem Färbeprozeß mit chromabgebenden Mitteln behandelt und dabei auf der Faser in Chromkomplexe überführt) (Tex) / chrome dyestuff
**Chrominanz** f (Licht, TV) / chrominance* n ‖ ≃**signal** n (TV) / chrominance signal*
**Chromion** n (Chem, Eltronik) / chromium ion
**Chromisieren** n (durch Diffusion von Chrom in die Stahloberfläche) (Galv) / chromizing n, chromizing process
**Chromit** m (ein Chromitspinell) (Min) / chromite* n, chrome iron ore* ‖ ≃**stein** m (Hütt) / chrome brick*, chromite brick
**Chrom•karbid** n (Tetrachromkarbid, Heptachromtrikarbid, Trichromdikarbid) (Chem) / chromium carbide ‖ ≃**leder** n (mit Chromsulfat gegerbtes wasserabweisendes Leder) (Leder) / chrome leather*, chrome n ‖ ≃**magnesiastein** m (auf der Basis von Chromerz und Sintermagnesit aufgebauter ff. Stein) (Hütt) / chrome-magnesite brick ‖ ≃**magnesitstein** m (Hütt) / chrome-magnesite brick ‖ ≃**-Mischgerbstoff** m (Kombination von Chromgerbstoffen mit organischen synthetischen Gerbstoffen und puffernden Bestandteilen) (Leder) / chrome mixed tanning material ‖ ≃**monoxid** n (Chem) / chromium(II) oxide ‖ ≃**muskovit** m (Min) / fuchsite* n ‖ ≃**nest** n (Fehler) (Leder) / chrome stain, chrome spot ‖ ≃**nickelstahl** m (Hütt) / nickel-chromium steel* ‖ ≃**nitridschicht** f (Chem, Galv) / chromic nitride coating
**chromoelektrisch** adj (Kernphys) / chromoelectric adj
**chromogen** adj (Bot, Zyt) / chromogenic adj ‖ ~**e Entwicklung** (Foto) / liquid development, lid ‖ ≃ n (farbige organische Verbindung) (Chem) / chromogen* n

**Chromo•isomerie** f (Chem) / chromoisomerism n, chromotropy n ‖ ≈**karton** m (einseitig gestrichener Karton) (Pap) / chromo board ‖ ≈**lithografie** f (ein altes Verfahren zur Herstellung der Druckformen für den Druck vielfarbiger Bilder im Stein- oder im Zinkdruck) (Druck) / chromolithography* n
**Chromon** n (Chem) / chromone n
**Chromonema** n (pl. -nemen oder -ta) (während der Mitose gerade noch lichtmikroskopisch erkennbares, zweifach spiralisiertes Fadenelement des Chromosomendoppelfadens) (Gen) / chromonema* n (pl. -ta)
**Chromo•papier** n (Kunstdruckpapier) (Pap) / chromo paper*, coated chromolitho paper ‖ ~**phob** adj (Mikros) / chromophobe* adj, chromophobic* adj ‖ ~**phore Gruppe** (Chem) / chromophore* n ‖ ≈**phor** m (Chem) / chromophore* n ‖ ≈**plast** m (fotosynthetisch inaktives Chromatophor) (Bot) / chromoplast* n ‖ ≈**protein** n (das Farbstoffkomponenten als prosthetische Gruppe enthält) (Biochem) / chromoprotein n
**Chromorange** n (PbO . $PbCrO_4$) / chrome orange, orange chrome ‖ ≈ s. auch Chromrot
**Chromoskop** n (Gerät zur Erzeugung von Farbtönen mit Hilfe von Farbfiltern) / chromoscope n
**Chromosom** n (pl. -somen) (ein Bestandteil der Zelle) (Gen, Zyt) / chromosome* n
**chromosomal** adj (Gen, Zyt) / chromosomal adj
**Chromosome walking** n (Verfahren zur Kartierung von DNA-Molekülen aus einer Genbank, in der die jeweiligen DNA-Fragmente überlappen) (Gen) / chromosome walking
**Chromosomen•** - (Gen, Zyt) / chromosomal adj ‖ ≈**garnitur** f (Gen) / chromosomal garniture
**Chromosomensatz** m (Gen) / chromosomal garniture ‖ **mit doppeltem** ≈ (Gen) / diploid* adj ‖ **mit dreifachem** ≈ (Gen) / triploid* adj ‖ **mit einfachem** ≈ (Gen) / haploid* adj, true haploid*, monoploid* adj ‖ **mit vierfachem** ≈ (Gen) / tetraploid* adj
**Chromo•sphäre** f (eine Schicht der Sonnenatmosphäre) (Astr) / chromosphere* n ‖ ~**sphärische Eruption** (Astr) / solar flare*, flare* n ‖ ~**sphärische Fackel** (Astr) / plage* n ‖ ≈**tropie** f (Chem) / chromoisomerism n, chromotropy n ‖ ≈**tropsäure** f (Chem) / chromotropic acid, naphthalenedihydroxydisulphonic acid
**Chrom•oxid** n (Chem) / chromic oxide*, dichromium trioxide, chromium(III) oxide* ‖ ≈**(II)-oxid** n (CrO) (Chem) / chromium(II) oxide ‖ ≈**(III)-oxid** (Chem) / chromic oxide*, dichromium trioxide, chromium(III) oxide* ‖ ≈**(IV)-oxid** ($CrO_2$) (z.B. für Kassetten) (Chem, Mag) / chromium(IV) oxide, chromium dioxide ‖ ≈**(VI)-oxid** ($CrO_3$) (Chem) / chromium(VI) oxide*, chromium trioxide, chromic anhydride ‖ ≈**(VI)-oxiddichlorid** (Chem) / chromyl chloride*, chromium oxychloride, chlorochromic anhydride ‖ ≈**oxidgrün** n (Chem) / chrome oxide green, leaf green ‖ ≈**oxidhydratgrün** n (Chem) / Guignet's green, Guinea green, viridian green
**Chromozentrum** n (Chromosomenabschnitte, die im Ruhekern sichtbar erhalten bleiben und sich besonders gut färben lassen) (Gen) / chromocentre* n
**Chrom•passivieren** n (durch Besprühen) (Galv) / chrome spray rinse ‖ ≈**passivieren** (im allgemeinen) (Galv) / chromate passivation treatment ‖ ≈**restflotte** f (Leder) / residual chrome float ‖ ≈**rot** n (grobkristallines basisches Blei(II)-chromat) (Anstr) / chrome red, Persian red, Derby red, Chinese red, Austrian cinnabar ‖ ≈**säure** f (Chem) / chromic(VI) acid* (the hydrate of $CrO_3$) ‖ ≈**säurenachspülung** f (zum Chrompassivieren) (Galv) / chromic-acid rinse ‖ ≈**säure-Verfahren** n (Galv) / Bengough-Stuart process ‖ ≈**schwefelsäure** f (Schwefelsäure + Chromtrioxid) (Chem) / chromosulphuric acid ‖ ≈**seife** f (aus Naturfett der Haut und ungebundenen Chromgerbstoffen gebildet) (Chem, Leder) / chrome soap ‖ ≈**seifenschimmel** m (Leder) / chrome-soap mould ‖ ~**spalten** v (nur Infinitiv und Partizip) (Leder) / split after the chrome tannage, split in the blue ‖ ≈**spinell** m (Min) / picotite* n, chrome spinel* ‖ ≈**stahl** m (bei dem Chrom das wichtigste Legierungselement ist) (Hütt) / chromium steel, chrome steel ‖ **hochlegierter** ≈**stahl** (Hütt) / high-alloy chromium steel ‖ ≈**stammlösung** f (Leder) / chrome-stock solution ‖ ≈**(III)-sulfat** n (Chem) / chromic sulphate ‖ ≈**trioxid** n (Chem) / chromium(VI) oxide*, chromium trioxide, chromic anhydride ‖ ≈**verarmungstheorie** f (Erklärung für die interkristalline Korrosion der nichtrostenden Chrom- und Chrom-Nickel-Stähle) (Galv, Hütt) / chromium depletion theory
**Chromylchlorid** n (Chem) / chromyl chloride*, chromium oxychloride, chlorochromic anhydride
**Chromzinnober** m (Chem) / chrome vermilion
**chronisch** adj (Med) / chronic* adj ‖ ~**e Exposition** (Med) / chronic exposure, continuous exposure
**Chrono•amperometrie** f (Chem) / chronoamperometry n ‖ ≈**biologie** f (Lehre von den zeitlichen bzw. periodischen Änderungen biologischer Prozesse) (Biol) / chronobiology n ‖ ≈**coulometrie** f (Messung der Elektrizitätsmenge in Abhängigkeit von der Zeit) (Chem, Eltech) / chronocoulometry n ‖ ≈**graf** m (Uhr) / chronograph* n ‖ ~**logisch** adj / chronological adj ‖ ~**logische Logik** / temporal logic ‖ ~**logisches Produkt** (Phys) / chronological product, Dyson's chronological product, time-ordered product ‖ ≈**meter** n m (transportable Uhr mit höchster Ganggenauigkeit) (Uhr) / chronometer* n ‖ ≈**meterhemmung** f (Schiff, Uhr) / chronometer escapement*, detent escapement*
**Chronon** n ($2 \times 10^{-24}$ s) / chronon n
**Chrono•pharmakologie** f (Lehre von der optimalen Applikationszeit der Arzneimittel) (Pharm) / chronopharmacology n ‖ ≈**potentiometrie** f (eine Art Elektroanalyse) (Chem, Elektr) / chronopotentiometry n ‖ ≈**tron** n (Eltronik) / chronotron n
**Chrysanthemumkarbonsäuren** f pl (z.B. in Pyrethrin I oder II) (Chem) / chrysanthemum carboxylic acids
**Chrysarobin** n (1,8-Dihydroxy-3-methyl-9-anthron) (Chem) / chrysarobin n
**Chrysatropasäure** f (Chem) / scopoletin n, gelseminic acid
**Chrysen** n (ein kondensierter aromatischer Kohlenwasserstoff) (Anstr, Chem) / chrysene* n
**Chrysin** n (5,7-Dihydroxyflavon) (Bot, Chem) / chrysin n
**Chrysoberyll** n (Berylliumaluminat) (Min) / chrysoberyl* n, gold beryl
**Chrysoidin** n (ein basischer Farbstoff von bräunlichgelber Farbe) (Chem) / chrysoidine n
**Chrysokoll** n (Min) / chrysocolla* n
**Chrysolith** m (Abart des Olivins) (Min) / chrysolite* n, Ceylon chrysolite*
**Chrysophanol** n (Chem) / chrysophanic acid ‖ ≈**anthron** n (Chem) / chrysarobin n
**Chrysophansäure** f (Chem) / chrysophanic acid
**Chrysopras** m (apfelgrüner Chalzedon) (Min) / chrysoprase* n
**Chrysotil(asbest)** m (Min) / chrysotile* n, Canadian asbestos*, chrysotile asbestos, serpentine asbestos
**Chubb-Schloß** n (ein altes Zylinderschloß) (Bau) / Chubb lock
**Chunk** n (Maßzahl für die Kapazität des menschlichen Gedächtnisses) (KI) / chunk n
**Chunking** n (Zusammenfassen mehrerer Einheiten zu einer neuen) (EDV) / chunking n
**Churchsche These** (nach Alonzo Church, 1903-1995) (EDV) / Church's thesis
**Church-Turing-These** f (berechenbar = rekursiv) (EDV) / Church's thesis
**Chymase** f (Biochem) / chymase n
**Chymosin** (Chem, Physiol) / rennin n, chymosin n
**Chymotrypsin** n (ein eiweißspaltendes Enzym) (Biochem) / chymotrypsin* n
**Ci** (Meteor) / cirrus* n (pl. cirri), Ci ‖ ≈ (Radiol) / curie* n
**CI** (Chem) / configuration interaction ‖ ≈ (von der Society of Dyers and Colourists und der American Association of Textile Chemists and Colorists herausgegebenes Nachschlagewerk für Handelsfarbstoffe) (Chem) / Colour Index*, CI ‖ ≈ (Spektr) / chemical ionization, CI
**Cicero** f (12 Punkte nach DIN 16507) (Typog) / cicero* n, pica* n (12.8 British points)
**Cicerose** f (Chem) / stachyose* n
**Čičibabin-Synthese** f (Chem) / Chichibabin synthesis
**Cicutin** n (Pharm) / coniine* n
**CIDEP** (Spektr) / CIDEP, chemically induced dynamic electron polarization
**CIDNP** (Spektr) / CIDNP, chemically induced dynamic nuclear polarization
**CIDR** (EDV) / classless inter-domain routing (a scheme for assigning and grouping Internet addresses in a way that more flexibly defines network and host addresses, essentially allowing more address definitions), CIDR
**CIDS** (Erdöl) / concrete-island drilling system, CIDS
**CIE** = Commission Internationale d'Eclairage ‖ ≈ **standard observer** (Licht, Opt) / standard observer, standard CIE observer ‖ ≈**-Betrieb** m (mit komplexen EDV-Lösungen im technischen, organisatorischen, ökonomischen und Planungs- bzw. Leistungsbereich) (EDV, F.Org) / computer-integrated enterprise, CIE ‖ ≈**-Farbkoordinatensystem** n / CIE coordinates* pl
**cif** (Handelsklausel im Überseeverkehr, nach der alle Kosten für Beförderung und Versicherung bis zum Eintreffen der Ware im Bestimmungshafen im vereinbarten Preis enthalten sind) / cost, insurance, freight, c.i.f., cif
**Ci-Gas** n (Spektr) / reagent gas (chemical ionization gas), reactant gas
**Ciguatoxin** n (ein starkes Fischgift) (Chem) / ciguatoxin n
**cih-Motor** m (V-Mot) / CIH engine, cam-in-head engine
**CIH-Motor** (mit obenliegender Nockenwelle, wobei die Ventile über Stößel und Kipphebel oder nur Kipphebel betätigt werden) (V-Mot) / CIH engine, cam-in-head engine
**CIM** (F.Org) / computer-integrated manufacturing, CIM
**Cinch** m (Eltronik, Film) / cinch n

**Cinchona-Alkaloid**

**Cinchona-Alkaloid** n (Pharm) / cinchona alkaloid
**Cinchonidin** n (Chem, Pharm) / cinchonidine n
**Cinchonin** n (cin Chinarindenalkaloid) (Chem, Pharm) / cinchonine* n
**Cinch-Steckverbinder** m (für Übertragungen von Audio- oder Videosignalen) (Eltronik, Fernm) / cinch connector
**Cinemascope** n (ein Breitwand- und Raumtonverfahren) (Film) / CinemaScope* n
**Cinemathek** f (Film) / film library, library n
**Cineol** n (Chem) / cineole n, eucalyptole n
**Cinerama** n (ein Breitwand- und Raumtonverfahren) (Film) / Cinerama* n
**Cinnabarit** m (HgS) (Min) / cinnabar* n
**Cinnamaldehyd** m (Chem) / cinnamaldehyde* n, cinnamic aldehyde
**Cinnamat** n (Chem) / cinnamate n
**Cinnamoylchlorid** n (Chem) / cinnamoyl chloride
**Cinnamylacetat** n (Chem) / cinnamyl acetate
**Cinnamylalkohol** n (Chem) / cinnamic alcohol, cinnamyl alcohol
**Cinnamylcinnamat** n (Chem) / styracine n
**C-Invarianz** f (Kernphys) / C invariance
**CIPM** / Comité International des Poids et Mesures
**Cipolletti-Meßwehr** n (Wasserb) / Cipolletti weir, trapezoidal weir
**Cipollin** m (Geol) / cipolin* n, cipollino n (a highly decorative marble with a whitish ground traversed by veins or bands of green)
**Cipollinmarmor** m (Geol) / cipolin* n, cipollino n (a highly decorative marble with a whitish ground traversed by veins or bands of green)
**Cipollino** m (Geol) / cipolin* n, cipollino n (a highly decorative marble with a whitish ground traversed by veins or bands of green)
**CIP-Regeln** f pl (Chem) / CIP rules
**CIP-System** n (Chem) / CIP rules
**CIP-Verfahren** n (Galv) / chemical ion plating
**circadiane Rhythmik** (Biol) / circadian rhythm*, diurnal rhythm
**Circassienne** f (Tex) / Batavia twill
**CIRC-Code** m (EDV) / cross-interleaved Reed-Solomon code, CIRC, Reed-Solomon code
**Circellus** m (pl. -lli) (hochstehende kleine Null) (Druck) / degree sign, degree mark
**CIRC-Kode** m (Publizieren auf CD-ROM) (EDV) / cross-interleaved Reed-Solomon code, CIRC, Reed-Solomon code
**circular polarisiert** (Opt) / circularly polarized
**Circular Pitch** m (Masch) / circular pitch*
**Circular•chromatografie** f (Chem) / circular chromatography, radial chromatography, radial-paper chromatography ‖ **~dichroismus** m (bei optisch aktiven Verbindungen zu beobachtender Effekt, der zur Strukturaufklärung verwendet werden kann) (Chem, Krist, Opt) / circular dichroism, C.D. ‖ **~polarisiert** adj (Opt) / circularly polarized
**circumaural** adj (Akus, Physiol) / circumaural adj
**Circumscription** f (KI) / circumscription n
**Ciré-Ausrüstung** f (Friktionskalander-Behandlung vorher gewachster oder mit PVC-bestrichener Gewebe und Bänder) (Tex) / ciré finish
**Cirrocumulus** m (pl. -li) (Meteor) / cirrocumulus* n (pl. cirrocumuli), Cc
**Cirrostratus** m (pl. -ti) (Meteor) / cirrostratus* n (pl. cirrostrati), Cs
**Cirrus** m (pl. - oder Cirren) (Meteor) / cirrus* n (pl. cirri), Ci
**cisoid** adj (cis-Konfiguration von Gruppen und Systemen) (Chem) / cisoid adj
**C-Isotopenverhältnis** n (Chem) / carbon ratio
**Cisson** n (ein abgenähter Ausschnitt oder abgenähter überschüssiger Stoffbereich an Kleidungsstücken) (Tex) / dart n
**cis•-taktisch** adj (Chem) / cistactic adj ‖ **~-trans-Isomerie** f (Chem) / cis-trans isomerism, geometrical isomerism, geometric isomeriom
**Cistron** n (ein DNS- oder RNS-Abschnitt) (Gen, Zyt) / cistron* n
**Cistrosenöl** n (Chem) / labdanum shrub oil, sweet cistus oil
**Cistusharz** n (aus Cistus ladanifer oder C. laurifolius L.) (Chem) / ladanum n, labdanum n
**cis-Zitral** n (Chem) / neral n, citral b
**Citraconsäure** f (Chem) / citraconic acid, cis-methylbutenedioic acid, methylmaleic acid
**Citral** n (Chem) / citral* n ‖ **~ A** (Chem) / geranial* n (an isomer of citral), citral* a, trans-citral n
**Citrat** n (Chem) / citrate* n ‖ **~löslich** adj (Chem) / citrate-soluble adj
**Citrazinsäure** f (2,6-Dihydroxy-4-pyridincarbon-säure) (Chem) / citrazinic acid
**Citrin** n (Min) / citrine* n, yellow quartz*, Madagascar topaz*, quartz topaz*, Bohemian topaz, topaz quartz
**Citronat** n (Nahr) / candied peel (of Citrus medica)
**Citronellal** n (3,7-Dimethyl-6-octenal) (Chem) / citronellal* n
**Citronellöl** n / citronella oil, oil of citronella
**Citronen•essenz** f (Nahr) / lemon essence ‖ **~öl** n (Nahr) / lemon oil ‖ **~säure** f (E 330) (Chem) / citric acid (2-hydroxypropane-1,2,3-tricarboxylic acid)* ‖ **~säureester** m (Chem) / citric-acid ester, ethyl citrate ‖ **~säuretriethylester** m (Chem) / triethyl citrate
**Citrovorumfaktor** m (Chem) / folinic acid, citrovorum factor
**Citrullin** n (2-Amino-5-ureidovaleriansäure - eine Aminosäure) (Biochem) / citrulline n
**Citrusfrüchte** f pl (Nahr) / citrus fruits
**City Call** m (Fernsp) / city call, Euromessage n
**City-Bike** n (ein Elektrofahrzeug) (Kfz) / battery-powered moped
**Cityruf** m (innerhalb eines bestimmten Rufbereiches) (Fernsp) / city call, Euromessage n
**CI-Verfahren** n (Chem) / configuration interaction
**CK-Anstrichstoff** m (Anstr) / chlorinated rubber paint*
**CKA-Salz** n (CK-Salz mit Zusatz von Arsenaten) (Chem, For) / CCA mixture (a wood preservative), chromated copper arsenate salt
**CKD-Einheit** f (eine Plattenspeichereinheit, die die Daten in dem Format Satzadresse, normalerweise gefolgt von einem Schlüsselfeld und gefolgt von den aktuellen Daten eines Satzes, speichert) (EDV) / count-key-data device
**CK-Salz** n (ein Holzschutzmittel auf der Basis von Alkalimetalldichromat-Kupfersalz-Gemischen nach DIN 4076, T 5) (Chem, For) / CC salt (a wood preservative), chromated copper salt
**CKW** / chlorinated hydrocarbon, chlorocarbon n, chlorohydrocarbon n
**Cl** (Chem) / chlorine* n
**Cladrastis lutea** (F. Michx.) **K.Koch** (Gelbholz) (For) / gopherwood n, yellowwood n
**Claim** n (Schürfrechtparzelle) (Bergb) / claim n
**Clairaut•sche Differentialgleichung** (nach A.C. Clairaut, 1713-1765) (Math) / Clairauts differential equation* ‖ **~-Theorem** n (das die Erdabplattung aus der Fliehkraft am Äquator sowie der Schwerkraft am Äquator und an den Polen bestimmt) (Geophys) / Clairaut theorem
**Claisen•-Aufsatz** m (Chem) / Claisen distilling head, Claisen stillhead ‖ **~-Kolben** m (ein Claisen-Aufsatz, der direkt mit dem Destillierkolben verbunden ist) (Chem) / Claisen flask* ‖ **~-Kondensation** f (nach L.Claisen, 1851-1930) (Chem) / Claisen condensation*, Claisen reaction ‖ **~-Schmidt-Kondensation** f (Chem) / Claisen-Schmidt condensation
**Clampdiode** f (die die Überschreitung eines bestimmten Potentialwertes verhindert) (Eltronik) / clamping diode*, catching diode*
**Clamping-Schaltung** f (Fernm, TV) / clamp* n, clamping circuit
**Clapp-Oszillator** m (der sich aus einer kapazitiven Dreipunktschaltung ableitet) (Eltronik) / Clapp oscillator*
**Clarifier** m (senderunabhängige Empfängerverstimmung bei Transceivern) (Radio) / clarifier n
**Clarit** m (eine Streifenart) (Geol) / clarain* n
**Clarke-Wert** m (Geol) / clarke* n, crustal abundance
**Clarke-Zahl** f (die das Gewichtsprozent des jeweiligen Elements am Aufbau der Erdkruste angibt - nach F.W. Clarke, 1847-1931) (Geol) / clarke* n, crustal abundance
**Clark•verfahren** n für die Wasserenthärtung / Clark process*, clarking n ‖ **~-Zelle** f (ein Normalelement) / Clark cell*
**Clarodurit** m (ein Mazeral) (Bergb) / clarodurain n
**C³-Laser** m (Phys) / cleaved coupled cavity laser
**Classics** pl (einfache, zeitlose Formen) (Tex) / classics pl ‖ **~** (risikolos aufgebaute, sich mit geringen Abwandlungen von Jahr zu Jahr wiederholende Muster mit wenigen Farben, insbesondere beim Stoffdruck) (Tex) / classics pl
**Classless Inter-Domain Routing** n (EDV) / classless inter-domain routing (a scheme for assigning and grouping Internet addresses in a way that more flexibly defines network and host addresses, essentially allowing more address definitions), CIDR
**Clathrat** n (Chem) / clathrate* n, enclosure compound
**Claudetit** m (Arsen(III)-oxid) (Min) / claudetite n
**Claude-Verfahren** n (Gewinnung von Sauerstoff durch fraktionierte Destillation der flüssigen Luft oder Gewinnung von $NH_3$ aus der Luft - nach G. Claude, 1870-1960) (Chem Verf) / Claude process*
**Claus-Anlage** f (in der Mineralölraffinerie) (Erdöl) / Claus plant, Claus unit
**Clause** f (KI) / clause n
**Clausius•-Clapeyron-Gleichung** f (nach R.Clausius, 1822-1888, und B.P.E.Clapeyron, 1799-1864) (Phys) / Clausius-Clapeyron equation*, Clapeyron-Clausius equation, Clapeyron equation ‖ **~-Mosottische Gleichung** (Elektr) / Clausius-Mosotti equation* ‖ **~-Prinzip** n (in der Thermodynamik) (Phys) / Clausius' theorem (second law of thermodynamics), Clausius' statement ‖ **~-Rankine-Prozeß** m (idealer Vergleichsprozeß für Kreisprozesse, die in Dampfmaschinen vor sich gehen - nach W.J.M. Rankine, 1820-1872) (Masch) / Rankine cycle* ‖ **organischer ~-Rankine-Prozeß** / organic Rankine cycle

**Clausiussche Gleichung** (zweiter Hauptsatz der Thermodynamik in der Clausiusschen Formulierung) (Phys) / Clausius' theorem (second law of thermodynamics), Clausius' statement
**Claus•-Ofen** m (bei der Oxidation des Schwefelwasserstoffs) (Chem Verf) / Claus kiln || ≃**-Verfahren** n (zur Gewinnung von elementarem Schwefel) (Chem Verf) / Claus process*, Claus method
**Clavicepsalkaloid** n (Chem, Med) / ergot alkaloid, ergot n
**Clavinalkaloid** n (Chem) / clavine alkaloid
**Clayden-Effekt** m (ein Belichtungseffekt) (Foto) / Clayden effect*
**Clayless-Treatment** n (Schwefelsäureraffination mit anschließender Neutralisation des vom Säureharz befreiten Säureöls durch Kalk oder Natronlauge) / clayless treatment
**Clayton-Gelb** n (ein Titangelb) / Clayton yellow
**CLC-Verfahren** n (Messung an zwei Motivpunkten und Mittelwertbildung bei Belichtungsmessern) (Foto) / contrast-light compensator metering, CLC metering
**CLDATA** f (Sprache für Prozessorausgabedaten, die als Eingabe für NC-Postprozessoren verwendet werden) (EDV) / cutter location data, CLDATA
**Clean room** m (in der Reinraumtechnik) (Eltronik) / clean room*, white room
**Cleaning** n (Ausscheiden von Stoffunreinheiten durch Fliehkraft) (Pap) / cleaning n
**Clear-Air-Turbulenz** f (Luftf, Meteor) / clear-air turbulence*, CAT
**Clearance** f (vom Tower) (Luftf) / clearance n
**Clearing** n (ein Verrechnungsverfahren in der Wirtschaft) / clearing n || ≃**-Haus** n (Informations- und Dokumentationseinrichtung, die Daten und Dokumente über geplante, laufende oder abgeschlossene Forschungs- und Entwicklungsarbeiten sammelt, aufbewahrt, verfügbar macht und in Informationsdienste umsetzt) (EDV) / clearing house
**Cleavelandit** m (extrem dünntafeliger Albit in den jüngsten Teilen von Li-Be-Cs-Ta-Pegmatiten) (Min) / cleavelandite* n
**Clebsch-Gordan-Koeffizient** m (nach R.F.A. Clebsch, 1833-1872, und nach P.A. Gordan, 1837-1912) (Phys) / vector coupling coefficient, Clebsch-Gordan coefficient, Wigner coefficient
**Clemmensen-Reduktion** f (von Ketonen oder Aldehyden - nach E.C. Clemmensen, 1876-1941) (Chem) / Clemmensen reduction*
**Clenbuterol** n (auch Dopingmittel) (Pharm) / clenbuterol n
**Clericische Lösung** (Mischung von Thalliummalonat und Thalliumformiat) (Chem) / clerici solution, Clerici solution
**Cleveit** m (ein Uranpecherz) (Min) / cleveite n
**Cleveland, offener Flammpunktprüfer nach** ≃ (zur Bestimmung des Flamm- und Brennpunktes gemäß ASTM D 92 bzw. IP 36) / Cleveland open-cup tester, Cleveland open-cup apparatus || ≃**-Flammpunktprüfer** m (bei flüssigen Kohlenwasserstoffen) / Cleveland open-cup tester, Cleveland open-cup apparatus
**Cleve-Säure** f (eine Buchstabensäure - nach P.T. Cleve, 1840-1905) (Chem) / Cleve's acid, L acid
**Clevesche Säure** (Chem) / Cleve's acid, L acid
**Click** m (Akus, Radio) / click* n
**Client** (Programm, welches von einem anderen Programm Dienstleistungen anfordert) (EDV) / client n || ≃**-Server-Architektur** f (EDV) / client-server architecture || ≃**/Server-Netz** n (EDV) / client/server LAN, server-based LAN || ≃**-Stub** f (EDV) / client stub (standard RPC communications interface)
**Clifford-Algebra** f (nach W.K. Clifford, 1845-1879) (Math) / Clifford algebra
**Cliffordsche Algebra** (Math) / Clifford algebra
**Climbing** n (Krist) / climb n, climbing n
**clinchen** v / clinch v, swage v || ~ (Nahr) / clinch v, clench v
**C-Linie** f (eine Fraunhofer-Linie im sichtbaren Spektralbereich) (Phys) / C line*
**Clinoptilolith** m (ein Zeolith der Heulandit-Gruppe) (Min) / clinoptilolithe n
**Clinton-Erz** n (oolithisches und klastisches Roteisenerz) (Bergb) / flaxseed ore, Clinton ore, fossil ore
**Clintonit** n (ein Mineral der Sprödglimmer-Reihe) (Min) / clintonite* n
**Clip** m / clip n || ≃ (TV) / clip* n, video n || ≃ **Dyeing** n (partienweise Garnfärbung durch Eintauchen von stellenweise abgebundenen Garnsträngen in das Färbebad) (Tex) / clip dyeing
**Clip-Art-Bibliothek** f (EDV) / clip-art library
**Clipboard** n (ein Zwischenspeicher zur vorübergehenden Aufbewahrung von Text oder Grafik) (EDV) / clipboard n
**clippen** v (EDV) / clip v, scissor v || ≃ n (EDV) / clipping n, scissoring n
**Clipper-Schaltung** f (eine Begrenzerschaltung) (Eltronik) / clipper n, clipper circuit, clipping circuit*
**Clipping** n (EDV) / clipping n, scissoring n || ≃**-Algorithmus** m (EDV) / clipping algorithm
**Clipverschluß** m / clip n

**clo** n (eine Wärmeisolationseinheit = 0,155 K . m$^2$/W) (Tex, Umwelt) / clo n
**Clock** f (EDV, Fernm) / clock* n, clock signal generator, clock generator, CLK || ≃**-Control** n (Kombination aus Timer, Anzeigefeld und Picture-Box) (EDV) / clock control || ≃**impuls** m (EDV) / clock pulse
**Cloisonné** n (Emailmalerei) / cloisonné n (enamel)
**Clon** n (EDV) / clone n
**Clonierungsvektor** m (Gen) / cloning vector, cloning vehicle, vector n
**Clonievektor** m (Gen) / cloning vector, cloning vehicle, vector n
**Cloqué** m (Gewebe, die auf der rechten Seite ein welliges, blasenartiges Aussehen zeigen) (Tex) / cloqué n, blister cloth*
**Closed Loop** m (Regeln) / closed loop*, control loop || ≃ **Shop** (in den USA durch den Taft-Hartley Act verboten) / closed shop, union shop || ≃ **Shop** (EDV) / closed shop, hands-off operation || ≃**-shop-Betrieb** m (bei dem der Benutzer Programm und Daten anliefert und Resultate entgegennimmt, selbst jedoch mit der Rechenanlage nicht in Berührung kommt) (EDV) / closed shop, hands-off operation
**Close-Routine** f (EDV) / close routine
**Closure** f (den Bindungskontext enthaltende Funktion) (KI) / closure n
**Cloth** m n (A) (Tex) / Italian cloth, zanella n
**Cloud-Cluster** m (Meteor) / cloud cluster
**Cloudpoint** m (DIN 51 597 und DIN ISO 3015) (Erdöl) / cloud point
**Cloud-scavenging** n (Anlagerung von atmosphärischen Spurenstoffen innerhalb einer Wolke in Wolkentröpfchen) (Meteor) / cloud scavenging, in-cloud scavenging || ≃ (Meteor) s. auch Rainout
**Cloxacillin** n (ein halbsynthetisches, orales Penizillin) (Pharm) / cloxacillin* n
**Clunyspitze** f (Tex) / Cluny lace
**Clupanodonsäure** f (Chem) / clupanodonic acid, docosapentaenoic acid, DPA
**Clusius-Dickelsches Trennrohr** (Chem Verf) / Clusius column*, Clusius-Dickel column, thermogravitational column, Clusius separation tube
**Cluster** m (Chem, Krist, Phys) / cluster n || ≃ (Zentraleinheit eines Mehrplatzsystems) (EDV) / cluster n || ≃ (EDV, Kernphys) / cluster n || ≃ (von Genen) (Gen) / cluster n || ≃ (Hütt, Krist) / Guinier-Preston zone || ≃ (im Mischkristall) (Krist) / cluster n || ≃ (Nukl) / control rod cluster, rod cluster control assembly, RCC assembly || ≃ (Stats) / cluster* n || ≃**analyse** f (Stats) / cluster analysis* || ≃**controller** m (EDV) / cluster controller || ≃**entwicklung** f (Reihenentwicklung zur Berücksichtigung der Wechselwirkung der Moleküle in einem klassischen realen Gas) (Phys) / cluster expansion
**Clustering** n (EDV) / clustering n || ≃ (Krist) / clustering n || ≃ (Gruppierung ähnlicher Elemente zu einer Menge) (Math) / clustering n
**Cluster•lampe** f (Licht, Opt) / cluster lamp || ≃**modell** n (von L. Pauling) (Kernphys) / cluster model || ≃**steuereinheit** f (EDV) / cluster controller || ≃**verbindung** f (in der eine echte Metall-Metallatom-Bindung vorliegt) (Chem) / cluster compound
**CLUT** (EDV) / colour lookup table, color lookup table (US), CLUT, colour map
**Clutter** m (Radar) / clutter* n, radar clutter (from the ground, sea, rain, chaff etc.)
**CLV-Platte** f (eine Version der Bildplatte) / constant linear velocity disk, CLV disk || ≃ (EDV, Opt) / CLV disk, constant linear velocity disk
**CLWL-Probe** f (WP) / crack-line-wedge-loaded specimen, CLWL specimen
**Cm** (Chem) / curium* n
**CMC** (Chem) / carboxymethylcellulose n, CMC, cellulose gum || ≃**-7-Kode-Leser** m (EDV) / CMC-7-code reader || ≃**-7-Schrift-Leser** m (EDV) / CMC-7-code reader
**C-14-Methode** f (zur Altersbestimmung organischer Reste; Verhältnis zwischen C$^{14}$ und C$^{12}$) / carbon dating*, carbon-14 dating, radiocarbon dating
**C-Mikrofon** n (Akus) / capacitor microphone*, electrostatic microphone*
**CMOS** (Eltronik) / complementary-metal-oxide semiconductor, CMOS || ≃**-Kamera** f (Film, Foto) / CMOS camera || ≃**-Technik** f (Eltronik) / CMOS technology, complementary metal-oxide semiconductor technology || ≃**-Technologie** f (mittelschnelle MOS-Technologie mit vernachlässigbarem Ruhestrom) (Eltronik) / CMOS technology, complementary metal-oxide semiconductor technology
**CMT-Wert** m (Pap) / CMT value
**CMYK** (EDV) / CMYK (cyan, magenta, yellow and black)
**CMYK-Modell** n (EDV) / CMYK (cyan, magenta, yellow and key)
**CN** (DIN 7728, T 1) (Chem) / nitrocellulose* n, cellulose nitrate || ≃ (Chem) / chloroacetophenone (CN) n
**CNC•-Programm** n (DIN 66 025) (Masch) / computer numerical control program, CNC program || ≃**-Satz** m (EDV, Masch) / CNC

**CNC-Steuerung**

block || ≈-**Steuerung** *f* (Masch) / computer numeric control, CNC, computerized numerical control, soft-wired control, soft-wired N/C
**C-Netz** *n* (Fernm) / C network
**CN-Lack** *m* (Anstr) / cellulose nitrate lacquer, nitrocellulose material, cellulose *n*
**¹³C-NMR-Spektroskopie** *f* (Spektr) / carbon-13 NMR spectroscopy, ¹³C-NMR spectroscopy
**CNO-Zyklus** *m* (Astr) / carbon cycle*, Bethe cycle*, carbon-nitrogen cycle*
**C/N-Verhältnis** *n* (Umwelt) / C : N ratio
**CN-Zyklus** *m* (Astr) / carbon cycle*, Bethe cycle*, carbon-nitrogen cycle*
**Co** (Chem) / cobalt* *n*
**CO** (Chem Verf) / epichlorhydrin rubber
**CoA** *n* (Biochem) / coenzyme A*, CoA
**Coagens** *n* (pl. -zien) / co-agent *n*
**Coagulans** *n* (pl. -tia oder -zien) (Chem) / coagulant *n*, coagulating agent
**Coagulation** *f* (Biol, Chem) / coagulation* *n*
**coagulieren** *vi* (Biol, Chem) / cobalt* *n* || radioaktives ≈ (Chem, Med, Radiol) / radiocobalt *n* || ≈-**aluminid** *n* (Chem) / cobalt aluminide || ≈**blau** *n* (ein Mischphasenpigment) / cobalt blue, cobalt ultramarine, Thenard's blue, Dumont blue || ≈**blau** (ein Kobalt[II]-stannat) (Chem) / celestine blue, cobalt(II) blue || ≈**carbonyl** *n* (Chem) / cobalt carbonyl* || ≈**elektrolyt** *m* / cobalt bath
**Cobaltiak** *n* (Chem) / cobalt(III) ammine, cobaltammine* *n*
**Cobalt(II,III)-oxid** *n* (Chem) / tricobalt tetroxide
**Co-Baum** *m* (Menge der Zweige eines Netzes, die in einem vorgegebenen Baum nicht enthalten sind) (Elektr) / co-tree *n*
**Cobild** *n* (Math) / co-image *n*
**Coble-Kriechen** *n* (bei dem Gitteratome durch Diffusion längs Korngrenzen aus Bereichen unter elastischer Druckspannung in solche unter Zugspannung transportiert werden) (WP) / Coble creep
**Cobol** *n* (eine problemorientierte Programmiersprache für den allgemeinen Geschäftsbetrieb - DIN 66028) (EDV) / COBOL (Common Business-Oriented Language)*
**Cobra-Impfverfahren** *n* (ein altes Holzschutzverfahren) (For) / Cobra process, gun injection
**Cocain** *n* (ein Tropanalkaloid) (Benzoylecgoninmethylester) (Pharm) / cocaine* *n*
**Cocarboxylase** *f* (Diphosphorsäureester von Thiamin) (Biochem, Pharm) / thiamin pyrophosphate, cocarboxylase *n*, aneurin diphosphate TTP
**Cocarcinogen** *n* (ein Stoff, der die Krebsentstehung begünstigt) (Med) / cocarcinogen *n*
**cocartesisch** *adj* (Math) / cocartesian *adj*
**Cochenille** *f* (getrocknete weibliche Koschenilleschildläuse) (Chem) / cochineal* *n* || ≈ (roter Farbstoff) (Mikros, Nahr) / carmine *n* (a vivid crimson colour made from cochineal), cochineal *n*
**Cochran-Test** *m* (ein Signifikanztest) (Stats) / Cochran test
**Cochromatografie** *f* / cochromatography *n*
**Cockcroft-Walton-Generator** *m* (nach Sir J.D.Cockcroft, 1897-1967, und E. Walton, 1903-1995) (Nukl) / Cockcroft and Walton accelerator*, Cockcroft-Walton generator
**Cockle** *n* (kleine Knötchen an Schaffellen - ein Krankheitsschaden) (Leder) / cockle *n*
**Cockpit** *n* (der gesamte Fahrerplatz mit Bedienungselementen - bei Sport- und Rennwagen) (Kfz) / cockpit || ≈ (in größeren Flugzeugen) (Luftf) / flight deck* || ≈ (Führersitz bzw. Führerraum eines kleinen Flugzeugs; Vertiefung im Deck von Segelbooten vor dem Ruder) (Luftf, Schiff) / cockpit* *n* || **gläsernes** ≈ (mit Multifunktionsdisplays) (Luftf) / glass cockpit
**Cocktailparty-Effekt** *m* (Fähigkeit, sich beim zweiohrigen Hören auf eine unter vielen Schallquellen zu konzentrieren) (Akus) / cocktail-party effect
**Cocoamidopropylbetain** *n* (ein Amphotensid für Kosmetik) / cocoamidopropyl betaine
**Cocobolo** *n* (von Dalbergia-Arten) (For) / cocobolo *n* || ≈**holz** *n* (von Dalbergia-Arten) (For) / cocobolo *n*
**Cocoholz** *n* (von Dalbergia-Arten) (For) / cocobolo *n*
**Cocoon-Verfahren** *n* / cocooning *n*
**Cocuswood** *n* (For) / cocuswood* *n*, Jamaica ebony*, West Indian ebony*, green ebony

**COD** (Chem) / cyclooctadiene* *n*
**Code** *m* (EDV, Fernm) / code* *n* || **numerischer** ≈ / numerical code, numeric code || **persönlicher** ≈ (EDV) / personal code || **pseudoternärer** ≈ (EDV, Fernm) / pseudoternary code
**Codeaufbau** *m* / code structure
**Codec** *m* (Fernm) / codec *n*, coder-decoder *n*
**Codeelement** *n* / code element
**Codein** *n* (ein Opiumalkaloid) (Pharm) / codeine* *n*
**codemoduliert** *adj* / code-modulated *adj*
**Coder** *m* (Radio) / coder *n*
**Codetriplett** *n* (Gen) / codon* *n*
**Codex Alimentarius** *m* (von der WHO/FAO 1961 gebildete Kommission, die zum Schutz der Gesundheit und zur Gewährleistung eines lauteren Wettbewerbs international gültige Normen - die Codex Standards - für Lebensmittel erstellen soll) (Nahr) / Codex Alimentarius
**codieren** *v* / code *v*, encode* *v* || ≈ *n* / coding* *n*, encoding *n*
**Codiergewinn** *m* (EDV) / coding gain, code gain
**Codierung** *f* / coding* *n*, encoding *n*
**codim** (Math) / codimension *n*, codim *n*
**Codimension** *f* (Math) / codimension *n*, codim *n*
**Codon** *n* (Gen) / codon* *n*
**COED-Verfahren** *n* (Erzeugung von Gas, Öl und Koks durch Schwelen von Kohle in mehrstufigen Wirbelschichtreaktoren) (Chem Verf) / char-oil-energy development process, COED process
**Coelestin** *m* (Min) / celestine* *n* (the principal ore of strontium), celestite *n* || ≈**blau** *n* (ein Kobalt[II]-stannat) (Chem) / celestine blue, cobalt(II) blue
**Coelinblau** *n* (Chem) / coelin *n*, ceruleum *n*, cerulean blue, coeline *n*
**Coelostat** *m* (Astr) / coelostat* *n*
**Coenzym** *n* (Biochem) / coenzyme* *n* || ≈ **A** (Biochem) / coenzyme A*, CoA || ≈ **Q** (Biochem) / ubiquinone* *n*, coenzyme Q
**Coeruleum** *n* (Chem) / coelin *n*, ceruleum *n*, cerulean blue, coeline *n*
**Coesit** *m* (sehr dicht gepackte SiO₂-Modifikation, die bei extrem hohen Drucken entsteht) (Min) / coesite* *n*
**Coevaporation** *f* (Eltronik) / co-evaporation *n*
**Cofaktor** *m* (Biochem) / cofactor *n*
**Coffein** *n* (Chem, Pharm) / caffeine* *n*
**Coffinit** *m* (ein Uranerz) (Min) / coffinite *n*
**Coffin-Manson-Beziehung** *f* (WP) / Coffin-Manson formula
**Cofidec** *n* (Eltronik) / coder-filter-decoder *n*, cofidec *n*
**Cognaçöl** *n* (Chem, Nahr) / oenanthic ether
**Cohenit** *m* (Eisencarbid in Meteoriten) (Astr, Min) / cohenite *n*
**Cohomologie** *f* (Math) / cohomology *n*
**Cohunefett** *n* (Nahr) / babassu oil, babaçu oil, cohune oil, cohune-nut oil, cohune fat
**Cohuneöl** *n* (das Samenfett der Bahia-Piassavapalme oder der Cohunepalme) (Nahr) / babassu oil, babaçu oil, cohune oil, cohune-nut oil, cohune fat
**Coil** *n* (Konformation von Biopolymeren) (Chem) / coil *n* || ≈ (zu einem Ring aufgewickelter Blechstreifen) (Hütt) / coil *n* || ≈ (Ring oder Bund, zu dem Band, Draht oder Rohr nach der Umformung oder Wärmebehandlung aufgewickelt werden) (Hütt) / coil *n* || ≈-**coating** *n* (zur Beschichtung von Blechbahnen durch Aufwalzen von Anstrichstoffen) (Anstr) / coil coating, strip coating || ≈**glühung** *f* (Hütt) / open-coil annealing
**COIN-Flugzeug** *n* (leichtes und besonders einfaches militärisches Mehrzweckflugzeug zum Einsatz in begrenzten Konflikten und gegen Guerilla-Operationen) (Mil) / counter-insurgency aircraft, COIN
**Coinings** *n pl* (Zweiseitenstoffe, die durch Klebstoffe oder direktes Zusammenschmelzen unter Hitzeeinwirkung der beiden aufeinanderliegenden Flächen laminiert wurden) (Tex) / coinings *pl*
**Coir** *n f* / coir* *n*, palm wool
**CO-Konvertierung** *f* (Chem Verf) / shift conversion, conversion *n*
**Colamin** *n* (Biochem) / colamine *n*
**CO-Laser** *m* (Phys) / carbon monoxide (gas) laser, CO laser
**CO₂-Laser** *m* (Phys) / CO₂ laser, carbon dioxide (gas) laser, carbon-dioxide laser*
**Colburn-Verfahren** *n* (Flachglasherstellung) (Glas) / Colburn sheet process, Colburn process, Libbey-Owens-Ford sheet process
**Colchicin** *n* (das Hauptalkaloid der Herbstzeitlosen - Colchicum autumnale L.) (Chem) / colchicine* *n*
**Colcretebeton** *m* (ein Ausgußbeton) (HuT) / Colcrete *n*
**Cold Loop** *m* (im Kühlkreislauf) (Nukl) / cold loop || ≈ **Rubber** (Styrol-Butadien-Kopolymere, die in Gegenwart von Katalysatoren bei einer Temperatur von 5° C polymerisiert werden) / cold rubber || ≈ **shortening** *n* (schlachtfrischer Muskel) (Nahr) / cold shortening
**Cold-Box·-Kompaktverfahren** *n* (die Weiterentwicklung des Cold-Box-Verfahrens) (Gieß) / cold-box compact process || ≈-**Verfahren** *n* (zur Herstellung von Kernen in kalten Kernkästen) (Gieß) / cold-box process

**Cold-Check-Test** *m* (bei Holzlackierungen, um festzustellen, wie der Film die bei plötzlichem Temperaturwechsel auftretenden Spannungen aushält) (Anstr) / cold-check test

**Cole-Cole-Diagramm** *n* (die Darstellung der Debye-Gleichungen für ein mit Verlusten behaftetes polares Dielektrikum) (Phys) / Cole-Cole plot*

**Colemanit** *m* (Kalziumhexaborat - nach W.T.Coleman, 1824-1893) (Min) / colemanite* *n*

**Coleopter** *m* (Luftf) / coleopter* *n*

**Cölestin** *m* (Min) / celestine* *n* (the principal ore of strontium), celestite *n*

**Colica saturnina** *f* (Med) / painters' colic, lead colic, painter's colic

**Colidar** *n* (Radar) / colidar *n*, coherent light detecting and ranging, ladar *n*, laser radar

**Colititer** *m* (kleinste Wassermenge, in der noch Escherichia coli nachweisbar ist) (Sanitär, Wasserf) / coliform index, coli index

**Collectin** *n* (kollagenähnliches Lektin) (Biochem) / collectin *n*

**Collenchym** *n* (Festigungs- und Stützgewebe in Pflanzenteilen, die noch lebhaft wachsen) (Bot) / collenchyma* *n*

**Collider** *m* (Nukl) / collider *n*, collision ring

**Collmans Reagens** (Dinatriumtetrakarbonylferrat(II)) (Chem) / Collman's reagent

**Collodium** *n* (eine Lösung von Collodiumwolle) (Chem) / collodion* *n*

**Collodiumwolle** *f* (Chem) / pyroxilin* *n*, pyroxylin *n*, soluble gun-cotton, collodion cotton

**Collotype-Verfahren** *n* (ein vervollkommnetes Lichtdruckverfahren, bei dem die Druckfarbe über ein Gummidrucktuch auf den Druckträger übertragen wird) (Druck) / collotype* *n*

**Colombowurzel** *f* (der Jateorhiza palmata (Lam.) Miers) (Pharm) / calumba root

**Color** *f* (Kernphys) / colour* *n*, colour charge ‖ ≃ **Lookup Table** *n* (EDV) / colour lookup table, color lookup table (US), CLUT, colour map

**Coloradoit** *m* (ein HgTe-Mineral der Zinkblendenreihe) (Min) / coloradoite *n*

**Coloradokäfer** *m* (Leptinotarsa decemlineata Say) (Landw) / Colorado beetle*

**Coloradotanne** *f* (For) / white fir

**Color‧fernsehen** *n* (TV) / colour television, CTV ‖ ≃**film** *m* (Film, Foto) / colour film ‖ ≃**filter** *n* (bei Farbmaterialien) (Film, Foto) / colour filter ‖ ≃**fotografie** *f* (Foto) / colour photography ‖ ≃**gerät** *n* (TV) / colour TV receiver

**Colorierung** *f* (EDV) / painting *n*

**Color‧killer** *m* (TV) / colour killer* ‖ ≃**monitor** *m* (EDV) / colour monitor, color monitor (US) ‖ ≃**verglasung** *f* (Kfz) / tinted windows, t/glass *n* ‖ ≃**Wechselwirkung** *f* (Kernphys) / colour interaction

**Colour** *f* (Kernphys) / colour* *n*, colour charge ‖ ≃ **Index** *n* (Chem) / Colour Index, CI

**Colour-Analyzer** *m* (Film) / colour analyzer (US), colour analyser*

**Colpitts-Oszillator** *m* (kapazitive Dreipunktschaltung) (Eltronik) / Colpitts oscillator*

**Columbit** *m* (Min) / columbite* *n*, dianite *n*

**COM** (EDV) / computer output on microfilm*, COM*

**COMAL** *n* (ein BASIC-Dialekt) (EDV) / COMAL* *n*

**Combescuresche Transformation einer Raumkurve** (Math) / Combescure transformation of a curve*

**Combiner, holografischer** ≃ (in der Verbundglas-Windschutzscheibe) (Kfz) / holographic combiner

**Comeback-Wolle** *f* (von Schafen aus Rückkreuzungen zwischen Crossbred- und Merinoschafen nach DIN 60004) (Tex) / comeback wool

**CO-Meßgerät** *n* / CO-analyser *n*, CO-analyzer *n* (US)

**COM-Film** *m* (DIN 19065) / computer-output microfilm

**Comfort-Index** *m* (Physiol) / discomfort index, comfort index, temperature-humidity index, CI, DI, THI

**COM-Gerät** *n* (in dem digitale Eingaben in Mikrobilder umgewandelt und mit hoher Ausgabegeschwindigkeit auf Mikroformen übertragen werden) (EDV) / COM device

**COMMAG** *m* (Film) / commag* *n*

**Commit** *n* (erfolgreiche Beendigung einer Transaktion) (EDV) / commit *n*

**COMMON LISP** (eine höhere Programmiersprache) (EDV) / common list processing language, COMMON LISP

**Common mode failure** (Nukl) / common-mode failure*, CMF ‖ ≃ **name** *n* (Pharm) / generic name, non-proprietary name, common name

**Common-sense-Logik** *f* (rationale Grundlage des Umgangs mit Alltagswissen) (KI) / common-sense logic

**Community** *f* (Web-Site, bei der die Besucher Mitglied werden können, um miteinander zu diskutieren und zu chatten) (EDV) / community *n*

**Comonomer** *n* (Chem) / comonomer *n*

**COMOPT** *m* (Film) / comopt* *n*

**Compact, interaktive** ≃ **disk** (EDV) / compact disk interactive, CD-I ‖ ≃**cassette** *f* (Akus, Mag) / compact cassette ‖ ≃**disc** *f* (Akus) / compact disc, CD, compact disk* ‖ ≃**disk** *f* (Akus) / compact disc, CD, compact disk*

**Compactor** *m* (für den Müll) (Masch, Umwelt) / compactor *n*

**Compact-Tension-Probe** *f* (WP) / compact tension specimen, compact tension probe

**Compander** *m* (ein Dynamikregler) (Akus) / compander* *n*

**Compartment** *n* (Umwelt) / compartment *n*

**Compiler** *m* (DIN 44300) (EDV) / compiler* *n*, COM ‖ **inkrementeller** ≃ (EDV) / incremental compiler ‖ ≃ *m* **mit einem** (einzigen) **Durchlauf** (EDV) / one-pass compiler, single-pass compiler ‖ ≃**-Compiler** *m* (ein Werkzeug, um die Übersetzer für Programmiersprachen automatisch zu erstellen) (EDV) / compiler-compiler *n* ‖ ≃**programm** *n* (EDV) / compiler* *n*, COM ‖ ≃**-Sprache** *f* (für Kompilierer geeignete höhere Programmiersprache) (EDV) / compiler-level language ‖ ≃**-Virus** *m* / compiler virus

**Compliance** *f* (Akus) / compliance *n* ‖ ≃ (Med, Pharm) / compliance *n* ‖ ≃**-Check-Programm** *n* (EDV) / compliance check program, CCP

**compliant** *adj* (z.B. Patient) (Med, Pharm) / compliant *adj*

**COM-Plotter** *m* (EDV) / microfilm plotter

**COM-Port** *m* (EDV) / COM port (the serial port of a PC)

**Composé** *n* (zusammengehörige Stoffe, deren Musterung auf dem gleichen Grundgedanken und auf der gleichen Farbkombination aufbaut und die daher zusammen verarbeitet werden können) (Tex) / companion fabrics

**Composer** *m* (eine Schreib- und Setzmaschine) (Druck, EDV) / composer *n*

**Composite** *m* (ein Raketentreibstoff) (Raumf) / composite fuel, composite propellant ‖ ≃ (WP) / composite *n*, composite material* ‖ ≃**-Kardanwelle** *f* (eine einteilige Welle aus Verbundfaserwerkstoffen) (Kfz) / composite propeller shaft ‖ ≃**-Puls** *m* (zusammengesetzt aus mehreren Pulsen) (Spektr) / composite pulse ‖ ≃**-Raketentreibstoff** *m* (Raumf) / composite fuel, composite propellant ‖ ≃**-Welle** *f* (Kfz) / composite shaft

**Compound** *n* (Chem) / polyblend *n*, polymer blend ‖ ≃ *m* (Tex) / carpet back, carpet backing ‖ **leitfähiger** ≃ (Kab) / semiconducting compound ‖ ~**elastische Streuung** (Kernphys) / compound-elastic scattering ‖ ~**erregung** *f* (Eltech) / compound excitation

**Compoundieren** *n* (Chem Verf) / compounding *n*

**compoundiertes Öl** / compound oil, compounded oil, blend oil

**Compoundierung** *f* (Eltech) / compounding *n*

**Compound‧kern** *m* (Kernphys) / compound nucleus* ‖ ≃**maschine** *f* (Eltech) / compound motor* ‖ ≃**maschine** (Masch) / compound engine* ‖ ≃**mischer** *m* (Chem Verf) / compound mixer, fluid mixer ‖ ≃**motor** *m* (Eltech) / compound motor* ‖ ≃**motor** (Luftf) / compound engine, turbo-compound *n*

**Compoundnadel** *f* (Tex) / compound needle

**Compound‧öl** *n* (mit fetten Ölen aktiviertes Mineralöl) / compound oil, compounded oil, blend oil ‖ ≃**prisma** *n* (mit Knickung der optischen Achse) (Opt) / Rutherford prism ‖ ≃**triebwerk** *n* (die Abgasturbinenenergie wird zum Antrieb des Laders benutzt) (Luftf) / compound engine, turbo-compound *n* ‖ ≃**zustand** *m* (Kernphys) / compound state

**Compreg** *n* (Holzwerkstoff, der mit Phenolharzoligomeren imprägniert und bei der Aushärtung preßverdichtet wird) (For) / compreg *n* ‖ ≃ (For) s. auch Impreg

**Compton‧-Effekt** *m* (Vergrößerung der Wellenlänge von elektromagnetischen Wellen bei Stoßprozessen zwischen Lichtquanten und freien Elektronen - nach A.H.Compton, 1892-1962) (Kernphys) / Compton effect* ‖ ≃**-Elektron** *n* (ein durch den Compton-Effekt freigesetztes Elektron) (Kernphys) / Compton recoil electron*, Compton electron, recoil electron ‖ ≃**-Streuung** *f* (von Photonen an anderen geladenen Elementarteilchen) (Kernphys) / Compton scattering ‖ ≃**-Wellenlänge** *f* (eine Atomkonstante) (Kernphys) / Compton wavelength* ‖ ≃**-Wellenlänge des Elektrons** (Kernphys) / Compton wavelength of the electron

**Computer** *m* (EDV) / computer* *n* ‖ **optischer** ≃ (EDV) / optical computer ‖ **professioneller** ≃ (EDV) / professional computer ‖ ≃ *m* **für Bildentzerrung** (Opt) / rectiputer *n*

**Computer Enhancing** *n* (Verfahren, bei dem mittels elektronischer Methoden die Bildqualität und der Bildkontrast bei Bildübertragungen von Raumsonden zur Erde verbessert werden) (Astr, Raumf) / computer enhancing

**Computer‧analphabet** *m* (EDV) / computer illiterate ‖ ≃**animation** *f* (EDV, Film) / computer animation ‖ ≃**architektur** *f* (EDV) / computer architecture* ‖ ≃**ausdruck** *m* (EDV) / computer listing ‖ ≃**blitz** *m* (Blitzröhrengerät mit automatischer Lichtmengenbegrenzung) (Foto) / computer flash ‖ ≃**chemie** *f* (Chem) / computer chemistry, computational chemistry ‖ ≃**delikt** *n* (EDV) / computer crime ‖ ≃**diagnostik** *f* (Med) / computer diagnostics ‖ ≃**dichtung** *f* (EDV) /

**Computerdichtung**

computer poetry ‖ ~erzeugt adj (Bild) (EDV) / computer-generated adj ‖ ~fachmann m (EDV) / computer expert, computer specialist ‖ ~freak m (EDV) / computer freak, computernik n ‖ ~geleiteter Unterricht (streng individualisierter Lernprozeß) (EDV) / computer-managed instruction* ‖ ~gerecht adj (EDV) / computer-compatible adj ‖ ~gestützt adj (EDV) / computer-aided adj, computer-assisted adj ‖ ~gestütztes Publizieren (Druck, EDV) / computer-aided publishing (CAP) ‖ ~gestützte Systemanalyse (EDV) / computer system analysis, CASA ‖ ~gestützte Werkstoffprüfung (WP) / computer-aided (materials) testing, CAT ‖ ~gestütztes Wirkstoffdesign (Pharm) / computer-aided drug design, CADD ‖ ~grafik f (auch als künstlerische Betätigung) (EDV) / computer graphics ‖ interaktive ~grafik (EDV) / interactive (computer) graphics, conversational graphics ‖ ~grafik f für Molecular Modelling (Chem, EDV) / molecular graphics, graphics-based molecular modelling ‖ ~industrie f (EDV) / computer industry ‖ ~integriertes Bauen (Bau) / computer-integrated building (construction) ‖ ~integrierte Fertigung (F.Org) / computer-integrated manufacturing, CIM ‖ ~integriertes Weben (Web) / computer-integrated weaving, CIW
**computerisieren** v (EDV) / computerize v, computerise v (GB)
**Computer•konferenz** f (EDV) / computer conferencing ‖ ~-Kreditkarte f (EDV) / smart credit card ‖ ~kriminalität f / computer-related crime, computer crime ‖ ~kunst f (EDV) / computer art ‖ ~lexikografie f / computational lexicography ‖ ~linguistik f (EDV) / computational linguistics, computer linguistics ‖ ~liste f (EDV) / computer listing ‖ ~maus f (EDV) / mouse* n (pl. mice) ‖ ~mißbrauch m (EDV) / computer abuse ‖ ~modell n (EDV) / computer model ‖ ~muster n (Tex) / computer design ‖ ~narr m (EDV) / computer freak, computernik n ‖ ~-NC-Steuerung f (Masch) / computer numeric control, CNC, computerized numerical control, soft-wired control, soft-wired N/C ‖ ~netz n (EDV) / computer network ‖ ~personal n (EDV) / liveware n, computer personnel, peopleware n ‖ ~physik f / computer physics, computerized physics ‖ ~recht n / computer law ‖ ~saboteur m (EDV) / crasher n ‖ ~satz m (Druck, EDV) / computer typesetting* ‖ ~satz am PC (Druck, EDV) / personal publishing, PC ‖ ~sicherheit f (EDV) / computer security ‖ ~simulation f (EDV) / computer simulation ‖ ~simulation der Molekulardynamik (Chem, EDV) / molecular-dynamics simulation ‖ ~spiel n (EDV) / computer game ‖ ~straftat f (EDV) / computer crime ‖ ~system n (EDV) / computer system* ‖ ~technik f (EDV) / computer technology ‖ ~techniker m (EDV) / computer engineer ‖ ~-to-Film-Technik f (Druck, EDV) / computer-to-film technology ‖ ~tomografie f (Radiol) / computerized tomography, computer tomography, computed tomography*, C.T. ‖ ~-to-Plate-Belichter m (Druck, EDV) / CTP imagesetter ‖ ~-to-Plate-Technik f (z.B. mit dem Laser-Exposer) (Druck, EDV) / computer-to-plate technology ‖ ~unterstütztes Lehrsystem / intelligent computer-aided instruction, ICAI ‖ ~unterstützte Softwareentwicklung (EDV) / computer-aided software engineering (CASE) ‖ ~unterstützter Unterricht (EDV) / computer-aided instruction, computer-assisted instruction*, CAI ‖ ~unterstützte Unterweisung (EDV) / computer-aided instruction, computer-assisted instruction*, CAI ‖ ~unterstütztes Zeichnen (EDV) / computer-assisted drawing, CAD ‖ ~virenforschung f (EDV) / computer virus research ‖ ~virus m (EDV) / virus n, computer virus (with a detrimental effect) ‖ ~vision f (KI) / computational vision, computer vision, machine vision
**Comware** f (Methoden und Hilfsmittel, die ein planmäßiges Vorgehen auf der Suche nach besseren Kommunikationsverfahren ermöglichen) (EDV, Fernm) / comware n
**Conalbumin** n (Biochem) / conalbumin n
**conaxial** adj / coaxial adj
**Conbur-Test** m (der Verpackung auf der schiefen Ebene) / incline impact test, Conbur test
**Conceptual Dependency** f (KI) / conceptual dependency, CD
**Conche** f (muschelförmiger Trog zur Herstellung von Schokolade) (Nahr) / conge n
**conchieren** v (Schokoladenmasse) (Nahr) / mill v ‖ ~ n (Nahr) / milling n
**Concrete** n (nach Extraktionsverfahren hergestelltes etherisches Öl) (Parfümerie-Rohstoff, den man durch mehrfache Extraktion frischer Blüten gewinnt) / concrete n
**Condis-Kristalle** m pl (konformativ-ungeordnete Kristalle) (Krist) / conformationally disordered cristals
**Condoriholz** n (feines Tischlerholz aus Adenanthera pavonina L.) (For) / coralwood n
**Conducting-Channel-Ruß** m (Chem Verf) / conducting-channel black
**Conductor** m (Riser-Rohrleitung vom Plattformdeck hinunter zum Bohrlochkopf) (Erdöl) / conductor* n
**Condurangorinde** f (aus dem Kondurangostrauch - Marsdenia cundurango Rchb.) (Pharm) / condurango bark

**Condysche Desinfektionsflüssigkeit** (Lösung von Natriumpermanganat - auch für chemische Färbung des Holzes) / Condy's fluid*
**Cone** n (Spinn) / cone n ‖ ~ sheets pl (ringförmige, nach unten konisch zulaufende, magmatische Gänge) (Geol) / cone sheets*
**Conen** n (Spinn) / coning n
**Conférencier** m (Radio, TV) / compère n
**Configuration Interaction** f (Chem) / configuration interaction
**Confinement** n (elektrisches, optisches) (Eltronik) / confinement n ‖ ~ (Eingeschlossenheit der Quarks in Hadronen) (Kernphys) / confinement n ‖ ~-Phase f (eine Phase des Eichfelds) / confinement phase
**Congressan** n (Chem) / congressane n ‖ ~ (Chem) s. auch Adamantan
**Conidendrin** n (Chem, For) / conidendrin n
**Coniferae** pl (Ordnung der Samenpflanzen) (Bot) / Coniferales pl, conifers pl, Coniferae* pl
**Coniferin** n (Chem) / coniferin* n
**Coniferylalkohol** m (Chem) / coniferyl alcohol
**Coniin** n (Piperidinalkaloid des Fleckenschierlings) (Pharm) / coniine* n
**Coning** n (Form einer Schornsteinabluftfahne) (Umwelt) / coning n
**Connection-Machine** f (KI) / connection machine
**Connector** m (Kab) / connector n
**Connes-Vorteil** m (bei der Fourier-Transformation) (Spektr) / Connes' advantage
**Conophoröl** n (aus Tetracarpidium conophorum (Muell. Arg.) Hutch. et Dalziel) / conophor oil
**Conotoxin** n (ein Peptidgift) (Chem) / conotoxin n
**Conrad-Diskontinuität** f (eine seismische Unstetigkeitsfläche - nach V. Conrad, 1876 - 1962) (Geol) / Conrad discontinuity
**Conradsontest** m (DIN 51551) / carbon-residue test, Conradson carbon test, Conradson carbon residue determination (of a liquid fuel)
**conrotatorisch** adj (Chem) / conrotatory adj
**Consertalstruktur** f (von magmatischen Gesteinen) (Geol) / consertal texture
**Consolverfahren** n (altes Funknavigationsverfahren für den Langstreckenbereich) (Nav) / consol n, Consolan n (US), sonne n
**Constant-level-Ballon** m (ein horizontal freifliegender, mit der vorherrschenden Luftströmung driftender Ballon) (Meteor) / constant-level balloon
**Constant-Speed-Propeller** m (nach Mc Cauley) (Luftf) / constant-speed airscrew, constant-speed propeller*
**Constant-Straining-Korrosion** f (Galv) / constant-straining corrosion
**Constraint** n (explizit dargestellte Abhängigkeit, die zwischen Objekten bzw. Eigenschaften von Objekten besteht) (KI) / constraint n
**Consumer** m (der die Dienste eines Servers braucht) (EDV) / consumer n
**Contagium** n (pl. -gia) (Med) / contagium n (pl. -gia)
**Container** m (im internationalen Verkehr zugelassener Behälter mit einheitlichen äußeren Abmessungen, Eckbeschlägen und weiteren Angriffselementen - nach ISO) / container n, freight container, shipping container ‖ fahrbarer ~ / contrailer n ‖ offener ~ (mit fehlender Dachkonstruktion - für den Transport von nässeunempfindlichen Gütern) (Schiff) / open-top container ‖ virtueller ~ (in der SDH) (Fernm) / virtual container, VC ‖ zerlegbarer ~ / joinable container ‖ zusammenlegbarer ~ / coltainer n
**Container•brücke** f / container bridge ‖ ~dienst m / container service ‖ ~hafen m / container port
**containerisierbar** adj / containerizable adj (cargo)
**Containerisierung** f / containerization n
**Container•kette** f / container chain ‖ ~kran m (für den Umschlag von Containern) (Masch) / container-handling crane, container crane ‖ ~lackierung f (Beschichtung von Behältern) (Anstr) / container coating ‖ ~ladung f / containerized cargo ‖ ~laschsystem n (spezifische permanente Ladungssicherung an Deck geladener Container) (Schiff) / container lashing system ‖ ~pool m / container pool ‖ ~portalkran m (Masch) / portainer n, container portal crane ‖ ~-Sammelschiff n (Schiff) / container collector ‖ ~schiff n (ein Spezialfrachtschiff) (Schiff) / container ship ‖ ~stapelungskonus m / cotainer stacking cone, container twist cone ‖ ~terminal m n (Spezialumschlaganlage für den Umschlag und die Lagerung von Containern) / container terminal ‖ für den ~transport geeignet / containerizable adj (cargo) ‖ ~umschlagplatz m / container terminal ‖ ~verkehr m / container traffic ‖ ~zug m (Bahn) / freightliner n, container train, linertrain n
**Containment** n (Schutz für Bioreaktoren, Laboratorien und Produktionsstätten, in denen gentechnologische oder mikrobiologische Arbeiten durchgeführt werden) (Biol) / containment n ‖ ~ (Nukl) / containment n, containment vessel ‖

**biologisches ~** (Schutz durch biologische Schranken) (Biol) / biological containment* || **physikalisches ~** (Schutz durch mechanische Schranken) (Biol) / physical containment*
**Contentprovider** m (Anbieter von Inhalten) (EDV) / content provider
**Contimelt-Prozeß** m (Hütt) / continuous melting process, contimelt process
**Continuous-Miner** m (auf Raupen fahrende Teilschnittmaschine) (Bergb) / continuous miner
**Contour-Effekt** m (Akus, Mag) / contour effect
**Contractor-Verfahren** n (eine veraltete Methode zur Einbringung von Unterwasserbeton) (HuT) / Contractor process, Contractor method
**Contrailer** m / contrailer n
**Contran** n (eine Programmiersprache) (EDV) / Contran* n
**Contre-Pente** n (Sicherheitskontur auf der Felgenschulter) (Kfz) / contrepente n
**Controller** m (EDV, Eltronik) / controller n || **~ für Drucker** (EDV) / print server
**Controlling** n (zielbezogene Erfüllung von Führungsaufgaben, die der systemgestützten Informationsbeschaffung und der Informationsverarbeitung zur Planerstellung, Koordination und Kontrolle dient) (EDV) / controlling n
**Control-Modus** m (EDV) / control mode
**CONTROL-Taste** f (die die Umschaltung in einen CONTROL-Modus ermöglicht) (EDV) / control key
**Controltower** m (Luftf) / control tower, tower n, airport traffic control tower, TWR
**Conurbation** f (wie z.B. im Ruhrgebiet) (Arch) / conurbation n
**Convallariaglykosid** n (das herzwirksame Glykosid der Convallaria majalis L.) (Pharm) / convallaria glycoside
**Convallatoxin** n (ein Convallariaglykosid) (Pharm) / convallatoxin n
**Convenience Goods** pl (Güter des täglichen Bedarfs) / convenience goods || **~ Goods** s. auch Shopping goods
**Convenience-food** n (bei denen wesentliche Bearbeitungsvorgänge in die Fabrikationsstufe vorverlegt wurden - z.B. Fertigteig, Kochbeutelreis) (Nahr) / convenience food
**Converter** m (Radio) / converter n || **~** (Reiß- oder Schneid-) (Spinn) / converter n
**Converterverfahren** n (Spinn) / tow-to-top method, tow-to-top process, converting n
**Convertiplane** n (Luftf) / convertiplane* n
**Conveyer** m (Stetigförderer) (Masch) / conveyor* n, conveyer n
**Conway-Spiel** n (Math) / Conway game
**COOH-Gruppe** f (Chem) / carboxyl group*
**Cooke-Linse** f (Opt) / Cooke triplet, Cooke objective
**Cookesches Triplett** (Opt) / Cooke triplet, Cooke objective
**Cookie** n (Datei, die von Anbietern des Internets auf der Festplatte hinterlassen wird) (EDV) / cookie n
**Cook-Norteman-Verfahren** n (ein kontinuierliches Trockenverzinkungsverfahren) (Galv) / Cook-Norteman process
**Coolidge-Röhre** f (Glühkatodenröntgenröhre nach W.D. Coolidge, 1873-1975) (Eltronik) / Coolidge tube*
**Coomassie-Brillantblau R 250** n (ein Säurefarbstoff der ICI) (Biol) / coomassie blue*
**Coonssche Fläche** (Math) / Coons' surface
**Cooperit** m (wichtiges Platinmineral aus Südafrika) (Min) / cooperite* n
**Cooper-Paar** n (in der Theorie der Supraleitung - nach L.N. Cooper, geb. 1930) (Phys) / Cooper pair*
**Co-op-Werbung** f / cooperative advertising
**Coordinate Indexing** n (eines Dokuments) (EDV) / coordinate indexing
**Coordonnés** pl (Tex) / trousseau n, coordinated look
**Cop** m (Spinnhülse mit aufgewickeltem Garn) (Spinn) / cop* n
**Cope-Eliminierung** f (Spaltung von Aminoxiden in Alken und Hydroxylamin - nach A.C. Cope, 1909 - 1966) (Chem) / Cope elimination
**COPE-Prozeß** m (zur Gewinnung des Rekuperationsschwefels) (Chem Verf) / Claus oxygen-based process expansion
**Cope-Umlagerung** f (Valenzisomerisierung) (Chem) / Cope rearrangement
**Copolymer** n (Chem) / copolymer* n || **ABS-~** (Chem) / ABS polymerisate || **alternierendes ~** (Chem) / alternating copolymer || **statistisches ~** (Chem) / random copolymer* || **statistisches ~** (Chem) / statistical copolymer
**Copolymerisation** f (Chem) / copolymerization n || **statistische ~** (Chem) / random copolymerization
**Copolymerisationsparameter** m (Chem) / copolymerization parameter
**copolymerisieren** v (Chem) / copolymerize v
**Coprozessor** m (EDV) / coprocessor n (controlled by its master processor) || **numerischer ~** (EDV) / numeric coprocessor, numeric data processor, NDP
**$CO_2$-Prüfer** m (Masch) / $CO_2$-recorder* n

**Cops** m (Spinnhülse mit aufgewickeltem Garn) (Spinn) / cop* n || **~rohr** n (Spinn) / cop sleeve
**Copy-Holder** m (EDV) / copy holder
**Copyright** n / copyright n, Copr. || **~-Seite** f (meistens die Rückseite des Titelblattes) (Druck) / copyright page || **~-Vermerk** m (Druck) / copyright notice
**Copy-Strategie** f (Fixierung der inhaltlichen Grund-Werbekonzeption, die zu besprechen ist) / copy strategy
**Coquimbit** m (Eisen(III)-sulfat-9-Wasser) (Min) / coquimbite* n
**Coquitofaser** f (von Jubaea chilensis (Molina Baill.) (Tex) / coquito fibre
**CORAL 66** (eine Echtzeitsprache, deren Basis ALGOL 60 bildet) (EDV) / CORAL* n
**Coralwood** n (For) / coralwood n
**Corannulen** n (Bestandteil der Fullerene) (Chem) / corannulene n
**Corax-Verfahren** n (zur Rußproduktion) (Chem Verf) / furnace process
**CORBA** n (OMG-Spezifikation eines Objektmodells, dessen zentrales Element ORB ist) (EDV) / Common Object Request Broker Architecture, CORBA
**Corbino-Scheibe** f (nach O.M. Corbino, 1876-1937) (Eltronik) / Corbino disk
**Cord** m (Tex) / cord n
**Cordierit** n (nach P.L.A.Cordier, 1777-1861) (Min) / cordierite* n || **~-Kochgeschirr** n (z.B. Pyroflam /US/ und Thomas-Feuerfest /BRD/) (Keram) / cordierite whiteware
**Cordit** m (ein rauchschwaches Schießpulver) / cordite n, pyrocellulose n
**Cordlage** f (der Karkasse) (Kfz) / ply n
**Cordless-Kommunikation** f (mit schnurlosen Telefonen) (Fernsp) / cordless communication
**Cordsamt** m (Rippen-Baumwollsamt) (Tex) / cord velvet
**Corduroy** m (Baumwollsamt mit feinen Rippeneffekten) (Tex) / corduroy* n
**Core** n (Reaktorkern) (Nukl) / core* n, reactor core || **~aufheizung** f (Nukl) / core heat-up || **~catcher** m (Nukl) / core catcher, melting core catcher || **~durchmesser** m (Nukl) / core diameter || **~-level-shift** f (Kernphys) / core level shift || **~notkühlsystem** n (Nukl) / emergency core-cooling system, ECCS || **~schmelzen** n (bei dem am meisten gefürchteten Reaktorstörfall) (Nukl) / core meltdown, core melt || **~schmelzen-Störfall** m (Nukl) / core meltdown accident || **~schmelzen-Unfall** m (z.B. Tschernobyl/Ukraine April 1986) (Nukl) / core meltdown accident || **~test** m (bei dem mit einem Hohlbohrer aus den Wollballen eine Faserprobe entnommen wird) (Tex) / core test || **~-twisted-Garn** n (Spinn) / core-twisted yarn
**Corhart-Stein** m (schmelzflüssig gegossener Mullitstein der Corning Glass Works und Hartford Empire Comp.) (Keram) / Corhart n
**Corianderöl** n (Nahr, Pharm) / coriander oil, oil of coriander
**Coriandrol** n (Chem) / coriandrol n
**Coriolis•-Beschleunigung** f (nach G.G. de Coriolis, 1792-1843) (Geophys) / Coriolis acceleration || **~-Kraft** f (ablenkende Kraft der Erdrotation) (Geophys) / Coriolis force* (a fictitious force), compound centrifugal force, deflecting force || **~-Parameter** m (die Horizontalkomponente der Coriolis-Kraft) (Geophys) / Coriolis parameter*
**Corium** n (Leder) / corium* n (pl. coria), dermis* n, true skin, cutis n, derma n, derm* n || **~** (Nukl) / corium n (resulting from meltdown)
**Corkscrew** m (Spinn) / corkscrew yarn || **~** (Zwirnart und Kammgarnstoff für Abendkleidung) (Spinn, Tex) / corkscrew n
**Corliss-Schieber** m (nach G.H. Corliss, 1817-1888) (Masch) / Corliss valve*
**Cornedbeef** n (Nahr) / corned beef, canned pressed beef (US)
**Corner-Reflektor** m (Radar, Radio) / corner reflector* || **~-Antenne** f (Radar, Radio) / corner-reflector aerial (consisting of a feed and a corner reflector), corner-reflector antenna
**Cornishstone** m (Keram) / Cornish stone (used as flux in pottery), China stone, Cornish clay
**Cornöl** n (Nahr) / corn oil (US)*, maize oil*
**Cornu•-Prisma** n (aus Rechts- und Linksquarz) (Opt) / Cornu prism* || **~-Spirale** f (nach A.Cornu, 1841-1902) (Math) / Cornu's spiral*, clothoid* n
**Cornwallit** m (Min) / erinite n, cornwallite n
**Cornwallkessel** m (Masch) / Cornish boiler*
**Coromandelebenholz** n (aus Diospyros melanoxylon Roxb.) (For) / coromandel n, calamander n, coromandel ebony, coromandel wood
**Corona** f (Astr) / solar corona* || **~** (Astr, Meteor) / corona* n (pl. coronae)
**Coronadit** m (ein Kryptomelan mit Pb) (Min) / coronadite n
**Coronand** m (z.B. Kronenether) (Chem) / coronand n
**Coronate** n pl (Chem) / crown compounds, coronates pl
**Coronen** n (Chem) / coronene* n
**Coronizing-Verfahren** n (beim Glasseidengewebe) (Glas) / Coronizing process

**Coroutine**

**Coroutine** f (jede Coroutine kann eine andere aufrufen) (EDV) / co-routine* n
**Corporate Behaviour** n (ein Teilinstrument der Corporate Identity) / corporate behaviour || ≃ **Design** (einheitliches visuelles Erscheinungsbild eines Unternehmens) / corporate design || ≃ **Identity** f (im Rahmen der Öffentlichkeitsarbeit eines Unternehmens angestrebtes Firmenbild, in dem sich das Selbstverständnis hinsichtlich Leistungsangebot und Arbeitsweise widerspiegelt) / corporate identity || ≃ **Image** n / corporate image || ≃ **Network** (Fernm) / corporate network || ≃ **Publishing** (innerhalb des Hauses) (Druck, EDV) / corporate publishing
**Corps** n **de logis** (bei Schlössern des 17. und 18. Jahrhunderts) (Arch) / corps de logis (the main building as distinct from the wings or pavilions)
**Corpus** n (pl. -ora) (die Grundmasse des Apikalmeristems) (Bot) / corpus* n (pl. corpora or -es) || ≃ (pl. -ora) (Grundgesamtheit der Texte) (EDV) / corpus n (pl. -ora or -es), textual corpus, text base
**Correxband** n (Foto) / apron* n
**Corrigen** n (Chem) / oleandrin n
**Corrigens** n (pl. Corrigentia) (Pharm) / corrective n, corrigent n
**Corrinring** m (Biochem) / corrin nucleus (four pyrrole rings)
**Corrodkote-Test** m (Galv) / Corrodkote test
**Corrodkote-Verfahren** n (ein Korrosionstest nach DIN 50958) (Galv) / Corrodkote test
**Cortenstahl** m (ein korrosionsträger Stahl) (Hütt) / cor-ten steel
**Cortex** m (pl. Cortexe) (Pharm) / cortex* n (pl. cortices) || ≃ (pl. -tizes) (eigentliche Faserschicht der Wolle) (Tex) / cortex n (pl. cortices) || ≃ **Alstoniae constrictae** (Pharm) / bitterbark n, Australian fever bark || ≃ **Chinae succirubrae** (Pharm) / red bark || ≃ **chinchonae** (Pharm) / cinchona bark, Jesuits' bark, cinchona n
**Cortexolon** n (ein Nebennierenrindenhormon) (Biochem) / cortexolon n
**Cortexon** n (ein Nebennierenrindenhormon) (Biochem) / cortexon n, desoxycorticosterone* n
**Corticoid** n (Biochem) / corticosteroid* n, hormone of the adrenal cortex, adrenocortical hormone, corticoid n, adrenal cortex hormone
**Corticosteroid** n (Steroidhormon der Nebennierenrinde) (Biochem) / corticosteroid* n, hormone of the adrenal cortex, adrenocortical hormone, corticoid n, adrenal cortex hormone || ~**bindendes Globulin** (Biochem) / transcortin n
**Corticosteron** n (ein 11-Hydroxysteroid) (Biochem) / corticosterone n
**Corticotropin** n (Biochem) / corticotrophin* n, corticotropin n, adrenocorticotrophic hormone*, ACTH*, adrenotropic hormone, adrencorticotrophic hormone
**Cortin** n (Biochem) / cortin n
**Cortisol** n (ein Nebennierenrindenhormon) (Biochem) / hydrocortisone n, cortisol n
**Cortison** n (ein Hormon der Nebennierenrinde) (Biochem) / cortisone* n
**Corynanthe-Alkaloide** n pl (eine Gruppe von monoterpenoiden Indolalkaloiden) (Pharm) / corynanthe alkaloids
**cos** (Math) / cosine n, cos* || ~ **vers** (Math) / coversed sine, coversine n, versed cosine, covers
**CO₂-Schweißen** (Schw) / carbon-dioxide welding*, $CO_2$-welding n
**cosec** (Math) / cosecant n, cosec
**cosec²-Antenne** f (Radio) / cosecant-squared antenna*
**cos-Gesetz** n (Licht) / Lambert's cosine law*, cosine law*, cosine-emission law, Lambert's law of emission
**Cosinus hyperbolicus** (cosh, ch) (Math) / hyperbolic cosine, cosh* n, coshine n
**Coslettieren** n (Hütt) / Coslettizing n, Coslett process
**Coslettverfahren** n (Phosphatrostschutz) (Hütt) / Coslettizing n, Coslett process
**Cosmatenarbeit** f (Dekoration von Wänden, Fußböden und Säulen) (Arch) / Cosmati work
**Cosmid** n (Hybridplasmid) (Gen) / cosmid n
**Cosmotron** n (Name des Protonensynchrotrons im Brookhaven-Nationallaboratorium in Upton, N.Y.) (Nukl) / cosmotron* n
**Cosputtern** n (Eltronik) / co-sputtering n
**Cossyrit** n (ein Aenigmatit mit höherem Gehalt an Sesquioxiden, besonders an $Fe_2O_3$) (Min) / cossyrite* n
**Costa-Birne** f (eine Propulsionsbirne nach L. Costa, 1887-1967) (Schiff) / Costa bulb
**Coster-Kronig-Übergang** m (Kernphys) / Coster-Kronig transition
**Costuswurzelöl** n (aus der Wurzel von Saussurea costus (Falc.) Lipsch.) (Chem) / costus root oil
**COSY** (Spektr) / correlation spectroscopy, COSY
**cot** (Math) / cotangent* n, cot*
**COT** (Chem) / cyclo-octatetraene (COT) n

**Cotelé** m (Kleider-, Blusen- oder Mantelstoff mit feinen Längs- der Diagonalrippen) (Tex) / cotelé n
**cotg** (Math) / cotangent* n, cot*
**Cotorsion** f (Math) / cotorsion n
**cotranslational** adj / cotranslational adj
**Cotton** m n (Tex) / cotton* n || ≃-**Effekt** m (Anomalie in den Rotationsdispersionskurven optisch aktiver Stoffe, die im Bereich optischer Absorptionsbanden beobachtet wird - nach A. Cotton, 1869-1951) (Opt) / Cotton effect
**cottonisieren** v (auf chemischem Wege zerlegen) (Spinn) / cottonize v (flax or hemp)
**Cotton•maschine** f (nach W. Cotton, 1786-1866) (zur Herstellung von Regulärgewirken) (Tex) / cotton machine, flat-weft knitting machine || ≃-**Mouton-Effekt** m (Stoffe mit magnetisch-polaren Molekülen werden im Magnetfeld doppelbrechend) / Cotton-Mouton effect* || ≃-**öl** n (Oleum gossypii) / cottonseed oil*, cotton oil, oleum gossypii seminis
**Cottonwood** n (Zusammenfassung einer größeren Gruppe von Hybriden und deren Auslesen, die wohl alle ihren Ursprung in Kreuzungen von Populus deltoides mit Populus nigra haben) (For) / cottonwood* n
**Cottrell•-Elektroabscheider** m (nach F.G. Cottrell, 1877-1948) / Cottrell precipitator*, Cottrell filter || ≃-**Elektrofilter** n / Cottrell precipitator*, Cottrell filter || ≃-**Lomer-Versetzung** f (eine nicht gleitfähige Versetzung) (Krist) / Lomer-Cottrell dislocation, stair-rod dislocation || ≃-**Staubfilter** n / Cottrell precipitator*, Cottrell filter || ≃-**Wolke** f (durch Diffusion angereicherte Zwischengitteratome in Versetzungen, die deren Beweglichkeit blockieren) (Krist) / Cottrell cloud
**Cotyledone** f (Bot) / cotyledon* n, seed leaf*
**Couchman-Gleichung** f (die die Abhängigkeit der Glasübergangstemperatur eines weichgemachten Polymeren von den Masseanteilen des Weichmachers und des Polymeren beschreibt) (Chem, Plast) / Couchman equation
**Coudé-System** n (Astr) / coudé mounting*
**Coudé-Teleskop** n (Astr) / coudé telescope*
**Couette-Strömung** f (stationäre laminare Strömung zwischen parallelen ebenen Wänden, die sich in ihrer Ebene relativ zueinander bewegen können) (Mech) / Couette flow || **ebene** ≃ (Mech) / plane Couette flow, simple shear flow
**Couloir** m (Geol) / couloir n
**Coulomb** n (abgeleitete SI-Einheit der Elektrizitätsmenge oder der elektrischen Ladung - nach Ch. A. de Coulomb, 1736-1806) (Elektr) / coulomb* n, coul n || ≃-**Anregung** f (niedriger Kernniveaus durch die elektrostatische Wechselwirkung zwischen einem schweren geladenen Teilchen und den Protonen eines Kerns) (Phys) / Coulomb excitation || ≃-**Anziehung** f (Phys) / coulombic attraction, Coulombian attraction || ≃-**Barriere** f (Kernphys) / Coulomb barrier || ≃-**Eichung** f (der elektrodynamischen Potentiale) (Kernphys) / Coulomb gauge || ≃-**Explosion** f (zur Bestimmung von Molekülstrukturen) (Chem) / Coulomb explosion || ≃-**Feld** n (Kernphys) / Coulomb field, Coulombian field || ≃-**Integral** n (ein Wechselwirkungsintegral nach der Hückel-Methode) (Kernphys) / Coulomb integral || ≃-**Kraft** f (die entsprechend dem Coulombschen Gesetz im Bereich eines Atoms wirksame, durch Ladung verursachte Kraft) (Elektr, Kernphys) / coulomb force*, coulombic force || ≃-**Phase** f (eine Phase des Eichfelds) (Kernphys) / Coulomb phase
**Coulombsch•es Gesetz** (für elektrische Ladungen, für Magnetpole) (Elektr) / Coulomb's law* || ≃**es Kraftfeld** (Kernphys) / Coulomb field, Coulombian field || ≃**e Reibung** (nach dem Coulombschen Reibungsgesetz) (Mech) / Coulomb friction || ≃**es Schergesetz** (Gleichung der Schergeraden) (HuT) / Coulomb's equation
**Coulomb•-Streuung** f (Phys) / Rutherford scattering*, Coulomb scattering* || ≃-**Wall** m (Kernphys) / Coulomb barrier || ≃-**Wechselwirkung** f (Kernphys) / Coulomb interaction
**Coulometer** n (Eltech) / coulometer* n, voltameter* n
**Coulometrie** f (ein elektrochemisches Analysenverfahren - Ladungsmengenmessung) (Chem) / coulometry n || **galvanostatische** ≃ (Chem) / coulometric titration || **potentialkontrollierte** ≃ (Chem) / potentiostatic coulometry, coulometry at controlled potential || **potentiometrische** ≃ (Chem) / potentiostatic coulometry, coulometry at controlled potential || ≃ f **bei konstantem Potential** (Chem) / potentiostatic coulometry, coulometry at controlled potential
**coulometrisch** adj (Chem, Eltech) / coulometric adj, voltametric adj || ~**e Titration** (Chem) / coulometric titration
**Coulter•-Counter** m (Gerät zur Bestimmung von Teilchenzahl und Teilchengröße von elektrisch nicht leitenden Teilchen in einem elektrisch leitenden Dispersionsmedium) (Chem Verf) / Coulter counter || ≃-**Counter** (Zyt) / Coulter counter* || ≃-**Counter-Prinzip** n (ein Zählverfahren zur Ermittlung der Anzahlverteilung von Teilchenvolumina) (Chem Verf) / Coulter counter principle, Coulter

method ‖ ⁻-**Verfahren** *n* (Chem Verf) / Coulter counter principle, Coulter method
**Coumachlor** *n* (Chem, Landw) / coumachlor* *n*
**Countdown** *m n* (Raumf) / count-down* *n* ‖ ⁻-**Wiederholung** *f* (Raumf) / recycling *n*
**Counterflush** *m* (Bergb) / reverse circulation, counterflush *n*
**Counterurbanisation** *f* (räumliche Dekonzentration der Bevölkerung) (Arch, Umwelt) / counterurbanization *n*
**Coupé** *n* (A) (Bahn) / compartment *n* ‖ ⁻ (sportlicher PKW mit abgeflachtem Dach) (Kfz) / coupé *n*, coupe *n* (US)
**Coupled Cluster** *m* (ein Verfahren der Quantenchemie) (Chem) / coupled cluster
**Coupon** *m* (Tex) / suit length
**Courant-Bedingung** *f* (nach R. Courant, 1888 - 1972) (Phys) / Courant condition (a condition on numerical hydrodynamics calculations requiring that the time interval employed be no greater than that required for a sound wave to cross a spatial cell)
**Courbaril** *n* (Holz des Heuschreckenbaumes Hymenaea courbaril L.) (For) / courbaril* *n*
**Courbaril-Kopal** *n* (Chem) / South American copal gum
**Courseware** *f* (EDV) / teachware *n*, courseware *n*, educational software, training software
**Coutil** *n* (Drell, meistens in Kettköperbindung 3/1) (Tex) / coutil *n*
**Covellin** *m* (Min) / covellite* *n*, indigo copper*, covelline* *n*
**Cover** *n* (Schallplattenhülle) / cover *n*, sleeve *n*
**Covercoat** *m* (ein wetterfester Wollstoff) (Tex) / covert coating*
**CO₂-Verfahren** *n* (Gieß) / CO₂ process, carbon dioxide process
**Covolumen** *n* (Chem, Phys) / co-volume* *n*, incompressible volume*
**CO₂-Wasserglas-Formverfahren** *n* (Gieß) / CO₂ process, carbon dioxide process
**Cowper** *m* (nach E.A.Cowper, 1819-1893) (Hütt) / hot-blast stove*, Cowper stove*
**Cowrikopal** *m* (aus der Kaurifichte) (Chem) / kauri-gum* *n*, kauri *n*, kauri copal
**Cox-Verteilung** *f* (Stats) / general Erlang distribution
**Cozyklus** *m* (Math) / cocycle *n*
**CP** (Nahr) / caramel coulor I, plain caramel, caustic caramel ‖ ⁻ (Spektr) / cross polarization, CP
**C-Parität** *f* (Phys) / charge parity, charge conjugation parity
**CPD-Rohrwalzverfahren** *n* (zur Herstellung nahtloser Stahlrohre) (Hütt) / cross-roll piercing Diescher process
**C-Pegel** *m* (Hütt) / carbon level
**CPE-Rohrwalzverfahren** *n* (zur Herstellung nahtloser Stahlrohre) (Hütt) / cross roll piercing elongation
**C₄-Pflanze** *f* (mit einem besonderen Fotosynthesetypus, bei dem das Kohlendioxid zum limitierenden Faktor wird) (Bot) / C₄ plant, 4-carbon plant
**C₃-Pflanze** *f* (bei der das primäre Produkt der Kohlendioxidassimilation eine C₃-Carbonsäure ist) (Bot) / C₃ plant*, 3-carbon plant, Calvin plant
**CP-Invarianz** *f* (Invarianz physikalischer Gesetze gegenüber der gemeinsamen Anwendung der Paritätsoperation und der Ladungskonjugation) (Kernphys) / CP invariance
**CPM-Verfahren** *n* (critical path method, CPM*
**CPO** (Anstr, Chem) / chlorinated polyolefin
**C-Potential** *n* (Hütt) / carbon potential
**CP-Parität** *f* (Phys) / CP parity
**C-Programmiersprache** *f* (EDV) / C-programming language
**CP-Steuerung** *f* (Regeln) / continuous path control (system), contour control system, CP control
**CP-Symmetrie** *f* (Kernphys) / CP invariance
**CPT-Theorem** *n* (fundamentales Theorem der Quantenfeldtheorie) (Phys) / CPT theorem
**CPU** (EDV) / central processing unit* (CPU), central processor*, processing unit
**CPU-Zeit** *f* (EDV) / CPU time (US), processor time
**CPVC** (Anstr) / critical pigment-volume concentration, CPVC
**CP-Verletzung** *f* (Phys) / CP violation
**c-Quark** *n* (Kernphys) / charmed quark, c quark
**C-Quelle** *f* (Nahr) / carbon source
**Cr** (Chem) / chromium* *n*
**CR** (Chem) / polychloroprene* (PCP) *n*
**Crabholz** *n* (meistens aus Carapa guianensis Aubl.) (For) / crabwood* *n*, carap-wood *n*
**Crabnebel** *m* (im Sternbild Taurus) (Astr) / Crab Nebula*
**Crabpulsar** *m* (im Zentrum des Crabnebels) (Astr) / Crab pulsar
**Crabwood** *n* (meistens aus Carapa guianensis Aubl.) (For) / crabwood* *n*, carap-wood *n*
**cracken** *v* (Erdöl) / crack *vt* ‖ ⁻ *n* (Erdöl) / cracking* *n*
**Cracker** *m* (der Paßwörter und Rechnerkodes knackt) (EDV) / cracker *n* ‖ ⁻ (Erdöl) / cracker *n*, cracking plant
**Cracking** *n* (Erdöl) / cracking* *n*

**Crack•ofen** *m* (Erdöl) / cracking furnace ‖ ⁻**verhinderungsmittel** *n* (Erdöl) / anticracking agent
**Cradle-to-Grave-Prinzip** *n* (Prinzip der Überwachung gefährlicher Stoffe von ihrer Entstehung bis zu ihrer Beseitigung) (Umwelt) / cradle-to-grave principle
**Craig-Verteilung** *f* (Chem Verf) / Craig countercurrent distribution
**Cramersche Regel** (zum Lösen linearer Gleichungssysteme mit *n* Unbekannten und *n* Gleichungen - nach G. Cramer, 1704-1752) (Math) / Cramer's rule
**Craquelé** *n* (Keram) / shivering *n*, strainlining *n*, crazing *n* ‖ ⁻ (Tex) / craquelé *n* ‖ ⁻**glasur** *f* (Keram) / crackle glaze, craquelé glaze
**craquelieren** *v* (Glas, Keram) / crackle *vt*
**craqueliert** *adj* (Glas) / crackled* *adj*, craquelé *adj* ‖ ~**es Glas** (Glas) / crackled glass, crackle glass
**Craquelure** *f* (Anstr) / craquelure *n*
**Crash** *m* (eine fehler- oder störungsbedingte Beendigung eines Rechnerlaufs) (EDV) / crash *n*, abend *n* ‖ ~**auslösendes Virusprogramm** (EDV) / crasher virus program ‖ ⁻-**Computer** *m* (Kfz) / crash recorder, black box
**Crasher** *m* (der fremde Daten mutwillig zerstört) (EDV) / crasher *n* ‖ ⁻-**Virus** *m* (der einen Systemabsturz verursacht) (EDV) / crasher virus
**crash•optimiert** *adj* (Konstruktion) (Kfz) / crash-optimized *adj* ‖ ⁻-**Recorder** *m* (Kfz) / crash recorder, black box ‖ ⁻-**Sensor** *m* (Kfz) / crash sensor ‖ ⁻-**Stop-Manöver** *n* (Schiff) / crash-stop manoeuvre ‖ ⁻**test** *m* (z.B. mit den Testpuppen) (Kfz) / crash-test *n* ‖ ⁻-**Verhalten** *n* (Kfz) / crash behaviour ‖ ⁻**worthiness-Rating** *n* (Unfallforschung in der Automobilindustrie) (Kfz) / crashworthiness rating
**Crassulacean-acid-Metabolismus** *m* (bei Pflanzen mit Wasserspeichergewebe, die in der Nacht organische Säuren /vorwiegend Malat/ speichern und am Tag das CO₂ und die Reduktionsäquivalente freisetzen) (Bot) / crassulacean acid metabolism*, CAM*
**Crazes** *pl* (Mikrohohlräume innerhalb von amorphen thermoplastischen Polymeren, die sich bei Belastung der Thermoplaste in orthogonaler Orientierung zur Belastungsrichtung ausbilden) (Plast) / crazes *pl*
**Crazing** *n* (Ausbildung von Crazes in Thermoplasten) (Plast) / crazing *n*
**Crazing-Effekt** *m* (bei rußfreien Heißvulkanisaten) (Chem Verf) / crazing effect
**CRC-Prüfzeichen** *n* (EDV) / cyclic-redundancy-check character, CRCC, cyclical redundancy check character
**C-reaktives Protein** (Med) / C-reactive protein*, CRP
**Creatinin** *n* (Biochem) / creatinine *n*
**Crediting** *n* (ein Anrechnungsmodus für Emissionen) (Umwelt) / crediting *n*
**Creek** *m* (pl. -s) (Geog) / creek *n*
**Creme** *f* / cream *n*
**Crème fraîche** *f* (saure Sahne mit hohem Fettgehalt) (Nahr) / crème fraîche
**creme•farben** *adj* (Velinpapier) (Pap) / cream-wove* *adj* ‖ ~**farbenes Wedgwood-Steinzeug** (Keram) / queen's-ware *n* (a variety of white or cream-coloured ware) ‖ ~**gerippt** *adj* (Papier) (Pap) / cream-laid* *adj*
**Cremonaplan** *m* (zur Ermittlung der Stabkräfte in Fachwerken) (Mech) / Cremona diagram
**Cremonascher Kräfteplan** (nach L.Cremona, 1830-1903) (Mech) / Cremona diagram
**Crêpe** *m* (Tex) / crêpe* *n*, crepe fabric ‖ ⁻ **de Chine** (Tex) / crêpe de chine*, China crêpe ‖ ⁻ **Georgette** (Tex) / georgette crêpe ‖ ⁻ **marocain** (Wolle, Baumwolle) (Tex) / marocain *n*, crepe marocain ‖ ⁻**bindung** *f* (Web) / crêpe weave ‖ ⁻-**Chiffon** *m* (Tex) / chiffon* *n* ‖ ⁻**kautschuk** *m* (Chem Verf) / crêpe rubber*, crepe *n*, first latex crepe
**Crepeline** *f* (Tex) / crepeline *n*
**Crepon** *m* (Spinn) / crepon *n*
**Cresol** *n* (Chem) / cresol* *n*, methylphenol *n*, hydroxytoluene* *n* ‖ ⁻**harz** *n* (Plast) / cresol resin ‖ ⁻**rot** *n* (Chem) / cresol red* ‖ ⁻**säure** *f* (Chem) / cresylic acid* ‖ ⁻**seife** *f* (Chem) / cresol soap
**Crestfaktor** *m* (Verhältnis von Spitzen- bzw. Scheitelwert zu Effektivwert) (Eltech) / crest factor* ‖ ⁻ (Eltech) / peak factor*, crest factor
**Cresylester** *m* (Chem) / cresyl ester
**Cretonne** *f m* (Tex) / cretonne* *n*
**Crew** *f* (Luftf, Schiff) / crew *n*
**Crewel** *n* (ein Kräuselzwirn, aus zwei hartgedrehten Kammgarnzwirnen) (Spinn) / crewel *n*
**Crighton-Öffner** *m* (Spinn) / beater opener
**Crimpen** *n* (ein lötfreies Verbindungsverfahren) (Eltronik) / crimping *n*
**Crimper** *m* (Landw) / crimper *n*, hay crusher, crusher *n*
**Crimps** *m* (durch Webeeffekt gekräuseltes Baumwollgewebe) (Tex) / crimp cloth
**C-Ringprobe** *f* (für eine Korrosionsprüfung) / C-ring specimen

**Crinkle-Verfahren** *n* (Knautschausrüstung) (Tex) / crinkle process, knit-deknit process, KDK process
**Crinoidenkalk** *m* (Geol) / crinoidal limestone, encrinal limestone*, encrinital limestone*
**Criollo** *m* (ein Kakaobaum von großer wirtschaftlicher Bedeutung) (Bot, Nahr) / criollo *n*
**Crippleware** *f* (die für die Testphase der Shareware "verkrüppelte" Programme, also keine Vollversion) (EDV) / crippleware *n*
**Crispening** *n* (ein Verfahren zur Verbesserung der Bildschärfe) (TV) / crispening *n*
**Crisp-Propfan** *m* (der aus zwei gegenläufigen, ummantelten Propellern, die von einer Gasturbine angetrieben werden, besteht) (Luftf) / counter-rotating integrated shrouded prop-fan, CRISP
**Criss-cross-Addition** *f* (Chem) / criss-cross addition
**Cristobalit** *m* (Hochtemperaturmodifikation des Quarzes) (Min) / cristobalite* *n*
**Critchfield-Reaktion** *f* / Critchfield reaction
**Critical Path Method** (für deterministische Vorgänge) / critical path method, CPM*
**Croccoscher Wirbelsatz** (für ein ideales Fluid) (Phys) / Crocco's equation, Crocco's theorem
**Crocetin** *n* (ziegelrote Verbindung aus der Gruppe der Carotinoide - als Lebensmittelfarbstoff in Deutschland nicht zugelassen) (Chem, Nahr) / crocetin *n*
**Crocin** *n* (ein Farbstoff) (Chem, Nahr) / crocin *n*
**Croisé** *n* (gleichseitiger und somit effektloser Köper) (Tex) / croisé *n*, twill *n*, twilled cloth
**Cromoglicinsäure** *f* (Chem, Pharm) / cromoglicic acid
**Crompton-Schemelschaftmaschine** *f* (nach S. Crompton, 1753-1827) (Web) / Crompton's dobby
**Croning-Formmaskenguß** *m* (Gieß) / Croning process, C process
**Croning-Formmaskenverfahren** *n* (Gieß) / Croning process, C process
**Croning-Verfahren** *n* (Gieß) / Croning process, C process
**Crookesglas** *n* (Brillenglas, das durch Zusatz absorbierender Substanzen für infrarote und ultraviolette Strahlen undurchlässig gemacht ist) (Glas) / Crookes glass
**Crookessche Lichtmühle** (nach Sir W. Crookes, 1832-1919) (Radiol) / Crookes radiometer*
**Croquis** *n* (pl. -) / croquis *n* ‖ ~ (pl.-) (Kart) / sketch map
**Cross Colour** *n* (Störung bei der Wiedergabe von Farbfernsehbildern) (TV) / cross colour
**Cross•-Assembler** *m* (EDV) / cross assembler (an assembler for use in a computer with an instruction set other than the one which the application program is written for) ‖ ~**bar-Wähler** *m* (Fernsp) / crossbar switch ‖ ~**bredwolle** *f* (Tex) / crossbred *n* ‖ ~**breeding** *n* (Landw) / crossbreeding *n* ‖ ~**color-Effekt** *m* (Beeinflussung des Helligkeitssignals durch das Farbsignal) (TV) / cross-colour effect ‖ ~**-Compiler** *m* (EDV) / cross compiler, CCO ‖ **digitales ~connect-System** (EDV) / digital cross-connect (system) ‖ ~**-Country-Walzwerk** *n* (Hütt) / cross-country mill, staggered mill ‖ ~**field-Technik** *f* (zur Erweiterung des Frequenzbereichs von Tonbandgeräten) (Akus, Radio) / cross-field method ‖ ~**-flow-Titration** *f* (in der Biotechnologie eine reine Siebfiltration, wobei die zu filtrierende Lösung tangential über die Siebmembran gepumpt wird) (Chem Verf) / cross-flow filtration ‖ ~**-Hair-Cursor** *m* (EDV) / crosshair cursor
**Crossing•-over** *n* (Gen) / crossing-over *n*, cross-over* *n* ‖ ~**-Symmetrie** *f* (Kernphys) / crossing symmetry
**Crosskillwalze** *f* (eine Rauhwalze mit Scheibenringen und Querstegen) (Landw) / Crosskill roller
**Cross•linking** *n* (ein Verfahren der kunstharzfreien Pflegeleichtausrüstung bei Baumwolle) (Tex) / cross-linking *n* ‖ ~**-Media-Produktion** *f* (EDV) / cross-media publishing ‖ ~**-Media-Publishing** *n* (EDV) / cross-media publishing ‖ ~**-Methode** *f* (zur Ermittlung der Stabendmomente von Durchlaufbalken und Rahmentragwerken) (HuT) / Hardy-Cross method, Cross (moment distribution) method, moment distribution method ‖ ~**over** *n* (die Ebene des kleinsten Strahlquerschnittes quellenseitig) (Eltronik) / crossover *n* ‖ ~**over** *n* (Gen) / crossing-over *n*, cross-over* *n* ‖ ~**plylaminat** *n* (Plast) / cross-ply laminate ‖ ~**-Polarisierung** *f* (in der Kernresonanzspektroskopie) (Spektr) / cross polarization, CP ‖ ~**-Referenz-Tabelle** *f* (die meist auf Wunsch von einem Assembler oder Compiler erzeugt wird) (EDV) / cross-reference dictionary ‖ ~**-Verfahren** *n* (HuT) / Hardy-Cross method, Cross (moment distribution) method, moment distribution method
**Croton•aldehyd** *m* (Chem) / crotonaldehyde* *n* ‖ ~**öl** *n* (vom Krotonölbaum = Croton tiglium L.) / croton oil ‖ ~**säure** *f* (trans-2-Butensäure) (Chem) / crotonic acid*, trans-2-butenoic acid, but-2-enoic acid*
**Croupon** *m* (Kernstück der Haut) (Leder) / butt *n* (tanned), butt bend (tanned) ‖ ~ (Leder) / croupon *n* (untanned)
**Crouponage** *f* (Leder) / rounding *n*

**Crouponhälfte** *f* (Leder) / bend *n*
**Crouponieren** *n* (Leder) / rounding *n* ‖ ~ *v* (die Flanken und die Halspartie vom Kernstück abtrennen);**v.** (Leder) / round *v*, crop *v*
**Croutsches Verfahren** (Math) / Crout reduction
**Crova-Wellenlänge** *f* (Phys) / Crova wavelength
**Crowder-Programm** *n* (für den rechnergestützten Unterricht) (EDV) / crowder program
**Crowd-Ion** *n* (metastabiles Zwischengitteratom) (Krist) / crowdion *n*
**Crownglas** *n* (Glas) / crown glass*, optical crown, optical crown glass, crown optical glass
**Crown-Zellerbach-Utilizer** *m* (For) / utilizer *n*
**CRP** (Med) / C-reactive protein*, CRP
**CRTL-Taste** *f* (EDV) / control key
**Crude** *n* (vorgereinigtes Erdöl) (Erdöl) / crude oil*, crude *n*, crude petroleum
**crudus** *adj* (Chem) / crude *adj*
**Crufomat** *n* (ein Anthelminthikum) (Landw, Pharm) / crufomate *n*
**Cruise-Missile** *n* (Mil) / cruise missile
**Crumble** *n* (Knautschausrüstung auf Kleiderstoffen mit unregelmäßigem Bild) (Tex) / crumble *n*
**crunchen** *v* (EDV) / crunch *v*
**Cruncher** *m* (der ein Programm oder eine Datei zusammenpackt) (EDV) / cruncher *n*
**Crust-Leder** *n* (Leder) / crust leather
**Crutchings** *pl* (DIN 60004) (Tex) / crutchings *pl*, daggings *pl*, dags *pl*
**Crux** *f* (Australis) (Astr) / Southern Cross*
**Cryotron** *n* (ein kryoelektronisches Schaltelement) (Eltronik) / cryotron* *n*
**Cryptocontroller** *m* (EDV) / cryptocontroller *n*
**Cryptokarte** *f* (EDV) / cryptocard *n*
**Cs** (Chem) / caesium* *n*, cesium *n* (US)*
**CS** (Chem) / casein* *n* (GB), paracasein *n* (US)
**Cs** (Meteor) / cirrostratus* *n* (pl. cirrostrati), Cs
**CS** (Plast) / casein plastic
$_{13}$**C-Satellit** *m* (Spektr) / carbon-13 satellite, $_{13}$C satellite
**C-Säule** *f* (bei Stufenhecklimousinen) (Kfz) / C-pillar *n*, rear-cabin pillar
**C$_4$-Säurezyklus** *m* (Biochem) / Hatch-Slack pathway*
**CSB** *m* (Chem, Umwelt) / chemical oxygen demand* (COD)
**C-Schicht** *f* (35-70 km über der Erde) (Geophys) / C-layer* *n*
**CSC-Verfahren** *n* (ein Schleudergußverfahren) (Gieß) / centrifugal shot casting process, CSC process
**CS-Gas** *n* (ein Reizstoff, der in feinverteilten Partikeln zur Bekämpfung von Krawallen und Tumulten eingesetzt wird - nach den Namen der amerikanischen Chemiker Ben Carson und R. Staughton) (Chem) / CS gas*
**CSJFE-Transistor** *m* (Eltronik) / CSJFE transistor, charge-storage junction field-effect transistor
**CSM** (Chem) / chlorosulphonated polyethylene ‖ ~ (Raumf) / command-service module, CSM
**CSMA** (EDV) / carrier sense multiple access, CSMA
**CSMA/CD-Zugriffsverfahren** *n* (EDV) / carrier sense multiple access with collision detection (CSMA/CD)
**CSMA-Zugriffsverfahren** *n* (bei lokalen Netzen mit Busstruktur) (EDV) / contention control
**CSP-Laser** *m* (Phys) / channelled-substrate planar laser, CSP laser
**C$_2$-Splitter** *m* (Chem Verf) / C$_2$ splitter
**C$_3$-Splitter** *m* (Chem Verf) / C$_3$ splitter, propylene fractionation column, propylene splitter
**CS-Säure** *f* (Chem) / Schoellkopf's acid
**C-Stahl** *m* (Hütt) / carbon steel*
**CSTA-System** *n* (direkte Verbindung von Telefonanlagen mit dem Rechnernetz) (Fernm) / computer-supported telecommunications application (CSTA)
**C-Stern** *m* (Astr) / carbon star*
**C-Stück** *n* (Klemp) / wye* *n*, y-pipe* *n*
**C-Substrat** *n* (Nahr) / carbon source
**CSV-Dateiformat** *n* (EDV) / comma-separated variable format
**CSW** (EDV) / channel status word, CSW
**C-Symmetrie** *f* (Kernphys) / C invariance
**CT** (Eltronik) / charge transfer, charge transport ‖ ~ (Radiol) / computerized tomography, computer tomography, computed tomography*, C.T.
**CTAB** (Chem) / cetyltrimethylammonium bromide
**CTCA** (EDV) / channel-to-channel adapter, CTCA
**CTC-Adapter** *m* (EDV) / channel-to-channel adapter, CTCA
**ctg** (Math) / cotangent* *n*, cot*
**CT-Komplex** *m* (Chem) / charge-transfer complex
**CTMP-Holzstoff** *m* (bei Verwendung von Chemikalien in der Hackschnitzel-Vordämpfung) (Pap) / chemo-thermomechanical pulp
**CTP-Belichter** *m* (Druck, EDV) / CTP imagesetter
**CTR** (Luftf) / control zone*, CTR

**C₂-Trennapparat** *m* (Chem Verf) / C₂ splitter
**CTS-Rad** *n* (mit Notlaufeigenschaften) (Kfz) / CTS wheel
**Cu** (Chem) / copper* *n* ‖ ⁓ (Meteor) / cumulus* *n* (pl. cumuli), Cu*
**Cuban** *n* (eine Käfigverbindung) (Chem) / cubane *n*
**Cubanit** *m* (Min) / cubanite* *n*
**Cube** *n* (Rechnerarchitektur) (EDV) / cube *n*
**Cubebenpfefferöl** *n* (Pharm) / oil of cubeb, cubeb oil
**CuBe-Legierung** *f* (Hütt, Uhr) / beryllium bronze*, beryllium copper
**Cube-Technik** *f* (Ausführungsform des Unijunction-Transistors) (Eltronik) / cube technology
**Cubical-Quad** *f* (DX-Antenne aus einer quadratischen Ganzwellenschleife) (Radio) / cubical quad
**Cudbear** *m* (Flechtenfarbstoff mit Orcein als farbgebendem Prinzip) / cudbear *n* ‖ ⁓ s. auch Orseille und Orcein
**Cue** *n* (Akus) / cue *n*
**Cuen** *n* (Chem) / cupriethylenediamine *n*, cuene *n*, cuprien *n*
**Cuespur** *f* (Film) / cue track ‖ ⁓ (eine Synchronspur am Rande des Magnetbandes) (Mag) / cue track
**Cuesta** *f* (pl. -s) (Geol) / cuesta *n*, wold *n*
**Cue-Taste** *f* (zum Markieren von diktierten Textstellen) / cue key
**Čugajew-Reagens** *n* (nach L.A. Čugajew, 1873-1922) (Chem) / Chugaev reagent
**Cuiteseide** *f* (entbastete, glänzende Naturseide) (Tex) / bright silk, boiled-off silk, cuite silk
**Cularin-Alkaloide** *n pl* (Pharm) / cularine alkaloids
**Culemeyer-Fahrzeug** *n* (nach J. Culemeyer, 1883-1951) (Bahn, Kfz) / low-loading trailer, low loader, multiwheel trailer (according to Culemeyer)
**Culmann-Diagramm** *n* (grafische Zerlegung einer Kraft in drei Richtungen) (Mech) / Culmanns diagram
**Culmannsch • Hilfskraft** *f* (Mech) / Culmann's auxiliary force ‖ ⁓**e Hilfsgeraden** (zur grafischen Zerlegung einer Kraft) (Mech) / Culmann lines ‖ ⁓**es Verfahren** (zeichnerisches Verfahren der Statik zur Ermittlung von Stützkräften und Stabkräften in Fachwerken - nach K. Culmann, 1821-1881) (Mech) / Culmann's method
**Cultivar** *n* (Kurzform von CULTIvated VARiety, Begriff der botanischen Systematik für in der Kultur entstandene Varietäten und Formen) (Bot) / cultivar* *n*, cultigen *n*, cv*
**Cumachlor** *n* (ein Cumarinderivat als Rodentizid) (Chem, Landw) / coumachlor* *n*
**Cumarin** *n* (Tonkabohnenkampfer) (Chem) / coumarin* *n*
**Cumaron** *n* (Chem) / coumarone* *n*, cumarone *n* ‖ ⁓**harze** *n pl* (Plast) / coumarone resins*
**Cumarylalkohol, p-⁓** (z.B. im Lignin) (Chem) / coumaryl alcohol
**Cummingtonit** *m* (Grünerit mit wesentlichem bis überwiegendem Gehalt an MgO) (Min) / cummingtonite* *n*
**Cumol** *n* (Chem) / cumene *n*, isopropyl benzene*
**Cumolhydroperoxid** *n* (Chem) / cumene hydroperoxide*
**Cumulonimbus** *m* (Meteor) / cumulonimbus* *n*, thundercloud *n*, Cb*
**Cumulus** *m* (Meteor) / cumulus* *n* (pl. cumuli), Cu*
**Cundurangorinde** *f* (Pharm) / condurango bark
**Cuoxamfaserstoff** *m* (Tex) / cuprammonium rayon
**Cuoxamzellulose** *f* (Chem Verf) / cuprammonium cellulose
**CUP** (DIN 60001, T 4) (Tex) / cuprammonium rayon
**Cupferron** *n* (Ammoniumsalz des N-Nitroso-N-phenylhydroxylamins) (Chem) / cupferron* *n*, cupferon *n*
**Cuplump** *n* (koagulierter Latexkuchen am Baum) / cuplump *n*
**Cuprat** *n* (Chem) / cuprate *n*
**Cuprit** *m* (Min) / cuprite* *n*, octahedral copper ore, red copper ore, red oxide of copper*
**Cupro** *f* (Tex) / cuprammonium rayon, cupro *n*
**Cuprofaser** *f* (Tex) / cupro fibre, cuprammonium fibre
**Curare** *n* (Pharm) / curare* *n*, curari *n*
**Curarin** *n* (ein Alkaloid des Kurare) (Pharm) / curarine* *n*
**Curcasnuß** *f* (Bot, Pharm) / physic nut, curcas nut, Barbados nut
**Curcasöl** *n* / physic-nut oil, curcas oil
**Curcuma • gelb** *n* (Chem, Nahr) / curcumin *n* ‖ ⁓**papier** *n* (ein Reagenzpapier für Laugen) (Chem) / curcuma paper, turmeric-paper *n* ‖ ⁓**stärke** *f* (Nahr) / tikor *n*, curcuma starch
**Curcumen** *n* (Chem) / curcumene *n*
**Curcumin** *n* (Chem, Nahr) / curcumin *n*
**Curie** *n* (nicht mehr zugelassene Einheit der Aktivität = 37 GBq) (Radiol) / curie* *n* ‖ ⁓**-Punkt** *m* (nach P. Curie, 1859-1906) / Curie point*, Curie temperature*, magnetic transition temperature* ‖ ⁓**-Punkt-Pyrolysator** *m* (Chem) / Curie-point pyrolyser ‖ ⁓**-Temperatur** *f* (ferromagnetische oder ferroelektrische) (nach P. Curie, 1859-1906) / Curie point*, Curie temperature*, magnetic transition temperature* ‖ ⁓**-Waage** *f* (Phys) / curie balance* ‖ ⁓**-Weisssches Gesetz** (die Suszeptibilität der vom Curie-Punkt aus gemessenen Temperatur ist umgekehrt proportional) (Phys) / Curie-Weiss law*

**Curing** *n* (Bildung von Stoffen durch Polymerisation, Addition oder Kondensation) (Chem Verf) / curing *n*
**Curium (Cm)** *n* (Chem) / curium* *n*
**Curling** *n* (Form der inkohärenten Drehung) (Kernphys, Mag) / curling *n*
**Curometer** *n* (Apparat zur Bestimmung der Vulkanisationskurve von Elastomeren) (Chem Verf) / curemeter *n*
**Current Hogging** *n* (bei Bipolartransistoren) (Eltronik) / current hogging
**Cursor** *m* (bei Diavorführungen) / pointer torch ‖ ⁓ (EDV) / cursor* *n* ‖ **adressierbarer** ⁓ (EDV) / addressable cursor* ‖ **blinkender** ⁓ (EDV) / blinking cursor ‖ **mausgesteuerter** ⁓ (EDV) / mouse-controlled cursor
**Cursor • block** *m* (der Tastatur) (EDV) / cursor block ‖ ⁓**datei** *f* (EDV) / cursor file ‖ ⁓**lage** *f* (EDV) / cursor position, cursor location ‖ ⁓**pfeil** *m* (EDV) / cursor arrow ‖ ⁓**pfeil links** (Taste) (EDV) / east key ‖ ⁓**pfeil nach oben** (Taste) (EDV) / north key ‖ ⁓**pfeil nach unten** (Taste) (EDV) / south key ‖ ⁓**pfeil rechts** (Taste) (EDV) / west key ‖ ⁓**position** *f* (EDV) / cursor position, cursor location ‖ ⁓**positioniertaste** *f* (EDV) / cursor key, cursor control key ‖ ⁓**positionierung** *f* (Tätigkeit) (EDV) / cursor location ‖ ⁓**sperre** *f* (EDV) / cursor lock ‖ ⁓**sperre** (EDV) / cursor lock ‖ ⁓**steuertaste** *f* (EDV) / cursor key, cursor control key ‖ ⁓**steuerungspfeil** *m* (EDV) / cursor arrow ‖ ⁓**taste** *f* (EDV) / cursor key, cursor control key
**Curtainwall** *m* (pl. -s) (Arch) / curtain wall*
**Curtis-Turbine** *f* (einstufige Gleichdruckaxialturbine mit Geschwindigkeitsstufung - nach Ch.G. Curtis, 1860-1953) / Curtis steam turbine, Curtis turbine
**Curtius-Abbau** *m* (von Säureaziden zu primären Aminen - nach T. Curtius, 1857-1928) (Chem) / Curtius reaction, Curtius transformation, Curtius degradation
**Cusp** *f* (magnetosphärische) (Geophys) / cusp *n*
**Custom Car** *m* (individuell umgebautes Fahrzeug) (Kfz) / custom car, custom *n*
**Cut** *m* (Film) / cut* *n*, edit *n*
**Cutback** *n* / cut-back bitumen, cut back, cut-back asphalt (US), fluxed bitumen, fluxed asphalt (US)
**Cutin** *n* (pflanzliches Biopolymer, ein Baustein der Kutikula) (Bot, Chem) / cutin* *n*
**Cutinit** *n* (ein Kohlemazeral) (Min) / cutinite *n*
**Cutis** *f* (Leder) / corium* *n* (pl. coria), dermis* *n*, true skin, cutis *n*, derma *n*, derm* *n*
**Cut-Loop** *m* (Dessintechnik bei Tuftingteppichboden) (Tex) / cut loop
**Cutoff** *n* (Eltronik) / cut-off *n* ‖ ⁓**-Prozeß** *n* (Entwicklung eines Höhentiefs durch Abschnürung eines Wellentals in der Höhenströmung) (Meteor) / cut-off process
**Cutschnitt** *m* (Film) / swish cut
**cutten** *v* (Film) / cut* *v*, edit *v* ‖ ⁓ *n* (Film) / cutting* *n*, editing* *n*
**Cutter** *m* (Film) / editor* *n*, cutter *n* ‖ ⁓ (Nahr) / cutter *n* ‖ ⁓ s. auch Schnitzelwerk ‖ ⁓**bagger** *m* (HuT) / cutter dredge*, cutter dredger, suction-cutter dredger ‖ ⁓**messer** *n* (Glas) / glazier's hacking knife
**cuttern** *v* (Film, Tonband) (Film) / cut* *v*, edit *v* ‖ ⁓ *n* (Film) / cutting* *n*, editing* *n*
**Cutter • sauger** *m* (HuT) / cutter dredge*, cutter dredger, suction-cutter dredger ‖ ⁓**stelle** *f* (Tonbandtechnik) (Akus) / joint *n*
**CUU** (EDV) / computer-aided instruction, computer-assisted instruction*, CAI ‖ **intelligenter** ⁓ (EDV) / intelligent CAI
**Cuvée** *n* (Nahr) / cuvée *n*
**Cuvee** *f n* (Verschnitt von Weinen, besonders bei der Herstellung von Schaumwein) (Nahr) / cuvée *n*
**CV** (Chem Verf, Tex) / viscose fibre*
**CVCC-Verbrennungsmotor** *m* (mit Schichtladung arbeitender Motor) (V-Mot) / compound-vortex-controlled combustion motor
**CVD-Beschichtungstechnik** *f* (Galv) / chemical vapour deposition, CVD
**CVD-Verfahren** *n* (Galv) / chemical vapour deposition, CVD
**C-Verfahren** *n* (Gieß) / Croning process, C process
**C-Verfügbarkeit** *f* (Hütt) / carbon availability ‖ ⁓ (Hütt) / carbon potential
**CVFR-Flug** *m* (durch den Flugverkehrskontrolldienst überwachter Sichtflug) (Luftf) / controlled VFR flight, CVFR flight
**CV-Gelenk** *n* (Kfz) / constant-velocity (universal) joint*, CVJ, homokinetic joint, CV joint
**CVS-Prüfverfahren** *n* (ein amerikanisches Prüfverfahren mit Teilstromentnahme nach Verdünnung) (Kfz) / constant-volume sampling, CVS
**CVS-Test** *m* (Kfz) / constant-volume sampling, CVS
**C-Waffe** *f* (Mil) / chemical weapon
**C-Waffen-frei** *adj* (Mil) / free of chemical weapons
**C-Wert** *m* (Hütt) / carbon level
**CW-Farbstofflaser** *m* (Phys) / cw dye laser
**CW-FM-Höhenmesser** *m* (Luftf) / radar altimeter (RA), radio altimeter
**CWIS** (EDV) / campus-wide information system, CWIS

**CW-Laser** *m* (Gaslaser mit Dauerstrahl) (Phys) / cw laser
**C_WP** (Schiff) / waterline coefficient
**CW-Radar** *m* *n* (Radar) / continuous-wave radar*, CW radar*, unpulsed radar
**CW-Strahlung** *f* (Spektr) / cw radiation
**C_w-Wert** *m* (Kfz, Luftf) / drag coefficient, coefficient of drag
**Cyamopsisgummi** *n* / guar *n*, guar gum
**Cyan•-** (Chem) / cyanic *adj* ‖ **Farben** *f pl* ≃ **Magenta, Gelb, Schwarz** (EDV) / CMYK (cyan, magenta, yellow and black) ‖ **≃acrylat** *n* (Chem) / cyanoacrylate *n* ‖ **≃acrylatklebstoff** *m* (Chem) / cyanoacrylate adhesive (super glue) ‖ **≃amid** *n* (Chem) / cyanamide *n*, urea anhydride
**Cyanat** *n* (Chem) / cyanate* *n*
**Cyan•badhärten** *n* (Hütt) / cyanide hardening*, cyaniding *n* ‖ **≃bromid** *n* (Chem) / cyanogen bromide, bromine cyanide ‖ **≃ethylierung** *f* (Chem) / cyanoethylation *n* ‖ **≃guanidin** *n* (Chem) / dicyandiamide *n*, cyanoguanidine *n* ‖ **≃hydrin** *n* (Chem) / cyanhydrin* *n*, cyanohydrin* *n*, cyanalcohol *n*
**Cyanid** *n* (Chem) / cyanide* *n* ‖ **freies** ≃ (Chem) / free cyanide ‖ **gebundenes** ≃ (Chem) / combined cyanide
**Cyanidanol** *n* (Chem) / quercetin *n*
**Cyanidentgiftung** *f* (Chem) / cyanide detoxication
**Cyanidin** *n* (ein Aglykon zahlreicher Anthocyane) (Chem) / cyanidin *n*
**Cyanidlaugerei** *f* (Hütt) / cyaniding* *n*, cyanide process, cyanidation *n*
**Cyanierung** *f* (Chem) / cyanation *n*, cyanidation *n*
**Cyanin** *n* (ein Zyanidin der Kornblume, des Veilchens usw.) (Chem) / cyanin* *n* ‖ ≃**farbstoff** *m* / cyanine dye
**Cyan•kalium** *n* (Chem) / potassium cyanide* *n* ‖ **≃laugenbad** *n* (Bergb) / cyanidation vat
**Cyano•acetamid** *n* (Chem) / cyanoacetamide *n*, malonamide nitrile ‖ **2-≃acrylsäureester** *m* (Chem) / cyanoacrylate *n* ‖ **≃cobalamin** *n* (zur Vitamin-B_12-Gruppe zählendes Vitamin) (Biochem) / cyanocobalamin *n*, cyanocobalamine *n*, liver factor ‖ **≃essigsäure** *f* (Chem) / cyanoethanoic acid, malonic (acid) mononitrile, cyanoacetic acid *n* ‖ **≃ethylierung** *f* (Chem) / cyanoethylation *n*
**cyanogenes Glykosid** (Biochem, Bot) / cyanogenetic glycoside, cyanogenic glycoside, cyanophoric glycoside
**Cyano•hydrin** *n* (Chem) / cyanhydrin* *n*, cyanohydrin* *n*, cyanalcohol *n* ‖ **≃metrie** *f* (eine Art Komplexometrie) (Chem) / cyanometry *n* ‖ **≃platinat(II)** *n* (Chem) / platinocyanide *n*, cyanoplatinate(II) *n*
**Cyanose** *f* (Med) / cyanosis *n*
**Cyano•trichit** *m* (Min) / cyanotrichite *n* ‖ **≃typie** *f* (Druck) / blueprint* *n*, blue-printing *n*, cyanotype* *n*
**Cyan•radikal** *n* (Chem) / cyanogen *n* (a univalent radical) ‖ **≃säure** *f* (Chem) / cyanic acid
**Cyanur•chlorid** *n* (Chem) / cyanuric chloride ‖ **≃säure** *f* (Triazin-2,4,6-trion) (Chem) / cyanuric acid*, pyrolithic acid ‖ **≃säurefarbstoffe** *m pl* (Chem, Tex) / cyanuric dyes* ‖ **≃säuretriamid** *n* (Chem) / melamine *n*
**Cyanwasserstoffsäure** *f* (Ameisensäurenitril) (Chem) / hydrocyanic acid*, prussic acid*, hydrogen cyanide*
**Cyberdollar** *m* (eine fiktive Währung im Internet) (EDV) / cyberdollar *n*, cyberbuck *n*
**Cyberspace** *m* (EDV, KI) / cyberspace *n*
**cybotaktisch** *adj* (Chem) / cybotactic *adj* ‖ ~**e Struktur** (Chem) / cybotaxis *n* (pl. cybotaxes)
**Cyc-Arc-Schweißen** *n* (Schw) / cyc-arc welding*
**Cyc-Arc-Verfahren** *n* (eine Art Lichtbogenschweißen) (Schw) / cyc-arc welding*
**Cyclamat** *n* (Salz der Cyclohexylsulfamidsäure) (Chem, Nahr) / cyclamate *n* (a non-nutritive sweetener)*
**Cyclamrot** *n* / cyclamen pink, cyclamen red
**Cyclan** *n* (Chem) / cycloalkane* *n*, cyclane* *n*, cycloparaffin* *n*
**Cycle-stealing** *n* (EDV) / cycle stealing
**Cycle-Stealing-Verfahren** *n* (zur Erhöhung der Auslastung der einzelnen Komponenten eines Digitalrechners) (EDV) / cycle stealing
**Cyclisation** *f* (Bildung einer cyclischen Verbindung aus einer oder mehreren offenkettigen Verbindungen) (Chem) / cyclization *n*, ring closure
**cyclisch** *adj* (Chem) / cyclic *adj* ‖ ~**es Adenosinmonophosphat** (Biochem) / cyclic adenylic acid, cyclic AMP, cyclic adenosine 3',5'-monophosphate*, cAMP* ‖ ~**es Anhydrid** (Chem) / cyclic anhydride *n* ‖ ~**es GMP** (Biochem) / cyclic GMP ‖ ~**e Kette** (Chem) / closed chain ‖ ~**e Verbindung** (mit kleinen, gewöhnlichen, mittleren und großen Ringen) (Chem) / cyclic compound*, ring compound
**cyclisierende Polymerisation** (Chem) / cyclopolymerization *n*
**cyclisierter Kautschuk** (Chem Verf) / cyclized rubber*
**Cyclisierung** *f* (Chem) / cyclization *n*, ring closure
**Cyclite** *m pl* (Gruppenbezeichnung für bestimmte Cycloalkane) (Chem) / cyclitols *n pl*

**Cyclo•-** s. Zyklo- ‖ **≃addition** *f* (eine Untergruppe der pericyclischen Reaktionen) (Chem) / cycloaddition *n* ‖ **≃alkan** *n* (Chem) / cycloalkane* *n*, cyclane* *n*, cycloparaffin* *n* ‖ **≃alken** *n* (Chem) / cycloalkene *n*, cycloolefin *n* ‖ **~-AMP** *n* (Biochem) / cyclic adenylic acid, cyclic AMP, cyclic adenosine 3',5'-monophosphate*, cAMP* ‖ **≃amylose** *f* (Chem) / cyclodextrin *n*, Schardinger dextrin
**Cycloat** *n* (selektives systemisches Herbizid gegen Ungräser und einjährige Unkräuter im Zuckerrüben- und Spinatanbau) (Chem, Landw) / cycloate *n*
**Cyclo•butadien** *n* (Chem) / cyclobutadiene *n* ‖ **≃butan** *n* (ein Kohlenwasserstoff der Cycloalkanreihe) (Chem) / cyclobutane* *n* ‖ **≃dextrin** *n* (Chem) / cyclodextrin *n*, Schardinger dextrin ‖ **≃dien-Insektizid** *n* (Chlordan, Heptachlor, Dihydroheptachlor, Telodrin, Thiodan, Alodan) / cyclodiene insecticide *n* ‖ **≃eliminierung** *f* (Chem) / cycloelimination *n*, cycloreversion *n*, retrocycloaddition *n* ‖ **≃heptatrien** *n* (Chem) / tropilidene *n*, cycloheptatriene *n* ‖ **1,4-≃hexandimethanol (CHDM)** (Chem) / 1,4-cyclohexanedimethanol (CHDM) *n* ‖ **≃hexanol** *n* (Anstr, Chem) / cyclohexanol* *n*, hexahydrophenol* *n* ‖ **≃hexanon** *n* (Anstr, Chem) / cyclohexanone* *n* ‖ **≃hexanonoxim** *n* (Chem) / cyclohexanone oxime ‖ **≃hexanonperoxid** *n* (Chem) / cyclohexanone peroxide ‖ **≃hexylacetat** *n* (Chem) / cyclohexyl acetate ‖ **≃hexylamin** *n* (Chem) / cyclohexylamine* *n*, cyclohexanamine* *n* ‖ **≃hexylsulfamidsäure** *f* (Chem) / cyclohexylsulphamidic acid
**Cyclonite** *n* (Chem) / Cyclonite* *n*, RDX *n*, hexogen* *n*
**Cyclo•octadien** *n* (Chem) / cyclooctadiene* *n* ‖ **≃octaschwefeloxid** *n* (Chem) / cyclooctasulphur oxide ‖ **≃octatetraen (COT)** *n* (Chem) / cyclo-octatetraene (COT) *n* ‖ **≃olefin** *n* (Chem) / cycloalkene *n*, cycloolefin *n* ‖ **≃oligomerisation** *f* (Sonderfall der Oligomerisation, bei der die Zusammenlagerung von Monomeren Ringe statt Ketten ergibt) (Chem) / cyclooligomerization *n* ‖ **≃paraffin** *n* (Chem) / cycloalkane* *n*, cyclane* *n*, cycloparaffin* *n* ‖ **≃pentadien** *n* (Chem) / cyclopentadiene *n* ‖ **≃pentadienyl** *n* (Chem) / cyclopentadienyl *n* ‖ **≃pentan** *n* (Chem) / cyclopentane* *n*, pentamethylene* *n* ‖ **≃pentanol** *n* (Chem) / cyclopentanol *n*, cyclopentyl alcohol ‖ **≃phan** *n* (Chem) / cyclophane *n* ‖ **≃phosphamid** *n* (ein N-Lostderivat) (Chem, Pharm) / cyclophosphamide* *n* ‖ **≃polymerisation** *f* (Chem) / cyclopolymerization *n*
**cyclopores Holz** (bei Laubhölzern) (For) / ring-porous wood*
**Cyclo•propan** *n* (Chem, Med) / cyclopropane* *n*, trimethylene *n* ‖ **≃propenfettsäure** *f* (Chem) / cyclopropenalcanoic acid *n* ‖ **≃reversion** *f* (die Umkehrung der Cycloaddition) (Chem) / cycloelimination *n*, cycloreversion *n*, retrocycloaddition *n* ‖ **≃schwefel** *m* (Chem) / cyclic sulphur *n* ‖ **≃silan** *n* (z.B. Cyclotrisilan) (Chem) / cyclosilane *n* ‖ **≃silicat** *n* (z.B. Benitoit) (Min) / cyclosilicate* *n*, ring silicate ‖ **≃stereoisomerie** *f* (Chem) / cyclostereoisomerism *n* ‖ **≃them** *n* (Geol) / cyclothem *n* ‖ **≃trimethylentrinitramin** *n* (Chem) / cyclotrimethylene trinitroamine
**Cyd** (Biochem) / cytidine *n*, Cyd
**Cyhexatin** *n* (Common Name für Tricyclohexylzinnhydroxid - ein Kontaktakarizid) (Chem, Landw) / cyhexatin *n*
**Cylpeb** (Mahlkörper für Rohr- und Trommelmühlen in der Form eines kleinen Zylinders) (Hütt) / cylpeb *n*
**Cyma recta** *f* (Arch) / cyma recta*, ogee moulding ‖ ≃ **reversa** (Arch) / cyma reversa*, cyma inversa*, reverse ogee moulding
**Cymen** *n* (Chem) / cymene* *n*
**Cymenol** *n* (z.B. Carvacrol oder Thymol) (Chem, Pharm) / cymenol *n*
**Cymol** *n* (Chem) / cymene* *n*
**Cymophan** *m* (Chrysoberyll-Katzenauge) (Min) / cymophane* *n*, chrysoberyl cat's eye*, Oriental cat's eye*
**Cyril-Bath-Verfahren** *n* (bei dem die Spannzangen beim Streckziehen horizontal und vertikal CNC-gesteuert verfahrbar sind) (Hütt) / Cyril-Bath process
**Cyrtolith** *m* (Min) / cyrtolite *n*
**Cys** (Baustein der Eiweißkörper) (Biochem) / cysteine* *n*, Cys*
**Cystamin** (Chem, For, Med) / hexamethylenetetramine* *n*, hexamine* *n*, methenamine *n*, urotropine* *n*, cystamine *n*
**Cystein** *n* (Baustein der Eiweißkörper) (Biochem) / cysteine* *n*, Cys* ‖ ≃**säure** *f* (Biochem) / cysteinic acid
**Cystin** *n* (Disulfid des Cysteins) (Biochem) / cystine* *n*, dicysteine *n* ‖ ≃**brücke** *f* (Chem) / disulphide bond, disulphide bridge, intrachain disulphide bond
**Cyt** (Biochem) / cytosine* *n*, Cyt
**Cytase** *f* (Biochem) / cytase* *n*
**Cytidin** *n* (Biochem) / cytidine *n*, Cyd
**Cytisin** *n* (Chem, Pharm) / cytisine *n*, sophorine *n*, ulexine *n*, baptitoxine *n*
**Cyto•biologie** *f* (Biol, Zyt) / cytobiology *n* ‖ ≃**chemie** *f* (ein Teilgebiet der Cytologie) (Chem, Zyt) / cytochemistry *n* ‖ ≃**chrom** *n* (Chem) / cytochrome* *n* ‖ ≃**chrom-c-Oxidase** *f* (Physiol) / Warburg's (yellow) enzyme, cytochrome oxidase ‖ ≃**kin** *n* (Zyt) / cytokine *n* ‖ ≃**kinese** *f* (Zyt) / cytokinesis (*pl -kineses*) *n* ‖ ≃**kinin** *n* (Physiol) / cytokinin* *n* ‖

≃**logie** *f* (Zyt) / cytology* *n*, cell biology ‖ ≃**lyse** *f* (Zyt) / cytolysis *n* (pl. -lyses) ‖ ≃**plasma** *n* (Zyt) / cytoplasm* *n* ‖ ~**plasmatisch** *adj* (Zyt) / cytoplasmic *adj* ‖ ≃**sin** *n* (Biochem) / cytosine* *n*, Cyt ‖ ≃**skelett** *n* (Biol, Zyt) / cytoskeleton *n* ‖ ~**statisch** *adj* (Biochem, Zyt) / cytostatic *adj* ‖ ≃**toxin** *n* (Biochem, Biol, Zyt) / cytotoxin* *n* ‖ ~**toxisch** *adj* (Biochem, Biol, Zyt) / cytotoxic *adj* (toxic or poisonous to cells)

**C-Zahl** *f* (Chem) / carbon number

**Czapek-Dox-Nährmedium** *n* (synthetischer Nährboden oder synthetische Nährlösung zur Isolierung und Züchtung von Pilzen, Hefen und anspruchslosen Bodenbakterien sowie zur makroskopisch-morphologischen Differenzierung von Schimmelpilzen) (Bakteriol) / Czapek-Dox medium

**Czerny-Turner-Aufstellung** *f* (des Monochromators) (Spektr) / Czerny-Turner mounting

**Czochralski-Verfahren** *n* (der Kristallzüchtung) (Krist) / crystal pulling*, Czochralski method, Czochralski process

**C-Zustand** *m* (bei Phenolharzen) (Plast) / C-stage* *n*

**C-Z-Utilizer** *m* (For) / utilizer *n*

# D

**d** (Astr) / day* *n*
**D** (Chem) / deuterium* *n*, heavy hydrogen*
**D** (alte Einheit für Dipolmomente von Molekülen = 3,36 . 10⁻³⁰C . m) (Elektr) / Debye unit*, debye *n*
**Δ** (Math) / difference* *n*
**DA** (EDV) / data output || ≈ (For) / dahoma *n* || ≈ (Kab) / pair *n*
**DAB** (Eltech) / continuous duty || ≈ (zur Zeit DAB 10) (Pharm) / German Pharmacopoeia
**Dabéma** *n* (For) / dahoma *n*
**Dach** *n* (Bau) / roof *n*, housetop *n* || ≈ (über dem Abbauraum) (Bergb) / roof *n* || ≈ (eines Impulses) (Fernm) / top *n* || ≈ (obere Begrenzungsfläche einer Schicht) (Geol) / back *n* || ≈ (Kfz) / top *n*, roof *m* || **[Flach]** ≈ **mit Bekiesung** (Bau) / gravel roof || **abgekiestes** ≈ (Bau) / gravel roof || **abgewalmtes** ≈ (ungebrochene Dachformen) (Bau) / hipped roof*, hip roof, Italian roof* || **geneigtes** ≈ (über 20°) (Bau) / pitched roof*, high-pitched roof || **mit** ≈ (Bau) / roofed *adj*, roofed-over *adj*, covered *adj* || **schwer beherrschbares** ≈ (Bergb) / bad top || ≈ *n* **mit Kiesschüttung** (Bau) / gravel roof || ≈ **mit vieleckigem Grundriß** (z.B. ein Faltdach) (Bau) / polygonal roof* || ≈ (Hauptdach) **und Nebendach** (Bau) / double roof
**Dach•anstrichstoff** *m* (Anstr, Bau) / roofing paint || ≈**antenne** *f* (Kfz) / overcar antenna || ≈**antenne** (Radio) / roof antenna*, roof-mounted antenna || ≈**antenne** (von Haus zu Haus gespannt) (Radio) / overhouse antenna || ≈**aufbau** *m* (Arch, Bau) / roof-light *n*, skylight *n*, lantern* *n* || ≈**aufbau** (Arch, Bau) / dormer* *n*, dormer window, lucarne *n* (US) || ≈**aufstellung** *f* (Bau) / roof installation, top installation || ≈**ausstieg** *m* (Bau) / roof opening || ≈**ausstiegfenster** *n* (Bau) / skylight *n* || ≈**bahnverschiebung** *f* (horizontal) (Bau) / slippage *n* || ≈**balken** *m* (eines Sparrendachs) (Zimm) / tie-beam* *n* (at the wall-plate level), tie *n* || ≈**bau** *m* (Bau) / roofing *n*, roof construction || ≈**belag** *m* (Bau) / roofing *n*, roof covering, roofage *n*, roof cladding || **bituminöser** ≈**belag** (Bau) / roofing asphalt || ≈**belastete Antenne** (Radio) / top capacitor antenna, tail-cap antenna, top-loaded vertical antenna || ≈**binder** *m* (ein unverschiebliches Dreieck, das unverrückbar fest steht) (Zimm) / trussed rafter, roof truss || ≈**blech** *n* (Bau, Klemp) / roofing sheet || ≈**blech** (Kfz) / roof panel, top panel || ≈**boden** *m* (der Dachboden oder ein Teil des Dachraumes, der nicht für den Aufenthalt von Menschen ausgebaut ist und z.B. als Wäschetrockenboden benutzt wird) (Bau) / loft *n*, attic *n* || ≈**bodenantenne** *f* (Radio) / loft antenna || ≈**bruch** *m* (Bau) / change of slope, curb *n* || ≈**decker** *m* (Bau) / roofer *n*, tiler *n* || ≈**deckung** *f* (Bau) / roofing *n*, roof covering, roofage *n*, roof cladding || **weiche** ≈**deckung** (aus brennbaren Stoffen) (Bau) / flammable roof covering || **harte** ≈**deckung** (aus nichtbrennbaren Stoffen) (Bau) / non-flammable roof covering || ≈**eindeckung** *f* (Baustoff) (Bau) / roofing *n*, roof covering, roofage *n*, roof cladding || ≈**element** *n* (Bau) / roofing member || **plattenförmige** ≈**elemente** (vorgefertigte aus leichten Materialien, mit Schall- und Wärmedämmung) (Bau) / roof decking || ≈**entwässerung** *f* (Bau) / roof drainage || ≈**etage** *f* (Arch) / attic *n*, attic storey, garret *n* || ≈**fasenring** *m* (ein Ölschlitzring) (V-Mot) / bevelled-edge oil control ring || ≈**fenster** *n* (liegendes) (Bau) / skylight *n*, garret window || ≈**fenster** (Bau) / roof window, roof light || **stehendes** ≈**fenster** (mit besonderem Aufbau auf dem Sparrenwerk) (Arch, Bau) / dormer* *n*, dormer window, lucarne *n* (US) || **stehendes** ≈**fenster** (mit vorgelagerter horizontaler Freifläche) (Arch, Bau) / internal dormer || ≈**first** *m* (die oberste, stets waagerecht verlaufende Dachkante) (Bau, Zimm) / ridge* *n*, comb* *n*, crest* *n* || ≈**fläche** *f* (Bergb) / roof *n* || ≈**form** *f* (Arch) / roof line, roof profile || ≈**führung** *f* (Prismenführung mit dachförmigem Querschnitt an Werkzeugmaschinen) (Masch) / inverted-vee guides || ≈**garten** *m* (Arch, Bau) / roof garden || ≈**garten** (Arch, Bau) s. auch Dachterrasse || ≈**gaube** *f* (Bau) / dormer* || ≈**gaupe** *f* (Bau) / dormer* *n* || ≈**gepäckträger** *m* (Kfz) / roof-rack *n*, roof-top carrier, roof-mount carrier, top carrier, roof luggage rack || ≈**geschoß** *n* (Arch) / attic *n*, attic storey, garret *n* || ≈**gesims** *n* (Arch, Bau) / cornice* *n* || **große** ≈**gesteinsscholle** (in einem Batholith) (Geol) / roof pendant* || ≈**gestühl** *n* (Bau, Zimm) / roof truss*, roof *n* || ≈**gleichenfeier** *f* (A) (Bau, Zimm) / topping-out ceremony || ≈**grat** *m* (Schnittkante zweier Dachflächen mit ausspringendem Winkel) (Bau) / hip* *n* || ≈**hängewerk** *n* (Bau) / cable roof structure || ≈**haut** *f* (Bau) / roofing *n*, roof covering, roofage *n*, roof cladding || ≈**haut auf Dachlatten** (als Unterkonstruktion) (Bau) / battened roof covering || ≈**haut mit Dachschalung** (mit durchgehender Unterkonstruktion) (Bau) / fully supported roof covering || ≈**helm** *m* (Arch) / spire* *n* (polygonal) || ≈**himmel** *m* (Kfz) / roof liner

**D'Achiardit** *m* (Min) / dachiardite *n*

**Dach•kammer** *f* (Bau) / attic *n*, garret *n*, loft *n*, attic room || ≈**kante** *f* (eines Prismas) (Opt) / roof edge || ≈**kantprisma** *n* (als Umkehrprisma wirkendes Reflexionsprisma) (Opt) / roof prism || ≈**kapazitätsantenne** *f* (Radio) / top capacitor antenna, tail-cap antenna, top-loaded vertical antenna || ≈**kastenunterseite** *f* (Bau) / planceer piece, soffit board || ≈**kehle** *f* (bei einspringenden Gebäudeecken) (Bau) / valley* *n* || **offene** ≈**kehle** (mit Dachrinne) (Bau) / open valley || ≈**kehle** *f* **aus Blech** (Klemp) / metal valley* || ≈**kehle mit Kehlziegeln** (Bau) / tiled valley || ≈**kehlenauskleidung** *f* **aus Blech** (Klemp) / metal valley* || ≈**kehlung** *f* (bei einspringenden Gebäudeecken) (Bau) / valley* || ≈**kieshalteleiste** *f* (Bau) / gravel fillet || ≈**kleber** *m* (Bau) / roofer *n* || ≈**knick** *m* (Trennungslinie, an der eine Dachfläche von einer Dachneigung in eine andere Dachneigung gebrochen wird) (Bau) / change of slope, curb *n* || ≈**kolben** *m* (V-Mot) / pent-crown piston || ≈**latte** *f* (die auf den Sparren aufliegt und die Dachdeckung trägt) (Zimm) / tiling batten*, slating and tiling batten* || ≈**latten, die** *f pl* **parallel zu den Dachsparren verlaufen** (Unterkonstruktion des Daches) (Zimm) / counter battens || ≈**lattenabstand** *m* (Bau) / gauge *n* || ≈**leiter** *f* (festangebrachte) (Bau) / cat ladder, duck board || ≈**liegefenster** *n* (in der Dachfläche liegendes Klappfenster) (Bau) / skylight *n*, garret window || ≈**lüfter** *m* (Bau) / roof ventilator || ≈**luke** *f* (Bau) / roof hatch || ≈**nagel** *m* (Bau) / roofing nail || ≈**neigung** *f* (Bau) / pitch* *n* || ≈**neigung** (das Verhältnis der vertikalen zur horizontalen Projektion der Dachebene in %) (Bau) / pitch* *n* || ≈**oberlicht** *n* (Arch, Bau) / roof-light *n*, skylight *n*, lantern* *n* || ≈**öffnung** *f* (Bau) / roof opening || ≈**pappe** *f* (mit Teer oder Bitumen imprägnierte Rohpappe) (Bau) / asphalt-prepared roofing, roofing felt, rag felt (US), bituminous roofing felt || ≈**pappe** (getränkte) (Bau) / sheathing felt || **mineralische Stoffe für die Bestreuung der** ≈**pappe** (Bau) / roofing granules (slag, slate, rock, tile, porcelain) || **mit mineralischen Stoffen bestreute** ≈**pappe** (eine Rohfilzpappe) (Bau) / mineral-surfaced bituminous felt || **gesandete** ≈**pappe** (Bau) / mineral-surfaced bituminous felt || **schwere** ≈**pappe** (getränkte und mit Talk bestreute) (Bau) / self-finished roofing, self-finished roofing felt* || ≈**pappe** *f* **für Zwischenlagen** (Bau) / sarking felt*, underlining felt* || ≈**pappenfalte** *f* (Bau) / fishmouth *n* || ≈**pappnagel** *m* (ein Breitkopfnagel) (Bau) / clout nail*, felt nail, clout *n* || ≈**pfanne** *f* (eine Dachziegelform) (Bau, Keram) / pantile *n* (S-shaped roofing tile which interlocks with the sides of adjacent tile), S-tile *n* || ≈**pflege und Dachsanierung** *f* (Bau) / roof-care *n* || ≈**pfosten** *m* (Kfz) / A-pillar *n*, front pillar || **mittlerer** ≈**pfosten** (Kfz) / B-pillar *n*, centre pillar, lock pillar || **hinterer** ≈**pfosten** (Kfz) / C-pillar *n*, rear-cabin pillar || ≈**platte** *f* (Span- oder Faserplatte) (Bau, Zimm) / roof board || ≈**prisma** *n* (Opt) / roof prism || ≈**pyramide** *f* (Arch) / spire* *n* (polygonal) || ≈**reiter** *m* (Türmchen auf dem Dachfirst, meist aus Holz) (Arch, Bau) / flèche* *n*, spirelet *n* || ≈**reiteretikett** *n* (in der Kartei) / header label, saddle label || ≈**rinne** *f* (Bau, Klemp) / eaves gutter*, gutter* *n*, shuting* || ≈**rinne** (Kfz) / rain gutter || **halbrunde** ≈**rinne** (Bau, Klemp) / plain half-round eaves gutter, half-round gutter || **eingebaute** ≈**rinne** (in der Traufe) (Bau, Klemp) / secret gutter, closed valley || ≈**rinne** *f* **hinter der Brüstungsmauer** (Bau, Klemp) / parapet gutter || ≈**rinne oberhalb des Schornsteins** (in der Einfassung) (Bau, Klemp) / back gutter || ≈**rinnen** *f pl* (als Material) (Bau, Klemp) / guttering *n* || ≈**rinneneisen** *n* (Bau, Klemp) / hanger* *n*, gutter bracket, fascia bracket, eaves iron support || ≈**rinnenhalter** *m* (Bau, Klemp) / hanger* *n*, gutter bracket, fascia bracket, eaves iron support

**Dachsbeil** *n* (Zimm) / adze* *n*, adz *n*

**Dach•schalbrett** *n* (Zimm) / roofer *n*, roofing board || ≈**schalung** *f* (Dachschalbretter) (Zimm) / roof boards*, roofers *pl*, roof sheathing, roof boarding || ≈**schalung** (Zimm) / sheathing* *n*, boxing *n* (US) || ≈**schichten** *f pl* (von Deltaablagerungen) (Geol) / topset beds || ≈**schiefer** *m* (DIN 52201 bis 52206) (Bau, Geol) / roofing slate*, slate *n* || ≈**schieferplatten** *f* (305 x 457 mm) (Bau) / singles* *pl* || ≈**schindel** *f* (Bau) / shingle* *n*, shide *n*, clapboard *n* (US) || ≈**schräge** *f* (eines Impulses - negative, positive) (Fernm) / tilt *n*, droop *n*

**Dachshaar** *n* / badger hair

**Dach•silhouette** *f* (Arch) / roof line, roof profile || ≈**sims** *m* (Arch, Bau) / cornice* *n* || ≈**sparren** *m* (Bau, Zimm) / rafter *n* || ≈**spoiler** *m* (Kfz) / roof spoiler, roof fang || ≈**spriegel** *m* (Bau) / roof stick, roof arch || ≈**stein** *m* (mit Zement oder anderen Bindemitteln gebundener Formstein zur Dachdeckung) (Bau, Keram) / roofing tile (any of several designs of large, natural-clay tile with overlapping or interlocking edges) (Bau) || ≈**stock** *m* (Arch) / attic *n*, attic storey, garret *n* || ≈**stockwerk** *n* (hauptsächlich im Barock) (Arch) / attic *n*, attic storey, garret *n* || ≈**stube** *f* (Bau) / attic *n*, garret *n*, loft *n*, attic room || ≈**stuhl** *m* (Traggerüst des Daches) (Bau, Zimm) / roof truss*, roof *n* ||

**kreuzverstrebter ⁓stuhl** (Zimm) / scissors truss* ‖ **⁓terrasse** *f* (Arch, Bau) / roof terrace ‖ **⁓thesaurus** *m* (pl. -ren oder -ri) / macrothesaurus *n* (pl. -auri) ‖ **⁓traufe** *f* (Bau) / eave* *n*, eaves *pl* ‖ **⁓traufe** (unter der sich keine Dachrinne befindet) (Bau) / dripping eave* ‖ **⁓unterkonstruktion** *f* (z.B. beim Flachdach) (Bau, Zimm) / roof deck, decking *n* ‖ **nackte ⁓unterseite** (Bau) / open roof* ‖ **⁓wehr** *n* (Wasserb) / roof weir, bear-trap weir ‖ **⁓windfahne** *f* (Umwelt) / lofting *n* ‖ **⁓zeile** *f* **über der Hauptüberschrift** (Druck) / kicker *n*, kicker head ‖ **⁓ziegel** *m* (DIN 456) (Bau) / roofing tile, roof tile, tile* *n* ‖ **⁓ziegel** (mit derselben Länge, aber 1 1/2-facher Breite eines Standardziegels) (Bau, Keram) / gable tile (used to complete alternate courses of the gable of a tile roof) ‖ **glasierter ⁓ziegel** (Bau) / encaustic tile ‖ **eineinhalbfacher ⁓ziegel** (Bau) / tile-and-a-half tile* ‖ **⁓ziegelartig** *adj* (übereinanderliegend) / imbricated* *adj*, imbricated* *adj* ‖ **⁓ziegelwandverkleidung** *f* (Bau) / tile hanging*, weather tiling* ‖ **⁓zimmer** *n* (Bau) / attic *n*, garret *n*, loft *n*, attic room
**Dacit** *m* (Geol) / dacite* *n*
**Dacrometisierung** *f* (durch eine mechanische mineralische Beschichtung) / dacrometization *n*
**Dagor-Objektiv** *n* (Foto) / Dagor lens
**dahinschlängelnd, sich ⁓** / winding *adj*
**Dahlander-Schaltung** *f* (bei Kurzschlußläufermotoren) (Eltech) / Dahlander pole-changing circuit
**Dahlin** *n* (ein Reservepolysaccharid aus Dahlienknollen) (Chem) / inulin* *n*
**Dahoma** *n* (Holz von Piptadeniastrum africanum Brenan - ein Konstruktionsholz und Holz für Drechslerarbeiten) (For) / dahoma *n*
**Daisy-Chain-Betrieb** *m* (EDV) / daisy chain
**Dakinsche Lösung** (ein altes Antiseptikum nach H. Dakin, 1880-1952) (Pharm) / Dakin's solution
**Dalapon** *n* (Natrium-2,2-dichlorpropionat - ein Halogenkarbonsäureherbizid) (Chem) / dalapon* *n*
**Dalbe** *f* (in den Grund eingerammte Pfähle aus Holz oder Stahl, die einen Verband bilden) (HuT) / dolphin* *n*
**Dalben•liegeplatz** *m* (Schiff) / pile berth ‖ **⁓umschlag** *m* (Bord-Bord-Umschlag zwischen Seeschiff und Binnenschiff oder Schute, wobei das Seeschiff am Dalbenliegeplatz festgemacht hat) (Schiff) / pile transshipment
**Dale-Gladstonesche Refraktionsformel** (Phys) / Gladstone and Dale Law*
**DA-Leitung** *f* (EDV) / data-out line, DOUT
**d'Alembert•-Operator** *m* (Math) / d'Alembertian *n* ‖ **⁓-Paradoxon** *n* / d'Alembert's paradox
**d'Alembertsch•e Kraft** (Phys) / force of inertia, vis inertiae, inertial force ‖ **⁓es Prinzip** (nach J. Le Rond d'Alembert, 1717-1783) (Mech) / d'Alembert's principle*
**Dalitz•-Diagramm** *n* (nach R.H.Dalitz, geb. 1925) (Kernphys) / Dalitz plot ‖ **⁓-Elementarteilchenpaar** *n* (Kernphys) / Dalitz pair* ‖ **⁓-Paar** *n* (Kernphys) / Dalitz pair* ‖ **⁓-Plot** *n* (Darstellung der einzelnen Ereignisse einer Streuung von zwei Teilchen) (Kernphys) / Dalitz plot
**Dallglas** *n* (gegossene, in der Masse durchgefärbte, lichtdurchlässige dicke Glasplatte) (Glas) / coloured glass tile (plate)
**Dalli** *n* (For, Tischl) / banak* *n*, virola *n*
**Dalmatinisches Insektenpulver** (Chem) / pyrethrum *n*, Dalmatian insect powder, Persian insect powder
**Dalton** *n* (alte Einheit der Masse nach DIN 1301, T 3) (Phys) / dalton *n*
**daltonide Verbindung** (Chem) / daltonide *n*, stoichiometric compound
**Daltonid** *n* (Chem) / daltonide *n*, stoichiometric compound ‖ **⁓** s. auch Berthollid
**Daltonismus** *m* (Rot- und Grünblindheit) (Med) / daltonism* *n*
**Daltonsch•es Gesetz** (der multiplen Proportionenen - nach J. Dalton, 1766-1844) (Chem) / Dalton's law* ‖ **⁓es Gesetz der Partialdrücke** (in Gasgemischen) (Chem) / Dalton's law of partial pressures*
**Damar Minyak** *n* (For) / Malayan kauri
**Damassé** *m* (pl. -s) (ein- oder mehrschüssiges Jacquardgewebe für Krawatten oder Steppdecken, meist aus Seide oder Viskose) (Tex) / damasse *n*, damassé fabric
**Damast** (ein jacquardgemusterter Dekorations- und Bettbezugsstoff) (Tex) / damask* *n* ‖ **⁓-** (Tex) / damask *attr* ‖ **atlasbindiger ⁓** (Tex) / double damask ‖ **⁓ähnlich** *adj* (Tex) / damask *attr* ‖ **⁓bindung** *f* (Web) / damask weave
**damasten** *adj* (Tex) / damask *attr*
**Damast•-Jacquardmaschine** *f* (Web) / Jacquard damask loom ‖ **⁓leinen** *n* (Tex) / damask* *n* ‖ **⁓leinwand** *f* (Tex) / damask* *n* ‖ **⁓stahl** *m* (Hütt) / damask-steel *n*, Damascus steel, damask *n*
**Damaszener Stahl** (Hütt) / damask-steel *n*, Damascus steel, damask *n*
**Damaszierung** *f* (dünne Vierkantstäbe verschiedener Dicke und Drähte aus weichem und hartem Stahl werden mehrfach übereinandergelegt, verschweißt und durch Hämmern zu neuen Stäben gestreckt - die Berührungslinien der Stahlschichten ergeben das Muster) / damaskeen *n*, damascening *n*

**Damm** *m* (zur Trennung der Grubenbaue) (Bergb) / dam *n* ‖ **⁓** (Abgrenzung einer Baustelle gegen offenes Wasser) (HuT) / coffer-dam* *n*, levée *n*, levee *n* ‖ **⁓** (Schutzwall, Baukörper) (HuT, Schiff) / embankment *n*, bank *n* ‖ **⁓** (Staudamm) (HuT, Wasserb) / dam* *n* (for impounding water) ‖ **⁓** (bei der Dammsaat) (Landw) / ridge *n* ‖ **⁓** (aus Erdbaustoffen) (Wasserb) / dike *n*, dyke* *n*, lode* *n* ‖ **geschütteter ⁓** (Wasserb) / fill dam ‖ **⁓** *m* **aus ausgeworfenem Gestein** (HuT) / ejecta dam ‖ **⁓ zur Ableitung eines Flusses** (Wasserb) / diversion dam (a barrier constructed across a stream to divert all or some of the water into another channel or water supply conduit) ‖ **⁓ zur Flußabzweigung** (Wasserb) / diversion dam (a barrier constructed across a stream to divert all or some of the water into another channel or water supply conduit) ‖ **⁓ zur Flußregulierung** (zur Verbesserung der Fahrrinne für die Schiffahrt) (Wasserb) / navigation dam ‖ **⁓ zur Stauregulierung** (zur Verbesserung der Fahrrinne für die Schiffahrt) (Wasserb) / navigation dam ‖ **⁓ zur Umleitung eines Flusses** (Wasserb) / diversion dam (a barrier constructed across a stream to divert all or some of the water into another channel or water supply conduit)
**Dammar** *n* (aus den verschiedensten Bäumen der Familie der Dipterocarpaceae) / dammar* *n*, gum dammar, damar *n* ‖ **Weißer ⁓** (aus Vateria indica L. oder Vateria copallifera (Retz.) Alston) / piney dammar, piney resin, white dammar
**Dammarharz** *n* (aus den verschiedensten Bäumen der Familie der Dipterocarpaceae) / dammar* *n*, gum dammar, damar *n*
**Damm•aufschüttung** *f* (HuT) / embanking *n* ‖ **⁓balken** *m* (zum Aufbau eines Notverschlusses bei Ausbesserungsarbeiten von Deichscharten, Schleusen und Wehren oder eines behelfsmäßigen Staukörpers) (Wasserb) / flashboard *n*, stop-log *n*, stop-plank *n*, drop-bar *n* ‖ **⁓balkenwehr** *n* (Wasserb) / log weir, Boulé dam, sliding-panel weir ‖ **⁓bau** *m* (HuT) / construction of dams ‖ **⁓böschung** *f* (HuT) / embankment slope ‖ **⁓bruch** *m* (HuT, Wasserb) / crevasse *n* (US), breaking of a dam, dam failure, breach a dam ‖ **⁓drillmaschine** *f* (Landw) / ridge drill
**dämmen** *v* (die Schallausbreitung behindern) (Akus) / shield *v* ‖ **⁓** (Wasserb) / dam *v*, dam up *v*, dike *v*, dyke *v*, stem *v*, impound *v*, pond *v*, back *v*, retain *v*, hold back *v* ‖ **⁓** *n* (Akus) / shielding *n*
**Dämmerung** *f* (Astr) / twilight* *n* ‖ **astronomische ⁓** (Astr) / astronomical twilight* ‖ **bürgerliche ⁓** (in der man bei klarem Himmel im Freien gerade noch lesen kann) (Astr) / civil twilight* ‖ **nautische ⁓** (Astr) / nautical twilight*
**Dämmerungs•bogen** *m* (zwischen dem erhellten und dem dunklen Teil des Himmels) (Geophys) / crepuscular arch, twilight arch, bright segment ‖ **⁓effekt** *m* (Beeinflussung des Funkverkehrs durch Absinken der der Radiowellen reflektierenden Ionosphärenschichten bei Einbruch der Dämmerung) (Radio) / night effect ‖ **⁓erscheinungen** *f pl* (Astr, Geophys) / twilight phenomena ‖ **⁓leistung** *f* (eines Fernrohrs) (Opt) / twilight efficiency ‖ **⁓leuchten** *n* (Astr, Geophys) / twilight glow ‖ **⁓rakete** *f* (Raumf) / dawn rocket, dusk rocket ‖ **⁓sehen** *n* (Opt) / scotopic vision*, twilight vision
**Damm•fuß** *m* (Wasserb) / toe *n* (the lowest part of a dam) ‖ **luftseitiger ⁓fuß** (Wasserb) / downstream toe ‖ **wasserseitiger ⁓fuß** (Wasserb) / upstream toe, heel *n* ‖ **⁓kern** *m* (Staudamm) (HuT) / core* *n* (the above-ground watertight barrier of an earth dam) ‖ **⁓krone** *f* (Wasserb) / crest of a dam, dam crest ‖ **Straße in ⁓lage** (HuT) / embanked road, road in embankment
**Dämm•leiste** *f* (ein Formerwerkzeug) (Gieß) / pattern tie bar, batten *n* ‖ **⁓platte** *f* (Bau) / insulating board*
**Dammriff** *n* (Geol) / barrier reef*
**Dämmschichtbildner** *m* (Anstr) / intumescent paint*
**Damm•stein** *m* (Hütt) / siphon brick ‖ **⁓stempel** *m* (für Streckenausbau über offenen Räumen) (Bergb) / breaker prop
**Dämm•stoff** *m* (Bau, HuT, Wärm) / lagging* *n*, heat insulator, insulant* *n* ‖ **⁓stück** *n* (Gieß) / pattern tie bar, batten *n*
**Dämmung** *f* (die Behinderung der Schallausbreitung) (Akus) / shielding *n* ‖ **⁓** (Akus, Wärm) / shielding *n*
**Dämmvorrichtung** *f* (negativ arbeitende, positive) (Web) / warp let-off motion, warp regulator
**Dammweg** *m* (HuT) / dyke path, embankment path
**Dämon** *m* (eine aktivierbare Datenstruktur, die in Warteposition steht) (EDV) / demon *n* ‖ **Maxwellscher ⁓** (falsche gedankliche Konstruktion von Maxwell) (Chem) / Maxwell's demon*
**Dampf** *m* (Wasserdampf) (Phys) / steam* *n* (no plural), water vapour ‖ **⁓** (gasförmige Phase) (Phys) / vapour* *n* ‖ **entspannter ⁓** (Masch) / flashed steam, flash steam, expanded steam ‖ **gesättigter ⁓** (Wasserdampf) (Masch) / saturated steam* ‖ **gesättigter ⁓** (nicht unbedingt der Wasserdampf) (Phys) / saturated vapour* ‖ **hochgespannter ⁓** (Masch) / high-pressure steam ‖ **kondensierter ⁓** / condensed steam ‖ **mit ⁓ behandeln** (Bau, Masch) / steam *vt* ‖ **nasser ⁓** (Masch) / wet steam* ‖ **organischer ⁓** (Chem) / organic vapour ‖ **sekundärer ⁓** (Masch, Nukl) / secondary steam, secondary vapour ‖

**Dampf**

trockengesättigter ≈ / dry steam* ‖ überhitzter ≈ (Masch) / superheated steam* ‖ zwischenüberhitzter ≈ (Masch) / reheat steam
**Dampf•abblasen** n (in den Kondensator) (Nukl) / dump n, dumping n, steam dump ‖ **~abgeschreckte Legierung** (Hütt) / vapour-quenched alloy ‖ **≈abscheider** m (Masch) / steam separator ‖ **≈absperrhahn** m (Masch) / steam cock ‖ **≈anlassen** n (von gehärteten Werkzeugen) (Werkz) / steam tempering ‖ **mit ≈antrieb** (Masch) / steam-driven adj
**Dämpfapparat** m (Tex) / steam ager, ager n (US), steamer n (GB)
**Dampf•ausblasung** f (Brenner) / steam purging ‖ **≈austritt** m (Masch) / steam exhaust ‖ **≈austrittsöffnung** f (Masch) / steam outlet ‖ **≈bad** n (ein Heizbad) (Chem) / steam bath ‖ **≈begleitheizung** f / steam trace heating ‖ **≈begleitung** f / steam trace heating ‖ **≈behandlung** f (des Betons durch ungespannten Dampf) (Bau, HuT) / steam treatment ‖ **≈behandlung** (im allgemeinen) (Masch) / steam treatment ‖ **≈behandlung** (eines hochsatinierten Papiers) (Pap) / steam finish ‖ **≈beheizung** f (Bau) / steam heating ‖ **~betriebener Stromerzeuger** (Eltech) / steam-electric generating set* ‖ **≈blase** f / steam bubble, steam void, steam blister ‖ **≈blasenbildung** f (in Kraftstoffleitungen der Ottomotoren durch Wärmeeinfluß) (Kfz) / vapour lock* ‖ **≈bremse** f (die die Wasserbildung auf ein zulässiges Mindestmaß herabsetzt) (Bau) / vapour barrier*, vapour check, vapour retarder, water-vapour retarder ‖ **≈bügelautomat** m / steam iron
**Dämpf•büste** f (Tex) / steam ironing dummy, garment steamer ‖ **≈charge** f (Tex) / steamed batch
**Dampf•cracken** n (Kohlenwasserstoffspaltung unter Zusatz von Wasserdampf) (Erdöl) / steam cracking ‖ **≈decke** f (Zuckergewinnung) (Nahr) / steam washing ‖ **≈dekatur** f (ein Appreturvorgang mit der Dekatiermaschine) (Tex) / steaming n ‖ **~dicht** adj / vapour-proof adj, vaporproof adj (US), steam-proof adj, steam-tight adj ‖ **≈dichte** f (Phys) / vapour density ‖ **≈dom** m (Bahn, Masch) / dome* n, steam dome* ‖ **schwerer ≈drehkran** (meistens für Hafenarbeiten) (Masch, Schiff) / Hercules crane
**Dampfdruck** m (in Hektopascal angegebener Partialdruck des Wasserdampfs in einem Wasserdampf-Luft-Gemisch) (Meteor) / water-vapour pressure* ‖ **≈** (Phys) / vapour pressure*, vapour tension ‖ **≈ beim Sieden** (Phys) / boiling pressure ‖ **≈ nach Reid** (bei 100° F - nach DIN 51754) (Phys) / Reid vapour pressure, RVP ‖ **≈diagramm** m (Masch) / vapour-pressure diagram ‖ **≈diagramm** (Masch) s. auch Indikatordiagramm ‖ **≈erniedrigung** f (nach dem Raoultschen Gesetz) (Chem, Phys) / lowering of vapour pressure ‖ **≈kochtopf** m (DIN 66065) / pressure cooker ‖ **≈kurve** f (in dem Dampfdruckdiagramm) (Masch) / vapour-pressure curve ‖ **≈messer** m (an einem Dampfkessel) (Masch) / steam-gauge* n ‖ **≈pumpe** f (Masch) / pulsometer pump*, pulsometer n ‖ **≈thermometer** n (Phys) / vapour-pressure thermometer, vapor-bulb thermometer
**Dampf•durchflußgeschwindigkeit** f (Masch) / steam velocity ‖ **~durchlässiger Heißmastix** (Bau) / hot insulation mastic* ‖ **≈durchlässigkeit** f (Bau, Pap) / vapour permeability* ‖ **≈düse** f (Masch) / steam nozzle*
**Dämpfechtheit** f (Tex) / steam fastness, fastness to steaming
**Dampf•einblasen** n (Masch) / steaming n ‖ **≈eintritt** m (Vorgang) (Masch) / steam admission, steam entry ‖ **≈eintrittsöffnung** f (Masch) / steam inlet ‖ **≈emulsionszahl** f (Maß für Emulgierbarkeit) (Chem) / steam emulsion number, S.E.M.
**dampfen** v / steam vi
**dämpfen** v (Schallenergie in Wärme umwandeln) (Akus) / damp v, muffle v ‖ **~** (mit Wasserdampf behandeln) (Bau, Masch) / steam vt ‖ **~** (Futterkartoffeln) (Landw) / steam v ‖ **~** (Nahr) / braise v ‖ **~** (Tex) / age v, steam-age v, steam v, vaporize v ‖ **~** n (des Hochofens) (Hütt) / banking* n, damping down ‖ **≈ im Unterdruck** (Tex) / vacuum steaming ‖ **≈ im Vakuum** (Tex) / vacuum steaming
**Dampf•entfetten** n / vapour degreasing ‖ **≈entfettung** f / vapour degreasing ‖ **≈entnahme** f (Masch) / steam tapping, steam extraction ‖ **≈entöler** m (Masch) / oil separator ‖ **≈entwicklung** f (Masch) / steam generation, steam raising ‖ **≈entwicklung** (Phys) / vapour development
**Dampfer** m (Schiff) / steamship n, SS, steamer n
**Dämpfer** m (z.B. Dämpfungskäfig, Dämpferwicklung oder sonstiges Bauelement) (Eltech) / damper* n, amortisseur* n ‖ **≈** (Luftf) / damper* n ‖ **≈** (Schwingungsdämpfer bei Kolbenmaschinen) (Masch) / dash pot ‖ **≈** (Tex) / steam ager, ager n (US), steamer n (GB) ‖ **≈bein** n (Kfz) / damper strut
**Dampferheck** n (Schiff) / counter-stern* n
**Dämpfer•magnet** m (Eltech) / damping magnet* ‖ **≈passage** f (Tex) / steaming n ‖ **≈stab** m (Eltech) / damper bar, amortisseur bar ‖ **≈wicklung** f (eine in sich kurzgeschlossene Wicklung zur Dämpfung von magnetischen Feldern) (Eltech) / damper winding*, damping winding*, amortisseur winding
**dampf•erzeugender Schwerwasserreaktor** (Nukl) / steam-generating heavy-water reactor* (SGHWR) ‖ **≈erzeuger** m (Masch) / steam generator* (SG), steam boiler*, steam-raising unit, steam-generating unit ‖ **nuklearer ≈erzeuger** (Nukl) / nuclear boiler,

nuclear-reactor boiler ‖ **≈erzeuger** m **für Kernreaktoren** (Nukl) / nucler-reactor boiler ‖ **≈erzeuger in Modulbauweise** (Masch) / modular steam generator, module steam generator, MSG ‖ **≈erzeugung** f (Masch) / steam generation, steam raising ‖ **nukleares ≈erzeugungssystem** (Nukl) / nuclear steam supply system, NSSS
**Dämpfestutzen** m (einer Glocke) (Chem) / chimney n
**Dampf•fahne** f (Meteor) / vapour plume, plume n ‖ **≈falle** f (Vakuumt) / baffle n ‖ **≈farbe** f (die durch Dämpfen entwickelt oder fixiert wird) (Tex) / steam colour ‖ **≈feuchte** f (Phys) / steam moisture, steam wetness ‖ **≈feuchtigkeit** f (Phys) / steam moisture, steam wetness ‖ **≈-Flüssigkeit-Destillation** f (Chem Verf) / extractive distillation* ‖ **≈flutverfahren** n (Einpressen des heißen Dampfs in ölhaltige Gesteinsschichten) (Erdöl) / steam flooding, huffing and puffing ‖ **~förmig** adj / vaporous adj ‖ **~förmiges Kältemittel** / refrigerant vapour, vapour refrigerant ‖ **~förmige Phase** (Phys) / vapour phase ‖ **≈gehalt** m (am Austritt) (Masch) / steam quality ‖ **≈geschwindigkeit** f (z.B. bei Dampfturbinen) (Masch) / steam velocity ‖ **~getrieben** adj (Masch) / steam-driven adj
**Dämpfgrube** f (für die Wärmebehandlung des Furnierholzes) (For) / steaming pit
**Dampf•hahn** m (Masch) / steam cock ‖ **≈hals** m (einer Bodenkolonne) (Chem) / riser n ‖ **≈hammer** m (ein Freiform-Schmiedehammer, meist in Zweiständerbauart) (Masch) / steam-hammer n ‖ **≈härtung** f (Wärmebehandlung des Betons) (Bau, HuT) / steam curing ‖ **≈härtung** (von silikatischen Baustoffen) (HuT) / steam curing ‖ **≈hauptleitung** f (Masch) / steam mains ‖ **≈heizschlange** f / steam coil ‖ **≈heizung** f (mit Wasserdampf als Wärmeträger) (Bau) / steam heating ‖ **chemische ≈infiltration** (Chem Verf) / chemical vapour infiltration ‖ **≈injektion** f (Einpressen des heißen Dampfs in ölhaltige Gesteinsschichten) (Erdöl) / steam flooding, huffing and puffing ‖ **≈kalorimeter** n (Phys) / steam calorimeter, Joly's steam calorimeter ‖ **≈kamin** m (einer Bodenkolonne) (Chem) / riser n
**Dämpfkammer** f (Tex) / steam-box n, steam chest
**Dampf•kanal** m (Plast) / steam channel ‖ **≈kanäle** m pl (Masch) / steam ports* ‖ **≈kapillare** f (Schw) / keyhole n
**Dämpfkasten** m (Tex) / steam-box n, steam chest
**Dampf•kessel** m (Masch) / boiler* n, steam boiler ‖ **≈kesselanlage** f (Masch) / boiler plant ‖ **≈kesselausrüstung** f (Masch) / boiler fittings and mountings* ‖ **≈kolbenpumpe** f (Masch) / steam-piston pump
**Dämpfkolonne** f (zum Einsilieren der Futterkartoffeln) (Landw) / steamer column
**Dampf•korrosion** f (Galv) / vapour-phase corrosion ‖ **≈kracken** n (Erdöl) / steam cracking ‖ **≈kraftwerk** n (mit Wasserdampf betriebenes Wärmekraftwerk) (Eltech) / steam power plant, steam-electric power station, electrical generating plant driven by steam power ‖ **≈kran** m (Masch) / steam crane ‖ **schwerer ≈kran** (Masch) / Titan crane ‖ **≈lanze** f (Erdöl) / steam lance ‖ **≈leistung** f (der erzeugte Massenstrom) (Masch) / steam rating, steam output ‖ **≈leitung** f / steam-line n ‖ **≈löffelbagger** m (HuT) / steam-shovel n, steam navvy (GB) ‖ **≈lok** f (Bahn) / steam locomotive* ‖ **≈lokomotive** f (Bahn) / steam locomotive* ‖ **≈-Luftvorwärmer** m (bei Dampferzeugern) / steam air heater ‖ **≈luvo** m / steam air heater ‖ **≈mantel** m (Masch) / steam-jacket* n ‖ **mit ≈mantel** (Masch) / steam-jacketed adj ‖ **≈maschine** f (Masch) / steam-engine* n ‖ **≈maschine** (meistens mit anderem als Wasserdampf) (Masch) / vapour-engine n ‖ **stehende ≈maschine** (Masch) / vertical steam engine ‖ **ideale ≈maschine** (Masch) / ideal steam engine ‖ **verlustlose ≈maschine** (Masch) / ideal steam engine ‖ **≈maschine** f **mit Zwischenüberhitzung** (Masch) / reheater engine ‖ **≈menge** f (Masch) / amount of steam, quantity of steam ‖ **≈mengenmesser** m (Masch) / steam meter ‖ **≈messer** m (Masch) / steam meter ‖ **≈nachbehandlung** f (von Betonerzeugnissen) (HuT) / steam curing ‖ **≈nässe** f (Phys) / steam moisture, steam wetness ‖ **≈nebel** m (Meteor) / steam fog, steam mist ‖ **≈nebel** (Meteor) s. auch Seerauch ‖ **≈öffnung** f (des Dampftrockenbügelautomaten) / steam vent ‖ **≈öffnungen** f pl (Masch) / steam ports* ‖ **≈phase** f (Phys) / vapour phase ‖ **≈phasenentfetten** n / vapour degreasing ‖ **≈phaseninhibitor** m (z.B. zum Schutz verpackter Werkstoffe) (über die Dampf-/Gas-/Phase wirksamer Korrosionsschutzstoff) (Chem) / vapour-phase inhibitor* (V.P.I.) (VPI), volatile corrosion inhibitor (VCI) ‖ **≈phasenisomerisierung** f (Chem) / vapour-phase isomerization ‖ **≈phasenkorrosion** f (Galv) / vapour-phase corrosion ‖ **≈polster** n (Masch) / steam cushion ‖ **≈preßmaschine** f (Tex) / steam press, steam pressing unit ‖ **≈probeentnahmeventil** n (Masch) / steam-sampling valve ‖ **≈prozeß** m (Phys) / vapour cycle ‖ **≈pumpe** f (Masch) / steam pump ‖ **≈punkt** m (Gleichgewichtstemperatur zwischen reinem Wasser und Wasserdampf bei einem Druck von 101324,72 Pa - einer der beiden Fundamentalpunkte der Temperaturskale) (Phys) / steam-point n
**Dämpfpuppe** f (Tex) / steam ironing dummy, garment steamer
**Dampf•ramme** f (HuT) / steam piledriver, steam pilehammer ‖ **≈raum** m (z.B. ein leerer Tank eines Kraftfahrzeugs, in dem sich nur noch

Dämpfe befinden) (Chem) / vapour room || ⁓raum (über der Flüssigkeit) (Masch) / steam space || ⁓raumbelastung f (Masch) / steam space loading || ⁓reformieren n (Synthesegaserzeugung) (Erdöl) / steam reforming || ⁓reinheit f (Masch) / steam purity || ⁓reinigung f (Masch) / steam cleaning, steam purification || ⁓rohr n (Masch) / steam pipe || ⁓sack m (Kfz) / vapour lock* || ⁓sammelrohr n (im Kessel) (Masch) / dry pipe* || ⁓sammler m (Masch) / steam header || ⁓schälen n (Nahr) / steam peeling || ⁓schälung f (Nahr) / steam peeling || ⁓schiene f (Masch) / steam mains || ⁓schiff n (Schiff) / steamship n, SS, steamer n || ⁓schlag m (Masch) / vapour shock || ⁓schlitz m (des Kondensators) (Masch) / vapour slot || ⁓schwaden m (z.B. oberhalb der Kühltürme) (Masch) / vapour plume, plume n || ⁓seilbagger m (Masch) / steam rope excavator || ~seitig adj (Masch) / steam-side attr || ~seitige Korrosion (an Kesselanlagen) (Galv) / waterside corrosion || ⁓sieb n (in der Rohrleitung, der Turbine) (Masch) / steam strainer || ⁓spaltung f (Chem) / steam cracking || ⁓spannung f (Phys) / vapour pressure, vapour tension || ⁓spannungsthermometer n (Phys) / vapour-pressure thermometer, vapor-bulb thermometer || ⁓speicher m (Gleichdruckspeicher, Gefällespeicher) (Masch) / steam accumulator* || ⁓speicherlokomotive f (Bahn) / steam-storage locomotive, fireless locomotive, fireless engine || ⁓sperre f (eine Stoffschicht, die jegliche Wasserbildung verhindert) (Bau) / vapour barrier*, vapour check, vapour retarder, water-vapour retarder || ⁓sperre (in der Kraftstoffleitung) (Kfz) / vapour lock* || ⁓sperre (Vakuum) / baffle n || ⁓sperrschicht f (Bau) / moisture barrier || ⁓sperrschicht (Bau) s. auch Feuchtigkeitsisolierschicht || ⁓steuerung f (als Anlage) (Masch) / steam reversing gear* || ⁓stoß m (z.B. bei einem Dampfbügelautomaten) / steam surge || ⁓stoßverfahren n (bei expandierbarem Polystyrol) (Plast) / steam-moulding process || ⁓strahl m (Masch) / steam jet || ⁓strahlbetrieben adj / steam-jet-operated adj || ~strahlen v (reinigen - nur Infinitiv und Partizip) / steam-clean v || ⁓strahlen n (Vorbehandlungsverfahren für Beschichtungsarbeiten auf mineralischen Untergründen) / vapour blasting, steam blasting || ⁓strahlen (ein Reinigungsverfahren) (Anstr) / steam cleaning || ⁓strahlkälteanlage f / steam-ejector refrigerating machine, steam-jet refrigerating machine || ⁓strahl-Luftpumpe f (mit einem Treibdampfstrahl) / vapour diffusion pump || ⁓strahlpumpe f (absaugende) (Masch) / ejector* n, ejector pump, eductor n, steam-ejector n, steam-jet ejector || ⁓strahlreinigen n (Anstr) / steam cleaning || ⁓strahlreinigung f (Anstr) / steam cleaning || ⁓strahlvakuumpumpe f (eine Treibmittelvakuumpumpe nach DIN 28400, T 2) (Vakuumt) / vapour pump (BS 2951, Part 1), vapour-jet pump || ⁓tabellen f pl (Masch) / steam tables* || ⁓tafeln f pl (Masch) / steam tables* || ⁓traktion f (Bahn) / steam traction || ⁓trockenbügelautomat m / steam and dry iron || ⁓trommel f (der Dampfturbine) (Masch) / steam drum || ⁓trommeleinbauten m pl (Masch) / steam drum internal fittings || ⁓turbine f (Masch) / steam turbine || ⁓turbinenöl n / steam turbine oil || ⁓überdruck m (Masch) / steam-pressure above atmosphere || ⁓überhitzer m (Masch) / steam superheater || ⁓überhitzer (Masch) / superheater n || ⁓überhitzung f (Masch) / steam superheating || ⁓überströmleitung f (Nukl) / cross-over pipe || ⁓umformer m (zur salzfreien Zusatzwassergewinnung bei hohem Zusatzwasserbedarf) / desuperheater* n

**Dämpfung** f (Umwandlung der Schallenergie in Wärme) (Akus) / damping n || ⁓ (Abschirmung) (Akus) / cushioning* n || ⁓ (DIN 40148, eine Zustandsgröße ist am Ausgang eines Übertragungsgliedes kleiner als am Eingang) (Eltech, Fernm, Kernphys) / attenuation* n || ⁓ (Fernm) / loss* n, transmission lost || ⁓ (Fernm) / antihunting* n || ⁓ (des Hochofens) (Hütt) / banking* n, damping down || ⁓ f (Verminderung des Energieinhalts) (Mech, Phys) / damping* n || ⁓ (von Geweben) (Tex) / ageing* n, aging n, steaming n, steam-aging n, vaporizing n, vaporization n || ⁓ aperiodische (Eltech, Instr, Phys) / aperiodic damping || ⁓ aperiodische (Phys) || **extrem starke** ⁓ **von Funkwellen in der Ionosphäre über den Polargebieten der Erde** (Radio) / polar cap absorption, PCA effect || **innere** ⁓ (des Materials) (WP) / damping capacity (of the material) || **konjugiert-komplexe** ⁓ (Dämpfungsmaß) / conjugate-attenuation constant || **kopolare** ⁓ (Radio) / copolar attenuation || **kritische** ⁓ (Fernm, Phys) / critical damping* || ⁓ **magnetische** (Phys) / magnetic damping || **modale** ⁓ (in der Schwingungslehre) (Mech) / modal damping || **periodische** ⁓ (Fernm, Phys) / underdamping* n, periodic damping* || **spezifische** ⁓ (Fernm) / specific damping || **strukturelle** ⁓ (Lufft) / structural damping* || ⁓ **überkritische** (Fernm, Phys) / overdamping n || ⁓ **unendlich große** (Phys) / infinite attenuation* || **unteraperiodische** ⁓ (Fernm, Phys) / underdamping* n, periodic damping* || ⁓ **unterkritische** (Fernm, Phys) / underdamping* n, periodic damping* || **viskose** ⁓ (Phys) / viscous damping* || ⁓ f im Filter (Fernm) / roll-off n

**dämpfungs•begrenzter Betrieb** (eines LWL) / attenuation-limited operation || ⁓**belag** m (Fernm) / specific damping || ⁓**dekrement** n (logarithmisches Dekrement) (Mech) / damping ratio, damping factor || ⁓**fähigkeit** f (z.B. durch innere Reibung der Dämpfungsflüssigkeit) (Mech) / damping capacity || ⁓**faktor** m (Mech) / damping ratio, damping factor || ⁓**faktor** (Phys) / decay factor*, damping factor*, decay constant, decay coefficient || ⁓**frequenz** f (niedrigste Frequenz elektromagnetischer Wellen, die noch für eine zuverlässige Signalübermittlung zu einem bestimmten Zeitpunkt auf einer vorgegebenen Übertragungsstrecke brauchbar ist) (Fernm) / lowest useful frequency, LUF || ⁓**glied** n (fest oder veränderbar - aus verschiedenen passiven oder aktiven Elementen zusammengesetzt) (Eltech) / attenuator* n || ⁓**glied** (z.B. newtonsches nach DIN 1342, T 1) (Phys) / dash pot* || ⁓**glied** (nur aus Widerständen aufgebautes) (Eltech) / pad* n, fixed attenuator, attenuation pad, fixed-loss attenuator || **veränderbares** ⁓**glied** (Fernm) / variable-loss attenuator || ⁓**grad** m (DIN 1311, T 2) (Phys) / degree of damping* || ⁓**härteprüfung** f (von Anstrichfilmen) (Anstr) / oscillation test || ⁓**kenngröße** f (Phys) / damping parameter || ⁓**koeffizient** m (Realteil der Übertragungskonstante) (Eltech) / attenuation constant* || ⁓**koeffizient** (Fernm) / specific damping || ⁓**konstante** f (Kehrwert der Kreisgüte eines Schwingkreises) (Elektr) / damping constant || ⁓**konstante** (Realteil der Übertragungskonstante) (Eltech) / attenuation constant* || ⁓**länge** f (Fernm) / attenuation length || ⁓**magnet** m (Eltech) / damping magnet* || ⁓**maß** n (DIN 40148, T 3) (Elektr) / image attenuation constant || ⁓**maß** (eine Dämpfungskenngröße) (Phys) / degree of damping* || ⁓**messer** m (Fernm) / transmission measuring set* || ⁓**netzwerk** n (Fernm) / antihunting circuit || ⁓**prüfung** f (meistens bei Kunststoffen) (WP) / damping test || ⁓**regler** m (Lufft) / stability augmentation system (SAS), stability augmenter || ⁓**regler mit weitgehender Autorität** (Lufft) / large-authority stability augmentation system || ⁓**schalter** m (Eltronik) / muting switch* || ⁓**schaltung** f (Fernm) / antihunting circuit || ⁓**verhältnis** n (Mech) / damping ratio, damping factor || ⁓**verhältnis** (bei schwacher Dämpfung) (Regeln) / subsidence ratio || ⁓**verzerrung** f (Fernm) / attenuation distortion* || ⁓**vorrichtung** f (Masch) / dampener* n || ⁓**widerstand** m (Eltech) / field-breaking resistance*, field-discharge resistance* || ⁓**zylinder** m (Masch) / dash pot* || ⁓**zylinder** (Nukl) / dash-pot region (of a fuel element)

**Dampf•ventil** n (Masch) / steam valve || ⁓**wagen** m (Masch) / steam car* || ⁓**walze** f (HuT) / steam-roller n || ⁓**wolke** f / vapour cloud || ⁓**zerstäubungsölbrenner** m (Masch) / steam-atomizing oil-burner || ⁓**zuführung** f / steam supply || ⁓**zwischenüberhitzung** f (Masch) / reheating* n, resuperheating* n || ⁓**zylinder** m (z.B. einer Duplexpumpe) (Masch) / power cylinder

**Dämpfzylinder** m (Tex) / steaming cylinder
**Dampfzylinderöl** n (Masch) / steam-cylinder oil
**Damsongummi** n (Pflanzengummi aus der Haferpflaume/ Prunus domestica ssp. insititia (L.) C.K. Schneid./) / damson gum
**Danait** m (Kobaltarsenkies) (Min) / danaite n
**Danburit** m (Kalziumdiborodisilikat) (Min) / danburite* n
**Dancoff-Korrektur** f (Kernphys) / Dancoff correction
**Dandelinsche Kugel** (zur Herleitung der charakteristischen Eigenschaften der eigentlichen Kegelschnitte - nach P.G. Dandelin, 1794-1847) (Math) / Dandelin sphere
**Dandy•-Frame** m (Spindelstrecke des englischen Vorspinnverfahrens) (Spinn) / dandy frame || ⁓**roller** m (Pap) / dandy roll*
**Daniell-Element** n (ein altes galvanisches Element) (Eltech) / Daniell cell*
**Daniellscher Hahn** (ein Brenner - nach dem englischen Chemiker J.F. Daniell, 1790 - 1845) / Daniell tap
**Daniell-Zelle** f (Eltech) / Daniell cell*
**Dänisch•er Agar** (Chem) / furcellaran n || ⁓**leder** n (Leder) / suede n, napped leather
**dann und nur dann** (Math) / if and only if, iff*
**Dannemorit** m (manganhaltiger Cummingtonit von asbestartiger Beschaffenheit) (Min) / dannemorite* n
**Danner-Verfahren** n (auf der Danner-Röhrenziehmaschine) (Glas) / Danner process
**Dann-Teil** m (einer Regel) / conclusion part, 'then' part, consequence n, consequent n (the second part of a conditional proposition)
**Dansylchlorid** n (Chem) / dansyl chloride
**Danta** n (For) / danta n, kotibé n
**Dantzig-Algorithmus** m (Math) / Dantzig algorithm, simplex method
**DAP** (Chem, Plast) / diallyl phthalate
**Daphnientest** m (ein Prüfverfahren zur Ermittlung toxischer Wirkungen von Wasser, Abwasser und chemischen Verbindungen auf den Großen Wasserfloh) (Umwelt) / daphnia test
**Daphnit** m (ein Mineral der Chlorit-Reihe) (Min) / daphnite* n
**DAR** (Radiol) / differential absorption ratio*, DAR
**Darapskit** m (Min) / darapskite n

**Darcy** *n* (Einheit für die mechanische Permeabilität der Gesteinsschichten) (Geol) / darcy* *n*
**Darcysch•es Fließgesetz** (nach H.P.G. Darcy, 1803-1858) (Geol, Wasserb) / Darcy's law* ‖ ⁓es **Gesetz** (nach H.P.G. Darcy, 1803-1858) (Geol, Wasserb) / Darcy's law*
**DA-Rezeptor** *m* (Med) / dopamine receptor
**dargestelltes Bild** (das augenblicklich sichtbare Bild) (EDV) / display image
**Dark-cutting-Beef** *n* (Nahr) / dark cutting beef
**Darken-Faktor** *m* (in der Theorie der Diffusion) (Chem, Phys) / Darken factor
**darlegen** *v* (Argumente, Bedingungen) / set out *v*
**Darlington•-Paar** *n* (ausgesuchtes Paar von Darlington-Transistoren gleicher elektrischer Kenngrößen für Leistungsverstärker-Endstufen) (Eltronik) / Darlington pair, Darlington power transistors ‖ ⁓-**Schaltung** *f* (Eltronik) / Darlington circuit, Darlington arrangement, Darlington configuration ‖ ⁓-**Stufe** *f* (Kettenschaltung zweier Emitterfolger) (Eltronik) / Darlington circuit, Darlington arrangement, Darlington configuration ‖ ⁓-**Transistor** *m* (Eltronik) / Darlington transistor ‖ ⁓-**Verstärker** *m* (Eltronik) / Darlington amplifier
**Darlistor** *m* (Eltronik) / Darlington amplifier
**Darm, gerraffter** ⁓ (Nahr) / shirred casing ‖ ⁓**blatt** *n* (Zool) / endoderm*  *n*, entoderm* *n* ‖ ⁓**fett** *n* (Nahr) / gut fat ‖ **bedruckte** ⁓**hülle** (Nahr) / printed casing ‖ ⁓**saite** *f* / gut string, catgut string
**Darrdichte** *f* (For) / oven-dry density
**Darre** *f* (Brau) / (drying) kiln *n*, oast *n*
**darren** *v* (Brau) / dry *v*, kiln-dry *v*, cure *v*, kiln *v* ‖ ⁓ (unter Luftzufuhr trocknen) (For) / oven-dry *v* ‖ ⁓ (Obst) (Nahr) / dry *v*, desiccate *v* ‖ ⁓ *n* (Brau) / kiln drying
**Darrieus-Rotor** *m* (der Windkraftanlage) / Darrieus rotor
**Darr•malz** *n* (Brau) / kiln-dried malt, kiln malt, cured malt ‖ **länger erhitztes** ⁓**malz** (Brau) / amber malt ‖ ⁓**masse** *f* (von gedarrten Holzproben) (For) / oven-dry weight ‖ ⁓**ofen** *m* (Brau) / (drying) kiln *n*, oast *n* ‖ ⁓**temperatur** *f* (Brau) / kiln temperature ‖ ⁓**trocken** *adj* (For) / oven-dry *adj*, oven-dried *adj* ‖ ⁓**verfahren** *n* (zur Bestimmung der Feuchte durch Darren der Feuchteproben) (For) / oven-dry method
**darstellbares Zeichen** (EDV) / displayable character
**darstellen** *v* (zeichnerisch, mathematisch) / figure *v* ‖ ⁓ (grafisch) / display *v* ‖ ⁓ / present *v*
**darstellende Geometrie** (die die Abbildungen des dreidimensionalen Raumes in einer Zeichenebene behandelt) (Math) / descriptive geometry
**Darsteller** *m* (in der Mengenlehre) (Math) / representative *n*
**Darstellung** *f* (Formulierung, z.B. eines Gesetzes) / statement *n* ‖ ⁓ (grafische, bildliche) / display *n* ‖ ⁓ (z.B. der Schriftzeichen) / presentation *n* ‖ ⁓ (EDV, Kart, Masch) / representation *n* ‖ ⁓ (Math) / representation *n* (in group theory) ‖ **abgebrochene** ⁓ (bei technischen Zeichnungen nach DIN 6) / break *n* ‖ **aufgeschnittene** ⁓ (Masch, Math) / cutaway *n* ‖ **binäre** ⁓ (EDV, Math) / binary representation, binary notation* ‖ **digitale** ⁓ (EDV) / digitization *n*, digitalization *n*, digitizing *n* ‖ **grafische** ⁓ (DIN 461) / graphic(al) representation, diagrammatic representation, graphic image, graphicacy *n* ‖ **ikonische** ⁓ (EDV, KI) / iconic representation ‖ **inkrementale** ⁓ (EDV) / incremental representation ‖ **invertierte** ⁓ (dunkle Schrift auf hellem Hintergrund) (EDV) / inverse display, inverse video, reverse display, reverse video ‖ **invertierte** ⁓ (Druck) / logarithmische ⁓ / logarithmic chart ‖ **mentale** ⁓ (KI) / mental representation ‖ **schematische** ⁓ / schematic *n*, schematic drawing, key plan ‖ **synthetische** ⁓ (Radar) / synthetic display ‖ **vektorielle** ⁓ (Math) / vector representation ‖ ⁓ **durch Prototypen** *f* / representation by prototypes ‖ ⁓ **in Augenhöhe** (Radar) / eye-level display ‖ ⁓ **von Meßwerten** (Instr) / read-out *n*
**Darstellungs•bereich** *m* (Teil der Darstellungsfläche, der für das Bild zur Verfügung steht) (EDV) / display place ‖ ⁓**ebene** *f* (Math) / projection plane, plane of projection ‖ ⁓**element** *n* (EDV) / graphics primitive, display element, output primitive ‖ ⁓**element** (Kart) / cartographic symbol ‖ **verallgemeinertes** ⁓**element** (EDV) / generalized drawing primitive, GDP ‖ ⁓**feld** *n* (ein definierter Teil des Darstellungsbereichs für die grafische Darstellung des ganzen oder von Teilen eines Bildes) (EDV) / viewport *n* ‖ ⁓**fläche** *f* (EDV) / display surface ‖ ⁓**raum** *m* (in der grafischen Datenverarbeitung) (EDV) / image space ‖ ⁓**schicht** *f* (Schicht 6 im ISO-Referenzmodell) (EDV) / presentation layer, PRL ‖ **stilisierte** ⁓**schrift** (für Preview) (EDV) / greek *n* ‖ ⁓**sprache** *f* (KI) / representation language ‖ ⁓**theorie** *f* (Math) / representation theory, theory of representation
**DART-Verfahren** *n* (mit dem man die Bohrparameter ermitteln kann) (Erdöl) / digital acquisition reporting technique, DART
**darüberliegen** *v* / overlie *v*

**darüberliegend** *adj* (im allgemeinen) / overlying *adj* ‖ ⁓ (Geol) / superjacent *adj*
**darunterliegend** *adj* (im allgemeinen) / underlying *adj* ‖ ⁓ (Geol) / subjacent *adj*
**Darwin-Glas** *n* (ein Australit) (Geol) / Darwin glass
**Darzens-Alkylchlorid-Synthese** *f* (Umsetzung von primären oder sekundären Alkoholen mit Thionylchlorid in Gegenwart von Pyridin) (Chem Verf) / Darzens procedure
**Darzens-Erlenmeyer-Claisen-Kondensation** *f* (Chem Verf) / Darzes glycidic ester condensation, Darzens reaction
**DAS** (Nukl) / pressure-suppression system, PS system, PSS
**Dassel•befall** *m* (Leder) / warble infestation ‖ ⁓**beule** *f* (die Dassellöcher verursacht) (Leder) / warble* *n* ‖ ⁓**fliege** *f* (Leder, Zool) / warble fly ‖ ⁓**larvenbefall** *m* (Leder) / warble infestation ‖ ⁓**loch** *n* (von den Engerlingen der Rinderdasselfliege verursacht) (Leder) / grub-hole *n*
**Dasymeter** *n* (Gerät zur Demonstration des Auftriebs der Körper in Luft) (Phys) / dasymeter *n*
**DAT** (Akus, EDV, Mag) / digital magnetic tape, digital audiotape, DAT
**Data Control Block** *m* (EDV) / data control block (DCB) ‖ ⁓ **Dictionary** *n* (EDV) / data dictionary*, DD ‖ ⁓ **Migration** *f* (NetWare 4.0 Feature, das selten benötigte Dateien auf externe Massenspeicher auslagert) (EDV) / data migration ‖ ⁓**base Publishing** *n* (EDV) / database publishing ‖ ⁓-**Control** *n* (sieht ähnlich wie das VCR-Control aus, kann zur Laufzeit versteckt werden, bestimmt die Datenbank und die Tabelle, die es kontrolliert) (EDV) ‖ ⁓**gramm** *n* (Dienstart eines paketübertragungssortierten Netzwerks) (EDV) / datagram *n* ‖ ⁓**linksystem** *n* (Nav) / data-link system ‖ ⁓-**Management** *n* (EDV) / data management, data administration ‖ ⁓**pen** *n* (EDV) / hand-held (bar-code, etc.) reader, read pistol, data pen, wand *n*
**Datei** *f* (DIN 44300) (EDV) / file* *n*, data file ‖ ⁓ (im weiteren Sinne) (EDV) / data set ‖ **direkte** ⁓ (EDV) / random file ‖ **externe** ⁓ (EDV) / external data set ‖ **extrahierte** ⁓ (EDV) / extracted file ‖ **gekettete** ⁓ (EDV) / chained file ‖ **gemeinsam genutzte** ⁓ (EDV) / shared file ‖ **gesperrte** ⁓ (EDV) / locked file ‖ **indexsequentielle** ⁓ (EDV) / indexed-sequential file ‖ **indizierte** ⁓ (EDV) / indexed file ‖ **invertierte** ⁓ (die nach einem Sekundärschlüssel über einen Index organisiert ist) (EDV) / inverted file ‖ **kombinierte** ⁓ (EDV) / combined file ‖ **partiell invertierte** ⁓ (EDV) / partially inverted file ‖ **permanente** ⁓ / eddy-current heating ‖ **private** ⁓ (EDV) / private file ‖ **sequentielle** ⁓ (EDV) / sequential file, serial file ‖ **sich über mehrere Datenträger erstreckende** ⁓ (EDV) / multivolume file ‖ **temporäre** ⁓ (DIN 66230) (EDV) / temporary data set, temporary file ‖ **ungeschützte** ⁓ (EDV) / scratch file ‖ **versteckte** ⁓ (die dem Benutzer angezeigt wird) (EDV) / hidden file ‖ **vorrangige** ⁓ (EDV) / priority file ‖ ⁓ *f* **auf mehreren Einheiten** (EDV) / multi-unit file ‖ ⁓ **in Eingangsfolge** (EDV) / entry-sequenced file ‖ ⁓ **in Schlüsselfolge** (deren Sätze in Schlüsselfolge geladen und von einem Index gesteuert werden) (EDV) / key-sequenced file ‖ ⁓ **in Zugangsfolge** (EDV) / entry-sequenced file
**datei•abhängige Verarbeitung** (EDV) / file-oriented processing ‖ ⁓**abschluß** *m* (EDV) / end of file (EOF) ‖ ⁓**abschnitt** *m* (EDV) / file section ‖ ⁓**aktualisierung** *f* (EDV) / file updating ‖ ⁓**anfangsetikett** *n* (EDV) / beginning-of-file label, file header label ‖ ⁓**aufbau** *m* (EDV) / file format, file layout, file design ‖ ⁓**belegungstabelle** *f* (EDV) / file-allocation table, FAT ‖ ⁓**bezeichnung** *f* (vom Benutzer belegte Bezeichnung für die ganze Datei) (EDV) / file name, file designation ‖ ⁓**definition** *f* (EDV) / file definition ‖ ⁓**eigentümer** *m* (EDV) / file owner ‖ ⁓**ende** *n* (EDV) / end of file (EOF) ‖ ⁓**ende** (EDV) / termination of a file, bottom *n* ‖ ⁓**ende-Kennsatz** *m* (EDV) / end-of-file label, file trailer label, EOF label ‖ ⁓**endemarke** *f* (EDV) / end-of-file marker*, EOF marker* ‖ ⁓**endetikett** *n* (EDV) / end-of-file label, file trailer label, EOF label
**Dateien•teil** *m* (COBOL) / file section ‖ ⁓**verbund** *m* (EDV) / file combination ‖ ⁓**verbundsystem** *n* (EDV) / linked file system
**Datei•eröffnung** *f* (EDV) / file opening ‖ ⁓**familie** *f* (EDV) / file family ‖ ⁓**fortschreibung** *f* (EDV) / file updating ‖ ⁓**integritätsprüfung** *f* (EDV) / file-integrity check ‖ ⁓**kennung** *f* (EDV) / file handle (an 'alias' that the system uses to refer to an open file) ‖ ⁓**manager** *m* (EDV) / file management program, file manager ‖ ⁓**nachsatz** *m* (EDV) / end-of-file label, file trailer label, EOF label ‖ ⁓**name** *m* (EDV) / file name, file designation ‖ **langer** ⁓**name** (der länger ist als 8 + 3 Zeichen) (EDV) / long filename ‖ **externe** ⁓**namenangabe** (EDV) / title option ‖ ⁓**namenerweiterung** *f* (EDV) / extension *n* ‖ ⁓**namensyntax** *f* (EDV) / file-name syntax
**DAT-Einrichtung** *f* (EDV) / dynamic address translation feature, DAT feature
**Datei•organisation** *f* (EDV) / file organization, file architecture ‖ **direkte** ⁓**organisation** (EDV) / direct file organization ‖ ⁓**orientiert** *adj* (EDV) / file-oriented *adj* ‖ ⁓**orientierte Schnittstelle** (EDV) / file-oriented interface ‖ ⁓**parameter** *m* (EDV) / file parameter ‖

~pflege f (EDV) / file maintenance ‖ ~schließungsroutine f (EDV) / close routine ‖ ~schutz m (EDV) / file protection ‖ ~server m (EDV) / file server* ‖ ~steuerblock m (EDV) / data control block (DCB) ‖ ~steuerung f (EDV) / file control ‖ ~sucheinrichtung f (EDV) / file-scan equipment, file-scan feature ‖ **hierarchisches** ~**system** (EDV) / hierarchical file system (HFS) ‖ ~**transfer** m (EDV) / file transfer ‖ **gleichwertiger** ~**transfer** (EDV) / peer-to-peer transfer ‖ ~**übertragung** f (EDV) / file transfer ‖ ~**übertragungsprotokoll** n (EDV) / file-transfer protocol, FTP ‖ ~**übertragungssoftware** f (EDV) / file-transfer software ‖ ~**verarbeitung** f (EDV) / file processing ‖ ~**verwaltung** f (EDV) / file management ‖ ~**verwaltungsprogramm** n (EDV) / file management program, file manager ‖ ~**vorsatz** m (EDV) / beginning-of-file label, file header label ‖ ~**wartung** f (EDV) / file maintenance ‖ ~**wechsel** m (EDV) / file change-over ‖ ~**zugriff** m (EDV) / file access ‖ **abgesetzter** ~**zugriff** (EDV) / remote file access ‖ ~**zugriffsmethode** f (EDV) / access method ‖ ~**zuordnungstabelle** f (EDV) / file allocation table, FAT

**Dateldienst** m (Sammelbegriff für die Datenübertragungsdienste der Deutschen Bundespost) (EDV) / Datel service

**Daten** f pl (EDV) / data* pl (also singular), data items, groups of data ‖ ~ n pl (DIN 44300) (EDV) / data* pl (also singular), data items, groups of data ‖ **analoge** ~ (die nach DIN 44300 nur aus kontinuierlichen Funktionen bestehen) (EDV) / analogue data ‖ ~, **deren** pl **Handhabung rechtlich geregelt ist** (EDV) / lawful data ‖ **die von einem Programm bearbeiteten** ~ (EDV) / case n ‖ **digitale** ~ (die nach DIN 44300 nur aus Zeichen bestehen) (EDV) / digital data ‖ **diskrete** ~ (die in Form festgelegter Werte einer physikalischen Größe dauerhaft fixiert werden können und singuläre Sachverhalte charakterisieren) (EDV) / discrete data ‖ **echte** ~ (im Gegensatz zu Testdaten) (EDV) / live data ‖ **eingescannte** ~ (EDV) / scanned data, scanned input ‖ **empfangene** ~ (EDV) / received data ‖ **freie** ~ (EDV) / free data, unrestricted data ‖ **gesendete** ~ (EDV) / transmitted data, transmittal data ‖ **grafische** ~ (EDV) / graphic data ‖ **numerische** ~ (EDV) / numeric data, numerical data ‖ **personenbezogene** ~ (EDV) / personal data ‖ **sensitive** ~ (EDV) / sensitive data, sensitive information ‖ **strukturierte** ~ (EDV) / structured data ‖ **technische** ~ / specifications pl ‖ **untergliederte** ~ (EDV) / partitioned data set, PDS ‖ **unverfängliche** ~ (die frei eingesehen werden können und nicht der Kontrolle durch den Betroffenen unterliegen) (EDV) / innocuous data ‖ **vertrauliche** ~ (EDV) / confidential data ‖ **zu verarbeitende** ~ (EDV) / data to be processed ‖ ~ **eingeben** (EDV) / computerize v, computerise v (GB) ‖ ~ **im Rechner einspeichern** (EDV) / computerize v, computerise v (GB)

**Datenabbild** n (EDV) / data image

**datenabhängig • er Fehler** (EDV) / pattern-sensitive fault ‖ ~**er Maschinenfehler** (der nur bei bestimmter Anordnung von Daten auftritt) (EDV) / data-sensitive fault ‖ ~**e Zugriffskontrolle** (EDV) / data-dependent access control

**Daten • adressenkettung** f (EDV) / data chaining ‖ ~**adreßregister** n (EDV) / data pointer ‖ ~**analyse** f (EDV, Stats) / data analysis ‖ ~**attribut** n (EDV) / data attribute ‖ ~**aufbau** m (EDV) / data structure* ‖ ~**aufbereitung** f (Vorstufe der Datenerfassung) (EDV) / data handling, data preparation ‖ ~**auflösung** f (EDV) / data resolution ‖ ~**aufnahme** f (EDV) / data acquisition (usually implying that data is collected on-line), DA, data gathering (usually implying that data is captured off-line) ‖ ~**aufzeichnung** f (EDV) / data recording ‖ ~**ausgabe** f (EDV) / data output ‖ ~**ausgabeleitung** f (EDV) / data-out line, DOUT ‖ ~**austausch** m (EDV) / data exchange, data interchange, DX ‖ ~**austauschformat** n (EDV) / data-interchange format, DIF ‖ ~**autobahn** f (EDV) / information superhighway, I-Way n, information highway

**Datenbank (DB)** f (eine Datenbasis unter einem Datenbasis-Verwaltungssystem, die von mehreren Anwendungsprogrammen gemeinsam genutzt werden kann) (EDV) / data bank*, database* n ‖ **externe** ~ (EDV) / on-line database ‖ **invertierte** ~ (Datenbanksystem, das sich des Zugriffs über invertierte Dateien bedient) (EDV) / inverted database ‖ **linguistische** ~ (EDV) / linguistic data bank (LDB) ‖ **öffentliche** ~ (EDV) / public data bank ‖ **relationale** ~ (EDV) / relational database* ‖ **technische** ~ (EDV) / engineering database ‖ **zentrale** ~ (EDV) / data centre

**Datenbank • abfragesprache** f (EDV) / data-base query language ‖ ~**administrator** m (EDV) / database administrator, database manager ‖ ~**anbieter** m (EDV) / on-line host ‖ ~**betreiber** m (EDV) / operator of a data bank ‖ ~**betreuer** m (EDV) s. auch Datenbankanbieter ‖ ~**gestütztes Publizieren** (EDV) / database publishing ‖ ~**halter** m (eine juristische oder natürliche Person) (EDV) / data-bank owner ‖ ~**managementsystem** n (EDV) / database management system*, DBMS, data-bank management system ‖ ~**maschine** f (Spezialrechner für die Verwaltung von relationalen Datenbanken) (EDV) / database machine ‖ ~**modell** n (EDV) / database model ‖ ~**system** n (EDV) / database system ‖ ~**transaktion** f (ein abgeschlossener Kommunikationsvorgang mit der Datenbank) (EDV) / database transaction ‖ ~**verwalter** m (EDV) / database administrator, database manager ‖ ~**verwaltungssystem** n (EDV) / database management system*, DBMS, data-bank management system ‖ **abgesetzter** ~**zugriff** (EDV) / remote database access

**Daten • basis** f (die Menge der strukturierten Daten in einem Speicher, in den sie abgelegt und aus dem sie zur Verarbeitung bereitgestellt werden) (EDV) / database* n (ISO/IEC 2382, Part 17), DB ‖ **deklarative** ~**basis** (EDV) / assertional database, assertion database ‖ ~**basisserver** m (EDV) / database server ‖ ~**-Bauart** f (DIN 44300) (EDV) / data type* ‖ ~**bearbeitung** f (EDV) / data handling, data preparation ‖ ~**bearbeitungskapazität** f (EDV) / data-handling capacity* ‖ ~ **bedingter Fehler** (EDV) / pattern-sensitive fault ‖ ~**behandlungssprache** f (EDV) / data manipulation language* (DML) ‖ ~**beschreibungssprache** f (zur formalen Festlegung einer Datenbank) (EDV) / data description language* (DDL) ‖ ~**bit** n (EDV) / data bit ‖ ~**blatt** n (EDV) / data sheet ‖ ~**block** m (EDV) / physical record, data block, block n ‖ ~**bogen** m (EDV) / data sheet ‖ ~**bus** m (spezielle Form des Bussystems, über das Daten parallel übertragen werden) (EDV) / data bus, D-bus n ‖ ~**buskoppler** m (EDV) / data bus coupler, bus coupler ‖ ~**code** m (EDV) / data code ‖ ~**darstellung** f (EDV) / data representation, representation of data ‖ ~**definition** f (EDV) / data definition, DD ‖ ~**definitionssprache** f (EDV) / data-definition language, DDL ‖ ~**dichte** f (EDV) / packing density* (data stored per unit of length, area, or volume of a storage medium), bit density, character packing density, recording density ‖ ~**diktionär** n (ein strukturiertes Programmsystem) (EDV) / data dictionary*, DD ‖ ~**durchsatz** m (EDV) / data throughput, computer throughput, throughput n (characters/s) ‖ ~**durchschalteleistung** f (EDV) / data-throughput rate ‖ ~**eingabe (DE)** f (EDV) / data input, data entry ‖ **akustische** ~**eingabe** (EDV) / voice input, voice entry, phonetic input, speech input ‖ **direkte** ~**eingabe** (EDV) / direct data entry* ‖ ~**eingabe f im vollen Bildschirmformat** (EDV) / full-screen data input ‖ ~**eingabebus** m (EDV) / data-input bus, DIB ‖ ~**eingabekanal** m (EDV) / data-input channel ‖ ~**einheit** f (Wort usw.) (EDV) / data unit ‖ ~**element** n (Bestandteil einer Dateneinheit, der innerhalb dieser nicht weggelassen oder ausgetauscht werden kann, ohne die Bedeutung der Dateneinheit zu ändern) (EDV) / data item, data element, datum n ‖ ~**empfänger** m (EDV) / data receiver ‖ ~**ende** n (EDV) / end of data (EOD) ‖ ~**endeinrichtung** f (EDV) / data terminal equipment (DTE) ‖ **paketorientierte** ~**endeinrichtung** (EDV) / packet-mode terminal ‖ ~**endgerät** n (DIN 44302) (EDV) / data terminal, terminal* n, data communication terminal ‖ ~**endplatz** m (DIN 44302) (EDV) / data terminal, terminal* n, data communication terminal ‖ ~**entkomprimierung** f (der Datenkomprimierung entgegengesetzter Vorgang) (EDV) / data explosion ‖ ~**erfassung** f (EDV) / data input, data entry ‖ ~**erfassung** (EDV) / data acquisition (usually implying that data is collected on-line), DA, data gathering (usually implying that data is captured off-line) ‖ ~**erfassung** (von Analogdaten am Meßgerät, ohne Bearbeitung) (EDV) / data logging ‖ ~**erfassung** (Umsetzen von in beliebiger, aber nicht maschinenlesbarer Form vorliegenden Daten in maschinenlesbare Form) (EDV) / data collection, data capture* (data acquisition + data gathering) ‖ ~**erfassung in maschinenlesbarer Form** (EDV) / data origination ‖ **optisches** ~**erfassungssystem** (EDV) / optical data-entry system ‖ ~**erfassungsüberwacher** m (Person) (EDV) / data-entry administrator, administrator n ‖ ~**erhebung** f (EDV) / data acquisition (usually implying that data is collected on-line), DA, data gathering (usually implying that data is captured off-line) ‖ ~**extraktor** m (Gerät zur Zieldatengewinnung) (Mil) / data extractor ‖ ~**feld** n (kleinste adressierbare logische Einheit innerhalb einer aus Datensätzen bestehenden Datei) (EDV) / data field ‖ ~**feld** (ein Zeichen oder mehrere zusammengehörende Zeichen - Cobol) (EDV) / data item ‖ **unbenanntes** ~**feld** (EDV) / filler n, filler item ‖ ~**fenster** n (EDV) / data window

**Datenfern • sprecher** m (EDV) / data phone ‖ ~**übertragung** f (EDV) / remote data transmission ‖ ~**übertragungsnetz** n (EDV) / long-distance network, long-haul (computer) network ‖ ~**verarbeitung** f (EDV) / teleprocessing n, remote data processing, TP ‖ ~**verarbeitungssystem** n (EDV) / remote computing system, teleprocessing system

**Daten • filterung** f (EDV) / data filtering ‖ ~**fluß** m (DIN 44300) (EDV) / data flow* ‖ ~**grenzüberschreitender** ~**fluß** (EDV) / transborder data flow, transnational data flow ‖ ~**flußplan** m (DIN 44300) (EDV) / data flowchart* ‖ ~**format** n (EDV) / data format ‖ ~**funk** m (Modacom, Mobitex) (Fernsp) / radio data transmission ‖ ~**geheimnis** n (EDV) / data secrecy ‖ ~**gesteuert** adj (Vorgehensweise bei Vorwärtsverkettung) (KI) / data-driven adj, expectation-driven adj ‖ ~**gewinnung** f (EDV) / data acquisition (usually implying that data is collected on-line), DA, data gathering

**Datenhaftung**
(usually implying that data is captured off-line) ‖ ~haftung f (EDV) / data liability ‖ ~haltezeit f (bei integrierten Speicherschaltungen) (EDV) / data-hold time ‖ ~haltung f (EDV) / data management, data administration ‖ ~handhabungssprache f (EDV) / data manipulation language* (DML) ‖ ~hierarchie f (EDV) / data hierarchy ‖ ~highway m (EDV) / information superhighway, I-Way n, information highway ‖ ~integrität f (EDV) / data integrity, data safety ‖ referentielle ~integrität / referential integrity (means that the database management system ensures the validity and accuracy of any data contained in one table that refers to or is dependent on data in another table), RI ‖ ~integritätsstatistik f (EDV) / integrity statistics ‖ ~kanal m (ein Informationspfad in einem nachrichtentechnischen System, in dem Daten übertragen werden) (EDV) / data channel ‖ ~kasse f (EDV) / point-of-sale terminal*, POS terminal* ‖ ~kassette f (EDV) / magnetic tape cartridge, tape cartridge, data cartridge ‖ ~keller m (EDV) / data stack ‖ ~kettung f (EDV) / data chaining ‖ ~kode m (EDV) / data code ‖ ~kommunikation f (für den Informationstransfer vorgesehene Form der Telekommunikation zwischen Datenverarbeitungsanlagen) (EDV) / data communication ‖ ~kommunikationseinrichtungen f pl (EDV) / data communication equipment (DCE) ‖ ~kommunikationsrechner m (EDV) / communication processor (CP), communication computer (CC) ‖ ~kompression f (EDV) / data compression*, data reduction* ‖ ~komprimierung f (EDV) / data compression*, data reduction* ‖ ~konsistenz f (EDV) / data consistency ‖ ~konversion f (EDV) / data conversion, DC ‖ ~konzentrator m (EDV) / data concentrator, pack/unpack facility ‖ variable ~längen f (EDV) / V-format n, variable data-length (format) ‖ ~leitung f (EDV) / data line ‖ ~leitung (EDV) s. auch Datenverbindung ‖ ~linksystem n (EDV) / data link system ‖ ~logger m (EDV, Regeln) / data logger ‖ ~management n (EDV) / data management, data administration ‖ ~manipulationssprache f (EDV) / data manipulation language* (DML) ‖ ~menge f (EDV) / data set (DS) ‖ ~migration f (EDV) / data migration ‖ ~mischen n (EDV) / data merging ‖ ~mißbrauch m (EDV) / abuse of data, data abuse ‖ ~modell n (formale Methode, Information aus einem wohldefinierten, abgegrenzten Informationsbereich strukturiert darzustellen) (EDV) / data model* ‖ semantisches ~modell (EDV) / semantic data model ‖ relationales ~modell (EDV, KI) / relational model ‖ ~modul n (EDV) / data module ‖ ~multiplexer m (DIN 44302) (EDV) / data multiplexer ‖ ~nahübertragung f (im Betrieb) (EDV) / in-plant data communication ‖ ~netz n (DIN 44302) (EDV) / data network, DN ‖ öffentliches ~netz (EDV) / public data network (PDN) ‖ leitungsvermitteltes öffentliches ~netz (EDV, Fernm) / circuit-switched public data network ‖ ~netz n mit einem Mehrwertdienstangebot (geschaltete Standverbindung für die Datenübertragung) (EDV, Fernm) / value-added network, VAN ‖ ~netzkennung f (Fernm) / data network identification code ‖ ~oase f (ein Land, das durch Art oder Inhalte seiner Datenschutzgesetze eine eher großzügige Benutzung personenbezogener Daten, mit allenfalls geringen Rechten der Betroffenen, erlaubt) (EDV) / data heaven, data oasis ‖ ~objekt n (EDV) / data object ‖ ~organisation f (EDV) / data organization, organization of data ‖ ~paket n (DIN 44302) (EDV, Fernm) / data packet, packet* n ‖ ~paketvermittlungsprotokoll n (EDV, Fernm) / packet-exchange protocol ‖ ~prüfung f (EDV) / data validation, data check ‖ ~qualität f (EDV) / data quality, DQ ‖ ~quelle f (DIN 44302) (EDV) / data source ‖ ~rate f (Anzahl der binären Daten, die pro Sekunde übertragen werden können) (EDV) / data rate ‖ ~registrierung f (EDV) / data recording ‖ ~sammelstelle f (Meteor) / data-collection platform, DCP ‖ ~satz m (mehrere zusammengehörige Datenfelder) (EDV) / record* n (logical), data record ‖ geblockter ~satz (EDV) / blocked record ‖ ~satzkontrollwort n (elektronisches Publizieren) (EDV) / record control word ‖ ~schreiber m für Unterhalt (S) (Lufft) / maintenance recorder ‖ ~schreiber für Wartung (Lufft) / maintenance recorder ‖ ~schreiber mit Eingabetastatur (EDV) / keyboard printer ‖ ~schutz m (Maßnahmen oder Einrichtungen oder deren abschirmende Wirkung gegen die Beeinträchtigung von Persönlichkeitsrechten durch Mißbrauch von personenbezogenen Daten) (EDV) / data privacy, protection of data privacy ‖ ~schutz (im weitesten Sinne) (EDV) / data protection* ‖ ~schutzfilter n (EDV) / data safety filter ‖ ~senke f (derjenige Teil der Dateneinrichtung, der Datensignale aufnehmen kann - DIN 44302) (EDV) / data sink ‖ ~sicherheit f (Bewahrung von Daten vor - meist - unbeabsichtigter Beeinträchtigung) (EDV) / data integrity, data safety ‖ ~sicherung f (Maßnahmen oder Einrichtungen, die den Zustand der Datensicherheit herbeiführen sollen) (EDV) / data security ‖ ~sichtgerät n (EDV) / display n (unit), video display (unit)*, VDU*, display device, display terminal, video terminal, visual display terminal, visual display unit* ‖ ~sichtstation f (EDV) / data display terminal, data display device ‖ ~signal n (DIN 44302) (EDV) / data signal ‖ ~speicher m auf der Basis magnetischer Domänen (EDV) / magnetic-domain memory ‖ ~speicherung f (EDV) / data storage* ‖ ~spur f (EDV) / code hole track, data track, code track ‖ ~(end)station f (DIN 44302) (EDV) / data terminal, terminal* n, data communication terminal ‖ ~station f (DIN 44302) (EDV) / data station, station n, terminal station ‖ nicht programmierbare ~station (EDV) / dumb terminal ‖ nichtprogrammierbare ~station (EDV) / dumb terminal ‖ logische ~station (die von allen Hardwarefunktionen entkoppelt ist) (EDV) / high-level terminal, virtual terminal, VT ‖ aktive ~station (EDV) / active station ‖ ~station f mit Anschluß für Wählverkehr (eine Datenstation an einer Wählleitung) (EDV) / dial-up terminal ‖ ~stationsbenutzer m (EDV) / terminal user n, transactor n ‖ ~strom m (EDV) / data stream ‖ ~struktur f (EDV) / data structure* ‖ ~tablett n (EDV) / data tablet ‖ ~technik f (EDV) / data systems engineering, data systems technology ‖ mittlere ~technik (MDT) (EDV) / small business systems, office computers (as opposed to general-purpose computers) ‖ ~teil m (der dritte Teil eines COBOL-Programms, der die Deklarationen für die im Programm verwendeten Größen enthält) (EDV) / data division (COBOL) ‖ ~telefon n (EDV) / data phone

**Datenträger** m (ein physisches Mittel, auf dem Daten aufbewahrt werden können) (EDV) / data carrier, storage medium, data medium ‖ ~ (derjenige Teil eines einzelnen Speichermediums, auf den durch einen Lese-/Schreibmechanismus zugegriffen werden kann; ein Aufzeichnungsmedium, das als Ganzes montiert oder entfernt werden kann) (EDV) / volume n, data volume ‖ ~ (EDV) s. auch Speichermedium ‖ flexible magnetische ~ (DIN 66010) (EDV) / flexible magnetic data media ‖ gemeinschaftlicher ~ (EDV) / public volume ‖ privater ~ (EDV) / private volume ‖ unbeschriftete ~ (EDV) / virgin media, blank media, empty media ‖ unvorbereitete ~ (EDV) / virgin media, blank media, empty media ‖ ~ m der Systemresidenz (auf dem das eigentliche Betriebssystem und der gesamte zugehörige Supervisorkode untergebracht werden) (EDV) / system residence volume

**Datenträger·archivnummer** f (EDV) / volume serial number (VSN) ‖ ~austauschband n (EDV) / swap tape ‖ vorverlegtes ~ende (EDV) / forced end of volume (FEOV) ‖ ~endezeichen n (EDV) / end-of-medium character, EM character ‖ ~etikett n (EDV) / volume label, VOL, volume header label ‖ ~-Inhaltsverzeichnis n (EDV) / volume table of contents (VTOC) ‖ ~umwandlung f (EDV) / media conversion

**Daten·transfer** m (EDV) / data transfer, transfer of data ‖ physikalischer ~transfer (EDV) / physical message transfer ‖ ~transferzeit f (EDV) / swap time ‖ ~typ m (EDV) / data type* ‖ abstrakter ~typ (EDV) / abstract data type ‖ ~typist m (EDV) / data typist (male) ‖ ~typistin f (EDV) / data typist (female) ‖ ~übermittlung f (EDV) / data transfer, transfer of data ‖ ~übermittlung (DIN 44302) (EDV) / data communication ‖ einseitige ~übermittlung (DIN 44302) (EDV) / one-way communication ‖ ~übermittlungsabschnitt m (EDV) / data link (DL) ‖ öffentliches ~übermittlungsnetz (EDV) / public data network (PDN) ‖ ~überprüfung f (mit Korrekturen und Ergänzungen) (EDV) / data purification

**Datenübertragung** f (EDV) / data transmission ‖ ~ (zwischen den einzelnen Teilen einer DVA am gleichen Ort) (EDV) / data transfer, transfer of data ‖ ~ (im weitesten Sinne) (EDV) / data communication ‖ synchrone ~ (EDV) / synchronous data transmission ‖ ~ f über eine Fernleitung, in der die Synchronisation der Zeichen durch eine zeitliche Abfolge von Signalen gesteuert wird, die von der sendenden und empfangenden Station generiert werden (EDV) / binary synchronous communication (BSC)

**Datenübertragungsanlage, optische** ~ (EDV) / optical data link, ODL
**Datenübertragungs·block** m (EDV) / data transmission block, frame n ‖ ungültiger ~block (EDV) / invalid frame ‖ ~einrichtung f (EDV) / data-circuit terminating equipment (DCE) ‖ ~kapazität f (EDV) / data transmission capacity ‖ ~protokoll n (EDV) / transport protocol, transmission control protocol (TCP) ‖ ~steuerung f (EDV) / synchronous data-link control*, SDLC ‖ ~steuerzeichen n (DIN 66303) (EDV) / transmission control character, TC ‖ ~system n (EDV) / communication system ‖ ~vorrechner m (in einem Datenfernverarbeitungssystem) / front-end processor*, front-end computer (FEP), satellite processor

**Daten·umsetzer** m (EDV) / data converter, data convertor ‖ ~umsetzung f (EDV) / data conversion, DC ‖ ~umwandlung f (EDV) / data conversion, DC ‖ ~unabhängigkeit f (von einzelnen Programmen und Anwendungsgebieten) (EDV) / data independence ‖ ~unterdrückung f (EDV) / data suppression ‖ ~ursprung m (EDV) / data origin ‖ ~verantwortlicher m (EDV) / controller n ‖

⁓**verantwortlichkeit** *f* (EDV) / data liability ‖ ⁓**verantwortung** *f* (EDV) / data liability ‖ ~**verarbeitend** *adj* (EDV) / data-processing *adj*
**Datenverarbeitung** *f* (EDV) / data processing\*, DP, processing data, information processing\* ‖ **[elektronische]** ⁓ (EDV) / electronic data processing, EDP ‖ **aktive grafische** ⁓ (EDV) / active graphics ‖ **automatische** ⁓ (EDV) / automatic data processing\*, ADP, datamation *n* ‖ **elektronische** ⁓ (EDV) / electronic data processing, EDP ‖ **grafische** ⁓ (alle Techniken und Anwendungen einer digitalen Rechenanlage, bei denen Daten in Form von gezeichneten Linien oder Rasterpunkten ausgegeben oder angenommen werden) (EDV) / computer graphics\* ‖ **individuelle** ⁓ (EDV) / personal computing, end-user computing, individual data processing ‖ **integrierte** ⁓ **(IDV)** (EDV) / integrated data processing, IDP ‖ **kommerzielle** ⁓ (Buchhaltung, Finanzen, Lagerhaltung usw.) (EDV) / commercial dataprocessing ‖ **linguistische** ⁓ (EDV) / computational linguistics, computer linguistics ‖ **neuronale** ⁓ (EDV) / neural computing ‖ **optische** ⁓ (EDV) / optical data processing, optical processing and computing ‖ **passive grafische** ⁓ (d.h. Ausgabe grafischer Darstellungen) (EDV) / passive graphics ‖ **technisch-wissenschaftliche** ⁓ (z.B. Forschung, Energieversorgung, mathematische Modelle usw.) (EDV) / scientific dataprocessing ‖ **teilintegrierte** ⁓ (EDV) / part-integrated data processing ‖ **verteilte (dezentralisierte)** ⁓ (mit räumlich getrennten Rechnern) (EDV) / distributed data processing, DDP ‖ ⁓ *f* **auf Mikroformebene** (EDV) / computer micrographics ‖ ⁓ **in der Konstruktion** (EDV, Masch) / computer-aided design\*, CAD\*
**Datenverarbeitungs•anlage (DVA)** *f* (EDV) / data-processing equipment, DP equipment ‖ **speicherprogrammierte** ⁓**anlage** (EDV) / stored-program computer ‖ **[elektronische]** ⁓**maschine** (EDV) / electronic data-processing machine ‖ ⁓**system** *n* (EDV) / data-handling system\*, data-reduction system ‖ **globales** ⁓**system** (eine Komponente der Weltwetterwacht) (Meteor) / Global Data Processing System (GDPS) ‖ ⁓**zentrum** *n* (EDV) / data-processing centre, computing centre, EDP centre, processing centre
**Daten•verbindung** *f* (DIN 44302) (EDV) / data circuit ‖ **sprachbegleitete** ⁓**verbindung** (EDV) / data connection with accompanying speech transmission ‖ ⁓**verbindungsbrücke** *f* (EDV) / data link bridge (DLB), bridge *n* ‖ ⁓**verbund** *m* (PL/I) (EDV) / aggregate *n* ‖ ⁓**verbund** (ein Datensatz, in dem zu einer determinierenden Variablen mehrere verschiedene Variablenwerte gehören) (EDV) / data combination ‖ ⁓**verbundnetz** *n* (Rechnerverbund zum Zwecke der Zugänglichmachung von Datenbeständen für die Mehrfachnutzung an verschiedenen Orten) (EDV) / data integrated network ‖ ⁓**verbundsystem** *n* (EDV) / data combination system ‖ ⁓**verdichtung** *f* (EDV) / data compression\*, data reduction\* ‖ ⁓**verkehr** *m* (EDV) / data traffic ‖ ⁓**verkettung** *f* (EDV) / data chaining ‖ ⁓**verlust** *m* (EDV) / data overrun ‖ ⁓**vermittlung** *f* (EDV) / data switching ‖ ⁓**vermittlungsstelle** *f* (EDV) / data switching exchange (DSE), data switching centre ‖ **kryptografische** ⁓**verschlüsselung** (EDV) / cryptographic transformation ‖ ⁓**verwaltung** *f* (EDV) / data management, data administration ‖ ⁓**wandler** *m* (EDV) / data converter, data convertor ‖ ⁓**weg** *m* (EDV) / data path (DP) ‖ ⁓**wegkompilierer** *m* (EDV) / data path compiler ‖ ⁓**wegsteuerung** *f* (EDV) / data path logic ‖ ⁓**weiche** *f* (EDV) / data selector ‖ **[COBOL]** ⁓**wort** (EDV) / data word, data item ‖ ⁓**zentrum** *n* (eine Datenbank, die ihre Tätigkeit zentral für eine geografische, organisatorische oder politische Einheit durchführt) (EDV) / data centre ‖ ⁓**zugriff** *m* (EDV) / data access ‖ **abgesetzter** ⁓**zugriff** (EDV) / remote data access ‖ ⁓**zugriffsmethode** *f* (EDV) / access method
**Datexdienst** *m* (der Deutschen Telecom AG) (EDV) / DATEX service, data exchange service
**DATEX-M-Dienst** *m* (B-ISDN-basierter Service der Deutschen Telekom AG für die LAN-LAN-Kopplung) (EDV) / DATEX-M service (the German equivalent to SMDS)
**Datexnetz** *n* (Sammelbegriff für Datenübertragungsnetze) (EDV) / datex network
**Datierung** *f* / dating *n*
**DAT-Laufwerk** *n* (Eltronik, Mag) / DAT drive
**Datolith** *m* (Kalziumhydroxidborosilikat) (Min) / datolite\* *n*
**DA-Transistor** *m* (Eltronik) / diffused-alloy transistor
**DAT-Technik** *f* (Eltronik, Mag) / DAT technology, digital audio tape technology
**Datum** *n* (pl. Daten) (Kalenderdatum oder Ordinaldatum nach EN 28601 - z.B. 2002-12-31) / date *n* ‖ **geodätisches** ⁓ (Gesamtheit der Parameter, die das Koordinatensystem einer Landesaufnahme gegenüber dem globalen erdfesten Bezugssystem festlegen) (Verm) / geodetic datum
**Datums•grenze** *f* (Grenzlinie auf der Erdoberfläche durch den Pazifischen Ozean) / date line *n* (International Date Line) ‖ ⁓**stempel** *m* / date-stamp *n*, dater *n*
**Daturinsäure** *f* (Chem) / margaric acid\*

**DAU** (EDV) / digital/analogue converter, dac, digital-to-analogue converter, DAC, D/A converter
**Daube** *f* (für die Wandung eines Holzgefäßes) (Tischl) / stave *n*
**Dauben•fräsmaschine** *f* (Tischl) / stave-shaping machine ‖ ⁓**fügemaschine** *f* (Tischl) / stave-jointing machine ‖ ⁓**modell** *n* (Gieß) / slatted pattern ‖ ⁓**reißer** *m* (ein Gerät des Böttchers) (Tischl) / froe *n*, frow *n*
**Dauer, pessimistische** ⁓ (einer Aktivität in dem Netzwerkverfahren) (F.Org) / pessimistic time ‖ ⁓ *f* **der unnötigen Belegungen** (EDV) / line-lockout time ‖ ⁓ **des Patents** (20 Jahre) / term of patent ‖ ⁓ **des Reizes** (Physiol) / duration of stimulus ‖ ⁓**anode** *f* (Galv) / inert anode\*, insoluble anode ‖ ⁓**auftrag** *m* / standing order ‖ ⁓**aufzeichnung** *f* (Tätigkeit) / permanent recording ‖ ⁓**auslösetaste** *f* / repeat key, repeat action key, auto-repeat key ‖ ⁓**ausscheider** *m* (Bakteriol) / carrier\* *n* ‖ ⁓**beanspruchung** *f* (HuT) / sustained loading ‖ ~**belastet** *adj* (Masch, Mech, WP) / continuously loaded, subjected to continuous load ‖ ⁓**belastung** *f* (Masch, Mech, WP) / permanent load\*, dead load\*, sustained load, constant load ‖ ⁓**belastung** (Tätigkeit) (Masch, WP) / permanent loading, sustained loading, constant loading, continuous loading ‖ ⁓**betätigung** *f* **einer Taste** (EDV) / repeat-key action ‖ ⁓**betrieb** *m* (mit gleichbleibender Belastung) (Eltech) / continuous duty ‖ ⁓**biegefestigkeit** *f* (WP) / flex life ‖ ⁓**biegewiderstand** *m* (mit einem Falzapparat ermittelt) (Pap) / folding endurance ‖ ⁓**brandlampe** *f* (die unter Luftabschluß betrieben wird) / enclosed arc lamp ‖ ⁓**brandofen** *m* / slow-combustion stove, slow-burning stove ‖ ⁓**bremse** *f* (Kfz) / retarder *n* ‖ ⁓**bremse** (Masch) / sustained-action brake ‖ ⁓**bruch** *m* (Versagen eines Werkstoffs bei Schwingbeanspruchung im elastischen Bereich) (WP) / fatigue failure ‖ ⁓**bruchrastlinie** *f* (WP) / fatigue crescent ‖ ⁓**drehzahl** *f* (Masch) / continuous speed ‖ ⁓**drucklöscher** *m* / sustained-depression extinguisher ‖ ⁓**effekt** *m* (WP) / long-time effect ‖ ⁓**elektrode** *f* (Eltech, Hütt) / continuous electrode\* ‖ ⁓**elektrode** s. auch Söderbergelektrode ‖ ⁓**entladung** *f* / continuous discharge ‖ ⁓**erdschluß** *m* (Eltech) / sustained earth fault ‖ ⁓**erhitzung** *f* (etwa 30 min bei 62 bis 65° C) (Nahr) / holder pasteurization, batch-type pasteurization ‖ ⁓**erregt** *adj* (Eltech) / permanently excited ‖ ⁓**falte** *f* (Tex) / memory creasing, permanent crease ‖ ⁓**festigkeit** *f* (WP) / endurance limit\*, fatigue limit\* ‖ ⁓**fläche** *f* (zur Beobachtung der Veränderung einer Pflanzengemeinschaft) (Bot) / quadrat\* *n* ‖ ⁓**flamme** *f* / pilot-light *n* ‖ ⁓**flugplan** *m* (Luftf) / repetitive flight plan ‖ ⁓**fluß** *m* (Geol, Hyd) / perennial stream, permanent stream, perennial river ‖ ⁓**form** *f* (für Kokillenguß) (Gieß) / permanent mould\*, die *n* ‖ ⁓**formguß** *m* (Gieß) / permanent-mould casting ‖ ⁓**frostboden** *m* (Geol) / permafrost\* *n*, permanently frozen ground, pergelisol *n*, perennially frozen ground ‖ ⁓**funktionstaste** *f* / repeat key, repeat action key, auto-repeat key ‖ ⁓**geschwindigkeit** *f* / sustained speed ‖ ⁓**gießform** *f* (meistens metallisch) (für Kokillenguß) (Gieß) / permanent mould\*, die *n* ‖ ⁓**glanzappretur** *f* (Tex) / permanent-sheen finish ‖ ⁓**gleichgewicht** *n* (der Grenzfall des radioaktiven Gleichgewichts) (Kernphys) / secular equilibrium\*
**dauerhaft•e Falte** (Tex) / memory creasing, permanent crease ‖ ~**e tragfähige Entwicklung** (Umwelt) / sustainable development ‖ ~**e tragfähige Entwicklung** (Umwelt) / sustainable development
**Dauerhaftigkeit** *f* / durability *n*, endurance *n* ‖ **natürliche** ⁓ (von Holz) (For) / natural durability
**Dauer•haltbarkeit** *f* (Bauteil-Tragfähigkeit bei Einstufen-Schwingbelastung) (WP) / fatigue strength (depending on one-step fatigue load) ‖ ⁓**haltbarkeit** (eine Art Tragfähigkeit) (WP) / form strength, strength depending on design ‖ ⁓**hub** *m* (bei Pressen) (Masch) / continuous stroke ‖ ~**klebrig** *adj* (Klebstoff) / permanently tacky ‖ ⁓**kultur** *f* (Bakteriol) / continuous culture\* ‖ ⁓**kurzschlußprüfung** *f* (Eltech) / sustained short-circuit test ‖ ⁓**last** *f* (beim Dauerschwingversuch) (Mech) / repeated load ‖ ⁓**lauf** *m* (Masch) / continuous run, continuous working, continuous operation, continuous running ‖ ⁓**leertaste** *f* (der Schreibmaschine) / repeat key, repeat action key, auto-repeat key ‖ ⁓**leistung** *f* (Eltech) / continuous rating\* ‖ **höchstzulässige** ⁓**leistung** (Luftf) / maximum continuous rating, maximum continuous power ‖ ⁓**lochstreifen** *m* (EDV) / long-life tape, high-durability tape ‖ ⁓**magnet** *m* (Eltech) / permanent magnet\*, PM ‖ ⁓**magneterregung** *f* (Eltech) / permanent-magnet excitation, permanent-field excitation ‖ ⁓**magnetmotor** *m* (Eltech) / permanent-magnet motor ‖ ⁓**magnetspanner** *m* / permanent-magnet chuck ‖ ⁓**magnetwerkstoff** *m* (DIN 17410) / hard magnetic material, hard ferromagnetic material ‖ ⁓**modell** *n* (für die Herstellung mehrerer verlorener Formen) (Gieß) / permanent pattern ‖ ~**modulierter Puls** (DIN 5483, T 1) (Fernm) / time-duration-modulated pulse train
**dauernd** *adj* / permanent *adj* ‖ ~**e Beanspruchung** (HuT) / sustained loading ‖ ~ **umschalten** (um ein interessantes Programm zu suchen) (TV) / zap *v*, flick *v*, switch *v*

**Dauerprüfung**

**Dauer•prüfung** f (WP) / cyclic testing, cycling n ‖ ⁓**prüfung** (durch die festgestellt werden soll, wie sich die Eigenschaften einer Einheit durch Beanspruchungen verändern, die über einen längeren Zeitraum einwirken - Zeitstandversuch oder Schwingversuch) (WP) / endurance test ‖ ⁓**prüfung mit Erwärmungsmessung** (Eltech) / heat run* ‖ ⁓**quelle** f (mit jahreszeitlich unabhängiger Schüttungsperiode) (Wasserb) / perennial spring ‖ ⁓**schlagversuch** m (mit der in der Regel konstanten Schlagstärke) (WP) / fatigue impact test ‖ ⁓**schwingbeanspruchung** f (WP) / fluctuating load ‖ ⁓**schwingbruch** m (WP) / fatigue failure ‖ ⁓**schwingfestigkeit** f (WP) / endurance limit*, fatigue limit* ‖ ⁓**schwingfestigkeit** (für die Mittelspannung Null) (WP) / limiting range of stress*, endurance limit at repeated stress (between positive and negative values), fatigue limit under repeated stress (between positive and negative values), endurance range* ‖ ⁓**schwingprüfmaschine** f (WP) / fatigue-testing machine* ‖ ⁓**schwingversuch** m (DIN 50100) (WP) / fatigue test* ‖ ⁓**niederfrequenter schwingversuch** (WP) / low-cycle fatigue test ‖ ⁓**schwingversuch** m **nach Wöhler** (August Wöhler, 1819-1914) (WP) / Wöhler test ‖ ⁓**spannung** f (Eltech) / constant voltage, CV ‖ ⁓**speicher** m (EDV) / non-erasable memory (paper tapes, punched cards), non-erasable storage, permanent memory (of which the contents cannot be erased during processing) ‖ ⁓**speicherung** f (z.B. auf Lochkarten) (EDV) / non-erasable storage ‖ ⁓**stellplatz** m (für Wohnwagen und Mobilheime) (Kfz) / residential pitch ‖ ⁓**störung** f (Radio) / continuous noise, continuous disturbance ‖ ⁓**strich-** (Eltronik) / continuous-wave (CW, cw) attr ‖ ⁓**strichlaser** m (kontinuierliche Emission von Licht) (Phys) / continuous-wave laser, CW laser, cw laser ‖ ⁓**strichradar** m n (Radar) / continuous-wave radar*, CW radar*, unpulsed radar ‖ **phasenkodiertes** ⁓**strichsignal** (Radar) / phase-coded CW signal ‖ ⁓**strichstörsender** m (Radar) / rail-fence jammer, continuous-wave jammer ‖ ⁓**strom** m (Eltech) / constant current ‖ ⁓**strom** (Eltech) / steady current ‖ ⁓**taste** f / repeat key, repeat action key, auto-repeat key ‖ ⁓**tauchversuch** m (eine Korrosionsprüfung) / continuous-immersion test, total-immersion test ‖ ⁓**tauchversuch** (DIN 50900) (Galv) / continuous-immersion test, full-immersion test (continuous) ‖ ⁓**test** m (WP) / endurance test ‖ ⁓**ton** m (Akus) / sustained tone ‖ ⁓**überlastung** f (HuT) / sustained overloading ‖ ⁓**umschaltung** f **auf Großbuchstaben** (EDV) / all-caps mode, caps mode ‖ ⁓**umschaltungszeichen** n (EDV) / shift-out character (SO) ‖ ⁓**versuch** m (ein Schwingversuch) (WP) / cyclic testing, cycling n ‖ ⁓**wannenofen** m (Glas) / continuous tank, continuous glass tank ‖ ⁓**wärmefestigkeit** f (Eltech) / thermal endurance ‖ ⁓**wechselbiegeprobe** f (WP) / reverse bending fatigue specimen ‖ ⁓**wert** m (eines Signals) (Regeln) / steady-state value

**D-Aufschaltung** f (Regeln) / derivative control action, lead n (li:d), D-action n

**Daumen** m (auf der Pochwelle) (Aufber) / tumbler n ‖ ⁓ (des Daumenrades) (Masch) / lobe n, cog n ‖ ⁓ (Masch) / finger n ‖ **über den** ⁓ **peilen** / guesstimate v, guestimate v ‖ ⁓**ablage** f (am Lenkrad) (Kfz) / thumb rest ‖ ⁓**drücker** m (Tischl) / thumb latch, Norfolk latch, Garden City latch, Canadian latch, Suffolk latch, lift latch (US) ‖ ⁓**index** m (Buchb) / thumb-index n ‖ ⁓**nagelgroße Seitenansicht** (EDV) / thumbnail view (e.g. of faxed pages or word-processor documents) ‖ ⁓**nagelriß** m (Biegeprobe) (WP) / thumbnail crack ‖ ⁓**rad** n (Masch) / cogwheel n, rack-wheel n ‖ ⁓**regel** f (eine Merkregel der Elektrotechnik) (Eltech) / hand rule ‖ **[eingeschnittenes]** ⁓**register** (Buchb) / thumb-index n

**D/A-Umsetzer** m (EDV) / digital/analogue converter, dac, digital-to-analogue converter, DAC, D/A converter

**Daune** f (Tex) / downy hairs, down n, fluff n

**daunen•artig** adj (Tex) / downy adj ‖ ⁓**batist** m (Tex) / downproof batiste ‖ ⁓**dicht** adj (Gewebe) (Tex) / downproof adj, down-resistant adj ‖ ⁓**dichtheit** f (von Geweben) (Tex) / downproof properties ‖ ⁓**kambrik** m (Tex) / downproof batiste ‖ ⁓**perkal** m (Tex) / downproof batiste

**daunig** adj (Tex) / downy adj

**Daunomycin** n (ein Anthracyclin) (Pharm) / daunomycin n, daunorubicin n

**Dauphinéer Gesetz** (Krist) / Dauphiné law ‖ ⁓ **Zwilling** (Krist) / Dauphiné twin

**Davanaöl** n (aus Artemisia pallens L.) (Chem, Nahr) / davana oil

**Davidit** m (ein Uranmineral) (Min) / davidite n

**Davids Ahorn** (Acer davidii Franch.) (For) / snakebark maple, David's maple

**Davit** m (galgenartige Vorrichtung zum Aussetzen von Gegenständen nach außenbord) (Schiff) / davit n

**Davy-Lampe** f (Bergb) / safety lamp*, miner's lamp*, Davy lamp*, mine lamp, permissible lamp (US), pit lamp

**D/A-Wandler** m (EDV) / digital/analogue converter, dac, digital-to-analogue converter, DAC, D/A converter

**Dawidow-Aufspaltung** f (bei Chromophoren) (Spektr) / Dawidoff splitting

**Dawnchorus** m (eine VLF-Emission) (Radio) / dawn-chorus n

**Dawsonit** m (Natriumaluminiumdihydroxidkarbonat) (Min) / dawsonite n

**Dayglow** n (in der hohen Atmosphäre) (Geophys) / day-glow n

**Dazit** m (Geol) / dacite* n

**Dazomet (DMTT)** n (gegen Nematoden, zur Bodenentseuchung, gegen keimende Unkräuter) (Chem) / dazomet (DMTT) n

**dazwischen•legen** v / interpose v ‖ ⁓**liegend** adj / intermediate adj ‖ ⁓**schieben** v / sandwich v (between)

**dB** (Verstärkungs- oder Dämpfungsmaß nach DIN 5493) (Akus, Fernm) / decibel* n, dB*

**Db** (Chem) / dubnium n, Db

**DB** (eine Datenbasis unter einem Datenbasis-Verwaltungssystem, die von mehreren Anwendungsprogrammen gemeinsam genutzt werden kann) (EDV) / data bank*, database* n

**DBA** (EDV) / database administrator, database manager

**D-Bank** f (Nukl) / Doppler bank, D-bank n, Doppler rod bank

**DBMS** (EDV) / database management system*, DBMS, data-bank management system

**DBP** / German federal patent ‖ ⁓ (Chem) / dibutyl phthalate (DBP)

**DBP-Absorption** f (Anstr, Chem) / DBP absorption

**DBR-Halbleiterlaser** m (Phys) / DBR laser, distributed Bragg reflector laser

**DBS** (DIN 7723) (Anstr, Chem) / dibutyl sebacate ‖ ⁓ (EDV) / database system

**DBS-Terminal** n (Einrichtung für den direkten Empfang von Fernseh- oder Hörfunkprogrammen, die von einem als Relaisstation arbeitenden Kommunikationssatelliten abgestrahlt werden) (Radio, TV) / DBS terminal

**DB-Verwalter** m (Person, die für den Aufbau, die Entwicklung, den Betrieb, die Sicherung, die Aktualisierung und die Benutzung einer Datenbank verantwortlich ist) (EDV) / database administrator, database manager

**DC** (Chem) / thin-layer chromatography* (TLC)

**DCB-Probe** f (WP) / double-cantilever-beam specimen, DCB specimen

**DCC** (eine Organochromverbindung, die zur thermischen Herstellung von Chromüberzügen im Vakuum geeignet ist) / dicumene chromium

**DC-Fertig•folie** f (Chem) / precoated TLC foil ‖ ⁓**DC-Fertigplatte** (Chem) / precoated plate

**DCFL** (Eltronik) / direct-coupled FET logic, DCFL

**DC-Fluorimetrie** f (Chem) / TLC fluorimetry

**DC-Folie** f (Chem) / TLC foil

**DCI** (Spektr) / direct chemical ionization, DCI

**DCP** n (in schwer zugänglichen Gebieten eingesetzte elektronische Anlage, welche die automatische Datensammlung ermöglicht) (Meteor) / data-collection platform, DCP

**DCS** n (EDV) / diagnostic communications system, DCS ‖ ⁓ (Fernsp) / digital cellular system, DCS

**DC-Scanner** m (Spektr) / TLC scanner, scanning densitometer, spectrodensitometer n

**DC-Schweißung** f (Schw) / d.c. welding

**DCTL** (Eltronik) / direct-coupled transistor logic (DCTL)

**DD** (Chem) / dibenzodioxin n ‖ ⁓ (EDV) / data dictionary*, DD

**DD-Additiv** n (Erdöl) / detergent-dispersant additive

**D-Darstellung** f (Radar) / D display*

**DDC** (Dezimalklassifikationssystem von Melvil Dewey, 1851-1931) / Dewey Decimal Classification, DDC

**DDC-Regelung** f (mit Hilfe eines Prozeßrechners) (Regeln) / direct digital control, DDC

**DDE** (EDV) / dynamic data exchange (Windows interprocess communication that supports the exchange of data and commands between two simultaneously running applications), DDE

**DDE-Kanal** m (EDV) / DDE channel

**DD-Glas** n (bis 4 mm) (Glas) / double-thickness sheet glass, double-thickness window glass (US), double-strength window glass (US), DS (US)

**DDK** / differential scanning calorimetry, DSC ‖ ⁓ (Chem) / differential scanning calorimetry, DSC

**DD-Name** m (EDV) / data-definition name, DD name

**DDP** (DIN 7723) (Chem) / didecyl phthalate

**d-d-Prozeß** m (Nukl) / d-d process

**d-d-Reaktion** f (Nukl) / d-d process

**d-drehend** adj (Chem, Opt) / dextrorotatory* adj, dextrogyric adj, dextrogyrate adj, dextro adj, dextrogyratory adj, dextrorotary adj, dextrorotating adj

**3-D-Druck** m (Druck) / three-dimensional printing

**d-d-Streuung** f (Kernphys) / deuteron-deuteron scattering, d-d scattering

**DDT** *n* (in der BRD verbotenes Kontaktinsektizid) (Chem, Landw, Umwelt) / dichlorodiphenyltrichloroethane *n*, DDT*
**DDVP** *n* (Kontakt-, Fraß- und Atemgift) (Chem, Landw) / dichlorvos *n*, DDVP
**DDW-Terpentinöl** *n* (Chem) / destructively distilled wood turpentine
**DE** (EDV) / data input, data entry ‖ ~ (Masch) / steam generator* (SG), steam boiler*, steam-raising unit, steam-generating unit
**Dead•-end-Pathway** *m* (Stoffwechselweg von Mikroorganismen, wobei beim biologischen Abbau bzw. durch Biotransformation ein Stoff entsteht, der nicht bzw. sehr langsam abgebaut wird und der noch wesentliche Strukturelemente der Ausgangssubstanz aufweist) (Biol) / dead-end pathway ‖ ~**line** *f* (äußerster Termin, Frist) / deadline *n* ‖ ~**lock** *m* (EDV) / deadlock *n* ‖ ~**lock** (alle Teilprobleme warten auf Informationen bzw. Lösungen von anderen Teilproblemen) (KI) / deadlock *n* ‖ ~**-Stop-Methode** *f* (eine Form der amperometrischen Titration) (Chem) / dead-stop titration ‖ ~**-Stop-Titration** *f* (Chem) / dead-stop titration ‖ ~**weight** *n* (Schiff) / dead weight*, deadweight tonnage, deadweight capacity, d.w.t. ‖ ~**-Zero-System** *n* (Signalübertragungssystem, bei dem der unterste Wert des Signals Null beträgt) (Fernm) / dead zero system
**DEAE-Zellulose** *f* (Chem) / diethylaminoethyl cellulose, DEAE cellulose
**Deaktivator** *m* (Chem) / deactivating agent, deactivator *n*, inactivator *n*
**deaktivieren** *v* (Chem) / deactivate *v*, inactivate *v* ‖ ~ (Kommando, Konto, Menü) (EDV) / disable *v*
**Deaktivierung** *f* (Chem) / deactivation* *n*, inactivation* *n*
**Deaktivierungsgebühr** *f* (wenn der Kartenvertrag endet) (Fernsp) / deactivation fee
**Deaktivierungsmittel** *n* (Chem) / deactivating agent, deactivator *n*, inactivator *n*
**Deal** *m* (einmalige Transaktion) / deal *n*, business transaction
**Deal-Grove-Gesetz** *n* (ein Wachstumsgesetz) (Eltronik) / Deal-Grove law
**Dealkylierung** *f* (Chem) / dealkylation *n*
**Deans-Säulenschaltung** *f* (Chem) / Deans' column switching, Deans' switching
**Deans-Schaltung** *f* (Serien-Parallel-Schaltung für gaschromatografische Untersuchungen) (Chem) / Deans' column switching, Deans' switching
**deasphaltieren** *v* / deasphalt *v* ‖ ~ *n* / deasphalting *n*
**Death-charge-Polymerisation** *f* (Chem) / death-charge polymerization
**DE-Bit** *n* (EDV) / discard eligible bit, DE bit
**debitieren** *v* (ein Konto) / debit *v*
**Deborazahl** *f* (das Produkt aus der den Viskoelastizitätseffekt kennzeichnenden Relaxationszeit der Flüssigkeit und der Quadratwurzel der substantiellen Ableitung der Quadratwurzel der zweiten Grundinvariante des Verzerrungsgeschwindigkeitstensors nach der Zeit) (Mech) / Deborah number
**Deborierung** *f* (Chem) / boron removal, deboration *n*
**Debranching-Enzym** *n* (Biochem) / debranching enzyme
**Debriefing** *n* (Abschlußgespräch der Versuchsteilnehmer eines Experiments über dessen Ziele, Methoden und Resultate) / debriefing *n*
**de-Broglie-Welle** *f* (nach L.V. Prinz von Broglie, 1892-1987) (Phys) / matter wave, de Broglie wave
**de-Broglie-Wellenlänge** *f* (Phys) / de Broglie wavelength*
**Debuggee** *n* (das zu debuggende Programm) (EDV) / debuggee *n*
**debuggen** *v* (EDV) / debug* *v*, check out *v*
**Debugger** *m* (EDV) / debugger *n*, debugging routine ‖ **residenter** ~ (Debugger, der immer im System präsent ist und Abstürze jeder laufenden Anwendung abfängt) (EDV) / resident debugger
**Debugging-Tool** *n* (EDV) / debugging tool
**Debugprogramm** *n* (EDV) / debugger *n*, debugging routine
**Debye** *n* (Elektr) / Debye unit*, debye *n* ‖ ~**-Falkenhagen-Effekt** *m* (die elektrische Leitfähigkeit einer Elektrolytlösung nimmt zu, wenn sie mit hochfrequenter Wechselspannung gemessen wird) (Elektr) / Debye-Falkenhagen effect ‖ ~**-Frequenz** *f* (höchste im Modell der Debye-Theorie vorkommende Frequenz der Schwingungen des Atomgitters eines Festkörpers) (Krist) / Debye frequency, Debye cutoff frequency ‖ ~**-Gleichung** *f* (Frequenzabhängigkeit der komplexen Dielektrizitätskonstante eines Dielektrikums) (Elektr) / Debye equation ‖ ~**-Hückelsches Grenzgesetz** (Chem) / Debye-Hückel limiting law ‖ ~**-Hückel-Theorie** *f* (nach P.J.W.Debye, 1884-1966, und E.Hückel, 1896-1980) (Chem) / Debye-Hückel theory* ‖ ~**-Kräfte** *f pl* (Kernphys) / induction forces, Debye forces ‖ ~**-Länge** *f* (Plasma Phys) / Debye shielding length, Debye length*, Debye-Hückel screening radius ‖ ~**-Potential** *n* (in der Plasmastatistik) (Plasma Phys) / Debye potential ‖ ~**-Ring** *m* (bei Pulveraufnahmen) (Krist) / Debye ring ‖ ~**-Ring** (Krist) s. auch Beugungsring
**Debyesch•er Abschirmradius** (Plasma Phys) / Debye shielding length, Debye length*, Debye-Hückel screening radius ‖ ~**e Relaxationszeit** (bei Debye-Gleichungen) (Elektr) / Debye relaxation time ‖ ~**es T³-Gesetz** (für die Wärmekapazität) (Wärm) / Debye $T^3$ law
**Debye•-Scherrer-Methode** *f* (eine Pulvermethode) (Krist) / Debye and Scherrer method*, Debye-Scherrer method ‖ ~**-Scherrer-Verfahren** *n* (nach P. Scherrer, 1890-1969) (Krist) / Debye and Scherrer method*, Debye-Scherrer method ‖ ~**-Sears-Effekt** *m* (die Gitterwirkung von Ultraschallwellen) (Phys) / Debye-Sears effect ‖ ~**-Temperatur** *f* (charakteristischer Parameter der Debyeschen Theorie der spezifischen Wärmekapazität) (Phys) / Debye temperature* ‖ ~**-Theorie** *f* (einfache Vorstellung zur mikroskopischen Beschreibung des Gitteranteils der spezifischen Wärme von Festkörpern) (Krist) / Debye theory ‖ ~**-Waller-Faktor** *m* (im Wirkungsquerschnitt bei der Streuung an Kristallgittern) (Krist) / Debye-Waller factor*
**dec** (ein Frequenzmaßintervall, dessen Frequenzverhältnis 10 ist - DIN 13320) (Fernm) / decade* *n*
**DEC** (EDV, Fernm) / Digital Equipment Corporation, DEC
**Decahydronaphthalen** *n* (Chem) / decahydro-naphthalene* *n*, decalin* *n*
**Decalin** *n* (Chem) / decahydro-naphthalene* *n*, decalin* *n*
**Decanal** *n* (Chem) / capric aldehyde, decanal *n*
**Decandisäure** *f* (Chem) / sebacic acid*, decanedioic acid
**Decanol** *n* (Chem) / decyl alcohol, decanol *n*
**Decarbonylierung** *f* (Chem) / decarbonylation *n*
**Decarboxylase** *f* (zu den Lyasen gehörendes Enzym, das die Abspaltung von Kohlendioxid aus organischen Säuren katalysiert) (Biochem) / decarboxylase* *n*
**Decasilan** *n* (Chem) / decasilane *n*
**Decca-Verfahren** *n* (ein Hyperbel-Navigationsverfahren) (Lufft, Nav) / Decca *n*
**dechiffrieren** *v* / decipher *v*, decrypt *v*
**Dechsel** *f* (Zimm) / adze* *n*, adz *n*
**decinormal** *adj* (Chem) / decinormal *adj*
**Decision-Support-System** *n* (KI) / decision-support system, DSS
**Decitex** *n* (Tex) / decitex* *n*
**Deck** *n* (eines Siebes) / deck *n* ‖ ~ (Gerät ohne eingebauten Verstärker oder Lautsprecher in der Hi-Fi-Technik) (Akus) / deck* *n* ‖ ~ (Schiff) / deck* *n* ‖ ~**-** / overlying *adj* ‖ **unteres** ~ (Schiff) / lower deck* ‖ ~**ablauf** *m* (ein Nebenprodukt bei Roh- oder Weißzuckerherstellung) (Nahr) / purging syrup, wash syrup ‖ ~**anstrich** *m* (der die unteren Anstrichschichten vor äußeren chemischen und physikalischen Einflüssen schützen und ästhetischen Anforderungen genügen muß) (Anstr) / finishing coat, top-coat *n*, finish coat, final coat, top layer ‖ **mit** ~**anstrich versehen** (Anstr) / finish *v* ‖ ~**blatt** (vom Anwendungsprogramm generierte Seite mit Absender-/Empfängerangaben, Dateinamen usw.) (EDV) / cover page, banner page ‖ ~**blattkarte** *f* (Kart) / overlay *n* ‖ ~**blech** *n* (z.B. am Stirnbrett, am Fensterrahmen oder unten an der Tür) (Klemp) / weather bar*, water bar* ‖ ~**bogen** *m* (Druck) / top blanket*, top sheet* ‖ ~**bogen** (Druck) / shim *n*, draw sheet* ‖ ~**brandsohle** *f* / sock *n* ‖ ~**brücke** *f* (HuT) / deck bridge*
**Decke** *f* / cover *n* ‖ ~ (Zimmerdecke) (Bau) / ceiling *n* ‖ ~ (des Bucheinbands) (Buchb) / book case, case *n* ‖ ~ (tektonische) (Geol) / nappe *n* ‖ ~**, decke** *n* (Fahrbahndecke) (HuT) / road surface, pavement *n* (BS 892), roadbed *n* ‖ ~ (eines Ofens) (Hütt) / roof *n* ‖ ~ (des Reifens) (Kfz) / casing *n*, outer cover ‖ ~ (Masch) / sleeve *n* ‖ **abgehängte** ~ (die als Putz- oder Akustikdecke unter die Rohdecke gehängt wird) (Bau) / false ceiling, suspended ceiling ‖ **eingehängte** ~ (Bau) / false ceiling, suspended ceiling ‖ **feuerbeständige** ~ (Bau) / fire-proof ceiling ‖ **flexible** ~ (Straßendecke) (HuT) / flexible pavement *n* ‖ **freitragende** ~ (Zimm) / single floor* ‖ **getäfelte** ~ (Bau, Zimm) / panelled ceiling ‖ **gewölbte** ~ (eines Ofens) (Hütt) / crown *n* ‖ **mit Rundungen angesetzte** ~ (Kehlen) (Arch) / coved ceiling* ‖ **nichtstarre** ~ (HuT) / flexible pavement *n* ‖ **starre** ~ (HuT, Luftf) / rigid pavement ‖ **untergehängte** ~ (Bau) / dropped ceiling, false ceiling, drop ceiling, suspended ceiling ‖ ~ *f* **des Dachbodens** (bei einem Steildach) (Bau) / camp ceiling ‖ ~ **mit sichtbaren Unterzügen** (Bau) / open floor* ‖ ~ **verputzen** (Bau) / ceil *v*
**Deckel** *m* (Haube) / bonnet* *n*, hood *n*, cover *n* ‖ ~ (der Dose) / top end ‖ ~ (Eltech, Eltronik) / header* *n* ‖ ~ (des Kofferraums) (Kfz) / lid *n*, deck *n* (US) ‖ ~ (Masch) / cap* *n* ‖ ~ (aufklappbar oder aufgesetzt) (Masch) / lid *n* ‖ ~ (Pap) / deckle *n*, deckel *n* ‖ ~ (der Krempel) (Tex) / flat *n* ‖ **mit Klappe oder** ~ (Masch) / lidded *adj* ‖ **selbstschließender** ~ (der Schreibmaschine) / self-lid cover ‖ ~**dichtung** *f* (Ventil) / bonnet gasket ‖ ~**falz** *m* (der Konservendose) (Nahr) / end seam, bottom seam ‖ ~**garnitur** *f* (Spinn) / flat clothing ‖ ~**karde** *f* (Spinn) / flat card, fillet card ‖ ~**krempel** *f* (Spinn) / flat card, fillet card ‖ ~**lager** *n* (in der Wellenrichtung geteiltes Stehlager für Hebemaschinen nach DIN 505) (Masch) / split (journal) bearing* ‖ ~**pappe** *f* (Buchb) / cover board ‖ ~**riemen** *m* (Pap) / deckle strap ‖ ~**ring** *m* (der Instrumente) (Kfz) / bezel* *n* ‖ ~**schraube** *f* (Nukl) /

**deckelseitig**

stud n ‖ ~**seitiger Totpunkt** (DIN 1940) (V-Mot) / top dead centre*, TDC
**Deckemail** n / cover enamel coat, finishing enamel coat
**decken** v / cover v ‖ ~ (Bau) / roof v ‖ **mit Schiefer** ~ (Bau) / slate v ‖ **mit Ziegeln** ~ (Bau) / tile v
**Decken•anemostat** m (Sanitär) / ceiling diffusor ‖ **runder** ~**anemostat** (Sanitär) / round ceiling diffusor ‖ ~**aufbau** m (bei Straßen) (HuT) / pavement construction ‖ ~**aufhängung** f (Bau) / ceiling suspension ‖ ~**bahn** f (bei Wellpappe) (Pap) / liner board, liner n ‖ ~**balken** m (Zimm) / ceiling joist*, joist* n, ceiling beam ‖ ~**balkenfeld** n (Zimm) / case bay* n ‖ ~**band** n (Buchb) / cased book*, bound book ‖ **eingelassene** ~**bandleuchte** (Eltech) / troffer n (a long recessed lighting unit usually installed with the opening flush with the ceiling) ‖ ~**belastung** f (Bau) / floor load ‖ ~**beleuchtung** f (mit verdeckten Leuchten) (Bau, Eltech) / cove lighting ‖ ~**beleuchtung** (Licht) / top lighting ‖ ~**brenner** m (z.B. bei Kesselanlagen) (Masch) / roof burner
**deckend** adj (Anstr) / opaque adj, covering adj ‖ ~**e Beize** (Anstr) / opaque stain ‖ ~**e Druckfarbe** (Druck) / opaque printing ink ‖ ~**er Farbton** (Tex) / overtone n
**Decken•einband** m (Buchb) / casing n ‖ ~**einbau** m (HuT) / surfacing n ‖ ~**erneuerung** f (HuT) / resurfacing n (with a new coating) ‖ ~**fächer** m (Masch) / ceiling fan ‖ ~**farbe** f (Bau) / ceiling paint ‖ ~**fenster** n (horizontales) (Bau) / lay light* ‖ ~**fenster** (in dem die Unterlage der Decke sichtbar wird) (Geol) / window* n, fenster n ‖ ~**fertiger** m (HuT) / finisher n ‖ ~**fertiger für bituminösen Straßenbau** (HuT) / asphalt paver ‖ ~**feuerung** f (bei Industrieöfen) / down-firing system ‖ ~**garn** n (Spinn) / blanket yarn ‖ **mit** ~**geschmack** (Wein) (Nahr) / ullaged adj, aldehydic adj ‖ ~**gesims** n (abgestufte Deckenkehle bei reich ausgestatteten Innenräumen) (Bau) / cornice n ‖ ~**heizung** f (eine Flächenheizung nach dem Prinzip der Strahlungsheizung) (Bau) / ceiling (plaster) heating ‖ ~**hubverfahren** n (Bau) / lift-slab construction ‖ ~**kehle** f (Arch) / cove* n ‖ ~**kultur** f (Bakteriol) / surface culture ‖ ~**leuchte** f (Licht) / ceiling lamp, ceiling luminaire, surface-mounted luminaire (US) ‖ ~**maschine** f (Buchb) / case-making machine, case maker ‖ ~**oberlicht** n (Bau) / lay light* ‖ ~**öffnung** f (Bau) / well n, floor opening ‖ ~**papier** n / lining paper, liner n (a lining paper) ‖ ~**platte** f (HuT) / slab* n ‖ ~**putz auftragen** (Bau) / ceil v ‖ ~**rosette** f (Eltech) / ceiling rose* ‖ **einfacher** ~**schlitzauslaß** (Sanitär) / single-slot ceiling diffusor ‖ ~**system** n (Geol) / nappe system ‖ ~**tafel** f (HuT) / slab* n ‖ ~**träger** m (zur Aufnahme der Deckenlasten und Weiterleitung auf Deckenunterzüge) (Bau) / secondary beam* n ‖ ~**trägerrostschwelle** f (Bau) / sleeper n ‖ ~**unterzug** m (meistens I-Profil) (Bau) / joist* n, main beam* n ‖ ~**ventilator** m (Masch) / ceiling fan ‖ ~**verzierung** f (Buchb) / finishing* n, blocking* n ‖ ~**verzierung** (von Hand) (Buchb) / tooling* n ‖ ~**voute** f (Arch) / cove* n ‖ ~**wurzel** f (Geol) / root of a nappe ‖ ~**ziegel** m (in der Regel Hohl- bzw. Loch- oder auch Füllstein) (Bau) / floor brick ‖ ~**zug** m (im Straßenbau) (HuT) / road-making concreting equipment ‖ ~**zwischenraum** m (z.B. bei abgehängten Decken) (Bau) / plenum n
**Deckerdruck** m (großflächiger Textildruck auf einer mit kleinen Mustern vorbedruckten Fläche unter Aussparung dieser Muster durch Schablonen) (Tex) / blotch print
**Deck•fähigkeit** f (eines pigmentierten Stoffes) (Anstr) / hiding power*, opacity* n, covering power, body* n, obliterating power* ‖ ~**fähigkeitsmesser** m (Anstr) / cryptometer* n ‖ ~**farbe** f (Anstr) / covering colour, opaque colour, coating colour ‖ ~**farbe** (Glas) / wax resist ‖ ~**farbenauftrag** m (letzter) (Leder) / finish n ‖ ~**farben-Zurichtung** f (meistens mit Eiweißdeckfarben) (ein Arbeitsgang der Lederzurichtung) (Leder) / seasoning n ‖ ~**feld** n (Arch) / bay* n ‖ ~**fläche** f (des Prismas) (Math, Opt) / base n ‖ ~**fleck** m (des Schuhabsatzes) / top lift, top piece ‖ ~**frucht** f (HuT, Landw) / cover crop n ‖ ~**furnier** f (DIN 68 330) (Tischl) / outside veneer face (an outside veneer), face veneer, facing veneer ‖ ~**gebirge** n (im Tagebau) (Bergb) / cap rock*, overburden* n, capping n (US) ‖ ~**gebirge** (als vertikale Abmessung) (Bergb) / cover n ‖ ~**gestein** n (Bergb) / cap rock*, overburden* n, capping n (US) ‖ ~**glas** n (optisch reines Glas zur Herstellung von Deckgläsern für mikroskopische Präparate) (Glas) / microglass n ‖ ~**glas** (Glasplättchen zum Bedecken des zu untersuchenden Präparats) (Mikros) / cover glass*, cover slip ‖ ~**glasausdrehung** f (Uhr) / bezel* n ‖ ~**grün** n (Anstr) / chrome green, lead chrome green ‖ ~**karo** n (Tex) / overcheck n ‖ ~**karomusterung** f (Tattersall) (Tex) / tattersall check, tattersall n ‖ ~**kette** f (bei Teppichen) (Tex) / covering warp ‖ ~**kläre** f (Zuckergewinnung) (Nahr) / raw washings, affination syrup ‖ ~**kraft** f (Anstr) / hiding power*, opacity* n, covering power, body* n, obliterating power* ‖ ~**kraft** (der Glasur) (Keram) / covering power ‖ ~**lack** m (Material) (Anstr) / finishing paint (top coat), finishing enamel ‖ ~**lack** (Glas) / wax resist ‖ ~**lacktrockner** m (Anstr) / top-coat oven ‖ ~**ladung** f (Schiff) / deck cargo ‖ ~**lage** f / outer sheet ‖ ~**lage** (bei Lagenholz) (For) / face ply, outside ply ‖ ~**lage** (bei Getrieben) (Masch) / coincidence n ‖ ~**lage** (auf Papierbahnen und Kartons, nach DIN 6730) (Pap) / liner n ‖ ~**lage** (eines Schichtstoffs) (Plast) / overlay n ‖ ~**lage** (DIN 1912) (Schw) / cover pass, outermost pass, last layer (of the metal deposited), final pass, completion pass, final run ‖ **erste** ~**lage** (Schw) / hot pass ‖ ~**leiste** f (zwischen Rahmen und Füllung) (Tischl) / fillet* n, listel* n ‖ ~**leiste** (Zimm) / cover strip **rechteckige** ~**leiste** (Bau) / listel n ‖ ~**leiste** f (Zimm) s. auch Fugenleiste ‖ ~**maschine** f (Web) / tickler machine ‖ ~**material** n (Bau) / roofing n, roof cladding, roof covering, roofage n ‖ ~**naht** f (Tex) / cover seam ‖ ~**peilung** f (bei der zwei Objekte, die in einer Linie stehen, beobachtet werden) (Schiff) / transit bearing ‖ ~**platte** f (Palette) / top deck ‖ ~**polieren** n (Handpolieren) (Tischl) / bodying n (French polishing) ‖ ~**ring** m (Kfz) / bezel* n
**Decks•aufbau** m (Schiff) / superstructure* n, erection n ‖ ~**balken** m (der die oberen Enden der Spanten verbindet) (Schiff) / deck beam* ‖ ~**beplattung** f (Schiff) / deck plating ‖ ~**bucht** f (etwa 2% der Schiffsbreite - zum Wasserablauf) (Schiff) / camber* n, round of beam*
**Deckscheibe** f (des Lagers) (Masch) / cover disk
**Deckschicht** f (bei der Sandwichkonstruktion) / outer sheet ‖ ~ (im allgemeinen) / covering layer, overlay n ‖ ~ (DIN 50900, T1) (Anstr) / finishing coat, top-coat n, finish coat, final coat, top layer ‖ ~ (Bau) / setting coat, fining coat, finishing coat*, skim coat, skimming coat*, set n, white coat*, finish n ‖ ~**en** f pl (Bergb) / cover n ‖ ~ f (aus Korrosionsprodukten) (Galv) / surface layer, surface film ‖ ~ (Galv) / capping layer n ‖ ~ (auf Papierbahnen und Kartons, nach DIN 6730) (Pap) / liner n ‖ **melaminharzgetränkte** ~ (z.B. bei Resopalplatten, die als Arbeitsflächen dienen können) (Plast) / melamine veneer ‖ **oxidische** ~ (spontan entstanden) / oxide coat(ing) ‖ **schützende** ~ (durch Umwandlung entstanden) (Galv) / conversion coating*
**Deck•schichttrockner** m (ein Lacktrockenofen) (Anstr) / top-coat oven ‖ ~**schiene** f (bei der kittlosen Verglasung) (Bau, Glas) / glazing bar, window bar ‖ ~**scholle** f (Geol) / outlier n ‖ ~**schutzlackierung** f (Glas) / wax varnish
**Decks•haus** n (Schiff) / deckhouse n (a cabin on the deck of a ship or boat, used for navigation or accomodation) ‖ ~**klüse** f (Schiff) / spurling pipe, spurling gate ‖ ~**maschinen** f pl (Schiff) / deck machinery
**Decksohle** f (bei Schuhen) / sock n
**Decks•sprung** m (ansteigender Verlauf des Oberdecks von Schiffsmitte zum Heck und besonders zum Bug bei seegehenden Frachtschiffen) (Schiff) / sheer n, sheer of the deck, deck sheer ‖ ~**stringer** m (im Bereich der Verbindung von Deck und Bordwand) (Schiff) / deck stringer*
**Deckstoff** m (Bau) / roofing n, roof cladding, roof covering, roofage n
**Decksträger** m (Schiff) / deck girder
**Deckstreifen** m (über der Holzleiste bei Leistendächern) (Bau) / overcloak n ‖ ~ (Klemp) / tingle* n, cleat n, tab n
**Decksverguß** m (für Holzdecks) / marine glue*
**Deckung, genaue** ~ (bei gedruckten Schaltungen) (Eltronik) / registration n
**Deckungs•beitragsrechnung** f / direct costing, variable costing, marginal costing (GB) ‖ ~**grad** m (bei Unkräutern) (Landw) / coverage level
**Deck•vermögen** n (Anstr) / hiding power*, opacity* n, covering power, body* n, obliterating power* ‖ ~**wein** m (Nahr) / blend wine ‖ ~**weiß** n (ein ungiftiges, lichtechtes Weißpigment) (Anstr) / lithopone n, Charlton white, Griffith's white, zinc baryta white, Orr's white ‖ ~**werk** n (Wasserb) / revetment n
**Decoder** m (Radio) / decoder* n ‖ ~ (TV) / decoder* n
**decodieren** v (EDV, Radio, TV) / decode v
**Decodierer** m (Radio) / decoder* n
**Dectra-Verfahren** n (eine Erweiterung des Decca-Verfahrens für den Mittelstreckenbereich) (Luftf, Nav) / Dectra n (Decca Track and Range)*
**Decylalkohol** m (Chem) / decyl alcohol, decanol n
**Dedekind-Ring** m (Math) / Dedekind domain, Dedekind ring
**Dedekindscher Schnitt** m (nach J.W.R. Dedekind, 1831-1916) (Math) / Dedekind cut*
**dedeuterieren** v (Nukl) / dedeuterize v
**Dedikationsexemplar** n (mit einer Widmung) (Druck) / presentation copy, dedication copy
**De-Dion•-Achse** f (nach A. Marquis de Dion, 1856-1946) (Kfz) / De Dion axle ‖ ~**-Rohr** n (Kfz) / De Dion tube
**dedizieren** v (für spezielle Zwecke bestimmen bzw. abzweigen) / dedicate v
**dediziert** adj (System) (EDV) / dedicated adj ‖ ~**es Peripheriesystem** (EDV) / dedicated peripheral-equipment system ‖ ~**er Server** (EDV) / dedicated server
**Dedolomitisation** f (Geol) / dedolomitization* n
**Dedolomitisierung** f (Geol) / dedolomitization* n
**Deduktion** f (KI, Math) / deduction n

**Deduktions•baum** m (KI) / deduction tree ‖ ⁓**kette** f (KI) / deduction chain ‖ ⁓**komponente** f (KI) / deduction engine ‖ ⁓**regel** f (KI) / deductive rule, deduction rule ‖ ⁓**regel** f (KI) / inference rule ‖ ⁓**system** n (KI) / deduction system, deductive system ‖ ⁓**system** (KI) s. auch axiomatisches System
**deduktiv** adj (KI) / deductive adj
**deduzieren** v (KI) / deduce v ‖ ⁓ n (KI, Math) / deduction n
**DEE** (DIN 44302) (EDV) / data terminal equipment (DTE) ‖ **nichtpaketorientierte** ⁓ (EDV) / non-packet-mode DTE
**Deehals** m (Nukl) / stem n, dee stem
**Deehalterung** f (Nukl) / stem n, dee stem
**Deemphasis** f (Akus) / de-emphasis* n, postemphasis n
**Deep-Freezer** m / deep freezer (a refrigerator in which food can be quickly frozen and kept for long periods at a very low temperature), deep freeze
**Deep-Refiner** m (ein Wannentyp) (Glas) / deep refiner
**Deep-Shaft-Schlaufenreaktor** m (Chem Verf) / deep-shaft loop reactor
**DEE-Restartanforderung** f (EDV) / DTE restart request
**Dees** pl (eines Zyklotrons) (Nukl) / dee[s]* n(pl), cyclotron Ds, duants pl
**DEET** (Chem) / diethyltoluamide n, DEET, deet n
**Deethanisierungskolonne** f (Chem Verf) / de-ethanizer n
**Defäkation** f (zur Gewinnung des Scheidesafts in der Zuckerherstellung) (Chem) / defecation f (by liming), liming n ‖ ⁓ (Physiol) / defecation* n, defaecation n
**Default•Font** m (EDV) / default font ‖ ⁓**Logik** f (KI) / default logic ‖ ⁓**reasoning** n (KI) / default reasoning ‖ ⁓**schließen** n (KI) / default reasoning ‖ ⁓**wert** m (ein vorbesetzter Wert einer Variablen, der gelten soll, sofern kein anderer Wert spezifiziert wird) (KI) / default value
**defekt** adj / defective adj, faulty adj, imperfect adj ‖ **~es Brennelement** (Nukl) / failed fuel element, failed element
**Defekt** m / failure n ‖ ⁓ / defect n ‖ ⁓ (Krist) / defect* n, crystal defect ‖ ⁓ (WP) / flaw n ‖ ⁓**elektron** n (Eltronik) / hole* n, defect electron, electron hole, negative-ion vacancy* ‖ ⁓**elektronendichte** f (Eltronik) / hole density* ‖ ⁓**elektronenleitung** f (Eltronik) / hole conduction ‖ ⁓**elektronenstrom** m (Eltronik) / hole current* ‖ ⁓**leitung** f (Eltronik) / hole conduction ‖ ⁓**mutant** m (Gen) / auxotrophic mutant, auxotroph mutant, defect mutant
**Defektoskop** n (Gerät zur zerstörungsfreien Werkstoffprüfung) (WP) / defectoscope n, flaw detector
**defensiv•es Fahrverhalten** (Kfz) / defensive driving ‖ **~e Fahrweise** (Kfz) / defensive driving ‖ **~e Programmierung** (EDV) / defensive programming
**Deferred-curing** n (ein Permanent-Press-Verfahren mit verzögerter Kondensation) (Tex) / deferred curing, delayed curing
**Defibrator** m (Pap) / grinder n
**defibrieren** v (Pap) / fiberize v, defiberize v, defibre v, defibrate v, shred v
**defibrillieren** v (Holzschliff oder Zellstoff) (For) / defibrillize vt, fibrillize v
**defibrinieren** v (Blut, Med, Physiol) / defibrinate v
**definierbar** adj / definable adj
**definieren** v / define v
**definierende Matrix** (Math) / sandwich matrix
**definiert, gut ~** (KI, Math) / well-defined adj ‖ **~e Begrenzung** (beim Containment) (Nukl) / containment facility
**definit** adj (Math) / definite adj ‖ **negativ ~** (Math) / negative definite ‖ **positiv ~** (Math) / positive definite ‖ **~es Ereignis** (Stats) / definite event
**Definitheit** f (Math) / definiteness n
**Definition** f / definition n ‖ **explizite ~** / explicit definition ‖ **implizite ~** / implicit definition ‖ **rekursive ~** (Math) / recursive definition
**Definitions•bereich** m (der Relation) (Math) / domain* n (left) ‖ ⁓**funktion** f (EDV) / definition function ‖ ⁓**gleichung** f (Math, Phys) / defining equation ‖ ⁓**helligkeit** f (z.B. bei fotolithografischen Hochleistungsobjektiven) (Opt) / Strehl intensity (ratio), Strehl definition ‖ ⁓**kategorie** f (KI) / definition category ‖ ⁓**matrix** f (KI) / definition matrix ‖ ⁓**sprache** f (EDV) / definition language
**Definitivwirt** m (Biol, Chem) / final host, definitive host
**defiziente Zahl** (Math) / deficient number, defective number
**Defizienz** f (Verlust endständiger Chromosomenstücke als Chromosomenmutation) (Gen) / deficiency* n
**Deflagration** f (Wärmeexplosion fester Explosivstoffe, die im Unterschied zur Detonation unterhalb der Schallgeschwindigkeit abläuft) (Chem) / deflagration n
**deflagrierender Sprengstoff** (Chem) / low explosive
**Deflation** f (Geol) / deflation* n, eolation n
**Deflationskessel** m (Geol) / blow-out n
**Deflektor** m (Nukl) / deflector n
**Deflektorkolben** m (Kfz) / deflector piston
**Defohärte** f (WP) / Defo-hardness n

**defokussieren** v (Bild, Streustrahlenraster) / defocus v
**Defolians** n (pl. -antien oder -anzien) (Chem) / defoliant n
**Defoliationsmittel** n (Chem) / defoliant n
**Defometer** n (DIN 53 514) (WP) / Defo-plastometer n
**Defo-Plastometer** n (WP) / Defo-plastometer n
**Deformation** f (Geol) / strain n ‖ ⁓ (Mech) / deformation n, strain* n ‖ **präkristalline ~** (Geol, Min) / precrystalline deformation ‖ ⁓ f **ohne Volumenänderung** (Mech) / constant-volume deformation
**Deformations•achse** f (Geol) / strain axis ‖ ⁓**arbeit** f (Mech) / work of deformation, deformation work ‖ ⁓**band** n (Mech) / deformation band ‖ ⁓**ebene** f (Geol) / deformation plane, ac-plane n ‖ ⁓**ellipsoid** n (Bezugskörper zur Veranschaulichung der durch homogene elastische Deformationen hervorgerufenen Veränderungen von Volumen und Achsenverhältnis eines Kristalls) (Mech) / strain ellipsoid, deformation ellipsoid ‖ ⁓**energie** f (Mech) / energy of deformation, deformation energy, strain energy ‖ ⁓**feld** n (Luftdruckfeld, das von je zwei Hoch- und zwei Tiefdruckgebieten, die einander kreuzweise gegenüberliegen, gebildet wird) (Meteor) / deformation field, field of deformation ‖ ⁓**potential** n (Eltronik, Krist) / deformation potential* ‖ ⁓**prüfgerät** n (Instr) / deformeter* n ‖ ⁓**schwingungen** f pl (ebene oder nicht ebene - bei den sich die Bindungswinkel ändern) (Chem) / deformational vibrations ‖ ⁓**schwingungen** (Spektr) / bending vibrations ‖ ⁓**schwingungen aus der Ebene** (Phys) / out-of-plane deformational vibrations ‖ ⁓**schwingungen in der Ebene** (Phys) / in-plane deformational vibrations ‖ ⁓**tensor** m (DIN 13343) (Mech) / strain tensor, deformation tensor ‖ ⁓**zwillinge** m pl (Krist) / deformation twins
**deformieren** v / deform v
**deformiert•es Gitter** (Krist) / strained lattice, perturbed lattice ‖ **~er Mauerziegel** (Bau) / shipper* n ‖ **~e Papierrolle** (an den Kanten) (Druck, Pap) / tight-edged reel* ‖ **~er Ziegelstein** (Bau) / shipper* n
**defragmentieren** v (EDV) / defragment v
**Defragmentierungsprogramm** n (EDV) / defragmenter n (utility for defragmenting disk files), defragger n, defragmentation utility
**Defroster** m / defroster n
**Defrosterdüse** f (Kfz) / defroster nozzle, defroster vent
**Defuzzifizierung** f (KI) / defuzzification n
**Degeneration** f (Biol) / degeneracy n, degeneration n ‖ ⁓ (des Bodens) (Landw) / degradation n ‖ ⁓ (Phys) / degeneracy* n
**degenerierte Isomerisierung** (Chem) / topomerization n, degenerate isomerization
**Deglitcher** m (der Störspannungsspitzen unterdrückt) (Eltronik) / deglitcher n
**Deglomeration** f (Auflockerung eines Ballungsgebietes durch städtebauliche und landesplanerische Maßnahmen) (Arch) / disagglomeration n, deglomeration n
**degorgieren** v (Schaumwein - vor der endgültigen Verkorkung von Heferückständen auf dem Pfropfen und im Flaschenhals befreien) (Nahr) / disgorge v
**Degradation** f (eines Teilchens) (Kernphys) / degradation* n, thindown n ‖ ⁓ (des Bodens) (Landw) / degradation n ‖ ⁓ **der Energie** (Phys) / degradation of energy, energy degradation
**Degradierung** f (Landw) / degradation n
**Degras** n (Lederfettungsmittel) (Leder) / degras n, moellen n, moellon n, degras, moellon, moellon n
**degummieren** v (Rohseide) (Tex) / boil off v, scour v, degum v ‖ ⁓ n (Entfernen des Seidenleims am Kokon) (Tex) / boiling-off n, scouring n, degumming n
**Degustation** f (Nahr) / degustation n
**de-Haas-van-Alphen-Effekt** m (Auftreten von Quantenoszillationen der magnetischen Suszeptibilität von Metallen als Funktion eines homogenen Magnetfeldes) (Mag) / De Haas-van Alphen effect*
**Dehalogenation** f (Chem) / dehalogenation n
**Dehalogenierung** f (Chem) / dehalogenation n
**dehnbar** adj (linear) / stretchable adj, extensible adj, tensile adj, tractile adj ‖ ⁓ / expandable adj ‖ ⁓ (Mech, WP) / ductile adj
**Dehnbarkeit** f (nicht streng definierter Begriff zur Kennzeichnung der Verformungsfähigkeit eines plastischen Stoffes) (Mech, WP) / ductility* n
**dehnen** v (linear) (Mech, WP) / stretch vt, extend vt ‖ **sich ~** (Phys) / stretch vi, extend vi ‖ ⁓ n (in der grafischen Datenverarbeitung) (EDV) / stretching n
**Dehn•geschwindigkeit** f (erste zeitliche Ableitung der Dehnung nach DIN 1342, T 1) (Phys) / rate of elongation, rate of extension, strain rate ‖ ⁓**grenze** f (0,1 oder 0,5 %-Grenze) (Hütt) / proof stress*, P.S. ‖ ⁓**grenze** (0,1 oder 0,5 %-Grenze) (Masch, WP) / practical elastic limit ‖ ⁓**krepp** m (durch Kreppen hochdehnbar gemachtes Kraftpapier) (Pap) / extensible crepe paper ‖ ⁓**meßstreifen** m (Eltech) / resistance (strain) gauge*, extensometer* n, strain gauge* n ‖ ⁓**passung** f (Masch) / shrink fit, expansion fit ‖ ⁓**schaft** m (der Schraube; Schaftdurchmesser < Kerndurchmesser) (Masch) / antifatigue shaft, reduced shaft, waisted shank, reduced shank ‖ ⁓**schaftschraube** f

**Dehnschlupf**

(Masch) / necked-down bolt, reduced-shaft bolt, screw with reduced shank, antifatigue-shaft bolt ‖ ~**schlupf** *m* (beim Riemen) (Masch) / creep *n* ‖ ~**schraube** *f* (Masch) / necked-down bolt, reduced-shaft bolt, screw with reduced shank, antifatigue-shaft bolt ‖ ~**spanner** *m* (Werkz) / expansion chuck ‖ ~**spannung** *f* (DIN 1342, T 1) (Phys) / tensile stress ‖ ~**steife** *f* (WP) / tensile stiffness ‖ ~**steifigkeit** *f* (Produkt aus dem Querschnitt eines Werkstücks oder Probestabs und dem Elastizitätsmodul eines Werkstoffs) (WP) / elongation modulus ‖ ~**strömung** *f* (DIN 1342, T 1) (Phys) / elongational flow, extensional flow
**Dehnung** *f* (bei Zugbeanspruchung) (Mech) / strain *n* ‖ ~ (DIN 1342, T 1) (Phys) / extension *n*, elongation *n* ‖ ~ (im Spannungs-Dehnungs-Diagramm) (Phys, WP) / natural strain ‖ ~ (Tex) / growth *n* ‖ **bleibende** ~ (die nach Entlastung meßbare Dehnung) (Masch, Mech) / permanent set*, plastic strain, permanent strain, set *n* ‖ **elastische** ~ (Mech, WP) / elastic strain* ‖ **Hypothese** *f* **der maximalen** ~ (Mech) / maximum-strain theory ‖ **thermische** ~ (Phys) / thermal expansion, thermoexpansion *n* ‖ ~ *f* **im Fließgrenzbereich** (WP) / yield-point elongation (in materials that exhibit a yield point, the difference between the elongation at the completion and at the start of discontinuous yielding), YPE
**dehnungs•abhängig** *adj* (Mech, WP) / strain-dependent *adj* ‖ ~**anteilregel** *f* (Mech, WP) / strain proportion rule ‖ ~**ausgleicher** *m* (meistens ein Lyrabogen) (Masch) / expansion joint*, expansion bend, expansion loop, expansion compensator ‖ ~**bruch** *m* (Mech, WP) / ductile fracture, plastic fracture ‖ ~**empfindlichkeit** *f* (Mech) / strain resolution, strain sensitivity ‖ ~**fuge** *f* (Bau) / expansion joint*, control joint ‖ ~**fuge** s. auch Trennfuge ‖ ~**geschwindigkeit** *f* (Phys) / rate of elongation, rate of extension, strain rate ‖ ~**hülse** *f* (Masch) / expansion sleeve ‖ ~**induziert** *adj* (Mech) / strain-induced *adj* ‖ ~**induzierte Korrosion** (z.B. an Dampfkesseln) (Galv) / strain-induced corrosion ‖ ~**koeffizient** *m* (Mech, WP) / strain coefficient ‖ ~**linienlack** *m* (für das Dehnungslinienverfahren) (WP) / brittle lacquer ‖ ~**linienverfahren** *n* (zur qualitativen orientierenden Ermittlung der Spannungsverhältnisse bei Belastung) (WP) / brittle lacquer technique ‖ ~**manschette** *f* (Masch) / expansion sleeve ‖ ~**messer** *m* (elektrischer) (Instr, Mech) / strain gauge*, strainometer *n*, extensometer *n* ‖ ~**messer** (mechanischer) (Masch, Mech) / tensometer* *n*, extensometer *n* ‖ ~**messer** s. auch Dilatometer ‖ ~**meßgerät** *n* (bei Zugbeanspruchung) (Instr, Mech) / strain gauge*, strainometer *n* ‖ ~**meßstreifen** *m* (ein passiver Meßwandler) (Eltech) / resistance (strain) gauge*, extensometer *n*, strain gauge* ‖ ~**regelnd** *adj* (Konstruktionsteil) / expansion-regulating *adj* ‖ ~**rest** *m* (Masch, Mech) / permanent set*, plastic strain, permanent strain, set *n* ‖ ~**rohrbogen** *m* (Masch) / expansion bend ‖ ~**rohrkrümmer** *m* (Masch) / expansion bend ‖ ~**rollenlager** *n* (HuT) / expansion rollers* ‖ ~**stopfbuchse** *f* (Masch) / stuffing-box expanding joint ‖ ~**verhältnis** *n* (Mech) / strain ratio ‖ ~**wechselversuch** *m* (WP) / low-cycle fatigue test ‖ ~**wert** *m* (Mech) / microstrain *n* ‖ ~**widerstand** *m* (der Faser) (Tex) / power *n* (with elastane fibres), expanding power ‖ ~**zahl** *f* (Mech, WP) / strain coefficient ‖ ~**zustand** *m* (Mech) / state of strain* ‖ **ebener** ~**zustand** (Mech) / plane-strain state, state of plane strain, plaine-strain condition
**Dehn•viskosität** *f* (DIN 1342, T 1) (Phys) / elongational viscosity, extensional viscosity ‖ ~**zahl** *f* (Mech, WP) / strain coefficient ‖ ~**zone** *f* (vor der Rißfront) (Mech, WP) / stretch zone
**Dehottay-Gefrierverfahren** *n* (mit flüssigem Kohlendioxid als Kälteträger) (HuT) / Dehottay process
**DEHP** (Chem) / dioctylphthalate (DOP) *n*
**Dehydratase** *f* (Biochem) / dehydratase *n*, dehydrase *n*
**Dehydratation** *f* (eine Eliminierungsreaktion) (Chem) / dehydration* *n*
**Dehydration** *f* (Chem) / dehydration* *n* ‖ ~ (Zyt) / dehydration *n*
**Dehydratisierung** *f* (Chem) / dehydration* *n*
**dehydrieren** *v* (Chem) / dehydrate *v*
**Dehydrierung** *f* (eine Eliminierungsreaktion - Wasserstoffentzug) (Chem) / dehydrogenation *n*
**Dehydro•acetsäure** *f* (Chem) / dehydroacetic acid (6-methylacetopyranone) ‖ ~**ascorbinsäure** *f* (Chem) / dehydroascorbic acid ‖ ~**askorbinsäure** *f* (Chem) / dehydroascorbic acid ‖ ~**benzol** *n* (Chem) / dehydrobenzene *n*, benzyne* *n* ‖ ~**bilirubin** *n* (Physiol) / biliverdin* *n* ‖ ~**chlorieren** *v* (Chem) / dehydrochlorinate *v* ‖ ~**cholesterin** *n* (Biochem) / dehydrocholesterol *n*, provitamin *n* D³ ‖ ~**cyclisierung** *f* (von Alkanen zu Aromaten) (Chem Verf, Erdöl) / dehydrocyclization *n* ‖ ~**dimerisation** *f* (Dimerisation von ungesättigten Verbindungen, deren erster Schritt die univalente Dehydrierung dieser Verbindungen durch einen Wasserstoffakzeptor ist) (Chem) / dehydrodimerization *n* ‖ ~**essigsäure** *f* (Chem) / dehydroacetic acid (6-methylacetopyranone)
**Dehydrogenase** *f* (ein Ferment) (Physiol) / dehydrogenase* *n*
**Dehydrogenierung** *f* (Chem) / dehydrogenation *n*
**dehydro•halogenieren** *v* (Chem) / dehydrohalogenate *v* ‖ ~**halogenierung** *f* (Chem) / dehydrohalogenation *n* ‖ ~**thiotoluidin** *n*

(Chem, Tex) / dehydrothiotoluidine *n* ‖ ~**zyklisierung** *f* (Chem Verf, Erdöl) / dehydrocyclization *n*
**Deich** *m* (See-) (Wasserb) / dike* *n*, dyke* *n*, lode* *n* ‖ ~ (Wasserb) s. auch Flußdeich ‖ ~**bruch** *m* (HuT, Wasserb) / crevasse *n* (US), breaking of a dam, dam failure, breach a dam ‖ ~**land** *n* (durch Abdeichung gegen das Meer gewonnenes Land) (Wasserb) / innings* *pl* ‖ ~**scharte** *f* (Wasserb) / dyke opening
**Deichsel** *f* (beim Caravan oder Kleinanhänger) (Kfz) / draw-bar *n* ‖ ~ (Landw) / shaft *n* ‖ ~ (zur Lenkung des Flurförderzeugs) (Masch) / tiller *n* ‖ ~**hubwagen** *m* (Masch) / hand-guided lift truck ‖ ~**last** *f* (Kfz) / trailer nose weight, tongue load ‖ ~**laufrad** *n* (Kfz) / jockey wheel ‖ ~**stange** *f* (Kfz) / draw-bar *n*
**deiktisch** *adj* (hinweisend) / deictic *adj*
**deinken** *v* (Pap) / de-ink *v* ‖ ~ *n* (Pap) / deinking *n*
**Deinking** *n* (bei Altpapier) (Pap) / deinking *n*
**Deinstallationsprogramm** *n* (zur Deinstallation von Windows-Programmen) (EDV) / deinstaller *n*, deinstallation program, uninstaller *n*
**Deinstallation-Utility** *f* (EDV) / deinstaller *n*, deinstallation program, uninstaller *n*
**deinstallieren** *v* (ein Programm einschließlich aller Hilfsdateien von der Festplatte entfernen) (EDV) / deinstall *v*, uninstall *v*
**Deionat** *n* (Weichwasser) / demineralized water, deionized water*, demin water, deionate *n*
**Deionisationsschalter** *m* (Eltech) / deionization circuit breaker
**deionisieren** *v* / deionize *v*
**deionisiertes Wasser** / demineralized water, deionized water*, demin water, deionate *n*
**Deionkammer** *f* (eine Löschblechkammer) (Eltech) / deionization chamber
**De-Jong-Bouman-Methode** *f* (zu den Bewegtfilmmethoden zählendes Verfahren der Strukturanalyse) (Krist) / de-Jong-Bouman method
**DEK** (EDV) / data-input channel
**deka-** (Kurzzeichen da) / deca- (SI-prefix denoting x 10), da ‖ ~ (Kurzzeichen da) / deca- (SI-prefix denoting x 10), da
**Dekade** *f* (Satz oder Serie von 10 Stück) / decade *n* ‖ ~ (Zeitabschnitt von 10 Tagen) / decade *n* ‖ ~ (ein Frequenzmaßintervall, dessen Frequenzverhältnis 10 ist - DIN 13320) (Fernm) / decade *n*
**Dekaden•kondensator** *m* (Eltech) / decade capacitance box ‖ ~**schalter** *m* (ein digitales Eingabeelement mit 10 Schaltstellungen zur Handeingabe von Ziffern einer Dekade an NC-Maschinen) (Eltronik, Masch) / decade switch, thumbwheel switch ‖ ~**untersetzer** *m* (Fernm) / decade scaler, scale-of-ten* *n*, decascaler *n*, decimal scaler ‖ ~**zähler** *m* (Eltronik, Nukl) / decade counter
**dekadisch** *adj* (Math) / ~**es Absorptionsmaß** (der dekadische Logarithmus des Kehrwertes des spektralen Reintransmissionsgrades) (Opt) / internal transmission density (logarithm to the base 10) ‖ ~**einstellbarer Kondensator** (Eltech) / decade capacitance box ‖ ~**e Ergänzung** (Math) / complementary number ‖ ~**e Extinktion** (in der Fotometrie) (Licht) / absorbance *n* ‖ ~**er Extinktionskoeffizient** (in der Fotometrie) (Licht) / molar absorption coefficient ‖ ~**er Logarithmus** (DIN 5493, T 1) (Math) / Briggs logarithm*, common logarithm*, Briggsian logarithm ‖ ~**er Satz** (Eltech) / decade box* ‖ ~**es System** (Math) / decimal (number) system* *n* ‖ ~**er Untersetzer** (Fernm) / decade scaler, scale-of-ten* *n*, decascaler *n*, decimal scaler ‖ ~**er Zähler** (Eltronik, Nukl) / decade counter
**Dekahydrat** *n* (Chem) / decahydrate *n*
**Dekaleszenz** *f* (Absorption von Wärme, üblicherweise durch eine Legierung, ohne Temperaturerhöhung infolge einer allotropen Umwandlung) (Hütt) / decalescence* *n*
**Dekalkierpapier** *n* (Keram) / decalcomania paper*
**Deka•meter** *m n* (Gerät zur Messung der Dielektrizitätskonstanten fester, pastöser oder flüssiger Körper) (Chem) / dielectrometer *n* ‖ ~**meterwellen** *f pl* (3-30 MHz) (Radio) / decametric waves* *n* ‖ ~**metrie** *f* (Chem) / dielectrometry *n*, decametry *n*
**Dekan, n-** ~ (Kohlenwasserstoff der Alkanreihe) (Chem) / decane *n*
**Dekanal** *n* (Chem) / capric aldehyde, decanal *n*
**Dekanol** *n* (Chem) / decyl alcohol, decanol *n*
**Dekan•säure** *f* (Chem) / capric acid*, n-decanoic acid* ‖ ~**säureethylester** *m* (Chem, Nahr) / ethyl caprate, ethyl decanoate
**Dekantat** *n* (Chem) / decantate *n*
**Dekantation** *f* (Chem) / decantation *n*
**Dekanter** *m* (Chem Verf) / decanting centrifuge ‖ ~ (Maschine zur Entwässerung z.B. von konditioniertem Überschußschlamm) (Sanitär) / decanter *n*
**dekantieren** *v* (vorsichtig abgießen) (Chem) / decant* *v*, pour off *v* ‖ ~ *n* (vorsichtiges Abgießen) (Chem) / decantation *n*
**Dekantiergefäß** *n* (Chem) / decanter *n*
**dekantierte Flüssigkeit** (Chem) / decantate *n*
**Dekantier•topf** *m* (Chem) / decanter *n* ‖ ~**zentrifuge** *f* (Chem Verf) / decanting centrifuge

**Dekapieren** n (DIN 50902) (Hütt) / pickling* n, acid pickling
**Dekapierlösung** f (zum Entfernen sehr dünner Oxid- und Flugrostschichten) (Hütt) / acid pickle
**Dekarbonisierung** f (Entfernung der Ölkohle) (V-Mot) / decarbonizing* n
**Dekarbonylierung** f (Chem) / decarbonylation n
**Dekarboxylase** f (Biochem) / decarboxylase* n
**Dekarboxylierung, oxidative** ≃ (Biochem) / oxidative decarboxylation*
**Dekasilan** n (Chem) / decasilane n
**dekatieren** v (Tex) / decatize v ‖ ~ (Dampfdekatur) (Tex) / steam v ‖ ≃ n (durch Warmwasser- oder Dampfbehandlung) (Tex) / decatizing* n, decating n
**Dekatron** n (Gasentladungsröhre mit zehn Katoden) (Eltronik) / Dekatron* n
**Dekatur** f (Tex) / decatizing* n, decating n
**Dekkanhanf** m (Bot) / kenaf n, deccan hemp, ambari hemp, gambo hemp
**Deklaration** f (Teil einer Programmeinheit, der die Bedeutung eines Bezeichners festlegt und ihn dabei mit einem Datenobjekt verknüpft, so daß bei Ausführung des Programms und Auftreten des Bezeichners immer das deklarierte Datenobjekt aufgerufen und mit ihm operiert wird) (EDV) / declaration n
**deklarativ** adj (EDV, KI) / declarative adj ‖ **~e Datenbasis** (EDV) / assertional database, assertion database ‖ **~e Semantik** (KI) / declarative semantics ‖ **~e Sprache** (EDV) / declarative language ‖ **~e Sprache** (EDV) s. auch nichtprozedurale Sprache ‖ **~es Wissen** (als Gegensatz zu prozeduralem Wissen) (KI) / declarative knowledge
**Deklination** f (im Äquatorialsystem) (Astr) / declination* n ‖ **magnetische** ≃ (Verm) / magnetic declination*, magnetic deviation*, magnetic variation, declination* n
**Deklinations•achse** f (bei der äquatorialen Montierung) (Astr) / declination axis n ‖ **≃karte** f (Geophys) / magnetic map* n ‖ **≃kreis** m (Astr, Opt) / declination circle*, hour circle* n ‖ **≃messer** m (Bestimmung der erdmagnetischen Deklination) (Geophys) / declinometer n, declinimeter* n, declination compass ‖ **≃meßgerät** n (Bestimmung der erdmagnetischen Deklination) (Geophys) / declinometer n, declinimeter* n, declination compass
**Deklinator** m (Bestimmung der erdmagnetischen Deklination) (Geophys) / declinometer n, declinimeter* n, declination compass
**Deklinatorium** n (Bestimmung der erdmagnetischen Deklination) (Geophys) / declinometer n, declinimeter* n, declination compass
**Deklinometer** n (Bestimmung der erdmagnetischen Deklination) (Geophys) / declinometer n, declinimeter* n, declination compass
**Dekoder** m (Radio) / decoder* n ‖ ≃ (z.B. PAL/Secam) (TV) / decoder* n
**dekodieren** v (EDV, Radio, TV) / decode v
**Dekodierer** m (Radio) / decoder* n
**Dekofaktor** m (Nukl) / decontamination factor*
**Dekohäsion** f (Phys) / decohesion n
**Dekokt** n (Pharm) / decoction* n
**Dekomposition** f (einer Aufgabe, eines Tasks) (KI) / decomposition n ‖ ≃ (Zerlegung großer Gleichungssysteme oder großer Modelle) (Math) / decomposition n ‖ **funktionale** ≃ (von Software) (EDV) / functional decomposition
**Dekompositionsbaum** m (KI, Math) / decomposition tree
**Dekompression** f (Druckabfall, Drucksturz) (Phys) / decompression n ‖ **explosive** ≃ (Undichtwerden einer hermetischen Kabine in großer Höhe oder außerhalb der Atmosphäre) (Raumf) / explosive decompression
**Dekompressionskrankheit** f (HuT, Med) / decompression sickness
**Dekompressor** m (V-Mot) / decompressor n
**dekomprimieren** v (Daten) (EDV) / decompress v
**Dekonditionierung** f (Med, Raumf) / deconditioning n
**Dekonsolidation** f (HuT) / deconsolidation n
**dekonsolidieren** v (HuT) / deconsolidate v
**dekonstruieren** v (Arch) / deconstruct v
**Dekonstruktivismus** m (eine Richtung, in deren Entwürfen das Verhältnis von Tragen und Lasten sowie traditionelle statische Verhältnisse aufgelöst werden - z.B. F.O. Gehry) (Arch) / deconstructionism n
**Dekontamination** f (DIN 25401, T 1) (Mil, Nukl) / decontamination* n
**Dekontaminations•faktor** m (Nukl) / decontamination factor* ‖ **≃station** f (Nukl) / decontamination station, decontamination bay (US)
**Dekontaminierbarkeit** f (DIN 55 945) (Anstr, Nukl) / decontaminability n
**Dekontaminierstation** f (Nukl) / decontamination station, decontamination bay (US)
**Dekontaminierung** f (Mil, Nukl) / decontamination* n
**Dekontfaktor** m (Maßstab der Dekontamination) (Nukl) / decontamination factor*

**Dekonvolution** f (Wiederherstellung des ursprünglichen Signals in der Seismik) (Geol) / deconvolution n
**Dekor-** / decorative adj
**Dekor** m n (Keram) / decoration n ‖ **ohne** ≃ (Glas, Keram) / plain adj, undecorated adj ‖ **rapportloser** ≃ (Web) / non-repeat pattern areas
**Dekorateur** m (Bau) / interior decorator, interior designer
**Dekoration** f / decoration n ‖ ≃ (Keram) / decoration n
**Dekorations•rahmen** m (Arch) / surround n ‖ **≃stoff** m (Tex) / furnishing fabric, decorative fabric, drapery n
**dekorativ** adj / decorative adj
**Dekorativ-** / decorative adj
**Dekor•brand** m (Einbrennen der Aufglasurfarben, der Edelmetallpräparate und der Inglasurfarben) (Keram) / enamel firing, decorating fire ‖ **≃brandofen** m (Keram) / decorating kiln ‖ **≃brennofen** m (Keram) / decorating kiln ‖ **≃film** m (For) / decorative film ‖ **≃folie** f (Pap) / overlay paper ‖ **≃folie** (Plast) / decorative sheet, decorative foil
**Dekorieren** n / decoration n
**Dekorpistole** f (Anstr) / air brush
**Dekorporation** f (Entfernung radioaktiver Stoffe aus dem menschlichen oder tierischen Organismus) (Radiol) / decorporation n
**Dekorporierung** f (Radiol) / decorporation n
**Dekor•technik** f (Keram) / decorative technique ‖ **≃tiefdruckfarbe** f (Druck) / decorative gravure ink
**Dekortikator** m (Tex) / decorticator n, decorticating machine
**Dekostoff** m (Tex) / furnishing fabric, decorative fabric, drapery n
**Dekrement** n (Biol, Elektr, Math, Med) / decrement* n ‖ **logarithmisches** ≃ (zur Messung der Dämpfung) (Phys) / logarithmic decrement*, log-dec*
**dekrementieren** v (eine Größe vermindern) / decrement v
**Dekrepitation** f (Chem, Krist) / decrepitation* n
**dekrepitieren** v (Chem, Krist) / decrepitate v ‖ ≃ n (Chem, Krist) / decrepitation* n
**Dekupiersäge** f (Tischl, Werkz) / jigsaw* n, scroll saw
**Dekuplett** n (Kernphys) / decuplet n
**del.** (Druck) / delete mark
**Delambre-Formeln** f pl (nach J.B.J. Delambre, 1749 - 1822) (Math) / Delambre's analogies
**Delamination** f / delamination n, lamination n
**Delaminierung** f / delamination n, lamination n
**Delaunay-Kurve** f (nach Ch.E. Delaunay, 1814 - 1872) (Math) / Delaunay curve
**Delauney-Reduktion** f (Krist) / Delauney reduction
**délavé** adj (Stoff der Jeansrichtung, bei dem durch die Technik des Einfärbens oder Bedruckens der Charakter einer nach vielfacher Waschbeanspruchung recht ausgeblutet wirkenden Färbung künstlich erzielt wird) (Tex) / washed-out adj
**Delay** n (Akus, Fernm) / delay* n, delay time
**Delayed Coking** n (Chem Verf) / delayed coking
**Delbrück-Streuung** f (nach M.Delbrück, 1906-1981) (Phys) / Delbrück scattering*
**Deleatur** n (Druck) / delete mark
**Deleaturzeichen** n (Druck) / delete mark
**d-Elektron** n (dessen Energiezustand die Bahndrehimpulsquantenzahl l = 2 besitzt) (Eltronik) / d electron
**Delepine-Reaktion** f (Chem) / Delepine reaction
**Delessit** m (ein Mineral der Chloritgruppe) (Min) / delessite* n
**deletär** adj (Med) / injurious to health, unhealthy adj, insalubrious adj (climate or place), deleterious adj, causing adverse health effect, harmful to health, detrimental to health
**Deletion** f (Chromosomenmutation mit Verlust eines Chromosomenstückchens) (Gen) / deletion* n
**Delfter Fayence** (Tonwaren mit Zinnglasur aus Delft) (Keram) / delft n, delftware n, galleyware n
**delignifizieren** v / delignify v
**delisches Problem** (der Würfelverdopplung) (Math) / Delian (altar) problem, Delic problem
**Deliveryboard** n (für die Wiedergabe von DVI-Applikationen) (EDV) / delivery board
**Delle** f (flache Einsenkung) (Geol) / depression n ‖ ≃ (ein Blechschaden) (Kfz) / dent n, indentation n, impression n
**delokalisierte Bindung** (Bindung in einem Molekül, dessen Struktur nicht durch eine einzige Valenzstrichformel dargestellt werden kann, sondern durch Überlagerung von zwei oder mehreren Grenzstrukturen beschrieben werden muß) (Chem) / delocalized bond, non-localized bond
**Delokalisierung** f (Chem) / delocalization n
**Delokalisierungsenergie** f (Chem) / delocalization energy, stabilization energy
**Delon-Schaltung** f (Eltech) / Greinacher circuit, Delon rectifier, Latour circuit

**Delphi-Methode**

**Delphi-Methode** f (intuitives Prognosesystem in der Betriebswirtschaft) (EDV) / Delphi technique
**Delphinin** n (ein Anthozyanglucosid des Granatapfels und des Ackerrittersporns - Consolida regalis S.F. Gray) (Chem) / delphinin n ‖ ~ (ein Alkaloid des Stephanskrauts - Delphinium staphisagria L.) (Chem) / delphinine n
**Delphinöl** n (aus Delphinus delphis) / dolphin oil
**Delphinsäure** f (Chem, Pharm) / isovaleric acid, 3-methylbutanoic acid
**Delphi-Technik** f (EDV) / Delphi technique
**Delta** n (zwei Kühlelemente, die so aneinander gestellt werden, daß sie einen Winkel von 60 Grad einschließen) / cooling delta, delta n ‖ ~ (pl. -s oder -ten) (Geog) / delta* n ‖ ~ (einer Frontalzone) (Meteor) / delta region ‖ ~**ablagerungen** f pl (Geol) / delta n, deltaic deposits* ‖ ~**achse** f (Schnittgerade zwischen Schichtung und Schieferung) (Geol) / plaiting n, gaufrage n ‖ ~**arm** m (Geog) / distributary n, diverging outlet (of a delta), distributary channel ‖ ~**-Cephei-Sterne** m pl (Astr) / Cepheid variables* ‖ ~**ebene** f (Geol) / delta plain ‖ ~**eisen** n (bei hohen Temperaturen beständiges Eisen mit kubisch-raumzentriertem Gitter) (Hütt) / delta-iron* n ‖ ~**farbröhre** f (mit dreieckigem Strahlsystem - heute veraltet) (TV) / shadow-mask tube*, dot matrix tube, matrix tube, aperture-mask tube ‖ ~**ferrit** m (Hütt) / delta ferrite ‖ ~**flügel** m (Flugzeugtragflügel mit dreieckförmigem Grundriß) (Luftf) / delta wing* ‖ **gotischer** ~**flügel** (mit geschwungenen Vorderkanten) (Luftf) / ogee wing*, ogive n, ogee n, Gothic delta (wing whose basic triangular shape is modified to resemble Gothic window) ‖ ~**förmig** adj / deltoid* adj ‖ ~**funktion** f (Diracsche) (Kernphys) / delta function, Dirac delta function ‖ ~**funktion** (Math) / pulse function, delta function, impulse function ‖ ~**funktional** n (Kernphys) / delta function, Dirac delta function ‖ ~**gleiter** m (zum ersten Mal von O. Lilienthal gebaut) (Luftf) / hang glider* ‖ ~**metall** n (eine messingartige Legierung) (Hütt) / delta metal ‖ ~**modulation** f (für Analogsignale) (EDV, Fernm) / delta modulation ‖ **adaptive** ~**modulation** (Fernm) / adaptive delta modulation, ADM ‖ ~**-Netznachbildung** f (Radio) / delta network* ‖ ~**operator** m (Math) / Laplacian n, Laplace operator, Laplacian operator ‖ ~**phase** f (Galv) / delta layer ‖ ~**resonanzen** f pl (die bei der Pion-Nukleon-Streuung entstehen) (Kernphys) / delta resonances ‖ ~**-Ring** m (selbsttätige Hartdichtung) (Masch) / delta ring ‖ ~**säure** f (Chem) / deltic acid, triangle acid ‖ ~**schicht** f (Teilschicht der beim Feuerverzinken von Eisen und Stahl entstehenden Eisen-Zink-Legierungsschicht mit einem Eisenanteil von 7 bis 12%) (Galv) / delta layer ‖ ~**sedimente** n pl (Geol) / delta n, deltaic deposits* ‖ ~**strahl** n (Kernphys) / delta-ray* n ‖ ~**symbol** n (Math) / Kronecker delta* ‖ ~**teilchen** n (Kernphys) / delta-particle* n ‖ ~**verteilung** f (Stats) / degenerated distribution ‖ ~**zone** f (Meteor) / delta region
**deltoid** adj / deltoid* adj ‖ ~ n (ein konkaves Viereck) (Math) / deltoid n
**Deltoidikositetraeder** n (von 24 Deltoiden begrenztes Polyeder) (Krist) / deltoidicositetrahedron n (pl. hedrons or -hedra) ‖ ~ s. auch Ikositetraeder
**Demantoid** m (grüne Abart des Andradits) (Min) / demantoid* n, Uralian emerald*, Bobrovska garnet
**Demarkationspotential** n (Eltech) / injury potential, demarcation potential
**Dember-Effekt** m (wenn ein Bereich eines fotoleitenden Halbleiters beleuchtet wird) (Eltronik) / Dember effect
**demethanisieren** v (Chem Verf) / demethanize v
**Demeton** n (Insektizid und Akarizid) (Chem, Landw) / demeton* n
**Demeton-S-methylsulfoxid** n (Chem) / demeton-S-methylsulfoxide n
**demi-, demi-** (prefix denoting half-size)* ‖ ~ / demi- (prefix denoting half-size)*
**Demijohn** m (pl. -s) / demijohn* n
**demineralisiertes Wasser** / demineralized water, deionized water*, demin water, deionate n
**Demineralisierung** f (Chem Verf) / demineralization* n
**Demister** m / demister* n, defogger n
**Demjanow-Reaktion** f (Chem) / Tiffeneau rearrangement
**Demodulation** f (Rückgewinnung einer modulierenden Schwingung) (Radio) / demodulation n
**Demodulator** m (Radio) / detector* n, demodulator* (DEM, DEMOD) n ‖ ~ **für Frequenzmodulation** (Radio) / frequency discriminator* ‖ ~**stufe** f (in Überlagerungsempfängern) (Radio) / second detector*
**Demografie** f / demography n
**Demökologie** f (Lehre von den Wechselbeziehungen artgleicher Individuen zueinander) (Umwelt) / population ecology
**Demokratie, nukleare** ~ (physikalische Teilchen sind die einzige Lösung des Selbstkonsistenzproblems und bedingen sich daher wechselseitig in ihren Eigenschaften) (Kernphys) / nuclear democracy
**demolieren** v (Bau, HuT) / demolish v, take down v, pull down v, knock down v, raze v
**Demolierung** f (Bau, HuT) / demolition n, pulling down, taking down, razing n

**Demolition** f (Bau, HuT) / demolition n, pulling down, taking down, razing n
**Demonstrations•modell** n / demonstration model, demonstrator* n ‖ ~**programm** n (EDV) / demo n, demo program, demonstration program ‖ ~**version** f (EDV) / demonstration version, demo version
**Demontage, teilweise** ~ (der Kernanlage) (Nukl) / entombment n ‖ ~ f **von Nietkonstruktionen** (Bau) / unbuttoning n
**Demontageskizze** f (Masch) / knock-down sketch
**demontierbar** adj / demountable adj, detachable adj, removable adj
**demontieren** v (Masch) / disassemble v, take down v, tear down v, dismantle v, strip v, strip down v, demount v, dismount v
**demontiert** adj (Masch) / knocked-down adj
**Demoprogramm** n (EDV) / demo n, demo program, demonstration program ‖ **selbstablaufendes** ~ (EDV) / self-running demo
**De-Morgan-Gesetze** n pl (Math) / De Morgan's laws, De Morgan's rules
**Demoversion** f (EDV) / demonstration version, demo version
**Demovirus** m (EDV) / demo virus
**Dempster-Massenspektrometer** n (nach A.J. Dempster, 1886-1950) (Chem, Phys) / Dempster mass spectrometer
**Dempster-Shafer-Theorie** f (des unsicheren Schließens) (KI) / Dempster-Shafer theory
**Demulgator** m (Chem) / demulsifier n, demulsifying agent
**Demulgierbarkeit** f (Chem, Phys) / demulsibility f
**Demulgierung** f (Chem) / demulsification n, de-emulsification n, breaking n, breakdown n
**Demulgierungszahl** f (Chem Verf) / demulsification number*
**Demulgiervermögen** n (DIN 51 599) (Chem) / demulgation characteristics
**Demultiplexer (DMX)** m (EDV, Fernm) / demultiplexer* (DEMUX) n, demultiplexor n
**Demurrage** f (Schiff) / demurrage n
**Denaturation** f (Biochem) / denaturation n ‖ ~ (z.B. des Ethanols) (Chem, Nahr) / denaturation n
**denaturiert•er Alkohol** (im allgemeinen) (Chem) / denatured alcohol* ‖ ~**er Alkohol** (Chem) / methylated spirit* ‖ ~**er Industriealkohol** (mit Methanol) (Chem) / industrial methylated spirit (IMS)
**Denaturierung** f (bei Proteinen) (Biochem) / denaturation n ‖ ~ (bei Proteinen) (Biochem) / denaturation* n ‖ ~ (z.B. des Ethanols) (Chem, Nahr) / denaturation n ‖ ~ (mit Methanol) (Chem, Nahr) / methylation n
**Denaturierungs•erscheinung** (bei Proteinen in Lebensmitteln) (Biochem) / denaturation* n ‖ ~**mittel** n (z.B. Methanol für Ethanol od. Eisenoxid für Kochsalz) (Chem, Nahr) / denaturant n, denaturing agent ‖ ~**substanz** f (nichtspaltbare Isotope - für den Kernbrennstoff) (Nukl) / denaturant* n
**Dendrimer** n (durch wiederholte Reaktion hergestelltes Polymer, das sich von einem Zentralmolekül aus nach außen hin immer wieder verästelt) / dendrimer n ‖ ~ (Chem) / star polymer, starburst polymer
**Dendrit** m (bei der Elektroplattierung) (Galv) / tree n ‖ ~ (baumartiges Kristallskelett, Kristallbildung von zweig- oder moosartigem Aussehen) (Hütt, Min) / dendrite* n, arborescent crystal ‖ **vorzugsweise zwischen** ~**en fortschreitende Korrosion** (Galv) / interdendritic corrosion
**Dendriten•arm** (Hütt, Min) / dendrite arm ‖ ~**bildung** f (in der Galvanotechnik) (Galv) / treeing n
**dendritisch** adj / dendritic adj, arborescent adj ‖ ~**e Markierungen** (Geol) / dendritic markings* ‖ ~**es Pulver** (Hütt) / arborescent powder, dendritic powder ‖ ~**es Wachstum** (Eltronik, Phys) / dendritic (web) growth
**Dendro•bates-Alkaloide** n pl (Pharm) / dendrobates alkaloids ‖ ~**biumalkaloide** n pl (Alkaloide, die in der Orchideengattung Dendrobium vorkommen) (Pharm) / dendrobium alkaloids ‖ ~**chronologie** f (Verfahren zur Datierung vorgeschichtlicher Kulturreste aus den Jahresringen der darin enthaltenen Hölzer) (For) / dendrochronology* n, tree-ring dating ‖ ~**klimatologie** f (Bestimmung früherer Klimaverhältnisse mit Hilfe der Jahresringe sehr alter Bäume) (For, Meteor) / dendroclimatology n ‖ ~**logie** f (For) / dendrology n ‖ ~**logisch** adj (For) / dendrological adj ‖ ~**meter** n (Baummeßgerät) (For, Opt) / dendrometer n ‖ ~**metrie** f (For) / dendrometry n ‖ ~**toxin** n (ein Neurotoxin) (Chem) / dendrotoxin n
**dengeln** v (Sense) / whet v
**Denier** n (nicht mehr zugelassene Einheit nach DIN 1301, T 3) (Tex) / denier n (9 000 m yarn weigh 1 gram) ‖ ~**-System** n (ein altes System der Garnnumerierung) (Tex) / denier system*
**Denim** m n (z.B. auch für Bluejeans) (Tex) / denim* n ‖ ~**artiger Baumwollstoff** (Tex) / galatea n ‖ ~**-Gewebe** n (z.B. auch für Bluejeans) (Tex) / denim* n ‖ ~**-Gewebe mit Scrub-Effekt** (Tex) / scrubbed denim
**Denitrieren** n (Chem) / denitration n, denitrogenation n ‖ ~ (von Rauchgasen) (Chem Verf, Umwelt) / nitrogen removal
**Denitrierung** f (Chem) / denitration n, denitrogenation n

**Denitrifikation** f (Reduktion von Nitraten durch Bodenbakterien) (Biol) / denitrification* n
**Denitrifikationsbakterien** f pl (Bakteriol) / denitrifying bacteria, nitrate-reducing bacteria*
**denitrifizierende Bakterien** (Bakteriol) / denitrifying bacteria, nitrate-reducing bacteria*
**Denken, maschinelles** ~ (KI) / machine thinking
**Denkfabrik** f (Gruppe von Fachleuten) / think-tank n, innovation factory, think factory
**Denkmal(s)pflege** f (Arch) / preservation of (historic) monuments, protection of (historical) monuments
**Denkmal(s)schutz** m (Arch) / preservation of (historic) monuments, protection of (historical) monuments
**Denkmalschutz, unter ~ stehendes, im Denkmalbuch erfaßtes Bauwerk** (Arch) / listed building (GB)
**denotationale Semantik** (EDV, KI) / denotational semantics, functional semantics
**Densimeter** n (für Flüssigkeiten, Gase und feste Stoffe) (Instr, Phys) / densimeter n, gravitometer n, density gauge
**Densität** f (Foto) / density* n, photographic transmission density, photographic density, light density
**Densito•meter** n (zur objektiven Messung der Filmschwärzung) (Instr) / densitometer* n, microphotometer n ‖ **~metrie** f (Foto) / densitometry n, densitometric analysis
**Dental•gips** m / dental plaster (an unmodified hemihydrate gypsum plaster similar to plaster of Paris) ‖ **~gold** n (Hütt, Med) / dental gold ‖ **~keramik** f (Keram) / dental ceramics, dental porcelain ‖ **~legierung** f (Metallegierungen für Zahnersatz) (Hütt) / dental alloy
**Dentin** n (Med) / dentine* n, dentin n (US)
**Dentsche Anomalie** (Uhr) / middle temperature error*
**Denudation** f (Geol) / denudation* n ‖ **aquatische ~** (Geol, Landw) / sheet erosion, sheet-wash n, unconcentrated wash, slope wash, sheet-flood erosion
**Denudations•basis** f (Geol) / base level*, denudation base level ‖ **~niveau** n (Geol) / base level*, denudation base level ‖ **~terrasse** f (Geol) / denudation terrace, rock terrace
**Denuded-Zone** f (ein Gebiet, das an Sauerstoff verarmt ist) (Eltronik) / denuded zone
**Denuder** m (ein Diffusionstrennrohr) / denuder n
**Deodorant** n (pl. -e oder -s) (Chem) / deodorant n, deodorizer n
**deontische Logik** / deontic logic
**DEP** (Chem) / diethyl phthalate
**Depaketiereinrichtung** f (EDV) / packet disassembler
**Depaketierer** m (EDV) / packet disassembler
**Depaketierung** f (Umwandlung von Datenpaketen in Zeichenfolgen) (EDV) / packet disassembling, packet disassembly
**depalettieren** n / depalletize v
**Depalettierer** m / depalletizer n
**Depalettiermaschine** f / depalletizer n
**depassivieren** v / depassivate v
**Dependenz, konzeptuelle ~** (KI) / conceptual dependency, CD
**depersonalisieren** v (EDV) / depersonalize v
**Dephlegmation** f (Chem) / dephlegmation n, partial condensation
**Dephlegmator** m (ein Teilkondensator, an dessen Kühlflächen aus einem Gemischdampf mehr Schwerersiedendes kondensiert, als der Dampf prozentual enthält) (Chem Verf) / dephlegmator n (a partial condenser), partial-condensation head
**Depilation** f / depilation n, epilation* n
**Depilatorium** n (pl. Depilatorien) / depilatory* n, hair remover, epilator n
**Deplacement** n (Masse der vom eingetauchten Schiffskörper verdrängten Wassermenge) (Wasserb) / displacement* n
**Deplasmolyse** f (Biol) / deplasmolysis n (pl. -lyses)
**Depletionstyp** m (Eltronik) / depletion-mode transistor*, depletion-mode field-effect transistor, depletion-mode FET
**Depolarisation** f (Phys) / depolarization* n
**Depolarisationsgrad** m (in der Ramanspektroskopie) (Spektr) / depolarization ratio
**Depolarisator** m (Braunstein im Leclanché-Element) (Eltech) / depolarizer n (manganese dioxide)
**Depolymerisation** f (Chem) / depolymerization* n
**depolymerisieren** v (Chem) / depolymerize v
**Deponie** f (Umwelt) / refuse dump, dump* n, tip n (GB)*, landfill (US), disposal site, waste site, dumping area, disposal facility ‖ **geordnete ~** (Sanitär, Umwelt) / controlled tipping (GB), sanitary landfill (US) ‖ **wilde ~** (Sanitär, Umwelt) / fly dumping, indiscriminate dumping ‖ **~abdichtung** f (Sanitär, Umwelt) / sealing of the disposal site ‖ **~dichtung** f (Sanitär, Umwelt) / sealing of the disposal site ‖ **~gas** n (das aufgrund anaerober biologischer Abbauprozesse entstandene Biogas) (Sanitär, Umwelt) / dump gas, sanitary landfill gas (US), methane gas (from landfills) ‖ **~kosten** pl (für die Ablagerung auf der Deponie) (Sanitär) / tipping fee, disposal cost, dumping costs

**Deponierbarkeit** f (der Abfallstoffe) (Sanitär, Umwelt) / dumping ability
**deponierte Verbrennungsrückstände** (aus Verbrennungsanlagen) (Sanitär, Umwelt) / landfill incinerator residues
**Deponie•sickerwasser** n (Sanitär, Umwelt) / waste-site leaching water, disposal-site percolating water ‖ **~verdichter** m (Masch, Umwelt) / compactor n ‖ **~verwalter** m (Sanitär, Umwelt) / waste-site manager
**Deposition** f (die Ablagerung atmosphärischer Spurenstoffe am Boden, im Wasser, an Pflanzen und an Gebäuden) (Umwelt) / deposition n ‖ **nasse ~** (wenn die Spurenstoffe sich im Wasserdampf der Luft lösen und mit dem Niederschlag ausgewaschen werden) (Meteor, Umwelt) / wet deposition* ‖ **trockene ~** (wenn die Spurenstoffe an Stäube gebunden oder direkt an Oberflächen abgelagert werden) (Meteor, Umwelt) / dry deposition*
**Depot** n (Aufbewahrungsort, Lager) / depot n ‖ **~** (bittere feste Ablagerungen aus alten Weinen) (Nahr) / deposit n ‖ **~dünger** m (Landw) / slow-release fertilizer, slow-acting fertilizer ‖ **~fett** n (Biochem) / depot fat ‖ **~kapsel** f (mit Depotpräparaten) (Pharm) / spansule n ‖ **~mittel** n (Pharm) / retardant vehicle ‖ **~penicillin** n (Pharm) / controlled-release penicillin, sustained-release penicillin ‖ **~penizillin** n (Pharm) / controlled-release penicillin, sustained-release penicillin ‖ **~präparat** n (zur länger anhaltenden Wirkung von Arzneimitteln entwickelte Arzneiform) (Pharm) / controlled-release drug, sustained-release drug ‖ **~-Teppich** m (als Randzonenarmierung) (Plast, Tex) / depot facing
**Depression** f (negative Höhe unter dem Horizont) (Astr) / depression n ‖ **~** (Unterdruck bei der Bewetterung an der Saugseite des Ventilators) (Bergb) / depression n ‖ **~** (negativ morphologisches Element der Landoberfläche, z.B. Totes Meer) (Geol) / depression of land* ‖ **molare ~** (Phys) / cryoscopic constant, freezing-point depression constant, molecular depression of freezing point ‖ **~ f des Eispunkts** (beim Thermometer) (Phys) / depression of freezing point*
**depressionenbekämpfendes Mittel** (Pharm) / antidepressant n
**Depressionswinkel** m (Verm) / angle of depression*, depression angle, descending vertical angle, plunge angle*
**Depressorsubstanz** f (Pharm) / depressant n
**Depropanisierungskolonne** f (Chem Verf, Erdöl) / depropanizer n
**deproteinisieren** v / deproteinize v
**deprotektieren** v (Chem) / deprotect v
**Deprotonierung** f (Chem) / deprotonation n
**Depsid** n (Ester einer Phenolkarbonsäure) (Chem, Leder) / depside n
**Depsipeptid** n (Chem) / depsipeptide n
**DEPT-Technik** f (verzerrungsfreie Verstärkung durch Polarisationstransfer) (Spektr) / distorsionless enhancement by polarization transfer, DEPT
**Derating** n (bei der Deratingkurve eines Gleichrichters) (Eltech) / derating* n
**Deratingfaktor** m (Quotient aus Betriebsgröße und dem Nennwert eines elektronischen Bauteils) (Eltronik) / derating factor
**Deratingkurve** f (Eltech) / derating curve
**derbstückig** adj (Aufber, Bergb) / lumpy adj, blocky adj, coarse adj, lump attr
**Derbyschuh** m (bei dem die Quartiere über dem Blatt liegen) / derby shoe, blucher n (US)
**Dereglementierung** f (der Wirtschaft) / deregulation n
**Deregulierung** f (Einschränkung der störenden staatlichen Eingriffe in die Wirtschaft) / deregulation n
**Dériaz-Turbine** f (halbaxial durchstromte Wasserturbine) / Dériaz turbine
**Déri-Motor** m (Abart des Repulsionsmotors, nach M.Déri, 1854-1938) (Eltech) / Deri motor
**Derivat** n (Chem) / derivative n
**Derivation** f (EDV) / derivation n
**Derivationsspektroskopie** f (Spektr) / derivative spectroscopy
**Derivatisierung** f (eine methodische Variante der Gaschromatografie) (Chem) / derivatization n ‖ **postchromatografische ~** (Chem) / postcolumn derivatization
**derivativ•e Polarografie** (Chem) / derivative polarography ‖ **~e Thermogravimetrie** (Chem) / derivative thermogravimetry, DTG, differential thermogravimetry ‖ **~polarografie** f (Chem) / derivative polarography ‖ **~waage** f (Luftf) / derivative balance
**Derivierte** f (Math) / derivative n
**Derizinöl** n (mineralöllösliches Rizinusöl) / dericin oil
**Derizolenöl** n (Anstr) / dehydrated castor oil, DCO
**Dermis** f (Leder) / corium* n (pl. coria), dermis* n, true skin, cutis n, derma n, derm* n
**Derrick** m (Masch) / derrick* n, derricking jib crane ‖ **dreibeiniger ~** (Masch) / three-legged derrick ‖ **mit einem ~ heben oder verladen** / derrick v ‖ **mit Seilen verspannter ~** (Masch) / guy derrick*, pole derrick, guyed mast derrick, gin-pole derrick, guyed derrick ‖ **~ m mit Seilverspannung** (Masch) / guy derrick*, pole derrick, guyed mast derrick, gin-pole derrick, guyed derrick ‖ **~kran** m (Masch) / derrick*

**Derrickkran**

*n*, derricking jib crane ‖ **leichter ≃kran** (Masch) / whip-crane *n*, Dutch wheel crane ‖ **unverspannter ≃kran** (Masch) / Scotch derrick, derrick crane, stiffleg derrick ‖ **senkrechter ≃mast** (Bau) / king-tower* *n*, crane tower
**Derrin** *n* (Chem) / rotenone* *n*
**Des•aktivator** *m* (Chem) / deactivating agent, deactivator *n*, inactivator *n* ‖ **~aktivieren** *v* (Chem) / deactivate *v*, inactivate *v* ‖ **≃aktivierung** *f* (Chem) / deactivation* *n*, inactivation* *n* ‖ **≃aktivierungsmittel** *n* (Chem) / deactivating agent, deactivator *n*, inactivator *n*
**Desalkylierung** *f* (Chem) / dealkylation *n* ‖ **hydrierende ≃** (Chem Verf) / hydrodealkylation *n*
**desamidieren** *v* (die NH$_2$-Gruppe aus Säureamiden entfernen) (Chem) / deamidate *v*, desamidate *v*
**desaminieren** *v* (die NH$_2$-Gruppe entfernen) (Chem) / deaminate *v*, desaminate *v*, deaminize *v*
**Desargues-Satz** *m* (Fundamentalsatz der projektiven Geometrie - nach G. Desargues, etwa 1591-1661) (Math) / Desargues's theorem
**desaxieren** *v* (Masch) / offset *v*
**des•azetylieren** *v* (Chem) / deacetylate *v* ‖ **~azetyliertes Azetat** (DIN 60001) (Tex) / deacetylated acetate fibres
**Descartesscher Strahl** (mindestgedrehter Strahl) (Opt) / Descartes ray
**Descartes-Zeichenregel** *f* (nach R. Descartes, 1596-1650) / Descartes' rule of signs*, Descartes sign convention
**DE-Scheinwerfer** *m* (Kfz) / DE headlight
**Descloizit** *n* (ein Vanadiumerz) (Min) / descloizite* *n*
**Descrambler** *m* (eine Einrichtung) (Fernm) / descrambler *n*
**Desensibilisator** *m* (Foto) / desensitizer* *n*
**Desensibilisierung** *f* (Foto) / desensitizing *n*, desensitization *n*
**Deserpidin** (freie internationale Kurzbezeichnung für ein Rauwolfia-Alkaloid) (Pharm) / deserpidine *n*
**Desertifikation** *f* (Ausbreitung von Wüsten- und Steppengebieten) (Umwelt) / desertification* *n*
**Design** *n* / design *n* ‖ **funktionelles ≃** / functional design ‖ **gefälliges ≃** / appealing design, pleasing design ‖ **optisch ansprechendes ≃** / visually appealing design
**Designer** *m* (Schöpfer und Formgestalter von Industrie- und Gebrauchsgegenständen) / designer *n* ‖ **≃ Food** *n* (Nahr) / novel food ‖ **≃droge** *f* (künstliche Drogenmischung, die anhand von Computerberechnungen hergestellt wurde) (Med) / designer drug ‖ **≃food** *n* (Lebensmittel, die aus gentechnisch veränderten Organismen bestehen, mit deren Hilfe hergestellt werden oder gentechnisch hergestellte Zusätze enthalten) (Nahr) / designer food ‖ **≃mode** *f* (von Modedesignern entworfen) (Tex) / designer fashion ‖ **≃polymer** *n* (Chem) / designer polymer
**Designgrafik** *f* (EDV) / design graphics
**Desikkans** *n* (pl. -kanzien) (Landw) / desiccant *n*
**Desinfektion** *f* (Med, Pharm) / disinfection *n*
**Desinfektions•lösung** *f* (zur Durchführung von hygienischen Maßnahmen) / sanitizing solution ‖ **≃mittel** *n* (Med, Pharm) / disinfectant* *n*, disinfecting agent ‖ **≃mittel** *n* (Nahr) / sanitizer *n*
**Desinfestation** *f* (Entwesung, Vernichtung schädlicher Kleinlebewesen) (Med, Pharm) / disinfestation* *n*
**Desinfiziens** *n* (pl. Desinfizienzien) (Med, Pharm) / disinfectant* *n*, disinfecting agent
**desinfizieren** *v* / sanitize *v* (a pool), sanitise *v* (GB) ‖ **~** (Med, Pharm) / disinfect *v*
**Desinfizierung** *f* (Med, Pharm) / disinfection *n*
**Desinsektion** *f* / disinsection *n* ‖ **≃** (Med, Pharm) / disinfestation* *n*
**Desintegrator** *m* (Gieß) / disintegrating mill*, disintegrator *n*, cage mill, disintegrator crusher ‖ **≃-Gaswäscher** *m* **nach Theisen** (Chem Verf) / Theisen disintegrator
**De-Sitter-Kosmos** *m* (Lösung der Einsteinschen Gleichung mit kosmologischem Glied für das Vakuum) (nach W. de Sitter, 1872 - 1934) (Astr, Phys) / de Sitter space
**De-Sitter-Welt** *f* (Astr, Phys) / de Sitter space
**Deskresearch** *n* (Auswertung sekundärstatistischen Materials) (Stats) / desk research
**deskriptiv•es Lernen** (KI) / descriptive learning ‖ **~e Sprache** (EDV) / non-procedural language, descriptive language ‖ **~e Statistik** (Stats) / descriptive statistics
**Deskriptor** *m* (auch in der Dokumentation nach DIN 31623, T 2) (EDV) / descriptor *n* ‖ **≃definitionssprache** *f* (EDV) / descriptor definition language ‖ **≃zuteilung** *f* (EDV) / descriptor assignment, indexing *n*
**Desktop•-Management-Interface** *n* (EDV) / desktop management interface, DMI ‖ **≃metapher** *f* (Nachbildung einer Schreibtischoberfläche auf einem Bildschirm) (EDV) / desktop metaphor ‖ **≃-Publishing** *n* (bis hin zur fertigen Druckvorlage oder bis zur Filmbelichtung - eine Art elektronisches Publizieren) (EDV) / desktop publishing* (DTP) ‖ **≃textscanner** *m* (EDV) / desktop text scanner

**Deslandres•-Bandenformel** *f* (Spektr) / Deslandres equation* ‖ **≃-Formel** *f* (zur Erfassung der Wellenzahlen der Linienfolge bei Rotationsschwingungsspektren) (Spektr) / Deslandres equation* ‖ **≃-Term** *m* (nach H. Deslandres, 1853-1948) (Phys) / Deslandres term
**Desmearing** *n* (von Harzverschmierungen auf Multilayern) (Eltronik) / desmearing *n*, etch-back *n*
**Desmin** *m* (Min) / stilbite* *n*, desmine* *n*
**Desmodromik** *f* (Kfz) / desmodromics *n*
**Desmodur** *n* (ein Warenzeichen für Diisocyanate, die nach dem Polyisocyanat-Polyadditionsverfahren mit Polyolen zu Polyurethanen umgesetzt werden) (Plast) / Desmodur* *n*
**Desmotropie** *f* (Bindungstendenz der Anionen - eine Art von Tautomerie) (Chem) / desmotropism* *n*
**Desodorans** *n* (pl. Desodoranzien) (Chem) / deodorant *n*, deodorizer *n*
**desodorierend** *adj* / deodorizing *adj*
**Desodorierung** *f* (Chem) / deodorizing* *n*, deodorising *n*, deodorization *n*
**Desodoriseur** *m* (der durch Wasserdampfdestillation, z.B. bei Speiseölen, störende Geruchsstoffe entfernt) (Chem) / deodorizer *n*
**Desorbat** *n* (Chem) / desorbed solvent
**Desorber** *m* (ein Bauteil einer Sorptionsanlage) (Chem Verf) / desorber *n*, desorption tower
**desorbieren** *v* (Chem) / desorb *v*
**Desorption** *f* (Entweichen oder Entfernen sorbierter Gase vom Sorptionsmittel; Umkehrung der Absorption oder der Adsorption - DIN 28400, T 1) (Chem, Phys) / desorption* *n* ‖ **elektroneninduzierte ≃** (Chem) / electron-induced desorption, EID ‖ **thermische ≃** (Chem, Phys) / thermal desorption
**Desorptions•energie** *f* (Phys) / desorption energy ‖ **≃spektrometrie** *f* (Spektr) / desorption spectrometry ‖ **≃spektrum** *n* (Spektr) / desorption spectrum
**Desoxidation** *f* (Chem) / deoxidation* *n* ‖ **≃** (mit Desoxidationsmitteln) (Chem, Hütt) / scavenging* *n*
**Desoxidations•legierung** *f* (Hütt) / deoxidation alloy ‖ **≃mittel** *n* (Chem, Hütt) / deoxidizer* *n*, deoxidant* *n*
**desoxidieren** *v* (Chem) / deoxidize *v* ‖ **≃** *n* (Chem) / deoxidation* *n* ‖ **≃** (Chem) s. auch Desoxygenierung
**Desoxidierung** *f* (Chem) / deoxidation* *n*
**Desoxycholsäure** *f* (Physiol) / deoxycholic acid
**Desoxycorticosteron** *n* (Biochem) / cortexon *n*, desoxycorticosterone* *n*
**2-Desoxy-D-ribose** *f* (eine zu den Desoxyzuckern gehörende Pentose) (Chem) / deoxyribose *n*
**desoxygenieren** *v* (Chem) / deoxygenate *v*
**Desoxygenierung** *f* (Eliminierung von Sauerstoff insbesondere aus organischen Verbindungen) (Chem) / deoxygenation *n*
**Desoxyribonuklease** *f* (eine Hydrolase) (Biochem) / deoxyribonuclease *n*, DNase *n*
**Desoxyribonukleinsäure** *f* (Biochem, Gen) / deoxyribonucleic acid (DNA)
**Desoxyribose** *f* (Chem) / deoxyribose *n*
**Desoxyzucker** *m* (Chem) / deoxy sugar
**Desquamation** *f* (Geol) / exfoliation* *n*, flaking *n*, sheeting *n*, spalling *n* (US)
**Dessicans** *n* (pl. Dessicantia) (Landw) / desiccant *n*
**Dessin** *n* / design *n* ‖ **≃** (Tex) / pattern *n*
**Dessinateur** *m* (Modeschöpfer) (Tex) / designer *n*
**dessinieren** *v* (Tex) / design *v*
**Dessinpapier** *n* (Pap, Tex) / pattern paper, X paper
**Destillans** *n* (pl. -antien oder -anzien) (Chem Verf) / distilland *n*
**Destillat** *n* (Chem) / distillate *n* ‖ **≃** (Nahr) / distillate *n* ‖ **≃benzin** (Erdöl) / straight-run gasoline, top gasoline, straight-run benzine, S.R.B. ‖ **≃benzin** (Erdöl) / straight-run gasoline, top gasoline, straight-run benzine, S.R.B. ‖ **≃heizöl** *n* (Kftst) / distillate fuel oil
**Destillation** *f* (Chem) / distillation* (*n*) ‖ **≃** (Erdöl) / steam refining ‖ **absteigende ≃** (Chem Verf) / simple distillation ‖ **azeotrope ≃** (Chem Verf) / azeotropic distillation* ‖ **destruktive ≃** (Chem Verf) / destructive distillation* ‖ **differentielle ≃** (Chem Verf) / differential distillation ‖ **diskontinuierliche ≃** (Chem Verf) / batch distillation* ‖ **einfache ≃** (Chem Verf) / simple distillation ‖ **extraktive ≃** (bei der dem zu trennenden Gemisch ein Lösungsmittel zugesetzt wird, das höher siedet als die einzelnen Komponenten) (Chem Verf) / extractive distillation* ‖ **fraktionierte ≃** (Chem Verf) / fractional distillation*, fractionation* *n* ‖ **kontinuierliche ≃** (Chem Verf) / continuous distillation* ‖ **nochmalige ≃** (Chem) / redistillation (*distn*) *n* ‖ **≃** (Chem Verf) / rerunning *n* ‖ **offene ≃** (Chem Verf) / differential distillation ‖ **trockene ≃** (Chem, For) / dry distillation, pyrogenic distillation ‖ **≃** *f* **durch eine Dialysemembran** (Chem Verf) / perdistillation *n* ‖ **≃ eines Mehrkomponentensystems** (Chem Verf) / multicomponent distillation ‖ **≃ eines Mehrstoffgemisches** (Chem Verf) / multicomponent distillation ‖ **≃ im Vakuum** (Chem Verf) / vacuum distillation*, reduced-pressure distillation

**Destillations•anteil** m (Chem Verf) / fraction n, cut n ‖ ⁓**apparat** m (Chem Verf) / still* n, distillation apparatus ‖ ⁓**aufsatz** m **nach Claisen** (Chem) / Claisen distilling head, Claisen stillhead ‖ ⁓**blase** f (Chem Verf) / boiler n, reboiler n, still pot, still n, distillation boiler, alembic n, limbeck n ‖ ⁓**gefäß** n (Chem Verf) / boiler n, reboiler n, still pot, still n, distillation boiler, alembic n, limbeck n ‖ ⁓**gut** n (Chem Verf) / distilland n ‖ ⁓**kolben** m (Chem) / distillation flask* ‖ ⁓**kolonne** f (Chem Verf) / distillation column ‖ ⁓**kopf** m (Chem Verf) / distilling head, still head, distillation head ‖ ⁓**lauf** m (Chem) / run n ‖ ⁓**produkt** n (Chem) / distillate n ‖ ⁓**rückstand** m (bei der diskontinuierlichen Destillation) (Chem Verf) / distillation residue ‖ ⁓**rückstand** (Chem Verf) / bottoms pl, bottom product ‖ **unzersetzter** ⁓**rückstand** (als Einsatzmaterial für weitere Stufen) (Erdöl) / virgin stock, straight-run stock ‖ ⁓**schnitt** m (Chem Verf) / fraction n, cut n ‖ ⁓**stufe** f (Chem Verf) / distillation stage ‖ ⁓**turm** m (Chem Verf) / distillation tower
**Destillat•kraftstoff** m (Kftst) / distillate fuel ‖ ⁓**maische** f (Nahr) / distillery mash ‖ ⁓**süßung** f (Chem Verf, Erdöl) / distillate sweetening
**Destillier•anlage** f (Chem Verf) / distillation plant ‖ ⁓**apparat** m (Chem Verf) / still* n, distillation apparatus ‖ ⁓**apparat mit Verteilerbürsten** (Chem Verf) / wiped-film still ‖ ⁓**aufsatz** m (der obere Teil des Destillierapparates) (Chem Verf) / distilling head, still head, distillation head ‖ ⁓**blase** f (Chem Verf) / boiler n, reboiler n, still pot, still n, distillation boiler, alembic n, limbeck n
**destillieren** v (Chem Verf) / distil v, distill v (US) ‖ **fraktioniert** ⁓ (Chem Verf) / fractionate v ‖ **nochmals** ⁓ (Chem) / redistil v, rerun v ‖ **wiederholt** ⁓ (Chem) / redistil v, rerun v ‖ ⁓ n (Chem Verf) / distillation* (distn) n
**Destillier•gut** n (Chem Verf) / distilland n ‖ ⁓**kolben** m (Chem) / distillation flask* ‖ ⁓**kolonne** f (Chem Verf) / distillation column ‖ ⁓**kolonne mit Glockenböden** (Chem Verf) / bubble-cap tray column, bubble-cap column ‖ ⁓**ofen** m (z.B. Faber-du-Faur-Ofen) (Hütt) / distillation furnace
**destilliert•es Heizöl** (Kftst) / distillate fuel oil ‖ ⁓**es Schmieröl** (Erdöl) / lube-oil distillate, lube distillate ‖ ⁓**es Wasser** / distilled water
**Destilliervorlage** f (Chem Verf, Hütt) / distilling receiver, receiver n
**Destimulator** m (Agens, das die Korrosion hemmt) (Galv) / destimulator n, destimulating agent
**Destinezit** m (ein mikrokristallines Mineral der Diadochitgruppe) (Min) / destinezite n
**Destraktion** f (ein Verfahren der Stofftrennung, das zwischen Destillation und Extraktion einzuordnen ist) (Chem Verf) / destraction n
**Destriau-Effekt** m (Elektrolumineszenz von Festkörpern, wenn die Anregung durch ein elektrisches Wechselfeld erfolgt - nach G.Destriau, 1903-1961) (Phys) / Destriau effect*
**Destruenten** m pl (Umwelt) / decomposers* pl
**destruieren** v / destroy v, demolish v
**Destruktion** f / destruction n
**Destruktionsfäule** f (Braunfäule) (For) / brown rot*
**destruktiv** adj / destructive adj ‖ ⁓**es Auslesen** (EDV) / destructive read-out*, destructive read-out operation, destructive read operation, DRO, DR ‖ ⁓**e Destillation** (Chem Verf) / destructive distillation* ‖ ⁓**e Destillation** (Chem Verf) s. auch trockene Destillation ‖ ⁓**e Interferenz** (ein Sonderfall - Auslöschung) (Phys) / destructive interference
**Destruktivvirus** m (EDV) / destructive virus
**Desublimation** f (Chem, Phys) / ablimation n, solidensing n, desublimation n
**desulfurieren** v (Chem) / desulphurize v ‖ ⁓ n (Chem) / desulphurizing* n, desulphurization n, sulphur removal
**Desulfurierung** f (Chem) / desulphurizing* n, desulphurization n, sulphur removal
**Desulfurikanten** pl (Bakteriol, Sanitär) / sulphate-reducing bacteria
**Desurbanisation** f (Entstädterung) (Arch) / desurbanization n
**Desurbanisierung** f (Arch) / disurbanization n
**DESY** / Deutsches Elektronen-Synchrotron in Hamburg-Bahrenfeld
**Desynchronose** f (Luftf) / jet lag
**deszendent** adj (Geol) / descendant adj, descendent adj, descending adj ‖ ⁓ (Lagerstätte) (Geol) / supergene adj
**deszendierendes Wasser** (Geol) / descending water
**Detacheur** m (Müllereimaschine zum Feinzerkleinern von groben Mehlkörnern zu Grießen) (Nahr) / detacher n
**detachieren** v (Tex) / remove v (spots, stains) ‖ ⁓ n (Tex) / spot removal, spotting n, stain removal
**Detachiermittel** n (Tex) / spot remover, scourer n, stain remover, spotter n, spot lifter
**Detachment, assoziatives** ⁓ (Phys) / associative detachment ‖ **dissoziatives** ⁓ (Phys) / dissociative detachment
**Detachur** f (Tex) / spot removal, spotting n, stain removal
**detaillieren** v / detail v
**detailliert angeben** / specify v

**Detaillierung** f (der Information) (KI) / granularity n
**Detail•zeichenpapier** n (Masch, Pap) / detail paper*, layout paper ‖ ⁓**zeichner** m / detailer n
**detektierbar** adj (Chem) / detectable adj, traceable adj, discoverable adj
**detektieren** v / determine v, detect v
**Detektivität** f (Kehrwert der äquivalenten Rauschleistung) (Eltronik) / detectivity n
**Detektor** m (in der Gas- oder Flüssigkeitschromatografie) (Chem) / detector n ‖ ⁓ (Gerät oder Einrichtung der Strahlungsmeßtechnik) (Kernphys, Radiol) / detector* n, radiation detector, particle detector ‖ ⁓ (Bauelement der Funktechnik) (Radio) / detector* n, demodulator* (DEM, DEMOD) n ‖ **erster** ⁓ (Eltronik, Radio) / mixer* n, first detector ‖ **flammenfotometrischer** ⁓ (Chem) / flame photometer detector, flame-photometric detector, FPD ‖ **fotometrischer** ⁓ (Licht) / photometric detector, spectrophotometric detector ‖ **massenselektiver** ⁓ (Chem) / ion-trap detector ‖ **quadratischer** ⁓ (Eltech) / square-law demodulator*, square-law detector* ‖ **rückgekoppelter** ⁓ (Eltech) / regenerative detector* ‖ **seismischer** ⁓ (Geophys) / seismic detector, pot n ‖ **thermoelektrischer** ⁓ (Eltech) / thermal detector* ‖ **thermoionischer** ⁓ (für die gaschromatografische Spurenanalyse, vorwiegend für P und N) (Chem) / thermionic detector, nitrogen-phosphorus detector ‖ ⁓ m **für Alphastrahlung** (Kernphys) / alpha-ray detector, alpha detector ‖ ⁓ **für Betastrahlung** (Kernphys) / beta-ray detector, beta detector* ‖ ⁓ **für Gammastrahlung** (Kernphys) / gamma-ray detector, gamma detector*
**Detektor•diode** f (Fernm) / detector diode ‖ ⁓**matrix** f (TV) / charge-coupled image sensor, solid-state image sensor ‖ ⁓**nadel** f (Radio) / cat's whisker ‖ ⁓**pinsel** m (Radio) / cat's whisker
**Detergency** f (eine HD-Eigenschaft des Motoröls) (Erdöl) / detergency n
**Detergens** n (pl. -tia oder -zien (veralteter Oberbegriff für konfektionierte gebrauchsfertige Waschmittel oder Geschirreinigungsmittel) (Chem) / synthetic organic detergent, syndet n, detergent* n
**Detergent-Dispersant-Zusatz** m (ein Schmierstoffadditiv) (Erdöl) / detergent-dispersant additive n
**Detergent•additiv** n (bei Schmierölen) (Erdöl) / detergent additive ‖ ⁓**zusatz** m (bei Schmierölen) (Erdöl) / detergent additive
**Detergenzien, biologisch nicht abbauabre** ⁓ (Chem, Umwelt) / hard detergents
**Determinante** f (algebraischer Ausdruck, der quadratischen Matrizen zugeordnet wird) (Math) / determinant* n, det ‖ **antigene** ⁓ (an der Oberfläche eines Antigens) (Biochem) / epitope n, antigenic determinant ‖ **Hurwitzsche** ⁓ (Math) / Hurwitz determinant ‖ **Jacobische** ⁓ (nach C.G. Jacobi, 1804-1851) (Math) / Jacobian* n, Jacobian determinant ‖ **schiefsymmetrische** ⁓ (einer schiefsymmetrischen Matrix) (Math) / skew-symmetric determinant ‖ **Soreansche** ⁓ (in der Nomografie) (Math) / Sorean's determinant ‖ **Sylvestersche** ⁓ (Math) / Sylvester determinant ‖ **Vandermondesche** ⁓ (nach A.T. Vandermonde, 1735-1796) (Math) / Vandermonde determinant ‖ **zweireihige** ⁓ (Math) / double-row determinant ‖ **zyklische** ⁓ (Math) / circulant* n
**Determination** f (nähere Begriffsbestimmung) / determination n
**Determinationsintervall** n (KI) / determination interval
**determinieren** v / determinate v
**determinierende Gleichung** (Math) / indicial equation
**deterministisch** adj / deterministic* adj ‖ **nicht** ⁓ / non-deterministic adj ‖ ⁓**es Chaos** (Phys) / deterministic chaos ‖ ⁓**es Modell** (Stats) / deterministic model
**Deterrens** n (pl. -rentien, -renzien oder -rentia) (ein Abschreckmittel, das Fraß und Eiablage verhindern soll) (Landw) / deterrent n ‖ ⁓ (Landw) s. auch Repellent
**Detersion** f (Abschleifung des Felsuntergrundes durch das Eis oder durch das mitgeführte feine Gesteinsmehl und eingefrorene Gesteinstrümmer) (Geol) / detersion n
**Detonation** f (Chem) / detonation* n ‖ **zur** ⁓ **bringen** / detonate vt, initiate v
**Detonations•geschwindigkeit** f / explosion velocity ‖ ⁓**kanone** f (Anstr) / detonation gun ‖ ⁓**nullpunkt** m (der lotrecht unter oder über dem Detonationspunkt liegende Punkt auf der Erdoberfläche) (Mil, Nukl) / ground zero, GZ, surface ground zero ‖ ⁓**spritzen** n (ein thermisches Spritzen) (Anstr) / detonation coating, D-gun coating, detonation-gun coating ‖ ⁓**übertragungsfähigkeit** f (von Sprengstoffen) (Bergb, Chem Verf) / propagating power n ‖ ⁓**welle** f / detonation wave ‖ ⁓**wert** m (der Kernwaffen in kt) (Mil) / yield n, explosive power ‖ ⁓**zündschnur** f (Geol) / primacord n, primacord fuse*
**detonieren** v / detonate vi
**detonierende Zündschnur** (Bergb) / detonating fuse*
**Detosylierung** f (Chem) / detosylation n
**Detoxikation** f (Nahr, Pharm) / detoxication* n, detoxification n

**detritisch**

**detritisch** *adj* (Geol) / detrital *adj*
**detritivor** *adj* (Biol) / saprophagous *adj*, detritivorous *adj*, saprovorous *adj*
**detritophag** *adj* (Biol) / saprophagous *adj*, detritivorous *adj*, saprovorous *adj*
**Detritus** *m* (unbelebte, frei im Wasser schwebende Sinkstoffe) (Biol) / detritus* *n* ‖ ≃ (Gesteinsschutt und Zerreibsel von Organismenresten) (Geol) / detrital minerals* *pl*, detritus* *n* ‖ ≃ **erzeugender Prozeß** (Geol) / detrition* *n*
**DE-Überwacher** *m* (EDV) / data-entry administrator, administrator *n*
**Deuterieren** *n* (Kernphys) / deuterizing *n*, deuteration* *n*
**deuteriert·es Lösungsmittel** (Spektr) / deuterated solvent ‖ ∼**es Triglycinsulfat** (Spektr) / deuterized triglycin sulphate, DTGS ‖ ∼**e Verbindung** (Kernphys) / deuterated compound
**Deuterierung** *f* (Markierung mit oder Einbau von Deuterium) (Kernphys) / deuterizing *n*, deuteration* *n*
**deuterisch** *adj* (Geol) / deuteric *adj*, paulopost *adj*, epimagmatic *adj*
**Deuterium (D)** (Chem) / deuterium* *n*, heavy hydrogen* ‖ ≃**lampe** *f* (eine UV-Strahlungsquelle mit Deuteriumfüllung) (Spektr) / deuterium lamp, deuterium arc-discharge lamp ‖ ∼**moderierter Reaktor** (Nukl) / deuterium-moderated reactor ‖ ≃**oxid** *n* (schweres Wasser) (Chem) / deuterium oxide ‖ ≃**-Tritium-Brenner** *m* / deuterium-tritium burner ‖ ≃**-Tritium-Reaktion** *f* (Nukl) / deuterium-tritium reaction
**deuterogenes Erz** (Geol) / secondary ore
**Deuterolyse** *f* (eine Reaktion mit Deuteriumoxid) (Chem) / deuterolysis *n*
**Deuteron** *n* (Chem, Kernphys) / deuteron* *n*, deuton *n* ‖ ≃**-Deuteron-Streuung** *f* (Kernphys) / deuteron-deuteron scattering, d-d scattering
**Deuteroverbindung** *f* (eine markierte Verbindung) (Kernphys) / deuterated compound
**deutlich** *adj* / distinct *adj* ‖ ∼**es Sehfeld** (Opt) / field of distinct vision ‖ ∼**e Sehweite** (Opt) / least distance of distinct vision*
**deutsch·e Bauweise** (eine geschlossene Tunnelbauweise) (HuT) / German tunnelling method ‖ ∼**e Schrift** (Typog) / German symbols ‖ ∼**e Schrift** (Typog) s. auch Fraktur ‖ ∼**er Tübbing** (Bergb) / German tubbing ‖ ∼**es Verfahren** (Bleiweißherstellung) (Chem) / chamber process ‖ ≃**es Arzneibuch** (Pharm) / German Pharmacopoeia ‖ ≃**es Band** (aus hochkantigen übereckkgestellten Bachstainen) (Arch) / indented frieze ‖ ≃**es Bundespatent** / German federal patent ‖ ≃**er Gewerkschaftsbund** / German Trade(s) Union Federation ‖ ≃**es Kamillenöl** (Pharm) / oil of German chamomile, German camomile oil, German chamomile oil ‖ ≃**er Lapis** (eine Imitation des Lapislazuli aus gefärbtem blaurötlichem Jaspis) (Min) / German lapis* ‖ ≃**e Schabe** (Med, Nahr) / German cockroach, Croton bug ‖ ≃**es Sesamöl** / cameline oil, German sesame oil, dodder oil ‖ ≃**er Zuckerahorn** (For) / Norway maple, European maple
**Deutschleder** *n* (Tex) / moleskin* *n*
**Deuxpièces** *n* (Tex) / two-piece *n*
**Devardasche Legierung** (50 % Cu, 45 % Al, 5 % Zn - nach A.Devarda, 1859-1944) (Hütt) / Devarda's alloy
**devastieren** *v* / devastate *v*
**Devastierung** *f* (Verwüstung bzw. Entblößung einer Landschaft von Pflanzen) (Bot, Geol) / devastation *n*
**Developer** *m* (Foto) / developer* *n*
**Deviation** *f* (Schiff) / deviation* *n* ‖ **halbkreisartige** ≃ (Schiff) / semicircular deviation*
**Deviations·bake** *f* (Seezeichen, das eine bestimmte Richtung bezeichnet und zur Deviationsbestimmung und Kompensation des Schiffskompasses dient) (Schiff) / beacon for compass adjustment ‖ ≃**boje** *f* (Schiff) / deviation buoy ‖ ≃**dalbe** *f* (Schiff) / deviation bollard ‖ ≃**dalben** *m* (der sich an einem für die Deviationskontrolle günstigen Ort befindet) (Schiff) / deviation bollard ‖ ≃**moment** *n* (Phys) / centrifugal moment
**Deviator** *m* (Tensor mit verschwindender Spur) (Math) / deviator *n*
**Deviatorspannung** *f* (beim dreiaxialen Druckversuch) (HuT) / deviator stress
**Devitrifikation** *f* / devitrification* *n* (the formation of crystalline structures in a glassy matrix, such as may occur in a glass, glaze or porcelain enamel during the cooling of a vitreous mass)
**Dévorant** *m* (Tex) / burnt-out fabric
**Dewar-Benzol** *n* (Trivialname für ein Valenzisomeres des Benzols) (Chem) / Dewar benzene
**Dewar-Gefäß** *n* (nach J. Dewar, 1842-1923) (Chem) / Dewar flask*, dewar *n*, Dewar vessel ‖ ≃ s. auch Thermosflasche
**Dewar-Struktur** *f* (Chem) / Dewar structure
**Dewatering-Fluid** *n* (zur fleckenfreien Trocknung der wasserfeuchten Metallteile, z.B. nach dem Galvanisieren) (Chem, Galv) / water-displacing liquid*, dewatering fluid
**DE-Wert** *m* (empirisches Maß für den Hydrolysegrad bei Glucosesirup) (Chem) / dextrose equivalent

**Dewetting-Effekt** *m* (Entnetzungserscheinung) (Anstr, Chem) / dewetting effect
**Dewey Decimal Classification** (Dezimalklassifikationssystem von Melvil Dewey, 1851-1931) / Dewey Decimal Classification, DDC
**dextral** *adj* (Geol) / dextral* *adj* ‖ ∼**e Blattverschiebung** (Geol) / dextral fault*, right-lateral fault, right-lateral slip fault
**Dextran** *n* (ein Biopolysaccharid) (Chem) / dextran* *n* ‖ ≃**sulfat** *n* (Chem) / dextran sulphate
**Dextrin** *n* (Abbauprodukt der Stärke) (Chem) / dextrin* *n*, starch gum*, British gum ‖ **in** ≃ **überführen** (Chem) / dextrinize *v*, dextrinate *v* ‖ **zu** ≃ **abbauen** (Chem) / dextrinize *v*, dextrinate *v* ‖ ≃**leim** *m* / dextrin adhesive, gum ‖ ≃**stärke** *f* (Chem) / soluble starch*
**dextrogyr** *adj* (Chem, Opt) / dextrorotatory* *adj*, dextrogyric *adj*, dextrogyrate *adj*, dextro *adj*, dextrogyratory *adj*, dextrorotary *adj*, dextrorotating *adj*
**Dextronsäure** *f* (Chem) / gluconic acid, d-gluconic acid*, dextronic acid
**Dextropropoxyphen** *n* (Pharm) / dextropropoxyphene *n*
**Dextrose** *f* (Chem) / D-glucose* *n*, dextrose* *n*, grape-sugar* *n*, Glu* *n* ‖ ≃**ablauf** *m* (bei der Stärkefabrikation) (Nahr) / hydrol *n* ‖ ≃**äquivalent** *n* (Chem) / dextrose equivalent
**Dezeleration, starke** ≃ (der Verzögerungseffekt wirkt vom Rücken in Richtung Brust) (Luftf, Raumf) / eyeballs out
**Dezelerationsparameter** *m* / deceleration parameter, braking parameter
**dezent** *adj* (unaufdringlich - Farbe) / quiet *adj* ‖ ∼ (Beleuchtung) / subdued *adj* ‖ ∼ (Kleidung) (Tex) / smart *adj* ‖ ∼ (Farbe) (Tex) / quiet *adj*, subdued *adj*, refined *adj*, discreet *adj*
**dezentral** *adj* / decentralized *adj* ‖ ∼**es Drucken** (Druck, EDV) / decentralized printing ‖ ∼**e Kennzeichengabe** (Fernm) / decentralized signalling ‖ ∼**es System mit zentraler Logik** (EDV) / shared logic system
**dezentralisiert** *adj* / decentralized *adj*
**dezentrieren** *v* / decentre *v*, decenter (US)
**Dezentrierung** *f* (des Bildes) (Radar) / decent(e)ring *n*
**dezi-** (Kurzzeichen d) / deci-* (SI-prefix denoting x $10^{-1}$), d. ‖ ≃ (Kurzzeichen d) / deci-* (SI-prefix denoting x $10^{-1}$), d.
**Deziantenne** *f* (Radio) / UHF antenna
**Dezibel** *n* (Verstärkungs- oder Dämpfungsmaß nach DIN 5493) (Akus, Fernm) / decibel* *n*, dB*
**Dezigramm** *n* / decigram *n*
**Dezil** *n* (das dem Fall q = 10 entspricht) (Stats) / decile *n*
**dezimal** *adj* (Math) / decimal *adj* ‖ ∼**e Arithmetik** (Math) / decimal arithmetic ‖ ∼**es System** (Math) / decimal (number) system* ‖ ∼**er Teil** (z.B. einer Einheit) (Math) / decimal submultiple ‖ ∼**es Vielfaches** (z.B. einer Einheit) (Math) / decimal multiple
**Dezimal·** (Math) / decimal *adj* ‖ ≃**arithmetik** *f* (Math) / decimal arithmetic ‖ ≃**-Binär-Umwandlung** *f* (EDV) / decimal-to-binary conversion
**Dezimalbruch** *m* (Math) / decimal fraction*, decimal *n* ‖ **abbrechender** ≃ (Math) / terminating decimal ‖ **endlicher** ≃ (Math) / terminating decimal ‖ **periodischer** ≃ (Math) / recurring decimal*, periodical decimal, repeating decimal*, repeater* *n*, circulation decimal ‖ ≃**entwicklung** *f* (Math) / decimal expansion ‖ ≃**rechnung** *f* (Math) / decimal arithmetic
**Dezimale** *f* (bei Dezimalbrüchen) (Math) / decimal digit
**dezimal·geometrische Normzahlreihe** (Masch, Math) / decimal-geometric series of preferred numbers, Renard series ‖ ≃**klassifikation** *f* / decimal classification, DC ‖ **Universale** ≃**klassifikation** / Universal Decimal Classification, UDC ‖ ≃**komma** *n* (Trennungszeichen zwischen den ganzen und den Bruchzahlen bei den Dezimalbrüchen) (Math) / decimal point, point *n* ‖ ≃**maßstab** *m* (Kart) / decimal scale ‖ ≃**punkt** *m* (Trennungszeichen zwischen den ganzen und den Bruchzahlen bei den Dezimalbrüchen) (Math) / decimal point, point *n* ‖ ≃**stelle** *f* (Ziffer) (Math) / decimal digit ‖ ≃**stelle** (Stelle) (Math) / decimal place ‖ ≃**system** *n* (Math) / decimal (number) system* ‖ ≃**tabulation** *f* (EDV) / decimal tabulation, decimal tabbing ‖ ≃**teil** *m* (hinter dem Komma) (Math) / decimal part ‖ ≃**waage** *f* / decimal balance ‖ ≃**wert** *m* (Math) / decimal value ‖ ≃**zahl** *f* (Math) / decimal *n*, decimal number, decadic number ‖ **gepackte** ≃**zahl** (EDV) / packed decimal ‖ **ungepackte** ≃**zahlen** (EDV) / zoned decimal data ‖ ≃**zähler** *m* (der 10 Zustände annehmen kann) / decadic counter ‖ ≃**zeichen** *n* (Komma oder Punkt) (Math) / decimal marker ‖ ≃**ziffer** *f* (EDV, Math) / decimal digit, decit *n* ‖ **binär kodierte** ≃**ziffer** (EDV) / binary-coded decimal (BCD)
**Dezi·meter** *n* / decimetre* *n* ‖ ≃**meterwellen** *f pl* (Radio) / decimetric waves* ‖ ≃**meterwellen** (Radio) s. auch Ultrahochfrequenz ‖ ≃**millimeterwellen** *f pl* (300-3000 GHz) (Radio) / decimillimetric waves ‖ ∼**molare Kalomelelektrode** (aq . c = 0,1 mol/l) (Chem) / decimolar calomel electrode* ‖ ∼**neper** *n* (0,8686 dB) (Fernm) / decineper* *n*, hyp *n* ‖ ∼**normal** *adj* (0,1n) (Chem) / decinormal *adj*

⁓**tex** *n* (Tex) / decitex* *n* ‖ ⁓**tonne** *f* / quintal* *n*, metric centner, double centner, q
**Dezylalkohol** *m* (Chem) / decyl alcohol, decanol *n*
**DFB** (WP) / refractoriness under load
**DFB-Halbleiterlaser** *m* (Phys) / distributed-feedback laser, DFB laser
**DFB-Laser** *m* (Phys) / distributed-feedback laser, DFB laser
**DFD-Fleisch** *n* (dunkles, festes, trockenes Schweinefleisch) (Nahr) / DFD meat (dark, firm, dry)
**3-D-Fernsehen** *n* (TV) / stereo television
**3-D-Film** *m* (Film) / three-dimensional film
**D-Flipflop** *n* (bei dem die an seinem Dateneingang D im Taktzeitintervall n liegende Information um ein Zeitintervall verzögert am Ausgang erscheint) (Eltronik) / D flip-flop *n*, D-type flip-flop, delay flip-flop
**DFP** (Pharm) / diisopropyl fluorophosphate, DFP, fluostigmine *n*
**D-Fruktose** *f* (Chem) / fructose* *n*, laevulose* *n*, fruit sugar *n*
**DFT** (Math) / discrete Fourier transformation, DFT
**DFÜ** (EDV) / remote data transmission
**DF-Verfahren** *n* (TV) / intercarrier sound system, ICS system
**DFV-System** *n* (EDV) / remote computing system, teleprocessing system
**DGB** / German Trade(s) Union Federation ‖ ⁓ = Deutscher Gewerkschaftsbund
**D-Glucosamin** *n* (Biochem) / glucosamine *n*
**D-Glucose** *f* (Chem) / D-glucose* *n*, dextrose* *n*, grape-sugar* *n*, Glu*
**D-Glukose** *f* (Chem) / D-glucose* *n*, dextrose* *n*, grape-sugar* *n*, Glu*
**DGON** = Deutsche Gesellschaft für Ortung und Navigation
**DGr** (For) / diameter group
**DGWK** = Deutsche Gesellschaft für Warenkennzeichnung GmbH (im DIN)
**DH** (Maß für die Plastizität von Elastomeren und Mischungen nach DIN 53 514) (WP) / Defo-hardness *n*
**DHA** (Chem) / dihydroxyacetone* (DHA) *n*, dihydroxypropanone *n*
**DHBA, 2,5-⁓** (Chem) / gentisic acid, gentianic acid, hydroquinone carboxylic acid
**DH-J-Naht** *f* (Schw) / double-J butt (groove) weld, double-J weld
**D-H-Laser** *m* (Phys) / double-heterostructure laser, DH laser
**DH-Struktur** *f* (Schichtfolge des pn-Übergangs einer Laserdiode) (Eltronik) / double heterojunction
**Dia** *n* (Foto) / slide* *n*, diapositive* *n*, lantern-slide ‖ **großformatiges** ⁓ (Foto) / superslide *n* ‖ ⁓**abtaster** *m* (TV) / slide scanner
**Diabas** *m* (ein Ergußstein) (Geol) / diabase *n*
**diabasisch** *adj* (Geol) / diabasic *adj*
**Dia•betrachter** *m* (ein Leuchtkasten) (Foto) / viewer* *n*, slide viewer ‖ ⁓**bildwerfer** *m* (Foto, Licht) / projection lantern*, projector* *n*, diascope *n*, slide projector, optical lantern
**diabolisches Quadrat** (ein magisches Quadrat, das bei zyklischer Vertauschung der Zeilen oder Spalten magisch bleibt) (Math) / pandiagonal magic square
**Diac** *n* (Eltronik) / bidirectional diode-thyristor (thyristor ac power controller), Diac *n* (General Electric Company)
**Diaceton** *n* (Chem) / diacetone alcohol*
**Diacetonalkohol** *m* (Chem) / diacetone alcohol*
**Diacetoxyethan, 1,2-⁓** (Chem) / ethylene glycol diacetate, ethylene diacetate, glycol diacetate
**Diacetyl•dioxim** *n* (Chem) / dimethylglyoxime* *n*, diacetyldioxime *n* ‖ ⁓**weinsäureester** *m* (Chem) / diacetyltartrate *n*
**diachron** *adj* (im geologischen Alter differierend) (Geol) / diachronous *adj*, time-transgressive *adj*
**diachronisch** *adj* (Geol) / diachronous *adj*, time-transgressive *adj*
**Diachronismus** *m* (verschieden zeitliche Position einer Transgressionsfläche) (Geol) / diachronism* *n*
**Dia•dochie** *f* (isomorphe Vertretbarkeit einzelner Bestandteile einer Kristallstruktur) (Krist) / diadochy* *f* ‖ ⁓**dochit** *m* (ein Mineral der Diadochitgruppe) (Min) / diadochite *n*
**Diafilmbetrachter** *m* (Foto) / imager *n*, imaging device, imagesetter *n*
**Diafiltration** *f* (eine Entsalzungsmethode durch Ultrafiltration während der Enzymreinigung) (Chem Verf) / diafiltration *n*
**Diagenese** *f* (Geol) / diagenesis* *n* (pl. -geneses)
**Diagnose** *f* (EDV, Med) / diagnosis *n* (pl. -oses) ‖ ⁓**angaben** *f pl* (EDV) / diagnostic code ‖ ⁓**anschluß** *m* (Kfz) / diagnostic link, assembly line diagnostic link, ALDL ‖ ⁓**berichtformular** *n* (aus der Werkstatt) (Kfz) / condition report ‖ ⁓**diskette** *f* (EDV) / diagnostic disk ‖ ⁓**funktion** *f* (EDV) / diagnostic function ‖ **einprogrammierte** ⁓**funktion** (EDV, Masch) / programmed diagnostic function ‖ ⁓**paket** *n* (EDV) / diagnostic package ‖ ⁓**programm** *n* (EDV) / diagnostic program, diagnostic routine, malfunction routine ‖ ⁓**prüfung** *f* (EDV) / diagnostic test, diagnostic check ‖ ⁓**software** *f* (EDV) / diagnostic software ‖ ⁓**strategie** *f* (KI) / diagnostic strategy ‖ ⁓**system** *n* (eingebautes) (Kfz) / on-board diagnostic system, self-diagnostic system ‖ ⁓**system** (ein Expertensystem) (KI) / diagnostic system ‖ ⁓**test** *m* (Fehlersuche) (EDV) / diagnostic test, diagnostic check ‖ ⁓**testablauf** *m* (EDV) / diagnostic test sequence ‖

⁓**wartung** *f* (Masch) / preventive maintenance, PM ‖ ⁓**zentrum** *n* (meistens eine Autowerkstatt) (Kfz) / diagnostic centre
**Diagnostik•Kommunikationssystem** *n* (EDV) / diagnostic communications system, DCS ‖ ⁓**programm** *n* (Programm, das entweder einen Fehler in der Einrichtung oder einen Fehler in einem Computerprogramm erkennt, lokalisiert und erklärt) (EDV) / diagnostic program, diagnostic routine, malfunction routine
**diagnostisch** *adj* (EDV, Med) / diagnostic *adj* ‖ ⁓**e Gleichung** (für die numerische Wettervorhersage) (Meteor) / diagnostic equation
**diagnostizieren** *v* (EDV, Med) / diagnose *v*
**diagonal** *adj* (quer verlaufend) / diagonal *adj* ‖ ~ **gestreift** (meist rot/weiß oder blau/weiß) (Tex) / candy striped ‖ ~**e Symmetrie** (in Drehstromnetzen nach DIN 13 321) (Eltech) / diagonal symmetry ‖ ~ **verlaufende Holzfaser** (For) / sloping grain, oblique grain ‖ ⁓ *m* (Sammelbezeichnung für alle Gewebe mit ausgeprägtem Diagonalgrat) (Tex) / diagonal *n*
**Diagonal•ackeregge** *f* (Landw) / diamond harrow ‖ **paarweise** ⁓**aussteifung** (von Deckenträgern) (Bau) / herring-bone strutting, cross bridging ‖ ⁓**beziehung** *f* (Chem) / diagonal relationship ‖ ⁓**bindung** *f* (Web) / diagonal weave ‖ ⁓**bürstmaschine** *f* (DIN 64 990) (Tex) / diagonal brushing machine ‖ ⁓**dreiseit** *n* (das von den Diagonalen in einem vollständigen Vierseit gebildet wird) (Math) / diagonal trilateral
**Diagonale** *f* (Bau, Masch) / diagonal* *n*, diagonal brace, batter brace, brace *n*, stay *n* ‖ ⁓ (im Vieleck, bei Vielflachen) (Math) / diagonal* *n* ‖ ⁓ (der Matrix) (Math) / diagonal* *n* ‖ ⁓ (Zimm) / intertie* *n*
**Diagonalegge** *f* (Landw) / diamond harrow
**diagonalenloser Träger** (Masch) / open-frame girder*, Vierendeel girder, Vierendeel *n*, Vierendeel truss
**Diagonal•falz** *m* (Druck) / diagonal fold ‖ ⁓**gruppierung** *f* (Fernm) / wiring in diagonal pairs ‖ ⁓**gürtelreifen** *m* (Kfz) / belted bias tyre, bias-belted tyre
**diagonalisierbar** *adj* (Math) / diagonalizable *adj*
**Diagonalisierung** *f* (EDV, Math) / diagonalizing *n*
**Diagonal•kluft** *f* (Geol) / diagonal joint ‖ ⁓**matrix** *f* (Math) / diagonal matrix* ‖ ⁓**messung** *f* (Vermessung von Karosserien) (Kfz) / cross measurement, X-check *n* ‖ ⁓**paßfeder** *f* (Masch) / Kennedy key ‖ ⁓**punkt** *m* (bei einem vollständigen Viereck) (Math) / diagonal point ‖ ⁓**radpumpe** *f* (Masch) / mixed-flow pump, diagonal pump ‖ ⁓**radpumpe mit doppelt gekrümmten Schaufeln** (Masch) / mixed-flow propeller pump ‖ ⁓**raster** *m* (Kart) / diagonal ruling ‖ ⁓**reifen** *m* (heute nicht mehr benutzt) (Kfz) / bias-ply tyre, cross-ply* *n*, cross-ply tyre ‖ ⁓**rippe** *f* (Arch) / diagonal rib ‖ ⁓**schaben** *n* (Masch) / diagonal-lead shaving ‖ ⁓**schichtung** *f* (Geol) / cross-bedding* *n*, current bedding*, false bedding* ‖ ⁓**schlag** *m* (Tex) / diagonal arrangement (of the layers of the double fabric) ‖ ⁓**schneidemaschine** *f* (Pap) / angle cutter* ‖ ⁓**stab** *m* (Bau, Masch) / diagonal* *n*, diagonal brace, batter brace, brace *n*, stay *n* ‖ ⁓**strecke** *f* (Bergb) / diagonal road, slant *n* ‖ ⁓**summe** *f* (Math) / trace *n* (= the sum of the entries in the main diagonal), trace *n*, diagonal sum ‖ ⁓**turbine** *f* (Masch) / mixed-flow turbine *n* (Lufft) / ⁓**verdichter** *m* (Lufft) / diagonal-flow compressor ‖ **erstes** ⁓**verfahren** (Math) / Cauchy's diagonal procedure, diagonal method of Cauchy ‖ **zweites** ⁓**verfahren** (nach G. Cantor, 1845-1918) (Math) / diagonal procedure, Cantor's diagonal method ‖ ⁓**versteifung** *f* **von Deckenträgern** (Bau) / herring-bone strutting, cross bridging ‖ ⁓**verwerfung** *f* (spießeckige Verwerfung) (Geol) / oblique fault, diagonal fault ‖ ⁓**zickzacköper** *m* (Web) / diagonal zigzag twill ‖ ~**zyklische Symmetrie** (in Drehstromnetzen nach DIN 13 321) (Eltech) / diagonal-cyclic symmetry
**Diagramm** *n* / chart *n*, graphic *n*, graph* *n*, diagram* *n* ‖ ~-diagrammatic *adj*, diagrammatical *adj* / diagrammatic *adj*, diagrammatical *adj* ‖ **bildhaftes** ⁓ / pictogram* *n*, picture graph, pictograph *n* ‖ **doppelt-reziprokes** ⁓ (bei enzymkinetischen Messungen) (Biochem) / Lineweaver-Burk plot ‖ ⁓ **des Isokorrosionslinien** / isocorrosion chart ‖ ⁓ **des zeitlichen Setzungsverlaufs** (einer Bodenprobe) (HuT) / consolidation time curve, consolidation curve ‖ ⁓ **zur Überprüfung des gleichmäßigen Verhaltens einer Reihe von Glühlampen** (Eltech) / target diagram*
**Diagramm•karte** *f* (Kart, Stats) / diagram map ‖ ⁓**papier** *n* (ein Funktionspapier) (Pap) / chart paper, recording-instrument paper, recorder paper, recorder chart, recording paper ‖ ⁓**tachymeter** *n* (Fernm, Verm) / direct-reading tacheometer
**Dia•kartogramm** *n* (Kart, Stats) / diagram map ‖ ⁓**kaustik** *f* (Hüllenkurve gebrochener Strahlen) (Licht, Opt) / diacaustic *n* ‖ ⁓**klase** *f* (Geol) / fissure* *n*, chasm *n* ‖ ⁓**kritische Zeichen** (z.B. Tilde, Akzent, Haken) (EDV, Typog) / diacritical marks
**diaktin** *adj* (Radiol) / radiolucent *adj*
**Dialdehyd** *m* (Chem) / dialdehyde* *n*
**Dialekt** *m* (EDV) / dialect *n* (a non-standard version of a programming language)
**Dialeuchtwand** *f* (Foto) / slide viewing wall, transparency viewing wall

**Dialkohol**

**Dialkohol** *m* (Chem) / dihydric alcohol, diol *n*
**Dialkyl** *n* (Chem) / dialkyl *n*
**dialkylieren** *v* (Chem) / dialkylate *v*
**Diallag** *m* (Abart des Diopsids) (Min) / diallage* *n*
**Diallylphthalat (DAP)** *n* (Chem, Plast) / diallyl phthalate
**Dialog** *m* (EDV) / interactive communication, conversational communication ‖ ⁓- (EDV) / interactive *adj* ‖ **gesprochener** ⁓ (Akus, Film) / spoken dialogue ‖ ⁓ *m* **mit Quittierung** (EDV) / acknowledged interaction ‖ ⁓**abfrage** *f* (EDV) / interactive query ‖ ⁓**betrieb** *m* (EDV) / interactive mode, conversational mode, dialogue mode ‖ ⁓**box** *f* (EDV) / dialogue box ‖ ⁓**computer** *m* (EDV) / interactive computer ‖ ⁓**fähig** *adj* (EDV) / interactive *adj* ‖ ⁓**feld** *n* (EDV) / dialogue box ‖ ⁓**fenster** *n* (EDV) / dialogue window ‖ ⁓**führung** *f* (EDV) / conversation *n* ‖ **maskengesteuerte** ⁓**führung** (EDV) / mask-based user guidance ‖ ⁓**kommunikation** *f* (EDV) / interactive communication, conversational communication ‖ ⁓**modell** *n* (Mensch-Maschine-Dialog) (EDV) / dialogue model ‖ ⁓**orientiert** *adj* (EDV) / dialogue-oriented *adj* ‖ ⁓**partner** *m* (EDV) / interlocutor *n* ‖ ⁓**programm** *n* (EDV) / interactive program ‖ ⁓**programmierung** *f* (EDV) / interactive-mode programming, conversational-mode programming ‖ ⁓**rechner** *m* (EDV) / interactive computer ‖ ⁓**sprache** *f* (EDV) / interactive language ‖ ⁓**steuerung** *f* (Programm- oder Benutzersteuerung) (EDV) / dialogue control ‖ ⁓**system** *n* (EDV) / dialogue system ‖ ⁓**verkehr** *m* (EDV) / interactive mode, conversational mode, dialogue mode ‖ ⁓**vorgabe** *f* (EDV) / predefined dialogue
**Dialuramid** *n* (Zwischenprodukt bei einer Synthese der Harnsäure aus Barbitursäure über Violursäure) (Chem) / uramil *n*
**Dialysator** *m* (Chem) / dialyser* *n*, dialyzer *n* (US)
**Dialyse** *f* (Chem) / dialysis* *n* (pl. dialyses)
**dialysieren** *v* (Chem) / dialyse *v*, dialyze *v* (US)
**Dialysierzelle** *f* (Chem) / dialyser* *n*, dialyzer *n* (US)
**dia•magnetisch** *adj* / diamagnetic *adj* ‖ ⁓**magnetische Resonanz** (Kernphys, Phys) / cyclotron resonance*, diamagnetic resonance ‖ ⁓**magnetismus** *m* (Phys) / diamagnetism* *n*
**Diamant** *m* (Min) / diamond* *n* ‖ ⁓ (des Reißverschlusses) (Tex) / diamond *n* ‖ ⁓ *f* (veraltete Bezeichnung für einen Schriftgrad) (Typog) / diamond* *n* ‖ **monokristalliner** ⁓ (Krist) / monocrystalline diamond ‖ **polykristalliner** ⁓ / polycrystalline diamond ‖ **technischer** ⁓ / industrial diamond*
**Diamantan** *n* (Chem) / congressane *n*
**Diamant•besatz** *m* (bei Werkzeugen) (Werkz) / diamond impregnation ‖ ⁓**besetzte Säge** / diamond saw* *n* ‖ ⁓**bohrer** *m* (Bergb, Erdöl) / diamond-drill *n* ‖ ⁓**bohrgerät** *n* (Bergb, Erdöl) / diamond-drill *n* ‖ ⁓**bohrkrone** *f* (Bergb) / diamond bit*, diamond crown ‖ **mit Steinen besetzter** ⁓**bohrmeißel** (Erdöl) / surface-set diamond bit ‖ ⁓**drehen** *n* (Masch) / diamond turning ‖ ⁓**düse** *f* (Hütt) / diamond die* ‖ ⁓**eindringkörper** *m* (WP) / diamond indenter ‖ ⁓**führend** *adj* (Bergb) / diamondiferous *adj* ‖ ⁓**geschliffen** *adj* / diamond-ground *adj* ‖ ⁓**getestet** *adj* (Anstr) / diamond-tested *adj* ‖ ⁓**gitter** *n* (Gitterbau des Kohlenstoffs in Diamantform) (Krist) / diamond lattice ‖ ⁓**glanz** *m* (Min) / adamantine lustre*, diamantine lustre ‖ ⁓**glasschneider** *m* (Glas) / diamond *n*, glazier's diamond ‖ ⁓**grau** *n* (Anstr) / zinc grey, diamond grey, platinum grey, silver grey ‖ ⁓**halter** *m* (Meißelhalter zur Aufnahme eines Drehdiamanten) (Werkz) / diamond-tool holder ‖ ⁓**haltig** *adj* (Bergb) / diamondiferous *adj* ‖ ⁓**ierung** *f* (Ornamentierung von Baugliedern) (Arch) / diamond-work *n* ‖ ⁓**kegel** *m* (Eindringkörper der Rockwell-Härteprüfmaschine) (WP) / brale *n*, diamond cone ‖ ⁓**mauerwerk** *n* (Arch) / diamond-work* *n* ‖ ⁓**metall** *n* (ein Sinterwerkstoff) (Hütt) / diamond metal ‖ ⁓**mörser** *m* / diamond mortar, plattner mortar ‖ ⁓**muster** *n* (Tex) / diamond *n* ‖ ⁓**platte** *f* (die die Gurte der Lukenlängs- und der Lukenquerträger verbindet) (Schiff) / diamond plate ‖ ⁓**pulver** *n* / diamond powder ‖ ⁓**pyramide** *f* (mit 136° Spitzenwinkel als Eindringkörper der Vickers-Härteprüfmaschine) (WP) / Vickers *n* (square-based pyramidal diamond indenter), diamond pyramid ‖ ⁓**quader** *m* (Arch) / diamond-pointed stone ‖ ⁓**säge** *f* / diamond saw* *n* ‖ ⁓**sägemaschine** *f* (für weichere Gesteinsarten) (Bau) / stone-saw ‖ ⁓**schleifscheibe** *f* (ein Diamantschleifkörper) (Masch) / diamond wheel* *n* ‖ ⁓**spat** *m* (Min) / adamantine spar ‖ ⁓**staub** *m* (Masch) / diamond dust* ‖ ⁓**struktur** *f* (Krist) / diamond structure ‖ ⁓**tinte** *f* (Ätzmittel für Glas) (Glas) / diamond ink ‖ ⁓**trennscheibe** *f* (Masch) / diamond cutting disk ‖ ⁓**typ** *m* (Krist) / diamond structure ‖ ⁓**werkzeug** *n* (für die spanende und umformende Bearbeitung) (Werkz) / diamond tool* ‖ ⁓**ziehstein** *m* (Hütt) / diamond die*
**diametral** *adj* (Math) / diametral *adj*, diametrical *adj* ‖ ⁓ **Pitch** *m* (die Anzahl der Zähne je Zoll Teilkreisdurchmesser) (Masch) / diametrical pitch*, diametral pitch ‖ ⁓**punkte** *m pl* (eines Kreises oder einer Kugelfläche) (Math) / diametrically opposite points
**Diamid** *n* (Chem) / hydrazine* *n*, diamide *n*
**Diamin** *n* (eine organische Base) (Chem) / diamine* *n*

**Diamino•benzidin** *n* (Chem) / diaminobenzidine *n* ‖ ⁓**benzole** *n pl* (Chem) / phenylenediamines* *pl*, diaminobenzenes *pl* ‖ **1,4-**⁓**benzol** (Foto) / para(4)-phenylene diamine* ‖ **1,6-**⁓**hexan** (Chem) / hexamethylenediamine* *n*, 1,6-diaminohexane* *n* ‖ **1,5-**⁓**pentan** (Chem) / pentamethylene-diamine* *n*, cadaverine* *n* (1,5-diaminopentane) ‖ ⁓**pimelinsäure** *f* (2,6-Diaminoheptandisäure) (Chem) / diaminopimelic acid ‖ ⁓**propan** *n* (Chem) / propanediamine *n*
**Diaminoxidase** *f* (Biochem) / diamine oxidase
**Diamond-Kode** *m* (EDV) / Diamond code
**Dianisidin** *n* (4,4'-Diamino-3,3'-dimethoxy-biphenyl) (Chem) / dianisidine *n*
**Dianisidinfarbstoff** *m* (ein Azofarbstoff) (Tex) / dianisidine dyestuff
**Diantimonat(V)** *n* (Chem) / pyroantimonate *n*
**Diantimontrioxid** *n* (Chem) / antimony trioxide, antimony(III) oxide
**Diaper** *m* (Jacquardgewebe) (Tex) / diaper *n*
**diaphan** *adj* / diaphanous *adj*
**Diaphoretikum** *n* (pl. -tika) (Pharm) / sudorific* *n*, diaphoretic* *n*
**diaphoretisch** *adj* (Pharm) / sudorific* *adj*, diaphoretic* *adj*
**Diaphragma** *n* (pl. -gmen) (Chem) / diaphragm *n* ‖ ⁓ (pl. -gmen) (Chem Verf) / semipermeable membrane* ‖ ⁓ (pl. -gmen) (Foto, Opt) / stop* *n*, diaphragm *n* ‖ ⁓ (pl. -gmen) (Masch) / membrane *n*, diaphragm *n* ‖ ⁓**setzmaschine** *f* (Aufber) / diaphragm jig ‖ ⁓**zelle** *f* (für das Diaphragmaverfahren der Chloralkalielektrolyse) (Chem Verf) / diaphragm cell*
**Diaphthorese** *f* (Geol) / retrogressive metamorphism*, retrograde metamorphism*, diaphthoresis *n*
**Diapir** *m* (Geol) / diapir* *n*, piercement dome ‖ ⁓ s. auch Salzdom
**Diapositiv** *n* (Foto) / slide* *n*, diapositive* *n*, lantern-slide *n* ‖ ⁓**-Abtaster** *m* (TV) / slide scanner
**Diappearance-Potential-Spektroskopie** *f* (Spektr) / disappearance potential spectroscopy, DAPS
**Diaprojektion** *f* (Projektion von Dias nach DIN 108, T 2) (Foto) / slide projection ‖ ⁓ (Licht, Opt) / diascopic projection
**Diaprojektor** *m* (Foto, Licht) / projection lantern*, projector* *n*, diascope *n*, slide projector, optical lantern ‖ **[halb]automatischer** ⁓ **(mit Diamagazin)** (Foto, Licht) / magazine projector*
**diäquatorial** *adj* (Kopplung) (Chem) / diequatorial *adj*
**Dia•rähmchen** *n* (Foto) / carrier* *n*, slide frame ‖ ⁓**rahmen** *m* (Foto) / carrier* *n*, slide frame
**Diärese** *f* (Typog) / diaeresis *n* (pl. diaereses), trema *n*
**Diarsentrisulfid** *n* (Chem) / arsenic trisulphide
**Diarylgelbpigment** *n* (Druck) / diarylide yellow pigment
**Dia•schau** *f* (Foto) / slide show ‖ ⁓**schneidegerät** *n* (Foto) / slide cutter ‖ ⁓**schreiber** *m* (Foto) / slide marker ‖ ⁓**show** *f* (Foto) / slide show
**Diaskop** *n* (Foto, Licht) / projection lantern*, projector* *n*, diascope *n*, slide projector, optical lantern
**diaskopische Projektion** (Licht, Opt) / diascopic projection
**Diaspor** *m* (α-Aluminiumoxidhydroxid) (Min) / diaspore* *n*
**Diastase** *f* (Chem) / amylase* *n* ‖ ⁓ (Chem) / diastase* *n* ‖ ⁓ (Chem) s. auch Amylase
**Diastem** *n* (Geol) / diastem *n*
**Diastereoisomer** *n* (Chem) / diastereoisomer* *n*, diastereomer *n*
**Diastereoisomerie** *f* (Chem) / diastereoisomerism *n*
**Diastereomer** *n* (Chem) / diastereoisomer* *n*, diastereomer *n*
**Diastereomerie** *f* (bei Verbindungen mit Doppelbindungen) (Chem) / cis-trans isomerism, geometrical isomerism, geometric isomeriom ‖ ⁓ (Chem) / diastereoisomerism *n*
**diastereoselektiv** *adj* (Synthese) (Chem) / diastereoselective *adj*
**diastereospezifisch** *adj* (Chem) / diastereospecific *adj*
**diastereotop** *adj* (Chem) / diastereotopic *adj*
**Diastrophismus** *m* (Gesamtheit der tektonischen Deformation der Erdkruste) (Geol) / diastrophism* *n*, tectonism *n*
**Diathek** *f* (geordnete Diasammlung) / slide library
**diatherme Wand** (Phys) / diathermal wall
**diatherman** *adj* (Wärmestrahlen hindurchlassend) / diathermanous* *adj*, diathermic *adj*
**Diathermie** *f* (therapeutische Anwendung hochfrequenter Ströme) (Med) / diathermy* *n*
**Diatomeenerde** *f* (Min) / diatomaceous earth*, diatomite* *n*, diatomaceous silica, infusorial earth*, kieselguhr* *n*, fossil meal*
**Diatomeenschlamm** *m* (silikathaltiges Meeressediment) (Geol) / diatom ooze*
**Dia•trema** *n* (pl. -s) (Geol) / diatreme *n* ‖ ⁓**treme** *f* (Geol) / diatreme *n*
**Diätsalz** *n* (kochsalzarm) (Nahr) / dietary salt, low-sodium salt, salt substitute, diet salt
**Dia•wechsel** *m* (im Diaprojektor) (Foto) / slide change ‖ ⁓**wechsler** *m* (Foto) / slide changer
**Diazan** *n* (Chem) / hydrazine* *n*, diamide *n*
**Diazen** *n* (Chem) / diimine *n*, diimide *n* ‖ ⁓**dicarbonsäurediamid** *n* (Chem) / azodicarbonamide *n* ‖ ⁓**dicarbonsäurediamid** (Chem, Plast) / azodicarbonamide *n* ‖ ⁓**dicarboxamid** *n* (Chem, Plast) /

azodicarbonamide *n* ‖ ~**dikarbonsäurediamid** *n* (Chem, Plast) / azodicarbonamide *n*
**Diazepam** *n* (freie internationale Kurzbezeichnung eines Tranquilizers - z.B. "Valium") (Pharm) / diazepam* *n*
**Diazetonalkohol** *m* (4-Hydroxy-4-methyl-2-pentanon) (Chem) / diacetone alcohol *n*
**Diazetyl** *n* (Butan-2,3-dion) (Chem) / diacetyl* *n*, butane 2,3-dione*
**Diazetyldioxim** *n* (Chem) / dimethylglyoxime* *n*, diacetyldioxime *n*
**Diazetylweinsäureester** *m* (Chem) / diacetyltartrate *n*
**Diazin** *n* (sechsgliedrige heterozyklische Verbindung mit zwei Stickstoffatomen im Ring) (Chem) / diazine *n*
**Diaziridin** *n* (Chem) / diaziridine *n*
**Diazirin** *n* (Chem) / diazirine *n*
**Diazoamin** *n* (Chem) / triazene *n*
**Diazoat** *n* (Chem) / diazoate *n*, diazotate *n*
**Diazodinitrophenol** *n* (4,6-Dinitro-2-diazo-hydroxybenzol) (Chem) / diazodinitrophenol *n*
**Diazo•echtsalz** *n* (Chem, Tex) / fast dye salt ‖ ~**farbstoff** *m* (Tex) / diazo dye, diazo dyestuff, diazo *n* ‖ ~**harz** *n* (lichtempfindliches Harz, das Naphthochinondiazidsulfonyl-Gruppen enthält) (Chem) / diazo resin ‖ ~**hydrat** *n* (Chem) / diazohydrate *n* ‖ ~**methan** *n* (die einfachste aliphatische Diazoverbindung - $CH_2N_2$) (Chem) / diazomethane* *n*, azimethane *n*
**Diazonium•salze** *n pl* (Chem) / diazonium salts*, diazonium compounds ‖ ~**verbindungen** *f pl* (Chem) / diazonium salts*, diazonium compounds
**Diazo•papier** *n* (Pap) / dyeline paper* ‖ ~**phenol** *n* (Chem) / diazophenol *n*, diazo oxide ‖ ~**reaktion** *f* (Chem) / diazo reaction
**Diazotat** *n* (Chem) / diazoate *n*, diazotate *n*
**diazotieren** *v* (Chem) / diazotize *v* ‖ ~ *n* (Chem) / diazotization* *n*, diazo process
**Diazotierung** *f* (Chem) / diazotization* *n*, diazo process
**Diazotypie-Verfahren** *n* (positives) (entweder trocken, wie z.B. Ozalid-Verfahren, oder naß) (Druck) / diazo process*, diazo* *n*, dyeline* *n*, white print, diazotypy *n*
**Diazoverbindungen** *f pl* (Chem) / diazo compounds*
**DIB** (Fernm) / digital bit rate adaption
**dibbeln** *v* (Landw) / dibble *v*
**Dibbelsaat** *f* (Landw) / dibbling *n*
**Dibenzodioxin** *n* (Chem) / dibenzodioxin *n*
**Dibenzofuran** *n* (Chem) / dibenzofurane *n*
**Dibenzolchrom** *n* (eine Sandwichverbindung) (Chem) / dibenzene chromium
**Dibenzopyrazin** *n* (Chem) / phenazine *n*
**Dibenzopyrrol** *n* (Chem) / carbazole* *n*, dibenzopyrrole *n*
**Dibenzoylperoxid** *n* (Chem) / benzoyl peroxide *n*
**Dibenzyldisulfid** *n* (Chem) / dibenzyl disulphide (an antioxidant in compounding of rubber and additive to silicone oils)
**Dibenzylsebacat** *n* (Chem) / dibenzyl sebacate
**Dibenzylsebakat** *n* (äußerst schwerflüchtiger Weichmacher, der fast die Schwerflüchtigkeit von Trikresylphosphat erreicht, geeignet für Ethylcellulose und Polyvinylbutyral) (Chem) / dibenzyl sebacate
**Dibétou** *n* (Lovoa sp.) (For) / dibétou *n*, African walnut, noyer d'Afrique, Benin walnut
**Dibit** *n* (EDV) / dibit *n*
**Diboran** *n* (Chem) / diborane* *n*
**Dibortrioxid** *n* (Chem) / boron trioxide*, boric oxide*, boron(III) oxide*, boric anhydride
**Dibromethan, 1,2-**~ (Chem) / 1,2-dibromoethane *n*, ethylene dibromide, ethylene bromide
**Dibrommethan** *n* (Chem) / dibromomethane *n*, methylene bromide
**Dibutyl•phthalat (DBP)** *n* (DIN 7723) (Chem) / dibutyl phthalate (DBP) ‖ ~**phthalatabsorption** *f* (zur Bestimmung der Struktur von Rußen, Anstr, Chem) / DBP absorption ‖ ~**sebacat** *n* (Anstr, Chem) / dibutyl sebacate ‖ ~**sebakat** *n* (Anstr, Chem) / dibutyl sebacate ‖ ~**tartrat** *n* (Anstr, Chem) / dibutyl tartrate ‖ ~**zinndilaurat** *n* (Chem) / dibutyltin dilaurate
**Dicalciumphosphat** *n* (Chem) / calcium hydrogen phosphate
**Dicaprylaldipat** *n* (Chem) / dicapryl adipate
**Dicarbid** *n* (Chem) / dicarbide *n*
**Dicarbonat** *n* (Chem) / dicarbonate *n*
**Dicarbonsäure** *f* (mit zwei Carboxylgruppen) (Chem) / dicarboxylic acid
**Dichalkogenid** *n* (Chem) / dichalcogenide *n*
**Dichlobenil** *n* (selektives systemisches Herbizid) (Chem, Landw) / dichlobenil *n*
**Dichlon** *n* (2,3-Dichlor-1,4-naphthochinon) (Chem) / dichlone *n*
**Dichlor•benzol** *n* (Anstr, Chem) / dichlorobenzene *n* ‖ **para-**~**benzol** (Chem) / paradichlorobenzene *n*, 1,4-dichlorobenzene *n* ‖ **1,4-**~**benzol** *n* (Chem) / paradichlorobenzene *n*, 1,4-dichlorobenzene *n* ‖ ~**diethylsulfid** *n* (Senfgas) (Chem) / dichlorodiethyl sulphide ‖ ~**difluormethan** *n* (Freon 12, Frigen 12, R 12) (Chem) / dichlorodifluoromethane* *n*, Freon 12*, Arcton 12 ‖ ~**dimethylsilan** *n* (Chem) / dichlorodimethylsilane *n* ‖ ~**diphenyltrichlorethan** *n* (Chem, Landw, Umwelt) / dichlorodiphenyltrichloroethane *n*, DDT* ‖ ~**essigsäure** *f* (Chem) / dichloroacetic acid, dichloroethanoic acid ‖ **1,2-**~**ethan** (Chem) / ethylene dichloride*, Dutch liquid, 1,2-dichloroethane* *n* ‖ **1,1-**~**ethan** (Chem) / ethylene chloride ‖ ~**ethylen** *n* (Chem) / dichloroethylene* *n*, dichloroethene *n* ‖ ~**heptoxid** *n* (Chem) / dichlorine heptoxide ‖ ~**hexoxid** *n* (Chem) / dichlorine hexoxide
**Dichlorid** *n* (Chem) / dichloride *n*
**Dichlor•methan** *n* (Chem) / dichloromethane* *n*, methylene chloride* ‖ ~**oxid** *n* (Chem) / dichlorine oxide, chlorine monoxide, chlorine(I) oxide*, hypochlorous anhydride* ‖ ~**phenoxyessigsäure** *f* (selektives Herbizid) (Chem, Landw) / 2,4-dichlorophenoxyacetic acid ‖ ~**phosphazen** *n* (Chem) / phosphorus chloronitride, phosphorus dichloride nitride, phosphonitrile dichloride ‖ **1,2-**~**propan** (Chem) / propylene dichloride*, 1,2-dichloropropane* *n* ‖ ~**silan** *n* ($SiH_2Cl_2$) (Chem) / dichlorsilane *n*, $\alpha,\alpha$-~**toluol** (Chem) / benzal chloride*, benzylidene chloride* ‖ ~**vos** *n* (Kontakt-, Fraß- und Atemgift) (Chem, Landw) / dichlorvos *n*, DDVP
**Dichotomie** *f* (auch bei der Klassifizierung) (Astr) / dichotomy* *n* ‖ ~ (Stats) / dichotomy *n*
**Dichroismus** *m* (Krist) / dichroism* *n* ‖ **zirkularer** ~ (Chem, Krist, Opt) / circular dichroism, C.D.
**Dichroit** *m* (Cordierit zwischen violblau und rauchgrau) (Min) / dichroite* *n*
**dichroitisch** *adj* / dichroic *adj* ‖ ~**er Schleier** (Foto) / dichroic fog* *n* ‖ ~**er Spiegel** (Licht, TV) / dichroic mirror*
**Dichromat** *n* (Chem) / dichromate(VI)* *n*
**dichromatisch** *adj* / two-coloured *adj*, two-colour *attr*, dichromatic *adj*, bicoloured *adj*, bicolour *adj*
**Dichroskop** *n* (Krist) / dichroscope* *n*
**dicht** *adj* / impermeable* *adj* ‖ ~ / solid *adj*, compact *adj* ‖ ~ (nicht leck) / tight *adj*, proof *adj* ‖ ~ (Gefüge) / close-grained *adj* ‖ ~ (Opt, Phys) / dense *adj* ‖ **[wasser]**~ / proof *adj* (against), impervious *adj*. ‖ **[optisch]** ~ (Opt) / dense* *adj* ‖ ~ **in sich** ~ (Menge) (Math) / dense in itself ‖ **zu** — **auffahren** (Kfz) / tailgate *v* ‖ ~**es Aufwickeln** (Pap) / tight winding ‖ ~**e, geschlossene Oberfläche** (einer Faserstoffbahn) (Pap) / close formation, closed formation ‖ ~**es Gewebe** (Tex) / tight weave ‖ ~**e Menge** (Math) / everywhere dense set, dense set ‖ ~**er Serpentin** (Min) / bowenite* *n* ‖ ~**es /undurchlässiges/ Schutzmaterial** (z.B. fabrikfertige Dichtungsbahnen aus Rohfilzpappe) (Bau) / barrier material
**Dichte** *f* / compactness *n* ‖ ~ (einer Lösung) (Chem) / strength *n* ‖ ~ (Opt) / density *n* ‖ ~ (DIN 1306) (Phys) / density* *n*, specific weight, weight density ‖ ~ (Web) / gauge* *n* (knitted fabrics), sett* *n* (woven fabrics), density *n*, sett* *n*, thickness *n*, gage *n* ‖ **die** ~ **veränderndes Mittel** (z.B. bromiertes Öl) (Phys) / density-adjusting agent ‖ **die durch Durchlichtmessung ermittelte** ~ (im diffusen Licht) (Foto) / diffuse density* ‖ **die durch Remissionsmessung ermittelte** ~ (im gerichteten Licht) (Foto) / specular density* ‖ **fotografische** ~ (Foto) / density* *n*, photographic transmission density, photographic density, light density ‖ **optische** ~ (für Schwarzweißschichten) (Foto, Opt) / optical density, transmission density, OD ‖ **orthobare** ~ (das arithmetische Mittel der Dichten einer Flüssigkeit und ihres gesättigten Dampfes) (Phys) / orthobaric density ‖ **relative** ~ (DIN 1306) (wenn der Zustand des Bezugsstoffes der gleiche ist wie der des Versuchsstoffes) (Phys) / relative density*, specific gravity*, sg, S.G., r.d., sp. gr. ‖ **röntgenografische** ~ (Krist) / X-ray density ‖ **scheinbare** ~ (Phys) / apparent density, apparent specific gravity, raw density ‖ **theoretische** ~ (Kernphys) / theoretical density ‖ **vektorielle** ~ (Math) / vector density ‖ **wahre** ~ (Phys) / true density* ‖ ~ *f* **der Kernmaterie** (Kernphys) / nuclear density ‖ ~ **der Randverteilung** (Stats) / marginal density ‖ ~ **des Preßkörpers** (Pulv) / green density, pressed density ‖ ~ **in API-Graden** (bei 60° F) (Phys) / API gravity
**Dichte•bestimmung** *f* (Phys) / hydrometry *n* ‖ ~**diskontinuität** *f* (Meteor) / density discontinuity ‖ ~**funktion** *f* (Math, Stats) / probability density*, density function, probability density function, p. d. f. ‖ ~**funktional** *n* (in der Quantenchemie) (Chem) / density functional *n* ‖ ~**kurve** *f* (bei Schwarzweißmaterialien) (Foto) / characteristic curve* ‖ ~**lement** *n* (Chem) / sealing element ‖ ~**matrix** *f* (Phys) / density matrix ‖ ~**messer** *m* (Instr, Phys) / densimeter *n*, gravitometer *n*, density gauge ‖ ~**messung** *f* (bei Flüssigkeiten) (Phys) / hydrometry *n* ‖ ~**modulation** *f* (Eltronik) / density modulation
**dichten** *v* (Bau) / seal *v*, weatherseal *v* ‖ ~ *n* / sealing *n*
**dichtende Schicht** (aus Lehm oder Ton) (Wasserb) / blanket *n*, clay blanket
**Dichte•operator** *m* (Phys) / density matrix ‖ ~**sprung** *m* (Meteor) / density discontinuity
**dichtest•e Kugelpackung** (Krist) / close packing ‖ ~**er Wert** (Stats) / mode* *n*, modal value*

**Dichteverhältnis**

**Dichteverhältnis** *n* (wenn der Zustand des Bezugsstoffes der gleiche ist wie der des Versuchsstoffes) (Phys) / relative density*, specific gravity*, sg, S.G., r.d., sp. gr.
**Dicht•früchtige Eiche** (Quercus frainetto Ten.) (For) / Hungarian oak ‖ ⁓**gas** *n* / sealing gas, seal gas ‖ **~gekapselte Maschine** (Eltech) / sealed machine ‖ **~gepackte Struktur** (Krist) / close-packed structure ‖ **~geschlagenes Gewebe** (Tex) / tight weave ‖ **~geschweißt** *adj* (Schw) / seal-welded *adj* ‖ ⁓**heit** *f* (Masch) / tightness *n*, proofness *n* ‖ ⁓**heitsprüfung** *f* (Masch) / tightness check, leak test ‖ ⁓**heitsschweißung** *f* (Schw) / seal welding
**Dichtigkeit** *f* (Masch) / tightness *n*, proofness *n*
**Dichtigkeits•-Prüfflüssigkeit** *f* / bubble fluid ‖ ⁓**prüfung** *f* (Masch) / tightness check, leak test ‖ ⁓**prüfung mit Wasser** (HuT, Landw) / water test
**Dicht•keder** *m* (Kunststoffleiste zum Schutz von Kfz-Regenrinnen) (Kfz) / weather-strip *n* ‖ ⁓**keder mit Klebereinlage** (Kfz) / weather-strip with adhesive lining ‖ ⁓**kraft** *f* (Masch) / sealing force ‖ ⁓**leiste** *f* (Masch) / lock-strip gasket ‖ ⁓**lippe** *f* (der Dichtung) (Masch) / dust lip ‖ ⁓**manschette** *f* (Masch) / cup *n*, cuff *n* ‖ ⁓**masse** *f* (Bau, Masch) / sealing compound ‖ ⁓**mittel** *n* (Bau, Masch) / sealant *n*, sealer *n*, packing material ‖ ⁓**nut** *f* (Masch) / sealing groove ‖ ⁓**polen** *n* (Kupfer-SO₂-Entfernung) (Hütt) / poling-down *n* (of copper) ‖ ⁓**rahmen** *m* (Masch) / sealing frame ‖ ⁓**ring** *m* (Masch) / sealing ring ‖ **kammprofilierter** ⁓**ring** (Masch) / grooved packing ring ‖ ⁓**satz** *m* (Masch) / seal assembly ‖ ⁓**scheibe** *f* (im allgemeinen) (Masch) / sealing disk ‖ ⁓**scheibe** (Masch) / gasket* *n* ‖ **federnde** ⁓**scheibe** (Masch) / spring sealing washer ‖ ⁓**schleuse** *f* (einer kontinuierlich arbeitenden Zinkaufdampfanlage) (Galv) / vacuum sealing apparatus ‖ ⁓**schweißung** *f* (Schw) / seal welding ‖ **kegeliger** ⁓**sitz** (der Zündkerze) (Kfz) / taper seat, conical seat(ing) ‖ ⁓**stemmen** *n* (Masch) / fullering *n* ‖ ⁓**stoff** *m* (erhärtender, plastischer - DIN 18545, T 2) / sealant *n* ‖ ⁓**stoff** (DIN 52460) (Bau, Masch) / sealant *n*, sealer *n*, packing material
**Dichtung** *f* (DIN 3750) (Bau) / seal *n*, sealing *n*, weathersealing *n* ‖ ⁓ (zwischen ruhenden Flächen) (Masch) / static contact seal ‖ ⁓ (zwischen beweglichen Teilen) (Masch) / packing* *n*, dynamic seal ‖ **berührungsfreie** ⁓ (Masch) / non-contacting seal, non-contact seal ‖ **berührungslose** ⁓ (Masch) / non-contacting seal, non-contact seal ‖ **bewegte** ⁓ (Masch) / dynamic packing ‖ **druckfeste** ⁓ (Masch) / jointing* *n* ‖ **federnde** ⁓ (Masch) / resilient seal ‖ **harte** ⁓ (Masch) / metallic seating, metal-to-metal seat facing ‖ **hydraulische** ⁓ (Masch) / hydraulic packing* ‖ **metallische** ⁓ (bei Armaturen) (Masch) / metallic seating, metal-to-metal seat facing ‖ **U-förmige** ⁓ (eine Bewegungsdichtung) (Masch) / U-packing* *n* ‖ **verschleißbehaftete schleifende** ⁓ (bei Wälzlagern) (Masch) / grinding seal subject to wear ‖ ⁓ *f* **für Ausdehnungsrohrverbindungen** (Masch) / loose gland* ‖ ⁓ **für Fenster und Türen** (z.B. Tesamoll) (Bau) / draught excluder*, draught stop, airlock *n* (US), weather-strip* *n*, weather stripping, wind stop
**Dichtungs•anstrich** *m* (Bau, For) / sealing coat, seal coat ‖ ⁓**band** *n* (gummiertes) (Bau) / sealing tape, tape sealant ‖ ⁓**draht** *m* (Eltech) / sealing wire, seal wire ‖ ⁓**fett** *n* (Masch) / joint grease ‖ ⁓**filz** *m* (Tex) / packing felt, sealing felt ‖ ⁓**haut** *f* (HuT) / waterproofing membrane ‖ ⁓**kern** *m* (HuT) / core* *n* (the above-ground watertight barrier of an earth dam) ‖ ⁓**kitt** *m* (zum Verschmieren) (Bau) / gasket cement ‖ ⁓**kitt** (meistens auf Bitumen- oder Kunststoffbasis) (Bau) / putty* *n*, lute *n*, mastic* *n* ‖ ⁓**- und Manschettenleder** *n* (Leder) / gasket leather, hydraulic leather, packing leather ‖ ⁓**los** *adj* (Masch) / packless *adj* ‖ ⁓**manschette** *f* (Masch) / cup *n*, cuff *n* ‖ ⁓**masse** *f* (plastische - für Verglasungsarbeiten) (Bau, Glas) / glazing compound ‖ ⁓**masse** (Bau, Masch) / sealing compound ‖ **elastische** ⁓**masse** (für Verglasungsarbeiten) (Bau) / thermoplastic putty ‖ ⁓**masse** *f* **aus Lehm oder Ton** (mit Wasser angemacht - wasserseitig im Deich eingebaut zur Bildung eines wasserdichten Abschlusses) (Wasserb) / clay puddle*, puddle* *n* ‖ ⁓**material** *n* (Bau) / putty* *n*, lute *n*, mastic* *n* ‖ ⁓**material** (Bau) / barrier material ‖ ⁓**material** (Bau, Masch) / sealant *n*, sealer *n*, packing material ‖ ⁓**material** (wasserdruckhaltendes) **für Tiefbau** (Bau) / tanking* *n* ‖ ⁓**mittelbett** *n* (bei Verglasungen) (Bau) / putty bed ‖ **der vordere Teil des** ⁓**mittelbetts** (mit Dichtungsmittelfase - bei Fensterverglasung) (Bau) / face putty ‖ ⁓**profil** *n* (Kfz) / weather-strip *n* ‖ ⁓**profil** (Masch) / gasket* *n* ‖ ⁓**putz** *m* (mit Dichtungsmittelzusatz) (Bau) / parget *n* ‖ ⁓**ring** *m* (Masch) / packing ring ‖ ⁓**satz** *m* (Masch) / seal assembly ‖ ⁓**scheibe** *f* (Mennige + Hanf) (Klemp) / grommet *n*, grummet *n* ‖ ⁓**scheibe** (des Ventiltellers am Auslaßventil) (V-Mot) / washer *n* ‖ **mit Unterlegscheibe oder** ⁓**scheibe** (Masch) / washered *adj* ‖ ⁓**schleier** *m* (HuT) / waterproofing membrane ‖ ⁓**schraube** *f* (Masch) / sealing screw ‖ ⁓**schürze** *f* (Wasserb) / blanket *n*, clay blanket ‖ ⁓**spachtelmasse** *f* / mastix* *n* (a sealing compound) ‖ ⁓**stoff** *m* (Bau, Masch) / sealant *n*, sealer *n*, packing material ‖ ⁓**streifen** *m* (Bau) / sealing tape, tape sealant ‖ ⁓**strick** *m* (Klemp) / gaskin* *n*, gasket* *n* ‖ **äußere** ⁓**wand** (Bau) / retention wall*, reception wall*

**Dichtwerg** *n* (Schiff) / oakum* *n*
**dick** *adj* / thick *adj* ‖ ⁓ (Mörtelschicht) (Bau) / round *adj* ‖ ⁓ (Nahr) / thick *adj* ‖ **~es, wasserabweisendes** (Bekleidungs)**Leder** (Leder) / pac leather ‖ **~es Abwasser** (Sanitär) / strong sewage ‖ ⁓ **angemacht** (Bau) / stiff *adj* ‖ **~e Linse** (Opt) / thick lens* ‖ **~e Quelle** (Kernphys) / thick source* ‖ **~es Target** (Kernphys) / thick target* ‖ **~e Umhüllung** (Schw) / heavy coating, heavy covering
**Dick•-** (mit künstlich erhöhter Viskosität) (Anstr, Chem) / bodied *adj* (oil) ‖ **~bankig** (Geol) / heavy-beaded *adj* ‖ ⁓**beschichtung** *f* (Galv) / heavyweight coating ‖ ⁓**druckpapier** *n* (Pap) / featherweight (book)paper
**Dicke** *f* / thickness *n* ‖ ⁓ (For, Pap) / calliper *n* ‖ ⁓ (des Tafelglases, des Flachglases) (Glas) / strength *n* ‖ **ungleichmäßige** ⁓ (des Tafelglases) (Glas) / snaking *n* (the variation in the width of a sheet during the drawing of sheet glass), snake *n* ‖ ⁓ *f* **der Schweißnaht** (Schw) / throat *n*
**Dicken•lehre** *f* (Glas) / range *n* ‖ ⁓**lehre** (Masch) / thickness gauge ‖ ⁓**messung** *f* / thickness measurement, thickness gauging ‖ ⁓**richtung** *f* (einer Platte) / through-thickness direction ‖ ⁓**schablone** *f* (Glas) / range *n* ‖ ⁓**schablone** (Masch) / feeler gauge* ‖ ⁓**schrumpfung** *f* (beim Erkalten einer Schweißverbindung in Dickenrichtung der Naht eintretende bleibende Verkürzung des Schweißgutes und der von der Schweißwärme erfaßten Werkstoffzonen) (Schw) / shrinkage of thickness, contraction of thickness ‖ ⁓**toleranz** *f* (Glas) / thickness tolerance, substance tolerance ‖ ⁓**verhältnis** *n* (Luftf) / thickness-chord ratio*, wing t/c ratio, thickness ratio ‖ **sekundäres** ⁓**wachstum** (Bot) / secondary thickening*, secondary growth* ‖ **primäres** ⁓**wachstum** (Bot, For) / primary thickening, primary growth ‖ ⁓**zunahme** *f* (von Schichten) / thickening *n*
**Dick•film** *m* (Chem, Eltronik) / thick film ‖ ⁓**filmtechnik** *f* (Eltronik) / thick-film technology ‖ ⁓**filmwiderstand** *m* (Eltech) / thick-film resistor ‖ ⁓**flüssig** *adj* (Phys) / semi-fluid *adj*, semi-liquid *adj*, thick *adj*, viscid *adj* ‖ **~flüssiges Paraffin** (Nahr, Pharm) / paraffin oil, white mineral oil, paraffinum liquidum, liquid petrolatum, kerosine *n*, liquid paraffin*, medicinal white oil, medicinal paraffin oil ‖ ⁓**flüssigwerden** *n* / thickening *n* ‖ ⁓**glas** *n* (DIN 1249) (Glas) / thick sheet glass, heavy sheet (US), crystal sheet glass ‖ ⁓**glas** (Fensterglas im Dickenbereich von 4,5 bis 21 mm) (Glas) / thick window glass
**Dickicht** *n* (For) / thicket *n*, spinney *n*, coppice *n*, thickset *n*
**Dickit** *m* (ein Mineral der Kaolingruppe) (Min) / dickite* *n*
**Dick•legung** *f* (der Milch in der Käserei) (Nahr) / curdling ‖ ⁓**maische** *f* (bei dem Dreimaischverfahren) (Brau) / set mash, thick mash ‖ ⁓**milch** *f* (Nahr) / clabber *n* (milk that has naturally clotted on souring), bonny clabber, set milk ‖ ⁓**milch** (Nahr) / sour milk ‖ ⁓**öl** *n* (Anstr) / thick oil, bodied oil ‖ ⁓**saft** *m* (mit 61-67% Zucker bei der Zuckerherstellung) (Nahr) / thick juice ‖ ⁓**schicht** *f* (Chem, Eltronik) / thick film ‖ ⁓**schichtanstrich** *m* (Anstr) / high-build coat(ing) ‖ ⁓**schichtiger Lack** (Anstr) / high-build coating, high-build paint ‖ ⁓**schichtkataphoresegrundierung** *f* (Anstr) / high-build cathodic electrocoat, HBCE ‖ ⁓**schichtkondensator** *m* (Eltech) / thick-film capacitor ‖ ⁓**schichtlack** *m* (Anstr) / high-build coating, high-build paint ‖ ⁓**schichtlasur** *f* (Anstr) / transparent colour varnish ‖ ⁓**schichttechnik** *f* (Eltronik) / thick-film technology ‖ ⁓**schichtwiderstand** *m* (Eltech) / thick-film resistor ‖ ⁓**schlamm** *m* / thick slurry ‖ ⁓**spülung** *f* (Bergb, Erdöl) / drilling fluid, flushing fluid, drilling mud*, circulating fluid, circulation fluid, driller's mud ‖ ⁓**stelle** *f* (eines Fadens) (Spinn) / bunch *n*, lump *n*, piecing *n*, slub *n*, slug *n*, slough-off *n* ‖ ⁓**stelle** (Faserdurchmesser in Mikrometern) (Spinn) / thick place ‖ ⁓**stelle** (in Rohseide) (Tex) / nib *n* ‖ ⁓**stoff** *m* (Pap) / slush pulp* ‖ ⁓**stoffpumpe** *f* (Chem Verf) / viscous matter pump, thick-matter pump ‖ ⁓**stoffpumpe** (Chem Verf) s. auch Feststoffpumpe
**Dickte** *f* (Breite der Drucktype) (Druck) / set* *n*, width *n*, set-width *n*, set size
**Dickten•schablone** *f* (Masch) / feeler gauge* ‖ ⁓**wert** *m* (ein in Schriftlinien ausgedrückter Wert, der die Dickte eines Buchstabens bei digitalen Schriften angibt) (EDV) / escapement *n*
**Dick-Test** *m* (Probe zum Nachweis der Scharlachimmunität) (Med) / Dick test*
**Dickung** *f* (For) / thicket *n*, spinney *n*, coppice *n*, thickset *n*
**Dickungsmittel** *n* (Anstr, Chem, Nahr, Phys) / thickener *n*, thickening agent
**Dickungsmittelanalyse** *f* (Nahr) / analysis of thickening agents
**Dick•verzinkung** *f* (Galv) / high-build galvanizing ‖ **~wandig** *adj* / thick-wall *attr*, stout-walled *adj*, thick-walled *adj*, heavy-walled *adj* ‖ **~wandige Ionisationskammer** (Nukl) / thick-wall chamber*, thick-wall ionization chamber ‖ ⁓**wandigkeit** *f* / thickness of wall(s) ‖ ⁓**zuckerfrucht** *f* (Nahr) / candied fruit
**Dicumarol** *n* (Antikoagulans oder Rodentizid) (Chem, Pharm) / dicumarol *n*

**Dicumene-Chrom (DCC)** n (eine Organochromverbindung, die zur thermischen Herstellung von Chromüberzügen im Vakuum geeignet ist) / dicumene chromium
**Dicuron** n (Bot, Pharm) / D-glucurono-6,3-lactone n
**Dicyan** n (Chem) / cyanogen* n, dicyanogen n
**Dicyandiamid** n (Chem) / dicyandiamide n, cyanoguanidine n
**Dicyanoacetylen** n (Chem) / dicyanoacetylene n
**Didecylphthalat** n (Chem) / didecyl phthalate
**Didi** n (Chem) / diethylene glycol dinitrate (DEGN)
**Didodecanoylperoxid** n (Chem) / lauroyl peroxide
**Didot-System** n (Maßsystem, benannt nach seinen Schöpfern, den französischen Druckern und Schriftgießern François Ambroise Didot und Firmin Didot - Ende des 18. Jahrh.) (Typog) / Didot point system*
**DIDP** (DIN 7723) (Chem) / diisodecyl phthalate, DIDP
**Diebesknoten** m (ähnlich Reffknoten) (Schiff) / thief knot
**diebstahl•sicher** adj (Verschluß) / pilfer-proof adj, antitheft attr ‖ ≈**sicherung** f (als Vorrichtung) / antitheft device ‖ ≈**sicherung** (als ein Maßnahmenbündel) / theft protection, antitheft security system
**Dieckmann-Kondensation** f (eine Esterkondensation nach W. Dieckmann, 1869-1925) (Chem) / Dieckmann condensation
**Dieder** n (Aussprache: Di-eder) (Math) / dihedron (pl. -hedrons or -hedra), dihedral* n
**Diederwinkel** m (bei der geometrischen Isomerie - Maß für die gegenseitige Verdrehung der Liganden) (Chem) / dihedral angle
**Dieisenenneacarbonyl** n (Chem) / iron nonacarbonyl
**Dieldrin** (ein Cyclodien-Insektizid, zu Ehren von O. Diels benannt - in Deutschland nicht mehr zugelassen) (Chem) / dieldrin* n, HEOD*
**Diele** f (Bau) / floor n
**Dielektrikum** n (ein Isolierstoff zwischen zwei Elektroden, insbesondere bei Kondensatoren) (Elektr) / dielectric* n, non-conductor n ‖ ≈ (Elektr) s. auch Isolierstoff ‖ **unvollkommenes** ≈ (Elektr) / imperfect dielectric* ‖ **verlustbehaftetes** ≈ (Elektr) / imperfect dielectric*
**dielektrisch** adj (Elektr) / dielectric adj ‖ ~**e Absorption** (die zum dielektrischen Verlust führt) (Elektr) / dielectric absorption* ‖ ~**e Antenne** (Fernm, Radio) / dielectric antenna* ‖ ~**e Diode** (eine Gleichrichter- Halbleiterdiode, deren Verhalten von Volumeneffekten im Inneren des Halbleiterwerkstoffs bestimmt wird) (Eltronik) / dielectric diode* ‖ ~**e Dispersion** (Frequenzabhängigkeit der Dielektrizitätskonstante) (Elektr) / dielectric dispersion* ‖ ~**er Durchschlag** (Eltech) / dielectric breakdown* ‖ ~**e Erwärmung** (HF-Erwärmung) (Eltech) / dielectric heating* ‖ ~**e Erwärmung quer zur Stoffbahn** (Eltech) / transverse heating ‖ ~**e Flüssigkeit** (Masch) / dielectric fluid, dielectric medium ‖ ~**e Folie** (Eltronik) / dielectric film ‖ ~**e Hysterese** (Elektr) / dielectric hysteresis* ‖ ~**er Leiter** (Eltech) / dielectric guide* ‖ ~**e Leitfähigkeit** (Isolator) (Elektr) / leakance n, leakage conductance* ‖ ~**e Leitung** (Fernm) / diline n, dielectric waveguide ‖ ~**e Linse** (Eltech) / dielectric lens* ‖ ~**e Nachwirkung** (Eltech) / dielectric relaxation* ‖ ~**e Polarisation** (Eltech, Phys) / dielectric polarization*, induced polarization* ‖ ~**e Polarisierbarkeit** (gegenseitige, meist reversible Verschiebbarkeit von Ladungen in einem dielektrischen Werkstoff bzw. Isolator unter dem Einfluß eines elektrischen Feldes) (Elektr) / dielectric polarizability ‖ ~**es Schweißen** (von Folien) (Plast) / dielectric sealing, high-frequency sealing ‖ ~**e Trocknung** (Eltech) / high-frequency (dielectric) drying, dielectric drying ‖ ~**er Verlust** (Ursache für die dielektrische Erwärmung eines Dielektrikums in einem elektrischen Wechselfeld) (Elektr) / dielectric loss* ‖ ~**e Verlustzahl** (Produkt aus Dielektrizitätszahl und dem Verlustfaktor) (Elektr) / loss index, dielectric loss index ‖ ~**er Wellenleiter** (Fernm) / diline n, dielectric waveguide
**Dielektrizitäts•konstante** f (Elektr) / permittivity* n, dielectric constant*, capacitivity n ‖ **allgemeine** ≈**konstante** (Elektr) / electric field constant ‖ **relative** ≈**konstante** (des feldtragenden Stoffes - nach DIN 1324, T 2) (Elektr, Eltech) / relative permittivity* (in physical media), relative capacitivity, relative dielectric constant, SIC ‖ **hohe** ≈**konstante** (Elektr) / low permittivity* ‖ ≈**verlust** m (Elektr) / dielectric loss* ‖ ≈**zahl** f (bei linearen Dielektriken) (Elektr, Eltech) / relative permittivity* (in physical media), relative capacitivity, relative dielectric constant, SIC
**Dielektrometrie** f (die Messung der Dielektrizitätskonstanten) (Chem) / dielectrometry n, decametry f
**Dielektrophorese** f (Chem) / dielectrophoresis n (pl. -reses)
**dielen** v (mit Dielen belegen) (Zimm) / board v, plank v, floor v ‖ ~ (Zimm), s. auch Fußboden legen ‖ ≈**balken** m (Bau, Zimm) / boarding joist ‖ ≈**kopf** m (in der dorischen Säulenordnung) (Arch) / mutule n ‖ ≈**nagel** m (Zimm) / plank nail
**Diels-Alder-Reaktion** f (eine Diensynthese nach O. Diels, 1876-1954, und K. Alder, 1902-1958) (Chem) / Diels-Alder reaction*

**Diels-Alder-Synthese** f (eine Diensynthese nach O. Diels, 1876-1954, und K. Alder, 1902-1958) (Chem) / Diels-Alder reaction*
**Dielung** f (gefügte, gefederte, gespundete, gefalzte oder halbgespundete) (Bau) / flooring n, floor covering
**Dieme** f (Landw) / stack n
**Diemen** m (Landw) / stack n
**Dien** n (Chem) / diene* n, dialkene* n ‖ **nichtkonjugierte** ≈**e** (Chem) / non-conjugated dienes
**dienen** v / serve v
**Dienkautschuk** m (stereospezifischer Kautschuk) (Chem Verf) / diene rubber
**Dienochlor** n (ein Akarizid) (Chem, Landw) / dienochlor n
**dienophil** adj (Chem) / dienophilic adj ‖ ~**e Komponente** (bei der Diels-Alder-Reaktion) (Chem) / dienophile n ‖ ≈ n (Chem) / dienophile n
**Dien•polymer** n (Chem) / diene polymer ‖ ≈**polymerisat** n (Chem) / diene polymer
**Dienst** m (eine organisatorische Einheit im Betrieb, wie z.B. Schreibdienst) / pool n ‖ ≈ / service n ‖ ≈ (Viertel-, Halb- oder Dreiviertelsäule, die einem tragenden Element vorgebaut ist und sich in die Rippen des Gewölbes fortsetzt) (Arch) / shaft n, trunk n ‖ ≈ s. auch Kundendienst ‖ **außer** ≈ **stellen** (Nukl) / decommission v (a nuclear power plant) ‖ **den** ≈ **antreten** / take on v, hire on v ‖ **erweiterter** ≈ (Fernm) / enhanced service ‖ **höherer** ≈ (verglichen mit dem Standarddienst) (EDV) / more sophisticated service, higher-level service ‖ **in** ≈ **stellen** (Schiff) / commission v ‖ **meteorologischer** ≈ (Meteor) / weather service, WS ‖ **standardisierter** ≈ (für die direkte Teilnehmer-Teilnehmer-Kommunikation mit Festlegung der Kommunikationsfunktionen einschließlich der Endgeräte, wie Fernsprechen, Telefax und Faksimile) (Fernm) / teleservice ‖ **wieder in** ≈ **stellen** (Mil) / recommission v ‖ ≈ m **für Benutzer** / user service ‖ ≈ **in Form eines Halbsäulchens** (Arch) / demishaft n ‖ ≈ **mit Bestätigung** (Fernm) / confirmed service ‖ ≈ **mit festen Verbindungen** (Fernm) / permanent-circuit service, permanent-circuit telecommunication service
**Dienstbarkeit** f (§§ 1018 ff. BGB) / servitude n
**Dienstbotentreppe** f (Bau) / service stair
**diensteintegrierendes Digitalnetz** (Fernm) / integrated services digital network, ISDN, ISD network
**Dienst•erbringer** m (DIN ISO 7498) (Fernm) / service provider ‖ ≈**erfindung** f (die aus der Arbeit des Arbeitnehmers im Betrieb od. durch maßgebliche Mitwirkung des Betriebs entstanden ist) / service invention
**Dienstewechsel** m (z.B. Telefon zu Telefax) (Fernm) / changing services, swap n
**Dienst•flagge** f (Schiff) / duty flag ‖ ≈**gewicht** n (Luftf) / ramp weight ‖ ≈**gewicht** (z.B. eines Schleppers) (Masch) / weight in running order ‖ ≈**gipfelhöhe** f (Höhe, in der die Steiggeschwindigkeit eines Flugzeugs in der Normalatmosphäre noch einen zur Ausführung von Flugmanövern ausreichenden Mindestwert - etwa 0,5 m/s - aufweist) (Luftf) / service ceiling ‖ ≈**güte** f (Fernm) / grade of service, quality of service, level of service ‖ **verminderte** ≈**güte** (Fernm) / degraded service ‖ ≈**informationskanal** m (Fernm) / service information channel, SIC ‖ ≈**integration** f (Abwicklung von verschiedenen Verkehrsarten und Kommunikationsformen in einem Netz) (Fernm) / service integration ‖ ≈**integriertes Digitalnetz** (Fernm) / integrated services digital network, ISDN, ISD network ‖ ≈**kanal** m (Fernm) / service channel, SC ‖ ≈**leistungen** f pl (als Wirtschaftszweig = Reiseverkehr, Transport, Versicherungen, Gaststätten- und Beherbergungswesen usw.) / service industry ‖ **fremde** ≈**leistungen** / purchased services ‖ ≈**leistungsanbieter** m (EDV) / access provider ‖ ≈**leistungsgewerbe** n (als Wirtschaftszweig = Reiseverkehr, Transport, Versicherungen, Gaststätten- und Beherbergungswesen usw.) / service industry ‖ ≈**leistungsindustrie** f (als Wirtschaftszweig = Reiseverkehr, Transport, Versicherungen, Gaststätten- und Beherbergungswesen usw.) / service industry ‖ ≈**leistungsmarke** f (in dem Markenregister) / service mark ‖ ≈**leistungsrechenzentrum** n (EDV) / service computing centre ‖ ≈**leistungszentrum** n **für digitalen Druck** (Druck, EDV) / digital printing service centre, DPSC ‖ ≈**leitung** f (Fernm) / order-wire n ‖ ≈**leitung** (bei der Handvermittlung) (Fernsp) / call circuit ‖ ≈**masse** f (Bahn) / service weight, weight in running order ‖ ≈**platz** m (ISDN) (Fernm) / manual answering service ‖ ≈**programm** n (für immer wieder auftretende, mit der Verarbeitung zusammenhängende Probleme) (EDV) / utility program*, service program, service routine, utility routine ‖ ≈**programmpaket** n (EDV) / utility package ‖ ≈**treppe** f (Bau) / service stair ‖ ≈**verfügbarkeit** f / service availability ‖ ≈**zeit** f (in Stunden) / operating hours ‖ ≈**zugangspunkt** m (innerhalb des Schichtenmodells) (EDV) / service access point (SAP)

**Diensynthese**

**Dien•synthese** f (Chem) / diene synthesis* ‖ ~**wert** m (Anstr) / maleic value
**Diergol** n (Zweistoffsystem-Raketentreibstoff) (Raumf) / diergol n
**Dierkran** m (dieselelektrischer Raupendrehkran) / diesel-electric caterpillar swing crane
**Diesel** m (V-Mot) / Diesel engine, diesel n, diesel engine* ‖ ~**aggregat** n (mit einem Dieselmotor in einer Baugruppe zusammengefaßte Arbeitsmaschine oder Generator) (Eltech, V-Mot) / diesel-electric generating set, diesel-electric plant ‖ ~**ameise** f (Kfz) / diesel power truck ‖ ~**anlage** f (in einem separaten Haus untergebracht) / diesel house ‖ ~**anlage** (größere) (Masch) / diesel rig ‖ ~**elektrischer Antrieb** / diesel-electric drive, oil-electric drive ‖ ~**elektrische Lokomotive** (Bahn) / diesel-electric locomotive*, electro-diesel locomotive* ‖ ~**elektrolok** f (Bahn) / diesel-electric locomotive*, electro-diesel locomotive*
**Dieselhorst-Martin-Vierer** m (der aus 2 miteinander verseilten Paaren, von denen jedes Paar einen Leitungskreis bildet, besteht) (Kab) / twin-quad* n
**Dieselhorst-Martin-Vierer-verseiltes Kabel** (Kab) / multiple-twin quad (cable)
**diesel•hydraulische Lokomotive** (Bahn) / diesel-hydraulic locomotive* ‖ ~**index** m (Kftst) / diesel index ‖ ~**karren** m (Kfz) / diesel power truck ‖ ~**kraftstoff** m (DIN 51601); Diesel;m. (Kftst) / diesel fuel, diesel oil, fuel oil No. 2, derv ‖ ~**kraftstoffverschnittkomponente** f (Kftst) / Diesel cutter ‖ ~**kraftwerk** n (in dem Dieselmotoren die elektrischen Generatoren antreiben) / diesel-electric power plant, diesel generating station* ‖ ~**kreisprozeß** m (V-Mot) / diesel cycle*, constant-pressure cycle* ‖ ~**lok** f (Bahn) / diesel locomotive* ‖ ~**lokomotive** f (Bahn) / diesel locomotive* ‖ ~**mechanisch** adj / diesel-mechanical adj
**Dieselmotor** m (nach R. Diesel, 1858-1913) (V-Mot) / Diesel engine, diesel n, diesel engine* ‖ ~ **mit Direkteinspritzung** (V-Mot) / direct-injection diesel engine, solid-injection diesel engine, airless injection diesel engine, diesel engine with direct injection ‖ ~ **mit geteilten Brennräumen** (z.B. Wirbelkammer- oder Luftspeicher-) (V-Mot) / divided-chamber-type diesel engine, two-chamber diesel engine ‖ ~ **mit indirekter Einspritzung** (Vorkammermotor, Wirbelkammermotor, Luftspeichermotor) (V-Mot) / indirect-injection diesel engine ‖ ~ **mit Luftspeicherkammer** (V-Mot) / air-cell diesel engine ‖ ~ **mit Luftwirbelkammer** (V-Mot) / swirl-chamber diesel engine ‖ ~ **mit Strahleinspritzung** (V-Mot) / direct-injection diesel engine, solid-injection diesel engine, airless injection diesel engine, diesel engine with direct injection
**Dieseln** (bei Ottomotoren) (V-Mot) / dieseling n, afterrunning n, run-on n
**Diesel•nagen** n (V-Mot) / diesel knock*, diesel rattle ‖ ~**notaggregat** n (Eltech, V-Mot) / emergency diesel-generating set, emergency diesel-driven generating set ‖ ~**Notstromaggregat** n (Eltech, V-Mot) / emergency diesel-generating set, emergency diesel-driven generating set ‖ ~**partikelfilter** n (Kfz) / diesel exhaust particulate filter, diesel filter, diesel trap, DPF, particulate filter ‖ ~**prozeß** m (ein Kreisprozeß) (V-Mot) / diesel cycle*, constant-pressure cycle* ‖ ~**ramme** f (HuT) / Diesel hammer ‖ ~**ramme** (HuT) / frog rammer, trench compactor ‖ ~**ramme** (HuT) s. auch Verdichtungsfrosch ‖ ~**ruß** m (Kfz) / particulate(s) n(pl), particulate emissions, diesel particulates ‖ ~**rußfilter** n (Kfz) / diesel exhaust particulate filter, diesel filter, diesel trap, DPF, particulate filter ‖ ~**satz** m (ein Dieselmotor mit einem direkt gekuppelten Synchrongenerator) (Eltech, V-Mot) / diesel-generator set, diesel-generator unit ‖ ~**traktion** f (Bahn) / diesel traction ‖ ~**walze** adj (HuT) / diesel roller ‖ ~**zentrale** f / diesel house ‖ ~**zugförderung** f (Bahn) / diesel traction
**diesig** adj (Meteor, Nav) / hazy adj, misty adj
**Dieterici-Gleichung** f (empirische thermische Zustandsgleichung) / Dieterici's equation (of state)*
**Dieter-Verfahren** n (mit einem kalten Metallmodell) (Gieß) / Dieter process
**Diethanolamin** n (Chem) / diethanolamine* n, DEA
**Diethyl•amin** n (Chem, Pharm) / diethylamine n ‖ ~**dicarbonat** n (Chem, Nahr) / diethylpyrocarbonate n, DEPC ‖ ~**dikarbonat** n (Chem, Nahr) / diethylpyrocarbonate n, DEPC ‖ ~**dithiocarbamidsäure** f (Chem) / diethyldithiocarbamic acid* ‖ ~**dithiokarbamidsäure** f (Chem) / diethyldithiocarbamic acid*
**Diethylen•diamin** n (Chem) / diethylenediamine n ‖ ~**dioxid** n (Chem) / diethylene dioxide, dioxan n ‖ ~**glykol** n (Chem) / diethylene glycol*, diglycol n, digol n ‖ ~**glykoldinitrat** n (Chem) / diethylene glycol dinitrate (DEGN) ‖ ~**glykolmonomethylether** m (Chem) / methyldiglycol n ‖ ~**triamin** n (Chem) / diethylenetriamine (DETA) n ‖ ~**triaminpentaacetat** n (Chem) / diethylenetriamine pentaacetate (DTPA) ‖ ~**triaminpentaazetat** n (Chem) / diethylenetriamine pentaacetate (DTPA) ‖ ~**triaminpentaessigsäure** f (Chem) / diethylenetriamine-pentaacetic acid, DTPA

**Diethyl•ether** m (Chem) / ethoxyethane* n, diethyl ether* diethyl oxide, ethylic ether, ether* n ‖ ~**malonat** n (Chem) / malonic ester, diethyl malonate ‖ **N,N-** ~**-m-toluamid (DEET)** (ein Insekten-Repellent) (Chem) / diethyltoluamide n, DEET, deet n ‖ ~**oxalat** n (Chem) / diethyl oxalate ‖ ~**phthalat (DEP)** n (DIN 7723) (Chem) / diethyl phthalate ‖ ~**stilbestrol** n (Chem, Pharm) / stilboestrol* n, diethylstilbestrol n, DES ‖ ~**stilböstrol** n (ein synthetisches Östrogen) (Chem, Pharm) / stilboestrol* n, diethylstilbestrol n, DES ‖ ~**sulfat** n (Chem) / diethyl sulphate
**Dietze-Anleger** m (Eltech) / tong-test ammeter*, split-core current transformer, hook-on meter
**diffeomorphe Abbildung** (Math) / diffeomorphic mapping, diffeomorphism n
**Diffeomorphismus** m (Math) / diffeomorphic mapping, diffeomorphism n
**differential** adj / differential adj ‖ ~ **gewickelt** (Eltech) / differentially wound ‖ ~ n (Kfz) / differential gear*, differential n, differential assembly ‖ ~ (Math) / differential* n ‖ **partielles** ~ (Math) / partial differential ‖ **selbsthemmendes** ~ (Kfz) / multiple limited-slip differential, limited-slip differential, friction-disk differential ‖ **sperrbares** ~ (Kfz) / locking differential, limited-slip differential, nonslip differential (US) ‖ **vollständiges** ~ (Math) / complete differential*, total derivative, total differential*
**Differential•absorptionslaser** m (Phys) / differential-absorption laser, DIAL ‖ ~**analysator** m (EDV) / differential analyser* (DA) ‖ ~**bauweise** f (durch Zusammenfügen einzelner Bauelemente) / differential construction ‖ ~**bewegung** f (Mech) / differential motion* ‖ ~**bremse** f (Kfz) / differential lock ‖ ~**bremse** (Masch) / differential brake ‖ ~**destillation** f (wenn die Dämpfe in der Blase oder im Sumpfverdampfer unter dem dort herrschenden Druck entwickelt und direkt oder über die Kolonne dem Kondensator zugeführt werden) (Chem Verf) / differential distillation ‖ ~**detektor** m (Chem) / differential detector ‖ ~**drosselsystem** n (Eltech) / E-transformer* n ‖ ~**-Druckausgleichsschuh** m (Erdöl) / differential fill-up shoe ‖ ~**-Dyeing** n (von Stückwaren) (Tex) / differential dyeing ‖ ~**erregung** f (Eltech) / differential excitation ‖ ~**färbung** f (Biochem, Mikros) / differential staining ‖ ~**flaschenzug** m (Masch) / differential chain block*, differential hoist, differential pulley block*, differential tackle ‖ ~**flyer** m (eine Endpassage des deutschen Vorbereitungsverfahrens) (Spinn) / differential fly frame ‖ ~**form** f (Math) / differential form ‖ **Pfaffsche** ~**form** (Math) / Pfaffian form, Pfaffian differential form ‖ ~**galvanometer** n (Eltech) / differential galvanometer ‖ ~**gehäuse** n (Kfz) / differential case, differential cage, differential housing ‖ ~**geometrie** f (ein Zweig der höheren Mathematik) (Math) / differential geometry ‖ ~**getriebe** n (Kfz) / differential gear*, differential n, differential assembly
**Differentialgleichung** f [gewöhnliche] (Math) / differential equation* ‖ **biharmonische** ~ (Math) / biharmonic equation*, bipotential equation ‖ **elliptische** ~ (Math) / elliptic differential equation, elliptic partial differential equation ‖ **exakte** ~ (Math) / exact equation* ‖ **gewöhnliche** ~ (Math) / ordinary differential equation* ‖ **Hamiltonsche partielle** ~ (Math) / Hamilton-Jacobi equation, Hamilton's partial differential equation ‖ **homogene** ~ (Math) / homogeneous differential equation ‖ **hyperbolische** ~ (Math) / hyperbolic differential equation, hyperbolic partial differential equation ‖ **hypergeometrische** ~ (Math) / hypergeometric equation*, Gauss' differential equation ‖ **inhomogene lineare** ~ (Math) / non-homogeneous linear differential equation, inhomogeneous linear differential equation ‖ **Laplacesche** ~ (Math) / Laplace's differential equation, Laplace's equation*, potential equation ‖ **Laplacesche gewöhnliche** ~ (Math) / Laplace linear equation* ‖ **lineare** ~ (Math) / linear differential equation ‖ **lineare** ~ **mit konstanten Koeffizienten** (Math) / linear differential equation with constant coefficients ‖ **lineare gewöhnliche** ~ (Math) / linear differential equation ‖ **parabolische** ~ (Math) / parabolic differential equation, parabolic partial differential equation ‖ **partielle** ~ (Math) / partial differential equation ‖ **Riccatische** ~ (nach J.F. Graf Riccati, 1676-1754) (Math) / Riccati equation ‖ **stochastische** ~ (Math, Stats) / stochastic differential equation, SDE ‖ **Tschebyschowsche** ~ (Math) / Chebyshev differential equation, Tchebycheff's differential equation
**Differentialgleichungssystem, steifes** ~ (Math) / stiff equations, stiff system, set of stiff equations
**Differential•glied** n (Eltronik) / differential* n ‖ ~**-Ionisationskammer** f (Nukl) / differential ionization chamber*, difference ionization chamber ‖ ~**käfig** m (Kfz) / differential case, differential cage, differential housing ‖ ~**kolben** m (z.B. einer Kolbenpumpe) (Masch) / differential piston, step piston, stepped piston, double-diameter piston ‖ ~**kondensator** m (Eltech) / differential capacitor* ‖ ~**operator** m (Math) / differential operator ‖ ~**prinzip** n (bei dem benachbarte Augenblickszustände verglichen werden) (Phys) / differential principle ‖ ~**pulspolarografie** f (Chem) /

differential-pulse polarography, DPP ‖ ⁓**quotient** *m* (Math) / derivative* *n*, differential coefficient*, derived function* ‖ **partieller** ⁓**quotient** (Math) / partial derivative, partial differential coefficient* ‖ ⁓**rechnung** *f* (Math) / differential calculus* ‖ ⁓**- und Integralrechnung** *f* (Math) / infinitesimal calculus, differential and integral calculus, calculus (pl. -es or -li) ‖ ⁓**regelung** *f* (proportional zur Ableitung von Abweichung nach der Zeit) (Regeln) / derivative-action control, D control ‖ ⁓**relais** *n* (ein Schutzrelais) (Eltech) / differential relay* ‖ ⁓**ringübertrager** *m* (Eltronik) / hybrid ring*, rat race* ‖ ⁓**scanningkalorimetrie** *f* / differential scanning calorimetry, DSC ‖ **scanningkalorimetrie** (Chem) / differential scanning calorimetry, DSC ‖ ⁓**schaltung** *f* (Regeln) / differential circuit ‖ ⁓**schraube** *f* (auf deren Schaft zwei Gewinde mit gleichem Windungssinn, aber unterschiedlicher Ganghöhe aufgebracht sind) (Masch) / compound screw, differential screw ‖ ⁓**schutz** *m* (Stromvergleichsschutz) (Eltech) / differential protective system* ‖ ⁓**schutzwandler** *m* (Eltech) / biasing transformer* ‖ ⁓**seilwinde** *f* (mit unterschiedlichem Durchmesser bei den Trommeln) (Masch) / differential windlass, Chinese windlass ‖ ⁓**sperre** *f* (Kfz) / differential lock ‖ ⁓**synchroübertrager** *m* (Eltech, Fernm) / synchro differential transmitter ‖ ⁓**teilen** *n* (Masch) / differential indexing ‖ ⁓**thermoanalyse** *f* (Chem) / differential thermal analysis*, DTA*, differential thermoanalysis ‖ ⁓**thermogramm** *n* (als Produkt der DTA) (Chem) / differential curve ‖ ⁓**thermogravimetrie** *f* (Phys) / differential thermogravimetric analysis ‖ ⁓**titration** *f* (Chem) / differential titration* ‖ ⁓**transformator** *m* (der mechanische Größen in elektrische umwandelt) (Eltech) / differential transformer ‖ **linear verstellbarer** ⁓**transformator** (Eltech) / linear variable differential transformer, LVDT ‖ ⁓**transport** *m* (bei Nähmaschinen) (Tex) / differential transport ‖ ⁓**übertrager** *m* (Fernm) / hybrid coil*, bridge transformer*, differential transformer, hybrid transformer ‖ ⁓**verstärker** *m* (Eltronik) / differential amplifier* ‖ ⁓**wickler** *m* (Spinn) / box of tricks, differential *n* ‖ ⁓**wicklung** *f* (Eltech) / differential winding* ‖ ⁓**wirkungsquerschnitt** *m* (Kernphys) / differential cross section* ‖ ⁓**zeitkonstante** *f* (Regeln) / rate time, derivative-rate time, derivative-action time

**Differentiation** *f* (magmatische, metamorphe) (Geol) / differentiation* *n* ‖ ⁓ (Math) / differentiation* *n* ‖ **absolute** ⁓ (Math) / covariant derivative ‖ **logarithmische** ⁓ (Math) / logarithmic derivation ‖ **magmatische** ⁓ (Geol) / magmatic differentiation ‖ **metamorphe** ⁓ (Geol) / metamorphic differentiation ‖ **numerische** ⁓ (Math) / numerical differentiation ‖ **partielle** ⁓ (Math) / partial differentiation

**Differentiator** *m* (Math) / differentiator *n*
**differentiell** *adj* / differential *adj* ‖ ⁓ (Eltech) / incremental *adj* ‖ ⁓**e Absorption** (Phys) / differential absorption ‖ ⁓**es Absorptionsverhältnis** (Verhältnis der Radioaktivität in einem Organ zur Radioaktivität im ganzen Körper) (Radiol) / differential absorption ratio*, DAR ‖ ⁓**e Destillation** (Chem Verf) / differential distillation ‖ ⁓**e Flotation** (Aufber) / differential flotation*, selective flotation ‖ ⁓**er Hystereseverlust** (Eltech) / incremental hysteresis loss* ‖ ⁓**e Ionisation** (Phys) / differential ionization ‖ ⁓**e Modendämpfung** (optische Kommunikationstechnik) (Fernm) / differential mode attenuation ‖ ⁓**e Permeabilität** (Eltech) / incremental permeability* ‖ ⁓**es Relaxationsspektrum** (DIN 13 343) (Spektr) / differential relaxation spectrum ‖ ⁓**e Retardationsfunktion** (DIN 13 343) (Spektr) / differential retardation function ‖ ⁓**er Streuquerschnitt** (Kernphys) / differential scattering cross-section ‖ ⁓**e Verstärkung** (Fernm) / differential gain ‖ ⁓**er Widerstand** (Eltech) / incremental resistance* ‖ ⁓**er Widerstand** (in Halbleitersystemen) (Eltronik) / differential resistance* ‖ ⁓**er Wirkungsquerschnitt** (ein Streuquerschnitt) (Kernphys) / differential cross section*

**Differenz** *f* (Ergebnis einer Subtraktion) (Math) / difference *n* ‖ ⁓ (Math) / difference* *n* ‖ ⁓ (in der arithmetischen Zahlenfolge) (Math) / (common) difference *n*, difference (of an arithmetic progression) ‖ **absteigende** ⁓ (Math) / forward difference, descending difference ‖ **aufsteigende** ⁓ (Math) / backward difference*, ascending difference ‖ **mittlere** ⁓ (Stats) / mean difference ‖ **rückwärts genommene** ⁓ (Math) / backward difference*, ascending difference ‖ **symmetrische** ⁓ (DIN 5473) (Math) / symmetric difference ‖ **vorwärts genommene** ⁓ (Math) / forward difference, descending difference ‖ **zentrale** ⁓ (Math) / central difference (of a function) ‖ ⁓ *f* **zwischen Flanken- und Gewinderadius** (Mutter) (Masch) / dedendum* *n* (pl. dedenda) ‖ ⁓ **zwischen Flanken- und Kernradius** (Bolzen) (Masch) / dedendum* *n* (pl. dedenda)

**differenz•drehzahlabhängig** *adj* / depending on the rotational speed difference ‖ ⁓**druck** *m* (bei dem Fahrtmesser) (Luftf) / differential head ‖ ⁓**druck** (wenn die Differenz zweier Drücke selbst die Meßgröße ist - DIN 1314) (Phys) / differential pressure ‖ ⁓**druckmesser** *m* (Phys) / differential pressure gauge*

**Differenzen•folge** *f* (Math) / difference sequence ‖ ⁓**gleichung** *f* (eine Funktionalgleichung) (Math) / difference equation ‖ ⁓**methode** *f* (Math) / finite-difference method, lattice-point method ‖ ⁓**operator** *m* (Math) / difference operator* ‖ ⁓**quotient** *m* (Math) / difference quotient ‖ ⁓**verfahren** *n* (Math) / finite-difference method, lattice-point method

**Differenzfrequenz** *f* (Fernm) / difference frequency
**Differenzial** *n* (Kfz) / differential gear*, differential *n*, differential assembly ‖ ⁓ (Math) / differential* *n*
**differenziell** *adj* / differential *adj*
**differenzierbar** *adj* (Math) / differentiable *adj* ‖ ⁓**e Mannigfaltigkeit** (Math) / differentiable manifold
**differenzieren** *v* / differentiate *v* ‖ ⁓ (Math) / derive *v* ‖ ⁓ *n* (Math) / differentiation* *n* ‖ ⁓ (Math) / derivation *n*, deriving *n*
**differenzierend•es Netz** (Eltech) / differentiating network ‖ ⁓**es Verhalten** (Regeln) / derivative (control) action, D-action *n*
**Differenzierer** *m* (Eltech) / differentiating circuit*, differentiator* *n*, differentiating network
**Differenzier•gerät** *n* (z.B. Spiegellineal, Tangentenlineal oder Derivimeter nach Ott) (Math) / differentiator *n* ‖ ⁓**glied** *n* (Eltech) / differentiating circuit*, differentiator* *n*, differentiating network ‖ ⁓**kreis** *m* (Eltech) / differentiating circuit*, differentiator* *n*, differentiating network ‖ ⁓**schaltung** *f* (DIN 40146, T 1) (Eltech) / differentiating circuit*, differentiator* *n*, differentiating network
**differenzierte Verstärkung** (in einem größeren Raum mit mehreren Lautsprechern, um den Haas-Effekt auszuschalten) (Akus) / reinforcement* *n*
**Differenzierung** *f* (Biol) / differentiation *n*
**Differenzkalorimetrie, dynamische** ⁓ (Chem) / differential scanning calorimetry, DSC
**Differenz•kern** *m* (Math) / equalizer *n* ‖ ⁓**kokern** *m* (Math) / co-equalizer *n*, co-kernel *n* ‖ ⁓**kondensator** *m* (Eltech) / differential capacitor* ‖ ⁓**menge** *f* (AB) (Math) / difference set, set difference, relative complement, difference of sets ‖ ⁓**messung** *f* / differential measuring ‖ ⁓**phasenumtastung** *f* (Fernm) / differential phase modulation ‖ ⁓**-Puls-Kode-Modulation (DPCM)** *f* (EDV) / differential pulse-code modulation* (DPCM), differential PCM ‖ ⁓**pulspolarografie** *f* (Chem) / differential-pulse polarography, DPP ‖ ⁓**rechnung** *f* (Math) / calculus of finite differences ‖ ⁓**signal** *n* (in der Stereophonie) (Akus) / difference signal ‖ ⁓**spektroskopie** *f* (wenn man das normale Spektrum vom Doppelresonanz-Spektrum subtrahiert) (Spektr) / difference spectroscopy ‖ ⁓**thermoanalyse** *f* (DIN 51007) (Chem) / differential thermal analysis*, DTA*, differential thermoanalysis ‖ ⁓**ton** *m* (eine Art Kombinationston) (Akus) / difference tone* ‖ ⁓**träger** *m* (Fernm, TV) / intercarrier *n* ‖ ⁓**trägerfrequenzverfahren** *n* (TV) / intercarrier sound system, ICS system ‖ ⁓**trägerverfahren** *n* (TV) / intercarrier sound system, ICS system ‖ ⁓**verstärker** *m* (Eltronik) / differential amplifier* ‖ ⁓**verstärkung** *f* (Fernm) / differential gain ‖ ⁓**verstärkungsstufe** *f* (Eltronik) / differential gain stage (IC design)
**differieren** *v* / differ *v*
**Diffluenz** *f* (Auffächern von Stromlinien) (Meteor) / diffluence* *n*
**difformes System** (Stoffsystem aus Teilchen, die sich entweder in einer oder in zwei Raumrichtungen wesentlich stärker erstrecken als in der dritten) (Chem, Phys) / difform system
**Diffraktion** *f* (Licht, Phys) / diffraction* *n*
**Diffraktionsstreuung** *f* (Kernphys) / shadow scattering*, diffraction scattering
**Diffraktometer** *n* (zum Studium von Beugungserscheinungen) (Krist, Opt) / diffractometer *n* ‖ ⁓ (Krist, Opt) s. auch Röntgendiffraktometer
**Diffraktometrie** *f* (meistens mit Röntgenstrahlen) (Krist, Opt) / diffractometry *n*, diffraction analysis*
**diffundieren** *v* / diffuse *v*
**diffundiert•e Schicht** (Eltronik) / diffused layer, diffusion layer ‖ ⁓**er Transistor** (Eltronik) / diffused transistor ‖ ⁓**er Übergang** (Eltronik) / diffused junction
**diffus** *adj* / diffuse *adj*, diffused *adj* ‖ ⁓**e Beleuchtung** (Licht) / diffused lighting ‖ ⁓**e Doppelschicht** / Gouy layer* ‖ ⁓**es Feld** (ein Schallfeld) (Akus) / diffuse field ‖ ⁓**es Licht** (Licht, Opt) / diffused light ‖ ⁓**er Nebel** (galaktischer Nebel von unregelmäßiger Form aus interstellarer Materie) (Astr) / diffuse nebula (pl. nebulae), irregular nebula (pl. nebulae) ‖ ⁓**e Nebenserie** (in Atomspektren) (Phys) / diffuse series ‖ ⁓**e Reflexion** (auf rauhen Grenzflächen) (Licht, Opt) / non-specular reflection*, diffuse reflection* ‖ ⁓**es Schallfeld** (Akus) / diffuse sound field ‖ ⁓**e Sonneneinstrahlung** (Geophys, Meteor) / diffuse solar radiation, D.S.R. ‖ ⁓**e Vorbelichtung** (Film, Foto) / preflash *n*
**Diffusat** *n* (durch Diffusion entstandene Mischung) (Chem, Phys) / diffusate *n*
**Diffusempfindlichkeit** *f* (Akus) / diffuse-field sensitivity, random-incidence sensitivity, random sensitivity
**Diffuseness** *f* (Kernphys) / diffuseness *n*

**Diffuseur**

**Diffuseur** m (zum Auslaugen der Zuckerrübenschnitzel) (Nahr) / diffuser n, diffusion plant
**Diffus•feld** n (Akus) / diffuse field ‖ ≃**frequenzgang** m (Akus) / diffuse-filed response, random-incidence response
**Diffusion** f (Chem, Phys, Physiol) / diffusion* n ‖ **erleichterte** ≃ (Chem) / catalyzed diffusion ‖ **Ficksches Gesetz der** ≃ (nach A. Fick, 1829-1901) (Chem) / Fick's law of diffusion* ‖ **katalysierte** ≃ (Chem) / catalyzed diffusion ‖ **kontinuierliche** ≃ (Nahr) / continuous diffusion* ‖ **turbulenzüberlagerte** ≃ (Chem Verf) / eddy diffusion* ‖ **wechselseitige** ≃ (Hütt) / interdiffusion n ‖ ≃ f **durch den Festkörper** (Phys) / bulk diffusion ‖ ≃ **im Vakuum** (Vakuumt) / vacuum diffusion ‖ ≃ **von Festkörpern** (Hütt) / solid diffusion*
**Diffusions•abwasser** (aus den Zuckerfabriken) (Nahr, Sanitär, Umwelt) / pulp water, process water ‖ ≃**anordnung** f **mit Neutronenquelle** (Nukl) / sigma pile*, diffusion stack ‖ ≃**apparat** m (Nahr) / diffuser n, diffusion plant ‖ ≃**ausgleich** m (in Legierungen) (Hütt) / interdiffusion n ‖ ≃**batterie** f / diffusion battery ‖ **~bedingt** adj / diffusion-controlled adj ‖ ≃**beschichten** (Hütt) / diffusion metallization, diffusion coating, impregnation n ‖ ≃**brenner** m / diffusion flame burner ‖ ≃**diaphragma** n (Nukl) / diffusion barrier* ‖ ≃**diode** f (eine Halbleiterdiode) (Eltronik) / diffusion diode ‖ ≃**ejektorpumpe** (eine Treibmittelvakuumpumpe) (Vakuumt) / diffusion-ejector pump ‖ ≃**fähigkeit** f (Phys) / diffusivity* n ‖ ≃**faktor** m (Pharm) / spreading factor, hyaluronate lyase, hyaluronidase n ‖ ≃**fläche** f (Nukl) / diffusion area* ‖ ≃**fläche für thermische Neutronen** (Nukl) / thermal diffusion area ‖ ≃**flamme** f (bei der Brennstoffe und Oxidationsmittel getrennt zugeführt werden - z.B. Kerze) / diffusion flame* ‖ ≃**gerät** n (Nahr) / diffuser n ‖ ≃**geschwindigkeit** f (Phys) / diffusion velocity ‖ **~gesteuert** adj / diffusion-controlled adj ‖ ≃**gleichung** f (Chem) / diffusion equation ‖ **Einsteinsche** ≃**gleichung** (Chem) / Einstein diffusion equation* ‖ ≃**glühen** n (zum Seigerungsausgleich nach DIN 17014, T 1) (Hütt) / homogenization n, diffusion annealing ‖ ≃**grenzstrom** m (Chem) / diffusion current* ‖ ≃**koeffizient** m (DIN 41852) (Chem) / diffusion coefficient*, diffusivity* n, spread factor* ‖ ≃**kontaktieren** n (Eltronik) / diffusion bonding ‖ ≃**kreis** m (Foto, Opt) / circle of confusion*, circle of least confusion*, confusion circle*, blur circle ‖ ≃**länge** f (Elektr, Kernphys) / diffusion length* ‖ ≃**legieren** n (Hütt) / diffusion metallization, diffusion coating, impregnation n ‖ **~legierter Transistor** (Eltronik) / diffused-alloy transistor ‖ ≃**lichthof** m (der durch diffuse Streuung des auf die Filmschicht auftreffenden Lichts an den lichtempfindlichen Silbersalzkristallen der Emulsionen entsteht) (Foto) / diffuse halo ‖ ≃**löten** n (Hütt) / diffusion brazing ‖ ≃**maske** f (Eltronik) / mask* n ‖ ≃**metallisieren** n (Sammelbegriff für Stahl- und Gußeisen-Oberflächenbehandlungsverfahren) (Hütt) / diffusion metallization, diffusion coating, impregnation n ‖ ≃**metallisierung** f (Hütt) / diffusion metallization, diffusion coating, impregnation n ‖ ≃**nebelkammer** f (Kernphys) / diffusion cloud chamber ‖ ≃**potential** n (eine elektrische Potentialdifferenz, die an der Phasengrenzfläche zweier verschiedener Elektrolytlösungen oder von zwei Lösungen des gleichen Elektrolyten unterschiedlicher Konzentration auftritt) (Chem, Elektr) / diffusion potential* ‖ ≃**potential** (Eltronik) / diffusion voltage, diffusion potential ‖ ≃**prozeß** m (spezieller zeitstetiger Markow-Prozeß) (Stats) / diffusion process ‖ ≃**pumpe** f (entweder Öl- oder Quecksilber-) (Vakuumt) / diffusion pump ‖ ≃**pumpe** (von Gaede) (Vakuumt) / diffusion pump*, Gaede diffusion pump*, condensation pump ‖ ≃**schicht** f (Eltronik) / diffused layer, diffusion layer ‖ ≃**schicht** (eine Schutzschicht) (Galv) / diffusion coating*, diffused coating ‖ **Nernstsche** ≃**schicht** (Chem) / Nernst diffusion layer ‖ ≃**schweißen** n (in einem Vakuum- oder Schutzgasofen) (Schw) / diffusion welding* ‖ ≃**schweißen** (Schw) / diffusion welding*, solid-state welding* ‖ ≃**spannung** f (an einem Halbleiter-p-n-Übergang) (Eltronik) / diffusion voltage, diffusion potential ‖ ≃**sperrschicht** f (dünne) (Anstr) / diffusion-barrier film ‖ ≃**sperrschicht** (Chem) / Nernst diffusion layer ‖ ≃**strom** m (Chem) / diffusion current* ‖ ≃**theorie** f (Kernphys) / diffusion theory* ‖ ≃**thermoeffekt** m (Umkehrung der Thermodiffusion) (Wärm) / Dufour effect ‖ ≃**tiefe** f (Hütt) / diffusion depth ‖ ≃**tränkung** f (Tränkung des weißgeschnitzten saftfrischen Holzes) (For) / diffusion process, diffusion method ‖ ≃**transistor** m (Eltronik) / diffused-base transistor, diffusion transistor ‖ ≃**trennanlage** f (zur Anreicherung von Isotopen) (Nukl) / diffusion plant ‖ ≃**turm** m (Chem Verf) / diffuser n ‖ ≃**übergang** m (Eltronik) / diffused junction ‖ ≃**überzug** m (Galv) / diffusion coating*, diffused coating ‖ ≃**verfahren** n (eine Art Dotierungsverfahren in der Halbleitertechnik) (Eltronik) / diffusion process ‖ ≃**verfahren** (ein Holzschutzverfahren) (Tränkung des weißgeschnitzten saftfrischen Holzes) (For) / diffusion process, diffusion method ‖ ≃**verfahren** (WP) / penetrant testing, penetration method (of testing), penetrant flaw detection, penetrant inspection* ‖ ≃**verhältnis** n (Verhältnis der Diffusionskoeffizienten) (Sanitär) / diffusion ratio ‖ ≃**vermögen** n (Phys) / diffusivity* n ‖ ≃**verzinkung** f (z.B. Sherardisieren nach DIN 50 902) (Galv) / zinc cementation ‖ ≃**wasser** n (Nahr, Sanitär, Umwelt) / pulp water, process water ‖ ≃**zeit** f (bei Neutronen mit thermischer Energie) (Nukl) / diffusion time
**Diffusität** f (in der Raumakustik) (Akus) / diffusivity n
**Diffusor** m (kegeliger Aufsatz auf dem Ventilatordeck zur Verbesserung des Ventilatorwirkungsgrades) / venturi fan cylinder, velocity-recovery stack, fan venturi ‖ ≃ (schallstreuender Einbau) (Akus) / diffuser* n, diffusor m ‖ ≃ (lichtstreuender Körper) (Film, Opt, TV) / diffusor n, diffuser* n ‖ ≃ (strömungstechnisches Bauteil) (Lufft, Masch) / diffuser* n ‖ ≃ (einer Wasserturbine) (Masch, Wasserb) / draft tube*, draught tube ‖ ≃ (Deckenluftauslaß mit mehrfach gerichtetem Luftstrom) (Sanitär) / diffusor n ‖ ≃**kalotte** f (für die Mittelwertbildung bei den Belichtungsmessern) (Foto) / hemispheric diffuser, photosphere n, diffuser cone, hemisphere n
**Diffusschallpegel** m (Akus) / diffuse sound level
**Difluormethan** n (ein Chlorkohlenwasserstoff) (Chem) / difluoromethane n
**difunktionell** adj / bifunctional adj, difunctional adj
**Digalliumtrioxid** n (Chem) / gallia n, gallium sesquioxide
**Digallussäure** f (ein Depsid) (Chem, Leder) / digallic acid ‖ **m-**≃ (Chem, Leder) / digallic acid
**Digammafunktion** f (Math) / digamma function, Gaussian $\psi$-function, psi function
**Digenit** m (blauer isotroper Kupferglanz) (Min) / digenite* n
**Digerieren** n (Pharm) / digestion n
**Digestion** f (Nahr, Physiol) / digestion* n
**Digestivum** n (pl. -iva) (Pharm) / digestive n, digestant n
**Digestor** m (Chem Verf) / fume cupboard*, hood n, cupboard n, laboratory fume hood
**Digestorium** n (pl. -ien) (Chem Verf) / fume cupboard*, hood n, cupboard n, laboratory fume hood
**DigFeAp** (Fernsp) / digital telephone
**digilin** adj (digital + linear) / digilin adj
**Digimatik** f (Wissenschaft von der digitalen Informationsverarbeitung) (EDV) / digimatics n
**Digit** n (EDV, Math) / digit* n, one-place number, numeric character, one-digit number, single-digit number
**digital** adj / digital* adj ‖ **~e Anzeige** (EDV) / digital display, numeric display ‖ **~e Aufnahme** (Akus) / digital record ‖ **~e Bildverarbeitung** (Druck, EDV) / digital imaging, digital image processing, DIP ‖ **~e Bitratenanpassung** (Fernm) / digital bit rate adaption ‖ **~es Crossconnect-System** (EDV) / digital cross-connect (system) ‖ **~e Darstellung** (EDV) / digitization n, digitalization n, digitizing n ‖ **~e Daten** (die nach DIN 44300 nur aus Zeichen bestehen) (EDV) / digital data ‖ **~e Durchgangsvermittlungsstelle** (Fernm) / digital trunk-switching facility ‖ **~er Farbdruck** (Druck) / digital colour printing, DCP ‖ **~er Fernkopierer** (EDV, Fernm) / digital facsimile recorder, digital telecopier ‖ **~es Fernsehen** (TV) / digital television ‖ **~er Fernsprechapparat** (Fernsp) / digital telephone ‖ **~es fotogrammetrisches System** (Verm) / digital photogrammetric system ‖ **~er Frequenzmesser** (Eltech) / counter/frequency meter ‖ **~e Hierarchie** (Fernm) / digital hierarchy ‖ **~er Hörfunk** (über terrestrische Funktürme) (Radio) / digital audio broadcasting, DAB ‖ **~es IC** (Eltronik) / digital integrated circuit, digital IC ‖ **~er In-Circuit-Test** (Eltronik) / digital in-circuit test, DICT ‖ **~e Kartografie** (Kart) / digital cartography n ‖ **~e Kommunikation** (Fernm) / digital communication(s), digicom n ‖ **~e Leitung** (Fernm) / digital line ‖ **~e Mietleitung** (Fernm) / digital leased circuit ‖ **~e Mikroskopie** (Mikros) / digital microscopy ‖ **~er Mobilfunk** (Radio) / digital mobile radio ‖ **~es Modell** / digital model ‖ **~es Multimeter** (Eltronik) / digital multimeter ‖ **~e Nachrichtenübertragung** (Fernm) / digital telecommunication ‖ **~e Nebenstellenanlage** (Fernsp) / private digital exchange, PDX ‖ **~e Optik** (Opt) / digital optics ‖ **~e optische Aufzeichnung** (auf Bildplatten) / digital optical recording, DOR ‖ **~e Ortsvermittlungsstelle** (Fernm) / digital local switching facility ‖ **~e Phasenmodulation** (Fernm) / phase-shift keying*, PSK* (a modulation system) ‖ **~es Publizieren** (Druck, EDV) / digital publishing ‖ **~e Rechenanlage** (EDV) / digital computer* ‖ **~er Rechner** (EDV) / digital computer* ‖ **~e Regelung** (Regeln) / digital control ‖ **~er Regler** (Regeln) / digital controller ‖ **~er Satellitenrundfunk** (Radio) / digital satellite broadcasting, DSC ‖ **~e Schallplatte** (Akus) / digital audio disk, DAD ‖ **~e Schaltung** (Eltronik) / digital circuit ‖ **~es Signal** (DIN 44300) / digital signal ‖ **~er Signalprozessor** (EDV, Fernm) / digital signal processor ‖ **~er Speicher** (EDV) / digital storage, digital memory ‖ **~es Sprachendgerät** (Fernsp) / digital voice terminal ‖ **~e Sprechstelle** (Fernsp) / digital voice terminal, DVT ‖ **~er Teilnehmeranschluß** (Fernm) / digital subscriber line ‖ **~es Tonband** (Akus) / digital audio tape, DAT ‖ **~er Übertragungsabschnitt** (Fernm) / digital transmission link, digital link ‖ **~e Umsetzung** (die Wiederholung) (EDV) / digipeating n, digital repeating n ‖ **~e Vermittlung** (als

Tätigkeit) (Fernsp) / digital switching ‖ ~e **Vermittlungseinrichtung** (Fernsp) / digital exchange, digital switching facililty ‖ ~e **Vermittlungsstelle** (Fernsp) / digital exchange, digital switching facililty ‖ ~e **Vielfachregelung** (mit Hilfe eines Prozeßrechners) (Regeln) / direct digital control, DDC ‖ ~es **Zeitmultiplex-Durchschaltenetz** (Fernsp) / digital time-division multiplex network ‖ ~es **zellulares System** (Standard der Handies im E-Netz) (Fernsp) / digital cellular system, DCS ‖ ~er **Zugang** (Fernm) / digital access
**Digital Versatile Disk** f (EDV) / digital Versatile disk (high-density CD format), Digital Video Disk ‖ ~ **Equipment Corporation** (ein US-Systemhersteller) (EDV, Fernm) / Digital Equipment Corporation, DEC ‖ ~ **Video Disk** (EDV) / digital Versatile disk (high-density CD format), Digital Video Disk
**Digital•/Analog-Umsetzer** m (EDV) / digital/analogue converter, dac, digital-to-analogue converter, DAC, D/A converter ‖ ~**-Analog-Wandler** m (EDV) / digital/analogue converter, dac, digital-to-analogue converter, DAC, D/A converter ‖ ~**anzeige** f (EDV) / digital display, numeric display ‖ ~**armbanduhr** f **mit Pulsmessung** (Uhr) / pulse-rate watch ‖ ~**aufzeichnung** f (Akus) / digital record ‖ ~**ausgabe** f (EDV) / digital output ‖ ~**band** n (mit) **hoher Dichte** (EDV) / HDDR tape, high-density digital recording tape ‖ ~**baustein** m (EDV) / logical unit*, logic device ‖ ~**darstellung** f (EDV) / digitization n, digitalization n, digitizing n ‖ ~**-Differentialanalysator** m (EDV) / digital differential analyser* (DDA) ‖ ~**drucker** m (EDV) / digital printer ‖ ~**eingabe** f (EDV) / digital input ‖ ~**empfänger** m (EDV) / digital data receiver, DDR ‖ ~**filter** n (bei dem das Signal zeit- und wertdiskret verarbeitet und die Dämpfungscharakteristik durch einen Rechenprozeß gewonnen wird) (Fernm) / digital filter* ‖ ~**geometrie** f (rechnerunterstützte Lösung geometrischer Probleme) (EDV) / digital geometry ‖ ~**grafik** f (EDV) / computer graphics ‖ ~**hierarchie** f (Fernm) / digital hierarchy ‖ ~**-Imaging** n (Druck, EDV) / digital imaging, digital image processing, DIP
**Digitalin** n (ein Digitalisglykosid) (Pharm) / digitalin n
**Digitalisglykosid** n (stark giftiges Glykosid aus Fingerhut-Arten) (Pharm) / digitalis glycoside
**Digitalisier•brett** n (EDV) / digitizer n, digital data tablet, digitizing pad ‖ ~**brett** (EDV) / graphics tablet*, graph tablet
**digitalisieren** v (EDV) / digitize v
**Digitalisierer** m (EDV) / digitizer n, digital data tablet, digitizing pad
**Digitalisier•gerät** n (EDV) / digitizer n, digital data tablet, digitizing pad ‖ ~**karte** f (EDV) / digitizing board ‖ ~**lupe** f (EDV) / digitizing puck
**digitalisiert•es Bild** (EDV) / digitized image ‖ ~e **Geländehöhenkarte** (Luftf, Mil) / digital map ‖ ~er **Inhalt** (eines Dokuments) / digital content
**Digitalisier•tablett** n (EDV) / digitizer n, digital data tablet, digitizing pad ‖ ~**tablett** (EDV) / graphics tablet*, graph tablet
**Digitalisierung** f (von Videobildern) / capturing n ‖ ~ (EDV) / digitization n, digitalization n, digitizing n ‖ ~ (Behandlung mit Digitalispräparaten) (Med) / digitalization* n
**Digitalisierungs•gerät** n (EDV) / digitizer n, digital data tablet, digitizing pad ‖ ~**karte** f (EDV) / digitizing board ‖ ~**puck** m (EDV) / digitizing puck, puck n
**Digital•kamera** f (EDV, Film, Foto) / digital camera ‖ ~**kartografie** f (Kart) / digital cartography ‖ ~**kassette** f (EDV) / digital cassette, magnetic tape cassette ‖ ~**konzentrator** m (EDV) / digital concentrator ‖ ~**magnetband** n (Akus, EDV, Mag) / digital magnetic tape, digital audiotape, DAT ‖ ~**meßgerät** n (Eltech) / digital meter* ‖ ~**mikroskopie** f (Mikros) / digital microscopy ‖ ~**multimeter** n (elektronisches Vielfachmeßgerät) (Eltronik) / digital multimeter ‖ **dienstintegriertes** ~**netz** n (Fernm) / integrated services digital network, ISDN, ISD network ‖ ~**netz** n **mit Dienstintegration** (Fernm) / integrated services digital network, ISDN, ISD network
**Digitaloid** n (ein herzwirksames Glykosid) (Pharm) / digitaloid n
**Digital•platte** f (Eltronik) / digital board ‖ ~**plotter** m (EDV) / digital plotter* ‖ ~**radar** m n (Radar) / digital radar ‖ ~**rechner** m (EDV) / digital computer* ‖ ~**rechner zur Mittelwertbildung elektrischer Signale** (ein Zusatzgerät für Spektrometer) (Spektr) / computer of average transitions, CAT ‖ ~**recorder** m (Akus) / digital recorder ‖ ~**regelung** f (Regeln) / digital control ‖ ~**rekorder** m (mit integriertem PCM-Prozessor) (Akus) / digital recorder ‖ ~**schallplatte** f (Akus) / compact disc, CD, compact disk* ‖ ~**schaltung** f (Eltronik) / digital circuit ‖ ~**schrift** (Druck, EDV) / digital type ‖ ~**signal** n (Fernm) / digital signal ‖ ~**signalübertragung** f (Fernm) / digital transmission, digital transfer ‖ ~**signalverarbeitung** f (Fernm) / digital signal processing, DSP ‖ ~**signatur** f (bei Internetbestellungen) (EDV) / digital signature ‖ ~**speicher** m (EDV) / digital storage, digital memory ‖ **magnetischer** ~**speicher** (EDV) / magnetic digital memory ‖ ~**tonbandtechnik** f (Eltronik, Mag) / DAT technology, digital audio tape technology ‖

~**übertragung** f (mit digitalen Signalen, die nicht moduliert werden) (Fernm) / digital transmission, digital transfer ‖ ~**uhr** f (bei der die Ziffern sprungweise schalten) (Uhr) / digital watch*, digital clock* ‖ ~**voltmeter** n (Eltech) / digital voltmeter, DVM ‖ ~**zähler** m (Instr) / digital counter
**Digitizer** m (EDV) / digitizer n, digital data tablet, digitizing pad
**Digitonin** n (ein Digitalis-Steroidsaponin) (Pharm) / digitonin n
**Digitoxigenin** n (ein Digitalisglykosid) (Pharm) / digitoxigenin n
**Digitoxin** n (ein Digitalisglykosid) (Pharm) / digitoxin* n
**Digitron** n (Anzeigeröhre für 10 Zeichen) (Eltronik) / digitron n
**Diglycerid** n (Chem) / diglyceride n
**Diglykol** n (Chem) / diethylene glycol*, diglycol n, digol n ‖ ~**dinitrat** n (Chem) / diethylene glycol dinitrate (DEGN) ‖ ~**säure** f (2,2-Oxydiessigsäure) (Chem, Plast) / oxydiethanoic acid (2,2-diacetic acid), diglycolic acid, oxydiacetic acid
**Diglyph** m (Arch) / diglyph n
**Diglyzerid** n (Chem) / diglyceride n
**digonal** adj (Math) / digonal* adj
**Digoxin** n (ein Lanataglykosid) (Pharm) / digoxin* n
**Digraf** m / directed graph, digraph n, oriented graph ‖ ~ (Druck) / digraph n, digram n
**Digramma** n (pl. -s oder -ta) (Gruppe von zwei Buchstaben) (Druck) / digraph n, digram n
**Digression** f (Astr) / digression n
**Digyre** f (Krist) / diad n (axis), digyre n
**dihexagonal** adj (Krist) / dihexagonal adj
**Dihydrat** n (Chem) / dihydrate n
**Dihydrochalkon** n (Chem, Nahr) / dihydrochalcone n
**Dihydrodimerisation** f (Chem) / dihydrodimerization n
**Dihydrodimerisierung** f (Chem) / dihydrodimerization n
**Dihydrogenphosphat** n (Chem) / primary phosphate, dihydrogen phosphate
**Dihydroorotsäure** f (Biochem) / dihydroorotic acid
**Dihydroquercetin** n (Chem, For) / taxifolin n
**Dihydroquerzetin** n (Chem, For) / taxifolin n
**Dihydroxy•aceton (DHA)** n (Chem) / dihydroxyacetone* (DHA) n, dihydroxypropanone n ‖ ~**azeton** n (1,3-Dihydroxypropan-2-on) (Chem) / dihydroxyacetone* (DHA) n, dihydroxypropanone n ‖ ~**benzoesäure** f (Chem) / dihydroxybenzoic acid ‖ **1,3-**~**benzol** (Chem) / resorcinol* n, resorcin n ‖ **2,3-butandisäure** (Chem) / tartaric acid*, 2,3-dihydroxybutanedioic acid ‖ ~**cyclopropenon** n (Dreiecksäure) / dihydroxycyclopropenone n ‖ **1,8-naphthalin-3,6-disulfonsäure** (Chem) / chromotropic acid, naphthalenedihydroxydisulphonic acid ‖ **3,4-**~**zimtsäure** (Chem) / caffeic acid ‖ ~**zyklopropenon** (Chem) / dihydroxycyclopropenone n
**Diimid** n (Chem) / diimine n, diimide n
**Diimin** n (Chem) / diimine n, diimide n
**Diiodid** n (Chem) / diiodide n
**Diiodmethan** n (Chem) / di-iodomethane* n, methylene iodide*
**Diiodpentoxid** n (Chem) / iodic anhydride*, iodine(V) oxide*, diiodine pentaoxide, iodine pentoxide
**Diisobuten** n (Chem) / trimethylpentene n, diisobutylene n
**Diisobutylen,** α-~ (Chem) / trimethylpentene n, diisobutylene n
**Diisodecylphthalat** n (Chem) / diisodecyl phthalate, DIDP
**Diisodezylphthalat** n (Chem) / diisodecyl phthalate, DIDP
**Diisopentylphthalat** n (Plast) / diisopentyl phthalate
**Diisopropanolamin** n (Chem) / diisopropanolamine n, DIPA
**Diisopropyladipat** n (Chem) / diisopropyl adipate
**Diisopropylfluorophosphat (DFP)** n (Pharm) / diisopropyl fluorophosphate, DFP, fluostigmine n
**diisotaktisch** adj (Polymer) (Chem) / diisotactic adj
**Dijkstra-Algorithmus** m (ein Baumalgorithmus) (EDV) / Dijkstra algorithm
**Dikabutter** f (Nahr) / wild mango oil, dika oil
**Dikafett** n (Nahr) / wild mango oil, dika oil
**Dikaliumhydrogenphosphat** n (Chem) / potassium hydrogen phosphate, potassium phosphate (dibasic form), potassium monophosphate
**Dikaliumtartrat** n (Chem) / potassium tartrate
**Dikalziumphosphat** n (Chem) / calcium hydrogen phosphate
**Dikapryladipat** n (Chem) / dicapryl adipate
**Dikarbid** n (Chem) / dicarbide n
**Dikarbonat** n (Ester der hypothetischen Dikohlensäure) (Chem) / dicarbonate n
**Dikarbonsäure** f (Chem) / dicarboxylic acid
**Diketen** n (ein Dimerisierungsprodukt des Ketens - 4-Methylen-2-oxetanon) (Chem) / diketene* n
**Diketon** n (mit zwei Ketogruppen im Molekül) (Chem) / diketone* n
**Diketopyrrolpyrrolpigment** n (Anstr) / diketopyrrolpyrrole pigment, DPP pigment
**Dikieselsäure** f (Chem) / disilicic acid

**Dikobalttrioxid**

**Dikobalttrioxid** *n* (Chem) / cobalt(III) oxide, cobalt sesquioxide
**Diktiergerät** *n* / dictating machine
**Diktyogenese** *f* (Geol) / dictyogenesis *n*
**dilatant** *adj* (z.B. Flüssigkeit) (Phys) / dilatant *adj* ‖ ~**es Scherverhalten** (Phys) / dilatancy* *n*, shear thickening
**Dilatanz** *f* (DIN 1342, T 1) (isotrope Volumenänderung unter Schubbeanspruchung; negative Dilatanz = Volumenverkleinerung, positive Dilatanz = Volumenvergrößerung) (Phys) / dilatancy* *n*, shear thickening ‖ ~**modul** *m* (Phys) / dilatancy module
**Dilatation** *f* (die horizontale Dehnung oder Streckung eines Luftkörpers) (Meteor) / dilatation *n* ‖ ~ (mit Temperaturerhöhung verbundene Volumenvergrößerung) (Phys) / dilatation *n*, dilation *n*
**Dilatations•fuge** *f* (S) (Bau) / expansion joint*, control joint ‖ ~**verlauf** *m* (Längenänderung eines Kohlenpreßlings in Abhängigkeit von der Temperatur) / dilatation *n*
**Dilatometer** *n* (Gerät zur Messung der Dilatation beim Erwärmen oder Abkühlen) (WP) / dilatometer* *n*
**Dilatometrie** *f* (ein Verfahren der Thermoanalyse) (Chem) / dilatometry* *n*
**Dilaurylthiodipropionat** *n* (Chem, Nahr) / dilauryl thiodipropionate
**DIL-Gehäuse** *n* (mit zwei parallelen Reihen rechtwinklig abgebogener Anschlußstifte) (Eltronik) / dual-in-line package*, DIP*, DIL
**Dillkrautöl** *n* / dill oil, American dillweed oil, anethum oil
**Dillöl** *n* (gewonnen durch Wasserdampfdestillation aus dem Kraut des Dills vor der Reife der Früchte) / dill oil, American dillweed oil, anethum oil
**Dimangandecacarbonyl** *n* (Chem) / dimanganese decacarbonyl
**Dimangantrioxid** *n* (Chem) / dimanganese trioxide, manganic oxide, manganese sesquioxide, manganese(III) oxide
**Dimefox** *n* (ein insektizider Phosphorsäureester) (Chem) / dimefox *n*, DIFO
**Dimension** *f* / size *n* ‖ ~ (z.B. Dimension x = Ausdruck, der aus dem Potenzprodukt der Grundgrößenarten mit dem Zahlenfaktor 1 für eine betrachtete Größenart x gebildet wird - DIN 1313) / dimension *n* ‖ ~ (im Rahmen eines Einheiten- oder Maßsystems) (Math, Phys) / dimension* *n* ‖ **kanonische** ~ (Kernphys) / canonical dimension, naive dimension ‖ **ungestörte** ~**en** (von knäuelförmigen Makromolekülen) (Chem) / unperturbed dimensions ‖ **vierte** ~ (Math, Phys) / fourth dimension
**dimensional** *adj* / dimensional *adj*
**dimensionieren** *v* / dimension *v*, rate *v*, size *v*, proportion *v*
**Dimensionierung** *f* (Arbeitsstufe der Betriebsprojektierung) (Masch) / dimensioning *n*, rating *n*, proportioning *n*, sizing *n*
**Dimensions•-** / dimensional *adj* ‖ ~**analyse** *f* (Phys) / dimensional analysis* ‖ ~**ausdruck** *m* / dimensional formula ‖ ~**formel** *f* / dimensional formula ‖ ~**gleich** *adj* / equidimensional *adj* ‖ ~**gleichung** *f* (zur Bestimmung der Dimension einer physikalischen Größe) (Phys) / dimensional equation ‖ ~**los** *adj* (z.B. Naturkonstante) / dimensionless *adj*, non-dimensional *adj* ‖ ~**produkt** *n* / dimension *n* ‖ ~**produkt** (DIN 1313) / dimensional product ‖ ~**stabil** *adj* / dimensionally stable ‖ ~**stabilität** *f* / dimensional stability* ‖ ~**system** *n* (DIN 1313) (Phys) / dimension system, dimensional system ‖ ~**ware** *f* (For) / dimension stock (BS 565)* ‖ ~**zeichen** *n* (z.B. für die Schwerebeschleunigung LT⁻²) / dimensional formula
**Dimer** *n* (Chem) / dimer* *n* ‖ ~**caprol** *n* (internationaler Freiname für 2,3-Dimercapto-1-propanol) (Chem) / dimercaprol *n* ‖ ~**es** *n* (Chem) / dimer* *n* ‖ ~**fettsäure** *f* (Chem) / dimer acid
**Dimerisation** *f* (die Vereinigung von zwei gleichartigen Molekülen zu einem größeren Molekül) (Chem) / dimerization *n*
**dimerisierte Fettsäure** (Chem) / dimer acid
**Dimerisierung** *f* (Chem) / dimerization *n*
**Dimersäure** *f* (Chem) / dimer acid
**Dimethoxybenzol, 1,4-**~ (Chem) / hydroquinone dimethyl ether
**Dimethoxymethan** *n* (Chem) / Methylal* *n*, methylformal *n*, dimethoxymethane *n*
**Dimethyl•amin** *n* (Chem, Leder, Tex) / dimethylamine *n* ‖ ~**aminobenzoesäureethylhexylester** *m* (ein Lichtfilterstoff) (Chem) / octyl dimethyl PABA, Escalol 507, Padimate O ‖ ~**anilin** *n* (Chem) / xylidine *n*, xylidene *n*, dimethylaniline *n* ‖ ~**anilin** (Chem) / xylidine *n*, xylidene *n*, dimethylaniline *n* ‖ ~**arsinsäure** *f* (Chem) / dimethylarsinic acid, cacodylic acid ‖ ~**benzoesäure** *f* (Chem) / xylic acid, xylylic acid, dimethylbenzoic acid ‖ ~**benzol** *n* (aromatischer Kohlenwasserstoff in reiner Darstellung) (Chem) / xylene* *n*, dimethylbenzene* *n*, xylol* *n* ‖ ~**carbonat** *n* (Chem) / dimethylcarbonate *n* ‖ ~**dicarbonat** *n* (Chem) / dimethyl dicarbonate ‖ ~**dikarbonat** *n* (Chem) / dimethyl dicarbonate ‖ ~**disulfid** *n* (Chem) / dimethyl disulphide ‖ ~**ether** *m* (Chem) / methoxymethane *n*, dimethyl ether ‖ ~**formamid (DMF)** *n* (Chem) / dimethylformamide* (DMF) *n* ‖ ~**glyoxim** *n* (Chem) / dimethylglyoxime* *n*, diacetyldioxime *n* ‖ ~**harnstoff** *n* (Chem) / dimethylurea *n*, DMU ‖ **1,1-**~**hydrazin** (Chem) / 1,1-dimethylhydrazine* *n* ‖ **unsymmetrisches** ~**hydrazin** (Raketentreibstoff) (Raumf) / unsymmetrical dimethyl hydrazine, UDMH, 1,1-dimethylhydrazine *n*, unsymdimethylhydrazine *n*, uns-dimethylhydrazine *n* ‖ ~**karbonat** *n* (Chem) / dimethylcarbonate *n* ‖ ~**keton** *n* (Chem) / acetone* *n*, propanone* *n*, dimethyl ketone ‖ ~**nitrobenzol** *n* (Chem) / nitroxylene *n* ‖ **N,N-**~**nitrosamin** (Chem) / dimethylnitrosamine *n* ‖ ~**phthalat (DMP** *n* **(DIN 7723)** (Chem) / dimethyl phthalate* (DMP) ‖ **2,2-**~**propionsäure** (Chem) / pivalic acid, 2,2-dimethylpropanoic acid, trimethylacetic acid ‖ ~**pyrocarbonat** *n* (Chem) / dimethyl dicarbonate ‖ ~**pyrokarbonat** *n* (Chem) / dimethyl dicarbonate ‖ ~**sterin** (z.B. Oleanolsäure) (Chem) / dimethylsterol *n* ‖ ~**sulfat** *n* (Chem) / dimethyl sulphate* ‖ ~**sulfid** *n* (Chem) / dimethylsulphide, DMS ‖ ~**sulfidoxidation** *f* (Chem) / DMS oxidation ‖ ~**sulfoxid (DMSO)** *n* (Chem) / dimethyl sulphoxide (DMSO) ‖ ~**terephthalat (DMT)** *n* (Chem) / dimethyl terephthalate (DMT)
**dimetrisch** *adj* (zweimaßstäblich) / dimetric *adj* ‖ ~**e Projektion** (DIN 5, T 2) / dimetric projection
**Dimidiumbromid** *n* (Chem) / dimidium bromide
**Dimity** *m* (Tex) / dimity* *n*
**Dimmer** *m* (stufenloser Helligkeitseinsteller) (Eltech) / dimmer* *n*, dimmer switch
**dimolekulare Reaktion** (Chem) / bimolecular reaction
**dimorph** *adj* (Krist, Min) / dimorphic* *adj*, dimorphous* *adj*
**Dimorphie** *f* (bei zwei Modifikationen einer Substanz) (Krist, Min) / dimorphism* *n*
**DIMOS** *m* (Eltronik) / double-diffused metal oxide semiconductor, DIMOS *n*
**Dimroth-Kühler** *m* (mit einem Mantel versehener Einhängekühler - nach O. Dimroth, 1872 - 1940) (Chem) / Dimroth condenser
**DIN** (Verbandszeichen des Deutschen Instituts für Normung e.V., Berlin) / DIN* ‖ ~ (eine Einheit für die Empfindlichkeit der fotografischen Emulsionen, z.B. 30 DIN = 800 ASA = 41° Scheiner usw. nach DIN 1301, T 1 und 4512) (Foto) / DIN* ‖ ~ **Deutsches Institut für Normung e.V., Berlin** (1917 gegründet, heute die nationale Normungsorganisation gemäß Vertrag zwischen der Bundesrepublik Deutschland und dem DIN vom 5.VI. 1975) / DIN*
**Dinasstein** *m* (ein Quarz-Schamotte-Stein) (Bau, Hütt) / Dinas brick*
**Dinatrium•hydrogenphosphat** *n* (Chem) / disodium hydrogen phosphate(V), disodium orthophosphate ‖ ~**methylarsonat** *n* (Chem, Pharm) / disodium methylarsonate, DMA ‖ ~**oxalat** *n* (Chem) / sodium oxalate ‖ ~**sulfid** *n* (Chem) / sodium sulphide, sodium sulphuret ‖ ~**tetraborat** *n* (Dekahydrat) (Chem) / borax *n*
**DIN•-Becher** *m* (zur Viskositätsbestimmung) / DIN cup ‖ ~**-Becher** (zur Viskositätsbestimmung) s. auch Ford-Becher
**Dineutron** *n* (Kernphys) / dineutron* *n*
**DIN•-Farbenkarte** *f* (in dem Farbordnungssystem nach DIN 6164) (Anstr) / DIN colour chart ‖ ~**-Format** *n* (Pap) / size of A-sheets
**Ding** *n* (Opt) / object *n* ‖ ~**brennweite** *f* (Opt) / front focal length, FFL ‖ ~**ebene** *f* (eine Kardinalfläche) (Opt) / object plane ‖ ~**hauptebene** *f* (Opt) / first principal plane ‖ ~**kontrast** *m* (Foto, Opt) / object contrast ‖ ~**punkt** *m* (Opt) / object point ‖ ~**punkt im Unendlichen** (Opt) / object point at infinity
**DIN-Grad** *m* (Foto) / DIN*
**Ding•raum** *m* (Opt) / object space ‖ ~**seite** *f* (Opt) / object side ‖ ~**seitig** *adj* (Opt) / object-side *attr* ‖ ~**seitige Brennebene** (Opt) / object-side principal focal plane, first principal focal plane ‖ ~**seitiger Brennpunkt** (Opt) / object-side principal focus, first principal focus ‖ ~**strahl** *m* (Opt) / object ray ‖ ~**variable** *f* (EDV, KI, Math) / object variable, individual variable ‖ ~**weite** *f* (Opt) / object distance
**Dinickeltrioxid** *n* (Chem) / nickel(III) oxide, dinickel trioxide
**Dinitrid** *n* (Chem) / dinitride *n*
**Dinitril** *n* (Chem) / dinitrile *n*
**Dinitro•anilin** (ein Herbizid) (Chem, Landw) / dinitroaniline *n* ‖ ~**benzol** *n* (ein in 3 Strukturisomeren existierendes Benzolderivat mit 2 Nitrogruppen - NO₂) (Chem) / dinitrobenzene *n* ‖ ~**cresol** *n* (Chem, Landw) / dinitrocresol* (DNOC, DNC) *n* ‖ ~**diglykol** *n* (Chem) / diethylene glycol dinitrate (DEGN) ‖ ~**gentetraoxid** *n* (N₂O₄) (Chem, Raumf) / dinitrogen tetroxide, nitrogen tetroxide ‖ ~**glykol** *n* (Chem) / ethylene dinitrate, ethylene glycoldinitrate, glycoldinitrate *n*, ethylene nitrate ‖ ~**kresol** *n* (Chem, Landw) / dinitrocresol* (DNOC, DNC) *n* ‖ ~**orthokresol** *n* (Chem, Landw) / dinitrocresol* (DNOC, DNC) *n* ‖ ~**phenol** *n* (Chem, Landw) / dinitrophenol *n* ‖ ~**toluol** *n* (Chem) / dinitrotoluene *n*, DNT
**Dinocap** *n* (ein Akarizid und Fungizid) (Chem, Landw) / dinocap* *n*, DNOPC
**Dinosam** *n* (ein in Deutschland nicht mehr gebrauchtes Insektizid und Fungizid) (Chem, Landw) / dinosam *n*, DNAP, DNSAP, DNOSAP
**Dinoseb** (Common name von 2,4-Dinitro-6-sec.-butylphenol) / dinoseb *n*, DNBP, DNSBP, DNOSBP
**DIN-Papierformate** *n pl* (nach DIN 476 - Reihe A,B,C) (Pap) / ISO (paper) sizes*, DIN sizes, international paper sizes* (ISO)
**Di-n-pentylether** *m* (Chem) / amyl ether

**DINST** = DIN Informations-System-Technik (im DIN Berlin)
**DIN•Steckvorrichtung** *f* (Eltech) / din *n*, multipin connector (based on German standards) ‖ **≈-Zahl** *f* (Foto) / DIN*
**Dioctylphthalat** *n* (Chem) / dioctylphthalate (DOP) *n*
**Dioctylsebacat** *n* (Chem) / dioctyl sebacate
**Diode** *f* (Eltronik) / diode* *n*, two-electrode valve* ‖ **dielektrische ≈** (eine Gleichrichter- Halbleiterdiode, deren Verhalten von Volumeneffekten im Inneren des Halbleiterwerkstoffs bestimmt wird) (Eltronik) / dielectric diode* ‖ **durch eine ≈ in Vorwärtsrichtung fließender Strom** (Eltronik) / forward current ‖ **flexible ≈** (Eltronik) / flexode *n* ‖ **glasvergossene ≈** (Eltronik) / glass-enclosed diode ‖ **infrarotemittierende ≈** (Halbleiterdiode, die elektromagnetische Strahlung im kurzwelligen Bereich des infraroten Lichts aussendet) (Eltronik, Phys) / infrared radiation emitting diode, IRED, infrared-emitting diode ‖ **lichtemittierende ≈ mit Oberflächenemission** (Eltronik) / surface-emitting LED, Burrus LED, front-emitting LED ‖ **optische ≈** (Opt) / optical diode ‖ **pn-≈** (Eltronik) / pn-diode ‖ **superstrahlende ≈** (Eltronik) / superluminescent diode (SLD), superradiant diode, SRD ‖ **≈ für den Betrieb im Durchbruch** (Eltronik) / Zener diode*, breakdown diode*, Zener *n* ‖ **≈ mit stoßspannungsbegrenzender Sperrkennlinie** (Eltronik) / controlled-avalanche diode
**Dioden•abstimmung** *f* (das Abstimmelement ist eine Kapazitätsdiode) (Radio, TV) / diode tuning ‖ **≈begrenzer** *m* (Eltronik) / diode clipper* ‖ **≈charakteristik** *f* (Eltronik) / diode characteristic* ‖ **≈demodulator** *m* (Eltronik) / diode demodulator ‖ **≈detektor** *m* (Eltronik) / diode detector ‖ **≈feld** *n* (Eltronik) / diode array ‖ **≈funktionsgeber** *m* (Eltronik) / diode function generator, DFG ‖ **≈funktionsgenerator** *m* (Eltronik) / diode function generator, DFG ‖ **≈gleichrichter** *m* (Eltronik) / diode rectifier ‖ **≈gleichung** *f* (Eltronik) / diode equation ‖ **≈laser** *m* (Eltronik) / laser diode, diode laser, LD, DL ‖ **≈logik** *f* (eine mit Dioden realisierte Digitalschaltung) (Eltronik) / diode logic (DL) ‖ **≈matrix** *f* (ein digitales Schaltnetz) (EDV, Eltronik) / diode matrix ‖ **≈mischer** *m* (eine Mischstufe) (Eltronik) / diode mixer ‖ **≈-Transistor-Logik (DTL)** *f* (Eltronik) / diode transistor logic* (DTL) ‖ **≈-Transistor-Logik** *f* **mit niedriger Verlustleistung (LPDTL)** (Eltronik) / low-power diode-transistor logic (LPDTL) ‖ **≈voltmeter** *n* (Elektr) / diode voltmeter*
**Diode-Triode** *f* (Eltronik) / diode-triode* *n*
**dioktaedrisch** *adj* (Krist) / dioctahedral *adj*
**Dioktylphthalat (DOP)** *n* (nach DIN 7723) (Phthalsäuredi-n-oktylester - ein Weichmacher) (Chem) / dioctylphthalate (DOP) *n*
**Dioktylsebakat** *n* (Chem) / dioctyl sebacate
**Diol** *n* (Chem) / dihydric alcohol, diol *n* ‖ **1,2-≈** (Chem) / glycol* *m*
**Diolefin** *n* (ein Dien mit isolierten Doppelbindungen) (Chem) / diolefin* *n*
**diophantisch** *adj* (Math) / Diophantine *adj* ‖ **~e Aufgabe** (Math) / Diophantine problem ‖ **~e Gleichungen** (Math) / Diophantine equations* ‖ **~es Problem** (Math) / Diophantine problem
**Diopsid** *n* (Kalziummagnesiumdisilikat) (Min) / diopside* *n*
**Dioptas** *n* (Kupfer(II)-trisilikat) (Min) / dioptase* *n*, emerald copper*
**Diopter** *n* (Mil) / sight *n*, backsight *n*, peep-sight *n*
**Dioptometer** *n* (Opt) / dioptometer *n*
**Dioptrie** *f* (Einheit der Brechkraft optischer Systeme nach DIN 1301, T 1) (Opt) / dioptre* *n*, diopter *n* (US), dpt
**Dioptriensystem** *n* (Opt) / dioptric system*
**Dioptrik** *f* (Lehre von der Lichtbrechung) (Opt) / dioptrics *n* ‖ **Gaußsche ≈** (Lehre von der optischen Abbildung mit Hilfe des fadenförmigen Raumes) (Opt) / Gaussian optics*, first-order theory, paraxial optics
**dioptrisch** *adj* (Opt) / dioptric *adj* ‖ **~es Fernrohr** (Astr) / refracting telescope*, refractor *n*
**Diorit** *m* (ein Tiefengestein) (Geol) / diorite* *n*
**Diosgenin** *n* (Chem) / diosgenin *n*
**Diosphenol** *n* (Nahr, Pharm) / buchucamphor *n*, diosphenol *n*
**Dioxan, 1,4-≈** (Chem) / diethylene dioxide, dioxan *n* ‖ **≈-Lignin** (Chem, For) / dioxan lignin
**Dioxethedrin** *n* (Broncholytikum und Dopingmittel) (Pharm) / dioxethedrin *n*
**Dioxid** *n* (chemische Verbindung von einem Atom eines chemischen Elements mit zwei Atomen Sauerstoff, z.B. $PbO_2$) (Chem) / dioxide *n*
**Dioxin** *n* (polychloriertes Dibenzo/1,4/dioxin) (Chem) / dioxin *n* (PCDD or PCDF) ‖ **≈** (Verbindung mit einem ungesättigten sechsgliedrigen Ring mit zwei Sauerstoffatomen, meist mit 1,4-Dioxin-Ring) (Chem) / dioxin *n* ‖ **~verseucht** *adj* (Chem, Sanitär, Umwelt) / dioxin-contaminated *adj*
**Dioxoborsäure** *f* (Chem) / metaboric acid*, dioxoboric acid, polydioxoboric(III) acid
**Dioxouran(VI)-salz** *n* (Chem) / uranyl salt
**Dioxygenase** *f* (Biochem) / dioxygenase *n*
**DIPA** (1,1'- Iminodi-2-propanol) (Chem) / diisopropanolamine *n*, DIPA

**Dip-dyeing** *n* (Tex) / dip dyeing
**Dipenten** *n* (DIN 53249 - das Razemat von Limonen) (Anstr, Chem) / dipentene* *n*
**Dipeptid** *n* (Biochem) / dipeptide *n*
**Dipeptidase** *f* (Biochem) / dipeptidase *n*
**Dip-forming** *n* (Gieß) / dip-forming *n*
**DIP-Gehäuse** *n* (Eltronik) / dual-in-line package*, DIP*, DIL ‖ **keramisches ≈** (Eltronik) / ceramic dual-in-line package, cerdip *n* ‖ **≈ mit verkleinertem Abstand zwischen Stiften** (Eltronik) / shrink DIP
**Diphenhydramin** *n* (Antihistaminikum mit sedierendem Effekt und ein Mittel gegen Reiseübelkeit) (Pharm) / diphenhydramine *n*
**Diphensäure** *f* (Ausgangsprodukt für Polyester) (Chem) / diphenic acid
**Diphenyl** *n* (Chem) / diphenyl* *n*, biphenyl *n* ‖ **≈amin** *n* (Chem) / diphenylamine *n* ‖ **≈benzol** (Chem) / terphenyl *n* ‖ **≈carbonat** *n* (Chem) / diphenyl carbonate ‖ **≈enoxid** *n* (Chem) / dibenzofurane *n* ‖ **≈essigsäure** *f* (Chem) / diphenylacetic acid ‖ **1,2-≈ethan** *n* (Chem) / dibenzyl* *n* ‖ **≈ethandion** *n* (Chem) / benzil* *n*, bibenzoyl* *n*, diphenyl-glyoxal* *n* ‖ **≈ether** *m* (Chem) / diphenyl ether*, diphenyl oxide, phenyl ether ‖ **≈glykolsäure** *f* (Chem) / benzilic acid ‖ **1,2-≈hydrazin** (Chem) / hydrazobenzene *n*, 1,2-diphenylhydrazine ‖ **≈karbonat** *n* (Chem) / diphenyl carbonate ‖ **≈keton** *n* (Chem) / benzophenone* *n*, diphenyl ketone ‖ **≈methan** *n* (Chem) / diphenylmethane *n* ‖ **≈methan-4,4-diisozyanat** *n* (Chem) / methylene diisocyanate (MDI) ‖ **≈methanol** *n* (Chem) / benzhydrol* *n* ‖ **≈oxid** *n* (veraltet!) (Chem) / diphenyl ether*, diphenyl oxide, phenyl ether ‖ **≈phthalat** *n* (Chem) / diphenyl phthalate ‖ **1,5-≈-thiocarbazon** (ein Schwermetallionen-Reagens) (Chem) / dithizone *n*, diphenylthiocarbazone *n* ‖ **1,3-≈thioharnstoff** (Chem) / thiocarbanilide *n*, sulphocarbanilide *n*
**Diphosgen** *n* (Chem) / diphosgene *n*
**Diphosphan** *n* (Chem) / diphosphane *n*, diphosphine *n*
**Diphosphat•(V)** *n* (E 450) (Chem) / diphosphate(V) *n* ‖ **≈(IV)** *n* (Chem) / diphosphate(IV) *n*, hypophosphate *n* ‖ **≈elektrolyt** *m* (Galv) / diphosphate plating bath
**Diphosphin** *n* (Chem) / diphosphane *n*, diphosphine *n*
**Diphosphoglycerinsäure** *f* (Chem) / diphosphoglyceric acid
**Diphosphoglyzerinsäure** *f* (Chem) / diphosphoglyceric acid
**Diphosphor•pentaselenid** *n* (Chem) / phosphorus pentaselenide ‖ **≈(IV)-säure** *f* (Chem) / hypophosphoric acid*, hypodiphosphoric acid ‖ **≈(V)-säure** *f* (Chem) / pyrophosphoric acid*, diphosphoric acid, phosphoric(V) acid
**Dipikrylamin** *n* (gelbe, giftige, explosive Kristalle) (Chem) / dipicrylamine *n*
**Diplexbetrieb** *m* (Teleg) / diplex* *n*
**Diplexer** *m* (eine optische Einrichtung für die Fernsehkamera) (Opt, TV) / diplexer *n* ‖ **≈** (eine Senderweiche zur rückwirkungsfreien Zusammenschaltung der Ausgangsleistungen des Bildsenders und des Tonsenders) (Radio, TV) / diplexer* *n*
**Diplex•system** *n* (Teleg) / diplex* *n* ‖ **≈verkehr** *m* (Teleg) / diplex* *n*
**Dipl.-Ing.** (Technische Universität, Technische Hochschule oder Gesamthochschule) / professional engineer, graduate engineer
**diploid** *adj* (Gen) / diploid* *adj*
**Diplomingenieur** *m* / professional engineer, graduate engineer
**Diplont** *m* (pl.: -en) (Gen) / diplontic *n*
**Dipmeter** *n* (Eltech) / dip meter
**Dipol** *m* (elektrischer, magnetischer, zentraler) (Phys) / dipole* *n* ‖ **≈** (Radio) / dipole antenna*, doublet antenna* ‖ **elektrischer ≈** (Elektr) / electric doublet*, electric dipole* ‖ **elementarer ≈** (DIN 1324, T 3) / elementary dipole (e.g. Hertzian) ‖ **Fitzgeraldscher ≈** (ein elementarer Dipol nach DIN 1324, T 3) (Eltech) / FitzGerald dipole ‖ **flacher ≈** (Radio) / plain dipole ‖ **gefalteter ≈** (eine Dipolantenne) (Radio) / folded dipole, folded-dipole antenna ‖ **Hertzscher ≈** (ein elementarer Dipol nach H. Hertz, 1857-1894 - DIN 1324, T 3) (Eltech) / Hertzian dipole*, Hertzian doublet*, Hertzian oscillator*, Hertz oscillator ‖ **induzierter ≈** (Eltronik) / induced dipole ‖ **schlitzgespeister ≈** (Eltech) / slot-fed dipole*
**Dipolantenne** *f* (Radio) / dipole antenna*, doublet antenna*
**dipolar** *adj* (Chem) / dipolar *adj* ‖ **1,3-~e Cycloaddition** (Chem) / 1,3 dipolar cycloaddition ‖ **1,3-~e Cycloreversion** (Chem) / 1,3-dipolar cycloreversion ‖ **~es Lösungsmittel** (Chem) / dipolar solvent
**Dipol•-Dipol-Wechselwirkung** *f* (eine elektrostatische Wechselwirkung zwischenmolekularer Kräfte) (Kernphys) / dipole-dipole interaction ‖ **≈domäne** *f* (Phys) / dipole domain ‖ **selbststrahlende ≈ebene** (Radio) / radiating curtain ‖ **≈kräfte** *f pl* (zwischen zwei elektrischen oder magnetischen Dipolen) (Elektr, Mag) / dipole forces ‖ **≈linie** *f* (lineare Gruppe von Dipolantennen, deren Achsen in einer geraden Linie liegen) (Fernm, Radar, Radio) / collinear array*, linear array*, linear array antenna ‖ **≈magnet** *m* (Nukl) / dipole magnet ‖ **≈molekül** *n* (in dem die Schwerpunkte der /positiven/ Kernladungen und der /negativen/ Ladungen der Elektronenhülle nicht in einem Punkt zusammenfallen) (Phys) / dipole molecule* ‖ **≈moment** *n* (DIN 1324, T 1) (Phys) / dipole

**Dipolmoment**

moment\* ‖ **elektrisches ⁓moment** (DIN 1324, T 1) (Elektr) / electric dipole moment\* ‖ **magnetisches ⁓moment** (DIN 1324, T 1) (Mag) / magnetic dipole moment\* ‖ **⁓schicht** f (adsorbierte und orientierte Dipole auf der Oberfläche der elektrochemischen Doppelschicht) / surface dipole layer ‖ **⁓schleife** f (Radio) / folded dipole\*, folded-dipole antenna ‖ **⁓strahlung** f (eines schwingenden elektrischen oder magnetischen Dipols) (Elektr, Mag) / dipole radiation ‖ **⁓strömung** f (inkompressible Potentialströmung) (Phys) / doublet flow ‖ **⁓wand** f (aus Dipolantennen) (Radio) / planar array (of dipoles) ‖ **⁓zeile** f (lineare Gruppe von Dipolantennen, deren Achsen senkrecht zu einer geraden Linie gerichtet sind) (Fernm, Radar, Radio) / array of parallel dipoles
**DIPP** (DIN 7723) (Plast) / diisopentyl phthalate
**Dippels Öl** / Dippel's oil, hartshorn oil, Jeppel's oil, volatile animal oil ‖ **⁓ Tieröl** (Oleum animale aeth.) / Dippel's oil, hartshorn oil, Jeppel's oil, volatile animal oil
**Dippen** n (von Obst in alkalische Lösung - vor dem Trocknen zur Entfernung des Oberflächenwachses) (Nahr) / dipping n
**Dipper** m (Eltech) / dip meter
**Dipropylenglykol** n (Anstr, Chem) / dipropylene glycol
**Diproton** n (Kernphys) / diproton n
**DIP-Schalter** m (EDV) / dipswitch n
**DIP-Switch** m (EDV) / dipswitch n
**Dip-Test** m (zur Ermittlung des Spannungsterms in der Theorie des Kriechens) (WP) / dip test
**Dipyramide** f (Min) / bipyramid\* n, dipyramid n
**Diquark** n (Kernphys) / diquark n
**Diquat** n (eine giftige Bipyridiniumverbindung, die als Herbizid eingesetzt wird) (Chem) / Diquat n
**Dirac•-Funktion** f (DIN 13343) (Kernphys) / delta function, Dirac delta function ‖ **⁓-Gleichung** f (relativistische quantenmechanische Bewegungsgleichung für kräftefreie Teilchen und ihre Antiteilchen mit dem Spin 1/2 - nach P.A.M. Dirac, 1902-1984) (Kernphys) / Dirac equation ‖ **⁓-Impuls** m (DIN 5483, T 1) / Dirac pulse
**Diracsch•e Deltafunktion** (Kernphys) / delta function, Dirac delta function ‖ **⁓e Eltronensee** (Kernphys) / Dirac sea ‖ **⁓e Gammamatrix** (Kernphys) / Dirac matrix, gamma matrix ‖ **⁓e Löchertheorie** (Kernphys) / Dirac hole theory ‖ **⁓e Quantisierung(sbedingung)** (Phys) / Dirac quantization ‖ **⁓er See** (Kernphys) / Dirac sea ‖ **⁓e Wellengleichung** (Kernphys) / Dirac equation
**Dirac•-See** m (Kernphys) / Dirac sea ‖ **⁓-Spinor** m (Kernphys, Math) / Dirac spinor
**Diradikal** n (Chem) / diradical n
**Direct costing** n (Teilkostenrechnung) / direct costing ‖ **⁓ Drive** m (wenn der Plattenteller direkt auf der Achse des Motors sitzt) (Akus) / direct drive
**direkt** adj (Ablesung, Antrieb, Farbstoff, Steuerung, Wahl) / direct adj ‖ **⁓** (Radio, TV) / live\* adj ‖ **⁓e** (feste) **Verbindung** (Teleg) / direct circuit\* ‖ **⁓ adressierbarer Speicher** (EDV) / random-access memory\*, random-access storage, RAM\*, direct-access storage, direct-access memory, DAM, immediate-access storage ‖ **⁓e Adressierung** (EDV) / direct addressing ‖ **⁓ angeschäumte Sohle** (bei Schuhen) / directly moulded sole ‖ **⁓es Anlassen** (Eltech) / across-the-line starting ‖ **⁓e Auftriebssteuerung** (Luftf) / direct lift control ‖ **⁓ aufziehender Farbstoff** (wasserlöslicher Farbstoff, der auf Zellulosefasern direkt aufzieht) (Tex) / direct dye, substantive dye\* ‖ **⁓e Ausgabe** (DIN 1319, T 2) (Instr) / indication n, reading n ‖ **⁓e Beheizung** (Wärm) / direct heating ‖ **⁓e Beleuchtung** (Licht) / direct lighting\* ‖ **⁓e Berührung mit Sauerstoff** (z.B. bei Kolbenringen der Sauerstoffkompressoren) / direct oxygen service ‖ **⁓e Bewegung** (eines Himmelskörpers) (Astr) / direct motion ‖ **⁓er Blitzeinschlag** (Eltech) / direct stroke\* ‖ **⁓er Blitzschlag** (Eltech) / direct stroke\* ‖ **⁓e chemische Ionisation** (Spektr) / direct chemical ionization, DCI ‖ **⁓e Datei** (EDV) / random file ‖ **⁓e Dateiorganisation** (EDV) / direct file organization ‖ **⁓e Dateneingabe** (EDV) / direct data entry\* ‖ **⁓e digitale Regelung** (mit Hilfe eines Prozeßrechners) (Regeln) / direct digital control, DDC ‖ **⁓e digitale Steuerung** (mit Hilfe eines Prozeßrechners) (Regeln) / direct digital control, DDC ‖ **⁓er digitaler Farbprooofer** (Druck, EDV) / direct digital colour proofer, DDC proofer ‖ **⁓es Druckverfahren** (z.B. Buchdruck, Flexodruck, Lichtdruck, Rakeltiefdruck usw.) (Druck) / direct printing\* ‖ **⁓es Durchschreiben zum Drucker** (EDV) / type-through n ‖ **⁓e Ein-/Ausgabe** (EDV) / isolated I/O, standard I/O ‖ **⁓ einfallendes Signal** (nicht durch Reflexionen beeinträchtigt) (Opt) / primary signal ‖ **⁓es Einschalten** (Eltech) / across-the-line starting ‖ **⁓e Einspritzung** (Kfz, Luftf) / direct injection\*, open combustion-chamber injection ‖ **⁓e Einspritzung** (V-Mot) / airless injection\*, solid injection\* ‖ **⁓er Glauben** (KI) / de re belief ‖ **⁓er Halbleiter** (Eltronik) / direct semiconductor ‖ **⁓e Heizung** (Wärm) / direct heating ‖ **⁓es Hineinsehen in den Strahl** (z.B. des Lasers) / intrabeam viewing ‖ **⁓e Induktionserwärmung** / eddy-current heating ‖ **⁓e Kanalwahl** (Radio, TV) / direct channel access ‖ **⁓e Kernreaktion** (Kernphys) / direct nuclear reaction ‖ **⁓e Kernteilung** (Zyt) / amitosis n (pl. amitoses) ‖ **⁓ korrigieren** (Software) (EDV) / patch v ‖ **⁓e Kraft** (Mech) / direct force ‖ **⁓er Kreislauf** (eines Reaktors) (Nukl) / direct cycle ‖ **⁓er Lichtbogenofen** (das Schmelzgut wirkt als Elektrode des Lichtbogens) (Eltech) / direct-arc furnace\* ‖ **⁓e Luftkondensation** (des Abdampfs) / GEA dry cooling system, direct dry cooling system ‖ **⁓e Manipulation** (EDV) / direct manipulation ‖ **⁓e Messung** / direct measurement ‖ **⁓es Meßverfahren** (DIN 1319, T 1) / direct measurement ‖ **⁓e Montage auf der Leiterplatte** (Eltronik) / chip-on-board assembly (COB) ‖ **⁓e numerische Steuerung** (numerische Steuerung online mit übergeordnetem Prozeßrechner) (EDV) / direct numerical control, DNC ‖ **⁓er Plasmabrenner** (bei dem das elektrisch leitende Werkstück als Anode geschaltet ist) (Masch, Plasma Phys) / transferred-arc plasma torch ‖ **⁓es Problem** (bei der Behandlung von Schwingungsproblemen an Maschinen) (Mech) / direct problem ‖ **⁓es Produkt** (Zusammensetzung zweier gleichartiger mathematischer Strukturen) (Math) / direct product, product group ‖ **⁓er Prozeß** (Kernphys) / direct nuclear reaction ‖ **⁓er Prozeß** (einer Gasturbine) (Nukl) / direct cycle ‖ **⁓e Regelung** (Regeln) / direct control ‖ **⁓e Rekombination** (Eltronik) / direct recombination ‖ **⁓e Rekursion** (EDV) / direct recursion ‖ **⁓e Sonnenbestrahlungsstärke** (Geophys) / direct solar irradiance ‖ **⁓e Sonneneinstrahlung** (Geophys, Meteor) / direct sunlight, direct solar radiation ‖ **⁓er Speicherzugriff** (EDV) / direct memory access, DMA, direct storage access, data break ‖ **⁓es Strangpressen** (Hütt, Masch) / forward extrusion, direct extrusion ‖ **⁓es Strangpressen ohne Schmiermittel und ohne Schale** (Masch) / direct extrusion without lubricant or skull ‖ **⁓es Suchen** (EDV) / direct search ‖ **⁓e Verflüssigung** (Kohle, Holz) (Chem Verf) / direct liquefaction ‖ **⁓e Wechselwirkung** (Kernphys) / direct interaction\* ‖ **⁓e Welle** (eine Raumwelle) (Radio) / direct wave\*, direct ray, ground ray\* ‖ **⁓er Zugriff** (EDV) / direct access\*, random access\* ‖ **⁓-** (Radio, TV) / live\* adj
**Direkt•abfluß** m (Wasserb) / direct run-off ‖ **⁓anflug** m (Luftf) / direct approach ‖ **⁓anforderung** f (bei Minicomputern) (EDV) / non-processor request (NPR) ‖ **⁓anforderungsbetätigung** f (EDV) / non-processor grant, NPG ‖ **⁓anruf** m (Fernm) / direct call, direct-access call ‖ **⁓anschluß** m (Fernm) / direct connexion ‖ **⁓antrieb** m (wenn der Plattenteller direkt auf der Achse des Motors sitzt) (Akus) / direct drive ‖ **⁓anzeige** f / direct reading, in-line reading ‖ **⁓anzeigendes Gerät** (Instr) / direct-reading instrument\* ‖ **⁓auftrieb** m (bei VTOL-Flugzeugen) (Luftf) / direct lift ‖ **⁓auftriebssteuerung** f (Luftf) / direct lift control ‖ **⁓aufzeichnung** f (Tätigkeit) / direct recording ‖ **⁓befeuert** adj / direct-fired\* adj ‖ **⁓begasungsverfahren** n (Plast) / direct gassing, direct injection of gas ‖ **⁓beheizt** adj / direct-fired\* adj ‖ **⁓bestrahlungsstärke** f (Geophys) / direct solar irradiance ‖ **⁓druck** m (Tex) / application n ‖ **⁓druck vom Bildschirm** (EDV) / hot print ‖ **⁓einblendung** f (TV) / live insert\* ‖ **⁓einlaß** m (bei Massenspektrometern) (Spektr) / direct inlet ‖ **⁓einleiter** m (in ein oberirdisches Gewässer oder in das Grundwasser) (Sanitär, Umwelt, Wasserb) / direct discharger ‖ **⁓einspritzer** m (V-Mot) / direct-injection diesel engine, solid-injection diesel engine, airless injection diesel engine, diesel engine with direct injection ‖ **⁓einspritzung** f (wenn der Kraftstoff direkt in den Brennraum gelangt) (Kfz, Luftf) / direct injection\*, open combustion-chamber injection ‖ **⁓einspritzung in die Säule** (in der Gaschromatografie) (Chem) / on-column injection ‖ **⁓emaillierung** f / direct-on enamelling, direct-on porcelain enamel application ‖ **⁓farbstoff** m (wasserlöslicher Farbstoff, der auf Zellulosefasern direkt aufzieht) (Tex) / direct dye, substantive dye\* ‖ **⁓flug** m (Ohnehaltflug) (Luftf) / non-stop flight ‖ **⁓forderungsleitung** f (EDV) / highest-priority interrupt line ‖ **⁓gebundener Stein** (Keram) / direct-bonded brick (a fired refractory in which the grains are bonded by solid-state diffusion) ‖ **⁓geheizte Katode** (DIN 44400) (Eltronik) / directly heated cathode\* ‖ **⁓gekoppelte Analyse** (Chem) / on-line analysis ‖ **⁓gekoppelte FET-Logik** (Eltronik) / direct-coupled FET logic, DCFL ‖ **⁓gekoppelter Generator** (Eltech) / direct-coupled generator\* ‖ **⁓gekoppelte Transistorlogik** (Eltronik) / direct-coupled transistor logic (DCTL) ‖ **⁓gekoppelter Verstärker** (Eltronik) / direct-coupled amplifier ‖ **⁓gekoppelte Erregermaschine** (Eltech) / direct-coupled exciter\* ‖ **⁓härten** n (die Werkstücke werden nach Beendigung des Aufkohlungsprozesses direkt von der Aufkohlungstemperatur abgeschreckt) (Hütt) / direct hardening
**Direktions•kraft** f (Eltech, Phys) / directive force\*, restoring force, retractive force ‖ **⁓moment** n (Mech) / restoring moment, restoring torque ‖ **⁓wagen** m (Kfz) / executive car
**Direkt•kontaktwärmetauscher** m (wenn die Trennwand zwischen den wärmeaustauschenden Medien entfällt und die Wärme durch Berührung oder Mischung der Medien direkt übertragen wird) (Wärm) / direct-contact heat exchanger, direct-contact heat interchanger ‖ **⁓korrektur** f (Direkteingabe von

244

Software-Änderungen) (EDV) / patch n || ~kosten pl / direct cost(s) || ~kraft f (Mech) / direct force || ~kraftsteuerung f (bei der die zur Steuerung erzeugten Kräfte die gewünschten Änderungen von Lagewinkel oder Flugbahn direkt und ohne gegenseitige Kopplung bewirken) (Luftf) / direct force control || ~kreislauf m (Nukl) / direct cycle || ~kreisreaktor m (Nukl) / direct-cycle reactor || ~leitung f (Fernsp) / hotline n || ~marketing n / direct marketing || ~messung f / direct measurement || ~modulation f (in der Trägerfrequenztechnik) (Fernm) / direct modulation || ~operand m (EDV) / immediate operand, no-address operand

**Direktor** m (Vorzugsrichtung bei flüssigen Kristallen) (Krist) / director n || ~ (ein Dipolantennenelement nach DIN 45030) (Radio) / director* n

**Direktorium** n (Gemeinschaft von mehreren Personen, die zur Leitung eines Unternehmens berufen sind) (F.Org) / executive board

**Direktor•kreis** m (Math) / orthoptic circle*, director circle*, directrix circle (for the parabola) || ~system n (Fernsp) / director system

**Direkt•plattendruck** m (filmlos) (Druck) / electrostatic printing || ~recycling f (von Overspray) (Anstr) / direct recycling || ~reduktion f (Hütt) / direct reduction || ~reduktionsverfahren n (z.B. Kammerverfahren, Schachtprozeß, Tieftemperatur-Reduktionsverfahren, Hojalata-Lamina-Verfahren, Hyl-Verfahren) (Hütt) / direct process*, direct-reduction process

**Direktrix** f (Math) / directrix* n (pl. directrices)

**Direkt•ruf** m (DIN 44302) (Fernm) / direct call, direct-access call || ~rufdienst m (Fernsp) / hotline service || ~rufnetz n (Fernm) / network for fixed connexions || ~saft m (nicht aus Konzentrat) (Nahr) / direct juice || ~satellitenempfang m (Eltronik) / direct satellite reception || ~schallpegel m (Akus) / direct sound level || ~sendung f (Radio, TV) / live broadcast || ~speicherzugriff m (EDV) / direct memory access, DMA, direct storage access, data break || ~spinnen n (Spinn) / direct spining (yarn from filament tow), direct-spinning process, tow-to-yarn process || ~spinnverfahren n (Spinn) / direct spinning (yarn from filament tow), direct-spinning process, tow-to-yarn process || ~startlampe f (Eltronik) / instant-start fluorescent lamp, cold-start lamp, instant-start lamp || numerische ~steuerung (numerische Steuerung online mit übergeordnetem Prozeßrechner) (EDV) / direct numerical control, DNC || ~strahlender Satellit (Fernm, TV) / direct broadcast satellite* (DBS) || ~teilen n (Masch) / single indexing || ~übertragung f (Fernm) / direct transmission, direct relay || ~umrichter m (ein Stromrichter) (Eltech) / cycloconverter || ~umschlag m (zwischen zwei Transportmitteln) (Schiff) / direct cargo handling || ~umwandlung f der Energie / direct energy conversion || ~verkauf m / door-to-door sale, house-to-house sale, door-to-door selling || ~versturzbagger m (Masch) / direct-dumping excavator || ~verstürzung f (von Abraum) (Bergb) / overcasting n (of spoil) || ~werbung f / direct-mail advertising || ~werbung durch Kundenbesuche / canvassing n || ~wert m (EDV) / self-defining value || ~wert m (bei Operanden) (EDV) / actual value || ~wirkende Bremse / direct-acting brake (US), through brake, straight air brake (US) || ~zeigendes Instrument (Instr) / direct-reading instrument* || ~zerstäuberbrenner m (Masch) / direct-injection burner, total-consumption burner || ~zugriffsspeicher m (DIN 44300) (EDV) / random-access memory*, random-access storage, RAM*, direct-access storage, direct-access memory, DAM, immediate-access storage || optischer ~zugriffsspeicher (EDV) / erasable optical memory, erasable DRAW memory n, erasable direct-read-after-write memory, E-DRAWM, optical RAM, O-RAM n || ~zündung f (Kfz) / direct ignition

**Dirichlet•sches Problem** (Randwertaufgabe erster Art für die Poissonsche Differentialgleichung) (Math) / Dirichlet problem || ~scher Schubkastensatz (Math) / pigeon-hole principle, Dirichlet drawer principle, box argument || ~-Randwertproblem n (nach P.Dirichlet, 1805-1859) (Math) / Dirichlet problem || ~-Reihe f (eine Funktionenreihe) (Math) / Dirichlet series

**Dirlitze** f (Cornus mas L.) (For) / cornelian cherry

**Dirt Track** m (Kfz) / speedway n, dirt track

**Dirty-Bit** n (vom Cache-Controller gesetzt) (EDV) / dirty bit (cache)

**Disacharid** n (z.B. Saccharose) (Chem) / disaccharide* n, double sugar

**Disaccharidase** f (ein disaccharidhydrolysierendes Enzym) (Chem) / disaccharidase n

**Disacharid** n (Chem) / disaccharide* n, double sugar

**Disadvantage-Faktor** m (Nukl) / disadvantage factor*

**Disambiguierung** f ("Vereindeutung") (KI) / disambiguation n

**Disappearance Potential Spectroscopy** f (bei der elastisch reflektierten Elektronen ist als Funktion der Primärenergie eine vorübergehende Abnahme zu verzeichnen) (Spektr) / disappearance potential spectroscopy, DAPS

**Disassembler** m (ein Rückübersetzungsprogramm) (EDV) / disassembler* n, deassembler n, back-assembler n

**Disassemblierer** m (EDV) / disassembler* n, deassembler n, back-assembler n

**Disauerstoff** m (Chem) / dioxygen n

**Disazo•farbstoffe** m pl (Tex) / disazo dyes*, tetrazo dyes*, bis-azo dyes*, disazo dyestuffs || ~kondensationspigment n (Anstr) / disazo condensation pigment

**Dischwefel•decafluorid** n (Chem) / disulphur decafluoride || ~dekafluorid n (Chem) / disulphur decafluoride || ~dibromid n ($S_2Br_2$) (Chem) / sulphur bromide, sulphur monobromide || ~dichlorid n (Chem) / sulphur monochloride, disulphur dichloride, sulphur subchloride || ~säure f (Chem) / disulphuric acid, pyrosulphuric acid

**dischweflige Säure** (Chem) / disulphurous acid

**Discomfort** m (subjektives Empfinden, das sich einstellt, wenn der Bereich der Behaglichkeit verlassen wird, und zwar als Kalt-Dsicomfort oder Warm-Discomfort) (Meteor, Physiol) / discomfort n || ~index m (Repräsentationsgröße für Behaglichkeits- oder Schwüleempfinden) (Physiol) / discomfort index

**Disdodekaeder** n (Krist) / diploid n, diplohedron n (pl. -hedrons or -hedra), dyakis dodecahedron

**disharmonische Falte** (Geol) / disharmonic fold

**Disilan** n ($Si_2H_6$) (Chem) / disilane n

**Disilicat** n (Chem) / disilicate n

**Disilikat** n (Chem) / disilicate n || ~ (Min) / bridge silicate

**Disinzentiv** n (staatliche, vor allem steuerliche oder sozialpolitische Maßnahme, die hemmend auf den Leistungswillen wirkt) / disincentive n

**disjunkt** adj (Math) / disjoint adj || **paarweise** ~ (Math) / pairwise disjoint, mutually disjoint

**Disjunktion** f (mit dem einschließenden ODER) (EDV, Math) / disjunction n

**Disjunktionsbruch** m (Geol) / tension fault

**disjunktive Dislokation** (Geol) / tension fault

**Diskelektrophorese** f (Chem) / disk electrophoresis

**Diskette** f (eine Magnetplatte, die mit dem entsprechenden Laufwerk als Direktzugriffsspeicher eingesetzt wird) (EDV) / floppy disk*, diskette* n, flexi-disk n, floppy* n, flexible disk, flexible disk cartridge, FD, disk n || **beidseitig beschreibbare** ~ (EDV) / two-sided floppy disk, dual-sided disk, double-sided floppy disk || **doppelseitige** ~ (EDV) / two-sided floppy disk, dual-sided disk, double-sided floppy disk || **doppelseitige** ~ **mit vierfacher Schreibdichte** (EDV) / DSQD diskette, double-sided quad density diskette

**Disketten•box** f (EDV) / floppy-disk box, diskette box || ~controller m (EDV) / floppy-disk controller (FDC) || ~datei f (EDV) / floppy-disk file, disk file || ~doppellaufwerk n (EDV) / twin floppy-disk drive, twin diskette drive || ~laufwerk n (DIN 66010) (EDV) / floppy-disk drive, diskette drive, disk drive || ~laufwerk mit beidseitiger Aufzeichnung und doppelter Aufzeichnungsdichte (EDV) / double-face double-density diskette drive || ~resident adj (Virus) (EDV) / floppy-resident adj || ~schacht m (EDV) / disk-drive loading slot || ~speicher m (EDV) / floppy-disk storage, diskette storage, disk storage || ~station f (EDV) / floppy-disk station || ~transferbereich m (EDV) / disk transfer area, DTA

**Disk•-Kamera** f (mit einer Filmscheibe, die nach jeder Belichtung automatisch weitergedreht wird) (Foto) / disk camera* || ~less-Workstation f (EDV) / diskless workstation

**Disklination** f (linienförmiger Fehler in einer geordneten Struktur, ähnlich der gewöhnlichen Versetzung) (Geol) / disclination n

**Diskonantenne** f (eine Breitband-Dipolantenne) (Radio) / discone antenna* (a biconical antenna)

**Diskonformität** f (partielle erosive Ausräumung der Liegendserie vor konkordanter Sedimentation einer Hangendfolge) (Geol) / disconformity n, erosion break

**diskontieren** v (Barwert eines Geldbetrages zu einem früheren Zeitpunkt bei der Zinsrechnung berechnen) (Math) / discount v

**Diskontierungsfaktor** m (Math) / discount factor (reciprocal growth factor)

**diskontinuierlich** adj / intermittent adj, discontinuous adj || ~ (Betrieb - satzweise arbeitend) / discontinuous adj, batch attr || ~ (Math) / discontinuous adj || ~es Arbeitsverfahren (Masch) / batch process* || ~e Destillation (Chem Verf) / batch distillation || ~e Elektrophorese (z.B. Isotachophorese) (Chem) / disk electrophoresis || ~e Gruppe (Math) / discrete group || ~e Mischanlage (HuT) / batch plant || ~er Mischer (Masch) / batch mixer || ~er Phasenübergang (Phys) / discontinuous phase transition, first-order transition || ~e Reaktionsreihe (bei der Kristallisationsdifferentiation) (Geol) / discontinuous series || ~e Regelung (Fernm) / intermittent control*, discontinuous control || ~es Signal (dessen Signalwerte zu allen Zeitpunkten die zu signalisierenden Informationen abbilden) (Fernm) / discontinuous signal

**Diskontinuität** f (Geol) / discontinuity n || ~ (Math) / discontinuity* n

245

**Diskontinuitätsfläche** *f* (Geol, Phys) / unconformity* *n*, discontinuity surface, surface of discontinuity

**Diskontinuum** (pl -ua) **n** (Mannigfaltigkeit, die die Eigenschaften des Kontinuums nicht besitzt) (Math, Phys) / discontinuum *(pl -uums or -ua) n*

**Diskontsatz** *m* (zu dem die Zentralnotenbank, z.B. die Bundesbank, Wechsel ankauft) / discount rate, bank base rate

**diskordant** *adj* (Geol) / unconformable *adj*, discordant *adj*, discomformable *adj* ‖ **~er Gang** (ein Plutonit) (Bergb, Geol) / dyke* *n*, dike *n* ‖ **~e Lagerung** (oben Schichtgestein, unten Massengestein) (Geol) / non-conformity *n*

**Diskordanz** *f* (Geol) / unconformity *n*, discordance *n* ‖ **~falle** *f* (Erdöl, Geol) / unconformity trap

**diskotisch** *adj* (Chem) / discotic *adj*

**Diskrepanz** *f* (Math) / symmetric difference

**diskret** *adj* (Gruppe, Bauelement, Kanal, Variable) / discrete *adj* ‖ **~** (Farbe) (Tex) / quiet *adj*, subdued *adj*, refined *adj*, discreet *adj* ‖ **~es Bauelement** (Eltronik) / discrete device ‖ **~e Bewertung** (eines Körpers) (Math) / discrete valuation ‖ **~e Daten** (die in Form festgelegter Werte einer physikalischen Größe dauerhaft fixiert werden können und singuläre Sachverhalte charakterisieren) (EDV) / discrete data ‖ **~es Ereignis** (Stats) / discrete event ‖ **~e Fourier-Transformation** (Math) / discrete Fourier transformation, DFT ‖ **~e Gruppe** (eine topologische Gruppe) (Math) / discrete group ‖ **~er Impuls** (Phys) / discrete pulse ‖ **~er Kanal** (DIN 44301) (EDV) / discrete channel ‖ **~e Mathematik** (Math) / discrete mathematics ‖ **~e Optimierung** (ganzzahlige Optimierung) (EDV, Math) / discrete optimization ‖ **~e Quelle** (EDV, Fernm) / discrete source ‖ **~es Signal** (dessen Informationsparameter nur endlich viele Werte annehmen können) (EDV, Fernm) / discrete signal ‖ **~e Simulation** (EDV) / discrete simulation, discrete event simulation ‖ **~es Spektrum** (Spektr) / discrete spectrum ‖ **~e Topologie** (Math) / discrete topology ‖ **~er Transistor** (Eltronik) / discrete transistor ‖ **~e Verteilung** (z.B. Bernoullische) (Math, Stats) / discontinuous distribution, discrete distribution ‖ **~e Zufallsgröße** (Stats) / discrete random variable

**Diskretheit** *f* (Math, Phys) / discreteness *n*

**Diskretisation** *f* (Math) / discretization *n*

**Diskretisationsfehler** *m* (der von der Auflösung des Wandlers direkt abhängig ist) (Instr) / truncation error, discretization error, global discretization error

**Diskretisierung** *f* (Math) / discretization *n*

**Diskretisierungsfehler** *m* (Instr) / truncation error, discretization error, global discretization error ‖ **~** (bei Veränderung einer Variablen, die kleiner ist als ein gegebenes Inkrement) (Math) / quantization error

**Diskretzeitsystem** *n* (Regeln) / discrete-time system

**Diskriminante** *f* (einer quadratischen Gleichung) (Math) / discriminant* *f*

**Diskriminanzanalyse** *f* (Stats) / discriminant analysis*, discriminance analysis, discriminancy analysis

**Diskriminanzfunktion** *f* (Stats) / discriminance function

**Diskriminator** *m* (zur Klassierung von elektrischen Impulsen nach deren Höhe) (Fernm) / pulse-height dicriminator ‖ **~** (Einrichtung der Modulationstechnik - DIN 45021) (Fernm) / discriminator* *n*

**Diskriminatorschwelle** *f* (Radiol) / bias level

**Diskriminierung** *f* (z.B. von Formen der Signale) / discrimination *n*

**Disk-Server** *m* (ein Knoten in einem lokalen Netzwerk) (Fernm) / disk server

**Diskursionswissen** *n* (KI) / discourse knowledge

**Diskurswelt** *f* (Menge von Informationen aus einem fest abgegrenzten Teil der Welt, die für eine bestimmte Anwendung relevant ist) (EDV, KI) / universe of discourse

**diskusförmig** *adj* (Molekül) (Chem) / discotic *adj*

**Diskussionssoftware** *f* (EDV) / discussion software

**Dislokation** *f* (durch Faltung, Überschiebung oder Verwerfung gestörte Lagerung eines Gesteins) (Geol) / dislocation *n* ‖ **~** (ein linienhafter Gitterfehler) (Krist) / dislocation* *n* ‖ **disjunktive ~** (Geol) / tension fault

**Dislokations·beben** *n* (das durch Verschiebungen der Erdkruste verursacht wird) (Geol) / dislocation (tectonic) earthquake ‖ **~metamorphose** *f* (Geol) / dynamic metamorphism*, dynamometamorphism *n*, kinetic metamorphism

**dislozieren** *v* (Mil) / deploy *v*

**Dislozierung** *f* (Mil) / deployment *n*

**Dismulgator** *m* (Chem) / demulsifier *n*, demulsifying agent

**Dismulgierung** *f* (Chem) / demulsification *n*, de-emulsification *n*, breaking *n*, breakdown *n*

**Dismutation** *f* (eine Reaktion, bei der durch intermolekularen Ligandenaustausch aus einer chemischen Verbindung mehrere Verbindungen gebildet werden) (Chem) / dismutation *n*

**Dispache** *f* (Verteilungsplan des Dispacheurs über die große Havarie - 728 HGB) (Schiff) / average adjustment, average statement

**Dispacheur** *m* (Schiff) / average adjuster

**Disparation** *f* (stereoskopisches Sehen) (Med, Opt) / disparity *n*

**Disparität** *f* (bei Binärkodierung die Differenz zwischen der Anzahl der mit 1 und der mit 0 belegten Stelle einer gegebenen Folge von Binärelementen) (EDV) / disparity *n*

**Dispatcher** *m* (EDV) / dispatcher *n* ‖ **~** (Person mit koordinierender Tätigkeit in der Produktion) (F.Org) / dispatcher *n* ‖ **~** (ein Subsystem des Inferenzsystems) (KI) / scheduler *n*

**Dispens** *m* (Umwelt) / exemption *n*

**Dispenser** *m* (meist auf einem Fahrzeug montiertes Gerät zum Betanken von Luftfahrzeugen aus Unterflurtankanlagen) (Luftf) / dispenser *n*

**dispensieren** *v* (eine Arznei zubereiten und abgeben) (Pharm) / dispense *v*

**Dispergator** *m* (Chem) / dispersing agent, dispersant *n*, deflocculation agent, deflocculant *n* ‖ **~** (zur Ölunfallbekämpfung) (Umwelt) / oil-spill dispersant

**Dispergieraggregat** *n* (Chem Verf) / dispersing apparatus, disperser *n*

**dispergierbar** *adj* (Öl) (Chem) / soluble *adj* ‖ **~** (Chem, Phys) / dispersible *adj*

**dispergieren** *v* (DIN 55 943) (Anstr) / disperse *v* ‖ **~** (Pigmente) (Anstr) / grind *v* ‖ **~** (Chem) / disperse *v*, deflocculate* *v*

**Dispergier·fähigkeit** *f* (von Verunreinigungen) (Kftst) / dispersancy *n* ‖ **~gerät** *n* (Gerät oder Maschine, mit denen die festen Komponenten von Lacken und Druckfarben in der flüssigen Phase dispergiert werden) (Chem Verf) / dispersing apparatus, disperser *n* ‖ **~geschwindigkeit** *f* (Anstr) / speed of dispersion ‖ **~maschine** *f* (Chem Verf) / dispersing apparatus, disperser *n* ‖ **~medium** *n* (Chem, Phys) / dispersion medium*, dispersive medium, continuous phase, external phase ‖ **~mittel** *n* (Chem) / dispersing agent, dispersant *n*, deflocculation agent, deflocculant *n*

**dispergiert·er Brennstoff** (Nukl) / dispersed fuel ‖ **~e Phase** (Chem, Phys) / dispersed phase*, internal phase, disperse phase

**Dispergierung** *f* (von Pigment- oder Füllstoffpulvern) / dispersion *n*

**dispers·er Bestandteil** (Chem, Phys) / dispersed phase*, internal phase, disperse phase ‖ **~e Phase** (Chem, Phys) / dispersion medium*, dispersive medium, continuous phase, external phase ‖ **~es System** (DIN 53900) (Chem, Phys) / disperse system ‖ **~es System aus flüssigem Dispersionsmittel und festem dispersem Anteil** (Chem) / soliquid *n* ‖ **~er Zustand** (Chem, Phys) / dispersity *n*

**Dispersal** *n* (Vorgang der Ausbreitung) (Umwelt) / dispersal* *n*

**Dispersancy** *f* (eine HD-Eigenschaft des Motorenöls) (Kftst) / dispersancy *n*

**Dispersant** *m* (Chem, Erdöl) / dispersing additive, dispersant *n*

**Dispersantadditiv** *n* (Chem, Erdöl) / dispersing additive, dispersant *n*

**Dispersion** *f* (Biol, Umwelt) / dispersion *n* ‖ **~** (ein System nach DIN 53900) (Chem, Phys) / dispersion* *n* ‖ **~** (Licht) / dispersion* *n* ‖ **~** (Stats) / variance* *n*, dispersion* *n*, spread *n*, scatter *n*, straggling *n* ‖ **~** (Umwelt) / dispersion* *n* ‖ **akustische ~** (Akus) / acoustic dispersion ‖ **anomale ~** (meistens in den im Ultraviolett und im Infrarot gelegenen Wellenlängenbereichen) (Licht) / anomalous dispersion* *n* ‖ **chromatische ~** (in einem Lichtwellenleiter) / chromatic dispersion ‖ **dielektrische ~** (Frequenzabhängigkeit der Dielektrizitätskonstante) (Elektr) / dielectric dispersion* ‖ **fest-flüssige ~** / slurry *n* ‖ **lineare ~** (Spektr) / linear dispersion ‖ **partielle ~** (Chem) / partial dispersion ‖ **räumliche ~** (Phys) / spatial dispersion ‖ **relative ~** (reziproker Wert der Abbeschen Zahl) (Opt) / constringence* *n*, relative dispersion, reciprocal Abbe number ‖ **reziproke lineare ~** (Spektr) / reciprocal linear dispersion ‖ **~** *f* **von festen Teilchen** (Chem) / sosoloid *n* ‖ **~ von Rußen** (Chem Verf) / black shield ‖ **~ von Schallwellen** (Akus) / acoustic dispersion

**Dispersions·additiv** *n* (Chem, Erdöl) / dispersing additive, dispersant *n* ‖ **~anstrichfarbe** *f* (Anstr) / emulsion paint*, dispersion paint* ‖ **~begrenzter Betrieb** (eines LWL) / dispersion-limited operation ‖ **~beziehung** *f* (zwischen dem Realteil und dem Imaginärteil der ins Komplexe fortgesetzten Fourier-Transformierten einer physikalischen Größe) (Phys) / dispersion relation ‖ **~effekt** *m* (bei den zwischenmolekularen Kräften) (Kernphys) / dispersion effect ‖ **~farbe** *f* (DIN 55945) (Anstr) / emulsion paint*, dispersion paint* ‖ **~farbe** (Anstr) s. auch Latexfarbe ‖ **~farbstoff** *m* (Tex) / disperse dye ‖ **~filter** *n* (Opt) / dispersion filter ‖ **~filter nach Christiansen** (Opt) / Christiansen filter ‖ **~formel** *f* (Phys) / dispersion formula, dispersion equation ‖ **~gefüge** *n* (Hütt) / dispersion microstructure ‖ **~härten** *v* (Hütt) / dispersion hardening ‖ **~hof** *m* (geochemische Prospektion) (Min) / dispersion halo ‖ **primärer ~hof** (Min) / primary dispersion*, primary halo, halo* *n* ‖ **~kleber** *m* (Chem) / dispersion adhesive ‖ **~klebstoff** *m* (auf der Basis einer wäßrigen Dispersion) (Chem) / dispersion adhesive ‖ **~kolloid** *n* (Chem) / dispersion colloid ‖ **~kraft** *f* (Licht) / dispersive power* ‖ **~kurve** *f* (Phys) / dispersion curve* ‖ **~lasur** *f* (wasserverdünnbare Lasur zumeist auf Basis wäßruger

Kunststoffdispersionen) (Anstr) / emulsion glaze ‖ ⁓**lichtfilter** n (Opt) / dispersion filter ‖ ⁓**mittel** n (Chem) / dispersing agent, dispersant n, deflocculation agent, defloculant n ‖ ⁓**mittel** (kontinuierliche Phase einer Dispersion) (Chem, Phys) / dispersion medium*, dispersive medium, continuous phase, external phase ‖ ⁓**mittel** s. auch Emulgator ‖ ⁓**mittel für Latex** (Chem Verf) / serum (pl. serums or sera) ‖ ⁓**partikel** n (durch Kondensation entstanden) / condensoid n ‖ ⁓**phase** f (Chem, Phys) / dispersion medium*, dispersive medium, continuous phase, external phase ‖ ⁓**polymerisation** f (Chem) / polymerization in (non-aqueous) dispersion ‖ ⁓**prisma** n (Opt) / dispersing prism, dispersive prism, dispersion prism ‖ ⁓**relation** f (Phys) / dispersion relation ‖ ⁓**schicht** f (Metallschicht mit eingebauten kleinen feinverteilten Feststoffteilchen) (Galv) / composite coating ‖ ⁓**spektrum** n (Opt, Spektr) / prismatic spectrum* ‖ ⁓**überzug** m (ein galvanischer Überzug) (Galv) / dispersion coating ‖ ⁓**verfestigter Werkstoff** (WP) / dispersion-strengthened material ‖ ⁓**werkstoff** m (WP) / dispersion-strengthened material ‖ ⁓**wirkstoff** m (ein Schmierstoffadditiv) (Chem, Erdöl) / dispersing additive, dispersant n
**Dispersität** f (Grad der Zerteilung) (Chem) / dispersity n ‖ ⁓ (Chem, Phys) / dispersity n
**dispersiv** adj (Gerät) (Opt, Spektr) / dispersive adj ‖ **nicht ⁓** / non-dispersive adj
**Dispersoid** n (z.B. in den Teilchenverbundwerkstoffen) (Chem, Hütt) / dispersoid n
**Dispersoidanalyse** f (Chem) / dispersoid analysis
**Disperspigment** n / predispersed pigment, pigment preparation
**Dispersum** n (Chem, Phys) / dispersed phase*, internal phase, disperse phase
**Disphenoid** n (Krist) / disphenoid n
**Display** n (pl.: -s) (Anzeigesystem in Endgeräten, das elektrische Signale in optische, dem menschlichen Auge verständliche Zeichen umwandelt) / display n ‖ ⁓ (pl. -s) (werbewirksames Aufstellen von Waren) / display n ‖ ⁓ (pl. -s) (EDV) / display n (unit), video display (unit)*, VDU*, display device, display terminal, video terminal, visual display terminal, visual display unit* ‖ **multifunktionales** ⁓ / multifunctional display, multifunction display, MFD ‖ **vollfarbfähiges** ⁓ (EDV) / full-colour display
**Display•arbeitsplatz** m (EDV) / video workstation, video station, display workstation ‖ ⁓**funktion** f (zur Erzeugung grafischer Befehle für die Steuerung des Stifts beim Plotter bzw. des Elektronenstrahls beim Bildschirm) (EDV) / display function ‖ ⁓**palette** f / display pallet ‖ ⁓**segment** n (EDV) / display segment
**disponibel** adj / available adj
**Disponibilität** f / availability n ‖ ⁓ (die vielseitige Einsetzbarkeit von Personen beruhend auf der Qualifikation, der Erfahrung und dem physischen Leistungsvermögen) (F.Org) / versatility n
**Disposition** f / arrangement n, alignment n
**Dispositionskredit** m (in der Bank) / overdraft credit
**dispositive Ebene** (der Leitung) / tactical level
**Disproportionierung** f (Chem) / disproportionation* n
**disrotatorisch** adj (Chem) / disrotatory adj
**Dissimilation** f (auch Atmung bei vegetabilen Gütern) / dissimilation n
**Dissipation** f (der Energie) (Phys) / dissipation n
**Dissipationsleistung** f (Eltech) / dissipation* n (loss of electric energy as heat), power dissipation
**Dissipationssphäre** f (äußerste Schicht der Atmosphäre) (Phys) / exosphere* n
**dissipativ** adj (z.B. Schalldämpfer, Struktur, System) / dissipative adj ‖ **⁓er Schalldämpfer** (Akus) / dissipative silencer ‖ **⁓e Struktur** (eine Nichtgleichgewichtsstruktur) (Math, Phys) / dissipative structure ‖ **⁓es System** (Phys) / dissipative system
**dissipieren** v (Chem, Phys) / dissipate v
**Dissolution** f (Übergang kolloiddisperser Stoffe in den molekulardispersen Zustand) (Chem) / dissolution n
**Dissolver** m (Dispergieraggregat, bei dem sich eine Rührerseite mit sägeblattartiger Zahnung mit hoher Drehzahl in einem offenen Gefäß bewegt) (Anstr, Chem) / dissolver n ‖ ⁓ (Behälter zur Auflösung des Kernbrennstoffes in Säure bei der Wiederaufbereitung) (Nukl) / dissolver n
**Dissonanz** f (Akus) / dissonance* n, discord n ‖ **kognitive** ⁓ (zwischen der neuen Information und der inneren Überzeugung) (KI) / cognitive dissonance*, cognitive lap
**Dissousgas** n (in Azeton gelöstes Azetylen + poröse Masse) (Chem Verf) / dissolved acetylene
**Dissoziation** f (Chem) / dissociation* n ‖ **elektrolytische** ⁓ (Chem) / electrolytic dissociation*, ionic dissociation ‖ **thermische** ⁓ (reversibler Zerfall einer Verbindung durch Zuführung von thermischer Energie) (Chem) / thermal dissociation*
**Dissoziations•energie** f (Chem, Phys) / dissociation energy ‖ ⁓**grad** m (Chem) / degree of dissociation*, dissociation fraction ‖ ⁓**konstante** f (Chem) / dissociation constant* ‖ ⁓**spannung** f (Chem) / dissociation pressure ‖ ⁓**wärme** f (bei einer Verbindung) (Chem) / heat of dissociation ‖ ⁓**wärme** (bei einem Element) (Chem, Phys) / heat of atomization
**dissoziativ** adj / dissociative adj ‖ **⁓es Attachment** (Phys) / dissociative attachment n ‖ **⁓es Detachment** (Phys) / dissociative detachment n
**Dissymmetrie** f (in der Stereochemie) (Chem) / dissymmetry n ‖ ⁓**faktor** m (Chem) / dissymmetry factor
**Distanz** f (EDV) / displacement n (of an address) ‖ ⁓ (Math, Verm) / distance* n ‖ **hyperfokale** ⁓ (Foto) / hyperfocal distance* ‖ **orthodrome** ⁓ (zwischen zwei Punkten eines Großkreises der Erdkugel) (Verm) / great-circle distance ‖ ⁓**adresse** f (bei Mikroprozessoren) (EDV) / bias address ‖ ⁓**adresse** (ein Teil der Gesamtadresse für die Adressierung von Arbeitsspeicherstellen) (EDV) / displacement address ‖ ⁓**buchse** f (Masch) / distance bush, distance sleeve ‖ ⁓**fracht** f (Schiff) / distance freight ‖ ⁓**klotz** m (der die Berührung der Scheibenkante mit dem Falz verhindert) (Glas) / spacer n ‖ ⁓**korrektur** f **durch Neigungsberücksichtigung** (Verm) / slope correction* ‖ ⁓**latte** f (bei der optischen Streckenmessung) (Verm) / stadia rod*, stadia n ‖ ⁓**meßfäden** m pl (Fernm, Verm) / stadia hairs*, stadia wires, stadia lines* ‖ ⁓**meßstriche** m pl (Fernm, Verm) / stadia hairs*, stadia wires, stadia lines* ‖ ⁓**messung** f (Verm) / telemetry* ‖ ⁓ (Verm), distance measurement ‖ ⁓**relais** n (Eltech) / distance relay* ‖ ⁓**rohr** n (Masch) / distance tube ‖ ⁓**scheibe** f (Masch) / shim* n ‖ ⁓**schutz** m (der Netzschutz mittels Distanzschutzrelais) (Eltech) / distance protection* ‖ ⁓**schutzrelais** n (ein Schutzrelais für vermaschte Netze mit mehrfacher Einspeisung, welches bei Fehlerstrom mit widerstands- (d.i. entfernungs-) und stromrichtungsabhängiger Zeit auslöst) (Eltech) / distance relay* ‖ ⁓**sensor** m (bei IR) (Masch) / distance sensor ‖ ⁓**stück** n (Masch) / distance block, distance piece, spacer n, separator n, spacer block, spacing piece
**Distapex-Verfahren** n (Chem Verf) / extractive distillation*
**Distärkephosphat** n (E 1411) (Chem, Nahr) / distarch phosphate
**Distearyldimethylammoniumchlorid** n (ein Kationtensid, früher als Weichspülerwirkstoff benutzt) (Chem) / distearyl dimethylammonium chloride
**Distelöl** n (Nahr) / safflower oil
**Disthen** m (Aluminiumoxidorthosilikat) (Min) / disthene* n, cyanite* n, kyanite* n
**Distickstoff** m (Chem) / dinitrogen n ‖ ⁓**pentoxid** n (Chem) / nitric anhydride*, dinitrogen pentoxide, nitrogen pentoxide*, nitrogen(V) oxide, nitrogen acid anhydride ‖ ⁓**tetroxid** n (Chem, Raumf) / dinitrogen tetroxide, nitrogen tetroxide
**Distorsion** f (Foto, TV) / distortion* n
**distribuieren** v / distribute v
**Distribution** f (Verallgemeinerung des Funktionsbegriffs) (Math) / distribution n ‖ ⁓ (Verbreitung einer Tier- od. Pflanzenart) (Umwelt) / distribution* n
**Distributions•gesetz** n (Math) / distributive law ‖ ⁓**logistik** f (F.Org) / distribution logistics ‖ ⁓**multimedia** n (EDV) / distribution multimedia ‖ ⁓**netz** n (Eltech, Fernm) / secondary distribution network ‖ ⁓**problem** n (ein Spezialproblem der linearen Optimierung) (Math) / transportation problem
**distributiv** adj (Verknüpfung) (Math) / distributive* adj ‖ **⁓er Verband** (Math) / distributive lattice
**Distributivgesetz** n (Math) / distributive law
**Distributivität** f (Math) / distributivity n
**Distylin** n (Chem, For) / taxifolin n
**disubstituiert** adj (Chem) / disubstituted adj
**Disul** n (2-(2,4-Dichlor-phenoxy)-ethyl-hydrogensulfat - als herbizider Wirkstoff von der Biologischen Bundesanstalt für Land- und Forstwirtschaft nicht anerkannt) (Chem) / 2,4-DES n, disul n, sesin (SES) n, sesone n
**Disulfat** n (Salz der Dischwefelsäure) (Chem) / disulphate n, pyrosulphate n ‖ ⁓ (IV) (Chem) / disulphite n, pyrosulphite n
**Disulfid** n (Chem) / disulphide n, bisulphide n ‖ ⁓**bindung** f (Chem) / disulphide bond, disulphide bridge, intrachain disulphide bond ‖ ⁓**brücke** f (Chem) / disulphide bond, disulphide bridge, intrachain disulphide bond ‖ ⁓**spange** f (Chem) / intrachain disulphide bond
**Disulfiram** n (internationaler Freiname für Tetraethylthiuramdisulfid) (Chem) / disulphiram n
**Disulfit** n (Chem) / disulphite n, pyrosulphite n
**disyndiotaktisch** adj (Polymer) (Chem) / disyndiotactic adj
**ditaktisch** adj (Polymer) (Chem) / ditactic adj ‖ **⁓es Polymer** (wenn der Grundbaustein der Polymerkette zwei Asymmetriezentren hat) (Chem) / ditactic polymer
**Ditantalpentoxid** n (Chem) / tantalum(V) oxide, ditantalum pentaoxide, tantalum pentoxide
**Diterpen** n (z.B. Phytol od. Abietinsäure) (Chem) / diterpene n
**Diterpenalkaloid** n (Chem) / diterpene alkaloid
**Dither** n (Regeln) / dither n

**Dithering**

**Dithering** *n* (EDV) / dithering *n* (manipulating the values of adjacent pixels)
**dithern** *v* (EDV) / dither *v* || ≈ *n* (EDV) / dithering *n* (manipulating the values of adjacent pixels)
**Dithio•carbamat** *n* (stabile Salze und Ester der instabilen Dithiocarbamidsäure) (Chem) / dithiocarbamate *n* || ≈**carbamatfungizid** *n* (z.B. Zineb) (Chem, Landw) / dithiocarbamate fungicide || ≈**carbamidsäure** *f* (Chem) / dithiocarbamic acid || ≈**karbamat** *n* (Chem) / dithiocarbamate *n* || ≈**karbamatfungizid** *n* (Chem, Landw) / dithiocarbamate fungicide || ≈**karbamidsäure** *f* (Chem) / dithiocarbamic acid || ≈**kohlensäure** *f* (Chem) / xanthic acid, dithiocarbonic acid
**Dithionat** *n* (Salz der Dithionsäure) (Chem) / dithionate *n*
**dithionige Säure** (in freiem Zustand nicht bekannte zweibasige Säure) (Chem) / dithionous acid, hyposulphurous acid*, hydrosulphurous acid
**Dithionit** *n* (Salz der dithionigen Säure) (Chem) / dithionite *n*, sulphinate *n*, hyposulphite *n*
**Dithionsäure** *f* (Chem) / dithionic acid*, hyposulphuric acid*
**Dithiooxamid** *n* (Chem) / rubeanic acid*, dithio-oxamide* *n*
**Dithiothreit** *n* (1,4-Dimercapto-2,3-butandiol) (Biochem) / dithiothreitol *n*
**Dithizon** *n* (Chem) / dithizone *n*, diphenylthiocarbazone *n*
**Dittus-Boelter-Beziehung** *f* (Wärm) / Dittus-Boelter equation*
**Diundecylphthalat** *n* (Chem) / diundecylphthalate *n*, DUP
**Diundezylphthalat** *n* (Chem) / diundecylphthalate *n*, DUP
**Diuretikum** *n* (pl. -tika) (Pharm) / diuretic* *n*
**diuretisch** *adj* (Pharm) / diuretic *adj*
**diurnal** *adj* / diurnal* *adj* || ≈**er Säurerhythmus** (Bot) / crassulacean acid metabolism*, CAM*
**diurnus** *adj* / diurnal* *adj*
**Diuron** *n* (ein Harnstoffherbizid) (Chem, Landw) / diuron *n*
**div** (Geol, Math, Opt) / divergence *n*, divergency *n*
**Divanadiumpentoxid** *n* (Chem) / vanadium pentoxide, vanadium(V) oxide, vanadic acid anhydride
**divariant** *adj* (Phys) / bivariant* *adj*, divariant *adj* || ~**es Gleichgewicht** (nach dem Gibbsschen Phasengesetz) (Phys) / bivariant equilibrium
**divergent** *adj* / divergent* *adj* || ~ (Kernphys) / divergent *adj* (nuclear chain reaction) || ~**e Folge** (Math) / divergent sequence* || ~**e Reihe** (Math) / divergent series*
**Divergenz** *f* (der elektrischen Verschiebungsdichte) (Eltech) / divergence *n* || ≈ (Geol, Math, Opt) / divergence *n*, divergency *n* || ≈ (beim Durchgehen des Reaktors) (Kernphys) / divergence* *n* || ≈ (das Auseinanderströmen des Windes) (Meteor) / divergence* *n* || ≈ (Ozean, Umwelt) / divergence *n* || ≈ (in der Vektoranalysis) (Phys) / divergence* *n* || ≈**linie** *f* (Meteor) / divergence line || ≈**winkel** *m* (Eltronik, Opt) / divergence angle* || ≈**zone** *f* (Geol) / divergence zone, accreting plate boundary, divergent plate boundary
**divergieren** *v* / diverge *v*
**divergierend** *adj* / divergent* *adj* || ~**e Düse** (Masch) / divergent nozzle* || ~**e Kettenreaktion** (beim Durchgehen des Reaktors) (Kernphys) / divergence* *n*
**Diversifikation** *f* (gezielte Ausweitung des Produktions- und/oder Absatzprogramms) (F.Org) / diversification *n*
**Diversität** *f* (von Arten) (Biol, Umwelt) / diversity* *n* || ≈ (Radio) / diversity *n*
**Diversity** *f* (gleichzeitig mehrfache Übertragung von Nachrichten) (Radio) / diversity *n* || ≈ (Raum-, Frequenz-, Polarisations- und Winkel-) (Radio) / diversity *n* || ≈**-Antenne** *f* (Radio) / diversity antenna* || ≈**-Empfang** *m* (im Überseefunkverkehr) (Radio) / diversity reception* || ≈**-Übertragung** *f* (Radio) / diversity *n*
**Diverter** *m* (Erdöl) / diverter *n*
**Divertor** *m* (Nukl) / divertor* *n*, diverter *n*
**Dividend** *m* (Math) / dividend* *n*
**dividieren** *v* (Math) / divide *v*
**Dividier•schaltung** *f* (Eltech) / dividing circuit, divider *n* || ≈**verstärker** *m* (ein Meßverstärker) (Eltronik) / dividing amplifier || ≈**werk** *n* (EDV, Eltech) / division unit, dividing unit, digital divider
**Dividivi** *pl* (gerbstoffreiche, getrocknete Hülsenfrüchte des Baumes Caesalpinia coriaria (Jacq.) Willd.) (Leder) / libi-dibi *n* (pl. -dibis), divi-divi *n* (pl. -divis)
**Divinylacetylen** *n* (Chem) / divinyl acetylene
**Divinylazetylen** *n* (Hexa-1,5-dien-3-in) (Chem) / divinyl acetylene
**Divinylbenzol** *n* (Chem) / divinylbenzene *n*
**Divinylether** *m* (Chem) / divinyl ether
**Divis** *m* (Typog) / hyphen *n*
**Division** *f* (kleine dezentrale quasiautonome Wirtschaftseinheit in einem großen Unternehmen) (F.Org) / division *n* || ≈ (eine Grundrechenart) (Math) / division* *n* || **aufgehende** ≈ (Math) / exact division (without a remainder) || **kurze** (abgekürzte) ≈ (Math) / short division || **lange** (unabgekürzte) ≈ (Math) / long division || **schrittweise** ≈ (Math) / iterative division || ≈ *f* **mit Rest** (Math) / division transformation, division with remainder || ≈ **ohne Rest** (Math) / exact division (without a remainder)
**Divisionalisierung** *f* (des Unternehmens) (F.Org) / divisionalization *n*
**Divisions•algorithmus** *m* (Math) / division algorithm || ≈**ring** *m* (Math) / skew field (a ring), division ring, non-commutative field || ≈**schaltung** *f* (Eltech) / dividing circuit, divider *n* || ≈**zeichen** *n* (Math) / division sign, divide symbol
**Divisor** *m* (Math) / divisor* *n*
**Diwasserstoff** *m* (Chem) / dihydrogen *n*
**Diwolframcarbid** *n* (Chem) / ditungsten carbide
**Diwolframkarbid** *n* (Chem) / ditungsten carbide
**Dixon-Ringe** *m pl* (Raschig-Ringe mit Mittelsteg - Füllkörper einer Rektifiziersäule) (Chem Verf) / Dixon rings
**Dizyan** *n* (Chem) / cyanogen* *n*, dicyanogen *n*
**Dizyandiamid** *n* (das Dimere des Zyanamids) (Chem) / dicyandiamide *n*, cyanoguanidine *n*
**Dizyanoazetylen** *n* (Chem) / dicyanoacetylene *n*
**Djavebutter** *f* (Nahr) / adjab butter, djave butter
**Djavefett** *n* (aus den Samenkörnern des Baumes Mimusops elengi L.) (Nahr) / adjab butter, djave butter
**Djelutung** *m* (wilder Gummi der Dyera-Arten) / pontianak gum, jelutong* *n*, pontianak *n*
**Djenkolsäure** *f* (nichtproteinogene Aminosäure aus der Djenkolbohne) (Chem) / djenkolic acid
**DK** / decimal classification, DC || ≈ (Elektr) / permittivity* *n*, dielectric constant*, capacitivity *n* || ≈ (Fernm) / service channel, SC || ≈ (DIN 51601); Diesel;m. (Kftst) / diesel fuel, diesel oil, fuel oil No. 2, derv || ≈ (V-Mot) / throttle valve
**d-Kampfer** *m* (Chem) / Japan camphor*, gum camphor, dextrorotary camphor
**D-Kanal** *m* (Fernm) / D channel
**D-Kluft** *f* (Geol) / diagonal joint
**DK-Messer** *m* (Chem) / dielectrometer *n*
**DK-Metrie** *f* (Chem) / dielectrometry *n*, decametry *n*
**DKT** (Chem) / potassium tartrate
**DKW** (Bahn) / double slip
**DL** (Eltronik) / diode logic (DL)
**DL$_{50}$** (Med) / LD$_{50}$*, mean lethal dose*, median lethal dose, lethal dose 50, MLD*
**DL** (Med) / lethal dose, LD
**D-Lampe** *f* (Licht) / coiled-coil lamp
**DLCN** *n* (Ringsystem, das die Nachrichten durch Registerinsertion transportiert) (Fernm) / distributed loop computer network
**D-Limonen** *n* (in Kümmel-, Zitronen- und Pomeranzenschalenöl) (Chem) / d-limonene *n*
**D-L-Konfiguration** *f* (Konfigurationsbezeichnung nach E. Fischer) (Chem) / D-L convention, D-L configuration, dl-configuration
**D-L-Konvention** *f* (Konfigurationsbezeichnung nach E. Fischer) (Chem) / D-L convention, D-L configuration, dl-configuration
**DL-Methode** *f* (zur Bestimmung des pflanzenverfügbaren Kaliums und Phosphors im Boden) (Landw) / double-lactate method
**DL-Tartrat** *n* (Salz oder Ester der Traubensäure) (Chem) / racemate *n*
**DLVO-Theorie** *f* (der elektrostatischen Abstoßung gleichsinnig aufgeladener Tröpfchen in Emulsionen) (Chem) / DLVO theory, Deryagin-Landau and Verwey-Overbeck theory
**DL-Weinsäure** *f* (Chem) / racemic acid*, uvic acid, the racemic form of the tartaric acid
**DLZ** (EDV) / turnaround time, turnround time || ≈ (F.Org) / throughput time
**dm** / decimetre* *n*
**DM** (HuT) / concrete waterproofing additive
**DMA** (EDV) / direct memory access, DMA, direct storage access, data break
**D-MAC** *n* (Variante D von MAC) (TV) / D-MAC *n*
**D2-MAC** *n* (Uariante D2 von MAC - internationale Fernsehnorm für das Satellitenfernsehen) (TV) / D2-MAC *n*, duo-binary MAC
**DMA-Controller** *m* (EDV) / DMA controller (a chip located at the motherboard of every PC, performing DMA transfers)
**DMDAC** *m* (EDV) / dual MAC dual attached concentrator, DMDAC
**DMDC** (Chem) / dimethyl dicarbonate
**DMDT** (Chem) / methoxychlor* *n*, methoxy-DDT*, DMDT*
**DMF** (Chem) / dimethylformamide* (DMF) *n*
**DMI** (EDV) / desktop management interface, DMI || **vorbereitet für** ≈ (EDV) / DMI-ready *adj*
**DMI-Schnittstelle** *f* (EDV) / desktop management interface, DMI
**DMM** (Eltronik) / digital multimeter
**DMM-Technik** *f* (bei der Schallplattenherstellung) (Akus) / direct metal mastering, DMM
**DMP (DIN 7723** (Chem) / dimethyl phthalate* (DMP)
**DmR** (bei der Holzmessung) (For) / diameter over bark
**DMS** (Chem) / dimethylsulphide, DMS || ≈ (Eltech) / resistance (strain) gauge*, extensometer* *n*, strain gauge*

**DMSO** (Chem) / dimethyl sulphoxide (DMSO)
**DMSO-Lignin** n (Bot) / DMSO lignin
**DMS-Oxidation** f (Chem) / DMS oxidation
**DMT** (Chem) / dimethyl terephthalate (DMT)
**DMTT** (gegen Nematoden, zur Bodenentseuchung, gegen keimende Unkräuter) (Chem) / dazomet (DMTT) n
**DM-Vierer** m (Kab) / twin-quad* n
**DM-Vierer-verseiltes Kabel** (Kab) / multiple-twin quad (cable)
**DM-Werkstoff** m (Eltech) / hard magnetic material, hard ferromagnetic material
**DMX** (EDV, Fernm) / demultiplexer* (DEMUX) n, demultiplexor n
**DN** (EDV) / data network, DN ‖ ~ (Masch) / nominal diameter, diameter norm, DN
**DNA** (Biochem, Gen) / deoxyribonucleic acid (DNA) ‖ ~**-Fingerprint** m (Gen) / DNA fingerprint ‖ **rechnergestützter** ~**-Molekülentwurf** (Gen) / computer-assisted DNA molecule design
**DNase** f (Biochem) / deoxyribonuclease n, DNase n
**DNA-Sonde** f (Gen) / gene probe
**DNA-Technik, rekombinante** ~ (Gen) / genetic manipulation, genetic engineering*, gene technology, recombinant DNA technology
**DNB** (Nukl) / departure from nucleate boiling, DNB
**DNC** (numerische Steuerung online mit übergeordnetem Prozeßrechner) (EDV) / direct numerical control, DNC
**DNC-Betrieb** m (numerische Steuerung online mit übergeordnetem Prozeßrechner) (EDV) / direct numerical control, DNC
**D-Netz** n (Fernm) / D network
**DNL** (Akus) / dynamic noise limiter, dynamic noise suppressor
**DNL-Schaltung** f (Akus) / dynamic noise limiter, dynamic noise suppressor
**DNOC** (Herbizid und Ovizid) (Chem, Landw) / dinitrocresol* (DNOC, DNC) n
**DNOP** (Chem) / dioctylphthalate (DOP) n
**DNOPC** (Chem, Landw) / dinocap* n, DNOPC
**DNS** f (Biochem, Gen) / deoxyribonucleic acid (DNA) ‖ **rekombinante** ~ (Gen) / recombinant DNA* ‖ **rekombinierte** ~ (Gen) / recombinant DNA* ‖ **repetitive** ~ (Biochem) / repetitive DNA ‖ ~**-Fingerabdruck** m (Gen) / DNA fingerprint ‖ ~**-Klonierung** f (Gen) / DNA cloning, molecular cloning
**Dobby** m (eine zusätzliche Fachbildevorrichtung an der Webmaschine) (Web) / dobby* n, dobbie n, dobby head
**Dobson-Einheit** f (der Ozonmenge - nach G.M.B. Dobson, 1889-1976) / Dobson unit, D.U.
**DOC** (Biochem) / cortexon n, desoxycorticosterone* n ‖ ~ (Sanitär) / dissolved organic carbon, DOC
**Docht** m (Tex) / wick n ‖ ~**effekt** m (Eltronik) / wicking n ‖ ~**garn** n (Spinn) / candlewick* n, candlewick yarn ‖ ~**kohle** f (Licht) / cored carbon* ‖ ~**kohleelektrode** f (Schw) / flux-core carbon electrode ‖ ~**öler** m (Masch) / wick oiler ‖ ~**schmierung** f (meistens der Führungsbahnen von Werkzeugmaschinen) (Masch) / wick-feed lubrication, wick-feed oiling, wick lubrication, wick oiling ‖ ~**schmierung** (als Anlage) (Masch) / wick oiler ‖ ~**wirkung** f (z.B. beim Reifenkord) (Kfz, Tex) / air wicking, wicking n ‖ **ohne** ~**wirkung** (z.B. Reifenkord) (Kfz, Tex) / wick-proof adj
**Dock** n (auf Schiffswerften) (Schiff) / dock n ‖ ~ **ins** ~ **bringen** (Schiff) / dock vt ‖ **ins** ~ **gehen** (Schiff) / dock vi ‖ **selbstdockendes** ~ (Schiff) / self-docking dock
**Docke** f (Arch) / baluster* n, banister* n, bannister n ‖ ~ (eine Stranggarn-Aufmachung) (Spinn) / rap n ‖ ~ (Holzkaule mit Vierkanteinsatz, auf die die Gewebe in breitem Zustand aufgewickelt werden) (Web) / cloth batch, batch n, fabric batch
**docken** vt (Schiff) / dock vt ‖ ~ v (Schiff) / dock vi ‖ ~ (Web) / batch v, batch up v ‖ ~ n (Web) / batching n, batching-up n ‖ **kaltes** ~ (Einschieben eines ausgeschalteten Laptops in eine Dockingstation) (EDV) / cold docking ‖ **warmes** ~ (Einschieben eines Laptops in eine Dockingstation, wobei der Rechner in Sparstrommodus läuft) (EDV) / warm docking
**Dockengeländer** n (Arch) / balustrade* n
**Dockhafen** m (gegen das Meer durch eine Schleuse abgeschlossener Seehafen an Küsten mit hohen Tidenhüben) (Schiff) / dock harbour, gate dock
**Docking** n (Einpassen von Substraten in Rezeptoren beim Molecular Modelling) (Chem, EDV) / docking n ‖ ~ (Einschieben eines Laptops in die Dockingstation) (EDV) / docking n ‖ ~ (Raumf) / docking* n, link-up n ‖ ~**manöver** n (Raumf) / docking manoeuvre ‖ ~**station** f (EDV) / docking station (stationary device to connect notebooks or laptops to networks or peripheral devices, as e.g. large monitors, printers, etc.)
**Dock•schiff** n (Mil, Schiff) / dockship n ‖ ~**stufe** f (im Mittelteil eines Trockendocks) (Schiff) / altar n ‖ ~**tor** f (Schiff) / dock gate
**Docosahexaensäure** f (eine Omega-3-Fettsäure) (Chem) / docosahexaenoic acid (DHA)
**Docosansäure** f (Chem) / behenic acid, docosanoic acid

**Doctoring** n (Versilbern kleiner Flächen) / doctoring n
**Doctor•lösung** f (Natriumplumbitlösung) (Erdöl) / doctor solution ‖ ~**test** m (DIN 51765) (Erdöl) / doctor test* ‖ ~**verfahren** n (ein Süßungsverfahren zur Geruchsverbesserung von Destillat- oder Krackbenzinen) (Erdöl) / doctor treatment, doctor sweeting
**Dodane** m (Arch) / ogee arch, ogee* n, OG*, ogival arch*
**Dodecan** n (Chem) / dodecane n ‖ ~**-1-ol** n (Chem) / lauryl alcohol (dodecan-1-ol)*, dodecyl alcohol ‖ ~**säure** f (Chem) / lauric acid*, dodecanoic acid
**Dodecanthiol** n (Chem) / dodecanthiol n, dodecyl mercaptan
**Dodecawolframsäure** f (Chem) / phosphotungstic acid, PTA, phosphowolframic acid, heavy acid
**Dodecen** n (Chem) / dodecene n
**Dodecyl•benzol** n (1-Phenyldodecan) (Chem) / dodecyl benzene* ‖ ~**benzolsulfonat** n (Chem) / dodecylbenzenesulphonate n ‖ ~**chlorid** n (Chem) / dodecyl chloride
**Dodecylen** n (Chem) / dodecene n
**Dodecylmerkaptan** n (Chem) / dodecanthiol n, dodecyl mercaptan
**Dodekadik** f (mit der Basis 12) (Math) / duodecimal system*
**Dodekaeder** n (Polyeder, das von zwölf Flächen begrenzt wird) (Krist, Math) / dodecahedron* n (pl. dodecahedra)
**Dodekagon** n (Math) / dodecagon* n
**Dodekan** n (Chem) / dodecane n ‖ **n-**~**säure** (Chem) / lauric acid*, dodecanoic acid
**Dodezen** n (Chem) / dodecene n
**Dodezylbenzol** n (Chem) / dodecyl benzene*
**Dodezylbenzolsulfonat** n (wichtigste waschaktive Substanz aus der Reihe der Alkylbenzolsulfonate) (Chem) / dodecylbenzenesulphonate n
**Dodezylchlorid** n (1-Chlordodecan) (Chem) / dodecyl chloride
**Dodezylen** n (Chem) / dodecene n
**Dodge-Backenbrecher** m (Masch) / Dodge crusher
**Dodin** n (N-Dodecylguanidinacetat - ein Fungizid für den Obstbau und den Zierpflanzenanbau) (Chem, Landw) / dodine* n
**Doeblinsche Bedingung** (bei Markovschen Prozessen) (Stats) / Doeblin's condition
**Doeskin** m (eine nicht mehr hergestellte Art Buckskin) (Tex) / doeskin n
**Dogbone-Modell** n (WP) / dog-bone model (of a plastic zone)
**Doghouse** n (Standort des Bohrmeisters und des Steuerpultes auf der Arbeitsbühne) (Erdöl) / dog-house n
**Dogleg** n (Erdöl) / dog-leg n
**Dogma, zentrales** ~ (der Molekularbiologie) (Biol) / central dogma
**Dogwood** n (For) / flowering dogwood, flowering cornel
**Doherty-Modulation** f (eine Sonderart der Amplitudenmodulation) (Eltronik, Fernm) / Doherty modulation
**Doherty-Verstärker** m (Eltronik, Fernm) / Doherty amplifier
**Do-it-yourself-Lack** m (Anstr) / do-it-yourself paint
**DOI-Wert** m (Maßzahl für den Schleier) (Anstr) / distinctness of image, DOI
**Dokamotor** m (Eltech) / double-cage short-circuit motor
**Dokimasie** f (Analyse von Edelmetallen in Erzen) (Min) / assaying n, docimasia n
**Dokimastik** f (Min) / assaying n, docimasia n
**Dokosansäure** f (Chem) / behenic acid, docosanoic acid
**Doktor•lösung** f (Erdöl) / doctor solution ‖ ~**negativ** adj (mit negativem Doktortest) (Erdöl) / sweet adj ‖ ~**positiv** adj (Erdöl) / sour adj ‖ ~**test** m (Erdöl) / doctor test* ‖ **mit positivem** ~**test** (Erdöl) / sour adj ‖ ~**verfahren** n (Erdöl) / doctor treatment, doctor sweeting
**Dokument, einseitiges** ~ (EDV) / single-page document, one-page document
**Dokumentalist** m / documentalist n
**Dokumentanalyse** f (EDV) / document analysis
**Dokumentar** m / documentalist n ‖ ~**film** m (als Gattung des Films) (Film) / documentary film, documentary n
**dokumentarischer Film** (Film) / documentary film, documentary n
**Dokumentation** f (Zusammenstellung, Ordnung und Nutzbarmachung von Dokumenten und Materialien jeder Art) / documentation* n
**Dokumentations•datenbank** f (EDV) / documentary data bank ‖ ~**sprache** f (EDV) / documentary language
**Dokumentbeschreibungssprache** f (EDV) / document descriptor language (DDL)
**Dokumenten•akkreditiv** n (ein Geschäftsbesorgungsauftrag nach 675 BGB) / documentary letter of credit ‖ ~**architektur** f (heute standardisiert) (EDV) / office document architecture* (ODA) ‖ ~**export** m (EDV) / document export (into a different system environment) ‖ ~**glas** n (das UV-Strahlen absorbiert) (Glas) / document glass ‖ ~**marke** f (EDV) / document mark, blip n ‖ ~**papier** n (besonders alterungsbeständiges Papier, bestimmt für Schriftstücke, die lange aufbewahrt werden müssen) (Pap) / loan n ‖ ~**retrieval-System** n (EDV) / document-retrieval system,

**Dokumentenverwaltung**

information-retrieval system ‖ **elektronische** ⁓**verwaltung** (EDV) / document image processing, DIP ‖ ~**zentriert** adj (EDV) / document-centric adj, dcument-centred adj
**Dokument•fenster** n (EDV) / document window ‖ ⁓**lieferung** f (EDV) / document delivery ‖ ⁓**typdefinition** f (EDV) / document-type definition, DTD ‖ ⁓**verarbeitung** f (EDV) / document handling, document processing ‖ ⁓**vorlage** f (bei Textprogrammen) (EDV) / template n
**Dolbysierung** f (Akus) / Dolby method
**Dolby-Stretcher** m (ein System zur Verminderung des Störpegels auf Tonbändern - nach R.M. Dolby benannt - Warenzeichen der Dolby Laboratories Licensing Corporation) (Akus) / Dolby stretcher (audio noise reduction system)
**Dolby-Verfahren** n (zur Verminderung des Störpegels - heute Dolby C oder Dolby Hx Pro) (Akus) / Dolby method
**Dolde** f (Bot) / umbel* n
**Doldrums** pl (ein Gebiet mit Windstillen in den Äquatorregionen zwischen Nordost- und Südostpassat) (Meteor) / doldrums* pl
**Dole** f (HuT) / culvert* n
**Dolerit** m (Geol) / diabase* n, dolerite* n
**Dolezalek-Elektrometer** n (Eltech) / Dolezalek quadrant electrometer*
**Dolichol** n (Biochem) / dolichol n
**Dolicholphosphat** n (Biochem) / dolichyl phosphate ‖ ⁓ (Biochem) / dolichyl phosphate
**Dolichylphosphat** n (Biochem) / dolichyl phosphate ‖ ⁓ (Biochem) / dolichyl phosphate
**Dolieren** n (Leder) / fluffing n
**Doline** f (Vertiefung der Karstoberfläche) (Geol) / doline n, dolina n
**Dollar** m (= 100 Cents) (die auf den Anteil verzögerter Neutronen bezogene Reaktivität) (Nukl) / dollar* n ‖ ⁓**zeichen** n (ein Sonderzeichen) (EDV) / dollar symbol, dollar sign
**Dolle** f (Schiff) / rowlock n, thole n
**Dollen** n / dowel* n, dowel pin
**Dollie** f (Bodengerät, das zum Transport dient) (Masch) / dolly n
**Dollieren** n (bei trockenen Ledern) (Leder) / fluffing n
**Dolly** m (schienenlos) (Film, TV) / dolly* n, camera trolley, crab dolly, camera truck
**Dollyfahrer** m (Film, TV) / tracker n
**Dolomit** m (ein Sedimentgestein) (Geol) / dolomite rock*, dolostone* n ‖ ⁓ (Kalziummagnesiumkarbonat) (Min) / dolomite* n, rhomb-spar* n, bitter-spar n ‖ **arenitische** ⁓ (Geol) / dolarenite n ‖ **primärer** ⁓ (Geol) / primary dolomite ‖ **teergetränktes** ⁓**erzeugnis** (Hütt) / semi-stable dolomite refractory ‖ ⁓**gestein** n (Geol) / dolomite rock*, dolostone* n
**dolomitisch•er Kalkstein** (mit etwa 35-46% MgCO$_3$) (Geol) / dolomitic limestone*, magnesian limestone ‖ ~**er Kalkstein mit hohem Tonanteil** (über 18%) (Geol) / cement rock*
**Dolomitisierung** f (Geol) / dolomitization* f
**Dolomit•kalk** m (DIN 1060) (Bau) / dolomitic lime ‖ ⁓**kalkgrube** f (Bau) / boiling hole ‖ ⁓**kalkstein** n (Geol) / dolomitic limestone*, magnesian limestone ‖ ⁓**knolle** f (im Flöz) (Bot, Geol) / coal ball* n ‖ ⁓**mattglasur** f (Keram) / dolomite matte (a matte glaze finish produced by the formation of calcium and magnesium silicates in the glaze during firing) ‖ ⁓**stein** m (basisches feuerfestes Erzeugnis) / dolomitic brick
**Dom** m (pl. -e) (Bischofs- oder Hauptkirche) (Arch) / cathedral n ‖ ⁓ (Brachyantikline) (Geol) / cupola* n ‖ **vulkanischer** ⁓ (Geol) / volcanic dome, cumulo dome
**Doma** n (pl. Domen) (Krist) / dome* n
**Domain** f (EDV) / domain n (a group of commonly administered clients and servers) ‖ ⁓ **unter einer Domain** (EDV) / subdomain n
**Domäne** f (strukturell gegliederter bzw. abgegrenzter Bereich innerhalb der Teriärstruktur von Proteinen) (Biochem) / domain n ‖ ⁓ (im Internet) (EDV) / domain n (a group of commonly administered clients and servers) ‖ ⁓ (kleinster Bereich gleicher Polarisation bei ferroelektrischen Werkstoffen) (Elektr, Mag) / domain* n ‖ ⁓ (KI) / domain n ‖ ⁓ (Krist) / domain n, antiphase domain (on both sides of the antiphase boundary) ‖ **antiferromagnetische** ⁓ (Phys) / antiferromagnetic domain ‖ **ferroelektrische** ⁓ (elektrische Analogie der ferromagnetischen Domäne) (Elektr, Mag) / ferroelectric domain ‖ **ferromagnetische** ⁓ (Mag) / ferromagnetic domain ‖ **magnetische** ⁓ (Mag) / magnetic domain*
**Domänen•-Controller** m (NT-Server, der die Anmeldungen in der Domäne überprüft und die Master-DB der Domäne enthält) (EDV) / domain controller ‖ ⁓**-Magnetspeicher** m (EDV) / domain-tip memory, DOT memory, domain-tip propagation storage device ‖ ⁓**transportspeicher** m (EDV) / magnetic bubble memory*, MBM, bubble store*, bubble memory ‖ ⁓**wand** f (Elektr, Mag) / domain wall ‖ ⁓**wand** s. auch Blochwand
**Dombaöl** n / poon oil
**Domestic** m (Tex) / domestic n

**Domestik** m (Tex) / domestic n
**Domikalgewölbe** n (Sonderform des achtteiligen Gewölbes mit starker Busung, z.B. im Mindener Dom) (Arch) / domical vault
**dominant** adj (Arch, Biol, KI, Math, Umwelt) / dominant adj
**Dominanz** f (Arch, Biol, KI, Math, Umwelt) / dominance* n
**dominierend** adj (Arch, Biol, KI, Math, Umwelt) / dominant adj ‖ ~**e Wellenlänge** (Phys) / dominant wavelength
**Dominologik** f (Eltronik) / domino logic
**Domin-Skale** f (nach K. Domin, 1882-1953) (Umwelt) / Domin scale*
**Domoinsäure** f (Chem) / domoic acid
**Domonsäure** f (Chem) / domoic acid
**Domstruktur, kreisförmige** ⁓ (Geol) / quaquaversal dome (a geologic structure)
**Donald-Duck-Effekt** m (beim Tauchen) (Akus) / Donal Duck effect, helium voice
**Donator** m (Chem) / donor* n, actor n ‖ ⁓ (DIN 41852) (Eltronik) / donor* n, donor impurity ‖ ⁓ (Zyt) / donor n ‖ ⁓**-Akzeptor-Komplex** m (Chem) / charge-transfer complex ‖ ⁓**ionisierungsenergie** f (in J) (Phys) / donor ionization energy ‖ ⁓**niveau** n (ein durch Elektronen besetzbares Energieniveau eines Donatoratoms) (Eltronik) / donor level, impurity level*
**Donaxin** n (Biochem) / gramine n
**Donegal** m (rustikales Noppenstreichgarngewebe für sportliche Kleidung) (Tex) / Donegal tweed
**Dongery** m (Denimgewebe) (Tex) / dongery n (made with one weft and two warps)
**Dongle** n (eine besondere Form des Software-Kopierschutzes) (EDV) / dongle n
**Dongolaleder** n (in Dongolagerbung hergestelltes Schuhoberleder) (Leder) / Dongola leather
**Donizität** f (Chem) / donor number, donicity n
**Donjon** m (pl. -s) (in mittelalterlichen Burgen) (Arch) / donjon n, keep n (innermost)
**Donkey** m (Hilfskessel, der während der Hafenliegezeit den für Ladewinden und andere Maschinen notwendigen Dampf erzeugt) (Masch, Schiff) / donkey boiler*
**Donnan•-Freiraum** m (bei der passiven Aufnahme der Nährelemente) (Bot) / Donnan free space, DFS ‖ ⁓**-Gleichgewicht** n (ein Membrangleichgewicht - nach F.G. Donnan, 1870-1956) (Chem, Phys) / Donnan equilibrium, Gibbs-Donnan equilibrium, Donnan membrane equilibrium ‖ ⁓**-Potential** n (bei einem Donnan-Gleichgewicht auftretende elektrische Potentialdifferenz) (Phys) / Donnan potential
**Donner** m (als Folge einer Blitzentladung) (Meteor) / thunder* n ‖ ⁓**besen** m (Bot, For) / witches' broom*, hexenbesen n
**Donor** m (Chem) / donor* n, actor n ‖ ⁓ (bei der Aggregation von Zellen) (Zyt) / donor n ‖ ⁓**atom** n (Chem) / ligand atom ‖ ⁓**zahl** f (Chem) / donor number, donicity n
**Donsel** m (Keram) / jigger chuck
**Doors** pl (EDV) / doors pl (with BBSs, an exit of the main program allowing users to run other accessible programs)
**Doorway-Modus** m (Betriebsart eines Terminalprogramms) (EDV) / doorway mode
**DOP** (nach DIN 7723) (Phthalsäuredi-n-oktylester - ein Weichmacher) (Chem) / dioctylphthalate (DOP)
**Dopa** n (Chem) / dopa n, 3,4- dihydroxyphenylalanine n ‖ **L-**⁓ (zur Behandlung der Parkinsonschen Krankheit) (Chem) / L-dopa n (3,4-Dihydroxy-phenylamin)
**Dopamin** n (ein Katecholamin, das auch als Neurotransmitter des sympathiko-adrenalen Systems fungiert) (Biochem, Pharm) / dopamine* n
**dopaminerg** adj (durch Dopamin bewirkt; auf Dopamin ansprechend) (Med) / dopaminergic adj ‖ ⁓**er Rezeptor** (Med) / dopamine receptor
**Dopaminrezeptor** m (Med) / dopamine receptor
**Dopant** m (pl. -en) (Eltronik) / dope* n, dope additive*, dopant n, doping agent
**Doped Gold** n (bei etwa 500 ° C auf Germaniumplättchen aufgesinterter Goldüberzug mit 0,3-0,6% Sb) (Eltronik, Hütt) / doped gold
**dopen** v (Öl) / dope v ‖ ~ (Eltronik) / dope v ‖ ⁓ n (Eltronik) / doping* n
**Dopesheet** n (Film) / dope sheet
**Dope-Vektor** m (die Zeigerinformation fester Länge für ein Datenfeld eines Programms) (EDV) / dope vector
**Doping** n (vorübergehende Leistungssteigerung durch Verabreichung von bestimmten Pharmaka) (Med, Pharm) / doping n
**Doppel•-Abkürzungskreissägemaschine** f (For) / double cross-cut circular saw, double cut-off saw ‖ ⁓**abzweig** m (von Leitern) (Eltech) / double junction ‖ ⁓**achse** f (Masch) / double axle ‖ ⁓**acht** f (ein Schmalfilm) (Film) / double 8, cine 8, regular 8, standard 8 ‖ ⁓**achtfilm** m (Film) / double 8, cine 8, regular 8, standard 8 ‖ ~**achtflächig** adj (Krist) / dioctahedral adj ‖ ⁓**ader** f (Kab) / pair n ‖ ~**adriges Kabel** (Eltech) / twin cable*, loop cable*, double-core

**Doppelkäfigankermotor**

cable, two-conductor cable, two-core cable ‖ ～**amplitude** f (Elektr) / peak-to-peak amplitude*, double amplitude*, P-P amplitude ‖ ～**anastigmat** m n (Foto) / double anastigmat* ‖ ～**anion** n (Phys) / dianion n ‖ ～**anker** m (Eltech) / double armature ‖ ～**anregung** f (bei der Autoionisation) (Kernphys) / double excitation ‖ ～**anschlag** m (auf der Schreibmaschine) / overstriking n ‖ ～**armmanipulator** m (mit zwei kompletten, im Winkel zueinander eingestellten Armen, die beide gemeinsam schwenken) (Masch) / double-arm manipulator ‖ ～**atlas** m (ein Doppelgewebe) (Tex) / satin double-face, double satin ‖ ～**axt** f (For) / double-bladed axe, double-bitted ax (US) ‖ ～**backenbremse** f / double-shoe brake ‖ ～**balkenbiegeprobe** f (WP) / double-cantilever-beam specimen, DCB specimen ‖ **konische** ～**balkenbiegeprobe** (WP) / tapered double-cantilever beam specimen, TDCB specimen ‖ ～**bandpolieranlage** f (Glas) / twin polisher ‖ ～**basiger Treibstoff** (Raumf) / double-base propellant ‖ ～**basisdiode** f (Eltronik) / unijunction transistor (UJT) ‖ ～**basistransistor** m (Eltronik) / unijunction transistor (UJT), double-base diode ‖ ～**basistreibstoff** m (Raumf) / double-base propellant ‖ ～**begrenzer** m (Fernm) / slicer n ‖ ～**belichtung** f (Foto) / double exposure*, superimposition exposure ‖ ～**belichtungssperre** f (Foto) / double-exposure lock ‖ ～**besäumkreissägemaschine** f (For) / double edger ‖ ～**bild** n / double image ‖ ～**bild** s. auch Geisterbild ‖ ～**bildung** f (von Kristallen) (Krist) / gemination n ‖ ～**bindung** f (zwei bindende Elektronenpaare zwischen den Bindungspartnern) (Chem) / double bond* ‖ **endozyklische** ～**bindung** (Chem) / endocyclic double bond ‖ **nicht kumulative** ～**bindung** (Chem) / non-cumulative double bond ‖ **isolierte** ～**bindung** (Chem) / isolated double bond ‖ **kumulierte** ～**bindung** (Chem) / cumulated double bond ‖ **mit konjugierten** ～**bindungen** (eine Kohlenstoffverbindung) (Chem) / conjugated adj (compound) ‖ **konjugierte** ～**bindungen** (Chem) / conjugate double bonds* ‖ ～**bindungsisomerie** f (eine Abart der Strukturisomerie) (Chem) / double-bond isomerism ‖ ～**bindungsregel** f (Chem) / double-bond rule ‖ ～**bit** n (zwei Bits) (EDV) / dibit n ‖ ～**blattsperre** f (in der Durchlaufkamera) / document stop ‖ ～**blindversuch** m (Pharm) / double-blind trial, double-blind test ‖ ～**boden** m (Masch, Schiff) / double bottom ‖ ～**bogen** m (ein S-förmiges Entwässerungsrohr) (Klemp) / swan-neck n, offset n, goose neck, S-bend n ‖ ～**bogen** (180°) (Klemp) / return bend, U-bend n ‖ ～**bogenfalzmaschine** f (Buchb) / two-sheet folder ‖ ～**brandgips** f (Bau) / double-burnt gypsum ‖ ～**brechend** adj (Min, Opt) / birefringent adj, double-refracting adj ‖ ～**brechender Kristall** (Krist, Opt) / birefringent crystal ‖ ～**brechung** f (Min, Opt) / birefringence* n, double refraction* ‖ **magnetische** ～**brechung** (z.B. beim Majorana-Effekt) / magnetic double refraction ‖ **elektrische** ～**brechung** (Phys) / electrooptical birefringence, Kerr electrostatic effect, electrooptical Kerr effect ‖ ～**brenner** m (Masch) / double burner, duplex burner*, double throat burner US) ‖ ～**bruch** m (dessen Zähler und/oder Nenner wieder aus Brüchen bestehen) (Math) / complex fraction, compound fraction ‖ ～**brücke** f (Eltech) / double bridge* ‖ ～**brücke** (HuT) / twin bridge ‖ ～**bus** m (EDV) / dual bus (Leder) / butt n ‖ ～**decker** m (Kfz) / double-deck bus ‖ ～**decker** (mit zwei übereinanderliegenden Tragflächen) (Luftf) / biplane n ‖ ～**deckpalette** f / double-deck pallet ‖ ～**deckpalette** s. auch Umkehrpalette ‖ ～**deltaflügel** m (Luftf) / double delta, double-delta wing ‖ ～**diaprojektor** m , bei dem ein Bild in das nächste übergeblendet wird / stereopticon n ‖ ～**diele** f (For, Zimm) / deal n (48 - 102 mm thick, 229 - 279 mm wide)*, plank n (48-102 mm thick, > 279 mm wide - in softwoods) ‖ ～**diffundiert** adj (Eltronik) / double-diffused adj ‖ ～**diffusion** f (Eltronik) / double diffusion ‖ ～**diffusions-MOS** m (Eltronik) / double-diffused metal oxide semiconductor, DIMOS n ‖ ～**diode** f (zwei in einem gemeinsamen Gehäuse untergebrachte Seleneinzeldioden mit sehr hohem Sperrwiderstand) (Eltronik) / twin diode, double diode*, binode n, duodiode n ‖ ～**-Doppel-Wellpapier** n (Pap) / double-double face corrugated fibreboard ‖ ～**drahtsystem** n (Eltech) / two-wire system*, insulated-return system* ‖ ～**drahtsystem** (Eltech) / double-wire system* ‖ ～**drahtzwirnmaschine** f (DIN 64100) (Spinn) / two-for-one twister, double-twist frame, two-for-one twisting machine ‖ ～**dreher** m (Tex) / double leno, double gauze, douped crossing gauze ‖ ～**drehtransformator** m (bei dem die Winkelabweichung zwischen der Primärspannung und der resultierenden Spannung vermieden wird) (Eltech) / double-rotor regulator ‖ ～**dreieckschaltung** f (Eltech) / double-delta connection* ‖ ～**drosselsystem** n (Serienschaltung von Drosseln, die als Druckteiler benutzt wird) (Masch) / cascade throttle system ‖ ～**druck** m (Telefax) (Fernm) / repeat printing ‖ ～**druck** (Tex) / double print, duplex print ‖ ～**duowalzwerk** n (Hütt) / double two-high (rolling) mill ‖ ～**eisen** n (Tischl) / double-plane iron ‖ ～**empfang** m (von zwei Signalen für zwei Empfänger mit der gleichen Antenne) (Radio) / double reception* ‖ ～**endprofiler** m (For) / double ender ‖ ～**endprofiliermaschine** f (For) / double ender ‖ ～**erdschluß** m (Eltech) / double earth fault* ‖ ～**europakarte** f (EDV) /

double Europe card ‖ ～**fach** n (Web) / double shed, double-step shed ‖ ～**fadenaufhängung** f (Phys) / bifilar suspension* ‖ ～**fadenlampe** f (Licht) / twin-filament lamp, double-filament lamp ‖ ～**fahrleitung** f (Eltech) / double-trolley system* ‖ ～**faltversuch** m (WP) / double-folding test ‖ ～**falzen** n (des Bleches) (Masch) / fastening n ‖ ～**farbig** adj / dichroic adj ‖ ～**farbigkeit** f (Krist) / dichroism* n ‖ ～**färbung** f (Mikros) / double staining ‖ ～**feinflyer** m (Spinn) / jack frame ‖ ～**fenster** n (Bau) / double window* ‖ **helmintegriertes** ～**fernrohr** (Luftf) / helmet-mounted binoculars ‖ ～**filter** n (Produkt der Impedanzen des Längs- und Querzweigs ist frequenzunabhängig) (Fernm) / constant-k filter*, constant-k network* ‖ ～**filter** n pl (Röntgenfilter) (Radiol) / balanced filters
**doppelflächig** • e **Kettenwirkware** (Tex) / simplex n (double-faced fabric usually made on two needle-bars of a bearded needle warp-knitting machine) ‖ ～e **Kulierware** (Maschenware, bei der die Vorderseite und Rückseite von verschiedenen Nadelreihen gearbeitet wird und auf beiden Seiten rechte Maschen erhält) (Tex) / double-knit fabrics (made by interlocking the loops from two strands of yarn with a double stitch), double knits ‖ ～e **Strickware** (Tex) / double-knit fabrics (made by interlocking the loops from two strands of yarn with a double stitch), double knits ‖ ～e **Ware** (Tex) / double-knit fabrics (made by interlocking the loops from two strands of yarn with a double stitch), double knits
**Doppel** • **flanell** m (Tex) / double flannel ‖ ～**florig** adj (Tex) / double-sided adj ‖ ～**flügelige Tür** (Bau) / double-wing door, double door ‖ ～**flutig** attr (Ausführung eines Turboverdichters) ‖ ～**flutige Turbine** (Masch) / double-flow turbine* ‖ ～**flutiger Turbokompressor** (Masch) / double-entry turbocompressor ‖ ～**folge** f (aus abzählbar unendlich vielen unendlichen Zahlenfolgen) (Math) / double sequence ‖ ～**form** f (Druck) / two-up n, two-up forme ‖ ～**form** (Glas) / double-cavity mould ‖ ～**frontfeuerung** f (z.B. des Strahlungskessels) (Masch) / twin frontal firing ‖ ～**fußboden** m (Bau) / double floor* ‖ ～**gabel** f (z.B. bei Gabelschleppern) / double fork ‖ ～**gabelschlüssel** m (Werkz) / double-ended open-jawed spanner, double open-ended wrench, double open-end wrench ‖ ～**gabelstiel** m (HuT) / K-strut n ‖ ～**gängiges Gewinde** (Masch) / two-start thread*, double-start thread ‖ ～**garn** n (Spinn) / two-ply yarn, twofold yarn ‖ ～**gas** n (Chem Verf) / coal water gas ‖ ～**gate-MOSFET** m (in MOS-Technik hergestellter Feldeffekttransistor mit zwei unabhängig voneinander den Drainstrom steuernden und dadurch das Ausgangssignal beeinflussenden Gate-Elektroden) (Eltronik) / double-gate MOSFET ‖ ～**gelenk** n (Masch) / double cardan joint, double universal joint ‖ ～**genauigkeit** f (bei der Darstellung und Berechnung einer Zahl) (EDV) / double precision* ‖ ～**gewebe** n (Tex) / double cloth* ‖ ～**glockenprinzip** n (bei der Erzeugung von Ultrahochvakuum) (Vakuum) / double bell-jar principle, double-wall principle ‖ ～**glockenverschluß** m (ein Gichtverschluß) (Hütt) / double bell-and-hopper arrangement ‖ ～**greifer** m (zwei unabhängig voneinander zu betätigende Greifer, die mitunter auch rotatorisch oder translatorisch ihre Positionen tauschen können) (Masch) / double gripper ‖ ～**greifer für den automatischen Werkzeugwechsel** (Masch) / double gripper for automatic tool change ‖ ～**haken** m (ein Lasthaken nach DIN 699) (Masch) / sister hook, clove hook, clip hook, ram's-horn hook, double hook ‖ ～**hakennadel** f (Tex) / double-hook needle, double-head needle ‖ ～**härten** n (DIN 17 014, T 1) (Hütt) / double hardening ‖ ～**haus** n (Bau) / double house (US), semidetached house ‖ ～**häutig** adj (Leder) / pipy adj, pipey adj, empty adj ‖ ～**hebehaken** m (Masch) / sister hook, clove hook, clip hook, ram's-horn hook, double hook ‖ ～**hebelgeber** m **für Morsetasten** (Fernm) / paddle n ‖ ～**hecht** m (Leder) / back n ‖ ～**hecht** (Leder) s. auch Hecht ‖ ～**helix** f (pl. -ices) (Biochem) / double helix ‖ ～**herzstück** n (Bahn) / diamond crossing, obtuse crossing ‖ ～**heterolaser** m (Phys) / double-heterojunction laser diode ‖ ～**heterostruktur** f (Eltronik) / double heterojunction ‖ ～**heterostrukturlaser** m (Phys) / double-heterostructure laser, DH laser ‖ ～**hieb** m (Werkz) / cross cut, double cut ‖ ～**hiebfeile** f (Werkz) / cross-cut file*, double-cut file ‖ ～**hiebige Feile** (Werkz) / cross-cut file*, double-cut file ‖ ～**hobel** m (Tischl) / double plane ‖ ～**höckereffekt** m (Eltronik) / double-hump effect* ‖ ～**hub** m (Masch) / double stroke ‖ ～**hub-Jacquardmaschine** f (Web) / double-lift Jacquard loom ‖ ～**hubschaftmaschine** f (Web) / double-lift dobby ‖ ～**hump** m (Kfz) / double hump, round hump on both bead seats ‖ ～**injektionsdiode** f (eine elektrische Diode, bei der beide Ladungsträgersorten /Elektronen und Löcher/ injiziert werden) (Eltronik) / double-injection diode ‖ ～**instrumentierung** f (Instr) / dual instrumentation, double instrument equipment ‖ ～**integral** n (bei dem über zwei Variable integriert wird) (Math) / double integral* ‖ ～**-Jersey** m (Tex) / double jersey* ‖ ～**-J-Naht** f (Schw) / double-J butt (groove) weld, double-J weld ‖ ～**käfig** m (des Käfigläufermotors) (Eltech) / double squirrel ‖ ～**käfigankermotor** m (Eltech) / double squirrel-cage motor*, double-cage induction motor,

**Doppelkäfigläufermotor**

Boucherot motor* ‖ ⁓**käfigläufermotor** m (Eltech) / double squirrel-cage motor*, double-cage induction motor, Boucherot motor* ‖ ⁓**kammermühle** f (eine geschlossene, kontinuierlich arbeitende Rührwerksmühle zum Dispergieren von Lacken und Druckfarben) (Chem Verf) / double-chamber mill ‖ ⁓**kammerschleuse** f (Wasserb) / double lock* ‖ ⁓**kapselmikrofon** n / double-button (carbon) microphone, differential microphone ‖ ⁓**kassettensystem** n (Akus) / double-cassette system, dual-cassette system ‖ ⁓**kastenspeiser** m (Spinn) / lattice opener ‖ ⁓**kegel** m (der durch Spiegelung eines Kegels an seiner Spitze entsteht) (Math) / double cone ‖ ⁓**kegelmühle** f (Aufber) / Hardinge mill* (a continuous-type ball mill of tri-cone construction) ‖ ⁓**kegelspule** f (mit konischer Mantelfläche und konischen Stirnflächen) (Kreuzspule mit schrägen Flanken) (Tex) / pineapple cone, bicone n ‖ ⁓**kegel-Zylinderspule** f (mit zylindrischer Mantelfläche und konischen Stirnflächen) (Web) / cheese with tapered ends ‖ ⁓**kehlnaht** f (Schw) / double fillet weld, fillet weld each side of tee ‖ ⁓**keil** m (um ein Absenken der Schalung beim Ausschalen zu ermöglichen) (HuT) / easing wedge*, striking wedge*, lowering wedge* ‖ ⁓**keilprofil** n (für Flugkörper, die mit mehrfacher Schallgeschwindigkeit in großen Höhen operieren) (Luftf) / double-wedge aerofoil* ‖ ⁓**kerbprobe** f (WP) / double-edge-notched specimen ‖ ⁓**kern** m (aus zwei zusammengesetzten Bäumen) (For) / double pith ‖ ⁓**kernrohr** n (beim Rotary-Bohrverfahren) (Erdöl) / double-core barrel ‖ ⁓**kernrohr mit mitdrehendem Innenrohr** (Bergb) / face-discharge bit, face-ejection bit, bottom-discharge bit ‖ ⁓**kette** f (von Isolatoren) (Eltech) / double string ‖ ⁓**kette aus abwechselnd aufgenommenen Kettfäden** (Web) / end-and-end n, end-to-end n ‖ ⁓**kettenstuhl** m (Tex) / double warp frame, warp-knitting loom with two needle bars ‖ ⁓**kettenwirkautomat** m (Tex) / automatic double-warp frame ‖ ⁓**kettenwirkmaschine** f (Tex) / double warp frame, warp-knitting loom with two needle bars ‖ ⁓**klappenwehr** n (Wasserb) / roof weir, bear-trap weir ‖ ⁓**klick** m (mit einer Maus) (EDV) / double click ‖ ⁓**klicken** v (nur Infinitiv) (EDV) / doubleclick v, double-click v ‖ ⁓**kniehebelbackenbrecher** m (Masch) / Blake crusher*, Blake-type jaw crusher, double-toggle jaw crusher ‖ ⁓**knotenkurve** f (Math, Phys) / binodal curve ‖ ⁓**kohlemikrofon** n (Akus) / push-pull carbon microphone ‖ ⁓**kokosnuß** f / Seychelles nut, cocodemer n, double coconut ‖ ⁓**kolbenmotor** m (ein Zweitaktmotor) (Kfz) / double-piston engine, dual-piston engine ‖ ⁓**kondensator** m (Eltech) / twin capacitor ‖ ⁓**kontaktverfahren** n (mit einer Zwischenabsorption des gebildeten Schwefeltrioxids) (Chem Verf) / double-contact catalysis ‖ ⁓**konus** m (Math) / double cone ‖ ⁓**konusantenne** f (Radio) / biconical antenna ‖ ⁓**konushornantenne** f (Radio) / biconical horn* ‖ ⁓**konuslautsprecher** m (Radio) / dual-cone loudspeaker, dual-cone speaker ‖ ⁓**kopfhörer** m (Akus) / headphones pl, headset n (US) ‖ ⁓**kopfnadel** f (Tex) / double-hook needle, double-head needle ‖ ⁓**kopfnagel** m (Zimm) / double-headed nail, duplex-head nail, dual-head nail ‖ ⁓**kopfschweißen** n (teilautomatisches Schmelzschweißen, bei dem in der Regel über zwei Schweißköpfe der Zusatzwerkstoff in das Schmelzbad eingebracht wird) (Schw) / two-head welding, twin-head welding ‖ ⁓**kopfverfahren** n (bei Polyesterlacken) (Anstr) / dual-head method ‖ ⁓**korrelation** f (Turbulenz) (Phys) / double correlation ‖ ⁓**kranzbrenner** m (Masch) / piloted burner ‖ ⁓**kreuzgelenk** n (Masch) / double cardan joint, double universal joint ‖ ⁓**kristall** m (Krist) / twin crystal, twinned crystal*, macle* ‖ ⁓**krümmer** m (Klemp) / return bend, U-bend n ‖ ⁓**krupon** m (Leder) / butt n ‖ ⁓**kugelschnäpper** m (als Beschlag) (Bau) / double-ball catch ‖ ⁓**kurbel** f (Masch) / double crank ‖ ⁓**kurbelgetriebe** n (Masch) / double-crank mechanism ‖ ⁓**kurbelmechanismus** m (Masch) / double-crank mechanism ‖ ⁓**kurbelpresse** f (Masch) / double-crank press ‖ ⁓**kurve** f / reverse curve*, reversed curve, S-curve* n ‖ ⁓**kurve** (zunächst links) (ein Verkehrszeichen) (Kfz) / double bend (first to left) ‖ ⁓**kurzschlußankermotor** m (Eltech) / double-cage short-circuit motor ‖ ⁓**laktatmethode** f (Landw) / double-lactate method ‖ ⁓**läufermotor** m (Eltech) / double-armature motor, two-armature motor ‖ ⁓**leerstelle** f (eine Punktfehlstelle) (Krist) / divacancy n ‖ ⁓**lehre** f (Masch) / go, not-go gauge*, go and no-go gauge ‖ ⁓**leiter** f / step-ladder n, steps pl, pair of steps ‖ ⁓**leiter** m (Eltech) / twin conductor, double conductor ‖ **konzentrisches** ⁓**leiterkabel** (Kab) / twin-concentric cable*, twinax cable ‖ ⁓**leitung** f (wenn die beiden Leiter nicht einen gleichen Querschnitt haben) (Eltech) / twin lead ‖ ⁓**leitung** (Eltech) / double-conductor line, two-wire line, double-circuit line ‖ **verdrillte** ⁓**leitung** (Eltech) / twisted pair ‖ ⁓**leitwerk** n (Luftf) / double-tail unit, twin-tail unit ‖ ⁓**lesekopf** m (EDV, Mag) / preread head ‖ ⁓**lichtbogenofen** m (Hütt) / series-arc furnace ‖ ⁓**lichtbogenschweißen** n (Schw) / twin-arc welding ‖ ⁓**linie** f (im Spektrum) (Phys) / double line ‖ ⁓**litze** f (Eltech) / twin flexible cord, twin flex ‖ ⁓**-Logarithmenpapier** n (Pap) / loglog paper ‖ ⁓**maschenware** f (Tex) / double-knit fabrics (made by interlocking the loops from two strands of yarn with a double stitch), double knits ‖ ⁓**mast** m (Eltech) / H-frame structure ‖ ⁓**maulschlüssel** m (Werkz) / double-ended open-jawed spanner, double open-ended wrench, double open-end wrench ‖ **kleiner** ⁓**maulschlüssel** (Werkz) / compact open-end spanner, midget open-end wrench (US), electrical spanner ‖ ⁓**meißelhalter** m (Masch) / duplex toolholder ‖ ⁓**membranpumpe** f (Masch) / double-diaphragm pump, twin-diaphragm pump ‖ ⁓**meßbrücke** f (Eltech) / double bridge* ‖ ⁓**meßbrücke nach Thomson** (Eltech) / Kelvin bridge*, Kelvin double bridge, Thomson bridge ‖ ⁓**messer** n (ein Hobeleisen mit Klappe) (Tischl) / double-plane iron ‖ ⁓**messerschneidwerk** n (Landw) / double-knife cutter bar ‖ ⁓**metall-Leiter** m (Eltech) / composite conductor* ‖ ⁓**mikroskop** n (Mikros) / binocular microscope ‖ ⁓**modulation** f (Fernm, Radio) / double modulation*, compound modulation*, dual modulation* ‖ ⁓**monochromator** m (Opt) / double monochromator ‖ ⁓**motor** m (Eltech) / double-armature motor, two-armature motor ‖ ⁓**motorscraper** m (der einen zusätzlichen Antrieb auf die durch die Kübellast beanspruchte Hinterachse und damit einen besseren Kraftschluß hat) (HuT) / double-engine scraper ‖ ⁓**muffe** f (ein Stativzubehör) (Chem) / boss head ‖ ⁓**muffenbogen** m 90° (Masch) / double-socket 1/4 bend ‖ ⁓**muffenbogen** 45° (Masch) / double-socket 1/8 bend ‖ ⁓**muffenbogen** 22 1/2° (Masch) / double-socket 1/16 bend ‖ ⁓**muffenbogen** 11 1/4° (Masch) / double-socket 1/32 bend ‖ ⁓**muffenstück** n **mit Flanschstutzen** (Masch) / double-socket tee with flanged branch ‖ ⁓**muffenstück mit Muffenstutzen** (Masch) / all-socket tee ‖ ⁓**muffen-Übergangsstück** n (Masch) / double-socket taper ‖ ⁓**mutter** f (Untermutter + Sicherungsmutter) (Masch) / nut and counter-nut

**doppeln** v (Schuhsohle annähen) / stitch v (the outsole) ‖ ~ / double vt, duplicate v ‖ ⁓**n** / doubling n, duplication n ‖ ⁓ v (von Schuhsohlen) / sole stitching, outsole stitching

**Doppel • -Nadelstabstrecke** f (Spinn) / D.N. draft, double-needle draft, intersecting gillbox ‖ ⁓**name** m (Genus + Spezies; in der binominalen Nomenklatur) (Biol) / binomen (pl -nomina) n, binomial name ‖ ⁓**negativ** adj / dinegative adj ‖ ⁓**neutron** n (Kernphys) / dineutron* n ‖ ⁓**nickel** n (Galv) / duplex nickel, double-layer nickel ‖ ⁓**nippel** m (Klemp, Masch) / shoulder nipple*, barrel nipple* ‖ ⁓**nockenmotor** m (Kfz) / double-overhead-camshaft engine, DOHC engine, twin-cam engine ‖ ⁓**nockenwellenmotor** m (Kfz) / double-overhead-camshaft engine, DOHC engine, twin-cam engine ‖ ⁓**null-Raps** m (Landw, Nahr) / double-low colza, double low rape-seed, double-zero colza ‖ ⁓**nutzenverarbeitung** f (Druck) / two-up processing, two-up production ‖ ⁓**objektiv** n (aus zwei gleichartig gebauten Gliedern) (Foto) / double n ‖ ⁓**operationsverstärker** m (EDV) / dual operational amplifier ‖ ⁓**öse** f (Masch) / double eye ‖ ⁓**oxid** n (das sich aus den Oxiden zweier Elemente zusammensetzt) (Chem) / double oxide ‖ ⁓**oxid** (Chem) / mixed oxide ‖ ⁓**packpapier** n (Pap) / union kraft*, union paper ‖ ⁓**pendel** n (ein gekoppeltes Pendel) (Phys) / double pendulum ‖ ⁓**pilaster** m (Arch) / double pilaster ‖ ⁓**-Pi-Schaltung** f (Fernm) / O-network* n ‖ ⁓**pistole** f (mit zwei Farbbechern) (Anstr) / dual spray-gun ‖ ⁓**platinelektrode** f (zur Polarisationsspannungstitration) (Chem) / platinized platinum electrode ‖ ⁓**plüsch** m (Doppelsamt) (Tex) / face-to-face pile fabric ‖ ⁓**plüsch** (ein Doppelgewebe) (Web) / double plush ‖ ⁓**polig** adj (Eltech) / double-pole* attr, two-pole attr ‖ ⁓**polig** (Eltech, Phys) / bipolar adj ‖ ⁓**poligeRöhre** (Radiol) / bipolar tube ‖ ⁓**positiv** adj / dipositive adj ‖ ⁓**postkarte** f (Werbepostkarte, die auseinandergetrennt werden kann, so daß der Empfänger seine Rückantwort von der Karte, die er erhalten hat, abreißen oder abschneiden kann) / double postcard ‖ ⁓**priorität** f (EDV) / dual precedence ‖ ⁓**prisma** n (Opt) / biprism* n ‖ **Fresnelsches** ⁓**prisma** (Opt) / Fresnel biprism ‖ ⁓**projektion** f (Film) / double projection ‖ ⁓**proton** n (Kernphys) / diproton n ‖ ⁓**prüfung** f (EDV) / duplication check ‖ ⁓**punkt** m (Druck, EDV) / colon n ‖ ⁓**punkt** (der zwei Zweigen einer Kurve angehört) (Math) / double point* ‖ **gewöhnlicher** ⁓**punkt** (Math) / crunode n ‖ ⁓**punkt** m (Math) s. auch mehrfacher Punkt ‖ ⁓**punktfreie geschlossene Kurve** / simple closed curve ‖ ⁓**pyramide** f (Min) / bipyramid* n, dipyramid n ‖ ⁓**quantenfilter** n (Spektr) / double quantum filter, DQF ‖ ⁓**quantenspektroskopie** f (Spektr) / double quantum spectroscopy, DQS ‖ ⁓**-Quanten-Transfer-Experiment** n **mit natürlicher** [13]**C-Häufigkeit** (Spektr) / INADEQUATE n (incredible natural-abundance double-quantum transfer experiment) ‖ ⁓**quarz** m (Phys) / biquartz* n ‖ ⁓**querlenker m in Trapezform** (Kfz) / short-arm, long-arm suspension n, SALA-suspension n ‖ ⁓**querlenker mit kürzerem oberem Lenker** (Kfz) / short-arm, long-arm suspension n, SALA-suspension n ‖ ⁓**querlenkerachse** f (Kfz) / parallelogram suspension, twin A-arm suspension (US) ‖ ⁓**räder** n pl (Kfz, Luftf) / dual wheels, twin wheels ‖ ⁓**rad-Fahrwerk** n (Luftf) / dual-wheel undercarriage ‖ ⁓**rahmenantenne** f (Radio) /

double-loop antenna ‖ ⁓**rahmenpeiler** *m* (Radio) / spaced-loop direction-finder* ‖ ⁓**rakel** *f* (beim Textildruck) (Tex) / twin squeegee ‖ ⁓**rand** *m* (des Strumpfs) (Tex) / double top, garter top, inturned welt ‖ ⁓**reflexion** *f* (Krist, Min) / bireflection *n* ‖ ⁓**registervergaser** *m* (Kfz) / quad carburettor ‖ ⁓**reihe** *f* (Math) / double series* ‖ ⁓**reihe** (Math) / double series ‖ ⁓**reihig** *adj* (Tex) / double-breasted *adj* ‖ ⁓**resonanz** *f* (in der Hochfrequenzspektroskopie) (Spektr) / double resonance ‖ **kernmagnetische** ⁓**resonanz** (Kernphys) / nuclear magnetic double resonance, NMDR ‖ ⁓**resonanzmethode** *f* (ein Verfahren der Hochfrequenzspektroskopie) (Spektr) / double-resonance method ‖ ⁓**resonanzverfahren** *n* (Spektr) / double-resonance method ‖ ⁓**richtungstransistor** *m* (mit zwei Kollektoren und zwei Emittern, für Schaltzwecke) (Eltronik) / bidirectional transistor ‖ ~**rillig** *adj* (Scheibe) (Masch) / double-groove *adj* ‖ ⁓**ringschlüssel** *m* (Masch) / double-end box spanner, double-end box wrench ‖ ⁓**rohr-Verflüssiger** *m* (für Kältemitteldampf) (Masch) / double-pipe condenser ‖ ⁓**rohrwärmetauscher** *m* (Chem Verf) / double-pipe exchanger* ‖ ⁓**rundstrickware** *f* (Tex) / double-knit fabrics (knitted on circular knitting machine), double knits ‖ ⁓**Rüping-Sparverfahren** *n* (For) / double Rüping process, double Rueping process ‖ ⁓**salz** *n* (z.B. Alaun oder Chlorkalk) (Chem) / double salt* ‖ ⁓**sammelschiene** *f* (Eltech) / double bus (bar) ‖ ⁓**samt** *m* (Tex) / face-to-face pile fabric ‖ ⁓**säule** *f* (Arch) / twin column* ‖ ⁓**saum** *m* (Tex) / double seam ‖ ⁓**schalen-** (Bau, HuT) / double-shell *attr* ‖ ⁓**schalig** *adj* (Bau, HuT) / double-shell *attr* ‖ ~**schalige Wand** (Bau) / two-leaf wall ‖ ⁓**scharlach** *m* / scarlet red, Biebrich red, Biebrich scarlet ‖ ⁓**scheibe** *f* (Fenster) (Bau) / double-glazing unit ‖ **zweireihige** ⁓**scheibenegge** (Landw) / tandem disk harrow ‖ ⁓**scheibenwicklung** *f* (Eltech) / double-disk winding ‖ ⁓**scheiben-Zerfaserungsmaschine** *f* (For) / Bauer double-disk refiner ‖ ⁓**scherung** *f* (Masch) / double shear* ‖ ⁓**schicht** *f* (an der Grenzfläche zweier Phasen) (Chem, Phys) / double layer*, bilayer *n* ‖ **diffuse** ⁓**schicht** / Gouy layer* ‖ **magnetische** ⁓**schicht** / magnetic double layer ‖ **elektrochemische** ⁓**schicht** (z.B. zwischen Metall und Elektrolytlösung) (Chem, Phys) / electrochemical double layer ‖ **elektrische** ⁓**schicht** (an der Phasengrenze zwischen zwei elektrisch leitenden oder halbleitenden Phasen ausgebildete Ladungs- oder Potentialverteilung) (Chem, Phys) / electric double layer*, electrical double layer* ‖ **Helmholtz** ⁓**schicht** (eine Schicht der elektrochemischen Doppelschicht) (Chem, Phys) / Helmholtz double layer*, Stern layer ‖ ⁓**schichtfilm** *m* (Foto) / double-coated film* ‖ ⁓**schiebefenster** *n* (senkrecht) (Bau) / double-hung window*, double-hung sash window ‖ ⁓**schleuse** *f* (Wasserb) / double lock* ‖ ⁓**schlichtfeile** *f* (Masch) / dead-smooth file* ‖ ⁓**schlußerregung** *f* (Eltech) / compound excitation ‖ ⁓**schlußmotor** *m* (Eltech) / compound motor* ‖ ⁓**schlußverhalten** *n* (wenn sich die Drehzahl zwischen Leerlauf und Vollast um mehr als 10% und weniger als 25% ändert) (Eltech) / compounding characteristic ‖ ⁓**schlußwicklung** *f* (Eltech) / compound winding ‖ ⁓**schrägverzahnung** *f* (Masch) / herring-bone gear*, double-helical gears ‖ ⁓**schraubenschiff** *n* (Schiff) / twin-screw ship, twin-screw vessel, two-screw ship, two-propeller ship ‖ ⁓**schuß** *m* (ein Webfehler) (Web) / double pick ‖ ⁓**schweres Wasser** (Nukl) / tritiated water ‖ ⁓**schwinge** *f* (im Gelenkgetriebe) (Masch) / double rocker ‖ ⁓**seite** *f* (Druck) / double page ‖ ⁓**seite** (zwei gegenüberliegende Seiten als grafische Einheit) (Druck) / spread* *n*, double-page spread, double spread ‖ **visuelle Kontrolle einer** ⁓**seite** (Druck) / opening* *n* ‖ ⁓**seitenlicht** *n* (Foto) / cross light

**doppelseitig** *adj* / bilateral *adj* ‖ ~ / double-sided *adj* ‖ ~**e Abbildung** (Zeichnung) (Druck) / spread* *n*, double-spread* *n*, double-page spread ‖ ~**e Anzeige** (Druck) / spread *n* ‖ ~**e Diskette** (EDV) / two-sided floppy disk, dual-sided disk, double-sided floppy disk ‖ ~**e Diskette mit vierfacher Schreibdichte** (EDV) / DSQD diskette, double-sided quad density diskette ‖ ~**es Gewebe** (mit zwei rechten Warenseiten) (Tex) / reversible *n*, double-face[d] fabric, double-face *n* ‖ ~**es Klebeband** / double-face (adhesive) tape ‖ ~ **klebendes Klebeband** / double-face (adhesive) tape ‖ ~ **Linearmotor** (Eltech) / double-sided linear motor, double-sided LIM, DLIM ‖ ~**e Modellplatte** (Gieß) / turnover board*, rollover-board *n* ‖ ~ **plattiert** (Galv) / double-clad *adj* ‖ ~ **verdeckte Handzinkung** (Tischl) / mitre dovetail ‖ ~**e Wellpappe** (Pap) / double-faced corrugated board, double facer

**Doppel•sieb** *n* (Fernm) / constant-k filter*, constant-k network* ‖ ⁓**sieb** (Pap) / twin wire ‖ ⁓**siebmaschine** *f* (mit zwei Sieben, zwischen denen die Suspension entwässert wird) (Pap) / twin-wire paper machine ‖ ⁓**siebpartie** *f* (Pap) / twin wire ‖ ⁓**sitzbank** *f* (des Motorrads) (Kfz) / twin seat ‖ ⁓**sitziges Ventil** (Masch) / double-seated valve ‖ ⁓**sitzventil** *n* (z.B. bei Industrieturbinen) (Masch) / double-beat valve*, double-seat valve, Cornish valve ‖ ⁓**spalt** *m* (im Youngschen Interferenzversuch) (Licht) / Young's slits ‖ ⁓**spalt** (Opt) / double slit ‖ **Youngsche Interferenz am** ⁓**spalt** (Licht) / Young's two-slit interference ‖ **Youngscher** ⁓**spalt** (Licht) / Young's two-slit interferometer, Young's double-slit interferometer, Young interferometer ‖ ⁓**spalt-Fowlerklappe** *f* (Luftf) / double-slotted Fowler flap ‖ ⁓**spaltklappe** *f* (Luftf) / double-slotted flap ‖ ⁓**spannrolle** *f* (bei Riemenantrieb) / double-tensioning idler ‖ **[Isländischer]** ⁓**spat** (Min) / Iceland spar* ‖ ⁓**spiegel** *m* (Leder) / crup butt ‖ ⁓**spiegel** (Licht) / bimirror* *n* ‖ ⁓**spielband** *n* (eine Tonbandsorte) (Akus) / DP band ‖ ⁓**spindel** *f* (Spinn) / double spindle ‖ ⁓**spirale** *f* (eines DNS-Moleküls nach Watson und Crick) (Biochem) / double helix ‖ ⁓**sprungstaffelung** *f* (der Zähne eines Räumwerkzeugs) (Masch) / double jump offset ‖ ⁓**spüle** *f* / double-bowl sink ‖ ⁓**spule** *f* (Akus) / twin spool ‖ ⁓**spulenlautsprecher** *m* (Akus) / double-coil loudspeaker* ‖ ⁓**spulenwicklung** *f* (Eltech) / double-disk winding ‖ ⁓**spur** *f* (Akus) / dual track*, double track, twin track ‖ ⁓**spuraufnahme** *f* (Akus) / twin-track recording, half-track recording, two-track recording ‖ ⁓**spuraufzeichnung** *f* (Akus) / twin-track recording, half-track recording, two-track recording ‖ ⁓**spurtonbandgerät** *n* (Akus) / double-track tape recorder, dual-track tape recorder, half-track tape recorder ‖ ⁓**stamm** *m* (For) / twin stem ‖ ⁓**ständerhobelmaschine** *f* (Masch) / double-housing planer, double-housing planing machine, double-column planer, double-column planing machine ‖ ⁓**ständermaschine** *f* (Masch) / two-column machine ‖ ⁓**ständerpresse** *f* (Masch) / straight-sided press, double-sided press ‖ ⁓**stapel** *m* (eine lineare Liste, bei der nur am Anfang und Ende Listenelemente hinzugefügt oder gelöscht werden können) (EDV) / double-ended queue, deque *n* ‖ ⁓**stecker** *m* (Eltech) / socket-outlet adapter ‖ ~**stegiger Träger** (Masch) / double-webbed girder* ‖ ⁓**steppstich** *m* (Tex) / lockstitch *n*, double-lock stitch ‖ ⁓**steppstich-Nähmaschine** *f* (Tex) / lockstitch sewing machine

**Doppelstern** *m* [physischer] (Astr) / binary* *n*, binary star*, double star* ‖ **astrometrischer** ⁓ (Astr) / astrometric binary star ‖ **optischer** ⁓ (Astr) / optical double*, optical double star, optical pair ‖ **spektroskopischer** ⁓ (Astr) / spectroscopic binary* ‖ **visueller** ⁓ (Astr) / visual binary*, visual double ‖ ⁓**motor** *m* (Luftf) / double-row radial engine*, twin-row radial ‖ ⁓**schaltung** *f* (Eltech) / duplex star connection

**Doppel•steuerung** *f* (in Schul- und Übungsflugzeugen) (Luftf) / dual control ‖ ⁓**stichprobennahme** *f* / double sampling ‖ ⁓**stirnbügelwagen** *m* (ein Flurförderzeug) / platform truck with double upright ends ‖ ⁓**stockomnibus** *m* (Kfz) / double-deck bus ‖ ⁓**stockwagen** *m* **für den Autotransport** (Bahn) / two-tier car carrier, double-deck car carrier ‖ ⁓**strahlröhre** *f* (Eltronik) / double-beam cathode-ray tube* ‖ ⁓**strangbruch** *m* (Gen) / cut *n* ‖ ~**strangig** *adj* (eine Nucleotidsequenz) (Biochem) / double-stranded *adj* ‖ ⁓**streuung** *f* (Kernphys) / double scattering ‖ **senkrechter** ⁓**strich** (Typog) / parallels *pl* (two parallel lines as a reference mark) ‖ ⁓**strombetrieb** *m* (Teleg) / double-current signalling, double-current working ‖ ⁓**stromerzeuger** *m* (Eltech) / double-current generator* ‖ ⁓**stromrichter** *m* (Eltronik) / double convertor ‖ ⁓**stromsignal** *n* (Fernm) / polar signal ‖ ⁓**stromtaste** *f* (Fernm) / double-current key ‖ ⁓**superhet** *m* (Radio) / double superhet receiver*, double conversion receiver ‖ ⁓**superhetempfänger** *m* (mit zwei Mischstufen bzw. Zwischenfrequenzen) (Radio) / double superhet receiver*, double conversion receiver ‖ ⁓**superphosphat** *n* (Phosphorsäuredüngemittel mit etwa 35% $P_2O_5$) (Landw) / double superphosphate

**doppelt** *adj* / double *adj* ‖ ~ / double *adj*, duple *adj*, dual *adj*, twofold *adj* ‖ ~**er Achtknoten** (Schiff) / wall knot (made on the end of a rope by unlaying and intertwining the strands), stevedore's knot (a stopper knot similar to a figure eight knot but with one more extra turns) ‖ ~**e Anführungszeichen** (Typog) / double quotes*, double quotation marks ‖ ~**er Betazerfall** (Kernphys) / double beta decay ‖ ~**e Bindung** (Chem) / double bond* ‖ ~**e einhüllendes Schneckengetriebe** (Masch) / Hindley worm gear, double enveloping worm gear pair, globoidal worm gear, worm gearing, enveloping worm drive, hourglass worm drive ‖ ~ **einsetzen** / pair *v* ‖ ~ **fokussierendes Massenspektrometer** (Spektr) / double-focusing spectrometer ‖ ~ **gegabelte Strebe** (HuT) / K-strut *n* ‖ ~ **gelegte Falte** (Tex) / inverted pleat, box pleat ‖ ~**e Genauigkeit** (EDV) / double precision* ‖ ~**er Gichtverschluß** (Hütt) / double stopper, double bell-and-hopper arrangement ‖ ~**e Hängesäule** (im Hängewerk) (Bau, Zimm) / queen-post* *n* ‖ ~**es Herzstück** (Bahn) / diamond crossing, obtuse crossing ‖ ~**es Kämmen** (Spinn) / double combing ‖ ~**e Kreuzungsweiche** (Bahn) / double slip ‖ ~**e Linie** (bei der eine Linie stärker ist als die andere) (Druck) / Scotch rule ‖ ~**e Nahaufnahme** (Film) / two-shot *n*, twin-shot *n* ‖ ~**e Oberflächenbehandlung** (HuT) / double-surface treatment ‖ ~**e oder dreifache Stoffbreite, die nach dem Weben durchgeschnitten wird** (Web) / lump* *n* ‖ ~**er Plattendurchlaß** (HuT) / twin slab culvert ‖ ~**er Plattensatz** (Druck) / two set* ‖ ~**e Sammelschiene** (Eltech) / double bus (bar) ‖ ~**es Schwindmaß** (Gieß) / double contraction*, double

**doppelt**

shrinkage* || ~**e Sohle** / clump *n* (a thick extra sole) || ~**e Umsetzung** (Chem) / double decomposition*, metathesis *n* (pl. metatheses) || ~**ungesättigt** (Chem) / di-unsaturated *adj* || ~ **verkettete Streuung** (Eltech) / double-linkage leakage || ~**e Vorwahl** (Fernsp) / tandem selection*
**Doppel • tangente** *f* (Math) / bitangent *n* || ²**-T-Anker** *m* (Eltech) / shuttle armature*, H-armature* *n* || ²**tarifmünzzähler** *m* (Eltech) / two-rate two-part prepayment meter || ²**tarifzähler** *m* (Eltech) / two-rate meter, double-tariff meter
**doppeltbaumwollsponnen** *adj* (Kab) / double-cotton covered, d.c.c.
**Doppel-T-Breitflanschträger** *m* (HuT, Hütt) / H-beam* *n*, H-girder* *n*, I-beam* *n*
**doppeltdifferentieller Wirkungsquerschnitt** (Kernphys) / spectro-angular cross section, double differential cross section
**Doppeltellerstößel** *m* (im Kurvengetriebe) (Masch) / yoke follower
**doppelt • gekrümmte Schale** (Arch) / shell of double curvature || ~**gelagert** *adj* (Masch) / two-bearing *attr* || ~**genaue Arithmetik** (bei der speicherinternen Darstellung von Zahlen werden doppelt so viele Bits verwendet als bei normaler Darstellung) (EDV) / double-precision arithmetic
**Doppel • -T-Glied** *n* (Fernm, Radar) / magic-T *n*, magic tee*, hybrid tee*, hybrid-T* *n*, hybrid T-junction || ²**tiegelverfahren** *n* (zur Herstellung von Mehrkomponentenglasfasern) (Glas) / double-crucible method
**doppelt • kaschierte Leiterplatte** (Eltronik) / two-sided printed circuit board, double-face printed circuit board || ~**lange Zahl** (EDV) / double-length number, double-precision number || ~**logarithmisches Papier** (den Abständen der einzelnen Geraden liegt eine logarithmische Teilung zugrunde) (Pap) / loglog paper
**Doppel • ton-** (Tex) / two-tone *attr*, two-toned *adj* || ²**tondruckfarbe** *f* (Druck) / double-tone ink || ²**tonprobe** *f* (zur Messung der unerwünschten Diffusion in einem Lichttonnegativ) (Film) / cross-modulation test || ²**tontastung** *f* (Fernm) / two-tone keying* || ²**torsionsprobe** *f* (WP) / double-torsion specimen, DT specimen || ²**-T-Profil** *n* (Hütt) / H-section *n*, I-section *n* || ²**trafo** *f* (Eltech) / double transformer || ²**tränkverfahren** *n* nach Rüping (For) / double Rüping process, double Rueping process || ²**transformator** *m* (Eltech) / double transformer || ²**transistor** *m* (zwei Transistoren in gemeinsamer Kapsel) (Eltronik) / dual transistor || ²**transistor mit vier Grenzschichten npnpn** (Eltronik) / tetrajunction transistor || ²**transporteur** *m* (Nav) / station pointer*, three-arm protractor || ~**tresonanter optischer parametrischer Oszillator** (Eltronik) / double-resonant optical parametric oscillator, DRO
**doppelt-reziprokes Diagramm** (bei enzymkinetischen Messungen) (Biochem) / Lineweaver-Burk plot
**Doppel • -T-Richtkoppler** *m* (Radar) / cross-guide coupler || ²**trikot** *m* (Tex) / double tricot || ²**triode** *f* (Eltronik) / twin triode*, double triode*, duotriode *n* || ²**trommelfördermaschine** *f* (Bergb) / double-drum hoist || ²**trommelhaspel** *f m* (Bergb) / double-drum hoist || ²**-T-Schaltung** *f* (Eltech) / parallel-T network*, twin-T network*
**doppeltseidenumsponnener Draht** (Eltech) / double silk-covered wire*, d.s.c. wire*
**Doppel • -T-Stoß** *m* (Schw) / cruciform joint, double-T joint, cross joint || ²**-T-Träger** *m* (Deckenträger mit schmalen Flanschen und hohem Steg) (Bau, Hütt) / rolled steel joist*, r.s.j., R.S.J.*, I-beam *n*, H-beam *n*, flanged beam, flanged girder || ²**tür** *f* (Türanlage mit zwei hintereinander in einer Wandöffnung angeordneten Türblättern) (Bau) / double door
**doppeltwirkend** *adj* (Masch) / double-acting *adj* || ~**e Kraftmaschine** (Masch) / double-acting engine* || ~**e Maschine** (bei der der Kolben abwechselnd von der einen und der anderen Seite durch ein Arbeitsmedium angetrieben wird) (Masch) / double-acting engine* || ~**er Motor** (Masch) / double-acting engine* || ~**e Presse** (Masch) / double-action press*, double-acting press
**doppeltwirkende Pumpe** (Masch) / double-acting pump*, double-action pump
**Doppelung** *f* / doubling *n*, duplication *n* || ² (Hütt) / lamination *n* || ² (Opt) / shearing *n*
**Doppelunterbrechung, mit** ² (Schalter) (Eltech) / double-break* *attr*
**Doppel • -V-Antenne** *f* (Radio) / double-V antenna, fan dipole || ²**vergaser** *m* (V-Mot) / two-barrel carburettor, dual carburettor, 2-BBL carburettor || ²**verglasung** *f* (in einem Rahmen) (Bau) / double glazing* || ²**verhältnis** *n* (für 4 Punkte auf einer Geraden) (Math) / cross-ratio* *n*, anharmonic ratio*, double ratio || ²**vernicklung** *f* (Abscheidung von zwei Ni-Schichten zum Korrosionsschutz) (Galv) / double-layer nickel coating, duplex nickel coating || ²**vorgespinst** *n* (Spinn) / double roving || ²**wachspapier** *n* (zwei durch Kaschierwachs verbundene Papierbahnen) (Pap) / wax-laminated duplex paper || **Gaußsche ²wägung** (Phys) / double weighing, Gauss method (of weighing), Gaussian weighing method, transposition *n* || ²**wand** *f* (Bau) / double wall || ~**wandiger Beutel** / duplex bag || ~**wandiger Kolben** (Masch) / box piston || ~**wandiger**

**Trog** (Tex) / jacketed trough || ²**wandprinzip** *n* (Vakuumt) / double bell-jar principle, double-wall principle || ²**weganordnung** *f* (Spektr) / double-pass arrangement || ²**weiche** *f* (Bahn) / tandem turnout, three-throw turnout, double turnout || **unsymmetrische beidseitig abzweigende ²weiche** (Bahn) / tandem turnout diverging from opposite hand || **zweiseitige ²weiche** (Bahn) / tandem turnout diverging from opposite hand || **einseitige ²weiche** (Bahn) / tandem turnout diverging from same hand || ²**wellenhammerbrecher** *m* (Masch) / double-shaft hammer crusher, double-spindle hammer crusher || ²**wellenmischer** *m* (Masch) / double-shaft mixer || ²**wendel** *f* (Licht) / coiled-coil filament*, double helical coil filament || ²**wendelglühdraht** *m* (Licht) / coiled-coil filament*, double helical coil filament || ²**wendellampe** *f* (Licht) / coiled-coil lamp || ²**winkelmesser** *m* (Nav) / station pointer*, three-arm protractor || ~**wirkende Presse** (Masch) / double-action press*, double-acting press || ²**wort** *n* (EDV) / double-word *n* || ²**wurzel** *f* (Math) / double root || **Helmholtzsche ²zelle** (eine Konzentrationszelle ohne Überführung) (Chem) / Helmholtz cell || ²**zentner** *m* / quintal* *n*, metric centner, double centner, q || ²**-Zeta-Basis (DZB)** *f* (Chem) / double zeta basis, DZB || ²**ziehfeder** *f* (Kart) / road pen, double-ruling pen || ²**zündung** *f* (Zündsystem mit zwei Zündkreisen pro Zylinder) (Kfz) / double ignition || ²**zweckmeßgerät** *n* (Eltech) / dual-purpose meter || ²**zylinder-Strickmaschine** *f* (Tex) / double-cylinder knitting machine*
**Döpper** *m* (Kopfsetzer) (Masch) / snap* *n*, rivet snap, rivet header
**Doppler • -Anemometer** *n* (Phys) / Doppler anemometer || ²**-Bank** *f* (Nukl) / Doppler bank, D-bank *n*, Doppler rod bank || ²**-Effekt** *m* (Veränderung der beobachteten Frequenz von Wellen bei einer Relativbewegung von Quelle und Beobachter; auch bei der Rotverschiebung der Spektrallinien - nach Ch.J. Doppler, 1803-1853) (Phys) / Doppler effect*, Doppler's principle || **akustischer ²-Effekt** (Phys) / acoustical Doppler effect, Doppler effect in acoustics || **linearer ²-Effekt** (Phys) / Doppler effect of the first order, linear Doppler effect || **optischer ²-Effekt** (Phys) / optical Doppler effect, Doppler effect in optics || ²**-Effekt** *m* **erster Ordnung** (Phys) / Doppler effect of the first order, linear Doppler effect || ²**-Effekt zweiter Ordnung** (Phys) / Doppler effect of the second order, quadratic Doppler effect || ²**-Filter** *n* (ein Frequenzfilter) (Radar) / Doppler filter || ~**-freie Spektroskopie** (spektroskopische Technik, bei der der Dopplereffekt und damit die Doppler-Verschiebung und die Doppler-Verbreiterung weitgehend vermieden wird) (Spektr) / Doppler-free spectroscopy || ~**-freie Zweifotonenspektroskopie** (die Zweifotonenanregung mit entgegenlaufenden Laserstrahlen benutzt) (Spektr) / Doppler-free two-photon spectroscopy || ²**-Frequenz** *f* (Frequenzunterschied von ausgesendetem und empfangenem Signal) (Lufft, Radar) / Doppler frequency, Doppler shift || ²**-Frequenzverschiebung** *f* (Lufft, Radar) / Doppler shift || **akustisches ²-Gerät** (Radar) / audible Doppler enhancer, ADE
**Dopplerit** *m* (eine Braunkohlen- bzw. Torfvarietät) (Geol) / dopplerite *n*
**Doppler • -Navigationsanlage** *f* (Lufft, Radar) / Doppler navigation system, Doppler velocity and position, Doppler tracking, dovap *n*, Doppler tracking || ²**-Navigationssystem** *n* (Lufft, Radar) / Doppler navigation system, Doppler velocity and position, Doppler tracking, dovap *n*, Doppler tracking || ²**-Radar** *m n* (Radar) / Doppler radar* || ²**-Shift** *m* (Lufft, Radar) / Doppler shift || ²**-Spektroskopie** *f* (Spektr) / Doppler spectroscopy || ²**-Verbreiterung** *f* (wichtigste Spektrallinienverbreiterung) (Spektr) / Doppler broadening* || ²**-Verschiebung** *f* (Lufft, Radar) / Doppler shift || ²**-Verschiebung** (der Spektrallinien) (Spektr) / Doppler shift || ²**-VOR** *n* (Frequenzbereich 112 - 118 MHz, Mittelstreckennavigation) (Radar) / Doppler very-high-frequency omnidirectional (radio) range
**Dopplung** *f* / doubling *n*, duplication *n* || ² (durch Überwalzen) (Hütt) / lap*, rolling burr, back fin, seam *n*, lap seam || ² (durch innere Trennung) (Hütt) / lamination *n*
**DoR** (bei der Holzmessung) (For) / diameter under bark
**Doransystem** *n* (Radar) / doran* *n* (Doppler range)
**Doré-Metall** *n* (Hütt) / doré silver*
**DORIS** / Doppelspeicherringsystem beim Deutschen Elektronen-Synchrotron
**dorische Säulenordnung** (Arch) / Doric order
**Dormanz** *f* (Bot) / dormancy* *n* || ² (Bot) / winter dormancy
**Dormin** *n* (Phytohormon, z.B. Abscisinsäure) (Biol) / dormin* *n*
**Dorn** *m* (für den Dornbiegeversuch nach DIN 53152) (Anstr) / mandrel *n*, pin *n* || ² (auf der Manteloberfläche der Brechwalzen) (Aufber) / lifter* *n*, rib* *n* || ² (pl. Dornen oder Dörner) (Bot) / thorn* *n*, prickle* *n* || ² (pl. Dorne) (Hütt) / mandrel* *n*, mandril* *n*, plug* *n* || ² (pl. Dorne) (Hütt, Masch) / mandrel* *n*, mandril* *n*, arbor *n* (US)*, mandrel *n*, mandril *n* || ² (pl. Dorne) (Masch) / drift* *n*, piercer *n*, drift punch, solid punch || ² (Masch) / mandrel* *n*, mandril* *n* || ² (zum Aufsetzen eines drehbaren Gegenstandes) (Masch) / pin* *n*, pintle* *n*, gudgeon* *n*,

pivot n ‖ ⁓ (Lastträger eines Gabelstaplers) (Masch) / boom n ‖ ⁓ (Masch, Werkz) / drift n, driver n, punch n ‖ **mit ⁓en** (Bot) / spinose adj, spinous adj, thorny adj ‖ **spreizbarer** ⁓ (Masch) / expanding arbor*, expanding mandrel*
**Dornase** f (Biochem) / deoxyribonuclease n, DNase n
**Dorn•ausziehmaschine** f (Hütt) / mandrel extractor ‖ ⁓**biegeversuch** m (nach DIN 53152) (Anstr, WP) / mandrel bend test ‖ ⁓**busch** m (eine Gehölzformation) (For) / thorn forest, thorn bush ‖ ⁓**-Effekt** m (Chem) / Dorn effect*, sedimentation potential*, electrophoretic potential
**dornen** v (mit einem Dorn aufweiten) (Masch) / drift v ‖ ⁓ n (Herstellung und Bearbeitung von Löchern in Freiformschmiedestücken) (Masch) / opening out (a hole) ‖ ⁓ (Masch) / indenting n, hobbing n ‖ **~reich** adj (Bot) / spinose adj, spinous adj, thorny adj
**Dorn•freigabe** f (Hütt) / mandrel release ‖ ⁓**gehölze** n pl (For) / thorn forest, thorn bush ‖ ⁓**glättwalzwerk** n (Hütt) / mandrel reeler ‖ ⁓**halter** m **mit versetzten Stegen** (Plast) / strainer with offset spiders ‖ ⁓**halterblaskopf** m (Plast) / spider head, spider n ‖ ⁓**heckenriß** m (mechanische Verletzung der Rohhaut) (Leder) / thorn scratch
**dornig** adj / prickly adj, thorny adj, spiny adj, spiky adj ‖ ~ (Bot) / spinose adj, spinous adj, thorny adj
**Dornostrahler** m (zwischen 315 und 280 nm) (Phys) / middle-ultraviolet lamp (e.g. a sunlamp or a photochemical lamp)
**Dornostrahlung** f (315 bis 280 nm - nach C. Dorno, 1865-1942) (Phys) / middle ultraviolet, Dorno radiation, ultraviolet radiation in erythemal region
**Dorn•presse** f (Masch) / arbor press, mandrel press ‖ ⁓**riß** m (mechanische Verletzung der Rohhaut) (Leder) / thorn scratch
**Dornsel** m (Körper aus Hartformengips, auf den rotationssymmetrische Formlinge aufgesetzt werden) (Keram) / jigger chuck
**Dorn•stange** f (mit dem verdickten Stopfen - auf dem Stopfenwalzwerk) (Hütt) / mandrel* n, mandril* n, plug* n ‖ ⁓**stange** (beim Ziehen) (Hütt) / mandrel bar, mandrel n
**Dorr-Eindicker** m (Chem Verf) / Dorr thickener, Dorr agitator
**dörren** v (Nahr) / dry v, desiccate v ‖ ~ (Nahr) / bake v
**Dörr•fleisch** n (Nahr) / bacon n, streaky bacon ‖ ⁓**gemüse** n (Nahr) / dehydrated vegetables, dried vegetables
**Dorr-(Rechen)Klassierer** m / Dorr classifier
**Dörrobst** n (Nahr) / dried fruit
**Dorschleberöl** n (Pharm) / cod-liver oil*, CLO, banks oil
**Dorschlebertran** m (Pharm) / cod-liver oil*, CLO, banks oil
**Dortmundbrunnen** m (eine Kläranlage) (Sanitär) / Dortmund tank*
**Dosage** f (Sektherstellung) (Nahr) / dosage n ‖ ⁓ (mit Dosagelikör) (Nahr) / liqueuring n
**Dosco-miner** m (Kohlengewinnungsmaschine mit senkrecht arbeitenden Schrämketten, querliegendem Ladeband und eigenem Fahrwerk) (Bergb) / Dosco miner
**Dose** f / box n ‖ ⁓ (Eltech) / socket-outlet n (GB), receptacle outlet n (US), socket* n (GB), receptacle n (US), electric socket, convenience outlet, plug box, outlet n, electrical outlet ‖ ⁓ (Verbindungsmaterial zur festen Verbindung von Leitungen und zum Abzweigen von Strompfaden) (Eltech) / conduit box* ‖ ⁓ (Getränke-, Konserven-) (Nahr) / tin n, can n (US), tin can ‖ **geklebte** ⁓ (Nahr) / cemented can ‖ **gelötete** ⁓ (Hütt, Nahr) / soldered can ‖ **geschweißte** ⁓ (Nahr, Schw) / welded can ‖ **gezogene** ⁓ (Hütt, Nahr) / drawn can ‖ **gezogene und abgestreckte** ⁓ (Hütt, Nahr) / drawn and ironed can, D and I can ‖ **gezogene und weitergezogene** ⁓ (Hütt, Nahr) / drawn and redrawn can, DRD can ‖ **in** ⁓**n** (Nahr) / canned adj ‖ **letale** ⁓ (Med) / lethal dose, LD ‖ ⁓ f **mit Abrolldeckel** (Nahr) / key-opening can
**Dosen•-** (Nahr) / canned adj ‖ ⁓**abfüllung** f (Nahr) / canning n (US), tinning n ‖ ⁓**barometer** n (Meteor, Verm) / aneroid barometer*, aneroid n ‖ ⁓**fleisch** n (Nahr) / tinned meat, canned meat (US) ‖ ⁓**lackierung** f (mit Naß- und Pulverlacken) (Anstr) / can coating ‖ ⁓**libelle** f (DIN 18718) (Fernm, Verm) / circular level* ‖ ⁓**öffner** m (DIN 44954, T 1) / can opener (US), tin opener ‖ ⁓**spinnmaschine** f (Spinn) / centrifugal pot spinning machine, can spinning machine, spinning frame, pot spinning frame, centrifugal spinning machine
**dosieren** v (DIN 1319, T 1) (Masch) / meter v, proportion v, dose v ‖ ⁓ n (DIN 1319, T 1) (Masch) / metering n, proportioning n, dosing n
**Dosier•pumpe** f (Masch) / metering pump, proportioning pump ‖ ⁓**rakel** f (Druck) / metering blade
**Dosierung** f (eines Kohlengemisches) / proportioning coal mixtures (US), blending n (coals) ‖ ⁓ (Bau, HuT) / batching n, gauging n ‖ ⁓ (Masch) / metering n, proportioning n, dosing n, dosage n
**Dosierungspumpe** f (Masch) / metering pump, proportioning pump
**Dosier•ventil** n (Masch) / measuring valve, metering valve ‖ ⁓**vorrichtung** f (Masch) / measuring valve, metering valve ‖ ⁓**waage** f / batch-weighing scale, metering scale

**Dosimeter** n (Radiol) / dosemeter* n, dosimeter n ‖ **chemisches** ⁓ (Radiol) / chemical dosemeter, chemical dosimeter ‖ ⁓ **mit Ionisationskammer** n (Radiol) / ionization dosemeter ‖ ⁓**glas** n (Glas, Radiol) / dosimeter glass, dosimetry glass
**Dosimetrie** f (Radiol) / dosimetry n ‖ **klinische** ⁓ (Radiol) / clinical dosimetry
**Dosis** f (pl. Dosen) (Menge der Arzneigabe) (Pharm) / dosage n, dose* n ‖ ⁓ (pl. Dosen) (Ionen- oder Energiedosen) (Radiol) / dose* n, dosage n ‖ **absorbierte** ⁓ (Radiol) / absorbed dose ‖ **genetisch signifikante** ⁓ (Radiol) / genetically significant dose* ‖ **halbletale** ⁓ (Med) / $LD_{50}$*, mean lethal dose*, median lethal dose, lethal dose 50, MLD* ‖ **höchste** ⁓ (des Insektizids), **die noch keine erkennbare Wirkung ausübt** (Umwelt) / no-effect level ‖ **irritative** ⁓ (Med) / $ID_{50}$, irritative dose ‖ **semiletale** ⁓ (Med) / $LD_{50}$*, mean lethal dose, median lethal dose, lethal dose 50, MLD* ‖ **unwirksame** ⁓ (eines Wirkstoffs) (Pharm) / no-effect level, no-effect dose ‖ ⁓ f **letalis** (Med) / lethal dose, LD ‖ ⁓ **ohne schädliche Wirkung** (ein Toleranzwert bei Herbiziden) (Umwelt) / no-adverse effect level
**Dosis•aufbaufaktor** m (Kernphys) / dose build-up factor ‖ ⁓**-Effekt-Kurve** f (grafische Korrelation der beobachteten biologischen Strahleneffekte mit der Dosis) (Radiol) / dose-response curve, dose-effect curve ‖ ⁓**leistung** f (je Zeiteinheit aufgenommene Dosis) (Radiol) / dose rate*, dosage rate ‖ ⁓**leistungsmesser** f (für Expositionsleistungsmessungen) (Radiol) / exposure-rate meter ‖ ⁓**leistungsüberwachungsgerät** f (Kernphys, Radiol) / exposure rate monitor ‖ ⁓**leistungsüberwachungsgerät** n **für Röntgenstrahlen** (Radiol) / X-ray exposure rate meter ‖ ⁓**messung** f (Radiol) / dosimetry n ‖ ⁓**rate** f (Radiol) / dose rate*, dosage rate ‖ ⁓**reduktionsfaktor (DRF)** m (zur Beschreibung der Wirkung einer chemischen Strahlenschutzsubstanz) (Radiol) / dose reduction factor* ‖ ⁓**transmissionsfaktor** m (Kehrwert des Schwächungsfaktors) (Nukl) / dose transmission factor
**Dossier** n (Akten mit personenbezogenen Daten) (EDV) / dossier n
**Dossierung** f (der Wand, meistens an der Vorderseite) (Bau) / batter* n, rake n
**Dostenöl** n (etherisches Öl aus verschiedenen Origanum-Arten) / origanum oil, origan oil
**Dotand** m (Eltronik) / dope* n, dope additive*, dopant n, doping agent
**Dotant** m (pl. -en) (Eltronik) / dope* n, dope additive*, dopant n, doping agent
**DOT-Code** m (mehrstellige Identifikationsnummer auf der Reifenflanke) (Kfz) / DOT code
**dotieren** v (Eltronik) / dope v ‖ ⁓ n (Zugabe von Fremdstoffen zu Kristallen, um deren Eigenschaften zu verändern, speziell das Einbringen von Fremdatomen in Halbleitern) (Eltronik) / doping* n
**Dotier•mittel** n (Eltronik) / dope* n, dope additive*, dopant n, doping agent ‖ **in der Diffusionstechnik eingebrachtes** ⁓**mittel** (Eltronik) / diffusant n ‖ ⁓**sequenz** f (Eltronik) / doping sequence
**Dotierung** f (Eltronik) / doping* n ‖ ⁓ **mit Eigendonatoren** (Eltronik) / native-donor doping
**Dotierungs•folge** f (Eltronik) / doping sequence ‖ ⁓**kompensation** f (bei einem Kompensationshalbleiter) (Eltronik) / doping compensation ‖ ⁓**mittel** n (Eltronik) / dope* n, dope additive*, dopant n, doping agent ‖ ⁓**stoff** m (Eltronik) / dope* n, dope additive*, dopant n, doping agent
**DOT-Kode** m (Kfz) / DOT code
**DOT-Speicher** m (EDV) / domain-tip memory, DOT memory, domain-tip propagation storage device
**Dotter** m n (Biol, Nahr) / yolk* n, vitellus* n (pl vitelli) ‖ ⁓**gelb** n (Biol, Nahr) / yolk yellow
**doublen** v (nur Infinitiv oder Partizip) (Film, TV) / voice-dub v
**Doublé** n (pl. -s) / gold- (or silver-)filled plate
**Double** n (ein Doppelgewebe) (Tex) / double cloth* ‖ ⁓ (mit umgekehrter Musterung der beiden Seiten) (Tex) / reversible n, double-face[d] fabric, double-face n ‖ ⁓**-curing** n (Zweistufenverfahren, um Wash-and-Wear- und Permanent-Press-Effekte unter größtmöglicher Schonung der Baumwolle zu erzielen) (Tex) / double curing ‖ ⁓**-Density-Verfahren** n (EDV) / double-density recording ‖ ⁓**face** m n (Tex) / reversible n, double-face[d] fabric, double-face n ‖ ⁓**gewebe** n (aus zwei Gewebelagen) (Tex) / double cloth* ‖ ⁓**-Speed-CD-ROM-Laufwerk** n (EDV) / double-speed CD-ROM drive, 2X CD ROM ‖ ⁓**-staining-Methode** f (aufeinanderfolgende Coomassie-Färbung und Silberfärbung) (Chem) / double-staining method
**doublieren** v (mit Gold) (Hütt) / plate with gold ‖ ~ (Spinn) / double v ‖ ⁓ n (Spinn) / doubling n
**Doubliermaschine** f (Spinn) / doubler n
**doubliertes Garn** (Spinn) / plied yarn, folded yarn*, ply yarn, formed yarn
**Doublure** f (Verzierung auf dem Vorsatz-Leder, Pergament oder Seide, meist handvergoldet) (Buchb) / doublure n
**Doublüre** f (Unterfutter) (Tex) / underlining n

**Douglasfichte**

**Douglasfichte** f (nach D. Douglas, 1798-1834) (For) / Douglas fir*, British Columbian pine*, Columbian pine, false hemlock*, Oregon pine*, red fir, red pine*, Douglas spruce
**Douglasie** f (Pseudotsuga menziesii (Mirb.) Franco) (For) / Douglas fir*, British Columbian pine*, Columbian pine, false hemlock*, Oregon pine*, red fir, red pine*, Douglas spruce
**Douglas-Skale** f (zur Beschreibung der Dünung) (Ozean) / Douglas scale
**Douglastanne** f (For) / Douglas fir*, British Columbian pine*, Columbian pine, false hemlock*, Oregon pine*, red fir, red pine*, Douglas spruce
**Douka** n (Holz aus Thieghemella africana A. Chev.) (For) / douka n, okola n
**Doum Palm** f (Hyphaene thebaica (L.) Mart.) (Nahr) / doum palm, dom palm
**Doupion** m (bei Seidengeweben wird in der Kette Grègeseide, im Schuß Schappgarn aus Tussahseide oder Maulbeerseide eingesetzt; es entsteht ein leicht genoppter Effekt, der auch bei Chemiefasererzeugnissen imitiert wird) (Tex) / doupion n
**Dove-Prisma** n (ein Polarisations- oder Reflexionsprisma nach H.W. Dove, 1803-1879) (Opt) / Dove prism, Delaborne prism
**Dowlas** m (schwere Baumwollware in Tuchbindung - für Wäsche und Schürzen) (Tex) / dowlas n
**down • laden** v (nur Infinitiv und Partizip) (EDV) / download v || **⁓light** n (eine Leseleuchte) / downlight n
**Downloaden** n (EDV) / downloading n
**Down • loadfähigkeit** f (Möglichkeit des Herunterladens) (EDV) / download capability || **⁓-Quark** n (eine Quark-Art) (Kernphys) / down-quark n, d quark || **⁓stream Processing** n (technologische Aufarbeitung der gewünschten Metabolite) (Biochem) / downstream processing
**Downs-Verfahren** n (zur Gewinnung von Natrium durch Schmelzflußelektrolyse von metallischem Natrium und von Chlor) (Hütt) / Down's process*
**Dowtherm** f (ein Warenzeichen von The Dow Chemical Co. für eine Wärmeübertragungsflüssigkeit aus Aromaten, Glykolen od. Glykolethern) (Chem Verf) / Dowtherm* n
**Doxorubicin** n (Pharm) / adriamycin n, doxorubicin n
**Dozer** m (z.B. Planierraupe) (HuT) / dozer* n
**DP** (Chem) / average degree of polymerization || **⁓** (die Anzahl der Zähne je Zoll Teilkreisdurchmesser) (Masch) / diametrical pitch*, diametral pitch
**DPCM** (EDV) / differential pulse-code modulation* (DPCM), differential PCM
**DP-Grad** m (Chem) / average degree of polymerization
**d-Pol** m (des Feldeffekttransistors) (Eltronik) / drain* n
**DPP-Pigment** n (Anstr) / diketopyrrolopyrrole pigment, DPP pigment
**dpt** (Opt) / dioptre* n, diopter n (US), dpt
**D-Pulver-Feuerlöscher** m (mit Natrium- oder Kaliumchlorid) / MET-L-X extinguisher
**DQ** (EDV) / data quality, DQ
**DQF** (Spektr) / double quantum filter, DQF
**d-Quark** n (Kernphys) / down-quark n, d quark
**Dr. Watson** (EDV) / Dr. Watson (postmortem debugging tool for Windows)
**Drachen** m (Luftf) / kite* n || **⁓** (zum Drachenaufstieg) (Meteor) / kite n || **⁓antenne** f (Radio) / kite antenna || **⁓ballon** m (Meteor) / kytoon n || [afrikanisches, ostindisches] **⁓blut** (meistens aus Dracaena draco oder Daemonorops draco Bl.) / dragon's blood* || **⁓blutharz** n (meistens aus Dracaena draco oder Daemonorops draco Bl.) / dragon's blood* || **⁓blutverfahren** n (Druck) / dragon's blood process || **⁓viereck** n (allgemeines Viereck) (Math) / general quadrilateral || **⁓viereck** (Math) s. auch Rhomboid || **⁓zähne** m pl (schuppenförmiges Aufreißen des Tonstranges beim Austritt aus der Strangpresse) (Keram) / dog ears, dog teeth, dragon's teeth
**Draft-Mode** m (bei Druckern) (EDV) / draft mode
**Drag Racing** n (mit Dragstern) (Kfz) / drag racing
**Dragee** n (pl. -s) (Pharm) / coated tablet
**Dragée** n (pl. -s) (eine Arzneiform) (Pharm) / coated tablet
**Drageffekt** m (ein Transporteffekt, der bei Phononen in Halbleitern auftritt) (Eltronik) / drag effect
**Dragendorffs Reagens** n (eines Farbreagens auf Alkaloide) (Chem) / Dragendorff's reagent*
**Draggen** m (stockloser kleiner Anker mit 3 - 6 Flunken) (Schiff) / drag-anchor n
**Dragging** n (Nachziehtechnik) (EDV) / dragging n
**Dragline** m (HuT) / dragline excavator*, dragline n
**Dragracing** n (Kfz) / drag racing
**Dragster** m (hochgezüchteter, formelfreier Spezialwagen für Dragracing) (Kfz) / dragster n
**Draht** (zum Nähen von Schuhen) / shoemaker's thread, pitched thread, waxed thread, cobbler's thread || **⁓** m (DIN 17600, T 2) (Hütt, Masch) / wire n || **⁓** (Spinn) / twist* n, torque n || **⁓** (eine endlose Kunststoffaser, die zu grob ist, um die Verspinnbarkeit als Eigenschaft aufzuweisen) (Tex) / wire n (monofilament), technical monofilament, technical monofil || **abgeschirmter ⁓** (Eltech) / shielded wire, screened wire || **aus einem einzigen Metall bestehender ⁓** (Hütt) / plain wire || **baumwollisolierter ⁓** (Eltech) / cotton-covered wire || **doppeltseidenumsponnener ⁓** (Eltech) / double silk-covered wire*, d.s.c. wire* || **dünner ⁓ zur Verbindung integrierter Schaltungselemente** (Eltronik) / fly-wire n || **gezopfter ⁓** (für Bürsten) / spiral-twisted wire || **isolierter ⁓** (Eltech) / insulated wire* || **lackisolierter ⁓** (Eltech) / enamel-insulated wire*, enamelled wire || **mit ⁓ befestigen** / lockwire v || **toter ⁓** (Eltech) / idle wire* || **umflochtener ⁓** (Eltech) / braided conductor, braided wire || **weichgeglühter ⁓** (Eltech) / soft wire, annealed wire || **widerstandsbehafteter ⁓** (Eltech) / resistance wire, resistive wire || **⁓ erteilen** (Spinn) / twist v, ply v, twine v || **⁓** m **in Handelsgüte** (Hütt) / market wire
**Draht • abschneider** m (Werkz) / wire cutter(s) || **⁓abstandshalter** m (Nukl) / wire-wound spacer, wire-wrapped spacer || **⁓anode** f (Eltronik) / wire anode || **⁓anschrift** f (Teleg) / telegraphic address || **⁓anspitzmaschine** f (Hütt) / wire-sharpening machine, wire pointer || **⁓armiert** adj / wire-armoured adj, wire-jacketed adj || **⁓ausgangsdurchmesser** m (beim Drahtziehen) (Hütt) / original diameter of the wire || **⁓auslöser** m (DIN 33401) (Foto) / cable release*, flexible camera release, antinous release || **⁓barren** m (Kupfer) (Hütt) / wirebar* n || **⁓bewehrt** adj / wire-armoured adj, wire-jacketed adj || **⁓bewehrung** f (Kab) / wire armour || **⁓bonden** v (nur Infinitiv und Partizip) (Eltronik) / wire-bond v || **⁓bonden** n (Verbindung der Kontaktgebiete des Chips mit den nach außen führenden Kontakten des Gehäuses bzw. des Chipträgers) (Eltronik) / wire bonding || **⁓bonder** m (technologische Spezialausrüstung zur Bauelementemontage) (Eltronik) / wire bonder || **⁓bondinsel** f (Eltronik) / wire bond pad || **⁓bondverfahren** n (Eltronik) / wire bonding || **⁓bruch** m / wire break, wire breakage || **⁓brücke** f (Eltech) / wire strap, strap n, wire bridge || **⁓bügel** m (des Magnetrons) (Eltronik) / wire strap, strap n || **⁓bügelkopplung** f (leitende Brücken über den Anodensegmenten bei Vielschlitzmagnetronen) (Eltronik) / strapping || **⁓bundkiste** f / wire-bound box, wire-bound crate || **⁓bundsteige** f / wire-bound box, wire-bound crate || **⁓bürste** f (runde - als Ansatzteil zum Universalmotor) (Anstr) / wire-wheel n || **⁓bürste** (Werkz) / wire-brush n || **Behandlung mit der ⁓bürste** / wire brushing || **⁓dehnmeßstreifen** m (ein ohmscher Geber) / wire strain gauge || **⁓dicken-Numerierung** f (z.B. nach U.S. Steel Wire Gage, British Standard Wire Gauge, Birmingham Wire Gauge usw.) (Masch) / wire gauge* || **⁓-DMS** m / wire strain gauge || **⁓drehwiderstand** m (Eltech) / wire-wound variable resistor || **⁓dreieck** n (Chem) / wire triangle || **⁓drucker** m (mit Drahtstiften) (EDV) / stylus printer, wire printer || **⁓durchmesser** m (bei runden Drähten - DIN 4188) (Hütt) / gauge number* || **⁓elektrode** f (heute ohne Cu) (Schw) / wire electrode || **isoliertes ⁓ende** (Eltech) / skinner* n || **⁓erodieren** (funkenerosives Schneiden) (Masch) / wire-EDM n || **⁓explosion** f (z.B. beim Aufdampfen) (Phys) / exploding wire || **⁓flammspritzen** n (z.B. mit Azetylen oder Wasserstoff) (Galv) / wire thermospraying, wire-combustion spraying || **⁓flammspritzen** (mit Draht als Spritzwerkstoff) (Galv) / wire-combustion spraying || **⁓flechtmaschine** f (Hütt) / wire-braiding machine || **⁓förmiger Zusatzwerkstoff** (Masch, Schw) / filler wire, welding wire, weld wire || **⁓führung** f (Masch) / wire guide || **⁓funk** m (die nicht mehr frequente Übertragung von Rundfunkdarbietungen im Langwellenbereich meist über Fernsprechleitungen oder über Lichtleitungen - heute ohne Bedeutung) (Radio) / wire broadcasting*, wired broadcasting || **⁓funkenkammer** f (Kernphys) / wire spark chamber, wire chamber || **⁓galvanisierung** f (Hütt) / wire metallizing || **⁓galvanisierung** (Hütt) s. auch Drahtverzinkung || **⁓gaze** f / wire net scrim || **⁓gebunden** adj (Fernm) / wire-bound adj, wired adj || **⁓gebundene Kommunikation** (Fernm) / line communication, wire communication || **⁓gebundene Übertragung** (Fernm) / line communication, wire communication || **⁓geflecht** n (mit rechteckigen Maschen) (Hütt) / chain-link fabric || **⁓geflecht** (wenn die Drähte an den Kreuzungspunkten miteinander verknüpft sind - meistens Sechs- oder Vierecke) (Hütt) / wire netting || **leichtes ⁓geflecht** (Hütt) / chicken-wire* n || **⁓geheftet** adj (Buchb) / wired adj || **⁓gelenkter Flugkörper** (Mil) / wire-guided missile* || **⁓genäht** adj / wire-sewn adj || **⁓geschwindigkeit** f (Schw) / wire speed || **⁓gesiebe** n (Kfz, Pap, Raumf) / wire cloth || **⁓gestrick** n (zur Bruchsicherung des Katalysators) (Kfz) / wiremesh n || **⁓gewebe** n (aus Webedrähten - wenn sich die Drähte rechtwinklig kreuzen) / wire cloth || **⁓gewebe** s. auch Drahtgaze || **⁓gewebebürsten** f pl (Eltech) / gauze brushes* || **⁓gewebestreifen** m (Bau) / fly-wire* n || **⁓gitter** n / wire netting || **⁓gitter-Container** m / skeleton container, lattice-sided container || **⁓gitter-Liner** m (Erdöl) / screen liner || **⁓glas** n (Flachglas mit eingewalztem Drahtgewebe oder Drahtgeflecht) (Glas) / wired glass*, wire glass, wire safety glass ||

~glas (mit rautenförmiger Drahteinlage) (Glas) / diamond wired glass ‖ ~glas (mit quadratförmiger Drahteinlage) (Glas) / Georgian glass*, Georgian wired glass ‖ ~glasgewebe n (Glas) / wiremesh n ‖ ~gurtförderer m (Masch) / metal-belt conveyor ‖ ~heften v (Buchb) / wire-stitch v, staple v ‖ ~heftklammer f (Buchb) / staple n, wire staple ‖ ~heftmaschine f (mit Klammern) (Buchb) / stapler n ‖ ~heftung f (mit Klammern) (Buchb) / wire-stitching* n, stapling n, wire-stapling n ‖ seitliche ~heftung (Buchb) / side wire-stitching ‖ seitliche ~heftung von zwei Seiten (mit versetzter Klammer) (Buchb) / stabbing* n ‖ ~katode f (Eltronik) / wire cathode ‖ ~klammer f (für Kunststoffbeutel) / wire clamp ‖ ~knoten m (Hütt) / snarl n ‖ ~korb m / wire basket ‖ ~korn n (Hilfsstoff zum Putzen von Gieß- und Schmiedestücken) (Masch) / cut-steel shot ‖ ~krampe f (zum Annageln von Drähten usw.) (Masch) / staple n ‖ ~kreuzung f (am Gestänge) (Eltech) / transposition* n ‖ ~lack m (Tränklack oder Überzugslack) (Anstr, Eltech) / enamel* n, insulating varnish, insulating lacquer, magnet-wire enamel, electrical insulating varnish ‖ ~lehre f (Stahlplatte mit Einschnitten oder Löchern zum Messen von Drahtdurchmessern) (Hütt, Masch) / Standard Wire Gauge (GB), wire gauge, SWG* ‖ ~lenkung f (Mil) / wire guiding ‖ ~litze f (auch in der Seilerei) (Eltech) / strand* n, wire strand
**drahtlos** adj (schnurlos) (Eltech, Fernsp) / cordless adj ‖ ~ (Radio) / wireless adj ‖ ~es lokales Netzwerk (EDV) / wireless local-area network, wireless LAN, WLAN ‖ ~es Mikrofon (Akus, Radio) / wireless microphone, radiomicrophone* ‖ ~e Nachrichtenübertragung (Fernm) / wireless communication ‖ ~er Streckenblock (Bahn, Radio) / radio block ‖ ~e Telegrafie (Radio, Teleg) / radio-telegraphy, cw telegraphy, wireless telegraphy
**Draht•matte** f (mit punktgeschweißten Drähten an den Kreuzungspunkten) (HuT) / woven steel fabric* ‖ ~modell n (für die rechnerunterstützte Konstruktion) (EDV) / wire-frame representation, wire-frame model ‖ ~muster n (Eltronik) / wire pattern ‖ ~nagel m (Bau, Masch) / wire nail ‖ ~nagel ohne Kopf (Bau, Glas) / glazing sprig, glazier's point ‖ ~netn n (für den Brenner) (Chem) / gauze mat ‖ ~netz (Glas) / wiremesh n ‖ ~oberfläche f (Hütt) / wire surface ‖ ~platine f (Web) / wire hook ‖ ~prüfung f (WP) / wire testing ‖ ~putzdecke f (Bau) / wire-plaster ceiling ‖ ~putzwand f (Bau) / wire-fabric wall, Rabitz plaster fabric wall ‖ ~ring m (eine Lieferform) (Hütt) / wire coil ‖ ~rippen-Verflüssiger m (ein luftgekühlter Verflüssiger für Kältemitteldampf) (Masch) / wire and tube condenser ‖ ~rolle f (eine Lieferform) (Hütt) / wire coil ‖ ~rückenheftung f (Buchb) / saddle-wire stitching ‖ ~rückstichheftung f (Buchb) / saddle-wire stitching ‖ ~sägen n (mit endlosem umlaufendem Sägedraht) / wire sawing ‖ ~schlaufe f / wire loop ‖ ~schlinge f / wire loop ‖ ~schneider m (Werkz) / wire cutter(s) ‖ ~schneidezange f (Werkz) / wire cutter(s) ‖ ~schotterbehälter m (Maschendrahtkäfig mit Steinfüllung) (HuT, Wasserb) / gabion* n, pannier n ‖ ~schotterbehälterherstellung f (HuT, Wasserb) / plashing n ‖ ~schotterwalze f (Wasserb) / tube of wire mesh (filled with stones) ‖ ~seil n (im Reifen) (Kfz) / cable wire ‖ ~seil (aus Stahldrähten geschlagenes Seil - DIN 3051) (Masch) / wire rope*, wire line (USA) (Masch) / wire-line n ‖ ~seilbahn f mit Pendelbetrieb (HuT) / jig-back n, to-and-fro aerial ropeway, reversible tramway ‖ ~seilbahn mit Umlaufbetrieb (HuT) / continuous ropeway ‖ ~seilfett n / wire-rope grease ‖ ~seilkonstruktion f (DIN 3051) / wire-rope construction ‖ ~sieb n / wire-cloth sieve, wire-mesh sieve ‖ ~siebboden m (für Analysensiebe nach DIN ISO 3310, T 1) (Chem) / wire-mesh screen, wire screen ‖ ~siebtuch n (aus Webedrähten - wenn sich die Drähte rechtwinklig kreuzen) / wire cloth ‖ ~silber n (Min) / wire silver ‖ ~spannungsüberwachung f / wire-tension control ‖ ~speiche f (Kfz) / wire spoke ‖ ~speichenrad n (Kfz) / wire wheel, wire-spoke wheel ‖ ~speicher m (EDV) / plated-wire memory, magnetic-wire memory ‖ ~spirale f (für die Wendelbewegung) (HuT) / wire helix ‖ ~spritzpistole f (Galv) / wire-type spraying pistol, wire pistol, wire gun ‖ ~spritzverfahren n (der Metalldraht wird in der beheizten Spritzpistole geschmolzen, durch Druckluft zerstäubt und auf die zu überziehenden Gegenstände gespritzt) (Galv) / wire-combustion spraying ‖ ~stärke f (bei runden Drähten - DIN 4188) (Hütt) / gauge number* ‖ ~stift m (ohne Kopf) (Bau, Glas) / glazing sprig, glazier's point ‖ ~stift (Gieß) / brad n, common wire brad ‖ ~telegrafie f (Teleg) / wire telegraphy ‖ ~textur f (Hütt) / wire texture ‖ ~tongerät n (Akus) / wire recorder* ‖ ~totziehen n (Hütt) / wire dead drawing ‖ ~übertragenes Bild (Fernm) / wirephoto* n ‖ ~übertragungsweg f (Fernm) / metallic circuit* ‖ ~verhau n (Eltronik) / haywire circuit ‖ ~verzinkung f (Galv) / wire galvanization, zinc plating of wire ‖ ~vorschub m (Schw) / wire feeding, wire driving, wire feed ‖ ~vorschubautomat m (Schw) / automatic wire-feeding device, automatic wire drive mechanism ‖ ~vorschubmotor m (Schw) / wire feed motor, wire drive motor ‖ ~wälzlager n (Masch) / flexible roller bearing*, Hyatt roller bearing* ‖ einadrige ~walzstraße f (Hütt) / single-stand rod-mill train ‖ ~walzwerk n (Hütt) / rod-mill n ‖ ~webmaschine f (schwere Spezialmaschine, auf der Drahtgewebe in Leinwand- oder Köperbindung hergestellt werden) / wire-webbing machine ‖ ~wendelabstandshalter m (Nukl) / wire-wound spacer, wire-wrapped spacer ‖ ~werk n (Hütt) / wire mill ‖ ~wickeltechnik f (Eltronik) / wire-wrap technology, wire wrapping ‖ ~widerstand m (ein Festwiderstand als Bauteil) (Eltech) / wirewound resistor* ‖ ~wirtel m (Spinn) / rim wheel, rim pulley ‖ ~wurm m (stark chitinisierte Larve der Schnellkäfer - ein Kulturpflanzenschädling) (Landw) / wireworm n ‖ ~zange f (Werkz) / wire cutter(s) ‖ ~zaun m / wire fence, chain-link fence ‖ ~zieheisen n (Hütt) / die* n, drawing die, whirtle n, wire-drawing die ‖ ~zieheisen (Hütt) / drawing plate ‖ ~ziehen n (DIN 8584, T 2) (Hütt) / wire-drawing* n ‖ ~zieherei f (Hütt) / wire mill ‖ ~ziehmaschine f (Hütt) / wire-drawing machine ‖ ~ziehschmiermittel n (Hütt) / wire lubricant ‖ ~zug m (Hütt) / wire drawing block ‖ ~zuleitung f (Bahn) / wire line
**Drain** m (DIN 41858) (Eltronik) / drain* n
**Drainage** f (Ableitung von Streuströmen aus streustromgefährdeten Anlagen über eine metallene Verbindung zu den Punkten der störenden Anlage, die ein negatives Potential gegen den umgebenden Elektrolyten haben) (Eltech) / electric drainage, drainage n ‖ ~ (Landw) / drainage* n, draining n ‖ ~bohrung f (eine Hilfsbohrung) (Erdöl) / drain hole
**Drain•schaltung** f (Eltronik) / source follower ‖ ~spannung f (Eltronik) / drain voltage ‖ ~strom m (bei Feldeffekttransistoren - von der Source zum Drain) (Eltronik) / drain current
**Draisine** f (Bahn) / gang car, go-devil n, track motorcar
**drakonitischer Monat** (die Zeit bis zur Rückkehr zum gleichen Bahnknoten) (Astr) / nodical month, draconitic month
**Drall** m (Höhe des Gangs verseilter Drähte) (Kab, Masch) / lay* n, twist n ‖ ~ (bei schraubenverzahnten Fräsern) (Masch) / helix n (pl. helices or -es) ‖ ~ (zur Selbsthemmung - bei einem Nagel) (Masch) / helical thread, spiral thread ‖ ~ (im Lauf oder Rohr) (Mil) / drift n ‖ ~ (DIN 13317) (Phys) / angular momentum*, moment of momentum ‖ ~ (bei der Strömung) (Phys) / swirl n ‖ ~ (Spinn) / twist* n, torque n ‖ ~ erteilen (Mech) / twist v
**Dralllänge** f (beim Spiralbohrer) (DIN 1412) (Masch) / flute length
**drall•armes Seil** (Kab) / preformed rope, non-spinning rope ‖ ~beanspruchung f (Mech, WP) / torsional stress, twisting stress ‖ ~beruhigt adj (Spinn) / twist-relaxed adj ‖ ~bohrer m (Masch) / twist drill* ‖ ~düse f (V-Mot) / swirl nozzle ‖ ~einlaßkanal m (bei Dieselmotoren) (V-Mot) / swirl duct ‖ ~festigkeit f (Mech) / torsional strength, twisting strength, torsion strength ‖ ~fixierung f (Tex) / twist setting ‖ ~förmig adj / helical adj, helicoidal adj, helicoid adj ‖ ~fräsen n (Masch) / spiral milling, helical milling ‖ ~frei adj (Seil - im allgemeinen) / non-twisting adj, non-spinning adj, non-rotating adj, dead adj ‖ ~frei (Strömung) (Phys) / unswirled adj, swirl-free adj ‖ ~freies Seil (Kab) / preformed rope, non-spinning rope ‖ ~freie Strömung (Phys) / irrotational flow, irrotational motion ‖ ~kanal m (V-Mot) / swirl duct ‖ ~nuträumen n (z.B. bei Schmiernuten in Lagerbuchsen) (Masch) / rifling n, internal thread broaching ‖ ~rad n (zur Drallstabilisierung) (Raumf) / momentum wheel*, inertia wheel ‖ ~räumen n (Masch) / internal broaching of helical grooves ‖ ~richtung f (Spinn) / twist direction*, direction of twist ‖ ~stabilisator m (Drallrakete, Dralldüse) (Luftf) / antispin device ‖ ~stabilisierung f (Raumf) / spinning n ‖ ~strömung f (Phys) / helical-type flow ‖ ~winkel m (Steigungswinkel eines schraubenverzahnten Fräsers) (Masch) / helix angle, spiral angle ‖ ~winkel (zwischen Nebenschneide und Bohrerachse am betrachteten Schneidepunkt) (Masch) / helix angle
**DRAM** (EDV) / dynamic RAM, DRAM, dynamic random-access memory
**Drän** m (Eltronik) / drain* n ‖ ~abteilung f (meistens mit gemeinsamer Ausmündung zum Vorfluter) (HuT, Landw) / bay n
**Dränage** f (Landw) / drainage* n, draining n ‖ ~leitung f (Landw) / drain line ‖ ~öffnung f (Bau) / weephole n ‖ ~rohr n (Landw) / agricultural drain (US), drainpipe n, drain n, drain-tile n (US), field-tile n, field-drain* n, covered drain, agricultural tile, land drain
**Drängefälle** n (HuT, Landw) / gradient of drains
**Drängellampe** f (Fernsp) / reminder lamp, hurry-up lamp, urgent lamp
**drängeln** v (Kfz) / tailgate v
**Drangkraft** f (Masch) / resultant cutting force, antipenetration cutting force (US)
**Drängraben** m (Landw) / drain n, drainage trench, drainage canal, drainage ditch, draining ditch, ditch n
**dränierter Versuch** (HuT) / drained shear test, slow test, drained test, S-test n
**Drän•mündung** f (Landw) / outfall n ‖ ~rohr n (DIN 1180 und DIN 4047, T 1) (Landw) / agricultural drain (US), drainpipe n, drain n, drain-tile n (US), field-tile n, field-drain* n, covered drain, agricultural tile, land drain ‖ ~strang m (Landw) / drain line

**Dränung**

**Dränung** f (DIN 1185 und DIN 4047, T 1) (Landw) / drainage* n, draining n || **fischgrätenartiges System der ≃** (mit Saug- und Sammeldränen) (Landw) / chevron drain, herringbone drain
**Drap-de-soie** m (Tex) / drap-de-soie n
**Drapé** m (Herrenanzugstoff) (Tex) / drape n (men's suiting)
**Draperie** f (Tex) / drape n (of a fabric), draping n
**Draper•-Katalog** m (ein Durchmusterungskatalog) (Astr) / Henry Draper catalog, Draper catalog || **≃-Webmaschine** f (schützen- und oberbaulose) (Web) / Draper loom
**Drapierfähigkeit** f (Tex) / drapeability n, drapability n
**Drapierverhalten** n (Tex) / drapeability n, drapability n
**drapp** adj (A) / sand-coloured adj, sandy adj, sand attr
**drappfarben** adj (A) / sand-coloured adj, sandy adj, sand attr
**drappfarbig** adj (A) / sand-coloured adj, sandy adj, sand attr
**Dräsine** f (Bahn) / gang car, go-devil n, track motorcar
**drastisch** adj (Kostensenkung) / dramatic adj, drastic adj || **~** (Reaktionsbedingungen) (Chem) / drastic adj
**Draufsicht** f (DIN 6, T 1) / plan view, horizontal projection, plan n, top view || **≃** (Film, TV) / top shot*
**Dravit** m (brauner Turmalin - nach dem Draugebiet in Kärnten benannt) (Min) / dravite* n
**Drawdown** m n (Farbaufstrich auf ein bestimmtes Substrat für Prüfzwecke) (Anstr) / drawdown n
**Drechselbank** f (For, Masch) / wood turning lathe, lathe n, turning lathe
**drechseln** v (For, Masch) / turn v || **≃** n (For, Masch) / wood-turning n, turning n
**Drechsler** m (For, Masch) / wood turner, turner n || **≃bank** f (For, Masch) / wood turning lathe, lathe n, turning lathe || **≃beitel** m (For, Masch) / turning chisel || **≃holz** n (For) / turning wood
**dredgen** v (im marinen Erzbau) (Bergb) / dredge v
**Dreh•achse** f (Masch) / spin axis || **≃achse** f (Math) / axis of rotation, axis of revolution || **≃achsen** f pl (der Zähligkeit) (Krist) / rotation axes of symmetry* || **≃anode** f (einer Diagnostikröhre) (Eltronik, Radiol) / rotating anode* || **≃anodenröntgenröhre** f (Radiol) / rotating-anode tube || **≃antenne** f (Radar) / spinner n || **≃arbeit** f (Masch) / lathe work* || **≃arbeiten** f pl (Film) / shooting n, filming n || **≃ausschalter** m (Eltech) / rotary switch*, rotary control switch || **≃autoklav** m / rotary autoclave || **≃automat** m (Masch) / automatic lathe, automatic screw machine* || **≃bandkolonne** f (Chem Verf) / spinning band column || **≃bank** f (Masch) / lathe* n, horizontal lathe
**drehbar** adj / rotatable adj || **~** (an einem Zapfen) / pivoted adj, pivoting adj || **~ befestigt** (Mech) / fulcrumed adj || **~e Richtantenne** (die bei jeder Umdrehung alle Richtungen (= 360°) mit ihrem Richtstrahl abtastet) (Nav) / omnidirectional antenna*, omni-aerial n, omnibearing antenna, omni antenna || **~er Teil des Schornsteinaufsatzes** (Bau) / turn-cap n
**Dreh•beanspruchung** f (Mech, WP) / torsional stress, twisting stress || **≃bereichsbegrenzung** f (beim Hahnkegel) / niting n || **≃bewegung** f (Mech) / rotational motion, rotating motion, rotary motion || **≃bewegungssensor** m (zum Erfassen von Drehbewegungen) / rotation sensor || **≃bleistift** m / propelling pencil, mechanical pencil (US) || **≃bohrmaschine** f (Bergb, Erdöl) / rotary drill, rotary n || **≃bolzen** m (Masch) / pin* n, pintle* n, gudgeon* n, pivot n || **≃brücke** f (Masch) / turning bridge, turn bridge* || **≃gleicharmige ≃brücke** (eine bewegliche Brücke) (Masch) / pivot bridge*, swing bridge, swing drawbridge, swivel bridge || **≃buch** n (Film) / script* n, scenario* n, screenplay n || **≃buch** (technisches, mit Informationen und Anweisungen für das Kamerateam) (Film) / shooting script, continuity script, camera script || **das ≃buch schreiben** (Film) / script v || **≃buchautor** m (Film) / screenwriter n, scenarist n || **≃diamant** m (Masch, Werkz) / diamond-tip turning tool, diamond (turning) tool || **≃diamant mit Facettenschneide** (Masch, Werkz) / facetted-diamond turning tool || **≃diamanthalter** m (Werkz) / diamond-tool holder || **≃einguß** m (bei dem der Anschnitt kurz vor dem Gußstück tangential in eine Druckmassel geführt wird) (Gieß) / whirl gate || **≃einschlagpapier** n (DIN 6730) (Pap) / twisting paper, twisting tissue || **≃eisenfrequenzmesser** m (Eltech) / moving-iron frequency meter || **≃eiseninstrument** n (ein Meßinstrument mit beweglichem Eisenteil, das vom Magnetfeld der feststehenden Spule abgelenkt wird) (Eltech) / moving-iron instrument*, soft-iron instrument*, iron-vane instrument, electromagnetic instrument* || **≃eiseninstrument mit Magnet** (Eltech) / permanent-magnet moving-iron instrument || **~elastisch** adj (Mech) / torsionally elastic || **~elastische Kupplung** (Masch) / flexible coupling
**drehen** v / rotate vt || **~** (mit einem Schwenk in eine andere Richtung oder Stellung bringen) / swing v, swivel v, slew v, slue v || **~** (einen Film) (Film) / shoot v, film v || **~** (Keram) / throw v (on a potter's wheel) || **~** (mit der Überdrehmaschine) (Keram) / jigger v || **~** (Kfz) / turn v || **~** (auf der Drehmaschine) (Masch) / turn v || **~** (Mech) / twist v || **~ naß** (Masch) / wet-turn v || **sich ~** (Phys) / rotate vi, circle v, gyrate v || **≃** n (bei den Stuckarbeiten) (Bau) / running* n (moulds) || **≃** (mit der Drehmaschine) (Keram) / jiggering n || **≃** (Kfz) / U-turn n || **≃**

(DIN 8589, T 1) (Masch) / turning* n || **elektrisches ≃** (DIN 42005) (Eltech) / inching n, jogging n || **elektrochemisches ≃** (Masch) / electrochemical turning || **≃** n **von der Stange** (Masch) / bar turning (operation) || **≃ von Hohlwaren** (Keram) / jolleying n, jollying n || **≃ zwischen Spitzen** (Masch) / turning between centres
**drehend** adj (um die eigene Achse) / rotary adj, rotating adj, rotatory adj, rotational adj || **~ arbeitende Druckluftmaschine** (Masch) / air motor, rotary pneumatic engine || **~e Bewegung** (Mech) / rotational motion, rotating motion, rotary motion || **~es Bohren** (Bergb, Erdöl) / rotary drilling (system) || **~er Feldmagnet** (Eltech) / rotating field-magnet* || **~e Kraft** (Mech) / rotatory force, turning force, torsional force
**Drehenergie** f (Phys) / rotational energy
**Dreher** m (Fenster) (Bau) / handle n || **≃** (Zerspanungsmechaniker) (Masch) / turner n || **polnischer ≃** (Tex) / double leno, double gauze, douped crossing gauze || **reiner ≃** (Tex) / gauze n
**Dreher•bindung** f (bei der außer den Kettfäden Dreherkettfäden eingezogen sind) (Web) / leno weave || **≃gewebe** n (zartes, durchsichtiges oder poröses Gewebe in Dreherbindung, z.B. Etamine, Gaze, Marquisette oder Madras) (Tex) / leno n, leno fabric* || **≃litze** f (Web) / leno heddle, leno heald || **hintere ≃litze** (Web) / back crossing heald || **vordere ≃litze** (Web) / front crossing heald || **≃schaft** m (Web) / doup warp heald frame || **≃webmaschine** f (Web) / leno loom
**Dreh•faden** m (Web) / crossing thread || **≃fassung** f (Foto) / rotating mount || **≃feld** n (Eltech, Phys) / rotating field*, rotary field* || **≃feldmaschine** f (Eltech) / polyphase machine || **≃fenster** n (für vordere Türen) (Kfz) / vent wing, quarter-light n || **≃festigkeit** f (Mech) / torsional strength, twisting strength, torsion strength || **≃feuer** n (ein Leuchtfeuer) (Luftf) / rotating beacon || **≃feuer** (Schiff) / revolving light || **≃filter** n (in Trommelfilter) (Chem) / rotary filter || **≃fläche** f (Math) / surface of revolution || **≃flammofen** m (Hütt) / revolving reverberatory furnace || **≃flankenspiel** n (als Verzahnungsgröße) (Masch) / rotary backlash || **≃flansch** m (Masch) / rotating flange || **≃flügel** m (des Fensters) (Bau) / side-hung section || **≃flügel** (Luftf) / rotor* n, lifting rotor, main rotor* || **≃flügelbeschläge** m pl (Bau) / casement fittings || **≃flügelfenster** n (Bau) / side-hung window || **≃flügelflugzeug** n (z.B. Hubschrauber oder Tragschrauber) (Luftf) / rotorcraft* n, rotary-wing aircraft, rotorplane n, rotating-wing aircraft || **≃flügelpumpe** f (eine Verdrängerpumpe) (Masch) / blade-type pump || **≃flügeltür** f (in ein Richtung aufschlagende) (Bau) / single-action door || **≃flügler** m (z.B. Hubschrauber oder Tragschrauber) (Luftf) / rotorcraft* n, rotary-wing aircraft, rotorplane n, rotating-wing aircraft || **≃frequenz** f (Masch) / rotational speed, rotational frequency || **~freudiger Motor** (Kfz) / eager-to-rev engine, free-revving machine || **≃führung** f (Masch) / rotary guide || **≃funkfeuer** n (Luftf) / omnirange n, omnidirectional range, omnibearing range || **≃funkfeuerpeilung** f (Luftf) / omnibearing || **≃gasgriff** m (beim Handgas) (Kfz) / twist-grip throttle control, throttle twist grip || **≃geber** m (Sensor zum Bewegungserfassen, der mechanische Stellgrößen in elektrische Größen wandelt) / angular-motion transducer (shaft encoder) || **≃gelenk** n (Bau, Masch) / hinge n, pivot n, swivel joint, hinged joint || **≃gelenk** (als Getriebeteil) (Masch) / turning pair || **viergliedriges ≃gelenkgetriebe** (Masch, Mech) / four-link turning-pair linkage || **≃gelenkroboter** m (ein IR, dessen Kopplungsstellen zwischen den einzelnen Baugruppen überwiegend als Drehgelenke ausgebildet sind) (Masch) / swivel-joint robot || **≃gelenkverbindung** f (Masch) / swivel joint || **≃geschwindigkeit** f (Luftf) / rate of turn || **≃gestell** n (der Lokomotive) (Bahn) / bogie* n, truck n (US), bogie truck* || **≃gestellschemel** m (Bahn) / bolster* n || **≃greifer** m (HuT) / rotary grab || **≃grenze** f (eine Kleinwinkelkorngrenze) (Krist) / twist boundary || **≃griff** m (Kfz) / twist-grip throttle control, throttle twist grip || **≃griff** (Masch) / twist handle || **≃gruppe** f (deren Elemente die Drehungen sind) (Math, Phys) / rotation group || **≃herdofen** m (Hütt) / rotating-hearth furnace, revolving-hearth furnace || **≃herz** n (beim Drehen zwischen den Spitzen) (Masch) / carrier* n, lathe-carrier* n, lathe dog* || **≃impuls** m (DIN 13317) (Phys) / angular momentum*, moment of momentum || **≃impulsoperator** m (der dem Drehimpuls zugeordnete hermitesche Operator) (Phys) / angular momentum operator || **≃impulsquantenzahl** f (Phys) / orbital quantum number*, azimuthal quantum number, secondary quantum number, angular momentum quantum number || **≃impulswahlregeln** f pl (Phys) / rotational selection rules || **≃invarianz** f (Phys) / rotational invariance || **≃inversion** f (Krist) / rotoinversion n, rotatory inversion || **≃inversionsachse** f (Krist) / rotoinversion axis, gyroid n, inversion axis of symmetry || **≃keilentfernungsmesser** m (Foto) / rotating-wedge rangefinder || **≃kiefer** f (Pinus contorta Douglas ex Loudon) (For) / lodgepole pine, lodgepole n || **≃-Kipp-Beschlag** m (für Fenster) (Bau) / turn-tilt fitting || **≃kipper** m (Bergb) / rotary wagon tipper, rotary tippler, rotary dumper, rotatory car dumper,

gyratory tipper ‖ ~**knopf** m (Masch) / rotary knob ‖ ~**knopf** (als Bedienelement) (Masch, Radio) / rotary control ‖ ~**knopfregelung** f (Radio) / rotary control ‖ ~**ko** m (Eltech) / variable capacitor ‖ ~**kocher** m (Pap) / revolving boiler ‖ ~**kolbengaszähler** m / rotary displacement (gas) meter, Connersville meter, Roots meter (US) ‖ ~**kolbengebläse** n (Masch) / rotary blower ‖ ~**kolbenmotor** m (V-Mot) / rotating-piston engine ‖ ~**kolbenpumpe** f (Masch) / rotary pump*, rotary-type pump ‖ ~**kolbenpumpe** (Vakuumt) / sliding-vane rotary pump, rotary piston pump ‖ ~**kolbenverdichter** m (Masch) / rotary (piston) compressor (a positive-displacement machine), rotary vane compressor ‖ ~**kolbenzähler** m (zur Bestimmung eines durchströmenden Flüssigkeits- oder Gasvolumens) / rotary-piston meter, rotating piston meter ‖ ~**kompensator** m (z.B. Berek-Kompensator) (Opt) / compensator n ‖ ~**kondensator** m (mit spannungsabhängiger, aber mechanisch veränderbarer Kapazität) (Eltech) / variable capacitor ‖ **kapazitätsgerader** ~**kondensator** (Eltech) / straight-line capacitor ‖ **wellengerader** ~**kondensator** (Fernm) / straight-line wavelength capacitor* ‖ ~**kondensator** m mit **quadratischer Kennlinie** (Eltech) / square-law capacitor* ‖ ~**kondensator ohne Rotoranschluß** (mit getrenntem Stator) (Eltech) / split-stator variable capacitor ‖ ~**kopplung** f (Radar) / rotary joint ‖ ~**körper** m (Math, Phys) / body of revolution, solid of revolution ‖ **fester** ~**körper** (Mech) / rotator n ‖ ~**körperpaar** n (Mech) / turning pair ‖ ~**kraft** f (Mech) / rotatory force, turning force, torsional force ‖ ~**kraftdiagramm** n **von Mehrzylindermaschinen** (Masch, V-Mot) / graph of torque fluctuations in multicylinder reciprocating machines ‖ ~**kran** m (mit einem um 360° schwenkbaren Ausleger) (Erdöl) / whirley ‖ ~**kran** (im allgemeinen) (Masch) / rotary crane, revolving crane ‖ ~**kran** (mit einem um 360° schwenkbaren Ausleger) (Masch) / fully revolving crane ‖ ~**kranz** m (der Drehscheibe) (Bahn) / live ring ‖ ~**kranz** (über Zahnkranz drehbare Verbindung zwischen Unter- und Oberbau von Baggern und Absetzern) (HuT, Masch) / slewing ring ‖ ~**kranz** (des Graders) (HuT, Masch) / circle bogie ‖ ~**kreis** (ein Manövrierkennwert des Schiffes) (Schiff) / turning-circle n ‖ ~**kreuz** n (mit Zähler) / turnstile n (self-registering) ‖ ~**kreuz** (Masch) / star wheel, spider n, star handle, cross handle, palm grip ‖ **dreiarmiges** ~**kreuz** (nach unten wegklappendes) / tripod n ‖ ~**kreuzantenne** f (Radio) / turnstile antenna*, turnstile n ‖ ~**kristallaufnahme** f (Krist) / rotation photograph ‖ ~**kristallkamera** f (Krist) / rotating-crystal camera ‖ ~**kristallmethode** f (Krist) / rotating-crystal method* ‖ ~**kristallverfahren** n (ein Verfahren bei der Strukturanalyse von Kristallen, das auf der Braggschen Goniometer-Methode beruht) (Krist) / rotating-crystal method* ‖ ~**kupplung** f (für schiefwinklige Rohranschlüsse) (Bau) / swivel coupling ‖ ~**kupplung** (Fernm) / rotating joint* ‖ ~**ladenwechsel** m (der Webmaschine) (Web) / circular box motion ‖ ~**leiter** f / turntable ladder

**Drehling** (stabförmiges Werkzeug, meist aus Schnellarbeitsstahl mit rundem oder eckigem Querschnitt) (Masch) / tool section, solid tool (US)

**Dreh•magnet** m (Eltech, Mag) / moving magnet ‖ ~**magnetgalvanometer** n (Eltech) / moving-magnet galvanometer* ‖ ~**magnetinstrument** n (mit einem Meßwerk, das auf der Kraftwirkung auf eine Magnetnadel im Feld einer feststehenden Spule beruht) (Eltech) / moving-magnet instrument

**Drehmaschine** f (Keram) / jigger n ‖ ~ (eine Werkzeugmaschine) (Masch) / lathe* n, horizontal lathe ‖ **einspindlige** ~ (Masch) / single-spindle lathe ‖ **kleine** ~ **mit stangenförmigem Bett** (Masch) / bar lathe* ‖ ~ f **für Futterarbeit** (Masch) / chucking lathe ‖ ~ **mit Brücke** (Masch) / gap lathe*, break lathe ‖ ~ **mit gekröpftem Bett** (Masch) / gap lathe*, break lathe ‖ ~ **mit Rädervorgelege** (Masch) / geared lathe* ‖ ~ **mit Vorwählsteuerung** (Masch) / preoptive lathe

**Drehmaschinen•bett** n (Masch) / lathe bed ‖ ~**futter** n **mit einzeln verstellbaren Backen** (Masch) / independent chuck* ‖ ~**spindel** f (Masch) / lathe spindle ‖ ~**spitze** f (Masch) / centre* n ‖ ~**spitze** (Masch) / lathe centre ‖ **feste** ~**spitze** (Masch) / dead centre*, fixed centre, cup center (US)

**Dreh•masse** f (Keram) / moulding body ‖ ~**masse** (Mech) / rotating mass ‖ ~**massel** f (Gieß) / whirl-gate* n, spinner-gate* n ‖ ~**massenabfall** m (Keram) / jiggering scrap ‖ ~**meißel** m (einschneidiges Werkzeug zum Drehen) (Masch) / lathe tool*, turning tool* ‖ **spitzer** ~**meißel** (Masch) / pointed-nose turning tool ‖ **gekröpfter** ~**meißel** (Masch) / swan-necked tool ‖ ~**meldeempfänger** m (Nachstelleinrichtung für Winkel) (Eltronik) / synchro receiver ‖ ~**meldegeber** m (Eltronik) / synchro transmitter, synchro generator ‖ ~**melder** m (ein Übertragungssystem, das auf elektrischem Wege Winkelstellungen und Drehmomente übertragen, in elektrischen Größen umsetzen und ineinander überführen kann) (Eltronik, Regeln) / synchro* n ‖ ~**melder** (Eltronik, Regeln) s. auch Selsyn ‖ ~**melderdifferentialgeber** m (Eltech, Fernm) / synchro differential transmitter

**Drehmoment** n (vektorielle physikalische Größe) (Mech) / torque* n, rotation moment (moment of a force or couple), torsional moment ‖ **abgebremstes** ~ (Eltech) / stalling torque* ‖ **entgegenwirkendes** ~ (Mech) / torsional reaction ‖ **mit gleichbleibendem** ~ (Mech) / constant-torque attr ‖ ~ n **bei festgebremstem Läufer** (Eltech) / static torque, static stall torque ‖ ~**anstieg** m (Masch) / torque rise ‖ ~**aufnehmer** m (Eltronik, Mech) / torque sensor ‖ ~**begrenzer** m (Luftf, Masch) / torque limiter* ‖ ~**charakteristik** f (Masch) / torque curve ‖ ~**diagramm** (Masch, Mech) / torque diagram ‖ ~**einstellung** f (z.B. bei Elektrowerkzeugen) (Masch) / torque adjustment

**Drehmomenten•diagramm** n (Masch, Mech) / torque diagram ‖ ~**wandler** m (Getriebe im allgemeinen) (Masch) / torque converter*

**Drehmoment•erzeuger** m (Mech) / torquer n ‖ ~**geschaltete Kupplung** (Masch) / torque-sensitive clutch ‖ ~**messer** m (Messung des Drehmoments an Wellen) (Masch) / torsiometer n, torsion meter*, torquemeter* n ‖ ~**motor** m (DIN 42005) (Eltech) / torque motor* ‖ ~**schlüssel** m (DIN 898) (Werkz) / torque spanner*, torque (limiting) wrench ‖ **auslösender** ~**schlüssel** (Kfz, Werkz) / click-type torque wrench, automatic cutout torque wrench ‖ **automatischer** ~**schlüssel** (Kfz, Werkz) / click-type torque wrench, automatic cutout torque wrench ‖ ~**schraubendreher** (Werkz) / pump-action screwdriver, torque driver ‖ ~**schraubenzieher** m (Werkz) / pump-action screwdriver, torque driver ‖ ~**schwach** adj (V-Mot) / low-torque attr ‖ ~**sensor** m (Eltronik, Mech) / torque sensor ‖ ~**stark** adj (V-Mot) / high-torque attr, torquey adj ‖ ~**stellmotor** m (Eltech) / variable-torque motor ‖ ~**stoß** m (Masch) / shock torque load ‖ ~**überhöhung** f (Masch) / torque rise ‖ ~**verlauf** m (grafisch dargestellt) (Masch) / torque curve ‖ ~**verstärker** m (Eltech) / torque amplifier* ‖ ~**wandler** m (Masch) / torque converter* ‖ ~**wandler** (hydrodynamischer) (Masch) / Föttinger speed transformer*, hydrodynamic power transmission, hydraulic torque converter*, fluid flywheel*, Föttinger converter

**Dreh•oberteil** m (einer Füllmaschine) (Brau) / turret n ‖ ~**ofen** m (Keram) / rotary kiln ‖ ~**paar** n (Masch) / turning pair ‖ ~**pause** f (Film) / shooting break, set break ‖ ~**peiler** (Luftf, Nav, Radio) / loop antenna ‖ ~**pendel** m (Phys) / torsion pendulum*, torsional pendulum ‖ ~**pfanne** f (Bahn) / swivel ring ‖ ~**pfanne** (Bahn) / bearing socket ‖ ~**pflug** m (der mit dem Dreipunktanbau am Traktorheck befestigte Kehrpflug) (Landw) / two-way turn-over plough, turnover plow (US), half-turn plough ‖ ~**plan** m (Zeitplan eines Filmprojekts) (Film) / shooting schedule ‖ ~**platte** f (des Drehkondensators) (Eltech) / rotor plate ‖ ~**pol** m (Mech) / centre of rotation ‖ ~**potentiometer** n (Eltech) / rotary potentiometer ‖ ~**prozeß** m (bei Drehwinkeln) (Math) / rotator n ‖ ~**punkt** m (des Hebels) (Mech) / fulcrum* n (pl. fulcra or -s) ‖ ~**punkt** (Mech) / centre of rotation, centre of revolution ‖ **als** ~**punkt dienend** / pivotal adj ‖ ~**punktgelagert** adj (Mech) / fulcrumed adj ‖ ~**rahmen** (Luftf, Nav, Radio) / loop antenna ‖ ~**raster** (Druck) / circular screen ‖ ~**richtantenne** f (drehbare Antenne mit Richtcharakteristik) (Radio) / rotary beam antenna ‖ ~**richtung** f (Phys) / direction of revolution, direction of rotation ‖ ~**richtungssinn** m (Math, Phys) / sense of rotation ‖ ~**richtungsunabhängig** adj (Phys) / unaffected by the sense of rotation ‖ ~**riegelschloß** n (Bau) / cam-lock n ‖ ~**rohr** n (Glas) / revolving tube (a hollow cylinder, concentric with the needle of a feeder, revolving in the molten-glass batch, the feeder delivering gobs of glass to a forming unit) ‖ ~**rohrofen** m (für drei Zementherstellung) (Keram) / rotary kiln ‖ ~**rostgaserzeuger** m (Chem Verf, Kftst) / generator with automatic grate, mechanical producer, generator with rotary grate (US) ‖ ~**rostgenerator** m (Chem Verf, Kftst) / generator with automatic grate, mechanical producer, generator with rotary grate (US) ‖ ~**rostschachtofen** m (Keram) / rotary-grate shaft kiln ‖ ~**säule** f (des Schleusentors) (Wasserb) / heel-post* n, quoin-post* n ‖ ~**säule des Krans** (Masch) / rotatable crane post ‖ ~**schablone** f (zum Ziehen eines kreisförmigen Profilzuges) (Arch, Bau) / moulding cutter* ‖ ~**schablone** (Gieß) / strickle board*, loam board, sweep n, sweep template ‖ ~**schalter** m (Hilfsstromschalter, der durch Drehbewegung des Bedienteils betätigt wird) (Eltech) / rotary switch*, rotary control switch ‖ ~**scheibe** f (Gleisvorrichtung für das horizontale Drehen von Schienenfahrzeugen zur Änderung der Fahrtrichtung) (Bahn) / turntable* n ‖ ~**scheibe** (Keram) / potter's wheel ‖ ~**scheibe** (Masch) / rotating disk, rotating plate ‖ ~**scheibe** (Masch) / live ring ‖ ~**scheibe** (für Torsionsversuche) (WP) / torque pulley ‖ ~**scheibenextrakteur** m (Chem Verf) / rotating disk contactor, rotary disk contactor*, rotary disk column, RDC, RDC extractor ‖ ~**scheibenkolonne** f (mit rotierendem Einsatz) (Chem Verf) / rotating disk contactor, rotary disk contactor*, rotary disk column, RDC, RDC extractor ‖ ~**schemel** m (Gestell auf besonderen Eisenbahngüterwagen) (Bahn) / swivelling bolster ‖ ~**schemel** (For) / bogie n ‖ ~**schieber** m (ein Absperrorgan) (V-Mot) / rotary valve*, rotary spool ‖ ~**schieberpumpe** f (Masch) / vane pump ‖ ~**schieberpumpe** (Vakuumt) / sliding-vane rotary pump, rotary

**Drehschiebervakuumpumpe**

piston pump ‖ ~**schiebervakuumpumpe** f (Vakuumt) / sliding-vane rotary pump, rotary piston pump ‖ ~**schieberverdichter** m (Drehkolbenverdichter mit einem Kolben, in dem Schieberplatten beweglich angeordnet sind, wobei der Kolben um seine meist exzentrisch im Zylinder liegende Achse rotiert) (Masch) / multivane compressor, rotary multivane compressor ‖ ~**schlagschrauber** m (Werkz) / impact wrench, impact spanner ‖ ~**schleusentor** n (Wasserb) / balance gate* ‖ ~**schlupf** m (Eltech, Masch) / rotary slip ‖ ~**schrank** m (seitliches Herausdrehen der oberen Drittels des Zahnes an der Zahnbrust) (For) / torsion set ‖ ~**schraube** f (Bahn) / swing gate ‖ ~**schubgelenk** n (als Getriebeteil) (Masch) / turning-and-sliding pair ‖ ~**schurre** f (beim Paul-Würth-Verschluß) (Hütt) / rotating chute ‖ ~**schurre** (Masch) / rotary chute, revolving chute, rotating chute ‖ ~**schütz** n (Wasserb) / butterfly gate ‖ ~**schwingen** n (Bahn) / nosing n ‖ ~**schwingung** f (Mech) / torsional vibration ‖ ~**schwingungsdämpfer** m (Masch) / torsion damper, torsional damper ‖ ~**schwingungsschreiber** m (Masch) / torsiograph* n ‖ ~**sinn** m (Math, Phys) / sense of rotation ‖ ~**späne** m pl (Masch) / turnings* pl ‖ ~**spiegel** m (Foto, Opt) / rotating mirror ‖ ~**spiegelkamera** f (für die Hochgeschwindigkeitsfotografie) (Foto) / rotating-mirror camera ‖ ~**spiegelung** f (Krist, Math) / rotoreflection n, rotary reflexion, rotation reflection ‖ ~**spiegelungsachse** f (Krist) / rotation-reflexion axis ‖ ~**spindel** f (elektrisch angetriebene Drehscheibe) (Keram) / jigger spindle ‖ ~**spindel** (Masch) / lathe spindle ‖ ~**sprenger** m (um ein Zentrallager drehende Einrichtung zur gleichmäßigen Verteilung von Abwasser, z.B. auf Tropfkörper und Filter - DIN 4045) (Sanitär) / rotary distributor ‖ ~**spulamperemeter** n (Eltech) / permanent-magnet movable-coil ammeter ‖ ~**spulgalvanometer** n (Eltech) / moving-coil galvanometer* ‖ ~**spulinstrument** n (ein Meßinstrument für Gleichstrom mit feststehendem Dauermagneten und einer oder mehreren Spulen, die bei Stromdurchgang elektromagnetisch abgelenkt werden) (Eltech) / moving-coil instrument*, permanent-magnet moving-coil instrument ‖ ~**spulschnellschreiber** m (ein alter Farbröhrchenschreiber) (Teleg) / undulator n ‖ ~**spulstrommesser** m (Eltech) / permanent-magnet movable-coil ammeter ‖ ~**stab** m (Kfz) / torsion bar, torsion-bar spring, bar spring ‖ ~**stabfeder** f (DIN 2091) (Kfz) / torsion bar, torsion-bar spring, bar spring ‖ ~**stabfederung** f (Kfz) / torsion-bar suspension* ‖ ~**stabstabilisator** m (Kfz) / torque stabilizer ‖ ~**stahl** m (Masch) / lathe tool*, turning tool* ‖ ~**stangenverschluß** m (Bau, Tischl) / cremorne bolt*, espagnolette* n, cremone bolt ‖ ~**stapler** m (Druck) / rotary stacker ‖ ~**starre Kupplung** (Masch) / rigid coupling ‖ ~**steif** adj (Mech) / torsionally stiff, torsion-resistant adj, torsionally rigid ‖ ~**steifheit** f (Mech) / torsional stiffness, torsional rigidity ‖ ~**stift** m (für Steckschlüssel) (Masch) / tommy bar*, tommy n ‖ ~**stoß** m (Phys) / rotary impact, torsional impact ‖ ~**strahlregner** m (Landw) / revolving sprinkler ‖ ~**streckung** f (eine Ähnlichkeitsabbildung) (Math) / direct similitude ‖ ~**streckung** (die Verkettung einer Drehung mit einer zentrischen Streckung) (Math, Mech) / rotation-stretching n, rotation and stretching

**Drehstrom** m (Eltech) / three-phase current, power current ‖ ~**anker** m (Eltech) / three-phase armature ‖ ~**asynchronmotor** m (Eltech) / three-phase induction motor, three-phase asynchronous motor ‖ ~**dreileitersystem** n (Eltech) / three-phase three-wire system ‖ **eigenerregte** ~-**Erregermaschine** (Eltech) / Leblanc phase advancer* ‖ ~**generator** m (Eltech) / three-phase generator, alternator* n ‖ ~**generator** (Kfz) / alternator* n, automotive alternator ‖ ~**induktionsmotor** m (Eltech) / three-phase induction motor, three-phase asynchronous motor ‖ ~**induktionsmotor** (Eltech) / polyphase induction motor ‖ ~**induktionsregler** m (Eltech) / three-phase induction regulator ‖ ~**käfigläufermotor** m / three-phase squirrel-cage motor, three-phase cage motor ‖ ~**kreis** m (Eltech) / three-phase circuit ‖ ~**kurzschlußläufermotor** m / three-phase squirrel-cage motor, three-phase cage motor ‖ ~**lichtmaschine** f (Kfz) / alternator* n, automotive alternator ‖ ~**motor** m (Eltech) / three-phase motor ‖ ~**netz** n (DIN 13 321) (Eltech) / three-phase network, three-phase system ‖ ~**plasmaofen** m (Hütt) / three-phase a-c plasma furnace ‖ **halbstarres** ~**supraleitkabel** (Kab) / CERL design of AC superconducting cable ‖ ~**system** n **in offener Schaltung** (Eltech) / three-phase six wire system* ‖ ~**system ohne Nulleiter** (Eltech) / three-phase three-wire system ‖ ~**transformator** m (Eltech) / three-phase transformer

**Dreh•support** m (Masch) / swivel head ‖ ~**symmetrie** f (Math) / rotational symmetry, radial symmetry, rotation symmetry ‖ ~**symmetrisch** adj (Math) / radially symmetric(al) adj ‖ ~**tag** m (Film) / shooting day ‖ ~**teil** n (das gedreht werden soll) (Masch) / part to be turned ‖ ~**teil** (Masch) / turned part (component) ‖ ~**teller** m (für die automatische Werkstückhandhabung bei der Blechbearbeitung an Universalpressen) (Masch) / dial feed ‖ ~**tisch** m (Einrichtung zur Übertragung des Drehmomentes auf das Bohrgestänge und zum Abfangen des Bohrgestänges beim Ein- und Ausfahren sowie beim Verlängern) (Bergb, Erdöl) / rotary table ‖ ~**tisch** (Vorrichtung an Werkzeugmaschinen zur Reduzierung der Nebenzeit beim Werkstückwechsel) (Masch) / rotating table, rotary table* ‖ ~**tischeinsatz** m (Erdöl) / kelly bushing* ‖ ~**tischfutter** n (Erdöl) / kelly bushing* ‖ ~**tischpresse** f (Keram) / rotary-table press, turntable n ‖ ~**tischpresse** (Pulv) / rotary press ‖ ~**topf** m (Spinn) / coiler can ‖ ~**topfvorrichtung** f (Spinn) / coiler* n, can coiler ‖ ~**transformator** m (ein Drehfeldtransformator) (Eltech) / induction regulator* ‖ ~**trennschalter** m (Eltech) / centre-break disconnector ‖ ~**trommel** f (Masch) / tumbler ‖ ~**trommeltrockner** m (Masch) / drum drier, roller drier, rotary drum drier ‖ ~**tür** f (Windfangtür mit 3 oder 4 radial um eine Achse angeordneten Flügeln, die sich in einem kreisrunden Windfanggehäuse drehen) (Bau) / revolving door ‖ ~**türgehäuse** n (Bau) / tambour n ‖ ~**turm** m (Hütt) / ladle revolving turret

**Drehung** f / swing n, swivelling n, swinging n, slewing n, swivel n, sluing n ‖ ~ / turn n ‖ ~ (Fernm) / rolling transposition (US) ‖ ~ (unfreiwillige - in die Gegenrichtung) (Kfz) / swing-round ‖ ~ (DIN 13317) (Mech) / rotation n ‖ ~ (Spinn) / twist* n, torque n ‖ ~ (pro Meter) (Spinn) / turn n ‖ **gleichförmige** ~ (Mech) / uniform rotation ‖ **hohe** ~ (Spinn) / hard twist* ‖ **magnetische** ~ (der Polarisationsebene) (Licht, Mag) / Faraday effect*, Faraday rotation, magnetic rotation ‖ **magnetische** ~ (Faraday-Effekt) (Phys) / magnetic rotation* ‖ **molekulare** ~ (Chem) / molecular rotation* ‖ **ohne** ~ (Spinn) / twistless adj, untwisted adj, twist-free adj, zero-twist attr, non-torque attr ‖ **optische** ~ (Chem, Opt) / optical rotation* ‖ **paramagnetische** ~ **der Polarisationsebene** (Phys) / magneto-optic rotation* ‖ **schraubenförmige** ~ (Phys) / spinning n ‖ **spezifische** ~ (Chem, Phys) / specific rotation* ‖ ~ f **der Polarisationsebene** (Chem, Phys) / rotation of the plane of polarization* ‖ ~ **der Polarisationsebene** s. auch optische Aktivität ‖ ~**en** f pl **pro Meter** (Spinn) / turns per metre

**Drehungs•achsen** f pl (Krist) / rotation axes of symmetry* ‖ ~**beiwert** m (bei der Garndrehung) (Spinn) / twist factor ‖ ~**dichte** f (Spinn) / twist* n ‖ ~**dispersion** f (normale, anomale) (Chem, Phys) / rotatory dispersion*, rotary dispersion ‖ ~**feder** f (Masch) / spring subjected to torsion, torsion spring ‖ ~**freie Strömung** (Phys) / irrotational flow, irrotational motion ‖ ~**koeffizient** m (Spinn) / twist factor ‖ ~**los** adj (Spinn) / twistless adj, untwisted adj, twist-free adj, zero-twist attr, non-torque attr ‖ ~**loses Garn** (Spinn) / zero-twist yarn, twistless yarn ‖ ~**loses Spinnen** (Spinn) / twistless spinning ‖ ~**richtung** f (Spinn) / twist direction, direction of twist ‖ ~**schicht** f (Meteor) / Ekman layer ‖ ~**sinn** m (z.B. Z- oder S-Draht) (Spinn) / twist direction*, direction of twist ‖ ~**steif** adj (Mech) / torsionally stiff, torsion-resistant adj, torsionally rigid ‖ ~**steifigkeit** f (Mech) / torsional stiffness, torsional rigidity ‖ ~**trägheit** f (des Kreisels) (Phys) / gyroscopic inertia, rotational inertia ‖ ~**vermögen** n (Chem, Phys) / rotatory power*

**Dreh•vermögen** n (Chem, Phys) / rotatory power* ‖ **optisches** ~**vermögen** (Chem, Phys) / optical activity*, rotary polarization ‖ **magnetisches** ~**vermögen** (Licht, Mag) / Faraday effect*, Faraday rotation, magnetic rotation ‖ ~**verwerfung** f (Geol) / scissor fault, rotary fault, rotational fault ‖ ~**vorrichtung** f (Eltech) / barring gear, barrier gear* ‖ ~**waage** f (Phys) / torsion balance* ‖ ~**wähler** m (Fernsp) / single-motion selector, uniselector n (GB)* ‖ ~**wählscheibe** f (Fernsp) / dial* n, rotary dial ‖ ~**wanne** f (der Libbey-Owens-Maschine) (Glas) / revolving pot (in the Owens process) ‖ ~**wartezeit** f (EDV) / rotational delay ‖ ~**werk** n (bei Kranen) (Masch) / slewing gear ‖ ~- **und Bohrwerk** n (senkrechtes) (Masch) / vertical lathe, vertical boring mill, vertical boring and turning mill ‖ ~**werk für Töpfe** (Spinn) / coiler* n, can coiler ‖ ~**werk für Töpfe** (Tex) / can coiler* ‖ ~**werkzeug** n (Masch) / lathe tool*, turning tool* ‖ ~**widerstand** m (Eltech) / rotatable resistor, variable resistor ‖ ~**winkel** m (bei Robotern) (Masch) / sweep n ‖ ~**winkel** (DIN 13317) (Mech) / angle of rotation ‖ **elektrischer** ~**winkel** (beim Potentiometer) (Eltech) / function angle ‖ ~**winkelgeber** m (Regeln) / resolver n, synchro resolver, sine-cosine generator ‖ ~**wuchs** m (Holzfehler) (Bot, For) / spiral grain, twisted grain, spirality n, torse grain ‖ **sonniger** ~**wuchs** (bei linksgedrehten Stämmen) (For) / counter-clockwise spiral grain, anticlockwise spiral grain, left-handed spiral grain ‖ **widersinniger** ~**wuchs** (bei rechtsgedrehten Stämmen) (For) / clockwise spiral grain, right-hand spiral grain ‖ **tangentialer** ~**wuchs** (For) / tangential twist ‖ ~**wüchsig** adj (For) / torse-grained adj, spiral-grained adj ‖ ~**wüchsigkeit** f (bei Holzpflanzen) (Bot, For) / spiral grain, twisted grain, spirality n, torse grain ‖ ~**wucht** f (Phys) / rotational energy

**Drehzahl** f (DIN 1301, T 2) (Masch) / rotational speed, rotational frequency ‖ ~ (Geschwindigkeit) (Masch) / speed* n ‖ **biegekritische** ~ (bei der die Welle die Schwingungen selbst verstärkt) (Masch) / critical speed for bending ‖ **gestufte** ~ (Masch) / stepped speed ‖ **kritische** ~ (wenn die Resonanz eintritt) (Masch) / critical speed ‖ **spezifische** ~ (Masch) / specific speed ‖ **synchrone** ~ (Eltech) /

synchronous speed ‖ **torsionskritische ≃en** (Masch) / critical torsional speeds ‖ **überkritische ≃** (Masch) / speed above the critical ‖ **unterkritische ≃** (Masch) / speed below the critical ‖ **≃ erhöhen** / speed up v ‖ **≃ f pro Minute** (Masch) / revolutions per minute, rpm, r.p.m., RPM, rev/min, turns per minute, tpm

**Drehzahl•abfall** m (Regeln) / speed drop, drop in speed ‖ **≃abgleich** m / speed alignment ‖ **≃abhängig** adj (Masch) / speed-dependent adj, as a function of speed ‖ **≃abweichung** f (Regeln) / speed droop ‖ **≃änderung** f (eines Motors) (Kfz) / regulation n ‖ **≃änderung** (Regeln) / speed variation ‖ **≃änderung bei gleichbleibender Spannung und Frequenz** (Eltech) / inherent regulation* ‖ **≃anstieg** m (Regeln) / speed-up n, speed rise ‖ **≃begrenzer** m (Masch, V-Mot) / speed limiter, overspeed limiter ‖ **≃bereich** m (Bereich der verfügbaren Drehzahlen) (Masch, Regeln) / rev range, range of revolutions ‖ **unterer ≃bereich** (Kfz) / bottom end (of rpm range) ‖ **Leistung f im oberen ≃bereich** (Kfz) / top-end performance ‖ **oberer ≃bereich** (Kfz) / top end (of rpm range) ‖ **≃bereich erreichen** (Kfz) / redline v ‖ **≃-Drehmoment-Kennlinie** f (Eltech) / speed-torque characteristic* ‖ **≃einstellung** f (Eltech) / speed adjustment ‖ **≃erhöhung** f (Regeln) / speed-up n, speed rise ‖ **≃frequenz** f (Eltech) / speed-frequency* n ‖ **≃fühler** m (der die Raddrehzahl für ABS und ASR erfaßt) (Kfz) / wheel-speed sensor ‖ **≃geber** m (Kfz) / vehicle speed sensor (in computer-controlled engines) (VSS), engine speed sensor ‖ **≃geregelter Motor** (Eltech, Regeln) / variable-speed motor*, adjustable-speed motor ‖ **≃gesteuerte Kupplung** (Masch) / speed-sensitive clutch ‖ **≃messer** m (Kfz) / tachometer* n ‖ **≃messer** (Masch) / revolution counter, revolution indicator ‖ **≃minderer** m (Masch) / reduction gear ‖ **≃regelbar** adj / speed-controllable adj ‖ **≃-Regelbereich** m (Masch, Regeln) / rev range, range of revolutions ‖ **≃regelung** f (bei der Schallaufzeichnung) (Akus) / pitch control ‖ **≃regelung** (des Elektromotors) (Eltech) / speed control* ‖ **≃regelung** (der Antriebsmaschine) (Eltech) / speed governing* ‖ **mit ≃regelung** / speed-controllable adj ‖ **≃regelung f durch Spannungsänderung** (Eltech) / generator-field control* ‖ **≃regelung durch Spannungsregelung** (Eltech) / variable-voltage control* ‖ **≃regelung mit Hintermotor** (Eltech) / Kramer control* ‖ **≃regelung mittels Anzapfung der Feldwicklung** (Eltech) / tap-field control* ‖ **≃regler** m (im allgemeinen) (Regeln) / speed controller, speed governor ‖ **≃regler** (V-Mot) / governor* n ‖ **fliehkraftgesteuerter ≃regler** (Regeln) / mechanical governor, flyweight governor, centrifugal governor, ballhead governor, flyball governor, pendulum governor*, governor n, spring-loaded (mechanical) governor* ‖ **≃sprung** m (Verhältnis zweier benachbarter Drehzahlen bei geometrisch gestuften Getrieben) (Masch) / speed step ‖ **≃steuerung** f (Masch) / speed control* ‖ **≃umschaltbarer Motor** (Eltech) / change-speed motor* ‖ **≃umschaltbarer Motor** (Eltech) / multispeed motor ‖ **≃umschaltbarer Motor mit regelbarer Drehzahl** / adjustable -speed motor ‖ **≃unterschied** m (z.B. bei zwei Wellen) (Masch) / speed difference ‖ **≃veränderlicher Motor** (Eltech, Regeln) / variable-speed motor*, adjustable-speed motor ‖ **≃veränderung f durch Polumschaltung** (Eltech) / pole-changing control* ‖ **≃verhalten** n (Eltech, Masch) / speed-regulation characteristic ‖ **≃verstelleinrichtung** f (Masch) / speed changer ‖ **≃verstellregler** m (als Endregler bei den Dieselmotoren) (V-Mot) / governor* n ‖ **≃verstellung** f (der Nenndrehzahl - gewünschte) (Regeln) / speed adjustment ‖ **≃wächter** m (für zu niedrige Drehzahl) (Masch) / underspeed monitor ‖ **≃wächter** m (für zu hohe Drehzahl) (Masch) / overspeed monitor ‖ **≃wandler** m (Masch, Regeln) / variable-speed gear

**Dreh•zahn** m (Masch) / tool section, solid tool (US) ‖ **≃zapfen** m (eines Stahlwerkskonverters) (Hütt) / trunnion n, hollow trunnion ‖ **≃zapfen** (Masch) / pin* n, pintle* n, gudgeon* n, pivot n ‖ **≃zapfen** (Masch) / swivel-pin n, hinge pin ‖ **≃zeiger** m (DIN 5483, T 3) (Eltech) / rotary phasor ‖ **≃zellstoffkocher** m (Pap) / revolving digester ‖ **≃zerstäuber** m (des Brenners) (Masch) / rotary atomizer ‖ **≃zufuhreinrichtung** f (zum Bestücken von Leiterplatten) (Eltronik) / rotorbin n ‖ **≃zylinder** m (Glas) / revolving tube, feeder sleeve

**drei, aus ~ Teilen** / three-part attr, three-piece attr ‖ **~ Sternchen** (Typog) / asterism n

**Dreiachsen•bearbeitung** f (Masch) / three-axis working ‖ **≃betrieb** m (Masch) / three-axis working

**dreiachsig** adj / triaxial adj ‖ **~es Nachformen** (Masch) / triple-axis tracing ‖ **~es Neutronenspektrometer** (Spektr) / triple-axis neutron spectrometer* ‖ **~er Spannungszustand** (Mech) / triaxial state of stress

**Dreiaderkabel, konzentrisches ≃** (Kab) / triple-concentric cable*

**Drei•adreßbefehl** m (EDV) / three-address instruction, two-plus-one-address instruction, triple-address instruction ‖ **≃adreßmaschine** f (EDV) / three-address machine, triple-address machine

**dreiadriges Kabel** (Kab) / three-core cable*, three-conductor cable

**Drei•amperemeter-Leistungsmessung** f (Eltech) / three-ammeter method* ‖ **≃amperemeterverfahren** n (Eltech) / three-ammeter method* ‖ **≃-α-Prozeß** m (energieliefernder Kernprozeß nach E.E. Salpeter, geb. 1924) (Astr) / Salpeter process, three-alpha process, triple-alpha process ‖ **~armiges Drehkreuz** (nach unten wegklappendes) / tripod n ‖ **~axial** adj / triaxial adj ‖ **~axialer Versuch** (zur Ermittlung bodenmechanischer Kennwerte) (HuT) / triaxial test (of soils), triaxial compression test, triaxial shear test ‖ **≃axialversuch** m (mit zylindrischen Prüfkörpern) (HuT) / triaxial cylinder test ‖ **≃backenfutter** n (Masch) / three-jaw chuck*, three-jaw concentric chuck ‖ **≃badverfahren** n (Chemischreinigung) (Tex) / three-bath (dry cleaning) ‖ **≃bandenlampe** f (eine Leuchtstofflampe mit besonders hoher Lichtausbeute) (Eltech) / triphosphor tube fluorescent lamp ‖ **≃bandenspektrum** n (Spektr) / three-banded spectrum ‖ **~basig** adj (Säure) (Chem) / tribasic* adj ‖ **~basige Säure** (Chem) / tribasic acid, triacid n ‖ **~basisch** adj (Säure) (Chem) / tribasic* adj ‖ **~basische Säure** (Chem) / tribasic acid, triacid n ‖ **≃baum** (Masch) / sheers* pl, shear legs* pl, sheer legs* pl, shears derrick, shears pl ‖ **≃begriffiges Signal** (Fernm) / three-aspect signal

**Dreibein** n (ein Ornament) (Arch) / triskelion n, triskele n ‖ **≃** (der Gummispinne des Stativs) (Foto) / triangle n ‖ **≃** (Foto, Verm) / tripod n ‖ **≃** (mit Seilverspannung) (Masch) / sheers* pl, shear legs* pl, sheer legs* pl, shears derrick, shears pl ‖ **≃** (System aus drei von einem Punkt ausgehenden Einheitsvektoren) (Phys) / trihedral n ‖ **begleitendes ≃** (Math, Phys) / moving trihedral* ‖ **≃fahrwerk** n (Luftf) / tricycle landing gear

**dreibeinig** adj (z.B. Derrick) / three-legged adj ‖ **~er** (Gerüst)**Bock** (aus Stahl) (Bau) / splithead n, split n, bandstand n ‖ **~er Derrick** (Masch) / three-legged derrick

**Dreibein•kran** m (ohne Seilverspannung) (Masch) / three-legged derrick ‖ **≃stativ** n (Foto, Verm) / tripod* n

**dreibindiger Köper** (Web) / three-end twill, three-harness twill, three-shaft twill

**Drei•blatt** n (eine gotische Maßwerkform) (Arch) / trefoil n ‖ **≃bleimantelkabel** n (dreiadriges Kabel mit einem Bleimantel über jeder Ader) (Kab) / separately lead-sheathed cable ‖ **≃bleimantelkabel** (Gleich- oder Einphasenstrom) (Kab) / S.L.-type cable ‖ **≃bock** m (Masch) / sheers* pl, shear legs* pl, sheer legs* pl, shears derrick, shears pl ‖ **~bruchfalz** m (Buchb) / three-directional fold ‖ **≃bruchfalzwerk** n (Buchb) / third cross fold unit

**Drei-D•-Fernsehen** n (TV) / stereo television ‖ **≃-Film** m (Film) / three-dimensional film

**dreidimensional** adj (DIN 1311, T 4) (Math, Phys) / three-dimensional adj, three-D, tridimensional adj ‖ **~** (Math, Phys) s. auch körperlich ‖ **~e Anordnung** / three-dimensional array ‖ **~er Chip** (Eltronik) / layered chip, 3D-chip n, three-dimensional chip ‖ **~er Druck** (mit plastischer Bildwirkung) (Druck) / three-dimensional printing ‖ **~er Film** (Film) / three-dimensional film ‖ **~es Gitter** (Krist) / three-dimensional lattice ‖ **~es Modell** / three-dimensional model ‖ **~es Polymer** (Chem) / three-dimensional polymer ‖ **~er Radar** (Radar) / three-dimensional radar, 3D-radar ‖ **~er Raum** (Math) / three-dimensional space ‖ **~er Spannungszustand** (Mech) / three-dimensional stress ‖ **~e Strömung** (Phys) / three-dimensional flow, 3-D flow ‖ **~ wirkende Mehrlenkerachse** (Kfz) / three-dimensional multilink suspension

**Dreiding-Stereomodell** n (Chem) / Dreiding stereo model

**Dreidraht•gewindemessung** f (Masch) / three-wire system of thread measurement ‖ **≃methode** f (zur Bestimmung des Flankendurchmessers bei Gewinden) (Masch) / three-wire system of thread measurement

**Drei-D-Suchradar** m n (Radar) / three-dimensional search radar

**Dreieck** n (ein Zeichengerät) (Masch) / set square (GB), triangle n ‖ **~** (Math) / triangle* n ‖ **~ ballistisches** (Phys) / ballistic triangle ‖ **ebenes ≃** (Math) / plane triangle ‖ **geodätisches ≃** (dessen Seiten geodätische Linien sind) (Verm) / geodesic triangle ‖ **gleichschenkliges ≃** (Math) / isosceles triangle* ‖ **gleichseitiges ≃** (Math) / equilateral triangle* ‖ **metaharmonisches ≃** (Math) / metaharmonic triangle ‖ **nautisches ≃** (Nav) / navigational triangle ‖ **Pascalsches ≃** (Math) / Pascal's triangle*, binomial array ‖ **rechtwinkliges ≃** (Math) / right triangle ‖ **schiefwinkliges ≃** (entweder stumpf- oder spitzwinklig) (Math) / oblique triangle ‖ **sphärisches ≃** (Dreieck auf einer Kugeloberfläche) (Math) / spherical triangle* ‖ **spitzwinkliges ≃** (dessen drei Innenwinkel spitz sind) (Math) / acute-angled triangle, acute triangle ‖ **stumpfwinkliges ≃** (Math) / obtuse-angled triangle, obtuse triangle ‖ **ungleichseitiges ≃** (Math) / scalene triangle* ‖ **≃ n dritter Ordnung** (Verm) / third-order triangle, tertiary triangle ‖ **≃ mit Porzellanröhren** (ein Laborgerät) (Chem) / porcelain triangle

**Dreieck•bogen** m (Arch) / triangular arc ‖ **≃fachwerkbinder** m (Zimm) / Fink truss, Belgian truss, French truss ‖ **≃-Fachwerkträger** m (Masch) / pitched truss ‖ **flache ≃feile** (For) / cant file

**dreieckig**

**dreieckig** *adj* / triangular* *adj*, trigonal *adj*, triangulate *adj* ‖ ~ / deltoid* *adj* ‖ **~es Meßwehr** (Wasserb) / vee-notch weir, V-notch weir, triangular-notch weir ‖ **~e Stütze** (ein Brennhilfsmittel) (Keram) / saddle *n* (a kiln furniture)
**Dreieck•kettenfahrleitung** *f* (Bahn, Eltech) / double-catenary construction* ‖ **~leiste** *f* (Keram) / triangle bar ‖ **~rauschen** *n* (Fernm) / triangular noise
**Dreiecksaufnahme** *f* (Verm) / triangulation* *n*
**Dreiecksäure** *f* (Trivialname für Dihydroxycyclopropenon) (Chem) / deltic acid, triangle acid
**Dreiecksbogen** *m* (Arch) / triangular arc
**Dreieck•schaltung** *f* (DIN 40108) (Eltech) / delta connection (of a transformer), delta circuit ‖ **~schaltung** (offene) (Eltech) / V-connection* *n*, open delta connection*
**Dreiecks•diagramm** *n* (Hütt, Phys) / ternary diagram*, triangular diagram ‖ **~diagramm der Körnungsarten** (nach Feret; bei der Bodenklassifikation) (HuT) / Feret triangle, textural triangle ‖ **~einbruch** *m* (Bergb) / drawcut *n* ‖ **~fenster** *n* (Kfz) / quarter-light *n*, quarter-window *n* ‖ **auf ~form bringen** (Math) / reduce to a triangular form (a matrix) ‖ **auf ~form transformieren** (Math) / reduce to a triangular form (a matrix) ‖ **~förmig** *adj* / deltoid* *adj* ‖ **~impuls** *m* (Eltronik) / triangular pulse ‖ **~kelle** *f* (Bau) / Continental-pattern trowel ‖ **~koordinate** *f* (x,y,z - der Farbtafel) (Licht, TV) / chromaticity coordinate ‖ **~lenker** *m* (Radaufhängung) (Kfz) / wishbone* *n*, A-arm *n* (US) ‖ **~matrix** *f* (eine quadratische Matrix, bei der oberhalb der bzw. alle unterhalb der Hauptdiagonalen stehenden Elemente Null sind) (Math) / triangular matrix ‖ **obere ~matrix** (eine quadratische Matrix, bei der alle oberhalb der Hauptdiagonalen stehenden Elemente Null sind) (Math) / upper triangular matrix ‖ **untere ~matrix** (eine quadratische Matrix, bei der alle unterhalb der Hauptdiagonalen stehenden Elemente Null sind) (Math) / lower triangular matrix
**Dreieck•sonde** *f* (eines Induktionskompasses) (Eltech, Luftf) / flux gate*, flux valve ‖ **~spannung** *f* (bei der Dreieckschaltung nach DIN 40108) (Eltech) / delta voltage* (in a three-phase system), Y-voltage *n*
**Dreiecks•querlenker** *m* (Kfz) / wishbone* *n*, A-arm *n* (US) ‖ **~rauschen** *n* (Fernm) / triangular noise ‖ **zyklische ~spannungsvoltammetrie** (Chem) / cyclic triangular-wave voltammetry ‖ **~transversale** *f* (Math) / transversal of a triangle *n*
**Dreieckstufe** *f* (Arch) / spandrel step*
**Dreiecks•überfallwehr** *n* (nach Thomson) (Wasserb) / vee-notch weir, V-notch weir, triangular-notch weir ‖ **~ungleichung** *f* (für zwei beliebige komplexe oder reelle Zahlen) (Math) / triangle inequality ‖ **~ungleichung** (die Summe zweier Seiten ist größer als die dritte Seite) (Math) / triangle inequality (for points in the plane) ‖ **~verband** *m* (das einfachste Fachwerk) (Zimm) / triangular crossbracing ‖ **~vermessung** *f* (Verm) / triangulation* *n* ‖ **~wellenpolarografie** *f* (Chem) / triangular-wave polarography, TW polarography ‖ **~zahl** *f* (eine figurierte Zahl) (Math) / triangular number ‖ **~zahn** *m* (des Sägeblattes) (Werkz) / fleam-tooth* *n*
**Dreieck•verteilung** *f* (Stats) / triangular distribution, Simpson's distribution ‖ **~welle** *f* (Phys) / triangular wave
**Drei•elektrodenschaltung** *f* (Chem) / three-electrode circuit ‖ **~elektronenbindung** *f* (Chem) / three-electron bond*, three-centre bond
**Dreier** *m* (eines Schaltkabels) (Kab) / three-conductor cable ‖ **~** (drei Punkte verschiedener Leuchtstoffe) (TV) / triad* *n*, trio *n* ‖ **~falte** *f* (bei Gardinen) (Tex) / pinch pleat ‖ **~kette** *f* (Min) / dreierkette *n* ‖ **~konferenz** *f* (ein Leistungsmerkmal) (Fernsp) / three-party conference, three-party service, 3PTY, add-on conference ‖ **~produkt** *n* (Math) / parallelepipedal product, scalar triple product, mixed product, triple product ‖ **~stoß** *m* (wenn drei Körper zusammenstoßen) (Phys) / three-body collision, triple collision, ternary collision ‖ **~verbindung** *f* (Fernsp) / third-party call
**drei•etagige Wicklung** (Eltech) / three-range winding ‖ **~-Exzeß-Kode** *m* (EDV) / excess-3 code* (XS3), excess-three code
**dreifach** *adj* (auch *adj*, treble *adj* ‖ **~** (Chem, Hütt, Masch) / ternary* *adj* ‖ **mit ~em Chromosomensatz** (Gen) / triploid* *adj* ‖ **~ ausfertigen** / triplicate *v* ‖ **~e Bindung** (Chem) / triple bond* ‖ **~ entartet** (Phys) / triply degenerate, threefold degenerate ‖ **~ geladen** (Ionen) (Chem, Phys) / triply charged, triple-charged *adj* ‖ **~ koordinativ gebunden** (Chem) / tricoordinate(d) *adj* ‖ **~ koordinativ gebunden** (Chem) / tricoordinate(d) *adj* ‖ **~ koordiniert** (Chem) / tricoordinate(d) *adj* ‖ **~ substituiert** (Chem) / trisubstituted *adj* ‖ **~e Wurzel** (Math) / triple root
**Dreifach•anschluß** *m* (für Terminals) (EDV) / triple connection ‖ **~bindung** *f* (Chem) / triple bond* ‖ **~diffusionstransistor** *m* (Eltronik) / triple-diffused transistor ‖ **~europakarte** *f* (367 mm x 160 mm) (EDV) / threefold Europa card ‖ **~expansionsmaschine** *f* (Masch) / triple-expansion engine* ‖ **~färbung** *f* (Mikros) / triple staining ‖ **~form** *f* (Glas) / triple-cavity mould ‖ **~frei** *adj* (Phys) /

tervariant *adj*, trivariant *adj* ‖ **~gabelung** *f* / trifurcation *n* ‖ **~genauigkeit** *f* (bei Darstellung und Berechnung einer Zahl) (EDV) / triple precision ‖ **~impfstoff** *m* (Med) / triple vaccine* ‖ **~kabel** *n* (Kab) / three-core cable*, three-conductor cable ‖ **~kompaktanlage** *f* (Phono-Kassetten-Steuergerät) (Akus) / three-in-one component system (automatic record changer, cassette deck, and stereo receiver) ‖ **~kristall** *n* (Krist) / trilling *n*, triplet crystal, triplet *n* ‖ **~leerstelle** *f* (Krist) / trivacancy *n* ‖ **~leitwerk** *n* (Luftf) / triple-tail unit ‖ **~nickel** *n* (Galv) / triple-layer nickel, triple nickel ‖ **~rollenkette** *f* (Triplexkette) (Masch) / triplex chain, triple roller chain ‖ **~sauer** *adj* (saures Salz) (Chem) / triacid *adj* ‖ **~senderweiche** *f* (Radar, Radio) / triplexer *n* ‖ **~spaltung** *f* (Kernphys) / ternary fission, tripartition *n* ‖ **~spielband** *n* (eine Tonbandsorte) (Akus) / TP band ‖ **~stecker** *m* (Eltech) / three-pin plug* ‖ **~tropfenbetrieb** *m* (Glas) / triple-cavity process, triple-gob process ‖ **~tropfenverfahren** *n* (Glas) / triple-cavity process, triple-gob process ‖ **~verbindungsknotenstück** *n* (Holzträgerfachwerk) (Zimm) / three-way strap ‖ **~vernicklung** *f* (Abscheidung von drei Ni-Schichten zum Korrosionsschutz) (Galv) / triple-layer nickel plating, triple nickel coating ‖ **~verzweigung** *f* / trifurcation *n* ‖ **~wirkende Presse** (Presse mit drei Stößeln, dem äußeren Stößel, dem inneren Stößel und einem weiteren Stößel, der in entgegengesetzter Richtung zu ihnen wirkt) (Masch) / triple-action press, triple-acting press ‖ **~zug** *m* (wenn ein Gestängezug an jeder dritten Verbindung getrennt wird) (Erdöl) / thribble stand ‖ **~zwischenstecker** *m* (zur Aufnahme von drei zweipoligen Steckern) (Eltech) / triple adapter
**Dreifallenschloß** *n* (Bau) / three-bolt latch lock
**Dreifarben•** / trichromatic *adj*, three-colour *attr*, tricolour *adj* ‖ **~druck** *m* (Druck) / three-colour process* ‖ **~filter** *n* (Foto) / trichromatic filter* ‖ **~additive ~methode** (Foto) / additive process* ‖ **~prozeß** *m* (Foto) / three-colour process*, trichromatic process*
**drei•farbig** *adj* / trichromatic *adj*, three-colour *attr*, tricolour *adj* ‖ **~farbigkeit** *f* (eine Form des Pleochroismus) (Krist) / trichroism *n* ‖ **~-F-Bombe** *f* (Mil) / fission-fusion-fission bomb, 3F-bomb *n*, three-F bomb ‖ **~felderwirtschaft** *f* (Bewirtschaftung einer Flur in dreijährigem Wechsel) (Landw) / three-field system ‖ **~feldmaschine** *f* (Eltech) / Kraemer system ‖ **~fingerhandschuh** *m* (DIN 61532) (Tex) / three-finger glove ‖ **~fingerregel** *f* (Darstellung der Richtungsbeziehungen der magnetischen Induktion durch Zeigefinger, Daumen und Mittelfinger) (Elektr, Phys) / Fleming's rule* ‖ **~flach** (Krist, Math) / trihedron *n* (pl. -s or -hedra) ‖ **~flächig** *adj* (Krist) / trihedral *adj* ‖ **~flammig** *adj* / three-torch *attr*, triflame *attr* ‖ **~flammiger Brenner** (Masch) / triflame burner ‖ **~fruchtanbau** *m* (zur Erzielung von jährlich drei Ernten) (Landw) / triple cropping ‖ **~fruchtbau** *m* (zur Erzielung von jährlich drei Ernten) (Landw) / triple cropping ‖ **~funktionell** *adj* (Chem) / trifunctional *adj* ‖ **~fuß** *m* (im Laborgerät) (Chem) / tripod *n*, tripod stand ‖ **~fuß** (Foto, Verm) / tripod* ‖ **~fuß** (ein Brennhilfsmittel) (Keram) / stilt *n* ‖ **~fuß** (des Theodolits) (Verm) / tribrach *n* ‖ **~gabelig** *adj* / trifurcate *adj*, trifurcated *adj* ‖ **~gängiges Gewinde** (Masch) / three-start thread, triple thread ‖ **~gelenkbinder** *m* (Bau) / three-hinged truss ‖ **~gelenkbogen** *m* (mit gekrümmten Stäben) (Bau) / three-hinged arch*, three-pinned arch ‖ **~gelenkrahmen** *m* (mit geknickten Stäben) (HuT) / three-hinged frame ‖ **~gestaltig** *adj* (Bot) / trimorphic *adj* ‖ **~gestaltig** (Chem, Krist) / trimorphous *adj*, trimorphic *adj* ‖ **~geteilt** *adj* / tripartite *adj* ‖ **~gliedrig** *adj* (Math) / trinomial *adj* ‖ **~-Grad-Kelvin-Strahlung** *f* (Astr) / cosmic background radiation*, relic radiation, cosmic microwave radiation, microwave background* ‖ **~häusig** *adj* (Bot) / trioecious* *adj* ‖ **~hebelwaage** *f* (Chem) / three-beam balance ‖ **~indizessymbole** *n pl* (Math) / Christoffel symbols* ‖ **~-jot-Symbol** *n* (Phys) / three-j number, Wigner three-j symbol ‖ **~kammerklystron** *n* (Eltronik) / three-cavity klystron ‖ **~kammerverbundmühle** *f* / three-compartment mill ‖ **~kanalmotor** *m* (ein Zweitaktmotor) (Kfz) / three-port engine ‖ **~kanalrad** *n* (spezielles Laufrad einer Abwasserkreiselpumpe mit drei Leitschaufeln) (Masch, Sanitär) / three-vane impeller
**Dreikant** *n*, *m* (ein Brennhilfsmittel) (Keram) / saddle *n* (a kiln furniture) ‖ **~** *m n* (Math) / trihedron *n* (pl. -s or -hedra)
**Dreikanter** *m* (Windkanter mit drei Kanten) (Geol) / dreikanter* *n*, three-faced stone (a ventifact)
**Dreikantfeile** *f* (Masch, Werkz) / triangular file, three-square file, three-square engineers' file
**dreikantig** *adj* / triangular *adj*, triangle *adj*
**Dreikant•kopf** *m* **mit Bund** (DIN ISO 1891) (Masch) / triangle head with collar ‖ **~leiste** *f* (kleines Brennhilfsmittel zum Aufständern von glasierten Stücken) (Keram) / triangle bar ‖ **~mutter** *f* (Masch) / triangle nut ‖ **~schaber** *m* (Anstr) / straight-sided shavehook ‖ **~schaber** (Masch) / three-cornered scraper, three-square scraper ‖ **~stahl** *m* (Hütt) / triangular steel
**Drei•kegelmühle** *f* / tricone mill ‖ **~-Kelvin-Strahlung** *f* (Astr) / cosmic background radiation*, relic radiation, cosmic microwave radiation,

microwave background* ‖ ⁓-**Kiloparsec-Arm** *m* (etwa 11500 Lichtjahre vom Milchstraßenzentrum entfernt liegender Spiralarm, dessen 21-cm-Strahlung bis zu etwa 20° galaktischer Länge nachweisbar ist) (Astr) / three-kiloparsec arm ‖
⁓**kohlenstofftautomerie** *f* (Chem) / three-carbon-type tautomerism ‖
⁓**komponentenfasern** *f pl* (Spinn) / tricomponent fibres ‖
⁓**komponentenlegierung** *f* (Hütt) / ternary alloy, tertiary alloy ‖
⁓**komponentensystem** *n* (Hütt) / ternary system*, three-component system ‖ ⁓**komponentenwasserlack** *m* (ein System zweier Reaktivkomponenten, dem als dritte Komponente vor der Applikation vollsalztes Wasser zur Verdünnung zugesetzt wird) (Anstr) / three-component waterborne coating, 3-component waterborne coating ‖ ⁓**köpfige Besatzung** (Luftf, Schiff) / three-man crew, crew of three ‖ ⁓**kopf-Technik** *f* (bei Doppelkassettendecks) (Akus) / three-head system ‖ ⁓**körperproblem** *n* (Astr) / three-body problem* ‖ ⁓**kreisanlage** *f* (schneller Brüter) (Nukl) / three-cycle plant ‖ ⁓**kreisklystron** *n* (Eltronik) / three-cavity klystron ‖
⁓**kugelgelenk** *n* (ein Verschiebegelenk mit achsparallelen, geraden Laufbahnen) (Kfz) / three-ball joint ‖ ⁓**lagiger Außenputz** (DIN 18550) (Bau) / three-coat work*, three-coat plaster (render, float and set) ‖ ⁓**lagiger Putz** (DIN 18550) (Bau) / three-coat work*, three-coat plaster (render, float and set) ‖ ⁓**lagig putzen** (Bau) / render, float and set *v*, RFS* ‖ ⁓**leistungsmesserverfahren** *n* (Eltech) / three-wattmeter method* ‖ ⁓**leiterendverschluß** *m* (Kab) / trifurcating box* ‖ **konzentrisches** ⁓**leiterkabel** (Kab) / triple-concentric cable* ‖ ⁓**leitersystem ohne Sternpunktleiter** (Eltech) / three-wire system ‖ ⁓**leitersystem** *n* (Eltech) / three-phase three-wire system ‖ ⁓**leiterwicklung** *f* (Eltech) / triplex winding* ‖ ⁓**leiterzähler** *m* (Eltech) / three-wire meter* ‖
⁓**lichtfenster** *n* (Bau) / three-light window* ‖ ⁓**literwagen** *m* (Kfz) / three-litre car ‖ ⁓**maischverfahren** *n* (Brau) / three-mash method ‖
⁓**malig** *adj* / triple *adj*, treble *adj* ‖ ⁓**mantelkabel** *n* (Kab) / separately sheathed cable ‖ ⁓**messermaschine** *f* (Buchb) / three-cutter machine, three-knife trimmer ‖ ⁓**metallplatte** *f* (Druck) / trimetallic plate ‖
⁓**motoren-** / three-engine *attr*, trimotored *adj*, trimotor *adj* ‖
⁓**motorig** *adj* / three-engine *attr*, trimotored *adj*, trimotor *adj* ‖
⁓-**Niveau-Laser** *m* (Phys) / three-level laser ‖ ⁓-**Niveau-Maser** *m* (Eltronik, Phys) / three-level maser* ‖ ⁓-**Niveau-System** *n* **des Masers** (Eltronik, Phys) / three-level maser* ‖ ⁓-**Parameter-Festkörper** *m* (DIN 13 343) (Phys) / three-parameter solid ‖
⁓-**Parameter-Flüssigkeit** *f* (DIN 13 343) (Phys) / three-parameter liquid ‖ ⁓**paß** *m* (im gotischen Maßwerk) (Arch) / trefoil ‖
⁓**paßbogen** *m* (Arch) / trefoil arch
**Dreiphasen•ernte** *f* (z.B. eine Rübenernte) (Landw) / three-stage harvesting, three-phase harvesting ‖ ⁓**kernbombe** *f* (Mil) / fission-fusion-fission bomb, 3F-bomb *n*, three-F bomb ‖ ⁓**punkt** *m* (Phys) / triple point* ‖ ⁓**strom** *m* (DIN 40170) (Eltech) / three-phase current, power current ‖ ⁓**transformator** *m* (Eltech) / three-phase transformer ‖ ⁓**wirbelbettreaktor** *m* (Chem Verf) / three-phase fluidized-bed reactor
**Drei-plus-Eins•-Adreßbefehl** *m* (EDV) / three-plus-one address instruction, four-address instruction ‖ ⁓-**Adreßkode** *m* (EDV) / three-plus-one address code, four-address code
**Dreipol** *m* (DIN 4899) (Eltech) / triple pole
**dreipolig** *adj* (Eltech) / three-pole *attr*, triple-pole *attr*, tri-pole *attr* ‖ ⁓**es Netzwerk** (Eltech) / three-terminal network ‖ ⁓**er Schalter** (Eltech) / triple-pole switch*, three-pole switch ‖ ⁓**er Stecker** (Eltech) / three-pin plug*
**Dreipol•schaltung** *f* (Eltech) / three-terminal network ‖ ⁓**steckdose** *f* **mit Schalter** (Eltech) / three-pin socket with switch ‖ ⁓**stecker** *m* (Eltech) / three-pin plug*
**Dreipunkt•anbau** *m* (für das Anbringen eines Anbaugerätes am Heck des Ackerschleppers) (Landw) / three-point linkage, three-point (implement) hitch ‖ ⁓**befestigung** *f* (Masch) / three-point fixing ‖
⁓**biegen** *m* (mit einer 3PB-Probe) (WP) / three-point bending ‖
⁓**biegeprobe** *f* (eine Probenform) (WP) / Charpy three-point bend specimen, three-point bend (load) specimen ‖ ⁓**biegeversuch** *m* (WP) / three-point bending test ‖ ⁓**bock** *m* (Landw) / headstock* *n*, live-head *n* ‖ ⁓**gurt** *m* (Kfz) / three-point safety belt, three-point seat belt, lap-shoulder belt ‖ ⁓**landung** *f* (Luftf) / three-point landing* ‖ ⁓**messung** *f* (Antastart bei der Durchmessermessung von zylindrischen Werkstücken) (Instr) / three-point measuring ‖ ⁓**problem** *n* (Verm) / three-point problem* ‖
⁓**regler** *m* (Regeln) / three-step controller, three-position controller, dead-zone controller, three-point regulator ‖ ⁓**schaltung** *f* (induktive, kapazitive) (Eltronik) / three-point circuit, three-point connection ‖ **kapazitive** ⁓**schaltung** (Eltronik) / Colpitts oscillator* ‖
⁓-**Sicherheitsgurt** *m* (der häufigste Sicherheitsgurt) (Kfz) / three-point safety belt, three-point seat belt, lap-shoulder belt
**Drei•quartier** *n* (Bau) / three-quarter bat* *n*, three-quarter brick ‖
⁓**rad** (Kfz) / tricar (GB), tricycle ‖ ⁓**rädrig** *adj* / three-wheel *attr* ‖ ⁓**resonatorklystron** *n* (Eltronik) / three-cavity klystron ‖

⁓**rollenmeißel** *m* (für Tiefbohrungen) (Bergb) / tricone bit, three-cone roller bit, Hughes bit ‖ ⁓**satz** *m* (Math) / rule of three ‖
⁓**satzrechnung** *f* (Math) / rule of three ‖ ⁓**säuler** *m* (zur Molen- und Uferbefestigung) (Wasserb) / tribar *n* ‖ ⁓**säurig** *adj* (Base) (Chem) / triacid *adj*, triacidic* *adj* ‖ ⁓**schäftiger Köper** (Web) / three-end twill, three-harness twill, three-shaft twill ‖ ⁓**schaltermethode** *f* (Eltech) / Korndorfer starting method ‖ ⁓**scheibenläppmaschine** *f* (Masch) / triple-wheel lapping machine ‖ ⁓**scheibenspindelpresse** *f* (Masch) / three-disc screw press ‖ ⁓**schenkel** *m* (ein Ornament) (Arch) / triskelion *n*, triskele *n* ‖ ⁓**schenkeltransformator** *m* (Eltech) / three-column transformer ‖ ⁓**schichtaufbau** *m* (Anstr, Kfz) / three-stage coating system ‖ ⁓**schichtenfilm** *m* (Film, Foto) / tripack* *n* ‖ ⁓**schichtiger Putz** (DIN 18550) (Bau) / three-coat work*, three-coat plaster (render, float and set) ‖ ⁓**schichtmineral** *n* (Min) / three-layer mineral ‖ ⁓**schichtstruktur** *f* (Min) / three-layer structure ‖ ⁓**schiffige Basilika** (Arch) / three-aisled basilica ‖ ⁓**schlitz** *m* (dreiteiliges Feld am Fries des dorischen Tempels) (Arch) / triglyph* *n* ‖ ⁓**schneider** *m* (Bücherbeschneidemaschine, die nur mit einem Messer arbeitet) (Buchb) / three-side trimmer (with one knife only) ‖
⁓**schneider** (Masch) / three-lipped core drill ‖ ⁓**schneidiger Spiralsenker** (Masch) / three-lipped core drill ‖ ⁓**seitenfräsmaschine** *f* (For) / three-side moulding machine ‖ ⁓**seitenkipper** *m* (Kfz) / three-way tipper, three-way dump truck
**dreiseitig** *adj* / three-sided *adj*, trilateral *adj*, triangular *adj* ‖ ⁓ **besäumt** (For) / three-edged *adj* ‖ ⁓ **beschnittenes Kantholz** (mit Fehlkante) (Zimm) / billet* *n* ‖ ⁓ **gelagert** (Masch) / supported on three sides ‖ ⁓**e Pyramide** (Krist, Math) / tetrahedron* *n* (pl. -s or -hedra), triangular pyramid
**Drei•spannungsmesserverfahren** *n* (Eltech) / three-voltmeter method* ‖ ⁓**spindlige Bohrmaschine** (Masch) / three-spindle drilling machine ‖ ⁓**spinsystem** *n* (Spektr) / three-spin system ‖ ⁓**spitzig** *adj* (z.B. Steinersche Kurve) (Math) / three-cusp *attr*, tricuspid *adj*, three-cusped *adj* ‖ ⁓**spitzige Hypozykloide** (mit drei Rückkehrpunkten) (Math) / deltoid* *n*, Steiner's three-cusped hypocycloid*, Steiner's tricusp*, tricuspid curve
**Dreißigminutenleistung** *f* (Eltech) / half-hour rating*
**Dreißigsekunden-Werbespot** *m* (Radio, TV) / thirty *n*
**Drei•ständerpresse** *f* (Masch) / three-column press ‖ ⁓**stärkenglas** *n* (Opt) / trifocal glass, trifocal lens (an ophthalmic lens) ‖
⁓-**Status-Schaltkreis** *m* (Eltronik) / tri-state circuit ‖ ⁓**stellig** *adj* (Zahl) / three-figure *attr*, three-digit *attr* ‖ ⁓**stellig** (Prädikat) (Math) / ternary *adj* ‖ ⁓**stellig** (Math) / treble *adj* (when a number occurs three times in succession) ‖ ⁓**stellige Ortskennzahl für den Selbstwählferndienst** (Fernsp) / area code (US) ‖ ⁓**stoffgemisch** *n* (Chem) / ternary mixture ‖ ⁓**stofflager** *n* (die mit der Stahlstützschale verbundene Lagermetallschicht wird noch mit einer galvanisch aufgebrachten Weißmetallschicht zur Verbesserung des Laufverhaltens versehen) (Masch) / trimetal bearing, three-component bearing ‖ ⁓**stofflegierung** *f* (Hütt) / ternary alloy, tertiary alloy ‖ ⁓**stoffsystem** *n* (Hütt) / ternary system*, three-component system ‖ ⁓**strahliges Flugzeug** (Luftf) / trijet *n*, three-jet aeroplane ‖ ⁓**strommesserverfahren** *n* (Eltech) / three-ammeter method* ‖ ⁓**stufenäscher** *m* (Leder) / three-pit liming ‖ ⁓**stufenschnecke** *f* (eine Extruderschnecke) (Plast) / three-stage screw ‖ ⁓**stufig** *adj* (z.B. Quadrupolgerät) (Spektr) / triple-stage *attr* ‖ ⁓**stufiger Verstärker** (Eltronik) / three-stage amplifier ‖ ⁓**tafelprojektion** *f* (DIN 6) (Math) / three-plane projection, projection on three planes ‖ ⁓**tafelverfahren** *n* (Math) / three-plane projection, projection on three planes ‖ ⁓**teilig** *adj* / tripartite *adj* ‖ ⁓**teilig** / three-part *attr*, three-piece *attr* ‖ ⁓**teiliges Fenster** (Bau) / three-light window* ‖ ⁓**teiliges Objektiv** (Opt) / triplet *n*, triplet lens ‖ ⁓**teilung** *f* / tripartition *n* ‖ ⁓**teilung** (Math) / trisection *n* ‖ ⁓**türer** *m* (zweitürige Limousine mit Heckklappe) (Kfz) / two-door hatchback ‖ ⁓**türige Limousine** (Kfz) / two-door hatchback ‖ ⁓**viertelstab** *m* (ein Zierglied) (Arch) / roll moulding ‖
⁓**viertelstein** *m* (Bau) / three-quarter bat* *n*, three-quarter brick ‖
⁓**voltmeterverfahren** *n* (Eltech) / three-voltmeter method*
**Dreiwalze** *f* (eine Dispergiermaschine) (Anstr) / triple-roll mill, three-roll mill
**Dreiwalzen•anreibmaschine** *f* (Anstr) / triple-roll mill, three-roll mill ‖ ⁓**biegemaschine** *f* (Hütt) / three-roller bending machine ‖
⁓**blechbiegemaschine** *f* (Hütt) / three-roller plate-bending machine ‖
⁓**blechrundmaschine** *f* (Hütt) / three-roller plate-bending machine ‖
⁓**rundmaschine** *f* (Hütt) / three-roller plate-bending machine ‖
⁓**schrägwalzanlage** *f* (Asselwalzwerk) (Hütt) / Assel mill ‖
⁓**schrägwalzwerk** *n* (zur Herstellung nahtloser Stahlrohre) (Hütt) / Assel mill ‖ ⁓**stuhl** *m* (Anstr) / triple-roll mill, three-roll mill
**Dreiwattmeterverfahren** *n* (Eltech) / three-wattmeter method*
**Dreiwege•box** *f* (mit Frequenzweichen) (Akus) / three-way speaker (with cross-over) ‖ ⁓**hahn** *m* (Masch) / three-way cock, three-way tap ‖ ⁓**katalysator** *m* (chemische Funktionseinheit) (Kfz) / three-way catalyst, TWC ‖ ⁓**katalysator** (als Bauteil der Auspuffanlage mit

**Dreiwegekombination**

Sondenregelung) (Kfz) / computer-controlled catalytic converter, three-way catalytic converter || ⁓**kombination** f (Steuergerät mit Kassettenrecorder und Plattenspieler) (Akus) / music centre || ⁓**lautsprecher** m (Akus) / three-way speaker || ⁓**schalter** m (Eltech) / three-way switch*, three-point switch* || ⁓**ventil** n (Masch) / three-way valve

**Drei•wegmaschine** f (eine Sondermaschine) (Masch) / three-path machine || ⁓**wellengetriebe** n (bei alten Werkzeugmaschinen) (Masch) / triple gearing || ⁓**wellige Wellpappe** (DIN 6730 - bestehend aus drei Lagen gewellten Papiers, die durch zwei Lagen Papier oder Karton miteinander verklebt sind und deren Außenflächen ebenfalls mit je einer Lage Papier oder Karton beklebt sind) (Pap) / triple-wall corrugated fibreboard

**dreiwertig** adj (Chem) / trivalent* adj, tervalent* adj || **~er Alkohol** (Chem) / trihydric alcohol*, triol n || **~e Atomgruppe** (Chem) / triad* n || **~es Eisen** (Chem) / ferric iron || **~e Logik** (KI) / three-valued logic || **~e Säure** (Chem) / tribasic acid, triacid n

**Drei•wertigkeit** f (Chem) / trivalency n || ⁓**wicklungstransformator** m (Eltech) / three-winding transformer, triple-wound transformer || ⁓**zack** m (ein Spannelement für Langholzwerkstücke) (For) / butterfly centre, fork centre || **~zählige (Drehungs)Achse** (Krist) / triad n (axis), trigyre n || **~zähnig** adj (Ligand) (Chem) / tridentate adj, terdentate adj || ⁓**zentrenbindung** f (Chem) / three-electron bond*, three-centre bond || ⁓**zugkessel** m (Masch) / three-(gas-)pass boiler || ⁓**zustandslogik** f (Digitalschaltung, deren Ausgang neben den beiden /aktiven/ Zuständen L und H noch einen dritten, inaktiven oder hochohmigen Zustand annehmen kann) / three-state logic, three-level logic, ternary logic || ⁓**zylindergarn** n (im Baumwollspinnverfahren hergestelltes Garn hoher oder mittlerer Feinheit) (Spinn) / three-cylinder yarn, three-roller yarn || ⁓**zylindergarn** (Spinn) s. auch Watergarn || ⁓**zylinderspinnerei** f (Baumwollfeinspinnerei) (Spinn) / three-cylinder cotton spinning

**Drell** m (Tex) / drill*, ticking n
**Drellsatin** m (Tex) / satin drill
**Drempel** m (durch Anheben des Dachfußes über die Geschoßdecke beim Kehlbalken- oder Pfettendach) (Bau) / jamb wall || ⁓ (Schwelle im Torboden einer Schleuse, gegen die sich das geschlossene Schleusentor stützt) (Wasserb) / lock-sill* n, clap-sill* n, mitre-sill* n, sill n || ⁓**erhöhung** f (Bau) / bahut n
**Drencheranlage** f (eine Löschanlage) / drencher installation, drencher system
**Dreschen** n (Landw) / threshing n
**Drescherfieber** n (eine melde- und entschädigungspflichtige Staublungenerkrankung - durch organischen Staub verursacht) (Med) / farmer's lung*
**Drescherkrankheit** f (eine melde- und entschädigungspflichtige Staublungenerkrankung - durch organischen Staub verursacht) (Med) / farmer's lung*
**Drescherlunge** f (eine melde- und entschädigungspflichtige Staublungenerkrankung - durch organischen Staub verursacht) (Med) / farmer's lung*
**Dreschmaschine** f (Landw) / thresher n, thrasher n, threshing machine
**Dreschtrommel** f (Landw) / thrashing drum, threshing drum, threshing cylinder (US)
**Dresdner Porzellan** (aus der Sächsischen Porzellan-Manufactur) (Keram) / Dresden china, Dresden porcelain
**dressen** v (das Rundholz im Abladeland behauen und zurichten) (For) / dress v
**dressieren** v (Hütt) / dress v, skin pass roll || ~ (Tex) / shape v || ⁓ n (mit Stichabnahme kleiner als 3%) (Hütt) / skin passing, skin-pass rolling || ⁓ (Formgeben der Bekleidungsstücke in der Schneiderei durch feuchtes Bügeln) (Tex) / shaping* n
**Dressier•maschine** f (Tex) / shaping press || ⁓**presse** f (zum feuchten Formbügeln) (Tex) / shaping press || ⁓**stich** m (Hütt) / skin pass
**dressiert** adj (Hütt) / skin-passed adj, extra-smooth adj
**Dressier•walzen** n (Hütt) / temper rolling || ⁓**walzwerk** n (Hütt) / skin-pass mill || ⁓**walzwerk** (um die Fließfiguren zu vermeiden) (Hütt) / temper mill, temper rolling mill
**Drex-System** n (ein veraltetes System der Garnnumerierung in drex = $10^{-1}$ tex) (Spinn) / drex system (US)
**DRF** (zur Beschreibung der Wirkung einer chemischen Strahlenschutzsubstanz) (Radiol) / dose reduction factor*
**Drift** f (allmähliche Änderung eines oder mehrerer Parameter von Erzeugnissen, Prozessen oder Systemen) / drift n || ⁓ (langsame zeitliche Änderung des Wertes eines meßtechnischen Merkmals eines Meßgerätes) / drift n || ⁓ (EDV, Eltronik, Geophys, Mag) / drift* n || ⁓ (durch ein Kraftfeld bzw. durch einen Potentialgradienten verursachter diffusionsgesteuerter Stofftransport einer Teilchensorte in einer Matrix, insbesondere im Sinne eines verzögernden Nachziehens) (Krist) / drift n || ⁓ (bei der Pflanzenschutzmittelausbringung) (Landw) / drift n || ⁓ (Luftf) / drift* n || ⁓ (Meteor, Ozean) / drift currents* || ⁓ (Regeln) / runaway n ||

⁓**anker** m (Schiff) / drift anchor || **~armer Verstärker** (Eltronik) / low-drift amplifier || ⁓**ausfall** m (eines Systems) / gradual failure, drift failure || ⁓**ausfall** (eines Systems) s. auch Spontanausfall || ⁓**beweglichkeit** f (Eltronik) / drift mobility* || ⁓**eis** n / drift ice, floating ice
**driften** v (in der Kurve) (Kfz) / drift v || ⁓ n (Kfz) / drifting n
**Drift•fehler** m (bei einem analogen Rechenelement) (EDV) / drift error || ⁓**feld** n (in der Basiszone der Drifttransistoren) (Eltronik) / drift field || ⁓**geschwindigkeit** f (Plasmaphysik + Magnetosphärenphysik) / drift speed, drift velocity || ⁓**geschwindigkeit** (DIN 41852) (Eltronik) / drift velocity
**Drifting** n (Kfz) / drifting n
**Drift•kammer** f (Kernphys) / drift chamber* || ⁓**raum** m (eines Klystrons) (Eltronik) / drift space* || ⁓**röhre** f (des Linearbeschleunigers) (Nukl) / drift tube || ⁓**röhren-Linearbeschleuniger** m (heute nicht mehr verwendete Bauart) (Nukl) / drift-tube linear accelerator || ⁓**schale** f (ein Schalenmodell der Magnetosphäre) (Geophys) / L-shell n, drift shell || ⁓**strom** m (gerichtete Bewegung der Ladungsträger im elektrischen Leiter oder Halbleiter unter dem Einfluß eines elektrischen Feldes) (Eltronik) / drift current || ⁓**strömung** f (Meteor, Ozean) / drift currents* || ⁓**transistor** m (Eltronik) / drift transistor*, graded-base transistor, diffused-alloy transistor
**Drill•achse** f (in der Quantentheorie) (Phys) / rotator n || ⁓**bohrer** m (Masch) / Archimedean drill*, Persian drill, push drill
**drillen** v (Landw) / drill v || ⁓ n (Landw) / drilling n
**Drillich** m (Tex) / drill* n, ticking n
**Drilling** m (Krist) / trilling n, triplet crystal, triplet n
**Drillings•bogen** m (Arch) / tripartite arch || ⁓**klinke** f (Fernsp) / triple jack || ⁓**kristall** m (Krist) / trilling n, triplet crystal, triplet n || ⁓**pumpe** f (eine Kolbenpumpe mit drei Zylindern und drei von einer gemeinsamen Kurbelwelle betätigten Kolbenstangen) (Masch) / three-throw pump, treble-barrel pump
**Drill•knicken** n (Mech) / torsion and buckling, torsional buckling, twist buckling || ⁓**maschine** f (Landw) / drill n || ⁓**maschine mit Düngerstreueinrichtung** (Landw) / combine drill || ⁓**moment** n (DIN 13 316) (Mech) / twisting moment
**Drillometer** n (der Bohrtechnik) (Erdöl) / drillometer n
**Drill•rohr** n (der Drillmaschine) (Landw) / delivery tube || ⁓**schar** n f (das die parallelen Bodenrillen vor der Ablage der Samenkörner in der Ackerkrume zieht - Schlepp-, Säbel- oder Stiefelschar) (Landw) / drill coulter || ⁓**schraubendreher** m (DIN 898) (Werkz) / spiral ratchet screwdriver*, Yankee screwdriver, impact driver || ⁓**schwingung** f (Chem) / twisting vibration || ⁓**schwingung** (Mech) / torsional vibration
**Drillung** f (Verdrehung pro Längeneinheit) (Mech) / torsion per unit length
**Drill•winkel** m (DIN 13 316) (Mech) / twist angle, twisting angle || ⁓**wulststahl** m (Bewehrung) (HuT) / twisted bar
**dringendes Gespräch** (Fernsp) / urgent call
**Dringlichkeitsverkehr** m (Fernm) / urgency communication
**Driografie** f (Druck) / driography n
**dritt•e Harmonische** (Phys) / third harmonic || **~er Hauptsatz der Thermodynamik** (Phys) / Nernst heat theorem*, third law of thermodynamics, Nernst-Simon statement || **~es Kriechstadium** (Hütt, WP) / third stage (until failure occurs) || **~er Potenz (Kubus)** (Math) / cube* n || **~es Produkt** (bei der Zuckerherstellung) (Nahr) / low-grade sugar || **~es Quartil** (Stats) / upper quartile || **~e Reinigungsstufe** (Sanitär) / advanced waste-water treatment, AWT, tertiary treatment, polishing n || **~er Schall** (in hauchdünnen Oberflächenschichten des supraflüssigen Heliums) (Phys) / third sound || **~e Schiene** (Bahn, Eltech) / live rail*, conductor rail*, contact rail*, third rail
**Dritt•ausfertigung** f / triplicate n || **~beste Wollqualität** (Tex) / choice n, choice wool
**Drittel formatstein** m (Keram) / two-cut brick || ⁓**oktave** f (ein Frequenzmaßintervall, dessen Frequenzverhältnis die 3. Wurzel aus 2 ist - DIN 13320) (Fernm) / third n || ⁓**spatie** f (Typog) / thick space*
**Dritt•länder** n pl (bei Investitionen) / third countries || ⁓**luft** f / tertiary air
**drive** (Stellung des Wählhebels im automatischen Getriebe) / D
**Drive-in-Kino** n (Film) / drive-in* n
**Driver** m (Schaltung zur Erzeugung der für das Ansteuern entsprechender Bausteine erforderlichen Leistung) (EDV) / driver* n, device driver* || ⁓ (spezielles Hilfsmittel für die Schleifgrundierung) (Leder) / driver n
**DRO** (EDV) / destructive read-out, DRO
**Droge** f (Arzneimittel) (Pharm) / (medicinal) drug* n || ⁓ (Pharm) / narcotic drug, narcotic n, drug n || **euphorisierende** ⁓ (Pharm) / euphoriant n (euphoriant drug) || **pflanzliche** ⁓ (Pharm) / vegetable drug

**Drogenabhängigkeit** f (Mißbrauch, Gewohnheit und Sucht) (Pharm) / drug dependence
**Drogenmißbrauch** m (Pharm) / drug abuse
**Drogist** m / chemist n (dealer in medicinal drugs)
**Drohne** f (Ziel- oder Aufklärungsdrohne) (Mil) / drone* n, slave n ǁ **intelligente** ≈ (mit Mikroprozessoren) (Mil) / smart drone ǁ **programmierte** ≈ (Mil) / pre-programmed drone
**dröhnen** v (Motor) (Kfz) / roar v, vroom v ǁ ≈ n (Akus) / boom* n ǁ ≈ (Akus, Masch) / roaring n
**Dröhngeräusch** n (Kfz) / droning noise
**Drop•down-Menü** n (EDV) / pull-down menu, drop-down menu ǁ ≈**-Hitch-Stoßfänger** m (Kfz) / drop-hitch bumper ǁ ≈**-Kabel** n (Koaxialkabel zwischen dem Geräteanschluß und dem Netzwerkmedium im LAN) (Fernm) / drop cable ǁ ≈**-on-Demand** n (eine Technik bei Tintenstrahldruckern) (EDV) / drop-on demand n ǁ ≈**-out** n (unbeschichtete Stelle) (Akus, EDV, Mag) / drop-out n ǁ ≈**-out** m (durch unbeschichtete Stellen im Magnettonband bzw. Schmutz zwischen Band und Tonkopf verursachter Aussetzer in der Schallaufzeichnung) (Mag) / drop-out* n ǁ ≈**-out-Flitzer** m (Mag) / drop-out* n ǁ ≈**-out-Kompensator** m (Mag) / drop-out compensator ǁ ≈**sonde** f (Luftf) / dropsonde n ǁ ≈**tank** m (Luftf) / drop tank*, slipper tank*, jettisonable tank
**Drosometer** n (Meteor) / drosometer* n
**Drosophila** f (pl.: -lae) (meistens Drosophila melanogaster) (Gen, Nahr, Zool) / Drosophila melanogaster*
**Dross** m (Glas) / dross n (waste and impurities collected on the surface of a molten glass bath), dross spot, dross print (US)
**Drossel** f (Eltech) / inductor* n, choke coil, choking coil, retardation coil*, choke* n, reactor* n, inductance n ǁ ≈ (Masch) / throttle valve*, butterfly valve* ǁ ≈ (DIN 63602) (Spinn) / ring spinning frame, ring frame, throstle n, ring spinning machine ǁ **ohne** ≈ (Eltech) / chokeless adj ǁ ≈ f **mit Eisenkern** (Eltech) / iron-cored choke, iron-cored reactor
**Drossel•anlauf** m (Eltech) / reactor starting ǁ ≈**blende** f (in eine Rohrleitung fest eingebaute Scheibe mit kreisrunder Durchflußöffnung von unveränderlichem Durchmesser - zur Messung des Durchsatzes nach dem Wirkdruckverfahren) (Hyd, Masch) / orifice gauge*, orifice plate, orifice meter ǁ ≈**bohrung** f (in der Drosselscheibe) (Masch) / restriction hole ǁ ≈**düse** f **in Parabelform** (Masch) / parabolic nozzle*, German nozzle ǁ ≈**effekt** m (isenthalpischer) (Temperaturänderung realer Gase bei Drosselung) (Phys) / Joule-Thomson effect*, Joule-Kelvin effect* ǁ ≈**garn** n (Spinn) / ring-spun yarn ǁ ≈**gerät** n (ein Durchflußmesser, z.B. Normblende oder Normdüse) (Masch) / differential-pressure counter ǁ ≈**kalorimeter** n (zur Bestimmung des Feuchtigkeitsgehalts von Wasserdampf) (Masch) / throttling calorimeter* ǁ ≈**kegel** m (konisch, parabolisch und als Nadelkegel) (Masch) / throttling disk ǁ ≈**klappe** f (Masch) / throttle valve*, butterfly valve* ǁ ≈**klappe** (im Ansaugtrakt) (V-Mot) / throttle valve ǁ **ganz geöffnete** ≈**klappe** (V-Mot) / wide-open throttle, WOT ǁ ≈**klappenrelais** n (ein Elektromagnet, der über einen Hebel auf die Drosselklappe wirkt) (V-Mot) / throttle solenoid ǁ ≈**klappenschließdämpfer** m (V-Mot) / dash pot, throttle-return check ǁ ≈**klappenschließverzögerer** m (bei Drosselklappenvergasern) (V-Mot) / dash pot, throttle-return check ǁ ≈**kolben** m (Eltech) / choke piston, choke plunger, non-contact plunger ǁ ≈**kopplung** f (Eltech) / choke coupling* ǁ ≈**kurve** f (Masch) / head-capacity (characteristic) curve ǁ ≈**linie** f (Kurve, auf der Zustände gleicher Enthalpie liegen) (Phys) / isenthalpe n ǁ ≈**modulation** f (Eltech) / choke modulation*
**drosseln** v (Durchfluß, Leistung vermindern) / throttle v, throttle back v, throttle down v ǁ ~ (Geschwindigkeit) / slow down v, slack up v ǁ ≈ (Querschnitt verengen) / restrict v ǁ ≈ v ǁ ≈ (eines Schmelzofens) (Hütt) / banking*  n, damping down
**Drossel•organ** n (z.B. in Klimaanlagen) (Masch) / expansion device ǁ ≈**scheibe** f (in eine Rohrleitung fest eingebaute Scheibe mit kreisrunder Durchflußöffnung von unveränderlichem Durchmesser - zur Messung des Durchsatzes nach dem Wirkdruckverfahren) (Hyd, Masch) / orifice gauge*, orifice plate, orifice meter ǁ ≈**scheibe** (um die Rohrströmung zu vermindern) (Masch) / choke n, restrictor n ǁ ≈**schieber** m (Automatikgetriebesteuerung) (Kfz) / throttle valve ǁ ≈**speisung** f (Eltech) / choke feed* ǁ ≈**spule** f (DIN 40714, T 1; DIN 57532, T 1) (Eltech) / inductor* n, choke coil, choking coil, retardation coil*, choke* n, reactor* n, inductance n ǁ ≈**transformator** m (für konstanten Sekundärstrom) (Eltech) / constant-current transformer* n ǁ ≈**tür** f (Bergb) / regulator door, air regulator, regulating door, regulator n, gauge door* ǁ ≈**typ** m (des Feldeffekttransistors, dessen Source-Drain-Strom durch eine entsprechende Gatespannung gedrosselt werden muß) (Eltronik) / depletion-mode transistor*, depletion-mode field-effect transistor, depletion-mode FET

**Drosselung** f (des Durchflusses, der Leistung) / throttling* n ǁ ≈ (Herabsetzung der einem Schall zugeordneten Lautheit durch weitere Schalle) (Akus) / partial masking ǁ ≈ (des Schubs) (Luftf) / cutback n
**Drossel•ventil** n (Kfz) / throttle valve ǁ ≈**ventil** (Masch) / throttle valve*, butterfly valve* ǁ ≈**ventil** (der Kältemaschine) (Masch) / expansion valve ǁ ≈**wasserschloß** n (Wasserb) / throttle surge chamber
**Dross-Fleck** m (Glas) / dross (waste and impurities collected on the surface of a molten glass bath), dross spot, dross print (US)
**Drousette** f (Tex) / garnett machine*, garnetting machine, waste opener, hard waste breaker, Gilljam carding machine, opener card for hard-twisted thread waste, garnett n
**Droussierkrempel** f (DIN 64100) (Tex) / garnett machine*, garnetting machine, waste opener, hard waste breaker, Gilljam carding machine, opener card for hard-twisted thread waste, garnett n
**Droussierwolf** m (Spinn) / willow n, willey n
**Dr-Stellwerk** n (Bahn) / push-button interlocking
**Druck•-** / pressurized adj, pressurised adj (GB) ǁ ≈ m (Vorgang) (Druck) / printing* n, machining* n, presswork* n, press* n ǁ ≈ (das Druckergebnis, die Druckqualität) (Druck) / print n ǁ ≈ (Druck) / printed item, print n ǁ ≈ (Mech) / compression n ǁ ≈ (DIN 1314) (Phys) / pressure* n ǁ ≈ (Druck) s. auch Auflage ǁ **[Bohrmeißel]** ≈ (Masch) / thrust n ǁ **absoluter** ≈ (DIN 1314) (Phys) / absolute pressure* ǁ **atmosphärischer** ≈ (vom Barometer abgelesen) (Meteor) / barometric pressure*, atmospheric pressure*, air pressure ǁ **auf** ≈ **ansprechend** / pressure-sensitive adj, sensitive to pressure ǁ **axialer** ≈ (Mech) / axial pressure ǁ **bidirektionaler** ≈ (EDV) / bidirectional printing ǁ **bidirektionaler** ≈ **mit Wegoptimierung** (EDV) / optimized bidirectional printing ǁ **den** ≈ **erhöhen** (z.B. in einer Luftschleuse des Caissons) (HuT, Med) / recompress v ǁ **Dienstleistungszentrum** n **für digitalen** ≈ (Druck, EDV) / digital printing service centre, DPSC ǁ **dreidimensionaler** ≈ (mit plastischer Bildwirkung) (Druck) / three-dimensional printing ǁ **durchgeschlagener** ≈ (Druck) / strike-through* n ǁ **dynamischer** ≈ (Luftf) / dynamic pressure, kinetic pressure ǁ **ebener** ≈ (Mech) / biaxial compression ǁ **elektrostatischer** ≈ (Druck) / electrostatic printing*, electrostatic copying ǁ **farbiger** ≈ (Druck) / colour printing* ǁ **fliegender** ≈ (EDV) / hit-on-the-fly printing, on-the-fly printing ǁ **gemusterter** ≈ (Tex) / figured printing ǁ **gleichmäßiger** ≈ (Druck) / good colour* ǁ **horizontaler** ≈ (HuT) / thrust n ǁ **hydraulischer** ≈ (Phys) / hydraulic pressure ǁ **hydrodynamischer** ≈ (Phys) / hydrodynamic pressure ǁ **hydrostatischer** ≈ (Phys) / hydrostatic pressure, hydrostatic head ǁ **indizierter mittlerer** ≈ (Masch, Phys) / indicated mean effective pressure*, I.M.E.P. ǁ **innerer** ≈ (Phys) / internal pressure, inside pressure ǁ **kinetischer** ≈ (Phys) / kinetic pressure ǁ **kolloidosmotischer** ≈ **(KOD)** (Chem) / colloidal osmotic pressure, oncotic pressure ǁ **kontaktloser** ≈ (Siebdruck) (Eltronik) / off-contact print ǁ **magnetischer** ≈ (die abstoßende Wirkung zwischen magnetischen Kraftlinien) (Mag, Plasma Phys) / magnetic pressure* ǁ **mit gleichem** ≈ (Hyd, Meteor) / isopiestic* adj, constant-pressure attr, isobaric adj ǁ **mit konstantem** ≈ (Hyd, Meteor) / isopiestic* adj, constant-pressure attr, isobaric adj ǁ **osmotischer** ≈ (Chem) / osmotic pressure* ǁ **partieller** ≈ (Chem, Phys) / partial pressure* ǁ **potentieller osmotischer** ≈ (Bot) / osmotic potential*, solute potential* ǁ **pseudokritischer** ≈ (der bei Gasgemischen dem kritischen Druck entspricht) (Phys) / pseudocritical pressure* ǁ **seitlicher** ≈ (z.B. an der Stützmauer) (HuT) / thrust n ǁ **statischer** ≈ (in der Bernoullischen Druckgleichung) (Hyd, Luftf) / static pressure* ǁ **ungleichmäßiger** ≈ (Tex) / uneven printing ǁ **unter** ≈ (stehend) / pressurised adj (GB), pressurized adj (US), pressure-exposed adj, exposed to pressure ǁ **unter (inneren)** ≈ **gesetzt** / pressurized adj, pressurised adj (GB) ǁ **unter** ≈ **setzen** / pressurize v (US), pressurise v (GB) ǁ **zweispaltiger** ≈ (Druck) / two-column printing ǁ ≈ **abbauen** (in der Kabine) (Luftf) / depressurize v, depressurise v (GB) ǁ ≈ **ablassen** (Luftf) / depressurize v, depressurise v (GB) ǁ ≈ m **am Umfang** (bei Turbinen) (Masch) / peripheral pressure ǁ ≈ **an der Bohrlochsohle** (Erdöl) / reservoir pressure, bottom-hole pressure, BHP ǁ ≈ **auf die Form** (Druck) / impression* n ǁ ≈ **auf Nachfrage** (Druck) / printing on demand ǁ ≈ **auf volle Bogen aus** (zu je 16, 24 oder 32 Seiten - keine Restbogenteile) (Druck) / even working* ǁ ≈ **der ruhenden Flüssigkeit** (Phys) / hydrostatic pressure, hydrostatic head ǁ ≈ **erhöhen** (in der Druckkabine) (Luftf) / repressurize v ǁ ≈ m **in beiden Richtungen** (EDV) / bidirectional printing ǁ ≈ **mit gleichem** ≈ (Eltronik) / off-contact print ǁ ≈ **mit leichter Druckspannung** (Druck) / kiss impression* ǁ ≈ **mit Restbogenteilen** (Druck) / uneven working* ǁ ≈ **ohne Absprung** (Siebdruck) (Eltronik) / contact print ǁ ≈ **senkrecht zur Plattenrichtung** (Druck) / flatwise compression ǁ ≈ f **und Ätzplatte** (einfache Leiterplatte ohne Durchkontaktierung) (Eltronik) / print-and-etch board
**Druck•abbausystem** n (Nukl) / pressure-suppression system, PS system, PSS ǁ ≈**abdichtung** f (Masch) / pressure seal(ing) ǁ ≈**abfall** m

**Druckabfall**

(Hyd) / lost head, friction head, loss of head, head loss ‖ ~**abfall** (Masch, Phys) / pressure drop ‖ **statischer** ~**abfall** (hinter der Drosselstelle) (Masch, Phys) / wire-drawing* n ‖ ~**abfangen** n (zum Gasentweichen) (Plast) / dwell* n ‖ ~**abhängig** adj / pressure-dependent adj ‖ ~**absteller** m (Mechanismus, bei dem eine Druckmaschine leerläuft, ohne zu drucken) (Druck) / throw-off n ‖ ~**akkumulator** m (Ölhydraulik, Pressen) (Masch) / hydraulic accumulator*, pressure accumulator, accumulator n ‖ ~**änderungskarte** f (Karte der Luftdruckänderungen - 3stündig oder 24stündig) (Meteor) / pressure-change chart, change chart ‖ ~**anlage** f (Druck) / printing plant ‖ ~**anstieg** m (Phys) / pressure rise, pressure increase ‖ ~**anstiegsrate** f (Phys) / rate of pressure rise ‖ ~**anzeigegerät** n (Masch) / pressure indicator, PI ‖ ~**anzeiger** m (Masch) / pressure indicator, PI ‖ ~**anzug** m (Luftf, Raumf) / pressure suit*, pressurized suit ‖ ~**aufbau** m (Masch) / pressure build-up ‖ ~**aufbauverfahren** (Erdöl) / pressure restoration ‖ ~**aufbereitung** f (für den Rechnersatz) (EDV) / editing n ‖ ~**auflage** f (Auflagenhöhe); Auflagenzahl;f. (Druck) / edition* n, run* n, print n, circulation n (newspapers) ‖ ~**auflage** (Druck) / running-on* n, production run, press-run n, print-run n, final run, total print-run ‖ ~**aufnahmefähigkeit** f (eines Ölfilms) / load-carrying capacity (of a lubricant) ‖ ~**aufnahmevermögen** n / load-carrying capacity (of a lubricant) ‖ ~**aufnehmer** m / pressure-sensing device, pressure sensor ‖ ~**auftrag** m (für den Drucker) (EDV) / print job ‖ ~**ausbreitung** f **in Flüssigkeiten** (Phys) / liquid pressure transmission, liquid pressure propagation ‖ ~**ausdehnungsgefäß** n (DIN 4751, T 2) (Bau) / expansion tank*, overflow tank ‖ ~**ausgabe** (EDV) / print-out* n, printer output ‖ ~**ausgleich** m (Med) / equalization of pressure, pressure compensation ‖ ~**ausgleichendes Gas** (z.B. in einer Absorptionskälteanlage) / pressure-equalizing gas ‖ ~**ausgleichkolben** m (Masch) / dummy piston*, balance piston* ‖ ~**ausgleichsöffnung** f (Luftf, Masch) / vent n, breather n ‖ ~**ausgleichsunfall** m (Med) / squeeze n, barotrauma n ‖ ~**ausgleichsventil** n (Masch) / pressure-compensating valve ‖ ~**balken** m (zum Andrücken oder Führen des Werkstücks - z.B. bei der Furniermessermaschine) (For) / pressure bar, pressure beam ‖ ~**-Bandfilter** n (bei Kühlschmiersystemen) / pressure belt filter
**Drückbank** f (zum Metalldrücken) (Masch) / spinning lathe, lathe n
**druckbares Zeichen** (Druck) / printable character, print character, printer character
**druck•beanspruchtes Element** (Mech) / axial-force-resistant member, compression member ‖ ~**beanspruchung** f (Krafteinwirkung auf einen Werkstoff, die in ihm Druckspannungen hervorruft) (Mech, WP) / pressure loading, compression loading ‖ ~**befehl** m (EDV) / print command ‖ ~**begrenzungsventil** n (Masch) / pressure-limiting valve, pressure-relief valve ‖ ~**behälter** m (beim Druckguß) (Gieß) / goose neck ‖ ~**behälter** (HuT) / pressure tank ‖ ~**behälter** (der stets umschließende Funktion hat) (Masch, Nukl) / pressure vessel* ‖ ~**behälter-Deckelschraube** f (Nukl) / stud n ‖ ~**belastung** f (als ermittelter Wert) (Mech) / compressive load ‖ ~**belastung** (Vorgang) (Mech, WP) / pressure loading, compression loading ‖ ~**belüfteter Kleinkühlturm mit geschlossenem Primärkreislauf** / forced-draught closed-circuit cooling tower ‖ ~**belüftung** f (Sanitär) / diffused-air system, air-diffusion aeration, diffused aeration ‖ **mit** ~**belüftung** / pressurised adj (GB), pressurized adj (US) ‖ ~**belüftungsbecken** n (Sanitär) / diffused-air tank ‖ ~**bereich** m (Phys) / compression zone ‖ ~**bereit** adj (Druck) / ready for printing ‖ ~**berührung** f (des Stempels mit dem Werkstück) (Masch) / swell n ‖ ~**berührzeit** f (Zeit, während der der Stempel in der Nähe des unteren Umkehrpunktes mit dem Werkstück unter Last in Berührung steht oder auf diesem ruht) (Masch) / dwell n ‖ ~**bestäubungsemulsion** f (Druck) / anti-set-off spray* ‖ ~**bestäubungspuder** m (Druck) / anti-set-off powder ‖ ~**betankung** f (Luftf) / pressure refuelling ‖ ~**bewehrung** n (HuT) / compressive reinforcement ‖ ~**bezogene Massendichte** (Phys) / unitary mass density ‖ ~**bild** n (EDV) / print format, print-out format ‖ ~**bleistiftmine** f / propelling-pencil lead ‖ ~**bogen** m (Druck) / press sheet, printed sheet ‖ **ungefalzter** ~**bogen** (Typog) / flat sheet (in flat sheets), unfolded sheet, open sheet ‖ ~**brenner** m (Wärm) / gas-and-pressure-air burner* ‖ ~**bruch** m (Masch, WP) / pressure fracture ‖ ~**buchstabe** m (Druck) / printing letter ‖ ~**destillation** f (Chem Verf) / pressure distillation ‖ ~**dezimalkomma** n (EDV) / actual decimal point ‖ ~**dezimalpunkt** m (EDV) / actual decimal point ‖ ~**dicht** adj (z.B. Gehäuse) / pressure-tight adj ‖ ~**dichtes Gußstück** (Gieß) / pressure-tight casting ‖ ~**dichtung** f (Masch) / pressure seal(ing) ‖ ~**differenz** f (Luftf) / differential head ‖ ~**differenz** (wenn die Differenz zweier Drücke selbst die Meßgröße ist - DIN 1314) (Phys) / differential pressure ‖ ~**diffusion** f (Chem Verf) / pressure diffusion ‖ ~**dose** f (Meteor) / sylphon bellows* (of the aneroid barometer), pressure capsule*, aneroid capsule, bellows n (or pl.) ‖ ~**egalisierung** f (von gestauchten Sägezähnen) (For) / pressure dressing ‖ ~**empfindlich** adj / pressure-sensitive adj, sensitive to pressure ‖ ~**empfindliches** (karbonfreies) **Durchschreibepapier** (Pap) / carbonless copy paper, NCR (= no carbon required)*, non-carbon paper, NCP ‖ ~**empfindlicher Schalter** (Eltech) / pressure-sensitive switch ‖ ~**empfindlichkeit** f (Mech, WP) / pressure sensitivity, sensitivity to pressure

**drucken** v (Druck) / print v, print out v, machine v ‖ **in Widerdruck** ~ (Druck) / perfect up v ‖ **zeichenweise** ~ (Druck, EDV) / print character by character ‖ **zeilenweise** ~ (Druck, EDV) / print line by line ‖ ~ n (Druck) / printing* n, machining* n, presswork* n, press* n ‖ **aufbereiten zum** ~ (EDV) / edit v ‖ **dezentrales** ~ (Druck, EDV) / decentralized printing ‖ ~ n **nach Bedarf** (Druck) / printing on demand
**drücken** v / press v (exert pressure) ‖ ~ (z.B. den Türflügel) / push v ‖ ~ (die Steuersäule) (Luftf) / push v, push down v ‖ ~ (Blech auf Drückmaschinen) (Masch) / spin vt ‖ ~ n / pressing n (exertion of pressure) ‖ ~ (des Steuerknüppels oder der Steuersäule) (Luftf) / push n (forward) ‖ ~ (Masch) / metal spinning*, spinning* n ‖ **fast gleichzeitiges** ~ **mehrerer Tasten** (EDV) / roll-over n
**druckender Empfangslocher** / printing reperforator, typing reperforator
**drückend•er Zusatz** (regelndes Schwimmittel) (Aufber) / depressing agent*, depressant n, depressor n, surface-tension depressant, bathotonic reagent ‖ ~**er Ventilator** (eines Kühlturms) / forced-draught fan
**Druck•entlastung** f (Chem Verf) / unloading n ‖ ~**entlastung** (Masch) / pressure relief ‖ ~**entlastung** (Phys) / decompression n ‖ ~**entlastungswelle** f (Phys) / decompression wave ‖ ~**entspannungsflotation** f (Chem Verf) / floatation by decompression
**Drucker** m (DIN 9784, T 1) (Druck) / printer n, presman n (pl. -men) ‖ ~ (EDV) / printer* (PRT) n ‖ **anschlagfreier** ~ (bei dem das Druckbild durch elektronische Techniken erzeugt wird - z.B. Laserdrucker) (EDV) / non-impact printer ‖ **berührungsloser** ~ (EDV) / non-impact printer ‖ **bidirektionaler** ~ (der die Zeilen in beiden Richtungen druckt, so daß die Zeit für den Wagenrücklauf entfällt) (EDV) / bidirectional printer* ‖ **direktes Durchschreiben zum** ~ (EDV) / type-through n ‖ **einbahniger** ~ (EDV) / single-carriage printer ‖ **elektrofotografischer** ~ (meistens ein Laserdrucker) (EDV) / electrophotographic printer ‖ **elektrografischer** ~ (ein Sammelbegriff) (EDV) / electrographic printer ‖ **elektrosensitiver** ~ (ein Sofortdrucker) (EDV) / electrosensitive printer ‖ **elektrostatischer** ~ (EDV) / electrostatic printer ‖ **gemeinsamer** ~ (EDV) / shared printer ‖ **gemeinsame Benutzung eines** ~**s** (EDV) / printer sharing ‖ **gemeinschaftlich genutzter** ~ (EDV) / shared printer ‖ **mechanischer** ~ (EDV) / impact printer* ‖ **nichtmechanischer** ~ (EDV) / non-impact printer ‖ **preisgünstigster und einfachster** ~ **einer Typenreihe** (EDV) / low-end printer ‖ **xerografischer** ~ (EDV) / xerographic printer* ‖ **zweibahniger** ~ (EDV) / dual-carriage printer ‖ ~ m **für Konzepte oder Kontrollausdrucke** (Druck, EDV) / proof printer ‖ ~ **für qualitativ hochwertige Ausgabe** (EDV) / production printer ‖ ~ **höchster Qualität** (EDV) / high-end printer ‖ ~ **mit fliegendem Abdruck** (EDV) / on-the-fly printer, hit-on-the-fly printer ‖ ~ **mit Korrespondenzqualität** (EDV) / letter-quality printer, LQ printer, correspondence-quality printer, letter-perfect printer ‖ ~ **mit Stachelwalzenantrieb** (EDV) / pin-feed printer, tractor-feed printer ‖ ~ **mit Traktor** (EDV) / pin-feed printer, tractor-feed printer
**Drücker** m (regelndes Schwimmittel) (Aufber) / depressing agent*, depressant n, depressor n, surface-tension depressant, bathotonic reagent ‖ ~ (Bau) / door handle
**Drucker•anschlußkabel** n (EDV) / printer connexion cable, printer cable ‖ ~**ausgabe** f (EDV) / print-out* n, printer output ‖ ~**ballen** m (Druck) / ink ball, inking ball, dabber n, tampon n ‖ ~**bibliothek** f (EDV) / printer-interface library ‖ ~**-Cartridge** f (EDV) / printer cartridge ‖ ~**datei** f (EDV) / printer file
**Druckerei** f (Druck) / printing plant, printing house, printery n (US) ‖ **eigene** ~ (des Verlags) (Druck) / captive printing office, in-house plant ‖ ~**bedarf** m (Druck) / printer's supply ‖ ~**betrieb** m (als ganzes Unternehmen) (Druck) / printing plant, printing house, printery n (US)
**Drückerfalle** f (an den Türen) (Tischl) / thumb latch, Norfolk latch, Garden City latch, Canadian latch, Suffolk latch, lift latch (US)
**Drucker•farbband** n (EDV) / printer ribbon ‖ ~**font** m (im Drucker eingebaute Schriftarten) (interner Font) (EDV) / printer font, internal font ‖ ~**funktionstaste** f (EDV) / printer function key
**Drückerfuß** m (der Nähmaschine) (Tex) / presser foot*
**Druckerhöhungsstation** f (im Verlaufe der Pipeline) (Bergb, Erdöl) / booster station*
**Drucker•kabel** n (EDV) / printer connexion cable, printer cable ‖ ~**marke** f (zur Kennzeichnung der Drucke) (Druck) / printer's mark, colophon* n
**Druckermüdung** f (WP) / compression fatigue

**Drucker•papier** *n* (EDV) / printer paper || **⁓protokoll** *n* (EDV) / printer listing || **⁓puffer** *m* (EDV) / printer buffer || **⁓ständer** *m* (EDV) / printer stand
**Drückerstange** *f* (der Nähmaschine) (Tex) / presser bar
**Drucker•steuereinheit** *f* (EDV) / printer control unit || **⁓steuerung** *f* (Gerät) (EDV) / printer control unit || **⁓terminal** *n* (EDV) / printer terminal, print station || **⁓treiber** *m* (ein Übersetzungsprogramm, das die Druckbefehle in eine Sprache umsetzt, die der Drucker verstehen kann) (EDV) / printer driver || **⁓wagen** *m* (EDV) / printer carriage
**Druckerweichung** *f* (von keramischen Massen) (Hütt, Keram) / softening under load
**Drucker•zeichen** *n* (z.B. der Greifvogel der O. Brandstetter Verlag GmbH & Co. KG) (Druck) / device *n* || **⁓zeichen** (zur Kennzeichnung der Drucke) (Druck) / printer's mark, colophon* *n* || "**sprechendes**" **⁓zeichen** (bei grafisch darstellbaren Druckernamen wie Storch oder Drake) (Druck) / canting mark
**Druck•erzeugnis** *n* (Druck) / printed item, print *n* || **⁓fallkrankheit** *f* (HuT, Med) / decompression sickness || **⁓falzfähigkeit** *f* (Restbruchlast nach dem Druckfalzen) (Pap) / creasing strength
**Druckfarbe** *f* (dünnflüssiges oder pastenförmiges Stoffgemisch zum Bedrucken von Papier, Karton usw.) (Druck) / ink* *n*, printing-ink* *n* || **deckende ⁓** (Druck) / opaque printing ink || **dünnflüssige ⁓** (für den Tiefdruck) (Druck) / liquid gravure ink || **fluoreszierende ⁓** (eine Leuchtdruckfarbe) (Druck) / fluorescent ink || **kurze ⁓** (Druck) / short ink* *n* || **lange ⁓** (Druck) / long ink* || **magnetische ⁓** (Druck, EDV) / magnetic ink*, magnetized ink
**Druckfarben•film** *m* (Druck) / ink layer || **⁓gelee** *n* *m* (Druck) / gelatinized reducer *n* (Druck) || **⁓trocknung** *f* (chemische, physikalische) (Druck) / drying of printing inks
**Druck•faß** *n* (für Säuren) (Chem Verf) / acid blowcase, acid egg* *n* || **⁓faß** (Nahr) / montejus *n* || **⁓feder** *f* (DIN 29) (Masch) / compression spring*, spring loaded in compression || **⁓fehler** *m* (Druck) / misprint *n*, typographical error, typo *n* (pl. -s), erratum *n* (pl. -ta), printer's error, P.E. || **⁓feld** *n* (als Flächenmaß) (Druck, EDV) / print area, printing area, print zone, print field || **⁓feld** (gebietsmäßige Verteilung des Luftdrucks, dargestellt in der synoptischen Wetterkarte) (Meteor) / pressure field || **~fertig** *adj* (Druck) / ready for printing
**druckfest•e Dichtung** (Masch) / jointing* *n* || **~ gekapselt** (Eltech) / cased *adj*, airtight *adj* || **~e Kapselung** (Eltech) / flameproof enclosure || **~e Kapselung** (Instr) / casing *n*
**Druckfestigkeit** *f* (z.B. von Steinen) (Aufber) / crushing strength || **⁓** (eines Gesteins) (Geol) / pressure resistance || **⁓** (die maximal erzielbare Bruchspannung bei dem Druckversuch - DIN 50106) (Mech, WP) / compressive strength, crushing strength || **einaxiale ⁓** (Boden) (HuT) / unconfined compressive strength
**Druck•feuerbeständigkeit** *f* (WP) / refractoriness under load || **⁓figur** *f* (die durch mäßigen Druck auf eine Kristallfläche entsteht) (Krist) / pressure figure || **⁓film** *m* (auf den Bedruckstoff übertragener Druckfarbenfilm) (Druck) / ink layer || **⁓filter** *n* (Chem Verf) / pressure filter || **⁓finger** *m* (eine im Zahnbereich eines Läuferendblechs elektrischer Maschinen wirkende, meist angeschweißte Verstärkung zur Übertragung der Preßkraft) (Eltech) / end finger, finger *n* || **⁓fläche** *f* (die wirklich druckt) (Druck) / printing surface || **⁓fließläppen** *n* (Masch) / vapour honing, vapour blasting, liquid honing, hydro-abrasion || **⁓fließspannung** *f* (WP) / yield strength in compression || **⁓flüssigkeit** *f* / pressure fluid || **⁓form** *f* (Druck) / forme *n* (GB)*, printing forme
**Drück•form** *f* (ein Drückwerkzeug) (Masch) / forming block || **⁓form** (Masch) / spinning mandrel, protating chuck
**Druck, äußere ⁓form** (Schöndruckform - in Schön- und Widerdruck) (Druck) / outer forme || **zylindrische ⁓form** (Druck) / plate cylinder || **⁓format** *n* (EDV) / print format, print-out format || **⁓formherstellung** *f* (Druck) / platemaking || **⁓formstück** *n* (Masch) / cast pressure fitting || **zylindrischer ⁓formträger** (der Rotationsmaschine) (Druck) / plate cylinder || **⁓freier Bereich** (Druck, EDV) / print exclusion area || **~freies Feld** (Druck, EDV) / print exclusion area || **~freie Zone** (Druck, EDV) / print exclusion area || **⁓freigabebogen** *m* (Druck) / pass sheet*, o.k. sheet, o.k. proof || **⁓fühler** *m* / pressure-sensing device, pressure sensor || **~führendes Rohr** (Masch) / pressure pipe, pipe under pressure || **⁓fundament** *n* (Druck) / bed* *n*
**Drückfutter** *n* (Masch) / spinning mandrel, protating chuck
**Druck•gang** *m* (der einmalige Durchlauf) (Druck) / pass *n*, run *n*, working *n* || **⁓gas** *n* (z.B. Flaschengas) / compressed gas || **zweistufiger ⁓gasbrenner** (Masch) / two-stage pressure-gas burner* || **⁓gasdose** *f* / aerosol can, aerosol container *n* || **⁓gaskabel** *n* (Kab) / gas-pressure cable*, gas-impregnated cable*, gas cable*, gas-pressurized cable || **⁓gasschalter** *m* (Eltech) / air-blast switch*, air-blast circuit breaker* || **⁓gasschalter** (ein Leistungsschalter) (Eltech) / gas-blast circuit breaker* || **⁓geber** *m* (des Fahrtmessers) (Luftf) / sensing head || **⁓geber des Staudruck-Fahrtmessers** (Luftf) / total-pressure head, pitot head || **⁓gebilde** *n* (die Formen der Luftdruckverteilung in Isobarendarstellung) (Meteor) / pressure pattern || **statisches ⁓gefälle** (Mech) / static head, static pressure head || **⁓gefäß** *n* (Masch, Nukl) / pressure vessel* || **⁓gefäß** (Nahr) / montejus *n* || **⁓geschwindigkeit** *f* (EDV) / print speed, printing speed, print rate || **~gespannte** (selbstdichtende) **Verbindung** (Masch) / pressure-seal joint || **⁓gießen** *n* (ein Urformverfahren) (Hütt) / pressure diecasting*, diecasting* *n* || **⁓gießform** *f* (Gieß) / die *n* || **mehrteilige ⁓gießform** (Gieß) / multipart die || **⁓gießmaschine** *f* (DIN 24480) (Gieß) / diecasting machine || **⁓gleichung** *f* **nach Bernoulli** (Hyd) / Bernoulli equation, Bernoulli's theorem, Bernoulli's principle || **⁓glied** *n* (Bewehrung im Stahlbetonbau) (Bau, HuT) / compression steel || **⁓glied** (EDV) / print-member *n* || **⁓glied** (Stütze, Säule) (Mech) / axial-force-resistant member, compression member || **⁓gradient** *m* (Meteor) / pressure gradient* || **⁓gradientenkraft** *f* (Geophys) / geostrophic force*, pressure-gradient force || **⁓gradientenmikrofon** *n* (DIN 1320) (Akus) / pressure-gradient microphone*, velocity microphone*, gradient microphone || **⁓gradientkraft** *f* (Geophys) / geostrophic force*, pressure-gradient force || **⁓grün** *n* (Anstr) / chrome green, lead chrome green || **⁓gurt** *m* (der zur Aufnahme der Druckkräfte bestimmt ist) (HuT, Mech) / compression chord, compression boom, compression flange || **⁓guß** *m* (Hütt) / pressure diecasting*, diecasting* *n* || **⁓gußlegierung** *f* (z.B. nach DIN 1725, 1741 und 1742) (Hütt) / diecasting alloy* || **⁓gußteil** *n* (Hütt) / diecasting *n*, diecast part || **~haft** *adj* / pressurised *adj* (GB), pressurized *adj* (US), pressure-exposed *adj*, exposed to pressure || **~haft** (Bergb) / heavy *adj*, bad *adj* || **~haftes Gebirge** (Bergb, HuT) / heavy ground* || **⁓halter** *m* (bei Druckwasserreaktoren) (Nukl) / pressurizer *n* || **⁓halter** (Phys) / manostat* || **⁓halteventil** *n* (Masch) / pressure-maintaining valve || **⁓hammer** *m* (EDV) / impact hammer, print hammer || **⁓hebewinde** *f* (Masch) / hydraulic jack*, hydraulic pillar jack || **nachträgliche ⁓heraufsetzung** / pressure uprating || **⁓hilfsmittel** *n* (als Zusatzmittel zur Druckfarbe) (Druck) / printing-ink additive, printing aid, easer* *n*
**Druckhöhe** *f* (in der Bernoullischen Gleichung für stationäre inkompressible Strömung) (Hyd) / pressure head || **⁓** (Luftf) / pressure altitude* || **⁓** (Pumpe) (Masch) / elevation head, position head || **⁓** (Wasserb) / head*, H || **artesische ⁓** (Geol, Wasserb) / artesian head, pressure head of artesian flow || **dynamische ⁓** (in der Bernoullischen Gleichung für stationäre inkompressible Strömung) (Hyd) / velocity head, kinetic head, dynamic head || **statische ⁓** (in der Bernoullischen Gleichung für stationäre inkompressible Strömung) (Hyd) / pressure head || **⁓-Abflußmenge-Diagramm** *n* (Wasserb) / rating curve, stage-discharge curve
**Druck•holz** *n* (Reaktionsholz, das bei Nadelhölzern in der Druckzone biegebeanspruchter Äste oder Stämme entsteht) (For) / compression wood*, rotholz *n* || **⁓hydrierung** *f* (Chem Verf) / hydrogenation under pressure, pressure hydrogenation || **⁓imprägnierung** *f* (For) / high-pressure treatment, pressure treatment, pressure impregnation || **⁓industrie** *f* (Druck) / printing industry || **⁓jacke** *f* (Luftf) / pressure waistcoat* *n* || **⁓job** *m* (EDV) / print job || **⁓kabel** *n* (bei dem die Isolierung durch ein flüssiges oder gasförmiges Mittel unter Druck gehalten wird) (Kab) / pressure cable*, pressurized cable || **⁓kabelendverschluß** *m* (Kab) / pressure-type pothead || **⁓kabine** *f* (Luftf) / pressure cabin*, pressurized cabin || **⁓kabinenatmosphäre** *f* (die die Arbeit ohne Raumanzug ermöglicht) (Raumf) / shirt-sleeve environment || **⁓kalander** *m* (Tex) / swissing *n* || **⁓kammer** *f* / pressure chamber || **⁓kammer** (einer Druckgießmaschine) (Gieß) / pressure chamber, liner *n*, shot cylinder, injection chamber || **⁓kammer** *m* (Nukl) / dry well || **⁓kammerlautsprecher** *m* (Akus) / pneumatic loudspeaker*, stentorphone* *n* || **⁓kessel** (aus dem die Anstrichfarbe der Pistole unter Druck zugeführt wird) (Anstr) / pressure-feed cup || **⁓kessel** (Bau, Chem) / autoclave* *n* || **⁓kette** *f* (des Kettendruckers) (EDV) / print chain, type chain || **⁓knopf** *m* (DIN 33401) (Eltech, Masch) / push-button *n*, press-button *n* || **⁓knopf** (Tex) / snap-fastener *n*, press-stud (GB), popper *n* (GB) || **langer ⁓knopf** (VDE 0660, T 201) (Eltech) / long button, extended button || **⁓knopfabstimmung** *f* (Radio) / push-button tuning* || **⁓knopfschalter** *m* (der fußbodenbetätigten Lichtsignalanlage) (Kfz) / pedestrian push-button || **⁓kochen** *n* (Tex) / pressure boiling || **⁓koeffizient** *m* (Luftf, Phys) / pressure coefficient || **⁓kolben** *m* (beim Druckguß) (Gieß) / plunger *n*, injection plunger || **⁓kolonne** *f* (zur fraktionierten Kristallisation aus Schmelzen) (Chem Verf) / pressure column || **⁓kondensator** *m* (Eltech) / pressure-type capacitor* || **⁓kontrast** *m* (Druck) / print contrast, printing contrast || **⁓kopf** *m* (eines Druckers) (EDV) / print head || **⁓kopfführung** *f* (bei Druckern) (EDV) / print-head guide || **⁓kraft** *f* (Druck) / squeeze* *n* || **⁓kraft** (Phys) / pressure* *n* || **nach oben gerichtete ⁓kraft** (Mech) / upthrust *n* || **⁓küpenfarbstoff** *m* (Tex) / printing vat dyestuff || **⁓lähmung** *f* (Med) / pressure paralysis || **⁓last** *f* (Mech) / compressive

**Drucklaugung**

load ‖ ~**laugung** f (Aufber) / pressure leaching* ‖ ~**legung** f (Druck) / printing* n, machining* n, presswork* n, press* n ‖ ~**legung** (Druck) / press time ‖ ~**leiste** f (an Furnierschälmaschinen) (For) / pressure bar, nose bar ‖ ~**leistung** f (einer Druckmaschine) (Druck) / press output ‖ ~**leistung** (im allgemeinen) (Druck) / printing capacity, printing performance ‖ ~**leistung** (z.B. in Zeilen/min) (EDV) / print speed, printing speed, print rate ‖ ~**leitung** f (die konkret unter Druck steht) / line under pressure ‖ ~**leitung** (Hyd) / delivery line ‖ ~**leitung** (Förderleitung einer Pumpe, in der auch druckloses Fluid fließen kann) (Masch) / pressure line ‖ ~**leitung für Wasser** (HuT) / hydraulic main ‖ ~**letter** f (Druck) / printing letter
**drucklos** adj / pressureless adj ‖ ~**er Heißwasserspeicher** / expansion boiler ‖ ~**es Sintern** (Hütt) / pressureless sintering, sintering without pressure ‖ ~**4e Vergasung** (Bergb) / atmospheric gasification
**Druckluft** f / compressed air* ‖ ~ (in einem Werksluftsystem) / plant air ‖ ~- / air-operated adj, pneumatic* adj, air-powered adj, compressed-air attr ‖ ~**aufbruchhammer** m (Masch) / pneumatic pick* ‖ ~**aufreißhammer** m (Masch) / pneumatic pick* ‖ ~**becken** n (Sanitär) / diffused-air tank ‖ ~**belüfter** m (beim Belebungsverfahren) (Sanitär) / diffuser ‖ ~**betätigt** adj / air-operated adj, pneumatic* adj, air-powered adj, compressed-air attr ‖ ~**bohrhammer** m (Bergb, HuT) / pneumatic drill*, drill* n ‖ ~**bremse** f (Masch) / air brake*, pneumatic brake*, compressed-air brake ‖ **nichtselbsttätige** ~**bremse** / direct-acting brake (US), through brake, straight air brake (US)
**Drucklüfter** m (Masch) / pressure fan
**Druckluft•erzeugungsanlage** f (Masch) / compressed-air generation plant ‖ ~**förderer** m (Masch) / pneumatic conveyer*, air conveyer ‖ ~**förderrinne** f / fluidizing conveyor ‖ ~**förderung** f (Erdöl) / airlift process ‖ ~**förderung** f (Masch) / pneumatic conveying ‖ ~**gründung** f (HuT) / pneumatic-caisson foundation, compressed-air foundation work ‖ ~**hammer** m (Masch) / pneumatic hammer, air hammer ‖ ~**heber** m (Hyd) / airlift pump*, mammoth pump ‖ ~**heber** m (Masch) / air hoist*, pneumatic hoist ‖ ~**hebezeug** n (Masch) / air hoist*, pneumatic hoist ‖ ~**krankheit** f (HuT, Med) / caisson disease*, screws pl ‖ ~**kreis** m (Masch) / pneumatic circuit ‖ ~**leistungsschalter** m (Eltech) / air-blast switch*, air-blast circuit breaker* ‖ ~**leitung** f (Masch) / air line ‖ ~**leuchte** f (Bergb) / compressed air lamp* ‖ ~**lokomotive** f (Bergb) / compressed-air locomotive ‖ ~**loses Spritzen** luftloses Spritzen (das heute vorherrschende Spritzverfahren) (Anstr) / airless spraying* ‖ **drehend arbeitende** ~**maschine** f (Masch) / air motor, rotary pneumatic engine ‖ ~**motor** m (Masch) / air engine, air motor, compressed-air motor ‖ ~**niethammer** m (Masch) / pneumatic riveter* ‖ ~**pistole** f (Anstr) / compressed-air spray gun ‖ ~**presse** f (Masch) / pneumatic press, air press ‖ ~**probe** f (eines Druckgefäßes) (Masch) / pneumatic test ‖ ~**putzstrahlen** n (mit Strahlgebläsen) (Gieß) / sandblasting* ‖ ~**rohr** n (der Mammutpumpe) (Masch) / air pipe ‖ ~**schalter** m (Eltech) / air-blast switch*, air-blast circuit breaker* ‖ ~**schießen nach dem Airdox-Verfahren** (Bergb) / airdox* n ‖ ~**schleifer** m (eine Maschine) (Masch) / air grinder ‖ ~**schleifmaschine** f (Masch) / air grinder ‖ ~**schütz** n (mit Magnetsteuerung) (Eltech) / electropneumatic contactor* ‖ ~**senkkasten** m (HuT) / pneumatic caisson, compressed-air caisson ‖ ~**sperre** f (eine Ölsperre) / pneumatic barrier ‖ ~**spritzen** n (Anstr) / compressed-air spraying, air spraying ‖ ~**spritzpistole** f (beim Saugsystem) (Anstr) / suction-feed gun, suction-cup spray gun, siphon-feed gun, siphon-feed spray gun ‖ ~**strahlanlage** f (Gieß) / blasting plant ‖ ~**strom** m / blast n, air blast ‖ ~**trocknung** f / compressed-air drying ‖ ~**verbindung** f **einer durchgehenden Bremsanlage** (einer Fahrzeugkombination, wie z.B. Zugmaschine und Anhänger) (Kfz) / glad hand (US) ‖ ~**werkzeuge** n pl (handgeführte) (Masch, Werkz) / pneumatic tools*, air tools ‖ ~**zelle** f (für die Flotation) (Aufber) / pneumatic flotation cell*, Callow flotation cell ‖ ~**zerstäuben** n (Anstr) / compressed-air spraying, air spraying
**Druck•mangelsicherungsventil** n (Masch) / low-pressure cut-off valve ‖ ~**manuskript** n (Druck) / printer's manuscript ‖ ~**maschine** f (Druck) / printing-press n, printing machine, press n
**Drückmaschine** f (Masch) / spinning lathe, lathe n
**Druckmaschine, formatvariable** ~ (Druck) / variable-size printing press ‖ ~ **f in Reihenbauweise** (Druck) / unit type press*
**Druck•maschinenfalzwerk** n (Druck) / folder n (folder unit)*, press folder ‖ ~**maschinenfernsteuerung** (Druck) / off-press control ‖ ~**maschinenkapselung** f (Druck) / press hooding ‖ ~**maschinenlauf** m (Druck) / press run ‖ ~**matrix** f (EDV) / print matrix ‖ ~**matrize** f **für Adressiermaschinen** / address master, address plate ‖ ~**medium** n (Druck) / printing medium (medium on which the information is printed) ‖ ~**meister** m (Druck) / foreman m (pl. foremen) ‖ ~**membran** f (dünne radial verankerte Scheibe, welche einen Druckunterschied oder eine lokal einwirkende Kraft in eine mechanische Auslenkung umwandelt, die dann ihrerseits quantitativ erfaßt werden kann) (Phys) / pressure membrane ‖

~**menü** n (EDV) / print menu* ‖ ~**meßdose** f (z.B. Vidi-Dose) (Phys) / capsule n ‖ ~**messer** m (im allgemeinen) (Masch) / pressure gauge ‖ ~**messer** (Phys) / manometer* n ‖ ~**messung** f (Phys) / pressure measurement, manometry n ‖ ~**mikrofon** n (Akus) / pressure microphone* ‖ ~**minderer** m (Masch) / reducing valve ‖ ~**minderer** (Schw) / pressure reducer, pressure reduction regulator, regulator m ‖ ~**mindernd** adj / pressure-reducing adj ‖ ~**minderventil** n (Masch) / reducing valve ‖ ~**minderventil** (Gasschweißen) (Schw) / welding current regulator ‖ ~**mischer** m (Chem Verf) / bubbler n ‖ ~**mittelgetriebe** n (z.B. pneumatisches Getriebe, Föttinger-Getriebe) (Masch) / pressure power-transmission system ‖ ~**mittelpunkt** m (Masch, Phys) / centre of pressure*, pressure centre ‖ **folkloristisches** ~**muster** (Tex) / ethnic print design ‖ ~**nietung** f (Masch) / compression riveting
**Drucköl** n (für hydraulische Anlagen) / hydraulic oil, pressure oil, power oil ‖ ~ (ein Druckhilfsmittel) (Druck) / printing oil ‖ ~ (im vorgespannten Tank) (Masch) / pressurized oil ‖ ~- / hydraulic* adj, fluid-power attr ‖ ~**apparat** m / force-feed lubricator ‖ ~**betätigt** adj / hydraulic* adj, fluid-power attr ‖ ~**regler** m (Masch) / oil-pressure governor
**Druck•original** n (Eltronik) / original production master (1:1 scale pattern which is used to produce one ore more printed boards within the accuracy specified on the master drawing), master pattern, production master ‖ ~**papier** n (als Gegensatz zu Schreibpapier) (Pap) / printing paper ‖ ~**parameter** m (EDV) / print parameter ‖ ~**pause** f (EDV) / break in printing, pause in printing, interruption in printing ‖ ~**pfahl** m (entweder Spitzendruckpfahl oder Reibungspfahl) (HuT) / bearing pile* ‖ ~**platte** f (Druck) / plate* n, printing plate ‖ ~**platte** (Teil der Kupplung) (Kfz) / pressure plate ‖ ~**platte** (der Tränke) (Landw) / tongue n ‖ **fotopolymere** ~**platten** (Druck) / photopolymer plates* ‖ ~**plattenanemometer** n (Meteor) / pressure-plate anemometer, plate anemometer ‖ ~**plattenbelichtung** f (Druck) / plate exposure ‖ ~**polieren** n (mit dem die Mikrorauhigkeit von Oberflächen, nicht jedoch deren Makrogestalt, verändert wird) (Masch) / burnishing n ‖ ~**presse** f (Druck) / printing-press n, printing machine, press n ‖ ~**programmierte Gaschromatografie** (Chem) / programmed-pressure gas chromatography ‖ ~**programmierung** f (Masch) / pressure programming ‖ ~**propeller** m (Luftf) / pusher propeller, pusher airscrew* ‖ ~**propellerflugzeug** n (Luftf) / pusher airplane, pusher aeroplane ‖ ~**prüfung** f (Bau, WP) / compression test*, crushing test* ‖ ~**pumpe** f (Masch) / force pump*, ram pump (single-acting), pressure pump ‖ ~**punkt** m (Schnittpunkt der Wirkungslinie der Resultierenden aller am Tragflügel angreifenden Luftkräfte mit der Flügelprofilsehne) (Luftf) / centre of pressure*, c.p.* ‖ ~**qualität** f (Druck) / print quality, quality of print, printing quality ‖ ~**raffination** f (Chem Verf) / hydrorefining n ‖ ~**raum** m Hauptzylinder) (Kfz) / pressure chamber ‖ ~**raumabschluß** m (Masch) / pressure seal(ing) ‖ ~**räumen** n (Masch) / push-broaching n ‖ ~**register** n (Druck, Foto) / register* n ‖ ~**regler** m (Masch) / pressure regulator ‖ ~**reifes Bildmaterial** (Druck, EDV) / camera-ready art ‖ ~**reiniger** m (Masch) / pressure cleaner ‖ ~**reinigungsgerät** n (Masch) / pressure cleaner ‖ ~**ring** m (Stahlring zur Versteifung eines Seilnetzkühlturms) / compression ring ‖ ~**ring** (Eltech) / V-ring* n ‖ ~**röhrenreaktor** m (Nukl) / pressure-tube reactor* ‖ ~**rohrleitung** f / pressure pipeline ‖ ~**rohrleitung** (z.B. bei Wasserkraftwerken) (Masch) / pressure conduit ‖ ~**rohrreaktor** m (Nukl) / pressure-tube reactor* ‖ ~**rolle** f (Film) / pad roller*, hold-down roller*, intermittent shoe ‖ ~**rolle** (hinter dem Drillschar) (Landw) / press wheel, pressure roll ‖ ~**rolle** (Schw) / pressure roller ‖ ~**sack** m (im Gummisackverfahren) (Plast) / pressure bag ‖ ~**sackverfahren** n (Plast) / rubber-bag moulding, flexible-bag moulding, pressure-bag moulding ‖ ~**sackverfahren** (mit Gummisack oder Polyvinylalkoholfolie) (Plast) / pressure-bag moulding, bag moulding, flexible-bag moulding ‖ ~**schale** f (Nukl) / containment n, containment vessel ‖ ~**schalter** m (Eltech) / pressure switch, PS ‖ ~**schalter** (Eltech) / push-button n, push-button switch
**Drückscheibe** f (beim Metalldrücken) (Masch) / blank n
**Druck•schieferung** f (Geol) / cleavage* n, rock cleavage ‖ ~**schlechten** f pl (Geol) / thrust cleavage ‖ ~**schleifverfahren** n (Pap) / pressure-groundwood process, PGW process ‖ ~**schliff** m (Pap) / pressure groundwood, PGW ‖ ~**schliffverfahren** n (Pap) / pressure-groundwood process, PGW process ‖ ~**schmieden** n (Masch) / press forging* ‖ ~**schmierung** f (Kfz) / pressure-feed lubrication ‖ ~**schmierung** (Masch) / force feed*, forced lubrication*, force-feed lubrication, pressure lubrication ‖ ~**schraube** f (Luftf) / pusher propeller, pusher airscrew* ‖ ~**schutz** n (Kab) / reinforcing tape, pressure-reinforcing tape, reinforcement n ‖ ~**schutzbandage** f (Kab) / reinforcing tape, pressure-reinforcing tape, reinforcement n ‖ ~**schwache Lagerstätte** (Erdöl) / low-pressure pay area ‖ ~**schwankung** f (Phys) / pressure fluctuation, pressure variation ‖ ~-**Schwerwasserreaktor** m (Nukl) / pressurized

heavy-water-moderated and cooled reactor, pressurized heavy-water reactor, PHWR ‖ ⁓**seite** *f* (Druck) / printed page, print page ‖ ⁓**seite** (des Flügels) (Luftf) / pressure side, bottom side ‖ ⁓**seite** (Masch) / pressure side, pressure face ‖ ⁓**seite** (der Pumpe, des Verdichters) (Masch) / discharge side, delivery side ‖ ⁓**seitenzahl** *f* **zwischen zwei Service-Intervallen** (bei Druckern) (EDV) / mean pages between service ‖ ~**seitig** *adj* / pressure-side *attr* ‖ ⁓**sensor** *m* / pressure-sensing device, pressure sensor ‖ ⁓**server** *m* (EDV) / print server ‖ ⁓**sintern** *n* (Pulv) / pressure sintering, die sintering, sintering under pressure, compaction sintering ‖ ⁓**spalt** *m* (Druck) / printing nip, nip *n* ‖ ⁓**spalte** *f* (Druck) / print column ‖ ⁓**spannung** *f* (bei einer nicht benetzenden Flüssigkeit in einer Kapillare) (Phys) / capillary attraction ‖ ⁓**spannung** (bei der Druckbeanspruchung) (WP) / compressive stress ‖ ⁓**spannungsverschluß** *m* (Druck) / compression plate lock-up* ‖ ⁓**speicher** *m* (EDV) / print storage ‖ ⁓**speicher** (Kfz) / accumulator *n* ‖ ⁓**speicher** (z.B. Druckölspeicher, Druckwasserspeicher) (Masch) / hydraulic accumulator*, pressure accumulator, accumulator *n* ‖ ⁓**speisung** *f* (der Spritzpistole) (Anstr) / pressure feed(ing) ‖ ⁓**sperre** *f* (EDV) / print inhibit ‖ ⁓**sprung** *m* (Masch, Phys) / pressure jump, sudden change of pressure ‖ ⁓**sprungmethode** *f* (Relaxationsmethode zur Untersuchung schneller Reaktionen) (Chem) / pressure-jump technique ‖ ⁓**spüler** *m* / flush valve*, flushing valve, flushometer *n* (US)
**Drückstab** *m* (ein Gegenwerkzeug bei Metalldrücken von Hand) (Masch) / spinning tool
**Druckstab, quer belasteter** ⁓ (Mech) / beam column
**Druck•stabilität** *f* (von Geweben) (Tex) / resistance to pressure marks ‖ ⁓**stange** *f* (der Koksausdrückmaschine) / ram bar ‖ ⁓**stange** (zwischen Stabilisator und unterem Querlenker) (Kfz) / stabilizer link ‖ ⁓**stange** (Hauptzylinder oder Bremskraftverstärker) (Kfz) / push rod ‖ ⁓**starke Lagerstätte** (Erdöl) / high-pressure pay area ‖ ⁓**stau** *m* (bei Mikrofonen) (Akus) / pressure increase, rise in pressure ‖ ⁓**steife** *f* (Mech) / compression rigidity, compressive rigidity ‖ ⁓**steiger** *m* (Gieß) / relief sprue ‖ ⁓**stelle** *f* (eine Delle ohne verfestigte Ränder) (Kfz) / gouge *n* ‖ ⁓**stelle** (an Obst) (Nahr) / bruise *n* ‖ ⁓**stelle** (z.B. bei Velours-Auslegewaren) (Tex) / pressure mark, press mark ‖ ⁓**steuerzeichen** *n* (EDV) / print control character ‖ ⁓**stock** *m* (Druck) / block* *n*, printing block, cliché *n*, cut *n* (US)* ‖ ⁓**stockherstellung** *f* (Druck) / blockmaking *n* ‖ ⁓**stoff** *m* (Tex) / printer *n*, printed fabric ‖ ⁓**stollen** *n* (Wasserb) / pressure tunnel ‖ ⁓**stoß** *m* (Hyd) / hammer *n*, water hammer ‖ ⁓**stoß** (Masch) / water hammer*, hammer blow, water shock, surge *n* ‖ ⁓**strahlläppen** *n* (Masch) / vapour honing, vapour blasting, liquid honing, hydro-abrasion *n* ‖ ⁓**strebe** *f* (Bau, HuT) / brace* *n*, strut* *n*, shore *n* ‖ ⁓**strebe** (des Fachwerkträgers) (Zimm) / raking shore*, raker* *n*, inclined shore* ‖ ⁓**stück** *n* (z.B. bei einem Backenbrecher) (Masch) / toggle plate ‖ ⁓**stufe** *f* (bei Stoßdämpfern) (Kfz) / bump *n* (stage), compression *n* (stage) (US) ‖ ⁓**stufe** (z.B. bei Verdichtern) (Masch) / pressure stage ‖ ⁓**stufung** *f* (z.B. bei einer Rateau-Dampfturbine) (Masch) / pressure staging ‖ ⁓**stutzen** *m* (der Pumpe) (Masch) / delivery branch, discharge branch ‖ **zentrales** ⁓**system** (Leistungsmerkmal bei Textsystemen) (EDV) / shared printing system ‖ ⁓**taste** *f* (EDV, Fernm, Teleg, Typog) / key* *n* ‖ ⁓**taste** (Eltech, Masch) / push-button *n*, press-button *n* ‖ ⁓**tastenfernsprecher** *m* (Fernsp) / push-button telephone, PBT ‖ ⁓**tastenschloß** *n* (des Sicherheitsgurtes) (Kfz) / buckle *n* ‖ ⁓**tastenstellwerk** *n* (Bahn) / push-button interlocking ‖ ⁓**taster** *m* (DIN 33401) (Eltech) / push-button *n*, push-button switch ‖ ⁓**technik** *f* (nach DIN 16500 Druckformenherstellung + Drucken + Druckweiterverarbeitung) (Druck) / printing technology, printing* *n* ‖ ⁓**telegraf** *m* (Teleg) / printing telegraph ‖ ⁓**tendenzgleichung** *f* (die angibt, wie sich der Luftdruck an einer bestimmten Bezugsfläche in der Atmosphäre in Abhängigkeit vom augenblicklichen Wind- und Dichte- bzw. Temperaturfeld ändert) (Meteor) / tendency equation ‖ ⁓**tiegel** *m* (Druck) / platen *n* ‖ ~**tragendes Rohr** (Masch) / pressure pipe, pipe under pressure ‖ ⁓**träger** *m* (Druck) / stock* *n*, printing carrier, print carrier ‖ ⁓**tränkanlage** *f* (For) / pressure plant (wood preservation) ‖ ⁓**tuch** *n* (Druck) / blanket* *n* ‖ ⁓**type** *f* (nach DIN 16507) (Einzelbuchstabensatz) (Typog) / movable type*, type* *n* ‖ **die dem Fuß des Schriftzeichens zugewendete Seite der** ⁓**type** (Typog) / belly* *n*, front *n* ‖ ⁓**übersetzer** *m* (der hydraulischen Presse) (Masch) / booster *n*, pressure intensifier ‖ ⁓**umformen** *v* (nur Infinitiv oder Partizip) (Masch) / form by pressure, form under compression ‖ ⁓**umformen** *n* (DIN 8583) (Masch) / forming under compressive conditions, forming under compression (compressive conditions) ‖ ⁓**umformer** *m* (der hydraulischen Presse) (Masch) / booster *n*, pressure intensifier ‖ ⁓**umlaufschmierung** *f* (Masch) / force feed*, forced lubrication*, force-feed lubrication, pressure lubrication ‖ ⁓**umlaufschmierung mit Naßsumpf** (V-Mot) / wet-sump lubrication ‖ ⁓**unterbindung** *f* (EDV) / print suppression, print suppress ‖ ⁓**unterbrechung** *f* (EDV) / break in printing, pause in printing, interruption in printing ‖ ⁓**ventil** *n* (der Pumpe) (Masch) / head valve*, delivery valve ‖ ⁓**verarbeitung** *f* (Druck) / print converting, converting *n* ‖ ⁓**verbreiterung** *f* (von Spektrallinien) (Spektr) / collision broadening, pressure broadening

**Druckverfahren** *n* (Hochdruck, Tiefdruck, Flachdruck) (Druck) / print process ‖ **anschlagfreies** ⁓ (EDV) / non-impact printing ‖ **berührungsloses** ⁓ (EDV) / non-impact printing ‖ **direktes** ⁓ (z.B. Buchdruck, Flexodruck, Lichtdruck, Rakeltiefdruck usw.) (Druck) / direct printing* ‖ **elektronisches** ⁓ (Druck, EDV) / electronic printing ‖ **kontaktloses** ⁓ (Druck) / non-contacting printing method

**Druck•verformung** *f* / compressive deformation, compressive strain ‖ ⁓**verformungsrest** *m* (die bleibende Deformation bzw. der plastische Anteil von Vulkanisaten unter Druckbeanspruchung) / compression set ‖ ⁓**verhältnis** *n* (z.B. bei Lüftern, Gebläsen und Verdichtern) (Masch) / compression ratio*, pressure ratio*, ratio of compression ‖ ⁓**verlauf** *m* (als Diagramm) (Masch, Phys) / pressure curve, pressure graph, pressure pattern ‖ ⁓**verlauf** *m* (zeitliche Änderung) (Masch, Phys) / variation of pressure ‖ ⁓**verlust** *m* (Hyd) / lost head, friction head, loss of head, head loss ‖ ⁓**verlust** *m* (im allgemeinen) (Masch) / pressure loss, loss of pressure ‖ **plötzlicher** (lebensgefährlicher) ⁓**verlust** (z.B. in der Kabine) (Luftf) / depressurization *n*, depressurisation *m* (GB) ‖ ⁓**vermerk** *m* (Druck) / colophon*, printer's imprint ‖ ⁓**verstärker** *m* (Masch) / hydraulic intensifier* ‖ ⁓**verstärkerstation** *f* (z.B. bei Rohrleitungen) (Bergb, Erdöl) / booster station* ‖ ⁓**versuch** *m* (an Baustoffen) (Bau, WP) / compression test*, crushing test* ‖ ⁓**versuch** (DIN 50106) (Masch, WP) / compression test* ‖ ⁓**versuch an Rohren unter Verwendung von Außendruck** (bis zur Zerstörung) (WP) / collapse test ‖ ⁓**versuch mit behinderter Querdehnung** (bei der Bodenuntersuchung) (HuT) / confined compression test ‖ ⁓**verteilsystem** *n* (eines Naßkühlturms) / pressure-spray distribution system ‖ ⁓**verteilung** *f* (Phys) / pressure distribution ‖ **birnenförmige** ⁓**verteilung** (im Baugrund) (HuT) / bulb of pressure, pressure bulb

**Druck-Volumen-Kurve** *f* (Masch, V-Mot) / p,V diagram

**Druck•vorgang** *m* (Druck) / printing* *n*, machining* *n*, presswork* *n*, press* *n* ‖ ⁓**vorlage** *f* (Eltronik) / original production master (1:1 scale pattern which is used to produce one or more printed boards within the accuracy specified on the master drawing), master pattern, production master ‖ ⁓**vorlage für gedruckte Schaltungen** (Eltronik) / artwork master ‖ **elektronische** ⁓**vorstufe** (elektronisches Publizieren) (EDV) / electronic prepress ‖ ⁓**vorstufe** *f* **auf Desktopebene** (Druck, EDV) / desktop prepress ‖ ⁓**wächter** *m* (Regeln) / pressure guard

**Drückwalzen** *n* (Schrägwalzen von Hohlkörpern, über sich drehendem zylindrischem oder anders geformtem Drückfutter mit gewollter Wanddickenänderung - DIN 8583, T 2) (Hütt) / flow forming*, flospinning* *n* ‖ ⁓ (Masch) / metal spinning*, spinning* *n*

**Druckwandler** *m* (der hydraulischen Presse) (Masch) / booster *n*, pressure intensifier ‖ ~**gesteuerte Abgasrückführung** (Kfz) / exhaust-back-pressure modulated EGR

**Druckwasser** *n* (Geol) / artesian water, confined water (US), confined ground water *n* (Masch) / pressurized water, pressurised water (GB) ‖ ⁓**-** / hydraulic* *adj*, fluid-power *attr* ‖ ⁓**entzunderungsanlage** *f* (Hütt) / pressure-water descaling unit ‖ ~**gekühlter Reaktor** (Nukl) / pressurized-water reactor, PWR ‖ ⁓**hydraulik** *f* (als System) / water hydraulic system ‖ ⁓**nietung** *f* (Masch) / hydraulic riveting ‖ ⁓**reaktor** *m* (ein leichtwassergekühlter und -moderierter thermischer Reaktor) (Nukl) / pressurized water reactor, PWR ‖ ⁓**stoffangriff** *m* (WP) / high-pressure hydrogen damage, presssurized-hydrogen damage ‖ ~**stoffbeständiger Stahl** (legierter Sonderstahl für den Bau von Gefäßen, in denen chemische Reaktionen unter hohem Wasserstoffdruck erfolgen können) (Hütt) / pressurized-hydrogen-resisting steel ‖ ⁓**stoffbeständigkeit** *f* (Chem) / high-pressure hydrogen resistance ‖ ⁓**stoffraffination** *f* (Chem Verf) / hydrorefining *n* ‖ ⁓**stoffschädigung** *f* (von Stählen unter der Einwirkung von molekularem heißem Druckwasserstoff) (WP) / high-pressure hydrogen damage, presssurized-hydrogen damage

**Druck•wechseladsorption** *f* (Phys) / pressure-swing adsorption, PSA ‖ ⁓**wegoptimierung** *f* (EDV) / printway optimization ‖ ⁓**weiterverarbeitung** *f* (Druck) / print converting, converting *n* ‖ ⁓**welle** *f* (bei der Explosionsumformung) (Masch) / shock wave ‖ ⁓**welle** (Phys) / compression wave, compressional wave ‖ **rücklaufende** ⁓**welle** (Kfz) / plugging pulse ‖ **leuchtende** ⁓**welle** (Mil) / luminous blast wave ‖ ⁓**wellenfestes Gebäude** (HuT, Nukl) / blast-proof building ‖ ⁓**wellenfront** *f* (bei der Explosionsumformung) (Masch) / shock front ‖ ~**wellensicheres Gebäude** (HuT, Nukl) / blast-proof building ‖ ⁓**werk** *n* (Funktionseinheit der Druckmaschine) (Druck) / printing unit, printing couple ‖ **umsteuerbares** ⁓**werk** (Druck) / reversible unit* ‖ ⁓**werk** *n* **mit geteiltem Farbkasten** (Druck) / split-duct printing unit ‖ ⁓**widerstand** *m* (Teil des Widerstandes eines umströmten Körpers, herrührend von den Druckkomponenten senkrecht zur

**Druckwiderstand**

Körperoberfläche) (Luftf) / pressure drag* ‖ ~widerstand (Luftf) s. auch Formwiderstand ‖ ~widerstand infolge Strömungsablösung (Luftf) / pressure drag due to separation ‖ ~wiederaufnahmekode m (EDV) / print restore code, PR code ‖ ~windkessel m (einer Kolbenpumpe) (Masch) / delivery air chamber ‖ ~wirbelschichtfeuerung f / pressurized fluidized bed combustion, pressurized fluid-bed combustion, PFBC ‖ ~zeichen n (Druck) / printable character, print character, printer character ‖ ~zeile f (EDV) / printed line, print line ‖ ~zelle f (EDV) / print cell ‖ ~zementieren v (Bohrlöcher) (Bergb, Erdöl, HuT) / squeeze v ‖ ~zementierung f (von Bohrlöchern) (Bergb, Erdöl, HuT) / squeeze n, squeeze cementing, squeeze job ‖ ~zentrum n (Masch, Phys) / centre of pressure*, pressure centre ‖ ~zerstäuber m (des Brenners) / mechanical atomizer ‖ ~zerstäuberbrenner m (Kftst) / oil-burner of the pressure-atomizing type ‖ ~zerstäuberdose f (Anstr, Masch) / spray nozzle, spray-gun nozzle, atomizing nozzle ‖ ~ziffer f (bei Verdichtern) (Masch) / pressure coefficient ‖ ~zone f (eines Belegs) (Druck, EDV) / print area, printing area, print zone, print field ‖ ~zone (Phys) / compression zone ‖ ~zuschuß m (Bogen, die über die Anzahl der Auflagebogen hinaus in allen Druckverfahren für das Einrichten der Druckmaschine und als Ersatz für technisch bedingten Ausschuß benötigt werden) (Druck) / overs* pl, oversheets pl ‖ ~zwilling m (Krist) / compressive twin ‖ ~zwillingsbildung f (Krist) / pressure twinning ‖ ~zylinder m (Druck) / impression cylinder* ‖ ~zylinderschloß n / push-cylinder lock

**Drude-Gleichung** f (nach P. Drude, 1863-1906) (Opt) / Drude equation, Drude law*

**Drudesche Theorie der freien Elektronen** (Phys) / Drude's theory of conduction

**Drug Targeting** n (zielgerichteter Transport des Arzneimittels im Organismus) (Pharm) / drug targeting

**Drum** f (ein Sickenfaß) (Masch) / drum n

**Drumlin** m (in Richtung der ehemaligen Eisbewegung elliptisch gestreckte Hügel, die meistens aus Grundmoränenmaterial bestehen) (Geol) / drumlin* n

**Drummondsch•er Brenner** / limelight* n, calcium light ‖ ~es Kalklicht (nach T. Drummond, 1797-1840) / limelight* n, calcium light ‖ ~es Licht / limelight* n, calcium light

**Drusch** m (Landw) / threshing n ‖ ~fähig adj (Landw) / threshable adj

**Druse** f (Bergb) / geode* n, vug* n, vough* n, drusy cavity, drusy* n

**Drüse** f (Physiol) / gland* n

**Drusenöl** n (Nahr) / grape-seed oil, raisin seed oil

**Drusenschwarz** n / drop black, Frankfort black, vine-black n

**drusig** adj (Bergb, Geol) / drusy* adj

**Dry Blend** m n (z.B. Wirbelsinterpulver) (Anstr) / dry blend ‖ ~-Blend-Technik f (Extrusion, von Trockenmischungen ausgehend, die besonders bei der Verarbeitung von PVC-weich angewandt wird) (Plast) / dry-blend technology ‖ ~farming n (Landw) / dry farming ‖ ~-hiding-Effekt m (bei Weißpigmenten) (Anstr) / dry-hiding pigment ‖ ~leasing n (eines Flugzeugs) (Luftf) / dry lease ‖ ~papier n (für Trockenkopierprozesse) (Pap) / dry paper ‖ ~-Silver-Verfahren n (ein fotografisches Kopierverfahren) (Foto) / dry-silver process

**DS** (Anstr) / finishing coat, top-coat n, finish coat, final coat, top layer ‖ ~ (Chem) / degree of substitution (DS) ‖ ~ (Chem, For) / average degree of substitution

**D-Schicht** f (der Ionosphäre) (Radio) / D-layer* n, D-region n

**D-Schieber** m (Masch) / plain slide valve, D-valve n

**Dschungelgrün** n / jungle green

**Dschungel-Rauhleder** n (Leder) / jungle suede

**DSDMAC** (Chem) / distearyl dimethylammonium chloride

**DSK** / differential scanning calorimetry, DSC

**DSM-Halbleiterlaser** m (Phys) / dynamic single-mode semiconductor laser, DSM semiconductor laser

**DSP** (EDV) / plated-wire memory, magnetic-wire memory ‖ ~-Gerät n (zur Sichtbarmachung der Herztöne) (Eltronik, Med) / dynamic spectral phonocardiograph

**DSQD-Diskette** f (EDV) / DSQD diskette, double-sided quad density diskette

**DSR** (Radio) / digital satellite broadcasting, DSC

**DST** (EDV) / data station, station n, terminal station

**D-Stellung** f (alle Gänge werden geschaltet - im automatischen Getriebe) (Kfz) / drive n

**dT** (ein Nucleosid) (Biochem) / thymidine n

**DTA** (Chem) / differential thermal analysis*, DTA*, differential thermoanalysis ‖ ~ (EDV) / diagnostic test sequence ‖ ~-Wert m (Chem, Landw) / acceptable daily intake

**DTB** (EDV) / disk transfer area, DTA

**DTD** (EDV) / document-type definition, DTD

**dtex** (Garnsortierung nach dem Tex-System) (Tex) / decitex* n

**DTG** (Chem) / derivative thermogravimetry, DTG, differential thermogravimetry ‖ ~ (Phys) / differential thermogravimetric analysis

**DTGS** (Spektr) / deuterized triglycin sulphate, DTGS

**dThd** (Biochem) / thymidine n

**DTL** (Eltronik) / diode transistor logic* (DTL)

**DTP** (EDV) / desktop publishing* (DTP) ‖ **professionelles** ~ (EDV) / high-end publishing

**DTPA** (Chem) / diethylenetriamine-pentaacetic acid, DTPA ‖ ~ (Chem) / diethylenetriamine pentaacetate (DTPA)

**DT-Probe** f (WP) / double-torsion specimen, DT specimen

**DU** / Dobson unit, D.U.

**DÜ** (DIN 44300) (EDV) / data transmission

**dual** adj (Entsprechung nach DIN 4898) / dual adj ‖ ~ (Math) / dyadic* adj, dual adj ‖ ~er Betazerfall (Kernphys) / dual beta decay* ‖ ~ booten (EDV) / dual boot v ‖ ~er Graf / dual graph ‖ ~er Logarithmus (Math) / binary logarithm ‖ ~er Satz (Math) / reciprocal theorem ‖ ~es Zahlensystem (Math) / dyadic number system

**Dual•-Boot-Installation** f (EDV) / dual-boot installation ‖ ~bus m (EDV) / dual bus ‖ ~-Cone-Lautsprecher m (Radio) / dual-cone loudspeaker, dual-cone speaker ‖ ~graf m / dual graph ‖ ~-in-Line-Gehäuse n (IC mit Gehäuse) (Eltronik) / dual-in-line package*, DIP*, DIL

**Dualismus** m (Phys) / dualism n ‖ ~ von Welle und Korpuskel (die Tatsache, daß Materie je nach Versuchsbedingung als Welle /Feld/ oder Korpuskel in Erscheinung tritt (Phys) / wave-particle duality*, wave-corpuscle duality ‖ ~ von Welle und Teilchen (die Tatsache, daß Materie je nach Versuchsbedingung als Welle /Feld/ oder Korpuskel in Erscheinung tritt (Phys) / wave-particle duality*, wave-corpuscle duality

**Dualität** f (Math) / reciprocity n, duality n

**Dualitätsprinzip** n (in der projektiven Geometrie) (Math) / principle of duality, duality principle, duality theorem

**Dualitätssatz** m (Math) / principle of duality, duality principle, duality theorem

**Dual•kode** m (EDV) / binary code* ‖ ~kodierter Meßwertgeber (EDV) / binary encoder ‖ ~netzwerke n pl (Eltech) / reciprocal networks* ‖ ~phasenstahl m (ferritischer Stahl mit etwa 20 bis 30% inselartig eingelagertem Martensitanteil) (Hütt) / dual-phase steel ‖ ~prozessor m (EDV) / dual processor ‖ ~punkt m (EDV) / binary point* ‖ ~-Slope-Umsetzer m (Eltronik) / dual-slope converter, dual slope ‖ ~-Slope-Verfahren n (Eltronik) / dual-slope method ‖ ~system n (ein spezielles Binärsystem mit den ganzzahligen Zweierpotenzen als Gewichten) (Math) / dyadic number system ‖ ~transistor m (Eltronik) / dual transistor ‖ ~zähler m / binary counter*, binary scaler

**Duane-Huntsches Gesetz** (nach W. Duane, 1872-1935, und F.L. Hunt, 1883- ) (Radiol) / Duane and Hunt's law*

**Duanten** m pl (eines Zyklotrons) (Nukl) / dee[s]* n(pl), cyclotron Ds, duants pl

**Dubbing** n (Film) / dubbing n

**Dubbs-Verfahren** n (mehrstufiges thermisches Kracken) (Erdöl) / Dubbs process

**Dübel** m (schubübertragendes Verbindungselement) / dowel* n, dowel pin ‖ ~ (im Stemmloch) (Bau) / plug* n, peg n ‖ ~ (Holz) (Bau, Zimm) / peg n ‖ ~ (an Fugen in Betonfahrbahnen) (HuT) / dowel n ‖ ~ (bei Betonstraßen) (HuT) / dowel bar ‖ ~balken m (Zimm) / flitched beam ‖ ~band n (Bau, Zimm) / dowel strip ‖ ~bohrer m (Bau, Zimm) / dowel hole drill, dowel bit, dowel drill ‖ ~bohrlehre f (Bau, Zimm) / dowelling jig ‖ ~korb m (eines Fugendübels) (HuT) / dowel basket, dowel assembly, dowel chair ‖ ~leiste f (etwa 23 x 11,5 cm) (Bau) / pallet* n, pallet slip, fixing fillet*, fixing slip, pad* n, slip* n ‖ ~lochbeleimmaschine f (Bau, Zimm) / dowel gluer ‖ ~lochbohrer m (Bau, Zimm) / dowel hole drill, dowel bit, dowel drill

**dübeln** v (Bau, Zimm) / dowel v, plug v, peg v ‖ ~ n (Bau) / dowelling n, plugging* n

**Dübel•schweißung** f (Schw) / stud welding ‖ ~spitzer m (Bau, Zimm) / dowel trimmer ‖ ~stein m (aus Holz) (Bau) / wood brick*, timber brick*, fixing brick, fixing block, anchoring block, nailing block ‖ ~streifen m (Bau, Zimm) / dowel strip ‖ ~verbindung f (Bau, Zimm) / dowel joint ‖ ~verbindung (eine Flächeneckverbindung) (Tischl) / pin corner joint

**Dublee** n (pl.: -s) (mit Edelmetall plattiertes unedles Metall) / gold- (or silver-)filled plate ‖ ~gold n / rolled gold*

**Dublett** n (gemeinsames Elektronenpaar zweier Atome) (Kernphys) / duplet n, doublet* n ‖ ~ (Gruppe von Linien im Linienspektrum) (Spektr) / doublet* n ‖ ~spektrallinie f (Spektr) / doublet* n ‖ ~spektrum n (Spektr) / doublet spectrum ‖ ~system n (Termsystem mit der permanenten Multiplizität 2) (Phys) / doublet system

**dublieren** v (Hütt) / plate with gold ‖ ~ (Spinn) / double v ‖ ~ n (Druck) / blurring n, doubling n ‖ ~ (von Faserbändern) (Spinn) / doubling n

**DÜ-Block** m (DIN 44302) (EDV) / data transmission block, frame n

**Dublüre** f (Verzierung von Buchdeckeln) (Buch) / doublure n
**Dubnium** n (Element 105) (Chem) / dubnium n, Db
**Duchesse** f (schweres /Kunst/Seidengewebe mit glänzender Vorder- und matter Rückseite in Atlasbindung) (Tex) / duchesse n, duchesse satin
**Duck** m (grobfädiges starkes Baumwollgewebe in Leinwandbindung) (Tex) / duck* n
**Duckdalbe** f (HuT) / dolphin* n
**Dückdalbe** f (HuT) / dolphin* n
**Duckdalben** m (HuT) / dolphin* n
**Dückdalben** m (HuT) / dolphin* n
**Duckstein** m (trachytischer Tuff - DIN 51043) (Bau, Geol) / trass* n, tarras n
**Ducted fan** n (ein Zweistrom-TL-Triebwerk, in dem die Zusatzluft hinter dem Niederdruckverdichter den "heißen Kern" des Triebwerkes wie ein Mantel umgibt) (Luftf) / ducted fan*, ducted-fan engine
**Ductwelle** f (Radio) / surface wave*
**Duduköl** n / bittersweet oil
**DÜE** (DIN 44302) (EDV) / data-circuit terminating equipment (DCE)
**Düffel** m (ein schweres Gewebe für Wintermäntel) (Tex) / duffle* n, duffel* n
**Duffin-Kemmer-Gleichung** f (ein relativistische Wellengleichung) (Phys) / Duffin-Kemmer equation
**Dufour-Effekt** m (nach L. Dufour, 1832-1892) (Wärm) / Dufour effect
**Dufrenit** m (Min) / dufrenite n
**Duft** m / fragrance n, perfume n, scent n, pleasant smell ‖ ≈**bruch** m (Schaden an Bäumen, der durch Rauhreif verursacht ist) (For, Landw) / rime break
**duften** v (nach) / smell v (of)
**duftend** adj / fragrant adj, odoriferous adj, odorous adj, aromatic adj, redolent adj, pleasant-smelling adj
**Duftit** n (ein olivgrünes basisches Mineral) (Min) / duftite n
**Duft•lockstoff** m / scent attractant ‖ ≈**note** f / fragrance n, perfume n, scent n, pleasant smell ‖ ≈**stoff** m (als Substanz = Riechstoff + Duftkomplex) / aromatic principle (perfume technology) ‖ ≈**stoff** (künstlich hergestellt) (Chem) / fragrance product
**Duhem-Margules-Gleichung** f (die Beziehung zwischen den Partialdrücken $p^1$ und $p^2$ einer binären flüssigen Mischung mit den Molenbrüchen $x^1$ und $x^2$ in der flüssigen Phase) (Phys) / Duhem-Margules equation
**Dühringsche Regel** f (zur Berechnung der Siedepunktserhöhung von Lösungen - nach E. Dühring, 1833-1921) (Phys) / Dühring's rule*
**Dukabeleuchtung** f (Foto) / safe-lights pl, dark-room illumination
**Düker** m (DIN 19661, T 1) (HuT) / inverted siphon*, siphon* n, sag pipe
**Dukt** m (Radio) / radio duct, tropospheric (radio) duct
**duktil** adj (wenn bleibende Dehnung vor dem Bruch größer ist als die elastische Dehnung) (Mech, WP) / ductile adj ‖ ~**er Bruch** (Mech, WP) / ductile fracture, plastic fracture ‖ ~**es Versagen** (WP) / ductile failure
**Duktilität** f (nicht streng definierter Begriff zur Kennzeichnung der Verformungsfähigkeit eines plastischen Stoffes) (Mech, WP) / ductility* n
**Duktilometer** n **nach Dow** (zur Prüfung von Bitumen) (WP) / Dow ductilometer
**Duktus** m (das Eigentümliche einer Linienführung, das Charakteristische einer Druckschrift) (Druck) / type model
**Dulcin** n (4-Ethoxyphenylharnstoff) (Chem) / dulcin* n, sucrol* n, p-ethoxyphenylurea* n
**Dulcit** n (Chem) / dulcitol n
**duldbar•e Rückstandsmenge** (Chem, Landw) / permissible (residue) level ‖ ~ **e tägliche Aufnahme** (Chem, Landw) / acceptable daily intake
**dulden** v / permit v
**Dulong-Petit-Regel** f (Chem) / law of Dulong and Petit*, Dulong and Petit's law*
**Dulong-Petitsche Regel** (nach P.L. Dulong, 1785-1838, und A.T. Petit, 1791-1820) (Chem) / law of Dulong and Petit*, Dulong and Petit's law*
**Dulzin** n (als Süßstoff nicht zugelassen) (4-Ethoxyphenylharnstoff) (Chem) / dulcin* n, sucrol* n, p-ethoxyphenylurea* n
**Dulzit** n (ein Hexit) (Chem) / dulcitol n
**Dumas-Methode** f (der Elementaranalyse - nach J.B.A. Dumas, 1800-1884) (Chem) / Dumas' method
**Dumbbell** m (hantelförmiger Probekörper für Gummi nach DIN 53504 und ASTM D 412-68) (Chem Verf) / dumbbell specimen, dumbbell n
**Dummy** m (Attrappe) / dummy n ‖ ≈ (Modellnummer einer Zeitschrift) (Druck) / dummy n ‖ ≈ (ein leeres Element) (EDV, Math) / dummy n ‖ ≈ (Kfz) / dummy n, manikin n (US), mannikin n (US) ‖ ≈**-Load** f (Lastwiderstand als künstliche Antenne) (Radio) / dummy load*, antenna load*

**Dumonts Blau** / cobalt blue, cobalt ultramarine, Thenard's blue, Dumont blue
**Dumortierit** m (Keram, Min) / dumortierite n
**Dump** m (Speicherausdruck) (EDV) / dump* n
**Dumpalme** f (Nahr) / doum palm, dom palm
**dümpeln** v (durch Seegang oder Dünung - bei Windstille oder vor Anker) (Schiff) / surge v (at calm or when lying at moorings), roll v
**Dumper** m (Kfz) / dumper* n, dumping truck, dump truck (US)
**dumpf** adj (klingend) (Akus) / dull adj, muffled adj, hollow adj, tubby adj ‖ ~**er Knall** (Akus) / bump n
**dumpfig** adj / dank adj, damp adj
**Düne** f (Geol) / sand dune*, sand hill, dune* n ‖ **befestigte** ≈ (ingenieurbiologisch) (Geol) / stabilized dune, anchored dune
**Dünen•rücken** m (Geol) / dune ridge ‖ ≈**sand** m (ein Flugsand) (Geol) / dune sand ‖ ≈**see** m (Geol) / dune lake
**Dung** m (Landw) / manure n, dung n, muck n, farmyard manure ‖ ≈**einarbeitung** f (Landw) / dung burial ‖ ≈**einleger** m (am Grindel vor dem Pflugkörper) (Landw) / manure attachment
**Dünge•kalk** m (Landw) / agricultural lime, lime fertilizer, manuring lime ‖ ≈**mittel** n (DIN ISO 8157) (Landw) / fertilizer* n, dressing n, fertiliser n (GB) ‖ **organisches** (wirtschaftseigenes) ≈**mittel** (Stallmist, Jauche, Kompost, Gülle usw.) (Landw) / manure n, natural manure ‖ ≈**mittel** n (Landw) s. auch Mist
**düngen** v (Landw) / manure v, dung v, fertilize v (with a fertilizer), dress v (with a fertilizer), fertilise v (with a fertiliser) (GB)
**Düngephosphat** n (Landw) / phosphorus fertilizer, phosphate fertilizer
**Dünger** m (Landw) / fertilizer* n, dressing n, fertiliser n (GB) ‖ **in Reihen ausgebrachter** ≈ (Landw) / row fertilizer, row-applied fertilizer ‖ **langsamwirkender** ≈ (Landw) / slow-release fertilizer, slow-acting fertilizer ‖ **mineralischer** ≈ (Landw) / inorganic fertilizer, chemical fertilizer, mineral (inorganic) fertilizer ‖ **organischer** ≈ (ein Handelsdünger) (Landw) / organic fertilizer ‖ **schnellwirkender** ≈ (Landw) / quick-release fertilizer, quick-acting fertilizer ‖ **kombinierte** ≈**-Drillmaschine** (Landw) / combine drill ‖ ≈**gabe** f (Landw) / dressing n ‖ ≈**mühle** f (für verhärtete, grobstückige Mineraldünger) (Landw) / fertilizer mill ‖ ≈**streuer** m (für Stalldung) (Landw) / manure distributor, manure spreader, farmyard manure spreader ‖ ≈**streuer** (für Mineraldünger) (Landw) / fertilizer distributor, fertilizer spreader ‖ ≈**verregnung** f (Landw) / fertirrigation n, fertilizer sprinkling
**Düngesalz** n (Landw) / fertilizing salt, fertilizer salt, manure salt, manurial salt
**Dung•grube** f (Landw) / manure pit, dung pit ‖ ≈**lege** f (Landw) / sink n ‖ ≈**schieber** m (Landw) / dung dozer ‖ ≈**stätte** f (Landw) / manure pit, dung pit
**Düngung** f (Landw) / fertilization n, fertilisation n ‖ ≈ (mit Stalldünger, organische) (Landw) / manuring n ‖ **übermäßige** ≈ (des Wasserökosystems) (Umwelt) / overfertilization n
**Düngungspflug** m (Landw) / fertilizing plough
**Dunit** m (ein Tiefengestein) (Geol) / dunite* n
**dunkel** adj / dark adj ‖ **dunkler Ast** (For) / dark knot ‖ **dunkle Entladung** (Elektr) / dark discharge ‖ **dunkler färben** (For, Galv, Tex) / darken v ‖ **dunkles Kobaltblau** (ins Violette gehend) / Mazarine blue, mazarine blue (with approximately 50% cobalt blue) ‖ **dunkler machen** (Farbstoffe) (Tex) / charge v ‖ **dunkles Malz** (Brau) / dark malt ‖ **dunkle Materie** (Astr) / dark matter ‖ **dunkles Öl** (für untergeordnete Schmierzwecke nach DIN 51505) / black oil ‖ **dunkles Produkt** (Erdöl) / black product ‖ **Dunkles Rotgültig** (Min) / pyrargyrite n, dark-red silver ore* ‖ **Dunkles Rotgültigerz** (Min) / pyrargyrite n, dark-red silver ore* ‖ **dunkles Schweißglas** (Schw) / dark glass ‖ **dunkle Stellen** / shadows pl ‖ **sich ~ verfärben** / darken vi ‖ **~ färben** / darken v, sadden v ‖ **~ gefärbter Kern** (ein Holzfehler) (For) / blackheart* n ‖ **~ werden** / darken vi
**Dunkel•adaptation** f (Opt) / dark adaptation ‖ ≈**adaptieren** v (sich) (Opt) / dark-adapt v ‖ ~**adaptiert** adj (Auge) (Opt) / dark-adapted adj ‖ ≈**atmung** f (bei den zur Fotosynthese befähigten Organismen) (Biochem) / dark respiration ‖ ≈**blauer Purpur** / royal purple ‖ ≈**blau** n / dark blue, Yale blue ‖ ≈**blitz** n (Foto) / infrared flashlight ‖ ~**braun** adj / dark-brown adj ‖ ≈**empfindlichkeit** f (Opt) / scotopic luminous efficiency ‖ **spektraler** ≈**empfindlichkeitsgrad** (Licht, Opt) / scotopic spectral luminous efficiency ‖ **spektrale** ≈**empfindlichkeitskurve** (Licht, Opt) / scotopic spectral luminous efficiency curve, scotopic luminosity curve ‖ ≈**entladung** f (elektrische Gasentladung bei sehr niedrigen Stromstärken und ohne merkliche Lichtemission) (Eltech) / Townsend discharge*, dark discharge ‖ ≈**feldauflicht** n (z.B. in einem Profilprojektor) (Opt) / dark-ground incident light, dark-field incident light ‖ ≈**feldbeleuchtung** f (indirekte Beleuchtung) (Mikros) / dark-ground illumination*, dark-field illumination ‖ ≈**feldkondensor** m (Mikros) / dark-field condenser ‖ ≈**feldmikroskop** n (Mikros) / dark-field microscope ‖ ≈**fleck** m (ein Fehler) (Keram) / black speck (a defect in fired porcelain enamels) ‖ ≈**gilbung** f (Anstr) / dark(ness) yellowing ‖

**Dunkelglas**

~**glas** n (Schw) / dark glass ‖ ~**glühen** n (DIN 17014) (Hütt) / black annealing ‖ ~**käfer** m pl (Zool) / Tenebrionidae pl (darkling beetles) ‖ ~**kammer** f (Foto) / dark-room n ‖ **elektronische** ~**kammer** (Foto) / digital darkroom, electronic darkroom ‖ ~**kammerbeleuchtung** f (Foto) / safe-lights pl, dark-room illumination ‖ ~**leitfähigkeit** f (Eltronik) / dark conduction ‖ ~**leitung** f (Eltronik) / dark conduction ‖ ~**leuchtdichte** f (Opt) / dark brightness ‖ ~**materie** f (Astr) / dark matter

**dunkel** v (Tex) / charge v

**Dunkel•nebel** m (Astr) / dark nebula*, absorption nebula ‖ ~**öl** n (für untergeordnete Schmierzwecke nach DIN 51505) / black oil ‖ ~**punkt** m (Eltronik) / cut-off n ‖ ~**raum** m (Eltronik) / dark space* ‖ ~**raumkamera** f (Druck) / dark-room camera* ‖ ~**reaktion** f (der Fotosynthese) (Bot, Chem) / dark reaction* ‖ ~**reparatur** f (Gen) / excision repair ‖ ~**rotes Kadmiumpigment** (Anstr) / red lithopone ‖ **eine Art** ~**rot** / Morocco red, marocain n, Morocco n

**Dunkelrotes Meranti** (Shorea spp.) (For) / Dark red meranti (a light hardwood), Dark red seraya, nemesu n

**Dunkel•rotglut** f (Glühfarbe) (Hütt) / dark-red heat*, blood-red heat*, dull-red heat ‖ ~**sack** m (Foto) / changing bag* ‖ ~**schriftschirm** m (Eltronik) / dark trace screen* ‖ ~**stern** m (Astr) / dark star ‖ ~**strahler** m (Masch, Phys) / dark radiator ‖ ~**strom** m (eines fotoelektronischen Bauelements nach DIN 44020) (Eltronik) / dark current* ‖ ~**stromrauschen** n (das durch das Schrotrauschen des in der unbeleuchteten Fotodiode fließenden Stromes entsteht) (Eltronik) / dark-current noise ‖ ~**tasten** (Eltronik, TV) / blanking* n ‖ ~**vergilbung** f (Anstr) / dark(ness) yellowing ‖ ~**widerstand** m (Widerstandswert eines unbeleuchteten Fotowiderstandes) (Eltronik) / dark resistance* ‖ ~**wolke** f (Astr) / dark nebula*, absorption nebula

**dunkles Fahlerz** (Min) / tetrahedrite* n, gray copper ore, stylotypite n

**dünn** adj / thin adj ‖ ~ (Fotopapier) (Foto) / single-weight attr ‖ ~ (Luft) (Luftf, Phys) / thin adj, rare adj ‖ ~ (wäßrig) (Nahr) / thin adj ‖ ~ (wenig gehaltvoll) (Nahr) / washy adj ‖ **zu** ~ (Anstrichfarbe) (Anstr) / runny adj ‖ ~**es Abwasser** (Sanitär) / dilute sewage, weak sewage ‖ ~**er Brei** (Bau) / slurry n ‖ ~**er Draht zur Verbindung integrierter Schaltungselemente** (Eltronik) / fly-wire n ‖ ~**es Feinblech** (Stahl oder Zinn) (Hütt) / tagger* n ‖ ~**e Gesteinsschicht** (Bergb) / girdle n ‖ ~**e Haut** (auf einer Flüssigkeit) / skim n ‖ ~**es Langholz** (Zimm) / pole n ‖ ~**e Linse** (Opt) / thin lens ‖ ~**e Menge** (Math) / thin set ‖ ~**e Nickelschicht** (unter dem Email) (Galv) / nickel flash ‖ ~**e Quelle** (Kernphys) / thin source* ‖ ~**e Schicht** / thin layer, sheet n ‖ ~**e Schicht des Anolyten** (Galv) / anode film, anodic film ‖ ~**er Schußfaden** (Web) / thin filling, light filling, light pick, thin pick, fine pick ‖ ~**es Spatium** (pl. Spatien) (Typog) / thin space* ‖ ~**e Stelle** (im Garn) (Spinn) / snick n ‖ ~**e Stelle** (im Gewebe) (Tex) / gall n ‖ ~**er Streifen** (Farbe, Licht) / thread n ‖ ~**es Target** (Kernphys) / thin target* ‖ ~**e Tonträube** (Bergb) / clash n ‖ ~ **verzinntes Weißblech** (Hütt) / cokes* pl ‖ ~**er werden** (Geol) / thin vi

**dünn•bankig** adj (Geol) / thin-bedded adj, thin-stratified adj, in thin layers ‖ ~**beschichtung** f (Galv) / lightweight coating ‖ ~**besetzte Matrix** (Eltronik) / sparse matrix ‖ ~**bettmörtel** m (ein spezieller Mauermörtel) (Bau) / thin-bed mortar ‖ ~**druckpapier** n (im allgemeinen) (Pap) / thinprint paper ‖ ~**druckpapier** (Pap) / Bible paper*, India paper*, India Bible, Cambridge Bible paper ‖ ~**druckpapier** (Pap) / lightweight paper

**Dünnerwerden** n (einer Schicht) (Geol) / pinch-out n, thinning n

**dünnfädig** adj (Spinn) / fine-thread attr

**Dünnfilm** m (Chem, Eltronik) / thin film* ‖ ~**Kapillarsäule** f (Chem) / wall-coated open tubular column, WCOT column ‖ ~**kondensator** m (Eltech) / thin-film capacitor* ‖ ~**speicher** m (EDV) / magnetic-film memory*, thin-film memory* (a magnetic memory), magnetic layer storage, magnetic-film store, film store ‖ ~**technik** f (Eltronik) / thin-film technology (TFT) ‖ ~**transistor** m (Eltronik) / thin-film transistor, TFT ‖ ~**widerstand** m (Eltech) / thin-film resistor*

**dünnflüssig** adj (Flüssigkeit) / runny adj, mobile adj ‖ ~ / thin adj, low-viscosity attr ‖ ~ (Öl) / thin-bodied adj ‖ ~**er, weißer, gelöschter Sumpfkalk** (zum Putzen des Sichtmauerwerks) (Bau) / lime water ‖ ~**e Druckfarbe** (für den Tiefdruck) (Druck) / liquid gravure ink ‖ ~**er Mörtel** (Bau) / larry n, grout n

**dünn•gebändert** adj (Geol) / thin-banded adj ‖ ~**getauchte Elektrode** (Schw) / washed electrode ‖ ~**glas** n (im allgemeinen, nach DIN 1249) (Glas) / thin sheet glass ‖ ~**glas** (Fensterglas im Dickenbereich von 0,6 bis 2 mm) (Glas) / thin window glass ‖ ~**guß** n (Gieß) / thin-wall casting ‖ ~**holz** n (For) / smallwood n, wood of small diameter ‖ ~**holz aus Durchforstungen** (For) / forestry thinnings, forest thinnings, thinnings pl ‖ ~**kochende Stärke** (Chem) / thin-boiling starch, starch fluid ‖ ~**saft** m (das klare Filtrat mit 11-14% Zucker bei der Zuckerherstellung) (Nahr) / thin juice ‖ ~**säure** f (verunreinigte Schwefelsäure, meistens aus der TiO$_2$-Herstellung) (Chem Verf) / spent acid ‖ ~**schaft** m (der Schraube; Schaftdurchmesser ~ Flankendurchmesser) (Masch) / reduced shank

**Dünnschicht** f / thin layer, sheet n ‖ ~ (Chem, Eltronik) / thin film* ‖ ~**chromatografie (DC)** f (Chem) / thin-layer chromatography* (TLC) ‖ ~**chromatografie** f (Chem) s. auch Planarchromatografie ‖ ~**einlage** f (Glas) / blanket feed ‖ ~**einlegen** (des Gemenges) (Glas) / blanket feed ‖ ~**kapillarsäule** f (Chem) / solid-coated open tubular column, SCOT column, support-coated capillary column ‖ ~**kupferfolie** f (Eltronik, Hütt) / ultrathin copper foil, UTC-foil ‖ ~**phosphatierung** f (Galv) / thin-coat(ing) phosphating ‖ ~**reaktor** m (Chem Verf) / thin-film reactor ‖ ~**solarzelle** f (z.B. GaAs oder CdS) (Eltronik) / thin-film solar cell ‖ ~**speicher** m (EDV) / magnetic-film memory*, thin-film memory* (a magnetic memory), magnetic layer storage, magnetic-film store, film store ‖ ~**technik** f (Eltronik) / thin-film technology (TFT) ‖ ~**transistor** m (Eltronik) / thin-film transistor, TFT ‖ ~**verdampfer** m (Chem Verf) / thin-layer evaporator, wiped-film evaporator ‖ ~**verdampfung** f (Chem Verf) / thin-layer evaporation, film evaporation ‖ ~**widerstand** m (Eltech) / thin-film resistor*

**Dünn•schliff** m (Geol, Min) / thin section, microsection n ‖ **einen** ~**schliff vorbereiten** (für mikroskopische Untersuchungen) (Geol, Min) / thin-section v ‖ ~**schnitt** m (Mikros) / microsection* n, microscopic section ‖ ~**stband** n (Hütt) / ultra-thin strip ‖ ~**stelle** f (Faserdurchmesser in Mikrometern) (Spinn) / thin place ‖ ~**stglas** n (Glas) / glass foil ‖ ~**wandig** adj / thin-walled adj, thin-wall attr ‖ ~**wandiger Hohlquerschnitt** (Masch) / thin-walled tube ‖ ~**wandige Ionisationskammer** (Nukl) / thin-wall chamber*, thin-wall ionization chamber ‖ ~**wandigkeit** f / thinness of walls ‖ ~**wandlager** n (Masch) / thin-wall bearing

**Dunst** m (feinster Schrot für die Vogeljagd) / dust shot ‖ ~ (feuchter - Trübung durch feinste Wassertropfen) (Meteor) / mist* n ‖ ~ (trockener - Trübung durch Staub und Rauch) (Meteor) / haze* n ‖ ~ (Meteor) / gauze n ‖ ~**abzug** m (Klemp) / continuous vent* ‖ ~**abzugshaube** f (des Herdes) / cooker hood ‖ ~**abzugshaube** (DIN 44971, T 1) (Chem Verf) / fume hood, hood n

**dünsten** v (mit wenig Flüssigkeit oder Fett garen) (Nahr) / braise v, stew v

**Dunst•fahne** f (Meteor) / haze dome, pall of haze, enveloping haze ‖ ~**filter** n (ein UV-Sperrfilter) (Foto) / haze filter ‖ ~**glocke** f (Meteor) / haze dome, pall of haze, enveloping haze ‖ ~**haube** f (Chem Verf) / fume hood, hood n ‖ ~**haube** (Meteor) / haze dome, pall of haze, enveloping haze

**dunstig** adj (Meteor) / steamy adj

**Dunst•kalotte** f (Meteor) / haze dome, pall of haze, enveloping haze ‖ ~**rohr** n (Bau) / foul-air flue*

**Dünung** f (Ozean) / swell n ‖ **einlaufende** ~ (Ozean) / land swell ‖ **tote** ~ (Ozean) / dead swell

**duo•binär** adj (EDV) / duobinary adj ‖ ~**chromfarbe** f (Druck) / double-tone ink* ‖ ~**dekalsockel** m (Eltronik) / duodecal base ‖ ~**dezimal** adj (auf das Zwölfersystem bezogen) (Math) / duodecimal adj ‖ ~**dezimalsystem** n (Math) / duodecimal system* ‖ ~**diode** f (Eltronik) / twin diode, double diode*, binode n, duodiode n ‖ ~**-Kassettendeck** n (Akus) / dual-cassette recorder ‖ ~**mittelstraße** f (Hütt) / two-high intermediate mill train ‖ ~**plasmatron** n (Eltronik) / plasmatron n ‖ ~**play** n (getrennte Tonbandaufnahme auf 2 Spuren mit der Möglichkeit einer späteren gleichzeitigen Wiedergabe) (Akus, Mag) / duoplay n ‖ ~**schaltung** f (bei Leuchtstoffröhren) (Eltech, Eltronik) / dual-lamp circuit, twin-lamp circuit ‖ ~**servobremse** f (Kfz) / duo-servo brake ‖ ~**triode** f (Eltronik) / twin triode*, double triode*, duotriode n ‖ ~**umkehrwalzwerk** n (Hütt) / two-high reversing mill ‖ ~**walzwerk** n (Hütt) / two-high mill, two-high rolls

**DUP** (DIN 7723) (Chem) / diundecylphthalate n, DUP

**Dupinsche Zyklide** (nach Baron Ch. Dupin, 1784-1873) (Math) / Dupin's cyclide

**Dup•-Kontrolle** f (EDV) / duplication check ‖ ~**-Kopie** f (Film) / duped print

**Duplet** n (Foto, Opt) / doublet* n, doublet lens

**Duplex•betrieb** m (EDV, Fernm) / duplex* n, duplexing n, duplex transmission, full duplex, duplex operation ‖ ~**bremse** f (Kfz) / non-servo brake, double-anchor non-servo brake

**Duplexer** m (Radar, Radio) / duplexer* n, antenna changeover switch

**Duplex•filmpapier** n (ein Fotoschutzpapier zum Schutz von Rollfilmen) (Foto) / duplex photographic film paper, two-layer photo protecting paper ‖ ~**gefüge** n (Hütt, Krist) / duplex (micro)structure ‖ ~**gerät** n (Radar, Radio) / duplexer* n, antenna changeover switch ‖ ~**kanal** m (Fernm) / duplex channel ‖ ~**karton** m (Pap) / duplex board ‖ ~**kette** f (Masch) / double roller chain ‖ ~**leitung** f (Eltech) / duplex circuit ‖ ~**-Nickelschichtsystem** n (mit sehr dünner, stromlos abgeschiedener Endnickelschicht) (Galv) / post-nickel strike system ‖ ~**papier** n (meistens mit verschiedenfarbigen Seiten) (Pap) / duplex paper* ‖ ~**pumpe** f (schwungrad- und triebwerklose zweizylindrische Zwillingskolbenpumpe) (Masch) / duplex pump*, direct-acting pump* ‖ ⁓schicht f (Galv) / duplex coating, duplex (protection) layer ‖ ⁓schmelzverfahren n (Hütt) / duplex process* ‖ ⁓schutzschicht f (Galv) / duplex coating, duplex (protection) layer ‖ ⁓stahl m (mit #gα- und #gγ-Gefüge) (Hütt) / duplex steel ‖ ⁓-System n (ein Korrosionsschutzsystem, bei dem ein metallischer Überzug mit einer organischen Beschichtung kombiniert wird, z.B. Feuerverzinkung + Beschichtung) (Anstr, Galv) / duplex system ‖ ⁓system n (Anstr, Galv) / metal-plus-organic-coating system ‖ ⁓system (Teleg) / duplex* n, duplexing n ‖ ⁓verbindung f (Eltech) / duplex circuit ‖ ⁓verfahren n (ein Verfahren zur wirtschaftlichen Erzeugung von Stahl durch aufeinanderfolgende Anwendung von zwei Schmelzöfen) (Hütt) / duplex process* ‖ ⁓verkehr m (EDV, Fernm) / duplex* n, duplexing n, duplex transmission, full duplex, duplex operation

**Duplikat** n / duplicate n, dupe n, dup n ‖ ⁓ (von Druckstöcken für den Druck: Galvano, Stereo usw.) (Druck) / duplicate plate* ‖ ⁓negativ n (Film) / master negative

**Duplizier•gerät** n (Foto) / duplicator n ‖ ⁓lauf m (EDV) / copy run, duplicating run ‖ ⁓papier n (Pap) / duplicating paper, duplicator paper*

**Dup-Negativ** n (Film) / master negative
**Düppel** m (Radar) / chaff* n, rope* n, window* n
**Dup-Positiv** n (Film) / master positive
**Duralumin** n (eine Aluminiumlegierung) (Hütt) / Duralumin n
**Duraluminium** n (eine Aluminiumlegierung) (Hütt) / Duralumin n
**Durch•abfertigung** f (von Fluggästen) (Luftf) / through-checking n ‖ ~arbeiten v (Teig, Ton) / work vt ‖ ~arbeiten (Elektrolyte mit Gleichstrom) (Galv) / dummy v ‖ ~arbeiten v von Häuten in der Lattentrommel oder im Faß (Leder) / drumming n ‖ ~beißen v (von einem Gerbstoff) (Leder) / penetrate v ‖ ⁓beuteln n / sifting n ‖ ⁓biegemesser m (Masch) / deflectometer* n ‖ ⁓biegung f (unter Last) / deflection n, deflexion n ‖ ⁓biegung (der Feder) (Masch) / deflection n (of a spring), stroke n ‖ ⁓biegung der Platte / plate bending ‖ ⁓biegung durch eigene Last (Mech) / natural sag n ‖ ⁓biegung unter Last f (Masch) / deflection at load ‖ ⁓biegungskorrektur f (Schiff) / hanging correction ‖ ⁓binder m (bei schwächeren Mauern durch die ganze Mauerstärke) (Bau) / through-stone* n, perpend* n, jumper* n, perpend-stone n ‖ ⁓blasegase n pl (V-Mot) / blow-by n, crankcas blow-by ‖ ⁓blasen v (im allgemeinen) / blow through v ‖ ⁓blasen n (Hütt) / fuming n ‖ ⁓blasen bei Kolbenringen (V-Mot) / piston-ring blow-by ‖ ⁓bohren v (Masch) / through-drill v, bore through v, drill through v ‖ ⁓bohrung f (z.B. in der Nutsche oder in dem Gooch-Tiegel) (Chem Verf) / perforation n ‖ ~brechen v (in zwei Teile - Partizip: durchgebrochen) / break in two ‖ ~brechen vi (Partizip: durchgebrochen) / fall through v (ice, floor) ‖ ~brechen v (sich einen Durchbruch verschaffen - Partizip: durchbrochen) / break through v ‖ ~brechen (Mauer, Deich - Partizip: durchgebrochen) / breach vt ‖ ⁓brechen n von Futter aus dem Schmelzofen (Gieß) / break-out* n ‖ ⁓brechung f (der Passivität) (Masch) / breakdown n ‖ ~brennen vi / blow* vi, fuse vi ‖ ~brennen v / burn through v, burn holes ‖ ~brennen (Kernreaktor) (Nukl) / melt down vi ‖ ⁓brennen (Eltech) / blow-out n, blowing n ‖ ⁓brennen (Eltronik, Nukl) / burnout* n ‖ ⁓brennen (eines Kernreaktors nach unten) (Nukl) / meltdown n ‖ ⁓brennen (Schw) / burn-through n ‖ ⁓brenngefahr f / danger of burn-through, danger of burning-through

**durchbrochene Kettenware** (Tex) / filet fabric
**durch•brochener Stoff** (Tex) / filet fabric ‖ ~brochene Wand (Bau) / pierced wall

**Durchbruch** m / breakout n, breakthrough n ‖ ⁓ (im übertragenen Sinne) / breakthrough n, pioneering invention, trail-blazing invention ‖ ⁓ (Arch) / aperture n ‖ ⁓ (Ornamentmauerwerk) (Arch) / openwork n ‖ ⁓ (elektrischer) (DIN 41852) (Eltech, Eltronik) / breakdown* n ‖ ⁓ (bei Mäandern) (Geol, Wasserb) / meander cut, meander cut-off ‖ ⁓ (Gieß) / break-out* n ‖ ⁓ (der Form, des Schmelzofens) (Gieß, Hütt) / break-out* n, run-out* n ‖ ⁓ (eines Rohrs) (Masch) / penetration n ‖ ⁓ (des Reaktorbehälters) (Nukl) / perforation n, penetration n ‖ ⁓ (des Hobels) (Tischl, Zimm) / mouth* n ‖ ⁓ erster (Eltech) / first breakdown n ‖ ⁓ thermischer (unbegrenztes Anwachsen der inneren Ersatztemperatur bzw. der Sperrschichttemperatur infolge Abhängigkeit der Verlustleistung von der Temperatur - DIN 41862) (Eltech) / thermal breakdown ‖ ⁓ zweiter (vorzugsweise bei Bipolartransistoren) (Eltronik) / second breakdown

**Durchbruch•charakteristik** f (Eltronik) / breakdown characteristic ‖ ~fest adj (Passivschicht) / resistant to breakdown (passive film) ‖ ⁓gewebe n (Tex) / open-texture weave, open-structure fabric, open fabric ‖ ⁓kennlinie f (Eltronik) / breakdown characteristic ‖ ⁓muster n (bei Ajourstoffen) (Tex) / openwork pattern ‖ ⁓spannung f (in der Halbleitertechnik nach DIN 41852) (Eltronik) / breakdown voltage*, Zener voltage*, Zener breakdown voltage

**Durchbruchs•potential** n (kritisches Potential, bei dessen Überschreiten transpassive Korrosion auftritt - DIN 50 900) (Galv) / critical breakdown potential, breakdown potential ‖ ⁓tal n (Geol) / transverse valley ‖ ⁓tal (Geol) / wind gap, wind valley, air-gap n ‖ ⁓zeit f (die eine Substanz vom Auftrag auf die Trennsäule bis zum Erscheinen im Detektor bei ausschließlichem Aufenthalt in der mobilen Phase benötigt - ein chromatografischer Parameter) (Chem) / hold-up time

**durchdrehen** vi (Räder) (Kfz) / spin v ‖ ~ v (Motor) (Kfz) / crank vi ‖ ⁓ n (bei Gleittreibung der Räder) (Kfz) / wheel-spin n, spinning n ‖ ⁓ (des Motors) (Kfz) / cranking n, turnover n

**Durchdreh•motor** m (Eltech) / barring motor* ‖ ⁓vorrichtung f (Eltech) / barring gear, barrier gear*

**durchdringen** v (mit Flüssigkeit) / impregnate v, imbibe v, saturate v, steep v, penetrate v ‖ ~ (einen Körper) / intersect vt ‖ ⁓ (Masch) / penetrate v ‖ ⁓ (Tex) / penetrate v ‖ sich gegenseitig ~ / interpenetrate vi ‖ ⁓ n (Masch) / penetration n ‖ ⁓ (Tex) / penetration n ‖ gegenseitiges ⁓ (Masch) / interpenetration n

**durchdringend** adj / intersecting adj (Bogen, Körper, Maßwerk) ‖ ~ (Akus) / shrill adj, strident adj, piercing adj, ear-piercing adj ‖ ~er Schauer (Mesonenschauer) (Geophys) / penetrating shower* ‖ ~e Strahlung (Phys) / penetrating radiation ‖ ~e Strahlung (Radiol) / hard radiation*

**Durchdringung** f (mit Flüssigkeit) (Biol, Chem) / imbibition* n ‖ ⁓ (Masch) / penetration n ‖ ⁓ (Masch) / joint-hole cut ‖ ⁓ (gemeinsame Punktmenge einer Geraden mit einer Fläche oder die von zwei Flächen bzw. Körpern im Raum) (Math) / intersection n

**Durchdringungs•fähigkeit** f / penetrating power ‖ ⁓hilfsmittel n (Tex) / penetrating agent ‖ ⁓komplex m (Chem) / penetration complex ‖ ⁓mittel n (Tex) / penetrating agent ‖ ⁓netzwerke n pl (Chem) / interpenetrating polymeric networks ‖ ⁓verbundwerkstoff m (WP) / infiltration composite ‖ ⁓vermögen n / penetrating power ‖ ⁓wahrscheinlichkeit f (Kernphys) / transmission coefficient* ‖ ⁓zwillinge m pl (Min) / interpenetration twins*, penetration twins*

**Durch•druck** m (DIN 16 609) (Druck) / screen printing, porous printing ‖ ⁓druck (Film) s. auch Filmdruck und Siebdruck ‖ ⁓drücken v / press through v, force through v ‖ ~drücken (DIN 8580) (Hütt, Masch) / extrude v ‖ ⁓drücken (Hütt, Masch) / extrusion n ‖ ⁓druckverfahren (Druck) / screen printing, porous printing ‖ ~einanderrühren / churn vt ‖ ⁓fahren v (einen Meßbereich) (Chem, Instr) / scan v ‖ ⁓fahren n eines Spektrums (Spektr) / sweep n ‖ ⁓fahrt f (Kfz) / thoroughfare, passage n, transit n ‖ ⁓ enge ⁓fahrt (Bau) / gate* n ‖ ⁓Keine ⁓fahrt! (Kfz) / no thoroughfare, no through traffic ‖ ⁓fahrt verboten! (Kfz) / no thoroughfare, no through traffic ‖ ⁓fahrtshöhe (Bau, Kfz) / headroom* n ‖ ⁓fahrtshöhe (HuT, Masch) / headway n ‖ ⁓fahrtsöffnung f (z.B. der Brücke) / passage n ‖ ⁓fahrtstraße f (Kfz) / transit way ‖ ⁓fallast n (Luftf) / loose knot, dead knot ‖ ⁓fallast (For) / black knot ‖ ~fallen v (schnell sinken) (Luftf) / pancake v ‖ ⁓fallendes polarisiertes Licht (Licht) / transmitted polarized light ‖ ⁓fallöffnung f (z.B. in der Mitte des Pressentisches) (Masch) / drop-hole n ‖ ⁓färbehilfsmittel n (Tex) / penetrating agent ‖ ⁓färbemittel n (Tex) / penetrating agent ‖ ⁓färben v (Tex) / penetrate v ‖ ⁓färben des Holzes (am lebenden Baum) (For) / injecting with a dye (a living tree) ‖ ⁓färbezeit f (Leder, Tex) / penetration time ‖ ~federn v bis zum Anschlag (Masch) / bottom out v ‖ ~federn n bis zum Anschlag (Masch) / bottoming n, bottoming-out n ‖ ⁓feuchtung f (z.B. des Daches) (Bau) / penetration of moisture ‖ ⁓feuchtung (Biol, Chem) / imbibition* n ‖ ~flechten v / interlace v, interweave v ‖ ⁓flechten n / interlacing n, interweaving n, intertwining n ‖ ⁓flechtung f / interlacing n, interweaving n, intertwining n ‖ ~flossenes Erdfaulbecken (Abwasserbehandlung) (Sanitär) / anaerobic pond, anaerobic lagoon n ‖ ⁓flug m (Luftf) / transit flight

**Durchfluß** m (im allgemeinen nach DIN 5476) / flow n, flowing-through n, passage n ‖ ⁓ (Hyd) / discharge n, flow n ‖ ⁓ (Masch) / throughput* n, thruput* n ‖ ⁓abdeckung f (Glas) / throat cover, bridge-wall cover ‖ ⁓analyse f (Chem) / continuous-flow analysis, CFA ‖ ⁓anzeiger m (Instr, Masch) / flow indicator ‖ ⁓begrenzer m (Masch) / flow restrictor ‖ ⁓erwärmer m (als Gegensatz zum Boiler und zum Speicher) (Wärm) / instantaneous water heater, geyser n (GB)* ‖ ⁓kennlinie f (z.B. eines Ventils) (Masch) / flow characteristic ‖ ⁓kennzahl f (des Schmieröls) / flow factor ‖ ⁓leistung f (Jobzahl pro Zeiteinheit) (EDV) / job throughput ‖ ⁓menge f (Hyd) / flow rate, rate of flow ‖ ⁓mengenganglinie f (Wasserb) / discharge hydrograph, run-off hydrograph ‖ ⁓mengenregelung f (Wasserb) / flow control ‖ ⁓mengenregler m (Phys, Wasserb) / flow-control valve, flow regulator, flow-rate controller ‖ ⁓messer m (Instr, Masch) / flowmeter n, flow-measuring device ‖ ⁓messer mit veränderlichem Spalt zwischen Rohr und Schwebekörper (z.B. Rotameter) / variable-area flowmeter ‖ ⁓meßumformer m / differential-pressure flowmeter ‖ ⁓plan m / flowchart n (ISO 2382 - 1: 1984), flow sheet ‖ ⁓regler m (Chem) /

restrictor *n* ‖ ⁓**schreiber** *m* (Instr, Masch) / recording flowmeter, flow recorder ‖ ⁓**schreiber mit Mengenregelung** (Instr, Masch) / flow recorder-controller ‖ ⁓**verhältnisregelung** *f* (z.B. eines Gas-Luft-Gemisches für einen Brennofen) / flow ratio control
**Durch•flutung** *f* (DIN 1324, T 1) (entlang einer geschlossenen Linie) (Phys) / magnetomotive force*, m.m.f.* ‖ **elektrische ⁓flutung** (Elektr) / linkage* *n*, flux linkage*, current linkage ‖ ⁓**flutungsgesetz** *n* (allgemeine Formulierung für den Zusammenhang der Stärke eines magnetischen Feldes und des erzeugenden Stroms) (Elektr) / Ampère's law*, magnetic field strength produced by an electric current ‖ ⁓**fokusserie** *f* (bei Durchstrahlungsmikroskopen) (Mikros) / defocus series ‖ ⁓**forstbarkeit** *f* (For) / thinnability *n* ‖ ⁓**forsten** *v* (For) / thin *vt* ‖ ⁓**forstung** *f* (Entnahme von Bäumen aus einem Bestand nach bestimmten waldbautechnischen Gesichtspunkten, um für die verbleibenden Bestandsglieder bessere Wuchsbedingungen zu schaffen, auch Durchreiserung) (For) / thinning *n* ‖ ⁓**forstungsbestand** *m* (For) / thinned stand ‖ ⁓**forstungsholz** *n* (For) / forestry thinnings, forest thinnings, thinnings *pl* ‖ ⁓**fressen** *v* (Korrosion) / eat through *v*, corrode through *v* ‖ ⁓**fuhr** *f* / transit *n* ‖ ⁓**führbar** *adj* (Projekt) / feasible *adj*, workable *adj* ‖ ⁓**führbarkeit** *f* (eines Projekts) / practicality *n*, feasibility *n*, workability *n* ‖ **praktische ⁓führbarkeit** *n* ‖ ⁓**führbarkeitsstudie** *f* / feasibility study ‖ ⁓**führen** *v* (Versuch) / carry out *v*, run *v* ‖ ⁓**führen** (eine Operation) / perform *v*, carry out *v* ‖ ⁓**führen** (einen Plan) / put into practice, implement *v*, carry out *v* ‖ **erneut ⁓führen** / redo *v* ‖ ⁓**führung** *f* (Isolator) (Bau, Eltech) / bushing* *n*, lead-in insulator*, feedthrough* *n*, feedthru *n* (US) ‖ ⁓**führung** (von Leitungen durch eine Wand) (Bau, Eltech) / penetration *n* ‖ ⁓**führung für Wellen** (Masch) / shaft penetration ‖ ⁓**führung übertägiger seismischer Sprengungen** (Erdöl, Geol) / shooting *n* ‖ ⁓**führungshülse** *f* (Eltech, Masch) / grommet* *n* ‖ ⁓**führungskanal** *m* (Eltech) / raceway *n*, electric raceway ‖ ⁓**führungswandler** *m* (Eltech) / bushing (current) transformer*, bar-type transformer ‖ ⁓**galvanisiertes Loch** (bei gedruckten Schaltungen) (Eltronik) / plated-through hole, through-plated hole, through-metallized hole
**Durchgang** *m* (Astr) / transit* *n*, meridian transit ‖ ⁓ (Masch) / passage *n* ‖ ⁓ (der Presse) (Masch) / daylight* *n* ‖ ⁓ (von Strahlen) (Opt) / transmission *n* ‖ ⁓ (in der Jiggerfärberei) (Tex) / run *n* ‖ ⁓ (z.B. einer Hochwasserwelle) (Wasserb) / passage *n* ‖ **eingezogener ⁓** (Masch) / reduced bore ‖ **Kein ⁓ !** (Kfz) / no thoroughfare, no through traffic ‖ **oberer ⁓** (Astr) / upper culmination*, upper transit ‖ **unterer ⁓** (Astr) / lower culmination*, lower transit* ‖ **voller ⁓** (bei Armaturen) (Masch) / full bore ‖ ⁓ *m* **des Gurts** (Kfz) / belt slack
**durchgängig** *adj* (Schutzschicht) / continuous *adj*
**Durchgangs•amt** *n* (Fernsp) / trunk-switching facility, transit exchange, through-exchange *n*, tandem exchange* ‖ ⁓**arzt** *m* (Arzt für Chirurgie oder Orhopädie mit besonderen Erfahrungen bei der Behandlung von Unfallverletzungen, der die Erstversorgung durchführt) / transit physician *n* ‖ ⁓**bahnhof** *m* (Bahn) / through-station *n* ‖ ⁓**bohrung** *f* (Masch) / through-hole *n*, clearance hole, clear hole ‖ ⁓**dämpfung** *f* (Fernsp) / via net loss (of trunks in the long-distance switched telephone network of North America) ‖ ⁓**drehzahl** *f* (höchste mögliche Drehzahl im Leerlauf) / speed under transition load ‖ ⁓**flansch** *m* (Fernm) / through flange ‖ ⁓**gespräch** *n* (Fernsp) / transit call ‖ ⁓**hahn** *m* (Masch) / straight-through valve ‖ ⁓**häufigkeit** *f* (bei Signalen) (Fernm) / transmission frequency ‖ ⁓**instrument** *n* (Astr) / astronomical transit instrument, transit instrument ‖ ⁓**kanal** *m* (HuT) / subway *n* ‖ ⁓**loch** *n* (Eltronik) / via hole, via *n* ‖ ⁓**loch** (Masch) / through-hole *n*, clearance hole, clear hole ‖ **vergrabenes ⁓loch** (ohne Anschluß zu einer Außenebene) (Eltronik) / buried via hole ‖ ⁓**loch mit Zapfen** (Eltech, Masch) / pilot fit, spigot fit ‖ ⁓**mischer** *m* (Fernm) / transmissive mixer ‖ ⁓**muffe** *f* (für Ölkabel) (Kab) / through-joint *n* ‖ ⁓**öffnung** *f* (Masch) / port *n* ‖ ⁓**prüfer** *m* (Eltech) / continuity tester ‖ ⁓**prüfung** *f* (Eltech) / continuity test, continuity testing, connectivity testing, continuity check ‖ ⁓**rate** *f* (Luftf) / through-rate *n* ‖ ⁓**scheinleitwert** *m* (Eltronik) / transadmittance* *n* ‖ ⁓**schleifen** *n* (Vorschubscheibenachse zur Schleifscheibenebene geneigt) (Masch) / centreless grinding with through feed ‖ ⁓**stellung** *f* (eines Schalters) (Eltech) / through position ‖ ⁓**straße** *f* (Kfz) / transit way, through-way *n*, through-street *n*, thruway *n* (US) ‖ ⁓**straße** s. auch Schnellverkehrsstraße ‖ ⁓**strecke** *f* (Kfz) / transit way, through-way *n*, through-street *n*, thruway *n* (US) ‖ ⁓**tarif** *m* (Luftf) / through fare ‖ ⁓**tülle** *f* (Eltech, Masch) / grommet* *n* ‖ ⁓**ventil** *n* (Masch) / straight-way valve, full-way valve ‖ ⁓**verbindung** *f* (Fernm) / through-connection *n*, through-connexion *n* ‖ ⁓**verkehr** *m* (Kfz) / by-passable traffic, transit traffic, non-resident traffic, through-traffic *n* ‖ ⁓**vermittlungsstelle** *f* (Fernsp) / trunk-switching facility, transit exchange, through-exchange *n*, tandem exchange* ‖ **digitale ⁓vermittlungsstelle** (Fernm) / digital trunk-switching facility ‖ ⁓**versuch** (Kernphys) / transmission experiment* ‖ ⁓**wahl** *f* (Fernsp) / tandem dialling ‖ ⁓**widerstand** *m* (der elektrische Widerstand des Werkstoffinneren) (Eltech) / volume resistance ‖ **spezifischer ⁓widerstand** (DIN 53482) (Eltech) / volume resistivity*
**durch•gasen** *v* (Chem, Landw, Med) / fumigate *v* ‖ ⁓**gasung** *f* (Chem, Landw, Med) / fumigation* *n* ‖ ⁓**gasungsmittel** *n* (Chem, Landw) / fumigant* *n*, fumigator *n*
**durchgearbeiteter Karton** (Pap) / one-ply board
**durchgebrannt** *adj* (Sicherung) (Eltech) / blown *adj*
**durchgebraten, gut ⁓** (Fleisch) (Nahr) / well-done *adj* ‖ **nicht ⁓** (Nahr) / underdone *adj*, rare *adj* (lightly cooked, so that the inside of the meat is still red)
**durchgehen** *v* / pass *v* ‖ ⁓ *n* (des Motors) (Masch) / racing *n*, overspeeding *n* ‖ ⁓ (eines Reaktors - ein Leistungs- oder Reaktivitätsanstieg, der mittels des für den Normalbetrieb vorgesehenen Steuersystems nicht beherrscht wird) (Nukl) / runaway *n* ‖ ⁓ **von Elektronen** (Kernphys) / electron runaway*, runaway *n*
**durchgehend•er Abzug** (Klemp) / continuous vent* ‖ ⁓**er Ast** (For) / passing knot ‖ ⁓**er Balken** (Bau, Zimm) / through beam ‖ ⁓**er Bolzen** (Eltech, Masch) / through-bolt *n*, bolt *n* ‖ ⁓**e Bremse** (Bahn) / continuous brake* ‖ ⁓ **"Eins"** (EDV) / all "ones" ‖ ⁓**e elektrische Leitung** (Bahn) / bus-line* *n* ‖ ⁓**er Erdleiter** (Eltech) / earth continuity conductor*, ECC* ‖ ⁓**er Fahrstreifen** (Kfz) / straight-through lane ‖ ⁓**er Flug** (Luftf) / through-flight *n*, direct flight ‖ ⁓**e geschweißte Schiene** (Bahn) / continuous welded rail* ‖ ⁓**e Kettenreaktion** (Nukl) / runaway reaction ‖ ⁓**es Loch** (Masch) / through-hole *n*, clearance hole, clear hole ‖ ⁓**er Riß** (ein Holzfehler) (For) / through-shake *n* ‖ ⁓**er Riß** (WP) / through-the-thickness crack, through-crack *n* ‖ ⁓**er Strich** (Fahrbahnmarkierung) (Kfz) / continuous stripe ‖ ⁓**er Träger** (Bau, Masch) / continuous beam*, continuous girder* ‖ ⁓**e Verträglichkeit** (Fernm) / end-to-end compatibility ‖ ⁓**er Zapfen** (Zimm) / through-tenon ‖ ⁓**e Zeichengabe** (Fernm) / end-to-end signalling
**Durch•gehschutz** *m* (Eltech) / overspeed protection* ‖ ⁓**geknöpftes Kleid** (Tex) / button-through dress ‖ ⁓**genähte Schuhe** (Leder) / McKay footwear, Blake (sewn) shoes ‖ ⁓**gerbezeit** *f* (Leder) / penetration time ‖ ⁓**gerbung** *f* (Leder) / full tan penetration, tan penetration ‖ ⁓**gerbungszahl** *f* (Leder) / degree of tannage ‖ ⁓**gesackter Boden** (Glas) / rocker *n*, rocker bottom ‖ **fest ⁓geschaltet** (EDV) / nailed through ‖ ⁓**geschlagener Druck** (Druck) / strike-through* *n* ‖ ⁓**gestrichen** *adj* (G.B. Null) / barred *adj* ‖ ⁓**gestrichene Schrift** (bei der alle einzelnen Buchstaben durchgestrichen sind - z.B. für Korrekturarbeiten) (EDV) / strike-out font, strikethrough font ‖ ⁓**getrocknet** *adj* (Anstr) / hard-dry *adj* ‖ ⁓**geweicht** *adj* (z.B. Boden) / soppy *adj*, sodden *adj* ‖ ⁓**gezogene Linie** (auf der Fahrbahn) (Kfz) / continuous line ‖ ⁓**gießlöten** *n* (zum Herstellen von Lötverbindungen auf gedruckten Leiterplatten) (Eltronik) / wave soldering, flow soldering ‖ ⁓**greifeffekt** *m* (bei Bipolartransistoren) (Eltronik) / punch-through breakdown, punch-through effect ‖ ⁓**greifen** *n* (Eltronik) / punch-through* *n* ‖ ⁓**greifendes Härten** (Hütt) / full hardening, through-hardening *n* ‖ ⁓**griff** *m* (eine Kenngröße von Elektronenröhren) (Eltronik) / inverse amplification factor, reciprocal of amplification ‖ ⁓**griff** (einer Triode - das Verhältnis der im kalten Zustand der Röhre vorhandenen Katode-Gitter- und Gitter-Anode-Kapazitäten) (Eltronik) / penetration factor ‖ ⁓**griffskapazität** *f* (Eltronik) / direct capacitance ‖ ⁓**griffsmeßbrücke** *f* (Eltronik) / Miller bridge* ‖ ⁓**hang** *m* (bei frei gespannten Drähten oder Seilen) / sag *n*, sagging *n* ‖ ⁓**hang** (der Schwärzungskurve) (Foto) / toe* *n* ‖ ⁓**hang durch eigene Schwerkraft** (Mech) / natural sag ‖ ⁓**hang haben** / sag *v* ‖ ⁓**hängen** *v* / sag *v* ‖ ⁓**hängende Papierbahn** (Druck) / slack sheet* ‖ ⁓**hangkorrektur** *f* (Verm) / sag correction*, catenary correction ‖ ⁓**hangsdiagramm** *n* (Eltech) / string chart* ‖ ⁓**härtung** *f* (Härteannahme über den Querschnitt nach DIN 17014) (Hütt) / full hardening, through-hardening *n* ‖ ⁓**heften und garnieren** (Matratzen) (Tex) / tuft *v* ‖ ⁓**hieb** *m* (Bergb) / cutting through, cut-through *n*, thurl *n*, breakthrough *n* ‖ ⁓**hieb** (Bergb) / air slit ‖ ⁓**kneten** *v* / work *vt* ‖ ⁓**knöpfen** *v* (Tex) / button *v* (all the way down), button through *v* ‖ ⁓**kontaktieren** *v* (die leitende Verbindung von Leiterbahnen beiderseitiger Leiterplatten) (Eltronik) / through-hole plating, through plating
**durchkontaktiert•e Leiterplatte** (mit Durchverbindungen) (Eltronik) / blank board ‖ ⁓**es Loch** (durch welches Leiter auf beiden Seiten einer Leiterplatte oder Leiter innerhalb der Leiterschichten einer Mehrlagenschaltung elektrisch miteinander verbunden sind) (Eltronik) / plated-through hole, through-plated hole, through-metallized hole ‖ ⁓**e Schaltung** (Eltronik) / plated-through hole circuit, through-metallized circuit, through-plated circuit
**durch•korrodieren** *v* / eat through *v*, corrode through *v* ‖ ⁓**kreuzungszwilling** *m* (Krist) / cruciform twin ‖ ⁓**laderaum** *m* (zwischen Kofferraum und Innenraum) (Kfz) / long-cargo channel ‖ ⁓**laß** *m* (zwischen der Läuterungs- und der Arbeitswanne) (Glas) / throat* *n*

**Durchlaß** *m* (manchmal auch Brücke über diesen Durchlaß) (HuT) / culvert* *n* ‖ ~ (bei Fräs- und Hobelmaschinen) (Masch) / clearance* *n* ‖ ~ (bei der Pontonbrücke) (Wasserb) / cut* *n*
**Durch, nicht versenkter ~laß** (Glas) / straight throat
**Durchlaß, bodengleicher ~** ≃ (Glas) / straight throat ‖ **erhöhter ~** (Glas) / lifted throat, elevated throat ‖ **versenkter ~** (Glas) / submarine throat, submerged throat, sump throat ‖ **~band** *n* (nutzbare Bandbreite) (Fernm) / pass band*, transmission band ‖ **~bandbreite** *f* (Fernm) / filter transmission band*, filter pass band, pass band* ‖ **~bereich** *m* (des Frequenzfilters) (Fernm) / pass band*, transmission band ‖ **~bereich** (des optischen Filters) (Opt) / pass band
**durchlassen** *v* (Licht, Wärme) / let through *v* ‖ ~ (Impuls) (Eltronik) / gate *v* ‖ **nicht ~** (Fernm) / reject *v* ‖ **~ *n* einer Spannung ohne Amplitudenbegrenzung** (Fernm) / peaking* *n*
**Durchlaß • fähigkeit** *f* (des Bodens) (Wasserb) / conveyance *n* ‖ **~grad** *m* (Opt) / transparency* *n*
**durchlässig** *adj* / pervious *adj*, permeable *adj* ‖ ~ (Halbleiter) (Eltronik) / conducting *adj* ‖ ~ (Opt) / transmitting *adj* ‖ **nicht ~ für aktinische Strahlung** (Phys) / adiactinic* *adj*
**Durchlässigkeit** *f* (für Dämpfe) / permeance *n* ‖ ~ (Fähigkeit eines Gesteins oder eines Bodens, den Poreninhalt unter normalen Druckverhältnissen hindurchfließen zu lassen) (HuT, Hyd) / permeability* *n* ‖ ~ (Licht, Opt) / transmission *n* ‖ ~ (Phys) / permeability* *n* ‖ ~ (z.B. für HF-Übertragungen) (Radio) / transparency *n* ‖ **Kurve gleicher ~** (Opt) / isotransmittance curve ‖ **reguläre ~** (Opt) / regular transmission* ‖ **spezifische ~** (Opt) / transmittivity* *n* ‖ **~ *f*** (des Konstruktionsmaterials) **für HF-Übertragungen** (Radio, Raumf) / radio-frequency transparency, RF transparency
**Durchlässigkeits • beiwert** *m* (Landw, Wasserb) / coefficient of permeability, hydraulic conductivity, Meinzer unit, coefficient of transmission, permeability coefficient, transmission constant ‖ **~faktor** *m* (Opt, Phys) / transmission coefficient, transmittance *n* ‖ **spektraler ~faktor** (Foto, Opt) / spectral transmission factor ‖ **~gebiet** *n* (Opt) / pass band ‖ **~messer** *m* (HuT) / permeameter *n* ‖ **~ziffer** *f* (z.B. im Darcyschen Gesetz) (Landw, Wasserb) / coefficient of permeability, hydraulic conductivity, Meinzer unit, coefficient of transmission, permeability coefficient, transmission constant
**Durchlaß • richtung** *f* (DIN 41853 und 41783) (Eltronik) / forward direction ‖ **~schaltung** *f* (Fernm) / gate* *n* ‖ **~spannung** *f* (Eltronik) / forward voltage* ‖ **~spannung** (bei Thyristoren) (Eltronik) / static on-state voltage ‖ **~strahlung** *f* (Mangel bei der Abschirmung) (Nukl) / leakage radiation ‖ **~strom** *m* (bei Thyristoren) (Eltech) / on-state current ‖ **~strom** (Eltronik) / forward current ‖ **~tor** *n* (Eltronik) / transmission gate ‖ **~verlust** *m* (Verlustleistung, die an einem in Vorwärtsrichtung betriebenen Halbleiterbauelement auftritt) (Eltronik) / forward loss ‖ **mittlere ~verlustleistung** (DIN 41781) (Eltronik) / mean conducting state power loss ‖ **~zustand** *m* (z.B. eines Thyristors) (Eltronik) / on-state *n*
**Durchlauf** *m* (EDV) / run *n* ‖ ~ (ein abgeschlossener Arbeitszyklus) (EDV, Masch) / pass *n* ‖ ~ (Wobbler) (Eltronik) / sweeping *n* ‖ **~balken** *m* (Bau, Masch) / continuous beam*, continuous girder* ‖ **~belebungsbecken** *n* (beim Belebungsverfahren) (Sanitär) / spiral-flow tank ‖ **~betrieb** *m* (bei der Durchlaufkühlung) (Masch) / once-through mode ‖ **~bildkopiermaschine** *f* (Film) / continuous filmprinter ‖ **~chromatografie** *f* (Chem) / elution analysis, elution chromatography, continuous-flow chromatography ‖ **~-Dünnschichtchromatografie** *f* (Chem) / continuous thin-layer chromatography
**durchlaufen** *v* / pass *v* ‖ **~e Strecke** / distance covered, distance travelled ‖ **~ *n* von periodischen Arbeitsgängen** (EDV) / cycling *n*
**durchlaufend, teilweise ~er Riß** / part-through crack ‖ **~er Balken** (Bau, Masch) / continuous beam*, continuous girder* ‖ **~es Fenster** (Arch, Bau) / continuous window ‖ **~er Köper** (Tex) / continuous twill ‖ **~er Rahmen** (HuT) / continuous frame ‖ **~e Schweißnaht** (Schw) / continuous weld (along the entire length of the joint) ‖ **~er Träger** (Bau, Masch) / continuous beam*, continuous girder*
**Durchlaufentwicklungsmaschine** *f* (Foto) / continuous processing machine*, continuous line processor
**Durchläufer** *m* (Mineral, das in mehreren Tiefenstufen der Metamorphose auftritt - als Gegensatz zum typomorphen Mineral) (Min) / ubiquitous mineral
**Durchlauferhitzer** *m* (ein Gerät, das das Wasser im wesentlichen während des Durchlaufs erwärmt) (als Gegensatz zum Boiler und zum Speicher) (Wärm) / instantaneous water heater, geyser *n* (GB)* ‖ **~glühung** *f* (Hütt) / continuous annealing ‖ **~kamera** *f* (ein Mikrofilmaufnahmegerät, in dem Vorlagen und Aufnahmematerial während der Belichtung synchron bewegt werden) (Foto) / flow camera, rotary camera ‖ **~kontaktkopiermaschine** *f* (Film) / continuous contact printer ‖ **~kühlung** *f* (Glas) / continuous annealing ‖ **~kühlung** (Masch) / once-through cooling ‖ **~kutter** *m* (Nahr) / continuous cutter ‖ **~lager** *n* / gravity flow rack store ‖ **~mischer** *m* / continuous mixer ‖ **~ofen** *m* / continuous furnace*, continuous kiln ‖ **~patentieren** *n* (im Durchlaufofen nach DIN 17014, T 1) (Hütt) / continuous patenting ‖ **~presse** *f* (zur Herstellung von Faser- und Spanplatten) (For) / continuous-process press, progressive presser ‖ **~prüfung** *f* / in-line testing ‖ **~rahmen** *m* (HuT) / continuous frame ‖ **~schmierung** *f* (bei der Schmierstoff nur einmal der Schmierstelle zugeführt und dann ohne erneute Aufbereitung nicht weiterverwendet wird) (Masch) / once-through lubrication ‖ **~schweißgerät** *n* (Plast) / belt sealer ‖ **~sinn** *m* (Math) / sense class, orientation class ‖ **~speicher** *m* (EDV) / transit storage ‖ **~spulen** *f pl* (WP) / encircling coils, circumferential coils ‖ **~strahllinie** *f* (Gieß) / continuous-shot blasting line ‖ **~taste** *f* (Bedienteil, mit dem eine relative Bewegung zwischen Papier und Schreibstelle über eine beliebige Anzahl von Teilungen oder Zeilenabständen ohne Berücksichtigung der vorgewählten Stopps ausgelöst wird) (EDV) / repeat spacing key, repeat spacer ‖ **~träger** *m* (Bau, Masch) / continuous beam*, continuous girder* ‖ **~trockner** *m* / continuous drier ‖ **~trockner** s. auch Kanaltrockner ‖ **~überwachung** *f* (bei Fertigungsaufträgen) (F.Org) / flow control
**Durchlaufungssinn** *m* (bei Geraden, einzügigen Linien oder Figuren) (Math) / sense class, orientation class
**Durchlauf • verdampfer** *m* (Chem Verf) / continuous-flow evaporator ‖ **~wassererhitzer** *m* (als Gegensatz zum Boiler und zum Speicher) (Wärm) / instantaneous water heater, geyser *n* (GB)* ‖ **~wasserheizer** *m* (als Gegensatz zum Boiler und zum Speicher) (Wärm) / instantaneous water heater, geyser *n* (GB)* ‖ **~zeit** *f* (EDV) / run time, execution time, running time, run duration ‖ **~zeit** (EDV) / turnaround time, turnround time ‖ **~zeit** (die gesamte Verweilzeit im Werk) (F.Org) / door-to-door time ‖ **~zeit** (F.Org) / throughput time
**Durch • leuchten** *n* (von Fluggästen, von Gepäck) (Luftf) / screening *n* ‖ **~leuchtung** *f* (Med, Opt) / transillumination* *f* ‖ **~leuchtung** (eine Form der Röntgenuntersuchung) (Radiol) / fluoroscopy* *n*, screening* *n*, radioscopy *n*, roentgenoscopy* *n* ‖ **~leuchtungsschirm** *m* (Radiol) / fluoroscope* *n* ‖ **~licht** *n* (Licht) / transmitted light ‖ **~lichtbetrachtung** *f* (Med, Opt) / transillumination* *n* ‖ **~lichtkondensor** *m* (des Mikroskops) (Mikros) / substage condenser ‖ **~lichtmeßverfahren** *n* (bei der digitalen Positionswerterfassung) (Masch) / transmitted-light optical diffraction system ‖ **~lichtmikroskop** *n* (Mikros) / transmitted-light microscope, transmission microscope ‖ **~lichtprojektion** *f* (die Bildwand befindet sich zwischen Projektor und Betrachter) (Film) / rear projection*, back-projection* ‖ **~lichtprojektion** (Licht, Opt) / diascopic projection ‖ **~lichtungsverfahren** *n* (Foto) / transparent copying process ‖ **~lochen** *v* / perforate *v*, pierce *v*, hole *v* ‖ **~löchern** *v* / perforate *v*, pierce *v*, hole *v* ‖ **~löcherung** *f* (For) / honeycombing *n* ‖ **~lochtes Schutzblech** (einer alten Kohlemikrofonkapsel) (Fernsp) / protective grid ‖ **~lochung** *f* / perforation *n* ‖ **~lüften** *n* (des Rasens mit einem Vertikutierrolller) (Landw) / aerating *n*
**Durchmesser** *m* / diameter* *n*, dia *n* ‖ **halber ~** (Astr) / semidiameter* *n* ‖ **konjugierte ~** (Math) / conjugate diameters* ‖ **mit gleichem ~** (Biol) / isodiametric *adj* ‖ **~ mit Rinde** (For) / diameter over bark ‖ **~ ohne Rinde** (For) / diameter under bark ‖ **~bürste** *f* (Eltech) / diametral brush ‖ **~gruppe** *f* (For) / diameter group ‖ **~haltigkeit** *f* (beim Bohren, Erdöl) / keeping of the hole gauge ‖ **~spannung** *f* (Eltech) / diametrical voltage* ‖ **~verringerung** *f* (des Bohrers) (Masch) / back taper ‖ **~wicklung** *f* (Eltech) / full-pitch winding*, diametral winding* ‖ **~zuwachs** *m* (For) / diameter accretion, diameter increment, radial growth (increment)
**durch • metallisiertes Loch** (Eltronik) / plated-through hole, through-plated hole, through-metallized hole ‖ **~metallisierte Schaltung** (Eltronik) / plated-through hole circuit, through-metallized circuit, through-plated circuit ‖ **~mischen** *n* / thorough mixing, complete mixing ‖ **~mischung** *f* / thorough mixing, complete mixing ‖ **~mischung von Bodenpartikeln** (HuT, Landw) / soil mixing ‖ **~musterbar** *adj* (durch Screening) (Chem) / able to be screened ‖ **~musterung** *f* (ein Sternverzeichnis, das sämtliche Sterne heller als eine bestimmte Grenzhelligkeit in gewissen Gebieten des Himmels oder am gesamten Himmel enthält - z.B. die Bonner Durchmusterung von F.W.A. Argelander) (Astr) / durchmusterung *n* ‖ **~nähen** *v* (eine Decke) (Tex) / quilt *v* ‖ **~nähen** (Tex) / top-stitch *v*, sink-stitch *v* ‖ **~nähmaschine** *f* (eine Schuhmaschine) / lock-stitch machine ‖ **~nähte Arbeit** (Tex) / quilting *n* ‖ **~nässen** *v* / drench *v*, soak *v* ‖ **~näßt** *adj* (HuT) / waterlogged *adj*, water-loaded *adj*, water-charged *adj*, sodden *adj* ‖ **völlig ~näßt** / soppy *adj*, sodden *adj* ‖ **~numerierung** *f* / numbering *n*, continuous numbering *n* ‖ **~örterung** *f* (Vortreiben eines Grubenbaues durch Gebirgsschichten, insbesondere durch Störungen) (Bergb) / heading through, working through ‖ **~pausen** *v* / trace over *v*, trace *v* ‖ **~pausen** *n* (als Tätigkeit) / tracing* *n* ‖ **~pickelung** *f* (Leder) / pickle penetration ‖ **~plattiertes Loch**

**durchprägen**

(Eltronik) / plated-through hole, through-plated hole, through-metallized hole ‖ ~**prägen** v (ein Zurichtfehler) (Leder) / cut through v ‖ ~**pressen** n (Verlegeverfahren ohne Herstellung eines Rohrgrabens, bei dem ein Leitungsrohr oder ein Mantelrohr durch das Erdreich gepreßt und stetig oder abschließend von dem im Rohr verbleibenden Erdkern geräumt wird) / augering n ‖ ~**projektion** f (die Bildwand befindet sich zwischen Projektor und Betrachter) (Film) / rear projection*, back-projection* n ‖ **sprungweise ~prüfung** (EDV) / leap-frog test* ‖ ~**queren** n (eines Baumes) (KI) / traversal n ‖ ~**rauher** m (Tex) / floconné n, nap-cloth n, nap fabric ‖ ~**rechnung** f **eines Strahls** (Opt) / ray tracing ‖ ~**reiben** vt / fray vt, unravel v ‖ ~**reiben** vi (sich) / fray vi ‖ ~**reibeverfahren** n (Typog) / frottage n ‖ ~**reiche** f (Bau) / hatch n, pass window ‖ **flächengewichtsbezogener ~reißwiderstand** (Pap) / tear factor* ‖ ~**rosten** v / rust through v ‖ ~**rostungsschaden** m (Galv) / perforation damage (a corrosion damage), rust-through damage ‖ ~**rühren** v / stir v, agitate v ‖ ~**rutschen** v (unter einem Hindernis) / slip under v ‖ ~**rutschen** n (unter dem Beckengurt bei einem Frontalaufprall) (Kfz) / submarining n ‖ ~**rutschen der Kupplung** (Kfz) / clutch slip ‖ ~**rutschweg** m (Gleisabschnitt hinter dem die Einfahrtstraße begrenzenden Signal) (Bahn) / overlap n, clearance n ‖ ~**rutschwegtaste** f (Bahn) / overlap button ‖ ~**sacken** v / sag v ‖ ~**sacken** (beim Flug) (Luftf) / stall vi ‖ ~**sacken** n (Hubschrauber nach dem Start) (Luftf) / settle vi ‖ ~**sacken** n (Kfz) / drooping n ‖ ~**sacken** (wenn die Strömung an der Oberseite des Tragflügels abreißt und sich dadurch der Auftrieb wesentlich vermindert) (Luftf) / stall* n ‖ ~**sacken** (des Hubschraubers nach dem Start) (Luftf) / settling n ‖ ~**sacken** v (bei der Landung)l (Luftf) / pancake v ‖ ~**sackwarngerät** n (Luftf) / stall-warning indicator* ‖ ~**sage** f **für Autofahrer** (Kfz, Radio) / road message, traffic announcement, traffic message ‖ ~**satz** m (z.B. eines Schmelzofens) / throughput n ‖ ~**satz** (die eine Rohrleitung passierende Fluidmenge) (Hyd) / flow rate, rate of flow ‖ ~**satz** (Stoffmenge, die in einer bestimmten Zeit eine Anlage durchläuft) (Masch) / throughput* n, thruput* n ‖ ~**satz einer Isotopentrennanlage** (Kernphys) / turnover* n ‖ ~**satzgeschwindigkeit** f (Chem Verf) / service flow rate ‖ ~**satzmenge** f (Masch) / throughput* n, thruput* n ‖ **funktionelle ~satzrate** (Gütefaktor für integrierte Digitalschaltungen, der den Integrationsgrad mit einbezieht) (Eltronik) / functional throughput rate ‖ **durch ~satzstörung bewirkter Überlaststörfall** (Nukl) / loss-of-flow driven transient overpower accident, LOF driven TOP (accident) ‖ ~**satzzeit** f (Hütt) / throughput time ‖ ~**schallung** f (des Prüfstücks) (Akus, Masch) / transmission ‖ ~**schallungsverfahren** n / irradiation by ultrasonic waves ‖ ~**schallungsverfahren** (Materialprüfung mit Ultraschall) (WP) / through-transmission system, through-transmission sound testing ‖ ~**schaltbar** adj (Eltech) / switchable adj, connectable adj ‖ ~**schalteeinheit** f (Eltech) / switching unit, SWU ‖ ~**schaltekennzeichen** n (Fernm) / transit through-connected signal ‖ ~**schalten** v (ein Signal) (Fernm) / route v ‖ ~**schalten** (Fernm) / switch through v ‖ ~**schalten** (Fernsp) / put through v, through connect v ‖ ~**schaltevermittlung** f (Fernm) / line switching, circuit switching, circuit switch ‖ ~**schaltung** f (Fernm) / through-connection n, through-connexion n ‖ **räumliche ~schaltung** (Netze) (Fernm) / space-division switching ‖ ~**scheinen** n (Druck, Pap) / show-through* n, shine-through n ‖ ~**scheinen** (von Tägerkonstruktionen durch Deckfurnier) (For) / telegraphing n ‖ **durchscheinend** adj / diaphanous adj ‖ ~ (Opt) / translucent* adj, translucid adj ‖ ~ (Tex) / sheer adj, filmy adj ‖ ~**es Gewebe** (Tex) / sheer n, sheer fabric ‖ ~**es Glas** (sandgestrahlt, eisblumiert oder einseitig mattiert) (Glas) / obscured glass*, vision-proof glass, translucent glass ‖ ~**er Stoff** (Tex) / sheer n, sheer fabric ‖ **durchscheuern** vt / fray vt, unravel v ‖ ~ vi (sich) (sich) / fray vi ‖ ~ v (Tex) / chafe v ‖ **durchschießen** v (unbedruckte Blätter einfügen) (Buchb) / interleave v, slip-sheet v (US)*, interfoliate v ‖ ~ (größere Zeilenabstände schaffen) (Typog) / lead v (led), lead out v ‖ ~ n (Schaffung größerer Zeilenabstände) (Typog) / leading n (led-), leading-out* n ‖ **Durchschlag** m (auf der Schreibmaschine) / carbon copy ‖ ~ (Bergb) / intersection n ‖ ~ (zwischen zwei voneinander isolierten Leitern oder Elektroden, der meistens zur Zerstörung des Isolierstoffs führt) (Eltech) / breakdown n, puncture n, electrical breakdown ‖ ~ (bei Kondensatoren) (Eltech) / disruptive discharge* ‖ ~ (des Klebstoffs) (For) / bleed-through n, bleeding n ‖ ~ (Masch) / drift* n, piercer n, drift punch, solid punch ‖ ~ (ein Handwerkzeug) (Masch) / punch* n ‖ ~ (Masch) / puncture n ‖ ~ (Sieb) (Masch, Nahr) / strainer n, colander n, cullender n ‖ **dielektrischer ~** (Eltech) / dielectric breakdown ‖ **thermischer dielektrischer ~** (Eltech) / thermal dielectric breakdown ‖ **durchschlagen** v (Elektr) / disrupt v ‖ ~ (von einem Farbstoff) (Leder) / penetrate v ‖ ~ (um ein Loch zu machen) (Masch) / puncture v ‖ ~ (Feder) (Masch) / bottom out v ‖ ~ (Nahr) / colander vt, cullender vt,

strain v ‖ ~ n (des Untergrunds oder des alten Anstrichs - DIN 55945) (Anstr) / grinning through*, striking-through n, grinning n ‖ ~ (For) / telegraphing n ‖ ~ (Masch) / puncture n ‖ ~ (der Feder) (Masch) / bottoming n, bottoming-out n ‖ ~ (des Fernrohrs) (Verm) / transit* n

**Durchschläger** m (Masch) / drift* n, piercer n, drift punch, solid punch
**Durchschlagmuster, Bildung von ~n oder von Schmutzfahnen** (an hellen Wänden oder Decken infolge ungleicher Wärmeleitfähigkeit und Feuchtigkeit) (Bau) / ghosting n, pattern staining*, ghost marking
**Durchschlagpapier** n (Pap) / flimsy n, manifold paper (US), typewriter tissue, second sheet
**Durchschlagsfestigkeit** f (Widerstandsfähigkeit eines Isolierstoffes gegen elektrischen Durchschlag) (Eltech) / dielectric strength*, disruptive strength, electric strength*, breakdown strength
**Durchschlag•spannung** f (Eltech) / breakdown voltage*, BDV*, disruptive voltage*, dielectric breakdown voltage, puncture voltage, BV ‖ **thermische** (dielektrische) **~spannung** (Eltech) / thermal dielectric breakdown voltage
**Durchschlags•prüfung bei doppelter Nennspannung** f (bei etwa einminütiger Dauer) (Eltech) / flash test* ‖ ~**röhre** f (Geol) / diatreme n
**Durch•schleifen** n (Kab) / looping-through n ‖ ~**schleusen** v (Schiff, Wasserb) / lock v, lock through v ‖ ~**schleusen** n (des Schiffes) (Schiff, Wasserb) / lockage n ‖ ~**schlupf** m (erwartete Durchschnittsqualität der abgehenden Einheiten bei gegebener Qualität der eingehenden Einheiten) / average outgoing quality, AOQ ‖ ~**schmelzen** vi / blow* vi, fuse vi ‖ ~**schmelzen** n (z.B. der Verkleidung) / melt-through n ‖ ~**schmelzen** (von Sicherungen) (Eltech) / blow-out n, blowing n ‖ ~**schmelzverbindung** f (EDV) / fusible link, fuse-link n ‖ ~**schneiden** v (in mehrere Teile) / cut through v ‖ ~**schneiden** (sich hindurchziehen) / intersect v
**Durchschnitt** m (in der Mengenlehre AOB) (Math) / intersection* n ‖ ~ (verbandstheoretischer) (Math) / meet n ‖ ~ (Math, Stats) / average* n, mean* n, avg ‖ **einen nichtleeren ~ habend** (Punktmenge) (Math) / incident adj
**durchschnittlich** adj (Preis, Qualität, Größe) / medium attr ‖ ~ (Math, Stats) / average attr, mean attr ‖ ~**e Abweichung** (Math, Stats) / mean deviation, average deviation, AD ‖ ~**e Hörer- oder Zuschauerzahl** (Radio, TV) / average audience, AA ‖ ~**e Krümmung** (Math) / mean curvature ‖ ~**er Metallgehalt** (eines Erzes) (Bergb) / tenor n ‖ ~**er Polymerisationsgrad** (Chem) / average degree of polymerization
**Durchschnitts•gehalt** m (Stoffgehalt im allgemeinen) / average content ‖ ~**gehalt** (der bei der Bemusterung ermittelt wird - in Gewichts-%) (Bergb) / assay value* ‖ ~**geschwindigkeit** f / average speed ‖ ~**menge** f (Math) / intersection n ‖ ~**muster** n / representative sample* ‖ ~**polymerisationsgrad** n (Chem) / average degree of polymerization ‖ ~**qualität** f / fair quality, average quality, medium quality, middling quality ‖ **gute ~qualität** / fair average quality, faq, F.A.Q., good merchantable quality ‖ ~**substitutionsgrad** m (Chem, For) / average degree of substitution
**durch•schossen** adj (Tex) / shot adj, shot-through adj ‖ **weit ~schossen** (Typog) / widely spaced ‖ ~**schossener Bleisatz** (Typog) / leaded matter ‖ ~**schossenes Exemplar** (Buchb) / interleaf copy ‖ ~**schreibepapier** n (für sofort wischfeste Handdurchschriften) (Pap) / pencil solvent carbon paper ‖ **druckempfindliches** (karbonfreies) ~**schreibepapier** (Pap) / carbonless copy paper, NCR (= no carbon required)*, non-carbon paper, NCP ‖ **karbonfreies** ~**schreibepapier** (bei dem der Druck meistens eine chemische Farbreaktion auslöst) (Pap) / carbonless copy paper, NCR (= no carbon required)*, non-carbon paper, NCP ‖ **kohlefreies** ~**schreibepapier** (Pap) / carbonless copy paper, NCR (= no carbon required)*, non-carbon paper, NCP ‖ ~**schreibformular** n (mit der Karbonrückseite) / carbon-backed form ‖ ~**schreibformular** (EDV) / multipart form ‖ ~**schreibpapier** n (EDV, Pap) / pressure-sensitive paper ‖ ~**schreibsatz** m (von Formularen) (EDV) / multipart-form set ‖ ~**schubofen** m (Keram) / pusher kiln, pusher-type kiln
**Durchschuß** m (Typog) / lead n ‖ ~ (Web) / pick* n (one traverse of the shuttle through the warp shed, filling* n (US) ‖ ~ (Typog) s. auch Durchschußmaterial ‖ ~**ohne** ~ (Druck) / solid adj ‖ ~**karton** n (gegen Kräuselung und Rollen von Bögen) (Druck) / slip-sheet board ‖ ~**material** n (Regletten + Stückdurchschuß) (Typog) / leads* pl ‖ ~**papier** n (Pap) / interleaving paper, interleave paper
**durch•schütteln** v / shake v ‖ ~**schweißen** n (Schw) / through-welding n ‖ **mangelhaftes ~schweißen** (Schw) / incomplete fusion ‖ ~**sehtisch** m (DIN 64990) (Tex) / inspection table ‖ ~**seihen** v (Nahr) / colander vt, cullender vt, strain v ‖ ~**senkung** f / sag n, sagging n ‖ ~**senkung** (Schiff) / sagging* n ‖ ~**setzen** (Masch) / penetrate v ‖ ~**setzen** n (des Schiffs - Grundberührung bei Seegang) (Schiff) / pounding* n ‖ ~**setzung** f (Masch) / penetration n ‖ ~**seucht** adj (EDV) / thoroughly infected, struck by a virus ‖ ~**seuchung** f (mit Viren) (EDV) / thorough infection

**Durchsicht** f / phantom view, ghosted view ‖ ≈ (bei der optisch-fotometrischen Prüfung) (Pap) / look-through* n
**durchsichtig** adj (klar) / clear adj, liquid* adj ‖ ~ / transparent adj ‖ ~ (Tex) / sheer adj, filmy adj ‖ ~**e Fotokathode** (Eltronik) / transparent photocathode ‖ ~ **machen** (z.B. Papier) / transparentize v ‖ ~**er Stoff** (Tex) / sheer n, sheer fabric
**Durchsichtigkeit** f (bei musikalischen Darbietungen nach DIN 1320) (Akus) / transparence n ‖ ≈ **der Schlußfolgerung** (KI) / transparency of reasoning
**Durchsichts•bild** n (Arch, Masch) / phantom drawing ‖ ≈**darstellung** f (des Bauwerks - als Ergebnis) (Arch, Bau) / sciagraph n ‖ ≈**darstellung** (des Bauwerks - als Technik) (Arch, Bau) / sciagraphy n ‖ ≈**farbe** (von Mineralölen, als Gegensatz zur Aufsichtsfarbe) (Erdöl) / transmitted colour ‖ ≈**fotokathode** f (Eltronik) / transparent photocathode ‖ ≈**ucher** m (z.B. Albada- oder Newton-Sucher) (Foto) / direct-vision viewfinder*, direct viewfinder ‖ ≈**vorlage** f (Foto) / transparent original
**durch•sickern** v (Wasserb) / seep v, soak v (away), percolate v ‖ ≈**sickern** n (Wasserb) / seepage n, percolation n ‖ ≈**sieben** n (Aufber) / screening n, sieving n, sifting n, sizing n, sieve classification ‖ ≈**sprechfenster** n (Bau) / wicket n ‖ ~**spülen** v / wash v, wash up v, rinse v, swill v, scour v, flush v ‖ ≈**spülen** (Masch) / flush* n, flushing n, washing n, rinsing n ‖ ≈**start** m (Luftf) / balked landing, baulked landing ‖ ~**starten** n (Luftf) / balked landing, baulked landing ‖ ~**stechen** vt / stick vt, prick v ‖ ~**stechen** v (Masch) / puncture v ‖ ~**stecken** v / stick through v, poke through v ‖ ≈**steckknarre** f (Werkz) / coupler ratchet ‖ ≈**steckschraube** f (Eltech, Masch) / through-bolt n, bolt n ‖ ≈**steckstromwandler** m (Eltech) / stud-current transformer ‖ ≈**steckwandler** m (Eltech) / bushing (current) transformer*, bar-type transformer ‖ ≈**steckwandler ohne Primärleiter** (Eltech) / window-type current transformer (one that has a secondary winding insulated from and permanently assembled on the core, but has no primary winding as an integral part of the structure) ‖ ~**stellen** v (ein Telefongespräch) (Fernsp) / put through v, through connect v ‖ ~**steuern** v (Transistor) (Eltronik) / turn on v ‖ ≈**stich** m (HuT, Wasserb) / cut-off n, cut n ‖ **natürlicher** ≈**stich** (HuT, Wasserb) / avulsive cut-off ‖ ≈**stich m eines Tunnels** (HuT) / tunnel-driving n, tunnelling n, tunneling n (US) ‖ ≈**stimmbar** adj / tunable adj, tuneable adj ‖ ~**stimmbarer Laser** (Phys) / tunable laser ‖ ~**stimmbares Magnetron** (Eltronik) / tunable magnetron* ‖ ~**stimmbarer Oszillator** (Eltronik) / variable-frequency oscillator, VFO ‖ ≈**stimmbereich** m (des Lasers) (Phys) / tuning range ‖ ~**stimmen** v (Akus) / tune* v, voice v ‖ ≈**stimmkurve** f (Radio) / tuning curve* ‖ ~**stochenes Muster** (Tex) / pricked pattern ‖ ≈**stoßarbeit** f (Pap) / puncturing energy ‖ ~**stoßen** v (die Bildebene) (Math, Opt) / pierce v ‖ ≈**stoßen** n (durch Wolken) (Luftf) / break-out n ‖ ≈**stoßfestigkeit** f (WP) / puncture resistance ‖ ≈**stoßofen** m / continuous pusher-type furnace ‖ ≈**stoßpunkt** m (Math) / trace point ‖ ≈**stoßversuch** m (Plast) / impact test ‖ ≈**strahlung** f (eine Werkstoffstrukturprüfung) (WP) / radiography n (industrial), radiographic inspection, radiographic method (of non-destructive testing) ‖
≈**strahlungselektronenmikroskop** n (Mikros) / transmission electron microscope, TEM ‖ **hochauflösende** ≈**strahlungselektronenmikroskopie** (Mikros) / high-resolution transmission electron microscopy, HRTEM ‖
≈**strahlungsmikroskop** n (Mikros) / transmitted-light microscope, transmission microscope ‖ ≈**strahlungsprüfung** f (mit Hilfe des Röntgenfilms) (eine Werkstoffstrukturprüfung) (WP) / radiography n (industrial), radiographic inspection, radiographic method (of non-destructive testing) ‖
≈**strahlungs-Rasterelektronenmikroskop** n (Mikros) / scanning transmission electron microscope*, STEM ‖ ≈**strahlungsversuch** m (Kernphys) / transmission experiment* ‖ ~**streichen** v / delete v, cross out v ‖ ~**streichen** (Angaben im Formular) / cross out v, strike out v, strike through v ‖ ~**strömen** v / flow through v ‖ ≈**strömodorisator** m (ein selten angewendetes Gerät, bei dem ein Teilstrom des zu odorierenden Gases zur Aufsättigung direkt durch einen mit Odoriermittel teilweise gefüllten Behälter geleitet und mit dem Gesamtstrom wieder vereinigt wird) (Eltronik) / bubble-type odorizer* ‖ ≈**strömturbine** f (Masch) / Michell turbine, Banki turbine, direct-flow turbine ‖ ≈**strömverfahren** n (ein Diffusionsverfahren, bei dem ein mit Dotierungsatomen angereichertes Trägergas über die Kristallscheiben strömt und durch das offene Rohrende den Reaktionsraum verläßt) (Eltronik) / open-tube process ‖ ≈**suchung** f (von Fluggästen, von Gepäck) (Luftf) / search n ‖ ~**tränken** v (einweichen) / drench v, soak v ‖ ~**tränken** / impregnate v, imbibe v, saturate v, steep v, penetrate v ‖ ~**tränken** (Pulv) / bond v ‖ ~**tränken** n (Pulv) / bonding n ‖ ≈**tränkung** f / impregnation n, imbibition* n, saturation* n, steeping n, penetration n ‖ ≈**tränkung** (Biol, Chem) / imbibition* n ‖ ≈**treiber** m (Masch) / drift* n, piercer n, drift punch, solid punch ‖ ≈**treiber** (für Schmiede, nach DIN 5253) (Masch) / drift punch ‖ ~**treten** v / pass v ‖ ~**treten** (Kupplung) (Kfz) / depress v ‖

≈**tritt** m (einer Oberflächenschicht) (Anstr) / penetration n ‖ ≈**tritt** (von Elektronen) (Eltronik) / passage n ‖ ≈**tritt** (der Bohrerspitze) (Masch) / breakthrough n ‖ ≈**tritt** (Masch) / passage n ‖ ≈**trittsfaktor** m (z.B. in der Butler-Volmer-Gleichung) (Chem) / transfer coefficient ‖ ≈**trittspolarisation** f (ein Elektrodenvorgang) (Phys) / transfer polarization, activation polarization ‖ ≈**trittsrate** f (Eltronik) / permeation rate ‖ ≈**trittsüberspannung** f (die durch einen gehemmten Ladungsdurchtritt an einer Elektrode entsteht) (Phys) / transfer polarization, activation polarization ‖ ≈**trittswiderstand** m (Quotient aus Durchtrittsüberspannung und dem zugehörigen Teilstrom einer Elektrodenreaktion) / activation-polarization resistance ‖ ~**trocknen** v (in der letzten Trocknungsstufe) / dry through v ‖ ~**trocknen** (in der letzten Trockenstufe) (Anstr) / dry-through v (highest degree of hardness) ‖ ~**tropfen** / drip through v ‖ ~**tunneln** v (Phys) / tunnel v ‖ ≈**tunnelung** f (Phys) / tunnelling n, tunneling n (US) ‖ ≈**verbindung** f (bei der Durchkontaktierung) (Eltronik) / via n ‖ ≈**verbindung** (Fernm) / through-connection n, through-connexion n ‖ ~**wachsen** adj (Fleisch) (Nahr) / marbled adj, streaky adj, streaked adj ‖ ~**wachsene Kohle** (Streifenkohle) (Bergb) / banded coal ‖ ≈**wachsung** f (der Eisen-Zink-Legierungsschicht bei Feuerverzinkung - Fehler) (Galv) / overalloying n ‖ ≈**wachsung** (Krist) / interpenetration n ‖ ≈**wachsungsstruktur** f (Geol) / interlocking texture ‖ ≈**wachsungszwillinge** m pl (Min) / interpenetration twins*, penetration twins* ‖ ≈**wahl** f (Fernsp) / direct inward dialling (DID) ‖ ~**wählen** v (Fernsp) / dial through v ‖ ≈**wärmen** v (bei gleicher Temperatur) (Glas, Hütt) / soak v ‖ ≈**wärmen** n (des Werkstücks im Ofen bei gleicher Temperatur) (Glas, Hütt) / soaking* n ‖ ≈**wärmung** f (Wärm) / through heating ‖ ~**watbar** adj (Geog) / fordable adj ‖ ~**waten** v (einen Fluß) / ford v ‖ ~**webt** adj (Tex) / shot adj, shot-through adj ‖ ~**wirken** v (Tex) / shoot v, shoot through v ‖ ~**wirkt** adj (Tex) / shot adj, shot-through adj ‖ ≈**wurf** m (ein großes Sieb) / riddle* n, screen* n ‖ ≈**wurfsieb** n / riddle* n, screen* n ‖ ≈**wurzelung** n (Bot, For, Landw) / rooting n, root penetration ‖ ≈**wurzelungszone** f (Bot, For, Landw) / root zone ‖ ~**zeichnen** / trace over v, trace v ‖ ≈**zeichnen** n (als Tätigkeit) / tracing* n ‖ ≈**zeichnen** (von beschichteten Spanplatten) (For) / telegraphing n ‖ ~**ziehen** v / pull through v, draw through v ‖ ~**ziehen** (das Land, die Gesteine - Partizip: durchzogen) / intersect v ‖ ~**ziehen** (Anlasser) (Kfz) / turn over v ‖ ≈**ziehen** n (Hütt) / plunging n, burring n (US) ‖ ≈**ziehnadel** f (Tex) / broach n ‖ ≈**ziehniet** n (ein Hohlniet) (Masch) / Chobert rivet* ‖ ≈**ziehwalze** f (Maispflückvorsatz) (Landw) / snapping roll ‖ ≈**ziehwerkzeug** n (ein Kragenziehwerkzeug) (welches das Blech aufreißt und zu einem Kragen umformt) (Masch) / plunging tool ‖ ~**zugbelüftet** adj (Eltech) / enclosed-ventilated* adj
**Durchzugs•belüftung** f (Eltech) / open-circuit cooling (by pressurizing medium), enclosed self-ventilation ‖ ≈**grad** m (des Riemenantriebs) (Masch) / pull factor ‖ ≈**kraft** f (Kfz) / tractive power, pulling power ‖ ≈**kraft** (maximal mögliche Schnittkraft bei Hobelmaschinen) (Masch) / pulling force ‖ ≈**kräftig** adj (Motor) (V-Mot) / high-torque attr, torquey adj ‖ ≈**kühlung** f (bei der das Kühlmittel durch das Innere der Maschine strömt) (Eltech) / open-circuit cooling (by pressurizing medium), enclosed self-ventilation ‖ ≈**schwach** adj (Motor) (V-Mot) / low-torque attr ‖ ≈**stark** adj (V-Mot) / high-torque attr, torquey adj ‖ ≈**vermögen** n (Kfz) / tractive power, pulling power ‖ ≈**wert** m (Kfz) / pulling-power figure, torque value
**Durchzünden** n (Zündvorgang, bei dem das an den einzelnen Öffnungen eines Brenners austretendes Gas in Folge gezündet wird) / ladder ignition
**Durianbaum** m (Durio zibethinus Murray) (For) / durian tree, durian
**Durit** m (eine Streifenart) (Geol) / durain* n, attritus n (US) ‖ ≈ s. auch Mattkohle
**Dürlitze** f (For) / cornelian cherry
**Durol** n (1,2,4,5-Tetramethylbenzol - ein aliphatisch-aromatischer Kohlenwasserstoff) (Chem) / durene* n
**Duromer** n (Plast) / thermosetting resin, thermosetting plastic, thermosetting composition
**Durometer** n (zur Bestimmung der Härte von Elastomeren) (Instr, WP) / durometer n
**Duroplast** m (Plast) / thermosetting resin, thermosetting plastic, thermosetting composition*
**dürr** adj (For) / dead adj
**Durra** f (eine Art Mohrenhirse) (Nahr) / durra n, dura n
**Dürre** f in der Sahelzone (am Rande der Sahara) (Meteor, Umwelt) / Sahelian drought* ‖ ≈**periode** f (mit weniger als 0,2 mm Niederschlag in 14 aufeinanderfolgenden Tagen) (Meteor, Umwelt) / absolute drought ‖ ≈**resistenz** f (Landw) / drought resistance, drought tolerance ‖ ≈**ring** m (For) / drought ring
**Dürr•fleisch** n (Nahr) / bacon n, streaky bacon ‖ ≈**futter** n (Landw) / dry feed ‖ ≈**holz** n (For) / deadwood n (BS 565)
**Dürrling** m (For) / snag n, standing dead tree, dead-standing tree
**Dürrständer** m (For) / snag n, standing dead tree, dead-standing tree

**Durumweizen** *m* (Triticum durum Desf.) (Landw, Nahr) / durum wheat, durum *n*
**Dusche** *f* (Bau) / shower *n* ‖ ≃ (als Anlage) (Bau) / shower stall
**Duschecke** *f* (manchmal mit einer Wanne) (Bau) / showering area
**Duschkabine** *f* (Bau) / shower cubicle, shower stall
**Duschwanne** *f* (der Dusche) (Bau) / shower tray (floor-standing or recessed)
**Düse** *f* (in der Bügelsohle des Dampfbügelautomaten) / vent *n* ‖ ≃ (für die Herstellung von Glasfilamenten) (Glas) / bushing* *n* ‖ ≃ (z.B. bei einer Gleichdruckturbine) (Masch) / nozzle* *n* ‖ ≃ (Masch, V-Mot) / jet* *n*, jet nozzle ‖ ≃ (zur Extrusion) (Plast) / die *n* ‖ **divergierende** ≃ (Masch) / divergent nozzle* ‖ **erweiterte** ≃ (Masch) / divergent nozzle* ‖ **konische** ≃ (eine Entspannungsdüse) / cone nozzle, conical nozzle ‖ **selbstreinigende** ≃ (Masch) / non-clogging nozzle ‖ **verstellbare** ≃ (mit verstellbarem Austrittsquerschnitt) (Luftf) / variable-area propelling nozzle*
**düsen** *v* / spray *v*
**Düsen•abstreifverfahren** *n* (bei der Feuerverzinkung) (Galv) / air-knife process, jet process ‖ ≃-**Airliner** *m* **mit großer Reichweite** (Luftf) / long-range jet airliner ‖ ≃**antrieb** *m* (Luftf) / jet propulsion*, reaction propulsion*, duct propulsion ‖ ≃**blasverfahren** *n* (Spinn) / air-jet crimping, air-jet process, air-jet texturing*, air texturing ‖ ≃**blasverfahren** (ein Bauschverfahren mit überhitztem Wasserdampf) (Spinn) / steam-jet texturing ‖ ≃**blasverfahren** (ein Bauschverfahren mit Preßluft) (Spinn) / air-jet texturing, air-bulk texturing ‖ **im** ≃**blasverfahren texturiertes Garn** (Spinn) / jet-textured yarn*, ari-jet textured yarn ‖ ≃**boden** *n* (Chem) / nozzle plate ‖ ≃**bohrung** *f* (Masch) / nozzle bore ‖ ≃**druckstein** *m* (Fourcault-Ziehverfahren) (Glas) / plug *n* ‖ ≃**effekt** *m* (die Zunahme der Windgeschwindigkeit infolge Kanalisierung der Strömung und Einengung des Strömungsquerschnittes) (Meteor) / jet effect ‖ ≃**einsatz** *m* (Plast) / die insert ‖ ≃**färbung** *f* (von Chemiefasern) (Tex) / spin dyeing, dope dyeing, solution dyeing, mass dyeing (US), jet dyeing* ‖ ≃**flugzeug** *n* (Luftf) / jet *n*, jet airplane, jet aircraft ‖ ~**gefärbt** *adj* (Tex) / spun-dyed* *adj*, dope-dyed *adj*, solution-dyed *adj*, mass-dyed *n*, mass-coloured *adj* ‖ ≃**hals** *m* (Masch) / nozzle throat ‖ ≃**hals** (bei Vergaserdüsen) (V-Mot) / jet throat ‖ ≃**kaliber** *n* / jet size ‖ ≃**körper** *m* (der die Düsennadel enthält) (Kfz) / nozzle body ‖ ≃**körper** (Plast) / die body ‖ ≃**kraftstoff** *m* (Kftst, Luftf) / jet-propulsion fuel, JP (US), jet fuel ‖ **leistungsstarker** ≃**kraftstoff** (Luftf) / zip fuel ‖ ≃**lärm** *m* (Luftf) / jet noise* ‖ ≃**lehre** *f* (für Vergaser) (V-Mot, Werkz) / throttle gauge ‖ ≃**leitschaufeln** *f pl* (Luftf) / nozzle guide vanes* ‖ ≃**leitschaufeln** *f pl* (Luftf) s. auch Leitschaufeln ‖ ≃**nadel** *f* (Masch) / needle valve (in a closed nozzle) ‖ ≃**nadel** (SU- oder Stromberg-Vergaser) (V-Mot) / jet needle ‖ ≃**öffnung** *f* (Masch) / nozzle opening ‖ ≃**propeller** *m* / carinated propeller ‖ ≃**spinnen** *n* (Tex) / jet spinning, air-jet spinning* ‖ ≃**stein** *m* (Feuerfeststein mit Bohrung zum Einführen eines Medienstromes in ein Schmelzaggregat) (Glas) / burner block, quarl block ‖ ≃**stock** *m* (Erdöl) / choke manifold ‖ ≃**stock** (V-Mot) / jet carrier, jet head ‖ ≃**strahl** *m* (Luftf) / jet *n*, blast *n* (of a jet engine) ‖ ≃**strahl** (aus dem Strahlmotor ausströmende Masse) (Luftf) / wash *n* ‖ **aufgelöster** ≃**strahl** / spray *n*, spray jet ‖ ≃**strahlbohren** *n* (Bergb) / fusion drilling*, fusion piercing, flame-jet drilling, jet drilling, jet piercing ‖ ≃**strahlbohren** (Erdöl, HuT) / thermic boring (boring holes into concrete by means of a high temperature, produced by a steel lance packed with steel wool which is ignited and kept burning by oxyacetylene or other gas), thermal boring ‖ ≃**thermostat** *m* (Kfz) / temperature compensator, capstat *n* ‖ ≃**verstopfung** *f* / jet plugging, nozzle plugging ‖ ≃**webmaschine** *f* (Web) / jet loom* ‖ **pneumatische** ≃**webmaschine** (Web) / air-jet loom, air-jet weaving machine ‖ ≃**ziehverfahren** *n* (für Glas-Endlosfasern) (Glas) / mechanical drawing
**Dust** *m* (Teestaub) (Nahr) / dust *n*
**Dust-veil-Index** *m* (Maßzahl zur allgemeinen Vergleichbarkeit vulkanischer Staubausbrüche und zur Abschätzung ihrer Wirkung in der Erdatmosphäre) (Geol, Meteor) / dust-veil index
**Dutch Metal** *n* (Messinglegierung für Musikinstrumente und Schmuck) (Hütt) / Dutch gold*, Dutch metal, Dutch leaf
**Dutch-Roll-Bewegung** *f* (kombinierte Gier- und Rollbewegung) (Luftf) / Dutch roll*
**Dütenmergel** *m* (Geol) / cone-in-cone limestone
**Dutoscheibe** *f* (farblose Vorsatzscheibe für Objektive, die eine Weichzeichnung ermöglicht) (Foto) / diffusion disk, diffusing disk
**Duvetine** *m* (Baumwoll- oder Zellwollgewebe mit stark aufgerauhter, samtartiger Oberfläche - Pfirsichhaut, Aprikosenhaut, falscher Samt) (Tex) / duvetine *n*, duvetyn *n*
**Duwa** *f* (Fernsp) / direct inward dialling (DID)
**DV** (EDV) / electronic data processing, EDP
**DVA** (EDV) / data-processing equipment, DP equipment
**DV-Abteilung** *f* (DIN 44300) (EDV) / data-processing department
**DV-Anlage** *f* (EDV) / data-processing equipment, DP equipment

**DVD** (EDV) / digital Versatile disk (high-density CD format), Digital Video Disk
**D-Verhalten** *n* (Regeln) / derivative (control) action, D-action *n*
**$D_2$-Verhalten** *n* (Regeln) / second-derivative action
**D-Versuch** *m* (in der Bodenmechanik) (HuT) / drained shear test, slow test, drained test, S-test *n*
**DV•-Fachmann** *m* (EDV) / computer expert, computer specialist ‖ ≃-**gestützt** *adj* (EDV) / computer-aided *adj*, computer-assisted *adj* ‖ ≃-**gestützte Sprachübersetzung** (EDV) / machine-aided translation (MAT) ‖ ≃-**Industrie** *f* (EDV) / computer industry ‖ ≃-**Ingenieur** *m* (EDV) / computer engineer
**DVM** (Eltech) / digital voltmeter, DVM ‖ ≃ = Deutscher Verband für Materialforschung und -prüfung e.V.
**DVORAK-Tastatur** *f* (nach A. Dvorak benannt) (EDV) / DVORAK keyboard* (used on modern American typewriters)
**DV•-Personal** *n* (EDV) / liveware *n*, computer personnel, peopleware *n* ‖ ≃-**Raum** *m* (EDV) / computer room, machine room (of a computer centre) ‖ ≃-**Recht** *n* / computer law
**DVS** = Deutscher Verband für Schweißtechnik e.V.
**DV, mit** ≃-**Unterstützung** (EDV) / computer-aided *adj*, computer-assisted *adj* ‖ ≃-**Zentrum** *n* (EDV) / data-processing centre, computing centre, EDP centre, processing centre
**DW** (Bahn) / tandem turnout, three-throw turnout, double turnout
**DWA** (Phys) / pressure-swing adsorption, PSA
**dwars** *adv* (Richtung querab zur Längsschiffebene des Schiffs) (Schiff) / abeam *adv*
**Dwight-Lloyd-Apparat** *m* (zum Dwight-Lloyd-Sinterverfahren) (Hütt) / Dwight Lloyd machine*
**Dwight-Lloyd-Sintermaschine** *f* (zum Dwight-Lloyd-Sinterverfahren) (Hütt) / Dwight Lloyd machine*
**DWR** (Nukl) / pressurized water reactor*, PWR
**DX-Abtastung, mit** ≃ (Foto) / DX-coded *adj*
**DX-Band** *n* (Amateurfunkband für den Fernfunkverkehr) (Radio) / DX band
**DX-Kodierung** *f* (eine Kennung für die Filmempfindlichkeit auf der Filmpatrone) (Foto) / DX coding
**DX-Verkehr** *m* (Radio) / long-distance radio transmission (DX)
**Dy** (Chem) / dysprosium* *n* ‖ ≃ *m* (subhydrischer Boden) (Umwelt) / dy *n*
**Dyade** *f* (Math, Phys) / dyad* *n*, double tensor, second-rank tensor
**Dyadik** *f* (auf den Zweiersystem aufgebaute Arithmetik) (Math) / binary arithmetic*
**dyadisch** *adj* (Math) / dyadic* *adj*, dual *adj* ‖ ~**e Boolesche Verknüpfung** (EDV) / dyadic Boolean operation, binary Boolean operation ‖ ~**er Prozessor** (EDV) / dyadic processor ‖ ~**es System** (Math) / dyadic number system ‖ ~**e Verknüpfung** (EDV) / dyadic operation ‖ ~**es Zahlensystem** (Math) / dyadic number system
**Dyakisdodekaeder** *n* (Krist) / diploid *n*, diplohedron *n* (pl. -hedrons or -hedra), dyakis dodecahedron
**Dycksche Sprache** (EDV) / Dyck's language
**Dye Laser** *m* (Phys) / dye laser*
**Dye-Transfer** *m* (Foto) / dye transfer
**dyn** (nicht mehr zugelassene Einheit der Kraft = $10^{-5}$ N) (Phys) / dyne* *n* ‖ ≃ *n* (nicht mehr zugelassene Einheit der Kraft = $10^{-5}$ N) (Phys) / dyne* *n*
**Dynaktivität** *f* (Wirbelbildung und Fließen im Mikrobereich von Flüssigkeiten an Oberflächen oder Grenzflächen) (Phys) / dynactivity *n*
**Dyname** *f* (Kraft + ein dazu paralleles Moment) (Mech) / wrench* *n*
**Dynamic Data Exchange** (EDV) / dynamic data exchange (Windows interprocess communication that supports the exchange of data and commands between two simultaneously running applications), DDE ‖ ≃ **Noise Limiter** *m* (Schaltung zum Vermindern des Bandrauschens bei Kassettenrekordern) (Akus) / dynamic noise limiter, dynamic noise suppressor
**Dynamical Time** *f* (eine mit der Internationalen Atomzeit verknüpfte Ephemeridenzeit) (Astr) / Dynamical Time, DT
**Dynamik** *f* (DIN 40146, T 2) (Akus, Radio) / dynamic range* (between the overload level and the minimum acceptable signal level), contrast* *n* ‖ ≃ (Mech) / dynamics* ‖ **Lagrangesche** ≃ (Mech) / Lagrangian dynamics ‖ **nutzbare** ≃ (DIN 40146, T 2) (Akus) / useful dynamic range ‖ **topologische** ≃ (Math) / topological dynamics ‖ ≃ *f* **des Kreisels** (Phys) / gyrodynamics *n* ‖ ≃ **magnetischer Flüssigkeiten** (Bewegungsvorgänge von magnetischen Flüssigkeiten und deren Zurückführung auf einwirkende Kräfte) (Mag) / magnetofluid dynamics, dynamics of magnetic fluids, ferrohydrodynamics *n* ‖ ≃ **starrer Körper** / rigid-body dynamics
**dynamik•begrenzender Verstärker** (Akus, Radio) / volume-limiting amplifier ‖ ≃**bereich** *m* (Akus, Radio) / dynamic range* (between the overload level and the minimum acceptable signal level), contrast* *n* ‖ ≃**bereich** (Akus, Radio) / volume range* (between the maximum and minimum volumes) ‖ ≃**bereich** (in dem maximale Verluste eines angeschlossenen LWL von einem Rückstreumeßgerät noch

verarbeitet werden können) (Phys) / dynamic range ‖ ⁓**dehner** *m* (Akus) / expander* *n*, volume expander ‖ ⁓**dehnung** *f* (Akus) / expansion* *n*, volume expansion ‖ ⁓**expander** *m* (Akus) / expander* *n*, volume expander ‖ ⁓**expansion** *f* (Akus) / expansion* *n*, volume expansion ‖ ⁓**kompression** *f* (Akus) / volume compression* ‖ ⁓**kompressor** *m* (Akus) / volume compressor* ‖ ⁓**presser** *m* (Akus) / volume compressor* ‖ ⁓**pressung** *f* (Akus) / volume compression* ‖ ⁓**regelung** *f* (Akus) / dynamic range control ‖ ⁓**steigerung** *f* (Akus) / contrast amplification* ‖ ⁓**umfang** *m* (Akus, Radio) / volume range* (between the maximum and minimum volumes)
**dynamisch** *adj* / dynamic *adj*, dynamical *adj* ‖ ⁓**e Achslastverlagerung** (beim Bremsen ober Beschleunigen) (Kfz) / dynamic axle-load shift ‖ ⁓**e Achslastverlagerung** (beim Beschleunigen) (Kfz) / rearward load transfer ‖ ⁓**e Adiabate** (Luftf, Phys) / Hugoniot adiabatic, Hugoniot curve ‖ ⁓**e Adreßumsetzung** (EDV) / dynamic address translation, DAT ‖ ⁓**e Adreßumsetzungseinrichtung** (EDV) / dynamic address translation feature, DAT feature ‖ ⁓**e Ähnlichkeit** (Mech) / dynamic similarity ‖ ⁓**es Analogon** (Mech) / dynamic similarity ‖ ⁓**er Auftrieb** (Luftf) / dynamic lift ‖ ⁓**e Auswuchtung** (Mech) / dynamic balancing ‖ ⁓**e Beanspruchung umlaufender Bauteile durch Fliehkräfte** (Mech) / centrifugal stress in rotating components ‖ ⁓**es Bild** (in der grafischen Datenverarbeitung) (EDV) / dynamic image, foreground image, display foreground ‖ ⁓**e Bodenverdichtung** (HuT) / ground bashing, dynamic consolidation, vibrating compaction ‖ ⁓**es Bremsen** (Eltech) / dynamic braking ‖ ⁓**e Differenzkalorimetrie** / differential scanning calorimetry, DSC ‖ ⁓**e Differenzkalorimetrie** (Chem) / differential scanning calorimetry, DSC ‖ ⁓**er Druck** (Luftf) / dynamic pressure*, kinetic pressure* ‖ ⁓**e Druckhöhe** (in der Bernoullischen Gleichung für stationäre inkompressible Strömung) (Hyd) / velocity head, kinetic head, dynamic head ‖ ⁓ **einmodiger Laser** (ein Halbleiterlaser, der auch bei hohen Modulationsfrequenzen nur eine longitudinale Mode emittiert) (Phys) / dynamic single-mode semiconductor laser, DSM semiconductor laser ‖ ⁓**e Elektrizität** (Elektr) / dynamic electricity*, current electricity ‖ ⁓**e Entlastung beim Gasgeben** (Kfz) / rearward load transfer ‖ ⁓**e Ermüdung** (WP) / dynamic fatigue ‖ ⁓**er Fehler** (EDV) / dynamic error ‖ ⁓**e Festigkeit** (WP) / dynamic strength ‖ ⁓**es Flüssigkeitsgetriebe** (Masch) / Föttinger speed transformer*, hydrodynamic power transmission*, hydraulic torque converter*, fluid flywheel*, Föttinger converter ‖ ⁓**e Geologie** (Geol) / dynamic geology ‖ ⁓**e Gipfelhöhe** (Luftf) / zoom ceiling ‖ ⁓**es Gleichgewicht** (Masch) / running balance ‖ ⁓**es Gleichgewicht** (Mech) / dynamic equilibrium ‖ ⁓**es Grundgesetz** (das zweite Newtonsche Axiom - Lex secunda) (Phys) / Newton's equation of motion, Newton's second law of motion ‖ ⁓**e Härteprüfung mit dem Herbert-Pendel** (WP) / Herbert pendulum hardness ‖ ⁓**es Hashing** (EDV) / dynamic hashing ‖ ⁓**e Illustration** (die mit dem Text mitwandert) (EDV) / floating illustration ‖ ⁓**es Kalorimeter** (Phys) / dynamic calorimeter ‖ ⁓**e Kennlinie** (z.B. einer Elektronenröhre) (Eltronik) / dynamic characteristic* ‖ ⁓**e Konvergenz** (TV) / dynamic convergence ‖ ⁓**er Lautsprecher** (Akus) / electrodynamic loudspeaker*, dynamic loudspeaker*, moving-coil loudspeaker*, moving-conductor loudspeaker ‖ ⁓**e Leckprüfung** (Vakuumt) / dynamic leak test ‖ ⁓**er Lichthahn** (im Longitudinal- und Transversalverfahren) (Film) / string galvanometer ‖ ⁓**es Linken** (das Exportieren von DLL-Funktionen und ihr Import in Programme) (EDV) / dynamic linking ‖ ⁓**es Menü** (KI) / dynamic menu ‖ ⁓**e Meteorologie** (Meteor) / dynamic meteorology, dynamical meteorology ‖ ⁓**es Meter** (Geophys) / dynamic metre ‖ ⁓**es Mikrofon** (Akus) / electrodynamic microphone*, moving-coil microphone*, moving-conductor microphone*, dynamic microphone ‖ ⁓**es Modell** (EDV) / dynamic model ‖ ⁓**e Optimierung** (Math) / dynamic programming ‖ ⁓**e Planungsrechnung** (Math) / dynamic programming ‖ ⁓**e Positionierung** (das Verfahren, eine schwimmende Bohranlage ohne Anker auf einer Stelle zu halten) (Erdöl) / dynamic positioning, dynamic stationing ‖ ⁓**e Programmierung** (Math) / dynamic programming ‖ ⁓**er Prozeß** (EDV) / dynamic process ‖ ⁓**er Prozeß** (Phys) / continuous process ‖ ⁓**es Prozeßmodell** (EDV) / dynamic process model ‖ ⁓**e Prüfung** (EDV) / dynamic check ‖ ⁓**e Radlastverlagerung** (quer zur Fahrtrichtung, zu den kurvenäußeren Rädern bei Kurvenfahrten) (Kfz) / dynamic wheel-load shift ‖ ⁓**es RAM (DRAM)** (EDV) / dynamic RAM, DRAM, dynamic random-access memory ‖ ⁓**e Reibung** (Phys) / kinetic friction*, dynamic friction ‖ ⁓**e Selektion** (Radio) / selectance* *n* ‖ ⁓**es Signal** (in der Zuverlässigkeitstechnik) (Regeln) / dynamic signal ‖ ⁓ **skalierbarer Bildschirmausschnitt** (EDV) / grow box ‖ ⁓ **skalieren** (EDV) / zoom *v* ‖ ⁓**es Skalieren** (stetiges Vergrößern oder Verkleinern der Bildschirmdarstellung) (EDV) / zooming *n* ‖ ⁓**er Speicher** (EDV) / dynamic storage*, dynamic memory*, dynamic store ‖ ⁓**er Speicherabzug** (Abschrift des Speicherinhaltes während der Ausführung eines Programms) (EDV) / dynamic dump, dyndump *n*, program dump ‖ ⁓**e Stabilität** (Eltech) / transient stability* ‖ ⁓**e**

**Stabilität** (Luftf) / dynamic stability ‖ ⁓**e Stabilität** (durch Gleichgewicht der krängenden und aufrichtenden Arbeit) (Schiff) / dynamical stability* ‖ ⁓**es Störausgleichverhalten** (EDV) / system resilience ‖ ⁓**e Streuung** (bei Flüssigkristallanzeigen) (EDV) / dynamic scattering (mode) ‖ ⁓**es System** / dynamic system ‖ ⁓**e Unwucht** (Mech) / dynamic imbalance ‖ ⁓**e Vakuumanlage** (Vakuumt) / pumped vacuum system ‖ ⁓**es Vakuumsystem** (Vakuumt) / pumped vacuum system ‖ ⁓**e Variable** (Mech) / dynamic variable ‖ ⁓**es Verhalten** (Masch) / dynamic behaviour ‖ ⁓**e Vermittlungsleistung** (Fernm) / new-call rate ‖ ⁓**es Verschieben** (EDV) / scrolling* *n*, scroll *n* ‖ ⁓**e Viskosität** (DIN 1342) (Masch, Phys) / dynamic viscosity*, shear viscosity ‖ ⁓**es Vorhaltglied** (Regeln) / lead element ‖ ⁓**er Widerstand** (Eltech) / dynamic resistance* ‖ ⁓**e Zeitnormierung** (ein nichtlineares Verfahren zur zeitlichen Anpassung von Test- und Referenzmustern bei der Spracherkennung) (EDV) / dynamic time warping
**Dynamisierungsklausel** *f* (emissionsbegrenzende Anforderung) (Umwelt) / dynamic clause
**Dynamit** *n* (ein alter Sprengstofftyp) (Chem) / dynamite* *n*, giant powder* ‖ **mit** ⁓ **sprengen** / dynamite *v*
**Dynamo** *m* (Eltech) / dynamo* *n*, d.c. generator*, direct-current generator ‖ ⁓**blech** *n* (für den Aufbau von Eisenkernen elektrischer Maschinen, Transformatoren und Eisendrosseln) (Eltech, Hütt) / iron-core sheet, dynamo sheet ‖ ⁓**blech** s. auch Elektroblech ‖ ⁓**blech** (Eltech, Hütt) s. auch Transformatorblech ‖ ⁓**elektrisch** *adj* / dynamoelectric *adj* ‖ ⁓**graf** *m* (registrierendes Dynamometer) (Instr) / dynamograph *n* ‖ ⁓**maschine** *f* (Eltech) / dynamo* *n*, d.c. generator*, direct-current generator ‖ ⁓**metamorphose** *f* (Geol) / dynamic metamorphism*, dynamometamorphism *n*, kinetic metamorphism ‖ ⁓**meter** *n* (zum unmittelbaren Messen des Drehmoments von Kraft- und Arbeitsmaschinen) (Eltech) / dynamometer* *n*, dynamo *n* ‖ **hydraulisches** ⁓**meter** / water brake ‖ **eisengeschlossenes** ⁓**meter** (Eltech) / ferrodynamometer *n* ‖ ⁓**meterstempel** *m* (Bergb) / dynamometer prop ‖ ⁓**metrisch** *adj* / dynamometric *adj* ‖ ⁓**tor** *m* (Eltech) / dynamotor* *n*
**Dynatron** *n* (Elektronenröhre, die den Dynatroneffekt zur Erzeugung von Schwingungen ohne Rückkopplungsschaltung ausnutzt) (Eltronik) / dynatron* *n* ‖ ⁓**effekt** *m* (Eltronik) / dynatron effect ‖ ⁓**generator** *m* (Eltronik) / dynatron oscillator* ‖ ⁓**oszillator** *m* (Eltronik) / dynatron oscillator* ‖ ⁓**schaltung** *f* (zur Entdämpfung und zur Erzeugung von Schwingungen) (Eltronik) / dynatron oscillator* ‖ ⁓**wirkung** *f* (mit einem fallenden Kennlinienteil, in dem der differentielle Widerstand negativ wird) (Eltronik) / dynatron effect, dynatron characteristic
**Dynistor** *m* (eine Vierschichtdiode - ein Halbleitersystem mit diodenähnlicher Charakteristik) (Eltronik) / Dynistor *n*, dynistor *n*
**Dynistordiode** *f* (Eltronik) / dynistor diode
**Dynode** *f* (Sekundäremissions- oder Vervielfachungselektrode eines Fotovervielfachers) (Eltronik) / dynode* *n*
**Dyno-Mill** *n* (eine Rührwerksmühle) / dyno mill
**Dynorphin** *n* (ein Peptid mit Opiatwirkung) (Pharm) / dynorphine *n*
**dyotrope Umlagerung** (Chem) / dyotropic rearrangement
**Dypnon** *n* (Trivialname für 1,3-Diphenyl-2-buten-on) (Chem) / dypnone *n*
**dysaerobisch** *adj* (Chem, Sanitär) / dysaerobic *adj*
**Dysanalyt** *m* (ein unter Valenzausgleich substituierter Perowskit) (Min) / dysanalyte* *n*
**Dyschromatopsie** *f* (Med, Opt) / dyschromatopsy *n*, defective colour-vision
**Dyskrasit** *m* (Silberantimonid) (Min) / dyscrasite* *n*
**Dysodil** *m* (Geol) / paper shale, dysodile *n*
**dysphotisch** *adj* (Ozean) / dysphotic *adj*
**Dysprosium (Dy)** *n* (Chem) / dysprosium* *n* ‖ ⁓**(III)oxid** *n* ($Dy_2O_3$) (Chem) / dysprosium oxide ‖ ⁓**sulfid** *n* (z. B. $Dy_5S_7$) (Chem) / dysprosium sulphide
**dystektisch•es Gemisch** (mit konstantem höchstem Schmelzpunkt) (Hütt) / dystectic mixture* ‖ ⁓**er Punkt** (Maximum der Schmelzpunktskurve im Schmelzdiagramm, in dem die Schmelze im Gleichgewicht mit einer festen Phase gleicher Zusammensetzung ist) (Hütt) / dystectic point
**dystroph** *adj* (Physiol, Umwelt) / dystrophic* *adj* ‖ ⁓**er See** (Geol) / dystrophic lake
**dz** (DIN 1301, T 3) / quintal* *n*, metric centner, double centner, q
**DZB** (Chem) / double zeta basis, DZB
**d-Zustand** *m* (eines atomaren Systems mit einem Leuchtelektron) (Kernphys) / d-state *n*

# E

e (Math) / Napierian base, e
E / Ecstasy n, MDMA
E (Nahr) / E-number n, E
E,Z-Isomerie f (Chem) / cis-trans isomerism, geometrical isomerism, geometric isomeriom
E/A = Ein-/Ausgabe
EAD (für die gaschromatografische Spurenanalyse) (Chem) / electron capture detector, ECD
Eaglesche Aufstellung (eine Beugungsgitteraufstellung) (Opt) / Eagle mounting*
E-Aktivkohle f (Chem) / decolorizing charcoal, decolorizing carbon
EAN-Kode m (Europäische Artikelnumerierung - ein Stückkode, dem amerikanischen UPC-Kode ähnlich) / EAN code (fully compatible with UPC)
E-Antrieb m (Masch, Raumf) / electric propulsion*
E/A-Prozessor m (zusätzlicher Prozessor, der einem Mikroprozessor zugeordnet ist, um Ein-Ausgabe-Operationen durchzuführen) (EDV) / input/output processor*, peripheral processor, IOP*, I/O-Prozessor n
EAR (EDV) / end-address register
Early-Effekt m (in einem Bipolartransistor) (Eltronik) / Early effect*
Early-Spannung f (Eltronik) / Early voltage
EAROM (EDV) / electrically alterable ROM (EAROM)
Easterly waves pl (in der tropischen Ostströmung auf der Äquatorseite der subtropischen Hochdruckgürtel von O nach W wandernde Wellenstörungen) (Meteor) / easterly waves
Easy-Processing-Channel-Ruß m (Chem Verf) / easy-processing channel black
Eatonpumpe f (Kfz) / rotor-type pump, Eaton pump, eccentric-rotor pump
EAU (Eltech) / rotary converter*, synchronous converter*, single-armature converter
Eau de Cologne n f / cologne n, cologne water, eau-de-Cologne n ǁ ~ de Javel (Kaliumhypochloritlösung, Liquor Kalii hypochlorosi) (Chem) / Javel water*, eau de Javelle*, Javelle water ǁ ~ de Labarraque (wenig beständige wäßrige Natriumhypochloritlösung mit stark oxidierender Wirkung) (Chem) / Labarraque's solution
EB (Masch) / basic hole
ebarbierter Schnitt (Buchb) / trimmed edge*
Ebbe f (Ozean) / ebb n, ebb tide, falling tide
Ebberinne f (eines Ästuars) (Ozean) / ebb channel
Ebbetor n (Ozean) / ebb-tide gate
EBC (Anstr, Hütt) / electron-beam curing (E.B.C.)
EBCDI-Kode m (ein auf acht Bit erweiterter BCD-Kode) (EDV) / extended binary-coded decimal interchange code*, EBCDI code, EBCDIC (a character code)
EBDS-Prozeß m (zur Emissionsminderung in Abgasen fossil befeuerter Verbrennungsanlagen) (Chem Verf) / electron-beam dry scrubber process (EBDS)
eben adj / level adj, even adj ǁ ~ / planar adj, plane adj ǁ ~ / flush adj ǁ ~ (z.B. Tuschierplatte) / true adj ǁ ~ (Belastung, Spannung) / plain adj ǁ längsangeströmte ~e Platte bei Laminarströmung (Phys) / flat plate in laminary flow with longitudinal inflow ǁ nicht ~ (Math) / non-planar adj ǁ ~e algebraische Kurve (Math) / plane algebraic curve ǁ ~e Bewegung (Mech) / plane motion ǁ ~er Bruch (z.B. beim Kalkspat) (Min) / even fracture, flat fracture ǁ ~e Couette-Strömung (Mech) / plane Couette flow, simple shear flow ǁ ~er Dehnungszustand (Mech) / plane-strain state, state of plane strain, plaine-strain condition ǁ ~e dichteste Kugelpackung (Krist) / plane close cubical packing ǁ ~es Dreieck (Math) / plane triangle ǁ ~er Druck (Mech) / biaxial compression ǁ ~e Fläche (HuT, Math) / level* n, horizontal n ǁ ~e Geometrie (Math) / plane geometry ǁ ~es Getriebe (Masch) / planar mechanism ǁ ~es Gitter (Krist) / plane lattice ǁ ~es Gitter (ein Beugungsgitter) (Opt) / plane grating ǁ ~er Graf / planar graph ǁ ~e Gruppe (Krist) / plane group ǁ ~es Kräftesystem (Mech) / coplanar system of forces, system of coplanar forces ǁ ~e Kurve (Math) / plane curve ǁ ~ machen (HuT) / level* v, plane v, grade v, flat v, planish v, skim v ǁ ~e Patte (Bau, Mech) / flat plate ǁ ~er Rahmen (Bau) / plane frame ǁ ~er Schub (Mech) / plane shear ǁ ~e Spannung (Mech) / plane stress ǁ ~er Spannungszustand (Mech) / plane-stressed state, plane-stress state, state of plane stress ǁ ~er Spiegel (Opt) / plane mirror ǁ ~e Strömung (Phys) / two-dimensional flow, 2-Dflow, two-D flow ǁ ~e Trigonometrie (Math) / plane trigonometry ǁ ~es viergliedriges Gelenkgetriebe (Masch) / plane four-bar linkage ǁ ~es viergliedriges Hebelgetriebe (Masch) / plane four-bar linkage ǁ ~e Welle (DIN 1311, T 4 und DIN 1324, T 3) (Phys) / plane wave* ǁ ~er Winkel (in rad gemessen - DIN 1301 und 1315) (Math) / plane angle
Ebenbild n / match n
Ebene f (in der Rechnerhierarchie) (EDV) / level n ǁ ~ (Geog) / plain n, flat n ǁ ~ (HuT, Math) / level* n, horizontal n ǁ ~ (eine zweidimensionale Punktmenge im Raum) (Math) / plane* n ǁ ~ (einer Antenne) (Radio) / bay* n ǁ ~ affine ≙ (Math) / affine plane ǁ euklidische ≙ (Math) / Euclidean plane ǁ galaktische ≙ (des Milchstraßensystems) (Astr) / galactic plane ǁ geneigte ≙ (Mech) / inclined plane* ǁ geneigte ≙ (ein Hebewerk) (Wasserb) / inclined plane, incline n ǁ identische ≙ (Math) / identical plane ǁ in der gleichen ≙ (Math) / in-plane attr ǁ in einer ≙ liegend / flush adj ǁ invariable ≙ (Astr) / invariable plane* ǁ invariante ≙ (Astr) / invariable plane ǁ isotrope ≙ (Math) / isotropic plane ǁ komplexe ≙ (Math) / Argand diagram*, complex (number) plane ǁ logische ≙ (EDV) / logical level, logic level ǁ neutrale ≙ (Mech) / neutral surface*, neutral plane ǁ physikalische ≙ (definiert die elektronischen, mechanischen und funktionellen Eigenschaften von Übertragungsleitungen) (Fernm) / physical level ǁ projizierende ≙ (Math) / projecting plane ǁ rationale ≙ (Krist) / lattice plane, net plane, atomic plane*, crystal plane ǁ rektifizierende ≙ (beim begleitenden Dreibein) (Math) / rectifying plane, tangent plane ǁ schiefe ≙ (Mech) / inclined plane* ǁ trophische ≙ (Biol) / trophic level*, tropic adj ǁ winkelhalbierende ≙ (zwischen den sich kreuzenden Wellenachsen) (Kfz) / bisecting plane ǁ ≙ der bevorzugten Trennung (zweier Schichten) (Geol) / parting n, parting plane ǁ ≙ des Schiffskörpers (Schiff) / water plane
Ebène m Asie (For) / ebony n ǁ ≙ Macassar (Diospyros celebica Bakh.) (For) / Macassar ebony, macassar n
Ebenen•auswahl f (Wahl der Ebene, in der die Werkstückbearbeitung mittels einer CNC-Maschine erfolgen soll) (Masch) / selection of the working plane ǁ ≙bündel n (Math) / bundle of planes ǁ ≙büschel n (Math) / pencil of planes ǁ ≙management n (Fernm) / plane management ǁ ≙paar n (Mech) / planar pair, plain pair ǁ ≙schar f (Math) / family of plane surfaces ǁ ≙technik f (für die Bearbeitung dreidimensionaler Grafiken) (EDV) / planar technology
ebenflächig adj / planar adj, plane adj
Ebenheit f (auch nach DIN 7184, T 1) / planarity n, planeness n, flatness n ǁ ~ (z.B. der Tuschierplatte) (Masch) / trueness n ǁ ~ (einer Oberfläche) (Masch, WP) / evenness n
Ebenheitsprüfung f (Masch, WP) / surface-evenness inspection
Ebenheitstoleranz f (Masch) / flatness tolerance
Ebenholz n (echtes schwarzes - Diospyros ebenum J. G. Koenig) (For) / ebony* n ǁ ~ grünes ≙ (aus Excoecaria glanduloса) (For) / green ebony ǁ ≙baum m (Diospyros ebenum J.G. König) (For) / ebony n ǁ ~schwarz adj / ebony attr, ebony-black adj
ebenmäßig•er Angriff (Galv) / uniform attack, even attack ǁ ~e Korrosion (Galv) / uniform attack, even attack
Eberesche f (Sorbus aucuparia L.) (For) / rowan n, rowan-tree n (GB), mountain ash ǁ Amerikanische ≙ (Sorbus americana Marsh.) (For) / rowan n, rowan-tree n (US) ǁ Zahme ≙ (For) / service tree
Ebereschen•motte f (Landw, Zool) / apple-fruit moth ǁ ~rot adj / roan attr
Eberhard-Effekt m (ein Nachbareffekt) (Foto) / Eberhard effect* ǁ vertikaler ≙ (Foto) / interimage effect
Ebert-Aufstellung f (des Gittermonochromators) (Opt, Spektr) / Ebert mounting
Ebertsche Gitteraufstellung (Opt, Spektr) / Ebert mounting
Ebex-Verfahren n (Ethylbenzolabtrennung mit Hilfe von Molekularsieben) (Erdöl) / Ebex process
EBIC-Signal n (bei Halbleitern) (Eltronik) / electron-beam-induced-current signal, EBIC signal
E-Blei n (Hütt) / electrolytic lead*
ebnen v (HuT) / level* v, plane v, grade v, flat v, planish v, skim v
E-Bogen m (Fernm) / E-bend*, E-plane bend
Ebonit n (mit 25-47% S) / ebonite* n, hard rubber, vulcanite* n
EB-Schweißung f (Schw) / electron-beam welding*, EB welding, EBW*
Ebsicon n (eine Bildspeicherröhre mit durch Elektronenbeschuß in Silicium hervorgerufener Leitfähigkeit) (TV) / ebsicon n
EB-Techniker m (Ton- und MAZ-Techniker bei Videoproduktionen) (Film) / tape man
Ebullio•meter n (ein Gerät zur Messung der Siedepunktserhöhung) (Phys) / ebulliometer* n, ebullioscope n ǁ ~meter* n, ebulliscope n ǁ ≙skopie f (Meßverfahren bei der Siedepunktserhöhung) (Phys) / ebullioscopy* n ǁ ~skopische Konstante (Chem, Phys) / ebullioscopic constant, molecular elevation of boiling-point*, molal boiling-point elevation constant

**Ebullismus** *m* (durch den Druck freiwerdender Gasblasen im Gewebe bei schnellem Aufstieg in große Höhen ausgelöste Schmerzreaktionen) (Med, Raumf) / ebullism *n*
**Ebur** *n* / ivory* *n*
**EBVS** (EDV) / electronic imaging system
**EC** (DIN 7728, T 1) (Chem) / ethylcellulose *n*
**EC-Abtragen** *n* (Masch) / electrolytic machining*, electrochemical machining*, ECM*
**Eccles-Jordan-Schaltung** *f* (Eltronik) / Eccles-Jordan circuit*, bistable trigger circuit (a flip-flop circuit)
**ECD** (Chem, Kernphys) / electron capture detector, ECD
**Ecdyson** *n* (ein Ecdysteroid) (Biochem) / ecdysone *n*, moulting hormone, molting hormone (US)
**Ecdysteroid** *n* (Steroidhormon bei bestimmten Wirbellosen) (Biochem) / ecdysteroid *n*
**ECE-Test** *m* (mit simuliertem Stadtverkehr) (Kfz) / ECE test (for automotive emissions), ECE-test cycle, European test procedure
**ECE-Zyklus** *m* (Kfz) / ECE test (for automotive emissions), ECE-test cycle, European test procedure
**Ecgonin** *n* (ein Bestandteil der Tropanalkaloide der Erythroxylaceae - stark giftiger Grundkörper der Koka-Inhaltsstoffe) (Chem) / ecgonine *n*
**Echappement** *n* (Uhr) / escapement* *n* (clock, watch)
**Echelettegitter** *n* (ein Beugungsgitter) (Opt) / echelette grating
**Echellegitter** *n* (ein Beugungsgitter) (Opt) / echelle grating
**Echelon** *n* (Opt) / echelon grating*, echelon *n*
**Echinus** *m* (am dorischen Kapitell) (Arch) / echinus* *n*
**Echo** *n* (Akus, Phys) / echo* *n* ~ (sofortige Anzeige des aktuellen, vom Eingabegerät gelieferten Wertes) (EDV) / echo* *n* ~ (in der Seismik) (Geol) / ringing ‖ ~ (Radar) / echo* *n*, return* *n*, response *n* ‖ ~ (Akus) s. auch Nachhall ‖ **indirektes** ~ (Radar) / indirect echo ‖ **künstliches** ~ (Radar) / plume *n*
**Echo•abgleich** *m* (Radar) / echo matching ‖ ~**anzeige** *f* (Radar) / blip* *n*, pip* *n* ‖ ~**betrieb** *m* (Informationsrückmeldung über Zeitmultiplexverbindungen) (Fernm) / echoplexing *n*, echoplex transmission ‖ ~**box** *f* (Akus) / echo box ‖ ~**canceller** *m* (zur Echokompensation bei Videokonferenzen) (Fernm) / echo canceller, EC ‖ ~**effekt** *m* (EDV) / print-through* *n*, transfer* *n*
**echoen** *v* (Akus) / echo *v*
**Echofläche, äquivalente** ~ (Radar) / equivalent echoing area, effective echoing area
**Echo•gedächtnis** *n* (KI) / echoic memory* *n* ‖ ~**gewölbe** *n* (Akus, Arch) / whispering-gallery* *n* ‖ ~**gramm** *n* (grafische Aufzeichnung einer Echofolge, die von einem Echolot ausgesendet und empfangen wurde) (Akus, Schiff) / echogram *n* ‖ ~**gramm** (Med, WP) / ultrasonogram *n*, sonogram *n* (a visual image produced from an ultrasound examination) ‖ ~**hohlraumresonator** *m* (dessen Resonanzwellenlänge durch seine geometrischen Abmessungen bestimmt ist) (Akus) / echo box ‖ ~**kompensationsverfahren** *n* (beim digitalen Teilnehmeranschluß) (Fernm) / echo compensation method ‖ ~**kompensationsverfahren** (bei Videokonferenzen) (Fernm) / adaptive echo cancellation ‖ ~**kontrolle** *f* (EDV) / echo checking, echo check, read-back check, loop check ‖ ~**laufzeit** *f* (Radar) / echo-propagation time, echo-transmission time, echo-delay time, echo time ‖ ~**laut** *m* (DIN 1320) (Akus) / return* *n* ‖ ~**löscher** *m* (beim Ping-Pong-Verfahren) (Fernm) / echo canceller ‖ ~**lot** *n* (Gerät zur Messung der Wassertiefe) (Akus, Schiff) / echo sounder, echo depth finder, sonic depth finder ‖ ~**lotsystem** *n* / echo sounding system ‖ ~**lotung** *f* / echo sounding* *n* ‖ ~**meter** *n* (Teil des Echolots) (Akus) / echo meter ‖ ~**ortung** *f* (Radar) / echo ranging, echo location, echolocation *n* ‖ ~**plex** (eine Betriebsweise, bei welcher die von einer DEE ausgesendeten Zeichen dieser DEE über ein im Netz befindliche Einrichtung automatisch zurückgesendet werden) (Fernm) / echoplex *n* ‖ ~**sicherung** *f* (EDV) / echo checking, echo check, read-back check, loop check ‖ ~**sperre** (als Tätigkeit) (Akus, Fernsp, Nav) / echo suppression*, echo killing, echo cancellation ‖ ~**sperre** (als Vorrichtung) (Akus, Fernsp, Nav) / echo suppressor, echo killer, ES ‖ ~**teilung** *f* (Fernm) / echo splitting ‖ ~**unterdrücker** *m* (Akus, Fernsp, Nav) / echo suppressor, echo killer, ES ‖ ~**unterdrückung** *f* (Akus, Fernsp, Nav) / echo suppression*, echo killing, echo cancellation ‖ ~**verlust** *m* (Radar) / reflection loss ‖ ~**weg** *m* (Akus, Phys) / echo path ‖ ~**welle** *f* (Phys) / reflected wave* **echt** *adj* / proper *adj* ‖ ~ (Unterschrift) / authentic *adj*, genuine *adj* ‖ ~ / true *adj* ‖ ~ (Farbstoff unter Lichteinwirkung) (Anstr, Tex) / fast* *adj*, fadeless *adj*, non-fading *adj*, unfading *adj* ‖ ~ (Leder) / genuine *adj* ‖ ~**e Adresse** (EDV) / absolute address*, actual address, machine address, specific address ‖ ~**e Adresse** (EDV) / real address (contrasted with "virtual address") ‖ ~**er Azimut** (Verm) / true azimuth* ‖ ~**es Bayöl** (aus Pimenta racemosa (Mill.) J.W. Moore) / bay oil, oil of bay ‖ ~**es Blau** (Dunkelblau) / Oxford blue ‖ ~**er Bristol** (Pap) / genuine bristol ‖ ~**er Bruch** (Math) / proper fraction* ‖ ~**e Daten** (im Gegensatz zu Testdaten) (EDV) / live data ‖ ~**e**

**Faserlänge** (Tex) / fibre extent ‖ ~**er Feuerschwamm** (ein holzzerstörender Porling) (For) / tinder fungus, tinder ‖ ~**e Goldbronze** (Glas, Keram) / gold bronze powder ‖ ~**er Hausschwamm** (holzzerstörender Rindenpilz) (Bau, For) / Merulius lacrymans*, Serpula lacrymans* ‖ ~**e Hefen** (Nahr) / true yeast ‖ ~**e Hickory** (Carya tomentosa (Lam. ex Poir.) Nutt.) (For) / mockernut hickory, black hickory ‖ ~**er Hickory** (For) / mockernut hickory, black hickory ‖ ~**e Hirse** (Panicum miliaceum L.) (Bot) / millet *n* ‖ ~**es Indischgelb** (heute nicht mehr benutzt) / Naturfarbstoff aus dem Harn der mit Mangoblättern gefütterten Kühe) / Indian yellow, piuri *n* ‖ ~**e Inklusion** (als echte Teilmenge) (Math) / proper inclusion ‖ ~**er Kapokbaum** *m* (Ceiba pentandra (L.) Gaertn.) (For) / kapok-tree *n*, silk-cotton tree, ceiba *n* ‖ ~**e Katzenauge** (Chrysoberyll-Katzenauge) (Min) / cymophane* *n*, chrysoberyl cat's eye*, Oriental cat's eye* ‖ ~**e Lösung** (Chem) / true solution ‖ ~**er Mehltau** (durch Erysiphales-Pilze hervorgerufen) (Bot) / powdery mildew* ‖ ~**es Pergamentpapier** (Pap) / vegetable parchment* ‖ ~**es Pfefferminzöl** (Chem, Pharm) / oil of peppermint, peppermint oil ‖ ~**er Rebenmehltau** (eine Krankheit, deren Verursacher der Pilz Uncinula necator Burr. ist) (Bot) / oidiomycosis *n* (pl. -mycoses) ‖ ~**es Rosenholz** (aus Dalbergia nigra (Vell.) Allemann ex Benth.) (For) / Brazilian rosewood, Bahia rosewood, jacaranda *n*, rio rosewood ‖ ~**er Schleuderguß** (Gieß) / true centrifugal casting ‖ ~**er Trennstrich** (ein Trenn- oder Bindestrich, der im Satz auf jeden Fall sichtbar wird) (EDV) / hard hyphen ‖ ~**e Untergruppe** (Math) / proper subgroup ‖ ~**e Untermenge** (Math) / proper subset ‖ ~**es Wasserzeichen** (DIN 6730) (Pap) / true watermark ‖ ~**er Weinstock** (Bot) / grapevine *n* ‖ ~**er Zimt** (aus Cinnamomum zeylanicum Blume) (Nahr) / Ceylon cinnamon ‖ ~**er Zunderschwamm** (Fomes fomentarius) (For) / tinder fungus, tinder *n*
**Echt•darstellung** *f* (am Bildschirm) (Druck) / soft proof ‖ ~**färben** (Tex) / fast dyeing ‖ ~**färberei** *f* (Tex) / fast dyeing ‖ ~**färbesalz** *n* (Tex) / fast colour salt ‖ ~**gelb** *n* (Chem, Tex) / fast yellow ‖ ~**grün** (Chem, Tex) / fast green ‖ ~**heitsgrad** *m* (Tex) / fastness rating ‖ ~**heitsnachweis** *m* (z.B. von importierten Waren) / certificate of genuineness ‖ ~**heitswert** *m* (bei Farbstoffen) (Tex) / fastness rating ‖ ~**leder** *n* (Leder) / genuine leather ‖ ~**lichtgelb** *n* (saurer Pyrazolonfarbstoff) (Chem, Nahr, Tex) / tartrazine *n*, buffalo yellow, Acid Yellow 23, Food Yellow 4 ‖ ~**pergamentpapier** *n* (mit Schwefelsäure pergamentiert) (Pap) / vegetable parchment* ‖ ~**prägung** *f* (Tex) / permanent goffering ‖ ~**rot B** (Anstr, Chem, Nahr, Tex) / Bordeaux *n* B* ‖ ~**rot C** (Chem, Nahr) / carmoisin *n*, azo rubin ‖ ~**sämischgerbung** *f* (reine Trangerbung durch Oxidation von Tran in der Haut) (Leder) / full-oil chamois tannage ‖ ~**schrift-Preview** *f* (Textkontrolle mit echten Schriften) (EDV) / true-font preview ‖ ~**wollgelb** *n* (saurer Pyrazolonfarbstoff) (Chem, Nahr, Tex) / tartrazine *n*, buffalo yellow, Acid Yellow 23, Food Yellow 4
**Echtzeit** *f* (EDV) / real time ‖ ~**betrieb** *m* (EDV) / real-time processing ‖ ~**datenerfassung** *f* (EDV) / real-time data acquisition ‖ ~**datenverarbeitung** *f* (EDV) / real-time processing ‖ ~**emulations- und Testadapter** *m* (EDV) / in-circuit emulator ‖ ~**holografie** *f* / real-time holography ‖ ~**simulation** *f* (Nachbildung des Zeitverhaltens des betrachteten Systems im gleichen Maßstab) (EDV) / real-time simulation ‖ ~**sprache** *f* (EDV) / real-time (programming) language ‖ ~**steuerung** *f* (EDV) / real-time control ‖ ~**system** *n* (Tex) / real-time system* (RTS) ‖ ~**uhr** *f* (Funktionseinheit eines Rechensystems, die Absolutzeit oder Relativzeiten angibt) (EDV) / real-time clock* (RTC) ‖ ~**verarbeitung** *f* (EDV) / real-time processing
**Echtziel** *n* (Radar) / wanted target
**Eck•beschlag** *m* (z.B. des Containers) / corner fitting ‖ ~**bewehrung** *f* (rechtwinklige oder schräge - einer Platte) (HuT) / corner armature ‖ ~**bewehrung** (Masch) / corner reinforcement ‖ ~**blech** *n* (Kfz, Masch) / corner panel ‖ ~**blech** (Klemp, Masch) / gusset plate*, gusset* *n* ‖ ~**bohrer** *m* (Werkz) / right-angle drill ‖ ~**drehmeißel** *m* (DIN 4978) (Masch) / square-nose turning tool
**Ecke** *f* (Vorsprung) (Bau) / corner *n* ‖ ~ (Halbband) (Buchb) / corner* *n* ‖ ~ (Math) / vertex* *n* (pl. vertices or vertexes), point vertex ‖ **abgerundete** ~ (Buchb) / rounded corner ‖ **abgeschlagene** ~ / chipped corner ‖ **abgesplitterte** ~ / chipped corner ‖ **ausspringende** ~ (Arch, Bau) / arris* *n* ‖ **körperliche** ~ (Math) / polyhedral angle ‖ **körperliche** ~ (Math) / trihedron *n* (pl. -s or -hedra) ‖ **tote** ~ (reinigungstechnisch schlecht erfaßbar) / blind spot ‖ **um die** ~ **fahren** (biegen) (Kfz) / corner *v*
**Eckelement** *n* (Masch) / corner element
**Ecken** *n* (Masch, V-Mot), canting* *n*, tilting *n* ‖ ~**abschnitt** *m* (bei der Lochkarte) (EDV) / corner cut ‖ ~**brenner** *m* (Masch) / corner-fired burner ‖ ~**bruch** *m* / chipped corner ‖ ~**effekt** *m* (Veränderung des Luftdruck- und Windfeldes an hervorspringenden Steilküsten und Landvorsprüngen) (Meteor) / corner effect ‖ ~**linie** *f* (Math) / transversal *n* (intersecting a vertex) ‖ ~**linie** (die zwei nicht benachbarte Ecken miteinander verbindet) (Math) / diagonal* *n* ‖

**Eckenmaß**

~**maß** n (der Schraube nach DIN 918) (Masch) / width across corners, width A/C ‖ ~**radius** m / corner radius ‖ **abgerundete** ~**schutzleiste** (Bau) / angle bead* ‖ ~**test** m (ein Signifikanztest) (Stats) / corner test ‖ ~**verbindepapier** n (Pap) / stay paper ‖ ~**verbindung** f (bei festen Schachteln) (Pap) / stay n ‖ ~**verstärkung** f (Masch) / corner reinforcement ‖ ~**verstärkung** (bei festen Schachteln) (Pap) / staying n, corner staying ‖ ~**winkel** m (DIN 6581) (Masch) / tool included angle, major cutting edge, tool cutting edge plane ‖ ~**winkel** (Math) / interior angle ‖ ~**ziegel** m (Bau) / angle closer*, angle brick

**Eckermannit** m (eine besonders Na-reiche Hornblende) (Min) / eckermannite* n

**Eckert-Projektion** (nach M. Eckert-Greifendorff, 1868-1938) (Kart) / Eckert projection

**Eckerts kartografische Abbildung** (I bis VI) (Kart) / Eckert projection

**Eckert-Ziegler-Verfahren** n (eine Art Schneckenspritzgießen) (Plast) / intrusion moulding

**Eck•frequenz** f (Eltronik, Regeln) / corner frequency, break frequency ‖ ~**frequenz** (Fernm) / cut-off frequency*, limiting frequency, edge frequency ‖ ~**frequenz** (eines dynamischen Systems) (Phys) / breakpoint frequency ‖ ~**hahn** m (meistens Kugelhahn mit Gehäuse in Eckform) (Masch) / angle cock ‖ ~**hahn** (meistens ein Kugelhahn) (Masch) / angle cock

**eckige Klammern** (Typog) / square brackets, straight brackets

**Eck•klotz** m (zum Versteifen von Winkelverbindungen) (Tischl) / corner block, glue block ‖ ~**knoten** m (bei der Finite-Element-Methode) (Masch) / node n ‖ ~**leiste** f / corner ledge, corner strip ‖ ~**lohn** m / basic pay norm, basic wage, reference wage, basic wage rate, base pay ‖ ~**mast** m (Eltech) / rigid support* ‖ ~**naht** f (Schw) / corner seam ‖ ~**nahtverbindung** f (im rechten Winkel - DIN 1912, T 1) (Schw) / corner joint ‖ ~**podest** n (Treppenabsatz zwischen rechtwinklig zueinander angeordneten Treppenläufen) (Bau) / quarter-space landing*, quarter landing ‖ ~**punkt** m (eines Vielecks, eines Polyeders) (Math) / vertex* n (pl. vertices or vertexes), point vertex ‖ ~**rohrkessel** m (Masch) / corner-tube boiler ‖ ~**schutzleiste** f (Bau) / angle staff*, staff* n, staff angle* ‖ ~**spachtel** m f (Bau) / angle trowel, trowel n (external, internal), internal angle trowel, angle float*, twitcher n ‖ ~**stab** m (eines Brennelementbündels) (Nukl) / corner rod, fuel assembly corner rod ‖ ~**stein** m (Bau) / quoin stone, corner stone ‖ ~**stein** (sehr oft mit gewechseltem Format) (Bau) / closer* n, bat* n, glut* n ‖ ~**stein** (abgeschrägter) [zur Ausbildung des Eckverbandes] (Bau) / angle closer*, angle brick ‖ ~**stiel** m (des Bohrturms) (Erdöl) / leg n ‖ ~**stoß** m (im rechten Winkel - DIN 1912, T 1) (Schw) / corner joint ‖ ~**termin** m / main appointed date ‖ ~**transversale** f (Gerade durch eine Ecke eines Dreiecks oder eines Tetraeders) (Math) / transversal n (intersecting a vertex) ‖ ~**überblattung** f (Tischl) / corner halving ‖ ~**ventil** n (Masch) / angle valve ‖ ~**verband** m (Zimm) / corner joint ‖ ~**verbindung** f (Zimm) / corner joint ‖ ~**verkämmung** f (Bau, HuT) / corner cogging ‖ ~**versteifung** f (im allgemeinen) / corner stiffening ‖ ~**versteifung** (mit Ecksteifen) (HuT) / corner bracing ‖ ~**versteifung** (Pap) / staying n, corner staying ‖ ~**wert** m (z.B. bei Leistungsangaben) / marker n ‖ ~**ziegel** m (zur Ausbildung des Eckverbandes) (Bau) / closer* n, bat* n, glut* n ‖ ~**zwickel** m (Arch) / pendentive* n, panache* n

**EC-Läppen** n (Masch) / electrochemical lapping

**ECL-Schaltung** f (Eltronik) / emitter-coupled logic, ECL, current-mode logic, CML

**ECM** (Masch) / electrolytic machining*, electrochemical machining*, ECM*

**ECMA-Kassette** f (EDV) / European Computer Manufacturers' Organization cassette, ECMA cassette, ECMA data cassette

**ECMA-34-Kassette** f (EDV) / European Computer Manufacturers' Organization cassette, ECMA cassette, ECMA data cassette

**ECM-Flugzeug** n (Mil) / ECM aircraft

**ECOIN** (europäisches Verzeichnis, das etwa 33 000 Altstoffe enthält) (Chem, Umwelt) / European Communities' Core Inventory

**Economiclager** n (ein Wälzlager, das für den Hersteller wie auch Anwender wirtschaftlich ist) / economic bearing

**Economiser** m (zur Vorwärmung von Luft bzw. Speisewasser oder zur Erzeugung von Niederdruckdampf) (Masch) / economizer* n, steam economizer*, heat economizer

**Economyklasse** f (Luftf, Schiff) / economy class, tourist class

**Ecossais** m (durch ineinander geschobene Quadrate und Rechtecke farbig gemusterter Kleider-, Futter- und Blusenstoff) (Tex) / écossaise n

**ECR** (Eltronik, Kernphys) / electron-cyclotron resonance (ECR)

**Ecraséleder** n (farbiges, pflanzlich gegerbtes, grobnarbiges Ziegenleder für die Buchbinderei und für Täschnereizwecke) (Leder) / écrasé leather, crushed leather

**Écruseide** f (Tex) / raw silk, unscoured silk

**ECS** = European Communications Satellite

**EC-Senken** n (Masch) / electrochemical forming (ECF)

**Ecstasy** f (Szenenbezeichnung für das Rauschgift 3,4-Methylendioxy-N-methylamphetamin) / Ecstasy n, MDMA

**ECT** (Med, Radiol) / emission computer tomography, ECT, single-photon emission computer tomography, laminography* , planigraphy*, SPECT

**EC-Test** m (ein elektrochemisches Korrosionsprüfverfahren) (Galv) / electrolytic corrosion test

**E-Cu** (Hütt) / electrolytic copper*, cathode copper*, electrocopper n

**ED** / electrodialysis* n (pl. -lyses), ED ‖ ~ (Eltech) / cyclic duration factor, c.d.f., duty factor, duty cycle ‖ ~ (Eltech) / operating factor* ‖ ~ (Eltech, Masch) / ON-time n, operating time, running time ‖ ~ (Plast) / elastodiene n

**EDA** (Chem) / ethylenediamine n, diaminoethane n

**EDA-Komplex** m (Chem) / adduct* n

**edaphische Klimax** (Bot, Umwelt) / edaphic climax*

**Edaphon** n (Boden als Lebensraum) (Umwelt) / edaphon n

**E-Darstellung** f (Anzeige in rechtwinkligen Koordinaten: die Abszisse zeigt die Entfernung, die Ordinate den Höhenwinkel an) (Radar) / E-display* n

**ED-Bearbeitung** f (Masch) / electroerosion n, electroerosive machining, electrical discharge machining*, EDM*

**EDC** / cologne n, cologne water, eau-de-Cologne n

**ED-Diagramm** n (Spektr) / extinction-difference diagram, ED diagram

**ED-Düse** f / expansion-deflection nozzle

**Eddy-Diffusion** f (Chem Verf) / eddy diffusion*

**edel** adj (Ausstattungsmaterial) / high-grade attr, classy adj ‖ ~ (Chem) / noble adj ‖ . [grüner] **Edler Serpentin** (Geol) / verd-antique n, verde antique, serpentine marble, green marble ‖ **Edler Galmei** (Min) / smithsonite* n, dry bone* (ore - the honeycombed variety), szaskaite n ‖ **edles Metall** (in der Spannungsreihe) (Chem, Eltech) / noble metal*, royal metal ‖ **Edler Obsidian** (Geol) / marekanite* n ‖ **Edler Olivin** (Min) / peridot* n (the gem variety of olivine) ‖ **Edle Tanne** (For) / noble fir

**Edel•**~ (Chem) / noble adj ‖ **rosaroter** ~**beryll** (Min) / morganite* n ‖ ~**brechsand** m (der erhöhte Anforderungen hinsichtlich der Genauigkeit der Korngröße, des Unter- und Überkorns, der Kornform usw. erfüllen muß) / high-grade crushed sand, high-quality crushed sand

**Edeleanu-Verfahren** n (Extraktionsverfahren zur Petroleum-, Gasöl- und Schmieröl-Raffination mit verflüssigtem Schwefeldioxid, das physikalisch die aromatischen Bestandteile aus den zu raffinierenden Produkten herauslöst - nach L. Edeleanu, 1861-1941) (Erdöl) / Edeleanu process*

**Edel•erz** n (Aufber, Bergb) / high-grade ore, rich ore ‖ ~**fäule** f (bei reifen Weintrauben) / noble rot ‖ ~**furnier** n (For) / decorative veneer ‖ ~**gas** n (He, Ne, Ar, Kr, Xe und Rn) (Chem) / inert gas*, noble gas*, rare gas* ‖ ~**gasgleichrichter** m (Eltech) / Tungar rectifier ‖ ~**gaskonfiguration** f (eine Elektronenkonfiguration, bei der die äußeren Schalen mit acht Elektronen besetzt sind) (Chem, Kernphys) / noble-gas electron configuration, inert-gas configuration ‖ ~**gaskristall** m (Phys) / rare-gas crystal ‖ ~**gasverbindung** f (Chem) / noble-gas compound ‖ ~**holz** n (mit dekorativer Textur) (For) / fine wood, luxury wood ‖ ~**kastanie** f (For) / sweet chestnut, Spanish chestnut, Italian chestnut ‖ ~**metall** n (Gold, Silber, Platinmetalle) (Hütt, Masch) / noble metal*, precious metal, PM ‖ ~**metallbarren** (Hütt) / bullion* n ‖ ~**metallgehalt** m (z.B. je Tonne Erz) (Bergb) / values pl ‖ ~**metallkatalysator** m (Platin) (Kfz) / noble-metal catalyst ‖ ~**metall-Motor-Drehwähler** m (Fernsp) / noble-metal uniselector motor switch ‖ ~**opal** m (schönste Art des Opals als Schmuckstein) (Min) / edelopal* n ‖ ~**putz** m (S) (mit aufgedrückten Kieseln, Muscheln, Glassplittern) (Bau) / depeter*, depreter* n ‖ ~**putz** (ein fabrikmäßig hergestellter Trockenmörtel) (Bau) / premixed plaster ‖ ~**quarzsand** m / Lynn sand ‖ ~**reis** n (Landw) / scion n ‖ ~**rift** n (herzfreies Riftbrett) (For) / clear-heart rift ‖ ~**rost** m (Chem) / patina* n, verde antico* ‖ ~**sitz** m (Masch) / close fit ‖ ~**spinell** (Magnesiumaluminat) (Min) / magnesian spinel* ‖ ~**splitt** (ein mehrfach gebrochenes und gesiebtes Naturgestein der Korngruppen 2 bis 22 mm) / multiple-crushed chippings ‖ ~**stahl** (Euronorm 20/74) (Hütt) / special steel ‖ ~**stein** m (geschliffener und geschnittener) / gem n, jewel n, gemstone n (US), ornamental stone ‖ ~**stein** (besonders seltene und schöne Kristallbildung von Mineralien, die zu Schmuckzwecken verwendet wird - als Rohware) (Min) / precious stone, stone n ‖ ~**steinkunde** f (Min) / gemmology n, gemology n ‖ ~**steinlager** n (von Meßinstrumenten) (Instr) / jewelled bearing* ‖ ~**steinlagerung** f (von Meßinstrumenten) (Instr) / jewelled bearing* ‖ ~**steinschneider** m (Person) / lapidary n ‖ ~**steinseife** f (Geol) / gem placer ‖ ~**zellstoff** m (Pap) / processed pulp ‖ ~**zellstoff** (Pap, Tex) / dissolving pulp*

**Edenit** m (grüne Hornblende) (Min) / edenite* n

**E-Diagramm** n (bei Antennen) (Radio) / E-plane pattern ‖ ~ (Radio) / E-plane pattern

**edieren** *v* (bei der Textverarbeitung und bei der Programmentwicklung) (EDV) / edit *v*
**Edinam** *n* (For) / tiama *n*, gedu nohor, edinam *n*
**Edison•-Akkumulator** *m* (Eltech) / nickel-iron-alkaline accumulator*, iron-nickel accumulator*, iron-nickel storage battery, Ni-Fe accumulator*, Edison accumulator*, storage battery of iron-nickel type, nickel-iron battery ‖ ~**-Effekt** *m* (nach T.A. Edison, 1847-1931) (Eltronik) / Edison effect*, Richardson effect* ‖ ~**-Gewinde** *n* (Eltech) / Edison screw-thread, electrical thread* ‖ ~**-Glühlampenfassung** *f* (Eltech) / Edison screw-holder* ‖ ~**-Schrift** *f* (mit vertikaler Auslenkung der Graviernadel) (Akus) / hill-and-dale recording, vertical recording ‖ ~**-Sockel** *m* (Glühlampensockel mit Schraubgewinde, normal E 27 bis 200 Watt, Goliathgewinde E 40 für größere Lampenleistungen) (Eltech) / Edison screw-cap*, Edison screw lamp cap
**Edit-Funktion** *f* (EDV) / editing function
**editierbares PostScript** (EDV) / editable PostScript, EPscript, ePS
**editieren** *v* (EDV) / edit *v* ‖ **~** (EDV) / edit *v* ‖ **~** *n* (EDV) / editing *n* ‖ **interaktives ~** (EDV) / interactive editing ‖ **~ am Bildschirm** (Druck, EDV) / on-screen editing, screen editing* ‖ **~ am Bildschirm** (EDV) / screen editing, on-screen editing ‖ **~ von Pixeln** (EDV) / pixel editing
**Editier•funktion** *f* (EDV) / editing function ‖ **~kopierer** *m* (EDV) / editing copier ‖ **~modus** *m* (EDV) / editing mode ‖ **~platz** *m* (EDV) / editing workstation ‖ **~station** *f* (im Bildschirmtext) (Eltronik) / editing station ‖ **~system** *n* (EDV) / editing system ‖ **~taste** *f* (EDV) / editing key
**Editor** *m* (Druck) / editor *n* ‖ **~** (ein Hilfsprogramm) (EDV) / editor* (EDT) *n*, editor program ‖ **bildschirmorientierter ~** (EDV) / screen-oriented editor ‖ **formatierender ~** (EDV) / formatting editor ‖ **strukturgebundener ~** (EDV) / structurally bounded editor, conceptually bounded editor ‖ **syntaxgesteuerter ~** (zum Edieren von Programmtext) (EDV) / syntax-directed editor ‖ **~** *m* **mit Fenstertechnik** (EDV) / window editor
**EDM** (Masch) / electroerosion *n*, electroerosive machining, electrical discharge machining*, EDM*
**Edman-Abbau** *m* (nach P. Edman, 1916-1977) (Chem) / Edman degradation
**EDr** (Eltech) / earth reactor*, neutralator* *n*, grounding reactor (US), earthing autotransformer*, neutral autotransformer*, neutral compensator*
**EDRAM** *n* (EDV) / Enhanced Dynamic RAM, EDRAM
**EDRS** (Spektr) / energy-dispersive analysis of X-rays, EDAX
**EDS** / electrodynamic levitation ‖ **~** (Spektr) / energy-dispersive analysis of X-rays, EDAX
**EDT** (Verbindung mit ausgeprägten piezoelektrischen Eigenschaften) (Chem, Eltronik) / ethylenediamine tartrate* (EDT)
**EDTA** (Chem) / ethylenediaminetetraacetic acid*, EDTA*
**Edukt** *n* (Ausgangsmaterial) (Chem Verf) / starting material ‖ **~** (Ausgangsgestein bei der Metamorphose) (Geol) / old rock, primary rock ‖ **~** (Masch) / charge* *n*, burden *n*, feed material, feeding stock, charging stock, feedstock *n*, educt *n*
**Edutainment-Software** *f* (Lernprogramme mit Spielcharakter) (EDV) / edutainment software ‖ **~** Lernprogramme mit Spielcharakter) (EDV) / edutainment software
**EDV** (EDV) / electronic data processing, EDP ‖ **~-Abteilung** *f* (EDV) / data-processing department ‖ **~-Kenntnisse** *f pl* (gute) (EDV) / computer literacy ‖ **fehlende ~-Kenntnisse** (EDV) / computer illiteracy
**ED-Weg** *m* (Biochem) / Entner-Doudoroff pathway
**EDX** (Spektr) / energy-dispersive X-ray analysis
**EDZ** (Mech) / plane-strain state, state of plane strain, plaine-strain condition
**EEC** (Umwelt) / estimated environmental concentration, EEC, predicted environmental concentration, PEC
**EED** (Chem, Kernphys) / electron capture detector, ECD
**EEE** (Eltronik) / exo-electron emission, EEE
**E-Einfang** *m* (Kernphys) / electron capture*, EC
**E-Eisen** *n* (Hütt) / electrolytic iron
**E1-Eliminierung** *f* (Chem) / E1-mechanism *n* (of elimination)
**E2-Eliminierung** *f* (Chem) / E2-mechanism *n* (of elimination)
**EELS** (Spektr) / electron energy loss spectroscopy, EELS, energy-loss spectroscopy, ELS, characteristic loss spectroscopy, CLS
**EEROM** (EDV) / electrically erasable ROM, EEROM
**EFA** / electrostatic-precipitator ash
**E-Fänger** *m* / electron-capture radioisotope, electron capturer
**Effekt** *m* (Erscheinung, Phänomen) (Phys) / effect *n* ‖ **akustooptischer ~** (Akus, Opt) / acoustooptic effect ‖ **äußerer lichtelektrischer ~** (wenn das Fotoelektron das Atom oder den Fremdkörper verläßt) (Eltronik) / external photoeffect, photoemission effect, external photoelectric effect ‖ **autoelektronischer ~** (Eltronik) / autoemission *n*, autoelectric effect, cold emission, field emission* ‖

**elektrokalorischer ~** (die Umkehrung der Pyroelektrizität) / electrocaloric effect ‖ **fotoakustischer ~** (Akus) / photoacoustic effect ‖ **fotodielektrischer ~** (Änderung der Dielektrizitätskonstante eines Stoffes bei Beleuchtung) (Elektr) / photodielectric effect ‖ **fotodynamischer ~** (Biol) / photodynamic effect ‖ **fotoelektromagnetischer ~** (Eltronik) / photoelectromagnetic effect*, photoelectromagnetic effect* ‖ **fotogalvanomagnetischer ~** (Eltronik) / photomagnetoelectric effect*, photoelectromagnetic effect* ‖ **fotografischer ~** (Belichtungs- oder Entwicklungseffekt) (Foto) / photographic effect ‖ **fotorefraktiver ~** (Phys) / photorefractive effect ‖ **galvanomagnetischer ~** (z.B. Hall-Effekt oder Gauß-Effekt) (Phys) / galvanomagnetic effect*, magnetogalvanic effect ‖ **geomagnetischer ~** (Geophys) / geomagnetic effect ‖ **gyromagnetischer ~** (z.B. Barnett-Effekt oder Einstein-de-Haas-Effekt) (Phys) / gyromagnetic effect*, magnetomechanical effect ‖ **induktiver ~** / inductive effect, I effect ‖ **innerer lichtelektrischer ~** (das aus seiner Bindung herausgelöste Elektron bleibt im Festkörper) / internal photoeffect ‖ **linearer elektrooptischer ~** (Eltech) / Pockels' effect ‖ **magnetoakustischer ~** (das Auftreten von Oszillationen der Ultraschallabsorption und der Ultraschallgeschwindigkeit in Metallen als Funktion eines homogenen Magnetfeldes) (Phys) / magnetoacoustic effect ‖ **magnetoelektrischer ~** (Phys) / magnetoelectric effect ‖ **magnetokalorischer ~** (die Temperaturänderungen bei rein magnetischen Zustandsänderungen) (Mag, Wärm) / magnetocaloric effect ‖ **magnetomechanischer ~** (gyromagnetischer Effekt, magnetoelastischer Effekt) / magnetomechanical effect ‖ **mechanokalorischer ~** (die Umkehrung des thermomechanischen Effekts) (Phys) / mechanocaloric effect ‖ **mesomerer ~** (Chem) / mesomeric effect, resonance effect ‖ **optische ~** (Film) / opticals* *pl*, optical effects ‖ **optogalvanischer ~** (ein fotoelektrischer Effekt in einer Gasentladung) (Phys) / optogalvanic effect ‖ **optovoltaischer ~** (Phys) / optogalvanic effect ‖ **piezoelektrischer ~** (Elektr, Krist) / piezoelectric effect* ‖ **piezoresistiver ~** (Änderung des elektrischen Widerstandes durch Druck /Materialspannung/) (Eltech) / piezoresistive effect ‖ **relativistischer ~** (Einfluß der Relativitätstheorie auf die Eigenschaften von Atomen und Molekülen) (Chem) / relativistic effect ‖ **sterischer ~** (Chem) / steric effect ‖ **stroboskopischer ~** (Opt) / stroboscopic effect ‖ **synartetischer ~** (ein Proximitätseffekt) (Chem) / neighbouring-group effect ‖ **thermoelektrischer ~** (Seebeck-Effekt, Peltier-Effekt, Bridgman-Effekt, Thomson-Effekt, Benedicks-Effekt) (Phys) / thermoelectric effect* ‖ **thermomechanischer ~** (in supraflüssigem Helium II) (Phys) / fountain effect ‖ **thermomechanischer ~** (Phys) / thermomechanical effect ‖ **~** *m* **des ausgeschlossenen Volumens** (bei Hochpolymeren) (Chem) / excluded volume effect ‖ **~ zweiter Ordnung** (Elektr) / second-order effect

**Effekt•band** *n* (Tex) / effect sliver ‖ **~beleuchtung** *f* (Licht) / effect lighting, accent lighting ‖ **~bogen** *m* (Eltech) / flame-arc* *n* ‖ **~bogenlampe** *f* (Eltech) / flame-arc lamp* *n* ‖ **~filter** *n* (Foto) / trick filter ‖ **~garn** *n* (Spinn) / fancy yarn*, effect thread*, effect yarn, novelty yarn

**effektiv** *adj* / effective *adj* ‖ **~e Adresse** (EDV) / effective address* (EA) ‖ **~e Antennenhöhe** (Radio) / effective antenna height* ‖ **~er Befehl** (EDV) / actual instruction, effective instruction ‖ **~e Berechenbarkeit** (Math) / effective computability ‖ **~e Blendenzahl** (Foto) / T-stop ‖ **~er Energiegewinn** / net energy gain ‖ **~e Halbwertszeit** (Kernphys) / effective half-life* ‖ **~e Kernladungszahl** (Kernphys) / effective atomic number, EAN ‖ **~e Leistung** / efficiency* *n* ‖ **~e Liefermenge** (Masch) / free air delivery, f.a.d. ‖ **~e Masse** (eine Rechengröße, die sich aus der Bandstruktur ergibt) (Eltronik) / effective mass* ‖ **~e Molarität** (mit der Dimension einer Konzentration) (Chem) / effective molarity ‖ **~e Öffnungsfläche** (bei den Strömungsberechnungen) / effective area of an orifice ‖ **~er Öffnungswinkel** (DIN 58140) / effective acceptance angle ‖ **~e Ordnungszahl** (Chem) / effective atomic number* ‖ **~e Quantenenergie** (Radiol) / effective energy* ‖ **~e Strahlungsleistung** (Fernm) / effective radiated power* ‖ **~e Teilchendichte** (Pulv) / effective particle density* ‖ **~e Übertragungsgeschwindigkeit** (EDV) / data transfer rate ‖ **~e Wärmekapazität** (des Kalorimeters) (Phys, Wärm) / water equivalent*, thermal capacity, heat capacity, energy equivalent ‖ **~e Wellenlänge** (bei der optischen Pyrometrie) (Phys) / Crova wavelength ‖ **~e Wellenlänge** (Radiol) / effective energy* ‖ **~e Wellenleistung** (Masch) / shaft output, shaft power output ‖ **~e Welligkeit** (Wechselspannungsgehalt, Wechselstromgehalt nach DIN 4010) (Eltech) / ripple* *n*

**Effektivität** *f* (F.Org) / efficiency *n* ‖ **~** (Kenngröße eines Strahlungsmeßgerätes) (Kernphys) / counter efficiency*, efficiency *n* ‖ **~ der Büroarbeit** / office efficiency ‖ **~ des Wasserverbrauches** / water-use efficiency

**Effektiv•leistung** f (Eltech) / root-mean-square power*, r.m.s. power* ‖ ~**leistung** (Eltech) s. auch Wirkleistung ‖ ~**lohn** m (F.Org) / actual earnings ‖ ~**spannung** f (Eltech) / root-mean-square voltage, RMS voltage ‖ ~**temperatur** f (Astr) / effective temperature* ‖ ~**wert** m (Eltech, Masch) / effective value* ‖ ~**wert** (einer periodischen Größe) (Phys) / r.m.s. value*, RMS value, effective value*, root-mean-square value* ‖ ~**wertgleichrichter** m (mit einer Schaltungsanordnung, bei der das quadratische Kennliniengebiet eines Bauelements mit nichtlinearer Charakteristik durch die gleichzurichtende Größe gesteuert wird) (Eltech) / square-law rectifier*
**Effekt•karton** m (Pap) / fancy board ‖ ~**kohle** f (Dochtkohle, deren Kern Salze der seltenen Erden zugesetzt sind) (Eltech) / flame carbon*, flame-cored carbon*, mineralized carbon ‖ ~**kohlenbogenlampe** f (Eltech) / flame-arc lamp* ‖ ~**lack** m (z.B. Hammerschlaglack, Narbenlack, Fadenlack, Kleckerlack usw.) (Anstr) / effect vanish, plastic paint, texture paint*, effect coat ‖ ~**lackierung** f (bei der eine gewollte, visuell erfaßbare Unregelmäßigkeit gleichmäßig über die Oberfläche verteilt ist) (Anstr) / effect coating ‖ ~**lautsprecher** m (im Zuschauerraum) (Film) / auditorium loudspeaker
**Effektomer** n (Biochem) / toxophoric group
**Effektor** m (chemische Verbindung, die die Gen- oder Enzymaktivität steuert) (Biochem, Gen) / effector* n ‖ ~ (Masch) / effector n ‖ ~ (Gerät bzw. System, mit dessen Hilfe der Regler in einem Regelkreis auf die Regelgröße einwirken kann) (Regeln) / effector n
**Effekt•scheinwerfer** m (Film) / effect spot ‖ ~**streifen** m pl (Tex) / decorative stripes ‖ ~**zwirn** m (Spinn) / fancy yarn*, effect thread*, effect yarn, novelty yarn ‖ ~**zwirnmaschine** f (zur Herstellung der Effektzwirne) (Spinn) / fancy yarn doubler, novelty twister, fancy yarn twister
**efferens** adj (in der terminologischen Wortgruppe immer nachgestellt) (Med) / efferent* adj
**efferent** adj (Med) / efferent* adj
**effizient** adj / efficient adj
**Effizienz** f (F.Org) / efficiency n ‖ ~ (eine erwartungstreue Schätzungsvariable) (Stats) / efficiency n ‖ **ökologische** ~ (Umwelt) / ecological efficiency
**Effloreszenz** f (einfache Ausblühung) (Min) / efflorescence* n, bloom* n, blooming n
**effluenter Fluß** (Geol, Wasserb) / effluent river, outflowing stream
**Effusiometer** n (Gerät zur Bestimmung der Gasdichte - z.B. nach Bunsen-Schilling) (Chem, Phys) / effusiometer* n
**Effusion** f (ein magmatischer Prozeß) (Geol) / effusion n ‖ ~ (Ausströmen von Gas unter Druck aus einer kleinen Öffnung) (Phys) / effusion* n
**Effusivgesteine** n pl (Geol) / extrusive rocks*, volcanics pl, volcanic rocks, vulcanites*, effusive rocks, extrusives pl
**EFG-Verfahren** n (Eltronik, Phys) / edge-defined film-fed growth
**EF-Hand** f (Biochem) / EF hand, calmodulin fold
**EFM-Modulation** f (Fernm) / eight-to-fourteen modulation, EFM
**e-Funktion** f (Exponentialfunktion zur Basis e) (Math) / exponential function to base e
**EG** / European Communities, EC
**egalaufziehend** adj (Farbstoff) (Tex) / evenly absorbent
**egalfärben** v (Chem, Tex) / level v
**Egalfärbung** f (Chem, Tex) / levelling* n, leveling n (US)
**Egalisierapparat** m (For) / side dresser
**egalisieren** v (Chem, Tex) / level v ‖ ~ (Farbtöne) (Tex) / even v, even out v ‖ ~ n **durch Schleifen** (For) / sizing n
**Egalisierfräsen** n (Buchb) / levelling n, leveling n (US)
**Egalisiermittel** n (Chem, Tex) / levelling agent*
**Egalisierrahmen** n (DIN 64 990) (Tex) / equalizing frame, levelling frame
**Egalisierung** f (gleichmäßiges Anfärben) (Chem, Tex) / levelling* n, leveling n (US) ‖ ~ (der Schnittbreite bei der Säge) (For) / side dressing
**Egalisierungsmittel** n (ein Hilfsmittel zur Förderung des gleichmäßigen Anfärbens) (Chem, Tex) / levelling agent*
**Egalität** f (der Ausfärbung) (Tex) / evenness n
**EGDMA** (Chem) / ethylene glycol dimethylacrylate
**E-Gebiet** n (der Ionosphäre - früher Heavisideschicht) (Geophys, Meteor) / E-layer* n, E-region n, Heaviside layer*, Kennelly-Heaviside layer*
**Egestion** f (Physiol) / defecation* n, defaecation n
**E-Gewinde** n (Eltech) / Edison screw-thread, electrical thread*
**Egge** f (Landw) / harrow n
**eggen** v (Landw) / harrow v
**Eggenfeld** n (Landw) / harrow section, harrow leaf
**Eggenzinke** f (einer Eggenzinke) (Landw) / harrow spike, harrow tine, harrow tooth
**Eggert-Saha-Gleichung** f (nach J. Eggert, 1891-1973, und M. Saha, 1894-1956) (Plasma Phys) / Saha equation

**Eggshell-Porzellan** n (Keram) / eggshell porcelain (a very thin, highly translucent porcelain)
**E-Glas** n (Glas) / E glass* (of low alkali content)
**Eglomisé** n (Sonderform der Hinterglasmalerei, bei der schwarzer Lack so auf eine Glastafel aufgetragen wird, daß Aussparungen entstehen, die mit spiegelnder Materie hinterlegt werden) (Glas) / verre églomisé
**Egoutteur** m (heute kaum mehr benutzt) (Pap) / dandy roll*
**Egoutteur-Wasserzeichen** n (Pap) / watermark* n
**egrenieren** v (Baumwolle) (Tex) / gin v
**Egreniermaschine** f (Tex) / cotton gin, gin* n
**E-Grenze** f (Mech, WP) / elastic limit*, limit of elasticity
**EG-Schweißen** n (Schw) / electrogas welding, EG welding
**EGW** (Maßzahl des Verschmutzungsgrades eines industriellen Abwassers je Tag im Vergleich mit den Normalwerten eines häuslichen Abwassers) (Sanitär, Umwelt) / population equivalent, PE
**Egyptienne** f (Typog) / slab serif*, Egyptian* n
**EH** (Bau, Bergb, HuT) / grouting additive
**EHD** (Phys) / electrohydrodynamic ionization
**EHD-Schmierung** f / elastohydrodynamic lubrication
**E-Horizont** m (ein Bodenhorizont) (Landw) / $A_2$ horizon, E horizon, eluvial horizon
**Ehrenfestsch•e Gleichung** (eine Verallgemeinerung der Clausius-Clapeyronschen Gleichung bei Phasenübergängen 2. Ordnung) (Phys) / Ehrenfest equation ‖ ~**es Theorem** (nach dem österreichischen Physiker Paul Ehrenfest, 1880-1933) (Phys) / Ehrenfest's theorem
**Ehrhardt-Verfahren** n (mit Rollenkäfigen) (Hütt) / Ehrhardt process, push-bench process
**Ehrlichs Reagens** (zum Nachweis von Eiweißstoffen) (Chem) / Ehrlich's reagent
**Eht** (Hütt) / hardness penetration depth
**EH-Verzweigung** f (Fernm, Radar) / magic-T n, magic tee*, hybrid tee*, hybrid-T* n, hybrid T-junction
**Ei** n (Biol, Nahr) / egg* n
**Eiablage** f (For, Zool) / oviposition n
**EIA-Kode** m (industrieller Standardkode) / EIA code (Electronics Industries Association)
**Eialbumin** n (Biochem) / ovalbumin* n, egg albumin, albumen n
**Eiaustauschstoff** m (Nahr) / egg substitute
**Eibe** f (Taxus baccata L.) (For) / yew* n ‖ **Pazifische** ~ (Taxus brevifolia Nutt.) (For) / Pacific yew, Western yew
**Eibennadliger Mammutbaum** (Sequoia sempervirens (D. Don) Endl.) (For) / redwood* n, California redwood, coast redwood
**Eibenzypresse** f (For) / redwood* n, California redwood, coast redwood
**Eibrikett** n (Kftst) / eggette n
**Eichboson** n (Kernphys) / gauge boson*
**Eiche** f (Quercus L.) (For) / oak* n ‖ ~, **gekalkt** (For) / limed oak ‖ **Großfrüchtige** ~ (For) / mossy-cup oak, bur oak, burr oak ‖ **Leierblättrige** ~ (For) / overcup oak ‖ **Ungarische** ~ (For) / Hungarian oak ‖ **Zweifarbige** ~ (Quercus bicolor Willd.) (For) / swamp white oak
**Eichel** f (eine Baumfrucht) (Bot, For, Leder) / acorn n ‖ ~**röhre** f (Kleinströhre) (Eltronik) / acorn valve* n ‖ ~**zucker** m (Chem) / quercitol n, acorn sugar
**eichen** v (DIN 1319, T 1) (Masch, Phys) / calibrate v, gauge v ‖ ~ n (Instr, Masch, Phys) / calibration* n, gauging n
**Eichen•bock** m (Cerambyx cerdo L.) (For) / great capricorn beetle, oak cerambyx ‖ ~**bretter** n pl **für die Holztäfelung** (Tischl) / wainscot n ‖ ~**galle** f (Bot, For) / oak apple, oak gall ‖ ~**gerbrinde** f (For, Leder) / oak tan-bark ‖ **gekalktes** ~**holz** (Oberflächeneffekt mit weißgetönten Poren) (For) / limed oak ‖ ~**lohgegerbt** adj (Leder) / oak-tanned adj ‖ ~**lohrinde** f (For, Leder) / oak tan-bark ‖ ~**moos** n (Flechten der Familie Usneaceae) (Bot) / oakmoss n ‖ ~**moos** (eigentliches) (Harz der Pflaumenflechte - Evernia prunastri L. Ach. - zur Herstellung von Extrakten für die Parfümerie- und Seifenindustrie) (Bot) / oakmoss resin, mousse de chêne ‖ ~**moosabsolue** n (aus der auf Eichen wachsenden Flechte durch Extraktion gewonnene dunkelgrüne bis dunkelbraune viskose Masse, die zur Parfümherstellung dient) / oakmoss absolute ‖ ~**prozessionsspinner** m (Thaumatopoea processionea L.) (For) / oak processionary moth ‖ ~**rinde** f (For, Leder, Pharm) / oak bark ‖ ~**rindegegerbt** adj (Leder) / oak-tanned adj ‖ ~**schälrinde** f (For, Leder) / oak tan-bark ‖ ~**seide** f (Tex) / tussah n (US), tussah-silk* n, tussore silk, tusser silk ‖ ~**splintkäfer** m (Scolytus intricatus Rtz.) (For) / oak-bark beetle ‖ ~**welke** f (durch Ceratocystis fagacearum verursacht) (For) / oak wilt ‖ ~**wickler** m (Tortrix viridiana L.) (For) / oak-leaf roller
**Eich•feld** n (Astr) / selected area ‖ ~**feld** (Phys) / gauge field ‖ ~**feldtheorie** f (Phys) / gauge theory* ‖ **nichtabelsche** ~**feldtheorie** (Phys) / non-Abelian gauge theory, non-abelian gauge theory ‖ **abelsche** ~**feldtheorie** (Phys) / Abelian gauge theory, abelian gauge

theory ‖ ~**frequenz** *f* (Eltech) / standard frequency* ‖ ~**gas** *n* (Gas bestimmter Zusammensetzung zur Kalibrierung von Analysen- und Meßgeräten) / calibration gas ‖ ~**gruppe** (Phys) / gauge group ‖ ~**instrument** *n* (Eltech, Instr) / standard instrument ‖ ~**invarianz** *f* (Phys) / gauge invariance ‖ ~**kolben** *m* (Gasmessung) / bell prover, gas referees' meter prover ‖ ~**kraftstoff** *m* (Kftst) / reference fuel ‖ ~**kurve** *f* / calibration curve ‖ ~**marke** *f* (z.B. einer Pipette) / calibration mark ‖ ~**maß** *n* (Phys) / calibrant *n* ‖ ~**metall** *n* (Hütt) / sterro metal ‖ ~**mikrofon** *n* (Fernm) / standard microphone ‖ ~**probe** *f* (Eichsubstanz) (Chem) / calibrant *n*, calibration sample ‖ ~**puffer** *m* (für die konventionelle pH-Skala) (Chem) / calibration buffer ‖ ~**spannung** *f* (Referenzspannung zu Eichzwecken) (Eltech) / reference voltage* ‖ ~**spektrum** *n* (Spektr) / calibration spectrum ‖ ~**strich** *m* (bei Gefäßen) / gauge mark ‖ ~**substanz** *f* (Chem) / calibrant *n*, calibration sample ‖ ~**ton** *m* (Akus) / reference tone, reftone *n* ‖ ~**transformation** *f* (in der Quantenfeldtheorie, in der Elektrodynamik) (Phys) / gauge transformation
**Eichung** *f* (DIN 1319, T 1) (Instr, Masch, Phys) / calibration* *n*, gauging *n*
**eichungsfixierend** *adj* (Phys) / gauge-fixing *adj*
**Eicosan** *n* (ein Kohlenwasserstoff der Alkanreihe) (Chem) / eicosane *n*
**Eicosansäure** *f* (Chem) / eicosanoic acid, arachic acid, arachidic acid
**Eicosapentaensäure** *f* (eine Omega-3-Fettsäure) (Chem, Pharm) / eicosapentaenoic acid (EPA)
**EID** (Chem) / electron-induced desorption, EID
**Eiderdaune** *f* (Flaum der Eiderente - Somateria mollissima) (Tex) / eiderdown *n*, eider *n*
**Eidophorverfahren** *n* (zur Großprojektion von Fernsehbildern) (TV) / Eidophor* *n*
**Eidotter** *m* (Biol, Nahr) / yolk* *n*, vitellus* *n* (*pl vitelli*)
**Eier**•**albumin** *n* (Biochem) / ovalbumin* *n*, egg albumin, albumen *n* ‖ ~**brikett** *n* (Kftst) / eggette *n* ‖ ~**durchleuchter** *m* (Landw) / egg candler ‖ ~**durchleuchtung** *f* (Landw) / egg candling ‖ ~**fach** *n* (im Kühlschrank) / egg rack, egg bin, egg bucket, egg shelf, egg tray ‖ ~**konservierung** *f* (Nahr) / egg preservation ‖ ~**kuchen** *m* (auseinandergefallener Satz) (Typog) / pie *n*, printer's pie, pi *n* (US) ‖ ~**landung** *f* (Luftf, Raumf) / soft landing ‖ ~**öl** *n* / egg oil ‖ ~**schale** *f* (Landw, Nahr) / eggshell *n* ‖ ~**schalenglanz** *m* (Anstr) / eggshell gloss* ‖ ~**schalenglätte** *f* (Pap) / eggshell finish* ‖ ~**schalenporzellan** *n* (sehr dünnes, durchscheinendes Porzellan) (Keram) / eggshell porcelain (wenn es eine dünne, highly translucent porcelain) ‖ ~**schaligkeit** *f* (kleine trichterförmige Vertiefungen in der Glasur) (Keram) / dimples *pl* ‖ ~**schaligkeit** (matte Oberfläche - ein Glasurfehler) (Keram) / eggshelling *n*, eggshell *n* ‖ ~**stab** *m* (ein ionisches Kymation) (Arch) / ovolo* *n* (*pl. ovolos or ovoli*), quarter round, ovolo moulding ‖ ~**stein** *m* (Geol) / oölite *n*, oolite *n*, eggstone *n* ‖ ~**wabenförmiger Lichtstreuvorsatz** (Licht) / eggcrate diffuser
**Ei**•**fläche** *f* (Math) / ovaloid *n* ‖ ~**fläche** (Math) s. auch Oval ‖ ~**förmig** *adj* / ovoid *adj*, egg-shaped *adj*, oviform *adj*, ovate* *adj* ‖ ~**förmiges Brikett** (Kftst) / eggette *n* ‖ ~**gelb** *n* (Biol, Nahr) / yolk* *n*, vitellus* *n* (*pl vitelli*) ‖ ~**gelbnachgare** *f* (Leder) / egging *n*
**eigen** *adj* / proper *adj* ‖ ~**e Druckerei** (des Verlags) (Druck) / captive printing office, in-house plant ‖ ~**e Höreradresse** (Nachricht) (Fernm) / my listen address ‖ ~**e Spracheradresse** (Fernm) / my talk address ‖ ~**e Vermittlungsstelle** (Fernm) / own exchange
**Eigen**•- / proper *adj* ‖ ~- (Eltech, Phys) / natural *adj* ‖ ~- (Eltronik) / intrinsic *adj* ‖ ~**absorption** *f* (Phys) / self-absorption* *n* ‖ ~**adsorption** *f* (Phys) / self-adsorption *n* ‖ **mit** ~**antrieb** (Masch) / self-propelled *adj*, automotive *adj* ‖ ~**assoziation** *f* (Chem, Phys) / self-association *n* ‖ **aus** ~**bau stammend** (Landw) / home-grown *adj* ‖ ~**baufutter** *n* (Landw) / home-grown fodder ‖ ~**belüftet** *adj* / self-cooled *adj* ‖ ~**bestäubung** *f* (Bot) / self-pollination* *n* ‖ ~**bestäubung betreiben** (Bot) / self* *v*, self-pollinate *v* ‖ ~**betätigtes System** (ein Fluidgetriebe - z.B. eine hydraulische Kfz-Bremse) (Masch) / self-controlled system ‖ ~**bewegung** (pekuliare, parallaktische) (Astr) / proper motion* ‖ ~**diagnose** *f* (EDV, Kfz) / self-diagnosis *n* ‖ ~**diffusion** *f* / self-diffusion *n* ‖ ~**dissoziation** *f* (Chem) / self-ionization *n*, self-dissociation* *n* ‖ ~**drehimpuls** *m* (Spin) (Kernphys) / intrinsic angular momentum* ‖ ~**drehung** *f* (Luftf) / autorotation* *n*, self-rotation *n* ‖ ~**druckverbreiterung** *f* (Phys) / pressure broadening ‖ ~**erregermaschine** *f* (Eltech) / direct-coupled exciter* ‖ ~**erregte Drehstrom-Erregermaschine** (Eltech) / Leblanc phase advancer* ‖ ~**erregte Maschine** (Eltech) / direct-coupled exciter* ‖ **Maschine** *f* **mit** ~**erregung** (Eltech) / direct-coupled exciter* ‖ ~**erzeugt** (Landw) / home-grown *adj* ‖ ~**farbe** *f* (z.B. des Holzes) / natural colour, intrinsic colour ‖ ~**farbig** *adj* (Eltronik, Krist) / idiochromatic* *adj* ‖ ~**färbung** *f* (einer anodisch erzeugten Oxidschicht) (Galv) / integral colour ‖ ~**feld** *n* (eines Hall-Generators) (Eltech) / self field ‖ ~**festigkeit** *f* (Mech, WP) / inherent strength ‖ ~**feuchtigkeit** *f* (Bergb) / inherent moisture (in coal) ‖ ~**filterung** *f* (bei der Röntgenröhre) (Radiol) / inherent filtration* ‖ ~**frequenz** *f* (Akus) / eigenfrequency* *n* ‖ ~**frequenz** (eines Schwingers) (Fernm, Phys) / natural frequency*, fundamental frequency, resonance frequency ‖ ~**frequenz des Atoms** (Phys) / atomic frequency* ‖ ~**frequenz des Stromresonanzkreises** (Eltech) / antiresonance frequency* ‖ ~**frequenz in ungedämpftem Zustand** (Phys) / undamped natural frequency ‖ ~**funktion** *f* (Math, Phys) / eigenfunction* *n* ‖ **Blochsche** ~**funktion** (nach F. Bloch, 1905-1983) (Phys) / Bloch function* ‖ ~**geräusch** *n* **des Instruments** / instrument noise ‖ ~**geräusch eines Gerätes** (Eltronik) / set noise* ‖ ~**gerbwirkung** (Leder) / self-tanning capacity ‖ ~**geschwindigkeit** *f* (Luftf) / true airspeed*, T.A.S.* ‖ ~**gestaltig** *adj* (Geol, Krist, Min) / idiomorphic* *adj*, euhedral* *adj*, automorphic *adj* ‖ ~**gewicht** *n* (Bau) / dead weight ‖ ~**gewicht** (Kfz) / service weight, unladen weight, service mass ‖ ~**halbleiter** *m* (DIN 41852) (Eltronik) / intrinsic semiconductor*, i-type semiconductor ‖ ~**härtend** *adj* (Plast) / self-curing *adj* ‖ ~**impedanz** *f* (Phys) / intrinsic impedance* ‖ ~**induktivität** *f* (Eltech) / inductance coefficient* ‖ ~**kapazität** *f* (Elektr, Eltech) / self-capacitance* *n*, natural capacitance ‖ ~**kapital** *n* (im Gegensatz zum Fremdkapital) / equity *n*, equity capital ‖ ~**kennlinie** *f* (Eltech) / inherent characteristic ‖ ~**klebrigkeit** *f* ‖ ~**kontrolle** *f* (durch den Betreiber) (Sanitär) / in-house monitoring ‖ ~**kühlung** *f* (mit spezieller Einrichtung auf dem Läufer der Maschine zur Kühlmittelbewegung) (Eltech) / self-cooling *n*, self-ventilation *n* ‖ ~**last** *f* (Bau, Masch) / dead load*, tare* *n* ‖ ~**leistung** *f* (Bau, Masch) / in-house supplies and services ‖ ~**leitend** *adj* (Eltronik) / intrinsic *adj* ‖ **nicht** ~**leitend** (Eltronik) / extrinsic* *adj* ‖ ~**leitende Schicht** (Eltronik) / intrinsic layer ‖ ~**leitfähigkeit** *f* (als Größe) (Eltronik) / intrinsic conductivity ‖ ~**leitung** *f* (DIN 41852) (Eltronik) / intrinsic conduction ‖ ~**leitungsbereich** *m* (Eltronik) / intrinsic region ‖ ~**leitungsdichte** *f* (Eltronik) / intrinsic density ‖ ~**leitungskonzentration** *f* (Eltronik) / intrinsic concentration ‖ ~**leitungstemperatur** *f* (Eltronik) / intrinsic temperature ‖ ~**lenkverhalten** *n* (bezogen auf das Gesamtfahrzeug - Unter- oder Übersteuern) (Kfz) / roll-steer characteristics, roll-steer effect ‖ ~**lenkverhalten** (bezogen auf ein Fahrzeugrad, bedingt durch Volleinfederung des Rades) (Kfz) / self-steering effect ‖ ~**magnetisch** *adj* / self-magnetic *adj* ‖ ~**masse** *f* / own weight ‖ ~**masse** (Bau) / dead weight ‖ ~**masse** (Kfz) / service weight, unladen weight, service mass ‖ ~**nachführung** *f* (bei Satellitenkommunikation) (Fernm) / autotracking *n* ‖ ~**navigation** *f* (Nav) / own navigation ‖ ~**parität** *f* (Phys) / intrinsic parity ‖ ~**peilung** *f* (Luftf, Schiff) / automatic direction-finding*, ADF* ‖ ~**periodendauer** *f* (Fernm) / natural period* ‖ ~**periodenlänge** *f* (Fernm) / natural period* ‖ ~**potentialkurve** *f* (bei der Bohrlochmessung) (Bergb) / spontaneous-potential curve, SP curve ‖ ~**potentialmessung** *f* (Bergb) / spontaneous-potential method, self-potential method, SP logging, spontaneous-potential well logging ‖ ~**potentialmethode** *f* (Bergb) / spontaneous-potential method, self-potential method, SP logging, spontaneous-potential well logging ‖ ~**rauschen** *n* (Eltronik) / inherent noise ‖ ~**regression** *f* (in der Zeitreihenanalyse) (Math, Stats) / autoregression *n* ‖ ~**resonanz** *f* (Fernm) / natural resonance*
**Eigenschaft** *f* (Chem, Phys) / property *n* ‖ ~- (kennzeichnende) (Masch) / feature *n*, characteristic feature ‖ **günstige** ~ (z.B. einer Organisationsstruktur, einer Legierung) / merit *n* ‖ **Markowsche** ~ (Stats) / Markov property ‖ **mechanische** ~ (WP) / mechanical property ‖ **optische** ~**en** (Opt) / optical properties, optical effects ‖ **physikalische** ~ (Phys) / physical property ‖ **thermische** ~ (eines Werkstoffs) (WP) / thermal property ‖ **ungünstige** ~ (z.B. einer Organisationsstruktur, einer Legierung) / demerit *n* ‖ **universelle** ~ (Math) / universal property ‖ **visuell wahrnehmbare** ~ (z.B. Glanz, Farbe, Deckvermögen) (WP) / appearance property
**Eigenschafts**•**kenngrößen** *f pl* **des Werkstoffs** (WP) / material characteristics, performace characteristics of material ‖ ~**liste** *f* (KI) / property list, P-list *n*
**Eigen**•**scherben** *f pl* (Glas) / domestic cullet, factory cullet ‖ ~**scherbenzusatz** *m* (Glas) / running batch ‖ ~**schwingung** *f* (Chem) / natural vibration (of molecules) ‖ ~**schwingung** (Phys) / normal mode (of vibration) ‖ ~**schwingung** (DIN 1311, T 4) (Phys) / self-oscillation *n*, natural oscillation, autooscillation *n* ‖ ~**schwingung** (Phys) / eigentone* *n* ‖ ~**setzung** *f* (der Fundamente) (HuT) / inherent settlement *n* ‖ ~**sicherheit** *f* / intrinsic safety ‖ ~**spannung** *f* (neben der sogenannten Lastspannung im Material auftretende Spannung) (Mech) / internal stress*, residual stress, locked-up stress ‖ ~**stabilität** *f* (Mech) / inherent stability ‖ ~**steifigkeit** *f* (Mech, WP) / inherent stiffness ‖ ~**strahlung** *f* (Radiol) / characteristic X-radiation*, characteristic X-rays, characteristic radiation*, fluorescence X-radiation* ‖ ~**streuung** *f* (Phys) / self-scattering* *n* ‖ ~**temperatur** *f* (im allgemeinen) / intrinsic temperature ‖ ~**test** *m* (als Vorgang) (EDV) / open-shop testing

**eigentlich**

**eigentlich** *adj* / proper *adj* ‖ **~ antitone Funktion** (Math) / strictly decreasing function ‖ **~ divergente Zahlenfolge** (Math) / properly divergent sequence ‖ **~er Kegelschnitt** (Math) / regular conic section, non-degenerate conic ‖ **~e Reaktionskoordinate** (Chem) / intrinsic reaction coordinate, IRC ‖ **~e Untermenge** (Math) / proper subset
**Eigenton** *m* (Phys) / eigentone* *n*
**Eigentum, gewerbliches ~** (im gewerblichen Rechtsschutz) / industrial property
**Eigentümer** *m* / owner *n*
**Eigentumswohnung** *f* (Bau) / condominium *n* (US), condo *n* (US)
**Eigen•überwachung** *f* (einer für die Allgemeinheit gefährlichen Anlage) (Regeln, Umwelt) / in-house monitoring, self-control *n*, automatic monitoring ‖ **~überwachungsprüfung** *f* (der Güteeigenschaften der Baustoffe seitens des Auftragnehmers) (Bau, HuT) / quality-control test ‖ **~vektor** *m* (Math) / characteristic vector, eigenvector *n* ‖ **~verbrauch** *m* (Regeln) / natural consumption ‖ **~verfestigung** *f* (HuT) / consolidation* *n* ‖ **~verständigungsanlage** *f* (Fernm) / intercommunicating system, intercommunication system, intercom *n*, interphone *n* ‖ **~verständigungsanlage** s. Gegensprechanlage ‖ **~viskosität** *f* (von Polymeren) (Chem) / k-value *n* ‖ **~welle** *f* (Mode) (Eltronik, Fernm, Phys) / mode* *n*, mode of vibration, mode of oscillation ‖ **~wellenlänge** *f* **der Antenne** (Radio) / natural wavelength of antenna* ‖ **~wert** *m* (einer Matrix) (Math) / latent root (of a matrix)*, eigenvalue* *n* ‖ **~wert** *m* (Math, Phys) / eigenvalue* *n* ‖ **~wert des Hamilton-Operators** (Phys) / energy state, eigenstate *n*, energy eigenstate ‖ **~wertproblem** *n* (Math) / eigenvalue problem ‖ **Sturm-Liouvillesches ~wertproblem** (Math) / Sturm-Liouville problem, eigenvalue problem ‖ **~widerstand** *m* (Eltech) / resistivity* *n*, specific resistance* ‖ **~widerstand** (einer Stromquelle) (Eltech) / source resistance*, internal resistance* ‖ **~zeit** *f* (bei der Zeitdilatation) (Phys) / proper time
**Eignung** *f* (z.B. für Drosselung - bei Ventilen) (Masch) / suitability *n*
**Eignungsprüfung** *f* / aptitude test ‖ **~** (der Baustoffe) (Bau, HuT) / qualification test ‖ **~** (Eltech) / performance test, operational test
**Eiklar** *n* (A) (das Weiße im Ei) (Nahr) / egg albumen, glair *n*, egg-white *n*, white of egg, albumen *n*, glaire *n*
**Eikonal** *n* (Brunssches, Schwarzschildsches, Seidelsches) (Opt) / eikonal *n*, eikonal function ‖ **~gleichung** *f* (eine fundamentale Gleichung der Wellenausbreitung) (Opt) / eikonal equation
**Eikörper** *m* (Math) / convex body
**Eikosansäure, n-~** (Chem) / eicosanoic acid, arachic acid, arachidic acid
**Eikurve** *f* (Math) / oval *n*
**Eil•arbeit** *f* / rush job ‖ **~auftrag** *m* / rush job ‖ **~gang** *m* (an automatisierten Werkzeugmaschinen) (Masch) / rapid traverse, quick traverse, fast traverse ‖ **~gangwelle** *f* (der Hobel- und Stoßmaschine) (Masch) / quick-motion shaft ‖ **~geld** *n* (beim Unterschreiten der vorgesehenen Lade- bzw. Löschzeit) (Schiff) / dispatch money ‖ **~güterzug** *m* (Bahn) / fast goods train
**Eilinie** *f* (Math) / oval *n*
**Eil•rücklauf** *m* (des Supports) (Masch) / quick return, fast return ‖ **~rücklaufgetriebe** *n* (Masch) / quick-return mechanism ‖ **~vorschub** *m* (Masch) / quick feed ‖ **~wartung** *f* (bei Störungen) / fire-brigade maintenance, emergency maintenance (on a non-scheduled basis) ‖ **~zug** *m* (Bahn) / through-train *n*
**Eimer** *m* (des Eimerkettenbaggers) (HuT) / bucket* *n* ‖ **~** (ein Gefäß) (Werkz) / bucket* *n*, pail *n*, vat *n*, tub *n* ‖ **~kette** *n* (Eltronik) / bucket brigade ‖ **~kette** (zwei endlose Gelenkketten, an deren Gliedern die Eimer an jedem vierten oder sechsten Glied angebracht sind) (HuT) / bucket chain ‖ **~ketten-Doppelportalbagger** *m* (HuT) / double-gantry bucket-chain excavator ‖ **~kettenelement** *n* (Eltronik) / bucket-brigade device, BBD ‖ **~kettenförderer** *m* (HuT) / bucket conveyor* ‖ **~kettengrabenbagger** *m* (HuT) / bucket-ladder excavator*, ladder excavator, dredger excavator* ‖ **~kettennaßbagger** *m* (HuT) / bucket-ladder dredger*, elevator dredger, bucket dredger, bucket-dredge* *n*, bucket-ladder dredger* ‖ **~kettenschaltung** *f* (eine Abart der Ladungsverschiebeschaltung) (Eltronik) / bucket-brigade device, BBD ‖ **~kettenschwenkbagger** *m* (HuT) / slewing bucket-chain excavator ‖ **~kettenschwimmbagger** *m* (HuT) / stationary dredger* ‖ **~kettentrockenbagger** *m* (HuT) / bucket-ladder excavator*, ladder excavator, dredger excavator* ‖ **~leiter** *f* (Führungseinrichtung für die Eimerkette von Eimerkettenbaggern) (HuT) / ladder *n*, digging ladder, bucket ladder ‖ **~seilbagger** *m* (HuT) / dragline excavator*, dragline *n*
**ein** *adv* (Eltech) / on *adv*
**Einachser** *m* (Kfz) / walking tractor, two-wheel tractor
**einachsig** *adj* / uniaxial* *adj*, unconfined *adj*, monaxial *adj* ‖ **~ bewehrt** (Stahlbeton) (HuT) / simply reinforced ‖ **~e Längenänderung** (Masch) / linear strain ‖ **~es Nachformen** (wenn die Bewegung des Nachformschlittens nur in einer Achse gesteuert wird) (Masch) / single-axis tracing ‖ **~er Zug** (Mech) / simple tension

**Einachs•schlepper** *m* (Kfz) / walking tractor, two-wheel tractor ‖ **~traktor** *m* (Kfz) / walking tractor, two-wheel tractor
**Einadreßbefehl** *m* (EDV) / one-address instruction, single-address instruction
**einadrig•e Drahtwalzstraße** (Hütt) / single-stand rod-mill train ‖ **~es Höchstädter-Kabel** (Kab) / straight-type cable*, solid-type cable* ‖ **~es Kabel** (Kab) / single-core cable*, single cable
**einander durchdringen** / interpenetrate *vi*
**Einankerumformer** *m* (Eltech) / rotary converter*, synchronous converter*, single-armature converter ‖ **~-Zusatzmaschine** *f* (Eltech) / synchronous booster converter
**Einanodengefäß** *n* (Eltech) / single-anode tank
**einarbeiten** *v* (Elektrolyte mit Gleichstrom) (Galv) / dummy *v* ‖ **~** (Dünger) (Landw) / incorporate *v*, work in *v* ‖ **~** (die Länge der eingewebten Fäden prozentuell kürzen) (Web) / weave in *v*, take up *v*, shorten *v* ‖ **~** *n* (eines Düngers) (Landw) / incorporation *n*, working-in *n* ‖ **~** (Web) / weave-in *n*, take-up *n*, shortening *n* (contraction by weaving) ‖ **~ der Kette** (Web) / warp take-up
**Einarbeitung** *f* **der Fußnoten** (Druck, EDV) / footnote tie-in
**Einarbeitungszuschlag** *m* (F.Org) / learner allowance
**einarmig•er Hebel** (mit Kraftarm außerhalb des Lastangriffs) (wenn Kraft und Last vom Drehpunkt aus gesehen auf derselben Seite des Hebels angreifen) (Mech) / second-order lever, second-class lever, lever of second class ‖ **~er Hebel** (bei dem der Kraftarm näher dem Drehpunkt liegt) (Mech) / third-order lever, third-class lever, lever of third class ‖ **~er Hebel mit Lastangriff außerhalb des Kraftangriffs** (Mech) / third-order lever, third-class lever, lever of third class
**einatembar** *adj* (Physiol) / respirable *adj* ‖ **nicht ~** (Physiol) / irrespirable *adj*
**einatomig** *adj* / monatomic *adj* ‖ **~** (Kernphys) / atomic *adj*
**Einaufgabensystem** *n* (EDV) / single-tasking system
**einäugig** *adj* (Opt) / monocular *adj* ‖ **~e Spiegelreflexkamera** (Foto) / single-lens reflex camera, single-lens reflex* (SLR)
**Ein-/Ausgabe, direkte ~** (EDV) / isolated I/O, standard I/O ‖ **grafische ~** (EDV) / graphical input output (GINO) ‖ **serielle ~** (EDV) / serial input/output (SIO)
**Ein-Ausgabe•-Befehl** *m* (EDV) / input/output instruction ‖ **~-Gerät** *n* (EDV) / input/output device*, I/O device* ‖ **~-Journalführung** *f* (EDV) / input-output journalling feature ‖ **~-Kanal** *m* (EDV) / input/output channel, channel *n*, I/O channel ‖ **~-Prozessor** *m* (EDV) / input/output processor, peripheral processor, IOP*, I/O-Processor *n* ‖ **~-Steuereinheit** *f* (EDV) / input/output controller (IOC) ‖ **~-Treiber** *m* (EDV) / input/output driver
**Ein-Aus•-Regelsystem** *n* (Regeln) / two-point control system, bang-bang *n*, on-off control system ‖ **~-Schalter** *m* (Eltech) / on-off switch, ON/OFF switch ‖ **~-Tasten** *n* (Teleg) / on-off keying
**ein•axiale Druckfestigkeit** (Boden) (HuT) / unconfined compressive strength ‖ **~bad** *n* (für die Fixierentwicklung) (Foto) / monobath* *n* ‖ **~badchromgerbung** (Leder) / one-bath chrome tannage, single-bath chrome tannage ‖ **~badentwicklung** *f* (Foto) / wet-process development ‖ **~badig färben** (Tex) / dye in a single bath ‖ **~badverfahren** *n* (Chemischreinigung) (Tex) / single-bath (dry-cleaning) ‖ **~badverzinnung** *f* (Galv) / single-bath tinning, single-sweep tinning ‖ **~bahn-** (mit einer Spur) (Kfz) / single-line *attr* ‖ **~bahn-** (Kfz) / one-way *attr* ‖ **~bahniger Drucker** (EDV) / single-carriage printer ‖ **~bahnstraße** *f* (Kfz) / one-way street ‖ **~bahnverkehr** *m* / one-way traffic
**Einband** *m* (Deckel und der Rücken eines Buches) (Buchb) / binding *n* ‖ **flexibler ~** (Buchb) / limp binding, flexible binding, flexible* *n* ‖ **~ aus weichem Leder mit übergreifenden Kanten** (für Bibeln und Gebetbücher) (Buchb) / yapp binding, circuit binding, yapp* *n*, divinity circuit binding, yapp edge binding ‖ **~ mit rundem Rücken** (Buchb) / round binding, round-back binding
**Einband•decke** *f* (Buchb) / book case, case *n* ‖ **~gewebe** *n* (Buchb, Tex) / book cloth*, binder's cloth ‖ **~verfahren** *n* (Akus) / single-system recording
**ein•basig** *adj* (Chem) / monobasic* *adj* ‖ **~basige Säure** (Chem) / monacid* *n*, monoacid *n* ‖ **~basisch** *adj* (Chem) / monobasic* *adj* ‖ **~basische Säure** (Chem) / monacid* *n*, monoacid *n*
**Einbau** *m* / installation *n*, building-in *n* ‖ **~** (z.B. von Nährstoffen in organische Substanz) (Biol) / incorporation *n* ‖ **~ten** *m pl* (in Trockentrommeln zum Bewegen des Guts) (Chem Verf) / internal flights ‖ **~** *m* (der Destillationskolonne) (Chem Verf) / in-built packing ‖ **~** (von Störstellen) (Eltronik) / introduction *n*, insertion *n* ‖ **~** (z.B. von Beton) (HuT) / placing *n* ‖ **~** (Masch) / mounting *n* ‖ **~** (Masch) / bedding-in* *n* ‖ **~** (von) **hinten** (Masch) / rear mounting ‖ **~** (von) **vorne** (Masch) / front mounting ‖ **~ einer Teermakadamschicht** (HuT) / tarmacking *n* ‖ **~ von Fallen** (EDV) / entrapment *n* ‖ **~ von Pseudoschwachstellen** (um Eindringungsversuche aufzudecken oder Eindringlinge zu verunsichern) (EDV) / entrapment *n* ‖ **~ von**

**Verunreinigungen** (z.B. beim Kristallwachstum) (Eltronik) / trapping of impurities
**Einbauabmessung** f (Masch) / fitting dimension, mounting dimension
**Einbaubreite** f (eines Deckenfertigers) (HuT) / paving width || ~ (des Seitenfertigers) (HuT) / finishing width
**Einbauchen** n / inward bulging
**Einbaudeckenleuchte** f (Eltech) / troffer n (a long recessed lighting unit usually installed with the opening flush with the ceiling)
**einbauen** v / install v, build in v || ~ (Bohrgestänge) (Bergb) / run in vt || ~ (Biol) / incorporate v || ~ (Störstellen) (Eltronik) / introduce v, insert v || ~ (HuT) / place v || **nachträglich** ~ / retrofit v || ~ n (z.B. von Beton) (HuT) / placing n
**einbau•fertig** adj / ready-mount attr, ready to be installed, ready-to-fit adj || **~garnitur** f (zur Betätigung von Armaturen in unterirdischen Rohrleitungen) (Masch) / assembly for underground installation || **~gewicht** n (in kg) (HuT) / spread quantity (in kg) || **~gleich** adj / interchangeable adj, exchangeable adj || **~höhe** f (größter Abstand zwischen Tisch und Stößeloberkante) (Masch) / daylight* n || **~höhe** (lichte - einer Presse) (Masch) / daylight* n || **~instrument** n (Instr, Kfz) / in-dash gauge || **~kühlschrank** m / built-in refrigerator || **~leistung** f (eines Straßenfertigers) (HuT) / laydown rate || **~leuchte** f (Licht) / recessed fitting, flush-mounted fitting, recessed luminaire (US) || **~maß** n (Masch) / fitting dimension, mounting dimension || **~meßschraube** f (Masch) / built-in micrometer, incorporate micrometer || **~möbel** n pl (Tischl) / built-in furniture, fitted furniture || **~motor** m (Eltech) / built-in motor || **~platz** m (für Erweiterungskarte) (EDV) / card slot, slot n (for system expansion), expansion slot || **~position** f (Eltronik) / mounting position || **~regal** n (Tischl) / built-in shelf || **~satz** m (Montagesatz) / assembly kit || **~satz** (Einschub) (Eltronik) / slide-in module, slide-in unit || **~satz** (Masch) / installation kit || **~satz für nachträglichen Einbau** / adapter kit || **~satz** (für Autoradio) (Kfz) / sound-system slot || **~schrank** m (in der Küche) (Bau) / built-in cupboard, fitted cupboard || **~signalleuchte** f (Eltech) / recessed signal lamp || **~teil** n m (Bau) / fixture* n || **~unwucht** f (der Schleifscheibe beim Einsetzen in die Schleifmaschine) (Masch) / mounted unbalance || **~wanne** f (Sanitär) / recessed tub (US) || **~wassergehalt** m (bei Tragschichten mit hydraulischen Bindemitteln - der immer kleiner als der optimale Proctor-Wassergehalt sein soll) (HuT) / placement water content || **~winkel** m **bei Messerköpfen** (zwischen Frässpindelachse und Arbeitsebene) (Masch) / mounting of inserted tooth cutter
**Ein•-Befehlskarte** f (EDV) / single-instruction card || **~beinfahrwerk** n (Luftf) / single-leg landing gear, single-strut landing gear || **~beinstativ** n (Film) / monopod n || **~benutzersystem** n (EDV) / single-user system || **~bereichinstrument** n (Instr) / single-range instrument, single-span instrument
**Einbereichs•fett** n / special-purpose grease || **~meßgerät** n (Instr) / single-range instrument, single-span instrument || **~motorenöl** n / unigrade oil, straight-weight engine oil || **~öl** n / unigrade oil, straight-weight engine oil || **~teilchen** n **mit Durchmesser/Längenverhältnis 1 : 10** (Mag) / elongated single domain, ESD
**einbeschreiben** v (Math) / inscribe v
**einbeschrieben** adj (Math) / inscribed adj || **~er Kreis** (eines Dreiecks) (Math) / incircle n, inscribed circle* (of a triangle) || **~e Parabel** (Math) / inparabola n, inscribed parabola
**einbetten** v (Masch) / embed v || ~ n (Kfz) / canning n || ~ **der Rohre** (nach DIN 4033) (HuT) / embedding
**einbettende Mineralsubstanz** (Geol) / paste n
**Einbettfähigkeit** f (Fähigkeit eines Lagerwerkstoffs, harte Partikeln in der Gleitschicht einzubetten, wodurch Riefenbildung oder Verschleiß vermindert werden) (Masch) / embeddability n
**einbettig** adj (Tex) / single-bed attr, plain adj || ~ (Strickmaschine) (Tex) / single-bed attr
**Einbettkatalysator** m (Kfz) / single-bed catalytic converter
**Einbettung** f (Arch) / bedding n || ~ (Überziehen der Landkarte mit einer Schutzschicht) (Kart) / lamination || ~ (Masch) / embedding* n || ~ (Math) / embedding n, imbedding n, immersion n || ~ **in einem Behälter** (Plast) / potting n
**Einbettungs•methode** f (Min) / immersion method || **~mittel** n (Mikros) / embedding medium || **~raum** m (Math) / embedding space || **~werkstoff** m (Pulv) / packing material
**Ein•bettverfahren** n (bei den Katalysatoren) (Kfz) / single-bed method, single-bed process || **~beulung** f (Kfz) / dent n, indentation n, impression n || **~widerstandsfähig gegen ~beulung** (z.B. Karosserieblech) (Hütt, Kfz) / dent-resistant adj || **~beulversuch** m (Hütt) / cupping test, ductility test || **~beziehen** v (z.B. in das Straßennetz) / tap in v || **~beziehend** adj / inclusive adj || **~biegen** v (Kfz) / turn v, turn v into || **~bildfotogrammetrie** f (Verm) / single-image photogrammetry || **~binden** v (Buchb) / bind v || **~binden** (Web) / tie up v || **~binden** (Buchb) / bookbinding* n, binding n ||
**~bindeverfahren** n (zur Altlastsanierung) (Umwelt) / binding process

**einbühnen**

|| **~bituminierung** f / embedding into bitumen, bitumen embedding || **~blattfeder** f (Masch) / flat spring, leaf spring, single-leaf spring || **~blattgattersägemaschine** f (For) / one-blade sawmill || **~blechen** n (des Katalysators in das Katalysatorgehäuse) (Kfz) / canning n
**einblenden** v (EDV, Radar) / overlay v, superimpose v || ~ (Eltronik) / gate v || ~ (Aufschaltton) (Fernsp) / apply v || ~ (Film, Ton) (Film) / fade in v || ~ (ein Insert) (Film) / insert v || ~ (Linien, Punkte, Marken - in das Rundsichtbild) (Radar) / interscan v || ~ n (Film) / fade-in*
**Einblendung** f (EDV, Radar) / overlay* n, superimposition n || ~ (Fernm) / flash n || ~ (Übergang von einer Szene zur anderen) (Film) / dissolve-in || ~ (Film) / insert* n || ~ (Film, Ton) (Film) / fade-in* n
**Ein•blick** m (Mikros) / direct-view position || **~bohren** n (Masch) / drilling n (from the solid) || **~bootungsdeck** n (Schiff) / embarkation deck
**Einbrand** m (maximaler Abstand der Aufschmelzzone von der Werkstückoberkante) (Schw) / penetration* n || **~kerbe** f (Schw) / undercutting || **~kurve** f (Schw) / curve of penetration || **~tiefe** f (Schw) / depth of penetration, penetration depth, weld penetration || **im ~verfahren hergestellte Keramik** (Keram) / once-fired ware, one-fire ware || **~zone** f (derjenige Querschnittsanteil eines Werkstückes, der beim Schweißen aufgeschmolzen wird) (Schw) / penetration zone
**einbrechen** vi / fall through v (ice, floor)
**Einbrennemaillack** m (Anstr) / baked enamel
**einbrennen** v / burn in v || ~ (Beschichtungsstoffe) (Anstr) / stove v, bake v (US) || ~ (eine Ätzplatte) (Druck) / bake v, burn in v, heat-fuse v || ~ (Schw) / penetrate v || ~ v (Tex) / crab v || ~ n / burn-in n, burning-in n || ~ (Wärmehärtung von Beschichtungsstoffen) (Anstr) / stoving* n, baking n (US) || ~ (der Geschirr- oder Manschettenleder) (Leder) / currying n || ~ (Tex) / crabbing* n || ~ **des Rasterfeldes** (Eltronik) / raster burn*
**Einbrenn•etikett** n / ceramic label || **~fleck** m (Eltronik) / burn spot || **~lack** m (der bei Temperaturen zwischen 100° und 250° C gehärtet wird) (Anstr) / baking varnish (US), baking enamel (US), stoving enamel (GB), stoving material, stoving finish, stove-enamel n, baking finish || **~lack** (ein Reparaturlack, der bei etwa 80° C eingebrannt wird) (Anstr, Kfz) / low-bake paint || **~lackierkabine** f (Anstr, Kfz) / low-bake spray booth, spray-bake oven || **~lackierofen** m (für Reparaturlackierungen) (Anstr, Kfz) / low-bake spray booth, spray-bake oven || **~ofen** m (in der Lackieranlage) (Anstr, Kfz) / stoving oven, stove n, baking oven (US) || **~ofen** (Glas) / burning-in kiln* || **~temperatur** f (Anstr) / stoving temperature || **~temperatur** (Glas) / burning temperature || **~test** m (von elektronischen Bauteilen unter Einsatzbedingungen) (Eltronik, WP) / burn-in n
**einbringen** v / insert v, fit in v || ~ (z.B. Chemikalien in Gefäße) (Chem) / place v || ~ (Frischbeton) (HuT) / place v || ~ (z.B. Stampfmasse) (Keram) / render v || ~ (Typog) / take in v, space in v || ~ n (z.B. von Chemikalien in Gefäße) (Chem) / placing n || ~ (z.B. von Beton) (HuT) / placing n || ~ **des Ausbaus** (Tätigkeit) (Bergb) / propping n || ~ **von Kiespackungen** (eine Komplettierungsarbeit) (Erdöl) / gravel packing
**Ein•bringmenge** f (des Holzschutzmittels nach DIN 52 175) (For) / retention n || **~bringung** f / insertion* n || **~bringung von Phosphordüngemitteln** (Landw) / phosphatization n || **~bringungstiefe** f (bei Düngemitteln) (Landw) / depth of application || **~bringverfahren** n (bei Holzschutzmitteln nach DIN 52175) (For) / wood-preserving method, timber-preserving method
**Einbruch** m (zuerst hereingesprengter Teil eines Abschlages) (Bergb) / cut n || ~ (z.B. von Wasser) (Bergb) / inrush n, run n || ~ (Erdöl, Meteor) / invasion n || ~ (Geol) / cave-in n, foundering n, falling-in n, collapse n, fall* n || ~ (Winter-) (Meteor) / onset n || ~ (Meteor) / spell n || **plötzlicher** ~ (von Gestein oder Kohle) (Bergb) / quake n || **plötzlicher** ~ (Gas, Wasser) (Bergb) / sudden outburst || **~becken** n (Geol) / cauldron subsidence || **~hemmend** adj (Eltronik) / antiburglary adj, burglar-proof adj, burglar-resistant adj || **~hemmende Tür** (DIN 18103) (Bau) / antiburglary door, burglar-proof door || **~hemmende Verglasung** (Bau) / antiburglary glazing, burglar-proof glazing, security glazing (US) || **~meldeanlage** f (Eltronik) / burglar alarm, burglar alarm system, intruder alarm || **~becken** n (Geol) / cauldron subsidence* || **~schuß** m (Bergb) / shot off the solid, cut shot, bursting shot, burster n || **~schuß** (beim Schachtabteufen) (Bergb) / sumper n, sumping shot || **~sicher** (Eltronik) / antiburglary adj, burglar-proof adj, burglar-resistant adj || **~sicherungsanlage** f (Eltronik) / burglar alarm, burglar alarm system, intruder alarm || **~sicherungsanlage** s. auch Intrusionsmeldeanlage
**Einbruchs•loch** n (Bergb) / cut hole || **~sicher** adj (Eltronik) / antiburglary adj, burglar-proof adj, burglar-resistant adj
**Einbruchstelle** f (in Damm) (Wasserb) / breach n
**Ein•buchtung** f (Geol) / embayment || **~buchtung** (Masch) / waisting n || **~buchtung** (im Kurvenverlauf) (Math) / notch n || **~bühnen** v (ein Bühnenloch herstellen) (Bergb) / hitch v || **~bühnen** (Stempel oder

**einbunkern**

Träger in ein Bühenloch) (Bergb) / set in a hitch ‖ **~bunkern** v / bunker v ‖ ~**bürgerung** f (einer Pflanzensippe) (Bot) / naturalization n ‖ **~checken** v (Gepäck) (Luftf) / check in v, register v ‖ ~**checken** n (Abfertigung des Fluggastes vor dem Flug) (Luftf) / check-in n
**Ein-Chip•-Mikrocomputer** m (EDV) / single-chip microcomputer ‖ ~**-Mikroprozessor** m (EDV) / single-chip microprocessor, one-chip microprocessor ‖ ~**-Mikrorechner** m (EDV) / single-chip microcomputer ‖ ~**-Rechner** m (EDV) / single-chip computer ‖ ~**-Technik** f (Eltronik) / monochip technology
**ein•dämmen** v (Viren) (EDV) / block v ‖ **~dämmen** (Wasserb) / dam v, dam up v, dike v, dyke v, stem v, impound v, pond v, back v, retain v, hold back v ‖ ~**dämmung** f (des Schadens) / containment n ‖ ~**dampfapparat** m (Chem Verf) / evaporator* n, evaporator plant
**eindampfen** v (Spitzen bei den Schuhen) / mull v ‖ **~** (Chem Verf) / evaporate v, vaporize v ‖ **~** (Nahr) / reduce v, boil away v ‖ **~** n (von Stoffgemischen, das der Konzentration zur Gewinnung des Feststoffes oder eines Konzentrats mit höherem Feststoffanteil dient, wobei der aus der Lösung entweichende Dampf als Brüden bezeichnet wird) (Chem Verf) / evaporation* n, vaporization n ‖ **~** (Eindicken) (Chem Verf) / inspissation n
**eindämpfen** v (Spitzen bei den Schuhen) / mull v
**Ein•dampfer** m (Chem Verf) / evaporator* n, evaporator plant ‖ ~**dampfrückstand** m (in der Wasseranalyse) (Chem) / total dissolved solids (TDS) ‖ ~**dampfung** f (Konzentration) (Chem Verf) / evaporation n, concentration by evaporation ‖ ~**dampfungsanlage** f (Chem Verf) / evaporator* n, evaporator plant ‖ ~**dampfungssediment** n (Geol) / evaporite* n
**eindecken** v (mit Firstziegeln) (Bau) / ridge v ‖ **~** (Bau) / roof v ‖ **~** (Maschenzahl in einer Reihe verringern) (Tex) / fashion v, narrow v ‖ **mit Schiefer ~** (Bau) / slate v
**Eindecker** m (Luftf) / monoplane* n ‖ **freitragender ~** (Luftf) / cantilever monoplane
**Ein•deckflachpalette** f / single-faced pallet ‖ ~**deckung** f **mit Firstziegeln** (des Firstes) (Bau) / ridging* n ‖ **~deichen** v (Wasserb) / dam v, dam up v, dike v, dyke v, stem v, impound v, pond v, back v, retain v, hold back v ‖ **~deichen** (einen Fluß) (Wasserb) / levee v, embank v ‖ **~dellen** v (Karosserie) (Kfz) / dent v ‖ ~**dellung** f (der Decklage bei Sperrholz) (For) / sunken joint
**eindeutig** adj (Grenze) / net adj, sharp adj, distinct adj ‖ **~** (Math) / single-valued* adj, univalent adj ‖ **~e Grammatik** (EDV) / unambiguous grammar
**Eindeutigkeit** f (Unität) (Math) / unicity n, uniqueness n ‖ **~** (Math) / single-valuedness n, univalence n ‖ **umkehrbare ~** (Math) / one-to-one correspondence, bi-uniform correspondence*, one-one correspondence, one-to-one transformation, injection n, one-to-one function, one-to-one mapping, biunique correspondence, bi-uniform mapping*
**Eindeutigkeitsaxiom** n (Math) / uniqueness axiom
**Eindick•apparat** m (Chem Verf) / concentrator n ‖ ~**bütte** f (Pap) / drainer* n
**eindicken** v (Anstr, Chem Verf) / thicken v ‖ **~** (Öl usw.) (Chem) / body v ‖ **~** (aus einer Suspension) (Chem Verf) / concentrate v, graduate v ‖ **~** (Nahr) / reduce v, boil away v ‖ **zur Kristallisation ~** (Ahornsirup) (Nahr) / sugar off v ‖ **~** n (des Konzentrats) (Aufber) / tossing* n, kieving* v ‖ **~** (von Öl usw.) (Chem) / bodying n ‖ **~** (aus einer Suspension) - das Anreichern des gelösten Stoffes in der Lösung durch teilweises Eindampfen) (Chem Verf) / concentrating n, concentration* n, graduation n (of solutions) ‖ **~** (durch Eindampfen) (Chem Verf) / inspissation n ‖ **~** (das Abtrennen von feinkörnigem Gut aus einer dünnen Suspension durch Absetzen des spezifischen schweren Feststoffes unter dem Einfluß der Schwer- oder Fliehkraft mit dem Ziel, den Feststoff möglichst vollständig aus der Flüssigkeit abzuscheiden) (Chem Verf) / thickening n
**Eindicker** m (Apparat, Eindickmittel) (Chem Verf) / thickener* n ‖ **~** (Chem Verf) / concentrator n ‖ **~** (durch Eindampfen) (Chem Verf) / inspissator n ‖ **~** (z.B. Stand- oder Durchlaufeindicker nach DIN 4045) (Sanitär) / thickener n
**Eindickmaschine** f (zur Fest/Flüssig-Trennung unter gleichzeitiger Konzentration) (Chem Verf) / concentrator n
**Eindickung** f (Anstr) / fattening n, livering* n, thickening n, curdling* n, livering-up* n ‖ **~** (die das Anstrichmittel unbrauchbar macht) (Anstr, Bau) / feeding-up* n, feeding* n
**eindiffundieren lassen** / diffuse vt ‖ **~** n / inward diffusion ‖ **von Fremdatomen** (Eltronik) / impurity diffusion
**Eindiffusion** f / inward diffusion
**eindimensional** adj (DIN 1311, T 4) (Math, Phys) / one-dimensional adj, one-dimension attr, unidimensional adj ‖ **~er Fehler** (Krist) / line defect*, linear defect, one-dimensional defect (of a crystal lattice) ‖ **~e Fehlordnung** (Krist) / line defect*, linear defect, one-dimensional defect (of a crystal lattice) ‖ **~es Gitter** (Krist) / one-dimensional lattice ‖ **~e Strömung** (Phys) / one-dimensional flow, 1-D flow ‖ **~e Strömung idealer Flüssigkeiten** (Phys) / one-dimensional flow of ideal fluids ‖ **~e Strömung zäher Newtonscher Flüssigkeit** (Phys) / one-dimensional flow of viscous Newtonian fluid
**ein•dimensionale Verteilung** (Stats) / univariate distribution (a single distribution consisting of one variate, which may be either continuous or discontinous) ‖ ~**domänenkristall** m (Elektr) / single-domain crystal
**eindosen** v (Nahr) / can v, tin v ‖ **~** n (Nahr) / canning n, tinning n ‖ **~ nach Vortrocknen** (Nahr) / dehydrocanning n
**Eindrahtantenne** f (Radio) / single-wire antenna
**eindrähtig** adj (Eltech) / unifilar adj ‖ **~er Leiter** (Eltech) / solid conductor, single-wire conductor ‖ **~er Rundleiter** (Eltech) / solid circular conductor, circular solid conductor ‖ **~er Sektorleiter** (Eltech) / solid-shaped conductor
**Eindraht•schweißung** f (mit einem Schweißdraht als Zusatzwerkstoff) (Schw) / single-wire welding ‖ ~**-Speiseleitung** f (Fernm) / single-wire feeder*
**eindrehen** v (Keram) / jolley v, jolly v ‖ **~** (auf Sollstandlinie) (Luftf) / intercept v
**Eindrehung**, [rillenförmige] **~** (Masch) / groove n
**ein•drillen** v (Flüssigdünger) (Landw) / inject v ‖ ~**drillen** n (des Düngers) (Landw) / drilling n ‖ ~**drillung** f (des Flüssigdüngers) (Landw) / injection n
**eindringen** v (meistens in die Oberflächenschicht) / absorb v (into) ‖ **~** / penetrate v, intrude v ‖ **~** (in ein System) (EDV) / infiltrate v (a system) ‖ **~** n (eines Fluids in einen Raum) / ingress n, entering n, penetration* n ‖ **~** (EDV) / penetration n, intrusion n ‖ **~** (des Wassers in Speicherhorizonte) (Erdöl) / encroachment n
**Eindring•härte** f (WP) / indentation hardness, penetration hardness ‖ ~**hilfe** f (Mil) / penetration aid, penaid n ‖ ~**körper** m (bei der Härteprüfung) (WP) / indenter n, penetrator n
**Eindringling** m (Bot) / invader n
**Eindring•medium** n (Chem) / penetrant* n ‖ ~**mittel** n (WP) / penetrant n ‖ **~sicher** adj (z.B. Rechnernetz) (EDV) / hacker-proof adj ‖ ~**tiefe** f (bei Skineffekt) (Eltech) / depth of penetration*, penetration* n, skin depth* ‖ ~**tiefe** (der Pfähle bei Pfahlgründungen) (HuT) / toe level, toe line, tip grade (US) ‖ ~**tiefe** (Kenngröße zur Charakterisierung der Dicke von Diffusionsschichten) (Hütt) / diffusion depth ‖ ~**tiefe** (Masch, WP) / penetration depth, depth of penetration ‖ ~**tiefe** (des Eindringkörpers) (WP) / indentation depth ‖ **Londonsche ~tiefe** (Eltronik) / London penetration depth ‖ ~**tiefe** f **bei Vorkraft** (DIN 50103) (WP) / depth of penetration under the initial load ‖ ~**tiefe des Regen(wasser)s** (Wasserb) / rainfall penetration
**Eindringung** f (der erfolgreiche unerlaubte Zugang bzw. Zugriff zu einem DV-System) (EDV) / penetration n, intrusion n
**eindringungs•dicht** adj / intrusion-proof adj ‖ **~sicher** adj / intrusion-proof adj ‖ **~sicher** (EDV) / hacker-proof adj ‖ ~**test** m (EDV) / penetration test ‖ ~**versuch** m (EDV) / penetration test ‖ ~**widerstand** m (WP) / resistance to penetration
**Eindring•verfahren** n (mit Fluoreszenzmittel) (WP) / fluorescent magnetic particle inspection, fluorescent examination method, Zyglo n, fluorescent penetrant inspection*, fluorescent penetration test ‖ ~**verfahren** (bei der Rißprüfung) (WP) / liquid-penetrant inspection*, liquid-penetrant method (of non-destructive testing) ‖ ~**verfahren** (z.B. Kalkmilch- oder Talkumprobe bei der Werkstoffprüfung) (WP) / penetrant testing, penetration method (of testing), penetrant flaw detection, penetrant inspection* ‖ ~**verfahren** (WP) s. auch Farbeindringverfahren
**Eindruck** m (Druck) / impression n, imprint n ‖ **~** (auf dem Papier) (Druck) / print n, printing n ‖ **~** (durch Druck hervorgerufene Vertiefung) (Masch) / impression n ‖ **~** (z.B. bei der Härteprüfung nach Brinell) (WP) / indentation n
**Ein, fliegender ~** (Druck) / on-the-run imprinting
**Eindruck** m **der Händleradresse** (Druck) / dealer imprint
**Eindrückdeckeldose** f / press-in-lid can, lever-lid can, simple-friction can ‖ **~** (Nahr) / shouldered box
**Eindruckdiagonale** f (beim Vickershärteprüfverfahren) (WP) / diagonal of indentation, diagonal n, diagonal of impression, mean diagonal of impression (indentation)
**eindrücken** v / impress v, force into v, press in v ‖ **~** (ein Blechteil) (Kfz) / smash in v ‖ **~** n (DIN 8583) (Masch) / indentation forming n ‖ **~ von Versteifungsgliedern** (Masch) / crimping* n
**Eindruck•härte** f (Widerstand, den ein Körper dem Eindringen eines anderen entgegensetzt - z.B. nach Brinell oder Vickers) (WP) / indentation hardness, penetration hardness ‖ ~**maschine** f (Druck) / overprinter n ‖ ~**oberfläche** f (z.B. beim Brinellhärteprüfverfahren) (WP) / indentation area
**Eindrückung** f (des Reifens) (Kfz) / sinkage n
**Eindruck•verhalten** n (des Bodenbelags) (Bau) / impression behaviour ‖ ~**versuch** m (nach Buchholz - DIN 53153) (Anstr) / indentation test*, push-in test ‖ ~**werk** n (Druck) / imprinter n

288

**Ein•dunstung** *f* / evaporation* *n* ‖ ⁓**ebenenleiterplatte** *f* (Eltronik) / single-sided printed-circuit board, single-sided PCB
**einebnen** *v* (mittels einebnender Elektrolyte) (Galv) / level *v* ‖ ⁓ (HuT) / level* *v*, plane *v*, grade *v*, flat *v*, planish *v*, skim *v* ‖ ⁓ *n* (Galv) / levelling *n*, leveling *n* (US)
**ein•ebnender Elektrolyt** (Galv) / levelling agent ‖ ⁓**ebner** *m* (Mittel, das die Abscheidung von galvanischen Überzügen bewirkt, die das Feinprofil der Oberfläche einebnen) (Galv) / levelling agent
**Einebnung** *f* (mittels einebnender Elektrolyte) (Galv) / levelling *n*, leveling *n* (US) ‖ ⁓ (Geol) / planation *n*, peneplanation *n* ‖ ⁓ (Geol) s. auch Peneplain
**Einebnungswirkung** *f* (z.B. eines Galvanisierelektrolyten) (Galv) / levelling action
**EINECS** (europäisches Verzeichnis der auf dem Markt vorhandenen chemischen Stoffe, das von der Kommission der EG erstellt wurde) (Chem, Umwelt) / European Inventory of Existing Chemical Substances
**Ein•eindeutigkeit** *f* (Math) / one-to-one correspondence, bi-uniform correspondence*, one-one correspondence, one-to-one transformation, injection *n*, one-to-one function, one-to-one mapping, biunique correspondence, bi-uniform mapping* ‖ ⁓**einhalbfacher Dachziegel** (Bau) / tile-and-a-half tile*
**Einelektronen•bindung** *f* (Chem, Kernphys) / one-electron bond* ‖ ⁓**-Tunneleffekt** *m* (bei den einzelne Elektronen tunneln) (Eltronik) / one-electron tunnel effect ‖ ⁓**übergang** *m* (Chem) / single-electron transfer, SET ‖ ⁓**-Übertragung** *f* (Chem) / single-electron transfer, SET ‖ ⁓**übertragung** *f* (Chem) / single-electron transfer, SET
**einelementige Menge** (Math) / one-element set, singleton *n*
**einengen** *v* (durch teilweises Eindampfen) (Chem Verf) / concentrate *v*, graduate *v* ‖ ⁓ *n* (durch teilweises Eindampfen) (das Anreichern des gelösten Stoffes in der Lösung durch teilweises Eindampfen) (Chem Verf) / concentrating *n*, concentration* *n*, graduation *n* (of solutions)
**Einengung** *f* **der Fahrbahn** (ein Verkehrszeichen) (Kfz) / road narrows (on both sides)
**Einer** *m* (Math) / unit *n*
**Einerdung** *f* (HuT) / soil burial, direct burial
**Einer•komplement** *n* (EDV, Math) / one's complement* ‖ ⁓**menge** *f* (Math) / one-element set, singleton *n* ‖ ⁓**stelle** *f* (EDV, Math) / units position
**Einetagenheißpresse** *f* (für die Herstellung von Spanplatten und Faserplatten mittlerer Dichte) (For) / single-daylight heated press
**einfach** *adj* (Gleichung, n-Eck, Reaktion, Salz) / simple *adj* ‖ ⁓ / plain *adj* ‖ ⁓ (Anwendung) / straightforward *adj*, simple *adj* ‖ ⁓ (nicht verziert - Buchstabe) (Typog) / plain *adj* ‖ ⁓**er, nicht einstellbarer Luftauslaß** (z.B. ein Gitter) (Bau) / register *n* ‖ ⁓**e Anführungszeichen** (Typog) / single quotes*, single quotation marks ‖ ⁓**e Ausführung** / economy model ‖ ⁓**er Balkenrührer** (Chem Verf) / straight-arm paddle mixer, beam agitator, paddle mixer with single beam, straight-arm paddle agitator ‖ ⁓ **baumwollumsponnen** (Kab) / single cotton-covered (wire), s.c.c.* ‖ ⁓ **bewehrt** (Stahlbeton) (HuT) / simply reinforced ‖ ⁓**e Blattfeder** (meistens Rechteckfeder) (Masch) / flat spring, leaf spring, single-leaf spring ‖ ⁓**er Blindversuch** (Pharm) / single-blind trial ‖ ⁓**er boolescher Ausdruck** (EDV) / simple Boolean ‖ ⁓**er Deckenschlitzauslaß** (Sanitär) / single-slot ceiling diffusor ‖ ⁓**e Destillation** (Chem Verf) / simple distillation ‖ ⁓**er Elektroenergietarif** (Eltech) / single-rate tariff ‖ ⁓**er Erneuerungsprozeß** (Stats) / recurrent process ‖ ⁓**e Fahrkarte** (Bahn) / one-way ticket ‖ ⁓**e Federverbindung** (Zimm) / tongued and trenched joint ‖ ⁓ **flächenzentriert** (Krist) / end-centred *adj* ‖ ⁓**es Garn** (Spinn) / single yarn* ‖ ⁓**e Genauigkeit** (EDV) / single precision ‖ ⁓**e geschlossene Kurve** (Math) / simple closed curve ‖ ⁓**e geschlossene Kurve** s. auch Jordankurve ‖ ⁓**e Geweberand** (Web) / plain selvedge ‖ ⁓**e Hängesäule** (im Hängewerk) (Bau, Zimm) / king-post* *n*, broach-post* *n*, king-piece* *n*, joggle-piece* *n*, middle-post* *n*, joggle-post* *n* ‖ ⁓ **ionisiert** (Phys) / singly ionized ‖ ⁓**e Kettenaufhängung** (Eltech) / single-catenary suspension* ‖ ⁓**er Kettenstich** (Tex) / single-warp stitch, single-chain stitch ‖ ⁓**e Konvergenz** (Math) / pointwise convergence ‖ ⁓**e Linienstärke** (Kart) / single ruling ‖ ⁓**e Lizenz** (die dem Lizenznehmer das Recht zur Nutzung neben anderen gibt) / non-exclusive licence, bare licence, plain licence, simple licence ‖ ⁓**e Maschine** (z.B. Hebel, Wellenrad, schiefe Ebene usw.) (Phys) / simple machine ‖ ⁓**es Mikroskop** (Mikros) / simple microscope ‖ ⁓**er Mittelwertsatz** (der Differentialrechnung) (Math) / mean-value theorem, first law of the mean, first mean value theorem ‖ ⁓**es Modul** (Math) / simple module ‖ ⁓**e Oberflächenbehandlung** (HuT) / single-surface treatment ‖ ⁓**es Objektiv** (das aus einer einzigen Linse besteht) (Opt) / simple-lens objective, simplet *n*, singlet *n*, single-lens objective ‖ ⁓**e Produktion** (beim Rollendruck) (Druck) / straight-run* ‖ ⁓**er Prozeß** (Nukl) / simple process ‖ ⁓**er Quarzoszillator** (Eltronik) / package crystal oscillator (PXO) ‖ ⁓**er Rahmen** (Mech) / one-span frame, single-span frame ‖ ⁓**e Regression** (Math, Stats) / simple (linear) regression ‖ ⁓**e Reihe** (Math) / simple series ‖ ⁓**e Reise** (Lufft) / single journey, single trip ‖ ⁓**es Salz** (wenn eine Säure durch nur eine Base /oder umgekehrt/ neutralisiert wird) (Chem) / simple salt ‖ ⁓**e Sammelschiene** (Eltech) / single bus (bar) ‖ ⁓**er Schalter** (Eltech) / one-way switch* ‖ ⁓**e Scherströmung** (Mech) / Couette flow ‖ ⁓**e Scherströmung** (DIN 1342, T 1) (Mech) / plane Couette flow, simple shear flow ‖ ⁓**e Scherung** (Geol) / simple shear (a homogeneous strain that consists of a movement in one direction of all straight lines initially parallel to that direction; it can be closely approximated by shearing a deck of cards) ‖ ⁓**e Scherung** (Geol) s. auch reine Scherung ‖ ⁓**er Schwinger** (DIN 1311, T 2) (Phys) / simple (vibrating) system ‖ ⁓**e Sinusschwingung** (DIN 1311, T 2) (Phys) / simple harmonic motion*, SHM, s.h.m.*, sinusoidal oscillation, sinusoidal vibration, sine vibration, sine oscillation ‖ ⁓**er Ton** (Akus, Physiol) / pure tone*, simple tone ‖ ⁓**e Töpferware** (mit porösem Scherben) (Keram) / earthenware *n*, pottery *n* ‖ ⁓**er Traufstein** (Bau) / plain tile ‖ ⁓**e Trennschärfe** (Opt) / minimum separable ‖ ⁓**er Trockenraum** (der sich oberhalb des Brennofens befindet) (Keram) / mangle *n* ‖ ⁓**er Tüpfel** (For) / simple pit* ‖ ⁓ **ungesättigt** (Chem) / monosaturated *adj* ‖ ⁓**e Verkettung** (Stats) / single linkage ‖ ⁓**e Wägung** (Phys) / direct weighing ‖ ⁓**er Webautomat** (Web) / plain loom ‖ ⁓**e Weiche** (Bahn) / simple switch ‖ ⁓**e Wurzel** (Math) / simple root ‖ ⁓**er Zins** (nicht Zinseszins) / simple interest ‖ ⁓**er Zucker** (Chem) / monosaccharide* *n*, monose *n*, simple sugar ‖ ⁓ **zusammenhängendes Gebiet** (Math) / simply connected domain*
**einfach•additives Funktional** (Math) / simply additive functional ‖ ⁓**bindung** *f* (Chem) / single bond (a covalent bond between two atoms formed by two atoms sharing a pair of electrons) ‖ ⁓**brechend** *adj* (Opt) / monorefringent *adj*, single-refracting *adj* ‖ ⁓**brücke** *f* (Eltech) / simple bridge ‖ ⁓**drahtziehmaschine** *f* (Hütt) / single-wire drawing machine ‖ ⁓**druckpresse** *f* (Masch) / single-stage press ‖ ⁓**elektrode** *f* (an der nur eine Elektrodenreaktion abläuft - DIN 50900) (Eltech) / simple electrode ‖ ⁓**endgeräteanschluß** *m* (Fernm) / single-terminal connection ‖ ⁓**expansionsmaschine** *f* (Masch) / simple steam-engine* ‖ ⁓**frei** *adj* (Phys) / univariant* *adj*, monovariant *adj* ‖ ⁓**garn** *n* (Spinn) / single yarn* ‖ ⁓**gekrümmte Schale** (Arch) / single-curved shell ‖ ⁓**gleitung** *f* (Krist) / single glide, single slip ‖ ⁓**hohlleiter** *m* (Elektr, Phys) / uniconductor waveguide ‖ ⁓**impulsschrift** *f* (mit Rückkehr zur Grundmagnetisierung) (EDV) / return-to-reference recording ‖ ⁓**käfig** *m* (des Käfigläufermotors) (Eltech) / single squirrel cage ‖ ⁓**kettenstich** *m* (Tex) / single-warp stitch, single-chain stitch ‖ ⁓**logarithmisch** (Math) / semi-logarithmic *adj*, semi-log *adj* ‖ ⁓**nadler** *m* (ein Streckwerk) (Spinn) / gillbox *n*, pin drafter (US) ‖ ⁓**negativ** *adj* (Phys) / uninegative *adj* ‖ ⁓**poller** *m* (zum Festmachen von Schiffen) (Schiff) / bitt *n* ‖ ⁓**positiv** *adj* (Phys) / unipositive *adj* ‖ ⁓**primitive Elementarzelle** (Krist) / primitive unit cell ‖ ⁓**rahmen** *m* (Mech) / one-span frame, single-span frame ‖ ⁓**Raketentreibstoff** *m* (Brennstoff + flüssiger Oxidator werden bereits vor der Brennkammer gemischt) (Raumf) / monopropellant* *n*, monofuel *n* ‖ ⁓**reflektierter Strahl** (Phys) / once-reflected beam ‖ ⁓**resonanter optischer parametrischer Oszillator** (Eltronik) / single-resonant optical parametric oscillator (SRO) ‖ ⁓**sammelschiene** *f* (Eltech) / single bus (bar) ‖ **einreihige ⁓-Scheibenegge** (Landw) / single-row disk harrow ‖ ⁓**schnitt** *m* **parallel zur Stammlängsachse** (For) / through-and-through sawing ‖ ⁓**spalt** *m* (der das Lichtbündel begrenzt) (Opt, Spektr) / slit *n* ‖ ⁓**spur** *f* (Akus, Film) / single track
**einfach•e Formel** (Chem) / stoichiometric formula, stoicheiometric formula ‖ ⁓**e Formel** (Chem) s. auch empirische Formel
**Einfach•streuung** *f* (DIN 1349, T 2) (Opt) / single scattering ‖ ⁓**strom** *m* (Eltech) / single current* ‖ ⁓**stromkreis** *m* (Eltech) / single-current circuit ‖ ⁓**substitution** *f* (Chem) / monosubstitution *n* ‖ ⁓**tarif** *m* (Eltech) / single-rate tariff ‖ ⁓**teilen** *n* (mit dem Teilapparat) (Masch) / single indexing ‖ ⁓**terminal** *n* (EDV) / dumb terminal ‖ ⁓**treibstoff** *m* (ein Raketentreibstoff) (Raumf) / monergol *n* ‖ ⁓**version** *f* (eines Wagens) (Kfz) / base version, stripped version ‖ ⁓**werkzeug** *n* (Masch) / simple press tool* ‖ ⁓**werkzeug** (Plast) / single-impression mould, single-cavity mould (tool)
**einfachwirkend•e Kolbenpumpe** (Masch) / single-acting pump ‖ ⁓**e Kraftmaschine** (bei der nur die Oberseite des Kolbens von den Verbrennungsgasen beaufschlagt wird) (Masch) / single-acting engine* ‖ ⁓**e Maschine** (bei der nur die Oberseite des Kolbens von den Verbrennungsgasen beaufschlagt wird) (Masch) / single-acting engine* ‖ ⁓**er Motor** (bei der nur die Oberseite des Kolbens von den Verbrennungsgasen beaufschlagt wird) (Masch) / single-acting engine* ‖ ⁓**e Pumpe** (Masch) / single-acting pump, single-action pump
**Einfach•wirkung** *f* (Masch) / single action ‖ ⁓**zucker** *m* (monomerer Vertreter der Kohlenhydrate) (Chem) / monosaccharide* *n*, monose *n*, simple sugar ‖ ⁓**zugriffsystem** *n* (EDV) / single-access system

**Ein•fädelapparat** m (Tex) / threader n ‖ ~**fädeln** v (EDV, Tex) / thread v ‖ ~**fädeln** (Film) (Film) / thread v, thread up v, lace v ‖ **sich ~fädeln** (Kfz) / join a traffic stream, weave in v, filter in v ‖ ~**fädeln** n (EDV, Tex) / threading n, threading up ‖ ~**fädelung** f (des Films) (Film) / threading* n, threading-up* n, lacing n ‖ ~**fädelung** (Kfz) / joining a traffic stream, weaving-in n ‖ ~**fädelungsstreifen** m (Kfz) / weaving lane ‖ ~**fädelvorrichtung** f (Tex) / threader n ‖ ~**faden-** (Eltech) / unifilar adj ‖ ~**fädig** adj (Eltech) / unifilar adj ‖ ~**fädiges Garn** (Spinn) / single yarn* ‖ ~**fädler** f (DIN 64685) (Tex) / threader n
**einfahrbar** adj (zurück) / retractable adj
**einfahren** v (zurück) / retract v ‖ ~ (z.B. das Hubgerüst des Staplers) / close v ‖ ~ (Antenne) / reel in v ‖ ~ (Bahn, Schiff) / enter v, come in v ‖ ~ vi (Bergb) / descend v, go down v, go underground, ride in v ‖ ~ v (ein Fahrzeug) (Kfz) / break in v, run in v ‖ ~ (Ernte) (Landw) / bring in ‖ ~ vi (Mast bei den Staplern) (Masch) / nest v ‖ ~ n (eines Auslegers, eines Fahrwerks) / retraction n ‖ ~ (einer Maschine) (Masch) / running-in n ‖ ~ (eines Steuerstabes in die Spaltzone) (Nukl) / insertion n, drive-in n, run-in n, run-down n
**einfahrender Verkehr** / inward traffic (GB), inbound traffic (US), inward-bound traffic
**Einfahr•gleis** n (Bahn) / reception siding, arrival siding ‖ ~**öffnung** f (bei Paletten) / pallet fork entry, entry n ‖ ~**signal** n (Bahn) / home signal, entry signal
**Einfahrt** f (bei den Autobahnen) (Kfz) / entry n ‖ ~ (eines Hafens) (Schiff) / entrance n ‖ ~ **verboten** (ein Verkehrszeichen) (Kfz) / no entry
**Einfahrtoleranz** f (Masch) / positioning tolerance
**Einfahrttor** n (Arch) / entrance gate
**Einfahrzeit** f (Kfz) / break-in period
**Einfall** m (von Strahlen) (Opt, Phys) / incidence n ‖ **schräger** ~ (Opt) / oblique incidence ‖ **streifender** ~ (Opt) / grazing incidence, glancing incidence ‖ ~**dosis** f (Radiol) / incidence dose, entrance dose
**einfallen** v / sink vi ‖ ~ (stürzen) / tumble v ‖ ~ n (des Glanzes) (Anstr) / bloom n ‖ ~ (gegen die Senkrechte) (Geol) / hade n, hading n ‖ ~ (Geol) / dip* n ‖ **periklinales** ~ (Geol) / centroclinal dip ‖ **scheinbares** ~ (Geol) / apparent dip ‖ **wahres** ~ (Geol) / true dip
**einfallend** adj (Geol, HuT) / hading adj ‖ ~ (Strahl) (Phys) / incident adj ‖ **nach außen** ~ (Geol) / outward dipping ‖ **nach innen** ~ (Geol) / inward dipping ‖ **stark ~es Flöz** (Bergb) / pitching seam, steep seam ‖ ~**e Lichtintensität** (Licht) / incident intensity ‖ ~**er Strahl** (Opt) / incident beam ‖ ~**e Strecke** (Bergb) / dip n, slope road, downcast gate
**Einfallslot** n (Opt) / normal to the surface at the point of incidence
**Einfallstelle** f (eine Werkstoffeinbuchtung) (Gieß) / draw* n, sink n, shrink mark ‖ ~ (ein Spritzgußfehler) (Plast) / sunk spot, sink mark
**Einfallswinkel** m (unter dem die Lichtstrahlen in den LWL eintreten) / angle of incidence ‖ ~ (zwischen dem auf eine Ebene einfallenden Strahl und dem Einfallslot) (Phys) / angle of incidence*, incident angle, incidence angle ‖ ~ (bei Antennen) (Radio) / wave angle*
**einfalzen** v (Buchb, Druck) / fold v ‖ ~ (Druck) / fold in v ‖ ~ (Glas) / crimp v, roll v ‖ ~ n (Glas) / crimping n, rolling n
**Einfamilienhaus** n (Bau) / single-family house
**Einfang** m (Strahlungseinfang) (Kernphys) / capture* n ‖ **parasitärer** ~ (eine unerwünschte Absorption von Neutronen) (Kernphys) / parasitic capture* ‖ **thermischer** ~ (Kernphys) / thermal capture ‖ ~ m **der Teilchen** (Kernphys) / particle capture ‖ ~ **in den Betatronbetrieb** (Nukl) / betatron capture ‖ ~ **thermischer Neutronen** (Kernphys) / thermal capture
**einfangen** v (Film, Foto) / capture v (on film) ‖ ~ (Kernphys) / capture v ‖ ~ n (Kernphys) / capture* n
**Einfang•prozeß** m (Kernphys) / capture* n ‖ ~**querschnitt** m (Wirkungsquerschnitt für einen Einfang) (Kernphys) / capture cross-section
**einfärben** v (mit Druckfarbe) (Druck) / ink v ‖ ~ (Druckform) (Druck) / ink up v ‖ ~ (mit einem Tampon) (Druck) / tampon v ‖ ~ (Tex) / dye v
**Einfarben•druck** m (Druck) / single-colour printing ‖ ~**indikator** m (Chem) / one-colour indicator
**einfärbig** adj (A) / one-coloured adj, of one colour, whole-coloured adj, solid adj
**einfarbig** adj / one-coloured adj, of one colour, whole-coloured adj, solid adj ‖ ~ (Opt) / monochromatic* adj, monochrome adj ‖ ~ (Tex) / uni adj ‖ ~ (Tex) / plain adj ‖ ~**er Indikator** (Chem) / one-colour indicator ‖ ~**es Licht** (Phys) / monochromatic light*, homogeneous light*
**Ein•färbwerk** n (der Endlosformulardruckmaschine) (Druck) / tinting unit, tinter n ‖ ~**faserkabel** n (das nur einen LWL enthält) (Kab) / single-fibre cable, monofibre cable
**Einfaß•apparat** m (der Nähmaschine) (Tex) / binder n ‖ ~**band** n (Tex) / edge binding ‖ **schmales** ~**band** (Tex) / stay tape
**einfassen** v (Edelsteine) / set vt ‖ ~ (das Bohrloch) / line v ‖ ~ / surround v ‖ ~ (Leder, Tex) / bind v ‖ ~ (Tex) / edge v, hem v ‖ ~ (Tex) / face v ‖ ~ (mit Biese) (Tex) / welt v ‖ ~ n (Leder, Tex) / binding n

**Einfaß•stich** m (Tex) / blanket stitch ‖ ~**stich** (Tex) / blanket stitch
**Einfassung** f / surround n, enclosure n, skirt* n ‖ ~ (des Bohrlochs) / lining n ‖ ~ (Einrahmung) / framing n ‖ ~ (Kfz) / bezel* n ‖ ~ (von Rundinstrumenten) (Kfz) / rim n ‖ ~ (Klemp) / flashing* n, flashing strip ‖ ~ (Masch) / welt n ‖ ~ (einer Satzkolumne oder eines anderen Satzteiles aus Linien oder typographischen Zierstücken) (Typog) / border n ‖ **steinerne** ~ / kerb n
**Einfassungsbleche, überlappende** ~ (Bau) / passings pl, laps pl
**Einfaßvorrichtung** f (der Nähmaschine) (Tex) / binder n
**Ein•federung** f (eines Federbeins) (Luftf) / stroke n ‖ ~**felddecke** f (Zimm) / single floor* ‖ ~**feldrahmen** m (Mech) / one-span frame, single-span frame ‖ ~**feldriger Rahmen** (Mech) / one-span frame, single-span frame ‖ ~**feldträger** m (Bau, Mech) / simple beam ‖ ~**fetten** v / grease v ‖ **neu ~fetten** / regrease v ‖ ~**fetten** n / greasing n ‖ ~**findungszeit** f (für Fluggäste) (Luftf) / check-in time ‖ ~**flächner** m (Krist) / pedion* n ‖ ~**flankenwälzfehler** m (nach DIN 3960 und 3971) (Masch) / single-flank pitch error ‖ ~**flanschgefäß** n (Masch) / flanged spigot ‖ ~**fliegen** v (Luftf) / flight-test v ‖ ~**flieger** m (Luftf) / test pilot ‖ ~**fließen** v / flow in v ‖ ~**florig** adj (Tex) / single-pile attr ‖ ~**fluchten** v / sight out v, align v, line v, line up v
**Einflug** m (Luftf) / entry n
**einflügelig** adj (Fenster) (Bau) / single-casement attr ‖ ~**e Tür** (Bau) / single door
**Einflug•fixpunkt** m (Luftf) / entry fix ‖ **festgelegter** ~**ort** (Luftf) / entry fix ‖ ~**punkt** m (im kontrollierten Luftraum) (Luftf) / joining point ‖ ~**punkt** (z.B. in den kontrollierten Luftraum) (Luftf) / point of entry, entry point ‖ ~**schneise** f (Luftf) / entry lane ‖ ~**zeichen** n (Luftf) / approach marker ‖ ~**zeichensender** m (beim Instrumentenlandesystem) (Luftf) / marker beacon transmitter, marker beacon
**Einfluß** m / influence n, interference* n (esp. negative) ‖ ~ (von Neutronen) (Kernphys) / importance n ‖ ~ (z.B. isolierter) (Stats) / movement n ‖ ~ (negativer) (Umwelt) / impact n ‖ **isolierte Einflüsse** (Stats) / episodic movements ‖ ~ m **der chemischen Bindung** (Kernphys) / chemical binding effect ‖ ~**dreieck** n (Mech) / triangle of influence ‖ ~**funktion** f (Kernphys) / importance function* ‖ ~**funktion** (im allgemeinen) (Math) / influence function ‖ ~**größe** f (DIN 1319, T 1) (Regeln) / actuating variable, influencing variable, influence variable ‖ ~**linie** f (in der Baustatik) (Bau, Masch) / influence line*, load curve*
**einflutig** adj (Pumpe) / single-suction attr, single-inlet attr, single-entry attr ‖ ~**er Kondensator** (Masch) / single-flow condenser ‖ ~**er Kühlturm** (Querstromkühlturm, der nur auf einer Seite Lufteintrittsöffnungen und Kühleinbauten besitzt, während die drei übrigen Seiten vom Gehäuse umschlossen sind) / single-flow cooling tower ‖ ~**er Verdichter** (Luftf, Masch) / single-entry compressor
**einfonturig** adj (in der Strumpfherstellung) (Tex) / single-section attr ‖ ~ (in der Strickerei) (Tex) / single-bed attr, plain adj ‖ ~**e Flachstrickmaschine** (Tex) / plain flat-knitting machine, plain knitting machine
**ein•formen** v / mould in v ‖ ~**formen** (Keram) / jolley v, jolly v ‖ ~**förmig** adj / uniform* adj ‖ ~**förmigkeit** f / uniformity n ‖ ~**frequenzsignalgabesystem** n (Fernm) / single-frequency signalling system, sf signalling system, single-frequency signalling ‖ ~**frieden** v / enclose v ‖ ~**frieden** (mit Zaunpfählen) / pale v (enclose with pales) ‖ ~**frieden** s. auch einzäunen ‖ ~**friedigen** v / enclose v
**einfrieren** v (ein Programm oder Programmteile vor weiteren Veränderungen oder Rekompilierungen bewahren) (EDV) / freeze v ‖ **wieder** ~ (Nahr) / refreezen v ‖ ~ n (Nahr) / freezing* n, deep-freezing n ‖ **schnelles** ~ (Nahr) / quick freezing n, quick-freeze n, fast freezing ‖ ~ n **von zubereiteten Gerichten** (Nahr) / cook-chilling n
**Einfriertemperatur** f (bei hochpolymeren Stoffen) (Chem) / transition temperature n ‖ ~ (bei Abkühlung) (Plast) / $T_g$-point* n, glass-transition temperature
**Einfüge•kopf** m (Masch) / insertion head* ‖ ~**marke** f (EDV) / insertion point (shows where text will be inserted when you type) ‖ ~**modus** m (EDV) / insert mode
**einfügen** v / insert v, fit in v ‖ ~ n / insertion* n ‖ ~ **der Führungspunkte** (in Inhaltsverzeichnissen und Tabellen) (Druck) / leadering n ‖ ~ **von Zeilenvorschub** (ein Leistungsmerkmal) (EDV) / line-feed insertion
**Einfüge•sort** m (EDV) / insertion sort ‖ ~**taste** f (EDV) / insert key
**Einfügung** f (das Eingefügte) / insertion* n ‖ ~ n / insertion* n
**Einfügungs•dämmung** f (bei der Schalldämmung) (Akus) / insertion loss ‖ ~**dämpfung** f (Eltech) / insertion loss* ‖ ~**dämpfung** (bei Verbindung identischer Lichtwellenleiter - nach DIN 57888) (Fernm) / extrinsic junction loss ‖ ~**gewinn** m (Eltech) / insertion gain* ‖ ~**taste** f (EDV) / insert key ‖ ~**verlust** m (Eltech) / insertion loss* ‖ ~**verstärkung** f (Eltech) / insertion gain* ‖ ~**zeichen** n (EDV) / insertion character ‖ ~**zeichen** (ein Korrekturzeichen) (Typog) / caret* n

**Einfuhr•beschränkung** f / import restriction ‖ ~**bewilligung** f / import licence
**einführen** v (Waren) / import v ‖ ~ / introduce v, pass in(to) v
**Einführer** m (nach dem Chemikaliengesetz - eine natürliche oder juristische Person, die einen Stoff oder eine Zubereitung in den Geltungsbereich des Gesetzes verbringt) (Chem) / importer n
**Einfuhr•genehmigung** f / import licence ‖ ~**kontingent** n / import quota ‖ ~**land** n / importing country
**Einführtisch** m (der Spaltmaschine) (Leder) / feed table
**Einführung** f / introduction n ‖ ~ (Druck) / infeed n ‖ ~ **des Containertransportsystems** / containerization n ‖ ~ **des metrischen Systems** / metrication n
**Einführungs•isolator** m (Eltech) / inlet insulator, wall-entrance insulator ‖ ~**leitung** f (Eltech, Fernsp) / drop-wire n, drop ‖ ~**periode** f (der Badewannenkurve) (Eltronik) / burn-in period ‖ ~**sonde** f (z.B. bei Prüfungen) (WP) / inside probe
**Einfülldruck** m / filling pressure
**einfüllen** v / fill v ‖ ~ n / filling n
**Einfüll•öffnung** f (Masch) / filling hole, filler hole ‖ ~**stutzen** m (Kfz) / filler neck ‖ ~**verschluß** m (des Benzinbehälters) (Kfz) / filler cap, tank cap
**Eingabe** f (EDV) / input* n ‖ **falsche** (fehlerhafte) ~ (EDV) / hash n, garbage n, gibberish n, junk n ‖ **manuelle** ~ (über eine Tastatur) (EDV) / keyboard entry, keyboard input, keyboarding n ‖ **manuelle** ~ (von Hand) (EDV) / manual input, clerical input ‖ **unsinnige** ~ **erzeugt unsinnige Ausgabe** (EDV) / GIGO n, garbage-in, garbage-out ‖ ~ f **gesprochener Sprache** (EDV) / voice input, voice entry, phonetic input, speech input ‖ ~ **über Tastatur** (EDV) / keyboard entry
**Eingabe•befehl** m (EDV) / input instruction ‖ ~**bereich** m (EDV) / input area ‖ ~**bestätigung** f (EDV) / input acknowledgement ‖ ~**block** m (EDV) / input block* ‖ ~**daten** pl (EDV) / input* n, input data ‖ ~**diskette** f (EDV) / input diskette ‖ ~**einheit** f (EDV) / input* n, input unit*, input equipment*, input device ‖ ~**fehler** m (EDV) / input error ‖ ~**format** n (EDV) / input format ‖ ~**gerät** n (DIN 44300) (EDV) / input* n, input unit*, input equipment*, input device ‖ ~**kanal** m (EDV) / input channel ‖ ~**kopplungsregister** n (EDV) / input switching register, ISR ‖ ~**maske** f (EDV) / template n ‖ ~**medium** n (EDV) / input medium n ‖ ~**parameter** m (EDV) / input parameter ‖ ~**peripheriegeräte** n pl (EDV) / input peripherals ‖ ~**programm** n (EDV) / input program, read-in program ‖ ~**pufferegister** n (EDV) / input buffer register ‖ ~**quittung** f (EDV) / input acknowledgement ‖ ~**speicher** m (EDV) / input storage ‖ ~**speicherbereich** m (EDV) / input area ‖ ~**system** n (EDV) / input system n ‖ ~**tastatur** f (EDV) / keyboard* (KBD) n, keyset n ‖ ~**taste** f (EDV) / enter key ‖ ~**terminal** n (EDV) / input terminal n ‖ ~**zeiger** m (EDV) / input pointer n ‖ ~**ziel** n (EDV) / input destination
**Eingang** m / entrance n, entry n ‖ ~ (DIN 41855) (Eltech) / input n ‖ **überdachter** ~ (**sbaldachin**) (z.B. am Hoteleingang) (Arch) / porte cochère ‖ ~**-Bohrer** m (Werkz) / single-speed drill
**eingängig** adj (Gewinde) (Masch) / single-start attr, single-threaded adj, single-thread attr ‖ ~ **e Schnecke** (Masch) / single-start worm ‖ ~ **e Spule** (Eltech) / single-turn coil ‖ ~ **e Wicklung** (Eltech) / simplex winding
**Eingangs•anschluß** m (DIN 41859, T 1) (EDV) / input terminal ‖ ~**auffächerung** f (EDV, Eltronik) / fan-in n ‖ ~**drehmoment** n (Mech) / input torque ‖ ~**einheit** f (Radio, TV) / front end, head end ‖ ~**einstellung** f (Film) / establishing shot ‖ ~**empfindlichkeit** f (eines Rundfunkempfängers) (Radio) / input sensitivity ‖ ~**fächerung** f (Maß für die elektrische Last am Eingang einer integrierten Schaltung als Vielfaches einer definierten Einheitslast) (EDV, Eltronik) / fan-in n ‖ ~**fehler** m (EDV) / inherited error*, inherent error ‖ ~**fehlstrom** m (Eltronik) / input offset current ‖ ~**folge** f (EDV) / entry sequence ‖ ~**gleichungen** f pl (die formale Bestimmung der Schaltungsfunktionen eines Schaltnetzes als Eingänge zu Speicherelementen) (EDV) / input equations ‖ ~**größe** f (DIN 1319, T 1) / input quantity ‖ ~**halle** f (Arch) / entrance hall ‖ ~**immittanz** f **eines Zweitors** (Elektr) / input immittance of a two-port network ‖ ~**impedanz** f (Eltech, Eltronik) / input impedance* ‖ ~**impedanz bei Nennbelastung** (Fernm) / loaded impedance* ‖ ~**impedanz bei unbelastetem Eingang** (Eltech) / free impedance* ‖ ~**impuls** m (Fernm) / input pulse ‖ ~**kapazität** f (Eltronik) / input capacitance* ‖ ~**knoten** m (des neuralen Netzes) / input node ‖ ~**konfiguration** f (Eltronik) / input configuration ‖ ~**kontrolle** f (des Materials) / goods inwards inspection, receiving inspection, incoming inspection ‖ ~**lastfaktor** m (EDV, Eltronik) / fan-in n ‖ ~**leistung** f (die am Eingang eingespeiste Leistung) (Eltech, Masch) / input power, input n ‖ ~**logik** f (EDV) / input logic ‖ ~**mailbox** f (EDV) / incoming mailbox, inbox n ‖ ~**-Offset-Strom** m (Eltronik) / input offset current ‖ ~**pfad** m (für das Trojanische Pferd) (EDV) / trapdoor n (a breach created intentionally in an information processing system) ‖ ~**problem** n (bei der Behandlung von Wirkungsmaßnahmen an Maschinen) / (Mech) / input problem ‖ ~**prüfung** f (Masch) / on-receipt inspection ‖ ~**rauschen** n (Eltronik) / input noise, noise input ‖ ~**resonator** m (z.B. eines Zweikammerklystrons) (Eltronik) / buncher* n, input resonator, input gap*, buncher gap* ‖ ~**signal** n (DIN 40146, T 3) (Eltech, Fernm) / input signal* ‖ ~**spannung** f (Eltech, Eltronik) / input voltage* ‖ ~**spule** f (Eltech) / leading coil ‖ ~**stelle** f (EDV) / in-connector n ‖ ~**strom** m (Eltronik) / input current ‖ ~**stufe** f (eines Prozesses) / head-end ‖ ~**stufe** f (eines Verstärkers) (Eltronik) / input stage ‖ ~**symmetrie** f (Eltech) / input balance ‖ ~**teil** n (Radio, TV) / front end, head end ‖ ~**transformator** m (Eltech) / input transformer* ‖ ~**treppe** f (meistens überdacht) (Arch) / entrance stair, stoop n (US) ‖ ~**tür** f (des Hauses) (Arch) / front door ‖ ~**welle** f (Masch) / input shaft, primary shaft ‖ ~**wicklung** f (Eltech) / primary winding*, pri, primary* n, PRI ‖ ~**widerstand** m (Elektr) / input resistance
**eingearbeitet•es Entformungsmittel** (das als Trennmittel dient) (Plast) / internal lubricant ‖ ~**e Rohware** (Leder) / raw-hide input
**eingebaut** adj / built-in adj ‖ ~ (in der Instrumententafel) (Kfz) / in-dash attr ‖ ~**werkseitig** ~ / factory-installed adj ‖ ~**e Dachrinne** (in die Traufe) (Bau, Klemp) / secret gutter, closed valley ‖ ~**e Imaginärteilfunktion** (EDV) / IMAG built-in function ‖ ~**es Netzteil** (Radio) / self-contained power supply ‖ ~**er Oszillator** (der selbstschwingenden Mischstufe) (Radio) / local oscillator (LO) ‖ ~**e Zeilennummerfunktion** (EDV) / LINENO builtin function
**eingeben** v (über Tastatur) (EDV) / type in v, keyboard v, key in v, key v ‖ ~ (EDV) / enter v, input v (data)
**eingebettet** adj (Geol) / interbedded adj, intercalated adj, interstratified adj ‖ ~**er ANSI-Kode** (EDV) / embedded ANSI code ‖ ~**e Leitung** (Eltech) / embedded conduit ‖ ~**e Rinne** (Bau) / vee gutter*, valley gutter ‖ ~**e Steuerung** (EDV) / embedded control
**eingebracht•e Asche** (z.B. in der Kohle) (Kftst) / ash in fuel ‖ ~**e Ernte** (Landw) / crop n, harvest n ‖ ~**e Wärme** (in J) (Wärm) / heat input
**ein•gebranntes Leder** (das durch Eintauchen in heißes Fett imprägniert wurde) (Leder) / dip-dressed leather ‖ ~**gebügelte Falte** (Tex) / pressed-in crease, pressed crease ‖ ~**gebundene Säule** (Arch) / attached column, applied column ‖ ~**gebundene Tabelle** (EDV) / attached table (stored in an outside database) ‖ ~**gedickt** adj (Anstr, Chem) / bodied adj (oil) ‖ ~**gedost** adj (Nahr) / canned adj ‖ ~**gefahrene Antenne** (Radio) / drawn-in antenna ‖ ~**gefahrenes Fahrwerk** (Luftf) / retracted undercarriage, retracted landing gear ‖ ~**gefangene Teilchen** pl (Geophys, Kernphys) / trapped particles ‖ ~**gefäßbagger** m (HuT) / power shovel*, mechanical shovel ‖ ~**geformtes Karbid** (Hütt) / spheroidized carbide ‖ ~**geformter Perlit** (Hütt) / pearlite nodule ‖ ~**gefressenes Lager** (Masch) / frozen bearing*
**eingefroren** adj (Wasserleitung) / frozen adj ‖ ~**er Auftragsbestand** (F.Org) / frozen stock ‖ ~**es Gleichgewicht** (Chem) / frozen equilibrium* ‖ ~**es Magnetfeld** (das mit einem idealleitenden dissipationsfreien Plasma in magnetohydrodynamischer Näherung vollständig mitgeführt wird) (Plasma Phys) / frozen-in field ‖ ~**e Spannung** (Mech) / frozen stress, frozen-in stress
**ein•geführt** adj (Artikel) / well-introduced adj ‖ ~**gegossen** adj / cast-in adj ‖ ~**gegrabene Antenne** (Fernm) / buried antenna, earth antenna, ground antenna (US) ‖ ~**gehaltene Naht** (Tex) / gathered seam ‖ ~**gehängte Decke** (Bau) / false ceiling, suspended ceiling ‖ ~**gehängter Kessel** (Masch) / suspended boiler, top-supported boiler, topslung boiler ‖ ~**gehäuseturbine** f (Masch) / single-cylinder turbine ‖ ~**gehen** n (Tex) / shrinkage* n, shrinking n ‖ ~**gehendes Verstehen** (eines Textes) (KI) / in-depth understanding ‖ ~**geklebter Bogenteil** (eingeklebte Karte usw.) **in der Mitte eines Buchbinderbogens** (Buchb) / inset* n, insert* n ‖ ~**geklebte Einlage** (Buchb) / tip-in n ‖ ~**geklebte Verbundglasfrontscheibe** (Kfz) / bonded laminated windscreen (GB), bonded laminated windshield (US) ‖ ~**gekochtes** n (Nahr) / preserve n (preserved fruit) ‖ ~**gelagert** adj (Schicht) (Geol) / intercalary adj
**eingelassen** adj (in das Material) / recessed adj ‖ ~ (Zimm) / housed adj ‖ ~**e Deckenbandleuchte** (Eltech) / troffer n (a long recessed lighting unit usually installed with the opening flush with the ceiling) ‖ ~**er Heftbund** (Buchb) / sunken cord, recessed cord ‖ ~**e Heftschnur** (Buchb) / sunken cord, recessed cord ‖ ~**e Leitung** (Eltech) / embedded conduit ‖ ~**es Leuchtband** (in der Leuchtdecke) (Licht) / troffer n ‖ ~**e Nagelleiste** (Bau) / pallet* n, pallet slip, fixing fillet*, fixing slip, pad* n, slip* n ‖ ~**er Riegel** (Tischl) / dormant bolt*
**eingelegt•e Arbeit** (Kunsthandwerk) (Tischl) / inlay* n, inlaid work, wood inlay ‖ ~**e Rinne** (Bau) / vee gutter*, valley gutter ‖ ~**er Satz** (im Hafenofen) (Glas) / charge* n ‖ ~**er Schaltkreis** (Eltronik) / flush circuit ‖ ~**er Zapfen** (Zimm) / false tenon
**Ein•gelenkrahmen** m (Bau, HuT, Mech) / one-hinge frame ‖ ~**gemachtes** n (Nahr) / preserve n (preserved fruit) ‖ ~**gemauertes Ende** (eines Trägers) (Bau) / fang* n ‖ ~**gemauerter Kessel** (Masch) / brick-set boiler ‖ ~**gemottet** adj (Mil) / moth-balled adj

**eingeprägt**

**eingeprägt•e Kraft** (Mech) / applied force, active force ‖ **~e Masse** (Phys) / rest mass* ‖ **~e Spannung** (Eltech) / impressed voltage
**eingepreßt•e Multiwire-Montage** (Eltronik) / padded multiwire assembly ‖ **~er Ringdübel** (mit Verschraubung - bei Bretterverbindungen) (For) / corrugated toothed ring (a timber connector) ‖ **~er Schaltkreis** (Eltronik) / flush circuit
**eingerastete Phasenregelschleife** (Regeln) / phase-locked loop, PLL
**eingerissen•e Faser** (For) / chipped grain, torn grain ‖ **~e Perforation** (Film) / torn perforation ‖ **~e Stelle** / closed chip, potential chip ‖ **~e Webkante** (Web) / cut selvedge, bad listing, broken selvedge, damaged selvedge
**ein•gerüstiges Walzwerk** (Hütt) / single-stand rolling mill ‖ **~gesägter Bund** (Buchb) / sawn-in cord ‖ **~gesägter Rücken** (Buchb) / sawn-in back ‖ **~gescannte Daten** (EDV) / scanned data, scanned input ‖ **~gescannte Grafik** (EDV) / scanned graphics ‖ **~geschaltet** adj (Eltech) / on adv ‖ **~geschalteter Zustand** (Eltech) / on-state n ‖ **~geschäumter Schaumstoff** (Bau) / in situ foam ‖ **~geschichtet** adj (Geol) / interbedded adj, intercalated adj, interstratified adj ‖ **~geschleppte Lösung** (bei der elektrolytischen Abscheidung) (Eltech) / drag-in n ‖ **~geschliffen** adj (Masch) / ground-in adj ‖ **~geschlossene Luft** / trapped air, inclusion of air, entrapped air ‖ **~geschlossener Winkel** (Math) / included angle ‖ **~geschnittene Webkante** (Web) / nicked selvedge ‖ **~geschnürt** adj / throated adj ‖ **~geschnürter Durchgang** (bei Armaturen) (Masch) / reduced bore ‖ **~geschnürte Versetzung** (Krist) / pinching dislocation ‖ **~geschobene Tür** (Tischl) / framed and braced door* ‖ **~geschossener farbiger Papierstreifen** (eine Papierreißmarke beim Rollenpapier) (Pap) / flag* n ‖ **~geschossig** adj (Bau) / one-storied adj ‖ **~geschränktes Halteverbot** (Kfz) / waiting restriction ‖ **~geschränkter Zugriff** (EDV) / restricted access ‖ **~geschraubtes Kopfstück** (bei Kleinarmaturen) (Masch) / screw-in bonnet ‖ **~geschwungener Zustand** (Fernm) / steady state*
**eingesenkter Mäander** (Geol) / entrenched meander, intrenched meander, incised meander*, valley meander
**eingesetztes Schweißeisen** (Hütt) / blister steel*, blister bar*
**eingespannt** adj (Träger) (Bau) / encastré adj, end-fixed adj, encastered adj ‖ **nicht ~es Ende** (Bau) / free end* ‖ **~er Bogen** (Arch) / fixed-end arch ‖ **~es Ende** (Bau) / fixed end* ‖ **~er Rahmen** (Bau, HuT, Mech) / fixed frame ‖ **~er Teil der Steinstufe** (Bau) / tail* n ‖ **~e Treppe** (Bau) / hanging steps*, cantilevered steps*
**ein•gesprengt** adj (Min) / spotty adj ‖ **~gesprengtes Erz** (Bergb) / disseminated values* ‖ **~gespülteErdmasse** (HuT) / hydraulic fill* ‖ **~gestecktes Bauteil** (Eltronik) / insert-mounted device (IMD) ‖ **werksseitig ~gestellt** / factory-adjusted adj ‖ **~gestemmte Tür** (Tischl) / framed and braced door* ‖ **~gestuftes Mikrofon** (nach Impedanzwerten) (Akus) / rating microphone ‖ **~gesumpfter Kalk** (Bau) / pit lime ‖ **~gesunken** adj (Fuge) (Bau) / sunken adj ‖ **~gesunkener Boden** (einer Flasche) (Glas) / rocker n, rocker bottom
**eingewachsen•er Ast** (For) / encased knot ‖ **~e Rinde** (For) / inbark n, ingrown bark ‖ **~e Rinde** (For) s. auch Rindentasche ‖ **~e Versetzung** (Krist) / grown-in dislocation
**ein•gewalzter Zunder** (Hütt) / trickle scale, rolled-in scale ‖ **~gewebte Fremdfasern** (Web) / loom fly, flyer n, fly n ‖ **~gewebter Fremdkörper** (Web) / gout n ‖ **~geweidefett** (Nahr) / gut fat ‖ **~gewogene Menge** / weighed-in quantity, initial weight ‖ **~gezogener Durchgang** (Masch) / reduced bore ‖ **~gezwängter Belag** (ein Dämpfungsbelag) (Akus) / constrained layer ‖ **~gießen** n / pouring-in n ‖ **~gießöffnung** f (Gieß) / casting gate, git n ‖ **~gießteil** m (Gieß) / insert* n, cast-in insert, cavity insert ‖ **~gleisig** adj (Bahn) / single-line attr ‖ **~gleisige Brücke** (Bahn, HuT) / single-line bridge, single-track bridge ‖ **~gliedrig** adj (Math) / monomial adj ‖ **~grabbarge** (Erdöl) / bury barge ‖ **~graben** v (Leitungen) (HuT) / bury v ‖ **~graben** v (von Atommüll) (Nukl) / burial n, land burial ‖ **~grabtest** m (Tex) / soil-burial test ‖ **~grabung** f (HuT) / soil burial, direct burial ‖ **~gratköper** m (Tex) / single-wale twill ‖ **~grauen** n (oxidative Verfärbung, die bei Furnieren als Farbfehler gilt) (For) / greying n, grey discolouration ‖ **~gravieren** v / engrave v ‖ **~greifen** vi (Masch) / engage vi, intermesh v, mesh v, gear vi, mate v ‖ **~greifen** n (Nukl) / engage v ‖ **~greifwert** m (im Strahlenschutz) (Nukl, Radiol) / intervention level ‖ **~grenzung** f (des Fehlers) (EDV) / isolation n

**Eingriff** m (der Verzahnung mit der Gegenverzahnung) (DIN 3960) (Masch) / engagement n, intermeshing n, mesh n, contact n, gearing n, mating n ‖ **~** (z.B. seitens der Bedienungsperson) (Masch) / intervention n ‖ **~** (Einrücken) (Masch) / gearing n ‖ **~** (gemeinsame Zahnhöhe) (Masch, Uhr) / depth* n ‖ **~** (in einen automatischen Vorgang) (Regeln) / override n ‖ **~** (regelnde Beeinflussung des Ablaufs) (Regeln) / control n ‖ **außer ~** (Masch) / out of gear ‖ **außer ~ bringen** (Masch) / demesh v ‖ **gegen unbefugte ~e gesichert** / tamper-proof adj (made so that it cannot be interfered with or changed) ‖ **im ~** (Werkzeug) (Masch) / engaged adj, meshed adj ‖ **im ~ stehen** (Masch) / engage vi, intermesh v, mesh v, gear vi, mate v ‖ **in ~ bringen** (Masch) / engage vt, gear v ‖ **unsachgemäßer ~** (meistens böswilliger) / tampering n ‖ **wieder in ~ bringen** (Masch) / re-engage v
**Eingriffs•glied** n (Schieber oder Hebel beim Kurvengetriebe) (Masch) / follower n ‖ **~linie** f (DIN 3960) (Masch) / line of engagement ‖ **Konstruktion von ~linie und Gegenflanke** (Masch) / geometric construction for path of contact and conjugate tooth profile ‖ **~signal** n (EDV) / interrupt signal ‖ **~strecke** f (in einer Radpaarung) (Masch) / length of path of contact (GB), length of action (US) ‖ **~teilung** f (Masch) / contact pitch (BS 2519) ‖ **~tiefe** f (gemeinsame Zahnhöhe) (Masch, Uhr) / depth* n ‖ **~winkel** m (am Normalschnitt - bei Zahnrädern) (Masch) / pressure angle (normal), main pressure angle (US), normal pressure angle ‖ **~winkel** (Masch) / angle of pressure*, angle of obliquity*
**Eingruppen-Diffusionstheorie** f (Nukl) / one-group theory*
**Einguß** m (Tätigkeit) / pouring-in n ‖ **~** (Teil des Eingußsystems) (Gieß) / sprue* n, runner gate ‖ **~** (Gieß) / basin n ‖ **auf ~ geeicht** (Chem) / calibrated to contain, calibrated for content ‖ **ohne ~** (Gieß) / runnerless adj
**Einguß•bohrer** m (Gießtrichtermodell) (Gieß) / gate stick*, runner stick* ‖ **~kanal** m (Gieß) / runner* n, runner-gate* n ‖ **~kern** m (Gieß) / skim core, strainer core ‖ **~kolben** m (beim Druckguß) (Hütt) / floater n ‖ **~los** (Gieß) / runnerless adj ‖ **~mulde** f (Kanalsystem in einer Gießform, durch welches das flüssige Gießgut dem Formhohlraum zuströmt) (Gieß) / runner bush ‖ **~stock** m (Gieß) / gate stick*, runner stick* ‖ **~sumpf** m (Gieß) / runner bush ‖ **~system** n (Gieß) / gate system, running system ‖ **~tümpel** m (Gieß, Masch) / pouring basin*
**ein•haken** v / hook on v, engage the hook ‖ **~halten** v (z.B. bestimmte Grenzwerte bzw. Fristen) / observe v, meet v, keep v, comply v (with)
**Einhaltung** f (von Fristen) / observance n, meeting n, keeping n ‖ **~ der Umlaufbahn** (nach einem Manöver oder während eines Manövers) (Raumf) / station keeping* ‖ **~ vorgegebener Grenzwerte** (bei der adaptiven Regelung) (Regeln) / adaptive-control constraint, ACC
**Einhand•batterie** f (Klemp) / swivel mixer, one-hole mixer ‖ **~betätigung** f (Masch) / one-hand control ‖ **~mischbatterie** f (Klemp) / swivel mixer, one-hole mixer
**Einhänge•draht** m (zum Galvanisieren) (Galv) / slinging wire ‖ **~feld** n (z.B. der Auslegerbrücke) (Bau) / suspended span ‖ **~gestell** n (in der Galvanisierwerkstatt) (Galv) / plating rack ‖ **~haken** m (Masch) / hook n ‖ **~kühler** m (Chem) / cold-finger condenser ‖ **~maschine** f (Buchb) / casing-in machine, attaching machine
**einhängen** v (Tür) (Bau) / hang v (a door) ‖ **~** (Buchb) / case in v, attach v ‖ **~** (EDV) / mount v (tape, disc) ‖ **~** (Fernsp) / hang up v, replace v, restore v, go on-hook ‖ **~** n (Buchb) / casing-in n ‖ **~** (der Sägeblätter bei Vollgattersägemaschinen) (For) / posting n ‖ **~ der Sägeblätter** (der Vollgattersägemaschine) (For) / posting n
**Einhänge•stift** m (bei alten Schnittwerkzeugen) (Masch, Werkz) / button stop, pin stop ‖ **~träger** m (der Auslegerbrücke) (Bau) / suspended span
**Ein•hangschema** n (Aufführen der Nenndicken nach der Reihenfolge, wie die einzelnen Schnittdicken in einem Sägenbund angeordnet sind) (For) / sawing set-up ‖ **~hangschema** (For) / sawing set-up ‖ **~härtetiefe** f (Hütt) / hardness penetration depth ‖ **~härtung** f (DIN 17014, T 1) (Hütt) / surface hardening*, case hardening, face hardening, skin hardening ‖ **~härtungstiefe** f (DIN 17014, T 1) (Hütt) / hardness penetration depth ‖ **~hausen** n (Schallquelle) (Akus) / encapsulate v ‖ **~hausen** (Masch) / encase* v, case v ‖ **~häusige Wanne** (in der Schmelz- und Arbeitswanne durch ein Beheizungssystem gemeinsam beheizt werden) (Glas) / single-crown furnace ‖ **~hausung** f (bei Öfen) / enclosure n ‖ **~hausung** (der Schallquelle) (Akus) / encapsulation n ‖ **~hausung** (Akus) s. auch Einkapselung ‖ **~heben** v (Tür) (Bau) / hang v (a door) ‖ **~heimisch** adj (Holzart) (For) / indigenous adj, native adj, domestic adj
**Einheit** f (DIN 1301) / unit* n ‖ **~** (die durch Fügen von mindestens zwei Bauelementen entstanden ist) (Eltronik, Masch) / assembly n, package n, unit n, assy ‖ **~** (konventionelle - bei der Verfolgung des Fertigungsprozesses und bei der Kontrolle) (F.Org) / unit of product ‖ **~** (Aggregat) (Masch) / unit n, set n ‖ **~** (die nicht durch Multiplizieren oder Division gewonnen wurde - z.B. Gibbssche Funktion) (Masch, Phys) / function n ‖ **~** (z.B. Lunar Excursion Module) (Raumf) / module* n ‖ **abgeleitete ~ ohne besonderen Namen** (in dem SI-System) / compound unit ‖ **abgeleitete ~en** (DIN 1301, T 1) / derived units* ‖ **astronomische ~** (Astr) / astronomical unit*, A.U.*, AU ‖ **atomare ~** (verschiedene Größen und Dimensionen) (Kernphys) / atomic unit ‖ **elektrische ~** (Elektr) / electrical unit, electric unit ‖ **elektromagnetische ~** (in dem alten elektromagnetischen CGS-System) (Phys) / electromagnetic unit*, e.m.u., EMU ‖ **elektrostatische ~** (in dem elektrostatischen CGS-System) / electrostatic unit, e.s.u. ‖ **in sich abgeschlossene ~** (Anlage) (Masch) / self-contained unit, SC unit ‖ **kohärente ~** (die innerhalb eines Systems durch eine Einheitengleichung als

Potenzprodukt von Basiseinheiten definiert ist, z.B. 1 N = 1 m · kg · s$^{-2}$) / coherent unit* ‖ **magnetische** ~ (Elektr, Mag) / magnetic unit* ‖ **rationale** ~ (z.B. eine SI-Einheit) (Phys) / rationalized unit* ‖ **strahlenphysikalische und/oder -biologische** ~ (Biol, Radiol) / radiation unit ‖ ~ *f* **außerhalb des rationalen Systems** / unrationalized unit ‖ ~ **bei Kettenwirkmaschinen** (= 480 Reihen) (Tex) / rack *n* ‖ ~ **der Stichprobenauswahl** (Stats) / sampling unit, sample unit

**Einheiten•gleichung** *f* (DIN 1313) / unit equation ‖ ~**system** *n* (DIN 1313) / system of units ‖ **Praktisches** ~**system** (Phys) / practical system ‖ **Giorgisches** ~**system** (nach G. Giorgi, 1871-1950) / Giorgi system*, MKSA*

**einheitlich** *adj* / uniform* *adj* ‖ ~ / homogeneous *adj* (relating to composition) ‖ **chemisch** ~ (Chem) / chemically uniform ‖ ~**er Fahrpreis** (Kfz, Schiff) / flat fare ‖ ~**e Feldtheorie** (z.B. nach Mie) (Kernphys) / unified field theory*, Einstein-Schrödinger theory ‖ ~**er geschlossener firmengebundener Erscheinungs- und Darstellungsstil** (Sprache, Werbeformen, Verpackungen usw.) / house style ‖ ~**e Kommunikationssteckdose** (Fernm) / standard communication socket ‖ ~**e Maschinensprache** (EDV) / common language*

**Einheitlichkeit** *f* / uniformity *n*

**Einheits•abflußganglinie** *f* (Abflußverlauf, der aus einer bestimmten Menge abfließenden Wassers als Folge eines Niederschlags mit bestimmter Dauer resultiert) (Wasserb) / unit hydrograph ‖ ~**bohrung** *f* (im Paßsystem) (Masch) / basic hole ‖ ~**element** *n* (Math) / neutral element*, identity element* ‖ ~**impulsfunktion** *f* / Dirac pulse ‖ ~**kreis** *m* (dessen Radius die Maßzahl 1 hat) (Math) / unit circle ‖ ~**kugel** *f* (Math) / unit sphere ‖ ~**ladung** *f* / unitized cargo ‖ ~**leistung** *f* (des Reaktors) (Nukl) / unit power ‖ ~**matrix** *f* (bei der alle Elemente der Hauptdiagonale den Wert 1 haben, alle anderen den Wert 0) (Math) / unit matrix*, identity matrix ‖ ~**meßumformer** *m* (in der Meßeinrichtung) (Regeln) / transmitter *n* ‖ ~**-Nordpol** *m* (Geophys) / unit north pole ‖ ~**pol** *m* (Eltech) / unit pole* ‖ **magnetischer** ~**pol** (Mag) / unit magnetic pole ‖ ~**quadrat** *n* (Math) / unit square ‖ ~**sand** *m* (Modell- + Füllsand) (Gieß) / unit sand ‖ ~**schmelzaggregat** *n* (Glas) / unit melter ‖ ~**schrittimpuls** *m* (in der Impulstechnik) (Eltronik) / unity step pulse ‖ ~**signal** *n* (Fernm) / uniform signal ‖ ~**sprungfunktion** *f* (Fernm) / Heaviside unit function*, unit-step function ‖ ~**tensor** *m* (Math, Phys) / idemfactor *n*, unit tensor ‖ ~**vektor** *m* (Phys) / unit vector ‖ ~**welle** *f* (im Paßsystem) (Masch) / basic shaft ‖ ~**wert** *m* (der steuerliche Wert für land- und forstwirtschaftliche Betriebe, Grundbesitz, gewerbliche Betriebe und Mineralgewinnungsrechte) (Bau, Bergb, Landw) / rateable value ‖ ~**wurzel** *f* (Math) / root of unity ‖ ~**zeichen** *n* (z.B. nach DIN 1301, T 1) / symbol for a unit, unit symbol ‖ ~**zelle** *f* (Krist) / unit cell*, structure cell

**Ein•hieb** *m* (für Säge(schärf)feilen) (Werkz) / single cut ‖ ~**hiebfeile** *f* (Werkz) / single-cut file, float* *n*, float-cut file* ‖ ~**hiebige Feile** (meistens für Sägen) (Masch) / mill file ‖ ~**hiebige Feile** (Werkz) / single-cut file, float* *n*, float-cut file* ‖ ~**hiebschlichtfeile** *f* (Werkz) / cabinet-file* *n* ‖ ~**holen** *v* (Kfz) / catch up *v* ‖ ~**holen** (Anker) (Schiff) / retrieve *v* ‖ ~**holen** (z.B. eine Leine) (Schiff) / haul *v*, haul in *v* ‖ ~**hordendarre** *f* (Brau) / kiln over(bed) kiln ‖ ~**hub-Jacquardmaschine** *f* (Web) / single-lift Jacquard loom ‖ ~**hüftiger Bogen** (bei dem die Kämpfer verschieden hoch liegen) (Arch, HuT) / rising arch*, rampant arch* ‖ ~**hüllen** *v* / wrap *v*, wrap up *v*, envelop *v* ‖ ~**hüllen** (z.B. Disketten) (EDV) / jacket *v* ‖ ~**hüllen** *n* (z.B. von Disketten) (EDV) / jacketing *n* ‖ ~**hüllende Kurve** (die alle Kurven einer gegebenen Schar berührt) (Math) / envelope* *n* ‖ ~**hüllende** *f* (die alle Kurven einer gegebenen Schar berührt) (Math) / envelope* *n* ‖ ~**hüllung** *f* / wrapping *n*

**Einigung, byzantinische** ~ (Verfahren zur gemeinsamen Beschlußfassung von Prozessen in verteilten Systemen) (EDV) / Byzantine agreement

**Ein•impfen** (des Impfmaterials) / inoculation* *n* ‖ ~**impfung** *f* (des Impfmaterials) / inoculation* *n* ‖ ~**-Instruktionskarte** *f* (EDV) / single-instruction card ‖ ~**jähriges Eis** (Ozean) / one-year ice ‖ ~**jährige Pflanze** (Bot) / therophyte* *n* ‖ ~**jährige** *f* (Bot) / therophyte* *n* ‖ ~**jahrspflanze** *f* (Bot) / therophyte* *n* ‖ ~**kammereindicker** *m* (Chem Verf) / unit thickener ‖ ~**kammerklystron** *n* (Eltronik) / single-cavity klystron

**Ein-Kanal-Datenübertragungssystem** *n* **mit Frequenzmultiplex** (EDV) / single-channel FDM data transmission system

**Einkanalklimaanlage** *f* / one-flue air-conditioning plant

**Ein-Kanal•-pro-Träger-System** *n* (Satellitenkommunikation) (Fernm) / single-channel per carrier*, SCPC* ‖ ~**-pro-Transponder-System** *n* (Satellitenkommunikation) (Fernm) / single-channel per transponder, SCPT

**Ein•kanter** *m* (Windkanter mit einer Kante) (Geol) / einkanter *n* (a ventifact) ‖ ~**kapseln** *v* / encapsulate *v* ‖ ~**kapseln** (Akus) / isolate *v* ‖ ~**kapseln** *n* (von Altlasten) (Umwelt) / lining *n* (final cover) ‖ ~**kapselung** *f* (Akus) / isolation* *n* ‖ ~**kapselung** (Umwelt) / lining *n* (final cover) ‖ ~**kartenrechner** *m* (auf einer einzigen Leiterplatte) (EDV) / single-board computer (SBC) ‖ ~**kaschieren** *v* (Buchb, Tex) / laminate *v*, line *v* ‖ ~**kaschieren** (Buchb, Tex) / lamination *n*, lining* *n*

**Einkaufs•gremium** *n* (alle Personen, die an der Beschaffung eines Produkts beteiligt sind) / buying centre ‖ ~**korb** *m* (zur Ermittlung der Verbraucherindizes) (Stats) / shopping basket, basket *n* ‖ ~**passage** *f* (Arch) / arcade *n* ‖ ~**straße(n)** *f* (*pl*) (Arch) / mall *n*, pedestrianized mall, shopping precinct, shopping parade, shopping street (in a pedestrian precinct), pedestrianized shopping parade ‖ ~**tasche** *f* / shopping bag, shopper *n* ‖ ~**wagen** *m* / shopping trolley, shopping cart (US), supermarket trolley ‖ ~**zentrum** *n* (einheitlich geplante und errichtete Konzentration von Einzelhandels- und Dienstleistungsbetrieben) (Bau) / shopping centre, hypermarket *n*, convenience store (US)

**ein•kehlen** *v* (Masch) / recess *v* ‖ ~**kehlung** *f* (Masch) / recess *n* ‖ ~**keimig** *adj* (Landw) / monogerm* *adj* ‖ ~**kerben** *v* (vorritzen) / score *v* ‖ ~**kerben** / serrate *v* ‖ ~**kerben** (Masch, WP) / notch *v*, nick *v*, cut a notch ‖ ~**kerben** *n* (Masch, WP) / notching *n* ‖ ~**kerbung** *f* (im allgemeinen) / indentation *n* ‖ ~**kerbung** (Masch, WP) / notching *n* ‖ ~**kernig** *adj* (Biol) / uninucleate* *adj*, mononuclear *adj* ‖ ~**kitten** *v* (Bau) / putty *v*, lute *v* ‖ ~**klammern** *v* (Math) / parenthesize *v*, put in parentheses ‖ ~**klammern** (Math) / bracket *v*, put in brackets ‖ ~**klappbar** *adj* (Griff) / folding *adj*, collapsible *adj* ‖ ~**kleben** *vt* / stick *vt*, glue *vt* ‖ ~**kleben** *v* (Buchb, Druck) / plate *v* ‖ ~**kleben** (Beilagen) (Buchb, Druck) / tip in *v*, paste in *v* ‖ ~**kleben** *v* (von Tafeln) (Buchb, Druck) / plating* *v* ‖ ~**kleben** (von Bogenteilen, Bildern, Karten u.a. innerhalb eines Buchbinderbogens) (Buchb, Druck) / tipping-in* *n*, pasting-in *v* ‖ ~**kleber** *m* (For, Tischl) / edge band ‖ ~**kleistern** *v* / paste *v* ‖ ~**klemmen** *v* (Masch) / block *v*, jam *v*, interlock *v* ‖ ~**klemmen** *v* (Masch) / blocking *n*, jamming *n*, jam *n*, interlock *n* ‖ ~**klicken** *v* (den Sicherheitsgurt) (Kfz) / buckle up *v* (the belt) ‖ ~**klinkeffekt** *m* (sprungartige Arbeitspunktverlagerung eines Halbleiterbauelementes) (Eltronik) / latch-up effect ‖ ~**klinken** *v* / latch *vt* ‖ ~**kneten** *v* / mash *v* ‖ ~**knickung** *f* (Luftf) / collapse *n* ‖ ~**knöpfen** *v* (in etwas) (Tex) / button *v* (into something) ‖ ~**knüpfen** *v* (Web) / tie *v* ‖ ~**knüpfen** *n* (Web) / tying *n* ‖ ~**kochen** *vi* (Nahr) / boil down *vi*, reduce *vi* ‖ ~**kochen** *v* (Nahr) / reduce *v*, boil away *v*

**Einkomponenten•anstrichstoff** *m* (Anstr) / one-component paint, one-pack paint ‖ ~**kleber** *m* / one-component adhesive, one-pack adhesive, single-component adhesive, one-part adhesive ‖ **unter Luftabschluß härtender** ~**kleber** / anaerobic adhesive ‖ ~**klebstoff** *m* / one-component adhesive, one-pack adhesive, single-component adhesive, one-part adhesive ‖ ~**lack** *m* (Anstr) / one-pack system lacquer (varnish) ‖ ~**-Polyurethan-Anstrichstoff** *m* (Anstr) / one-package urethane coating ‖ ~**system** *n* (Chem, Phys) / one-component system

**ein•kopieren** *v* (Filmtitel) (Film) / superimpose *v* ‖ ~**kopierraster** *m* (Druck) / mechanical *n* ‖ ~**kopierte Titel** *m pl* (Film) / superimposed titles, supered titles ‖ ~**kopierung** *f* (Film) / composite shot ‖ ~**kopierung von Bildstillstand** (um den Zeitlupeneffekt zu erzielen) (Film) / stretch *v* ‖ ~**koppeln** *v* (in der Faseroptik) / insert *v*, launch *v* ‖ ~**koppelraum** *m* (Eltronik) / buncher* *n*, input resonator, input gap*, buncher gap* ‖ ~**koppelungswinkel** *m* (in einem LWL) / angle of incidence ‖ ~**kornbeton** *m* (aus annähernd gleichkörnigem Zuschlagstoff ohne wesentliche Eigenporigkeit) (Bau, HuT) / no-fines concrete*, concrete with single-sized aggregates, single-size concrete, single concrete ‖ ~**körperproblem** *n* (Mech) / one-body problem, single-body problem ‖ ~**kräuselung** *f* (Spinn) / crimp contraction

**Einkreis•anlage** *f* (der entstehende Dampf wird direkt zum Antrieb der Turbine verwendet) (Nukl) / direct-cycle plant, single-cycle plant (with direct gas-turbine cycle) ‖ ~**bremsanlage** *f* (Kfz) / single-circuit braking system

**einkreisen** *v* (Zahlenangaben, Punkte in dem Fragebogen usw.) / circle *v*

**Einkreis•laufreaktor** *m* (Nukl) / direct-cycle reactor ‖ ~**reaktor** *m* (Nukl) / direct-cycle reactor ‖ ~**siedewasserreaktor** *m* (mit teilintegriertem Zwangsumlauf) (Nukl) / single-cycle boiling water reactor ‖ ~**strahltriebwerk** *n* (Luftf) / turbojet* *n*, turbojet engine

**Einkristall** *m* (kristalliner Festkörper mit durchgehend gleicher Gitterorientierung) (Eltronik, Krist) / single crystal, monocrystal *n* ‖ ~**beugung** *f* (Krist, Opt) / single-crystal diffraction

**einkristallin** *adj* (Krist) / single-crystal *attr*, monocrystalline *adj*

**Einkristall•korn** *n* (Krist) / single-crystal grain ‖ **unbearbeiteter** ~**körper** (Krist) / boule* *n* ‖ ~**polkoeffizient** *m* (WP) / single-crystal polar coefficient ‖ ~**verfahren** *n* (als Gegensatz zu Pulververfahren) (Krist) / single-crystal method

**einkuppeln** *v* (Kfz) / allow the clutch pedal to come up ‖ ~ (Masch) / engage *vt*, gear *v*

**Ein•labungstemperatur** f (Nahr) / renneting temperature ‖ **~laden** v (Luftfrachtgut) (Luftf) / emplane vt, enplane vt
**Einlage** f (das Eingelegte) / insert n ‖ ~ / insertion* n ‖ ~ (für Verpackungen) / insert n ‖ ~ (in Schläuchen) / ply n ‖ ~ (bei Fördergurten - z.B. Stahlseil oder Textilien) (Masch) / reinforcement n ‖ ~ (z.B. bei Bristolkarton) (Pap) / filler n, middle sheet ‖ ~ (Tex) / interlining* n ‖ **eingeklebte** ~ (Buchb) / tip-in n ‖ **steife** ~ (Mech) / stiffener n, stiffening n ‖ **steife** ~ (Tex) / stiffener n
**Einlage•beutel** m / lining bag ‖ **~kante** f (Tex) / laid-in selvedge ‖ **~karton** m (zur Verstärkung) (Pap) / reinforcement board
**Einlagen•leiterplatte** f (Eltronik) / single-layer PCB ‖ **~schweißen** n (Schmelzschweißen, bei dem der gesamte Fugenquerschnitt mit einer Schweißlage erfaßt wird) (Schw) / single-pass welding, single-run welding, one-pass welding
**einlagern** v (Ware im Lager) / store v, warehouse v ‖ ~ (die Arbeitsmenge eines Adreßraumes umlagern) (EDV) / swap in v, roll in v ‖ ~ (einbetten) (Masch) / embed v ‖ **seitenweise** ~ (EDV) / page in v
**Einlagerung** f / storage n, storing n, warehousing n ‖ ~ (Chem, Hütt, Min, WP) / inclusion* n ‖ ~ (Geol) / interbed n (of one kind of rock material occuring between or alternating with beds of another kind) ‖ ~ (zwischen) (Geol) / interstratification n ‖ ~ (Masch) / embedding* n
**Einlagerungs•atom** n (bei Additionsbaufehlern) (Krist) / interstitial atom, interstitial n ‖ **~carbid** n (Chem) / interstitial carbide ‖ **~hydrid** n (Chem) / interstitial hydride ‖ **~karbid** n (Chem) / interstitial carbide ‖ **~mischkristall** m (der durch Besetzung von Gitterlücken durch Atome oder Ionen einer anderen Komponente entsteht) (Krist) / interstitial mixed crystal, interstitial solid solution ‖ **~telegrafie** f (Teleg) / speech-plus-duplex telegraphy ‖ **~verbindungen** f pl (Chem) / interstitial compounds*, intercalation compounds ‖ **~verfahren** n (Holzschutz) (For) / open-tank treatment
**Einlage•schicht** f / intermediate layer, interlayer n ‖ **~stoff** m (Tex) / interlining* n ‖ **steifer ~stoff** (Tex) / wigan n, interlining canvas
**einlagig** adj / single-layer attr, single-layered adj ‖ **~er Karton** (Pap) / one-ply board ‖ **~e Naht** (Schw) / single-pass weld, single-layer weld ‖ **~es Papier** (EDV) / single-ply paper, one-part (form) paper ‖ **~e Zellstoffpappe** (Pap) / wood-pulp board, pulpboard n
**Einläppen** n (ohne formübertragende Gegenstücke) (Masch) / interactive lapping (of two workpieces)
**Einlaß** m / entrance n, entry n ‖ ~ (Masch) / intake n, inlet n, admission n ‖ **kolbengesteuerter ~** (eines Zweitaktmotors) (V-Mot) / third-port induction ‖ **~beschlag** m (Tischl) / flush fitting ‖ **~deckung** f (Masch) / outside lap*, steam lap* ‖ **~dübel** m (Bau, Zimm) / biscuit n ‖ **~dübel** (Bau, Zimm) / biscuit n
**einlassen** vt / recess vt ‖ ~ v (in etwas) / set in v ‖ ~ (Bergb) / run in vt ‖ ~ (die Vehrrohrung) (Erdöl) / lower v ‖ ~ (einbetten) (Masch) / embed v ‖ ~ n **des Wassers** (in ein Wasserbecken) (Wasserb) / priming n
**Einlaß•kanal** m (in einem Ansaugschlitz) (V-Mot) / induction port, inlet port ‖ **~kanal** (V-Mot) / intake port, inlet port ‖ **~krümmer** m (ein komplettes Bauteil, das den Einlaßkanälen des Zylinderkopfs die Luft zuführt) (V-Mot) / induction manifold*, intake manifold, inlet manifold* ‖ **~mittel** n (ein Anstrichstoff, der in einen saugfähigen Untergrund eindringt und dessen Saugfähigkeit verringert oder ganz aufhebt) (Anstr) / sealing primer, sealer n, sealing n ‖ **~nocken** m (V-Mot) / inlet cam ‖ **~nockenwelle** f (bei Doppelnockenwellenmotoren) (Kfz) / intake camshaft, inlet camshaft ‖ **~öffnung** f (Masch) / intake n, inlet n ‖ **~schalter** m (Eltech) / flush switch, sunk switch, recessed switch*, panel switch*, plaster-depth switch ‖ **~schlitz** m (in einem Zweitaktmotor) (V-Mot) / induction port, inlet port* ‖ **~schloß** n (für Möbel) (Tischl) / inlet-type lock, cut lock
**Einlassung** f (Masch) / embedding* n
**Einlaßventil** n (V-Mot) / induction valve*, suction valve, inlet valve*
**Einlauf** m (eines Mediums) / entrance n ‖ ~ (Druck) / infeed n ‖ ~ (Teil des Eingußsystems) (Gieß) / down-gate n ‖ ~ (von einer Kante her einlaufender Sprung) (Glas) / edge crack, edge vent ‖ ~ (Masch) / intake n, inlet n, admission n ‖ ~ (Masch) / running-in n ‖ ~ (des Dükers) (Wasserb) / portal n ‖ **~bauwerk** n (zur Heranführung der erforderlichen Wassermenge für ein Kraftwerk) (Eltech, Wasserb) / headworks* pl, intake heading (US) ‖ **~bauwerk** (Sanitär, Wasserb) / intake structure, inlet structure, intake work ‖ **~becken** n (bei Wasserkraftwerken) (Wasserb) / forebay n ‖ **~diffusor** m (in den Lufteinläufen von Strahltriebwerken) (Luftf) / inlet diffusor ‖ **~eigenschaft** f (eines Lagerstoffs, um Reibungskraft, Erwärmung und Verschleiß während des Einlaufvorganges zu vermindern) (Masch) / running-in ability
**einlaufen** v / flow in v ‖ ~ (Bahn, Schiff) / enter v, come in v ‖ ~ (Lager, Maschine) (Masch) / run in v ‖ **sich ~** (Gerät) (Phys) / warm up vi, heat up vi ‖ ~ n (For) / foxiness n ‖ ~ (eines Lagers, einer Maschine) (Masch) / running-in n ‖ ~ (eines Schiffes) (Schiff) / entrance n ‖ ~ (negative Maßänderung) (Tex) / shrinkage* n, shrinking n
**einlaufend•e Dünung** (Ozean) / land swell ‖ **~er Verkehr** / inward traffic (GB), inbound traffic (US), inward-bound traffic
**Einläufer** m pl (For) / foxiness n
**Einlauf•fleckigkeit** f (an den Stammenden von Schnittholz und Furnieren) (For) / foxiness n ‖ **~kante** f (Druck) / pitch edge* ‖ **~konus** m (des Ziehsteins) (Hütt) / cone-shaped entrance ‖ **auf ~kurs liegen** (Schiff) / stand in v ‖ **~läppen** (bei dem die im Eingriff stehenden Räder kleine Zusatzbewegungen enthalten) (Masch) / controlled lapping ‖ **~leitung** f (Masch) / intake line, inlet line ‖ **~rille** f (der Schallplatte) (Akus) / lead-in* n, run-in groove, lead-in groove ‖ **~rost** m (HuT, Sanitär) / gully grating ‖ **~schacht** m (Sanitär) / gulley* n, gully n, inlet n (US) / street inlet (US), gully-hole n, street gully ‖ **~schicht** f (eines Lagers) (Masch) / running-in layer ‖ **~seiher** m (am Ende von Rohrleitungen, die Wasser aus offenen Gewässern ansaugen) (Masch) / strainer n ‖ **~seite** f (eines Walzgerüsts) (Hütt) / entry side ‖ **~seite** (der Maschine) (Masch) / feed-in side ‖ **~spannung** f (des Garns bei Strickmaschinen) (Tex) / input tension ‖ **~spirale** f (der Schallplatte) (Akus) / spiral lead-in ‖ **~spirale** (der Francis-Turbine) (Masch) / scroll case ‖ **~system** n (Gieß) / gating n, gate system ‖ **~teil** m (bei Strömungsmaschinen) (Masch) / inducer n ‖ **~trichter** m (Gieß, Hütt) / feed hopper, hopper* n, feeding hopper ‖ **~trompete** f (z.B. bei Grundablässen) (Wasserb) / trumpet inlet ‖ **~vorgang** m (Masch) / running-in n ‖ **~walze** f / entry roller
**Einlege•arbeit** f (Intarsie, Marketerie) (Tischl) / inlay* n, inlaid work, wood inlay ‖ **~gerät** n / pick-and-place robot, inserting robot, loading robot ‖ **~kante** f (Tex) / laid-in selvedge ‖ **~keil** m (DIN 6886) (Masch) / sunk key* ‖ **~leiste** f (Tex) / laid-in selvedge ‖ **~maschine** f (Glas) / batch charger, batch feeder, batch stoker (US)
**einlegen** v / insert v, fit in v ‖ ~ / inlay v, insert v ‖ ~ (Film) (Film) / thread v, thread up v, lace v ‖ ~ (Gemenge) (Glas) / charge v ‖ ~ (z.B. einen Blechzuschnitt in die Presse) (Masch) / put in place ‖ **den Rückwärtsgang ~** (Kfz) / throw the car into reverse ‖ ~ **sauer** (Nahr) / pickle v ‖ ~ (Einsatz) / insertion* n ‖ ~ (des Films in ein Gerät und Bereitstellung zum Filmlauf) (Film) / threading* n, threading-up* n, lacing n ‖ ~ (eines neuen Films in das Magazin) (Foto) / loading n ‖ ~ **eines höheren Ganges** (Kfz) / gearing-up* n, upshift n (US) ‖ ~ **eines niedrigeren Ganges** (Kfz) / gearing-down* n, downshift n (US) ‖ ~ **von Hand** / insertion by hand ‖ ~ **von Papier** (EDV) / paper loading
**Einleger** m (bei Bogendruck- und Falzmaschinen) (Druck) / sheet feeder, feeder n ‖ ~ (z.B. Werbematerialien) (Druck) / insert n ‖ ~ (Glas) / founder n, batch filler, batch pusher, batch charger (person), lump man
**Einlege•roboter** m / pick-and-place robot, inserting robot, loading robot ‖ **~seitig** adj (Stirnwand) (Glas) / end-wall (located) ‖ **~teil** n (Metallteil, das in die Gießform eingelegt und durch das nachfolgende Gießen Bestandteil des sich bildenden Gußkörpers wird) (Gieß) / insert* n, cast-in insert, cavity insert ‖ **~vorbau** m (Nische am Einlegeende der Schmelzwanne) (Glas) / dog-house* n
**Einleimer** m (zum Schmalflächenschutz bei Spanplatten) (For, Tischl) / edge band
**einleiten** v / introduce v, pass in(to) v ‖ ~ (eine Reaktion) (Chem) / initiate v, start v ‖ ~ (initiate v ‖ ~ (einen Ruf) (Fernm) / originate v ‖ ~ (Abwässer) (Sanitär) / pass into vt, discharge into v, introduce v
**einleitend** adj / preliminary adj ‖ **~es Programmladen** (EDV) / initial program loading
**Einleiter•kabel** n (Kab) / single-core cable*, single cable ‖ **~wandler** m (Eltech) / single-turn transformer*
**Einleitung** f / introduction n ‖ ~ (Beginn) / initiation f ‖ ~ (einer Reaktion) (Chem) / initiation n, start n ‖ ~ **von** (Fluß)Wasser **in das Grundwasser** (Wasserb) / recharge of aquifer, induced recharge of aquifer
**Einleitungs•betrieb** m (Fernm) / initialization mode, IM, initial mode ‖ **~formel** f (bei der Textverarbeitung) (EDV) / salutation n ‖ **~programm** n (EDV) / initializer n, initializer routine ‖ **~routine** f (EDV) / initializer n, initializer routine ‖ **~Schmieranlage** f (Masch) / single-line lubrication system ‖ **~stelle** f (bei Abwässern) (Wasserb) / outfall n ‖ **~zeichen** n (DIN 66254) (EDV) / introducer n
**Ein•lenkgesetz** n (Raumf) / formula for guidance to the line of sight ‖ **~lenkkondensator** m (bei Kreisbeschleunigern) (Nukl) / inflector n
**Einlesemaschine** f (Web) / reading-in machine
**einlesen** v (EDV) / read in* v, read into v ‖ ~ (in das Geleseblatt) (Web) / lease v ‖ ~ n (Web) / leasing n
**Einleseschnur** f (Tex) / cord n
**Ein•leuchten** n (Aufbau der Beleuchtung im Studio oder bei Außenaufnahmen) (Film) / setting of the lamps, lighting setting ‖ **~leuchtung** f (der Szene) (Film) / setting of the lamps, lighting setting ‖ **~lieger** m (Geol) / inlier* n ‖ **~linsenobjektiv** n (Opt) / simple-lens objective, simplet n, singlet n, single-lens objective ‖ **~linsiges Objektiv** (Opt) / simple-lens objective, simplet n, singlet n,

single-lens objective ‖ **⁓lippenbohrer** *m* (aus dem vollen) (Masch) / deep-hole drill ‖ **⁓lochdüse** *f* (bei Dieselmotoren) (V-Mot) / single-hole nozzle ‖ **⁓lösen** *v* (einen Scheck) / cash *v* ‖ **⁓lösen** (Gutscheine, Rabattmarken) / redeem *v* ‖ **⁓lösung** *f* (des Schecks) / cashing *n* ‖ **⁓lösung** (des Gutscheins, der Rabattmarken) / redemption *n* ‖ **⁓lotblei** *n* (beim Einloten) / centre bob ‖ **⁓loten** *v* (mit dem Lot) / plumb *v* ‖ **⁓löten** (Eltronik) / solder in *v*, wire in *v* ‖ wieder **⁓löten** (Eltronik) / resolder *v* ‖ **⁓machen** *v* (Nahr) / conserve *v*, preserve *v* ‖ **⁓machglas** *n* (Nahr) / preserving bottle, preserve jar, Mason jar (US) ‖ **⁓machzucker** *m* (Nahr) / preserving sugar ‖ **⁓mahlen** *v* / mill *v* ‖ **⁓mahlen** *n* (Nahr) / milling *n* ‖ **⁓maischen** *v* (Brau) / mash *v* ‖ **⁓maischen** *n* (Brau) / mashing *n*

**einmal beschreibbare CD** (EDV) s. überschreibbare CD ‖ **⁓ gebrannte Ware** (Keram) / once-fired ware ‖ **⁓fertigung** *f* (als Gegensatz zu Wiederholfertigung) (F.Org) / non-repetitive production ‖ **⁓fertigung** s. auch Einzelfertigung ‖ **⁓handtuch** *n* / disposable towel **einmalig** *adj* / unique *adj* ‖ **⁓** (Gebühr) (Fernsp) / one-time *attr*, non-recurring *adj* ‖ **⁓e Mahlung** (nicht im Kreislaufverfahren) (Aufber) / open-circuit grinding*

**Einmal•kohlepapier** *n* / one-time carbon, OTC ‖ **⁓lizenzgebühr** *f* / one-time license fee
**Einmann•bedienung** *f* / single-operator control, one-man control ‖ **⁓bus** *m* (Kfz) / one-man bus ‖ **⁓säge** *f* (For) / one-man saw ‖ **⁓umlegung** *f* (Fernsp) / hold for pick-up
**Ein•mastantenne** *f* (Radio) / tower antenna ‖ **⁓mauerung** *f* / bricking-in *n* ‖ **⁓mauerung des Balkenkopfes** *f* (mit etwa 20 mm Luftabstand) (Bau) / beam-filling* *n* ‖ **⁓maulschlüssel** *m* (Werkz) / single open-end spanner, single open-end wrench ‖ **verstellbarer ⁓maulschlüssel** (Masch, Werkz) / adjustable spanner, monkey-wrench *n*, adjustable wrench ‖ **⁓-mehrdeutige Relation** (Math) / one-to-many correspondence ‖ **⁓messen** *v* (Masch, Phys) / calibrate *v* ‖ **⁓messen** *n* (DIN 1319, T 1) (Masch, Phys) / calibration *n* ‖ **⁓messung** *f* (als Vorarbeit) / initial measurement ‖ **⁓mieten** *v* (in einer Miete einlagern) (Landw) / pit *v* ‖ **⁓mischung** *f* **eines Silhouettensignals** (TV) / masking *n* ‖ **⁓mitten** *v* (Masch) / centre *v*, center *v* (US) ‖ **⁓mitten** *n* (Masch) / centring* *n*, centering* *n* (US) ‖ **⁓modenfaser** *f* (LWL mit kleinem Kernduchmesser, in der nur ein einziger Modus, der Grundmodus ausbreitungsfähig ist) (Fernm) / monomode fibre*, single-mode fibre ‖ **⁓modenlaser** *m* (Phys) / monomode laser, single-mode laser, unimodal laser ‖ **⁓motorig** *adj* (Luftf) / single-engined *adj*, one-engined *adj* ‖ **⁓motten** *v* (Waffen) (Mil) / moth-ball *v* ‖ **⁓mulchen** *v* (z.B. mit der Egge) (Landw) / mulch in(to) *v*
**Einmündung** *f* (des Flusses) (Geog) / disemboguement *n*, mouth *n*, outfall *n*, influx *n* ‖ **⁓** (meistens schiefwinklige) (Kfz) / bifurcation *n* ‖ **⁓** (meistens rechtwinklige) (Kfz) / road junction ‖ **⁓** (Masch) / orifice *n* ‖ **⁓ in Hauptstraße** (ein Verkehrszeichen) (Kfz) / major road ahead
**Ein•nadelung** *f* (des Untergrundgewebes) (Tex) / needle-punching *n* ‖ **⁓nähen** *n* (von Schuhfutter) / top-stitching *n* ‖ **⁓nahme** *f* (von Arzneimitteln) (Pharm) / taking *n* ‖ **⁓nährstoffdünger** *m* (Landw) / straight fertilizer, simple fertilizer, single fertilizer ‖ **⁓nischung** *f* (Umwelt) / occupation of a niche, annidation *n* ‖ **⁓nisten** (sich) (von Viren) (EDV) / implant *v* (itself) ‖ **⁓nivellieren** *v* (Verm) / level* *v* ‖ **⁓nivellierung** *f* (Verm) / levelling* *n*, differential levelling
**einnormale Lösung** (Chem) / normal solution*, N solution (containing one gram equivalent per litre)
**einohrig** *adj* (monophonisch) (Akus) / monaural* *adj*
**einölen** *v* / oil *v* ‖ **⁓** *n* / oiling* *n*
**einordnen, sich ⁓** (Kfz) / get in lane
**einpacken** *v* (in Kisten) / box *v* ‖ **⁓** / pack *v* ‖ **⁓ in Dosen** (Nahr) / can *v*, tin *v* ‖ **⁓** *n* / packing *n*
**Einparken, schräges ⁓** (Kfz) / angle parking
**Einpark•hilfe** *f* (zum Parken nach Gehör) (Kfz) / parking-distance control ‖ **⁓service** *m* (bei Hotels, Parkhäusern usw.) (Kfz) / valet parking, attendant parking
**Einpaß** *m* (vorspringender Teil eines Bauelements, der in eine entsprechende Einpaßöffnung in einem anderen Bauelement paßt und zur Fixierung dient) (Masch) / spigot *n*, pilot *n* (US)
**einpassen** *v* (Masch) / fay *v* ‖ **⁓** (Masch) / fit *v* ‖ **⁓** (Druck) / registration *n*, register adjustment ‖ **⁓** (Masch) / fitting* *v* ‖ **⁓** (Masch) / bedding-in* *n*
**Ein•paßzugabe** *f* (Masch) / fitting allowance ‖ **⁓pegeln** *v* / level off *v* ‖ **⁓perdler** *m* (Bezeichnung für Pendler vom Standpunkt der Zielgemeinde) / in-commuter *n* ‖ **⁓personenspiel** *n* (EDV, KI) / one-person game ‖ **⁓pfählen** *v* / pale *v*, enclose with pales ‖ **⁓pfählen** / stockade *v* (fortify) ‖ **⁓pflanzen** (Landw) / plant *v* ‖ **⁓pflanzen** (Med) / implant *v* ‖ **⁓pflügen** (ein Kabel) (Kab) / plough *v*, plow *v* (US) ‖ **⁓pflügen** (Landw) / plough under *v*, plow under *v* (US) ‖ **⁓pflügen** *n* (des Kabels) (Kab) / ploughing *n*, plowing *n* (US)
**Einphasen•** - (Eltech) / single-phase* *attr*, monophase *adj*., one-phase* *attr* ‖ **⁓** *n* (Eltech) / phasing *n* ‖ **⁓-Asynchronmaschine** *f* (Eltech) / single-phase induction machine, single-phase asynchronous machine ‖ **⁓-Asynchronmotor** *m* (Eltech) / single-phase induction motor, single-phase asynchronous motor ‖ **⁓-Asynchronmotor mit Hilfsphasenwicklung** (Eltech) / split-phase motor ‖ **⁓lauf** *m* (Eltech) / single phasing ‖ **⁓metall** *n* / single-phase metal ‖ **⁓motor** *m* (Eltech) / single-phase motor ‖ **⁓motor mit abschaltbarer Drosselspule in der Hilfsphase** (Eltech) / reactor-start motor ‖ **⁓motor mit Anlaufkondensator** (Eltech) / starter capacitor motor, capacitor-start motor ‖ **⁓motor mit Widerstandshilfsphase** (Eltech) / resistance-start motor, resistor-start motor ‖ **⁓netz** *n* (Eltech) / single-phase network, single-phase mains, monophase network ‖ **⁓strom** *m* (Elektr) / single-phase current, monophase current ‖ **⁓strömung** *f* (Phys) / single-phase fluid flow ‖ **⁓transformator** *m* (Eltech) / single-phase transformer ‖ **⁓wechselstrom** *m* (Elektr) / monophase alternating current, single-phase alternating current
**einphasig** *adj* (Eltech) / single-phase* *attr*, monophase *adj*., one-phase* *attr* ‖ **⁓er Betrieb** (Eltech) / single phasing ‖ **⁓e Entmischung** (Hütt) / coherent precipitate ‖ **⁓e Legierung** (Hütt) / homogeneous alloy, single-phase alloy ‖ **⁓er Stromkreis** (DIN 40 110) (Elektr) / single-phase circuit ‖ **⁓er Wechselstrom** (Elektr) / monophase alternating current, single-phase alternating current
**Ein•pionenaustausch** *m* (Kernphys) / one-pion exchange ‖ **⁓platinencomputer** *m* (EDV) / single-board computer (SBC) ‖ **⁓platinenrechner** *m* (EDV) / single-board computer (SBC) ‖ **⁓pökeln** *v* (Nahr) / gammon *v* ‖ **⁓pökeln** (Nahr) / brine *v*, corn *v* (beef, ham), souse *v*, cure *v*
**einpolig** *adj* (Eltech) / single-pole* *attr*, unipolar *adj*, one-pole *attr* ‖ **⁓ isolierter Spannungswandler** (Eltech) / single-bushing potential transformer ‖ **⁓es Relais** (Eltech) / single-contact relay ‖ **⁓e Röhre** (Radiol) / unipolar tube ‖ **⁓er Schalter** (Eltech) / single-pole switch ‖ **⁓e Stabglühkerze** (Kfz) / sheathed-element glow plug
**einprägen** *v* / stamp *v* ‖ **⁓** (Buchb, Druck, Pap, Plast, Tex) / emboss *v*, goffer *v* ‖ **⁓** (Spannung) (Spannung) (Eltech) / impress *v*, impose *v* ‖ **⁓** *n* (z.B. von Zeichen oder Bildern) (Masch) / stamping *n*
**Einprägung** *f* (Buchb, Druck, Pap, Plast, Tex) / embossing* *n*, goffering *n* ‖ **⁓** (einer Spannung) (Eltech) / impression *n*
**Einpreß•bohrung** *f* (Erdöl) / injection well ‖ **⁓diode** *f* (Eltronik) / press-fit diode
**einpressen** *v* / press in *v* ‖ **⁓** (z.B. die Stahlkugel beim Brinellhärteprüfverfahren) / impress *v*, force into *v*, press in *v* ‖ **⁓** (Bau, Bergb, Erdöl, HuT) / grout *v* (under pressure), inject *v* (under pressure) ‖ **⁓** (Zement in ein Bohrloch) (Bergb, Erdöl, HuT) / squeeze *v* ‖ **⁓** (Wasser, Gas) (Erdöl) / inject *v* ‖ **⁓ von chemischen Substanzen** (Suspensionen, Lösungen und Emulsionen - zur Bodenverbesserung) (HuT) / chemical grouting ‖ **⁓ von Zement** (in ein Bohrloch) (Bergb, Erdöl, HuT) / squeeze *n*, squeeze cementing, squeeze job
**Einpreß•gut** *n* (eine pumpfähige Mischung zum Füllen von Hohlräumen im Untergrund und in Bauwerken nach DIN 4093) (Bau, Bergb, HuT) / grout *n*, grouting *n* ‖ **⁓hilfe** *f* (Bau, Bergb, HuT) / grouting additive ‖ **⁓medium** *n* (Bau, Bergb, HuT) / grout *n*, grouting *n* ‖ **⁓mittel** *n* (Bau, Bergb, HuT) / grout *n*, grouting *n* ‖ **⁓mörtel** *m* (bei Spannbeton - DIN 4227, T 5) (HuT) / grout *n* ‖ **⁓mutter** *f* (DIN 16903) (Masch) / press-in nut, press nut ‖ **⁓pumpe** *f* (Bau, Erdöl, HuT) / injection pump ‖ **⁓sonde** *f* (Erdöl) / injection well ‖ **⁓teil** *n* (Plast) / insert* *n*, inset *n* ‖ **⁓tiefe** *f* (Abstand von der Felgenbettmitte bis zur nabenseitigen Anlagefläche der Radscheibe) (Kfz) / wheel offset, offset *n*, wheel pitch (US) ‖ **⁓zement** *m* (Bau, HuT) / grouting cement
**ein•profilige Schleifscheibe** (Masch) / single-rib wheel ‖ **⁓profilschleifscheibe** *f* (für Gewinde) (Masch) / single-rib wheel ‖ **⁓programmbetrieb** *m* (mit nur einem Anwendungsprogramm im Hauptspeicher) (EDV) / single programming ‖ **⁓programmierte Diagnosefunktion** (EDV, Masch) / programmed diagnostic function ‖ **⁓prozeßschlagmaschine** *f* (Tex) / single-process scutcher ‖ **⁓pudern** *v* (Form) (Gieß) / face *v*, dust *v* ‖ **⁓pudern** *n* (der Form) (Gieß) / facing *n*, dusting *n*
**Einpunkt•betrieb** *m* (EDV) / burst mode ‖ **⁓bojenfestmachsystem** *n* (Erdöl) / single-point buoy mooring, single-point mooring, single-buoy mooring, SPBM ‖ **⁓kalibrierung** *f* (bei der Methode der externen Standards) (Chem) / single-level calibration ‖ **⁓schreiber** *m* (Instr) / single-point recorder ‖ **⁓verteilung** *f* (Stats) / degenerated distribution
**Ein•quantenkohärenz** *f* (Phys) / single-quantum coherence, SQC ‖ **⁓radlandung** *f* (Luftf) / one-wheel landing ‖ **⁓radschlepper** *m* (Kfz) / single-wheel walking tractor, one-wheel tractor ‖ **⁓rahmen** *v* (Dias) (Foto) / mount *v* ‖ **⁓rahmen** *n* (von Dias) (Foto) / mounting *n* ‖ **⁓rahmung** *f* / framing *n* ‖ **⁓rammen** *v* (HuT) / drive *v*, drive in *v*, pile *v*, spile *v* (US) ‖ **⁓rammen** *n* (HuT) / piling *n*, pile driving, spiling (US) ‖ **⁓rasteffekt** *m* (Eltronik) / latch-up effect ‖ **⁓rasten** *v* (Masch) / lock *v*, stop *v*, arrest *v* ‖ **⁓rasten** *n* (mit einem Klick) (Masch) / click *n* ‖ **⁓rastkontakt** *m* (Eltronik) / snap-in contact ‖ **⁓rastrelais** *n* (Eltech) / latch-in relay ‖ **⁓raststrom** *m* (beim Thyristor) (Eltronik) / latching current ‖ **⁓regelung** *f* (Fernm) / line-up* *n* ‖ **⁓regelung** (Gefüge)

**einreiben**

(Geol) / orientation n ‖ **~reiben** v (Pharm) / rub v ‖ **~reiber** m (Bau) / sliding bolt, fastener n, swivelling locking bolt n ‖ **~reiber** (Verschluß an Tür- oder Fensterrahmen) (Bau) / locking n ‖ **~reichung** f (einer Patentanmeldung) / filing n ‖ **~reihen** n **in eine Warteschlange** (EDV, Fernsp) / queuing* n ‖
**einreihig** (z.B. Kugellager) / single-row attr ‖ ~ adj (Markstrahl) (For) / uniseriate* adj ‖ ~ (Jackett) (Tex) / single-breasted adj ‖ **~e Einfach-Scheibenegge** (Landw) / single-row disk harrow ‖ **~e Matrix** (Math) / row matrix, single-row matrix ‖ **~e Nagelung** (Zimm) / single nailing ‖ **~es Rillenkugellager** (DIN 625) (Masch) / single-row grooved ball bearing
**Einreißen** n / tear n, cracking* n, tearing n
**Einreiß•festigkeit** f (Tex) / tear resistance, initial tearing strength ‖ **~festigkeit** (WP) / tear resistance, tearing strength, tear strength ‖ **geringe ~festigkeit** (Plast, WP) / shortness n ‖ **~festigkeitsprüfung** f (Tex, WP) / tear testing ‖ **~länge** f (Tex) / length of tear ‖ **~widerstand** m (Tex) / tear resistance, initial tearing strength
**Einrichtemarkierung** f (zum Einrichten der Fotoschablone) (Eltronik) / sighting legend
**einrichten** v / establish v ‖ ~ (eine Szene) (Film) / set up v ‖ ~ (Maschine) (Masch) / set vt, set up v ‖ ~ (Manuskript) (Typog) / mark up v ‖ ~ n (Vorbereiten einer Maschine) (Masch) / setting n, set-up* n ‖ ~ (Umwandlein einer gemischten Zahl in einen unechten Bruch) (Math) / reduction n ‖ **~ des Webstuhls** (Web) / gaiting* n, gating* n
**Ein•richter** m (Fachkraft zum Einrichten von Maschinen und Maschinensystemen) (Masch) / setter n ‖ **~richtezeichen** n (Eltronik) / sighting legend
**Einrichtung** f / equipment n, gear* n, outfit n ‖ ~ (eines Hauses) (Bau) / furniture n, furnishings pl, equipment n ‖ ~ (einer Datei, einer Kartei) (EDV) / generation n, creation n ‖ ~ (Ausrüstung) (Masch) / device n, facility n ‖ ~ (einer Maschine) (Masch) / setting n, set-up* n ‖ **~(en)** f(pl) (Masch) / facility n, rig* n, installation n ‖ **hygienische ~(en)** (Med, Sanitär) / sanitation n ‖ **~** f s. auch Einbau ‖ **maschinelle ~** (Masch) / machinery n ‖ **~ für die Lichttonaufzeichnung** (Akus, Film) / optical sound recorder, photographic sound recorder ‖ **~ mit Selbstdiagnose** (EDV) / self-diagnostic facility ‖ **~ zur Anhebung** (Akus, Eltronik) / pre-emphasizing network, emphasizer n ‖ **~ zur Nachbearbeitung** / dresser n
**Einrichtungs•gegenstand** m (Bau) / piece of equipment ‖ **~gegenstände** m pl (Bau) / furniture n, furnishings pl, equipment n ‖ **~haus** n / home centre, furnishing house
**Ein-Richtungs-Wandler** m (Eltech) / unilateral transducer*, unidirectional transducer
**Ein•ringschlüssel** m (Werkz) / single-end ring spanner, single-end box wrench ‖ **~riß** m (Einkerbung) / nick n ‖ **~riß** (Randverletzung des Films) (Film, Foto) / edge damage ‖ **~ritzen** v / score v ‖ **~ritzen** v, incise v, carve v, scribe v ‖ **~ritzen** (die Gitterfurchen) (Opt) / rule v
**Einrohr•dampfkessel** m (Masch) / monotube boiler ‖ **~kessel** m (Sulzer) (Masch) / monotube boiler ‖ **~-Pumpenwarmwasserheizung** f (Wärm) / single-pipe pumped system ‖ **~-Schwerkraftwarmwasserheizung** f (Wärm) / single-pipe gravity system ‖ **~stoßdämpfer** m (Kfz) / single-tube dashpot ‖ **~system** n (Bau) / one-pipe system*, one-pipe heating system
**ein•rollen** v (z.B. Teppiche) / roll up v, roll back v ‖ **~rollen** (Sonneschutzrollo) (Kfz) / retract v ‖ **~rollen** (Hütt) / edge rolling ‖ **~rollen der Bogen** (Druck) / sheet curling ‖ **~rollende Leiste** (ein Webfehler) (Web) / rolling selvedge, curling selvedge, curled selvedge, double selvedge, turned-over selvedge, folded selvedge ‖ **~rücken** vt (Masch) / engage vt, gear v ‖ **~rücken** v (Typog) / indent* v ‖ **~rücken** n (Masch) / gearing n ‖ **~rühren** v / stir in v ‖ **~rütteln** v / vibrocompact v
**Eins** f (Math) / unit n ‖ ~ (Math) / neutral element*, identity element* ‖ **~ durch Quadratmeter** / reciprocal square meter ‖ **~ je Quadratmeter** / reciprocal square meter
**Ein•saat** f (zwischen den Reihen einer Hauptfrucht) (Landw) / catch crop ‖ **~sacken** v / sack v, bag v ‖ **~sacken** (Masch) / sacking n, bagging n ‖ **~sacker** m / bagger n, sack filler ‖ **~sackmaschine** f / bagger n, sack filler ‖ **~sackstelle** f (Plast) / sunk spot, sink mark ‖ **~sägen** v (vor dem Heften auf eingesägte Bünde bei der Handheftung) (Buchb) / saw in v ‖ **~salzeffekt** m (ein physikochemischer Vorgang, bei dem die Löslichkeit eines Stoffes durch Zusatz eines Elektrolyten verbessert wird) (Chem Verf) / salting-in effect ‖ **~salzen** v (Schinken) (Nahr) / gammon v ‖ **~salzen** (Nahr) / salt v ‖ **~salzen** n (Nahr) / salting n
**einsam•es Elektronenpaar** (das einem Atom allein angehört) (Chem, Kernphys) / lone pair*, lone-electron pair, unshared-electron pair ‖ **~es Zentrum** (Chem) / Lewis acid site
**Ein•sattelung** f (für eine Überquerung günstiger Teil eines Gebirgskammes) (Geog) / pass n, col n ‖ **~sattelungspunkt** m (der Kurve) (Math) / dip point
**Einsatz** m (das Eingesetzte) / insert n ‖ ~ / insertion* n ‖ ~ (Gebrauch) / use n ‖ ~ / insert n ‖ ~ (als zeitlicher Begriff) / onset n ‖

~ (im Exsikkator) (Chem) / platform plate, support plate ‖ ~ (Fernsp) / shelf n (pl. shelves) (in racks) ‖ ~ (in der Seismik) (Geophys) / arrival n ‖ ~ (Glas) / melt n ‖ ~ (des Injektors) (Spektr) / injector insert, insert n ‖ ~ (Tex) / insertion* n ‖ ~ (für Besteck) (Tischl) / cutlery insert ‖ **erster ~** (Geol) / first arrival ‖ **fester ~** (Hütt) / cold charge ‖ **späterer ~** (bei Seismogrammen) (Geol) / later arrival ‖ **überbetrieblicher ~** (von Landmaschinen) (Landw) / multifarm use ‖ **zeitlich begrenzter ~** (Mil) / temporary duty, TDY ‖ **~** m (dreieckiger - als Verstärkung oder zur Vergrößerung) (Tex) / gusset n ‖ **~ auf Brennstützen** (Keram) / dottling n (placement of flatware on refractory pins in kilns) ‖ **~ bei (technischen) Störungen** (Luftf) / degraded mode (US) ‖ **~ des Bildschirms in der Konsumelektronik** (z.B. bei Videospielen) (EDV, Eltronik) / peritelevision ‖ **~ mechanisierter Stetigfördermittel** (Masch) / conveyorization n ‖ **~ unter härtesten Bedingungen** (Masch) / severe-duty application ‖ **~ von Bruchstein gegen die Erosion der Ufer** (HuT, Wasserb) / stoning n
**Einsatz•art** f / mode of application, mode of function ‖ **~aufgabenspezifische Ausrüstung** (Luftf, Mil) / role equipment ‖ **~auftrag** m (Luftf, Mil) / operational mission ‖ **~bedingungen** f pl / service conditions, SC ‖ **~bereich** m (bei einer Maschine) / functional range ‖ **~besprechung** f (Luftf, Mil) / briefing n ‖ **~brücke** f (Masch) / gap bridge* ‖ **~erprobung** f (Masch) / field test ‖ **~fähig** adj (Anlage, Maschine) / serviceable adj ‖ **~fähiges Flugzeug** (Luftf) / operational aircraft ‖ **~fähigkeit f bei Tag und Nacht** (von Jagdflugzeugen und Bombern) (Mil) / day-and-night capability ‖ **~flugzeug** n (Luftf) / operational aircraft ‖ **~gebiet** n / application field, field of application ‖ **~gebundene Ausrüstung** (Luftf, Mil) / role equipment ‖ **~gehärteter Stahl** (Hütt) / case-hardened steel ‖ **~geschwindigkeit** f (Akus) / attack rate ‖ **~gewicht** n (Kfz) / operating weight ‖ **~gut** n (Masch) / charge* n, burden n, feed material, feeding stock, charging stock, feedstock n, educt n ‖ **~härten** n (mit Aufkohlen nach DIN 17014, T 1) (Hütt) / case-hardening* n ‖ **~härtepulver** n (Hütt) / cement n, case-hardening powder ‖ **~härtetiefe** f (Hütt) / case* n, case depth ‖ **~härtungstiefe** f (Hütt) / case* n, case depth ‖ **~kohle** f / feed coal ‖ **~material** n (das Ausgangsmaterial eines technologischen Prozesses) (Masch) / charge* n, burden n, feed material, feeding stock, charging stock, feedstock n, educt n ‖ **~material für weitere Stufen** (Masch) / stock n, feedstock n, feeding stock ‖ **~menge** f / dosage n, charge n ‖ **~möglichkeiten** f pl (bei einer Maschine) / functional range ‖ **~ofen** m (Muffelofen zur Einsatzhärtung und zum Zementieren) (Hütt) / cementation furnace, carburizing furnace ‖ **~option** f (Mil) / employment option ‖ **~profil** n (festgelegte Zuordnung von Flughöhe und -geschwindigkeit, mit der ein Luftfahrzeug eine vorgegebene Strecke zwischen Start- und Zielpunkt überfliegen soll) (Luftf, Mil) / mission profile ‖ **~pulver** n (Hütt) / cement n, case-hardening powder ‖ **~pyrometer** n / insert pyrometer ‖ **~reichweite** f (z.B. eines Jagdflugzeuges) (Mil) / operational range ‖ **~schicht** f (Hütt) / case* n, case-hardened layer ‖ **~schneide** f (Bergb) / detachable bit ‖ **~sicherung** f (Eltech) / switch-fuse* n ‖ **~spannung** f (Kernphys) / starting voltage (of a radiation counter tube) ‖ **~spezifische Ausrüstung** (Luftf, Mil) / role equipment ‖ **~spitze** f (Tex) / insertion ‖ **~stahl** m (DIN 17210) (Hütt) / case-hardening steel, carburizing steel ‖ **~stück** m (Masch) / insert unit ‖ **~stück** (Zimm) / dutchman* n (US) ‖ **~test** m (beim Kunden) (Masch) / field test ‖ **~titel** m (zwischen zwei Szenen) (Film) / insert title, title link ‖ **~verzögerung** f (Eltech) / delayed action* ‖ **~wagen** m (der Polizei) / radio patrol car, squad car (GB), panda car (GB), cruiser car (US), cruiser n (US), prowl car (US) ‖ **~zeit** f (Geophys) / arrival time ‖ **~zirkel** m / compasses with interchangeable attachments, compasses with interchangeable points
**einsäuern** v (Landw) / ensile v, silage v ‖ ~ (Nahr) / pickle v, souse v (put in pickle or a marinade) ‖ **~** n (von Futtermitteln) (Landw) / ensilage* n, silage* n, ensiling n, silaging n ‖ ~ (Nahr) / pickling n, sousing n
**einsaugen** v / suck v, suck in v, suck up v, aspirate v ‖ **~** n / suction n, aspiration n
**Einsaugung** f / suction n, aspiration n
**Einsäulen•hebebühne** f (Kfz) / centre-post hoist ‖ **~-Ionenchromatografie** f (Chem) / single-column ion chromatography, non-suppressed ion chromatography ‖ **~technik** f (der Ionenchromatografie) (Chem) / single-column ion chromatography, non-suppressed ion chromatography
**einsäumen** v (Kappnaht) (Tex) / fell v
**Eins-aus-Zehn-Kode** m (ein Binärkode für Dezimalziffern, der jede Ziffer durch eine Gruppe von 10 Binärzeichen darstellt) (EDV) / one-out-of-ten code
**einscannen** v (Druck, EDV, Eltronik, Typog) / scan v, scan in v ‖ **~** n (Druck, EDV, Eltronik, Typog) / scanning n
**Einschaben** n (der Lagerschale) (Masch) / bedding-in* n ‖ **~ von Mustern** (Masch) / frosting n, flaking n
**einschachteln** v / box v

**einschalen** v (Bau, HuT) / shutter v, form v ‖ ~ (Bau, HuT) / timber v
**Einschalen•-Analysenwaage** f (mit Schaltgewichtsneigungseinrichtung) (Chem) / single-pan analytical balance ‖ ⁓**waage** f / single-pan balance ‖ **oberschalige** ⁓**waage** (Chem) / single-pan top-loading balance
**Einschaler** m (Bau) / formwork worker
**einschalig** adj (Bau, HuT) / single-shell attr ‖ **~es Hyperboloid** (Math) / hyperboloid of one sheet*
**Einschaltdauer** f (relative - Verhältnis der Betriebszeit unter Belastung, einschließlich Anlauf- und Bremszeit, zu Spieldauer, in % ausgedrückt) (Eltech) / operating factor* ‖ ⁓ (Betriebszeit) (Eltech, Masch) / ON-time n, operating time, running time ‖ ⁓ (Schw) / welding duty cycle ‖ **relative** ⁓ (Verhältnis von Belastungszeit zu Spieldauer) (Eltech) / cyclic duration factor, c.d.f., duty factor, duty cycle
**einschalten** v (Gerät) / turn on v, put on v, power on v ‖ ~ (z.B. Motor, Batterie) / cut in v ‖ ~ (Licht) (Eltech) / switch on v, turn on v, put on v ‖ ~ vt (Masch) / engage vt, gear v ‖ **sich ~** (in eine Leitung) (Fernm) / tap v ‖ **direktes** ⁓ (Eltech) / across-the-line starting ‖ ⁓ **n des Raketenmotors** (einmaliges) (Raumf) / burn* n
**Einschalt•folge** f (Eltech) / starting sequence ‖ ⁓**funktion** f (Fernm) / Heaviside unit function*, unit-step function ‖ ⁓**kontakt** m (Bahn, Eltech) / strike-in contact ‖ ⁓**leistung** f (eine Schaltleistung) (Eltech) / making-capacity* ‖ ⁓**quote** f (Radio, TV) / audience rating, viewer rating (US) ‖ ⁓**quote** (mit dem Audimeter der A.C. Nielsen Corporation im Minutentakt gemessen) (Radio, TV) / Nielsen rating ‖ ⁓**quotenmeßgerät** n (TV) / videometer n ‖ ⁓**stellung** f (der Elektronenröhre) (Eltech) / closed position ‖ ⁓**stellung** (Eltech) / on-position n ‖ ⁓**stoßstrom** m (Eltech) / inrush current ‖ ⁓**strom** m (Eltech) / making current*
**Einschaltung** f (eine Zwischenschicht) (Geol) / interbed n (of one kind of rock material occuring between or alternating with beds of another kind) ‖ ⁓ (Einrücken) (Masch) / gearing n ‖ ⁓ (des Prüfstücks) (WP) / intromission n
**Einschaltungen** f pl (in einer kleineren Auszeichnungsschrift) (Typog) / removes* f
**Einschalt•vermögen** n (Scheitelwert des unbeeinflußten Stromes, den ein Leistungsschalter bei der angegebenen Spannung unter vorgeschriebenen Bedingungen einschalten kann) (Eltech) / making capacity ‖ ⁓**zeit** f (Ansprechverzug + Anstiegszeit) (Eltech) / closing time ‖ ⁓**zustand** m (Eltech) / on-state n
**Ein•schalung** f (Bau, HuT) / formwork* n, form* n, casing n, shuttering* n ‖ ⁓**schalung** (Verbau) (HuT) / sheathing* n, sheeting* n, timbering* n ‖ ~**schätzen** v / estimate v, rate v ‖ ⁓**schätzung** f / estimation n, estimate n, rating n
**Einscheiben•bremse** f (Kfz, Luftf) / single-disc brake ‖ ⁓**kupplung** f (Kfz, Masch) / single-plate clutch*, single-disk clutch ‖ ⁓**läppmaschine** f (Masch) / single-wheel lapping machine ‖ ⁓**naßkupplung** f (mit geölter Reibfläche) (Kfz, Masch) / wet-disk clutch ‖ ⁓**-Sicherheitsglas** n (Glas) / prestressed glass, toughened glass*, hardened glass, case-hardened glass ‖ ⁓**-Trockenkupplung** f (Kfz, Masch) / dry-disk clutch
**Ein•schenkelmanometer** n (ein Flüssigkeitsmanometer) (Phys) / well-type manometer ‖ ~**scheren** v (in der Schuhherstellung) / wipe v ‖ ~**scheren** (in oder auf eine Fahrspur) (Kfz) / get v (into a lane), move v (into a lane) ‖ ~**scheren** (z.B. Seile, Läufer) (Schiff) / reeve v ‖ ⁓**scherverfahren** n (Hütt) / oeillet process, eyelet process ‖ ~**schichten** v (Blößen mit Vegetabilgerbstoffen in der Grube) (Leder) / pile v ‖ ⁓**schichtenfilter** n (Chem Verf) / single-sheet filter, single-layer filter ‖ ⁓**schichtfilter** n (Chem Verf) / single-sheet filter, single-layer filter ‖ ~**schichtig** adj / single-layer attr, single-layered adj ‖ ⁓**schichtlackierung** f (Anstr) / one-coat finish ‖ ⁓**schichtwicklung** f (DIN 42005) (Eltech) / single-layer winding*
**einschiebbar** adj (zusammenklappbar) / collapsible adj, folding adj, foldaway attr, collapsing adj, fold-down attr ‖ ~ / retractable adj
**ein•schieben** v / insert v, fit in v ‖ ~**schieben** (zwischen zwei Schichten) / sandwich v (between) ‖ ⁓**schieben** / insertion* n ‖ ⁓**schieber** m (Bau) / slip* n ‖ ⁓**schiebetreppe** f (zum Dachboden) (Bau) / loft ladder (folding or concertina), disappearing stair, attic stairs (US), attic ladder ‖ ⁓**schiebmuffe** f (Masch) / socket end ‖ ⁓**schiebmuffendruckrohr** n (Klemp, Masch) / socket-and-spigot pressure pipe ‖ ⁓**schiebmuffenverbindung** f (HuT, Klemp, Masch) / spigot-and-socket joint*, bell-and-spigot joint (US)*, socket joint ‖ ⁓**schiebungsreaktion** f (in der organischen Chemie) (Chem) / insertion reaction
**Einschienen•bahn** f (HuT) / monorail* n ‖ ⁓**hängebahn** f (HuT) / monorail with hanging cars, suspension monorail ‖ ⁓**(dreh)kran** m (Masch) / monorail crane ‖ ⁓**startgerät** n (Mil, Raumf) / single-rail launcher
**Ein•schießbogen** m (Druck) / set-off sheet ‖ ⁓**schießbogen** (Druck) / slip sheet*, set-off sheet ‖ ~**schießen** v (Buchb) / interleave v, slip-sheet v (US)*, interfoliate v ‖ ⁓**schießpapier** n (Pap) / interleaving paper,

interleave paper ‖ **~schiffen** v (sich) (Schiff) / embark vi ‖ ⁓**schiffschleppnetz** n (Schiff) / one-ship trawl ‖ ⁓**schiffung** f (Schiff) / embarkation n ‖ ⁓**schiffungsdeck** n (Schiff) / embarkation deck ‖ ⁓**schiffungshafen** m (Schiff) / port of embarkation
**Einschlag** m (Verpackungsmittel) / wrapper n, wrapping n ‖ ⁓ (des Schutzumschlags) (Buchb) / jacket flap, flap n ‖ ⁓ (For) / logging n, tree felling, lumbering n (US), felling n ‖ ⁓ (der Vorderräder) (Kfz) / lock n ‖ ⁓ (der Faden, der in das offene, durch die Kette gebildete Webfach eingetragen wird) (Web) / pick* n (one traverse of the shuttle through the warp shed), filling* n (US) ‖ **voller** ⁓ (der Vorderräder) (Kfz) / full lock ‖ ⁓ **m des Blitzes** (Geophys, Meteor) / lightning stroke
**einschlagen** v (einpacken) / wrap v, wrap up v, envelop v ‖ ~ vi (Anstr) / sink v ‖ ~ v (Druck) / fold in v ‖ ~ (For) / take down v, fell v, cut down v, knock down v, hew v, hew down n, log v ‖ ~ (beim Schuhoberteil) (Leder) / edge-fold v, fold v ‖ ~ (Nägel) (Masch) / drive v, drive in v ‖ ~ (Tex) / tuck v ‖ ~ (Web) / insert the weft, insert the filling, shoot in v ‖ **in Papier ~** (Pap) / paper v ‖ ~ n (unerwünscht rasches Abwandern eines Anstrichmittels auf Stellen eines Untergrundes, die eine größere Saugfähigkeit haben als die umgebende Fläche - ein Anstrichfehler) (Anstr) / sinking n ‖ ⁓ (Umlegen und Festkleben der Kante eines Lederteils) (Leder) / edge-folding n, folding n ‖ ⁓ **der Nägel in das Hirnholz** (Zimm) / end-grain nailing ‖ ⁓ **des Glanzes** (bei Aluminiumlackfarben) (Anstr) / leadiness n
**Einschlag•faden** m (Web) / filling yarn, weft yarn, weft thread, filling thread, weft* n, pick* n ‖ ⁓ (durch Meteoriteneinschlag entstanden) (Geol) / impactite n, impact slag ‖ ⁓**heft** n (Masch) / folding handle ‖ ⁓**klappe** f (Buchb) / jacket flap, flap n ‖ ⁓**maschine** f (Leder) / edge-folding machine, folding machine ‖ ⁓**mutter** f (Masch) / drive-in nut ‖ ⁓**papier** n (Pap) / wrapping paper ‖ ⁓**presse** f (Masch) / single-stage press ‖ ⁓**smenge** f (For) / fell n, felling quantity ‖ ⁓**tuch** n (für Käsereien) (Nahr, Tex) / wrapping cloth ‖ ⁓**winkel** m (der Vorderräder) (Kfz) / steering angle ‖ ⁓**zeit** f (For) / felling season, logging season, felling time
**Ein•schlämmen** n / sludging* n ‖ ⁓**schlämmtechnik** f (zum Packen von Säulen) (Chem) / slurry-packing technique ‖ ⁓**schlämmtechnik** (in der Chromatografie - zum Packen von Säulen) (Chem) / slurry-packing technique
**einschleifen** v (Fugen) (HuT) / saw v ‖ ~ (Masch) / grind in v ‖ ⁓ n (Eltech) / looping-in n ‖ ~ (Masch) / grinding-in* n ‖ ⁓ **der Ventilsitze** (V-Mot) / valve reseating, reseating n
**einschleppen** v (Viren) (EDV) / implant vt
**einschleusen** v (Biochem) / funnel v ‖ ~ (Viren) (EDV) / implant vt ‖ ~ (in den Caisson) (HuT) / lock in v
**ein•schließen** v / confine v ‖ ~**schließen** (umfassen) / include v, take in v, encompass v ‖ ~**schließen** (Masch) / embed v ‖ ~**schließen** (in ein Gehäuse) (Masch) / encase v, case v ‖ ~**schließen** v (von radioaktiven Abfällen zwecks Bindung) (Nukl) / incorporation n ‖ **~schließend** adj (einander) / inclusive adj ‖ ~**schließendes ODER** (EDV, Regeln) / inclusive OR, alteration n ‖ ~**schließplatine** f (die die alten Maschen beim Hochgehen der Nadel zurückhält) (Tex) / holding-down sinker, down sinker, clearing sinker ‖ ⁓**schließung** f (des Plasmas) (Plasma Phys) / confinement n (of plasma)*, containment n (of plasma)* ‖ ⁓**schließung** (einer Altlast) (Umwelt) / lining n (final cover)
**Einschluß** m (mit Fremdstoffen gefüllt - DIN 50903) (Chem, Hütt, Min, WP) / inclusion* n ‖ ⁓ (durch völlige Umschließung) (Chem, Phys) / occlusion* n ‖ ⁓ (Masch) / embedding* n ‖ ⁓ (des Plasmas) (Plasma Phys) / confinement n (of plasma)*, containment n (of plasma)* ‖ **fluider** ⁓ (Min) / fluid inclusion* ‖ **harter** ⁓ (Gieß) / hard spot ‖ **magnetischer** ⁓ (eines heißen Plasmas) (Plasma Phys) / magnetic confinement n ‖ **makroskopisch sichtbarer** ⁓ / macroinclusion n ‖ **mikroskopisch sichtbarer** ⁓ (Mikros) / microinclusion n ‖ **nichtmetallischer** ⁓ (Hütt) / non-metallic inclusion* ‖ **xenogener** ⁓ (Geol) / xenolith* n, exogenous inclusion, accidental inclusion, inclusion n ‖ **zeilenartiger** ⁓ (Gieß) / stringer n ‖ ⁓ **m fremden Ursprungs** (Hütt) / exogenous inclusion ‖ ⁓ **in Bitumen** / embedding into bitumen, bitumen embedding ‖ ⁓ **in eine Matrix** (Biochem) / matrix entrapment
**Einschluß•ast** m (For) / loose knot, dead knot ‖ ⁓**ast** (For) / black knot ‖ ~**mittel** (Mikros) / embedding medium ‖ ⁓**parameter** m **b** (Nukl) / beta value, plasma beta*, beta ratio ‖ ⁓**polymerisation** f (Chem) / inclusion polymerization ‖ ⁓**thermometer** n (bei dem ein dünnes Kapillarröhrchen in einem Umhüllungsrohr eingeschlossen ist, meist zusammen mit dem Skalenträger) (Chem) / Einschluss thermometer, enclosed-scale thermometer ‖ ⁓**verbindung** f (mit Käfig-, Kanal- bzw. Schicht-Einschlußgitter) (Chem) / inclusion complex, inclusion compound
**Einschmelzdraht** m (Eltech) / sealing wire, seal wire
**einschmelzen** v / melt down vt, melt vt, fuse v ‖ ~ (Metall in Glas) (Eltech) / seal in v, seal* v ‖ **wieder ~** (Hütt) / remelt v, resmelt v,

**Einschmelzen**

refuse v ‖ ≃ n (Eltech) / sealing-in* n, seal* n ‖ ≃ (von Schrott) (Hütt) / smelting* n ‖ ≃ (Schw) / fusing n

**Einschmelz•glas** n (zum Verschmelzen mit Metallen geeignet - z.B. Borosilikatgläser mit Wolfram) (Glas) / sealing glass ‖ ≃**legierung** f (Legierung auf Fe-Ni- oder Fe-Cr- oder Fe-Ni-Co-Basis mit einem Wärmeausdehnungskoeffizienten der gleichen Größe wie bei Gläsern und keramischen Werkstoffen) (Glas, Hütt, Keram) / seal-in alloy ‖ ≃**rohr** n (Chem) / tube for sealing, sealing tube, sealed tube, fusion tube ‖ ≃**tiefe** f (Schw) / depth of fusion*

**ein•schmieren** vt / smear vt ‖ ≃**schmierung** f / smearing n ‖ ≃**schnappen** v (Türschloß) / latch v

**einschneiden** v (Blech nach DIN 8588) (Hütt, Masch) / lance v ‖ ~ (Brandsohlen) (Leder) / incise v ‖ ≃ n (Zersägen eines Stammes in die gewünschten Längen) (For) / logging n, cross-cutting n, bucking n (US) ‖ ≃ (des Bleches nach DIN 8588) (Hütt, Masch) / lancing* n ‖ ≃ (Verm) / intersection* n ‖ ≃ **von Fugen** (in die Betonstraßendecken) (HuT) / joint sawing

**einschneidig** adj (Werkzeug) (Werkz) / single-point attr ‖ ~**e Axt** (Werkz) / single-bit axe ‖ ~**es Bohrmesser** (Werkz) / fly cutter ‖ ~**es Zerspanwerkzeug** (Werkz) / single-point cutting tool

**Einschnitt** m (des Schlüsselbarts) / ward n (of a key bit) ‖ ≃ / incision n ‖ ≃ (im Zinnenkranz) (Arch) / embrasure n ‖ ≃ / intercut n ‖ ≃ (Langsägen von Rundholz im Doppelschnitt oder im Rundschnitt) (For) / conversion n, breaking down, opening cut ‖ ≃ (HuT) / trench n ‖ ≃ (im Erdbau) (HuT) / cutting* n ‖ ≃ (in die Oberfläche eingeschnittenes Erdbauwerk) (HuT) / cut n ‖ ≃ (Masch) / score n ‖ ≃ (Verm) / intersection* n ‖ ≃ (Zimm) / indent* n ‖ **gestemmter** ≃ **für Zapfen** (Tischl, Zimm) / tenon hole, dowel hole, mortise* n, mortice* n ‖ ≃ m **in dem eingespannten Holzbalken, der** (als Sicherung) **die Feuerbeschädigung des Mauerwerks verringern soll** (Zimm) / fire cut

**Einschnittböschung** f (HuT) / slope of cutting

**einschnittig•e Nietverbindung** (Masch) / single-shear riveting joint ‖ ~**e Überlappung** (Masch) / single-shear lap

**Einschnüreffekt** m (bei Bipolartransistoren) (Eltronik) / pinch-in effect ‖ ≃ (Nukl) / pinch effect*

**Ein•schnüren** n (Schmieden einer Hohlkehle) (Hütt, Masch) / necking n ‖ ~**schnürig** adj (einseitig gekrümt - Stamm) (For) / curved adj

**Einschnür•kern** m (Gieß) / Washburn core, knock-off feeder core, breaker core ‖ ≃**krankheit** f (For) / phomopsis disease

**Einschnürung** f / throat n ‖ ≃ (der Düse) (Masch) / nozzle-throat area ‖ ≃ (Masch) / pinch n ‖ ≃ (beim Zugversuch) (WP) / reduction of area (in a tensile test), necking n (in a tensile test), contraction in area, waisting n ‖ **mit** ≃ / throated adj

**Einschnürungsstelle** f (Hyd) / vena contracta* n (pl. venae contractae)

**einschränken** v / restrict v (to) ‖ ~ (Ausgaben, Ausfuhr) / curb v, reduce v ‖ ~ **die Bewegung** ~ (Phys) / restrain v

**einschränkend** adj (KI) / constraining adj

**einschrauben** v (Masch) / screw in v

**Einschraubende** n (eines Bolzens) (Masch) / inserted end ‖ ≃ (einer Stiftschraube) (Masch) / stud end, metal end

**Einschraubenschiff** n (Schiff) / single-screw ship

**Einschraub•gewinde** n (der Zündkerze) (Kfz) / screw thread ‖ ≃**länge** f (DIN 13) (Masch) / reach of a screw, thread reach, engagement length, length of engagement, screw penetration ‖ ≃**loch** n (Masch) / tap hole, tapped hole, threaded hole ‖ ≃**mutter** f (For) / screwed insert, screw-in nut ‖ ≃**thermoelement** n (Phys) / screw-type thermocouple ‖ ≃**tiefe** f (Masch) / reach of a screw, thread reach, engagement length, length of engagement, screw penetration ‖ ≃**verschraubung** f (Masch) / male connector

**einschreiben** v (in ein Formular) / enter v ‖ ~ (Informationen) (EDV) / write in v

**einschrittiger Kode** (EDV) / unit-distance code

**einschrumpfen** vt (Masch) / shrink-fit v, shrink vt ‖ ≃ n (Verpackung) / shrink-wrap n, shrink wrapping, shrink pack

**Einschub** m (steckbar) (EDV, Eltronik) / plug-in unit*, plug-in* n ‖ ≃ (Eltronik) / slide-in module, slide-in unit ‖ ≃**decke** f (Holzbalkendecke mit Einschub) (Zimm) / sound boarding* ‖ ≃**kältesatz** m (zum Einschieben in ein Gerät oder in eine Einrichtung) / slide-in refrigerating system ‖ ≃**stiege** f (zum Dachboden) (Bau) / loft ladder (folding or concertina), disappearing stair, attic stairs (US), attic ladder ‖ ≃**treppe** f (zum Dachboden) (Bau) / loft ladder (folding or concertina), disappearing stair, attic stairs (US), attic ladder

**ein•schürige Wiese** (Landw) / meadow of one cut ‖ ≃**schurwolle** f (Tex) / single-clip wool

**Einschuß** m (bei Beschleunigern) (Kernphys) / injection n ‖ ≃ (Raumf) / injection n, insertion n (into orbit) ‖ ≃ (Web) / pick* n (one traverse of the shuttle through the warp shed), filling* n (US)

**einschüssiger Plüsch** (Tex) / single-weft plush

**Einschuß•optik** f (bei Beschleunigern) (Kernphys) / injection optics ‖ ≃**winkel** m (beim Ionenbeschuß) (Eltronik) / impact angle

**Ein•schütte** f (Tex) / downproof batiste ‖ ~**schwaden** v (breit liegendes Heu zusammenziehen) (Landw) / swath v ‖ ~**schwalben** v (Tischl, Zimm) / dovetail v ‖ ≃**schweben** n (im Landemanöver) (Lufft) / hovering approach ‖ ≃**schweißblech** n (ein Reparaturblech) (Kfz) / weld-in panel, weld-in section ‖ ~**schweißen** v (Verpackung) (Plast) / seal v ‖ ~**schweißen** (Schw) / weld in v ‖ ≃**schweißmaschine** f (für Verpackungen) (Plast) / sealing machine ‖ ≃**schwemmungshorizont** m (des Bodenprofils) (Landw) / illuvial horizon, B-horizon n, horizon B, subsoil* n ‖ ≃**schwimmen** n (Transport und Einbau von großen Betonfertigteilen, deren Auftrieb im Wasser zum Transport beim Bau von Unterwassertunnels, Schleusenteilen oder Meeresbauten genutzt wird) (HuT) / floating into position ‖ ≃-**Schwimmer-Relais** n (Eltech) / single-float relay ‖ ≃**schwingenbrecher** m (ein Backenbrecher) (Masch) / single-toggle jaw crusher ‖ ≃ m (und/oder) **Ausschwingvorgang** (Fernm) / transient vibration

**Einschwing•vorgang** m (bei erzwungenen Schwingungen - der Bewegungsablauf bis zum Abklingen der freien Schwingung) (Phys) / transient effect* ‖ ≃**welle** f (Seismik) (Geol) / transient wave ‖ ≃**zeit** f (z.B. bei A/D- bzw. D/A-Umsetzungen) (Eltronik) / settling time ‖ ≃**zeit** (Eltronik) / build-up time* ‖ ≃**zeit** (Zeit, die bei einem anzeigenden Meßgerät vom Zeitpunkt einer sprunghaften Änderung der Meßgröße an vergeht, bis die Anzeige letztmalig eine bestimmte Abweichung vom Beharrungswert überschreitet) (Instr) / response time, setting time ‖ ≃**zustand** m (Fernm) / transient state*

**ein•seifen** v / soap v ‖ ≃**seifen** n / soaping n ‖ ≃**seifmaschine** f (Tex) / soap machine, soaper n

**Einseil•bahn** f (HuT) / monocable* n ‖ ≃**förderung** f (Bergb) / direct rope haulage ‖ ≃**greifer** m (bei Greiferkranen und Greifbaggern) (Masch) / single-rope-type grab bucket

**Einseiten•band** n (Fernm, Radio) / single-sideband n, SSB ‖ ≃**bandempfänger** m (Fernm, Radio) / single-sideband receiver ‖ ≃**band-Kurzwellensprechfunkgerät** n (Radio) / SSB HF transceiver ‖ ≃**bandmodulation (EM)** f (Fernm, Radio) / single-sideband modulation, SSB modulation ‖ ≃**bandübertragung** f (Fernm, Radio) / single-sideband transmission ‖ ≃**kleberauftrag** m (For) / single spread ‖ ≃**schweißen** n (ein offenes Lichtbogenschweißen) (Schw) / one-side welding

**einseitig** adj / unilateral adj ‖ ~ (nur auf einer Seite) / single-sided adj ‖ ~ (EDV) / single-sided adj, single-face attr ‖ ~ **mit** ~**en Anschlüssen** (Eltech) / single-ended* adj, single-end attr ‖ ~ **abzweigende Doppelweiche** (Bahn) / tandem turnout diverging from same hand ‖ ~**er Antrieb** (Masch) / unilateral drive ‖ ~**es Tüpfelpaar** (For) / half-bordered pit pair ‖ ~ **beklebte Wellpappe** (Pap) / single-faced corrugated fibreboard ‖ ~ (EDV) / single-page document, one-page document ‖ ~ **beschreibbar** (Diskette) (EDV) / single-sided adj, single-face attr ‖ ~ **beschwerter Stoff** (Tex) / backed cloth, backed fabric ‖ ~**er Betrieb** (eines Wandlers) (Eltronik) / unilateralization n ‖ ~**e Datenübermittlung** (DIN 44302) (Fernm) / one-way communication ‖ ~**es Dokument** (EDV) / single-page document, one-page document ‖ ~**e Doppelweiche** (Bahn) / tandem turnout diverging from same hand ‖ ~ **eingespannter Träger** (Bau) / cantilever* n, beam fixed at one end ‖ ~**e Fahrstreifenbegrenzung** (Kfz) / one-way limiting lane sideline ‖ ~ **farbiges Papier** (ein Buntpapier) (Pap) / split-coloured paper ‖ ~ **geglättet** (Pap) / machine-glazed* adj, MG* ‖ ~ **gekerbte Probe** (Hütt, WP) / single-edge notch specimen ‖ ~ **gekühlt** / single-side cooled ‖ ~ **gelagerte Kurbel** (Masch) / outside crank* ‖ ~ **gerichtet** / unidirectional adj ‖ ~ **gerichtete Verbindung** (Fernm) / one-way connexion ‖ ~ **geschweißter Stumpfstoß** (Schw) / single-welded butt joint ‖ ~ **glatte Überlappung** (Masch) / joggle* n ‖ ~**er Hebel** (wenn Kraft und Last vom Drehpunkt aus gesehen auf derselben Seite des Hebels angreifen) (Mech) / second-order lever, second-class lever, lever of second class ‖ ~**er Hebel** (bei dem der Kraftarm näher beim Drehpunkt liegt) (Mech) / third-order lever, third-class lever, lever of third class ‖ ~**er Impuls** (Stoß nach DIN 5483, T 1) (Fernm) / unidirectional pulse ‖ ~**er Informationsfluß** (EDV) / one-way communication ‖ ~ **kaschiert** (Pap) / single-lined adj ‖ ~**er Köper** (Web) / one-face twill ‖ ~**er Linearmotor** (Eltech) / single-sided linear motor, single-sided LIM, SLIM ‖ ~**er Maulschlüssel** (Werkz) / single open-end spanner, single open-end wrench ‖ ~**er Pfeil** (der die Verschiebung eines einzelnen Elektrons anzeigt) (Chem) / fish hook ‖ ~ **plattiert** (Galv) / single-clad adj ‖ ~**es Pressen** (Pulv) / single-action pressing ‖ ~**e Reifenabnutzung** (Kfz) / uneven wear ‖ ~**er Reifenabrieb** (Kfz) / uneven wear ‖ ~**er Ringschlüssel** (Werkz) / single-end ring spanner, single-end box wrench ‖ ~**er schneidender Fräser** (Tischl) / grooving cutter, groover n, slotting cutter ‖ ~**er Test** (ein Signifikanztest) (Stats) / one-tailed test, one-tail test, one-sided test ‖ ~**er Trapezring** (V-Mot) / half-keystone ring ‖ ~**er Verdichter** (Lufft, Masch) / single-entry compressor* ‖ ~ **verengte Fahrbahn** (rechts, links) (ein Verkehrszeichen) (HuT) / road narrows on one side (right, left) ‖ ~**er Wandler** (Eltech) / unilateral transducer*, unidirectional transducer ‖ ~**e Wellpappe**

(DIN 6730 - bestehend aus einer Lage gewellten Papiers, das auf Papier oder Pappe geklebt ist) (Pap) / single-faced corrugated fibreboard ‖ ~**e Wellpappe** (Pap) / single-faced corrugated board ‖ ~**wirkend** (z.B. Axial-Rillenkugellager nach DIN 711) (Masch) / single-thrust *attr*, one-direction-thrust *attr*, single-direction-thrust *attr*
**einseitigglatt** *adj* (Pap) / machine-glazed* *adj*, MG*
**Einselement** *n* (ein Element eines Ordnungsgebildes) (Math) / greatest element ‖ ~ (wenn die Verknüpfung eine Multiplikation ist) (Math) / neutral element*, identity element*
**Ein•senken** *n* (Masch) / hobbing *n*, hubbing *n* ‖ ~**senken** (des Stempels in ein Werkstück zum Erzeugen eines Sacklochs) (Masch) / indenting *n*, hobbing *n* ‖ ~**senkstempel** *m* (Masch) / hob* *n* (for die sinking) ‖ ~**senkung** *f* (des Gleises) (Bahn) / subsidence* *n* ‖ ~**senkung** (Geog) / hollow *n* ‖ ~**senkung** (Masch) / dip *n*
**Einserkomplement** *n* (EDV, Math) / one's complement*
**einsetz•bare Fensterbank** (nachträglich) (Bau, Tischl) / slip sill* ‖ ~**barkeit** *f* (Tauglichkeit) / capability *n* (for) ‖ ~**barkeit** (Chem) / compatibility *n*
**einsetzen** *v* (beginnen) / onset *v* ‖ ~ (in ein Gehäuse, in eine Dose) / can *v* ‖ ~ (anwenden) / apply *v*, use *v* ‖ ~ (in etwas) / set in *v* ‖ ~ (Meißel bei Bohrarbeiten) (Erdöl) / send down *v* ‖ ~ (Satzfische) (Nahr, Zool) / plant *v* ‖ ~ (Tex) / set in *v* ‖ ~ insertion* / onset *n* ‖ ~ (Hütt) / carburizing* *n*, carburization *n*, carbon case-hardening, cementation* *n*, carbonization* *n*, carburising *n* ‖ ~ **des neuen Sägeblatts** (For) / blading *n* ‖ ~ **von Glasscheiben** (Bau) / glazing* *n*
**Einsetz•maschine** *f* (Hütt) / charging machine, charger *n* ‖ ~**methode** *f* (Math) / substitution method
**Einsetzung** *f* / insertion* *n* ‖ ~ (in einem Term oder in einer Aussageform) (Math) / substitution *n*
**Einsetzungsverfahren** *n* (Math) / substitution method
**Einsfrequenz** *f* (Frequenz bei Stromverstärkung 1) (Eltronik) / frequency of unity
**Einsichtsrecht** *n* (jedem zustehendes Recht, das von der jeweils zuständigen Aufsichtsbehörde geführte Register einzusehen, in dem private Stellen erfaßt sind, die geschäftsmäßig personenbezogene Daten für Dritte verarbeiten) (EDV) / right to inspection
**ein•sickern** *v* (Wasserb) / seep *v*, soak *v* (away), percolate *v* ‖ ~**sickern** *n* (Wasserb) / seepage *n*, percolation *n* ‖ ~**siedlerpunkt** *m* (einer Teilmenge) (Math) / isolated point*, hermit point ‖ ~**siedlerpunkt** (in der Kurvendiskussion) (Math) / isolated point*, conjugate point*, acnode* *n*, hermit point ‖ ~**silieren** *v* (Landw) / ensile *v*, silage *v* ‖ ~**silierung** *f* (Landw) / ensilage* *n*, silage* *n*, ensiling *n*, silaging *n* ‖ ~**sinkdekor** *m* *n* (Keram) / inglaze decoration ‖ ~**sinken** *v* (Anstr) / sink *v* ‖ ~**sinken** *n* (ein Anstrichfehler) (Anstr) / sinking *n* ‖ ~**sinken** (Bau, HuT) / subsidence* *n*, settlement* *n* ‖ ~**sinkfarbe** *f* (Keram) / inglaze colour, inter-glaze colour ‖ ~**sinkweg** *m* (Bergb) / yield *n* ‖ ~**sinniger Strom** (Eltech) / unidirectional current* ‖ ~**sitz-** (Masch) / single-seated *adj* ‖ ~**sitzer** *m* / single-seater *n* ‖ ~**sitzig** *adj* (Masch) / single-seated *adj*
**Einsoperator** *m* (linearer Operator, der jeden Vektor des betrachteten Vektorraumes unverändert läßt) (Phys) / unit operator
**einspaltig** *adj* (Druck) / single-column *adj*, one-column *attr* ‖ ~**e Matrix** (Math) / column vector*, column matrix (a matrix with exactly one column)
**einspänen** *v* (Leder) / sawdust *v* ‖ ~ *n* (Einlegen der aufgetrockneten Leder in die feuchten Sägespäne) (Leder) / sawdusting *n*
**einspannen** *v* (Papier in die Schreibmaschine) / insert *v*, inject *v* ‖ ~ *vt* (Träger) (Bau) / tail *v*, tail down *v*, tail in *v*, engage *vt* ‖ ~ *v* (Masch) / clamp *v*, mount *v* ‖ ~ (im Futter) (Masch) / chuck *v* ‖ ~ (Folie beim Blasen) (Plast) / clamp *v* ‖ ~ (WP) / grip *v*, clamp *v* ‖ **neu** ~ (Werkstück im Futter) (Masch) / rechuck *v*
**Einspänner** *m* (Mehrfamilienwohnhaus mit nur einer Wohnung in jedem Geschoß) (Bau) / house with one apartment per floor
**Einspann•kopf** *m* (der Zerreißmaschine) (WP) / grip *n*, grip section ‖ ~**moment** *n* (Bau) / fixing moment, fixed-end moment
**Einspannung** *f* (Bau) / tailing* *n*, tailing down*, tailing in* ‖ **feste** ~ (Bau) / fixed end*
**Einspann•zapfen** *m* (DIN 9859) (Masch) / spigot *n* (of a die) ‖ ~**zeit** *f* (Schw) / clamping time
**ein•sparen** *v* / save *v* ‖ ~**sparung** *f* / saving *n* ‖ ~**speichelung** *f* (der Nahrung) (Nahr) / insalivation *n* ‖ ~**speichern** *v* (EDV) / store *v* (data) ‖ ~**speicherung** *f* / storage *n*, storing *n* ‖ ~**speisen** *v* / feed *v* ‖ ~**speisepunkt** *m* (Eltech) / feeding point ‖ ~**speisung** *f* (Fernm) / feed *n*, feeding *n* ‖ ~**speisung** (Masch) / feed *n*, feeding *n* ‖ ~**speisungsfeld** *n* (Eltech) / feeder panel* *n* ‖ ~**speisungspunkt** *m* (Eltech) / feeding point ‖ ~**spielen** *v* (Texte, Grafiken - von externen Datenträgern) (EDV) / import *v* ‖ ~**spielung** *f* (Akus) / record* *n*, recording* *n* ‖ ~**spielzeit** *f* (eines Meßgeräts) (Instr) / response time, setting time ‖ ~**spindelautomat** *m* (Masch) / single-spindle automatic* ‖ ~**spindeldrehautomat** *m* (Masch) / single-spindle automatic lathe ‖

~**spindlige Drehmaschine** (Masch) / single-spindle lathe ‖ ~**spitzenlagerung** *f* (Masch) / unipivot bearing
**Eins-plus-Eins-Adreßbefehl** *m* (EDV) / two-address instruction, one-plus-one address instruction
**ein•sprayen** *v* / spray *v* ‖ ~**sprechender** *m* (im Patentrecht) / opponent *n* ‖ ~**sprengling** *m* (größerer Einzelkristall in magmatischen Gesteinen) (Geol) / phenocryst* *n* ‖ ~**sprengling** (allothigener) (Geol) / xenocryst* *n*, chadacryst *n* ‖ ~**springen** *v* (Türschloß) / latch *v* ‖ ~**springen** *n* (Tex) / shrinkage* *n*, shrinking *n*
**einspringender** (überstumpfer) **Winkel** (in einem konkaven Vieleck) (Math, Verm) / re-entrant angle*
**Einspritz•block** *m* (bei Gaschromatografen) (Chem) / injection block, sample injection block ‖ ~**dauer** *f* (V-Mot) / injection period ‖ ~**druck** *m* (Kfz) / injection pressure ‖ ~**druck** (Plast) / injection pressure ‖ ~**düse** *f* (V-Mot) / injection nozzle, fuel injection nozzle, injector* *n*, fuel injector* ‖ ~**düsennadel** *f* (V-Mot) / nozzle needle
**einspritzen** *v* (Eltronik, Geol, Med) / inject *v* ‖ ~ (Pökellake) (Nahr) / pump *v* ‖ ~ (V-Mot) / inject *v* ‖ ~ *n* (von Pökellake) (Nahr) / pumping *n* ‖ ~ **von Anlaßkraftstoff** (V-Mot) / priming *n*
**Einspritz•folge** *f* (Plast) / injection sequence ‖ ~**kanal** *m* (Plast) / runner *n* ‖ ~**kondensator** *m* (Masch) / jet condenser*, injection condenser*, direct-contact condenser, contact condenser ‖ ~**kühler** *m* / jet cooler, injection cooler ‖ ~**menge** *f* (Kfz, Raumf) / quantity of fuel injected, injected fuel quantity ‖ ~**motor** *m* (V-Mot) / fuel-injection engine ‖ ~**pumpe** *f* (der Einspritzanlage) (V-Mot) / injection pump*, jerk-pump* *n* ‖ ~**teil** *n* (in ein anderes Kunststoffteil) (Plast) / insert *n*, inset *n*
**Einspritzung** *f* (Probenaufgabe in der Chromatografie) (Chem) / injection *n* ‖ ~ (V-Mot) / injection* *n* ‖ ~ (V-Mot) / pump shot ‖ **direkte** ~ (Kfz, Lufft) / direct injection*, open combustion-chamber injection ‖ **direkte** ~ (V-Mot) / airless injection*, solid injection* ‖ **gerade** ~ (bei Dieselmotoren) (V-Mot) / axial injection ‖ **indirekte** ~ (Kfz) / indirect injection ‖ **konventionelle** ~ (bei Dieselmotoren) (Kfz) / jerk system ‖ ~ *f* **der Zementpaste** (Bau, HuT) / grouting* *n*, artificial cementing, injection *n* (under pressure) ‖ ~ **eines heißen Mediums** (Erdöl) / hot-fluid injection*, hot footing*
**Einspritz•ventil** *n* (bei Benzineinspritzung) (V-Mot) / injection valve*, injector* *n* ‖ ~**vergaser** *m* (Lufft) / injection carburettor*, pressure carburettor ‖ ~**verzögerung** *f* (V-Mot) / injection lag* ‖ ~**zement** *n* (Bau, HuT) / grouting cement
**Ein•spruch** *m* (im Patentrecht) / opposition *n* ‖ ~**spruch** (im Patentrecht) / opposition *n* ‖ ~**spruchsrecht** *n* (EDV) / right to protest, right to challenge ‖ ~**spruchsverfahren** *n* (im Patentrecht) / opposition proceedings ‖ ~**sprühen** *n* **von Wachs** (als Hohlraumkonservierung) (Kfz) / wax injection
**Einsprung** *m* (Schrumpfen von Elastikartikeln während der Lagerung) (Tex) / contraction *n* ‖ ~**adresse** *f* (EDV) / vector address ‖ ~**stelle** *f* (EDV) / entry point (any point in a routine or program to which control may be passed)
**Ein•spülkammer** *f* (des Waschautomaten) / detergent container, compartment of the dispenser (detergent + additives) ‖ **einteilige** ~**spülkammer** (des Waschautomaten) / dispenser *n* ‖ ~**spuren** *v* (Masch) / engage *vt*, gear *v* ‖ ~**spurfahrzeug** *n* (Kfz) / single-track vehicle ‖ ~**spurig** *adj* (Akus, Film, Schiff) / single-track *attr* ‖ ~**spurig** (Fahrbahn) (Kfz) / single-lane *attr* ‖ ~**spuriges Fahrzeug** (Kfz) / single-track vehicle ‖ ~**stabspule** *f* (Eltech) / single-turn coil* ‖ ~**stallen** *v* (Landw) / stable *v* ‖ ~**stampfen** *v* (Druckerzeugnisse) / pulp *v*
**Einständer•bauart** *f* (der Presse) (Masch) / single-column construction ‖ ~**hammer** *m* (Masch) / single-frame hammer ‖ ~**-Hobelmaschine** *f* (Masch) / open-side planing machine, open-side planer
**ein•stapeln** *v* / stack *v*, pile *v*, pile up *v* ‖ ~**stapeln** *n* / stacking *n*, tiering *n*, piling *n* ‖ ~**stau** *m* (einer Talsperre) (Wasserb) / filling *n* ‖ ~**stauben** *v* (aus Sicherheitsgründen) (Bergb) / dust *v* ‖ ~**stäuben** (Gieß) / face *v*, dust *v* ‖ ~**stäuben** *n* (Gieß) / facing *n*, dusting *n* ‖ ~**stauen** *v* (Wasserb) / dam *v*, dam up *v*, dike *v*, dyke *v*, stem *v*, impound *v*, pond *v*, back *v*, retain *v*, hold back *v* ‖ ~**stauteich** *m* (Erdbecken auf Rieselfeldern zur vorübergehenden Stauung von Abwasser, wenn die Verrieselung z.B. bei starkem Frost nicht möglich ist) / spreading grounds
**einstechdrehen** *v* (nur Infinitiv oder Partizip) (Masch) / recess *v* ‖ ~ (nur Infinitiv oder Partizip) (Masch) / groove *v* ‖ ~ *n* (Masch) / grooving* *n* ‖ ~ (einer Nut am Grunde einer Bohrung) (Masch) / recessing *n* ‖ **axiales** ~ (Masch) / trepanning *n*
**einstechen** *v* (Holzschutz) (For) / incise *v* ‖ ~ (eine Nut am Grunde einer Bohrung) (Masch) / recess *v* ‖ ~ (eine Nut oder Rille mit einem Stechmeißel eindrehen, dessen Schneide entsprechend der geforderten Nutenform gestaltet ist) (Masch) / groove *v* ‖ ~ (Web) / reed *v* ‖ ~ *n* (Eindrehen einer Nut oder Rille mit Stechmeißel, dessen Schneide entsprechend der geforderten Nutenform gestaltet ist) (Masch) / grooving* *n* ‖ ~ (Masch) / recessing *n*

**Einstechgewindeschleifen**

**Einstech•gewindeschleifen** n (mit Mehrprofil-Schleifscheibe) (Masch) / plunge-cut thread grinding ‖ ~**hobeln** v (nur Infinitiv oder Partizip) (Masch) / groove v ‖ ~**hobeln** n (Masch) / grooving* n ‖ ~**leder** n (Leder) / welt leather, welting belly ‖ ~**meißel** m (Werkz) / recessing tool, parting tool, vee tool ‖ ~**naht** f (Leder) / inseam n ‖ ~**rahmen** m (des Schuhes) / welt n ‖ ~**schaben** n (Masch) / plunge shaving, radial feed shaving ‖ ~**schleifen** n (Außen- oder Innenrundschleifen mit stetiger radialer Zustellung) (Masch) / plunge grinding*, plunge-cut grinding, infeed grinding ‖ ~**stoßen** n (Masch) / keyway slotting
**Einsteckelement** n (EDV) / plug-in n
**einstecken** v / insert v, fit in v ‖ ~ (Bogen oder Lagen) (Buchb) / inset v ‖ ~ (Buchb) / tuck in v ‖ ~ (EDV, Eltronik) / plug in(to) v ‖ ~ n / insertion* n
**Einsteck•klappe** f (einer Faltschachtel) / tuck-in flap ‖ ~**kopfhörer** m (TV) / earphone* n ‖ ~**maschine** f (für Beilagen) (Druck) / inserting machine ‖ ~**meißel** m (Bergb) / bit n ‖ ~**rohr** n (des Muffenrohrs) (Masch) / spigot n, male end of pipe ‖ ~**schlitz** m (einer Faltschachtel) / flap slot ‖ ~**schloß** n (von der Kante her in die Tür eingelassen) (Bau, Tischl) / mortise lock*, rabbeted lock ‖ ~**tasche** f (Buchb) / portfolio n ‖ ~**Türschloß** n (von der Kante her in die Tür eingelassen) (Bau, Tischl) / mortise lock*, rabbeted lock ‖ ~**verbindung** f (Eltech) / sleeve joint* ‖ ~**werkzeug** n (Masch, Werkz) / plug-in tool
**Einsteigekarte** f (Luftf) / boarding pass
**einsteigen** v / get in v ‖ ~ (in ein Transportmittel) / board v ‖ ~ (von Fluggästen) / emplane vi, enplane vi ‖ ~ (von Fahrgästen) (Luftf, Schiff) / embark vi, board v
**Einsteig•leiter** f (im Schwimmbecken) / access ladder ‖ ~**luke** f (Masch) / manhole n, manhead n, access hole, access opening, access port ‖ ~**öffnung** f (Masch) / manhole n, manhead n, access hole, access opening, access port ‖ ~**schacht** m (Masch) / inspection chamber*, manhole n, inspection gallery ‖ ~**schachtdeckel** m (Masch) / manhole cover, manhole head
**Einstein** n (nichtkohärente Einheit der fotochemischen Energie - nach A. Einstein, 1879-1955) / einstein n ‖ ~**-Bose-Statistik** f (Phys) / Bose-Einstein statistics* ‖ ~**-de-Haas-Effekt** m (Umkehrung des Barnett-Effektes) (Phys) / Einstein-de Haas effect* ‖ ~**-De-Sitter-Welt** f (Astr, Phys) / de Sitter space ‖ ~**-Dilatation** f (Phys) / time dilation*, time dilatation ‖ ~**-Fokker-Gleichung** f (eine kinetische Gleichung) (Phys) / Fokker-Planck equation
**Einsteinium (Es)** n (Chem) / einsteinium* n
**Einstein•-Kondensation** f (Phys) / Bose-Einstein condensation, Einstein condensation ‖ ~**-Kosmos** m (Astr) / Einstein (static) universe ‖ ~**-Podolsky-Rosen-Experiment** n (Phys) / Einstein-Podolsky-Rosen experiment, EPR experiment ‖ ~**-Relation** f (zwischen dem Diffusionskoeffizienten, der Beweglichkeit und der Temperatur der einzelnen Trägerarten) (Chem) / Einstein relation (for mobility) ‖ ~**-Ring** m (Astr) / Einstein ring
**Einsteinsch•es Äquivalentgesetz** (Chem) / Stark-Einstein equation*, Stark-Einstein law, Einstein photochemical equivalence law ‖ ~**e Diffusionsgleichung** (Chem) / Einstein diffusion equation* ‖ ~**e Summationskonvention** (Übereinkunft, daß über zwei Indizes, die in einem Ausdruck doppelt auftreten, summiert wird, ohne daß ein Summenzeichen ausführlich hingeschrieben wird) (Math) / summation convention
**Einstein-Schrödinger-Theorie** f (Kernphys) / unified field theory*, Einstein-Schrödinger theory
**einsteinstarke Wand** (Bau) / whole-brick wall*
**einstellbar** adj (Instr, Masch) / adjustable adj, variable adj ‖ **stufenlos ~** (Masch) / infinitely variable, steplessly adjustable, continuously variable ‖ ~**e Achse** (Bogenlauf) (Bahn) / radial axle ‖ ~**e Frequenz** (Fernm) / variable (adjustable) frequency ‖ ~**es Komma** (EDV) / adjustable point ‖ ~**er Kondensator** (entweder ein Drehkondensator oder ein Dekadenkondensator) (Eltech) / variable capacitor ‖ ~**e Luftschraube** (Luftf) / adjustable-pitch airscrew*, adjustable-pitch propeller ‖ ~**e Verzögerung** (eines Schaltgliedes) (Eltech) / adjustable delay
**Einstell•charakteristik** f (V-Mot) / mixture setting ‖ ~**dauer** f (DIN 1319, T 1) (Instr) / response time, setting time ‖ **ungleiche ~dichte** (Web) / off-square sett ‖ ~**drehring** m (Opt) / focussing ring, focussing collar ‖ ~**druck** m (Regeln) / set pressure, pressure to be maintained ‖ ~**element** n (Regeln) / setter n
**einstellen** v / take on v, hire v ‖ ~ (Zahlungen) / stop v, suspend v ‖ ~ (den Betrieb in einer Grube) (Bergb) / quit v, give up v, abandon v ‖ ~ (z.B. Ionenstärke) (Chem) / adjust v ‖ ~ (Chemikalien) (Chem) / standardize v ‖ ~ (eine Bohrung) (Erdöl) / abandon v ‖ ~ (Kamera) (Film) / set up v ‖ ~ (Instr) / adjust v ‖ ~ (Motor, Zündung) (Kfz) / tune up v, tune v ‖ ~ (Scheinwerfer) (Kfz) / aim v ‖ ~ (einen Farbton) (Leder, Tex) / formulate v (a shade) ‖ ~ (ein Gerät, auf Null - DIN 2257, T 1) (Masch) / set vt, reset v ‖ ~ (scharf) (Opt) / focus vt, bring into focus ‖ ~ (das Radio auf einen bestimmten Sender) (Radio, TV) / tune v (to), tune in v (on, to) ‖ ~ (Zündkerze, Kontaktabstand) (V-Mot) / gap vt ‖ ~ n (der Scheinwerfer) (Kfz) / aiming n ‖ ~ (der Einspritzpumpe zum Motor) (V-Mot) / timing* n ‖ ~ **der Formatbreite** (Typog) / width adjustment ‖ ~ **des Leerlaufs** (Kfz, V-Mot) / idling adjustment*, slow-running adjustment ‖ ~**schweißen** n (Schw) / single-operator welding
**Einsteller** m (ein Bedienelement) (Radio) / control* n
**Einstellhilfe** f (Foto) / focusing aid
**Einstellicht** n (Film) / pilot-light n
**einstellig** adj (Operation) (EDV) / unary adj, monadic adj ‖ ~**e Zahl** (EDV, Math) / digit* n, one-place number, numeric character, one-digit number, single-digit number
**Einstell•knopf** m (Radio) / control* n ‖ ~**kreis** m (Astr, Opt) / setting circle ‖ ~**lehre** f (Masch) / setting gauge ‖ ~**lehre** (für Vergaserdüsen) (V-Mot, Werkz) / throttle gauge ‖ ~**leiste** f (Masch) / gib* n ‖ ~**lupe** f (Foto) / focusing magnifier, focusing amplifier ‖ ~**markierung** f (für die Steuerzeiten) (V-Mot) / valve-timing index mark, timing mark ‖ ~**markierung** (für die Steuerzeiten) (V-Mot) s. auch Zündzeitpunktmarke ‖ ~**mutter** f (Masch) / adjusting nut, checking nut ‖ ~**platz** m (außerhalb der öffentlichen Verkehrsflächen) (Kfz) / parking space, parking stall ‖ ~**potentiometer** n (Eltronik) / preset potentiometer ‖ ~**propeller** m (Luftf) / adjustable-pitch airscrew*, adjustable-pitch propeller ‖ ~**rad** n **für die Belichtungs-/Verschlußzeit** (Foto) / shutter speed dial ‖ ~**ring** m (Foto) / focusing ring ‖ ~**ring** (Masch) / adjusting ring, setting ring ‖ ~**scheibe** f (im Suchersystem) (Foto) / focusing screen* ‖ ~**schraube** f (Eltronik) / tuning screw* ‖ ~**schraube** (am Boden) (Luftf) / adjustable-pitch airscrew*, adjustable-pitch propeller ‖ ~**schraube** (zum Ausrichten von Geräten und Nachstellen von Spielen) (Masch) / adjusting screw, regulating screw ‖ ~**skale** f / setting scale ‖ ~**thermometer** n (Phys) / adjustable-range thermometer ‖ ~**tränkung** f (von besonders gefährdeten Enden von Pfählen oder Stangen) (For) / open-tank treatment (of the ends)
**"Ein"-Stellung** f (Eltech) / on-position n
**Einstellung** f (des Gleichgewichts, Kontakts) / establishment n ‖ ~ f (des neuen Personals) / recruitment n ‖ ~ f (Film) / shot* n ‖ ~ (des Motors, der Zündung) (Kfz) / tuning n, tuning-up n ‖ ~ (der Maschine) (Masch) / setting n, set-up* n ‖ ~ (z.B. der Kernwaffenversuche) (Mil) / cessation n ‖ ~ (Web) / gauge* n (knitted fabrics), set* n (woven fabrics), density n, sett* n, thickness n, gage n ‖ **neue ~** (Nachstellung) (Masch) / readjustment n ‖ **stumme ~** (Film) / wild picture ‖ **zeitlich falsche ~** / mistiming n ‖ ~ f **der Schiffahrt** (Schiff) / suspension of navigation ‖ ~ **des Farbbandzoneneinstellers** (der Schreibmaschine) **zum Beschriften von Matrizen** / stencil position ‖ ~ **des Kontaktabstands** (V-Mot) / gapping n the points ‖ ~ **des Nachlaufs** (Kfz) / caster effect, caster action*, trailing action* ‖ ~ **des Zeilenabstandes** (Mechanismus der Schreibmaschine) / line-spacing selector ‖ ~ **des Zeilenabstands** (bei der Schreibmaschine) / line spacing ‖ ~ **nach einer Skale** (Instr) / scaling n ‖ ~ **nah auf unendlich** (Foto) / hyperfocal distance* ‖ ~ **von oben** (Film) / overhead shot
**Einstellungs•gespräch** n / selection interview, interview n (oral examination of an applicant for a job) ‖ ~**nummer** f (Film) / shot number, take number
**Einstell•verlauf** m (Art, wie die Anzeigengröße eines Meßgerätes der Bewegung der Meßgröße folgt) (Instr) / response n ‖ ~**wert** m (Kfz) / setting n, tune-up specification ‖ ~**wert** (Masch, Regeln) / setting n ‖ ~**widerstand** m (für das Einmessen) (Eltech) / preset potentiometer ‖ ~**winkel** m (zwischen der Flügelprofilsehne und der Luftfahrzeuglängsachse) (Luftf) / angle of incidence*, incidence angle, rigging angle of incidence* ‖ ~**winkel** (Luftf) / pitch angle ‖ ~**winkel** (DIN 8000) (Masch) / lead angle ‖ ~**winkel** (Winkel zwischen der Arbeitsebene und der Werkzeug-Schneidenebene, gemessen in der Werkzeugbezugsebene) (Masch) / tool cutting-edge angle
**Einstemm•band** n (pl. -bänder) (Tischl) / butt hinge*, butt n ‖ ~**schloß** n (A) (von der Kante her in die Tür eingelassen) (Bau, Tischl) / mortise lock*, rabbeted lock
**Ein•steppen** n / top-stitching ‖ ~**stich** m (bei dem Holzschutz) (For) / incision n ‖ ~**stich** (Masch) / recess n, groove n ‖ ~**stich** (Übergang vom Schaft zum Nutenteil eines Spiralbohrers nach DIN 1412) (Masch) / body recess (GB), neck n (US) ‖ ~**stich** (Masch) / groove n ‖ ~**stichboden** m (Glas) / pushed punt*, push-up* n ‖ ~**stieg** m / entrance n, entry n ‖ ~**stiegluke** f (Masch) / access hatch ‖ ~**stiegöffnung** f (Masch) / manhole n, manhead n, access hole, access opening, access port ‖ ~**stiegsbeleuchtung** f (Kfz) / illuminated-entry system ‖ ~**stiegtür** f (Bau) / trapdoor n, trap n ‖ ~**stielig eingeschnittenes Holz** (For) / boxed hearth ‖ ~**stoff-** (Chem, Phys) / unary* adj, unicomponent adj, one-component attr ‖ ~**stoffsystem** n (Chem, Phys) / one-component system ‖ ~**strahlender Verkehr** / inward traffic (GB), inbound traffic (US), inward-bound traffic ‖ ~**strahlgerät** n (Opt) / single-beam instrument ‖

300

≈**strahlspektrometer** *n* (Spektr) / single-beam spectrometer ‖
≈**strahlung** *f* (der Sonne) (Geophys, Meteor) / insolation* *n* ‖
≈**strahlungsstelle** *f* (Radiol) / entry portal* ‖ **~strängige Asynchronmaschine** (Eltech) / single-phase induction machine, single-phase asynchronous machine ‖ ≈**strangkette** *f* / single-strand chain ‖ ≈**strebengerüst** *n* (Bergb) / two-post headframe ‖ **~streichen** *v* (der Schlichte) (Gieß) / swab *v* ‖ ≈**streichen** *n* (Schlichte) (Gieß) / swabbing *n* ‖ ≈**streu** *f* (Landw) / litter *n*, bedding *n* ‖ ≈**streudecke** *f* (HuT) / dry-penetration pavement ‖ ≈**strich** *m* (Bergb) / barring *n* ‖ ≈**striche** *m pl* (horizontale Trennbauten in Haupt- und Blindschächten) (Bergb) / dividers *pl*, buntons *pl* ‖ **~strippen** *v* (Druck, EDV) / strip in *v*

**einströmen** *v* / run in *v*, inflow *v* ‖ ≈ *n* (Eindringen) / ingress *n*, entering *n*, penetration* *n* ‖ ≈ / running-in *n*, inflow *n* ‖ ≈ (unerwünschtes Einströmen von Gasen) (Bergb) / inleakage *n*

**einströmender Verkehr** / inward traffic (GB), inbound traffic (US), inward-bound traffic

**einströmig** *adj* / single-suction *attr*, single-inlet *attr*, single-entry *attr*
**Ein•strömkasten** *m* (bei Kraftmaschinen) (Masch) / steam chest* ‖
≈**strömteil** *m* (einer Dampfturbine - z.B. ein Einströmstutzen oder eine Einlaßbüchse) (Masch) / steam chest* ‖
≈**stromturbinenluftstrahltriebwerk** *n* (Luftf) / turbojet* *n*, turbojet aircraft ‖ ≈**strömung** *f* (von Luft) / indraught *n* ‖
≈**strömungsöffnung** *f* (Masch) / intake *n*, inlet *n*

**einstufen** *v* / grade *v* ‖ **~** (in Klassen) / classify *v*, rate *v* ‖ ≈ - / single-stage *attr*, one-step *attr* ‖ ≈ **von Arbeiten** (F.Org) / job grading, job classification ‖ ≈**ätzverfahren** *n* (bei dem die drucktechnisch erforderliche Ätztiefe in einem Arbeitsgang erreicht wird - z.B. mit Drehpaddelmaschinen nach Dow) (Druck) / powderless etching* ‖ ≈**presse** *f* (Masch) / single-stage press ‖ ≈**rückführung** *f* (Nukl) / single-stage recycle, rabbit *n* ‖ ≈**rückstromverfahren** *n* (Nukl) / single-stage recycle, rabbit *n* ‖ ≈**schwingbelastung** *f* (Mech, WP) / one-step fatigue load

**einstufig** *adj* / single-stage *attr*, one-step *attr* ‖ **~er Abwasserteich** (Sanitär) / single pond ‖ **~er Ausdruck** (Math) / first-order formula ‖ **~e Gruppierung** (Fernsp) / single-stage grouping ‖ **~er Kompressor** (Luftf, Masch) / single-stage compressor ‖ **~e Pumpe** (Masch) / single-stage pump ‖ **~e Turbine** (Masch) / single-stage turbine ‖ **~er Verdichter** (Luftf, Masch) / single-stage compressor

**Einstufung** *f* (von gefährlichen Stoffen) / classification *n* ‖ ≈ / classification *n*, rating *n* ‖ ≈ / grading *n* ‖ ≈ **in Zonen** / zoning* *n* ‖ ≈ **nach festgestellten Fehlern** / demerit rating

**Einsturz** *m* (Bau, HuT) / subsidence* *n*, collapse *n* ‖ ≈ (Geol) / cave-in *n*, foundering *n*, falling-in *n*, collapse *n*, fall* *n* ‖ ≈**beben** *n* (Geol) / subsidence earthquake, earthquake due to collapse ‖ ≈**brekzie** *f* (Geol) / collapse breccia

**einstürzen** *v* (Bergb) / run *v*, run off *v*, collapse *v*

**Einsturz•gefahr** *f* / danger of collapse ‖ **~gefährdet** *adj* / collapsible *adj*

**einsumpfen** *v* (Keram) / soak *v*, wet *v*

**Einsvektor** *m* (DIN 1303) (Phys) / unit vector

**Ein•synchronisation** *f* (Einstellung des Schreib-/Lesekopfs) (EDV) / synchronization *n* ‖ **~synchronisieren** *v* (den Schreib-/Lesekopf einstellen) (EDV) / synchronize *v*

**Eins-Zustand** *m* (z.B. am Eingang eines Flipflops) (Eltronik) / one-state *n*

**Ein•tafelprojektion** *f* (senkrechte Parallelprojektion auf nur eine Projektionsebene) (Math) / one-plane projection ‖ ≈**tafelverfahren** *n* (Math) / one-plane projection ‖ **~tägige Gezeit** (Ozean) / diurnal tide ‖ ≈**tagstide** *f* (Ozean) / diurnal tide ‖ **~takten** *v* (mit dem Takt einschreiben) (Eltronik) / clock in *v* ‖ ≈**taktverstärker** *m* (Schaltungsart für Niederfrequenzleistungsverstärker) (Fernm) / single-ended amplifier, single-sided amplifier ‖ **~tangentiger Knoten** (bei dem alle Scharkurven im Knoten die gleiche Tangente haben) (Math) / simple tangential knot

**eintaschen** *v* / jacket *v* ‖ **~** (Batterie in einen Folienseparator) (Eltech, Kfz) / envelop *v* ‖ ≈ *n* / jacketing *n*

**eintasten** *v* (EDV) / type in *v*, keyboard *v*, key in *v*, key *v* ‖ ≈ *n* (der Daten) (EDV) / keyboard entry, keyboard input, keyboarding *n* ‖ ≈ **wiederholen** (EDV) / retype *v*

**Ein•tastfehler** *m* (EDV) / keying error ‖ ≈**tastung** *f* (Fernm) / keying *n*

**Eintauchbecher** *m* (des Kolorimeters) (Chem) / cup *n*

**eintauchen** *vt* / dip *v*, submerge *vt*, immerse *v* ‖ **~** *v* / dive *v*, plunge *v*, duck *v* ‖ ≈ *n* / submersion *n* ‖ ≈ (Masch, Plast) / dipping* *n*

**Eintauch•kolorimeter** *n* **nach Dubosq** (Chem) / Dubosq colorimeter ‖ ≈**pyrometer** *n* (zum Messen der Temperatur in Schmelzen) (Hütt) / dipping pyrometer ‖ ≈**refraktometer** *n* (Opt) / immersion refractometer, dipping refractometer ‖ ≈**refraktometer nach Pulfrich** (C. Pulfrich, 1858-1927) (Opt) / Pulfrich refractometer* ‖ ≈**schmierung** *f* (Masch) / flood lubrication ‖ ≈**sonde** *f* (Raumf) / probe* *n* ‖ ≈**test** *n* / dip test ‖ ≈**tiefe** *f* (der Pumpe) (Masch) / submergence *n*

**ein•tauschendes Ion** (in der Bodenkunde) (Landw) / competitor ion ‖ ≈**teichen** *n* (Lagerung von Rundholz im Wasser) (For) / ponding *n* ‖ ≈**teilchenaustausch** *m* (Kernphys) / one-particle exchange ‖ ≈**teilchenmodell** *n* (Kernphys) / one-particle model of a nucleus*, single-particle model of a nucleus, independent particle model (of a nucleus) ‖ **teilchenmodell** (Kernphys) s. auch Schalenmodell

**einteilen** *v* (in Klassen) / classify *v*, rate *v* ‖ **~** / divide *v*

**einteilig** *adj* (z.B. Kleid) / one-piece *attr* ‖ **~** (Kurve, Kegelschnitt) (Math) / unipartite *adj* ‖ **~e Einspülkammer** (des Waschautomaten) / dispenser *n* ‖ **~e Felge** (Kfz) / one-piece rim, single-piece rim ‖ **~e Form** (Glas) / block mould ‖ **~er Fräser** (Masch) / solid cutter ‖ **~er Kolbenring** (V-Mot) / single-piece ring ‖ **~es Lager** (Masch) / solid bearing ‖ **~es Modell** (Gieß) / one-piece pattern, single-piece pattern

**Einteilung** *f* / division *n* ‖ ≈ (in Klassen) / classification *n*, rating *n* ‖ **mit genauer** ≈ **versehen** / graduate *v* ‖ ≈ *f* **des Bildschirms** (EDV) / screen layout ‖ ≈ **in Zonen** / zoning* *n* ‖ ≈ **nach Fraktionen** / fractional distribution*

**eintippen** *v* / type *v* ‖ ≈ *n* / typing *n*

**Ein•topfreaktion** *f* (deren Zwischenprodukte nicht isoliert werden) (Chem) / one-pot reaction ‖ ≈**tor** *n* (Eltech) / two-terminal network, one-port network, two-pole *n* ‖ **~törnen** *v* (Schiff) / turn in *v* ‖ ≈**tourenmaschine** *f* (Druck) / single-revolution press* ‖ ≈**tourenpresse** *f* (Druck) / single-revolution press*

**Eintrag** *m* (in einem Wörterbuch) / lemma *n* (pl. lemmata or lemmas), entry *n* ‖ ≈ (Beschickung) (Chem Verf) / loading *n* ‖ ≈ (EDV) / entry *n* (a unit of information or an item in a list or table) ‖ ≈ (Eltech) / drag-in *n* ‖ ≈ (meistens in den Kühlofen) (Glas) / carry-in *n* ‖ ≈ (Pap) / furnish *n*, pulp furnish ‖ ≈ **im/ins Schiffstagebuch** (Schiff) / log *n*

**eintragen** *v* / enter *v* ‖ **~** (Chem) / place *v* ‖ ≈ (Daten) (EDV) / enter *v*, input *v* (data) ‖ **~** (Ware in den Ofen) (Keram) / set *vt*, place *v* ‖ **~** (Web) / insert the weft, insert the filling, shoot in *v* ‖ ≈ *n* (z.B. von Chemikalien in Gefäße) (Chem) / placing *n* ‖ ≈ (Chem Verf) / loading *n* ‖ ≈ (Glas) / carry-in *n* ‖ ≈ (Web) / picking* *n*

**Einträger** *m* (der das Stück von der Pfeife trennt und zum Kühlofen bringt) (Glas) / taker-in *n*, carry-in boy ‖ ≈ (in der manuellen Fertigung) (Glas) / taker-in *n*, carry-in boy ‖ ≈**-Hängekran** *m* (Masch) / single-girder suspension crane ‖ ≈**-Laufkran** *m* (Masch) / single-girder overhead travelling crane ‖ ≈**system** *n* (ein fortschrittliches Schwebebahnsystem) / monobeam system

**einträglich** *adj* / profitable *adj*, lucrative *adj*

**Eintrag•maschine** *f* (für den Bandentspannungsofen) (Glas) / lehr loader (a machine which places and spaces glassware on a continuous lehr belt), stacker *n* ‖ ≈**seite** *f* (einer Fließstrecke) (Masch) / feed end

**Eintrags•folge** *f* (EDV) / entry sequence ‖ ≈**maske** *f* (bei einem Datenbankprogramm) (EDV) / template *n*

**Eintragung** *f* (in das Patentregister) / entry *n* (in the register of patents) ‖ ≈ / registration, registry *n* ‖ ≈ (des Flugzeugs) (Luftf) / registration *n* ‖ **falsche** (unverständliche) ≈ (EDV) / hash *n*, garbage *n*, gibberish *n*, junk *n* ‖ **letzte** ≈ (in einem Protokoll) (EDV) / tail *n* ‖ **wahlfreie** ≈ (EDV) / optional entry ‖ ≈ *f* **in das Logbuch** / logging *n*

**Eintragungs•staat** *m* (Luftf) / State of registry ‖ ≈**zeichen** (Luftf) / registration mark

**Eintragvorrichtung** *f* (Hütt) / feed *n*, feeder* *n*, feeding device

**Ein•träufelung** *f* (Med) / instillation *n* ‖ ≈**treffer** *m* (Biol, Kernphys) / single hit ‖ **~treiben** *v* (Pfähle) (HuT) / drive *v*, drive in *v*, pile *v*, spile *v* (US)

**Eintreteaufforderung** *f* (EDV) / operator recall

**Eintritt** *m* / entrance *n*, entry *n* ‖ ≈ (von Gasen) (Bergb) / inleakage *n* ‖ ≈ (Masch) / intake *n*, inlet *n*, admission *n* ‖ **[Wieder]≈ in die (Erd)Atmosphäre** (Raumf) / atmospheric re-entry ‖ ≈**eingriffsbogen** *m* (im Teilzylinder) **von Eingriffsbeginn bis zum Wälzpunkt** (Masch) / arc of approach*

**Eintritts•diffusor** *m* (Luftf) / inlet diffusor ‖ ≈**fenster** *n* (beim Geiger-Müller-Zählrohr, das auch zum Nachweis energiearmer Teilchen und Quanten bestimmt ist) (Nukl) / window* *n* ‖ ≈**fenster** (im Eintrittskorridor) (Raumf) / re-entry window ‖ ≈**fläche** *f* (bei optischen Systemen) (Opt) / incident face ‖ ≈**grat** *m* (beim Bohren) (Eltronik) / entrance burr ‖ ≈**kante** *f* (der Bürste) (Eltech) / leading edge ‖ ≈**korridor** *m* (Raumf) / re-entry corridor* ‖ ≈**leitschaufeln** *f pl* (des Axialverdichters) (Luftf) / inlet guide vanes*, variable-inlet guide vanes*, IGV* ‖ ≈**öffnung** *f* (Masch) / intake *n*, inlet *n* ‖ ≈**öffnung** (z.B. eines Objektivs) (Opt) / entrance pupil*, entrance port ‖ ≈**punkt** *m* (im Landemanöver) (Luftf) / entry point ‖ ≈**pupille** *f* (Opt) / entrance pupil*, entrance port ‖ ≈**seite** *f* (von Walzen) (Hütt) / entering side, entry side ‖ ≈**spalt** *m* (des Massenspektrometers) (Phys) / entrance slit ‖ ≈**spiel** *n* (DIN 868) (Masch) / entry clearance ‖ ≈**strahl** *m* (Opt) / entrance beam, entrant beam ‖ ≈**wahrscheinlichkeit** *f* (eines Ereignisses) (Stats) / probability of occurrence ‖ ≈**winkel** *m* (eines Strahls) (Opt) / entrance angle

**eintrümig**

**ein•trümiger Bremsberg** (Bergb) / single-track plane, back balance ‖ **~tuchen** v (Schlachttierkörper in lakegetränkte Tücher einhüllen) (Nahr) / shroud v ‖ **~tunken** v / dip v, submerge vt, immerse v
**Einundzwanzig-Zentimeter-Linie** f (im Radiofrequenzbereich liegende Spektrallinie - Wellenlänge 21,12 cm) (Astr) / 21-centimetre line
**Ein•vektorsystem** n (ein Antriebssystem bei VTOL-Flugzeugen) (Lufft) / vectored-thrust system ‖ **~visieren** n **nach Richtung und Höhe** (Verm) / boning-in* n ‖ **~waage** f / weighed-in quantity, initial weight ‖ **~wachsen** v / grow in v ‖ **~wachsen** n (For) / recruitment n ‖ **~wahl** f (Fernm) / dial-in n ‖ **~wählen** n (Fernm) / dial-in n ‖ **~walken** v (in der Schuhherstellung) / wipe v ‖ **~wälzen** v (die Arbeitsmenge eines Adreßraumes umlagern) (EDV) / swap in v, roll in v ‖ **~walzen** v (z.B. ein Rohr) (Hütt) / roll in v ‖ **walzung** f (Zundernarbe) (Hütt) / scale pit
**einwandfrei** adj (Gußstück) (Gieß) / sound adj ‖ ~ (Lebensmittel) (Nahr) / fit adj (for human consumption) ‖ **nicht ~** (Gußstück) (Gieß) / unsound* adj ‖ **~er Überzug** (galvanischer) (bei der elektrochemischen Metallabscheidung) (Galv) / reguline deposit* ‖ **~er Zustand** (z.B. eines Buches) / mint condition
**Einwärts•diffusion** f / inward diffusion ‖ **~winkel** m (von Pistenfeuern) (Lufft) / toe-in angle
**Ein•waschungshorizont** m (des Bodenprofils) (Landw) / illuvial horizon, B-horizon n, horizon B, subsoil* n ‖ **~waschungszone** f (des Bodenprofils) (Landw) / illuvial horizon, B-horizon n, horizon B, subsoil* n ‖ **~wässern** v (Malz) (Brau) / steep v ‖ **~wässern** (Triftholz) (For) / launch vt ‖ **~wässern** (Masch) / steep v, soak v, water v ‖ **~wässerung** f (des Malzes) (Brau) / steeping n
**einweben** v (Web) / interweave v, inweave v, intertwine v, enweave v, interlace v ‖ ~ (Web) / weave in v, take up v, shorten v ‖ ~ n (prozentuelle Längenänderung der durch die Einbindungsbögen verkürzten eingewebten Fäden, bezogen auf die gestreckte Fadenlänge) (Web) / weave-in n, take-up n, shortening n (contraction by weaving)
**Einweckglas** n (Nahr) / preserving bottle, preserve jar, Mason jar (US)
**Einweg•artikel** m pl / disposables pl, throw-aways pl ‖ **~behälter** m / one-trip container, single-trip container, non-returnable container ‖ **~-Brennstoffzyklus** m (Nukl) / open fuel cycle ‖ **~container** m / one-trip container, single-trip container, non-returnable container ‖ **~flasche** f / disposable bottle, non-returnable bottle, one-way bottle, single-trip bottle ‖ **~funktion** f (bei Kryptosystemen mit offenem Schlüssel) (EDV) / one-way function ‖ **~gleichrichter** m (elektronische Schaltungsanordnung, bei der die Gleichrichtung einer Wechselspannung oder eines Wechselstroms von nur einem Bauelement mit Ventilwirkung vorgenommen wird) (Eltech, Radio) / half-wave rectifier*, single-wave rectifier ‖ **~leitung** f (Eltronik, Radar) / isolator* n ‖ **~maschine** f (eine Sondermaschine) (Masch) / single-path machine ‖ **~palette** f / one-way pallet, expendable pallet ‖ **~spiegel** m (Opt) / two-way mirror, see-through mirror (US), spy mirror ‖ **~spule** f (Web) / non-returnable spool ‖ **~stellventil** n (zur aufgabenmäßigen Beeinflussung eines Massenstroms bzw. Druckes eines in einer Rohrleitung fließenden Mediums) (Masch) / one-way control valve, single-way control valve ‖ **~verkehr** m (Radio) / one-way communication (OW) ‖ **~verpackung** f / one-way package, non-returnable package, disposable package, carry-home pack, throw-away package, one-trip package (US), single-trip package (US)
**Ein•weichbad** n (Tex) / soaking bath ‖ **~weichbottich** m (Tex) / soaking tub, soaking vat, soaking bowl ‖ **~weichen** v (durchnässen) (Nahr) / drench v, soak v ‖ **~weichen** (Malz) (Brau) / steep v ‖ **~weichen** (Wäsche) (Tex) / presoak v, soak v, steep v ‖ **~weichen** (Brau) / steeping n ‖ **~weichen** (Tex) / presoaking n, soaking n, steeping* n ‖ **~weichkufe** f (der Wollwaschmaschine) (Tex) / soaking tub, soaking vat, soaking bowl ‖ **~weichmittel** n (beim Waschen) (Chem, Tex) / laundry presoak product, presoak product, soaking agent ‖ **erneute ~weichung** (Leder) / rehydratation ‖ **~weiser** m (des Kran- oder Baggerführers) (HuT) / banksman m, signal-man m (US), spotter n (US) ‖ **~weiser** (Schiff) / hatch signal man ‖ **~weiser am Baggerabwurf** (der zum Baggerpersonal gehört) (Masch) / spotter n ‖ **~weisung** f (praktische) / instruction n ‖ **~weisung** (theoretische) / briefing n ‖ **~weisungsflug** m (Lufft) / familiarization flight ‖ **~wellig** adj (Masch) / single-shaft attr ‖ **~welliges TL-Triebwerk** (Lufft) / single-spool jet engine ‖ **~wellige Wellpappe** (DIN 6730 - bestehend aus einer Lage gewellten Papiers, das zwischen zwei Lagen Papier oder Karton geklebt ist) (Pap) / single-wall corrugated fibreboard ‖ **~welligkeit** f (Radio) / selective resonance* ‖ **~werfen** v (Münze) (Fernsp) / insert v, put in v ‖ **~werfen** (Triftholz) (For) / launch vt ‖ **~werfen** n (eines Steuerstabs) (Nukl) / fast insertion (of a control rod)
**einwertig** adj (Chem) / monohydric adj ‖ ~ (Chem) / monovalent* adj, univalent* adj ‖ ~ (Math) / single-valued* adj ‖ **~er Alkohol** (Chem) / monohydric alcohol* ‖ **~e Funktion** (Bezeichnung in der Funktionentheorie für Injektion) (Math) / simple function ‖ **~es Lager** (Bauart einer Lagerung, die nur eine senkrecht zur Stützfläche wirkende Kraft auf nehmen kann, jedoch kein Kraftmoment; diese Lagerart wird verwendet, um die Wärmeausdehnung nicht zu behindern) (HuT, Masch) / single-valued bearing ‖ **~e Säure** (Chem) / monacid* n, monoacid n
**Ein•wickelbogen** m (Pap) / wrapper n ‖ **~wickeln** v / wrap v ‖ **in Papier ~wickeln** (Pap) / paper v ‖ **~wickelpapier** n (Pap) / wrapping paper ‖ **~wickler** m (Pap) / wrapper n ‖ **~winken** v (z.B. den Kran- oder Baggerführer) / beckon v, signal v, spot v ‖ **~winken** (Lufft) / marshal v ‖ **~winker** m (des Kran- oder Baggerführers) (HuT) / banksman n, signal-man n (US), spotter n (US) ‖ **~winker** (Lufft) / marshaller n, signal-man n, guide n ‖ **~wirkdauer** f (WP) / duration of exposure, time of exposure ‖ **~wirken** v (auf) / act v (on) ‖ **~wirkung** f / effect n, action* n ‖ **~wirkung** / influence n, interference* n (esp. negative) ‖ **~wirkung** (z.B. einer Verbindung auf eine andere) (Chem) / action n ‖ **chemische ~wirkung** (negative, z.B. Korrosion) (Chem) / chemical attack ‖ **~wirkung** f **von Umweltveränderungen** (Umwelt) / environmental impact ‖ **~wirkungsdauer** f (WP) / duration of exposure, time of exposure ‖ **~wirkungszeit** f (zwischen dem Füllen und der Inbetriebnahme einer trocken geladenen Batterie) (Eltech, Kfz) / soaking time ‖ **~wirkungszeit** (des Schadstoffes) (Umwelt) / exposure period ‖ **~wohnergleichwert** m (Maßzahl des Verschmutzungsgrades eines industriellen Abwassers je Tag im Vergleich mit den Normalwerten eines häuslichen Abwassers) (Sanitär, Umwelt) / population equivalent, PE ‖ **~wohnerüberschuß** m (z.B. in den Sanierungsgebieten der Städte) (Umwelt) / overspill n ‖ **~wölben** v (Arch) / vault v, arch v ‖ **~wölben** n (Bau) / vaulting n, arching n
**Ein-Wort-Befehl** m (EDV) / one-word instruction
**Einwuchs** m (For) / recruitment n
**Einwurf** m (eines Briefkastens) / slit n ‖ ~ (eines Münzautomaten) / slot n ‖ **~trichter** m (z.B. des Allesbläsers) / intake hopper
**Ein•wüstung** f (Umwelt) / desertification* n ‖ **~zackenschrift** f (eine Schallaufzeichnungsart) (Film) / single-sound track ‖ **~zahnfräser** m (Masch) / fly cutter*, single-tooth cutter ‖ **~zähnig** adj (Ligand) (Chem) / unidentate adj, monodentate adj ‖ **~zäunen** v / fence v ‖ **~zäunung** f / fence* n, fencing n ‖ **~zeilendisplay** n (EDV) / thin window (display), one-line display, single-line strip display
**einzeilig•e Anzeige** (EDV) / thin window (display), one-line display, single-line strip display ‖ **~e Matrix** (Math) / row matrix, single-row matrix
**Einzel•-** / individual adj ‖ **~-** (Bau) / detached adj, isolated adj ‖ **~ablesung** f (Verm) / spot level* ‖ **~abrechnung** f **der Gebühren** (Fernsp) / charge per-call basis, itemized billing ‖ **~abtastimpuls** m (Fernm) / discrete sampling pulse ‖ **~abweichung** f (eine Verzahnungsabweichung) (Masch) / individual error ‖ **~achsantrieb** m (Eltech) / individual axle-drive*, independent axle-drive* ‖ **~ader** f (Kab) / single conductor ‖ **~analyse** f (Chem) / single analysis ‖ **~anleger** m (Druck) / hopper feeder, copy feeder ‖ **~anschluß** m (Fernsp) / subscriber's main station ‖ **~antrieb** m (Bahn, Eltech, Masch) / individual drive* ‖ **~ast** m (For) / single knot ‖ **~bauelement** n (Eltronik) / discrete device ‖ **~baum** m (For, Kart) / single tree ‖ **~beadtechnik** f (je Harzkorn nur eine Molekülart) (Chem Verf) / one-bead compound ‖ **~belegzuführung** f (EDV) / single-sheet feeding, front feed, cut-sheet handling, sheet feeding ‖ **~benutzerkonfiguration** f (EDV) / single-user set-up ‖ **~berg** m (Geol) / outlier* n, farewell rock ‖ **~bild** n (Film) / frame* n, single frame ‖ **~bildbelichtung** f (Film) / single-frame exposure, single exposure ‖ **~bildprojektion** f (bei Filmprojektoren) (Film) / still projection ‖ **~bildschaltung** f (Film) / frame-to-frame shooting ‖ **~bildvergrößerung** f (Film) / still n, action still ‖ **~bitfehler** m (EDV) / single-bit error ‖ **~blatteinzug** m (EDV) / single-sheet feeding, front feed, cut-sheet handling, sheet feeding ‖ **~blattfeder** f (Masch) / flat spring, leaf spring, single-leaf spring ‖ **~blattzuführung** f (Option beim Drucker) (EDV) / single-sheet feeding, front feed, cut-sheet handling, sheet feeding ‖ **~bleimantelkabel** n (Kab) / separately lead-sheathed cable ‖ **~brennkammerwand** f (meistens mit Löchern) (Lufft) / flame tube* ‖ **~dosis** f (Pharm) / single dose ‖ **~dünger** m (Landw) / straight fertilizer, simple fertilizer, single fertilizer ‖ **~elektrode** f (Eltech) / single electrode ‖ **~elektron** n (DIN IEC 1(CO)1163, T 521) (Eltronik) / lone electron ‖ **~empfang** m (TV) / individual viewing ‖ **~endgeräteanschluß** m (Fernm) / single-terminal connection ‖ **~ereignispegel** m (DIN 45641) (Akus) / single-event level ‖ **~faden** m **des Kokons** (Tex) / brin n ‖ **gleichgerichtete ~falten** (Tex) / kilt plaits ‖ **~faser** f / single fibre ‖ **~faserkabel** n (in der optischen Kommunikationstechnik) (Kab) / single-fibre cable, monofibre cable ‖ **~fehler** m (ein Verzahnungsfehler, der sich auf einzelne Bestimmungsgrößen der Verzahnung auswirkt) (Masch) / individual error (that affects individual gear characteristics) ‖ **~fertigung** f (eine Fertigungsart) (F.Org) / individual production, one-off production, single-part

production, unit production, customer production ‖ ~**flößerei** f (For) / loose floating (of wood) ‖ ~**flug** m (Luftf) / isolated flight, single flight ‖ ~**formularzuführung** f (EDV) / single-sheet feeding, front feed, cut-sheet handling, sheet feeding ‖ ~**fotonenzählung** f (eine Meßmethode im Bereich der zeitaufgelösten Spektroskopie zur Untersuchung physikalischer, chemischer oder biochemischer Prozesse, die optisch nachweisbar sind und sehr schnell ablaufen) (Phys) / single-photon counting ‖ ~**frucht** f (Bot) / simple fruit* ‖ ~**fundament** n (für Stützen) (Bau, HuT) / column footing, single footing ‖ ~**funkenzündspule** f (bei vollelektronischer Zündung) (V-Mot) / single-spark ignition coil ‖ ~**gabe** f (des Düngers) (Landw) / single application ‖ ~**gabe** (Dosis) (Pharm) / single dose ‖ ~**gang** m (Lochkartentechnik) (EDV) / normal card listing, detail printing ‖ ~**glasfaden** m (bei der Herstellung von Endlos-Glasfasern nach dem Düsenziehverfahren) (Glas) / single optical fibre ‖ ~**gründung** f (Bau, HuT) / pad foundation, single foundation ‖ ~**handelsgeschäft** n / retail outlet, store n (US), retail store (US), shop n ‖ ~**handelspreis** m / retail price ‖ ~**händler** m / retailer n, dealer n ‖ **technische** ~**heit** / technicality n ‖ **aus** ~**heiten bestehend** / sectional adj ‖ ~**heizer** m (Chem Verf) / unit vulcanizer ‖ ~**heizgerät** n (Bau) / individual heater ‖ ~**höhe** f (bei den Nivellierarbeiten) (Verm) / spot level* ‖ ~**hub** m (Masch) / single stroke ‖ ~**impuls** m (Eltech, Fernm) / isolated pulse, single pulse ‖ ~**impuls** (im Zähler) (Regeln) / counting pulse, count n ‖ ~**ionendetektion** f (Chem) / selected ion monitoring, selected ion detection, SIM, SID ‖ ~**ionennachweis** m (Chem) / selected ion monitoring, selected ion detection, SIM, SID ‖ ~**kanalburst** m (in der Satellitenkommunikation) (Fernm) / single-channel per burst, SCPB ‖ ~**konfiguration** f (Fernm) / single-terminal configuration ‖ ~**konfiguration** (bei Endgeräten) (Fernm) / single-terminal connection ‖ ~**koralle** f / solitary coral ‖ ~**kornaussaat** f (Landw) / single-grain sowing ‖ ~**korndrillgerät** n (Landw) / spacing drill, planter n (US) ‖ ~**korngefüge** n (Landw) / single-grained structure ‖ ~**kornstruktur** f (eine Bodenstruktur) (Landw) / single-grained structure ‖ ~**kosten** pl / itemized costs, specific costs ‖ ~**kosten** (die einem Kostenträger direkt zugerechnet werden können) / direct cost(s) ‖ ~**kraft** f (Mech) / concentrated force ‖ ~**last** f (punktförmig angreifende) (HuT) / concentrated load* ‖ ~**leiter** m (Eltech) / single conductor ‖ ~**leiter** (eines verseilten Leiters) (Eltech) / strand* n

**Einzellen-Lademaschine** f (Eltech) / milking generator, milker n
**Einzeller**•**eiweiß** n (Biochem, Biol) / single-cell protein* (SCP) ‖ ~**öl** n / single-cell oil, SCO ‖ ~**protein** n (Biochem, Biol) / single-cell protein* (SCP)
**einzellig** adj (Biol) / one-celled adj, unicellular adj, single-cell attr
**Einzel**•**linse** f (in einem Objektiv) (Opt) / element* n, lens element ‖ ~**lochung** f (EDV) / single-hole punching ‖ ~**los** n (F.Org) / lot n, batch n, run n ‖ ~**maske** f (auf einem Chip) (Eltronik) / chip mask ‖ ~**meldung** f (Telefax-Protokoll) (Fernm) / single message ‖ ~**messung** f / individual measurement
**einzeln** adj / individual adj ‖ ~ **angefertigtes Teil** (Masch) / one-off part ‖ ~ **lenkbar** (z.B. Tochtergefechtskopf) (Mil) / independently targetable ‖ **~e Meßgröße** (DIN 1319, T 3) / single measurand ‖ **~er Sprung** (Radio) / single hop ‖ ~ **stehender Baum** (Kart) / solitary tree
**Einzel**•**nivellement** n (Verm) / single levelling ‖ ~**packung** f / unit package, unit-packaging n ‖ ~**partikelanalysator** m **nach dem Durchflußprinzip** (mit Messung der Lichtschwächung im Meßvolumen) (Kernphys) / photozone counter ‖ ~**partikelanalysator nach dem Durchflußprinzip** (mit Messung der Änderung des elektrischen Widerstandes im Meßvolumen) (Kernphys) / resistazone counter ‖ ~**partikelanalysator nach dem Durchflußprinzip** (Kernphys) / stream counter ‖ ~**peak** m (Chem) / individual peak ‖ ~**phasenzeichnung** f (im Zeichentrickfilm) (Film) / in-between-drawing* n ‖ ~**pigment** n (DIN 55949) (Anstr) / individual pigment n ‖ ~**pixelbearbeitung** f (EDV) / pixel editing n ‖ ~**platz-** (EDV) / stand-alone attr ‖ ~**platz** m (in der Einzelplatzfertigung) (F.Org) / single (individual) workstation (in the production cycle) ‖ ~**platzleuchte** f (Bahn, Luftf) / individual-seat light ‖ ~**platzsystem** n (mit eigener CPU und Peripherie, aber nur mit einem Arbeitsplatz) (EDV) / single-user system ‖ ~**pol** m (Eltech) / salient pole* n ‖ ~**polgenerator** f (Eltech) / salient-pole generator* ‖ ~**position** f / item n ‖ ~**probe** f / increment n ‖ ~**produktion** f (F.Org) / individual production, one-off production, single-part production, unit production, customer production ‖ ~**prozeß** m (Nukl) / simple process ‖ ~**prozeß** (Stats) / simple process ‖ ~**prozeßfaktor** m (Nukl) / simple process factor (SPF) ‖ ~**prüfung** f / individual inspection ‖ ~**prüfung** (Eltech) / routine test (test made for quality control by the manufacturer on every device or representative samples, or on parts or materials, as required, to verify that the product meets the design specifications) ‖ ~**punktsteuerung** f (Regeln) / point-to-point control (system), PTP control, P/P control ‖ ~**radaufhängung** f (unabhängige Führung der Räder einer Achse oder beider Achsen eines Kraftfahrzeugs) (Kfz) / independent suspension*,

all-independent suspension, single-wheel suspension ‖ ~**radaufhängung hinten** (Kfz) / independent rear suspension ‖ ~**radaufhängung vorne** (Kfz) / independent front suspension ‖ ~**raupenschweißung** f (Schw) / single-run welding ‖ ~**reaktion** f (Chem) / particular reaction ‖ ~**resonanz** f (Spektr) / single resonance ‖ ~**saat** f (Landw) / single-grain sowing ‖ ~**schmierung** f (ein Schmierungssystem) / individual-point lubrication, point-to-point lubrication ‖ ~**schrittbetrieb** m (EDV) / single-step operation, step-by-step operation ‖ ~**schrittsteuerung** f (EDV) / single-step control ‖ ~**schrittverfahren** n (zur Lösung linearer Gleichungssysteme) (Math) / Seidel method, Gauss-Seidel method ‖ ~**-Seilgarn** n (Masch) / filament n ‖ ~**spaltrohr-Versuchsanlage** f (EVA - ein Fernenergiesystem in Jülich) / single steam reformer tube unit ‖ ~**sprechererkennung** f (KI) / single-speaker recognition ‖ ~**spur** f (Akus, Film) / single track ‖ ~**stecker** m (Radio) / banana plug* ‖ ~ **stehender Baum** (For, Kart) / single tree ‖ ~**stempel** m (Bergb) / tree n, leg n ‖ ~**strahl** m (Phys) / single beam ‖ ~**strangig** adj (eine Nucleotidsequenz) (Biochem) / single-stranded adj ‖ ~**stromrichter** m (Eltronik) / single convertor ‖ ~**takt** m (EDV) / single clock pulse

**Einzelteil** n (Bau, Eltech, Eltronik) / component* n, component part, element n, device n ‖ ~ (DIN 199) (Masch) / part n ‖ ~ **in ~e aufgelöste Darstellung**, (eines Vergasers) / exploded view ‖ ~ n **im Nicht-Sichtbereich** (z.B. Bodenblech oder Radhaus bei Automobilen) (Masch) / invisible part ‖ ~ **im Sichtbereich** (z.B. Kotflügel bei Automobilen) (Masch) / visible part ‖ ~**zeichnung** f (DIN 199, T 1) / component drawing, unit drawing (US) ‖ ~**zeichnung** (Luftf) / scrap view

**Einzel**•**test** m (eines größeren Programms) (EDV) / single test ‖ ~**trennstufe** f (Nukl) / stage* n, separation stage ‖ ~**verdrahtung** f (Eltech) / discrete wiring ‖ ~**verkauf** m (EDV) / unbundling n ‖ ~**vermessung** f (Verm) / cadastral survey* ‖ ~**verpackung** f (Packmittel für die kleinste zu verpackende Einheit des Gutes) (Kfz) / package for a packaged-goods unit ‖ ~**verzahnung** f (Masch) / single toothing ‖ ~**welle** f (Phys) / single wave, solitary wave ‖ ~**worterkennung** f (EDV, KI) / isolated-words recognition, discrete-words recognition ‖ ~**zeitverfahren** n (bei der Stoppuhrzeitmessung) (F.Org) / flyback timing ‖ ~**zeitverfahren** (bei Zeitstudien) (F.Org) / snap-back timing technique ‖ **schwerer** ~**zug** (Hütt) / bull-block n ‖ ~**zündspule** f (V-Mot) / single-spark ignition coil

**einzementieren** v / cement in v
**Einzentimeterkarte** f (Kart) / Ordnance Survey map (1 : 100 000; 1 centimetre = 1 kilometre)
**Einziehband** n (Eltech) / fish-wire* n, fishing wire, fish tape, snake n
**einziehbar** adj / retractable adj ‖ **~es Fahrwerk** (Luftf) / retractable undercarriage, retractable landing gear* ‖ **~er Schornstein** (Schiff) / lowering funnel
**Einziehdraht** m (Eltech) / fish-wire* n, fishing wire, fish tape, snake n
**einziehen** v (zurück) / retract v ‖ ~ (Wand) / erect v ‖ ~ (einen Ausleger, ein Fahrwerk) / retract v ‖ ~ (Chem, Phys) / absorb v ‖ ~ (Querschnitt von Hohlkörpern verkleinern) (Hütt) / swage v ‖ ~ (Kab) / pull in v ‖ ~ (Typog) / indent* v ‖ ~ (Kette) (Web) / draw in v ‖ ~ (Web) / dra0 ‖ ~ (Verkleinern der Querschnitte an Hohlkörpern am offenen Ende) / necking-in v ‖ ~ (eines Auslegers, eines Fahrwerks) / retraction n ‖ ~ (Verkleinern der Querschnitte von Hohlkörpern, z.B. Rohren) (Hütt) / swaging* n ‖ ~ **der Kettfäden in Geschirr und Schaft** (Web) / looming* n, healding n
**einziehend**•**er Schacht** (Bergb) / downcast n (shaft)* ‖ **~e Wetterstrecke** (Bergb) / blowing road*
**Einzieh**•**fahrwerk** n (Luftf) / retractable undercarriage, retractable landing gear* ‖ ~**länge** f (Kab) / draw-in length ‖ ~**schacht** m (Bergb) / downcast n (shaft)* ‖ ~**system** n (Kab) / draw-in system ‖ ~**walze** f (Masch) / intake roller, feeding roll
**einzigartig** adj / unique adj ‖ **~es Verkaufsargument** / unique selling proposition, USP
**einzuckern** v (konservieren) (Nahr) / conserve v
**Einzug** m (Einlauf) (Druck) / infeed n ‖ ~ (Typog) / indent* n, indention n, indentation n ‖ ~ (Web) / draft n, drawing-in* n, drafting n ‖ ~ (Web) / looming* n, healding n ‖ **ohne** ~ (Typog) / full out*, set flush* ‖ **springender** ~ (Web) / skip draft ‖ ~ **eines Absatzes** (Typog) / paragraph indentation ‖ ~ **rechts** (Typog) / indentation right ‖ ~**kessel** m (Masch) / single-(gas-)pass boiler
**Einzugsbereich, großstädtischer** ~ (für Pendler) / commuter belt
**Einzugsscanner** m (der die einzelnen Blätter ähnlich einem Fotokopierer einzieht und deshalb kein Scannen voluminöser Gegenstände, wie z.B. Bücher, erlaubt - als Gegensatz zu Flachbettscanner) (EDV) / sheet-feed scanner, sheet-fed scanner
**Einzugs**•**ermächtigung** f (Ermächtigung des Schuldners gegenüber dem Gläubiger) / direct-debit authorization ‖ ~**fehler** m (Web) / wrong draw, wrong draft, misdraw n, drawing-in fault ‖ ~**gebiet** n (bei der Gasförderung) (Bergb, Erdöl) / drainage area ‖ ~**gebiet** (das ober- und unterirdische Entwässerungsgebiet eines Flusses mit allen

**Einzugsgebiet**

seinen Nebenflüssen - DIN 4045) (Wasserb) / catchment area*, river basin, catchment basin*, basin n, watershed n (US), drainage area, drainage basin, gathering ground, catchment n || ~gebiet mit bis zum Mittelpunkt laufendem Entwässerungssystem (Wasserb) / boison n || ~schnecke f (Landw) / feed auger, auger n || ~verfahren n / direct debiting || ~walze f (Masch) / intake roller, feeding roll || ~walze (Spinn) / draw-in roller || ~winkel m (am Walzenbrecher) (Chem Verf) / angle of nip*, nip* n, nip angle || ~winkel (Hütt) / angle of nip*, angle of contact, nip angle, angle of bite*

**"Ein"-Zustand** m (Eltech) / on-state n

**Einzweck•automat** m (Masch) / single-purpose automatic machine, single-purpose automaton || ~bohrmaschine f (Bohrmaschine für die Massenfertigung) (Masch) / single-purpose drilling machine || ~roboter m / special-purpose robot

**Einzylindermotor** m (V-Mot) / monocylinder engine, single-cylinder engine

**Ei•poliment** n (Buchb) / glair* n, egg glair* || ~pulver n (Nahr) / powdered egg, dried egg

**Eirunddrehen** n (Masch) / oval turning

**Eis** n (Wasser in festem Aggregatzustand, kristallin in Form hexagonaler Eiskristalle erstarrt) / ice* n || ~- (Chem) / glacial adj || aufgefaltetes ~ (Geol) / ridged ice || einjähriges ~ (Ozean) / one-year ice || mehrjähriges ~ (Geol) / multiyear ice || mit ~ kühlen / ice vt || mit ~ oder Reif überziehen / frost v

**EIS** (EDV) / executive information system, EIS, entreprise information system

**EISA** (EDV) / extended industry standard architecture, EISA

**Eis•abweiser** m (HuT) / ice-apron n, ice-breaker* n || ~abweiser (Propellerschutz) (Schiff) / ice fin || ~anker m (Schiff) / ice anchor || ~ansatz m (Lufft, Masch) / ice accretion || ~ansatz (Lufft, Masch) s. auch Eislast || ~aufbruch m (von Flüssen) (Wasserb) / débâcle* n, ice breakup || ~bad n (Chem) / ice bath, slush bath || ~barre f (Wasserb) / ice gorge, gorge n || ~barriere f (Geol) / ice barrier || ~barriere (auf dem Fluß) (Wasserb) / ice dam || ~bedeckt adj / ice-covered adj, iced ajd || ~berg m (im Meer schwimmende große Eismasse) (Meteor) / iceberg* n, ice mountain, berg n || ~bewegung f im Gletscher (Geol) / glacier flow, glacial flow || ~bildung f / ice formation, icing n, formation of ice || ~blänke f (eisfreie Fläche in einer sonst geschlossenen Eisdecke) / ice clearing, polynya n, ice window, polynia n || ~blau adj / ice-blue adj || ~blink m (Meteor) / blink n, iceblink n

**Eisblumen** f pl (gefrorener Niederschlag) (Meteor) / frost flowers, frost work || sich mit ~ überziehen (z.B. Fenster) (Meteor) / frost vi, ice vi || ~bildung f (Anstr, Plast) / frosting n || ~effekt m (Tex) / crackling effect || ~glas n (das aus Mattglas durch Auftragen von warmem, flüssigem Leim hergestellt wird) (Glas) / glue-etched glass, ice-patterned glass, ice-flower glass || ~muster n (Galv) / spangle n || ~struktur f (der Metallschutzschicht) (Galv) / spangle n

**eis•blumieren** v (Glas) (Glas) / frost v || ~bock m (HuT) / ice-apron n, ice-breaker* n || ~brecher m (an Brückenpfeilern) (HuT) / ice-apron n, ice-breaker* n || ~brecher (Spezialschiff) (Schiff) / ice-breaker* n || ~brecherpfeiler m (HuT) / ice-apron n, ice-breaker* n || ~brei m (dichter, zäher Eisschlamm) / slush ice, cream ice || ~brei (aus kristallinen Teilen in schnellfließendem Wasser) / frazil ice*

**Ei•schale** f (Landw, Nahr) / eggshell n || ~schimmel m (Bot) / oidium* n (pl. oidia)

**Eis•decke** f (über den Bereich von Randeis hinaus an der Wasseroberfläche gebildete unbewegliche Eisschicht) / fast ice || ~decke (im allgemeinen) / ice cover || ~druck m (Geol) / ice push, ice shove, ice thrust, ice reefing

**Eisen•(III)-** (Chem) / ferri-*, ferric adj, iron(III) attr || ~(II)- (Chem) / ferro-*, ferrous adj, iron(II) attr || ~ n (Chem) / iron* n || α-~ (Hütt) / alpha-iron* n || β-~ (Hütt) / beta-iron* n || δ-~ (Hütt) / delta-iron* n || dreiwertiges ~ (Chem) / ferric iron || meteoritisches ~ (Astr) / meteoric iron || schmiedbares ~ (Hütt) / forging steel || siderisches ~ (Astr) / meteoric iron || technisch reines ~ (Hütt) / ingot iron* || terrestrisches ~ (Geol) / terrestrial iron || zweiwertiges ~ (Chem) / ferrous iron

**Eisen•abscheider** m (Aufber) / magnetic iron separator, tramp-iron separator, tramp metal detector || ~acetat n (Chem) / iron ethanoate, iron acetate || ~akkumulator m (Eltech) / nickel-iron-alkaline accumulator*, iron-nickel accumulator*, iron-nickel storage battery, Ni-Fe accumulator*, Edison accumulator*, storage battery of iron-nickel type, nickel-iron battery || ~alaun m (Chem) / iron alum*, ferric alum || ~alaun (Aluminiumeisen(II)-sulfat-22-Wasser) (Min) / halotrichite* n, butter rock, mountain butter, iron alum* || ~ammoniakalaun m (Chem) / iron-ammonium alum || ~(III)-ammoniumcitrat n (Chem) / ferric ammonium citrate, iron(III) ammonium citrate || ~(III)-ammoniumoxalat (Chem) / ferric ammonium oxalate || ~ammoniumsulfat n (Chem) / iron-ammonium sulphate || ~(III)-ammoniumzitrat n (Chem) / ferric ammonium citrate, iron(III) ammonium citrate || ~(III)-aquoxid

(Chem) / hydrated iron(III) oxide, hydrated ferric oxide || ~arm adj / poor in iron, low-iron attr || ~ausscheider m (Aufber) / magnetic iron separator, tramp-iron separator, tramp metal detector || ~azetat n (Chem) / iron ethanoate, iron acetate

**Eisenbahn** f (Eisenbahnlinie + Unternehmen) (Bahn) / railway n, railroad n (US), rly. || ~ im Nahverkehr (Bahn) / railway n (local), road n (US), railroad (local) (US) || ~bau m (als Tätigkeit) (Bahn) / railway construction, railroad construction (US) || ~bau (als Fach) (Bahn, HuT) / railway engineering, railroad engineering (US) || ~beförderung f (Bahn) / railway transport || ~block m (Bahn) / block n || ~bremse f (z.B. Radsatz- oder Schienenbremse) (Bahn) / railway brake, railroad brake (US) || ~brücke f (Bahn, HuT) / railway bridge, railroad bridge (US) || zweigleisige ~brücke (Bahn) / double-track railway bridge

**Eisenbahner** m (Bahn) / railman n (pl. -men), railwayman n (pl. -men), railroader n (US)

**Eisenbahn•fähre** f (Trajekt) (Bahn) / train-ferry n || ~fernmeldesystem n (Bahn) / railway communication system || ~fieber n (Landw) / transit tetany*, railroad sickness, railroad disease*, transport staggers || ~-Flugzeug-Eisenbahn-Verkehr m (Bahn, Lufft) / rail-air-rail service || ~gleis n (Bahn) / railway track || ~karte f (auf der das Eisenbahnnetz, Bahnhöfe und andere für den Bahnbenutzer nützliche Tatsachen dargestellt sind) (Kart) / railway map, railroad map (US) || ~kran m (Bahn) / railway crane, railroad crane (US) || ~krankheit f (besonders bei hochtragenden Kühen) (Landw) / transit tetany*, railroad sickness, railroad disease*, transport staggers || ~kupplung f (Bahn) / railway coupling || ~kurve f (in einem Satz von Kreisbogenlinealen mit verschiedenen Krümmungen) (Instr) / railway curve* || ~netz n (Bahn) / railway network, railroad network (US), trackage n (US) || ~oberbau m (HuT) / permanent way* || ~schiene f (Bahn, Hütt) / railway rail || ~schienen f pl (Bahn) / metals* pl || ~schwelle f (Teil des Eisenbahnoberbaus) (Bahn) / sleeper* n, cross-sill* n, crosstie* n, tie* n (US), railroad tie (US), rail tie (US) || ~signal n (Bahn) / railway signal, signal n || ~strecke f (Bahn) / line n, railway line, railroad line || ~technik f (Bahn, HuT) / railway engineering, railroad engineering (US) || ~transport m (Bahn) / railway transport || ~tunnel m (Bahn, HuT) / railway tunnel, railroad tunnel (US) || ~verkehr m (Bahn) / railway traffic || ~wagen m (Bahn) / railway carriage, car n (US), railway coach, coach n (GB), railroad car (US), rail car (US) || ~wagen, der an einer Schnellzugstation abgehängt wird (Bahn) / slip-carriage n, slip-coach n

**Eisen•bakterien** f pl (die zur Oxidation von reduziertem Eisen befähigt sind) (Physiol, Umwelt, Wasserb) / iron bacteria* || ~begleiter m (Bergb) / accompanying element || ~beize f (z.B. Eisenazetat, basisches Eisen(III)-sulfat) (Tex) / iron mordant, iron liquor, black liquor, iron acetate liquor || ~bergwerk n (Bergb) / iron mine || ~beschläge m pl / ironwork n || ~beschlagen adj / iron-bound adj || ~bieger m (A) (HuT) / bar bender, steel bender, iron fighter, steel fixer || ~bindendes Protein (Biochem) / iron-binding protein || ~blau n (Anstr) / Berlin blue, Prussian blue, iron blue, ferrocyanide blue, Chinese blue, bronze blue || ~blaudruck m (Druck) / blueprint* n, blue-printing n, cyanotype* n || ~blaudruckpapier n (Pap) / blueprint paper*, cyano paper, ferroprussiate paper* || verzinktes ~blech (Galv) / galvanized iron*, galvanized steel, zinc-dipped steel || ~blüte f (Aragonit in korallenartigen Stalaktiten, die sich auf Eisenspatlagern bilden) (Min) / flos ferri* || ~bogen m (Eltech, Opt) / iron arc* || ~borid n (Chem) / iron boride || ~brand m (thermische Zerstörung von Teilen des Blechpakets durch Wirbelströme) (Eltech) / core burning || ~carbid n (Chem) / iron carbide || ~carbonat n (Chem) / iron carbonate || ~carbonyl n (z.B. Eisenpentacarbonyl) (Chem) / iron carbonyl || ~(II)-chlorid (Chem) / iron dichloride, iron(II) chloride, ferrous chloride || ~(III)-chlorid (Chem) / iron trichloride, iron(III) chloride*, ferric chloride, ferric trichloride, flores martis || ~chloridwatte f (Med) / styptic cotton, iron-chloride-containing wad || ~(III)-citrat n (Chem, Med) / ferric citrate, iron(III) citrate || ~cyanblau n (Anstr) / Berlin blue, Prussian blue, iron blue, ferrocyanide blue, Chinese blue, bronze blue || ~-Dampf-Verfahren n (zur Herstellung von technischem Wasserstoff) (Chem Verf) / iron-steam process || ~dihydroxid n (Chem) / ferrous hydroxide, iron(II) hydroxide || ~dolomit m (Min) / ankerite* n (a ferroan variety of dolomite), ferroan dolomite, cleat spar, ferrodolomite n (Min) || ~drossel f (mit Eisenkern) (Eltech) / iron-cored choke, iron-cored reactor || ~erz n (Bergb) / iron ore*, mine n (GB) || ~erzgrube f (Bergb) / iron mine || ~erzlagerstätte f (Bergb) / iron ore deposit || ~erzvorkommen n (Bergb) / iron ore deposit || ~ethanoat n (Chem) / iron ethanoate, iron acetate || ~fleck m / iron stain || ~fleck (For) / iron stain || ~fleck (Eisengallustinte) (Pap) / iron-mould n, rust stain || gebänderte ~formation (z.B. Itabirit) (Geol) / banded iron formation, BIF || ~frei adj (Elektr) / air-cored adj || ~führend adj / iron-bearing adj, iron-containing adj || ~führend (Geol, Min) / ferriferous adj, ironshot adj, ferruginous adj, ferrific adj || ~füllfaktor m (reine Eisenlänge geteilt durch

Blechpaketlänge ohne Kühlschlitze, nach DIN 40121) (Eltech) / lamination factor, stacking factor, space factor ‖ ⁓-Gallus-Färbung f (For) / iron-tannate stain ‖ ⁓gallustinte f / iron-gallate ink ‖ ⁓garn n (Spinn) / polished yarn, iron yarn, glacé yarn, glacé thread, lustred yarn, glazed yarn ‖ ⁓-Gerbstoff-Verfärbung f (For) / iron-tannate stain ‖ ⁓gerbung f (Leder) / iron tannage ‖ ⁓gerippe n (des Kerns) (Gieß) / rodding n ‖ ~geschlossenes Dynamometer (Eltech) / ferrodynamometer* n ‖ ⁓gießerei f (Gieß) / iron foundry, ferrous foundry ‖ ⁓glanz m (Min) / specular iron*, specularite n, specular iron ore, iron-glance* n, specular haematite ‖ ⁓gleichrichter m (Eltech) / steel-tank rectifier* ‖ ⁓glimmer m (Eisenoxid von glimmerartiger, grobkristalliner Struktur - ein Mischpigment, natürlich oder synthetisch) (Anstr, Min) / micaceous iron oxide, iron mica, micaceous iron-ore* (MIO) ‖ ⁓glimmer (Min) / lepidomelane* n ‖ ⁓granulatbeton m (HuT, Radiol) / iron-shot concrete ‖ ⁓gruppe f (im periodischen System) (Chem) / iron group ‖ ⁓guß m (Gußteil) (Gieß) / iron casting, ferrous casting ‖ ⁓gußstück n (Gieß) / iron casting, ferrous casting ‖ ~haltig adj (Geol, Min) / ferriferous adj, ironshot adj, ferruginous adj, ferrific adj ‖ ~haltige Quelle (Geol) / chalybeate spring ‖ ~haltiger Sandstein (Geol) / brownstone n (a brown or reddish-brown sandstone whose grains are generally coated with iron oxide) ‖ ~haltiges Wasser (Geol) / chalybeate water ‖ ⁓hammerschlag m (Hütt, Masch) / hammer scale*, forging scale, forge scale, blacksmith's scale ‖ ⁓(III)-hämoglobin n (Biochem) / methaemoglobin* n, methemoglobin n (US) ‖ ⁓holz n (sehr hartes Holz des australischen Myrtengewächses Backhousia myrtifolia) (For) / grey myrtle ‖ ⁓holz (der Argania spinosa L. Skeels) (For) / argan n ‖ ⁓holz (aus den Stämmen verschiedener tropischer und subtropischer Bäume) (For) / ironwood n ‖ Ceylonisches ⁓holz (For) / Ceylon ironwood* ‖ ⁓holz n (For) s. auch Bongossi ‖ ⁓holzbaum m (Argania spinosa L. Skeels) (For) / argan tree ‖ ⁓holzbaum (der Eisenholz liefert) (For) / ironwood n ‖ ⁓holzbaum (Metrosideros sp.) (For) / rata n ‖ ⁓hütte f (Hütt) / ironworks n(pl) ‖ ⁓hüttenchemie f (Chem, Hütt) / ironworks chemistry ‖ ⁓hüttenkunde f (Hütt) / ferrous metallurgy, metallurgy of ferrous metals ‖ ⁓hüttenwerk n (Hütt) / ironworks n(pl) ‖ ⁓(II)-hydroxid n (Chem) / ferrous hydroxide, iron(II) hydroxide ‖ ⁓karbid n (Chem) / iron carbide ‖ ⁓karbonat n (Chem) / iron carbonate ‖ ⁓karbonyl n (Chem) / iron carbonyl ‖ ⁓katalysator m (Chem) / iron catalyst ‖ ⁓kern n (Eltech) / iron core ‖ ⁓kies m (Min) / pyrite* n, pyrites* n, iron pyrites*, mundic* n ‖ ⁓kiesel m (grobkristalline durch Eisenoxide gefärbte Varietät von Quarz) (Min) / eisenkiesel n ‖ ⁓kitt n (mit Bleiglätte als Härtungsmittel) / glycerine litharge cement* ‖ ⁓klinker n (Bau) / blue brick* (an engineering brick), Staffordshire blue ‖ ⁓-Kohlenstoff-Diagramm n (grafische Darstellung der Zustandsänderungen im System Eisen-Kohlenstoff in Abhängigkeit von der Temperatur und von dem Kohlenstoffgehalt) (Hütt) / iron-carbon equilibrium diagram, Fe-C-diagram ‖ ⁓kreis m (Eltech) / ferromagnetic circuit ‖ abbauwürdige ⁓lager (Geol) / ferruginous deposits* ‖ ⁓lässigkeit f / iron solution value(s) ‖ ⁓leder n (Leder) / iron-tanned leather ‖ ⁓legierung f (Hütt) / iron alloy, ferrous alloy ‖ ⁓lichtbogen m (Eltech, Opt) /

eisenloser Magnet (Eltech) / solenoid magnet

Eisen • lunge f ("Feilenhauerlunge") (Med) / siderosis* n (pl. sideroses), arc welder's disease ‖ ~maskierende Wirkung (Verhindern von Eisenflecken durch Komplexieren) (Leder) / iron-sequestering action ‖ ⁓mennige f (alte irreführende Bezeichnung für natürliches, tonhaltiges oder auch synthetisches Eisenoxidrot) (Anstr) / red oxide ‖ ⁓metall n (Hütt) / ferrous metal, iron metal ‖ ⁓metallurgie f (Hütt) / iron metallurgy, ferrous metallurgy ‖ ⁓meteorit m (Geol) / aerosiderite n, siderite* n, iron meteorite* ‖ ⁓monoxid n (Chem) / iron(II) oxide*, ferrous oxide* ‖ ⁓nadelinstrument n (Eltech) / permanent-magnet moving-iron instrument ‖ ⁓natriumtartrat n (ein Lösungsmittel für Zellulose) (Chem) / iron-sodium tartrate, EWNN, FeTNa ‖ ⁓-Nickel-Akkumulator m (Eltech) / nickel-alkaline accumulator*, iron-nickel accumulator*, iron-nickel storage battery, Ni-Fe accumulator*, Edison accumulator*, storage battery of iron-nickel type, nickel-iron battery ‖ ⁓nickelkies m ((Ni, Fe)$_9$ S$_8$) (Min) / pentlandite* n ‖ ⁓nitrid n (Chem, Hütt) / iron nitride ‖ ⁓olivin m (Min) / fayalite* n, iron olivine* ‖ ⁓oolith n (Geol) / haematitic öolite ‖ ~organische Verbindungen (Chem) / organoiron compounds ‖ ⁓(II)-oxalat n (Chem) / iron(II) oxalate, ferrous oxalate ‖ ⁓(II)-oxid (Chem) / iron(III) oxide*, ferric oxide* ‖ ⁓(II)-oxid (Chem) / iron(II) oxide*, ferrous oxide* ‖ ⁓(II,III)-oxid (Chem) / iron(II) diiron(III) oxide, ferrosoferric oxide, tri-iron tetroxide, iron oxide (ferrous-ferric) ‖ ⁓(II)-oxid (Keram) / black iron oxide ‖ rotes ⁓(III)-oxid / colcothar n, red iron oxide, Prague red ‖ ⁓oxidband (Akus, Mag) / ferric oxide tape, Fe$_2$O$_3$ tape ‖ ⁓(III)oxidhydrat n (z.B. in den Rostschichten) (Chem) / hydrated iron(III) oxide, hydrated ferric oxide ‖ ⁓oxidpigment n (gelb, braun, schwarz oder rot - heute nur synthetisches Produkt) (Anstr) / ferric oxide pigment, iron-oxide pigment ‖ ⁓oxidrot n (Caput mortuum, Polierrot, Englischrot, Marsrot) (Anstr) / iron oxide red, imperial red, mineral red, Spanish red, tarragona n, Spanish red oxide ‖ purpurnes ⁓oxidrot (Anstr) / Tuscan red ‖ ⁓pentacarbonyl n (Chem) / iron pentacarbonyl* ‖ ⁓pentakarbonyl n (ein Antiklopfmittel) (Chem) / iron pentacarbonyl* ‖ ⁓phosphatierung f (Galv) / iron phosphating ‖ ⁓pigment n (ein anorganisches Pigment, z.B. Berliner Blau) (Anstr) / iron pigment ‖ ⁓porphyrin n (Biochem) / iron porphyrin ‖ ⁓portlandzement m (mit weniger als 30 Gew.-% Hüttensand - DIN 1164) (Bau, HuT) / iron Portland cement ‖ ⁓präparat n (Pharm) / iron preparation ‖ ⁓probe f (Eltech) / core test ‖ ⁓protein n (ein Metallprotein) (Biochem) / iron protein ‖ ⁓pulver n / iron powder ‖ durch Wasserverdüsung hergestelltes ⁓pulver (Pulv) / water-atomized iron powder ‖ ⁓pulverelektrode f (Schw) / high-performance electrode, high-speed electrode, iron-powder electrode, iron-powder-type electrode, heavy-duty electrode ‖ ⁓pulverkern m (Eltech) / dust core*, iron dust core*, powder core* ‖ ⁓quelle f (Geol) / chalybeate spring ‖ ⁓(III)-rhodanid n (Chem) / iron(III) thiocyanate ‖ ⁓rindenbaumholz n (Holz des Eucalyptus leucoxylon) (For) / ironbark* n, white ironbark ‖ ⁓rogenstein m (Geol) / haematitic oölite ‖ geglättetes ⁓rot / crocus powder ‖ ⁓saccharat n (Pharm) / iron saccharate ‖ ⁓salz n / iron salt ‖ ⁓(II)-salz n (Chem) / ferrous salt ‖ ⁓(III)-salz (Chem) / ferric salt ‖ ⁓salzgerbung f (Leder) / iron tannage ‖ ⁓salzverfahren n (Druck) / blueprint*, blue-printing n, cyanotype* n ‖ ⁓sammelraum m (des Kupolofens) (Hütt) / receiver n, forehearth n ‖ ⁓sandstein m (Geol) / ferruginous sandstone ‖ ⁓säuerling m (Geol) / chalybeate water ‖ ~schaffende Industrie (z.B. Hochofen- und Stahlwerke, Gießereien) (Hütt) / iron and steel producing industry ‖ ⁓scheider m (Aufber) / magnetic iron separator, tramp-iron separator, tramp metal detector ‖ ⁓schlußprobe f (Eltech) / core test ‖ ⁓schmelzklinker m (Bau) / blue brick* (an engineering brick), Staffordshire blue ‖ ⁓schrotbeton m (HuT, Radiol) / iron-shot concrete ‖ ⁓schrott m (Hütt) / iron scrap, junk iron, scrap-iron n ‖ ~schüssig adj (Geol, Min) / ferriferous adj, ironshot adj, ferruginous adj, ferrific adj ‖ ~schüssiger Sandstein (Geol) / carstone* n ‖ ⁓schwamm m (Hütt) / iron sponge, sponge iron ‖ ⁓schwammpulver n (Hütt) / sponge-iron powder ‖ ⁓schwarz n (Antimonpulver) (Chem) / iron black ‖ ⁓-Schwefel-Protein n (Biochem) / iron-sulphur protein, Fe-S protein ‖ ⁓silicid n (Chem, Hütt) / iron silicide ‖ ⁓-Silicium-Legierung f (Hütt) / iron-silicon alloy ‖ ⁓silizid n (Chem, Hütt) / iron silicide ‖ ⁓-Silizium-Legierung f (Hütt) / iron-silicon alloy ‖ ⁓spat m (Eisen(II)-karbonat) (Min) / siderite* n, iron spar, spathic iron*, spathic iron ore, white iron ore, chalybite* n, sparry iron ‖ ⁓spulenbeschleuniger m (Nukl) / iron-core accelerator ‖ ⁓stein m (eisenreiches Sedimentgestein) (Geol) / ironstone* n, stone n ‖ ⁓sulfat n (im allgemeinen) (Chem) / sulphate of iron* ‖ ⁓(II)-sulfat n (Chem) / iron(II) sulphate, ferrous sulphate, green vitriol ‖ ⁓(III)-sulfat (Chem) / iron(III) sulphate, ferric sulphate ‖ ⁓(II)-sulfid (Chem) / iron(II) sulphide, iron monosulphide, ferrous sulphide ‖ ⁓tannatverfärbung f (eine chemische Färbung) (For) / iron-tannate stain ‖ ⁓(II)-tartrat n (Chem) / ferrous tartrate, iron(II) tartrate ‖ ⁓tetracarbonyl n (Chem) / iron tetracarbonyl, tri-iron dodecacarbonyl ‖ ⁓tetrakarbonyl n (Chem) / iron tetracarbonyl, tri-iron dodecacarbonyl ‖ ⁓(III)-thiocyanat n (Chem) / iron(III) thiocyanate ‖ ⁓(III)-thiozyanat n (Chem) / iron(III) thiocyanate ‖ ⁓trioxid n (Chem) / iron(III) oxide*, ferric oxide* ‖ ~verarbeitende Industrie (z.B. Walzwerke, Drahtziehereien) (Hütt) / iron and steel working industry (steel users) ‖ ⁓verfärbung f (For) / iron stain ‖ ⁓vitriol n (Min) / melanterite* n, copperas* n ‖ ⁓ware(n) f(pl) (Masch) / metalware n, hardware, ironmongery n, ironwork n ‖ ⁓wasser n (Geol) / chalybeate water ‖ ⁓-Weinsäure-Natrium-Natron-Lauge f (Chem) / iron-sodium tartrate, EWNN, FeTNa ‖ ⁓werkstoff m (DIN 17014, T 1) (Hütt) / ferrous material, iron-base material ‖ ⁓(III)-zitrat n (Chem, Med) / ferric citrate, iron(III) citrate ‖ ⁓zucker n (Pharm) / iron saccharate ‖ ⁓zyanblau n (Anstr) / Berlin blue, Prussian blue, iron blue, ferrocyanide blue, Chinese blue, bronze blue

eiserner Beschlag (HuT) / shoe n ‖ Eiserner Hut m (in der Oxidationszone) (Bergb) / gossan* n, gozzan n, capping n, ironhat n

Eis • erzeuger m / ice machine, ice generator, ice maker ‖ ⁓erzeugungsanlage f / ice machine, ice generator, ice maker ‖ ⁓essig m (Chem) / glacial acetic acid* ‖ ⁓fahrt f (Schiff) / navigation in ice ‖ ⁓farben f pl (Tex) / ice colours*, ingrain colours ‖ ⁓farbstoffe m pl (eine Klasse von Entwicklungsfarbstoffen, die bei 0-10° C vearbeitet werden) (Tex) / ice colours*, ingrain colours ‖ ~frei adj / ice-free adj, free of ice ‖ ⁓gang m (massenhaftes Abschwimmen von Eis, das vorher, z.B. bei Eisstand oder als Eisversetzung, in Ruhe war) (Wasserb) / ice run ‖ ⁓gefahr f / ice hazard ‖ ~geschrammt adj (Geol) / ice-worn adj, ice-scratched adj ‖ ~geschützt adj (Eltech) / sleet-proof adj ‖ ~glatt adj (Straße) (HuT) / icy adj ‖ ⁓glätte f (Kfz,

**eishemmend**

Meteor) / black ice, ground ice ‖ ~**hemmende Beschichtung** (Anstr, Luftf) / de-icing coat(ing) ‖ ≃**hydrat** n (Chem) / gas hydrate
**eisig** adj / icy adj ‖ ~ / ice-cold adj ‖ ~**e Kälte** (Meteor) / iciness n
**Eisigkeit** f (Meteor) / iciness n
**Eis • insel** f (Erdöl, Geol) / ice island ‖ ≃**kalorimeter** n (nach Bunsen) (Phys) / ice calorimeter, Bunsen ice calorimeter ‖ ~**kalt** adj / ice-cold adj ‖ ≃**kappe** f (Geol) / ice cap ‖ ≃**kaskade** f (Geol) / ice cascade ‖ ≃**kaskade** (Geol) s. auch Gletscherfall ‖ ≃**keil** m (rezenter oder fossiler) (Geol) / ice wedge, ground-ice wedge, ice vein ‖ ≃**keim** m (der die Bildung von Eisteilchen durch Anlagerung von Wasserdampf möglich macht) (Meteor) / ice nucleus ‖ ≃**klappe** f (an Wehren) (Wasserb) / ice gate ‖ ≃**kliff** n (Geol) / ice cliff ‖ ≃**kluft** f (For) / frost crack, frost split ‖ ~**klüftig** adj (For) / frost-cracked adj ‖ ≃**korn** n (Meteor) / ice pellet* ‖ ≃**körnchen** n (im Eisregen) (Meteor) / sleet n (US), ice pellet (US) ‖ ≃**kristall** m / ice crystal ‖ ≃**kühlung** f / ice cooling ‖ ≃**last** f (konkret in kg oder als Lastannahme) (Bau, Eltech) / ice load ‖ ≃**leistung** f (der Eiserzeugungsanlage) / ice-making capacity ‖ ≃**linse** f (etwa horizontale linsenförmige Eisanreicherung im Boden) (Geol) / ice lens ‖ ≃**maschine** f / ice machine, ice generator, ice maker ‖ ≃**nadel** f / ice needle, ice spicule ‖ ≃**nebel** m (Luftf, Meteor) / ice fog, supercooled fog, frozen fog, frost fog, ice-crystal fog ‖ ≃**papier** n (Pap) / ice paper ‖ ≃**pressung** f (Geol) / ice push, ice shove, ice thrust, ice reefing ‖ ≃**punkt** m (Schmelzpunkt des Eises bei einem Druck von 101324,72 Pa - einer der beiden Fundamentalpunkte der Temperaturskale) (Phys) / ice point, IP ‖ ≃**regen** m (unterkühlter Regen, der überwiegend aus Eiskörnern besteht) (Meteor) / frozen rain ‖ **körniger ≃regen** (Meteor) / sleet n (US) ‖ ≃**riese** f (For) / ice chute, ice channel ‖ ≃**sättigung** f (der maximale Wasserdampfgehalt der Luft über Eis) (Meteor) / ice saturation ‖ ≃**säule** f **auf der Gltscheroberfläche** (die den Gletschertisch trägt) (Geol) / ice pedestal ‖ ≃**schicht** f / layer of ice, ice layer ‖ ≃**schlamm** m (durch Schnee und kleine Eisteilchen im Wasser entstandene, locker zusammengefügte bewegliche Eismassen) / slush ice ‖ ≃**scholle** f / ice floe, floe n, ice raft ‖ **aufgetürmte ≃schollen** (Geol) / floeberg n ‖ ≃**schollenbrecher** m (HuT) / ice-apron n, ice-breaker* n ‖ ≃**schub** m (Geol) / ice push, ice shove, ice thrust, ice reefing ‖ ≃**stand** m (Zustand eines fließenden Gewässers, bei dem Treibeis zum Stehen gekommen und an der Oberfläche zusammengefroren ist) (Wasserb) / ice blanket ‖ ≃**stau** m (Wasserb) / ice gorge, gorge n ‖ ≃**stausee** m (Geol) / ice-dammed lake ‖ ≃**stauung** f (Wasserb) / ice gorge, gorge n ‖ ≃**stein** n (Min) / cryolite* n, Greenland spar*, ice stone ‖ ≃**strom** m (Geol) / ice stream ‖ ≃**sturm** m (Meteor) / ice storm, silver storm ‖ ≃**tisch** m (Geol) / glacier table (a large block of rock supported by an ice pedestal that rises from the surface of a glacier) ‖ ≃**trümmer** pl / brash n (loose broken ice) ‖ ≃**überzug** m (an Freileitungen, an Bäumen) (Eltech, For) / sleet n (US) ‖ ~**verfrachtet** adj (Geol) / ice-transported adj ‖ ≃**versetzung** f (zusammengeschobenes Eis, das den Abflußquerschnitt eines Fließgewässers stark einengt) (Wasserb) / ice jam, ice gorge ‖ ≃**verstärkung** f (Verstärkung von Teilen des Schiffskörpers zum Schutz gegen Eisdruck durch dickere Außenhautbeplattung, Stähle höherer Festigkeit, Zwischenspante und zusätzliche Stringer) (Schiff) / ice strengthening ‖ ≃**verstopfung** f (Wasserb) / ice gorge, gorge n ‖ ≃**vulkan** m (Geol) / pingo n ‖ ≃**wasserkühlung** f (Nahr) / hydrocooling n ‖ ≃**wein** m (hochwertiger Weißwein, hergestellt aus ausgereiften, gefrorenen Trauben, die bei mindestens - 7° C gekeltert werden) (Nahr) / Eiswein n (pl. -s or -e), snow wine ‖ ≃**wolke** f (aus Eiskristallen) (Meteor) / ice cloud, ice-crystal cloud ‖ ≃**zeit** f (Geol) / ice-age* n, glacial epoch ‖ **[pleistozäne] ≃zeit** (Geol) / Ice Age* ‖ ≃**zeitalter** n (Geol) / Ice Age* ‖ ~**zeitlich** adj (Geol) / glacial adj

**Eiweiß** n (Biochem) / protein* n, proteic substance ‖ ≃ (das Weiße im Ei) (Nahr) / egg white n, glair n, egg-white n, white of egg, albumen n, glaire n ‖ **pflanzliches** ≃ (Nahr) / vegetable protein ‖ ≃**abbau** m (Biochem) / proteolysis* n (pl. -lyses), protein degradation, protein breakdown ‖ ~**abbauend** adj (Biochem) / proteolytic* adj, proteoclastic* adj, protein-cutting adj ‖ ~**ähnlich** adj (Biochem) / proteinaceous adj ‖ ≃**arm** adj (Biochem, Nahr) / low-protein adj ‖ ≃**chemie** f (Chem) / protein chemistry ‖ ≃**darm** m (Nahr) / collagen casing ‖ ≃**denaturierung** f (Biochem) / protein denaturation ‖ **tierischer** ≃**faktor** (Landw) / animal protein factor ‖ ≃**faser** f (aus regeneriertem Eiweiß) (Tex) / protein fibre ‖ **tierische ≃faser** (Tex) / natural protein fibre ‖ ≃**fehler** m (bei Indikatoren) (Chem) / protein effect ‖ ≃**Fettsäure-Kondensat** n (Chem) / protein fatty acid condensate* ‖ ~**frei** adj (Biochem) / protein-free adj ‖ ≃**glasur** f (Nahr) / glair n ‖ ~**haltig** adj (Biochem) / proteinaceous adj, containing protein, albuminous adj ‖ ≃**hydrolysat** n (als Speisewürze) (Chem, Nahr) / protein hydrolysate, protein hydrolysed vegetable protein, HVP ‖ ≃**isolat** n (Nahr) / protein isolate ‖ ≃**körper** m (Biochem) / protein* n, proteic substance ‖ ≃**minimum** n (Biochem) / protein minimum ‖ ≃**rast** f (Brau) / peptonizing rest, protein rest ‖ ~**reich** adj (Biochem, Nahr) / high-protein attr, rich in protein ‖ ≃**schlichte** f (Tex) / protein size ‖ ~**spaltend** adj (Biochem) / proteolytic* adj, proteoclastic* adj, protein-cutting adj ‖ ≃**spalter** m (Tex) / digester n ‖ ≃**spaltung** f (Biochem) / proteolysis* n (pl. -lyses), protein degradation, protein breakdown ‖ ≃**stoff** m (Biochem) / protein* n, proteic substance ‖ ≃**stoffwechsel** m (Biochem) / protein metabolism ‖ ≃**struktur** f (Biol) / protein structure* ‖ ≃**synthese** f (Biochem) / protein synthesis, protein biosynthesis ‖ ≃**tensid** n (Chem) / protein surfactant ‖ ≃**uhr** f (Biochem, Geol) / amino acid dating ‖ ≃**verdauer** m (Tex) / digester n ‖ ≃**verlust** m (Biochem) / protein loss ‖ ≃**wertigkeit** f (Nahr) / protein quality, protein value

**Eject-Taste** f / eject key, eject button
**Ejektion** f (Erdöl) / catastrophic blowout
**Ejektor** m (Gerät zur Entgasung von Leitungen oder Anlagen mittels Unterdruck) / eductor n ‖ ≃ (am Auspuff) (Kfz) / ejector n, extractor n ‖ ≃ (absaugende Dampfstrahlpumpe) (Masch) / ejector* n, ejector pump, eductor n, steam-ejector n, steam-jet ejector ‖ ≃ (z.B. an Pressen) (Masch) / ejector* n ‖ ≃**belüftung** f (Sanitär) / ejector aeration ‖ ≃**bohrer** m (Bergb) / ejector bit
**EK** (DIN 43551) / electric (industrial) truck
**E-Kamera** f (TV) / electronic camera, electron camera*
**E-Karbid** n (eine Eisenkarbidausscheidung mit hexagonal dichter Packung der Formel $Fe_{2,4}$ C) (Hütt) / epsilon carbide
**E-Karren** m / electric (industrial) truck
**Ekato-Korbkreiselrührer** m (Chem Verf) / rotor cage impeller, squirrel-cage impeller, cyclone impeller
**EKÄ-Wert** m (Wert zur Angabe von Expositionsäquivalenten für krebserzeugende Arbeitsstoffe) (Med) / equivalent of exposition for cancerogenic substances
**ekelerregend** adj (Geruch) / malodorous adj, foul-smelling adj, evil-smelling adj, ill-smelling adj, offensive adj, fetid adj, foetid adj, nauseous adj, objectionable adj, with a revolting smell
**E-Kern** m (eines Transformators) (Eltech) / E core
**EKG** n (Med) / electrocardiogram* n, ECG*
**Ekgonin** n (Chem) / ecgonine n
**Ekki** n (For) / ekki n, azobé n, red ironwood, eba n
**Eklektor** m (kastenartige Falle zum quantitativen Nachweis von Insekten) (For) / eclector n
**Eklipse** f (Astr) / eclipse* n
**Ekliptik** f (ein Großkreis am Himmel) (Astr) / ecliptic* n
**ekliptikal** adj (Astr) / ecliptic adj ‖ ~**es System** (Astr) / ecliptic coordinate system, ecliptic system of coordinates ‖ ≃**system** n (ein astronomisches Koordinatensystem - ekliptikale Länge, ekliptikale Breite) (Astr) / ecliptic coordinate system, ecliptic system of coordinates
**Ekliptikschiefe** f (Astr) / obliquity of the ecliptic*
**ekliptisch** adj (Astr) / ecliptic adj ‖ ~**e Konformation** (Chem) / eclipsed conformation
**Eklogit** m (ein metamorphes Gestein) (Geol) / eclogite* n
**Eklogitfazies** f (Geol) / eclogite facies
**Ekman • -Bagger** m (zur Probeentnahme) (Ozean) / Ekman dredge ‖ ≃**-Schicht** f (der Hauptteil der atmosphärischen Grenzschicht, der in etwa 100 m Höhe an der Obergrenze der Prandtl-Schicht beginnt und bis etwa 1000 m Höhe, die Grenze der atmosphärischen Grenzschicht, reicht) (Meteor) / Ekman layer ‖ ≃**-Spirale** f (nach W. Ekman, 1874-1954) (Meteor, Ozean) / Ekman spiral
**Eko** m (Masch) / economizer* n, steam economizer*, heat economizer
**Ekonomiser** m (für Speisewasser) (Masch) / economizer* n, steam economizer*, heat economizer
**EKR** (EDV) / input switching register, ISR
**E-Krümmer** m (bei Wellenleitern) (Fernm) / E-bend* n, E-plane bend
**Ekrüseide** f (Tex) / raw silk, unscoured silk
**Ekto • biologie** f (Biol) / astrobiology n, exobiology* n, xenobiology n ‖ ≃**derm** n (Zool) / ectoderm* n ‖ ≃**enzym** n (ein Enzym, das auch außerhalb der Zellen auftritt, z.B. Fermente des Speichels, des Pankreas) (Biochem) / ectoenzyme n ‖ ≃**karp** n (Bot) / epicarp* n, exocarp n ‖ ≃**parasit** m (pl. -en) (Biol) / ectoparasite* n ‖ ≃**toxin** n (Biol) / exotoxin* n
**E-Kupfer** n (Hütt) / electrolytic copper*, cathode copper*, electrocopper n
**EL** (Pharm) / tablespoonful n (pl. tablespoonfuls), tbsp. ‖ ≃ (Plast) / elastane n
**Ela** f (Akus) / electroacoustics* n
**Elaeostearinsäure** f (Chem) / elaeostearic acid
**Elaidinprobe** f (zur Unterscheidung von trocknenden und nichttrocknenden Ölen) (Chem) / elaidin reaction, elaidin test
**Elaidinsäure** f (Chem) / elaidic acid
**Eläolith** m (getrübter Nephelin, wichtiges gesteinsbildendes Mineral) (Min) / elaeolite* n
**Eläolithsyenit** m (Geol) / nepheline-syenite* n
**Eläostearinsäure** f (Chem) / elaeostearic acid
**Elast** n (Chem, WP) / elastomer* n (can be stretched at room temperature repeatedly to at least twice its original length and, on

immediate release of the stress, will return with force to its approximate original length)
**Elastan** *n* (eine britische Elastofaser) (Plast) / elastane *n*
**Elastanz** *f* (Elektr) / elastance* *n*
**Elastase** *f* (Biochem) / elastase *n*
**Elastifikator** *m* (Weichmacher, der dem Kautschuk hohe Elastizität und Kältebeständigkeit verleiht) (Chem Verf) / elastifying agent
**Elastifizierungsmittel** *n* (Chem Verf) / elastifying agent
**Elastik** *f n* (Gewebe oder Gewirke mit Elastomergarnen) (Tex) / elastic *n*
**Elastikator** *m* (Chem Verf) / elastifying agent
**Elastin** *n* (Hauptbestandteil der elastischen Fasern des Bindegewebes) (Biochem) / elastin* *n*
**elastisch** *adj* (Mech) / elastic *adj* ‖ ~ (Tex) / resilient *adj* ‖ **linear ~** (Mech) / linear elastic ‖ **~e Aufhängung** (Eltech) / flexible suspension* ‖ **~es Band** (mit Gummi oder anderen Elastomeren) (Tex) / elastic tape, elastic web ‖ **~er Bereich** (Mech, WP) / elastic range ‖ **~e Bindung** (der Schleifscheibe) (Masch) / elastic bond ‖ **~e Dehnung** (Mech, WP) / elastic strain* ‖ **~e Dichtungsmasse** (für Verglasungsarbeiten) (Bau) / thermoplastic putty ‖ **~e Erholung** (z.B. bei mechanischen Prüfungen) (Mech, WP) / elastic recovery ‖ **~e Formänderung** (Mech) / elastic deformation* ‖ **~es Gelenk** (Kfz) / rubber universal joint, Hardy disk, flexible coupling* ‖ **~es Gewebe** (Tex) / elastic fabric* ‖ **~er Griff** (Tex) / springy hand ‖ **~er Keil** (Masch) / flexible wedge, H-shaped wedge, elastic wedge ‖ **~e Kernpotentialstreuung** (Phys) / Delbrück scattering* ‖ **~e Konstante** (nach dem Hookeschen Gesetz) (Mech) / elastic constant* (modulus of elasticity, shear modulus, bulk modulus, Poisson's ratio) ‖ **~e Kupplung** (verformbares Zwischenglied) (Masch) / flexible coupling* ‖ **~e Linie** (Mech) / elastic curve, deflexion curve, deflection curve ‖ **~e Nachwirkung** (bei der Elastizitätsverzögerung) (Mech) / elastic after-effect, elastic lag, elastic fatigue* ‖ **~e Neutronenstreuung** (Kernphys) / elastic neutron scattering, ENS ‖ **~e Rückformung** (Geol) / elastic rebound ‖ **~er Schwefel** (Chem) / amorphous sulphur* ‖ **~es Seil** (Spannseil, Bremsseil - auf dem Deck des Flugzeugträgers) (Luftf, Tex) / bungee *n*, Sandow cord ‖ **~e Spannung** (Mech) / elastic stress ‖ **~e Straßendecke** (HuT) / flexible pavement ‖ **~e Streuung** (bei der die Summe der kinetischen Energie vor und nach dem Stoß unverändert bleibt) (Kernphys) / elastic scattering* ‖ **~e Streuung von thermischen Neutronen** (in Festkörpern) (Kernphys) / neutron elastic scattering* ‖ **~e Verformung** (Mech) / elastic deformation* ‖ **~e Verformung unter Belastung** (der Feder) (Masch) / deflection at load ‖ **~e Welle** (Masch) / flexible shaft ‖ **~e Welle** (Längs-, Quer-) (Phys) / elastic wave ‖ **~er Wirkungsgrad** (Masch) / resilience* *n*
**elastisch-plastisch•er Bruch** (Hütt, WP) / elastic-plastic fracture ‖ **~e Bruchmechanik** (WP) / elastic-plastic fracture mechanics, EPFM
**Elastizität** *f* (Leder) / run *n* ‖ ⁓ (DIN 1342, 13316 und DIN 7724) (Mech) / elasticity* *n* ‖ ⁓ (eines Motors) (V-Mot) / flexibility *n*, elasticity *n* ‖ ⁓ **im mittleren Drehzahlbereich** (V-Mot) / midrange flexibility
**Elastizitäts•bereich** *m* (Mech, WP) / elastic range ‖ **lineares ⁓gesetz** (DIN 13316) (Phys) / Hooke's law* ‖ **⁓grenze** *f* (Mech, WP) / elastic limit*, limit of elasticity ‖ **technische ⁓grenze** (Masch, WP) / practical elastic limit ‖ **⁓konstante** *f* (Mech) / elastic constant* (modulus of elasticity, shear modulus, bulk modulus, Poisson's ratio) ‖ **⁓lehre** *f* (ein Teilgebiet der Festigkeitslehre) (Mech) / theory of elasticity ‖ **⁓modul** *m* (DIN 13316) (Mech) / modulus of elasticity*, elastic modulus, MOE ‖ **⁓verzögerung** *f* (bei der Be- und Entlastung) (Mech) / memory effect ‖ **⁓werte** *m pl* (eines Motors beim Autotest) (V-Mot) / in-gear performance figures
**Elasto•dien** *n* (eine Elastofaser) (Plast) / elastodiene *n* ‖ **⁓dynamik** *f* (Mech) / elastodynamics *n* ‖ **⁓faser** *f* (aus Polyadditionsprodukten hergestellte synthetische Filamentgarne mit hoher Elastizität) (Tex) / elastofibre *n*, elastomeric fibre ‖ **⁓hydrodynamisch** *adj* / elastohydrodynamic *adj* ‖ **⁓hydrodynamische Schmierung** / elastohydrodynamic lubrication
**elastomer** *adj* / elastomeric *adj* ‖ **~es Silikon** (Chem) / silicone elastomer
**Elastomer** *n* (DIN 7724) (Chem, WP) / elastomer* *n* (can be stretched at room temperature repeatedly to at least twice its original length and, on immediate release of the stress, will return with force to its approximate original length) ‖ **thermoplastisches ⁓** (Chem Verf) / thermoplastic rubber, TR, thermoplastic elastomer, TPE
**Elastomere** *n* (Chem, WP) / elastomer* *n* (can be stretched at room temperature repeatedly to at least twice its original length and, on immediate release of the stress, will return with force to its approximate original length)
**Elastomerfaden** *m* (Tex) / elastomeric yarn*
**elastomerisch** *adj* / elastomeric *adj*
**Elasto•optik** *f* (Mech, Opt) / photoelasticity* *n*, photoelastic effect ‖ **⁓optik** (als Verfahren) (Mech, Opt) / strain analysis (photoelastic)
**Elastoplast** (Plast) / thermoplastic* *n*, thermoplastic resin

**elasto•plastisch** *adj* (Mech) / elastoplastic *adj* ‖ **⁓statik** *f* (Mech) / elastostatics *n* ‖ **~viskos** *adj* (Phys) / viscoelastic* *adj* ‖ **~viskoses Medium** (Phys) / viscoelastic substance, elastoviscous substance ‖ **⁓viskosität** *f* (Phys) / viscoelasticity *n*
**Elaterit** *m* (Min) / elaterite* *n*, elastic bitumen*, mineral caoutchouc*
**Elbait** (ein Li-haltiger Turmalin) (Min) / elbaite* *n*
**Elbs-Reaktion** *f* (nach K. Elbs, 1858 - 1933) (Chem) / Elbs reaction
**Elch-Ausweichtest** *m* (Kfz) / elk test (US)
**Elchleder** *n* (Leder) / buckskin *n*
**Elch-Test** *m* (Kfz) / elk test (US)
**ELC-Stahl** *m* (mit weniger als 0,03% C) (Galv, Hütt) / extra-low-carbon steel, ELC steel
**ELE** (Biochem) / eledoisin *n*
**Electro-Coating** *n* (Oberflächenbeschichtung) (Anstr) / electrophoretic coating, electrocoating *n*, electrophoretic painting
**Electron-capture-Detektor** *m* (Chem, Kernphys) / electron capture detector, ECD
**Electronic Cash** *n* (EDV-System zum bargeld- und scheckloser Bezahlen) (EDV) / electronic cash system ‖ **⁓ Cash System** (bargeldlose Bezahlung an Tankstellen) (Kfz) / electronic cash system ‖ **⁓ Mail** *f* (EDV, Fernm) / electronic mail*, email* *n*, E-mail *n* ‖ **⁓ Publishing** *n* (Druck, EDV) / electronic publishing, paperless publishing
**Electuarium** *n* (Pharm) / electuary* *n*
**Eledoisin** *n* (ein Tachykinin) (Biochem) / eledoisin *n*
**Elefantengras** *n* (Bot) / napier grass, elephant grass
**Elefantenhaut** *f* (bei rußfreien Heißvulkanisaten) (Chem Verf) / crazing effect
**Elefantentritt** *m* (Tex) / shepherd's check, shepherd's plaid
**elegant** *adj* / stylish *adj*, elegant *adj*
**Elektret** *m n* (ein Dielektrikum mit einem permanenten Dipolmoment) (Eltech) / electret* *n*
**Elektretmikrofon** *n* (ein Kondensatormikrofon) (Akus) / electret microphone
**elektrifizierte Strecke** (Bahn) / electrified track, electrified line
**Elektrifizierung** *f* (elektrische Polarisation) (Elektr) / polarization* *n*, electric polarization* ‖ **⁓** (Ausstattung mit elektrischen Maschinen; Umstellung auf elektrischen Betrieb) (Eltech) / electrification* *n* ‖ **⁓ der Landwirtschaft** (Eltech, Landw) / rural electrification
**Elektrik** *f* (z.B. Auto-) (Eltech) / electrics *n* (the system of electric wiring and parts) ‖ **⁓** (Gesamtheit einer elektrischen Anlage oder Einrichtung) (Eltech) / electrical equipment ‖ **⁓** (Eltech) / electrical science
**Elektriker** *m* (Facharbeiter) (Eltech) / electrician *n*, wireman *n* (US), electrical fitter ‖ **⁓-Doppelmaulschlüssel** *m* (Werkz) / compact open-end spanner, midget open-end wrench (US), electrical spanner ‖ **⁓schlüssel** *m* (Werkz) / compact open-end spanner, midget open-end wrench (US), electrical spanner
**elektrisch** *adj* (bezieht sich auf Objekte, die Elektrizität enthalten, erzeugen, führen oder führen können, aus Elektrizität bestehen oder entstehen oder durch Elektrizität betrieben werden) / electric* *adj* ‖ **~** (bei Benennungen von Allgemeinbegriffen - electrical machinery; wenn die elektrische Eigenschaft des folgenden Substantivs als solche gekennzeichnet werden soll) / electrical* *adj* ‖ **~e Abhorchvorrichtung** (z.B. an Kugelmühlen) (Aufber) / electric ear ‖ **~e Abschirmung** (Eltech) / electric screen, electric shielding* ‖ **~e Analogie** (Elektr) / electrical analogy* ‖ **~ angetrieben** (Eltech) / electrically driven ‖ **~e Anlage im Freien** (Eltech) / electrical installation for outdoor sites ‖ **~er Antrieb** (Eltech) / electric drive ‖ **~er Antrieb** (Masch, Raumf) / electric propulsion ‖ **~e Arbeit** (DIN 40 110, T 1) (Elektr) / electric work, electrical work ‖ **~e Ausrüstung** (Eltech) / electrical equipment, electricals *pl* ‖ **~ beheizt** (z.B. ein Industrieofen) (Eltech) / electrically fired ‖ **~e Beleuchtung** (Licht) / electric lighting ‖ **~ betätigt** (Regeln) / electrically operated ‖ **~e Betätigung** (Regeln) / electric operation ‖ **~e Betriebsmittel** (alle Gegenstände, die als Ganzes oder in einzelnen Teilen dem Anwenden elektrischer Energie dienen) (Eltech) / electrical apparatus(es) *pl*, electrical equipment ‖ **~e Bremse** (z.B. eine Wirbelstrombremse) (Eltech) / electric brake ‖ **~e Bremse** (Masch) / electric dynamometer ‖ **~es Bremsen** (Eltech) / electric braking* ‖ **~e Bremsung** (Eltech) / electric braking* ‖ **~es Bügeleisen** / electric iron ‖ **~er Dipol** (Elektr) / electric doublet, electric dipole* ‖ **~es Dipolmoment** (DIN 1324, T 1) (Elektr) / electric dipole moment* ‖ **~e Doppelbrechung** (Phys) / electrooptical birefringence, Kerr electrostatic effect, electrooptical Kerr effect ‖ **~e Doppelschicht** (an der Phasengrenze zwischen zwei elektrisch leitenden oder halbleitenden Phasen ausgebildete Ladungs- oder Potentialverteilung) (Chem, Phys) / electric double layer, electrical double layer* ‖ **~es Drehen** (DIN 42005) (Eltech) / inching *n*, jogging *n* ‖ **~er Drehwinkel** (beim Potentiometer) (Eltech) / function angle ‖ **~e Durchflutung** (Elektr) / linkage* *n*, flux linkage*, current linkage ‖ **~e Einheit** (Elektr) / electrical unit, electric unit ‖ **~ einstellbarer Außenspiegel** (Kfz) / power mirror ‖

**elektrisch**

~e **Elektronenlinse** (Eltronik) / electric electron lens ‖ ~e **Elementarladung** (Elektr) / unit charge*, unit quantity of electricity*, electric charge ‖ ~e **Energie** (DIN 40110, T 1) (Elektr) / electric energy, electrical energy ‖ ~e **Energieerzeugung** (Eltech) / electric power generation ‖ ~e **Energietechnik** (Eltech) / electric power engineering ‖ ~e **Energieverteilung** (Eltech) / electrical power distribution ‖ ~e **Entladung** (Elektr) / electric discharge*, field discharge* ‖ ~e **Entladung bei Wärmegewitter** (Meteor) / heat lightning ‖ ~er **Fehler** (Eltech) / fault n, electrical fault ‖ ~es **Feld** (DIN 1324, T 1) (Elektr) / electric field* ‖ ~e **Feldkonstante** (DIN 1324, T 1) (Elektr) / electric constant, permittivity of free space, capacitivity of free space, absolute permittivity of free space, permittivity of vacuum ‖ ~e **Feldlinie** (Elektr) / electric line of force ‖ ~e **Feldstärke** (DIN 1324, T 1) (Elektr) / electric field strength, electric field intensity ‖ ~er **Fluß** m (DIN 1324, T 1) (Elektr) / electric flux*, flux of displacement, displacement flux ‖ ~e **Flußdichte** (DIN 1324) (Elektr) / displacement* n, electric flux density*, dielectric strain*, electric displacement ‖ ~er **Funke** (Eltech) / electric spark ‖ ~ **geschmolzener feuerfester Stein** (Keram) / electrocast brick ‖ ~ **gesteuert** (Regeln) / electrically operated ‖ ~er **Grad** (Phasenverschiebungswinkel) (Eltech) / electrical degree* ‖ ~e **Heizung** / electrical heating ‖ ~er **Höhenmesser** (Luftf) / radio altimeter* (a reflection altimeter) ‖ ~e **Influenz** (Trennung und Verteilung elektrischer Ladungen in einem Leiter unter dem Einfluß eines elektrischen Feldes) (Elektr) / electrostatic induction*, electric induction, influence n ‖ ~e **Installation** (Eltech) / wiring n ‖ ~e **Kapazität** (eines Leiterpaares) (Elektr) / capacitance* n ‖ ~e **Klingel** / electric bell* ‖ ~er **Kontakt** (ein Zustand) (Eltech) / contact* n, electric contact ‖ ~er **Kontakt** (Eltech) / electric contact ‖ ~er **Kreis** (Elektr) / electrical circuit, electric circuit ‖ ~es **Küchengerät** (Eltech) / electric machine for kitchen use, kitchen electrical ‖ ~e **Küchenmaschine** (Eltech) / electric machine for kitchen use, kitchen electrical ‖ ~e **Kupplung** (Eltech) / magnetic clutch*, electromagnetic clutch* ‖ ~e **Ladung** (DIN 1324, T 1) (Einheit C) (Eltech) / electric charge, quantity of electricity* ‖ ~e **Lampe** (Eltech) / electric lamp* ‖ ~er **Lärm** / electrical noise ‖ ~e **Lebensdauer** (Eltech) / voltage endurance ‖ ~e **Leistung** (DIN 40110) (Elektr) / electrical power, electric power ‖ ~er **Leistungsmesser** (für Netzwechselstrom) (Eltech) / electric meter ‖ ~ **leitend verbinden** (Eltronik) / bond v ‖ ~ **leitender Lack** (Anstr, Eltech) / conducting paint, electrically conductive varnish ‖ ~ **leitendes Werkstück** (z.B. beim Plasmastrahlschneiden) (Masch) / conducting workpiece ‖ ~er **Leiter** (Elektr) / electric conductor ‖ ~ **leitfähiges Polymer** (Chem, Eltech, Plast) / conductive polymer, conducting polymer ‖ ~e **Leitfähigkeit** (in S m$_{-1}$) (Elektr) / electrical conductivity*, conductivity ‖ ~er **Leitwert** (in Siemens) (Elektr) / conductance* n ‖ ~e **Lokomotive** (Bahn, Eltech) / electric locomotive ‖ ~ **löschbares ROM** (EDV) / electrically erasable ROM, EEROM ‖ ~e **Maschine** (Eltech) / electric machine*, electrical machine ‖ ~e **Maschinen** (umlaufende) (Elektr) / rotating machinery ‖ ~es **Moment** (Elektr) / electric moment* ‖ ~er **Motor** (Eltech) / electric motor*, electromotor n ‖ ~er **Nennwert** (Elektr) / electrical rating ‖ ~es **Netz** (DIN 13 322) (Eltech) / electric network (an aggregation of interconnected conductors consisting of feeders, mains, and services) ‖ ~es **Notstromsystem** (Eltech) / emergency electrical installation ‖ ~er **oder mechanischer Ausgleich** / balance* n ‖ ~e **Polarisation** (DIN 1324, T 1) (Elektr) / polarization* n, electrical polarization* ‖ ~es **Potential** (DIN 1324, T 1) (Elektr) / electric potential* ‖ ~e **Prüfung** (Eltech) / electrical testing ‖ ~es **Raketentriebwerk** (Raumf) / electric rocket engine ‖ ~e **Randspannung** (Elektr) / line integral of electric field strength along a closed path ‖ ~er **Rasierapparat** / electric shaver, electric razor ‖ ~ **reduzierbar** (Chem) / electroreducible adj ‖ ~es **Relais** (Eltech) / relay n ‖ ~e **Restladung** (Elektr) / residual electrical charge ‖ ~er **Schlag** (Eltech, Med) / electric shock ‖ ~er **Schutz** (Eltech) / electrical protection ‖ ~e **Schweißung** (Schw) / electric welding ‖ ~e **Schwingungen** (Elektr) / electric oscillations* ‖ ~e **Spannung** (DIN 1324, T 1) (in V) (Elektr, Eltech) / voltage* n, tension* n ‖ ~er **Spannungsmesser** (Eltech) / voltmeter* n ‖ ~e **Steuerung** (Regeln) / electric operation ‖ ~er **Strahlstrom** (gebündelter elektrischer Strom in begrenzten Gebieten, die im Vergleich zu ihrer Umgebung gut elektrisch leitend sind und in denen die elektrische Stromdichte relativ groß ist) (Phys) / electrojet n ‖ ~er **Strom** (Elektr) / electric current* ‖ ~e **Stromdichte** (DIN 1301, T 2) (Elektr) / current density*, CD ‖ ~er **Stromkreis** (im allgemeinen) (Elektr) / electrical circuit, electric circuit ‖ ~e **Stromstärke** (in Ampere) (Elektr) / amperage* ‖ ~er **Sturm** (Meteor) / electric storm* ‖ ~e **Suszeptibilität** (DIN 1324) (Eltech) / electric susceptibility* ‖ ~ **symmetrisch** (Eltech) / homopolar adj ‖ ~e **Tauchpumpe** (Masch) / electric submersible pump, ESP ‖ ~e **Traktion** (Bahn) / electric traction* ‖ ~e **Umlaufspannung** (DIN 1323) (Elektr) / line integral of electric field strength along a closed path ‖ ~er **Unfall** (Eltech, Med) / electrical accident ‖ ~es **Ventil** (Eltech) / rectifier* n ‖ ~ **veränderbares ROM (EAROM)** (EDV) / electrically alterable ROM (EAROM) ‖ ~es **Verbrauchsmittel** (Betriebsmittel, die die Aufgabe haben, elektrische Energie in einer nichtelektrischen Energieart oder zur Nachrichtenübertragung nutzbar zu machen) (Eltech) / electrical appliance ‖ ~es **Verdeck** (Kfz) / electric top ‖ ~e **Verschiebung** (DIN 1324) (Elektr) / displacement* n, electric flux density*, dielectric strain*, electric displacement ‖ ~e **Verschiebungsdichte** (DIN 1324) (Elektr) / displacement* n, electric flux density*, dielectric strain*, electric displacement ‖ ~ **verstellbarer Außenspiegel** (Kfz) / power-adjustable mirror, power mirror ‖ ~e **Welle** (Elektr, Phys) / electric wave ‖ ~e **Welle** (Eltech, Masch) / synchro-system n, synchro-tie n, self-synchronous system, selsyn system ‖ ~es **Wellenfilter** (Fernm) / electric-wave filter* ‖ ~es **Widerstandslöten** (weich) (Schw) / resistance soldering ‖ ~e **Widerstandsmessung** (eine Methode der Bohrlochmessung) (Erdöl) / resistive logging, resistivity logging ‖ ~er **Wind** (Elektr) / electric wind*, static breeze, convective discharge ‖ ~e **Zugförderung** (Bahn) / electric traction* ‖ ~er **Zünder** (Eltech) / discharger* n, firing machine ‖ ~e **Zusatzheizung** (innerhalb der Schmelze) (Glas) / boosting n, boost melting

**Elektrisiermaschine** f (Reibungs- oder Influenz-) (Elektr) / electrostatic generator* (e.g. the Wimshurst machine)

**Elektrisierung** f (Elektr) / electrification* n ‖ ~ (in V/m) (Elektr) / electrization n

**Elektrizität** f (Elektr, Eltech) / electricity* n ‖ **atmosphärische** ~ (Elektr, Meteor) / atmospheric electricity* ‖ **dynamische** ~ (Elektr) / dynamic electricity*, current electricity ‖ **gebundene** ~ (Elektr) / bound electricity ‖ **negative** ~ (Elektr) / negative electricity* ‖ **positive** ~ (Elektr) / positive electricity* ‖ **statische** ~ (Elektr) / static electricity* ‖ **terrestrische** ~ (Elektr, Geol) / terrestrial electricity, geoelectricity n

**Elektrizitäts•lehre** f (Eltech) / electrical science ‖ ~**menge** f (Einheit C) (Eltech) / electric charge, quantity of electricity* ‖ ~**versorgungsunternehmen** n (Eltech) / electricity supply company ‖ ~**werk** n (Eltech) / station* n ‖ ~**zähler** m (Eltech) / electricity meter*, integrating meter, electricity supply meter

**Elektro•absorption** f (Änderung des Absorptionsvermögens eines Festkörpers aufgrund des Franz-Keldyš-Effektes) (Phys) / electrical absorption* ‖ ~**aerosol** n / electroaerosol n ‖ ~**affinität** f (Eltronik) / electron affinity* ‖ ~**aggregat** n (beim Starten) (Luftf) / ground power unit ‖ ~**akustik** f (Akus) / electroacoustics* n ‖ ~**akustik** (Akus) / acoustic engineering, audio engineering ‖ ~**akustisch** adj / electro-acoustic adj ‖ ~**akustisch** (Gerät) (Akus) / electro-acoustic adj ‖ ~**akustisches Megaphon** (mit Mikrofon, Transistorverstärker mit Batterien und Druckkammerlautsprecher) (Akus) / loud-hailer* n ‖ ~**akustischer Oberflächenwellenwandler** (Akus, Eltronik) / interdigital transducer, IDT ‖ ~**akustischer Wandler** (der akustische Schwingungen in elektrische oder elektrische in akustische umwandelt) (Akus, Eltronik) / electro-acoustic transducer, sound transducer ‖ ~**analogie** f (Elektr) / electrical analogy* ‖ ~**analyse** f (Chem) / electroanalytical method, electrolytic analysis, electrometric analysis, electrical analysis, electroanalysis* n ‖ ~**antrieb** m (im allgemeinen) (Eltech) / electric drive ‖ ~**antrieb** (Masch, Raumf) / electric propulsion* ‖ ~**artikel** m pl (Eltech) / electrical goods ‖ ~**ausrüstung** f (Eltech) / electrical equipment, electricals pl ‖ ~**auto** n (Eltech, Kfz) / electromobile n, all-electric car, electric-powered car ‖ ~**band** n (DIN 46400) (Eltech, Hütt) / electrical strip steel ‖ ~**biologie** f (Biol) / electrobiology n ‖ ~**blech** n (DIN 46400) (Eltech, Hütt) / electrical sheet ‖ ~**blech** (mit 0,7 - 4,3 % Si, 0,08 % C und bis 0,3 % Mn) (Eltech, Hütt) / magnetic steel sheet ‖ **kornorientiertes** ~**blech** (Mag) / grain-oriented electrical sheet, grain-oriented sheet steel ‖ ~**blotting** n (elektrophoretische Übertragung des Immunoblots) (Teilgebiet der physikalischen Chemie, das sich mit den Zusammenhängen zwischen elektrischen Vorgängen und chemischen Reaktionen befaßt) (Gen) / electroblotting n ‖ ~**chemie** f / electrochemistry* n

**elektrochemisch** adj / electrochemical adj ‖ **starre** ~**e Doppelschicht** (Chem, Phys) / Helmholtz double layer*, Stern layer ‖ ~**es Abscheiden** (Galv) / electrodeposition n, electrolytic deposition, cold process ‖ ~**es Abscheiden mit periodischer Stromumpolung** (z.B. bei der zyanidischen Verkupferung und Versilberung) (Galv) / periodic reverse plating, periodic reverse-current plating, PRC plating ‖ ~**e Analyse** (Chem) / electroanalytical method, electrolytic analysis, electrometric analysis, electrical analysis, electroanalysis* n ‖ ~**es Äquivalent** (Chem) / electrochemical equivalent* ‖ ~**e Bearbeitung** (Masch) / electrolytic machining*, electrochemical machining*, ECM* ‖ ~**es Beizen** (Hütt) / electrolytic pickling ‖ ~**es Beschichten** (Herstellung der Überzüge); Aufbringen (von metallischen Schutzschichten);n. (Galv) / electroplating* n, E.P., plating n, metal plating ‖ ~ **beschichten** (Galv) / plate v, electroplate v ‖ ~**e Beschichtungsanlage** (Galv) / plating installation ‖ ~**e Doppelschicht** (z.B. zwischen Metall und Elektrolytlösung) (Chem, Phys) /

**Elektrodynamik**

electrochemical double layer ‖ ~es **Drehen** (Masch) / electrochemical turning ‖ ~es **Element** (primäres oder sekundäres - als Stromquelle) / electrochemical cell, voltaic cell*, galvanic cell*, chemical cell ‖ ~es **Feinbohren** (Masch) / electrochemical microdrilling, electrojet $n$, shaped-tube electrolytic machining, STEM $n$ ‖ ~es **Gleichgewicht** (Chem) / electrochemical equilibrium ‖ ~ **hergestellte Neusilberschicht** (Galv) / electroplated nickel silver, EPNS ‖ ~e **Kinetik** (Chem) / electrochemical kinetics ‖ ~e **Korrosion** (Galv) / electrochemical corrosion, electrolytic corrosion* ‖ ~er **Korrosionsschutz** (von Metallen - durch elektrochemische Polarisation) (Galv) / electrolytic protection (of a metal from electrochemical corrosion), anodic + cathodic protection (against corrosion) ‖ ~es **Läppen** (Masch) / electrochemical lapping ‖ ~es **Metallätzen** (Galv) / electrochemical etching ‖ ~e **Metallkorrosion** (Galv) / electrochemical corrosion, electrolytic corrosion* ‖ ~e **Polarisation** (Eltech) / electrolytic polarization* ‖ ~es **Polieren** (Masch) / electrolytic polishing*, anode polishing*, electropolishing* $n$, electrobrightening* $n$, anode brightening* ‖ ~e **Polymerisation** (Chem) / electrochemical polymerization ‖ ~es **Potential** / electrochemical potential, electrochemical tension ‖ ~e **Reinigung** / electrolytic cleaning, electrochemical cleaning ‖ ~es **Senken** (Masch) / electrochemical forming (ECF) ‖ ~er **Sensor** (chemischer Sensor, der spezifisch für bestimmte Stoffe ein konzentrationsabhängiges elektrisches Signal liefert) (Chem) / electrochemical sensor ‖ ~e **Spannungsreihe** (geordnete Zusammenstellung der chemischen Elemente nach der zunehmenden Größe ihres Normalpotentials) (Chem, Elektr) / electrochemical series*, electromotive-force series (of metals), electrode potential series*, E.M.F. series, activity series, electromotive series*, displacement series, Volta series ‖ ~es **Standardpotential** (wenn sich die Elektrode im Normzustand befindet) (Chem) / standard electrode potential*, standard half-cell potential, normal electrode potential* ‖ ~e **Verfahrenstechnik** (Chem Verf) / electrochemical engineering ‖ ~e **Vernickelung** (Galv) / nickel-plating $n$ ‖ ~ **verzinken** (Galv) / electrogalvanize $v$ ‖ ~e **Verzinkung** (DIN 50961) (Galv) / electrogalvanizing $n$, cold galvanizing ‖ ~ **verzinnen** (Galv) / electrotin $v$ ‖ ~e **Wertigkeit** (elektrische Ladung, die ein Atom in einem Molekül besäße, wenn dieses aus lauter Ionen aufgebaut wäre - eine vorzeichenbehaftete Kenngröße) (Chem) / oxidation number*, oxidation state

**elektro•chrom** adj (Elektr) / electrochromic adj ‖ ~**chrome Anzeige** (deren lichtabsorbierende Eigenschaften erst bei Vorliegen eines elektrischen Feldes auftreten) (EDV) / electrochromic display, ECD ‖ ~**chromatografie** $f$ (Chem) / electrochromatography $n$ ‖ ~**chromatografisch** adj (Chem) / electrochromatographic adj ‖ ~**chromie** $f$ (Elektr) / electrochromism $n$ ‖ ~**coating** $n$ (Anstr) / electro dipcoat, electropainting $n$, electrocoating $n$ ‖ ~**cyclische Reaktion** (Chem) / electrocyclic reaction ‖ ~**dach** $n$ (Kfz) / electric top ‖ ~**dampfbügeleisen** $n$ / steam iron

**Elektrode** $f$ (Eltech, Schw) / electrode* $n$ ‖ **abschmelzbare** ~ (Schw) / consumable electrode, fusible electrode ‖ **Allsolid-state ~ ionenselektive** ~ / all-solid-state electrode, solid-state electrode, all-solid state ion-selection electrode ‖ **aufgespulte** ~ (Schw) / coil electrode, coiled electrode ‖ **ballige** ~ (Schw) / dome electrode, domed electrode ‖ **basisch umhüllte** ~ (Schw) / basic-coated electrode, basic-covered electrode ‖ **bipolare** ~ (Eltech) / bipolar electrode* ‖ **blanke** ~ (Schw) / bare electrode* ‖ **dünngetauchte** ~ (Schw) / washed electrode ‖ **endlose** ~ (Schw) / continuous electrode ‖ **festkörperionenselektive** ~ (Chem) / all-solid-state ion-selective electronics ‖ **flußmittelumhüllte** ~ (Schw) / fluxed electrode, flux-coated electrode ‖ **gebremste** ~ (Chem) / retarded electrode ‖ **getauchte** ~ (Schw) / dipped electrode ‖ **halbkontinuierliche** ~ (z. B. Söderberg-Elektrode) (Eltech) / semi-continuous electrode ‖ **hüllenlegierte** ~ (Schw) / alloy-coated electrode ‖ **ionenselektive** ~ (Chem, Eltronik) / ion-selective electrode, ISE ‖ **ionenspezifische** ~ (Chem, Eltronik) / ion specific electrode, ISE ‖ **irreversible** ~ (Chem) / irreversible electrode ‖ **kalkbasisch umhüllte** ~ (Schw) / basic lime-coated electrode, lime electrode ‖ **kerndrahtlegierte** ~ (Schw) / alloyed-core electrode ‖ **negative** ~ (Eltech) / negative electrode* ‖ **negative** ~ (der Batterie) (Eltech) / negative plate* ‖ **nichtabschmelzende** ~ (Schw) / non-consumable electrode ‖ **nichtumkehrbare** ~ (Chem) / irreversible electrode ‖ **positive** ~ (im allgemeinen) (Eltech) / positive electrode* ‖ **positive** ~ (z.B. der Leclanché-Rundzelle) (Eltech) / positive electrode* ‖ **reversible** ~ (Chem) / reversible electrode ‖ **selbstbackende** ~ (Eltech) / self-baking electrode* ‖ **selbsteinbrennende** ~ (Eltech) / self-baking electrode* ‖ **selbstverzehrende** ~ (Schw) / consumable electrode, fusible electrode ‖ **sensitive** ~ (zum Bestimmen von Ionenaktivitäten oder -konzentrationen in Flüssigkeiten) (Chem, Eltronik) / sensitive electrode ‖ **stabförmige** ~ (Schw) / stick electrode, rod electrode, bar electrode ‖ **umhüllte** ~ (Schw) / covered electrode*, coated electrode ‖ **umkehrbare** ~ (Chem) / reversible electrode ‖ **ummantelte** ~ (Schw) / covered electrode*, coated electrode ‖ **vorgebackene** ~ (Schw) / prebaked electrode ‖ **vorgebrannte** ~ / prebaked electrode ‖ ~ $f$ **aus Analysenmaterial** (Chem) / self-electrode $n$ ‖ ~ **dritter Art** (wenn das potentialbestimmende Ion der Lösungsphase mit zwei festen Nachbarphasen im Gleichgewicht steht) (Chem, Eltronik) / type-three electrode ‖ ~ **erster Art** (z.B. Silber/Silberchlorid-Elektrode) (Chem, Eltronik) / type-one electrode ‖ ~ **in hängender Ausführung** (in den Elektroschmelzöfen) (Hütt) / suspended electrode ‖ ~ **mit ballig aufsetzender Elektrodenspitze** (Schw) / dome electrode, domed electrode ‖ ~ **mit Tiefeinbrandeffekt** (Schw) / deep-penetration electrode ‖ ~ **zum Schmelzschneiden** (Masch) / cutting electrode ‖ ~ **zweiter Art** (z.B. Kalomelelektrode) (Chem, Eltronik) / type-two electrode

**Elektro•dekantation** $f$ (Reinigungsverfahren für Kolloidelektrolyte, die dabei einer Elektrophorese in Kammern mit senkrechten halbdurchlässigen Membranen unterworfen werden) (Chem) / electrodecantation $n$, electrogravitational separation ‖ ~**dekantierung** $f$ (Chem) / electrodecantation $n$, electrogravitational separation

**Elektroden•abbrand** $m$ (Schw) / electrode burning, electrode burn-off, electrode consumption ‖ ~**abstand** $m$ (Elektr, Phys) / gap* $n$, interelectrode distance, electrode spacing ‖ ~**abstand** (V-Mot) / electrode gap, spark-plug gap, sparking distance, electrode spacing ‖ ~**admittanz** $f$ (Eltech) / electrode admittance* ‖ **Wennersche** ~**anordnung** (beim Widerstandsverfahren) (Geol) / Wenner (electrode) array ‖ ~**arm** $m$ (Schw) / horn $n$ ‖ ~**bezeichnung** $f$ (DIN 1913) (Schw) / electrode identification, electrode designation ‖ ~**bieger** $m$ (Kfz, Werkz) / electrode-adjusting tool, electrode bender, spark-plug gapping tool ‖ ~**charakteristik** $f$ (Eltech) / electrode characteristic ‖ ~**draht** $m$ (Schw) / electrode wire ‖ ~**druckkraft** $f$ (Wirkung, mit der die Elektroden beim Widerstandspreßschweißen gegen die Fügeteile pressen) (Schw) / electrode force ‖ ~**dunkelstrom** $m$ (Eltronik) / electrode dark current* ‖ ~**durchlauferhitzer** $m$ (Eltech) / electrode boiler* ‖ ~**einsteller** $m$ (Kfz, Werkz) / electrode-adjusting tool, electrode bender, spark-plug gapping tool ‖ ~**glas** $n$ (Glas) / electrode glass ‖ ~**halter** $m$ (bei zerstörungsfreien Prüfungen) (Eltech) / leeches $pl$ ‖ ~**halter** (beim Lichtbogenschweißen) (Schw) / electrode holder ‖ ~**impedanz** $f$ (Eltech) / electrode impedance* ‖ ~**kapazität** $f$ (Eltronik) / interelectrode capacitance*, internal capacitance* ‖ ~**kennlinie** $f$ (Eltech) / electrode characteristic* ‖ ~**kessel** $m$ (Gerät, bei dem der Betriebsstrom durch eine zu erhitzende stromleitende Flüssigkeit geleitet wird) (Eltech) / electrode boiler* ‖ ~**kohle** $f$ (Eltech) / electrode coal ‖ ~**vorgebrannte** ~**kohle** / prebaked electrode ‖ ~**koks** $m$ (zur Herstellung von Elektroden für elektrische Schmelzöfen verwendeter Koks) (Hütt) / electrode coke, electrode-grade coke ‖ ~**konduktanz** $f$ (Eltech) / electrode conductance* ‖ ~**kraft** $f$ (Schw) / electrode force ‖ ~**los** adj / electrodeless adj ‖ ~**lose Entladung** (Elektr) / ring discharge, toroidal discharge ‖ ~**lose Glimmlampe** (mit Neonfüllung) (Licht) / neon induction lamp ‖ ~**ofen** $m$ (Eltech) / electrode furnace ‖ ~**potential** $n$ (DIN 50900) (Elektr) / electrode potential, E.P. ‖ **formales** ~**potential** (Elektr) / formal electrode potential ‖ ~**presse** $f$ (in der die Umhüllung auf den Kerndraht der Stabelektrode aufgebracht wird) (Schw) / electrode-coating press, electrode-making machine ‖ ~**reaktion** $f$ (eine heterogene Teilreaktion der Zellreaktion an der Grenzfläche benachbarter leitender Phasen - anodische oder katodische - DIN 50900) (Elektr) / electrode reaction, half-cell reaction ‖ ~**rest** $m$ (Schw) / stub $n$ ‖ ~**scheinleitwert** $m$ (Eltech) / electrode admittance* ‖ ~**scheinwiderstand** $m$ (Eltech) / electrode impedance* ‖ ~**schmorstelle** $f$ (Schw) / electrode burn ‖ ~**schweißen** $n$ (Schw) / stick electrode welding ‖ ~**spannung** $f$ (Eltech) / electrode voltage ‖ ~**spitze** $f$ (Schw) / electrode tip ‖ ~**strom** $m$ (Eltronik) / electrode current* ‖ ~**umhüllung** $f$ (Schw) / electrode coating, electrode covering ‖ ~**verluste** $pl$ (Eltronik) / electrode dissipation $n$, dissipation $n$ ‖ ~**verlustleistung** $f$ (Eltronik) / electrode dissipation $n$, dissipation $n$ ‖ ~**verschleiß** $m$ (Schw) / electrode wear ‖ ~**verunreinigung** $f$ (durch Legierungsbestandteile) (Schw) / pick-up $n$ ‖ ~**werkstoff** $m$ (Schw) / electrode material ‖ ~**wirkleitwert** $m$ (Eltech) / electrode conductance* ‖ ~**wirkwiderstand** $m$ (Eltech) / electrode resistance*

**Elektro•desintegration** $f$ (Kernphys) / electrodisintegration* $n$ ‖ ~**diagnostik** $f$ (ein Teil der Elektromedizin) (Med) / electrodiagnostics $n$ ‖ ~**dialyse** $f$ (elektrochemisches Verfahren, bei dem Ionen durch mehrere semipermeable Membranen unter der Wirkung eines elektrischen Feldes transportiert werden - eine Kombination von Dialyse und Elektrolyse) / electrodialysis* $n$ (pl. -lyses), ED ‖ ~**dialytisch** adj / electrodialytic adj ‖ ~**dispersion** $f$ (Chem) / electrodispersion $n$ ‖ ~**dynamik** $f$ (Elektr) / electrodynamics* $n$

**elektrodynamisch** *adj* (Elektr) / electrodynamic *adj* ‖ **~e Abschirmung** (Eltech) / electrodynamic shielding ‖ **~es Instrument** (Meßinstrument) (Eltech) / electrodynamic instrument* ‖ **~er Lautsprecher** (Akus) / electrodynamic loudspeaker*, dynamic loudspeaker*, moving-coil loudspeaker*, moving-conductor loudspeaker ‖ **~er Leistungsmesser** (Eltech) / dynamometer wattmeter*, electrodynamic wattmeter ‖ **~es Mikrofon** (ein Mikrofon, das im Prinzip die Umkehrung eines dynamischen Lautsprechers ist) (Akus) / electrodynamic microphone*, moving-coil microphone*, moving-conductor microphone*, dynamic microphone ‖ **~es Potential** (Elektr) / electrodynamic potential ‖ **~es Relais** (dessen Arbeitsweise auf der Kraftwirkung zwischen zwei oder mehreren stromdurchflossenen Spulen, von denen eine beweglich ist, beruht) (Eltech) / electrodynamic relay ‖ **~es Schweben** (in der Magnetfeld-Fahrtechnik) / electrodynamic levitation ‖ **~es Triebwerk** (mit Bogenentladung) (Raumf) / arc jet engine ‖ **~es Wattmeter** (Eltech) / dynamometer wattmeter*, electrodynamic wattmeter ‖ **~es Wattmeter mit Eisenkern** (Eltech) / Sumpner wattmeter*
**Elektro‧endosmose** *f* (Chem) / electro-osmosis* *n* (pl. electro-osmoses), electroendosmosis* *n* (pl. electroendosmoses), electrosmosis *n* (pl. -oses) ‖ **~energie** *f* (Elektr) / electric energy, electrical energy ‖ **~energieerzeugung** *f* (Eltech) / electric power generation ‖ **~energielieferung** *f* (Eltech) / power supply*, energy supply ‖ **einfacher ~energietarif** (Eltech) / single-rate tariff ‖ **~energietechnik** *f* (Eltech) / electric power engineering ‖ **~energieverbrauchszähler** *m* (Eltech) / electricity meter*, integrating meter*, electricity supply meter ‖ **~energieversorgung** *f* (Eltech) / power supply*, energy supply ‖ **~energieverteilung** *f* (Eltech) / electrical power distribution ‖ **~enzephalograf** *m* (Med) / electroencephalograph* *n*, EEG* ‖ **~erosion** *f* (Masch) / electroerosion *n*, electroerosive machining, electrical discharge machining*, EDM* ‖ **~erosion** (Masch) s. auch Funkenerosion ‖ **~erosives Abtragen** (Masch) / electroerosion *n*, electroerosive machining, electrical discharge machining*, EDM* ‖ **~erosive Bearbeitung** (Masch) / electroerosion *n*, electroerosive machining, electrical discharge machining*, EDM* ‖ **~erosiver Verschleiß** (durch die Wirkung von elektrischen Entladungen) (Elektr) / electroerosive wear ‖ **~fahrzeug** *f* / electric vehicle, electric *n* ‖ **~fahrzeug** (Eltech, Kfz) / electromobile *n*, all-electric car, electric-powered car ‖ **~fax-Trockenkopierer** *m* / electrofax dry copier ‖ **~filter** *n* (eine Gasreinigungsanlage) (Umwelt) / precipitator *n* (electrostatic), electrostatic precipitator, electrostatic collector, electrostatic filter, ESP ‖ **~filterasche** *f* / electrostatic-precipitator ash ‖ **~filtration** *f* (als Vorstufe bei Abluftreinigungsverfahren) (Umwelt) / electrofiltration *n* ‖ **~fischerei** *f* (Nahr, Eltech) / electrofishing *n*, electric fishing ‖ **~fischereianlage** *f* (DIN 57136) / electrofishing equipment ‖ **~flotation** *f* (Flotationsverfahren, bei dem Gasblasen / Wasserstoff und Sauerstoff / durch Elektrolyse erzeugt werden; Verfahren vorwiegend bei der Behandlung von ölemulgierten Abwässern) (Sanitär) / electroflotation *n* ‖ **~fluor** *n* (durchsichtiges Material, das elektrische Energie in sichtbares Licht umwandelt) (Phys) / electrofluor *n* ‖ **~fokussierung** *f* (eine Trennmethode der Elektrophorese) (Chem) / isoelectric focusing*, electrofocusing *n* ‖ **~formen** *v* (Galv) / plate *v*, electroplate *v* ‖ **~formung** *f* (Teilgebiet der Galvanotechnik) (Galv) / electroforming* *n* ‖ **~fotografie** *f* (bei der eine fotoleitfähige Schicht elektrostatisch auf mehrere tausend Volt aufgeladen und dann mittels Projektions-, Kontakt- oder Reflexbelichtung bildmäßig exponiert wird) (EDV) / electrophotography *n*, electrostatography *n* ‖ **~fotografie** s. auch Xerografie ‖ **~fotografisch** *adj* / electrophotographic *adj* ‖ **~fotografischer Drucker** (meistens ein Laserdrucker) (EDV) / electrophotographic printer ‖ **~fotolumineszenz** *f* (Licht) / Gudden-Pohl effect* ‖ **~fotophorese** *f* (Phys) / electrophotophoresis *n* (pl. -phoreses) ‖ **~fuge Gruppe** (die sich aus dem Molekül unter Zurücklassung des bindenden Elektronenpaars löst) (Chem) / electrofuge group ‖ **~funkenerosion** *f* (Masch) / spark erosion* ‖ **~fusion** *f* (Membranverschmelzung) (Biochem) / electrofusion *n* ‖ **~gasdynamik** *f* (Phys) / electrogasdynamics *n* ‖ **~gasschweißen** *n* (Fügen durch teilautomatisches Schutzgasschweißen in senkrechter Position) (Schw) / electrogas welding, EG welding ‖ **~gerät** *n* **für die Seefahrt** (meistens ein Bordgerät) (Schiff) / marine electric apparatus ‖ **~geräte** *n pl* (Eltech) / electrical equipment, electricals *pl* ‖ **~gewinde** *n* (nach DIN 40400) (Eltech) / Edison screw-thread, electrical thread* ‖ **~graf** *m* (Elektrometer mit Einrichtung zur Registrierung luftelektrischer Größenwerte) (Eltech) / electrograph* *n* ‖ **~grafie** *f* (eine Weiterentwicklung der Elektrofotografie - direkte, indirekte) / electrography *n* ‖ **~grafischer Drucker** (ein Sammelbegriff) (EDV) / electrographic printer ‖ **~graphit** *m* (Pulv) / electrographite* *n* ‖ **~graphitbürste** *f* (Eltech) / electrographitic brush ‖ **~gravimetrie** *f* (eine Methode der Elektroanalyse) (Chem) / electrogravimetry *n*,

electrogravimetric analysis ‖ **~gravur** *f* (DIN 16544) (Druck) / scan plate* ‖ **~handkreissägemaschine** *f* (Zimm) / portable (electric) circular saw ‖ **~heizgerät** *n* / electric heater, electric fire (GB) ‖ **~heizung** *f* / electrical heating ‖ **~herd** *m* (Eltech) / electric cooker ‖ **~hydraulisch** *adj* / electrohydraulic *adj* ‖ **~hydraulische Umformung** (eine Hochleistungsumformung nach DIN 8585) (Masch) / hydrospark process ‖ **~hydraulisches Ventil** (Eltech) / electrohydraulic valve ‖ **~hydrodimerisierung** *f* (Chem Verf) / electrohydrodimerization *n* ‖ **~hydrodynamische Ionisation** (Phys) / electrohydrodynamic ionization ‖ **~induktive Werkstoffprüfung** (eine zerstörungsfreie Werkstoffprüfung) (Anstr, Eltech, Hütt) / eddy-current inspection, eddy-current test, eddy-current testing* ‖ **~installateur** *m* (Facharbeiter) (Eltech) / electrician *n*, wireman *n* (US), electrical fitter ‖ **~installationsleiste** *f* (im Hause) (Eltech) / wireway *n* ‖ **~isolierlack** *m* (Tränklack oder Überzugslack) (Anstr, Eltech) / enamel* *n*, insulating varnish, insulating lacquer, magnet-wire enamel, electrical insulating varnish ‖ **~isolierpapier** *n* (Eltech, Pap) / insulating paper, electrical insulation paper ‖ **~jet** *m* (gebündelter elektrischer Strom in begrenzten Gebieten, die im Vergleich zu ihrer Umgebung gut elektrisch leitend sind und in denen die elektrische Stromdichte relativ groß ist) (Phys) / electrojet *n* ‖ **~kalorischer Effekt** (die Umkehrung der Pyroelektrizität) / electrocaloric effect ‖ **~kapillar** *adj* / electrocapillary *adj* ‖ **~kapillar-** / electrocapillary *adj* ‖ **~kapillarität** *f* (Chem) / electrocapillary effect* ‖ **~kardiograf** *m* (Med) / electrocardiograph *n* ‖ **~kardiogramm** *n* (Med) / electrocardiogram* *n*, ECG* ‖ **~karren** *m* / electric (industrial) truck ‖ **~katalyse** *f* (wenn der Katalysator elektrochemisch erzeugt wird) (Chem Verf) / electrocatalysis *n* (pl. -lyses) ‖ **~kataphorese** *f* (Med) / iontophoresis* *n* (pl. -phoreses), ion therapy, ionic medication ‖ **~kauter** *m* (Med) / electrocauterizing apparatus ‖ **~keramik** *f* (Sammelbezeichnung für keramische Werkstoffe, die in den Zweigen der Elektrotechnik eingesetzt werden) (Keram) / electroceramics* *n*, ECK* ‖ **~kettenzug** *m* (Masch) / electric chain hoist ‖ **~kinetik** *f* (Zweig der Physik, der sich mit bewegten elektrischen Ladungen beschäftigt) (Phys) / electrokinetics* *n* ‖ **~kinetisch** *adj* (Phys) / electrokinetic *adj* ‖ **~kinetische Erscheinung** (z.B. Elektroosmose) (Chem) / electrokinetic effect* ‖ **~kinetisches Potential** (Chem) / zeta potential*, electrokinetic potential* ‖ **~koagulation** *f* (Chem) / electrocoagulation *n* ‖ **~kopierverfahren** *n* / electrophotography *n*, electrostatography *n* ‖ **~korund** *m* (im Elektroofen erschmolzener Korund, der etwa 94% $Al_2O_3$ enthält - Härte nach Mohs 9) / fused alumina ‖ **~kratisch** *adj* (durch elektrische Ladung beständig) (Chem) / electrocratic *adj* ‖ **~kratisch** (Chem) / electrocratic *adj* ‖ **~kristallisation** *f* (Krist) / electrocrystallization *n* ‖ **~lichtbogenofen** *m* (Eltech, Hütt) / arc furnace*, electric-arc furnace* *n* ‖ **~linking** *n* (Verfahren der Untertagevergasung) / electrolinkage *n* ‖ **~linking** (Untertagevergasung) (Bergb) / electrolinkage *n* ‖ **~lok** *f* (Bahn, Eltech) / electric locomotive* ‖ **~lokomotive** *f* (Bahn, Eltech) / electric locomotive* ‖ **~lokomotive mit Einzelachsantrieb** (Bahn, Eltech) / gearless locomotive* ‖ **~lumineszenz** *f* (Anlegen eines elektrischen Feldes an einen Festkörper) (Eltech, Licht) / electroluminescence* *n* ‖ **~lumineszenzlampe** *f* (Eltech, Licht) / electroluminescent (light) panel, electroluminescent lamp, persistron *n*, light panel, luminescent panel, electroluminescent source (a panel lamp) ‖ **~lumineszenzplatte** *f* (plattenförmige Lichtquelle) (Eltech, Licht) / electroluminescent (light) panel, electroluminescent lamp, persistron *n*, light panel, luminescent panel, electroluminescent source (a panel lamp) ‖ **~lumineszenzzelle** *f* (Eltech) / electroluminescent cell, luminescent cell
**Elektrolyse** *f* (Chem, Eltech) / electrolysis* *n* (pl. electrolyses) ‖ **~bad** *n* (als Verbraucher arbeitende elektrolytische Zelle) (Chem, Galv) / electrolytic bath ‖ **~hygrometer** *n* (Meteor) / electrolytic hygrometer
**Elektrolyseur** *m* (Chem Verf, Eltech) / electrolysis unit, electrolyzer *n* (US), electrolyser *n*
**Elektrolyse‧zelle** *f* (Chem Verf, Eltech) / electrolytic cell*, electrolyte cell ‖ **hintereinandergeschaltete ~zellen** (Chem Verf, Eltech) / cascade *n* (of electrolytic cells) ‖ **~zellenkaskade** *f* (Chem Verf, Eltech) / cascade *n* (of electrolytic cells)
**elektrolysieren** *v* (Chem, Eltech) / electrolyze *v* (US), electrolyse *v*
**Elektrolysierzelle** *f* (Chem Verf, Eltech) / electrolytic cell*, electrolyte cell
**Elektrolyt** *m* (Chem, Eltech, Galv) / electrolyte* *n* ‖ **~** (bei der elektrolytischen Metallabscheidung) (Galv) / plating solution, plating electrolyte ‖ **~** (Chem, Eltech, Galv) s. auch Bad ‖ **einbenneder ~** (Galv) / levelling agent ‖ **fester ~** (Galv) / solid electrolyte, dry electrolyte ‖ **kolloider ~** (Chem, Phys) / colloidal electrolyte* ‖ **saurer ~** (Galv) / acid electrolyte, acid bath ‖ **schwacher ~** (Chem) / weak electrolyte* ‖ **starker ~** (Chem) / strong electrolyte* ‖ **verbrauchter ~** (Chem, Galv) / foul electrolyte ‖ **verdickter ~** (Eltech) / paste *n* ‖ **~** *m* **im galvanischen Primärelement** (Eltech) / excitant* *n*
**Elektrolyt‧** (Chem, Eltech, Galv) / electrolytic *adj*, electrolytical *adj* ‖ **~blei** *n* (Betts-Verfahren) (Hütt) / electrolytic lead* ‖ **~bleiche** *f* (Pap)

/ electrolytic bleach ‖ ~**brücke** *f* (zwischen den Halbzellen) (Chem) / salt bridge ‖ ~**eisen** *n* (Hütt) / electrolytic iron ‖ ~**gleichrichter** *m* (Eltech) / electrolytic rectifier* ‖ ~**hygrometer** *n* (Meteor) / electrolytic hygrometer

**elektrolytisch** *adj* (Chem, Eltech, Galv) / electrolytic *adj*, electrolytical *adj* ‖ ~**es** (katodisches) **Abscheiden** (Galv) / electrodeposition *n*, electrolytic deposition, cold process ‖ ~**e Analyse** (Chem) / electroanalytical method, electrolytic analysis, electrometric analysis, electrical analysis, electroanalysis* *n* ‖ ~**es Ätzen** (Eltech) / anodic etching* ‖ ~**e Auflösung** (Eltech) / electrodissolution* *n* ‖ ~**es Auftragen von Schutzüberzügen** (Galv) / electrochemical coating ‖ ~**es Beizen** (Hütt) / electrolytic pickling ‖ ~**es Diffusionsbeschichten mit Beryllium über Berylliumfluorid als Zwischenstufe** (Galv) / berylliding *n* ‖ ~**es Diffusionsbeschichten mit Zirkonium über Zirkoniumfluorid als Zwischenstufe** (Galv) / zirconiding *n* ‖ ~**e Dissoziation** (Chem) / electrolytic dissociation*, ionic dissociation ‖ ~**es Drehen** (Masch) / electrochemical turning ‖ ~**e Extraktion** (Eltech, Hütt) / electrowinning* *n*, electroextraction* *n* ‖ ~**es Färben** (z.B. von Fassaden) (Bau) / electrolytic colouring ‖ ~**e Fotozelle** (Eltronik) / photochemical cell*, photoelectrolytic cell*, Becquerel cell* ‖ ~**es Glänzen** (Masch) / electrolytic polishing*, anode polishing*, electropolishing* *n*, electrobrightening* *n*, anode brightening* ‖ ~**e Isotopentrennung** (Nukl) / electrolytic separation of isotopes ‖ ~**e Korrosion** (Galv) / electrochemical corrosion, electrolytic corrosion* ‖ ~**es Läppen** (Masch) / electrochemical lapping ‖ ~**es Legierungsverzinken** (Galv) / alloy electrogalvanizing ‖ ~**er Leiter** (Chem) / ionic conductor*, electrolytic conductor ‖ ~**es Meßinstrument** (z.B. ein Elektrolytzähler) (Eltech) / electrolytic instrument* ‖ ~**e Metallbearbeitung** (Masch) / electrolytic machining*, electrochemical machining*, ECM* ‖ ~**e Polarisation** (Eltech) / electrolytic polarization* ‖ ~**es Polieren** (Erzeugung einer mikroskopisch glatten Metalloberfläche mit Hilfe elektrochemischer Verfahren) (Masch) / electrolytic polishing*, anode polishing*, electropolishing* *n*, electrobrightening* *n*, anode brightening* ‖ ~**e Raffination** (Reinigung von Rohmetallen durch Elektrolyse) (Hütt) / electrolytic refining*, electrorefining* *n* ‖ ~**e Reinigung** / electrolytic cleaning, electrochemical cleaning ‖ ~**e Scheidung** (Hütt) / electroparting* *n* ‖ ~**es Schleifen** (Masch) / electrolytic grinding* ‖ ~**es Senken** (Masch) / electrochemical forming (ECF) ‖ ~**e Trennung** (Hütt) / electroparting* *n* ‖ ~**er Trog** (in dem Potential- und Kraftlinienverläufe durch den Verlauf von Strömen nachgebildet werden) (Eltech) / electrolytic tank*, electric tank, potential-flow analyser ‖ ~ **zerlegen** (Chem, Eltech) / electrolyze *v* (US), electrolyse *v*

**Elektrolyt • kondensator** *m* (gepolter, ungepolter) (Eltech) / electrolytic capacitor* ‖ ~**kupfer** *n* (DIN 1708) (Hütt) / electrolytic copper*, cathode copper*, electrocopper *n* ‖ ~**lösung** (ionenleitende wäßrige Lösung) (Galv) / electrolytic solution, solution of electrolytes, electrolyte solution ‖ **ausgeschleppte** ~**menge** (Galv) / drag-out *n* ‖ ~**silber** *n* (Hütt) / fine silver ‖ ~**silbergewinnung** *f* **aus Anodenschlamm** (durch Umschmelzen zu Anodenplatten und anschließende Elektrolyse) (Hütt) / slimes smelting ‖ ~**stand** *m* (in der Batterie) (Eltech) / electrolyte level ‖ ~**umwälzung** *f* (Eltech) / circulation of electrolyte ‖ ~**weißblech** *n* (Galv) / electrolytic tin plate ‖ **spezielles** ~**weißblech** (mit dickem Zinnüberzug) (Hütt) / K-plate *n* ‖ ~**widerstand** *m* (ohmscher Widerstand des ionenleitenden Korrosionsmediums) (Galv) / electrolyte resistance ‖ ~**zähler** *m* (ein Elektrizitätszähler für Gleichstrom) (Eltech) / electrolyte meter* ‖ ~**zink** *n* (Hütt) / electrolytic zinc*

**Elektro • magnet** *m* (Eltech, Mag) / electromagnet* *n* ‖ ~**magnetik** *f* (Lehre vom Elektromagnetismus) (Mag) / electromagnetics* *n*

**elektromagnetisch** *adj* (Bremse, Induktion, Lautsprecher, Pumpe, Spektrum, Welle) (Mag) / electromagnetic *adj*, EM ‖ ~**e Ablenkung** (Mag) / electromagnetic deflection*, magnetic deflection* ‖ ~**es Abschaltventil für Kraftstoffdüse** (zur Verhinderung des Motornachlaufs nach Abschalten der Zündung) (Kfz) / antidieseling solenoid, idle-stop solenoid, idle shut-off solenoid(-operated valve) ‖ ~**e Abstrahlung im freien Raum oder auf Leitungen** (unerwünscht bei Geräten, die sicherheitsempfindlichen Klartext verarbeiten) (EDV) / temporary emanation and spurious transmission, tempest *n* ‖ ~**er Antrieb** (Raumf) / plasma propulsion ‖ ~**e Aufbereitung** (Aufber) / electromagnetic separation* ‖ ~**e Beeinflussung (EMB)** (Eltronik) / electromagnetic interference* (EMI) ‖ ~ **betätigter Unterdruckschalter** (Kfz) / vacuum solenoid (in an EGR system) ‖ ~**er Brumm** (Eltronik) / electromagnetic interference* (EMI) ‖ ~**es CGS-System** (ein altes Maßsystem) (Phys) / CGSm system ‖ ~**e Einheit** (in dem alten elektromagnetischen CGS-System) (Phys) / electromagnetic unit*, e.m.u., EMU ‖ ~**es Erkundungsverfahren** (ein elektrisches Verfahren der Geophysik) (Bergb) / electromagnetic prospecting* ‖ ~**es Feld** (DIN 1324) (Phys) / electromagnetic field ‖ ~**e Fokussierung** / electromagnetic

focusing*, magnetic focusing* ‖ ~**er Impuls** (Kernphys, Mil) / nuclear electromagnetic pulse, NEMP, electromagnetic pulse, EMP ‖ ~**e Induktion** (Elektr) / electromagnetic induction* ‖ ~**e Isotopentrennung** (Nukl) / electromagnetic separation* ‖ ~**e Kompatibilität** (Funktionstüchtigkeit unter elektromagnetischer Umgebungsbeeinflussung) (Eltronik) / electromagnetic compatibility, EMC ‖ ~**e Kopplung** (Mag) / electromagnetic coupling (coupling that exists between circuits when they are mutually affected by the same electromagnetic field) ‖ ~**er Lautsprecher** (heute kaum gebraucht) (Akus) / inductor loudspeaker*, electromagnetic loudspeaker* ‖ ~**es Leerlaufabschaltventil** (Kfz) / antidieseling solenoid, idle-stop solenoid, idle shut-off solenoid(-operated valve) ‖ ~**e Linse** (Eltronik) / electromagnetic lens* ‖ ~**es Moment** (DIN 1325) / electromagnetic moment ‖ ~**er Puls** (Kernphys, Mil) / nuclear electromagnetic pulse, NEMP, electromagnetic pulse, EMP ‖ ~**e Pumpe** (zur Förderung flüssiger Metalle mit Hilfe eines starken Magnetfeldes) (Eltech) / electromagnetic pump* ‖ ~**e Reaktion** (Elektr) / electromagnetic reaction, inductive reaction, magnetic reaction ‖ ~**es Relais** (Eltech) / electromagnetic relay ‖ ~**er Schalter** (Eltech) / electromagnetic switch ‖ ~**es Schaltwerk** (Uhr) / magnetic escapement* ‖ ~**e Schlupfkupplung** (Eltech) / magnetic clutch*, electromagnetic clutch* ‖ ~**es Schütz** (Eltech) / magnetic contactor ‖ ~**es Schweben** (in der Magnetfeld-Fahrtechnik) / electromagnetic levitation ‖ ~**er Smog** (Umwelt) / electromagnetic smog, electromagnetic pollution ‖ ~**es Spektrum** (Phys) / electromagnetic spectrum* ‖ ~**e Spritzpistole** (mit Saugspeisung) (Anstr) / electromagnetic spray gun ‖ ~**e Störung** (Eltronik) / electromagnetic interference* (EMI) ‖ ~**e Störung** (Radio) / electromagnetic disturbance ‖ ~**e Strahlung** (DIN 1301, T 2) (Phys) / electromagnetic radiation*, EMR ‖ ~**e Trennung** (Aufber) / electromagnetic separation* ‖ ~**es Triebwerk** (Raumf) / arc jet engine ‖ ~**es Triebwerk** (in dem ein Plasma durch elektromagnetische Felder beschleunigt wird) (Raumf) / plasma engine ‖ ~**es Umformen** (z.B. von Rohren) (Masch) / electromagnetic forming ‖ ~**e Umformung** (Masch) / magnetic forming* ‖ ~**es Ventil** (Eltech, Kfz) / solenoid-operated valve, solenoid valve, electrovalve *n* ‖ ~**es Verfahren der Isotopentrennung** (Nukl) / electromagnetic separation* ‖ ~**e Verträglichkeit** (Eltronik) / electromagnetic compatibility, EMC ‖ ~**er Vibrator** (ein Vibrationsantrieb) / electromagnetic vibrator ‖ ~**e Wechselwirkung** (etwa 1/137) (Kernphys) / electromagnetic interaction* ‖ ~**e Welle** (DIN 1324, T 3) (Phys) / electromagnetic wave*, EMW

**Elektro • magnetismus** *m* (Mag) / electromagnetism* *n* ‖ ~**magnetkupplung** *f* (Eltech) / magnetic clutch*, electromagnetic clutch* ‖ ~**maschine** *f* (Eltech) / electric machine*, electrical machine ‖ ~**maschinenbau** *m* (Eltech, Masch) / electrical machine construction, manufacture of electrical machines ‖ ~**mechanik** *f* (Teilgebiet der Elektro- und der Feinwerktechnik) / electromechanics *n* ‖ ~**mechanisch** *adj* / electromechanical *adj*, mechanoelectrical *adj* ‖ ~**mechanisches Abtragen** (Masch) / electrolytic machining*, electrochemical machining*, ECM* ‖ ~**mechanische Bremse** / electromechanical brake* ‖ ~**mechanische Schienenbremse** (Eltech) / slipper brake* ‖ ~**mechanischer Speicher** (EDV) / electromechanical storage ‖ ~**medizinisch** *adj* (Eltronik, Med) / electromedical *adj* ‖ ~**medizinische Geräte** (Eltronik, Med) / medical electrical equipment ‖ ~**mer** *adj* (Chem) / electromeric *adj* ‖ ~**metallisierung** *f* (Herstellung metallischer Überzüge auf nichtleitendem Material) (Hütt) / electrometallization* *n* ‖ ~**metallurgie** *f* (mit Anwendung der Elektroenergie) (Hütt) / electrometallurgy* *n* ‖ ~**meter** *n* (elektrostatisches Meßinstrument) (Eltech) / electrometer ‖ **tachometrisches** ~**meter** (Eltech) / tachometric electrometer ‖ ~**meter** *n* **nach Dolezalek** (Eltech) / Dolezalek quadrant electrometer* ‖ ~**meterbrücke** *f* (Eltech) / electrometer bridge ‖ ~**meterröhre** *f* (Eltronik) / electrometer valve, electrometer tube (US) ‖ ~**meterverstärker** *m* (elektronischer Verstärker, der extrem hohen Eingangswiderstand aufweist und damit auch die Spannungsmessung an Quellen hoher Innenimpedanz /z.B. Glaselektroden-Meßketten zur pH-Messung /erlaubt) (Eltronik) / electrometer amplifier ‖ ~**metrie** *f* (Chem) / electrometry *n* ‖ ~**metrische Maßanalyse** (ein Teilbereich der Elektroanalyse) (Chem) / electrometry *n* ‖ ~**migration** *f* (Materialtransport unter Einfluß des elektrischen Stromes in metallischen Leitern) (Elektr) / electromigration *n*, electric migration ‖ ~**mobil** *n* (Eltech, Kfz) / electromobile *n*, all-electric car, electric-powered car ‖ ~**mobil für Frühstücksmilchlieferung** / milk-float *n* (GB) ‖ ~**monteur** *m* (Facharbeiter) (Eltech) / electrician *n*, wireman *n* (US), electrical fitter ‖ ~**motor** *m* (Eltech) / electric motor, electromotor *n* ‖ ~**motor mit senkrechter Welle** (Eltech) / synduct motor ‖ **mit** ~**motorantrieb** (Eltech) / electromotored *adj* ‖ ~**motorischer Antrieb** (Eltech) / electric drive ‖ ~**motorische Kraft** (Elektr) / electromotive force*, e.m.f.*, electromotance *n* ‖

**elektromotorisch**

~**motorische Kraft der Ruhe** (Elektr) / transformer electromotive force
**Elektron** n (eine Magnesiumlegierung) (Hütt) / Elektron alloy* ‖ ~ (Kernphys) / electron* n, negaton n, negatron n ‖ **äquivalente ~en** (Eltronik) / equivalent electrons* ‖ **das ausgetretene ~ bei der Glühemission** (Eltronik, Kernphys) / thermoelectron n ‖ **energiereiches ~** (Kernphys) / high-energy electron ‖ **freies ~** (Kernphys) / free electron, roaming electron ‖ **gebundenes ~** (Kernphys) / bound electron ‖ **heiße ~en** (mit hoher Energie) (Kernphys) / hot electrons* ‖ **hochenergetisches ~** (Kernphys) / high-energy electron ‖ **hydratisiertes ~** (Chem, Phys) / aqueous electron, hydrated electron ‖ **inneres ~** (Kernphys) / inner-shell electron, inner electron ‖ **kernfernes ~** (Kernphys) / outer-shell electron, peripheral electron ‖ **optisch aktives ~** (Chem) / optical electron, luminous electron ‖ **primäre ~en** (Eltronik) / primary electrons* ‖ **Q-~** (der Q-Schale) (Kernphys) / Q-electron, Q-shell electron ‖ **quasifreies ~** (Kernphys) / quasi-free electron ‖ **rotierendes ~** (mit Eigendrehimpuls) (Kernphys) / spinning electron ‖ **s-~** (der s-Unterschale) (Kernphys) / s electron, s-shell electron ‖ **schnelles ~** (Kernphys) / high-speed electron ‖ **sekundäre ~en** (Eltronik) / secondary electrons* ‖ **solvatisierte ~en** (Chem) / solvated electrons ‖ **überschweres ~** (ein Lepton) (Kernphys) / tau particle (the most massive lepton), tauon* n ‖ **ungepaartes ~** (Kernphys) / unpaired electron ‖ **unpaariges ~** (Kernphys) / unpaired electron ‖ **vagabundierendes ~** (Kernphys) / stray electron ‖ **~ n der innersten Schale** (Kernphys) / innermost electron ‖ **~ der K-Schale** (Kernphys) / K-electron n ‖ **~ der N-Schale** (Kernphys) / N-electron n
**elektro•negativ** adj (Chem, Elektr) / electronegative* adj ‖ **~negativität (EN)** f (Chem, Elektr) / electronegativity* n ‖ **~negativitätsskala** f (z.B. nach Allred-Rochow) (Chem) / electronegativity scale
**Elektron•-Elektron-Streuung** f (Kernphys) / electron-electron scattering*, Møller scattering ‖ **~-Elektron-Wechselwirkung** f (Kernphys) / electron-electron interaction
**Elektronen•-** (Eltronik) / electronic* adj ‖ **~abbildung** f / electron image ‖ **~ablösung** f **durch Fotonen** (Kernphys) / photodetachment n ‖ **~abtastung** f (Eltronik) / electron scanning* ‖ **~affinität** f (Eltronik) / electron affinity* ‖ **~anlagerung** f (Anlagerung eines Elektrons an ein neutrales Atom oder Molekül unter Bildung eines Anions) (Chem) / electron attachment*, attachment n ‖ **~anlagerungsdetektor (EAD)** m (für die gaschromatografische Spurenanalyse) (Chem) / electron capture detector, ECD ‖ **~ansammlung** f (an der Anode) (Eltronik) / electron sheath* ‖ **~aufbau** m (Kernphys) / electronic structure ‖ **~austausch** m (Kernphys) / electron exchange ‖ **~austritt** m (Eltronik) / electron emission* ‖ **~austrittsarbeit** f (Kernphys) / work function*, electronic work function ‖ **~bahn** f (Kernphys) / electron trajectory, electron path, electron orbit ‖ **~ballung** f (Eltronik) / electron bunching ‖ **~beraubtes Atom** (Phys) / stripped atom*, fully ionized atom ‖ **~beschleuniger** m (Kernphys) / electron accelerator ‖ **~beschußinduzierte Leitfähigkeit** f (Eltronik) / electron-bombardment-induced conductivity, EBIC ‖ **~beugung** f (Eltronik) / electron diffraction* ‖ **streifende ~beugung** (Eltronik) / reflection diffraction ‖ **~beweglichkeit** f (Eltronik) / electron mobility* ‖ **~bildzerleger** m (Eltronik) / dissector tube ‖ **~blitz** m (Foto) / electronic flash*, strobe n (US) ‖ **~blitzröhre** f (DIN 19040) (Eltronik) / flash tube* ‖ **~bremsvermögen** n (Eltronik) / electron stopping power ‖ **~brenzen** n (Chem) / electron pyrolysis ‖ **~defektstelle** f (Eltronik) / hole* n, defect electron, electron hole, negative-ion vacancy* ‖ **~desintegration** f (Kernphys) / electrodisintegration* n ‖ **~dichte** f (Anzahl der Elektronen pro Volumeneinheit) (Kernphys) / electron density*, electron concentration ‖ **~donator** m (Verbindung mit niedriger Ionisationsenergie, geringer Elektronenaffinität und der Neigung, Elektronen abzugeben) (Chem) / electron donor ‖ **~-Donator-Akzeptor-Komplex** m (Chem) / adduct* n ‖ **~drift** f (Eltronik) / electron drift* ‖ **~dublett** n (gemeinsames Elektronenpaar zweier Atome) (Kernphys) / duplet n, doublet* n ‖ **~durchstrahlungsmikroskop** n (Mikros) / transmission electron microscope, TEM ‖ **~einfang** m (Kernphys) / electron capture*, EC ‖ **~einfangdetektor** m (für die gaschromatografische Spurenanalyse) (Chem, Kernphys) / electron capture detector, ECD ‖ **~einfangstrahler** m / electron-capture radioisotope, electron capturer ‖ **~einschuß** m (Eltronik) / electron injection ‖ **~emission** f (Eltronik) / electron emission* ‖ **thermische ~emission** (Eltronik) / thermionic emission*, thermal emission, Edison effect, Richardson effect ‖ **~emissionsmikroskop** n (Mikros) / emission electron microscope, emission microscope ‖ **~energieverlustspektroskopie** f (Spektr) / electron energy loss spectroscopy, EELS, energy-loss spectroscopy, ELS, characteristic loss spectroscopy, CLS ‖ **~entladung** f (Eltronik) / electron discharge*

**Elektron-Energie-Verlustspektroskopie, hochauflösende ~** (Spektr) / high-resolution electron energy loss spectroscopy, HREELS
**Elektronen•fackel** f (Masch, Plasma Phys) / radio-frequency induction plasma torch ‖ **~falle** f (Eltronik) / electron trap* ‖ **~fänger** m / electron-capture radioisotope, electron capturer ‖ **~formel** f (Chem) / electronic formula, ionic formula ‖ **~gas** n (Gesamtheit aller Leistungselektronen in Metallen) (Eltronik, Phys) / electron gas* ‖ **~gastheorie** f (Eltronik, Phys) / electron gas theory ‖ **~gekoppelter Oszillator** (Eltronik) / electron-coupled oscillator ‖ **~haftstelle** f (Eltronik) / electron trap* ‖ **~halbleiter** m (Eltronik) / electron semiconductor ‖ **~hülle** f (Kernphys) / electron shells (one to seven) ‖ **~induzierte Desorption** (Chem) / electron-induced desorption, EID ‖ **~interferenz** f (Eltronik) / electron diffraction* ‖ **~ionisation** f (Kernphys) / electron ionization ‖ **~jet** m (Eltronik) / electron jet ‖ **~kanone** f (Eltronik) / electron gun* ‖ **~konfiguration** f (Gesamtheit der in einem gegebenen Zustand der Atomhülle besetzten Einteilchenzustände) (Kernphys) / electronic configuration*, electron configuration ‖ **~konzentration** f (DIN 1326, T 3) (Kernphys) / electron density*, electron concentration ‖ **~konzentration** (Kernphys) s. auch Elektronenverteilung ‖ **~kopplung** f (Eltronik) / electron coupling*, electronic coupling ‖ **~kopplung** (in den Laufzeitröhren) (Eltronik) / beam coupling ‖ **~(kreis)bahn** f (Kernphys) / electron orbit ‖ **~ladung** f (Kernphys) / elementary charge, electronic charge* ‖ **~leiter** m (Chem, Elektr) / electronic conductor ‖ **~leitfähigkeit** f (Plasma Phys) / electron conduction ‖ **~leitung** f (Chem, Elektr) / electron conduction* ‖ **~linac** m (linear angeordneter Beschleuniger zur Erzeugung hochenergetischer Elektronenstrahlen) (Kernphys) / electron linac, electron linear accelerator ‖ **~linearbeschleuniger** m (Kernphys) / electron linac, electron linear accelerator ‖ **~linse** f (elektrische, magnetische, nach DIN 44400) (Eltronik) / electron lens* ‖ **elektrische ~linse** (Eltronik) / electric electron lens ‖ **magnetische ~linse** (Eltronik) / magnetic electron lens ‖ **~lücke** f (Eltronik) / hole* n, defect electron, electron hole, negative-ion vacancy ‖ **~mangelverbindung** f (Chem) / electron-deficient compound* ‖ **~masse** f (eine atomare Konstante) (Phys) / electron mass*, mass of electron* ‖ **~mikroskop** n (Mikros) / electron microscope*, EM ‖ **~mikroskop, das** f **atomare Kräfte ausmißt** (Mikros) / atomic-force microscope, AFM ‖ **~mikroskop** n (Durchstrahlungstyp) **mit Elektronenbeugung** (Mikros) / diffraction electron microscope ‖ **~mikrosonde** f (Elektronenstrahlbündel im Nanometerbereich) (Eltronik) / electron microprobe, EM ‖ **~oktett** n (Chem, Kernphys) / electron octet* ‖ **~optik** f (Opt) / electron optics* ‖ **~orbital** n (Kernphys) / electronic orbital ‖ **~paar** n (zwei Elektronen entgegengesetzten Spins) (Chem, Kernphys) / electron pair* ‖ **bindendes ~paar** (Chem) / binding-electron pair ‖ **gemeinsames ~paar** (Chem, Kernphys) / shared electron pair, shared pair of electrons ‖ **einsames ~paar** (das einem Atom allein angehört) (Chem, Kernphys) / lone pair*, lone-electron pair, unshared-electron pair ‖ **~paar-Abstoßungsmodell** n (Chem, Kernphys) / valence shell electron pair repulsion model, VSEPR model, Gillespie model ‖ **~paarbindung** f (Chem) / covalent bond*, atomic bond*, homopolar bond, electron-pair bond ‖ **~paarerzeugung** f (Kernphys) / electron-positron pair production ‖ **~paramagnetismus** m (Mag) / electronic paramagnetism ‖ **~plasma** n (Plasma Phys) / electron plasma ‖ **~polarisation** f (Phys) / electronic polarization (polarization arising from the displacement of electrons with respect to the nuclei with which they are associated, upon application of an external electric field) ‖ **~quelle** f (Eltronik) / electron source
**Elektron(en)radius** m (Kernphys) / electron radius*
**Elektronen•rastermikroskop** n (Mikros) / scanning electron microscope, SEM* ‖ **paramagnetische ~resonanz** (Spektr) / electron paramagnetic resonance*, E.P.R., electron-spin resonance*, ESR ‖ **~ring** n (Nukl) / electron ring ‖ **~ringbeschleuniger** m (Kollektivbeschleuniger, bei dem Ionen oder Protonen in einen Elektronenring eingeschossen werden) (Nukl) / smokatron n ‖ **~röhre** f (DIN 44400) (Eltronik) / electron tube (US)*, valve n (GB)*, vacuum tube, tube n (US) ‖ **~röhre** (mit glühelektrischem Effekt) (Eltronik) / thermionic valve, hot-cathode tube, thermionic tube*, thermionic vacuum tube ‖ **~schale** f (Kernphys) / electron shell* ‖ **äußerste ~schale** (Chem, Kernphys) / valence shell, outer shell, peripheral shell ‖ **innere ~schale** (Kernphys) / inner shell ‖ **~schleuder** f (Eltronik) / electron gun* ‖ **~schleuder** (Kernphys) / betatron* n, induction accelerator ‖ **~senke** f (Nukl) / electron sink ‖ **~sextett** n (Chem, Kernphys) / electron sextet ‖ **~spektroskopie** f (Spektr) / electron spectroscopy ‖ **~spender** m (Eltronik). donor* n, donor impurity ‖ **~spiegel** m (DIN 44400) (Eltronik) / electron mirror* ‖ **~spiegelmikroskop** n (Mikros) / mirror-type electron microscope ‖ **~spin** m (Kernphys) / electron spin* ‖ **chemisch induzierte dynamische ~spinpolarisation** (in der EPR-Spektroskopie) (Spektr) / CIDEP, chemically induced dynamic electron polarization ‖ **~spinresonanz** f (Spektr) / electron

paramagnetic resonance*, E.P.R., electron-spin resonance*, ESR* ‖ ˜**spinresonanzspektroskopie** *f* (Spektr) / EPR spectroscopy, ESR spectroscopy ‖ ˜**sprung** *m* (Eltronik) / electron jump ‖ ˜**stoß** *m* (Eltronik, Phys) / electron impact ‖ ˜**stoßionisation** *f* (Eltronik, Spektr) / impact ionization*, ionization by collision*, collision ionization

**Elektronenstrahl** *m* (ein Strahl in bestimmter Richtung bewegter Elektronen) (Eltronik) / electron beam*, e-beam *n* ‖ ˜ (meistens nicht gebündelt) (Eltronik) / electron jet ‖ ˜**abtragung** *f* (Masch) / electron-beam machining*, EBM* ‖ ˜**aufzeichnung** *f* / electron-beam recording* (EBR) ‖ ˜**bearbeitung** *f* (ein thermisches Abtragen) (Masch) / electron-beam machining*, EBM*

**Elektronenstrahler** *m* (des Elektronenmikroskops) (Mikros) / electron gun*, gun* ‖

**Elektronenstrahl•erwärmung** *f* / electron-beam heating ‖ ˜**erzeuger** *m* (Eltronik) / electron gun* ‖ ˜**erzeuger** (Eltronik, Masch) / electron-beam machine ‖ ˜**härtung** *f* (der äußeren Randschicht) (Anstr, Hütt) / electron-beam curing plant ‖ ˜**härtungsanlage** *f* (Anstr) / electron-beam curing plant ‖ ˜**härtungslack** *m* (Anstr) / electron-beam curing paint ‖ ˜**kanone** *f* (Eltronik, Masch) / electron-beam machine ‖ ˜**laser** *m* (Eltronik, Phys) / electron-beam laser ‖ ˜**lithografie** *f* (Eltronik) / electron-beam lithography (EBL) ‖ ˜**maschine** *f* (Eltronik, Masch) / electron-beam machine ‖ ˜**mikroanalyse** *f* (Spektr) / electron probe microanalysis, EPM, EMA, electron probe analysis* ‖ ˜**ofen** *m* (zum Umschmelzen von Edelstählen und Sonderwerkstoffen) (Hütt) / electron-beam furnace ‖ ˜**oszillograf** *m* (Eltronik) / cathode-ray oscillograph* ‖ ˜**oszilloskop** *n* (Eltronik) / cathode-ray oscilloscope* (CRO) ‖ ˜**röhre** *f* (Eltronik) / cathode-ray tube* (CRT), Braun tube*, electron-beam valve, electron beam tube (US) ‖ ˜**schmelzen** *n* (Hütt) / electron-beam remelting ‖ ˜**schmelzofen** *m* (Hütt) / electron-beam melting furnace ‖ ˜**schweißen** *n* (Schw) / electron-beam welding*, EB welding, EBW* ‖ ˜**schweißung** *f* (Schw) / electron-beam welding*, EB welding, EBW* ‖ ˜**speicher** *m* (EDV) / electron-beam memory, electron-beam store ‖ ˜**Überlaufschmelze** *f* (Hütt) / electron-beam continuous-flow melting ‖ ˜**verdampfung** *f* / electron-beam evaporation, EB evaporation ‖ ˜**verfahren** *n* (trockenes Entschwefeln und Entsticken von Rauchgasen) (Umwelt) / electron beam process

**elektronen•suchend** *adj* (Chem) / electrophilic *adj* ‖ ˜**synchrotron** *n* (Nukl) / electron synchrotron ‖ ˜**temperatur** *f* / electron temperature ‖ ˜**theorie** *f* **der Valenz** (Chem) / electronic theory of valency* ‖ ˜**transfer** *m* (Kernphys) / electron transfer ‖ ˜**transportpartikel** *f* (Biochem) / electron transport particle, ETP ‖ ˜**übergang** *m* (Kernphys) / electronic transition, electron transition ‖ ˜**übertragend** *adj* / electron-carrying *adj*, electron-transferring *adj* ‖ ˜**übertragende Flavine** (Biochem) / electron transfer flavins ‖ ˜**übertragung** *f* (Kernphys) / electron transfer ‖ ˜**übertragungsreaktion** *f* (nach der Marcus-Theorie) (Chem) / electron-transfer reaction ‖ ˜**ventil** *n* (Eltronik) / ionic valve ‖ ˜**verteilung** *f* (Kernph) / electron distribution ‖ ˜**vervielfacher** *m* (Eltronik) / electron multiplier* ‖ ˜**wanderung** *f* (Eltronik) / electron drift* ‖ ˜**wellenröhre** *f* (Eltronik) / electron-wave tube ‖ ˜**wolke** *f* (abschirmend wirkende Ansammlung von Elektronen) (Chem, Eltronik) / electron cloud* ‖ ˜**zähler** *m* (Kernphys) / electron counter ‖ ˜**zertrümmerung** *f* (Kernphys) / electrodisintegration* *n* ‖ ˜**zwilling** *m* (Kernphys) / electron-positron pair ‖ ˜**zyklotronresonanz** (ECR) *f* (Eltronik, Kernphys) / electron-cyclotron resonance (ECR)

**Elektroneutralität** *f* (Chem, Elektr) / electroneutrality *n*

**Elektronik** *f* (Eltronik) / electronics* *n*, electronics engineering, elex *n* electronic engineering* ‖ ˜ (Radioelektronik) (Eltronik) / radionics *n* ‖ ˜ (als Lehrgebäude) (Eltronik) / electronics *n*, physical electronics* ‖ **die ˜ einführen** (Eltronik) / electronify *v*, electronize *v* ‖ **industrielle ˜** (Eltronik) / industrial electronics ‖ **Keramik für die ˜** (Eltronik, Keram) / electronic ceramics ‖ **medizinische ˜** (Eltronik) / medical electronics ‖ **molekulare ˜** (Eltronik) / molecular electronics*, mole-electronics *n*, molectronics *n* ‖ ˜ *f* **der integrierten Schaltungen** (Eltronik) / integrated electronics ‖ ˜ **in der Medizin** (Eltronik) / medical electronics ‖ ˜**schablone** *f* (zur Vervielfältigung) (Eltronik) / electronic stencil

**elektronisch** *adj* (Eltronik) / electronic* *adj* ‖ **auf ˜e Arbeitsweise umstellen** (Eltronik) / electronify *v*, electronize *v* ‖ ˜**e Ablage** (als Vorgang) (EDV) / electronic filing ‖ ˜**e Abstimmung** (Eltronik) / electronic tuning* ‖ ˜**e Analysenwaage** (mit Tarierautomatik, vollautomatischer Gewichtsschaltung und Digitalanzeige) (Chem) / electronic analytical balance (with a digital read-out) ‖ ˜**e Animationen** (EDV, Film) / animatronics *n* ‖ ˜**e Ankopplung** (Wechselwirkung zwischen dem Elektronenstrahl und dem elektromagnetischen Feld einer fortschreitenden Welle) (Eltronik) / beam coupling ‖ ˜**e Antenne** (Kfz) / electronic antenna (AM/FM) ‖ ˜**e Aufklärung** (Eltronik, Mil) / electronic intelligence, ELINT ‖ ˜**e Autoantenne** (Kfz) / electronic antenna (AM/FM) ‖ ˜**e Banküberweisung** (EDV) / electronic funds transfer* (system) (EFT (S)) ‖ ˜**er Bankverkehr** (EDV) / electronic banking ‖ ˜**es Bauteil** (in dem die Stromleitung grundsätzlich durch Elektronenbewegung im Vakuum, Gas oder in Halbleitern stattfindet) (Eltronik) / electron device* ‖ ˜**es Bilddatenverarbeitungssystem** (EDV) / electronic imaging system ‖ ˜**er Bleistift** (ein Zeichenwerkzeug bei Grafikprogrammen) (EDV) / electronic pencil ‖ ˜**er Briefkasten** (bei Fernkopierern) (EDV, Fernm) / electronic mailbox ‖ ˜**es Buch** (elektronisches Textmedium, in dem die Benutzeroberfläche am Modell von Büchern orientiert ist) (EDV) / electronic book ‖ ˜**es Büro** (EDV) / paperless office, electronic office, paper-free office ‖ ˜**e Datenverarbeitung** (EDV) / electronic data processing, EDP ‖ ˜**e Dokumentenverwaltung** (EDV) / document image processing, DIP ‖ ˜**es Druckverfahren** (Druck, EDV) / electronic printing ‖ ˜**e Druckvorstufe** (elektronisches Publizieren) (EDV) / electronic prepress ‖ ˜**e Dunkelkammer** (Foto) / digital darkroom, electronic darkroom ‖ ˜**e Entfernungsmessung** (Verm) / electronic distance measurement, EDM ‖ ˜**e Feinwaage** (Chem) / electrobalance *n* ‖ ˜**e Gegenmaßnahme** (Mil) / electronic countermeasure*, ECM* ‖ ˜ **gesteuerte Gravierung** (nach DIN 16544) (Druck) / electronic engraving*, electronic photoengraving* ‖ ˜ **gesteuerte Kraftstoffeinspritzung** (als Anlage) (V-Mot) / electronic fuel-injection system ‖ ˜**es Gravieren** (nach DIN 16544) (Druck) / electronic engraving*, electronic photoengraving* ‖ ˜**e Graviergerät** (Druck) / electronic photoengraving machine ‖ ˜**e Graviermaschine** (für den Buchdruck: D Klischograph der Fa. Hell, GB Scan-a-Graver der Fa. Fairchild, Sw Elgrama der Elgrama AG, und F Luxographe) (Druck) / electronic photoengraving machine ‖ ˜**e Hauspost** (EDV) / electronic in-house mail ‖ ˜**e Kamera** (TV) / electronic camera, electron camera* ‖ ˜**e Kampfführung** (Mil) / electronic warfare*, EW* ‖ ˜**e Karteneinblendung** (in der Flugsicherung) (Luftt, Radar) / video mapping ‖ ˜**es Kassenterminal** (EDV) / electronic-point-of-sale terminal, EPOS terminal ‖ ˜**e Leitfähigkeit** (Plasma Phys) / electron conduction ‖ ˜**es Manuskript** (einer Publikation) (Druck, EDV, Eltronik) / electronic manuscript ‖ ˜**e Manuskripterstellung** (EDV, Eltronik) / creation of electronic manuscripts ‖ ˜**e Medien** (Eltronik) / non-print media, electronic media ‖ ˜**e Musik** (Eltronik) / electrosonic music*, electrophonic music*, electronic music* ‖ ˜**es Notizbuch** (EDV) / electronic notebook ‖ ˜**es Ohr** (Med) / bioear *n* ‖ ˜**e Parkhilfe** (Kfz) / parking-distance control ‖ ˜**e Post** (Sammelbezeichnung für schriftliche Nachrichtenübermittlung von Person zu Person bzw. von Büro zu Büro auf elektronischem Wege) (EDV, Fernm) / electronic mail*, email* *n*, E-mail *n* ‖ ˜**es Postfach** (Leistungsmerkmal bei Nebenstellenanlagen zum Empfang und zur Speicherung von Nachrichten in natürlicher Sprache) (Fernsp) / electronic mailbox ‖ ˜**es Publizieren** (Druck, EDV) / electronic publishing, paperless publishing ‖ ˜**es Publizieren von Firmenschriften** (Druck, EDV) / corporate electronic publishing, CEP ‖ ˜**er Radiergummi** (EDV) / electronic eraser ‖ ˜**er Rangierverteiler** (Eltronik) / electronic cross-connect system ‖ ˜**es Redaktionssystem** (Druck, EDV) / electronic editorial system ‖ ˜**es Redigieren** (Druck, EDV) / electronic editing ‖ ˜**es Relais** (Eltech, Eltronik) / solid-state relay ‖ ˜**er Schnitt** (sequentielles Überspielen von Szenen) (Film) / electronic editing, electronic cut ‖ ˜**e schrägstellen** (EDV) / oblique *v* ‖ ˜**e Schrägstellung** (der Schrift) (EDV) / type obliquing, obliquing *n* ‖ ˜**e Schutzmaßnahme** (Mil) / electronic counter-countermeasure, ECCM ‖ ˜**er Speicher** (EDV) / electronic storage ‖ ˜**e Stechkarte** (EDV, Mag) / magnetic badge ‖ ˜**e Stehbildkamera** (Film) / video camera, frame grabber ‖ ˜**es Steuergerät** (Eltronik) / electronic control unit, ECU ‖ ˜**e Strahlschwenkung** (Radio) / electronic scanning (of an antenna, by electronic or electric means without moving parts), inertialess scanning ‖ ˜**es Tasten** (Fernm) / electronic keying* ‖ ˜**e Täuschung** (Mil) / electronic deception ‖ ˜**es Telefonbuch** (Fernsp) / electronic telephone directory, ETD ‖ ˜**es Umbruchterminal** (EDV) / electronic make-up terminal ‖ ˜**er Verstärker** (Radiol) / magnifier* *n* ‖ ˜**es Verzeichnis** (CCITT-Empfehlung F.500) (EDV) / electronic directory ‖ ˜**es Voltmeter** (Eltech) / electronic voltmeter* ‖ ˜**e Waage** (EDV) / electronic balance ‖ ˜**e Wähleinrichtung** (Fernsp) / electronic selector ‖ ˜**e Wegfahrsperre** (Kfz) / immobilizer *n* ‖ ˜**es Wörterbuch** (EDV) / electronic dictionary ‖ ˜**er Zahlungsverkehr** (EDV) / electronic funds transfer* (system) (EFT (S)) ‖ ˜**es Zündsystem** (V-Mot) / electronic ignition system

**Elektronisierung** *f* (Einführung der Elektronik) (Eltronik) / electronization *n*

**Elektron•-Kern-Doppelresonanz** *f* (Kernphys, Spektr) / electron-nuclear double resonance, ENDOR (technique), double-resonance method (of Feher) ‖ ˜**-Kern-Reaktion** (Kernphys) / electrodisintegration* *n* ‖ ˜**-Loch-Paar** *n* (Eltronik) / electron-hole pair ‖ ˜**-Loch-Plasma** *n* (elektronisches Anregungszustand in Halbleitern) (Eltronik, Plasma Phys) / electron-hole plasma ‖ ˜**-Neutrino** *n* (Kernphys) / electron neutrino ‖ ˜**-Phonon-Kopplung** *f* (Phys) / electron-phonon

interaction ‖ ~-**Phonon-Wechselwirkung** *f* (Phys) / electron-phonon interaction ‖ ~-**Positron-Paar** *n* (Kernphys) / electron-positron pair
**elektronukleare Energie** (Eltech, Nukl) / atomic power plant current
**Elektronvolt** *n* (Kernphys) / electron-volt* *n*, eV
**Elektro•ofen** *m* (ein Schmelzaggregat) / electric furnace ‖ ~**optik** *f* (Erscheinungen, die durch Beeinflussung der optischen Eigenschaften von Festkörpern durch äußere elektrische Felder hervorgerufen werden) (Opt) / electrooptics *n*
**elektrooptisch** *adj* (Opt) / electrooptic *adj*, electrooptical *adj* ‖ ~**er Effekt** (z.B. Stark-Effekt, Pockels-Effekt usw.) (Phys) / electrooptical effect ‖ ~**er Kerr-Effekt** (Phys) / electrooptical birefringence, Kerr electrostatic effect, electrooptical Kerr effect ‖ ~**er Modulator** (für Gütemodulation) / electrooptical modulator, e-o modulator ‖ ~**er Schalter** / electrooptic modulator, e-o modulator ‖ ~**er Umsetzer** (Eltronik) / electrooptic transmitter ‖ ~**er Wandler** (ein Halbleiterbauelement, das mit ein elektrischer Strom eine Strahlung im sichtbaren oder unsichtbaren Bereich des Lichts erzeugt) (Eltronik) / optical emitter
**elektro•organische Synthese** (Chem) / electroorganic synthesis ‖ ~**osmose** *f* (Chem) / electro-osmosis* *n* (pl. electro-osmoses), electroendosmosis* *n* (pl. electroendosmoses), electrosmosis *n* (pl. -oses) ‖ ~**osmotisch** *adj* (Chem) / electro-osmotic *adj* ‖ ~**osmotischer Fluß** (Chem) / electro-osmotic flow ‖ ~**pherografie** *f* (Chem) / electropherography *n*, stabilized electrophoresis (in a fixed supporting medium) ‖ ~**pherogramm** *n* (Resultat einer Trägerelektrophorese) (Chem) / electropherogram *n*, pherogram *n*
**elektrophil** *adj* (Chem) / electrophilic *adj* ‖ ~**e Addition** (Chem) / electrophilic addition ‖ ~**es Agens** (Chem) / electrophilic reagent, electrophile *n* ‖ ~**es Reagens** (Chem) / electrophilic reagent, electrophile *n* ‖ ~**e Reaktion** (Chem) / electrophilic reaction ‖ ~**e Substitution** (Chem) / electrophilic substitution
**Elektrophil** *n* (Chem) / electrophilic reagent, electrophile *n*
**Elektrophor** *m* (Anordnung zur "Erzeugung" von Elektrizität; die Scheibe eines Dielektrikums, die auf eine geerdeten, leitenden Platte liegt, wird durch Reiben aufgeladen) (Eltech) / electrophorus* *n*
**Elektrophorese** *f* (Kataphorese + Anaphorese) (Chem, Phys) / electrophoresis* *n* (pl. -phoreses) ‖ **diskontinuierliche** ~ (z.B. Isotachophorese) (Chem) / disk electrophoresis ‖ **horizontale** ~ (Chem) / horizontal electrophoresis ‖ **trägerfreie** ~ (Chem) / moving-boundary electrophoresis (Tiselius method) ‖ **vertikale** ~ (Chem) / vertical electrophoresis ‖ ~**anstrichstoff** *m* (Anstr) / electrocoating paint, electropaint *n*, electro dip paint, electrophoretic dip paint ‖ ~**verfahren** *n* (Anstr) / electrophoretic coating, electrocoating *n*, electrophoretic painting
**elektrophoretisch** *adj* (Chem, Phys) / electrophoretic *adj* ‖ ~**e Beschichtung** (Anstr) / electrophoretic coating, electrocoating *n*, electrophoretic painting ‖ ~**e Beschichtung** (Anstr) s. auch Elektrotauchlackierung ‖ ~**e Beweglichkeit** (Chem) / electrophoretic mobility ‖ ~**er Effekt** (eine interionische Wechselwirkung) (Kernphys) / electrophoretic effect ‖ ~**er Farbauftrag** (Anstr) / electrophoretic coating, electrocoating *n*, electrophoretic painting ‖ ~**e Lackierung** (Anstr) / electrophoretic coating, electrocoating *n*, electrophoretic painting ‖ ~**es Potential** (Chem) / Dorn effect*, sedimentation potential*, electrophoretic potential
**Elektro•phosphoreszenz** *f* (Phys) / electrophosphorescence *n* ‖ ~**physik** *f* (Phys) / electrophysics *n* ‖ ~**picker** *m* (Handgerät zum Öffnen abgeschlossener Autotüren ohne Schlüssel) (Kfz, Werkz) / electropicker *n* ‖ ~**plattieren** *v* (Galv) / plate *v*, electroplate *v* ‖ ~**plattieren** (Herstellung der Überzüge); Aufbringen (von metallischen Schutzschichten);*n*. (Galv) / electroplating* *n*, E.P, plating *n*, metal plating ‖ ~**pleochroismus** *m* (Änderungen der optischen Eigenschaften von Molekülen durch ein äußeres elektrisches Feld) (Elektr) / electrochromism *n* ‖ ~**pneumatik** *f* / electropneumatics *n* ‖ ~**pneumatisch** *adj* / electropneumatic* *adj* ‖ ~**pneumatische Bremse** / electropneumatic brake* ‖ ~**polieren** *n* (Masch) / electrolytic polishing*, anode polishing*, electropolishing* *n*, electrobrightening* *n*, anode brightening* ‖ ~**polymerisation** *f* (Chem) / electrochemical polymerization ‖ ~**poration** *f* (zur Genübertragung bei Pflanzenzellen mit Hilfe von Stromimpulsen) (Gen) / electroporation *n*, electrotransfection *n*, electrotransformation *n* ‖ ~**porzellan** *n* (Porzellan mit elektrotechnisch günstigen Eigenschaften) (Eltech, Keram) / electrical porcelain, electric porcelain ‖ ~**positiv** *adj* (Chem, Elektr) / electropositive* *adj* ‖ ~**radiografie** *f* (Krist, Radiol) / ionography *n*, electroradiography *n* ‖ ~**rasierer** *m* / electric shaver, electric razor ‖ ~**reduktionsofen** *m* (Hütt) / electric reduction furnace ‖ ~**reflexion** *f* (Änderung des Reflexionsvermögens eines Festkörpers durch ein äußeres elektrisches Feld) (Phys) / electroreflexion *n* ‖ ~**rüttler** *m* (Bau, HuT) / electric vibrator ‖ ~-**Schlacke-Schweißen** *n* (die Werkstückkanten werden in einem elektrisch leitenden Schlackenbad erwärmt) (Schw) / electroslag welding ‖

~-**Schlacke-Umschmelzverfahren** *n* (zur Qualitätsverbesserung und zum Reinigen von Stahl) (Hütt) / electroslag remelting process, electroslag refining ‖ ~**schmelze** *f* / electrofusion *n*, electric fusion ‖ ~-**Schmelzschweißverfahren** *n* (Schw) / fusion arc welding ‖ ~**schock** *m* (Eltech, Med) / electric shock ‖ **tödlicher** ~**schock** (Eltech, Med) / electrocution *n* ‖ ~**schrauber** *m* (Werkz) / electric screwdriver ‖ ~**schwach** *adj* (Eichfeldtheorie, Effekt, Wechselwirkung) (Kernphys) / electroweak *adj* ‖ ~**schwache Wechselwirkung** (Kernphys) / electroweak interaction (electromagnetic + weak interaction) ‖ ~**schweißen** (Schw) / electric welding ‖ ~**seilzug** *m* (Masch) / electric rope hoist ‖ ~**sensitive Aufzeichnung** (z.B. bei Fernkopierern) / electrosensitive recording ‖ ~**sensitiver Drucker** (ein Sofortdrucker) (EDV) / electrosensitive printer ‖ ~**skop** *n* (Eltech) / electroscope* *n* ‖ ~**smog** *m* (elektromagnetische Strahlung, die von Hochspannungsleitungen, Fernseh-, Radar- und Mikrowellen sowie auch von elektrischen Haushaltsgeräten ausgeht) (Eltech, Umwelt) / electrosmog *n* ‖ ~**speicherofen** *m* (Eltech) / storage heater*, room storage heater ‖ ~**sprayionisation** *f* (Spektr) / electrospray ionization, ESI ‖ ~**stahl** *m* (nach dem Herdschmelzverfahren im Elektroofen hergestellter Stahl) (Hütt) / electric steel, electric-furnace steel, electrical steel ‖ ~**stahlerzeugung** *f* (Hütt) / EF steel-making ‖ ~**stahlverfahren** *n* (Hütt) / EF steel-making ‖ ~**stahlwerk** *n* (Hütt) / electric-furnace melting shop, electric steel-making plant ‖ ~**stapler** *m* / electric lift truck (GB)
**Elektrostatik** *f* (Elektr) / electrostatics* *n*
**elektrostatisch** *adj* (Elektr) / electrostatic *adj* ‖ ~**e Ablenkung** (Eltronik) / electrostatic deflection* ‖ ~**e Abstoßung** (Phys) / electrostatic repulsion ‖ ~**er Antrieb** (Raumf) / ion propulsion* ‖ ~**e Auflaldung** (EDV, Elektr) / build-up of static charge ‖ ~**er Beschleuniger** (Nukl) / electrostatic accelerator* ‖ ~**e Bindung** (Phys) / ionic bond*, electrostatic bond[ing]*, electrovalence* *n*, electrovalency *n*, electrovalent bond, polar bond*, heteropolar bond ‖ ~**er Druck** (Druck) / electrostatic printing*, electrostatic copying ‖ ~**er Drucker** (EDV) / electrostatic printer ‖ ~**es Druckverfahren** (Druck) / electrostatic printing*, electrostatic copying ‖ ~**e Einheit** (in dem elektrostatischen CGS-System) / electrostatic unit, e.s.u. ‖ ~**es Emaillieren** (Auftragen von Emailleschlicker mit Hilfe einer elektrostatischen Versprüheinrichtung) / electrostatic enamelling ‖ ~**e Entladung** (EDV, Elektr) / electrostatic discharge, ESD ‖ ~**e Entladung** (Elektr) / electrostatic discharge ‖ ~**es Feld** (Eltech) / electrostatic field*, Coulomb field ‖ ~**e Gasreinigung** / electrostatic gas purification, EGP ‖ ~**er Generator** (ein Bandgenerator oder eine Elektrisiermaschine) (Eltech) / electrostatic generator*, electrostatic machine*, static machine* ‖ ~**e Impedanz** (Elektr) / static impedance* ‖ ~**e Induktion** (Elektr) / electrostatic induction*, electric induction, influence *n* ‖ ~**es Instrument** (Meßinstrument) (Eltech) / electrostatic instrument* ‖ ~**es Kraftgesetz** (Elektr) / Coulomb's law* ‖ ~**er Lautsprecher** (Akus) / capacitor loudspeaker*, electrostatic loudspeaker* ‖ ~**e Linse** (der Elektronenkanone) (Eltronik) / electrostatic lens ‖ ~**e Linse** (bei der die Außenelektroden das gleiche Potential haben) (Eltronik) / unipotential electrostatic lens ‖ ~**es Mikrofon** (Akus) / capacitor microphone*, electrostatic microphone* ‖ ~**e Pulverbeschichtung** (Anstr) / electrostatic powder coating (process) ‖ ~**e Pulverlackierung** (Anstr) / electrostatic powder coating (process) ‖ ~**es Pulversprühen** (Anstr) / electrostatic powder coating (process) ‖ ~**es Raketentriebwerk** (Raumf) / electrostatic rocket engine, ion engine* ‖ ~**es Relais** (Eltech) / electrostatic relay ‖ ~**er Scheider** (Aufber) / Huff separator* ‖ ~**er Siebdruck** (Druck) / electrostatic printing*, electrostatic copying ‖ ~**er Speicher** (eine veraltete Speicherkonstruktion) (EDV) / electrostatic memory*, electrostatic storage* ‖ ~**es Spritzen** (Werkstücke und der Anstrichstoff werden gegenpolig elektrisch aufgeladen) (Anstr) / electrostatic spraying* ‖ ~**e Spritzpistole** (Anstr) / electrostatic spray gun ‖ ~**es Voltmeter** (Eltech) / electrostatic voltmeter* ‖ ~**es Voltmeter** (Eltech) s. auch Elektrometer ‖ ~**er Wind** (Elektr) / electric wind*, static breeze, convective discharge ‖ ~**es Wirbelbadverfahren** (Anstr, Plast) / whirl sintering, fluidized-bed coating, fluidized-bed sintering ‖ ~**er Zusatzstrom** (in der Polarografie) (Chem) / migration current
**Elektro•statografie** *f* / electrophotography *n*, electrostatography *n* ‖ ~**stauchmaschine** *f* (Umformmaschine zum Stauchen von Stahlstäben) (Hütt, Masch) / electro-upsetting machine ‖ ~**straßenfahrzeug** *n* (DIN 57122) (Eltech) / electrical road vehicle ‖ ~**striktion** *f* (die der Piezoelektrizität reziproke Erscheinung) (Elektr) / electrostriction *n* ‖ ~**striktiv** *adj* (Eltech) / electrostrictive *adj* ‖ ~**tauchanstrichstoff** *m* (Anstr) / electrocoating paint, electropaint *n*, electro dip paint, electrophoretic dip paint ‖ ~**tauchbeschichtung** *f* (von elektrisch leitfähigen Teilen) (Anstr) / electro dipcoat, electropainting *n*, electrocoating *n* ‖ ~**tauchen** *n* (Anstr) / electro dipcoat, electropainting *n*, electrocoating *n* ‖ ~**tauchlack** *m* (Kataphorese- oder Anaphoreselack) (Anstr) / electrocoating paint, electropaint *n*, electro dip paint,

electrophoretic dip paint || ~tauchlackierung f (mit wasserverdünnbaren Elektrotauchlacken) (Anstr) / electro dipcoat, electropainting n, electrocoating n || ~technik f (als Industriezweig) (Eltech) / electrical engineering* || ~technik (derjenige Zweig der Technik, der sich mit Erzeugung, Verteilung und Anwendung der Elektrizität und mit der Herstellung der dafür erforderlichen Maschinen und Geräte befaßt) (Eltech) / electrotechnology n, electrical technology || ~technik (als Lehrgebäude) (Eltech) / electrical science || ~techniker m (Eltech) / electrician n || ~technisch adj (Eltech) / electrotechnical adj, electrotechnic adj || ~technisches Porzellan (Eltech, Keram) / electrical porcelain, electric porcelain || ~therapie f (ein Teil der Elektromedizin) (Med) / electrotherapy* n, electrotherapeutics* n || ~thermie f (als wissenschaftliche Disziplin) (Elektr) / electrothermics n || ~thermie (Erhitzen von Stoffen mittels elektrischen Stromes) (Hütt) / electrothermal process || ~thermisch adj / electrothermal adj, electrothermic* adj || ~thermische Atomisierung (Spektr) / electrothermal atomization || ~thermisches Raketentriebwerk (Raumf) / electrothermal rocket engine || ~thermisches Triebwerk (in dem der Treibstoff durch ein Widerstandselement aufgeheizt wird) / resistojet engine || ~thermisches Triebwerk (in dem Treibstoff durch einen Lichtbogen aufgeheizt wird) (Raumf) / arc jet engine || ~thermisches Verfahren (Hütt) / electrothermal process || ~thermolumineszenz f (Anregung meistens durch Elektronenstoß) (Phys) / electrothermoluminescence* n, thermoelectroluminescence* n || ~transformation f (Gen) / electroporation n, electrotransfection n, electrotransformation n || ~trauma n (Eltech, Med) / electrical accident || ~tropismus m (Bot) / galvanotropism n || ~typie f (Druck) / plating* n, electrotyping n, electroplating n || ~valente Bindung (Chem) / ionic bond*, electrostatic bond[ing] || ~valence* n, electrovalency n, electrovalent bond, polar bond*, heteropolar bond || ~ventil n (Eltech, Kfz) / solenoid-operated valve, solenoid valve, electrovalve n || ~viskos adj / electroviscous adj || ~wanne f (Glas) / electromelter n || ~wanne mit Vertikalschmelze (Glas) / vertical furnace, electric vertical furnace || ~wärme- / electrothermal adj, electrothermic* adj || ~wärme f (Eltech) / electric heat, electroheat n || ~wärmelehre f (Elektr) / electrothermics n || ~wärmetechnik f (ein Teilgebiet der elektrischen Energietechnik) (Eltech) / electroheat technology || ~wärmetrocknung f / electrical drying || ~weidezaun m (Eltech, Landw) / electric fence, electric fencer (US) || ~werkzeug n (Werkz) / electric-driven tool, electric (power) tool || ~winde f (Masch) / electric hoist || ~zaun m (z.B. für Portionsweiden) (Eltech, Landw) / electric fence, electric fencer (US) || ~zaunanlage f (DIN 57531) (Eltech, Landw) / electric fence, electric fencer (US) || ~zaungerät n (Eltech, Landw) / electric fence, electric fencer (US) || ~zement n (Eltech) / electrocement n || ~zug m (elektromotorisch betriebene Seil- oder Kettenwinde in kompakter Bauform - ein Kleinhebezeug) (Masch) / electric hoist || ~zugmaschine f / electric (industrial) truck || ~zusatzheizung f (Glas) / boosting n, boost melting || ~zyklische Reaktion (Chem) / electrocyclic reaction || ~zyklische Reaktion (Chem) / electrocyclic reaction

**Elektrum** n (natürliche Gold-Silber-Legierung) / electrum* n

**Elemen** n (ein Sesquiterpen aus Elemi, Java-Zitronellöl usw.) (Chem) / elemene n

**Element** n (Chem) / element* n || **103** (Chem) / lawrencium* n || ~ **102** (Chem) / nobelium* n || ~ (logisches) (EDV) / element* n || ~ (der grafischen Darstellung) (EDV) / primitive n, element n || ~ (Eltech) / cell*  n, electric cell || ~ (eines Arbeitsganges) (F.Org) / element n || ~ (einer Matrix) (Math) / constituent* n, element* n || ~ (einer Menge) (Math) / element n, member n || ~ s. auch Bauelement || ~ **108** (Chem) s. Hahnium || **anisotopes** ~ (Chem, Kernphys) / pure element, monoisotopic element, anisotopic element || **bekrönendes** ~ (Arch) / finial* || **biegebeanspruchtes** ~ (Mech) / flexural member, bending member || **biochemisches** ~ (Kftst) / biochemical (fuel) cell || **chemisches** ~ (Chem) / chemical element* || **druckbeanspruchtes** ~ (Mech) / axial-force-resistant member, compression member || **elektrochemisches** ~ (primäres oder sekundäres - als Stromquelle) / electrochemical cell, voltaic cell*, galvanic cell*, chemical cell || **entgegengesetztes** ~ (Math) / additive inverse element || **erstes** ~ (Math) / smallest element, least element || **finites** ~ (Math) / finite element || **galvanisches** ~ (DIN 70853) / electrochemical cell, voltaic cell*, galvanic cell*, chemical cell || **gedrucktes** ~ (innerhalb einer gedruckten Schaltung, z.B. Spule, Widerstand usw.) (Eltronik) / printed element || **grafisches** ~ (Kart) / cartographic symbol || **inverses** ~ (Math) / inverse* n, inverse element || **kleinstes** ~ (einer halbgeordneten Menge) (Math) / smallest element, least element || **künstliches chemisches** ~ (Technetium + Promethium + Transurane) (Chem) / man-made element || **künstlich darstellbares chemisches** ~ (Technetium + Promethium + Transurane) (Chem) / man-made element || **magnetische** ~e (alle Größen des Erdmagnetismus, die das Erdmagnetfeld an einem Ort bestimmen) (Geophys) / magnetic elements || **maximales** ~ (Mengenlehre) (Math) / maximal member || **meteorologische** ~e (Elemente des Wetters, die untereinander durch Beziehungen und Gesetzmäßigkeiten verknüpft sind) (Meteor) / meteorological elements || **mononuklidisches** ~ (Chem, Kernphys) / pure element, monoisotopic element, anisotopic element || **optisches** ~ (z.B. Linse, Prisma) (Opt) / optic n || **radioaktives** ~ (das keine stabilen Isotope besitzt) (Chem, Kernphys) / radio-element* n, radioactive element || **s-**~**e** (Chem) / s-block elements || **separables** ~ (Math) / separable element || **siderophiles** ~ (z.B. Fe, Au oder Pt) (Chem, Geol) / siderophile element* || **stereogenes** ~ (Chem) / stereogenic element || **sulfophiles** ~ (Geophys) / sulphophile element, thiophile element || **superschweres** ~ (hypothetisches Transactinoid mit Kernladungszahl > 109 - bis Ende 2001 nicht nachgewiesen) (hypothetisches Transactinoid mit Kernladungszahl > 109 - bis Ende 2001 nicht nachgewiesen) (Chem) / superheavy element, supertransactinoid n, supertransuranic n || **transponierbares** ~ (z.B. Transposon) (Gen) / transposable element || **verkürztes** ~ (Bau) / cripple n || **versteifendes** ~ (des Mastenkrans) (Masch) / girt n (a stiffening element) || **zugbeanspruchtes** ~ (Bau, Masch) / tie* n, tie member, tension member || **zusammenlegbare optische** ~e (Opt) / folding optics || ~**e** n pl **derselben Gruppe im Periodensystem** (Chem) / congeners pl || ~ **sein** (von) (Math) / belong v (to), be an element (of)

**elementar** adj / elementary adj, elemental adj || ~ / fundamental adj, ultimate adj, essential adj || ~**e Anregung** (Phys) / elementary excitation || ~**e Beziehung** (kleinstes informationstragendes Element eines Informationsbereichs) (EDV) / elementary relation, elementary relationship || ~**er Dipol** (DIN 1324, T 3) / elementary dipole (e.g. Hertzian) || ~**e Funktion** (Math) / elementary function || ~**es Problem** (KI) / primitive problem || ~**er Schwefel** / elemental sulphur || ~**er Trennfaktor** (Nukl) / simple process factor (SPF) || ~**e Wissensmenge** (KI) / chunk of knowledge || ~**e Zahlentheorie** (Math) / elementary number theory

**Elementar**·~ / elementary adj, elemental adj || ~**analyse** f (Verfahren zur Ermittlung der Gewichtsprozente chemischer Elemente in einer organischen Verbindung) (Chem) / elemental analysis*, ultimate analysis* || ~**anregung** f (in der Festkörperphysik) (Phys) / elementary excitation || ~**boolescher ausdruck** (EDV) / logical element || ~**bezirk** m (Kernphys, Mag) / Weiss domain || **quantitative** ~**analyse** (Chem) / combustion test method, combustion analysis || ~**ereignis** n (Grundbegriff der Wahrscheinlichkeitsrechnung) (Stats) / elementary event, simple event || ~**fäden auf Stapel schneiden oder reißen** (Spinn) / staple v || ~**fadenkabel** n (Spinn) / tow* n || ~**fadenvliesstoff** n (Tex) / spunbonded n, spunbonded non-woven || ~**faser** f (bei Bastfasern die isolierte einzelne Zelle der Bastfaserbündel) (Tex) / elementary fibre || ~**filter** n (Math) / elementary filter || ~**gefüge** n (Landw) / single-grained structure || ~**geometrie** f (Math) / elementary geometry || ~**hartfaser** f **aus Kokos oder Baumwollsamenschalen** (Tex) / hull fibre* || ~**ladung** f (im allgemeinen) (Kernphys) / elementary charge, electronic charge* || **elektrische** ~**ladung** (Elektr) / unit charge*, unit quantity of electricity*, electric charge || ~**funktion** f (Math) / Green's function, source function || ~**magnet** m (Mag) / elementary magnet, molecular magnet || ~**masche** f (Krist) / unit mesh || ~**mathematik** f (als Gegensatz zur höheren Mathematik) (Math) / elementary mathematics || ~**operation** f (EDV) / elementary operation (EO) || ~**probe** f (Menge eines Erzeugnisses, die einer größeren Menge zu einem Zeitpunkt entnommen wird - Qualitätssicherung) / increment n || ~**prozeß** m (Wechselwirkung einzelner Teilchen in definierten Anregungszuständen) (Chem, Kernphys) / elementary process || ~**quantum** n (Kernphys) / elementary charge, electronic charge* || ~**reaktion** f (die in einem Schritt, d.h. ohne Bildung von Zwischenprodukten abläuft) (Chem) / elementary reaction || ~**teilchen** n (Kernphys) / fundamental particle*, elementary particle* || ~**teilchen** (mit drittelzahliger elektrischer Elementarladung) (Kernphys) / subsubatomic particle (quark) || ~**schweres teilchen** (Kernphys) / heavy particle* || ~**teilchenmultiplett** n (Gruppe von Elementarteilchen, die als verschiedene Zustände desselben Teilchens betrachtet werden und nur geringe relative Masseunterschiede zeigen) (Kernphys) / particle multiplet || ~**welle** f (Krist) / elementary wave, Huygens' wavelet || ~**zelle** f (kleinste Atomanordnung, die den Gittertyp hinsichtlich der Gitterkonstanten und der Winkel zwischen den Gittervektoren vollständig beschreibt) (Krist) / unit cell*, structure cell || **primitive** ~**zelle** (Krist) / primitive unit cell

**Elementbildung** f (Galv) / cell formation

**elementefremd** adj (Math) / disjoint adj

**Elementenhäufigkeit, kosmische** ~ (Astr, Chem) / cosmic abundance*

**Elementenpaar** n (Mech) / pair n, kinematic pair || ~ **für ebene Bewegung** (Mech) / planar pair, plain pair || ~ **für räumliche Bewegung** (Mech) / spatial pair

**Element·glas** n (Glas) / chalcogenide glass ‖ ⁓**halbleiter** m (Eltronik) / elemental semiconductor ‖ ⁓**ofen** m (Bau) / column radiator ‖ ⁓**organische Verbindung** (in der ein Kohlenstoffatom bzw. mehrere Kohlenstoffatome mit einem Fremdatom verknüpft sind) (Chem) / organo-element compound, elemento-organic compound, elementorganic compound ‖ ⁓**spezifisch** adj (Chem) / element-specific adj ‖ ⁓**umwandlung** f (Chem) / transmutation* n
**Elemi** n (Sammelname für natürliche Harze der tropischen Balsambaumgewächse) / elemi n, gum elemi ‖ **Amerikanisches** ⁓ (aus Bursera simaruba (L.) Sarg.) / tacamahac n
**Elemiharz** n / elemi n, gum elemi
**Elemiöl** n / oil of elemi
**Elenleder** n (aus der Elchhaut gewonnen) (Leder) / buckskin n
**Elevating Grader** m (HuT) / elevating grader
**Elevation** f (Radar) / elevation n
**Elevator** m (Senkrechtförderer) (Masch) / elevator* n ‖ ⁓ (einer alten Zeilensetzmaschine) (Typog) / elevator n ‖ ⁓**kette** f (Masch) / elevator chain* ‖ ⁓**schürfzug** m (HuT) / elevating scraper
**Elevon** n (Luftf) / elevon* n
**Eley-Rideal-Mechanismus** m (der heterogenen Katalyse) (Chem) / Eley-Rideal mechanism
**Elfeck** n (Math) / hendecagon n
**Elfenbein** n / ivory* n ‖ **vegetabilisches** ⁓ (das in der Drechslerei verarbeitete Sameninnere der Elfenbein- oder Steinnußpalme) / vegetable ivory ‖ ⁓**abfälle** m pl (zur Herstellung von Elfenbeinschwarz) / ivory chippings ‖ ⁓**karton** m (hochwertiger holzfreier Karton mit klarer Durchsicht) (Pap) / ivory board*, ivory bristol (US) ‖ ⁓**nuß** f (Bot) / corozo-nut n, ivory-nut n ‖ ⁓**palme** f (Astrocaryum sp.) (Bot) / corzo palm, ivory-nut palm ‖ ⁓**schwarz** n (schwarzes Pigment für Künstlerfarben - heute nur aus gewöhnlichen Knochen) / ivory black ‖ ⁓**schwarz** s. auch Knochenschwarz
**Elferlochung** f (EDV) / x punch, eleven punch
**Elfstiftsockel** m (einer Katodenstrahlröhre) (Eltronik) / magnal base
**Eliasfeuer** n (Elektr) / Saint Elmo's fire*, St. Elmo's fire, corposant n, dead fire, jack-o'-lantern n
**Elicitor** m (Biochem) / elicitor n (a substance which induce formation of phytoalexins)
**E-Limes** m (nach dem E-Verfahren) (Math) / E limit
**eliminieren** v (beim Sortieren) (EDV) / delete v
**eliminierende Suche** (EDV) / dichotomizing search
**Eliminierung** f (Chem) / elimination* n, elimination reaction
**Eliminierungsreaktion** f (z.B. Dehydrierung) (Chem) / elimination* n, elimination reaction
**Elin-Hafergut-Schweißen** n (ein verdecktes Lichtbogenschweißen) (Schw) / firecracker welding
**Elinvar** n (thermoelastisch stabile Fe-Legierung mit etwa 36% Ni und 12% Cr) (Hütt) / Elinvar* n
**ELISA** (Festphasentechnik des Enzymimmunoassays) (Biochem) / ELISA* n, enzyme-linked immunosorbent assay*
**Elixier** n (weingeistige oder weinige Tinktur mit Zusätzen von Zucker, Extrakten, etherischen Ölen usw.) (Pharm) / elixir* n
**Elkleder** n (chrom-aluminium-gegerbte Rindshaut) (Leder) / elk leather
**Elko** m (Eltech) / electrolytic capacitor*
**Ellagsäure** f (Chem) / ellagic acid, gallbogen n
**Elliott-Flammpunktprüfer** m (Chem) / Elliott tester
**Elliottkiefer** f (Pinus echinata Mill.) (For) / shortleaf pine
**Ellipse** f (situations- oder kontextbedingt verkürzter Satz) (KI) / ellipsis n (pl. ellipses) ‖ ⁓ (einer der Kegelschnitte) (Math) / ellipse* n
**ellipsen·ähnlich** adj (Math) / ellipsoidal adj ‖ ⁓**bahn** f (Raumf) / elliptical orbit* ‖ **mehrelementiger** ⁓**bogen** (Bau, Verm) / false ellipse* ‖ ⁓**flügel** m (Luftf) / elliptical wing ‖ ⁓**lenker** m (Hebelwerk, durch welches die Drehbewegung des Meßwerks eines Schreibers in eine geradlinige Bewegung der Schreibspitze umgesetzt wird) (Instr) / linearising gear ‖ ⁓**zeichner** m (Math) / elliptic trammel*, trammel n, ellipsograph n, elliptic compass ‖ ⁓**zirkel** m (zur Konstruktion einer Ellipse) (Math) / elliptic trammel*, trammel n, ellipsograph n, elliptic compass
**Ellipsograf** m (Math) / elliptic trammel*, trammel n, ellipsograph n, elliptic compass
**Ellipsoid** n (geschlossene Fläche zweiter Ordnung) (Math) / ellipsoid* n ‖ **abgeplattetes** ⁓ (Math) / oblate ellipsoid*, oblate spheroid ‖ **Fresnelsches** ⁓ (Krist) / ray ellipsoid, Fresnel ellipsoid* ‖ **gestrecktes** ⁓ (Math) / prolate ellipsoid*, prolate spheroid ‖ **verlängertes** ⁓ (Math) / prolate ellipsoid*, prolate spheroid
**ellipsoidisch** adj (Math) / ellipsoidal adj ‖ ⁓ (räumlich) **gekrümmtes Gewölbe** (Arch) / barrel vault n, annular vault*, wagon vault*, tunnel vault*, cradle vault, cylindrical vault
**Ellipsoid·kühlturm** m / ellipsoidal cooling tower ‖ ⁓**scheinwerfer** m (Kfz) / ellipsoidal headlight

**Ellipsometrie** f (Messung der Dicke dünner Filme, hauptsächlich zu Korrosionsuntersuchungen) (Galv) / ellipsometry n ‖ ⁓ (optische Methode zur Untersuchung von Oberflächen) (Masch) / ellipsometry n ‖ ⁓ (die Bestimmung des Polarisationszustandes von reflektiertem Licht) (Opt) / ellipsometry n
**Elliptikfeder** f (Kfz, Masch) / elliptic spring
**Elliptik-Feder, 1/4-**⁓ (eine Blattfeder) (Kfz, Masch) / quarter-elliptic (leaf)spring
**Elliptikfeder, 1/2-**⁓ (eine Blattfeder) (Kfz, Masch) / semi-elliptic spring*
**elliptisch** adj (Math) / elliptic adj, elliptical adj ‖ ⁓**e Bahn** (Raumf) / elliptical orbit* ‖ ⁓**e Differentialgleichung** (Math) / elliptic differential equation, elliptic partial differential equation ‖ ⁓**e Ebene** (Math) / elliptic plane ‖ ⁓**e Funktion** (eine meromorphe Funktion, die doppeltperiodisch ist) (Math) / elliptic function* ‖ ⁓**e Galaxie** (deren optisches Erscheinungsbild einer mehr oder weniger langestreckten Ellipse ähnelt, im Grenzfall auch Kugelgestalt zeigt) (Astr) / elliptical galaxy*, E galaxy, spheroidal galaxy ‖ ⁓**e Geometrie** (eine nichteuklidische Geometrie) (Umkehrfunktion der elliptischen Funktion) (Math) / elliptic geometry, Riemannian geometry ‖ ⁓**es Integral** (Math) / elliptic integral* ‖ ⁓**e Koordinaten** (Math) / elliptic coordinates ‖ ⁓**es Paraboloid** (Math) / elliptic paraboloid ‖ ⁓**e Platte** (Bau, Mech) / elliptical plate ‖ ⁓**e Polarisation** (Phys) / elliptical polarization* ‖ ⁓**e polarisiert** (DIN 5483, T 3) (Phys) / elliptically polarized ‖ ⁓ **polarisierte Welle** (Opt) / elliptically polarized wave ‖ ⁓**er Punkt** (bei Krümmungen) (Math) / elliptical point* ‖ ⁓**er Typus der partiellen Differentialgleichung** (Math) / elliptic differential equation, elliptic partial differential equation ‖ ⁓**e Zahnräder** (eine Verzahnungsgeometrie) (Masch) / elliptic gear ‖ ⁓**er Zylinder** (Math) / elliptic cylinder
**Elliptisin** / elliptisine n
**Elliptizin** n (ein Alkaloid aus Hahnenfuß- und Immergrüngewächsen) (Chem) / ellipticine n
**Elliptizität** f (Abweichung eines rotierenden Körpers von der Kugelgestalt) (Math) / ellipticity n ‖ ⁓ s. auch Erdabplattung
**Ellira-Schweißen** n (ein verdecktes Lichtbogenschweißen) (Schw) / submerged-arc welding*, SAW
**Elmendorf-Durchreißprüfer** m (Pap, Tex) / Elmendorf tear tester*
**Elmendorf-Reißprüfgerät** n (Pap, Tex) / Elmendorf tear tester*
**ELMI** (Mikros) / electron microscope*, EM
**Elmsfeuer** n (Elektr) / Saint Elmo's fire*, St. Elmo's fire, corposant n, dead fire, jack-o'-lantern n
**ELoGM** (Mil) / electronic countermeasure*, ECM*
**ELoGM-Flugzeug** n (Mil) / ECM aircraft
**Eloidverzahnung** f (Masch) / epicyclic tooth system
**E-Lok** f (Bahn, Eltech) / electric locomotive*
**EloK(a)** f (Mil) / electronic warfare*, EW*
**EloKa-Flugzeug** n (ein mit Spezialelektronik ausgerüstetes Kampfflugzeug) (Mil) / EWaircraft n, electronic-warfare aircraft
**EloKa-Gerät** n (Mil) / electronic-warfare equipment
**ELoKA-Trägerfahrzeug** n (Mil) / ferret n
**Elongation** f (die Winkeldistanz eines Planeten von der Sonne gemessen in ekliptikaler Länge) (Astr) / elongation* n ‖ ⁓ (Kettenverlängerung) (Biochem) / elongation n ‖ ⁓ (Kettenverlängerung) (Biochem) / elongation n ‖ ⁓ (Phys) / displacement n
**Elongationsfaktor** m (Biochem) / elongation factor* ‖ ⁓ (Biochem) / transfer factor
**Elongator** m (Hütt) / elongator n
**Elongatorwalzwerk** n (Hütt) / elongator n
**ELoSM** (Mil) / electronic counter-countermeasure, ECCM
**Eloxalverfahren** n (Chem Verf) / anodic oxidation of aluminium, aluminium anodizing
**Elsasser-Strahlungsdiagramm** n (nach W. Elsasser, 1904- ) (Meteor) / Elsasser's radiation chart
**Elsbeere** f (Sorbus torminalis (L.) Crantz) (For) / wild service-tree
**ELSBM-System** n (Erdöl) / exposed location single-buoy mooring system
**E²L-Schaltung** f (Eltronik) / emitter-emitter-coupled logic, emitter-to-emitter-coupled logic, E²CL, E²L
**Elternknoten** m (in der Grafentheorie) (KI) / parent node
**Eltern-Scan** m (Spektr) / parent-ion scan, precursor-ion scan
**Eluant** m (Chem) / eluent n, eluant n, elutant n, elution agent
**Eluat** n (durch Herauslösen adsorbierter Stoffe gewonnene Flüssigkeit) (Chem) / eluate n
**Eluens** n (Chem) / eluent n, eluant n, elutant n, elution agent
**eluieren** v (Chem) / elute v ‖ ⁓ n (Chem) / elution* n
**eluotrop** adj (Reihe) (Chem) / eluotropic adj
**Elution** f (in der Chromatografie - Herauslösen oder Verdrängen von adsorbierten Stoffen aus festen oder mit Flüssigkeit getränkten Adsorbentien und Ionenaustauschern) (Chem) / elution* n

**Elutions•analyse** f (Chem) / elution analysis, elution chromatography, continuous-flow chromatography ‖ ⁓**chromatografie** f (Chem) / elution analysis, elution chromatography, continuous-flow chromatography ‖ ⁓**mittel** n (Chem) / eluent n, eluant n, elutant n, elution agent ‖ ⁓**mittel** (in der Elutionstechnik der Gaschromatografie) (Chem) / (mobile) solvent system, solvent n, mobile liquid, mobile solvent ‖ ⁓**technik** f (Chem) / elution analysis, elution chromatography, continuous-flow chromatography ‖ ⁓**volumen** n (Chem) / elution volume, eluant volume, effluent volume
**Elutriation** f (Chem Verf) / elutriation* n, levigation* n, washing n
**Elutriator** m (beim Kracken mit bewegtem Katalysatorbett) (Chem Verf) / elutriator* n
**eluvial** adj (Geol) / eluvial adj ‖ ~**e Seife** (Bergb) / eluvial placer
**Eluvialhorizont** m (Landw) / $A_2$ horizon, E horizon, eluvial horizon
**Elysierdrehen** n (Masch) / electrochemical turning
**Elysieren** n (Masch) / electrolytic machining*, electrochemical machining*, ECM*
**Elysierläppen** n (Masch) / electrochemical lapping
**Elysiersenken** n (Masch) / electrochemical forming (ECF)
**Elzevi(e)r-Antiqua** f (Typog) / French old style
**EM** (Fernm, Radio) / single-sideband modulation, SSB modulation
**EMA** (Spektr) / electron probe microanalysis, EPM, EMA, electron probe analysis*
**Emacs** m (vorwiegend in Lisp geschriebenes Textsystem) (EDV) / Emacs n
**Emagramm** n (ein thermodynamisches Diagramm von A. Refsdal) (Meteor) / emagram n
**Email** n (RAL 529 A2) (ein Glasfluß, der dekorative Aufgaben und Schutzfunktionen auf einer metallischen Unterlage erfüllt) / vitreous enamel*, enamel n, porcelain enamel (US), PE ‖ **abgeplatztes** ⁓ / jumper n, popper n ‖ **selbstreinigendes** ⁓ (für Backöfen, Elektroherde und Grillgeräte) / self-cleaning enamel ‖ ⁓ n **für Emailgläser** (Glas) / ceramic glass enamel, glass enamel
**email•blau** adj / enamel-blue adj ‖ ⁓**brennofen** m / enamelling kiln ‖ ⁓**draht** m (Hütt) / glazed wire ‖ ⁓**farbe** f (Keram) / overglaze colour, enamel colour ‖ ⁓**farbkörper** m / enamelling pigment ‖ ⁓**glasur** f (Keram) / enamel glaze ‖ ⁓**kopierverfahren** n (zur Gruppe der Chromatkolloidkopierverfahren gehörendes Negativ-Kopierverfahren) / enamel process
**Emaille** (ein Glasfluß, der dekorative Aufgaben und Schutzfunktionen auf einer metallischen Unterlage erfüllt) / vitreous enamel*, enamel n, porcelain enamel (US), PE ‖ ⁓**lack** m (Lackfarbe zum Erzeugen einer hochglänzenden, gut verlaufenden Lackierung nach DIN 55945) (Anstr) / enamel* n, enamel paint, hard-gloss paint* ‖ ⁓**lackfarbe** f (Anstr) / enamel* n, enamel paint, hard-gloss paint* ‖ ⁓**leder** n (Leder) / enamelled hide
**Emaillierblech** n (ein Stahlblech, das sich zum Emaillieren eignet) (Hütt) / enamelling (steel) sheet, enamelling steel, enameling iron (US)
**emaillieren** v / enamel v ‖ **elektrostatisches** ⁓ (Auftragen von Emailleschlicker mit Hilfe einer elektrostatischen Versprüheinrichtung) / electrostatic enamelling
**Emaillierofen** m (Keram) / enamelling kiln (in which porcelain enamels are fired)
**emailliert•er Draht** (Eltech) / enamel-insulated wire*, enamelled wire ‖ ~**es Glas** (Glas) / enamelled glass, enamel-coated glass ‖ ~**er Stahl** (z.B. mit Nucerit) (Chem Verf, Hütt) / glassed steel, glass-coated steel, glass-lined steel (with high resistance to chemical attack at elevated temperatures and pressures)
**Email•ofen** m (Keram) / enamelling kiln (in which porcelain enamels are fired) ‖ ⁓**rücklauf** m (Keram) / enamel scrapings pl (porcelain enamel recovered from spray booths, dip tanks, settling tanks, and other sources, which are suitable for reconditioning for future use) ‖ ⁓**schlicker** m (Keram) / enamel slip
**Emanation** f (von radioaktiven Gasen) (Chem, Phys) / emanation* n
**Emanationsgasanalyse** f (Chem) / emanation thermal analysis
**Emanometer** n (zur Messung des in Gasen und Flüssigkeiten enthaltenen Radons) (Chem) / emanometer n
**Emanuelstil** m (Arch) / Manueline style
**EMB** (Eltronik) / electromagnetic interference* (EMI)
**Emballage** f / shipping packing, dispatch packing
**Emballagenlack** m (Anstr) / packaging (can) coating
**Embden-Meyerhof-Abbauweg** m (Biochem) / glycolysis* n (pl. glycolyses), Embden-Meyerhof-Parnas pathway, EMP pathway, glycolytic pathway
**Embden-Meyerhof-Parnas-Weg** m (nach G. Embden, 1874-1933, O. Meyerhof, 1884-1951, und J.K. Parnas) (Biochem) / glycolysis* n (pl. glycolyses), Embden-Meyerhof-Parnas pathway, EMP pathway, glycolytic pathway
**Emblem** n (Kfz) / badge n
**Embolit** n (Min) / embolite n

**Embonat** n (Salz der Embonsäure) (Chem) / embonate n, pamoate n
**Embonsäure** f (Chem) / embonic acid, pamoic acid
**embryonal** adj (Geol) / embryonic adj
**EMC** (Eltronik) / electromagnetic compatibility, EMC
**EMD** (Fernsp) / noble-metal uniselector motor switch
**Emde-Abbau** m (Abbau quartärer Ammoniumsalze durch reduktive Spaltung der Kohlenstoff-Stickstoff-Bindung mit Natriumamalgam zu tertiären Aminen) (Chem) / Emde degradation
**emE** (Phys) / electromagnetic unit*, e.m.u., EMU
**emerisieren** v (Gewebe) (Tex) / emerize v
**Emersion** f (Heraustreten eines Mondes aus dem Schatten seines Planeten) (Astr) / emersion* n, egress n ‖ ⁓ (durch Landhebung oder Meeresspiegelsenkung) (Geol) / emergence of land*
**Emerskultur** f (von Mikroorganismen auf der Oberfläche von Nährlösungen oder festen Nährböden, so daß ein schneller Gasaustausch erfolgen kann) (Bakteriol) / surface culture
**Emetikum** n (pl. -ika) (Pharm) / emetic n
**Emetin** n (Chem, Pharm) / emetine* n
**Emetinum purum** (ein Ipecacaalkaloid) (Chem, Pharm) / emetine* n
**EMI-Shielding** n (Abschirmung von störenden elektromagnetischen Wellen in Lacken mit Metallpigmenten) (Anstr) / EMI shielding, electromagnetic-interference shielding
**Emission** f (die Aussendung der Strahlungsenergie nach DIN 5031, T 8) (Phys) / emission* n ‖ ⁓ (meistens von Schadstoffen im Sinne des Bundesimmissionsschutzgesetzes) (Umwelt) / emission n ‖ **akustische** ⁓ (Akus) / sound emission, acoustic emission ‖ ⁓, **die auf menschliche Tätigkeiten zurückzuführen ist** (Umwelt) / pollution due to human activitites ‖ **induzierte** ⁓ (Phys) / stimulated emission*, induced emission ‖ **spontane** ⁓ (Phys) / spontaneous emission* ‖ **verstärkte spontane** ⁓ (z.B. bei Farbstofflasern) (Eltronik, Phys) / amplified spontaneous emission (ASE)
**Emissions•-** (Phys, Umwelt) / emissive adj ‖ ⁓**bande** f (Spektr) / emission band ‖ ⁓**charakteristik** f (Phys) / emission characteristic ‖ ⁓**computertomografie** f (nuklearmedizinische Untersuchungsmethode zur Ermittlung der Aktivitätsverteilung eines Radiopharmakons) (Med, Radiol) / emission computer tomography, ECT, single-photon emission computer tomography, laminography*, planigraphy*, SPECT ‖ ⁓**erklärung** f (des Betreibers einer genehmigungsbedürftigen Anlage) (Umwelt) / emission declaration ‖ **thermischer** ⁓**faktor** (Eltronik) / thermal-emission coefficient ‖ ⁓**fotozelle** f (Eltronik) / photoemissive cell* ‖ ⁓**gasnebel** m (Astr) / emission nebula ‖ ⁓**grad** m (DIN 5496) (die in den Hohlraum je Zeiteinheit ausgestrahlte Energie) (Phys) / emissivity* n, emittance n, emissive power* ‖ ⁓**grenzwerte** m pl (Kennziffern für die Begrenzung der Schadstoffabgabe in die Außenwelt) (Umwelt) / emission limits ‖ ⁓**kennlinie** f (Phys) / emission characteristic ‖ **maximale** ⁓**konzentration** (Umwelt) / maximum emission concentration ‖ ⁓**linie** f (eine Spektrallinie) (Spektr) / emission line ‖ ~**los** adj (Umwelt) / zero-emission attr ‖ ~**loses Fahrzeug** (Kfz) / zero-emission car ‖ ⁓**mikroskop** n (ein elektronenoptisches Gerät zur direkten Abbildung elektronenemittierender Oberflächen) (Mikros) / emission electron microscope, emission microscope ‖ ⁓**minderung** f (Kfz) / emission control n ‖ ⁓**monitor** m (Spektr) / emission monitor ‖ ⁓**monochromator** m (Spektr) / emission monochromator switch ‖ ⁓**nebel** m (interstellare Materie) (Astr) / emission nebula ‖ ⁓**normen** f pl (Umwelt) / emission regulations, exhaust emission regulations, emission standards ‖ ⁓**prospekt** m (Auskunft über ein Unternehmen oder eine pädagogische Institution) / prospectus n ‖ ⁓**quantometer** n / emission quantometer ‖ ⁓**quelle** f (Punkt-, Linien- oder Flächenquelle) (Umwelt) / emission source, emitter n, emitting source ‖ ⁓**spektralanalyse** f (bei der durch Messung der Wellenlänge und der Intensität von optischen Spektrallinien der Elementegehalt einer Probe bestimmt wird) (Spektr) / emission spectrum analysis, emission spectrophotometry ‖ ⁓**spektroskopie** f (Spektr) / emission spectroscopy ‖ **optische** ⁓**spektroskopie mit Glimmlampenanregung** (Spektr) / glow-discharge optical spectroscopy, GDOS ‖ ⁓**spektrum** n (Spektr) / emission spectrum* ‖ ⁓**spektrum** (mit hellen Spektrallinien auf dunklem Hintergrund) (Spektr) / bright-line spectrum ‖ ⁓**strom** m (Eltronik) / emission current* ‖ ⁓**thermoanalyse** f (Chem) / evolved-gas analysis, EGA ‖ ⁓**tomografie** f (Med, Radiol) / emission tomography (ECT or SPECT) ‖ ⁓**überwachungsgerät** n (Nukl) / effluent monitor* ‖ ⁓**verhältnis** n (Phys) / emissivity* n, emittance n, emissive power* ‖ ⁓**vermögen** (Phys) / emissivity* n, emittance n, emissive power* ‖ ⁓**vorschriften** f pl (Umwelt) / emission regulations, exhaust emission regulations, emission standards
**emissiv** adj (Phys, Umwelt) / emissive adj
**Emittanz** f (eines Beschleunigers) (Kernphys) / emittance n
**Emittent** m (Umwelt) / emission source, emitter n, emitting source ‖ ⁓ (z.B. ein Abwassereinleiter) (Umwelt) / polluter n
**Emitter** m (Abkürzung für Emitteranschluß, -elektrode oder -zone nach DIN 41854) (Eltronik) / emitter* n ‖ ⁓**anschluß** m (Eltronik) /

**Emitterbahnwiderstand**

emitter contact, emitter terminal ‖ ≃**bahnwiderstand** *m* (Eltronik) / emitter series resistance ‖ ≃**bereich** *m* (Eltronik) / emitter region ‖ ≃**diffusion** *f* (z.B. in der Bipolartechnik) (Eltronik) / emitter diffusion ‖ ≃**-Emitter-gekoppelte logische Schaltung** (Eltronik) / emitter-emitter-coupled logic, emitter-to-emitter-coupled logic, E²CL, E²L ‖ ≃**ergiebigkeit** *f* (Eltronik) / injection efficiency* ‖ ≃**folger** *m* (Verstärkerschaltung, bei der das Emitterpotential einer Transistorstufe dem Basispotential nachfolgt) (Eltronik) / emitter follower ‖ ≃**gekoppelte Logik** (Eltronik) / emitter-coupled logic, ECL, current-mode logic, CML ‖ ≃**pille** *f* (bei Transistoren) (Eltronik) / emitter pellet ‖ ≃**schaltung** *f* (eine Grundschaltung des Transistors) (Eltronik) / common-emitter connection*, ce connexion ‖ ≃**übergang** *m* (Eltronik) / emitter junction* ‖ ≃**verstärker** *m* (Eltronik) / emitter follower
**emittieren** *v* (abstrahlen) (Eltronik, Phys, Umwelt) / emit *v*
**emittierend** *adj* (Phys, Umwelt) / emissive *adj*
**EMK** *f* (Elektr) / electromotive force*, e.m.f.*, electromotance *n* ‖ ≃ (Krist) / interstitial mixed crystal, interstitial solid solution ‖ **psophometrische** ≃ (Fernm) / psophometric electromotive force
**Emmerie-Engel-Reaktion** *f* (zum Vitamin-E-Nachweis) (Chem, Pharm) / Emmerie-Engel reaction
**Emmetropie** *f* (Opt) / emmetropia* *n*
**E-Mobil** *n* (Eltech, Kfz) / electromobile *n*, all-electric car, electric-powered car
**Emodin** *n* (1,3,8-Trihydroxy-6-methylanthrachinon) (Bot, Pharm) / emodin *n*
**Emodol** *n* (Bot, Pharm) / emodin *n*
**E-Modul** *m* (Mech) / modulus of elasticity*, elastic modulus*, MOE
**Emolliens** *n* (pl.: -zien oder -tia) (Pharm) / emollient *n*
**Emoticon** *n* (EDV) / emoticon *n*, smiley *n*
**E-Motor** *m* (Eltech) / electric motor*, electromotor *n*
**EMP** (Kernphys, Mil) / nuclear electromagnetic pulse, NEMP, electromagnetic pulse, EMP
**Empfang** *m* (des Betrags, der Sendung) / receipt *n* ‖ ≃ (Fernm, Radio, TV) / reception *n* ‖ **auf** ≃ **bleiben** (Fernm, Radio) / stand by *v* ‖ **schwundfreier** ≃ (Radio) / no-drift reception ‖ ≃ *m* **mit Mehrfachantenne** (Radio) / spaced-antennas reception ‖ ≃ **mit Trägeranhebung** (Fernm) / exalted-carrier reception
**empfangen** *v* (Fernm, Radio, TV) / receive *v* ‖ **~e Daten** (EDV) / received data
**empfangend•er Kontrollor** (A) (Luftft) / receiving controller ‖ **~er Lotse** (Luftft) / receiving controller ‖ **~er Teilnehmer** (Fernm) / recipient *n* ‖ **~er Verkehrsleiter** (S) (Luftft) / receiving controller
**Empfänger** *m* / receiver *n* ‖ ≃ (ein Halbleiterbauelement, das optische Signale am Ende einer LWL-Übertragungsstrecke empfängt und in elektrische Signale umwandelt) (Eltronik) / optical receiver ‖ ≃ (einer Mitteilung) (Fernm) / recipient *n* ‖ ≃ (Fernm, Radio, TV) / receiver* *n*, receiving set ‖ ≃ (Teleg) / telegraph receiver ‖ **beabsichtigter** ≃ (Mitteilungsübermittlung) (Fernm) / intended recipient ‖ **berechtigter** ≃ (Fernm) / legitimate recipient ‖ **optischer** ≃ (Baugruppe zum Umwandeln optischer Signale in elektrische Signale) (Opt) / optical receiver ‖ **stellvertretender** ≃ (Fernm) / substitute recipient ‖ **unberechtigter** ≃ (EDV) / illicit receiver ‖ **unmittelbarer** ≃ (einer Mitteilung) (Fernm) / immediate recipient ‖
**Empfänger•ausfall** *m* (Fernm, Radio) / receiver failure ‖ **kleine** ≃**röhre deren Kolben als Anode dient** (Eltronik) / catkin *n* ‖ ≃**sperre** *f* (Eltronik, Radar) / muting *n* ‖ ≃**sperröhre** *f* (Eltronik) / transmit-receive tube*, TR tube* ‖ ≃**teil** *n* **eines Funkgerätes** (Radio) / radio receiver*, RX, wireless receiver
**Empfängnisverhütungsmittel** *n* (meistens hormonale) (Pharm) / antifertility agent, ovulation inhibitor, anovulant *n*, contraceptive *n*
**Empfangs•abruf** *m* (EDV) / selecting *n* ‖ ≃**anlage** *f* (Fernm) / receive-only equipment, RO equipment ‖ ≃**antenne** *f* (Radio) / receiving aerial ‖ ≃**aufruf** *m* (an eine Datenstation, Daten zu liefern - DIN 44302) (EDV) / selection *n*, selecting process ‖ ≃**bahn** *f* (Bahn) / destination railway ‖ **~bereit** (RR) *adj* (EDV) / receive ready (RR) ‖ **~bereit** *adj* (Fernm, Radio) / ready *adj* to receive ‖ **nicht ~bereit (RNR)** (EDV) / receive not ready (RNR) ‖ ≃**bereitschaft** *f* (Fernm) / listening watch ‖ ≃**bestätigung** *f* (Fernm) / confirmation of receipt ‖ ≃**betrieb** *m* (Richtungsbetrieb, bei dem an der Schnittstelle Daten nur von der DÜE der DEE zugeführt werden) (EDV) / receive mode ‖ ≃**bezugsdämpfung** *f* (Fernm) / receiving reference loss ‖ ≃**daten** *pl* (EDV) / received data ‖ **druckender** ≃**locher** / printing reperforator, typing reperforator ‖ ≃**gebäude** *n* (Bahn) / depot *n* (US), station *n* (a building) ‖ ≃**gerät** *n* (Fernm, Radio, TV) / receiver* *n*, receiving set ‖ ≃**gleichrichtung** *f* (Radio) / demodulation* *n* ‖ ≃**loch** *n* (im Reflexionsschatten der Ionosphäre) (Radar, Radio, TV) / blind spot*, shadow* *n* ‖ ≃**loch** (Radio) / dead spot* ‖ ≃**locher** *m* (Teleg) / reperforator *n*, receiving perforator ‖ ≃**oszillator** *m* (des Superhets) (Radio) / local oscillator*, LO ‖ ≃**pegel** *m* (Fernm) / receiving level ‖ ≃**schleuse** *f* (für Molche) (Masch) / pig-receiving trap ‖ ≃**schrittakt** *m* (Fernm) / receiver signal element timing ‖ ≃**seite** *f* (Fernm, Radio) /

receiving end ‖ ≃**signale überlagern** (Radio) / blanket *v* ‖ ≃**station** *f* (EDV) / tributary station, slave station ‖ ≃**stelle** *f* (der Gemeinschaftsantenne) (Radio, TV) / head end ‖ ≃**takt** *m* (EDV) / receiver clock ‖ ≃**tote Zone** (Fernm, Nav) / cone of silence*, silent zone ‖ **rauscharmer** ≃**umsetzer** (Fernm) / low-noise converter, LNC
**empfindlich** *adj* (z.B. Meßgerät) / sensitive *adj* (to) ‖ ~ (gegen) / susceptible *adj* (to) ‖ ~ (z.B. gegen Säuren) (Chem) / labile* *adj* ‖ ~ **für blaues und violettes Licht** (sowie noch kürzerwellige Strahlung) (Foto) / colour-blind *adj* ‖ ~ **gegen Strahlen** (Fernm, Med, Radio) / radiosensitive* *adj* ‖ ~ **sein** (für) / respond *v* (to), react *v* (to)
**Empfindlichkeit** *f* (Steigerung der Eichkurve eines Sensors) / sensitivity *n* ‖ ≃ (Kenngröße, z.B. eines Meßgeräts) / sensitivity* *n* ‖ ≃ (Eigenschaft) / sensitivity* *n*, sensitiveness *n* ‖ ≃ (gegen) / susceptibility *n* (to) ‖ ≃ (Akus) / response *n* ‖ ≃ (z.B. gegen Säuren) (Chem) / lability *n* ‖ ≃ (Foto) / speed *n* ‖ **axiale** ≃ (Akus) / axial response* ‖ **magnetische** ≃ (Mag) / magnetic sensitivity ‖ **maximale** ≃ (des Meßgerätes) (Instr) / peak response ‖ **spektrale** ≃ (Foto, Opt, Spektr) / spectral sensitivity*, spectral response ‖ **von höchster** ≃ / ultrasensitive *adj* ‖ ≃ *f* **der Emulsion** (z.B. nach DIN oder ASA) (Foto) / photographic speed ‖ ≃ **des Meßinstruments** (Instr) / instrumental sensitivity* ‖ ≃ **für Schall** (Akus) / acoustic sensitivity ‖ ≃ **gegen Versorgungsspannungsänderungen** (Eltech) / supply voltage sensitivity
**Empfindlichkeits•angabe** *f* (für fotografische Materialien) (Foto) / speed rating ‖ ≃**diagramm** *n* (DIN 41 855, T 2) (Eltronik) / sensitivity diagram ‖ ≃**faktor** *m* / sensitivity factor ‖ **spektraler** ≃**grad** (des Auges) (Opt) / spectral luminous efficiency ‖ **untere** ≃**grenze** (Physiol) / threshold of detectability ‖ ≃**index** *m* (Foto) / exposure index* (EI) ‖ **spektrale** ≃**kurve** (Opt) / visibility curve*, luminosity curve, spectral sensitivity curve ‖ ≃**regelung** *f* / sensitivity control ‖ **automatische** ≃**regelung mit Schwellenwerteinstellung** (Radio) / quiet automatic volume control*, delayed automatic gain control*, quiet automatic gain control, LQAGC, QAVC ‖ ≃**schwelle** *f* (Fernm) / quieting sensitivity* ‖ **~steigernde Entwicklung** (z.B. längere Entwicklung bei angehobenen Entwicklertemperaturen) (Foto) / forced development*, forced processing, pushed development, forcing *n* ‖ ≃**zahl** *f* / sensitivity factor ‖ ≃**zeit** *f* (in Spurkammern) (Kernphys) / sensitive time*
**Empfindung** *f* (sinnliche Wahrnehmung) (Psychol) / sensation *n*
**Empfindungsschwelle** *f* (Physiol) / sensory threshold, threshold of sensation
**empfohlen•e Aufbrauchfrist** (A) (Nahr) / best-before date, use-by date ‖ **~e Tagesmenge** (Nahr, Pharm) / recommended daily amount, recommended daily intake, recommended daily allowance, RDA, RDI ‖ **~e tägliche Aufnahmemenge** (Nahr, Pharm) / recommended daily amount, recommended daily intake, recommended daily allowance, RDA, RDI ‖ **~e Temperatur** / recommended temperature
**empfundener Lärmpegel** (Maß für die Störwirkung von Lärm) (Akus) / perceived noise level, PNL
**Empiremöbel** *pl* / Empire furniture
**Empirie** *f* / experience *n*
**empirisch** *adj* / empirical *adj* ‖ ~ **abgeleitete Formel** (Masch, Phys) / empirical formula* ‖ **~e Formel** (Chem) / empirical formula* ‖ **~es Moment** (Stats) / empirical moment ‖ **~es Näherungsverfahren** (bewußte und systematische Anwendung von Trial and error) (KI) / trial-and-error method ‖ **~es Quantil** (Stats) / empirical quantile ‖ **~e Schiefe** (Stats) / empirical skewness ‖ **~e Streuung** (Stats) / empirical dispersion ‖ **~e Temperaturskale** (z.B. Celsiusskale nach DIN 1345) (Phys) / empirical temperature scale ‖ **~e Verteilungsfunktion** (Stats) / empirical distribution function
**empirisch-praktische** (Näherungs)**Methode** (KI) / trial-and-error method
**Empirismus** *m* / empiricism* *n*
**Emplektit** *m* (ein Kupferspießglanz) (Min) / emplectite *n*
**Empore** *f* (in der Kirche) (Arch) / gallery* *n*, tribune *n*, loft *n*
**Emporheben** *n* (Masch, Werkz) / elevation *n*
**Emprotid** *n* (Chem) / proton acceptor, emprotide *n*
**Empty-Lattice-Band** *n* (bei der Darstellung des Energiespektrums freier Elektronen im reduzierten Zonenschema eines Kristallgitters) (Krist) / empty-lattice band
**Empty-Slot-Verfahren** *n* (bei dem auf dem Ring eines Ringnetzes dauernd Datenpakete fester Länge zirkulieren, die als leer oder voll gekennzeichnet sind) (EDV) / empty slot technique ‖ ≃ (bei dem auf dem Ring eines Ringnetzes dauernd Datenpakete zirkulieren, die als leer oder voll gekennzeichnet sind) (EDV) / empty-slot scheme
**empyreumatisch** *adj* (durch trockene Destillation organischer Körper gewonnen) (Chem) / empyreumatic *adj*
**EMR** (Anstr, Plast) / extern mould release ‖ ≃ *m* (zur Durchführung von enzymkatalysierten Reaktionen) (Biochem) / enzyme-membrane reactor
**EMS** / electromagnetic levitation

**Emscherbecken** *n* (DIN 4045) (Sanitär) / Imhoff tank*
**Emscherbrunnen** *m* (Sanitär) / Imhoff tank*
**EMS-Speicher** *m* (EDV) / expanded memory, EMS memory
**Emulation** *f* (softwaremäßige Nachbildung eines Rechnersystems, wobei nur das äußere Verhalten des Systems nachgebildet wird) (EDV) / emulation *n*
**Emulationstest** *m* (EDV) / emulation test
**Emulator** *m* (Zusatz zur Zentraleinheit einer Rechenanlage, der das Befehlssystem einer anderen Rechenanlage simuliert und dadurch den Austausch von Programmen ermöglicht) (EDV) / emulator *n*
**Emulgator** *m* (DIN 53900) (Chem) / emulsifying agent*, emulsifier *m*, emulgator *n* || ~ (Maschine) (Chem Verf) / emulsifier* *n*
**Emulgens** *n* (pl. -enzien) (Chem) / emulsifying agent*, emulsifier *m*, emulgator *n*
**emulgierbar** *adj* / emulsible *adj*, emulsifiable *adj*, emulsive *adj* || ~ (Öl) (Chem) / soluble *adj* || ~es **Konzentrat** (eine Flüssigformulierung der Pflanzenschutz- und Schädlingsbekämpfungsmittel) (Chem, Umwelt) / emulsifiable concentrate
**emulgieren** *v* (eine Emulsion herstellen) (Chem) / emulsify *v* || ~ *n* (Chem) / emulsifying *n*, emulsification *n*
**Emulgiermaschine** *f* (Chem Verf) / emulsifier* *n*
**Emulgiermittel** *n* (Chem) / emulsifying agent*, emulsifier *m*, emulgator *n*
**emulgiertes Wasser** (Erdöl) / emulsified water
**Emulgierung** *f* (Chem) / emulsifying *n*, emulsification *n*
**emulieren** *v* (EDV) / emulate *v*
**Emulsion** *f* (ein kolloides System nach DIN 53900) (Chem) / emulsion* *n* || **multiple** ~ (ein vielfach verwendetes Emulsionssystem) (Chem) / multiple emulsion || **schnellbrechende** ~ (Chem) / quick-breaking emulsion || **Wasser-in-Fett-**~ (Chem) / water-in-fat emulsion || **Wasser-in-Öl-**~ (Chem) / water-in-oil emulsion, W/O emulsion
**emulsionieren** *v* (Chem) / emulsify *v* || ~ *n* (Chem) / emulsifying *n*, emulsification *n*
**Emulsions•bildner** *m* (Chem) / emulsifying agent*, emulsifier *m*, emulgator *n* || ~**bildung** *f* (Chem) / emulsifying *n*, emulsification *n* || ~**entfetten** *n* / emulsion degreasing || ~**farbe** *f* (DIN 55945) (Anstr) / emulsion paint* *n* || ~**farbe** (Anstr) s. auch Kunststoffdispersionsfarbe || ~**nummer** *f* (Film) / emulsion number || ~**öl** *n* / emulsion oil || ~**polymer** *n* (Chem) / emulsion polymer || ~**polymerisat** *n* (Chem) / emulsion polymer || ~**polymerisation** *f* (Chem) / emulsion polymerization || ~**reinigen** *n* / emulsion cleaning || ~**reiniger** *m* (Chem) / emulsion cleaner || ~**reinigung** *f* / emulsion cleaning || ~**schicht** *f* (Foto) / emulsion layer || ~**spaltanlage** *f* (Chem Verf) / emulsion-breakdown plant || ~**spalter** *m* (Chem) / demulsifier *n*, demulsifying agent || ~**spaltung** *f* (Chem) / demulsification *n*, de-emulsification *n*, breaking *n*, breakdown *n* || ~**sprengstoff** *m* (Mil) / emulsion explosive || ~**stabilisator** *m* (Chem) / emulsion stabilizer || ~**stern** *m* (Kernspuremulsion) (Kernphys) / emulsion star, star* *n*, nuclear star || ~**trennanlage** *f* (Chem Verf) / emulsion-breakdown plant
**Emulsoid** *n* (Chem) / emulsoid* *n*
**EMV** (Eltronik) / electromagnetic compatibility, EMC
**EN** (Chem, Elektr) / electronegativity* *n* || ~ = Europäische Norm
**Enamide** *n pl* (Gruppenbezeichnung für ungesättigte Säureamide) (Chem) / enamides *pl*
**Enamine** *n pl* (Gruppenbezeichnung für ungesättigte Amine) (Chem) / enamines *pl*, vinylamines *pl*
**Enantiomer** *n* (Chem) / enantiomer *n*, optical isomer, antimer *n*, optical antipode
**Enantiomerenüberschuß** *m* (Mehrgehalt einer razemischen Mischung an einem Enantiomeren) (Chem) / optical purity, enantiomeric excess
**Enantiomerie** *f* (eine Form der Stereoisomerie, insbesondere der Chiralität von Molekülen) (Chem) / enantiomerism* *n*
**Enantiomorphie** *f* (wenn sich die Enantiomerie auch im spiegelbildlichen Bau von Kristallen ausdrückt) (Chem, Min) / enantiomorphism* *n*, mirror-image isomerism, mirror-image relationship
**enantioselektiv** *adj* (Chem) / enantioselective *adj* || ~**e Analyse** (Chem) / chiral analysis
**enantiotop** *adj* (Chem) / enantiotopic *adj*
**Enantiotropie** *f* (die Erscheinung, daß zwei Modifikationen reversibel ineinander umwandelbar sind) (Chem) / enantiotropy *f*
**Enargit** *m* (wichtiges Kupfererz) (Min) / enargite* *n*
**Encapsulated PostScript** *n* (ein standardisiertes Datenformat, welches den Austausch von PostScript-Bilddaten zwischen verschiedenen Anwendungsprogrammen erlaubt) (EDV) / encapsulated PostScript
**Encke-Keeler-Teilung** *f* (Astr) / Encke division
**Enckesche Teilung** *f* (die wichtigste, ca. 200 km breite Teilung im A-Ring von Saturn, nach J.F. Encke, 1791 - 1865) (Astr) / Encke division

**End•-** / terminal *adj* || ~- / final *adj* || ~**ablauf** *m* (Tex) / tailing *n* || ~**abmessungsnah** *adj* / near-net-shape *attr* || ~**abnahme** *f* (F.Org) / final inspection, end-of-line test, EOLT || **automatische** ~**abschaltung** (Eltronik) / auto-cut *n*, automatic cut || ~**adresse** *f* (EDV) / end address || ~**adreßregister** *n* (EDV) / end-address register || ~**amt** *n* (Fernsp) / terminal *n*, terminal exchange || ~**anflug** *m* (Luftf) / final approach, finals* *pl*, FNA || ~**anflugteil** *n* (der Platzrunde) (Luftf) / final leg || ~**anode** *f* (Eltronik) / ultor* *n*, second anode || ~**ausschalter** *m* (bei Aufzügen) (Eltech) / final limit-switch*, ultimate limit-switch* || ~**ausschlag** *m* (bei Meßinstrumenten) (Instr) / full-scale deflection, FSD*, full deflection || ~**bahnhof** *m* (Bahn) / terminus *n* (pl. termini or terminuses), terminal *n*, terminal station, railhead *n* || ~**ballistik** *f* (Wirkungsmechanismen der verschiedenen Geschoßarten beim Auftreffen auf Zielobjekten) (Mil) / terminal ballistics, penetration ballistics || ~**band** *n* (Film) / run-out* *n* || ~**band** (Schutzfilmstreifen am Ende einer Rolle) (Film) / tail-leader* *n*, trailer* *n* || ~**bearbeiten** *v* (Masch) / finish *v*, complete *v* || ~**bearbeitung** *f* (Masch) / finishing *n*, completion *n*, finish *n* || ~**bearbeitung** (des Dielenfußbodens) **mit der Sandpapierschleifmaschine** (Bau) / flogging *n* || ~**begrenzungseinrichtung** *f* (Eltech) / limiting device || ~**behandlung** *f* / finish treatment || ~**benutzer** *m* (EDV) / end user, casual user || ~**beseitigung** *f* (einer Kernanlage) (Nukl) / dismantlement *n* || ~**bleiche** *f* (Pap) / final bleaching || ~**brühe** *f* (Farbengang) (Leder) / tail liquor, end liquor || ~**drehung** *f* (Spinn) / as-is twist, final twist || ~**druck** *m* (bei Verdichtern) (Masch) / final pressure, discharge pressure || ~**druck** (Vakuumt) / blanked-off pressure, blank-off pressure, ultimate pressure
**Ende** *n* (Spitze) / tip *n*, end *n* || ~ / finish *n*, termination *n* || ~ (Endzeitpunkt) / end *n* || ~ (Abbruch) / termination *n* || ~ (des Dachziegels, der Schieferplatte) (Bau) / tail *n* || ~ (im Funkverkehr) (Luftf, Radio) / out *n*, over || ~ (des Winkelhebers) (Masch) / limb *n* || **abgeschopftes** ~ (des Blocks) (Hütt) / crop *n*, discard* *n* || **bearbeitetes** ~ (Holz) (Bau, Zimm) / working end || **blindes** ~ (Masch) / dead end, dead leg* *n* || **eine Gruppe am** ~ **anhängen** (Chem) / cap *v* || **eingemauertes** ~ (eines Trägers) (Bau) / fang* *n* || **eingespanntes** ~ (Bau) / fixed end* || **freies** ~ (Bau) / free end* || **glattes** ~ (des Muffenrohrs) (Masch) / spigot *n*, male end of pipe || **heißes** ~ (Glas) / hot end || **hinteres** ~ (Masch) / tail *n* || **klebrige** ~**n** (Gen) / sticky ends || **kohäsive** ~**n** (Gen) / sticky ends || **stromloses** ~ (Eltech) / dead end || **totes** ~ (Masch) / dead end*, dead leg* *n* || **vorderes** ~ / front *n*, front side, front end || ~ *n* **der Aufzeichnung** (DIN 66 303) (EDV) / end of medium (EOM, EM) || ~ **der Autobahn** (ein Verkehrszeichen nach StVO) (Kfz) / end of motorway || ~ **der Betriebsperiode** (Chem Verf) / end of run || ~ **der Durchsage** (Radio) / over and out || ~ **der Funktionsfähigkeit** / end of life, EOL || ~ **der Hauptstraße** (ein Verkehrszeichen) (Kfz) / end of priority || ~ **der Lebensdauer** / end of life, EOL || ~ **der Übertragung** (ein CCITT-Steuerzeichen für Datenübertragung) (EDV) / end of transmission (EOT) || ~ *n* **des Laufs** (EDV) / end of run (EOR) || ~ **des Textes** (ein CCITT-Steuerzeichen für Datenübertragung) (EDV) / end of text (ETX) || ~ **einer Verbotsstrecke** (ein Verkehrszeichen) (Kfz) / end of restriction || ~ **eines Blocks** (ein CCITT-Steuerzeichen für Datenübertragung) (EDV) / end of transmission block || ~ *n* **eines Filmschnittpunkts** (Film) / cut-out *n*, edit-out *n*
**Endeinrichtung** *f* (Fernm) / terminal equipment*, terminal installation || ~ (Fernm) s. auch Endgerät
**Endeln** *n* (Tex) / overserging *n*
**endemisch** *adj* (auf ein enges Gebiet begrenzt - von Krankheiten) (Med) / endemic* *adj*
**enden** *v* / end *v*, end up *v*
**Enden•ablauf** *m* (beim Färben) (Tex) / tailing *n* || ~**abschluß** *m* (Kab) / terminal *n*, termination *n*
**End•-End-Verkehr** *m* (Verkehrsart, bei der nur eine Fernwirkzentralstation mit einer Fernwirkunterstation Fernwirktelegramme austauscht) / point-to-point traffic || ~**energie** *f* (für die Verbraucher) / consumer energy || ~**entgasen** *n* (einer Röhre) (Eltronik) / clean-up* *n*
**Enden•ungleichheit** *f* (beim Färben) (Tex) / ending* *n* || ~**verschluß** *m* (Kab) / terminal *n*, termination *n*
**endergonischer Vorgang** (der sich durch einen positiven Wert der freien Reaktionsenthalpie auszeichnet) (Chem) / endergonic process
**End•erzeugnis** *n* / end product, final product || ~**etikett** *n* (EDV) / trailer *n*, trailer label
**Ende•titel** *m pl* (Titel am Ende des Films) (Film) / end titles || ~**zeichen** *n* (EDV) / end character, end symbol
**End•fallgeschwindigkeit** *f* (Aufber) / terminal falling velocity || ~**farbstärke** *f* (eines Pigments beim Dispergieren) (Anstr) / final colour strength || ~**fehlerschleifenmessung** *f* **nach Varley** (Kab) / Varley loop test* || ~**feinheit** *f* (eine gewünschte Korngröße) / final size desired || ~**feuchte** *f* / final moisture content || ~**flughafen** *m* (Luftf) / terminal airport, terminal aerodrome || ~**form** *f* (des

**Endformat**

Fertigteils nach DIN 8580) (Masch) / final form ‖ ~**format** n (Druck) / trim size, trimmed size ‖ ~**formnah** adj (Fertigung) / near-net-shape attr ‖ ~**gas** n (bei der Erdölverarbeitung) (Erdöl) / tail-gas n ‖ ~**gerät** n (DIN 33853) (Fernm) / terminal* n, terminal device ‖ **entferntes** ~**gerät** (EDV) / remote station, remote terminal ‖ **multifunktionales** ~**gerät** (EDV) / multifunction terminal, multifunctional terminal ‖ ~**gerät** n **neben dem Bett** (im Krankenhaus) (EDV) / bed-side terminal ‖ ~**geräteanpassung** f (Fernm) / terminal adaption ‖ ~**geräteanpassungseinrichtung** f (Fernm) / terminal adapter ‖ ~**geschwindigkeit** f (Phys) / terminal velocity*, TV, terminal speed ‖ ~**glied** n (Eltech) / terminal* n ‖ ~**glied** (der Kette) (Masch) / end link* ‖ ~**glied** (einer Reihe) (Min) / end-member n ‖ ~**gruppe** f (Chem) / terminal group, end group ‖ ~**gruppenbestimmung** f (Chem) / end-group analysis
**endgültig • er Maschinenbefehl** (EDV) / absolute instruction ‖ ~**er Wirt** (Biol, Chem) / final host, definitive host
**End • hülse** f (z.B. zum Einkitten von Glasfasern) (Fernm) / ferrule n ‖ ~**ion** n (bei der Isotachophorese) (Chem) / tailing ion, tail ion ‖ ~**kappe** f (Eltech) / end bell* ‖ ~**knopf** m (z.B. für Treppenstangen) (Bau) / end knob ‖ ~**knoten** m (KI) / terminal node, end node ‖ ~**knoten** (KI) / leaf node, leaf n (end node of a tree), terminal node, external node, tip node, terminal vertex
**Endkochpunkt** m (Chem, Phys) / final boiling point, FBP, end-point n
**End • kontrolle** f (vor der Auslieferung) / final inspection, final check ‖ ~**kontrolleur** m / reinspector n, sorter n ‖ ~**kontur(en)nah** adj / near-net-shape attr ‖ ~**korrekturvorlage** f (Druck, EDV) / final proof ‖ ~**krater** m (Eltech, Schw) / arc crater* ‖ ~**krater** (trichterförmig eingesunkenes Ende einer durch Schmelzschweißen erzeugten Naht) (Schw) / end crater, crater at the end (of a weld pass) ‖ ~**kunde** m (meistens als Gegensatz zu OEM-Kunde) (EDV) / end user, casual user ‖ ~**lagenschalter** m (binärer Schalter, der beim Überschreiten von Endlagen betätigt wird) (Eltech) / limit switch*, end switch ‖ ~**lager** n (Masch) / end bearing, outer bearing ‖ ~**lager** (für radioaktive Abfälle) (Nukl) / ultimate storage facility, final repository, final storage facility, repository n ‖ ~**lager** s. auch Atommüllager ‖ ~**lagerung** f (Nukl) / ultimate storage, final storage, ultimate disposal ‖ ~**leistungsmesser** m (Eltronik) / output meter* ‖ ~**leitung** f (die die Endeinrichtung eines öffentlichen Netzes mit einer Endstelle verbindet) (Fernsp) / subscriber drop
**endlich** adj / finite adj ‖ ~**er Akzeptor** (EDV, Eltronik) / finite-state acceptor ‖ ~**er Automat** (mathematisches Modell zur Beschreibung von Schaltsystemen, Nervennetzen und anderen digital arbeitenden kybernetischen Systemen) (Math) / finite automaton, finite-state machine, finite-state automaton, FSA ‖ ~**e Basis** (Math) / finite base ‖ ~**er Dezimalbruch** (Math) / terminating decimal ‖ ~**er erkennender Automat** (EDV, Eltronik) / finite-state acceptor ‖ ~**er erzeugter Modul** (Math) / finitely generated module ‖ ~**e Folge** (Math) / finite sequence ‖ ~**e ganze Zahl** (Math) / finite integer ‖ ~**e Geometrie** (Math) / finite geometry ‖ ~**e Gruppe** (mit einer endlichen Anzahl von Elementen) (Math) / finite group ‖ ~**e Kardinalzahl** (Math) / finite cardinal (number) ‖ ~**er Körper** (Math) / finite field, Galois field ‖ ~**e Menge** (Math) / finite set ‖ ~**e Progression** (Math) / finite progression ‖ ~**er Reaktor** (Nukl) / finite pile ‖ ~**e Reihe** (Math) / finite series ‖ ~**e Summe** (Math) / finite series, finite sum ‖ ~**er Tragflügel** (Luftf) / finite wing ‖ ~**er Wärmeübergang an der Oberfläche** (Wärm) / finite heat transfer at the surface
**endlich • -axiomatisierbar** adj (Eigenschaft einer mathematischen Theorie) (Math) / finitely axiomatizable ‖ ~**dimensional** adj (Math, Stats) / finite-dimensional adj ‖ ~**dimensionaler Raum** (Math) / finite-dimensional space ‖ ~**dimensionale Verteilung** (eines stochastischen Prozesses) (Stats) / finite-dimensional distribution ‖ ~**dimensionalität** f (Math, Stats) / finite dimensionality ‖ ~**stellig** adj (Operation) (Math) / finitary adj
**endlos** adj (Dichtungsring) / solid adj ‖ ~ / endless adj ‖ ~ (Eingabe von Fließtexten) (Druck) / wraparound adj ‖ ~ s. auch kontinuierlich ‖ ~**e Auslaufrille** (Akus) / locked groove*, eccentric groove* ‖ ~**es Band** (eine Magnetbandkassette) (EDV, Mag) / endless loop ‖ ~**es Band** (z.B. für Fretz-Moon-Verfahren) (Hütt) / skelp* n ‖ ~**e Elektrode** (Schw) / continuous electrode ‖ ~**e Filmschleife** (Film) / endless loop ‖ ~**e Kette** (Masch) / endless chain ‖ ~**e Schleife** (Film) / endless loop ‖ ~**e Schleife** (Regeln) / closed loop*, control loop
**Endlos • band** n (EDV, Mag) / endless loop ‖ ~**band mit unjustierten Zeilen** (Typog) / idiot tape* ‖ ~**band-Cartridge** f (Akus) / cartridge* n ‖ ~**druck** m (Formulardruck in Rotationsmaschinen) (Druck) / continuous forms printing ‖ ~**erfassung** f (Typog) / idiot typing ‖ ~**faser** f (Tex) s. auch Filament ‖ ~**formular** n (EDV) / continuous stationery*, continuous form, endless form ‖ ~**formulardruck** m (Druck) / continuous forms printing ‖ ~**formulardruckmaschine** f (Druck) / continuous forms press ‖ ~**garn** n (Tex) / continuous filament yarn* ‖ **zellulosisches** ~**garn** (Spinn) / artificial silk ‖ ~**kassette** f (mit einem Bandwickel) (Akus) / loop cartridge ‖ ~**matte** f (mit parallelliegenden Spinnfäden) (Glas, Tex) / NUF mat, non-woven unidirectional fibreglass mat ‖ ~**matte** (Glas, Tex) / continuous-unilament mat, continuous-strand mat ‖ ~**papier** n (EDV) / continuous stationery*, continuous form, endless form ‖ ~**papiereinzug** m (der Schreibmaschine) / tractor feeder ‖ ~**presse** f (For) / continuous-process press, progressive presser ‖ ~**projektor** m (Film) / continuous-loop projector ‖ ~**satz** m (Druck, EDV) / computer typesetting* ‖ ~**scharnier** n / butt hinge*, piano hinge ‖ ~**sieb** n (Pap) / endless wire ‖ ~**traktor** m (EDV) / forms tractor ‖ ~**vordruck** m (EDV) / continuous stationery*, continuous form, endless form
**End • marke** f (beim Zugversuch) (WP) / gauge mark ‖ ~**markierung** f (EDV) / end marking ‖ ~**maß** n (mit rechteckigem Querschnitt und parallelen Meßflächen) (Masch) / block gauge*, slip gauge*, size block, precision block gauge, end gauge*, precision gage block (US) ‖ ~**maßstab** m (die Verkörperung einer Längeneinheit; die Länge ist dabei durch den Abstand der Endflächen gegeben) (Phys) / end standard ‖ ~**mast** m (ein Abspannmast) (Eltech) / terminal pole*, terminal tower*, dead-end tower* ‖ ~**montage** f (Masch) / final assembly ‖ ~**moräne** f (Geol) / terminal moraine, end moraine ‖ ~**nickelschicht** f (Galv) / nickel overplate ‖ ~**nutzungshieb** m (For) / main felling
**endo • cyclische Doppelbindung** (Chem) / endocyclic double bond ‖ ~**dynamomorpher Boden** (dessen Eigenschaften durch innere Einflüsse bestimmt werden) (Geol) / endodynamic soil, endodynamomorphic soil ‖ ~**enzym** n (das seine Wirksamkeit während des Lebens nur innerhalb der Zelle entfaltet) (Biochem) / endoenzyme n ‖ ~**ergischer Prozeß** (eine nukleare oder thermische Reaktion) (Chem, Kernphys) / endoergic process*, endoenergetic process* ‖ ~**-Exo-Isomerie** f (z.B. bei Brückenringsystemen vom Kamphantyp) (Chem) / endo-exo configuration* ‖ ~**gas** n (durch endotherme Umsetzung von Brenngas mit Luft aufbereitetes Schutz- und Reaktionsgas für die Wärmebehandlung metallischer Werkstoffe) (Hütt) / endothermic gas, endogas n, endothermic atmosphere
**endogen** adj (Bot, Geol) / endogenous* adj, endogenetic adj, endogenic adj
**Endoglucanase** f (Biochem) / cellulase* n
**Endokarp** n (die innerste Schale der Fruchtwand) (Bot) / endocarp* n
**endo • krin** adj (Physiol) / endocrine* adj ‖ ~**krinologie** f (Lehre von den endokrinen Drüsen) (Med, Physiol) / endocrinology n ‖ ~**morphismus** m (Math) / endomorphism n ‖ **hermitescher** ~**morphismus** (Math) / Hermitian endomorphism ‖ ~**morphose** f (Geol) / endomorphism n ‖ ~**parasit** m (pl. -en) (Biol) / endoparasite* n ‖ ~**radiosonde** f (z.B. Heidelberger Kapsel) (Med) / endoradiosonde* n
**Endorphin** n (ein Eiweißstoff) (Physiol) / endorphin* n
**ENDOR-Technik** f (eine Doppelresonanzmethode) (Kernphys, Spektr) / electron-nuclear double resonance, ENDOR (technique), double-resonance method (of Feher)
**Endoskop** n (Hütt) / endoscope* n ‖ ~ (z.B. zur Kontrolle der Hohlraumversiegelung) (Kfz) / endoscope* n ‖ ~ (zur direkten Untersuchung von Körperhöhlen und Hohlorganen) (Med) / endoscope* n
**Endosmose** f (das Eindringen einer Flüssigkeit aus der Umgebung in einen von porösen Wänden umschlossenen Raum) (Chem) / endosmosis n (pl. endosmoses)
**Endosperm** n (Bot) / endosperm* n ‖ ~**mehl** n (Nahr) / patent flour
**endotherm** adj (Phys) / endothermic* adj, endothermal adj ‖ ~**e Kernreaktion** (Kernphys) / threshold reaction ‖ ~**er Prozeß** (Phys) / endothermic process*, endoergic process*
**endo • thermisch** adj (Phys) / endothermic* adj, endothermal adj ‖ ~**toxin** n (ein Bakterientoxin) (Biol) / endotoxin* n ‖ ~**zyklische Doppelbindung** (Chem) / endocyclic double bond
**end • phasengelenkte Submunition** (Mil) / terminally guided submunition, TGSM ‖ ~**platte** f (Masch) / end plate ‖ ~**pol** m (Eltech) / terminal ‖ ~**pol** (der Autobatterie) (Eltech, Kfz) / terminal post, battery post ‖ ~**produkt** n / end product, final product ‖ ~**produkthemmung** f (am Ende eines Stoffwechsels) (Biochem) / feedback inhibition ‖ ~**produkthemmung** (Biochem) / feedback inhibition, end-product inhibition ‖ ~**profil** n (For) / end match ‖ ~**prüfung** f (DIN 55350) / final inspection, final check ‖ ~**punkt** m (in der Volumetrie) (Chem) / end-point* n ‖ ~**punkt** (eines Arbeitselements) (F.Org) / breakpoint n ‖ ~**punkt** (Masch, Regeln) / end-point n ‖ **radiometrische** ~**punktbestimmung** (Chem) / radiometric titration ‖ ~**punktbestimmung** f **nach Volhard** (J. Volhard, 1834-1910) (Chem) / Volhard method
**Endrin** n (ein Cyclodien-Insektizid) (Chem) / endrin* n
**End • riß** m (For) / end check ‖ ~**riß** (im Schnittholz) (For) / end split ‖ ~**rohr** n (Auspuff) (Kfz) / tailpipe n, tailspout n ‖ **am** ~**rohr gemessene Abgaswerte** (Kfz) / tailpipe emissions, tailspout emissions ‖ ~**rohrabgaswerte** m pl (Kfz) / tailpipe emissions, tailspout emissions ‖ ~**rücknahme** f (DIN 868) (Masch) / end relief ‖ ~**schalter** m (binärer Schalter, der beim Überschreiten von

Endlagen betätigt wird) (Eltech) / limit switch*, end switch ‖ ~**schalterstopp** m (automatische Vorabschaltung zur Vermeidung des Überlaufs) (Masch) / prestop n ‖ ~**scheibe** f (am Leitwerk) (Luftf) / outboard fin ‖ ~**scheibenleitwerk** n (Luftf) / tail-unit with outboard fins ‖ ~**schenkel** m (eines orientierten Winkels) (Math) / terminal n, terminal line, terminal side ‖ ~**schliff** m (Anstr, For) / finish sanding, final sanding ‖ ~**see** m (ein abflußloser See) (Geol) / lake without outflow, sink n

**endständig** adj / terminal adj ‖ ~**es Atom** (Chem) / terminal atom, end atom ‖ ~**e Gruppe** (Chem) / terminal group, end group

**End•station** f (Bahn) / terminus n (pl. termini or terminuses), terminal n, terminal station, railhead n ‖ ~**station einer Seitenlinie** (Bahn) / bay n (GB) ‖ ~**stelle** f (übergeordneter Begriff für die technische Einrichtung am Ende eines Übertragungsweges) (Fernm) / terminal n ‖ ~**stellengerät** n (Fernm) / terminal equipment*, terminal installation ‖ ~**stellung** f (Masch, Regeln) / end-point n ‖ ~**stück** n (des Innenräumwerkzeugs nach DIN 1415) (Masch) / retrieval end, rear support (US) ‖ ~**stufe** f (Eltech) / output stage ‖ ~**stufenmodulation** f (in der HF-Endstufe des Senders) (Radio) / high-level modulation*, high-power modulation* ‖ ~**summe** f (EDV, Math) / grand total, total n, sum total ‖ ~**symbol** n (EDV) / end character, end symbol ‖ ~**symbol** (bei Algorithmen) (EDV) / terminal symbol ‖ ~**-Systemteil** m (Mitteilungsübermittlung) (Fernm) / user agent, UA ‖ ~**-Systemteil eines Verzeichnissystems** (Fernm) / directory user agent (DUA) ‖ ~**taststellung** f (eines Drehschalters) (Eltech) / biased position ‖ ~**temperatur** f (Phys) / final temperature ‖ ~**topf** m (Kfz, V-Mot) / rear silencer, rear muffler (US) ‖ ~**transistor** m (Eltronik) / output transistor ‖ ~**übertrag** m (EDV) / endaround-carry n ‖ ~**vakuum** n (Vakuumt) / final vacuum, ultimate vacuum ‖ ~**verankerung** f (im Spannbeton) (HuT) / end anchorage ‖ ~**verbraucher** m / ultimate consumer, end consumer, final consumer ‖ ~**vergärungsgrad** m (Brau) / attenuation limit ‖ ~**verschiebung** f (EDV) / circular shift, end-around shift, ring shift ‖ ~**verschluß** m (eine Abschlußgarnitur des Kabels) (Kab) / pothead n, cable termination ‖ steckbarer ~**verschluß** (Kab) / plug-in termination ‖ ~**verstärker** m (Akus) / output amplifier ‖ ~**verzweiger** m (Fernsp) / terminal distributor ‖ ~**viskosität** f (DIN 1342, T 1) (Phys) / final viscosity ‖ ~**wassergehalt** m (nach dem Trocknen) (Nahr) / final moisture content ‖ ~**welle** f (Masch) / output shaft, transmission output shaft ‖ ~**wert** m / final value ‖ ~**wert** (eines Meßgeräts) (Instr) / accuracy rating, rating n ‖ ~**wickel** m (am Kopf der Schußspule gebildete Fadenring) (Web) / pirn tip reserve ‖ ~**wirbel** m (meistens an den Flügeln) (Luftf) / wing-tip vortex ‖ ~**wirt** m (Biol, Chem) / final host, definitive host ‖ ~**zustand** m / final state, terminal state

**Energetik** f (Lehre von den Gesetzmäßigkeiten der Energie und deren Umwandlungen) (Phys) / energetics* n ‖ **technische** ~ / energy (-producing) technology

**energetisch, niedrig** ~ / low-energy attr ‖ ~**e Manövrierbarkeit** (Luftf, Mil) / energetic manoeuvrability ‖ ~ **nutzbares Mineral** / energy mineral ‖ ~**er Wirkungsgrad** / energy efficiency

**Energie** f (Arbeitsvermögen) (Phys) / energy* n ‖ **zusätzliche** ~ **(quelle)** / back-up energy, standby energy ‖ **brennstofffreie** ~ / fuelless energy (e.g. wind, solar energy) ‖ **brennstofflose** ~ (nicht konventionelle - wie z.B. Solarenergie) / fuelless energy (e.g. wind, solar energy) ‖ **chemische** ~ (Zustandsenergie) (Chem) / chemical energy* ‖ **die aus den Brennstoffen gewonnene** ~ (im Unterschied zu water power) (Kftst) / fuel power ‖ **elektrische** ~ (DIN 40110, T 1) (Elektr) / electric energy, electrical energy ‖ **elektronukleare** ~ (Eltech, Nukl) / atomic power plant current ‖ **erneuerbare** ~ / renewable energy (that is not depleted by use), renewable n ‖ **fehlende** ~ (Phys) / missing energy ‖ **freie** ~ (F = U - TS) (Phys) / Helmholtz function, free energy*, Helmholtz free energy, work function (thermodynamic), Helmholtz potential ‖ **gebundene** ~ (Phys) / bound energy ‖ **geothermische** ~ (Geophys) / geothermal energy, geothermal power* ‖ **innere** ~ (Chem) / internal energy* ‖ **innere** ~ (Kurzzeichen U) (Wärm) / internal energy*, thermodynamic energy ‖ **kinetische** ~ (derjenige Teil der Energie, der vom Bewegungszustand eines physikalischen Systems abhängt - DIN 13317) (Mech) / kinetic energy*, vis viva, KE ‖ **kleinste** ~ (des Atoms oder des Kerns im Grundzustand) (Kernphys) / ground level ‖ **magnetische** ~ (Eltech) / magnetic energy* ‖ **mechanische** ~ (DIN 13 317) (Phys) / mechanical energy* ‖ **nicht aus Brennstoffen erzeugte** ~ / fuelless energy (e.g. wind, solar energy) ‖ **potentielle** ~ (DIN 13207, eines physikalischen Systems) (Phys) / potential energy* ‖ **regenerative** ~ / renewable energy (that is not depleted by use), renewable n ‖ **spezifische** ~ (Phys) / specific energy ‖ **spezifische** ~ (aus mittlerer Tiefe und mittlerer Fließgeschwindigkeit eines Flusses ermittelt) (Wasserb) / specific energy ‖ **stoffmengenbezogene innere** ~ (Chem) / molar energy ‖ **thermische** ~ (Wärme, innere Energie, Enthalpie) (Phys) / thermal energy, thermic energy, heat energy ‖ **thermonukleare** ~ (Nukl) / fusion energy*, thermonuclear energy* ‖ **verlorene** ~ (in einem irreversiblen Prozeß) (Phys) / unavailable energy* ‖ ~ f **aus Abfällen** / energy from waste ‖ ~ **der Bewegung** (Mech) / kinetic energy*, vis viva, KE ‖ ~ **der Dünung** (Ozean) / energy of sea swell ‖ ~ **der Gammastrahlung** (Kernphys) / gamma-ray energy*, gamma energy ‖ ~ **der Lage** (eines physikalischen Systems) (Phys) / potential energy* ‖ ~ **des Aufpralls** (Kfz) / impact energy ‖ ~ **des Lasers** (Phys) / laser energy ‖ ~ **des magnetischen Feldes** (Eltech) / magnetic energy* ‖ ~ **von Ebbe und Flut** (Ozean) / tidewater energy, tidal energy, tidal power ‖ ~ **zuführen** / energize v, feed v, energise v (GB)

**Energie•abgabe** f (des Systems) (Phys) / energy release, energy output ‖ ~**abhängig** adj (Speicher) (EDV) / volatile* adj ‖ ~**absorber** m (Masch) / energy absorber ‖ ~**absorbierend** adj (Masch, Phys) / energy-absorbing adj ‖ ~**absorption** f (Masch, Phys) / energy intake, energy absorption ‖ ~**absorptionsdiode** f (Eltronik) / backwash diode, overswing diode ‖ ~**angebot** n (Phys) / energy supply ‖ ~**äquivalent** n (Phys) / energy equivalent ‖ ~**äquivalent der Wärme** (Phys) / equivalent of heat, energy equivalent ‖ ~**arm** adj (Nahr) / low-energy attr, low-calorie attr, low-joule attr ‖ ~**art** f (Phys) / form of energy, mode of energy ‖ ~**aufnahme** f (Masch, Phys) / energy intake, energy absorption ‖ ~**aufwand** m (Phys) / expenditure of energy, energy expenditure ‖ ~**ausbeute** f (Phys) / energy yield ‖ ~**ausgleichspunkt** m (Nukl) / breakeven* n ‖ ~**austausch** m (Phys) / energy exchange

**Energieband** n (die durch einen festen Bandindex charakterisierten Energieeigenwerte eines Elektrons im kristallsymmetrischen Potential) (Phys) / energy band* ‖ **erlaubtes** ~ (Kernphys) / allowed band* ‖ **leeres** ~ (Phys) / empty band* ‖ **teilbesetztes** ~ (Phys) / partially occupied band ‖ **unbesetztes** ~ (Phys) / empty band* ‖ **vollbesetztes** ~ (Phys) / filled band* ‖ ~**breite** f (die Darstellung der erlaubten und verbotenen Energiebereiche für Ladungsträger in einem Festkörper in Abhängigkeit vom Ort) (Licht) / energy blur

**Energie•bändermodell** n (Phys) / energy-band model ‖ ~**barriere** f (Chem) / energy barrier* ‖ ~**bedarf** m / energy needs, energy requirements, energy demand ‖ ~**berater** m / energy consultant ‖ ~**berg** m (Chem) / energy barrier* ‖ ~**bilanz** f (Masch) / energy balance* ‖ ~**brüter** m (Nukl) / power breeder* ‖ ~**brutreaktor** m (Nukl) / power breeder* ‖ ~**dichte** f (nach dem Poyntingschen Satz) (Phys) / power density ‖ ~**dichte** (in $J/m^3$) (Phys) / energy density ‖ **kohäsive** ~**dichte** (Chem) / cohesive energy density (CED) ‖ ~**dichtespektrum** n (DIN 13 320) / energy-density spectrum ‖ ~**differenz** f (Phys) / energy difference ‖ ~**direktumwandlung** f (Phys) / direct energy conversion ‖ ~**direktumwandlung** (Phys) s. auch Energiekonversion ‖ ~**dispersive Röntgenanalyse** (Spektr) / energy-dispersive X-ray analysis ‖ ~**dispersive Röntgenfluoreszenz** (Spektr) / energy-dispersive X-ray fluorescence, EDXRF ‖ ~**dispersive Röntgenspektroskopie** (Spektr) / energy-dispersive analysis of X-rays, EDAX ‖ ~**dispersives Spektrometer** (Spektr) / energy-dispersive spectrometer* ‖ ~**dosis** f (in Gy) (DIN 6814, T 3 und 4) (Kernphys, Radiol) / absorbed dose* ‖ ~**dosisleistung** f (in Gy/s) (Radiol) / absorbed dose rate ‖ ~**dosisrate** f (DIN 1304) (Radiol) / absorbed dose rate ‖ ~**einschlußzeit** f (Nukl) / energy confinement time* ‖ ~**einsparung** f / saving of energy, energy saving, power saving ‖ ~**eintrag** m / energy input ‖ ~**eintrag** (die beim Dispergieren von Pigmenten und Füllstoffen in einen Mahlansatz eingetragene Energie) (Anstr) / energy input ‖ ~**entwertung** f (Phys) / degradation of energy, energy degradation ‖ ~**entziehung** f (Eltech) / current theft, theft of (electrical) energy ‖ ~**erhaltung** f (Phys) / conservation of energy* ‖ ~**erhaltungssatz** m (Phys) / law of conservation of energy ‖ ~**erzeugung** f (Eltech, Phys) / power generation ‖ **elektrische** ~**erzeugung** (Eltech) / electric power generation ‖ ~**farming** f (aufgrund der Biomassen) (Landw) / energy farming, fuel farming ‖ ~**fluenz** f (ionisierende Strahlung) (Radiol) / energy fluence ‖ ~**fluenzleistung** f (Gesamtheit der Zustands- und Raumveränderungen von Energien bzw. Energieträgern) (Radiol) / energy fluence rate ‖ ~**fluß** m (Phys) / energy flux ‖ ~**flußbild** n (ein Wärmeflußbild - nach M.H.Ph.R. Sankey, 1853-1921) (Chem Verf) / Sankey diagram ‖ ~**flußdichte** f (Radiol) / energy fluence rate ‖ ~**form** f (konkrete Erscheinungsform der Energie) (Phys) / form of energy, mode of energy ‖ ~**freisetzung** f (Phys) / energy release ‖ ~**freisetzungsrate** f (in der linear-elastischen Bruchmechanik) (WP) / energy release rate ‖ **treppenförmige** ~**funktion** (Eltronik) / staircase energy function, staircase energy dependence ‖ **effektiver** ~**gewinn** m / net energy gain ‖ ~**gewinnung** f (Eltech, Phys) / power generation ‖ ~**gewinnung** (im allgemeinen) (Phys) / energy production ‖ ~**gleich** adj / equal-energy attr, equienergy attr ‖ ~**haushalt** m (Masch) / energy balance ‖ ~**hyperfläche** f (Phys) / potential-energy surface ‖ ~**-Impuls-Dichte** f (Phys) / energy-momentum density ‖ ~**-Impuls-Tensor** m (Phys) / energy-momentum tensor ‖ ~**inhalt** m (eines abgeschlossenen Systems) (Phys) / energy content ‖ **mit unterschiedlichem** ~**inhalt** (Phys) / polyenergetic adj ‖ ~**intensiv** adj / energy-intensive adj, energy-consuming adj ‖ ~**kabel** n (Eltech, Kab) / power cable, electric

**Energiekaskade**

power cable ‖ **~kaskade** f (Projekt zur Verwendung nutzbarer Kraft in verschiedenen Verbrauchsstufen in der Weise, daß die Abfallenergie in der nächstfolgenden Stufe verwendet werden kann) / energy cascading ‖ **~konstante** f (Größe, die die Temperaturabhängigkeit eines Heißleiters beschreibt) (Eltronik) / energy constant ‖ **~konversion** f (Phys) / energy conversion, energy transformation ‖ **~kosten** pl (für den Verbrauch aller Energiearten) / energy cost ‖ **~krise** f / energy crisis ‖ **~kultur** f (Landw) / energy crop ‖ **~ladung** f (Phys) / energy content ‖ **~leitung** f / power line ‖ **~leitung** (Eltech) / feeder* n, incoming feeder*, supply line, lead* n (li:d), supply line ‖ **~leitungen legen** / power v ‖ **~liefernd** adj (z.B. Adenylsäuresystem) (Chem) / high-energy attr ‖ **~liefernde Pflanze** (mit hohem Energiegehalt) (Landw) / energy plant ‖ **~liefernde Reaktion** (in der Thermochemie) (Chem) / exoergic reaction ‖ **~liefernder Reaktor** (Nukl) / power reactor ‖ **~lücke** f (verbotene Zone) (Phys) / energy gap ‖ **~lücke** (Phys) / energy gap* ‖ **~lückenbreite** f (Phys) / energy gap ‖ **~lückenparameter** m (Phys) / energy gap ‖ **~management** n / energy management ‖ **~maschine** f (Masch) / prime mover*, engine n ‖ **~-Masse-Äquivalenz** f (Phys) / energy/mass equivalence ‖ **~methode** f (Näherungsverfahren zur Knicklastberechnung) (Mech) / energy method ‖ **~niveau** n (Phys) / energy level*, level* n (of energy) ‖ **von gleichem ~niveau** (Phys) / monoenergic adj, monoenergetic adj ‖ **~niveau** n (Phys) s. auch Energieterm ‖ **~niveauschema** n (Kernphys) / term diagram* ‖ **~nutzung** f (Phys) / energy utilization ‖ **~operator** m (der hermitesche Operator der Gesamtenergie eines quantenmechanischen Systems) (Phys) / energy operator, Hamilton operator ‖ **~pflanze** f (Landw) / energy plant ‖ **~pflanzenfarm** f (Landw) / energy farm, biomass plantation, fuel plantation, fuel farm ‖ **~pflanzenkultur** f (Landw) / energy crop ‖ **~präparat** n (Pharm) / energizer ‖ **~produkt** n (Qualitätsmaß für Dauermagnete, welches das für ein gegebenes Magnetfeld in einem gegebenen Raum erforderliche Magnetvolumen bestimmt) (Mag) / energy product ‖ **~produktion** f (Eltech, Phys) / power generation ‖ **~produktion** (Phys) / energy production ‖ **~profil** n (einer Reaktion) (Chem) / energy profile ‖ **~prognose** f / energy forecast ‖ **~quant** n (Phys) / energy quantum ‖ **~quantum** n (Phys) / energy quantum ‖ **~quelle** f (im allgemeinen) / energy source, power source, PS, source of energy ‖ **~quelle** (z.B. Wandsteckdose) (Eltech) / power point (GB), electrical outlet (US) ‖ **~regenerierbare ~quelle** / renewable source of energy ‖ **~reaktor** m (Nukl) / power reactor* ‖ **~reduzierte Lebensmittel** (Nahr) / slimming foods ‖ **~reich** adj (Nahr) / high-energy attr ‖ **~reich** (Phys) / high-energy attr, energy-rich adj, high-joule attr, energetic adj ‖ **~reiche Bindung** (Chem) / high-energy bond, energy-rich bond ‖ **~reiches Elektron** (Kernphys) / high-energy electron ‖ **~reiche Strahlung** (Phys) / high-energy radiation ‖ **~-Reichweite-Beziehung** f (Kernphys) / energy-range relation ‖ **~rückgewinnung** f (Umwelt) / energy recovery ‖ **~rückspeisung** f (Umwelt) / energy recovery ‖ **~satz** m (ein Erhaltungssatz) (Phys) / law of conservation of energy ‖ **~schema** n (Kernphys) / term diagram* ‖ **~schranke** f (Phys) / energy barrier* ‖ **~schwellenwert** m (Phys) / threshold energy ‖ **~speicherung** f (Phys) / energy storage ‖ **~spektrum** n (Phys) / energy spectrum ‖ **~spender** n (Pharm) / energizer n ‖ **~stoffwechsel** m (Biol) / energy metabolism ‖ **~strategie** f (bei der Zukunftsorientierung der Energiewirtschaft) / energy strategy ‖ **~stromdichte** f (SI-Einheit: W/m₂) (Eltech) / energy-flux density ‖ **~system** n (Eltech) / pool n ‖ **~technik** f (im allgemeinen) / energy (-producing) technology ‖ **~technik** (Eltech) / power engineering, heavy-current engineering ‖ **elektrische ~technik** (Eltech) / electric power engineering ‖ **~term** m (Spektralterm) (Phys) / energy level, (energy) term n ‖ **~träger** m (Stoff, der eine Energieabgabe durch Umwandlung oder Umformung ermöglicht) (Kftst) / fuel n ‖ **~transfer** m (Umwelt) / energy transfer ‖ **~transport** m (Phys) / energy transfer, energy transport ‖ **~übertragung** f (Phys) / energy transfer, energy transport ‖ **fluidische ~übertragung** / fluidic power transmission ‖ **~übertragung** f **vom Koaxialkabel zum Wellenleiter** (Fernm) / launching* ‖ **lineares ~übertragungsvermögen** (Größe zur Beschreibung der lokalen Energieübertragung) (Kernphys) / linear energy transfer*, LET* ‖ **~umsatz** m (Biol) / energy balance* ‖ **~umsetzung** f (Phys) / energy transmission ‖ **~umwandlung** f (einer Energieträgerart oder Energieform) (Phys) / energy conversion, energy transformation ‖ **~unabhängiger Speicher** (EDV) / non-erasable memory (paper tapes, punched cards), non-erasable storage, permanent memory (of which the contents cannot be erased during processing) ‖ **~unschärfe** f (Licht) / energy blur ‖ **~unterschied** m (Phys) / energy difference ‖ **~variationsprinzip** n (Chem) / energy variation principle ‖ **~verbrauch** m / energy consumption, consumption of energy ‖ **~vergeudung** f (Umwelt) / energy wastage, waste of energy ‖ **~verknappung** f / energy shortage ‖ **~verlust** m / loss of energy, energy loss ‖ **Carnotscher ~verlust** (Phys) / impact loss ‖ **~verlust** m **infolge eines Stoßes** (Kernphys) / degradation* n ‖ **~verlustspektroskopie** f (Spektr) / electron energy loss spectroscopy, EELS, energy-loss spectroscopy, ELS, characteristic loss spectroscopy, CLS ‖ **~verlustspektroskopie** (Spektr) / energy-loss spectroscopy, ELS ‖ **~verschwendung** f (Umwelt) / energy wastage, waste of energy ‖ **~versorgung** f (Eltech) / power supply*, energy supply ‖ **nachhaltige ~versorgung** / sustainable energy supply ‖ **~versorgungsaggregat** n / utility block ‖ **~verteilung** f / energy distribution ‖ **elektrische ~verteilung** (Eltech) / electrical power distribution ‖ **Boltzmannsches ~verteilungsgesetz** (Phys) / Boltzmann distribution law ‖ **~verteilungsspektroskopie** f (Spektr) / energy-distribution spectroscopy, EDS ‖ **~verwischung** f (Radio) / energy dispersal ‖ **~verzehrer** m (z.B. ein Tosbecken) / energy dissipator ‖ **~wandler** m (z.B. thermionischer) (Masch) / converter n ‖ **thermoelektrischer ~wandler** (Eltech) / thermal converter*, thermocouple converter, thermoelectric generator ‖ **turboelektrischer ~wandler** (Kfz) / thermal engine (Rankine oder Brayton) (Eltech) / turbo-electric converter ‖ **~wert** m / energy value ‖ **mit hohem ~wert** (Nahr) / high-energy attr ‖ **~wirtschaft** f (als Management) / energy management ‖ **~zufuhr** f / energy input ‖ **~zuführung** f / energy input ‖ **~zustand** m (durch seinen Energiewert gekennzeichneter stationärer Zustand eines mikrophysikalischen Systems) (Phys) / energy state, energy level ‖ **~zyklus** m (Phys) / energy cycle

**energisch** adj (stark) / vigorous adj, violent adj

**Energy-Star-Computer-Programm** n (EPA-Programm mit dem Ziel, den Stromverbrauch von Bürogeräten zu senken) (EDV) / energy star computer program

**E-Netz** n (mit Entscheidungsstellen) (EDV) / evaluation net, e-net n

**Enfernungsgesetz** n (quadratisches) (das Entfernungsquadrat im Nenner des fotometrischen Grundgesetzes) (Phys) / inverse square law*, square law

**Enfilade** f (Arch) / enfilade n

**Enfleurage** f (Gewinnung von Duftstoffen mittels Adsorption an Fette - à chaud und à froid) / enfleurage* n

**eng** adj (Säule) / narrow adj, narrow-bore attr ‖ **~** (Kontakt) / intimate adj ‖ **~** / narrow adj ‖ **~** (Toleranz) (Masch) / tight adj, close adj ‖ **~abgestufte Schaltung** (Kfz) / close-ratio gearchange ‖ **~ausschließen** (Spatien) (Typog) / keep in v ‖ **~e Durchfahrt** (Bau) / gate* n ‖ **~er Hals** (Fehler eines Glasbehälters) (Glas) / choke n (an insufficient opening in the neck of a glass container), choked neck ‖ **~ halten** (Spatien) (Typog) / keep in v ‖ **~e Kupplung** (Eltech) / tight coupling*, close coupling* ‖ **~er Laufsitz** (Masch) / tight running fit ‖ **~e Öffnung** / orifice n ‖ **~es Stapeln** (For) / close-piling n, close-stacking n ‖ **~e Stelle** / throat n ‖ **~e Strecke** (Bergb) / strait work* ‖ **~er werden** / narrow vi

**Engan** n (For, Tischl) / avodiré n

**enganliegend** adj (Tex) / tight-fitting adj

**engasen mittels Gasflamme** (Vakuumt) / torch v

**engbedruckt** adj (Druck) / closely printed

**Engel** f (Radarstörung) (Radar) / angel echo, angel* n

**Engelecho** n (Echoimpulse, die ohne Geräteursache und ohne Doppelreflexionen auf dem Anzeigegerät erscheinen) (Radar) / angel echo, angel* n

**Engel-Precht-Verfahren** n (Chem Verf) / Engel-Precht process

**engere Umgebung der Erde** (Geophys) / near-Earth environment

**Engerling** m (Larve des Maikäfers und der übrigen Blatthornkäfer) (Landw, Zool) / grub n ‖ **~** (Larve der Dasselfliege) (Leder, Zool) / bot-fly larva

**Engesterium** n (Lagermetall mit mehr als 80% Sn) (Masch) / queen's metal

**Engewiderstand** m (ein Teil des Kontaktwiderstands) (Eltech) / constriction resistance*

**eng•gestelltes Walzwerk** (Hütt) / tight mill ‖ **~gesteppte (Polier)Scheibe** (Masch) / close-stitch buff ‖ **~hals** m (Chem, Glas) / narrow neck ‖ **~holz** n (For) / summer wood*, late wood

**Engineered Storage** f (das Lager bleibt zugänglich, zu einem späteren Zeitpunkt erfolgt eine weitergehende Behandlung) (Nukl) / engineered storage

**Engineering** n (Ingenieurwesen) / engineering n ‖ **~** s. auch industrial engineering ‖ **rechnergestütztes ~** (in Entwicklung, Projektierung und Konstruktion) (EDV, Masch) / computer-aided engineering*, CAE* ‖ **~ Flow Sheet** n (F.Org) / engineering flow sheet ‖ **~ Print** (Druckdessins, die in Rapport und Anlage des Musters bereits auf den Zuschnitt in der Konfektion abgestimmt sind) (Tex) / engineering print

**Engländern** n (Buchb) / Smyth sewing

**Engler•-Gerät** n (Phys) / Engler viscosimeter, Engler viscometer ‖ **~-Grad** m (nicht mehr zugelassene Einheit der kinematischen Viskosität - nach C.Engler, 1842-1925) (Phys) / degree Engler, Engler degree ‖ **~-Kolben** m (ein alter Destillierkolben nach C. Engler, 1842-1925) (Chem) / Engler flask* ‖ **~-Viskosimeter** n (DIN 51560) (Phys) / Engler viscosimeter, Engler viscometer

**englisch•e Balkenlage** (bei einer Holzbalkendecke) (Zimm) / double floor* ‖ **~e Gallierung** (bei der die Jacquardmaschine so über der Webmaschine steht, daß das Prisma in Richtung des Brustbaumes oder Streichbaumes ausschlägt) (Web) / open tie-up ‖ **~ gebraten** (Nahr) / underdone adj, rare adj (lightly cooked, so that the inside of the meat is still red) ‖ **~er Härtegrad** (des Wassers) / English degree, Clark degree ‖ **~e Hütte** (mit weißgestrichenen Wänden, Boden und Dach - nach Th. Stevenson, 1818-1887) (Meteor) / Stevenson screen* ‖ **~e Linie** (Typog) / French dash, swelled rule*, plain swelled rule, Bodoni rule* ‖ **~es Maßwerk** (mit ausschließlicher Verwendung von Stabwerk) (Arch) / bar tracery* ‖ **~es Spinnverfahren** (Spinn) / Bradford spinning, Bradford system ‖ **≗e Ulme** (Ulmus procera Salisb.) (For) / English elm, European elm
**Englisch•grün** n (Anstr) / chrome green, lead chrome green ‖ **≗härtung** f (Hütt) / colour case hardening ‖ **≗leder** n (Tex) / moleskin* n ‖ **≗rot** n ($Fe_2O_3$ mit Verunreinigungen von $SiO_2$) (Caput mortuum) / rouge* n, English red, polishing rouge ‖ **≗rot** / crocus n, crocus martis
**Eng•loch** n (Geol) / slim hole ‖ **≗lochbohren** n (Erdöl) / slim-hole boring ‖ **~lumig** adj / narrow adj, narrow-bore attr
**engmaschig** adj (Sieb) / close-mesh attr, close-meshed adj ‖ **~** (Sieb) / tiny-mesh attr ‖ **~** (Tex) / close-meshed adj, fine-meshed adj, narrow-meshed adj, close-stitch attr ‖ **~es Harz** (Chem) / resin of low porosity ‖ **~e Heftgaze** (Buchb) / crash ‖ **~es Servicenetz** / closely knit service network
**Engobe** f (dünner Masseüberzug oder -anguß) (Keram) / engobe n, slip n
**Engobemalhorn** n (Keram) / slip trailer
**Engobemaltechnik** f (Keram) / slip painting
**engobieren** v (Keram) / engobe v, slip v
**Engpaß** m (z.B. in der Versorgung) / bottleneck n ‖ **≗** (HuT, Kfz) / bottleneck n ‖ **≗** (ein Verkehrszeichen) (Kfz) / road narrows (on both sides)
**engporig** adj / fine-pored adj, finely pored ‖ **~es Gel** (Chem) / small-pore gel
**Engramm** n (physiologische Spur, die ein Reiz im Gehirn hinterläßt) (Physiol) / engram n
**engringig** adj (For) / close-grained adj, narrow-ringed adj ‖ **~e Kette** (Masch) / short-link chain, close-link chain
**eng•siedend** adj (Chem Verf) / close-boiling adj ‖ **~ständige Schieferung** (Geol) / spaced cleavage (closely) ‖ **≗stapeln** n (For) / close-piling n, close-stacking n ‖ **≗stelle** f / throat n ‖ **≗stelle** (HuT, Kfz) / bottleneck n
**Enhanced Dynamic RAM** n (EDV) / Enhanced Dynamic RAM, EDRAM ‖ **≗ Small Device Interface** (EDV) / enhanced small-device interface, ESDI (an interface standard for hard disks)
**Enhancementtransistor** m (des Feldeffekttransistors) (Eltronik) / enhancement-mode transistor*, enhancement-mode FET
**Enhancement-Typ** m (des Feldeffekttransistors) (Eltronik) / enhancement-mode transistor*, enhancement-mode FET
**Enhancer** m (Gen) / enhancer n, transcription activator
**Enkaustik** f (Wachsmalerei) / encaustic painting*
**Enkephalin** n (ein körpereigenes Peptid im Gehirn) (Biochem) / enkephalin* n, encephalin n
**EN-Norm** f (vom CEN oder CENELEC) / European standard
**Enol** n (α,ß-ungesättigter Alkohol) (Chem) / enol n
**Enolase** f (eine Lyase) (Biochem) / enolase n
**Enolat** n (Anion von Enolen) (Chem) / enolate n
**Enolform** f (Chem) / enol form*
**enolisieren** v (Chem) / enolize v
**Enophil** n (in der En-Synthese) (Chem) / enophile n
**En-Reaktion** f (Chem) / ene synthesis
**Ensemble** n (Anzahl von vergleichbaren Bedingungen aufgenommenen Meßreihen bzw. Meßwertverläufen, wobei diese zeitlich parallel oder sequentiell aufgenommen werden sein können) / ensemble n ‖ **≗** (pl. -s) (mehrere Kleidungsstücke, die im Stil oder Material aufeinander abgestimmt sind und sich ergänzen) (Tex) / ensemble n ‖ **statistisches ≗** (Mech, Stats) / statistical universe, statistical population
**Ensemblemittel** n (Phys) / ensemble average
**Ensilage** f (Gärfutterbereitung) (Landw) / ensilage* n, silage* n, ensiling n, silaging n ‖ **≗** (Gärfutter) (Landw) / ensilage* n, silage* n
**Enskog-Formel** f (für den Koeffizienten der inneren Reibung) (Phys) / Enskog formula
**Enstatit** m (stabile Tiefform des Magnesiummetasilikats) (Min) / enstatite* n ‖ **≗** (Min) s. auch Protoenstatit
**En-Synthese** f (Chem) / ene synthesis
**ent•aktivieren** v (Chem) / deactivate v, inactivate v ‖ **≗aktivierung** f (Chem) / deactivation* n, inactivation* n ‖ **≗aktivierung** (Mil, Nukl) / decontamination* n ‖ **~alkylieren** v (Chem Verf) / dealkylate v, dealkylieren v ‖ **≗alkylierung** f (Chem) / dealkylation n

**entartet** adj / degenerate* adj ‖ **dreifach ~** (Phys) / triply degenerate, threefold degenerate ‖ **~es Fermi-Gas** (Phys) / degenerated Fermi gas ‖ **~es Gas** (Phys) / degenerate gas* ‖ **~er Kegelschnitt** (Math) / singular conic section, degenerate conic section ‖ **~e Verteilung** (Stats) / degenerated distribution
**Ent•artung** f (Biol) / degeneracy n, degeneration n ‖ **≗artung** (von bestimmten Gesetzmäßigkeiten oder Normen abweichende Verhaltensweise physikalischer Systeme) (Phys) / degeneracy* n ‖ **≗artungsdruck** m (Phys) / degeneracy pressure ‖ **≗artungsgrad** m (Phys, Spektr) / degree of degeneracy ‖ **≗aschen** v (die Feuerung) (Masch) / discharge the ash
**Entase** f (pl. Entasen) (Arch) / entasis* n, swelling n
**Entasis** f (pl. Entasen) (Arch) / entasis* n, swelling n
**ent•asphaltieren** v / deasphalt v ‖ **≗asphaltieren** / deasphalt v ‖ **≗asphaltieren** n / deasphalting n ‖ **≗asphaltierung** f / deasphalting n ‖ **~asten** (+ entrinden) (For) / strip v, remove bark and branches ‖ **~asten** (For) / trim v, limb v, delimb v, lop v, lop off v, disbranch v ‖ **~ästen** (liegende Bäume) (For) / trim v, limb v, delimb v, lop v, lop off v, disbranch v ‖ **~azetylieren** v (Chem) / deacetylate v ‖ **~basten** (Rohseide) (Tex) / boil off v, scour v, degum v ‖ **≗basten** (Entfernen des Seidenleims am Kokon) (Tex) / boiling-off n, scouring n, degumming n ‖ **≗bastungsechtheit** f (des Farbstoffs) (Tex) / fastness to boiling-off, fastness to degumming ‖ **≗bastungsmittel** n (Tex) / boil-off assistant, degumming agent, scouring agent
**entbehrlicher Grundstoff** (Nährstoff) (Bot) / unessential element
**ent•beinen** v (Knochen entfernen) (Nahr) / bone v, debone v ‖ **≗benzolieren** (Chem) / debenzolizing n ‖ **≗benzylierung** f (Chem Verf) / debenzylation n ‖ **~binden** v / set free v, release v, liberate v (e.g. heat) ‖ **~bittern** v (Landw, Nahr) / debitter v, debitterize v ‖ **≗blätterungsmittel** n (Chem) / defoliant n ‖ **~bleien** v / delead v ‖ **~blocken** (Bahn, Masch) / unblock n ‖ **~blocken** (EDV, Eltech, Masch) / deblock v ‖ **≗blößung** f **von Vegetation** (Umwelt) / nudation* n ‖ **≗borierung** f (Chem) / boron removal, deboration n ‖ **~borken** v (Rindengerbstoffe) (Leder) / ross v ‖ **≗bromung** f (Chem) / debromination n ‖ **~brummspule** f (Akus, Eltech) / hum-bucking coil* ‖ **≗bündeln** (Eltronik) / debunching* n ‖ **≗bündelung** f (Aufschlüsselung aller Einzelpreise für ein DV-Systems von seiten des Anbieters) (EDV) / unbundling n ‖ **≗butanisierung** f (des Rohöls) (Erdöl) / debutanization n (of crude petroleum) ‖ **≗butanung** f (Erdöl) / debutanization n (of crude petroleum) ‖ **~butzen** (beim Blasformen) (Plast) / deflash v ‖ **≗butzen** (beim Blasformen) (Plast) / deflashing n, flash removal ‖ **≗carbonisierung** f (Chem Verf) / decarbonization n, decarbonizing n ‖ **≗chlorungsmittel** n (Chem) / dechlorinating agent ‖ **≗dämpfung** f (Fernm) / deattenuation f
**entdeckendes Lernen** (Gegensatz zu: geleitetes Lernen) (KI) / discovery learning
**entdeckte Vorräte** (Bergb, Erdöl) / proved reserves*, proven reserves (US), identified reserves
**Entdeckung** f / discovery n ‖ **≗** (Radar) / detection n, acquisition n
**ent•deuterieren** v (Nukl) / dedeuterize v ‖ **≗dimensionalisiert** adj (z.B. Grundgleichung der Physik) / dimensionless adj ‖ **sich ~drallen** (ein Seil) / spin vi ‖ **≗drallen** n (von Seilen) / spinning n ‖ **~drallte Antenne** (Fernm, Raumf) / despun antenna* ‖ **≗dröhnungsmittel** n (Akus) / noise-reduction material
**Ente** f (Luftf) / tail-first aircraft*, canard n, canard aeroplane
**ent•eignen** v / expropriate v ‖ **≗eignung** f / expropriation n ‖ **≗eignungsrecht** n (hoheitlicher Eingriff) / eminent domain ‖ **~eisen** v / de-ice v ‖ **~eisenen** v (Wasser) / deferrize v, deiron v ‖ **≗eisung** f (Befreiung von dem Eisansatz) / deicing* n ‖ **≗eisungsanlage** f (Bordanlage eines Luftfahrzeuges zur Verhinderung und Beseitigung des flugefährdenden Eisansatzes an bestimmten Bauteilen oder Bereichen) (Luftf) / de-icer n ‖ **~eiweißen** v / deproteinize v ‖ **≗elektrisator** m (zum Neutralisieren der elektrostatischen Auflädung an nichtleitenden Stoffen) (Eltech) / antistatic device ‖ **≗emaillieren** n / de-enamelling n ‖ **≗emulgierbarkeit** f (Chem, Phys) / demulsibility f ‖ **≗emulsionieren** n (Chem) / demulsification n, de-emulsification n, breaking n, breakdown n
**Enten•flügel** m (Raumf) / canard n ‖ **≗flugzeug** n (bei dem das Höhenleitwerk an der Rumpfspitze angebracht ist und einen größeren Einstellwinkel hat als der Tragflügel) (Luftf) / tail-first aircraft*, canard n, canard aeroplane ‖ **≗muschel** f (Gemeine) (Schiff) / gooseneck barnacle (a leading biofouler) ‖ **≗schnabellader** m (Bergb) / duckbill loader
**Enteramin** n (Biochem) / serotonin* n, ...5-hydroxytryptamine* n
**Enteroamin** n (ein biogenes Amin, das als Hormon vorkommt - 5-Hydroxytryptamin) (Biochem) / serotonin* n, ...5-hydroxytryptamine* n
**Enterokinase** f (Biochem) / enteropeptidase n, enterokinase n
**Enteropeptidase** f (Biochem) / enteropeptidase n, enterokinase n
**Entpolarisierungsfaktor, magnetischer ≗** (Elektr) / demagnetization factor*, demagnetizing factor

**Entethaner**

**Entethaner** *m* (Chem Verf) / de-ethanizer *n*
**Entethanisierungskolonne** *f* (Chem Verf) / de-ethanizer *n*
**Entf** (Taste) (EDV) / Del key
**Entfaltung** *f* (von Proteinen) (Biochem) / unfolding *n* ‖ ~ (des Fallschirms) (Luftf) / deployment *n*
**ent•färben** *v* / decolorize* *vt*, decolorise *v* (GB), discolour *vt* (GB) ‖ ~**färben** s. auch abziehen ‖ ~**färben** *n* / decolorization *n*, discolouration *n* ‖ ~**färber** *m* (Glas) / decolorizer* *n* ‖ ~**färber** (Tex) / stripping agent ‖ ~**färbungshilfsmittel** *n* (Tex) / stripping agent ‖ ~**färbungskohle** *f* (Chem) / decolorizing charcoal, decolorizing carbon ‖ ~**färbungsmittel** *n* (Glas) / decolorizer* *n* ‖ ~**faserungsmaschine** *f* (für Hartfasern) (Tex) / decorticator *n*, decorticating machine
**entfernen** *v* (durch Reiben) / rub *v* ‖ ~ remove *v* ‖ ~ eliminate *v*, remove *v*, get out *vt* ‖ ~ (Flecke) (Tex) / take out *v* ‖ **Haare** ~ / depilate *v* ‖ ~ *n* / elimination *n*, removal *n* ‖ ~ **der flüchtigen Bestandteile** (Chem) / devolatilization *n* ‖ ~ **mineralischer Substanzen** (Chem Verf) / demineralization* *n* ‖ ~ **oder Fällen abständiger Bäume an der Erdoberfläche oder im Wasser** (For, Wasserb) / snagging *n* ‖ ~ *n* **von Anstrichen** (Anstr) / paint removal, paint stripping ‖ ~ **von Kesselstein** (Masch) / descaling* *n*, scaling *n*, boiler-scale removal
**Entferner** *m* / removal agent, remover *n*
**entfernt•es Endgerät** (EDV) / remote station, remote terminal ‖ ~**er Prozeduraufruf** (EDV) / remote procedure call, RPC ‖ ~**es Terminal** (EDV) / remote station, remote terminal
**entferntest** *adj* / ultimate *adj*
**Entfernung** *f* (Beseitigung) / elimination *n*, removal *n* ‖ ~ (Foto, Nav) / range *n* ‖ ~ (Eradikation) (Landw, Med) / eradication *n* ‖ ~ (Math, Verm) / distance* *n* ‖ ~ (vom Mittelpunkt des Himmelskörpers gemessen) (Nav, Raumf) / distance *n* ‖ ~ (zum Ziel) (Radar) / range *n*, distance* *n* ‖ ~ **der Brennelementhülle** (Nukl) / decanning *n* ‖ ~ **der Garnverunreinigungen** (Spinn) / clearing* *n* ‖ ~ **von Nährstoffen aus dem Abwasser** (Phosphatentfernung) (Umwelt) / nutrient stripping
**Entfernungs•aufklärungsvermögen** *n* (Radar) / range resolution (the ability to distinguish between two targets solely by the measurement of their ranges/distances from the radar), range discrimination ‖ **quadratisches** ~**gesetz** (das Entfernungsquadrat im Nenner des fotometrischen Grundgesetzes) (Phys) / inverse square law*, square law ‖ ~**kreis** *m* (Radar) / distance mark* ‖ ~**marke** *f* (Radar) / range marker ‖ ~**messer** *m* (Foto) / rangefinder* *n*, distance meter* ‖ ~**messer** (für die Landkarten) (Kart) / map measurer* ‖ ~**messer** (Verm) / telemeter* ‖ **gekoppelter** ~**messer** (Foto) / coupled rangefinder* ‖ ~**messer** *m* (Kart) s. auch Meßrädchen ‖ ~**meßlatte** *f* (Verm) / stadia rod*, stadia *n* ‖ ~**meßsystem** *n* (ein Ortungsverfahren mit Standlinie: Kreis) (Luftf) / distance-measuring equipment*, DME* ‖ ~**messung** *f* (Verm) / telemetry* *n* / distance measurement ‖ **elektronische** ~**messung** (Verm) / electronic distance measurement, EDM ‖ **funktechnische** ~**messung** (Verm) / electronic distance measurement, EDM ‖ ~**messung** *f* **mit Latte** (Verm) / stadia *n* ‖ ~**mittel** *n* / removal agent, remover *n* ‖ ~**nachführungselement** *n* (Radar) / range-tracking element ‖ ~**quadratgesetz** *n* (das Entfernungsquadrat im Nenner des fotometrischen Grundgesetzes) (Phys) / inverse square law*, square law *n* ‖ ~**ring** *m* (Radar) / range ring ‖ ~**zielverfolgung** *f* (Radar) / range tracking*
**ent•festigen** *v* (HuT) / deconsolidate *v* ‖ ~**festigen** (z.B. beim Dehnungswechselversuch) (Hütt, Masch) / soften *v* ‖ ~**festigung** *f* (HuT) / deconsolidation *n* ‖ ~**festigung** (durch Kaltbearbeitung - Tätigkeit) (Hütt) / strain softening, work softening, cold softening ‖ ~**festigung** (Hütt, Masch) / softening *n* ‖ ~**festigung durch Verformung** (Hütt) / strain softening, work softening, cold softening ‖ ~**fetten** *v* (meistens Metalle reinigen) (Anstr, Galv, Tex) / degrease *v* ‖ ~**fetten** *v* (von Metallen) (Anstr, Galv, Tex) / degreasing *n* ‖ ~**fetten** (der Wolle) (Tex) / desuinting *n*, scouring* *n*, degreasing *n* ‖ ~**fetter** *m* (Anstr, Galv) / degreaser *n*, degreasing agent, degreasant *n* ‖ ~**fettete Wolle** (Tex) / scoured wool ‖ **alkalische** ~**fettung** (Anstr) / alkali degreasing ‖ ~**fettungsbad** *n* (Anstr, Galv, Tex) / degreasing bath ‖ ~**fettungslinie** *f* (eine Bandbehandlungsanlage) (Hütt) / cleaning line ‖ ~**fettungsmittel** *n* (Anstr, Galv) / degreaser *n*, degreasing agent, degreasant *n* ‖ ~**feuchten** *v* / dehumidify *v* ‖ ~**feuchtung** *f* / dehumidification *n*, moisture extraction ‖ ~**filzen** *v* (Tex) / unfelt *v*, defelt *v* ‖ ~**flammbar** *adj* / flammable *adj*, inflammable *adj*, ignitable *adj* ‖ ~**flammbarkeit** *f* (Eigenschaft eines Stoffes, bei Einwirkung einer Zündquelle zu entflammen) / flammability *n*, inflammability *n*, ignitability *n* ‖ ~**flammung** *f* (von Dämpfen und Gasen) / inflammation *n* ‖ ~**flammungstemperatur** *f* (Keram) / kindling point (the lowest temperature at which a material will ignite and continue combustion) ‖ ~**fleischen** *v* (Leder) / flesh *v* ‖ ~**fleischmaschine** *f* (Leder) / fleshing machine ‖ ~**flocken** *v* (Chem) / disperse *v*, deflocculate* *v* ‖ ~**fluorieren** *v* (Chem) / defluorinate *v*

**entformen** *v* (im Betonbau) (Bau, HuT) / demould *v*, demold *v* (US) ‖ ~ (Gieß) / eject *v* (the casting) ‖ ~ (Glas) / strip *v* ‖ ~ (Keram) / deliver *v* ‖ ~ (Plast) / demould *v*, demold *v* (US)
**Entformschräge** *f* (Gieß) / draught *n*, draft *n* (US)
**Entformungsmittel, eingearbeitetes** ~ (das als Trennmittel dient) (Plast) / internal lubricant
**ent•frosten** *v* / defrost *v* ‖ ~**frosten** *n* / defrosting *n* ‖ ~**froster** *m* / defroster *n* ‖ ~**frosteranlage** *f* / defroster *n*
**entgasen** *v* (Chem, Eltronik) / outgas *v*, degas *v*, degasify *v* ‖ ~ (Erdöl) / skim *v* ‖ ~ (Masch, Plast) / vent* *v* ‖ ~ *n* (Chem, Eltronik) / outgassing* *n*, degassing* *n* ‖ ~ (einer Vakuumanlage während des Pumpprozesses) **mittels Gasflamme** (Vakuumt) / torching *n*
**Entgaser** *m* (thermischer - in Trommelkesseln) (Masch) / deaerator *n* ‖ ~ ($CO_2$-Rieseler - in Trommelkesseln) (Masch) / degasifier *n*
**entgast•es Öl** (Erdöl) / dead oil* ‖ ~**es Wasser** (Chem) / stripped water
**Entgasung** *f* (Chem, Eltronik) / outgassing* *n*, degassing* *n*
**Entgasungs•extruder** *m* (Plast) / vent(ed) extruder ‖ ~**mittel** *n* (Anstr) / no-air *n* ‖ ~**schneckenpresse** *f* (Plast) / vent(ed) extruder ‖ ~**strecke** *f* (Bergb) / gas drain* ‖ ~**zone** *f* (bei der Verbrennung) / distillation zone
**entgegengesetzt** *adj* / inverse* *adj* ‖ ~ (gerichtet) / opposite *adj* ‖ ~ *adj* / reverse *adj* ‖ ~**es Element** (Math) / additive inverse element ‖ ~**es Feld** (Elektr) / opposing field ‖ ~ **geladen** (Elektr) / oppositely charged ‖ ~**e Ladung** (Elektr) / opposite charge ‖ ~ **liegender Winkel** (Math) / opposite angle ‖ ~**e Richtung** (Phys) / opposite direction ‖ ~**er Spin** (Kernphys) / antiparallel spin ‖ ~**es Vorzeichen** (Math) / opposite sign
**entgegen•kommender Zug** (Bahn) / train in the opposite direction ‖ ~**nehmen** *v* / accept *v* ‖ ~**nehmen** (einen Anruf) (Fernsp) / answer *v* (the telephone) ‖ ~**wirken** *v* (einer Sache) / counteract *v* (sth.), oppose *v* (sth.) ‖ ~**wirkend** *adj* / counter-acting *adj* ‖ ~**wirkendes Drehmoment** (Mech) / torsional reaction
**ent•gerben** *v* (nicht gebundene Gerbstoffe, Fettungs- und Beschwerungsmittel entfernen) (Leder) / strip *v* ‖ ~**giften** *v* (Motor) (Kfz) / desmog *v* ‖ ~**giften** (Nahr, Pharm) / detoxicate *v*, detoxify *v* ‖ ~**giften** *n* (Nahr, Pharm) / detoxication* *n*, detoxification *n* ‖ ~**giftung** *f* (Mil, Nukl) / decontamination* *n* ‖ ~**giftung** (Nahr, Pharm) / detoxication* *n*, detoxification *n* ‖ ~**giftungsmechanismus** *m* (Chem, Pharm) / detoxication mechanism ‖ ~**glänzen** *v* (Tex) / delustre *v* (GB), deluster *v* (US) ‖ ~**glänzung** *f* (Tex) / delustering *n* ‖ ~**glasen** *v* / devitrify *v* ‖ ~**glasung** *f* / devitrification* *n* (the formation of crystalline structures in a glassy matrix, such as may occur in a glass, glaze or porcelain enamel during the cooling of a vitreous mass) ‖ ~**gleisen** *vi* (Bahn) / derail *vi* (GB), ditch *vi* (US), jump *v* (the track) (US), leave the metals (GB), run off the rails, come adrift of a rail ‖ ~**gleisungsweiche** *f* (derailing points) ‖ ~**gletscherung** *f* (Geol) / deglaciation *n* ‖ ~**glutinierung** *f* (Nahr) / deglutination *n* ‖ ~**granner** *m* (Landw) / awner *n* ‖ ~**graten** *v* (fertige Ware) (Keram) / trim *v* (remove edges and excess material) ‖ ~**graten** (Keram) / fettle *v* ‖ ~**gräten** (Fisch) (Nahr) / bone *v* ‖ ~**graten** (beim Blasformen) (Plast) / deflash *v* ‖ ~**graten** *n* (Gieß) / deburring *n*, burring *n* ‖ ~**graten** (Keram) / fettling *n* (by cutting, scraping or abrasion) ‖ ~**graten** (der fertigen Ware) (Keram) / trimming *n* (by means of a wheel) ‖ ~**graten** (Entfernen des Grates bei den Gesenkschmiedestücken) (Masch) / frazing *n*, clipping *n* ‖ ~**graten** (Plast) / deburring *n* ‖ ~**graten** (beim Blasformen) (Plast) / deflashing *n*, flash removal *n* ‖ ~**gratmaschine** *f* (Masch) / deburrer *n*, frazing machine ‖ ~**gratmaschine** (Plast) / deflashing machine ‖ ~**haaren** *v* / depilate *v* ‖ ~**haarung** *f* / depilation *n*, epilation* *n* ‖ ~**haarungsmittel** *n* / depilatory* *n*, hair remover, epilator *n* ‖ ~**haftung** *f* / loss of adhesion
**Enthalpie** *f* (Zustandsfunktion, die den Wärmeinhalt eines Stoffes bei konstantem Druck angibt) (Wärm) / enthalpy* *n*, heat content, H ‖ **freie** ~ (DIN 1345) (Phys) / Gibbs' function*, Gibbs' free energy*, free enthalpy, G ‖ **mit gleicher** ~ (Phys) / isenthalpic* *adj* ‖ **reduzierte freie** ~ (Phys) / reduced free enthalpy ‖ **spezifische** ~ (DIN 1301, T 2) (Phys) / specific enthalpy ‖ ~**-Druck-Diagramm** *n* (Phys) / enthalpy-pressure chart, pressure-enthalpy chart ‖ ~**-Entropie-Diagramm** *n* (Phys) / enthalpy-entropy diagram, enthalpy-entropy chart ‖ ~**-Feuchtigkeit-Diagramm** *n* (ein Mollier-Diagramm) (Phys) / i-x diagram ‖ ~**-Temperatur-Diagramm** *n* (ein Mollier-Diagramm) (Phys) / temperature-enthalpy chart, i-T-chart ‖ ~**kinetische** ~**titration** (Chem) / thermokinetic analysis (a kind of enthalpimetric analysis)
**enthalpometrische Titration** (Chem) / thermometric titration, calorimetric titration, thermal titration, enthalpy titration
**enthalten** *v* / include *v*, comprise *v* ‖ ~ (Elemente) (Math) / contain *v*
**ent•härten** *v* (Wasser) (Chem, Wasserb) / soften *v* ‖ ~**härten** *n* (des Trink- oder Betriebswassers) (Chem, Wasserb) / softening *n* ‖ ~**härter** *m* (Chem, Wasserb) / softener *n*, softening agent ‖ ~**härtung** *f* (des Trink- oder Betriebswassers) (Chem, Wasserb) / softening *n* ‖ ~**härtung im Natriumaustauscher** (Chem Verf) / zeolite process*, sodium-cycle softening ‖ ~**härtungsmittel** *n* (Chem, Wasserb) /

softener n, softening agent ‖ ~harzen v / deresinify v, deresinate v ‖ ⁓harzen n / deresinification n, deresination n ‖ ~häuten v (Leder) / flay v, skin v, hide v ‖ ⁓holzer m (Tex) / decorticating machine, decorticator n ‖ ⁓hölzer m (Tex) / decorticating machine, decorticator n ‖ ~hülsen v (Landw) / husk v, hull v, shuck v ‖ ~hülsen (Getreide) (Nahr) / decorticate v ‖ ~hülsen (Erbsen) (Nahr) / pod v ‖ ⁓hülsen n (Nukl) / decanning n ‖ ~hülster Reis (Nahr) / brown rice, husked rice, hulled rice ‖ ~ionisieren v / deionize v ‖ ~ionisiertes Wasser / demineralized water, deionized water*, demin water, deionate n ‖ ⁓ionisierungszeit f (bei Gasentladungsröhren) (Eltronik) / recovery time ‖ ~isohexaner m (Chem Verf) / deisohexanizer n, deisohexanizing column ‖ ⁓isohexanierungskolonne f (Chem Verf) / deisohexanizer n, deisohexanizing column ‖

**Entisol** m (Boden ohne ausgeprägtes Horizontprofil) (Landw) / entisol n
**Entität** f (Element eines Informationsbereichs, über das etwas ausgesagt wird) (EDV) / entity n
**Entitätsmenge** f (die gleichartige Objekte umfaßt) (EDV, KI) / entity set, object class
**Entity-Relationship • -Datenmodell** n (EDV) / entity-relationship model, ERM ‖ ⁓-**Modell** n (EDV) / entity-relationship model, ERM
**ent • jittern** v (EDV) / dejitterize v ‖ ~kalken v (Chem) / decalcify v, delime v, unlime v ‖ ~kalken (Leder) / delime v ‖ ~kälken v (mit Säuren oder Salzen) (Leder) / delime v ‖ ~kalken v (Med) / decalcify v ‖ ⁓kalken n (Leder) / deliming n ‖ ~kälken (mit Säuren oder Salzen) (Leder) / deliming n ‖ ~kälken (Leder) s. auch Streichen ‖ ⁓kälkungssäure f (Leder) / deliming acid ‖ ~karbonisierung f (Entfernung der Karbonathärte des Wassers) (Chem Verf) / decarbonization n, decarbonizing n ‖ ~keimen v / sanitize v (a pool), sanitise v (GB) ‖ ~keimen (Biol) / sterilize v ‖ ~keimung f (Biol) / sterilization* n ‖ ~keimung (Entfernung der Keime) (Nahr) / germ removal, germ separation ‖ ⁓keimung durch Gase / gas sterilization ‖ ⁓keimungsfilter n (zur Beseitigung von Mikrrorganismen aus Flüssigkeiten) (Chem Verf) / sterile filter ‖ ~keimungsfiltration f (Methode zur Konservierung von Flüssigkeiten) (Chem Verf) / sterilization by filtration, sterile filtration ‖ ⁓keimungsgerät n (Landw) / degerminator n ‖ ⁓keimungsmaschine f (Landw) / degerminator n ‖ ⁓keimungsvorrichtung f (Landw) / degerminator n ‖ ~kernen v (Nahr) / stone v, pit v (US) ‖ ⁓kernen n (Gieß) / core removal, decoring n ‖ ⁓kerner m (Gieß) / core breaker, decorer n ‖ ⁓kerner (Nahr) / stoner n, pitter n ‖ ⁓kernung f (von Steinfrüchten) (Nahr) / stoning n, pitting n (US) ‖ ⁓kieselung f (Chem) / silica removal, desilification n ‖ ~klammern v (Vereinbarungen) (EDV) / defactor v ‖ ~kleben v (Anstr) / detackify v ‖ ~kletten v (Tex) / deburr v, burr v ‖ ~kletten n (Rohwolle) (Tex) / deburring* n, burring n ‖ ⁓klettungsmaschine f (Tex) / burr crusher ‖ ~knäueln v (Moleküle) (Chem) / uncoil v ‖ ~knitterungsprüfung f (Tex) / crease-recovery test, wrinkle-recovery test ‖ ~kobalten v (Chem) / decobaltify v ‖ ~koffeinieren v ( < 0,1 % Koffein) (Nahr) / decaffeinate v ‖ ⁓kohlen n (Tex) / carbonization* n, carbonizing n ‖ ⁓kohlen (V-Mot) / decarbonizing* n ‖ ~kohlend geglühter Temperguß (DIN 1692) (Hütt) / white malleable iron, white-heart malleable cast iron ‖ ⁓kohlensäuerung f (Chem, Nahr) / decarbonation n, decarbonizing n ‖ ⁓kohlte Randschicht (Hütt) / bark n ‖ ⁓kohlung f (zielgerichtete Verringerung des Kohlenstoffgehalts) (Hütt) / decarburization* n, decarbonization n ‖ ⁓kohlung (V-Mot) / decarbonizing* n ‖ ⁓kohlungstiefe f (Hütt) / decarburization depth, depth of decarburization n ‖ ~koken v (Chem) / decoke v ‖ ⁓komprimierung f (EDV) / decompression n ‖ ~konservierung f (Entfernung der temporären Korrosionsschutzstoffe) / removal of temporary corrosion-protectives ‖ ~konservierung s. auch Entwachsen
**Entkoppler** m (Eltech) / buffer* n ‖ ⁓protein n (Biochem) / uncoupling protein
**Entkopplung** f (Eltronik) / decoupling* n ‖ selektive ~ (Spektr) / single-frequency decoupling, SFD
**Entkopplungs • glied** n (Eltronik) / stopper* n ‖ ⁓kapazität f (Eltech) / neutralizing capacitance*, balancing capacitance* ‖ ⁓kondensator m (Eltech) / neutralizing capacitor
**ent • körnen** v (Baumwolle) (Tex) / gin v ‖ ~körnen n (Tex) / ginning n ‖ **zweites ⁓körnen** (der Baumwolle) (Tex) / delinting n ‖ ~körnung f (der Baumwolle) (Tex) / ginning n ‖ ~kräuseln v (Tex) / uncurl v ‖ ⁓kräuselung f (Tex) / uncurling n ‖ ~kupfern v (Chem) / decopperize v ‖ ⁓lacker m (zum Beseitigen von Verlackung an Zylinderlaufflächen) (Kfz) / glaze breaker ‖ ⁓lackung f (Anstr) / paint removal, paint stripping ‖ ⁓lackungsanlage f (Anstr) / paint-removal plant ‖ ⁓lackungsgerät n (Anstr) / paint remover*, paint stripper ‖ ⁓lackungsmittel n (Anstr) / paint remover*, paint stripper
**Entlade • anzeiger** m (bei Batterien) (Instr, Kfz) / battery-discharge indicator ‖ ⁓charakteristik f (Eltech) / discharge curve ‖ ⁓dauer f (einer Batterie) (Eltech) / discharge rate* ‖ ⁓gleis n (Bahn) / unloading siding ‖ ⁓klappe f (Masch) / discharge flap, discharge door ‖ ⁓kurve f (Eltech) / discharge curve
**entladen** v (z.B. ein Fahrzeug) / unload v, discharge v ‖ ~ (auf eine bestimmte Stelle) / deposit v, dump v ‖ ~ (Elektr) / discharge vt ‖ ~ adj (Batterie) (Eltech) / dead adj, flat adj, run-down adj, discharged adj, low adj ‖ **sich** ~ (Elektr) / discharge vi
**Entlade • spannung** f (Eltech) / discharge voltage ‖ ⁓stelle f (Umwelt) / discharge point ‖ ⁓strom m (Eltech) / discharge current, discharging current ‖ ⁓stromkreis m (Eltech) / discharge circuit* ‖ ⁓tür f (Masch) / discharge flap, discharge door ‖ ⁓widerstand m (Eltech) / discharge resistance*
**Entladung** f (der mit Stromfluß verbundenen Ladungs- und Spannungsausgleich zwischen entgegengesetzt aufgeladenen Körpern) (Elektr) / discharge* n ‖ **dunkle** ~ (Elektr) / dark discharge ‖ **elektrische** ~ (Elektr) / electric discharge*, field discharge* ‖ **elektrodenlose** ~ (Elektr) / ring discharge, toroidal discharge ‖ **elektrostatische** ~ (EDV, Elektr) / electrostatic discharge, ESD ‖ **elektrostatische** ~ (Elektr) / electrostatic discharge ‖ **gasförmige** ~ (Elektr) / gaseous discharge, discharge in gases, gas discharge ‖ **stille** ~ (Elektr) / dark discharge ‖ **toroidale** ~ (Elektr) / ring discharge, toroidal discharge ‖ ~ f **statischer Elektrizität** (Elektr) / electrostatic discharge
**Entladungs • gefäß** n (Eltronik) / envelope n ‖ ~**geheizte Katode** (Eltronik) / ionic-heated cathode* n ‖ ⁓gerät n (Masch) / emptying device ‖ ⁓kolben m (Eltronik) / envelope n ‖ ⁓kreis m (Eltech) / discharge circuit* ‖ ⁓lampe f (Licht) / discharge lamp*, gas-discharge lamp*, electric-discharge lamp* ‖ ⁓methode f (Eltech) / loss of charge method* ‖ ⁓schurre f (Masch) / discharge spout ‖ ⁓strecke f (Eltech) / discharge path ‖ ⁓weg m (Eltech) / discharge path ‖ ⁓widerstand m (Eltech) / discharge resistance*
**ent • lärmt** adj (Akus, Eltech, Masch) / noise-reduced adj ‖ ⁓lärmung f (Akus, Bau, Umwelt) / noise reduction, NR
**Entlassungen** f pl / demanning n, run-down n
**entlasten** v / lighten v, reduce the load ‖ ~ (den Explosionsdruck) (Bergb) / vent v ‖ ~ (Mech) / release v (the tension)
**Entlastung** f (Abfangen von Belastungen) (Bau, HuT) / relief n, relieving* n, discharge n ‖ **dynamische** ~ **beim Gasgeben** (Kfz) / rearward load transfer ‖ **steuerliche** ~ / tax relief
**Entlastungs • bogen** m (Bau, HuT) / discharging arch*, relieving arch, rough arch, safety arch* ‖ ⁓bohrung f (Erdöl) / relief well* ‖ ⁓bohrung (Masch) / balance hole, compensating hole ‖ ⁓graben m (Wasserb) / inundation canal ‖ ⁓kanal m (bei Hochwasser) (Wasserb) / flood-relief channel ‖ ⁓kolben m (ringförmiger Bund am Druckventilkörper von Einspritzpumpen der Bauart PE/PF) (Kfz) / retraction piston, relief piston ‖ ⁓leitung f (Erdöl) / choke line ‖ ⁓rechner m (EDV) / relief computer ‖ ⁓ruder n (Luftf) / balance tab* ‖ ⁓straße f (Erdöl) / relief road ‖ ⁓straße (HuT, Kfz) / relief road ‖ ⁓wehr n (HuT, Wasserb) / waste weir*, leaping weir*, separating weir*
**Entlaubungsmittel** n (Chem) / defoliant n
**entleeren durch Ausblasen** (Chem Verf) / blow down v ‖ ~ **durch Ausblasen** (Chem Verf) / blow-down n
**Entleerleitung** f (Erdöl) / discharge line
**Entleerungs • gefäß** n (darin pot) ‖ ⁓gerät n (Masch) / emptying device ‖ ⁓hahn m (Masch) / drain cock, draw-off cock, draw-off tap ‖ ⁓hahn (kleiner) (Masch) / pet cock*
**Entleerventil** n (Luftf) / dump valve*, jettison valve
**entlegenst** adj / ultimate adj
**ent • leimen** v (Knochen) / degelatinize v ‖ ~lieschen v (Mais) (Landw) / husk v
**Entlohnung** f **nach Vorgabezeiten** (F.Org) / standard time system
**Entlösungstrieb** m (Erdöl, Geol) / dissolved-gas drive
**ent • löten** v (Eltronik) / desolder v ‖ ⁓löten n **mit Entlötlitze** (Eltronik) / wicking n ‖ ⁓lötgerät n (Eltronik) / solder extraction device, solder sucker ‖ ⁓lötkolben m (mit einer Vorrichtung zur Beseitigung des flüssigen Lotes) (Eltronik) / desoldering iron ‖ ⁓lötlitze f (Eltronik) / desolder wick, desolder braid
**entlüften** v (Luft aus der Leitung verdrängen) / purge v ‖ ~ / deaerate v, ventilate v, vent* v ‖ ~ (Gieß, Masch, Plast) / vent* v ‖ ~ (Keram) / deair v (clay) ‖ ~ (die Bremsübertragungseinrichtung) (Kfz, Masch) / bleed v ‖ ~ (Pap) / relieve v ‖ ~ n (der Bremsübertragungseinrichtung) (Kfz, Masch) / bleeding* n, air bleeding n ‖ ~ (Pap) / relief n
**Entlüfter** m / de-aerator n ‖ ~ (bei Heizkörpern) (Bau, Masch) / nipple n, bleed valve ‖ ~ s. auch Atemventil ‖ ⁓rohr n (in der Kurbelwanne) (V-Mot) / breather pipe*
**entlüftet, nicht ~er Raum** (Bau) / unventilated room ‖ ~es Wasser / air-free water
**Entlüftung** f / de-aeration n, ventilation n, venting n ‖ ~ (der Form) (Gieß) / venting n ‖ ~ (Gieß, Masch, Plast) / venting n ‖ ~ **über Aktivitätsfilter** (bei Sicherheitsbehältern) (Nukl) / filtered venting
**Entlüftungs • anlage** f / de-aerator n ‖ ⁓apparat m / de-aerator n ‖ ⁓deckel m (Eltech) / vent cap, vent plug ‖ ⁓kanal m (zur Formentlüftung) (Gieß) / vent n ‖ ⁓kappe f (der Autobatterie)

**Entlüftungsöffnung**

(Eltech) / vent cap, vent plug || ⁓**öffnung** f (Masch) / vent* n, air-port n, vent hole, vent opening || ⁓**rohr** n (in der Kurbelwanne) (V-Mot) / breather pipe* || ⁓**schacht** m (bei der freien Lüftung) (Bau) / air flue* || ⁓**schlüssel** m (für das Entlüftungsventil des Heizkörpers) (Bau, Masch) / radiator key || ⁓**schraube** f (Eltech) / vent cap, vent plug || ⁓**ventil** n (bei Heizkörpern) (Bau, Masch) / nipple n, bleed valve || ⁓**ventil** (Masch) / vent valve, air valve
**entmagnetisierendes Feld** (Phys) / demagnetizing field
**Entmagnetisierung** f (die Kompensation des natürlichen Magnetismus des stählernen Schiffskörpers durch besondere Schutzanlagen, die eine Gefährdung durch Magnet- oder Induktionsminen verringern soll) (Mag, Schiff) / degaussing* n, deperming n || ⁓ (Phys) / demagnetization* n || **adiabatische** ⁓ (zur Erzeugung sehr tiefer Temperaturen) (Phys) / adiabatic demagnetization*, Giauque-Debye method || **formabhängige** ⁓ (Mag) / self-demagnetization
**Ent•magnetisierungsfaktor** m (Elektr) / demagnetization factor*, demagnetizing factor || ⁓**manganung** f (des Wassers) (Sanitär) / demanganization || ⁓**mantelung** f (Nukl) / decanning n || ⁓**metallisieren** v (einen Metallüberzug elektrolytisch ablösen) (Galv) / deplate v, strip v || ⁓**metallisieren** n (elektrolytisches Ablösen von Metallüberzügen) (Galv) / deplating n, stripping* n || ⁓**metallisierungsbad** n (zum Ablösen von Metallüberzügen) (Galv) / deplating bath, strip n || ⁓**methanisieren** v (Chem Verf) / demethanize v || ⁓**mineralisierung** f (Chem Verf) / demineralization* n
**Entmischung** f (von Additiven) / deterioration n || ⁓ (in mehrere Körnungsbereiche) / segregation n || ⁓ (einer Emulsion) (Chem) / demulsification n, de-emulsification n, breaking n, breakdown n || ⁓ (beim Möller) (Hütt) / dissociation n || ⁓ (Min) / exsolution n, unmixing n || ⁓ (z.B. Zerfall einer homogenen Mischung in zwei oder mehrere thermodynamisch stabile Phasen) (Phys) / segregation n, separation n || **einphasige** ⁓ (Hütt) / coherent precipitate || ⁓ f **der Körperfarben** (Anstr) / colour separation
**ent•misten** v (die Haut) (Leder) / dedung v, demanure v || ⁓**mistung** f (des Stalls) (Landw) / dung removal, manure removal || ⁓**motten** v (Mil) / recommission v
**Entnahme** f (des Modells) (Gieß) / delivery* n || ⁓ (Glas) / gathering n || ⁓ (aus dem Ofen) (Glas) / take-out n, gathering n, discharge n || ⁓ (Masch) / take-off n, withdrawal n, discharge n || **übermäßige** ⁓ **des Brunnenwassers** (Wasserb) / overpumping n, overdevelopment n || ⁓ f **der Informationen aus dem Stapelspeicher** (EDV) / popping* n || ⁓ **von Bodenproben** (HuT) / soil sampling
**Entnahme•dampf** m (Masch) / bleed steam || ⁓**fräse** f (aus dem Silo) (Landw) / unloader n || ⁓**grube** f (für Erdstoff) (HuT) / borrow pit*, ditch n || ⁓**hahn** n (Klemp) / draw-off pipe, draw-off valve || ⁓**leistung** f (mögliche Grenzleistung eines Erdgasfeldes bzw. eines Erdgasporenspeichers) / withdrawal capacity || ⁓**leitung** f (zur Probenahme) (Eltech) / sampling line || ⁓**loch** n (Glas) / gathering hole (in a glass pot or tank) || ⁓**raum** m (Glas) / gathering end || ⁓**stelle** f **von Proben** / sampling site || ⁓**strömung** f (im Glasbad) (Glas) / pull current, withdrawal current || ⁓**stutzen** m (für Bodenproben nach DIN 18125, T 2) (HuT) / sampling tube, sampling barrel || ⁓**sunk** m (Wasserb) / negative surge because of increased outflow || ⁓**temperatur** f (Glas) / gathering temperature || ⁓**trichter** m (bei der Entnahme von Grundwasser mittels eines Brunnens) (HuT) / cone of depression, cone of exhaustion, cone of influence, depression cone || ⁓**turbine** f (Dampfturbine mit geregelter Dampfentnahme) / bleeding turbine, tapped turbine || ⁓**turm** m (zur Wasserentnahme für Kraftwerke) (Wasserb) / intake tower, valve tower || ⁓**vorrichtung** f (der Glasmaschine) (Glas) / take-out n || ⁓**wehr** n (z.B. für die Bewässerung) (Wasserb) / diversion weir
**Ent•nebler** m / demister* n, defogger n || ⁓**nehmen** v (Flüssigkeiten oder Gase) / withdraw v, extract v, exhaust v || ⁓**nehmen** (Gieß) / take out v, release v
**Entner-Doudoroff-Weg** m (Biochem) / Entner-Doudoroff pathway
**ent•netzen** v (Chem) / dewet v || ⁓**netzen** n (Chem) / dewetting n || ⁓**nickeln** v / denickel v, denickelify v
**Entoderm** n (Zool) / endoderm* n, entoderm* n
**ent•ölen** v / deoil v || ⁓**ölen** n / deoiling n || ⁓**öler** m / oil separator, deoiler n, oil trap || ⁓**öler** (Masch) / oil separator || ⁓**ölung** f / deoiling n || ⁓**ölungsstation** f (Erdöl) / free-water knock-out station
**Entomologie** f (Zool) / entomology n
**Entomoptere** f (Versuchsflugzeug, das nach den Gesetzen der Aerodynamik des Insektenfluges gebaut ist) (Luftf) / entomopter n
**entoptisch** adj (Wahrnehmung) (Opt) / entoptic adj
**ent•orientieren** v (Krist) / disorient v || ⁓**packen** v (EDV) / unpack v || ⁓**palettieren** v / depalletize v || ⁓**palettisierungsmaschine** f / depalletizer n || ⁓**paraffinierung** f (Chem Verf) / deparaffinization n, dewaxing n || ⁓**paraffinierung mittels Harnstoff** (Chem Verf) / urea dewaxing n || ⁓**passivieren** v / depassivate v || ⁓**pechen** n / depitching n || ⁓**pentaner** m (Chem Verf) / depentanizer n, depentanizer column || ⁓**pentanerkolonne** f (Chem Verf) / depentanizer n, depentanizer

column || ⁓**pentanisierungsapparat** m (Chem Verf) / depentanizer n, depentanizer column || ⁓**phenolungsanlage** f (Sanitär) / dephenolizing plant || ⁓**phosphoren** v (Chem Verf) / dephosphorize v || ⁓**phosphorung** f (Chem) / dephosphorization* n || ⁓**pichen** n / depitching n || ⁓**pickeln** v (Leder) / depickle v || ⁓**pickeln** n (Leder) / depickling f || ⁓**pigmentieren** v (Anstr) / depigmentate v, depigment v || ⁓**plastifizieren** v / deplastify v || ⁓**plattieren** v (Galv) / deplate v, strip v || ⁓**plattierung** f (Galv) / deplating n, stripping* n || ⁓**prellung** f (Fernm) / chatter suppression || ⁓**propaner** m (z.B. des Rohöls) (Chem Verf, Erdöl) / depropanizer n || ⁓**propanisierungsapparat** m (Chem Verf, Erdöl) / depropanizer n || ⁓**propanisierungskolonne** f (Chem Verf, Erdöl) / depropanizer n || ⁓**pupinisierung** f (Eltech) / deloading n || ⁓**quellen** n (Blößen nach dem Äscher durch pH-Senkung, Entkälken und Beizen weich und elastisch machen) (Leder) / deplete v || ⁓**rahmen** v (die Sahne abschöpfen) (Nahr) / skim v, cream v || ⁓**rahmer** m (Landw, Nahr) / cream separator || ⁓**rahmte Milch** (mit maximal 0,3% Fett) (Nahr) / skimmed milk, skim milk, separated milk || ⁓**rahmungszentrifuge** f (Landw, Nahr) / cream separator
**Entrainment** n (das Einbeziehen von Luft der Umgebung in die Randbereiche von Kumuluswolken) (Meteor) / entrainment n || ⁓ (Anwachsen der Mächtigkeit turbulenter Schichten unter Abbau der Dichteschichtung in der benachbarten Schicht) (Ozean) / entrainment n
**ent•rappen** v (Beeren von den Traubenstielen vor der Kelterung) (Nahr) / stem v || ⁓**rappungsmühle** f (bei der Weinherstellung) (Nahr) / stemmer n, stalk separator || ⁓**rastern** v (Bilder) (Druck) / descreen v || ⁓**rasterung** f (Beseitigung oder Milderung der Rasterstruktur) (Druck) / descreening n || ⁓**rattung** f (Schiff) / deratization n, extermination of rats || ⁓**regung** f (Eltech) / field suppression, field weakening || ⁓**regung** (Phys) / de-excitation n || ⁓**regungseinrichtung** f (Eltech) / field suppressor*
**Entresol** n (Arch, Bau) / mezzanine* n, entresol* n
**ent•riegeln** v / unlock v, unlatch v, release v || ⁓**riegeln** (Weiche) (Bahn) / release v || ⁓**riegelungshebel** m (z.B. einer Lehne) (Kfz) / release lever
**entrinden** v (+ entasten) (For) / strip v, remove bark and branches || ⁓ (For) / debark v, decorticate v, peel vt, strip v, bark v, ross v (US) || **fleckenweise** ⁓ (For) / patch-bark v, bark in patches
**Entrinder** m (Pap) / barker n, debarker n, debarking machine
**Entrindung** f (For, Pap) / debarking n, barking n, bark removal, peeling n, rossing n (US) || **mechanische** ⁓ (mit Maschinen) (For) / machine barking
**Entrindungs•abfälle** m pl (For) / barking waste, barking refuse, bark shavings || ⁓**abgang** m (For) / barking waste, barking refuse, bark shavings || ⁓**hackmaschine** f (For) / debarker chipper || ⁓**qualität** f (For) / barking quality || ⁓**trommel** f (For) / barking drum || ⁓**verlust** m (Anteil der Holzsubstanz, die beim Entrinden neben der Rinde mit vom Rundholz entfernt wird) (For) / barking loss || ⁓**widerstand** m (den die Rinde ihrer Ablösung vom Holz entgegensetzt) (For) / peel strength
**entrohren** v (Erdöl) / pull v (the casing)
**Entropie** f (Größe, die den Zustand eines makroskopischen thermodynamischen Systems beschreibt - DIN 1345) (Phys) / entropy* n, S* || ⁓ (Phys) s. auch mittlerer Informationsgehalt und Sackur-Tetrode-Formel || **bedingte** ⁓ (eines zufälligen Versuches) (Stats) / conditional entropy || **negative** ⁓ (EDV) / negative entropy, negentropy n || **spezifische** ⁓ (DIN 1301, T 2) (Phys) / specific entropy || ⁓ f **eines dynamischen Systems** (Phys) / Kolmogorov-Sinai invariant, entropy of a transformation || ⁓**elastizität** f (DIN 7724) / entropy elasticity, rubber elasticity || ⁓**gleichung** f (Phys) / entropy equation || ⁓**glied** n **der Gibbs-Helmholtzschen Gleichung** (Phys) / bound energy || **Boltzmannsche** ⁓**konstante** (DIN 5031, T 8) (Phys) / Boltzmann's constant*, Stefan-Boltzmann constant || ⁓**maximum** n (Chem, Phys) / entropy maximum || ⁓**satz** m (Phys) / second law of thermodynamics, entropy principle
**entropisch** adj (Phys) / entropic adj
**ent•rosten** v / derust v, remove the rust, free from rust || ⁓**roster** m (Anstr, Chem, Hütt) / rust remover || ⁓**rostung** f / rust removing, derusting n, rust pickling, rust removal
**Entrostungsflüssigkeit** f / antirust solution
**Ent•rostungslösung** f / rust-removing solution, derusting solution || ⁓**rostungsmittel** n (Anstr, Chem, Hütt) / rust remover
**Entry-Adresse** f (EDV) / entry symbol
**Ent•safter** m (Nahr) / juice extractor, fruit press || ⁓**salzen** v / desalinate v, desalt v || ⁓**salzen** (Chem Verf) / desalination* n, desalting n || ⁓**salztes Seewasser** (im Seewasserverdampfer gewonnen) (Ozean) / product water, converted water || ⁓**salzung** f (Chem Verf) / desalination* n, desalting n || ⁓**salzung** (Entfernen von Ionen aus Wasser) (Chem Verf) / demineralization* n, deionization n (complete) || ⁓**salzung** (Trommelentsalzung bei Dampfkesseln) (Masch) / blow-down n, blow-off n (US), bleed-off n, purging n ||

326

teilweise ⁓salzung (des Wassers) / partial demineralization ‖ ⁓salzungsentspanner m (Masch) / flash vessel, flash tank, flashing vessel, flash box ‖ ⁓säuern v (auch bei der Wasseraufbereitung) (Chem) / deacidify v ‖ ⁓schalen v (Bau, HuT) / strike v, strip v, remove v (the forms, the shuttering, the centring) ‖ ⁓schalung f (Bau, HuT) / striking* n, stripping n, removal n (of the forms of the shuttering, of the centring) ‖ ⁓schalungsöl n (ein Trennmittel aus wässerigen Emulsionen von chemisch indifferenten Mineralölen) (Bau, HuT) / mould oil* ‖ ~schäumen v (Erdöl) / skim v ‖ ⁓schäumen n (Chem, Phys) / defoaming n ‖ ⁓schäumer m (Chem, Phys) / antifoaming agent, defoaming agent*, defoamer n ‖ ⁓schäumung f (Chem, Phys) / defoaming n ‖ ⁓schäumungsmittel n (Anstr) / no-air n ‖ ⁓schäumungsmittel (Chem, Phys) / antifoaming agent, defoaming agent*, defoamer n
entscheidbare Menge (Math) / recursive set
Entscheidbarkeit f (Math) / decidability n
entscheidend adj / primordial adj ‖ ~ (Einfluß) / crucial adj, decisive adj ‖ ~ (Faktor, Test) / critical adj
Entscheider m (EDV) / decision circuit
Entscheidung f (EDV, KI) / decision n ‖ abschließende ⁓ / final decision, terminal decision ‖ ⁓ f am Seitenende (bei automatischen Umbruchprogrammen) (EDV) / page-ending decision
Entscheidungs•baum m (bei Ja-Nein-Entscheidungen) (EDV, KI) / decision tree ‖ ⁓baumverfahren n (ein rechnergestütztes Verfahren der Unternehmensforschung) (EDV, KI) / decision-tree method ‖ ⁓befehl m (EDV) / decision instruction ‖ ⁓element n (EDV) / decision element ‖ ⁓element s. auch logisches Element ‖ ⁓fächer m (KI) / decision fan ‖ ⁓fällung f (KI) / decision taking, decision making ‖ ⁓findung f (KI) / decision taking, decision making ‖ ⁓funktion f (Stats) / decision function ‖ ⁓gehalt m (DIN 5493, T 1, und 44301) (EDV) / decision content ‖ ⁓glied n (EDV) / decision element ‖ ⁓hilfe f (EDV, KI) / decision support, DS ‖ grafische ⁓hilfen (EDV, KI) / decision-support graphics ‖ ⁓hilfesystem n (KI) / decision-support system, DSS ‖ ⁓höhe f (bei der Allwetterlandung) (Luftf) / decision height, d. h. ‖ ⁓kästchen n (EDV) / decision box, decision symbol ‖ ⁓logik f (KI) / decision logic ‖ ⁓matrix f (bei Variantenvergleichen) (KI) / decision matrix ‖ ⁓modell n (EDV, Math) / decision model ‖ sequentielles ⁓modell (EDV) / sequential decision model ‖ ⁓problem n (für die Turing-Maschine) (EDV) / halting problem ‖ ⁓problem (EDV, KI) / decision problem ‖ ⁓prozeß m (KI) / decision process ‖ ⁓regel f (KI) / decision rule ‖ ⁓symbol n (EDV) / decision box, decision symbol ‖ ⁓system n (EDV, KI) / decision system ‖ ⁓tabelle f (Hilfsmittel zur Variantenauswahl, besonders bei der Erstellung von Fertigungs- und Arbeitsunterlagen für die genormte Fertigung) (EDV, F.Org) / decision table ‖ ⁓theorie f (KI) / decision theory ‖ ⁓theorie (KI, Stats) / decision theory ‖ statistische ⁓theorie (Stats) / statistical decision theory ‖ ⁓träger m / decision-maker n ‖ ⁓unterstützung f (EDV, KI) / decision support, DS ‖ verteilte ⁓unterstützung (EDV) / group decision support, negotiation support ‖ ⁓variable f (KI) / decision variable ‖ ⁓verfahren n (Algorithmus zur Entscheidung eines Prädikats) (EDV, KI) / decision procedure, effective procedure
Ent•scheinen n (des Öls mit gelben öllöslichen Farbstoffen) (Erdöl) / deblooming n ‖ ⁓scheinung f (Erdöl) / deblooming n ‖ ⁓scheinungsmittel n (Erdöl) / deblooming agent ‖ ⁓schichten n (Galv) / coating removal, removal of a coat ‖ ⁓schirmung f (Chem) / deshielding n ‖ ~schlacken v (Hütt) / slag v, deslag v, slag off v ‖ ⁓schlackung f (Hütt) / slag removal, deslagging n, slagging n ‖ ~schlammen v / desludge v ‖ ~schlämmen n (Aufber) / deslime vt ‖ ⁓schlämmen n (Aufber) / desliming* n ‖ ⁓schlammer m / desludger n ‖ ⁓schlammung f / desludging n ‖ ⁓schlammung (Trommelentsalzung bei Dampfkesseln) (Masch) / blow-down n, blow-off n (US), bleed-off n, purging n ‖ ~schleimen v (Öl) / degum v ‖ ~schleimen (Aufber) / deslime vt ‖ ⁓schleimen n (Aufber) / desliming* n ‖ ⁓schleimen n (des Weins) (Nahr) / desliming n ‖ ~schlichten v (Tex) / scour v (cotton yarn) ‖ ~schlichten (Tex) / desize v ‖ ⁓schlichten n (Tex) / desizing* n ‖ ⁓schlichtung f (Tex) / desizing* n ‖ ⁓schlichtungswäsche f (Tex) / desizing* n ‖ ~schlüsseln v / decipher v, decrypt v ‖ ⁓schlüsselung f (EDV, Fernm) / unscrambling n ‖ ~schraubendes Protein (Biochem) / swivelase n, unwinding protein ‖ ~schuppen v (einen Fisch) (Nahr) / scale vt, descale vt ‖ ~schwefeln v (Chem) / desulphurize v ‖ ⁓schwefeln n (Chem) / desulphuring* n, desulphurization n, sulphur removal n ‖ ~schwefeltes Erdgas / desulphurized natural gas, sweet (natural) gas ‖ ⁓schwefelung f (Chem) / desulphuring* n, desulphurization n, sulphur removal n ‖ bakterielle ⁓schwefelung f / bacterial desulphurization ‖ ⁓schwefelung f mittels Bakterien / bacterial desulphurization ‖ ⁓schweißapparat m (Tex) / degreasing apparatus, desuinting apparatus, desuinting plant ‖ ⁓schweißen n (der Wolle) (Tex) / desuinting n, scouring n, degreasing n ‖ ~schweißte Wolle (Tex) / scoured wool ‖ ⁓seuchung f (Mil, Nukl) / decontamination* n ‖ ⁓seuchung (Prozeß zur Inaktivierung oder Zerstörung von pathologischen Mikroorganismen durch Wärme, Bestrahlung oder chemische Oxidation) (Sanitär) / disinfection n ‖ ~siegeln v (Betonflächen) (Bau, Umwelt) / deseal v ‖ ⁓silberung f (Hütt) / desilverization* n ‖ ⁓silizierung f (Chem) / silica removal, desilification n

Entsorgung f (nukleare) (Nukl) / nuclear waste disposal, radioactive waste handling, radioactive waste disposal, spent fuel element disposal ‖ ⁓ (im allgemeinen - unproblematische) (Umwelt) / safe disposal ‖ städtische ⁓ (Straßenreinigung und Müllbeseitigung als städtische Einrichtung) (Sanitär) / public cleaning
Entsorgungsnachweis m (Umwelt) / waste-management certificate
Entsorgungszentrum, nukleares ⁓ (Nukl) / spent fuel element disposal centre, radioactive waste-disposal site, integrated nuclear waste-disposal centre
entspannen v (gespanntes Seil) / slacken vt ‖ ~ (ein HHO) / unclamp v ‖ ~ (Chem Verf, Hütt) / relieve v ‖ ~ (Mech) / destress v, relieve v (the stress) ‖ ~ (entlasten) (Mech) / release v (the tension) ‖ ⁓ n (Chem Verf, Hütt) / stress relief, stress relieving*
Entspanner m (Masch) / blow-down vessel ‖ ⁓ (Ventil) (Masch) / expansion valve* ‖ ⁓gruppe f (Ölpump- und Vorwärmstation) / condensate flash station
Entspannkerbe f (auf der Diskette neben dem Kopffenster) (EDV) / relief notch
entspannt adj (gespanntes Seil) / slack adj ‖ ~ (Geol) / strain-free adj, neutral adj ‖ ~er Dampf (Masch) / flashed steam, flash steam, expanded steam ‖ ~es Wasser (bei dem durch geeignete, in ihm aufgelöste Netzmittel die Oberflächenspannung verlängert ist) (Chem Verf) / water with delayed-activity surface tension (treated with a wetting agent)
Entspannung f (des gespannten Seiles) / slackening n ‖ ⁓ (zum Abbau von inneren Spannungen) (Chem Verf, Hütt) / stress relief, stress relieving* ‖ ⁓ (Glas) / annealing* n ‖ ⁓ (Masch) / relaxation n ‖ ⁓ (z.B. bei mechanischen Prüfungen) (Mech, WP) / release of the stress ‖ ⁓ (von Webwaren) (Tex) / relaxation n ‖ isenthalpe ⁓ (wärmegedämmte Drosselung) (Phys) / inenthalpic expansion ‖ isentrope ⁓ (verlustfreie) (Phys) / isentropic expansion
Entspannungs•bereich m (Glas) / annealing range ‖ ⁓bogen m (Kab) / strain relief ‖ ⁓bohren n (eine Entspannungsmaßnahme) (Bergb) / stress-relieving drilling ‖ ⁓destillation f (Chem Verf, Erdöl) / flash distillation ‖ (kontinuierliche) ⁓destillation (Chem) / flash distillation*, equilibrium distillation ‖ ⁓düse f (Luftf) / convergent-divergent nozzle*, con-di nozzle* ‖ ⁓fehler m (Glas) / annealing defect ‖ ⁓flotation f (bei der die Blasen durch die Entspannungeiner unter Druck stehenden und belüfteten Wassermengeentstehen) / dissolved-air flotation, pressure flotation ‖ ⁓glühen n (Hütt) / stress relief*, stress relieving* ‖ ⁓kühler m (Masch) / flash cooler ‖ ⁓mittel n (für Kesselwasser) (Masch) / wetting agent ‖ ⁓ofen m (Glas) / annealing furnace ‖ oberer ⁓punkt (ein Viskositätsfixpunkt) (Glas) / annealing point, AP ‖ unterer ⁓punkt (ein Viskositätsfixpunkt) (Glas) / strain point ‖ ⁓temperatur f (im allgemeinen) (Glas) / annealing point, annealing temperature, 13.0 temperature ‖ obere ⁓temperatur (Glas) / annealing point, AP ‖ untere ⁓temperatur (Glas) / strain point ‖ ⁓turbine f (Masch) / expansion turbine ‖ ⁓ventil n (Masch) / expansion valve* ‖ ⁓verdampfung f (des salzhaltigen Wassers) (Chem Verf) / multistage flash evaporation, MSE ‖ ⁓verdampfung (Chem Verf) / flash evaporation, flash vaporization, vacuum flashing ‖ mehrstufige ⁓verdampfung (des salzhaltigen Wassers) (Chem Verf) / multistage flash evaporation, MSE ‖ ⁓verhältnis n (von Düsenmündungsfläche zu Düsenhalsfläche) (Luftf, Raumf) / nozzle-expansion area ratio, expansion ratio*, ratio of expansion ‖ ⁓versuch m (Hütt, WP) / stress-relaxation test
Ent•speckung f (der Schweinshäute) (Leder) / fat removal ‖ ~spelzen v (Getreide) (Landw, Nahr) / hull v ‖ ~spelzen (Reis) (Landw, Nahr) / mill v ‖ ~spelzter Reis (Nahr) / brown rice, husked rice, hulled rice ‖ ~sperren v / unlock v, unlatch v, release v ‖ ~sperren (Bahn, Masch) / unblock n ‖ ~sperren (eine Leitung) (Fernm) / deblock v ‖ ~spiegeltes Objektiv (Film, Foto) / coated lens* ‖ ⁓spiegelung f (zur Reflexminderung) (Film, Foto, Opt) / lens coating, coating n, blooming n ‖ ⁓spiegelung durch Absorption (Opt) / optical blacking ‖ ⁓spiegelungsschicht f (Opt) / antireflection coating, blooming* n, bloom n, blooming coat ‖ ~sprechen v (den Bedingungen) / fulfil v, fulfill v (US), meet v, satisfy v ‖ ~sprechen v / correspond v ‖ ⁓sprichtzeichen n (Math) / equivalence symbol, symbol of equivalence ‖ ~springen v (Heilquelle, Fluß) / rise v, have its source ‖ ⁓spulung f (Eltech) / deloading n ‖ ⁓staatlichung f (z.B. im ehemaligen Ostblock) / denationalization n ‖ ⁓staatlichung s. auch Privatisierung ‖ ⁓städterung f (Arch) / disurbanization n ‖ ~stapeln v / unpile v, depile v ‖ ⁓stapelungsanlage f / unpiler n, depiler n, destacking unit ‖ ⁓stapler m / unpiler n, depiler n, destacking unit ‖ ~stauben v / dust v, dust off v ‖ ⁓stauber m / deduster n ‖ ⁓stauber (Elutriator) (Chem Verf) / elutriator* n ‖

327

**Entstauber**

~**stauber** s. auch Staubfänger ‖ ~**staubung** f / dust removal ‖ ~**staubungsanlage** f / deduster n ‖ ~**staubungsanlage** (in Wohnhäusern) (Bau) / vacuum-cleaning plant, centralized vacuum-cleaning plant ‖ ~**staubungsanlage** (z.B. bei Großfeuerungsanlagen) (Masch) / dust collector, dust separator, dust arrester
**entstehen** v / arise v (dust) ‖ ~ n (Geol) / origin n
**Entstehung** f (z.B. von Kohle oder Erdöl) (Geol) / genesis n ‖ ~ **der Böden** (Geol) / soil genesis, pedogenesis n (pl. -geneses), soil formation ‖ ~ **der Stromwärme in einem stromdurchflossenen ohmschen Widerstand** (Eltech) / Joule effect*, heating effect of a current ‖ ~ **des Bodens** (Geol) / soil genesis, pedogenesis n (pl. -geneses), soil formation ‖ ~ **von Schimmer** (z.B. durch Einlagerungen von Blättchen, Schüppchen oder Kriställchen anderer Stoffe entlang bestimmter Kristallflächen) (Geol) / schillerization* n
**Entstehungs•jahr** n (bei Kostenrechnung) / accrual year ‖ ~**jahr** (bei Kostenrechnung) / accrual year ‖ ~**ort** m (von Daten) (EDV) / point of origin
**ent•steinen** v (Steinfrüchte) (Nahr) / stone v, pit v (US) ‖ ~**steiner** m (Nahr) / stoner n, pitter n ‖ ~**steinmaschine** f (Nahr) / stoning machine, pitting machine ‖ ~**steinung** f (Masch) / descaling* n, scaling n, boiler-scale removal ‖ ~**steinung** (von Steinfrüchten) (Nahr) / stoning n, pitting n (US) ‖ ~**steinungsmaschine** f (Landw) / stone picker ‖ ~**sticken** n (von Rauchgasen) (Chem Verf, Umwelt) / nitrogen removal ‖ ~**stickung** f (Chem) / denitration n, denitrogenation n ‖ ~**stielen** v (Nahr) / stem v ‖ ~**stielmaschine** f (Nahr) / stemmer n, stemming machine ‖ ~**stippen** v (Holz) (Pap) / deflake v ‖ ~**stipper** m (Maschine der Stoffaufbereitung) (Pap) / deflaker n
**entstören** v (EDV) / debug* v, check out v ‖ ~ (Eltech) / suppress v (noise), eliminate v (interference)
**Entstörer** m (Eltech) / suppressor* n, noise suppressor*, RFI suppressor, noise killer
**Entstör•gerät** n (Eltech) / suppressor* n, noise suppressor*, RFI suppressor, noise killer ‖ ~**kondensator** m (Eltech) / suppression capacitor, anti-interference capacitor ‖ ~**muffe** f (zum Einfügen in eine Hochspannungsleitung) (Eltech) / sleeve-type suppressor ‖ ~**satz** m (Radio) / interference-suppression kit, noise suppressor kit ‖ ~**stecker** m (Eltech) / suppressor* n, noise suppressor*, RFI suppressor, noise killer ‖ ~**vorrichtung** f (Eltech) / suppressor* n, RFI suppressor, noise killer
**Ent•strahlung** f (Mil, Nukl) / decontamination* n ‖ ~**tanken** v (Kftst) / defuel v ‖ ~**teeren** v (Chem Verf) / detar v ‖ ~**trichtern** v (Gießsystem entfernen) (Gieß) / degate v ‖ ~**trübung** f (Fernm) / compensation n ‖ ~**trübung** (bei der Funkpeilung und beim Radarverfahren) (Radar) / anticlutter* n, anticlutter gain control ‖ ~**trübung** (Radio) / zero clearing, minimum clearing ‖ ~**trübungsschaltung** f (Radar) / fast-time constant ‖ ~**wachsen** v (im allgemeinen) / dewax v ‖ ~**walden** v (For) / deforest v ‖ ~**waldungsmittel** n (For) / silvicide n
**entwässerbar** adj / drainable adj ‖ ~ (Schlamm) (Sanitär) / drainable adj, dewaterable adj
**entwässern** v / dewater v, unwater v ‖ ~ (Chem) / dehydrate v ‖ ~ n / dewatering* n, unwatering n ‖ ~ (Chem) / dehydration* n
**entwässerter Versuch** (HuT) / drained shear test, slow test, drained test, S-test n
**Entwässerung** f / drainage n, draining n ‖ ~ / dewatering* n, unwatering n ‖ ~ (DIN 1185, T 1) (Bau, Landw, Pap) / drainage* n, draining n ‖ ~ (Chem) / dehydration* n ‖ ~ (Landw, Wasserb) / water disposal ‖ ~ (Bergb) s. auch Wasserwirtschaft
**Entwässerungs•arbeiten** n pl (Beseitigung und Verhinderung schädlicher Bodennervässung) (Landw) / land drainage works ‖ ~**bohrloch** n (Bergb) / drain hole* ‖ ~**fallrohr** n (Klemp) / soil stack ‖ ~**gebiet** n (Landw, Wasserb) / drainage area, drainage basin, gathering ground ‖ ~**graben** m (Landw) / drain n, drainage trench, drainage canal, drainage ditch, draining ditch, ditch n ‖ ~**kanal** m (Landw) / drain n, drainage trench, drainage canal, drainage ditch, draining ditch, ditch n ‖ ~**leiste** f (unten an der Tür) (Bau) / weather-board n, weather-board moulding ‖ ~**leitung** f (Landw) / drain line ‖ ~**loch** n (Bau) / weephole n ‖ ~**neigung** f (der Stoffsuspension) (Pap) / freeness n, wetness n, slowness n ‖ ~**rille** f (in der Reifenlauffläche) (Kfz) / drainage channel ‖ ~**spalierartiges ~system** (Landw) / grapevine drainage, trellis drainage, trellised drainage ‖ ~**teppich** m (HuT, Landw) / drainage blanket ‖ ~**ventil** n (Masch) / drain valve ‖ ~**zentrifuge** f (Nahr) / whizzer* n
**Ent•weichen** n / escape n ‖ ~**weichen von Dämpfen** / outbreathing n ‖ ~**weichgeschwindigkeit** f (Astr, Raumf) / escape velocity*, parabolic velocity*, velocity of escape ‖ ~**weichung** f / escape n
**entwerfen** v (grob skizzieren) / sketch n, trace v ‖ ~ (Eltronik, Masch) / design v ‖ **rechnergestütztes** ~ (EDV, Masch) / computer-aided design*, CAD*

**Ent•wertung** f / depreciation n ‖ ~**wertungsstempler** m / cancellation stamp ‖ ~**wesung** f (Med, Pharm) / disinfestation* n
**entwickelbar** adj (Funktion) (Math) / developable adj
**entwickeln** v / develop v ‖ ~ (eine Theorie) / advance v, set up v ‖ ~ (Gase) / evolve v ‖ ~ (Eltronik, Masch) / design v ‖ ~ (Foto) / develop v ‖ ~ (Funktionen) (Math) / develop v, expand v ‖ **sich** ~ / evolve vi ‖ ~ n (Foto) / development* n, developing n ‖ **rechnerunterstütztes** ~ (besonders in der Autoindustrie) (Masch) / computer-aided engineering, CAE
**Entwickler** m (in der Chromatografie) (Chem) / (mobile) solvent system, solvent n, mobile liquid, mobile solvent ‖ ~ (Foto) / developer* n ‖ ~ (Kftst, Masch) / producer n, generator* n ‖ ~ (z.B. Kalkmilch oder Kreideaufschlämmung - im Eindringverfahren) (WP) / developer n ‖ **ausgleichen arbeitender** ~ (Foto) / compensating developer ‖ **gerbender** ~ (Foto, Typog) / tanning developer* ‖ **langsam arbeitender** ~ (Foto) / slow developer
**Entwickler•dose** f (Foto) / tank n, developing tank ‖ ~**substanz** f (Foto) / developing agent*
**Entwicklung** f (plötzliche, unerwartete) / rush n ‖ ~ (Biol) / evolution* n ‖ ~ (in der Chromatografie) (Chem) / development n ‖ ~ (Eltronik, Masch) / design n ‖ ~ (schöpferisches Voraussbestimmen eines technischen Gebildes oder Verfahrens oder Prozesses) (F. Org) / development n, design n ‖ ~ (Foto) / development* n, developing n ‖ ~ (von Funktionen) (Math) / expanding n, expansion* n, development n ‖ ~ (Math, Phys, Wärm) / evolution n ‖ ~ (von Webwaren) (Tex) / relaxation n ‖ **anhaltende** ~ (Umwelt) / sustainable development ‖ **chemische** ~ (Foto) / chemical development ‖ **chromogene** ~ (Foto) / liquid development, lid ‖ **dauerhafte tragfähige** ~ (Umwelt) / sustainable development ‖ **empfindlichkeitssteigernde** ~ (z.B. längere Entwicklung bei angehobenen Entwicklertemperaturen) (Foto) / forced development*, forced processing, pushed development, forcing n ‖ **forcierte** ~ (Foto) / forced development*, forced processing, pushed development, forcing n ‖ **in** ~ (befindlich) / under development ‖ **langfristige** ~ / long-term development ‖ **Laurentsche** ~ (nach P.A. Laurent, 1813-1854) (Math) / Laurent's expansion* ‖ **nachhaltige** ~ (Artikel 20a des Grundgesetzes) (Umwelt) / sustainable development ‖ **nachhaltig zukunftsverträgliche** ~ (Art. 20a des Grundgesetzes) (Umwelt) / sustainable development ‖ **nachhaltig zukunftsverträgliche** ~ (Umwelt) / sustainable development ‖ **rasche wirtschaftliche** ~ (in den Schwellenländern) / take-off n ‖ **rechnergestützte** ~ **und Konstruktion** (EDV, Masch) / computer-aided engineering*, CAE* ‖ **umweltgerechte** ~ (Umwelt) / sustainable development ‖ ~ f **einer Orthogonalreihe** (Math) / orthogonal expansion ‖ ~ **eines Knotens** (Generieren der Nachfolger eines Knotens) / expansion of a node ‖ ~ **nach Kugelfunktionen** (Math) / Legendre polynomial expansion
**Entwicklungs•arbeiten** f pl / developmental work ‖ ~**dose** f (Foto) / tank n, developing tank ‖ ~**dose mit Spiralnuten** (Foto) / spiral reel* ‖ ~**effekt** m (ein fotografischer Effekt) (Foto) / development effect ‖ ~**fähig** adj (ausbaufähig) / developable adj ‖ ~**fähig** (in der Lage, selbständig zu existieren) / viable adj ‖ ~**faktor** m (Höchstwert des Gradienten einer vorgegebenen Schwärzungskurve) (Foto) / gamma value, value of γ, development factor, gamma* n ‖ ~**farbstoff** m (Tex) / developed dye* ‖ ~**hemmung** f (Biol) / retardation n ‖ ~**hilfe** f (für Entwicklungsländer) / assistance to developing countries, development assistance, development aid ‖ **geschlechtsbezogener** ~**index** (in den Berichten der UNO über die menschliche Entwicklung) (Stats) / gender-related development index, GDI ‖ ~**ingenieur** m (Foto) / development engineer, developer n ‖ ~**kammer** f (in der Chromatografie) (Chem) / developing tank, developing chamber ‖ ~**keim** m (Foto) / development centre ‖ ~**land** n **ohne Zugang zum Meer** / land-locked country, LLC ‖ ~**länder** n pl / developing countries ‖ ~**papier** n (Druck) / developing paper ‖ **in der** ~**phase** / under development ‖ ~**plan** m (Foto) / development plan ‖ ~**region** f (meistens gefördert) / development area ‖ ~**satz** m (Math) / expansion theorem ‖ ~**satz nach Laplace** (bei Determinanten) (Math) / Laplace's expansion ‖ ~**schädigend** adj (giftig) (Biol) / reprotoxic adj ‖ ~**schleier** m (Foto) / developing fog ‖ ~**schwerpunkt** m (in der Entwicklungsplanung) / development priority ‖ ~**substanz** f (Foto) / developing agent* ‖ ~**system** n (das schwerpunktmäßig zur Entwicklung von Software eingesetzt wird) (EDV) / development system ‖ ~**tendenz** f (Foto) / development trend ‖ ~**umgebung** f (für Expertensysteme) (KI) / development environment (for expert systems) ‖ **integrierte** ~**umgebung** (EDV, KI) / integrated development environment (allowing access to all tools required for programming within one shell) ‖ ~**zeit** f (eines neuen Produkts) (F.Org) / time to market ‖ ~**zentrum** n (Foto) / development centre
**ent•wirren** v / disentangle v ‖ ~**wulsten** v (Reifen) / debead v
**Entwurf** m / draft n ‖ ~ (der Schaltung) (Eltronik, Masch) / design n ‖ **funktioneller** ~ / functional design ‖ **polykonischer** ~ (Geog) /

polyconic projection*, polyconic map projection ‖ **prüfgerechter** ≈ / design for testability, DFT ‖ ≈ **m des Übergangsbogens** (Bau, HuT, Verm) / easing* n ‖ ≈ **einer ISO-Empfehlung** (ISO/DR) / ISO Draft Recommendation*, ISO/DR
**Entwürfler** m (eine Einrichtung) (Fernm) / descrambler n
**Entwurfs•automation** f (Eltronik) / design automation, DA ‖ ≈**berechnung** f (beim Konstruieren) (Masch) / design calculation ‖ ≈**-Betriebsdauer** f (theoretisch ausgelegte) (F.Org, Masch) / design life ‖ ≈**blatt** n / design sheet ‖ ≈**prinzipien** n pl (Masch) / design philosophy, design principles ‖ ≈**problem** n (bei der Konstruktion von Maschinen) (Masch) / design problem ‖ ≈**raster** m (Arch) / planning grid*, modular grid ‖ ≈**regel** f (für integrierte Schaltkreise) (Eltronik) / design rule ‖ ≈**regelüberprüfung** f (Eltronik) / design rule check ‖ ≈**zeichnung** f / draft n
**entwurzeln** v (Bäume - Windstärke 10 nach Beaufort) / uproot v
**entwurzeln** v (z.B. bei einem Orkan) (For, Landw) / uproot v
**ent•zerren** v (ein Meßgerät) (Eltech) / correct v ‖ ~**zerren** (Luftbilder) (Opt, Verm) / rectify v, re-establish v ‖ ≈**zerrer** m (für Luftbilder) (Opt, Verm) / rectifier n ‖ ≈**zerrerschaltung** f (Fernm) / equalizing network*, equalizer n ‖ ≈**zerrung** f (Akus) / de-emphasis* n, postemphasis n ‖ ≈**zerrung** (Fernm) / equalization* n ‖ ≈**zerrung** (von Luftbildern) (Opt, Verm) / rectification n, re-establishment n ‖ ≈**zerrung von Signalen** (Fernm, Phys) / signal regeneration, signal reshaping ‖ ≈**zerrungsgerät** n (für Luftbilder) (Opt, Verm) / rectifier n ‖ ≈**zerrungsnetzwerk** n (Fernm) / equalizing network*, equalizer n ‖ ≈**zerrungsschaltung** f (Fernm) / peaking network* ‖ ~**ziehen** v (Wasser) / take out v ‖ **Wasser ~ziehen** / dewater v, unwater v ‖ ≈**ziehen** n (z.B. von Wasser) (Chem Verf, Masch) / abstraction n ‖ ~**ziffern** v / decipher v, decrypt v ‖ **nicht zu ~ziffern(d)** / indecipherable adj ‖ ≈**ziffern** v s. auch dekodieren ‖ ≈**zinkung** f (selektive Korrosion bei Kupfer-Zink-Legierungen) / dezincification n ‖ ≈**zinnen** n (Hütt) / detinning* n ‖ ≈**zinnung** f (Hütt) / detinning* n ‖ ≈**zug** m (Chem Verf, Masch) / abstraction n ‖ ≈**zug** (an Mineralstoffen) (Landw) / removal n ‖ ≈**zugssymptome** n pl (Med) / withdrawal symptoms* ‖ ≈**zündbar** adj / flammable adj, inflammable adj, ignitable adj ‖ ≈**zündbarkeit** f / flammability n, inflammability n, ignitability n ‖ ≈**zünden** adj / ignite* vt, light v, inflame vt ‖ ~**zünden** vi (sich) / ignite* vi, inflame vi ‖ ≈**zünden** n / ignition* n ‖ ≈**zundern** n (mechanisch, thermisch oder chemisch) (Hütt) / de-scaling* n, scaling n
**entzundert, nicht ~** (Hütt) / black adj
**entzündlich** adj / ignitable adj ‖ ~ s. auch leichtentzündlich
**Entzündlichkeit** f / ignitability n, ignition sensibility
**Entzündung** f / ignition* n ‖ ≈ / inflammation n
**Entzündungs•grenze** f / limit of flammability, flammability limit, limit of inflammability ‖ ~**hemmendes Mittel** (Pharm) / antiphlogistic n ‖ ≈**temperatur** f (Phys) / ignition temperature*, ignition point ‖ ≈**zeit** f / ignition time
**ent•zwirnen** v (Spinn) / untwist v ‖ ~**zwirnt** adj (Spinn) / twistless adj, untwisted adj, twist-free adj, zero-twist attr, non-torque attr
**Enumerator** m (ein Plug-&-Play-Gerätetreiber) (EDV) / enumerator n
**E-Nummer** f (Kodenummer der EG zur Identifizierung von Lebensmittelzusatzstoffen auf Fertigpackungen) (Nahr) / E-number n, E
**Envelope** f (bei Viren) (Bakteriol) / envelope n ‖ ≈ (durch ein Zustands- und ein Synchronisierbit ergänzte Bitgruppe zu übertragender Daten) (EDV) / envelope n
**Enveloppe** f (die alle Kurven einer gegebenen Schar berührt) (Math) / envelope* n
**Environmental Audit** m n (Umwelt) / environmental audit (a systematic, documented verification process of objectively obtaining and evaluating audit evidence to determine whether specified environmental activities or management systems conform with audit criteria)
**Environtologie** f (Teilgebiet der Futurologie, das die Wirkungen der Technik und Technologie auf die Umweltfaktoren untersucht) (Umwelt) / environtology n
**Enzephalografie** f (Röntgenografie des Gehirns) (Radiol) / encephalography* n
**Enzianviolett** n (Chem) / gentian violet*
**Enzianwurzel** f (aus Gentiana lutea L.) (Pharm) / gentian root
**Enzyklopädie, intelligente** ≈ (KI) / intelligent encyclopedia
**Enzym** n (Biochem) / enzyme* n, ferment n ‖ **isodynamisches** ≈ (Biochem) / isoenzyme* n, isozyme* n ‖ **manganhaltiges** ≈ (Biochem) / manganese enzyme ‖ **nukleolytisches** ≈ (Biochem) / nuclease* n ‖ **pektisches** ≈ (zu den Polyasen gehörendes Enzym) (Biochem) / pectic enzyme
**Enzym•aktivität** f (in Katals) (Biochem) / enzyme activity ‖ ≈**analysator** m (Biochem) / enzyme analyzer ‖ ≈**äscher** m (Leder) / enzymatic liming
**enzymatisch** adj (Biochem) / enzymatic adj, fermentative adj, enzymic adj ‖ ~**e Aktivität** (Biochem) / enzyme activity ‖ ~**e Analyse** (Biochem) /

enzymatic analysis ‖ ~**es Beizmittel** (Leder) / enzymatic bating agent ‖ ~**e Bräunung** (Nahr) / enzymatic browning ‖ ~**e Bräunung verhinderndes Mittel** (Nahr) / antibrowning agent ‖ ~**e Reaktion** (Biochem) / enzymatic reaction, enzyme reaction
**Enzym•blocker** m (Biochem) / antienzyme n, enzyme inhibitor ‖ ≈**defekt** m (Biochem) / enzymopathy n ‖ ≈**detachiermittel** n (zur Vordetachur bei eiweißhaltigen Flecken) (Tex) / digester n ‖ ≈**einheit** f (internationale) (Biochem) / enzyme unit ‖ ≈**elektrode** f (Chem Verf) / enzyme electrode ‖ ≈**fixierung** f (Biochem) / enzyme fixation ‖ ≈**gift** n (Biochem) / antienzyme n, enzyme inhibitor ‖ ≈**immunassay** m n (Biochem) / enzyme immunoassay, EIA ‖ ≈**immunoassay** m n (mit Enzymen als Markern) (Biochem) / enzyme immunoassay, EIA ‖ ≈**inaktivierung** f (Biochem) / enzyme inactivation ‖ ≈**induktion** f (Auslösung der Synthese von Enzymen durch einen Induktor) (Biol) / enzyme induction ‖ ≈**inhibitor** m (Biochem) / antienzyme n, enzyme inhibitor ‖ ≈**katalysiert** adj (Biochem) / enzyme-catalysed adj, enzyme-catalyzed (US) ‖ ≈**katalysierte Reaktion** (Biochem) / enzymatic reaction, enzyme reaction ‖ ≈**kinetik** f (ein Teilgebiet der Biochemie) (Biochem) / enzyme kinetics ‖ ≈**komplex** m (Biochem) / enzyme complex ‖ ≈**-Membran-Reaktor** m (Biochem) / enzyme-membrane reactor
**Enzymogen** n (Biochem) / proenzyme n, zymogen* n
**Enzymologie** f (Biochem) / enzymology n
**enzymologisch** adj (Biochem) / enzymological adj
**Enzymopathie** f (Biochem) / enzymopathy n
**Enzym•prills** pl (verkapselte Form in den Waschmitteln) (Chem Verf) / enzyme prills n ‖ ≈**reaktion** f (Biochem) / enzymatic reaction, enzyme reaction ‖ ≈**repression** f (Biochem) / enzyme repression ‖ ~**resistent** adj (Biochem) / enzyme-resistant adj ‖ ≈**sensor** m (Biochem) / enzyme sensor ‖ ≈**technik** f (Biochem) / enzyme technology ‖ ≈**technologie** f (Biochem) / enzyme technology ‖ ≈**thermistor** m (ein Biosensor) (Biochem) / enzyme thermistor ‖ ~**wolle** f (DIN 60004) (Tex) / enzyme wool, green skin wool
**EO** (das einfachste Oxiran) (Chem) / ethylene oxide*, epoxyethane n
**EO-Addukt** n (Chem) / ethoxylate n
**EOF** (Chem) / electro-osmotic flow
**E-Ofen** m / electric furnace
**Eolienne** f (/Halb/Seidengewebe in Taftbindung) (Tex) / Sicilian n, Sicilienne n
**Eosin** n (Natriumsalz des Tetrabromfluoreszeins; Farbstoff, auch für Genußmittel) (Chem) / eosin* n
**eosinophil** adj (Chem, Med) / eosinophil* adj, eosinophile adj, eosinophilic adj
**Eötvös** (eine veraltete Einheit des Gradienten der Beschleunigung - nach L. Baron von Eötvös, 1848-1919) (Geophys) / eötvös n
**Eötvössche Drehwaage** (zur Messung anziehender oder abstoßender Kräfte) (Geophys) / Eötvös balance*, Eötvös torsion balance
**EP** (DIN 7728, T 1) (Chem, Plast) / epoxy resin*, epoxide resin*, epoxy n ‖ ≈ (Phys) / setting point, solidification point, congealing point, freezing point
**EPA** / European Patent Office, EPO
**EP-Additiv** n (bei Schmierölen) / extreme-pressure additive, EP additive
**EPBM** (WP) / elastic-plastic fracture mechanics, EPFM
**EPC-Ruß** m (gut verarbeitbarer Kanalruß) (Chem Verf) / easy-processing channel black ‖ ≈ (Chem Verf) / EPC channel black
**EPC-Verfahren** n (Anstr) / electrostatic powder coating (process)
**EPDM** (Chem Verf) / ethylene-propylene terpolymer, EPDM, EPT
**EPE** (Chem) / epoxy resin ester
**Epeirogenese** f (Geol) / epeirogenic earth movements*, epeirogenesis n (pl. -geneses), epeirogeny n
**EP-Harz** n (Chem, Plast) / epoxy resin*, epoxide resin*, epoxy n
**Ephedraalkaloid** n (aus dem Meerträubel) (Pharm) / ephedra alkaloid
**Ephedrin** n (Hauptalkaloid aus Ephedraarten) (Pharm) / ephedrine* n
**Ephemeride** f (Gestirnberechnungstafel) (Astr) / ephemeris* n (pl. -rides)
**Ephemeriden•sekunde** f (Astr) / ephemeris second ‖ ≈**zeit** f (ein konstantes Zeitmaß - der Unterschied zwischen der Ephemeridenzeit und der Sonnenzeit beträgt gegenwärtig etwa 40 s) (Astr) / ephemeris time*, ET*
**Epiabtaster** m (für nicht transparente Vorlagen) (Eltronik) / epi scanner
**Epibiose** f (Umwelt) / epibiosis* n
**Epi•cadmiumneutron** n (Kernphys) / epicadmium neutron ‖ ≈**catechin** n (Chem) / epicatechin n, epicatechol n ‖ ≈**chlorhydrin** n (1-Chlor-2,3-epoxypropan) (Chem) / epichlorhydrin* n, epichlorohydrin n, epi n ‖ ≈**chlorhydrinkautschuk** m (gute Ölbeständigkeit und Flammenresistenz) (Chem Verf) / epichlorhydrin rubber
**Epidemie-** (Med) / epidemic* adj
**Epidemie** f (Med) / epidemic* n
**Epidemiologie** f (Lehre von der Entstehung, Verbreitung und Bekämpfung von Infektionskrankheiten) (Med) / epidemiology* n

**epidemisch**

**epidemisch** *adj* (Med) / epidemic* *adj*
**epi•dermaler Wachstumsfaktor** (Biochem) / epidermal growth factor, EGF ‖ ⁓**dermis** *f* (Leder, Tex) / epidermis* *n* ‖ ⁓**diaprojektor** *m* (ein Bildwerfer) (Opt) / epidiascope* *n* ‖ ⁓**diaskop** *n* (Opt) / epidiascope* *n* ‖ ⁓**dioxid** *n* (Endoperoxid) (Chem) / epidioxide *n* ‖ ⁓**disulfid** *n* (Chem) / epidisulphide *n*
**Epidot** *m* (eine Mineralgruppe) (Min) / epidote* *n*
**epigenetisch** *adj* (Bildung, die jünger ist als die Umgebung) (Geol) / epigenetic* *adj* ‖ **~es Tal** (Geol) / superimposed (river) valley
**Epi•kadmiumneutron** *n* (Kernphys) / epicadmium neutron *n* ⁓**katechin** *n* (Epimeres des Katechins) (Chem) / epicatechin *n*, epicatechol *n* ‖ **~klastisch** *adj* (Geol) / epiclastic *adj* ‖ **~kontinentales Meer** (Ozean) / epicontinental sea, epeiric sea ‖ ⁓**kontinentalmeer** *n* (Ozean) / epicontinental sea, epeiric sea
**Epiliermittel** *n* / depilatory* *n*, hair remover, epilator *n*
**Epilimnion** *n* (pl. -limnia) (Geol) / epilimnion* *n* (pl. -limnia)
**Epilimnium** *n* (pl. -limnia) (Tiefenschicht stehender Gewässer oberhalb der Sprungschicht zwischen 0 und 10 m - nach DIN 4049, T 1) (Geol) / epilimnion* *n* (pl. -limnia)
**epimagmatisch** *adj* (Geol) / deuteric *adj*, paulopost *adj*, epimagmatic *adj*
**Epimerisierung** *f* (Chem) / epimerization* *n*
**Epimorphismus** *m* (Math) / epimorphism *n*
**Epinephrin** *n* (ein Hormon des Nebennierenmarks) (Biochem) / adrenaline* *n*, epinephrine* *n*
**epineritisch** *adj* (Geol, Ozean) / epineritic *adj*
**Epineuston** *n* (Lebensgemeinschaft auf dem Oberflächenhäutchen der Gewässer, dem Luftleben angepaßt) (Umwelt) / epineuston *n*, supraneuston *n*
**Epinglé** *m* (Tex) / epinglé *n*
**epi•pelagisch** *adj* (Zone des freien Meeres) (Ozean) / epipelagic *adj* ‖ ⁓**plankton** *n* (Ozean, Umwelt) / epiplankton *n* ‖ ⁓**projektion** *f* (Opt) / episcopic projection ‖ ⁓**projektor** *m* (ein Bildwerfer) (Opt) / episcope* *n*, opaque projector
**Epirogenese** *f* (Geol) / epeirogenic earth movements*, epeirogenesis *n* (pl. -geneses), epeirogeny *n*
**Episkop** *n* (Opt) / episcope* *n*, opaque projector
**episkopische Projektion** (Opt) / episcopic projection
**episodisch** *adj* (Wissen, Lexikon) / episodic *adj*
**Epistemologie** *f* (eine philosophische Grundlagenlehre) / epistemology *n*
**Epistilbit** *m* (ein Tektosilikat) (Min) / epistilbite* *n*
**Epistyl** *n* (Arch) / architrave* *n*, epistyle* *n*, transverse architrave*
**Episulfid** (kompliziertes und besonders in höhere Ringsysteme eingebautes Thiiran) (Chem) / episulphide *n* ‖ **~** *n* (Chem) / thiirane *n*, olefin sulphide, episulphide *n*
**epitaktisch** *adj* (Eltronik, Krist) / epitaxial* *adj* ‖ **~e Schicht** (Eltronik, Krist) / epitaxial layer
**epitaxial** *adj* (Eltronik, Krist) / epitaxial* *adj* ‖ ⁓**transistor** *m* (ein Transistor mit einer Kollektorzone, welche durch Abscheiden einer schwach dotierten, einkristallinen dünnen Schicht auf ein hochdotiertes Halbleitermaterial entsteht) (Eltronik) / epitaxial transistor*
**Epitaxie•-** (Eltronik, Krist) / epitaxial* *adj* ‖ **⁓** *f* (orientiertes Kristallwachstum auf einem monokristallinen Substrat) (Eltronik, Krist) / epitaxy* *n*, epitaxial growth, epi growth ‖ **⁓** *f* **aus der Dampfphase** (Eltronik) / vapour-phase epitaxy (VPE) ‖ **⁓** *f* **aus der festen Phase** (bei der eine amorphe Halbleiterschicht epitaxial auf ein einkristallines Substrat bei Temperaturen aufgebracht wird, die unterhalb des Schmelzpunktes des Einzelmaterials oder unterhalb des eutektischen Punktes der beiden Materialien liegen) (Eltronik) / solid-phase epitaxy (SPE) ‖ **⁓ aus der flüssigen Phase** (Eltronik) / liquid-phase epitaxy (LPE) ‖ ⁓**diffusionsmesatransistor** *m* (Eltronik) / epitaxial-diffused mesa transistor ‖ ⁓**schicht** *f* (durch Epitaxie auf einem einkristallinen Substrat erhaltene Einkristallschicht) (Eltronik, Krist) / epitaxial layer
**Epitaxieschicht, sichelförmiger Defekt der ⁓** (Eltronik) / crescent *n*
**epi•thermal** *adj* (wäßriges Transportmedium in Erzlagerstätten - unter 150° C) (Geol) / epithermal *adj* ‖ **~thermale Erzlagerstätte** (Bergb, Geol) / epithermal deposit ‖ **~thermisch** *adj* (Energiebereich oberhalb des thermischen Gebiets) (Kernphys) / epithermal *adj* ‖ **~thermisches Neutron** (Kernphys) / epithermal neutron* *n* ‖ **~thermischer Reaktor** (Nukl) / epithermal reactor* *n* ‖ **~thermischer Thoriumreaktor** (Nukl) / epithermal thorium reactor
**Epitheton, spezifisches ⁓** (bei den Namen auf der Art-Rangstufe) (Biol) / specific epithet
**Epitop** *m* (Biochem) / epitope *n*, antigenic determinant
**Epi•trochoide** *f* (verlängerte oder verkürzte Epizykloide) (Math) / epitrochoid* *n* ‖ ⁓**trochoidenmotor** *m* (Motor mit einem dreibogigen rotierenden Kolben) (V-Mot) / epitrochoidal engine ‖ ⁓**zentralgebiet** *n* (des Erdbebens) (Geol) / epicentral area ‖ ⁓**zentrum** *n* (senkrecht über dem Erdbebenherd liegender Erdoberflächenpunkt) (Geol) / epicentre* *n* ‖ ⁓**zone** *f* (Tiefenstufe der Metamorphose) (Geol) / epizone *n* ‖ ⁓**zykel** *m* (auch in der Epizykeltheorie von Ptolemäus) (Astr) / epicycle* *n* ‖ ⁓**zykloide** *f* (eine Rollkurve) (Math) / epicycloid* *n* ‖ ⁓**zykloiden-** (Math) / epicycloidal *adj*, epicyclic *adj* ‖ ⁓**zykloidenverzahnung** *f* (Masch) / epicyclic tooth system ‖ **~zykloidisch** *adj* (Math) / epicycloidal *adj*, epicyclic *adj* ‖ ⁓**zyklotron** *n* (Nukl) / epicyclotron *n*
**Epizyklus** *m* (Astr) / epicycle* *n*
**Epoche** *f* (ein chronologischer Abschnitt) (Geol) / epoch* *n*
**Epoxid** (eine heterozyklische Verbindung, die die Epoxidgruppierung enthält) (Chem) / epoxide *n*, alkene oxide ‖ ⁓**äquivalent** *n* (Anstr) / weight per epoxide ‖ ⁓**äquivalentgewicht** *n* (Anstr) / weight per epoxide
**Epoxidation** *f* (Chem) / epoxidation *n*, epoxidizing *n*
**Epoxidharz** *n* (Chem, Plast) / epoxy resin*, epoxide resin*, epoxy *n* ‖ ⁓**anstrichstoff** *m* (Anstr) / epoxy paint, epoxide paint ‖ ⁓**ester** *m* (Chem) / epoxy resin ester ‖ ⁓**injektion** *f* (bei Holzbausanierung) (Chem, For) / epoxy injection ‖ ⁓**klebstoff** *m* (Chem) / epoxy resin adhesive, epoxy adhesive ‖ ⁓**lack** *m* (Anstr) / epoxy enamel ‖ ⁓**spachtel** *m* (Anstr) / epoxy stopper ‖ ⁓**verpressung** *f* (Chem, For) / epoxy injection
**epoxidieren** *v* (Chem) / epoxidize *v* ‖ **⁓** *n* (Chem) / epoxidation *n*, epoxidizing *n*
**epoxidiertes Sojaöl** (Weichmacher) / epoxidized soybean oil
**Epoxidierung** *f* (Chem) / epoxidation *n*, epoxidizing *n*
**Epoxid•kautschuk** *m* (Chem Verf) / epoxy rubber, epoxide rubber ‖ ⁓**kleber** *m* (Chem) / epoxy resin adhesive, epoxy adhesive ‖ ⁓**klebstoff** *m* (Chem) / epoxy resin adhesive, epoxy adhesive ‖ ⁓**pulver** *n* (Anstr) / epoxy powder ‖ ⁓**weichmacher** *m* (selbststabilisierender Weichmacher auf Basis epoxidierter Triglyzeride, Alkylepoxystearate usw.) / epoxide plasticizer
**Epoxyester** *m* (Chem) / epoxy resin ester
**Epoxyharz** *n* (Chem, Plast) / epoxy resin*, epoxide resin*, epoxy *n*
**Epoxyweichmacher** *m* / epoxide plasticizer
**EPR-Experiment** *n* (Phys) / Einstein-Podolsky-Rosen experiment, EPR experiment
**EPR-Kautschuk** *m* (Chem Verf) / EPR rubber
**EPROM** *n* (EDV) / erasable PROM, read-mostly memory, erasable programmable ROM, electrically alterable ROM, erasable programmable read-only memory*, EPROM*, RMM
**E²PROM** *n* (EDV) / electrically erasable programmable read-only memory (EEPROM)
**EPR-Spektroskopie** *f* (Spektr) / EPR spectroscopy, ESR spectroscopy
**ePS** (EDV) / editable PostScript, EPscript, ePS ‖ **⁓** (Anstr) / electrostatic powder coating (process) ‖ **⁓** (EDV) / encapsulated PostScript ‖ **⁓** (Plast) / expanded polyethylene foam
**EPS-Beton** *m* (gefügedichter Leichtbeton aus Polystyrolschaumperlen, Zement, Feinsand oder Füller, Wasser und ggf. Zusatzmittel) (Bau, HuT) / expanded-polystyrene concrete
**EP-Schallplatte** *f* (Akus) / extended-play record, EP
**EP-Schmiermittel** *n* / extreme-pressure lubricant*, EP lubricant
**Epsiloncarbid** *n* (Hütt) / epsilon carbide
**Epsilonkarbid** *n* (Hütt) / epsilon carbide
**Epsilontensor** *m* (Math) / Levi-Civita symbol, alternating tensor
**EPSO** (DIN 7723) / epoxidized soybean oil
**Epsomit** *m* (Min) / epsomite* *n* ‖ **⁓** (Min) s. auch Bittersalz ‖ **nadelige Kristalle von ⁓** (Min) / hair salt
**EP-Spachtel** *m* (Anstr) / epoxy stopper
**Epstein-Apparat** *m* (Eltech) / Epstein hysteresis tester, Epstein square
**Epstein-Rahmen** (zur Ermittlung spezifischer Eisenverluste von Transformatorblechen) (Eltech) / Epstein hysteresis tester, Epstein square
**EPT** (Chem Verf) / ethylene-propylene terpolymer, EPDM, EPT
**EPT-Kautschuk** *m* (ein Terpolymer-Kautschuk) / EPT rubber
**Epton-Titration** *f* (zur Bestimmung von Aniontensiden) (Chem) / Epton's titration
**EPZ** (mit weniger als 35 Gew.-% Hüttensand - DIN 1164) (Bau, HuT) / iron Portland cement
**Equalizer** *m* (ein Baustein für Hi-Fi-Anlagen) (Akus) / equalizer *n* ‖ **7-Band-Graphic-⁓** / 7-band graphic equalizer ‖ **grafischer ⁓** (Radio) / graphic equalizer ‖ **⁓** *m* **für Frequenzgangkorrekturen beim Überspielen** (Abspielen) (Akus) / play-back equalizer*
**Equisetinsäure** *f* (Chem) / aconitic acid
**Er** (Chem) / erbium* *n*
**Eradikation** *f* (Landw, Med) / eradication *n*
**erarbeiten** *v* / work out *v*, develop *v* ‖ **~ /** work out *v*
**erbauen** *v* / build *v*, construct *v*
**erben** *v* (Gen) / inherit *v*
**Erbgutschaden** *m* (Gen) / hereditary injury, damage to the inherited characteristics, hereditary defect
**erbgutverändernd** *adj* (Chem, Gen) / mutagenic *adj*

**Erbium (Er)** *n* (Chem) / erbium* *n* ‖ **~dotiert** *adj* (Eltronik) / erbium-doped *adj* ‖ **~laser** *m* (ein Festkörperlaser) (Phys) / erbium laser* ‖ **~nitrat** *A* (Chem) / erbium nitrate
**Erb•krankheit** *f* (Gen) / hereditary disease ‖ **~leiden** *n* (Gen) / hereditary disease
**Erblindung** *f* (Glas) / staining *n*, fogging *n*, tarnish *n*, dimming *n*, weathering *n*
**Erbringer** *m* (EDV) / provider *n*
**erbrüten** *v* (Nukl) / breed *v*
**Erbschaden** *m* (Gen) / hereditary injury, damage to the inherited characteristics, hereditary defect
**Erbsen•erntemaschine** *f* (Landw) / pea harvester ‖ **~förmig** *adj* / pisiform* *adj* ‖ **~grün** *adj* (kräftig hellgrün) / pea-green *adj* ‖ **~schälmaschine** *f* (Nahr) / pea huller, pea sheller, pea podder ‖ **~stein** *m* (ein Aragonit) (Geol) / pisolite* *n*
**Erbskies** *m* (Bau, HuT) / pea gravel, pea shingle
**Erd•-** / terrestrial *adj* ‖ **~- und Straßenhobel** *m* (HuT) / grader* *n*, blade grader ‖ **~- und Tunnelbau** *m* (HuT) / land retention works ‖ **~ableitungswiderstand** *m* (bei Bodenbelägen) (Bau) / earth leakage resistance ‖ **~ableitwiderstand** *m* (von Fußbodenbelägen) (Bau) / earth leakage resistance ‖ **~abplattung** *f* (Verm) / flattening of the Earth, oblateness *n* ‖ **~achse** *f* (Astr) / polar axis* ‖ **~achsig** *adj* (Kartennetzentwurf) (Kart) / polar *adj* ‖ **~ähnlicher Planet** (Merkur, Venus, Erde, Mars) (Astr) / terrestrial planet ‖ **~alkali** *n* (Chem) / alkaline earth ‖ **~alkalimetall** *n* (Ca bis Mg) (Chem) / alkaline-earth metal* ‖ **~anker** *m* (DIN 4125) (HuT) / land-tie* *n* ‖ **~anschüttung** *f* (HuT) / earth filling ‖ **~antenne** *f* (Fernm) / buried antenna, earth antenna, ground antenna (US) ‖ **~anziehung** *f* (Phys) / Earth's attraction ‖ **~äquator** *m* (der größte Breitenkreis des Erdellipsoids oder der Erdkugel) (Geog) / terrestrial equator*, astronomical equator ‖ **~arbeiten** *f pl* (DIN 18300) (HuT) / earth-moving *n*, earthwork *n*, haul *n* ‖ **~arbeiter** *m* (Bau, HuT) / getter *n*, navvy *n* (GB), groundman *n* (US), digger *n* ‖ **~artiger Planet** (Astr) / terrestrial planet ‖ **~atmosphäre** *f* (der Erde) (Geophys) / atmosphere *n*, Earth's atmosphere, aerosphere *n* ‖ **obere ~atmosphäre** (Astr, Geophys) / upper atmosphere*, upper air ‖ **Fahrzeug für die Flüge innerhalb und außerhalb der ~atmosphäre** (Luftf) / transatmospheric vehicle* ‖ **von der ~atmosphäre abhängiges Triebwerk** (Luftf) / air-breathing engine, air-breather *n* ‖ **die ~atmosphäre bis zur Mesopause** (etwa 80 - 100 km) (Astr) / chemosphere* *n* ‖ **~aufbau** *m* (Astr, Geol) / Earth's structure ‖ **~aufschüttung** *f* (HuT) / earth filling ‖ **~aushub** *m* (Tätigkeit) (HuT) / cutting* *n*, excavation *n* (digging, breaking and removing soil or rock) ‖ **profilgerechter ~aushub** (HuT) / excavation true to profile ‖ **vorhandener, überschüssiger** (nicht gebrauchter) **~aushub** (HuT) / spoil* *n*, waste* *n* ‖ **~austausch** *m* (Landw) / resoiling *n* ‖ **~bahn** *f* (Astr) / Earth orbit ‖ **~bau** *m* (DIN 18196) (HuT) / earthwork* *n* ‖ **~baugerät** *n* (HuT) / earth mover, earth-moving plant, earth-moving equipment, muck-shifting plant ‖ **~baumaschine** *f* (HuT) / earth mover, earth-moving plant, earth-moving equipment, muck-shifting plant ‖ **~baumechanik** *f* (HuT) / soil mechanics, geotechnics *n*
**Erdbeben** *n* (Geol, Geophys) / earthquake* *n*, temblor *n* (US), quake *n* ‖ **anthropogen verursachtes ~** (Geol) / man-made earthquake ‖ **ein durch menschliche Eingriffe in die Natur verursachtes ~** (Geol) / man-made earthquake ‖ **schwaches ~** (Geol) / tremor *n*, earth tremor ‖ **tektonisches ~** (Geol) / dislocation (tectonic) earthquake ‖ **vulkanisches ~** (Geol) / volcanic earthquake ‖ **~** *n* **mit Epizentrum zwischen etwa 65 und 300 km** (Geol) / intermediate focus earthquake ‖ **~ nach einem anthropogenen Eingriff** (Geol) / man-made earthquake ‖ **~frei** *adj* (Geophys) / aseismic *adj* (free of seismic disturbances), non-seismic *adj* ‖ **~gebiet** *n* (Geophys) / earthquake zone, seismic area, seismic zone ‖ **~gefährdung** *f* (Bau, Geophys) / seismic risk ‖ **~herd** *m* (Geophys) / focus* *n* (of earthquake) (pl. foci or -es), seismic focus ‖ **~kunde** *f* (Geophys) / seismology* *n* ‖ **~sicher** *adj* (Geophys) / earthquake-resistant *adj*, aseismic *adj* ‖ **~sichere Auslegung** (z.B. des Kernreaktors) (Bau, HuT) / seismic design, lateral-force design ‖ **~sicherheit** *f* (Bau, Geophys, HuT) / seismic safety ‖ **~sicherung** *f* (z.B. bei einem Kessel) (Masch) / seismic tie ‖ **~skale** *f* (z.B. Richter-Skale) (Geophys) / earthquake intensity scale ‖ **~stärke** *f* (Geophys) / earthquake intensity* ‖ **~stoß** *m* (Geol) / earthquake shock ‖ **~tätigkeit** *f* (Geophys) / seismic activity, seismicity *n* ‖ **~vorhersage** *f* (Geophys) / earthquake prediction, earthquake forecast ‖ **~warte** *f* (Geophys) / seismological station ‖ **~welle** *f* (Geophys) / seismic wave ‖ **~zone** *f* (Geophys) / earthquake zone, seismic area, seismic zone
**Erd•becken** *n* (ein provisorischer Faulbehälter) (Sanitär) / earth basin ‖ **~beerfarben** *adj* / strawberry-coloured *adj* ‖ **~behälter** *m* (zur Wasserversorgung) (Wasserb) / earth tank ‖ **~beschleunigung** *f* (Maß für die Gravitation an der Erdoberfläche) (Beschleunigung im Schwerefeld der Erde) (Geophys) / acceleration due to gravity (in the Earth's gravitational field) ‖ **~bewegung** *f* (HuT) / earth-moving *n*, earthwork *n*, haul *n* ‖ **~bewegungsmaschine** *f* (HuT) / earth mover,

earth-moving plant, earth-moving equipment, muck-shifting plant ‖ **~bildmessung** *f* (Verm) / photographic surveying*, phototopography* *n* ‖ **~birne** *f* (Bot, Landw) / Jerusalem artichoke ‖ **~boden** *m* (HuT) / ground *n*, earth *n* ‖ **~bodenkorrosion** *f* / soil corrosion, underground corrosion ‖ **~bogen** *m* (Arch) / inverted arch*, inflected arch* ‖ **~bohren** *n* (HuT) / boring in soil ‖ **~bohrer** *m* (HuT) / ground auger* ‖ **~bohrer** (mit zylinderförmigem Spiralbohrer im Schaft - für feuchten Boden) (Werkz) / miser* *n* ‖ **~braun** *n* (Anstr) / umber *n* ‖ **~damm** *m* (HuT, Wasserb) / earth dam*, earthen dam, earthfill dam, soil embankment ‖ **aufgespülter ~damm** (Wasserb) / hydraulic-fill (earth) dam ‖ **homogener ~damm** (Wasserb) / homogeneous dam ‖ **~damm** *m* (HuT, Wasserb) s. auch Erdstaudamm ‖ **~druck** *m* (aktive, passive oder ruhende Kraftwirkung; Kräfte, die der Boden auf die Rückseite einer Stützkonstruktion ausübt) (HuT) / earth pressure*, soil pressure ‖ **passiver ~druck** (HuT) / passive earth pressure, passive resistance ‖ **aktiver ~druck** (HuT) / active earth pressure, active soil pressure ‖ **~druckkoeffizient** *m* (HuT) / coefficient of earth pressure
**Erde** *f* (als Planet) (Astr) / Earth* *n* ‖ **~** (farblose, erdige Metalloxide; Seltenerden; saure Erden; alkalische Erden) (Chem) / earth *n* (mostly pl) ‖ **~** (Eltech) / earth *n*, ground *n* (US) ‖ **~** (HuT) / ground *n*, earth *n* ‖ **an ~ gelegt** (Eltech) / earthed *adj*, grounded *adj* ‖ **an ~ legen** (Eltech) / earth* *v*, ground* *v* (US), GND ‖ **die ~ betreffend** / terrestrial *adj* ‖ **engere Umgebung der ~** (Geophys) / near-Earth environment ‖ **gefrorene ~** / frosted soil, chilled soil ‖ **in die ~ verlegen** (Kabel, Versorgungsleitungen) (HuT, Kab) / underground *vt* ‖ **künstliche ~** (Radio) / counterpoise* *n*, capacity earth*, artificial earth* ‖ **seltene ~n** (Chem) / rare earths* ‖ **unsymmetrisch gegen ~** (Fernm) / unbalanced to earth ‖ **Wagnersche ~** (zur Beseitigung der störenden Erdkapazität bei Wechselstrommeßbrücken nach J.Ph. Wagner, 1799-1879) (Eltech) / Wagner earth*, Wagner ground (US) ‖ **~funkstelle** *f* (Radio) / ground station, earth station, Earth station ‖ **~funkstelle** (Bodenstation für den Funkverkehr mit Nachrichtensatelliten) (Raumf) / ground station, earth station
**erd•elektrisches Feld** (Elektr, Geol) / terrestrial electricity, geoelectricity *n* ‖ **~elektrizität** *f* (Elektr, Geol) / terrestrial electricity, geoelectricity *n* ‖ **~elektrode** *f* (Eltech) / earth electrode
**erden** *v* (einen elektrisch leitfähigen Teil über eine Erdungsanlage mit der Erde verbinden) (Eltech) / earth* *v*, ground* *v* (US), GND ‖ **~** *n* (Erdöl) / clay treatment
**Erder** *m* (der in das Erdreich eingebettet ist und mit ihm in leitender Verbindung steht - DIN 40108) (Eltech) / earth electrode
**Erd•erforschungssatellit** *m* (Geog) / earth observatory satellite, EOS ‖ **~erkundungssatellit** *m* (Geog) / earth observatory satellite, EOS ‖ **~fall** *m* (infolge unterirdischer Auslaugung von Salz oder Gips durch plötzlichen Einsturz an der Erdoberfläche entstehender Trichter) (Geol) / sink-hole collapse, earth subsidence ‖ **~farbe** *f* (anorganisches natürliches Pigment) (Anstr) / earth colour*, mineral pigment, earth pigment ‖ **durchflossenes ~faulbecken** (Abwasserbehandlung) (Sanitär) / anaerobic pond, anaerobic lagoon ‖ **~faulversuch** *m* (Tex) / soil-burial test ‖ **~fehler** *m* (Eltech, Radio) / earth fault*, ground fault (US), accidental earth, line-to-earth fault ‖ **größte ~ferne** (Astr, Raumf) / apogee* *n* ‖ **~fernrohr** *n* (Opt) / terrestrial telescope* ‖ **~festes Achsenkreuz** (Nav) / earth-fixed axis system ‖ **~feucht** *adj* (Beton, der durch Stampfen verdichtet werden soll) (Bau) / earth-dry *adj* ‖ **~feuer** *n* (in Torf- oder Kohlenlagern) (For, Masch) / ground fire, brush-fire *n* ‖ **~fließen** *n* (Geol) / solifluction* *n*, earthflow *n*, soil flow, soil fluction, solifluxion* *n* ‖ **~frei** *adj* (Eltech) / earth-free *adj*, isolated from earth, floating *adj* ‖ **~früchtigkeit** *f* (Bot) / geocarpy* *n* ‖ **persönliche ~funkstelle** (TV) / personal earth station, PES
**Erdgas** *n* (Geol) / natural gas* ‖ **~** (freies, das nicht zusammen mit Erdöl vorkommt) (Geol) / non-associated natural gas, non-associated gas, unassociated gas ‖ **nasses ~** (> + 50g/m³ kondensierbare Kohlenwasserstoffe) / wet (natural) gas ‖ **entschwefeltes ~** / desulphurized natural gas, sweet (natural) gas ‖ **saures ~** (Bergb) / sour gas* ‖ **verflüssigtes ~** (Kftst) / liquefied natural gas (LNG) ‖ **synthetisches ~** (Substitute natural gas, synthetic natural gas, SNG ‖ **~** *n* **aus Steinkohlenlagerstätten** (Bergb) / coal-bed methane *n* ‖ **~ von der Off-shore-Bohrung** / offshore gas
**Erdgas•anzeichen** *n* (meistens bei der Ölbohrung) (Geol) / gas show* ‖ **~entschwefelung** *f* / natural-gas sweetening ‖ **~ersatz** *m* / substitute natural gas, synthetic natural gas, SNG ‖ **~feld** *n* / gas field ‖ **~förderung** *f* / natural-gas production ‖ **~kompressorstation** *f* / natural-gas compressor station ‖ **~kraftwerk** *n* / natural-gas-fired power station ‖ **~lagerstätte** *f* (Erdgasansammlung in porösem oder klüftigem Gestein unterhalb einer gasundurchlässigen Schicht) (Geol) / gas pool (natural), gas reservoir ‖ **~leitung** *f* / natural gas pipeline ‖ **~pipeline** *f* / natural gas pipeline ‖ **~produktion** *f* / natural-gas production ‖ **~quelle** *f* (durch eine Bohrung erschlossene) (Geol) / gas well*, natural gas well, gasser *n* ‖ **~reserven** *f pl* / natural-gas reserves ‖ **~rohrleitung** *f* / natural gas

pipeline ‖ ˜**speicher** m (im porösen Speichergestein oder in Kavernen) / natural-gas storage ‖ ˜**süßung** f / natural gas sweetening, gas sweetening* ‖ ˜**verdichterstation** f / natural-gas compressor station ‖ ˜**verflüssigung** f / natural gas liquefaction
**Erd•geruch** m / earthy smell ‖ ˜**geschmack** m (des Weins) (Nahr) / earthy taste ‖ ˜**geschoß** n (Bau) / ground floor, first floor (US) ‖ ˜**gravisphäre** f (Raumf) / inner space ‖ ˜**gravitation** f (Phys) / Earth's attraction ‖ ˜**hobel** m (eine Erdbaumaschine zum Lösen, Schieben und Wiedereinbauen von Erdreich und Schotter - ein Flachbagger) (HuT) / grader* n, blade grader ‖ ˜**hörer** m (Akus, Geophys) / geophone* n, jug n ‖ ˜**hügel** m (Geol) / hill n, knoll n (a small hill or mound), hillock n, mound n ‖ ˜**hülle** f (Geophys) / geosphere n
**erdig** adj / earthy adj ‖ **~e** (minderwertige) **Kohle** (am Flözanbiß) (Bergb) / smut* n ‖ **~er Apatit** (Geol, Min) / osteolite n ‖ **~er Bruch** (z.B bei Pyrolusit) (Min) / earthy fracture ‖ **~er Geschmack** (Nahr) / earthy taste ‖ **~e Kohlenschicht** (oberflächennah) (Bergb) / coal smut, coal blossom
**Erd•induktionskompaß** m (Instr) / flux-gate compass* ‖ ˜**induktor** m (Eltech) / earth coil*, earth inductor*, generating magnetometer ‖ ˜**induktorkompaß** m (Instr) / flux-gate compass* ‖ ˜**kabel** n (Kab) / underground cable, buried cable ‖ ˜**kabel** (Schw) / work lead, ground lead, welding ground ‖ ˜**kampfflugzeug** n (Mil) / ground-attack aircraft, close-support aircraft ‖ ˜**kapazität** f (Elektr) / earth capacitance*, ground capacitance* (US) ‖ ˜**kegel** m (HuT) / témoin* n, dumpling n ‖ ˜**keiltheorie** f (in der Bodenmechanik) (HuT) / wedge theory ‖ ˜**kern** m (Geol) / siderosphere n (central iron core of the earth) ‖ ˜**kern** (äußerer) (Geol) / outer core (the outer or upper zone of the earth's core) ‖ ˜**kern** (innerer) (Geol) / inner core (the central part of the earth's core) ‖ ˜**kern** (Geol) / core* n ‖ ˜**klumpen** m (HuT) / clod n ‖ ˜**klumpen** (Landw) / clod n ‖ ˜**kobalt** m n (Min) / asbolane* n, asbolite* n, earthy cobalt* ‖ ˜**kontakt** m (Eltech) / earth contact ‖ **planierter** ˜**körper** (HuT) / formation n, subgrade n, grade n (US) ‖ ˜**krümmung** f (Verm) / Earth curvature ‖ ˜**kruste** f (äußere Erdschale über der Moho) (Geol) / crust of the earth*, Earth crust ‖ **die** ˜**kruste betreffend** (Geol) / crustal adj ‖ ˜**kunde** f (Geog) / geography n ‖ **~kundlich** adj (Geog) / geographical adj, geographic adj ‖ ˜**leiste** f (Geol) / terracette n ‖ ˜**leiter** m (Eltech) / guard wire* (overhead transmission line) ‖ ˜**leiter** (der normalerweise Erdpotential hat - DIN 40108) (Eltech) / earth lead*, earth wire, ground lead (US), ground wire (US), earth conductor ‖ **durchgehender** ˜**leiter** (Eltech) / earth continuity conductor*, ECC* ‖ ˜**leitung** f (Schw) / work lead, ground lead, welding ground ‖ ˜**licht** n (aschgraues Mondlicht) (Astr) / earth-light n, earthshine* n, ashen light* ‖ ˜**lochbohrer** m (HuT) / earth borer (tractor-mounted)
**erdmagnetisch** adj (Geophys) / geomagnetic adj ‖ **~e Anomalie** (Geol, Mag) / magnetic anomaly* ‖ **~er Äquator** (Geog, Geophys) / magnetic equator* ‖ **~er Äquator** (Geophys) / aclinic line, magnetic equator* ‖ **~e Deklination** (Verm) / magnetic declination*, magnetic deviation*, magnetic variation, declination* n ‖ **~er Sturm** (Meteor) / magnetic storm*, geomagnetic storm
**Erdmagnetismus** m (Geophys) / terrestrial magnetism*, geomagnetism n, Earth's magnetism
**Erdmann-Salz** n (NH₄[Co(NH₃)₂(NO₂)₄]) (Chem) / Erdmann's salt
**Erd•mantel** m (manchmal auch + äußerer Erdkern) (Geol) / mantle* n ‖ **oberer** ˜**mantel** (Geol) / upper mantle ‖ ˜**masse** f (HuT) / mass of earth ‖ **ausgehobene** ˜**masse** (HuT) / excavated material, earth n, diggings pl, muck n ‖ **eingespülte** ˜**masse** (HuT) / hydraulic fill* ‖ ˜**metalle** n pl (Chem) / earth metals n ‖ ˜**mond** m (Raumf) / Earth satellite
**erdnah•e Bahn** (Raumf) / near-earth orbit (a circumterrestrial orbit) ‖ **~er Bereich** (Geophys) / near-Earth environment ‖ **~er Orbit** (Raumf) / near-earth orbit (a circumterrestrial orbit) ‖ **~e Parkbahn** (Raumf) / earth parking orbit, EPO ‖ **~er Raum** (Geophys) / near space ‖ **~er Satellit** (Raumf) / near-Earth satellite
**Erd•nähe** f (Astr, Raumf) / perigee* n ‖ ˜**naht** f (Geol) / geosuture n, lineament n ‖ ˜**netz** n (Radio) / ground mat (US)
**Erdnuß** f (aus Arachis hypogaea L.) (Bot, Nahr) / groundnut n, peanut n (US), pignut n, earth-nut n, monkey nut (GB) ‖ ˜**butter** f (Nahr) / peanut butter, groundnut butter ‖ ˜**faser** f (Tex) / peanut fibre n ‖ ˜**mark** f (Nahr) / peanut butter, groundnut butter ‖ ˜**öl** n / peanut oil, arachis oil*, ground-nut oil, katchung oil, earth-nut oil
**Erdöl** n (Rohöl) (Erdöl) / crude oil* n, oil n, petroleum* n, rock-oil n, crude petroleum, petroleum oil (crude) ‖ **gashaltiges** ˜ (Erdöl) / live oil (US), crude oil containing natural gas ‖ **gasreiches** ˜ (Erdöl) / live oil (US), crude oil containing natural gas ‖ **reines** ˜ (Erdöl) / neat petroleum (ein optischer Eindruck) (Erdöl) / neat petroleum ‖ **saures** ˜ (Erdöl) / sour crude ‖ **synthetisches** ˜ (Erdöl) / syncrude n ‖ ˜ n **mit hohem Schwefelgehalt** (Erdöl) / high-sulphur crude (oil) ‖ ˜ n **mit niedrigem Schwefelgehalt** (Erdöl) / low-sulphur crude (oil) ‖ ˜ **von der Off-shore-Bohrung** (Erdöl) / offshore oil ‖ ˜**abkömmling** m (Erdöl) / petrochemical* n, petroleum chemical, petroleum product ‖ ˜**anlage** f (Erdöl) / petroleum plant, oil refinery, mineral-oil refinery ‖ ˜**ansammlung** f (Erdöl, Geol) / oil accumulation, oil pool ‖ ˜**anzeichen** n pl (Erdöl, Geol) / oil show(s) (e.g. in the cuttings returning to surface) ‖ ˜**begleitgas** n (Erdöl) / associated gas, petroleum gas ‖ ˜**bergbau** m (Erdöl) / oil production, oil recovery, oil exploitation, crude-oil recovery, oil mining ‖ ˜**bohren** n (Erdöl) / petroleum drilling, oil drilling ‖ ˜**bohrung** f (Erdöl) / petroleum drilling, oil drilling ‖ ˜**bohrung** (Erdöl, Geol) / oil-well n ‖ ˜**chemie** f (Teil der Geochemie) (Chem, Erdöl) / petrochemistry n (the chemistry of petroleum), petroleum chemistry ‖ ˜**destillation** f (Erdöl) / crude-oil distillation ‖ **Spezialist** m **für** ˜**erkundung** (Erdöl) / oil scout, scout n ‖ ˜**falle** f (Geol) / oil trap ‖ ˜**fangstruktur** f (Geol) / oil trap ‖ ˜**feld** n (Erdöl) / oilfield n ‖ **nichtstaatlicher** ˜**förderanteil** (meistens in einem fremden Förderland, das die Bohrungen konzessioniert hat) (Erdöl) / equity crude ‖ **forcierte** ˜**fördermaßnahme** (Erdöl) / ˜**förderung** f (Erdöl) / oil production, oil recovery, oil exploitation, crude-oil recovery, oil mining ‖ **forcierte** ˜**förderungsmaßnahme** (Erdöl) / (z.B. Einpressen von heißem Dampf oder Untertageteilverbrennung) (Erdöl) / enhanced oil recovery, EOR ‖ ˜**fraktion** f (Erdöl) / crude-oil fraction ‖ **hochsiedende** ˜**fraktion zur Gasreinigung** (Erdöl) / straw oil ‖ ˜**führend** adj (Erdöl) / oil-bearing adj, petroleum-bearing adj ‖ **~führender Horizont** (Erdöl) / oil horizon ‖ **~führende Schicht** (Erdöl) / oil-bearing stratum ‖ ˜**gas** n (Erdöl) / associated gas, petroleum gas ‖ ˜**gas** (Erdöl) / casinghead gas ‖ ˜**geologie** f (Geol) / petroleum geology ‖ ˜**gewinnung** f (Erdöl) / oil production, oil recovery, oil exploitation, crude-oil recovery, oil mining ‖ **~haltig** adj (Erdöl) / oil-bearing adj, petroleum-bearing adj ‖ ˜**harz** n (thermoplastisches Kohlenwasserstoffharz, das bei der Raffination von Erdöl anfällt) (Erdöl) / petroleum resin ‖ ˜**industrie** f (Erdöl) / petroleum industry, oil industry ‖ ˜**koks** m (Chem Verf, Erdöl) / petroleum coke, petrocoke n ‖ ˜**lagerstätte** f (Erdöl) / oil deposit, oil reservoir, oil pool, petroleum reservoir ‖ ˜**lagerstätte** (Erdöl) s. auch Ölfeld ‖ ˜**lagerstätte mit Gastrieb** (Erdöl) / gas-drive field ‖ ˜**muttergestein** n (Erdöl, Geol) / source rock, oil rock, oil-source rock, mother rock, petroleum rock ‖ ˜**pech** n (Erdöl) / petroleum pitch ‖ ˜**produktionsbohrung** f (Erdöl) / producing well, oiler n (US), producing oil well, production well, output well, producer n, off-take well ‖ ˜**quelle** f (Erdöl, Geol) / oil-well n ‖ ˜**raffinerie** f (Erdöl) / petroleum plant, oil refinery, mineral-oil refinery ‖ **kleine** ˜**raffinerie** (in abgelegener Gegend) (Erdöl) / prairie-dog plant (US) ‖ ˜**säule** f (Erdöl) / oil column ‖ ˜**spuren** f pl (Erdöl, Geol) / oil show(s) (e.g. in the cuttings returning to surface) ‖ ˜**technik** f (Erdöl) / petroleum engineering ‖ ˜**verarbeitung** f (Erdöl) / crude-oil processing, petroleum refining, mineral-oil processing ‖ ˜**vergasung** f (Erdöl) / oil gasification ‖ ˜**wachs** n (Erdöl) / petroleum wax ‖ ˜**-Wasser-Grenzfläche** f (Erdöl, Geol) / oil-water interface, oil water contact ‖ ˜**-Wasser-Kontakt** m (Erdöl, Geol) / oil-water interface, oil water contact ‖ ˜**wissenschaft** f (Erdöl) / naphthology n
**Erd•pech** n (Min) / mineral pitch ‖ ˜**pfeiler** m (z.B. um Bozen oder Meran) (Geol) / earth-pillar* n, hoodoo n ‖ ˜**physik** f (Geol) / geophysics* n ‖ **~physikalisch** adj (Geophys) / geophysical adj ‖ ˜**pigment** n (anorganisches natürliches Pigment) (Anstr) / earth colour*, mineral pigment, earth pigment ‖ ˜**platte** f (eine Erdelektrode) (Eltech) / earth plate* ‖ ˜**pole** m pl (Geog) / terrestrial poles* ‖ ˜**potential** n (Eltech) / earth potential*, zero potential* ‖ ˜**punkt** m (Eltech) / neutral point*, star point*, neutral* n, wye point ‖ ˜**pyramide** f (z.B. um Bozen oder Meran) (Geol) / earth-pillar* n, hoodoo n ‖ **[schwerer]** ˜**rammer** (HuT) / punner* n, pummel* n, rammer* n ‖ ˜**rand** m (Geophys) / limb of the Earth ‖ ˜**reich** n (HuT) / ground n, earth n ‖ **durch Regen abgeschwemmtes** ˜**reich** (Geol, HuT) / rain-wash n ‖ ˜**riese** f (For) / earthen chute, earthen slide, ground slide ‖ ˜**rotation** f (Umdrehung der Erde um ihre eigene Achse) (Geophys) / rotation of the Earth ‖ ˜**rückleitung** f (Eltech) / earth return, ground return (US) ‖ ˜**rückschlußkreis** m (Eltech) / earth-return circuit*, ground return circuit (US) ‖ ˜**ruhedruck** m (HuT) / earth pressure at rest ‖ ˜**rutsch** m (von Gesteinsmassen) (Geol) / rock-slide n, rock-slip n ‖ ˜**rutsch** (von Erdmassen) (Geol) / landslip* n, landslide n ‖ **durch Regen verursachter** ˜**rutsch** (Geol) / rain-wash n ‖ ˜**rutsche** f (For) / earthen chute, earthen slide, ground slide ‖ ˜**satellit** m (natürlicher) (Raumf) / Earth satellite ‖ ˜**satellit** (künstlicher) (Raumf) / Earth satellite ‖ ˜**satellit** (der um die Erde in der Entfernung von 0,84 der Mond-Erde-Achse kreist) (Raumf) / synodic satellite ‖ ˜**schein** m (aschgraues Mondlicht) (Astr) / earth-light n, earthshine* n, ashen light* ‖ ˜**schiene** f (Eltech) / earth bus (GB), ground bus (US) ‖ ˜**schleife** f (Eltech) / earth loop, ground loop (US) ‖ ˜**schlipf** m (Geol) / earth-slide n
**Erdschluß** m (Eltech, Radio) / earth fault*, ground fault (US), accidental earth, line-to-earth fault ‖ **aussetzender** ˜ (Eltech) / intermittent earth* ‖ **intermittierender** ˜ (Eltech) / intermittent earth* ‖ **schleichender** ˜ (Eltech) / earth leakage ‖ **unvollkommener** ˜ (Eltech) / partial earth (fault)* ‖ **völliger** ˜ (Eltech) / dead earth*,

dead ground (US), complete ground (US) ‖ ~ *m* **zweier Phasen** (Eltech) / double earth fault*

**Erdschluß•anzeiger** *m* (Eltech) / leakage indicator*, earth detector* ‖ ~**auslöser** *m* (Eltech) / earth-fault release ‖ ~**drossel** *f* (Eltech) / earth reactor*, neutralator* *n*, grounding reactor (US), earthing autotransformer*, neutral autotransformer*, neutral compensator* ‖ ~**löschspule** *f* (Eltech) / arc-suppression coil*, arc suppressor*, Petersen coil*, Petersen earth coil, earthing reactor, arcing-ground suppressor* ‖ ~**prüfer** *m* (Eltech) / leakage indicator*, earth detector* ‖ ~**reaktanz** *f* (Eltech) / earth reactor*, neutralator* *n*, grounding reactor (US), earthing autotransformer*, neutral autotransformer*, neutral compensator* ‖ ~**relais** *n* (Eltech) / earth-fault relay, earth-leakage relay ‖ ~**schutz** *m* (als System) (Eltech) / leakage protective system*, leakage-protection system ‖ ~**schutz** (z.B. im Leuchtröhrenstromkreis) (Eltech) / earth-leakage protection* ‖ ~**spule** *f* (Eltech) / arc-suppression coil*, arc suppressor*, Petersen coil*, Petersen earth coil, earthing reactor, arcing-ground suppressor* ‖ ~**strom** *m* (Eltech) / earth-fault current, loss current to earth ‖ ~**wischer** *m* (Eltech) / short-time earth leakage, transient earth leakage

**Erd•schüttdamm** *m* (HuT, Wasserb) / earth dam*, earthen dam, earthfill dam, soil embankment ‖ ~**schwarz** *n* (ein Schieferton, als Pigment verwendet) (Anstr, Bergb) / mineral black, slate black ‖ ~**seil** *n* (Eltech) / guard wire* (overhead transmission line) ‖ ~**sicht** *f* (Luftf) / ground visibility ‖ ~**sicht** (Luftf) / visual reference to the ground, visual contact ‖ ~**sproß** *m* (Bot) / rhizome* *n*, root stalk, rootstock* *n* ‖ ~**stamm** *m* (For) / butt *n*, butt log ‖ ~**stationär** *adj* (Geophys, Raumf) / geostationary* *adj* ‖ ~**statisch** *adj* / geostatic *adj* ‖ ~**staudamm** *m* (Wasserb) / earth dam for confining water ‖ ~**strahlung** *f* (Meteor) / terrestrial radiation*, earth radiation, eradiation *n*, terrestrial radiant energy ‖ ~**strom** *m* (Eltech) / earth current*, telluric current* ‖ ~**stromunsymmetrieschutz** *m* (Eltech) / core-balance protective system* ‖ ~**symmetrisch** *adj* (Fernm) / balanced to earth ‖ ~**symmetrisches Zweitor** (Elektr) / balanced two-port network ‖ ~**tank** *m* / underground tank, buried tank ‖ ~**teer** *m* (natürlicher, asphaltartiger Verdunstungsrest von Erdöl) (Erdöl) / mineral tar, maltha *n* (GB) ‖ ~**trabant** *m* (Mond) (Raumf) / Earth satellite ‖ ~**trennschalter** *m* (Radio) / earthing switch ‖ ~**umlauf** *m* (eines Satelliten) (Raumf) / pass *n* (a single circuit of the Earth by a spacecraft or satellite) ‖ ~**umlaufbahn** *f* (Astr) / earth orbit ‖ **Brennstufe zum Eintauchen in eine** ~**umlaufbahn** (Raumf) / transearth injection burn, TEI burn

**Erdung** *n* (Gesamtheit aller Mittel und Maßnahmen zum Erden) (Eltech) / earthing *n*, grounding *n* (US), connection to earth ‖ ~ *f* (Behandlung von Mineralölen) (Erdöl) / clay treatment

**Erdungs•anlage** *f* (Eltech) / earth system*, ground system* ‖ ~**drahtnetz** *n* (Radio) / ground mat (US) ‖ ~**drossel** *f* (Eltech) / earth reactor*, neutralator* *n*, grounding reactor (US), earthing autotransformer*, neutral autotransformer*, neutral compensator* ‖ ~**drossel** (Eltech) / drainage coil* ‖ ~**kabel** *n* (Schw) / work lead, ground lead, welding ground ‖ ~**klemme** *f* (die bei einem Unglücksfall Spannung annimmt und so bemessen ist, daß sie den Anschluß eines Erdleiters ermöglicht) (Eltech) / earth terminal* ‖ ~**kreis** *m* (Eltech) / earth-return circuit*, ground return circuit (US) ‖ ~**leitung** *f* (DIN 40108) (Eltech) / earthing lead, earth lead* ‖ ~**meßgerät** *n* (Eltech) / earth-resistance meter, ground-resistance meter ‖ ~**rohr** *n* (Eltech) / earth rod, ground rod (US) ‖ ~**sammelleitung** *f* (Eltech) / earth bus (GB), ground bus (US) ‖ ~**sammelschiene** *f* (Tex) / earthing bus, ground bus (US) ‖ ~**schalter** *m* (mechanisches Schaltgerät zum Erden von Teilen eines Stromkreises) (Radio) / earthing switch ‖ ~**schelle** *f* (Eltech) / bonding clip* ‖ ~**schiene** *f* (Eltech) / earth bus (GB), ground bus (US) ‖ ~**schraube** *f* (Eltech) / earthing screw ‖ ~**trenner** *m* (Radio) / earthing switch ‖ ~**widerstand** *m* (Eltech) / earth resistance*

**erd•unsymmetrisch** *adj* (Fernm) / unbalanced to earth ‖ ~**unsymmetrisch** (Fernm) / unbalanced to earth ‖ ~**verlegt** *adj* (Kab) / buried *adj*, burial *adj*, underground *attr* ‖ ~**verlegtes Kabel** (Kab) / underground cable, buried cable ‖ ~**verlegung** *f* (HuT) / soil burial, direct burial ‖ ~**verlegung** (Kab, Masch) / direct laying* ‖ ~**vermessungsnetz** *n* (Verm) / geodetic network ‖ ~**wachs** *m* (Min) / ozocerite* *n*, earth wax, native paraffin, ozokerite* *n*, ader wax ‖ **gereinigtes** ~**wachs** (Chem Verf) / ceresine wax, ceresin *n* ‖ ~**wall** *m* (HuT, Wasserb) / earth dam*, earthen dam, earthfill dam, soil embankment ‖ ~**wärmeenergie** *f* (z.B. aus den Bohrungen bei Larderello) (Geophys) / geothermal energy, geothermal heat* ‖ ~**wärmekraftwerk** *n* (Eltech, Geophys) / geothermal power plant, geothermal electric power station ‖ ~**wechsel** *m* (Landw) / resoiling *n* ‖ ~**wechsel durchführen** (HuT) / resoil *v* ‖ ~**wendigkeit** *f* (Bot) / geotropism* *n* ‖ ~**widerstand** *m* (Eltech) / earth resistance* ‖ ~**widerstand** (HuT) / passive earth pressure, passive resistance ‖ ~**wissenschaften** *f pl* / earth sciences, geosciences *pl* ‖ ~**zeitalter** *n* (ein chronologischer Abschnitt) (Geol) / era *n*

**ERE** *f* / European Unit of Account, EUA

**ereignen, sich** ~ / occur *v*

**Ereignis** *n* (Angabe eines Ortes im dreidimensionalen Raum und eines Zeitpunktes) (Math, Phys) / world point ‖ ~ (auch in der Netzplantechnik) (Stats) / event *n* ‖ **abhängiges** ~ (Stats) / dependent event ‖ **atomares** ~ (Stats) / atomic event ‖ **definites** ~ (Stats) / definite event ‖ **diskretes** ~ (Stats) / discrete event ‖ **fast unmögliches** ~ (Stats) / almost impossible event ‖ **komplementäres** ~ (Stats) / complementary event, complement *n* ‖ **sicheres** ~ (Stats) / certain event ‖ **singuläres** ~ (Math) / catastrophe *n* ‖ **unabhängige** ~**se** (Stats) / independent events ‖ **unerwünschtes** ~ (als Spitze des Fehlerbaumes - DIN 25 424) / top event (random output pulses from a transponder caused by ambient noise, or by an intentional random triggering system but not by the interrogation pulses) ‖ **unmögliches** ~ (Stats) / impossible event ‖ **unvereinbare** ~**se** (Stats) / incompatible events, mutually exclusive events ‖ **zufälliges** ~ (Stats) / random event ‖ ~**ablaufbaum** *m* / transient event tree ‖ ~**algebra** *f* (Stats) / algebra of events, field of events ‖ ~**baum** *m* (in der Reaktorsicherheitsforschung) (Nukl) / event tree ‖ ~**feld** *n* (Stats) / algebra of events, field of events ‖ ~**gesteuerter Rechner** (EDV) / event-driven computer ‖ ~**horizont** *m* (Astr, Phys) / event horizon* ‖ ~**management** *n* (erst nach Eintreten eines Ereignisses werden entsprechende Schritte vom System eingeleitet) (EDV) / event management ‖ ~**raum** *m* (Math, Stats) / event space, sample space

**ererben** *v* (Gen) / inherit *v*

**Erfahrung, praktische** ~ / hands-on experience ‖ **praktische** ~ (des Programmierers) (EDV) / hands-on background, hands-on experience

**Erfahrungs•bereich** *m* (KI) / realm of experience ‖ ~**wert** *m* / empirical value ‖ ~**wissen** *n* (KI) / experiential knowledge

**erfassen** *v* (über Tastatur) (EDV) / type in *v*, keyboard *v*, key in *v*, key *v* ‖ ~ (ein HHO mittels Greifer) (Masch) / pick *v* ‖ **listenmäßig** ~ (EDV) / list* *v* ‖ ~ **und halten** *v* (kraftpaarig - ein HHO) (Masch) / clamp *vt* ‖ ~ **und halten** (stoffpaarig - ein HHO) (Masch) / adhere *v*

**Erfasser** *m* (Bedienungsperson) (EDV, Typog) / keyboard operator

**erfaßt•er Bereich** (Fernm, Radar) / coverage area ‖ ~**er Frequenzbereich** (Fernm) / frequency coverage

**Erfassung** *f* / registration *n*, registry *n* ‖ ~ (in der Analyse) (Chem) / detection *n* ‖ ~ **eines Werkstücks durch einen Roboter** (Masch) / acquisition *n* ‖ ~ **des Zieles** (Radar) / detection *n*, acquisition *n* ‖ ~ (Radar) / acquisition *n* ‖ ~ (von Daten) (EDV) s. Datenerfassung ‖ **[Daten]** ~ **über Tastatur** (EDV) / keyboard entry, keyboard input, keyboarding *n* ‖ ~ **magnetischer Anomalie** (Geol) / magnetic anomaly detection, MAD* ‖ ~ **von Daten** (EDV) / data acquisition (usually implying that data is collected on-line), DA, data gathering (usually implying that data is captured off-line)

**Erfassungs•bereich** *m* (Fernm, Radar) / coverage area ‖ ~**bereich** (Bildwinkel, Leuchtwinkel) (Foto) / coverage* *n*, covering power* ‖ ~**bereich** (Stats) / coverage *n* ‖ ~**grad** (Stats) / coverage *n* ‖ ~**grenze** *f* (die kleinste Menge eines Stoffes, die durch eine chemische Reaktion gerade noch eindeutig nachgewiesen werden kann) (Chem) / detection limit ‖ ~**kraft** *f* (EDV) / keyboard operator ‖ ~**maske** *f* (EDV) / mask for data entry ‖ ~- **und Verfolgungsradar** *m n* (Radar) / acquisition and tracking radar ‖ ~**schwelle** *f* (Radar) / detection threshold

**erfinden** *v* / invent *v* ‖ ~ (nicht im patentrechtlichen Sinne) / devise *v*

**Erfinder** *m* / inventor *n* ‖ ~**geist** *m* / inventiveness *n*

**erfinderisch** *adj* (z.B. Tätigkeit) / inventive *adj* ‖ ~**e Leistung** / inventive merit ‖ ~**e Tätigkeit** (bei patentfähigen Erfindungen) / inventive step

**Erfindernennung** *f* / designation of inventor

**Erfindung** *f* / invention *n* ‖ **bahnbrechende** ~ / breakthrough *n*, pioneering invention, trail-blazing invention ‖ **freie** ~ (eine Arbeitnehmererfindung, die dem Arbeitgeber zu angemessenen Bedingungen anzubieten ist - Gesetz vom 25.7.1957) / free invention ‖ **Gegenstand** *m* **der** ~ / object of the invention, subject matter of the invention (US)

**Erfindungs•höhe** *f* / level of invention ‖ **Objektbereich** *m* **des** ~**schutzes** / scope of patentable subject matters

**Erfle-Okular** *n* (ein Weitwinkelokular) (Opt) / Erfle eyepiece

**erfolglos** *adj* (Anruf) (Fernsp) / ineffective *adj*, unsuccessful *adj*

**erfolgreiche, nicht** ~ **Verbindung** (Fernsp) / call failure

**Erfolgs•baum** *m* (Darstellung der logischen Verknüpfung von Basisereignissen, die zu dem Ergebnis "Erfolg" führen) (KI) / success tree ‖ ~**kontrolle** *f* (im Management) / management performance ‖ ~**quotient** *m* / success ratio ‖ ~**wahrscheinlichkeit** *f* (nach einem Bernoulli-Schema) (Stats) / success probability ‖ ~**zuweisung** *f* (KI) / credit assignment

**erforderlich** *adj* / required *adj* ‖ ~**e Schlagzahl** (um einen Gegenstand in die Erde zu rammen) (HuT) / blow count ‖ ~**e Startlaufstrecke** (Luftf) / take-off run required, TORR ‖ ~**e Startstrecke** (Luftf) /

**erforderlich**

take-off distance required, TODR ‖ ~**e Zulaufhöhe** (Masch) / net positive suction head, NPSH
**erfordern** v / require v
**erforschen** v / explore v, research v
**Erforschung** f / exploration n
**erfrischen** v / freshen vt
**erfüllbar** adj (Math) / satisfiable adj ‖ ~ (eine Aussageform) (Math) / solvable adj ‖ ~**e Formel** (wenn es eine Interpretation und eine Belegung gibt, bei der die Formel wahr ist) (Math) / satisfiable formula
**Erfüllbarkeit** f (von Formelmengen) (Math) / satisfiability n
**erfüllen** v (Anforderungen) / fulfil v, fullfill v (US) ‖ ~ (Bedingungen) / fulfil v, fulfill v (US), meet v, satisfy v
**Erfüllung** f (bei Aussageformeln) / solution n
**Erfüllungs•garantie** f (bei Verträgen) (Masch) / performance bond, fulfilment bond, execution bond ‖ ~**menge** f (Math) / set of solutions
**erg** (Phys) / erg* n ‖ ~ n (eine nicht mehr zugelassene Einheit für Arbeit, Energie und Wärmemenge = $10^{-7}$ J) (Phys) / erg* n
**ergänzen** v / complement v ‖ ~ (zu einer selbständigen Einheit) / complete v
**ergänzend** adj / complementary adj ‖ ~ / supplementary* adj, supplemental adj ‖ ~ s. auch zusätzlich
**Ergänzung, dekadische** ~ (Math) / complementary number ‖ **quadratische** ~ (Math) / completing the square
**Ergänzungs•-** / supplementary* adj, supplemental adj ‖ ~**band** m (Buchb, Druck) / supplementary volume ‖ ~**gleich** adj (zwei ebene Figuren) (Math) / equivalent by completion ‖ ~**gleichheit** f (Math) / equivalence by completion ‖ ~**kegel** m (Kegel um die Radachse, dessen Mantellinien auf den Teilkegelmantellinien in der Spitzenentfernung ($R_a$) rechtwinklig stehen - DIN 3971) (Masch) / complementary cone ‖ ~**lieferung** f (ein Ergänzungsheft oder ein Loseblattnachtrag) (Buchb) / service issue ‖ ~**nährstoffe** m pl (Nahr) / accessory nutrients ‖ ~**parallelogramm** n (Math) / supplementary parallelogram ‖ ~**pyramide** f (Math) / supplementary pyramid ‖ ~**sehnen** f pl (Math) / supplemental chords* ‖ ~**speicher** m (DIN 44300) (EDV) / non-addressable memory, shaded memory ‖ ~**winkel** m pl (α + ß = Vollwinkel) (Math) / conjugate angles*, explements* pl ‖ ~**winkel** (Math) / supplementary angles* ‖ ~**winkel** (Math) s. auch Supplementärwinkel und Komplementärwinkel ‖ ~**zwillinge** m pl (Min) / supplementary twins
**ergeben** v (z.B. eine Kurve im Diagramm) / yield v ‖ **sich** ~ (aus) / follow v (from)
**Ergebnis** n (Math) / result n ‖ **erreichtes** ~ (Punktezahl) / score n ‖ ~ n **aus Betriebstätigkeit** / operating result, operating profit ‖ ~ **der betrieblichen Tätigkeit** (als Bilanzposten) / operating result, operating profit ‖ ~**se grafisch auswerten** (Math) / plot v ‖ ~**se von Zweifel** n pl (für die günstigste Schaufelstellung bei Strömungsmaschinen) (Masch, Phys) / Zweifel's results
**Ergebnis•abweichung** f (DIN 55 350, T 13) / error of result ‖ ~**abweichung** f (DIN 55350, T 13) / error of result ‖ ~**feld** n (EDV) / result field ‖ ~**funktion** f (Math) / output function
**ergiebig** adj / productive adj ‖ **besonders** ~ / high-yield attr
**Ergiebigkeit** f (im allgemeinen) / yield n ‖ ~ (Größe der Fläche, die mit der Mengeneinheit eines Anstrichstoffes mit einem Anstrich in vereinbarter Schichtdicke theoretisch versehen werden kann) (Anstr) / spreading rate, spreading capacity*, spreading power, coverage n, coverage rate ‖ ~ (F.Org) / productivity* n, production rate ‖ ~ (Geol, Wasserb) / yield n, discharge n ‖ ~ (Volumenabfluß) (Hyd) / discharge n ‖ **spezifische** ~ (Verhältnis von Wasseraufnahme und -abgabe des Bodens) (Wasserb) / specific yield ‖ **von großer** ~ / high-yield attr
**Ergo•basin** n (ein Mutterkornalkaloid) (Chem, Med) / ergometrine n, ergobasine n, ergometrinine n ‖ ~**bolismus** m (Biol) / energy metabolism ‖ ~**calciferol** n (Chem, Med) / ergocalciferol n, vitamin n $D_2$ ‖ ~**chrom** n (Bot, Chem) / ergochrome n ‖ ~**chrom** (Bot, Chem) s. auch Secalonsäure ‖ ~**cornin** (ein Alkaloid der Ergotoxingruppe - ein Mutterkornalkaloid) (Chem, Med) / ergocornine n ‖ ~**cristin** n (ein Alkaloid der Ergotoxingruppe - ein Mutterkornalkaloid) (Chem, Med) / ergocristine n
**Ergoden-(Hypothese)** / ergodic adj
**ergodisch** adj (Bewegung) / ergodic adj
**Ergo•dizität** f (in der statistischen Mechanik) / ergodicity n ‖ ~**kalziferol** n (internationaler Freiname für Vitamin $D_2$) (Chem, Med) / ergocalciferol n, vitamin n $D_2$ ‖ ~**metrin** n (ein Mutterkornalkaloid) (Chem, Med) / ergometrine n, ergobasine n, ergometrinine n ‖ ~**nomie** f (Lehre von der menschlichen Arbeit) / ergonomics* n ‖ ~**sterin** n (Provitamin $D_2$) (Chem, Med) / ergosterol* n
**Ergot** n (getrocknete Sklerotien der Claviceps purpurea) (Bot, Pharm) / ergot n ‖ ~**alkaloid** n (Chem, Med) / ergot alkaloid, ergot n
**Ergo•tamin** n (ein Alkaloid der Ergotamingruppe - ein Mutterkornalkaloid) (Chem, Med) / ergotamine n ‖ ~**therapeut** m (Med) / occupational therapist, occupational therapeutist ‖ ~**therapie** f (Arbeits- + Beschäftigungstherapie) / ergotherapy n ‖ ~**therapie** (Med) / ergotherapy n, occupational therapy
**Ergotismus** m (Chem, Med) / ergotism* n, St Anthony's fire*, Saint Anthony's fire
**Ergotoxin** n (ein Alkaloid der Ergotoxingruppe - ein Mutterkornalkaloid) (Chem) / ergotoxine n
**ergotropisch** adj (die Leistungsfähigkeit des Organismus steigernd) (Biochem) / ergotropic adj
**Ergußgesteine** n pl (Geol) / extrusive rocks*, volcanics pl, volcanic rocks, vulcanites* pl, effusive rocks, extrusives pl
**erhaben•e Heftbünde** (Buchb) / raised bands* ‖ ~**es Muster** (Tex) / relief pattern, relief design, raised pattern ‖ ~**er Winkel** (Math) / reflex angle*, convex angle
**Erhalt** m (des Betrags, der Sendung) / receipt n
**erhaltenswert** adj (Arch) / worthy of preservation
**erhältlich** adj / obtainable adj
**Erhaltung** f (z.B. eines Winkels) (z.B. der Genauigkeit) / preservation n ‖ ~ (der Energie) (Phys) / conservation n ‖ ~ s. auch Wartung ‖ ~ **der Energie** (Phys) / conservation of energy* ‖ ~ **der Fischbestände** (der Fischgründe) (Umwelt) / fisheries conservation ‖ ~ **der Ladung** (Phys) / conservation of charge ‖ ~ **der Masse** (Phys) / conservation of mass ‖ ~ **des Aussehens** (Tex) / appearance retention ‖ ~ **des Drehimpulses** (Phys) / conservation of angular momentum ‖ ~ **des Impulses** (Mech) / conservation of momentum*, momentum conservation ‖ ~ **des Landschaftsbildes** (Umwelt) / preservation of natural scenery
**Erhaltungs•dosis** f (die Menge eines Arzneimittels, die täglich zugeführt werden muß, um einen bestimmten Wirkstoffspiegel aufrechtzuerhalten) (Pharm) / maintenance dose ‖ ~**futter** n (Landw) / maintenance feed ‖ ~**futter-Ration** f (Landw) / maintenance ration ‖ ~**fütterung** f (Landw) / maintenance feeding ‖ ~**gebiet** n (für Tiere oder Pflanzen) (Umwelt) / refugium* (pl -ia) n ‖ ~**gesetz** n (Chem, Phys) / conservation law*, principle of conservation **topologisches** ~**gesetz** (Kernphys) / topological conservation law ‖ ~**laden** n (DIN 40729) (Eltech, Kfz) / trickle charge, compensating charge ‖ ~**metabolismus** m (Biol) / maintenance metabolism ‖ ~**ration** f (Landw) / maintenance ration ‖ ~**satz** m (Chem, Phys) / conservation law*, principle of conservation ‖ ~**züchtung** f (Landw) / reproduction breeding
**erhärten** vi / harden vi
**erhärteter Beton** (DIN 52170) (Bau, HuT) / hardened concrete
**Erhärtung** f (Geol) / induration* n ‖ ~ (Masch) / hardening n ‖ ~ (HuT, Masch) s. auch Erstarrung ‖ **Stillstand** m **bei der** ~ (des Betons) (Bau, HuT) / grab set
**erheben** v (Masch) / lift v, raise v, uplift v
**Erhebung** f (in der Marktforschung) / sampling n, investigation n ‖ ~ (ein Fehler bei gedruckten Schaltungen) (Eltronik) / bump n ‖ ~ (in der Blechoberfläche) (Kfz) / high spot, high area ‖ ~**en** f pl (in der Tribologie) (Masch, Mech) / asperity* ‖ ~ f (Stats) / survey n ‖ ~ (des Nockens) (V-Mot) / lobe* n, cog n ‖ ~ **im Mikroprofil** (einer Oberfläche) (Masch) / microprominence n, peak n, prominence n, hill n, promontory* n, protuberance n, tit n ‖ ~ **in die dritte Potenz** (Math) / cubing n
**Erhebungs•bereich** m (Stats) / coverage n ‖ ~**gesamtheit** f (Stats) / survey population ‖ ~**masse** f (Stats) / survey population ‖ ~**schema** n (Stats) / sampling plan, sampling design ‖ ~**umfang** m (Stats) / coverage n
**erhitzen** v / heat v ‖ ~ n / heating n
**Erhitzung** f / heating n ‖ ~ **durch Hochfrequenz** (Wärm) / high-frequency heating*, radio heating*, r-f heating, radio-frequency heating*, microwave heating*
**Erhitzungsmikroskop** n (zum Beobachten des thermischen Verhaltens von Brennstoffaschen, Schlacken, Glas, Glasuren, Emaille, keramischen Stoffen usw.) (Mikros) / hot-stage miscroscope, heating microscope
**Erhitzungsprobe** f (Chem Verf) / heat test, heating test
**erhöhen** v / raise v, elevate v ‖ ~ / step up v, raise v, up v (US), increase v ‖ ~ / raise v, mark up v, increase v, put up v ‖ ~ (Ton) (Akus) / raise v
**erhöht•er Betrachtungswinkel** (beim Flüssigkristalldisplay) (EDV, Phys) / extended viewing angle, EVA ‖ ~**er Durchlaß** (Glas) / lifted throat, elevated throat ‖ ~**es Feld** (Bau) / raised panel* ‖ ~**e Füllung** (als Gegensatz zu Kassette) (Bau) / raised panel* ‖ ~**e Kornzerfallsanfälligkeit** (Hütt, Krist) / susceptibility to sensitization ‖ ~**e Kosten** / incremental cost ‖ ~**er Leerlauf** (V-Mot) / fast idle ‖ ~**e Schulter** (Bankett) (HuT) / raised shoulder ‖ ~**er Seitenstreifen** (HuT) / raised shoulder ‖ ~**e Sprachqualität** (Akus, Fernm) / enhanced voice quality
**Erhöhung** f / rise n, increase n (in) ‖ ~ **der Feldstärke der Atmospherics** (Geophys, Radio) / sudden enhancement of atmospherics ‖ ~ **der Leistungsdaten** (V-Mot) / forcing n ‖ ~ **der spektralen Empfindlichkeit** (Foto, Opt, Spektr) / spectral sensitization

‖ ⁓ des Weißgehalts / whitening n ‖ ⁓ um 10 / increment by ten, increase by ten
**Erhöhungsfaktor** m (EDV) / augmentor n
**erholen** v (sich) / recover vi, recuperate vi
**Erholung** f (Chem Verf, Hütt, Krist, Tex) / recovery* n, recuperation n ‖ ⁓ (Radiol) / recovery n ‖ **elastische** ⁓ (z.B. bei mechanischen Prüfungen) (Mech, WP) / elastic recovery ‖ **sofortige** ⁓ (Tex) / instant recovery
**Erholungs•gebiet** n (Umwelt) / recreation area, recreation ground ‖ ⁓**raum** m (Umwelt) / recreation area, recreation ground ‖ ⁓**zeit** f (Zeit, die in einer vorgegebenen Schaltung nach dem sprunghaften Umpolen der Diodenspannung bis zum Erreichen eines bestimmten Wertes des Stromes in der neuen Richtung verstreicht) (Eltronik) / recovery time ‖ ⁓**zeit** (zur Reproduktion der geistigen und körperlichen Spannkraft) (F. Org) / recovery time ‖ ⁓**zeit** (des Zählrohrs nach der Totzeit) (Kernphys) / recovery time* ‖ ⁓**zuschlag** m (F.Org) / fatigue allowance
**Eriaseide** f (eine wilde Seide) (Tex) / eria silk
**Erichsen•-Tiefung** f (Hütt, WP) / Erichsen cup depth ‖ ⁓**-Tiefungsprobe** f (Hütt, WP) / Erichsen test*, Erichsen cupping test ‖ ⁓**-Tiefungsversuch** m (DIN 50101) (Hütt, WP) / Erichsen test*, Erichsen cupping test
**Ericolin** n (Chem, Foto) / arbutin n
**Ericsson-Prozeß** m (ein Vergleichsprozeß für Gasturbinen - nach J. Ericsson, 1803-1899) (Masch, Phys) / Ericsson cycle, Ericsson process
**erikaviolett** adj / heather-violet adj
**Erinit** m (ein Montmorillonit aus Irland) (Min) / erinite n, cornwallite n
**Erinnerungswerbekampagne** f / reminder campaign, reminder advertising campaign
**Erinnerungswerbung** f (die ein einmal angeschnittenes Thema einer Werbekampagne noch einmal aufgreift mit dem Ziel, einen bereits bestehenden Eindruck zu verstärken oder zu vertiefen) / reminder advertising, follow-up advertising, name advertising
**Erio** n T (Chem) / eriochrome black T
**Eriochromschwarz** n (das Natriumsalz einer Sulfosäure) (Chem) / eriochrome black ‖ ⁓ **T** (Chem) / eriochrome black T
**erkalten** v / cool vi
**erkennbar** adj / intelligible adj, understandable adj
**erkennen** v (auf der Habenseite buchen) / credit v ‖ ⁓ (Fehler) / realize v, make out v, detect v ‖ ⁓ (EDV, KI, Psychol) / recognize v ‖ ⁓ n (EDV, KI, Psychol) / recognition* n ‖ ⁓ **der kontinuierlichen Sprache** (EDV, KI) / continuous-speech recognition ‖ ⁓ **der** (kontinuierlichen) **Rede** (EDV, KI) / continuous-speech recognition ‖ ⁓ **einzelner Wörter** (EDV, KI) / isolated-words recognition, discrete-words recognition ‖ ⁓ **menschlicher Sprache** (EDV, KI) / human-speech recognition ‖ ⁓ **von Schlüsselwörtern in fließender Rede** (EDV) / word spotting
**Erkenntnislehre** f / epistemology n
**Erkenntnisse** f pl **aus der Bildaufklärung** (Mil) / photographic intelligence
**erkenntnis•theoretisches Wissen** (KI) / epistemological knowledge ‖ ⁓**theorie** f / epistemology n ‖ ⁓**theorie** s. auch Wissenschaftstheorie
**Erkennung** f (EDV, KI) / recognition n ‖ **molekulare** ⁓ (Chem) / molecular recognition
**Erkennungs•algorithmus** m (EDV, KI) / recognition algorithm ‖ ⁓**code** m (EDV) / identifying code ‖ ⁓**einrichtung** f (die physikalische Größen durch Sensoren im Arbeitsraum eines Industrieroboters erfaßt und als Information für die Steuerung umwandelt, um Reaktionen des IR zu veranlassen) (Regeln) / recognition equipment ‖ ⁓**entfernung** f (Luftf) / sighting distance ‖ ⁓**gedächtnis** n (KI) / recognition memory ‖ ⁓**kode** m (EDV) / identifying code ‖ ⁓**logik** f (EDV, KI) / recognition logic ‖ ⁓**melodie** f (eines Senders) (Radio, TV) / signature tune (a dictinctive piece of music) ‖ ⁓**melodie** (einer Sendung) (Radio, TV) / theme music ‖ ⁓**protein** n (Biochem) / recognition protein ‖ ⁓**quote** f (KI) / recognition rate, recognition ratio ‖ ⁓**teil** n (der zur Identifizierung des COBOL-Programms dient) (EDV) / identification division (COBOL)
**Erkensator** m (Pap) / erkensator n
**Erker** m (Arch) / oriel* n ‖ ⁓**dach** n (Arch) / bonnet n ‖ ⁓**fenster** n (auf Konsolen) (Arch) / oriel window, bay window
**Erklärung** f (Erläuterung) / explanation n ‖ ⁓ (Äußerung, Statement) / statement n ‖ ⁓ **während des Ablaufs** (KI) / mid-run explanation, online explanation
**erklärungs•gestütztes Lernen** (KI) / explanation-based learning ‖ ⁓**komponente** f (bei Expertensystemen) (KI) / explanation component ‖ ⁓**subsystem** n (KI) / explanation subsystem ‖ ⁓**system** n (KI) / explanation system
**erklingen** v / sound v, resound v
**erkochen** v (Zellstoff) (Pap) / cook v
**Erkrankung, chronische** ⁓ **des Knies durch ständigen Druck** (Schleimbeutelentzündung oder Zellulitis) (Med) / beat knee (bursitis and/or cellulitis), housemaid's knee* (bursitis) ‖ ⁓ f **der Lungen** (und der Atemwege - als Berufskrankheit) (Med) / work-related lung disorder ‖ ⁓ **der tieferen Atemwege und der Lunge durch Rohbaumwoll- oder Flachsstaub** (Med) / byssinosis* n (pl. byssinoses), cotton-mill fever ‖ ⁓ **durch Arbeit in Druckluft oder in verdünnter Luft** (Med) / dysbarism n ‖ ⁓ **durch Blei** (Med) / lead poisoning*, plumbism* n, saturnism m, poisoning by lead ‖ ⁓ (Vergiftung) **durch Fluor oder seine Verbindungen** (Med) / poisoning by fluorine or a compound of fluorine
**Erkrankungsrate** f (in der Epidemiologie) (Med) / morbidity rate
**Erkundungs•bohren** n (Erdöl) / prospection drilling ‖ ⁓**bohrung** f (im unbekannten Bereich) (Erdöl) / wildcatting* n, wildcat drilling, wildcat n (drilling operation seeking unproven oil possibilities) ‖ ⁓**bohrung** (Erdöl) / prospection drilling ‖ ⁓**strecke** f (Bergb) / pilot drift ‖ ⁓**strecke** (kurze) (Bergb) / monkey drift ‖ **elektromagnetisches** ⁓**verfahren** (ein elektrisches Verfahren der Geophysik) (Bergb) / electromagnetic prospecting*
**Erl** (Fernsp) / erlang* n, Erlang unit
**Erlang** n (eine Einheit der Nachrichtentechnik für die mittlere Intensität des Verkehrs während einer bestimmten Zeitspanne - nach A.K. Erlang, 1878-1929) (Fernsp) / erlang* n, Erlang unit ‖ ⁓**verteilung** f (eine spezielle Gammaverteilung für die Beschreibung von Bedienzeitverteilungen von Warteschlangen) (EDV, Stats) / Erlang's distribution, Erlang distribution ‖ **allgemeine** ⁓**verteilung** (Stats) / general Erlang distribution
**erlauben** v / permit v
**Erlaubnis** f **zum Ein- oder Auslaufen** (Schiff) / clearance n ‖ ⁓**feld** n (Gebiet, für das der Staat einem Einzelunternehmen oder einem Konsortium die Erlaubnis zum Suchen von bergfreien Bodenschätzen für einen befristeten Zeitraum erteilt) (Bergb) / concession area
**erlaubt•er Arbeitsbereich** (Eltronik) / safe operating area, SOA ‖ ~**es Band** (Kernphys) / allowed band* ‖ ~**es Energieband** (Kernphys) / allowed band* ‖ ~**e Nutzung** (urheberrechtlich geschützter Werke) / fair use ‖ ~**er Übergang** (zwischen Energieniveaus) (Phys, Spektr) / allowed transition*, permitted transition
**erläuternde Hinweise** / explanatory notes
**Erle** f (Alnus Mill.) (For) / alder* n ‖ **Herzblättrige** ⁓ (Alnus cordata (Loisel.) Desf.) (For) / Italian alder ‖ **Runzelblättrige** ⁓ (Alnus rugosa (Du Roi) Spreng.) (For) / speckled alder
**erleichtern** v / lighten v, reduce the load
**erleichtert•e Auswaschbarkeit von Flecken** (Tex) / stain-release n ‖ ~**e Diffusion** (Chem) / catalyzed diffusion
**Erleichterungsbohrung** f (Masch) / lightening hole
**Erlenmeyerkolben** m (Reaktionsgefäß in der Maßanalyse nach E. Erlenmeyer, 1825-1909 - DIN 12380, 12385) (Chem) / Erlenmeyer flask*, conical flask
**Erlenmeyer-Synthese** f (eine Variante der Perkin-Reaktion) (Chem) / Erlenmeyer synthesis
**Erliegen** n **des Werkzeugs** (meist plötzlich eintretender Verlust der Schneidhaltigkeit durch Abscheren oder Ausbrechen der Schneide) (Masch) / tool failure
**Erlöschen** n (des Patents) / expiry n, expiration n
**Erlweinputz** m (Bau) / harling n, wet dash, roughcast n
**ERM** (EDV) / entity-relationship model, ERM
**Ermangelungsschließen** n (KI) / default reasoning
**ermäßigen** v (Preise) / lower v, mark down v, decrease vt
**ermäßigter Tarif** / reduced tariff, cheaped rate
**ERMES** m (digital arbeitender Funkrufdienst, der europaweit genormt ist) (Radio) / European Radio Messaging System, ERMES
**ermitteln** v / assess v ‖ ⁓ (nachweisen) / determine v, detect v ‖ ⁓ **der Massen** (Bau, HuT) / taking-off* n, quantity takeoff (US), quantity survey(ing)
**ermittelter Standort** (Luftf) / fix* n
**Ermittlung** f (Galv) / determination n ‖ ⁓ (**des Zieles**) (Radar) / detection n, acquisition n ‖ ⁓ **der Baumasse** (Bau, HuT) / cubing n ‖ ⁓ **der Biegezugfestigkeit am Balken** (Bau, HuT) / beam test, concrete-beam test ‖ ⁓ **der Fernsehzuschauerzahlen** (TV) / television audience measurement, TAM ‖ ⁓ **der Klopffestigkeit** (Kftst) / knock rating* ‖ ⁓ **des Bauplatzes** (Bau, HuT) / location n
**Ermittlungs•ergebnis** n (DIN 55 350, T 13) (Stats) / result of determination ‖ ⁓**verfahren** n (bei der Qualitätssicherung nach DIN 55 350, T 13) (Stats) / method of determination
**ermüden** v (Zerstörung des Werkstoffs durch wiederholtes Be- und Entlasten) (WP) / fatigue v
**Ermüdung** f (eines Leuchtstoffs) (Phys) / dark burn fatigue* ‖ ⁓ (Verminderung der Festigkeit eines Werkstoffs durch hohe dynamische Beanspruchung) (WP) / fatigue* n ‖ **akustische** ⁓ (Phys) / sonic fatigue*, acoustic fatigue ‖ **dynamische** ⁓ (WP) / dynamic fatigue ‖ **fotochrome** ⁓ (Glas) / photochromic fatigue, loss of photochromic response ‖ **statische** ⁓ (Glas) / static fatigue ‖ **thermische** ⁓ (als Folge einer periodischen Änderung der Temperaturverteilung in einer Probe) (WP) / thermal fatigue* ‖ ⁓ f **des Beobachters** (Opt) / operator viewing fatigue ‖ ⁓ **durch**

**Ermüdung**

**Wärmebeanspruchung** (WP) / thermal fatigue* ‖ ≈ **im nominell elastischen Verformungsbereich** (bei hochfrequentem Dauerschwingversuch) (WP) / high cycle fatigue, HCF
**ermüdungs•beständig** adj (WP) / fatigue-resisting adj ‖ ≈**beständigkeit** f (WP) / flex life ‖ ≈**bruch** m (WP) / fatigue failure ‖ ≈**erscheinung** f (WP) / fatigue* n ‖ ≈**fehler** m (Ereignis, das im Verlust der Funktionsfähigkeit der Betrachtungseinheit durch Ermüdung besteht) (WP) / fatigue defect, fatigue damage ‖ ≈**festigkeit** f (WP) / fatigue strength ‖ ~**frei** adj (WP) / fatigue-proof adj ‖ ≈**lebensdauer** f (bis zum Dauerbruch - nach DIN ISO 281) (WP) / fatigue life ‖ ≈**prüfung** f (WP) / fatigue testing ‖ ≈**riß** m (WP) / fatigue crack, fatigue precrack ‖ ≈**rißbildung** f (WP) / fatigue cracking ‖ ≈**schaden** m (WP) / fatigue defect, fatigue damage ‖ ≈**schutzmittel** n (ein Alterungsschutzmittel) (Chem Verf) / anti-flex cracking agent, anti-fatigue agent ‖ ≈**überwachungssystem** n (Masch) / fatigue monitoring system, FAMOS ‖ ≈**verhalten** n (Masch, WP) / fatigue behaviour ‖ ≈**verschleiß** m (mechanischer Verschleißprozeß, hervorgerufen durch Werkstoffzerrüttung infolge wiederholter Verformungen in kleinsten Volumenbereichen des Reibflächenwerkstoffs) (Masch, WP) / fatigue wear ‖ ≈**verschleiß** (der oberflächennahen Bereiche) (Masch, WP) / surface fatigue wear ‖ ≈**versuch** m (WP) / fatigue test*
**ernährt, falsch ~** (Nahr) / malnourished adj
**Ernährung** f (Med) / nutrition n ‖ **falsche** ≈ (Nahr) / malnutrition n, malnourishment n
**ernährungs•bedingt** adj (Nahr) / alimentary* adj, food attr ‖ ≈**fachmann** m (Nahr) / nutritionist n ‖ ≈**kapazität** f (des Bodens) (Landw) / feeding capacity ‖ ≈**störung** f (Nahr) / nutritional disorder, nutritional disturbance ‖ ≈**wissenschaft** f (Nahr) / nutrition science ‖ ≈**wissenschaftler** m (Nahr) / food scientist, nutritionist n
**erneuerbar** adj / renewable adj ‖ ~**e Energie** / renewable energy (that is not depleted by use), renewable n
**erneuern** v / renew v
**Erneuerung** f (z.B. der beschädigten Fahrbahn, des Schmierstoffes) / renewal n, renewing n ‖ ≈ (Physiol) / regeneration n ‖ ≈ s. auch Renovierung ‖ ≈ **des Pflanzenwuchses** (Bot, Umwelt) / revegetation n
**Erneuerungs•anstrich** m (Anstr) / recoating n, repaint coating ‖ ~**bedürftig** adj (Anstr) / in need of renewal ‖ ≈**beschichtung** f (Anstr) / recoating n, repaint coating ‖ ≈**dichte** f (Stats) / renewal density ‖ ≈**funktion** f (Erwartungswert des Erneuerungsprozesses) (Stats) / renewal function ‖ **einfacher** ≈**prozeß** (Stats) / recurrent process ‖ ≈**theorie** f (die sich mit Untersuchungen über das Ausfallen und Ersetzen bzw. Reparieren von Teilen innerhalb eines arbeitenden Systems befaßt) (Stats) / renewal theory
**erneut ansäuern** (Chem) / reacidify v ‖ ~ **ausführen** / redo v ‖ ~ **durchführen** / redo v ‖ ~**e Einweichung** (Leder) / rehydratation n ‖ ~**e Erwärmung** / reheat n, reheating n ‖ ~ **filtrieren** / refilter v ‖ ~ **lesen** / reread v ‖ ~**es Mastering** (Akus, EDV) / remastering n ‖ ~ **wählen** (Fernsp) / redial v
**Ernte** f (Tätigkeit) (Landw) / harvesting n, harvest n ‖ ≈ (Ertrag) (Landw) / crop n, harvest n ‖ **stehende** ≈ (Landw) / standing crop ‖ ≈ f **auf dem Halm** (Landw) / standing crop ‖ ≈ **tragen** (Landw) / crop v
**Ernte•ausfall** m (Landw) / crop failure ‖ ≈**bindegarn** n (z.B. Sisal) (Landw) / baler yarn ‖ ≈**ertrag** m (Landw) / crop n, harvest n ‖ ≈**fieber** n (Med) / field fever ‖ ≈**fläche** f (Landw) / harvest area, crop area ‖ ≈**gutschädigung** f (Landw) / crop damage ‖ ≈**guttrockner** m (Landw) / crop drier ‖ ≈**jahr** n (beginnend mit der Ernte und dauernd bis zum Beginn derselben Ernte im darauffolgenden Jahr, z.B. 1.VII. - 30.VI. für den US-Weizen) (Stats) / crop year ‖ ≈**maschine** f (Landw) / harvester n, harvesting machine ‖ ≈**milbe** f (eine Laufmilbe) (Landw) / harvest mite*
**ernten** v (Obst) (Landw) / pick v, gather v ‖ ~ (Landw) / crop v, gather v (a crop), harvest v, reap v ‖ ≈ (Landw) / crop v
**ernte•schädigender Kampfstoff** (Mil) / anticrop weapon ‖ ≈**tuch** n (zum Einhängen in Erntewagen) (Landw) / canvas liner ‖ ≈**verfrühung** f (Landw) / harvest advancement ‖ ≈**verlust** m (Landw) / crop loss ‖ ≈**verspätung** f (Landw) / harvest delay ‖ ≈**verzögerung** f (Landw) / harvest delay ‖ ≈**zeit** f (Landw) / harvest time, harvest season
**Ernüchterungsmittel** n (Chem, Med) / sobering agent
**erodierbar** adj (Geol, Landw) / erodible adj, susceptible to erosion
**Erodierbarkeit** f (des Bodens) (Geol, Landw) / erodibility n
**erodieren** v (Geol, Landw) / erode v
**erodierendes (bewegtes) Medium** / erosive n, eroding medium
**erodierfähiges Medium** / erodible n
**Erodiermaschine** f (Masch) / spark erosion plant (machine)
**Eröffnungs•bildschirm** m (EDV) / welcome screen, initial screen ‖ ≈**menü** n (EDV) / start menu, opening menu, welcome menu ‖ ≈**routine** f (EDV) / open routine n ‖ ≈**schnitt** m (For) / face cut
**Erosion** f / erosion* n ‖ ≈ (die ohne menschliches Zutun zustande kommt) (Geol) / geological erosion, normal erosion ‖ ≈ (Geol, Wasserb) / scouring n, undermining n, undercutting n, wash-out n, scour n ‖ ≈ (abtragende Tätigkeit fließenden Wassers) (Geol, Wasserb) / water erosion, wash n, hydraulic erosion ‖ **aquatische** ≈ (Geol, Wasserb) / water erosion, wash n, hydraulic erosion ‖ **Einsatz** m **von Bruchstein gegen die** ≈ **der Ufer** (HuT, Wasserb) / stoning n ‖ **fluviatile** ≈ (Geol) / stream erosion ‖ **fortschreitende** ≈ (Geol) / headward erosion, head erosion, headwater erosion ‖ **genetische** ≈ (Gen) / genetic erosion ‖ **marine** ≈ (Geol) / marine erosion* ‖ **selektive** ≈ (Geol) / differential erosion ‖ ≈ f **am Oberlauf** (Geol, Wasserb) / headward erosion ‖ ≈ **der Katode** (Eltronik) / cathodic etching* ‖ ≈ **durch Aufprall fester Stoffe** (Geol) / solid impingement erosion ‖ ≈ **durch Aufprall flüssiger Stoffe** (Geol) / liquid impingement erosion ‖ ≈ **durch Regen** (Geol) / rainsplash erosion, splash erosion ‖ ≈ **durch Regentropfenaufschlag** (Geol) / rainsplash erosion, splash erosion
**erosions•anfällig** adj (Geol, Landw) / erodible adj, susceptible to erosion ‖ ≈**anfälligkeit** f (Geol, Landw) / erodibility n ‖ ≈**basis** f (das Endniveau der Tiefenerosion) (Geol) / base level*, denudation base level ‖ ~**beständig** adj (Geol, Landw) / erosion-resistant adj, non-erodible ‖ ≈**diskordanz** f (Geol) / disconformity* n, erosion break ‖ ≈**diskordanz** (Geol) / erosional unconformity ‖ **tafelförmige** ≈**ebene** (Geol) / panplane n, panplain n ‖ ~**empfindlich** adj (Geol, Landw) / erodible adj, susceptible to erosion ‖ **nicht ~fähig** (Geol, Landw) / erosion-resistant adj, non-erodible adj ‖ ~**fest** (Geol, Landw) / erosion-resistant adj, non-erodible adj ‖ ≈**fläche** f (Geol) / erosion surface ‖ ≈**gefährlichkeit** f (der die Erosion verursachenden Faktoren) (Geol, Landw, Wasserb) / erosivity n ‖ ≈**generator** m (der Funkenerosionsmaschine) (Masch) / spark erosion generator ‖ ≈**geschwindigkeit** f (Geol, Landw) / erosion rate ‖ ≈**kessel** m (Wasserb) / pothole n ‖ ≈**kolk** m (Wasserb) / pothole n ‖ ≈**korrosion** f (das Zusammenwirken von mechanischer Oberflächenabtragung und Korrosion, wobei die Korrosion durch Zerstörung von Schutzschichten als Folge der Erosion ausgelöst wird - nach DIN 50900, T 1) (Galv) / erosion-corrosion n, corrosion-erosion n ‖ ≈**mäander** m (der durch Tiefenerosion eines Flusses in den Gesteinsgrund entsteht) (Geol) / entrenched meander, intrenched meander, incised meander, valley meander ‖ ≈**marke** f (Geol) / scour cast ‖ ≈**schichtparallele** ≈**nische** (eines Flusses) (Geol) / alcove n ‖ ≈**rest** m (Geol) / erosion remnant ‖ ≈**rinne** f (Geol) / scourway n ‖ ≈**schutz** m (Wasserb) / protection against erosion ‖ ≈**tal** n (Geol) / erosion valley ‖ **mittelgroßes** ≈**tal** (Geol) / ravine n ‖ ≈**terrasse** f (Geol) / denudation terrace, rock terrace ‖ ≈**topf** m (Geol) / giant's kettle ‖ ≈**zyklus** m (Geol) / cycle of erosion*, erosion cycle, geographic cycle, cycle of denudation
**Erosivität** f (Geol, Landw, Wasserb) / erosivity n
**erproben** v / test v, prove v ‖ ~ / try v
**Erprobung** f / test n (using standard methods), testing n, TST ‖ ≈ **auf See** (Mil) / sea trial
**Erprobungs•gebiet** n (Mil) / test range ‖ ≈**phase** f / trial stage ‖ ≈**zulassung** f (Fernm) / trial approval
**erratischer Block** (über 100 mm Größe) (Geol) / boulder* n, erratic* n, glacial erratic
**Erratum** n (pl. Errata) (Druck) / misprint n, typographical error, typo n (pl. -s), erratum n (pl. -ta), printer's error, P.E.
**errechenbar** adj (Math) / calculable adj, computable adj
**errechnen** v / reckon v
**errechnet•e Adresse** (EDV) / synthetic address, generated address ‖ ~**e (nominelle) Lebensdauer** (einer Anlage) (Masch) / rating life, rated life
**erregbar** adj (Elektr, Kernphys) / excitable adj
**erregen** v (Elektr, Eltech, Kernphys) / excite v ‖ ~ (Relais) (Eltech) / energize v, energise v (GB) ‖ ~ (supply energy) (Eltech) / energize v, operate v
**Erreger•anode** f (Eltronik) / excitation anode*, exciting anode ‖ ≈**feldwiderstand** m (Eltech) / exciter field rheostat* ‖ ≈**leistung** f (Eltech) / exciting power ‖ ≈**linie** f (in der Ramanspektroskopie) (Spektr) / Rayleigh line ‖ ≈**maschine** f (Gleichstromgenerator, der die Erregerwicklung einer anderen Maschine speist) (Eltech) / exciter* n, exciter generator ‖ ≈**spule** f (Eltech) / field coil*, excitation coil ‖ ≈**spule** (Eltech, Teleg) / trip coil* ‖ ≈**stromanschluß** m / field terminal ‖ ≈**stromklemme** f (Eltech) / field terminal ‖ ≈**welle** f (Phys) / wave centre ‖ ≈**wicklung** f (bei einer elektrischen Maschine die Feldwicklung, die das Hauptfeld erzeugt) (Eltech) / exciting winding* ‖ ≈**wicklung** (eines Zusatztransformators, die Leistung an die Reihenwicklung abgeben soll) (Eltech) / energizing winding ‖ ≈**wicklung** (Eltech) s. auch Feldwicklung ‖ **kritischer ~widerstand** (Eltech) / critical build-up resistance
**erregt, permanent ~** (Eltech) / permanently excited
**Erregung** f (Eltech) / excitation* n ‖ **magnetische** ≈ (Eltech) / magnetic-field intensity*, magnetic-field strength*, magnetic intensity*, magnetizing force* ‖ **parametrische** ≈ (Anregung eines dynamischen Systems durch periodische Änderung einer oder mehrerer physikalischer Größen zu erzwungenen Schwingungen) (Phys) / parametric excitation

**Erregungs•funktion** f (eines Gliedes) (Regeln) / excitation function ‖ ⁓**verlust** m (Eltech) / excitation loss* ‖ ⁓**welle** f (Phys) / wave centre
**erreichbar** adj (verfügbar) / available adj ‖ ⁓ / within reach ‖ ⁓ (Fernsp) / available adj ‖ **nicht** ⁓ (Fernsp) / non-available adj, not obtainable ‖ **so gering wie vernünftigerweise** ⁓ (Konzept der Internationalen Strahlenschutzkommission zur Dosisbegrenzung) (Nukl, Radiol) / ALARA*, as low as reasonably achievable*
**Erreichbarkeit** f / accessibility* n ‖ ⁓**netzweite** ⁓ (beim Mobilfunk) (Fernsp) / anywhere call pickup
**Erreichbarkeitsgraf** m (ein gerichteter Wurzelgraf in der Theorie der nebenläufigen Prozesse) (EDV) / reachability graph, state graph
**Erreichen** n vorgegebener Gütekriterien (bei der adaptiven Regelung) (Regeln) / adaptive-control optimization, ACO
**erreichtes Ergebnis** (Punktezahl) / score n
**errichten** v / establish v ‖ ⁓ / pitch v ‖ ⁓ (Straßensperren) / set up v ‖ ⁓ (Bau) / erect v ‖ ⁓ (Masch) / plant v ‖ ⁓ (eine Senkrechte) (Math) / erect v ‖ ⁓ n (Bau) / erection* n ‖ ⁓ (einer Senkrechten) (Math) / erection n
**Ersatz** m / substitution n, replacement n ‖ ⁓ (nochmalige Lieferung der gleichen Ware) / replacement n ‖ ⁓ (Lieferung einer ähnlichen Ware) / substitute* n ‖ **isomorpher** ⁓ (bei der Kristallstrukturanalyse) (Krist) / isomorphous replacement*
**Ersatz•** - substitutional adj, ersatz adj ‖ ⁓**ader** f (Kab) / spare wire ‖ ⁓**energie** f / emergency power ‖ ⁓**erdgas** / substitute natural gas, synthetic natural gas, SNG ‖ ⁓**filter** n / replacement filter ‖ ⁓**flüssigkeit** f (die bei Blutverlust verabfolgt wird) (Pharm, Physiol) / expander n, blood substitute ‖ ⁓**frucht** f (für eine ausgefallene Kultur) (Landw) / catch crop ‖ ⁓**kraftstoff** m (Kftst) / substitute fuel, alternative fuel, replacement fuel ‖ ⁓**lieferung** f (nochmalige Lieferung der gleichen Ware) / replacement n ‖ ⁓**netzwerk** n (Eltech) / network analog ‖ ⁓**rechner** m (EDV) / alternate computer ‖ ⁓**reifen** m (Kfz) / spare tyre ‖ ⁓**schaltkreis** m (der gleiches oder ähnliches Verhalten zeigt wie ein anderer Schaltkreis) (Eltech) / equivalent circuit*, equivalent network ‖ ⁓**schaltung** f (Eltech) / equivalent circuit*, equivalent network ‖ ⁓**schlüssel** m (Kfz) / spare key ‖ ⁓-**Serienwiderstand** m (bei Tunneldioden) (Eltronik) / total series equivalent resistance ‖ ⁓**sperrschichttemperatur** f (Eltronik) / virtual junction temperature ‖ ⁓**spur** f (EDV) / alternate track, alternative track ‖ ⁓**stab** m (bei statischen Berechnungen) (Bau, HuT) / fictitious bar ‖ ⁓**stabverfahren** n (Bau, HuT) / method of fictitious bars ‖ ⁓**streckgrenze** f (z.B. die 0,2%-Dehngrenze) (Mech) / offset yield strength ‖ ⁓**stromkreis** m (Eltech) / equivalent circuit*, equivalent network ‖ **mechanisches** ⁓**system** (bei der Berechnung von Maschinenschwingungen) / mechanical equivalent system ‖ ⁓**teil** n (DIN 199) (Masch) / service part, spare part, spare n (GB) ‖ ⁓**teildienst** f / spare-part organization ‖ ⁓**teilhaltung** f / stocking of spare parts ‖ ⁓**teillager** n / spare parts depot ‖ ⁓**teilliste** f (Masch) / parts list ‖ ⁓**teilträger** m (ein altes Auto zum Ausschlachten) (Kfz) / spares car, donor car ‖ **innere** ⁓**temperatur** f (Eltronik) / internal equivalent temperature, virtual temperature ‖ ⁓**weg** m (Fernm) / restoration route, alternative route, alternative path ‖ ⁓**weise Verwendung** f / substitution n, replacement n ‖ ⁓**widerstand** m (Eltech) / substitutional resistance* ‖ ⁓**windschutzscheibe** f (aus Kunststoff) (Kfz) / emergency windscreen ‖ ⁓**zeichen** n (EDV) / substitute character (SUB)
**ersaufen** vt (eine Grube) (Bergb) / flood vt, drown vt, inundate vt ‖ ⁓ v (Motor) (V-Mot) / flood vt
**erschallen** v / sound v, resound v
**erscheinen** v (z.B. Kontrollicht auf der Instrumententafel) / come on v ‖ ⁓ / appear v ‖ ⁓ (auf dem Bildschirm) (EDV) / pop up v ‖ **wieder** ⁓ / reappear v
**Erscheinung** f (Vorkommen) / occurrence n ‖ ⁓ / phenomenon n (pl. -mena) ‖ **[physikalische]** ⁓ (Phys) / phenomenon n (pl. -mena) ‖ **elektrokinetische** ⁓ (z.B. Elektroosmose) (Chem) / electrokinetic effect*
**Erscheinungsform** f (z.B. der Energie) (Phys) / mode n
**Erschlaffung** f (Masch) / relaxation n
**erschließen** v (neue Märkte) / tap v ‖ ⁓ (ein Gebiet) (Bau) / open up v, develop v ‖ ⁓ (KI) / retrieve v
**Erschließung** f (eines Gebietes) (Bau) / opening-up n, development n ‖ ⁓ (eines neuen Baugebiets) (Bau) / subdivision n (US), division into lots ‖ ⁓ (Maßnahmen zur Vorbereitung der wirtschaftlichen Ausnutzung eines durch Exploration als ergiebig erkannten Erdöl- und Erdgasvorkommens) (Erdöl) / development n ‖ ⁓ (Landw) / reclamation n, cultivation n ‖ **inhaltliche** ⁓ (des Textes) / content analysis
**erschlossen, nicht** ⁓ (Bau) / undeveloped adj
**erschmelzen** v (Hütt) / smelt v ‖ ⁓ n (von Metallen) (Hütt) / smelting* n
**erschöpfbar** adj (Vorrat) / exhaustible adj
**erschöpfen** v / exhaust v ‖ ⁓ (ein Färbebad) (Tex) / exhaust v

**erschöpfend** adj (Math, Stats) / sufficient adj ‖ ⁓**e Methylierung** (nach v. Hofmann) (Chem) / exhaustive methylation* ‖ ⁓**e Schätzung** (Stats) / sufficient estimator
**erschöpft** adj (Lagerstätte) (Bergb) / depleted adj, gotten adj, worked-out adj ‖ ⁓ (Lösung) (Chem) / spent adj, exhausted adj ‖ ⁓ (Eltech) / dead adj, flat adj, run-down adj, discharged adj, low adj ‖ ⁓ (Küpe) (Tex) / sluggish adj ‖ ⁓**es Bad** / exhausted bath, spent bath ‖ ⁓**e Flotte** (Tex) / exhausted bath, spent bath
**Erschöpfung** f (Bergb) / depletion n
**erschürftes Erz** (Bergb) / prospective ore
**Erschütterung** f / percussion n, blow n ‖ ⁓ (Geol) / tremor n, earth tremor n ‖ ⁓ (DIN 4150) (Mech) / concussion n, shock n ‖ ⁓ (Mech) s. auch Vibration
**erschütterungs•fest** adj (Masch) / vibration-proof adj ‖ ⁓**freiheit** f / lack of vibration(s) ‖ ⁓**fühler** m (Eltech) / vibration pick-up*, contact microphone
**erschweren** v (Tex) / charge v, load v, weight v
**Erschwerniszulage** f (F.Org) / abnormal-condition money
**erschwerte Seide** (Tex) / weighted silk
**Erschwerung** f (eine Seidenausrüstung) (Tex) / charging n, loading n, weighting n
**Erschwerungsmittel** n (Tex) / loading n, load n, weighting material, filling n, filler n
**Ersetzung** f / interchange n, exchange n, replacement n, substitution n ‖ ⁓ / substitution n, replacement n ‖ ⁓ (Termersetzung in der Logik) / rewriting n ‖ ⁓ (wenn in einem längeren Ausdruck nach Belieben substituiert oder nicht substituiert wird) (Math) / special substitution
**Ersetzungsname** m (Chem) / replacement name
**Ersetzungszeichen** n (EDV) / joker n
**ersoffen** adj (Sohle) (Bergb) / drowned* adj ‖ ⁓**e Grube** (Bergb) / inundated mine, flooded mine
**erst•er Abzug** (unkorrigierter) (Druck) / rough proof* ‖ ⁓**e Achse** (in dem Koordinatensystem) (der Gaußschen Zahlenebene, auf der die reellen Zahlen abgetragen werden) (Math) / real axis* (of the Argand diagram), x-axis n, axis of reals, axis of abscissas ‖ ⁓**er Anwurf** (beim dreilagigen Putz) (Bau) / roughing-in* n ‖ ⁓**er Atomschlag** (Mil) / first strike ‖ ⁓**e Bisektrix** (Krist, Math, Opt) / acute bisectrix ‖ ⁓**er Detektor** (Eltronik, Radio) / mixer* n, first detector ‖ ⁓**es Diagonalverfahren** (Math) / Cauchy's diagonal procedure, diagonal method of Cauchy ‖ ⁓**er Durchbruch** (Eltech) / first breakdown ‖ ⁓**es Element** (Math) / smallest element, least element ‖ ⁓**e Etage** (Bau) / first floor (GB) ‖ ⁓**er Flugzeugführer** (Luftf) / pilot-in-command (PIC) n ‖ ⁓**es Fluten** (bei einem Kanal) (Wasserb) / priming n ‖ ⁓**es Füllen** (bei Wasserspeichern und -behältern) (Wasserb) / priming n ‖ ⁓**er Gang** (Kfz) / first gear ‖ ⁓**e Harmonische** (Phys) / first harmonic ‖ ⁓**er Hauptsatz der Thermodynamik** (Phys) / first law of thermodynamics ‖ ⁓**e Inbetriebnahme** (Masch) / priming n ‖ ⁓**er Kameramann** (Film) / director of photography, head cameraman ‖ ⁓**er Kriechstadium** (Hütt, WP) / primary creep, transient creep ‖ ⁓**er Landeort** (Luftf) / point of first intended landing ‖ ⁓**er Leitweg** (Fernm) / primary route ‖ ⁓**er Mittelwertsatz** (der Differentialrechnung) (Math) / mean-value theorem, first law of the mean, first mean value theorem ‖ ⁓**es Moment** (Stats) / first moment ‖ ⁓**e Oberschwingung** (Phys) / second harmonic (a component the frequency of which is twice the fundamental frequency) ‖ ⁓ **offenes Wasser** (Klausel im Holzhandel) (For) / first open water, f.o.w. ‖ ⁓**e Plancksche Strahlungskonstante** (Phys) / first radiation constant ‖ ⁓**e Pressung** (Nahr) / first pressing ‖ ⁓**e Projektion** / plan view, horizontal projection, plan n, top view ‖ ⁓**e Putzschicht** (beim dreilagigen Putz) (Bau) / roughing-in* n ‖ ⁓**es Quartil** (Stats) / lower quartile* ‖ ⁓**er Schall** (eine Druckwelle in supraflüssigem Helium) (Phys) / first sound ‖ ⁓**e Schälung** (der Korkeiche) (For) / initial stripping ‖ ⁓**er Schlag** (Mil) / first strike ‖ ⁓**e Schmiermittelfüllung** / initial charge of lubricant ‖ ⁓**er Schnitt** (For) / face cut ‖ ⁓**er Setzdruck** (besonders starke Druckauswirkung in einem anlaufenden Streb) (Bergb) / first weight ‖ ⁓**er Stock** (Bau) / first floor (GB) ‖ ⁓**e Stufe** (eines Treppenlaufs) (Bau) / first step, bottom step, bottom-most step, starting step ‖ ⁓**er Substituent** (Chem) / first substituent ‖ ⁓**er Summand** (Math) / augend* n ‖ ⁓**e Wahl** (Qualität) (Masch) / prime choice ‖ ⁓**er Vertikal** (der durch den Ost- und Westpunkt geht) (Astr, Verm) / prime vertical, prime vertical circle
**Erst•abnahme** f / first-off test ‖ ⁓**anstau** m (einer Talsperre) (Wasserb) / first filling
**erstarren** v / congeal vi ‖ ⁓ / solidify v ‖ ⁓ vi (z.B. Zement) (Bau, HuT) / set vi ‖ ⁓ v (Zementleim) (Bau, HuT) / set v, hydrate vi ‖ ⁓ n (definierte Viskositätszunahme von Zementleim innerhalb zeitlich festgelegter Grenzen - DIN 1164) (Bau, HuT) / setting n ‖ **falsches** ⁓ (von Zementleim) (Bau, HuT) / false set ‖ **gerichtetes** ⁓ (Kristallreinigung und -züchtung) (Krist) / directional solidification ‖ **normales** ⁓ (eine Methode der fraktionierten Kristallisation) (Krist) / progressive freezing

**Erstarrung** f / congealing n ‖ ≈ (von Kolloiden) / gelation* n, gelling n ‖ ≈ (des Zements) (Bau) / setting* n, set n ‖ ≈ (des Formstoffs) (Gieß) / setting n, set n ‖ ≈ (Übergang von Schmelzen in den festen Zustand) (Gieß, Hütt) / freezing n, solidification n ‖ ≈ (Übergang vom flüssigen in den festen Aggregatzustand bei der Erstarrungstemperatur) (Phys) / solidification n ‖ **eutektische** ≈ (Hütt) / eutectic solidification ‖ **glattwandige** ≈ (Gieß) / smooth-wall solidification ‖ **peritektische** ≈ (Gieß) / peritectic solidification ‖ **rauhwandige** ≈ (Gieß) / rough-wall solidification ‖ **schnelle** ≈ (bei Legierungen) (Gieß) / rapid solidification processing, RSP ‖ **selektive** ≈ (Hütt) / selective freezing*
**Erstarrungs•beginn** m (Beton nach DIN 1164) (HuT) / initial set ‖ ≈**bereich** m (Chem, Phys) / solidification range* ‖ ≈**bereich** m (Min) / crystallization interval, freezing interval ‖ ≈**beschleuniger** m (ein Betonzusatzmittel) (Bau, HuT) / accelerator* n, accelerating admixture, setting accelerator ‖ ≈**ende** n (Beton nach DIN 1164) (HuT) / final set ‖ ≈**enthalpie** f (eine Umwandlungsenthalpie) (Phys) / solidification enthalpy, solidification heat ‖ ≈**front** f (Gieß) / freezing front, solidification front ‖ ≈**gestein** n (eine Gesteinshauptgruppe) (Geol) / eruptive rock*, extrusive rock*, igneous rock* ‖ **basisches** ≈**gestein** (mit einem Gesamt-SiO₂-Gehalt von > 52 Prozent) (Geol) / basic rock*, basic igneous rock ‖ **intermediäres** ≈**gestein** (mit 55 bis 65%-Gesamt-SiO₂-Gehalt) (Geol) / intermediate igneous rock*, intermediate rock ‖ **saures** ≈**gestein** (mit einem Gesamt-SiO₂-Gehalt von mehr als 63%) (Geol) / acid rock*, acidic igneous rock, acidic rock ‖ ≈**intervall** n (Chem, Phys) / solidification range* ‖ ≈**intervall** (Min) / crystallization interval, freezing interval ‖ ≈**kurve** f (in welcher der zeitliche Temperaturgang während der Abkühlung einer Schmelze in den festen Zustand aufgezeichnet wird) (Phys) / freezing curve ‖ ≈**lunkerung** f (Gieß) / solidification shrinkage, freezing shrinkage ‖ ≈**modul** m (Verhältnis von Gußstückvolumen zu seiner Oberfläche) (Gieß) / solidification modulus ‖ ≈**öl** n (Gieß) / setting oil, cold-setting oil ‖ ≈**punkt** m (Temperatur, bei der ein flüssiger Stoff in den festen Zustand übergeht) (Phys) / setting point, solidification point, congealing point, freezing point ‖ ≈**schrumpfung** f (Gieß) / solidification shrinkage, freezing shrinkage ‖ ≈**verzögerer** m (ein Betonzusatzmittel) (Bau, HuT) / retarder n (of set)*, retarding admixture, retardant n ‖ ≈**zeit** f (von Beton nach DIN 1164) (Bau) / setting time, time of set
**Erstattung** f / reimbursement n, refund n
**Erst•ausformung** f (For) / rough conversion ‖ ≈**ausgabe** f (Druck) / first edition ‖ ≈**ausrüster** m (EDV, Masch) / OEM*, original equipment manufacturer* ‖ ≈**ausrüstung** f (EDV, Masch) / original equipment ‖ ≈**ausstatter** m (EDV, Masch) / OEM*, original equipment manufacturer* ‖ ≈**ausstattung** f (EDV, Masch) / original equipment ‖ ≈**behandlung** f (Sanitär, Umwelt) / primary treatment ‖ ≈**beleg** m (EDV) / source document, original document ‖ ≈**beschickung** f (des Reaktors) (Nukl) / initial loading ‖ ≈**besitzer** m / first owner ‖ ≈**brennstoff** m (Nukl) / first core load fuel, initial fuel ‖ ≈**dampf** m / primary steam ‖ ≈**daten** pl (die auf einem Originalbeleg enthalten sind) (EDV) / source data ‖ ≈**druck** m (Druck) / first impression
**Erste-Hilfe-Kasten** m (Med) / first-aid kit, first-aid box
**erstellen** v (eine Datei, einen Beleg) / generate v, create v, originate v ‖ ~ (ausarbeiten) / work out v, develop v ‖ ~ (erarbeiten) / work out v ‖ ~ (einen Thesaurus) / establish v ‖ ~ (Pistenbelag) (Luftf) / surface v
**Erstellung** f (eines Belegs, einer Datei) (EDV) / generation n, creation n ‖ ≈ **des Pistenbelags** (Luftf) / surfacing n ‖ ≈ **von elektronischen Manuskripten** (EDV, Eltronik) / creation of electronic manuscripts
**Erstfüllung** f (z.B. der Batteriesäure) / initial filling
**ersticken** v (Feuer) / smother vt ‖ ~ (Feuer im Bohrloch) (Erdöl) / snuff out v ‖ ~ (Kfz) / stall* vi
**erstickend•er Kampfstoff** (Mil) / asphyxiant n ‖ ~**e oder matte Wetter** n pl (Bergb) / choke-damp* n, afterdamp* n
"**erstickender**" **Motor** (Eltech) / stalled motor
**Erstickungsgas** n (z.B. Kohlenmonoxid oder Schwefelwasserstoff) (Chem, Med) / asphyxiant n
**Erstickungsgefahr** f (Med) / asphyxiation hazard
**erstklassig** adj / first-class attr, first-quality attr
**Erst•kopie** f (Film) / answer print*, first print, first-trial print ‖ ≈**korrosionsschutz** m (Galv) / initial corrosion protection ‖ ≈**kristallisation** f (Geol) / protocrystallization n
**Erstlingswolle** f (Tex) / first year's wool, yearling's wool, hog wool
**Erstluft** f / primary air (PA)
**erstmals geschorenes Schaf** (Landw, Zool) / shearling n
**Erst•preßöl** n (Nahr) / first-pressing oil ‖ ≈**preßöl** (Nahr) s. auch Jungfernöl ‖ ≈**pressung** f (bei der Ölgewinnung) (Nahr) / first pressing ‖ ≈**produktzucker** m (bei der Zuckerherstellung) (Nahr) / high-grade sugar
**erstrecken, sich ~** (bis) / extend v (up to)
**Erstreckung** f (z.B. eines europäischen Patents) / extension n

**Erst•schlagfähigkeit** f (Fähigkeit eines Staates oder Bündnisses, mit einem ersten atomaren Schlag das strategische Kernwaffenpotential des Gegners soweit vernichten zu können, daß ein mit der Zufügung eines untragbar hohen Schadens verbundener Vergeltungsschlag des Angegriffenen /Zweitschlagfähigkeit/ verhindert wird) (Mil) / first-strike capability ‖ ≈**schlagkapazität** f (Mil) / first-strike capability ‖ ≈**schutz** m (Maßnahmen zur erstmaligen Behandlung von Rohholz und von Werkstoffen aus Holz mit Holzschutzmitteln) (For) / primary preservative treatment (of wood) ‖ ≈**stoßdosis** f (in der Neutronendosimetrie) (Kernphys) / first collision dose
**Erstsubstituent** m (Chem) / first substituent
**Erst•weg** m (Fernm) / primary route ‖ ≈**ziehen** n (beim Tiefziehen) (Masch) / first draw, first drawing, cupping n, initial draw ‖ ≈**zug** m (Masch) / first draw, first drawing, cupping n, initial draw ‖ ≈**zulassung** f (Kfz) / initial registration
**erteilen** v (Beschleunigung) / impart v ‖ ~ (Patent, Lizenz) / grant v ‖ ~ (Auftrag) / place v, award v ‖ ~ (Freigabe) (Luftf) / issue v
**ertönen** v / sound v, resound v
**Ertrag** m (finanzieller) / income n ‖ ≈ / yield n, outturn n ‖ **vom Wiederaustrieb erzielter** ≈ (z.B. beim Zuckerrohr) (Landw) / ratoon n, ratoon crop ‖ ~**bar** adj (Klima) / liveable adj, livable adj
**erträglich** adj / liveable adj, livable adj ‖ ~ (Lärm, Klima) / tolerable adj, supportable adj
**ertrag•reich** adj / productive adj ‖ ~**reich** (Boden) (Landw) / fertile adj, rich adj
**Ertrags•erwartung** f / yield expectation ‖ ≈**fähigkeit** f (des Bodens) (Landw) / soil fertility ‖ ≈**gesetz** n (z.B. Minimum-, Maximum- oder Wirkungsgesetz) (Bot, Umwelt) / law of yield ‖ ≈**koeffizient** m / yield coefficient ‖ ≈**kurve** f / yield curve ‖ ≈**minderung** f / yield reduction ‖ ≈**rückgang** m / yield decline ‖ ≈**steigerung** f / yield increase ‖ ≈**steuer** f / income tax ‖ ≈**überlegenheit** f (Landw) / yielding superiority ‖ ≈**zellstoff** m (Pap) / high-yield pulp ‖ ≈**zuwachs** m / yield increase
"**ertrunkene**" n pl (Kerb)**Täler** (z.B. die galicischen Rias oder die Täler in Devon und Cornwall) (Geol) / drowned valleys*
**Erucasäure** f (Chem) / erucic acid*
**erukareiches, synthetisches ~ Öl** / Lorenzo's oil
**Erukasäure** f (Chem) / erucic acid*
**erukasäurearmer Raps** (Bot, Nahr) / low-erucic colza, low-erucic rape-seed
**eruptieren** v (Geol) / erupt v
**eruptierendes Bohrloch** (Erdöl) / wild well, blowing well
**Eruption** f (Astr) / solar flare*, flare* n ‖ ≈ (Bergb, Geol) / outburst n, eruption n ‖ ≈ (auf die Sonne bezogen) (Geophys) / burst n ‖ **chromosphärische** ≈ (Astr) / solar flare*, flare* n
**Eruptions•kreuz** n (der obere Abschluß einer fündigen Erdöl- oder Erdgasbohrung) (Erdöl) / Christmas tree*, Xmas tree ‖ ≈**sonde** f (Erdöl) / flowing well, natural flowing well ‖ ≈**spalte** f (Geol) / volcanic rent, fissure rent, fissure trough ‖ ≈**wolke** f (Geol) / eruption cloud, volcanic cloud
**eruptiv** adj (Geol) / eruptive adj ‖ ~**e Ölquelle** (Erdöl) / wild well, blowing well ‖ ≈**gestein** n (Geol) / eruptive rock*, extrusive rock*, igneous rock ‖ **hemikristalline** ≈**gesteine** (Geol) / hemicrystalline rocks* ‖ **holokristalline** ≈**gesteine** (Geol) / holocrystalline rocks* ‖ ≈**sonde** f (Erdöl) / flowing well, natural flowing well ‖ ≈**stock** m (Geol) / eruptive stock
**ERV** (Physiol) / expiratory reserve volume, supplemental air, ERV
**erwärmen** v / warm v, warm up v, heat v, heat up v ‖ **gleichmäßig ~** (bei gleicher Temperatur) (Glas, Hütt) / soak v ‖ **sich ~** (Gerät) (Phys) / warm up vi, heat up vi ‖ ~ **n bis zur Temperatur blauer Anlaßfarbe** (Hütt) / blueing* n
**erwärmend, das zu ~e Material** (bei der induktiven Erwärmung) (Eltech) / workpiece* n
**Erwärmung** f (Erhöhung der Temperatur) (Phys) / warming n (increase in temperature), warming-up n, heating n, heating-up n ‖ ≈ (Angabe in Diagrammen der Kreisprozesse) (Phys) / heat added ‖ **dielektrische** ≈ **quer zur Stoffbahn** (Eltech) / transverse heating ‖ **erneute** ≈ / reheat n, reheating n ‖ **gleichmäßige** ≈ (Glas, Hütt) / soaking* n ‖ **globale** ≈ (Umwelt) / global warming ‖ **induktive** ≈ (mit Hilfe magnetischer Wechselfelder) (Eltech) / induction heating ~, inductive heating ‖ **kapazitive HF-**≈ (Eltech) / capacitance current heating ‖ **kinetische** ≈ (Molekülverzögerung der Luft und dadurch in der Grenzschicht bewirkte Umsetzung der kinetischen Energie in Wärme) (Phys) / dynamic heating*, kinetic heating ‖ **örtliche** ≈ / localized heating, local heating ‖ **zonenweise** ≈ (Phys) / scanning heating*, progressive heating* ‖ ≈ f **mit unterdrücktem Lichtbogen** (Eltech) / submerged-arc heating, arc resistance heating
**Erwärmungs•grenze** f (Eltech) / heating limit, thermal limit* ‖ ≈**lauf** m (Eltech) / heat run* ‖ ≈**tiefe** f (bei der dielektrischen Erwärmung) (Eltech) / heating depth*
**Erwartung** f (Stats) / expectation* n ‖ **bedingte** ≈ (Stats) / conditional expectation

**Erwartungs•gebiet** n (in dem Zielmeldungen erwartet werden) (Radar) / correlation gate ‖ **~gesteuert** adj (KI) / data-driven adj, expectation-driven adj ‖ **~konformität** f (des Dialogs) (EDV) / expectation conformity ‖ **~spektrum** n (Spektr) / expected spectrum ‖ **~suche** f (Suchmethode für Spielbäume) (KI) / aspiration search ‖ **~treu** adj (eine Punktschätzung) (Stats) / unbiased adj, unbiassed adj ‖ **nicht ~treue Schätzung** (Stats) / biased estimator ‖ **~vektor** m (Stats) / expectation vector ‖ **~wert** m (DIN 1319, T 4) (Stats) / expected value, expectation value, EV ‖ **bedingter ~wert** (Stats) / conditional expected value ‖ **~wertfunktion** f (Stats) / mean function ‖ **~wertvektor** m (Stats) / expectation vector
**erweichen** vi / soften vi ‖ ~ vt / soften vt ‖ ~ (Chem, Plast) / plastify v, plasticate v, plasticize v, soften vt, flux v ‖ ~ vi (bei der Druckfeuerbeständigkeitsprüfung) (WP) / collapse v ‖ **~** n / softening n ‖ **~** (Keram) / collapse n
**Erweichung** f **eines Spektrums** (Spektr) / spectral softening, softening of a spectrum
**Erweichungs•bereich** m (Glas, Phys) / softening range ‖ **~intervall** n (Glas, Phys) / softening range ‖ **~punkt** m (Chem Verf, Phys) / softening point (SP, S.P.), softening temperature (ST) ‖ **~punkt** (Keram) / softening point, SP, S.P. ‖ **~punkt nach Littleton** (Glas) / Littleton softening point, 7.6 temperature ‖ **~punkt nach Vicat** (Plast) / Vicat softening point, Vicat softening temperature, V.S.P. ‖ **~temperatur (ET)** f (Chem Verf, Phys) / softening point (SP, S.P.), softening temperature (ST) ‖ **~temperatur** f (Keram) / softening point, SP, S.P. ‖ **~temperatur** (bei Erwärmung) (Plast) / $T_g$-point* n, glass-transition temperature
**erweiterbar** adj / expandable adj, upgradable adj (to a higher standard), expansible adj ‖ **~es Hashing** (EDV) / dynamic hashing
**erweitern** v / broaden v, widen v ‖ ~ / enlarge v, extend v, expand v ‖ ~ (verbessern) / upgrade v (to a higher standard) ‖ ~ (Schram) (Bergb) / snub v ‖ ~ (z.B. Zeichenvorrat) (Druck, EDV) / expand vt ‖ ~ (Wortzwischenräume über den Grundausschluß hinaus vergrößern) (Typog) / drive out v, white out v, space out v, quad v (set to full measure)
**erweitert•e Adressierung** (EDV) / additional addressing ‖ **~e Architektur** (des Rechners) (EDV) / extended architecture (XA) ‖ **~er Dienst** (Fernm) / enhanced service ‖ **~e Düse** (Masch) / divergent nozzle* ‖ **~e Industriestandardarchitektur** (EDV) / extended industry standard architecture, EISA ‖ **~er Kode** / extended code ‖ **~e Matrix** (Math) / augmented matrix ‖ **~e Partition** (EDV) / extended partition ‖ **~e Regel** / augmented rule ‖ **~e Schubspannungshypothese** (eine Festigkeitshypothese nach Mohr) (Mech) / Mohr's criterion ‖ **~er Speicher** (EDV) / extended memory, extended storage ‖ **~es Übergangsnetzwerk** (KI) / augmented-transition network, ATN
**Erweiterung** f / enlargement n, extension n, expansion* n ‖ **~** (EDV) / expansion n, extension n ‖ **~** (Hütt) / flare n ‖ **~** (Math) / continuation n, extension n ‖ **glockenförmige ~** (Masch) / bellmouthing n ‖ **glockenförmige ~** f **des Dateinamens** (EDV) / extension n
**Erweiterungs•baugruppe** f (EDV) / expansion module, extender n ‖ **~bohrer** m (Erdöl) / reamer n, belling tool ‖ **~bohrkopf** m (mit dem ein Zielbohrloch auf einen größeren Durchmesser erweitert wird) (Bergb) / enlarging bit, broaching bit ‖ **~bohrung** f (Erdöl) / development well, extension well, outstep well ‖ **~bohrung** (auf bekanntem Speicher) (Erdöl) / outpost well, field-extension well ‖ **~bohrung auf neuem Horizont** (Erdöl) / shallower-pool test ‖ **~fähig** adj (Anlage) / expandable adj, upgradable adj (to a higher standard), expansible adj ‖ **~fähiges System** (EDV) / open-ended system, OES ‖ **~investition** f (zur Kapazitätserhöhung) / expansion investment ‖ **~karte** f (bei Mikrocomputern) (EDV) / expansion card, expander board, add-on n, expansion board
**Erweiterungskarte** f (EDV) / plug-in card, plugin card, plug-in board, pc card
**Erweiterungs•körper** m (Math) / overfield n, extension field ‖ **~modul** n (EDV) / expansion module, extender n ‖ **~platine** f (EDV) / expansion card, expander board, add-on n, expansion board ‖ **Tietzescher ~satz** (nach H.F.F. Tietze, 1880 - 1964) (Math) / Tietze extension theorem ‖ **~schaltung** f (Eltech) / expander n, expander circuit ‖ **~speicher** m (EDV) / extended memory, XMS* ‖ **~speicher** (interner) (EDV) / add-in memory ‖ **~verhältnis** n (Lufft, Raumf) / nozzle-expansion area ratio, expansion ratio*, ratio of expansion
**erwerben** v (Patent, Lizenz) / take out v ‖ ~ (Kenntnisse) / acquire v, gain v
**Erwerbslosigkeit** f / unemployment n
**Ery•themdosis** f (ein veraltetes Dosismaß) (Radiol) / erythema dose ‖ **~thorbinsäure** f (Nahr) / isoascorbic acid, erythorbic acid ‖ **~thrin** m (Min) / erythrite* n, cobalt bloom* ‖ **~thrina-Alkaloide** n pl (Isochinolinalkaloide aus Erythrina-Arten) (Pharm) / erythrina alkaloids ‖ **~thrit** m (einfachster vierwertiger Zuckeralkohol) (Chem) / erythritol* n ‖ **~throdextrin** n (ein hochmolekulares Dextrin) (Chem) / erythrodextrin n ‖ **~thromycin** n (ein Makrolidantibiotikum aus dem Strahlenpilz Streptomyces erythreus) (Pharm) / erythromycin* n ‖ **~thromyzin** n (Pharm) / erythromycin* n ‖ **~throse** f (in der Natur nicht vorkommende synthetische Tetrose) (Chem) / erythrose* n ‖ **~throsin** n (rotbrauner Eosinfarbstoff - E 127) (Mikros, Nahr) / erythrosin n, erythrosine n ‖ **~throzyt** m (pl. -en) (Physiol) / erythrocyte n, red blood cell
**Erz** n (Aufber, Bergb, Geol, Min) / ore n (the naturally occurring material from which a mineral or minerals of economic value can be extracted - this term is generally but not always used to refer to metalliferous material) ‖ **~** (Aufber, Bergb, Min) s. auch Erzmineral ‖ **allseitig vorgerichtetes ~** (Bergb) / positive ore*, blocked-out ore ‖ **anstehendes ~** / ore in place, ore in site, ore in-situ ‖ **armes ~** (Bergb) / lean ore*, low-grade ore ‖ **aufbereitungswürdiges ~** (Aufber) / milling ore, milling-grade ore, mill ore ‖ **aufzubereitendes ~** (Aufber) / milling ore, milling-grade ore, mill ore ‖ **basisches ~** (Geol) / basic ore ‖ **bauwürdig nachgewiesenes ~** (durch Vorrichtungsstrecken) (Bergb) / blocked-out ore*, developed ore ‖ **~, dessen Gewinnung und Verarbeitung an der Grenze der Rentabilität liegt** (Bergb) / marginal ore* ‖ **eingesprengtes ~** (Bergb) / disseminated values* ‖ **erschürftes ~** (Bergb) / prospective ore ‖ **freigelegtes ~** (Bergb) / ore in sight ‖ **gemahlenes ~** (Aufber) / ground ore ‖ **geringhaltiges ~** (Bergb) / lean ore*, low-grade ore ‖ **Handzerkleinerung ~es** (ein Aufbereitungsvorgang) (Aufber) / cobbing* n ‖ **hochwertiges ~** (Aufber, Bergb) / high-grade ore, rich ore ‖ **magnetisches ~** (Min) / lodestone* n, natural magnet*, loadstone* n, Hercules stone n ‖ **minderwertiges ~** (mit zu hohem Bergegehalt) (Bergb) / halvans pl ‖ **mit Gangart verhaftetes ~** (Geol) / stuff n ‖ **mögliches ~** (Bergb) / extension ore* ‖ **möglicher Vorrat an ~** (der in geologisch bekannten Strukturen vermutet wird) (Bergb, Geol) / possible ore*, future ore ‖ **mulmiges ~** (Bergb) / dust ore ‖ **nachgewiesenes ~** (Bergb) / proved ore, proven ore ‖ **nicht amalgierbares ~** (Aufber) / refractory ore ‖ **phosphorarmes ~** (Hütt) / low-P ore, low-phosphorus ore ‖ **primäres ~** (Geol) / primary ore ‖ **reiches ~** (Aufber, Bergb) / high-grade ore, rich ore ‖ **saures ~** (Min) / acidic ore ‖ **schwer aufschließbares ~** (Aufber) / refractory ore* ‖ **sekundäres ~** (Geol) / secondary ore ‖ **selbstgehendes ~** (Hütt) / self-fluxing ore* ‖ **selektive Gewinnung von hochwertigem ~** (Bergb) / high grading* ‖ **sichtbares ~** (Bergb) / ore in sight ‖ **sulfidisches ~** (Min) / sulphide ore ‖ **teilweise vorgerichtetes ~** (an zwei oder drei Seiten des Abbaublocks) (Bergb) / probable ore* ‖ **verwachsenes ~** (Geol) / stuff n ‖ **vollständig ausgeblocktes ~** (Bergb) / positive ore*, blocked-out ore ‖ **wahrscheinliches ~** (Bergb) / probable ore reserves ‖ **wichtiges ~** (z.B. Wolframit für Wolfram) (Min) / major ore ‖ **~ n aus der z.Z. nicht bauwürdigen** (=unrentablen) **Lagerstätte** (Bergb) / submarginal ore* ‖ **~ zur Aufbereitung** (Aufber) / milling ore, milling-grade ore, mill ore
**Erz•abbau** m (Bergb) / mining of ores, ore mining ‖ **~ader** f (Bergb, Geol) / lode* n, mineral vein*, metal vein, metalliferous vein, ore vein ‖ **~ader** (Geol) s. auch Erztrum ‖ **~analyse** f (Hütt) / ore assaying, ore analysis, assaying n ‖ **supergene ~anreicherung** (Geol) / secondary enrichment (by precipitation from downward-percolating waters)*, supergene enrichment*, downward enrichment ‖ **~anzeigendes Merkmal** (Geol, Min) / ore sign ‖ **~aufbereitung** f (Aufber) / ore dressing* ‖ **~aufbereitungsanlage** f (Aufber) / ore-dressing plant ‖ **~bank** f (Bergb) / bank of ore ‖ **~bau** m (Bergb) / mining of ores, ore mining ‖ **~begleiter** m (in Rohstoffen zur Metallgewinnung, z.B. P, S, N, H) (Hütt) / companion element, accompanying element, tramp element ‖ **~bemusterung** f (Hütt) / ore assaying, ore analysis, assaying n ‖ **~bergbau** m (Bergb) / mining of ores, ore mining ‖ **mariner ~bergbau** (Bergb) / sea-bed ore mining, marine ore mining ‖ **~bergwerk** n (Bergb) / ore mine, metalliferous mine ‖ **~bestimmung** f (Hütt) / ore assaying, ore analysis, assaying n ‖ **~bildner** m (Chem) / chalcogen n, chalkogen n ‖ **~block** m (Bergb) / ore block ‖ **~block** (zwischen zwei Etagen) (Bergb) / back n ‖ **~brecher** m (Aufber) / ore crusher, ore breaker ‖ **~brücke** f (im Hochofen) (Hütt) / ore bridge ‖ **~bunker** m (Hütt) / ore bin*, ore bunker ‖ **~butze** f (Bergb) / bunney n, bunny n
**erzeugbar** adj ~ (EDV, Math) / deducible adj
**erzeugen** v / manufacture v, produce v, make v, fabricate v ‖ ~ (generieren) / generate v
**erzeugende•e Funktion** (Math, Stats) / generating function* ‖ **~es Rad** (Masch) / generating gear ‖ **~e** f (bei deren Bewegung im Raum sich eine bestimmte Fläche ergibt) (Masch, Math) / generating line*, generator n
**Erzeuger** m / manufacturer n, producer n, maker n
**Erzeugnis** n (DIN 199, T 2) / product n, make n, manufacture n ‖ **chemisches ~ für gewerbliche Zwecke** (Chem) / chemical product used in industry ‖ **gleichartige ~se** / kindred products ‖ **pharmazeutisches ~** (Pharm) / pharmaceutical preparation, preparation n ‖ **~ n aus Kohle** (z.B. Koks, Teer, Gas) (Chem Verf) /

**Erzeugnisprogramm**

coal product || ≈-**programm** n (F.Org) / production schedule, production plan, manufacturing programme
**erzeugte Leistung** (pro Reaktor) (Eltech, Nukl) / generation output
**Erzeugung** f (Generierung) / generation n || ≈ (Chem Verf, Masch) / manufacture n, production n, making n, fabrication n, manufacturing n, fashioning n, mfg || **gleichzeitige** ≈ / cogeneration n || ≈ f **der zweiten Harmonischen** (Frequenzverdoppelung) (Phys) / second-harmonic generation || ≈ **von künstlichem Regen** (anthropogene Wetterbeeinflussung) (Meteor) / rainmaking* n || ≈ **von Stahl mit sehr niedrigem Stickstoffgehalt** (in Blaskonvertern) (Hütt) / V.L.N. steel-making process || ≈ **von Teilchen** (Kernphys) / particle production
**Erzeugungs•operator** m (in der Quantentheorie) (Phys) / creation operator || ≈- **und Vernichtungsoperatoren** m pl (Phys) / commutators of creation and destruction
**Erzfall** m (steil einfallende reiche Erzschicht in einer Lagerstätte) (Bergb) / chimney* n, pay streak, ore chimney || ≈ (Bergb) s. auch Erzschuß
**erzfrei** adj (Bergb) / oreless adj, non-ore attr || ~**er Leitgang** (Bergb, Geol) / indicator vein*
**erzführend** adj (Bergb) / metalliferous adj, ore-bearing adj, metal-bearing adj || ≈ ~ (Bergb) / live ore, alive adj || **nicht** ~ (Bergb) / oreless adj, non-ore attr || ~**er Gang** (Bergb, Geol) / lode* n, mineral vein*, metal vein, metalliferous vein, ore vein || ~**e Sole** (Aufber, Bergb) / metalliferous brine
**Erz•gang** m (DIN 21918) (Bergb, Geol) / lode* n, mineral vein*, metal vein, metalliferous vein, ore vein || ≈**gangfüllung** f (Bergb) / lodestuff n || ≈**gicht** f (Hütt) / ore burden, ore charge, charge of ore, burden of ore || ≈**grube** f (Bergb) / ore mine, metalliferous mine || **profitable** ≈**grube** / bonanza* n
**erzhaltig** adj (Bergb) / metalliferous adj, ore-bearing adj, metal-bearing adj
**Erz, verhüttungsfähiges** ≈**konzentrat** (Hütt) / mill-head ore, run-of-mill n, mill head* n || ≈**körper** m (Bergb) / ore body*, orebody n || ≈**körper größerer Tiefenerstreckung** (Bergb) / stockwork* n
**Erzlager** n (Bergb, Geol) / ore deposit, metalliferous deposit || **flaches** ≈ (sedimentäre Lagerstätte geringer Mächtigkeit, aber großer Ausdehnung) (Geol) / blanket deposit
**Erzlagerstätte** f (Bergb, Geol) / ore deposit, metalliferous deposit || **epithermale** ≈ (Bergb, Geol) / epithermal deposit || **hydrothermale** ≈ (Bergb, Geol) / hydrothermal ore deposit, hydrothermal deposit || **hypothermale** ≈ (Bergb, Geol) / hypothermal ore deposit, hypothermal deposit || **katathermale** ≈ (Bergb, Geol) / hypothermal ore deposit, hypothermal deposit || **magmatische** ≈ (Bergb, Geol) / magmatic ore deposit || **sedimentäre** ≈ (Bergb, Geol) / sedimentary ore deposit, ore bed || **söhlige** ≈ (Bergb, Geol) / flat of ore || **stockförmige** ≈ (Bergb) / stockwork* n || **telethermale** ≈ (die in großer Entfernung vom Magma bei sehr niedriger Temperatur entstanden ist) (Bergb, Geol) / telethermal ore deposit || ≈ f **der sedimentären Abfolge** (Bergb, Geol) / sedimentary ore deposit, ore bed
**Erz•lagerstättengebiet** n (Bergb) / ore district || ≈**lagerstättengeologie** f (Bergb, Geol) / ore geology || ≈**lagerstättenkunde** f (Bergb, Geol) / ore geology || **bakterielle** ≈**laugung** (Aufber) / biological leaching, bioleaching n, bacterial leaching, microbial leaching || ≈**lineal** n (Geol) / podiform orebody, pod n || ≈**magma** (Geol) / ore magma || ≈**mangel** m / ore shortage || ≈**mikroskopie** f (Min) / ore microscopy, mineragraphy n, mineralography n || ≈**mineral** n (Min) / ore mineral, metalliferous mineral, metal mineral || **hochwertiges** ≈**mineral** (nach der Aufbereitung) (Aufber, Bergb) / valuable mineral ||
≈**mineralgang** m (Bergb, Geol) / lode* n, mineral vein*, metal vein, metalliferous vein, ore vein || ≈**möller** m (Hütt) / ore burden, ore charge, charge of ore, burden of ore || ≈**nest** n (Bergb) / bunney n, bunny n || ≈**nest** (Geol) / ore pocket, pocket of ore, ore bunch, squat n (Cornwall, England) || ≈-**Öl-Frachtschiff** n (Schiff) / ore-oil carrier || ≈**platz** m (Hütt) / ore yard || ≈**probe** f (für Analyse) (Hütt) / assay n, ore assay, ore sample || ≈**qualität** f (Bergb) / ore grade || ≈**revier** n (Bergb) / ore district || ≈**rolle** f (für die Abwärtsförderung bei Bunkerung von Erz) (Bergb) / ore pass || ≈**rolloch** n (Bergb) / ore pass || ≈**röstofen** m (Hütt) / ore-roasting furnace || ≈ **saure Umhüllung** (Schw) / acid covering, acid coating || ≈**schiff** n (ein spezieller Massengutfrachter für den Transport von Erzen) (Schiff) / ore carrier || ≈**schlamm** m (Geol) / ore sludge, ore slick || ≈**schlämme** m pl (Geol) / ore sludge, ore slick || ≈**schlämme** (Geol) s. auch Erztrübe || ≈**schmelzen** n (Hütt) / ore smelting || ≈**schmitze** f (Geol) / podiform orebody, pod n || ≈**schnur** f (Geol) / stringer n || ≈**schuß** f (steiler Erzfall in einem Gang) (Bergb) / shoot n, ore shoot ||
≈-**Schüttgut-Container-Frachtschiff** n (Schiff) / ore-bulk-container-ship, OBC carrier ||
≈-**Schüttgut-Öl-Frachtschiff** n (ein Massengutschiff) (Schiff) / oil-bulk-ore carrier, OBO carrier || ≈**sinterung** f (Aufber) / ore agglomeration || ≈**stock** m (Bergb) / ore body*, orebody n ||

≈**stockwerk** n (Bergb) / stockwork* n || **lose** ≈**stücke** (an der Erdoberfläche) (Geol) / float ore, float* n, floater n, float mineral || ≈**tasche** f (Geol) / ore pocket, pocket of ore, ore bunch, squat n (Cornwall, England) || ≈**tasche** (bei der Möllerung) (Hütt) / ore bin*, ore bunker || ≈**trübe** f (Aufber) / ore pulp, ore slime || ≈**trum** n (Geol) / stringer n || ≈**verhüttung** f (Hütt) / ore smelting || ≈**verladebrücke** f (Schiff) / ore bridge, ore loading bridge || ≈**vorkommen** n (Bergb) / ore occurrence || ≈**vorkommen** (Bergb) s. auch Erzlagerstätte || **ausgeblockter** ≈**vorrat** (Bergb) / blocked-out ore*, developed ore || **möglicher** ≈**vorrat** (der in geologisch bekannten Strukturen vermutet wird) (Bergb, Geol) / possible ore*, future ore || **ausgewiesener** ≈**vorrat** (Bergb, Geol) / measured ore* || ≈**vorrat, der** m **in der Zukunft abbauwürdig werden kann** (Bergb) / latent ore || ≈**vorräte** m pl (Bergb) / ore reserves* || ≈**wäscherei** f (Aufber) / ore-washing plant || ~**wingen** v / force v || ≈**wingungsmethode** f (nach P. J. Cohen, geb. 1934) (Math) / forcing n
**erzwungen•er Anteil** (z.B. eines Signals) (Fernm) / forced component || ~**e Konvektion** (Phys) / forced convection || ~**e Schwingung** (DIN 1311, T 2) (Phys) / forced oscillations*, forced vibrations*, constrained oscillation, constrained vibration || ~**er Strom** (Eltronik) / forced current
**Erzzone** f (Bergb, Geol) / ore zone
**Es** (Chem) / einsteinium* n
**ES** (KI) / expert system* (XPS) || ≈ (Mech) / plane stress
**ESA** (Raumf) / European Space Agency*, ESA*
**Esaki-Diode** f (nach L. Esaki, 1925 -) (DIN 41856) (Eltronik) / Esaki diode*, tunnel diode*
**ESB** (Fernm, Radio) / single-sideband n, SSB
**ESB-Übertragung** f (Fernm, Radio) / single-sideband transmission
**ESCA** (eine Methode der Elektronenspektroskopie) (Spektr) / X-ray photoelectron spectroscopy (XPS), electron spectroscopy for chemical application (ESCA), induced electron emission spectroscopy, IEE spectroscopy
**ESCA-Methode** f (Spektr) / X-ray photoelectron spectroscopy (XPS), electron spectroscopy for chemical application (ESCA), induced electron emission spectroscopy, IEE spectroscopy
**Escape•-Folge** f (DIN 66254) (EDV) / escape sequence || ≈-**Sequenz** f (Kommandozeichenfolge, die an das Modem geschickt wird, um vom Datenmodus in den Befehlsmodus umzuschalten) (EDV) / escape sequence || ≈-**Taste** f (Befehlskodeumschaltungstaste) (EDV) / escape key, ESC key || ≈-**Zeichen** n (Änderung der Kodiervorschriften für die nachfolgenden Zeichen) (EDV) / escape character
**Escarpment** n (Steilkanten und Abrisse in allen Größenmaßstäben) (Geol) / escarpment n
**Esche** f (Fraxinus sp.) (For) / ash* n || **Japanische** ≈ (Fraxinus mandshurica Rupr.) (For) / Japanese ash
**Eschenahorn** m (Acer negundo L.) (For) / box elder, ash-leaved maple
**Eschenbastkäfer** m (Hylesinus fraxini Panzer) (For) / ash bark beetle
**Escherichia coli** f (Bakteriol) / Escherichia coli, colon bacillus, E. coli
**E-Schicht** f (der Ionosphäre) (Geophys, Meteor) / E-layer* n || **sporadische** ≈ (Es-Erscheinung) (Geophys, Meteor) / sporadic E-layer*, sporadic E*
**Eschka-Mischung** f (zur Schwefelbestimmung in Kohle) (Chem) / Eschka's reagent*
**eschreibendes Registriergerät** (mit Faserstiften odr Tinte) (Instr) / pen recorder, inking register, graphic instrument
**Eschweiler-Clarke-Reaktion** f (eine Variante der Leuckart-Reaktion) (Chem) / Eschweiler-Clarke reaction, Eschweiler-Clarke modification
**E-Schweißen** n (Schw) / electric welding
**Esculetin** n (Chem) / esculin n, escultein n
**ESDI** (EDV) / enhanced small-device interface, ESDI (an interface standard for hard disks)
**ESD-Magnet** m (ein Pulvermagnet) / elongated single-domain particle magnet, ESD magnet
**Esdragonöl** n (etherisches Öl der Artemisia dracunculus L.) / tarragon oil, estragon oil
**esE** / electrostatic unit, e.s.u.
**Eselsfeige** f (Ficus sycomorus L.) (For) / sycomore n, sycomore fig, mulberry fig
**Eselsohr** n (umgeknickte Ecke einer Seite in einem Buch oder Heft) (Druck) / dog-ear n
**Eselsrücken** m (ein spätgotischer Bogen) (Arch) / ogee arch, ogee* n, OG*, ogival arch*
**Eserin** n (Chem) / physostigmine n, eserine n
**ESG** (Glas) / prestressed glass, toughened glass*, hardened glass, case-hardened glass
**ESH** (Anstr, Hütt) / electron-beam curing (E.B.C.)
**ESH-Anlage** f (Anstr) / electron-beam curing plant
**ESH-Lack** m (Anstr) / electron-beam curing paint
**ESHT** (Hütt) / case* n, case depth

**ESH-Verfahren** n (Anstr, Hütt) / electron-beam curing (E.B.C.)
**ESI** (Spektr) / electrospray ionization, ESI
**E-Silber** n (Hütt) / fine silver
**Esker** m (Geol) / esker* n, os n (pl. osar), asar n, serpent kame
**ESMA** (Spektr) / electron probe microanalysis, EPM, EMA, electron probe analysis*
**ESO** (Astr) / European Southern Observatory, ESO
**ESOC** (Raumf) / European Space Operations Centre, ESOC
**Espagnoletteverschluß** m (Bau, Tischl) / cremorne bolt*, espagnolette* n, cremone bolt
**Esparto** m (Spinnmaterial) (Spinn) / esparto n ‖ ~**gras** n (aus der Stipa tenacissima L.) (Bot) / esparto n, esparto grass, alfa n, alfa grass ‖ ~**papier** n (Pap) / esparto* n, esparto paper, alpha paper ‖ ~**wachs** n (Chem, Pap) / esparto wax ‖ ~**zellstoff** m (aus Stipa tenacissima L.) (Pap) / esparto pulp
**Espe** (Populus tremula L.) (For) / aspen n, trembling poplar
**Espenille** n (For) / West Indian satinwood, Jamaican satinwood
**Esperamycin** n (Pharm) / esperamycin n
**ESPRIT** n (Europäisches Strategisches Programm für Forschung und Entwicklung auf dem Gebiet der Informationstechnologien) (EDV) / ESPRIT n (European Strategic Programme for Research and Development in Information Technology)
**E-Sprungeffekt, sporadischer** ~ (Radio) / sporadic E-skip
**ESR** (Spektr) / electron paramagnetic resonance*, E.P.R., electron-spin resonance*, ESR*
**ESR-Spektroskopie** f (Spektr) / EPR spectroscopy, ESR spectroscopy
**ESS** (For) / essia n, stinkwood tree ‖ ~ (Galv) / acetic-acid salt-spray test(ing)
**eßbar** adj (Nahr) / eatable adj ‖ **nicht ~** (Nahr) / inedible adj (not suitable for human consumption) ‖ **nicht ~** (aus geschmacklichen Gründen) (Nahr) / non-eatable adj
**Es-Schicht** f (Geophys, Meteor) / sporadic E-layer*, sporadic E*
**ES-Schweißen** n (Schw) / electroslag welding
**Esse** f (Bau) / chimney n, smokestack n (US) ‖ ~ (Schmiedefeuer) (Masch) / forge* n, hearth n
**Eßecke** f (Bau) / breakfast nook, dining recess
**Es-sei-denn-Bedingung** f (KI) / unless condition
**Essence f d'Orient** (eine zelluloselackgebundene Paste) (Anstr) / pearl essence
**essentiell** adj (Biochem) / essential adj ‖ ~**e Aminosäure** (Valin, Leuzin, Isoleuzin, Threonin, Histidin, Methionin, Phenylalanin, Tryptophan, Lysin und Arginin) (Biochem) / essential amino acid ‖ ~**e Fettsäure** (Biochem) / essential fatty acid, EFA
**Essenz** f (konzentrierter, meist alkoholischer Auszug bzw. entsprechende Lösung von etherischen Ölen und anderen Duftstoffen) (Chem) / essence n
**Essexit** m (ein Tiefengestein) (Geol) / essexite* n
**eßfertig** adj (Nahr) / ready-to-eat adj, instant adj, ready to serve
**Essia** n (Combretodendron africanum Exell) (For) / essia n, stinkwood tree
**Essig** m (5-15,5g Essigsäure in 100 ml) (Chem) / vinegar* n ‖ **weißer** ~ (Chem, Nahr) / spirit vinegar ‖ **wie** ~ (Geschmack) (Nahr) / vinegary adj ‖ ~**älchen** n (Nahr) / vinegar eel, vinegar worm ‖ ~**bakterien** f pl (Bakteriol) / vinegar bacteria (e.g. Acetobacter), acetic-acid bacteria ‖ ~**bildner** m (Nahr) / vinegar generator ‖ ~**ester** m (Chem) / ethyl acetate*, ethyl ethanoate ‖ ~**fliege** f (Drosophila sp.) (Gen, Nahr, Zool) / vinegar fly, fruit fly ‖ **Kleine** ~**fliege** (Gen, Nahr, Zool) / Drosophila melanogaster* ‖ ~**gärung** f (Biochem) / acetic fermentation* ‖ ~**generator** m (Nahr) / vinegar generator ‖ ~**lake** f (Nahr) / pickle n ‖ ~**mutter** f (bei dem alten Orleans-Verfahren) (Chem Verf) / mother of vinegar, mother n
**essigsaure Tonerde** (Chem) / aluminium ethanoate, aluminium acetate
**Essigsäure** f (eine Karbonsäure) (Chem) / acetic acid*, ethanoic acid* ‖ ~- (Chem) / acetous adj ‖ ~**aldehyd** m (Chem) / acetaldehyde* n, ethanal* n ‖ ~**amid** m (Chem) / acetamide* n, ethanamide* n ‖ ~**amylester** m (Chem) / pentyl acetate, banana oil, amyl acetate* n ‖ ~**anhydrid** n (Chem) / ethanoic anhydride, acetic anhydride* n ‖ ~**anilid** n (Pharm) / acetanilide n, antifebrin n ‖ ~**bakterien** f pl (Bakteriol) / vinegar bacteria (e.g. Acetobacter), acetic-acid bacteria ‖ ~**benzylester** m (Chem) / benzyl acetate, phenylmethyl acetate ‖ ~**bildung** f (Chem) / acetification n ‖ ~**bildung** (Chem) s. auch Essiggärung ‖ ~**butylester** m (Chem) / butyl acetate*, butyl ethanoate* ‖ ~**cinnamylester** m (Chem) / cinnamyl acetate ‖ ~**cyclohexylester** m (Chem) / cyclohexyl acetate ‖ ~**ester** m (Chem) / acetic acid ester ‖ ~**ester** (Chem) s. auch Azetat ‖ ~**ethylester** m (Chem) / ethyl acetate*, ethyl ethanoate ‖ ~**fermentation** f (Biochem) / acetic fermentation* ‖ ~**isopentylester** m (Chem) / isopentyl acetate ‖ ~**lignin** n (Bot) / acetic-acid lignin ‖ ~**methylester** m (Chem) / methyl acetate, methyl ethanoate ‖ ~**nitril** n (Chem) / acetonitrile* n, ethanenitrile n ‖ ~**pentylester** m (Chem) / pentyl acetate, banana oil, amyl acetate* n ‖ ~**propylester** m (Chem) / propyl acetate ‖ ~-**Salzsprühnebelprüfung** f (Galv) / acetic-acid salt-spray test(ing) ‖ ~**vinylester** m (Chem) / ethenyl ethanoate, vinyl acetate, vinyl ethanoate ‖ ~**wässerung** f (Chem Verf) / acetic-acid rinse ‖ ~**zyklohexylester** m (Chem) / cyclohexyl acetate
**Essigstich** m (bei Wein) (Nahr) / acescence n, acescency n
**Eßkastanie** f (Castanea sativa Mill.) (For) / sweet chestnut, Spanish chestnut, Italian chestnut
**Eßkohle** f (Bergb) / steam-coal* n ‖ ~ (Steinkohle mit 14-19% flüchtigen Bestandteilen) (Bergb) / Welsh dry steam coal (GB) (containing between 9 and 19,5% volatile matter), low-volatile steam coal
**Eßlöffel(voll)** m (Pharm) / tablespoonful n (pl. tablespoonfuls), tbsp.
**Eßlöffel,** (ein) ~ (Pharm) / tablespoonful n (pl. tablespoonfuls), tbsp.
**Esso-Fior-Verfahren** n (ein Wirbelschichtverfahren) (Hütt) / Fior process
**Esson-Ziffer** f (Eltech) / Esson coefficient*, specific torque coefficient*, output coefficient*
**Esso-Test** m (von großen dicken Platten mit Seitenkerben) (WP) / Esso test
**ESTEC** (Raumf) / European Space Research and Technology Centre, ESTEC
**Ester** m (chemische Verbindung, die bei Einwirkung von Alkoholen auf organische oder anorganische Säuren unter Wasserabspaltung entsteht) (Chem) / ester* n ‖ ~ **einer Phosphorsäure** (mit Alkoholen oder Phenolen) (Chem) / phosphate ester, phosphoric ester
**Esterase** f (eine Hydrolase, die die Bildung und Verseifung von Estern katalysiert) (Biochem) / esterase* n
**Esterbasis, auf** ~ (Chem) / ester-based adj
**Ester·bindung** f (Chem) / ester linkage ‖ ~**harz** n (Anstr, Chem) / ester gum
**Esterhazy** m (A) (ein klassisches Dessin) (Tex) / glen plaid, glen check
**Ester·kondensation** f (Chem) / ester condensation, condensation of esters ‖ ~**lösliche Kollodiumwolle** (Chem) / regular soluble nitrocellulose, RS nitrocellulose ‖ ~**lösliches Zellnitrat** (Chem) / regular soluble nitrocellulose, RS nitrocellulose ‖ ~**öl** n (Öl auf Esterbasis) (Chem) / ester-type oil
**Esterquat** n (Kationentensid, das als Strukturmerkmal eine quartäre Mono- oder Dialkylammoniumester-Funktion aufweist - ein Weichspülerwirkstoff) (Chem) / esterquat n
**Ester·spaltung** f (in Alkohole und Säuren) (Chem) / saponification* n ‖ ~**sulfonat** n (Chem) / ester sulphonate, sulpho fatty acid ester ‖ ~**verseifung** f (Chem) / ester saponification ‖ ~**wachs** n (Chem, Mikros) / ester wax ‖ ~**zahl** f (Chem) / ester value*
**Estimationstheorie** f (Stats) / estimation theory
**Estrade** f (Bau) / podium n ‖ ~ (erhöhter Teil des Fußbodens, z.B. in einer Fensternische oder einem Erker) (Bau) / half-space* n
**Estradiol** n (Physiol) / oestradiol* n, estradiol* n
**Estragol** n (Chem) / estragole n, esdragol n, chavicol methyl ether, methyl chavicol
**Estragonöl** n / tarragon oil, estragon oil
**Estrich** m (S) (Bau) / loft n, attic n ‖ ~ (DIN 18560) (Bau) / screed* n (a level layer), topping n ‖ **schwimmender** ~ (auf einer Dämmschicht hergestellter Estrich, der auf seiner Unterlage beweglich ist und keine unmittelbare Verbindung mit angrenzenden Bauteilen aufweist) (Bau) / separate construction (of floor screed), bonded construction (of floor screed) ‖ ~ m **auf Trennschicht** (Kunststoffolie, bituminöse Pappe oder Papier) (Bau) / unbonded construction (of floor screed) ‖ ~**arbeiten** f pl (Bau) / floor screeding, screeding n ‖ ~**gips** n (völlig entwässert) (Bau) / hard plaster*, hard-finish plaster ‖ ~**verlegung** f (Bau) / floor screeding, screeding n
**Estriol** n (Physiol) / oestriol* n, estriol n
**Estrogen** n (weibliches Sexualhormon) (Physiol) / oestrogen* n, estrogen* n, estrin n
**Estron** n (Physiol) / oestrone n, estrone n, estrin n
**Es-Umhüllung** f (der Elektrode - Erze und Quarz) (Schw) / acid covering, acid coating
**ESU-Verfahren** n (zur Qualitätsverbesserung und zum Reinigen von Stahl) (Hütt) / electroslag remelting process, electroslag refining
**E-System** n (KI) / expert system* (XPS)
**ESZ** (Mech) / plane-stressed state, plane-stress state, state of plane stress
**ET** (Astr) / ephemeris time*, ET* ‖ ~ (Chem Verf, Phys) / softening point (SP, S.P.), softening temperature (ST) ‖ ~ (Teleg) / speech-plus-duplex telegraphy
**etablieren** v / establish v
**Etacrynsäure** f (Pharm) / ethacrynic acid (a powerful diuretic drug used in the treatment of fluid retention), etacrynic acid
**Etafunktion** f (Math) / H-function of Jacobi, eta-function of Jacobi
**Etage** f (Bau) / floor n, storey n, story n (US) ‖ ~ (im Förderkorb) (Bergb) / deck n ‖ ~ (Schaltschrank) (Eltech) / tier n ‖ ~ (bei ausgebogenem Rohr) (Klemp) / offset n ‖ **erste** ~ (Bau) / first floor (GB)

**Etagenabsetzwagen**

**Etagen•absetzwagen** m (Keram) / rack car ‖ ⁓**antenne** f (Radio) / stacked antenna ‖ ⁓**bogen** m (Klemp) / swan-neck n, offset n, goose neck, S-bend n ‖ ⁓**bruchbau** m (Bergb) / sublevel caving* ‖ ⁓**guß** m (Abguß mehrerer aufeinandergestapelter Formen, die treppenartig so aufeinandergesetzt werden, daß nur die Eingüsse frei bleiben) (Gieß) / stack casting ‖ ⁓**heißpresse** f (für Faser-Spanplattenherstellung) (For) / daylight hot press ‖ ⁓**höhe** f (der Vulkanisierpresse) (Chem Verf) / daylight n ‖ ⁓**ofen** m (Hütt) / multiple-hearth furnace* ‖ ⁓**presse** f (Masch) / multi-daylight press, daylight press, multi-platen press (US), platen press (US) ‖ ⁓**röstofen** m (Hütt) / multiple-hearth furnace*, Wedge furnace ‖ ⁓**trockner** m (Tex) / shelf drier ‖ ⁓**wagen** m (Hütt) / shelved car ‖ ⁓**walzwerk** n (System mit mehreren hintereinandergeschalteten Walzenpaaren) (Hütt) / multiplex-roll plant ‖ ⁓**werkzeug** n (Plast) / multi-daylight mould, stack mould ‖ ⁓**wohnung** f (Bau) / flat n (GB), apartment n (US) ‖ ⁓**zwirnmaschine** f (zum Hochdrehen von Einzelfäden, oder, seltener, bei Vorfachung zur Herstellung von Mehrfachzwirnen, vorwiegend aus endlosen Chmiefasern) (Spinn) / uptwister n, multiple-twisting machine, twisting machine with several tiers
**Etalabbildung** f (Math) / etale mapping
**Etalon** m (Verkörperung einer Einheit) / etalon* n ‖ **sekundärer** ⁓ (in der Meßtechnik) (Masch) / secondary standard*
**Etameson** n (Kernphys) / η-meson* n, eta-meson n
**Etamin** n m (Tex) / etamine n, tammy n
**Etamine** f (Tex) / etamine n, tammy n
**ET-Anstrichstoff** m (Anstr) / electrocoating paint, electropaint n, electro dip paint, electrophoretic dip paint
**Etardsche Reaktion** (Oxidation von Methylgruppen mit Chromylchlorid, die Aldehyde liefert) (Chem) / Etard's reaction*
**ETB** (Fernsp) / electronic telephone directory, ETD
**Eternit** m n (ein Markenname) (Bau) / asbestos cement*, fibro-cement n
**Et-Glykol** n (Chem) / ethylene glycol*, 1,2-ethanediol n, 1,2-dihydroxyethane n, ethane-1,2-diol n
**ETGMA** (Chem) / ethyl triglycol methacrylate
**Ethacrynsäure** f (internationaler Freiname für ein Diuretikum) (Pharm) / ethacrynic acid (a powerful diuretic drug used in the treatment of fluid retention), etacrynic acid
**Ethambutol** n (internationaler Freiname) (Pharm) / ethambutol n (a synthetic compound with bacteriostatic properties, used in combination with other drugs in the treatment of tuberculosis)
**Ethan** n (Kohlenwasserstoff der Alkanreihe) (Chem) / ethane* n
**Ethan-1,2-diol** n (Chem) / ethylene glycol*, 1,2-ethanediol n, 1,2-dihydroxyethane n, ethane-1,2-diol n
**Ethanal** n (Chem) / acetaldehyde* n, ethanal* n
**Ethan•amid** n (Chem) / acetamide* n, ethanamide* n ‖ **1,2-**⁓**dial** (Chem, Foto) / glyoxal* n, ethane-1,2-dial* n, biformyl n ‖ ⁓**disäure** f (Chem) / oxalic acid*, ethanedioic acid ‖ ⁓**gewinnung** f (aus Erdgas) (Chem Verf) / ethane extraction, ethane recovery ‖ ⁓**oat** n (Salz oder Ester der Essigsäure) (Chem) / acetate* n, ethanoate* n
**Ethanol** n (Chem) / ethanol* n, ethyl alcohol*
**Ethanolat** n (Chem) / ethoxide n, ethylate n
**Ethanolsynthese** f (Chem Verf) / ethanol synthesis
**Ethanoyl** n (Chem) / acetyl* n, ethanoyl* n
**Ethan•säure** f (Chem) / acetic acid*, ethanoic acid* ‖ ⁓**thiol** n (der wichtigste Thioalkohol) (Chem) / ethane thiol*, ethyl mercaptan*
**Ethen** (Chem) / ethene* n, ethylene* n ‖ ⁓**e** n pl (Chem) / alkenes* pl, olefins* pl, ethylenic hydrocarbons ‖ ⁓**karbonsäure** f (Chem) / acrylic acid*, propenoic acid ‖ ⁓**kohlenwasserstoffe** m pl (Chem) / alkenes* pl, olefins* pl, ethylenic hydrocarbons
**Ethenol** n (Chem) / vinyl alcohol, ethenol n
**Ethen•sulfonsäure** f (Chem) / ethionic acid, ethylene sulphonic acid ‖ ⁓**tetracarbonitril** n (Chem) / tetracyanoethylene* (TCNE) n ‖ ⁓**tetrakarbonitril** n (Chem) / tetracyanoethylene* (TCNE) n
**Ethenylierung** f (Chem) / vinylation n
**Ethephon** n (ein Phytohormon) (Bot, Chem) / ethephon* n
**Ether** m (1. Licht-, Weltether (heute obsolet); 2. organische Verbindung der Struktur ROR') / ether* n, aether* n ‖ **Ausschütteln** n mit ⁓ (Chem) / extraction with ether ‖ **mit** ⁓ **ausschütteln** (Chem) / extract with ether ‖ ⁓**carbonsäure** f (Chem) / ether carboxylic acid ‖ ⁓**dampf** m (Chem Verf) / ether vapour ‖ ⁓**extrakt** m n (aus frischem Birken- oder Aspenholz) (For) / ether extract ‖ ⁓**festes Papier** (Pap) / ether-proof paper
**etherisch** adj (rasch verdunstend) (Chem, Phys) / fugitive adj, volatile* adj ‖ ⁓**es Öl** (Chem) / essential oil*, volatile oil, ethereal oil ‖ ⁓**e Pflanze** (Bot) / essential-oil plant ‖ ⁓**es Tieröl** / Dippel's oil, hartshorn oil, Jeppel's oil, volatile animal oil
**Ether•karbonsäure** f (Chem) / ether carboxylic acid ‖ ⁓**löslich** adj (Chem) / ether-soluble adj ‖ ⁓**unlöslich** adj (Chem) / ether-insoluble adj
**Ethidiumbromid** n (Biol) / ethidium bromide*, homidium bromide

**Ethin** n (Chem) / acetylene* n, ethyne* n
**Ethinyl** n (eine Atomgruppierung) (Chem) / ethinyl n, ethynyl n, acetenyl n, acetylenyl n
**ethinylieren** v (Chem) / ethinylate v
**Ethinylierung** f (Einführung der Ethinylgruppe in organische Verbindungen) (Chem) / ethinylation n
**ethisch•er Kode** (ein Verhaltenskodex für das DV-Personal) (EDV) / code of conduct, code of fair information practice ‖ ⁓**es Medikament** (Pharm) / ethical drug, ethical preparation, ethical medicine, prescription drug ‖ ⁓**es Präparat** (Pharm) / ethical drug, ethical preparation, ethical medicine, prescription drug ‖ ⁓**es Produkt** (Pharm) / ethical drug, ethical preparation, ethical medicine, prescription drug
**Ethisteron** n (eine gestagen wirkende Verbindung) (Pharm) / ethisterone n, ethinyltestosterone n
**Ethologie** f (Biol) / ethology* n
**Ethoxid** n (Alkoholat, das sich von Ethanol ableitet) (Chem) / ethoxide n, ethylate n
**Ethoxyanilin** n (Pharm, Tex) / phenetidine* n, aminophenol ethyl ether, 4-ethoxyaniline n
**Ethoxybenzol** n (Chem) / phenetole n, ethoxybenzene n
**Ethoxyethan** n (Chem) / ethoxyethane* n, diethyl ether* diethyl oxide, ethylic ether, ether* n
**Ethoxyethen** n (Chem) / ethyl vinyl ether
**Ethoxyl** n (Chem) / ethoxyl group*, ethoxy group
**Ethoxylat** n (Chem) / ethoxylate n
**Ethoxylierung** f (Chem) / ethoxylation n
**Ethoxylinharz** n (Chem, Plast) / epoxy resin*, epoxide resin*, epoxy n
**Ethoxyquin** n (oxidationshemmender Wachstumsregulator) (Chem) / ethoxyquin n
**Ethyl** n (ein Alkyl) (Chem) / ethyl* n, ethyl group* n ‖ ⁓**acetat** n (Chem) / ethyl acetate*, ethyl ethanoate ‖ ⁓**alkohol** m (Chem) / ethanol* n, ethyl alcohol* n ‖ ⁓**amin** n (primäres, sekundäres und tertiäres Ethylderivat des Ammoniaks) (Chem) / ethylamine* n ‖ ⁓**at** n (Chem) / ethoxide n, ethylate n ‖ ⁓**azetat** n (Chem) / ethyl acetate*, ethyl ethanoate ‖ ⁓**benzol** n (aromatischer Kohlenwasserstoff) (Chem) / ethyl benzene* n ‖ ⁓**bromid** n (Chem) / ethyl bromide, bromoethane n ‖ ⁓**butyrat** n (Chem) / ethyl butyrate ‖ ⁓**capronat** n (Chem, Nahr) / ethyl caproate, ethyl hexanoate ‖ ⁓**cellulose** f (Chem) / ethylcellulose n ‖ ⁓**chlorid** n (der Ethylester der Chlorwasserstoffsäure) (Chem) / ethyl chloride, monochloroethane n, chloroethane n ‖ ⁓**diglykolacetat** n (Chem) / ethyldiglycol acetate ‖ ⁓**diglykolazetat** n (Chem) / ethyldiglycol acetate
**Ethylen** n (Chem) / ethene* n, ethylene* n ‖ ⁓**chlorhydrin** n (Chem) / ethylene chlorohydrin, 2-chloroethanol n ‖ ⁓**chlorid** n (Chem) / ethylene dichloride*, Dutch liquid, 1,2-dichloroethane* n ‖ ⁓**diamin** n (1,2-Ethandiamin) (Chem) / ethylenediamine n, diaminoethane n ‖ ⁓**diamintartrat** (EDT) n (Verbindung mit ausgeprägten piezoelektrischen Eigenschaften) (Chem, Eltronik) / ethylenediamine tartrate* (EDT) ‖ ⁓**diamintraessigsäure** f (Chem) / ethylenediaminetetraacetic acid*, EDTA* ‖ ⁓**dibromid** n (Chem) / 1,2-dibromoethane n, ethylene dibromide, ethylene bromide ‖ ⁓**dichlorid** n (Chem) / ethylene dichloride*, Dutch liquid, 1,2-dichloroethane* n ‖ ⁓**dinitrilotetraessigsäure** f (Chem) / ethylenediaminetetraacetic acid*, EDTA* ‖ ⁓**/Ethylen-Trennapparat** m (Chem Verf) / $C_2$ splitter ‖ ⁓**glykol** n (ein Diol) (Chem) / ethylene glycol*, 1,2-ethanediol n, 1,2-dihydroxyethane n, ethane-1,2-diol n ‖ ⁓**glykoldiacetat** n (Chem) / ethylene glycol diacetate, ethylene diacetate, glycol diacetate ‖ ⁓**glykoldiazetat** n (Chem) / ethylene glycol diacetate, ethylene diacetate, glycol diacetate ‖ ⁓**glykoldimethylacrylat** n (Chem) / ethylene glycol dimethylacrylate ‖ ⁓**glykoldimethylakrylat** n (Chem) / ethylene glycol dimethylacrylate ‖ ⁓**glykoldinitrat** n (Chem) / ethylene dinitrate, ethylene glycoldinitrate, glycoldinitrate n, ethylene nitrate ‖ ⁓**glykoldistearat** n (Chem) / glycol distearate ‖ ⁓**glykolethylether** m ('Cellosolve') (Chem) / ethylene glycol monoethyl ether ‖ ⁓**glykolmonopropylether** m (Anstr, Chem) / propyl glycol
**Ethylenimin** n (Grundkörper der Aziridine) (Chem) / ethyleneimine n
**Ethylen•oxid** n (das einfachste Oxiran) (Chem) / ethylene oxide*, epoxyethane n ‖ ⁓**oxid-Anlagerungsprodukt** (mit eingeengter Homologenverteilung) (Chem) / narrow-range ethoxylate, NRE ‖ ⁓**-Propylen-Elastomer** n (EPM- oder EPDM-Typ) (Chem Verf) / ethylene-propylene terpolymer, EPDM, EPT ‖ ⁓**-Propylen-Kautschuk** m (hergestellt durch Lösungsmittelpolymerisation von molaren Teilen Ethylen und Propylen) (Chem Verf) / ethylene-propylene rubber*, EPR ‖ **fluoriertes** ⁓**-Propylen-Kopolymerisat** (ein Fluorkarbon) (Chem) / fluorinated ethene propene*, FEP* ‖ ⁓**-Propylen-Terpolymer** n (Ethylen-Propylen-Kautschuk mit eingebauten konjugierten Dienen) (Chem Verf) / ethylene-propylene terpolymer, EPDM, EPT ‖ ⁓**sulfid** n (Chem) / ethylene sulphide, thiirane n, sulphide n,

episulphide olefin ‖ ~**sulfonsäure** f (Chem) / ethionic acid, ethylene sulphonic acid ‖ ~**vinylalkohol** m (DIN 7728, T 1) (Chem) / ethylene vinyl alcohol, EVAL ‖ ~**vinylazetat** n (Chem) / ethylene vinyl acetate, EVA

**Ethyl•ethanoat** n (Chem) / ethyl acetate*, ethyl ethanoate ‖ ~**fluid** n (ein altes Antiklopfmittel) (Kfz) / ethyl fluid ‖ ~**formiat** n (Chem) / ethyl formate ‖ ~**glycinat** n (Chem) / ethylglycinate n ‖ ~**hydrogensulfat** n (Chem) / ethyl hydrogen sulphate, ethylsulphuric acid ‖ ~**hydrosulfid** n (der wichtigste Thioalkohol) (Chem) / ethane thiol*, ethyl mercaptan*

**Ethyliden** n (Chem) / ethylidene* n ‖ ~**chlorid** n (Chem) / ethylidene chloride

**ethyliert, mehrfach** ~ (Chem) / polyethylated adj

**Ethylierung** f (Einführung der Ethylgruppe in eine organische Verbindung) (Chem) / ethylation n

**Ethylierungsanlage** f (Chem Verf) / ethylation plant

**Ethyl•iodid** n (Chem) / ethyl iodide, iodoethane n ‖ ~**kaprinat** n (Chem, Nahr) / ethyl caprate, ethyl decanoate ‖ ~**kapronat** n (Chem, Nahr) / ethyl caproate, ethyl hexanoate ‖ ~**kaprylat** n (Chem) / ethyl caprylate, ethyl octanoate ‖ ~**lactat** n (Anstr, Chem) / ethyl lactate ‖ ~**laktat** n (ein höhersiedendes Lösungsmittel) (Anstr, Chem) / ethyl lactate ‖ ~**maltol** n (ein Geschmacksverstärker) (Nahr) / ethyl maltol ‖ ~**mercaptan** n (der wichtigste Thioalkohol) (Chem) / ethane thiol*, ethyl mercaptan* ‖ ~**merkaptan** n (der wichtigste Thioalkohol) (Chem) / ethane thiol*, ethyl mercaptan* ‖ ~**methylketon** n (ein Extraktionsmittel) (Chem, Nahr) / ethyl methyl ketone ‖ ~**nitrat** n (Chem) / ethyl nitrate ‖ ~**nitrit** n (Chem) / ethyl nitrite (sweet spirits of nitre) ‖ ~**phenylether** m (Chem) / phenetole n, ethoxybenzene n ‖ ~**silicat** n (Chem) / ethyl silicate, silicon ester, silicic acid ester ‖ ~**silikat** n (ein Kieselsäureester) (Chem) / ethyl silicate, silicon ester, silicic acid ester ‖ ~**sulfat** n (Chem) / ethyl hydrogen sulphate, ethylsulphuric acid ‖ ~**sulfid** n (Chem) / ethyl sulphide, ethylthioethane n ‖ ~**thioethan** n (Chem) / ethyl sulphide, ethylthioethane n ‖ ~**triglykol** n (Chem) / ethyltriglycol n ‖ ~**triglykol-methacrylat** n (Chem) / ethyl triglycol methacrylate ‖ ~**triglykol-methakrylat** n (Chem) / ethyl triglycol methacrylate ‖ ~**vanillin** n (ein künstlicher Aromastoff) (Chem, Nahr) / ethylvanillin n ‖ ~**vinylether** m (Chem) / ethyl vinyl ether ‖ ~**zellulose** f (ein Zelluloseether) (Chem) / ethylcellulose n ‖ ~**zitrat** n (Chem) / citric-acid ester, ethyl citrate

**Etikett** n / label n, tag n, tie-on label ‖ ~ (EDV) / label n ‖ **mit** ~ **versehen** / label v, tag v

**Etikette** f / label n, tag n, tie-on label

**Etiketten•abschwallung** f (bei der Flaschenreinigung) / label flushing ‖ ~**druck** m (Druck) / label printing ‖ ~**fadenknotenmaschine** f / tag-knotting machine ‖ ~**karton** m (Pap) / tag board ‖ ~**knüpfmaschine** f / tag tying machine ‖ ~**papier** n (Pap) / label paper ‖ ~**speicher** m (EDV) / tag memory ‖ ~**spender** m / label dispenser ‖ ~**webmaschine** f (Web) / label loom

**etikettieren** v / label v, tag v ‖ ~ (ein Magnetband) (Mag) / initialize v ‖ ~ n / labelling n, tagging n ‖ ~ (des Magnetbandes) (Mag) / initialization f

**Etikettierer** m (Masch) / labelling machine, labeller n

**Etikettiermaschine** f (Masch) / labelling machine, labeller n

**Etikettierung** f / labelling n, tagging n

**Etiolement** n (Bot) / etiolation* n

**ETL** (Anstr) / electro dipcoat, electropainting n, electrocoating n ‖ ~ (Anstr) / electro dipcoat, electropainting n, electrocoating n ‖ ~ (Luftf) / turbojet* n, turbojet aircraft

**Etofenamat** n (ein Analgetikum und Antirheumatikum) (Pharm) / etofenamate n

**etruskische Säulenordnung** (Arch) / Tuscan order

**ETSI** (Fernm) / European Telecommunications Standards Institute, ETSI

**Ettingshausen•-Effekt** m (ein galvanomagnetischer Effekt nach dem österreichischen Physiker A. Frhr. v. Ettingshausen, 1850-1932) (Phys) / Ettingshausen effect* ‖ ~**-Nernst-Effekt** m (ein thermomagnetischer Effekt) (Phys) / Ettingshausen-Nernst effect

**Ettringit** m (erstes kristallisiertes Produkt beim Anmachen sulfathaltiger Zemente - Kalziumsulfoaluminat) (Min) / ettringite n

**Etui** n (Opt) / case n

**Etuisamt** m (Tex) / jeweller's velvet

**Et-Zeichen** n (EDV) / ampersand n (&)

**Eu** (Chem) / europium* n

**Eucalyptol** n (Chem) / cineole n, eucalyptole n

**Eucalyptusöl** n / eucalyptus oil

**Euchlorin** n (ein gelbes Gemisch aus rauchender Salzsäure und Chlorsäure /oder Kalium- bzw. Natriumchlorat/) / Euchlorin n (a mixture of fuming hydrochloric acid and chloric acid)

**Euchroit** m (Kupfer(II)-hydroxidorthoarsenat) (Min) / euchroite* n

**Euchromatin** n (Zyt) / euchromatin* n

**Eudialyt** m (ein bräunlich- und pfirsichblütrotes Silikat) (Min) / eudialite* n, eudialyte* n

**Eudiometer** n (ein altes Gerät zum Abmessen von Gasen) (Chem) / eudiometer* n

**Eugenol** n (Bestandteil zahlreicher etherischer Öle - 4-Allyl-2-methoxyphenol) (Chem, For) / eugenol* n

**Eugeosynklinale** f (Geol) / eugeosyncline n

**Eukalyptol** n (Chem) / cineole n, eucalyptole n

**Eukalyptusöl** n (aus Blättern und Holz einiger Eukalyptusarten) / eucalyptus oil

**Eukaryont** m (pl. -ten) (Biochem, Nahr, Pharm, Zyt) / eukaryote* n, eucaryote n

**Eukaryot** m (Organismus, dessen Zellen in Zellkern und Zytoplasma differenziert sind) (Biochem, Nahr, Pharm, Zyt) / eukaryote* n, eucaryote n

**Euklas** m (Aluminiumberylliumhydroxidorthosilikat) (Min) / euclase* n

**euklidisch** adj (Algorithmus, Geometrie, Lehrsatz, Raum) (Math) / Euclidean adj, Euclidian adj ‖ ~**er Algorithmus** (Bestimmung des größten gemeinsamen Teilers) (Math) / Euclidean algorithm, Euclid's algorithm ‖ ~**e Ebene** (Math) / Euclidean plane ‖ ~**e Geometrie** ("klassische" Geometrie) (Math) / Euclidean geometry* ‖ ~**er Lehrsatz** (Math) / Euclid's theorem (of the legs of a rectangular triangle) ‖ ~**es Parallelenaxiom** (in der ptolemäischen Form) (Math) / Playfair axiom, Playfair's axiom ‖ ~**er Raum** (Math) / Euclidean space*, cartesian space ‖ ~**er Ring** (ein Integritätsbereich) (Math) / Euclidean ring, Euclidean domain

**Euklids Höhensatz** (Math) / altitude theorem

**Eukolit** m (ein niobhaltiger Eudialyt) (Min) / eucolite n, eukolite n, eukolyte n

**Eukolloid** n (Kettengliederzahl 500 bis etwa 6000) (Chem) / eucolloid* n

**eukristallin** adj (Geol) / eucrystalline adj

**Eukrit** m (Meteorit aus Anorthit und Augit - ein Achondrit) (Astr, Geol) / eucrite* n ‖ ~ (Varietät von Gabbro) (Geol) / eucrite* n

**Eukryptit** m (Lithiumaluminiumsilikat) (Min) / eucryptite* n

**eulanisieren** v (mit Eulan /Schutzmittel für Wolle der Fa. Bayer/ behandeln) (Tex) / eulanize v

**Euler•-Bereich** m (Mech, WP) / Euler range ‖ ~**-Differentialrechnung** f (Math) / Euler-Lagrange equation, Euler's equation ‖ ~**-Gammafunktion** f (Math) / gamma function* ‖ ~**-Gerade** f (durch Schwerpunkt, Höhenschnittpunkt und Mittelpunkt des Umkreises sowie des Feuerbachschen Kreises eines Dreiecks) (Math) / Euler line ‖ ~**-Knoppsches Limitierungsverfahren** (Math) / Euler limitation method ‖ ~**-Lagrange-Differentialgleichung** f (in der Variationsrechnung) (Math) / Euler-Lagrange equation, Euler's equation ‖ ~**last** f (bei Knickung) (Bau) / Euler crippling stress ‖ ~**-Mascheroni-Konstante** f (Math) / Euler's constant*, Mascheroni's constant ‖ ~**-Maupertuissches Prinzip** (ein Prinzip der Mechanik) (Mech) / Maupertuis' principle (of least action) ‖ ~**-Multiplikator** m (Math) / integrating factor*

**Eulersch•es Brückenproblem** (eine klassische topologische Fragestellung) (Math) / Königsberg bridge problem ‖ ~**e Formel** (Eulersche Relation) (Math) / Euler's formula* ‖ ~**e Funktion** (Math) / Euler's function ‖ ~**e Gerade** (durch Schwerpunkt, Höhenschnittpunkt und Mittelpunkt des Umkreises sowie des Feuerbachschen Kreises eines Dreiecks) (Math) / Euler line ‖ ~**e Geschwindigkeitssatz** (Mech) / Euler's velocity equation ‖ ~**er Graf** / unicursal graph, closed graph, Eulerian graph (a connected graph) ‖ ~**e Knickformel** (für Eulersche Knickfälle - kritische Druckkraft, Eulerlast = $F_{krit} = \pi^2 EI/l^2$) (Mech) / Euler's formula (for long columns) ‖ ~**e Konstante** (c = 0,57721566...) (Math) / Euler's constant*, Mascheroni's constant ‖ ~**e Koordinaten** f pl (raumfeste) (Math) / Euler coordinates, Eulerian coordinates ‖ ~**er Polyedersatz** (Math) / Euler's theorem for polyhedra ‖ ~**es Quadrat** (Math, Stats) / Graeco-Latin square, Greco-Latin square (US), Euler's square ‖ ~**er Satz** (Math) / Euler's theorem ‖ ~**e Winkel** m pl (nach L. Euler, 1707-1783) (Math) / Eulerian angles* ‖ ~**e Zahl** e (als Basis der natürlichen Exponentialfunktion) (Math) / exponential n ‖ ~**e Zahl e** (Basis des natürlichen Logarithmus) (Math) / Napierian base, e ‖ **zweites** ~**es Integral** (Math) / gamma function*

**Euler•-Venn-Diagramm** n (nach J. Venn, 1834-1923) (Math) / Venn diagram* (a method of displaying relations between subsets of some universal set), Euler diagram ‖ ~**-Winkel** m pl (bei Behandlung von Kreiselproblemen) (Math) / Eulerian angles* ‖ ~**zahl** f (Eu - eine Kennzahl bei reibungsbehafteten Strömungen) (Phys) / Euler number, Euler number 1

**Eulimnion** n (pl. -limnia - oberhalb der Sprungschicht in stehenden Gewässern) (Geol) / epilimnion* n (pl. -limnia)

**Eulitoral** n (Teil der Uferzone von Gewässern) (Geog, Ozean, Umwelt) / eulittoral zone*

**Eulytin** m (Bismut(III)-orthosilikat) (Min) / eulytite n, eulytine n

**Eumelanin**

**Eumelanin** n (Chem) / eumelanine n
**Euosmophor** m (Riechstoff mit angenehmer Geruchswirkung) (Chem) / euosmophore n
**eupelagischer Bereich** (der Tiefsee - etwa -2400 bis -6000 m) (Ozean) / eupelagic zone (region)
**Euphorikum** n (pl. Euphorika) (Pharm) / euphoriant n (euphoriant drug) ‖ ≃ (pl. Euphorika) s. auch Psychomimetikum
**euphorisierende Droge** (Pharm) / euphoriant n (euphoriant drug)
**euphotischer Bereich** (gut durchlichteter Bereich in Gewässern) (Umwelt) / photic zone*, euphotic zone*
**Euratom** f (1957 gegründet, Sitz: Brüssel) (Nukl) / European Atomic Energy Community*, EURATOM*
**EURECA** (Europäischer wiederverwendbarer Träger - von der ESA entwickelt) (Raumf) / EURECA, European retrievable carrier
**Eureka** f (eine Cu-Ni-Legierung) (Eltech, Hütt) / Eureka* n, eureka n
**Eureka-Verfahren** n (eine Variante des Delayed Coking) (Chem Verf) / Eureka process
**Euro, zehn** ≃ **pro Stück** / ten Euros apiece
**Euro-AV-Steckvorrichtung** f (Eltronik) / scart connector
**EUROCONTROL** (gegr. 1960, Sitz: Brüssel) (Luftf) / European Organization for the Safety of Air Navigation, EUROCONTROL
**Euroflasche** f (innerhalb der EG genormte Flasche) / Euro bottle
**EURONET** n (ein europaweites Telekommunikationsnetz, das Benutzern aller Mitgliedstaaten der EG Zugriff auf wissenschaftlich-technische Informationen gibt, die in Datenbanken der DIANE gespeichert sind) (Fernm) / Euronet* n
**Euronorm** f (ab 1953 von der Hohen Behörde der Europäischen Gemeinschaft für Kohle und Stahl herausgegeben; heute im Rahmen der Kommission der EG) / EURONORM
**Europa, zu** (Kontinental)≃ **gehörend** (Geog) / Continental adj (GB) ‖ ≃**band** n (das 49m-Kurzwellenband) (Radio) / Europa band ‖ ≃**-Fahrtest** m (Kfz) / ECE test (for automotive emissions), ECE-test cycle, European test procedure
**europäisch•e Darstellungsweise** f (in dem Dreitafelverfahren) / first-angle projection ‖ ~**e Patentanmeldung** / European patent application ‖ ≃**es Arzneibuch** (Band I - Verordnung des Bundesministers für Jugend, Familie und Gesundheit vom 21.6.1974, Band II vom 22.7.1975 - heute sind die europäischen und nationalen Vorschriften verschmolzen) (Pharm) / European Pharmacopoeia ‖ ≃**es Atomforum** (die 1960 gegründete Dachorganisation der zehn europäischen Atomforen, wie z.B. British Nuclear Forum, Deutsches Atomforum e.V., Schweizerische Vereinigung für Atomenergie und Österreichisches Atomforum) / FORATOM ‖ ≃**e Atomgemeinschaft** (1957 gegründet, Sitz: Brüssel) (Nukl) / European Atomic Energy Community*, EURATOM* ‖ ≃**es Funkmitteilungssystem** (Radio) / European Radio Messaging System, ERMES ‖ ≃**e Gemeinschaften** / European Communities, EC ‖ ≃**es Hochschul- und Forschungsnetz** / European Academic and Research Network, EARN ‖ ≃**es Institut für Telekommunikationsstandards** (in Sophia-Antipolis bei Antibes) (Fernm) / European Telecommunications Standards Institute, ETSI ‖ ≃**es Komitee für elektrotechnische Normung** (Eltech) / European Committee for Electrotechnical Standardization, CENELEC (Comité Européen de Normalisation Electrotechnique) ‖ ≃**e Lärche** (Larix decidua Mill.) (For) / European larch, Tyrolean larch, common larch ‖ ≃**e Nachrichtensatelliten-Organisation** (Sitz: Paris) (Fernm) / European Telecommunications Satellite Organization ‖ ≃**e Norm** / European standard ‖ ≃**es Operationszentrum für Weltraumforschung** (der ESA in Darmstadt) (Raumf) / European Space Operations Centre, ESOC ‖ ≃**e Organisation zur Sicherung der Luftfahrt** (gegr. 1960, Sitz: Brüssel) (Luftf) / European Organization for the Safety of Air Navigation, EUROCONTROL ‖ ≃**es Patentamt** (München) / European Patent Office, EPO ‖ ≃**es Patentregister** / Register of European Patents ‖ ≃**es Patentübereinkommen** / European Patent Convention (EPC) ‖ ≃**er Queller** m (Salicornia europaea L.) (Landw, Wasserb) / glasswort n ‖ ≃**e Rechnungseinheit** / European Unit of Account, EUA ‖ ≃**e Rundfunkunion** (Radio) / European Broadcasting Union*, E.B.U.* ‖ ≃**e Südsternwarte** (auf dem chilenischen Berg La Silla, etwa 600 km nördlich von Santiago de Chile) (Astr) / European Southern Observatory, ESO ‖ ≃**e Union** / European union ‖ ≃**e Vereinigung für den Transfer industrieller Information** (der EU) / European Association for the Transfer of Industrial Information, TII ‖ ≃**es Weltraumforschungsinstitut** (der ESA in Frascati) (Raumf) / European Space Research Institute, ESRIN ‖ ≃**e Weltraumorganisation** (Sitz: Paris) (Raumf) / European Space Agency*, ESA* ‖ ≃**es Zentrum für Weltraumforschung und -technologie** (der ESA in Noordwijk-aan-Zee) (Raumf) / European Space Research and Technology Centre, ESTEC
**Europakarte** f (genormte Leiterplatte) (Eltronik) / European standard size pc board, Eurocard n, Euroboard n
**EURO-Palette** f / EURO pallet

**Europaplatte** f (Leiterplatte mit der Abmessung 100 mm x 168 mm) (Eltronik) / European standard size pc board, Eurocard n, Euroboard n
**Europium (Eu)** n (Chem) / europium* n
**Euro•point** m (europäische Standardisierung der Größenbezeichnungen für Schuhe auf der Basis des metrischen Systems in mm-Längeneinteilung) / Europoint n ‖ ≃**signalempfänger** m (Fernm) / Eurosignal receiver ‖ ≃**stecker** m (der genormte Stecker für den Bereich der EU) (Eltech) / Europlug n ‖ ≃**tunnel** m (zwischen Folkestone und Calais) / Channel Tunnel ‖ ≃**vision** f (europäische Organisation zur Kettenübertragung von Fernsehsendungen - Sitz: Genf) (TV) / Eurovision* n
**euryhalin** adj (Organismus, der Schwankungen des Salzgehalts in weiten Grenzen ertragen kann) (Umwelt) / euryhaline adj
**euryök** adj (unspezialisiert, anpassungsfähig - Art) (Umwelt) / euryoecious adj
**eurytop** adj (anpassungsfähig an viele Standorte) (Umwelt) / eurytopic adj
**Eustasie** f (Schwankung des Meeresspiegels) (Geol) / eustasy n
**eustatisch** adj (Geol) / eustatic adj ‖ ~**e Meeresspiegelschwankungen** (Geol) / eustatic movements*
**EU-Stück** n (Masch) / flanged socket
**Eustylos** m (eine Säulenstellung der hellenistischen Zeit) (Arch) / eustyle* n
**Eutektikale** f (Hütt) / eutectic line
**Eutektikum** n (charakteristisches Gemenge aus zwei oder mehreren im flüssigen Zustand vollständig mischbaren, im festen Zustand nicht mischbaren Stoffen, das bei einer bestimmten Temperatur erstarrt) (Hütt) / eutectic* n, eutectic mixture
**eutektisch** adj (Hütt) / eutectic* adj, cotectic adj ‖ ~**es Bondieren** (Eltronik) / eutectic bonding ‖ ~**e Erstarrung** (Hütt) / eutectic solidification ‖ ~**es Gefüge** (Hütt) / eutectic structure* ‖ ~**es Gemisch** (Hütt) / eutectic* n, eutectic mixture ‖ ~**es Gleichgewicht** (einer Schmelze) (Hütt) / eutectic equilibrium ‖ ~**e Legierung** (Hütt) / eutectic alloy ‖ ~**er Punkt** (Hütt) / eutectic point*, eutectic temperature ‖ ~**e Rinne** (in Dreistoffsystemen) (Hütt) / eutectic trough, eutectic valley ‖ ~**e Sole** (Chem) / cryohydrate n, cryosol n ‖ ~**es System** (Hütt) / eutectic system*
**eutektoid** adj (Hütt) / eutectoid* adj ‖ ~**es Gleichgewicht** (einer Schmelze) (Hütt) / eutectoid equilibrium ‖ ~**er Punkt** (Hütt) / eutectoid point ‖ ~**er Stahl** (Hütt) / eutectoid steel* ‖ ~**er Zerfall** (im festen Zustand) (Hütt) / eutectoid breakdown ‖ ≃ n (Hütt) / eutectoid* n
**eutektoidisch** adj (Hütt) / eutectoid* adj
**Eutelsat** f (Fernm) / European Telecommunications Satellite Organization
**Euter** n (Landw) / udder* n
**Euterbrause** f (Landw) / udder douche
**eutroph** adj (Umwelt) / eutrophic* adj
**eutrophieren** v (Umwelt) / eutrophicate v
**Eutrophierung** f (des Wassers - natürliche oder künstliche) (Umwelt) / eutrophication n, overenrichment n
**EUV** (Phys) / extreme ultraviolet, EUV
**Euxenit** m (ein Seltenerdmineral) (Min) / euxenite* n
**euxinisch** adj (Geol, Ozean) / euxinic adj
**eV** (SI-fremde Einheit der Energie oder der Arbeit in der Atomphysik - DIN 1301, T 1) (Kernphys) / electron-volt* n, eV ‖ ≃ (Eltech) / power supply*, energy supply
**E/VA** (Chem) / ethylene vinyl acetate, EVA
**EVA** (DIN 7728, T 1) (Chem) / ethylene vinyl acetate, EVA
**evakuieren** v (ein Gas aus physikalisch-technischen Apparaturen entfernen; ein Vakuum herstellen) (Vakuumt) / evacuate v, exhaust v, pump down v
**Evakuierungszeit** f (Vakuumt) / pump-down time, time of evacuation
**Evaluation** f (Bewertung einer Datenverarbeitungsanlage vom Kundenstandpunkt aus) (EDV) / evaluation n
**Evaneszenzfeldsensor** m / evanescent-field sensor
**Evans-Element** n (ein Konzentrationselement, das durch unterschiedliche Belüftung des Elektrolyten gebildet wird) / Evans cell
**Evaporat** n (Geol) / evaporite* n
**Evaporation** f (Verdunstung vom Boden od. von freien Wasserflächen) (Bot, Meteor) / natural evaporation*
**evaporierte Milch** (ungezuckert) (Nahr) / evaporated milk
**Evaporimeter** n (Meteor) / evaporimeter* n, atmidometer n, atmometer n, evaporometer n, evaporation gauge
**Evaporit** n (Geol) / evaporite* n
**Evaporografie** f (ein altes Abbildungsverfahren) / evaporography n
**Evaporometer** n (Meteor) / evaporimeter* n, atmidometer n, atmometer n, evaporometer n, evaporation gauge
**Evapotranspiration** f (Bot, Geol, Meteor) / evapotranspiration* n
**evapotranspirieren** v (Bot, Geol, Meteor) / evapotranspire v

**Evapotranspirometer** *n* / lysimeter *n*
**EVE** (Chem) / ethyl vinyl ether
**Evektion** *f* (Ungleichförmigkeit in der Bewegung des Mondes) (Astr) / evection* *n*
**Event** *m n* (EDV) / event *n*
**Eventing** *n* (Synchronisation von verschiedenen Tasks, die in einer DV-Anlage unabhängig voneinander ablaufen) (EDV) / eventing *n*
**Eventmanager** *m* (im Expertensystem) (KI) / event manager
**Eventmarketing** *n* (mit emotionalisierenden Werbeveranstaltungen) / event marketing
**E-Verfahren** *n* (Math) / Euler limitation method
**Everglaze** *n* (geschützte Bezeichnung für eine waschfeste und dauerhafte Prägeausrüstung auf zellulosischen Fasern) (Tex) / everglaze *n*
**Evidenz** *f* / evidence *n*, certainty *n*
**Evidenzfaktor** *m* (KI) / certainty factor, CF
**Evodin** *n* (Chem, Nahr) / limonin *n*
**Evolute** *f* (der geometrische Ort der Krümmungsmittelpunkte einer ebenen Kurve) (Math) / evolute* *n*
**Evolution** *f* (Biol) / evolution* *n* ∥ **biochemische** ~ (Biochem) / biochemical evolution ∥ **chemische** ~ (Biochem) / chemical evolution ∥ **künstliche** ~ (EDV) / evolution strategy
**Evolutionsstrategie** *f* (EDV) / evolution strategy
**Evolvente** *f* (Masch, Math) / involute* *n*
**Evolventen•funktion** *f* (zur Berechnung zahlreicher Größen der Evolventenverzahnung) (Math) / involute function ∥ ~**-Geradstirnradpaar** *n* (Masch) / spur gearring* ∥ ~**-Innenverzahnung** *f* (Masch) / involute internal gears ∥ ~**keilverzahnung** *f* (Masch) / involute splines ∥ ~**prüfung** *f* (Prüfung der Abweichung der Flanke eines evolventenverzahnten Zahnrades von der Sollevolvente) (Masch) / evolvent test, evolvent check ∥ ~**ritzel** *n* (Masch) / involute pinion ∥ ~**verzahnung** *f* (DIN 3960) (Masch) / involute gear (teeth)*, involute toothing
**Evorsion** *f* (aushöhlende Wirkung von strudelndem Wasser) (Geol) / evorsion *n*, digging-up *n* ∥ ~ (ein Strudelloch) (Geol) / evorsion hollow
**EVR** *n* (elektronische Speicherung der Fernsehsignale auf Film) (Eltronik) / electronic video recording, EVR
**EVz** (Fernsp) / terminal distributor
**EW** (Bahn) / simple switch ∥ ~ (Masch) / basic shaft
**Ewald-Kugel** *f* (Masch) / Ewald sphere
**Ewaldsche Ausbreitungskugel** (nach P.P. Ewald, 1888-1985) (Masch) / Ewald sphere ∥ ~ **Konstruktion** (mit der Ausbreitungskugel) (Krist) / Ewald method
**E-Welle** *f* (Wellenleiter - DIN 1324, T 3) (Fernm) / TM-wave* *n*, transverse magnetic wave*, E-wave* *n*
**E-Werk** *n* (Eltech) / station* *n*
**ewig•er Schnee** (Geol) / perpetual snow, everlasting snow ∥ ~**e Tiefe** (Geol) / unlimited depth
**EWNN** (Chem) / iron-sodium tartrate, EWNN, FeTNa
**E-Wolle** *f* / regular soluble nitrocellulose, RS nitrocellulose
**EW-Telefonie** *f* (Fernsp) / power-line carrier telephony (the use of radiofrequency energy, generally below 600 kilohertz, to transmit information over transmission lines whose primary purpose is the transmission of power)
**Exa-** (Vorsatz vor Einheiten = $10^{18}$ - Kurzzeichen E) / exa-, E (SI-prefix denoting x $10^{18}$)
**EXAFS** (eine moderne Methode der Röntgenspektroskopie) (Spektr) / extended X-ray absorption fine structure (spectroscopy), EXAFS
**Exajoule** *n* ($10^{18}$) / exajoule *n*
**exakt•e Beweisführung** (Math) / rigorous argumentation ∥ ~**e Differentialgleichung** (Math) / exact equation* ∥ ~**e Division** (Math) / exact division (without a remainder) ∥ ~**e Naturwissenschaft** / exact science ∥ ~**e Wissenschaft** (die messende, nachprüfbare Methoden oder logische und mathematische Beweise verwendet) / exact science
**Exaltation** *f* (z.B. bei der Refraktion) (Chem) / exaltation *n* ∥ ~ (Überhöhung eines gemessenen gegenüber dem berechneten Wert) (Opt) / exaltation *n*
**EXAPT** *n* (extended subset of "automatic programming for tools" - problemorientierte Programmiersprache zur maschinellen Programmierung von NC-Arbeitsmaschinen) (Masch) / EXAPT *n*
**Exaration** *f* (durch vordringendes Eis hervorgerufene Erosion) (Geol) / exaration *n*
**Excelsiorbraun** *n* (Mikros) / vesuvin *n*
**Excimer** *m* (ein nur im Anregungszustand existierender Molekülkomplex) (Chem) / excimer *n*
**Excimerlaser** *m* (Gaslaser, bei dem der Laserübergang von einem Excimerzustand ausgeht) (Phys) / excimer laser
**Exciplex** *m* (ein Molekülkomplex mit voneinander verschiedenen Molekülen) (Chem) / exciplex *n*
**Exciton** *n* (Eltronik) / exciton* *n*

**Excitonenabsorption** *f* (Eltronik) / exciton absorption
**Excitron** *n* (ein Hg-Stromrichter, der im Gegensatz zum Ignitron mit Dauererregung arbeitet) (Eltronik) / excitron* *n*
**Excore-Instrumentierung** *f* (Nukl) / ex-core instrumentation
**Executive-Informationssystem** *n* (EDV) / executive information system, EIS, entreprise information system
**EXE-Datei** *f* (EDV) / EXE file (executable file type)
**Exemplar** *n* (Druck) / copy* *n* ∥ **durchschossenes** ~ (Buchb) / interleaf copy ∥ **freies** ~ (einer Zeitschrift) / free issue ∥ **freies** ~ (Druck) / free copy, complimentary copy, gratis copy
**Exergie** *f* (eine thermodynamische Zustandsgröße - technische Arbeitsfähigkeit) (Phys) / exergy *n*
**exergonisch•e Reaktion** (Chem) / exoergic reaction ∥ ~**er Vorgang** (der sich durch einen negativen Wert der freien Reaktionsenthalpie auszeichnet) (Phys) / exergonic process
**Exhalation** *f* (Bergb, Geol) / exhalation *n*
**Exhalationslagerstätte** *f* (von Schwefel und Bor) (Bergb, Geol) / exhalation deposit
**Exhaustionsmethode** *f* (zur Berechnung von Raum- und Flächeninhalten) (Math) / method of exhaustion(s)
**Exhaustor** *m* (ein Ventilator) (Masch) / extract ventilator*, exhaust fan*, extractor fan, exhauster *n*, extraction fan*
**Exinit** *m* (eine Mazeralgruppe) (Bergb, Min) / exinite* *n*, liptinite *n*
**Existent Gum** *m* (Abdampfrückstand der Benzine) (Chem Verf) / existent gum
**Existenz•operator** *m* (Math) / existential quantifier, existential operator, particular quantifier ∥ ~**quantifizierung** *f* (Math) / particularization *n*, existential generalization ∥ ~**quantor** *m* (DIN 5474) (Math) / existential quantifier, existential operator, particular quantifier ∥ ~**satz** *m* (Math, Phys) / existence theorem
**Exkavation** *f* (HuT) / excavation* *n*, digging out *n*, digging *n*, unearthing *n*
**Exkavator** *m* (HuT) / excavator* *n*, universal excavator
**exklusives ODER** (EDV, Regeln) / antivalence *n*, exclusive OR, anticoincidence *n*, non-equivalence *n*, EXOR, XOR
**Exklusivoder** *n* (EDV, Regeln) / antivalence *n*, exclusive OR, anticoincidence *n*, non-equivalence *n*, EXOR, XOR
**Exkretion** *f* (Biol) / excretion* *n*
**exkretorisch** *adj* (Biol) / excretory *adj*
**Exkursion** *f* (Nukl) / excursion *n*, power excursion, reactor excursion (rapid rise in the power level of a nuclear reactor)
**Exkursionstarif** *m* (im Fluggastverkehr) (Luftf) / excursion fare
**Exlibris** *n* (pl. -) (Druck) / book plate*, ex-libris *n*
**Exner-Funktion** *f* (nach F.M. Exner, Ritter von Ewarten, 1876-1930) (Meteor) / Exner function*
**Exo•biologie** *f* (Biol) / astrobiology *n*, exobiology* *n*, xenobiology *n* ∥ ~**cyclisch** *adj* (Chem) / exocyclic *adj* ∥ ~**cyclisch** (Chem) / semi-cyclic *adj* ∥ ~**elektron** *n* (bei exotherm verlaufenden Vorgängen frei werdendes Elektron geringer Energie) (Eltronik) / exo-electron* *n* ∥ ~**elektronenemission** *f* (Eltronik) / exo-electron emission, EEE ∥ ~**enzym** *n* (das von der Zelle ausgeschieden wird) (Biochem) / exoenzyme *n* ∥ ~**gas** *n* (durch exotherme Teilverbrennung eines Brennstoff-Luft-Gemischs aufbereitetes Schutzgas für die Wärmebehandlung metallischer Werkstoffe) (Chem Verf, Hütt) / exothermic gas, exogas *n*, exothermic atmosphere ∥ ~**gen** *adj* (Geol) / exogenetic *adj*, exogenous *adj*, exogenic *adj* ∥ ~**genes Gestein** (Geol) / exogenetic rock ∥ ~**karp** *n* (die äußere Schale der Fruchtwand) (Bot) / epicarp* *n*, exocarp* *n* ∥ ~**krin** *adj* (Physiol) / exocrine* *adj* ∥ ~**morphose** *f* (Geol) / exomorphism *n*
**Exon** *n* (der kodierende Abschnitt bei den Eukaryonten) (Gen) / exon* *n* (a part of the DNA)
**Exo•peptidase** *f* (Biochem) / exopeptidase *n* ∥ ~**polysaccharid** *n* (Chem) / exopolysaccharide *n*
**EXOR** (EDV, Regeln) / antivalence *n*, exclusive OR, anticoincidence *n*, non-equivalence *n*, EXOR, XOR
**Exorciser** *m* (Gerät für das Testen und die Fehlersuche bei Komponenten elektrischer Geräte) (EDV) / exorciser *n*
**Exosmose** *f* (Austreten einer Flüssigkeit aus einem von porösen Wänden umschlossenen Raum) (Chem) / exosmosis* *n* (pl. exosmoses)
**Exosphäre** *f* (Übergangszone zum Weltraum) (Phys) / exosphere* *n*
**Exoten** *pl* (Sammelname für Holzarten tropischer Herkunft) (For) / exotic timber ∥ ~ (For) s. auch Tropenholz
**Exotenpolymerisation** *f* (Chem) / phantom polymerization
**exotherm** *adj* (Phys) / exothermic* *adj*, exothermal *adj* ∥ ~**er Prozeß** (Phys) / exoergic process, exo-energetic process*
**exothermisch** *adj* (Phys) / exothermic* *adj*, exothermal *adj*
**exotisch** *adj* / exotic* *adj* ∥ ~**e Atome** (kurzlebige Atome, in denen eines der üblichen Elementarteilchen durch ein anderes Lepton, ein Meson oder Hyperon ersetzt ist) (Kernphys) / exotic atoms

**Exotoxin**

**Exo•toxin** n (ein Bakterientoxin) (Biol) / exotoxin* n ǁ **~zyklisch** adj (außerhalb von Ringsystemen liegend) (Chem) / exocyclic adj ǁ **~zyklisch** (Chem) / semi-cyclic adj
**Expandat** n (bei Aufblähung von Graphiten) / expandate n
**Expanderring** m (V-Mot) / expander spacer, expander ring, ring expander
**expandieren** v / expand v ǁ **~** **eines Knotens** / expansion of a node
**expandierendes Weltall** (Astr) / expanding universe*
**expandiert•er Kork** (für Wärme- und Schalldämmstoffe) (Bau) / expanded cork ǁ **~er Polyethylenschaum** (Plast) / expanded polyethylene foam
**Expansion** f (Strukturierungsprinzip bei Koppeleinrichtungen) (Eltronik) / expansion n ǁ **~** (bei der Verstärkung des Signals) (Fernm) / expansion* n ǁ **~** (Masch, Phys) / expansion* n ǁ **isotherme ~** (Phys) / isothermal expansion ǁ **mehrstufige ~** (Masch) / compounding* n
**Expansions•gefäß** n / expansion chamber ǁ **~gefäß** (in der Warmwasser-Sammelheizung) (Bau) / expansion tank*, overflow tank ǁ **~gefäß** (der Blasenkammer) (Phys) / expansion vessel ǁ **~kamm** m (DIN 62500) (Web) / expanding comb ǁ **~kammer** f (Kernphys) / expansion cloud chamber ǁ **~kammer** (der Auspuffanlage) (Kfz) / pulse charger, PC, expansion chamber ǁ **~kegel** m (in der Auspuffanlage) (Kfz) / divergent cone, diffuser n ǁ **~kühlung** f (ein Gasaufbereitungsverfahren) / expansion refrigeration ǁ **~kupplung** f (Erdöl) / slip joint* ǁ **~linie** f (Masch) / expansion curve*, expansion line* ǁ **~maschine** f (Masch) / expansion engine* ǁ **mehrfach wirkende ~maschine** (Masch) / multiple-expansion engine* ǁ **~nebelkammer** f (Kernphys) / expansion cloud chamber ǁ **~organ** n (z.B. in Klimaanlagen) (Masch) / expansion device ǁ **~raum** m (der Thermometerkapillare) / expansion chamber ǁ **~schalter** m (Eltech) / expansion circuit-breaker* ǁ **~speicher** m (EDV) / expanded memory, EMS memory ǁ **~speicher-Emulator** m (Dienstprogramm zur Emulation von Expansionsspeicher bei vorhandenem Erweiterungsspeicher) (EDV) / expanded memory emulator ǁ **~turbine** f (Masch) / expansion turbine ǁ **~ventil** n (Masch) / expansion valve* ǁ **~welle** f (Bergb, Mil) / blast wave, blast n
**Expansivzement** m (HuT) / expanding cement*, expansive cement, Lossier's cement
**Expedition** f / dispatch n, shipping n
**Expeditionskorken** m (für Weinflaschen) (Nahr) / final cork
**Expeller** m (bei der Herstellung des Holzöls) (Chem Verf) / expeller n
**Experiment** n / experiment n, test* n, trial n
**Experimental-** / experimental adj
**Experimental Safety Research Vehicle** n (Kfz) / experimental safety (research) vehicle, ESV, ESRV
**Experimentalphysik** f (Phys) / experimental physics
**experimentell** adj / experimental adj ǁ **~** (Waffe) (Mil) / exotic adj ǁ **~e Lebensdauerbestimmung** / experimental determination of service life ǁ **~e Physik** (Phys) / experimental physics ǁ **~es Sicherheitsauto** (Kfz) / experimental safety (research) vehicle, ESV, ESRV
**experimentieren** v / experiment v, try v, test v
**Experimentier•fehler** m / experimental error, error in experimentation ǁ **~kasten** m (Chem) / laboratory kit ǁ **~leuchte** f (Opt) / experimental illuminator
**Expertensystem (ES)** n (KI) / expert system* (XPS) ǁ **industrielles ~** (KI) / industrial expert system ǁ **~** n **der zweiten Generation** (KI) / second-generation expert system, second-generation XS ǁ **~generator** m (KI) / expert-system generator ǁ **vorgefertigte ~komponenten** (Vielfalt von Wissensrepräsentationsschemen und Inferenzmechanismen zur Entwicklung von Expertensystemen) (KI) / tool kit ǁ **~schale** f (KI) / shell n, system shell, expert-system shell ǁ **~shell** f (KI) / shell n, system shell, expert-system shell ǁ **~tool** n (KI) / expert-system tool ǁ **~virus** n m (EDV, KI) / XP virus
**Experten•unterstützungssystem** n (KI) / expert support system ǁ **~wissen** n (KI) / expert knowledge
**Expertise** f / expert report, expert opinion
**explizit** adj (Math) / explicit adj ǁ **~e Adressierung** (EDV) / explicit addressing ǁ **~e Definition** / explicit definition ǁ **~e Funktion** (Math) / explicit function* ǁ **~e Gleichung** (Math) / explicit equation
**explodieren lassen** / explode vt
**Exploitation** f (Ausnutzung und Verwertung von Rohstoffvorkommen) (Bergb) / exploitation n ǁ **~** (in forstlich wenig oder überhaupt nicht erschlossenen Gebieten, z.B. in Sibirien oder Kanada) (For) / cut n, exploitation n
**Exploration** f (Aufsuchen und Erforschen neuer Lagerstätten) (Bergb, Geol) / exploration n, scouting n ǁ **~ auf der grünen Wiese** (Bergb) / grass-rooting n
**Explorationsbohrung** f (Erdöl) / exploratory drilling, test drilling, test boring
**Explorationsmodell** n (EDV) / exploration model
**Explorer** m (Name des Dateimanagers von Windows) (EDV) / Explorer n

**explosibles Gas** (Bergb) / sharp gas, fire n
**Explosimeter** n (mit dem man die Gasmenge in einem Gas-Luft-Gemisch mißt) / explosimeter n
**Explosion** f (DIN 20163) / explosion* n ǁ **verschleierte ~** (Mil, Nukl) / evasive explosion ǁ **zur ~ bringen** / explode vt
**Explosions•bild** n / exploded view ǁ **~darstellung** f / exploded view ǁ **~druck** m (Bergb, Mil) / blast n ǁ **~druckmanometer** n (zur Messung kurzzeitig auftretender Druckspitzen) (Phys) / pressure-peak manometer ǁ **~druckwelle** f (Bergb, Mil) / blast wave, blast n ǁ **~entlastungseinrichtung** f **mit aktiv betätigtem Verschluß** (direkt vor Ankunft der Explosionswelle) / active explosion vent closure ǁ **~entlastungseinrichtung mit passiv betätigtem Verschluß** (direkt nach Explosionsantritt) / passive explosion vent closure ǁ **~entlastungtafel** f (in einer Gebäudewand) / explosion panel ǁ **~formen** n (Masch) / explosive forming* ǁ **~gefahr** f / danger of explosion, explosion hazard ǁ **~gefährlich** adj / explosive adj ǁ **~geschützt** adj (DIN 42005) / explosion-proof* adj, explosion-tested adj ǁ **~geschwindigkeit** f / explosion velocity ǁ **~grenzen** f pl (festliegende Mischungsverhältnisse, die den Bereich kennzeichnen, in dem eine Explosion von Gemischen aus brennbaren Gasen oder Dämpfen und Luft erfolgen kann) / explosive limits, limits of explosion, explosion limits ǁ **untere ~grenze** / lower explosive limit, LEL ǁ **~klappe** f (ein Sicherheitsorgan für Gasleitungen) (Masch) / explosion door ǁ **~krater** m (Geol) / explosion crater ǁ **~plattieren** n (Metallüberzugsverfahren, bei dem die Überzugsherstellung durch die Druckwelle erfolgt, die bei Explodieren geeigneter Sprengstoffe auftritt) (Galv, Hütt) / explosive cladding, explosion plating ǁ **~produkt** n / product of explosion ǁ **~ramme** f (schwerer Stampfer) (HuT) / frog rammer, trench compactor ǁ **~röhre** f (Geol) / diatreme n ǁ **~ruß** m (Azetylenruß, der unter Druck gewonnen wird) (Chem Verf) / explosion black ǁ **~schauer** m (auf kosmische Strahlung bezogen oder in der Ionisationskammer) (Phys) / burst* n ǁ **~schutz** m / explosion protection ǁ **~schweißen** n (ein Kaltpreßschweißverfahren) (Schw) / explosion welding*, explosive welding ǁ **~spritzen** n / flame plating ǁ **~spritzen** (Anstr) / detonation coating, D-gun coating, detonation-gun coating ǁ **~spritzgerät** n (Anstr) / detonation gun ǁ **~stampfer** m (HuT) / frog rammer, trench compactor ǁ **~temperatur** f / explosion temperature ǁ **~umformung** f (Verfahren zur gesteuerten Verformung von Werkstoffen unter Ausnutzung der bei einer Explosion auftretenden hohen Drücke - DIN 8585) (Masch) / explosive forming* ǁ **~unterdrückung** f / explosion suppression ǁ **~unterdrückungsvorrichtung** f (Bergb) / explosion suppressor, explosion suppression device ǁ **~verdichtung** f (HuT) / deep blasting, explosive compaction ǁ **~wärme** f (Chem, Phys) / explosion heat ǁ **~welle** f / detonation wave ǁ **~welle** (bei der Explosionsumformung) (Masch) / shock wave ǁ **~wellenfront** f (bei der Explosionsumformung) (Masch) / shock front ǁ **~zeichnung** f / exploded view
**explosiv** adj / explosive adj ǁ **~e Dekompression** (Undichtwerden einer hermetischen Kabine in großer Höhe oder außerhalb der Atmosphäre) (Raumf) / explosive decompression ǁ **~es Gemisch** (Chem) / explosive mixture ǁ **~e Wetter** (Bergb) / explosive atmosphere ǁ **~darstellung** f (Form der Darstellung von Erzeugnissen oder Baugruppen, um deren Zusammenbau aus Bauelementen deutlich zu machen) (Chem) / exploded view ǁ **~gemisch** n (Chem) / explosive mixture ǁ **~stoff** m (Initialsprengstoff, Sprengstoff, rauchschwaches Pulver, pyrotechnischer Satz - DIN 20163) (Chem, Mil) / explosive* n ǁ **brisanter ~stoff** (z.B. Gelatine-Dynamit) (Chem, Mil) / high explosive* ǁ **~umformung** f (Masch) / explosive forming* ǁ **~verdichtung** f (des Bodens) (HuT) / deep blasting, explosive compaction
**Exponent** m (in der Gleitpunktrechnung) (EDV) / exponent n ǁ **~** (Bezeichnung für die hochgesetzte Zahl bei Potenzen und Wurzeln) (Math, Typog) / exponent* n, index* n (pl. indexes or indices) (a superscript)
**Exponential•-** (Math) / exponential adj ǁ **~abbildung** f (Math) / exponential mapping ǁ **~funktion** f (Math) / exponential function* ǁ **~glied** n (Math) / exponential term ǁ **~horn** n (ein Lautsprechergehäuse) (Akus) / exponential horn*, logarithmic horn* ǁ **~impuls** m (Eltronik) / exponential pulse ǁ **~integral** n (Math) / integral exponential, exponential integral ǁ **~kurve** f (Bild einer Exponentialfunktion) (Math) / exponential curve ǁ **~reaktor** m (Kernphys) / exponential reactor* ǁ **~reihe** f (eine Art Potenzreihe) (Math) / exponential series ǁ **~skale** f (Math) / exponential scale ǁ **~trichter** m (ein Lautsprechergehäuse) (Akus) / exponential horn*, logarithmic horn* ǁ **~verteilung** f (eine Wahrscheinlichkeitsverteilung) (Stats) / exponential distribution (the continuous form of the geometric distribution)
**exponentiell** adj (Math) / exponential adj ǁ **~e Glättung** (statistisches Prognoseverfahren) (Stats) / exponential smoothing ǁ **wachsender**

(ansteigender) **Sinusvorgang** (Phys) / exponentially increasing sinusoidal phenomenon (wave)
**Export** *m* / export *n* ‖ ~**anteil** *n* (Außenw) / export share ‖ ~**artikel** *m* / export *n*, exported article ‖ ~**förderungsmaßnahme** *f* / export promotion measure ‖ ~**format** *n* (EDV) / export format ‖ ~**quote** *f* / export share
**Exposition** *f* (Foto) / exposure* *n* ‖ ~ (Aussetzung, Ausgesetztsein) (Radiol) / exposure *n* ‖ **berufliche** ~ (Radiol) / occupational exposure ‖ **chronische** ~ (Med) / chronic exposure, continuous exposure
**Expositionsdosis** *f* (Radiol) / exposure dose*
**Exposure** *f* (Radiol) / exposure dose*
**Exposure-Leistungsmesser** *m* (Radiol) / exposure-rate meter
**Expression** *f* (alle Vorgänge zur Neusynthese eines vollständigen, funktionellen Proteins, das von einem oder mehreren Genen kodiert wird) (Gen) / expression *n*
**Expressionismus** *m* (z.B. Mendelsohn, Poelzig und Höger oder die "Amsterdamer Schule") (Arch) / Expressionism* *n*
**Expressionsvektor** *m* (ein Klonierungsvektor) (Gen) / expression vector
**Expropriation** *f* / expropriation *n*
**exproprieren** *v* / expropriate *v*
**Ex-Schutz** *m* / explosion protection
**Exsikkator** *m* (Chem) / desiccator* *n*
**Exsorption** *f* (Abtrennen eines Absorptivs aus dem Absorbat) (Phys) / exsorption *n*
**Exspirationsreservevolumen** *n* (Physiol) / expiratory reserve volume, supplemental air, ERV
**Exsudation** *f* (Verdunstung der Bodenfeuchtigkeit) (Landw) / exudation *n*
**EXSYN** (Fernm) / external sync clock
**Extended-Play-Schallplatte** *f* (mit 45 U/min, mit mehreren Titeln bzw. längerer Spielzeit) (Akus) / extended-play record, EP
**Extender** *m* (in Anstrich- oder Klebstoffen) (Anstr, Chem) / filler *n*, extender *n* ‖ ~ (z.B. beim Blitzwürfel, um die "Kaninchenaugen" zu vermeiden) (Foto) / extender *n* ‖ ~ (meistens flüssiges Streckmittel) (Plast) / extender* *n*
**Extension** *f* (in der Logik) / extension *n* ‖ ~ (EDV) / extension *n*
**extensional** *adj* (vom Umfang oder vom Wahrheitswert abhängig oder auf ihn bezogen) / extensional *adj*
**Extensionalität** *f* (KI, Math) / extensionality *n*
**Extensionalitätsaxiom** *n* (Math) / extensionality axiom, axiom of extensionality
**Extensionsversuch** *m* (bei den Bodenproben) (HuT) / extension test
**extensiv** *adj* (Eigenschaft, Größe, Spiel) / extensive *adj* ‖ ~**e Größe** (physikalische Größe eines homogenen Systems, die proportional zur Stoffmenge des Systems ist; z.B. Volumen, Masse, Teilchenzahl, Ladung, Magnetisierung, Energie, Entropie - DIN 1345) (Phys) / extensive quantity ‖ ~**es Spiel** (wenn die Spieler jeweils abwechselnd eine Reihe von Aktionen, sogenannte Züge, ausführen) (Math) / extensive game
**Extensivierung** *f* (For, Landw) / extensification *n*
**Extensivität** *f* (Math) / extensivity *n*
**Extent** *n* (zusammengehöriger physikalischer Speicherbereich) (EDV) / extent *n*
**extern** *adj* / external *adj* ‖ ~**er Standard** (in der Analytik) (Chem) / external standard ‖ ~**e Blockierung** (Zustand, in dem alle Abnehmerleitungen in die gewünschte Richtung belegt sind) (Fernsp) / external blocking ‖ ~**e Datei** (EDV) / external data set ‖ ~**e Dateinamenangabe** (EDV) / title option ‖ ~**e Datenbank** (EDV) / on-line database ‖ ~**es Gespräch** (Fernsp) / external call, interexchange call ‖ ~**er Indikator** (außerhalb verwendeter) (Chem) / external indicator* *n* ‖ ~**es Programm** (EDV) / external program ‖ ~**e Schnittstelle** (EDV) / external interface ‖ ~**er Speicher** (über den Arbeitsspeicher eines Rechners hinausgehende Speichereinrichtung) (EDV) / external store, external memory, external storage ‖ ~**e Steuerung** (Regeln) / external control ‖ ~**er Synchrontakt** (Fernm) / external sync clock ‖ ~**es Umschalten** (bei Mobilfunk) (Radio) / intercell hand-off
**Extern** *n* **mould release** (wenn das Trennmittel von außen in die Form lackiert wird) (Anstr, Plast) / extern mould release
**Externiden** *pl* (orogene Strukturen) (Geol) / externides *pl*
**Extern•seitenrahmen** *m* (in der virtuellen Speichertechnik) (EDV) / slot *n* ‖ ~**speicher** *m* (jenseits der Schnittstelle, z.B. Magnetband, Magnetplatte, Magnetblasen) (EDV) / external store, external memory, external storage ‖ ~**verkehr** *m* (Fernsp) / interexchange traffic
**Extinktion** *f* (DIN 1349, T 1) (Chem) / absorbance* *n*, absorbancy *n* ‖ ~ (Krist, Meteor) / optical density, OD ‖ ~ (allgemeiner Ausdruck für die Strahlungsschwächung, bestehend aus Absorption und Streuung) (Phys) / extinction *n* ‖ **dekadische** ~ (in der Fotometrie) (Licht) / absorbance *n*
**Extinktions•differenzen-Diagramm** *n* (Spektr) / extinction-difference diagram, ED diagram ‖ **dekadischer** ~**koeffizient** (in der Fotometrie) (Licht) / molar absorption coefficient ‖ ~**modul** *m* (eine charakteristische Stoffkonstante) (Opt, Spektr) / extinction coefficient*
**Extras** *n pl* (Kfz) / optional equipment, options *pl*
**Extra•ausgabe** *f* (Druck) / special *n*, special edition ‖ ~**blatt** *n* (Druck) / special *n*, special edition ‖ ~**ctum fluidum** *n* (Pharm) / fluid extract, liquid extract
**Extractum** *n* **siccum** (Pharm) / dry extract
**Extrados** *m* (Bau) / extrados* *n*, back *n*
**extra•fein** *adj* / superfine *adj* ‖ ~**feinflyer** *m* (Spinn) / jack frame ‖ ~**fokal** *adj* (Opt) / outside of focus, extrafocal *adj* ‖ ~**fokale Strahlung** (Radiol) / extrafocal radiation (of an X-ray tube), stem radiation ‖ ~**foveal** *adj* (Beobachtung der an der Sichtbarkeitsgrenze für das Auge liegenden Objekte) (Astr) / extrafoveal *adj*, indirect *adj* ‖ ~**galaktisch** *adj* (Astr) / extragalactic *adj* ‖ ~**galaktischer Nebel** (Astr) / extragalactic nebula* *n* ‖ ~**harte Faserplatte** (Bau, Tischl) / high-density hardboard, superhardboard *n* ‖ ~**hartplatte** *f* (eine Holzfaserplatte) (Bau, Tischl) / high-density hardboard, superhardboard *n*
**extrahierbar** *adj* (Chem Verf) / extractable *adj* ‖ **mit Säure** ~ (Chem Verf) / acid-extractable *adj* ‖ ~**er Rückstand** (Umwelt) / extractable residue ‖ ~**er Schwefel** (der total mit Azeton oder Azeton/Chloroform extrahierbare Schwefel) (Chem Verf) / extractable sulphur ‖ ~**e Stoffe** (bei Bearbeitung der Faserstoffe) (Tex) / extractable matter
**extrahieren** *v* (z.B. ausschütteln, auswaschen, auslaugen) / extract *v* ‖ **durch Schmelzen** ~ (Fett) (Nahr) / render down *v*, render *v*, try *v*, try out *v* ‖ ~ (Chem Verf) / extraction* *n*
**extrahierend** *adj* (Chem Verf) / extractive *adj*
**Extrahiergut** *n* (zu extrahierender Stoff) (Aufber, Chem Verf) / extrahend *n*
**extrahiert•e Datei** (EDV) / extracted file ‖ ~**e Schnitzel** (Landw, Nahr) / beet pulp, sugar-beet pulp, exhausted slices
**Extrahierung** *f* (Chem Verf) / extraction* *n*
**Extraklast** *m* (Karbonatgesteinsfragment von außerhalb des Sedimentationsraums) (Geol) / extraclast *n*
**Extrakt** *m n* (konzentrierte, gegebenenfalls auf einen bestimmten Wirkungswert eingestellte Zubereitung von Drogen) (Pharm) / extract* *n* ‖ ~**abnahme** *f* (Brau) / attenuation *n*
**Extraktion** *f* (z.B. Ausschütteln, Auswaschen, Auslaugen) (Chem Verf) / extraction* *n* ‖ **kontinuierliche** ~ (Chem Verf) / continuous extraction ‖ ~ *f* **fest-flüssig** (Chem Verf) / solid-liquid extraction ‖ ~ **flüssig-flüssig** (Chem Verf) / liquid-liquid extraction*, solvent extraction
**Extraktions•analyse** *f* (Chem) / extraction analysis ‖ ~**anlage** *f* (Chem Verf) / extracting plant ‖ ~**anlage** (Nahr) / diffuser *n* ‖ ~**apparat** *m* (Chem Verf) / extractor *n* ‖ ~**apparat nach Soxhlet** (Chem) / Soxhlet apparatus*, Soxhlet extraction apparatus, Soxhlet extractor, Soxhlet *n* ‖ ~**aufsatz** *m* (nach F. v. Soxhlet, 1848-1926, nach Thielepappe) (Chem) / extractor *n* ‖ ~**benzin** *n* (Chem) / extraction naphtha, extraction solvent ‖ ~**beständigkeit** *f* (Maß für die Löslichkeit von Weichmachern aus einem Polymerfilm durch Lösemittel) (Chem Verf) / extraction stability ‖ ~**fenster** *n* (Radar) / tracking window ‖ ~**geschwindigkeit** *f* (Chem Verf) / extraction rate, extraction velocity ‖ ~**gut** *n* (Aufber, Chem Verf) / extraction material, extractive *n* ‖ ~**hülse** *f* (z.B. des Soxhlet-Extraktors) (Chem) / extraction thimble*, extractor *n* ‖ ~**kolben** *m* (Chem) / extraction flask ‖ ~**kolonne** *f* (Chem Verf) / contactor *n* (for solvent extraction) ‖ ~**kolonne** (Chem Verf) / extraction column ‖ ~**kolophonium** *n* (aus totem Kernholz der Stümpfe und der Äste) / wood rosin ‖ ~**lösemittel** *n* (Nahr) / extraction solvent, extracting solvent ‖ ~**mittel** *n* (Chem Verf) / extracting agent, extraction agent *n*, extraction agent ‖ ~**öl** *n* (Chem Verf) / extraction oil ‖ ~**säule** *f* (Chem Verf) / extraction column ‖ ~**turm** *m* (Chem Verf) / extraction column
**extraktiv** *adj* (Chem Verf) / extractive *adj* ‖ ~**e Destillation** (bei der dem zu trennenden Gemisch ein Lösungsmittel zugesetzt wird, das höher siedet als die einzelnen Komponenten) (Chem Verf) / extractive distillation* ‖ ~**e Metallurgie** (Hütt) / extraction metallurgy*, extractive metallurgy ‖ ~**destillation** *f* (Chem Verf) / extractive distillation* ‖ ~**stoff** *m* (Aufber, Chem Verf) / extraction material, extractive *n* ‖ ~**stripper** *m* (Erdöl) / extractive stripper
**Extraktkonzentration** *n* **von Gewürzen** (Chem) / oleoresin *n*
**Extraktor** *m* (Chem Verf) / extractor *n*
**Extrakt•rückgewinnung** *f* (Chem Verf) / extract recovery ‖ ~**stoff** *m* (Aufber, Chem Verf) / extraction material, extractive *n* ‖ ~**wolle** *f* (Tex) / alpaca *n*
**extra•lang** *adj* (Tex) / extra long (XL) *adj* ‖ ~**molekulare Kondensation** (Chem, Phys) / self-condensation *n* ‖ ~**nuklear** *adj* (Kernphys) / extranuclear *adj* ‖ ~**ordinärer Strahl** (Licht, Opt) / extraordinary ray*, E ray ‖ ~**polation** *f* (Schluß auf Werte, die außerhalb des untersuchten Bereiches liegen) (Math) / extrapolation* *n* ‖ **lineare** ~**polation** (Math) / linear extrapolation ‖ ~**polationsionisationskammer** *f* (Nukl) / extrapolation ionization

**Extrapolationskammer**

chamber ‖ ~**polationskammer** f (eine Ionisationskammer) (Nukl) / extrapolation ionization chamber ‖ ~**qualität** f / extra quality, XQ ‖ ~**solar** adj (Astr) / extrasolar ‖ ~**terrestrisch** adj / extraterrestrial* adj ‖ ~**terrestrische Physik** (Phys) / extraterrestrial physics ‖ ~**zellular** adj (Zyt) / extracellular* adj ‖ ~**zellulär** adj (Zyt) / extracellular* adj ‖ ~**zelluläre Matrix** (Zyt) / extracellular matrix
**extrem** adj (Math) / extreme adj ‖ ~**e Betriebsbedingungen** / extreme operating conditions ‖ ~ **hart** / extremely hard ‖ ~ **hohe Geschwindigkeit** (Mil, Phys) / hypervelocity n ‖ ~ **leicht** / ultralight adj, microlight adj ‖ ~ **leicht zu handhaben** / idiot attr ‖ ~ **relativistisch** (Phys) / extremely relativistic ‖ ~**es Ultraviolett** (Phys) / extreme ultraviolet, EUV
**extremal** adj (Math) / extremal adj
**Extremal-** (Math) / extremal adj
**Extremale** f (die bei Variationsproblemen gesuchte Funktion) (Math) / extremal n
**Extremalenfeld** n (Math) / field of extremals
**Extremalprinzip** n (z.B. nach Castigliano, Gauß oder Fermat) (Phys) / extreme-value principle
**Extremalspannung** f (Mech) / extreme stress
**Extrem•fall** m / borderline case, limiting case ‖ ~**punkt** m **einer Kurve** (Math) / turning-point on a curve*
**Extremum** n (pl. Extrema) (einer Funktion) (Math) / extremum n (pl. extremums or extrema), extreme value
**Extremwert** m (einer Funktion) (Math) / extremum n (pl. extremums or extrema), extreme value
**Extrinsic Factor** m ( Vitamin B¹²) (Biochem) / extrinsic factor
**Extrinsic-Halbleiter** m (Eltronik) / extrinsic semiconductor*, impurity semiconductor
**extrinsisch** adj (Eltronik) / extrinsic* adj
**Extrudat** n / extrudate n
**Extruder** (Schnecken- oder Kolben-, DIN 24450) (Hütt, Masch, Plast) / extruder n ‖ ~ m **mit Seitenkanal** (Plast) / by-pass extruder ‖ ~**düse** f (Plast) / extruder die, extrusion die ‖ ~**kopf** m (Plast) / extruder head, extrusion head ‖ ~**mundstück** n (Plast) / extruder die, extrusion die
**Extrudieren** n (Geol) / extrusion n ‖ ~ (Masch, Plast) / extrusion n, extrusion moulding
**Extrudierhöhe** f (DIN 24 450) (Plast) / extrusion height
**Extrusion** f (z.B. Quellkuppe) (Geol) / extrusion n ‖ ~ (der plastisch verformbaren Masse aus einer Düse) (Masch, Plast) / extrusion n, extrusion moulding
**Extrusions•beschichten** n (mit Ummantelungsmaterial) (Kab) / extrusion coating ‖ ~**beschichtung** f (Kab) / extrusion coating ‖ ~**blasen** n **mit beweglichem Dorn und Seitwärtsbewegung des Blaswerkzeugs** (Plast) / sliding mould process ‖ ~**blasverfahren** n (Plast) / extrusion blow moulding ‖ ~**schweißen** n (mit gespritztem Zusatzdraht) (Plast) / extruded-bead sealing, molten-bead sealing ‖ ~**schweißen** (ein Kunststoffschweißen bei dickwandigen Erzeugnissen) (Plast) / extrusion welding ‖ ~**spinnanlage** f (Spinn) / extrusion-spinning plant
**Extrusiva** n pl (Geol) / extrusive rocks*, volcanics pl, volcanic rocks, vulcanites* pl, effusive rocks, extrusives pl
**Extrusivgesteine** n pl (Geol) / extrusive rocks*, volcanics pl, volcanic rocks, vulcanites* pl, effusive rocks, extrusives pl
**Exzelsin** n (Globulin aus Bertholletia excelsa Humb. et Bonpl.) (Chem) / excelsin n
**Exzenter** m (Masch) / eccentric* n ‖ ~ (Uhr) / snail* n ‖ ~ (Web) / wiper n, tappet n, cam n ‖ ~**angel** f (eine Sägeangel) (For) / eccentric buckle ‖ ~**antrieb** m (Masch) / eccentric drive ‖ ~**bolzen** m (Masch) / eccentric bolt ‖ ~**buchse** f (z.B. der Exzenterpresse) (Masch) / eccentric bush ‖ ~**büchse** f (Masch) / eccentric bush ‖ ~**bügel** m (Masch) / eccentric strap ‖ ~**dipol** m (Eltronik) / off-centre dipole ‖ ~**hub** m (Masch) / throw* n ‖ ~**maschine** f (Web) / eccentric dobby ‖ ~**presse** f (eine mechanische Presse, bei der ein oder mehrere Stößel über einen oder mehrere Kurbeltriebe mit Exzenterbuchse bewegt werden) (Masch) / eccentric press ‖ ~**schaftmaschine** f (zur Fachvorbildung) (Web) / eccentric dobby ‖ ~**schälfurnier** n (bei einem exzentrisch eingespannten Block) (For) / semi-rotary cut veneer, half rotary-cut veneer, half-round veneer ‖ ~**scheibe** f (Masch) / eccentric* n ‖ ~**schleifer** m (Tischl) / random orbital sander ‖ ~**spannung** f (Masch) / cam-lock n ‖ ~**stuhl** m (Web) / eccentric loom ‖ ~**webmaschine** f (Web) / eccentric loom ‖ ~**welle** f (Masch) / eccentric shaft ‖ ~**zapfen** m (Masch) / eccentric pin
**exzentrisch** adj / eccentric* adj, off-centre attr ‖ ~ **angeordnete progressive Schraubenfeder** (Kfz) / off-centre progressive coil spring ‖ ~**e Anomalie** (Astr) / eccentric anomaly ‖ ~**e Belastung** (Mech) / eccentric load* ‖ ~**e Bodenabstichtechnologie** (bei Lichtbogenschmelzöfen) (Hütt) / eccentric bottom tapping system, EBT system ‖ ~**e Lage** (Mech) / eccentricity* n, off-centre position ‖ ~**er Standpunkt** (Verm) / eccentric station*, satellite station* ‖ ~**er Stoß** (wenn die Impulse der beiden Körper kurz vor dem Stoß unterschiedliche Richtung haben) (Mech) / eccentric impact ‖ ~**e Umlaufbahn** (Raumf) / eccentric orbit ‖ ~**er Wuchs** (For) / eccentric growth
**Exzentrizität** f (Qualitätssicherungsmerkmal einer CD) (EDV) / eccentricity n ‖ ~ (ganzer od. halber Exzenterhub) (Masch) / throw* n ‖ ~ (Mech) / eccentricity* n, off-centre position ‖ **linere** ~ (Math) / linear eccentricity, focus-to-centre distance, eccentricity n ‖ **numerische** ~ (Math) / eccentricity n, numerical eccentricity ‖ ~ f **der Makroröhre** (beim exzentrischen Wuchs) (For) / wandering heart (pith)
**Exzentrizitätsfehler** m (Opt) / eccentricity error
**Exzeß** m (Stats) / kurtosis* n ‖ **sphärischer** ~ (im Kugeldreieck) (Verm) / spherical excess*
**Exzeßenthalpie** f (Phys) / excess enthalpy
**Exzeßgröße** f (thermodynamische Zusatzgröße) (Phys) / excess function
**Exzeß-3-Kode** m (EDV) / excess-3 code* (XS3), excess-three code
**Exzisionsreparatur** f (Gen) / excision repair
**Exzitation** f (Med) / excitation n
**exzitieren** v (Med) / excite v
**Exziton** n (Eltronik) / exciton* n
**Exzitonenabsorption** f (Eltronik) / exciton absorption
**Eyan** n (For) / dibétou n, African walnut, noyer d'Afrique, Benin walnut
**Eyong** n (westafrikanisches Holz der Eribroma oblonga Bod.) (For) / eyong n, okoko n
**Eyring-Gleichung** f (in der Theorie des Reaktionsablaufs) (Chem) / Eyring equation ‖ ~ (Ausfallkurve von Bauelementen) (Eltronik) / Eyring equation
**Eyringsch•er Absorptionsgrad** (Akus) / Eyring absorption coefficient ‖ ~**e Theorie** f (nach H. Eyring, 1901 - 1981) (des Reaktionsablaufs) (Chem) / absolute rate theory, activated-complex theory, ACT, transition-state theory, TST
**Eytelwein-Gleichung** f (na J.A. Eytelwein, 1765 - 1849) (Mech) / Eytelwein equation
**EZ** (bei Fetten und fetten Ölen) (Chem) / ester value* ‖ ~ (Kfz) / initial registration
**EZH** (Glas) / boosting n, boost melting
**EZI** (EDV) / input destination
**E-Zink** n (Hütt) / electrolytic zinc*
**EZP** (Biochem, Biol) / single-cell protein* (SCP)
**EZ-System** n (V-Mot) / electronic ignition system
**E-Zug** m (Bahn) / through-train n

# F

**f** (10⁻¹⁵m) / femtometre* *n*, fermi* *n*, femtometer *n*
**F** (Chem) / fluorine* *n*
**FA** (Anstr) / shop-primer *n*, factory primer, mill primer, factory-applied coating ‖ ~ (Fernm) / telecommunications office
**FAA** (Chem) / alkanolamine soap, fatty alkanolamine
**FAB** (Kernphys, Spektr) / fast-atom bombardment, liquid secondary ion mass spectrometry, LSIMS
**Fabric-Presse** *f* (mit Mitläuferband) (Pap) / fabric press
**Fabrik** *f* / factory *n* (cotton mill, rolling mill, saw-mill, spinning mill), mill* *n* (cotton mill, rolling mill, saw-mill, spinning mill) ‖ **automatisierte** ~ / unmanned factory ‖ ~ *f* **der Zukunft** / factory of the future
**Fabrikat** *n* / product *n*, make *n*, manufacture *n*
**Fabrikation** *f* (Chem Verf, Masch) / manufacture *n*, production *n*, making *n*, fabrication *n*, manufacturing *n*, fashioning *n*, mfg
**Fabrikations•abfall** *m* (Hütt) / process scrap ‖ ~**anforderungen** *f pl* / manufacturing requirements ‖ ~**dampf** *m* / process steam, operating steam ‖ ~**fehler** *m* / manufacturing defect ‖ ~**nummer** *f* (z.B. einer Maschine) (Masch) / serial number ‖ ~**vacheleder** *n* (leichter, flexibler Unterledercroupon, meistens für Neuschuhwerk) (Leder) / manufacturing bend ‖ ~**wasser** *n* / industrial water, service water ‖ ~**wasser** / process water
**Fabrik•datum** *n* / factory date ‖ ~**fertig** *adj* / factory-built *adj*, factory-assembled *adj* ‖ ~**kartoffeln** *f pl* (zur Stärkeherstellung) (Landw) / farina potatoes ‖ ~**neu** *adj* (Magnetband) (EDV) / virgin *adj* ‖ ~**neu** (Gebrauchtwagen in Topzustand) (Kfz) / in mint condition ‖ ~**schiff** *n* (Fang- und Verarbeitungsschiff) (Schiff) / factory ship ‖ ~**schornstein** *m* (Bau, HuT) / (factory) stack *n*, smokestack *n* ‖ ~**verkaufszentrum** *n* / factory outlet
**fabrizieren** *v* / manufacture *v*, produce *v*, make *v*, fabricate *v*
**Fabry-Pérot•-Interferenzspektroskop** *n* (nach Ch. Fabry, 1867-1945, und A. Pérot, 1863-1925) (Phys) / Fabry-Pérot interferometer* ‖ ~**-Interferometer** *n* (nach Ch. Fabry, 1867-1945, und A. Pérot, 1863-1925) (Phys) / Fabry-Pérot interferometer*
**Fabulit** *m* (ein Diamantersatz) (Min) / fabulite *n*
**fac-** (ein Strukturpräfix) (Chem) / fac-
**Face bonding** *n* (Kopfüber-Kontaktierung zwischen einem Halbleiterchip und einem Substrat bzw. bei mehreren Chips auch deren Querverbindungen untereinander) (Eltronik) / face bonding
**face-down assembly** (Eltronik) / face-down assembly, face-down bonding
**Face-down-Montage** *f* (zur Kontaktierung und gleichzeitigen Befestigung von ungekapselten Halbleitern in Hybridschaltungen) (Eltronik) / face-down bonding
**Facelift** *n* (Änderung des Erscheinungsbildes) (Kfz) / facelift *n*
**Facette** *f* (eckig geschliffene Fläche) (Glas) / facet* *n*
**Facetten•geschiebe** *n* (Geol) / facetted pebbles ‖ ~**klassifikation** *f* (polyhierarchische Klassifikation nach Merkmalsausprägungen, die in einem bestimmten Wissensbereich für die begriffliche Ordnung als spezifisch angesehen werden können) / facetted classification ‖ ~**linse** *f* / fly's eye lens ‖ ~**spiegel** *m* (der aus einem Mosaik zahlreicher wabenförmiger Spiegelelemente zusammengesetzt ist) (Astr) / segmented mirror ‖ **parabolischer** ~**spiegel** (der Reflektor wird aus einem Mosaik zahlreicher wabenförmiger Spiegelelemente zusammengesetzt) (Astr) / segmented-mirror telescope
**facettieren** *v* / facet *v*
**Facettierung** *f* (Krist) / facetting *n*
**Face-up-Montage** *f* (Montage von Halbleitern mit der Kontaktseite nach oben) (Eltronik) / face-up assembly, face-up bonding
**Fach** *n* (eines Regals) / pigeon-hole *n* ‖ ~ (der Brieftasche) / slot *n* ‖ ~ (zwischen den Stäben eines Fachwerks oder zwischen tragenden Zwischenwänden) (Bau) / panel *n*, compartment *n* ‖ ~ (Variable eines Objekts) (KI) / slot *n* ‖ ~ (Schrankfach, Geldfach usw.) (Tischl) / compartment *n* ‖ ~ (Zwischenraum zwischen hoch- und tiefgeführten Kettfäden beim Durchkreuzen des Schußfadens) (Web) / shed* *n* ‖ **reines** ~ (bei der Fachbildung) (Web) / clear shed, balanced shed ‖ **unreines** ~ (bei der Fachbildung) (Web) / unbalanced shed, uneven shed ‖ ~**arbeiter** *m* (F.Org) / skilled worker, tradesman *n* (pl. -men) (skilled worker in a specific trade, e.g. bricklayer, carpenter, electrician, painter) ‖ ~**arzt** *m* **für Radiologie** (Med) / radiologist *n* ‖ ~**ausbildung** *f* / professional training ‖ **technischer** ~**ausdruck** / technical term, technicality *n* ‖ ~**bereich** *m* / domain *n* ‖ ~**bezogenes Wissen** (KI) / domain-specific knowledge ‖ ~**bildemaschine** *f* (Web) / shedding machine ‖ ~**bildevorrichtung** *f* (mit deren Hilfe das Fachdreieck gebildet wird) (Web) / shedding mechanism ‖ ~**bildung** *f* / professional training ‖ ~**bildung** (Web) / shedding *n*, shed formation ‖ ~**dreieck** *n* (gehobene Kettfäden + gesenkte oder liegengebliebene Kettfäden + Riet) (Web) / shed triangle ‖ ~**durchflug** *m* (Web) / pick* *n* (one traverse of the shuttle through the warp shed), filling* *n* (US) ‖ ~**durchlauf** *m* (Web) / pick* *n* (one traverse of the shuttle through the warp shed), filling* *n* (US)
**fachen** *v* (zwei oder mehr Garne oder Fäden ohne Drehung bei gleicher Fadenspannung auf eine Spule aufwickeln) (Spinn) / double *v* ‖ ~ (um Mehrfachgarne zu erhalten) (Spinn) / double *v* ‖ ~ (Zusammenführen von zwei oder mehreren parallellaufenden Fäden auf einer Spule) (Spinn) / doubling* *n*
**Facher** *m* (Spinn) / doubler *n* ‖ ~ (Spinn) s. auch Gewebeablegevorrichtung
**Fächer•anschnitt** *m* (Gieß) / fan gate ‖ ~**antenne** *f* (Radio) / fan antenna*, spider-web antenna, fan-beam antenna ‖ ~**artig** *adj* / fanlike *adj* ‖ ~**bogen** *m* (Arch) / multifoil arch ‖ ~**brenner** *m* (Masch) / fantail burner*, streamline burner* ‖ ~**einbruch** *m* (bei Sprengarbeiten) (Bergb) / fan cut, slabbing cut, slipping cut, swing cut ‖ ~**falte** *f* (im Schenkelbereich stärker als im Scharnier zusammengepreßte enge Falte) (Geol) / fan fold ‖ ~**förmige Rauchfahne** (in stabiler vertikaler Temperaturschichtung) (Umwelt) / fanning *n* ‖ ~**förmiger Strahl** (der Antenne) (Radio) / fan beam ‖ ~**funkfeuer** *n* (Luftf) / fan marker beacon* ‖ ~**gewölbe** *n* (dessen Rippen fächerförmig von einem Punkt ausstrahlen) (Arch) / fan vaulting*, fan vault ‖ ~**keileinbruch** *m* (Bergb) / fan cut, slabbing cut, slipping cut, swing cut ‖ ~**krümmer** *m* (Auspuffkrümmer aus Stahlrohr) (Kfz) / high-performance header, tuned header, performance header ‖ ~**maschine** *f* (Masch) / fan-type machine ‖ ~**maschine** (bei der die Pleuel der zum Fächer gehörenden Zylinder auf einer Kröpfung der Kurbelwelle gelagert sind) (V-Mot) / W-machine *n*, W-engine *n* ‖ ~**scheibe** (eine Schraubensicherung nach DIN 6798) (Masch) / serrated lock washer ‖ **innengezahnte** ~**scheibe** (Masch) / serrated internal-tooth lock washer ‖ **außengezahnte** ~**scheibe** (Masch) / serrated external-tooth lock washer ‖ **außengezahnte kegelige** ~**scheibe** (Masch) / countersunk serrated external-tooth lock washer ‖ ~**scheibe, Form** *f* **A** (Masch) / serrated external-tooth lock washer ‖ ~**scheibe, Form J** (Masch) / serrated internal-tooth lock washer ‖ ~**scheibe, Form V** (Masch) / countersunk serrated external-tooth lock washer ‖ ~**schwamm** *m* (For) / paxillus *n* (pl. paxilli) ‖ ~**strahl** *m* (der Antenne) (Radio) / fan beam ‖ ~**strahlantenne** *f* (Radio) / fan antenna*, spider-web antenna, fan-beam antenna
**Fach•gebiet** *n* / subject field, specialty *n*, field *n* ‖ **vermeiden Sie den übermäßigen** ~**jargon** (Rat an die technischen Redakteure) / avoid technical jargon, avoid technicalities ‖ ~**kenntnisse** *f pl* / expert knowledge ‖ ~**kräfte** *f pl* / trained labour
**fachlich ausgebildet** / professional *adj* ‖ ~ **geschultes Personal** / skilled staff
**Fach•mann** *m* (im Patentrecht) / person skilled in the art ‖ ~**mann** (Profi) / professional *n*, pro *n* ‖ ~**mann** / specialist *m*, expert *n* ‖ **ausgewiesener** ~**mann** / expert of proven ability ‖ ~**mann für Einzelhandelsverkaufspolitik** / merchandiser *n*, merchandizer *n* ‖ ~**schluß** *m* (Web) / shed closing ‖ ~**simpelei** *f* / shoptalk *n* ‖ ~**simpelei** (Luftf) / hangar flying ‖ ~**sprache** *f* / language for special purposes, special language, LSP ‖ ~**übergreifend** *adj* / interdisciplinary *adj* ‖ ~**wand** (Bau) / frame wall
**Fachwerk** *n* (ein ebenes oder räumliches System von geraden Stäben, die in ihren Endpunkten miteinander verbunden sind) (Bau, HuT) / truss* *n*, lattice *n*, lattice-work *n* ‖ ~**räumliches** (Bau, HuT) / spatial framework structure, space truss ‖ ~**balkenbrücke** *f* (HuT) / framed truss bridge, lattice bridge*, truss bridge ‖ ~**bau** *m* (Bau) / half-timber building, frame house, half-timbered house ‖ ~**bau** (im allgemeinen) (Bau) / skeleton construction, frame building, skeletal framing ‖ ~**bauart** *f* (mit hölzernem Stabwerk) (Bau) / timber-framing *n*, half-timbering* *n* ‖ ~**bauweise** *f* (Luftf) / space construction, truss construction ‖ ~**binder** *m* (bei Hallendächern oder Brücken) (HuT) / truss* *n* ‖ ~**binderdach** *n* (Bau, Zimm) / trussed roof, triple roof, framed roof ‖ ~**bogen** *m* (HuT) / trussed arch ‖ ~**brücke** *f* (HuT) / framed truss bridge, lattice bridge*, truss bridge ‖ ~**haus** *n* (mit hölzernem Stabwerk) (Bau) / half-timber building, frame house, half-timbered house ‖ ~**stab** *m* (Bau) / lattice bar*, truss bar ‖ ~**träger** *m* (mit auf Zug oder Druck beanspruchten, im Dreiecksverband miteinander verbundenen Stäben) (HuT) / truss* *n*, braced girder*, truss girder ‖ **strebenloser** ~**träger** (Masch) / open-frame girder*, Vierendeel girder, Vierendeel *n*, Vierendeel truss ‖ ~**träger** *m* **mit senkrechten Druck- und diagonalen Zugstäben im N-Verband** (Masch) / Whipple-Murphy truss*, Pratt truss*, Linville truss*, N-truss* *n* ‖ ~**wand** (wenn die Zwischenräume des Fachwerks ausgefüllt werden) (Bau) / frame wall

**Fachwörterliste**

**Fachwörterliste, textbezogene** ⁓ (Liste von Fachwörtern mit ihren zielsprachigen Entsprechungen, die sich ausschließlich auf einen zu übersetzenden Text beziehen, gewöhnlich nach der Reihenfolge ihres Auftretens im Originaltext sortiert) (EDV) / text-oriented (specialized) glossary

**Fach•zeichnen** *n* **in der Elektrotechnik** (Eltech) / electrical drawing, drawing for electrical trades ‖ ⁓**zwirn** *m* (Spinn) / folded yarn

**Facility-Management** *n* (komplette Ausgliederung der DV aus dem Unternehmen und Inanspruchnahme eines externen Service-Rechenzentrums) (EDV) / facility management

**Fackel•n** *f pl* (Astr) / faculae* *pl*, solar faculae ‖ ⁓ *f* (bei der Abfackelung von Gasen und Dämpfen) (Chem Verf) / flare *n* ‖ ⁓ (ein IR-Täuschmittel) (Mil) / flare *n* ‖ **chromosphärische** ⁓ (Astr) / plage* *n* ‖ ⁓**brenner** *m* (zum Abfackeln brennbarer Gase) (Chem Verf) / flare burner ‖ ⁓**felder** *n pl* (überhitzte Gebiete in Fotosphäre und Chromosphäre, die heller als ihre Umgebung erscheinen) (Astr) / faculae* *pl*, solar faculae ‖ ⁓**gas** *n* (Chem Verf) / flare gas* ‖ ⁓**kondensat** *n* (Chem Verf) / flare blowdown, flare condensate ‖ ⁓**kopf** *m* (Chem Verf) / flare tip ‖ ⁓**leitung** *f* (Chem Verf) / flare stack line, flare line ‖ ⁓**mast** *m* (Chem Verf) / flare stack ‖ ⁓**rohr** *n* (Chem Verf) / flare stack ‖ ⁓**system** *n* **für flüssighaltige Gase** (Chem Verf) / wet-flare system ‖ ⁓**zünder** *m* (Luftf) / torch igniter*

**FACS** (Zyt) / fluorescence-activated cell sorter, FACS

**Factoring** *n* (Absatzfinanzierung mit Absicherung des Kreditrisikos) / factoring *n*

**Factory-Outlet-Center** *n* / factory outlet

**fad** *adj* (Farbstellung) / flat *adj* ‖ ⁓ (Nahr) / insipid *adj*, stale *adj*, flat *adj*, tasteless *adj*, vapid *adj* ‖ ⁓ (Geschmackseindruck von Tee, der bei feuchter Witterung geerntet wurde) (Nahr) / weathery *adj*

**FAD** (prosthetische Gruppe zahlreicher Flavoproteine) (Biochem) / flavine-adenine dinucleotide, FAD

**fade** *adj* / flat *adj*

**Fädeldose** *f* (Eltech) / pull box

**Fädelung** *f* (Speicherungsform für binäre Bäume) (EDV) / threaded tree

**Fädelwicklung** *f* (Eltech) / tunnel winding*, pull-through winding, threaded-in winding

**Faden** *m* (Spinn) / filament *n* (as of carbon or metal) ‖ ⁓ (Sammelbegriff für Garne und Zwirne) (Spinn) / thread *n* ‖ ⁓ (der Nähmaschine) (Tex) / thread *n* ‖ ⁓- / threadlike *adj*, filamentous *adj*, filiform *adj* ‖ **Fäden** (Tropfen von abschmelzenden Wannensteinen, die sich nicht mit der Glasmasse verschmelzen lassen) (Glas) / string *n*, stringy knots ‖ **fehlender** ⁓ (Spinn) / singling *n* (defect in plying of yarns) ‖ **flottierender** (nicht eingebundener) ⁓ (Fehler) (Web) / float* *n*, flush *n*, floating thread ‖ **geheizter** ⁓ (Eltronik, Licht) / filament* *n* ‖ **gerissene Fäden** (Web) / broken ends*, end breakage ‖ **leonischer** ⁓ (Tex) / metallized filament, metallized thread ‖ **schlaffer** ⁓ (Web) / slack end, slack thread, slack warp ‖ **umsponnener** ⁓ (Tex) / covered thread ‖ ⁓ *m* **mit Verdickungsstellen** (Spinn) / gouty thread

**Faden•absauganlage** *f* (Spinn) / pneumatic broken-end collector system, thread-suction clearing system ‖ ⁓**abschneidemaschine** *f* (die in der Bekleidungsindustrie zum Entfernen von überstehenden Stoffenden und Fäden an fertigen Kleidungsstücken dient) (Tex) / thread clipping machine, thread trimming machine, thread clipper, thread cutter, thread trimmer ‖ ⁓**andrehen** *n* (Spinn) / piecing *n*, piecing-up *n* ‖ ⁓**anlegen** *n* (Spinn) / piecing *n*, piecing-up *n* ‖ ⁓**anzahl** *f* (im Garn) (Spinn) / ply *n* ‖ ⁓**aufzieher** *m* (Tex) / thread take-up lever ‖ ⁓**auge** *n* (Tex) / thread eyelet ‖ ⁓**auswähler** *m* (Web) / jack *n* ‖ ⁓**ballon** *m* (Spinn) / balloon *n* ‖ ⁓**bremse** *f* (Web) / thread brake, yarn brake ‖ ⁓**bruch** *m* (Spinn) / singling *n* (defect in plying of yarns) ‖ ⁓**bruch** (Web) / thread break, thread breakage, yarn break ‖ ⁓**bruch** (Web) s. auch Fadenriß ‖ ⁓**brüche** *m pl* (meistens Schußfäden) (Web) / broken ends*, end breakage ‖ ⁓**bruchhäufigkeit** *f* (Vergleichsmaßstab bei der Beurteilung und Bewertung der Nähsicherheit von Nähmaschinen) (Tex) / number of thread breakages ‖ ⁓**bruchzahl** *f* (Vergleichsmaßstab bei der Beurteilung und Bewertung der Nähsicherheit von Nähmaschinen) (Tex) / number of thread breakages ‖ ⁓**dämmvorrichtung** *f* (Web) / thread brake, yarn brake ‖ ⁓**dehnung** *f* **im Gewebe** (Tex) / regain *n* ‖ ⁓**dichte** *f* (DIN 53853) (Web) / gauge* *n* (knitted fabrics), set* *n* (woven fabrics), density *n*, sett* *n*, thickness *n*, gage *n* ‖ ⁓**dichtezähler** *n* (Web) / thread counter, thread-counting instrument ‖ ⁓**einzug** *m* (bei Nähmaschinen) (Tex) / stitch setting ‖ **statistisches** ⁓**element** (zur Beschreibung der Knäueleigenschaften von Makromolekülen) (Chem) / statistical linear element ‖ ⁓**förmig** *adj* / threadlike *adj*, filamentous *adj*, filiform *adj* ‖ ⁓**führer** *m* (vom Antrieb getriebene Baugruppe, die die Fadenschwingung und die Fadenverlegung bewirkt) (Spinn) / thread guide, yarn guide, glass ring ‖ ⁓**führer** (in Form eines gebogenen Drahtes) (Spinn) / thread wire ‖ ⁓**führer** (DIN 62500) (Web) / thread guide, yarn carrier, thread carrier, thread plate, yarn box, feeder *n* ‖ ⁓**geber** *m* (Tex) / thread lever,

thread take-up lever ‖ ⁓**gelege** *n* (Tex) / batt* *n*, web* *n*, fibre adhesive web ‖ ⁓**gezwickt** *adj* (Schuh) / thread-lasted *adj* ‖ ⁓**glas** *n* (ein Kunstglas) (Glas) / reticulated glass, filigree glass ‖ ⁓**gleiten** *n* (Tex) / yarn slippage ‖ ⁓**gras** *n* (aus der Stipa tenacissima L.) (Bot) / esparto *n*, esparto grass, alfa *n*, alfa grass ‖ ⁓**hebel** *m* (Tex) / thread lever, thread take-up lever ‖ ⁓**heften** *v* (nur Infinitiv oder Partizip) (Buchb) / sew *v* ‖ ⁓**heften** *n* (Buchb) / thread-sewing *n* ‖ ⁓**heftung** *f* (Buchb) / thread-sewing ‖ **amerikanische** ⁓**heftung** (nicht auf Gaze) (Buchb) / French sewing*, Smyth sewing ‖ **seitliche** ⁓**heftung** (Buchb) / side sewing ‖ **zweifarbige** ⁓**karomusterung** (Tex) / tattersall check, tattersall *n* ‖ ⁓**katode** *f* (eine faden- oder bandförmige, direktgeheizte Katode) (Eltronik) / filament *n*, filamentary cathode ‖ ⁓**konstruktion** *f* (einer Ellipse) (Math) / string construction ‖ ⁓**korrektur** *f* (Berichtigung des Anzeigefehlers beim Flüssigkeitsausdehnungsthermometer) (Chem, Phys) / stem correction* ‖ ⁓**korrosion** *f* (Galv) / filiform corrosion ‖ ⁓**kreuz** *n* (Instr, Opt, Verm) / crosshair* *n*, hairline* *n* ‖ ⁓**kreuz** (Web) / lease *n* ‖ ⁓**kreuz-Cursor** *m* (EDV) / crosshair cursor ‖ ⁓**kreuzplatte** *f* (Opt, Verm) / graticule* *n*, reticule* *n*, reticle *n* ‖ ⁓**kreuzung** *f* (Tex) / interlacing of the threads ‖ ⁓**kristalle** *m pl* (ein Oberflächenfehler, der durch Feuchtigkeitseinwirkung entsteht) (Glas) / spider's web ‖ ⁓**kühlraum** *m* (bei Chemiefasern) (Spinn) / quench room ‖ ⁓**lage** *f* (Tex) / thread layer ‖ ⁓**lauf** *m* (Tex) / grain *n* (of fabric) ‖ ⁓**legeplatine** *f* **für Kordplattiermuster** (Web) f. ‖ ⁓**leger** *m* (bei Nähmaschinen) (Tex) / thread lever, thread take-up lever ‖ ⁓**leitöse** *f* **aus Porzellan** (Web) / pot eye ‖ ⁓**mikrometer** *n* (Rahmen mit Fadenkreuz, das in der Brennebene des Okulars des Fernrohres oder Mikroskops durch eine Meßschraube verschoben werden kann) (Mikros) / filar micrometer* ‖ ⁓**molekül** *n* (Chem) / threadlike molecule, linear molecule ‖ ⁓**molekül** (Chem) s. auch Kettenmolekül ‖ ⁓**öffner** *m* (Tex) / garnett machine*, garnetting machine, waste opener, hard waste breaker, Gilljam carding machine, opener card for hard-twisted thread waste, garnett *n* ‖ ⁓**öse** *f* (Tex) / thread eyelet ‖ ⁓**pilz** *m* (Bot, Chem) / filamentous fungus ‖ ⁓**probe** *f* (bei der Zuckerherstellung) (Nahr) / string test ‖ ⁓**pyrometer** *n* (ein Teilstrahlungspyrometer) (Wärm) / disappearing-filament pyrometer* ‖ ⁓**regler** *m* (bei den Strick- und Wirkautomaten) (Spinn) / governor motion, governing motion ‖ ⁓**regler** (Spinn) / winding regulator ‖ ⁓**regulator** *m* (der Nähmaschine) (Tex) / thread regulator, feeder *n*, thread tensioner ‖ ⁓**reiniger** *m* (mechanischer oder elektrischer) (Web) / thread cleaner ‖ ⁓**reiniger** (Web) s. auch Flusenentferner ‖ ⁓**reißen** *n* (Nähmaschine) (Tex) / thread break, thread breaking ‖ ⁓**reiter** *m* (Web) / dropper *n* ‖ ⁓**reserve** *f* (an der Spule) (Spinn) / bunch *n* ‖ ⁓**richtung** *f* (Tex) / grain *n* (of fabric) ‖ ⁓**riß** *m* (Tex) / thread break, thread breaking ‖ ⁓**schieben** *n* (beim Nähen) (Tex) / slippage *n* ‖ ⁓**schleier** *m* (Spinn) / balloon *n* ‖ ⁓**schliere** *f* (mit einem geringen Querschnitt, in der Regel unter 1mm, die sich in einer Vorzugsrichtung erstreckt) (Glas) / stria *n* (pl. striae) ‖ ⁓**schlingen** *f pl* (Fehler) (Spinn) / snarls* *pl* ‖ ⁓**schluß** *m* (Spinn) / fibre cohesion, cling *n* ‖ ⁓**schlußmittel** *f* (Spinn) / cohesion agent ‖ ⁓**schwingung** *f* (eine Bewicklungsbewegung) (Spinn) / thread oscillation, yarn oscillation ‖ ⁓**sonde** *f* (an einem dünnen Drahtbügel befestigter Wollfaden zur Untersuchung der Strömungsrichtung und des Strömungscharakters) (Luftf, Phys) / tuft *n*, air-current probe ‖ ⁓**spanner** *m* (Web) / thread brake, yarn brake ‖ ⁓**spannung** *f* (der Nähmaschine) (Tex) / thread tension ‖ ⁓**strahl** *m* (ein Elektronenstrahl mit etwa 0,25 $mm_2$ Querschnitt) (Kernphys) / narrow beam ‖ ⁓**strömung** *f* (Phys) / one-dimensional flow, 1-D flow ‖ ⁓**thermometer** *n* (Phys) / thread thermometer ‖ ⁓**transistor** *m* (Eltronik) / filamentary transistor*, filament transistor ‖ ⁓**verbundstoff** *m* (aus flächenförmiger Textilie und Fäden) (Tex) / thread composite, bonded-yarn fabric ‖ ⁓**verdickung** *f* (Spinn) / bunch *n*, lump *n*, piecing *n*, slub *n*, slug *n*, slough-off *n* ‖ ⁓**verlegung** *f* (eine Bewicklungsbewegung) (Web) / winding advance ‖ ⁓**verschlingung** *f* (Tex) / interlacing of the threads ‖ ⁓**vlies** *n* (Tex) / batt* *n*, web* *n*, fibre adhesive web ‖ ⁓**wächter** *m* (ein elektronisches Fadenlaufüberwachungsgerät) (Tex) / stop motion, knocking-off motion ‖ ⁓**wechselstelle** *f* (Tex) / overlap *n* (of striped tubular fabric) ‖ ⁓**winkel** *m* (den man die Kordfäden mit der Reifenmittelebene bildet) (Kfz) / cord angle, bias angle ‖ **Mittel gegen** ⁓**wurmbefall** (Chem, Landw) / nematicide *n*, nematocide *n* ‖ ⁓**zahl** *f* (im Garn) (Spinn) / ply *n* ‖ ⁓**zahl** (Web) / thread count ‖ ⁓**zähler** *m* (Lupe mit verschiedenen Meßbereichen zum Auszählen der Kett- und Schußfäden von Geweben sowie zum Bestimmen der Maschendichte von Wirk- und Strickwaren) (Web) / counting glass*, whaling glass* ‖ ⁓**zähler** (Web) / thread counter, thread-counting instrument ‖ ⁓**zählglupe** *f* (Web) / counting glass*, whaling glass* ‖ ⁓**ziehen** *n* (bei getrennten Teilen an der Klebstelle) / legging *n* ‖ ⁓**ziehen** (unerwünschte Erscheinung beim Auftragen von Anstrichstoffen, deren Lösungsmittel teilweise schon während des Spritzens oder Streichens verdunsten) (Anstr) / cobwebbing *n*, veiling *n* ‖ ⁓**ziehen** (eine Weizenbrotkrankheit) (Nahr) / ropiness *n*, rope *n* ‖ ⁓**ziehen** (Stoffdruck) (Tex) / stringing *n* ‖ ⁓**ziehend** *adj* (seimig)

(Nahr) / ropy *adj*, ropey *adj*, stringy *adj* ‖ ~**ziehend** (Weizenbrot) (Nahr) / ropy *adj*, ropey *adj* ‖ ~**ziehend** (beim Stoffdruck) (Tex) / stringy *adj* ‖ ~**zugstelle** *f* (Tex) / snag *n* (a rent or tear in fabric) ‖ ~**zugstellenempfindlichkeit** *f* (Tex) / snagging properties ‖ ~**zugstellenverhalten** *n* (Tex) / snagging properties ‖ ~**zwicken** *n* (Schuhfabrikation) / string lasting

**Fadeometer** *n* (Chem) / fadometer* *n*, fadeometer *n*

**Fade-out-Farbe** *f* (z.B. bei Jeans-Artikeln) / fading colour

**Fade-out-Stoffe** *m pl* (z.B. für Jeans) (Tex) / fade-out fabrics

**Fader** *m* (Kfz, Radio) / fader *n*

**Fädigkeit** *f* (Fadenzahl/Rohr) (Web) / beer *n*, porter *n* (reed count)

**Fading** *n* (Schwund des Latentbildes) (Foto) / fading* *n* ‖ ~ (der Rückgang der Anzeige von Festkörperdosimetern mit wachsender Zeitspanne nach der Bestrahlung) (Kernphys) / fading *n* ‖ ~ (bei anhaltendem Bremsen) (Kfz) / fading* *n*, brake-fade* *n* ‖ ~ (Radio) / fading* *n* ‖ **selektives** ~ (auf einem schmalen, wandernden Frequenzbereich) (Radio) / selective fading*, differential fading ‖ ~**mindernde Antennenkombination** (voneinander getrennte Einzelantennen) (Radio) / spaced antennas, spaced antennae* ‖ ~**sicher** *adj* (Bremsen) (Kfz) / non-fade *attr*

**Faeces** *pl* (Sanitär) / faeces* *pl*, faecal matter, fecal matter (US), feces *pl* (US)

**FAEO** (ein Tensid) (Chem) / fatty-alcohol polyglycol ether

**FAES** / fatty alcohol polyglycol sulphate

**FAGA** (Biochem) / fatty-acid glucamide

**Fagaraseide** *f* (wilde, lnicht abhaspelbare Seide aus den Kokons des Atlasspinners) (Tex) / fagara silk

**Fagnano-Schwerpunktsatz** *m* (nach G.C. Fagnano die Fagnani, Marquis von Toschi und Sant'Onofrio, 1682-1766) (Math) / Fagnano's theorem (for a triangle)

**Fagopyrin** *n* (im Buchweizen) (Chem) / fagopyrine *n* ‖ ~ (Chem) s. auch fotodynamischer Effekt und Hypericin

**Fähigkeit** *f* (Eigenschaft) / property *n* ‖ ~ (zu) / capability *n* (of, for) ‖ ~ / power *n* ‖ ~ (KI) / ability *n* ‖ ~ **des Fadenziehens** (z.B. bei Schmiermitteln) / ductility *n*

**fahl** *adj* (verschossen) / faded *adj* ‖ ~ / pale *adj*, pallid *adj* ‖ ~**band** *n* (durch Kiese imprägnierte Zone in metamorphen Gesteinen) (Geol) / fahlband *n* ‖ ~**erz** *n* (eine Reihe von Sulfidmineralien) (Geol, Min) / fahlerz *n*, fahlore *n* ‖ **lichtes** ~**erz** (Min) / tennantite* *n* ‖ ~**futterleder** *n* (Leder) / russet linings ‖ ~**gelb** *adj* / pale-yellow *adj*, fallow *adj* ‖ ~**leder** *n* (ein schweres Schuhoberleder) (Leder) / russet upper leather ‖ **dunkles** ~**erz** (Min) / tetrahedrite* *n*, gray copper ore, stylotypite *n*

**Fahne** *f* (der Leitkarte in der Kartei) / tab *n* ‖ ~ (der Borste) (Anstr) / tip *n* ‖ ~ (Lötfahne) (Eltech) / lug* *n*, soldering lug ‖ ~ (z.B. bei einem Fahnenrelais) (Eltech) / vane *n* ‖ ~ (der Schabloniervorrichtung) (Gieß) / lug *n*, strickle arm ‖ ~ (äußerer, meist schwach geneigter Ring eines Flachgeschirrstücks, z.B. eines Tellers) (Keram) / rim *n* ‖ ~ (Schiff) / flag *n*, ensign *n* ‖ ~ (Typog) / galley proof*, slip proof*

**Fahnen•bildung** *f* (TV) / streaking* *n*, smear *n*, flare *n*, hang-over *n*, trailing *n* ‖ ~**effekt** *m* (TV) / streaking* *n*, smear *n*, flare *n*, hang-over *n*, trailing *n* ‖ ~**mast** *m* / flagstaff *n*, flag-pole *n* ‖ ~**stange** *f* / flagstaff *n*, flag-pole *n* ‖ ~**stellung** *f* (Blatteinstellung des Propellers für geringsten Widerstand in Flugrichtung; wird bei Triebwerksausfall eingestellt) (Luftf) / feathering pitch* ‖ ~**stoff** *m* (Tex) / bunting *n*, flag cloth ‖ ~**tuch** *n* (Tex) / bunting *n*, flag cloth ‖ ~**ziehen** *n* (TV) / streaking* *n*, smear *n*, flare *n*, hang-over *n*, trailing *n*

**Fähranlage** *f* (DIN 4054) (Schiff) / ferry *n* (pl.: ferries)

**Fahr•arm** *m* (des Polarplanimeters) / tracing arm, moving arm ‖ ~**aufnahme** *f* (vom fahrenden Kamerawagen aus) (Film) / tracking shot*, truck shot, dolly shot, travelling shot, dollying shot

**Fahrbahn** *f* (HuT) / carriageway *n* (BS 892), pavement* *n* (US), roadway *n*, roadbed *n* ‖ ~ (einer Brücke) (HuT) / deck *n* ‖ ~ (Masch) / guideway *n*, slideway *n* ‖ ~ (des Krans) (Masch) / crane runway, runway (of the crane), crane-way *n* ‖ **einseitig verengte** ~ (rechts, links) (ein Verkehrszeichen) (HuT) / road narrows on one side (right, left) ‖ **obenliegende** ~ (einer Brücke) (HuT) / upper deck ‖ **unebene** ~ (ein Verkehrszeichen) (Kfz) / uneven road ‖ **untenliegende** ~ (einer Brücke) (HuT) / lower deck ‖ ~ *f* **mit flexiblem Aufbau** (HuT) / flexible pavement ‖ ~ **von unterschiedlicher Griffigkeit** (HuT) / split-friction road surface

**Fahrbahn•begrenzung** *f* (Kfz) / edge of carriageway ‖ ~**belag** *m* (HuT) / road surface, pavement *n* (BS 892), roadbed *n* ‖ ~**belag ersetzen** (HuT) / resurface *v* ‖ ~**belag** *m* **mit unterschiedlichen Reibwerten** (HuT) / split-friction road surface ‖ ~**beschaffenheit** *f* (Kfz) / road conditions ‖ ~**decke** (die obere Schicht des Oberbaus) (HuT) / road surface, pavement *n* (BS 892), roadbed *n* ‖ ~**decke mit starrem Aufbau** (HuT) / rigid pavement ‖ ~**griffigkeit** *f* (HuT, Kfz) / skid-resisting properties, non-skid properties

**Fährbahnhof** *m* (Bahn) / ferry station

**Fahrbahn•markierung** *f* (mit schnelltrocknenden lösungsmittelhaltigen Lacksystemen) (HuT) / roadway marking, road marking, pavement marking ‖ ~**rand** *m* (Kfz) / edge of carriageway ‖ ~**stoß** *m* (Kfz) / road bump ‖ ~**teiler** *m* (HuT, Kfz) / divisional island ‖ ~**verengung** *f* (HuT) / constriction of carriageway

**Fahrbalken** *m* (einer Hängebahn) / track girder

**fahrbar** *adj* / travelling *adj*, locomotive *adj* ‖ ~ / mobile *adj*, moving *adj*, movable *adj* ‖ ~ (Werkstatt) / travelling *adj*, mobile *adj* ‖ ~**e Bohranlage** (HuT) / truck-mounted drilling rig, truck rig ‖ ~**er Container** / contrailer *n* ‖ ~**es Gerüst** (Bau) / portable scaffold ‖ ~**er Kabelkran** (Masch) / travelling cableway ‖ ~**er Kompressor** (Masch) / mobile compressor ‖ ~**es Labor** (Chem, Umwelt) / mobile laboratory ‖ ~**es Montagegestell** (Masch) / dolly *n* ‖ ~**e Plattform** (z.B. für Flugzeugwartung) (Luftf) / mobile dock ‖ ~**er Pumpstand** (einer Pumpstraße) (Vakuumt) / trolley *n* ‖ ~**er Reaktor** (Nukl) / transportable reactor, mobile reactor, package reactor ‖ ~**es Regal** / movable shelf ‖ ~**er Stapelförderer** (Masch) / stacker *n* ‖ ~**e Sturzbühne** (im Abteufördergerüst) (Bergb) / lorry* *n*, lurry* *n* ‖ ~**er Verdichter** (Masch) / mobile compressor ‖ ~**er Verkaufsstand** / mobile shop ‖ ~**e Vollgattersägemaschine** (For) / portable log frame saw ‖ ~**er Wagenheber** (Kfz) / floor jack

**Fahr•bereich** *m* (bei Automatikgetriebe) (Kfz) / gear range ‖ ~**bereichswählhebel** *m* (Automatikgetriebe) (Kfz) / selector lever, selector *n*, transmission selector lever ‖ ~**bereit** *adj* / ready to start (vehicle), in running order ‖ ~**bericht** *m* (Test im Straßenverkehr) (Kfz) / road test ‖ ~**betrieb** *m* (normaler, des Motors) (Kfz) / road load ‖ ~**betriebsart** *f* (bei Autotests) (Kfz) / driving mode

**Fährbrücke** *f* (HuT, Kfz) / transporter bridge, transporter *n*

**Fahr•bücherei** *f* (Kfz) / mobile library, bookmobile *n* (US) ‖ ~**bühne** *f* (/offene/ Plattform eines Aufzuges) (Bau) / cage beam ‖ ~**bühne** (Masch) / truck *n* ‖ ~**computer** *m* (Kfz) / on-board computer, trip computer (on-board) ‖ ~**damm** *m* (HuT) / carriageway *n* (BS 892), pavement* *n* (US), roadway *n*, roadbed *n* ‖ ~**deck** *n* (Ladungsdeck bei Ro-Ro-Schiffen) (Schiff) / roll-on (roll-off) deck ‖ ~**dienstleiter** *m* (der die Zugfolge eigenverantwortlich regelt) (Bahn) / station inspector, traffic controller

**Fahrdraht** *m* (Bahn, Eltech) / contact wire*, overhead contact wire ‖ ~ (für Rollenabnehmer) (Eltech) / trolley wire ‖ ~**aufhängung** *f* (an kurzem Querdraht) (Eltech) / bowstring suspension* ‖ ~**hänger** *m* (Eltech) / dropper* *n* ‖ ~**lokomotive** *f* (Bahn, Eltech) / trolley locomotive ‖ ~**system** *n* (Eltech) / trolley system* ‖ ~**träger** *m* (Eltech) / hanger* *n*

**Fahrdynamik** *f* (Mech) / dynamics of vehicle movement

**Fähre** *f* (Wasserfahrzeug für den Übersetzerverkehr nach DIN 4054) (Schiff) / ferry *n* (pl. -ies), ferry boat

**Fahr, automatische3 scheinentwertung** / ticket-dating by machine

**Fahreigenschaften** *f pl* (Kfz) / driving properties, driveability *n*, drivability *n* ‖ ~ (auf der Straße) (Kfz) / roadability *n*, road behaviour

**fahren** *v* (gegen etwas) / run *v* (in/to/) ‖ ~ (auf einem Moped) / ride *v* (on a moped) ‖ ~ (einen Wagen) / tool *vt* ‖ ~ (Programm) (EDV) / run *vt* ‖ ~ (Betriebssystem) (EDV) / use *v* ‖ ~ (mit der Kamera) (Film, TV) / track *v*, travel *v* ‖ ~ (in Kraftfahrzeug) (Kfz) / drive *v*, steer *v* ‖ ~ (als Fahrgast in einem Kraftfahrzeug) (Kfz) / ride *v*, go *v* ‖ ~ (mit oder in einem Kraftfahrzeug) (Kfz) / motor *v* ‖ ~ (Maschinen) (Masch) / run *vt*, operate *v*, work *v* ‖ **sich** ~ (Wagen) (Kfz) / handle *vi* ‖ ~ **gegen** (Mauer, Baum) (Kfz) / bump into *v* ‖ ~ (seiger) (Bergb) / climbing *n* ‖ ~ (söhlig) (Bergb) / travelling *n* ‖ ~ **ohne eingeschalteten Motor** (Eltech) / coasting* *n*

**Fahrenheit•skala** (nach D.G. Fahrenheit, 1686-1736) (eine veraltende empirische Temperaturskale) (Phys) / Fahrenheit scale*, Fahr. ‖ ~**skale** *f* (eine veraltende empirische Temperaturskale) (Phys) / Fahrenheit scale*, Fahr.

**Fahrer** *m* (Kfz) / driver *n*, motorist *n* ‖ **ohne** ~ (Kfz) / driverless *adj* ‖ ~**-Airbag** *m* (Kfz) / driver air bag

**Fahrerflucht** *f* (Kfz) / hit-and-run driving (failure to stop after being involved in an accident), failure to report an accident

**Fahrer•haus** *n* (Kfz) / cab *n*, truck cab, cabin *n* ‖ ~**haus mit Rundumsicht** (Kfz) / full-view cab ‖ ~**haus mit Schutzverdeck** (Kfz) / protective cab ‖ ~**kabine** *f* (Kfz) / cab *n*, truck cab, cabin *n*

**Fahrerlaubnis** *f* (Kfz) / driving licence, driver's licence, driver's license (US)

**fahrer•los** *adj* (Kfz) / driverless *adj* ‖ ~**loser Zug** (Bahn) / unmanned train ‖ ~**sitz** *m* (Kfz) / driver's seat, driver seat ‖ **beheizter** ~**sitz** (Kfz) / heated driver seat ‖ ~**sitzlenkung** *f* (eines Flurförderzeugs) / rider-seated control

**Fahr•fußhebel** *m* (Kfz) / accelerator* *n* (a foot pedal), accelerator pedal (GB)*, gas pedal (US) ‖ ~**fußhebelweg** *m* (Kfz) / pedal travel ‖ ~**gasse** *f* (eines Parkplatzes) (Kfz) / aisle *n* (of a parking lot) ‖ ~**gast** *m* ‖ ~**gastfreundlich** *adj* (z.B. Abfertigung) / passenger-friendly *adj* ‖ **zahlender** ~ (Flug)**gast** (Luftf) / revenue passenger ‖ ~**gastraum** *m* (im Heck von offenen Fahrzeugen) (Kfz) / tonneau *n* (pl. -s or -x) ‖ ~**gastraum** (Kfz) / passenger compartment ‖

**gestaltfester ⁓gastraum** (Kfz) / stiff cabin, rigid passenger compartment, rigid passenger cage ‖ **⁓gastschiff** n (Schiff) / passenger ship ‖ **⁓gastzelle** f (als sicherheitstechnische Einheit) (Kfz) / passenger cell, occupant cell ‖ **steife ⁓gastzelle** (Kfz) / stiff cabin, rigid passenger compartment, rigid passenger cage ‖ **⁓gemeinschaft** f (Kfz) / carpool n ‖ **⁓geräusch** n (Bahn) / running noise ‖ **⁓geräusch** (von verschiedenen Teilschallquellen eines Kraftfahrzeugs) (Kfz) / driving noise, noise of a moving vehicle, road noise ‖ **⁓gerüst** n (Gerät) (Anstr, Bau) / mobile tower ‖ **⁓gerüst** (Bau) / portable scaffold ‖ **⁓geschwindigkeit** f (Kfz) / road speed, car speed, vehicle speed ‖ **⁓geschwindigkeit** (z.B. eines Laders) (Masch) / travel speed ‖ **⁓gestell** n (DIN 70020) (Kfz) / chassis* n, bare chassis, automotive chassis, running gear ‖ **⁓gestell** (Luftf) / landing gear*, undercarriage* n ‖ **⁓gestell** (Masch) / truck n ‖ **⁓gestellnummer** f (Kfz) / vehicle identification number, VIN ‖ **⁓gewohnheiten** f pl (Kfz) / driving habits
**Fährhafen** m (Schiff) / ferry terminal
**Fahr•kante** f (einer Schiene) (Bahn) / running edge ‖ **einfache ⁓karte** (Bahn) / one-way ticket ‖ **⁓kartenkarton** m (Bahn, Pap) / railway board, railroad board (US) ‖ **⁓kartenpappe** f (Pap) / ticket board (with safety or antifalsification features) ‖ **⁓kilometer** m (wirklich gefahren) (Kfz) / kilometre covered ‖ **⁓komfort** m (Kfz) / ride comfort, driving comfort
**Fährladung** f (Schiff) / ferry load
**Fahr•leistungen** f pl (des Motors) (Kfz) / performance n ‖ **⁓leitung** f (bei elektrischen Bahnen und Obussen) (Bahn, Eltech) / overhead-contact system* ‖ **⁓leitung mit Doppeltragseil** (Bahn, Eltech) / double-catenary construction ‖ **⁓leitungsomnibus** m (Kfz) / trolleybus n (GB)*, trackless trolley (US), trolley n ‖ **⁓leitungsschalter** m (Eltech) / line-breaker* n ‖ **⁓leitungstrennschalter** m (Bahn) / catenary disconnecting switch ‖ **⁓leitungsweiche** f (Eltech) / trolley-frog n ‖ **⁓licht** n (Kfz) / dipped beam, meeting beam, lower beam (US), passing beam (US), mid-beam n (US), passing light (US), low beam (US) ‖ **⁓mischer** m (Bau, HuT) / agitating lorry, agitating truck ‖ **mischer** (Bau, HuT) s. auch Transportbetonmischer ‖ **⁓motor** m (Bahn, Eltech) / traction motor* ‖ **⁓pedal** n (DIN 70023) (Kfz) / accelerator* n (a foot pedal), accelerator pedal (GB)*, gas pedal (US) ‖ **⁓plan** m / schedule n, timetable n ‖ **⁓plan** (Schiff) / sailing list, sailing schedule ‖ **⁓planmäßig** adj (Bahn) / regular adj, according to schedule (US) ‖ **⁓praxis** f (Kfz) / driving experience ‖ **⁓preis** m / fare n ‖ **einheitlicher ⁓preis** (Kfz, Schiff) / flat fare ‖ **⁓prüfung** f (Kfz) / driving test, driver's test (US) ‖ **⁓rad** n / bicycle n, bike n ‖ **⁓radgewinde** n (Masch) / cycle thread, BSC screw thread (GB), British Standard cycle thread ‖ **⁓radpumpe** f (eine Luftpumpe) / bicycle pump ‖ **⁓rinne** f (ein Teil des Fahrwassers) (Schiff) / channel n, navigation channel ‖ **ausgebaggerte ⁓rinne** (Wasserb) / dredged channel ‖ **⁓schalter** n (Bahn) / controller n ‖ **⁓scheinautomat** m (Bahn) / ticket machine, ticket-issuing device ‖ **⁓schemel** m (Kfz) / suspension subframe n, subframe n ‖ **⁓schiene** f (HuT) / monorail n ‖ **⁓schule** f (Kfz) / driving school, school of motoring ‖ **⁓schüler** n (Kfz) / learner-driver (male), learner n, L-driver n ‖ **⁓sicherheit** f (Kfz) / driving safety ‖ **⁓silo** m n (Landw) / horizontal silo ‖ **⁓sprenger** m (Sanitär) / travelling distributor ‖ **⁓spur** f (Kfz) / lane n ‖ **⁓spur für langsamfahrende Fahrzeuge** (Kfz) / slow-vehicles lane ‖ **⁓stativ** n (Film) / rolling tripod, wheeled skid, castored skid ‖ **⁓steig** n / moving pavement (GB), moving sidewalk (US), autowalk n ‖ **⁓steiger** n (der zum Baggerpersonal gehört) / overman n ‖ **⁓steiger** (der eine Fahrabteilung führt) (Bergb) / overman* n ‖ **⁓stift** m (des Fahrarms des Polarplanimeters) / tracer n ‖ **⁓stil** m (Kfz) / driving habits ‖ **⁓stilprüfung** f (für Motorräder im Gelände) (Kfz) / trial n ‖ **⁓strahl** m (Astr) / radius vector* n (pl. radius vectors or radii vectores) ‖ **⁓straße** f (für einen Zug) (Bahn) / running track ‖ **⁓straße** (Bahn) / route n ‖ **⁓straße** (HuT, Kfz) / road n ‖ **sich ausschließende ⁓straßen** (Bahn) / conflicting routes, incompatible routes ‖ **feindliche ⁓straßen** (Bahn) / conflicting routes, incompatible routes ‖ **zurückgelegte ⁓strecke** (in km oder m) (Kfz, Schiff) / kilometrage n, mileage n ‖ **⁓streifen** m (Kfz) / lane n ‖ **durchgehender ⁓streifen** (Kfz) / straight-through lane ‖ **einseitige ⁓streifenbegrenzung** (Kfz) / one-way limiting lane sideline ‖ **⁓streifenmarkierung** f (HuT) / lane marking ‖ **⁓strom** m (Bahn, Eltech) / traction current ‖ **⁓stromgenerator** m (Bahn, Eltech) / traction generator* ‖ **⁓stuhl** m (Masch) / lift car, lift cage, elevator car (US), car n (US) ‖ **⁓stuhlführer** m / lift attendant, elevator operator (US) ‖ **⁓stuhlschacht** m (Bau) / lift shaft, lift well ‖ **⁓stunde** f (Kfz) / driving lesson
**Fahrt** f / trip n ‖ **⁓** (einzelne - einer Seilbahn) / trip n ‖ **⁓** (pl.: -e) (aus Holz oder Stahl hergestellte Leiter im Grubenbetrieb, hauptsächlich in Schächten) (Bergb) / ladder n ‖ **⁓** (von Rohren) (Erdöl, Masch) / string n (of pipes and tubes)* ‖ **⁓** (Film, TV) / track n, travelling n, tracking n ‖ **⁓** (Luftf) / true airspeed*, T.A.S.* ‖ **⁓** (Schiffsgeschwindigkeit) (Schiff) / speed n ‖ **Kapitän** m **auf großer ⁓** (Schiff) / foreign-trade master ‖ **⁓** f **achteraus** (Schiff) / sternway n ‖ **⁓voraus** (Schiff) / headway n
**fahrtauglich** adj (Fahrer) (Kfz) / fit to drive
**Fahrtbereich** m (Schiff) / shipping range
**Fahrten•buch** n (Kfz) / logbook n (GB), registration book ‖ **⁓schreiber** m (Kfz) / tachograph n
**Fahrt•fehler** m (beim Kreiselkompaß) (Schiff) / speed error ‖ **⁓gestört** adj (Schiff) / not under command, N.U.C., not under control
**Fahrtitel** m (Film) / trucking title
**Fahrtmesser** m (Luftf) / air-speed indicator*, ASI ‖ **⁓ mit Staurohr** (Luftf) / pitot/static system ‖ **⁓anzeige** f (abgelesene) (Luftf) / indicated airspeed*, IAS*
**Fahrtreppe** f (DIN 15341) (Bau, Masch) / escalator n, moving stair, moving staircase
**Fahrt•richtung** f (z.B. bei Flurfördersystemen) / direction of travel ‖ **vorgeschriebene ⁓richtung links** (ein Verkehrszeichen) (Kfz) / turn left ‖ **⁓richtungsanzeiger** m (elektromagnetisches Gerät, welches den beabsichtigten Richtungswechsel eines Kraftfahrzeugs anzeigt) (Kfz) / direction indicator, traffic indicator, trafficator n (GB), direction-indicator lamp, directional signal, indicator n, turn signal (US)
**Fahrtrum** m n (Teil eines Schachtes oder Blindschachtes, der der Fahrung dient) (Bergb) / manway n, ladderway n, ladder road
**Fahrtschreiber** m (Kfz) / tachograph n
**fahrttüchtig** adj (Kraftfahrzeug) (Kfz) / roadworthy adj ‖ **nicht ⁓** (Kfz) / unroadworthy adj
**Fahrt•unterbrechung** f / stopover n ‖ **⁓wind** m (z.B. beim Offenfahren) (Kfz) / wind blast ‖ **⁓wind** (Luftf) / air-stream n, slipstream n ‖ **sich im ⁓wind drehen** (Luftschraube) (Luftf) / windmill v
**Fahrung** f (Fortbewegung von Menschen unter Tage zu Fuß, mit Personenzügen, mit Einschienenhängebahnen usw.) (Bergb) / travelling n, men-riding n (on the floor)
**fahr•untauglich** (Fahrzeug) (Kfz) / unroadworthy adj, not roadworthy, disabled adj ‖ **⁓untüchtig** adj (Fahrzeug) (Kfz) / unroadworthy adj, not roadworthy, disabled adj ‖ **⁓verbot** n (vom Gericht ausgesprochen) / (temporary) suspension of a driving licence ‖ **⁓verbot** (Kfz) / driving ban, disqualification from driving ‖ **⁓verbot für Radfahrer** (ein Verkehrszeichen) / no cycling ‖ **⁓verhalten** n (des Wagens - motorseitiges) (Kfz) / driving properties, driveability n, drivability n ‖ **⁓verhalten** (Fahrweise des Fahrers) (Kfz) / driving n, driving style n ‖ **⁓verhalten** (leistungsmäßiges) (Kfz) / performance n ‖ **defensives ⁓verhalten** (Kfz) / defensive driving ‖ **⁓versuch** m (Kfz) / road test n ‖ **⁓weg** m (Bahn) / route n ‖ **unbefestigter ⁓weg** (HuT, Kfz) / cart-road n, dirt road (US), cart track ‖ **⁓weg m auf der Baustelle** (Bau) / site road ‖ **defensive ⁓weise** (Kfz) / defensive driving ‖ **⁓werk** n (Kfz) / chassis* n, bare chassis, automotive chassis, running gear ‖ **⁓werk** (Luftf) / landing gear*, undercarriage* n ‖ **⁓werk** (z.B. eines Laders) (Masch) / bogie assembly ‖ **⁓werk** (bei Kranen) (Masch) / travel gear ‖ **einziehbares ⁓werk** (Luftf) / retractable undercarriage, retractable landing gear* ‖ **eingefahrenes ⁓werk** (Luftf) / retracted undercarriage, retracted landing gear ‖ **mit eingefahrenem ⁓werk** (Luftf) / clean adj, naked adj ‖ **festes ⁓werk** (Luftf) / fixed landing gear, fixed undercarriage ‖ **ausgefahrenes ⁓werk** (Luftf) / gear down ‖ **⁓werkeinziehverriegelung** f (Luftf) / landing-gear retraction lock, retraction lock*, ground safety lock* ‖ **⁓werkfederbein** n (mit gedämpft federnder Aufhängung der Räder) (Luftf) / shock strut, landing-gear shock strut, strut n ‖ **⁓werkschacht** m (Luftf) / wheel well ‖ **⁓widerstand** m (im allgemeinen) / resistance to vehicular motion ‖ **⁓widerstand** (z.B. Roll- oder Steigungswiderstand) (Bahn) / tractive resistance, coefficient of traction, train resistance ‖ **⁓zeit** f / travel time ‖ **⁓zeit** (Bahn) / running time, travelling time
**Fahrzeug** n (Kfz, Masch) / vehicle n, conveyance n ‖ **⁓** (Wasser- oder Luftfahrzeug) (Mil) / craft n ‖ **abgestelltes ⁓** (Kfz) / stationary vehicle ‖ **ballistisches ⁓** (Raumf) / ballistic vehicle ‖ **⁓, das** n **ein zu filmendes Fahrzeug zieht** (mit Licht und Kamera) (Film) / insert car ‖ **einspuriges ⁓** (Kfz) / single-track vehicle ‖ **emissionsloses ⁓** (Kfz) / zero-emission car ‖ **gefilmtes ⁓** (Film) / target car ‖ **leichtes ⁓** / runabout n ‖ **rechts überholendes ⁓** (in Ländern mit Rechtsverkehr) (Kfz) / blind-sider n ‖ **schräge Aufstellung der ⁓e** (Kfz) / angle parking ‖ **stehendes ⁓** (Kfz) / stationary vehicle ‖ **⁓** n **für die Flüge innerhalb und außerhalb der Erdatmosphäre** (Luftf) / transatmospheric vehicle* ‖ **⁓ mit Abgasentgiftung** (Kfz) / low-emission vehicle ‖ **⁓ mit Raketentriebwerk** (Raumf) / rocket vehicle ‖ **⁓ mit Wasserstoffantrieb** / hydrogen-powered vehicle
**Fahrzeug•abstand** m (zeitlicher) (Kfz) / headway n, headroom n ‖ **⁓batterie** f (Eltech) / vehicle battery*, traction battery* ‖ **⁓begrenzungslinie** f (Bahn) / loading gauge ‖ **⁓breite** f (DIN 70020) (Kfz) / vehicle width ‖ **⁓brief** m (Kfz) / vehicle registration document, log-book n (GB) ‖ **⁓computer** m (Kfz) / on-board computer, trip computer (on-board) ‖ **⁓gemischter Transportbeton** (der nach DIN

1045 in Mischfahrzeugen zur Baustelle befördert und in diesen auch gemischt wird, und zwar während der Fahrt oder nach Eintreffen auf der Baustelle) (Bau, HuT) / transit-mixed concrete, truck-mixed concrete || ~**gewicht** $n$ (Kfz) / vehicle weight || ~**glühlampe** $f$ (Eltech) / traction lamp* || ~**halter** $m$ (Kfz) / registered user of a vehicle, registered keeper (of a vehicle) || ~**höhe** $f$ (DIN 70020) (Kfz) / vehicle height || ~**innenraum** $m$ (Kfz) / passenger compartment || ~**insasse** $m$ (Kfz) / occupant $n$ (male) || ~**kasten** $m$ (Bahn) / vehicle body || ~**kombination** $f$ (S) (Kfz) / combination $n$ (of vehicles) || ~**kran** $m$ (Kfz, Masch) / crane truck, crane hoist || ~**kran** (Kfz, Masch) s. auch Mobilkran || ~**lack** $m$ (Anstr, Kfz) / car finish, automotive coating || ~**länge** $f$ (DIN 70020) (Kfz) / vehicle length* || ~**motor** $m$ (Bahn, Eltech) / traction motor* || ~**navigationssystem** $n$ (Kfz, Nav) / vehicle navigation system || ~**papiere** $n$ $pl$ (Kfz) / registration documents, vehicle registration documents || ~**park** $m$ (Bahn) / plant* $n$, rolling-stock* $n$ || ~**park** (und oft auch die dazugehörigen Repartureinrichtungen nebst Personal) (Mil) / motor pool || ~**rollenprüfstand** $m$ (Kfz) / rolling road || ~**schein** $m$ (Kfz) / vehicle-identification card || ~**technik** $f$ / vehicle technology || ~**teilversicherung** $f$ (Kfz) / third-party, fire and theft insurance || ~**test** $m$ (unter normalen Straßenverkehrsbedingungen) (Kfz) / road test || ~**verkehr** $m$ (Kfz) / vehicular traffic || ~**vollversicherung** $f$ (Kfz) / fully comprehensive vehicle insurance, comprehensive vehicle insurance || ~**waage** $f$ (Deponie) / truck scale
**Fahrzyklus** $m$ (Kfz) / driving cycle
**FAHZ** (Bau, HuT) / fly-ash cement, PFA cement
**Faille** $f$ (querrippiges Natur- oder Chemieseidengewebe in Taftbindung) (Tex) / faille $n$
**fail-safe** $adj$ (Masch) / fail-safe* $adj$
**Fail-safe-Prinzip** $n$ (Konstruktionsprinzip, bei dem alle Bauelemente doppelt oder noch häufiger vorhanden sind, so daß bei Ausfall eines Elements oder Systems ein anderes den Ausfall kompensiert) (Masch) / fail-safe principle || ~ (eine Störung im Reaktorschutzsystem hat ein sofortiges Abschalten des Reaktors zur Folge) (Nukl) / fail-safe principle
**fair** $adj$ (Spiel in der Spieltheorie) / fair $adj$
**Fairfieldit** $m$ (Min) / fairfieldite* $n$
**Fajanssche Regel der Ionenbindung** (nach K. Fajans, 1887-1975) (Chem) / Fajans rule for ionic bonding*
**Fajans-Soddysch•e Verschiebungsregel** (Chem, Kernphys) / displacement law*, Fajans-Soddy law of radioactive displacement*, displacement rule, Soddy's displacement law || ~**er Verschiebungssatz** (Chem, Kernphys) / displacement law*, Fajans-Soddy law of radioactive displacement*, displacement rule, Soddy's displacement law
**Fäkal- und Spülwasser** $n$ (häusliches Schmutzwasser) (Sanitär) / black water, lavatory water
**Fäkalien** (Sanitär) / faeces* $pl$, faecal matter, fecal matter (US) feces $pl$ (US) || ~**beseitigung** $f$ ohne Wasserspülung (Grubenaborte) (Sanitär) / conservancy system* || ~**fallrohr** $n$ (Bau) / sewage drainpipe, soil pipe || ~**wagen** $m$ (Luftf) / toilet-cleaning vehicle
**Fäkal•pellet** $m$ (Geol) / faecal pellet, fecal pellet (US) || ~**pellet** (Geol) s. auch Koprolith || ~**schlamm** $m$ (Sanitär) / faecal matter, fecal matter (US), night soil
**Faksimile** $n$ (Fernkopieren + Bildtelegrafie) (Fernm) / facsimile* $n$, telefacsimile $n$ || ~ (Teleg) / facsimile* $n$, facsimile telegraphy*, fax* $n$, facsimile transmission || ~**nachdruck** $m$ (unveränderte Neuauflage) / facsimile reprint || ~**telegraf** $m$ / facsimile class A, facsimile telegraph || ~**telegrafie** $f$ (Teleg) / facsimile* $n$, facsimile telegraphy*, fax* $n$, facsimile transmission || ~**übertragung** $f$ (Teleg) / facsimile* $n$, facsimile telegraphy*, fax* $n$, facsimile transmission || ~**zeitung** $f$ (Sonderfall von Telefax, bei dem eine "Zeitung" nachrichtentechnisch übermittelt und beim Empfänger als Kopie auf einem Papierbogen wiedergegeben wird) (EDV, Fernm) / facsimile newspaper, telenewspaper $n$
**Fakt** $n$ $m$ (pl. Fakten od. -s) / fact $n$
**Faktenbasis** $f$ (KI) / fact base, facts base, factual base
**Faktendatenbank** $f$ (eine On-line-Datenbank) (EDV) / factual database, factographic database
**Faktis** $m$ (pl. Faktisse) (Chem Verf) / factice $n$
**faktisiertes Öl** (Chem Verf) / factice $n$
**F-Aktivkohle** $f$ (Chem) / filter(ing) charcoal, filter coal
**Faktor** $m$ (DIN 5485) / factor $n$ || ~ (bei Faktorenflaschenzügen) (Masch) / ratio $n$ (of the lifted weight), reduplication $n$ || **in** ~**en zerlegbar** (Math) / factorable $adj$, factorizable $adj$ || **ökologischer** ~ (Umwelt) / environmental factor, ecofactor $n$ || **präexponentieller** ~ (Chem) / frequency factor*, pre-exponential factor || **sterischer** ~ (Chem) / steric factor || **stöchiometrischer** ~ (Chem) / stoichiometric factor || ~ $m$ **der schnellen Spaltung** (in der Vierfaktorenformel) (Kernphys) / fast-fission factor* || ~ **der thermischen Ausnutzung** (Kernphys) / thermal utilization factor* || ~ **der thermischen Nutzung** (Ausnutzungsgrad für thermische Neutronen) (Kernphys) / thermal utilization factor*
**Faktoren•analyse** $f$ (Stats) / factorial analysis, factor analysis || ~**flaschenzug** $m$ (Masch) / tackle $n$ (with definite ratios of the lifted weight) || ~**zerlegung** $f$ (Math) / factoring $n$, factorization $n$
**Faktorgruppe** $f$ (Math) / factor group, quotient group
**faktoriell** $adj$ (Math, Stats) / factorial $adj$ || ~**es Moment** (Math) / factorial moment || ~**er Versuch** (Stats) / factorial experiment
**Faktorielle** $f$ (verallgemeinerte Potenz) (Math) / factorial $n$*, factorial polynomial
**faktorisierbar** $adj$ (Math) / factorable $adj$, factorizable $adj$
**Faktorring** $m$ (Math) / residue class ring, quotient ring, factor ring
**Faktum** $n$ (pl. Fakten) / fact $n$
**Faktur** $f$ / invoice $n$, bill $n$
**Faktura** $f$ (pl. -ren) / invoice $n$, bill $n$
**fakturieren** $v$ / invoice $v$, bill $v$
**Fakturiermaschine** $f$ / invoicing machine
**fakultativ** $adj$ / facultative* $adj$ || ~**e Farbkernbildung** (For) / facultative formation of coloured heartwood
**Fakultätsschreibweise** $f$ (EDV) / factorial notation
**falb** $adj$ / pale-yellow $adj$, fallow $adj$
**Falbel** $f$ (verschieden breit abgenähte Falten zur Verzierung für Kleider und Blusen) (Tex) / furbelow $n$, falbala $n$, flounce $n$
**Falkenauge** $n$ (Quarz mit Krokydolith) (Min) / hawk's eye*
**Fall** $m$ (Phys) / drop $n$ || ~ (Phys) / fall $n$, falling $n$ || ~ $n$ (pl. -en) (Schiff) / halyard $n$, halliard $n$, haulyard $n$ || ~ $m$ (Tex) / drape $n$ (of a fabric), draping $n$ || **freier** ~ (ohne Berücksichtigung des Luftwiderstandes bzw. im luftleeren Raum) (Phys) / free fall* || **guter** ~ (Tex) / good drape (of cloth) || **idealisierter** ~ / idealized case || **mit** ~ (geneigt) (Schiff) / rake* $adj$ || **zu** ~ **bringen** (For) / bring down $v$
**Fallaubgehölz** $n$ (For) / deciduous woody plant
**Fällaxt** $f$ (For) / felling axe (US), felling ax
**Fallback** $n$ (das Verringern der Übertragungsgeschwindigkeit bei der DFÜ) (EDV) / fallback $n$
**Fällbad** $n$ (einer Naßspinnanlage) (Chem Verf) / precipitation bath
**Fall•band** $n$ (Geol) / fahlband $n$ || ~**bär** $m$ (HuT) / monkey $n$, beetle-head $n$, tup $n$, ram* $n$ || ~**behälter** $m$ (Luftf, V-Mot) / gravity feed tank*, gravity tank || ~**beschleunigung** $f$ (Erdbeschleunigung + Coriolisbeschleunigung) (Geophys) / acceleration of free fall || ~**beschleunigung** (als Normwert) (Phys) / standard gravity || **örtliche** ~**beschleunigung** (Phys) / local acceleration of free fall || ~**bibliothek** $f$ (in Expertensystemen) (KI) / case library || ~**birne** $f$ (Bau) / wrecking ball, wrecker's ball, skull cracker, ball and chain, demolition ball, ball breaker || ~**blattziffer** $f$ (der Digitalanzeige) / flip-over numeral || ~**bö** $f$ (heftige, abwärtsgerichtete Luftströmung in der freien Atmosphäre) (Luftf, Meteor) / down gust || ~**bügelpunktschreiber** $m$ (Regeln) / chopper-bar recorder || ~**bügelregler** $m$ (zur Regelung der Ofentemperatur oder Auslösung von Warnsignalen) (Regeln) / chopper-bar controller || ~**bügelschreiber** $m$ (Regeln) / chopper-bar recorder
**Falle** $f$ (Riegel des Türschlosses) (Bau) / latch bolt, spring bolt || ~ (Öl, Gas) (Erdöl, Geol) / trap $n$ || ~ (Fernm, TV) / trap $n$ || **magnetische** ~ (Plasma Phys) / magnetic trap* || **stratigrafische** ~ (Erdöl) / stratigraphic trap || **tektonische** ~ (Erdöl) / structural trap
**Falleitung** $f$ (die das Abwasser einer Sammel- oder Grundleitung zuführt) (Bau, Sanitär) / soil-pipe* (SP) $n$, downpipe $n$ || ~ (bei Wasserturbinen) (Masch) / gravity mains
**fallen** $v$ / fall $v$ || **trocken** ~ (bei Ebbe) (Schiff) / take the ground || ~ $n$ / drop $n$, fall $n$ || ~ (Geol) / hade $n$, hading $n$ || ~ (Geol) / dip* $n$ || ~ (Phys) / fall $n$, falling $n$
**fällen** $v$ (Lot) / drop $v$ || ~ (durch Fällungsmittelzugabe) (Chem) / precipitate $vt$, precipitate out $v$ || ~ (Bäume) (For) / take down $v$, fell $v$, cut down $v$, knock down $v$, hew $v$, hew down $v$, log $v$ || ~ (z.B. ein Lot) (Math) / draw $v$ || ~ **neu** ~ (Chem) / reprecipitate $v$ || ~ $n$ (Chem) / precipitation* $n$ || ~ (For) / logging $n$, tree felling, lumbering $n$ (US), felling $n$ || **Entfernen oder** ~ **abständiger Bäume an der Erdoberfläche oder im Wasser** (For, Wasserb) / snagging $n$ || **fraktioniertes** ~ (Chem) / fractional precipitation
**fallend** $adj$ (Geol) / on-dip $attr$ || ~ (Math) / descending $adj$ || ~**e aufgefahrene Strecke** (Bergb) / brow-down $n$, dip-head $n$, dip-heading $n$ || ~**e Flanke** (des Impulses) (Fernm) / trailing edge*, negative edge || ~**e Funktion** (Math) / decreasing function || ~ **gießen** (Gieß) / top-cast $v$, top-pour $v$, downhill-cast $v$ || ~**e Gießweise** (bei der das flüssige Gießgut von oben in den Formhohlraum einströmt) (Gieß) / top casting, top pouring, downhill casting || ~ **Guß** (Gieß) / top casting, top pouring, downhill casting || ~**es Halbmartingal** (Stats) / supermartingale $n$, decreasing semi-martingale || ~**es Schweißen** (Schw) / downward welding || ~**e Sprunghöhe** (Geol) / dip slip || ~**e Tide** (Ozean) / falling tide, ebb tide || ~**er Zug** / downward gas passage

**fallenlassen**

**fallen•lassen** v (z.B. ein Projekt) / abandon v ‖ ~**lassen** n (des Ankers) (Schiff) / spudding n ‖ ~**schloß** n (Bau) / latch lock ‖ ~**stellen** n (EDV) / entrapment n
**Fall•filmdestillation** f (Chem Verf) / falling-film distillation ‖ ~**filmverdampfer** m (Chem Verf) / downflow evaporator, falling-film evaporator ‖ ~**filmverdampfer** (Kfz) / falling-film evaporator, downdraft carburetor (US)
**Fällflüssigkeit, ätzalkalische** ~ (Chem) / caustic alkaline precipitant (fluid)
**Fall•gebiet** n (in der Druckänderungskarte) (Meteor) / pressure-fall centre ‖ ~**gerüst** n (Bau) / fan n, falling-object protective structure, FOPS, catchment platform, fan-guard* n ‖ ~**geschwindigkeit** f (Phys) / rate of fall, velocity of falling body ‖ ~**gewicht** n (Masch) / drop weight, drop ball ‖ ~**gewichtsprüfung** f (für große Bauteile, z.B. Schienen) (WP) / hammer test* ‖ ~**gewichtsversuch** m (WP) / drop-weight test ‖ ~**hammer** m (ein Schmiedehammer, z.B. Brettfallhammer, Riemenfallhammer, Kettenfallhammer, Stangenfallhammer) (Masch) / gravity drop hammer*, drop hammer*, drop stamp, trip-hammer n ‖ ~**hammerriemen** m (mit dem der Bär hochgehoben wird) (Masch) / lifting belt, belt n ‖ ~**härte** f (eine Werkstoffeigenschaft) (WP) / impact ball hardness
**Fallheber** m mit Wendehaken (L) / peavey n, peavie f
**Fall•höhe** f (des Hammers, des Metalls beim Gießen) (Gieß, Masch) / falling height ‖ ~**höhe** (Phys) / fall n, height of fall ‖ ~**höhe** (als Maß für die potentielle Energie von Wasser) (Wasserb) / head* n, H
**fällig** adj (Rechnung) / due adj
**Fällkeil** m (For) / felling wedge
**Fall•kerb** m (For) / undercut n, box n ‖ einen ~**kerb** anlegen (an) (For) / undercut v, box v ‖ ~**kerbdach** n (beim Baumfällen) (For) / scarf n ‖ ~**kerbe** f (For) / undercut n, box n ‖ ~**kerbsohle** f (For) / bed of the undercut ‖ ~**klappe** f (Fernsp) / drop n, drop shutter, drop signal ‖ ~**klappenanlage** f (Fernsp) / annunciator n, indicator* n, drop-annunciator n ‖ ~**klappentafel** f (Fernsp) / annunciator* n, indicator* n, drop-annunciator n ‖ ~**körperviskosimeter** n (Phys) / falling-sphere viscometer, falling-ball viscosimeter ‖ ~**linie** f (auf einer geneigten Fläche) (Verm) / contour gradient* n ‖ ~**masche** f (bei Strümpfen) (Tex) / ladder n (GB)*, run n (US) ‖ ~**masse** f (Phys) / falling weight
**Fällmittel** n (Chem) / precipitant n, precipitator n, precipitating agent
**Fall•naht** f (in vertikaler Position von oben nach unten gefertigte Schweißnaht) (Schw) / vertical-down weld, downhill weld ‖ ~**nullenzirkel** m (Instr) / pump compass, drop compass ‖ ~**obstgewinn** m (Unterschiedsbetrag zwischen dem stark gestiegenen Weltmarktpreis und dem nicht oder nur geringfügig gestiegenen einheimischen Förderpreis) (Erdöl) / windfall profit ‖ ~**orientiert** adj (KI) / case-oriented adj, case-based adj ‖ ~**orientiertes Wissen** (KI) / case-based knowledge ‖ ~**ort** n (Bergb) / brow-down n, dip-head n, dip-heading n
**Fallout** m (bei einer Studie, bei einem Projekt) / fallout n ‖ ~ (ein Effektivitätsmaß zur Bewertung von Dokumenten-Retrievalsystemen) (EDV) / fallout n ‖ ~ (Mil, Nukl, Umwelt) / fallout* n, atomic fallout, radioactive fallout ‖ ~ (EDV) s. auch Recall ‖ **nasser** ~ (Meteor, Umwelt) / wet fallout, wet deposit ‖ **trockener** ~ (Nukl, Umwelt) / dry deposit, dry fallout
**Fall•probe** f (WP) / shock test ‖ ~**punktstemperatur** f (Keram) / pyrometric cone equivalent*, PCE* ‖ ~**reepstreppe** f (Schiff) / accommodation ladder ‖ ~**richtung** f (For) / felling direction, lie n
**Fällrichtung** f (For) / felling direction, lie
**Fall•richtung** f (Geol) / dip direction ‖ ~**richtungsanzeiger** m (For) / timber compass, shotgun m
**Fällriß** m (infolge innerer Spannungen während des Fällens und Schneidens in tangentialer Richtung) (For) / felling shake
**Fallrohr** n (Bau, Sanitär) / soil-pipe* (SP) n, downpipe n ‖ ~ (bei der Destillation) (Chem Verf) / downcomer n ‖ ~ (eines Wasserrohrkessels) (Masch) / downcomer n, downcomer tube ‖ **barometrisches** ~ (des barometrischen Kondensators) (Masch) / barometric downpipe ‖ ~**auslauf** m (Bau) / shoe* n ‖ ~**bogen** m (Klemp) / downpipe angle ‖ ~**kondensator** m (mit barometrischem Fallrohr) (Masch) / barometric condenser ‖ ~**schnelle** f (Bau) / pipe clip, holderbat n, leader-hook n
**Fallschirm** m (Luftf) / parachute* n ‖ ~ (geöffneter) (Luftf) / umbrella n ‖ **[Sport-]**~ **mit** (runden oder geschlitzten) **Öffnungen im Scheitel der Kappe** (Luftf) / ring-slot parachute* ‖ **automatischer** ~ (der durch eine mit dem Luftfahrzeug verbundene Aufziehleine zur Entfaltung gebracht wird) (Luftf) / automatic parachute* ‖ **mit dem** ~ **abspringen** (Luftf) / parachute v, bale out v ‖ ~ m **mit quadratischer Kappe** (Luftf) / square parachute n ‖ ~ **mit veränderlicher Geometrie** (Luftf) / parafoil n ‖ ~**kappe** f (Luftf) / canopy* n (main deployable body) ‖ ~**leuchtsatz** m (Luftf) / parachute flare* ‖ ~**retter** m pl (Luftf) / pararescue team ‖ ~**seide** f (Tex) / parachute silk ‖ ~**sport** m (ein Flugsport) (Luftf) / sport parachuting, sky-diving n ‖ ~**sportkombination** f (Luftf, Tex) / jumpsuit n ‖ ~**springen** n (ein Flugsport) (Luftf) / sport parachuting, sky-diving n ‖ ~**sprungturm** m (Luftf) / parachute tower
**Fallschnecke** f (Masch) / drop worm
**Fällschnitt** m (gegenüber dem Fallkerb) (For) / back cut, felling cut
**Fall•schutzbrett** n (um eine Plattform oder um ein Dach) (Bau) / toeboard n ‖ ~**sonde** f (eine spezielle Radiosonde) (Luftf) / dropsonde n ‖ ~**sonde** (Meteor) / fall(ing) probe ‖ ~**speisung** f (Masch) / down-feed n ‖ ~**stab** m (des Fallstabviskosimeters) (Phys) / drop rod ‖ ~**stabviskosimeter** n (zur Bestimmung der dynamischen Viskosität) (Phys) / drop-rod viscometer ‖ ~**streifen** m (Niederschlag, der während des Fallens verdunstet) (Meteor) / virga* n, precipitation trail, Fallstreifen n ‖ ~**stromkühler** m (mit oberem und unterem Wasserkasten) (Kfz) / downflow radiator ‖ ~**stromverdampfer** m (Chem Verf) / downflow evaporator, falling-film evaporator ‖ ~**stromverdampfer** (Kfz) / falling-film evaporator, downdraft carburetor (US) ‖ ~**stromvergaser** m / downdraught n (carburettor)* ‖ ~**studie** f / case-study n ‖ ~**tank** m (Luftf, V-Mot) / gravity feed tank*, gravity tank ‖ **[nominelle]** ~**temperatur** (Keram) / softening point, SP, S.P. ‖ ~**tür** f (Bau) / trapdoor n, trap n ‖ ~**türfunktion** f (EDV) / trapdoor function
**Fällung** f (durch Fällungsmittelzugabe) (Chem) / precipitation* n ‖ **fraktionierte** ~ (Chem) / fractional precipitation ‖ **gemeinsame** ~ (z.B. bei Lithoponherstellung) (Anstr) / colour-striking n
**Fällungs•analyse** f (z.B. Argentometrie, Tüpfelanalyse usw.) (Chem) / precipitation titration, volumetric precipitation analysis ‖ ~**anlage** f (zur Ausfällung von Wasserinhaltsstoffen) (Chem Verf, Sanitär) / precipitation unit ‖ ~**indikator** m (Chem) / precipitation indicator ‖ ~**kompaß** m (For) / timber compass, shotgun m ‖ ~**mittel** n (Chem) / precipitant n, precipitator n, precipitating agent ‖ ~**ort** m (wenn auf das Rücken bezogen) (For) / stump n ‖ ~**polymerisation** f (Chem) / precipitation polymerization ‖ ~**reagens** n (Chem) / precipitant n, precipitator n, precipitating agent ‖ ~**schäden** m pl (Riß, Bruch, Rindenverletzung) (For) / felling damage, logging damage ‖ ~**titration** f (z.B. Argentometrie, Tüpfelanalyse usw.) (Chem) / precipitation titration, volumetric precipitation analysis ‖ ~**verfahren** n (Bleiweißherstellung) (Chem Verf) / Dutch process*, stack process, Dutch process*
**Fall•verhalten** n (Tex) / drape n, draping property ‖ ~**vermögen** n (von Textilien) (Tex) / drape n, draping property ‖ ~**versuch** m (Masch) / drop test, falling-weight test ‖ ~**versuch** (Pap) / drop-hammer test* ‖ ~**wind** (warmer oder kalter - z.B. Föhn oder Bora) (Meteor) / fall wind ‖ ~**wind** (z.B. Föhn oder Bora) (Meteor) s. auch katabatischer Wind ‖ ~**winkel** m (Geol) / dip* n ‖ ~**winkel** (Geol) / angle of dip*, dip angle ‖ ~**zahl** f (Landw) / falling number ‖ ~**zahl** (Maßzahl für die Enzymaktivität) (Nahr) / falling-body viscosity
**Fällzeit** f (For) / felling season, felling time
**Fallzug** m / downward gas passage
**falsch** adj / false adj, spurious adj ‖ ~ (Akus) / off-tune attr, out-of-tune attr ‖ ~ (Kommando) (EDV) / bad adj ‖ ~ **angesetztes Bohrloch** (Bergb, Erdöl) / misplaced hole ‖ ~**e Ausrichtung** / misalignment n ‖ ~**e Bezeichnung** (Ware) / misbrand v ‖ ~**e Bezeichnung** (Kennzeichnung) / false marking ‖ ~**e Bildeinstellung** (Film, TV) / misframing n ‖ ~**er Boden** (Masch) / false bottom* ‖ ~**e Darstellung** (z.B. der Patentschutzrechtslage dem Patentamt gegenüber) / false representation ‖ ~**e (fehlerhafte) Eingabe** (EDV) / hash n, garbage n, gibberish n, junk n ‖ ~**e (unverständliche) Eintragung** (EDV) / hash n, garbage n, gibberish n, junk n ‖ ~ **ernährt** (Nahr) / malnourished adj ‖ ~**e Ernährung** (Nahr) / malnutrition n, malnourishment n ‖ ~**es Erstarren** (von Zementleim) (Bau, HuT) / false set ‖ ~ **formatiert** (EDV) / improperly formatted, invalid adj ‖ ~**e Führung** (Masch) / misrouting n ‖ ~ **gestimmt** (Akus) / off-tune attr, out-of-tune attr ‖ ~ **herum gespult** (Film) (Film) / tails out, tails up ‖ ~**e Impulse** (Nukl) / spurious counts*, spurious pulses* ‖ ~**e Lastverteilung** (Mech) / maldistribution of load(s) ‖ ~**e Lochung** (EDV) / mispunching n ‖ ~**er Name** / misnomer n ‖ ~**e Nummer** (Fernsp) / wrong number ‖ ~**e Reihenfolge** / incorrect sequence, sequence error ‖ ~**e Schreibweise** / misspelling n ‖ ~**es Signal** (Fernm) / false signal ‖ ~**e Sortierung** (EDV) / missort n ‖ ~**e Streuung** (Kernphys) / spurious scattering ‖ ~**e Verlegung** (z.B. der Schläuche) (Masch) / misrouting n ‖ ~**e Zählstöße** (Nukl) / spurious counts*, spurious pulses* ‖ ~**e Zeiteinstellung** / mistiming ‖ ~**er Zwiesel** (For) / crotch n, crutch n, curl n, forked growth ‖ ~-/ false adj, spurious adj ‖ ~**er Mehltau** (Landw, Nahr) / downy mildew* ‖ ~**er Topas** (gelber Flußspat) (Min) / false topaz*, Bohemian topaz* ‖ ~**ablesung** f (Instr) / misreading n, reading error ‖ ~**alarm** m / false alarm ‖ ~**anpassung** f (Fernm) / mismatch* n ‖ ~**anruf** m (Fernm) / false call ‖ **stabilisiertes** ~**drahtgarn** (Spinn durch die auf mechanischem Wege erzielte Kräuselung durch nachträgliche Wärmeeinwirkung in der Weise thermisch fixiert wird, daß die Dehnung auf 35 - 40% reduziert wird) (Spinn) / stabilized false-twist yarn ‖ ~**drahtverfahren** n (zum Texturieren von thermoplastischen Fasern bzw. Garnen) (Spinn) / false-twist method, twist-untwist texturing, false-twist* n ‖

⁓**drahtzwirnmaschine** *f* (die nach dem Prinzip des Falschdralls arbeitet) (Spinn) / false twister ‖ ⁓**drall** *m* (Spinn) / false twist
**fälschen** *v* / falsify *v*
**Falsch•fahrer** *m* (Kfz) / wrong-way driver (a person driving on the wrong side of the road or the wrong carriageway) ‖ ⁓**farbe** *f* (Druck, EDV) / pseudo-colour *n* (index colour), false colour ‖ ⁓**farbenfilm** *m* (ein Dreischichtenfarbfilm, der speziell für Infrarotstrahlung sowie für den roten und den grünen Spektralbereich sensibilisiert ist) (Foto, Mil) / false-colour film ‖ ⁓**farbenfotografie** *f* (Foto, Mil) / false-colour photography ‖ ⁓**kern** *m* (bei Bäumen, die normalerweise keinen Farbkern ausbilden) (For) / false heart(wood) ‖ ⁓**krümmung** *f* (Spurkrümmung, die nicht durch ein angelegtes Magnetfeld verursacht wurde) (Kernphys) / false curvature* ‖ ⁓**lochung** *f* (EDV) / mispunching *n* ‖ ⁓**luft** *f* / entrained air, infiltrated air ‖ ⁓**lufteinbruch** *m* / air infiltration ‖ ⁓**meldung** *f* (die von einer Störung stammt) (Radar) / false plot ‖ ⁓**phasig** *adj* (Eltech) / misphased *adj*, out-of-phase *attr* ‖ ⁓**sortierung** *f* (EDV) / missort *n*
**Fälschung** *f* / falsification *n*
**fälschungssicher** *adj* / unforgeable *adj* ‖ ⁓**es Papier** (Pap) / antifalsification paper, paper incorporating protection against falsification
**Falsch•verbindung** *f* (Fernm) / wrong connexion, wrong connection ‖ ⁓**wahl** *f* (Fernsp) / wrong selection, faulty selection ‖ ⁓**ziel** *n* (durch eine Störung vorgetäuschtes Ziel, das nicht Gegenstand der Suche, Verfolgung oder Vermessung ist - auch ein falsch zugeordnetes Ziel) (Radar) / false target, spurious target ‖ ⁓**zwirnverfahren** *n* (zum Texturieren von thermoplastischen Fasern bzw. Garnen) (Spinn) / false-twist method, twist-untwist texturing, false-twist* *n*
**Falt•-** / collapsible *adj*, folding *adj*, foldaway *attr*, collapsing *adj*, fold-down *attr* ‖ ⁓**arm** *m* (Masch) / folding arm ‖ ⁓**balgen** *m* (der Kamera) (Foto) / collapsible bellows ‖ ⁓**bar** *adj* / collapsible *adj*, folding *adj*, foldaway *attr*, collapsing *adj*, fold-down *attr* ‖ ⁓**bare Augenmuschel** (Film) / flexible eye-cup ‖ β-⁓ (bei beta-Struktur der Polypeptidkette) (Biochem) / ß-pleated sheet ‖ ⁓**blechrand** *m* (am Dach) (Bau) / tag *n* ‖ ⁓**boot** *n* (Schiff) / foldboat *n*, faltboat *n*, collapsible boat
**Fältchenbildung** *f* (Tex) / gathered effect
**Falt•dach** *n* (Kfz) / sunroof *n* (top) ‖ ⁓**dipol** *m* (DIN 45030) (Radio) / folded dipole*, folded-dipole antenna
**Falte** *f* (in einem Flöz) (Bergb) / roll *n* ‖ ⁓ (Geol) / fold *n* ‖ ⁓ (Preßfalte, Quetschfalte - ein Fehler) (Glas) / fold *n*, lap *n* ‖ ⁓ *n f pl* (Oberflächenfehler) (Glas, Keram) / washboard *n* (an unintended and undesirable wavy or rippled glass, glaze, or porcelain-enamelled surface) ‖ ⁓ *f* (im Blech) (Hütt) / flopper *n* ‖ ⁓ (meistens einfach gelegte) (Tex) / fold *n* ‖ ⁓ (Bügelfalte, Knitterfalte) (Tex) / crease *n* ‖ ⁓ (sich beutelnde Stelle) (Tex) / pucker *n* ‖ ⁓ (beim Kaschieren) (Tex) / ruck *n* ‖ **asymmetrische** ⁓ (ungleichschenklige Falte) (Geol) / asymmetrical fold ‖ **aufrechte** ⁓ (Tex) / upright fold ‖ **bleibende** ⁓ (Tex) / memory creasing, permanent crease ‖ **dauerhafte** ⁓ (Tex) / memory creasing, permanent crease ‖ **disharmonische** ⁓ (Geol) / disharmonic fold ‖ **doppelt gelegte** ⁓ (Tex) / inverted pleat, box pleat ‖ **eingebügelte** ⁓ (Tex) / pressed-in crease, pressed crease ‖ **flache** ⁓ (Geol) / open fold ‖ **harmonische** ⁓ (Geol) / harmonic fold ‖ **in** ⁓**n legen** (Tex) / tuck *v* ‖ **konzentrische** ⁓ (Geol) / parallel fold, concentric fold ‖ **nichtöffnende** ⁓ (Tex) / mock pleat ‖ **schiefe** ⁓ (Geol) / inclined fold ‖ **symmetrische** ⁓ (gleichschenklige Falte) (Geol) / symmetrical fold ‖ **überkippte** ⁓ (Geol) / overturned fold, recumbent fold* ‖ **verdeckte** ⁓ (Tex) / buried fold ‖ ⁓ *f* **mit horizontaler Achse** (Geol) / non-plunging fold ‖ ⁓ **2. Ordnung** (an einem tiefgezogenen Werkstück) (Hütt) / pucker *n* ‖ ⁓ *f* **1. Ordnung** (am Einspannrand von Tiefziehteilen) (Hütt) / wrinkle *n* ‖ ⁓**n schlagen** (Tex) / crease *v* ‖ ⁓**n werfen** / crease *v*
**fälteln** *v* (Tex) / goffer *v*, gauffer *v*, crimp *v*, crinkle *v* ‖ ⁓ *n* (Tex) / goffering *n*, gaufering *n*, crimping *n*, crinkling *n*
**Fältelung** *f* (Buchb) / puckering *n*
**falten** *v* / fold *v*, pleat *v* ‖ ⁓ (Geol) / fold *v* ‖ ⁓ (Tex) / tuck *v* ‖ **buchförmig** ⁓ (Häute) (Leder) / bookfold *v* ‖ ⁓ *n* (Tex) / folding *n*
**Falten•achse** *f* (Geol) / fold axis ‖ ⁓**achsenfläche** *f* (gedachte Fläche, in der die Faltenachsen sämtlicher in einer Falte verbogenen Schichten liegen) (Geol) / axis plane (of a fold) ‖ ⁓**balg** *m* (Abdichtung bei Gleichlaufgelenken) (Kfz) / boot *n* ‖ ⁓**balg** (Kfz, Masch) / bellows* *n* (or pl), sylphon bellows ‖ ⁓**balgkompensator** *m* (Masch) / corrugated expansion joint, bellows-type expansion joint ‖ ⁓**beständigkeit** *f* (bei plissierten Stoffen) (Tex) / pleat retention ‖ ⁓**bildung** *f* (ein Anstrichschaden) (Anstr) / crawling* *n*, shrivelling *n* ‖ ⁓**bildung** (beim Tiefziehen) (Hütt) / formation of wrinkles, wrinkling *n*, wrinkle formation ‖ ⁓**bildung** (beim Rohrbiegen) (Masch) / crimping *n* ‖ ⁓**filter** *n* (Tex) / folded filter, fluted filter, pleated filter ‖ ⁓**flanke** *f* (Geol) / fold limb ‖ ⁓**flügel** *m* (Geol) / fold limb ‖ ⁓**frei** *adj* (z.B. Papier) / wrinkle-free *adj* ‖ ⁓**frei** (Tex) / creaseless *adj* ‖ ⁓**gebirge** *n* (Geol) / fold mountains ‖ ⁓**halter** *m* (ein Teil des Tiefziehwerkzeugs, durch den Zuschnitt am Ziehring gepreßt wird) (Hütt) /

blank holder, hold-down plate ‖ ⁓**kern** *m* (Geol) / core of fold ‖ ⁓**rohr** *n* (Kfz, Masch) / bellows* *n* (or pl), sylphon bellows ‖ ⁓**schenkel** *m* (die vom Faltenscheitel nach beiden Seiten ausgehenden Flügel) (Geol) / fold limb ‖ ⁓**schlag** *m* (Tex) / drape *n* (of a fabric), draping *n* ‖ **periklinale** ⁓**struktur** (Geol) / quaquaversal structure ‖ ⁓**wurf** *m* (Tex) / drape *n* (of a fabric), draping *n*
**Falt•flügel** *m* (Lufft) / fold wing, folding wing ‖ ⁓**garage** *f* (Kfz) / car cover, auto bonnet, car-top (plastic) cover
**faltig** *adj* / creased *adj* ‖ ⁓ (Geol) / plicated *adj*
**faltigmachen** *v* / crinkle *v*
**Falt•kamera** *f* (Foto) / folding camera ‖ ⁓**kante** *f* (Buchb, Druck) / binding fold, binding edge ‖ ⁓**karte** *f* (Kart) / folding map ‖ ⁓**karton** *m* / folding box, collapsible box, folding carton (US) ‖ ⁓**kuppel** *f* (Arch) / umbrella dome ‖ ⁓**lichtschacht** *m* (Foto) / collapsible hood ‖ ⁓**lichtschachtsucher** *m* (Foto) / collapsible hood ‖ ⁓**maschine** *f* (Tex) / folder *n*, folding machine ‖ ⁓**membranlautsprecher** *m* (Akus) / pleated-diaphragm loudspeaker* ‖ ⁓**-Notrad** *n* (Kfz) / collapsible spare tyre ‖ ⁓**papier** *n* (EDV, Pap) / fanfold paper, continuous fanfold stock, Z-fold paper ‖ ⁓**probe** *f* (Pap) / folding test ‖ ⁓**probe** (WP) / folding test ‖ ⁓**prospekt** *m* / folder *n* ‖ ⁓**punkt** *m* (an dem zwei konjugierte Lösungen teilweise mischbarer Flüssigkeiten die gleiche Zusammensetzung haben, so daß die beiden Schichten identisch werden) (Chem) / plait point ‖ ⁓**reifen** *m* (Kfz) / collapsible spare tyre ‖ ⁓**schachtel** *f* / folding box, collapsible box, folding carton (US) ‖ ⁓**schiebedach** *n* (Kfz) / (sliding) canvas sunroof ‖ ⁓**schiebetür** *f* (Bau) / articulated sliding door ‖ ⁓**spriegel** *m* (Kfz) / folding bow ‖ ⁓**system** *n* (bei der Herstellung kleiner Möbelkorpusse, Gehäuse, Schiebekästen usw.) (Tischl) / folding system ‖ ⁓**tafel** *f* (Buchb) / folding plate*, gatefold ‖ ⁓**tor** *n* (Bau) / folding gate ‖ ⁓**tür** *f* (Bau) / accordion* *n*, folding door, multifold door, accordion door
**Faltung** *f* (in einem Flöz) (Bergb) / roll *n* ‖ ⁓ (bei Proteinen) (Biochem) / folding *n* ‖ ⁓ (Geol) / folding* *n* ‖ ⁓ (einer seismischen Welle) (Geol) / convolution *n* ‖ ⁓ (Math) / convolution *n*, bilateral convolution, faltung *n* ‖ **ptygmatische** ⁓ (Geol) / ptygmatic fold(s)
**Faltungsintegral** *n* (Math) / convolution integral*
**Falt•verdeck** *n* (Kfz) / folding tip, drophead *n* ‖ ⁓**versuch** (Pap) / folding test ‖ ⁓**versuch** (technologischer Biegeversuch) (WP) / folding test ‖ ⁓**wand** *f* (Bau) / accordion wall, accordion* *n* ‖ ⁓**werk** *n* (ein räumliches Flächentragwerk) (Bau) / folded(-plate) structure
**Falz** *m* (tiefer) (Gelenk zwischen dem Buchrücken und dem Buchdeckel) (Buchb) / French joint*, joints* *n pl*, sunk joint, grooved joint ‖ ⁓ (zur Verstärkung der Biegestellen und zum Einkleben von Tafeln, Karten, Bildern usw.) (Buchb, Druck) / guard* *n*, stub *n* ‖ ⁓ (Falzbruch, Bogenfalz) (Buchb, Druck) / fold *n* ‖ ⁓ (zur Auflage der Glasscheibe) (Glas, Tischl) / fillister* *n*, sash fillister* ‖ ⁓ (bei Blechen) (Masch) / lock seam*, seam joint ‖ ⁓ (rechtwinklige Ausnehmung von Teilen von Türen, Möbeln und Schalungen für Überdeckungen oder zum Einlegen von Füllungen) (Tischl, Zimm) / rebate* *n*, rabbet* *n* ‖ **liegender** ⁓ (Klemp) / welt* *n*, seam* *n* ‖ ⁓**aggregat** *n* (Druck) / folder *n* (folder unit)*, press folder ‖ ⁓**apparat** *m* (Druck) / folder *n* (folder unit)*, press folder ‖ ⁓**apparat** (zur Ermittlung des Falzwiderstands) (Pap) / standard folding instrument ‖ ⁓**apparat mit zwei rotierenden Zylindern, deren Umfangsverhältnis 3 : 2 ist** (bei Rollenrotationsmaschinen) (Druck) / three-to-two folder* ‖ ⁓**bein** *n* (Buchb) / folder *n*, folding stick ‖ ⁓**beständigkeit** *f* (Verharren eines Papiers im gefalzten Zustand) (Pap) / crease retention ‖ ⁓**bogen** *m* (mit Bogensignatur) (Buchb, Druck) / signature* *n*, section *n* (folded and gathered) ‖ **nicht kantengleicher** ⁓**bogen** (Druck) / out-of-jog section ‖ ⁓**brennschiene** *f* (beheizte Schiene der Falzeinbrennmaschine, die das Deckengelenk warm einbügelt) (Buchb) / burning-in rail, heated joint iron, joint-forming (heated) rail ‖ ⁓**bruch** *m* (Buchb, Druck) / fold *n* ‖ ⁓**dachziegel** *m* (Bau) / interlocking tile ‖ ⁓**einbrennmaschine** *f* (Buchb) / burning-in machine
**Fälzel** *m* (mitgehefteter Papier- oder Leinenstreifen, an den Tafeln oder sonstige Blätter angeklebt sind) (Buchb, Druck) / guard* *n*, stub *n*
**Fälzelung** *f* (Buchb) / spine taping, back-stripping *n*
**falzen** *v* (Bleiblech) (Bau) / set up *vt* ‖ ⁓ (Buchb, Druck) / fold *v* ‖ ⁓ (Masch) / seam *v* ‖ ⁓ (Blech) (Masch) / seam *v* ‖ ⁓ (Zimm) / rebate *v*, rabbet *v* ‖ ⁓ *n* (Druck) / folding *n* ‖ ⁓ (Egalisierung des von der Gerbung kommenden abgewelkten Leders) (Leder) / shaving *n* ‖ ⁓ (Fügeverfahren bei Blechen) (Masch) / seaming, lock seaming
**fälzen** *v* (Zimm) / rebate *v*, rabbet *v*
**Falzeneinpressen** *n* (Buchb) / backing* *n*
**Falz•fähigkeit** *f* (Möglichkeit eines riß- oder bruchfreien Falzens) (Pap) / creasability ‖ ⁓**festigkeit** *f* (Pap) / folding strength* ‖ ⁓**fräser** *m* (Tischl) / rabbet cutter, rebating cutter ‖ ⁓**gewicht** *n* (Leder) / shaved weight ‖ ⁓**hobel** *m* (für Fensterrahmen) (Tischl, Zimm) / fillister *n* ‖ ⁓**hobel** (ein Handhobel) (Zimm) / rebate plane*, rabbeting plane ‖ ⁓**kante** *f* (Buchb, Druck) / binding fold, binding edge ‖ ⁓**kante** (Zimm) / rabbet edge ‖ ⁓**klappen** *f pl* (Druck) / folding jaws* ‖ ⁓**kopf** *m* (Fräswerkzeug zur Herstellung von Falzen, besonders auf

**Falzlage**

der Unterfräsmaschine) (For) / rabbet cutter ‖ ⁓**lage** f (Buchb) / quire* n ‖ ⁓**lage** (Buchb) / section n ‖ ⁓**maschine** f (Buchb, Druck) / folding machine, folder n ‖ ⁓**maschine** (eine Dosenschließmaschine) (Masch) / seaming machine* ‖ ⁓**messer** n (Buchb) / folding blade*, tucker* n, folder blade, tucking blade* ‖ ⁓**messerkopf** m (For) / rabbet cutter ‖ ⁓**pfanne** f (Bau) / interlocking pantile ‖ ⁓**rille** f (des Buchdeckelgelenks) (Buchb) / French groove, groove* n ‖ ⁓**tiefe** f (Zimm) / rebated depth, rabbeted depth ‖ ⁓**trichter** m (einer Rollenrotationsdruckmaschine) (Druck) / former n ‖ ⁓**verbindung** f (Zimm) / shiplapping n, shiplap siding ‖ ⁓**widerstand** m (Pap) / folding strength* ‖ ⁓**widerstand** (Pap) / folding endurance ‖ ⁓**zange** f (Klemp) / seaming pliers, seamer n, hand seamer ‖ ⁓**ziegel** m (ein Dachziegel) (Bau) / interlocking tile ‖ ⁓**zylinder** m (Druck) / folding cylinder*

**FAM** (Radio) / frequency-amplitude modulation

**Familie** f (Biol, Math) / family n ‖ **radioaktive** ⁓ (Kernphys) / decay series, family* n, decay chain, transformation series ‖ **radioaktive** ⁓ (Kernphys) / radioactive chain*, radioactive family, radioactive series*, transformation series, decay series, radioactive decay series

**Familienpackung** f / family package, family pack

**FAMOST** m (zur Änderung der Schwellspannung durch Aufladung der eingelagerten polykristallinen Gateelektrode mit heißen Elektronen aus dem Plasma bei Lawinendurchbruch des Drain-Substrat-pn-Übergangs mit heißen Elektronen im Kanal) (Eltronik) / floating-gate MOSFET, FG-MOSFET ‖ ⁓ (Eltronik) / floating-gate avalanche-injection metal-oxide semiconductor transistor (FAMOST)

**Fan** m (Luftf) / fan n

**Fancy** m (gerauhtes, flanellartiges Gewebe für Hemden, Blusen und Sportkleidung in Kreuzköperbindung) (Tex) / fancy n

**Fancy-Cord** m (Cord oder Cordsamt mit Wechselrippe) (Tex) / fancy cord

**Fancy-Garn** n (wenig wertvolles, fülliges Garn aus Baumwollabfällen) (Spinn) / fancy yarn*

**Fanfare** f (ein Horn) (Kfz) / trumpet horn, multitone horn, fanfare horn

**Fang** m (A) (Bau) / chimney n, smokestack n (US) ‖ ⁓ (in der Fischerei) (Nahr, Schiff) / take n, catch n ‖ ⁓**anlage** f (des Flugzeugträgers) (Luftf) / arrester gear*, arresting gear, arrestor n ‖ ⁓**arbeit** f (Erdöl) / fishing* n, salvage n, fishing job ‖ **Leiter** m **der** ⁓**arbeiten** (Erdöl) / fisherman n (pl. -men) ‖ ⁓**band** n (im Airbag) (Kfz) / restraint n ‖ ⁓**baum** m (bei der Insektenbekämpfung) (For) / trap tree ‖ ⁓**damm** m (HuT) / bulkhead* n ‖ ⁓**daten** pl (EDV, Fernsp) / malicious-call identification data, malicious-call tracing data ‖ ⁓**deck** n (Schiff) / fishing deck ‖ ⁓**dorn** m (ein Fanggerät) (Erdöl) / tapered tap ‖ ⁓**dränung** f (Landw) / curtain drainage ‖ ⁓**ecke** f (bei einer Boxpalette) (Masch) / sprag n

**Fangedamm** m (HuT) / bulkhead* n

**Fangeisen** n (Bergb) / grapnel* n, grappel* n

**fangen** v (mit Fanggeräten) (Erdöl) / salvage v, fish v ‖ ~ (Fische) (Nahr, Schiff) / fish v (for) ‖ ⁓ n (Maßnahmen zur Entfernung von abgebrochenen der festsitzenden Bohrköpfen oder Bohrgestängeteilen insbesondere bei Großbohrlöchern) (Erdöl) / fishing* n, salvage n, fishing job ‖ ⁓ (zum Schutz der Teilnehmer od. auch zur Störungseingrenzung) (Fernsp) / call identification, call tracing ‖ ⁓ (von böswilligen Anrufen - ein ISDN-Leistungsmerkmal) (Fernsp) / malicious-call identification, malicious-call tracing, MCI ‖ ⁓ (Tex) / tucking n

**Fang • ertrag** m (in der Fischerei) (Nahr, Schiff) / take n, catch n ‖ ⁓**flotte** f (Schiff) / fishing fleet ‖ ⁓**gebiet** n (Nahr, Ozean, Schiff) / fishing grounds, fishery n ‖ ⁓**gerät** n (zur Blattnahme im Senkrechtziehverfahren) (Glas) / bait n ‖ ⁓**gerät** (zum Fischfang) (Schiff) / fishing gear, fishing equipment ‖ ⁓**gerüst** n (Bau) / fan n, falling-object protective structure, FOPS, catchment platform, fan-guard* n ‖ ⁓**gerüst** (im Tunnelbau) (HuT) / lagging n ‖ ⁓**glocke** f (Bergb) / bell tap, bell screw, fishing tap, die n ‖ ⁓**gürtel** m (bei sticky band, glue band ‖ ⁓**haken** m (bei Fangwerkzeug) (Erdöl) / fishing hook ‖ ⁓**haken** (für Fronthaube) (Kfz) / safety catch ‖ ⁓**haken** (Teil von Flugzeugen, die zur Landung mit einer entsprechenden Fanganlage vorbereitet sind) (Luftf) / arrester hook*, arresting hook ‖ ⁓**haken** (Web) / catch hook ‖ ⁓**henkel** m (Tex) / tuck stitch

**Fängigkeit** f (spezifische Fangleistung eines Fischfanggerätes) (Schiff) / efficiency of catch

**Fang • kettenstuhl** m (Tex) / Raschel* n, raschel loom, raschel knitting machine, Raschel warp-knitting machine ‖ ⁓**klotz** m (For) / trap billet ‖ ⁓**knüppel** m (For) / trap billet ‖ ⁓**körper** m (im Kindersitz) (Kfz) / impact cushion ‖ ⁓**laschenaufsatz** m (bei einer Boxpalette) (Masch) / sprag n ‖ ⁓**leine** f (des Fallschirms) (Luftf) / shroud line*, rigging line* ‖ ⁓**leiste** f (Stufe in der Gesenkfuge zur Aufnahme von Seitenkräften) (Masch) / lock n, kick crank

**Fanglomerat** n (Ablagerungen aus mit Sinkstoffen stark überladenen Schichtfluten, die durch Ruckregen im ariden Klimabereich verursacht werden) (Geol) / fanglomerate* n

**Fang • masche** f (Tex) / tuck stitch ‖ ⁓**maschine** f (Tex) / rib knitting machine, ribber n, rib machine (having two sets of needles) ‖ ⁓**muster** n (Tex) / tucking n, tuck-stitch pattern, tuck pattern ‖ ⁓**netz** n (unter der Freileitung) (Eltech) / catch net* ‖ ⁓**netz** (des Flugzeugträgers) (Luftf) / arrester gear*, arresting gear, arrestor n ‖ ⁓**netz** (zum Konturenfang) (Luftf) / net barrier, barrier n, barricade n (US) ‖ ⁓**rechen** m (bei Wasserlagerung im Fluß) (For) / boom* n ‖ ⁓**rinde** f (frische Fichten- oder Kiefernrinde, die zum Anlocken und Abfangen schädlicher Forstinsekten, vor allem von Rüsselkäfern, dient) (For) / trap bark ‖ ⁓**schaltung** f (Fernsp) / interception circuit ‖ ⁓**schiene** f (Bahn) / side rail*, check rail* ‖ ⁓**seil** n (der Fanganlage) (Luftf, Mil) / arrester cable ‖ ⁓**speer** m (Bergb) / grapnel* n, grappel* n ‖ ⁓**speer** (Erdöl) / spear n ‖ ⁓**spiegel** m (des Teleskops) (Opt) / secondary mirror, subreflector n ‖ ⁓**stange** f (der Blitzschutzanlage) (Eltech) / lightning-conductor* n, lightning-rod* n ‖ ⁓**stelle** f (ein Typ von Störstellen in Halbleitern mit hoher Einfangwahrscheinlichkeit für freie Ladungsträger einer Art) (Eltronik) / trap* n ‖ ⁓**stoff** m (Eltronik) / getter* n ‖ ⁓**stück** n (zur Blattnahme im Senkrechtziehverfahren) (Glas) / bait n ‖ ⁓**taschenelektrode** f (Chem) / pocket electrode ‖ ⁓**taste** f (Fernsp) / intercept key ‖ ⁓**trichter** m (Luftf) / drogue n ‖ ⁓**trikot** m n (Tex) / cardigan n ‖ ⁓**vorrichtung** f (in der Schachtförderung) (Bergb) / safety catch ‖ ⁓**vorrichtung** (Förderkorb) (Bergb) / parachute n ‖ ⁓**vorrichtung** (mit Fangseilen) (des Flugzeugträgers) (Luftf) / arrester gear*, arresting gear, arrestor n ‖ ⁓**ware** f (Patentstricktechnik) (Tex) / tuck fabric, cardigan fabric ‖ ⁓**werkzeug** n (zur Entfernung von abgebrochenen oder festsitzenden Bohrköpfen und Bohrgestängeteilen insbesondere bei Großbohrlöchern) (Erdöl) / overshot tool*, fishing tool* ‖ ⁓**werkzeug** (Erdöl) s. auch Fangglocke

**Fan-In** m (EDV, Eltronik) / fan-in n

**Fanning** n (Form der inkohärenten Drehung) (Kernphys, Mag) / fanning n ‖ ⁓ (Umwelt) / fanning n

**Fan-Out** m (EDV, Eltronik) / fan-out n

**Fantasieköper** m (Tex) / fancy twill

**Fantasiepapier** n (Pap) / fancy paper

**Farad** n (abgeleitete SI-Einheit der elektrischen Kapazität) (Elektr) / farad* n

**Faraday • -Effekt** m (die durch ein äußeres Magnetfeld hervorgerufene Drehung der Polarisationsebene linear polarisierten Lichtes) (Licht, Mag) / Faraday effect*, Faraday rotation, magnetic rotation ‖ ⁓**-Käfig** m (zur Abschirmung elektrostatischer Felder) (Elektr) / Faraday cage*, Faraday shield*, Faraday screen, electrostatic screen ‖ ⁓**-Konstante** f (DIN 4896) / faraday* n, Faraday's constant, electrochemical constant*

**Faradaysch • er Dunkelraum** (nach M. Faraday, 1791-1867) (Phys) / Faraday dark space* ‖ ⁓**e Gesetze** (Beziehungen zwischen dem Stromfluß bei der Elektrolyse und den an den Elektroden abgeschiedenen Stoffmengen) (Elektr) / Faraday's laws (of electrolysis)* ‖ ⁓**er Käfig** (zur Abschirmung elektrostatischer Felder) (Elektr) / Faraday cage*, Faraday shield*, Faraday screen, electrostatic screen

**Faraday-Tyndall-Effekt** m (Divergenz von Lichtbündeln als Polarisationserscheinung) (Opt) / Tyndall effect*, Faraday-Tyndall effect

**Faradisation** f (Untersuchung und Behandlung von Nerven und Muskeln mit niederfrequenten und mittelfrequenten Impulsströmen oder Wechselströmen beliebiger Kurvenformen) (Med) / faradism n, faradization n, faradotherapy n

**faradisch** adj / faradic adj, faradaic adj ‖ ~**e Ströme** (Med) / faradic currents*, faradaic currents

**faradisieren** v (Med) / faradize v

**Faradotherapie** f (Med) / faradism n, faradization n, faradotherapy n

**Farb • -** (Opt) / chromatic adj ‖ ⁓**abbau** m (Zurückstellen der Dosierelemente im Farbkasten) (Druck) / ink shut-off ‖ ⁓**abgabe** f (Druck) / ink release ‖ ⁓**abgabe** (Tex) / smudging n (of colour), staining n, marking-off n ‖ ⁓**abgleich** / colour matching ‖ ⁓**abmusterung** f (DIN 6173 und 16605) (Druck) / colour matching, matching of colours ‖ ⁓**abstand** m (DIN 5033, T 1) (Opt) / colour difference ‖ ⁓**abstandsverfahren** n (bei der Bestimmung des Deckvermögens) (Anstr) / colour-difference method ‖ ⁓**abstimmung** f (Licht, Tex) / colour matching, matching of colours ‖ ~**abstoßend** adj (z.B. beim Offsetdruck) (Druck) / ink-repellent adj ‖ ⁓**abweichung** f (Opt) / chromatic aberration*, colour aberration ‖ ~**abweisend** adj (Druck) / ink-repellent adj ‖ ⁓**abzug** m **von einem Dia** (Papierbild von einer Diapositivvorlage) (Foto) / dye transfer ‖ ⁓**adaptation** f / colour adaptation ‖ ⁓**änderung** / off-colour n, discolouration n ‖ ⁓**änderung** / colour change, change in colour ‖ ⁓**änderung** (Chem) / colorimetric change ‖ ⁓**änderung** (des Emails) (Keram) / striking n ‖ **reversible** ⁓**änderung** (z.B. bei Hackmanit)

(Min) / tenebrescence* n ‖ ≈annahme f (bei einem Bedruckstoff oder bei einer vorgedruckten Druckfarbenschicht) (Druck) / ink trapping, trapping n ‖ ≈annahme (Druck) / poor trapping ‖ schlechte ≈annahme (ungenügende) ≈annahme (Druck) / poor trapping ‖ spektraler ≈anteil (DIN 5033, T 3) (Licht) / excitation purity, purity n ‖ ≈art f (in der Farbmetrik) (Licht, TV) / chromaticity* n ‖ ≈art-Bildinhalt-Austast-Synchron-Signal n (TV) / colour video signal, composite color picture signal (US) ‖ ≈artkoordinate f (Licht, TV) / chromaticity coordinate ‖ ≈artsignal n (derjenige Teil des Farbbildsignals, der die Farbart bestimmt) (TV) / chrominance signal* ‖ ≈ätzung f (Druck) / colour process etching, colour etching ‖ ~aufhellend adj / hypsochromic adj ‖ ≈aufnahme f (Foto) / colour photo, colour photograph ‖ ≈aufnahmefähigkeit f (des Papiers) (Druck) / ink receptivity ‖ ≈aufnahmetechnik f (Hütt, WP) / colour metallography ‖ ≈auftrag m (Anstr) / application n, painting n, coating* n ‖ elektrophoretischer ≈auftrag (Anstr) / electrophoretic coating, electrocoating n, electrophoretic painting ‖ ≈auftragswalze f (Druck) / inker n, ink roller, inking roller, ink forme roller ‖ ≈ausgleich m bei der Farblichtbestimmung (Foto) / balancing* n ‖ ≈auszug m (auch für den Mehrfarbendruck - einer Primärfarbe zugehöriger Teil eines Bildes) (Druck, Foto) / colour separation*, separation* n ‖ ≈auszugsfilm f (Foto) / separation film ‖ ≈auszugsfilter n (durchsichtiges farbiges Medium, das in den zur Herstellung von Farbauszügen notwendigen Lichtstrahlengang eingeschaltet wird); Auszugsfilter; n. (Druck, Foto) / colour separation filter ‖ ≈auszugsnegativ n (Foto) / separation negative ‖ ≈auszugspositiv n (Foto) / separation positive ‖ ≈auszugsverfahren n (Druck) / colour separation* ‖ ≈bad n (Tex) / dye-bath n, liquor n ‖ ≈balance f (Druck) / grey balance ‖ ≈balken n (EDV) / colour bar ‖ ≈balkengenerator m (TV) / bar generator* ‖ ≈ballen m (Druck) / ink ball, inking ball, dabber n, tampon n

Farbband n (der Schreibmaschine) / ribbon n, ink(ed) ribbon, typewriter ribbon ‖ ≈kassette f (bei elektrischen Schreibmaschinen) / cassette ribbon, ribbon cassette ‖ ≈kassette (EDV) / ribbon cartridge ‖ ≈spule f nach DIN 32755 / Underwood spool ‖ ≈transport m / ribbon feed, feed n ‖ ≈wähler m (der Schreibmaschine) / ribbon selector ‖ ≈wechsel m / ribbon replacement

färbbar adj / colourable adj ‖ ~ (Mikros) / stainable adj ‖ ~ (Tex) / dyeable adj ‖ leicht ~ (Mikros) / chromophil* adj, chromophilic* adj, chromatophil adj, chromophile adj, chromatophile adj ‖ schlecht ~ (Mikros) / chromophobe* adj, chromophobic* adj

Farb•baum m / colour tree (in the Munsell colour system) ‖ ≈becher m (der Spritzpistole) (Anstr) / paint cup, paint container, paint tank, paint pot ‖ ≈behälter m (der Spritzpistole) (Anstr) / paint cup, paint container, paint tank, paint pot ‖ ≈behälter m (wannenförmiger) (Anstr) / paint tray ‖ ≈beize f (For) / solid-colour stain, opaque stain ‖ ≈beschichtung f (des Karbonpapiers) (Pap) / coating n ‖ ≈beständigkeit f (Anstr) / colour retention ‖ ≈beutel m (als Seenotausrüstung) (Luftf) / dye marker bag ‖ ≈bezeichnung f von Gefahrenstellen / colour marking of danger zones ‖ ≈bezugssignal n (TV) / colour reference signal* ‖ ≈bibliothek f (elektronische Bildverarbeitung) (EDV) / colour library ‖ ≈bild n (Foto) / colour image ‖ ≈bildabtaster m (TV) / colour scanner ‖ ≈bilddeckung f (TV) / convergence* n ‖ ≈bildröhre f (TV) / colour picture tube ‖ ≈bildschirm m (EDV) / colour screen ‖ ≈bildsignal n (TV) / colour picture signal* ‖ vollständiges ≈bildsignal (TV) / colour video signal, composite color picture signal (US) ‖ ≈-Chip m (Anstr) / chip n ‖ ≈decoder m (TV) / colour decoder* ‖ ≈dekoder m (TV) / colour decoder* ‖ ≈densitometer n (Phys) / colour densitometer ‖ ≈dia n (in einer zur Vorführung geeigneten Form) (Foto) / colour slide, colour transparency* ‖ ≈diapositiv n (Foto) / colour slide, colour transparency* ‖ ≈dichte f (Druck) / ink density ‖ ≈differenz f (Opt) / colour difference ‖ ≈differenzsignal n (TV) / colour-difference signal* ‖ ≈dosierung f (Druck) / ink metering ‖ ≈dreieck n (Licht, TV) / colour triangle*, RGB triangle, colour pyramid* ‖ ≈dreieck (Licht, TV) s. auch Farbtafel ‖ digitaler ≈druck (Druck) / digital colour printing, DCP ‖ ≈drucker m (EDV) / colour printer ‖ ≈duktor m (im Farbkasten) (Druck) / ductor n, ductor roller, duct n (roller) ‖ ≈düse f (der Spritzpistole) (Anstr) / fluid tip

Farbe f (Kernphys) / colour* n, colour charge ‖ ≈ (Sinneseindruck - DIN 5033, T 1) (Opt, Physiol) / colour n, color n (US) ‖ ≈ s. auch Anstrichstoff und Farbstoff ‖ Abheben n vorgedruckter ≈ (beim Überdrucken mit einer Farbe höherer Tackwerte) (Druck) / trapping n ‖ bunte ≈ (Licht) / chromatic colour* ‖ chromatische ≈ (Licht) / chromatic colour* ‖ ≈, die f den Raum größer, weiter erscheinen läßt (Bau) / receding colour, retiring colour ‖ ≈, die den Raum kleiner, näher erscheinen läßt (Bau) / advancing colour* ‖ gebrochene ≈ (leicht abgetönte reinbunte Malerfarbe) / broken shade ‖ gedämpfte ≈ / muted colour, quiet colour, subdued colour ‖ gedämpfte ≈ / muted colour, quiet colour, subdued colour ‖ hypsometrische ≈ (Kart) / hypsometric tint, altitude tint ‖ keramische ≈ (Keram) / ceramic colourant ‖ kompensative ≈ (die bei additiver Farbmischung mit einer gegebenen Farbvalenz Unbunt liefert) / compensation colour ‖ metamere ≈n (Licht) / metameric colours, metamers pl ‖ nachleuchtende ≈ (eine Leuchtfarbe) (Anstr) / phosphorescent paint ‖ nagelfeste ≈ (Druck) / scratch-proof ink, scratch-resistant ink ‖ nichtspektrale ≈ (Licht) / non-spectral colour* ‖ phosphoreszierende ≈ (eine Leuchtfarbe) (Anstr) / phosphorescent paint ‖ schmutzige ≈ / dirty colour ‖ subtraktive ≈ (Phys) / minus colour*, subtractive colour* ‖ verschnittene ≈ / blended colour ‖ wahrgenommene ≈ / perceived colour ‖ warme ≈ (als wohltuend, beruhigend empfunden) / warm colour ‖ weiße ≈ (z.B. für das Rinco-Verfahren) (Druck) / white ink ‖ abgeben (Farbstoff) / mark off v, smut v, stain v ‖ ≈n f pl Cyan, Magenta, Gelb, Schwarz (EDV) / CMYK (cyan, magenta, yellow and black) ‖ ≈n dünner Blättchen (Interferenzfarben) (Phys) / colours of thin films*

Färbe•apparat m (mit zirkuliendem Färbebad) (Tex) / dyeing machine (with circulating liquor) ‖ ≈artikel m pl (Tex) / dyed fabrics, dyed goods ‖ ≈bad n (Tex) / dye-bath n, liquor n ‖ ≈baum (Tex) / dye beam

farb•echt adj (lichtecht) (Anstr) / fade-resistant adj ‖ ≈echtheit f (im allgemeinen) / fastness of colour, colourfastness n, dye fastness, colour fastness*

Färbe•flotte f (Tex) / dye-bath n, liquor n ‖ ≈foulard m (Tex) / dye pad ‖ ≈gut n (Tex) / goods to be dyed, goods for dyeing

Farb•eindringprüfung f (WP) / dye penetration method, dye-penetrant method, dye-penetrant testing ‖ ≈eindringverfahren n (zur Feststellung von Haarrissen) (WP) / dye penetration method, dye-penetrant method, dye-penetrant testing ‖ ≈eindruck m (Physiol) / colour sensation

Färbe•jigger m (Tex) / jig* n, full-width dyeing machine, whole-width dyeing machine, jigger* n ‖ ≈kraft f (Foto) / tinctorial power ‖ ≈maschine f (mit bewegtem Färbegut) (Tex) / dyeing machine (with circulating goods) ‖ ≈mittel n (Chem) / stain n

Farb•empfindlichkeit f (Foto) / colour sensitivity ‖ ≈empfindlichkeit s. auch Spektralempfindlichkeit ‖ ≈empfindung f (Opt, Physiol) / colour perception, perception of colour

färben v (leicht) / tinge n, tint v, tincture v ‖ ~ (Holz) / colour v ‖ ~ (Mikros) / stain v ‖ ~ (Tex) / dye v ‖ blau ~ (Pap) / blue v ‖ einbadig ~ (Tex) / dye in a single bath ‖ kochend ~ (Tex) / dye at the boil ‖ rosarot ~ (Tex) / rose v ‖ ~ (Mikros) / staining n

Farben- (Opt) / chromatic adj

Färben n (Tex) / dyeing* n, colouring n, coloration n ‖ wegen fehlerhaften ≈s beanstandete und der Färberei zurückgegebene Stückware (Tex) / cobblers pl ‖ ≈ n im Metallbad (Tex) / molten-metal dyeing

Farben•bindemittel n (Anstr) / medium* n (pl. media or mediums), vehicle* n, paint vehicle, paint base ‖ ~blind adj (Med, Opt) / colour-blind adj ‖ ~blindheit f (Med, Opt) / colour blindness* ‖ ≈blindheit (Med, Opt) s. auch Farbenfehlsichtigkeit ‖ ≈chemie f (Chem) / colour chemistry

färbend•es Oxid (Glas, Keram) / colour oxide (an oxide of a metal which is used to colour glass, glazes, porcelain enamels, ceramic bodies, and other products) ‖ ~e Substanz / colouring n, colouring matter ‖ ~e Substanz s. auch Farbmittel

Farben•deckung f (Druck) / colour registration ‖ ≈druck m (Druck) / colour printing* ‖ ≈entfernen n (Anstr) / paint removal, paint stripping ‖ ≈exzeß m (die Differenz zwischen dem individuellen Farbenindex eines Sterns und dem mittleren Farbenindex seiner Spektralklasse) (Astr) / colour excess* ‖ ≈fehlsichtigkeit f (Med, Opt) / dyschromatopsy n, defective colour-vision ‖ ≈gang m (Angerbung in Gruben mit abgearbeiteten, dünnen Gerbbrühen) (Leder) / suspenders pl (initial tannage in pits with weak liquors) ‖ ≈gang (eine Anordnung von mehreren Gruben, die mehrmals benutzte gerbstoffarme, aber nichtgerbstoffreie Gerbbrühen enthalten - der Versenk- oder Versatzgerbung vorgeschaltet) (Leder) / suspender set, round of handlers ‖ ≈-Helligkeits-Diagramm (Astr) / spectrum-luminosity diagram* ‖ ≈index (die Differenz zwischen den in zwei verschiedenen Farbbereichen des Spektrums gemessenen Helligkeiten eines Sterns) (Astr) / colour index* ‖ ≈index (Foto) / colour index* ‖ ≈karte f (DIN 6164) / colour chart ‖ ≈konstanz f / colour constancy ‖ ≈lehre f (Lehre von der Entstehung und Ordnung der Farben und ihrer Wirkung auf das menschliche Auge) (Licht, Opt) / chromatics* n, colour science ‖ ≈messer n (wird benutzt, um Tubenölfarbe zu verteilen oder zu vermischen) (Anstr) / palette knife ‖ ≈mischen n (Anstr) / intermixing n ‖ ≈mischlack m (Anstr) / mixing varnish ‖ ≈palette f (Tex) / range of shades ‖ ≈plotter m (EDV) / multicolour plotter, multicolor plotter (US) ‖ ≈rad n (EDV) / colour wheel ‖ ≈raum m (zur mathematischen Darstellung von Farben) (Licht) / colour space ‖ ≈reizschwelle f (Opt, Physiol) / colour threshold* ‖ ≈roller m mit Lammplüsch (Anstr) / lambswool roller* ‖ ≈schwelle f (Opt, Physiol) / colour threshold* ‖ ≈sehen n (Opt, Physiol) / colour vision*, colour

**Farbensinn**

sense ‖ ≈**sinn** *m* (Opt, Physiol) / colour vision*, colour sense ‖ ≈**skala** *f* (Tex) / range of shades ‖ ≈**spiel** *n* (Opt) / play of colour
**Farbentferner** *m* (Anstr) / paint remover*, paint stripper*
**Farbentheorie, Wittsche** ≈ (nach O. N. Witt, 1853-1915) (Chem) / Witt theory (of the mechanism of dyeing)
**Farb•entwickler** *m* (Film, Foto) / colour developer ‖ ≈**entwicklung** *f* (Film, Foto) / colour development ‖ ≈**entwicklung in Gefügen** (Hütt, WP) / colour metallography
**Farben•unterscheidung** *f* (Opt, Physiol) / colour discrimination ‖ ≈**unterscheidungsvermögen** *n* (Opt, Physiol) / colour discrimination ‖ ≈**wirkung** *f* / colour effect ‖ ≈**zerstäuber** *m* (Anstr, HuT) / spray gun, spraying pistol, gun* *n*
**Färbe•partie** *f* (Tex) / dye lot ‖ ≈**pflanze** *f* (z.B. Färberdistel, -eiche, -ginster, -knöterich usw.) (Bot, Tex) / dye plant
**Färber** *m* / dyer *n*
**Farberde** *f* (anorganisches natürliches Pigment) (Anstr) / earth colour*, mineral pigment, earth pigment
**Färber•distel** *f* (Carthamus tinctorius L.) (Bot) / safflower *n* ‖ ≈**distelöl** *n* (Nahr) / safflower oil
**Färberei** *f* (Tex) / dyeing* *n*, colouring *n*, coloration *n*
**Färbereiche** *f* (Quercus velutina Lam.) (For) / quercitron *n*, quercitron oak, dyer's oak
**Färbereichenrinde** *f* (For) / quercitron *n*, quercitron bark
**Färberezeptberechnung** *f* **durch Rechner** (Tex) / computer match prediction (CMP)
**farberhöhend** *adj* / hypsochromic *adj*
**Färberholz** *n* (For) / dyewood *n*
**färberisch** *adj* (Tex) / coloristic *adj*
**Färber•röte** *f* (Echte) (Rubia tinctoria L.) (Bot) / madder *n* ‖ ≈**saflor** *m* (Carthamus tinctorius L.) (Bot) / safflower *n* ‖ ≈**sumach** *m* (besonders von Rhus coriaria L.) (Bot) / sumac *n*, sumach *n*
**Farberweichung** *f* (Anstr) / soft paint
**Färberwurzel** *f* (Bot) / madder root
**Färbe•schlichten** *n* (Tex) / dyeing and sizing (in one operation) ‖ ≈**stern** *m* (DIN 64990) (Tex) / star-dyeing machine, star frame ‖ ≈**technik** *f* (Mikros) / staining method ‖ **basisches** ≈**verfahren** (mit basischen Farbstoffen) (Biochem, Mikros) / basic staining ‖ ≈**vermögen** *n* (Chem) / staining power*, staining strength, tinting strength, TS, tinting power ‖ ≈**vermögen** (Foto) / tinctorial power
**Farb•exzeß** *m* (Astr) / colour excess* ‖ ≈**falte** *f* (ein Warenfehler) (Tex) / streak *n* ‖ ≈**fehler** *m* (im allgemeinen) / colour defect ‖ ≈**fehler** (Opt) / chromatic aberration*, colour aberration ‖ ≈**fehlerfrei** *adj* (optisches System) (Opt) / without colour aberration ‖ ≈**fernsehempfänger** *m* (TV) / colour TV receiver ‖ ≈**fernsehen** *n* (TV) / colour television, CTV ‖ ≈**fernsehgerät** *n* (TV) / colour TV receiver ‖ ≈**fernsehübertragung** *f* (TV) / colorcast *n* (US) ‖ ≈**film** *m* (Film, Foto) / colour film ‖ ≈**filmkopieren** *n* (Film, Foto) / colour printing ‖ ≈**filter** *n* (bei Schwarzweißmaterialien) (Film, Foto) / colour filter* ‖ ≈**fixierung** *f* (Tex) / dye fixing ‖ ≈**flotte** *f* (Tex) / dye-bath *n*, liquor *n* ‖ ≈**fotografie** *f* (Foto) / colour photography ‖ ~**fotografisch** *adj* (Foto) / colour-photographic *adj* ‖ ~**freie Stelle** (EDV) / void *n* ‖ ≈**füllung** *f* (Flächenfarbe innerhalb einer Umrißlinie bzw. zwischen Isolinien) (Kart) / filling *n* ‖ ≈**gabe** *f* (Druck) / inking *n* ‖ ≈**gebung** *f* (z.B. eines Raumes) / colour scheme ‖ ≈**gebung** (Druck) / inking *n* ‖ ≈**glanz** *m* (Anstr, Licht) / colour lustre ‖ ≈**glanzpigment** *n* (Anstr) / colour-lustre pigment ‖ ≈**glas** *n* (Glas) / stained glass, coloured glass ‖ ≈**glasfenster** *n* (Bau, Glas) / stained-glass window ‖ ≈**glasur** *f* (Keram) / coloured glaze ‖ ≈**gleichgewicht** *n* (Film, Foto) / colour balance ‖ ≈**grafik** *f* (EDV) / colour graphics ‖ ≈**grafikkarte** *f* (EDV) / colour graphics card ‖ ≈**grube** *f* (im Farbengang) (Leder) / suspender pit ‖ ≈**haltung** *f* (Anstr, Druck) / colour retention ‖ ≈**heber** *m* (Druck) / drop roller, ink feed roller ‖ ≈**hebewalze** *f* (Walze, die im Farbkasten in die Druckfarbe eintaucht) (Druck) / drop roller, ink feed roller ‖ ≈**holografie** *f* / colour holography ‖ ≈**holz** *n* (dessen Kernholz zur Gewinnung technisch verwertbarer Farbstoffe dient) (For) / dyewood *n* ‖ ≈**holzextrakt** *m n* (Chem, Leder, Pap, Tex) / dyewood extract
**farbig•e Anzeige** (EDV) / colour display ‖ ~**er Beton** (farbige Zuschläge, Farbpigmente oder besondere Oberflächenbehandlung) (Bau, HuT) / pigmented concrete ‖ ~**er Bildschirm** (EDV) / colour screen ‖ ~**er Druck** (Druck) / colour printing* ‖ ~**es Rauschen** (DIN 5483, T 1) (frequenzabhängig) (Akus) / colour noise ‖ ~**es Schachtelpapier** (Pap) / chromatic paper ‖ ~**e Syntaxdarstellung** (Compiler-Feature, das es erlaubt, die Elemente des Sourcekodes zur Erhöhung der Übersichtlichkeit farblich unterschiedlich darzustellen) (EDV) / syntax colouring ‖ ~**er Zement** (Bau, HuT) / coloured cement*
**Farb•index** *m* (Astr) / colour index* ‖ ≈**index** (Foto) / colour index* ‖ ≈**indikator** *m* / colour indicator ‖ ≈**kalibrierung** *f* (EDV) / colour calibration ‖ ≈**karte** *f* (Anstr) / shade card, colour chart ‖ ≈**karte** (Anstr) / colour atlas, colour-code book ‖ ≈**kasten** *m* (im Farbwerk) (Druck) / duct *n* ‖ **oberschlächtiger** ≈**kasten** (Druck) / overshot duct*, overshot ink fountain* ‖ ≈**katodenstrahlröhre** *f* (Eltronik) / colour cathode-ray tube, colour CRT ‖ ≈**keilband** *n* (in Windschutzscheiben aus Verbundglas) (Kfz) / filter strip, antidazzle strip ‖ ≈**kennzeichnung** *f* (z.B. bei Rohrleitungen nach DIN 2403) / colour code ‖ ≈**kennzeichnung** (der Leitungen) (Eltech, Kab) / colouring *n* ‖ ≈**kern** *m* (For) / coloured heartwood, discoloured heartwood ‖ **fakultative** ≈**kernbildung** (For) / facultative formation of coloured heartwood ‖ ≈**killer** *m* (TV) / colour killer* ‖ ≈**kissen** *n* (Druck) / pad *n* ‖ ≈**knoten** *m pl* (Druck) / ink specks ‖ ≈**koder** *m* (TV) / colour coder* ‖ ≈**kodierung** *f* (TV) / colour coding ‖ **trichromatischer** ≈**koeffizient** (Phys) / trichromatic coefficient* ‖ ≈**konsistenz** *f* (Druck) / ink consistence ‖ ≈**konstanz** *f* / colour constancy ‖ ≈**kontrast** *m* (Foto, Licht) / colour contrast* ‖ ≈**konzentrat** *n* (zu dem das Anstrichbindemittel vor Gebrauch zugesetzt wird) (Anstr) / paste paint ‖ ≈**koordinaten** *f pl* / colour coordinates* ‖ ≈**kopie** *f* (Foto) / colour print ‖ ≈**kopierfilter** *n* (beim subtraktiven Farbkopieren) (Foto) / colour correction filter ‖ ≈**körper** *m* (Körper eines als Vektorraum dargestellten Farbraums) (Opt) / colour solid ‖ **keramischer** ≈**körper** (Keram) / ceramic-colouring material ‖ ≈**korrektion** *f* (Opt) / colour correction* ‖ ≈**korrektur** *f* (Opt) / colour correction* ‖ ≈**korrekturfilter** *n* (beim subtraktiven Farbkopieren) (Foto) / colour correction filter ‖ ≈**korrekturterminal** *n* (Druck, EDV) / colour editing terminal ‖ ≈**korrigierender Stoff** (E 920 - E 927) (Nahr) / improver *n* ‖ ~**korrigierte Linse** (Opt) / colour-corrected lens* ‖ ≈**kraft** *f* (Anstr, Phys) / brilliance *n* (vividness of colour), brilliancy *n* ‖ ≈**kraft** (des Druckes) (Druck) / colour intensity ‖ ~**kräftig** *adj* (Anstr, Phys) / brilliant *adj* (a combination of high lightness and strong saturation) ‖ ≈**kuppler** *m* (in der chromogenen Entwicklung) (Foto) / coupler*, *n*, colour coupler* ‖ ≈**kurzzeichen** *n* (für Leitungen nach DIN IEC 757) (Eltech, Kab) / colour code letter ‖ ≈**lack** *m* (durch Fällung von gelösten Farbstoffen mit Fällungsmitteln erzeugtes Pigment) (Anstr, Chem, Tex) / lake* *n*, colour lake, lake colour ‖ ≈**ladung** *f* (ein Freiheitsgrad der Quarks) (Kernphys) / colour* *n*, colour charge ‖ ≈**laserdrucker** *m* (EDV) / colour laser printer ‖ ≈**lässigkeit** *f* (Tex) / colour migration ‖ ≈**lehre** *f* (als Oberbegriff) (Licht, Opt) / chromatics* *n*, colour science
**farblich (aufeinander) abgestimmt** / colour-keyed *adj*, colour-matched *adj* ‖ ~ **abgesetzt** / differently coloured ‖ ~ **übereinstimmen** (mit vorhandener Lackschicht) (Anstr) / blend in *v*
**Farb•-Lichtbestimmungsgerät** *n* (Film) / colour analyzer (US), colour analyser* ‖ ≈**lichtsignal** *n* (Bahn) / colour-light signal
**farblos** *adj* / colourless *adj*, achromic *adj*, achromous *adj* ‖ ~ / washy *adj* (having a faded look) ‖ ~ (Opt, Physiol) / achromatic* *adj*, colourless *adj* ‖ ~ **es Glas** (Glas) / colourless glass ‖ ~ **er Phosphor** (monotrope Modifikation) (Chem) / white phosphorus (WP)
**Farb•losigkeit** *f* (Opt, Physiol) / achromaticity *n* ‖ ≈**malz** *n* (Brau) / colour malt, black malt* ‖ ≈**maßlehre** *f* (die Lehre von den Maßbeziehungen der Farben untereinander) (Licht) / colour science ‖ ≈**maßzahlen** *f pl* (Opt, Tex, TV) / tristimulus values* ‖ ≈**messer** *n* (Druck) / ink knife, ink slice ‖ ≈**meßgerät** *n* (Licht) / colorimeter* *n* ‖ ≈**messung** *f* (Astr, Licht) / colorimetry* ‖ ≈**metrik** *f* (DIN 5033, T 1) (Licht) / colour science ‖ ≈**mischbild** *n* (Opt, Verm) / colour composite, colour composite image ‖ ≈**mischstein** *m* (Druck) / slab *n* ‖ ≈**mischung** *f* (Licht, Opt) / colour mixing ‖ **additive** ≈**mischung** (Opt) / additive colour mixture ‖ **subtraktive** ≈**mischung** (Phys) / subtractive colour mixture ‖ ≈**mittel** *n* (farbgebende Substanz nach DIN 55944) (Anstr) / colouring agent, colouring matter ‖ ≈**mittel** (Betonzusatzstoff nach DIN 1045) (Bau) / pigment *n* ‖ ≈**monitor** *m* (EDV) / colour monitor, color monitor (US) ‖ ≈**mühle** *f* (Druck) / ink-grinding mill, ink mill ‖ ≈**muster** *n* (DIN 6173, T 1) / colour specimen, colour sample ‖ ≈**musterbuch** *n* / colour book, colour dictionary, sample book of coloured papers ‖ ≈**nachstellung** *f* (Licht, Tex) / colour matching, matching of colours ‖ ≈**nadel** *f* (der Spritzpistole) (Anstr) / fluid needle* ‖ ≈**näpfchen** *n* (Druck) / ink cell, gravure cell *n* ‖ ≈**nebel** *m* (Anstr, Galv) / spray mist, spray dust, spray fog, paint mist ‖ ≈**nebelabscheider** *m* (in Lackspritzanlagen) (Anstr) / paint-mist eliminator ‖ ≈**negativ** *n* (Foto) / colour negative* ‖ ≈**negativfilm** *m* (für Papierkopien) (Foto) / negative colour film* ‖ ≈**nuance** *f* (nach Sättigung und Dunkelstufe abgewandelter Farbton) / hue *n*, shade *n* ‖ ≈**oberschnitt** *m* (Kopfschnitt gefärbt) (Buchb) / coloured top ‖ ≈**ordnungssystem** *n* (Licht, Opt) / colour order system ‖ ≈**ort** *m* (Opt) / spectrum locus*, spectral locus ‖ ≈**ort des Unbunt** (Opt) / white point, achromatic point ‖ ≈**oxid** *n* (Glas, Keram) / colour oxide (an oxide of a metal which is used to colour glass, glazes, porcelain enamels, ceramic bodies, and other products) ‖ ≈**palette** *f* (EDV) / palette *n* (of colours), colour palette ‖ ≈**passer** *m* (Druck) / colour register* ‖ ≈**paste** *f* (z.B. im Kugelschreiber) / paste ink, viscous ink ‖ ≈**paste** (Anstr) / pugging *n*, pigment paste ‖ ≈**paste** (für den Siebdruck) (Druck) / squeegee paste ‖ ≈**pigment** *n* (Betonzusatzstoff nach DIN 1045) (Bau, HuT) / coloured pigment ‖ ≈**pinsel** *m* (ein Gestaltungselement bei

Grafikprogrammen) (EDV) / paintbrush n, electronic paintbrush ‖ ⁓**platte** f (Druck) / ink table*, ink slab*, ink stone ‖ ⁓**plotter** m (EDV) / colour plotter ‖ ⁓**politur** f (Tischl) / colour polish ‖ ⁓**positiv** n (Foto) / colour positive ‖ ⁓**prägung** f (hebt sich durch die Farbe von der nicht geprägten Umgebung ab) (Buchb, Pap) / ink stamping ‖ ⁓**proof** m (Druck) / colour proof ‖ **direkter digitaler** ⁓**proofer** (Druck, EDV) / direct digital colour proofer, DDC proofer ‖ ⁓**pulver** n (Xerografie) / toner n ‖ ⁓**pumpe** f (Druck) / ink pump* ‖ ⁓**pumpenaggregat** n (Druck) / ink pump* ‖ ⁓**punkt** m (geometrischer Ort einer Farbvalenz, z.B. in der CIE-Normfarbtafel) (Opt) / spectrum locus*, spectral locus ‖ ⁓**pyrometer** n (Messung bei zwei Wellenlängen und Quotientenbildung) (Wärm) / ratio pyrometer, two-colour pyrometer ‖ ⁓**quantenzahl** f (Kernphys) / colour* n, colour charge ‖ ⁓**raum** m (Opt) / colour space ‖ ⁓**reaktion** f (Chem, Erdöl) / colour reaction (a test) ‖ ⁓**rechner** m (Druck) / colour computer ‖ ⁓**register** n (ein Satz Farbtonkarten) (Anstr) / colour atlas ‖ ⁓**reibmaschine** f (Druck) / ink-grinding mill, ink mill ‖ ⁓**reinheit** f (TV) / purity n, excitation purity ‖ ⁓**reinheitsspule** f (TV) / purity coil ‖ ⁓**reiz** m (Strahlung, die durch Reizung der Netzhaut Farbempfindungen hervorruft - DIN 5033, T 1) (Opt, Physiol) / colour stimulus, chromatic stimulus ‖ ⁓**rest** m (auf den Platten) (Druck) / pick n ‖ ⁓**reste** m pl (Anstr) / smudge n, leftover paint ‖ ⁓**rezept** n (Anstr) / paint formulation ‖ ⁓**rißprüfung** f (WP) / dye penetration method, dye-penetrant method, dye-penetrant testing ‖ ⁓**rolle** f (Anstr) / paint roller ‖ ⁓**roller** m (Anstr) / paint roller ‖ ⁓**rückspaltung** f (Druck) / ink trapping, trapping n ‖ ⁓**ruß** m (Anstr) / pigment black ‖ ⁓**salz** n (Chem) / colour salt, coloured salt ‖ ⁓**sättigung** f (Anteil einer Spektralfarbe bei der Mischung mit weißem Spektrallicht) (Foto, TV) / colour saturation* ‖ ⁓**sättigungs- und Farbtonregelung** f (TV) / chroma control*, chromaticity control* ‖ ⁓**satz** m (Druck) / set of colour plates ‖ ⁓**saum** m (ein Fehler) (Foto, Opt, TV) / colour fringe n, fringe n ‖ ⁓**säure** f (Tex) / dye acid ‖ ⁓**scanner** m (TV) / colour scanner ‖ ⁓**schattierungsstreifen** m (auch verwechselter Schuß) (Web) / shade bar ‖ ⁓**schleier** m (Foto) / colour cast ‖ ⁓**schliere** f (die sich in ihrer Färbung deutlich vom Grundglas unterscheidet) (Glas) / colour streak ‖ ⁓**schnitt** m (Buchb, Druck) / coloured edge, stained edge ‖ ⁓**schwach** adj / weakly coloured ‖ ⁓**schwankungen** f pl (Druck) / mottle n, colour fluctuation ‖ ⁓**schwelle** f (Opt, Physiol) / colour threshold* ‖ ⁓**sensor** m (der für schnelles, berührungsloses Erfassen farbiger Gegenstände in automatisierten Fertigungsprozessen eingesetzt wird) / colour sensor ‖ ⁓**separation** f (Druck, Foto) / colour separation*, separation* n ‖ ⁓**sichtgerät** n (EDV) / colour display terminal ‖ ⁓**signal** n (TV) / chrominance signal* n ‖ ⁓**skale** f (im allgemeinen) / colour scale ‖ ⁓**skale** (im Mehrfarbendruck) (Druck) / progressive proofs*, progs pl, colour guides* ‖ ⁓**skale für den Offsetdruck** (Druck) / set of printing inks for offset printing ‖ ⁓**sortiment** n (beim Angebot) / range of colours ‖ ⁓**spachtel** m f (Druck) / ink knife, ink slice ‖ ⁓**spaltung** f (beim Druckfarbentransport über das Walzensystem des Farbwerkes) (Druck) / ink splitting ‖ ⁓**sperre** f (TV) / colour killer* ‖ ⁓**spritzen** n (beim Druck) (EDV) / splattering n ‖ ⁓**spritzer** m (Anstr) / spatter n, splatter n ‖ ⁓**spritzpistole** f (Anstr, HuT) / spray gun, spraying pistol, gun* ‖ ⁓**spritzroboter** m (Anstr) / paint-spray robot, spray robot ‖ ⁓**spritzstand** m (Anstr) / spraying stand, spray stand ‖ ⁓**sprühgerät** n (eine Handdruckpumpe zum Versprühen von wäßrigen Anstrichfarben, Kalkmilch und Imprägnierstoffen) (Bau, HuT) / spray gun* ‖ ⁓**stabilisator** m (z.B. Ascorbin- oder Nicotinsäure) (Nahr) / colour stabilizer, colour fixative, color retention agent (US) ‖ ⁓**stärke** f (des Pigments) (Anstr) / tinting strength, tinctorial strength ‖ ⁓**stärke** (im LTF-farbmetrischen System) (Druck) / ink strength ‖ ⁓**stärkeangleich** m (auf der Grundlage der Kubelka-Munk-Theorie) (Anstr) / adjustment of tinting strength, tinting-strength matching ‖ ⁓**staub** m (Anstr, Galv) / spray mist, spray dust, spray fog, paint mist ‖ ⁓**stäuben** n (Anstr) / ink misting* ‖ ⁓**stein** m (Druck) / ink table*, ink slab*, ink stone ‖ ⁓**stellung** f (Tex) / colour design ‖ ⁓**stich** m (DIN 55 980) (Anstr) / hue n (of near white or black specimens) ‖ ⁓**stich** f (Foto) / cast n ‖ ⁓**stift** m / coloured pencil, clour pencil

**Farbstoff** m (im Anwendungsmedium lösliches Farbmittel nach DIN 55943) (Anstr, Tex) / dye n, dyestuff* n ‖ ⁓ (Mikros) / stain n ‖ ⁓ (Nahr) / colouring n, colouring matter, colorant n ‖ **adjektiver** ⁓ (Chem, Tex) / adjective dye, adjective dyestuff, mordant dyestuff, lake* n ‖ **anionische** ⁓**e** (Foto, Tex) / acid dyes* ‖ **anthrachinoider** ⁓ (Tex) / anthraquinone-type dyestuff ‖ **basische** ⁓**e** (Foto, Tex) / basic dyes*, cationic dyestuffs ‖ **direkt aufziehender** ⁓ (wasserlöslicher Farbstoff, der auf Zellulosefasern direkt aufzieht) (Tex) / direct dye, substantive dye* ‖ **faserreaktiver** ⁓ (Chem, Tex) / reactive dye(stuff)*, fibre-reactive dye ‖ **fluoreszierender** ⁓ (Chem) / fluorochrome* n ‖ **hochaffiner** ⁓ (Tex) / high-affinity dye(stuff), dyestuff with high affinity ‖ **kationischer** ⁓ (Tex) / cationic dyestuff ‖ **kationische** ⁓**e** (Foto, Tex) / basic dyes*, cationic dyestuffs ‖ **lösemittellöslicher** ⁓ (Tex) / solvent-soluble dyestuff ‖ **metallisierter** ⁓ (Tex) / premetallized dyestuff ‖ **natürlicher** ⁓ (Chem) / natural dye, natural dyestuff ‖ **respiratorischer** ⁓ (z.B. Hämoglobin) (Biochem, Physiol) / respiratory pigment* ‖ **saure** ⁓**e** (Foto, Tex) / acid dyes* ‖ **substantiver** ⁓ (wasserlöslicher Farbstoff, der auf Zellulosefasern direkt aufzieht) (Tex) / direct dye, substantive dye* ‖ ⁓ m **in Teigform** (Tex) / paste dyestuff

**Farbstoff•affinitätschromatografie** f (Chem) / dye affinity chromatography ‖ ⁓**bildend** adj (Bot, Zyt) / chromogenic adj ‖ ⁓**bildende Entwicklung** (Foto) / liquid development, lid ‖ ⁓**chemie** f (Chem) / dyestuff chemistry, dye chemistry ‖ ⁓**einlagerung** f (Nahr) / incorporation of pigments ‖ ⁓**fleck** m (Tex) / dye-spot n, dye-stain n ‖ ⁓**laser** m (Phys) / dye laser* ‖ ⁓**salz** m (organisches Pigment, das den Triarylcarbeniumpigmenten zuzuordnen ist) (Druck) / dye salt ‖ ⁓**schreibtinte** f / coloured writing ink ‖ ⁓**tinte** f / coloured writing ink ‖ ⁓**zwischenprodukt** n (Chem Verf) / dyestuff intermediate

**Farb•strahldruckverfahren** n (EDV) / ink-jet printing* ‖ ⁓**strahldruckwerk** n (DIN 9784) (EDV) / ink-jet printer* ‖ ⁓**streifenfilter** n (vor der Bildaufnahmeröhre einer Videokamera) (Film) / colour stripe filter ‖ ⁓**streifigkeit** f **in Schußrichtung** (periodischer Schußstreifen) (Web) / weft streak, weft stripe ‖ ⁓**sublimationsdruck** m (EDV) / colour sublimation printing ‖ ⁓**symmetriegruppe** f (Kernphys) / SU(3)$_c$-group n, colour symmetry group, colour group SU(3) ‖ ⁓**synchronimpuls** m (Farbsynchronisierpuls) (TV) / burst n ‖ ⁓**synchronsignal** n (TV) / burst signal, colour burst* ‖ ⁓**synthesebild** n (Opt, Verm) / colour composite, colour composite image ‖ ⁓**tabelle** f (EDV) / colour lookup table, color lookup table (US), CLUT, colour map ‖ ⁓**tafel** f / chromaticity diagram* ‖ ⁓**tafel** (in der Reproduktionstechnik) (Druck) / colour chart ‖ ⁓**tafel** (EDV) / colour lookup table, color lookup table (US), CLUT, colour map ‖ ⁓**teiler** m (TV) / colour splitter ‖ ⁓**temperatur** f (Maß für die Farbart eines technischen Temperaturstrahlers) (Phys) / colour temperature* ‖ ⁓**temperatur-Korrekturfilter** n (Foto) / photometric filter ‖ ⁓**tiefdruck** m (Druck) / colour gravure ‖ ⁓**tiefe** f (Maß für die Farbigkeit einer Farbempfindung) (Opt, Physiol) / colour depth ‖ ⁓**tisch** m (Druck) / ink table*, ink slab*, ink stone ‖ ⁓**tisch** (Druck) / slab* ‖ ⁓**toleranz** f (DIN 6171, T 1) / colour tolerance

**Farbton** m (Farbmaßzahl im Munsell-System) / Munsell hue, hue* n ‖ ⁓ (Anstr, Tex) / shade* n, tint* n, tone n ‖ **gebrochener** ⁓ (Anstr) / off-shade n ‖ **deckender** ⁓ (Tex) / overtone n ‖ **ruhiger** ⁓ (Tex) / quiet shade ‖ **hochmodischer** ⁓ (Tex) / high shade ‖ ⁓ **des mit Weißpigment aufgehellten Buntpigments** (Anstr) / undertone n

**Farbton•abweichung** f (im LTF farbmetrischen System) (Druck) / hue error ‖ ⁓**beständigkeit** f / colour retention ‖ ⁓**ebene** f (Opt) / hue plane ‖ ⁓**echtheit** f (Anstr) / colour fastness

**Farbtonen** n (Foto) / toning* n, dye toning*, chemical toning*

**Farbton•flop** m (charakteristische Eigenschaft von Lacken und Druckfarben mit Perlglanzpigmenten, welche die Änderung der Farbe unter verschiedenen Beobachtungswinkeln bezeichnet) (Anstr, Druck) / colour flop ‖ ⁓**gleiche Wellenlänge** (Licht, Opt) / dominant wavelength* (of dominant hue) ‖ ⁓**haltung** f (Anstr, Druck) / colour retention ‖ ⁓**karte** f (Anstr) / shade card, colour chart ‖ ⁓**karte** (in Buchform) (Anstr) / colour atlas, colour-code book ‖ ⁓**nachstellung** f (Tex) / colour rematching ‖ ⁓**tabelle** f (Anstr) / shade card, colour chart ‖ ⁓**treu** adj (Tex) / true to shade ‖ ⁓**umschlag** m (Tex) / change in shade, shade alteration, colour change

**Farb**⁓**ton** f (Anstr, Tex) / shade* n, tint* n, tone n ‖ ⁓**tönung** f (unerwünschte) (Foto) / cast n ‖ ⁓**tonung** f (Foto) / toning* n, dye toning*, chemical toning* ‖ **Einsatz** m **von** ⁓**tönungen, die für maximale Farbleistung in Arbeitsräumen, Behaglichkeit in Wohn- und Aufenthaltsräumen usw. am besten geeignet sind** / colour conditioning ‖ ⁓**tonunterschied** m (Opt) / colour difference

**Farbträger** m (ein Plastid) (Bot, Zyt) / chromatophore* n ‖ ⁓ (TV) / chrominance carrier, colour subcarrier ‖ ⁓**kanal** m (TV) / chrominance channel ‖ ⁓**oszillator** m (TV) / chroma oscillator, colour oscillator, chrominance-subcarrier oscillator, colour-subcarrier oscillator ‖ ⁓**synchronsignal** n (TV) / burst signal, colour burst*

**Farb•trennung** f (bei der in der Originalvorlage verschiedene Farbfolien eingeklebt werden) (Druck) / preseparation n ‖ ⁓**tuch** n (bei Druckern) (EDV) / towel ribbon, ink cloth ‖ ⁓**übersprechen** n (DIN 45060) (TV) / cross colour ‖ ⁓**übertragung** f (Chem) / dye transfer ‖ ⁓**übertragung** (in der Druckmaschine) (Druck) / ink transfer ‖ ⁓**übertragungsinhibitor** m (funktioneller Inhaltsstoff in Waschmitteln) (Chem) / dye-transfer inhibitor ‖ ⁓**übertragungswalze** f (Druck) / spiral roller* ‖ ⁓**umkehrfilm** m (Foto) / reversal colour film* ‖ ⁓**umschlag** m (Radiol) / colour change ‖ ⁓**umschlag** (Tex) / change in shade, shade alteration, colour change ‖ ⁓**umschlagsdosis** f (Radiol) / colour-changing dose

**Färbung** f (Zusammenspiel der Farbtöne) / colour n ‖ ⁓ (Mikros) / staining n ‖ ⁓ (des Karbonpapiers) (Pap) / coating n ‖ ⁓ (Tex) / dyeing* n, colouring n, coloration n ‖ ⁓ (leicht) (Tex) / tinge n, tint n ‖

**Färbung**

~ (ungewollte) (Tex) / smudging n (of colour), staining n, marking-off n ‖ **aposematische** ~ (Zool) / aposematic coloration*, warning coloration* ‖ **chemische** ~ (For) / chemical stain ‖ **gesprenkelte** ~ (Tex) / mottled dyeing ‖ **hellgetönte** ~ (Druck) / Ben Day tint*, tint n ‖ **stippenfreie** ~ (Kennzeichnung einer Unifärbung) (Tex) / speck-free dyeing ‖ **supravitale** ~ (Mikros) / supravital staining ‖ **vitale** ~ (Biochem, Mikros) / vital staining ‖ **wahrnehmbare** ~ (Opt, Physiol) / perceptible hue ‖ ~ f **in der Masse** (Pap) / stock dyeing ‖ **mit Fleckenbildung** (Tex) / spotty dyeing ‖ ~ **mit Stippenbildung** (Tex) / spotty dyeing
**Färbungsregel** f (Umwelt) / Gloger's rule
**Farb•unterscheidung** f (Licht, Opt, Physiol) / colour discrimination ‖ ~**unterschied** m (in Helligkeit, Buntheit und Buntton - DIN 53236) (Anstr) / colour difference ‖ ~**unterschied** (der durch Misch- oder Verarbeitungsfehler entstanden ist) (Anstr) / off-shade n, off-colour n ‖ ~**unterschied** (Opt) / colour difference ‖ ~**unterschied** (Anstr) s. auch Farbänderung und Verfärbung ‖ ~**valenz** f (Opt, Physiol) / colour stimulus specification ‖ ~**valenzeinheit** f (Opt, TV) / trichromatic unit ‖ ~**valenzmetrik** f (Opt) / trichromatic colour measurement ‖ ~**vektor** m (Vektor im Farbenraum zur Darstellung der Farbvalenz) / colour vector ‖ ~**veränderung** f (unerwünschte) / off-colour n, discolouration n ‖ ~**veränderung** f (Opt) / colour change, change in colour ‖ ~**verbrauch** m (relativer) (Druck) / ink coverage ‖ **subtraktives** ~**verfahren** (Foto) / subtractive process* ‖ ~**verlauf** m (streifenloser, allmählicher Farbübergang des Tonwerts vom tiefdunklen Rasterbild zum hellen Papierton) (EDV) / colour scale ‖ ~**verlaufsfilter** n (ein Trickfilter für die Farbfotografie) (Foto) / graduated filter (with a diffused boundary between clear and colour glass) ‖ ~**verstärkende Gruppe** (Chem) / auxochrome* n ‖ ~**verstärker** m / colour intensifying agent ‖ ~**vertiefend** adj (Chem) / bathochrome* adj, bathochromic adj ‖ ~**vertiefer** m (Tex) / colour intensifier ‖ ~**vertiefung** f (Fehler) / blackening n ‖ ~**videoadapter** m (EDV) / video graphics adapter (VGA) ‖ ~**videodrucker** m (Aufzeichnungsgerät für Farbinformationen vom Bildschirm) (EDV) / video colour printer ‖ ~**videointerface** n (EDV) / colour video interface ‖ ~**wahrnehmung** f (Opt, Physiol) / colour perception, perception of colour ‖ ~**walze** f (Anstr) / paint roller ‖ ~**walze** (Druck) / inker n, ink roller, inking roller, ink forme roller ‖ ~**walze** (Druck) / hand roller*, hand inking roller ‖ ~**wanderung** f (Tex) / swealing n ‖ ~**wanne** f (im Flexodruck) (Druck) / ink fountain ‖ ~**wanne** (Trogform im Flexodruck) (Druck) / ink fountain ‖ ~**ware** f (Tex) / dyed fabrics, dyed goods ‖ ~**wechsel** m / colour change, change in colour ‖ ~**wechselverfahren** n pl (TV) / sequential colour systems* ‖ ~**werk** n (langes, kurzes) (Druck) / inking device, inking system, inking unit, inking train ‖ ~**wert** m / colour value, colour number (US) ‖ ~**wertanteil** m (Licht, TV) / chromaticity coordinate ‖ ~**wertsignal** n (das die Information über die relative Leuchtdichteverteilung eines Farbwerts enthält) (TV) / primary (colour) signal ‖ ~**wertsubträger** m (TV) / chrominance subcarrier ‖ ~**wiedergabe** f / colour rendition, colour rendering ‖ ~**wirkung** f / colour effect ‖ ~**zahl** f (ein Kennwert für die Farbe von transparenten Substanzen nach DIN 55945) / colour number ‖ ~**zentrenlaser** m (Festkörperlaser, bei dem als aktives Medium ein Kristall mit Farbzentren verwendet wird) (Phys) / colour-centre laser ‖ ~**zentrum** n (eine Elektronenfehlstelle in einem Isolatorkristall) (Eltronik, Krist) / colour centre ‖ ~**zentrum** (Eltronik, Krist) s. auch F-Zentrum ‖ ~**zerlegung** f (Opt) / separation of the colours (after refraction), colour dispersion ‖ ~**ziegel** m (Bau, Keram) / coloured brick ‖ ~**zonensteller** m (der Schreibmaschine) / ribbon indicator ‖ ~**zucker** m (aus Saccharose oder Stärkezucker) (Nahr) / caramel n, caramel colour
**Farce** f (Füllung für Fleisch oder Fisch - aus gehacktem Fleisch) (Nahr) / forcemeat n, stuffing n
**farcieren** v (Nahr) / stuff v ‖ ~ n (Nahr) / stuffing n
**Farin** m (Nahr) / icing sugar, powdered sugar, confectioners' sugar (US), pounded sugar
**Farinograf** m (Nahr) / farinograph n
**Farinzucker** m (Nahr) / icing sugar, powdered sugar, confectioners' sugar (US), pounded sugar
**Farm** f (Landw) / farm n, farmstead n ‖ ~ (für Pelztiere) (Landw, Leder) / farm n, ranch n ‖ ~**anlage** f (des Sonnenkraftwerks) / distributed-collector system, DCS
**Farmer** m (Landw) / farmer n
**Farmerlunge** f (eine melde- und entschädigungspflichtige Staublungenerkrankung - durch organischen Staub verursacht) (Med) / farmer's lung*
**Farmerscher Abschwächer** (Blutlaugensalzabschwächer) (Foto) / Farmer's reducer*
**Farnesol** n (farbloses, nach Maiglöckchen riechendes Öl - ein Sesquiterpenalkohol) (Chem) / farnesol n
**Farnesylphenol** n (Chem) / farnesyl phenol
**Färse** f (Landw, Leder) / heifer n

**Far-Zeiger** m (EDV) / far pointer
**f.a.s.** (Schiff) / free alongside ship, FAS
**fas** (Schiff) / free alongside ship, FAS
**FAS** / question-answering system, Q/A system ‖ ~ (Chem) / fatty alcohol sulphate, fatty alkyl sulphate
**Faschiertes** n (Nahr) / minced meat, mincemeat n, ground meat
**Faschine** f (zu Bündeln zusammengefaßte Ruten oder Zweige aus lebendem oder totem Material) (Wasserb) / faggot* n, fascine* n, kid n
**Faschinen•bau** m (Wasserb) / faggoting n, kidding n ‖ ~**verbauung** f (Wasserb) / faggoting n, kidding n ‖ ~**wurst** f (geflochten) (Wasserb) / saucisse n, saucisson n
**Fascicularcambium** n (Bot, For) / fascicular cambium
**Fase** f (DIN 6581) (Masch) / land n (of the flank), first flank, margin n (US) ‖ ~ (Masch) / bezel n ‖ ~ (Masch, Tischl, Zimm) / chamfer* n, chamfered edge ‖ ~**bretter** n pl (For) / tongued, grooved and V-jointed boards
**Faselbohne** f (Lablab purpureus (L.) Sweet) (Bot, Landw, Nahr) / lablab n
**fasen** v (Masch, Tischl, Zimm) / chamfer v, bevel v ‖ ~**freiwinkel** m (Masch) / first tool orthogonal clearance ‖ ~**winkel** m (Masch) / angle of the chamfer
**Faser** f / fibre* n, fiber n (US) ‖ ~- / fibrous adj ‖ ~ f (Menge aller Elemente, die eine bestimmte Äquivalenzrelation erfüllen) (Math) / equivalence class* ‖ **aktive** ~ (lichtemittierende Faser) (Opt) / active fibre ‖ **aufgerauhte** ~ (in Bearbeitungsfehler) (For) / raised grain ‖ **ausgerissene** ~ (For) / chipped grain, torn grain ‖ **feuerbeständige** ~ / refractory fibre ‖ **feuerfeste** ~ / refractory fibre ‖ **keramische** ~ (Keram) / ceramic fibre ‖ **konische** ~ (LWL) (Opt) / optical taper, conical fibre, taper n ‖ **konjugierte** ~**n** (Spinn) / conjugate fibres, bicomponent fibres* ‖ **kunststoffummantelte** ~ (Eltronik, Opt) / plastic-clad silica fibre, PCS fibre ‖ **mantellose** ~ (Eltronik) / uncladded fibre ‖ **mineralische** ~ (aus Schmelzen natürlicher Gesteine) / mineral fibre ‖ **monokristalline** ~ / monocrystalline fibre ‖ **native** ~ (Tex) / natural fibre ‖ **natürliche** ~ (Tex) / natural fibre ‖ **optische** ~ (Opt) / optical fibre (a long, thin thread of fused silica, or other transparent substance, used to transmit light) ‖ **passive** ~ (die das auf sie von einer äußeren Quelle einfallende Licht leitet) (Opt) / passive fibre ‖ **pflanzliche** ~ (Tex) / vegetable fibre, plant fibre ‖ **plastikummantelte** ~ (Eltronik, Opt) / plastic-clad silica fibre, PCS fibre ‖ **polarisationserhaltende** ~ (eine Einmodenfaser, bei der bei Einkopplung einer Polarisationsrichtung die Überkopplung in die andere Polarisationsrichtung einen bestimmten Wert nicht überschreitet) (Opt) / polarization-maintaining fibre ‖ **polykristallline** ~ / polycristalline fibre ‖ **polynosische** ~**n** (eine Untergruppe der Modalfasern) (Tex) / polynosic fibres*, Polynosic n (trade name of a low-modulus rayon fibre) ‖ **quer zur** ~ **(richtung)** (For) / across the grain ‖ **regenerierte** ~**n** (Chemiefasern, die aus Rohstoffen des Pflanzen- bzw. des Tierreiches durch Umfällung hergestellt und in Fadenform regeneriert werden) (Tex) / semisynthetic fibres, regenerated fibres ‖ **szintillierende** ~ / scintillating fibre ‖ **textile** ~**n** (Tex) / textile fibres ‖ **tierische** ~ (Tex) / animal fibre ‖ **unbeschaltete** ~ (Fernm) / dark fibre ‖ **verholzte** ~ (Bot, For) / wood-fibre* n, xylem fibre ‖ **zähe** ~ (Tex) / tough fibre ‖ **zellulosische** ~ (Chem, Tex) / cellulosic fibre ‖ **ziehen auf die** ~ (Farbstoff) (Tex) / go on to the fibre ‖ ~ f **auf Zellulosebasis** (Chem, Tex) / cellulosic fibre ‖ ~ **aus Samenhaaren** (z.B. Kapok oder Baumwolle) (Tex) / seed fibre ‖ ~ **der Schopfpalme** (Corypha utan Lam.) (Tex) / gebanga n, agel fibre ‖ ~ **mit gleichmäßigem Durchmesser** (Tex) / true fibre ‖ ~ **mit verminderter Schmutzsichtbarkeit** (Tex) / soil-hiding fibre ‖ ~ **ohne Mantel** (Faseroptik) (Eltronik) / uncladded fibre ‖ ~**n verlieren** (Tex) / shed v
**Faser•abstand** m / fibre spacing ‖ ~**achse** f / fibre axis ‖ **affinität** f (Tex) / affinity to the fibre ‖ ~**analyse** f (Tex) / fibre analysis ‖ ~**anbruch** m (Tex) / semirupture n ‖ ~**anordnung** f (Tex) / fibre orientation ‖ ~**verspinnbarer** ~ (Tex) / non-lint content ‖ ~**asbest** m (Min) / chrysotile* n, Canadian asbestos*, chrysotile asbestos, serpentine asbestos ‖ ~**asbest** (Min) / mineral flax* ‖ ~**aufschwemmung** f (Pap) / stock suspension ‖ ~**bahn** f (Tex) / fibre web ‖ ~**band** n (flexibler Lichtleiter, dessen Lichtleitfasern in einer Ebene dicht nebeneinander angeordnet sind; nach DIN 58140) (Fernm, Licht) / fibre ribbon ‖ ~**band** (DIN 64050) (Spinn) / slubbing* n, card sliver, carded sliver, sliver* n, fibre band (Spinn) / tuft n ‖ ~**bart** m (Spinn) / tuft n ‖ ~**beleimmaschine** f (Pap) / fibre gluing machine ‖ ~**beton** m (mit Asbest-, Kunststoff-, Glas- oder Stahlfasern) (Bau) / fibrous concrete*, fibre-reinforced concrete, FRC ‖ ~**bewehrter Gußputz** (Bau) / stick-and-rag work* ‖ ~**bild** n (Pap) / formation* n ‖ ~**bildend** adj / fibrogenic adj, fibre-forming adj ‖ ~**boden** m (z.B. für Vakuumröhren) (Eltronik) / fibre faceplate ‖ ~**braunkohle** f (Bergb) / fibrous brown coal ‖ ~**brecheinrichtung** f (Fernm) / fibre-cutting tool, fibre cutter ‖ ~**brei** m (For, Pap) / pulp* n ‖ ~**bruch** m (Tex) / fibre

breaking || ~**bündel** n (Phys, Tex) / fibre bundle*, bundle of fibres || **optisches** ~**bündel** n (Fernm) / optical-fibre bundle || ~**büschel** n pl (Pap) / shives* pl (bundles of fibres in pulp or paper) || ~**büschel** n (Spinn) / tuft n || ~**büschel** (Tex) / lock n || ~**dämmplatte** f (Bau) / insulating fibreboard, composite board || ~**dämmstoff** m (Bau) / fibre insulating material, fibrous insulating material, fibrous insulant || ~**dämmstoffplatte** f (Bau) / insulating fibreboard, composite board || ~**darm** m (Nahr) / fibrous casing || ~**darmhülle** f (Nahr) / fibrous casing || ~**dessin** n (Pap) / formation* n || ~**diagramm** n (bei Röntgenaufnahmen von Polymeren) (Chem) / fibre diagram || ~**drehung** f (um die Stammachse) (Bot, For) / spiral grain, twisted grain, spirality n, torse grain || ~**durchmesser** m / fibre diameter || ~**egalität** f (Tex) / fibre levelness || ~**eiweiß** n (Biochem) / fibrous protein || ~**eiweißstoff** m (Biochem) / fibrous protein || ~**endensensor** m (Lichtleitersensor, bei dem die Verluste durch Winkelversatz beim Koppeln der Enden einer Glasfaser zum Kraft- und Krümmungsmessen ausgenutzt werden) / fibre-end sensor || ~**-Engineering** n (zielgerichtete Konstruktion neuer Garne, Zwirne und Effektmaterialien) (Tex) / fibre engineering || ~**feinheit** f (im allgemeinen) / fibre fineness || ~**feinheit** (z.B. in tex nach DIN 1301, T 1) (Tex) / fibre count || ~**fett** n / fibre grease, fibrous grease || ~**filter** n / fibre filter || ~**flaum** m (Tex) / fuzz n, thrum n (waste), lint n || ~**flock** m (DIN 60001) (Pap, Plast, Tex) / flock* n, short fibre || ~**flor** m (bei Poltextilien) (Tex) / pile* n || ~**flor** (Tex) / fibre web || ~**flug** n (Tex) / fly n, fluff n || ~**formteil** n (der aus Holzfaserstoff hergestellt wird) (For) / wood-pulp moulding, wood-particle moulding || ~**freies** (Putz)**Tuch** (Tex) / non-fibering cloth || ~**füllstoff** n (anorganischer, organischer - zur mechanischen Verstärkung von Beschichtungen bei Beanspruchung, zur Unterdrückung von Rißbildung und zur Erzielung optischer Struktureffekte) / fibrous filler, fibriform filler || ~**fülltype** f (Tex) / fibrefilling type || ~**füllung** (Chemiestapelfasern) (Tex) / fibrefill n, fiberfill n (US) || ~**gefüge** n / fibrous structure || ~**gemisch** n (Tex) / union n || ~**geometrie** f (Bot, Tex) / fibre geometry || ~**glas** n (z.B. A- oder E-Glas) (Glas) / fibrous glass || ~**glasharz** n (Plast) / glass-fibre reinforced unsaturated polyester resin || ~**guß** m (Pap) / pulp moulding || ~**guß** (als Verpackung) (Pap) / moulded pulp || ~**halbstoff** m (Pap) / half-stuff* n, half-stock n || ~**halbzeug** n (Glaskörper, der zur Faser ausgezogen wird) (Glas) / fibre preform, optical-fibre preform || ~**hanf** m (Kulturform des Hanfs) (Bot, Tex) / fibre hemp || ~**hartplatte** f (Bau, Tischl) / hardboard n (high-density)*, beaver board* || ~**holz** n (für Papier- und Zelluloseindustrie) (For, Pap) / pulpwood n, paper wood || ~**hülle** f (aus härterem Material) / fibre buffer || ~**hülle** (aus weicherem Material) / fibre jacket

**faserig** adj / fibrous adj || ~ (Nahr) / stringy adj, tough adj, leathery adj || ~**e Abfälle** / tows pl || ~**er Bruch** (Hütt, WP) / fibrous fracture || ~**er Bruch** (z.B. bei Vivianit) (Min) / fibrous fracture || ~**er Hämatit** (Min) / pencil ore

**Faser•kern** m (des Lichtwellenleiters) (Fernm) / fibre core || ~**kohle** f (weiche, leicht zerreibbare, schwarze) (Bergb, Geol) / fibrous coal || ~**kohle** (Bergb, Geol) s. auch Fusit || ~**kristall** n (Chem, Krist) / whisker* n, crystal whisker || ~**kuchen** m (Tex) / fibre cake || ~**kunstleder** n (Leder) / leatherboard n, reconstituted leather || ~**kunstleder** (aus Lederfasern und Bindemittel) (Tex) / non-woven leather || ~**kurzstoff** n (For, Pap) / short-fibre pulp || ~**länge** f (For, Tex) / fibre length || **mittlere** ~**länge** / mean fibre length || **echte** ~**länge** (Tex) / fibre extent || ~**langstoff** m (For, Pap) / long-fibre pulp || ~**leder** n (Leder) / leatherboard n, reconstituted leather || ~**lein** m (Linum usitatissimum convar. usitatissimum L.) (Bot, Tex) / fibre flax, common flax, flax* n || ~**lein** (Bot, Tex) / fibre flax || ~**mantel** m (des Lichtwellenleiters) / fibre cladding || ~**matte** f (Tex) / fibre mat || ~**metall** n (durch Sintern verdichtete Formkörper aus Draht, Metallwolle oder -fasern, die den Durchtritt von Kühl- und Schmiermitteln zulassen) (Hütt) / fibre metal || ~**metallurgie** f (als Lehre) (Hütt) / fibre metallurgy (a branch of metallurgy concerned with the study of metal fibres) || ~**metallurgie** (Herstellung von Faserwerkstoffen) (Hütt) / fibre metallurgy* || ~**mischung** f (Tex) / mixture n, fibre blend

**Fasernanbruch** m (z.B. beim Gollub-Test) (Tex) / semirupture n
**Faser•neigungswinkel** m (For) / grain angle || ~**optik** f (DIN 58140, T 1) (Opt) / fibre optics*, FO || ~**optik für Infrarot** (Opt) / infrared fibre optics || ~**optik für Ultraviolett** (Opt) / ultraviolet fibre optics || ~**optikbaustein** m (Opt) / fibre-optic assembly

**faseroptisch** adj (Opt) / fibre-optic adj || ~**es Gyroskop** (ein Interferometer) (Opt) / fibre-optic gyroscope, FOG || ~**e Kommunikation** (Fernm, Opt) / fibre-optic communications, FOC || ~**er Lichtleiter** (z.B. für die Endoskopie) (Med) / fibre-optic light pipe, fibre-optic light cable || ~**es Übertragungssystem** (Fernm, Opt) / fibre-optic transmission system, FOTS

**Faser•orientierung** f (Tex) / fibre orientation || ~**parallel** adj (For) / along the grain, parallel to the grain || ~**pflanze** f (die ganz oder teilweise als Rohstoff für Fasern dient, z.B. Flachs, Jute, Hanf, Kapok - DIN 60001, T 1) (Bot, Landw) / fibre plant || ~**pflanzenkultur** f (Bot, Landw) / fibre crop

**Faserplatte** f (Bau, Tischl) / fibreboard* n, fibre building board, fibrous-felted board || ~ (in der Faseroptik) (Opt) / fibre-optic plate || **extraharte** ~ (Bau, Tischl) / high-density hardboard, superhardboard n || **gehärtete** ~ (Bau, Tischl) / tempered hardboard || **normal harte** ~ (Bau, Tischl) / standard hardboard || **wärmebehandelte** (vergütete) ~ (Bau, Tischl) / tempered hardboard || **weiche** ~ (Bau, Tischl) / softboard n, soft fibreboard || ~ f **mit strukturierter Oberfläche** (Bau, Tischl) / textured fibreboard, textured board

**Faser•protein** n (z.B. Skleroprotein) (Biochem) / fibrous protein || ~**-Raman-Laser** m (Phys) / fibre Raman laser || ~**raum** m (Math) / fibre space || ~**reagens** n (zur färberischen Differenzierung der Fasergattungen) (Tex) / fibre reagent || ~**reaktiver Farbstoff** (Chem, Tex) / reactive dye(stuff)*, fibre-reactive dye || ~**richtung** f (For) / grain* n, grain direction || **quer zur** ~**richtung** (Hütt) / across the fibre || **in** ~**richtung auftrennen** (For, Tischl, Zimm) / rip* v || ~**rohstoff** m / fibrous raw material, crude fibre material || ~**rohstoff** (Pap) / paper stock, stock n, raw paper-making material || ~**rückgewinnungsanlage** f (Pap) / pulp-saver n, saveall* n || ~**sättigung** f (For, Tex) / fibre saturation || ~**sättigungsbereich** m (For, Tex) / fibre-saturation range || ~**sättigungspunkt** m (Zustand, bei dem im Holz soviel Wasser vorhanden ist, daß die Zellwände vollständig mit Wasser gesättigt sind und in keinem Teil der lichtmikroskopisch sichtbaren Kapillarstruktur freies Wasser enthalten ist) (For) / fibre-saturation point || ~**sättigunsfaktor** m (Tex) / fibre-saturation factor, FSF || ~**schädigung** f / fibre damage, fibre deterioration, fibre harming || ~**schädigung** (mechanische) / fibre bruising || ~**schichtglas** n (/mehr/farbiges) (Glas) / Plyglass* n || ~**schonend** adj (Tex) / fibre-preserving adj, non-tendering adj || ~**schreiber** m (Tex) / felt pen, felt-tipped pen, felt-tip pen || ~**schutz** m (Tex) / fibre protection || ~**schwächend** adj (Tex) / fibre-tendering adj || ~**seil** n (aus Chemie- oder Naturfasern - DIN 83305) / cordage rope, fibre rope || ~**sensor** m / fibre sensor || ~**serpentin** m (Min) / chrysotile* n, Canadian asbestos*, chrysotile asbestos, serpentine asbestos || ~**silikat** n (z.B. Bastit) (Min) / inosilicate* n, chain silicate || ~**spachtel** (Anstr) / glass-reinforced filler paste || ~**späne** m pl (zur Herstellung von Spanplatten) (For) / pulp-type chips || ~**spannung** f / fibre stress || ~**spritzverfahren** n (Plast) / spray-up technique, fiber spray gun molding (US) || ~**staub** m (Tex) / fibre dust, fibre powder, flue n || ~**stauchung** f (die z.B. zu Querwülsten führt) (For) / upset n, compression failure || ~**stauchung** (bei gefälltem Holz) (For) / thunder shake, transverse shake || ~**stirnfläche** f / fibre end-face

**Faserstoff** m (in Nahrungsmitteln) (Nahr) / dietary fibres || ~ (DIN 60001) / fibrous material, fibre* n || ~**regenerierter** ~ (Spinn) / reprocessed material, ravelling n, raveling n (US) || **schmieriger** ~ (Pap) / wet stock, soft stock, wet stuff || **texile** ~**e** (Tex) / textile fibres || ~**analyse** f (Tex) / fibre analysis || ~**brei** m (For, Pap) / pulp* n || ~**lager** n (Masch) / composition bearing || ~**suspension** f (For) / fibre suspension, aqueous pulp || ~**werk** n (Pap) / pulp mill

**Faser•struktur** f / fibrous structure || ~**textur** f / fibre texture || ~**torf** m (Geol) / fibric peat, fibre peat, fibrous peat || ~**tracheide** f (faserförmige, größtenteils dickwandige Zelle mit zugespitzten Enden und behöften Tüpfelpaaren) (For) / fibre tracheid || ~**trenneinrichtung** f (Fernm) / fibre-cutting tool, fibre cutter || ~**verband** m / fibre assembly || ~**verbundstoff** m (Masch, WP) / fibre composite, fibrous composite material || ~**verbundstoff** (mit adhäsiver Verfestigung) (Tex) / adhesive-bonded non-woven fabric* n || ~**verbundwerkstoff** m (Masch, WP) / fibre composite, fibrous composite material || ~**verlauf** m (For) / grain* n, grain direction || ~**verlauf** (des Werkstoffgefüges) (WP) / fibre flow || **welliger** ~**verlauf** (For) / wavy grain, wavy figure || ~**verstärkter Kunststoff** (Plast) / fibre-reinforced plastic, FRP || ~**verstärkte Kunststoffeder** (Masch, Plast) / fibre-composite spring || ~**verstärkung** f (zur Erhöhung besonders der mechanischen Festigkeit) / fibre reinforcement || ~**verzug** m (Spinn) / draught of the fibre || ~**vlies** n (für die Faserplattenherstellung im Naß- oder Halbtrockenverfahren) (For) / wet-lap n || ~**vlies** (für Plattenherstellung) (For) / fibre mat || ~**vlies** (Tex) / fibre fleece || ~**vorform** f (Glaskörper, der zur Faser ausgezogen wird) (Glas) / fibre preform, optical-fibre preform || ~**wickel** m (Tex) / fibre lap || ~**winkel** m (Tex) / fibre angle || ~**zahl** f (Tex) / fibre number || ~**zementrohr** n / fibre-reinforced cement pipe || ~**zeolith** m (Natrolith, Laumontit, Mordenit, Thomsonit) (Min) / fibrous zeolite || ~**ziehmaschine** f (für das Ziehen des LWL aus der Vorform) (Fernm) / fibre-pulling machine

**Fashion** f (Tex) / fashion n
**FAsk** (Fernsp) / tail cable
**fasrig** adj / fibrous adj || ~**er Bruch** (Hütt, WP) / fibrous fracture || ~**e Premixmasse** (Plast) / bulk moulding compound

**Faß**

**Faß** *n* / (wooden) barrel *n*, cask *n* ‖ ~ (großes) (Brau, Nahr) / tun *n* ‖ ~ (Leder) / drum *n* ‖ ~ (Nahr) / vat *n* ‖ $\alpha/\beta$-~ (Biochem) / $\alpha/\beta$-barrel *n* ‖ **auf Fässer abziehen** (Nahr) / barrel *v* ‖ **auf Fässer füllen** (Nahr) / barrel *v* ‖ **Fässer herstellen** / cooper *v* ‖ **im ~ behandeln** (Nahr) / vat *v* ‖ **in ein ~ füllen** (Nahr) / vat *v* ‖ **in einem ~ aufbewahren** (Nahr) / vat *v* ‖ **in Fässer abfüllen** / drum *v* ‖ **zwei Fässer die zusammen gehievt werden** (Schiff) / married casks

**Fassade** *f* (Stirnseite) (meistens die Vorderseite eines Gebäudes) (Bau) / front *n*, frontal *n*, street front, frontage *n*, facade *n*, face *n* ‖ ~ (Bau) s. auch Außenputz ‖ **die ~ erneuern** (Bau) / reface *v*

**Fassaden•aufzug** *m* (Gondel an zwei Seilen, die parallel zur Fassade hängt, zum Putzen von Fenstern an hohen Gebäuden) (Bau) / window-cleaning cradle ‖ **~erneuerung** *f* **und Modernisierung** (des Hauses) (Bau) / face-lift *n* ‖ **~farbe** *f* (Anstr, Bau) / facade paint ‖ **~gestaltungselemente** *n pl* (Bau) / dressings* *pl* ‖ **~lift** *m* (zum Fensterputzen) / cradle machine, window-cleaning cradle ‖ **~lift** (Bau) / window-cleaning cradle ‖ **~reinigung** *f* (Bau) / façade cleaning ‖ **~schmuck** (Bau) / dressings* *pl* ‖ **~verkleidung** *f* (aber nicht Ziegel) (Bau) / cladding* *n*, siding *n* (US) ‖ **~ziegel** *m* (Bau) / facing brick*, face brick (US), fair face brick

**Fassait** *m* (ein Augit mit viel Al₂O₃ aus dem Fassatal in Südtirol) (Min) / fassaite* *n*

**Faß•antrieb** *m* (Leder) / drum drive ‖ **~äscher** *m* (Leder) / drum liming ‖ **~aufzug** *m* (Masch) / barrel elevator ‖ **~ausrüstung** *f* (Leder) / drum fittings ‖ **~band** / hoop *n* ‖ **~bauch** *m* (Masch) / bilge *n* ‖ **~bier** *n* (traditionelles, im Gegensatz zum karbonisierten Kegbier) (Brau, Nahr) / draught beer, draft beer (US) ‖ **~bier** (filtriert, karbonisiert) (Brau, Nahr) / keg beer (GB) ‖ **~binder** *m* (Handwerker) / cooper *n* ‖ **~blase** *f* / body *n* ‖ **~boden** *m* / barrel head, barrel heading ‖ **~daube** *f* (für die Wandung eines Holzgefäßes) (Tischl) / stave *n* ‖ **~daubenbiegemaschine** / stave-bending machine

**fassen** *v* (Edelsteine) / set *vt* ‖ ~ / take in *v*, hold *v* ‖ ~ (Quelle) / tap *v* ‖ ~ / grip *v* ‖ ~ (eine Linse) (Foto, Opt) / mount *v*

**Faß•färbung** *f* (Leder) / drum dyeing ‖ **~fettung** *f* (Leder) / drum stuffing ‖ **~geläger** *n* (Nahr) / cask deposit ‖ **~gerbung** *f* (Leder) / drum tannage ‖ **~geschmack** *m* (Nahr) / casky taste ‖ **~gewölbe** *n* (Arch) / barrel vault*, annular vault*, wagon vault*, tunnel vault*, cradle vault, cylindrical vault ‖ **~hahn** *m* (kleiner Zapfhahn) (For, Nahr) / tap* *n*, faucet *n* (US), tapping cock *n* ‖ **~hydrophobierung** *f* (Leder) / drum waterproofing ‖ **~karre** *f* / drum truck, barrel truck ‖ **~leiter** *f* / barrel skid, skid beams ‖ **~muffe** *f* (bei zylindrischen Fässern) / neck *n*

**Fasson** *f* (Tex) / cut *n*, style *n*, fashion *n* ‖ ~ **geben** (Tex) / fashion *v* ‖ **~draht** *m* (Hütt) / section wire, shaped wire, profiled wire ‖ **~fräsmaschine** *f* (zur Bearbeitung von Holzteilen, die ein Längeprofil erhalten sollen) (For, Tischl) / profiling machine, profile-forming machine ‖ **~hobel** *m* (For, Tischl) / moulding plane*

**fassonieren** *v* (Tex) / fashion *v* ‖ ~ (Tex) / shape *v*

**Faß•pech** *n* (Brau) / brewer's pitch, cooper's pitch ‖ **~pumpe** *f* (Masch) / drum pump ‖ **~reifen** *m* (der das aus Dauben zusammengesetzte Faß zusammenhält) / hoop *n* ‖ **~rolle** *f* (eine Kunstflugfigur) (Luftf) / flick roll*, snap roll ‖ **~schlag** *m* (Schiff) / cask sling, barrel sling, puncheon sling ‖ **~schlinge** *f* (Schiff) / cask sling, barrel sling, puncheon sling ‖ **~schmieren** *n* (Leder) / hot stuffing, drum stuffing ‖ **~spule** *f* (Eltech) / diamond-type coil ‖ **~stropp** *m* (Schiff) / cask sling, barrel sling, puncheon sling

**Fassung** *f* (Eltech) / lampholder* *n*, lamp socket ‖ ~ (Eltronik) / socket *n* ‖ ~ (einer Linse, eines Objektivs) (Foto, Opt) / mounting *n*, mount *n*, barrel *n* ‖ ~ (einer Schutzbrille) (Opt) / frame *n* ‖ **fremdsprachige ~** (Film) / foreign version ‖ **synchronisierte ~** (Film) / dubbed version, dub *n*

**Fassungs•kraft** *f* (KI, Psychol) / comprehension *n* ‖ **~steckdose** *f* (Eltech) / lampholder plug* (current tip), plug adaptor*, plug adaptor lampholder ‖ **~stelle** *f* (der Triebwasserleitung) (Wasserb) / forebay *n* ‖ **~vermögen** *n* / capacity *n*, content *n* ‖ **~vermögen** (des Waschautomaten) / load* *n* ‖ **~vermögen** (HuT, Wasserb) / storage capacity ‖ **~vermögen** (z.B. für Öl) (Kfz) / capacity *n* ‖ **~vermögen** (Wasserb) / storage capacity ‖ **~vermögen eines Behälters** (Masch) / tankage *n* ‖ **~winkel** *m* (bei Walzen) (Hütt) / angle of nip*, angle of contact, nip angle, angle of bite*

**Faßvorfärbung** *f* (Leder) / drum predyeing

**fast abgeschlossene Menge** (Math) / almost closed set ‖ **~ algebraischer Operator** (Math) / almost algebraic operator ‖ **~ alle** (Elemente einer Menge) (Math) / almost all ‖ **~ immer** (Math) / nearly always (a fuzzy quantor) ‖ **~ monochromatisch** *adj* (Phys) / near-monochromatic *adj* ‖ **~ nie** (Math) / nearly never (a fuzzy quantor) ‖ **~ parallel** (Math) / subparallel *adj* ‖ **~ periodisch** (Mech) / quasi-periodic *adj* ‖ **~ sicher** (Stats) / almost sure ‖ **~ Stille** (Meteor, Ozean) / light air ‖ **~ tödlich** (Pharm) / sublethal *adj* ‖ **~ überall** (Elemente einer Menge) (Math) / almost everywhere ‖ **~ unmögliches Ereignis** (Stats) / almost impossible event ‖ **~ waagerecht** / subhorizontal *adj* ‖ **~ food** *n* (Nahr) / fast food, short order (US)

**Fastage** *f* / empties *pl* (returned)

**Fast•-Atom Bombardment** *n* (Ionisierungsmethode für schwer oder nichtverdampfbare organische Molekeln) (Kernphys, Spektr) / fast-atom bombardment, liquid secondary ion mass spectrometry, LSIMS ‖ **~back** *n* (ein Filmtrick) (Film) / fastback *n* ‖ **~back** (Kfz) / fastback *n*, Kamm back, Kamm tail ‖ **~ebene** *f* (Geol) / peneplain* *n*, peneplane *n*, base-levelled plain ‖ **~-Extrusion-Furnaceruß** *m* (Ölruß, der die Kautschukmischung gut verformbar macht) (Chem Verf) / fast-extrusion furnace black ‖ **~food** *n* (Nahr) / fast food, short order (US) ‖ **~periodische Funktion** (Math) / almost-periodic function ‖ **~-Turbine** *f* (Luftf) / fan and supersonic turbine, FAST *n*

**Faszie** *f* (des Architravs) (Arch, Bau) / fascia* *n*, facia *n*

**Faszikularkambium** *n* (Bot, For) / fascicular cambium

**FAT** (EDV) / file allocation table, FAT ‖ ~ (TV) / film scanner, telecine* *n*, telecine equipment, film pick-up (device)

**Fat-Client** *m* (EDV) / fat client (in a client/server architecture, a client computer that performs most or all of the processing, with little or none performed by the server)

**Fat-Server** *m* (EDV) / fat server (in a client/server architecture, a server machine that performs most of the processing, with little or none performed by the client)

**F-Aufklärer** *m* (Mil) / strategic reconnaissance aircraft

**Faujasit** *m* (wasserreicher Würfelzeolith) (Min) / faujasite *n*

**faul** *adj* / foul *adj*, putrescent *adj*, putrid *adj* ‖ **~er Äscher** (Leder) / dead lime, rotten lime, slacked lime ‖ **~er Ast** (For) / rotten knot, unsound knot, decayed knot, punk knot ‖ **~es Holz** (For) / touchwood* *n*

**Faul•äscher** *m* (Leder) / dead lime, rotten lime, slacked lime ‖ **~ast** *m* (For) / rotten knot, unsound knot, decayed knot, punk knot ‖ **~baum** *m* (Frangula alnus Mill.) (For) / alder buckthorn ‖ **~baumrinde** (von Frangula alnus L.) (For, Pharm) / buckthorn bark, black-alder bark ‖ **Amerikanische ~baumrinde** (aus Frangula purshiana (D.C.) J.G. Cooper) (Pharm) / cascara sagrada*, chittam bark, chittem bark, chittin bark ‖ **~becken** *n* (Sanitär) / septic tank* ‖ **~behälter** *m* (Bauwerk mit Reaktionsraum zum Faulen - nach DIN 4045) (Sanitär) / digester *m* ‖ **~behälter** (durchflossener, nach DIN 4045) (Sanitär) / septic tank ‖ **geschlossener ~behälter** (Faulbehälter mit den Möglichkeiten der Faulgasgewinnung und der Beheizung - DIN 4045) (Sanitär) / covered digester ‖ **offener ~behälter** (Faulbehälter unter Verzicht auf Faulgasgewinnung und Beheizung - DIN 4045) (Sanitär) / open digester ‖ **~behälter** *m* **in Eiform** (Sanitär) / egg-shaped sewer* ‖ **~bruch** *m* (beim Temperguß) (Hütt, WP) / mottling *n* ‖ **~brüchigkeit** *f* (Hütt, WP) / short brittleness ‖ **~bütte** *f* (Pap) / rotting vat ‖ **~e-Eier-Geruch** *m* / rotten-egg odour, rotten-egg smell

**faulen** *v* / putrefy *v* ‖ ~ / rot *v* (vegetables, fruits, straw, leaves, wood) ‖ ~ (Chem) / putrefy *v* ‖ ~ (Anoden) (Eltronik) / foul *vi* ‖ ~ (z.B. Heu) (Landw) / ret *v* ‖ ~ (Heu) (Landw) / ret *vi* (to be spoiled by exposure to wet) ‖ ~ (Fleisch) (Nahr) / go off *v*, putrefy *v* ‖ ~ (Schlamm) (Sanitär) / digest *v* ‖ ~ *n* (anaerobe, bakterielle Zersetzung organischer Verbindungen, besonders des Eiweißes) (Chem) / putrefaction* *n* ‖ ~ (von Anoden - Ausbildung einer dicken, schwer löslichen Deckschicht, welche die Anodenauslösung erschwert oder sogar verhindert) (Eltronik) / fouling *n* ‖ ~ (Keram) / souring *n*, ageing *n* ‖ ~ (des Schlamms) (Sanitär) / digestion *n*

**faulend** *adj* / foul *adj*, putrescent *adj*, putrid *adj*

**"Fauler-Heinrich"-Antenne** *f* (Radio) / lazy H antenna

**faulfähig** *adj* / putrescible *adj*

**Faul•fleck** *m* (nicht tiefgehende, örtlich begrenzte Zersetzung des Holzes an den Querschnitt- oder Stammantelflächen) (For) / rotten spot ‖ **~gas** *n* (beim anaeroben Abbau von Klärschlamm anfallendes Gas) (Sanitär) / sewage gas*, sewer-gas *n*, sludge gas*, digester gas ‖ **~geruch** *m* (Nahr) / bilginess *n* ‖ **technische ~grenze** (technischer Abbaugrad bei Faulung nach DIN 4045) (Sanitär) / technical digestion limit ‖ **~grube** *f* (zum Absetzen und Faulen) (Sanitär) / septic tank*

**faulig** *adj* (Geruch) / foul *adj*, putrescent *adj*, putrid *adj* ‖ **~es Abwasser** (Sanitär) / septic sewage

**Faul•kammer** *f* (Sanitär) / sludge digestion chamber ‖ **~kern** *m* (bei den Reif- und Splintholzbäumen) (For) / rotten heart

**Fäulnis•-** / saprogenous* *adj*, saprogenic *adj*, putrefactive *adj* ‖ ~ *f* (Chem) / putrefaction* *n* ‖ **~erregend** *adj* / saprogenous* *adj*, saprogenic *adj*, putrefactive *adj* ‖ **~fähig** *adj* / putrescible *adj* ‖ **~fest** *adj* (For) / decay-resistant *adj*, rot-resistant *adj* ‖ **~fleck** *m* / rotten spot ‖ **~gärung** *f* (Biochem) / putrefactive fermentation ‖ **~hemmende Appretur** (Tex) / rotproof finish ‖ **~hemmende Ausrüstung** (Tex) / rotproof finish ‖ **~hindernd** *adj* / antirot *adj* ‖ **~schutz** *m* (For) / rot protection ‖ **~schutzbeize** *f* (bei Baumwollwaren) (Tex) / rot-steep *n* ‖ **~stelle** *f* / rotten spot ‖ **~verhindernd** *adj* / antirot *adj*

**Faul•raum** m (eines Emscherbrunnens) (Sanitär) / sludge digestion chamber ‖ **~raumwasser** n (Sanitär) / sludge liquor ‖ **~schlamm** m (aerob oder anaerob stabilisierter) (Sanitär) / sludge n ‖ **~schlammkohle** f (z.B. Dysodil) (Geol) / sapropelic coal, sapropel coal, sapropelitic coal ‖ **~stippe** f (Leder) / putrefaction mark ‖ **~teich** m (Sanitär) / anaerobic pond, anaerobic lagoon ‖ **~turm** m (beheizter Spezialreaktor) (Sanitär) / tower-type digester
**Faulung** f (Sanitär) / digestion n
**Faulwerden** n (Chem) / putrefaction* n
**Fauna** f (pl. Faunen) (Tierwelt) (Umwelt, Zool) / fauna* n (pl. -as or -ae)
**Faustachse** f (Starrachsbauart mit faustförmig auslaufenden Enden, die von gabelförmigen Achsschenkelaufnahmen umgriffen werden) (Kfz) / reversed Elliott axle
**Fäustel** m (Werkz) / sledge-hammer n
**Faust•regel** f / rule of thumb, hard-and-fast rule ‖ **~sattelbremse** f (Kfz) / sliding-calliper disk brake ‖ **~sattelscheibenbremse** f (Kfz) / sliding-calliper disk brake ‖ **~schere** f (zum Blechschneiden) (Klemp) / snips pl, metal shears (hand-operated) ‖ **~skizze** f / free-hand drawing, loose sketch, free-hand sketching
**Fautfracht** f (Abstandssumme, die ein Befrachter bei Rücktritt vom Vertrag bezahlen muß) (Schiff) / dead freight
**Faux-Quartierschnitt** m (For) / quarter sawing, rift sawing
**Favorskij-Umlagerung** f (nach A. Je. Favorskij, 1860 - 1945) (Chem) / Favorski rearrangement, Favorskii rearrangement
**Favrile-Glas** n (mehrfach irisierendes Glas von L.C. Tiffany) (Glas) / Favrile glass
**FAX** (Teleg) / facsimile* n, facsimile telegraphy*, fax* n, facsimile transmission
**Fax, sprachbegleitendes** ~ (Teleg) / speech-accompanying facsimile
**faxen** v (EDV, Fernm) / fax v ‖ ~ s. auch fernkopieren
**Fax•management** n (EDV, Fernm) / fax management (fax software features for moving, deleting, copying, printing, or compressing faxes) ‖ **~modemkarte** f (EDV, Fernm) / fax modem board ‖ **~papier** n (Pap) / fax paper ‖ **~rundsenden** n (EDV, Fernm) / broadcast fax ‖ **~-Switch** m (EDV, Fernm) / fax switch ‖ **~umschalter** m (EDV, Fernm) / fax switch ‖ **~warteschlange** f (EDV, Fernm) / fax queue ‖ **~weiche** f (EDV, Fernm) / fax switch
**Fayalit** m (Min) / fayalite* n, iron olivine*
**Fayence** f (keramisches Erzeugnis mit farbigem, porösem Scherben und meist deckender Zinnglasur, oft auch mit reliefartiger Oberfläche) (Keram) / faience* n, faience ware
**FAZ** (TV) / telerecording* n, kinescoping* n (US), kinescope recording (US)
**fazen** v (TV) / telerecord v
**F$_A$-Zentrum** n (ein Farbzentrum mit Verunreinigungen) (Eltronik, Krist) / F$_A$-centre n
**Fäzes** pl (Sanitär) / faeces* pl, faecal matter, fecal matter (US), feces pl (US)
**fazettieren** v / facet v
**Fazettierung** f (Erscheinen einer stufenartigen Folge glatter Flächen durch Vergröberung einer Kristalloberfläche) (Krist) / facetting n
**Fazies** f (Bezeichnung für den unterschiedlichen Habitus, den ein Sediment bei seiner Bildung erhalten hat) (Geol) / facies* n ‖ **metamorphe** ~ (Geol) / metamorphic facies*, mineral facies ‖ **ökologische** ~ (Geol) / ecologic facies, environmental facies ‖ **sedimentäre** ~ (erkannt aus Litho- und Biofazies des Gesteins) (Geol) / stratigraphic facies
**Fazies•änderung** f (Geol) / facies change ‖ **~fossil** n (Geol) / facies fossil ‖ **~wechsel** m (Geol) / facies change
**Fazilität** f (materielle, technische und organisatorische Bedingungen für einen bestimmten Zweck) (Masch) / facility n, rig* n, installation n
**FB** / outdoor exposure, outdoor weathering, atmospheric weathering ‖ ~ (Sanitär) / septic tank*
**FBA-Einheit** f (eine Plattenspeichereinheit) (EDV) / fixed-block architecture device
**FBAS-Signal** n (Farb-, Bild-, Austast- und Synchron-Signal) (TV) / colour video signal, composite color picture signal (US)
**f-Blende** f (der Kehrwert der relativen Öffnung nach DIN 4521) (Foto, Opt) / f-number* n, aperture number*, focal ratio, f-stop n, stop-number n
**FBW-Verfahren** n (Luftf) / flying by wire, flight by wire, fly-by-wire* n
**FCC** (Chem Verf) / fluid catalytic cracking, fluid cat cracking, FCC
**FCC-Verfahren** n (ein Wirbelbettverfahren) (Erdöl) / fluid catalytic cracking
**FCK** (Chem) / chlorofluorocarbons pl, CFC, chlorofluoromethanes pl, CFM
**FCKW** (Chem) / chlorofluorocarbons pl, CFC, chlorofluoromethanes pl, CFM
**FCKW-Kältemittel** n (Chem) / cfc refrigerant, halocarbon refrigerant, chlorofluorocarbon refrigerant
**FC-Prinzip** n (Spektr) / Franck-Condon principle*, FC principle
**Fd** (Bakteriol, Biochem) / ferredoxin* n

**FD** (Phys) / field desorption, FD
**F-Darstellung** f (punktförmiges Echo genau in der Mitte eines Achsenkreuzes, wenn die Antenne auf das Ziel gerichtet ist) (Radar) / F-display* n
**FDDI** (EDV) / Fibre Distributed Data Interface n, FDDI
**FDDI-II** n (Erweiterung des FDDI-Standards um Leitungsvermittlungsverfahren zur Bereitstellung von Sprach- und Videodiensten) / FDDI -II n
**FDS-Gesetz** n (Kernphys) / FDS law*, Fermi-Dirac-Sommerfeld law*
**FDT** (allgemeiner Zusammenhang zwischen der linearen Reaktion eines Gleichgewichtssystems auf schwache äußere Störungen und den zeitlichen Korrelationen von Gleichgewichtsschwankungen) (Phys) / fluctuation-dissipation theorem
**FDY-Spinnen** n (vollverstrecktes Garn) (Spinn) / fully drawn yarn spinning, FDY spinning
**FE** (der Teil der Halbleiterfertigungslinie, in dem aus dem Grundmaterial in meistens mehreren hundert Fertigungsschritten bearbeitete Halbleiterscheiben werden) / front end
**Fe** (Chem) / iron* n
**FE** (Fernm) / system earth
**FeAp** (Fernsp) / telephone set, telephone n
**Feasibility-Studie** f / feasibility study
**Feather-Analyse** f (Kernphys) / Feather analysis*
**Feature** n f (aktuell aufgemachter Dokumentarbericht) (Film, Radio, TV) / feature n
**Feature-Box** f (Zusatzbaugruppe im Fernsehempfänger) (TV) / feature box
**febril** adj (Med) / feverish adj, febrile* adj
**Fe-C-Diagramm** n (Hütt) / iron-carbon equilibrium diagram, Fe-C-diagram
**Fechner-Benham-Farben** f pl (Phys) / Fechner's colours*
**Fechner-Gesetz** n (nach G.T. Fechner, 1801-1887) (Physiol) / Weber-Fechner law*, Weber's law, Fechner law*
**FeCr-Band** n (Akus, Mag) / ferrochromium tape, FeCr tape
**FED** (eine Halbleiterdiode) (Eltronik) / field-effect diode, FED, Zener diode regulator
**Fed-Batch-Fermentation** f (Weiterentwicklung der Batchfermentation) (Chem Verf) / fed batch fermentation
**Feder** f / pen n ‖ ~ (in Welle und Nabe eingelassen, ergibt eine formschlüssige Verbindung in Drehrichtung und gestattet eine Axialbewegung der Nabe - im Gegensatz zu Keilen) (Masch) / key* n, feather key, parallel key ‖ ~ (Sprungfeder - Zug- oder Druckfeder) (Masch) / spring* n, mechanical spring ‖ ~ (bei Mitnehmerverbindungen ohne Anzug) (Masch) / machine key ‖ ~ (bei Brettern oder Bohlen) (Zimm) / feather* n, tongue* n, slip feather* ‖ ~ (Zool) / feather n ‖ **eine ~ anhobeln** (Zimm) / tongue v ‖ **gewellte** ~ (Masch) / zigzag spring ‖ **gewundene** ~ (Masch) / coil spring, coiled spring ‖ **lineare** ~ (Masch) / linear spring ‖ **progressive** (nicht lineare) ~ (Masch) / progressive spring ‖ **radial wirkende** ~ (Masch) / finger spring ‖ ~ f **mit gleichbleibender Federkraft** (Masch) / constant-force spring
**Federabstützungen, mit seitlichen** ~ / laterally sprung
**Feder•alaun** f (Min) / feather alum ‖ **~antrieb** m (Masch) / spring drive ‖ **~arbeit** f (Mech) / motive power (of a spring) ‖ **~aufnahme** f (Kfz) / spring hanger, dumb iron* ‖ **~auge** n (Masch) / spring eye ‖ **~außentaster** m (Masch) / outside spring calliper ‖ **~band** n (DIN 17224) (Hütt, Masch) / spring band ‖ **~bank** f (Fernm) / spring assembly ‖ **~bein** n (z.B. McPherson) (Kfz) / suspension strut ‖ **~bein** (z.B. Öl-, Öl-Luft-) (Luftf) / shock strut, landing-gear shock strut, strut n ‖ **radführendes ~bein** (Kfz) / McPherson strut, Macpherson strut* ‖ **~beinschere** f (Luftf) / torque link*, nutcracker n, scissors pl ‖ **~bein-Vorderachse** f (Kfz) / McPherson front suspension (with a McPherson strut), Macpherson strut suspension* ‖ **~belastet** adj (Masch) / spring-loaded adj ‖ **~belastetes Sicherheitsventil** (Masch) / spring safety valve*, spring balance valve ‖ **mit ~belastung** (Masch) / spring-loaded adj ‖ **~betätigt** adj (Masch) / spring-actuated adj, spring-operated adj ‖ **~betätigtes Hilfsruder** (Luftf) / spring tab ‖ **~betätigung** f (Masch) / spring control* ‖ **mit ~betätigung** (Masch) / spring-actuated adj, spring-operated adj ‖ **~bock** m (Bahn) / suspension bracket ‖ **~bock** (Kfz) / spring hanger, dumb iron* ‖ **~bremse** f (Masch) / spring brake ‖ **~bride** f (Kfz) / spring U-bolt ‖ **~charakteristik** f (Masch) / spring characteristic ‖ **~draht** m (DIN 17224) (Hütt, Masch) / spring wire ‖ **~druck** m (Masch) / spring pressure, spring loading ‖ **mit ~druck** (Masch) / spring-loaded adj ‖ **~element** n **zur Vibrationsunterdrückung** (in Bleiakkumulatoren) (Eltech) / end spring* ‖ **~erz** n (meistens feinnadeliger Jamesonit) (Min) / feather ore* ‖ **~fassung** f (des Mikroskopobjektivs) (Mikros) / resilient mount ‖ **~führendes Unternehmen** (beim Konsortialgeschäft) / pilot contractor ‖ **~fuß** m (der Autoantenne) (Kfz) / spring mount ‖ **~gehänge** n (einer Blattfeder) (Kfz) / spring shackle, swinging shackle ‖ **~gelagert** adj (Masch) / spring-loaded adj ‖ **~gesteuertes Hilfsruder** (Luftf) / spring tab ‖ **~greifzirkel**

363

**Federhammer**

(Masch) / outside spring calliper ‖ ⁓**hammer** m (ein Freiformschmiedehammer, bei dem zwischen Bär und Antrieb ein Blattfederpaket geschaltet ist) (Masch) / spring hammer, spring power hammer ‖ ~**hart** adj / spring-hard adj ‖ ⁓**harzbaum** m (For) / Pará rubber tree, rubber-tree n ‖ ⁓**hobel** m (ein Handhobel) (Tischl) / tonguing plane ‖ ⁓**innentaster** m (Masch) / inside spring calliper ‖ ⁓**kennlinie** f (Masch) / spring load-deflection curve, load-deformation diagram of a spring ‖ ⁓**kennlinie** (Masch) / spring characteristic ‖ ⁓**kern** m (der Federkernmatratze) / open-spring unit ‖ ⁓**kernmatratze** f / open-unit mattress, innerspring mattress ‖ ⁓**kiel** m (für die Kielpinsel) (Anstr, Zool) / quill* n ‖ ⁓**klammer** f (Kfz) / spring clip ‖ ⁓**klemme** f (Kfz) / spring clip ‖ ⁓**klinke** f (Masch) / spring pawl* ‖ ⁓**konstante** f (Eltech, Phys) / directive force*, restoring force, retractive force ‖ ⁓**konstante** (Masch) / spring constant* ‖ ⁓**kontakt** m (Eltech) / spring contact, spring-loaded contact ‖ ⁓**kraft** f (im allgemeinen) (Masch) / elasticity n, elastic force ‖ ⁓**kraft** (einer Feder) (Masch) / spring force ‖ ⁓**lager** n (Kfz) / spring hanger, dumb iron* ‖ ⁓**lasche** f (einer Blattfeder) (Masch) / spring shackle, swinging shackle ‖ ~**leicht** adj / featherweight attr ‖ ~**leichte Stoffe aus reiner Schurwolle** (Tex) / naked wools ‖ ⁓**leichtpapier** n (Pap) / featherweight (book)paper ‖ ⁓**leiste** f (Eltronik) / female multipoint connector, multiple contact strip, standoff-pin female connector, spring connector strip ‖ ⁓**lochzirkel** m (Masch) / inside spring calliper ‖ ⁓**manometer** n (Phys) / spring manometer, spring pressure gauge ‖ ⁓**-Masse-System** n (Mech) / spring-mass system ‖ ⁓**mutter** f (Masch) / single-thread nut

**federn** vt (mit Federn versehen) (Masch) / spring vt ‖ ⁓ (in Brettern) **ausarbeiten** (For) / tongue v

**Federnachgiebigkeit** f (Kehrwert der Federsteifigkeit) (Masch) / deformation rate of a spring

**federnd** adj / resilient adj, springy adj ‖ ~**er Anschlag** (Masch) / spring stop, yielding stop ‖ ~**e Dichtscheibe** (Masch) / spring sealing washer ‖ ~**e Dichtung** (Masch) / resilient seal ‖ ~**e Filmandruckplatte** (Film) / spring pressure pad, spring pressure plate ‖ ~**er Kontakt** (Eltech) / spring contact, spring-loaded contact ‖ ~**e Messerrakel** (Pap) / trailing blade ‖ ~**er Schalter** (Eltech) / momentary action switch, momentary switch ‖ ~**e Sperrklinke** (Masch) / spring pawl* ‖ ~**e Spitze** (Masch) / spring centre ‖ ~**e Unterlage** (Masch) / spring pad ‖ ~**e Windung** (z.B. bei Schraubenfedern) (Masch) / active turn

**Feder•paket** n (Masch) / spring assembly, spring bank ‖ ⁓**platte** f (Masch) / plate spring ‖ ⁓**rate** f (DIN 2089) (Masch) / spring stiffness, spring rate ‖ ⁓**ring** m (eine Schraubensicherung nach DIN 127) (Masch) / lock washer, split washer, split-lock washer, antiturn-type washer ‖ ⁓**ring** (DIN ISO 1891) (Masch) / single-coil spring lock washer with square ends ‖ **glatter** ⁓**ring** (DIN ISO 1891) (Masch) / plain pattern lock washer ‖ **aufgebogener** ⁓**ring** (DIN ISO 1891) (Masch) / single-coil spring lock washer with tang ends ‖ **gewellter** ⁓**ring** (Masch) / wave spring lock washer, wave split lock washer ‖ ⁓**ring** m Form A (Masch) / single-coil spring lock washer with square ends ‖ ⁓**ring mit Schutzmantel** (eine Schraubensicherung nach DIN 6913) (Masch) / spring washer with safety ring ‖ ⁓**rollenmühle** f (zur Gruppe der Ringmühlen zählendes Mahlaggregat) (Masch) / spring-type ring-roll mill ‖ ⁓**rückfallweiche** f (Bahn) / spring points* ‖ ⁓**ruder** n (Luftf) / spring tab ‖ ⁓**salz** n (Min) / feather alum ‖ ⁓**satz** m (bei Relais) (Eltech) / relay pile-up, relay stack, pile-up n ‖ ⁓**scheibe** f (DIN 137) (Masch) / spring washer (a washer which consists of a steel ring cut through and bent to a slow helical curve), Belleville washer ‖ **gewölbte** ⁓**scheibe** (DIN ISO 1891) (Masch) / curved spring washer ‖ **gewellte** ⁓**scheibe** (DIN ISO 1891) (Masch) / wave spring washer ‖ ⁓**schlag** m (Web) / spring picking ‖ ⁓**schraube** f (Bau, Masch) / spring cramp*, spring compressor ‖ ⁓**sicherheitsventil** n (Masch) / spring safety valve*, spring balance valve ‖ ⁓**spanner** m (Bau, Masch) / spring cramp*, spring compressor ‖ ⁓**spannzange** f (Kfz, Werkz) / brake-spring pliers ‖ ⁓**stahl** m (DIN 4620 + 17221) (Hütt) / spring steel ‖ ⁓**stahldraht** m (blanker Draht aus Federstahl) (Hütt) / spring-steel wire ‖ ⁓**steife** f (Masch) / spring stiffness, spring rate ‖ ⁓**steifigkeit** f (Steigung der Federkennlinie) (Masch) / spring stiffness, spring rate ‖ ⁓**steuerung** f (Masch) / spring control* ‖ ⁓**stich** m (Tex) / satin stitch ‖ ⁓**teller** m (bei Ventilen) (Masch) / valve-spring retainer ‖ ⁓**topfantrieb** m (Bahn) / helical-spring gear

**Federung** f (als Eigenschaft) (Masch) / springiness n ‖ ⁓ (Gesamtheit von Federn) (Masch) / springs pl ‖ **akustische** ⁓ (Akus) / acoustic compliance* ‖ **pneumatische** ⁓ (mit pneumatisch regulierbaren Luftfedern) (Kfz) / air-suspension system

**Federungsweg** m (Kfz) / spring travel (the movement which takes place when a spring is subjected to load; apart from load, the travel depends on spring dimensions and material properties), spring excursion, suspension travel

**Feder•unterlage** f (Masch) / spring pad ‖ **einfache** ⁓**verbindung** (Zimm) / tongued and trenched joint ‖ ⁓**verschluß** m (Masch) / spring lock ‖ ⁓**waage** f / spring-balance* n, spiral balance ‖ **Jollysche** ⁓**waage** (nach Ph.v. Jolly, 1809-1884) (Chem) / Jolly balance* ‖ ⁓**weg** m (Kfz) / spring travel (the movement which takes place when a spring is subjected to load; apart from load, the travel depends on spring dimensions and material properties), spring excursion, suspension travel ‖ ⁓**weg** (eines Federbeins) (Luftf) / stroke n ‖ ⁓**wegbegrenzung** f (in der Nähe der oberen Stoßdämpferaufnahme) (Kfz) / bump stop, snubber n ‖ ⁓**weichheit** f (Kehrwert der Federkonstante) (Masch) / reversed spring rate ‖ ⁓**weiß** n / French chalk*, talcum powder, talcum n ‖ ⁓**weiß** (pulverisierter Fasergips) (Min) / white fibrous gypsum ‖ ⁓**weißer** m (Nahr) / green wine ‖ ⁓**werk** n (als Antrieb) (Film, Masch) / spring motor ‖ ⁓**werk** (Masch) / spring mechanism ‖ ⁓**werkantrieb** m (bei alten Schmalfilmkameras) (Film) / spring motor drive, spring-wound motor ‖ ⁓**wickeln** n (Masch) / spring winding ‖ ⁓**wirkung** f (Masch) / spring action ‖ ⁓**wolke** f (Meteor) / cirrus* n (pl. cirri), Ci ‖ **langgestreckte** ⁓**wolken** (Meteor) / mare's tail ‖ ⁓**zahnegge** f (Landw) / spring-tooth harrow, spring-tooth drag ‖ ⁓**zinkenegge** f (Landw) / spring-tine harrow* ‖ ⁓**zinkenhaspel** f (Landw) / pick-up reel, spring-tine reel ‖ ⁓**zug** m (ein Druckluftzubehör) (Masch) / balancer n ‖ ⁓**zugtechnik** f (Keram) / feather combing (a decorative technique) ‖ ⁓**zunge** f (der Weiche) (Bahn) / flexing point ‖ ⁓**zunge** (im Reedrelais) (Eltech) / reed n

**FE-Diode** f (eine Halbleiterdiode) (Eltronik) / field-effect diode, FED, Zener diode regulator

**Fedorowscher Universaldrehtisch** (nach E.S. Fedorow, 1853-1919) (Krist) / universal stage, Fedorov stage, U-stage n

**Feedback** n (Eltech, Regeln) / feedback* n, FB ‖ ⁓**-Hemmung** f (Biochem) / feedback inhibition, end-product inhibition ‖ ⁓**-Inhibierung** f (Biochem) / feedback inhibition, end-product inhibition ‖ ⁓**-Inhibition** f (Biochem) / feedback inhibition

**Feeder** m (Eltech) / feeder* n, incoming feeder*, supply line, lead* n (li:d), supply line ‖ ⁓ (Glas) / feeder n ‖ ⁓ (ein Vorherd der Speiseglasmaschine) (Glas) / feeder n ‖ ⁓ (ein Füllschacht) (Schiff) / feeder n ‖ ⁓**-Service** m (beim Container-Transport) (Schiff) / feeder service ‖ ⁓**welle** f (Glas) / settle mark, settle wave, pressure wave

**Feed-forward-Aktivierung** f (Biochem) / feed-forward activation

**Feedgas** n (Erdöl) / feed gas

**FEFET** (mit ferroelektrischer Isolierschicht zwischen Kanal und Gate) (Eltronik) / ferroelectric field-effect transistor, FEFET

**FEF-Ruß** m (Chem Verf) / fast-extrusion furnace black

**fegen** v (Bau) / sweep v ‖ **durch** ⁓ **verursachter Schaden** (an Waldbäumen) (For) / fraying damage

**Fegeschaden** m (durch Abscheuern des Bastes vom Geweih) (For) / fraying damage

**Fegsel** n / sweeping waste, sweepings pl

**fehgrau** adj / squirrel grey

**Fehhaar** n (für Vergolderpinsel) (Anstr) / camel hair*

**Fehl•-** / false adj, spurious adj ‖ ⁓**-** / defective adj, faulty adj, imperfect adj ‖ ⁓**- oder Mangelernährung** f (Nahr) / malnutrition n, malnourishment n ‖ ⁓**ablesung** f (Instr) / misreading n, reading error ‖ ⁓**alarm** m / false alarm ‖ ⁓**anflug** m (Luftf) / missed approach ‖ ⁓**anflugverfahren** n (Luftf) / missed-approach procedure ‖ ⁓**anpassung** f (Fernm) / mismatch* n ‖ ⁓**anpassung** (Masch) / misfit n ‖ ⁓**anwendung** f / misapplication n, misuse n ‖ **gegen** ⁓**bedienung gesichert** / foolproof adj ‖ ⁓**benennung** f / misnomer n ‖ ⁓**besetzung** f (Film) / miscast n ‖ ⁓**bestückung** f (Eltronik) / incorrect insertion ‖ ⁓**bezeichnung** f (in der Nomenklatur) / misnomer n ‖ ⁓**boden** m (Zwischendecke bei Holzbalkendecken) (Zimm) / false ceiling ‖ ⁓**bogen** m (Druck) / waste sheet, spoiled sheet ‖ ⁓**bogen** (fehlender Bogen) (Druck) / missing sheet ‖ ⁓**bohrung** f (Erdöl) / duster n (a completely dry hole), dry hole, dry well ‖ ⁓**deutung** f (der Meßwerte) / misinterpretation n ‖ ⁓**eintastung** f (EDV) / keying error

**Fehlen** n (von) / lack n (of) ‖ ⁓ **beweglicher Teile** / absence of moving parts

**fehlend•e EDV-Kenntnisse** (EDV) / computer illiteracy ‖ ~**e Energie** (Phys) / missing energy ‖ ~**er Faden** (Spinn) / singling n (defect in plying of yarns) ‖ ~**er Kettfaden** (Web) / end out, broken end, thread out, missing end, runner n ‖ ~**es Maß** (in technischen Zeichnungen) (Masch) / unlisted dimension ‖ ~**er Parameter** (EDV) / null parameter ‖ ~**er Schuß** (Web) / misspick n, mispick n (US), wrong pick

**Fehler** m / failure n ‖ ⁓ (Mangel) / defect n ‖ ⁓ (Nichtübereinstimmung des Ist-Zustandes eines Merkmals mit einem vorgegebenen Zustand, insbesondere dem Soll-Zustand nach DIN 40042) / deviation n, defect n ‖ ⁓ (menschlicher Eingriff, der ein unerwünschtes Ergebnis zur Folge hat) / mistake n, human error ‖ ⁓ (Maschinenfehler) (EDV) / malfunction n ‖ ⁓ (im Programm, im System) (EDV) / bug* n ‖ ⁓ (EDV, Math) / fault n ‖ ⁓ (Abweichung zwischen einem berechneten, beobachteten oder gemessenen Wert / oder einer Bedingung / und dem wahren, spezifizierten oder theoretisch richtigen Wert / oder der Bedingung - DIN 55350, T 11) (EDV, Math) / error* n ‖ ⁓ (Störung) (Eltech) / fault n, electrical fault ‖ ⁓ (der eine Beeinträchtigung der Verwendbarkeit bedeutet) (For) / imperfection n, defect m ‖ ⁓ (ein unzulässiger physikalischer

Zustand /oder Eigenschaft/, der/die bei einer Funktionseinheit dazu führt, daß er/sie vom geforderten Verhalten abweicht) (Masch, Phys) / fault n ≈ (z.B. im Glas) (WP) / flaw n ‖ **absoluter** ≈ (Instr, Math) / absolute error ‖ **akkumulierter** ≈ (EDV) / accumulated error ‖ **apparativer** ≈ (Instr) / instrumental error ‖ **asymmetrischer** ≈ (EDV) / unbalanced error ‖ **auslegungsbedingter** ≈ (Nukl) / design-related defect (of a fuel element) ‖ **aussetzender** ≈ (Eltech) / intermittent fault, intermittent error ‖ **behebbarer** ≈ (EDV) / transient error, recoverable error ‖ **datenabhängiger** ≈ (EDV) / pattern-sensitive fault ‖ **dynamischer** ≈ (EDV) / dynamic error ‖ **integrierender** ≈ (HuT, Math) / cumulative error*, accumulative error ‖ **logischer** ≈ (KI) / logic error, logical error*, error in logic ‖ **menschlicher** ≈ / mistake n, human error ‖ **mitgeschleppter** ≈ (EDV) / inherited error*, inherent error ‖ **mittlerer quadratischer** ≈ (des Mittelwertes) (Math) / mean-square(d) error*, standard error ‖ **nichtbehebbarer** ≈ (EDV) / permanent error, unrecoverable error, irrecoverable error (without use of recovery techniques external to the computer program or run), nontransient error ‖ **nulldimensionaler** ≈ (Eltronik, Krist) / point defect* ‖ **permanenter** ≈ (EDV) / permanent error, unrecoverable error, irrecoverable error (without use of recovery techniques external to the computer program or run), nontransient error ‖ **programmabhängiger** ≈ (der nur bei bestimmten Programmen vorkommt) (EDV) / program-sensitive fault ‖ **programmbedingter** ≈ (EDV) / program-sensitive fault ‖ **pseudosporadischer** ≈ / pseudosporadic fault ‖ **schwerer** ≈ / fatal error ‖ **schwerwiegender** ≈ / fatal error ‖ **semantischer** ≈ (EDV, KI) / semantic error* ‖ **sich gegenseitig aufhebende** ≈ (Zufallsfehler) (Verm) / compensating errors* ‖ **sporadischer** ≈ / sporadic fault ‖ **ständiger** ≈ / persistent error ‖ **statischer** ≈ (EDV) / static error ‖ **statistischer** ≈ (Radiol) / statistical error* ‖ **subjektiver** ≈ / personal error, human error ‖ **symmetrischer** ≈ (EDV) / balanced error ‖ **syntaktischer** ≈ (EDV) / syntax error*, syntactical error ‖ **systematischer** ≈ (DIN 1319, T 3) (Math) / systematic error*, bias n ‖ **technischer** ≈ (Masch) / trouble n ‖ **transienter** ≈ (EDV) / transient error, recoverable error ‖ **unerwarteter** ≈ (EDV) / illogical error ‖ **verbleibender** ≈ (Math) / residual error*, residual n ‖ **verborgener** ≈ (der gelieferten Ware nach Paragr. 377 des Handelsgesetzbuches) / latent defect, hidden flaw ‖ **von** ≈ **n bereinigen** (EDV) / debug* v, check out v ‖ **vorgegebener** ≈ / given error ‖ **vorübergehender** ≈ (Eltech) / transient fault ‖ **wahrscheinlicher** ≈ (der Zufallsfehler, dessen Wahrscheinlichkeit genau 0,5 ist) (Stats) / probable error, probable deviation, ecart probable ‖ **zufälliger** ≈ (DIN 1319, T 3) (Stats) / random error, accidental error ‖ **zufallsbedingter** ≈ (Stats) / random error, accidental error ‖ ≈ **m an Lötverbindungen** / soldering defect ‖ ≈ **1. Art** (beim Testen von Hypothesen) (Stats) / type I error, error of first kind ‖ ≈ **2. Art** (beim Testen von Hypothesen) (Stats) / type II error, error of second kind ‖ ≈ **bei der Zuführung** (EDV, Masch) / misfeed n ‖ ≈ **beim Belegabzug** (EDV) / misfeed n ‖ ≈ **beseitigen** / correct v ‖ ≈ **m des Holzes** (For) / timber defect, defect of wood, lumber defect (US) ‖ ≈ **durch Mehrwegausbreitung** (bei der Funknavigation) (Nav) / wave-interference error ‖ ≈ **durch toten Gang** (Lufft) / backlash error ‖ ≈ **durch Überschreiben** (EDV) / overwriting error ‖ ≈ **erster Art** (Stats) / type I error, error of first kind ‖ ≈ **im mikroskopischen Bereich** / microflaw n, microdefect n ‖ ≈ **oder Störstellen beseitigen** (EDV) / debug* v, check out v ‖ ≈ **zweiter Art** (Stats) / type II error, error of second kind

**Fehler•abgleichverfahren** n (ein Näherungsverfahren) (Math) / weighted residual method ‖ ≈**abstand** m (der zeitliche Abstand zweier aufeinanderfolgender Fehler in einem System) (Masch) / failure rate ‖ ≈**analyse** f / error analysis, fault analysis ‖ ~**anfällig** adj / error-prone adj, prone to errors ‖ ≈**anfälligkeit** f / fault liability, fault susceptibility ‖ ≈**anzeige** f (bei der magnetischen Rißprüfung) (Hütt, Mag) / indication* n ‖ ≈**artkennzeichen** n (EDV) / error code ‖ ≈**ausbesserung** f / making good (of defects)* ‖ ≈**baum** m (der negierte Erfolgsbaum) / fault tree ‖ ≈**baumanalyse** f (Analyse eines technischen Systems durch Aufstellung eines Fehlerbaums nach DIN 25424) / fault-tree analysis ‖ ~**bedingte Beendigung** (EDV) / abnormal termination, abortion n (of program execution), abnormal end ‖ ≈**behaftet** adj (Opt) / aberrant adj, aberrated adj ‖ ≈**behandlungsprogramm** n (EDV) / failure routine ‖ ≈**behandlungsroutine** f (EDV) / error recovery routine, error routine, collector of garbage ‖ ~**behebende Wartung** (EDV, Masch) / corrective maintenance ‖ ≈**behebung** f / error recovery, error correction, error handling ‖ ≈**behebungsprozedur** f (EDV) / error recovery procedure ‖ ≈**behebungsroutine** f (EDV) / error recovery routine, error routine, collector of garbage ‖ ≈**beseitigung** f (Korrektur) / correction ‖ ≈**beseitigung** f (Reparatur) / making good (of defects)* ‖ ≈**bestimmung** f **aus dem Spannungsabfall** (Eltech) / fall-of-potential test*, conductivity test*, drop test* ‖ ≈**bewertungskennzahl** f / demerit rating ‖ ≈**bezeichnung** f (im Programm) / program error ID ‖ ≈**bündel** n (EDV) / burst error, error burst ‖ ≈**diagnose** f (Feststellen, Prüfen und Klassifizieren von Merkmalen mit dem Ziel der Einordnung, ob ein fehlerfreier oder fehlerhafter Zustand vorliegt) (EDV) / fault diagnosis, diagnosis n (pl. diagnoses) (EDV) ‖ ≈**dreieck** n (bei Standortbestimmung) (Lufft) / triangle of error, cocked hat (GB), position triangle ‖ ≈**echo** n (bei der Ultraschallprüfung) (WP) / defect echo, flaw echo ‖ ≈**einfluß** m (als ermittelter Faktor) / error-influencing factor ‖ ≈**erkennender Kode** (EDV) / error-detection code ‖ ≈**erkennung** f (EDV) / error detection, fault detection ‖ ≈**erkennungskode** m (EDV) / error-detection code ‖ ≈**fortpflanzung** f (DIN 1319, T 3) (EDV, Math) / error propagation, propagation of error(s) ‖ ≈**fortpflanzungsgesetz** n (Math) / propagation theorem, error-propagation theorem

**fehlerfrei** adj / faultless adj, flawless adj, perfect adj ‖ ~ (richtig) (EDV, Math) / correct adj ‖ ~ (Holz) (For) / clean adj ‖ ~ (Gußstück) (Gieß) / sound adj ‖ ~ (optisches System) (Opt) / aberrationless adj, aberration-free adj ‖ ~ (Typog) / clean* adj

**Fehler•freiheit** f **der Daten** / data accuracy ‖ ≈**funktion** f (Gaußsche) (Math) / error function ‖ ≈**grenze** f (DIN 1319, T 3) (Instr) / limit of (permissible) error, margin of error, error limit

**fehlerhaft** adj / defective adj, faulty adj, imperfect adj ‖ ~ (EDV) / bad adj (link) ‖ ~ (Zeichen) (EDV) / errored adj ‖ ~ (unrichtig) (EDV, Math) / incorrect adj ‖ ~**e Bearbeitung** / imperfect manufacture ‖ ~**es Bit** (EDV) / erroneous bit ‖ ~**e Glasurstelle** (Keram) / cut glaze (a glazed area in which the coating is of insufficient thickness for good coverage) ‖ ~**es Kettgarn** (Web) / fine end, light end, thin end ‖ ~**e Schreibweise** / misspelling n ‖ ~**e Spur** (EDV, Mag) / flawed track, defective track ‖ ~**e Zuführung** (EDV) / misfeed n

**Fehler•häufigkeit** f / error rate, frequency of errors ‖ ≈**hypothese** f (EDV, Math) / fault hypothesis ‖ ≈**kennzeichen** n (Eltech) / fault signature ‖ ≈**klassifikation** f / error classification, fault classification ‖ ≈**kode** m (EDV) / error code ‖ ~ (des Diagnosegeräts) (Kfz) / trouble code ‖ ≈**korrektur** f / error recovery, error correction, error handling ‖ ≈**korrekturkode** m (DIN 44300) (EDV) / error-correcting code*, self-checking code, self-correcting code ‖ ≈**korrigierender Kode** (EDV) / error-correcting code*, self-checking code, self-correcting code ‖ **Gaußsche** ≈**kurve** (Stats) / normal distribution curve, Gaussian curve, normal curve ‖ ≈**lokalisierung** f (Fernm) / fault location ‖ ≈**lokalisierung** (WP) / defect location, flaw location ‖ ~**los** adj / faultless adj, flawless adj, perfect adj ‖ ~**lose Oberfläche** (für weitere galvanische Behandlung) (Galv) / hardware finish ‖ ≈**management** n (Fehlererkennung, -aufzeichnung und -verfolgung, auch Funktionstest) (Fernm) / fault management ‖ ≈**meldung** f (seitens des Programms) (EDV) / error message* ‖ ≈**meldung** (bei Minicomputern) (EDV) / logout n ‖ ≈**meldung** (des Anwenders über Programmfehler) (EDV) / error report ‖ ≈**merkmal** n (Eltech) / fault signature ‖ ≈**nachricht** f (EDV) / error message* ‖ ≈**nachweis** m (EDV) / error detection, fault detection

**Fehlernährung** f (Nahr) / malnutrition n, malnourishment n

**Fehler•ortsbestimmung** f (Fernm) / fault location ‖ ≈**ortsbestimmung durch Messung des Schleifenwiderstandes** (Fernsp, Teleg) / loop test* ‖ ≈**ortung** f (Fernm) / fault location ‖ **systematischer** ≈**prüfkode** (EDV) / group code ‖ ≈**prüfschalter** m (Eltech) / feeler switch* ‖ ≈**quelle** f / source of error(s) ‖ ≈**quote** f (Anteil fehlerhafter Werkstücke oder Erzeugnisse an der Gesamtmenge hergestellter Werkstücke oder Erzeugnisse) / error ratio ‖ ≈**rate** f (die auf ein Zeitintervall bezogene Fehlerquote) / error rate, frequency of errors ‖ ≈**rechnung** f (Math) / theory of errors, calculus of errors ‖ ≈**register** n (Eltech) / fault dictionary ‖ ≈**reparatur** f **mit Rechnerunterstützung** (Qualitätsdatenmanagement) (Eltronik) / paperless repair ‖ ~**robust** adj (Dialog) (EDV) / error-robust adj ‖ ≈**routine** f (EDV) / error recovery routine, error routine, collector of garbage ‖ ≈**satz** m / error rate, frequency of errors ‖ ≈**scheibchen** n (unscharfes kreisförmiges Scheibchen anstelle des idealen Bildpunktes) (Foto, Opt) / circle of confusion*, circle of least confusion*, confusion circle*, blur circle ‖ ≈**schutz** m (EDV) / error protection ‖ ≈**schutz gegen Erdschluß** (Eltech) / leakage protective system*, leakage-protection system ‖ ≈**schutz in Ausgleichsschaltung** (Eltech) / balanced protective system* ‖ ≈**signal** n (Fernm) / error signal* ‖ ≈**simulationsvirus** n m (EDV) / fault-simulation virus ‖ ≈**spannungsschutzschalter** m (Eltech) / fault-voltage switch (circuit breaker), voltage-operated earth-leakage circuit breaker ‖ ≈**speicher** m (im Diagnosesystem) (Kfz) / fault memory ‖ ≈**stopp** m (EDV) / error stop ‖ ≈**strom** m (Elektr) / fault current* ‖ ≈**stromschutzeinrichtung** f (DIN 57664, T 1) (Eltech) / residual-current-operated protective equipment ‖ ≈**stromschutzschalter** m (Eltech) / residual-current breaker, RCB, residual-current circuit breaker, RCCB ‖ ≈**stromschutzsystem** n (Eltech) / core-balance protective system* ‖ ≈**suche** f (Eltech) / fault-finding n, trouble-shooting n (US)* ‖ ≈**suchpaket** n (EDV) / diagnostic package ‖ ≈**suchprogramm** n (EDV) / diagnostic program, diagnostic routine, malfunction routine ‖ ≈**theorie** f (ein

**Fehlertoleranz**

Teilgebiet der angewandten Mathematik) (Math) / theory of errors, calculus of errors ‖ ~**toleranz** f (des Systems) (EDV, Eltech) / fault tolerance* ‖ ~**tolerierendes System** (das mit redundanten Modulen arbeitet, so daß die Funktionsfähigkeit auch beim Auftreten von Fehlern erhalten bleibt) (EDV, Eltech) / fault-tolerant system* ‖ ~**überwachung** f (DIN 44302) (EDV) / error control ‖ ~**unabhängig** adj / error-independent adj ‖ ~**verdächtig** adj / suspect adj, suspected-error attr ‖ ~**verzerrung** f (EDV) / bias* n ‖ ~**widerstand** m (Eltech) / fault resistance* ‖ ~**zeichen** n (EDV) / error code
**Fehl•farbe** f (Opt) / missing primary colour ‖ ~**farben** adj / off-colour attr ‖ ~**fracht** f (Abstandssumme, die ein Befrachter bei Rücktritt vom Vertrag bezahlen muß) (Schiff) / dead freight ‖ ~**funktion** f / malfunction n ‖ ~**geordnet** adj (Krist) / disordered adj ‖ ~**geordneter Kristall** (Krist) / disordered crystal ‖ ~**geruch** m (Nahr) / off-flavour n, foreign flavour, off-odour n, taint n ‖ ~**geschmack** m (Nahr) / foreign flavour, foreign taste, off-taste n ‖ ~**gewicht** n / underweight n, short weight, deficiency in weight, shortage in weight ‖ ~**guß** m (Gieß) / misrun n, faulty casting, misrun casting ‖ ~**gußstück** n (Gieß) / waster n, off-cast n ‖ ~**handlung** f / mistake n, human error
**Fehlingsche Lösung** (Kupfersulfat- oder -tartratlösung - nach H. v. Fehling, 1811-1885) (Chem) / Fehling's solution*, Fehling's reagent
**Fehl•investition** f / misinvestment n ‖ ~**kante** f (For) / waney edge, dull edge ‖ ~**kantig** adj (For) / waney adj ‖ ~**leiten** v (eine Sendung) / misroute v, misdirect v ‖ ~**leitung** f (Fernm) / misrouting n, missending n ‖ ~**lieferung** f (F.Org) / wrong delivery ‖ ~**menge** f / shortage n, missing quantity ‖ ~**ordnung** f (Abweichung vom ideal-kristallinen Aufbau) (Krist) / disorder n ‖ **nulldimensionale** ~**ordnung** (Eltronik, Krist) / point defect* ‖ **strukturelle** ~**ordnung** (Krist) / disordered structure* ‖ ~**ordnung** f (Krist) s. auch Kristallbaufehler ‖ ~**ordnungsentropie** f (Krist) / disorder entropy ‖ ~**orientierung** f / misorientation n ‖ ~**passer** m (Druck) / misregister n ‖ ~**phasenschutz** m (bei Drehstromantrieben) (Eltech) / phase-failure protection ‖ ~**register** n (Druck) / misregister n ‖ ~**ruf** m (Fernm) / false call ‖ ~**schicht** f (F.Org) / missing shift ‖ ~**schlag** m / failure n ‖ ~**schweiße** f (Schw) / unsound weld ‖ ~**seitenband** n (bei der Einseitenbandmodulation) (Radio) / suppressed sideband ‖ ~**sichtigkeit** f (Med, Opt, Physiol) / ametropia n, eye deficiency, defective vision ‖ ~**start** m **einer Rakete** (Raumf) / rocket abort, aborted take-off (of a rocket) ‖ ~**stelle** f (eines Magnetbandes) (Akus, EDV) / bad spot ‖ ~**stelle** (des Magnetbandes) (Akus, EDV, Mag) / drop-out n ‖ ~**stelle** (Anstr) / holiday* n, miss n, skip n ‖ ~**stelle** (Anstr) / blemish n ‖ ~**stelle** (EDV) / void n ‖ ~**stelle** (bei Isolatoren) (Eltech) / dry spot ‖ ~**stelle** (bei gedruckten Schaltungen) (Eltronik) / void n ‖ ~**stelle** (For) / defective spot ‖ ~**stelle** (Krist) / defect* n, crystal defect ‖ ~**stelle** (beim Drillen) (Landw) / skip n ‖ ~**stelle** (Plast) / dry spot ‖ ~**stelle** (WP) (Elect) ‖ ~**atomare** ~**stelle** (Eltronik, Krist) / point defect* ‖ ~**stelle** f **im Flachglas** (Glas) / bloach n (an inperfection resulting from the incomplete grinding of plate glass caused by a low point in the glass which retains a part of the original rough surface) ‖ ~**stelle im Muster** (Keram) / missing design ‖ ~**stellenhäufung** f / defect cluster ‖ ~**stich** m (Tex) / missing stitch, skipped stitch ‖ ~**weisung** f (Winkel zwischen der von einem Magnetkompaß angezeigten Kompaßnordrichtung und der rechtweisenden Nordrichtung) (Nav) / compass error ‖ ~**zählung** f / miscount n ‖ ~**zündung** f (Kfz) / back-fire* n ‖ ~**zündung** (eines Lasers) (Phys) / misfiring n ‖ ~**zündung** (Kfz) s. auch Zündaussetzer
**Fehn** n (Geol) / fen* n, bog* n, moor* n (US), swamp n, moorland* n, marsh n
**Feiertagsverkehr** m / holiday traffic
**Feigenbaum-Sequenz** (universelles Verhalten beim Übergang zu chaotischen Bewegungen auf dem Wege der Periodenverdopplungen) / Feigenbaum sequence
**Feigenmotte** f (Ephestia fuguella Gregson - ein Vorratsschädling) (Nahr) / fig moth
**Feile** f (DIN 7285, 8331 bis 8349 und 8589, T 7) (Werkz) / file n ‖ **doppelhiebige** ~ (Werkz) / cross-cut file*, double-cut file ‖ **einhiebige** ~ (Werkz) / single-cut file, float* n, float-cut file* ‖ **mit der** ~ **ebnen** (eine Oberfläche) (Masch) / file off flush
**Feilegalisieren** n (von gestauchten und geschränkten Sägezähnen) (For) / side filing
**feilen** v (Masch) / file v ‖ ~ n (DIN 8589, T 7) (Masch) / filing n ‖ ~**blatt** n (Werkz) / file body, file blade ‖ ~**bürste** f (Werkz) / file card ‖ ~**griff** m (Werkz) / file handle ‖ ~**hart** adj (WP) / file-hard adj ‖ ~**härte** f (durch die Feilenhärteprüfung ermittelt) (Masch, WP) / file-test hardness ‖ ~**härteprüfung** f (Masch, WP) / file test ‖ ~**hauen** n (Masch) / file cutting ‖ ~**hauerei** f (Masch) / file cutting ‖ ~**heft** n (Werkz) / file handle ‖ ~**hieb** m (nach DIN 7285) (Masch) / cut n, file cut ‖ ~**körper** m (Werkz) / file body, file blade ‖ ~**seite** f **ohne Hieb** (Werkz) / safe edge*
**Feil•kloben** m (zum Einspannen und Festhalten kleiner Arbeitsstücke - wird in der Hand gehalten) (Werkz) / pin vice, hand vice, filing vice ‖ ~**maschine** f (eine Werkzeugmaschine) (Masch) / filing machine ‖ ~**späne** m pl / filings pl
**Feim** m (Landw) / stack n
**Feime** f (Landw) / stack n
**fein** adj (empfindlich) / sensitive adj ‖ ~ / fine adj ‖ ~ (Geruchssinn) / keen adj, acute adj ‖ **sehr** ~ (nicht tastbar) / impalpable adj ‖ ~**abstimmen** (Radio) / fine-tune v (des Kessels) (Masch) / valves and accessories ‖ ~**er Einschnitt im Reifenprofilstollen** (der den Profilelementen größere Beweglichkeit verleiht und damit die Rutschfestigkeit bei nasser Straße verbessert) (Kfz) / sipe n, kerf n ‖ ~**e Gaze** (Tex) / gossamer n ‖ ~**es Holzmehl** (Pap) / fines pl ‖ ~**e Innenrisse** (durch Erwärmung) (Hütt) / clinks* pl ‖ ~**e Jeans** (Tex) / jeanette n, reversed jeanette ‖ ~**e Kante** (Glas) / smoothed edge ‖ ~**er Kratzer** (auf der Linsenfläche, der beim Polieren entstanden ist) (Foto, Opt) / sleek n ‖ ~**es Leder für Bekleidungszwecke** (aus brasilianischen Schaffellen) (Leder, Tex) / cabretta n (for glove and garment lesthers) ‖ ~**e Linie** (Typog) / hair-line rule ‖ ~**es Mehl** (Nahr) / farina n ‖ ~**es Pulver** / flour* n ‖ ~**er Quarzsand** (Bau, Gieß) / silver sand ‖ ~**e Rißbildung** (Bau) / map cracking ‖ ~**e Schicht** (z.B. auf Früchten und auf Schokolade) (Nahr) / bloom* n ‖ ~**er Schlamm** (Aufber, Chem) / pulp* n, slurry n, mud n, suspension n, sline n ‖ ~**es Schleifpapier** (für die Endbehandlung) (Masch) / finishing paper ‖ ~**es Strichtuch** (Tex) / facecloth n ‖ ~**e Weizenkleie** (Landw) / shorts pl ‖ ~**es Ziegenleder** (aus der Gegend um das Kap der Guten Hoffnung) (Buchb) / oasis goat
**Fein•-** / sensitive adj ‖ ~**ableseeinheit** f (eine Ablesehilfe) (Opt) / scale-reading projector, projector n ‖ ~**abstimmung** f (z.B. mit der Kurzwellenlupe) (Radio) / fine tuning ‖ ~**anteile** m pl (in einem Gemisch) / fines* pl, fine sizes ‖ ~**anthrazit** m (Bergb) / anthracite duff, anthracite dust ‖ ~**ätzung** f / microetching n ‖ ~**bearbeitete Kante** (Glas) / smoothed edge ‖ ~**bearbeitung** f (Masch) / fine machining* ‖ ~**bearbeitung** (der Holzflächen) (Tischl) / cleaning-up n ‖ ~**bewegungsschraube** f / fine-motion screw, slow-motion screw ‖ ~**blasig** adj (Glas) (Glas) / seedy adj ‖ ~**blasige Belüftung** (Sanitär) / fine-bubble aeration ‖ ~**blech** n (mit einer Dicke unter 3 mm) (Hütt) / sheet* n, lamina* n (pl. laminae) ‖ ~**dünnes** ~**blech** (Stahl oder Zinn) (Hütt) / tagger* n ‖ ~**blechner** m (der mit Feinblechen arbeitet) (Klemp) / tinsmith n, tinman n, whitesmith n, tinner n ‖ ~**blei** n (DIN 1719) (Hütt) / corroding lead, refined lead ‖ ~**bohren** n (mit umlaufenden Werkzeugen) (Masch) / fine boring* ‖ **elektrochemisches** ~**bohren** (Masch) / electrochemical microdrilling, electrojet n, shaped-tube electrolytic machining, STEM n ‖ ~**bürette** f (Chem) / microburette n, microburet n (US) ‖ ~**chemikalien** f pl (Chemikalien verschiedener Reinheitsgrade, die im Laboratoriumsmaßstab hergestellt und verwendet werden) (Chem) / fine chemicals ‖ ~**destillation** f (bei der Produkte hoher Reinheit erhalten werden können) / high-quality distillation
**Feindflugzeug, alleinfliegendes** ~ (Mil) / rat n
**feindispers** adj / finely dispersed, fine-disperse adj
**feindlich•e Fahrstraßen** (Bahn) / conflicting routes, incompatible routes ‖ ~**e Übernahme** (eines Unternehmens) / hostile takeover ‖ ~**e Weiche** (Bahn) / trap points, conflicting switch
**Fein•drehen** n (mit umlaufendem Werkstück) (Masch) / precision turning ‖ ~**drehmaschine** f (Masch) / precision lathe, finishing lathe
**Feine** f (bei Edelmetallen) (Hütt) / fineness* n, standard n
**Feinegge** f (Landw) / seed harrow (exralight)
**Fein•einstellschraube** f (Verm) / tangent screw* ‖ ~**einstellung** f (im allgemeinen) (Instr) / fine adjustment ‖ ~**einstellung** (der Luftschraube) (Lufft) / fine pitch ‖ ~**einstellung** (Masch) / inching* n ‖ ~**einstellung** (Mikros) / fine focusing, fine-focus control ‖ ~**einstellungskondensator** m (Eltech) / vernier capacitor*
**Feinen** n **in der Pfanne** (Hütt) / ladle refining
**Fein•erz** n (Aufber) / small ore ‖ ~**faserig** adj / fibrillary adj, fibrillar adj ‖ ~**folie** f (unter 0,25 mm) (Plast) / film* n ‖ ~**fräsen** n (Masch) / fine milling, precision milling ‖ ~**frotteur** m (Spinn) / finisher box, finisher n ‖ ~**gangantrieb** m (Masch) / microspeed drive ‖ ~**gefüge** n (mikroskopisch feines) (Geol, Hütt) / microstructure* n ‖ ~**gehalt** m (bei Edelmetallen) (Hütt) / fineness* n, standard n ‖ **höherer** ~**gehalt** (von Gold und Silber über dem Standard) (Bergb, Hütt) / betterness n ‖ ~**gehaltsstempel** m (ein Prüf- und Gewährzeichen) / hallmark n ‖ ~**gerastert** adj (Druck, Foto) / fine-screen attr ‖ ~**geschlämmtes Kalziumsulfat** (als Füller) (Pap) / puritan filler, crown filler ‖ **metrisches kegeliges** ~**gewinde** (DIN 8507, T 1) (Masch) / metric taper fine thread ‖ ~**gießverfahren** n (Gieß) / precision casting ‖ ~**glimmer** m (Eltech) / integrated mica, reconstituted mica ‖ ~**glimmerfolie** f (Eltech) / film n ‖ ~**gold** n (Feingehalt 24 Karat = mindestens 99,96% Au) (Hütt) / fine gold* ‖ ~**granoblastisch** adj (Geol) / decussate adj (structure) ‖ ~**grubber** m (Landw) / Danish cultivator ‖ ~**grubber** (Landw) s. auch Vibrationsegge ‖ ~**guß** m (mit Hilfe von ausschmelzbaren Modellen in ungeteilten Formen) (Gieß) / precision casting ‖ ~**guß** (Gieß) s. auch Investmentguß ‖ ~**gußlegierung** f (Gieß) / investment-casting alloy ‖ ~**gut** n (Aufber) /

slimes* *pl*, smalls *pl* ‖ ⁓**gut** (bei der Siebanalyse) (bei der Siebanalyse) (Masch) / undersize* *n*, fells* *pl*, smalls* *pl*, minus material, minus sieve sizes, throws *pl*, fines *pl*, screenings* *pl*, subsieve material, minus mesh, sievings *pl*, subsieve fraction
**Feinheit** *f* (Dispersitätsgrad nach DIN 66 160) (Anstr) / fineness *n* (degree of dispersion) ‖ ⁓ (Chem) / fineness* *n* ‖ ⁓ (bei Edelmetallen) (Hütt) / fineness* *n*, standard *n* ‖ ⁓ (der Information) (KI) / granularity *n* ‖ ⁓ (des Pulvers) (Pulv) / size *n*, fineness *n*, grist *n* ‖ ⁓ (Feinheitsbezeichnung) (Spinn) / number *n* ‖ ⁓ (von Natur- und Chemiefasern) (Spinn) / fineness *n* ‖ ⁓ **im Tex-System** (DIN 60900, 60905 und 1301, T 1) (Spinn) / tex* *n* ‖ ⁓ **von Garn** (Spinn) / count of yarn*, yarn count, size of the yarn, yarn number
**feinheits • bezogene Reißkraft** (Spinn) / breaking tenacity ‖ ⁓**festigkeit** *f* (Spinn) / breaking length, strength-to-weight ratio, critical length ‖ ⁓**grad** *m* **der Faser** (Tex) / fibre count ‖ ⁓**modul** *m* (Charakteristik der Kornverteilung) (Aufber, HuT) / fineness modulus* ‖ ⁓**nummer** *f* (Spinn) / count of yarn*, yarn count, size of the yarn, yarn number ‖ ⁓**zahl** *f* (Aufber, HuT) / fineness modulus*
**Fein • höhenmesser** *m* (heute veraltet) (Luftf) / sensitive altimeter ‖ ⁓**hohlziegel** *m* (Bau) / perforated brick ‖ ⁓**justierung** *f* (Instr) / fine adjustment ‖ ⁓**kalk** *m* (feingemahlener Branntkalk) (Bau) / lime powder* ‖ ⁓**kalkmörtel** *m* (Bau) / fine stuff ‖ ⁓**kämmen** *n* (Spinn) / reducing *n* (in worsted process) ‖ ⁓**kaolin** *n m* (Keram) / refined kaolin, clear clay ‖ ⁓**karde** *f* (Tex) / fine card, finisher card ‖ ⁓**keramik** *f* (als Unterteilung der Keramik als Industriezweig) (Keram) / fine ceramics (ceramic ware), pottery *n* ‖ ⁓**keramik** (mit weißem oder hellem feinstrukturiertem Scherben) (Keram) / ceramic whiteware, whiteware *n* ‖ ⁓**kies** *m* (als Betonzuschlag nach DIN 4226) (Bau, HuT) / keystone *n* ‖ ⁓**kies** (Bau, HuT) / pea gravel, pea shingle ‖ ⁓**kies** (2 - 4 mm Durchmesser) (Geol) / granule* *n* ‖ ⁓**kitt** *m* (Opt) / optical cement, cement *n* ‖ ⁓**kohle** *m* (Steinkohle unter 12 mm - DIN 22005) (Bergb) / grains *pl* (1/4 to 1/8 in.)* ‖ ⁓**kohle** (beim Sieben) (Bergb) / refuse coal ‖ ⁓**kohle** (Anthrazit) (Bergb) / culm *n*, rice coal ‖ ⁓**kohle mit hohem Aschegehalt** (Kesselkohle) (Bergb) / slack *n* ‖ ⁓**koks** *m* (Bergb) / breeze* *n*, coke breeze*, coke ashes ‖ ⁓**kornbaustahl** *m* (Bau, Hütt) / fine-grained structural steel ‖ ⁓**kornentwickler** *m* (Foto) / fine-grain developer*
**feinkörnig** *adj* / fine-grained *adj*, microgranular *adj*, fine-grain *attr*, fine *adj* ‖ ⁓ (Gefüge) / close-grained *adj* ‖ ⁓**er Auswurf** (eines Konverters) (Hütt) / spittings *pl* ‖ ⁓**er dunkler spaltbarer Sandstein** (Geol) / bluestone *n* (a dense fine-grained feldspathic sandstone that splits easily into thin smooth slabs) ‖ ⁓**er Zuschlag** (meistens unter 4,75 mm) (Bau, HuT) / fine aggregate* ‖ ⁓**er Zuschlagstoff** (meistens unter 4,75 mm) (Bau, HuT) / fine aggregate*
**Fein • kornstahl** *m* (Hütt) / fine-grained steel, close-grained steel ‖ ⁓**kornzuschlagstoff** *m* (meistens unter 4,75 mm) (Bau, HuT) / fine aggregate* ‖ ⁓**kost** *f* (Nahr) / delicatessen *n* ‖ ⁓**krempel** *f* (Pelzkrempel nach DIN 64100) (Spinn) / intermediate card, second breaker (card) ‖ ⁓**krempel** (Tex) / fine card, finisher card ‖ ⁓**krepp** *m* (Tex) / chiffon* *n* ‖ ⁓**kristallin** *adj* (Krist) / microcrystalline *adj* ‖ ⁓**kühlung** *f* (Glas) / fine annealing ‖ ⁓**leder** *n* (vegetabil-synthetisch oder chrom-vegetabil gegerbtes Leder, meist aus Schaf- oder Ziegenfellen) (Leder) / fancy leather ‖ ⁓**leinen** *n* (Tex) / sheer lawn ‖ ⁓**linienraster** *m* / fine-line screen ‖ ⁓**lunker** *m* (ein Oberflächenfehler) (Hütt) / pock *n* ‖ ⁓**mahlanlage** *f* (Chem Verf, Masch) / pulverizer *n*, fine-grinding mill ‖ ⁓**maschig** *adj* / finely meshed *adj*, fine-mesh *attr* ‖ ⁓**matte Kante** (Glas) / smoothed edge ‖ ⁓**mechanik** *f* (ein Teilgebiet der Feinwerktechnik als Industriezweig) / precision mechanics ‖ ⁓**messgerät** *n* (Instr) / precision instrument ‖ ⁓**meßokular** *n* (Mikros) / micrometer eyepiece* ‖ ⁓**meßtechnisch** *adj* / metrological *adj* ‖ ⁓**meß- und Feingerätetechnik** *f* / instrumentation ‖ ⁓**mörtel** *m* (Bau) / fine mortar ‖ ⁓**mühle** *f* (Chem Verf, Masch) / pulverizer *n*, fine-grinding mill ‖ ⁓**narbig** *adj* (Leder) / fine-grained *adj* ‖ ⁓**narbig** (Tex) / fine-grained, fine-grain *attr* ‖ ⁓**nitschler** *m* (Spinn) / finisher box, finisher *n* ‖ ⁓**ofen** *m* (Hütt) / finery* *n* ‖ ⁓**papier** *n* (hochwertiges) (Pap) / fine paper* ‖ ⁓**perforiermaschine** *f* (zur Herstellung atmungsaktiver Folien) (Plast) / porolating machine *n* ‖ ⁓**planum** *n* (HuT) / formation, subgrade *n*, grade *n* (US) ‖ ⁓**planumshöhe** *f* (HuT) / formation level, final grade (US), grade level (US) ‖ ⁓**pore** *f* (Makro-, Meso- und Mikropore) / micropore ‖ ⁓**porig** *adj* / fine-pored *adj*, finely pored ‖ ⁓**porigkeit** *f* (des Bodens) (Landw) / microporosity *n* ‖ ⁓**porös** *adj* / fine-pored *adj*, finely pored ‖ ⁓**profilreifen** *m* (Kfz) / multisiped tyre ‖ ⁓**putz** *m* (mit feiner Körnung) (Bau) / finish *n*, finishing coat, fining coat ‖ ⁓**putzgips** *n* (Bau) / gauging plaster ‖ ⁓**putzmörtel** *m* (Bau) / fine stuff ‖ ⁓**raster** *m* (mit 52-59 Linien je Zentimeter) (Druck, Foto) / fine screen* ‖ ⁓**raster-** (Druck, Foto) / fine-screen *attr* ‖ ⁓**rechen** *n* (zum Zurückhalten der Feststoffe) (Wasserb) / fine-screen (unit) ‖ ⁓**ringigkeit** *f* (For) / close *n* grain, closeness of annual rings ‖ ⁓**ripp** *m* (Tex) / fine rib ‖ ⁓**säge** *f* (Tischl) / tenon saw*, mitre saw* ‖ ⁓**sand** *m* (bis 1 mm Korngröße) / fine sand ‖ **weißer** ⁓**sand** (Geol) / silver sand

‖ ⁓**schleifen** *v* (Glas) / smooth *v* (a polished plate) ‖ ⁓**schleifen** (Glas) / finish *v* ‖ ⁓**schleifen** *n* **von Quarzplatten** (zur Abstimmung auf gewünschte Frequenz) (Eltech) / lapping* *n* ‖ ⁓**schleifer** *m* (Glas) / finisher *n* ‖ ⁓**schleifmittel** *n* (z.B. Bimsmehl oder Wiener Kalk) (For, Masch) / fine abrasive ‖ ⁓**schleifpaste** *f* (Masch) / fine-lapping compound ‖ ⁓**schliff** *m* (Anstr, For) / finish sanding, final sanding ‖ ⁓**schliff** (Masch) / finishing grinding ‖ ⁓**schluff** *m* (0,006 - 0,002 mm) (Geol) / fine silt* ‖ ⁓**schmelze** *f* (Glas) / fining* *n*, founding* *n*, plaining* *n*, refining* *n*, melting until seed-free ‖ ⁓**schnittkreissägemaschine** *f* (For) / precision-cut circular sawing machine ‖ **überfettete** ⁓**seife** (Chem, Med) / superfatted soap ‖ ⁓**sicherungselement** *n* (Eltech) / heat coil* ‖ ⁓**sicherungspatrone** *f* (Eltech) / heat coil* ‖ ⁓**sieb** *n* (Druck, Keram) / lawn sieve, lawn *n* ‖ ⁓**sieb** (Masch) / fine screen, fine sieve ‖ ⁓**silber** *n* (9995 fein) (Hütt) / fine silver ‖ ⁓**sitz** *m* (Masch) / medium fit ‖ ⁓**skala** *f* (Instr) / fine scale ‖ ⁓**skale** (Instr) / fine scale ‖ ⁓**spachtel** *m* (für Feinarbeiten bei Karosseriereparaturen) (Kfz) / putty *n*, stopping *n* ‖ ⁓**spinnmaschine** *f* (Spinn) / fine-spinning frame ‖ ⁓**splitt** *m* (Bau, Geol, HuT) / gravel* *n* ‖ ⁓**sprit** *m* (Chem) / rectified spirit*
**feinst • er Raster** (Druck, Foto) / very fine screen* ‖ ⁓**e Rasterweite** (Druck, Foto) / very fine screen* ‖ ⁓**-** / superfine *adj*
**Feinstahlstraße** *f* (Hütt) / light-section mill
**Feinstanteil** *m* (bei der Siebanalyse) / superfines *pl*
**Feinstaub** *m* (bis etwa 63 $\mu$m) / fine dust
**Feinst • blech** *n* (mit einer Dicke unter 0,5 mm - DIN 1616) (Hütt) / extra-thin sheet ‖ ⁓**bohren** *n* (mit höchster erreichbarer Qualitätsgrenze) (Masch) / precision boring ‖ ⁓**deckschicht** *f* (aus Feinstpartikeln hergestellte Deckschicht einer Spanplatte) (For) / finest top layer
**Fein • steinzeug** *n* (Keram, Sanitär) / fine stoneware *n*, stoneware* *n*, glazed ware, vitrified clay ‖ ⁓**stellschrauben** *f pl* (eines Theodolits) (Verm) / clip screws*, antagonizing screws* ‖ ⁓**steuerstab** *m* (Nukl) / regulating rod*, fine-control rod ‖ ⁓**stich** *m* (Web) / fine needle pitch ‖ ⁓**stichmaschine** *f* (eine Nähmaschine) (Tex) / fine-pitch machine
**Feinst • kohle** *f* (Bergb) / fines *pl* ‖ ⁓**kornbruch** *m* (Glas) / rice pattern fracture ‖ ⁓**kornentwickler** *m* (hochauflösender) (Foto) / high-definition developer* ‖ ⁓**mahlanlage** *f* (Chem Verf, Masch) / pulverizer *n*, fine-grinding mill ‖ ⁓**mahlen** *v* / micronize *v* ‖ ⁓**mahlen** *n* / micronizing *n* ‖ **nasses** ⁓**mahlen** (Aufber) / sliming *n* ‖ ⁓**maschig** *adj* (Tex) / micromesh *adj* ‖ ⁓**maschiges Sieb** / micromesh sieve ‖ ⁓**mühle** *f* (Chem Verf, Masch) / pulverizer *n*, fine-grinding mill ‖ ⁓**partikeln** *f pl* (z.B. in der Luft) (Umwelt) / fines *pl* ‖ ⁓**pore** *f* / ultrapore *n* ‖ ⁓**pulver** *n* (im allgemeinen) / micropowder *n* ‖ ⁓**pulver** (das das feinste Sieb passiert) / subsieve powder
**Fein • strecke** *f* (Spinn) / finisher drawing frame, finisher *n* ‖ ⁓**struktur** *f* (Geol, Hütt) / microstructure* *n* ‖ ⁓**struktur** (Phys) / fine structure* *n* ‖ ⁓**struktur der Absorptionskanten** (Röntgenspektroskopie) (Phys) / X-ray absorption near-edge structure, XANES ‖ ⁓**struktur der Röntgenabsorption von Oberflächen in einem weiteren Energiebereich** (Eltronik) / surface extended X-rays absorption fine structure (SEXAFS) (Spektr) / fine-structure constant, Sommerfeld fine-structure constant

**Feinst • sand** *m* (bis 0,25 mm Korngröße) / ultrafine sand ‖ ⁓**schweißen** *n* (Schw) / microwelding *n* ‖ ⁓**späne** *m pl* (For) / microchips *pl* ‖ ⁓**späne** s. auch Normalspäne für Spanplattendeckschichten ‖ ⁓**teilchenmagnet** *m* (Eltech, Pulv) / particle magnet, powder magnet, sintered powder magnet ‖ ⁓**waage** *f* (auf der man noch eine Gewichtsdifferenz von $10^{-10}$ g ablesen kann) (Chem) / ultramicrobalance *n* ‖ ⁓**welle** *f* (bei Wellpappen - Riffelteilung etwa 3,2 mm) (Pap) / E-flute *n* ‖ ⁓**werktechnik** *f* (Bau von mikroskopisch kleinen Geräten) / micromechanics *n*
**Fein • taster** *m* (Instr) / high-precision indicator ‖ ⁓**teig** *m* (wäßrige Dispersion von mit Substraten gestreckten oder unverschnittenen Buntpigmenten) (Anstr) / paste paint ‖ ⁓**tektonik** *f* (welche die Deformationsspuren im kleinen Bereich bis zum Dünnschliff beschreibt) (Geol) / microtectonics *n* ‖ ⁓**trieb** *m* (Instr) / fine adjustment ‖ ⁓**trimmer** *m* (Eltech) / vernier capacitor*
**Feinungsschlacke** *f* (Hütt) / reducing slag
**Fein • unze** *f* (31,1035 g) / troy ounce ‖ ⁓**waage** *f* / high-precision balance, sensitive balance ‖ **elektronische** ⁓**waage** (Chem) / electrobalance *n* ‖ ⁓**wähler** (zur Vorwahl von Anzapfungen - er kann den Strom führen, nicht aber schalten) (Eltech) / tap selector ‖ ⁓**walzen** *n* (von Zylinderrädern) (Hütt) / finish rolling ‖ ⁓**waschmittel** *n* (Anstr) / sensitive-fabrics detergent ‖ ⁓**welle** *f* (bei Wellpappen - Riffelteilung etwa 4,5-6,2 mm) (Pap) / B-flute *n* ‖ ⁓**werktechnik** *f* / high-precision engineering ‖ ⁓**werktechnik** s. auch Feinmechanik ‖ ⁓**zeiger** (Instr) / high-precision indicator ‖ ⁓**zeiger mit optischer Übertragung** (Opt) / optical lever* ‖ ⁓**zeit** *f* (EDV) / fine time ‖ ⁓**zerkleinern** *n* (Aufber) / comminution* *n* ‖ ⁓**zerkleinertes Gut** (Aufber) / fines *pl* ‖ ⁓**zerkleinerung** *f* (Aufber) / comminution* *n* ‖ ⁓**ziehschleifen** *n* (Masch) / superfinishing* ‖ ⁓**ziehschleifmaschine**

**Feinzink**

*f* (Masch) / superfinishing machine, short-stroke honing machine ‖ ⁓**zink** *n* (bis Zn 99,9) (Hütt) / redistilled zinc* ‖ ⁓**zusammennähen** *n* (Tex) / fine draw ‖ ⁓**zuschlag** *m* (meistens unter 4,75 mm) (Bau, HuT) / fine aggregate* ‖ ⁓**zuschlagstoff** *m* (meistens unter 4,75 mm) (Bau, HuT) / fine aggregate*

**Fekundation** *f* (US) (Biol) / fertilization* *n*, fecundation* *n*, fertilisation *n*

**FEL** (Phys) / free-electron laser

**FE-Laser** *m* (Phys) / free-electron laser

**Felbel** *m* (Tex) / feather shag, nap *n* (of a hat), velpel *n* (silk plush used for men's hat)

**Feld** *n* (der Felderdecke) (Arch) / lacunar *n* ‖ ⁓ (Dach-, Decken-, des Fachwerks) (Bau) / panel* *n* ‖ ⁓ (Bergb) / track *n* ‖ ⁓ (Bergb, Phys) / field* *n* ‖ ⁓ (tabellen- oder matrixartig aufgebautes, meist zweidimensionales) (EDV) / array* *n* ‖ ⁓ (z.B. von Kontakten) (Eltech) / bank* *n* ‖ ⁓ (Klemmen, Stifte) (Fernm) / block *n* ‖ ⁓ (HuT) / span* *n* ‖ ⁓ (ackerbaulich genutztes Stück Land) (Landw) / field *n* ‖ ⁓ (einer Relation, einer Größe) (Math) / field *n* ‖ ⁓ (einer Relation, z.B. Vor- oder Nachbereich) (Math) / field *n* ‖ ⁓ (der Felderdecke) (Arch) s. auch Kassette ‖ ⁓ (EDV) s. auch Datenfeld ‖ **abgebautes** ⁓ (Bergb) / stope* *n*, stoped-out workings ‖ **angezapftes** ⁓ (Eltech) / tapped field, short field ‖ **beschleunigendes** ⁓ (Eltech, Kernphys) / accelerating field, acceleration field ‖ **bewegliches** ⁓ (Elektr) / moving field ‖ **diffuses** ⁓ (ein Schallfeld) (Akus) / diffuse field ‖ **druckfreies** ⁓ (Druck, EDV) / print exclusion area ‖ **elektrisches** ⁓ (DIN 1324, T 1) (Elektr) / electric field* ‖ **elektromagnetisches** ⁓ (DIN 1324) (Phys) / electromagnetic field ‖ **elektrostatisches** ⁓ (Eltech) / electrostatic field*, Coulomb field ‖ **entgegengesetztes** ⁓ (Elektr) / opposing field ‖ **entmagnetisierendes** ⁓ (Phys) / demagnetizing field ‖ **erdelektrisches** ⁓ (Elektr, Geol) / terrestrial electricity, geoelectricity *n* ‖ **erhöhtes** ⁓ (Bau) / raised panel* *n* ‖ **freies** ⁓ (Akus, Phys) / free field* ‖ **geschütztes** ⁓ (EDV) / protected field, fixed data ‖ **homogenes** ⁓ (Math) / uniform field* ‖ **inhomogenes** ⁓ (Phys) / inhomogeneous field ‖ **konservatives** ⁓ (Phys) / conservative field* ‖ **kristallelektrisches** ⁓ (Krist) / crystal field ‖ **lokales** ⁓ (Chem, Phys) / local field ‖ **magnetisches** ⁓ (ein Raumgebiet, in dem jedem Punkt eine magnetische Feldstärke zugeordnet ist) (Mag) / magnetic field* ‖ **magnetostatisches** ⁓ (Mag) / magnetostatic field ‖ **massenbehaftetes** ⁓ (Phys) / massive field ‖ **massives** ⁓ (Phys) / massive field ‖ **nicht statisches** ⁓ (wenn zeitliche Änderungen auftreten) (Phys) / alternating field ‖ **optionales** ⁓ (bei einer Datenbank) (EDV) / optional field ‖ **quellenfreies** ⁓ (Phys) / solenoidal field* ‖ **quellenfreies** ⁓ (Phys) ‖ **remanentes** ⁓ (Mag) / residual field* ‖ **skalares** ⁓ (Math, Phys) / scalar field ‖ **spinorielles** ⁓ (Phys) / spinor field ‖ **statisches** ⁓ (wenn die Feldgröße an jedem Punkt im Raum zeitlich konstant bleibt) (Phys) / static field ‖ **systolisches** ⁓ (Rechnerarchitektur für hochparallele Verarbeitung nach dem SIMD-Prinzip, bei der eine große Anzahl gleichartiger Prozessoren regelmäßig angeordnet und nur mit ihren Nachbarn verschaltet ist) (EDV) / systolic array ‖ **tensorielles** ⁓ (Phys) / tensor field ‖ **ungeschütztes** ⁓ (EDV) / unprotected field ‖ **unter Mitwirkung des** ⁓**es** (Phys) / field-assisted *adj* ‖ **vektorielles** ⁓ (Math, Phys) / vector field (a function that assigns to each point of a multidimensional region a multidimensional vector) ‖ **veränderliches** ⁓ (Phys) / variable field ‖ **Weisssches inneres** ⁓ (Mag) / Weiss molecular field ‖ **wirbelfreies** ⁓ (Eltech, Phys) / irrotational field*, non-vortical field, irrotational vector field, lamellar vector field, non-rotational field ‖ **zufälliges** ⁓ (Stats) / random field ‖ ⁓ *n* **fester Länge** (EDV) / fixed-length field ‖ ⁓ **von Linienelementen** (Math) / direction field

**Feld•ahorn** *m* (Acer campestre L.) (For) / field maple ‖ ⁓**-Amperewindungen** *f pl* (Eltech) / field ampere-turns* ‖ ⁓**anschluß** *m* / field terminal ‖ ⁓**antenne** *f* (Radio) / panel array ‖ ⁓**arbeiter** *m* (Landw) / farmhand *n* (worker on a farm) ‖ ⁓**aufnahme** *f* (Verm) / survey *n* ‖ ⁓**bahn** *f* (leicht verlegbare Schmalspurbahn für untergeordnete Transportaufgaben) (HuT) / field railway, light railway ‖ ⁓**bahnwagen** *m* (HuT) / bogie* *n*, trolley *n*, bogie truck* ‖ ⁓**bau** *m* (ohne Plural) (Landw) / agriculture *n*, farming *n*, husbandry *n* ‖ ⁓**begehung** *f* (Landw, Verm) / field inspection ‖ ⁓**bestand** *m* (Landw) / stand *n* ‖ ⁓**blende** *f* (Opt) / field stop ‖ ⁓**brandofen** *m* (Bau, Keram) / clamp* *n*, clamp kiln (e.g. Bull's kiln), scove kiln ‖ ⁓**buch** *n* (Verm) / field-book *n* ‖ ⁓**bus** *m* (ein serieller Bus zur aufwandsarmen Ankopplung von Fühlern und Stellgeräten in Prozeßsteuerungs- und Überwachungsanlagen an ein zentrales Prozeßleitsystem) (EDV, F.Org) / field bus ‖ ⁓**definition** *f* (EDV) / field definition ‖ ⁓**desorption** *f* (Ablösung von an einer Substratoberfläche adsorbierten Atomen und Molekülen durch elektrische Felder hoher Feldstärke) (Phys) / field desorption, FD ‖ ⁓**dichte** *f* (Elektr, Mag, Phys) / field density* ‖ ⁓**dränung** *f* (Landw) / field drainage, farm drainage, agricultural drainage

**Feldeffekt** *m* (Eltronik) / field effect ‖ ⁓**diode** *f* (eine spezielle Art der Z-Diode) (eine Halbleiterdiode) (Eltronik) / field-effect diode, FED, Zener diode regulator ‖ ⁓**sensor** *m* (Siliciumsensor, in dem der Einfluß äußerer Parameter auf die Kanalleitfähigkeit der Feldeffekttransistor-Struktur ausgenutzt wird) (Eltronik) / field-effect transistor ‖ ⁓**transistor (FET)** *m* (ein Unipolartransistor) (Eltronik) / field-effect transistor*, FET* ‖ **ionenselektiver** ⁓**transistor** (Eltronik) / ion-sensitive field-effect transistor, ISFET ‖ **ferroelektrischer** ⁓**transistor** (Eltronik) / ferroelectric field-effect transistor, FEFET ‖ **chemisch gesteuerter** ⁓**transistor** (Eltronik) / chemically controlled field-effect transistor, ChemFET ‖ **modulationsdotierter** ⁓**transistor** (Eltronik) / modulation-doped field-effect transistor (MODFET) ‖ ⁓**transistor** *m* **mit isoliertem Gate** (Eltronik) / insulated-gate field-effect transistor, IGFET ‖ ⁓**transistor mit PN-Übergang** (Eltronik) / junction field-effect transistor*, junction gate field-effect transistor, JFET*, JUGFET, PN-FET ‖ ⁓**transistor mit Röhrenfassung** (Eltronik)

**Feld•eisenbahn** *f* (Bahn) / light railway* ‖ ⁓**eisenbahn** (HuT) / field railway, light railway ‖ ⁓**elektronenemission** *f* (Eltronik) / autoemission *n*, autoelectric effect, cold emission, field emission* ‖ ⁓**elektronenmikroskop** *n* (linsenloses Emissionsmikroskop zur direkten Abbildung Elektronen emittierender Metallspitzen) (Mikros) / field-emission microscope*, FEM ‖ ⁓**emission** *f* (Eltronik) / autoemission *n*, autoelectric effect, cold emission, field emission* ‖ ⁓**energie** *f* (Phys) / field energy ‖ **magnetische** ⁓**energie** (Eltech) / magnetic energy* ‖ ⁓**entwässerung** *f* (Landw) / field drainage, farm drainage, agricultural drainage

**Felderdecke** *f* (Arch) / lacunar *n* (ceiling consisting of recessed panels)

**Feld•erregung** *f* (Phys) / field excitation ‖ ⁓**erzeugend** *adj* (Phys) / field-producing *adj*, field-generating *adj*

**Feldes•entwicklungsbohrung** *f* (Erdöl) / development well, extension well, outstep well ‖ ⁓**grenze** *f* (Bergb, Verm) / boundary *n*, property line

**Feld•feinkorrektion** *f* (Mag, Nukl) / shimming* *n*, compensation *n* ‖ ⁓**fernkabel** *n* (Fernsp) / field trunk cable ‖ ⁓**fernsprecher** *m* (Fernsp) / field telephone ‖ ⁓**fieber** *n* (zu den Leptospirosen gehörende Infektionskrankheit) (Med) / field fever ‖ ⁓**flattern** *n* (Kfz) / panel flutter ‖ ⁓**flugplatz** *m* (unbefestigt, minimale Flugsicherungsanlagen, frontnahe Lage - für Propellerflugzeuge und Hubschrauber) (Mil) / advanced airfield, advanced base ‖ ⁓**-Fluß-Fraktionierung** *f* (Chem Verf) / field-flow fractionation (FFF), flow FFF ‖ ⁓**forschung** *f* (Stats) / field research ‖ ⁓**frei** *adj* (Eltronik) / field-free *adj* ‖ ⁓**freies Plasma** (Plasma Phys) / field-free plasma ‖ ⁓**früchte** *f pl* (Landw) / crop *n*, field crop, arable crop ‖ ⁓**funksprechgerät** *n* (Radio) / walkie-talkie *n* ‖ ⁓**funktion** *f* (Phys) / field function *n* ‖ ⁓**gebundenes Pop-up-Menü** (EDV) / field-specific pop-up menu (pops up if a specific field is entered) ‖ ⁓**gleichung** *f* (die für eine Feldgröße gilt und deren Lösung das Feld als Lösung angibt) (Phys) / field equation ‖ ⁓**gradient** *m* (ein Maß für die Änderung der Feldstärke eines Feldes) (Phys) / field gradient ‖ ⁓**grau** *n* (Tex) / field grey ‖ ⁓**grenze** *f* (Landw) / field boundary ‖ ⁓**größe** *f* (Phys) / field quantity ‖ ⁓**häcksler** *m* (Landw) / forage harvester, field chopper ‖ ⁓**hecke** *f* (Landw) / shelter-belt *n*, windbreak *n* ‖ ⁓**heuschrecke** *f* (Zool) / locust* *n* ‖ ⁓**impedanz** *f* (spezifische Schallimpedanz - DIN 1320) (Akus) / specific acoustic impedance ‖ ⁓**instandsetzung** *f* (Materialerhaltungsarbeit) (Mil) / field maintenance ‖ ⁓**ionenmikroskop** *n* (Mikros) / field-ion microscope, field ionization microscope, ion microscope, FIM ‖ ⁓**ionisation** *f* (in der Massenspektroskopie) (Spektr) / field ionization, FI ‖ ⁓**ionisationskinetik** *f* (Phys) / field-ionization kinetics, FIK ‖ ⁓**ionisierung** *f* (in der Massenspektroskopie) (Spektr) / field ionization, FI ‖ ⁓**isotopieeffekt** *m* (besagt, daß die Verschiebung für ein Isotop nicht in der Mitte der Verschiebungen beider Nachbarisotope mit gerader Massezahl liegt, sondern näher zu der des leichteren Isotops) (Kernphys) / odd-even staggering ‖ ⁓**kabel** *n* (Fernsp) / field cable ‖ ⁓**kapazität** *f* (die maximale Fähigkeit eines Bodens, Wasser als Haftwasser entgegen der Schwerkraft zu halten) (Landw) / field capacity ‖ ⁓**kennimpedanz** *f* (DIN 1320) (Akus) / characteristic field impedance ‖ ⁓**konstante** *f* (DIN 1324, T 1) (Elektr, Mag) / field constant ‖ **elektrische** ⁓**konstante** (DIN 1324, T 1) (Elektr) / electric constant, permittivity of free space, capacitivity of free space, absolute permittivity of free space, permittivity of vacuum ‖ **magnetische** ⁓**konstante** (Mag) / permeability of free space, magnetic constant, permeability of vacuum, space permeability ‖ ⁓**korrektion** *f* (durch Shims) (Mag, Nukl) / shimming* *n*, compensation *n* ‖ ⁓**lader** *m* (Landw) / crop loader, green crop loader ‖ ⁓**leistung** *f* (von Pflanzenschutzmitteln) (Landw) / field performance ‖ ⁓**linie** *f* (elektrische, magnetische) (Phys) / line of flux*, flux line ‖ ⁓**linie** (Phys) / line of force* ‖ **magnetische** ⁓**linie** / magnetic line of force ‖ **elektrische** ⁓**linie** (Elektr) / electric line of force ‖ ⁓**linse** *f* (z.B. im Okular) (Opt) / field lens* ‖ ⁓**magnet** *m* (Eltech) / field magnet* ‖ **drehender** ⁓**magnet** (Eltech) / rotating field-magnet* ‖ ⁓**maß** *n* (Landw) / field measure ‖ ⁓**messer** *m* (Verm)

/ geometer n, land surveyor, topographical surveyor, surveyor n ‖ ~meßkunde f (Verm) / plane surveying*, lesser surveying ‖ ~messung f (Verm) / cadastral survey* ‖ ~messung (Verm) / agrarian measurement ‖ ~nebel m (ein Sternsystem, das keinem Galaxiehaufen angehört) (Astr) / field nebula ‖ ~operator m (Phys) / field operator ‖ ~ortstrecke f (Bergb) / drift* n, head* n ‖ ~oxid n (eine dicke Oxidschicht, welche das Substrat im Bereich zwischen den Bauelementen bedeckt) (Eltronik) / field oxide ‖ ~oxidation f (Eltronik) / field oxidation ‖ ~platte f (Eltech) / magnetic-field dependent resistor, MDR, Magnetoresistor n ‖ ~plattenwiderstand m (als Bauteil) (Eltech) / magnetic-field dependent resistor, MDR, Magnetoresistor n ‖ ~pol m (Eltech) / field pole ‖ ~programmierbarer Festwertspeicher (DIN 44476) (EDV) / field-programmable read-only memory, FPROM ‖ ~quant n (kleinste diskrete Energiemenge eines Feldes) (Phys) / field quantum ‖ ~quanteln n (Phys) / field quantization ‖ ~quantelung f (Phys) / field quantization ‖ ~quantisierung f (Phys) / field quantization ‖ ~rechner m (EDV) / array processor* ‖ additiver ~rechner (EDV) / distributed array processor* (DAP) ‖ ~regelung f (Eltech) / field control* ‖ ~regler m (veränderbarer Widerstand zum Regeln des Erregerstroms einer Maschine) (Eltech) / field rheostat* ‖ ~regler (Eltech) / exciter field rheostat* ‖ ~regulierung f (Landw, Verm) / reallotment n (of land) ‖ [elektrische] ~röhre (eine gedachte Röhre im elektrostatischen Feld, deren Wandung aus Feldlinien besteht) (Elektr) / tube of force*, tube of flux, field tube ‖ ~rüster f (For) / small-leaved elm ‖ offene ~scheune (Landw) / Dutch barn ‖ ~schneider m (Landw) / forage harvester, field chopper ‖ ~schwächer m (Eltech) / field suppressor* ‖ ~schwächung f (Eltech) / field suppression, field weakening ‖ ~schweißung f (Schw) / in situ welding, welding in situ

**Feldspat** m (Min) / felspar*, feldspar* n ‖ ~ **für keramische Masse** (Keram) / body spar ‖ ~**glasur** f (Keram) / feldspathic glaze ‖ ~**haltiger Sandstein** (mit 10-25% Feldspat und 20% Grundmasse) (Geol) / feldspathic sandstone*

**Feldspatisation** f (metasomatische Sprossung von Feldspat) (Geol) / feldspathization n, felspathization n

**Feldspatoid** m (Min) / feldspathoid* n, foid* n

**Feldspat•porzellanmasse** f (Keram) / hard paste (a high-fired china body highly resistant to thermal shock) ‖ ~**sand** m (Verwitterungsreste feldspatführender Gesteine, die außer Quarzsand, Glimmer und tonigen Substanzen oft hohe Anteile an Feldspat enthalten) (Geol) / feldspathic sand ‖ ~**vertreter** m (Min) / feldspathoid* n, foid* n

**Feld•spritzung** f (Landw) / field spraying ‖ ~**sprungmethode** f (zur Untersuchung schneller Reaktionen) (Chem Verf) / field jump method ‖ ~**spule** f (des Elektromagneten) (Eltech) / field coil*, excitation coil ‖ ~**spule** (Eltech) / magnetizing coil*, magnet coil ‖ field coil ‖ ~**spulenkasten** m (Eltech) / field spool ‖ ~**stärke** f (die Feldgröße bei einem Vektorfeld) (Eltech, Phys) / field strength*, field intensity*, intensity of field* ‖ **elektrische** ~**stärke** (DIN 1324, T 1) (Elektr) / electric field strength, electric field intensity ‖ **magnetische** ~**stärke** (Einheit: Ampere je Meter, DIN 1304 und 1324, T 1) (Eltech) / magnetic-field intensity*, magnetic-field strength*, magnetic intensity*, magnetizing force* ‖ ~**stecher** m (Doppelfernrohr) (Opt) / binoculars* pl, binocular field glasses, field glass(es) ‖ ~**stein** m (über 100 mm Größe) (Geol) / boulder* n, erratic* n, glacial erratic ‖ ~**steller** m (Eltech) / field rheostat* ‖ **befestigte** ~**stellung** (Mil) / strong point ‖ ~**stern** m (Einzelstern, der weder zu Sternhaufen noch zu Sternströmen, sondern zu dem allgemeinen Sternfeld des Sternsystems gehört - Gegensatz: Haufenstern) (Astr) / field star* ‖ ~**strom** m (Eltech) / field current* ‖ ~**studie** f (im Rahmen der Feldforschung) (Stats) / field study ‖ ~**-Sweep** m (hochauflösende NMR-Spektroskopie) (Spektr) / field sweep ‖ ~**system** n (Eltech) / field system ‖ ~**tauglich** adj (Gerät) (Instr) / field-proof adj, designed for field use ‖ ~**theorie** f (Beschreibung der physikalischen Realität vermittels Feldgrößen, die den speziellen Relativitätsprinzip genügende Feldgleichungen befriedigen) (Phys) / field theory* ‖ **einheitliche** ~**theorie** (z.B. nach Mie) (Kernphys) / unified field theory*, Einstein-Schrödinger theory ‖ **axiomatische** ~**theorie** (Phys) / axiomatic field theory ‖ ~**tisch** m (Verm) / plane table* ‖ ~**typ** m (jede für sich allein in einer homogenen Wellenleitung mögliche elektromagnetische Feldform) (Phys) / mode* n ‖ ~**überbrückungswiderstand** m (Eltech) / field-diverter rheostat* ‖ ~**ulme** f (Ulmus minor Mill. emend. Richens) (For) / small-leaved elm ‖ ~**unbrauchbar** adj (Mil) / unserviceable adj (US) ‖ ~**unterbrecher** m (Eltech) / field-breaking switch*, field-discharge switch* ‖ ~**variable** f (in PASCAL) (EDV) / count n ‖ ~**variable** (EDV) / array* n (an arrangement of items of data each identified by a key or subscript) ‖ ~**variable** (Phys) / field variable n ‖ ~**verdampfung** f (Phys) / field evaporation ‖ ~**verdichterstation** f / gas gathering station, compressor station for gas gathering ‖ ~**verkehrter Spiegel** (Nukl) / field-reversed mirror ‖

~**verluste** m pl (an Erntegut) (Landw) / field loss(es) ‖ ~**verstärkende Kompoundierung** (Eltech) / cumulative compounding ‖ ~**versuch** m (im allgemeinen) / field test, field trial ‖ ~**versuch** (Landw) / field trial, field experiment ‖ ~**verzerrung** f (Eltech) / distortion of field* ‖ ~**waage** f (magnetische) (Chem, Eltech) / magnetic balance* ‖ ~**wasserkapazität** f (Geol, Landw) / field moisture capacity, field capacity* ‖ ~**wicklung** f (DIN 42005) (Eltech) / field winding* ‖ ~**wicklungskupfer** n (Eltech) / field copper* ‖ ~**wirksamkeit** f (Landw) / field performance ‖ ~**zuleiter** m (der Bewässerungsanlage) (Landw) / main canal

**f-Elektron** n (dessen Energiezustand die Bahndrehimpulsquantenzahl l = 3 besitzt) (Eltronik) / f electron

**f-Element** n (Lanthanoide und Aktinoide) (Chem) / f-block element

**Felge** f (das Verbindungsglied zwischen Radreifen und Radkranz) (Bahn) / wheel rim, rim n ‖ ~ (Kfz) / rim n ‖ ~ (Landw) / felloe* n, felly n ‖ **asymmetrische** ~ (Kfz) / asymmetric rim ‖ **einteilige** ~ (Kfz) / one-piece rim, single-piece rim ‖ **geteilte** ~ (Kfz) / split rim ‖ **verbeulte** ~ (Kfz) / dented rim ‖ ~ f **für Breitreifen** (Kfz) / wide-rim wheel ‖ ~ **mit asymmetrischem Hump** (Kfz) / AH rim, asymmetric double-hump rim

**Felgen•band** n (um das Felgenbett gelegtes Band zum Schutze des Luftschlauches im Reifen) (Kfz) / flap n ‖ ~**bett** n (Kfz) / rim well, rim base ‖ ~**bremse** f (des Fahrrads) / calliper brake ‖ **abgeschrägtes** ~**horn** (Kfz) / flattened rim flange, flattened flange ‖ ~**maulweite** f (Kfz) / rim width (nominal) ‖ ~**schloß** n (Kfz) / wheel lock ‖ ~**schulter** f (Kfz) / bead seat, rim bead seat, rim shoulder ‖ ~**tiefbett** n (Kfz) / drop centre, DC, full-drop center (US)

**Felici-Waage** f (Brücke zum Messen von Gegeninduktivitäten) (Eltech) / Felici balance*

**Fell** n (im allgemeinen) (Leder) / fell n ‖ ~ (mit Haaren bedeckte Tierhaut) (abgezogenes Fell von Hase, Kaninchen und Murmeltier sowie vom Haarraubwild) (Leder) / skin* n, coat n ‖ ~ (Plast) / rough sheet, crude sheet ‖ (**schwere**) ~**e männlicher Pelztiere** (Leder) / males pl ‖ (**leichtere**) ~**e weiblicher Pelztiere** (Leder) / females pl ‖ ~ n **eines neugeborenen Kalbes** (Leder) / deacon n (US)

**fell•artiger Wirkflorpelz** (aus Chemiefasern, in Phantasiefarbtönen) (Tex) / fun fur ‖ ~**bock** m (Leder) / horse n

**Fellgett-Vorteil** m (eine erhebliche Zeitersparnis bei der Fourier-Transformation) (Spektr) / Fellgett's advantage

**Fellzubereiter** m (beim Haarlockerungs- und Äscherprozeß) (Leder) / fellmonger n

**Fels** m (Geol) / rock n (solid) ‖ **gesunder** ~ (Geol) / sound rock ‖ **gewachsener** ~ (ein anstehendes Gestein) (HuT) / sound natural rock, solid rock, native rock, native bedrock ‖ ~**anker** m (DIN 4125) (HuT) / rock anchor ‖ ~**anker** (kurzer) (HuT) / rock bolt ‖ ~**baudynamik** f (HuT) / rock dynamics ‖ ~**baumechanik** f (HuT) / rock mechanics ‖ ~**besiedelnd** adj (Bot, Zool) / rupicolous* adj, rupestrine adj, rupestral adj, rupicoline adj, saxicole* adj, saxicolous* adj ‖ ~**bewohnend** adj (Bot, Zool) / rupicolous* adj, rupestrine adj, rupestral adj, rupicoline adj, saxicole* adj, saxicolous* adj ‖ ~**boden** m (Geol) / lithosol n ‖ ~**brücke** f (über ein Erosionstal) (Geol) / natural bridge ‖ ~**burg** f (hoher felsiger Hügel) (Geol) / tor n ‖ ~**dynamik** f (HuT) / rock dynamics

**Felsen** m (Geol) / rock n (solid) ‖ **äolisch bearbeiteter** ~ (Geol) / ventifact* n, windkanter n, wind-shaped stone, wind-cut stone ‖ ~**gebirgstanne** f (Abies lasiocarpa (Hook.) Nutt.) (For) / subalpine fir, Alpine fir, Rocky Mountains fir ‖ ~**kirsche** f (Prunus mahaleb L.) (For) / Mahaleb cherry, St Lucie cherry ‖ ~**kliff** n (Geol) / bluff n (a steep cliff) ‖ ~**meer** n (Geol) / felsenmeer n, stone field, boulder field, block field ‖ ~**riff** n (Geol) / ledge n ‖ ~**rüster** f (For) / rock elm, cork elm ‖ ~**tor** n (durch Brandungserosion gebildet) (Geol) / sea arch, natural arch, natural bridge ‖ ~**tor** (schmaler Durchgang zwischen hohen Felsen) (Geol) / natural arch ‖ ~**ulme** f (Ulmus thomasii Sarg.) (For) / rock elm, cork elm

**Felshohlraum, natürlicher** ~ (Bergb, Geol) / cavern n, cavity n

**felsig** adj / rocky adj

**felsisch** adj (Bezeichnung für helle Minerale) (Geol) / felsic adj

**Felsit** (Sammelname für dichte helle Magmatika, die meist aus Feldspat und Quarz bestehen) (Geol) / felsite* n

**felsitisch** adj (Gesteinsgefüge) (Geol) / felsitic adj

**Fels•kaverne** f (Geol) / rock cavern ‖ ~**klippe** f (Geol) / crag n (a steep or rugged cliff or rock face) ‖ ~**klippengebirge** n (Geol) / cragged mountains ‖ ~**öbanyait** m (Min) / felsauobányaite n ‖ ~**packung** f (HuT) / enrockment* n, rip-rap n (US), rubble mound n ‖ ~**pediment** n (Geol) / pediment* n, rock pediment ‖ ~**riff** n (Geol) / ledge n ‖ ~**rutschung** f (Geol) / rock-slide n, rock-slip n ‖ ~**schüttung** f (HuT) / enrockment* n, rip-rap n (US), rubble mound n ‖ ~**terrasse** f (Geol) / denudation terrace, rock terrace ‖ ~**turm** m (Geol) / tor n ‖ ~**- und Gebirgsmechanik** f (HuT) / rock mechanics ‖ ~**vorsprung** m (Geol) / rock spur ‖ ~**wand** f (Geol) / rock wall, rock face ‖ ~**wüste** f (Geol) / rock desert, rocky desert, stone desert ‖ ~**- und Steinwüste** f (in arabischen Ländern) (Geol) / hammada n

**Feltbase-Bodenbelag** m (bituminierte Wollfilzpappe mit einem widerstandsfähigen Farbaufdruck) (Bau) / felt-base floor covering

**Felter** m (kammer- oder schachtartige Einrichtung zur Vliesbildung bei der Herstellung von Faserplatten) (For) / felter n

**FEM** (Math) / finite-element method, finite-element analysis, FEA

**Femelbetrieb** m (For) / selection felling, selection cutting, selection system (of felling)

**Femelhieb** m (For) / selection felling, selection cutting, selection system (of felling)

**Femelschlag** m (For) / selection felling, selection cutting, selection system (of felling)

**femisch** adj (Ferromagnesia-Standardmineral) (Min) / femic adj

**Femotechnik** f (fernhantierungsgerechte Modultechnik) / femotechnology n

**Femto•-** (Vorsatz für $10^{-15}$ Kurzzeichen f) / femto- (SI-prefix denoting $x10^{-15}$) ‖ **⁓grammbereich** m (Chem) / femtogram range, ultratrace range (femtograms) ‖ **⁓meter** n ($10^{-15}$m) / femtometre* n, fermi* n, femtometer n ‖ **⁓molar** adj (Chem) / femtomolar adj ‖ **⁓sekundenchemie** f (Chem) / femtosecond chemistry

**Fenbutatinoxid** n (ein Akarizid) (Chem) / fenbutatine oxide

**Fench** m (Bot, Landw) / foxtail millet, Hungarian grass, Italian millet, foxtail bristle grass

**Fenchan** n (ein Grundkörper der bizyklischen Monoterpene) (Chem) / fenchane n

**Fenchelholz** n (aus Sassafras albidum (Nutt.) Nees) (For) / sassafras* n

**Fenchelholzöl** n / sassafras oil, oil of sassafras

**Fenchelöl** n (bitteres oder süßes - von Foeniculum vulgare Mill.) / fennel oil, oil of fennel

**Fenchol** n (Chem) / fenchyl alcohol, fenchol n

**Fenchon** n (kampferartig riechendes, bitter schmeckendes farbloses Öl) (Chem, Nahr) / fenchone* n

**Fenchylalkohol** m (Chem) / fenchyl alcohol, fenchol n

**Fender** m (Bau) / fender n ‖ **⁓** (aus Tauwerk, Holz, Polyethylen oder anderen deformierbaren Werkstoffen) (Schiff) / fender n

**Fenit** m (Gestein nach der Fenitisierung) (Geol) / fenite n

**Fenitisierung** f (Geol) / fenitization n

**Fenn** (Geol) / fen* n, bog* n, moor* n (US), swamp n, moorland n, marsh n

**Fennich** m (Setaria italica (L.) P. Beauv.) (Bot, Landw) / foxtail millet, Hungarian grass, Italian millet, foxtail bristle grass

**Fenoprop** n (2,4,5-TP - zur Unkrautbekämpfung in Zier- und Sportrasen) (Chem) / fenoprop* n

**Fenster** m (Bau) / window n ‖ **⁓** (EDV) / window* n, screen window ‖ **⁓** (des Kerns) (Eltech) / window* n ‖ **⁓** (Film) / gate* n ‖ **⁓** (in dem die Unterlage der Decke sichtbar wird) (Geol) / window* n, fenster n ‖ **⁓** (in der Antiklinale) (Geol) / inlier n ‖ **⁓** (ein Oberflächenfehler) (Glas) / bloach n, bleach n ‖ **⁓** (eines Fensterkolbens) (V-Mot) / window port, window n, cut-out n ‖ **aktives ⁓** (EDV) / active window ‖ **astronomisches ⁓** (Astr) / atmospheric window ‖ **atmosphärisches ⁓** (Astr) / atmospheric window ‖ **ausstellbares ⁓** (Kfz) / vent wing, quarter-light n ‖ **bewegliches ⁓** (als Gegensatz zu deadlight) (Bau) / open light, opening window ‖ **bleiverglaste ⁓** (Arch, Bau) / leaded lights*, lead-lights pl ‖ **das ⁓ geht auf die Straße** (Bau) / the window faces the street ‖ **dreiteiliges ⁓** (Bau) / three-light window* ‖ **durchlaufendes ⁓** (Arch, Bau) / continuous window ‖ **französisches ⁓** (Arch) / French window*, French door*, casement door ‖ **großflächiges ⁓** (Arch, Bau) / picture window ‖ **inaktives ⁓** (das auf dem Bildschirm sichtbare Fenster einer inaktiven Anwendung) (EDV) / inactive window ‖ **infrarotes ⁓** (Astr) / infrared window ‖ **mehrteiliges ⁓** (bestehend aus mehreren Schiebeelementen) (Bau) / combination window ‖ **Möglichkeit, mit (mehreren) ⁓n zu arbeiten** (EDV) / windowing capability ‖ **Möglichkeit der Definition von ⁓n** (EDV) / window feature ‖ **optisches ⁓** (derjenige Wellenlängen- bzw. Frequenzbereich des Spektrums der elektromagnetischen Wellenstrahlung, in dem das Absorptionsminimum des bestrahlten Materials liegt) (Astr, Opt, Spektr) / optical window ‖ **tektonisches ⁓** (in dem der Unterlage der Decke sichtbar wird) (Geol) / window* n, fenster n ‖ **überlappende ⁓** (EDV) / cascading windows (overlapping arrangement of several open windows where the title bar of each window is visible), overlapping windows ‖ **venezianisches ⁓** (nach Palladio und Serlio) (Arch) / Venetian window*, Palladian window ‖ **Vivianisches ⁓** (Math) / Viviani's curve, Viviani's window ‖ **zweiflügeliges ⁓** (Bau) / two-light window ‖ **⁓ n der atmosphärischen Transparenz** (Astr) / atmospheric window ‖ **⁓ in der Innenmauer** (Bau) / borrowed light ‖ **⁓ mit abgeschrägter Sohlbank** (Bau) / batement light* ‖ **⁓ mit Fensterkreuz** (Bau) / cross-window n ‖ **⁓ mit Fensternische** (auch im Erdgeschoß) (Arch) / bay window ‖ **⁓ mit Fernsterflügeln** (Bau) / casement window (BS 565) (side-hinged on vertical hinges) ‖ **⁓ mit Flügeln** (Bau) / casement window (BS 565) (side-hinged on vertical hinges)

**Fenster•abbildung** f (EDV) / window/viewport transformation, viewing transformation ‖ **⁓anordnung** f (Bau) / fenestration* n ‖ **⁓anschlag** m (Bau) / window rabbet ‖ **⁓arretierung** f (bei Doppelfenstern) (Bau) / sash fastener*, window lock*, sash lock* ‖ **⁓aufkleber** m (länglicher) / window streamer, window banner ‖ **⁓aussteller** m (Bau) / window setback hinge ‖ **⁓band** n (Bau) / ribbon windows, strip windows, continuous window ‖ **⁓bank** (Sitzbank in einer Fensternische) (Arch) / banquette* n ‖ **⁓bank** (unterer waagerechter Abschluß der Fensteröffnung) (Bau, Tischl) / sill* n, window sill, window ledge, abutment piece, cill n ‖ **einsetzbare ⁓bank** (nachträglich) (Bau, Tischl) / slip sill* ‖ **⁓bankeisen** n (Bau) / window sill iron ‖ **⁓bekrönung** f (als Regenschutz) (Bau) / larmier* n ‖ **⁓beschläge** m pl (Bau) / window fittings ‖ **⁓bildung** f (Zusammenkleben der magnetischen Oxidschicht mit dem rückseitigen Polyesterträger) (Akus, Mag) / cinching n ‖ **⁓bildung** (Abgrenzung der Bildschirmbereiche zur Darstellung von Informationen) (EDV, TV) / windowing n, scissoring n, screen splitting, windowing technique ‖ **⁓bogen** m (der obere Abschluß eines Fensters; Entlastungsbogen in der Mauer über dem Fenstersturz; an der Außenwand über einem Fenster vorspringender Bogen) (Arch) / window arch ‖ **⁓brett** n (innere Abdeckung der Fensterbrüstung) (Bau) / window board, elbow-board* n ‖ **⁓briefhülle** f (DIN 680) (Pap) / window envelope ‖ **⁓brüstung** f (Bau) / breast n ‖ **⁓eckenstift** m (Bau, Glas) / glazing sprig, brad* n ‖ **⁓einfassung** f (Kfz) / window surround ‖ **⁓feld** n (Bau) / light n, lite n (US) ‖ **⁓feststeller** m (Bau) / casement stay ‖ **⁓fläche** f (Bau) / sight size ‖ **⁓flügel** m (senkrecht oder waagerecht verschiebbar) (Bau) / sash* n ‖ **⁓flügel** (meistens Drehflügel) (Bau, Tischl) / casement n (BS 565)* ‖ **⁓format** n (EDV) / window size ‖ **⁓führung** f (eine U-Profildichtung) (Kfz) / window run, window channel, glass channel (US) ‖ **⁓führungsprofil** n (Kfz) / window run, window channel, glass channel (US) ‖ **⁓funktion** f (EDV) / window feature ‖ **⁓funktion** (Modulationsfunktion zur Limitierung des Abszissenbereichs einer anderen Funktion) (Math) / window function ‖ **⁓futter** n (Bau) / window lining ‖ **⁓gefüge** n (in flachmarinen Karbonatgesteinen) (Geol) / fenestral fabric ‖ **⁓gesims** n (Bau) / hood mould*, label* n, dripstone* n, hood moulding ‖ **⁓gewände** n (Bau) / vertical window surrounds ‖ **⁓glas** n (DIN 1249) (Glas) / window glass ‖ **⁓glas doppelter Dicke** (Glas) / double-thickness sheet glass, double-thickness window glass (US), double-strength window glass (US), DS (US) ‖ **⁓glas minderer Qualität** (Glas) / skylight n, skylight glass ‖ **⁓glasscheibe** f (Bau) / window-pane n, pane n ‖ **⁓grafik** f (EDV) / window graphics ‖ **⁓größe** f (EDV) / window size ‖ **⁓heber** m (Kfz) / window winder, window regulator, window lifter ‖ **⁓hebermotor** m (Kfz) / power window motor ‖ **⁓-Ikon-Menu-Zeiger-Schnittstelle** f (EDV) / WIMP interface, WIMP n ‖ **⁓jalousie** f (Kfz) / window blind ‖ **⁓kämpfer** m (bei Fenstern feststehender, waagerecht durchlaufender Riegel zwischen oberen und unteren Flügeln) (Tischl) / transom* n, sash bar* n ‖ **⁓kitt** m (ein Leinölkitt) (Bau, Glas) / glazier's putty*, bedding putty ‖ **⁓klimagerät** n / window airconditioning unit ‖ **⁓kopiermaschine** f (Film) / step printer* ‖ **⁓kreuz** (Setzholz + Kämpfer) (Bau) / window cross ‖ **⁓kurbel** f (Kfz) / window-lift handle, manual window control (a handle) ‖ **⁓lack** m (Anstr) / window paint ‖ **⁓laden** m (der die Fensteröffnung zusätzlich gegen Witterungseinflüsse und Einsicht verschließt - Innen-, Außen-, Schlag- und Schiebe-) (Bau) / shutter n, window shutter ‖ **⁓laibung** f (Bau) / vertical window surrounds ‖ **⁓laibung (innere)** (Bau) / jamb* n ‖ **⁓leder** n (Leder) / chamois n

**fensterlos** adj (Bau) / windowless adj ‖ **~e Wand** (Bau) / blank wall

**Fenster•management** n (EDV) / window management ‖ **⁓maßwerk** n (Arch) / bar tracery ‖ **⁓nische** f (Arch) / window recess n, bay n ‖ **⁓öffnung** f (Bau) / light n, lite n (US) ‖ **⁓pfosten** m (Tischl) / mullion* n, monial* n, munnion* n, sash bar* n ‖ **⁓platz** m (Kfz, Luftf) / window-seat n ‖ **⁓putzwagen** m / cradle machine, window-cleaning cradle ‖ **⁓rahmen** m (Bau) / window frame ‖ **⁓rahmen** (für Schiebefenster) (Tischl) / sash* n ‖ **waagerecht verschiebbarer ⁓rahmen** (Bau) / sliding sash*, sliding window ‖ **regendichter ⁓rahmen** (Bau, Tischl) / water-checked casement* ‖ **senkrecht verschiebbarer ⁓rahmen** (Tischl) / balanced sash* ‖ **verschiebbarer ⁓rahmen** (Tischl) / sash* n ‖ **⁓rahmen m mit Wasserabtropfleisten** (Bau, Tischl) / water-checked casement* ‖ **der untere ⁓rahmenschenkel** (Bau) / sill* n, sill drip, cill n ‖ **⁓rand** m (EDV) / window border ‖ **⁓rose** f (mit Maßwerk gefüllt) (Arch) / rose-window* n, marigold window*, rose n ‖ **⁓scheibe** f (Bau) / window-pane n, pane n ‖ **zugeschnittene ⁓scheibe** (Bau) / glazing size, glass size ‖ **⁓sitz** m (Kfz, Luftf) / window-seat n ‖ **⁓sohlbank** f (unterer waagerechter Abschluß der Fensteröffnung) (Bau, Tischl) / sill* n, window sill, window ledge, abutment piece, cill n ‖ **⁓sprosse** f (in einem Sprossenfenster) (Tischl) / transom* n, transome* n, sash rail* n ‖ **⁓stock** m (Bau) / window cross ‖ **⁓strebe** f (Tischl) / muntin n ‖ **⁓stütze** f (Bau) / overrun fitting for windows ‖ **⁓technik** f (EDV, TV) / windowing n, scissoring n, screen splitting, windowing technique ‖ **⁓teil** m (abgegrenzte Fensterfläche) (Bau, Tischl) / light* n ‖

⸺transformation f (EDV) / window/viewport transformation, viewing transformation ‖ ⸺tüpfel m (im Kreuzungsfeld Frühholztracheide/ Holzstrahlparenchym) (For) / window-like pit, fenestriform pit ‖ ⸺tür f (Arch) / French window*, French door*, casement door ‖ ⸺überwachungsanlage f / window-monitoring system ‖ ⸺umschlag m (Pap) / window envelope ‖ ⸺verdachung f (Bau) / hood mould*, label* n, dripstone* n, hood moulding ‖ ⸺verwaltungssystem n (EDV) / window manager ‖ ⸺wirbel m (Bau) / swivel n ‖ ⸺zählrohr n (Kernphys) / end window counter*

**Fenthion** n (Common name für ein Insektizid gegen beißende und saugende Insekten) (Chem) / fenthion n

**Fentons Reagens** (ein Gemisch von Wasserstoffperoxid und Eisen(II)-Salzen) (Chem) / Fenton's reagent

**Fenuron** n (ein Harnstoffherbizid gegen Gehölze und tiefwurzelnde Gräser auf Nichtgrünland) (Chem) / fenuron n

**Fe₂O₃-Band** n (Akus, Mag) / ferric oxide tape, Fe₂O₃ tape

**FEP** (DIN 7728, T 1) (Plast) / FEP plastics*

**FE-Prozessor** m / front-end processor*, front-end computer (FEP), satellite processor

**Ferberit** m (Eisen(II)-wolframat) (Min) / ferberite* n

**Fergusit** m (Geol) / fergusite* n

**Ferguson-Differential** n (bei dem die Ausgleichswirkung durch eine Viskosekupplung gehemmt wird) (Kfz) / viscous coupling differential, viscous-coupled limited-slip differential, Ferguson differential

**Fergusonit** m (Min) / fergusonite* n

**Ferguson-Kupplung** f (eine gekapselte Lamellenkupplung, bei der die Lamellen in einer hochviskosen Flüssigkeit laufen) (Kfz) / viscous coupling, Ferguson-patented viscous coupling, fluid-in-shear device

**Ferguson-Sperrdifferential** n (Kfz) / viscous coupling differential, viscous-coupled limited-slip differential, Ferguson differential

**Ferienverkehr** m (Min) / holiday traffic

**Ferkelnuß** f (Carya glabra (Mill.) Sweet) (For) / pignut hickory

**Fermat-Prinzip** n (Opt) / Fermat's principle of least time*, principle of least time*, principle of stationary time

**Fermatscher, großer** ⸺ **Satz** (nach P.de Fermat, 1601-1665) (Math) / Fermat's last theorem* ‖ **kleiner** ⸺ **Satz** (additive Zahlentheorie) (Math) / Fermat's little theorem ‖ ⸺e **Primzahl** (Math) / Fermat prime ‖ ⸺es **Prinzip** (Prinzip der schnellsten Ankunft) (Opt) / Fermat's principle of least time*, principle of least time*, principle of stationary time ‖ ⸺e **Vermutung** (Math) / Fermat's last theorem*

**Ferment** n (Biochem) / enzyme* n, ferment n ‖ **gelbe** ⸺e (Physiol) / flavoproteins* pl, yellow enzymes

**Fermentation** f (Biochem, Nahr) / fermentation* n, zymosis n (pl zymoses), zymolysis n (pl. -lyses) ‖ **kontinuierliche** ⸺ (Kultivierung von Zellen in Fermenten) (Biochem) / continuous culture ‖ ⸺ f **zu Methan** (Biochem) / methane fermentation, methane digestion

**Fermentations•brühe** f (für die Biotechnologie) (Biochem) / fermentation broth ‖ ⸺**zwischenprodukt** n (Chem) / fermentation intermediate

**fermentativ** adj (Biochem) / enzymatic adj, fermentative adj, enzymic adj ‖ ~e **Bakterien** (Bakteriol) / fermentative bacteria

**Fermenter** m (Biochem, Chem Verf) / bioreactor n ‖ ⸺ (in der Biotechnologie) (Chem Verf) / fermenter n ‖ ⸺ (Chem Verf) s. auch Bioreaktor ‖ **unterteilter** ⸺ (Bioreaktor mit mehreren Teilräumen, die strömungsmäßig voneinander getrennt sind) (Chem Verf) / partitioned fermenter

**fermentieren** v (Biochem, Nahr) / ferment v

**Fermentierung** f (Biochem, Nahr) / fermentation* n, zymosis n (pl zymoses), zymolysis n (pl. -lyses)

**Fermi** n ($10^{-15}$m) / femtometre* n, fermi* n, femtometer n ‖ ⸺**-Alter** n ($E_0$, E) (Kernphys) / Fermi age*, neutron age* ‖ ⸺**-Alter-Gleichung** f (Kernphys) / age equation* ‖ ⸺**-Auswahlregeln** f pl (Phys) / Fermi selection rules* ‖ ⸺**-Beschleunigung** f (Energieänderung des Führungszentrums infolge einer Bewegung des Magnetfeldes mit Spiegelsymmetrie) (Plasma Phys) / Fermi acceleration ‖ ⸺**-Diagramm** n (Kernphys) / Kurie plot*, Fermi plot*, Fermi-Kurie plot ‖ ⸺**-Dirac-Sommerfeldsches Verteilungsgesetz** (Kernphys) / FDS law*, Fermi-Dirac-Sommerfeld law* ‖ ⸺**-Dirac-Statistik** f (Kernphys) / Fermi-Dirac statistics* ‖ ⸺**-Energie** f (eines Elektronengases) (Kernphys) / Fermi energy, EF ‖ ⸺**-Fläche** f (der dreidimensionalen Betrachtungsweise des Bändermodells) (Phys) / Fermi surface* ‖ ⸺**-Flüssigkeit** f (ein System aus vielen Fermionen, die stark miteinander in Wechselwirkung stehen) (Kernphys) / Fermi liquid* ‖ ⸺**-Gas** n (Phys) / Fermi-Dirac gas, Fermi gas ‖ **entartetes** ⸺**-Gas** (Phys) / degenerated Fermi gas ‖ ⸺**-Gas-Modell** n (Kernphys) / Fermi gas model, statistical model ‖ ⸺**-Grenze** f (Kernphys) / Fermi energy, EF ‖ ⸺**-Kante** f (Kernphys) / Fermi level*, Fermi characteristic energy level* ‖ ⸺**-Konstante** f (Kopplungskonstante für den Betazerfall) (Kernphys) / Fermi constant* ‖ ⸺**-Kontakt-Term** m (Kernphys) / Fermi contact term ‖ ⸺**-Kurve** f (Kernphys) / Kurie plot*, Fermi plot*, Fermi-Kurie plot* ‖ ⸺**-Loch** n (Kernphys) / Fermi hole ‖ ⸺**-Niveau** n (im Energiebändermodell eines Festkörpers das zur Fermi-Energie gehörende Energieniveau) (Kernphys) / Fermi level*, Fermi characteristic energy level*

**Fermion** n (ein Teilchen mit halbzahligem Spin, das der Fermi-Dirac-Statistik gehorcht) (Kernphys) / fermion* n

**Fermi•-Plot** (Kernphys) / Kurie plot*, Fermi plot*, Fermi-Kurie plot ‖ ⸺**-Potential** n (Phys) / Fermi potential* ‖ ⸺**-Resonanz** f (eine Art Entartung bei Schwingungsspektren) (Chem, Phys) / Fermi resonance

**Fermisch•e Auswahlregeln** (Phys) / Fermi selection rules* ‖ ~**e Differentialgleichung** (Kernphys) / age equation* ‖ ~**e Grenzenergie** (am absoluten Nullpunkt) (Kernphys) / Fermi energy, EF ‖ ~**e Streulänge** (Kernphys) / scattering length

**Fermi•sekunde** f / fermisecond n, fs ‖ ⸺**-Statistik** f (Kernphys) / Fermi-Dirac statistics* ‖ ⸺**-Teilchen** n (nach E. Fermi, 1901-1954) (Kernphys) / fermion* n ‖ ⸺**-Temperatur** f (Phys) / Fermi temperature*

**Fermium (Fm)** n (Chem) / fermium* n

**fern•-** (ein Präfix) / tele-*, remote adj ‖ ~**es Infrarot** (DIN 5031, T 7) (Phys) / far infrared ‖ ~**es IR** (Phys) / far infrared ‖ ~**es Ultraviolett** (DIN 5031, T 7) (Phys) / far ultraviolet ‖ ~**es Ultraviolett** (Phys) s. auch Schumann-Ultraviolett ‖ ~**er UV-Bereich** (Phys) / far ultraviolet

**Fern•-** / long-range* attr ‖ ⸺**-** (ein Präfix) / tele-*, remote adj ‖ ⸺**abfrage** f (EDV) / remote inquiry ‖ ⸺**abfrage** (bei Anrufbeantwortern) (Fernsp) / remote replay ‖ ⸺**ablesung** f / distant reading ‖ ⸺**alarmleitung** f (Fernm) / remote-alarm circuit

**Fernambukholz** n (aus Caesalpinia echinata Lam.) (For) / Brazil n, Pernambuco wood, Lima wood, Brazil wood

**Fern•amt** n (Fernsp) / trunk exchange*, toll office (US) ‖ ⸺**amtsanschluß** m (Fernsp) / trunk junction circuit* ‖ ⸺**anschlußkabel** n (Fernsp) / tail cable ‖ ⸺**antrieb** n (EDV) / teledrive ‖ ⸺**anzeige** f (Fernablesung) / distant reading ‖ ⸺**anzeige** (Regeln) / remote indication, teleindication n ‖ ⸺**aufklärer** m (Mil) / strategic reconnaissance aircraft ‖ ⸺**aufnahme** f (Film) / long-distance shot ‖ ⸺**aufruf** m (EDV) / remote procedure call, RPC ‖ ⸺**auge** n (zur Überwachung bei geschlossener Kanalbauweise) (Eltronik, TV) / television system (for remote monitoring and supervision) ‖ ⸺**beben** n (Geol) / distant earthquake, ‖ ⸺**beben** (Geol) / distant earthquake, teleseism n ‖ ⸺**bedienbare Zentralverriegelung** (Kfz) / remote-control central locking ‖ ⸺**bedienung** f (Tastatur) (EDV) / keypad n ‖ ⸺**bedienung** (Nukl) / remote handling ‖ ⸺**bedienung** (Regeln) / telecontrol n, remote control*, RC, distance control*, telecommanding n ‖ ⸺**bedienung** (Gerät) (TV) / remote control, zapper n ‖ ⸺**bedienungsdrähte** m pl (für die Zugbetätigung) (Bahn, Etech) / tracker wires* ‖ ⸺**bedienungsgeräte** n pl (Nukl) / remote-handling equipment ‖ ⸺**bedienungsterminal** n (EDV) / remote terminal unit ‖ ⸺**berechtigung** f (Fernm) / trunk access ‖ ⸺**bestrahlung** f (ein Verfahren der Röntgenbestrahlung) (Radiol) / tele-irradiation n ‖ ⸺**betätigung** f (Regeln) / remote operation ‖ ⸺**betätigung** s. auch Fernsteuerung ‖ ⸺**betätigungsschloß** n (Kfz) / remote-control lock ‖ ⸺**bildobjektiv** n (mit einem genutzten Bildwinkel als 20°) (Foto) / telephoto lens*, true telephoto lens n, telephotographic lens, long lens, telephoto n ‖ ⸺**bomber** m (Mil) / long-range bomber, long-range bomber aircraft, strategic bomber ‖ ⸺**buchung** f (EDV) / telereservation n ‖ ⸺**datenkanal** m (EDV) / line data channel ‖ ⸺**diagnosezentrum** n (EDV) / telediagnostic centre, remote diagnostic centre ‖ ⸺**empfangsgebiet** n (Radio) / secondary service area*

**Ferner** m (Geol) / glacier* n

**Fern•erkundung** f (fotografische und allgemein physikalische Datengewinnung aus Luft- und Raumfahrzeugen) (Foto, Raumf) / remote sensing ‖ **Daten bzw. Informationen über die tatsächlichen Gegebenheiten am Boden zur Eichung bzw. Verifizierung von** ⸺**erkundungsdaten** (Geol) / ground truth ‖ **Flugzeug oder Raumstation als Träger von Meßkammern oder** ⸺**erkundungsgeräten** (Foto, Verm) / platform n ‖ ⸺**fahrer** m (Kfz) / lorry-driver, teamster n (US), trucker n (US), truck driver (US) ‖ ⸺**feld** n (Akus, Elektr, Phys) / far radiation field, distant field, remote field, far field ‖ ⸺**feld** (Radio) / Fraunhofer region*, far zone ‖ ⸺**feldbestrahlung** f (Radiol) / tele-irradiation n ‖ ⸺**fotografie** f (Foto) / telephotography* n, telephoto n ‖ ⸺**fühlen** (Regeln) / remote sensing ‖ ⸺**funkverkehr** m (Radio) / long-distance radio transmission (DX) ‖ ⸺**gang** m (heute obsolet) (Kfz) / overdrive* n ‖ ⸺**gas** n (das über große Entfernung transportiert wird) / piped gas, grid gas, long-distance gas ‖ ⸺**gasleitung** f / cross-country gas line, transmission gas line ‖ ⸺**gasnetz** n / grid n (gas) ‖ ⸺**gelenktes Minensuchboot** (Mil, Schiff) / drone mine-sweeper ‖ ⸺**gespräch** n (Fernsp) / long-distance call (US)*, trunk call (GB)*, toll call (US) ‖ ⸺**gespräch** (mit Fernwahl) (Fernsp) / interoffice call, interexchange call ‖ ⸺**gespräch innerhalb eines Hauptamtsbezirks** (Fernsp) / toll call (GB)* ‖ ⸺**gespräch mit Voranmeldung** (Fernsp) / personal call, person-to-person call (US) ‖ ~**gesteuertes Gerät** (Masch) / teleoperator n ‖ ~**gesteuerte Lokomotive** (Bahn) / slave locomotive ‖ ⸺**glas** n (binokulares) (Opt) / binoculars* pl, binocular field glasses,

field glass(es) ‖ ~heizkraftwerk *n* / district heating power station ‖ ~heizleitung *f* / district heating main ‖ ~heizung *f* / district heating ‖ ~hörer *m* (Fernsp) / receiver* *n*, telephone receiver ‖ ~kabel *n* (Fernm) / long-distance cable ‖ ~kälte *f* / long-distance refrigeration ‖ ~kompaß *m* / remote-indicating compass ‖ ~kopie *f* (EDV, Fernm) / telecopy *n* ‖ ~kopier-Empfangsgerät *n* (EDV, Fernm) / facsimile receiver*, facsimile reseiver terminal, telecopier facsimile reseiver ‖ ~kopieren *v* (EDV, Fernm) / telecopy *v* ‖ ~kopieren *n* (EDV, Fernm) / telefacsimile *n*, telefax *n*, telecopying *n* ‖ ~kopierer *m* (DIN 32742, T 1) (EDV, Fernm) / telecopier *n* (a Xerox trade name), remote copier, facsimile terminal, facsimile unit, telefax machine, facsimile equipment ‖ digitaler ~kopierer (EDV, Fernm) / digital facsimile recorder, digital telecopier ‖ ~kopierer-Tintenprinter *m* (Fernm) / ink-jet facsimile printer ‖ ~kopiergerät *n* (EDV, Fernm) / telecopier *n* (a Xerox trade name), remote copier, facsimile terminal, facsimile unit, telefax machine, facsimile equipment ‖ ~kopiernetz *n* (EDV, Fernm) / facsimile transmission network ‖ ~kopiersender *m* (EDV, Fernm) / facsimile transmitter* ‖ ~kopplung *f* (Spektr) / long-range coupling ‖ ~kundendienst *m* / teleassistance *n*, remote assistance ‖ ~laden *n* (eines Programms) (EDV) / down-loading *n*, down-line loading, teleloading *n* ‖ ~laster *m* (Kfz) / lorry *n* (GB), truck *n* (US), motortruck *n* (US) ‖ ~leitung *f* (Fernsp) / trunk circuit*, toll line, trunk line*, trunk* *n*, trunk link, trunk route ‖ ~leitungsanschluß *m* (EDV) / data set attachment ‖ ~leitungsmast *m* (Eltech) / transmission tower*, tower* *n*, pylon* *n* ‖ ~leitungsnetz *n* (Eltech) / trunk network, main network, toll network (US), long-haul network ‖ ~leitungsübertrager *m* (ein Transformator) (Fernm) / phantom coil ‖ ~lenkflugzeug *n* (Luftf) / remotely piloted vehicle, RPV, remotely piloted aircraft *n* ‖ ~lenkhubschrauber *m* (Luftf) / remotely piloted helicopter, RPH ‖ ~lenkung *f* (Fernsteuerung und Fernüberwachung von ortsveränderlichen Objekten) / teleguiding *n* ‖ ~lenkwaffe *f* (Mil) / teleguided missile* *n* ‖ ~licht *n* (Kfz) / high beam(s) (US), upper beam (US), main beam (GB), driving light (US) ‖ ~lichtkontrolleuchte *f* (Kfz) / high-beams control
**Fernmelde • amt** *n* (Fernm) / telecommunications office ‖ ~außenkabel *n* (Kab) / communications outside cable ‖ ~betriebserde *f* (Fernm) / system earth ‖ ~betriebsgesellschaft *f* (privat, in den Vereinigten Staaten) (Fernm) / common carrier, communications common carrier ‖ ~elektroniker *m* (Fernm) / lineman *n* (pl. linemen) ‖ ~geheimnis *n* / secrecy of telecommunications ‖ ~kabel *n* (Fernm) / communications cable, telecommunications cable ‖ abgeriegelte ~leitung (Fernm) / DC-isolated communication line ‖ ~netz *n* (z.B. ein Telefonnetz) (Fernm) / communication network, communication transmission network, telecommunications network
**Fernmelder** *m* (Fernm) / communicator *n*
**Fernmelde • satellit** *m* (Fernm) / communications satellite*, communication satellite ‖ feste ~station (Fernm) / fixed station ‖ feste ~stelle (Fernm) / fixed station ‖ netzfremde ~stelle (Fernm) / off-net station ‖ netzeigene ~stelle (Fernm) / on-net station ‖ globales ~system (eine Komponente der Weltwetterwacht) (Meteor) / Global Telecommunication System (GTS) ‖ ~technik *f* (Fernm) / communication(s) engineering, signal engineering (US), telecommunications *pl*, communication technology ‖ ~techniker *m* (ein Kommunikationselektroniker bei der Post) (Fernm) / lineman *n* (pl. linemen) ‖ ~techniker (Fernm) / communicator *n* ‖ ~technische Übertragung (Fernm) / telecommunication* *n* ‖ ~turm *m* (Fernm) / telecommunication tower ‖ **Beratender Ausschuß der Internationalen ~union für den Telefon- und Telegrafendienst** / International Telegraph and Telephone Consultative Committee, CCITT, Comité Consultatif International Télégraphique et Téléphonique* ‖ ~verbindungen *f pl* mit gedrucktem Beleg (Luftf) / printed communications ‖ ~verkehr *m* (Fernm) / telecommunication* *n* ‖ ~wesen *n* (Fernm) / telecommunications *pl*
**Fern • meßanlage** *f* (Regeln) / telemeter* *n* ‖ ~meßeinrichtung *f* (Regeln) / telemeter* *n* ‖ ~messen *v* / telemeter *v* ‖ ~meßgerät *n* (Regeln) / telemeter* *n* ‖ ~meßtechnik *f* (Regeln) / telemetry* *n*, telemetering *n* ‖ ~messung *f* (Regeln) / telemetry* *n*, telemetering *n* ‖ ~multiplexer *m* (Fernm) / remote multiplexer unit, RMU ‖ ~mündlich *adj* (Fernsp) / telephonic *adj*, telephone *attr* ‖ ~nebensprechen *n* / far-end cross-talk*, FEXT ‖ ~netz *n* (Rechnerverbundnetz über große Entfernungen) (EDV) / long-distance network, long-haul (computer) network ‖ ~netz (Eltech) / trunk network, main network, toll network (US), long-haul network ‖ ~objektiv *n* (mit einem genutzten Bildwinkel kleiner als 20°) (Foto) / telephoto lens*, true telephoto lens, telephotographic lens, long lens, telephoto *n* ‖ ~ordnung *f* (bei Mischkristallen) (Krist) / long-range order ‖ ~ordnungsparameter *m* (Krist) / long range order parameter ‖ ~programmeingabe *f* (EDV) / down-loading *n*, down-line loading, teleloading *n* ‖ ~punkt *m* (des Auges) (Opt) / far point*, punctum remotum ‖ ~reservierung *f* (EDV) / telereservation *n* ‖ ~rezeptor *m* (Biol) / teleceptor* *n*, telereceptor* *n*

**Fernrohr** *n* (Opt) / telescope* *n*, optical telescope ‖ **astronomisches** ~ / astronomical telescope* ‖ **dioptrisches** ~ (Astr) / refracting telescope*, refractor *n* ‖ **Holländisches** ~ (mit sammelndem Objektiv und zerstreuendem Okular) (Opt) / Galilean telescope, Galilean glass ‖ **katoptrisches** ~ (Astr) / reflecting telescope*, reflector *n* ‖ **nur durch ein** ~ **erkennbare Sterne** (Astr) / telescopic stars ‖ **terrestrisches** ~ (Opt) / terrestrial telescope* ‖ ~ **links** (bei Theodoliten) (Verm) / face left* ‖ ~ *n* **mit Bildaufrichtung** (Opt) / erecting telescope ‖ ~ **rechts** (bei Theodoliten) (Verm) / face right* ‖ **azimutale** ~**montierung** (Astr) / azimuthal mounting ‖ ~**objektiv** *n* (Opt) / telescope objective *n*, object-glass *n*
**Fern • ruf** *m* (Nummer) (Fernsp) / telephone number, subscriber's (telephone) number, call number, subscriber number ‖ ~**satz** *m* (System für automatischen Zeilensatz durch Trennung des Setzvorganges von der Setz- und Gießmaschine) (Typog) / teletypesetting* *n*, remote typesetting ‖ ~**schalten** *v* / remote-switch *v*, teleswitch *v* ‖ ~**schalten** (Eltech) / remote switching, teleswitching *n* ‖ ~**schalter** *m* (Eltech) / motor-operated switch* ‖ ~**scheinwerfer** *m* (Kfz) / driving lamp ‖ ~**schreibdienst** *m* (Fernm) / telex* *n*, Telex *n* ‖ ~**schreiben** *v* (mit dem Fernschreiber) (Fernm) / telex *v* ‖ ~**schreiben** *n* (Tätigkeit) (Fernm) / teletyping *n* ‖ ~**schreiber** *m* (Fernm) / keyboard send/receive unit, KSR terminal ‖ ~**schreiber** (Teleg) / teleprinter* *n*, teletypewriter *n* (US)*, TT, typewriter terminal
**Fernschreib • leitung** *f* (Telex) (Fernm) / telex communication circuit ‖ ~**meldung** *f* (Teleg) / teletype message ‖ ~**nebenstelle** *f* (Teleg) / extension teleprinter, extension station (of a teleprinter) ‖ ~**netz** *n* (Teleg) / teleprinter network ‖ ~**papier** *n* (Pap) / teletype paper ‖ ~**rundsendung** *f* (Luftf) / teletype broadcast ‖ ~**übertragung** *f* (nach dem Telegrafieprinzip) (Fernm, Teleg) / telegraph transmission ‖ ~**wort** *n* (Fernm) / telegraph word
**Fernschwund** *m* (wenn sich zwei Raumwellen mit ungünstiger Phasenlage überlagern) (Radio) / distance fading
**Fernseh • -** / televisional *adj*, televisual *adj*, televisionary *adj*, television *attr* ‖ ~**ansager** *m* (TV) / announcer *n*, telecaster *n* ‖ ~**antenne** *f* (TV) / television antenna, television aerial, TV antenna ‖ ~**apparat** *m* (TV) / television receiver*, television set*, TV receiver, television *n*, TV receiver ‖ ~**aufnahmeröhre** *f* (TV) / camera tube*, pick-up tube* (US), television camera tube ‖ ~**aufzeichnung** *f* (Überspielung von Magnetbändern auf Film) (TV) / telerecording*, kinescoping* *n* (US), kinescope recording (US) ‖ ~**bild** *n* (TV) / television frame, television picture, television image ‖ ~**bild** (beim Zeilensprungverfahren) (TV) / television field frame* ‖ **überlagertes** ~**bild** (TV) / ghost *n*, double image (a spurious image), ghost image, multiple image ‖ ~**bildaufnahmeeinrichtung** *f* (ein optisch-elektrischer Bildwandler) (TV) / pick-up device ‖ ~**bildprojektor** *m* (TV) / telecine *n* (projector), tele-cinema *n* ‖ ~**bildsender** *m* (TV) / television transmitter, vision transmitter, video transmitter ‖ ~**empfang** *m* (TV) / television reception ‖ ~**empfänger** *m* (TV) / television receiver*, television set*, TV receiver, television *n*, TV receiver
**Fernsehen** *n* (TV) / television* *n*, TV, teevee *n* ‖ **digitales** ~ (TV) / digital television ‖ **fürs** ~ **anpassen** (TV) / videoize *v* ‖ **hochauflösendes** ~ (1250 Zeilen, Bildseitenverhältnis 16 : 9) (TV) / high-definition television, HD television, HDTV ‖ **im** ~ **bringen** (TV) / televise *v*, telecast *v*, transmit by television ‖ **kommerzielles** ~ (TV) / commercial television ‖ **nichtöffentliches** ~ (TV) / closed-circuit television ‖ **[hoch]schulinternes** ~ (TV) / closed-circuit television ‖ **terrestrisches** ~ (TV) / terrestrial television, terrestrial TV ‖ **über** (im) ~ **ausstrahlen** (TV) / televise *v*, telecast *v*, transmit by television ‖ **3-D-**~ (TV) / stereo television ‖ ~ **mit Satelliten-Zentralantenne** (Gemeinschafts-TV) (TV) / satellite master antenna TV (SMATV)
**Fernseher** *m* (TV) / television receiver*, television set*, TV receiver, television *n*, TV receiver
**Fernseh • film** *m* (TV) / telefilm* *n* ‖ ~**funk** *m* (TV) / television *n* (broadcasting)*, vision broadcasting ‖ ~**gebühren** *f pl* (TV) / television licence fee ‖ **vor dem** ~**gerät verzehrtes Fertiggericht** (Nahr) / TV dinner (a prepared pre-packed meal that only requires heating before it is ready to eat) ‖ ~**gerecht aufbereiten** (TV) / videoize *v* ‖ ~**gesellschaft** *f* (TV) / TV broadcasting corporation ‖ ~**großveranstaltung** *f* (meistens zugunsten von Wohlfahrtsorganisationen) (TV) / telethon *n* (to paise money for a charity) ‖ ~**kabel** *n* (TV) / television cable* ‖ ~**kamera** *f* (TV) / television camera*, telecamera *n*, TV camera ‖ **tragbare** ~**kamera** (TV) / walkie-lookie *n* ‖ ~**kanal** *m* (ein genau festgelegter Anteil im Fernsehfrequenzbereich zur Übertragung eines Fernsehrundfunkprogramms) (TV) / television channel* ‖ ~**kanalabstand** *m* (TV) / television-channel spacing ‖ ~**kanalumsetzer** *m* (ein Füllsender) (TV) / television frequency converter, television channel translator, television transposer, television rebroadcasting station ‖ ~**karte** *f* (EDV, TV) / TV board ‖

≈**kassettenrecorder** *m* (TV) / video cartridge recorder, video cassette recorder (VCR) ‖ ≈**kette** *f* (TV) / television chain ‖ ≈**konferenz** *f* (Fernm) / videoconference *n* ‖ ≈**mikroskop** *n* (Mikros) / television microscope ‖ ≈**netz** *n* (TV) / television network, TV network ‖ ≈**norm** *f* (CCIR mit 625 Zeilen und 50 Halbbildern, USA mit 525 Zeilen und 60 Halbbildern) (TV) / television standard ‖ ≈**normumsetzer** *m* (TV) / television standards converter ‖ ≈**normwandler** *m* (TV) / television standards converter ‖ ≈**rundfunk** *m* (TV) / television *n* (broadcasting)*, vision broadcasting ‖ ≈**rundfunk** (TV) / television broadcasting ‖ ≈**rundfunkempfänger** *m* (TV) / television receiver*, television set*, TV receiver, television *n*, TV receiver ‖ ≈**rundfunksatellit** *m* (TV) / television satellite ‖ ≈**satellit** *m* (TV) / television satellite ‖ ≈**sender** *m* (TV) / television transmitter* ‖ ≈**sender** (für den Fernsehrundfunk) (TV) / television broadcast station, telestation *n*, television station ‖ ≈**sensor** *m* (Anordnung optischer Sensoren als bildverarbeitendes System, das zum automatischen Klassifizieren und Lageerkennen unterschiedlicher Objekte anwendbar ist) / television sensor, TV sensor ‖ ≈**sichtgerät** *n* (Lufft, Radar) / monitor* *n* ‖ ≈**signal** *n* (TV) / television signal, TV signal ‖ ≈**signalgemisch** *n* (TV) / video signal*, composite (video) signal, composite picture signal ‖ ≈**sonde** *f* (Raumf) / television probe, television robot ‖ ≈**spiel** *n* (Eltronik, TV) / TV game, video game, electronic game ‖ ≈**-Sprechdienst** *m* (Fernsp) / videotelephony *n*, videophony *n* ‖ ≈**station** *f* (TV) / television broadcast station, telestation *n*, television station ‖ ≈**stein** *m* (Min) / ulexite* *n*, cotton ball* ‖ ≈**störung** *f* (TV) / television interference (TVI) ‖ ≈**studio** *n* (TV) / television studio, TV studio ‖ ≈**teilnehmer** *m* (TV) / televiewer *n*, viewer *n* ‖ ≈**telefon** *n* (Fernsp) / videotelephone *n*, videophone *n*, video display telephone, face-to-face phone, see-as-you-talk phone (US), picturephone *n* ‖ ≈**testbild** *n* (TV) / test card*, pattern *n* (test) (US), test chart*, test pattern*, colour bar ‖ ≈**tonsender** *m* (TV) / television sound transmitter ‖ ≈**übertragung** *f* (trägerfrequente Fortleitung und Verteilung des Bildsignals beim Fernsehen zusammen mit dem zum Bild gehörenden Begleitton bis zum Fernsehempfänger) (TV) / television transmission, telecast *n* ‖ **für die** ≈**übertragung geeignet** (TV) / telegenic* *adj*, visiogenic *adj*, videogenic *adj* ‖ ≈**übertragungsnetz** *n* (TV) / television network, TV network ‖ ≈**übertragungswagen** *m* (TV) / television OB van ‖ ≈**überwachung** *f* (TV) / telemonitoring *n* ‖ ≈**umsetzer** *m* (TV) / television frequency converter, television channel translator, television transposer, television rebroadcasting station ‖ ≈**zeile** *f* (TV) / television line ‖ ≈**zuschauer** *m* (TV) / televiewer *n*, viewer *n*
**fernsichtig** *adj* (Opt) / far-sighted *adj*, far-seeing *adj*
**Fernsprech•-** (Fernsp) / telephonic *adj*, telephone *attr* ‖ ≈**amt** *n* (Fernsp) / exchange *n*, central *n* (US), telephone exchange central (US) ‖ ≈**ansage** *f* (Fernsp) / announcement system ‖ ≈**anschluß** *m* (Fernsp) / subset *n*, substation* *n*, subscriber's station*, station *n* ‖ ≈**apparat** *m* (Fernsp) / telephone set, telephone *n* ‖ **schnurloser** ≈**apparat** (Fernsp) / cordless set, cordless telephone ‖ **digitaler** ≈**apparat** (Fernsp) / digital telephone ‖ **analoger** ≈**apparat** (Fernsp) / analogue telephone ‖ ≈**apparat mit Induktoranruf** (Fernsp) / magneto telephone set ‖ ≈**apparat mit Tastenwahl** (Fernsp) / push-button set, touchtone set ‖ ≈**auftragsdienst** *m* (Fernsp) / answering service ‖ ≈**auskunft** *f* (Fernsp) / directory enquiry, directory inquiries (service) ‖ ≈**automat** *m* (Fernsp) / callbox (GB) (a public telephone box or kiosk), telephone box (GB), phone booth (US), telephone kiosk (GB), phone box (GB), kiosk *n* (GB), telephone booth (GB) ‖ ≈**betrieb** *m* (Fernsp) / working*, telephone communication, telephone traffic ‖ ≈**buch** *n* (Fernsp) / telephone book, telephone directory, phone book ‖ ≈**bücherpapier** *n* (Pap) / telephone-directory paper, directory paper, telephone-book paper
**fernsprechen** *v* (Fernsp) / telephone *v*, phone *v*, call *v* ‖ ≈ *n* (Fernsp) / telephony* *n* ‖ **verschlüsseltes** ≈ (Fernsp) / ciphony *n*, cipher telephony, ciphered telephony, enciphered telephony
**Fernsprecher** *m* (Fernsp) / telephone set, telephone *n* ‖ ≈ **für Mehrfrequenzwahl** (Fernsp) / tone-dialling telephone
**Fernsprech•(fern)verkehr** *m* **zu Festgebühr** (Fernsp) / wide-area telephone service (WATS) ‖ ≈**formfaktor** *m* (Fernsp) / telephone interference factor*, telephone influence factor*, TIF* ‖ ≈**gebühr** *f* (Fernsp) / telephone charge ‖ ≈**geheimnis** *n* (eine Form des Fernmeldegeheimnisses) (Fernsp) / secrecy of telephone traffic ‖ **teilnehmereigene** ≈**handvermittlung** (Fernsp) / private manual exchange*, PMX* ‖ ≈**hörer** *m* (Fernsp) / receiver* *n*, telephone receiver ‖ ≈**kabine** *f* (Fernsp) / callbox (GB) (a public telephone box or kiosk), telephone box (GB), phone booth (US), telephone kiosk (GB), phone box (GB), kiosk *n* (GB), telephone booth (GB) ‖ ≈**kanal** *m* (Fernsp) / telephone channel, voice channel ‖ ≈**kapsel** *f* (Fernsp) / capsule *n* ‖ ≈**kommunikation** *f* (Fernsp) / telephone communication ‖ ≈**konferenz** *f* (Zusammenschaltung von mehr als zwei Fernsprechteilnehmern) (Fernsp) / teleconference *n*, audio conference, telephone conference ‖ ≈**leitung** *f* (Fernsp) / telephone circuit, telephone line ‖ ≈**mikrofon** *n* (Fernsp) / telephone transmitter ‖ ≈**netz** *n* (das umfangreichste, öffentliche Fernmeldenetz) (Fernsp) / telephone network ‖ ≈**ortsnetz** *n* (Fernsp) / local telephone network ‖ ≈**stelle** *f* (Fernsp) / telephone station, call station ‖ ≈**störfaktor** *m* (Fernsp) / telephone interference factor*, telephone influence factor*, TIF* ‖ ≈**stromversorgungskreis** *m* (Fernsp) / telephone feed circuit ‖ ≈**system** *n* **mit Tastenwahl** (Fernsp) / key telephone system ‖ ≈**technik** *f* (Fernsp) / telephony* *n* ‖ ≈**teilnehmer** *m* (Fernsp) / subscriber *n*, telephone party (US), party *n* (US), telephone subscriber ‖ ≈**tischapparat** *m* (Fernsp) / desk set, deskstand telephone set, desk telephone ‖ ≈**tischapparat in Regelausführung** (Fernsp) / standard desk telephone ‖ ≈**übertragung** *f* (Fernsp) / working* *n*, telephone communication, telephone traffic ‖ ≈**verbindung** *f* (Fernsp) / telephone connection ‖ ≈**vermittlung** *f* (Fernsp) / exchange *n*, central *n* (US), telephone exchange central (US) ‖ ≈**vermittlungssystem** *n* (Fernsp) / telephone switching system ‖ ≈**wählautomat** *m* (Fernsp) / telephone computer ‖ ≈**wandapparat** *m* (Fernsp) / wall telephone set ‖ ≈**weitverkehrsverbindung** *f* (mit Echosperre) (Fernm) / long circuit ‖ ≈**wesen** *n* (Fernsp) / telephony* *n* ‖ ≈**zelle** *f* (öffentliche) (Fernsp) / callbox (GB) (a public telephone box or kiosk), telephone box (GB), phone booth (US), telephone kiosk (GB), phone box (GB), kiosk *n* (GB), telephone booth (GB)
**Fern•start** *m* (EDV) / remote boot ‖ ≈**steuerung** *f* (Eltech) / supervisory control* *n* ‖ ≈**steuerung** (Regeln) / telecontrol *n*, remote control*, RC, distance control*, telecommanding *n* ‖ ≈**student** *m* / correspondence student ‖ ≈**teil** *m* (des Mehrstärkenbrillenglases) (Opt) / distance segment, distance area, distance field ‖ ≈**testbetrieb** *m* / closed shop, closed-shop test system ‖ ≈**therapie** *f* (Radiol) / teletherapy* *n* ‖ ≈**thermometer** *n* (Phys) / telethermometer *n*, remote thermometer ‖ ≈**transport** *m* (z.B. von Brennstoffen) / long-distance transportation ‖ ≈**transport von Luftverunreinigungen** (Umwelt) / long-range transport of air pollution ‖ ≈**übersprechen** *n* / far-end cross-talk*, FEXT ‖ ≈**übertragung** *f* **von Meßdaten** (automatische) (Regeln) / telemetry* *n*, telemetering *n* ‖ ≈**überwachung** *f* (Anwendung der Fernwirktechnik zur Überwachung von Anlagen, Geräten oder Vorgängen von räumlich getrennter Stelle) / telemonitoring *n* ‖ ≈**unterricht** *m* (EDV) / teleteaching *n* ‖ ≈**unterstützte Wartung** (Masch) / remote-support maintenance ‖ ≈**verkehr** *m* / long-distance transport ‖ **[bevorrechtigte]** ≈**verkehrsstraße** (Kfz) / highway *n*, Hwy, Hy ‖ ≈**vermittlungsleitung** *f* (Fernsp) / trunk junction circuit* ‖ ≈**vermittlungsstelle** *f* (Fernsp) / trunk exchange*, toll office (US) ‖ ≈**wahl** *f* (automatische) (Fernsp) / STD, direct distance dialling, DDD, intertoll dialling, subscriber trunk dialling, toll-line dialing (US), through-dialling ‖ ≈**wahlberechtigung** *f* (Fernsp) / non-restricted trunk dialling ‖ ≈**wärme** *f* (DIN 4747) / long-distance heat (energy) ‖ ≈**wärmeversorgung** *f* / district heating ‖ ≈**wartung** *f* (Masch) / remote maintenance, telemaintenance *n* ‖ ≈**wartungszentrum** *n* (EDV) / telediagnostic centre, remote diagnostic centre
**Fernwirk•empfänger** *m* (EDV) / telecontrol receiver ‖ ≈**endeinrichtung** *f* (Fernm) / telecontrol terminal ‖ ≈**kopf** *m* (in der Fernwirktechnik Rechner, der die Fernwirktelegramme auf das LAN bzw. die Prozeßleitsystems umsetzt) (EDV) / remote-control host, telecontrol host ‖ ≈**netz** *n* (EDV) / telecontrol network ‖ ≈**sender** *m* (EDV) / telecontrol transmitter ‖ ≈**technik** *f* (EDV, Regeln) / remote control + remote monitoring ‖ ≈**telegramm** *n* (EDV) / telecontrol message
**Fernwirkung** *f* (Phys) / distant effect, action at a distance
**Fernwirk•unterstation** *f* (Fernwirkstation, von der Informationen, Meldungen, Meßwerte oder Zählwerte eingegeben und Befehle ausgegeben werden) / telecontrol substation, remote-control substation ‖ ≈**unterstation** (Fernwirkstation, von der Informationen, Meldungen, Meßwerte und Zählwerte eingegeben werden und Befehle ausgegeben werden) / remote-control substation ‖ ≈**unterstation** (Eltronik) / out-station *n* ‖ ≈**verbindung** *f* (EDV, Regeln) / remote-control link ‖ ≈**zentralstation** *f* (Fernwirkstation, von der Informationen und Befehle eingegeben werden und Meldungen, Meßwerte und Zählwerte ausgegeben werden) / remote-control main station
**Fern•zähler** *m* / telecounter *n* ‖ ≈**zugriff** *m* (EDV) / remote access* (RA) ‖ ≈**zugriff auf Dateien** (EDV) / remote file access ‖ ≈**zugriff auf Daten** (EDV) / remote data access ‖ ≈**zugriff auf Datenbanken** (EDV) / remote database access ‖ ≈**zündung** *f* / distant ignition
**ferralitischer Boden** (Geol, Landw) / red earth, red soil
**Ferralsol** *m* (Geol, Landw) / latosol *n*, oxisol *n*, ferralitic soil, lateritic soil
**Ferranti-Effekt** *m* (Spannungserhöhung am Ende leerlaufender Leitungen) (Eltech) / Ferranti effect*
**Ferraris•-Meßinstrument** *n* (nach G. Ferraris, 1847-1897) (Eltech) / Ferraris instrument ‖ ≈**-Motor** *m* (Eltech) / two-phase motor, Ferraris motor ‖ ≈**-Tachodynamo** *m* (Eltech) / drag-cup generator*, drag-cup tachometer ‖ ≈**-Tachometermaschine** *f* (Eltech) / drag-cup generator*, drag-cup tachometer

**Ferrasse** f (Glas) / runner back
**Ferrat• (III)** n (Chem) / ferrate(III) n, ferrite n || ⁓ (1. Salz der Sauerstoffsäuren des Eisens; 2. Salz der Hexacyanoeisensäure; 3. anionische Karbonylkomplexe des Eisens) (Chem) / ferrate n
**Ferredoxin** n (ein Nichthäm-Eisenprotein in Bakterien und Pflanzen) (Bakteriol, Biochem) / ferredoxin* n
**Ferri•ammoniumsulfat** n (Chem) / iron (III) ammonium sulphate, ammonium ferric sulfate || ⁓**cyanid** n (Chem) / ferricyanide* n, hexacyanoferrate(III) n, cyanoferrate(III) n || ⁓**hämoglobin** n (Biochem) / methaemoglobin* n, methemoglobin n (US) || ⁓**-Ion** n (Chem) / ferric ion || **~magnetische Resonanz** (Phys) / ferrimagnetic resonance || ⁓**magnetismus** m (eine Form der in Festkörpern möglichen magnetischen Ordnung) (Mag) / ferrimagnetism* n || ⁓**molybdit** m (Min) / ferrimolybdite* n
**Ferrit** m (reine, magnetische, kohlenstofffreie Eisenkriställchen - α-Phase des Eisens) (Hütt) / ferrite* n || ⁓ (oxidkeramischer Werkstoff mit ferrimagnetischen Eigenschaften) (Mag) / ferrite n || **magnetische ⁓e** (Eltech) / magnetic ferrites* n || ⁓**antenne** f (Radio) / ferrite-rod antenna*, loopstick antenna* || ⁓**begrenzer** m (Eltronik) / ferrite limiter || ⁓**gelb** (Anstr) / ferrite yellow
**Ferritin** n (Eisenspeicherprotein des Säugetierorganismus) (Biochem) / ferritin* n
**ferritisch** adj / ferritic adj || **~es Gußeisen** (Hütt) / ferritic cast iron || **~er Stahl** (Hütt) / ferritic steel
**Ferritisierung** f (Hütt) / ferritizing n
**Ferrit•kern** m (EDV, Mag) / ferrite core*, magnetic core* || **gespaltener ⁓kern** (EDV, Mag) / gapped ferrite core || ⁓**kernspeicher** m (EDV) / ferrite-core memory* || ⁓**netz** n (Ferritausscheidungen an den ehemaligen Austenitkorngrenzen, die netzartig zusammenhängen können und insbesondere bei höhergekohlten, untereutektoiden Stählen auftreten) (Hütt) / ferrite network || ⁓**perle** f (Fernm) / ferrite bead* || ⁓**stabantenne** f (Radio) / ferrite-rod antenna*, loopstick antenna* || ⁓**zeilen** f pl (Ferritausscheidungen an Verunreinigungen oder Seigerungen, die beim Walzen zeilenförmig eingeformt wurden) (Hütt) / ferrite banding || ⁓**zeiligkeit** f (Hütt) / ferrite banding
**Ferrizyanid** n (Chem) / ferricyanide* n, hexacyanoferrate(III) n, cyanoferrate(III) n
**Ferro•ammoniumsulfat** n (Chem) / iron(II) ammonium sulphate, ammonium ferrous sulphate || ⁓**bor** n (Legierung des Eisens mit 15-20% B - DIN 17567) (Hütt) / ferroboron n || ⁓**cen** n (Dicyclopentadienyleisen) (Chem, Kfst) / ferrocene n, bis-η-cyclopentadienyl iron(II) || ⁓**cenium-Komplexe** m pl (Chem) / ferrocenium complexes || ⁓**chrom** n (DIN 17565) (Hütt) / ferrochromium* n || ⁓**chromband** n (Akus, Mag) / ferrochromium tape, FeCr tape || ⁓**clip-Stein** m (blechummantelter Wölbstein, der im oberen Teil des Blechmantels einen eingepreßten Drahtbügel enthält) (Hütt) / ferroclip brick || ⁓**cyanid** n (Chem) / ferrocyanide* n, hexacyanoferrate(II) n, cyanoferrate(II) n || ⁓**cyankalium** n (Chem) || **~dynamisch** adj / ferrodynamic adj || ⁓**elektrikum** n (pl. Ferroelektrika) (Elektr) / ferroelectric material*, ferroelectric n
**ferroelektrisch** adj (Elektr) / ferroelectric adj || **~e Domäne** (elektrische Analogie der ferromagnetischen Domäne) (Elektr, Mag) / ferroelectric domain || **~er Feldeffekttransistor** (Eltronik) / ferroelectric field-effect transistor, FEFET || **~e Hysterese** (bestimmter Ferroelektrika) (Eltech) / ferroelectric hysteresis || **~er Randomspeicher** (FRAM) (EDV) / ferroelectric random-access memory (FRAM)
**Ferro•elektrizität** f (der Ferroelektrika, die im nichtpolaren Zustand nicht piezoelektrisch sind) (Elektr) / perovskite-type ferroelectrics || ⁓**elektrizität** (der Ferroelektrika, die im nichtpolaren Zustand oberhalb der Curie-Temperatur piezoelektrisch sind) (Elektr) / Rochelle-electrics n, Seignette-electrics n, ferroelectrics n, Rochelle electricity, Seignette electricity || ⁓**finingverfahren** n (zur Hydrierung von Schmierölfraktionen) (Chem Verf) / Ferrofining process || ⁓**fluid** n / magnetic fluid, ferrohydrodynamic fluid || ⁓**flüssigkeit** f / magnetic fluid, ferrohydrodynamic fluid || ⁓**graf** m (Meßeinrichtung zur Sichtbarmachung von Hystereseschleifen auf einem Oszillografen) (Eltech) / hysteresigraph n || ⁓**grafie** f (zur Früherkennung von Verschleißschäden) (WP) / ferrography n
**Ferroin** n (ein Redoxindikator) (Chem) / ferroin n
**Ferro•legierung** f (Legierung des Eisens mit anderen Metallen oder Nicht- bzw. Halbmetallen) (Hütt) / ferroalloy n || ⁓**legierungswerk** n (Hütt) / ferroalloy plant || ⁓**magnetikum** n (pl. Ferromagnetika) (Mag) / ferromagnetic material, ferromagnetic n
**ferromagnetisch** adj (Mag) / ferromagnetic adj || **~e Domäne** (Mag) / ferromagnetic domain || **~e Resonanz** (Phys) / ferromagnetic resonance*, ferroresonance* n || **~e Resonanzspektroskopie** (eine Methode der Hochfrequenzspektroskopie) (Spektr) / ferromagnetic resonance spectroscopy, FRS || **~er Verstärker** (Eltech) / ferromagnetic amplifier, garnet maser
**Ferro•magnetismus** m (eine Form der in Festkörpern möglichen magnetischen Ordnung) (Mag) / ferromagnetism* n || ⁓**magnon** n (Spinwelle in Ferromagnetika) (Phys) / ferromagnon n || ⁓**mangan** n (eine Ferrolegierung nach DIN 17564) (Hütt) / ferromanganese* n || ⁓**meter** n (Gerät zur Messung der relativen Permeabilität) (Eltech) / ferrometer* n || ⁓**molybdän** n (eine Ferrolegierung nach DIN 17561) (Hütt) / ferromolybdenum* n || ⁓**nickel** n (technische Legierung des Eisens mit 30 bis 50% Nickel - DIN 17568) (Hütt) / ferronickel* n || ⁓**niob** n (Hütt) / ferroniobium n || ⁓**phosphor** m (technische Verbindung bzw. Legierung des Eisens mit 18 bis 25% Phosphor) (Hütt) / ferrophosphorus n || ⁓**protein** n (Biochem) / iron protein n || ⁓**resonanzkreis** m (Eltech) / ferroresonant circuit || ⁓**silicium** n (DIN 17560) (Hütt) / ferrosilicon* n || ⁓**spinell** m (Eisen/II/-aluminat) (Min) / hercynite* n, iron spinel* || ⁓**titan** n (Hütt) / ferrotitanium n || ⁓**vanadin** n (DIN 17563) (Hütt) / ferrovanadium n
**Ferroxylindikator** m (Lösung zum Nachweis katodischer oder anodischer Stellen auf Stahl) (Chem, Galv) / ferroxyl indicator*
**Ferro•zement** m (Verbundwerkstoff aus Zementmörtel mit hohem Bewehrungsgrad für dünnwandige Flächentragwerke, auch für den Bootsbau verwendet) (Bau) / ferrocement n || ⁓**zyanid** n (Chem) / ferrocyanide* n, hexacyanoferrate(II) n, cyanoferrate(II) n
**Ferrugination** f (Boden) (Landw) / rubefaction f
**Ferrum** n (Chem) / iron* n || ⁓**(II)-chlorid** (Chem) / iron dichloride, iron(II) chloride, ferrous chloride || ⁓**(III)-chlorid** (Chem) / iron trichloride, iron(III) chloride*, ferric chloride, ferric trichloride, flores martis
**Ferse** f (Tex) / heel n
**fersen** v (Tex) / heel v || ⁓**deckfleck** m (bei Schuhen) / seat sock || ⁓**teilformmaschine** f (für Schuhe) / backpart-moulding machine || ⁓**zwicken** n (Leder) / backpart lasting || ⁓**zwickmaschine** f (für Schuhe) / seat-lasting machine, heel-seat laster
**fersiallitisch** adj (Boden) / fersiallitic adj
**fertig, nicht ~** / unfinished adj || **~ schneiden** (Masch) / shave v
**Fertig-** (eine Mischung) / factory-prepared adj, mill-mixed adj, ready-mixed adj || ⁓ (Bau) / prefabricated adj, prefab adj || ⁓ (Anzug, Kleider) (Tex) / made-up adj, ready-to-wear adj, RTW, ready-made adj
**Fertigation** f (Aufbringung von Düngemitteln bei der Bewässerung) (Landw) / fertigation n
**Fertig•bau** m (Bau) / prefabricated building*, manufactured building, precut building, packaged building || ⁓**bauweise** f (Bau) / prefabricated building*, manufactured building, precut building, packaged building || **~bearbeiten** v (Masch) / finish v, complete v || **~bearbeiteter Quaderstein** (Bau) / smooth ashlar* || **~bearbeitetes Teil** (Masch) / finished part || ⁓**bearbeitung** f (Masch) / finishing n, completion n, finish n || ⁓**blasen** (Glas) / final blow || ⁓**bohren** n (Masch) / finish boring || ⁓**breite** f (des ausgerüsteten Gewebes) (Web) / finished width || ⁓**drehen** n (auf Fertigmaß) (Masch) / final turning
**fertigen** v / manufacture v, produce v, make v, fabricate v || ⁓ (meistens handwerklich) / craft v
**Fertiger** m **für bituminöses Mischgut** (der Marke Barber Greene) (HuT) / Barber-Greene n, Barber-Greene tamping levelling finisher
**Fertig•erzeugnis** n (F.Org) / finished product || ⁓**fabrikat** n (F.Org) / finished product || **DC-⁓folie** (Chem) / precoated TLC foil || ⁓**form** f (Glas) / blow mould || ⁓**fräsen** n (Masch) / finish milling || ⁓**gericht** n (Nahr) / ready meal, recipe dish || **vor dem Fernsehgerät verzehrtes ⁓gericht** (Nahr) / TV dinner (a prepared pre-packed meal that only requires heating before it is ready to eat) || ⁓**gerüst** n (Hütt) / finishing stand || ⁓**gesenk** n (Masch) / finisher n, finishing die || ⁓**guß** m (versandfähiger Guß) (Gieß) / finished casting || ⁓**haus** n (in Vollmontagebauweise) (Bau) / prefabricated house, manufactured house, precut house, pre-engineered house
**Fertigkeit** f / skill n || **handwerkliche ⁓** / handicraft skill(s), craft n || **manuelle ⁓** / manual skill
**fertig•machen** v / finish v || ⁓**machen** n (in der industriellen Buchbinderei diejenigen Arbeitsgänge, die nach dem Heften, Leimen oder Klebebinden, Beschneiden, Schnittfärben, Runden sowie nach erfolgter Deckenherstellung noch notwendig sind, um das Buch zu umhüllen) (Buchb) / forwarding n || ⁓**macherei** f (in der Möbelfabrik) (Tischl) / fitters' shop || ⁓**mahlzeit** f (Nahr) / meal ready to eat || ⁓**maß** n / finished size || ⁓**maß** (Nettoabmessung) (Bau) / neat size* || ⁓**maß** (Masch) / actual size || ⁓**meldung** f (eine mündliche und/oder schriftliche Nachricht über die ordnungsgemäße Beendigung eines Arbeitsvorganges) (F.Org) / ready message (feedback + deadline control) || ⁓**packung** f (nach 6 des Eichgesetzes) / pre-pack n || ⁓**packung** / package goods || ⁓**parkett** (Bau) / plywood parquet || ⁓**pfahl** m (HuT) / pre-cast (concrete) pile, prefabricated pile || **DC-⁓platte** (Chem) / precoated plate || ⁓**produkt** n (F.Org) / finished product || ⁓**putz** m (A) (Bau) / setting coat, fining coat, finishing coat, skim coat, skimming coat*, set n, white coat*, finish n || ⁓**putz** (Bau) / premixed plaster || ⁓**putzen** n (Gieß, Keram) / finishing n, fettling n || ⁓**reiben** (Masch) / finish reaming || ⁓**säule** f (in der Gaschromatografie) (Chem) /

packed column ‖ ⁓**schneiden** *n* (Masch) / shaving *n* ‖ ⁓**schneider** *m* (beim dreiteiligen Satz) (Masch) / plug tap*, bottoming tap*, third-tap* *n* ‖ ⁓**schnitt** *m* (Masch) / finishing cut* ‖ ⁓**stellung** *f* (F.Org) / complete processing ‖ ⁓**straße** *f* (Hütt) / finishing train ‖ ⁓**teil** *n* (Bau) / prefabricated section, prefabricated part ‖ ⁓**teil** (Masch) / finished part ‖ ⁓**teilbau** *m* (Bau) / prefabricated building*, manufactured building, precut building, packaged building ‖ ⁓**teilbau** (Bau) s. auch industrielle Bauweise

**Fertigung** *f* (Chem Verf, Masch) / manufacture *n*, production *n*, making *n*, fabrication *n*, manufacturing *n*, fashioning *n*, mfg ‖ **bahngesteuerte** ⁓ (in der Robotertechnik) / path-controlled production ‖ **computerintegrierte** ⁓ (F.Org) / computer-integrated manufacturing, CIM ‖ **integrierte rechnerunterstützte** ⁓ (mit kompletten vor- und nachgeschalteten Betriebsbereichen) (EDV, F.Org) / computer-aided engineering*, CAE* ‖ **unbemannte** ⁓ (für die kein Bedien- und Überwachungspersonal mehr erforderlich ist) (F.Org, Masch) / unmanned production

**Fertigungs•ablaufplan** *m* (F.Org) / flow diagram ‖ ⁓**abweichung** *f* (Masch) / error *n* ‖ ⁓**anstrich** *m* (Anstr) / shop-primer *n*, factory primer, mill primer, factory-applied coating ‖ ⁓**art** *f* (Einzel-, Serien- und Massenfertigung) (F.Org) / type of production ‖ ⁓**auftrag** *m* (F.Org) / order *n* ‖ ⁓**auftrag** (auf der Werkstattebene) (F.Org) / shop order ‖ ⁓**ausrüstung** *f* (mit Werkzeugen) (Masch) / production tooling ‖ ⁓**bedingungen** *f pl* (F.Org) / production conditions, manufacturing conditions, processing conditions ‖ ⁓**begleitende Inspektion** (Masch) / in-process testing, in-line inspection ‖ ⁓**begleitende Prüfung** (Masch) / in-process testing, in-line inspection ‖ ⁓**beschichtung** *f* (Anstr) / shop-primer *n*, factory primer, mill primer, factory-applied coating ‖ ⁓**bezogen** *adj* (Maßeintragung nach DIN 406, T 1) / manufacturing-process-related *adj* ‖ ⁓**daten** *pl* (F.Org) / production data ‖ ⁓**durchlaufdauer** *f* (F.Org) / manufacturing lead time ‖ ⁓**durchlaufplan** *m* (Masch) / process chart*, process flow sheet ‖ ⁓**durchlaufzeit** *f* (F.Org) / manufacturing lead time ‖ ⁓**einrichtung** *f* (F.Org) / production equipment ‖ ⁓**endprüfung** *f* (F.Org) / final inspection, end-of-line test, EOLT ‖ ⁓**fehler** *m* (Masch) / manufacturing defect ‖ ⁓**freigabe** *f* (F.Org) / production release ‖ ⁓**gerichtete Tolerierung** (Masch) / metal limit ‖ ⁓**insel** *f* (meistens ein kreisförmig angeordnetes Montagezentrum, welches von den übrigen Fertigungsbereichen, wie Fließbändern und Werkstätten, umgeben ist) (F.Org) / production island, island of automation ‖ ⁓**kette** *f* (vollautomatische - mit starrer Verkettung der Stationen) (F.Org, Masch) / transfer line*, in-line transfer machine ‖ ⁓**kosten** *pl* / cost of production, manufacturing costs, production cost ‖ ⁓**leitsystem** *n* (EDV, F.Org) / manufacturing control system ‖ ⁓**linie** *f* (F.Org, Masch) / production line ‖ ⁓**los** *n* (im Werkstattauftrag festgelegte Anzahl zu fertigender Erzeugnisse oder Bauelemente) (F.Org) / production lot, production batch ‖ ⁓**los** (F.Org) s. auch Los ‖ ⁓**methode** *f* (Chem Verf, F.Org, Masch) / production method ‖ ⁓**nummer** *f* (z.B. einer Maschine) (Masch) / serial number ‖ ⁓**planung** *f* (F.Org) / production engineering ‖ ⁓**programm** *m* (Erzeugnisse und Bauelemente) (F.Org) / production schedule, production plan, manufacturing programme ‖ ⁓**spektrum** *n* (F.Org) / production range ‖ ⁓**steuerung** *f* (Veranlassen, Überwachen und Sichern der Durchführung von Fertigungsaufgaben hinsichtlich Bedarf, Qualität, Kosten und Arbeitsbedingungen) (EDV, Masch, Regeln) / process control*, PC ‖ **selbsttätige** ⁓**steuerung** (Regeln) / industrial control ‖ ⁓**steuerungssoftware** *f* (Masch) / software for manufacturing control ‖ ⁓**straße** *f* (F.Org, Masch) / production line ‖ ⁓**stufe** *f* (Knotenpunkt) / node ‖ ⁓**technik flexibles** ⁓**system*** (FMS) ‖ ⁓**technik** *f* (DIN 8580) / manufacturing technology, manufacturing engineering ‖ **fortgeschrittene** ⁓**technik** (F.Org) / advanced manufacturing technology, AMT ‖ ⁓**überwachung** *f* (Chem Verf) / process inspection ‖ ⁓**überwachung** (F.Org, Masch) / production monitoring ‖ ⁓**verfahren** *n* (Chem Verf, F.Org, Masch) / production method ‖ ⁓**vorbereitung** *f* (F.Org) / production engineering ⁓**technologische vorbereitung** (F.Org) / work scheduling ‖ ⁓**vorlaufzeit** *f* (F.Org) / preparation time (of a shop order) ‖ ⁓**zeichnung** *f* (DIN 199, T 1) / working drawing, shop drawing ‖ ⁓**zelle** *f* (kleine, in sich geschlossene Fertigungseinheit) (F.Org) / production cell ‖ **flexible** ⁓**zelle** (F.Org) / flexible production cell ‖ ⁓**zentrum** *n* (F.Org, Masch) / production centre ‖ ⁓**zyklus** *m* (F.Org) / production cycle

**Fertig•walzen** *n* (Hütt) / finish rolling ‖ ⁓**walzwerk** *n* (Hütt) / finish rolling mill ‖ ⁓**ziehen** (beim Tiefziehen) (Masch) / final draw, finish draw, final drawing, finish drawing ‖ ⁓**zubereitete Lebensmittel** (Gerichte) **für den Sofortverzehr** (Nahr) / take-away food, take-out food (US) ‖ ⁓**zug** *m* (Masch) / final draw, finish draw, final drawing, finish drawing

**Fertilität** *f* (Biol) / fertility* *n*, fecundity* *n*
**Fertilitätsfaktor** *m* (Gen) / fertility factor, F factor

**Ferulasäure** *f* (eine Hydroxyzimtsäure) (Bot, Chem) / ferulic acid

**Féry-Spektrograf** *m* (nach Ch. Féry, 1865-1935) (Opt) / Féry spectrograph*
**Fe-Schrott** *m* (Hütt) / iron scrap, junk iron, scrap-iron *n*
**Fesselballon** *m* (Luftf) / captive balloon*
**Fesselhülse** *f* (für gefesselte Kolbenfeder) (Kfz) / secondary piston stop, stop sleeve

**fest** *adj* (beständig) / stable* *adj*, resistant *adj*, proof *adj* ‖ ⁓ / firm *adj* ‖ ⁓ (Schuh, Gestein, Werkstoff) / strong *adj* ‖ ⁓ (Gebirge) (Geol) / solid *adj*, sound *adj*, firm *adj* ‖ ⁓ (Masch) / tight *adj* ‖ ⁓ (eingespannt) (Mech) / fixed *adj* ‖ ⁓ (Körper) (Phys) / solid* *adj* ‖ ⁓**es Andrücken** (der Erde gegen das untere Umfangsdrittel des Rohrs beim Eingraben) (HuT) / shovel slicing, spading *n* ‖ ⁓**er Anfang** (Web) / welt* *n* ‖ ⁓**er Anschlag** (Masch) / hard stop, dead stop ‖ ⁓**er Ast** (im Holz) (For) / tight knot ‖ ⁓**es Auflager** (HuT) / fixed bearing ‖ ⁓**e Backe** (des Schraubstocks) (Masch) / fixed jaw ‖ ⁓**e Besuchsschaltung** (Fernsp) / fixed call transfer ‖ ⁓**er Bezugspflock** (Verm) / recovery peg ‖ ⁓**e Blocklänge** (EDV) / fixed block length ‖ ⁓**er Boden** (unter den Fundamenten) (Bau, HuT) / firm ground ‖ ⁓**er Brennstoff** (Kftst) / solid fuel ‖ ⁓**er Brennstoff, der durch den Rost durchgefallen ist** (Kftst) / riddlings *pl* ‖ ⁓**e Brücke** (z.B. Balken- oder Bogenbrücke) (HuT) / fixed bridge ‖ ⁓**er Buchrücken** (Buchb) / tight backbone, tight back, fast back ‖ ⁓**es Dämpfungsglied** (nur aus Widerständen aufgebautes) (Eltech) / pad*  *n*, fixed attenuator, attenuation pad, fixed-loss attenuator ‖ ⁓**er Drehkörper** (Mech) / rotator *n* ‖ ⁓**e Drehmaschinenspitze** (Masch) / dead centre*, fixed centre, cup center (US) ‖ ⁓**e durchgeschaltet** (EDV) / nailed through ‖ ⁓ **eingebauter Rost** (Aufber) / static grizzly ‖ ⁓ **eingestelltes Gewebe** (Tex) / tight weave ‖ ⁓**er Einsatz** (Hütt) / cold charge ‖ ⁓**e Einspannung** (Bau) / fixed end* ‖ ⁓ **elektrisch verbinden** (Eltronik) / bond *v* ‖ ⁓**e elektrische Verbindungen** (Eltech) / bonding* *n* ‖ ⁓**er Elektrolyt** (Galv) / solid electrolyte, dry electrolyte ‖ ⁓**es Fahrwerk** (Luftf) / fixed landing gear, fixed undercarriage ‖ ⁓**e Fernmeldestation** (Fernm) / fixed station ‖ ⁓**e Fernmeldestelle** (Fernm) / fixed station ‖ ⁓**er Flansch** (Masch) / integral flange ‖ ⁓**er Flugfernmeldedienst** (Luftf) / aeronautical fixed services*, AFS* ‖ ⁓**es Format** (EDV) / fixed format ‖ ⁓**e formschlüssige Kupplung** (Masch) / clamping coupling ‖ ⁓**er Funkdienst** (Radio) / fixed radio service ‖ ⁓**es Gebirge** (beim Schachtabteufen) (Bergb) / stone head* ‖ ⁓**es Gelenk** (Arch, Masch) / fixed hinge ‖ ⁓**er Grund** (Bau, HuT) / firm ground ‖ ⁓**e Haftung** (auf einer Unterlage) / anchorage *n* ‖ ⁓**es Hangendes** (Bergb) / hard roof ‖ ⁓**e hochradioaktive Abfälle** (Nukl) / high-level solid waste ‖ ⁓**e Ionisationskammer** (Kristallzähler) (Kernphys) / solid ionization chamber ‖ ⁓**er Katalysator** (Chem) / solid catalyst ‖ ⁓**er Kohlenstoff** (Chem, Hütt) / fixed carbon*, FC ‖ ⁓**e Konferenz** (Fernm) / preset conference ‖ ⁓**e (konstante) Fuge** (die beiden Teile können sich nicht unabhängig bewegen) / fixed joint, rigid joint ‖ ⁓**e Kopplung** (Kernphys) / tight coupling, strong coupling, tight binding ‖ ⁓**er Körper** (Phys) / solid* *n* ‖ ⁓**e Kupplung** (angeschmiedete, angeschweißte oder angeschrumpfte) (Masch) / solid coupling ‖ ⁓**e Logik** (EDV) / hard-wired logic* ‖ ⁓**es Löschmittel** (sehr oft NaCl + NaHCO$_3$) / dry chemical (for fire fighting), dry powder* ‖ ⁓**e Lösung** (Mischkristalle oder Legierungen) (Chem, Phys) / solid solution*, SS, crystalline solution ‖ ⁓**e Luftschraube** (Luftf) / fixed-pitch airscrew*, fixed-pitch propeller ‖ ⁓**e Masseverbindungen** (Eltech) / bonding* *n* ‖ ⁓**es Mineral** (im Gegensatz zu flüssigem Mineral) (Min) / hard mineral ‖ ⁓**es Nährmedium** (Bakteriol) / solid nutrient medium ‖ ⁓**er Narben** (Leder) / tight grain ‖ ⁓**e nichtmetallische Verunreinigung** (Hütt) / solid non-metallic impurity, sonim *n* ‖ ⁓**er Pfahl** (ein Ankerpfahl) (Schiff) / spud *n*, anchorage spud ‖ ⁓**e Phase** (Phys) / solid phase ‖ ⁓**e Programmlenkung** (Luftf) / preset guidance* ‖ ⁓**e Rahmenantenne** (Radio) / fixed-loop aerial* ‖ ⁓**er Raketentreibstoff** (Raumf) / solid propellant ‖ ⁓**e Riemenscheibe** (Masch, Mech) / fast pulley*, fixed pulley ‖ ⁓**e Rolle** (des Flaschenzugs) (Masch, Mech) / fast pulley*, fixed pulley* ‖ ⁓**er Rost** (kein Wanderrost) (Masch) / stationary grate, fixed grate ‖ ⁓**er Rücken** (als Gegensatz zu hohlem Rücken) (Buchb) / tight backbone, tight back, fast back ‖ ⁓**es Satzformat** (bei der numerischen Steuerung nach DIN 66257) (Masch) / fixed-block format ‖ ⁓**e Schachtel** (Pap) / set-up box ‖ ⁓**e Sedimentteile** (die in den Flüssen meistens durch Reptation transportiert werden - z.B. Flußgeröll) (Geol) / solid debris load, debris load ‖ ⁓**es Sol** (Chem) / rigid sol ‖ ⁓**er Spiegel** (eines Spiegelsextanten) (Verm) / horizon glass*, horizon mirror ‖ ⁓**e Spitze** (Masch) / dead centre*, fixed centre, cup center (US) ‖ ⁓**e Stütze** (eines Laufwerks) (Mag) / fixed post ‖ ⁓**e Verbindung** (Fernm) / point-to-point connection (GB), point-to-point circuit, dedicated connection (GB), fixed connection (GB) ‖ ⁓**e Verbindung** (Masch) / static contact ‖ ⁓ **werden** *v* (durch Kälte) / congeal *vi* ‖ ⁓ **werden** / solidify *v* ‖ ⁓**e Wortlänge** (EDV) / fixed word length ‖ ⁓**er Zeichenabstand** (EDV) / constant pitch ‖ ⁓**er Zeichenschritt** (EDV) / constant pitch ‖ ⁓**e Zeitverzögerung** / definite time-lag*, constant time-lag*, fixed time-lag*, independent time-lag* ‖ ⁓**er Zusammenbau** (Masch) / permanent assembly ‖ ⁓**er**

**Festabstand**

**Zyklus** (festgespeichertes Unterprogramm für die Steuerung bestimmter Operationen) (EDV, Masch) / fixed cycle
**Fest•abstand** m / fixed distance ‖ ~**adresse** m (EDV) / permanent address, fixed address ‖ ~**anschlag** m (Masch) / hard stop, dead stop ‖ ~**auflager** n (HuT) / fixed bearing ‖ ~**backen** v / cake v ‖ ~**backen** n / caking n ‖ ~**beleuchtung** f (Licht) / festive lighting, festive illumination, gala illumination ‖ ~**beton** m (Bau, HuT) / hardened concrete ‖ ~**bett** n (z.B. beim katalytischen Kracken) (Chem Verf) / fixed bed, static bed, dense bed ‖ ~**bettelektrolyse** f (zur Abscheidung von Metallen aus Abwässern) (Sanitär) / fixed-bed electrolysis ‖ ~**bettreaktor** m (ein Kontaktofen) (Chem Verf) / fixed-bed reactor ‖ ~**bettsüßung** f (Erdöl) / fixed-bed sweetening ‖ ~**bildkommunikation** f (Fernm) / phototelegraphy n, picture telegraphy, still-picture transmission ‖ ~**bildtelefonie** f (Fernsp) / fixed-image videotelephony ‖ ~**binden** v / strap v ‖ ~**binden** (Hochdruckleitungen mit beweglichen Verbindungen) (Erdöl) / snub v ‖ ~**bitumen** n / solid bitumen ‖ ~**blasen** n (Glas) / hot mould, hot-mould blowing ‖ ~**blattstuhl** m (Web) / fast-reed loom ‖ ~**bremsdrehzahl** f (Prüfwert des Strömungswandlers, ermittelt in der Standprüfung) (Masch) / stall speed ‖ ~**bremsmoment** n (Eltech) / standstill torque* ‖ ~**bremsmoment** (bei Strömungswandlern) (Masch) / stall torque ‖ ~**brennen** (Schmutz) (Tex) / bake vi ‖ ~**brennen** n (der Kolbenringe) (Kfz) / seizure n, seizing n ‖ ~**brennen** (der Elektrode) (Schw) / freezing n, sticking n ‖ ~**brennstoff** m (Kftst) / solid fuel ‖ ~**brücke** f (HuT) / fixed bridge ‖ ~**dachtank** m (Chem Verf) / firm-roof tank
**Feste** f (ein Lagerstättenteil, z.B. beim Kammerbau) (Bergb) / pillar* n
**fest•eingebauter Ballast** (Luftf) / fixed ballast ‖ ~**eingestellter Abschwächer** (Eltech) / pad* n, fixed attenuator, attenuation pad, fixed-loss attenuator ‖ ~**eis** n (Meereis, meistens entlang der Küste) (Ozean) / fast ice, shore floe, land floe, ice foot, coast ice, coastal ice, landfast ice ‖ ~**elektrolyt** m (Galv) / solid electrolyte, dry electrolyte ‖ ~**elektrolyt-Sensor** m (ein chemischer Sensor) / solid-electrolyte sensor
**Festenbau** m (Schutz durch Stehenlassen von Bergfesten) (Bergb) / breast stoping, pillar working
**Fest•fenster** n (Bau) / deadlight* n, fast sheet*, fixed light, fixed sash*, fixed window, stand sheet*, fixed sheet* ‖ ~**-fest-Grenzfläche** f (Phys) / solid-solid interface ‖ ~**feuer** n (ein Leuchtfeuer, das einen Lichterschein ohne Unterbrechung als Kennung hat) (Schiff) / fixed light ‖ ~**feuer mit Blitzen** (Schiff) / fixed flashing light ‖ ~**filmüberzug** m (bei dem die Reibfläche mit einem Feststoff beschichtet wird, bevor das Teil in Betrieb genommen wird) / solid-film coating ‖ ~**flansch** m (Masch) / integral flange ‖ ~**-flüssige Dispersion** / slurry n ‖ ~**-flüssig-Extraktion** f (Chem Verf) / solid-liquid extraction ‖ ~**frequenzoszillator** m (Eltronik) / fixed-frequency oscillator ‖ **sich** ~**fressen** (Masch) / seize v, gall v, seize up v, freeze up v, weld vi, scuff v ‖ ~**fressen** n (der Kolbenringe) (Kfz) / seizure n, seizing n ‖ ~**fressen** (Masch) / seizure n, scuffing* n, seizing n, galling n ‖ ~**Gaschromatografie** f (Chem) / solid-gas chromatography, S.G.C. ‖ ~**gebremster Läufer** (Eltech) / locked rotor, stalled rotor ‖ ~**gebremster Motor** (Eltech) / locked motor ‖ ~**gebremster Rotor** (Eltech) / locked rotor, stalled rotor ‖ ~**gebunden** adj / strapped adj ‖ ~**gefahrener Schnee** (Kfz, Meteor) / snow concrete, snowcrete n ‖ ~**gefressenes Lager** (Masch) / frozen bearing* ‖ ~**gehalt** m (als Masse) / solids content ‖ ~**gehalten** adj (Verdampfungsendpunkt) (Masch) / finite adj ‖ ~**gehen** v (Masch) / bind vi ‖ ~**gehen** n (des Bohrwerkzeuges) (Bergb) / fitchering n (US) ‖ ~**gelagert** adj (Boden) (Landw) / compact adj ‖ ~**gelagerte Achse** (Bahn) / dead axle*, fixed axle, rigid axle
**festgelegt, zeitlich** ~ / timed adj ‖ ~**er Ausflugort** (Luftf) / exit fix ‖ ~**e Betriebsreichweite** (Fernm, Luftf) / designated operational range ‖ ~**er Einflugort** (Luftf) / entry fix ‖ ~**er Standort** (Luftf) / fix* n
**Fest•gelenk** n (Kfz, Masch) / fixed joint ‖ ~**radseitiges ~gelenk** (Kfz) / outer fixed joint ‖ ~**gesackte Bettung** (Bahn) / consolidated ballast
**festgeschaltet** adj (Eltech) / permanently connected ‖ ~ (Fernm) / not switched adj, non switched ‖ ~**e Leitung** (EDV, Fernm) / dedicated line (leased or privately owned), non-switched line ‖ ~**e Verbindung** (EDV, Fernm) / dedicated line (leased or privately owned), non-switched line ‖ ~**e Verbindung** (Fernm) / point-to-point circuit
**fest•geschnallt** adj / strapped adj ‖ ~**gestein** n (DIN 18300) (Bau, Geol, HuT) / solid rock, competent rock ‖ ~**gestein** (oberste Schicht nach Lockergestein oder unverfestigten Bodenschichten) (Geol, HuT) / basement* n ‖ ~**gestellte systematische Meßabweichung** (Instr) / bias error ‖ ~**gewachsener Blasen- oder Knotentang** (Bot) / rockweed n ‖ ~**glas** n (Wasserglas) (Chem) / solid water-glass ‖ ~**haftend** adj / tightly adherent, firmly adhering ‖ ~**haftende Algen** (Ozean) / sessile algae ‖ ~**halteeinrichtung** f (Masch) / locking device, arrest n, arrester n, arrest device, lock n, latch n ‖ ~**haltemutterndreher** m (Werkzeug zum Greifen und Ansetzen von Muttern an schwerzugänglichen Stellen) (Werkz) / nut starter ‖ ~**halten** v / keep v, hold v, retain v ‖ ~**halten** (Film, Foto) / capture v (on film) ‖ ~**halten** (Phys) / restrain v ‖ ~**halten** n **der Gesprächsdaten** (Fernsp) / ticketing n ‖ ~**halteschraubendreher** m (Werkz) / screw-holding screwdriver ‖ ~**haltezange** f (Werkz) / locking pliers, self-grip pliers, grip wrench, vise grip pliers (US), vise grips (US)

**Festigkeit** f (Echtheit) / fastness n (to)* ‖ ~ (der Klebeverbindung) (Masch) / permanence n ‖ ~ (Formänderungswiderstand) (Mech, WP) / strength n ‖ **dynamische** ~ (WP) / dynamic strength ‖ **interlaminare** ~ (WP) / interlaminar strength ‖ **mittlere** ~ (WP) / medium strength ‖ **relative** ~ **des Stoßes** (beim Nieten oder Schweißen) (Masch) / joint efficiency* ‖ **statische** ~ (Bruchspannung, die das Material bei langsam anwachsender Belastung erreicht) (WP) / static strength
**Festigkeits•abbau** m (WP) / reduction in strength, strength degradation ‖ ~**abfall** m (WP) / reduction in strength, strength degradation ‖ ~**anstieg** m (WP) / increase in strength ‖ ~**berechnung** f (Masch, Mech, WP) / strength calculation ‖ ~**eigenschaft** f (WP) / strength property ‖ ~**hypothese** f (Mech) / failure criterion, failure theory ‖ ~**lehre** f (ein Teilgebiet der technischen Mechanik) (Mech) / strength of materials (theory), strength theory (a branch of applied mechanics) ‖ ~**reserve** f (der Konstruktion) (Mech) / factor of safety*, margin of safety ‖ ~**steigerung** f (WP) / increase in strength ‖ ~**überschuß** m (der Konstruktion) (Mech) / factor of safety*, margin of safety ‖ ~**verhalten** n (WP) / strength behaviour ‖ ~**verlust** m (WP) / loss in strength ‖ ~**vorrat** m (der Konstruktion) (Mech) / factor of safety*, margin of safety ‖ ~**zunahme** f (WP) / increase in strength
**Festigungs•gewebe** n (Kollenchym und Sklerenchym) (Bot) / stereome* n, strengthening tissue, supporting tissue ‖ ~**mittel** n (Nahr) / firming agent
**Fest•kamm** m (Spinn) / stationary comb, top comb ‖ ~**kartonage** f (Pap) / set-up box ‖ ~**kautschuk** m (Chem Verf) / solid rubber ‖ ~**kegel** m (Mech) / space cone, herpolhode cone ‖ ~**keilen** v / chock v ‖ ~**keilen** (mit Keilen festhalten) (Masch) / wedge v, wedge up v ‖ ~**kleben** n (der Elektrode) (Schw) / freezing n, sticking n ‖ ~**klemmbar** adj / clip-on attr ‖ ~**klemmen** v / clamp v
**Festkomma** n (EDV) / fixed point ‖ ~**arithmetik** f (Befehlsausführung ohne automatische Berücksichtigung der Kommastelle - bei Digitalrechnern) (EDV) / fixed-point arithmetic ‖ ~**arithmetik** (EDV) s. auch Festkommarechnung ‖ ~**darstellung** f (EDV) / fixed-point notation*, fixed-point representation ‖ ~**rechnung** f (EDV) / fixed-point calculation ‖ ~**schreibweise** f (EDV) / fixed-point notation*, fixed-point representation
**fest•kommen** v (Schiff) / go aground, ground v, strand v ‖ ~**kondensator** m (Eltech) / fixed capacitor ‖ ~**kopf** m (EDV) / fixed head ‖ ~**kopfplatte** f (fest eingebaute Magnetplatte) (EDV) / fixed-head disk
**Festkörper** m (Phys) / solid* n ‖ **idealer** ~ (ein kristallischer Festkörper höchster Ordnung) (Krist, Phys) / ideal solid ‖ **realer** ~ (der mehr oder minder starke Abweichungen vom Idealfall aufweist) (Krist, Phys) / real body ‖ ~**batterie** f (Eltech) / solid-state battery ‖ ~**bildsensor** m (TV) / charge-coupled image sensor, solid-state image sensor ‖ ~**chemie** f (Chem, Krist) / crystal chemistry, chemical crystallography ‖ ~**detektor** m (Nukl) / semiconductor detector, junction detector, semiconductor radiation detector*, solid-state detector, nuclear semiconductor detector ‖ ~**diffusion** f (Hütt) / solid diffusion* ‖ ~**display** n (Eltronik) / solid display ‖ **chemisches** ~**dosimeter** (Radiol) / solid-phase chemical dosimeter ‖ ~**elektronik** f (Eltronik) / solid-state electronics ‖ ~**-Flüssigkeit-Grenzfläche** f (Phys) / solid-liquid interface ‖ ~**gehalt** m (Anstr) / non-volatile matter, solids content ‖ ~**ionenleitung** f (Chem, Phys) / solid-state ionics ‖ ~**ionenselektive Elektrode** (Chem) / all-solid-state ion-selective electronics ‖ ~**laser** m (dessen aktives Medium ein Festkörper ist) (Phys) / solid-state laser, solid laser ‖ **optisch gepumpter** ~**laser** (Phys) / optically pumped solid laser ‖ ~**löslichkeit** f (Chem, Phys) / solid solubility* ‖ ~**maser** m (Eltronik) / solid-state maser* ‖ ~**mechanik** f (Mech) / mechanics of solids, solids mechanics ‖ ~**modell** n (EDV) / solid model ‖ ~**physik** f (Teilgebiet der Physik, das sich mit den physikalischen Eigenschaften fester Körper und der theoretischen Deutung dieser Eigenschaften befaßt) (Phys) / solid-state physics*, physics of solids ‖ ~**polykondensation** f (Chem) / solid-state polycondensation ‖ ~**polymerisation** f (Chem) / solid-state polymerization ‖ ~**reaktion** f (Chem) / solid-state reaction ‖ ~**reibung** f (Phys) s. auch trockene Reibung ‖ ~**reibung** (Phys) / solid friction ‖ ~**reicher Lack** (Anstr) / high-solids paint ‖ ~**relais** n (Eltronik) / solid-state relay (SSR) ‖ ~**schaltkreis** m (Eltronik) / solid circuit, solid-state circuit ‖ **hochintegrierter** ~**schaltkreis** (Eltronik) / large-scale integrated circuit, LSI ‖ ~**schaltkreislogik** f (Eltronik) / solid-logic technology, SLT, integrated electronics ‖ ~**schaltung** f (aus einem einzigen homogenen Halbleiterblock) (Eltronik) / solid circuit, solid-state circuit ‖ ~**schaltungslogik** f (Eltronik) / solid-logic technology, SLT, integrated electronics ‖ ~**sinterung** f / solid-state sintering ‖ ~**speicher** m (EDV) / solid-state memory ‖ ~**speicher** f **in der Größe**

einer Kreditkarte (EDV) / solid-state credit-card-size memory ‖ ~spurdetektor *m* (Kernphys) / solid-state track recorder (SSTR), solid-state nuclear track detector (SSNTD) ‖ ~**übertragen** *adj* (Akus) / structure-borne *adj*
**Festkosten** *pl* / fixed costs
**Festland** *n* (Geog) / earth *n* (in contrast to the water surface) ‖ **auf dem** ~ **gebildet** / terrestrial *adj* ‖ ~**eis** *n* (Geol) / ice sheet, ice mantle
**Festlandsablagerung** *f* (Geol) / continental deposit*
**Festlandsockel** *m* (Geol) / continental shelf*, continental platform, shelf *n* (pl. shelves) ‖ **Außengrenze** *f* **des** ~**s** (Geol) / outer limit of the continental shelf
**festlegen** *v* (Regeln, Richtlinien, Bedingungen) / lay down *v*, formulate *v* ‖ ~ (Toleranzen) (Masch) / establish *v* ‖ **vorher** ~ / predetermine *v*, pre-establish *v*
**Festlegung, variable** ~ **des Geltungsbereichs** (des Gültigkeitsbereichs) (KI) / variable scoping ‖ **zeitliche** ~ / timing *n* ‖ ~ *f* **der Flugreihenfolge** (Luftf) / sequencing of flights ‖ ~ **des Gültigkeitsbereiches** / scoping *n*
**festlich beleuchtet** / festively lit
**Fest•macher** *m* (eine Leine) (Schiff) / mooring line, mooring hawser ‖ ~**macherleine** (Schiff) / mooring line, mooring hawser ‖ ~**membrane** *f* / fixed membrane ‖ ~**meter** *m n* (alte Einheit zur Messung von Rohholz nach DIN 1301, T 3) (For) / solid cubic metre ‖ ~**mörtel** *m* (Bau) / hardened mortar ‖ ~**musterrauschen** *n* (Opt) / spatial noise, stationary pattern noise ‖ ~**narbigkeit** *f* (Leder) / tightness of grain ‖ ~**netz** *n* (im allgemeinen) (Fernm, Fernsp) / fixed network ‖ ~**netz** (als Gegensatz zu Mobilfunknetz) (Fernsp) / conventional telephone network
**Feston** *n* (Arch) / festoon *n*
**Fest•orientierung** *f* (des Kreisels) (Phys) / slaving *n* ‖ ~**oxid-Brennstoffzelle** *f* / solid-oxide fuel cell, SOFC ‖ ~**paraffin** *n* (ein Erdölwachs) (Chem) / paraffin wax*
**Festphase** *f* (Phys) / solid phase
**Festphasen•epitaxie** *f* (Eltronik) / solid-phase epitaxy (SPE) ‖ ~**fermentation** *f* (Biochem) / solid-phase fermentation ‖ ~**mikroextraktion** *f* (Chem) / solid-phase microextraction, SPME ‖ ~**peptidsynthese** *f* (Chem) / solid-phase synthesis ‖ ~**polykondensation** *f* (Chem) / solid-state polycondensation ‖ ~**polymerisation** *f* (Chem) / solid-state polymerization ‖ ~**technik** *f* (bei der einer der Reaktionspartner in verfestigter Form zur Anwendung gebracht wird - z.B. die Merrifield-Technik) (Chem) / solid-state technique ‖ ~**verfahren** *n* (Chem) / solid-state technique
**Festplatte** *f* (EDV) / hard disk*, rigid disk ‖ ~ (die fest eingebaut ist - keine Wechselplatte) (EDV) / fixed disk
**Festplatten•cache** *m* (EDV) / disk cache ‖ ~**laufwerk** *n* (EDV) / hard-disk drive, fixed-disk drive ‖ ~**speicher** *m* (eines Trägers) (EDV) / hard-disk storage, fixed-disk storage, fixed-disk store ‖ ~**spiegelung** *f* (jeder Datenblock wird auf zwei Platten abgelegt; dadurch entsteht ein exaktes Duplikat einer Platte, auf die bei Ausfall sofort zugegriffen werden kann) (EDV) / disk mirroring, mirroring *n* ‖ ~**zugriff** *m* (EDV) / hard-disk access
**Fest•preis** *m* / fixed price ‖ ~**programmrechner** *m* (Digitalrechner, bei dem sich das gespeicherte Programm in einem Festspeicher befindet) (EDV) / fixed-program computer ‖ ~**propeller** *m* (Luftf) / fixed-pitch airscrew*, fixed-pitch propeller
**Festpunkt** *m* (EDV) / fixed point ‖ ~ (Foto, Verm) / control point ‖ ~ (der Temperaturskale) (Phys, Wärm) / fixed point* ‖ ~ (Verm) / benchmark* *n*, B.M., BM ‖ ~ (Verm) / fix* *n* ‖ ~**arithmetik** *f* (EDV) / fixed-point arithmetic ‖ ~**darstellung** *f* (EDV) / fixed-point notation*, fixed-point representation ‖ ~**rechnung** *f* (EDV) / fixed-point calculation ‖ ~**schreibweise** *f* (DIN 44300) (EDV) / fixed-point notation*, fixed-point representation
**Fest•rad** *n* (des Schaltmuffengetriebes) (Kfz) / fixed gear ‖ ~**rahmenantenne** *f* (Radio) / fixed-loop aerial* ‖ ~**sattelbremse** *f* (Kfz) / fixed-calliper disk brake ‖ ~**sattelscheibenbremse** *f* (Kfz) / fixed-calliper disk brake ‖ ~**schaltstück** *n* (Eltech) / fixed contact* ‖ ~**scheibe** *f* (Masch, Mech) / fast pulley*, fixed pulley ‖ ~**schicht-Kapillarsäule** *f* (Chem) / porous layer open tubular column, PLOT column ‖ ~**schmierstoff** *m* / dry lubricant, solid lubricant ‖ ~**schmierstoffbinder** *m* / solid-lubricant binder ‖ ~**schnallen** *v* / strap *v* ‖ ~**schweißen** *n* (der Elektrode) (Schw) / freezing *n*, sticking *n* ‖ ~**setzen** *v* / assess *v* ‖ ~**setzung** *f* **der Förderquoten** (Erdöl) / proration *n* ‖ ~**sitz** *m* (Übergangspassung) (Masch) / interference fit ‖ ~**sitz** (Masch) / medium force fit, class 7 fit ‖ ~**sitzen** *vi* / stick *vi*, hang up *v*, get stuck ‖ ~**sitzend** *adj* (Schliffpaz) (Chem) / frozen *adj* ‖ ~**sitzend** (Masch) / tight *adj* ‖ ~**sitzende Algen** (Ozean) / sessile algae ‖ ~**sitzendes Benthos** (Biol) / sessile benthos ‖ ~**spannen** *v* (Masch) / clamp *v*, mount *v* ‖ ~**spannen** (z.B. Proben bei der Werkstoffprüfung) (WP) / grip *v*, clamp *v* ‖ ~**speicher** *m* (EDV) / read-only memory, ROM*, fixed store, permanent storage, permanent store* ‖ **programmierbarer** ~**speicher** (EDV) / programmable read-only memory*,

programmable ROM, PROM* ‖ ~**sperren** *v* (Masch) / lock *v*, lock up *v* ‖ ~**stampfen** *v* (Bau, HuT) / pound *v*, tamp* *v*, pun *v* (GB), pack *v* (down) ‖ ~**stampfen** *n* (Bau, HuT) / pounding *n*, tamping *n*, punning* *n* (GB) ‖ ~**station** *f* (Mobilfunk) (Fernsp) / base station ‖ ~**stationstaste** *f* (Radio) / preselected button for memory tuning ‖ ~**stecken** *v* (mit Nadeln) / pin *v*
**feststehend** *adj* / stationary *adj* ‖ ~**e Brennebene** (Opt) / stationary focal plane ‖ ~**es Fenster** (Bau) / deadlight* *n*, fast sheet*, fixed light, fixed sash*, fixed window, stand sheet*, fixed sheet* ‖ ~**es Schaltstück** (Eltech) / fixed contact*
**feststellbar** *adj* (EDV) / locking *adj* (key) ‖ ~ (Masch) / lockable *adj*, securable *adj* ‖ ~**er Zirkel** (Instr) / lock-joint dividers, lock-joint compasses
**Feststell•bremse** *f* (Kfz) / parking-brake ‖ ~**einrichtung** *f* (Masch) / locking device, arrest *n*, arrester *n*, arrest device, lock *n*, latch *n*
**feststellen** *v* (beider Analyse) / determine *v*, detect *v*
**Feststell•ring** *m* (der Bügelmeßschraube) (Masch) / lock-nut* *n*, lock ring ‖ ~**vorrichtung** *f* (Masch) / locking device, arrest *n*, arrester *n*, arrest device, lock *n*, latch *n*
**Feststoff** *m* / solid matter ‖ ~ (für chemische Triebwerke) (Raumf) / solid propellant*, solid rocket fuel, solid rocket propellant, dry fuel ‖ ~**kristalliner** ~ (Chem) / crystalline solid* ‖ ~**abscheidung** *f* (Chem Verf, Sanitär) / solids capture, solids separation, solids recovery ‖ ~**anteil** *m* (Chem) / solids content ‖ ~**anteil** (im Rauchgas) (Umwelt) / particulate matter concentration ‖ ~**batterie** *f* (Eltech) / solid-state battery ‖ ~**bett** *n* (Chem Verf) / fixed bed, static bed, dense bed ‖ ~**-Booster** *m* (Raumf) / solid rocket booster ‖ ~**-Boosterrakete** *f* (Raumf) / solid rocket booster ‖ ~**dichte** *f* (Phys) / true density* ‖ ~**durchsatzleistung** *f* (Phys) / solids-handling capacity ‖ ~**-Fermentation** *f* (Biochem) / solid-phase fermentation ‖ ~**gehalt** *m* (als Masse) / solids content ‖ ~**gehalt** (als Volumen) (Pap) / solid fraction ‖ ~**gehalt** (Umwelt) / particulate matter concentration ‖ ~**probe** *f* / solid sample ‖ ~**pumpe** *f* (Masch) / solids-handling pump, solids pump ‖ ~**rakete** *f* (Raumf) / solid-propellant rocket, SPR ‖ ~**raketentriebwerk** *n* (Raumf) / solid-propellant rocket engine, SPR engine ‖ ~**reaktion** *f* (bei der mindestens ein Reaktand im festen Aggregatzustand ist) (Chem) / solid-state reaction ‖ ~**schmierstoff** *m* (z.B. Graphit) / non-petroleum lubricant, dry lubricant ‖ ~**strömung** *f* (Phys) / solids flow ‖ ~**teilchen** *n* (im Rauchgas) / particulate *n*, particulate matter ‖ ~**trieb** *m* (Sanitär, Wasserb) / total load ‖ ~**volumen** *n* (Pap) / solid fraction
**Fest-Target-Experiment** *n* (Kernphys) / fixed-target experiment
**Festungsverband** *m* (ein alter Mauersteinverband bei starken Backsteinfundamentmauern) (Bau) / raking bond*, diagonal bond*, herring-bone bond*
**Fest•verbindung** *f* (Fernm) / point-to-point connection (GB), point-to-point circuit, dedicated connection (GB), fixed connection (GB) ‖ ~**verbindungsdienst** *m* (Fernm) / permanent-circuit service, permanent-circuit telecommunication service
**festverdrahtet** *adj* (Eltronik) / wired-in *adj*, hard-wired *adj*, wired *adj*, permanently wired ‖ ~**e Logik** (bei der der Signalfluß immer gleich ist) (EDV) / hard-wired logic* ‖ ~**es Programm** (EDV) / wired program ‖ ~**e Prüfung** (EDV, Eltronik) / hardware check, automatic check (when applied to hardware), built-in check ‖ ~**e Schaltung** (Eltech) / hard-wired circuit ‖ ~**e Steuerung** (Regeln) / wired control, hard-wired control
**Fest•verstärker** *m* (Eltech, Fernm) / fixed-gain amplifier ‖ ~**wandiger Behälter** / rigid-walled tank ‖ ~**werden** *n* (des Gestänges) (Erdöl) / sticking *n* ‖ ~**werden** (Phys) / solidification *n*
**Festwert** *m* (in der NC-Technik) / fixed value ‖ ~**multiplizierer** *m* (EDV) / constant multiplier ‖ ~**regelung** *f* (bei der die Führungsgröße zeitinvariant ist) (Regeln) / regulation* *n* ‖ ~**speicher** *m* (DIN 44476) (EDV) / read-only memory, ROM*, fixed store, permanent storage, permanent store* ‖ **feldprogrammierbarer** ~**speicher** (DIN 44476) (EDV) / field-programmable read-only memory, FPROM ‖ **änderbarer** ~**speicher** (EDV) / alterable read-only memory, AROM ‖ **maskenprogrammierbarer** ~**speicher** (EDV) / mask-programmable read-only memory ‖ **abschmelzbarer programmierbarer** ~**speicher** (EDV) / fusible-link programmable ROM ‖ **optisch programmierbarer** ~**speicher** (Eltronik) / optical PROM, WORM memory ‖ ~**speicherprogrammierer** *m* (Gerät) (EDV) / PROM programmer ‖ ~**speicherprogrammierung** *f* (mit dem PROM-Programmiergerät) (EDV) / PROM zapping ‖ ~**steuerung** *f* (Regeln) / regulation* *n*
**Fest•widerstand** *m* (meistens in Rohrform mit Drahtwicklung oder Beschichtung) (Eltech) / fixed resistor ‖ ~**wortkonstante** *f* (EDV) / full-word constant, word constant ‖ ~**zeichen** *n* (Radar) / permanent echo, fixed echo, PE ‖ ~**zeichenecho** *n* (Radar) / permanent echo, fixed echo, PE ‖ ~**zeichenlöschung** *f* (Radar) / moving-target indication ‖ ~**zeichenunterdrückung** *f* (Radar) / moving-target indication ‖ ~**zeichenunterdrückungsradar** *m n* (Radargerät, das nur bewegliche Ziele anzeigt und feste mittels einer geeigneten

**festziehen**

Speicherschaltung heraussiebt und unterdrückt) (Radar) / moving-target indicator*, MTI* ‖ **~ziehen** v (z.B. eine Mutter) (Masch) / tighten vt ‖ **~zurren** v (mit Zurringen oder Ketten) (Schiff) / seize v, lash v ‖ **~zurren** n (mit Zurringen oder Ketten) (Schiff) / seizing n, lashing n ‖ **~zyklusbetrieb** m (EDV) / fixed-cycle operation
**FET** (Eltronik) / field-effect transistor*, FET*
**Fetch** m (Fläche, über welche der Wind ungehindert auf die Wasseroberfläche einwirken kann) (Med) / fetch* n
**FET-Logik, direktgekoppelte ~** (Eltronik) / direct-coupled FET logic, DCFL ‖ **gepufferte ~** (Eltronik) / buffered FET logic (BFL)
**fett** adj (Chem, Nahr) / fat adj, fatty adj ‖ **~** (Schrift) (Druck) / heavy adj, bold-faced adj, bold-face attr, heavy-faced adj ‖ **~** (Beton mit hohem Bindemittelanteil) (HuT) / fat* adj, rich adj ‖ **~** (Gemisch) (Kfz) / rich* adj ‖ **~er Alkydharzlack** (mit >60% Öl) (Anstr) / long-oil alkyd ‖ **~er Buchstabe** (Typog) / heavy-faced type ‖ **~er Kalk** (mit weniger als 10% Beimengungen des rohen Kalksteins) (Bau) / fat lime ‖ **~e Kohle** (mit 19-28% Gehalt an Flüchtigem) (Bergb) / fat coal*, caking coal ‖ **~er Mörtel** (mit hohem Bindemittelanteil) (Bau) / fat mortar ‖ **~es Öl** (Glycerinester von zum Teil ungesättigten Fettsäuren pflanzlicher oder tierischer Herkunft) (Chem) / fatty oil ‖ **~e Schrift** (EDV, Typog) / fat face*, bold face* ‖ **~er Ton** (stark plastischer) (Geol, Keram) / fat clay (a highly plastic clay)
**Fett** n (eine Schmierstoffart) / grease n, lubricating grease ‖ **~** (im analytischen Sinne) / fatty substance ‖ **~** (Chem, Nahr) / fat* n ‖ **~-** (Chem, Nahr) / fat adj, fatty adj ‖ **ausgeschmolzenes ~** (Nahr) / rendered fat ‖ **ausgetretenes ~** (Nahr) / rendered fat ‖ **graphitiertes ~** / graphitic grease, graphite grease, graphited grease ‖ **in ~ oder Halbfett auszeichnen** (EDV, Typog) / embold v ‖ **inverses ~** (Chem) / inverse fat ‖ **langziehendes ~** / fibre grease, fibrous grease ‖ **pflanzliches ~** (Nahr) / vegetable fat ‖ **tierisches ~** (Nahr) / animal fat ‖ **~ n i. Tr.** (Nahr) / fat content in dry matter ‖ **~ in der Trockenmasse** (Nahr) / fat content in dry matter
**Fett•absatz** m (im Fleisch) / fatty pocket ‖ **~abscheider** m (Sanitär) / grease-trap* n, fat trap ‖ **~abschwemmung** f (Entfetten) (Leder) / draining of fat ‖ **~ähnlicher Stoff** (Biochem) / lipoid* n ‖ **~aldehyd** m (Chem) / fatty aldehyde ‖ **~alkohol** m (Chem) / fatty alcohol ‖ **~alkoholalkoxylat** n (Chem) / fatty-alcohol polyglycol ether ‖ **~alkoholethersulfonat** n (ein Tensid) / fatty alcohol polyglycol sulphate ‖ **~alkoholethoxylat** n (Chem) / fatty-alcohol polyglycol ether ‖ **~alkoholpolyglykolether** m (Chem) / fatty-alcohol polyglycol ether ‖ **~alkoholsulfat** n (ein Tensid) (Chem) / fatty alcohol sulphate, fatty alkyl sulphate ‖ **~amin** n (Chem) / fatty amine ‖ **~arm** adj (Fleisch) (Nahr) / lean adj ‖ **~arm** (im allgemeinen) (Nahr) / fat-reduced adj ‖ **~arm** (Milch) (Nahr) / semi-skimmed adj, partially skimmed ‖ **~aufsatz** m (letzter Auftrag einer Fettmischung auf die Lederoberfläche) (Leder) / grease topping ‖ **~ausschlag** m (Leder) (Leder) / fatty spew ‖ **~beständigkeit** f (Masch) / grease resistance ‖ **~bestimmung** f **nach Babcock** (bei Milch) (Nahr) / Babcock test ‖ **~bestimmung nach Gerber** (bei Milch) (Nahr) / Gerber test ‖ **~chemie** f (Chem) / oleochemistry n ‖ **~dichtes Papier** (Pap) / greaseproof paper* ‖ **~dichtes Papier** (Pap) s. auch Butterpapier ‖ **~dichtigkeit** f (Pap) / greaseproofness n ‖ **~durchlässigkeit** f / grease permeability
**fetten** / grease v ‖ **~** (nasses Leder) (Leder) / fatliquor v ‖ **~ n** / greasing n ‖ **~** (des Leders mit Tran oder Öl) (Leder) / currying n ‖ **~** (Leder) / oiling-off n
**Fett•falte** f (Leder) / fat crease, fat wrinkle ‖ **~fang** m (Anlage zum Abtrennen von fetten und lipophilen Stoffen) (Sanitär) / grease-trap* n, fat trap ‖ **~fänger** m (Sanitär) / grease-trap* n, fat trap ‖ **~farbstoff** m (Kftst, Nahr) / fat dye ‖ **~festigkeit** f (Masch) / grease resistance ‖ **~fleckfotometer** n (ein visuelles Fotometer nach Bunsen) (Licht) / grease-spot photometer* ‖ **~fleckig** adj ‖ greasy adj ‖ **~fleckigkeit** f / greasiness n ‖ **~frei** adj (Nahr) / non-fat attr ‖ **~freie Trockenmasse** (Nahr) / non-fat solids ‖ **~gas** n (Kftst) / fat gas ‖ **~gehalt** m (Nahr) / fat content ‖ **~gerbung** f (Leder) / chamois tanning ‖ **~- und Schwefelgerbung** f (Leder) / oil-and-sulphur tannage ‖ **~gewebe** n (aus Fettzellen) (Biol, Leder) / fatty tissue ‖ **~glanz** m (Min) / greasy lustre ‖ **~haltig** adj (Chem, Nahr) / fat, fatty adj ‖ **~härtung** f (Umwandlung flüssiger in feste Fette durch partielle Hydrierung der ungesättigten Acyllipide) (Nahr) / hydrogenation of fats and oils ‖ **~herd** m (Aufber) / grease table* ‖ **~hydrierung** f (Nahr) / hydrogenation of fats and oils
**fettig** adj (Geol) / unctuous adj ‖ **~er Abfall** / oily waste ‖ **~er Griff** (Tex) / fatty handle ‖ **~keit** f / greasiness n
**Fett•kalk** m (Bau) / fat lime*, rich lime* ‖ **~kante** f (aus herabgelaufenem Anstrichstoff) (Anstr) / fat edge*, thick edge ‖ **~kennzahl** f (z.B. Verseifungszahl, Iodzahl, Säurezahl usw.) (Chem, Nahr) / fat index ‖ **~keton** n (Chem) / fatty ketone ‖ **~kohle** f (Bergb) / fat coal*, caking coal ‖ **~kreide** f (für die Lithografie) (Druck) / litho crayon ‖ **~kügelchen** n (Nahr) / fat globule ‖ **~lebensdauer** f (wäßerige Emulsion aus pflanzlichen und tierischen Ölen zum Fetten von Chromleder) / grease life ‖ **~licker** m (Leder) / fat liquor*

‖ **~lickern** n (Leder) / fat-liquoring n ‖ **~los** adj / greaseless adj ‖ **~löser** m (Anstr, Chem) / grease solvent, fat solvent ‖ **~löserseife** f (Tex) / benzine soap, dry-cleaning soap ‖ **~löslich** adj / fat-soluble adj, liposoluble adj, soluble in fat ‖ **~lösliches Vitamin** (Biochem, Pharm) / fat-soluble vitamin ‖ **~lösungsmittel** n (Anstr, Chem) / grease solvent, fat solvent ‖ **~öl** n (Chem) / fatty oil ‖ **~pech** n (Chem) / fatty-acid pitch, packing house pitch ‖ **~pistole** f (Werkz) / grease-gun* n, pressure gun ‖ **~presse** f (Werkz) / grease-gun* n, pressure gun ‖ **~pulver** n (Nahr) / fat powder ‖ **~raffination** f (zur Abtrennung unerwünschter Begleitstoffe aus pflanzlichen und tierischen Rohfetten) (Nahr) / fat refining ‖ **~reduziert** adj (Nahr) / fat-reduced adj, low in fat, low-fat attr ‖ **~reif** m (auf der Oberfläche der Schokolade) (Nahr) / fat bloom ‖ **~reihe** f (Nahr) / fatty series
**Fettsäure** f (unverzweigte aliphatische Monokarbonsäure) (Chem) / fatty acid*, aliphatic acid ‖ **dimerisierte ~** (Chem) / dimer acid ‖ **essentielle ~** (Biochem) / essential fatty acid, EFA ‖ **gesättigte ~** (Chem) / saturated fatty acid ‖ **gesättigte sehr langkettige ~** (Nahr) / very-long-chain fatty acid, VLCFA ‖ **isomerisierte ~n** (Anstr, Chem) / isomeric fatty acids, isomerized fatty acids ‖ **mehrfach ungesättigte ~** (Chem) / polyethenoid fatty acid, polyunsaturated fatty acid ‖ **~abbau** m (z.B. durch ß-Oxidation) (Biochem) / fatty-acid degradation, fatty-acid oxidation ‖ **~alkanolamid** n (Chem) / alkanolamine soap, fatty alkanolamine ‖ **~amid** n (Chem) / fatty-acid amide ‖ **~amin** (Chem) / fatty amine ‖ **~-Biosynthese** f (Biochem) / fatty-acid biosynthesis ‖ **~elektrolyse** f (nach Kolbe) (Chem) / Kolbe electrolysis ‖ **~elektrolyse** (nach Kolbe) (Chem) s. auch Kolbesche Synthese ‖ **~ester** m (Chem) / fatty-acid ester ‖ **~glucamid** n (Biochem) / fatty-acid glucamide ‖ **~härtung** f (eine Erhöhung des Sättigungsgrades) (Chem) / fatty-acid hardening ‖ **~isethionat** n (ein anionisches Tensid) (Chem) / fatty-acid isethionate ‖ **~synthase** f (Biochem) / fatty-acid synthase
**Fett•schicht** f (Anstr, Galv) / grease layer ‖ **~schmierung** f (Masch) / grease lubrication ‖ **~schwanzschaf** m (z.B. Karakulschaf) (Landw) / fat-tailed sheep ‖ **~schweiß** m (der Schafrohwolle) (Tex) / suint n, yolk n ‖ **~spaltend** adj (Chem Verf) / fat-splitting adj ‖ **~spaltung** f (Chem Verf) s. auch Lipolyse ‖ **~spaltung** (meistens nur technische) (Chem Verf) / fat splitting* ‖ **~spritze** f (Werkz) / grease-gun* n, pressure gun ‖ **~stein** n (zum Abstreifen überschüssigen Zinns) (Galv) / soapstone ‖ **~steißschaf** n (Landw, Zool) / fat-rumped sheep ‖ **~stift** m / grease pencil, tallow pencil, chinagraph n, china marker ‖ **~stoff** m / fatty matter ‖ **~tusche** f (für Siebdruck) (Druck) / tusche n ‖ **~verderb** m (Nahr) / fat deterioration ‖ **~walke** f (Tex) / grease fulling (US), grease milling (GB) ‖ **~wiese** f (Landw) / meadow of two cuts ‖ **~wolle** f (frisch geschorene, ungewaschene) (Tex) / grease wool, greasy wool, wool in the suint, yolk wool, wool in the grease ‖ **~zelle** f (Biol) / fat cell
**Fetzen** m / rag n ‖ **~kalander** m (in der Gummiindustrie) (Chem Verf) / rags calender ‖ **~mischungskalander** m (Chem Verf) / rags calender
**feucht** adj / wet adj, moist adj, damp adj ‖ **~** (Masch, Meteor, Phys) / humid adj ‖ **~er Beton** (Bau, HuT) / moist concrete ‖ **~ machen** / wet v, moisten vt, humidify v, dampen v, moisturize v ‖ **~e Sektion** (des Labors) (Foto) / humid side ‖ **~e Wärme** (z.B. bei der Klimaprüfung) (Wärm) / damp heat ‖ **~ werden** / moisten vi ‖ **~e Witterung** (Meteor) / humid weather
**Feucht•adiabate** f (Meteor) / moist adiabat, wet adiabat, pseudoadiabat n ‖ **~adiabatisches Temperaturgefälle** (Meteor) / saturated adiabatic lapse rate*, SALR*, moist-adiabatic lapse rate, saturation-adiabatic lapse rate ‖ **~adiabatischer Temperaturgradient** (Meteor) / saturated adiabatic lapse rate*, SALR*, moist-adiabatic lapse rate, saturation-adiabatic lapse rate ‖ **~biotop** n (Umwelt) / humid biotope, humid zone ‖ **~dehnung** f (Bau, HuT, Pap) / moisture expansion*, bulking* n ‖ **~dehnung** (Längenänderung eines Papierstreifens bei Änderung der relativen Feuchtigkeit) (Druck, Pap) / wet expansion*
**Feuchte** f / moisture n, dampness n ‖ **~** (Meteor, Phys) / humidity* n (relating to air) ‖ **absolute ~** (Meteor) / absolute humidity* ‖ **aufsteigende ~** (Bau) / rising damp ‖ **relative ~** (Meteor) / relative humidity*, RH, ‖ **~austausch** m (Tex) / moisture transfer f ‖ **~austauschvermögen** n (eine die Behaglichkeit der Textilien bestimmende Eigenschaft) (Tex) / moisture transfer property ‖ **~beladen** adj / moisture-carrying adj, moisture-laden adj ‖ **~dehnung** f (Pap) / moisture strain ‖ **~festigkeit** f / moisture resistance ‖ **~film** m / moisture film ‖ **~gefälle** n (Meteor) / moisture gradient ‖ **~gehalt** m / moisture content, percentage of moisture, moisture on the "as is" basis ‖ **~geschützt** adj / moisture-proof adj ‖ **~gradient** m (Meteor) / moisture gradient ‖ **~index** m (Bot, Landw) / moisture index, Thornthwaite index ‖ **~leitfähigkeit** f / moisture conductivity n ‖ **~messer** m (in der Werkstoffkunde) (WP) / moisture meter ‖ **registrierender ~messer** (zur selbsttätigen Aufzeichnung der relativen Feuchte) (Meteor) / hygrograph n ‖ **~messer** m s. auch Hygrometer ‖ **~schaden** m (For) / moisture damage ‖ **~schreiber** m (Meteor) / hygrograph n ‖ **~schutz** m (gegen Durchfeuchtung) (Bau) /

damp proofing, moisture proofing ‖ ⁓**schutzbehandlung** f (For) / moisture proofing
**Feucht•gebiet** n (Geog, Landw) / wetlands pl ‖ ⁓**gebiet** (Umwelt) / humid biotope, humid zone ‖ ⁓**getreide** n (Landw) / high-moisture grain ‖ ⁓**gewicht** n / weight in wet state ‖ ⁓**glätte** f (Pap) / water-finish* n, W.F. ‖ ⁓**glättwerk** n (Pap) / breaker stack ‖ ⁓**gutmasse** f / wet weight ‖ ⁓**haltemittel** n (Chem, Nahr) / humectant* n ‖ ⁓**halter** m (Chem, Nahr) / humectant* n ‖ ⁓**haltung** f (des Betons) (Bau, HuT) / moisture curing ‖ ⁓**holz** n (For) / wet wood
**Feuchtigkeit** f / moisture n, dampness n ‖ ⁓ (Meteor, Phys) / humidity* n (relating to air) ‖ absolute ⁓ (die Dampfmenge in g in 1cm³ feuchter Luft) (Meteor) / absolute humidity* ‖ **aufsteigende** ⁓ (Bau) / rising damp ‖ **natürliche** ⁓ (der Kohle) (Bergb) / bed moisture ‖ **spezifische** ⁓ (Wasserdampfmenge in g, die in einem kg feuchter Luft enthalten ist) (Meteor) / specific humidity* ‖ ⁓**entziehen** / dehumidify v
**Feuchtigkeits•abscheider** m (Masch) / water separator, moisture separator ‖ ~**abweisend** adj / moisture-repellent adj ‖ ⁓**anzeiger** m (WP) / moisture meter ‖ ⁓**aufnahme** f (tatsächliche) (Tex) / moisture regain, regain* n ‖ ⁓**ausdehnung** f (Bau, HuT, Pap) / moisture expansion*, bulking* n ‖ ⁓**austausch** m (im allgemeinen) / moisture exchange ‖ ⁓**austausch** (Tex) / moisture transfer ‖ ⁓**dehnung** f (Bau, HuT, Pap) / moisture expansion*, bulking* n ‖ ⁓**diagramm** n (Meteor) / psychrometric chart ‖ ⁓**entzug** m / dehumidification n, moisture extraction ‖ **natürlicher** ⁓**faktor** (bei kosmetischen Pflegemitteln) / natural moisture factor, NMF* ‖ ⁓**film** m / moisture film ‖ ⁓**gehalt** m / moisture content, percentage of moisture, moisture on the "as is" basis ‖ ⁓**gleichgewicht** n / moisture equilibrium ‖ ⁓**härtend** adj (Anstr) / moisture-cured adj ‖ ⁓**isolierschicht** f (Bau) / damp-proof course*, damp-course n, dpc ‖ ⁓**komplex** m (in der Toilettenseifen) / moisturizer n ‖ ⁓**konstanthalter** m / humidistat n, hydrostat n, hygrostat* n ‖ ~**liebend** adj / hygrophilous* adj, hygrophile* adj ‖ ~**meidend** adj / hygrophobe* adj ‖ ⁓**messer** m (WP) / moisture meter ‖ ⁓**messung** f (Meteor) / hygrometry* n ‖ ⁓**regelung** f (Spinn) / conditioning* n ‖ ⁓**regler** m / humidistat n, hydrostat n, hygrostat* n ‖ ⁓**schutz** m (Bau) / damp proofing, moisture proofing ‖ ⁓**sensor** m (für Videorekorder) / dew sensor ‖ ⁓**sperrschicht** f (Bau) / damp-proof course*, damp-course n, dpc ‖ ⁓**stabilisator** m (Chem, Nahr) / humectant* n ‖ ⁓**tafel** f (Meteor) / psychrometric chart ‖ **handelsüblicher** ⁓**zuschlag** (Tex) / commercial moisture regain
**feucht•kalt** adj (Meteor) / clammy adj (cold and damp) ‖ ⁓**korn** n (Landw) / high-moisture grain ‖ ⁓**mittel** n (Druck) / fountain solution, damping solution, fountain water, damping water ‖ ⁓**nachbehandlung** f (des Betons) (Bau, HuT) / moisture curing ‖ ⁓**pflanze** f (die in sehr feuchter Atmosphäre lebt) (Bot) / hygrophyte* n ‖ ~**potentielle Temperatur** (Meteor) / wet-bulb potential temperature* ‖ ⁓**presse** f (in der Pressenpartie der Papiermaschine) (Pap) / nip rolls* ‖ ⁓**preßmasse** f (Plast) / premix n, bulk moulding compound ‖ ⁓**raumanlage** f (Eltech) / moisture-proof installation, damp-proof installation ‖ ⁓**raumarmaturen** f pl (Eltech) / moisture-proof fittings, damp-proof fittings ‖ ⁓**raumkabel** n (Kab) / damp-proof cable ‖ ⁓**raumleitung** f (Eltech) / moisture-proof installation cable, damp-proof installation cable, damp-proof wiring cable ‖ ⁓**raumschalter** m (Eltech) / tropical switch* ‖ ⁓**temperatur** f (Phys) / wet-bulb temperature ‖ **potentielle** ⁓**temperatur** (Meteor) / wet-bulb potential temperature* ‖ ⁓**thermometer** n (des Psychrometers) (Phys) / wet-bulb thermometer ‖ ⁓**walze** f (Druck) / dampener n, dampening roller*, damping roller ‖ ⁓**warm** adj (Meteor) / muggy adj, sticky adj ‖ ⁓**wasser** n (im allgemeinen) (Druck) / fountain solution, damping solution, fountain water, damping water ‖ ⁓**wasser** (zum Anfeuchten des Lithografiesteines) (Druck) / fountain solution* ‖ ⁓**werk** n (bei Flachdruckmaschinen) (Druck) / damping unit, dampening device, dampening system ‖ ⁓**zeit** f (Meteor) / rainy season, rainy period
**Feuer** n (Nutz- oder Schadenfeuer) / fire n ‖ ⁓ (Luftf) / light beacon, aeronautical light, beacon* n, light n ‖ **bengalisches** ⁓ / Bengal light ‖ **Griechisches** ⁓ (Beleuchtungsvorrichtung; pyrotechnisches Knallpulver oder pyrotechnisches Weißfeuer) / Greek fire ‖ **leichtes** ⁓ (Keram) / soft fire (a flame with a deficiency of air) ‖ **scharfes** ⁓ (etwa über 1000 °C) (Keram) / hard-fire n, hard-burning n, full-fire n, sharp fire ‖ **unbewachtes** ⁓ (Schiff) / unwatched light, unattended light ‖ **unterbrochenes** ⁓ (Luftf) / occulting light ‖ **unterbrochenes** ⁓ (Schiff) / occulting light* (the period of light is longer than the period of darkness) ‖ ⁓ n **mit geringer Luftzufuhr** / soft fire ‖ ⁓ **mit periodisch veränderlicher Lichterscheinung** (Luftf) / undulating light
**feuer•aluminieren** v (nur Infinitiv und Partizip Perfekt) (Galv) / hot-dip aluminize, dip-aluminize v, aluminium-dip coat ‖ ⁓**aluminieren** n (Galv) / aluminium-dip coating, hot-dip aluminizing, dip aluminizing ‖ ⁓**aussetzung** f (bei Werkstoffprüfungen) (WP) / fire exposure

**Feuerbachscher Kreis** (durch die Seitenmitten, die Höhenfußpunkte und die Mitten der oberen Höhenabschnitte - nach K.W. Feuerbach, 1800-1834) (Math) / nine-point circle (of a triangle)*
**Feuer•ball** m (Nukl) / fire-ball n ‖ **nukleares** ⁓**ballmodell** (Kernphys) / nuclear fireball model, firestreak model ‖ ⁓**bekämpfung** f / fire-fighting n ‖ ~**berührte Oberfläche** (Masch) / gas-swept heating surface ‖ ~**beständig** adj (DIN 4102) / fireproof adj, fire-resistant adj, fire-resisting adj ‖ ~**beständige Decke** (Bau) / fire-proof ceiling ‖ ~**beständige Faser** / refractory fibre ‖ ~**beständigkeit** f (Eigenschaft) / fire endurance ‖ ~**beständigkeit** (DIN 4102 und 18320, T 1) / fire resistance ‖ ~**beständigkeit** (der Fritte oder des Emails) (Keram) / hardness n (the relative refractoriness) ‖ ⁓**beton** m (Bau, HuT) / refractory concrete* ‖ ~**blank** (Glas) / fire-polished adj, fire-finished adj ‖ ⁓**brücke** f (meist aus feuerfesten Steinen aufgemauerte, von Öffnungen durchbrochene Wand, die den Feuerraum vom eigentlichen Ofenraum trennt) (Bau) / firebrick arch*, flue bridge*, baffle n ‖ ⁓**buchse** f (Bahn, Masch) / fire-box* n
**feuerfest** adj (z.B. Kochgeschirr) / fireproof adj, fire-resistant adj, fire-resisting adj ‖ ~ (ff) (ein Stoff, dessen Eigenschaften sich unter Feuereinwirkung nicht wesentlich verändern) (Hütt, Keram) / refractory* adj ‖ **basischer ~er Stoff** (Hütt) / basic refractory ‖ **saurer ~er Stoff** (Hütt) / acid refractory* ‖ ~**er Beton** (der gegen Feuerbeanspruchung von mindestens 250° C widerstandsfähig ist) (Bau, HuT) / refractory concrete* ‖ ~**e Faser** / refractory fibre ‖ ~**er Formstoff zum Umhüllen der Modelle** (beim Feinguß) (Gieß) / investment* n ‖ ~**es Gestein** (Geol) / fire-rock n ‖ ~**e Knetmasse** (Keram) / plastic refractory (a water-tempered refractory) ‖ ~**er Mörtel** (keramisch bindender) (Bau, Hütt) / refractory mortar, refractory grout ‖ ~**e Mulliterzeugnisse** (Keram) / mullite refractories (in which mullite is the predominant crystalline phase) ‖ ~**e Spritzmasse** (Hütt) / refractory gunning material ‖ ~**e Stampfmasse** (Hütt) / monolithic refractory (a refractory which may be installed into place by ramming casting, gunning, or sintering without the formation of a joint) ‖ ~**er Stein** (Hütt, Keram) / firebrick n (with less than 50% of alumina), refractory brick, fireclay brick (high-duty, low-duty, medium-duty) ‖ ~**er Stein** (auf der Basis von Quarzgestein hergestellt, mit einem Gehalt von 85-92 Masse-% $SiO_2$) (Hütt, Keram) / siliceous brick, quartz brick ‖ ~**e Stoffe** (Hütt, Keram) / refractories* pl ‖ ~**er Ton** (in Kohleschichten) (Bergb) / cat n ‖ ~**er Ton** (Keram) / fireclay* n, calcined clay, refractory clay, chamotte n ‖ ~**e Werkstoffe** (Hütt, Keram) / refractories* pl ‖ ~**er Zement** (hydraulisch abbindende, aus Tonerdeschmelzzement und Magerungsmitteln bestehende feuerfeste Masse) (HuT) / refractory cement*, fire cement*
**Feuerfesterzeugnis, schmelzgeformtes** ⁓ (Hütt) / fused cast refractory, fusion cast refractory, molten cast refractory ‖ **schmelzgegossenes** ⁓ (Hütt) / fused cast refractory, fusion cast refractory, molten cast refractory
**Feuerfestigkeit** f (Hütt, Keram) / refractoriness n ‖ ⁓ (Keram) / hardness n (the relative refractoriness)
**Feuerfestmaterialien** n pl (ISO Empfehlung R 1109) (Hütt, Keram) / refractories* pl
**Feuer•fluten** n (Einpressen der Luft in die ölhaltigen Gesteinsschichten) (Erdöl) / fire flooding ‖ ⁓**führung** f / firing rate control ‖ ⁓**gastrocknung** f (For) / flue-gas seasoning, flue-gas drying ‖ ~**geschützte** (schwerbrennbare) **Spanplatte** (For, Tischl) / flame-retardant particle board ‖ ⁓**haken** m (Masch) / poker n, rake* n ‖ ⁓**hemmend** adj / fire-retardant adj, fire-resistant adj, fire-resistive adj ‖ ~**hemmende Gipskarton-Putzträgerplatte** (Bau) / type X (gypsum) lath ‖ ~**hemmende Wand** / fire-retarding wall, fire-resistive wall ‖ ⁓**kette** f (Luftf) / light-bar(s) n (pl) ‖ ⁓**kette** (Luftf) s. auch Querbake ‖ ⁓**kugel** f (Astr) / bolide* n, fire-ball* n ‖ ⁓**leiter** f (Bau) / fixed fire-escape
**feuerlose Lokomotive** (Bahn) / steam-storage locomotive, fireless locomotive, fireless engine
**Feuerlösch•anlage** f / fire-extinguishing plant, fire-extinguishing system ‖ ⁓**apparat** m / fire extinguisher* ‖ ⁓**boot** n (Schiff) / fire-boat n ‖ ⁓**decke** f (to snuff out a worker's burning clothing) **Feuerlöscher** m (tragbar, fahrbar) / fire extinguisher
**Feuerlösch•fahrzeug** n / appliance n (GB), fire-engine n ‖ ⁓**fahrzeug** (Luftf) / fire tender ‖ ⁓**gerät** n / fire extinguisher* ‖ ⁓**gruppe** f (Schiff) / fire party ‖ ⁓**mittel** n (zum Löschen eines Brandes) / fire suppressant, suppressant n, fire-extinguishing composition, fire-extinguishing agent ‖ ⁓**mittel auf der Basis von Fluortensiden** / aqeous film-forming foam, AFFF ‖ ⁓**schaum** m / fire foam* n ‖ ⁓**schlauch** m / fire hose ‖ ⁓**teich** m / fire pond ‖ ⁓**wasser** / water for fire-fighting purposes, fire-extinguishing water ‖ ⁓**wasserständer** m / fire hydrant
**Feuer•löten** n (Masch) / sweating* n ‖ ⁓**mauer** f (A) (mindestens brandbeständige Trennungswand zur Bildung von Brandabschnitten) (Bau) / firewall n (US), division wall (GB) ‖ ⁓**meldeanlage** f (DIN 14675) / fire-alarm system, fire-detecting

**Feuermeldestelle**

system ‖ ˜**meldestelle** f / call point ‖ ˜**metallisieren** n (Galv) / hot dipping, hot-dip coating, immersion plating, hot process, tip dipping ‖ ˜**metallschutzschicht** f (Galv) / hot-dipped coat, hot-dipped coating, hot-dip coat, hot-dip coating
**feuern** v (Bau, Masch) / fire v ‖ ~ vt (KI) / fire v (a rule), execute v ‖ ˜ n (Bau, Masch) / firing* n
**Feuer•opal** m (Min) / fire-opal* n, girasol n, sun opal, pyrophane n, girasole n ‖ ˜**polieren** n (Glätten der Glasoberfläche durch Erwärmen) (Glas) / fire polishing* ‖ ~**poliert** adj (Glas) / fire-polished adj, fire-finished adj ‖ ˜**politur** f (Glas) / fire polishing* ‖ ˜**probe** f (Ersteinschaltung eines Geräts zur Funktionsprüfung) (EDV) / smoke test ‖ ˜**probe** (Hütt, Min) / fire assay ‖ ˜**raffination** f (Hütt) / fire refining* ‖ ˜**raum** m (Masch) / furnace n ‖ ˜**raumauskleidung** f (Masch) / furnace lining ‖ ˜**raumdecke** f (Masch) / furnace roof ‖ ˜**raumwärmebelastung** f (der Zustand selbst) (Wärm) / furnace heat release ‖ ˜**raumwärmebelastung** (als Prozentgröße) (Wärm) / furnace heat release rate ‖ ~**rot** adj / fiery red, flaming red ‖ ˜**schiff** n (als Seezeichen verankertes Schiff mit Leuchtfeuer, Nebelsignal, Funkfeuer und anderen nautischen Einrichtungen) (Schiff) / lightship n ‖ ˜**schiff ohne eigenen Antrieb** (Schiff) / light vessel ‖ ˜**schott** n (Schiff) / fire-resistant bulkhead, fire bulkhead, fire-tight bulkhead
**Feuerschutz** m / fire protection ‖ ˜**anlage** f **mit wasserfreiem Rohrsystem** (Bau) / dry-pipe sprinkler system ‖ ~**behandelt** adj (Holz) (For) / fire-retardant-treated adj, FRT
**feuerschützende Trennwand** (Bau) / fire barrier*, fire stop*, draft stop (US)*, draught stop
**Feuerschutz•klappe** f (gegen Überhitzung des Films, z.B. bei der Stillstandsprojektion) (Film) / douser* n, fire shutter ‖ ˜**mittel** n / fire-protecting agent ‖ ˜**platte** f (DIN 18180) (Bau) / fire-resistant panel, fire-resisting panel, fireproof building board ‖ ˜**sprenganlage** f (außerhalb des Gebäudes) / drencher installation, drencher system ‖ ˜**trommel** f (Film) / fire-trap* n, magazine n ‖ ˜**tür** f (Bau) / fire-resistant door, fire-check door
**Feuerschwamm, Echter** ˜ (ein holzzerstörender Porling) (For) / tinder fungus, tinder n
**Feuer•schweißen** n (das älteste Schweißverfahren - DIN 1910, T 2) (Schw) / forge welding, hammer welding, fire welding, smith welding ‖ ~**seitiges Isolationsmaterial** (Keram) / high-temperature insulating refractory, HTI ‖ ~**sicher** adj / fireproof adj, fire-resistant adj, fire-resisting adj ‖ ~**sicherheitliche Prüfung** / fire-risk test(ing) ‖ ˜**sicherheitsprüfung** f / fire-risk test(ing) ‖ ˜**stätte** f (Einrichtung, die zum Unterhalt eines Nutzfeuers bestimmt ist) (Bau) / fireplace n ‖ **offene** ˜**stätte** (Bau) / open fire ‖ ˜**steg** m (oberster Kolbenringsteg, thermisch am höchsten belastet) (V-Mot) / head land, top land ‖ ˜**stein** m (knolliges, rundes Kieselgestein) (Geol) / flint* n, fire-rock* n ‖ ~**steinartig** adj (Geol) / flinty adj ‖ ˜**steingeschmack** m (beim Wein) (Nahr) / flinty taste ‖ ~**steinhaltig** adj (Geol) / flinty adj ‖ ~**steinkugel** f (für Trommelmühlen) / flint ball ‖ ˜**steinsand** (zum Sandeln) (Geol) / flint sand ‖ ˜**stelle** f (Einrichtung, zum Unterhalt eines Nutzfeuers bestimmt ist) (Bau) / fireplace n ‖ ˜**stellung** f (Mil) / site n ‖ ˜**sturm** m (bei einem Flächenbrand) / fire-storm n ‖ ˜**treppe** f (Bau) / fire-escape stair, escape stair ‖ ˜**überschlag** m / fire spread (from building to building) ‖ ˜**übersprung** m / fire spread (from building to building)
**Feuerung** f (Bau, Masch) / firing* n ‖ ˜ (als Anordnung der Brenner am Feuerraum) (Masch) / firing plant, firing system, fuel-burning plant, fuel-burning system, fuel-firing installation ‖ ˜ (Feuerraum eines Industrieofens, eines Dampfkessels) (Masch) / furnace n
**Feuerungs•anlage** f (Feuerstätte + Verbindungsstück + Rauchfang) (Bau) / furnace installation ‖ ˜**anlage** (Masch) / firing plant, firing system, fuel-burning plant, fuel-burning system, fuel-firing installation ‖ ˜**auskleidung** f (Masch) / furnace lining ‖ ˜**wand** f (Masch) / furnace wall ‖ ˜**wandung** f (Masch) / furnace wall
**Feuer•vergoldung** f (Galv) / fire gilding ‖ **kontinuierliches** ˜**verzinken** (Galv) / continuous hot-dip galvanizing, continuous galvanizing ‖ ˜**verzinken** n **im Durchlaufverfahren** (Galv) / continuous hot-dip galvanizing, continuous galvanizing ‖ ~**verzinktes Stahlblech** (Galv) / galvanized iron*, galvanized steel, zinc-dipped steel ‖ **thermische Nachbehandlung von** ~**verzinkten Erzeugnissen** (Galv) / galvannealing n ‖ ˜**verzinkung** f (DIN 50976) (Galv) / hot dip (galvanizing)*, hot galvanizing*, pot galvanizing ‖ **kontinuierliche** ˜**verzinkung** (Galv) / continuous hot-dip galvanizing, continuous galvanizing ‖ ˜**verzinnen** n (Galv) / hot-dip tinning ‖ ˜**verzinnen** (Galv) / fire tinning ‖ ˜**wache** f (Anlage) / fire station ‖ ˜**wache** (Person) / fire picket, fire watcher, fireguard n ‖ ˜**wache** (Gebäude) / fire station ‖ ˜**wächter** m (im Walde) (For, Umwelt) / fire lookout, towerman n (pl. -men)
**Feuerwehr•beil** n / fireman's axe ‖ ˜**fahrzeug** n / appliance n (GB), fire-engine n ‖ ˜**haus** n / fire station ‖ ˜**helm** m / fireman's helmet ‖ ˜**schlauch** m / fire hose ‖ ˜**zufahrt** f / fire lane

**Feuer•weiß** n (Glas) / bloom* n ‖ ˜**werkerei** f (Chem) / pyrotechny* n ‖ ˜**werkskörper** m pl / pyrotechnics pl, pyrotechnic products ‖ ˜**widerstand** m (Bau) / fire resistance ‖ ˜**widerstandsdauer** f (Zeiteinheit) (Bau) / fire endurance ‖ ˜**widerstandsklasse** f (F 30 - F 180) (Bau) / fire-risk category, fire grading ‖ ˜**widerstandszeit** f (einer Baukonstruktion) (Bau) / fire endurance ‖ ˜**wieselpinsel** m (Anstr) / sable brush, sable n, sable pencil ‖ ˜**zement** m (hydraulisch abbindende, aus Tonerdeschmelzzement und Magerungsmitteln bestehende feuerfeste Masse) (HuT) / refractory cement*, fire cement* ‖ ˜**zeug** n (Glas) / lighter n ‖ ˜**zug** m (Bau) / flue* n
**Feulgen-Färbung** f (nach R.J.W. Feulgen, 1884-1955) (Mikros) / Feulgen reaction, Feulgen staining
**Feynman•-Diagramm** n (nach R.Ph. Feynmann, 1918-1988) (Phys) / Feynman diagram ‖ ˜**-Graf** m (Phys) / Feynman diagram ‖ ˜**-Propagator** m (die Verbindungslinie zwischen zwei Vertices in einem Feynman-Diagramm) (Phys) / Feynman propagator
**Feynmansch•er Propagator** (Phys) / Feynman propagator ‖ ˜**es Pfadintegral** (in der Quentenmechanik) (Phys) / Feynman path integral
**ff** (ein Stoff, dessen Eigenschaften sich unter Feuereinwirkung nicht wesentlich verändern) (Hütt, Keram) / refractory* adj
**FFA** (Abschnitt des Achsenstrahls zwischen Mittelpunkt des Brennflecks und dem Auftreffpunkt auf dem Film) (Radiol) / focus-film distance, FFD
**FFAG - Beschleuniger mit starker Fokussierung und zeitlich konstantem Magnetfeld** (Nukl) / fixed-field alternating gradient accelerator, fixed-field accelerator
**FFAG-Zyklotron** n (Nukl) / isochronous cyclotron, sector cyclotron
**F-Faktor** m (Gen) / fertility factor, F factor
**FFF** (der Chromatografie ähnliches Verfahren zur Trennung von Makromolekülen) (Chem Verf) / field-flow fractionation (FFF), flow FFF
**FFK-Stück 45°** n (Masch) / double-flanged 1/8 bend
**F-Fläche** f (mit 2 PBC) (Krist) / flat face
**FF-Reflektor** m (Kfz) / FF reflector, free-shape reflector, free-form reflector
**FFR-Stück** n (Masch) / double-flanged taper
**FFS** (EDV, F.Org) / flexible manufacturing system* (FMS)
**FFT** (Math) / fast Fourier transform*, FFT*
**FFT-Analysator** m (der Amplitudenspektren liefert) (Akus, Spektr) / FFT analyzer
**F-Gebiet** n (der Ionosphäre) (Geophys) / F region
**FGR** (Nukl) / advanced gas-cooled reactor*, AGR*
**FH** (Kfz) / flat hump, FH
**Fh** (Luftf) / flying hour
**FHA** (Abstand auf dem Zentralstrahl zwischen dem Fokus der Röntgenröhre und der Haut des zu bestrahlenden Patienten) (Radiol) / focus-skin distance*
**FHD** (ein stellares Zustandsdiagramm) (Astr) / spectrum-luminosity diagram*
**FH-Felge** f (Kfz) / flat-hump rim, FH rim
**F-Horizont** m (ein A-Teilhorizont) (Landw) / F-horizon n
**FI** (in der Massenspektroskopie) (Spektr) / field ionization, FI ‖ ˜ (DIN 60001, T 4) (Tex) / Mauritius hemp, mauritius n, fique n
**FIA** (Biochem) / fluoroimmunoassay n ‖ ˜ (Chem) / fluorescence-indicatir analysis, FIA ‖ ˜ (Chem) / flow-injection analysis
**Fiber** f (Chem) / vulcanized fibre* ‖ ˜**beton** m (Bau) / fibrous concrete*, fibre-reinforced concrete, FRC ‖ ˜**-Distributed-Data-Interface** n (EDV) / Fiber Distributed Data Interface, FDDI (same as Token Ring Access but operating at higher speeds) ‖ ˜**glaskarosserie** f (Kfz) / GRP body, fibreglass bodywork, fiberglass bodywork (US) ‖ ˜**guide** n (Lichtleitfaser der Fa. Times Fiber Communications) / Fiberguide n ‖ ˜**optik** f (Opt) / fibre optics*, FO ‖ ~**optisch** adj (Opt) / fibre-optic adj ‖ ˜**pinsel** m (grober Pinsel aus Fiberborsten, der zum Abbeizen mit stark alkalischen Abbeizmitteln oder als Putzpinsel zum Abnetzen der Flächen dient) (Anstr) / fibre brush*
**Fibonacci-Baum** m (ausgeglichener Baum mit minimaler Knotenzahl) (EDV) / Fibonacci tree
**Fibonaccische Zahlen** (Math) / Fibonacci sequence*, Fibonacci numbers*, Fibonacci series*
**Fibonacci•-Suchverfahren** n (EDV) / Fibonacci search ‖ ˜**-Winkel** m (Bot, Math) / Fibonacci angle ‖ ˜**-Zahlenfolge** f (nach L. Fibonacci, etwa 1170 - nach 1240) (Math) / Fibonacci sequence*, Fibonacci numbers*, Fibonacci series*
**Fibre Distributed Data Interface** n (ANSI/ISO-Standard zur Datenübertragung über Glasfaserkabel) (EDV) / Fibre Distributed Data Interface n, FDDI
**Fibre-backed-Schleifpapier** n (mit Siliziumkarbid oder Elektrokorund) / fibre-backed abrasive paper
**fibrillär** adj / fibrillary adj, fibrillar adj ‖ ~**es Kolloid** (Chem) / linear colloid ‖ ~**es Protein** (Biochem) / fibrous protein

**Fibrille** *f* (Biochem, Bot, Med) / fibril* *n* ‖ ≃ (S) (Spinn) / filament* *n*, fibril* *n*
**Fibrillenbildung** *f* (Spinn) / fibrillation *n*
**fibrillieren** *v* (For) / defibrillize *vt*, fibrillize *v* ‖ ~ (Plast) / fibrillize *v* ‖ ≃ *n* (Spinn) / fibrillation *n*
**fibrilliertes Garn** (Spinn) / fibrillated yarn, split yarn
**Fibrin** *n* (Eiweißendprodukt der Blutgerinnung) (Biochem) / fibrin* *n*
**Fibrinase** *f* (Biochem) / fibrinolysin *n*, plasmin* *n*
**Fibrino•gen** *n* (die lösliche Vorstufe des Fibrins) (Biochem) / fibrinogen* *n* ‖ ≃**genase** *f* (Biochem) / thrombin* *n* ‖ ≃**lysin** *n* (mit Hilfe aktivierender Enzyme gebildete fibrinauflösende Substanz im Körper) (Biochem) / fibrinolysin *n*, plasmin* *n* ‖ ≃**lytikum** *n* (pl. -lytika) (Pharm) / fibrinolytic agent ‖ ≃**peptid** *n* (Biochem) / fibrinopeptide *n*
**fibrogener Staub** (der zur Staublungenerkrankungen führen kann) (Med) / fibrogenic dust
**Fibrograph** *m* (ein Faserlängenmeßgerät) / Fibrograph *n*
**Fibroin** *n* (Eiweißstoff der Naturseide) (Chem, Tex) / fibroin* *n*
**Fibrolith** *m* (filziger Sillimanit) (Min) / fibrolite* *n*
**fibrös** *adj* (Med) / fibrous *adj*
**Fiche** *n* *m* (Foto) / microfiche* *n*, fiche *n*
**Fichte** *f* (meistens Gemeine Fichte) (For) / spruce* *n* ‖ **Gewöhnliche** ≃ (Picea abies (L.) Karst.) (For) / Norway spruce ‖ **Kanadische** ≃ (For) / Alberta spruce, white spruce ‖ **Serbische** ≃ (Picea omorika (Pančič.) Purk.) (For) / Serbian spruce
**Fichtenborkenkäfer, Großer Achtzähniger** ≃ (For, Zool) / spruce bark beetle
**Fichten•gerbrinde** *f* (For, Leder) / spruce tanning bark ‖ ≃**harz** *n* (For, Pharm) / pine resin ‖ ≃**holz** *n* (For) / white deal*, whitewood* *n*, spruce-wood *n* ‖ ≃**nadelöl** *n* (aus frischen Fichtennadeln) / Norway-spruce oil ‖ ≃**nestwickler** *m* (For, Zool) / spruce bell moth *n* ‖ ≃**rüsselkäfer** *m* (Hylobius abietis L.) (For, Zimm) / holobius pine weevil, pine weevil, elegant pine weevil ‖ ≃**splintbock** *m* (Tetropium castaneum L.) (For, Zool) / spruce longhorn
**Ficin** *n* (ein Pyrrolidinalkaloid) (Chem) / ficine *n* ‖ ≃ (Ficusprotease) (Chem, Nahr) / ficin *n*
**Ficksches Gesetz der Diffusion** (nach A. Fick, 1829-1901) (Chem) / Fick's law of diffusion*
**FID** (für die gaschromatografische Spurenanalyse) (Chem) / flame ionization detector, flame ionization gauge* *n* FID ‖ ≃ *m* (Spektr) / free induction decay, FID
**Fido/Opus/Seadog Standard Interface Layer** *n* (EDV) / Fido/Opus/Seadog Standard Interface Layer, Fossil *n*
**Fidschi-Arrowroot** *n* (Nahr) / otaheite arrowroot, Indian arrowroot
**fiduzial** *adj* (Stats) / fiducial *adj* ‖ ≃**e Schätzung** (Stats) / fiducial estimation ‖ ≃**schätzung** *f* (Stats) / fiducial estimation
**Fieber•baum** *m* (For) / bluegum* *n*, Southern bluegum, Sydney bluegum ‖ ≃**baum** (Alstonia constricta F. Muell.) (For) / bitterbark *n*, fever bark ‖ ~**bewirkend** *adj* (Med, Pharm) / febrifacient *adj*, febrific *adj* ‖ ~**erzeugend** *adj* (Med, Pharm) / febrifacient *adj*, febrific *adj*, febriferous *adj* ‖ ~**haft** *adj* (Med) / feverish, febrile* *adj* ‖ ≃**mittel** *n* (Pharm) / febrifuge* *n*, antipyretic* *n*
**fiebernd** *adj* (Med) / feverish *adj*, febrile* *adj*
**Fieber•rinde** *f* (Pharm) / red bark ‖ ≃**rinde** (der Alstonia constricta F. Muell.) (Pharm) / bitterbark *n*, Australian fever bark ‖ ≃**rinde** (im allgemeinen) (Pharm) / fever bark ‖ ≃**rindenbaum** *m* (For) / cinchona *n* ‖ ~**senkend** *adj* (Pharm) / antipyretic *adj* ‖ ~**senkendes Mittel** (Pharm) / febrifuge* *n*, antipyretic* *n* ‖ ≃**thermometer** *n* (Med) / clinical thermometer, fever thermometer
**fiebrig** *adj* (Med) / feverish *adj*, febrile* *adj*
**Fiedlerit** *m* (ein Mineral der Fiedlerit-Laurionit-Gruppe) (Min) / fiedlerite *n*
**Fieldistor** *m* (ein Feldeffekttransistor) (Eltronik) / Fieldistor *n*
**Field-Research** *n* (Stats) / field research
**Field-Skip-Verfahren** *n* (bei der Aufzeichnung von Bildsignalen auf Videoband) / field-skip process
**fifa** (Nukl) / fifa *n*, fissions per initial fissile atom
**fifa-Wert** *m* (Nukl) / fifa *n*, fissions per initial fissile atom
**Fifo-Methode** *f* (zur Ermittlung der Anschaffungs- oder Herstellungskosten von gleichartigen Gegenständen des Vorratsvermögens zum Zwecke der Bewertung - auch ein Wartesystem in der DV) (EDV) / first in, first out* *n*, FIFO* *n*
**FIFO-Prinzip** *n* (zur Ermittlung der Anschaffungs- oder Herstellungskosten von gleichartigen Gegenständen des Vorratsvermögens zum Zwecke der Bewertung - auch ein Wartesystem in der DV) (EDV) / first in, first out* *n*, FIFO* *n*
**FIFO-Speicher** *m* (EDV) / first-in-first-out memory, FIFO memory, push-up storage
**Fifty-fifty-Kräfteverteilung** *f* (bei Allradantrieben) (Kfz) / fifty-fifty power split
**Figur, [geometrische]** ≃ (Math) / figure *n* ‖ **geometrische** ≃ (Math) / locus *n* (pl. loci), geometric locus ‖ **polarreziproke** ≃**en** (bezogen auf einen Kegelschnitt) (Math) / polar reciprocals ‖ **Sandersche** ≃ (Opt) / Sander's illusion
**Figuren•diagramm** *n* / pictogram *n*, picture graph, pictograph *n* ‖ ≃**dreher** *m* (Tex) / figured gauze ‖ ≃**druck** *m* (Tex) / object printing ‖ ≃**trick** *m* (Film) / live animation
**figuriert•e Zahl** (Math) / figurate number ‖ ~**e Zahl** (Math) s. auch Polygonalzahl
**figürliche Darstellung** (EDV, KI) / iconic representation
**FIK** (Phys) / field-ionization kinetics, FIK
**fiktiv•es Spiel** (in der Spieltheorie) (Math) / fictive game, fictitious game ‖ ~**e Traglast** (Bau, Mech) / fictitious load, dummy load
**Fil d'Ecosse** *n* (hochwertiges Baumwollgarn) (Spinn) / fil d'écosse
**Fil-à-Fil** *n* (ein Mustereffekt) (Tex) / pepper-and-salt *n*, jasper *n*, salt-and-pepper *n*
**Fil-à-Fil-Muster** *n* (ein klassisches Dessin) (Tex) / pepper-and-salt *n*, jasper *n*, salt-and-pepper *n*
**Filament** *n* (Bot) / filament *n* ‖ ≃ (Endlosfaser nach DIN 60001) (Spinn) / filament* *n*, fibril* *n* ‖ ≃ (ersponnenes Garn) (Spinn) / capillary filament (multifil man-made fibres) ‖ **intermediäres** ≃ (Zyt) / intermediate filament ‖ ≃**garn** *n* (DIN 60001) (Spinn) / filament yarn ‖ **synthetisches** ≃**garn** (Spinn) / artificial silk
**Filarevolvente** *f* (Masch, Math) / involute* *n*
**Filasse** *f* (Glas, Opt) / sleek *n*, scratch *n*
**Filberton** *n* (in Haselnußaroma) (Chem, Nahr) / filbertone *n*
**File** *n* (EDV) / file* *n*, data file ‖ ≃ **Control Block** *m* (im Hauptspeicher) (EDV) / data control block (DCB) ‖ ≃ **Transfer Protocol** *n* (EDV) / file-transfer protocol, FTP ‖ ≃**handler** *n* (Programm zum Anlegen, Pflegen und Drucken von Dateien) (EDV) / file handler ‖ ~-**orientiert** *adj* (EDV) / file-oriented *adj* ‖ ≃-**Sharing** *n* (EDV) / file sharing
**Filet** *n* (der Netzgrund bei Bobinet-, Häkelgalon- und Raschelmaschinen) (Tex) / filet *n*, net *n*
**Filete** *f* (zum Aufdrucken von Verzierungen) (Buchb) / pallet *n*
**Filetgewebe** *n* (Tex) / filet fabric
**filetieren** *v* (Nahr) / fillet *v*
**Filetiermaschine** *f* (Nahr) / filleting machine
**Filetnetz** *n* (Tex) / filet net*
**Filetransfer** *m* (innerhalb eines Rechnernetzes) (EDV) / file transfer ‖ ≃-**Protokoll** *n* (EDV) / file-transfer protocol, FTP
**Filet•spitze** *f* (Tex) / filet lace, filet *n* ‖ ≃**tüll** *m* (Tex) / filet tulle ‖ ≃**ware** *f* (durchbrochene netzartige Kettenwirkware) (Tex) / filet goods
**Filialgeneration** *f* (Gen) / filial generation (F)
**filieren** *v* (Spinn) / double *v* ‖ ~ (mehrere Grègefäden verzwirnen) (Spinn) / spin *vt* (silk) ‖ ≃ *n* (Spinn) / doubling* *n*
**filiform** *adj* (mit vorwiegend eindimensionaler Erstreckung) / filiform* *adj*
**Filiformkorrosion** *f* (Galv) / filiform corrosion
**Filigran** *n* / filigree *n*, filagree *n* ‖ ≃**glas** *n* (Glas) / reticulated glass, filigree glass ‖ ≃**korrosion** *f* (Galv) / filiform corrosion ‖ ≃**spitze** *f* (Tex) / filigree point
**Filixsäure** *f* (Chem) / filixic acid
**Filler** *m* (für zusätzliche Behandlung nach der Grundierung) (Anstr) / filler* *n* ‖ ≃ (aktuelle Belegung eines Frames) (KI) / filler *n* ‖ ≃ (eines Slots) (KI) / filler *n* ‖ ≃ (vor dem Schlußstrich aufgetragen zur Egalisierung von Glanz und Griff) (Leder) / filler *n*
**Fillet** *n* (Nahr) / fillet *n*, filet *n*
**Fill-in-Brief** *m* (individuell gestalteter Standardbrief für die Direktwerbung) / fill-in letter
**Filling-up** *n* (gemahlener Tonschiefer mit Blättchenstruktur - ein graues Füllstoffpulver) (Anstr) / filling-up *n*
**Fill-in-light** *n* (eine Zusatzbeleuchtung) (Foto) / filler-light* *n*, fill-in *n*, fill-in light, kicker light
**Film** *m* (DIN EN 971-1) / film* *n* ‖ ≃ (Film, Foto) / film* *n* ‖ **abendfüllender** ≃ (Film) / full-length film, feature film, feature *n* ‖ ≃, **dessen Kaufpreis die Entwicklung einschließt** (Foto) / process-paid film ‖ **dreidimensionaler** ≃ (Film) / three-dimensional film ‖ **fotografischer** ≃ (Foto) / photographic film (still) ‖ **gammavariabler** ≃ (Druck, Foto) / variable-gamma film ‖ **gegossener** ≃ (Feinfolie) (Plast) / cast film ‖ **glänzende Spur im matten** ≃ (Anstr) / flash *n*, sheariness *n* (a defect in a paint film) ‖ **3-D-**≃ (Film) / three-dimensional film ‖ **"Film ab!"** (Anweisung an den Kameramann) (Film) / "Roll camera!", "Roll!" ‖ ≃ *m* **für Kernspuraufnahmen** (Kernphys) / nuclear film
**Film•abbau** *m* (Anstr) / film degradation ‖ ≃**abtaster** *m* (TV) / film scanner, telecine *n*, telecine equipment, film pick-up (device) ‖ ≃**abtasterraum** *m* (TV) / telecine *n* (room) ‖ ≃**andruckplatte** *f* (Film) / pressure pad*, pressure plate, flat *n* ‖ **federnde** ≃**andruckplatte** (Film) / spring pressure pad, spring pressure plate ‖ ≃**andruckscheiben** *f pl* (in einem Lese- und Vergrößerungsgerät) / flats *pl* ‖ ≃**anguß** *m* (Plast) / film sprue ‖ ≃**anschnitt** *m* (Plast) / film sprue ‖ ≃**archiv** *n* (Film) / film library, library *n* ‖ ≃**atelier** *n* (Film) / film studio, studio *n* ‖ ≃**ateliersekretärin** *f* (Film) / continuity girl (a

**Filmaufnahme**

continuity clerk), script-girl n ‖ ~**aufnahme** f (die auf einmal gedreht wird) (Film) / shot* n ‖ ~**aufnahme ohne Ton** (Film) / mute shot ‖ ~**aufnahmestudio** n (Film) / film studio, studio n ‖ ~**aufnahmeverfahren** n (des Arbeits- und Zeitstudiums mit der Zeitrafferfotografie) (F.Org) / camera study, memomotion study ‖ ~**aufzeichnung** f (Akus, Elektron) / film recording* ‖ ~**aufzeichnung (FAZ)** f (TV) / telerecording* n, kinescoping* n (US), kinescope recording (US) ‖ ~**band** n (für die Schreibmaschine) / film ribbon ‖ ~**band** (Film) / film strip, cinestrip n ‖ ~**bearbeitung** f (z.B. eines Romans) (Film) / cinematization n, screening n ‖ ~**behälter** m / (film) can ‖ ~**betrachter** m (von Hand oder motorisch betrieben) (Film) / action viewer, animated viewer*, movie editor, viewer* n, film viewer ‖ ~**bewertung** f (in Deutschland von der Filmbewertungsstelle Wiesbaden) (Film) / film rating, movie rating (US) ‖ ~**bildend** adj (Anstr) / film-forming adj, filmogen adj ‖ ~**bildender Schaum** (ein Feuerlöschmittel auf der Basis von Fluortensiden) (Anstr) / aqueous film-forming foam, AFFF ‖ ~**bildner** m (Bestandteil eines Lackbindemittels nach DIN 55945) (Anstr) / film-forming material, filmogen n, film-forming substance ‖ **nichtselbständiger** ~**bildner** (der im Harz oder Öl des selbständigen Filmbildners durch Koaleszenz gebunden ist) (Anstr) / coalescent n ‖ ~**bildungs** f (DIN 55945) (Anstr) / film forming, film building, film formation ‖ ~**bildungshilfsmittel** n (Anstr) / filming agent, filming aid ‖ ~**büchse** f / (film) can ‖ ~**bühne** f (des Vergrößerungsgeräts) (Foto) / negative carrier ‖ ~**chemie** f (Chem) / film chemistry ‖ ~**cutter** m (Film) / editor* n, cutter n ‖ ~**degradation** f (Anstr) / film degradation ‖ ~**dia** n (Film) / cinema slide, film slide ‖ ~**diapositiv** n (Film) / cinema slide, film slide ‖ ~**dicke** f (Anstr) / film thickness, build n ‖ ~**dose** f / (film) can ‖ ~**dosimeter** n (ein Monitor) (Radiol) / film badge*, badge meter, photographic dosemeter, film dosimeter ‖ ~**druck** m (DIN 16609) (Druck, Tex) / screen-printing* n, screen process printing* ‖ ~**ebene** f (Film, Foto) / film plane ‖ ~**einbau** m / film-type packing, film filling ‖ **mit automatischer** ~**einfädelung** (Projektor) (Film) / automatic-threading adj, self-threading adj, autoloading n ‖ ~**eingabeeinheit** f / film scanner

**Filmemacher** m / film-maker n, movie maker (US)

**Film•empfindlichkeit** f (Film, Foto) / film speed* ‖ ~**empfindlichkeit in Scheiner-Graden** (nach J. Scheiner, 1858-1913 - heute nicht mehr benutzt) (Foto) / Scheiner film speed, Weston-Scheiner film speed ‖ ~**empfindlichkeit nach ASA** (Foto) / ASA speed* ‖ ~**empfindlichkeit nach Weston** (Foto) / Weston film speed ‖ ~**empfindlichkeitsangabe** f (in ASA) (Foto) / ASA rating

**filmen** v (Film) / shoot v, film v ‖ ~ n (Film) / shooting n, filming n

**Film•ende** n (Film, Foto) / tail* n ‖ ~**entwicklungsmaschine** f **mit Spannrahmen** (Film, Foto) / hanger-type processor ‖ ~**fangspule** f (Film) / self-loading reel ‖ ~**farbkasten** m (Druck) / overshot duct*, overshot ink fountain* ‖ ~**fassung** f (Film) / film version, motion picture version (US) ‖ ~**fehler** m (DIN 55945) (Anstr) / paint-film defect, film defect ‖ ~**fenster** n (Film) / film gate ‖ ~**feuchtigkeit** f / pellicular moisture ‖ ~**format** n (Film, Foto) / film gauge (US), film size ‖ ~**fortschaltung** f (Film, Foto) / film transport, film advance ‖ ~**geber** m (TV) / film scanner, telecine* n, telecine equipment, film pick-up (device) ‖ ~**geberraum** m (TV) / telecine n (room) ‖ ~**gelände** n (Film) / studio lot, studio area ‖ ~**geschwindigkeit** f (Film) / film speed*, filming speed ‖ ~**gießen** n (Gießen von Film) (Plast) / film casting ‖ ~**industrie** f (Film) / film industry, motion-picture industry (US), filmdom n, movies pl (US) ‖ ~**kamera** f (Film) / motion-picture camera*, movie camera, film camera, cinecamera n ‖ **ungeblimpte** ~**kamera** (Film) / wild camera ‖ ~**kanal** m / film gate ‖ ~**kassette** f (lichtdichter Filmbehälter) (Film) / film cassette, film cartridge ‖ ~**kern** m (Akus, Film) / core* n, spool core ‖ ~**kitt** m (Film) / cement ‖ ~**klebeautomat** m (Film) / splicer* n, joiner* n ‖ ~**klebegerät** n (Film) / splicer* n, joiner* n ‖ ~**klebegerät, das mit Mylar-Tapes arbeitet** (Film) / Mylar splicer (US) ‖ ~**kleber** m (Film) / cement n ‖ ~**klebestreifen** m (Film) / splicing tape ‖ ~**klischee** n (Druck) / relief block* n ‖ ~**kopie** f (Film) / film print, print n ‖ ~**kühleinbau** m / film-type packing, film filling ‖ ~**kühlung** f / film cooling ‖ ~**ladekassette** f (Film) / film cassette, film cartridge ‖ ~**ladeklappe** f (z.B. bei Polaroid-Land) (Foto) / film door ‖ ~**länge** f (in Fuß) (Film) / footage n ‖ ~**lauf** m (Film) / film motion ‖ **intermittierender** ~**lauf** (Film) / intermittent motion ‖ **optische** ~**leseeinheit** (EDV) / film optical scanning device, FOSDIC ‖ ~ (kurzer Werbefilm) (Film) / filmlet n ‖ ~**kleine** ~**leuchte** (Film) / pup n ‖ ~**lochkarte** f (Foto, Opt) / microfilm aperture card, micro-opaque n, aperture card ‖ ~**los** adj (elektronische Druckvorstufe) (EDV) / filmless adj ‖ ~**loser Offsetdruck** (Druck) / electrostatic printing ‖ ~**lösung** f (Plast) / film solution ‖ ~**maske** f (Film) / film gate, mask* n ‖ ~**museum** n (Film) / film library, library n ‖ ~**musik** f (Film) / score n ‖ ~**operateur** m (Film) / projectionist n

**Filmothek** f (Film) / film library, library n

**Film•plakette** f (ein Monitor) (Radiol) / film badge*, badge meter, photographic dosemeter, film dosimeter ‖ ~**plakettendosimeter** n (das nach dem Prinzip der Schwärzung eines fotografischen Films durch ionisierende Strahlung arbeitet) (ein Monitor) (Radiol) / film badge*, badge meter, photographic dosemeter, film dosimeter ‖ ~**-Processor** m (Film) / film processor ‖ ~**produktion** f (Film) / film-making n, cinematographic production ‖ ~**projektionsfenster** n (Film) / gate* n ‖ ~**projektor** m (Film) / cine projector, motion-picture projector, movie projector ‖ ~**rand** m (Film) / film edge, edge of film ‖ ~**recorder** m (EDV, Film) / film recorder ‖ ~**riß** m (Film) / breaking of the film, film-break n ‖ ~**rolle** f (für die Kameras) (Film) / film roll, roll of film ‖ ~**rolle** (für Laufbildwerfer) (Film) / reel n, film reel ‖ ~**rückspulkurbel** f (Film) / film-rewind crank ‖ ~**salat** m (in der Kamera) (Film) / jam n, film jam, spaghetti n, buckling n, pile-up n ‖ ~**salat** (meistens nur im Laufbildwerfer) (Film) / rip-up n, buckling n ‖ ~**satz** m (Typog) / photosetting*, photocomposition* n, filmsetting* n, phototypesetting* n ‖ ~**scanner** / film scanner ‖ ~**schablone** f (Eltronik) / film stencil ‖ ~**schaden** m (Anstr) / paint-film defect, film defect ‖ ~**schaden** (nach DIN 15558 angeschlagene, eingerissene, ausgezackte oder zerrissene Perforation, geräderter Film usw.) (Film) / film damage ‖ ~**schicht-Reflexmessung** f (Foto) / off-the-film light measurement ‖ ~**schlaufe** f (Film) / loop* n, film loop ‖ ~**schleife** f (des Laufbildwerfers) (Film) / loop* n, film loop ‖ **störende** ~**schleife** (in der Kamera oder im Laufbildwerfer) (Film) / buckle n ‖ **endlose** ~**schleife** (Film) / endless loop ‖ ~**schneidetisch** m (Film) / Moviola n ‖ ~**schrank** m (Film) / film storage cabinet, film cabinet ‖ **keine** ~**schwärzung** (Aufschrift auf den Sicherheitskontrollapparaten auf den Flughäfen) / safe for films ‖ ~**sieden** n (Phys) / film boiling ‖ ~**speicher** m (EDV) / photographic storage ‖ ~**spule** f (beim Kleinbildfilm) (Film) / film spool ‖ ~**spule** (für Laufbildwerfer) (Film) / reel n, film reel ‖ **auseinanderschraubbare** ~**spule** (Film) / split reel ‖ ~**stärke** f (Anstr) / film thickness, build n ‖ ~**störung** f (Anstr) / paint-film defect, film defect ‖ ~**streifen** m (Film) / film strip, cinestrip n ‖ ~**streifen in Standardlänge** (Film) / reel* n ‖ ~**strömung** f (an senkrechten Wänden) (Phys) / film flow ‖ ~**studio** n (Film) / film studio, studio n ‖ ~**szene** f (die auf einmal gedreht wird) (Film) / shot* n ‖ ~**teller** n (eines Schneidetisches) (Film) / film turntable ‖ ~**transport** m (Film, Foto) / film transport, film advance ‖ ~**transporthebel** m (Foto) / film-advance lever, film-transport lever ‖ ~**transportrolle** f (Film) / sprocket* n, sprocket-wheel n, feed sprocket, sprocket drum ‖ ~**trockner** m (für die Verdampfungstrocknung) (Nahr) / drum drier, roller drier ‖ ~**übertragungsanlage** f (TV) / telecine n (projector), tele-cinema n ‖ ~**unterlage** f (DIN 19040, T 4) (Foto) / film base, base* n ‖ ~**verarbeitungsmaschine** f (Film) / film processor ‖ ~**verbund** m (Leder) / film cohesion ‖ ~**verfahren** n (ein Diffusionsverfahren, bei dem das Dotierungsmaterial vor der Diffusion unmittelbar auf die Kristalloberfläche durch elektrolytische Abscheidung usw. aufgebracht wird) (Eltronik) / paint-on process ‖ ~**verleih** n (Film) / distribution n ‖ ~**version** f (Film) / film version, motion picture version (US) ‖ ~**vorführer** m (Film) / projectionist n ‖ ~**waage** f (zur Messung des Filmdrucks) (Phys) / film weight ‖ ~**zahntrommel** f (Film) / sprocket* n, sprocket-wheel n, feed sprocket, sprocket drum ‖ ~**zusammenhang** m (bei der Zurichtung) (Leder) / film cohesion

**Filo-Methode** f (EDV) / first in, last out n, FILO n
**FILO-Prinzip** n (EDV) / first in, last out n, FILO n
**Filoseide** f (Spinn) / bourre de soie
**Filoselle-Stickseide** f (Spinn) / filoselle n
**Filter** n m (Chem Verf) / filter* n ‖ ~ (EDV, Eltronik, Fernm) / filter* n, electric filter ‖ ~ (Film, Foto) / filter* n ‖ ~ (nichtleeres System von Teilmengen einer Menge) (Math) / filter n ‖ ~ (in der Analysis) (Math) / filter n ‖ ~ n (konstruktives Element, das an Schichtgrenzflächen eingebaut wird, um ein Ausspülen von Feinkorn durch strömendes Grundwasser zu verhindern oder um eine Sickerlinie in eine gewünschte Lage zu zwingen) (Wasserb) / filter n ‖ **[optisches]** ~ (Foto, Opt) / light filter*, optical filter ‖ **abgestimmtes** ~ (Fernm) / matched filter ‖ **adaptives** ~ (Radar) / adaptive filter ‖ **aktives** ~ (das aktive Elemente zur Realisierung einer vorgegebenen Dämpfungscharakteristik verwendet) (Eltronik) / active filter* ‖ **akustisches** ~ (Akus) / acoustic filter* ‖ **akustoelektrisches** ~ (ein akustisches Oberflächenbauelement) (Fernm) / SAW filter*, surface acoustic wave filter ‖ **keramisches** ~ (Keram) / ceramic filter* ‖ **maximal flaches** ~ (Eltronik) / Butterworth filter*, maximally flat filter ‖ **mechanisches** ~ (Eltronik, Fernm, Film) / mechanical filter* ‖ **mit viskoser Flüssigkeit benetztes** ~ / viscous impingement air filter ‖ **monolithisches** ~ (Fernsp) / monolithic filter (a device used to separate telephone communications sent simultaneously over the transmission line, consisting of a series of electrodes vacuum-deposited on a crystal plate so that the plated sections are resonant with ultrasonic sound waves, and the effect of the device is similar to that of an electric filter) ‖ **nicht adaptives** ~

(Radar) / non-adaptive filter || **numerisches** ~ (Fernm) / digital filter || **orthochromatisches** ~ (ein Farbfilter) (Foto) / orthochromatic filter || **passives** ~ (das nur aus passiven Elementen aufgebaut ist) (Eltronik) / passive filter || **spannungsgesteuertes** ~ (Akus) / voltage-controlled filter, VCF || **überstautes** ~ (Sanitär) / submerged filter || ~ *n* **aus verschiedenen Filtermitteln** (z.B. Anthrazit, Sand, Kies) (HuT) / multimedia filter || **für vererbte Rechte** (EDV) / inherited-rights filter, IRF || ~ **geringer Durchlaßbreite** (Fernm) / narrow-band filter, narrow-cutting filter || ~ **mit Drosseleingang** (induktivem Eingang) (Eltech) / choke input filter || ~ **mit T-Gliedern** (Fernm) / T-section filter*

**Filter•anlage** *f* (DIN 19605) (Wasserb) / filter plant, filtration plant || ~**basis** *f* (Math) / filter base || ~**becken** *n* (Sanitär) / filtering basin* || ~**belag** *m* (Chem Verf) / filter cake*, sludge cake, cake *n*, filter-press cake || ~**bett** *n* (Chem Verf, Sanitär) / filter-bed* *n* || ~**beutel** *m* (Chem Verf) / filter bag, tubular filter || ~**blatt** *n* (des Blattfilters) (Chem Verf) / filter leaf || ~**boden** *m* (Chem Verf) / filter plate || ~**boden** (Träger des Filtersandes in Schnellfiltern, häufig mit Filterdüsen versehen) (Wasserb) / filter floor || ~**bohrung** *f* (mit Pumpe und etwa 30 cm Durchmesser - zur Entnahme des oberflächennahen Grundwassers) (HuT) / filter well || ~**brunnen** *m* (HuT) / filter well || ~**dom** *n* (kuppelförmiger Körper aus keramischem Material zur feinen Verteilung von Luft in Wasser, meist am Boden von Belüftungsbecken angebracht) (Sanitär) / aeration dome || ~**dom** (am Boden von Belüftungsbecken) (Sanitär) / aeration dome || ~**drossel** *f* (Eltech) / filter reactor, filter choke || ~**druckhöhe** *f* (Höhenunterschied zwischen dem Rohwasserspiegel eines Filters und dem Ablaufspiegel des Filtrats) (Sanitär) / differential head of filter || ~**durchsatz** *m* (Chem Verf) / filter throughput || ~**durchsatz** (Chem Verf) s. auch Filterleistung || ~**düse** *f* (Sanitär) / filter nozzle || ~**effizienz** *f* / filter efficiency || ~**einsatz** *m* (in der Schutzmaske) / filter insert || ~**einsatz** (Chem Verf) / filter element || ~**einsatz** (im Luft- oder Ölfilter) (Kfz) / filter element || ~**element** *n* (Chem Verf) / filter element || ~**faktor** *m* (bei dem Einsatz eines lichtreduzierenden Aufnahmefilters) (Foto) / filter factor* || ~**filz** *m* (ein Non-woven-Filtermittel) (Tex) / filter felt || ~**fläche** (Kfz) / dead area, blind spot || ~**folie** *f* (für Kameras oder für Scheinwerfer) (Film) / filter foil || ~**fotometer** *n* (Spektr) / filter photometer || ~**führung** *f* (in der Umfrageforschung) / screening *n* || ~**gehäuse** *n* / filter mounting || ~**gerät** *n* (Atemschutzgerät mit chemischer Umsetzung am Filtermaterial) (Bergb) / chemical-cartridge respirator || ~**gerät** (ein leichtes Atemschutzgerät) (Bergb) / self-rescuer *n* || ~**geschwindigkeit** *f* (Quotient aus Volumenstrom und Filterfläche nach DIN 4045) (Chem, Sanitär) / filtering rate, filtration rate || ~**geschwindigkeit** (auf den Querschnitt einer Bodenprobe bezogen) (HuT) / filter velocity, discharge velocity || ~**geschwindigkeit** (nach dem Darcyschen Gesetz) (Wasserb) / velocity of percolation, Darcy velocity || ~**gewebe** *n* (Filtermaterial, das aus Fasern durch Weben oder ähnliche Verfahren erzeugt wird) (Chem, Tex) / filter cloth, filter fabric || ~**glas** *n* (mit definierter Lichtdurchlässigkeit in den verschiedenen Spektralbereichen) (Glas) / filter glass || ~**gläser** *n pl* **mit kurzwelliger Grenzwellenlänge** (Opt) / short-wavelength cut-off filters (optical materials which are transparent throughout the ultraviolet region down to their absorption edges, below which they are opaque) || ~**halter** *m* (Chem, Foto, Opt) / filter frame, filter holder || ~**haut** *f* (auf der Oberfläche der Sandkörner im Filter) (Sanitär) / surface film (om the surface of the filter) || ~**hilfsmittel** *n* (Zusatzstoff zur Trübe, der durch Anschwemmen auf dem Filtermittel eine Filterschicht bildet) (Chem Verf) / filter aid* || ~**kalk** *m* (gekörnter Kalkstein als Filterfüllung) (Chem Verf) / crushed limestone (as filter medium) || ~**kartusche** *f* (Chem Verf) / filter cartridge || ~**kerze** *f* (Chem Verf) / filter candle, filter tube || ~**kies** *m* (Sanitär) / filter gravel || ~**kohle** *f* (Chem) / filter(ing) charcoal, filter coal || ~**kriterium** *n* (beim Sortieren der Datenbestände) (EDV) / filter criterion, filter key || ~**kuchen** *m* (meistens von der Filterpresse) (Chem Verf) / filter cake*, sludge cake, cake *n*, filter-press cake || ~**kuchen** (im Bohrloch) (Erdöl) / filter cake, wall cake || ~**laufzeit** *f* (Betriebszeit zwischen zwei Filterreinigungen nach DIN 4046) (Sanitär) / filter run || ~**leistung** *f* (in l · m⁻² oder kg · m⁻² in h) / filter efficiency || ~**leistung** (nach DIN 4045) (Chem Verf, Sanitär) / filter capacity || ~**masse** *f* (Pap) / filter pulp* || ~**material** *n* / filter material, filter medium || ~**matte** *f* (Anstr, Chem Verf) / filter mat || ~**medium** *n* / filter material, filter medium || ~**melkgerät** *n* (Landw) / filter melker || ~**membran** *f* (Chem Verf) / membrane filter*, molecular filter*, controlled pore filter || ~**mittel** *n* / filter material, filter medium

**filtern** *v* / filter *v*, filtrate *v* || ~ (Kaffee) (Nahr) / percolate *v* || **räumliches** ~ (Opt) / spatial filtering*

**Filter•nutsche** *f* (Chem Verf) / Nutsch filter || ~**papier** *n* (Chem, Pap) / filter-paper* *n* || **qualitatives** ~**papier** (Chem) / qualitative-grade filter paper || **gehärtetes** ~**papier** (Chem, Pap) / hardened-grade filter paper || ~**papier** *n* **für qualitative Analysen** (Chem) / qualitative-grade filter paper || ~**papierunterlage** *f* (meistens eine Textilscheibe) (Chem) / filter-paper support || ~**patrone** (Chem) / filter cartridge || ~**platte** *f* (ein Element der Rahmenfilterpresse) (Chem Verf) / filter plate, plate (of the filter press) || ~**polarisator** *m* (Foto, Licht, Opt) / polarizing filter* || ~**presse** *f* (Chem Verf) / filter press* || **in** ~**pressen abpressen** (Chem Verf) / filter-press *v* || ~**pressung** *f* (Geol) / filter-press action*, filter pressing (a process of magmatic differentiation) || ~**quarz** *m* (Eltech) / filter crystal || ~**rahmen** *m* (einer Rahmenfilterpresse) (Chem Verf) / filter frame || ~**reinigung** *f* **durch Rückspülung** (Chem Verf) / blow-back *n*, back-washing *n* || ~**rohr** *n* (zur Entnahme des oberflächennahen Grundwassers) (HuT, Umwelt) / well-point *n* || ~**rückstand** *m* (Chem) / filtration residue || ~**rückstand** (Chem Verf) / filter cake*, sludge cake, cake *n*, filter-press cake || ~**sack** *m* (Chem Verf) / filter bag, tubular filter || ~**sand** *m* (Sanitär) / filter sand || ~**schaltung** *f* (Elektr) / filter network*, filter circuit* || ~**scheibe** *f* **nach Witt** (für Trichter) (Chem Verf) / Witt plate, Witt filter plate || ~**schicht** *f* (Chem Verf, Sanitär) / filter-bed* *n* || ~**schlammwasser** *n* (Rückspülwasser von Filtern, das die abfiltrierten Stoffe mitführt) (Sanitär) / filter sludge water || ~**schlauch** *m* (Chem Verf) / filter bag, tubular filter || ~**schlüssel** *m* (Kfz) / oil-filter wrench, filter wrench || ~**schüttschicht** *f* (Chem Verf, Sanitär) / filter-bed* *n* || ~**schüttung** *f* (Chem Verf, Sanitär) / filter-bed* *n* || ~**selbstretter** *m* (Bergb) / self-rescuer *n* || ~**sieb** *n* (Masch) / strainer *n*, screen filter || ~**sperrbereich** *m* (Fernm) / rejection band*, stop band*, filter attenuation band* || ~**spülung** *f* / filter washing || ~**stativ** *n* (Chem) / funnel rack, funnel stand || ~**staub** *m* / filter dust || ~**staub** (bei einem E-Filter) / precipitated dust || ~**stein** *m* (Chem) / sintered bubbler || ~**stoff** *m* / filter material, filter medium || ~**trichter** *m* (Chem) / filter funnel, filtering funnel || ~**tuch** *n* (der Filterpresse) / press cloth || ~**tuch** (Chem, Tex) / filter cloth, filter fabric

**Filterung** *f* (DIN 7051) (Chem Verf) / filtration* *n*, filtering *n* || ~ **bei der Cepstrum-Analyse** / liftering *n*

**Filter•verlust** *m* (im allgemeinen) / filter loss || ~**vlies** *n* / non-woven filter || ~**vorbelag** *m* (angeschwemmtes Filterhilfsmittel) (Chem) / precoat *n* || ~**wäsche** *f* / filter washing || ~**wechsel** *m* / filter change || ~**wirkungsgrad** *m* / filter efficiency || ~**zentrifuge** *f* / screen centrifuge, perforated-bowl centrifuge, screening centrifuge

**Filtrat** *n* (ablaufende klare Flüssigkeit) (Chem Verf) / filtrate* *n*

**Filtration** *f* (DIN 7051) (Chem Verf) / filtration* *n*, filtering *n* || ~ (bei stationären Prozessen) (Stats) / filtration *n*

**Filtrations•differentiation** *f* (Geol) / filter-press action*, filter pressing (a process of magmatic differentiation) || ~**rate** *f* (Chem Verf) / filtration flow (rate)

**Filtratplatte** *f* (Chem Verf) / filter plate, plate (of the filter press)

**Filtratsammelplatte** *f* (Chem Verf) / filter plate, plate (of the filter press)

**Filtrier, Grenzwert der** ~**barkeit** (ein Qualitätsmerkmal bei Dieselkraftstoffen) (Kftst) / cold-filter plugging point, CFPP || ~**bar** *adj* / filterable *adj*, filtrable *adj*, filter-passing *adj* || ~**bares Virus** (Bakteriol) / filterable virus, filtrable virus || ~**barkeit** *f* / filterability *n*, filtrability *n* || ~**becken** *n* (der Kläranlage) (Sanitär) / filtering basin*

**filtrieren** *v* / filter *v*, filtrate *v* || **erneut** ~ / refilter *v* || ~ *n* (DIN 7051) (Chem Verf) / filtration* *n*, filtering *n*

**Filtrier•papier** *n* (ungeleimtes holzfreies Papier, auch mit Hadernzusatz - DIN 6730) (Chem, Pap) / filter-paper* *n* || ~**stativ** *n* (Chem) / funnel rack, funnel stand

**filtriertes Anthrazenöl** (Chem) / green oil

**Filtriertiegel** *m* **nach Gooch** (Porzellangerät mit porösen Filterplatten) (Chem, Keram) / Gooch crucible*

**Filz** *m* (Geol) / fen* *n*, bog* *n*, moor* *n* (US), swamp *n*, moorland* *n*, marsh *n* || ~ (DIN 61200 und 61205) (Tex) / felt *n* (organic)*, organic felt || **hochglänzender** ~ (Tex) / soleil felt || ~ **aus Gesteinsfasern** (z.B. Asbest) / mineral felt || ~**ähnlich** *adj* / felty *adj*, felt-like *adj* || ~**ärmel** *m* (Pap) / endless woven felt, jacket *n*, couch jacket || ~**band** *n* (Endlosband zum Aufsaugen von Wasser bei der Abwelkmaschine) (Leder) / felt belt || ~**bar** *adj* (Tex) / feltable *adj* || ~**barkeit** *f* (Tex) / feltability *n* || ~**bildung** *f* (Tex) / felting *n* || ~**dichtung** *f* (Masch) / felt packing || ~**dochtöler** *m* (Masch) / felt-wick oiler || ~**einlage** *f* (Masch) / felt insert

**filzen** *v* (mechanisch polieren) / polish *v* (with a felt mop) || ~ *n* (Tex) / felting *n*

**Filz•filter** *n* / felt filter || ~**freiausrüstung** *f* (für Erzeugnisse aus reiner Schurwolle oder wollreichen Mischungen) (Tex) / antifelt finish || ~**gleiter** *m* (Bau) / felt glider

**filzig** *adj* / felty *adj*, felt-like *adj* || ~**e Wolle** (Tex) / matted wool, stringy wool, cotty wool, felted wool, cotts *pl*

**Filz•kalander** *m* (eine Trockenmaschine) (Tex) / felt calender || ~**kissen** *n* / felt pad || ~**maler** *m* / felt pen, felt-tipped pen, felt-tip pen || ~**markierung** *f* (Oberflächenmarkierung) (Pap) / felt mark || ~**papier** *n* (Pap) / felt paper || ~**pappe** *f* (DIN 6730) (Pap) / felt board || ~**pelz** *m* (Tex) / felted fabric || ~**polierscheibe** *f* / felt-polishing

**Filzpolster**

wheel, felt-buffing wheel ‖ **~polster** *n* / felt pad ‖ **~putz** *m* (ein Innenputz) (Bau) / felt-finished plaster ‖ **~ring** *m* (Masch) / felt ring ‖ **~ring** (bei Wälzlagern nach DIN 5419) (Masch) / felt ring ‖ **~scheibe** *f* (zum Filzen) / felt mop ‖ **~schlauch** *m* (für die Gautschpresse der Papiermaschine) (Pap) / endless woven felt, jacket *n*, couch jacket ‖ **~schreiber** *m* / felt pen, felt-tipped pen, felt-tip pen ‖ **~schrumpfen** *n* (durch das Filzen hervorgerufenes Schrumpfen - DIN 54321) (Tex) / felting shrinkage ‖ **~seite** *f* (eines Papiers nach DIN 6730) (Pap) / felt side, right side, top side, upper side ‖ **~stift** *m* (mit einem schreibenden Filzdocht) / felt pen, felt-tipped pen, felt-tip pen ‖ **~tafel** *f* (Tex) / felt sheet ‖ **~tuch** *n* (Tex) / felted fabric ‖ **ungenadeltes ~tuch** (DIN 61 205) (Tex) / non-needled woven felt ‖ **~tuch-Webmaschine** *f* (Web) / felt loom ‖ **~unterlage** *f* / felt pad ‖ **~wäsche** *f* (Pap) / felt washer
**final** *adj* / final *adj* ‖ **~ Cut** *m* (die für die endgültige Form des Films entscheidende Bearbeitungsphase) (Film) / final cut ‖ **~ Decay** *n* (Zeit des Abfallens des Tons im Maximum bis zu einem vorbestimmbaren Niveau und endgültiges Abfallen von diesem Niveau auf 0 nach Loslassen der Taste - beim Synthesizer) (Akus, Eltronik) / final decay
**Finalerzeugnis** *n* / end product, final product
**finalisieren** *v* (die Aufnahme auf eine CD-R-Platte beendigen) (EDV) / finalize *v*
**Finalprodukt** *n* / end product, final product
**Financial Engineering** *n* (umfassende, auf den einzelnen Kunden zugeschnittene Finanzierungs-, Beratungs- und Betreuungsleistungen) / financial engineering
**finanziell•e Förderung** (z.B. der Forschung) / funding *n* ‖ **~ schlecht abgesicherter Berg(raub)bau** (Bergb) / mining on a shoestring (US), grass-roots mining
**finden** *v* (Bergb, Erdöl) / strike *v*
**Findling** *m* (über 100 mm Größe) (Geol) / boulder* *n*, erratic* *n*, glacial erratic
**Finesse** *f* (Maß für Auflösungsvermögen eines Etalons oder eines Interferometers) (Chem, Opt) / fineness *n*, finesse *n*
**Finger** *m pl* (Fehler beim Airless-Spritzen) (Anstr, Galv) / tails *pl*, fingers *pl* ‖ **~** *m* (des Mähbalkens) (Landw) / finger *n* ‖ **~** (des Abfertigungsgebäudes) (Luftf) / finger *n* ‖ **~** (Masch) / finger *n* ‖ **genetischer ~abdruck** (Gen) / genetic fingerprinting, DNA fingerprinting, DNA profiling ‖ **~abdruckidentifikation** *f* (im Rahmen eines Zugangskontrollsystems) (EDV, Mil) / fingerprint-activated access (system) ‖ **~artig ineinandergreifen** / interdigitate *v* ‖ **~balken** *m* (Landw) / finger bar ‖ **~berührung** *f* (EDV) / finger picking ‖ **~bildung** *f* (Erdöl) / fingering *n* ‖ **~bühne** *f* (Erdöl) / tubing board, monkey board ‖ **~flugsteig** *m* (Luftf) / passenger ramp, pier *n* ‖ **~flugsteig** (Luftf) / finger *n* ‖ **~fräser** *m* (Masch) / end mill*, finger-shaped cutter ‖ **~greifer** *m* (eines IR) (Masch) / finger gripper ‖ **~hut** *m* (in Brennhilfsmittel) (Keram) / thimble *n* (a conical refractory item of kiln furniture with a projection at its bottom on which ware is supported during the decorative fire) ‖ **~hut-Führungsrohr** *n* (Nukl) / thimble tube, thimble *n* ‖ **~hutkammer** *f* (eine Ionisationskammer) (Nukl) / thimble ionization chamber* ‖ **~hutrohr** *n* (Nukl) / thimble tube, thimble *n* ‖ **~kontakt** *m* (Eltech) / finger-type contact* ‖ **~kopf** *m* (des Flugsteigs) (Luftf) / pierhead *n* (Bohrkopf) (Bergb) / finger bit ‖ **~loch** *n* (bei alten Fernsprechapparaten mit Wählscheibe) (Fernsp) / finger hole ‖ **~lochscheibe** *f* (bei alten Fernsprechapparaten) (Fernsp) / finger plate, dial finger plate, dial wind-up plate ‖ **~nagelprobe** *f* (orientierende Härteprüfung) (Plast) / fingernail test ‖ **~pier** *m* *f* (Wasserb) / pier *n* ‖ **~print** *n* (Substanzcharakteristik) (Chem, Spektr) / fingerprint *n* ‖ **~print-Bereich** *m* (Spektr) / fingerprint region ‖ **~print-Gebiet** *n* (Spektr) / fingerprint region ‖ **~pumpe** *f* (zur Förderung von Flüssigkeiten und Schlamm) (Chem Verf) / finger pump ‖ **~regel** *f* (Elektr, Phys) / Fleming's rule* ‖ **~ring-Plasmaform** *f* (Plasma Phys) / finger-ring plasma shape ‖ **~rührer** *m* (Chem Verf) / finger paddle agitator ‖ **~rutsche** *f* (Bergb, Keram) / grizzly *n*, grizzly chute ‖ **~schleifer** *m* (zum Schleifen und Glätten von Spachtelflächen an engen Stellen, Profilen und Rundungen) (Anstr) / finger sander ‖ **~schneidwerk** *n* (Landw) / finger cutter unit ‖ **~schutz** *m* (als Einrichtung) (Masch) / finger guard ‖ **~schutzeinrichtung** *f* (Masch) / finger guard ‖ **~stabregelelement** *n* (Nukl) / control rod cluster, rod cluster control assembly, RCC assembly ‖ **~steuerelement** *n* (Nukl) / control rod cluster, rod cluster control assembly, RCC assembly ‖ **~strickmaschine** *f* (Tex) / finger-knitting machine ‖ **~tang** *m* (Laminaria digitata [Huds.] Lamour.) (Bot) / horse-tail kelp ‖ **~test** *m* (zur Prüfung der Klebrigkeit) / fingerprint method ‖ **~zinkenverbindung** *f* (eine Holzlängsverbindung) (For, Zimm) / square dovetail (joint)
**fingiertes Stammverzeichnis** (EDV) / fake root (a mapped subdirectory that acts as a root directory)

**Finieren** *n* (von Kordsamten und Velvetons durch Bearbeiten des Rauhflors) (Tex) / brush pile finishing
**Finish** *n* (Gesamtheit aller Schutzschichten eines Werkstücks) (Anstr) / finish *n* ‖ **~** (Leder) / finish *n* ‖ **~** (Masch) / finish *n*, surface finish ‖ **~** (abschließender Arbeitsgang in der Veredelung) (Tex) / finish *n* ‖ **satinartig mattglänzendes ~** / satin finish
**finishen** *v* / finish *v*
**Finishfolie** *f* (Plast) / decorative sheet, decorative foil
**Finisseur** *m* (Spinn) / rubbing frame
**finit** *adj* / finite *adj* ‖ **~es Element** (Math) / finite element ‖ **~e Kardinalzahl** (Math) / finite cardinal (number)
**finitär** *adj* (Operation) (Math) / finitary *adj*
**Finite-Elemente-Methode** *f* (Math) / finite-element method, finite-element analysis, FEA
**Finite-Elemente-Verfahren** *n* (ein numerisches Verfahren zur näherungsweisen Lösung von Systemen partieller Differentialgleichungen, die in Verbindung mit Rand- und eventuell Anfangsbedingungen stehen) (Math) / finite-element method, finite-element analysis, FEA
**Finitelementemethode** *f* (Math) / finite-element method, finite-element analysis, FEA
**Finitismus** *m* (Math) / finitism *n*
**Fink-Binder** *m* (Zimm) / Fink truss, Belgian truss, French truss
**Finne** *f* (des Hammers) / (des Hammers) (Werkz) / peen* *n*, pane* *n*, pein* *n*, pean* *n*
**Finnen-Schweinswalöl** *n* / porpoise oil
**Fino** *n* (For) / autracon *n*
**Finsenlampe** *f* (nach N.R. Finsen, 1860-1904) (Eltech, Med) / Finsen lamp*
**Finsternis** *f* (Mond- und Sonnen-) (Astr) / eclipse* *n* ‖ **partielle ~** (Astr) / partial eclipse ‖ **totale ~** (Astr) / total eclipse
**Finstrate** *n* (eine aus teflonisolierten Schichten auf einem festen Kupferkern bestehende Leiterplatte mit Wärmeableitung für VLSI-Schaltkreise) (EDV) / finstrate *n* (board)
**Fior-Verfahren** *n* (Esso Fluid Iron Ore Direct Reduction Process - Eisenerzeugung außerhalb des Hochofens) (Hütt) / Fior process
**FIP-Standard** *m* (für Produkte der Pharma- und der Nahrungsmittelindustrie) (Nahr, Pharm) / FIP standard (Fédération Internationale Pharmaceutique)
**FIPS-Verfahren** *n* (zur Verfestigung hochradioaktiver Spaltprodukte) (Nukl) / fission-product solidification process, FIPS
**Fique** *f* (Tex) / Mauritius hemp, mauritius *n*, fique *n*
**FIR** (Phys) / far infrared
**Fire•-and-Forget-Prinzip** *n* (der FK arbeitet nach dem Start voll autonom) (Mil) / fire-and-forget principle ‖ **~ball-Brennraum** *m* (Kfz) / fireball combustion chamber ‖ **~clay** *n* (Geol) / fireclay* *n* ‖ **~clay-Mineral** *n* (Hauptkomponente eines feuerfesten Tones aus Yorkshire und Irland, die dem Kaolinit entsprechende Lagen, diese aber in ungeordneter Folge enthält) (Min) / fireclay mineral, mellorite *n* ‖ **~streak-Modell** *n* (Kernphys) / nuclear fireball model, firestreak model ‖ **~wall** *m* (ein Schutzsystem für das Netzwerk einer Organisation gegen externe Bedrohungen) (EDV) / firewall *n*, fire wall
**FIR-Laser** *m* (Phys) / far-infrared laser, FIR laser
**Firlefanz** *m* (Arch) / gingerbread *n* (fancy decoration)
**Firma** *f* / company *n*
**firmen•gebundener Sprachstil** (F.Org) / house-style *n* ‖ **~image** *n* / corporate image ‖ **~imagewerbung** *f* / corporate advertising ‖ **~interne Schulung** (F.Org) / in-company training, on-the-job training ‖ **~kennfaden** *m* (z.B. nach dem Farbkode des CENELEC) (Kab) / identification thread, tracer thread, marker thread ‖ **~rundschreiben** *n* / newsletter *n* ‖ **~schild** *n* (Masch) / name-plate *n* ‖ **~signet** *n* / logo *n* (pl. logos), logotype* *n*, company emblem, company signature ‖ **~spezifisch** *adj* (Terminologie) / firm-specific *adj* ‖ **~wagen** *m* (Kfz) / company car ‖ **~wert** *m* (derivativer, originärer) / goodwill *n* ‖ **~zeichen** *n* / logo *n* (pl. logos), logotype* *n*, company emblem, company signature
**Firmware** *f* (eingebaute Standardprogramme) (EDV) / firmware *n*, hard software ‖ **~-Engineering** *n* (Spezifikation, Konstruktion, Verifikation, Dokumentation und Wartung von Firmware) (EDV) / firmware engineering
**Firn** *m* (Geol) / névé* *n*, firn* *n* ‖ **~blau** *n* / glacier blue ‖ **~eis** *n* (Geol) / firn *n*, firn ice ‖ **~eisbildung** *f* (Geol) / firnification *n* ‖ **~erosion** *f* (Geol, Geophys) / nivation *n*, snow patch erosion ‖ **~feld** *n* (mit Firnschnee bedeckte, weite Fläche) (Geol) / névé* *n* ‖ **~grenze** *f* (Geol) / firn line, firn limit
**Firnis** *m* (Anstr) / boiled oil* ‖ **~leinen** *n* (Eltech) / empire cloth
**firnissen** (mit Leinölfirnis grundieren) (Anstr) / varnish *v* (with boiled linseed oil)
**Firn•linie** *f* (Geol) / firn line, firn limit ‖ **~schnee** *m* (Geol) / névé* *n*, firn* *n*

**First** *m* (die oberste, stets waagerecht verlaufende Dachkante) (Bau, Zimm) / ridge*  *n*, comb*  *n*, crest*  *n* ∥ ⁓ (Geol) / crest*  *n*, apex *n* (pl. apexes or apices)

**first messenger** (Hormon, welches vom Ort der Synthese zum Ort der Wirkung transportiert wird) (Physiol) / first messenger

**First • abdeckung** *f* (Bau) / ridge capping, ridge coping ∥ ⁓**anschlußziegel** *m* (Bau) / ridge tile*, crest tile* ∥ ⁓**aufsatzgerüst** *n* (Bau) / saddle scaffold* ∥ ⁓**balken** *m* (der die Sparren am Dachfirst trägt und das Durchbiegen und seitliches Ausweichen der Firstlinie verhindert) (Zimm) / ridge-pole*  *n*, ridge board*, ridge piece*, ridge purlin ∥ ⁓**bohle** *f* (Zimm) / ridge-pole*  *n*, ridge board*, ridge piece*, ridge purlin

**"first-collision"-Dosis** *f* (Kernphys) / first collision dose

**Firste** *f* (einer söhligen oder geneigten Strecke oder eines Aufbruchs) (Bergb) / roof *n*, top *n*, back *n*, hanging wall ∥ ⁓ (ein Richtstollen im Tunnelbau) (HuT) / heading *n*, pilot tunnel **sichere** ⁓ (Bergb) / green roof ∥ **söhlige** ⁓ (beim Firstenstoßbau) (Bergb) / flatback stope*

**Firsten • ausbau** *m* (Bergb) / roof support ∥ ⁓**bau** *m* (Bergb) / overhand stoping ∥ ⁓**brand** *m* (Flözbrand in der Firste von Strecken, besonders bei stark geneigten oder der steilen Lagerung) (Bergb) / roof fire ∥ ⁓**druck** *m* (Bergb) / roof pressure ∥ ⁓**druck** (Bergb) s. auch Gebirgsdruck ∥ ⁓**kammer** *f* (Bergb) / overhand stope ∥ ⁓**schrägbau** *m* (Bergb) / rill stoping* ∥ ⁓**sprengung** *f* (Bergb) / heading blasting ∥ ⁓**stoß** *m* (Bergb) / back stope*, overhand stope*, overhead stope* ∥ ⁓**stoß mit schräggestellter Firste** (Bergb) / rill stope ∥ ⁓**stoßbau** *m* (Bergb) / rill stoping*

**First • feier** *f* (A) (Bau, Zimm) / topping-out ceremony ∥ ⁓**kappe** *f* (ein hohler Firstziegel) (Bau) / roll-capped ridge tile* ∥ ⁓**linie** *f* (die oberste, stets waagerecht verlaufende Dachkante) (Bau, Zimm) / ridge*  *n*, comb*  *n*, crest*  *n* ∥ ⁓**linie** (Geol) / crest line ∥ ⁓**pfette** *f* (Zimm) / ridge-pole*  *n*, ridge board*, ridge piece*, ridge purlin ∥ ⁓**schuß** *m* (Bergb) / top shot ∥ ⁓**stein** *m* (zur Eindeckung des Dachfirstes) (Bau) / ridge tile*, crest tile* ∥ ⁓**stollen** *m* (HuT) / heading *n*, pilot tunnel ∥ ⁓**ziegel** *m* (dreieckiger) (Bau) / angle ridge tile ∥ ⁓**ziegel** (Bau) / ridge tile*, crest tile*

**Firth** *m* (schmale, meist tiefe, vielfach sich verzweigende Meeresbucht, besonders an felsigen Steilküsten - meistens in Schottland) (Geog) / firth *n*

**Fisch** *m* (Gegenstand, der sich im Bohrloch befindet, obwohl er dort offensichtlich nicht hingehört, und zu einer Unterbrechung der Bohrarbeiten führt) (Erdöl) / fish *n* ∥ ⁓ (Nahr, Sanitär, Zool) / fish *n* ∥ ⁓ (eine in einem falschen Fach des Setzkastens liegende Drucktype, meistens durch falsches Ablegen entstanden) (Typog) / wrong font*, w.f.* ∥ ⁓**von** ⁓**en lebend** (Zool) / piscivorous* *adj*, fish-eating* *adj* ∥ ⁓**aufstiegsanlage** *f* (Wasserb) / fishway *n*, pass *n*, fish pass ∥ ⁓**aufzug** *m* (Wasserb) / fish hoist

**Fischauge** *n* (Foto, Opt) / fisheye lens*, fisheye *n* ∥ ⁓ (durch Freiwerden von Wasserstoff bedingter Materialfehler im Stahl) (Hütt, WP) / flake *n* ∥ ⁓ (kugeliger Materialeinschluß - Fehler) (Plast) / fisheye *n* ∥ ⁓**n** *n pl* (ein Anstrichfehler) (Anstr, WP) / fisheyes *pl*, cratering *n*

**Fischaugen • linse** *f* (Foto, Opt) / fisheye lens*, fisheye *n* ∥ ⁓**objektiv** *n* (Foto, Opt) / fisheye lens*, fisheye *n* ∥ ⁓**stein** *m* (Min) / apophyllite* *n*, fisheye stone

**Fisch • band** *n* (Tischl) / butt hinge*, butt *n* ∥ ~**bauchig** *adj* (Masch) / fish-bellied* *adj* ∥ ⁓**bauchträger** *m* (HuT, Mech) / fish-beam* *n* ∥ **weißes** ⁓**bein** / cuttlefish-bone *n*, cuttlebone *n* ∥ ⁓**bestand** *m* (Nahr, Umwelt) / fish population ∥ ⁓**bestand** (Umwelt, Wasserb) / stock of fish, fish stock ∥ ⁓**blase** *f* (Arch) / vesica piscis (pl. vesicae piscis) ∥ ⁓**eiweiß** *n* (Nahr) / fish protein ∥ ⁓**eiweißkonzentrat** *n* (Nahr) / fish protein concentrate, FPC

**fischen** *v* (Nahr, Schiff) / fish *v* (for)

**Fischerei** *f* (Nahr, Schiff) / fishing *n*, fishery *n* ∥ ⁓**fahrzeug** *n* (Schiff) / fishery vessel ∥ ⁓**flotte** *f* (Schiff) / fishing fleet ∥ ⁓**gebiet** *n* (Nahr, Ozean, Schiff) / fishing grounds, fishery *n*

**Fischer • -Gatsch** *m* / slack wax ∥ ⁓**-Hepp-Umlagerung** *f* (Chem) / Fischer-Hepp rearrangement ∥ ⁓**netz** *n* / fishnet *n*, fishing-net *n* ∥ ⁓**-Projektion** *f* (zur Beschreibung der Konfiguration von optischen Isomeren) (Chem) / Fischer projection ∥ ⁓**-Rieszscher Satz** (Math) / Riesz-Fischer theorem, Fischer-Riesz theorem

**Fischers Salz** (Kaliumhexanitrokobaltat(III)) (Chem) / aureolin *n*, cobalt yellow, Indian yellow

**Fischersch • e Indolylsynthese** (aus Phenylhydrazonen) (Chem) / Fischer indole synthesis ∥ ⁓**e Projektionsformel** (Chem) / Fischer projection formula

**Fischer • -Tropsch-Paraffin** *n* (Chem Verf) / Fischer-Tropsch paraffin ∥ ⁓**-Tropsch-Synthese** *f* (Chem Verf) / Fischer-Tropsch process*, Fischer-Tropsch reaction ∥ ⁓**-Tropsch-Verfahren** *n* (nach F. Fischer, 1877-1947, und H. Tropsch, 1889-1935) (Chem Verf) / Fischer-Tropsch process*, Fischer-Tropsch reaction

**Fisch • fabrikschiff** *n* (Schiff) / factory ship ∥ ⁓**fang** *m* (Nahr, Schiff) / fishing *n*, fishery *n* ∥ ⁓**fang treiben** (Nahr, Schiff) / fish *v* (for) ∥ ⁓**fangflotte** *f* (Schiff) / fishing fleet ∥ ⁓**fanggebiet** *n* (Nahr, Ozean,

Schiff) / fishing grounds, fishery *n* ∥ ⁓**fangplatz** *m* (Nahr, Ozean, Schiff) / fishing grounds, fishery *n* ∥ ~**fressend** *adj* (Zool) / piscivorous* *adj*, fish-eating* *adj* ∥ ⁓**futtermehl** *n* (Nahr) / fishmeal *n* ∥ ⁓**giftigkeit** *f* (abwasserabgabenrelevanter Parameter, der nach dem Abwasserabgabengesetz unter Verwendung der juvenilen Goldorfe als Testfisch bestimmt wird) (Sanitär, Umwelt) / fish toxicity, toxicity to fish ∥ ⁓**grat** *m* (eine klassische Gewebemusterung) (Tex) / herringbone *n* ∥ ⁓**grätenantenne** *f* (Radio) / fishbone antenna* ∥ ⁓**grätenköper** *m* (Web) / herringbone twill ∥ ⁓**grätenmuster** *n* (Tex) / herringbone *n* ∥ ⁓**grätenstich** *m* (Tex) / herringbone stitch, fishbone stitch ∥ ⁓**grätenstich** (Tex) s. auch Hexenstich ∥ ⁓**gründe** *m pl* (Nahr, Ozean, Schiff) / fishing grounds, fishery *n* ∥ ⁓**haut** *f* (Haifischleder) (Leder) / shagreen *n*

**fischig** *adj* (Geschmack, Geruch) (Nahr) / fishy *adj*

**Fisch • körperöl** *n* (Nahr) / oil obtained from whole fish, high-quality fish oil ∥ ⁓**laich** *m* (Zool) / spawn* *n* ∥ ⁓**leberöl** *n* (Nahr) / fish-liver oil ∥ ⁓**lebertran** *m* (Nahr) / fish-liver oil ∥ ⁓**leder** *n* (aus Häuten verschiedener Fischarten, z.B. von Rochen und Haien) (Leder) / fish leather ∥ ⁓**leim** *m* (Chem) / isinglass* *n*, fish-glue* *n*, ichthyocolla *n*, fish gelatin ∥ ⁓**leiter** *f* (für Wanderfische) (Wasserb) / fish ladder ∥ ⁓**lupe** *f* (ein Echolot in der Hochseefischerei) (Schiff) / fish viewer, ultrasonic echo sounder (for fishing) ∥ ⁓**mehl** *n* (aus Fischen, deren Teilen oder Beifang hergestelltes eiweißreiches Futtermittel) / fishmeal *n* ∥ ⁓**mehl** (zur menschlichen Ernährung) (Nahr) / fish flour ∥ ⁓**nebenprodukte** *n pl* (Nahr) / fish by-products ∥ ⁓**netz** *n* / fishnet *n*, fishing-net *n* ∥ ⁓**öl** *n* (im allgemeinen) (Nahr) / fish oil ∥ ⁓**öl** (Körperöl von Fischen) (Nahr) / oil obtained from whole fish, high-quality fish oil ∥ ⁓**paß** *m* (für Wanderfische) (Wasserb) / fishway *n*, pass *n*, fish pass ∥ ⁓**pinsel** *m* (Anstr) / fitch *n* ∥ ⁓**protein** *n* (Nahr) / fish protein ∥ ⁓**proteinkonzentrat** *n* (Nahr) / fish protein concentrate, FPC ∥ ⁓**pumpe** *f* (zum Fischfang und zum Fischtransport) (Masch) / fishpump *n* ∥ ⁓**rechen** *m* (Wasserb) / fish screen ∥ ⁓**schuppe** *f* (ein Blockfehler) (Hütt) / fish scale ∥ ⁓**schuppen** *f pl* (halbmondförmige Ausplatzung der Grund- und/oder der Deckemaillierung) (Keram) / fishscaling *n*, shiner scale, fishscale *n* ∥ ⁓**schuppenessenz** *f* (eine zelluloselackgebundene Paste) (Anstr) / pearl essence ∥ ⁓**schuppenziegel** *m* (Arch) / fish-scale tile ∥ ⁓**schwanz** *m* (Masch) / fish-tail burner ∥ ⁓**schwanzbrenner** *m* (Masch) / fish-tail burner ∥ ~**schwanzförmiger Defekt** (der Epitaxieschicht) (Eltronik) / fish-tail *n* ∥ ⁓**schwanzmeißel** *m* (Erdöl) / fish-tail bit, drag bit ∥ ⁓**schwarm** *m* (Nahr, Zool) / school of fish, shoal *n* ∥ ⁓**silage** *f* (verflüssigte Fischsubstanz, die als Futtermittel verwendet wird) (Landw) / fish silage ∥ ⁓**silber** *n* (eine zelluloselackgebundene Paste) (Anstr) / pearl essence ∥ ⁓**sonar** *n* (Ultraschallsensor, der zur Fischortung eingesetzt wird) (Schiff) / fish-finding sonar ∥ ⁓**sortiermaschine** *f* (Nahr) / fish-grading machine ∥ ⁓**sterben** *n* (Massensterben von Fischen in Gewässern, verursacht vor allem durch Sauerstoffmangel infolge starker Wasserverschmutzung, Vergiftung des Wassers und Infektionskrankheiten) (Umwelt) / mass extinction of fish, mass poisoning of fish (due to pollution), fish mortality, fish kill ∥ ⁓**teich** *m* / fish-pond *n*, fish-pool *n*, piscina *n* (pl. -s or -ae) ∥ ⁓**test** *m* (im frühen Lebensstadium) (Umwelt) / early-life-stage test ∥ ⁓**test** (zweier Generationen) (Umwelt) / life-cycle test ∥ ⁓**test** (kontinuierliche Wasserüberwachung auf akut toxische Verunreinigungen, bei der Fische [z.B. Goldorfen] als Detektor und als biologische Warneinrichtung verwendet werden) (Umwelt, Wasserb) / fish test, ichthyotesting *n* ∥ ~**tötendes Mittel** (Chem) / piscicide *n* ∥ ⁓**toxizität** *f* (Sanitär, Umwelt) / fish toxicity, toxicity to fish ∥ ⁓**tran** *m* (minderwertiger Qualität) (Nahr) / fish oil ∥ ⁓**treppe** *f* (ein künstlich angelegter Fischweg) (Wasserb) / fish ladder ∥ ⁓**verarbeitung** *f* (Nahr) / fish processing ∥ **[künstlich angelegter]** ⁓**weg** (z.B. eine Fischtreppe) (Wasserb) / fishway *n*, pass *n*, fish pass ∥ ⁓**wehr** *n* (Wasserb) / fish screen ∥ ⁓**wolle** *f* (animalisiertes Gewebe aus Zellwolle) (Tex) / fish wool, rayon staple coated with fish protein ∥ ⁓**zaun** *m* (Wasserb) / fish screen ∥ ⁓**zucht** *f* / fish farming, pisciculture *n* (the controlled breeding and rearing of fish)

**Fisetholz** *n* (aus dem Gemeinen Perückenstrauch) (For) / smoke plant wood, young fustic, zantewood *n*

**Fisetin** *n* (zu den Flavonen zählender Naturstoff) (Chem) / fisetin *n*

**Fisettholz** *n* (ein Gelbholz aus Cotinus coggyria Scop.) (For) / smoke plant wood, young fustic, zantewood *n*

**Fishersche F-Verteilung** (nach Sir R.A. Fisher, 1890-1962) (Stats) / Fisher's F-distribution

**Fisher-Yates-Test** *m* (Stats) / Fisher-Yates test

**Fission** *f* (Kernphys, Nukl) / fission* *n*, nuclear fission*

**Fissionsantrieb** *m* (Raumf) / fission propulsion

**Fission-Track-Methode** *f* (Geol) / fission-track method, fission-track dating

**Fissium** *n* (Spaltproduktbestandteil in der Mischung von Kernbrennstoff und Spaltprodukten) (Nukl) / fissium *n*

**FITC** (Chem) / fluorescein isothiocyanate

**F.i.Tr.** (Nahr) / fat content in dry matter

**Fitsche** f (Tischl) / butt hinge*, butt n
**Fitschenband** n (Drehbeschlag für Fenster und Türen) (Tischl) / butt hinge*, butt n
**Fitschenring** m (Bau, Tischl) / hinge ring
**Fitscher** m (für Lackarbeiten an schwer zugänglichen Stellen) (Anstr) / fitch* n
**Fitten** n / fitting n
**Fittigsche Synthese** ((Darstellungsmethode von Di- und Polyarylen durch Kondensation von Arylhalogeniden mit Natrium - nach R. Fittig, 1835-1910)) (Chem) / Fittig's synthesis*, Wurtz synthesis*
**Fitting** n (an den Enden mit Innengewinde versehenes Rohrverbindungsstück) (Masch) / screwed fitting, tapped fitting, threaded fitting || ~s n pl (mit Gewindeanschluß, eingeschweißt oder eingelötet) (Masch) / fittings* pl || **geteiltes ~** (Eltech) / split fitting*
**Fitz•band** n (Spinn) / tie band, hank tie || **~bund** m (bei Handeinbänden) (Buchb) / kettlestich* n
**fitzen** (Garnstränge mit Fitzbändern unterbinden) (Web) / skein v, tie v (with tie bands)
**Fitzfaden** m (Spinn) / tie band, hank tie
**Fitzgerald-Lorentz-Kontraktion** f (nach G.F.Fitzgerald, 1851-1901, und H.A.Lorentz, 1853-1928) (Phys) / Lorentz contraction*, FitzGerald-Lorentz contraction*, Lorentz-FitzGerald contraction
**Fitzgeraldscher Dipol** (ein elementarer Dipol nach DIN 1324, T 3) (Eltech) / FitzGerald dipole
**fix** adj (Fensterscheibe) / fixed adj || **~e Kosten** / fixed costs || **~** m (Schnittpunkt zweier oder mehrerer Standlinien) (Luftf) / fix* n
**Fixage** f (Foto) / fixing* n, photographic fixing
**Fixateur** m (eine Parfümkomponente) / fixateur n (perfume technology), fixative n (perfume technology)
**Fixation** f (Mikros) / fixation* n
**Fixationslösung** f (Mikros) / fixative n
**Fixationsmittel** n (Mikroskopiertechnik) (Mikros) / fixative n
**Fixativ** n (Chem Verf) / fixative n (in dyeing technology) || **~** (Lösung, mit der man Zeichnungen besprüht, damit sie wischfest werden) (Foto) / fixative n
**Fix•ebene** f (ein Fixelement) (Math) / fixed plane || **~element** n (Element einer Menge geometrischer Objekte, das bei einer Abbildung auf sich selbst abgebildet wird) (Math) / fixed element || **~fokusobjektiv** n (mit unveränderlicher Entfernungseinstellung auf den Hyperfokalpunkt seiner größten Blendenöffnung) (Foto) / fixed-focus lens, lens of fixed focal length || **~gerade** f (ein Fixelement) (Math) / fixed line
**Fixier•bad** n (Foto) / fixer n, fixing bath || **~einheit** f (bei Kopierern) / fixing assembly
**fixieren** v (Chem) / fix v || **~** (Text auf dem Bildschirm) (EDV) / validate v (screen text) || **~** (Foto) / fix v || **~** (Tex) / set vt || **~** (Tex) / fuse v || **~** n (Foto) / fixing* n, photographic fixing || **~** (Tex) / fusion n (Tex) / setting n || **~ und Glänzen** (Tex) / setting and lustring*
**Fixier•entwicklung** f (Foto) / wet-process development || **~lösung** f (Mikros) / fixative n || **~mittel** n (Foto) / fixer n, fixing agent, fixing salt || **~öl** n (EDV) / fuser oil || **~salz** n (Foto) / fixer n, fixing agent, fixing salt || **saures ~salz** (Foto) / acid fixer* || **mit ~salz behandeln** (Foto) / salt v || **~stift** m (Masch) / locating pin
**Fixierung** f (Foto) / fixing* n, photographic fixing || **~** (Masch) / location n || **~** (Mikros) / fixation* n
**Fixierungsflüssigkeit** f (Mikros) / fixative n
**Fixierungsmittel** n (Chem Verf) / fixative n (in dyeing technology) || **~** (Mikros) / fixative n
**Fixkamm** m (der Krempel) (Spinn) / doffer comb, comb n
**Fixpunkt** m (EDV) / breakpoint* n, checkpoint n || **~** (EDV) / benchmark n || **~** (z.B. ein Fixelement) (Math) / fixed point || **~** (der Temperaturskale) (Phys) / fixed point || **~** (Verm) / benchmark* n, B.M., BM || **durch einen ~ festgehaltenes Programm** (EDV) / checkpointed program || **~erstellung** f (EDV) / ledgering n || **~semantik** f (EDV, KI) / denotational semantics, functional semantics
**Fix•stern** m (Astr) / fixed star || **~zeit** f (F.Org) / core-time n
**Fizeausche Streifen** (nach H. Fizeau, 1819-1896) (Opt) / Fizeau fringes*, contour fringes*
**Fizzium** n (Gemisch in einer V/Pu-Legierung) (Nukl) / fissium n
**Fjodorowscher Universaldrehtisch** (Krist) / universal stage, Fedorov stage, U-stage n
**Fjord** m (schmale, meist tiefe, vielfach sich verzweigende Meeresbucht, besonders an felsigen Steilküsten - meistens in Norwegen) (Geog) / fiord* n, fjord* n
**FK** (Chem, Eltronik) / liquid crystal* || **~** (Geol, Landw) / field moisture capacity, field capacity* || **~** (Glas) / fluor crown glass || **~** (Landw) / field capacity || **~** (Mil) / missile* n
**FK-506** n (ein Immunsuppressivum) (Pharm) / FK-506 n, tsukubaenolide n
**FK** (Plast) / fibre-reinforced plastic, FRP

**F-Kalander** m (Chem Verf) / inverted-L-type of calender
**FK-Kreuzer** m (Mil, Schiff) / guided-missile cruiser, missile cruiser
**FKM** (Chem Verf) / fluorinated rubber
**F-Kopf** m (ein Zylinderkopf) (V-Mot) / F-head n
**F-Korona** f (Astr) / F corona, Fraunhofer corona
**FK-Start** m (Mil) / missile launch
**FK-Stellung** f (Mil) / missile base
**FKW** (Chem) / fluorocarbons* pl, fluorohydrocarbons pl, fluorinated hydrocarbons
**flach** adj / flat adj || **~** (seicht) / shallow adj, shoaly adj || **~** (Dach) (Bau) / low-pitched adj, flat adj || **~** (Druck) / flat adj, unfolded adj, broad adj || **~** (Gewinde) (Masch) / square adj || **~** (z.B. Raum) (Math) / flat adj || **~** (Naht) (Schw) / flush* adj || **~e Abdachung** (Geol) / glacis n || **~er Anflugwinkel** (auf die Eintauchbahn) (Raumf) / shallow angle || **~ ausfugen** v (Bau) / joint flat v || **~e Ausleuchtung** (Foto) / flat lighting* || **~e Bildröhre** (EDV, TV) / flat CRT || **~er Bildschirm** (EDV, TV) / flat-square screen, flat display screen || **~er Bildschirm** (EDV, TV) / flat screen, FS, flat display || **~er Dipol** (Radio) / plain dipole || **~e Dreieckfeile** (For) / cant file || **~es Erzlager** (sedimentäre Lagerstätte geringer Mächtigkeit, aber großer Ausdehnung) (Geol) / blanket deposit || **~e Falte** (Geol) / open fold || **~es Gel** (Chem) / slab gel || **~e Haftstelle** (Eltronik) / shallow trap || **~e Haufenwolke** (Meteor) / fair-weather cumulus || **~er Hohlbeitel** (Tischl, Zimm) / flat gouge* || **~e Hülle** (Nahr) / flat casing || **~es Kaliber** (Hütt) / bullhead pass, flat groove || **~er Kegel** (des Ventils) (Masch) / flat-facing disk || **~e Kurve** (Luftf) / flat turn || **~e Rändelmutter** (Masch) / knurled nut || **~er Riß** / shallow crack || **~er Rücken** (Buchb) / flat spine, square back || **~e rundstirnige Paßfeder** (Masch) / Pratt and Whitney key || **~er Schacht** (Bergb) / inclined shaft, incline n, slope n, hading shaft || **~e Schicht** (z.B. innerhalb eines Diamanten) (Min) / platelet n || **~e Sechskantmutter** (Masch) / hexagon thin nut || **~er Senkkasten** (zum Heben von Schiffen) (Wasserb) / saucer* n || **~er Spitzbogen** (Arch) / four-centred arch, depressed arch, drop arch || **~e Spule** (Tex) / brass bobbin || **~er Stengel** (Anat) / blade n || **~es Tonnendach** (Bau, HuT) / tilt roof* || **~es Trapezgewinde** (Masch) / stub acme screw thread (US) || **~es Trudeln** (Luftf) / flat spin
**Flach•anode** f (Eltronik) / flat anode || **~anode** (Streifenanode) (Eltronik) / flat anode || **~arbeitender Plotter** (EDV) / flatbed plotter || **~arbeitendes Zeichengerät** (EDV) / flatbed plotter || **~bagger** m (Gerät, das großflächig anstehende Bodenmassen mit einem Schneidmesser oder einer Pflugschar in dünnen Schichten parallel zur Oberfläche abträgt) (HuT) / planer n, leveler n (US) || **~bagger** (HuT) s. auch Erdbaumaschine || **~bahn** f (z.B. des Geschosses) / flat trajectory || **~bahnanlasser** m (Eltech) / face-plate starter*, face-plate controller*, lever-type starter* || **~band** n (z.B. eines Gurtbandförderers) (Masch) / flat belt || **angequetschtes ~bandkabel** (Kab) / daisy-chain flat cable, daisy-chained ribbon cable || **~batterie** f (Eltech) / flat-type battery || **~bau** n (Bau) / low-rise construction || **~baugruppe** f (mit Hilfe einer gedruckten Schaltung auf einer Isolierplatte zusammengefaßte integrierte Schaltkreise) (EDV, Eltronik) / logic card, printed-circuit card || **steckbare ~baugruppe** (EDV, Eltronik) / plug-in unit*, plug-in* n || **~bauweise** f (Eltronik) / pancake design || **~beben** n (mit Epizentrum bis 65 km) (Geophys) / shallow focus earthquake
**Flachbett•chromatografie** f (Chem) / planar chromatography || **~felge** f (Kfz) / flat-bed rim || **~maschine** f (Druck) / flat bed (press)* || **~nähmaschine** f (Tex) / flat-bed sewing machine || **~plotter** m (EDV) / flatbed plotter || **~projektor** m (EDV) / flatbed projector || **~scanner** m (Druck, EDV) / flat-bed scanner
**Flach•beutel** m / flat bag || **~bild** n (Arch) / bas-relief* n, low relief, basso rilievo n || **~bildröhre** (EDV, TV) / flat picture tube || **~bildschirm** m (EDV, TV) / flat-square screen, flat display screen || **~bodenbearbeitung** f (Landw) / surface tillage, shallow tillage, shallow cultivation || **~bogen** m (meistens in der Romanik) (Arch) / segmental arch, scheme arch, skene arch || **~bohrer** m (Masch) / flat drill, spade drill || **~bordstein** m (HuT) / battered kerb, battered curb || **~breite** f / flat width, layflat width || **~dach** n (Bau) / flat roof* || **~dach** (begehbares Terrassendach) (Bau) / terrace n || **~darm** m (Nahr) / flat casing || **~dichtdach** (Bau) / flat roof* || **~dichtsitz** m (der Zündkerze) (V-Mot) / flat seat, flat seating, gasket seat || **~dichtung** f (Masch) / flat seal || **~draht** m (Hütt) / flat wire || **mit ~drahtwicklung** (Eltech) / strip-wound attr || **~drehschieber** m (Kfz) / rotary disk valve, rotating-disk valve || **~druck** m (Steindruck + Zinkdruck + Offsetdruck + Lichtdruck) (Druck) / planographic process*, surface printing, planographic printing || **~drücken** n (Glas, Opt) / flattening n
**Fläche** f (Krist) / face* n || **~** (Math) / superficies n || **~** (Oberfläche) (Math) / surface n || **~** (Math, Verm) / area* n || **abbildbare ~n** (Math) / applicable surfaces, isometric surfaces || **abwickelbare ~** (Math) / developable surface* (that can be rolled out flat onto a plane without any distortion) || **abwickelbare ~n** (Math) / applicable surfaces, isometric surfaces || **aerodynamische ~** (Tragfläche) (Luftf)

### Flächentheorie

/ aerofoil* n, plane n, airfoil n (US) ‖ **aerodynamische** ≃ (Phys) / aerodynamic surface ‖ **algebraische** ≃ (Math) / algebraic surface ‖ **asphärische** ≃ (brechende oder reflektierende Fläche einer Linse oder eines Spiegels, die von einer Kugelfläche abweicht) (Opt) / aspheric surface* ‖ ≃**, auf der die Probe während des Härteprüfverfahrens aufgestellt wird** (Instr, Masch) / anvil n ‖ ≃**, auf der man landen od. wassern kann** (Luftf) / deck n ‖ **bearbeitete** ≃ (maschinell) (Masch) / machined surface ‖ **bebaute** ≃ (Bau, HuT) / built-up area ‖ **befestigte** ≃ (meistens auf dem Grundstück, außerhalb des Hauses) (Arch) / paved area ‖ **befestigte** ≃ (zum Parken) (Kfz) / hardstanding n, hardstand n (US) ‖ **brechende** ≃ (Opt) / refracting surface ‖ **Coonssche** ≃ (Math) / Coons' surface ‖ **ebene** ≃ (HuT, Math) / level* n, horizontal n ‖ **eigentliche** ≃ **zweiter Ordnung** (Math) / conicoid n, proper quadric ‖ **forstwirtschaftliche** ≃ (For) / forest area ‖ **freie** ≃ / open space ‖ **geometrische** ≃ (Math) / geometric surface ‖ **geradlinige** ≃ (Math) / ruled surface* ‖ **geschlossene** ≃ (Math) / closed surface ‖ **kartierte** ≃ (Kart, Verm) / mapped area ‖ **kaustische** ≃ (Opt) / caustic surface* ‖ **Lambertsche** ≃ (Opt) / Lambert surface ‖ **landwirtschaftlich genutzte** ≃ (Landw) / agricultural land ‖ **maussensitive** ≃ (der Benutzerschnittstelle) (EDV) / mouse-sensitive area ‖ **Möbiussche** ≃ (nach A.F. Möbius, 1790-1868) (Math) / Möbius strip*, Möbius band ‖ **neutrale** ≃ (Mech) / neutral surface, surface of no strain ‖ **nicht entartete** ≃ **zweiter Ordnung** (Math) / conicoid n, proper quadric ‖ **optische** ≃ (brechende oder reflektierende Fläche von optischen Bauelementen) (Opt) / optical surface ‖ **optisch wirksame** ≃ (Opt) / optical surface ‖ **Riemannsche** ≃ (ein Hilfsmittel in der Funktionentheorie) (Math) / Riemann surface* ‖ **rotationssymmetrische** ≃ (Math) / surface of revolution ‖ **spiegelnde** ≃ (Opt) / specular surface ‖ **tragende** ≃ (im allgemeinen) (Bau, Masch) / bearing surface ‖ **tragende** ≃ (die Summe aller Flächenteile einer Istoberfläche, die innerhalb eines bestimmten Bezugsbereiches von der geometrisch vollkommenen Fläche eines Gegenkörpers unter definierten Bedingungen berührt werden) (Masch) / bearing area ‖ **überbaute** ≃ (Bau) / covered area, roofed-over area, coverage n, built-up area ‖ **überdachte** ≃ (Bau) / covered area, roofed-over area, coverage n, built-up area ‖ **unechte** ≃ (Krist) / vicinal face*, vicinal plane ‖ **wirksame** ≃ / active area ‖ **zu klebende** ≃ (Masch) / adherend n ‖ **zusammengelegte** ≃ (Landw) / consolidated area ‖ ≃ f **5. Ordnung** (Math) / quintic n, quintic surface, surface of fifth order ‖ ≃ **der Gewölbekappe** (Bau) / sectroid* n ‖ ≃ **2. Ordnung** (Math) / quadric* n, quadric surface ‖ ≃ **4. Ordnung** (Math) / quartic n, quartic surface ‖ ≃ **zwischen zwei Hauptteilen des Reifens** (Kfz) / juncture n
**Flacheinstellung** f (Luftf) / fine pitch ‖ ≃ **der Luftschraube** (beim Starten eines PTL-Triebwerks) (Luftf) / ground fine pitch*, disking* n
**Flächen•abtaster** m (Eltronik) / area scanner ‖ ~**abtragender Angriff** (bei der Korrosion) / overall attack ‖ ~**analyse** f (EDV) / region analysis ‖ ≃**antenne** f (Radio) / flat-top antenna* ‖ ≃**ast** m (For) / face knot ‖ ≃**ausbeute** f (Leder) / area yield ‖ ≃**ausbreitungstest** m (der Weichlötbarkeit) / globule test ‖ ≃**bedarf** m / floor space (required), area requirement, footprint requirements, space required ‖ **flurfreie** ≃**bedienung** (z.B. bei Hängekranen) / overhead area serving ‖ ≃**begrenzungsmodell** n (EDV) / boundary representation ‖ ≃**belastung** f (Tragflügel) (Luftf) / wing loading* ‖ ≃**belastung** (Verhältnis des Fluggewichts eines Flugzeuges zu seiner Flügelfläche) (Luftf) / surface loading* ‖ ≃**bewässerung** f (Landw) / surface irrigation ‖ ~**bezogene Masse** (DIN 6730) (Pap) / basis weight, substance* n, grammage n, G.S.M. ‖ ~**bezogene Masse** (Phys) / surface density ‖ ~**bezogene Masse** (Phys) / mass per unit area, weight per unit area ‖ ~**bezogene Stoßrate** (Kernphys) / impingement rate ‖ ≃**blitz** m (ein durch Wolken verdeckter Linienblitz) (Meteor) / sheet lightning* ‖ ~**brand** m / conflagration n, extensive blaze ‖ ~**bündig** adj (abschneidend) (Bau, Eltech) / flush* adj ‖ ≃**darstellung** f (Math) / representation of surfaces ‖ ~**deckende Versorgung** (Fernm) / blanket coverage ‖ ≃**deckungsgrad** m (Anstr, Druck) / degree of effective covered area ‖ ≃**defekt** m (Krist) / surface defect, two-dimensional crystal lattice defect ‖ ≃**dichte** f (Phys) / mass per unit area, weight per unit area ‖ ≃**diode** f (Eltronik) / junction diode* ‖ ≃**dipol** m (breitbandige Dipolantenne) (Radio) / plain dipole ‖ ≃**element** n (Formulardia) (EDV) / solid element ‖ ≃**element** (Math) / elementary surface ‖ ≃**emitter-LED** f (Eltronik) / surface-emitting LED, Burrus LED, front-emitting LED ‖ ≃**erosion** f (Geol, Landw) / sheet erosion, sheet-wash n, unconcentrated wash, slope wash, sheet-flood erosion ‖ ≃**fehler** f (Krist) / surface defect, two-dimensional crystal lattice defect ‖ ≃**filmleuchte** f (Film) / bank (of lamps) ‖ ≃**filter** n (z.B. Langsamfilter) (Sanitär) / surface filter ‖ ≃**fixierung** f (Tex) / flat setting ‖ ≃**form** f (Formtoleranz nach DIN 7184, T 1) (Masch) / surface profile ‖ ≃**füllend** adj (Kurve) (Math) / space-filling adj ‖ ~**füllendes ornamentales Muster auf der Oberfläche des Mauerwerks** (z.B. Sgraffito) (Arch) / diaper-work* n ‖ ≃**galvanisieren** n (von gedruckten Schaltungen) (Eltronik) / panel plating ‖ ≃**gebilde** n / planelike structure ‖ **textiles** ≃**gebilde** (Tex) / cloth* n, fabric* n, textile* n, woven fabric, textile fabric (woven) ‖ ≃**generator** m (eine Funktionseinheit, welche die kodierte Repräsentation in die Form einer Fläche umwandelt) (EDV) / surface generator ‖ ≃**geschwindigkeit** f (des Körpers oder des Massenpunktes) (Mech) / areal velocity ‖ ~**gestützter Flug** (Luftf) / winged flight ‖ ≃**gewicht** n (Pap) / basis weight, substance* n, grammage n, G.S.M. ‖ ≃**gewicht** (Phys) / mass per unit area, weight per unit area ‖ ~**gewichtsbezogener Durchreißwiderstand** (Pap) / tear factor* ‖ ~**gleich** adj (Math) / of equal area ‖ ≃**gleichrichter** m (Eltronik) / junction rectifier* ‖ ≃**gründung** f (Bau) / shallow fundament

**flächenhaft•e Abspülung durch diffusen Regenwassertransport** (Geol) / rain-wash* n, overland flow, sheet flow ‖ ~**e Abtragung** (Geol, Landw) / sheet erosion, sheet-wash n, unconcentrated wash, slope wash, sheet-flood erosion ‖ ~**e Gitterfehlstelle** (Krist) / surface defect, two-dimensional crystal lattice defect ‖ ~**e Korrosion** (Galv) / overall corrosion, general corrosion ‖ ~**es Kulturdenkmal** (Arch) / conservation area (GB), preservation area (US) ‖ ~**e Lichtquelle** (Licht, Opt) / extended light source ‖ ~**e Tiefgründung** (HuT) / caisson foundation

**Flächen•heizung** f (eine Form der Zentralheizung) (Bau) / radiation heating ‖ ≃**heizung** (durch Wärmeabgabe beheizter Raumumgrenzungsflächen) (Bau) / concealed heating*, coil heating*, panel heating* ‖ ≃**inhalt** m (Math, Verm) / area* n ‖ ≃**inhaltsberechnung** f nach der Mittelwertsformel (Math) / mid-ordinate rule ‖ ~**inhaltsgleich** adj (Math) / of equal area ‖ ≃**integral** n (Math) / surface integral ‖ ≃**kartogramm** n (thematische Karte zur relativen Darstellung der Gebietseinheiten) (Kart) / chorogram n ‖ ≃**konstruktion** f / planelike structure ‖ ≃**korrosion** f (mit nahezu gleichförmigem Korrosionsabtrag auf der gesamten Oberfläche) (Galv) / overall corrosion, general corrosion, uniform corrosion ‖ **ungleichmäßige** ≃**korrosion** (Galv, Masch) / shallow-pit corrosion, shallow pit formation, wide pitting ‖ ≃**kraft** f (Phys) / surface force ‖ ≃**krümmung** f (Math) / surface curvature ‖ ≃**ladungsdichte** f (DIN 1301, T 2, DIN 1304) (Elektr, Phys) / surface density of charge* ‖ ≃**last** f (Bau) / distributed load ‖ ≃**leuchte** f (Film) / bank of lamps, bank of lights ‖ ≃**maß** m (For) / surface measure*, SM ‖ ≃**maß** (Einheit zur Angabe des Flächeninhalts) (Math) / square measure ‖ **mit großem** ≃**maß** (Leder) / spready adj ‖ ≃**masse** f (in g/m²) (Pap) / basis weight, substance* n, grammage n, G.S.M. ‖ ≃**masse** (Phys) / mass per unit area, weight per unit area ‖ ≃**messung** f / area measurement ‖ ≃**messung** (als Lehre) (Math) / planimetry n ‖ ≃**mittelpunkt** m (Math) / centre of area, centroid* n ‖ ≃**modell** n (Darstellung eines dreidimensionalen Körpers durch Begrenzungsflächen) (EDV) / surface model ‖ ≃**moment** n (Phys) / moment of an area ‖ ≃**moment 2. Grades** (DIN 1304) (Phys) / second moment of area* ‖ **polares** ≃**moment 2. Grades** (Phys) / second polar moment of area ‖ ≃**normale** f (Math) / normal to the surface ‖ ≃**nutzungsplan** m (Bau) / zoning plan, zoning map, land-use plan ‖ ≃**pressung** f (Bau, HuT) / bearing stress, bearing pressure ‖ ≃**pressung** (unter dem Kopf einer Schraube) (Masch) / bearing stress (under head) ‖ ≃**pressung** (z.B. in kN/cm²) (Masch) / specific pressure ‖ ≃**punkt** m (Element einer Fläche) (Math) / point of the surface ‖ **mehrfacher** (singulärer) ≃**punkt** (Math) / multiple point*, singular point* ‖ **parabolischer** ≃**punkt** (Math) / parabolic point on a surface* ‖ ≃**regel** f (Entwurfsprinzip für den Querschnittsverlauf senkrecht zur Längsachse) (Luftf) / area rule* ‖ ≃**reibung** f (Luftf, Phys) / skin friction*, surface drag, surface friction, surface traction ‖ ≃**rendement** n (Leder) / area yield ‖ ≃**riß** m (For) / face shake ‖ ≃**satz** m (Sonderfall des Satzes von der Erhaltung des Impulses) (zweites Keplersches Gesetz) (Astr, Mech) / second Kepler's law (the radius vector joining each planet with the Sun describes equal areas in equal times), law of equal areas ‖ ≃**schale** f (Math) / nappe* n, shell n ‖ ≃**schleifmaschine** f (For) / face sander ‖ ≃**schluß** m (flacher, kongruenter Blechteile) (Masch) / scrap-free blanking ‖ ≃**schwerpunkt** m (Math) / centre of area, centroid* n ‖ ≃**spannung** f (Mech) / plane stress ‖ ≃**spülung** f (auf relativ ebenem Gelände) (Geol, Landw) / sheet erosion, sheet-wash n, unconcentrated wash, slope wash, sheet-flood erosion ‖ ≃**stichprobenverfahren** n (Stats) / area sampling ‖ ≃**stoßzahl** f (Kernphys) / impingement rate ‖ ~**strahlende LED** (Eltronik) / surface-emitting LED, Burrus LED, front-emitting LED ‖ ≃**strahler** m (Oberflächenstrahler) (Phys) / surface emitter ‖ ≃**strahler** (bei dem die von einem Erreger ausgehende Strahlung durch Reflektor- oder Linsenanordnungen in eine ebene Welle verwandelt und dann von der Öffnungsebene abgestrahlt wird) (Radio) / aperture antenna ‖ ≃**strahlungsheizung** f (Bau) / radiation heating ‖ ≃**streicher** m (Anstr) / flat brush, distemper brush ‖ ≃**strukturerkennung** f (EDV) / pattern recognition* (PR) ‖ ≃**stück** n (EDV) / patch n ‖ ≃**stück** (in der grafischen Datenbearbeitung) (EDV) / patch n ‖ ≃**tangente** f (Math) / surface tangent ‖ ≃**tensor** m (Phys) / six-vector ‖ ≃**theorie** f (ein

**Flächenträger**

Teilgebiet der Differentialgeometrie) (Math) / area theory ‖ ~**träger** m (Platte, Schale, Scheibe) (Bau, HuT) / area-covering support (structural) element ‖ ~**trägheitsmoment** n (Phys) / moment of plane area, plane-area moment ‖ ~**tragwerk** n (ein zweidimensionales Tragwerk) (Bau, HuT) / plane load-bearing structure, area-covering structure, area-covering structural element ‖ ~**transistor** m (Eltronik) / junction transistor* ‖ ~**treue Abbildung** (bei der die Flächenverzerrung gleich Null ist) (Geog, Kart) / equal-area projection, equivalent projection, authalic projection, homolographic projection* ‖ ~**treue Azimutalabbildung** (nach J.H. Lambert, 1728-1777) (Geog, Kart) / zenithal equal-area projection*, Lambert's projection*, Lambert conformal conic projection ‖ ~**tür** f (Bau, Tischl) / flush door ‖ ~**veränderung** f **unter dem Einfluß von Feuchtigkeit** (Druck, Pap) / wet expansion* ‖ ~**verpressung** f (HuT) / blanket grouting ‖ ~**winkel** m (Math) / dihedral angle* ‖ ~**winkelverband** m (Zimm) / housing joint ‖ ~**winkelverbindung** f (Zimm) / housing joint ‖ ~**zentriert** adj (Gitter) (Krist) / face-centred adj ‖ **einfach** ~**zentriert** (Krist) / end-centred adj

**Flach•erzeugnis** n (Hütt) / flat-rolled product ‖ ~**feder** f (Masch) / flat spring ‖ ~**feile** f (Werkz) / flat file ‖ ~**fenster** n (Bau) / flush window ‖ ~**filter** n (Chem) / flat filter ‖ ~**fixierung** f (Tex) / flat setting ‖ ~**flammenbrenner** m (Brenner für Industrieöfen, bei dem durch starken Drall der Verbrennungsgase ein Anliegen der Flamme an dem trichterförmigen Brennerstein erreicht wird - kaum Axialimpuls) / flat-flame burner ‖ ~**flansch** m (Eltronik) / plain flange, plane flange, plain connector, flat flange ‖ ~**flanschverbindung** f (Wellenleiter) (Eltronik) / butt joint ‖ ~**form** f (Druck) / flat n (a flat-printing plate) ‖ ~**formmaschine** f (Druck) / flat bed (press)* ‖ ~**formzylinderdruckmaschine** f (Zylinder gegen Fläche) (Druck) / flatbed cylinder press ‖ ~**führung** f (Bau) / flat guides ‖ ~**garn** n (Spinn) / flat yarn ‖ ~**garn** n (Spinn) / flat yarn*, non-crimped yarn ‖ **keramisches** ~**gehäuse** (Eltronik) / ceramic flat-pack, cerpac n ‖ ~**gel** n (Chem) / slab gel ‖ ~**geneigt** adj (Dach) (Bau) / low-pitched adj, flat adj ‖ ~**gesäumte Kante** (Glas) / arris edge* ‖ ~**geschirr** n (Sammelbezeichnung für Geschirrteile wie Teller, Platten u.a., die nach Durchmesser und Längen gemessen werden) (Keram) / flatware n ‖ ~**gewinde** n (mit Rechteckprofil) (Masch) / square thread*, flat thread ‖ ~**gipflige Verteilung** (Stats) / platykurtic distribution ‖ ~**glas** n (z.B. Fensterglas, Floatglas) (Glas) / flat glass ‖ ~**glaswagen** m (Glas) / sheet truck ‖ ~**glockenboden** m (Chem Verf) / low-riser plate, low-riser tray ‖ ~**gratköper** m (Web) / reclining twill ‖ ~**gründung** f (Bau) / shallow fundament ‖ ~**gurt** m (Masch) / flat belt ‖ ~**heftung** f (Buchb) / flat stitching* ‖ ~**heizkörper** m / flat radiator, heated panel ‖ ~**herdbeben** n (Geophys) / shallow focus earthquake

**flächig•e Abtragung des Bodens durch abfließendes Regenwasser** (Geol) / rain-wash* n, overland flow, sheet flow ‖ ~**e Spaltbarkeit** (Geol) / slaty cleavage*

**Flach•kabel** n (Kab) / flat cable, FC, flat-type cable ‖ ~**kämmaschine** f (Tex) / French comb ‖ ~**kammstuhl** m (Tex) / French comb ‖ ~**kant** adj (Einbau von Leiterplatten) (Eltronik) / flatwise adj ‖ ~**katode** f (Eltronik) / plane cathode ‖ ~**kegelbrecher** m / Symon's cone crusher, standard cone crusher ‖ ~**kegelkopfniet** m (Masch) / panhead rivet* ‖ ~**kehlnaht** f (Schw) / mitre fillet weld ‖ ~**keil** m (bei dessen Verwendung die Welle segmentförmig angeschliffen wird - DIN 6883) (Masch) / flat key, key on flat ‖ ~**kettenwirkmaschine** f (DIN 62110) (Tex) / flat-warp knitting machine ‖ ~**kiel** m (ein Gang Stahlplatten) (Schiff) / flat-plate keel ‖ ~**klammerschraube** f (Zimm) / claw bolt* ‖ ~**kolben** m (V-Mot) / flat-top piston ‖ ~**kollektor** m (in der Heliotechnik) / flat-plate collector, flat collector* ‖ ~**kopf** m (der Schraube) (Masch) / panhead n ‖ ~**kopfschraube** f (Masch) / panhead screw ‖ ~**kopfschraube mit Schlitz** (Masch) / slotted panhead screw ‖ ~**kulierwirkmaschine** f (zur Herstellung von Regulärgewirken) (Tex) / cotton machine, flat-weft knitting machine ‖ ~**kupfersammelschiene** f (EDV) / flat copper bus-bar ‖ **mit** ~**kupferwicklung** (Eltech) / strip-wound attr ‖ ~**kuppel** f (deren Wölbung von einem Kugelabschnitt, nicht von einer Halbkugel gebildet wird) (Arch, Bau) / calotte* n ‖ ~**kuppel** (Bau, Glas, Plast) / saucer dome ‖ ~**lage** f / flatness n ‖ ~**land** n (Geog) / plain n, flat n ‖ ~**landung** f (Luftf) / tangential landing ‖ ~**leiter** m (Eltech) / flat conductor ‖ ~**leitung** f (Eltech) / flat twin cable* ‖ ~**liegen** v (Druck, Pap) / lie flat

"**flachliegend trocknen**" (Aufschrift auf dem Pflegeetikett) / dry flat

**Flach•maschine** f **für die Hutherstellung** (Tex) / hat-forming machine ‖ ~**material** n (Masch) / flats* pl ‖ ~**meißel** m (Masch) / flat chisel* ‖ ~**mustererkennung** f (EDV) / pattern recognition* (PR) ‖ **vollautomatische** ~**mustererkennung** (EDV) / machine recognition of patterns ‖ ~**mutter** f (Masch) / thin nut ‖ ~**naht** f (eine Kehlnaht) (Schw) / flush weld, weld without reinforcement, flat face fillet weld ‖ ~**naht** (Tex) / flat stitch ‖ ~**palette** f (eine Stapelplatte nach DIN 15141) / flat pallet ‖ ~**pinsel** m (Anstr) / flat brush, distemper brush ‖ ~**platte** f (Druck) / flat n (a flat-printing plate) ‖ ~**preßplatte** f (eine Spanplatte) (For) / mat-formed particle board, flat-pressed (particle) board ‖ ~**relais** n (Eltech) / flat-type relay ‖ ~**relief** n (Arch) / bas-relief* n, low relief, basso rilievo n ‖ ~**riemen** m (Masch) / flat belt ‖ **homogener** ~**riemen** / single-ply flat belt ‖ ~**riemenscheibe** f (DIN 111) (Masch) / flat-belt pulley ‖ ~**rücken** m (Buchb) / flat spine, square back

**Flachrund•kopf** m (einer Schraube) (Masch) / truss head, mushroom head ‖ ~**kopf mit Bund** (Masch) / flange head, flanged head ‖ ~**niet** m (Masch) / countersunk mushroom-head rivet ‖ ~**schlitzschraube** f (Masch) / fillister-head bolt ‖ ~**schraube** f **mit Vierkantansatz** (DIN 603) (Masch) / cup square bolt ‖ ~**schraube mit Vierkantansatz** (Masch) / square neck carriage bolt ‖ ~**zange** f (Werkz) / long-nose pliers, radio pliers, snipe-nose pliers

**Flachs** m (Bot, Tex) / fibre flax, common flax, flax* n ‖ **Neuseeländer** ~ (Bot) / flax-lily n, New Zealand flax, phormium n, native flax

**Flachsattel** m (beim Schmieden) (Masch) / flat tool

**Flachsbreche** f (Tex) / flax breaker, brake n

**Flach•schaber** m (Werkz) / flat scraper ‖ ~**scheibenzerspaner** m (For) / disk flaker ‖ ~**schicht** f (Bau) / brick-on-bed n ‖ ~**schlauch** m / flat hose ‖ ~**schleifen** n (Masch) / surface grinding, face grinding ‖ ~**schleifmaschine** f (Masch) / surface-grinding machine* ‖ ~**seeablagerungen** f pl (Geol) / terrigenous sediments*, terrigenous deposits ‖ ~**seebereich** m (Geol, Umwelt) / sublittoral zone*, sublittoral n ‖ ~**seezone** f (etwa 0 - 180 m Wassertiefe) (Geol, Ozean) / neritic zone* ‖ ~**seil** n (das aus mehreren nebeneinanderliegenden, miteinander vernähten Rundseilen besteht) / flat rope ‖ ~**senken** n (Masch) / spot facing, end-facing n ‖ ~**senker** m (DIN 373 und 375) (Masch) / piloted counterbore

**Flachserdfloh** m (Aphthona euphorbiae Schrank) (Landw, Zool) / flax flea beetle

**flächsern** adj / flaxen adj, flax-coloured adj, lint-white adj

**flachs•farben** adj / flaxen adj, flax-coloured adj, lint-white adj ‖ ~**farbig** adj / flaxen adj, flax-coloured adj, lint-white adj ‖ ~**faser** f (Bot, Tex) / flax fibre ‖ ~**garn** n (hochwertiges mittelstarkes festgedrehtes Leinengarn, vor allem für Bettücher) (Spinn) / flax yarn ‖ **reines** ~**garn aus Hechelflachs** (Tex) / line n ‖ ~**gelb** adj / flaxen adj, flax-coloured adj, lint-white adj ‖ ~**hecheln** n (Landw, Tex) / flax hackling

**Flach•siebdruck** m (Tex) / flat-screen printing ‖ ~**sitz** m (der Zündkerze) (V-Mot) / flat seat, flat seating, gasket seat

**Flachs•lilie** f (Bot) / flax-lily n, New Zealand flax, phormium n, native flax ‖ ~**müdigkeit** f (Landw) / flax wilt

**Flach•span** m (For) / flake n ‖ ~**spitz** adj (Feile) (Masch) / tapered adj, taper-flat adj, flat-pointed adj ‖ ~**spule** f (Eltronik) / slab coil*, flat coil, pancake coil, plane coil ‖ ~**spule** (Web) / flat bobbin

**Flachs•raufmaschine** f (die den langfaserigen Flachs aus dem Boden zieht und im Schwad parallel ablegt) (Landw) / flax puller ‖ ~**riffel** f (Tex) / ripple n, flax ripple ‖ ~**riffeln** n (Tex) / rippling n ‖ ~**röste** f (Platz, Grube zum Rösten) (Landw) / rettery n (a flax-retting place or plant) ‖ ~**röste** (Tätigkeit) (Landw) / flax retting ‖ ~**schäben** f pl (zur Spanplattenherstellung) (For) / flax shives, shives of flax ‖ ~**schäbenplatte** f (For) / flaxboard n ‖ ~**schwinge** f (Tex) / scutch n, scutching mill, swingle n ‖ ~**spanplatte** f (For) / flaxboard n ‖ ~**spinnerei** f (als Tätigkeit) (Spinn) / flax spinning ‖ ~**spinnerei** (ein Textilbetrieb) (Spinn) / flax spinning mill ‖ ~**stroh** n (Landw) / flax straw

**Flach•stab** m (Hütt) / flat bar ‖ **gelochter** ~**stab unter Zug** (Mech) / perforated flat bar under tensile stress ‖ ~**stahl** m (gewalzte Fertigerzeugnisse aus Stahl mit rechteckigem Querschnitt, deren Breite viel größer als die Dicke ist) (Hütt) / flats* pl, flat steel, flat iron ‖ ~**stanzen** v (Masch) / planish v, flatten v ‖ ~**stanzen** n (Masch) / planishing n, flattening n ‖ ~**starter** m (Luftf) / horizontal take-off and landing aircraft, HTOL aircraft, HTOL plane ‖ ~**stauchdruck** m (Pap) / flat crush test ‖ ~**stauchwiderstand** m (Pap) / CMT value ‖ ~**stecker** m (Fernm) / low-profile plug, flat plug ‖ ~**stellenbildung** f (bei Reifen) (Kfz) / flat spotting ‖ ~**strahl** m (Anstr) / flat spray ‖ ~**strahlberegnung** f (Landw) / flat-spray irrigation ‖ ~**strickmaschine** f (Tex) / flat knitting machine*, flat-bed machine ‖ **einfonturige** ~**strickmaschine** (Tex) / plain flat-knitting machine, plain knitting machine ‖ ~**strom** m (bei den Flachstromvergasern) (V-Mot) / horizontal draught, side draught* ‖ ~**stromvergaser** m (mit waagrechtem Durchlaß) (Kfz) / horizontal-draught carburettor, side-draught carburettor ‖ ~**stumpfe Feile** (Werkz) / blunt file, hand file ‖ ~**stumpffeile** f (Werkz) / blunt file, hand file

**Flachs•welke** f (eine Pilzerkrankung) (Landw) / flax wilt ‖ ~**werg** n (Tex) / flax tow*

**Flach•teilewäsche** f (Tex) / flatwork n ‖ ~**tischrevolver** m (Masch) / flatbed turret ‖ ~**trudeln** n (Luftf) / flat spin ‖ ~- **und Formpressen** n (Sperrholz) (For) / laminated bending ‖ ~**verbunderregung** f (Eltech) / flat-compound excitation, level-compound excitation ‖ ~**wagen** m (Bahn) / flat waggon, flatcar n (US), truck n (GB) ‖ ~**walzenerzeugnis** n (warm- oder kaltgewalztes Fertigerzeugnis

(Hütt) / flat-rolled product ‖ ~ware f (Keram) / flatware n ‖
**Brennstützenanordnung für ~ware** (Keram) / dottling n (the horizontal placement of flatware on refractory pins in kilns preparatory for firing) ‖ ~**wasser** n (Wasserb) / shallow water ‖ ~**wasserwellen** f pl (Ozean) / shallow-water waves ‖ ~**webstuhl** m (ein Handwebstuhl mit waagerecht geführter Kette) (Web) / low-warp loom, Basselisse loom ‖ ~**wicklung** f (Eltech) / flat winding ‖ ~**wirken** n (Tex) / flat-bar knitting, straight-bar knitting ‖ ~**wirkmaschine** f (Tex) / flat knitting machine*, flat-bed machine ‖ ~**wirkmaschine** (Tex) / flat-bar machine, straight-bar machine* ‖ ~**wurzelnd** adj (Bot, For) / shallow-rooted adj ‖ ~**zange** f (Werkz) / flat-nose pliers, flat pliers ‖ ~**zeug** n (Walzgut, wie z.B. Kaltband) (Hütt) / flat products, flats* pl ‖ ~**ziegel** m (ein Strangziegel) (Bau) / crown-tile* n, plain tile*, plane-tile* n ‖ ~**zugprobe** f (WP) / flat tensile specimen
**Flackerfeuer** n (Schiff) / flare-up light, flaring light
**flackern** v / flare vi ‖ ~ (Lichtbogen) (Eltech) / flutter v ‖ ~ (Kerze, Licht) (Licht) / flicker v, waver v ‖ ~ (TV) / flutter v, flicker v ‖ ~ n / flare n ‖ ~ (Eltech) / fluttering n ‖ ~ (TV) / flutter* n, flicker n
**Flackerstern** m (Astr) / flare star
**FLAD** (EDV, Phys) / fluorescence-activated display (FLAD)
**Fladenlava** f (Geol) / ropy lava*, corded lava, pahoehoe n
**Fladenschnitt** m (das Ergebnis) (For) / tangential section
**Fladepotential** n (das bei dem Übergang vom aktiven in den passiven Zustand und umgekehrt entsteht - nach Friedrich Flade, 1880-1916) (Elektr) / Flade potential, activation potential
**Flader** f (For) / quilted figure
**fladern** v (Holz) (For) / grain v ‖ ~ (Holz) (For) s. auch masern
**Fladerschnitt** m (tangential geführter Schnitt - mit liegenden Jahrringen) (For) / back sawing, flat-sawing n, slash-sawing n, plain sawing, flat grain sawing (US)
**Fla-Flugkörper** m (Mil) / anti-aircraft missile, ack-ack missile
**Flag** f (eine häufig nur ein Bit umfassende Information in einem Zeichen oder Wort zur Markierung eines bestimmten Sachverhaltes) (EDV) / flag* n, mark n
**Flagge** f (Schiff) / flag n, ensign n
**Flaggentuch** n (Tex) / bunting n, flag cloth
**Flagregister** n (EDV) / flag register (a special-purpose register in which bits are set according to specified conditions that may occur during the execution of instructions)
**Flak** f (bodengebundene Verteidigung gegen feindliche Flugzeuge) (Mil) / anti-aircraft defence
**Flake** f (bei der Emailherstellung) / flake n
**Flakfeuer** n (Mil) / flak n, anti-aircraft fire
**Flamboyant** m (Arch) / flamboyant tracery
**Flame** (EDV) / flame n (a vitriolic or abusive message sent via electronic mail, typically in quick response to another message)
**Fläme** f (Teil der Hautfläche) (Leder) / shoulder n
**Flameout** m / flame blow-off, flame lift-off ‖ ~ n (durch Treibstoffmangel bedingter Ausfall eines Flugzeugstrahltriebwerks) (Luftf) / flameout n
**flamingorosa** adj / flamingo attr
**flamingorot** adj / flamingo attr
**flämisch•er Verband** (Bau) / English cross bond*, St Andrew's cross bond, Saint Andrew's cross bond, Dutch bond* ‖ ~**er Verband** (Bau) / Flemish bond*, Dutch bond* ‖ ~**er Verband** (beide Sichtflächen der Mauer) (Bau) / double Flemish bond* ‖ ~**es Auge** (ein Aufspleiß) (Schiff) / Flemish eye, Flemish loop
**Flamm•abweiser** m (Luftf, Mil) / flame deflector, flame bucket ‖ ~**behandlung** f (Hütt) / flame treatment ‖ ~**behandlungsverfahren** n (Hütt) / flame treatment process ‖ ~**beständigkeit** f / flame resistance ‖ ~**birke** f (Furnierholz) (For) / flame birch, flamy birch ‖ ~**bogen** m (Eltech) / flame-arc* ‖ ~**bogenlampe** f (Eltech) / flame-arc lamp* ‖ ~**bondieren** n (als Gegensatz zum Klebeverfahren) (Tex) / flame bonding, flame laminating, thermal laminating, flame fusion ‖ ~**druck** m (Tex) / ombré printing, rainbowing n, rainbow printing, shadow printing
**Flamme** f (äußere Erscheinungsform einer Gas- oder Dampfverbrennung - DIN 14011, T 1) / flame* n ‖ **harte** ~ (Schw) / hard flame, harsh flame ‖ **karbonisierende** ~ (bei Auftreten von freiem Kohlenstoff im Flammeninneren) (Schw) / carburizing flame ‖ **karburierende** ~ (bei Auftreten von freiem Kohlenstoff im Flammeninneren) (Schw) / carburizing flame ‖ **neutrale** ~ (Schw) / neutral flame* ‖ **nicht leuchtende** ~ / non-luminous flame ‖ **offene** ~ / open flame, naked flame ‖ **oxidierende** ~ (Chem) / oxidizing flame* (in blowpiping) ‖ **rauschende** ~ / noisy flame ‖ **reduzierende** ~ (Chem) / reducing flame* (in blowpiping - deficient in oxygen) ‖ **schallbeeinflußte** ~ (die Schallwellen treffen auf eine Membran) (Phys) / sensitive flame, microphonic flame, sound-sensitive flame ‖ **schallempfindliche** ~ (Phys) / sensitive flame, microphonic flame, sound-sensitive flame, manometric flame ‖ **schallempfindliche** ~ (Phys) / sensitive flame, microphonic flame, sound-sensitive flame, manometric flame ‖ **stationäre** ~ (wenn das zustromende Frischgas gerade die Geschwindigkeit der Verbrennung hat) / stationary flame ‖ **turbulente** ~ (bei nichtlaminaren Gasströmen) / turbulent flame ‖ **vorgemischte** ~ (bei der ein homogenes Gemisch der reagierenden Gase vorliegt - z.B. beim Bunsenbrenner) / premixed flame ‖ **weiche** ~ (Schw) / soft flame ‖ ~ f **mit Azetylenüberschuß** (Schw) / carbonizing flame, acetylene-rich flame ‖ ~ **mit Sauerstoffüberschuß** (Schw) / oxidizing flame
**Flammé** m (ein Kleiderstoff mit Effektzwirnen) (Tex) / flammé n ‖ ~**gewebe** n (ein Kleiderstoff mit Effektzwirnen) (Tex) / flammé n
**Flämmen** n (autogenes) (von Gußstücken) (Gieß) / flaming n, torch deseaming, flame chipping, flame scarfing, flame descaling, flame cleaning
**Flammen•abriß** m / flame blow-off, flame lift-off ‖ ~**abriß** (bei Strahlmotoren) (Luftf) / flame-out n, lift-off n, blow-off n ‖ ~**abweisend** adj (Tex) / flame-repellent adj ‖ ~**analyse** f / flame analysis ‖ ~**-Atomabsorptionsspektrometrie** f (Spektr) / flame atomic absorption spectrometry, flame-AAS n, FAAS ‖ ~**atomisierung** f (Spektr) / flame atomization ‖ ~**ausbreitung** f / flame propagation, flame-front propagation, flame spread, flame spreading ‖ ~**aussetzer** m (Masch) / flame failure* ‖ ~**austritt** m / flame ejection ‖ ~**beaufschlagung** f / flame impingement ‖ ~**deflektor** m (Luftf, Mil) / flame deflector, flame bucket ‖ ~**druck** m (Tex) / ombré printing, rainbowing n, rainbow printing, shadow printing ‖ ~**emission** f (Spektr) / flame emission ‖ ~**emissionsdetektor** m **mit Dualflamme** (Spektr) / dual-flame photometric detector, dual FPD ‖ ~**emissionsspektroskopie** f (Spektr) / flame-emission spectroscopy ‖ ~**färbung** f (die durch das Emissionsspektrum bedingt ist) (Chem) / flame colouration ‖ ~**form** f / flame configuration ‖ ~**fortpflanzung** f / flame propagation, flame-front propagation, flame spread, flame spreading ‖ ~**fotometer** n (zur Intensitätsbestimmung von Spektrallinien) (Spektr) / flame photometer ‖ ~**fotometerdetektor** m (Chem) / flame photometer detector, flame-photometric detector, FPD ‖ ~**fotometrie** f (wenn der interessierende Spektralbereich mit Hilfe von Filtern ausgeblendet wird) (Spektr) / flame photometry ‖ ~**fotometrischer Detektor** (Chem) / flame photometer detector, flame-photometric detector, FPD ‖ ~**front** f / flame front ‖ ~**garn** n (Spinn) / flame yarn n, flammé n, cloud yarn, variegated yarn ‖ ~**geräusch** n / flame noise ‖ ~**geschwindigkeit** f (bei der Explosion) / flame speed ‖ ~**geschwindigkeit** / flame spreading velocity, flame propagation speed ‖ ~**haltung** f (Wärm) / flame retention* ‖ ~**hemmend** adj / flame-retardant adj, FR ‖ ~**hülle** f (Schw) / sheath flame ‖ ~**hydrolyse** f (Hydrolyse von Siliciumtetrachlorid in einer Knallgasflamme) (Chem) / flame hydrolysis ‖ ~**ionisationsdetektor** m (Chem) / flame ionization detector, flame ionization gauge* n FID ‖ ~**kegel** m / flame cone ‖ ~**kern** m / flame cone
**flammenlose Verbrennung** (Wärm) / cool flames, homogeneous combustion, slow combustion, flameless combustion
**Flammen•löten** n / flame brazing, torch brazing ‖ ~**löten** / flame soldering, torch soldering ‖ ~**löten** (Hartlöten) (Hütt) / gas brazing ‖ ~**melder** m (Nebenmelder, der bei Erreichen einer bestimmten Strahlungsintensität einer offenen Flamme selbsttätig eine Brandmeldung abgibt) / flame detector, flame monitor ‖ ~**resistent** adj / flame-retardant adj, fire-resistant adj (1/2 hour) ‖ ~**rückschlag** m (im Brenner) (Masch) / flashback n, blowback n ‖ ~**rückschlagsicherung** f (Schw) / flashback arrester ‖ ~**rückschlagsicherung** (V-Mot) / flame trap*, flame arrester ‖ ~**schall** m (Akus) / audible flame noise ‖ ~**schmelz-Verfahren** n (bei der Kristallzüchtung, nach A.V.L. Verneuil, 1856-1913) (Min) / Verneuil process*, Verneuil flame-fusion process, Verneuil method (of crystal growth), flame melt process (single-crystal growth) ‖ ~**schutz** m (z.B. ein Funkenfänger) (Masch) / flame trap*, flame arrester ‖ ~**schutzausrüstung** f (Tex) / flame-retardant finish, flame-retardant treatment ‖ ~**schweißen** n (Plast) / flame sealing ‖ ~**sicher** adj (Eigenschaft eines brennbaren Stoffes, der mit einem Imprägnierungsmittel so behandelt wurde, daß er nicht leicht zur Entzündung gebracht werden kann) / flameproof adj ‖ ~**sichere Textilien** (entweder durch nachträgliche Behandlung oder als Substanzeigenschaft der Fasern - z.B. Asbest oder Glas) (Tex) / flameproof textiles ‖ ~**sicherheit** f (die auf die Substanzeigenschaften zurückzuführen ist - z.B. Asbest oder Glasfasern) (Tex) / inherent flame resistance ‖ ~**spektrometrie** f (mit Monochromatoren) (Spektr) / flame spectrometry ‖ ~**spektroskopie** f (Spektr) / flame spectroscopy ‖ ~**spektrum** n (Spektr) / flame spectrum* ‖ ~**sperre** f (Schw) / flashback arrester ‖ ~**sperre** (V-Mot) / flame trap*, flame arrester ‖ ~**stabilisator** m (Luftf) / flameholder n ‖ ~**stil** m (Maßwerkform der Gotik, z.B. im Decorated style) (Arch) / flamboyant tracery ‖ ~**temperatur** f (Wärm) / flame temperature* ‖ ~**überwachung** f / flame-failure control*, flame monitoring, flame-failure detection, flame supervision ‖ ~**wächter** m (ein Überwachungsgerät für Ölbrenner, das dem Steuergerät das Vorhandensein der Flamme meldet - DIN 4787) / flame-failure controller ‖ ~**zone** f (bei der Verbrennung) / flame zone

**flamm•feste Ausrüstung** (Tex) / flameproof finish, non-flammable finish, flame-resistant finish || **~feste Textilien** (Tex) / flameproof textiles || **~festappretur** f (Tex) / flameproof finish, non-flammable finish, flame-resistant finish || **~festausrüstung** f (Tex) / flameproof finish, non-flammable finish, flame-resistant finish || **~front** f / flame front || **~garn** n (Spinn) / flame yarn n, flammé n, cloud yarn, variegated yarn || **~halter** m (des Nachbrenners) (Luftf) / flameholder n || **~härten** n (DIN 17014, T 1) (Hütt) / flame-hardening* n || **~hemmend** adj / flame-retardant adj, FR || **permanent ~hemmend** (Tex) / permanent flame-retardant, P.F.R. || **~hülle** f (Schw) / sheath flame
**Flammierung** f (Tex) / variegated colouring, clouding n (of yarn)
**Flamm•kaschieren** n (als Gegensatz zum Klebeverfahren) (Tex) / flame bonding, flame laminating, thermal laminating, flame fusion || **~kegel** m (beim Azetylenschweißen) (Schw) / inner cone || **~kohle** f (Bergb) / flame coal, flaming coal || **~löten** n (hart) / torch brazing, flame brazing, oxy-gas brazing || **~löten** (weich) / torch soldering, flame soldering || **~löten** (hart) / flame brazing, torch brazing || **~löten** (weich) / flame soldering, torch soldering || **~ofen** m (Hütt) / reverberatory furnace*, reverberating furnace, air furnace || **~phosphatieren** n (ein altes temporäres Korrosionsschutzverfahren) / flame phosphating || **~plattieren** n / flame plating || **~probe** f (Chem) / flame test*
**Flammpunkt** m (DIN 51376) / flash-point* n || **~gerät** n (geschlossener Tiegel) **nach Pensky-Martens** (DIN EN 22719) (Chem) / Pensky-Martens closed tester || **~gerät nach Marcusson** (offener Flammpunktprüfer nach DIN 51 584) (Chem) / Marcusson flashpoint tester, Marcusson tester || **~prüfer** m / flash-point apparatus || **~prüfer nach Abel** (F.A. Abel, 1827 1902) (Chem) / Abel flash-point apparatus* || **offener ~prüfer nach Cleveland** (zur Bestimmung des Flamm- und Brennpunktes gemäß ASTM D 92 bzw. IP 36) / Cleveland open-cup tester, Cleveland open-cup apparatus || **geschlossener ~prüfer nach Pensky-Martens** (Chem) / Pensky-Martens closed tester || **geschlossener ~prüfer nach Tagliabue** (Chem) / Tag closed-cup tester, Tagliabue closed tester
**Flämmputzen** n (von Gußstücken) (Gieß) / flaming n, torch deseaming, flame chipping, flame scarfing, flame descaling, flame cleaning
**Flamm•richten** n (Hütt) / flame rectification || **~rohr** n (in der Abgasanlage) (Kfz) / headpipe n, header pipe, header n || **~rohr** n (in der Ringbrennkammer) (Luftf) / flame tube* || **~rohrkessel** m (Masch) / flame-tube boiler, internal-flue boiler || **~ruß** m (Anstr, Chem) / lampblack* n, vegetable black || **~schockspritzen** n (DIN 8522) / flame plating || **~schrumpfung** f (Tex) / flame shrinkage || **~schutzanstrich** m (Material) (Anstr) / fire-retardant paint, fire-retardant coating, fire-resisting finish || **~schutzausrüstung** f (Tex) / flame-retardant finish, flame-retardant treatment || **~schützender Anstrichstoff** (Anstr) / fire-retardant paint, fire-retardant coating, fire-resisting finish || **~schutzmittel** n (im allgemeinen) / fire-protecting agent || **~schutzmittel** (Tex) / flame-retardant n || **~sengmaschine** f (DIN 64 990) (Tex) / flame-singeing machine || **~spritzen** n (thermisches Spritzverfahren nach DIN 8522) (Keram, Masch) / flame spraying || **~spritzen** (Plast) / spray coating, spraying n || **~strahlbohrverfahren** n (Bergb) / fusion drilling*, fusion piercing, flame-jet drilling, jet drilling, jet piercing || **~strahlentrostung** f (mit einem Flammstrahlbrenner) (Anstr, Bau) / flame cleaning*, flame blasting || **~verfahren** n (als Gegensatz zum Klebeverfahren) (Tex) / flame bonding, flame laminating, thermal laminating, flame fusion || **~widrig** adj / fire-retardant adj, fire-resistant adj (1/2 hour) || **~widrigkeit** f / flame resistance
**Flanell** n (Tex) / flannel* n || **buntkarierter ~** (Tex) / plaid flannel || **geköperter ~** (Tex) / flannel twill || **glattgewebter ~** (Tex) / winsey* n
**flanellig** adj (Tex) / flannel-like adj
**Flanelltafel** f (mit Haftelementen, für den Anfangsunterricht) / flannelboard n, flannelgraph n
**Flanger** m (ein elektroakustisches Effektgerät) (Akus) / flanger n
**Flanging-Effekt** m (Akus) / flanging effect
**Flanke** f (der zeitliche Übergang zwischen zwei unterschiedlichen Signalwerten) (Elektr) / edge n, slope n || **~** (des Impulses) (Elektr, Fernm) / edge n || **~** (einer Falte) (Geol) / limb* n, flank n || **~** (derjenige Teil der Haut, der die Bauchseite und den oberen Teil der Beine des Tieres bedeckt) (Leder) / belly n || **~** (Masch) / flank*, side n || **~** (des Gewindes) (Masch) / flank* n, thread flank || **abfallende ~** (Eltronik, Fernm) / negative slope, negative-going slope, downward slope || **aktive ~** (Teil der Zahnflanke, der mit den Gegenflanken eines bestimmten Gegenrades in Eingriff kommt) (Masch) / active flank, active face (US) || **ansteigende ~** (Eltronik, Fernm) / positive slope, positive-going slope, upward slope || **fallende ~** (des Impulses) (Fernm) / trailing edge*, negative edge || **negative ~** (Eltronik, Fernm) / negative slope, negative-going slope, downward slope || **positive ~** (Eltronik, Fernm) / positive slope, positive-going slope, upward slope || **steigende ~** (Fernm) / leading edge*, positive edge, rising edge

**Flanken•abfall** m der Filtercharakteristik (Opt) / slope of the filter characteristic || **~anstiegszeit** f (Eltronik) / rise time*, build-up time* || **~breite** f (Schw) / leg length || **~diskriminator** m (Resonanzkreisumformer - die einfachste Demodulatorschaltung zur Rückgewinnung der Information aus einer frequenzmodulierten Schwingung) (Eltronik) / slope detector || **~durchmesser** m (achssenkrechter Abstand der Gewindeflankenmitten nach DIN 13) (Masch) / effective diameter (GB), pitch diameter* (US), pd, flank diameter || **~einbrand** m (bei einer Kehlnaht) (Schw) / side-wall fusion, fusion at the sides || **~formfehler** m (DIN 3960) (Masch) / flank form error || **~kehlnaht** f (Schw) / longitudinal fillet weld, fillet in parallel shear || **~linie** f (Schnittlinien der Rechts- und Linksflanken mit dem Teilzylinder nach DIN 3960) (Masch) / tooth trace, flank line || **~mittelstück** n (Leder) / belly middle || **~richtung** f (links- oder rechtssteigend - bei Zahnrädern im allgemeinen) (Masch) / tooth alignment || **~richtung** (Masch) / hand n (of a helical or spiral gear) || **~schutz** m (gegen seitlichen Crash) (Kfz) / side-impact door beam, door beam || **~schutzbietende Stellung** (einer Weiche) (Bahn) / trapping position || **~schutzleiste** f (Kfz) / body-side moulding, protective moulding, rubbing strip, side-protection strip || **~schutzstoßfänger** m (Kfz) / wraparound bumper || **~sicherung** f (des Kolbenringstoßes) (V-Mot) / side notch || **~spiel** n (als Verzahnungsgröße) (Masch) / backlash n || **~spiel** (beim Gewinde) (Masch) / flank clearance || **~spiel** (bei einem Radpaar) (Masch) / backlash* n || **~steilheit** f (einer Filterkurve) (Fernm) / skirt selectivity || **~steilheit** (des Impulses) (Fernm) / steepness of the edge || **~steilheit** (Funktionsverlauf der Filterflanken) (Fernm) / steepness of the skirts || **~steuerung** f (Auslösung von Schaltvorgängen durch eine Flanke des Eingangssignals) (Eltronik) / edge triggering, edge control || **~übertragung** f (Teil der Nebenwegübertragung - nach DIN 1320) (Akus, Bau) / flanking transmission (transmission of sound from the source to a receiving location by a path other than that under consideration) || **~übertragung** (DIN 1320) (Akus, Bau) / flanking transmission* || **~weite** f (Schw) / groove width || **~weite** (bei V-Naht) (Schw) / bevel width (of a vee weld) || **~winkel** m / angle of groove, angle of bevel (of a vee weld) || **~winkel** (der die verschiedenen Gewindearten unterscheiden kann - DIN 2244) (Masch) / thread angle, angle of thread, profile angle || **~winkel** (der Zahnräder) (Masch) / angle of pressure*, angle of obliquity*
**Flansch** m (des I-Trägers) (Bau, Hütt) / flange* n || **~** (des T-Profils) (Bau, Hütt) / table n || **~** (Platte mit Schraubenlöchern, die am Ende eines Teils angebracht ist, um dieses Teil mit einem anderen Teil durch Schrauben verbinden zu können) (Masch) / flange* n || **~** (der Scheibenkupplung) (Masch) / flange n || **~** (Masch) s. auch Spulenflansch || **fester ~** (Masch) / integral flange || **loser ~** (Masch) / loose flange, slip-on flange || **mit einem ~ befestigen** (Masch) / flange v, flange-mount v, flange on v, cup v || **~** m **mit Ansatz** (Masch) / hub flange || **~ mit Arbeitsleiste** (Masch) / raised-face flange, RF flange || **~ mit Bund** (Masch) / hub flange || **~ mit ebener** (flacher, glatter) **Anschlußfläche** (Masch) / flat-faced flange || **~ mit Ringnut** (Masch) / ring-joint flange, ring-type joint flange, RTJ flange || **~ mit Vor- und Rücksprung** (Masch) / male/female flange facing || **~ mit Vorsprung** (Masch) / bossed flange, male flange, male-facing flange
**Flansch•anbau** m (Masch) / flange mounting || **~befestigung** f (Masch) / flange mounting || **~bogen** m **90°** (Masch) / double-flanged 1/4 bend || **~bogen 45°** (Masch) / double-flanged 1/8 bend || **~buchse** f (Masch) / flange bushing || **~druckentnahme** f (genormte Anordnung der Druckentnahmestellen zur Messung des Differenzdrucks bei Meßblenden und Meßdüsen an den benachbarten Flanschen) / flange tapping || **~druckentnahme** (genormte Anordnung der Druckentnahmestellen zur Messung des Differenzdruckes bei Meßblenden und Meßdüsen an den benachbarten Flanschen) / flange tapping || **~durchmesser** m (Masch) / flange diameter
**Flanschen** n (Masch) / flanging n, flanging-on n || **~druckrohr** n (Masch) / flanged pressure pipe, double-flanged pressure pipe || **~rohr** n (Masch) / flanged pipe* || **~stauchwalzwerk** n (Hütt) / flange edging mill || **~verbindung** f (Masch) / flanged joint, flanged union, flanged connection, flange joint, flange connection, flange coupling
**Flansch•fläche** f (Anschlußfläche für Flansche) (Masch) / flange facing || **~fußbogen** m **90°** (Masch) / double-flanged 1/4 duck foot bend || **~kreuzstück** n (Masch) / all-flanged cross || **~kupplung** f (mit der zwei Wellen starr miteinander gekuppelt werden) (Masch) / flange coupling*, half-coupling n, face-plate coupling* || **~motor** m (Eltech) / flange motor, flange-mounting motor || **~überschiebbares ~muffenstück** (Masch) / flanged socket || **~mutter** f (Masch) / flanged nut* || **~nabe** f (Masch) / flange hub || **~paßstück** n (Masch) / flanged adaptor || **~stück** n **mit zwei Flanschstutzen** (Masch) / all-flanged cross || **~übergangsstück** n (Masch) / double-flanged taper || **~verbindung** f (von Rohren nach DIN 2500) (Masch) / flanged joint, flanged union, flanged connection, flange joint*, flange connection, flange coupling || **~verstärkungsplatte** f (untere - bei Profilträgern)

(Arch, HuT) / sole plate ‖ ⁓**zarge** f (Scheiben, Ringe, Rahmen) (Masch) / flange stub
**Flap** n (pl. -s) (Luftf) / flap\* n, wing flap
**Fla-Rakete** f (Mil) / anti-aircraft missile, ack-ack missile
**Flare** n (Astr) / solar flare\*, flare\* n
**Flare-Stern** m (UV Ceti Stern) (Astr) / flare star
**Flasche** f / bottle n ‖ ⁓ (Eltech) / jar n ‖ ⁓ (Zusammenfassung mehrerer Rollen, wie z.B. bei einem Faktorenflaschenzug) (Masch) / pulley block ‖ ⁓ (mit oder für Gas) / gas cylinder n, gas-bottle n, cylinder n ‖ **Florentiner** ⁓ (Auffanggefäß bei der Wasserdampfdestillation etherischer Öle) (Chem) / Florence flask\*, Florentine flask, Florentine receiver ‖ **Kleinsche** ⁓ (Math) / Klein bottle\* ‖ **Leidener** ⁓ (Eltech) / Leyden jar\*, Kleistian jar ‖ **magnetische** ⁓ (eine Magnetfeldanordnung, in der Hochtemperaturplasmen für längere Zeit zusammengehalten werden können) (Plasma Phys) / magnetic bottle\* ‖ **schiefe** ⁓ (mit der Achsabweichung) (Glas) / leaner n, tilted bottle ‖ **Woulfesche** ⁓ (eine dickwandige Glasflasche mit 2 oder 3 Hälsen und mitunter einem kurz über dem Boden befindlichen Ansatz - nach P. Woulfe, 1727-1803) (Chem) / Woulfe's bottle, Woulfe bottle ‖ ⁓ f **mit Schraubverschluß** / screw-capped bottle
**Flaschen•abfüllmaschine** f (Nahr) / bottle filler ‖ ⁓**abfüllung** f (Nahr) / bottling n ‖ ⁓**abzug** m (Nahr) / bottling n ‖ ⁓**acetylen** n (Schw) / cylinder acetylene ‖ ⁓**azetylen** (Kennzeichnung: gelb mit weißem Ring) (Chem Verf) / dissolved acetylene ‖ ⁓**azetylen** (Schw) / cylinder acetylene ‖ ⁓**batterie** f (Schw) / cylinder manifold, cylinder battery ‖ ⁓**bier** n (Nahr) / bottled beer ‖ ⁓**blasmaschine** f (Glas) / bottle-blowing machine ‖ ⁓**boden** m **unregelmäßiger Dicke** (Glas) / heel tap ‖ ⁓**bürste** f / bottle brush ‖ ⁓**element** n (Eltech) / bottle battery\* ‖ ⁓**form** f / bottle shape ‖ ⁓**gärung** f (Gärung oder Lager auf Flaschen mindestens 60 Tage und die gesamte Herstellungsdauer über 9 Monate) (Nahr) / bottle fermentation ‖ ⁓**gas** n (das unter Druck in Stahlflaschen gefüllt wird) / bottled gas, bugas n ‖ ⁓**geruchsverschluß** m (Sanitär) / bottle trap ‖ ⁓**glas** n (Glas) / bottle glass\* ‖ ⁓**grün** adj / bottle-green adj ‖ ⁓**grün** n / bottle-green n ‖ ⁓**hals** m (kurze, den Verkehr behindernde Straßenverengung) (HuT, Kfz) / bottleneck n ‖ ⁓**halskokille** f (Gieß) / bottle-neck mould, bottle-top mould ‖ ⁓**halter** m (für Getränke) (Kfz) / bottle holder ‖ ⁓**herstellungsmaschine** f (z.B. eine Flaschenblasemaschine) (Glas) / bottle-making machine\* ‖ ⁓**kasten** m / shipping case ‖ ⁓**kasten** (aus Schnittholz) / bottle crate ‖ ⁓**korb** m (zum Versand) / shipping case ‖ ⁓**krankheit** f (des Weins) (Nahr) / bottle sickness ‖ ⁓**regal** n (Masch, Tischl) / bottle rack ‖ ⁓**reife** f (bei Weinen) (Nahr) / bottle ripe(ness) ‖ ⁓**reinigungsmaschine** f (Nahr) / bottle washer, bottle-washing machine ‖ ⁓**rüttler** m (ein Innenrüttler) (Bau, HuT) / poker vibrator, spud vibrator ‖ ⁓**siphon** m (Sanitär) / bottle trap ‖ ⁓**stein** m (Min) / moldavite\* n, water-chrysolite n, bottle-stone n, pseudochrysolite n, vitavite n ‖ ⁓ **geschlossener** ⁓**test** (Nahr) / closed-bottle test ‖ ⁓**verschließmaschine** f (Nahr) / bottle-closing machine ‖ ⁓**versuch** m (einfache Bestimmung der Faulfähigkeit eines Klärschlammes) (Sanitär) / bottle test ‖ ⁓**versuch** (einfache Bestimmung der Faulfähigkeit eines Klärschlammes) (Sanitär) / bottle test ‖ ⁓**zentrifuge** f (Chem, Phys) / bottle centrifuge ‖ ⁓**zug** m (Masch) / lifting block(s)\*, rope-and-pulley device, block and tackle, system of pulleys, pulley block, lifting tackle, block and fall ‖ **ein leichter** ⁓**zug** (Masch) / burton n, burton-tackle n ‖ ⁓**zugblock** m (Erdöl) / travelling block, traveling block\* (US) ‖ ⁓**zugübersetzung** f (Verhältnis zwischen der aufzubringenden Zugkraft am angezogenen Seil und der dadurch zwischen den Flaschen eines Flaschenzuges erzielten Gesamtzugkraft) (Masch) / pulley transmission
**Flaschner** m (Klemp) / sheet-iron worker, sheet-metal worker
**flaserig•es Gefüge** (Geol) / flaser structure\* ‖ ⁓**es Gesteinsgefüge** (Geol) / flaser structure\* ‖ ⁓**e Textur** (Geol) / flaser structure\*
**Flasertextur** f (Geol) / flaser structure
**Flash** m (Film) / flashback n ‖ ⁓ (kurze Einblendung in eine längere Bildfolge) (Film) / flash n ‖ ⁓**Distillation** f (Chem) / flash distillation\*, equilibrium distillation ‖ ⁓**bar** f (Foto) / flash-bar n ‖ ⁓**-Chromatografie** f (Chem) / flash chromatography ‖ ⁓**destillation** f (Chem) / flash distillation\*, equilibrium distillation ‖ ⁓**-Destillation** f (Chem Verf, Erdöl) / flash distillation
**Flashen** n (Eltronik) / flashing n
**Flasher** m (Funktion, die das Blinken des ganzen Bildschirms bewirkt) (EDV) / flasher n
**Flash•gas** n (bei einer plötzlichen Entspannung von verflüssigtem oder gelöstem, unter Druck stehendem Gas, freiwerdende Gasmenge) (Chem) / flash gas n ‖ ⁓**polymerisation** (bei der eine Lösung in einem tiefsiedenden Lösemittel wie Propan auf ein endloses Band getropft wird und das Lösemittel während der Polymerisation verdampft) (Chem) / flash polymerization ‖ ⁓**spektrum** n (der Sonnenkorona) (Astr) / flash spectrum\* ‖ ⁓**verdampfung** f (Chem Verf) / flash evaporation, flash vaporization, vacuum flashing ‖ ⁓**verfahren** n (kombiniertes Verfahren zur Klärschlammverbrennung) (Sanitär) / flash process

**Flat** n m (Großpalette von 20" x 8" oder 40" x 8" mit Eckpfosten und Eckstücken) (Bahn, Schiff) / flat n ‖ ⁓ n (a set of rooms) (Bau) / flat n (GB), apartment n (US) ‖ ⁓ **memory** ('Erinnerungsvermögen' an einen flachen Urzustand bei Geweben) (Tex) / flat memory ‖ ⁓**-Hump** m (Sicherheitskontur auf der Felgenschulter von Pkw-Rädern für schlauchlose Reifen) (Kfz) / flat hump, FH ‖ ⁓**-Hump-Felge** f (Kfz) / flat-hump rim, FH rim ‖ ⁓**lock-Naht** f (aus 9 Fäden bestehende flache und elastische Naht zum Zusammennähen dehnfähiger Gewirke und Annähen gummielastischer Bünde) (Tex) / flatlock seam ‖ ⁓**pack** n (flache Gehäuseform für elektronische Bauteile) (Eltronik) / flat-pack n ‖ ⁓**pack-Gehäuse** n (Eltronik) / flat-pack n ‖ ⁓**-Pente** f (Sicherheitskontur auf der Felgenschulter von Pkw-Rädern für schlauchlose Reifen) (Kfz) / flat pente, FP ‖ ⁓**-Square Tube** f (Farbfernsehbildröhre mit großem Radius des Frontglases) (TV) / flat-square tube
**Flatter•bombage** f (Nahr) / springer n ‖ ⁓**dämpfer** m (Luftf) / shimmy damper ‖ ⁓**echo** n (eine Echofolge mit schnell schwankender Amplitude - DIN 1320) (Akus, Radar) / flutter echo\*, multiple echo\* ‖ **kritische** ⁓**geschwindigkeit** (Luftf) / flutter speed\* ‖ ⁓**grenze** f (bei Leitwerken) (Luftf) / buffet boundary\* ‖ ⁓**grenze** (die kleinste Fluggeschwindigkeit, bei der Flattern auftritt) (Luftf) / flutter speed\* ‖ ⁓**marke** f (Druck) / collating mark, black-step mark\*, back-step\* n
**flattern** v (Lichtbogen) (Eltech) / flutter v ‖ ⁓ (Sägeblatt) (For, Zimm) / judder v, chatter v, weave v ‖ ⁓ (in einem System mit virtuellem Speicher) (EDV) / thrashing n ‖ ⁓ (des Lichtbogens) (Eltech) / fluttering n ‖ ⁓ (bei der Projektion) (Film) / floating n ‖ ⁓ (seitliches Schlagen des Maschinensägeblattes) (For) / weaving n, chatter n, judder n ‖ ⁓ (des Vorderrades) (Kfz) / wheel shudder, shimmy\* n, wheel judder ‖ ⁓ (z.B. des Bugrads) (Luftf) / shimmy\* n ‖ ⁓ (z.B. der Armaturen) (Masch) / chatter n ‖ ⁓ (bei Ventilen) (Masch) / knock n, knocking n ‖ ⁓ (in elastomechanischen Systemen) (Mech) / flutter n ‖ ⁓ (des Vorderrades) (Kfz) s. auch Seitenschlag
**Flatter•rand** m (Druck) / ragged margin ‖ ⁓**rüster** f (For) / European white elm, Russian white elm ‖ ⁓**satz** m (links, rechts) (Druck) / rag n (left, right), unjustified text ‖ **unruhiger** ⁓**satz** (Typog) / broken matter ‖ ⁓**schwingung** f (des Leitwerks) (Luftf) / buffeting\* n ‖ ⁓**schwingung** (an Tragflächen und Rudern) (Luftf) / flutter\* n ‖ ⁓**schwingung** (des Bug- oder Spornrads) (Luftf) / shimmy\* n ‖ ⁓**ulme** f (Ulmus laevis (Pall.)) (For) / European white elm, Russian white elm ‖ ⁓**ventil** n (Kfz) / reed valve, blade-type valve, leaf valve
**flau** adj (Fotografie) (Foto) / flat adj, low-contrast attr
**Flaum** m (die das Unterhaar bildenden Haare) (Tex) / downy hairs, down n, fluff n
**flaumenweich** adj (Tex) / downy adj
**Flaumhaar** (der Haardecke des Schafes) (Tex) / bottom hair, undergrowth n ‖ ⁓**e** n pl (Tex) / downy hairs, down n, fluff n
**flaumig** adj (Tex) / downy adj ‖ ⁓ (Tex) / fuzzy adj
**Flausch** n (ein Streichgarnstoff) (Tex) / frieze\* n, fleece n ‖ ⁓ (Tex) s. auch Floconné
**Flauschflanell** m (Tex) / frieze flannel
**flauschig** adj (Tex) / fleecy adj, fluffy adj
**Flaute** f (Meteor) / calm n
**Flavan** n (2-Phenyl-chroman) (Chem) / flavan n
**Flavanon** n (2,3-Dihydroflavon) (Chem) / flavanone n
**Flavanthron** n (Chem) / flavanthrone n
**Flavazin** n (ein Farbstoff) (Chem) / flavazine n ‖ ⁓ **T** (saurer Pyrazolonfarbstoff) (Chem, Nahr, Tex) / tartrazine n, buffalo yellow, Acid Yellow 23, Food Yellow 4
**Flavedo** f (gefärbte, äußere, mit Ölbehältern besetzte Schicht der Zitrusfruchtschale) (Bot, Nahr) / flavedo n, zest n
**Flavin** n (Biochem) / flavine n, flavin n (US) ‖ **elektronenübertragende** ⁓**e** (Biochem) / electron transfer flavins ‖ ⁓**-Adenin-Dinukleotid** n (prosthetische Gruppe zahlreicher Flavoproteine) (Biochem) / flavine-adenine dinucleotide, FAD ‖ ⁓**mononucleotid** n (Biochem) / flavine mononucleotide, FMN ‖ ⁓**mononucleotid** n (Riboflavin-5'-phosphat) (Biochem) / flavine mononucleotide, FMN
**Flavoenzyme** n pl (Physiol) / flavoproteins\* pl, yellow enzymes
**Flavomannin** n (dimeres 1,4-Anthron) (Chem) / flavomannin n
**Flavon** n (Grundkörper vieler gelber Pflanzenfarbstoffe) (Chem) / flavone\* n ‖ ⁓**farbstoff** m (Chem) / flavone pigment, flavonopigment n
**Flavonoid** n (ein Farbstoff) (Bot, Pharm) / flavonoid\* n
**Flavoproteine** n pl (Physiol) / flavoproteins\* pl, yellow enzymes
**Flavor** m n (eine Quark-Art) (Kernphys) / flavour\* n, flavor\* n (US) ‖ ⁓ (der Klassen von Instanzen repräsentiert) (KI) / flavor n
**Flavorsystem** n (KI) / flavor system
**Flavour** m n (Kernphys) / flavour\* n, flavor\* n (US)
**Flavourkomplex** m (komplexer Sinneseindruck aus Geschmack und Geruch) (Nahr) / flavour complex
**Flavoursymmetriegruppe** f (Kernphys) / SU(3)$_f$-group n, flavour symmetry group, flavour group (SU)
**Flavoxanthin** n (ein Farbstoff - E 161a) (Nahr) / flavoxanthine n

**Flavyliumsalz**

**Flavyliumsalz** n (Chem) / oxonium salt*
**flechsig** adj (Nahr) / stringy adj, tough adj, leathery adj
**Flechte** f / tress n ‖ ≈ (Bot) / lichen* n ‖ ≈ (Tex) / braid* n
**flechten** v / plait v ‖ ≈ n (Kab, Tex) / braiding* n ‖ ≈**farbstoff** m (Chem) / lichen pigment, lichen dye, lichen colouring matter ‖ ≈**kartierung** f (zur Bewertung der Luftqualität) (Umwelt) / lichen cartography ‖ ≈**säure** f (Chem) / usnic acid ‖ ≈**stärke** f (Bot, Chem) / lichenin n ‖ ≈**stoff** m (Bot) / lichen substance ‖ ≈**wüste** f (in Städten und Ballungsräumen) (Umwelt) / lichen desert
**Flechterei** f (Kab, Tex) / braiding* n
**Flechterzange** f (Werkz) / tower pincers for cutting wire netting, mechanics' nippers
**Flecht•gurt** m (Foto) / braided strap ‖ ≈**maschine** f (Kab, Tex) / braider n, braiding machine ‖ ≈**strömung** f (Phys) / turbulent flow*, tortuous flow, sinuous flow, eddy flow* ‖ ≈**ware** f (aus Weidenruten) / wickerwork n, wicker basketry ‖ ≈**ware** (aus gespaltenen Materialien) / splint-woven work ‖ ≈**ware** (Tex) / braided fabric ‖ ≈**werk** n (mit Lehmverkleidung) (Bau) / wattle and daub* ‖ ≈**werk** (Wasserb) / hurdle n, wattle n ‖ ≈**werk** (Wasserb) / hurdle work, wattle work (which encourages silting or discourages scour) ‖ ≈**werk und Lehm** (Bau) / wattle and daub* ‖ ≈**werkbau** m (verputzter) (Bau) / wattle and daub* ‖ geputzte ≈**werktrennwand** (Bau) / wattle and daub* ‖ ≈**zaun** m (Bau) / interwoven fencing*, interlaced fencing*, wovenboard* n, panel fence (made from interwoven strips)
**Fleck** m / blotch n, blot n ‖ ≈ (des Schuhabsatzes) / lift n ‖ ≈ (Rost-, Schmutz-) (Tex) / smudge n, soil n, stain n, blotch n, spot n, smear n ‖ **Gelber** ≈ (der Netzhaut) (Opt) / yellow spot* ‖ **Großer Roter** ≈ (der auf etwa 20° südlicher Breite des Jupiters liegt) (Astr) / Great Red Spot* ‖ **nasser** ≈ (Bau) / damp patch ‖ **schwarzer** ≈ (Keram) / black speck (a defect in fired porcelain enamels) ‖ **voller** ≈**en** / smudgy adj, stained adj, blotchy adj, splodgy adj, splotchy adj ‖ ≈**e bekommen** / spot vi
**Flecke** m pl (Nahr) / tripe n, offal n
**fleckabstoßend** adj (durch eine spezielle Ausrüstung) (Tex) / dirt-repellent adj, soil-repellent adj, stain-repellent adj, stain-resistant adj
**flecken** v (For) / patch-bark v, bark in patches ‖ ~ (Tex) / speck v ‖ ≈ **machen** / mark v (make a visible stain) ‖ ≈**bild** n (Opt) / speckle pattern ‖ ≈**bildung** f (Sprenkelung) / mottling n ‖ ≈**bildung** (Anstr) / spotting n ‖ ≈**bildung** (nachträgliche - auf der elektrochemisch hergestellten Schicht) (Galv) / spotting out ‖ ≈**bildung** (Tex) / formation of stains, specking n ‖ **schwarze** ≈**bildung** (Keram) / black specking ‖ ≈**bildung** f **beim Färben** (Tex) / staining defect ‖ ≈**bildung durch Wasser** / water spotting ‖ ≈**empfindlichkeit** f (in Klassen unterteilt) (Glas, Opt) / staining class, dimming class ‖ ≈**entferner** m (Tex) / spot remover, scourer n, stain remover, spotter n, spot lifter ‖ ≈**entfernungsmittel** n (Tex) / spot remover, scourer n, stain remover, spotter n, spot lifter ‖ ~**förmige Korrosion** / even local corrosion ‖ ~**frei** adj / stainless adj, stain-free adj ‖ ~**freies Trocknen** (metallischer Werkstücke) / stain-free drying ‖ ≈**geschützt** adj (durch eine spezielle Ausrüstung) (Tex) / dirt-repellent adj, soil-repellent adj, stain-repellent adj, stain-resistant adj ‖ ≈**interferometrie** f (Astr, Opt) / speckle interferometry* ‖ ≈**muster** n (Opt) / speckle pattern ‖ ≈**reiniger** m (Tex) / spot remover, scourer n, stain remover, spotter n, spot lifter ‖ ≈**salz** n (Verbraucherprodukt zur Entfernung von oxidativ bleichbaren Flecken auf textilem Waschgut) (Tex) / bleach booster ‖ ≈**schutzausrüstung** f (Tex) / stain-release finish ‖ ≈**schutzausrüstung mit Fluorchemikalien** (Tex) / fluoridized finish ‖ ~**weise entrinden** (For) / patch-bark v, bark in patches
**Fleckerlteppich** m (Tex) / patchwork carpet, rag carpet
**fleckig** adj / smudgy adj, stained adj, blotchy adj, splodgy adj, splotchy adj ‖ ~ (gesprenkelt) / mottled adj ‖ ~ (Färbung) (Tex) / specky adj ‖ ~**er Anstrich mit der Leimfarbe** (Anstr) / gathering n ‖ ~**e Korrosion** / even local corrosion ‖ ~ **machen** / spot vt, stain vt ‖ ~ **werden** / spot vi
**Fleck•karbon** n (mit teilkarbonisierten Zonen) (Pap) / spot carbon ‖ ≈**schiefer** m (kontaktmetamorphes Schiefergestein mit kleinen Flecken) (Geol) / fleckschiefer n (a type of spotted slate) ‖ ≈**synthese** f (Chem) / spot synthesis
**Fledermausgaupe** f (Bau) / eyebrow n, eyebrow dormer
**Fleece** m (Flausch) (Tex) / fleece n
**Fleier** m (Spinn) / fly frame, roving frame, speed frame, flyer n, speeder n
**Fleisch** n (Nahr) / meat n ‖ ≈ (nichtdruckende Teile der Oberseite einer Drucktype) (Typog) / beard n ‖ **DFD-**≈ (dunkles, festes, trockenes Schweinefleisch) (Nahr) / DFD meat (dark, firm, dry) ‖ **rotes** ≈ (Rind- und Lammfleisch) (Nahr) / red meat ‖ **vegetabilisches** ≈ (Nahr) / textured vegetable protein, TVP ‖ ≈**aroma** n (nach der Reifung) (Nahr) / meat flavour ‖ ≈**beschau** f (Landw, Nahr) / meat inspection ‖ ≈**brühwürfel** m (Nahr) / soup cube, bouillon cube ‖ ≈**einwickelpapier** n (Pap) / meat wrapper, blood-proof paper, butcher's paper
**Fleischer•haken** m / gaff n, butcher's hook ‖ ≈**schnitt** m (ein Hautschaden) (Leder) / butcher cut
**Fleisch•extrakt** m (eingedickter, albumin-, leim- und fettfreier Wasserauszug aus frischem Fleisch) (Nahr) / meat extract ‖ ≈**farbe** f (Nahr) / flesh tint, flesh tone ‖ ≈**farbton** m (Nahr) / flesh tint, flesh tone ‖ ≈**farce** f (Nahr) / forcemeat n, stuffing n ‖ ≈**fehler** m (Nahr) / meat defect ‖ ≈**hacker** m (Nahr) / mincer n, meat grinder (US), mincing machine ‖ ≈**haken** m / gaff n, butcher's hook
**fleischig** adj (Frucht) (Nahr) / pulpy adj, pulpous adj, fleshy adj
**Fleisch•knochenmehl** n (Nahr) / tankage n ‖ ≈**mehl** n (Nahr) / tankage n ‖ ≈**milchsäure** f (Chem) / sarcolactic acid ‖ ≈**portioniermaschine** f (Nahr) / meat-portioning machine ‖ ≈**rot** n (wie rohes Fleisch) / flesh red, flesh pink ‖ ≈**saft** m (Nahr) / drip n, dripping n, juice n, basting n, gravy n ‖ ≈**seite** f (dem Körper zugewandte Seite der Haut) (Leder) / flesh side, flesh n ‖ ≈**soße** f (Nahr) / gravy n ‖ ≈**spalt** m (Leder) / flesh split, flesher n ‖ ~**streckende Substanz** (texturierte Proteine) (Nahr) / meat extender ‖ ≈**surrogat** n (Nahr) / meat analogue, meat substitute ‖ ≈**verarbeitung** f (Nahr) / meat processing ‖ ≈**verarbeitungsbetrieb** m (Nahr) / meat-processing plant ‖ ≈**wolf** m (ein Küchengerät nach DIN 44967, T 1) (Nahr) / mincer n, meat grinder (US), mincing machine ‖ ≈**zartmacher** m (pflanzliches proteolytisches Enzym, das nach dem Einspritzen das Fleisch schneller zum Reifen bringt) (Nahr) / tenderizer n
**FLEI-Verkehr** m (Bahn, Luftf) / rail-air-rail service
**Flemmings Lösung** (ein Fixiermittel auf der Basis Chromoxid/Osmiumoxid/Essigsäure) (Mikros) / Flemming solution
**Flesch-Methode** f (KI) / Flesch method
**Flesch-Verfahren** n (von R. Flesch entwickelte Bewertungsmethode der Lesbarkeit und des Interesses, das Texte zu erwecken vermögen) (KI) / Flesch method
**Fletchersche Indikatrix** (nach Sir L. Fletcher, 1854 - 1921) (Krist) / index ellipsoid, indicatrix n (pl. indicatrices), optical indicatrix, reciprocal ellipsoid, ellipsoid of wave normals
**Flettner•Hilfsruder** n (Luftf) / Flettner rudder ‖ ≈**-Rotor** m (nach A. Flettner, 1885-1961) (Schiff) / rotor n ‖ ≈**-Ruder** n (ein frei um 360° drehbares Ruder mit einem kleinen Hilfsruder an der Hinterkante des Ruderblattes - nach A. Flettner, 1885-1961) (Luftf) / Flettner rudder
**Fleur** f (sehr dünner, gegerbter Narbenspalt von Schaffellen) (Leder) / skiver n
**Fleuron** m (Arch, Druck) / fleuron n
**Flex** f (Werkz) / angle grinder
**Flexballzug** m (mit einer durch Kugeln geführten Stahlschiene) / Flexball cable
**flexibel** adj / flexible adj ‖ ~ (Einband) (Buchb) / limp* adj, soft-cover attr, flexible* adj ‖ **flexible Abschirmung** (z.B. mit einer Strahlenschutzfolie) (Radiol) / flexible shielding ‖ **flexibler Anschluß** (Eltech) / flexible connexion ‖ **flexible Anschlußleitung** (Eltech) / flylead n ‖ **flexible Automatisierung** (F.Org) / flexible automation ‖ **flexible Decke** (HuT) / flexible pavement ‖ **flexible Diode** (Eltronik) / flexode n ‖ **flexibler Einband** (Buchb) / limp binding, flexible binding, flexible n ‖ **flexibles Fertigungssystem** (EDV, F.Org) / flexible manufacturing system* (FMS) ‖ **flexible Fertigungszelle** (F.Org) / flexible production cell ‖ **flexible Fuge** (in der Piste) (Luftf) / flexion joint, flection joint ‖ **flexible Kupplung** (Masch) / flexible coupling ‖ **flexible Kupplung** (eine Wellenkupplung) (Masch) / flexible coupling* ‖ **flexible Kurzstabantenne** (Kfz, Radio) / rubber antenna ‖ **flexibler langgestreckter Ölbehälter** / flexible (oil) container ‖ **flexible Leiterplatte** (Eltronik) / flexible printed circuit board, flexible PC board ‖ **flexible Leitung** (Kab) / flexible cable*, flexible wire ‖ **flexible Lutte** (Bergb) / flexible duct ‖ **flexible LWL-Übertragung mit Kapazitätsreserve** (Fernm) / optical line with service capacity ‖ **flexible magnetische Datenträger** (DIN 66010) (EDV) / flexible magnetic data media ‖ **flexible Ölsperre** (z.B. eine Schlauchsperre) (Umwelt) / oil boom (inflated), oil-containment boom, boom n ‖ **flexible Schaltung** (Eltronik) / flexible circuit ‖ **flexible Straßendecke** (HuT) / flexible pavement ‖ **flexible Verpackung** / flexible packing, flexible package ‖ **flexible Welle** (Masch) / flexible shaft ‖ ~ **programmierbar** (EDV) / flexibly programable
**Flexibel•croupon** m (Leder) / flexible bend ‖ ≈**schuh** m / stitchdown shoe, flexible shoe, Veldtschoen n ‖ ≈**spalt** m (Leder) / flexible split
**Flexibilität** f (Anpaßbarkeit von Verfahren oder Verfahrensteilen an sich wandelnde Aufgabendetails) / flexibility n ‖ ≈ / flexibility n ‖ ≈ **der Konfiguration** (EDV) / configuration flexibility
**Flexible-Tooling-System** n (ein Kopfwechselsystem, das aus Spanneinheiten mit auswechselbaren Werkzeugköpfen für die Innen- und Außenbearbeitung mit rotierenden und stehenden Werkzeugen besteht) (Masch) / flexible tooling system

**Flexi•coilfeder** *f* (Masch) / flexicoil spring ‖ ⁓**coking** *n* (eine Weiterentwicklung des Fluid Coking) (Chem Verf) / flexicoking *n* ‖ ⁓**-Keil** *m* (eines Schiebers) (Masch) / flexible wedge, H-shaped wedge, elastic wedge
**Flexo•druck** *m* (ein Hochdruckverfahren mit flexibler Druckform und dünnflüssigen, spiritusslöslichen Druckfarben) (Druck) / flexographic printing\*, aniline printing\*, flexography *n*, flexo *n* ‖ ⁓**grafie** *f* (Druck) / flexographic printing\*, aniline printing\*, flexography *n*, flexo *n* ‖ ⁓**leitung** *f* (Kab) / flexible cable\*, flexible wire ‖ ⁓**meter** *n* (Apparat zur Bestimmung der Veränderung der Eigenschaften von Gummi unter dynamischer Biegebeanspruchung) (WP) / flexometer *n*
**Flexur** *f* (s-förmige Schichtenverbiegung, die durch gegenläufige relative Verschiebung zweier Schollen ohne Bildung größerer Brechfugen erfolgt) (Geol) / flexure *n*, monocline\* *n*, flexure fold, flexure folding, true folding
**Flickdolomit** *m* (Hütt) / patching dolomite
**flicken** *v* (Hütt) / fettle *v*, patch *v* ‖ ⁓ (Tex) / mend *v* ‖ ⁓ *m* (ein Stück Stoff, Gummi, Leder zum Ausbessern) / patch *n* ‖ ⁓ (For) / patch *n*, shim *n* ‖ ⁓ *n* (Hütt) / fettling\* *n*, patching *n* ‖ ⁓ (Tex) / mending\* *n*
**Flicker** *m* (Eindruck einer Leuchtdichteschwankung) (Eltech, Opt) / flicker\* *n*, waver *n* ‖ ⁓**effekt** *m* (Eltronik) / flicker effect\* ‖ ⁓**steuerung** *f* (Fernlenkung eines Luft- oder Raumfahrzeuges) (Regeln) / flicker control, bang-bang *n* (control)
**Flick•masse** *f* (HuT) / patch mix ‖ ⁓**masse** (Hütt) / patching material, patching compound, patch *n* ‖ ⁓**mörtel** *m* (Aufber, Hütt) / slurry\* *n* ‖ ⁓**schusterei** *f* (EDV) / kludge *n* (system made up of components that are poorly matched or were originally intended for some other use) ‖ ⁓**stelle** *f* / patch *n* ‖ ⁓**stück** *n* (bei reparierten Ast- oder Furnier-Fehlstellen) (For) / patch *n*, shim *n* ‖ ⁓**zeug** *n* (Material zum Ausbessern eines Fahrzeugschlauches) (Kfz) / repair kit
**Fliederaldehyd** *m* (Chem) / hydroxycitronellal *n*
**fliederfarben** *adj* / lilac *adj*
**Fliederöl** *n* / lilac oil
**fliegen** *v* / fly *vi vt* ‖ **im Gleitflug** ⁓ (Luftf) / plane *v*, volplane *v* ‖ **in die Luft** ⁓ / explode *vi* ‖ **mit dem Strahlflugzeug** ⁓ **oder reisen** (Luftf) / jet *v* ‖ ⁓ *n* **mit Sicht** (Luftf) / visual flying
**Fliegenaugen•detektor** *m* (Astr) / fly's eye detector ‖ ⁓**linse** *f* / fly's eye lens
**fliegend** *adj* (Einspannung) / unsupported *adj* ‖ **Studium** *n* **der** **⁓en Objekte unbekannter Herkunft** / ufology *n* ‖ ⁓**er Akzent** (EDV) / flying accent, floating accent ‖ ⁓ **angeordnet** / overhanging *adj* ‖ ⁓**er Anschluß** (provisorische Leitung) (Eltech) / jumper\* *n* ‖ ⁓**es Blatt** (im Vorsatz) (Buchb) / fly leaf\* *n* ‖ ⁓**er Druck** (EDV) / hit-on-the-fly printing, on-the-fly printing ‖ ⁓**er Eindruck** (Druck) / on-the-run imprinting ‖ ⁓**er Flügel** (Luftf) / tailless aircraft\*, flying wing, flying-wing aircraft ‖ ⁓**e Heftung** (Buchb) / flying stitching, stitching on the move ‖ ⁓**er Kran** (Luftf) / crane helicopter, heavy-lift helicopter, skycrane *n* (US), HLH ‖ ⁓**er Magnetkopf** (EDV) / flying head ‖ ⁓**es Objekt unbekannter Herkunft** (Astr) / unidentified flying object\* (UFO), flying saucer ‖ ⁓**er Rollenwechsel** (Druck) / flying reel change, reel change on the run ‖ ⁓**e Säge** (Hütt) / flying saw ‖ ⁓**e Schatten** (bei der Sonnenfinsternis) (Astr) / shadow bands ‖ ⁓**e Schere** (Hütt) / flying shears ‖ ⁓**er Start** / flying start ‖ ⁓**e Startplattform** (Mil) / air-launch platform ‖ ⁓**e Stufe** (einseitig eingespannt) (Bau) / cantilevered step ‖ ⁓**e Untertasse** (Astr) / unidentified flying object\* (UFO), flying saucer
**Fliegenderdrehen** *n* (Masch) / chucking *n*
**Fliegen•holz** *n* (ein Bitterholz) (For) / quassia *n* ‖ ⁓**kopf** *m* (die im Handsatz auf dem Kopf stehende Drucktype, z.B. als Blockade) (Typog) / turn\* *n* ‖ ⁓**köpfe** *m pl* (Typog) / turned sorts\* *n* ‖ ⁓**larve** *f* (Landw, Zool) / fly maggot ‖ ⁓**larvenkrankheit** *f* (z.B. der Schafe) (Landw, Zool) / myiasis\* (*pl* myiases) *n* ‖ ⁓**made** *f* (die die Myiase verursacht) (Landw, Zool) / fly maggot ‖ ⁓**madenkrankheit** *f* (Landw, Zool) / myiasis\* (*pl* myiases) *n* ‖ ⁓**pilzgift** *n* (Chem) / muscarine *n* ‖ ⁓**pilzinhaltsstoff** *m* (Toxin) (Biochem) / fly agaric toxin ‖ ⁓**stein** *m* (Min) / native arsenic
**Flieger** *m* (Luftf) / flyer *n*, flier *n*, aviator *n* ‖ ⁓**abwehr** *f* (Mil) / anti-aircraft defence ‖ ⁓**amaurose** *f* (Verlust des zentralen Sehens) (Luftf, Mil) / blackout *n* ‖ ⁓**blau** *adj* (Tex) / air-force blue *adj* ‖ ⁓**ei** *f* (Luftf) / aeronautics\* *n* ‖ ⁓**faust** *f* (Mil) / man-portable air-defence system ‖ ⁓**horst** *m* (Mil) / airbase *n*, air station (GB), station *n* (GB)
**Fliegerin** *f* (Luftf) / woman aviator, airwoman *n*
**fliegerisch•e Ausbildung** (am Boden und in der Luft/im Fluge) (Luftf) / aviation training ‖ ⁓**e Ausbildung am Boden** (Luftf) / ground training ‖ ⁓**e Ausbildung im Fluge** (in der Luft) (Luftf) / flying training
**Flieger•karte** *f* (Luftf, Mil) / air chart, aeronautical chart, air-navigation chart ‖ ⁓**kombination** *f* (Luftf, Tex) / flying-suit *n* ‖ ⁓**krankheit** *f* (Med) / altitude sickness, air bends, Acosta's disease, puna *n*, mountain sickness ‖ ⁓**sinusitis** *f* (Luftf, Med) / aerosinusitis *n* ‖ ⁓**tauglich** *adj* (Personal) (Luftf) / flightworthy *adj*
**Flieh•gewicht** *n* (fliehkraftabhängiges Betätigungselement) (Masch) / flyweight *n* ‖ ⁓**gewicht** (bei Fliehkraftreglern) (Regeln) / flyball (of

a Watt's conical pendulum governor) (US), rotating weight (of a Watt's conical pendulum governor), centrifugal-mechanism weight, governor weight
**Fliehkraft** *f* (Phys) / centrifugal force\* ‖ ⁓ (Phys) / centrifugal *adj* ‖ ⁓**abscheider** *m* (bei dem physikalischen Abgasreinigungsverfahren) / centrifugal separator ‖ ⁓**anlasser** *m* (Eltech) / centrifugal starter\* ‖ ⁓**bremse** *f* (Masch) / centrifugal brake\* ‖ ⁓**entwässerung** (in Sieb- oder Vollmantelschleudern) (Aufber) / centrifugal separation, centrifuging *n* ‖ ⁓**gesteuerter Drehzahlregler** (Regeln) / mechanical governor, flyweight governor, centrifugal governor, ballhead governor, flyball governor, pendulum governor\*, governor *n*, spring-loaded (mechanical) governor ‖ ⁓**klassierer** *m* (Aufber) / centrifugal classifier ‖ ⁓**kupplung** *f* / centrifugal clutch\* ‖ ⁓**regler** *m* (mechanische Regeleinrichtung) (Regeln) / mechanical governor, flyweight governor, centrifugal governor, ballhead governor, flyball governor, pendulum governor\*, governor *n*, spring-loaded (mechanical) governor\* ‖ **Wattscher** ⁓**regler** (Masch) / Watt governor\* ‖ ⁓**tachometer** *n* / centrifugal speedometer ‖ ⁓**versteller** *m* (Kfz) / centrifugal advance (mechanism) ‖ ⁓**zerspaner** *m* (For) / knife-ring flaker, ring-type cutter-block chipper ‖ ⁓**zerstäuber** *m* (in Zerstäubungstrocknern) / centrifugal disk atomizer, centrifugal spinning disk, centrifugal spray head ‖ ⁓**zündversteller** *m* (Kfz) / centrifugal advance (mechanism)
**Flieh•kurve** *f* (Luftf) / dog-curve *n*, curve of pursuit\*, dog-leg path ‖ ⁓**pendeltachometer** *n* / centrifugal speedometer
**Fliese** *f* (Bau) / tile\* *n*, interior tile ‖ ⁓ (Bau) / flag\* *n*, flagstone *n* ‖ **glasierte** ⁓ (Bau) / encaustic tile\* ‖ **mit** ⁓**n auslegen** (Bau) / tile *v* ‖ ⁓**n legen** (Bau) / tile *v* ‖ ⁓ *f* **mit dichtem Scherben und Schmelzglasur** (Bau, Keram) / glazed tile ‖ ⁓ **mit porösem Scherben und meistens farbloser Glasur** (Bau, Keram) / unglazed tile
**Fliesen•arbeiten** *f pl* (Bau) / tiler work ‖ ⁓**belag** (Bau, Keram) / tiling *n* ‖ ⁓**legen** (Bau) / tiling *n* ‖ ⁓**leger** *m* (Bau) / tiler *n* ‖ ⁓**schneidmaschine** *f* (Werkz) / tile-cutting machine, tile-cutting jig
**Fließanlage** *f* (Masch) / continuous plant
**Fließband** *n* (Stetigförderer mit Gurt- oder Kettenband) (Masch) / conveyor line ‖ ⁓**montage** *f* (F.Org, Masch) / conveyorized assembly ‖ ⁓**montage** (Masch) s. auch Fließmontage ‖ ⁓**verarbeitung** *f* (Einsparung eines Schrittes im Befehlszyklus bei linearem Programmablauf, indem zwei Vorgänge gleichzeitig erfolgen) (EDV) / pipelining\* *n*, pipeline processing
**Fließ•bank** *f* (ein Vergaserprüfstand) / flow bench ‖ ⁓**becherspritzpistole** *f* (Anstr) / gravity-feed spray gun, top loader gun (US) ‖ ⁓**bedingung** *f* (die den Zusammenhang zwischen den Spannungen bei Fließbeginn und der Fließspannung beschreibt) (WP) / yield condition ‖ ⁓**bedingung nach Mises** (Mech, WP) / Mises' yield criterion ‖ ⁓**beginn** *m* (Übergang von elastischer zu plastischer Verformung) (WP) / start of yielding ‖ ⁓**beginn** (Übergang von elastischer zu plastischer Verformung) (WP) / initial yielding ‖ ⁓**beton** *m* (Bau, HuT) / plasticized (fluid) concrete ‖ ⁓**bett** *n* (Chem Verf) / fluidized bed\*, fluid bed ‖ ⁓**bettadsorption** *f* (Chem Verf) / fluidized-bed adsorption, fluid-bed adsorption ‖ ⁓**bettkatalysator** *m* (Chem Verf) / fluidized-bed catalyst, fluid-bed catalyst ‖ ⁓**bettreaktor** *m* (Chem Verf) / fluidized-bed reactor, fluid-bed reactor ‖ ⁓**bettvergasung** *f* (Chem Verf) / fluidized-bed gasification, fluid-bed gasification ‖ ⁓**bewegung** *f* (des Bodenbreis bei bestimmten Gefällewinkeln) (Geol) / écoulement *n*, gravitational sliding ‖ ⁓**bewegung** (unter Druck) (Geol) / flowage *n*, flow *n* ‖ ⁓**bild** *n* (Darstellung des Aufbaus einer Produktionsanlage aus Verfahrensstufen) / flow chart, flow diagram\*, flowsheet\* *n* ‖ ⁓**bild** / mimic diagram ‖ ⁓**dehnung** *f* (WP) / yield strain ‖ ⁓**drücken** *n* (DIN 8853, T 2) (Masch) / roll forming ‖ ⁓**ebene** *f* (Magmatitgefüge) (Geol) (Phys) / planar flow structure, platyflow structure ‖ ⁓**eigenschaften** *f pl* (Phys) / flow properties
**fließen** *v* / flow *v* ‖ ⁓ (aus einer Quelle) / well *vi* ‖ ⁓ (von Werkstoffen) (WP) / yield *v* ‖ ⁓ *n* (Geo) / flowage *n*, flow *n* ‖ ⁓ *n* ein Formänderungsvorgang bei Belastung unter der Elastizitätsgrenze) (Mech, WP) / yield *n* (materials testing), yielding *n* ‖ ⁓ (Phys) / flow *n*, flowing *n* ‖ **[plastisches]** ⁓ (der Vorgang der plastischen Deformation eines Materials, in dem sich nach Überschreiten der Fließgrenze kein statischer Spannungsverzerrungszustand mehr herausbilden kann) (WP) / plastic flow ‖ **Binghamsches** ⁓ (Phys) / structural viscosity, shear thinning ‖ **quasiplastisches** ⁓ (Phys) / quasiplastic flow ‖ **quasiviskoses** ⁓ (Geol) / earthflow *n*, mud flow, mud avalanche, flow slide, mud stream, debris flow ‖ **schnelles** ⁓ (Hütt) / runaway *n* ‖ ⁓ (Phys) / viscous flow\* ‖ ⁓ **unverfestigter Sedimente** (unmittelbar im Anschluß an die Sedimentbildung) (Geol) / sedifluction *n*
**fließend** *adj* / running *adj*, flowing *adj* ‖ ⁓ (Grenze) / fluid *adj* ‖ ⁓ (Griff) (Tex) / supple *adj*, subtle *adj* ‖ ⁓ (Wasser) (Umwelt) / lotic *adj* ‖ ⁓**er Boden** (nicht stabiler) (HuT) / lost ground, running (unstable) ground ‖ ⁓**er Verkehr** (Kfz) / moving traffic, passing traffic ‖ ⁓**es Wasser** (Sanitär) / running water, flowing water

**Fließerde**

**Fließ•erde** f (bei der Solifluktion) (Geol) / flow earth, solifluction mantle ‖ ⁓**erscheinung** f (Phys, WP) / yield phenomenon ‖ ~**fähig** adj / flowable adj, fluid adj, runny adj ‖ ⁓**fähigkeit** f (Phys) / flowability n, fluidity n ‖ ⁓**fähigmacher** m (Chem Verf) / free-flow agent ‖ ⁓**falte** f (die durch unregelmäßige Faltung entsteht) (Geol) / flowage fold, flow fold ‖ ⁓**fertigung** f (Organisationstyp der Fertigung, z.B. Fließmontage von PKW-Motoren oder getaktete Bearbeitung von Bauteilen) (F.Org) / flow-line production* ‖ ⁓**festigkeit** f (WP) / yield strength ‖ ⁓**figuren** f pl (Hütt) / flow lines*, Lüders' lines*, Lüders' bands, stretcher strains, Hartmann lines, Piobert lines ‖ ⁓**förderung** f / air-activated gravity conveying ‖ ⁓**formel** f **von Chézy** (für reibungsbehaftete Strömung) (Phys) / Chézy's formula ‖ ⁓**formen** n (Formverfahren, bei dem die Gummimischung erst beim Schließen der Formen durch den hierbei erforderlichen Druck aus einem Füllraum durch Kanäle in die Preßform transportiert wird) (Chem Verf) / transfer moulding ‖ ⁓**gefüge** n (Geol) / flow-structure* n, fluidal texture, flow texture ‖ ⁓**gelenk** n (Bau) / plastic hinge ‖ ~**gepreßtes Teil** (Hütt, Masch) / extrusion part, extruded part, extrudate n ‖ ⁓**geschwindigkeit** f (Phys) / flow rate, flow velocity ‖ ⁓**geschwindigkeit an der Überfallanlage** (an dem Dreiecksüberfallwehr) (Wasserb) / velocity of approach ‖ ⁓**gesetz** n (DIN 1342, T 1) (Phys) / law of flow ‖ ⁓**gewässer** n (Geol, Hyd, Wasserb) / stream n, watercourse n ‖ **träges** ⁓**gewässer** (Wasserb) / sluggish stream ‖ ⁓**gießverfahren** n (Plast) / flow moulding ‖ ⁓**gleichgewicht** n (Chem) / flowing equilibrium (ein stationärer Zustand eines chemischen/biochemischen Systems, bei dem dauernd in genau aufeinander abgestimmten Mengen Edukte zugeführt und Produkte abgeführt werden), open-system equlibrium ‖ ⁓**grenze** f (bei bindigen Böden der Wassergehalt einer Bodenprobe am Übergang vom flüssigen zum bildsamen Zustand) (HuT, Landw) / liquid limit (of a soil, of a clay), LL, $L_w$, limit of liquidity ‖ ⁓**grenze** (DIN 1342, T 1) (Mech, WP) / yield point* (Y.P.) ‖ **obere** ⁓**grenze** (oberhalb deren eine Verformung mit großer Geschwindigkeit auftritt) (WP) / upper yield point ‖ **untere** ⁓**grenze** (unterhalb deren keine merkliche plastische Verformung auftritt) (WP) / lower yield point ‖ **praktische** ⁓**grenze** (mit vorgegebener erlaubter Dehnung in Prozenten) (WP) / yield strength ‖ ⁓**grenze** f **für Scherbeanspruchung** (WP) / shear yield strength ‖ ⁓**gußverfahren** n (modifiziertes Schneckenspritzgießen) (Plast) / flow moulding ‖ ⁓**gußverfahren** (Plast) s. auch Intrusionsverfahren ‖ ⁓**heck** n (Kfz) / fastback n, Kamm back, Kamm tail ‖ ⁓**hypothese** f **nach Tresca** (WP) / Tresca yield hypothesis ‖ ⁓**injektionsanalyse** f (eine Durchflußanalyse) (Chem) / flow-injection analysis ‖ ⁓**kriterium** n **nach von Mises** (nach R. Edler von Mises, 1883 - 1953) (Mech, WP) / Mises' yield criterion ‖ ⁓**kurve** f (grafische Darstellung des Zusammenhanges zwischen Schubspannung und Geschwindigkeitsgefälle für eine einer Schichtenströmung unterworfene Flüssigkeit oder für einen plastischen Stoff oberhalb der Fließgrenze nach DIN 1342, T 1) (Phys) / flow curve ‖ ⁓**kurvenaufnahme** f (Phys) / plot of the flow curve ‖ ⁓**linie** f (in Plutoniten) (Geol) / flow line ‖ ⁓**linien** f pl (Hütt) / flow lines*, Lüders' lines*, Lüders' bands, stretcher strains, Hartmann lines, Piobert lines ‖ ⁓**linien** (Fehler) (Plast) / weld lines ‖ ⁓**löten** n (zum Herstellen von Lötverbindungen auf gedruckten Leiterplatten) (Eltronik) / wave soldering, flow soldering ‖ ⁓**marke** f (Geol) / flute cast* ‖ ⁓**mischer** m / continuous mixer ‖ ⁓**mittel** n (mobile Phase in der Chromatografie) (Chem) / (mobile) solvent system, solvent n, mobile liquid, mobile solvent ‖ ⁓**mittel** (Rieselhilfe) (Chem Verf) / free-flow agent ‖ ⁓**mittel** (Betonverflüssiger) (HuT) / concrete plasticizer, plasticizing admixture, water reducer, water-reducing admixture, water-reducing additive ‖ ⁓**mittelfront** f (Chem) / solvent front ‖ ⁓**montage** f (nach dem Prinzip der Fließfertigung organisierter Montageprozeß) (F.Org, Masch) / flow assembly, flow-line assembly ‖ ⁓**nähte** f pl (Plast) / weld lines ‖ ⁓**ofen** m / continuous furnace*, continuous kiln ‖ ⁓**papier** n (Pap) / blotting-paper* n ‖ ⁓**presse** f (Hütt, Masch) / extruder n ‖ ⁓**pressen** n (vornehmlich zur Erzeugung einzelner Werkstücke - DIN 8583, T 3) (Hütt, Masch) / extrusion* n (for short products) ‖ **adiabatisches** ⁓**pressen** (bei dem die in der Umformzone erzeugte Wärme nicht abgeleitet wird) / adiabatic extrusion ‖ **unterbrochenes** ⁓**pressen** (das in zeitlicher Unterbrechung durchgeführt wird) (Hütt, Masch) / incremental extrusion ‖ **isothermes** ⁓**pressen** (bei dem die während der Umformung erzeugte Wärme so schnell abgeführt wird, daß die Temperatur des Werkstücks konstant bleibt) (Hütt, Masch) / isothermal extrusion ‖ ⁓**pressen** n **von Blechstreifen** (Hütt, Masch) / sheet extrusion ‖ ⁓**preßstempel** m (Hütt, Masch) / can punch ‖ ⁓**preßteil** n (Hütt, Masch) / extrusion part, extruded part, extrudate n ‖ ⁓**prozeß** m / continuous process ‖ ⁓**punkt** m (bei Schmierfetten und Vaselinen) (Phys) / flow point ‖ ⁓**punkt** (Phys) / melting-point* n, fusion point, mp*, fusing point* ‖ ⁓**rate** f (in einem Bioreaktor) (Biol) / flow rate ‖ ⁓**rate** (Chem Verf) / flux rate ‖ ⁓**regel** f (Phys) / law of flow ‖ ⁓**rinnenförderung** f / air-activated gravity conveying ‖ ⁓**scheide** f (beim Walzen) (Hütt) / neutral point ‖ ⁓**scheide** (Stelle, von der aus der Werkstoff in zwei Richtungen fließt) (Hütt, WP) / neutral flow plane ‖ ⁓**scheidenwinkel** m (Hütt, WP) / neutral angle ‖ ⁓**schema** n / flow chart*, flow diagram*, flowsheet* n ‖ **technologisches** ⁓**schema** (F.Org) / engineering flow sheet ‖ ⁓**schicht** f (Taubodenhorizont im Permafrost) (Geol) / mollisol n ‖ ⁓**schweißen** n (Schw) / flow welding ‖ ⁓**span** m (eine Spanart) (Masch) / continuous chip ‖ ⁓**spannung** f (eine Werkstoffkenngröße) (WP) / yield stress (YS) ‖ ⁓**speisung** f (Anstr) / gravity feed(ing) ‖ ⁓**spur** f (bei der Emaillierung) / run-down n ‖ ⁓**straße** f **mit automatischem Werkstücktransport** (F.Org, Masch) / transfer line*, in-line transfer machine ‖ ⁓**system** n (bei dem sich das Spritzgut oberhalb des Luftstromes befindet und aufgrund der Schwerkraft aus dem Farbbecher ständig nachfließt) (Anstr) / gravity feed(ing) ‖ ⁓**ton** m (Geol) / quick clay, quick ground ‖ ⁓**verbesserer** m (Zusatz für Dieselkraftstoffe und leichtes Heizöl) (Kftst) / fluidity improver ‖ ⁓**verfestigung** f (Zunahme der Scherviskosität bei zunehmender Beanspruchung) (Phys) / rheopexy n, negative thixotropy, antithixotropy n ‖ ⁓**verhalten** n (z.B. eines Mineralöls) / pouring characteristic ‖ ⁓**verhalten** (Phys) / flow behaviour, flow characteristics ‖ ⁓**vermögen** n (Phys) / flowability n, fluidity n ‖ ⁓**versatz** m (Bergb) / flow stowing, controlled-gravity-stowing, gravity filling ‖ ⁓**wechsel** m (Wasserb) / flow transition, flow variation, flow variability n ‖ ⁓**wulst** m (Geol) / flute cast* ‖ ⁓**zonentechnik** f (ein Zonenschmelzverfahren) (Eltronik, Hütt) / floating-zone melting, float-zone process

**Flight-Recorder** m (Luftf) / flight-recorder* n, flight data recorder, black box*, crash recorder*

**Flimmer•fotometer** n (für den visuellen fotometrischen Vergleich verschiedenfarbiger Lichtquellen) (Licht) / flicker photometer* ‖ ⁓**fotometrie** f (Phys) / flicker photometry

**flimmerfrei** adj (Opt) / flicker-free adj, non-flickering adj

**flimmerfreien, Zeilensprungverfahren** (zur Erzeugung des ~ Bildes) (TV) / interlaced scanning*, progressive interlace*, line jump scanning

**Flimmer•frequenz** f (Opt) / flicker frequency ‖ ⁓**grenze** f (im Kino oder bei Betrachtung eines Bildschirms) (EDV, Film, Opt) / critical flicker frequency

**flimmern** v (Astr, Opt) / scintillate v ‖ ⁓ n (des Bildes bei Bildwiederholraten unter 70 Hz) (EDV) / flicker n ‖ ⁓ (Schwankungen der Leuchtdichte und der Farbart) (Eltech, Opt) / flicker* n, waver n ‖ ⁓ (Meteor, Opt) / laurence n

**flink** adj (Schmelzeinsatz) (Eltech) / fast adj, quick-acting adj ‖ ~**e Sicherung** (DIN 49360) (Eltech) / quick-acting fuse, instantaneous fuse

**Flint** m (knolliges, rundes Kieselgestein) (Geol) / flint* n, fire-rock* n ‖ ⁓ n (Glas) / flint glass* ‖ ⁓**clay** m n (Geol) / fireclay* n ‖ ⁓**glas** n (Bleisilikatglas mit hohem Brechungsindex und großer Dispersion) (Glas) / flint glass* ‖ **optisches** ⁓**glas** (Glas) / optical flint*, optical flint glass ‖ ⁓**glaslinse** f (Opt) / flint lens ‖ ⁓**kugel** f / flint pebble ‖ ⁓**papier** n (Pap) / flint paper, flint* n, flint-coated paper ‖ ⁓**splitter** m pl (als Trennschichtmaterial in Kapseln) (Keram) / flint fragments ‖ ⁓**stein** m (für die Flintsteinmühle) / flint pebble ‖ ⁓**stein** (knolliges, rundes Kieselgestein) (Geol) / flint* n, fire-rock* n ‖ ⁓**steinkugelmühle** f (Aufber, Masch) / pebble mill* ‖ ⁓**steinmühle** f (Aufber, Masch) / pebble mill*

**Flinz** m (Geol) / flinz n

**Flip•chart** n (auf einem Gestell befestigter großer Papierblock, dessen Blätter nach oben umgeschlagen werden können) (Pap) / flip chart ‖ ⁓**chip** n (einlötbarer oder bondierbarer Chip) (Eltronik) / flip-chip n

**Flipflop** n (pl. -flops) (Eltronik) / bistable circuit*, trigger pair, flip-flop* n, toggle* n, flop n, FF, flip-flop circuit, flop-over n ‖ **D-**⁓ (bei dem die an seinem Dateneingang D im Taktzeitintervall n liegende Information um ein Zeitintervall verzögert am Ausgang erscheint) (Eltronik) / D flip-flop n, D-type flip-flop, delay flip-flop ‖ **statisches** ⁓ (Eltronik) / static flip-flop ‖ **taktflankengesteuertes** ⁓ (Eltronik) / edge-triggered flip-flop ‖ **taktgesteuertes** ⁓ (Eltronik) / clocked flip-flop ‖ ⁓ **n mit dominierender Löschung** (Eltronik) / JR flip-flop ‖ ⁓**-Kette** f (Eltronik) / flip-flop chain ‖ ⁓**-Schaltung** f (Eltronik) / bistable circuit*, trigger pair, flip-flop* n, toggle* n, flop n, FF, flip-flop circuit, flop-over n ‖ ⁓**-Speicher** m (EDV) / flip-flop storage

**Flipline** f (in der grafischen Datenverarbeitung) (EDV) / flipline n

**flippen** v (Eltronik) / flip v ‖ ~ (Mag) / flip v

**Flipping** n (Umkippen der Polarität eines magnetischen Speicherelements) (Mag) / flipping n

**FLIR-Sensor** m (Luftf) / forward-looking infrared sensor, FLIR sensor

**Flitch** m (Teil von Furnierstämmen, aus dem Furniere im Spiegelschnitt erzeugt werden können) (For) / flitch n

**Flitter** m (Tex) / spangle n ‖ ⁓**borte** f (Tex) / spangled braid ‖ ⁓**finish** n (auf Aluminium) (Galv) / spangle finish ‖ ⁓**gold** n (beim Anfassen

knisterndes gewalztes Messingfeinblech mit goldähnlicher Farbe) / imitation gold foil, tinsel n (a sheet of metal)
**Float** m (EDV) / float n
**floaten** v (EDV) / float v
**Floatglas** n (nach dem Float-Verfahren der Fa. Pilkington Brothers Ltd.) (Glas) / float glass*
**Floatglasverfahren** n (Glas) / Pilkington process
**Floating** n (wenn sich Bénardsche Zellen oder Farbstreifen bilden) (Anstr) / floating* n
**Floating-Element** n (bewegliches optisches Teil bei der Scharfeinstellung) (Foto) / floating element
**Floating-Gate-Struktur** f (Eltronik) / floating gate
**Floatstone** m (Geol) / wackestone n
**Float-Verfahren** n (Spiegelglasherstellung nach Pilkington Brothers Ltd.) (Glas) / Pilkington process
**Flocculi** pl (K-Plages in der Chromosphäre) (Astr) / solar flocculi*, flocculi* pl
**Flock** m (DIN 60001) (Pap, Plast, Tex) / flock* n, short fibre ǁ ~**druck** m (Beflocken) (Druck, Tex) / flock-printing n
**Flocke** f / flake n ǁ ~ (besonders in Suspensionen) (Chem) / floc n ǁ ~ (Kurzfaser zum Aufbringen auf eine Unterlage) (DIN 60001) (Pap, Plast, Tex) / flock* n, short fibre
**flocken•artig** adj (Chem) / flocculent* adj, flaky adj, flocky adj ǁ ~**ausrüstung** f (Tex) / flock finish ǁ ~**bildner** m (Chem) / flocculator n ǁ ~**bildung** f (Aufber, Chem) / flocculation* n ǁ ~**färbung** f (Tex) / stock dyeing ǁ ~**gefärbt** adj (Tex) / dyed as loose stock ǁ ~**gips** m (als Dämmung) (Bau) / flocculent gypsum ǁ ~**graphit** m (Hütt) / flaky graphite n ǁ ~**riß** m (durch Wasserstoffversprödung) (Hütt) / flake n, flake crack ǁ ~**schlamm** m (Sanitär) / flocculent sludge ǁ ~**stärke** f / flaky starch ǁ ~**stoff** m (Tex) / floconné n, nap-cloth n, nap fabric
**Flock•faser** f (DIN 60001) (Pap, Plast, Tex) / flock* n, short fibre ǁ ~**florware** f (Tex) / flocked pile fabrics ǁ ~**garn** n (ein Effektgarn) (Spinn) / flake yarn, flock yarn
**flockig** adj (Oxidschicht) / fluffy adj ǁ ~ (Chem) / flocculent* adj, flaky adj, flocky adj ǁ ~ (Tex) / fuzzy adj ǁ ~**er Zustand** / flocculence n
**Flockigkeit** f (Chem) / flocculence n
**flocking machine** (Tex) / flocker n
**Flock•kabel** n (Spinn) / flock tow ǁ ~**print** m (Druck, Tex) / flock-printing n ǁ ~**punkt** m (DIN 51 590) / flocculation point ǁ ~**punkt** (Chem) / flock-point n ǁ ~**seide** f (Seidenabfälle) (Tex) / floss silk, flock silk ǁ ~**stoff** m (Tex) / flocked fabric ǁ ~**tapete** f (Pap) / flock-paper n, flock-wallpaper n
**Flockung** f (ein störender Effekt in pigmentierten Bindemitteln) (Anstr) / flocculence n ǁ ~ (erste Stufe der Koagulation) (Aufber, Chem) / flocculation* n ǁ **chemische** ~ (Entfernung von vorwiegend kolloidal verteilten anorganischen und organischen Substanzen des Roh- und Abwassers durch Zusatz von Chemikalien) (Sanitär) / chemical flocculation ǁ **orthokinetische** ~ (Chem) / orthokinetic aggregation ǁ **perikinetische** ~ (Chem) / perikinetic aggregation
**Flockungs•becken** n (Sanitär) / flocculation tank ǁ ~**fähigkeit** f (nach Hardy-Schulze-Regel) / flocculating power ǁ ~**hilfsmittel** n (DIN 4045) (Chem, Sanitär) / flocculation aid ǁ ~**klärbecken** n (Sanitär) / clari-flocculator n, reactor-clarifier n, flocculation tank (for water treatment) ǁ ~**mittel** n (DIN 4045) (Chem, Sanitär) / flocculant n, flocculating agent ǁ ~**mittel** s. auch Klärmittel ǁ ~**reaktor** m (beim Kontaktschlammverfahren) (Sanitär) / clari-flocculator n, reactor-clarifier n, flocculation tank (for water treatment)
**Flockware** f (Tex) / flocked fabric
**Floconné** m (superschwerer Mantelflausch) (Tex) / floconné n, nap-cloth n, nap fabric
**Floh** m (Glas) / bright spot
**flohbraun** adj / puce adj
**Flokkulation** f (ein störender Effekt in pigmentierten Bindemitteln) (Anstr) / flocculence n ǁ ~ (Wirkungsmechanismus bei der chemischen Flockung) (Sanitär) / flocculation* n
**Flooding** n (horizontales Entmischen des Pigments) (Anstr) / flooding n (an extreme form of floating)
**Floodplain** f (pl. -s) (Wasserb) / floodplain* n, bottomland n (US), flood district
**Floor-Temperatur** f (bei der Polymerisation von Monomeren - Gegensatz zu Ceiling-Temperatur) (Chem) / floor temperature
**Flop** m (Wechsel von Helligkeit oder Buntton bei Änderung des Betrachtungswinkels) (Anstr) / flop n
**Flop-in-Methode** f (in der Hochfrequenzspektroskopie) (Spektr) / flop-in method
**Flop-out-Methode** f (in der Hochfrequenzspektroskopie) (Spektr) / flop-out method
**Floppy** f (EDV) / floppy disk*, diskette* n, flexi-disk n, floppy* n, flexible disk, flexible disk cartridge, FD, disk n ǁ ~ **disk** (EDV) / floppy disk*, diskette* n, flexi-disk n, floppy* n, flexible disk, flexible disk cartridge, FD, disk n
**Floppy-disk-controller** m (EDV) / floppy-disk controller (FDC)

**Floppy-Speeder** m (Hilfsmittel zur Beschleunigung der Datenübertragung vom Diskettenlaufwerk zum Rechner) (EDV) / floppy speeder
**Flops** m pl (Einheit für die Arbeitsschritte pro Sekunde) (EDV) / FLOPS* pl, floating-point operations per second
**Flor** m (ein Vorprodukt der Karde) (Spinn) / web n (fibrous) ǁ ~ (Oberfläche von Florgeweben) (Tex) / nap* n, pile* n, run n ǁ **hochpoliger geschnittener** ~ (Tex) / shag n
**Flora** f (pl. -ren) (Bot, Physiol, Umwelt) / flora* n (pl. -s or -e)
**floral** adj (Muster) (Tex) / floral adj
**Flor•decke** f (Tex) / pile* n ǁ ~**dichte** f (Tex) / pile density
**Florentine** f (geköperte Baumwolle) (Tex) / Florentine n
**Florentiner Bogen** (Arch) / Florentine arch*, Tuscan arch ǁ ~ **Braun** / Florence brown, Vandyke red ǁ ~ **Flasche** (Auffanggefäß bei der Wasserdampfdestillation etherischer Öle) (Chem) / Florence flask*, Florentine flask, Florentine receiver
**Florettseide** f (Tex) / schappe n, spun silk*, floret silk
**Flor•garn** n (feiner Baumwollzwirn aus gasierten, merzerisierten Garnen) (Spinn) / lisle* n ǁ ~**garn** (Spinn) / pile yarn ǁ ~**gewebe** n (Web) / pile fabric
**Floridabewitterung** f (Freibewitterungsprüfung in Florida, d.h. in tropischem Klima mit hoher Temperatur und Luftfeuchte) (Anstr) / Florida weathering*
**Floridaerde** f / Florida earth
**Florideenstärke** f / floridean starch, floridian starch
**Floridin** n (Bleicherde aus Florida) / Florida earth
**Floridinerde** f / Florida earth
**Florigen** n (Biochem, Bot) / flowering hormone
**Florisil** n (Warenzeichen für ein hochselektives Absorbens für die Chromatografie - Magnesiumsilikatgel) (Chem) / Florisil n
**Flor•kettbaum** m (Web) / pile warp beam ǁ ~**kette** f (Web) / nap warp, pile warp ǁ ~**noppe** f (Tex) / pile loop ǁ ~**noppe** (des Schnittpolteppichs) (Tex) / tuft n ǁ ~**postpapier** n (Pap) / flimsy n ǁ ~**rundstrickmaschine** f (Tex) / pile circular knitting machine ǁ ~**schicht** f (des Teppichs) (Tex) / pile* n ǁ ~**schleife** f (Tex) / pile loop ǁ ~**streichverfahren** n (Pap) / curtain coating ǁ ~**teilapparat** m (bei Teppichen) (Tex) / divider n ǁ ~**teiler** m (DIN 64100) (Spinn) / tape condenser, tape divider, condenser n ǁ ~**teilerriemchen(leder)** n (Leder) / condenser tape (leather) ǁ ~**teppich** m (Tex) / pile carpet, pile floor covering ǁ ~**verlagerung** f (bei Veloursteppichen) (Tex) / shading n ǁ ~**ware** f (Tex) / pile goods ǁ ~**ware** (Handschuhe, Strümpfe usw. aus zweifädigem Baumwollzwirn) (Tex) / lisle goods
**Flory-Temperatur** f (einer Polymerlösung nach P.J. Flory, 1910-1985) (Chem) / Flory temperature, theta temperature
**Floß** n (For) / float n, raft n ǁ ~**brücke** f (eine Schwimmbrücke) (HuT) / raft bridge*
**Flosse** f (meistens Seitenflosse) (Luftf) / fin* n (fixed stabilizing element at rear), vertical stabilizer ǁ ~ (am Rohr) (Masch) / fin* n
**flößen** v (Rundholz auf dem Wasserwege) (For) / float vt, raft vt
**Flossen•kiel** m (Schiff) / fin keel ǁ ~**naht-Faltung** f (bei Verpackung von empfindlichen Lebensmitteln) (Nahr) / fin sealing ǁ ~**stabilisierung** f (Luftf) / fin stabilization
**Flößer** m (For) / raftsman n (pl. -men), rafter n
**Floß•gasse** f (Wasserb) / log chute, log-way n ǁ ~**holz** n (For) / rafted wood, raft-wood n ǁ ~**körper** m (For) / raft body
**Flößrechen** m (For) / boom* n
**Floß•rinne** f (Wasserb) / log chute, log-way n ǁ ~**schleuse** f (Wasserb) / log chute, log-way n
**Flotation** f (ein Trennverfahren) (Aufber) / flotation* n, floatation n ǁ **differentielle** ~ (Aufber) / differential flotation*, selective flotation ǁ **kollektive** ~ (Aufber) / bulk flotation* ǁ ~ **mit Seife(n)** (als Sammler-Schäumer) (Aufber) / soap flotation
**Flotations•abfälle** m pl (Aufber) / flotation tailings ǁ ~**abgänge** m pl (Aufber) / flotation tailings ǁ ~**apparat** m (Aufber) / flotation machine ǁ ~**chemikalie** f (Aufber) / flotation agent, flotation reagent ǁ ~**eindickung** f (Konzentration des Klärschlamms) (Sanitär) / flotation thickening ǁ ~**gerät** n (Aufber) / flotation machine ǁ ~**mittel** n (Aufber) / flotation agent, flotation reagent ǁ ~**öl** n (Aufber) / flotation oil ǁ ~**reagens** n (Aufber) / flotation agent, flotation reagent ǁ ~**stoffänger** m (Aufber) / flotation saveall ǁ ~**zelle** f / flotation cell ǁ ~**zelle zur Grobtrennung** (Aufber) / rougher n
**Flotierbarkeit** f (Aufber) / flotability n, floatability n ǁ **natürliche** ~ (Aufber) / inherent floatability*
**Flotiermittel** n (Aufber) / flotation agent, flotation reagent
**flott** adj / afloat adj ǁ ~**brandmittel** n (Zusatzstoff für die Herstellung von Tabakerzeugnissen) / burning salt, burning agent
**Flotte** f (Flüssigkeit zur Behandlung der Ware) (Leder) / float n ǁ ~ (Schiff) / fleet n ǁ ~ (ein Behandlungsbad) (Tex) / liquor n, bath n ǁ ~ **erschöpfte** (Tex) / exhausted bath, spent bath ǁ **kurze** ~ (Flüssigkeitsvolumen klein im Verhältnis zum Warengewicht) (Leder) / short float ǁ **lange** ~ (Flüssigkeitsvolumen groß im Verhältnis zum Warengewicht) (Leder) / long float

**Flottendurchsatzgeschwindigkeit**

**Flotten•durchsatzgeschwindigkeit** *f* (Tex) / liquor passage rate, liquor flow rate ‖ ~**durchströmungsgeschwindigkeit** *f* (Tex) / liquor passage rate, liquor flow rate ‖ ~**färbung** *f* **im Faß** (Leder) / drum dyeing ‖ ~**länge** *f* (Verhältnis Flüssigkeit/Warengewicht) (Leder) / float length
**flottenloses Verfahren** (Leder) / floatless process
**Flotten•verhältnis** *n* (Pap) / liquid-to-solid ratio ‖ ~**verhältnis** (die Verhältniszahl aus Trockengewicht des Veredelungsguts in kg und Volumen der Flotte in l) (Tex) / liquor ratio*, bath ratio ‖ ~**zerstörer** *m* (Mil, Schiff) / fleet destroyer
**flottierend•er** (nicht eingebundener) **Faden** (Fehler) (Web) / float* *n*, flush *n*, floating thread ‖ ~**er Schuß** (Web) / float weft
**Flottierfaden** *m* (Fehler) (Web) / float* *n*, flush *n*, floating thread
**Flottierung** *f* (direkte Fadenverbindung von Maschen und/oder Henkeln) (Tex) / float stitch ‖ ~ (Web) / float* *n*, floating *n*, flushing *n*
**flott•liegender Faden** (Fehler) (Web) / float* *n*, flush *n*, floating thread ‖ ~**machen** (eines gestrandeten Schiffs) (Schiff) / refloating *v*
**Flottung** *f* (Web) / float* *n*, floating *n*, flushing *n*
**Flowable** *n* (fließbare, weitgehend trägerfreie Suspension eines Pflanzenschutz- und Schädlingsbekämpfungsmittels) (Chem, Umwelt) / flowable *n*
**Flow•-casting** *n* (Verfahren zur Herstellung von hohlen und dünnwandigen Erzeugnissen aus Latex) / flow casting ‖ ~**-coating** *n* (Anstr) / flow coating ‖ ~**-coat-Raum** *m* (in dem der Leuchtschirm auf das Innere der Frontschale aufgebracht wird) (Eltronik) / flow-coat room ‖ ~**sheet** *n* (einer Wissensbasis) (KI) / flowsheet *n* ‖ ~**-Solder-Verfahren** *n* (zum Herstellen von Lötverbindungen auf gedruckten Leiterplatten) (Eltronik) / wave soldering, flow soldering
**Flox** *n* (Gemisch von Flüssigsauerstoff und Flüssigfluor) / flox *n* (fluorinated liquid oxygen)
**Floyd-Evans-Produktion** *f* (eine Programmiersprache für Kellerautomaten) (EDV) / Floyd-Evans production
**Floyd-Schmierölprüfer** *m* / Floyd tester
**Flöz** *n* (Bergb) / seam *n* (if thin)*, layer *n*, bed *n* ‖ **ausgasendes** ~ (im Steinkohlenbergbau) (Bergb) / fiery seam ‖ **beieinanderliegende** ~**e** (Bergb) / contiguous seams ‖ **hangender Teil eines** ~**es** (Bergb) / upper leaf ‖ **namenloses** ~ (Bergb) / rider* *n*, rib *n* ‖ **oberer Teil des** ~**es** (Bergb) / head* *n* ‖ **steiles** ~ (Bergb) / pitching seam, steep seam
**flöz•leerer Sandstein** (Geol) / farewell rock ‖ ~**leere** *f* (Bergb) / want *n*, barren measures ‖ ~**leeres** *n* (unbauwürdiges Schichtenpaket) (Bergb) / want *n*, barren measures ‖ ~**mächtigkeit** *f* (Bergb) / seam thickness ‖ ~**strecke** *f* (Bergb) / heading* *n* ‖ ~**strecke** (Bergb) / drift* *n*, head* *n* ‖ ~**vergasung** *f* (Bergb) / underground gasification*, pyrolytic mining* ‖ ~**vertaubung** *f* (Bergb) / dead ground* (US)
**Fluat** *n* (Chem) / fluosilicate *n*, fluorosilicate *n*, fluate *n*
**fluatieren** *v* (mit Härte-Fluat) (HuT) / seal with fluosilicate, apply a coat of fluosilicate
**Flucht** *f* / range *n* ‖ ~ (Astr) / escape *n* ‖ ~ (Bau) / alignment* *n* ‖ **außer** ~ (Bau, HuT) / out-of-alignment *attr*, misaligned *adj* ‖ ~**bewegung** *f* (Astr) / escape *n*
**fluchten** *v* (Masch) / align *v*, be aligned ‖ ~ *n* (z.B. von Wellen bei starren Kupplungen) (Masch) / alignment* *n*, lining-up* *n*, lining-in *n*
**fluchtendes Rohrbündel** (im Kessel) (Masch) / in-line tube bank
**Fluchtentafel** *f* (Math) / alignment chart*, nomographic chart
**Flucht•gerade** *f* (Math) / vanishing line ‖ ~**gerät** *n* (ein Atemschutzgrät) (Bergb) / rescue apparatus ‖ ~**gerät** (Verm) / aligning instrument ‖ **[planetare]** ~**geschwindigkeit** (Astr, Raumf) / escape velocity*, parabolic velocity*, velocity of escape
**flüchtig** *adj* (rasch verdunstend) (Chem, Phys) / fugitive *adj*, volatile* *adj* ‖ ~ (EDV) / volatile* *adj* ‖ **[englisches]** ~**es Salz** (ein Riechmittel - Ammoniumkarbonat) (Pharm) / sal volatile* ‖ **am schwersten** ~**e Bestandteile bei der Lösungsmittelverdunstung** (Chem) / tails *pl* ‖ **nicht** ~**es RAM** (EDV) / non-volatile random-access memory, NOVRAM, NVRAM ‖ ~**er Bestandteil** (Geol) / volatile component, volatile flux, fugitive constituent ‖ ~**e Bestandteile** (auch als Aromakomponente) (Chem) / volatile matter (v.m.), volatiles *pl* ‖ ~**er Magnetismus** (Phys) / temporary magnetism ‖ ~**e/verdunstbare organische Bestandteile** (Chem) / volatile organic compounds ‖ ~**e organische Chemikalie** (Chem, Sanitär) / volatile organic chemical (VOC) ‖ ~**er Stoff** (auch als Aromakomponente) (Chem) / volatile matter (v.m.), volatiles *pl* ‖ ~**e Substanz** (auch als Aromakomponente) (Chem) / volatile matter (v.m.), volatiles *pl* ‖ ~**er Vorgang** (Eltech) / transient *n*, transient phenomenon
**Flüchtiges** *n* (auch als Aromakomponente) (Chem) / volatile matter (v.m.), volatiles *pl*
**Flüchtigkeit** *f* (Verdunstungsverhalten) (Chem, Phys) / fugacity* *n*, volatility *n* ‖ ~ **der Kopffraktion** (Chem Verf) / front-end volatility
**Flucht•kurve** *f* (Luftf) / dog-curve *n*, curve of pursuit*, dog-leg path ‖ ~**linie** *f* (Math) / vanishing line ‖ ~**liniennomogramm** *n* (Math) / alignment chart*, nomographic chart ‖ ~**linientafel** *f* (Math) / alignment chart*, nomographic chart ‖ ~**punkt** *m* (Astr) / vertex *n* (pl. vertices or vertexes) ‖ ~**punkt** (bei der Perspektive) (Math) / vanishing point ‖ ~**punktperspektive** *f* (Math) / central perspective,

linear perspective ‖ ~**recht** *adj* (Bau) / flush *adj* ‖ ~**schnur** *f* (Bau) / line* *n*, string *n*, builder's line ‖ ~**stab** *m* (Verm) / picket* *n*, range pole, range rod, banderole *n*, ranging rod, ranging pole, flag-pole *n*, line rod ‖ **runder** ~**stab** (Verm) / ranging pole ‖ **T-förmiger** ~**stab** (Verm) / boning-rod* *n*
**Fluchtungsfehler** *m* (Bau, Masch) / misalignment *n*, error of alignment, alignment angle error
**Flucht•weg** *m* (zur Selbstrettung von Menschen) / escape route ‖ ~**weg** (bei Brandkatastrophen) / fire-escape route
**Fluellit** *m* (ein Mineral der Türkis-Reihe) (Min) / fluellite *n*
**Fluenz** *f* (Energie-, Teilchen-) (DIN 6814,T 2) (Radiol) / fluence *n*
**Flug** *m* (Luftf) / flight *n* ‖ ~ (kurzer) (Luftf) / hop *n* ‖ ~ (Tex) / fly *n*, fluff *n* ‖ **abgebrochener** ~ (Luftf) / interrupted flight ‖ ~ (der Flugbahn eines ballistischen Flugkörpers) (Luftf, Mil, Raumf) / motorless flight ‖ ~, **bei dem der Startflughafen nicht mit dem Ankunftsflughafen der Rückreise bzw. der Zielflughafen nicht mit dem Abflughafen für den Rückflug identisch ist** (Luftf) / open-jaw flight ‖ **besonders gefährdeter** ~ (Luftf) / special-risk flight ‖ **durchgehender** ~ (Luftf) / through-flight *n*, direct flight ‖ **flächengestützter** ~ (Luftf) / winged flight ‖ **gesundheitliche Beeinträchtigung während des** ~**s** (Luftf, Med) / incapacitation in flight, in-flight incapacitation ‖ **im** ~**e erproben** (Luftf) / flight-test *v* ‖ **interplanetarer** ~ (Raumf) / interplanetary flight ‖ **interstellarer** ~ (zu einem anderen Fixstern) (Raumf) / interstellar flight, interstellar travel ‖ **kommerzieller** ~ (Luftf) / revenue flight ‖ **kontrollierter** ~ (Luftf) / controlled flight ‖ **kurvenförmiger** ~ (auf gekrümmter Bahn in der Vertikal- oder Horizontalebene oder gleichzeitig in beiden Ebenen unter Einwirkung der Zentripetalkraft) (Luftf) / curvilinear flight ‖ **nach dem** ~ (Luftf) / postflight *attr*, afterflight *attr* ‖ **nichtplanmäßiger** ~ (Luftf) / non-scheduled flight, nonsked flight (US) ‖ **örtlicher** ~ (Luftf) / local flight ‖ **planmäßiger** ~ (Luftf) / scheduled flight ‖ **suborbitaler** ~ (unterhalb der Zirkulargeschwindigkeit) (Raumf) / suborbital flight ‖ **umgeleiteter** ~ (Luftf) / diverted flight ‖ **vor dem** ~ (Luftf) / preflight *attr* ‖ **während des** ~**es** (Luftf) / in-flight *attr* ‖ ~ *m* **gegen Entgelt** (Luftf) / revenue flight ‖ ~ **in der Erdatmosphäre** (eines Raumfahrzeugs) (Raumf) / aeroflight mode ‖ ~ **in geringer Höhe** (Luftf) / low-level flight ‖ ~ **mit besonderer** (gefährlicher) **Fracht** (Luftf) / special flight ‖ ~ **mit Bodensicht** (Luftf) / contact flight* ‖ ~ **mit Sichtnavigation** (Luftf) / contact flight* ‖ ~ **nach Leitstrahl** (Luftf) / omnirange flight ‖ ~ **ohne Entgelt** (Luftf) / non-revenue flight ‖ ~ **über den Wolken** (Luftf) / over-the-top flight ‖ ~ **über den Wolken** (Luftf) / on-top flight (with CAVU environment), over-the-top flight ‖ ~ **zu einem bestimmten Einsatzort** (Luftf) / positioning flight
**Flug•abschnitt** *m* (Luftf) / stage *n*, stage of flight ‖ **passiver** ~**abschnitt** (Raumf) / free-flight trajectory, free-flight path ‖ ~**abwehr** *f* (Mil) / anti-aircraft defence ‖ ~**abwehrlenkwaffe** *f* (Mil) / anti-aircraft missile, ack-ack missile ‖ ~**asche** *f* (niedergeschlagener Flugstaub) / fly ash*, quick ash, flue ash ‖ ~**asche** (die beim Verbrennen von Kohlenstaub entsteht und in Filtern abgeschieden wird) / pulverized-fuel ash, PFA ‖ ~**aschehüttenzement** *m* (mit etwa 15 - 20% Hüttensand) (Bau, HuT) / fly-ash cement, PFA cement ‖ ~**auftrag** *m* (Einsatz eines oder mehrerer Flugzeuge zur Durchführung einer Aufgabe) (Luftf) / mission *n* ‖ ~**aufzeichnung** *f* (Luftf) / flight record ‖ ~**ausbildung** *f* (Luftf) / flight training
**Flugbahn** *f* (Luftf) / flight path*, flight trajectory ‖ ~ (die während der gesamten Bewegungsdauer durch Steuerkräfte und Veränderung von Antriebs- und Auftriebskräften beeinflußt werden kann) (Masch, Mech) / trajectory *n* ‖ **ballistische** ~ (Mech) / ballistic trajectory, ballistic path ‖ **vorausberechnete** ~ (Raumf) / precalculated trajectory, precomputed trajectory ‖ **aktiver** ~**abschnitt** (ein Teil der Flugbahn eines ballistischen Körpers) (Luftf, Mil) / powered flight, propelled flight ‖ ~**festes Achsenkreuz** (Luftf) / flight path axis system ‖ ~**modell** *n* (Umwelt) / trajectory model
**Flug•begleiterin** *f* (Luftf) / stewardess *n*, flight attendant (female), air hostess ‖ ~**belaster** *m* (Luftf) / artificial feel* ‖ ~**benzin** *n* (Kftst, Luftf) / aviation gasoline, aviation spirit*, avgas* *n* ‖ ~**bereich** *m* (Zuordnung zwischen Flughöhe und Fluggeschwindigkeit, innerhalb der ein Flugzeug mit aerodynamischer Auftriebserzeugung manövrierfähig ist) (Luftf) / flight range ‖ ~**bereichsdiagramm** *n* (Luftf) / flight envelope*, V-n diagram ‖ **mündlicher** ~**bericht** (Luftf) / meteorological debriefing, met debriefing ‖ ~**beschränkungsgebiet** *n* (Luftf) / restricted airspace, restricted area, prohibited airspace ‖ ~**betankung** *f* (Luftf) / in-flight refuelling, flight refuelling, aerial refuelling, mid-air refuelling ‖ ~**betrieb** (ein Verkehrszeichen) (Kfz) / low-flying aircraft or sudden aircraft noise ‖ ~**betrieb** *m* (Luftf) / flight operations ‖ ~**betriebsbereich** *m* (des Flughafens) (Luftf, Mil) / flight-line *n* ‖ ~**betriebshandbuch** *n* (Luftf) / flight operations manual, FOM ‖ ~**betriebsleitung** *f* (Luftf) / operational control, OC ‖ ~**betriebsunternehmer** *m* (Luftf) / operator *n* ‖ ~**bildung** *f* (Tex) / fly formation ‖ ~**boot** *n* (ein Wasserflugzeug mit Bootsrumpf) (Luftf) /

**Flugkörper**

flying-boat* n, boat seaplane ‖ **⁓bootsrumpf** m (Luftf) / hull* n ‖ **⁓brand** m (Weizen, Gerste, Hafer) (Landw) / smut* n ‖ **⁓bremse** f (Luftf) / aerodynamic brake, air brake*, speed brake ‖ **⁓brennstoff** m (Kftst) / aviation fuel, aircraft fuel ‖ **⁓daten** pl (Luftf) / flight information* ‖ **⁓datenregistriergerät** n (Luftf) / flight-recorder* n, flight data recorder, black box* ‖ **⁓datenschreiber** m (Luftf) / flight-recorder* n, flight data recorder, black box*, crash recorder* ‖ **⁓dauer** f (Luftf) / flight time*, flying time ‖ **voraussichtliche ⁓dauer** (Luftf) / estimated elapsed time, EET ‖ **⁓deck** n (Luftf) / flight deck* ‖ **⁓deck** (auf dem Flugzeugträger) (Mil, Schiff) / flight deck* ‖ **⁓dienstberater** m (Luftf) / dispatcher n, flight dispatcher ‖ **⁓durchführungsplan** m (Luftf) / operational flight plan ‖ **⁓dynamik** f (Luftf) / flight dynamics ‖ **⁓eigenschaft** f (Luftf) / flight characteristic, flight property ‖ **⁓einsatz** m (eines einzelnen Luftfahrzeugs) (Luftf, Mil) / sortie n (an operational flight by one aircraft)

**Flügel** m (Baukörper, der /im Winkel/ an den Hauptbau anschließt) (Arch) / wing* n ‖ ⁓ (Tür, Fenster) (Bau) / leaf n ‖ ⁓ (Geol) / limb* n, flank n ‖ ⁓ (Luftf) / wing* n ‖ ⁓ (des Rührwerks) (Masch) / blade n, arm n, beater n ‖ ⁓ (Masch) / lobe n ‖ ⁓ (Masch) / blade n ‖ ⁓ (der Mischerschnecke) (Masch) / flight* n ‖ ⁓ (der Flügelspinnmaschine) (Spinn) / flyer n ‖ **beiklappbarer ⁓** (Luftf) / fold wing, folding wing ‖ **der ⁓ ist überzogen** (Luftf) / the airfoil is stalled, the wing is stalled ‖ **die Strömung reißt am ⁓ ab** (Luftf) / the airfoil is stalled, the wing is stalled ‖ **fliegender ⁓** (Luftf) / tailless aircraft*, flying wing, flying-wing aircraft ‖ **freitragender ⁓** (Luftf) / cantilever wing ‖ **gesunkener ⁓** (Geol) / thrown side ‖ **gotischer ⁓** (Luftf) / gothic wing* ‖ **mit ⁓n** (ausgestattet) / winged adj ‖ **oberer ⁓** (bei Doppeldeckern) (Luftf) / upper wing ‖ **ogivaler ⁓** (Luftf) / ogee wing*, ogive n, ogee n, Gothic delta (wing whose basic triangular shape is modified to resemble Gothic window) ‖ **subkritischer ⁓** (Luftf) / subcritical wing ‖ **superkritischer ⁓** (mit erhöhter kritischer Machzahl) (Luftf) / supercritical wing ‖ **unterer ⁓** (bei Doppeldeckern) (Luftf) / lower wing ‖ **vom ⁓ abgelöste Strömung** (Luftf) / wing wake ‖ **vorgepfeilter ⁓** (Luftf) / forward-swept wing, swept-forward wing ‖ **⁓ m mit aktiver Auftriebserhöhung** (Luftf) / augmentor wing ‖ **⁓ mit negativer Pfeilung** (Luftf) / forward-swept wing, swept-forward wing ‖

**Flügel•anordnung** f (ein Konstruktionsmerkmal) (Luftf) / wing configuration ‖ **⁓anordnung** (konkrete, z.B. bei der Landung) (Luftf) / wing arrangement, wing position ‖ **⁓antenne** f (Luftf) / wing antenna, wing aerial ‖ **⁓ast** n (beim Schnittholz) (For) / splay knot, splash knot ‖ **⁓auto** n (ein Rennwagen von und nach Colin Chapman, 1928-1982) (Kfz) / wing car ‖ **⁓blende** f (des Laufbildwerfers) (Film) / flicker shutter* n, shutter n ‖ **⁓brecher** m (Masch) / blade crusher ‖ **⁓endfreiheit** f (Luftf) / wing-tip clearance ‖ **⁓endschwimmer** m (Luftf) / wing-tip float* ‖ **⁓endtank** m (Luftf) / tip-tank n, tip n, wing-tip fuel tank ‖ **⁓fenster** n (mit Drehflügeln) (Bau) / casement window (BS 565) (side-hinged on vertical hinges) ‖ **⁓fläche** f (der Teil, der in der Flügelverlängerung von Rumpf und Gondeln eingenommen wird, wird mitgerechnet) (Luftf) / gross wing area* ‖ **⁓fläche** (der Teil, der in der Flügelverlängerung von Rumpf und Gondeln eingenommen wird, wird nicht mitgerechnet) (Luftf) / net wing area* ‖ **⁓fläche** (im allgemeinen) (Luftf) / wing area* ‖ **⁓garn** n (Spinn) / rove n, roving* n, flyer yarn ‖ **⁓hinterkante** f (Luftf) / trailing edge* ‖ **⁓holm** m (Luftf) / wing spar n ‖ **⁓klappe** f **zur Wölbungsänderung** (bei Segelflugzeugen der offenen Klasse) (Luftf) / high-lift flap ‖ **⁓mauer** f (HuT) / return wall*, return end ‖ **⁓mauer** (flügelartiger Fortsatz der Widerlager einer Brücke, eines Tunnels usw.) (HuT) / wing wall*, abutment wall ‖ **⁓mittelstück** n (Luftf) / centre section* ‖ **⁓mutter** f (DIN 918) (Masch) / wing-nut* n, butterfly nut*, fly nut*, thumb nut, bow nut* ‖ **⁓nuß** f (For) / wing nut ‖ **⁓nußbaum** n (Pterocarya Kunth) (For) / wing nut ‖ **⁓pfeilung** f (Luftf) / sweep* n ‖ **⁓profil** n (Luftf) / wing profile ‖ **Schukowskisches ⁓profil** (nach N.Je. Schukowskij, 1847-1921) (Luftf) / Joukowski profile ‖ **⁓pumpe** f (die eine hin- und herschwingende Verdrängerfläche besitzt) (Masch) / semi-rotary pump ‖ **⁓rad** n (Masch) / impeller* n ‖ **⁓rad** (des Gebläses) (Masch) / fan wheel ‖ **⁓radanemometer** n (DIN 1946, T 1) (Meteor) / wind-wheel anemometer, vane anemometer, windmill anemometer ‖ **⁓radzähler** m (Volumenzähler für die Durchflußmessung) / rotary-vane meter, rotary meter ‖ **⁓rahmen** m (Tischl) / casement n ‖ **⁓schablone** f (zum Ziehen eines kreisförmigen Profilzuges) (Arch, Bau) / moulding cutter* ‖ **⁓schiene** f (Bahn) / wing rail* ‖ **⁓schnitt** m (Luftf, Phys) / aerofoil section*, airfoil section (US) ‖ **⁓schraube** f (DIN 316) (Masch) / wing screw, thumbscrew n (US) ‖ **⁓sehne** f (Luftf) / wing chord ‖ **⁓signal** n (Bahn) / semaphore n ‖ **⁓spannweite** f (Luftf) / wing-span n, wing-spread n ‖ **⁓spinnmaschine** f (Spinn) / fly frame, roving frame, speed frame, flyer n, speeder n ‖ **⁓spitze** f (Luftf) / wing tip ‖ **~stabilisiert** adj (Rakete) (Mil, Raumf) / finned adj, fin-stabilized adj ‖ **⁓steigung** f (der Luftschraube) (Luftf) / pitch* n, screw pitch ‖ **⁓stiel** m (Verbindung des unteren und des oberen Tragflügels von Doppeldeckern) (Luftf) / interplane strut*, (in a

multiplane structure) ‖ **⁓streckung** f (Luftf) / aspect ratio* ‖ **⁓tiefe** f (Luftf) / depth of profile (chord) ‖ **mittlere geometrische ⁓tiefe** (Luftf) / mean chord*, mean geometric chord ‖ **mittlere ⁓tiefe** (Luftf) / standard mean chord* (SMC) ‖ **⁓tür** f (Bau) / folding door ‖ **⁓tür** (nach oben öffnende Autotür) (Kfz) / gull-wing door ‖ **⁓übergangsverkleidung** f (Luftf) / karman n ‖ **in der Nähe des Rumpfes weit zur Rumpfspitze vorgezogene ⁓vorderkante** (bei Hybridflügeln) (Luftf) / strake n ‖ **⁓wurzel** f (am Übergang vom Tragflügel zum Rumpf) (Luftf) / wing root ‖ **⁓zellenpumpe** f (Masch) / vane pump ‖ **⁓zwirnmaschine** f (Spinn) / fly twister

**flug•erprobt** adj (Luftf) / flight-tested adj ‖ **⁓erprobung** f (Luftf) / flight test ‖ **⁓etappe** f (Luftf) / flight stage ‖ **⁓feld** n (Luftf) / airfield n, landing ground*, landing field ‖ **⁓feldgerät** n (Luftf, Mil) / airfield equipment ‖ **beweglicher ⁓fernmeldedienst** (Luftf) / aeronautical mobile services, AMS ‖ **⁓feuer** n (durch Luftbewegung umherfliegende brennende Stoffteile) / spreading fire ‖ **⁓fläche** f (Fläche gleichen Luftdruckes, die auf den Druck der Normalatmosphäre in Seehöhe bezogen ist) (Luftf) / flight level, FL ‖ **niedrigste verfügbare ⁓fläche** (Luftf) / lowest vacant flight level ‖ **⁓folgeradar** n (Radar) / automatic tracking radar ‖ **⁓freie Zone** (Luftf, Mil) / no-fly zone ‖ **⁓frequenz** f (Luftf) / frequency of flights ‖ **⁓funkverkehr** m (Luftf) / air-ground communication ‖ **⁓gast** m (Luftf) / passenger n, pax* ‖ **⁓gastabfertigung** f (behördliche) (Luftf) / passenger clearance ‖ **⁓gastabfertigung** (Luftf) / passenger processing ‖ **⁓gastabfertigungsgebäude** n (Luftf) / passenger terminal ‖ **⁓gastauslastungsgrad** m (Luftf) / load factor* ‖ **⁓gastbetreuung** f (Luftf) / passenger service ‖ **⁓gastbrücke** f (Luftf) / air bridge, boarding bridge, passenger (loading) bridge ‖ **ausziehbare ⁓gastbrücke** (Luftf) / telescopic bridge, jetty n ‖ **⁓gastgebäude** n (Luftf) / passenger terminal ‖ **⁓gastkilometer** m (Luftf) / passenger-kilometre n ‖ **⁓gasttreppe** f (Luftf) / passenger load steps ‖ **⁓gelände** n (provisorisches) (Luftf) / airstrip* n, flight-strip n ‖ **⁓genehmigung** f (Luftf) / flight clearance ‖ **⁓gerät** n (unbemanntes) (Mil) / missile* n

**Fluggeschwindigkeit** f (Luftf) / air speed*, flying speed* ‖ **angezeigte ⁓** (Luftf) / indicated airspeed*, IAS* (when corrected for instrument error) ‖ **äquivalente ⁓** (Luftf) / equivalent air speed*, E.A.S. (RAS minus compressibility correction), EAS* ‖ **berichtigte ⁓** (Luftf) / rectified airspeed*, RAS (when corrected for position error) ‖ **kalibrierte ⁓** (Luftf) / calibrated airspeed*, rectified airspeed* (IAS corrected for ASI system errors) ‖ **unkorrigierte angezeigte ⁓** (Luftf) / air-speed indicator reading, ASIR ‖ **wahre ⁓** (Luftf) / true airspeed*, T.A.S.*

**Fluggesellschaft** f (Luftf) / airline n

**Flughafen** m (Luftf) / airport n ‖ **⁓ für Strahlflugzeuge** (Luftf) / jetport n ‖ **⁓einrichtungen** f pl (Luftf) / airport facilities and services ‖ **⁓erweiterung** f (Luftf) / airport expansion ‖ **⁓feuerwehr** f (Luftf) / airport fire service ‖ **⁓gebühr** f (Luftf) / airport charge ‖ **⁓handbuch** n (herausgegeben von der International Civil Aviation Organization) (Luftf) / aerodrome manual ‖ **⁓kontrollradar** m n (Luftf) / aerodrome control radar, alirport control radar ‖ **⁓lärm** m (Akus, Luftf) / airport noise ‖ **⁓löschfahrzeug** n (Luftf) / crash tender, crash truck ‖ **⁓rundsichtradar** m n (Luftf) / airport surveillance radar, ASR ‖ **⁓rundsichtradaranlage** f (mit einer Reichweite von über 100 km) (Luftf) / airport surveillance radar, ASR ‖ **⁓wettervorhersage** f (Luftf, Meteor) / aerodrome forecast

**Flug•handbuch** n (Luftf) / flight manual, operations manual ‖ **⁓höhe** f (der senkrechte Abstand eines Punktes von einer Bezugshöhe - also die Differenz zwischen Altitude und Elevation) (Luftf) / height n ‖ **⁓höhe** (über Normalnull) (Luftf) / altitude n ‖ **⁓höhe** (in 1000 Fuß) (Luftf, Mil) / angels pl ‖ **⁓hosteß** f (pl. -tessen) (A) (Luftf) / stewardess n, flight attendant (female), air hostess ‖ **⁓information** f (Luftf) / flight information* ‖ **⁓informationsdienst** m (Luftf) / flight-information service*, FIS* ‖ **⁓informationsgebiet** n (über einem Teil der Erdoberfläche gedachter Raum zur Sicherung und Lenkung des Luftverkehrs durch eine zentrale Flugsicherungskontrollstelle und zur Funknavigation) (Luftf) / flight-information region*, FIR* ‖ **oberes ⁓informationsgebiet** (in dem Fluginformations- und Alarmdienst ausgeübt werden) (Luftf) / upper flight-information region, UIR, upper information region ‖ **⁓informationstafel** f (Luftf) / flight announcement board ‖ **⁓ingenieur** m (Luftf) / flight engineer* ‖ **⁓insekt** n (Bot, For, Zool) / flying insect ‖ **geleistete ⁓kilometer** (Luftf) / kilometers flown ‖ **~klar** adj (wenn die Clearance erteilt ist) (Luftf) / cleared for take-off (a decision by the control tower) ‖ **⁓klarkontrolle** f (Luftf) / pre-flight check ‖ **⁓kommandoanlage** f (Luftf) / flight director* ‖ **⁓kommandogerät** n (Luftf) / flight director*

**Flugkörper** m (Mil) / missile* n ‖ ⁓ (Raumf) / bird n ‖ **anfliegender ⁓** (Mil) / incoming missile ‖ **ballistischer ⁓** (Luftf, Raumf) / ballistic missile* ‖ **ballistischer ⁓ mit MARV-Technik** (Mil) / manoeuvrable antiradar vehicle, MARV ‖ **ballistischer ⁓ mit MIRV-Technik** (Mil) / multiple independently targeted (or targetable) re-entry vehicle

**Flugkörper**

(type of missile), MIRV ‖ **drahtgelenkter ~** (Mil) / wire-guided missile* ‖ **interkontinentaler ballistischer ~** (mit interkontinentaler Reichweite) (Mil) / intercontinental ballistic missile, ICBM ‖ **landgestützter ballistischer ~** (Mil) / ground-launched ballistic missile, GLBM ‖ **luftfahrzeuggestützter ballistischer ~** (Mil) / air-launched ballistic missile, ALBM ‖ **nicht verbunkerte ~stellung** (Mil) / soft missile base ‖ **strategischer ~** (Mil) / strategic missile (SM) ‖ **tieffliegender ~** (Mil) / low-flying missile ‖ **u-bootgestützter ballistischer ~** (Mil) / submarine-launched ballistic missile, SLBM ‖ **u-bootgestützter interkontinentaler ~** (Mil) / submarine-launched intercontinental missile ‖ **verbunkerter ~** (Mil) / hard missile ‖ **von der Schulter abgefeuerter ~** (Mil) / shoulder-launched missile ‖ **von Schiffen startender ballistischer ~** (auch eine Uboot-Rakete) (Mil) / ship-launched ballistic missile ‖ **~ m auf der Umlaufbahn** (Raumf) / orbital vehicle ‖ **~ mit mehreren Gefechtsköpfen** (Mil) / multiple re-entry vehicle (type of missile), M.R.V., MRV ‖ **~ (ballistischer) mittlerer Reichweite** (Mil) / intermediate-range ballistic missile, I.R.B.M., IRBM, medium-range ballistic missile, MRBM

**Flugkörper•abwehr** f (Mil) / antimissile defence ‖ **~abwehrflugkörper** m (Mil) / antimissile missile, AMM, auntie n ‖ **~fest eingebautes Lagebezugssystem** (Luftf) / strap-down attitude reference assembly ‖ **~festes Koordinatensystem** (Luftf) / body axes ‖ **~-Feuerstellung** f (Mil) / launching site ‖ **~kreuzer** m (Mil, Schiff) / guided-missile cruiser, missile cruiser ‖ **~ start m nur mit Zielpeilung** (als Zielinformation) (Mil) / bearing-only launch ‖ **~stellung** f (Mil) / missile base ‖ **verbunkerte ~stellung** (Mil) / hard missile base, hardened missile launching site ‖ **unterwassergestütztes ~system großer Reichweite** (Mil) / undersea long-range missile system, ULMS, underwater long-range missile system ‖ **~system n mit partieller Umlaufbahn** (Mil) / fractional orbital bombardment system (US), FOBS ‖ **~technik** f (technische und wissenschaftliche Disziplin, die sich mit dem Bau und Einsatz von Lenkflugkörpern befaßt) (Mil) / missilery n, missilery n

**Flug•kraftstoff** m (Kftst) / aviation fuel, aircraft fuel ‖ **~lage** f (Luftf) / attitude* n, aspect* n, flight attitude ‖ **~lage beim Ausschweben** (Luftf) / flare n ‖ **~lagestabilisierung** f (Luftf) / attitude stabilization ‖ **~lärm** m (im Frequenzbereich von etwa 300 bis 5000 Hz) (Akus, Luftf) / aircraft noise* ‖ **~leerlauf** m (Luftf) / flight idle ‖ **~leerlaufanschlag** m (Luftf) / flight idle stop ‖ **~lehrer** m (Luftf) / flight instructor ‖ **~leistung** f (Luftf) / flight performance ‖ **~leitanlage** f (Luftf) / flight director system ‖ **~leiter** m (Luftf) / air-traffic controller*, air-route controller, controller n

**Flügligkeit** f (For) / twist n, twisting n

**Flug•liniendienst** m (Luftf) / scheduled air service(s) ‖ **~liniendienst** (Luftf) s. Linienflugverkehr ‖ **~linienunternehmen** n (Luftf) / airline n ‖ **zwischenstädtischer ~linienverkehr** (Luftf) / intercity air service ‖ **~loch** n (das von den Vollinsekten beim Ausschlüpfen aus dem Holz genagt wird) (For) / exit hole, escape hole ‖ **~lotse** m (Luftf) / air-traffic controller*, air-route controller, controller n ‖ **~-Machzahl** f (Luftf) / flight Mach number* ‖ **~managementsystem** n (informierendes, autoritäres) (EDV, Luftf) / flight-management system, FMS ‖ **~manöver** n (Luftf) / manoeuvre n, flight operation, flying operation ‖ **~mechanik** f (Wissenschaft von den Bewegungen, Flugeigenschaften und Flugleistungen von Luftfahrzeugen und Flugkörpern) / flight mechanics ‖ **~medizin** f (Luftfahrtmedizin der Bundeswehr) (Med) / aviation medicine ‖ **~meteorologie** f (Meteor) / aeronautical meteorology ‖ **~modell** n (flugfähiges kleines Fluggerät) (Luftf) / flying (scale) model ‖ **~motor** m (Luftf) / aero-engine* n, aeroplane engine, aircraft engine*, engine n ‖ **~navigation** f (Luftf, Mil) / air navigation, avigation n, aircraft navigation ‖ **~navigationskarte** f (Luftf, Mil) / air chart, aeronautical chart, air-navigation chart ‖ **~nummer** f (Einheit von Unternehmenscode und Kennzahl) (Luftf) / flight number ‖ **~plan** m (Verkehrsflugplan) (Luftf) / schedule n, timetable n ‖ **~plan** (Luftf) / flight plan*

**Flugplatz** m (im allgemeinen) (Luftf) / aerodrome n, airdrome n, drome n ‖ **~ mit Verkehrskontrolle** (Luftf) / controlled aerodrome ‖ **~ mit Verkehrsleitung** (S) (Luftf) / controlled aerodrome ‖ **~kontrolle** f (Luftf) / aerodrome control ‖ **~kontrollradar** m n (Luftf) / aerodrome control radar, airport control radar ‖ **~radar** m n (Luftf, Radar) / airfield surface movement indicator, airfield surface detection equipment, ASDE, airfield surveillance radar ‖ **~rundsichtradar** m n (Luftf, Radar) / terminal area surveillance radar, TAR ‖ **~verkehr** m (Luftf) / aerodrome traffic ‖ **zu beachtender ~verkehr** (Luftf) / essential aerodrome traffic ‖ **~verkehrsleitung** f (S) (Luftf) / aerodrome control ‖ **~-Wettermindestbedingungen** f pl (Luftf) / airport meteorological minima*, aerodrome meteorological minima ‖ **~wettervorhersage** f (Luftf, Meteor) / aerodrome forecast

**Flug•post** f (A) (Luftf) / air mail ‖ **~preis** m (Luftf) / air fare ‖ **~prüfung** f (Luftf) / flight rating test ‖ **~raum** m (Luftf) / flight space ‖ **~rechner** m (Luftf) / flight computer ‖ **~regelanlage** f (EDV, Luftf) / automatic flight control system*, AFCS* ‖ **~regeln** f pl (Luftf) / flight rules ‖ **~regime** n (Kombination charakteristischer Flugzustände) (Luftf) / flight regime ‖ **~regler** m (EDV, Luftf) / automatic flight control system*, AFCS* ‖ **~reisender** m (Luftf) / passenger n, pax* ‖ **~rost** m (beginnende Rostbildung auf Eisen und Stahl - DIN 50900, T 1) (Galv, Masch) / initial rust, flash rust, rust bloom ‖ **~rostbefall** m (Galv, Masch) / flash rusting ‖ **~rostbildung** f (Galv, Masch) / flash rusting ‖ **~route** f (Luftf) / air route* n, route n ‖ **~route** (Luftf) / flight track, track n ‖ **~sand** m / blown sand*, blowing sand, windblown sand, wind-borne sand ‖ **~sand** (mit absolut runden Körnern) (Geol) / millet-seed sand ‖ **~schein** m (Luftf) / ticket n ‖ **~scheinsteuer** f (Luftf) / ticket tax ‖ **~schneise** f (Luftf) / air-lane n, flight-lane n, flying lane ‖ **~schreiber** m (Luftf) / flight-recorder* n, flight data recorder, black box*, crash recorder* ‖ **~schüler** m (Luftf) / student pilot ‖ **~schulung** f (ein Unterbereich der allgemeinen Luftfahrt) (Luftf) / instructional flying ‖ **~serie** f (Luftf) / series of flights ‖ **~sicherheit** f (Luftf) / safety in flight, air safety, flying safety, flight safety ‖ **~sicherung** f (Luftf) / air-traffic control*, ATC* ‖ **~sicherungsbezirkszentrale** f (Luftf) / area control centre ‖ **~sicherungslotse** m (Luftf) / air-traffic controller*, air-route controller, controller n ‖ **~sicht** f (Luftf) / flight visibility ‖ **außer ~sicht** (Luftf) / beyond visual range, BVR ‖ **~simulator** m (Luftf) / flight simulator, flight trainer ‖ **~stand** m / airport n ‖ **~stabilisierungssystem** n großer Autorität (Luftf) / large-authority stability augmentation system ‖ **~staub** m (ein an verwertbaren Metallen angereicherter Staub) (Hütt, Umwelt) / flue dust ‖ **~staub** (die von Verbrennungsgasen mitgeführten, mechanisch mitgerissenen oder aus dem Dampfzustand bei Abkühlung kondensierten festen Stoffteilchen) (Umwelt) / flue dust ‖ **~staubsynthese** f nach dem Synthol-Verfahren (eine Art Fischer-Tropsch-Synthese) (Chem Verf) / synthol process ‖ **~steig** (Luftf) / passenger ramp, pier n ‖ **~steigkopf** m (Luftf) / satellite n ‖ **~steuerung** f (Luftf) / flight-control system, FCS ‖ **irreversible ~steuerung** (Luftf) / flying by wire, flight by wire, fly-by-wire* n ‖ **vollelektrische ~steuerung** (Luftf) / flying by wire, flight by wire, fly-by-wire* n ‖ **vollelektronische** (elektrische) **~steuerung in allen Flugphasen** (Luftf) / full-time fly-by-wire system ‖ **~strecke** f (Luftf) / air route* n, route n ‖ **~strecke** (Flugetappe) (Luftf) / flight stage ‖ **~strecke** (die zu fliegende Strecke) (Luftf) / flying distance ‖ **~strecke, die** f von Ultraschallflugzeugen benutzt werden kann (Luftf) / bang valley ‖ **~streifen** m (bei der Luftbildmessung) (Luftf, Verm) / strip n ‖ **~stromreaktor** m (Chem Verf) / entrained-bed reactor ‖ **~stromvergasung** f (Bergb) / entrained-phase gasification ‖ **~stunde** f (Luftf) / flying hour ‖ **kommerzielle ~stunde** (Luftf) / commercial flying hour ‖ **geleistete ~stunden** (Luftf) / hours flown, flown hours ‖ **~stützpunkt** m (Mil) / airbase n, air station (GB), station n (GB) ‖ **~tauglich** adj (Luftf) / flightworthy adj ‖ **~taxi** n (Luftf) / air taxi ‖ **~technik** f (Luftf) / aeronautics n ‖ **~test** m (Luftf) / flight test ‖ **~trainer** m (Luftf) / flight simulator, flight trainer ‖ **~trasse** f (Luftf) / air-lane n, flight-lane n, flying lane ‖ **~triebwerk** n (Luftf) / aero-engine* n, aeroplane engine, aircraft engine*, engine n ‖ **~turbine** f (Luftf) s. auch PTL-Triebwerk und Strahlturbinentriebwerk

**Flugturbinen•benzin** n (Kftst, Luftf) / Jet n B ‖ **~kerosin** n (Kftst, Luftf) / JET n A ‖ **~kraftstoff** m (Kftst, Luftf) / jet-propulsion fuel, JP (US), jet fuel ‖ **~kraftstoff** (Kftst, Luftf) / wide-cut fuel*, wide-cut aviation turbine fuel, avtag* n, aviation wide-cut turbine fuel* ‖ **~kraftstoff** (Kftst) s. auch Kerosin und Flugturbinenbenzin

**Flug•unfall** m (Luftf) / air accident, flight accident ‖ **~verkehr** m (im allgemeinen) (Luftf) / air traffic

**Flugverkehrs•beratungsdienst** m (Luftf) / air traffic advisory service ‖ **~beratungsluftraum** m (Luftf) / advisory airspace ‖ **~kontrolle** f (im allgemeinen) (Luftf) / air-traffic control*, ATC* ‖ **~kontrolle ohne Radar** (Luftf) / procedural control ‖ **~kontrollor** m (A) (Luftf) / air-traffic controller*, air-route controller, controller n ‖ **~leiter** m (S) (Luftf) / air-traffic controller*, air-route controller, controller n ‖ **~leitung** f ohne Radar (S) (Luftf) / procedural control ‖ **~lotse** m (Luftf) / air-traffic controller*, air-route controller, controller n ‖ **~strecke** f (Luftf) / airway* n (an air route provided with ground organization)

**Flug•vermessung** f (von Bodenanlagen) (Luftf) / flight test (of ground facilities) ‖ **~vorkommnis** n (Luftf) / air accident, flight accident

**Flugweg** m (Luftf) / route n, air track ‖ **beabsichtigter ~** (Luftf) / intended flight path ‖ **vorgegebener ~** (Luftf) / flight pattern ‖ **~ m über Grund** (Luftf) / flight track, track n ‖ **~datenextraktor** m (Luftf, Radar) / plot extractor ‖ **~rechenanlage** f (EDV, Luftf) / position-and-homing indicator ‖ **~rechner** m (EDV, Luftf) / position-and-homing indicator ‖ **~zeichnen** n (Luftf) / radar plotting

**Flug•werk** n (Luftf) / airframe* n ‖ **~werterechner** m (Luftf) / air data system*, ADS*, air data computer ‖ **~wesen** n (Luftf) / aviation n ‖ **~wetter** n (bei dem geflogen werden darf) (Luftf) / flyable weather ‖ **~wetterstation** f (Luftf) / aeronautical meteorological station ‖ **~wetterüberwachung** f (Luftf) / meteorological watch ‖

⁓**wettervorhersage** f (Luftf, Meteor) / flight weather forecast, aviation weather forecast, airways forecast ‖ ⁓**windachsen** f pl (Luftf) / wind axes* ‖ **~windfeste Achsen** (des Flugzeugs) (Luftf) / wind axes* ‖ **~windfestes Koordinatensystem** (Luftf) / wind axes*

**Flugzeit** f (eines Teilchens) (Kernphys) / time of flight, TOF ‖ ⁓ (Luftf) / flight time*, flying time ‖ ⁓ (bei Schadinsekten) (Zool) / flight season ‖ ⁓**massenspektrometer** n (Spektr) / time-of-flight mass spectrometer, TOF mass spectrometer ‖ ⁓**methode** f (Kernphys) / time-of-flight method ‖ ⁓**monochromator** m (Phys) / time-of-flight monochromator ‖ ⁓**spektrometer** n (Kernphys, Spektr) / time-of-flight spectrometer*, TOF spectrometer

**Flugzeug** n (Starrflügler) (Luftf) / aeroplane* n (BS 185), airplane n ‖ ⁓ (im allgemeinen) (Luftf) / aircraft* n (pl. aircraft), air vehicle, a/c ‖ ⁓ (Starrflügler + Drehflügler) (Luftf) / aircraft n (pl. aircraft) ‖ **aktiv gesteuertes** ⁓ (Luftf) / control-configured vehicle*, CCV ‖ **ankommendes** ⁓ (Luftf) / arrival n ‖ **betanktes** ⁓ (Luftf) / receiving aircraft ‖ **dreistrahliges** ⁓ (Luftf) / trijet n, three-jet aeroplane ‖ **einsatzfähiges** ⁓ (Luftf) / operational aircraft ‖ **mit** ⁓ **transportiert** (Luftf) / airborne adj ‖ **schwanzloses** ⁓ (Luftf) / tailless aircraft*, flying wing, flying-wing aircraft ‖ **tankendes** ⁓ (bei der Luftbetankung) (Luftf) / receiving aircraft ‖ **trägergestütztes** ⁓ (das von einem Flugzeugträger aus eingesetzt wird; mit baulichen Besonderheiten, z.B. beiklappbaren Flügeln) (Luftf, Mil) / ship plane, shipboard aircraft*, carrier-borne aircraft ‖ **unbemanntes** ⁓ (Luftf) / pilotless aircraft, PA ‖ **vermißtes** ⁓ (Luftf) / missing aircraft ‖ ⁓ n **für Tiefflugangriffe** (Mil) / low-level attack aircraft ‖ ⁓ **in Nose-in-Position** (Luftf) / nose-in n ‖ ⁓ **in Projektstadium** (in dem man noch grundlegende Änderungen vornehmen kann) (Luftf) / rubber aircraft ‖ ⁓ **mit drei Strahltriebwerken** (Luftf) / trijet n, three-jet aeroplane ‖ ⁓ **mit gerader Tragfläche** (Luftf) / straight-wing aircraft ‖ ⁓ **mit Hecksporn oder Heckrad** (Luftf) / taildragger n ‖ ⁓ **mit Raketentriebwerk(en)** (Luftf) / rocket plane, rocket-driven aircraft ‖ ⁓ **mit Schneekufen** (Luftf) / ski plane ‖ ⁓ **mit Sonnenenergieantrieb** (Luftf) / solar-powered aircraft, SPA, solar aircraft

**Flugzeug•aufzug** m (des Flugzeugträgers) (Luftf, Mil) / aircraft-carrier elevator, lift n, aircraft lift, aircraft elevator (US) ‖ ⁓**aussaat** f (Landw, Luftf) / aerial seeding ‖ **~bau** n (Herstellung) (Luftf) / aircraft manufacturing, aeroplane manufacturing, plane-making n ‖ ⁓**bau** (als Fach) (Luftf, Masch) / air transport engineering, aircraft engineering ‖ ⁓**bespannstoff** m (Luftf, Tex) / aeroplane cloth, aircraft fabric ‖ ⁓**eigner** m (Luftf) / aircraft owner ‖ **kombinierter** ⁓**-Eisenbahn-Verkehr** (Bahn, Luftf) / rail-air-rail service ‖ **~feste Achsen** (des Flugzeugs) (Luftf) / body axes ‖ **~festes Koordinatensystem** (Luftf) / body axes ‖ ⁓**führer** m (Luftf) / pilot n ‖ ⁓**halle** f (Luftf) / hangar ‖ ⁓**halle** (bei Flugzeugträgern) (Schiff) / hangar deck, hangar bay ‖ ⁓**hersteller** m (Luftf) / aircraft manufacturer, aeroplane manufacturer ‖ ⁓**herstellung** f (Luftf) / aircraft manufacturing, aeroplane manufacturing, plane-making n ‖ ⁓**katastrophe** f (Luftf) / air disaster ‖ ⁓**kommandant** m (Luftf) / pilot-in-command (PIC) n ‖ ⁓**konfiguration** f **mit künstlicher Stabilität** (Luftf) / control-configured vehicle*, CCV ‖ ⁓**konstrukteur** m (Luftf) / aircraft designer ‖ ⁓**kraftstoff** m (Kftst) / aviation fuel, aircraft fuel ‖ ⁓**lift** m (des Flugzeugträgers) (Luftf, Mil) / aircraft-carrier elevator, lift n, aircraft lift, aircraft elevator (US) ‖ ⁓**mechaniker** m (Mitglied des Bodenpersonals) (Luftf) / aircraft mechanic n ‖ ⁓**modell** n (für Anschauungszwecke und Forschung) (Luftf) / mock-up n ‖ ⁓**modell** (Luftf) / model airplane ‖ ⁓**radar** m (Luftf) / airborne radar, on-board radar ‖ ⁓**rakete** f (gelenkte oder ungelenkte) (Luftf, Mil) / aircraft missile ‖ ⁓**rumpf** m (Luftf) / fuselage* n ‖ **Leitblech** n **am** ⁓**rumpf vor dem Triebwerkseinlaß** (Luftf) / inlet ramp ‖ ⁓**schlepper** m (auf dem Flughafen) (Kfz, Luftf) / aircraft tractor, aircraft tug ‖ ⁓**schleuder** f (Luftf) / catapult* n, launching catapult ‖ ⁓**störung** f (Fernm) / aircraft flutter* ‖ ⁓**träger** m (ein Überwasserkriegsschiff) (Luftf, Mil, Schiff) / aircraft-carrier n, carrier n ‖ **vom** ⁓**träger kontrollierter Radaranflug** (Radar) / carrier-controlled approach* ‖ ⁓**triebwerk** n (Luftf) / aero-engine* n, aeroplane engine, aircraft engine*, engine n

**Flug•zustand** m (stationärer, unstationärer) (Luftf) / flight regime ‖ **unkontrollierter überzogener** ⁓**zustand** (mit dem Leitwerk in der abgelösten Strömung des Flügels) (Luftf) / superstall* n ‖ **überzogener** ⁓**zustand mit dem Leitwerk in der abgelösten Strömung des Flügels** (Luftf) / deep stall

**fluid** adj / fluid adj ‖ ~ (Symbol fl, Zusatz zu den veralteten Flüssigkeitsmaßen in den Vereinigten Staaten, um Verwechslungen mit gleichnamigen Maßen, z.B. der Masse, zu vermeiden) / fluid adj ‖ ⁓**er Einschluß** (Min) / fluid inclusion* ‖ ⁓ n (Spannungshilfsstoff, der eine mineralölfreie wäßrige Lösung von Wirkstoffkombinationen auf organischer und/oder anorganischer Basis, Korrosionsinhibitoren und Tensiden darstellt) / cutting compound (oil-free)* ‖ ⁓ (allgemeine Bezeichnung für strömende Flüssigkeit oder strömendes Gas - DIN 1342, T 1) (Phys) / fluid* n, fl

‖ **s. auch Flüssigkeit** ‖ ⁓**-** / fluidal adj ‖ **ideales** ⁓ (Phys) / ideal fluid, perfect fluid ‖ **überkritisches** ⁓ (auch in der Chromatografie) (Chem, Phys) / supercritical fluid, SF

**Fluid Catalytic Cracking** (Chem Verf) / fluid catalytic cracking, fluid cat cracking, FCC ‖ ⁓ **Coking** n (ein verkokendes Verfahren, bei dem das Einsatzöl in eine heiße Wirbelschicht aus Kokspartikeln und Dampf eingespritzt wird) (Chem Verf) / fluid coking

**fluidal** adj / fluidal adj ‖ ⁓**gefüge** n (Geol) / flow-structure* n, fluidal texture, flow texture ‖ ⁓**struktur** f (Geol) / flow-structure* n, fluidal texture, flow texture ‖ ⁓**textur** f (Geol) / flow-structure* n, fluidal texture, flow texture

**Fluid•bett** n (Chem Verf) / fluidized bed*, fluid bed ‖ ⁓**bettkatalysator** m (Chem Verf) / fluidized-bed catalyst, fluid-bed catalyst ‖ ⁓**bettreaktor** m (Chem Verf) / fluidized-bed reactor, fluid-bed reactor ‖ ⁓**bettvergasung** f (Chem Verf) / fluidized-bed gasification, fluid-bed gasification ‖ ⁓**chromatografie** f (ein chromatografisches Verfahren, bei dem Gase im überkritischen Zustand als mobile Phase benutzt werden) (Chem) / supercritical fluid chromatography, SFC, fluid chromatography ‖ **superkritische** ⁓**chromatografie** (ein chromatografisches Verfahren, bei dem Gase im superkritischen Zustand als mobile Phase benutzt werden) (Chem) / supercritical fluid chromatography ‖ ⁓**extrakt** m n (Pharm) / fluid extract, liquid extract ‖ ⁓**getriebe** n (Masch) / fluid transmission

**Fluidic** n (ein pneumatisches logisches Bauelement mit Schaltverhalten, bei dem ein Luftstrahl durch einen zweiten abgelenkt wird) / fluidic device

**Fluidifians** n (pl. -tien) (Chem Verf) / free-flow agent

**Fluidifikation** f (Umwandlung in rieselfähiges, nicht verbackendes Pulver - z.B. bei Düngemitteln) / fluidification n

**Fluidifikator** m (Chem Verf) / free-flow agent

**fluidifizieren** v / fluidify v

**Fluidik** f (Steuertechnik) (Regeln) / fluidics* n, fluid logic, fluerics n, pneumatic logic

**Fluidisation** f (Herbeiführen des Fließbettzustandes) (Chem, Hütt) / fluidization* n, fluidisation n (GB) ‖ ⁓ (bei vulkanischen Prozessen) (Geol) / fluidization n, fluidisation n (GB)

**fluidisch•er Antrieb** / fluidic (hydraulic and/or pneumatic) power transmission ‖ **~e Energieübertragung** / fluidic power transmission ‖ ⁓**er Sensor** (taktiler Sensor, bei dem sowohl das abtastende Medium als auch das zu erfassende Objekt in allen drei Aggregatzuständen vorliegen kann) / fluidic sensor

**Fluidisieren** n (Chem, Hütt) / fluidization* n, fluidisation n (GB)

**Fluidität** f (Kehrwert der dynamischen Viskosität nach DIN 1342, T 1) (Phys) / fluidity* n

**Fluid•kompaß** m / liquid compass*, fluid compass, wet compass ‖ ⁓**kopf** m (Film) / fluid head ‖ ⁓**mischer** m (Chem Verf) / compound mixer, fluid mixer ‖ ⁓**strömung** f (Phys) / fluid flow ‖ ⁓**technik** f / fluid technology (US) ‖ ⁓**technik** (als Anlage) / fluid-power system

**Fluktuation** f (F.Org) / turnover of personnel ‖ ⁓ (Phys) / fluctuation n, variation n ‖ ⁓ (in der Panelbefragung) (Stats) / turnover n

**Fluktuations-Dissipations-Theorem** n (Phys) / fluctuation-dissipation theorem

**fluktuieren** v / fluctuate v

**fluktuierend, Verbindung mit ~er Bindung** (Chem) / fluxional compound ‖ **~e Bindung** (z.B. bei Bullvalen) (Chem) / fluctuating bond

**Flunke** f (des Ankers) (Schiff) / fluke* n, palm n

**Fluoborat** n (Chem) / tetrafluoroborate n, fluoroborate n

**Fluocerit** f (Min) / tysonite n

**Fluon** n (Polytetrafluorethylen von ICI) (Chem) / Fluon* n

**Fluor (F)** n (Chem) / fluorine* n ‖ ⁓ **austreiben** (aus) (Chem) / defluorinate v

**Fluoranthen** n (Chem, Pharm) / fluoranthene n

**Fluor•apatit** m (häufigster Apatit) (Min) / fluorapatite* n ‖ ⁓**benzen** n (Chem, Pharm) / fluorobenzene n ‖ ⁓**benzol** n (zur Herstellung von Schädlingsbekämpfungsmitteln und pharmazeutischen Präparaten) (Chem, Pharm) / fluorobenzene n ‖ ⁓**carbon** n (Plast) / fluoroplastic n, fluorocarbon plastic ‖ ⁓**chloralkan** n (z.B. Freon, Frigon, Kaltron) (Chem) / polyhalogenated hydrocarbon containing fluorine and chlorine ‖ ⁓**chlorkohlenwasserstoffe** m pl (Chem) / chlorofluorocarbons pl, CFC, chlorofluoromethanes pl, CFM ‖ ⁓**dinitrobenzol** n (Chem) / fluorodinitrobenzene n, FDNB ‖ ⁓**elastomer** n (fluorhaltiges Elastomer) (Chem) / fluoroelastomer n

**Fluoren** n (ein kondensierter aromatischer Kohlenwasserstoff) (Chem) / fluorene* n (dibenzocyclopentadiene)

**Fluorescein** n (Chem) / fluorescein* n, resorcinolphthalein n

**Fluoresceinisothiocyanat** n (Chem) / fluorescein isothiocyanate

**Fluoressigsäure** f (für die Vorbereitung von Rodentiziden) (Chem) / fluoroacetic acid

**Fluorszein** n (ein Farbstoff) (Chem) / fluorescein* n, resorcinolphthalein n ‖ ⁓**isothiozyanat** n (Chem) / fluorescein isothiocyanate

**fluoreszent** *adj* (Phys) / fluorescent *adj*, fluorescing *adj*
**Fluoreszenz** *f* (der Mineralöle) (Erdöl) / bloom* *n*, fluorescence *n* ‖ ⁓ (Kolumineszenz) (Phys) / fluorescence* *n* ‖ **langsame** ⁓ (Phys) / delayed fluorescence ‖ **laserinduzierte** ⁓ (Phys) / laser-induced fluorescence, LIF ‖ **sekundäre** ⁓ (Phys) / secondary fluorescence ‖ **verzögerte** ⁓ (Phys) / delayed fluorescence
**fluoreszenz•aktivierter Zellsortierer** (Zyt) / fluorescence-activated cell sorter, FACS ‖ ⁓**analyse** *f* (Röntgenspektralanalyse, Spektralanalyse) (Chem, Spektr) / fluorescence analysis, fluorometric analysis ‖ ⁓**angeregte Anzeigeeinheit** (EDV, Phys) / fluorescence-activated display (FLAD) ‖ ⁓**anzeige** *f* (EDV, Phys) / fluorescent display ‖ ⁓**beseitigung** *f* (beim Öl) (Erdöl) / deblooming *n* ‖ ⁓**druckfarbe** *f* (Druck) / fluorescent ink ‖ ⁓**farbe** *f* (Anstr) / fluorescent paint ‖ ⁓**farbstoff** *m* (Anstr, Druck) / fluorescent dye ‖ ⁓**indikator** *m* (ein Indikatorfarbstoff bei der Titration) (Chem) / fluorescence indicator, fluorescent indicator ‖ ⁓**-Indikator-Analyse** *f* (Chem) / fluorescence-indicatir analysis, FIA ‖ ⁓**karte** *f* (Kart) / fluorescent map ‖ ⁓**kollektor** *m* (ein Solarkollektor) / fluorescence collector ‖ ⁓**löschung** *f* (Phys) / fluorescence quenching, quenching of fluorescence ‖ ⁓**mikroskop** *n* (Mikros) / fluorescence microscope ‖ ⁓**mikroskopie** *f* (Mikros) / fluorescence microscopy* ‖ ⁓**pigment** *n* (Anstr) / fluorescent pigment ‖ ⁓**röntgenstrahlung** *f* (Radiol) / characteristic X-radiation*, characteristic X-rays, characteristic radiation*, fluorescence X-radiation* ‖ ⁓**schirm** *m* (Eltronik) / fluorescent screen* ‖ ⁓**sensor** *m* (optoelektronischer Positionssensor) / fluorescence sensor ‖ ⁓**spektroskopie** *f* (Spektr) / fluorescence spectroscopy ‖ ⁓**spektrum** *n* (Spektr) / fluorescence spectrum (emission spectrum of fluorescence in which an atom or molecule is excited by absorbing light and then emits light of characteristic frequencies) ‖ ⁓**titration** *f* (Chem) / fluorescence titration ‖ ⁓**verfahren** *n* (eine zerstörungsfreie Werkstoffprüfung) (WP) / fluorescent magnetic particle inspection, fluorescent examination method, Zyglo *n*, fluorescent penetrant inspection*, fluorescent penetration test ‖ ⁓**verhinderungsmittel** *n* (Erdöl) / deblooming agent ‖ ⁓**verstärkung** *f* / fluorescence enhancing
**fluoreszieren** *v* (bei Bestrahlung aufleuchten) (Phys) / fluoresce *v*, be fluorescent
**fluoreszierend** *adj* (Phys) / fluorescent *adj*, fluorescing *adj* ‖ ⁓**e Druckfarbe** (eine Leuchtdruckfarbe) (Druck) / fluorescent ink ‖ ~**er Farbstoff** (Chem) / fluorochrome* *n* ‖ ~**es Prinzip** (Fluoreszenz verursachender Molekülanteil) (Chem, Phys) / fluorophore* *n*
**Fluorethylenpropylen** *n* (ein Fluorkarbon) (Chem) / fluorinated ethene propene*, FEP*
**fluorgetrübtes Glas** (Glas) / fluoride opal glass
**fluorhaltiges Lösungsmittel** / fluorinated solvent
**Fluorid** *n* (Salz der Flußsäure) (Chem) / fluoride *n*
**Fluoridierung** *f* (des Trinkwassers, der Milch, der Zahnpflegemittel) (Sanitär) / fluoridation* *n*, fluoridization *n*, fluorination *n*
**fluorieren** *v* (Chem) / fluorinate *v* ‖ ⁓ *n* (Einführung von Fluoratomen in eine chemische Verbindung anstelle anderer Atome oder Atomgruppen) (Chem) / fluorination* *n*
**fluoriertes Ethylen-Propylen-Kopolymerisat** (ein Fluorkarbon) (Chem) / fluorinated ethene propene*, FEP*
**Fluorierung** *f* (Chem) / fluorination* *n*
**Fluorierungsmittel** *n* (Chem) / fluorinating agent
**Fluorimeter** *n* (Spektralfotometer, mit dem das durch Bestrahlung der zu untersuchenden Substanz hervorgerufene Fluoreszenzlicht einer sepktralen Analyse unterworfen wird) (Spektr) / fluorimeter* *n*, fluorometer *n*
**Fluorimetrie** *f* (Chem, Spektr) / fluorimetry* *n*, fluorometry* *n*
**fluorimetrisch** *adj* (Chem, Spektr) / fluorimetric *adj*, fluorometric *adj*
**Fluorit** *m* (Min) / fluorite* *n*, Derbyshire spar*, fluorspar* *n* ‖ **tiefblauvioletter oder farbloser** ⁓ (Min) / blue-john* *n* ‖ ⁓**objektiv** *n* (Foto) / semi-apochromatic objective, fluorite objective ‖ ⁓**struktur** *f* (Krist, Min) / calcium fluoride structure, fluorite structure ‖ ⁓**typ** *m* (Krist, Min) / calcium fluoride structure, fluorite structure ‖ **gebändertes** ⁓**-Zinkblende-Erz** (Geol) / coontail ore
**Fluor•karbon** *n* (Plast) / fluoroplastic *n*, fluorocarbon plastic ‖ ⁓**karbone** *n pl* (Chem) / fluorocarbons* *pl*, fluorohydrocarbons *pl*, fluorinated hydrocarbons ‖ ⁓**karbonplast** *m* (Plast) / fluoroplastic *n*, fluorocarbon plastic ‖ ⁓**kautschuk** *m* (Chem Verf) / fluorinated rubber ‖ ⁓**kohlenstoffe** *m pl* (perfluorierte Kohlenwasserstoffe) (Chem) / fluorocarbons* *pl*, fluorohydrocarbons *pl*, fluorinated hydrocarbons ‖ ⁓**kohlenwasserstoffe** *m pl* (teilfluorierte Kohlenwasserstoffe - heute weitgehend verboten) (Chem) / fluorocarbons* *pl*, fluorohydrocarbons *pl*, fluorinated hydrocarbons ‖ ⁓**kron** *n* (Glas) / fluor crown glass ‖ ⁓**kronglas** *n* (Glas) / fluor crown glass ‖ ⁓**kunststoff** *m* (Chem) / fluoropolymer *n*, fluorine-containing polymer ‖ ⁓**kunststoff** (Plast) / fluoropolymer *n*, fluorine-containing polymer ‖ ⁓**kunststoff** (Plast) / fluoroplastic *n*, fluorocarbon plastic ‖ ⁓**kunststoff** (Plast) s. auch Fluorpolymer ‖ ⁓**-Metallschirm** *m* (Radiol) / fluorometallic screen

**Fluoro•aluminat** *n* (Chem) / fluoroaluminate *n*, fluoaluminate *n* ‖ ⁓**antimonsäure** *f* (als Suspersäure wirksames 1:1-Gemisch von HF und SbF$_5$) (Chem) / fluoroantimonic acid ‖ ⁓**borat** *n* (Chem) / tetrafluoroborate *n*, fluoroborate *n* ‖ ⁓**borsäure** *f* (HBF$_4$) (Chem) / fluoroboric acid*, fluoboric acid, tetrafluoroboric acid ‖ ⁓**chrom** *n* (Chem) / fluorochrome* *n* ‖ ⁓**faser** *f* (nach DIN 60001 - z.B. Teflon) (Tex) / fluorofibre *n* ‖ ⁓**form** *n* (Chem) / fluoroform *n*, trifluoromethane *n*, refrigerant 23, propellant 23 ‖ ⁓**fotometrie** *f* / fluorophotometry *n*
**Fluorogen** *n* (nicht fluoreszierender Stoff, aus dem nach Einwirkung eines Enzyms ein Fluoreszenz zeigender Teil abgespalten wird) (Chem) / fluorogen *n*
**Fluoro•grafie** *f* (Radiol) / fluorography* *n*, photofluorography *n* ‖ ⁓**immunoassay** *m n* (Biochem) / fluoroimmunoassay *n* ‖ ⁓**kieselsäure** *f* (Chem) / hydrofluosilicic acid, silicofluoric acid, fluosilicic acid, hydrofluorosilicic acid ‖ ⁓**meter** *n* (Spektr) / fluorimeter* *n*, fluorometer *n* ‖ ⁓**metrie** *f* (Chem, Spektr) / fluorimetry* *n*, fluorometry* *n* ‖ ~**metrisch** *adj* (Chem, Spektr) / fluorimetric *adj*, fluorometric *adj* ‖ ⁓**phor** *m* (Chem, Phys) / fluorophore* *n* ‖ ⁓**phosphat** *n* (Chem) / fluorophosphate *n* ‖ ⁓**schwefelsäure** *f* (Chem) / fluosulphuric acid, fluorosulphuric acid ‖ ⁓**schwefelsäuremethylester** *m* (Chem) / methyl fluorosulphate, methyl fluorosulphonate
**Fluorose** *f* (chronische Fluorvergiftung, z.B. bei Weidetieren) (Med) / fluorosis* *n* (pl. fluoroses)
**Fluoro•silicat** *n* (Chem) / fluosilicate *n*, fluorosilicate *n*, fluate *n* ‖ ⁓**silikat** *n* (Chem) / fluosilicate *n*, fluorosilicate *n*, fluate *n* ‖ ⁓**sis** *f* (Med) / fluorosis* *n* (pl. fluoroses) ‖ ⁓**sulfat** *n* (Chem) / fluorosulphate *n* ‖ ⁓**uracil** *n* (internationaler Freiname für 5-Fluorouracil) (Chem) / fluorouracil *n*
**Fluor•polymer** *n* (Chem) / fluoropolymer *n*, fluorine-containing polymer ‖ ⁓**silicon-Kautschuk** *m* (Chem Verf) / fluorosilicone rubber ‖ ⁓**stickstoff** *m* (NF$_3$) (Chem) / nitrogen trifluoride ‖ ⁓**sulfonsäure** *f* (Chem) / fluosulphuric acid, fluorosulphuric acid ‖ ⁓**sulfonsäuremethylester** *m* (Chem) / methyl fluorosulphate, methyl fluorosulphonate ‖ ⁓**tensid** *n* (das als hydrophobe Gruppe einen Perfluoralkylrest trägt) (Chem) / fluorinated surfactant, fluorosurfactant *n*, fluorocarbon surfactant ‖ **Feuerlöschmittel auf der Basis von** ⁓**tensiden** / aqeous film-forming foam, AFFF ‖ ⁓**thermoplast** *m* (thermoplastisch verarbeitbares Fluorpolymer) (Plast) / fluorothermoplastic *n* ‖ ~**thermoplastisch** *adj* (Plast) / fluorothermoplastic *adj* ‖ ⁓**uracil** *n* (Chem) / fluorouracil *n* ‖ ⁓**wasserstoff** *m* (Chem) / hydrogen fluoride* ‖ ~**wasserstoffsauer** *adj* (Chem) / fluorohydric acid* ‖ ⁓**wasserstoffsäure** *f* (Chem) / hydrofluoric acid*
**Fluosolids-System** *n* (Wirbelschicht-Röstofensystem der Dorrco) / fluosolids system
**Fluostigmin** *n* (Pharm) / diisopropyl fluorophosphate, DFP, fluostigmine *n*
**Flur** *m* (Bau) / corridor *n* ‖ ⁓ (Gieß) / floor* *n* ‖ ⁓ *f* (landwirtschaftliche Nutzfläche) (Landw) / arable land, arable *n*, agricultural land ‖ ~**bedient** *adj* (Masch) / floor-operated *adj*, floor-controlled *adj* ‖ ⁓**bereinigung** *f* (eine agrarstrukturelle Maßnahme) (Landw) / consolidation of (fragmented) holdings, land consolidation ‖ ~**betätigt** *adj* (Masch) / floor-operated *adj*, floor-controlled *adj* ‖ ⁓**buch** *n* (von dem Katasteramt geführt) (HuT, Landw) / land register, register of landed property ‖ ⁓**förderer** *m* (Masch) / industrial truck, shop truck ‖ ⁓**fördermittel** *n* (Masch) / industrial truck, shop truck ‖ ⁓**fördermittel mit fester Ladefläche** / fixed-platform truck ‖ **automatisches** ⁓**fördersystem** / automatic guided vehicle system ‖ ⁓**förderung** *f* (Beförderung von Lasten im innerbetrieblichen Transport mit Flurfördermitteln) / surface handling (of materials) ‖ ⁓**förderzeug** *n* (DIN 15 140) (Masch) / industrial truck, shop truck ‖ ⁓**förderzeug mit benzinelektrischem Antrieb** (Masch) / gas-electric truck (US) ‖ ⁓**förderzeug mit Gehlenkung** (Masch) / walk-along truck, walkie *n* ‖ ~**freie Flächenbedienung** (z.B. bei Hängekranen) / overhead area serving ‖ ~**freier Materialtransport** / overhead materials handling ‖ ~**gesteuert** *adj* (ein Flurförderer) (Masch) / floor-controlled *adj* ‖ ⁓**holz** *n* (For, Landw) / hedgerow trees ‖ ⁓**holzanbau** *m* (For, Landw) / tree planting outside forest ‖ ⁓**karte** *f* (Bau, Kart, Landw) / cadastral map, plat *n* (US) ‖ ⁓**neuordnung** *f* (Zusammenlegung, Umlegung, Verkoppelung, Neuordnung der Flur unter Zusammenlegung kleinerer zu einem Betrieb gehörender Parzellen zu größeren Einheiten) (Landw, Verm) / reallotment *n* (of land) ‖ ⁓**schaden** *m* (Landw) / damage to farmland ‖ ⁓**stück** *n* (Bau, Verm) / lot *n*, plot *n*, parcel *n* (of land), building plot, plat *n* (US) ‖ ⁓**transport** *m* / surface handling (of materials)
**Fluse** *f* (Tex) / lint* *n*, fluff *n*, lint fly *n* (Ansammlung von kurzen Faserresten im Gewebe) (Web) / ball *n*
**flusen** *v* (Tex) / shed *v* ‖ ⁓ *f pl* (Druck, Pap) / fluff* *n*, lint *n*, paper dust *n* ‖ **mit** ⁓ **bedeckt** (Web) / linty *adj* ‖ ⁓**bildung** *f* (auf Baumwollgeweben beim Waschen und beim Trocknen) (Web) / linting *n*, lint formation ‖

≈**entfernen** n (Web) / clearing* n ‖ ≈**entferner** m (Web) / slub catcher, clearer n ‖ **~frei** adj (Web) / free from fluff ‖ ≈**sieb** n (in der Waschmaschine) (Tex) / lint filter, lint screen, lint trap

**Flush•antenne** f (die nicht über die Montageflächen hinausragt) (Luftf, Radio) / flushed antenna, suppressed antenna, flush antenna, flush-mounted antenna ‖ ≈**-Disk-Antenne** f (kreisscheibenförmige Antenne, die über einer Vertiefung in einer leitenden Ebene angeordnet ist) (Radio) / flush-disk antenna ‖ ≈**-Fermentation** f (eine kontinuierliche Fermentation, die bei so hoher Verdünnungsrate arbeitet, daß unerwünschte Mikroorganismen mit kleinerer maximaler Wachstumsrate ausgetragen werden) (Chem Verf) / flush fermentation

**Flushing** n (Überführung wäßriger Pigmente in Pastenform durch Kneten mit hydrophoben Bindemitteln) (Anstr, Druck) / flushing n ‖ ≈ (energiereichere Fütterung weiblicher Tiere 2 bis 3 Wochen vor dem Belegen zwecks Steigerung der Trächtigkeitsrate) (Landw) / flushing n

**Flushing-Ernährung** f (Landw) / flushing n
**Flushing-Verfahren** n (Anstr, Druck) / flushing n
**Flush-Prozeß** m (Anstr, Druck) / flushing n

**Fluß** m (Chem, Hütt, Schw) / flux* n, fluxing agent ‖ ≈ (Geog, Wasserb) / river n ‖ ≈ (Glas, Keram) / flux n, fondant n, pâte de verre ‖ ≈ (Phys) / flux* n ‖ **angezapfter** ≈ (Wasserb) / beheaded stream, beheaded river ‖ **antezedenter** ≈ (Geol) / antecedent stream ‖ **ausgetrockneter** ≈ (Geol) / lost river (a dried-up stream in an arid region) ‖ **beständiger** ≈ (der trotz geografischer Veränderungen seinen Lauf beibehalten hat) (Wasserb) / antecedent stream ‖ **durch eine ungesättigte Zone vom Grundwasser getrennter** ≈ (Wasserb) / perched stream ‖ **effluenter** ≈ (Geol, Wasserb) / effluent river, outflowing stream ‖ **elektrischer** ≈ (DIN 1324, T 1) (Elektr) / electric flux*, flux of displacement, displacement flux ‖ **elektroosmotischer** ≈ (Chem) / electro-osmotic flow ‖ **geometrischer** ≈ (eine Raumwinkelgröße nach DIN 5031, T 1) / geometrical flux ‖ **intermittierender** ≈ (Geol) / intermittent stream ‖ **kalter** ≈ (ein von außen den Polymeren aufgeprägter Spannungszustand) (Chem) / cold flow ‖ **kalter** ≈ (verzögerte Elastizität) (Phys) / retardation n ‖ **kanalisierter** ≈ (Wasserb) / navigation* n, canalized stream, canalized river ‖ **kleiner** ≈ (Geog) / rivulet n, runnel n, runlet n, creek n, run n (US) ‖ **kleiner** ≈ **konsequenter** ≈ (Geol) / consequent river ‖ **magnetischer** ≈ (Einheit: Weber, DIN 1304 und 1324, T 1) (Mag) / magnetic flux* ‖ **obsequenter** ≈ (der in einer Schichtstufenlandschaft entgegen der Schichtneigung fließt) (Geol) / obsequent stream, obsequent river ‖ **obsequenter** ≈ (Geol) / obsequent stream ‖ **perennierender** ≈ (Geol, Hyd) / perennial stream, permanent stream, perennial river ‖ **periodischer** ≈ (Geol) / intermittent stream ‖ **plastischer** ≈ (DIN 50119) (WP) / plastic flow ‖ **subsequenter** ≈ (Geol) / subsequent river, subsequent stream, strike stream, longitudinal stream ‖ **überlasteter** ≈ (mit transportierten Stoffen) (Umwelt) / overloaded stream ‖ **unterirdischer** ≈ (Geol) / subterranean river ‖ **verjüngter** ≈ (Geol, Wasserb) / rejuvenated stream ‖ **versinkender** ≈ (in Flußschwinden) (Geol, Wasserb) / disappearing stream ‖ **verwilderter** ≈ (Wasserb) / wild-running river ‖ **vielverzweigter** ≈ (in fluvioglazialen Gebieten) (Geol) / braided stream* ‖ **vom (gesättigten) Untergrund isolierter** ≈ (Wasserb) / insulated stream ‖ **von (aus) einem** ≈ **abgelagerter Boden** (Geol) / fluviogenic soil ‖ **zusammenfließende Flüsse** (Geog, Geol) / confluent rivers ‖ ≈ **der schnellen Neutronen** (Kernphys) / fast flux ‖ ≈ **der thermischen Neutronen** (Kernphys) / thermal flux, thermal neutron flux, flux of thermal neutrons ‖ ≈ **des Vektors** (durch die Fläche) (Math) / flux n ‖ ≈ **im Gleichgewicht** (Wasserb) / mature river ‖ ≈ **im natürlichen Gleichgewicht** (auf langen Strecken) (Wasserb) / graded stream ‖ ≈ **mit ganzjährigem Abfluß** (Wasserb) / permanent stream ‖ ≈ **mit Geröll** (Wasserb) / shingle-carrying river ‖ ≈ **mit Geschiebe** (Wasserb) / shingle-carrying river ‖ ≈ **mit natürlichem Gleichgewicht** (auf langen Strecken) (Wasserb) / poised stream, graded stream ‖ ≈ **mit schnell veränderlichem Abfluß** (Wasserb) / flashy stream

**Fluß** ≈**ablagerung** f (Wasserb) / fluvial deposit, river deposit ‖ ≈**ablagerungsboden** m (Geol) / fluviogenic soil ‖ **~abwärts** adv (relative Position von Sequenzen auf Nukleinsäuren) (Biochem) / downstream adv ‖ **~abwärts** (Wasserb) / downstream adv, down the river ‖ ≈**anzapfung** f (durch rückschreitende Erosion bewirktes Eingreifen eines Flusses in das Tal eines anderen Flusses) (Geol) / abstraction n, beheading n, stream robbery, river capture*, piracy of streams, stream capture ‖ ≈**arm** (in einem Delta) (Geog) / distributary n, diverging outlet (of a delta), distributary channel ‖ ≈**aue** f (Geol, Umwelt) / river meadow ‖ **~aufwärts** adv (relative Position von Sequenzen auf Nukleinsäuren) (Biochem) / upstream adv ‖ **~aufwärts** (Wasserb) / upstream adv, up the river ‖ ≈**bau** m (als Fach) (Wasserb) / river engineering ‖ ≈**bau** (Regulierungsarbeiten) (Wasserb) / training works*, river training, river improvement, river regulation ‖ ≈**belüftung** f (künstliche Zufuhr von Sauerstoff in ein Fließgewässer) (Sanitär) / instream aeration ‖ ≈**bett** n (Wasserb) / river bed, river channel, channel n, stream channel ‖ **verzweigtes, pendelndes** ≈**bett** (Geol, Wasserb) / anastomosing stream ‖ **seichtes, felsiges** ≈**bett** (Wasserb) / riffle n ‖ **bewachsenes** ≈**bett** (Wasserb) / grassed channel, vegetated channel ‖ ≈**bettverlegung** f (Wasserb) / shifting of the river ‖ ≈**bild** n / flowchart* n (ISO 2382 - 1: 1984), flow sheet ‖ ≈**buhne** f (Wasserb) / croy* n, spur n, groyne* n (river), groin n (US), jetty n ‖ ≈**charakteristik** f (ein Wasserhaushalt bei Fließgewässern) (Wasserb) / regime n, regimen n (US), river regime

**Flüßchen** n (Geog) / rivulet n, runnel n, runlet n, creek n, run n (US)

**Fluß•deich** m (Wasserb) / river embankment, river levee, levee bank, levee* n (US) ‖ ≈**delta** n (eine Form der Flußmündung) (Geog) / delta* n ‖ ≈**diagramm** n / flowchart* n (ISO 2382 - 1: 1984), flow sheet ‖ **logisches** ≈**diagramm** (EDV) / logic flowchart, logical flowchart, logic chart ‖ ≈**dichte** f (Kernphys) / flux density* ‖ **elektrische** ≈**dichte** (DIN 1324) (Elektr) / displacement n, electric flux density*, dielectric strain*, electric displacement ‖ **magnetische** ≈**dichte** (DIN 1324, T1) (Einheit: Tesla) (Eltech) / magnetic induction*, magnetic flux density*, electromagnetic induction, magnetic displacement* ‖ **2200-m/s-**≈**dichte** (Kernphys) / 2200 metres per second flux ‖ ≈**dichtemesser** n (Eltech) / flux gate ‖ ≈**dichtewölbung** f (Kernphys) / buckling* n ‖ **materielle** ≈**dichtewölbung** (Kernphys) / material buckling ‖ ≈**entnahme** f (für die Bewässerung) / river intake ‖ ≈**erosion** f (Geol) / stream erosion ‖ ≈**faden** m (magnetische Flußlinie) (Phys) / quantized magnetic flux line ‖ ≈**fadenverankerung** f (bei nicht idealen Supraleitern 2. Art) (Phys) / pinning n ‖ ≈**feld-Fließ-Fraktionierung** f (Chem Verf) / field-flow fractionation (FFF), flow FFF ‖ ≈**fließen** n (Bewegung der Flußschläuche in Supraleitern 2. Art) (Phys) / quantized vortex flow ‖ ≈**gebiet** n (Wasserb) / basin n (of a river) ‖ ≈**gefälle** n (Wasserb) / stream gradient, slope of stream ‖ ≈**geröll** n (durch bewegtes Wasser transportierte oder abgelagerte Gesteinsbruchstücke) (Geol) / bottom load, river load, bed load, tractional load, stream gravel ‖ ≈**geschiebe** n (Geol) / bottom load, river load, bed load, tractional load, stream gravel ‖ ≈**geschiebemeßgerät** n (Wasserb) / bed-load sampler ‖ ≈**glättungsbereich** m (Nukl) / flat region*, flux-flattened region ‖ ≈**glättungsmaterial** n (Nukl) / flattening material, flux-flattening material ‖ ≈**glättungszone** f (Nukl) / flat region*, flux-flattened region ‖ ≈**hafen** m (Wasserb) / river port ‖ ≈**harz** n (Chem, For) / gum rosin, gum n

**flüssig** adj / fluid adj ‖ ~ / liquid adj ‖ ~ (Mittel - z.B. Kassenbestände, Bank- und Postgiroguthaben usw.) / liquid adj ‖ ~ (Honig) (Nahr) / runny adj ‖ **wieder** ~ **werden** / reliquify v ‖ **~er Abfall** (Umwelt) / liquid waste ‖ **~e Abfallstoffe** (Umwelt) / liquid waste ‖ **~er Brennstoff** (DIN 51416) (Kftst) / liquid fuel ‖ **~e Glasmasse** (Glas) / metal n, molten metal, glass melt ‖ **~er Halbleiter** (Eltronik) / fluid semiconductor ‖ **~es Harz** (im allgemeinen) / liquid resin ‖ **~es Harz** (Nebenprodukt bei der Zellstoffgewinnung aus Nadelhölzern) / tall oil, tallol n, finn oil, liquid rosin, sylvic oil ‖ **~es Holz** (For) / plastic wood ‖ **~er Isolierstoff** (Eltech) / liquid insulator ‖ **~e Katode** (z.B. Quecksilberkatode eines Ignitrons) (Eltronik) / pool cathode* ‖ **~er Kristall** (Chem, Eltronik) / liquid crystal* ‖ **~e Ladung** (Schiff) / liquid cargo ‖ **~e Luft** (die in Dewargefäßen oder Tanks aufbewahrt wird) / liquid air ‖ ~ **machen** / liquid vt ‖ **~e Membran** (organische Phase bei der Flüssig-Membran-Extraktion) (Chem Verf) / liquid membrane ‖ **~es Mineral** (im Gegensatz zu festem Mineral) (Min) / liquid mineral ‖ **~e mobile Phase** (Chem) / liquid mobile phase ‖ **~e Phase** (Phys) / liquid* n ‖ **~e liquid phase ‖ ~er Polyurethankautschuk** (Plast) / casting rubber ‖ **~e Quecksilberkatode** (z.B. eines Ignitrons) (Eltronik) / mercury-pool cathode* ‖ **~er Raketentreibstoff** (Raumf) / liquid fuel, liquid propellant ‖ **~er Sauerstoff** (Chem) / liquid oxygen*, lox* n ‖ **~e Schlacke** (Hütt) / liquid slag ‖ **~er Schmierstoff** / liquid lubricant ‖ **~er Schwefel** (Chem) / liquid sulphur ‖ **~e Seife** (eine Kaliumseife) / liquid soap ‖ **~e stationäre Phase** (Chem) / liquid stationary phase, stationary liquid phase ‖ **~er Wärmeträger** (Wärm) / heat transfer fluid, heat-carrying fluid ‖ **~es Wasserglas** (Chem) / soluble glass, liquid glass ‖ **~er Wasserstoff** (Chem) / liquid hydrogen ($LH_2$)

**Flüssig•abfall** m (Umwelt) / liquid waste ‖ ≈**argon** n (Chem Verf) / liquid argon ‖ ≈**chromatografie** f (Chem) / liquid chromatography, LC ‖ ≈**dichtmittel** n (Masch) / mechanical gasket, liquid gasket, room-temperature vulcanizing gasket, RTV gasket ‖ ≈**düngung** f (Landw) / liquid fertilizer application ‖ ≈**ei** n (Nahr) / liquid egg ‖ ≈**erdgas** n (Kftst) / liquefied natural gas (LNG) ‖ ≈**-Fest-Chromatografie** f (Chem) / liquid-solid chromatography (LSC) ‖ ≈**-Fest-Übergang** m (Phys) / liquid-solid transition ‖ ≈**-Film-Koeffizient** m (flüssigkeitsseitiger Stoffübergangskoeffizient beim Stoffübergang zwischen Gas- und Flüssigphase) / liquid-film coefficient ‖ ≈**-Film-Koeffizient** (flüssigkeitsseitiger Stoffübergangskoeffizient beim Stoffübergang zwischen Gas- und Flüssigphase) / liquid film coefficient ‖ ≈**fluor** n (ein Sauerstoffträger in den Raketentreibstoffen) (Chem, Raumf) / liquid fluorine ‖ ≈**-flüssig-Chromatografie** f (Chem) / liquid-liquid

**Flüssig-flüssig-Chromatografie**

401

**Flüssig-Flüssig-Extraktion**

chromatography (LLC) ‖ ~-**Flüssig-Extraktion** f (Chem Verf) / liquid-liquid extraction*, solvent extraction ‖ ~**gas** n (nur Kohlenwasserstoffe, z.B. Butan oder Propan) (Chem Verf) / liquefied petroleum gas (LPG)* ‖ ~**gas** (Chem Verf) / liquefied gas, liquid gas ‖ ~**gasaminbehandlung** f (Chem Verf) / LPG amine treating, LPG amine treatment ‖ ~**gasaminwäsche** f (Chem Verf) / LPG amine treating, LPG amine treatment ‖ ~**gas/Luft-Gemisch** n (homogenes Gemisch aus Flüssiggas und Luft, das anstelle von Stadtgas oder Erdgas der öffentlichen Gasversorgung dient) / LPG/air mixture ‖ ~**gastanker** m (Schiff) / LPG carrier, gas tanker ‖ ~**gekühlter Reaktor** (DIN 25402) (Nukl) / liquid-cooled reactor ‖ ~**harz** n / liquid resin ‖ ~**kautschuk** m (Chem Verf) / liquid rubber
**Flüssigkeit** f (Pharm) / liquor n ‖ ~ (Zustand) (Phys) / liquidity n, fluidity* n ‖ [**tropfbare**] ~ (Phys) / liquid* n ‖ **abgetropfte** ~ / droppings pl ‖ **abtropfende** ~ (Phys) / drip n, dripping n ‖ **Cadetsche** ~ (Chem) / cacodyl oxide, alkarsine n ‖ **dekantierte** ~ (Chem) / decantate n ‖ ~ m (spezielle Farblösung oder heißes Öl), **die bei dem Eindringverfahren eingesetzt wird** (WP) / penetrant n ‖ **dielektrische** ~ (Masch) / dielectric fluid, dielectric n, dielectric medium ‖ **ideale** ~ (eine inkompressible Flüssigkeit ohne innere Reibung - nach DIN 1342, T 1) (Phys) / inviscid fluid, non-viscous fluid, ideal fluid ‖ **kristalline** ~ (Chem, Eltronik) / liquid crystal* ‖ **magnetische** ~ (eine kolloidale, besonders stabilisierte Suspension magnetischer Partikel) / magnetic fluid, ferrohydrodynamic fluid ‖ **Maxwellsche** ~ (in der Rheologie) (Phys) / Maxwell liquid, Maxwell body ‖ **Newtonsche** ~ (deren Viskosität vom Spannungs- bzw. Deformationszustand unabhängig ist - DIN 1342, T 1) (Phys) / Newtonian fluid, Newtonian liquid ‖ **nicht netzende** ~ (Chem, Phys) / non-wetting fluid, non-wetting liquid ‖ **polare** ~ / polar liquid ‖ **pseudoplastische** ~ (ein Flüssigkeitstyp mit im Ruhezustand unendlich großer Viskosität) (Phys) / pseudoplastic fluid ‖ **reale** ~ (Phys) / real fluid ‖ **reine** ~ (für die IR-Spektroskopie) (Spektr) / neat liquid ‖ **rostlösende** ~ / antirust solution ‖ **ruhende** ~ (Phys) / liquid at rest ‖ **thermoviskose** ~ (bei der der Spannungstensor vom Deformationsgeschwindigkeitstensor und vom Temperaturgradienten abhängig ist) (Phys) / thermoviscous fluid ‖ **überkritische** ~ (Chem, Phys) / supercritical fluid, SF ‖ **überstehende** ~ (Chem) / supernatant liquid*, supernatant n, supernatant liquor ‖ **verdrängte** ~ (Phys) / displaced liquid ‖ **verschüttete** ~ / slop n ‖ **wasserverdrängende** ~ (Chem, Galv) / water-displacing liquid*, dewatering fluid
**Flüssigkeit • -Festkörper-Grenzfläche** f (Phys) / liquid-solid interface ‖ ~**-Flüssigkeit-Grenzfläche** f (Phys) / dineric interface, liquid-liquid interface
**Flüssigkeits • abscheider** m (zur Abscheidung von Flüssigkeitströpfchen aus den Brüden von Verdampferanlagen) (Chem Verf) / mist eliminator ‖ ~**anlasser** m (Eltech) / liquid starter* ‖ ~**antrieb** m (Wasserb) / hydraulic gear, hydraulic drive ‖ ~**aufnahme** f (Biol, Chem) / imbibition* n ‖ ~**ausdehnungsthermometer** n (Phys) / liquid-filled thermometer, liquid thermometer ‖ ~**barometer** n (Phys) / liquid barometer ‖ ~**behälter** m / reservoir n, tank n ‖ ~**bremse** f (im allgemeinen) / fluid brake ‖ ~**bremse** (ein Bremsdynamometer) (Masch) / hydraulic brake* ‖ ~**chromatografie** f (Chem) / liquid chromatography, LC ‖ ~**chromatografie-Massenspektrometrie-Kopplung** f (Chem, Spektr) / liquid chromatography-mass spectrometry coupling ‖ ~**container** m ‖ ~**liquitainer** n ‖ ~- **bzw. Wirbelstromdämpfung** f (Phys) / viscous damping* ‖ ~**dichtung** f (Masch) / hydraulic packing* ‖ ~**druck** m (hydrostatischer Druck, hydrodynamischer Druck) (Hyd) / fluid pressure, hydraulic head ‖ ~**druck** (Phys) / hydraulic pressure ‖ ~**druck in ruhender Flüssigkeit** (Phys) / hydrostatic pressure, hydrostatic head ‖ ~**einschluß** m (Geol) / fluid inclusion* ‖ ~**element** n (in galvanisches Element) / one-fluid cell ‖ ~**erosion** f (durch die Wirkung eines strömenden Mediums) (Geol) / fluid erosion ‖ ~**film** m / liquid film ‖ ~**gekühlt** adj / liquid-cooled adj ‖ ~**getriebe** n (Masch) / hydraulic transmission ‖ **automatisches** ~**getriebe** (Kfz) / fluid drive, hydramatic transmission (General Motors) ‖ **dynamisches** ~**getriebe** (Masch) / Föttinger speed transformer*, hydrodynamic power transmission*, hydraulic torque converter*, fluid flywheel*, Föttinger converter ‖ ~**heber** m (Saugheber, Winkelheber) (Chem) / siphon n ‖ ~**honen** n (Masch) / vapour honing, vapour blasting, liquid honing, hydro-abrasion n ‖ ~**kalorimeter** n (Phys) / water calorimeter ‖ ~**kühlsatz** m (Kältesatz, bestimmt und ausgerüstet zur Kühlung einer Flüssigkeit) / liquid cooling set ‖ ~**kühlung** f / liquid cooling ‖ ~**kupplung** f (zur stufenlosen Drehzahlanpassung ohne Drehmomentwandlung als stoß- und schwingungsdämpfender Überlastschutz) (Masch) / hydraulic coupling*, fluid coupling, Föttinger coupling*, Föttinger transmitter* ‖ ~**laser** m (Eltronik) / liquid laser ‖ ~**manometer** n (Instr, Masch) / pressure gauge*, liquid (column) manometer ‖ ~**maß** n (Phys) / liquid measure ‖ ~**maßsystem** n (Phys) / liquid measure (system) ‖ ~**niveau** n (Phys) / liquid level ‖ ~**potential** n (eine elektrische Potentialdifferenz, die an der Phasengrenzfläche zweier verschiedener Elektrolytlösungen oder von zwei Lösungen des gleichen Elektrolyten unterschiedlicher Konzentration auftritt) (Chem, Elektr) / diffusion potential* ‖ ~**rakete** f (Raumf) / liquid rocket, liquid-propellant rocket, liquid-propellant missile ‖ ~**raketentriebwerk** n (Raumf) / liquid-propellant rocket engine ‖ ~**reaktor** m (Nukl) / liquid-moderated reactor ‖ ~**reaktor** (Nukl) / homogeneous reactor (a nuclear reactor in which fissionable material and moderator /if used/ are intimately mixed to form an effectively homogeneous medium for neutrons) ‖ ~**reibung** f (Phys) / fluid friction, viscous friction ‖ ~**ringgebläse** n / liquid-seal blower ‖ ~**ringpumpe** f (Vakuumt) / fluid-ring pump, liquid-ring pump, liquid ring vacuum pump ‖ ~**ringvakuumpumpe** f (Vakuumt) / fluid-ring pump, liquid-ring pump, liquid ring vacuum pump ‖ ~**ringverdichter** m (Masch) / liquid-piston-type compressor, liquid-ring compressor ‖ ~**schall** (DIN 1320) (Akus) / liquid-borne sound ‖ ~**schmierung** f / fluid lubrication*, fluid-film lubrication, liquid-film lubrication ‖ ~**spiegel** m / liquid level ‖ ~**stand** m / liquid level ‖ ~**standanzeiger** m (im allgemeinen) / liquid-level indicator ‖ ~**standanzeiger** (Masch) / gauge glass* ‖ ~**stoßdämpfer** m / fluid shock absorber ‖ ~**strahl** m (Phys) / liquid jet ‖ **freier** ~**strahl** (bei Farbstofflasern) (Phys) / jet stream ‖ ~**strahloszillograf** m (Eltronik) / ink-vapour recorder, ink-mist recorder ‖ ~**strahlvakuumpumpe** f (eine Treibmittelvakuumpumpe) (Vakuumt) / liquid-jet pump ‖ ~**strömung** f (Phys) / fluid flow, fluid motion ‖ ~**strömung** (Phys) / liquid flow ‖ ~**szintillationszähler** m (Nukl) / liquid scintillation counter, LSC ‖ ~**szintillationszählung** f (eine Methode zur Messung von radioaktiven Substanzen in Flüssigkeiten) (Nukl) / liquid scintillation counting, LSC ‖ ~**thermometer** n (z.B. Alkoholthermometer) (Phys) / liquid-filled thermometer, liquid thermometer ‖ ~**verschluß** m (Masch) / liquid seal ‖ ~**versprühung** f / liquid atomization ‖ ~**verteiler** m (ein Einbauteil in technischen Kolonnen) (Chem Verf) / liquid distributor ‖ ~**volumen** n (Phys) / fluid volume ‖ ~**waage** f (Phys) / areometer n, hydrometer* n ‖ ~**widerstand** m (Eltech) / liquid resistance* ‖ ~**widerstand** (als Bauteil) (Eltech) / liquid resistor
**Flüssig • kompostierung** f (aerob thermophile Stabilisierung) (Landw, Sanitär) / liquid composting ‖ ~**kristall** m (Chem, Eltronik) / liquid crystal* ‖ ~**kristallanzeige** f (EDV, Phys) / liquid crystal display*, LCD* ‖ ~**kristallanzeigeeinheit** f (EDV, Phys) / liquid crystal display*, LCD* ‖ ~**kristallanzeigeeinheit mit einer zusätzlichen fluoreszierenden Schicht** (EDV, Phys) / fluorescence-activated display (FLAD) ‖ ~**kristalldisplay** n (EDV, Phys) / liquid crystal display*, LCD* ‖ ~**kristall-Drehzelle** f (Eltronik) / twisted nematic cell ‖ ~**kristallfarbstoffzelle** f (mit dichroitischen Farbstoffmolekülen als Gast in einem nematischen oder cholesterinischen Flüssigkristall als Wirt) (Eltronik) / guest-host cell ‖ ~**kristallines Polymer** (Chem) / liquid-crystal polymer, LC polymer, liquid-crystalline polymer (LCP) ‖ ~**kristall-Lineal** n (EDV) / liquid-crystal shutter (LCS) ‖ ~**kristallpolymer** n (Chem) / liquid-crystal polymer, LC polymer, liquid-crystalline polymer (LCP) ‖ ~**kristallverschluß** m (EDV) / liquid-crystal shutter (LCS) ‖ ~**kultur** f (Bakteriol) / liquid culture ‖ ~**lack** m (Anstr) / wet lacquer, liquid paint ‖ ~**ladung** f (Schiff) / liquid cargo ‖ ~**leim** m / liquid glue ‖ ~**luft** f / liquid air ‖ ~**luftsprengstoff** m / liquid-oxygen explosive, LOX (explosive) ‖ ~**-Membran-Permeation (FMP)** f (Chem Verf) / liquid-membrane permeation ‖ ~**metall** m (Hütt, Kernphys) / liquid metal ‖ ~**metallbad** n (Tex) / molten-metal bath ‖ ~**metallbad** (Tex) s. auch Färben in Metallbad ‖ ~**metallkühlung** f (Nukl) / liquid-metal cooling ‖ ~**metallversprödung** f (Hütt, Schw) / liquid-metal embrittlement, LME, solder embrittlement ‖ ~**mist** m (Landw) / liquid manure, dung water ‖ ~**mist** (Landw) / slurry n, liquid manure ‖ ~**misttankwagen** m (Landw) / liquid-manure tanker ‖ ~**phase** f (Chem Verf) / liquid phase ‖ ~**phase** (Phys) / liquid* n, liquid phase ‖ ~**phasehydrierung** f (Chem Verf) / liquid-phase hydrogenation ‖ ~**phasenepitaxie** f (Eltronik) / liquid-phase epitaxy (LPE) ‖ ~**phasenreaktor** m (Chem Verf) / liquid-phase catalyst ‖ ~**phasensinterung** f (Pulv) / liquid-phase sintering* ‖ ~**pressen** n (Gieß) / squeeze casting ‖ ~**pressen** (Urformverfahren zur Fertigung von Formteilen aus metallischen Schmelzen durch Pressen) (Hütt, Masch) / liquid-metal squeeze casting, squeeze casting ‖ ~**rauch** m (Nahr) / liquid smoke ‖ ~**rauch** (Nahr) / liquid smoke ‖ ~**sauerstoff** m (Chem) / liquid oxygen*, lox* n ‖ ~**schlamm** m (Sanitär) / liquid sludge ‖ ~**schwefel** m (Chem) / liquid sulphur ‖ ~**seife** f / liquid soap ‖ ~**stickstoff** m (Chem) / liquid nitrogen ‖ ~**szintillationszähler** m (Nukl) / liquid scintillation counter, LSC ‖ ~**trockner** m (öllösliche Metallseife) (Anstr) / liquid oil drier ‖ ~**wasserstoff** m (Chem) / liquid hydrogen (LH$_2$) ‖ ~**werden** n (Phys) / liquefaction ‖ ~**zucker** m (eine Zuckerart) (Nahr) / liquid sugar
**Fluß • impedanz** f (Akus) / acoustic impedance* ‖ ~**insel** f (Geog, Wasserb) / ait n (GB), eyot n (GB) ‖ ~**katastrophe** f (Wasserb) / flood disaster ‖ ~**kies** m (Geol) / river gravel ‖ ~**kippen** n (Nukl) / flux

tilting, neutron flux tilting ‖ ~**kläranlage** f (zur Reinigung des Flußwassers) (Sanitär) / river clarifying plant ‖ ~**kontrolle** f (EDV) / flow control ‖ ~**konverter** m (Nukl) / converter* n ‖ ~**kunde** f (Teilgebiet der Hydrologie, das sich mit den fließenden Gewässern beschäftigt) (Hyd) / potamology n ‖ ~**längenkrümmungsverhältnis** n (Verhältnis der Krümmungslänge zum Luftweg zweier Punkte der Flußkrümmung) (Wasserb) / sinuosity n ‖ ~**lauf** m (Geog, Geol) / course of a (the) river ‖ ~**mäander** m (Geol, Wasserb) / river meander ‖ ~**mäander** (Geol, Wasserb) s. auch Flußschlinge ‖ ~**messer** n (ein Kriechgalvanometer mit hoher Dämpfung und ohne Rückstellkraft) (Eltech) / fluxmeter* n, gaussmeter* n

**Flußmittel** n (DIN 8511) (Chem, Hütt, Schw) / flux* n, fluxing agent ‖ ~ (Keram) / flux n, fluxing agent, fondant ‖ **neutrales** ~ (Hütt, Masch) / neutral flux* ‖ ~**behandlung** f (der Schmelze) / fluxing n ‖ ~**decke** f (bei Naßverzinkung) (Galv) / flux blanket, flux cover ‖ ~**einschluß** m (Schw) / flux inclusion ‖ ~**entferner** m (Chem, Schw) / flux remover ‖ ~**frei** adj / flux-free adj ‖ ~**umhüllte Elektrode** (Schw) / fluxed electrode, flux-coated electrode

**Fluß • morphologie** f (Geol) / river morphology ‖ ~**mündungssediment** n (Geol) / estuarine deposition* ‖ ~**netz** n (einer Karte) (Kart) / drainage pattern ‖ **gitterförmiges** ~**netz** (Geol) / trellis drainage pattern ‖ ~**niederung** f (im Unterlauf) (Geol) / plain tract ‖ ~**pfeiler** m (der Brücke) (HuT, Wasserb) / river pier ‖ ~**polder** m (Wasserb) / river polder ‖ ~**quant** n (Phys) / fluxoid quantum ‖ **magnetisches** ~ (Mag) / magnetic flux quantum ‖ ~**quantisierung** f (die Quantisierung des magnetischen Flusses, der durch ein Loch in einem Supraleiter bzw. durch einen nicht supraleitenden, aber vom Supraleiter umschlossenen Bezirk in einem Supraleiter hindurchgeht) (Phys) / flux quantization* ‖ ~**regelung** f (DIN ISO 7498) (EDV) / flow control ‖ ~**regelung** (Wasserb) / training works*, river training, river improvement, river regulation ‖ ~**regime** n (ein Wasserhaushalt bei Fließgewässern) (Wasserb) / regime n, regimen n (US), river regime ‖ ~**regulierung** f (Wasserb) / training works*, river training, river improvement, river regulation ‖ ~**richtung** f (bei Halbleiterbauelementen) (Eltronik) / forward direction ‖ ~**röste** f (eine biologische Röste) (Tex) / river retting, stream retting ‖ ~**sand** m / bank sand, river sand, fluvial sand ‖ ~**säure** f (Chem) / hydrofluoric acid* ‖ ~**schiffahrt** f **auf gestautem Wasser** (auf der Kanalhaltung) (Schiff, Wasserb) / slack-water navigation*, still-water navigation* ‖ ~**schlauch** m (Phys) / quantized magnetic flux line ‖ ~**schlauchverankerung** f (Phys) / pinning n ‖ ~**schleife** f (bei Mäandern) (Wasserb) / oxbow n ‖ ~**schlepper** m (Schiff) / river tugboat ‖ ~**schleuse** f (Wasserb) / river navigation lock, river lock ‖ ~**schlinge** f (bei Mäandern) (Wasserb) / oxbow n ‖ ~**schwinde** f (Geol) / swallow hole, sinkhole n, swallet n, water sink, sink n, limestone sink ‖ ~**sohle** f (Wasserb) / river bottom, river bed (part of a river channel where water normally flows) ‖ ~**spat** m (Min) / fluorite* n, Derbyshire spar*, fluorspar* n ‖ ~**violetter** ~**spat oder purpurfarbener Korund** (Min) / false amethyst* ‖ ~**stahl** m (Kohlenstoffgehalt höchstens 0,25 %) (Hütt) / mild steel*, soft steel ‖ ~**stein** m / boulder n ‖ ~**steuerung** f (EDV) / flow control ‖ ~**strom** m (der in Halbleiterelementen bei geeigneter Polung der angelegten Spannung in Durchlaßrichtung fließende elektrische Strom) (Eltronik) / forward current ‖ ~**strom** (Eltronik) / forward current ‖ ~**system** n (Geog, Wasserb) / river system, fluvial system ‖ ~**system mit parallelen Nebenflüssen** (Geog, Geol) / yazoo stream ‖ ~**tal** n (Geog, Geol) / river valley ‖ ~**terrasse** f (Geol) / floodplain terrace, river terrace, stream terrace ‖ ~**trübe** f (Wasserb) / suspended load, wash-load n, suspension load ‖ ~**übergang** m (Geog) / river crossing ‖ ~**ufer** n (Wasserb) / river bank ‖ ~**uferstreifen** m (Geog, Wasserb) / riverside n ‖ ~**umleitung** f (Wasserb) / river diversion ‖ ~**umwandler** m (spaltbare Substanz, die man in die thermische Säule eines Reaktors einbringt) (Nukl) / converter* n ‖ ~**verdopplungszeit** f (Neutronen) (Nukl) / doubling time* ‖ ~**wasser** n (Umwelt, Wasserb) / river water ‖ ~**wechsel** m **pro Zoll** (Mag) / flux changes per inch (US) ‖ ~**weg** m (in Kilometern) (Wasserb) / length-of-run n ‖ ~**wiese** f (Geog, Geol) / water-meadow n, floodplain n ‖ ~**Kalifornische** (Calocedrus decurrens (Torr.) Florin) (For) / incense cedar

**Flüster • galerie** f (Akus, Arch) / whispering-gallery* n ‖ ~**gewölbe** n (das die Schallwellen durch Zurückwerfen gebündelt leitet und in größerer Entfernung brennpunktartig vereinigt) (Akus, Arch) / whispering-gallery* n ‖ ~**stimme** f (Akus) / whispering voice

**Flut** f (Wasserb) / flood n, flowage n, spate n (GB), freshet n ‖ ~, **mit der man bei den Schutzmaßnahmen gerechnet hat** (Wasserb) / design flood

**flutbar • e Bohrinsel** (Erdöl) / submersible drilling rig ‖ ~**e Länge** (Teil der Kapitänsinformation bei Fahrgastschiffen) (Schiff) / floodable length*

**Flutbarkeit** f (Schiff) / permeability n

**Flut • basalt** m (Geol) / plateau basalt*, flood basalt* ‖ ~**becken** n (Ozean) / tidal basin ‖ ~**bohrung** f (Erdöl) / pressure well ‖ ~**brücke** f (HuT, Wasserb) / inundation bridge

**fluten** v (V-Mot) / flood vt ‖ ~ (Wasserb) / inundate v, flood v, swamp v ‖ ~ n (ein Applikationsverfahren) (Anstr) / flow coating ‖ ~ (Einpressen von Wasser in der sekundären Phase, um den Druck aufrechtzuerhalten oder wiederherzustellen) (Erdöl) / water flooding, waterdrive n ‖ ~ (als Methode der Tertiärförderung) (Erdöl) / flooding n ‖ ~ (Schiff) / flooding n ‖ ~ (einer Schleusenkammer) (Wasserb) / flooding n ‖ ~ (Wasserb) / inundation n, flooding n ‖ **chemisches** ~ (eine tertiäre Fördertechnik mit Hilfe von Chemikalien) (Erdöl) / chemical flooding ‖ **chemisches** ~ (mit Tensiden) (Erdöl) / surfactant flooding*, micellar flooding, microemulsion flooding ‖ **erstes** ~ (bei einem Kanal) (Wasserb) / priming n

**Flut • kanal** m (Wasserb) / floodway n ‖ ~**lack** m (Anstr) / flow-coat paint, flow-coating paint ‖ ~**lackieren** n (Anstr) / flow coating

**Flutlicht** n / floodlight n ‖ **mit** ~ **beleuchtet** (Licht) / floodlit adj ‖ ~**beleuchtung** f (Licht) / floodlighting* n ‖ ~**lampe** f (eine Fotolampe) (Foto) / Photoflood lamp* ‖ ~**scheinwerfer** m (30-45°) (Licht) / floodlight projector*, floodlight* n, flood* n

**Flut • marke** f (Wasserb) / flood mark ‖ ~**messer** m (Ozean, Verm) / tide gauge* ‖ ~**mulde** f (Wasserb) / floodway n ‖ ~**rinne** f (eines Ästuars) (Ozean) / flood channel ‖ ~**schreiber** m (selbstregistrierender Flutmesser) (Ozean, Schiff) / marigraph n ‖ ~**strom** m (Ozean, Wasserb) / flood current ‖ ~**stunde** f (Ozean) / lunitidal interval* ‖ ~**stundenlinie** f (Ozean) / cotidal line

**Flutter** m (schnelle, periodisch wiederkehrende Tonschwankungen bei der Wiedergabe von Schallplatten) (Akus) / flutter* n

**Flut • tor** n (Ozean, Wasserb) / tide gate, tidal gate, flood-tide gate ‖ ~**tunnel** m (Anstr) / flow-casting chamber

**Flutung** f (einer Rektifiziersäule) (Chem Verf) / flooding* n ‖ ~ (Wasserb) / inundation n, flooding n

**Flutungslagerstätte** f (Ölreservoir unter Wasserflutung) (Erdöl) / waterdrive reservoir

**Flut • ventil** n (Klemp) / antiflood and tidal valve* ‖ ~**ventil** (Schiff) / Kingston valve* ‖ ~**wachs** n (Kfz) / hot wax ‖ ~**warnung** f / flood warning ‖ ~**wasser** n (Nukl) / refuelling water ‖ ~**wasservolumen** n (Wasserb) / flood volume ‖ ~**welle** f (durch Seebeben hervorgerufen) (Geol) / tsunami* ‖ ~**seismisch bedingte** ~**welle** (Geophys, Ozean) / seismic sea wave, tidal wave (produced by seaquake, hurricane, or strong wind)

**fluvial** adj (Geol) / fluviatile* adj, fluvial* adj

**fluviatil** adj (von Flüssen ausgearbeitet, fortgetragen, abgelagert oder angereichert) (Geol) / fluviatile* adj, fluvial* adj ‖ ~**e Ablagerungen** (Geol, Wasserb) / alluvial deposits* ‖ ~**e Erosion** (Geol) / stream erosion ‖ ~**es Geröll** (Geol) / bottom load, river load, bed load, tractional load, stream gravel ‖ ~**e Seife** (Bergb) / fluviatile deposit*, fluviatile placer, stream placer ‖ ~**er Transport** (Geol) / stream transportation, stream transport, channel process

**fluvioglazial** adj (Wirkungen und Ablagerungen der Gletscherschmelzwässer) (Geol) / fluvioglacial adj, glaciofluvial adj, glacifluvial adj ‖ ~**e Schotter** m pl (Geol) / valley train

**fluvioklastische Gesteine** (Geol) / fluvioclastics pl

**fluviomarin** adj (Sediment) (Geol) / fluviomarine adj

**Fluvisol** m (Bodentyp der internationalen Bodenklassifikation, der den Auenböden entspricht) / fluvisol n

**Flux** m (Materie- oder Teilchenströmung, im besonderen Neutronenfluß) (Kernphys) / flux n ‖ ~**bitumen** n (DIN 1995 und 55946) / cut-back bitumen, cut back, cut-back asphalt (US), fluxed bitumen, fluxed asphalt (US)

**fluxen** v (Bitumen) / flux v, cut back v ‖ ~ n (des Bitumens) / fluxing n ‖ ~ (der Schmelze) / fluxing n

**Flux • gate-Kompaß** m (Instr) / flux-gate compass* ‖ ~**gate-Magnetometer** n (Eltronik) / Foerster probe, Förster probe

**Fluxistor** m (Eltech) / magnetic-field dependent resistor, MDR, Magnetoresistor n

**Fluxmeter** n (ein Kriechgalvanometer mit hoher Dämpfung und ohne Rückstellkraft) (Eltech) / fluxmeter* n, gaussmeter* n

**Fluxoid** n (Phys) / fluxoid quantum

**Fluxoidquant** n (Phys) / fluxoid quantum

**Fly-by** n (Technik in der Raumfahrt, bei der die Freiflugbahn eines Raumflugkörpers bei Annäherung an einen Planeten durch dessen Gravitation und Bewegung geändert wird) (Raumf) / fly-by n, swingby n

**Fly-by-Wire** n (Luftf) / flying by wire, flight by wire, fly-by-wire* n

**Flyer** m (DIN 64100) (Spinn) / fly frame, roving frame, speed frame, flyer n, speeder n ‖ ~**garn** n (Spinn) / rove n, roving* n, flyer yarn ‖ ~**garn** s. auch Lunte ‖ ~**hülse** f (DIN 61805) (Web) / flyer bobbin

**Flying body** n (Gegensatz: Lifting body) (Luftf) / wing body, flying body ‖ ~ **spot** m (Eltronik) / flying spot

**Flying-spot-Scanner** m (Eltronik, TV) / flying-spot scanner*

**Fly-over** m (HuT) / flyover n, overpass n (US)

**Flysch** m (marine Sandsteine, Mergel, Schiefertone und Kalke in Wechsellagerung) (Geol) / flysch* n

**Fly's-Eye-Detector** *m* (zum Nachweis von großen Teilchenschauern in der Atmosphäre) (Astr) / fly's eye detector
**Fly-under** *m* (HuT) / flyunder *n*, underpass *n* (US)
**fm** (For) / solid cubic metre ‖ ≃ (Chem) / fermium* *n* ‖ ≃ (For) / solid cubic metre
**FM** (Radio) / frequency modulation*, FM*
**FMA** (Chem) / furfuryl methacrylate
**FMEA** *f* (in der Qualitätstechnik) / FMEA, failure-mode and effect analysis
**F-Menge** *f* (Math) / fuzzy set
**FMG** (EDV) / full multigrid, FMG
**FMN** (Biochem) / flavine mononucleotide, FMN
**FMP** (Chem Verf) / liquid-membrane permeation
**FMQ** (Chem Verf) / fluorosilicone rubber
**FM-Radar** *n* (Radar) / frequency-modulated radar, FM radar, frequency-modulation radar
**FMS** (EDV, Luftf) / flight-management system, FMS
**Fo** (Phys) / Fourier number*, Fourier index
**Foambacks** *pl* (Tex) / foambacks* *pl*, foam-backed fabrics*, foam-laminated fabrics
**Foamglas** *n* (wärmeisolierendes Glas der Pittsburgh Corning) (Glas) / Foamglas *n*
**fob** / free on board, f.o.b.
**F.O.B.** / free on board, f.o.b.
**Fock-Gleichung** *f* (Phys) / Klein-Gordon equation*, Schrödinger-Klein-Gordon equation
**Fock-Raum** *m* (Phys) / Fock space
**Focus** *m* (pl. Foci) (Krankheitsherd) (Med) / focus *n* (pl. foci or -es)
**FO-FO-Schiff** *n* (für das Barge-Carrier-System) (Schiff) / float-on/float-off ship
**Fog** *m* (dichter Nebel ohne wesentliche Beimengung von Staub und Ruß) (Meteor) / fog *n* ‖ ≃ (Meteor) / fog* *n*
**FOG** (Opt) / fibre-optic gyroscope, FOG
**Fogging** *n* (Kondensation von verdampften flüchtigen Bestandteilen aus der Kfz-Innenausstattung unter Ausbildung eines meist trüben Belags an den Innenseiten der Glasscheiben, insbesondere an der Windschutzscheibe - DIN 75 201) (Kfz) / fogging *n*
**Fogging-Verhalten** *n* (von Kunststoffen) (Plast) / fogging effect
**Föhn** *m* (Nord- und Südföhn) (Meteor) / foehn *n* ‖ ≃**keil** *m* (Meteor) / foehn nose ‖ ≃**krankheit** *f* (beim Auftreten von Föhn auf der Nordseite der Alpen) (Med, Meteor) / foehn sickness ‖ ≃**mauer** *f* (von der Leeseite eines Gebirges zu beobachtende mächtige Wolkenbank) / foehn wall ‖ ≃**nase** *f* (Meteor) / foehn nose ‖ ≃**wolke** *f* (linsenförmige Wolke, die sich bei Föhn im Lee von Gebirgen bildet) (Meteor) / foehn cloud
**Föhre** *f* (Pinus sylvestris L.) (For) / Scots pine*, Baltic redwood*, Scotch pine, Scots fir*, Scotch fir
**Föhrenschnittholz** *n* (aus der Pinus sylvestris L.) (For) / red deal*, redwood* *n*, Baltic deal
**Foid** *m* (Min) / feldspathoid* *n*, foid* *n*
**fokal** *adj* (Opt) / focal *adj* ‖ ≃**bereich** *m* (Opt) / in-focus range ‖ ≃**distanz** *f* (eine Kardinalstrecke) (Opt) / focal length*, focal distance ‖ ≃**ebene** *f* (eine Kardinalfläche) (Opt) / focal plane*
**Fokker-Planck-Gleichung** *f* (nach A.D. Fokker, 1887-1972) (Phys) / Fokker-Planck equation
**Fokometer** *n* (zur Brennweitenmessung) (Opt) / focometer* *n*, focimeter *n*
**Fokometrie** *f* (Opt) / focometry *n*
**Fokus** *m* (pl. Fokusse) (Med) / focus *n* (pl. foci or -es) ‖ ≃ (pl. Fokusse) (Opt) / focus* *n* (pl. foci or -es) ‖ ≃ (pl. Fokusse) (Phys) / focal point* ‖ ≃**anpassung** *f* (Mikros) / focus modulation ‖ ≃**fehler** *m* (Opt) / malfocus *n* ‖ ≃**-Film-Abstand** *m* (Radiol) / focus-film distance, FFD ‖ ≃**-Haut-Abstand** *m* (Radiol) / focus-skin distance*
**Fokussierelektrode** *f* (des Elektronenstrahlerzeugers) (Eltronik) / focusing electrode
**fokussieren** *v* (z.B. Elektronstrahlen) (Eltronik, Kernphys) / focus *v* ‖ ≃ (Opt) / focus *vt*, bring into focus
**Fokussier•magnet** *m* (Eltech, Eltronik) / focusing magnet ‖ ≃**spule** *f* (Eltronik) / focusing coil*
**Fokussierung** *f* (fokussieren*) *n*, focussing *n* ‖ ≃ (bei einer Elektronenstrahlröhre - DIN 44400) (Eltronik) / focusing* *n*, focussing *n* ‖ ≃ (Foto, Opt) / focusing* *n*, focussing *n* ‖ **ballistische** ≃ (Eltronik) / ballistic focussing, BF ‖ **elektromagnetische** ≃ / electromagnetic focusing*, magnetic focusing* ‖ **ionosphärische** ≃ / ionospheric focussing ‖ **isoelektrische** ≃ (Trennung von Stoffen mit verschiedenen isoelektrischen Punkten) (Chem) / isoelectric focusing*, electrofocusing *n* ‖ **schwache** ≃ (Nukl) / constant-gradient focusing, CG focusing, weak focusing ‖ **starke** ≃ (Nukl) / strong focusing, alternating-gradient focusing*, AG focusing
**Fokussierungs•automatik** *f* (Opt) / automatic focusing system ‖ ≃**einrichtung** *f* (in der Heliotechnik) (Opt) / concentrator *n* ‖ ≃**trichter** *m* (Raumf) / drogue *n*, drogue assembly

**Folat** *n* (Biochem) / folate *n*, pteroylglutamate *n*
**Folder-Gluer** *m* (Druckwerk, das in eine Wellpappenherstellung eingebaut ist, so daß Wellpappenbogen online bedruckt, gerillt und gestanzt werden können) (Pap) / folder gluer
**Foldy-Effekt** *m* (nach L.L. Foldy, geb. 1919) (Kernphys) / Foldy effect
**Foldy-Wouthuysen-Transformation** *f* (Kernphys) / Foldy-Wouthuysen transformation
**Folge** *f* (von Symbolen, Verarbeitungsanweisungen) (EDV) / string* *n* ‖ ≃ (Eltech) / sequence* *n* ‖ ≃ (Math) / sequence* *n* ‖ **arithmetische** ≃ (Math) / arithmetic progression*, arithmetic sequence ‖ **aufsteigende** ≃ (Math) / increasing sequence ‖ **bestimmt divergente** ≃ (Math) / properly divergent sequence ‖ **divergente** ≃ (Math) / divergent sequence* ‖ **endliche** ≃ (Math) / finite sequence ‖ **geometrische** ≃ (Math) / geometric sequence, geometrical progression, GP, geometric progression ‖ **konsistente** ≃ (Stats) / consistent sequence ‖ **konvergente** ≃ (Math) / convergent sequence ‖ **oszillierende** ≃ (deren Glieder abwechselnd größer und kleiner als eine Konstante sind) (Math) / oscillating sequence ‖ **unendliche** ≃ (Math) / infinite sequence ‖ **zufällige** ≃ (Stats) / random sequence ‖ ≃ *f* **der Länge Eins** (EDV) / unit string ‖ ≃ **von Arbeitsgängen** (F.Org) / sequence of operations, operations sequence, operating sequence, routing *n*
**Folge•-** / consecutive *adj* ‖ ≃ / sequential *adj* (forming a sequence) ‖ ≃**achse** *f* (Bahn) / trailing axle* ‖ ≃**adresse** *f* (EDV) / continuation address ‖ ≃**anstrich** *m* (Schicht) (Anstr) / successive coat, subsequent coat ‖ ≃**äquivalentdosis** *f* (Radiol) / dose-equivalent commitment ‖ ≃**ausfall** *m* (eines Systems) / relevant failure ‖ ≃**ausfall** (der entweder direkt oder indirekt auf den Ausfall einer anderen Einheit zurückzuführen ist) / secondary failure, dependent failure ‖ ≃**ausfall** s. auch **unabhängiger Ausfall** ‖ ≃**fehler** *m* / incorrect sequence, sequence error ‖ ≃**fehler** (Regeln) / tracking error ‖ ≃**fluß** *m* (Geol) / consequent river ‖ ≃**frequenz** *f* (Fernm) / repetition frequency, repetition rate ‖ ≃**karte** *f* (EDV) / trailer card, continuation card ‖ ≃**karte** (Kart) / derived map ‖ ≃**kartenstanzen** *n* (EDV) / gang punching ‖ ≃**kartenstanzer** *m* (EDV) / gang punch* ‖ ≃**kern** *m* (Kernphys) / daughter nucleus ‖ ≃**kosten** *pl* / aftercosts *pl*, resulting costs ‖ ≃**kosten der Umweltverschmutzung** *pl* (einschließlich der Kosten für den Verlust von Natur) (Umwelt) / environmental costs ‖ ≃**maßnahme** *f* / follow-up *n* ‖ ≃**menü** *n* (EDV) / sequential menu ‖ ≃**meter** *m* / running metre
**folgen** *v* / follow *v* ‖ ≃ *n* (Radar) / tracking* *n*
**Folge•paket** *n* (EDV) / more data mark, M bit ‖ ≃**pol** *m* (Eltech) / consequent pole ‖ ≃**produkt** *n* (einer Reaktion) (Chem) / reaction product*, descendant *n* ‖ ≃**produkt** (Kernphys) / daughter product*, daughter *n*, radioactive daughter ‖ ≃**produkt** (in einer Zerfallsreihe) (Kernphys) / decay product*, product of decay, disintegration product ‖ ≃**programm** *n* (EDV) / successor program ‖ ≃**prüfung** *f* (WP) / sequential test ‖ ≃**reaktion** *f* (Chem) / consecutive reaction, consequent reaction ‖ ≃**regelung** *f* (Regeln) / sequential control, sequencing *n* ‖ ≃**register** *n* (Adreßfolge, Befehlsfolge) (EDV) / sequence register* ‖ ≃**regler** *m* (Eltech, Regeln) / follower *n* ‖ ≃**satz** *m* (Korollar) / corollary *n*, rider *n* ‖ ≃**satz** (EDV) / overflow record, no-home record ‖ ≃**schaden** *m* / consequential damage, damaging after-effects ‖ ≃**schadensicher** *adj* (DIN 25401) (Nukl) / fail-safe* *adj* ‖ ≃**schaltsystem** *n* (EDV, Eltech, Regeln) / sequential logic system, sequential network, sequential circuit ‖ ≃**schaltung** *f* (EDV, Eltech, Regeln) / sequential logic system, sequential network, sequential circuit ‖ ≃**schneidwerkzeug** *n* (Masch) / progressive press tool*, progressive die, follow die ‖ ≃**schnitt** *m* (Masch) / progressive press tool*, progressive die, follow die ‖ ≃**signal** *n* (Fernm) / sequence signal ‖ ≃**spalte** *f* (Druck, EDV) / continuation column ‖ ≃**stab** *m* (ein Teil des Steuer- oder Abschaltelementes) (Nukl) / follower *n* ‖ ≃**stanzen** *n* (EDV) / gang punching ‖ ≃**stanzen mit durchsetzten Hauptkarten** (EDV) / interspersed gang-punching ‖ ≃**stanzer** *m* (EDV) / gang punch* ‖ ≃**station** *f* (bei bitorientierten Steuerungsverfahren) (EDV) / secondary station ‖ ≃**steuerung** *f* (EDV, Regeln) / sequential control, sequencing *n* ‖ ≃**steuerung** (Anlage) (EDV) / sequencer *n* ‖ ≃**steuerungsmaschine** *f* (EDV) / secondary station ‖ ≃**stich** *m* (beim Walzen) (Hütt) / consecutive pass ‖ ≃**strang** *m* (in der Replikationsgabel) (Gen) / lagging strand ‖ ≃**strom** (Eltech) / follow current ‖ ≃**tonhorn** *n* (Krankenwagen, Polizei, Feuerwehr, Militär) (Kfz) / two-tone horn ‖ ≃**umschaltkontakt** *m* (Fernsp) / make-before-break contact* ‖ ≃**ventil** *n* (Luftf, Masch) / sequence valve*, sequencing valve ‖ ≃**werkzeug** *n* (Schneidwerkzeug oder Abschneider) (Masch) / progressive press tool*, progressive die, follow die ‖ ≃**wirkung** *f* / after-effect *n* ‖ ≃**zeile** *f* (Druck) / following line ‖ ≃**zeitverfahren** *n* (bei der Stoppuhrzeitmessung) (F.Org) / differential timing ‖ ≃**zylinder** *m* (Kfz) / slave cylinder
**Folia** *pl* (Pflanzenblätter) (Pharm) / folia *pl*
**Foliation** *f* (Geol) / foliation* *n*
**Folie** *f* (meistens metallische, dünner als 0,15 mm) / foil *n* ‖ ≃ / leaf *n* ‖ ≃ (Bildfolie, Arbeitstransparent) / transparency *n* ‖ ≃ (zum Pressen

- aus Metallpulver) (Druck) / metallic foil ‖ ~ (hauchdünne) (Plast) / film* n ‖ ~ (über 0,25 mm Dicke - auf Format geschnittene) (Plast) / sheet n ‖ ~ (unter 0,25 mm Dicke) (Plast) / film n ‖ **dielektrische** ~ (Eltronik) / dielectric film ‖ **durch Feinperforation hergestellte atmungsaktive** ~ (Plast) / porolated film ‖ **formbare** ~ (Plast) / post-forming sheet ‖ **gegossene** ~ (Plast) / cast film ‖ **hochempfindliche** ~ (Verstärkerfolie mit relativ hoher Belegungsdichte) (Radiol) / high-speed screen ‖ **kalandrierte** ~ (Plast) / calendered sheet ‖ **kaschierte** ~ / laminated foil ‖ **mit Fadennetz verstärkte** ~ (Plast) / reticule plastic film ‖ **selbstklebende** ~ / self-adhesive film ‖ ~ **f aus orientiertem Polypropylen** (Plast) / OPP film* ‖ ~ **für Nahrungsmittelverpackung** (extrem dünne - in GB meistens aus Saran) (Plast) / cling foil ‖ ~ **f für Overheadprojektion** / overhead transparency
**Folien•anregungsspektroskopie** f (zur Untersuchung der Anregungs- und Ionisationszustände von Atomen) (Spektr) / beam-foil spectroscopy ‖ ~**ätzdurchkontaktierungsverfahren** n (Eltronik) / etched-foil through-hole process ‖ ~**bändchen** n (aus der Folie geschnittenes Bändchen) (Plast) / slit film, tape, split film ‖ ~**beschichtung** f (Plast) / foil facing ‖ ~**beutel** m (Plast) / sheet bag ‖ ~**blasen** n (ein Extrusionsblasverfahren) (Plast) / film blowing ‖ ~**blaskopf** m (Plast) / film blowing head ‖ ~**bonden** n (Eltronik) / tape carrier bonding ‖ ~**bondverfahren** n (Eltronik) / tape carrier bonding ‖ **automatisches** ~**bondverfahren** (Eltronik) / tape-automated bonding, TAB ‖ ~**dehnmeßstreifen** m / wire strain gauge ‖ ~**detektor** m / foil detector ‖ ~**-DMS** f / wire strain gauge ‖ ~**druck** m (meist auf Rotationsmaschinen) (Druck) / foil printing ‖ ~**druckfarbe** f (Druck) / ink for non-absorbing substrates ‖ ~**einschweißung** f (als Verpackung) / shrink-wrap n, shrink wrapping, shrink pack ‖ ~**film** m (ein Röntgenfilm) (Radiol) / screen-type film ‖ ~**garn** n (Plast) / film yarn, film tape ‖ ~**gießen** n (Plast) / film casting ‖ ~**gleitbahn** f (beim Folienblasen) (Plast) / bubble collapsing board ‖ ~**gleitwalze** f (beim Folienblasen) (Plast) / collapsing roll, bubble collapsing roll ‖ ~**hygrometer** n / foil hygrometer ‖ ~**kalander** m (Plast) / sheeting calender ‖ ~**kaschierung** f (Buchb, Druck) / filminating n, foil laminating ‖ ~**kleben** n (Klebigkeit) / film-sticking n ‖ ~**kondensator** m (Eltech) / foil capacitor ‖ ~**kunstleder** n (ohne Schichtträger) (Plast) / plastic-surfaced artificial leather ‖ ~**lack** m (ein Schutzlack zum Überziehen dünner Zellgips- Verpackungsfolien) (Anstr, Plast) / foil lacquer ‖ ~**lack** (als temporärer Schutz) (Hütt) / temporary film* ‖ ~**lager** n (Masch) / foil bearing ‖ ~**leder** n (Leder) / patent laminated leather, plastic-surfaced laminated leather ‖ ~**leder** (Leder) / plastic-surfaced laminated leather ‖ ~**maske** f (Eltronik) / foil mask ‖ ~**material** n (über 0,25 mm Dicke) (als Material) (Plast) / sheeting n ‖ ~**naht** f (eine Stumpfnaht beim Preßschweißen) (Schw) / foil butt seam ‖ ~**packungsring** m (eine Stopfbuchsendichtung aus Baumwollkern, mit Aluminiumfolie umwickelt) (Masch) / foil packing ring ‖ ~**papier** n (metall- oder kunststoffbeschichtet) (Pap) / foil paper ‖ ~**papier** (Pap) / metal-foil paper n ‖ ~**pressen** n (Druck) / superimposition* n ‖ ~**rohpapier** n (Pap) / foil-mounting paper ‖ ~**schlauch** m (Plast) / blown film, tubular film ‖ ~**-Schneid-Streck-Bäummaschine** f (Plast) / film cut-draw-beaming machine ‖ ~**schweißgerät** n (Plast) / film-sealing unit ‖ ~**schweißgerät** (ein Küchengerät) (Plast) / bag sealer ‖ ~**separator** m (der wartungsfreien Batterie) (Eltech) / envelope separator ‖ ~**tastatur** f (bei der zwei Folien übereinander angebracht sind) (EDV) / membrane keyboard, touch-sensitive keyboard ‖ ~**tastenfeld** n (EDV) / membrane keyboard, touch-sensitive keyboard ‖ ~**technologie** f (eine Sensortechnologie) / foil technology n ‖ ~**walzen** n (Plast) / foil rolling ‖ ~**walzwerk** n (Plast) / foil (rolling) mill ‖ ~**wickel** m (Plast) / reeled film ‖ ~**zuschnitt** m (Ergebnis) (Plast) / precut blank of plastic sheet (foil)
**Folimat** n (Insektizid auf der Basis von Omethoat zur Bekämpfung saugender und beißender Schädlinge) / Folimat n
**Folin-Reaktion** f (Biochem) / Lowry method
**Folins Reagens** (12-Wolframatphosphorsäure) (Chem, Med) / Folin's reagent, Folin solution
**Folinsäure** f (ein Derivat der Folsäure) (Chem) / folinic acid, citrovorum factor
**Folio** n (pl. -ien) (Druck) / folio* n
**Folium Cartesii** (eine algebraische Kurve dritter Ordnung) (Math) / folium of Descartes*, leaf of Descartes
**folkloristisches Druckmuster** (Tex) / ethnic print design
**Follikelreifungshormon** n (Prolan A) (Biochem) / follicle-stimulating hormone*, FSH*
**follikelstimulierendes Hormon** (Biochem) / follicle-stimulating hormone*, FSH*
**Follitropin** n (Biochem) / follicle-stimulating hormone*, FSH*
**Follow-me-home-Funktion** f (Kfz) / follow-me-home function
**Folsäure** f (Biochem) / folic acid*, pteroylglutamic acid (PGA), folacin n

**Fond** m (mit einer Farbe gespritzter Teil der Geschirroberfläche als Untergrund für weitere Dekorationen) (Keram) / single-colour ground, ground n ‖ ~ (hinterer Teil des Wageninnern, der die Rücksitze enthält) (Kfz) / rear n ‖ ~ (Tex) / ground* n, background n ‖ ~ (Tex) / blotch n (wet-in-wet process) ‖ ~**sitz** m (Kfz) / rear seat
**Fondslegen** n (Keram) / ground laying (the application of a uniform colour, usually by dusting a powdered ceramic colour over ware or an area of ware previously painted with an adherent oil) ‖ ~ (Keram) / ground laying
**Fondsspritzen** n (Keram) / ground laying
**Fondtür** f (Kfz) / rear door
**Font** m (EDV) / character font, font n, type font ‖ **bitorganisierter** ~ (EDV) / bit-mapped font, raster font
**Font-Cartridge** f (EDV) / font cartridge
**Fontgenerator** m (die Maschenbildung entscheidendes Maschinenteil der Wirk- und Strickmaschinen) (EDV) / font generator
**Fontur** f (Tex) / needle bed
**Foodwerbung** f (Nahr) / food advertising, foodstuff advertising
**Football** m (Chem) / buckyball n
**Footner-Verfahren** n (zur Entfernung von Rost und Zunder auf Stahl) (Anstr) / Footner process*
**Footprint-Analyse** f (zur Lokalisierung der Proteinkontaktstellen auf der DNS) (Gen) / footprint analysis
**Forastero** m (ein Kakaobaum von großer wirtschaftlicher Bedeutung) (Bot, Nahr) / forastero n
**FORATOM** n (Forum atomique européen) / FORATOM n
**Forbush-Abnahme** f (Meteor, Raumf) / Forbush-effect n
**Forbush-Effekt** m (Abnahme der Intensität der kosmischen Strahlung - nach S.E.Forbush, 1904-1984) (Meteor, Raumf) / Forbush-effect n
**forcierte Entwicklung** (Foto) / forced development*, forced processing, pushed development, forcing n ‖ ~**e Erdölfördermaßnahme** (Erdöl) s. auch tertiäre Gewinnungsphase ‖ ~**e Erdölförderungsmaßnahme** (z.B. Einpressen von heißem Dampf oder Untertageteilverbrennung) (Erdöl) / enhanced oil recovery, EOR ‖ ~**e Trocknung** (DIN EN 971-1) (Anstr) / forced drying, accelerated drying
**Forcing** n (ein Beweisverfahren der Mengenlehre) (Math) / forcing n
**Ford-Algorithmus** m (ein Baumalgorithmus) (EDV) / Ford algorithm
**Ford-Becher** m (zur Viskositätsbestimmung) (Anstr) / Ford cup*
**Förder•-** (Kohle) (Bergb) / run-of-mine attr, run of the mine (coal) ‖ ~**abgabe** f (für die Überlassung des Förderrechtes) (Bergb) / royalty n ‖ ~**anlage** f (Bergb) / winding plant, winding apparatus ‖ ~**anlage** (große) (Masch) / conveyor* n, conveyer n, conveying machine, conveying plant, conveyor system ‖ ~**aufseher** m (Erdöl) / gang pusher (a pipeline foreman) ‖ ~**band** n (Masch) / conveyor band, conveyor belt ‖ **kurvengängiges** ~**band** (Masch) / curved-belt conveyor, curving-belt conveyor, curving conveyor ‖ ~**bandwaage** f (in ein Förderband integrierte Ein-Rollen-Wägeeinrichtung, bestehend aus Meßstation mit Wägezelle, Geschwindigkeitsaufnehmer und Auswertesystem zur kontinuierlichen Fördermassenerfassung von Schüttgut) (For) / continuous-strip weigher, weighing belt, weigh-feeder belt ‖ ~**berg** m (geneigte Strecke) (Bergb) / incline n ‖ ~**betriebsleiter** m (Erdöl) / lease operator ‖ ~**bohrung** f (Erdöl) / producing well, oiler n (US), producing oil well, production well, output well, producer n, off-take well ‖ ~**brücke** f (Bergb) / conveyor bridge ‖ ~**brückenbau** m (Bergb) / overburden conveyor bridge opencast ‖ ~**druck** m (der Pumpe) (Masch) / discharge pressure ‖ ~**einheit** f (z.B. Kiste) / lift n ‖ ~**einrichtung** f (auf dem Meeresboden, die automatisch überwacht und ferngesteuert wird) (Erdöl) / submerged-production system
**Förderer** m (Stetigförderer) (Masch) / conveyor* n, conveyer n ‖ **angetriebener** ~ (Masch) / powered conveyor ‖ **hydraulischer** ~ (Masch) / hydraulic conveyor ‖ **pneumatischer** ~ (ein Stetigförderer) (Masch) / pneumatic conveyer*, air conveyer
**Fördererz** n (Aufber) / raw ore, crude ore ‖ ~ (Bergb) / mine-run ore, as-mined ore, crude ore ‖ **Anteil** m **des nutzbaren Metalls im** ~ (Erz : Nichterz) (Bergb, Hütt) / value n
**förder•fähig durch Pumpe** / pumpable adj ‖ **~fähig mit der Pumpe** / pumpable adj ‖ ~**gas** n (Erdöl) / lift gas ‖ ~**gebläse** n (zur Einbringung in Hochsilos) (Landw) / silo (pneumatic) filler ‖ ~**gebläse** (zum pneumatischen Stetigtransport von Hächsel- oder Schüttgut) (Landw) / pneumatic conveyor ‖ ~**gefäß** n (Skip) (Bergb, Hütt) / skip n ‖ ~**gerüst** n (Einstreben-, Doppelstreben- und Turmgerüst) (Bergb) / headgear n, headframe* n, shaft tower ‖ ~**gestell** n (Bergb) / cage* n, mine cage ‖ ~**gestell** (Bremsbergförderung) (Bergb) / barney n, bullfrog n, donkey n ‖ ~**gestell** (HuT) / cage* n ‖ ~**grus** m (Bergb) / dross* n ‖ ~**gurt** m (Masch) / conveyor band, conveyor belt ‖ ~**gurt mit Stahlseileinlage** (Masch) / steel-cable reinforced belt, steel-cable conveyor belt ‖ ~**guß** m (Plast) / flow moulding ‖ ~**gut** n (das zu fördernde Material) (Masch) / material to be handled, material to be conveyed ‖ ~**haspel** f m (Bergb) / mine hoist ‖ ~**haspel** (Masch) / hauling winch ‖ ~**höhe** f /

**Förderhöhe**

lifting height, height of lift ‖ **~höhe** (im Förderschacht) (Bergb) / lift n ‖ **~höhe** (einer Pumpe) (Masch) / discharge head*, lift n, head n ‖ **~höhe** (beim Hubwagen) (Masch) / raised height ‖ **~höhe** (z.B. bei Fahrtreppen) (Masch) / rise n, vertical rise ‖ **~höhe** (beim Aufzug) (Masch) / travelling height ‖ **geodätische ~höhe** (einer Pumpe) (Masch) / static discharge head, static head ‖ **~höhenkurve** f (Masch) / head-capacity (characteristic) curve ‖ **~horizont** m (Erdöl) / oil-bearing stratum ‖ **~horizont** (Formation mit förderwürdiger Öl- oder Gaslagerstätte) (Erdöl, Geol) / pay horizon, producing horizon ‖ **~kammer** f (der Betonspritzmaschine) (Bau, HuT) / boogie pump, boojee pump, grouting machine, grout pan ‖ **~kanal** m (Geol) / volcanic vent*, vent* n, conduit n ‖ **~kapazität** f (des Wasser- oder des Windstroms) (Wasserb) / capacity n ‖ **~korb** m (Bergb) / cage* n, mine cage ‖ **~korb** (mit zwei Tragböden) (Bergb) / gig n, two-deck cage ‖ **~korb** (Bergb, Hütt) / skip n ‖ **~korb mit Fangvorrichtung** (Bergb) / safety cage* ‖ **~körper** m (Masch) / impeller n ‖ **~lader** m (HuT) / elevating grader ‖ **~leistung** f (mengenmäßig betrachtet) (Bergb) / output n, yield* n, production n ‖ **~leistung** (Masch) / delivery rate (of a pump), output n (of a pump), discharge rate n (of a pump) ‖ **~leistung** (einer Förderanlage) (Masch) / handling rate ‖ **~leistung in Tonnen** (Bergb) / tonnage n

**förderlich•e Redundanz** / useful redundancy, beneficial redundancy, essential redundancy ‖ **~e Vergrößerung** (500- bis 1000faches der Apertur) (Opt) / useful magnification

**Förder•luft** f (Erdöl) / lift air ‖ **~luft** (Masch) / conveying air ‖ **~mann** m (Bergb) / hauler n, haulier n ‖ **~maschine** f (maschinelle Einrichtung, durch die die Bewegung der Förderseile und Förderkörbe in Schächten oder Blindschächten erfolgt) (Bergb) / hoist* n, hoisting machine, hoisting engine ‖ **~maschinenraum** m (Bergb) / hoisthouse n, engine house ‖ **~maschinenraum** (Bergb) / hoistroom n ‖ **~maschinist** m (Bergb) / hoist operator, hoistman n ‖ **~menge** f (mengenmäßig betrachtet) (Bergb) / output n, yield* n, production n ‖ **~menge** (Masch) / delivery* n, displacement* n, volumetric delivery ‖ **~menge** (einer Pumpe je Zeiteinheit) (Masch) / delivery rate (of a pump), output n (of a pump), discharge rate n (of a pump) ‖ **~menge** s. auch Durchsatz ‖ **~mittel** m (Masch) / conveying mean, conveyance n ‖ **~mittel** (Masch) s. auch Transportmittel

**fördern** v / convey v, transport v, carry v, ship v (US) ‖ ~ / develop v ‖ ~ (finanziell) / sponsor v ‖ ~ (z.B. Korrosion) / stimulate v ‖ ~ (ein Projekt) / advance v ‖ ~ (Bergb) / win v, mine v, extract v ‖ ~ (Bergb) / hoist v ‖ ~ (mit der Pumpe) (Masch) / pump v ‖ ~ f (Pumpe) (Masch) / deliver v

**fördernde Redundanz** / useful redundancy, beneficial redundancy, essential redundancy

**Förder, stählerne ~plattform** (die im Meeresboden verankert ist) (Erdöl) / jacket n ‖ **~profil** n (zeitlicher Verlauf der Produktion eines Erdöl- oder Erdgasfeldes) (Erdöl) / production profile ‖ **~provinz** f (ein Gebiet, in dem mehrere Erdöl- oder Erdgasfelder dicht beieinander liegen) (Erdöl) / production region ‖ **~pumpe** f (für Kraftstoff) (Kfz) / feed pump ‖ **~quantum** n (mengenmäßig betrachtet) (Bergb) / output n, yield* n, production n ‖ **~region** f (Erdöl) / production region ‖ **~rinne** f (Bergb) / conveying chute ‖ **schräge ~rinne** (Masch) / gravity chute, slide n, chute n, shoot n ‖ **~rohr** n (der Mammutpumpe) (Masch) / eduction pipe ‖ **~rohrstrang** m (innerhalb des Casings) (Erdöl) / tubing n ‖ **~schale** f (Bergb) / cage* n, mine cage ‖ **~schnecke** f (des Schneckenförderers) (Masch) / screw n, worm n ‖ **~seil** n (Schachtförderung) (Bergb) / hoist cable, hoisting rope ‖ **~seil** (Masch) / fall* n, hoisting rope, fall rope ‖ **~seite** f (der Pumpe, des Verdichters) (Masch) / discharge side, delivery side ‖ **~sohle** f (Bergb) / haulage level* ‖ **~sonde** f (Erdöl) / producing well, oiler n (US), producing oil well, production well, output well, producer n, off-take well ‖ **~strecke** f (als Längenmaß) (Bergb) / haul distance ‖ **~strecke** (ein Grubenbau) (Bergb) / haulage road, haulway n ‖ **~strecke** (für Gleisförderung) (Bergb) / tramroad n ‖ **~strom** m (Masch) / volume flow, capacity n ‖ **~system** n (komplettes) (Masch) / conveyor* n, conveyer n, conveying machine, conveying plant, conveyor system ‖ **~system** (bei Raketen) (Raumf) / feed system ‖ **~technik** f / conveying engineering, transport engineering ‖ **~technik** (im Betrieb) (Masch) / materials handling* ‖ **~test** m (Erdöl) / production test ‖ **~tiefe** f (Erdöl) / producing depth ‖ **~trommel** f (Bergb, Masch) / drum* n, winding drum*, hoisting drum ‖ **~trum** n (der zum Fördern mit dem Förderkorb bestimmte Teil eines Schachtes) (Bergb) / hoisting compartment, hoistway n ‖ **~tuch** n (Landw) / canvas apron, canvas conveyor ‖ **~turm** m (Bergb) / headgear* n, headframe* n, shaft tower ‖ **~turm** (in der Erdöl- und Erdgasförderung) (Erdöl) / derrick n

**Förderung** f / transport n, carriage n, conveyance n, transportation n, cartage n ‖ ~ (z.B. der Ausfuhr) / promotion n ‖ ~ (Bergb) / winning n, mining n, extraction n ‖ ~ (mengenmäßig betrachtet) (mengenmäßig betrachtet) (Bergb) / output n, yield* n, production n ‖ ~ (primäre, sekundäre, tertiäre) (Erdöl) / recovery n, production n, exploitation n ‖ ~ (z.B. der Pumpe) (Masch) / delivery* n ‖ **finanzielle ~** (z.B. der Forschung) / funding n ‖ **gleisgebundene ~** (Bergb) / track haulage ‖ **gleislose ~** (Bergb) / trackless haulage ‖ **hydraulische ~** (Bergb) / hydraulic transport*, hydraulic conveying ‖ **pneumatische ~** (Masch) / pneumatic conveying ‖ **primäre ~** (das Erdöl wird durch den natürlichen Lagerstättendruck zur Fördersonde getrieben) (Erdöl) / primary recovery*, primary production* ‖ **sekundäre ~** (Erdöl) / secondary recovery*, secondary production* ‖ **tägliche ~ in Barrels** (Erdöl) / barrels per day ‖ **wöchentliche ~** (in Tonnen) (Bergb) / weekly tonnage ‖ **~ f des technischen Fortschritts** / promotion of technological progress ‖ **~ im Tagebau** (Bergb) / surface mining ‖ **~ mit geschlossenem Seil** (Bergb) / endless rope haulage*

**Forderungen** f pl (als Bilanzposten) / receivables pl

**Förderungsmaßnahme** f / promotional measure

**Förderungsphase** f (primäre, sekundäre, tertiäre) (Erdöl) / recovery n, production n, exploitation n

**Forderungsübertragung** f / cession n

**Förder•volumen** n (der Pumpe) (Masch) / delivery* n, displacement* n, volumetric delivery ‖ **~vorausschau** f (Voraussage des Förderprofils einer Erdöl- oder Erdgassondeoder eines Erdöl- oder Erdgasfeldes) (Erdöl) / production forecast ‖ **~wagen** m (der Grubenbahn) (Bergb) / tram* n, tub* n ‖ **~wagen** (kleiner) (Bergb) / hutch* n, corf n, corve n, dog n, mine car ‖ **~wagenbremse** f (Bergb) / car retarder ‖ **~weg** m (als Längenmaß) (Bergb) / haul distance ‖ **~werk** n (Masch) / conveyor* n, conveyer n, conveying machine, conveying plant, conveyor system ‖ **~zins** m (Bergb) / royalty n

**Forellenstein** m (eine Varietät von Gabbro) (Geol) / troctolite* n, troutstone* n

**forensisch•e Chemie** (Chem) / forensic chemistry, legal chemistry ‖ **~e Geologie** (Geol) / forensic geology, legal geology ‖ **~e Medizin** (Med) / forensic medicine*, legal medicine*

**Forester-Häff-Speicher** m (EDV) / Forester-Haeff storage

**Forfaitierung** f (eine Art Exportfinanzierung) / forfaiting n

**Forke** f (Landw) / fork n

**For-Life-Schmierung** f (Masch) / lifetime lubrication, for-life lubrication

**Form** f / form* n, shape n ‖ ~ (Leisten) / last n ‖ ~ (für Betonwaren) (Bau, HuT) / mould n, mold n (US) ‖ ~ (Druck) / forme n (GB)*, printing forme ‖ ~ (Fenster oder Dialogfeld, das die Basis einer Visual Basic Anwendung darstellt) (EDV) / form n ‖ ~ (Gieß) / mould n, foundry mould, mold n (US) ‖ ~ (beim Druckguß) (Gieß) / die n ‖ ~ (Glas) / mould n ‖ ~ (Hütt) / section n, shape section, structural shape ‖ ~ (Hochofen) (Hütt) / tuyère* n, twyer(e)* n ‖ ~ (Krist) / form* n ‖ ~ (Math) / quantic n, forme n, homogeneous polynomial ‖ **allgemeine ~** (Math) / general form ‖ **allotrope ~** (Min) / allotrope n, allotropic form ‖ **äußere ~** (Schöndruckform - in Schön- und Widerdruck) (Druck) / outer forme ‖ **biegesteife ~** (für Spannbeton) (HuT) / rigid mould ‖ **einteilige ~** (Glas) / block mould ‖ **geteilte ~** (Gieß) / split mould ‖ **getrocknete ~** (Gieß) / dry-sand mould ‖ **hermitesche ~** (Math) / Hermitian form ‖ **in der ~ beruhigt** (Hütt) / mould-killed adj ‖ **indefinite ~** (Math) / indefinite form ‖ **innere ~** (Druck) / inner forme*, second forme, perfecting forme, inside form ‖ **kanonische ~** (Resonanzhybrid) (Chem) / canonical form ‖ **kanonische ~** (bei Systemen partieller Differentialgleichungen) (Math) / canonical form*, normal form* ‖ **komplizierte ~** / complex shape, intricate shape ‖ **negative ~** (Plast) / female mould, negative mould ‖ **offene ~** (Gieß) / open mould ‖ **positive ~** (Plast) / male mould, positive mould ‖ **trigonometrische ~** (der komplexen Zahlen) (Math) / trigonometric form, polar form ‖ **ungetrocknete ~** (Gieß) / green-sand mould ‖ **verlorene ~** (die nach dem Gießen zerstört wird) (Gieß) / temporary mould ‖ **von ~** (geometrisch) **richtiger ~ abweichend** / out-of-true attr ‖ **zweiteilige ~** (formgebendes Werkzeug) (Glas) / hinged mould, split mould ‖ **~ ändern / deform** v ‖ **~ f des $C_{70}$-Fullerens** (Chem) / American football ‖ **~ geben** v t, shape v ‖ **~ geschützt durch Geschmacksmuster** / design patent

**form•abhängige Entmagnetisierung** (Mag) / self-demagnetization n ‖ **~abweichung** f (der Oberfläche von der geometrisch-idealen Gestalt, z.B. bei der falschen Einspannung des Werkstückes in der Zahnradherstellung) (Masch) / rolling circle error of form ‖ **~abweichung** (bei technischen Oberflächen) (Masch) / form error ‖ **~abweichung** (zulässige) (Masch) / shape tolerance n ‖ **~abweichung von der Geraden** / deviation from a straight line ‖ **~adaptiv** adj / shape-adaptive adj, form-adaptive adj

**formal** adj / formal adj ‖ **~es Elektrodenpotential** (Elektr) / formal electrode potential ‖ **~ falsch** (EDV) / improperly formatted, invalid adj ‖ **~er Grad** (des Polynoms) (Math) / degree n ‖ **~e Ladung** (formales Maß für die Überschußladung in der Umgebung eines gebundenen Atoms) (Chem, Phys) / formal charge ‖ **~e Logik** (die von den inhaltlichen Bedeutungen der Benennungen und der Urteile absieht) (KI, Math) / formal logic ‖ **~er Parameter** (Fortran) (EDV) / dummy argument ‖ **~er Parameter** (Algol) (EDV) / formal parameter ‖ **~e Sprache** (künstliche Sprache, deren Wörter und

Sätze durch wiederholte Anwendung eines Regelsystems gewonnen werden - DIN 5474) (EDV, KI) / formal language ‖ **~es Teilchen** (Kernphys) / formal particle ‖ **~ überprüfen** (EDV) / format-check *v*
**Formal-** / formal *adj*
**Formal** *n* (Azetal des Formaldehyds) (Chem) / formal *n*
**Formaldehyd** *m* (Chem) / formaldehyde* *n*, methanal* *n*, formic aldehyde ‖ **~abgabe** *f* (aus Holzwerkstoffen) (For) / formaldehyde release, formaldehyde emission ‖ **~acetal** *n* (Chem) / formal *n* ‖ **~azetal** *n* (Chem) / formal *n* ‖ **~dimethylazetal** *n* (Chem) / Methylal* *n*, methylformal *n*, dimethoxymethane *n* ‖ **~dismutase** *f* (Biochem) / formaldehyde dismutase ‖ **~gerbung** *f* (Leder) / formaldehyde tannage ‖ **~harz** *n* (Chem, Plast) / formaldehyde resin*, methanal resin ‖ **~natriumhydrogensulfit** *n* (Chem, Foto, Hütt, Tex) / formaldehyde sodium bisulphite ‖ **~resistente Bakterien** (Bakteriol) / formaldehyde-resistant bacteria ‖ **~spaltende Verbindung** (Chem) / formaldehyde-releasing compound ‖ **~wanderung** *f* (in Holzwerkstoffen) (For) / formaldehyde migration
**Formalin** *n* (Warenzeichen für eine etwa 40%ige wäßrige Formaldehydlösung) (Chem) / formalin* *n*
**formalisieren** *v* (EDV, Math) / formalize *v*
**formalisierte Sprache** (ein semantisch interpretierter Kalkül) (EDV, KI) / formalized language
**Formalisierung** *f* (EDV, Math) / formalization *n*
**Formalparameter** *m* (Fortran) (EDV) / dummy argument ‖ **~** (Algol) (EDV) / formal parameter
**Formamid** *n* (Chem) / formamide *n*
**Formamidinsulfinsäure** *f* (Chem) / formamidinesulphinic acid
**Formändern** / change of form
**Formänderung** *f* / change of form ‖ **~** (Deformation) (Mech) / deformation *n*, strain* *n* ‖ **elastische ~** (Mech) / elastic deformation* ‖ **logarithmische ~** (Mech) / degree of deformation, logarithmic deformation ‖ **wahre ~** (Mech) / true strain
**Formänderungs•arbeit** *f* (äußere) (Mech) / work of deformation, deformation work ‖ **~beschleunigung** *f* (Mech) / acceleration of deformation ‖ **~energie** *f* (DIN 13316) (Mech) / energy of deformation, deformation energy, strain energy ‖ **~festigkeit** *f* (Mech, WP) / resistance to deformation, shape retention ‖ **~geschwindigkeit** *f* (Mech) / deformation rate, rate of deformation ‖ **~kraft** *f* (Masch, Mech) / deformation force ‖ **~rest** *m* (Mech) / permanent set*, durable set ‖ **~tensor** *m* (Mech) / strain tensor, deformation tensor ‖ **~verhalten** *n* (Mech, WP) / deformational behaviour, deformation behaviour ‖ **~vermögen** *n* (Mech, WP) / deformability *n* ‖ **~widerstand** *m* (Mech) / deformation resistance ‖ **~wirkungsgrad** *n* (Mech) / deformation efficiency
**Formanit** *m* (reines YTaO$_4$, wobei Y = Ti oder Fe$^{2+}$) (Min) / formanite *n*
**Formanlage** *f* (Anlage zur mechanischen bzw. automatischen Herstellung von Gußstücken in verlorenen Formen, bei der die zur Gußstückherstellung notwendigen Arbeitsverrichtungen überwiegend von maschinellen Ausrüstungen übernommen werden) (Gieß) / moulding plant
**Formant** *m* (pl. -ten) (DIN 1320) (Akus, EDV, KI) / formant* *n*
**Formantsynthesisator** *m* (Akus, EDV) / formant synthesizer
**Formarbeit** *f* (Gieß) / moulding* *n* ‖ **~** (Glas) / mould-blowing *n*
**Formart** *f* (Chem, Phys) / state of matter*, state of aggregation
**Format** *n* (Größe, Ausmaß) / size *n*, format *n* ‖ **~** (quer oder hoch) (Druck, EDV) / orientation *n* ‖ **~** (Anordnung der Daten auf einem Datenträger) (EDV) / format* *n* ‖ **~** (Film) / gauge *n* ‖ **festes ~** (EDV) / fixed format ‖ **freies ~** (EDV) / free format ‖ **gepacktes ~** (EDV) / packed format ‖ **gezontes ~** (EDV) / zoned format ‖ **textverarbeitbares ~** (EDV) / text-processable format (TPF) ‖ **ungepacktes ~** (EDV) / unpacked format, zoned format ‖ **variables ~** (EDV) / variable format ‖ **~** *n* **der beschnittenen Buchseite** (Buchb, Druck) / trimmed size* ‖ **~ mit fester Blockfolge** (EDV) / fixed-block format
**Format•angabe** *f* (ALGOL) (EDV) / format item ‖ **~angabe** (FORTRAN) (EDV) / format specification ‖ **~anweisung** *f* (EDV) / format statement ‖ **~begrenzung** *f* (der Stoffbahn auf dem Sieb mittels Luftstrahlen) (Pap) / air deckle ‖ **~begrenzungsleiste** *f* (Pap) / deckle edge, deckle board ‖ **~beschreibung** *f* (EDV) / picture *n* ‖ **~bibliothek** *f* (EDV) / format library ‖ **~bild** *n* (EDV) / masking frame*, universal easel ‖ **~bogen** *m* (Druck, Pap) / untrimmed sheet, size sheet ‖ **~datei** *f* (EDV) / format file ‖ **~einblendung** *f* (als Anzeigehintergrund) (EDV) / format flash, forms flash ‖ **~einstellung** *f* (bei der Reproduktion) (Druck) / scaling *n* ‖ **~frei** *adj* (EDV) / unformatted *adj*, non-formatted *adj*, free-format *attr* ‖ **~gebunden** *adj* (EDV) / formatted *adj*
**formatieren** *v* (EDV) / format *v*
**formatierender Editor** (EDV) / formatting editor
**Formatierer** *m* (EDV) / formatter *n*
**Formatierprogramm** *n* (EDV) / formatter *n*

**formatiert** *adj* (EDV) / formatted *adj*
**Formatierung** *f* (EDV) / formatting* *n* ‖ **harte ~** (EDV) / high-level formatting ‖ **logische ~** (EDV) / logical formatting ‖ **physikalische ~** (EDV) / physical formatting, low-level formatting
**Formatierungsanzeige** *f* (EDV) / formatting flag
**Formation** *f* (Biol) / formation *f* ‖ **~** (stratigrafische) (Geol) / system* *n* ‖ **~** (Geol) / formation* *n*, terrane *n* ‖ **produktive ~** (Erdöl, Geol) / producing formation ‖ **unproduktive ~** (bei deren Vorhandensein "die Koffer gepackt werden") (Erdöl) / suitcase rock
**Formations•druck** *m* (Erdöl, Geol) / formation pressure ‖ **~flug** *m* (Luftf) / formation flight ‖ **~tabelle** *f* (Geol) / table of strata* ‖ **~wasser** *n* (Erdöl, Geol) / formation water ‖ **~widerstandsfaktor** *m* (Geol) / formation factor, resistivity factor
**Format•kette** *f* (EDV) / format chain ‖ **~kreissäge** *f* (For) / sizing circular saw ‖ **~lage** *f* (Druck, EDV) / orientation *n* ‖ **~leiste** *f* (in der Siebpartie der Papiermaschine) (Pap) / deckle edge, deckle board ‖ **~programm** *n* / formatting program ‖ **~quittung** *f* (EDV) / format acknowledgement ‖ **~schneider** *m* (Pap) / guillotine* *n*, face-cutting machine ‖ **~stege** *m pl* (rechteckige, mit Aussparungen versehene Eisenstücke zum Bilden der Druckform) (Typog) / furniture* *n* ‖ **~stellen** *n* (Pap) / deckle adjustment ‖ **vertikale ~steuerung** (EDV) / vertical format control (VFC) ‖ **~steuerzeichen** *n* (DIN 66254) (EDV) / format effector (FE) ‖ **~variable Druckmaschine** (Druck) / variable-size printing press ‖ **~verstellung** *f* (Pap) / deckle adjustment ‖ **~zeichen** *n* (EDV) / format character
**Form•ätzen** *n* (Ausschneiden dünner Blechteile aus Platinen durch fotomechanisches Ätzen) (Masch) / form etching, etching blanking ‖ **~ausdehnung** *f* (Gieß) / mould expansion ‖ **~automat** *m* (Gieß) / automatic moulding machine
**Formazan** *n* (Chem) / formazan *n*
**Formazanfarbstoff** *m* (Tex) / formazan dyestuff
**Formazin** *n* (dessen wäßrige Lösung als Trübungsstandard eingesetzt wird) (Chem) / formazine *n*
**Formband** *n* (unter der Streuastation) (For) / continuous forming conveyor (fibreboard manufacture)
**formbar** *adj* / formable *adj* ‖ **~** / plastic *adj* ‖ **~** / mouldable *adj* ‖ **~e Folie** (Plast) / post-forming sheet* ‖ **~e Masse** / dough *n*, paste *n* ‖ **~e Tafel** (Plast) / post-forming sheet*
**Formbarkeit** *f* / plasticity* *n* ‖ **~** / formability *n* ‖ **~** / mouldability *n*
**Form•baum** *m* (Landw) / trained tree ‖ **~beschichtung** *f* (Gieß) / mould coating ‖ **~beständig** *adj* / dimensionally stable, stable-dimension *attr* ‖ **~beständig** (Mech) / resistant to deformation ‖ **~beständigkeit** *f* (Mech, WP) / resistance to deformation, shape retention ‖ **~beständigkeit** (Tex) / shape retention, stability of shape ‖ **~beständigkeit in der Wärme** (als Temperaturangabe) (Plast) / heat-distortion point, heat-distortion temperature ‖ **~betrieb** *m* (Gieß) / mould shop, moulding shop ‖ **~bett** *n* (Druck) / bed* *n* ‖ **~bett** (Gieß) / carriage* *n* ‖ **~bett** (im Hochdruckverfahren) (Druck) / bed *n* ‖ **~blasen** *n* (Glas) / mould-blowing *n* ‖ **~blatt** *n* (Pap) / form *n*, blank *n*, printed form ‖ **~brett** *n* (Gieß) / moulding plate ‖ **~dehngrenzenverfahren** *n* (Mech) / method for determining the permanent elongation limit ‖ **~dichtung** *f* (Masch) / gasket* *n* ‖ **~draht** *m* (Hütt) / section wire, shaped wire, profiled wire ‖ **~drehen** *n* (Einstechdrehvorgang, bei der die Form der Meißelschneide der Erzeugenden der herzustellenden Formfläche entspricht) (Masch) / form turning ‖ **~einsatz** *m* (Gieß) / insert* *n*, cast-in insert, cavity insert ‖ **~einstreichmittel** *n* (Chem Verf) / mould release agent, release agent, parting agent, mould lubricant, bond breaker
**Formel** *f* (Chem, Kfz) / formula* *n* (pl. formulas or formulae) ‖ **~ 1** (im Motorsport) (Kfz) / Formula One ‖ **~** *f* (Satz eines Kalküls) (Math) / formula *n* (pl. formulas or formulae) ‖ **~** (Math) / expression *n* ‖ **Ampèresche ~** (Phys) / integral Biot-Savart law (in non-vector notation) ‖ **atomare ~** (KI) / atomic formula ‖ **Aufstellung** *f* **einer ~** / formulation *n* ‖ **Bayessche ~** (nach Th.Bayes, 1702-1761) (Stats) / Bayes' theorem (for calculating a posterior probability) ‖ **binomische ~n** (für alle Zahlen a,b) (Math) / binomial formulae ‖ **Blasiussche ~** (zur Berechnung von Kräften und Momenten, die auf einen zylindrischen Körper in stationärer reibungsfreier inkompressibler Strömung wirken) (Phys) / Blasius equation ‖ **Bredtsche ~n** (bei dünnwandigen Hohlquerschnitten) / Bredt-Batho theory (of thin-walled tubes) ‖ **Cardanische ~** (zur Lösung der kubischen Gleichung) (Math) / general cubic equation, Cardan's solution of the cubic ‖ **chemische ~** (Chem) / chemical formula ‖ **einfachste ~** (Chem) / stoichiometric formula, stoicheiometric formula ‖ **einfachste ~** (Chem) / empirical formula* ‖ **empirisch abgeleitete ~** (Masch, Phys) / empirical formula* ‖ **erfüllbare ~** (wenn es eine Interpretation und eine Belegung gibt, bei der die Formel wahr ist) (Math) / satisfiable formula ‖ **Eulersche ~** (Eulersche Relation) (Math) / Euler's formula* ‖ **Fresnelsche ~** (Opt) / Fresnel equation ‖ **geradkettige ~** (Chem) / straight-chain formula ‖ **Hartleysche ~** (Informationsgehalt) (EDV) / Hartley's formula ‖ **Hertzsche ~** (zur

**Formel**

Ermittlung der Beanspruchung bei Berührung zweier Körper) (Mech) / formula of Hertz, Hertz formula ‖ **Plancherels** ~ (nach M. Plancherel, 1885 - 1967) (Math) / Plancherel formula ‖ **prädikatenlogische** ~ / formula of the predicate calculus ‖ **rekurrente** ~ (Math) / recursion formula, reccurence formula ‖ **Rodriguessche** ~ (Math) / Rodrigues formula ‖ **Stokessche** ~ (für die Kugelumströmung) (Phys) / Stokes' law*, Stokes's formula ‖ **Toussaintsche** ~ (zur Bestimmung der Temperatur in der freien Atmosphäre unterhalb der Tropopause) (Geophys) / Toussaint's formula ‖ **wohlformulierte** ~ (EDV, Math) / well-formed formula ‖ **zweite Gregory-Newtonsche** ~ (nach J. Gregory, 1638-1675) (Math) / Gregory-Newton forward formula, Newton's interpolation formula with forward differences, Gregory-Newton forward difference formula ‖ ~ *f* **für die Steighöhe** (der Flüssigkeit in Kapillaren) (Phys) / Juvin's rule ‖ ~ **für Flächeninhalt** (Math) / area formula ‖ ~ **von Bazin** (empirische Formel für C in der Chézyschen Gleichung) (Phys) / Bazin's formula ‖ ~ **von Colebrook** (für Rohre mit technischer Rauhigkeit) (Wasserb) / Colebrook equation ‖ ~**n** *f pl* **von Weingarten** (Math) / Weingarten formulas, Weingarten equations
**Formelastizität** *f* (Phys) / elasticity of form
**Formel • masse** *f* (Chem) / formula mass ‖ **relative** ~**masse** (die Summe der relativen Atommassen aller Atome, die sich aus der jeweiligen Substanzformel einer chemischen Verbindung ergeben) (Chem) / formula weight ‖ ~**masse** *f* **in g** (Chem) / gram formula mass ‖ ~**rennwagen** *m* (Kfz) / formula car ‖ ~**satz** *m* (DIN 1338) (Druck, EDV, Typog) / composition of scientific formulae ‖ ~**schablone** *f* (mit deren Hilfe Strukturformeln gezeichnet werden können) (Chem) / formula stencil, formula template ‖ **lineare** ~**schreibweise** (Chem) / linear-formula method ‖ ~**sprache** *f* (Chem) / symbolic language, formula language ‖ ~**übersetzung** *f* (EDV) / formula translation ‖ ~**zeichen** *n* (DIN 1304) / symbol* *n* (for use in formulae), formulaic symbol
**formen** *v* / form *vt*, shape *v* ‖ ~ (Gieß) / mould *v* ‖ ~ (rotationssymmetrische Gefäße mit der Töpferscheibe) (Keram) / throw ‖ ~ (Tex) / shape *v* ‖ **spanend** ~ (Masch) / machine *v*, cut a chip ‖ ~ *n* (Gieß) / moulding* *n* ‖ ~ (von rotationssymmetrischen Gefäßen mit der Töpferscheibe) (Keram) / throwing *n*, free-hand throwing ‖ ~ **bauen** (Gieß) / mould *v* ‖ ~ **herstellen** (Gieß) / mould *v* ‖ ~ *n* **in der Grube** (Gieß) / pit moulding* ‖ ~ **mit (der) Modellplatte** (Gieß) / plate moulding*
**Formen • bau** *m* (Gieß) / mould-making *n* ‖ ~**bauer** *m* (Gieß) / moulder *n* ‖ ~**einsatz** *m* (Gieß) / insert* *n*, cast-in insert, cavity insert ‖ ~**einstreichmittel** *n* (Chem Verf) / mould release agent, release agent, parting agent, mould lubricant, bond breaker ‖ ~**förderer** *m* (Gieß) / mould conveyor ‖ ~**gips** *m* / gypsum moulding plaster, casting plaster ‖ ~**herstellung** *f* **in der Grube** (Gieß) / pit moulding* ‖ ~**-Match** (KI, Math) / shape matching ‖ ~**rahmen** *m* (Gieß) / jacket *n*, slip jacket, mould frame jacket ‖ ~**ring** *f* (formerteilendes Element des Stempels beim Glaspressen in eine Hohlform) (Glas) / plunger ring, plunger collar, pressing ring ‖ ~**schluß** *m* (Druckguß) (Gieß) / die lock-up system ‖ ~**schmiermittel** *n* (Glas) / mould dope, dope *n* ‖ ~**schmierung** *f* (Glas) / doping *n*, swabbing *n* ‖ ~**tisch** *m* (Gieß) / mould table, moulding-box table
**Formentlüftung** *f* (Gieß) / venting* *n*
**Formen • trennebene** *f* (beim Druckguß) (Gieß) / die-parting plane ‖ ~**trennebene** (beim Sandguß) (Gieß) / mould-parting plane ‖ ~**trennmittel** *n* (Gieß) / mould release agent, release agent, parting agent, mould lubricant, bond breaker ‖ ~**trockner** *m* (Gieß) / mould drier ‖ ~**vergleich** *m* (KI, Math) / shape matching
**Former** *m* (von Impulsen) (Fernm) / shaping network*, shaper *n* ‖ ~ (Gieß) / moulder *n*
**Formerei** *f* (Gieß) / mould shop, moulding shop
**Former • pinsel** *m* (Gieß) / moulder's brush ‖ ~**stift** *m* (Gieß) / moulding nail, sprig* *n*, foundry nail, moulding pin ‖ ~**stifte stecken** (Gieß) / sprig *v*
**Form • faktor** *m* (eines Gummikörpers - nach Kimmich) (Chem Verf) / shape factor ‖ ~**faktor** (Größe des Einbauschachts) (EDV) / form factor ‖ ~**faktor** (einer Wechselgröße der Effektivwert dividiert durch den Gleichrichtwert) (Elektr) / form factor* ‖ ~**faktor** (bei Spulen) (Eltech) / form factor, shape factor ‖ ~**faktor** (Kernphys) / form factor ‖ ~**fehler** *m* / form error, error of form ‖ ~**fehler durch Krümmung** (bei optischen Gläsern) (Glas) / warp *n* ‖ ~**fest** *adj* (Mech) / resistant to deformation ‖ ~**festigkeit** *f* (beim Sandguß) (Gieß) / mould strength ‖ ~**festigkeit** (Mech, WP) / resistance to deformation, shape retention ‖ ~**verzögerte** ~**fixierung** (beim Permanent-Press-Verfahren) (Tex) / deferred curing, delayed curing ‖ ~**fleisch** *n* (Nahr) / restructured meat, moulded meat, reformed meat ‖ ~**fräsen** *v* (For) / moulding *n* ‖ ~**fräsen** (Masch) / form milling, profile milling (US) ‖ ~**fräser** *m* (Masch) / forming cutter, form cutter ‖ ~**fräsmaschine** *f* (z.B. Rundstabfräsmaschine, Rundstabkehlmaschine) (Tischl) / moulder *n* ‖ **[Untertischbauweise der]** ~**fräsmaschine** (Tischl) / spindle moulder* *n* ‖

~**füllungsvermögen** *n* (Vermögen eines flüssigen Metalls, den Formhohlraum mit hoher Konturenschärfe abzubilden) (Gieß) / fluidity *n*, flowing power ‖ ~**gase** *n pl* (Gieß) / pouring fumes
**formgebend • es Bauteil** (Luftf) / former* *n* ‖ ~**es Bauteil** (Luftf) s. auch Spant ‖ ~**e Werkzeugöffnung** (bei Umformwerkzeugen) (Masch) / die throat
**Formgebung** *f* / forming *n*, shaping *n* ‖ ~ (Masch) / design *n* ‖ ~ (einer optischen Fläche) (Opt) / figuring *n* ‖ ~ (konstruktive) (Typog) / design *n*, layout *n*
**Formgebungsfehler** *m* / forming defect
**Formgebungsmaschine** *f* (Glas) / forming unit
**Form • gedächtniseffekt** *m* (Verbleiben von Restaktivität) (Kernphys, Plast) / memory effect ‖ ~**gedächtnislegierung** *f* (Hütt) / shape-memory alloy, memory metal, memory alloy ‖ ~**genauigkeit** *f* / accuracy of form, accuracy of shape ‖ ~**gerecht** *adj* (Maschenware) (Maschenware) (Tex) / fully fashioned*, full-fashioned *adj* ‖ ~**gestaltung** *f* (Masch) / design *n* ‖ ~**gestaltung** *f* Formgebung (konstruktive) (Typog) / design *n*, layout *n* ‖ ~**getreu** *adj* / true in form ‖ ~**gips** *m* / gypsum moulding plaster, casting plaster ‖ ~**glättwerkzeug** *n* (Gieß) / egg sleeker* ‖ ~**grube** *f* (Gieß) / moulding pit ‖ ~**guß** *m* (Gieß) / mould casting ‖ ~**gußmasse** *f* / casting material ‖ ~**gußstück** *n* (Gieß) / casting* *n*, cast piece, cast part ‖ ~**hälfte** *f* (in der Druckgießmaschine) (Gieß) / die half ‖ ~**halle** *f* (Gieß) / moulding bay ‖ ~**heizung** *f* (Chem Verf) / mould curing, mould cure ‖ ~**herd** *m* (Gieß) / bed *n* ‖ ~**herstellung** *f* (Gieß) / moulding* *n* ‖ ~**hobel** *m* (For, Tischl) / moulding plane* ‖ ~**hobeln** *n* (Masch) / planing with form tool ‖ ~**hohlraum** *m* (in der Gießform) (Gieß) / mould cavity ‖ ~**hohlung** *f* (Plast) / mould cavity ‖ ~**holz** *n* (For, Tischl) / bentwood *n*
**Formiat** *n* (Salz oder Ester der Ameisensäure) (Chem) / formate* *n*, methanoate* *n*
**Formiergas** *n* (reduzierend wirkendes Gasgemisch zum Schutz der Unterseite der Wurzellage beim Schutzgasschweißen vor atmosphärischen Einflüssen) (Schw) / inert gas
**formiertes Pigment** / predispersed pigment, pigment preparation
**Formierung** *f* (auch handelsfähige Zubereitung eines Pflanzenwirkstoffes) (Chem, Pharm) / formulation *n* ‖ ~ (von Bleiakkumulatorplatten) (Galv) / formation *n*, forming *n*
**forminstabiler Kunststoffbehälter** (Plast) / collapsible plastic container, plastic container
**Form • invarianz** *f* (Math) / covariance *n* (the property of a function of retaining its form when the variables are linearly transformed) ‖ ~**kasten** *m* (starrer metallischer Rahmen, der zur Aufnahme, zum Festhalten des in ihm verdichteten Formstoffes dient und den Transport von Formen ermöglicht) (Gieß) / flask* *n*, moulding box* ‖ ~**kastenförderer** *m* (Gieß) / moulding-box conveyor ‖ ~**kastenschore** *f* (Gieß) / flask bar ‖ ~**kern** *m* (Gieß) / mould core ‖ ~**kohle** *f* (Kftst) / plastic coal ‖ ~**koks** *m* (Kftst) / formed coke, moulded coke, shaped coke ‖ ~**kopf** *m* (der Streumaschine) (For) / forming head, spreading head ‖ ~**korrektur** *f* (beim Druckguß) (Gieß) / die debugging, die development ‖ ~**kühlung** *f* (Gieß) / mould cooling ‖ ~**lackierung** *f* (Gieß) / mould coating ‖ ~**läppen** *m* (Masch) / profile lapping ‖ ~**lehm** *m* (ein Formstoff) (Gieß) / moulding loam ‖ ~**lehre** *f* (die zur Überprüfung der Konturen des Prüfstücks dient - möglichst ideale Gegenform zum Prüfling) (Masch) / receiver gauge ‖ ~**leiste** *f* (Tischl) / moulding *n* ‖ ~**leiter** *m* (Eltech) / shaped conductor
**Formling** *m* (im allgemeinen) / formed body, formed part ‖ ~ (Hütt, Masch) / formed body, formed part ‖ ~ (Keram) / blank *n* (moulded) ‖ ~ s. auch Formteil ‖ **[Ziegel]** ~ (Keram) / green brick*
**Formlinie** *f* (Kart) / form line
**formlos** *adj* / formless *adj*, shapeless *adj*, unformed *adj* ‖ ~**e Dichtmasse** (in Tuben- oder Pastonform) (Masch) / mechanical gasket, liquid gasket, room-temperature vulcanizing gasket, RTV gasket
**Form • maschine** *f* (zum Herstellen von Faser- und Spanplatten) (For) / forming machine ‖ ~**maschine** (Gieß) / moulding machine* ‖ ~**maske** *f* (ein erhärtetes Sand-Kunstharz-Gemisch, das in möglichst gleicher Dicke um die Modellkonturen eine Maske bildet) (Gieß) / shell *n*, moulding shell ‖ ~**maskensand** *m* (Sand + Kunstharz) (Gieß) / plastsand *n* ‖ ~**masse** *f* (für Trockenformen) (Gieß) / moulding compound ‖ ~**masse** (DIN 7708, T 1) (Plast) / moulding material, moulding compound ‖ **härtbare** ~**masse** (früher Preßmasse) (Plast) / thermocurable compound ‖ ~**material** *n* (Hütt) / sectional material, sections *pl* ‖ ~**meißel** *m* (Masch) / forming cutter* ‖ ~**mulde** *f* (einer Brikettpresse) / cup *n* ‖ ~**naht** *f* (Glas) / seam *n*, mould joint, parting line, mould mark ‖ ~**nest** *n* (DIN 24450) (Plast) / mould cavity ‖ ~**oberteil** *n* (Gieß) / cope* *n*, top box
**Formol** *n* (Warenzeichen für eine etwa 40%ige wäßrige Formaldehydlösung) (Chem) / formalin* *n*
**Formoltitration** *f* (Chem) / formol titration*, Sörensen's formol titration*
**Formosakampfer** *m* (Chem) / Formosa camphor
**Formose** *f* (ein Zuckergemisch) (Chem) / formose *n*

Form•pappe f (Pap) / moulded board ‖ ⁓parameter m (Schiff) / coefficient of fineness*, form parameter ‖ ⁓platte f (Sandform) (Gieß) / moulding plate ‖ ⁓pressen n (Plast) / compression moulding* ‖ ⁓preßpappe f (Pap) / moulded pulp ‖ ⁓puder m (der dem sauberen Trennen von Modell und Form bzw. von Ober- und Unterkasten dient) (Gieß) / moulding (parting) powder ‖ ⁓rahmen m (bei kastenlosen Formen) (Gieß) / jacket n, slip jacket, mould frame jacket ‖ ⁓sand m (Gieß) / moulding sand*, sand* n ‖ verschnittener ⁓sand (Gieß) / blended moulding sand ‖ ⁓sand m hoher Gasdurchlässigkeit (Gieß) / open sand* ‖ ⁓sandaufbereitungsanlage f (Gieß) / moulding sand preparation plant ‖ ⁓satz m (bei dem sich die Zeilen der Form einer Grafik [eine Abbildung oder eine andere Kontur] anpassen) (EDV) / runaround n ‖ ⁓satz (Typog) / shape setting ‖ ⁓schablone f / shape template ‖ ⁓schäumen n (Plast) / sandwich moulding (in situ), foam-in-place method ‖ ⁓schäumen (Plast) / foam moulding (thermoplastics and thermosets) ‖ ⁓scheibenmeißel m (ein Formdrehmeißel) (Masch) / circular form tool* ‖ ⁓schiene f (Spinn) / copping rail*, shaper rail* ‖ ⁓schießmaschine f (Gieß) / shoot-moulding machine ‖ ⁓schleifen n (Schleifen mit gesteuerter Vorschubbewegung nach DIN 8589, T 11) (Masch) / profile grinding*, profiling* n, form grinding* ‖ ⁓-Schleuderguß m (Gieß) / pressure casting ‖ ⁓schlichte f (Gieß) / coating n, dressing n, facing n, wash n ‖ ⁓schließen (Druck) / chase locking, quoining n, lock-up* n ‖ ⁓schließen (Plast) / clamping of the mould, mould clamping, closure of the mould ‖ hydraulisches ⁓schließen (Plast) / hydraulic clamping ‖ ⁓schließkraft f (Plast) / mould-clamping force ‖ ⁓schluß m (z.B. einer Kette) (Masch) / form grip ‖ ⁓schluß (Plast) / clamping of the mould, mould clamping, closure of the mould ‖ vorgespannter ⁓schluß (Masch) / prestressed positive locking ‖ ⁓schlußglied n / engaging member (positive connection), interlocking member (positive connection) formschlüssig adj (Masch) / positive adj ‖ ⁓e ausrückbare Kupplung (Masch) / positive clutch ‖ ⁓e Schwingbeanspruchung (WP) / positive dynamic stress conditions ‖ ⁓e Verbindung (Masch) / positive connection ‖ ⁓e Zugmittel n pl (Masch) / positive belts and chains Form•schlußverbindung f (Masch) / positive connection ‖ ⁓schmieden n (Masch) / precision forging ‖ ⁓schneiden n (zur Herstellung der Außenform am geschlossenen Blechwerkstück) (Masch) / blanking n ‖ ⁓schneider m (Buchb) / block cutter ‖ ⁓schnitt m (Schneidwerkzeug, bestehend aus Stempel und Schneidplatte, zum Ausschneiden von Werkstücken im beliebig geformten geschlossenen Schnitt) (Masch) / blanking tool ‖ ⁓schön adj / shapely adj, elegant adj ‖ ⁓schwärze f (Gieß) / blacking* n, black dressing, black wash, black mould dressing ‖ ⁓schwärzemühle f (Gieß) / blacking mill, coke mill* ‖ ⁓schwieriges Gußteil (Gieß) / casting difficult to mould ‖ ⁓signal n (heute nicht mehr gebraucht) (Bahn) / form signal ‖ ⁓skelett n (für Blasfolien) (Plast) / skeleton mould ‖ ⁓sperrholz n (For) / moulded plywood ‖ ⁓sprüheinrichtung f (beim Druckguß) (Gieß) / die spray equipment ‖ ⁓spule f (Eltech) / former-wound coil*, pulled coil* ‖ ⁓spulen-Motorette f (Eltech) / form-wound motorette n, former-wound motorette ‖ ⁓spüler m (Wäschebehandlungsmittel) (Tex) / fabric former formstabil adj / dimensionally stable, stable-dimension attr ‖ ⁓ (Tex) / permanent-press attr ‖ ⁓e Schachtel (Pap) / rigid box Form•stabilität f (Gieß) / mould strength ‖ ⁓stahl (als Werkstoff) (Hütt) / section steel, sectional steel ‖ ⁓stahl (warmgewalztes Fertigerzeugnis in Profilform) (Hütt) / steel section, structural section, sectional steel ‖ ⁓stahlwalzwerk n (Hütt) / section mill, structural mill ‖ ⁓stanze f (Masch) / stamping die ‖ ⁓stanzen n (Masch) / forming to size, restriking for sizing ‖ ⁓stanzen (flacher Teile mit Prägecharakter) (Masch) / embossing n, raising n ‖ ⁓stein m (eine Sonderanfertigung) (Bau) / moulded brick, purpose-made brick*, special-shape brick ‖ ⁓stein für spitzwinklige Ecken (Bau) / squint* n ‖ ⁓stich m (beim Walzen) (Hütt) / former n, shaping pass, forming pass ‖ ⁓stoff m (z.B. mit organischen oder anorganischen Bindern) (Gieß) / moulding material ‖ ⁓stoff (der aus Formmassen durch spanlose Formung hergestellt worden ist - DIN 7708, T 1) (Plast) / moulded material ‖ selbstaushärtender kunstharzgebundener ⁓stoff (Gieß) / cold-resin sand ‖ feuerfester ⁓stoff zum Umhüllen der Modelle (beim Feinguß) (Gieß) / investment* n ‖ kalthärtender ⁓stoffbinder (Gieß) / no-bake binder, cold-setting binder ‖ ⁓stoffmischer m (Gieß) / muller n, moulding material mixing machine ‖ ⁓stoffschleuder f (Gieß) / aerator n, sand aerator ‖ ⁓stoßen n (Masch) / form shaping, shaping by the use of formed tool, contour shaping ‖ ⁓stück n (als Abdeckung) (Bau) / coping brick*, coping-stone n, cope stone, capping brick*, cope n ‖ ⁓stück (Masch) / plain fitting, special casting ‖ ⁓stück für Rohrleitungen ohne Richtungsänderung (Klemp) / run* n ‖ ⁓stücke n pl (Masch) / fittings* pl ‖ ⁓stück n (im allgemeinen) / formed piece, formed part ‖ ⁓teil (z.B. für die Stuckverzierung) (Bau) / mould* n ‖ ⁓teil (Hütt) / shape n, shaped part ‖ ⁓teil (Plast) / moulding* n, moulded part ‖ ⁓teilätzen n / chemical machining, chemical milling ‖ ⁓teilung f (die Trennlinie oder Trennfläche bzw. -ebene) (Gieß) / joint* n, parting line, parting plane ‖ ⁓tisch m (Gieß) / mould table, moulding-box table ‖ ⁓toleranz f (DIN 7184, T 1) (Masch) / form tolerance, tolerance of form, error of form ‖ ⁓- und Lagetoleranz f (DIN 7184, T 1) (Masch) / geometrical tolerance ‖ ⁓trennebene f (beim Druckguß) (Gieß) / die-parting plane ‖ ⁓trennebene (beim Sandguß) (Gieß) / mould-parting plane ‖ ⁓überzug m (Gieß) / facing n, coating n, dressing n

Formular n (Pap) / form n, blank n, printed form ‖ auf Bestellung gefertigtes ⁓ / custom form ‖ intelligentes ⁓ (EDV) / smart form ‖ ⁓ n mit Randlochung (EDV) / pin-feed form ‖ ⁓ablagekorb m (EDV) / forms tray ‖ ⁓aufbau m (konkreter) (Druck, EDV) / form layout ‖ ⁓ausrichtung f (EDV) / form alignment ‖ ⁓breite f (EDV) / form width ‖ ⁓brief m (EDV) / form letter ‖ ⁓darstellung f (in der grafischen Datenverarbeitung) (EDV) / forms overlay ‖ ⁓dia n (EDV) / forms overlay ‖ ⁓druck (Drucken von Formularen) (Druck, EDV) / forms printing ‖ ⁓druck (Drucken mit Formulardia) (EDV) / forms overlaying ‖ ⁓drucker m (EDV) / multipart printer ‖ ⁓einblendung f (EDV) / form flash, forms flash ‖ ⁓entwurf m / form layout ‖ ⁓erstellung f (EDV) / form generation, form creation ‖ ⁓erzeugung f (EDV) / form generation, form creation ‖ ⁓generierung f (EDV) / form generation, form creation ‖ ⁓kopf m / form heading ‖ ⁓leser m (EDV) / form reader ‖ ⁓oberkante f (EDV) / form upper edge ‖ ⁓traktor m (EDV) / forms tractor ‖ ⁓transport m (EDV) / form feed ‖ ⁓trenner m (EDV) / burster n, decollator n ‖ ⁓trommel f (EDV) / forms drum, forms overlay drum ‖ ⁓unterkante f (EDV) / form lower edge, form bottom edge ‖ ⁓verwaltung f (EDV) / forms management ‖ ⁓vorschub m (vom Ende einer Seite zum Beginn der nächsten Seite) (EDV) / form feed (FF) ‖ ⁓vorschub s. auch Papiertransport ‖ ⁓vorschubzeichen n (EDV) / form-feed character

formulieren, neu ⁓ / (einen Text) / reformulate v, reword v, restate v, rework v

Formulierung f (Rezeptierung) (Anstr) / formulation n ‖ ⁓ (Zusammensetzen und Mischen chemischer Verbindungen für bestimmte Anwendungen) (Chem) / formulation n ‖ ⁓ (auch handelsfähige Zubereitung eines Pflanzenwirkstoffes) (Chem, Pharm) / formulation n

Formung f / forming n, shaping n ‖ nachträgliche ⁓ (von Schichtstoffen) (Plast) / postforming n ‖ spanende ⁓ (Masch) / machining n, metal cutting

Form•unterteil n (Gieß) / drag* n, nowel n, drag box ‖ ⁓var n (ein PVFM-Harz von Monsanto) (Plast) / Formvar n ‖ ⁓verfahren n (Gieß, Plast) / moulding* n, moulding process ‖ ⁓versatz m (Gieß) / mould mismatch, mismatch in mould(s) ‖ ⁓vollholz n (For, Tischl) / bentwood n ‖ ⁓werkzeug n (Masch) / form tool* ‖ ⁓werkzeug (Plast) / mould n (for shaping plastics) ‖ ⁓widerstand m (Komponente des Strömungswiderstands) (Phys) / form drag*, eddy-making drag

Formyl n (Chem) / formyl* n

Formylessigsäure f (Chem) / formylacetic acid

formylieren v (die Formylgruppe einführen) (Chem) / formylate v

Formylierung f (Einführung der Formylgruppe in organische Verbindungen) (Chem)

Form•zahl f (in der Baum- und Bestandsschätzung, z.B. Brusthöhen-Formzahl) (For) / form factor, tree form factor ‖ ⁓ziegel m (Bau) / moulded brick, purpose-made brick*, special-shape brick ‖ ⁓zuhaltekraft f (Plast) / mould-clamping force ‖ ⁓zuhalten n (Plast) / clamping of the mould, closure of the mould ‖ ⁓zuschließen n (Plast) / clamping of the mould, mould clamping, closure of the mould ‖ ⁓zylinder m (Druck) / forme cylinder

forschen v / research v, investigate v

Forscher m / researcher n, research worker

For-Schleife f (BASIC) (EDV) / For loop

Forschung, [wissenschaftliche] ⁓ / research n ‖ anwendungsorientierte ⁓ / applications research ‖ ökologische ⁓ (Umwelt) / environmental research ‖ ⁓ und Entwicklung f / research and development, R. & D., RaD

Forschungs•bericht m / research report, research paper ‖ ⁓flug m (Luftf) / research flight ‖ ⁓förderung f / research assistance ‖ ⁓förderung (mit finanziellen Mitteln) / research funding ‖ bemanntes ⁓laboratorium in einer (Erd)umlaufbahn (Raumf) / manned orbiting research laboratory, MORL ‖ ⁓mikroskop n (Mikros) / research-quality microscope ‖ ⁓projekt n / research project ‖ ⁓rakete f / probe n (an unmanned exploratory spacecraft designed to transmit information about the environment), space probe, exploratory rocket ‖ ⁓reaktor m (dessen Kernstrahlung vorwiegend als Forschungswerkzeug für Grundlagen- oder angewandte Forschung dient, unabhängig von der Nennleistung) (Nukl) / research reactor, teaching reactor ‖ ⁓satellit m (z.B. Magsat oder SMM) (Raumf) / research satellite, explorer n ‖ ⁓schiff n (z.B. "Sonne" oder "Gauß" in der BRD) (Ozean, Schiff) / research vessel, oceanographic ship ‖ ⁓vorhaben n / research project

**Forst**

**Forst** *m* (For) / forest *n* ‖ ⁓**baum** *m* (For) / forest tree ‖ ⁓**baumschule** *f* (For) / forest nursery, nursery *n*, forest-tree nursery ‖ ⁓**einrichtung** *f* (Zweig der Forstwissenschaft) (For) / forest management
**Förster** *m* (For) / forester *n*, forest warden, forest ranger (US)
**Forsterit** *m* (Magnesiumorthosilikat) (Min) / forsterite* *n*, white olivine
**Forsteritkeramik** *f* (Keram) / forsterite whiteware, forsterite porcelain
**Förstersonde** *f* (ein induktiver Sensor) (Eltronik) / Foerster probe, Förster probe
**Forst•erzeugnis** *n* (For) / forest product ‖ ⁓**garten** *m* (For) / forest nursery, nursery *n*, forest-tree nursery ‖ ⁓**gehölzbaumschule** *f* (For) / forest nursery, nursery *n*, forest-tree nursery ‖ ⁓**kultur** *f* (For) / silviculture* *n*, sylviculture *n* ‖ ⁓**kulturgeräte** *n pl* (For) / forest machinery, forest equipment
**forstliche Biomasse** (Biol, For, Umwelt) / forest biomass, silviculture biomass, silvicultural biomass
**Forstmaschine** *f* (For) / forest machine
**Forstnerbohrer** *m* (ein Universalbohrer) (Zimm) / Forstner bit*
**Forst•pflanzmaschine** *f* (For) / tree planter ‖ ⁓**pflug** *m* (For) / forest plough ‖ ⁓**plantage** *f* (For) / wood plantation, plantation *n* ‖ ⁓**revier** *n* (For) / walk *n* ‖ ⁓**schädlinge** *m pl* (For, Zool) / forest pests ‖ ⁓**schätzer** *m* (For) / cruiser *n*, timber cruiser ‖ ⁓**taxation** *f* (For) / cruise *n*, cruising *n*, forest inventory (US), forest appraisement ‖ ⁓**technik** *f* (For) / forest engineering ‖ ⁓**unkraut** *n* (z.B. Besenginster, Brombeere, Himbeere usw.) (For) / weed *n* ‖ ⁓**wesen** *n* (For) / forestry *n* ‖ ⁓**wirtschaft** *f* (For) / forestry *n*, forest management, woodland management ‖ ⁓**wirtschaft mit schnellem Umtrieb** (For) / fast-rotation forestry ‖ ⁓**wirtschaftliche Fläche** *f* / forest area ‖ ⁓**wirtschaftsgeräte** *n pl* (For) / forest machinery, forest equipment ‖ ⁓**wissenschaft** *f* (For) / science of forestry
**fort•bewegen** *v* / move *v* ‖ ⁓**bewegungsfähig** *adj* / travelling *adj*, locomotive *adj* ‖ ⁓**dauernd** *adj* / permanent *adj* ‖ ⁓**druck** *m* (Druck) / running-on* *n*, production run, press-run *n*, print-run *n*, final run, total print-run ‖ ⁓**druck** (Arbeitsgang im Auflagendruck od. nach dem Auflagendruck) (Druck) / run-off *n* ‖ ⁓**gepflanztes Zurücksetzen** (EDV) / cascading *n*, roll-back *n*
**fortgeschleudertes Haufwerk** (bei den Sprengarbeiten) (Bergb) / fly-rock *n*
**fortgeschritten•er Anbruch** (ein Holzfehler) (For) / advanced decay ‖ ⁓**e Fertigungstechnik** (F.Org) / advanced manufacturing technology, AMT ‖ ⁓**er gasgekühlter Reaktor** (Nukl) / advanced gas-cooled reactor*, AGR* ‖ ⁓**er Siedewasserreaktor** (Nukl) / advanced boiling-water reactor, ABWR
**FORTH** *n* (Programmiersprache für Prozeßsteuerung der amerikanischen Firma Forth Inc.) (EDV) / FORTH* *n*
**Fortifikation** *f* (Supplementierung defizitärer Aminosäuren) (Biochem) / fortification *n*
**Fortin-Barometer** *n* (mit einem von unten her verschiebbaren ledernen Gefäßboden - nach J. Fortin, 1750-1831) (Meteor) / Fortin's barometer*, fortin *n*
**fortlaufend** *adj* / progressive *adj* ‖ ⁓ / continuous *adj*, non-intermittent *adj* ‖ ⁓**e Belegzufuhr** (EDV) / continuous feed ‖ ⁓**e gewickelte Spule** (Eltech) / continuous coil ‖ ⁓**e Numerierung** / numbering *n*, continuous numbering ‖ ⁓**e Nummer** (Math) / serial number, consecutive number ‖ ⁓**e Proportion** (Math) / continued proportion ‖ ⁓**er Text** (EDV) / running text ‖ ⁓**e Verarbeitung** (EDV, F.Org) / consecutive processing
**fort•leiten** *v* (Elektrizität, Wärme) (Phys) / conduct *v* ‖ ⁓**leitung** *f* (von Elektrizität oder Wärme) / conduction *n* ‖ ⁓**luft** *f* (die ins Freie geht) / exhaust air, outgoing air, exit air, discharge air ‖ ⁓**luft** (in dem Abluftkamin) / vent air ‖ ⁓**nehmen** *v* / remove *v* ‖ ⁓**pflanzen** *v* / propagate *v* ‖ **sich** ⁓**pflanzen** (Phys) / propagate *vi*
**Fortpflanzung** *f* / proliferation *n* ‖ ⁓ (Biol) / reproduction* *n* ‖ ⁓ (Phys) / propagation* *n* ‖ **geschlechtliche** ⁓ (Biol) / sexual reproduction ‖ **ungeschlechtliche** ⁓ (Biol) / asexual reproduction* ‖ ⁓ *f* (Leitung) **des Lichtes** (Licht, Phys) / guidance of light
**Fortpflanzungs•gemeinschaft** *f* (Biol) / population* *n* ‖ ⁓**geschwindigkeit** *f* (Eltech) / velocity of propagation* ‖ ⁓**konstante** *f* (je Längeneinheit) (Phys) / propagation constant* (per unit length) ‖ ⁓**maß** *n* (für die gesamte Leitung) (Phys) / propagation constant (for the whole line)
**FORTRAN** *n* (DIN 66027) (im wesentlichen von der Firma IBM entwickelte problemorientierte Programmiersprache) (EDV) / FORTRAN *n*
**Fortrat-Diagramm** *n* (in der Molekülspektroskopie) (Spektr) / Fortrat diagram
**Fortrat-Parabel** *f* (grafische Darstellung der Deslandres-Bandenformel) (Spektr) / Fortrat parabola
**fort•schalten** *v* (Film) / pull down *v* ‖ ⁓**schalten** (Zähler) (Masch) / advance *v* ‖ ⁓**schaltung** *f* (des Filmes) (Film) / pulling down ‖ ⁓**schaltungsadressierung** *f* (EDV) / one-ahead addressing, implied addressing, stepped addressing, inherent addressing ‖ ⁓**schreiben** *v* / update* *v* ‖ ⁓**schreibung** *f* **einer Datei** (EDV) / file updating ‖

⁓**schreitend** *adj* / progressive *adj* ‖ ⁓**schreitende Erosion** (Geol) / headward erosion, head erosion, headwater erosion ‖ ⁓**schreitende** (elektromagnetische) **Welle** (Phys, Radio) / travelling wave* ‖ ⁓**schrittliche Technik** / advanced technology, ad-tech *n*, AT ‖ ⁓**schrittszeitverfahren** *n* (bei Zeitstudien) (F.Org) / continuous hand movement (with one watch), continuous timing technique, continuous-method timing ‖ ⁓**schrittszeitverfahren** (bei der Stoppuhrzeitmessung) (F.Org) / cumulative timing, accumulative timing
**Fortsetzung** *f* (einzelner Teil eines Lieferungswerkes) (Druck) / instalment *n*, part *n* ‖ ⁓ (eine Abbildung) (Math) / continuation *n*, extension *n* ‖ **analytische** ⁓ (Math) / analytic continuation*
**Fortsetzungs•blatt** *n* (Druck) / continuation sheet ‖ **Hahn-Banachscher** ⁓**satz** (nach H. Hahn, 1879-1934) (Math) / Hahn-Banach extension theorem ‖ ⁓**werk** *n* (Druck) / serial *n*, serial work, part-work *n*
**fortspülen** *v* (z.B. Verunreinigungen mit einem Wasserstrahl) / flush away *v*, rinse off *v*
**Forum** *n* (pl. Foren) (EDV) / forum *n* (regular on-line conferencing via bulletin boards or on-line services)
**Forward-chaining** *n* (KI) / forward chaining
**fossil•er** (mineralischer) **Brennstoff** (Kftst) / fossil fuel, mineral fuel ‖ ⁓**er** (Boden)**horizont unter dem Flöz** (Bergb) / seat earth* ‖ ⁓**es Grundwasser** (das schon vor langem in niederschlagsgünstigen Zeiten an seinen jetzigen Lagerungsort gelangt ist) (Geol) / connate water*, fossil water, native water ‖ ⁓**es Harz** (aus geologischen Lagerstätten gewonnenes natürliches Harz, z.B. Bernstein) (Geol) / fossil gum, fossil resin ‖ ⁓**e Strömung** (z.B. in den Sedimenten erkennbar) (Geol) / palaeocurrent* *n*
**Fossil** *n* (EDV) / Fido/Opus/Seadog Standard Interface Layer, Fossil *n*
**Fossil** *n* (pflanzlicher oder tierischer Überrest aus geologischer Vorzeit) (Geol) / fossil* *n* ‖ ⁓**brennstoff** *m* (Kftst) / fossil fuel, mineral fuel
**Fossilienbildung** *f* (Geol) / petrifaction* *n*, fossilization *n*
**Fossilisation** *f* (Geol) / petrifaction* *n*, fossilization *n*
**Fossilisierung** *f* (Geol) / petrifaction* *n*, fossilization *n*
**FOS-Stahlerzeugungsverfahren** *n* (mit nachgeschalteten Stahlfrischgefäßen) (Hütt) / fuel-oxygen-scrap steelmaking process, FOS process
**Fostersches Theorem** (Fernm) / Foster's reactance theorem
**Foto** *n* (Foto) / photograph *n* ‖ ⁓ *m* (Foto) / still camera, camera *n* ‖ ⁓**abbau** *m* (Chem, Tex) / photodegradation *n* ‖ ⁓**abbaubar** *adj* (Chem) / photodegradable *adj* ‖ ⁓**abbildbare Maske** (Eltronik) / photoimageable mask ‖ ⁓**abdeckung** *f* (beim Fotolackverfahren) (Druck, Eltronik) / photoresist *n*, resist *n* ‖ ⁓**ablativ** (Wirkung) / photoablative *adj* ‖ ⁓**ablösung** *f* (Kernphys) / photodetachment *n* ‖ ⁓**absorption** *f* (Phys) / photoelectric absorption* ‖ ⁓**addition** *f* (eines Reagens an ein Substrat bei Lichtabsorption) (Chem) / photoaddition *n* ‖ ⁓**aktiv** *adj* (Biol, Chem, Kernphys) / photoactive *adj* ‖ ⁓**aktivierung** *f* (Biol, Chem, Kernphys) / photoactivation *n* ‖ ⁓**akustik** *f* (Akus) / photoacoustics *n*, PA ‖ ⁓**akustisch** *adj* (Akus) / photoacoustic *adj* ‖ ⁓**akustischer Effekt** (Akus) / photoacoustic effect ‖ ⁓**akustischer Sensor** (ein optothermischer Sensor) / photoacoustic sensor ‖ ⁓**akustische Spektroskopie** (Spektr) / photoacoustic spectroscopy (PAS) ‖ ⁓**alhidade** *f* (Verm) / photoalidade *n* ‖ ⁓**allergie** *f* (Med) / photoallergy *n* ‖ ⁓**allergie** (Med) / photoallergy *n* ‖ ⁓**anregung** *f* (eines Atoms oder Moleküls durch Absorption von Lichtquanten) (Phys) / photoexcitation *n* ‖ ⁓**apparat** *m* (Foto) / still camera, camera *n* ‖ ⁓**ätztechnik** (Druck, Eltronik) / photolithography* *n*, photolitho *n* ‖ ⁓**ätzung** *f* (Druck, Eltronik) / photoetching *n* ‖ ⁓**aufsatz** *m* (Foto) / photographic camera attachment ‖ ⁓**autotroph** *adj* (Bot, Umwelt) / photoautotrophic *adj* ‖ ⁓**biochemie** *f* (Biochem) / photobiochemistry *n* ‖ ⁓**biologie** *f* (Biol) / photobiology* *n* ‖ ⁓**biologisch** *adj* (Biol) / photobiological *adj* ‖ ⁓**-CD** *f* (spezielle CD zur Speicherung von Kleindias und -negativen) / photo CD ‖ ⁓**chemie** *f* (Teilgebiet der Chemie, das sich mit den Einwirkungen des sichtbaren und ultravioletten Lichtes auf chemische Vorgänge befaßt) (Chem) / photochemistry* *n* ‖ **organische** ⁓**chemie** (Chem) / organic photochemistry ‖ ⁓**chemikalie** *f* (Chem, Foto) / photographic chemical ‖ ⁓**chemiker** *m* (Chem) / photochemist *n*
**fotochemisch** *adj* (Chem) / photochemical *adj* ‖ ⁓**er Abbau** (Chem, Tex) / photodegradation *n* ‖ ⁓ **abbaubar** (Chem) / photodegradable *adj* ‖ ⁓**es Äquivalent** (Chem) / photochemical equivalent ‖ ⁓**es Äquivalentgesetz** (Chem) / Stark-Einstein equation*, Stark-Einstein law, Einstein photochemical equivalence law ‖ ⁓**e Chlorierung** (Chem) / photochemical chlorination, photochlorination *n* ‖ ⁓**e Fries-Umlagerung** (eine Variante der Fries-Umlagerung) (Chem) / photo-Fries rearrangement ‖ ⁓**e Induktion** (Chem) / photochemical induction ‖ ⁓**e Initiierung** (Anstr, Chem) / photoinitiation *n* ‖ ⁓**e Polymerisation** (Chem) / photopolymerization *n* ‖ ⁓**e Reaktion** (Chem) / photochemical reaction, photoreaction *n* ‖ ⁓**e**

**Sensibilisierung** (Chem, Physiol) / photosensitization n ‖ **~er Smog** (Umwelt) / photochemical smog, Los Angeles smog ‖ **~e Umwandlung** (Chem) / photochemical conversion ‖ **~ wirksam** (Chem, Phys) / actinic adj ‖ **~e Zelle** (Eltronik) / photochemical cell*, photoelectrolytic cell*, Becquerel cell*
**Foto•chemotherapie** f (Med) / photochemotherapy n ‖ **~chlorierung** f (Chem) / photochemical chlorination, photochlorination
**fotochrom** adj (Glas) / photochromic* adj, photosensitive* adj ‖ **~e Ermüdung** (Glas) / photochromic fatigue, loss of photochromic response ‖ **~es Glas** (Glas) / phototropic glass, solar control glass ‖ **~e Substanzen** (z.B. Alkalihalogenide) / photochromics* pl
**fotochromatisch** adj (Glas) / photochromic* adj, photosensitive* adj ‖ **~es Glas** (Glas) / phototropic glass, solar control glass
**Foto•chromie** f (reversible Farbänderung kristalliner Verbindungen durch absorbiertes Licht) (Chem) / phototropy* n, photochromism n ‖ **~detachment** n (Kernphys) / photodetachment n ‖ **~detachment** (Phys) / photodetachment n ‖ **~detektor** m (meist eine Fotodiode mit nachgeschaltetem Verstärker) (Eltronik) / photodetector (PD) n, light-sensitive cell, light-sensitive detector, light sensor photodevice, photodevice n, photoelectric detector, photosensor n, light detector ‖ **~dielektrikum** n (Elektr) / photodielectric n ‖ **~dielektrischer Effekt** (Änderung der Dielektrizitätskonstante eines Stoffes bei Beleuchtung) (Elektr) / photodielectric effect ‖ **~dimerisierung** f (Chem) / photodimerization n ‖ **~diode** f (ein fotoelektronisches Bauelement nach DIN 41855) (Eltronik) / photodiode* n, photoconductor diode ‖ **~dissoziation** f (Chem) / photodissociation* n ‖ **~dynamisch** adj (Biol) / photodynamic adj ‖ **~dynamischer Effekt** (Biol) / photodynamic effect
**fotopolymere Druckplatten** (Druck) / photopolymer plates*
**Foto•ecken** f pl (Foto) / mounting corners ‖ **~effekt** m (eine Wechselwirkung von Fotonen mit Materie - DIN 41852) (Eltronik, Phys) / photoelectric effect* ‖ **innerer ~effekt** (Eltronik) / photoconductive effect ‖ **äußerer ~effekt** (Eltronik) / external photoeffect, photoemission effect, external photoelectric effect ‖ **atomarer ~effekt** (Phys) / photoionization n ‖ **~elastizität** f (Licht, Opt) / photoelasticity* n (optical method of stress analysis)
**fotoelektrisch** adj (Eltronik) / photoelectric adj, photoconductive adj ‖ **~e Austrittsarbeit** (bei der Fotoemission) (Eltronik) / work function* ‖ **~es Bauelement** (z.B. Fotozelle) (Eltronik) / photodetector (PD) n, light-sensitive cell, light-sensitive detector, light sensor photodevice, photodevice n, photoelectric detector, photosensor n, light detector ‖ **~er Belichtungsmesser** (Foto) / photoelectric exposure meter ‖ **~er Effekt** (Eltronik, Phys) / photoelectric effect* ‖ **~es Fotometer** (Licht) / photoelectric photometer* ‖ **~e Fotometrie** (Astr, Elektr, Phys) / photoelectric photometry* ‖ **~e Quantenausbeute** (Eltronik) / photoelectric yield* ‖ **~es Relais** (Eltronik) / photoelectric relay, photorelay n ‖ **~e Schwelle** (Eltronik) / photoelectric threshold* ‖ **~er Strom** (Eltronik) / photocurrent* n, photoelectric current ‖ **~er Zeitschalter** (spezieller Typ eines Belichtungsautomaten) (Foto) / photo-timer n
**Foto•elektrizität** f (Eltronik) / photoelectricity* n ‖ **~elektrolumineszenz** f (Eltronik) / photoelectroluminescence* n ‖ **~elektromagnetischer Effekt** (Eltronik) / photomagnetoelectric effect*, photoelectromagnetic effect*
**Fotoelektron** n (Eltronik) / photoelectron* n
**Fotoelektronen•spektroskopie (PES)** f (Spektr) / photoelectron spectroscopy* (PES) ‖ **k-aufgelöste inverse ~spektroskopie** (Spektr) / k-resolved inverse photoemission spectroscopy, KRIPES ‖ **winkelaufgelöste ~spektroskopie** (Spektr) / angle-resolved photoelectron spectroscopy, ARPES, angle-dispersed photoelectron spectroscopy, ADPES, ADES ‖ **~spektroskopie f mit Fokussierung** (Spektr) / small-spot ESCA, SSESCA ‖ **~spektroskopie mit kurzwelligem UV-Licht als Sonde** (Spektr) / ultraviolet photoelectron spectroscopy, UPS ‖ **~spektroskopie mit Röntgenstrahlanregung** (mit deren Bindungszustände analysiert werden können) (Spektr) / X-ray photoelectron spectroscopy (XPS), electron spectroscopy for chemical application (ESCA), induced electron emission spectroscopy, IEE spectroscopy ‖ **~vervielfacher** m (Eltronik) / photomultiplier* n, photomultiplier tube, photoelectric multiplier*
**Foto•elektronik** f (Wechselwirkung zwischen Licht und elektrischen Ladungsträgern in optischen und elektronischen Einrichtungen) (Eltronik) / photoelectronics n ‖ **~elektronisch** adj (Eltronik) / photoelectronic adj ‖ **~element** n (ein Halbleiterfotoelement) (Eltronik) / photovoltaic cell*, barrier-layer cell, barrier-layer photocell, photovoltaic element ‖ **~emission** f (Eltronik) / photoemission* n, photoelectric emission ‖ **~emissionsdetektor** m (Eltronik) / photoemissive detector ‖ **~emissionseffekt** m (Eltronik) / external photoeffect, photoemission effect, external photoelectric effect ‖ **~emissionskatode** f (Eltronik) / photoemissive cathode ‖ **~emissionsstrom** m (Eltronik) / photoemission current ‖ **~emitter** m (Eltronik) / photoemitter n ‖ **~-EMK** f (Eltronik) / photoelectromotive

force ‖ **~empfänger** m (Eltronik) / photodetector (PD) n, light-sensitive cell, light-sensitive detector, light sensor photodevice, photodevice n, photoelectric detector, photosensor n, light detector ‖ **~empfindlichkeit** f (von Fotodetektoren) (Eltronik, Phys) / photosensitivity n ‖ **~erzeugung** f (Kernphys) / photoproduction n ‖ **~erzeugung** (nach der Einsteinschen Gleichung E = mc²) (Phys) / materialization* n ‖ **~ferroelektrischer Effekt** (Phys) / photoferroelectric effect, PFE ‖ **~flug** m (Verm) / photographic flight, photoflight n ‖ **~galvanomagnetischer Effekt** (Eltronik) / photomagnetoelectric effect*, photoelectromagnetic effect* ‖ **~gelatine** f (für den Lichtdruck) (Druck) / photogelatin n, photographic gelatin
**fotogen** adj (Bot, Zool) / photogenic* adj, light-emitting adj, light-producing adj ‖ **~** (bildwirksam) (Foto, TV) / photogenic adj
**Foto•generation** f (Eltronik) / generation n ‖ **~geologie** f (Auswertung fotografischer Luftaufnahmen im Hinblick auf geologische Strukturen und Schichtgrenzen) (Geol) / photogeology n ‖ **~geologisch** adj (Geol) / photogeological adj, photogeologic adj ‖ **~glimmröhre** f (Eltronik) / photoglow tube*
**Fotograf** (pl -en) m (Foto) / photographer n, photog n (US)
**Fotografie** f (Lichtbild) (Foto) / photograph n ‖ **~** (Verfahren) (Foto) / photography n ‖ **spektrozonale ~** (Foto, Mil) / false-colour photography
**fotografieren** v (Foto) / photograph v
**fotografierter Ton** (Lichtton) (Film) / sound image*
**Fotografik-Betriebsweise** f (ISDN-Bildschirmtext) (EDV) / photographic mode
**fotografisch** adj (Foto) / photographic adj ‖ **~er Apparat** (Foto) / still camera, camera n ‖ **~e Chemie** (Chem, Foto) / photographic chemistry ‖ **~e Chemikalie** (Chem, Foto) / photographic chemical ‖ **~e Dichte** (Foto) / density* n, photographic transmission density, photographic density, light density ‖ **~er Effekt** (Belichtungs- oder Entwicklungseffekt) (Foto) / photographic effect ‖ **~e Emulsion** (Suspension der lichtempfindlichen Silberhalogenidkristalle) (Foto) / emulsion* n, photographic emulsion ‖ **~es Fernrohr** (Astr) / astrograph n ‖ **~er Film** (Foto) / photographic film (still) ‖ **~es Material** (Platten, Filme und Papiere) (Foto) / photographic materials, photographic material ‖ **~es Objektiv** (Foto) / photographic lens, photographic objective, photolens n ‖ **~es Papier** (DIN 4506) (Foto) / photo paper, photographic paper ‖ **~e Platte** (DIN 4505) (Foto) / photoplate n, photographic plate ‖ **~er Refraktor** (Astr) / astrograph n ‖ **~er Speicher** (EDV) / photographic storage
**Foto•gramm** n (Verm) / photograph n ‖ **~grammeter** m (Verm) / photogrammetrist n ‖ **~grammetrie** f (DIN 1876) (Verm) / photogrammetry n ‖ **terrestrische ~grammetrie** (Verm) / photographic surveying*, phototopography* n ‖ **~grammetrische Originalauswertung** (das aus der stereofotogrammetrischen Ausmessung von Meßbildpaaren unmittelbar gewonnene grafische Ergebnis) (Verm) / machine plot, photogrammetric plot, instrumental plot ‖ **digitales ~grammetrisches System** (Verm) / digital photogrammetric system ‖ **~gravüre** f (Druck) / heliogravure n, photogravure* n ‖ **~halbleiter** m (der elektromagnetische Strahlung empfangen oder emittieren kann) (Eltronik) / photo-semiconductor n ‖ **~Hall-Effekt** m (ein elektromagnetischer Effekt) (Eltronik) / photographic Hall effect ‖ **~halogenid** n (z.B. Bromsilber) (Chem) / photohalide n ‖ **~halogenierung** f (Chem) / photohalogenation n ‖ **~inaktivierung** f (Biol, Chem, Kernphys) / photoinactivation n ‖ **~induktion** f (Auslösung eines Prozesses durch Lichteinwirkung) / photoinduction n ‖ **~initiator** m (Verbindung, die bei Belichtung mit UV-Licht in Radikale zerfällt oder unter Wasserstoffentzug Radikale bildet) (Anstr, Chem) / photoinitiator n ‖ **~initiierung** f (Anstr, Chem) / photoinitiation n ‖ **~inklinometer** n nach Schlumberger (Geophys) / Schlumberger photoclinometer n ‖ **~interpretation** f (Verm) / photographic interpretation n ‖ **~ionenspektroskopie** f (Spektr) / photoionization spectroscopy* ‖ **~ionisation** f (Phys) / photoionization n ‖ **~ionisationsdetektor** m (für die gaschromatografische Spurenanalyse) (Chem) / photoionization detector, PID ‖ **~karte** f (Kart) / photomap n ‖ **~katalysator** m (Chem Verf) / photocatalyst n ‖ **~katalyse** f (wenn der Katalysator fotochemisch erzeugt wird) (Chem Verf) / photocatalysis* n (pl. -lyses) ‖ **~katalytisch** adj / photocatalytic adj ‖ **~katode** f (Eltronik) / photocathode* n ‖ **halbdurchsichtige ~katode** (Eltronik) / semi-transparent photocathode* ‖ **durchsichtige ~katode** (Eltronik) / transparent photocathode ‖ **~keramik** f (Aufbringung von Fotos auf glattgebranntes Porzellan, Steingut u.a.) (Keram) / photoceramics n ‖ **~kernprozeß** m (Kernphys) / photodisintegration* n, nuclear photoeffect*, photonuclear reaction ‖ **~koagulation** f (Med) / photocoagulation n ‖ **~kopie** f (Foto) / photostat* n, photocopy n, photoduplicate n ‖ **~kopieren** v (Foto) / photocopy v, photoduplicate v ‖ **~kopieren** n (Foto) / photocopying* n,

photoduplication n || ~kopiergerät n (Foto) / photocopier n ||
~kopierlack m (Druck, Eltronik) / photoresist n, resist n ||
~kopierpapier n (Foto) / photocopying paper || ~lack m
(lichtempfindlicher Lack) (Druck, Eltronik) / photoresist n, resist n ||
~leitend adj (Eltronik) / photoelectric adj, photoconductive adj ||
~leiter m (Eltronik) / photoconductor n || ~leitfähig adj (Eltronik) /
photoelectric adj, photoconductive adj || ~leitfähigkeit f (Eltronik) /
photoconductivity* n || ~leitung f (die Erhöhung der elektrischen
Leitfähigkeit von Halbleitern und Isolatoren bei Belichtung)
(Eltronik) / photoconduction n || **modulationsdotierter**
~**leitungsdetektor** (der durch Ausnutzung der hohen Beweglichkeit
eines zweidimensionalen Elektronengases ein großes
Verstärkungsbandbreitenprodukt erreicht) (Eltronik) /
modulation-doped photoconductive detector || ~leitungseffekt m
(Eltronik) / photoconductive effect || ~lithografie f (Druck, Eltronik) /
photolithography* n, photolitho n || ~lithografiepapier n (Pap) /
photolitho paper || ~lithografisch adj (Druck, Eltronik) /
photolithographic adj || ~lithografisches Papier (Pap) / photolitho
paper || ~loch n (Eltronik) / photohole n || ~lumineszenz f (Licht) /
photoluminescence* n || ~lyse f (Zersetzung durch
Lichteinwirkung) (Bot, Chem) / photolysis* n (pl. photolyses) ||
~lytisch adj (Bot, Chem) / photolytic adj || ~magnetismus m (Mag) /
photomagnetism n || ~magnetoelektrisch adj /
photomagnetoelectric adj || ~magnetoelektrischer Effekt (Eltronik) /
photomagnetoelectric effect*, photoelectromagnetic effect* ||
~maske f (Vorlage zur Herstellung einer integrierten Schaltung)
(Eltronik) / photomask n, photographic mask || ~maskenglas n (Glas)
/ photomask glass || ~material n (Foto) / photographic materials,
photographic material || ~mechanisch adj
(Reproduktionsverfahren) (Druck) / photomechanical* adj ||
~mechanisches Anreißen (Luftf, Schiff) / photolofting n,
photographic layout drawing || ~meson n (Kernphys) / photomeson*
n

**Fotometer** n (Gerät zur Lichtstärkemessung) (Astr, Licht, Phys) /
photometer* n || **fotoelektrisches** ~ (Licht) / photoelectric
photometer* || **integrierendes** ~ (mit Ulbrichtscher Kugel) (Licht) /
integrating photometer*, sphere photometer || **lichtelektrisches** ~
(Licht) / photoelectric photometer* || **objektives** ~ (Licht) / physical
photometer || **physikalisches** ~ (Licht) / physical photometer ||
**subjektives** ~ (Licht) / visual photometer, subjective photometer ||
**visuelles** ~ (Licht) / visual photometer, subjective photometer
**Fotometer•bank** f (Licht) / photometer bench*, photometric bench ||
~kopf m (eine Vergleichsvorrichtung eines Fotometers) (Licht) /
photometer head* || ~würfel m (Licht) / Swan cube*, photometer
cube || ~würfel (Licht) s. auch Lummer-Brodhun-Würfel
**Fotometrie** f (Verfahren zur Ermittlung der fotometrischen Größe
mittels Fotometern) (Astr, Licht, Phys) / photometry* n ||
**fotoelektrische** ~ (Astr, Licht, Phys) / photoelectric photometry*
**fotometrieren** v (Astr, Licht, Phys) / photometer v
**fotometrisch** adj (Astr, Licht, Phys) / photometric adj || ~**er Detektor**
(Licht) / photometric detector, spectrophotometric detector || ~**es
Entfernungsgesetz** (das Entfernungsquadrat im Nenner des
fotometrischen Grundgesetzes) (Phys) / inverse square law*, square
law || ~**er Körper** (Endpunkte sämtlicher Lichtstärkevektoren)
(Licht) / light distribution solid, solid of light distribution || ~**e
Leistung** (Licht) / photometric power || ~**es Strahlungsäquivalent**
(Kehrwert des energetischen Strahlungsäquivalents) (Opt) /
luminous efficacy || ~**e Titration** (Chem) / spectrophotometric
titration, photometric titration
**Foto•mikrografie** f (als Anwendungsgebiet) (Foto) / photomicrography
n, microphotography n || ~**mikroskop** n (Mikros) / photomicroscope
n || ~**montage** f (Klebemontage; Sandwichmontage; Phantomfotos)
(Foto) / montage* n, photomontage n || ~**morphogenese** f (über Licht
gesteuerter Entwicklungsprozeß) (Bot) / photomorphogenesis* (pl
-ses) n || ~**mosaik** n (Zusammenstellung der Aufnahmen einer
Reihenmeßkammer) (Verm) / mosaic n, print lay-down (US) ||
~**multiplier** m (Eltronik) / photomultiplier* n, photomultiplier tube,
photoelectric multiplier*
**Fotonastie** f (Bot) / photonasty* n
**fotonegativ** adj (Elektr) / photonegative* adj
**Fotonen•echo** n (Eltronik) / photon echo || ~**feld** n (Phys) / photon field ||
~**fluß** n (Phys) / photon flux || ~**korrelationsspektroskopie** f (Spektr) /
photon correlation spectroscopy, PCS || ~**rauschen** n (Eltronik) /
photon noise* || ~**statistik** f (Phys) / photon statistics || ~**zählung** f
(ein Meßverfahren zum Nachweis geringer optischer
Signalleistungen bei vorgegebener Lichtwellenlänge) (Fernm) /
photon counting
**Fotoneutron** n (ein Neutron, das infolge der Wechselwirkung eines
Fotons mit einem Kern frei wird) (Kernphys) / photoneutron* n
**Fotonik** f (moderne Grundlagentechnologie, die sich mit der
Übertragung und Speicherung von Information durch Licht befaßt
und dabei die besonderen physikalischen Eigenschaften von
Lichtquanten ausnutzt) (Phys) / photonics n || **molekulare** ~ (Chem) /
molecular photonics
**fotonisches Abtragen** (mit Laser) (Masch) / photon beam machining
**Foto•objektiv** n (Foto) / photographic lens, photographic objective,
photolens n || ~**optisch** adj (Opt) / photooptical adj || ~**oxidans** n (pl.
-anzien oder -antien) (Chem) / photooxidant n, photochemical
oxidant || ~**oxidation** f (Oxidation, die unter Beteiligung von Licht
abläuft) (Chem) / photooxidation n || ~**oxygenierung** f (Chem) /
photooxidation n || ~**papier** n (Foto) / photo paper, photographic
paper || ~**papierentwickler** m (Foto) / paper developer || ~**peak** m
(Chem, Radiol) / photopeak* n || ~**periode** f (Bot) / photoperiod n ||
~**periodismus** m (Abhängigkeit der Entwicklung von der
Tageslänge) (Bot, Zool) / photoperiodism* n

**fotophil** adj (Biol, Umwelt) / luciphilous adj, heliophile adj, heliophilous
adj, photophilic adj, photophilous* adj
**fotophob** adj (Biol, Umwelt) / lucifugous adj, heliophobous adj,
heliphobic adj, photophobic adj
**Foto•phorese** f (Bewegung von kleinsten Teilchen unter dem Einfluß
einer intensiven Lichtbestrahlung) (Chem) / photophoresis* n ||
~**phosphorylierung** f (die Bildung von Adenosintriphosphat bei der
Fotosynthese) (Biochem) / photophosphorylation* n, photosynthetic
phosphorylation
**fotopisches Sehen** (Opt) / photopic vision*
**Foto•platte** f (Foto) / photoplate n, photographic plate || ~**plotter** m
(ein grafisches Ausgabegerät) (Druck, EDV) / photoplotter n ||
~**polymer** n (Chem) / photopolymer n || ~**polymerdruckplatten** f pl
(Hochdruckplatten und -formen, die gänzlich oder zumindest in
ihren druckenden Teilen aus Fotopolymeren bestehen) (Druck) /
photopolymer plates* || ~**polymeres** n (Chem) / photopolymer n ||
~**polymerisation** f (eine lichtstrahleninduzierte Polymerisation)
(Chem) / photopolymerization n || ~**polymerplatten** f pl (Druck) /
photopolymer plates* || ~**positiv** adj (Elektr) / photopositive* adj ||
~**potential** n (Elektr) / photopotential n || ~**produktion** f (Kernphys) /
photoproduction n || ~**proton** n (Kernphys) / photoproton* n ||
~**reaktion** f (Chem) / photochemical reaction, photoreaction n ||
~**reaktives Polymer** (Chem) / photopolymer n || ~**realistisch** adj /
photorealistic adj || ~**refraktiver Effekt** (Phys) / photorefractive
effect || ~**relais** n (Eltronik) / photoelectric relay, photorelay n ||
~**resist** n (Druck, Eltronik) / photoresist n, resist n || ~**resistor** m
(optoelektronischer Sensor) (Eltronik) / photoconductive cell*,
photoresistor n, light-dependent resistor, photoresistive cell, LDR ||
~**respiration** f (die O₂-Aufnahme und die CO₂-Abgabe im Licht in
fotosynthetisierenden Zellen) (Biochem, Bot) / photorespiration* n ||
~**responsives Polymer** (Chem) / photoresponsive polymer ||
~**rezeptor** m (Physiol) / photoreceptor* n || ~**satz** m (Typog) /
photosetting* n, photocomposition n, filmsetting* n,
phototypesetting* n || ~**scanner** m (der neben der mechanischen
Registrierung über ein optisches Registriersystem verfügt) /
photoscanner n || ~**schablone** f (Foto) / photomask n, photographic
mask, photographic stencil || ~**schutzpapier** n (Foto, Pap) /
photo-protecting paper || ~**schwelle** f (Eltronik) / photoelectric
threshold* || ~**sedimentation** f (eine Methode der
Korngrößenverteilung) / photosedimentation n || ~**sensibilisierung**
f (durch die in Pflanzen vorkommenden Fotosensibilisatoren)
(Chem, Physiol) / photosensitization n || ~**sensitiv** adj (Foto, Licht) /
photosensitive* adj, sensitive to light, light-sensitive* adj ||
~**sensitives Glas** (aus edelmetallhaltigen Li₂O-Silikatgläsern nach
UV-Bestrahlung) (Glas) / photosensitive glass* || ~**sensitives
Polymer** (Chem) / photosensitive polymer || ~**sensor** m (ein
optoelektronischer Sensor) / photoelectric sensor || ~**sensor** /
optoelectronic sensor || ~**sensoren** m pl **auf einem gemeinsamen
Substrat** (optische Zeilen- oder Flächensensoren) / photosensor
array || ~**smog** m (bei intensiver Sonneneinstrahlung und
überhöhter Oxidantienkonzentration) (Umwelt) / photochemical
smog, Los Angeles smog || ~**spallation** f (Kernphys) / photospallation
n || ~**spaltung** f (von Atomkernen mittels δ-Quanten) (Kernphys) /
photofission* n || ~**sphäre** f (an der Oberfläche der Sonne) (Astr) /
photosphere* n || ~**stabilisator** m (der Schleierbildung) (Foto) /
photostabilizer n || ~**stationär** adj (Chem) / photostationary adj ||
~**strom** m (Eltronik) / photocurrent* n, photoelectric current ||
~**synthese** f (die grundlegende Stoffwechselreaktion
chlorophyllhaliger Organismen) (Bot) / photosynthesis* n ||
~**synthesefarbstoff** m (Bot) / photosynthetic pigment* ||
~**synthesezyklus** m (Biochem) / Calvin-Benson cycle, Calvin cycle*,
Benson-Calvin cycle, Benson-Calvin-Basham cycle, photosynthesis
cycle, reductive pentose phosphate cycle || ~**synthetisch** adj (Bot) /
photosynthetic adj || ~**synthetisieren** v (Bot) / photosynthesize v ||
~**system I** n (Chlorophyll P 700 bei der Fotosynthese) (Bot) /
photosystem I* || ~**system II** n (Chlorophyll P 682 bei der
Fotosynthese) (Bot) / photosystem II* || ~**tapete** f (Bau) / wall mural ||
~**taxis** f (durch Lichtreize hervorgerufene Ortsbewegung von
Lebewesen) (Biol) / phototaxis* n || ~**termin** m (Foto) / photocall n,

photo opportunity, photo op ‖ ⁓theodolit *m* (ein mit einem Theodoliten kombiniertes fotogrammetrisches Gerät) (Verm) / phototheodolite* *n* ‖ ⁓therapie *f* (Heilverfahren mit Licht) (Med) / phototherapy *n* ‖ ⁓thyristor *m* (ein optoelektronisches Halbleiterbauelement, bei dem das signaltragende Medium das Licht ist) (Eltronik) / light-activated silicon-controlled rectifier, LASCR, photothyristor *n* ‖ ⁓topografie *f* (Verm) / photographic surveying*, phototopography* *n* ‖ ⁓transduktion *f* (Übertragung des Signals eines erregten Fotosensors ins Innere der Zelle) (Physiol) / phototransduction *n* ‖ ⁓transistor *m* (Lichtempfänger mit zwei PN-Übergängen, der den inneren Fotoeffekt nutzt) (Eltronik) / phototransistor* (PXSTR) *n* ‖ ⁓triangulation *f* (Verm) / phototriangulation *n*

**fototrop** *adj* (Glas) / photochromic* *adj*, photosensitive* *adj* ‖ ⁓es Glas (das seine Lichtdurchlässigkeit den jeweiligen Lichtverhältnissen anpaßt) (Glas) / phototropic glass, solar control glass

**fototroph** (fotolithotroph, fotoorganotroph - Organismus) (Biol) / phototrophic *adj*

**Fototropie** *f* (reversible Farbänderung kristalliner Verbindungen durch absorbiertes Licht) (Chem) / phototropy* *n*, photochromism *n*

**Fototropismus** *m* (durch einseitigen Lichteinfall) (Bot) / phototropism* *n*

**Foto•umwandlung** *f* (Kernphys) / photodisintegration* *n*, nuclear photoeffect*, photonuclear reaction ‖ ⁓varistor *m* (Eltronik) / photovaristor* *n* ‖ ⁓vervielfacher *m* (eine Elektronenröhre mit einer Fotokatode und einem Elektrodensystem, in dem die Fotoelektronen durch Sekundäremission vervielfacht werden) (Eltronik) / photomultiplier* *n*, photomultiplier tube, photoelectric multiplier* *n* ‖ ~visuell *adj* / photovisual *adj* ‖ ⁓voltaik *f* (Gebiet der Physik, das sich mit der direkten Umsetzung von Lichtenergie in elektrische Energie befaßt) (Eltech, Eltronik) / photovoltaics *n* ‖ ⁓voltaikkraftwerk *n* (Eltech) / photovoltaic power system ‖ ~voltaisch *adj* (Eltech, Eltronik) / photovoltaic *adj* ‖ ⁓vorlage *f* (Eltronik) / photomaster *n* ‖ ⁓vorlage (Eltronik) / phototool *n* ‖ ⁓widerstand *m* (ein Halbleiterwiderstand nach DIN 41855) (Eltronik) / photoconductive cell*, photoresistor *n*, light-dependent resistor, photoresistive cell, LDR ‖ ⁓widerstandszelle *f* (Eltronik) / photoconductive cell*, photoresistor *n*, light-dependent resistor, photoresistive cell, LDR ‖ ⁓zelle *f* (ein Bauelement, das auf dem äußeren lichtelektrischen Effekt beruht) (Eltronik) / photoelectric tube*, photoelectric cell* (PEC), photosensitive tube, photocell* *n*, phototube* *n*, cell* *n* ‖ ⁓zellenverstärker *m* (ein Lichttonfilm-Wiedergabeverstärker) (Film) / photocell amplifier

**Föttinger-Getriebe** *n* (Masch) / Föttinger speed transformer*, hydrodynamic power transmission*, hydraulic torque converter*, fluid flywheel*, Föttinger converter ‖ ⁓-Getriebe (als Kupplung, Wandler oder hydrodynamische Bremse eingesetzt - nach H. Föttinger, 1877-1945) (Masch) / Föttinger gear(s), fluid transmission ‖ ⁓-Kupplung *f* (Masch) / hydraulic coupling*, fluid coupling, Föttinger coupling*, Föttinger transmitter* ‖ ⁓-Transformator *m* (Masch) / Föttinger speed transformer*, hydrodynamic power transmission*, hydraulic torque converter*, fluid flywheel*, Föttinger converter ‖ ⁓-Wandler *m* (zur stufenlosen Drehzahlanpassung und Drehmomentwandlung zwischen Kraft- und Arbeitsmaschinen) (Masch) / Föttinger speed transformer*, hydrodynamic power transmission*, hydraulic torque converter*, fluid flywheel*, Föttinger converter

**Foucault-Prisma** *n* (polarisierendes Prisma aus zwei durch eine dünne Luftschicht getrennten Hälften) (Opt) / Foucault prism

**Foucaultsch•es Pendel** (nach L. Foucault, 1819-1868) (Astr) / Foucault's pendulum*, gyropendulum *n* ‖ ⁓es Prisma (Opt) / Foucault prism ‖ ⁓es Schneidenverfahren (zur Kontrolle sphärischer Flächen von Linsen und Spiegeln - heute restlos überholt) (Opt) / Foucault knife-edge test* ‖ ⁓e Ströme *mpl* (Eltech) / eddy currents*, Foucault currents*

**Foulard** *m* (feines, weiches, mit kleinen Farbmustern bedrucktes Gewebe aus Naturseide oder Chemiefäden in Köper- oder Atlasbindung) (Tex) / foulard* *n* ‖ ⁓ (Tex) / pad* *n*, padding mangle, padder *n*, padding machine

**foulardieren** *v* (Tex) / pad *v*

**Foulé** *m* (tuchähnliches Kammgarngewebe aus Merinowolle, Köperbindung, weich gewalkt mit leichter Haardecke) (Tex) / foulé *n*

**Fouling** *n* (nachträgliche Veränderung von Farben, Lacken usw. auf Holz oder Metall durch den Einfluß von Bakterien, Mikro- und Meeresorganismen) (Anstr) / fouling *n* ‖ ⁓ (Bildung von teerförmigen Ablagerungen auf Katalysatoren) (Chem) / fouling *n* ‖ ⁓ (Beeinträchtigung der Umkehrosmose bei der Vorreinigung des Rohwassers) (Sanitär) / fouling *n* ‖ ⁓ **von Membranen** (bei Membrantrennprozessen) (Chem Verf) / membrane fouling

**Fourcault-Ziehverfahren** *n* (Tafelglasherstellung) (Tafelglasherstellung nach E. Fourcault, 1862-1919, heute restlos veraltet) (Glas) / Fourcault process

**Fourier•-Analyse** *f* (von Schwingungen) (Math, Phys) / Fourier analysis*, harmonic analysis* ‖ ⁓-Entwicklung *f* (Math) / Fourier expansion ‖ ⁓-Integral *n* (Elektr, Math) / Fourier integral* ‖ ⁓-Integraldarstellung *f* (Elektr, Math) / Fourier integral* ‖ ⁓-Koeffizient *m* (einer Fourier-Reihe) (Math) / Fourier coefficient ‖ ⁓-Reihe *f* (trigonometrische Reihe) (Math) / Fourier series* ‖ **den Oberschwingungen entsprechendes Glied der ⁓-Reihe** (Math) / harmonic component*, harmonic* *n* ‖ ⁓-Reihe *f* **mit rein sinus- oder kosinusförmigen Bestandteilen** (Math) / Fourier half-range series*

**Fouriersch•es Gesetz** (stationäre Wärmeleitung) (Phys) / Fourier's law ‖ ⁓es Integral (Elektr, Math) / Fourier integral* ‖ ⁓es Integral (Math) / Fourier integral ‖ ⁓e Reihe (Math) / Fourier series* ‖ ⁓e Wärmeleitgleichung (Phys) / Fourier's heat conductivity equation

**Fourier•-Spektrometer** *n* (Spektr) / Fourier spectrometer ‖ ⁓-Spektroskopie *f* (Spektr) / Fourier spectroscopy, Fourier transform spectroscopy* ‖ ⁓-Synthese *f* (bei der direkten Atomparameterbestimmung) (Krist) / Fourier synthesis ‖ ⁓-Synthese (die Umkehrung der harmonischen Analyse) (Math, Phys) / Fourier synthesis ‖ ⁓-Transformation *f* (eine Integraltransformation nach J. Baron de Fourier, 1768-1830 - DIN 13343) (Math) / Fourier transformation, Fourier transform*, FT ‖ **diskrete ⁓-Transformation** (Math) / discrete Fourier transformation, DFT ‖ **schnelle ⁓-Transformation** (Math) / fast Fourier transform*, FFT* ‖ ⁓-Transformierte *f* (Math) / Fourier transform*, response function ‖ ⁓-Transform-Infrarotspektroskopie *f* (Spektr) / Fourier transform infra-red spectroscopy ‖ ⁓-Transform-Ionenzyklotronresonanzspektrometer *n* (Spektr) / Fourier-transform ion-cyclotron resonance mass spectrometer, ICR spectrometer, FT-ICR mass spectrometer ‖ ⁓-Transform-Spektrometer *n* (Spektr) / Fourier transform spectrometer ‖ ⁓-Transform-Technik *f* (Math, Spektr) / Fourier transform technique, Fourier transform analysis, FT analysis ‖ ⁓-Zahl *f* (in der Fourierschen Wärmeleitgleichung - DIN 1341) (Phys) / Fourier number*, Fourier index

**Fourneyron-Turbine** *f* (nach B. Fourneyron, 1802-1867) (Masch) / outward-flow water turbine, Fourneyron turbine

**Fournisseur** *m* (bei Wirk- und Strickmaschinen) (Tex) / feeder *n*, feed-wheel unit

**foveal** *adj* (Opt, Physiol) / foveal *adj*

**Fowler•-flügel** *m* (Luftf) / Fowler flap*, Fowler wing flap ‖ ⁓klappe *f* (eine Hinterkantenklappe) (Luftf) / Fowler flap*, Fowler wing flap ‖ ⁓-Nordheim-Emission *f* (Eltronik) / Fowler-Nordheim emission ‖ ⁓-Nordheim-Tunnelung *f* (nach Sir R.H. Fowler, 1889-1944) (Eltronik) / Fowler-Nordheim tunnelling ‖ ⁓-Serie *f* (eine Spektralserie nach A. Fowler, 1868 - 1940) (Spektr) / Fowler series

**Fox-Gleichung** *f* (bei weichgemachten Polymeren) (Plast) / Fox equation

**Fox-Kode** *m* (Fernm) / fox message (THE QUICK BROWN FOX JUMPED OVER A LAZY DOG'S BACK 1234567890)

**Foyait** *m* (Tiefengestein mit hohem Gehalt an Alkalifeldspäten und Feldspatvertretern) (Geol) / foyaite* *n*

**FP** / flash-point *n* ‖ ⁓ (Bau, Tischl) / fibreboard *n*, fibre building board, fibrous-felted board ‖ ⁓ (Kfz) / fuel pente, FP

**Fp** (Phys) / melting-point *n*, fusion point, mp*, fusing point*

**FPC** (Nahr) / fish protein concentrate, FPC

**FPD** (für die gaschromatografische Spurenanalyse) (Chem) / flame photometer detector, flame-photometric detector, FPD

**FPLA** (vom Anwender programmierbare logische Anordnung) (EDV) / field-programmable logic array (FPLA)

**FQ** (Plast) / polyfluorosilicones *pl*

**Fr** (Chem) / francium* *n*

**FR** (Nukl) / research reactor, teaching reactor

**Fr** (Schiff) / Froude number*, Reech number

**FRA** (For) / idigbo *n*, black afara

**Frac-Behandlung** *f* (Erdöl) / hydraulic fracturing*, fracturing *n*, hydrofracturing *n*

**Fracht** *f* / cargo *n* (pl. cargoes or cargos), load* *n*, freight *n* ‖ ⁓ (Frachtgebühr) / cost of transport, carriage *n*, transport costs ‖ ⁓ (Mengenbezeichnung für Abwasserinhaltsstoffe) (Sanitär, Umwelt) / load *n*, loading *n* ‖ ⁓behälter *m* / container *n*, freight container, shipping container

**Frachter** *m* (Schiff) / cargo ship, freighter *n*

**Fracht•flugzeug** *n* (Luftf) / cargo aircraft, air freighter, freight aeroplane, freight aircraft, transport aircraft ‖ ⁓frei *adj* (eine Liefervereinbarung) / freight or carriage paid ‖ ⁓führer *m* (der sich nach dem BGB richten muß) / carrier *n* ‖ ⁓gebühr *f* / cost of transport, carriage *n*, transport costs ‖ ⁓gut *n* / cargo *n* (pl. cargoes or cargos), load* *n*, freight *n* ‖ ⁓ **und Posthalle** *f* (des Flughafens) (Luftf) / mail and cargo terminal ‖ ⁓hof *m* (des Flughafens) (Luftf) / cargo warehouse ‖ ⁓liste *f* (bei Verkehrsflugzeugen) (Luftf) / cargo manifest ‖ ⁓rakete *f* / cargo rocket ‖ ⁓rate *f* (Luftf, Schiff) / freight

413

rate, rate n ‖ ~raum m (Luftf, Schiff) / hold* n, cargo hold, cargo space ‖ ~schiff n (Schiff) / cargo ship, freighter n
**Frac-Stützmaterial** n (Erdöl) / proppant* n
**Fractal** n (ein komplexes Gebilde) (Math) / fractal n (a self-similar object)
**Fracturing-Verfahren** n (Erdöl) / hydraulic fracturing*, fracturing n, hydrofracturing n
**Frac-Verfahren** n bei der Ausbeute von Erdgas- und Erdöl-Lagerstätten (Erdöl) / petroleum fracturing
**Frage•-Antwort-Algorithmus** m (EDV, KI) / question-answering algorithm ‖ ~-**Antwort-Gerät** n (Fernm) / interrogator-responsor n, interrogator-responder n, IR ‖ ~-**Antwort-System** n / question-answering system, Q/A system ‖ ~**bogen** m (Stats) / questionnaire n, questionary n ‖ ~**bogentechnik** f (Stats) / questionnaire n ‖ ~**steller** m (Stats) / interviewer n
**fragil** adj / breakable adj, fragile adj, brittle adj
**Fragilin** n (in der Rinde von Weiden und Pappeln) (Chim) / fragilin n
**Fragment** n / fragment n ‖ **schweres** ~ (Kernphys) / heavy fragment
**Fragmentation** f (bei der Entstehung von Sternen der Zerfall einer sich verdichtenden Gaswolke in verschiedene Teile, aus denen später einzelne Sterne hervorgehen) (Astr) / fragmentation n ‖ ~ (Chem) / fragmentation n
**fragmentieren** v / fragmentize v, fragment vt, fragmentate v
**Fragmentierung** f / fragmentation n ‖ ~ (von Molekülen) (Chem) / fragmentation n ‖ **heterolytische** ~ (Chem) / heterolytic fragmentation
**Fragmentierungsreaktion** f (Chem) / fragmentation n
**Fragment-Ion** n (Spektr) / fragment ion
**Fragmentkondensation** f (Biochem) / fragment condensation
**fraktal•es Gebilde** (Math) / fractal n (a self-similar object) ‖ ~**e Geometrie** (nach B.B. Mandelbrot) (Math) / fractal geometry ‖ ~ n (Math) / fractal n (a self-similar object)
**Fraktil** n (Stats) / fractile n
**Fraktion** f (einer dispersen Phase nach DIN 66 160) (Chem) / fraction n ‖ ~ (bei einem Trenn- oder Reinigungsverfahren) (Chem Verf) / fraction n ‖ ~ (bei der Destillation) (Chem Verf) / fraction n, cut n ‖ ~ (Pulv) / fraction n, size fraction*, cut n, sieve fraction, grain-size fraction ‖ **abgereicherte** ~ (Nukl) / tails* pl, waste n ‖ **hochsiedende** ~ (Chem Verf) / high-boiling fraction ‖ **hochsiedende** ~ **bei der Gewinnung des Holzterpentinöls** (Chem Verf) / yellow pine oil ‖ **mittlere** ~ (Chem Verf) / middle fraction ‖ **niedrigsiedende** ~ (Chem Verf) / low-boiling fraction ‖ **niedrigsiedende** ~ **bei der Gewinnung des Holzterpentinöls** (Chem Verf) / wood spirit of turpentine ‖ **schmale** ~ (Chem Verf) / narrow fraction
**Fraktionensammler** m (im säulenchromatografischen Trennsystem) (Chem) / fraction collector m
**fraktionieren** v (Chem Verf) / fractionate v
**Fraktionier•kolben** m (Chem Verf) / fractionating flask ‖ ~**kolonne** f (Chem Verf) / fractionating column*, fractionating tower ‖ ~**säule** f (Chem Verf) / fractionating column*, fractionating tower
**fraktioniert•e Destillation** (Chem Verf) / fractional distillation*, fractionation* n ‖ ~ **destillieren** (Chem Verf) / fractionate v ‖ ~**es Fällen** (Chem) / fractional precipitation ‖ ~**e Fällung** (Chem) / fractional precipitation ‖ ~**e Kondensation** (Chem) / dephlegmation n, partial condensation ‖ ~**e Kondensation** (Chem Verf) / fractional condensation ‖ ~**e Kristallisation** (Krist) / fractional crystallization*
**Fraktionierturm** m (Chem Verf) / fractionating column*, fractionating tower
**Fraktionierung** f (stufenweise Trennung eines Stoffgemischs in seine Bestandteile) (Chem Verf) / fractionation* n ‖ ~ (Bestrahlung) (Radiol) / fractionation* n
**Fraktionierungsfaktor** m (Radiol) / time, dose and fractionation factor
**Fraktionssammler** m (zum Auffangen von Fraktionen) (Chem Verf) / fraction collector m
**Fraktionsschneider** m (Chem Verf) / fraction cutter
**Fraktografie** f (Untersuchung von Bruchflächen mittels fotografischer Techniken) (Hütt, WP) / fractography* n, fractographic analysis
**Fraktur** f (Schriftgattung innerhalb der Gruppe der gebrochenen Schriften; Stilart der gebrochenen Schriften) (Typog) / Fraktur n, fraktur* n ‖ ~ (Typog) s. auch gotische Schrift
**Frame** m (Datenpaket, das aus Nutzdaten und Overhead besteht) (EDV) / frame n ‖ ~ (eine Einteilung des Hauptspeichers beim virtuellen Speichern) (EDV) / frame n ‖ ~ (EDV, KI) / frame n ‖ ~ (strukturiertes Datengerüst bei der schemaorientierten Wissensrepräsentation) (KI) / frame n ‖ ~**basierte Darstellung** (KI) / frame-based representation ‖ ~-**Darstellungssprache** f (KI) / frame-representation language ‖ ~-**grabbing** n (Herausgreifen von Einzelbildern aus einem laufenden Fernsehprogramm) (TV) / frame grabbing ‖ ~**shift-Mutation** f (Gen) / frameshift mutation
**Framingkamera** f (für die Hochgeschwindigkeitsfotografie) (Foto) / framing camera
**Framiré** n (For) / idigbo n, black afara

**Frana** f (Bergrutsch in den Tonschichten des Appenin) (Geol) / frana n
**Franchise** n (vertikale Vertriebskooperation) / franchising n ‖ ~ f (höchstzulässiger prozentualer Masseverlust während des Transports) / percentage n ‖ ~ (Selbstbeteiligung in der Versicherung) / franchise n
**Franchisee** m (Franchisenehmer) / franchisee n, franchise holder
**Franchise•geber** m / franchisor n ‖ ~**nehmer** m / franchisee n, franchise holder
**Franchising** n / franchising n
**Franchisor** m / franchisor n
**Francis-Test** m (Gewichtsbestimmung von Zinnschichten auf Stahl durch Messung des Potentialverlaufs bei anodischer Auflösung in 10%iger NaOH) (Galv) / Francis test
**Francis-Turbine** f (eine Überdruckturbine nach J.B. Francis, 1815-1892) (Masch) / Francis water turbine*
**Francium** n (Chem) / francium* n
**Franck-Condon-Prinzip** n (über die Intensitätsverteilung innerhalb der Spektrallinien eines Molekülbandspektrums - nach J. Franck, 1882-1964, und E.U. Condon, 1902-1974) (Spektr) / Franck-Condon principle*, FC principle
**Frank-Caro-Verfahren** n (nach A. Frank, 1834 - 1916, und H. Caro, 1834 - 1910 - Herstellung von Calciumcyanamid) (Chem Verf) / Frank-Caro process
**Frankfurter Schwarz** n / drop black, Frankfort black, vine-black n
**Frankiermaschine** f / franking machine, postage-meter n, postal meter
**Franki-Pfahl** m (ein Ortrammpfahl) (HuT) / Franki-pile* n ‖ ~ (HuT) s. auch Pfahl mit Fußerweiterung
**Frankium (Fr)** n (Chem) / francium* n
**Franklinit** m (ein Ferritspinell) (Min) / franklinite* n
**franko** adj / free adj
**Frank-Read-Quelle** f (Mechanismus zur Vergrößerung der Versetzungsdichte in Kristallen unter Last durch einen periodischen Vorgang) (Krist) / Frank-Read source
**Franksche Halbversetzung** (nicht gleitfähige Versetzung) (Krist) / Frank partial dislocation
**Franse** f (Tex) / fringe n
**Fransenriff** n (Geog, Geol) / fringing reef
**fransig** adj (Tex) / fringy adj
**Franz LISP** n (EDV) / Franz LISP (LISP version mainly for UNIX machines)
**Franzbranntwein** m (Spiritus Vini gallici) (Pharm) / rubbing alcohol
**Franzgold** n / gilding metal (leaf)
**Franzium** n (Chem) / francium* n
**Franz-Keldyš-Effekt** m (nach M.V. Keldyš, 1911-1978) (Opt) / Franz-Keldysh effect
**Franzose** m (Masch, Werkz) / adjustable spanner, monkey-wrench n, adjustable wrench
**Franzosenholz** n (meistens aus Guaiacum sanctum L. od. Guaiacum officinale L.) (For) / guaiacum n, lignum vitae (pl. lignum vitaes), hollywood lignum vitae, guaiac n
**französisch•er Binder** (mit Zugband) (Bau) / French truss*, Belgian truss*, Fink truss* ‖ ~**es Fenster** (Arch) / French window*, French door*, casement door ‖ ~**e Naht** (Tex) / French seam ‖ ~**er Purpur** (ein bläulichroter bis violetter Naturfarbstoff, aus verschiedenen Arten der Färberflechte gewonnen) (Bot, Chem) / orseille n, archil n, orchil n, orselle n ‖ ~**e Tasche** (steil, fast senkrecht eingeschnittene Tasche an Jeans) (Tex) / slash pocket, Italian pocket ‖ ~**es Verfahren** (Bleiweißherstellung) (Chem Verf) / Dutch process*, stack process, Dutch process* ‖ ~**es Vorbereitungsverfahren** (Spinn) / Continental (spinning) system, continental system ‖ ~**er Ahorn** (Acer monspessulanum L.) (For) / Montpellier maple ‖ ~**er Keil** (eine Holzlängsverbindung) (Tischl, Zimm) / table joint
**Franz-Standort** m (direkte Bodenbeobachtung) (Luftf) / pinpoint* n
**Frary-Lagermetall** n (mit 97-98% Pb und 1-2% Ba und Ca) (Hütt, Masch) / Frary metal
**Fräs•automat** m (Masch) / automatic milling machine ‖ ~**bagger** m (HuT) / cutter dredge*, cutter dredger, suction-cutter dredger
**Frasch-Schwefel** m (Chem Verf) / Frasch sulphur
**Frasch-Verfahren** n (Gewinnung von Schwefel aus tiefgelegenen Lagerstätten durch Einpressung von überhitztem Wasser in Rohrleitungen - nach H. Frasch, 1851-1914) (Chem Verf) / Frasch process*
**Fräs•dorn** m (Werkzeugspanner zur indirekten Aufnahme eines Fräswerkzeuges in der Antriebsspindel einer Fräsmaschine) (Masch) / cutter arbor ‖ ~**einheit** f (Masch) / cutter head
**fräsen** v (Absätze, Brandsohlenfersen - bei Schuhen) / trim v ‖ ~ (Buchb) / rout v ‖ ~ (Drahtbarren) (Hütt) / scalp v ‖ ~ (DIN 8589, T 3) (Masch) / mill v ‖ ~ n (Buchb) / routing n ‖ ~ (von Drahtbarren) (Hütt) / scalping n ‖ ~ (DIN 8589, T 3) (Masch) / milling* n
**Fräser** m (Fräswerkzeug nach DIN 857) (Masch) / milling cutter* ‖ **einseitig schneidender** ~ (Tischl) / grooving cutter, groover n, slotting cutter ‖ **einteiliger** ~ (Masch) / solid cutter ‖ **geradverzahnter**

⚙ (Masch) / milling cutter with straight teeth ‖ **hinterdrehter** ⚙ (Masch) / form-relieved cutter ‖ ⚙ *m* **mit gefrästen Zähnen** (Masch) / sawtooth cutter ‖ ⚙ **mit Linksdrall** (Masch) / left-hand helix cutter ‖ ⚙ **mit Rechtsdrall** / right-hand helix cutter ‖ ⚙ **mit Schruppverzahnung** (Masch) / roughing cutter, Strassman-type cutter, heavy-duty cutter (US)
**Fräser•hülse** *f* (Reduzierhülse) (Masch) / cutter bushing, reducing sleeve ‖ ⚙**kombination** *f* (For) / combined moulding tool ‖ ⚙**planlauf** *m* (Masch) / face eccentricity, axial runout ‖ ⚙**planschlag** *m* (Masch) / face eccentricity, axial runout ‖ ⚙**radius-Kompensation** *f* (die in eine CNC eingegeben wird) (Masch) / cutter-radius compensation
**Fraser's Balsamtanne** (For) / Fraser fir, southern balsam fir
**Fräserschaft** *m* (Masch) / mill shank, cutter shank
**Frasertanne** *f* (Abies fraseri (Pursh) Poir.) (For) / Fraser fir, southern balsam fir
**Fräser•verschiebung** *f* (bei Wälzfräsern) (Masch) / hob shifting ‖ ⚙**vorschub** *m* **in Zahnrichtung des Werkzeuges** (beim Schrägfräsen) (Masch) / oblique cutter feed
**Fräs•grubber** *m* (Landw) / rotary tiller ‖ ⚙**kette** *f* (ein endlos wie eine Kette gestaltetes, umlaufendes Werkzeug zur Herstellung von Schlitzen, blind endigenden Vertiefungen oder Zapfen) (For, Tischl) / chain cutter ‖ ⚙**kopf** *m* (Masch) / cutter head, milling head ‖ ⚙**maschine** *f* (Masch) / milling machine*, miller *n* ‖ ⚙**maschinenständer** *m* (Masch) / column of milling machine ‖ ⚙**maschinentisch** *m* (Masch) / milling table, table of milling machine ‖ ⚙**pinole** *f* (z.B. bei Fräseinheiten für Längsfräsmaschinen) (Masch) / milling quill, milling sleeve ‖ ⚙**rillendränung** *f* (Landw) / French drain
**Fraßbild** *n* (Aussehen eines von tierischen Holzzerstörern befallenen Holzstückes) (For) / gallery design (boreholes)
**Fräs•schablone** *f* (Masch) / milling template ‖ ⚙**scheibenlader** *m* (Bergb) / rotary disk loader ‖ ⚙**schlitten** *m* (DIN 8616) (Masch) / spindle carrier
**Fraß•gang** *m* (des Ambrosiakäfers) (For) / pin-hole *n*, shot-hole *n*, ambrosia-beetle tunnel ‖ ⚙**gang** (For, Zool) / insect mine, insect hole, mine *n*, gallery *n* ‖ ⚙**gift** *n* **für Insekten** (ein Insektizid) (Chem) / stomach insecticide* ‖ ⚙**korrosion** *f* / fretting corrosion*, chafing corrosion, friction oxidation, false brinelling ‖ ⚙**mehl** (For) / frass* *n*
**Fräs•späne** *m pl* (Masch) / millings *pl* ‖ ⚙**spindel** *f* (For) / moulding spindle ‖ ⚙**spindel** (Masch) / cutter spindle, milling spindle ‖ ⚙**spindeleinheit** *f* (DIN 69643) (Masch) / milling spindle unit ‖ ⚙**spindelhülse** *f* (Masch) / milling quill, milling sleeve ‖ ⚙**spindelkopf** *m* / milling-spindle head, milling-spindle nose ‖ ⚙**spindelnase** *f* / milling-spindle head, milling-spindle nose
**Fraß•stelle** *f* (Galv) / corrosion site ‖ ~**verhinderndes Mittel** (zur Insektenabwehr) (Landw) / antifeedant *n*, antifeeding compound
**Fräs•tisch** *m* (Masch) / milling table, table of milling machine ‖ ⚙**torf** *m* / milled peat ‖ ⚙**vorrichtung** *f* (der Drehmaschine) (Masch) / milling attachment
**Frauenmilch** *f* (Nahr) / mother's milk
**Fraunhofer•-Beugung** *f* (nach J. v. Fraunhofer, 1787-1826) (Opt) / Fraunhofer diffraction* ‖ ⚙**-Linien** *f pl* (Astr) / Fraunhofer lines* ‖ ⚙**region** *f* (Radio) / Fraunhofer region*, far zone
**Fraunhofersch•e Beugung** (Opt) / Fraunhofer diffraction* ‖ ⚙**e Beugungsfigur** (Opt) / Fraunhofer diffraction pattern ‖ ⚙**es Gebiet** (Radio) / Fraunhofer region*, far zone ‖ ⚙**e Linien** (Astr) / Fraunhofer lines*
**Fraxin** *n* (ein Glykosid) (Chem) / fraxin *n*
**Fréchet-Filter** *n* (nach R.M. Fréchet, 1878 - 1963) (Math) / Fréchet filter
**Fréchet-Raum** *m* (Math) / Fréchet space
**Fredholm-Alternative** *f* (Satz über die Lösbarkeit von Gleichungen mit vollstetigen linearen Operatoren) (Math) / Fredholm's alternative
**Fredholmsch•e Integralgleichung** *f* / Fredholm integral equation ‖ ⚙**e Theorie** (der Integralgleichungen - nach E.I. Fredholm, 1866-1927) (Math) / Fredholm theory
**free alongside ship** (Handelsklausel in der Schiffahrt) (Schiff) / free alongside ship, FAS
**Free-Air-Temperatur** *f* (die die das Bauelement umgebende Luft hat) (Eltronik) / free-air temperature
**Freeness** *f* (Pap) / freeness *n*, wetness *n*, slowness *n*
**Free-place-Platte** *f* (EDV) / free-place disk
**Freeware** *f* (zur Nutzung unter bestimmten Auflagen freigegebene Software) (EDV) / freeware *n*
**Fregatte** *f* (Mil, Schiff) / frigate *n*
**frei** *adj* / free* *adj* ‖ ~ / free *adj* (from) ‖ ~ *adj* (von) / free *adj* (from) ‖ ~ / vacant *adj* ‖ ~ (Daten) (EDV) / unrestricted *adj* ‖ ~ (Fernsp) / available *adj* ‖ ~ (Grundwasser) (Geol) / non-artesian *adj*, unconfined *adj*, phreatic *adj* ‖ ~ (Phys) / unbound *adj* ‖ ~**e** (ungedämpfte) **Schwingung** (DIN 1311) (Phys) / free oscillations*, free vibrations* ‖ ~ **abgehender Lastkraftwagen** (eine Handelsklausel) / free leaving lorry ‖ ~**e Achse** (Mech) / free axis ‖ ~ **an Bord** (Klausel im Außenhandelsgeschäft) / free on board, f.o.b. ‖ ~ **ankommender Lastkraftwagen** (eine Handelsklausel) / free arriving lorry ‖ ~**e Asche** (der Kohle) / secondary ash ‖ ~**e Atmosphäre** (Meteor) / free atmosphere* ‖ ~**es Atom** (Chem, Phys) / free atom* ‖ ~ **aufliegend** (Träger, Platte) (Bau) / simply supported, supported at both ends ‖ ~ **aufliegender Träger** (Bau) / beam supported at both ends ‖ ~**er Baum** (EDV) / free tree ‖ ~ **beweglich**, free to move ‖ ~**es Biegen** (Masch) / free bending and folding ‖ ~**er Blähungsgrad** (Bergb) / free-swelling index ‖ ~**es Cyanid** (Chem) / free cyanide ‖ ~**e Daten** (EDV) / free data, unrestricted data ‖ ~ **definierbarer Zeichenvorrat** (im Bildschirmtext) (EDV, TV) / dynamically redefinable character set, DRCS ‖ ~ **eingespannt sein** (Bau) / have a false bearing ‖ ~**es Elektron** (Kernph) / free electron, roaming electron ‖ ~**es Elektronenpaar** (das einem Atom allein angehört) (Chem, Kernphys) / lone pair*, lone-electron pair, unshared-electron pair ‖ ~**es Ende** (Bau) / free end* ‖ ~**e Energie** (F = U - TS - DIN 1345) (Phys) / Helmholtz function, free energy*, Helmholtz free energy, work function (thermodynamic), Helmholtz potential ‖ ~**e Enthalpie** (DIN 1345) (Phys) / Gibbs' function*, Gibbs' free energy*, free enthalpy, G ‖ ~**e Erfindung** (eine Arbeitnehmererfindung, die dem Arbeitgeber zu angemessenen Bedingungen anzubieten ist - Gesetz vom 25.7.1957) / free invention ‖ ~**es Exemplar** (einer Zeitschrift) / free issue ‖ ~**es Exemplar** (Druck) / free copy, complimentary copy, gratis copy ‖ ~**er Fall** (ohne Berücksichtigung des Luftwiderstandes bzw. im luftleeren Raum) (Phys) / free fall* ‖ ~**es Feld** (Akus, Phys) / free field* ‖ ~**e Fläche** / open space ‖ ~**er Flüssigkeitsstrahl** (bei Farbstofflasern) (Phys) / jet stream ‖ ~**es Format** (EDV) / free format ‖ ~**e Halbgruppe** (Math) / free semigroup ‖ ~**er Induktionsabfall** (Abfall der Quermagnetisierung nach dem Ende des Impulses) (Spektr) / free induction decay, FID ‖ ~**e Kapazität** (F.Org) / spare capacity ‖ ~**er Kohlenstoff** (Chem, Hütt) / free carbon ‖ ~**e Konvektion** (wenn die Strömung nicht durch Wände begrenzt ist) (Phys) / free convection ‖ ~**e Ladung** (Elektr) / free charge* ‖ ~**e** (wirksame) **Länge** (eines Stabes) (Bau, Mech) / effective height (of a column), effective column length* ‖ ~**e Länge** (bei Ventilfedern) (V-Mot) / free length ‖ ~ **Längsseite Schiff** (Schiff) / free alongside ship, FAS ‖ ~**e Leiter** (Eltech) / isolated conductor, ignored conductor ‖ ~**e logische Anordnung** (Eltronik) / uncommitted logic array, ULA ‖ ~**e Lüftung** / natural ventilation ‖ ~**e Mäander** (Geol, Wasserb) / river meander ‖ ~ **machen** *v* (eine verstopfte Stelle) / unchoke *v* ‖ ~**e Menge** (Math) / linearly independent system ‖ ~**e Molekularströmung** (Vakuumt) / free-molecule flow ‖ ~**er Netzzugang** (Fernsp) / open network provision ‖ ~**e Oberfläche** (des Grundwassers) (Geol) / free surface ‖ ~**e Oberfläche** (in Behältern od. in Laderäumen) (Schiff) / free surface* ‖ ~**e Oberflächenenergie** (bei Festkörpern) (Phys) / surface energy* ‖ ~**e Öffnung** (Opt) / objective aperture, lens aperture ‖ ~**er Platz** (in einer Warteschlange) (EDV) / slot *n* ‖ ~ **programmierbar** (EDV) / freely programable ‖ ~**e Radikale** (Chem) / free radicals* ‖ ~**er Raum** (bei der passiven Aufnahme der Nährestoffen) (Bot) / apparent free space, AFS ‖ ~**er Raum** (Phys) / free space ‖ ~**er Raum für den Kuppler** (Bahn) / Berne rectangle, free-coupling space ‖ ~**e Reaktionsenthalpie** (Chem) / free enthalpy of reaction ‖ ~**e Säure** (Chem) / free acid ‖ ~**es Schallfeld** (Akus) / free sound field ‖ ~**er Schwefel** (chemisch nicht gebundener elementarer Schwefel in Vulkanisaten) (Chem Verf) / free sulphur ‖ ~**er Schwinger** (DIN 1311, T 2) (Phys) / free oscillator ‖ ~**e Schwingung** (DIN 1131, T 2) (Phys) / free oscillation ‖ ~**er Speicherbereich** (EDV) / vacant storage area, free storage area ‖ ~**e Strecke** (Bahn) / open line ‖ ~**e Stützweite** (Bau) / unstayed span ‖ ~**es System** (Phys) / closed system ‖ ~**e Variable** (Math) / free variable, unbound variable ‖ ~**er Vektor** (Phys) / free vector ‖ ~ **verlegen** (Bau, Eltech) / expose *v* ‖ ~ **verlegt** (auf Putz - Leitungen) (Bau, Eltech) / exposed *adj* ‖ ~ **von Rost** / rustless *adj*, rust-free *adj* ‖ ~**e Vorsatz** (Buchb) / fly leaf ‖ ~**e Wahl** (Fernsp) / hunting* *n* ‖ ~**er Warenname** (Pharm) / generic name, non-proprietary name, common name ‖ ~**es Wasser** (Chem) / free water, FW ‖ ~**e Wegstrecke** (Kernphys) / mean free path* ‖ ~**er Werkstofffluß** (aus der Werkzeugöffnung) (Masch) / free-flow conditions ‖ ~**er Wirbel** (ein materiell existierender Wirbel, der sich kräftefrei in der Strömung bewegt) (Luftf) / trailing vortex*, free vortex ‖ ~**er Zementit** (Hütt) / free cementite* ‖ ~**er Zustand** (Phys) / free state ‖ ~**es Zyanid** (bei komplexen Zyanidverbindungen) (Chem) / free cyanide
**Frei•antenne** *f* (Radio) / open aerial, outdoor aerial, outside aerial, open antenna*, outdoor antenna ‖ ⚙**armnähmaschine** *f* (Tex) / free-arm sewing machine ‖ ⚙**ätzung** *f* (Eltronik) / clearance hole ‖ ⚙**auslösung** *f* (Eltech) / free-trip* *n*, free-handle* *n* ‖ ⚙**auslösung** (Eltech, Masch) / trip-free release ‖ **ohne** ~**auslösung** (Eltech, Masch) / fixed-trip *attr*, fixed-handle *attr* ‖ ⚙**ballon** *m* (Luftf) / free balloon*, free-flying balloon
**Freiberger Stiefel** (in der Kontinue-Bleiche) (Tex) / J-box *n*, J-tube *n*

**Freibergit**

**Freibergit** *m* (Cu-Ag-Sb-Fahlerz) (Min) / freibergite *n*
**Frei/Besetzt-Zustand** *m* (Fernsp) / free/busy status, free-busy condition
**freibeweglich•es Bedienteil** (EDV) / detached control panel ‖ **~es Benthos** (Biol) / vagrant benthos ‖ **~e Magnetnadel** (im Inklinatorium) (Mag, Verm) / dip needle*, dipping needle*
**Frei•bewitterung** *f* (DIN 53 166) / outdoor exposure, outdoor weathering, atmospheric weathering ‖ **~bewitterung** (Anstr, WP) / outdoor weathering, outdoor exposure, atmospheric exposure, air exposure, weathering* *n* ‖ **~bewitterungsstand** *m* (DIN 50917) (Anstr, WP) / outdoor weathering station, outdoor exposure station, natural weathering station ‖ **~biegeversuch** *m* (WP) / free-bend test ‖ **~blasen** *n* (Glas) / free blowing, off-hand process ‖ **~bohrung** *f* (Durchmesser größer als der des Bolzens) (Masch) / clearing hole* ‖ **~bord** *n* (mittschiffs senkrecht nach unten gemessener Abstand von Oberkante Deckstrich bis zur Oberkante der entsprechenden Lademarke) (Schiff) / freeboard* *n* ‖ **~borddeck** *n* (auf das der Freibord bezogen wird und bis an die dem wasserdichte Schotte hochgeführt werden) (Schiff) / freeboard deck ‖ **~bordmarke** *f* (an beiden Seiten des Schiffes) (Schiff) / freeboard mark, Plimsoll mark, plimsoll mark* ‖ **~brennen** *n* (der Zündkerze) (V-Mot) / deposit scavenging ‖ **~drehen** *n* (Keram) / throw *v* ‖ **~drehen** *n* (Keram) / throwing *n*, free-hand throwing ‖ **~drehen** (Einstechen einer schmalen Nut) (Masch) / recessing *n*
**Freie, Benutzung im ~n** / outdoor use ‖ **im ~n** / open-air *attr*, outdoor *attr*
**Freie-Elektronen-Laser** *m* (Phys) / free-electron laser
**Frei•exemplar** *n* (Druck) / free copy, complimentary copy, gratis copy ‖ **~fahrende Turbine** (Luftf) / free turbine*
**Freifall•bär** *m* (HuT) / free-fall drop hammer (allowed to drop on to a pile head to drive it into the ground) ‖ **~bohren** *n* (Bergb) / free-fall drilling, free-fall boring ‖ **~bohrung** *f* (Bergb) / free-fall drilling, free-fall boring
**freifallend** *adj* (Phys) / free-falling *adj* ‖ **~e Lade** (Web) / free-falling sley
**Freifall•klassierung** *f* (nach der Gleichfälligkeit in einem Medium) (Aufber) / free-settling* *n* ‖ **~mischer** *m* (Bau) / drum mixer, gravity mixer, tumbling mixer ‖ **~probenehmer** *m* (Bergb) / free-fall sampler, boomerang sampler ‖ **~winde** *f* (z.B. in Baggern und Bohrtürmen) (Masch) / winch for free-falling items
**Freifeld** *n* (Akus, Phys) / free field* ‖ **~entzerrtes Mikrofon** (Akus) / free-field microphone ‖ **~lineares Mikrofon** (Akus) / free-field microphone ‖ **~mikrofon** *n* (Akus) / free-field microphone
**Frei•fläche** *f* (unbebautes Grundstück) / free space ‖ **~fläche** (des Sägeblatts) (For) / back* *n* ‖ **~fläche** (vor und hinter der Piste) (Luftf) / clearway *n* ‖ **~fläche** (DIN 6581) (Masch) / flank* *n* ‖ **~flächenfase** *f* (Masch) / land *n* (of the flank), first flank, margin *n* (US) ‖ **~flächenreflektor** *m* (Kfz) / FF reflector, free-shape reflector, free-form reflector ‖ **~fließend** *adj* (Zusatzwerkstoff) (Schw) / free-flowing *adj* ‖ **~flugbahn** *f* (Phys) / free-flight trajectory ‖ **~flugkanal** *m* (Luftf) / free-flight wind tunnel* ‖ **~flugwindkanal** *m* (in dem man das Verhalten von Flugzeugmodellen im Freiflug beobachten kann) (Luftf) / free-flight wind tunnel* ‖ **~flußhahn** *m* (Masch) / full-way cock ‖ **~flußventil** *n* (Masch) / full-way valve ‖ **~formen** *n* (DIN 8580) (Masch) / free forming ‖ **~formfläche** *f* (freigestaltete komplexe Produktoberfläche) / free surface, mesh surface ‖ **~formgrafik** *f* (die nicht auf bestimmte geometrische Formen festgelegt ist) (EDV) / free-form graphics ‖ **~formschmieden** *n* (von Hand) (Masch) / hand-hammer forging ‖ **~formschmieden** (in einem nicht umschließenden Werkzeug) (Masch) / open-die forging ‖ **~formschmiedeverfahren** *n* (z.B. Anstauchen, Recken, Stempeln, Strecken oder Dengeln) (Masch) / open-die forging ‖ **~fracht versichert** (eine Handelsklausel) / freight, carriage and insurance paid ‖ **~-frei-Absorption** *f* (Nukl) / inverse bremsstrahlung, free-free absorption ‖ **~-frei-Übergang** *m* (Kernphys) / free-free electron transition, free-free transition
**Freigabe** *f* / release *n* ‖ **~** (des Arbeitsspeichers) (EDV) / deallocation *n* (of storage space) ‖ **~** (eines Programms nach Test und Abnahme) (EDV) / release *n* ‖ **~** (eines Anschlußes) (Fernsp) / reconnection *n* ‖ **~** (z.B. Abflugfreigabe) (Luftf) / clearance *n* ‖ **~ der Preise** (nach einer Periode der Preiskontrolle) / price decontrol ‖ **~ablauf** *m* (Luftf) / clearance void time ‖ **~eingang** *m* (EDV) / enable input ‖ **~grenze** *f* (Luftf) / clearance limit ‖ **~signal** *n* (EDV) / enabling signal, enable signal ‖ **~signal für den Bus** (EDV) / bus enable ‖ **~taste** *f* (EDV) / releasing key
**freigeben** *v* (Blockierung aufheben) / unblock *v* ‖ **~** / free *v*, set free *v* ‖ **~** (ein HHO) / release *v* ‖ **~** (ein Programm) (EDV) / release *v* ‖ **~** (EDV) / enable *v* ‖ **~** (Verbindung, Signal) (Fernsp) / release* *v* ‖ **~** *n* (EDV) / release *n*
**freigeblasenes** (freigeformtes) **Glas** (Glas) / free-blown glass, hand-blown glass, off-hand glass
**freigegebene Betriebsmittel** (EDV) / de-allocated resources
**freigelassene Stelle** (Anstrichfehler) (Anstr) / holiday* *n*, miss *n*, skip *n*

**freigelegt** *adj* / exposed *adj* ‖ **~** (im Tagebau) (Bergb) / stripped *adj* ‖ **~es Erz** (Bergb) / ore in sight ‖ **~er Schußfaden** (Web) / slack pick, loose pick, slack filling
**Freigepäck** *n* (Luftf) / free baggage allowance
**freigeschlagener Raum** (beim Layout) (Druck) / window *n*
**freigesetzte Ölteilchen** (Ölnebelschmierung) / free-fog *n*
**freigestelltes Bild** (Druck) / isolated figure
**freigewachsener Kristall** (Min) / free crystal
**Frei•gold** *n* (sichtbare Aggregate) (Geol) / free gold ‖ **~grafik** *f* (EDV) / design graphics ‖ **~grenze** *f* (bei radioaktiven Stoffen) (Radiol) / allowance ‖ **~hafen** *m* / duty-free port, free port
**freihalten, Bereich über der Maschine ~ !** (Aufschrift) / keep the area above the machine clear!
**Freihaltezone** *f* (S) (Bau) / buffer zone
**freihandgeblasenes Glas** (Glas) / free-blown glass, hand-blown glass, off-hand glass
**freihändige Vergabe** (von Aufträgen der öffentlichen Hand - ohne Ausschreibung) / negotiated tender
**Freihand•linie** *f* (DIN 15) / free-hand line ‖ **~nivellier** *n* (Verm) / hand level* ‖ **~schleifen** *n* (Masch) / free-hand grinding, hand grinding, snagging *n*, offhand grinding ‖ **~zeichnung** *f* / free-hand drawing, loose sketch, free-hand sketching
**Freiharz** *n* (Pap) / free rosin ‖ **~gehalt** *m* (Pap) / content of free rosin, free-rosin content ‖ **~leim** *m* (Pap) / acid size, free-rosin size ‖ **~leim** (als milchige Emulsion) (Pap) / white size
**Freiheit** *f* (Masch) / freedom* *n* ‖ **~** (Phys) / degree of freedom* ‖ **~en** *f pl* **der Luft** (Luftf) / freedoms *pl* of the air
**Freiheitsgrad** *m* (freie Bewegungsrichtung eines Körpers - DIN 1311, T 3) (Phys) / degree of freedom* ‖ **mit drei ~en** (Phys) / tervariant *adj*, trivariant *adj* ‖ **mit einem ~** (Phys) / univariant* *adj*, monovariant *adj* ‖ **mit mehreren ~en** (Phys) / multivariant *adj* ‖ **mit zwei ~en** (Phys) / bivariant* *adj*, divariant *adj* ‖ **ohne ~** (Phys) / invariant* *adj*, non-variant *adj* ‖ **~achse** *f* **eines Roboters** / axis of freedom of a robot
**Frei•hub** *m* (Hubhöhe, die Stapler ohne Überschreitung ihrer geringsten Bauhöhe erreichen können) (Masch) / free lift ‖ **~isometrische Darstellung** (Math) / cabinet projection
**Freijo** *n* (Cordia sp.) (For) / freio *n*, cordia wood, salmwood *n*
**Freikanalfreigabe** *f* (Fernm) / idle channel enable
**Freikolben•maschine** *f* (eine Wärmekraftmaschine) (Masch) / free-piston engine* ‖ **~motor** *m* (Masch) / free-piston engine*
**Frei•körperdiagramm** *n* (Mech) / free-body diagram ‖ **~land** *n* (Landw) / open *n* ‖ **~landversuch** *m* (Landw) / field trial, field experiment ‖ **~landversuchsfeld** *n* (zur Prüfung von Schutzmitteln) (For, Landw) / graveyard *n* ‖ **~landversuchsprüfung** *f* (von Holzschutzmitteln) (For, Landw) / graveyard test ‖ **~länge** *f* (Mech) / unsupported length
**Freilauf** *m* (Kfz) / overrunning clutch ‖ **~** (Kfz) / free-wheel* *n* ‖ **~diode** *f* (eine Halbleiterdiode, die parallel zum induktiven Gleichstromverbraucher gelegt und von der Speisespannung in Sperrichtung beansprucht wird) (Eltronik) / free-wheeling diode
**freilaufend** *adj* (Ausgabe, Meldung) (EDV) / unsolicited *adj* ‖ **~** (Kfz) / free-wheeling ‖ **~** (Masch) / free-running *adj* ‖ **~e Walze** (Druck) / idler* *n*, idling roller*
**Freilauf•getriebe** *n* (Baugruppe, einschließlich Freilauf des Starters) (Kfz) / overrunning clutch drive ‖ **~kupplung** *f* (Kfz) / free wheel*, sprag clutch*, free-wheeling coupling, one-way clutch
**freilegen** *v* (Bau, Bergb, Geol) / expose *v* ‖ **~** (im Tagebau) (Bergb) / strip *v*
**Freilegung** *f* (Bau, Bergb, Geol) / exposure *n* ‖ **~** (im Tagebau) (Bergb) / stripping* *n*
**Freileitung** *f* (oberirdisch geführte) (Eltech) / overhead transmission line*, open-wire line, transmission line*
**Freileitungs•isolator** *m* (Eltech) / line insulator, overhead-line insulator ‖ **~kabel** *n* (Kab) / aerial cable*, overhead cable ‖ **~mast** *m* (Eltech) / overhead-line support ‖ **~monteur** *m* (Eltech) / lineman *n* (pl. linemen), linesman *n* (pl. linesmen) ‖ **~nachbildung** *f* (Eltech) / open-line balancing network ‖ **~netz** *n* (von 275 kV und 380 kV) (Eltech) / supergrid* *n* ‖ **~seil** *n* (Eltech, Fernm) / suspension strand, messenger-cable strand
**Freilicht-** (Film) / outdoor *adj*
**freiliegend** *adj* (Tex) / bare *adj*
**Freilochausführung** *f* (von Leiterplatten) (Eltronik) / clearance hole type
**Freiluft•anlage** *f* (Eltech) / outdoor installation, outdoor plant ‖ **~anomalie** *f* (Geophys) / free-air anomaly* ‖ **~auslagerung** *f* (Anstr, WP) / outdoor weathering, outdoor exposure, atmospheric exposure, air exposure, weathering* *n* ‖ **~bewetterung** *f* (Anstr, WP) / outdoor weathering, outdoor exposure, atmospheric exposure, air exposure, weathering* *n* ‖ **~bewitterung** *f* (Anstr, WP) / outdoor weathering, outdoor exposure, atmospheric exposure, air exposure, weathering *n* ‖ **~dose** *f* (Radiol) / free-air dose* ‖ **~dosis** *f* (Radiol) / free-air dose* ‖ **~isolation** *f* (Eltech) / outdoor insulation ‖ **~isolator** *m* (Eltech) / line insulator, overhead-line insulator ‖ **~kabel** *n* (Kab) /

**Fremdmetallüberzug**

open-air-installed cable ‖ ~**klima** n / open-air climate ‖ ~**korrektion** f (Geophys) / free-air correction ‖ ~**schaltanlage** f (Eltech) / outdoor substation, switchyard n ‖ ~**textilien** pl (Tex) / outdoor textiles, open-air textiles ‖ ~**trennschalter** m (Eltech) / outdoor disconnector ‖ ~**trocknung** f / air drying* (the removal of moisture from a product by naturally occurring evaporation to air), open-air drying, sun drying ‖ ~**unterstation** f (Eltech) / outdoor substation, switchyard n
**freimachen** v / clear v ‖ ~ n (Bau) / clearing n
**Freiname** m (Pharm) / generic name, non-proprietary name, common name ‖ **internationaler** ~ (z.B. bei Schädlingsbekämpfungs- und Arzneimitteln) (Chem, Pharm) / international non-proprietary name, INN
**Frei•platzverwaltung** f (EDV) / free place administration (FPA) ‖ ~**programmierbar** adj (EDV) / free-programmable ‖ ~**raum** m (Druck) / window n ‖ ~**raumausbreitung** f (Phys) / free propagation ‖ ~**raumgestaltung** f (Arch) / free-space design ‖ ~**raumreichweite** f (Radar) / free-space coverage
**freischalten** v (eine Steuereinheit) (EDV) / free v ‖ ~ (das Auslösen durch vermittlungstechnische Einrichtungen einleiten) (Fernm) / clear v ‖ ~ (Masch) / idle v ‖ ~ n (Einleitung des Auslösens durch vermittlungstechnische Einrichtungen) (Fernm) / clearing n
**Frei•schneidegerät** n (For, Landw) / shrub cutter ‖ ~**schnitt** m (Schneidwerkzeug, bei dem der Stempel nur durch den Pressensitz geführt wird) (Masch) / unguided punch, free punch ‖ ~**schwefel** m (Chem Verf) / free sulphur ‖ ~**schwingende Schaltung** (Eltronik) / free-running circuit* ‖ ~**setzen** v (z.B. Energie) / set free v, liberate v, release v, give off v, free v
**Freisetzung** f / release n ‖ ~ (der Radioaktivität) (Nukl) / release n (uncontrolled) ‖ ~ (der Energie) (Phys) / liberation n, releasing n ‖ **kontrollierte** ~ (Gen, Med) / controlled release ‖ **störfallbedingte** ~ (von Schadstoffen) (Nukl) / accidental release ‖ ~ **von radioaktivem Material durch Unfall** (Nukl) / spill n ‖ ~ **von Radioaktivität** (Nukl, Radiol) / radioactivity release
**freisetzungs•hemmendes Hormon** (Biochem) / inhibiting factor, release inhibiting factor ‖ ~**hormon** n (ein Neurohormon) (Biochem) / releasing hormone
**frei•sichtig** adj (Geol, Min) / megascopic* adj ‖ ~**sichtschutzschild** m (Schw) / lift-front filter-glass holder ‖ ~**sintern** v (Pulv) / free sintering ‖ ~**sitz** m (Bau) / patio n ‖ ~**speicher** m (EDV) / heap n ‖ ~**spiegel** m (im offenen Gerinne) (Wasserb) / free surface ‖ ~**spiegelleitung** f (entweder offener Wasserlauf oder eine Rohr- bzw. Tunnelleitung) (Wasserb) / open channel, open cut, open conduit ‖ ~**spiegelwasserlauf** m (Wasserb) / open channel, open cut, open conduit ‖ ~**sprecheinrichtung** f (Fernsp) / handsfree unit ‖ ~**sprechen** n (Leistungsmerkmal bei Fernsprechern) (Fernsp) / handsfree talking, handsfree conversing ‖ ~**stechen** n (Masch) / recessing n
**freistehend** adj (Schornstein nach DIN 1056, Kampanile, Mauer) (Bau) / free-standing adj ‖ ~ (z.B. Haus) (Bau) / detached adj, isolated adj ‖ ~ (Reproduktion - ohne Hinter- oder Vordergrund) (Druck) / cut-out* adj, blocked-out adj, silhouette attr, outline attr ‖ ~ (draußen) (Bau) / outdoor adj ‖ ~ (Spundwand) (HuT) / cantilevered adj ‖ ~**es Bild** (Druck) / isolated figure ‖ ~**er Kessel** (Masch) / self-supporting boiler ‖ ~**er Mast** (ohne Abspannseile) (HuT) / free-standing mast ‖ ~**er Mauer** (z.B. eine Einfriedungsmauer) (Bau) / free-standing wall (standing by itself) ‖ ~**er Raumteiler** (für Großraumbüros) (Bau) / office landscape screen ‖ ~**er Schornstein** (DIN 1056, 1057 und 1058) (Bau) / free-standing chimney stack, chimney shaft* (free-standing)
**Frei•stempelmaschine** f / franking machine, postage-meter n, postal meter ‖ ~**stempler** m / franking machine, postage-meter n, postal meter ‖ ~**stich** n (z.B. bei abgesetzten Wellen nach DIN 509) (Masch) / recess n ‖ ~**stich** (der Stiftschraube) (Masch) / undercut* n ‖ ~**strahl** m (Masch) / free jet, open jet ‖ ~**stück** n (Druck) / free copy, complimentary copy, gratis copy ‖ ~**textdokument** n (EDV) / free-text document ‖ ~**textretrieval** n (eine Form der Informationswiedergewinnung) (EDV) / free-text retrieval, text retrieval ‖ ~**ton** m (Fernsp) / ringing tone, ringback tone (US)
**freitragend** adj (z.B. Traglufthalle) / self-supporting adj ‖ ~**e Betondecke** (Bau, HuT) / beamless floor, plate floor ‖ ~**e Decke** (Zimm) / single floor* ‖ ~**er Eindecker** (Luftt) / cantilever monoplane ‖ ~**er Flügel** (Luftt) / cantilever wing ‖ ~**e Spule großer Ganghöhe** (Eltech) / air-spaced coil* ‖ ~**e Treppe** (Bau) / hanging steps*, cantilevered steps
**Frei•träger** m (Bau) / cantilever beam, cantilevered beam ‖ ~**treppe** f (Arch) / perron* n ‖ ~**versand** m (an eine genau umrissene Zielgruppe) / controlled circulation, CC ‖ ~**vorbau** m (HuT) / cantilever construction ‖ ~**vorbaumontage** f (z.B. bei Brücken) (HuT) / cantilever erection ‖ ~**vulkanisation** f (Chem Verf) / open cure ‖ ~**wahl** f (Fernsp) / hunting* n ‖ ~**wähler** m (Fernsp) / hunting selector, searching selector ‖ ~**wange** f (Zimm) / outer string*, face string (US) ‖ ~**werden** n / liberation n ‖ **Warten auf** ~**werden**

(Fernsp) / parking on busy, camping on busy, queueing n ‖ **warten auf** ~**werden der Nebenstelle** (Fernsp) / wait for extension to become free ‖ ~**werdezeit** f (bei einem Thyristor) (Eltronik) / turn-off time
**freiwillige Versuchsperson** (z.B. bei medizinischen Versuchen) (Med, Pharm) / volunteer n
**Frei•winkel** m (des Sägezahnes) (For) / clearance angle ‖ ~**winkel** (DIN 6581) (Masch) / tool orthogonal clearance, angle of relief*, clearance angle ‖ ~**winkel** (DIN 6581) (beim Bohren) (Masch) / lip clearance angle, lip relief angle (US) ‖ ~**zeichen** n (im Gegensatz zum Warenzeichen nicht schutzfähiges Zeichen) / non-registrable trade mark ‖ ~**zeichen** (Fernsp) / ringing tone, ringback tone (US) ‖ ~**zeile** f (Druck) / space line, white line*
**Freizeit** f (als Ersatz z.B. für Überstunden) / time off in lieu, compensatory time (US) ‖ ~**anlage** f / leisure centre, recreational facility ‖ ~**fahrzeug** n (Kfz) / recreational vehicle, rec vehicle, RV, recreation vehicle ‖ **bewohnbares** ~**fahrzeug** (Kfz) / leisure accommodation vehicle ‖ ~**kleidung** f (Tex) / casual clothing, casuals pl (suitable for everyday wear rather than formal occasions) ‖ ~**kleidung** (Tex) / leisurewear n (casual clothes designed to be worn for leisure activities) ‖ ~**verkehr** m / recreational traffic ‖ ~**zentrum** n / leisure centre, recreational facility
**Freizügigkeit** f (z.B. der Arbeitskräfte) / freedom of movement
**Freizustand** m (einer Leitung) (Fernm) / idle condition
**fremd•e Asche** (Aufber) / extraneous ash* ‖ ~**e Dienstleistungen** / purchased services ‖ ~**e Scherben** (Glas) / foreign cullet ‖ ~**es Teilchen** (Hyperon, Kaon) (Kernphys) / strange particle
**Fremdaroma** n (Nahr) / off-flavour n, foreign flavour, off-odour n, taint n
**fremdartig** adj / exotic* adj
**Fremd•asche** f (Aufber) / extraneous ash* ‖ ~**atom** n (im allgemeinen) (Krist, Phys) / foreign atom ‖ ~**belüfteter Motor** (Eltech) / forced-ventilated motor ‖ ~**belüftung** f (Eltech) / separate ventilation, forced draught*, forced ventilation, mechanical draught ‖ ~**berge** m pl (Versatzmaterial) (Bergb) / outside waste, excess fill, imported dirt ‖ ~**bestandteil** m (Aufber) / foreign substance, foreign matter, extraneous matter, extraneous substance ‖ ~**bestandteil** / impurity ‖ ~**bestäubung** f (Bot) / cross-pollination* n, allogamy* n, cross-fertilization* n, amphimixis n ‖ ~**bestimmte Berechtigungszuweisung** (Zugriffsberechtigungskonzept, in dem es nicht in das Belieben des Eigentümers gestellt ist, wer auf seine Objekte zugreifen darf) (EDV) / non-discretionary access control ‖ ~**betätigtes System** (ein Fluidgetriebe) (Masch) / remote-controlled system ‖ ~**bezogenes Produkt** (F.Org) / buy-out product ‖ ~**bezug** m (von Teilen) (F.Org) / outside supply ‖ ~**datei** f (EDV) / foreign data file ‖ ~**DNS** f (Biochem) / donor DNA, foreign DNA ‖ ~**eisen** n (Aufber) / tramp iron*, iron tramp ‖ ~**eisenteile** n pl (Aufber) / tramp iron*, iron tramp ‖ ~**eiweiß** n (Biochem) / foreign protein ‖ ~**element** n (schädliches - in einer Legierung) (Chem, Hütt) / tramp element
**fremderregt** adj (Eltech) / separately excited ‖ ~**er Schalter** (Eltech) / shunt-trip recloser ‖ ~**er Schwinger** (DIN 1311, T 2) (Phys) / separately excited oscillator ‖ ~**e Schwingung** (DIN 1311, T 2) (Phys) / separately excited oscillation
**Fremd•erregung** f (Eltech) / separate excitation* ‖ ~**farbig** adj (Eltronik, Krist) / allochromatic* adj ‖ ~**eingewebte** ~**fasern** (Web) / loom fly, flyer n, fly n ‖ ~**fertigung** f (F.Org) / outside production ‖ ~**finanzierung** f (mit Fremdkapital) / debt financing ‖ ~**gas** n (Phys) / foreign gas ‖ ~**gegendruck** m (bei Sicherheitsventilen) (Masch) / superimposed back-pressure ‖ ~**geräusche** n pl (Akus) / alien tones* ‖ ~**geräuschall** m (DIN 1320) (Akus) / background noise ‖ ~**geruch** m (Nahr) / off-flavour n, foreign flavour, off-odour n, taint n ‖ ~**geschaltete Kupplung** (Masch) / clutch n ‖ ~**geschmack** m (Nahr) / foreign flavour, foreign taste, off-taste n ‖ ~**gesteuerte Austastschaltung** (Radar) / killer circuit ‖ ~**gut** n (Chem Verf, Hütt) / tramp material ‖ ~**härtendes Harz** (Plast) / indirect curing resin ‖ ~**heizung** f (Kfz) / auxiliary heating ‖ ~**ion** n (Eltronik) / foreign ion ‖ ~**kapital** n (als Gegensatz zum Eigenkapital) / debt capital, debt n ‖ ~**keim** m (unerwünschter Mikroorganismus) (Biol) / contaminating germ ‖ ~**körper** m (Biol, Med) / foreign body ‖ ~**körper** m pl (die in der Getreidereinigungsmaschine ausgesondert werden - z.B. Unkrautsamen, Bruchkörner, Stroh, Spreu usw.) (Landw) / dross n, impurity n ‖ ~**körper** m (in der Wolle) (Tex) / mote n, mote trash, trash n ‖ ~**eingewebter** ~**körper** (Web) / gout n ‖ ~**körper** m **im Lackfilm** (Anstr) / nibs* pl, grits pl ‖ ~**körperbergung** f / foreign body elimination, foreign body extraction ‖ ~**körpereinschluß** m (For) / alien inclusion ‖ **mit** ~**körpern** (Lackfilm) (Anstr) / bitty adj, nibby adj ‖ ~**kraftbremse** f (Kfz) / power-brake n ‖ ~**kühlung** f (mit von der Maschine unabhängiger Einrichtung zur Kühlmittelbewegung) (Eltech) / separate cooling, separate ventilation ‖ ~**lenkung** f (Luftf) / passive homing guidance* n ‖ ~**leuchter** m (Licht) / secondary-light source ‖ ~**licht** n (Foto) / extraneous light ‖ ~**material** n (Chem Verf, Hütt) / tramp material ‖ ~**metallüberzug** m (Galv) / metallic coating ‖ **mit** ~**metallüberzug**

417

**Fremdmolekül**

(Galv) / metal-coated *adj* || ~**molekül** *n* (Chem) / foreign molecule || ~**peak** *m* (Chem) / spurious peak, ghost *n* || ~**peilung** *f* (Luftf, Schiff) / ground-controlled direction finding || ~**protein** *n* (Biochem) / foreign protein || ~**rauschen** *n* (Akus, Eltronik) / external noise || ~**rost** *m* (im Gegensatz zum Flugrost handelt es sich hier um Rostablagerungen, die sich nicht als Folge eines örtlichen Rostvorgangs auf dem betroffenen Werkstück bilden, sondern von anderer, strömungstechnisch vorgelagerter Stelle eingetragen werden) (Galv, Masch) / extraneous rust || ~**säuregemisch** *n* (zum Verchromen) (Galv) / mixed-catalyst system || ~**scherben** *f pl* (Glas) / foreign cullet || ~**schicht** *f* (eine elektrolytisch leitende Schicht auf der Isolatoroberfläche) (Eltech) / pollution layer, contamination layer || ~**schicht** (mit Verunreinigungen) (Eltronik) / pollution layer || ~**schichtüberschlag** *m* (durch die Fremdschicht hervorgerufene vollständige Überbrückung des Isolators durch einen Lichtbogen) (Eltech) / surface leakage || ~**schichtwiderstand** *m* (ein Teil des Kontaktwiderstands) (Eltech) / film resistance || ~**schmierung** *f* (Masch) / external lubrication || ~**spannung** *f* (EDV, Eltech) / external voltage || ~**sprachige Fassung** (Film) / foreign version || ~**sprachliches Zeichen** (EDV, Typog) / foreign-language character || ~**stoff** *m* / foreign substance, foreign matter, extraneous matter, extraneous substance || ~**stoff** (Chem Verf) / crud *n* (a substance which is considered disgusting or unpleasant, typically because of its dirtiness) || ~**stoffe** *m pl* (Pap) / contraries* *pl* || **ohne ~ und Zusatzstoffe** (Nahr) / E-free *adj*

**Fremdstrom** *m* (der sich von einer elektrischen Anlage aus unbeabsichtigt ausbreitet) (Eltech) / leakage current*, leak current, stray current, tracking current || ~ (ein Schutzstrom) (Galv) / impressed current || ~**anode** *f* (Galv) / inert anode*, insoluble anode, impressed d.c. anode, non-consumable anode, non-sacrificial anode (for cathodic protection) || ~**korrosion** *f* (Eltech, Galv) / stray-current corrosion || ~**loses Abscheiden** (Galv) / electroless plating, electroless deposition, chemical deposition || ~**schutzanode** *f* (Galv) / inert anode*, insoluble anode, impressed d.c. anode, non-consumable anode, non-sacrificial anode (for cathodic protection) || ~**verfahren** *n* (beim Korrosionsschutz) (Galv) / impressed-current cathodic protection, impressed e.m.f. method

**Fremd•substanz** *f* / foreign substance, foreign matter, extraneous matter, extraneous substance || ~**synchronisierter Kode** (EDV) / synchronizing code || ~**ton** *m* (Nahr) / off-flavour *n*, foreign flavour, off-odour *n*, taint *n* || ~**transplantat** *n* (Med) / heterograft *n*, xenograft *n* || ~**vergabe** *f* (Ausgliederung bestimmter Funktionen eines Unternehmens und deren Übernahme durch externe Serviceanbieter) / outsourcing *n* || ~**versatz** *m* (Verfüllen von Hohlräumen) (Bergb) / imported stowing || ~**versatz** (Material) (Bergb) / outside waste, excess fill, imported dirt || ~**wagen** *m* (Bahn) / foreign wagon || ~**wasser** *n* (in die Kanalisation eindringendes Grundwasser, über Fehlanschlüsse eingeleitetes Wasser sowie einem Schmutzwasserkanal zufließendes Oberflächenwasser - DIN 4045) (Sanitär) / foreign water, infiltration water, outside water || ~**zucht betreiben** (Biol, Landw) / outbreed *n* || ~**zündung** *f* (V-Mot) / spark ignition

**Fremont-Pappel** *f* (Populus fremontii) (For) / Fremont cottonwood, Texas poplar

**Frémys Salz** (Chem) / Frémy's salt*

**French-Flag** *n* (an der Kamera oder vor Scheinwerfern) (Film) / French flag

**Frenching** *n* (Schmal- oder Schwertblättrigkeit des Tabaks) (Bot) / frenching *n* || ~ (Integration in die Karosseriebleche - z.B. von Scheinwerfern) (Kfz) / frenching *n*

**Frenetsche Formeln** (nach J.F. Frenet, 1816-1900) (Math) / Frenet's formulae*, Serret-Frenet formulae*, Frenet-Serret formulae

**Frenkel-Defekt** *m* (Abwandern eines in einem Kristall eingebauten Ions von seinem normalen Platz im Kristallgitter auf einen Zwischengitterplatz - nach dem russischen Physiker J.I. Frenkel, 1894-1952) (Krist) / Frenkel defect*, Frenkel pair

**Frenkel-Exciton** *n* (Kernphys) / Frenkel exciton

**Frenkel-Fehlordnung** *f* (Krist) / Frenkel defect*, Frenkel pair

**Frenzelit** *m* (Min) / guanajuatite *n*

**Freon** *n* (halogenierter Kohlenwasserstoff der Fa. Du Pont, der als Sicherheitskältemittel Verwendung findet) (Chem) / Freon* *n* || ~ s. auch Frigen

**Frequenz** *f* (die sekundliche Periodenzahl eines periodischen Vorganges) (Elektr, Eltech, Phys) / frequency* *n*, periodicity* *n* || ~ (Film) / film speed*, filming speed || ~ (Radio) / oscillation frequency* || **abgesetzte** ~ (Fernm) / offset frequency || **angelegte** ~ (Fernm) / applied frequency || **aufgezwungene** ~ (Fernm) / impressed frequency || ~**, die oberhalb des für Musik oder Sprache benutzten Frequenzbereichs liegt** (Akus) / superaudible frequency*, ultra-audible frequency || ~**, die unterhalb des für Musik oder Sprache benutzten Frequenzbereichs liegt, nicht aber unbedingt im Infraschallbereich** (Akus) / subaudio frequency*, subsonic frequency || **einstellbare** ~ (Fernm) / variable (adjustable) frequency || **gemeinsame Nutzung von ~en** (Fernm) / sharing of frequencies || **gesperrte** ~ (Radio) / taboo frequency || **mit gleicher** ~ (Eltech, Phys) / equifrequent *adj* || **mittlere** ~ (Fernm) / centre frequency* || **normierte** ~ (ein dimensionsloser Parameter bei Stufenfasern) / normalized frequency || **superhohe** ~ (zwischen 3 - 30 GHz) (Radio) / superhigh frequency (SHF) || **unhörbar tiefe** ~ (Akus) / subaudio frequency*, subsonic frequency || **veränderliche** (durchstimmbare) ~ (Fernm) / variable frequency || **zugeteilte** ~ (für die jeweilige Funkstelle) (Radio) / assigned frequency* || ~ **der Seriengrenze** (Spektr) / convergence frequency || ~ **von 3-30 kHz** (Myriameterwellen) (Radio) / very low frequencies*, VLF*

**frequenz•abhängig** *adj* (Eltech) / frequency-dependent *adj* || ~**abstand** *m* (bei Mikrowellenröhren) (Eltronik) / mode separation* || ~**abstand** (Fernm) / frequency distance, frequency interval || **automatische** ~**abstimmung** (bei FM-Empfang) (Radio) / automatic frequency control*, AFC* || ~**abtastung** *f* (Radio) / frequency scanning || ~**abweichung** *f* (Fernm) / frequency deviation, frequency departure* || ~**agil** *adj* (mit Änderung der Sendefrequenz von Impuls zu Impuls oder Impulsgruppe zu Impulsgruppe) (Radar) / frequency-agile *adj* || ~**analysator** *m* (Eltech, Fernm) / wave analyzer*, wave analyzer (US) || ~**analysator** (Radio) / frequency analyser, frequency analyzer (US) || ~**analysator** s. auch Spektrumanalysator || ~**analyse** (Radio, Umwelt) / frequency analysis || ~**auswanderung** *f* (Fernm) / frequency pulling || ~**band** *n* (zusammenhängender, relativ kleiner Frequenzbereich der elektrischen Wellen) (Fernm) / band* *n*, frequency band* || ~**band** (eines Funkdienstes) (Radio) / service band* || **schmales** ~**band** (bis 300 Hz) (Fernm) / narrowband *n* || ~**band** *n* **zwischen 300 und etwa 3500 Hz** (Fernsp) / voice-band *n*, voice-frequency band, speech band || **Bohrsche** ~**bedingung** (Kernphys) / Bohr frequency principle || ~**bereich** *m* (von Mikrofonen und Lautsprechern) (Akus) / response *n*, frequency response || ~**bereich** (Wellenlängenbereich) (Fernm) / frequency range, frequency domain, range of frequencies || **hörbarer** ~**bereich** (Akus, Fernm) / audio-frequency range || **erfaßter** ~**bereich** (Fernm) / frequency coverage || ~**bereichsanalyse** *f* (Fernm) / frequency domain analysis || ~**bewertungsfilter** *n* (Akus) / frequency-weighting network || ~**charakteristik** *f* (grafische Darstellung des Frequenzganges) (Elektr) / frequency characteristic || ~**dekade** *f* (ein Frequenzmaßintervall, dessen Frequenzverhältnis 10 ist - DIN 13320) (Fernm) / decade* *n* || ~**diversität** *f* (Radio) / frequency diversity* || ~**diversityempfang** *m* (Radio) / frequency diversity reception || ~**domäne** *f* (Spektr) / frequency domain || ~**doppler** *m* (Fernm) / frequency doubler* || ~**dopplung** *f* (Fernm) / frequency doubling* || ~**drift** *f* (Fernm) / frequency drift* || ~**durchlauf** *m* (in der magnetischen Kernresonanz) (Phys) / frequency sweeping || ~**faktor** *m* (der präexponentielle Faktor in der Arrhenius-Gleichung) (Chem) / frequency factor*, pre-exponential factor || ~**filter** *n* (eine Schaltung, die für ein bestimmtes Frequenzband durchlässig ist und die übrigen Frequenzen sperrt - DIN 40146, T 1) (Eltronik) / frequency filter || ~**gang** *m* (DIN 19226) (Phys) / frequency response* || ~**gang für das diffuse Dchallfeld:.m.** (Akus) / diffuse-filed response, random-incidence response || ~**gangdarstellung** *f* (als Diagramm) (Phys) / frequency-response plot || ~**gerader Kondensator** (ein Drehkondensator) (Eltech) / straight-line frequency capacitor*, SLF capacitor || ~**gleiten** *n* (Fernm) / mode shift || ~**gruppe** *f* (kritisches Frequenzband nach DIN 1320) (Akus) / critical band || ~**hochlauf** *m* (Eltech) / synchronous starting, synchronous acceleration || ~**hub** *m* (DIN 45021) (Fernm) / frequency deviation*, deviation* *n* || ~**hub Spitze-Spitze** (Fernm) / frequency swing* || ~**instabilität** *f* (Fernm) / mode shift || ~**intervall** *n* (Fernm) / frequency interval || ~**konstanter Überlagerer** (Eltronik) / stable local oscillator, STALO || ~**konstanz** *f* (z.B. bei den Oszillatoren) (Eltronik) / frequency constancy || ~**kontrollgerät** *n* (Eltech) / frequency monitor* || **breitbandige** ~**kurve** *f* / flat response || ~**kurve** *f* **eines Mikrofons unter Berücksichtigung der Reflexions- und Interferenzeinflüsse** (Akus) / reverberation response curve* || ~**lage** *f* (die Lage einer mittleren Frequenz im verwendeten Wellenbereich) (Fernm) / frequency position || ~**maßintervall** *n* (DIN 1320) (Akus) / logarithmic frequency interval || ~**meßbrücke** *f* (eine Wechselmeßbrücke - z.B. Schering- oder Wien-Brücke) (Eltech) / frequency bridge || ~**messer** *m* (Eltech) / frequency meter* || **integrierender** ~**messer** (Eltech) / integrating frequency meter*, master frequency meter* || **digitaler** ~**messer** (Eltech) / counter/frequency meter || ~**modulation (FM)** (Radio) / frequency modulation, FM* || **"gezähmte"** ~**modulation** (Fernm) / tamed frequency modulation, TFM || ~**modulationsdetektor** *m* (Radio) / frequency discriminator* || ~**modulierter Puls** (DIN 5483, T 1) (Fernm) / frequency-modulated pulse train || ~**moduliertes Radar** (Radar) / frequency-modulated radar, FM radar, frequency-modulation radar || ~**moduliertes Zyklotron** (Nukl) /

synchrocyclotron* *n*, frequency-modulated cyclotron*, phasotron *n*, FM cyclotron ‖ ⁓**multiplex** *n* (Bündelung von mehreren gleichartigen Signalen in einem Multiplexsystem) (Fernm) / frequency-division multiplexing, frequency multiplexing, frequency-division multiplex*, FDM ‖ ⁓**normal** *n* (Fernm) / frequency standard* ‖ ⁓**plan** *m* (Radio) / frequency allocation ‖ ⁓**regelung** *f* (Eltech) / frequency control ‖ **automatische** ⁓**regelung** (Radio) / automatic frequency control, AFC* ‖ ⁓**schaum** *m* (Radarwellen schluckendes Material) (Radar) / radar-absorbing material* (RAM) ‖ ⁓**schlitz** *m* (Fernm) / frequency slot ‖ ⁓**schwankung** *f* (30 bis 200 Hz) (Akus) / gargle* *n* (30 up to 200 Hz) ‖ ⁓**schwankung** (Fernm) / frequency fluctuation, frequency flutter ‖ ⁓**selektiv** *adj* (Eltech) / frequency-selective *adj* ‖ ⁓**selektiver Spannungsmesser** (Eltech) / selective voltmeter ‖ ⁓**sieb** *n* (Fernm) / electric-wave filter* ‖ ⁓**skala** *f* (des Rundfunkempfängers) (Radio) / tuning dial ‖ ⁓**Spannung-Wandler** *m* (Eltech) / frequency-to-voltage converter, F/V-converter *n* ‖ ⁓**spektrale Lautaufzeichnung** (der Sprache) (Akus) / visible speech* ‖ ⁓**spektrometer** *n* (ein elektronisches Meßgerät) (Chem, Eltronik, Spektr) / spectrum analyzer (US), spectrum analyser* ‖ ⁓**spektrum** *n* (Darstellung der Größen einzelner Teilschwingungen einer harmonischen Analyse über der Frequenz) (Eltronik) / frequency spectrum ‖ ⁓**springen** *n* (eines Oszillators) (Fernm) / moding *n*, mode jump*, mode shift* ‖ ⁓**springen** (Fernm) / frequency hopping ‖ **mit** ⁓**sprungbetrieb** (Radar) / frequency-agile *adj* ‖ ⁓**stabilisierung** *f* (Fernm) / frequency stabilization* ‖ ⁓**stabilität** *f* (Fernm) / frequency stability ‖ ⁓**standard** *m* (Eltech) / standard frequency generator ‖ ⁓**standard** (Generator) (Eltech) / standard frequency generator ‖ ⁓**steueranlage** *f* (der Senderkette) (Fernm) / synchronization bay ‖ ⁓**steuerung** *f* (Eltech) / frequency control ‖ ⁓**-Sweep** *m* (hochauflösende NMR-Spektroskopie) (Chem) / frequency sweep ‖ ⁓**synthese** *f* (Eltronik) / frequency synthesis ‖ ⁓**synthetizer** *n* (Eltech, Eltronik) / synthesizer *n*, frequency synthesizer ‖ ⁓**teiler** *m* (DIN 40146, T 1) (Fernm) / frequency divider ‖ ⁓**teilung** *f* (Fernm) / frequency division*, frequency demultiplication* ‖ ⁓**toleranz** *f* (Radio) / frequency tolerance* ‖ ⁓**tonhöhe** *f* (Maß der Tonhöhe nach DIN 1320) (Akus) / frequency pitch ‖ ⁓**überwachung** *f* (Eltech) / frequency control ‖ ⁓**uhr** *f* (Fernm) / frequency standard* ‖ ⁓**umformer** *m* (eine Wechselstrommaschine) (Eltech) / frequency changer, frequency transformer*, conversion mixer*, converter* *n* ‖ ⁓**umformer** (Eltech) s. auch Motorgenerator ‖ ⁓**umformung** *f* (DIN 45021) (Eltech) / frequency transformation, frequency conversion ‖ ⁓**umschaltbarer Generator** / multifrequency generator ‖ ⁓**umsetzung** *f* (eines Kanals oder einer Gruppe von Kanälen) (EDV) / frequency translation ‖ ⁓**umsetzung** (DIN 45021) (Eltech) / frequency transformation, frequency conversion ‖ ⁓**umtastung** *f* (digitale Frequenzmodulation) (EDV, Fernm) / frequency-shift keying*, FSK* ‖ ⁓**unabhängig** *adj* (Eltech) / frequency-independent *adj* ‖ ⁓**unabhängiges Meßgerät** (für Gleich- und Wechselstrom) (Eltech) / transfer instrument* ‖ ⁓**untersetzer** *m* (Fernm) / frequency divider ‖ ⁓**untersetzung** *f* (Fernm) / frequency division*, frequency demultiplication* ‖ ⁓**variabler Oszillator** (zur Empfänger- und Senderverstimmung) (Eltronik) / variable-frequency oscillator, VFO ‖ ⁓**verdoppelung** *f* (Fernm) / frequency doubling* ‖ ⁓**verdoppler** *m* (Fernm) / frequency doubler* ‖ ⁓**verdopplung** *f* (Fernm) s. auch Erzeugung der zweiten Harmonischen ‖ ⁓**verdreifacher** *m* (Fernm) / frequency tripler* ‖ ⁓**verdreifachung** *f* (Fernm) / frequency tripling ‖ ⁓**vergleicher** *m* (Eltech) / frequency comparator ‖ ⁓**verhalten** *n* (Phys) / frequency response* ‖ ⁓**verhältnis** *n* (DIN 13320) (Fernm) / frequency ratio ‖ ⁓**versatz** *m* (Fernm) / frequency offset ‖ ⁓**verschiebung** *f* **durch Doppler-Effekt** (Luftf, Radar) / Doppler shift ‖ ⁓**verteilung** *f* (Eltech) / frequency distribution* ‖ ⁓**vervielfacher** *m* (DIN 40146, T 1) (Fernm) / frequency multiplier ‖ ⁓**vervielfachung** *f* (Fernm) / frequency multiplication ‖ ⁓**verzerrung** *f* (Fernm) / frequency distortion ‖ ⁓**wahl** *f* (Fernm) / frequency selection ‖ ⁓**wandler** *m* (eine Wechselstrommaschine) (Eltech) / frequency changer*, frequency transformer*, conversion mixer*, converter* *n* ‖ ⁓**wandlung** *f* (DIN 45021) (Eltech) / frequency transformation, frequency conversion ‖ ⁓**weiche** *f* (eine aus Filtern bestehende Anordnung - z.B. Antennenweiche oder Diplexer) (Radio, TV) / frequency-dividing network ‖ ⁓**wiederverwendung** *f* (in einem Satelliten) (Fernm) / frequency reusing ‖ ⁓**zähler** *m* (Eltech) / frequency counter*, synchronometer* *n* ‖ ⁓**-Zeit-Modulation** *f* (Radio) / frequency-time modulation, FTM ‖ ⁓**ziehen** *n* (Fernm) / frequency pushing ‖ ⁓**ziehwert** *m* (Fernm) / pulling figure* ‖ ⁓**zuweisung** *f* (an einzelne Funkdienste - Flughäfen, Polizei usw.) (Fernm) / frequency allocation

**Fresko** *m* (ein in Tuch- oder Scheindreherbindung gewebter leichter Kammgarn- oder Streichgarnstoff) (Tex) / fresco *n* ‖ ⁓ (Tex) s. auch Tropical

**Freskomalerei** *f* (Anstr) / fresco* *n* (pl. -s or -es)

**Fresnel** *n* (veraltete Einheit) (Elektr) / terahertz* *n*, THz, fresnel** *n* ‖ ⁓**-Beugung** *f* (Opt) / Fresnel diffraction* ‖ ⁓**-Biprisma** *n* (Opt) / Fresnel biprism ‖ ⁓**-Linse** *f* (Foto, Opt) / Fresnel lens*, fresnel *n* ‖ ⁓**-Region** *f* (Radio) / Fresnel region*, near zone

**Fresnelsch•e Beugung** (nach A.J. Fresnel, 1788-1827) (Opt) / Fresnel diffraction* ‖ ⁓**es Doppelprisma** (Opt) / Fresnel biprism ‖ ⁓**es Ellipsoid** (Krist) / ray ellipsoid, Fresnel ellipsoid* ‖ ⁓**e Formel** (Opt) / Fresnel equation ‖ ⁓**es Gebiet** (Radio) / Fresnel region*, near zone ‖ ⁓**es Parallelepiped** (Opt) / Fresnel rhomb ‖ ⁓**e Stufenlinse** (Foto, Opt) / Fresnel lens*, fresnel *n* ‖ ⁓**e Zone** (bei Beugungserscheinungen) (Licht, Radar) / Fresnel zone*, half-period zone*

**Fresnel•-Spiegel** *m* (Opt) / Fresnel mirror, Fresnel double mirror ‖ ⁓**-Verluste** *m pl* (auf Grund von Reflexionen an optischen Grenzflächen) (Opt) / Fresnel reflection losses, Fresnel reflectance loss ‖ ⁓**-Zone** *f* (Licht, Radar) / Fresnel zone*, half-period zone*

**Freßbelastung** *f* (Masch) / seizure load

**fressen** *v* (bei sich berührenden Körpern) (Masch) / seize *v*, seize up *v*, scuff *v*, freeze up *v*, weld *v*, bind *v*  ‖ ⁓ (örtlich begrenztes Verschweißen von Oberflächenpartien - ein Verschleißvorgang) (Masch) / seizure* *n*, scuffing *n*, seizing *n*, seizing-up* *n*, freezing-up *n*, welding *n*, galling *n*

**Fresserfell** *n* (Leder) / grasser *n*, grasser's skin

**Freß•erscheinung** *f* (örtlich begrenztes Verschweißen von Oberflächenpartien - ein Verschleißvorgang) (Masch) / seizure* *n*, scuffing *n*, seizing *n*, seizing-up* *n*, freezing-up *n*, welding *n*, galling *n* ‖ ⁓**last** *f* (Masch) / seizure load ‖ ⁓**tragfähigkeit** *f* (der Zahnräder - wenn das Kopf- oder Flankenspiel fehlt, die Schmierung ausfällt oder unzulänglich ist oder wenn das abgelöste Material der Grübchenbildung zwischen die Flanken gerät) (Masch) / resistance to scoring (load rating limited by scoring) ‖ ⁓**verhindernder Zusatz** (bei Schmierölen) (Erdöl) / friction-reducing additive, antiwear additive

**Fretting-Korrosion** *f* / fretting corrosion*, chafing corrosion, friction oxidation, false brinelling

**Fretz-Moon-Verfahren** *n* (ein Rohrschweißverfahren) (Schw) / Fretz-Moon process (a pipe- and tubing fabrication method)

**Freund-Feind-Kennung** *f* (Radar) / identification friend or foe, IFF

**Freundlichsche Adsorptionsisotherme** (nach H. Freundlich, 1880-1941) (Chem) / Freundlich's adsorption isotherm*

**Freundsche Säure** (eine Naphthylaminsulfonsäure) (Chem) / Freund's acid

**Freyssinet-Vorspannmethode** *f* (nach E. Freyssinet, 1879-1962) (HuT) / Freyssinet* *n*

**Fricke-Dosimeter** *n* (ein chemisches Dosimeter) (Kernphys) / Fricke dosimeter

**Fridman-Universum** *n* (nach A.A. Fridman, 1888-1925) (Astr) / Friedmann universe

**Fridman-Zeit** *f* (die seit dem Beginn der Expansion des Weltalls vergangene Zeit, wenn man eine verzögerte /nichtlineare/ Expansion, d.h. eine abnehmende Expansionsgeschwindigkeit zugrunde legt) (Astr) / Friedmann time

**Friedel-Crafts-Reaktion** *f* (nach Ch. Friedel, 1832-1899, und J.M. Crafts, 1839-1917) (Chem) / Friedel and Crafts' synthesis*, Friedel-Crafts reaction

**Friedelsch•e Regel** (Krist) / Friedel's law ‖ ⁓**es Salz** (schwerlösliches Monochlorid, das sich unter dem Einfluß von Chloridlösungen aus dem Monosulfat, einem Reaktionsprodukt der Aluminate des Zements mit Sulfat, im Beton bilden kann) (Chem, HuT) / Friedel's salt

**Friedmann-Universum** *n* (Astr) / Friedmann universe

**friemeln** *v* (Hütt) / reel *v*, cross-roll *v* ‖ ⁓ *n* (Richten von Rohren oder Stabstählen zwischen gleichsinnig umlaufenden, schrägstehenden Walzen) (Hütt) / reeling *n*, cross-rolling *n*

**Fries** *m* (z.B. des antiken Tempels) (Arch, Bau) / frieze* *n* ‖ ⁓ (waagerechter bandartiger Streifen zur Gliederung einer Wandfläche) (Arch, Bau) / reglet* *n* ‖ ⁓ (Tex) / frieze *n*

**Friese** *f* (schweres Gewebe, vor allem für Tür- und Fensterabdichtungen) (Tex) / frieze *n*

**Frieselmokett** *m* (Tex) / moquette with rough pile, rough-pile moquette

**Fries-Umlagerung** *f* (nach K. Fries, 1875 - 1962) (Chem) / Fries rearrangement ‖ **fotochemische** ⁓ (eine Variante der Fries-Umlagerung) (Chem) / photo-Fries rearrangement

**Frigen** *n* (halogenierter Kohlenwasserstoff der Fa. Hoechst, der als Sicherheitskältemittel Verwendung findet) / Frigen *n*

**Frigistor** *m* (ein Halbleiterkühlelement, bei dem der Peltier-Effekt ausgenutzt wird) (Eltronik, Phys) / Frigistor *n*, Peltier couple

**Frigorie** *f* (eine veraltete Einheit für Arbeit und Energie = $4{,}1855 \times 10^3$ J) (Phys) / frigorie *n*

**Frigorifico-Häute** *f pl* (Leder) / frigorifico hides

**Frigorificos** *pl* (südamerikanische Rindshäute, in Salzlake behandelt und mit festem Salz eingestreut) (Leder) / frigorifico hides

**Frigorimeter**

**Frigorimeter** n (Gerät zur Bestimmung der Abkühlungsgröße) / frigorimeter n
**Friktion** f (Phys) / friction* n ‖ ~ (Verhältnis der Oberflächengeschwindigkeit korrespondierender Walzenballen an Mischwalzwerken und Kalandern) (Plast) / friction n
**friktionelle Arbeitslosigkeit** (die mit dem Wechsel des Arbeitsplatzes verbunden ist) / frictional unemployment
**friktionieren** v (eine dünne Kautschukschicht in die Zwischenräume eines Gewebes mittels Friktion auf einem Kalander einpressen) (Chem Verf) / friction v
**friktionierte (Kautschuk)Schicht** (Chem Verf) / calender friction coat
**Friktionierung** f (Pap) / friction glazing*
**Friktions•antrieb** m (Masch) / friction drive* ‖ ~**entrinder** m (For) / friction debarker ‖ ~**führung** f (des Papiers) (EDV) / friction feed* ‖ ~**glättung** f (Pap) / friction glazing* ‖ ~**kalander** m (DIN 64990) (Chem Verf, Pap, Tex) / friction calender, friction-glazing calender, friction-type calender, frictional calender, glazing calender ‖ ~**kopf** m (ein Stativkopf) (Film) / friction head ‖ ~**kupplung** f (drehmomentgeschaltete Kupplung) (Masch) / friction-clutch* n, frictional clutch ‖ ~**material** n (Masch, WP) / friction material ‖ ~**polymer** n (Chem) / friction polymer, frictional polymer ‖ ~**polymerisation** f (Chem) / friction polymerization ‖ ~**rad** n (Masch) / frictional wheel ‖ ~**streifen** m pl / striation n ‖ ~**verhältnis** n (z.B. bei Kalandern) (Chem Verf, Pap, Tex) / friction ratio ‖ ~**werkstoff** m (Masch, WP) / friction material
**frisch** adj / fresh adj ‖ ~ (Brot) (Nahr) / new adj ‖ ~ (aus den Erzen) **erschmolzenes Metall** (kein Umschmelzmetall) (Hütt) / primary metal* ‖ ~ **abgezogene Haut** (Leder) / fresh hide ‖ ~**e Brise** (nach der Beaufort-Skala) (Meteor) / fresh breeze ‖ ~**e Datenträger** (EDV) / virgin media, blank media, empty media ‖ ~ **eingeschlagen** (Rohholz) (For) / freshly cut, freshly felled ‖ ~ **geschlachtet** (Nahr) / green adj ‖ ~ **gestrichen !** (Aufschrift) (Anstr) / wet paint! ‖ ~**er Katalysator** (Kfz) / fresh catalyst ‖ ~**er Kernbrennstoff** (Nukl) / new fuel ‖ ~**e Kopie** (Film) / green film ‖ ~**e Luft** / fresh air ‖ ~**e Reinigungsmasse** (zur chemischen Reinigung der Gase) (Chem Verf) / fresh oxide ‖ ~**e Säure** (Chem) / fresh acid ‖ ~ **werden** / freshen vi ‖ ~**e Wetter** (Frischwetterstrom) (Bergb) / fresh air
**Frisch•-** / fresh adj ‖ ~**beton** m (der verarbeitet werden kann) (HuT) / green concrete, unset concrete, fresh concrete, green* n, freshly mixed concrete, wet concrete ‖ ~**dampf** m (Masch) / live steam*, main steam (in a boiler) ‖ ~**dampfleitung** f (des Kessels) (Masch) / main-steam pipe ‖ ~**dampfturbine** f (Masch) / live-steam turbine, main-steam turbine
**Frische, herbe** ~ (beim Tee) (Nahr) / point n
**Frischeisen** n (Hütt) / refined iron*
**frischen** v (Roheisen- oder Schrottschmelzen in Stahl umwandeln) (Hütt) / refine v, oxidize v ‖ ~ n (Hütt) / refining n, oxidation n
**Frischesensor** m (Enzymelektrode zur Bestimmung des Frischezustandes von Fisch) (Nahr) / freshness sensor
**Frisch•feuer** n (Hütt) / bloomery n ‖ ~**fleisch** n (Nahr) / fresh meat, carcass meat ‖ ~**gas** n / fresh gas ‖ ~**gas** (Erdöl) / make-up gas ‖ ~**gasfüllung** f (V-Mot) / fresh charge ‖ ~**gastemperatur** f (Temperatur des die Brennkammer verlassenden, in den Leitapparat der Turbine eintretenden Arbeitsgases) (Luftt) / turbine gas temperature, turbine entry temperature ‖ ~**gefällt** adj (Baum); frisch eingeschlagen (Rohholz) (For) / freshly cut, freshly felled ‖ ~**geschlagen** adj (Baum) (For) / freshly cut, freshly felled
**Frischhalte•mittel** n (Nahr) / shelf-life extender ‖ ~**mittel** (z.B. bei Brot) (Nahr) / antistaling agent ‖ ~**packung** f (Nahr) / keep-fresh packing
**Frisch•haltung** f (Nahr) / conservation n, preservation n ‖ ~**holz** n (For) / green wood, green timber ‖ ~**holzinsekt** n (z.B. Borkenkäfer) (For, Zool) / greenwood insect ‖ ~**hütte** n (Hütt) / finery* n ‖ ~**index** m (Nahr) / freshness index ‖ ~**ladung** f (V-Mot) / fresh charge ‖ ~**ladung von Brennstoff** (Nukl) / fuel reloading, reloading n, fuel make-up ‖ ~**lauge** f (Pap) / white liquor
**Frischluft** f / fresh air ‖ ~**-Abluft-Trocknung** f (Konvektionstrocknung) (For) / convection drying ‖ ~**blende** f / fresh-air baffle ‖ ~**düse** f (Kfz) / fresh-air vent ‖ ~**gerät** n (Bergb) / fresh-air breathing apparatus, air-tube breathing apparatus ‖ ~**heizung** f (Kfz) / fresh-air heating ‖ ~**kühlung** f (bei der die kühlende Luft ständig erneuert wird) (Eltech) / fresh-air cooling ‖ ~**ventilator** m / ventilating fan* ‖ ~**vorheizen** n (DIN 64 990) / fresh-air preheating ‖ ~**zufuhr** f (Masch, Sanitär) / fresh-air inlet, FAI*
**Frisch•masse** f (des gefällten Holzes in kg) (For) / fresh weight, green weight ‖ ~**masse** (Leder) / green weight ‖ ~**milch** f (Nahr) / fresh milk ‖ ~**öl** n (Masch) / fresh oil, new oil ‖ ~**ölschmierung** f (durch Zusatz des Motoröls zum Kraftstoff) (Kftst, Kfz) / total-loss lubrication ‖ ~**ölschmierung** (Masch) / once-through lubrication ‖ ~**rohdichte** f (For) / green density ‖ ~**sand** m (Gieß) / fresh sand, new sand ‖ ~**sauerstoff** m (Hütt) / refining oxygen ‖ ~**schlamm** m (Sanitär) / fresh sludge ‖ ~**teigware** f (als ungetrocknete Handelsware) (Nahr) / fresh pasta ‖ ~**wasser** n (nach der Entsalzung) / converted water, product water ‖ ~**wasser** (das neu in die Fabrikation eingeleitet wird) (Masch) / fresh water ‖ ~**wasser** (Schiff) / fresh water ‖ ~**wasser bereiten** / freshen vt ‖ ~**wassertanker** m (ein Abfertigungsfahrzeug) (Luftt) / water tanker ‖ ~**wassertanker** (Schiff) / water carrier ‖ ~**wetter** n pl (deren Qualität der Zusammensetzung von Luft nahekommt) (Bergb) / fresh air ‖ ~**wetterstrecke** f (Bergb) / blowing road*
**Frisé** n (ein Polgewebe mit unaufgeschnittenem Flor; auch als Möbelbezugstoff) (Tex) / frisé n, frieze n ‖ ~ (ein Damenkleiderstoff mit Schlingenzwirn) (Tex) / frisé n, frieze n
**frisieren** v (z.B. Zahlenangaben) / doctor v, fiddle v, cook v ‖ ~ (Kfz) / tune v (for performance), tune up v, soup up v, hot up v ‖ ~ n (Kfz) / tuning n
**Frist, die** ~ **ist am 1. Oktober 2001 abgelaufen** / the time-limit expired on 1st October 2001
**Fristaustauschteil** n (Luftt, Masch) / time change item
**Fristwechselteil** n (Luftt, Masch) / time change item
**Friteuse** f (Eltech, Nahr) / deep fryer, deep fat fryer
**fritieren** v (Nahr) / fry v, deep-fry v, french-fry v
**Fritierfett** n (Nahr) / frying fat
**Fritiermaschine** f (Eltech, Nahr) / deep fryer, deep fat fryer
**Fritierpfanne** f (Nahr) / frying pan, frypan n
**Frittbrücke** f (Eltech) / metallic bridge
**Fritte** f (unvollständiges Glas, gesintertes Produkt) (Glas, Keram) / frit n
**Fritteffekt** m (Fremdschichtzerstörungen an ruhenden elektrischen Kontakten) (Eltech) / fritting n
**Fritteglas** n (Glas) / fritted glass (glass of controlled porosity, formed by sintering powdered glass)
**Fritteglasur** f (Keram) / fritted glaze
**fritten** v (Scherben) (Glas) / shrend v (make cullet by directing molten glass into a stream of water) ‖ ~ n (Hütt, Keram) / fritting* n
**Frittenporzellan** n (Keram) / frit china, frit chinaware
**Fritteuse** f (Eltech, Nahr) / deep fryer, deep fat fryer
**frittieren** v (Nahr) / fry v, deep-fry v, french-fry v
**Frittspannung** f (eine Durchschlagspannung) (Eltech) / fritting voltage
**Frittung** f (Eltech) / fritting n ‖ ~ (von Sand- und Tonsteinen im Rahmen der Kontaktmetamorphose) (Geol) / vitrification n, vitrifaction n
**Fritüre** f (Eltech, Nahr) / deep fryer, deep fat fryer
**Fritz-Verfahren** n (Verbutterung in kontinuierlich arbeitenden Anlagen) (Nahr) / Fritz process
**Frivolität** f (Besatzspitze) (Tex) / tatting n
**Frivolitätenarbeit** f (Tex) / tatting n
**Frivolitätenzwirn** m (Spinn) / tatting cotton
**Frobenius-Satz** m (nach F.G. Frobenius, 1849 - 1917) (Math) / theorem of Frobenius
**FROM** m (PROM, der bereits im Herstellerwerk programmiert wird) (EDV) / factory-programmable read-only memory, FROM, factory ROM
**Fromager** m (For) / kapok-tree n, silk-cotton tree, ceiba n
**Front-** / frontal adj
**Front** f (meistens die Vorderseite eines Gebäudes) (Bau) / front n, frontal n, street front, frontage n, facade n, face n ‖ ~ (vordere Linie der mobilen Phase) (Chem) / solvent front n ‖ ~ (des vordringenden Laufmittels in der Chromatografie) (Chem) / front n ‖ ~ (Schnittlinie der Trennungsfläche verschieden temperierter Luftmassen mit dem Erdboden) (Meteor) / front* n ‖ **aktive** ~ (Meteor) / active front ‖ **mit der** ~ **nach....liegen** (Bau) / front v ‖ **okkludierte** ~ (im Reifestadium eines Tiefdruckgebietes) (Meteor) / occlusion* n, occluded front ‖ **ortsfeste** ~ (Meteor) / stationary front ‖ **quasistationäre** ~ (die ihre Lage nicht oder nur unwesentlich ändert) (Meteor) / quasi-stationary front* ‖ **stationäre** ~ (Meteor) / stationary front ‖ ~ f **der Machschen Welle** (Phys) / Mach front, Mach stem
**frontal** adj / frontal adj ‖ ~**axonometrie** f (Math) / cabinet projection ‖ ~**beschickung** f (z.B. der Waschmaschine) / front loading ‖ ~**chromatografie** f (Chem) / frontal chromatography ‖ ~**crash** m (Kfz) / head-on collision, front crash, front-end crash, frontal crash, frontal collision, front-end impact ‖ ~**ebene** f (Bezugsbene, die zur Beschreibung von Eigenschaften des Gehörs benutzt wird - DIN 1320) (Akus) / frontal plane ‖ ~**fläche** f (Meteor) / frontal surface ‖ ~**kollision** f (symmetrische, asymmetrische) (Kfz) / head-on collision, front crash, front-end crash, frontal crash, frontal collision, front-end impact ‖ ~**schirm** m (ein Gesichtsschutzschirm) / full-face shield, face shield ‖ ~**welle** f (Anfangsstadium einer Frontalzyklone) (Meteor) / frontal wave ‖ ~**zone** f (die geneigte Übergangszone zwischen verschieden temperierten Luftmassen) (Meteor) / frontal zone ‖ ~**zusammenstoß** m (Kfz) / head-on collision, front crash, front-end crash, frontal crash, frontal collision, front-end impact ‖ ~**zyklone** f (die aus einer Frontalwelle hervorgegangen ist) (Meteor) / frontal cyclone

**Front • antrieb** *m* (mit Vorderachse als Antriebsachse) (Kfz) / front-end drive, front-wheel drive, fwd, front drive ‖ **~aufprall** *m* (Kfz) / head-on collision, front crash, front-end crash, frontal crash, frontal collision, front-end impact ‖ **~bau** *m* (eine Baggerabbaumethode) (HuT) / frontal system of working ‖ **~blech** *n* (Kfz) / front panel ‖ **~drehmaschine** *f* (Masch) / front-operated lathe, short-bed lathe
**Fronten • auflösung** *f* (Meteor) / frontolysis* *n* (pl. -lyses) ‖ **~bildung** *f* (Meteor) / frontogenesis* *n* (pl. -neses)
**Front-End (FE)** *n* (der Teil der Halbleiterfertigungslinie, in dem aus dem Grundmaterial in meistens mehreren hundert Fertigungsschritten bearbeitete Halbleiterscheiben werden) / front end ‖ **~-Material** *n* (zu Beginn einer Destillation oder Reaktion anfallendes Produkt) / front-end material ‖ **~-Prozessor** *m* / front-end processor*, front-end computer (FEP), satellite processor ‖ **~-Verkleidung** *f* (die den gesamten Fahrzeugbug bedeckt) (Kfz) / hood protector, nose protector, front mask, auto bra, nose bra
**Fronten • system** *n* (Meteor) / frontal system ‖ **~zug** *m* (Meteor) / frontal system
**Front • fahrlader** *m* (Landw) / frontloader *n*, front-end loader ‖ **~-Fan-Triebwerk** *n* (ein Zweistrom-TL-Triebwerk) (Luftf) / front fan ‖ **~feuerung** *f* / frontal firing system ‖ **~fläche** *f* (schräge Grenzfläche zwischen zwei unterschiedlichen Luftmassen im Breich einer Front) (Meteor) / frontal surface ‖ **~flugzeug** *n* (Luftf, Mil) / combat aircraft, tactical aircraft ‖ **~gabelstapler** *m* (Masch) / front-end fork lift truck ‖ **~gitter** *n* (ein Kunststoffgitter vor der Windschutzscheibe) (Kfz) / cowl screen
**Frontier Orbital** *n* (Chem) / frontier orbital
**Frontier-Orbital-Theorie** *f* (Chem) / frontier-orbital theory
**Fronting** *n* (Chem) / fronting *n*, leading *n*, bearding *n*
**Frontispiz** *n* (Arch, Bau) / fronton *n*, frontispiece *n* ‖ **~** (das dem Haupttitel gegenüberstehende ganzseitige Bild) (Druck) / frontispiece* *n*
**Front • lader** *m* (ein Waschautomat) / front-leading washer ‖ **~lader** (Kassetten- oder Videorecorder, dessen Kassettenfach oder Bedienelemente sich im Gegensatz zum Toplader auf der senkrechten Vorderseite des Geräts befinden) (Akus) / frontloader *n* ‖ **~lader** (Landw) / frontloader *n*, front-end loader ‖ **~lader am Schlepper** (Landw) / tractor-mounted frontloader ‖ **~ladung** *f* / front loading ‖ **~ladung** (einer Kassette) (Akus) / front loading ‖ **~lenker** *m* (Kfz) / forward-control car ‖ **~linie** *f* (Math) / front line ‖ **~linse** *f* (die den Objekt zugewandte, luftseitige, letzte Linse eines fotografischen Objektivs) (Foto) / front lens ‖ **~nebel** *m* (Meteor) / frontal fog
**Frontogenese** *f* (das Entstehen einer Front) (Meteor) / frontogenesis* *n* (pl. -neses)
**frontogenetischer Punkt** (der Sattelpunkt in einem Deformationsfeld bei Frontogenese) (Meteor) / frontogenetic point
**Frontolyse** *f* (die Auflösung einer Front) (Meteor) / frontolysis* *n* (pl. -lyses)
**frontolytischer Punkt** (der Sattelpunkt in einem Deformationsfeld bei Frontolyse) (Meteor) / frontolytic point
**Fronton** *n* (pl. -s) (über Türen und Fenstern) (Arch, Bau) / fronton *n*, frontispiece *n*
**Front • orbital** *n* (Chem) / frontier orbital ‖ **~partie** *f* (des Wagens) (Kfz) / front end, front *n*, front nose ‖ **~ partie** *f* (Eltronik) / face plate ‖ **~platte** *f* (eines Brenners) (Masch) / front *n* (of a burner), front plate ‖ **~platte** (z.B. eines Bediengeräts) (Masch) / front *n*, panel *n*, front panel ‖ **~platte** (des Autoempfängers) (Radio) / nose *n* ‖ **~projektion** *f* (Betrachter und Projektor befinden sich auf derselben Seite vor der Bildwand) (Film) / front projection* ‖ **~scheibe** *f* (Kfz) / windscreen *n* (GB), windshield (US), screen *n* (GB) ‖ **~scheibenwischer** *m* (Kfz) / windscreen wiper, windshield wiper (US) ‖ **~schutz** *m* (Kfz) / hood protector, nose protector, front mask, auto bra, nose bra ‖ **~seitiger Leitstrahl** / front beam ‖ **~spoiler** *m* (Kfz) / front spoiler, front deflector shield ‖ **~stapler** *m* (Masch) / end loader ‖ **~stapler** (Masch) s. auch Gabelstapler ‖ **~stoßfänger** *m* (Kfz) / front bumper ‖ **~triebler** *m* (Kfz) / front-end drive car, front-wheel drive car, fwd car ‖ **verdeckter ~verschluß** (z.B. bei Lederjacken) (Tex) / storm flap ‖ **~zapfwelle** *f* (Landw) / front power take-off, front p.t.o.
**Frosch** *m* (HuT) / frog rammer, trench compactor ‖ **~** (Kfz) / oil can ‖ **~** (Endsteg an der Webmaschine) (Web) / frog *n* ‖ **~beinwicklung** *f* (Eltech) / frog-leg winding ‖ **~gift** *n* (ein biogenes Gift) (Biol, Chem) / frog toxin ‖ **~haut** *f* (glänzende, aber mikrowellige Oberfläche) (Glas) / hogging *n*, drag *n*, orange peel, orange skin ‖ **~klemme** *f* (Masch) / dutch tongs, Dutch tongs ‖ **~perspektive** *f* (allgemein) / worm's-eye view ‖ **~perspektive** (Aufnahme unterhalb der normalen Augenhöhe) (Film, Foto) / low-angle shot ‖ **~perspektive** (Foto) / low-angle view
**Frost** *m* (Meteor) / frost* *n* ‖ **bei ~** / in frosty condition ‖ **durch ~ schädigen** (Landw, Nahr) / frost *vt* ‖ **strenger, aber trockener ~** (Meteor) / frost without snow (cover) ‖ **~anfälligkeit** *f* (Landw) / frost susceptibility, frost sensitivity ‖ **~aufbruch** *m* (Geol) / distortion of a surface due to frost heaving ‖ **~beregnung** *f* (Beregnung der Pflanzen vor Einsetzen des Frostes - als Frostschutzmaßnahme) (Landw) / frost-protection sprinkling, frost sprinkling ‖ **~beständig** *adj* / frost-resistant *adj*, frostproof *adj* ‖ **~beständiger Zuschlag** (Bau) / frost-proofer *n* ‖ **~beule** *f* (die den Frostaufbruch zur Folge hat) (HuT) / frost heaving, frost heave, frost boil, frost lifting, frost lift ‖ **~boden** *m* (Geol, HuT) / nival soil ‖ **~bodenkunde** *f* (Geol, Landw) / cryopedology *n* ‖ **~effekt** *m* (der durch die Abmischung von Aluminiumpigmenten mit ultrafeinen Titandioxid bewirkt wird) (Anstr) / frost effect ‖ **~einwirkung** *f* (Produkt aus Lufttemperatur und Zeitdauer des Frostes) / action of frost, frost action ‖ **(schädliche) ~einwirkung (z.B. Frostriß)** (For) / frost injury, frost damage ‖ **~empfindlichkeit** *f* (Landw) / frost susceptibility, frost sensitivity
**frosten** *v* (Nahr) / frost *vt*
**Froster** *m* (Einrichtung zum Gefrieren von Lebensmitteln unter Anwendung verschiedener Gefrierverfahren) (Nahr) / froster *n*
**Frost • erde** *f* / frosted soil, chilled soil ‖ **~frei** *adj* / frost-free *adj* ‖ **~gare** *f* (nach wiederholtem Gefrieren und Auftauen des unbewachsenen Bodens eintretende gute krümelige Struktur des Ackerbodens) (Landw) / frost mould, frost mould ‖ **~gefahr** *f* / frost mould, frost danger ‖ **~gefügeboden** *m* (der durch Scheidung der steinigen und erdigen Bodenbestandteile bestimmten Strukturformen angenommen hat) (Geol) / patterned ground ‖ **~grenze** *f* (Meteor) / frost line, freezing level, freezing line ‖ **~grenze** (Meteor) s. auch Frosttiefe ‖ **~hart** *adj* (Getreideart) / frost-resistant *adj*, frostproof *adj* ‖ **~hebung** *f* (die den Frostaufbruch zur Folge hat) (HuT) / frost heaving, frost heave, frost boil, frost lifting, frost lift ‖ **~hub** *m* (die den Frostaufbruch zur Folge hat) (HuT) / frost heaving, frost heave, frost boil, frost lifting, frost lift
**frostig** *adj* / frosty *adj*
**Frosting** *n* (Mattwerden von glänzenden Gummioberflächen) (Chem Verf) / frosting *n*
**Frosting-Effekt** *m* (Streifigkeit oder Unegalität durch unvollständige Farbstoff-Fixierung) (Tex) / frosting *n*
**Frost • kern** *m* (durch starke Frosteinwirkung verursachte Falschkernbildung, vornehmlich bei der Rotbuche) (For) / frostheart *n* ‖ **~klima** *n* (Meteor) / frost climate ‖ **~leiste** *f* (ein Holzfehler im Stamminneren) (For) / frost rib, frost ridge ‖ **~leiste** (bei überwalltem Frostriß) (For) / frost callus ‖ **~loch** *n* (eine Geländevertiefung, in der es aufgrund der Bildung von Kälteseen zu häufigen Frösten kommt) (Meteor) / frost hollow ‖ **~musterboden** *m* (der durch Scheidung der steinigen und erdigen Bodenbestandteile bestimmte Strukturformen angenommen hat) (Geol) / patterned ground ‖ **~periode** *f* (eine ununterbrochene Folge von Frosttagen) (Meteor) / frost period ‖ **~punkt** *m* (Meteor) / frost-point* *n* ‖ **~punkt** s. auch Eispunkt ‖ **~punkt-Hygrometer** *n* / frost-point hygrometer ‖ **~rauch** *m* (Luftf, Meteor) / ice fog, supercooled fog, frozen fog, frost fog, ice-crystal fog ‖ **~resistent** *adj* / frost-resistant *adj*, frostproof *adj* ‖ **~ring** *m* (For) / frost ring ‖ **~riß** *m* (ein Holzfehler im Stamminneren) (For) / frost crack, frost split ‖ **~rissig** (For) / frost-cracked *adj* ‖ **~schaden** *m* / damage by frost, frost damage ‖ **~schaden** (z.B. Entmischen, Hauchbildung) (Anstr) / chilling *n*
**"Frostschäden"** (ein Verkehrsschild) (Kfz) / road damaged by frost
**Frost • schub** *m* (in periglazialen Gebieten) (Geol) / congeliturbation *n*, congelifluction *n*, frost stirring ‖ **~schub** (HuT) / frost creep, frost thrusting ‖ **~schub** (Geol) s. auch Kryoturbation ‖ **~schutt** *m* (Geol) / debris due to congelifraction, congelifracts *pl* ‖ **~schutz** *m* (z.B. des Betons) / frost protection ‖ **~schutzmittel** *n* (Chem Verf) / antifreeze* *n*, antifreeze agent, freezing preventive, non-freezing mixture ‖ **~schutzmittelpumpe** *f* / antifreeze pump ‖ **~schutzschicht** *f* (erste Tragschicht unter der Fahrbahndecke, zur Verhinderung von Frostschäden) (HuT) / antifrost layer, frost blanket ‖ **~sicher** *adj* / frost-resistant *adj*, frostproof *adj* ‖ **~sicherung** *f* (der Anlagen) (Masch) / winterization *n* ‖ **~spalte** *f* (eine im Frostboden einmalig aufgerissene vertikale Spalte von meist wenigen mm Breite) (Geol) / frost crack ‖ **~spaltenbildung** *f* (Geol) / frost wedging ‖ **~sprengung** *f* (Geol) / frost weathering, congelifraction *n*, gelifraction *n*, gelivation *n*, frost bursting, frost splitting ‖ **~stabilisierter Latex** (Chem Verf) / freeze-thaw resistant latex ‖ **~stauchung** *f* (Geol) / cryoturbation *n* ‖ **~tag** *m* (an dem der niedrigste Wert der Lufttemperatur mindestens einmal unter 0° C liegt) (Meteor) / frost day ‖ **~-Tau-Wechsel** *m* (Beanspruchung eines Außenbauteils durch die Witterung) (HuT) / freeze-thaw cycling, freeze-thaw cycle, freeze-thaw action ‖ **~tiefe** *f* (die Tiefe, bis zu welcher Frost in den Boden eindringt) (Geol, Landw) / frost penetration depth ‖ **~trawler** *m* (Fischereifahrzeug mit Tiefgefrieranlage) / freezer trawler ‖ **~verwitterung** *f* (Geol) / frost weathering, congelifraction *n*, gelifraction *n*, gelivation *n*, frost bursting, frost splitting ‖ **~verwitterungsschutt** *m* (Geol) / congelifracts *pl* ‖ **~verwitterungsschutt** (Geol) / debris due to congelifraction, congelifracts *pl* ‖ **~widerstandsfähig** *adj* /

**Frostwirkung**

frost-resistant *adj*, frostproof *adj* ‖ ⁓**wirkung** *f* / action of frost, frost action
**Frothing** *n* (bei Polyurethanschaumstoffen)) (Plast) / frothing *n*
**Frothing-Verfahren** *n* (Plast) / frothing *n*
**Frottage** *f* (Typog) / frottage *n*
**Frotté** *m* (S) (Web) / frotté *n*
**Frottee** *m n* (ei Gewebe, das in Leinwandbindung hergestellt und nachträglich aufgerauht ist) (Web) / frotté *n* ‖ ⁓ *m n* (Tex) s. auch Frottierstoff ‖ ⁓**gewebe** *n* (Web) / frotté *n* ‖ ⁓**stoff** *m* (Web) / frotté *n* ‖ ⁓**velours** *m* (Tex) / Turkey towelling, Turkish towelling
**Frotteur** *m* (Spinn) / apron frame, rubbing drawer, rubbing frame
**Frotteurstrecke** *f* (Spinn) / apron frame, rubbing drawer, rubbing frame
**Frottierbindung** *f* (zur Herstellung von Schlingengeweben mit 2 Kettfadensystemen) (Web) / terry weave, towel weave
**frottieren** *v* / rub *v*
**Frottier•gewebe** *n* (ein- oder beidseitig mit Schlingen versehenes Kettflorgewebe für Hand- und Badetücher, Bademäntel und modische Strandbekleidung) (Tex) / terry fabric*, terry cloth, terry towelling ‖ ⁓**gewebe** (Tex) s. auch Schlingengewebe ‖ ⁓**stoff** *m* (ein- oder beidseitig mit Schlingen versehenes Kettflorgewebe für Hand- und Badetücher, Bademäntel und modische Strandbekleidung) (Tex) / terry fabric*, terry cloth, terry towelling ‖ ⁓**webmaschine** *f* (Web) / terry loom ‖ ⁓**webstuhl** *m* (Web) / terry loom
**Froudesch•e Bremse** (nach W. Froude, 1810-1879) / Froude brake* ‖ ⁓**e Zahl** (nach W. Froude, 1810-1879) (Schiff) / Froude number*, Reech number ‖ ⁓**er Zaum** / Froude brake*
**Froude-Zahl** *f* (Kennzahl bei Modelluntersuchungen in Strömungen nach DIN 1341) (Schiff) / Froude number*, Reech number
**Froufrou** *m n* (Tex) / frou-frou *n*
**Fru** (Chem) / fructose* *n*, laevulose* *n*, fruit sugar *n*
**Frucht** *f* (Biol, Bot, Nahr) / fruit* *n* ‖ ⁓**aroma** *n* (Nahr) / fruit flavour ‖ ~**artig** *adj* / fruity *adj*
**fruchtbar** *adj* (Landw) / fertile *adj*, rich *adj*
**Fruchtbarkeit** *f* (Biol) / fertility* *n*, fecundity* *n*
**Fruchtbarkeitsvitamin** *n* (Biochem) / vitamin E*, tocopherol* *n*
**Fruchtbarmachung** *f* / fertilisation *n*, fertilization *n* (US)
**Fruchtberostung** *f* (Bot, Nahr) / russet* *n*
**Früchte tragen** (Bot) / fruit *vi*, bear fruit
**Frucht•essig** *m* (Nahr) / fruit vinegar *n* ‖ ⁓**ester** *m* (Nahr) / fruit ether ‖ ⁓**ether** *m* (Nahr) / fruit ether ‖ ⁓**faser** *f* (z.B. Kokosfaser) (Tex) / fruit fibre ‖ ~**fleisch** *n* (Nahr) / pulp* *n* ‖ ⁓**fliege** *f* (Nahr, Zool) / fruit fly ‖ ⁓**folge** *f* (in der Fruchtwechselwirtschaft) (Landw) / rotation of crops, crop rotation, rotation *n*
**fruchtig** *adj* (Geschmack, Wein) (Nahr) / fruity *adj*
**Frucht•körper** *m* (Fortpflanzungsorgan der höheren Pilze) (Bot) / fructification *n*, fruit body ‖ **mit den** ⁓**körpern der Trametes behaftet** (For) / conky *adj* ‖ ⁓**mark** *n* (Nahr) / pulp* *n* ‖ ⁓**nektar** *m* (25 - 50 % Fruchtteile, mit Wasser verdünnter und gezuckerter Fruchtsaft) (Nahr) / fruit nectar ‖ ⁓**presse** *f* (Nahr) / juice extractor, fruit press ‖ ⁓**saft** *m* (zu 100 % aus Früchten mit maximal 200 g Zucker pro Liter) (Nahr) / fruit juice ‖ ⁓**saftkonzentrat** *n* (Nahr) / juice concentrate ‖ ⁓**säure** *f* (Sammelbegriff für vielfach in Früchten vorkommende organische Säuren) (Chem, Nahr) / fruit acid ‖ ~**schädigend** *adj* (Gen) / embryotoxic *adj* ‖ ⁓**schale** *f* (Nahr) / shell *n* ‖ ⁓**schiefer** *m* (mit kleinen, getreidekornähnlichen Einsprenglingen) (Geol) / fruchtschiefer *n* ‖ ⁓**schiff** *n* (Schiff) / fruiter *n*, fruit ship, fruit carrier ‖ ⁓**sirup** *m* (höchstens 60 % Zucker und Fruchtsaft und Fruchtbestandteile) (Nahr) / fruit juice ‖ ~**tragend** *adj* / fruit-bearing *adj*, fructiferous *adj* ‖ ⁓**wachs** *n* / fruit wax ‖ ⁓**wand** *f* (Bot) / wall of the fruit ‖ ⁓**wand** (Bot) s. auch Perikarp ‖ ⁓**wechselwirtschaft** *f* (Landw) / rotational cropping, crop rotation farming ‖ ⁓**zucker** *m* (Chem) / fructose* *n*, laevulose* *n*, fruit sugar *n*
**Fructosan** *n* (Chem) / fructosan *n*
**Fructosesirup** *m* (Nahr) / high-fructose corn syrup, HFCS
**Frue-Vanner** *m* (Aufbereitungsherd mit umlaufender Plane und Schüttelbewegung) (Aufber) / frue vanner*
**Früh•ausfall** *m* (eines Systems) (EDV) / early failure ‖ ⁓**ausfall** (der gegenüber der vorgesehenen Gesamtfunktionsdauer schon nach kurzer Zeit eintritt) (Eltronik, Masch) / early failure, infant mortality failure ‖ ⁓**bast** *m* (ein Rindenjahrring) (For) / early bark ‖ ⁓**dose** *f* (Kfz) / vacuum advance unit, advance capsule ‖ ⁓**fehler** *m* (Eltronik, Masch) / early failure, infant mortality failure ‖ ⁓**gotik** *f* (Arch) / early Gothic ‖ ~**hochfester Zement** (mit schneller Anfangserhärtung) (Bau, HuT) / high-early-strength cement ‖ ⁓**holz** *n* / spring wood*, early wood*
**Frühjahrs•dünger** *m* (Landw) / spring fertilizer ‖ ⁓**hochwasser** *n* (Wasserb) / spring flood ‖ ⁓**holz** *n* / spring wood*, early wood*
**Früh•kartoffeln** *f pl* (Landw, Nahr) / early potatoes ‖ ⁓**kristallisation** *f* (Geol) / protocrystallization *n*
**Frühlings•äquinoktium** *n* (Astr) / vernal equinox*, March equinox, spring equinox ‖ ⁓**holz** *n* / spring wood*, early wood* ‖ ⁓**punkt** *m* (Astr) / First Point of Aries* ‖ ⁓**-Tagundnachtgleiche** *f* (Astr) / vernal equinox*, March equinox, spring equinox
**Frühstücks•cerealien** *pl* (Nahr) / cereals *pl* ‖ ⁓**fernsehen** *n* (TV) / breakfast TV, breakfast television ‖ ⁓**speck** *m* (Nahr) / bacon *n*, streaky bacon
**früh•tragender Stempel** / early-bearing prop ‖ ⁓**warnradar** *m n* (Radar) / early-warning radar*, EW radar ‖ ⁓**warnsystem** *n* (z.B. AWACS mit Boeing 707) (Radar) / early-warning system ‖ ⁓**zündung** *f* (Kfz) / ignition advance*
**Fruktosan** *n* (ein Polysaccharid) (Chem) / fructosan *n*
**Fruktose, D-**⁓ (Chem) / fructose* *n*, laevulose* *n*, fruit sugar *n* ‖ ⁓**sirup** *m* (Nahr) / high-fructose corn syrup, HFCS
**Frumkin-Effekt** *m* (in der Elektrodenkinetik - nach A.N. Frumkin, 1895-1976) (Eltronik) / Frumkin effect
**fs** / fermisecond *n*, fs
**FS** (Lufft) / air-traffic control*, ATC* ‖ ⁓ (Masch) / medium force fit, class 7 fit ‖ ⁓ (Phys) / fine structure*
**F-Säure** *f* (eine Naphtholsulfonsäure) (Chem) / F acid, Cassella's acid
**FSB** (For, Tex) / fibre-saturation range
**F$_2$-Schicht** *f* (Geophys) / Appleton layer*, F$_2$-layer* *n*
**F-Schicht** *f* (eine der zwei Schichten im F-Gebiet der Ionosphäre) (Geophys) / F-layer* *n*
**F-Schirm** *m* (Radar) / F scope, F indicator
**FSF** (Tex) / fibre-saturation factor, FSF
**FSH** (ein Sexualhormon) (Biochem) / follicle-stimulating hormone*, FSH*
**F-Signal** *n* (TV) / chrominance signal*
**FSK** (EDV, Fernm) / frequency-shift keying*, FSK*
**FS-Säule** *f* (Chem) / fused-silica capillary column
**FSSB-Anlage** *f* (Plast) / film cut-draw-beaming machine
**FS-Spule** *f* (Spinn) / rocket bobbin, rocket package, super package
**F-Stück** *n* (Masch) / flanged spigot
**F-Test** *m* (ein Signifikanztest nach R.A. Fisher, 1890-1962)) (Stats) / F-test *n*
**FT-ICR-Spektroskopie** *f* (ICR-Spektroskopie unter Verwendung der Fourier-Transform-Technik) (Spektr) / FT-ICR-spectroscopy *n*
**FT-IR-Spektroskopie** *f* (Spektr) / Fourier transform infra-red spectroscopy
**FTIR-Spektroskopie** *f* (Spektr) / Fourier transform infra-red spectroscopy
**FTP** (EDV) / file-transfer protocol, FTP
**FT-Paraffin** *n* (Chem Verf) / Fischer-Tropsch paraffin
**FTP-Protokoll** *n* (EDV) / file-transfer protocol, FTP
**FT-Raum** *m* (Schiff) / radio room
**FT-Spektrometer** *n* (Spektr) / Fourier transform spectrometer
**FT-Technik** *f* (ein Rechenverfahren in der Spektroskopie) (Math, Spektr) / Fourier transform technique, Fourier transform analysis, FT analysis
**Fuc** (ein 6-Desoxyzucker - Bestandteil von pflanzlichen Gummen und Schleimen) (Bot, Chem) / fucose *n* (6-deoxygalactose), galactomethylose *n*
**Fuchs** *m* (Abzugskanal einer Feuerung) (Bau) / flue* *n* ‖ ⁓ (zur Trennung von der mitfließenden Schlacke) (Hütt) / skimmer *n*
**fuchsfarben** *adj* / fox-coloured *adj*, foxy *adj*
**fuchsig** *adj* (Wein) (Nahr) / foxy *adj* ‖ ~**er Geruch** (Nahr) / foxiness *n*
**Fuchsin** *n* (ein Triphenylmethanfarbstoff) (Chem) / fuchsin* *n*, solferino *n* ‖ ⁓ (Chem) s. auch Magenta
**Fuchsit** *m* (Min) / fuchsite* *n*
**fuchs•rot** *adj* / fox-coloured *adj*, foxy *adj* ‖ ~**rot** (Bot) / rufous* *adj* ‖ ~**rot** s. auch rotbraun ‖ ⁓**schwanz** *m* (eine Handstiefsäge mit trapezförmigem Sägeblatt) (Tischl) / taper-ground saw, foxtail saw, straight-back handsaw with open handle ‖ ⁓**schwanz** s. auch Rückensäge ‖ ⁓**schwanz mit aufgesetztem Rücken** (Tischl, Werkz) / back saw* ‖ ⁓**schweif** *m* (Tischl) / taper-ground saw, foxtail saw, straight-back handsaw with open handle ‖ ⁓**verlust** *m* (Bau) / flue loss
**Fucogel** *n* (in der Parfümerie) (Chem) / fucogel *n*
**Fucoid** *n* (Spur in Ton- und Mergelsteinen) (Geol) / fucoid *n*, fucus-like impression
**Fucoidan** *n* (Chem, Pharm) / fucoidan *n*
**Fucoidin** *n* (Chem, Pharm) / fucoidin *n*
**Fucolipid** *n* (Biochem) / fucolipid *n*
**Fucose** *f* (Bot, Chem) / fucose *n* (6-deoxygalactose), galactomethylose *n*
**Fucoxanthin** *n* (ein Karotinoid aus Braunalgen und Süßwasseralgen) (Bot, Chem) / fucoxanthin* *n*
**Fucus** *m* (eine Braunalge aus der Ordnung Fucales) (Bot) / fucus (pl fuci or -es) *n*
**Fuderlader** *m* (Landw) / crop loader, green crop loader
**FuE** / research and development, R. & D., RaD
**Fuel** *m* (Nitromethan für Rennwagen) (Kftst) / fuel *n*
**Fuelgas** *n* (Erdöl) / fuel gas
**Fugazität** *f* (Chem, Phys) / fugacity* *n*, volatility *n*

**fügbar, mit Presse ~** (Kennzeichen bei Montage) (Masch) / needs pressure ‖ **von Hand ~** (Kennzeichen bei Montage) (Masch) / hand pressure
**Fuge** *f* (Mörtelfuge) (Bau) / joint *n*, abreuvoir *n* ‖ **~** (Schw) / groove *n*, joint *n* ‖ **feste (konstante) ~** (die beiden Teile können sich nicht unabhängig bewegen) / fixed joint, rigid joint ‖ **flexible ~** (in der Piste) (Luftf) / flexion joint, flection joint ‖ **geschobene ~** (Mörtel wird von der Lagerfläche mit dem Mauerstein in die Stoßfuge geschoben) (Bau) / shoved joint ‖ **hohlrunde ~** (Bau) / concave joint ‖ **nicht ausgefugte ~** (Bau) / untreated joint ‖ **offene ~** (For) / open joint ‖ **sichtbare ~** (Bau) / face joint ‖ **tiefliegende ~** (meistens im Natursteinmauerwerk) (Bau) / rustic joint* ‖ **überfälzte ~** (For) / rabbet joint ‖ **versetzte ~** (Bau) / break joint*, breaking joint*, staggering joint, staggered joint, shift *n* ‖ **vertiefte ~** (Bau) / rustic joint* ‖ **verzahnte ~** (Bau) / slip joint ‖ **volle ~** (Bau) / flat joint, flush joint ‖ **~** *f* **im Steinmauerwerk** (meistens Lagerfuge) (Bau) / commissure *n* ‖ **~ mit Schwalbenschwanzprofil** (Tischl) / socket *n* ‖ **~ mit Stegabstand** (Schw) / open joint ‖ **~ ohne Stegabstand** (Schw) / close joint, closed joint
**Fugeabmessung** *f* (Masch) / jointing dimension
**Fugeisen** *n* (Bau) / jointer* *n*, frenchman* *n*
**Fugeloch** *n* (Masch) / jointing hole
**Fügemaschine** *f* (zur Herstellung von Fügeflächen an Furnieren und dickeren Hölzern) (For) / jointing machine
**fügen** *v* (Bau, HuT) / joint *v* ‖ **~** (Masch) / assemble *v* ‖ **~** (eine Verbindung herstellen) (Masch) / join *v*, bond *v*, joint *v* ‖ **~** (Masch) / joint *v* ‖ **~ durch Kerben** (Bleche) (Hütt, Masch) / stake *v* ‖ **~ *n*** (DIN 8593) (Masch) / assembly *n*, fitting* *n*, assembling *n* ‖ **robotermontagegerechtes ~** (Masch) / jointing suitable to robot assembly ‖ **verklemmungsfreies ~** (Masch) / jointing without jamming ‖ **~ *n* in (der Bleche) durch Kerben** (Hütt, Masch) / staking* *n* ‖
**Fugen • abdichtung** *f* (Bau) / joint seal(ing) ‖ **~ansatz** *m* (Schw) / land *n* ‖ **~anstrich** *m* (farbiger) (Anstr, Bau) / pencilling *n* ‖ **~ausbildung** *f* (bei der die Mörtel bündig mit den Steinen abschließt) (Bau) / flat pointing* ‖ **~ausbildung** (HuT) / joint design ‖ **zweckmäßige ~ausbildung** (entweder konkave oder V-förmige) (Bau) / tooled joint ‖ **V-förmige ~ausbildung** (Bau) / tooled V joint ‖ **~ausbildung** *f* **mit schräg nach unten oder oben verlaufender Fugenfläche** (Bau) / struck-joint pointing*, weathered pointing ‖ **~ausmalen** *n* (Anstr, Bau) / pencilling *n* ‖ **~austrich** *m* (Anstr, Bau) / pencilling *n* ‖ **~band** *n* (weiches Profil zum Abdichten von Fugen) (HuT) / joint sealing strip ‖ **~bearbeitung** *f* (mit Auskratzen) (Bau) / pointing* *n* ‖ **~bewehrung** *f* (zur Lagesicherung der Fugenbänder und -bleche) (HuT) / joint reinforcement ‖ **~breite** *f* (HuT) / joint width ‖ **~deckleiste** *f* (Bau) / splat* *n* ‖ **~deckstreifen** *m* (Bau) / splat* *n* ‖ **~dicht** *adj* (abschneidend) (Bau, Eltech) / flush* *adj* ‖ **~dichtmasse** *f* (Bau) / joint sealant, joint sealing material ‖ **~dichtungsband** *n* (HuT) / waterstop *n* ‖ **~dichtungsmasse** *f* (DIN 18540) (Bau) / joint sealant, joint sealing material ‖ **~dübel** *m* (HuT) / dowel *n* ‖ **~durchlässigkeit** *f* (Bau) / air permeability of joints ‖ **~durchlaßkoeffizient** *m* (bei Fenstern) (Bau) / air infiltration rate ‖ **~düse** *f* (des Staubsaugers) / crevice nozzle ‖ **~einlage** *f* (Material) (Bau, HuT) / joint filling material ‖ **untere ~einlage** (Bau, HuT) / bond breaker ‖ **~form** *f* (Schw) / form of welded joint, type of (weld) groove ‖ **~füllen** (Bau, HuT) / joint filling ‖ **~füller** *m* (Mörtel) (Bau) / pointing mortar for raking and refilling, pointing *n*, mortar for pointing work ‖ **~füller** (Bau, HuT) / joint filler ‖ **~füllstoff** *m* (Bau, HuT) / joint filling material ‖ **~gips** *m* (Bau) / gypsum joint filler ‖ **~hobeln** *n* (eine Sonderform des Brennschneidens) (Masch) / gouging *n* ‖ **~kelle** *f* (Bau) / jointer* *n*, frenchman* *n* ‖ **~klebpapier** *n* (For, Tischl) / veneer paper, gummed veneer tape, veneer tape ‖ **~klebung** *f* (Bau) / joint gluing ‖ **~kratzer** *m* (Bau) / pointer* *n* ‖ **~kratzer** (zum Entfernen von Mörtelresten und -spritzer) (Bau, Werkz) / frenchman *n* ‖ **~leimpapier** *n* (For, Tischl) / veneer paper, gummed veneer tape, veneer tape ‖ **~leiste** *f* (Zimm) / joint strip ‖
**fugenlos • er Belag** (Bau) / jointless flooring*, composition flooring, seamless flooring, poured floor ‖ **~er Fußboden** (Bau) / jointless flooring*, composition flooring, seamless flooring, poured floor ‖ **~er Fußbodenbelag** (Bau) / jointless flooring*, composition flooring, seamless flooring, poured floor ‖ **~e Straßendecke** (HuT) / sheet pavement*
**Fugen • löten** *n* (Schw) / braze welding, weld brazing ‖ **autogenes ~löten** (Schw) / gas braze welding ‖ **~messer** *n* (HuT, Werkz) / joint cutting blade ‖ **~mörtel** *m* (Bau) / joint mortar ‖ **~mörtel** (Bau) / pointing mortar (for raking and refilling, pointing *n*, mortar for pointing work ‖ **~mörtelbrett** *n* (mit unterem Handgriff zum Vorhalten des Fugenmörtels beim Ausfugen) (Bau) / hawk* *n*, hand-hawk *n* ‖ **~öffnungswinkel** *m* (Schw) / groove angle ‖ **~papier** *n* (für Furnierzusammensetzungen) (For, Tischl) / veneer paper, gummed veneer tape, veneer tape ‖ **~profil** *n* (Bau, HuT) / joint profile ‖ **~profilleiste** *f* (bei Verkleidungen) (Tischl) / panel divider ‖ **~radius** *m* (Schw) / root radius ‖ **~säge** *f* (HuT) / joint cutter, joint saw ‖ **~säge** (Tischl, Zimm) / grooving saw ‖ **~schneiden** *n* (HuT) / joint sawing ‖ **~schneider** *m* (Maschine zur Herstellung von Fugen bei Betonstraßen) (HuT) / joint cutter, joint saw ‖ **~schneidgerät** *n* (HuT) / joint cutter, joint saw ‖ **~schneidmesser** *n* (HuT, Werkz) / joint cutting blade ‖ **~schweißen** *n* (Schw) / braze welding, weld brazing ‖ **~überstreichung** *f* (Anstr, Bau) / pencilling *n* ‖ **~unterfüllung** *f* (die das Entstehen eines Verbundes zwischen Dichtungsmasse und Fugensohle verhindert) (Bau, HuT) / bond breaker ‖ **~verfüllen** *n* (Bau, HuT) / jointing* *n* ‖ **~verleimung** *f* (For) / joint gluing ‖ **~versprung** *m* (bei den Fugen von benachbarten Platten) (HuT) / mismatched joint ‖ **~verstrich** *m* (Bau) / pointing* *n*, rejointing *n* ‖ **~verstrich** (Bau, HuT) / jointing* *n* ‖ **~vorbereitung** *f* (Bearbeitung der Werkstücke zur Schaffung von Schweiß- und Lötfugen) (Schw) / edge preparation, joint preparation ‖ **~vorbereitung** (bei Bandeisen und Rohren) (Schw) / end preparation ‖ **~wandung** *f* (Bau, HuT) / joint face *n* ‖ **~winkel** *m* (Schw) / groove angle
**Füge • schnitt** *m* (For) / jointing cut ‖ **~teil** *n* (fester Körper, der mit einem anderen durch Kleben verbunden wird) (For) / adherend *n* ‖ **~teilberührungsfläche** *f* (Masch) / interface *n*
**Fugu-Gift** *n* (Tetrodotoxin) (Chem) / fugu toxic principle
**fühlbar** *adj* (Korngröße) / palpable *adj* ‖ **~** (bei Berührung) / tangible *adj* ‖ **~e Wärme** (die in Gasen enthaltene Wärme, soweit sie nur durch deren Wärmekapazität bedingt ist, also ohne Verbrennungswärme und ohne die latente Wärme) (Phys) / sensible heat*
**fühlen** *v* / sense *v* ‖ **~ *n*** / sensing *n*
**Fühler** *m* (ein Primärelement) (Eltech, Regeln) / pick-off *n*, pick-up *n*, primary detector *n* ‖ **~** (in einem Signalumformer) (Eltronik) / detecting element ‖ **~** (Masch, Tex) / feeler* *n* ‖ **~lehre** *f* ("Spion") (Masch) / feeler gauge* ‖ **~lehre** (für Zündung) (V-Mot) / ignition gauge ‖ **~lehrenband** *n* (Metallband, von dem stückweise Fühlerlehrenblätter abgeschnitten werden können) (Hütt) / feeler strip
**Fühl • hebel** *m* (zur Papierüberwachung) (EDV) / sensing lever ‖ **optischer ~hebel** (Opt) / optical lever* ‖ **~lehre** *f* (Masch) / feeler gauge* ‖ **~schwelle** *f* (Akus) / threshold of feeling ‖ **~stift** *m* (Masch) / tracer finger, tracer *n*, tracing pin, tracer point, stylus *n* (US) ‖ **~system** *n* (mit künstlichem Gefühl) (Luftf) / feel system ‖ **~taste für Blinde** (EDV) / dot for blind persons
**Fühlung** *f* / sensing *n*
**führen** *v* / lead *v* (li:d)* ‖ **~** / pilot *v* ‖ **~** (einen Artikel) / sell *v*, carry *v*, keep *v* (GB) ‖ **~** (Kennzeichen) (Kfz) / bear *v* ‖ **~** (Flagge) (Schiff) / fly *vt*
**führend • e Achse** (Bahn) / leading axle ‖ **~es Element** (Masch) / leader *n* ‖ **~e Null** (EDV) / high-order zero, left-hand zero ‖ **~e Null** (COBOL) (EDV) / leading zero
**Führer • bremsventil** *n* (Bahn) / driver's brake valve, driver's valve, engineer's brake valve (US) ‖ **~haus** *n* (Kfz) / cab *n*, truck cab, cabin *n* ‖ **~haus** (des Kranes) (Masch) / crane cab ‖ **~haus mit Schutzverdeck** (Kfz) / protective cab ‖ **~raumdeck** *n* (veraltete Bezeichnung für den Besatzungsraum eines Flugzeugs mit mehrköpfiger Besatzung) (Luftf) / flight deck ‖ **~schein** *m* (Kfz) / driving-licence *n*, driver's license (US) ‖ **~stand** *m* (Bahn) / cab *n*, driver's cab, engineer's cab (US) ‖ **~standsignalanlage** *f* (Bahn) / cab-signalling *n* ‖ **~standssignalisation** *f* (Bahn) / cab-signalling *n*
**Führung** *f* / lead *n* (li:d) ‖ **~** / fairlead *n* (Kab) / fairlead *n* (Kab) / run *n* ‖ **~** (von Schiffen oder Flugzeugen) (Luftf, Schiff) / navigation *n* ‖ **~** (Führungsbahn) (Masch) / guideway *n*, ways* *pl* ‖ **~** (Masch, Mil) / guidance* *n* ‖ **falsche ~** (Masch) / misrouting *n*
**Führungs • backe** *f* (For, Masch) / fence* *n* ‖ **~bahn** *f* (Masch) / guideway *n*, ways* *pl* ‖ **~bänder** *n pl* (Druck) / running tapes* ‖ **~buchse** *f* (Masch) / guide bush, guide bushing, pilot bushing ‖ **~drehgestell** *n* (Bahn) / leading bogie ‖ **~feld** *n* (Kernphys, Plasma Phys) / guide field*, guiding field ‖ **zeitlich konstantes magnetisches ~feld** (z.B. im FFAG-Beschleuniger) (Nukl) / fixed field ‖ **~gebiet** *n* (Nav) / region of guidance ‖ **~größe** *f* (im Management) (Regeln) / performance standard ‖ **~größe** (deren Wert der Sollwert ist) (Regeln) / reference input, reference variable ‖ **~kugel** *f* **für Schneidkopf** (Schallplattenherstellung) (Akus) / advance ball ‖ **~lager** *n* (Masch) / pilot bearing ‖ **~lappen** *m* (Gieß) / lughole *n* ‖ **~leiste** *f* (bei Schiebefenstern) (Tischl) / guide bead*, inner bead*, parting bead* ‖ **~licht** *n* (Film, Foto) / key light*, principal light, modelling light, main light ‖ **nachgeführtes ~licht** (Film) / travelling key ‖ **~lineal** *n* (For, Masch) / fence* *n* ‖ **~loch** *n* (für den Papiertransport) (EDV) / feed hole, centre hole, sprocket hole ‖ **~loch** (EDV) / tractor hole ‖ **~loch** (For) / pilot hole ‖ **~phase** *f* (Eltech) / leading phase ‖ **~punkte** *m pl* (Druck) / leader* *n*, leaders *pl*, dot leaders ‖ **~rädchen** *n* **des Strichziehapparats** (Anstr) / lining wheel* ‖ **~räder** *n pl* (der Alweg-Bahn) / horizontal wheels (of the Alweg monorail system) ‖ **~rohr** *n* (Nukl) / thimble tube, thimble *n* ‖ **~röhrchen** *n* (z.B. zum Einkitten von Glasfasern) (Fernm) / ferrule *n* ‖ **~rolle** *f* (für lagenweises Wickeln) (Kab) / fairlead *n* ‖ **~säule** (der Führung der

**Führungssäule**

**Führungsscheibe**

Kopfplatte dienendes Teil eines Säulenführungsgestells) (Masch) / guide-post n, pillar n, guide pillar ‖ ~**scheibe** f (Masch) / guide pulley*, idler pulley* ‖ ~**schiene** f (der Kettensägemaschine) (For) / sword n, chain bar, guide bar(s) ‖ ~**schiene** (Masch) / guide bar* ‖ ~**seil** n (Masch) / guy* n, guy rope ‖ ~**sequenz** f (Gen) / leader sequence ‖ ~**stange** f (Masch) / guide bar*, slide bar*, motion bar* ‖ ~**stein** m (Masch) / slide block ‖ ~**stift** m (Masch) / pilot pin*, guide pin, pilot n ‖ ~**stift mit Bund** (Masch) / collared pin ‖ ~**stil** m (der die Beziehungen zwischen den betrieblichen Stellen, die sich durch die Rangordnung ergeben, bestimmt) / leadership style ‖ ~**stück** n (Teil des Innenräumwerkzeuges) (Masch) / rear pilot ‖ ~**teil** m (der Reibahle) (Masch) / flute length ‖ ~**text** m (EDV) / prompt n, cue n ‖ ~**trichter** m (Glas) / drop guide funnel, drop funnel ‖ ~**zapfen** m (Sockelstift) (Eltronik, Masch) / spigot* n ‖ ~**zapfen** (DIN 373) (Masch) / pilot pin*, guide pin, pilot n

**Fuhrwerk** n / carriage n
**Fujimycin** n (Pharm) / FK-506 n, tsukubaenolide n
**FuKo** (Zellenfunk) (Radio) / mobile radio concentrator
**Fukolipid** n (Biochem) / fucolipid n
**Fulgurit** m (Min) / fulgurite* n, lightning tube*
**Full Multigrid** n (eine Variante von Mehrgitterverfahren) (EDV) / full multigrid, FMG
**Füllage** f (Schw) / between-beds n
**Füll•ansatz** m (des Freiballons) (Luftf) / appendix n (pl. appendices or appendixes), neck n ‖ ~**beton** m (geringer Qualität ohne statische Wirksamkeit zum Ausfüllen von Hohlräumen) (Bau, HuT) / concrete filler, infilling concrete ‖ ~**bit** n (EDV) / filler bit ‖ ~**byte** n (zwischen logischen Sätzen) (EDV) / interrecord slack byte, slack byte ‖ ~**dichte** f (DIN 1306) / apparent density ‖ ~**dichte** (Pulv) / bulk density* ‖ ~**draht** m (röhrchenartiger, mit Schweißpulver gefüllter Schweißdraht) (Schw) / flux-core(d) wire ‖ ~**drahtelektrode** f (eine Lieferform des Zusatzwerkstoffes) (Schw) / flux-cored wire electrode, high-deposition-rate electrode ‖ ~**druck** m / filling pressure
**Fülle** f (Anstr) / body* n ‖ ~ (Eigenschaft eines Beschichtungsstoffes) (Anstr) / filling power ‖ ~ (Aromafülle) (Nahr) / fullness n (richness of flavour)
**Fülleisten** m / export embargo
**Füllelement** n (Chem, Eltech) / wet cell*
**füllen** v / fill v ‖ ~ (die Füllmauer) (Bau) / fill in v ‖ ~ (Chem, Pap) / load v ‖ ~ (EDV) / pad v ‖ ~ (naß zurichten - z.B. Bodenleder) (Leder) / retan v, fill v ‖ ~ (Masch) / stuff v ‖ ~ (mit einer Farce) (Nahr) / stuff v ‖ ~ (Gewebe mit organischen Kolloiden usw.) (Tex) / fill v ‖ ~ n / filling n ‖ ~ (der Füllmauer) (Bau) / filling-in* n ‖ ~ (Bergb) / filling* n ‖ ~ (Chem, Pap) / loading n ‖ ~ (EDV) / padding n ‖ ~ (des Ballons) (Luftf) / inflation* n, gassing* n ‖ ~ (von Wurstwaren) (Nahr) / stuffing n ‖ ~ (Gewebes mit organischen Kolloiden usw.) (Tex) / filling n ‖ **erstes** ~ (bei Wasserspeichern und -behältern) (Wasserb) / priming n ‖ ~ n **in Säcke** / sacking n, bagging n
**Füller** m (Anstr, Kfz) / surfacer n ‖ ~ (Bergb) / filler n, collier n ‖ ~ (des Straßenbelags) (HuT) / filler* n ‖ ~**auftrag** m (Anstr) / filler application
**Fulleren** n (eine Klasse von Kohlenstoffmodifikationen, deren geschlossene Käfigmoleküle aus Fünf- und Sechsringen bestehen - kleinster Vertreter = C₆₀) (Chem) / fullerene n
**Fullererde** f (montmorillonithaltiges Xerogel, das nicht im Wasser zerfällt, inaktivierter Bentonit) / fuller's earth*
**Fullerit** m (Feststoff, der aus einem bestimmten oder aus einem Gemisch verschiedener Fullerenmolekülen aufgebaut ist) (Chem) / fullerite n
**Fuller•-Kuppel** f (nach R.B. Fuller, 1895-1983) (Bau, HuT) / Fuller dome, geodesic dome ‖ ~**Kurve** (der Korngrößenverteilung für Betonmischungen) / Fuller (grading) curve
**Füllerlackieren** n (Anstr) / filler application
**Fuller-Pumpe** f (pneumatisches Gerät zur Förderung von staubartigen Materialien) (Masch) / Fuller-Kinyon pump
**Füll•faden** m (bei Teppichen) (Tex) / stuffer yarn, gut thread ‖ ~**faktor** m (Maß für den in einem geometrisch definierten Wellenleiter eingeschlossenen Anteil der geführten Welle) (Elektr, Fernm, Phys) / confinement n ‖ ~**faktor** (Kupferanteil am Wicklungsquerschnitt) (Eltech) / copper factor* ‖ ~**faktor** (Eltech) / lamination factor, stacking factor, space factor ‖ ~**faktor** (Plast) / bulk factor* ‖ ~**federhalter** m / fountain pen n ‖ ~**feld** n (unbenanntes Datenfeld) (EDV) / filler n, filler item ‖ ~**feld** (EDV) / filler n, filler item ‖ ~**gas** n / filler gas ‖ ~**gas** (Kfz) / inflation propellant, inflator n ‖ ~**gerbung** f (Nachbehandlung von Sohlledern) (Leder) / plumping tannage, filling tannage ‖ ~**gewicht** n (Nahr) / fillweight n ‖ ~**gewicht** (Pulv) / filling weight, loading weight ‖ ~**grad** n (EDV) / occupancy level ‖ ~**grund** m (mit Primereigenschaften) (Anstr) / primer-surfacer n, primer filler, self-filling primer ‖ ~**gut** n (verpackte Ware) / wrapped goods ‖ ~**halter** m / fountain pen n ‖ ~**halterdosimeter** n (ein luftgefülltes Personendosimeter) (Radiol) / pen-type dosemeter, fountain pen (US), pen dosemeter, air-capacitor dosemeter, pen meter ‖ ~**haltertinte** f / fountain-pen ink ‖ ~**höhe** f / level* n, filling level, fill level ‖ ~**höhe** (vorgeschriebene, maximale) (Masch) / filling point ‖ ~**höhenbegrenzer** m (bei flüssigen Medien) (Masch) / filling-limiting device ‖ ~**höhenfühler** m (Masch) / filling level sensor
**füllig** adj (Spinn) / bulky adj, lofty adj ‖ ~ (Tex) / plump adj (silk) ‖ ~**er Griff** (Tex) / full feel*
**Fülligkeit** f (Spinn) / bulkiness n, loft n, bulk n
**Füll•kitt** m (Füllmasse) / stopping compound ‖ ~**kitt** (Kleber) (Bau) / gap-filling glue ‖ ~**kork** m (für Schaumwein) (Nahr) / tirage cork ‖ ~**korn** n (Korngröße, die gerade in die Zwickel zwischen den nächst größeren Körnern paßt, wenn sie nacheinander eingebracht werden) (Bau, HuT) / intermediate aggregate ‖ ~**körper** m pl (z.B. Raschig- oder Pall-Ringe) (der Destillationskolonne, der Trennsäule) (Chem) / packing n, tower packing, fillings pl ‖ ~**körper** m (biologischer Körper, der periodisch abwechselnd mit Abwasser gefüllt und entleert wird, wobei der auf dem Füllgut gebildete biologische Rasen wechselweise mit Nährstoffen und Luftsauerstoff versorgt wird) (Sanitär) / contact bed, contact filter ‖ ~**körperdecke** f (Bau) / hollow-tile floor, hollow-block floor, pot floor, ribbed floor ‖ **äquivalente** ~**körperhöhe** (bei Füllkörperkolonnen) (Chem) / height equivalent to a theoretical plate, H.E.T.P.* ‖ ~**körperkolonne** f (Chem Verf) / packed column*, packed tower ‖ ~**körpersäule** f (Chem Verf) / packed column*, packed tower ‖ ~-**Licht** n (eine Zusatzbeleuchtung) (Foto) / filler-light* n, fill-in n, fill-in light, kicker light ‖ ~**maschine** f (Masch, Nahr) / filler n, filling machine ‖ ~**maschine** (für Wurstwaren) (Nahr) / stuffing machine, filling machine, stuffer n ‖ **kontinuierliche** ~**maschine** (für Wurstmasse) (Nahr) / continuous stuffer ‖ ~**masse** f (in der Zuckergewinnung - eine zähe Masse mit etwa 85 % Zucker, 8 % Nichtzucker und 7 % Wasser) (Nahr) / massecuite n, fillmass (US) ‖ ~**material** n (in einer Packung) / buffer n ‖ ~**material** (der Destillationskolonne, der Trennsäule) (Chem) / packing n, tower packing, fillings pl ‖ ~**material** (aus der Seitenentnahme) (HuT) / borrow n ‖ ~**menge** f (Kfz) / capacity n ‖ ~**menge bei gestrichener Oberfläche** (eines Wagens) (Bergb) / struck capacity ‖ ~**mengen** f pl (nach dem Handbuch) (Kfz) / top-up and fill-up data, capacities pl, fluid capacities ‖ ~**mengenanzeige** f (z.B. bei den Zapfsäulen) (Kfz) / volume readout ‖ ~**mittel** n (Anstr, Chem) / filler n, extender* n
**Full-Motion-Video** n (EDV) / full-motion video ‖ ~ (Film) / full-motion video, FMV
**Füll•organ** n **der Schleuse** (Wasserb) / lock-paddle* n ‖ ~**ort** m (Bergb) / landing* n ‖ ~**ort** (im Bereich der tiefsten Sohle) (Bergb) / bottom landing, shaft bottom ‖ ~**ortanschläger** m (Bergb) / hitcher n ‖ ~**platte** f (Tischl) / lightweight board (with economy core) ‖ ~**primer** m (Anstr) / primer-surfacer n, primer filler, self-filling primer ‖ ~**pulver** n (Anstr) / filler powder
**Full-range-Naphtha** n (Kftst) / full-range naphtha
**Füll•raum** m (Plast) / transfer pot ‖ ~**raumabquetschwerkzeug** n (Plast) / semi-positive mould ‖ ~**raumwerkzeug** n (Plast) / male mould, positive mould ‖ ~**sand** m (zum Auffüllen des Formkastens) (Gieß) / backing sand, filler sand, packing sand, back-up sand ‖ ~**sand** (Gieß) s. auch Haufensand ‖ ~**schrift** f (in der Schallplattenherstellung) / grouping of the grooves ‖ ~**schuß** m (Web) / filling weft, wadding pick ‖ ~**schwall** m (Wasserb) / positive surge because of increased inflow, suction wave
**Full-Screen-Texteditor** m (EDV) / full-screen text editor
**Füllsel** n (Nahr) / forcemeat n, stuffing n
**Füllsender** m (Fernsehsender mit kleiner Nennleistung, der in geografisch ungünstigen Lagen oder in toten Zonen im Nahfeld eines Großsenders einen Fernsehempfang ermöglicht) (Radio, TV) / fill-in transmitter
**Full-slice-Technik** f (in der Monochip-Technik) (Eltronik) / full-slice technology
**Füllspachtel** m f (Anstr, For) / stopping* n ‖ **glasfaserverstärkter** ~ (Anstr) / glass-reinforced filler paste
**Füllstand** m / level* n, filling level, fill level ‖ ~ (einer Datei, eines Kellerspeichers) (EDV) / occupancy n ‖ **einen** ~ **messen** (Masch) / level v ‖ ~**anzeiger** m (für Flüssigkeiten) / liquid-level indicator
**Füllstands•anzeiger** m (Masch) / gauge glass* ‖ ~**anzeiger** (Masch) / level indicator ‖ ~**fühler** m (Masch) / filling level sensor ‖ ~**sensor** m (zum Pegelüberwachen und zur Präsenzerfassung von Flüssigkeiten) (Masch) / filling level sensor
**Füllstein** m (Bau) / expletive* n
**Füllstoff** m / filler* n, loading* n ‖ ~ (im Behälter eingebrachter fester Stoff mit möglichst großer spezifischer Oberfläche - DIN 4045) / filter medium ‖ ~ (DIN 55943) (Anstr, Chem) / filler n, extender* n ‖ ~ (der die Rieselfähigkeit des Waschpulvers erhöht - z.B. Natriumsulfat) (Chem) / filler n ‖ ~ (in Backwaren, z.B. Polydextrose) (Nahr) / bulking agent ‖ ~ (feingeschlämmte weiße Erden, die dem Papier Geschmeidigkeit, Opazität und geschlossene Oberfläche verleihen) (Pap) / filler* n, loading* n, loading material ‖

≈ (in Formmassen) (Plast) / filler* n ‖ **heller** ≈ / white filler ‖ ≈ m **aus natürlichen Produkten** (z.B. Kaolin, Gips oder Kreide) (Pap) / filling clay ‖ **~frei** adj / unfilled adj, unloaded adj
**Füll•strich** m (bei Trinkgläsern) (Nahr) / gauge line ‖ ≈**stutzen** m (Kfz) / filler neck
**Fülltrichter** m (Chem) / funnel n ‖ ≈ (Gieß, Hütt) / feed hopper, hopper* n, feeding hopper ‖ ≈ (Glas) / baffle hole ‖ ≈ (Tropfentrichter) (Glas) / drop guide funnel, drop funnel
**Füllung** f (einmalige) / fill n ‖ ≈ (Tür-) (Bau) / panel n ‖ ≈ (Bau, HuT) / packing* n, infilling* n ‖ ≈ (der Destillationskolonne, der Trennsäule) (Chem) / packing n, tower packing, fillings pl ‖ ≈ (des Kautschuks mit Pigmentfüllstoffen) (Chem Verf) / pigmentation n ‖ ≈ (HuT) / filling n ‖ ≈ (Kraftstoff-Luft-Gemisch) (Kfz) / charge n ‖ ≈ (Dampfmaschine) (Masch) / admission* n ‖ ≈ (z.B. bei Geflügel) (Nahr) / stuffing n ‖ ≈ (z.B. mit Schokolade) (Nahr) / centre n ‖ **bündige** ≈ (Tischl) / flush panel
**Füllungs•grad** m (das Verhältnis der tatsächlich angesaugten zur theoretisch möglichen Frischladungsmasse) (V-Mot) / volumetric efficiency* ‖ ≈**gradanzeiger** m (Bunker) (Masch) / level indicator ‖ ≈**kurve** f (Linienzug, der die Abhängigkeit der Wasserführung von der Füllhöhe des Querschnitts in einer Freispiegelleitung darstellt) (Wasserb) / conveyance graph ‖ ≈**kurve** f (Linienzug, der die Abhängigkeit der Wasserführung von der Füllhöhe des Querschnitts in einer Freispiegelleitung darstellt) (Wasserb) / conveyance graph ‖ ≈**rahmen** m (für die Tür) (Tischl) / panelled framing* ‖ ≈**tür** f (Tischl) / framed and braced door*
**Füll•verlust** m / spillage n ‖ ≈**vermögen** n (DIN 55945) (Anstr) / filling power ‖ ≈**wagen** m (des Verkokungsofens) (Chem Verf) / larry car, larry n, lorry n ‖ ≈**wand** f (Bau) / panel n
**fully fashioned** adj (Maschenware) (Tex) / fully fashioned*, full-fashioned adj
**Füll•zeichen** n (DIN 44302) (EDV) / fill character, filler n, padding character, pad n, pad character ‖ ≈**zelle** f (For) / tylosis n (pl. tyloses)*, thylosis n (pl. thyloses)
**Fulminat** n (Salz der Knallsäure) (Chem) / fulminate* n
**Fulven** n (Chem) / fulvene n
**Fulvinsäure** f (Chem) / fulvic acid
**Fulvosäure** f (ein Huminstoff) (Chem) / fulvic acid
**Fumarase** f (ein zu den Lyasen gehörendes Enzym, das die Bildung von L-Äpfelsäure aus Fumarsäure durch Wasseranlagerung katalysiert) (Biochem) / fumarase n
**Fumarat** n (Chem) / fumarate n
**Fumarole** f (vulkanische Gas-Dampf-Exhalation) (Geol) / fumarole* n
**Fumarsäure** f (trans-Butendisäure - E 297) (Chem, Nahr, Pharm) / fumaric acid*
**Fumigant** n (Chem, Landw) / fumigant* n, fumigator n
**Fumigation** f (Chem, Landw, Med) / fumigation* n ‖ ≈ (Form einer Schornsteinfahne) (Umwelt) / fumigation n
**Fundament** n (Bau, HuT) / foundation* n, footing* n ‖ ≈ (Druck) / bed* n ‖ **abgetrepptes** ≈ (Bau, HuT) / benched foundation*, stepped foundation
**fundamental** adj / fundamental adj ‖ ≈**e Wechselwirkungen** (Kernphys) / fundamental interactions
**Fundamental•-** / fundamental adj ‖ ≈**abstand** m (Phys) / fundamental interval* ‖ ≈**folge** f (Math) / Cauchy sequence, fundamental sequence ‖ **metrische** ≈**form** (in der Differentialgeometrie) (Math) / metric fundamental form, metric form ‖ ≈**konstante** f (Phys) / universal constant, fundamental constant ‖ ≈**satz** m **der Algebra** (Math) / fundamental theorem of algebra* ‖ ≈**satz der elementaren Zahlentheorie** (Math) / unique factorization theorem (basic axiom about the integers) ‖ ≈**serie** f (Spektr) / fundamental series*, Bergmann series ‖ ≈**system** n (zu einem Gerüst gehöriges) (Math) / fundamental circuits ‖ ≈**system** (Lösungssatz einer linearen Differentialgleichung) (Math) / fundamental system ‖ ≈**system von Umgebungen** (Math) / neighbourhood basis, neighbourhood base ‖ ≈**thermometer** n (Phys) / fundamental thermometer ‖ ≈**wechselwirkung** f (Kernphys, Phys) / fundamental interaction (electromagnetic weak, strong and gravitational interactions)
**Fundament•basis** f (Bau, HuT) / foundation base, bottom of foundation ‖ ≈**beton** m (HuT) / foundation concrete ‖ ≈**bolzen** m (HuT) / anchor bolt*, foundation bolt ‖ ≈**erder** m (der in das Betonfundament einer baulichen Anlage eingebettet ist) (Eltech) / foundation earth electrode ‖ ≈**fläche** f (Bau, HuT) / foundation area ‖ ≈**fuß** m (Bau, HuT) / footing* n ‖ ≈**gurt** m (Bau) / wall footing
**fundamentieren** v (Bau, HuT) / found v
**Fundament•mauer** f (Bau) / foundation wall ‖ ≈**mauerwerkslage** f (Bau) / footing course ‖ ≈**platte** f (Bau) / foundation slab, groundslab n, foundation platte ‖ ≈**platte** (mit oder ohne Stahlbewehrung - für die Plattengründung) (Bau) / raft n, foundation raft ‖ ≈**platte** (Masch) / bedplate* n ‖ ≈**platte** (eines Schiffsmotors) (Masch, Schiff) / sole* n, sole plate* ‖ ≈**schicht** f (Bau) / base course ‖ ≈**schraube** f (HuT) / anchor bolt*, foundation bolt ‖ ≈**sohle** f (Bau, HuT) / foundation

base, bottom of foundation ‖ ≈**streifen** m (bei Streifenfundamenten) (Bau) / footing* n ‖ ≈**zeichnung** f (Bau, Masch) / foundation plan
**Fundation** f (S) (Bau, HuT) / foundation* n, footing* n
**fundieren** v (Bau, HuT) / found v
**Fundierungsaxiom** n (Math) / axiom of regularity, axiom of foundation
**fündig•e Bohrung** (Erdöl) / discovery well* (an exploratory well that encounters a new and previously untapped petroleum deposit) ‖ ~ **werden** v (eine Lagerstätte auffinden) (Bergb, Geol) / strike v (discover by drilling or mining), discover v
**Fündigkeit** f (von Erdöl oder Erdgas) (Erdöl) / show n
**Fundort** m (Geol) / locality n, type locality*
**Fundus** m (Bestand an Kostümen, Kulissen usw.) (Film) / stock n
**fünf•atomig** adj (Chem) / pentatomic adj ‖ **~basig** adj (Chem) / pentabasic adj ‖ **~basisch** adj (Säure) (Chem) / pentabasic adj ‖ ≈**blatt** n (Arch) / cinquefoil* n ‖ **~dimensional** adj (z.B. allgemeine Relativitätstheorie) (Phys) / five-dimensional adj ‖ ≈**eck** n (Math) / pentagon* n ‖ **~eckig** adj (Math) / pentagonal adj ‖ **~elementig** adj (Anordnung mit einem Mittelelement und vier umgebenden Gestaltungselementen) (Arch) / quincunx adj
**Fünfer** m (eines Schaltkabels) (Kab) / five-conductor cable ‖ ≈**alphabet** n (internationales Telegrafenalphabet Nr. 2) (Teleg) / five-unit code* ‖ ≈**code** m (Teleg) / five-unit code* ‖ ≈**kode** m (Teleg) / five-unit code* ‖ ≈**ring** m (Chem) / five-membered ring
**fünffach** adj / quintuple adj ‖ ~ **gelagerte Kurbelwelle** (Kfz) / five-bearing crankshaft ‖ ~ **koordinativ gebunden** (Chem) / pentacoordinate(d) adj
**fünf•flächig** adj / pentahedral adj ‖ ≈**ganggetriebe** n (Kfz) / five-speed gearbox, five-speed transmission ‖ ≈**gelenkhinterachse** f (Kfz) / five-link rear suspension ‖ ≈**gitter-Mischröhre** f (eine Elektronenröhre mit Katode, Anode, zwei Steuergittern, zwei Schirmgittern und einem Bremsgitter) (Eltronik) / pentagrid n, heptode n ‖ **~gliedriger Ring** (Chem) / five-membered ring ‖ ≈**kant** m (DIN 918) (Masch, Math) / pentagon n ‖ ≈**kantfeile** f (eine Sägefeile) (For, Werkz) / pentagonal file ‖ **~kantig** adj / pentagonal adj ‖ ≈**kantmutter** f (Masch) / pentagon nut ‖ **~lagig** adj (Tischlerplatte) (For) / five-ply attr ‖ ≈**polröhre** f (Dreigitterröhre: Steuergitter, Schirmgitter, Bremsgitter) (Eltronik) / pentode valve*, pentode n ‖ **~prozentiger Zuwachs** / five per cent increase ‖ **~punktiger Korbbogen** (Arch) / five-centred arch* ‖ ≈**ring** m (Chem) / five-membered ring ‖ ≈**säurig** adj (Base) (Chem) / pentacid adj ‖ ≈**schenkeltransformator** m (Eltech) / five-column transformer ‖ ≈**schichtdiode** f (Eltronik) / biswitch diode ‖ **~stellig** adj (Zahl) (Math) / five-digit attr, five-figure attr
**fünft•e Generation** (der Rechner mit künstlicher Intelligenz) (EDV, KI) / fifth generation, 5G ‖ **~en Grades** (Math) / quintic adj ‖ **~er Ordnung** (Math) / quintic adj ‖ **~er Schall** (eine Temperaturwelle in supraflüssigem Helium) (Phys) / fifth sound
**Fünftelgeviert** n (Typog) / thin space*
**Fünf•walzenanreibemaschine** f (Anstr) / five-roll mill ‖ ≈**walzenmühle** f (eine Anreibemaschine) (Anstr) / five-roll mill ‖ ≈**walzenstuhl** m (Anstr) / five-roll mill
**fünfwertig** adj (Chem) / pentavalent* adj, quinquevalent adj ‖ ~ (Alkohol) (Chem) / pentahydric adj
**fünf•zählige Symmetrie** (Chem, Phys) / fivefold symmetry ‖ ≈**zentrenbogen** m (Arch) / five-centred arch* ‖ ≈**zylindermotor** m (V-Mot) / five-cylinder engine
**fungibel** adj (vertretbar im Rechtsverkehr) / fungible adj
**Fungicidin** n (ein Makrolidantibiotikum) (Pharm) / nystatin* n, fungicidin n
**Fungistatikum** n (pl. -statika) (Chem) / fungistat n
**fungistatisch** adj (das Pilzwachstum hemmend) (Chem) / fungistatic* adj ‖ **~es Mittel** (Chem) / fungistat n
**fungizid** adj (Chem, Landw) / antifungal adj, fungicidal adj, fungitoxic adj ‖ **~e Anstrichfarbe** (Anstr) / fungicidal paint*, paint-film fungicide ‖ **~e Ausrüstung** (Tex) / fungicidal finish ‖ ≈ n (anorganische oder organische Chemikalien oder der Biochemie zugehörende Substanzen, welche die Entwicklung von Pilzen hemmen oder völlig unterbinden) (Chem, Landw) / fungicide* n, antifungal agent, antifungal reagent, fungicidal n ‖ **~resistent** adj (Chem, Landw) / fungicide-resistant adj
**Funk** m (Radio) / radio* n (pl. radios), wireless n (GB)* ‖ ≈ (Radio) / radio communication* ‖ ≈**amateur** m (Radio) / radio amateur, radio ham, ham n (amateur radio operator), amateur radio operator ‖ ≈**anlage** f (Fernm, Radio) / radio facility ‖ ≈**anschlußpunkt** m (zum Netz) (Fernsp) / radio access point, RAP ‖ ≈**bake** f (Luftf) / radio beacon*, radio marker beacon station, aerophare* n, radiophare* n, beacon* n, RBN ‖ ≈**beschickung** f (Korrektur von Fehlern eines Funkpeilers und das Verfahren, mit dem korrigiert wird) (Luftf) / direction-finding correction, bearing calibration ‖ ≈**beschickungskurve** f (Luftf) / calibration curve, correction curve ‖ ≈**beschickungssender** m (Luftf) / calibration station ‖

**Funkbeschickungstabelle**

~**beschickungstabelle** f (Luftf) / calibration chart ‖ ~**betrieb** m (Radio) / radio* n (pl. radios), wireless n (GB)* ‖ ~**betrieb** (Verkehr) (Radio) / radio communication* ‖ ~**brücke** f (Radio) / radio relay ‖ ~**dauerbereitschaft** f (Radio) / continuous radio alert ‖ ~**deviation** f (Nav) / direction-finder deviation ‖ ~**dienst** m (Funkverkehr zwischen zwei oder mehreren Funkstellen) (Fernm, Radio) / wireless communication service, radio service (US) ‖ **beweglicher** ~**dienst** (Fernsp, Radio) / mobile radio service, mobile communication system ‖ **mobiler** ~**dienst** (Fernsp, Radio) / mobile radio service, mobile communication system ‖ (**orts)fester** ~**dienst** (Radio) / fixed radio service

**Funke** m (Eltech, Kfz, Masch) / spark* n ‖ ~ (der bei Reibungsvorgängen entsteht) (Eltech, Masch) / mechanical spark ‖ **elektrischer** ~ (Eltech) / electric spark

**Funkecho** n (Radio) / radio echo

**Funkel•effekt** m (Eltronik) / flicker effect* ‖ ~**feuer** n / quick-flashing light, scintillating light, feu-eclair n

**funkeln** v / sparkle v, twinkle v ‖ ~ (Astr, Opt) / scintillate v ‖ ~ n / sparkling n, twinkling n (stars)

**funkelnd** adj / sparkling adj, rutilant adj, twinkling adj

**Funkelrauschen** n (Akus) / fluctuation noise*

**Funkempfänger** m (Radio) / radio receiver*, RX, wireless receiver

**funken** v (Radio) / radio v, wireless v

**Funken** n (Eltech, Kfz, Masch) / sparking* n ‖ ~**ableiter** m (Eltech) / spark arrester ‖ ~**abriß** m (V-Mot) / spark breakaway ‖ ~**abtragen** n (ein fertigungstechnisches Verfahren) (Masch) / spark erosion* ‖ ~**analyse** f (zur Grobsortierung von Stahllegierungen) (Chem Verf, Masch) / spark test ‖ ~**bildend** adj (Eltech, Kfz, Masch) / sparking adj ‖ **nicht** ~**bildend** (Eltech, Kfz, Masch) / non-arcing adj ‖ ~**bildung** f (Eltech, Kfz, Masch) / sparking* n ‖ ~**brenndauer** f (V-Mot) / spark duration ‖ ~**dauer** f (V-Mot) / spark duration ‖ ~**entladung** f (eine Form der Gasentladung) (Eltech) / spark discharge ‖ ~**erosion** f (Masch) / spark erosion* ‖ ~**erosionsanlage** f (Masch) / spark erosion plant (machine) ‖ ~**erosionsbearbeitung** f (eine elektroerosive Bearbeitung) (Masch) / spark machining*, electric-spark machining ‖ ~**erosionsmaschine** f (meistens Gesamtheit der Einrichtungen, wie Werkzeugmaschine + Generator + Aggregat für das Arbeitsmedium usw.) (Masch) / spark erosion plant (machine) ‖

**funkenerosive Bearbeitung** (eine elektroerosive Bearbeitung) (Masch) / spark machining*, electric-spark machining

**Funken•fänger** m (Schutzvorrichtung in Schornsteinen) (Bau) / bonnet* n ‖ ~**fänger** (Eltech) / spark catcher ‖ ~**flug** m / flying sparks pl ‖ ~**durch** ~**flug verursachtes Nebenfeuer** / spot fire ‖ ~**flugschutznetz** n (Bau) / bonnet* n ‖ ~**flüssigkeit** f (bei der Funkenerosion) (Masch) / dielectric fluid, dielectric n, dielectric medium ‖ ~**fotografie** f (auf Wachsmatrizen) (Foto) / spark photography* ‖ ~**frei** adj / sparkless adj ‖ ~**frei** (Eltech, Kfz, Masch) / non-arcing adj

**funkenfrei•e Kommutierung** (Eltech) / sparkless commutation* ‖ ~**e Stromwendung** (Eltech) / sparkless commutation*

**Funken•frequenz** f (Radio) / spark frequency* ‖ ~**garbe** f (bei der Funkenprobe) (Hütt) / sheaf of sparks ‖ ~**härten** n (partielles Härten durch Funkenentladung) (Hütt) / spark hardening ‖ ~**induktor** m (Eltech) / Ruhmkorff coil ‖ ~**ionisation** f (Chem) / spark ionization ‖ ~**kammer** f (am Kupolofen) (Gieß) / spark arrester ‖ ~**kammer** (eine Gasspurkammer) (Kernphys) / spark chamber* ‖ **akustische** ~**kammer** (Kernphys) / sonic spark chamber ‖ ~**kammer mit akustischer Lokalisierung** (Kernphys) / sonic spark chamber ‖ ~**kondensator** m (Eltech) / spark capacitor ‖ ~**löscher** m (Eltech) / spark absorber*, arc absorber*, spark killer, spark quencher ‖ ~**löschspule** f (Eltech) / blow-out coil* ‖ ~**löschung** f (Maßnahme zur Vermeidung der beim Öffnen von induktiv belasteten Stromkreisen auftretenden hohen Überspannungen und der dadurch hervorgerufenen Öffnungsfunken an den Schalterkontakten) / spark quenching ‖ ~**prüfung** f (zur Grobsortierung von Stahllegierungen) (Chem Verf, Masch) / spark test ‖ ~**spannung** f (Eltech) / spark voltage ‖ ~**spektrum** n (Phys) / spark spectrum* ‖ ~**stein** m (roter Spinell) (Min) / ruby spinel*, almandine spinel*, spinel ruby* ‖ ~**strecke** f (der Raum zwischen den Elektroden bei einer Funkenentladung) (Eltech) / spark gap, discharge gap ‖ **umlaufende** ~**strecke** (Eltech) / rotary spark gap, rotary gap ‖ (**feststehende)** ~**strecke** (Eltech) / spark-gap* n ‖ ~**streckenmodulation** f (Fernm) / spark-gap modulation* ‖ ~**strom** m (Eltech) / spark current ‖ ~**tstörausrüstung** f (Radio) / interference-suppression kit, noise suppressor kit ‖ ~**tstörkondensator** m (DIN 57565) (Radio) / radio interference suppression capacitor ‖ ~**tstörung** f (Radio) / interference suppression ‖ ~**überschlag** m (an den Elektroden) (Eltech) / spark-over n, spark discharge ‖ ~**überschlag** (V-Mot) / arcing n ‖ ~**widerstand** m (Eltech) / spark resistance* ‖ ~**zähler** m (ein Nachweisgerät für geladene Teilchen) (Kernphys) / spark counter ‖ ~**zündung** f (V-Mot) / spark ignition

**Funker** m (Radio) / radio operator, radioman n (pl. -men), wireless operator

**Funk•erfassung** f (Mil) / radio detection, radio intercept ‖ ~**fax** n (Radio) / radiofax n, radio-telefax n ‖ ~**fehlweisung** f (Nav) / direction-finder deviation ‖ **viertelkreisige** ~**fehlweisung** (Nav, Radar) / quadrantal error ‖ ~**fernschreiben** n (Radio) / radioteletype n (message), RTTY, RATT ‖ ~**fernsprecher** m (Fernsp, Luftf, Radio) / radio-telephone n, radiophone n ‖ ~**feuer** n (Luftf) / radio beacon*, radio marker beacon station, aerophare* n, radiophare* n, beacon* n, RBN ‖ **ungerichtetes** ~**feuer** (Luftf) / non-directional beacon, NDB*, omnidirectional radio beacon*, ORB ‖ ~**frequenz** f (zur Funkübertragung bestimmte Frequenzlage) (Radio) / radio-frequency* (RF, r-f) ‖ ~**frequenzspektrum** n (Radio) / radio spectrum*, radio-frequency spectrum ‖ ~**führung** f (Mil, Nav) / radio guidance ‖ ~**geologie** f (ein Verfahren der angewandten Geophysik) (Geol, Geophys) / radio geology ‖ ~**gesteuert** adj (Radio) / radio-controlled adj ‖ ~**haus** n (Radio, TV) / broadcasting centre ‖ ~**hilfe** f (Radio) / radio-aid n ‖ ~**höhenmesser** m (Luftf) / radio altimeter* (a reflection altimeter) ‖ ~**horizont** m (die Grenze der vom Sender bzw. Empfänger elektromagnetischer Wellen eingesehenen Flächen) (Radio) / radio horizon* ‖ ~**kanal** m (Radio) / radio-frequency channel, RF channel ‖ ~**kompaß** m (Form des Funkpeilers) (Luftf, Radio, Schiff) / radio compass* ‖ ~**kontakt** m (Radio) / radio communication*, radio contact ‖ ~**konzentrator** m (Zellenfunk) (Radio) / mobile radio concentrator ‖ ~**lenkung** f (Mil, Nav) / radio guidance ‖ ~**meldung** f (Radio) / radiogram n, radio message ‖ **eine** ~**meldung durchgeben** (Radio) / radio v, wireless v ‖ ~**meßtechnik** f (Radar) / radiolocation* n ‖ ~**mitteilungssystem** n (z.B. ERMES) (Fernm) / radio messaging system ‖ ~**mutung** f (Geol) / radio prospection ‖ ~**mutung** (Geol, Geophys) / radio geology ‖ ~**nachricht** f (Radio) / radiogram n, radio message ‖ ~**navigation** f (Nav) / radionavigation n ‖ ~**netz** n (Radio) / radio net ‖ **mobiles** ~**netz** (Fernsp, Radio) / mobile radio network ‖ ~**ortung** f (Radar) / radiolocation* n ‖ ~**peilantenne** f (Fernm, Radar, Radio) / direction-finding antenna, direction-finder antenna ‖ ~**peilen** n (als Betrieb) (Luftf, Radio, Schiff) / radio direction-finding* (RDF*), direction-finding* n ‖ ~**peiler** m (Luftf, Radio, Schiff) / radio direction-finder, radio DF ‖ ~**peilstandort** m (Luftf) / position by radio bearings ‖ ~**peilung** f (konkrete Angabe) (Radio) / radio bearing* ‖ ~**raum** m (Schiff) / radio room ‖ ~**rauschen** n (elektromagnetisches Rauschen im Funkfrequenzbereich) (Radio) / radio noise ‖ ~**relaislinie** f (Radio) / directional radio relay link ‖ ~**ruf** m (Radio) / radio call ‖ ~**rufdienst** m (Übermittlung von Kodesignalen von allen öffentlichen Sprechstellen zu beweglichen Teilnehmern, die mit entsprechenden Empfängern ausgerüstet sind - z.B. ERMES) (Radio) / radio-paging service ‖ ~**rufempfänger** m (Radio) / beeper n, pager n, bleeper n ‖ ~**schatten** m (Radio) / dead spot* ‖ ~**seitenpeilung** f (Luftf, Schiff) / relative bearing* ‖ ~**sendegerät** n (Radio) / radio transmitter ‖ ~**sender** m (Radio) / radio transmitter ‖ ~**sonde** f (Meteor, Radio) / radiosonde* n, radiometeorograph n ‖ ~**spektrum** n (Radio) / radio spectrum*, radio-frequency spectrum ‖ ~**sprechen** v (Radio) / radio v ‖ ~**sprechzentrale** f (Radio) / radio-telephony exchange ‖ ~**spruch** m (Radio) / radiogram n, radio message ‖ ~**standort** m (Nav, Radio) / radio fix ‖ ~**station** f (Sender oder Empfänger) (Fernm, Radio) / station* n, radio station ‖ ~**stelle** f (Sender oder Empfänger) (Fernm, Radio) / station* n, radio station ‖ ~**stelle in Not** (Radio) / station in distress ‖ ~**steuerung** f (Radio) / radio control ‖ ~**stille** f (Radio) / silent period*, station break (US) ‖ ~**störgrad** m (Radio) / radio interference level, degree of RFI ‖ ~**störspannung** f (Radio) / disturbance voltage ‖ **symmetrische** ~**störspannung** (Eltech) / symmetrical terminal voltage ‖ **unsymmetrische** ~**störspannung** (Eltech) / V-terminal voltage ‖ ~**störung** f (elektromagnetische Störung im Funkfrequenzbereich) (Radio) / radio interference, radio disturbance ‖ ~**störung** (durch fremde Sender) (Radio) / radio-station interference ‖ **technische** ~**störung** (alle Störungen, die von Geräten/Maschinen ausgehen) (Radio) / man-made noise ‖ **atmosphärische** ~**störungen** (Fernm) / atmospherics pl, statics* pl, atmospheric interference, sferics* pl, spherics* pl, X's, strays* pl ‖ ~**strecke** f (Radio) / radio link ‖ ~**streifenwagen** m / radio patrol car, squad car (GB), panda car (GB), cruiser car (US), cruiser n (US), prowl car (US) ‖ ~**tagebuch** n (eines Funkamateurs) (Radio) / logbook n ‖ ~**taxi** n (das über Sprechfunk mit einer Zentrale verbunden ist) (Radio) / radio cab, radio taxi ‖ ~**technik** f (Radio) / radio engineering ‖ ~**techniker** m (Radio) / radio engineer ‖ ~**technische Entfernungsmessung** (Verm) / electronic distance measurement, EDM ‖ ~**telefon** n (Fernsp, Luftf, Radio) / radio-telephone n, radiophone n ‖ ~**telefonist** m (Fernsp, Luftf, Radio) / radio-telephony operator ‖ **zellulares** ~**telefonnetz** (Fernsp) / cellular radio-telephone network ‖ ~**telegrafie** f (Radio, Telegr) / radio-telegraphy n, cw telegraphy, wireless telegraphy ‖ ~**telegrafist**

*m* (Luftf) / radio-telegraphy operator ‖ ⁓**telegramm** *n* (Radio) / radiogram *n*, radiotelegram *n*
**Funktion** *f* (Biol, EDV, Math) / function* *n* ‖ ⁓ (bei der Software) (EDV) / feature *n* ‖ ⁓ (Math) s. auch unabhängige Variable ‖ **abgeleitete** ⁓ (Math) / derivative* *n*, differential coefficient*, derived function* ‖ **Ackermannsche** ⁓ (Math) / Ackermann function ‖ **affine** ⁓ (Math) / affine function ‖ **affine** ⁓ (Math) s. auch lineare Funktion ‖ **algebraische** ⁓ (Math) / algebraic function ‖ **allgemeinrekursive** ⁓ (Math) / general-recursive function ‖ **als von** / versus, vs, v. ‖ **alternierende** ⁓ (Math) / alternating function*, antisymmetric function* ‖ **analytische** ⁓ (Math) / analytic function*, holomorphic function*, monogenic function* ‖ **antisymmetrische** ⁓ (Math) / alternating function*, antisymmetric function* ‖ **antitone** ⁓ (Math) / decreasing function ‖ **automorphe** ⁓ (spezielle analytische Funktion) (Math) / automorphic function ‖ **befehlsäquivalente** ⁓ (EDV) / command-equivalent function ‖ **beschränkte** ⁓ (die sowohl nach oben als auch nach unten beschränkt ist) (Math) / bounded function* ‖ **biharmonische** ⁓ (Math) / biharmonic function* ‖ **B-meßbare** ⁓ (Math) / Borel measurable function ‖ **Boolesche** ⁓ (Math) / Boolean function ‖ **Borel-meßbare** ⁓ (Math) / Borel measurable function ‖ **Borelsche** ⁓ (Math) / Baire function ‖ **charakteristische** ⁓ (eine spezielle erzeugende Funktion) (Math) / characteristic function ‖ **charakteristische einer Menge** (Math) / characteristic function of a set* ‖ **elementare** ⁓ (Math) / elementary function ‖ **elliptische** ⁓ (eine meromorphe Funktion, die doppelperiodisch ist) (Math) / elliptic function* ‖ **erzeugende** ⁓ (Math, Stats) / generating function* ‖ **Eulersche** ⁓ (Math) / Euler's function ‖ **explizite** ⁓ (Math) / explicit function* ‖ **fallende** ⁓ (Math) / decreasing function ‖ **fastperiodische** ⁓ (Math) / almost-periodic function ‖ **ganze** ⁓ (Math) / entire function*, integral function ‖ **ganzrationale** ⁓ (wenn das Nennerpolynom gleich 1 ist) (Math) / polynomial function ‖ **ganzrationale homogene** ⁓ (Math) / quantic *n*, forme *n*, homogeneous polynomial ‖ **ganzwertige** ⁓ (Math) / integer-valued function ‖ **gebrochene rationale** ⁓ (Math) / fractional rational function ‖ **gerade** ⁓ (Math) / even function* ‖ **grafische** ⁓ (EDV) / display function ‖ **harmonische** ⁓ (Math) / harmonic function*, potential function ‖ **holomorphe** ⁓ (wenn sie in einem Gebiet komplex differenzierbar ist) (Math) / holomorphic function* ‖ **homogene** ⁓ (Math) / homogeneous function* ‖ **hyperbolische ⁓en** (z.B. sinh, cosh) (Math) / hyperbolic functions* ‖ **hypergeometrische** ⁓ (Lösung der hypergeometrischen Differentialgleichung) (Math) / hypergeometric function* ‖ **identische** ⁓ (Math) / identity mapping*, identity function ‖ **implizite** ⁓ (Math) / implicit function* ‖ **inverse** ⁓ (Math) / inverse function ‖ **irrationale** ⁓ (Math) / irrational function, non-rational function ‖ **iterierte** ⁓ (Math) / iterated function ‖ **Jacobische elliptische** ⁓ (Math) / Jacobian elliptic function* ‖ **Kelvinsche ⁓ erster Art** (Math) / bei function ‖ **Kelvinsche ⁓ zweiter Art** (Math) / ber function ‖ **Koebesche** ⁓ (nach P. Koebe, 1882 - 1945) (Math) / Koebe function ‖ **komplexwertige** ⁓ (Math) / complex-valued function ‖ **konfluente hypergeometrische** ⁓ (Math) / confluent hypergeometric function ‖ **konstante** ⁓ (Math) / constant mapping, constant function ‖ **logische** ⁓ (EDV, Math) / logic function ‖ **meßbare** ⁓ (Stats) / measurable function ‖ **mittelbare** ⁓ (Math) / composite function ‖ **monogene analytische** ⁓ (Math) / monogenic function* ‖ **monotone** ⁓ (Math) / monotonic function ‖ **monoton fallende** ⁓ (Math) / decreasing function, monotonic decreasing function ‖ **nicht algebraische** ⁓ (Math) / non-algebraic function ‖ **normierte** ⁓ (Math) / normalized function ‖ **numerische** ⁓ (Math) / numerical function ‖ **oberadditive** ⁓ (Maßfunktion) (Math) / superadditive function*, superadditive set function ‖ **orthogonale** ⁓ (Math) / orthogonal function* ‖ **periodische** ⁓ (Math) / periodic function* ‖ **pluriharmonische** ⁓ (Math) / pluriharmonic function ‖ **plurisubharmonische** ⁓ (Math) / plurisubharmonic function ‖ **quadratintegrable** ⁓ (Math) / square-integrable function ‖ **quadratische** ⁓ (Math) / quadratic function (in real analysis) ‖ **rationale** ⁓ (die sich als Quotient zweier ganzrationaler Funktionen angeben läßt) (Math) / rational function ‖ **reelle** ⁓ (Math) / real function, real-valued function ‖ **reguläre** ⁓ (eine analytische Funktion) (Math) / regular function* ‖ **rekursive** ⁓ (Math) / recursive function ‖ **schlichte** ⁓ (Math) / simple function ‖ **sinusartige** ⁓ (Math) / sinusoidal function ‖ **stetige** ⁓ (Math) / continuous function ‖ **stetig differenzierbare** ⁓ (deren Ableitung stetig ist) (Math) / continuously differentiable function ‖ **stochastische** ⁓ (Stats) / random function ‖ **streng monoton fallende** ⁓ (Math) / strictly decreasing function ‖ **streng monoton wachsende** ⁓ (Math) / strictly increasing function ‖ **subharmonische** ⁓ (Math) / subharmonic function ‖ **symmetrische** ⁓ (gerade, ungerade) (Math) / symmetrical function, symmetric function ‖ **thermodynamische** ⁓ (Phys) / thermodynamic potential*, thermodynamic function ‖ **transzendente** ⁓ (eine nichtalgebraische Funktion) (Math) / transcendental function* ‖ **trigonometrische ⁓en** (Math) / trigonometrical functions*, circular functions* ‖ **undokumentierte**
⁓ (Funktion, die im Betriebssystem oder in einer Applikation enthalten ist, aber aus unterschiedlichen Gründen vom Hersteller nicht beschrieben wird) (EDV) / undocumented function ‖ **ungerade** ⁓ (Math) / odd function* ‖ **universelle** ⁓ (Math) / universal function ‖ **unstetige** ⁓ (Math) / discontinuous function ‖ **unteradditive** ⁓ (Maßfunktion) (Math) / subadditive function*, subadditive set function ‖ **verallgemeinerte** ⁓ (Math) / distribution *n* ‖ **wachsende** ⁓ (Math) / increasing function, monotonic non-decreasing function ‖ **zyklische** ⁓ (Math) / cyclic function ‖ **zyklometrische** ⁓ (Math) / inverse trigonometrical function*, antitrigonometrical function ‖ ⁓ *f* **einer Funktion** (Math) / functional* *n* ‖ ⁓ **mit ganzen Zahlen als Werten** (Math) / integer-valued function ‖ ⁓ **"Suchen und Ersetzen"** (EDV) / search/replace function

**funktional** *adj* (Math) / functional *adj* ‖ **⁓e Auflösung** (EDV) / functional decomposition ‖ **⁓e Dekomposition** (von Software) (EDV) / functional decomposition ‖ **⁓e Programmiersprache** (höhere Programmiersprache, bei der alle Anweisungen die Form von Funktionen aufweisen) (EDV) / functional programming language, functional language, applicative language ‖ **⁓e Programmierung** (EDV) / functional programming ‖ **⁓e Semantik** (EDV, KI) / denotational semantics, functional semantics
**Funktional** *n* (eine Funktion, deren Argumente oder Ergebnisse wieder Funktionen sind) (Math) / functional* *n* ‖ **einfachadditives** ⁓ (Math) / simply additive functional ‖ **lineares** ⁓ (Math) / linear functional
**Funktional•analysis** *f* (Math) / functional analysis ‖ **⁓determinante** *f* (Math) / Jacobian* *n*, Jacobian determinant ‖ **⁓gleichung** *f* (Math) / functional equation ‖ **⁓, Hilbertsche ⁓gleichung** (Math) / resolvant equation*, resolvent equation
**funktionalisiertes Polymer** (Chem) / reactive polymer
**Funktionalismus** *m* (Arch) / functionalism* *n*
**Funktionalität** *f* / functionality *n*
**Funktionalmatrix** *f* (Math) / functional matrix
**funktionell** *adj* (Math) / functional *adj* ‖ **⁓e Anschaltung an das System** (Fernsp) / affiliation *n* ‖ **⁓es Design** / functional design ‖ **⁓e Durchsatzrate** (Gütefaktor für integrierte Digitalschaltungen, der den Integrationsgrad mit einbezieht) (Eltronik) / functional throughput rate ‖ **⁓er Entwurf** / functional design ‖ **⁓e Gruppe** (Chem) / functional group ‖ **⁓e Operationen** (EDV, Math) / logical operations, logic operations
**Funktionen•raum** *m* (in der Funktionalanalysis) (Math) / function space, functional space ‖ **⁓theorie** *f* (Math) / complex analysis, theory of functions
**funktionieren** *v* (Masch) / work *v*, run *v*, operate *v*, act *v*
**funktionierender Versuchsaufbau** (Eltronik) / brassboard *n*
**Funktions•aufruf** *m* (FORTRAN) (EDV) / function reference ‖ **⁓bedingte Beanspruchung** (Mech) / functional stress ‖ **⁓beeinträchtigender Defekt** (bei Halbleiterelementen) (Eltronik) / killing defect ‖ **⁓bereich** *m* **der Belichtungsmessung** (Foto) / exposure control range ‖ **⁓beschreibung** *f* / functional description, FD ‖ **⁓bezogen** *adj* (Maßeintragung nach DIN 406, T 1) / function-related *adj* ‖ **⁓bit** *n* (EDV) / function bit ‖ **⁓block** *m* (der aus Funktionselementen besteht) (EDV, Fernm) / function block, functional block ‖ **⁓diagramm** *n* (grafische Darstellung der Struktur eines Systems) / functional diagram ‖ **⁓einheit** *f* (DIN 44300) (EDV) / function unit, functional unit ‖ **molekulare ⁓einheit** (Chem, EDV, Med) / molecular device ‖ **anzeigende ⁓einheit** (Eltronik) / display *n*, display device ‖ **⁓element** *n* (das kleinste funktionell bestimmbare Element, das durch ein Schaltsymbol dargestellt werden kann) (Eltech, Eltronik) / function element, functional element, functional component
**funktionsfähig** *adj* / operative *adj*, usable *adj*, serviceable *adj* ‖ **nicht ⁓** / inoperative *adj*, non-operational *adj*
**Funktions•fähigkeit** *f* / usability *n*, serviceability *n* ‖ **⁓fläche** *f* (Fläche von Räumen, die bei wechselnder Benutzung des Bauwerkes in der Regel durch ihre technische Einrichtung ihren Verwendungszweck beibehalten - z.B. Heizungsanlagen) (Bau) / operating area, functional area ‖ **⁓geber** *m* (EDV, Eltronik) / function generator* ‖ **⁓geber für analytische Funktionen** (EDV) / analytical function generator, natural function generator ‖ **⁓geber mit angezapftem Potentiometer** (bei dem über einen Servoantrieb der Schleifer eines Potentiometers proportional zur Eingangsgröße eingestellt wird) (Eltronik) / tapped potentiometer function generator ‖ **⁓generator** *m* (EDV, Eltronik) / function generator* ‖ **⁓generator mit Dioden** (Eltronik) / diode function generator, DFG ‖ **⁓generatorröhre** *f* (Eltronik) / shaped-beam tube* ‖ **⁓graf** *m* (Math) / function graph ‖ **⁓indikator** *m* (EDV) / role indicator ‖ **⁓kontrolle** *f* (EDV) / operational check, function check ‖ **⁓kunststoff** *m* (für einen einzigen Anwendungszweck) (Plast) / functional plastic ‖ **⁓lehre** *f* (Math) / function(s) theory ‖ **⁓orientierte deklarative Programmiersprache** (EDV) / functional programming language, functional language, applicative language ‖ **⁓plan** *m* (grafische Darstellung der Struktur

**Funktionspolymer**

eines Systems) / functional diagram ‖ ⁓**polymer** n (ein Hochleistungspolymer) (Plast) / functional polymer ‖ ⁓**prüfung** f / function test ‖ ⁓**prüfung** (Masch) / performance test ‖ ⁓**regel** f (KI) / function rule ‖ ⁓**schalter** m (EDV) / function switch* ‖ ⁓**schalter** (bei Autoradios) (Kfz) / mode switch, selector switch ‖ ⁓**tastatur** f (EDV) / function keyboard ‖ ⁓**taste** f (EDV) / function key, function control key ‖ **programmierbare** ⁓**taste** (EDV) / programmable function key, PF key, soft key ‖ **virtuelle** ⁓**taste** (EDV) / virtual push button, light button ‖ ⁓**tasten** pl (EDV) / function keyboard ‖ ⁓**teil** m (derjenige Teil des Befehls, der angibt, welche Operation auszuführen ist) (EDV) / operation part ‖ ⁓**übersicht** f (EDV) / functional diagram ‖ ⁓**verbund** m (EDV) / resource sharing ‖ ⁓**wert** m (Math) / value of the function ‖ ⁓**zustand** m (eines Programms) (EDV) / program state

**Funktor** m (Zeichen für eine Funktion) (Math) / functor* m, function symbol ‖ **kontravarianter** ⁓ (Math) / contravariant functor ‖ **kovarianter** ⁓ (Math) / covariant functor

**Funk•turm** m (Radio) / radio-tower n, antenna tower ‖ ⁓**übertragung** f (Radio) / radio transmission ‖ ⁓**übertragungsweg** m (Radio) / radio link* ‖ ⁓**verbindung** f (Fernm) / radio circuit* ‖ ⁓**verbindung** (Radio) / radio communication*, radio contact ‖ ⁓**verkehr** m (Radio) / radio communication* ‖ ⁓**wache** f (Fernm) / watch n ‖ ⁓**welle** f (Radio) / radio wave ‖ ⁓**wellenausbreitung** f (Radio) / radio-wave propagation, propagation of radio waves ‖ ⁓**zelle** f (Mobilfunk) (Fernm) / cell* n ‖ ⁓**zentrale** f (Radio) / radio centre ‖ ⁓**zielflug** m (Luftf, Nav) / homing n

**Furage** f (Landw) / forage n

**Furan** n (ungesättigte heterozyklische Verbindung) (Chem) / furan n ‖ ⁓**-2-carbonsäure** f (Chem) / furancarboxylic acid, furoic acid, pyromucic acid ‖ ⁓**harz** n (Chem, Plast) / furan resin*

**Furanose** f (ein Monosaccharid) (Chem) / furanose n

**Furanosid** n (Glykosid mit einer 1,4-Ringstruktur) (Chem) / furanoside n

**Furanring** m (Chem) / furan ring

**Furazan** n (1,2,5-Oxadiazol) (Chem) / furazan n

**Furcellaran** n (Chem) / furcellaran n

**Furche** f (Geol) / couloir n ‖ ⁓ (Landw) / furrow n ‖ **große** ⁓ (in der B-DNS) (Biochem) / major groove ‖ **hervorstehender Teil zwischen zwei** ⁓**n** (eines Gitters) (Opt) / land n ‖ **kleine** ⁓ (in der B-DNS) (Biochem) / minor groove

**furchen** v (Landw) / furrow v ‖ ~ (Masch) / ridge v

**Furchen•becken** n (ein Belüftungsbecken) (Sanitär) / ridge-and-furrow tank, longitudinal furrow tank ‖ ⁓**berieselung** f (Landw, Sanitär) / furrow irrigation, ridge-and-furrow irrigation, gradient irrigation ‖ ⁓**bewässerung** f (Landw, Sanitär) / furrow irrigation, ridge-and-furrow irrigation, gradient irrigation ‖ ⁓**erosion** f (Geol) / rill erosion, rilling n, rill-wash n ‖ ⁓**kamm** m (Landw) / ridge n ‖ ⁓**profil** n **des Gitters** (Opt) / groove profile of the grating ‖ ⁓**rad** n (Landw) / furrow wheel ‖ ⁓**rain** m (beim Pflügen nicht erfaßter Streifen) (Landw) / tie-ridge n, balk n ‖ ⁓**streifen** m (Landw) / furrow-slice n ‖ ⁓**ziehen** n (Landw) / ridging n, listing n ‖ ⁓**zieher** m (ein Pflanzgerät) (Landw) / furrow opener, furrower n ‖ ⁓**zieher** (Landw) s. auch Häufler und Häufelpflug

**Furchung** f (Kratzer an der Oberfläche, vom Reibungspartner verursacht) (Masch) / ploughing wear, ploughing n, plowing n (US)

**Furcraea foetida** (L.) **Haw.** (die Cabuya-Faser liefert) (Bot, Tex) / giant cabuya

**Furfural** n (Chem) / furfural* n, furfuraldehyde n, 2-furaldehyde n, fural* n, furol n

**Furfuralextraktion** f (Erdöl) / furfural extraction

**Furfuran** n (Chem) / furan n

**Furfurol** n (Chem) / furfural* n, furfuraldehyde n, 2-furaldehyde n, fural* n, furol n

**Furfurylalkohol** m (Furanmethanol) (benutzt als Löse- und Netzmittel, zur Herstellung kalthärtender Kleber und Furanharze) (Chem) / furfuryl alcohol

**Furfurylmethacrylat** n (Chem) / furfuryl methacrylate

**Furildioxim**, α-⁓ (Chem) / furildioxime n, alpha-furildioxime n

**Furin** n (Prohormon-Konvertase) (Biochem) / furin n

**Furious fifties** pl (brave Westwinde in 50° südlicher Breite) (Meteor) / furious fifties

**Furnaceruß** m (ein Füllstoff) (Chem Verf) / furnace black

**Furnace-Verfahren** n (Chem Verf) / furnace process

**Furnacit** m (ein Olivenit, bei dem As zum Teil durch Cr ersetzt ist) (Min) / fornacite* n, furnacite* n

**Furnier** n (DIN 68330) (For, Tischl) / veneer* n ‖ ⁓**e** n pl (For, Tischl) / veneering n ‖ **keramisches** ⁓ (dünne Bauterakotta) (Bau) / ceramic veneer ‖ **nasses** ⁓ (For) / green veneer ‖ ⁓**abfall** m (For) / veneer waste ‖ ⁓**abfälle** m pl (For) / veneer waste ‖ ⁓**adernhobel** m (zur Herstellung schmaler Nuten in furnierten Werkstücken, die zur Aufnahme von Furnieradern bestimmt sind) (For) / veneer inlay cutter ‖ ⁓**ausflickautomat** m (For, Tischl) / automatic veneer patching machine ‖ ⁓**ausflicken** n (For, Tischl) / plugging n ‖ ⁓**band** m (For, Tischl) / band of veneer, veneer ribbon ‖ **nasses** ⁓**band** (For) / green

veneer ‖ ⁓**beleimmaschine** f (For, Tischl) / veneer gluing machine ‖ ⁓**bilderzusammensetzung** f (For, Tischl) / matching n ‖ ⁓**blatt** n (For, Tischl) / sheet of veneer, veneer(ing) sheet, veneer leaf ‖ ⁓**blätter** n pl (For, Tischl) / veneering n ‖ ⁓**block** m (für das Furnierschneiden) (For) / veneer block, veneer log

**furnieren** v (mit einem Furnier bekleben) (For, Tischl) / veneer v

**Furnier•falte** f (For, Tischl) / pleat n ‖ ⁓**flicken** m (For, Tischl) / patch n ‖ ⁓**fügemaschine** f (für Fügen und Beleimen von Furnierpaketen) (For, Tischl) / veneer jointing machine, veneer splicing machine, veneer splicer ‖ ⁓**fugenheftmaschine** f **ohne Papierklebestreifen** (For, Tischl) / tapeless jointer (veneer splicer) ‖ ⁓**gatter** f (For) / veneer frame sawing machine ‖ ⁓**gattersägemaschine** f (zur Herstellung von Sägefurnieren aus höchstwertigen, bei der Einwirkung von Wärme sich verfärbenden Hölzern sowie zum Einschnitt von Klanghölzern zu Zuschnitten) (For) / veneer frame sawing machine ‖ ⁓**glätten** n (in einer beheizten Presse) (For) / flatting of veneers ‖ ⁓**hammer** m (Werkz) / veneering hammer* ‖ ⁓**holz** n (im allgemeinen) (For) / veneering wood, veneering n (material) ‖ ⁓**holz** (Säge- oder Messerblock) (For) / flitch n ‖ ⁓**holzzuschnitte** m pl (For) / cut sizes ‖ ⁓**kante** f (For, Tischl) / veneer edge ‖ ⁓**klebstreifen** m (For, Tischl) / veneer paper, gummed veneer tape, veneer tape ‖ ⁓**klotz** m (For) / bolt n ‖ ⁓**kreissägemaschine** f (For, Tischl) / segmental circular saw ‖ ⁓**lage** f (im Sperrholz) (For, Tischl) / ply n ‖ ⁓**leim** m (z.B. Caseinleim) (For, Tischl) / veneer glue ‖ ⁓**messermaschine** f (For, Tischl) / slicer n, veneer slicer, veneer slicing machine ‖ ⁓**messern** n (For, Tischl) / veneer slicing ‖ ⁓**nadel** f (Tischl) / veneer pin ‖ ⁓**oberfläche** f (Tischl) / veneer surface ‖ ⁓**paket** n (Tischl) / veneer pack ‖ ⁓**paketschere** f (For) / veneer guillotine, veneer pack edge shears ‖ ⁓**platte** f (Tischl, Zimm) / plywood* n, veneer plywood ‖ ⁓**presse** f (eine Handspindelpresse mit herausfahrbarem Preßdeckel) (For, Tischl) / veneer press ‖ ⁓**rest** m (For) / veneer waste ‖ ⁓**säge** f (Tischl, Werkz) / veneer saw* ‖ ⁓**schälmaschine** f (For) / lathe n, veneer lathe, veneer peeler ‖ ⁓**schere** f (For) / veneer clipper, clipper n ‖ ⁓**schere** (Sammelbegriff für verschiedenartig gestaltete Maschinenscheren zum Kappen und fugendichten Schneiden von Furnieren und Furnierblättern) (For, Tischl) / veneer clipper, veneer shearing machine ‖ **zweiseitiger** ⁓**schneider** (beiderseits gezähnte Tischlersteifsäge) (For, Tischl) / veneer saw (with double-sided blade) ‖ ⁓**spanplatte** f (meist dreischichtiger Verbundwerkstoff, der aus einer Spanmittelschicht und zwei Deckschichten aus Furnieren aufgebaut ist) (For, Tischl) / veneered chipboard panel ‖ ⁓**stamm** m (For) / curl* n, veneer log ‖ ⁓**stanzen** n (spanloses Herausschneiden eines Profils aus einem Furnier) (For) / veneer punching ‖ ⁓**stanzmaschine** f (For, Tischl) / veneer-punching machine ‖ ⁓**streifen** m (For, Tischl) / veneer strip ‖ ⁓**tischler** m (Tischl) / veneerer n ‖ ⁓**trennmittel** n (For, Tischl) / caul release agent ‖ ⁓**trockner** m (For, Tischl) / veneer dryer ‖ ⁓**trocknung** f (For) / veneer drying ‖ ⁓**überzug** m (Tischl) / veneering n (result)

**Furnierung** f (For, Tischl) / veneering n

**Furnier•verleimmaschine** f (For, Tischl) / veneer splicer, splicer n ‖ ⁓**werk** n (For) / veneer factory, veneer mill, veneer plant ‖ ⁓**zeichnung** f (For, Tischl) / veneer figure ‖ ⁓**zerspaner** m (zur Zerspanung von Furnierresten) (For, Tischl) / veneer chipper ‖ ⁓**zusammensetzmaschine** f (For, Tischl) / veneer splicer, splicer n

**Furnitur** f (Tischl) / veneering n (result)

**Furochromon** n (Chem) / furochromone n

**Furocumarin** n (Chem) / furocoumarin n

**Furokumarin** n (besonders in Pflanzen natürlich vorkommendes Kumarin mit ankondensiertem Furan-Ring) (Chem) / furocoumarin n

**Furoxan** n (ein Oxadiazol) (Chem) / furoxane n

**Furry-Satz** m (Phys) / Furry theorem

**Furt** f (Geog, Wasserb) / ford n

**Fusain** m (zerreibbare, schwärzende Streifenart, petrografische Bezeichnung für Faserkohle) (Bergb, Geol) / fusain* n, dant n, mother of coal, mineral coal, mineral charcoal

**Fusarc-Verfahren** n (Schw) / Fusarc welding, covered-coil electrode welding

**Fusarinsäure** f (5-Butylpyridin-2-carbonsäure - ein Welkstoff) (Bot, Chem) / fusaric acid

**FU-Schutzschalter** m (Eltech) / fault-voltage switch (circuit breaker), voltage-operated earth-leakage circuit breaker

**Fu-Sd** (Radio) / radio transmitter

**Fused Silica** f (Chem, Glas) / vitreous silica*, fused silica*, fused quartz

**Fused-Silica-Kapillarsäule** f (Chem) / fused-silica capillary column

**Fuselöl** n (Alkohol, der als Nebenprodukt der alkoholischen Gärung der Hefe anfällt) (Chem) / fusel oil*

**Fusidinsäure** f (ein oral wirksames Antibiotikum aus Fusidium coccineum) (Pharm) / fusidic acid

**fusiform** adj (Biol) / fusiform* adj, fusoid adj, spindle-shaped adj, fusate adj

**Fusin** n (Biochem) / fusin n
**Fusinit** m (ein Kohlemazeral) (Bergb, Geol) / fusinite n
**Fusion** f (der Betriebe) / amalgamation n, merger n ‖ ~ (thermonukleare Reaktion) (Nukl) / nuclear fusion*, fusion* n ‖ **kalte** ~ (Nukl) / cold fusion ‖ **lasergetriebene** ~ (mit Hilfe gepulster Laser sehr hoher Leistung) (Nukl) / laser-induced fusion, laser fusion*, laser-driven fusion
**Fusionierung** f (der Betriebe) / amalgamation n, merger n
**Fusions•bombe** f (Mil) / fusion bomb*, thermonuclear bomb ‖ ~**brüter** m (Nukl) / fusion breeder ‖ ~**energie** f (Nukl) / fusion energy*, thermonuclear energy* ‖ ~**-Fissions-Hybridreaktor** m (Nukl) / fusion-fission hybrid reactor* ‖ ~**name** m (Chem) / fusion name ‖ ~**protein** n (Biochem) / fusion protein ‖ ~**punkt** m (Phys) / melting-point* n, fusion point, mp*, fusing point* ‖ ~**reaktor** m (z.B. Tokamak) (Nukl) / fusion reactor*, controlled thermonuclear reactor, CTR
**Fusit** m (zerreibbare, schwärzende Streifenart, petrografische Bezeichnung für Faserkohle) (Bergb, Geol) / fusain* n, dant n, mother of coal, mineral coal, mineral charcoal
**Fuß** m (altes Längenmaß) / foot n ‖ ~ (der Eisenbahnschiene) (Bahn) / base n ‖ ~ (eines Fundaments, einer Böschung) (Bau, HüT) / foot n ‖ ~ (von Elektronenröhren) (Eltronik) / stem n ‖ ~ (der Glühlampe) (Eltronik) / base* n ‖ ~ (der Schwärzungskurve) (Foto) / toe* n ‖ ~ (eines Pfahls) (HüT) / base n ‖ ~ (z.B. ein Gerätefuß) (Masch) / leg n ‖ ~ (des Reißverschlusses) (Tex) / root n ‖ ~ (der Nadel) (Tex) / heel n, butt n ‖ ~ (des Reißverschlusses) (Tex) / shoulder n ‖ ~ (eines Buchstabens) (Typog) / feet pl ‖ **verdickter** ~ (HüT) / enlarged base ‖ ~ m **des Blattes** (Glas) / meniscus m (pl. -sci), onion n
**Fuß•ansetzer** m (bei Schieferdächern) (Bau) / undercloak n ‖ **mit** ~**antrieb** (Masch) / foot-operated adj, pedal attr, foot-controlled adj, foot-actuated adj ‖ ~**ausrundung** f (Übergang von der Zahnflanke zum Zahngrund) (Masch) / fillet n, roof fillet ‖ ~**ballen** m (Anat) / ball n ‖ ~**becken** n (der Dusche) (Bau) / shower tray (floor-standing or recessed) ‖ ~**beschnittene Kanten** / trimmed edges* ‖ ~**betätigt** adj (Masch) / foot-operated adj, pedal attr, foot-controlled adj, foot-actuated adj ‖ ~**betätigte Speiseregulierung** (Tex) / pedal feed motion ‖ ~**betätigung** f (Masch) / foot operation, foot control, pedal control, foot actuation ‖ ~**blech** n (Kfz) / toeboard n, front-floor extension
**Fußboden** m (begehbare Fläche in Räumen) (Bau) / floor n ‖ **fugenloser** ~ (Bau) / jointless flooring*, composition flooring, seamless flooring, poured floor ‖ **schwimmender** ~ (Akus, Bau) / floating floor v ‖ ~ **legen** (Bau) / floor v
**Fußboden•ankerplatte** f (Masch) / floor plate, base plate ‖ ~**belag** m (oberste Nutzschicht auf dem Fußboden) (Bau) / flooring n, floor covering ‖ **schwimmender** ~**belag** (Akus, Bau) / floating floor* ‖ ~**belagplatte** f (Bau) / flooring plate ‖ ~**fliese** (Keram) / flooring tile, floor tile, floor brick ‖ ~**führung** f (Bau) / floor guide* ‖ ~**heizung** f (Bau) / underfloor heating, floor heating, soil heating (hidden in floor) ‖ ~**kehle** (Arch) / congé n, sanitary shoe (US) ‖ ~**kontakt** m (im Aufzug) (Eltech) / floor contact*, car-floor contact* ‖ ~**lack** m (für Holz- und Estrichboden - meistens Kunstharz- oder Kopallack) (Anstr) / floor varnish, floor paint, floor lacquer ‖ ~**nagel** m (vorzugsweise ein/gehärteter/ Senkkopfnagel) (Zimm) / flooring nail ‖ ~**pflegemittel** n / floor polish ‖ **[künstliche oder natürliche]** ~**platte** (Bau) / flag n, flagstone n ‖ ~**schallisolation** f (Bau) / pugging n, dead sounding*, deafening* ‖ ~**schleifmaschine** f / floor sander, floor-sanding maching ‖ ~**versieg(e)lung** f (Bau) / floor sealing ‖ ~**wachs** n / floor wax
**Fuß•bremse** f (z.B. des Motorrollers) / foot brake ‖ ~**brett** n (für die Befestigung der Dachrinne) (Arch, Bau) / fascia* n, fascia board, gutter board
**Fussel** f m (Pap) / lint n ‖ ~ (Tex) / fuzz n, thrum n (waste), lint n ‖ ~**n** f pl, m pl (Druck, Pap) / fluff* n, lint n, paper dust
**fusselig** adj (Tex) / fuzzy adj
**Fuß•erweiterung** f (des Pfahls) (HüT) / foot enlarging ‖ ~**fläche** f (des Zahnrades nach DIN 868) (Masch) / root surface ‖ ~**freischnitt** m (Hinterfräsung einer Zahnflanke zur besseren Nachbearbeitung - nach DIN 3960) (Masch) / root clearance, root relief
**Fußgänger** m / pedestrian n ‖ ~**brücke** f (HüT, Kfz) / footbridge* n, pedestrian bridge ‖ ~**insel** f (HüT, Kfz) / refuge n (GB), safety island (US), street refuge ‖ ~**schutzinsel** f (HüT, Kfz) / refuge n (GB), safety island (US), street refuge ‖ ~**schutzweg** m (HüT, Kfz) / pedestrian crossing, crosswalk n (US) ‖ ~**straße** f (mit konzentrierten Einkaufsmöglichkeiten) (Arch) / mall n, pedestrianized mall, shopping precinct, shopping parade, shopping street (in a pedestrian precinct), pedestrianized shopping parade ‖ ~**tunnel** m (HüT) / pedestrian subway ‖ ~**überweg** m (HüT, Kfz) / pedestrian crossing, crosswalk n (US) ‖ ~**überweg** (mit Warnlicht od. fußgängerbetätigtem Lichtsignal) (HüT, Kfz) / pelican crossing, zebra crossing ‖ ~**verkehr** m / pedestrian traffic ‖ ~**weg** m / footway n, footpath n, walk n ‖ ~**wegmarkierung** f (HüT, Kfz) / pedestrian crossing, crosswalk n (US) ‖ ~**zone** f (Arch) / pedestrian precinct ‖ **in eine** ~**zone verwandeln** (Arch) / pedestrianize v, mall v
**Fuß•gesims** n (Arch, Bau) / base moulding ‖ ~**gesteuert** adj (Masch) / foot-operated adj, pedal attr, foot-controlled adj, foot-actuated adj ‖ ~**hebel** m (Kfz) / foot pedal n, pedal n (a foot-operated lever or control) ‖ ~**hebel** (Masch) / treadle n ‖ ~**höhe** f (des Zahnrads) (Masch) / dedendum* n (pl. dedenda) ‖ ~**holz** n (Ausbau) (Bergb) / liner n ‖ ~**holz** (HüT) / foot block*, foot piece ‖ ~**kante** f (Buchb) / tail edge ‖ ~**kegel** m (Kegel um die Radachse, der von der Fußfläche gebildet wird - DIN 3971) (Masch) / tooth root cone, root cone ‖ ~**kleidung** f / footwear n ‖ ~**kreis** m (Masch) / root circle ‖ ~**kreisdurchmesser** m (DIN 3960) (Masch) / root diameter* ‖ ~**krümmer** m (Klemp) / rest bend*, duckfoot bend* ‖ ~**lager** n (Masch) / footstep bearing ‖ ~**längenmeßstab** m / size stick ‖ ~**leiste** f (um eine Plattform oder um ein Dach) (Bau) / toeboard n ‖ ~**leiste** (Bau) / skirting board*, scrub board, skirting n, baseboard* n, mopboard* n (US), subbase n (US), washboard* n (US) ‖ ~**leisten-Heizkörper** m (Wärm) / skirting-board radiator
**fußlig** adj (Tex) / fuzzy adj
**Fuß•luftpumpe** f / foot pump, tiptoe pump ‖ ~**mantelfläche** f (des Zahnrades nach DIN 868) (Masch) / root surface ‖ ~**notenzeichen** n (Typog) / mark of reference*, reference mark* ‖ ~**nummer** f (Film) / footage number ‖ ~**nummer** (Film) / edge number*, footage number ‖ ~**pfad** m / footway n, footpath n, walk n ‖ ~**pfahl** m (Bergb) / liner n ‖ ~**pfette** f (Bau, Zimm) / platt* n, plate* n ‖ ~**platte** f (HüT) / foot block*, foot piece ‖ ~**pumpe** f / foot pump, tiptoe pump ‖ ~**punkt** m (Astr) / nadir* n ‖ ~**punkt** (in dem das Lot die Gerade bzw. die Ebene trifft) (Math) / foot n ‖ ~**punkt** (z.B. einer vertikalen Antenne) (Radio) / base n ‖ ~**punkt des Lichtbogens** (Eltech) / arc root ‖ ~**punktbelastete Antenne** (meist vertikale Halbdipolantenne mit in Serie geschalteter Induktanz am Fußpunkt, womit die effektive Antennenhöhe vergrößert wird) (Radio) / base-loaded antenna ‖ ~**punktdreieck** n (Math) / pedal triangle ‖ ~**punktfläche** f (der geometrische Ort für die Fußpunkte) (Math) / pedal surface ‖ ~**punktimpedanz** f (Radio) / base impedance ‖ ~**punktkurve** f (Math) / pedal curve* ‖ ~**punktspeisung** f (Radio) / base energizing, end feed ‖ ~**punktwiderstand** m (der Antenne) (Radio) / base impedance ‖ ~**rampenleuchten** f pl (Bühnenbeleuchtung) (Licht) / footlights pl ‖ ~**raste** f (Kfz) / foot-rest n ‖ ~**raum** m (Kfz) / footwell n ‖ ~**rille** f (Typog) / groove n ‖ ~**rohrkrümmer** m (Klemp) / rest bend*, duckfoot bend* ‖ ~**schalter** m (Eltech) / foot switch* ‖ ~**schaltung** f (Masch) / foot operation, foot control, pedal control, foot actuation ‖ ~**schnitt** m (Buchb) / tail edge ‖ ~**schraube** f (Verm) / plate screw*, foot screw* ‖ ~**spur** f / footprint n, footmark n ‖ ~**stapfe** f / footprint n, footmark n ‖ ~**steg** m (weißer Papierrand bei Büchern, der vom Fußschnitt bis zum Satzspiegel reicht) (Buchb, Typog) / foot n, tail margin, tail* n, foot margin, bottom margin, foot-stick* n ‖ ~**steg** (HüT, Kfz) / footbridge* n, pedestrian bridge ‖ ~**steig** m / footway n, footpath n, walk n ‖ ~**stein** m (bei Schieferdächern) (Bau) / undercloak n ‖ ~**steuerung** f (Masch) / foot operation, foot control, pedal control, foot actuation ‖ ~**strecke** f (Bergb) / bottom gate ‖ ~**stück** n (eines Brennelementbündels, einer Brennstoffkassette) (Nukl) / bottom fitting ‖ ~**stütze** f (an Motorrädern) (Kfz) / foot-rest n ‖ ~**stütze** (links vom Kupplungspedal) (Kfz) / dead pedal ‖ ~**tiefe** f (des Zahnrads) (Masch) / dedendum* n (pl. dedenda) ‖ ~**titelkopie** f (Film) / superimposed print ‖ ~**ventil** n (Kfz) / foot valve*, bottom valve n ‖ ~**verbreiterung** f (bei Pfählen) (HüT) / enlarged base ‖ ~**walmdach** n (Bau) / gambrel roof (GB), half-hipped roof ‖ ~**walmdach** (Bau) s. auch Krüppelwalmdach ‖ ~**weg** m / footway n, footpath n, walk n ‖ ~**weg** (HüT) / pavement n (GB), footway n (GB), sidewalk n (US), walkway n (US), footpath n (GB) ‖ **geneigter** ~**weg** (Bau) / slade* n ‖ ~**wegkies** m (Bau) / hogging* n, hoggin* n ‖ ~**winde** f (Masch) / foot-operated winch ‖ ~**wolle** f (DIN 60004) (Tex) / footlocks pl, skirtings pl ‖ ~**zeile** f (EDV) / footer n, folio line
**Fustage** f / empties pl (returned)
**Fustian** m (grober gerauhter Baumwollköper) (Tex) / fustian n
**Fustikholz** n (echtes) (aus Chlorophora tinctoria - ein Farbholz) (For) / old fustic, fustic n
**Futter** n (Auskleidung oder Ausmauerung von Feuerungsanlagen und Industrieöfen) (Hütt) / lining n ‖ ~ (Landw) / fodder n, animal feed, forage n, feedstuff n, feedstuffs pl ‖ ~ (meistens für die Pferde) (Landw) / forage n ‖ ~ (zum Spannen von Werkstücken) (Masch) / chuck* n ‖ ~ (bei Wirk- oder Strickwaren) (Tex) / backing n ‖ ~ (zum Abfüttern der Kleidungsstücke) (Tex) / lining n, lining fabric ‖ ~ (die Holzauskleidung der Leibung bei Türen) (Zimm) / door case*, door lining, lining n ‖ **basisches** ~ (Hütt) / basic lining ‖ **pelletiertes** ~ (Landw) / pelleted feed ‖ **rutschfestes** ~ (Landw) / antislip lining
**Futter•anbaufläche** f (Landw) / fodder acreage ‖ ~**aufbereitung** f (Landw) / forage handling, feed processing ‖ ~**automat** m (Landw) / self-feeder n, self-feeding facility, automatic feeder ‖ ~**automat** (eine Drehmaschine) (Masch) / fully automatic lathe, chucking automatic lathe, bar automatic lathe, automatic bar machine ‖

**Futterdämpfer**

~**dämpfer** m (Landw) / fodder steamer ‖ ~**drehen** n (Masch) / chucking n ‖ ~**ergänzungsstoff** m (Landw) / feed supplement ‖ ~**erntemaschine** f (Landw) / forage harvester ‖ ~**ertrag** m (Landw) / forage yield ‖ ~**esparsette** f (Onobrychis viciifolia Scop.) (Bot, Landw) / sainfoin n (grown widely for fodder) ‖ ~**gaze** f (Tex) / stiffening n (cloth), gauze lining ‖ ~**gerste** f (Landw) / feed barley ‖ ~**geschmack** m (bei Milch) (Nahr) / feed flavour ‖ ~**gestell** n (Landw) / rack n ‖ ~**getreide** n (Landw) / feed grain(s), feed cereals ‖ ~**gewinnung** f (Landw) / forage production ‖ ~**hefe** f (Landw) / fodder yeast, feed yeast ‖ ~**kalk** m (z.B. für raschwüchsige Haustiere, Hühner in der Legezeit usw.) (Landw) / feed lime, fodder lime, lime for animal forage ‖ ~**kartoffel** (Landw) / fodder potato ‖ ~**kattun** m (Tex) / calico n (for lining) ‖ ~**konservierung** f (Landw) / forage conservation, forage preservation ‖ ~**köper** m (Tex) / lining twill ‖ ~**krippe** f (Landw) / manger n ‖ ~**lader** m (Landw) / crop loader, green crop loader ‖ ~**leder** n (für den Schuhinnenbau) (Leder) / lining leather, lining stock ‖ ~**maschine** f (Masch) / chucking machine*, chucker n ‖ ~**mauer** f (vor standfestem Boden) (Bau) / revetment* n ‖ ~**mehl** n (Landw) / shorts pl ‖ ~**mittel** n (Landw) / fodder n, animal feed, forage n, feedstuff n, feedstuffs pl ‖ ~**mittelpresse** f (Landw) / cuber n, cubing machine ‖ ~**mittelzusatz** m (Landw) / feed additive ‖ ~**mittelzusatzstoff** m (Landw) / feed additive ‖ ~**mull** m (mit steifender Appretur versehener Einlagefutterstoff) (Tex) / stiffening n (cloth), gauze lining ‖ ~**muser** m (für Rüben als Schweinefutter) (Landw) / feed masher

**füttern** v (Tiere) (Landw) / feed v ‖ ~ (Tex) / stuff v, pad v, line v ‖ ~ n (Landw) / feeding n ‖ ~ **eines** (Brunnen)**Schachtes** (mit Holz, Stein oder Metall) (HuT) / facing n, steining* n, steaning* n, steening n (the lining of a well or soakaway with stones or bricks laid usually dry, sometimes with mortar)

**Futter•pflanze** f (Landw) / forage plant ‖ ~**produktion** f (Landw) / forage production ‖ ~**ration** f (Landw) / ration n ‖ ~**raufe** f (Landw) / rack n ‖ ~**reißer** m (für Mais) (Landw) / husker-shredder n ‖ ~**reißer** (für Grünfutter, Stroh, Rauhfutter, Rübenblatt mit Kopf, gedämpfte Kartoffeln usw.) (Landw) / shredder n, forage shredder ‖ ~**rohr** n (Bergb, Erdöl) / casing pipe, lining pipe ‖ ~**stoff** m (Landw) / fodder n, animal feed, forage n, feedstuff n, feedstuffs pl ‖ ~**stoff** (zum Abfüttern der Kleidungsstücke) (Tex) / lining n, lining fabric ‖ ~**stufe** f (Bau, Zimm) / riser* n, raiser* n ‖ **ohne** ~**stufe** (Holztreppe) (Bau, Zimm) / open-riser attr, open-tread attr ‖ ~**trog** m (Landw) / manger n

**Fütterung** f (Landw) / feeding n

**Futter•vollernter** m (Landw) / complete forage harvester ‖ ~**werteinheit** f (Landw) / feed value unit ‖ ~**würfel** m (Landw) / cube n ‖ ~**zubereitung** f (Landw) / feed preparation ‖ ~**zusatz** m (Landw) / feed additive

**FUV** (200-280 nm) (Phys) / far ultraviolet

**Fuzzifizierung** f (KI) / fuzzification n

**fuzzy** adj (Eigenschaft, die nur mit einer gewissen Unschärfe definierbar ist) / fuzzy adj, blurred adj ‖ ~-**Automat** m (KI) / fuzzy automaton n ‖ ~-**Logik** f (mit der man versucht, die subjektive Wahrscheinlichkeit auszudrücken) (Regeln) / fuzzy logic ‖ ~-**Menge** f (Math) / fuzzy set ‖ ~-**Regelung** f (Regeln) / fuzzy control ‖ ~-**Schließen** n (KI) / fuzzy reasoning ‖ ~-**Steuerung** f (Regeln) / fuzzy control ‖ ~-**Teilmenge** f (Math) / fuzzy subset ‖ ~-**Wahrheit** f (KI) / fuzzy truth ‖ ~-**Wahrscheinlichkeit** f (Stats) / fuzzy probability

**F-Verteilung** f (Stats) / Fisher's F-distribution

**fw** (Bau) / fire resistance

**FWE** (Landw) / feed value unit

**F-Wert, kritischer** ~ (EDV) / F-critical n

**FWHM** (Phys, Spektr) / full-width half maximum, FWHM

**FWKL** (Bau) / fire-risk category, fire grading

**Fytinsäure** f (Chem) / phytic acid*

**F-Zentrum** n (ein an eine Anionleerstelle gebundenes Elektron) (Eltronik, Krist) / F-centre n

**F'-Zentrum** n (ein F-Zentrum mit einem weiteren, lose gebundenen Elektron) (Eltronik, Krist) / F'-centre n

**FZ-Silizium** n (tiegelfrei hergestellt) (Eltronik) / float-zone silicon

**FZ-Verfahren** n (ein tiegelfreies Zonenschwebeverfahren) (Eltronik, Hütt) / floating-zone melting, float-zone process

# G

**g** (64,7989 mg) (Chem, Pharm) / grain* (gr) n
**G** (Biochem) / guanosine n
**Ga** (Chem) / gallium* n
**GA** (KI) / genetic algorithm, GA
**GAA** (TV) / community antenna
**GaAs-auf-Si-Technik** f (Eltronik) / GaAs-on-Si technology
**GaAs-Laser** m (ein Halbleiterlaser) (Phys) / GaAs-laser n
**GaAs-Solarzelle** f / gallium arsenide solar cell, GaAs solar cell
**GABA** (Chem) / gamma-amino butyric acid*, GABA*
**Gabardine** m f (dichtgeschlagener und kahl ausgerüsteter Woll- oder Baumwollköper) (Tex) / gabardine n, gaberdine* n
**Gabbro** m (ein Tiefengestein) (Geol) / gabbro* n
**Gabe** f (Pharm) / dosage n, dose* n
**Gabel** f (zum Übergang von Zweidraht- auf Vierdrahtverbindungsleitungen) (Fernm) / hybrid coupler, hybrid n ‖ ≈ (zur Aufnahme des Handapparats) (Fernsp) / cradle n ‖ ≈ (Landw) / fork n ‖ ≈ (Fernm) s. auch Gabelschaltung ‖ **kombinierter** ≈ **- und Gelenksteckschlüssel** (Werkz) / combination flex-head wrench, combination end/socket wrench, flex-head combination wrench ‖ ≈**achse** f (eine Starrachsenbauart) (Kfz) / Elliott axle ‖ ≈**dämpfung** f (Fernsp) / attenuation of a termination circuit ‖ ≈**flug** n (Luftf) / open-jaw flight ‖ ≈**förmig** adj / forked adj ‖ ≈**förmig** (For) / crotched adj ‖ ≈**förmige Stahllehre** (Glas) / V-gauge n ‖ **sich ≈förmig teilen** / fork v, furcate v ‖ ≈**förmige Verzweigung** / bifurcation n, furcation n, dichotomy ‖ ≈**gelenk** n (Masch) / knuckle joint* n ‖ ≈**hebel** m (Masch, Typog) / fork lever, forked lever ‖ ≈**heuwender** m (Landw) / fork-type hay tedder, fork tedder ‖ ≈**hochhubwagen** m (Masch) / high-lift pallet truck ‖ ≈**holzfurnier** n (For) / crotch veneer
**gabelige Verzweigung** / bifurcation n, furcation n, dichotomy n
**Gabel•klemme** f (aus Metall, die zur Arretierung einer Kegelschliffverbindung dient) / forked clamp ‖ ≈**kontakt** m (Eltech) / bifurcated contact ‖ ≈**kopf** m (Masch) / clevis* n, yoke n ‖ ≈**lagerung** f (Mech) / forked support, forked bearing ‖ ≈**lichtschranke** f (Eltronik) / fork light barrier ‖ ≈**maschine** f (V-Mot) / V-type engine, V-engine n, vee engine ‖ ≈**montierung** f (Astr) / fork mounting ‖ ≈**motor** m (V-Mot) / V-type engine, V-engine n, vee engine ‖ ≈**pfanne** f (Hütt) / shank* n, hand shank*, shank ladle ‖ ≈**pleuel** n (z.B. bei Doppelkolbenmotoren) (V-Mot) / forked connecting rod, forked con rod ‖ ≈**probe** f (früher benutzte Probenform zur Feststellung des Spannungszustandes im Schnittholz während und nach der Trocknung) (For) / prong-shaped test piece ‖ ≈**räumer** m (bei den Gabelstaplern) (Masch) / unloader n ‖ ≈**riß** m (der durch das Aufreißen der Gabel bei Zwieselwuchs entsteht) (For) / forked crack ‖ ≈**schaltung** f (passiver Sechspol) (Fernm) / hybrid set*, hybrid 4-wire termination set ‖ ≈**schlepper** m **mit Hubeinrichtung** (Masch) / pallet truck with lifting unit ‖ ≈**schlüssel** m (ein Schraubenschlüssel) (Werkz) / face spanner, open spanner, open-ended spanner, open-end wrench (US) ‖ ≈**schußwächter** m (Vorrichtung des Webautomaten, die durch eine auf dem einzelnen Schußfaden aufliegende leichte Metallgabel feststellt, ob der Schußfaden noch intakt ist) (Web) / weft fork motion, centre stop motion ‖ ≈**schweißverbindung** f (Schw) / cleft joint ‖ ≈**stapler** m (ein Flurfördermittel nach DIN 15140) (Masch) / fork-lift truck*, fork truck, fork stacker ‖ ≈**stapler mit Vergasermotor** (Masch) / gasoline-powered fork truck (US) ‖ ≈**teilung** f / bifurcation n, furcation n, dichotomy n ‖ ≈**umschalter** m (Fernsp) / switch-hook n, hook-switch n, cradle switch, gravity switch
**Gabelung** f / bifurcation n, furcation n, dichotomy n ‖ ≈ (des Baumschaftes) (For) / bifurcation n
**Gabelungssituation** f (bei Entscheidungsprozessen) (KI) / forking situation
**Gabelungszwiesel** m (For) / crotch n, crutch n, curl n, forked growth
**Gabel•verstärker** m (Eltronik) / hybrid amplifier ‖ ≈**wender** m (Landw) / fork-type hay tedder, fork tedder
**Gabion** m (Maschendrahtkäfig mit Steinfüllung) (HuT, Wasserb) / gabion* n, pannier n
**Gaborsche Informationszelle** (EDV) / Gabor information cell
**Gabor-Verfahren** n (ein Zweischrittverfahren) (Mikros) / Gabor method, Gabor technique
**Gabriel-Synthese** f (Methode zur Herstellung primärer Amine durch hydrolytische Spaltung der aus Phthalimidkalium und Alkylhalogeniden zugänglichen N-Alkylphthalimide in Gegenwart von Säuren oder auch Laugen - nach S. Gabriel, 1851-1924) (Chem) / Gabriel reaction, Gabriel (phthalimide) synthesis*
**Gabun** n (aus Aucoumea klaineana Pierre) (For) / gaboon* n, gaboon mahogany
**GAC** (Chem) / gas adsorption chromatography, GAC
**Gadoleinsäure** f (Chem) / gadoleic acid
**Gadolinit** m (Yttrium-Eisen-Berylliosilikat) (Min) / gadolinite* n
**Gadolinium** n (Chem) / gadolinium* n ‖ ≈**-Gallium-Granat (GGG)** m (Eltronik) / gadolinium-gallium garnet (GGG, G³) ‖ ≈**oxid** n (als Matrix der Rotkomponente in Farbfernsehröhren) (Chem, Eltronik) / gadolinium oxide
**Gadopentetsäure** f (ein internationaler Freiname für ein paramagnetisches Kontrastmittel bei der NMR-Tomografie) (Radiol) / gadopentetic acid
**Gaede-Pumpe** f (eine von W. Gaede, 1878 - 1945, erfundene Vakuumpumpe) (Vakuumt) / Gaede pump
**GAFOR-Code** m (Luftf, Meteor) / GAFOR (general-aviation-forecast code)
**Gagat** m (Schmuckstein organischen Ursprungs) (Bergb) / jet* n, jet coal
**Gahnit** m (nach J.G. Gahn, 1745-1818) (Zinkaluminat) (Min) / gahnite* n, zinc spinel*
**Gain-Schalter** m (bei Camcordern) (Eltronik, Film) / gain switch
**Gaizezement** m (ein französischer Puzzolanzement) (Bau, HuT) / gaize cement
**Gal** (Chem) / galactose* (Gal) n ‖ ≈ n (Kurzzeichen Gal oder gal, metrische Einheit der Schwerebeschleunigung = 1 cm/s², DIN 1301, T 3) (Geophys) / gal* n
**Galactan** n (Chem) / galactan* n
**Galactarsäure** f (Chem) / galactaric acid, galactosaccharic acid, tetrahydroxyhexanedioic acid
**Galactoglukomannan** n (Chem) / galactoglucomannan n
**Galactomannan** n (ein Heteropolysaccharid) (Chem) / galactomannan n, mannogalactan n
**Galactomethylose** f (Bot, Chem) / fucose n (6-deoxygalactose), galactomethylose n
**Galactonsäure** f (Chem) / galactonic acid
**Galactosamin** n (Chem) / galactosamine n
**Galactose** f (Chem) / galactose* (Gal) n
**Galactosid** n (Chem) / galactoside n
**Galactosidase** f (Biochem) / galactosidase n
**Galaktagogum** n (pl. -goga) (Pharm) / galactagogue* n, galactagog* n
**Galaktan** n (z.B. Agar-Agar oder pflanzliche Gummen) (Chem) / galactan* n
**Galaktarsäure** f (systematische Bezeichnung für Schleimsäure) (Chem) / galactaric acid, galactosaccharic acid, tetrahydroxyhexanedioic acid
**galaktisch** adj (Astr) / galactic adj ‖ ~**er Äquator** (Astr) / galactic circle*, galactic equator ‖ ~**e Breite** (Astr) / galactic latitude ‖ ~**e Ebene** (des Milchstraßensystems) (Astr) / galactic plane ‖ ~**er Halo** (im Milchstraßensystem) (Astr) / galactic halo* ‖ ~**e Koordinaten** (Astr) / galactic coordinates ‖ ~**es Koordinatensystem** (ein astronomisches Koordinatensystem - galaktische Länge, galaktische Breite) (Astr) / galactic system (of coordinates) ‖ ~**e Länge** (Astr) / galactic longitude ‖ ~**er Nebel** (Astr) / galactic nebula ‖ ~**er Pol** (des galaktischen Koordinatensystems) (Astr) / galactic pole ‖ ~**es Rauschen** (kosmisches Rauschen, das infolge kosmischer Meterwellenstrahlung aus der Milchstraße entsteht) (Radio) / galactic noise*, Jansky noise ‖ ~**es System** (ein astronomisches Koordinatensystem) (Astr) / galactic system ‖ ~**es Zentrum** (Mittelpunkt des Milchstraßensystems) (Astr) / galactic centre
**Galaktoglukomannan** n (Chem) / galactoglucomannan n
**Galaktomannan** n (Reservepolysaccharid aus den Samen der Hülsenfrüchte) (Chem) / galactomannan n, mannogalactan n
**Galaktometer** n (Nahr) / lactometer n
**Galaktonsäure** f (Chem) / galactonic acid
**Galaktosamin** n (ein Galaktozucker) (Chem) / galactosamine n
**Galaktose (Gal)** f (ein Milchsaccharid) (Chem) / galactose* (Gal) n
**Galaktosid** n (das Glykosid der Galaktose) (Chem) / galactoside n
**Galaktosidase** f (ein Enzym) (Biochem) / galactosidase n
**Galaktozuckersäure** f (Chem) / galactaric acid, galactosaccharic acid, tetrahydroxyhexanedioic acid
**Galakturonsäure** f (Hauptbestandteil der pflanzlichen Pektine) (Chem) / galacturonic acid
**Galalith** n (harter, hornähnlicher nicht brennbarer Kunststoff) (Plast) / galalith n
**Galambutter** f (von Vitellaria paradoxa C. F. Gaertn.) / shea butter, bambuk butter
**Galanin** n (ein Neuropeptid) (Biochem, Pharm) / galanin n
**Galantamin** n (Chem, Pharm) / galanthamine n
**Galanterieleder** n (Leder) / fancy leather

**Galanteriewaren** *f pl* (kleinere Bedarfsartikel für die Schneiderei) (Tex) / smallwares *pl*, haberdashery *n*, findings *pl* (US), novelties *pl*, notions *pl* (US)
**Galanthamin** *n* (ein Amarylhidaceen-Alkaloid) (Chem, Pharm) / galanthamine *n*
**Galantine** *f* (Nahr) / galantine *n*
**Galaxie** *f* (Astr) / stellar system, galaxy* *n* ‖ **elliptische ~** (deren optisches Erscheinungsbild einer mehr oder weniger langgestreckten Ellipse ähnelt, im Grenzfall auch Kugelgestalt zeigt) (Astr) / elliptical galaxy*, E galaxy, spheroidal galaxy
**Galaxis** *f* (Astr) / Galaxy* *n*, Milky Way* ‖ **~** (pl. Galaxien) (Astr) / stellar system, galaxy* *n*
**Galban** *n* / galbanum *n*
**Galbanharz** *n* / galbanum *n*
**Galbanöl** *n* / galbanum oil
**Galbanum** *n* (Gummiharz der Ferula gummosa Boiss.) / galbanum *n*
**Galbanumöl** *n* (für die Parfümerie) / galbanum oil
**Galenik** *f* (Pharm) / galenic pharmacy
**Galenikum** *n* (Pharm) / galenical *n*
**galenisch** *adj* (Pharm) / galenic *adj*, galenical *adj* ‖ **~e Arznei** (Pharm) / galenical *n* ‖ **~es Mittel** (Pharm) / galenical *n* ‖ **~e Pharmazie** (Pharm) / galenic pharmacy ‖ **~e Pharmazie** (Pharm) s. auch Biopharmazie ‖ **~es Präparat** (Pharm) / galenical *n* ‖ **~e Präparation** (Pharm) / galenical *n*
**Galenit** *m* (Blei(II)-sulfid) (Min) / galena* *n*, galenite *n*, lead glance* ‖ **~ mit mehr als 1% Ag** (Min) / silver lead ore*, argentiferous galena*
**Galerie** *f* (Arch) / gallery* *n*
**Galerieofen** *m* (Quecksilber) (Hütt) / gallery furnace*
**Galerkinsch•e Methode** (Math) / Galerkin's method ‖ **~es Verfahren** (eine Finite-Elemente-Methode) (Math) / Galerkin's method
**Galette** *f* (Spinn) / filoselle yarn ‖ **~** (der Spinnmaschine) (Tex) / godet* *n*, godet wheel, galette *n*
**Galettegarn** *n* (Spinn) / filoselle yarn
**Galgantöl** *n* (aus Alpinia officinarum Hance) (Pharm) / galangal oil, galingale oil
**Galgantwurzel** *f* (Wurzelstock von Alpinia officinarum Hance) (Nahr, Pharm) / galingale *n*, galangal *n*
**Galgen** *m* (Akus, Film, TV) / microphone boom, boom *n* ‖ **~** (ein schwenkbarer Davit) (Schiff) / gallows *pl*
**Galgenamboß** *m* (Masch, Werkz) / beak iron*, beakhorn *n* (stake), beck iron*, bick iron*
**Galilaea** *f* (pl. -laeä) (einer Basilika) (Arch) / narthex *n*, galilee *n*
**Galilei-Invarianz** *f* (Math, Mech) / Galilean invariance
**Galileisch•es Fernrohr** (mit sammelndem Objektiv und zerstreuendem Okular) (Opt) / Galilean telescope, Galilean glass ‖ **~es Trägheitsgesetz** (Lex prima) (Phys) / Newton's first law of motion, Galileo's law of inertia
**Galilei•-Transformation** *f* (nach G. Galilei, 1564-1642) (Math, Mech) / Galilean transformation* ‖ **~-Transformation** s. auch Lorentz-Transformation
**Galipot** *m* (Resina pini) (Pharm) / galipot *n*
**Galipotharz** *n* (Resina pini) (Pharm) / galipot *n*
**Gall•apfel** *m* (Bot, For, Leder) / gallnut *n*, gall* *n*, nut-gall *n* ‖ **~apfeleiche** *f* (For) / gall oak, dyer's oak
**Gallat** *n* (Chem) / gallate *n*
**Galle** *f* (Bot, For, Leder) / gallnut *n*, gall* *n*, nut-gall *n* ‖ **~** (mit Harz gefüllter taschenförmiger Hohlraum im Holz) (For) / resin pocket, pitch pocket, pitch streak, resin gall ‖ **~** (Glas, Leder) / gall *n*, salts *pl*, salt water ‖ **~** (Med) / bile *n*, gall *n*
**Galleiche** *f* (Quercus infectoria Olivier) (For) / gall oak, dyer's oak
**Gallein** *n* (Biochem) / gallein *n*, anthracene violet, gallin *n*, pyrogallolphthalein *n*
**gallen** *v* (einen Stoff mit Flüssigkeiten, die Galläpfelextrakt enthalten, behandeln) / treat with gallnut extract ‖ **~farbstoffe** *m pl* (z.B. Bilirubin) (Physiol) / bile pigments* ‖ **~säure** *f* (Endprodukt des Cholesterinstoffwechsels) (Physiol) / bile acid (steroid carboxylic acid) ‖ **~seife** *f* (Chem) / ox-gall soap
**Gallert** *n* (Chem) / gelatin* *n*, jelly *n* ‖ **~** s. auch Lyogel ‖ **~bildung** *f* / gelation* *n*, jellification *n*, jellying *n*
**Gallerte** *f* (Chem) / gelatin* *n*, jelly *n*
**Gallertmoos** *n* (Bot, Nahr) / carragheen *n*, carrageen *n*, carrageen moss, Irish moss*
**Gallierbrett** *n* (Web) / comber board*, cord board, harness board
**gallieren** *v* / treat with gallnut extract ‖ **~** (Web) / draw the harness cords through the comber board, tie up *v*
**Gallierung** *f* (Beschnürung, als Harnischeinzug zur Webereivorbereitung zählend) (Web) / harness tie, harness mounting, harness tying, tying *n*, tie-up *n* ‖ **englische ~** (bei der die Jacquardmaschine so über der Webmaschine steht, daß das Prisma in Richtung des Brustbaumes oder Streichbaumes ausschlägt) (Web) / open tie-up
**Gallisierung** *f* (Zusatz von Zuckerwasser zum Most) (Nahr) / liquid chaptalisation (GB), liquid chaptalization (US)

**Gallit** *m* (einziges bisher bekanntes primäres Ga-Mineral) (Min) / gallite *n*
**Gallium (Ga)** *n* (Chem) / gallium* *n* ‖ **~antimonid** *n* (Chem) / gallium antimonide ‖ **~arsenid** *n* (Chem) / gallium arsenide* ‖ **~arsenid-auf-Silizium-Technik** *f* (Eltronik) / GaAs-on-Si technology ‖ **~arsenid-Chip** *m* (mit elektronischem Eingang und optischem Ausgang) (Eltronik, Opt) / gallium arsenide chip, GaAs chip ‖ **~arsenid-Solarzelle** *f* / gallium arsenide solar cell, GaAs solar cell ‖ **~carrier** *m* (Chem, Eltronik) / gallium carrier ‖ **~(II)-chlorid** *n* (Chem) / gallium(II) chloride ‖ **~(III)-chlorid** (Chem) / gallium(III) chloride ‖ **~dichlorid** *n* (Chem) / gallium(II) chloride ‖ **~(III)-fluorid** *n* (Chem) / gallium trifluoride ‖ **~(III)-oxid** (Chem) / gallia *n*, gallium sesquioxide ‖ **~phosphid (GaP)** *n* (Chem) / gallium phosphide ‖ **~säure** *f* (Chem) / gallic(III) acid ‖ **~selenidlaser** *m* (Phys) / GaSe laser, gallium selenide laser ‖ **~trichlorid** *n* (Chem) / gallium(III) chloride ‖ **~trifluorid** *n* (Chem) / gallium trifluoride
**Gall-Kette** *f* (DIN 8150) (Masch) / plate link chain*
**Gallocyanin** *n* (Chem, Tex) / gallocyanine *n*
**Gallone** *f* (GB = 4,54609 l, USA = 3,785411 l für Flüssigkeiten und 4,404884 l für trockene Produkte) / gallon* *n*, gal (US), gall. (GB), imperial gallon (GB)
**Gallotannin** *n* (hydrolysierbarer Gerbstoff) (Tanningstoff) (Chem, Leder) / gallotannic acid, gallotannin *n*
**Galloylgallussäure, m-~** (Chem, Leder) / digallic acid
**Gallozyanin** *n* (ein Phenoxazinfarbstoff) (Chem, Tex) / gallocyanine *n*
**Gallus•gerbsäure** *f* (Tanningstoff) (Chem, Leder) / gallotannic acid, gallotannin *n* ‖ **~säure** *f* (Chem) / gallic acid*, 3,4,5-trihydroxybenzoic acid* ‖ **~säureester** *m* (Chem) / gallate *n* ‖ **~säure-3-monogallat** *n* (Chem, Leder) / digallic acid ‖ **~säurepropylester** *m* (ein Antioxidans für Lebensmittel) (Nahr) / propyl gallate ‖ **~tinte** *f* / iron-gallate ink
**Gallwespe** *f* (For) / gall wasp, cynipid wasp
**Galmei** *m* (technischer Sammelname für karbonatische und silikatische Zinkerze aller Art) (Min) / calamine* *n* ‖ **~** (Min) s. Hemimorphit und Smithsonit ‖ **Gemeiner ~** (Min) / hemimorphite* *n* (natural zinc silicate), electric calamine* ‖ **~pflanze** *f* (die gegenüber Zinksalzen eine hohe Toleranz aufweist und deshalb auf zinkreichen Böden gedeiht, z.B. das Galmei-Stiefmütterchen = Viola calaminaria (Ging.) Lej.) (Bot) / calamine plant ‖ **~pflanze** *f* (die auf zink- oder kupferreichen Böden gedeiht) (Bot) / calamine plant ‖ **~stein** *m* (Pharm) / medicinal calamine, calamine *n*
**GalN** (Chem) / galactosamine *n*
**Galois-Feld** *n* (nach E. Galois, 1811-1832) (Math) / finite field, Galois field
**Galoissche Theorie** (Math) / Galois theory
**Galon** *m* (pl. Galons) (ein elastisches, meist gemustertes Besatzband) (Tex) / galloon *n*
**Galone** *f* (ein elastisches, meist gemustertes Besatzband) (Tex) / galloon *n*
**Galopp** *m* (Uhr) / tripping* *n*
**galoppieren** *v* (Räder) (Bahn) / slide *v*, slip *v* ‖ **~** *n* (der Räder) (Bahn) / slippage *n*, sliding *n*
**Galton•-Brett** *n* (mit dem man annähernd eine Gaußsche Normalverteilung konstruieren kann - nach Sir F. Galton, 1822-1911) (Math) / Galtonian board, Galton's apparatus ‖ **~pfeife** *f* (eine gedackte Lippenpfeife aus Metall mit veränderlicher Pfeifenlänge) / Galton whistle
**Galtonsch•e Kurve** (Math, Stats) / Galtonian curve, Galton ogive ‖ **~e Ogive** (Math, Stats) / Galtonian curve, Galton ogive
**Galvalume** *n* (Hütt) / Galvalume *n*
**Galvanik** *f* (Galv) / electroplating plant, plating plant, plating shop (if small), electroplating shop (if small)
**Galvanikabwasser** *n* (Galv, Sanitär, Umwelt) / plating-shop waste
**Galvani-Potential** *n* (Eltech) / Galvani tension, Galvani potential
**Galvanisation** *f* (Behandlung mit Gleichstrom) (Med) / galvanism *n*
**galvanisch** *adj* (nach L. Galvani, 1737-1798) / galvanic *adj*, Galvanic *adj* ‖ **gleichzeitig ~ aufbringen** (Galv) / codeposit *vt*, co-electroplate *vt* ‖ **~e Anode** (Galv) / sacrificial anode*, reactive anode* ‖ **~es Ätzen** (Galv) / electroetching *n* ‖ **~es Auftragen** (Galv) / electrodeposition *n*, electrolytic deposition, cold process ‖ **~es Bad** (Galv) / electroplating bath ‖ **~er Betrieb** (Galv) / electroplating plant, plating plant, plating shop (if small), electroplating shop (if small) ‖ **~es Element** (DIN 70853) / electrochemical cell, voltaic cell*, galvanic cell*, chemical cell ‖ **~ formen** (Galv) / plate *v*, electroplate *v* ‖ **~e Hartmetallauflage** (Galv) / electrofacing* *n* ‖ **~e Kopplung** (Eltronik) / direct coupling* ‖ **~e Korrosion** (DIN 50900, T 1) (Galv) / contact corrosion, bimetallic corrosion, galvanic corrosion ‖ **~e Polarisation** (Eltech) / electrolytic polarization* ‖ **~e Spannung** (Eltech) / Galvani tension, Galvani potential ‖ **~e Spannungsreihe** (Chem, Elektr) / galvanic series ‖ **~er Strom** (Gleichstrom für therapeutische Zwecke) (Med) / galvanic current*, voltaic current* ‖ **~er Überzug** (z.B. nach DIN 50961, T 1) (Galv) / electrodeposited coating

(electroplated coating + electroformed coating) || **~es Vernickeln** (Galv) / nickel-plating n || **~es Versilbern** (Galv) / silver-plating n || **~e Versilberung** (Galv) / silver-plating n || **~ verzinken** (Galv) / electrogalvanize v || **~es Verzinken** (DIN 50961) (Galv) / electrogalvanizing n, cold galvanizing || **~e Verzinkung** (DIN 50961) (Galv) / electrogalvanizing n, cold galvanizing || **~ verzinnen** (Galv) / electrotin v || **~e Werkstatt** (Galv) / electroplating plant, plating plant, plating shop (if small), electroplating shop (if small)

**Galvaniseur** m (Galv) / plater n

**Galvanisier•anlage** f (Galv) / plating installation || **~anstalt** f (Galv) / electroplating plant, plating plant, plating shop (if small), electroplating shop (if small) || **~bad** n (Elektrolyt) (Galv) / electroplating bath || **~barkeit** f (von Gegenständen) (Galv) / plateability n || **~behälter** m (Galv) / electroplating bath* || **~betrieb** m (Galv) / electroplating plant, plating plant, plating shop (if small), electroplating shop (if small) || **~elektrolyt** m (Galv) / plating solution, plating electrolyte

**galvanisieren** v (Galv) / plate v, electroplate v || **~** n (Herstellung der Überzüge; Aufbringen (von metallischen Schutzschichten);n. (Galv) / electroplating* n, E.P., plating n, metal plating || **~ mit periodischer Stromumkehr** (Galv) / reverse-current plating, reverse-current coating || **~ mit Polwechselschaltung** (Galv) / reverse-current plating, reverse-current coating

**Galvanisier•fehler** m (Galv) / plating defect || **~gestell** n (Galv) / plating rack || **~glocke** f (zum elektrochemischen Abscheiden von Metallen auf Klein- bzw. Massenteile) (Galv) / 45° - barrel n, oblique plating barrel || **~straße** f (automatische) (Galv) / plating line (automatic) || **~trommel** f (Galv) / plating barrel n (45°) || **~werkstatt** f (Galv) / electroplating plant, plating plant, plating shop (if small), electroplating shop (if small)

**Galvanispannung** f (an einer Phasengrenze zweier Leiter) (Eltech) / Galvani tension, Galvani potential

**galvannealen** v (Galv) / galvanneal v

**Galvannealing** n (Feuerverzinkung mit nachträglicher Wärmebehandlung des Überzugs auf Blechen und Bändern) (Galv) / galvannealing n

**Galvano** n (Druck) / electrotype* n, electro* n || **~dynamisch** adj / galvanodynamic adj || **~elektrizität** f (aus den elektrochemischen Elementen) (Elektr) / galvanoelectricity n || **~formung** f (Galv) / electroforming* n || **~formung** (Herstellung der Überzüge; Aufbringen (von metallischen Schutzschichten);n. (Galv) / electroplating* n, E.P., plating n, metal plating || **~kinetisch** adj / galvanodynamic adj || **~lumineszenz** f (Lichtaussendung einer Elektrode, die von einem durch einen Elektrolyten fließenden elektrischen Strom angeregt wird) (Eltech) / galvanoluminescence* n || **~magnetisch** adj (Eltech) / galvanomagnetic adj || **~magnetischer Effekt** (z.B. Hall-Effekt oder Gauß-Effekt) (Phys) / galvanomagnetic effect*, magnetogalvanic effect || **~magnetisches Element** (Eltech) / galvanomagnetic cell

**Galvanometer** n (zur Mesung sehr kleiner Ströme, Spannungen oder Ladungsmengen) (Eltech) / galvanometer* n || **aperiodisches ~** (Eltech) / dead-beat galvanometer || **ballistisches ~** (Eltech) / ballistic galvanometer || **thermoelektrisches ~** (Eltech) / thermogalvanometer* n || **~konstante** f (für die Ermittlung der Empfindlichkeit des Galvanometers) (Eltech) / galvanometer constant*, factor of merit* || **~nebenschluß** f (Eltech) / galvanometer shunt* || **~spiegel** m (Eltech) / galvanometer mirror

**Galvanoplastik** f (zur Herstellung von Galvanos mit Hinterfütterung aus Blei) (Druck) / lead moulding* || **~** (mit Galvano als Produkt) (Druck) / plating* n, electrotyping n, electroplating n || **~** (wenn die abgeschiedene Schicht vom Grundwerkstoff abgetrennt werden kann) (Galv) / electroforming* n

**Galvanoskop** n (ein empfindliches Zeigerinstrument zum Nachweis des elektrischen Stromes ohne exakte Meßwertanzeige) (Eltech) / galvanoscope* n

**Galvanostat** m (Meßanordnung zur experimentellen Aufnahme einer Stromdichte-Potential-Kurve) (Eltech) / galvanostat n

**galvanostatisch** adj (Eltech) / galvanostatic adj || **~e Coulometrie** (Chem) / coulometric titration

**Galvanostegie** f (Abscheidung von dünnen festhaftenden Metallschichten) (Galv) / electroplating* n, E.P.

**Galvano•technik** f (Galv) / electrodeposition* n (by electrolysis or electrophoresis, e.g. electroplating, electroforming, electrorefining and electrowinning) || **~techniker** m (Galv) / plater n

**Galvanotropismus** m (Bot) / galvanotropism n

**Gambir** m (ein wertvoller Gerbstoff) (aus Uncaria gambir (Hunter) Roxb.) (Leder) / gambier n, terra japonica, gambir n, pale catechu, white cutch

**Gambirkatechu** n (aus Uncaria gambir (Hunter) Roxb.) (Leder) / gambier n, terra japonica, gambir n, pale catechu, white cutch

**Gambofaser** f (Tex) / kenaf n, kenaf fibre, gambo fibre, Java jute, bastard jute

**Gambohanf** m (Bot) / kenaf n, deccan hemp, ambari hemp, gambo hemp

**Gameport** m (EDV) / game-port n

**Gamet** m (pl. -en - haploide Geschlechtszelle) (Biol) / sex cell*, sexual cell, gamete* n

**Gamma** n (Höchstwert des Gradienten einer vorgegebenen Schwärzungskurve) (Foto) / gamma value, value of γ, development factor, gamma* n || **~** ($10^{-9}$ T) (Geophys) / gamma n || **~** (TV) / gamma* n || **~** (Foto) s. auch Gradation || **~abregung** f (Kernphys) / gamma decay, gamma emission || **~astronomie** f (eine Art Hochenergieastronomie) (Astr) / gamma astronomy, gamma-ray astronomy* || **~aufheizung** f (durch Absorption von Gammastrahlen bewirkte Aufheizung) (Nukl) / gamma heating || **~burst** m (energiereicher Ausbruch im Bereich der Gammastrahlung) (Astr) / gamma burst || **~defektoskopie** f (mit Gammastrahler) (WP) / gammagraphy n, gamma radiography, gamma-ray examination, gamma-ray testing || **~detektor** m (Kernphys) / gamma-ray detector, gamma detector* || **~dichtemesser** m (Foto, WP) / gamma densitometer || **~eisen** n (Hütt) / gamma iron* || **~eisen** s. auch Austenit || **~energie** f (Kernphys) / gamma-ray energy*, gamma energy || **~entzerrung** f (Gradationsentzerrung) (TV) / gamma correction*, gammation n || **~funktion** f (eine meromorphe Funktion) (Math) / gamma function* || **~-Gamma-Log** n (zur physikalischen Bohrlochmessung) (Bergb, Erdöl) / gamma-gamma log || **~globulin** n (die in der Elektrophorese der Serumproteine in der γ-Fraktion der Globuline wandernden Immunglobuline) (Med) / gamma globulin*, GG

**Gammagrafie** f (WP) / gammagraphy n, gamma radiography, gamma-ray examination, gamma-ray testing

**Gamma•index** m (Stats) / gamma index || **~kamera** f (für die nuklearmedizinischen Funktionsdiagnostik) (Radiol) / scintillation camera*, gamma camera* || **~kapsel** f (Nukl, Radiol) / gamma-ray capsule* || **~korrektur** f (TV) / gamma correction*, gammation n || **~-Log** n (zur physikalischen Bohrlochmessung) (Bergb, Erdöl) / gamma log || **Diracsche ~matrix** (Kernphys) / Dirac matrix, gamma matrix || **~messing** n (Hütt) / gamma brass* || **~messung** f (radiometrische Bohrlochmessung) (Erdöl) / gamma-ray logging, gamma logging, natural gamma-ray logging || **~mischkristalle** m pl (Hütt) / gamma solid solution || **~quant** n (Foton der Gammastrahlung) (Phys) / gamma quantum, gamma photon, gamma-ray photon* || **promptes ~quant** (Phys) / prompt gamma* || **~quelle** f (Phys) / gamma-ray source*, gamma source, gamma emitter || **~radiografie** f (DIN 5410 und 5411) (WP) / gammagraphy n, gamma radiography, gamma-ray examination, gamma-ray testing || **~raum** m (ein Phasenraum) (Mech) / gamma space || **~regelung** f (Film) / gamma control || **~resonanzspektroskopie** f (Spektr) / Mössbauer spectroscopy, Mössbauer-effect spectroscopy || **~säure** f (eine Buchstabensäure) (Chem) / gamma acid || **~schicht** f (beim Feuerverzinken) (Galv) / gamma layer || **~sensor** m (zum zerstörungsfreien Materialprüfen und Niveaumessen) (WP) / gamma sensor || **~spektrometer** n (Spektr) / gamma-ray spectrometer, gamma spectrometer || **~spektroskopie** f (Spektr) / gamma-ray spectrometry, gamma-ray spectroscopy || **~strahl** m (Kernph) / gamma ray || **~strahlenastronomie** f (Astr) / gamma astronomy, gamma-ray astronomy* || **~strahlendetektor** m (Kernphys) / gamma-ray detector, gamma detector* || **~strahlenkonverter** m (dünne Folie aus einem Element hoher Ordnungszahl) (Kernphys) / converter foil || **~strahlenlaser** m (Phys) / gamma-ray laser, graser n || **~strahlen-Resonanzspektroskopie** f (Spektr) / Mössbauer spectroscopy, Mössbauer-effect spectroscopy || **~strahlenteleskop** n (eine spezielle Drahtfunkenkammer) (Astr, Kernphys) / gamma-ray telescope || **~strahler** m (Phys) / gamma radiator || **~strahllaser** m (Phys) / graser n, gamma-ray laser || **~strahlprüfung** f (eine Durchstrahlungsprüfung) (WP) / gammagraphy n, gamma radiography, gamma-ray examination, gamma-ray testing || **~strahlung** f (Phys) / gamma radiation* || **~strahlungsblitz** m (energiereicher Ausbruch im Bereich der Gammastrahlung) (Astr) / gamma burst || **~strahlungsquelle** f (Phys) / gamma-ray source*, gamma source, gamma emitter

**Gammatron** m (Med, Radiol) / cobalt bomb*, cobalt unit*

**Gamma•übergang** m (Kernphys) / gamma decay, gamma emission || **~umwandlung** f (der Übergang eines Polymers von einem viskosen oder elastischen in einen spröden, glasartigen Zustand) (Chem Verf) / vitrification n, glass transition || **~variabler Film** (Druck, Foto) / variable-gamma film || **~verteilung** f (Stats) / gamma distribution, Pearson type III distribution || **~verzerrung** f (TV) / crushing* n || **~wert** m (Höchstwert des Gradienten einer vorgegebenen Schwärzungskurve) (Foto) / gamma value, value of γ, development factor, gamma* n || **~zellulose** f (der aus der natronalkalischen Lösung nicht fällbare Anteil) / gamma cellulose || **~zerfall** m (Kernphys) / gamma decay, gamma emission

**Gammel-Thaler-Potential** n (Kernphys) / Gammel-Thaler potential

**Gammexan**

**Gammexan** n (Isomere von 1,2,3,4,5,6-Hexachlorcyklohexan - ein Kontaktinsektizid) (Chem) / Gammexane* n, gamma-BHC* n
**Gamow-Berg** m (beim Alphazerfall - nach G.A. Gamow, 1904 - 1968) (Kernphys) / Gamow barrier
**Gamow-Condon-Gurney-Theorie** f (quantenmechanische Beschreibung des Alphazerfalls) (Kernphys) / Gamow-Condon-Gurney theory
**GAN** (ein Weltnetz) (EDV) / global-area network, GAN
**Gang** m (zwischen Sitzbänken im Zuschauerraum) (Bau) / aisle* n ‖ ~ (Bau) / gangway* n ‖ ~ (Bau) / corridor n ‖ ~ (Bau) / gallery n ‖ ~ (Bergb, Geol) / vein* n ‖ ~ (erster, zweiter usw.) (Kfz) / gear* n, speed n ‖ ~ (Masch) / flight* n ‖ ~ (der Maschine) (Masch) / run n, work n, operation n, running n ‖ ~ (zwischen Maschinen) (Masch) / aisle* n ‖ ~ (Bewegung) (Phys) / motion n, movement n ‖ ~ (Reihe längsschiffs verlaufender Stahlplatten oder Planken der Außenhaut) (Schiff) / strake n ‖ ~ f (Gruppe von Arbeitskräften im Seehafen) (Schiff) / gang n ‖ ~ m (Uhr) / escapement* n (clock, watch) ‖ ~ (Bergb, Geol) s. auch Lagergang ‖ **diskordanter** ~ (ein Plutonit) (Bergb, Geol) / dyke* n, dike n ‖ **einen höheren** ~ **einlegen** (Kfz) / gear up v, upshift v (US), shift up v ‖ **einen niedrigeren** ~ **einlegen** (Kfz) / gear down v, downshift v (US), shift down v ‖ **erster** ~ (Kfz) / first gear ‖ **erzführender** ~ (Bergb, Geol) / lode n, mineral vein*, metal vein, metalliferous vein, ore vein ‖ **gebänderter** ~ (Geol) / banded vein, ribbon vein ‖ **höchster** ~ (Kfz) / top gear ‖ **im** ~ **sein** (Masch) / work v, run v, operate v, act v ‖ **in** ~ **setzen** (Masch, Phys) / set in motion, start up v ‖ **kleiner** ~ (Geol) / ledge n, vein* n, veinlet n ‖ **liegende Seite eines** ~**s** (Bergb) / ledger n ‖ **mit** (ungewolltem) **totem** ~ (Masch) / loose adj ‖ **querschlägiger** ~ (Bergb, Geol) / dyke* n, dike n ‖ **toter** ~ (des Gewindes) (Masch) / end play ‖ **verdeckter** ~ (Bergb) / blind lode, blind vein* ‖ **zweiter** ~ (Kfz) / second n ‖ ~ m **der Kohle** (Gewinnbarkeit im Streb) (Bergb) / workability of coal, life of coal ‖ ~ **des Chronometers** (positiv, negativ) (Schiff, Uhr) / chronometer escapement*, detent escapement*
**Gang•art** f (Bergb) / gangue* n, veinstone n, sterile rock, ledge matter ‖ ~**bildung** f (Geol) / veining n ‖ ~**breite** f (des Bedienungsgangs, des Flurförderzeugs) / aisle width, width of aisle ‖ ~**brekzie** f (Geol) / vein breccia ‖ ~**differenz** f (Eltech, Fernm) / phase difference* ‖ ~**differenz** (Opt) / optical path difference, OPD, retardation n, difference in path ‖ ~**füllung** f (Geol) / vein stuff*, vein matter ‖ ~**gefüge** n (Geol) / vein structure ‖ ~**genauigkeit** f (bei Geräten, die ihre Ergebnisse von Taktfrequenzen ableiten) (Instr) / cycle accuracy, cycle precision ‖ ~**gestein** n (hypabyssisches Gestein) (Geol) / lode rock, dike rock ‖ ~**höhe** f (eines ein- oder mehrgängigen Gewindes) (Masch) / lead n (li:d)*, flank lead ‖ ~**höhe** (eines Gewindes) (Masch) / pitch n
**gängig** adj (z.B. Format) / common adj
**Gängigkeit** f (des Fräskopfs) (Masch) / hand n ‖ ~ **der Kohle** (Gewinnbarkeit im Streb) (Bergb) / workability of coal, life of coal
**Gang•kompressionsschnecke** f (eine Extruderschnecke) (Plast) / single-thread compression screw ‖ ~**leiter** m (einer Gang im Seehafen) / foreman n (pl. foremen) ‖ ~**linie** f (Eltech) / load curve, load graph ‖ ~**mineral** n (Bergb) / gangue* n, veinstone n, sterile rock, ledge matter ‖ ~**mittel** n (Bergb) / lodestuff n ‖ ~**-Nail-System** n (Verbindung der Knotenpunkte hölzerner Dachbinder unter Verwendung plattenförmiger Elemente aus verzinktem Stahl mit reihenweise angeordneten nagelartigen Ausstanzungen) (For) / gang-nail system ‖ ~**polkegel** m (Mech) / body cone, polhode cone, moving axode ‖ ~**polkurve** f (bei einem Kreisel) (Mech) / polhode n ‖ ~**quarz** m (Geol) / vein quartz ‖ ~**rad** n (Uhr) / escape wheel ‖ ~**regler** m (Uhr) / regulator* n ‖ ~**richtung** f (z.B. des Wälzfräsers nach DIN 8000) (Masch) / hand of helix ‖ ~**richtung des Gewindes** (Masch) / hand of thread ‖ ~**schalthebel** m (Kfz) / gear lever*, shift lever (US), gearshift lever (US), gearstick n, shift n (US), gearshift n (US) ‖ ~**schaltung** f (Kfz) / gear change, gearshift n (US), shifting n ‖ ~**schwarm** m (Geol) / dyke swarm*, dike swarm ‖ ~**strecke** f (Bergb) / drift* n, head* n ‖ ~**trum** m n (Geol) / ledge n, vein* n, veinlet n ‖ ~**unterschied** m (des Signals) (Eltech, Fernm) / phase difference* ‖ ~**unterschied** (Opt) / optical path difference, OPD, retardation n, difference in path ‖ ~**unterschied Null** (Opt) / zero path difference ‖ ~**versatz** m (Kab) / registration n
**Gangway** f (Luftf) / gangway n, ramp n ‖ ~ (Bezeichnung für Fallreep und Landgangsteg) (Schiff) / gangway n ‖ **ausfahrbare** ~ **für strahlgetriebene Flugzeuge** (Luftf) / jetway n, apron-drive bridge, passenger loading bridge
**Gang•wechsel** m (Kfz) / gear change, gearshift n (US), shifting n ‖ ~**zahl** f (Kfz) / number of gears, number of ratios ‖ ~**zahl** (bei mehrgängigen Gewinden nach DIN 13) (Masch) / number of starts, multiple threads (US)
**Ganister** m (feinkörniger kieselsäurereicher Sandstein mit geringer toniger Bindung) (Geol) / ganister n, gannister* n
**Ganodersäure** f (Pharm) / ganoderic acid
**Ganomalith** m (ein Mineral der Diadochitgruppe) (Min) / ganomalite n
**Gänseaugenstoff** m (Jacquardgewebe) (Tex) / diaper n

**Gänsefingerkraut** n (Potentilla anserina L.) (Bot, Landw) / silverweed n
**Gänsefüßchen** n pl (Typog) / quotation marks (German)*, quotes pl (German)*
**Gantmacher-Effekt** m / radio-frequency size effect
**Gantry-Bauweise** f (bei Langfräsmaschinen mit beweglichem Portal) (Masch) / gantry style
**Gantt-Diagramm** n (z.B. bei Maschinenbelegungsproblemen) / Gantt chart*
**ganz** adj (ohne Bruch) (Math) / round adj ‖ ~**e Funktion** (Math) / entire function*, integral function* ‖ ~ **geöffnete Drosselklappe** (V-Mot) / wide-open throttle, WOT ‖ ~ **geschweißt** (Schw) / all-welded adj ‖ ~ **groß** (Aufnahme) (Film) / big close-up, very close shot ‖ ~ **nah** (Aufnahme) (Film) / big close-up, very close shot ‖ ~**e rationale Funktion** (Math) / polynomial function ‖ ~**er Teil** (Math) / integral part, integer part ‖ ~**er Ton** (Akus) / whole tone, whole step ‖ ~**es Wort** (EDV) / full word ‖ ~**e Zahl** (Math) / integer* n, whole number, integral number, interger part
**Ganz•aluminiumkarosserie** f (Kfz) / all-aluminium body ‖ ~**band** m (Bezeichnung für einen Einband, dessen gesamte Decke mit dem gleichen Einbandmaterial überzogen ist) (Buchb) / full bound*, whole bound* ‖ ~**baum** m (For) / whole tree ‖ ~**baumbereitstellung** f (For) / full-tree logging ‖ ~**baumernte** f (For) / whole-tree harvesting ‖ ~**baumhackschnitzel** n pl (For) / whole-tree chips, full-tree chips ‖ ~**bereichsicherung** f (Eltech) / general-purpose fuse ‖ ~**fach** n (Web) / centre shed ‖ ~**flächenbeflockung** f (Plast, Tex) / overall flocking ‖ ~**flächenbehandlung** f (Landw) / overall treatment (i.e. non-selective) ‖ ~**gewebeband** m (Buchb) / cloth binding, book bound entirely in cloth, full-cloth binding, cloth-bound book ‖ ~**gewebeeinband** m (Buchb) / cloth binding, book bound entirely in cloth, full-cloth binding, cloth-bound book ‖ ~**glasdoppelscheibe** f (Bau) / all-glass double-glazing unit ‖ ~**glasfaser** f (Fernm) / glass-clad glass fibre ‖ ~**glastür** f (Bau, Glas) / all-glass door ‖ ~**holz** n (For, Tischl) / solid wood ‖ ~**jahresreifen** m (Kfz) / all-season tyre ‖ ~**jähriger Wasserlauf** (mit jahreszeitlich unabhängigem, aber zeitweise unterbrochenem Abfluß) (Wasserb) / perennial stream ‖ ~**körperbelastung** f (Radiol) / total body burden* ‖ **maximal zulässige** ~**körperbelastung** (Radiol) / total body burden ‖ ~**körperbestrahlungsdosis** f (Radiol) / total body burden* ‖ ~**körperzähler** m (Meßanordnung zur direkten Messung von im Körper abgelagerten Radionukliden) (Kernphys, Radiol) / whole body counter, body counter, human body counter, whole body monitor* ‖ ~**lackierung** f (eine Reparaturlackierung) (Anstr) / full respray, complete respray ‖ ~**leder** n (Einband) (Buchb) / leather binding, leather-bound book ‖ ~**leder** (das einschließlich etwaiger Verstärkungen, unbeschadet des als Futter verwendeten Materials, nur Leder ist) (Leder) / solid leather ‖ ~**lederband** m (Buchb) / leather binding, leather-bound book ‖ ~**leinen** n (Buchb) / cloth binding, book bound entirely in cloth, full-cloth binding, cloth-bound book ‖ ~**leinenband** m (Buchb) / cloth binding, book bound entirely in cloth, full-cloth binding, cloth-bound book ‖ ~**lochwicklung** f (Eltech) / integral slot winding ‖ ~**mattiert** adj (Glühbirne) / all-frosted adj ‖ ~**metall-** / all-metal attr, full-metal attr ‖ ~**metallholztrockner** m (For) / all-metal timber drier ‖ ~**metalltrockner** m (For) / all-metal timber drier ‖ ~**offenfach** n (Web) / open shed ‖ ~**paketfilterung** f (EDV) / full-packet filtering ‖ ~**rationale Funktion** (wenn das Nennerpolynom gleich 1 ist) (Math) / polynomial function ‖ ~**rationale homogene Funktion** (Math) / quantic n, forme n, homogeneous polynomial ‖ ~**seitenabtastung** f (bei Fax-Geräten) (Fernm) / whole-page scanning ‖ ~**seitenbildschirmanzeige** f (EDV) / full-screen display, full-frame display ‖ ~**seitendarstellung** f (EDV) / full-screen display, full-frame display ‖ ~**seiteneditieren** n (vollständiger Textseiten auf dem Bildschirm) (EDV) / full-page editing ‖ ~**seitengrafik** f (EDV, Typog) / full-page graphics ‖ ~**seitenmodus** m (EDV) / full-page mode ‖ ~**seitenübertragung** f (Fernm) / full-page transmission ‖ ~**seitenumbruch** m (Druck) / full-page make-up, full-page composition ‖ ~**seitig** adj (Druck) / full-page attr ‖ ~**stahlkarosserie** f (Kfz) / all-metal body ‖ ~**steinstarke Wand** (Bau) / whole-brick wall* ‖ ~**stoff** m (meistens aus Hadern) (Pap) / whole stuff, stock n, papermaking stock, stuff n, paper stock ‖ ~**tagsbeschäftigter** m / full-timer n ‖ ~**ton** m (DIN 1320) (Akus) / whole tone, whole step ‖ ~**tonschritt** m (Akus) / whole tone, whole step ‖ ~**transzendent** adj (holomorphe Funktion) (Math) / entirely transcendent ‖ ~**wellendipol** m (Eltronik, Radio) / full-wave dipole ‖ ~**wertausgabe** f (Regeln) / full-value output
**ganzwertig** adj (Funktion) (Math) / integer-valued adj ‖ ~**e Funktion** (Math) / integer-valued function
**Ganzwölber** m (für Ofenauskleidung) (Keram) / wedge brick
**ganzwollen** adj (Tex) / all-wool attr
**Ganzzahl** f (Math) / integer* n, whole number, integer number, integral number, interger part
**ganzzahlig** adj (Math) / integral adj, integer adj ‖ ~**e Lösung** (Math) / integer solution ‖ ~**e Optimierung** (EDV) / integer programming ‖

**~es Polynom** (Math) / integral polynomial ‖ **~e Programmierung** (EDV) / integer programming ‖ **~er Spin** (Kernphys) / integer spin
**Ganz•zahligkeit** f (Math) / integrality n ‖ **~zahlplanungsrechnung** f (EDV) / integer programming ‖ **~zeichen** n (das ein Drucker nicht aus Matrixpunkten zusammensetzen muß, sondern das als Ganzes vorhanden ist und nur angeschlagen wird) (EDV) / solid-font character ‖ **~zeichendrucker** m (EDV) / solid-font printer ‖ **~zeug** n (meistens aus Hadern) (Pap) / whole stuff, stock n, papermaking stock, stuff n, paper stock ‖ **~zeughollander** m (ein altes Mahlaggregat zur Stoffaufbereitung) (Pap) / beater* n, beating engine, hollander beater*, Dutch engine, pulp engine (for producing paper pulp) ‖ **~zug** m (vom Absender gebildeter Durchgangsgüterzug, der geschlossen bis zum Empfänger verkehrt) (Bahn) / unit train, unitrain n, block train ‖ **~zug im Pendelverkehr** (Bahn) / merry-go-round train
**Gap** m (wissenschaftliche oder technische Entwicklungslücke) / gap n ‖ **~** n (Chromosomenlücke) (Gen) / gap n ‖ **~** m (zwischen den einzelnen Aufzeichnungsblöcken) (Mag) / gap* n
**GaP** (Chem) / gallium phosphide
**Gap-Energie** f (Phys) / energy gap*
**Gap-junction** f (Verbindungsstelle zwischen zwei aneinanderhaftenden Zellen) (Zyt) / gap junction
**gar** adj (Koks) / carbonized adj ‖ **~** (Boden) (Landw) / unctuous adj ‖ **~ziehen** (Teig) / poach v
**Gar-** (Kupfer, 0,2-0,5 % Sauerstoffgehalt) (Hütt) / tough-pitch* attr
**Garage** f (Kfz) / garage n (domestic) ‖ **in die ~** (ein)**stellen** (Kfz) / garage v, put in the garage
**Garagen•einfahrt** f (Kfz) / drive n (GB), approach road, approach way, approach n ‖ **~schwingtor** n / up-and-over garage door ‖ **~toröffner** m (Kfz) / garage-door opener (with a remote transmitter or a keyless entry system) ‖ **~zufahrt** f (Kfz) / drive n (GB), approach road, approach way, approach n
**garagieren** v (A,S) (Kfz) / garage v, put in the garage
**Garant** m / warranter n, warrantor n, guarantor n
**Garantie** f / warranty n, guarantee n ‖ **einjährige ~** (für Fertigkleidung und Heimtextilien - eingetragenes Warenzeichen von Monsanto) (Tex) / wear date ‖ **~** f **gegen Durchrostung** (Kfz) / guarantee against corrosion, (anti)corrosion warranty, corrosion-protection warranty
**Garantie- und Servicepaket** n / guarantee and service package
**Garantie•dauer** f / period of guarantee, period of warranty ‖ **~frist** f / period of guarantee, period of warranty ‖ **~geber** m / warrantor n, warranter n, guarantor n ‖ **~karte** f / warranty card, warranty certificate ‖ **~nehmer** m / warrantee n, holder of the guarantee ‖ **~pflicht** f / defect liability
**garantierte Schmelzleistung** (in %) (Hütt) / returning charge* (in custom smelting)
**Garantie•schein** m / warranty card, warranty certificate ‖ **~stempel** m / warranty stamp ‖ **mit ~verschluß** / pilfer-proof adj ‖ **~zeit** f / period of guarantee, period of warranty
**Garbage Collection** f (EDV) / garbage collection (a technique of freeing memory) ‖ **~ Collector** m (EDV) / garbage collector (a program for garbage collection, determining which allocated memory blocks are still in use and returning the rest to the allocator)
**Garbagekollektion** f (EDV) / compaction n, garbage collection
**Garbagekollektor** m (EDV) / garbage collector (a program for garbage collection, determining which allocated memory blocks are still in use and returning the rest to the allocator)
**Garbe** f (Landw) / sheaf n (pl. sheaves) ‖ **~** (in der Topologie) (Math) / sheaf n (pl. sheaves)
**Garbenschiefer** m (mit stengeligen, an den Enden garbenähnlich ausgefransten Mineralen) (Geol) / garbenschiefer n (a type of spotted slate)
**Gär•bottich** m (Brau) / fermenter n ‖ **~bottich** s. auch Bioreaktor ‖ **~bottichkühler** m (Brau) / attemperator n
**Garbrandtemperatur** f (beim Glattbrand) (Keram) / maturing temperature, soaking temperature
**garbrennen** v (nur Infinitiv oder Partizip) (Ziegel) (Keram) / mature v
**Garbstahl** m (Hütt) / merchant iron*, shear steel
**Gärbstahl** m (Hütt) / merchant iron*, shear steel
**Gärbütte** f (Brau) / fermenter n
**Gardenin** n (Chem, Nahr) / crocin n
**Gardinen** f pl (bei ungleichmäßiger Verteilung von Anstrichmitteln an senkrechten Flächen) (Anstr) / curtains pl, sags pl, runs pl
**Gardinen•bildung** f (Anstr) / curtaining n, sagging n ‖ **~maschine** f (Web) / curtain machine* ‖ **~stoff** m (Tex) / curtain fabric, curtain material, curtaining n ‖ **~stoffe + Vorhangstoffe und Dekostoffe** m pl (Tex) / soft window coverings
**Gardjanbalsam** m (von Dipterocarpus alatus Roxb. und D. turbinatus C.F. Gaertn.) / gurjun balsam, garjan n, wood oil
**Gardner-Bubble-Viskosimeter** n (ein Luftblasenviskosimeter) / Gardner bubble viscosimeter

**Gardschanbalsam** m (von Dipterocarpus alatus Roxb. und D. turbinatus C.F. Gaertn.) / gurjun balsam, garjan n, wood oil
**Gare** f (Landw) / optimum arable-land condition, tilth n, stable-crumb structure, optimum soil condition
**gären** v (Biochem, Nahr) / ferment v
**garen** v (Teig) (Nahr) / leave to prove (the dough) ‖ **~** (Nahr) / cook v
**gärfähig** adj (Biochem, Nahr) / fermentable adj
**Gärfutter** n (Landw) / ensilage* n, silage* n ‖ **~behälter** m (Landw) / silo n (pl. silos), forage silo, feed silo ‖ **~bereitung** f (Landw) / ensilage* n, silage* n, ensiling n, silaging n
**Gargel** m (Falz in den Faßdauben, in der den Boden des Fasses eingelassen wird) / notch n
**Gargelreißer** m (Tischl) / chive n, croze n
**gargepoltes Kupfer** (mit etwa 99,4 % Cu) (Hütt) / casting copper*, refined copper, set copper
**Gärheu** n (Landw) / haylage n
**Garkupfer** n (mit etwa 99,4 % Cu) (Hütt) / casting copper*, refined copper, set copper
**Gärmittel** n (Biochem) / ferment n, fermenting agent
**Garn** n (DIN 60900, T 1) (Spinn) / yarn* n ‖ **angeriebenes ~** (Spinn) / abraded yarn ‖ **beflocktes ~** (Spinn) / flocked yarn ‖ **beschwertes ~** (Spinn) / loaded yarn ‖ **drehungsloses ~** (Spinn) / zero-twist yarn, twistless yarn ‖ **durch Aufscheuern angekräuseltes ~** (Spinn) / abraded yarn ‖ **einfaches ~** (Spinn) / single yarn* ‖ **fibrilliertes ~** (Spinn) / fibrillated yarn, split yarn ‖ **im ~ gefärbt** (Spinn) / yarn-dyed adj ‖ **kardiertes ~** (Spinn) / carded yarn*, woollen-spun yarn ‖ **luftdüsengebauschtes ~** (Spinn) / jet-textured yarn*, ari-jet textured yarn ‖ **luftdüsentexturiertes ~** (Spinn) / jet-textured yarn*, ari-jet textured yarn ‖ **mehrfädiges ~** (Spinn) / plied yarn, folded yarn*, ply yarn, formed yarn ‖ **meliertes ~** (Spinn) / melange* n, blend n, melange yarn, blended yarn, mixture yarn ‖ **metallisiertes ~** (Spinn) / metallized yarn*, metal-coated yarn ‖ **mit Lahn umsponnenes ~** (Spinn) / tinsel yarn* ‖ **mitteltief gefärbtes ~** (Spinn) / intermediate-shade dyed yarn ‖ **paraffiniertes ~** (Spinn) / waxed yarn ‖ **parallel gespultes ~** (Spinn) / parallel-wound yarn ‖ **rechtsgedrehtes ~** (Spinn) / open-band twine, right-hand twine, Z-twisted yarn ‖ **schwaches ~** (infolge eines Fadenbruchs) (Spinn) / singles pl ‖ **spinntexturiertes ~** (Spinn) / (durch ein Texturierverfahren permanent verformtes Kräusel- bzw. Stretchgarn - ein Bauschgarn) (Spinn) / textured spun yarn, textured yarn (a generic term for filament or spun yarns) ‖ **texturiertes ~** (durch ein Texturierverfahren permanent verformtes Kräusel- bzw. Stretchgarn - ein Bauschgarn) (Spinn) / textured spun yarn, textured yarn (a generic term for filament or spun yarns) ‖ **tordiertes ~** (Spinn) / torque yarn (a stretch yarn that, when permitted to hang freely, rotates in the direction of the nonrelieved torque resulting from previous deformation) ‖ **torsionsgebauschtes ~** (ein Stretchgarn) (Spinn) / torque yarn (a stretch yarn that, when permitted to hang freely, rotates in the direction of the nonrelieved torque resulting from previous deformation) ‖ **umzwirntes ~** (Spinn) / covered yarn ‖ **ungedrehtes ~** (Spinn) / non-torque yarn (a stretch yarn that has no tendency to rotate when permitted to hang freely) ‖ **vororientiertes ~** (Spinn) / preoriented yarn (POY*), partially oriented yarn* ‖ **vorverstrecktes ~** (beim Schnellspinnverfahren) (Spinn) / preoriented yarn (POY*), partially oriented yarn* ‖ **~** n **auf der Kreuzspule** (Spinn) / coned yarn ‖ **~ aus drei bis vier Filamentarten, die nach dem DD-Verfahren verschiedenartig auffärbbar sind** (Spinn) / intermingled yarn* ‖ **~ für Strick- und Wirkwaren** (Spinn) / hosiery yarn ‖ **~ mit dicken oder knotigen Stellen** (Spinn) / cockled yarn ‖ **~ mit gesplissenen Fäd(ch)en** (Spinn) / loopy yarn ‖ **~ mit verschieden schrumpfenden Filamenten** (Spinn) / bi-shrinkage yarn
**Garn•abfall** m (Spinn) / thrum waste, thrum* n ‖ **~aufkarter** m (Tex) / card winder, card-winding machine ‖ **~ausgeber** m (Web) / thread guide, yarn carrier, thread carrier, thread plate, yarn box, feeder n ‖ **~drehung** f (DIN 53832) (Spinn) / yarn twist ‖ **~einlaufspannung** f (bei Strickmaschinen) (Tex) / yarn input tension ‖ **~ette** f (Tex) / garnett machine*, garnetting machine, waste opener, hard waste breaker, Gilljam carding machine, opener card for hard-twisted thread waste, garnett n ‖ **~färben** n (Spinn) / yarn dyeing ‖ **~färberei** f (Spinn) / yarn dyeing ‖ **~farbig** adj (Spinn) / yarn-dyed adj ‖ **~färbung** f (Spinn) / yarn dyeing ‖ **~feinheit** f (Spinn) / count of yarn*, yarn count, size of the yarn, yarn number ‖ **~füllgkeit** f (Spinn) / yarn bulk ‖ **~gebinde** n (Spinn) / lea n ‖ **~gefärbt** adj (Spinn) / yarn-dyed adj ‖ **~gleichmäßigkeit** f (Spinn) / yarn evenness
**garnieren** v (mit runden Griffen und Knöpfen) (Keram) / knob v ‖ **~** (Teile aus bildsamer Masse zu dem gewünschten Körper mit Hilfe von Garnierschlicker bzw. -masse aneinandersetzen) (Keram) / stick up v
**Garnierholz** n (Schiff) / dunnage* n

**Garnierit**

**Garnierit** *m* (ein wasserhaltiges Nickel-Magnesium-Silikat) (Min) / garnierite* *n*, noumeite *n*
**Garnierschlicker** *m* (Keram) / stick-up slip
**Garnierung** *f* (der Holländerwalzen) (Pap) / fitting *n* (with knives) ‖ ~ (der Maschinen der Stoffaufbereitung) (Pap) / filling *n*, tackle *n*
**Garnitur** *f* / set *n* ‖ ~ (Kab) / fittings *pl* ‖ ~ (vom Kernstück abgetrennte Flanken-, Hals- oder Kopfteile) (Leder) / offal *n* ‖ ~ (der Krempel) (Spinn) / clothing *n* ‖ ~ (Möbel) (Tischl) / suite *n*
**Garn•körper** *m* (Spinn) / package* *n*, yarn package ‖ ~**numerierung** *f* (Spinn) / yarn numbering ‖ ~**nummer** *f* (DIN 60905) (Spinn) / count of yarn*, yarn count, size of the yarn, yarn number ‖ ~**rolle** *f* (Spinn) / yarn reel, yarn spool ‖ ~**rolle** (der Nähmaschine) (Tex) / spool of thread ‖ ~**rollenhalter** *m* (der Nähmaschine) (Tex) / spool pin ‖ ~**stärke** *f* (Spinn) / count of yarn*, yarn count, size of the yarn. yarn number ‖ ~**strähne** *f* (Spinn) / hank* *n*, skein *n*, strand *n*, yarn hank ‖ ~**strang** *m* (Spinn) / hank* *n*, skein *n*, strand *n*, yarn hank ‖ ~**träger** *m* (Spinn) / package* *n*, yarn package ‖ **voller** ~**träger** (Spinn) / spool *n*, package* *n* ‖ ~**umwindung** *f* (Tex) / covering of yarn ‖ ~**verdickung** *f* (Spinn) / bunch *n*, lump *n*, piecing *n*, slub *n*, slug *n*, slough-off *n* ‖ ~**veredelung** *f* (Spinn) / yarn finishing ‖ ~**waschmaschine** *f* (DIN 64990) (Spinn) / yarn-washing machine
**Garouille** *f* (die Rinde des Wurzelstocks der Kermeseiche) (Bot, Leder) / garouille *n*
**Garratlokomotive** *f* (Bahn) / Garrat locomotive, articulated locomotive
**Gär•röhre** *f* (Biochem) / fermentation tube ‖ ~**salz** *n* (Chem, Nahr) / fermentation salt
**Gar•schaum** *m* (Hütt) / dross* *n*, skimmings *pl*, skim *n*, scum *n* ‖ ~**schaumgraphit** *m* (Hütt) / kısh* *n*, chunky graphite, hypereutectic graphite
**Gärtassenbehälter** *m* (ein spezieller Bioreaktortyp) (Biochem) / shallow-pan fermenter
**Garten•-** (Landw) / horticultural *adj* ‖ ~**abfall** *m* (Landw, Umwelt) / garden refuse, garden waste ‖ ~**abfälle** *m pl* (Landw, Umwelt) / garden refuse, garden waste ‖ ~**abfallzerkleinerer** *m* (Landw) / garden-waste shredder, garden-waste chipper ‖ ~**bau-** (Landw) / horticultural *adj* ‖ ~**bau** *m* (Landw) / horticulture *n*, gardening *n* ‖ ~**bauanlage** *f* (Bau) / horticultural facility ‖ ~**baulich** *adj* (Landw) / horticultural *adj* ‖ ~**boden** *m* (Landw) / hortisol *n* ‖ ~**erde** *f* (Landw) / garden earth, garden mould ‖ ~**geräte** *n pl* / garden tools, gardening equipment, horticultural implements ‖ ~**gestaltung** *f* (Landw) / horticulture *n*, gardening *n* ‖ ~**häcksler** *m* (Landw) / garden-waste shredder, garden-waste chipper ‖ ~**hydrant** *m* / garden watering post ‖ ~**laubkäfer** *m* (Phyllopertha horticola) (Landw, Zool) / June bug, garden chafer ‖ ~**mauerverband** *m* (drei Strecker, ein Binder) (Bau) / Sussex garden-wall bond* ‖ ~**pumpe** *f* / garden pump ‖ ~**schlauch** *m* / garden hose ‖ ~**stadt** *f* (weiträumige in Grünanlagen eingebettete Stadt) (Arch, Umwelt) / garden city* ‖ ~**traktor** *m* (Landw) / lawn tractor ‖ ~**weg** *m* (Landw) / passageway *n*, walkway *n*
**Gärtnerei** *f* (Landw) / horticulture *n*, gardening *n*
**gärtnerisch** *adj* (Landw) / horticultural *adj*
**Gärtnerkonstruktion** *f* (einer Ellipse) (Math) / string construction
**Gärturm** *m* (Brau) / tower fermenter, tower fermentor
**Gärung** *f* (Biochem, Nahr) / fermentation* *n*, zymosis *n* (*pl* zymoses), zymolysis *n* (pl. -lyses) ‖ ~**alkoholische** ~ (Biochem, Nahr) / alcoholic fermentation* ‖ **heterofermentative** ~ (Nahr) / heterolactic fermentation ‖ **zweite** ~ (beim Schaumwein) (Nahr) / second fermentation, secondary fermentation
**Gärungs•alkohol** *m* (kein Synthesealkohol) (Chem, Nahr) / fermentation alcohol ‖ ~**chemie** *f* (Biochem) / zymurgy *n*, fermentation chemistry ‖ ~**erreger** *m* (im allgemeinen) (Biochem) / zymogen *n* ‖ ~**erreger** (Biochem) s. auch Proferment ‖ ~**fähig** *adj* (Biochem, Nahr) / fermentable *adj* ‖ ~**flüssigkeit** *f* (Biochem) / fermentation broth ‖ ~**gewerbe** *n* (z.B. Brauerei, Winzerei, Brennerei und alle Gewerbe, welche mit Gärungserregern arbeiten) (Biochem) / fermentation industry ‖ ~**milchsäure** *f* (RS-Milchsäure) (Chem) / fermentation lactic acid* ‖ ~**mittel** *n* (Biochem) / ferment *n*, fermenting agent ‖ ~**röhrchen** *n* (Biochem) / fermentation tube ‖ ~**stoffwechsel** *m* (Physiol) / anaerobic metabolism ‖ ~**technik** *f* (Biochem) / zymotechnology *n* ‖ ~**technisch** *adj* (Biochem) / zymotechnical *adj* ‖ ~**zwischenprodukt** *n* (Chem) / fermentation intermediate
**GAs** (Anschluß verschiedener Teilnehmer an eine gemeinsame Leitung) (Fernsp) / party line, shared-service line, shared line
**Gas** *n* / gas* *n* ‖ ~- (Phys) / gaseous *adj* ‖ **assoziiertes** ~ (Erdöl) / associated gas, petroleum gas ‖ **aus einatomigen Molekülen bestehendes ideales** ~ (Phys) / perfect monatomic gas ‖ **brennbares** ~ (technisches) (Kftst) / gaseous fuel*, fuel gas ‖ **druckausgleichendes** ~ (z.B. in einer Absorptionskälteanlage) (Phys) / pressure-equalizing gas ‖ **entartetes** ~ (Phys) / degenerate gas* ‖ **explosibles** ~ (Bergb) / sharp gas, fire *n* ‖ **hochkaloriges** ~ (spezifischer Brennwert 31465 bis 35617 kJ/m³) (Phys) / rich gas, high-CV gas ‖ **hochkaloriges** ~ (Kftst) / fat gas ‖ **ideales** ~ (Phys) / ideal gas*, perfect gas* ‖ **inertes** ~ / inert gas ‖ **kondensatreiches** ~ / wet (natural) gas ‖ **leitendes** ~ (Plasma Phys) / conductive gas ‖ **metallische** ~**e** (die bei hohen Drücken metallische Eigenschaften aufweisen) (Phys) / metallic gases ‖ **mit** ~ **geschmiert** (aerodynamisch) / aerodynamically lubricated, gas-lubricated *adj* ‖ **mittelkaloriges** ~ / medium-CV gas ‖ **nichtentartetes** ~ (Phys) / non-degenerate gas* ‖ **niederkaloriges** ~ (mit niedrigem spezifischen Brennwert) (Kftst) / lean gas ‖ **nitrose** ~**e** (Gemisch aus Luft und Stickstoffoxiden) (Kfz) / nitrous gases, nitrous fumes ‖ **noch nicht abgerechnetes** ~ (US), unread gas ‖ **permanentes** ~ (dessen kritische Temperatur sehr nahe oberhalb des absoluten Temperaturnullpunkts liegt) (Phys) / permanent gas ‖ **phreatische** ~ (Geol) / phreatic gas* ‖ **reaktive organische** ~**e** (in der Atmosphäre) (Geophys) / reactive organic gases, ROG ‖ **reales** ~ (das vom idealen Verhalten abweicht) (Phys) / real gas, imperfect gas ‖ **reformiertes** ~ (Erdöl) / reformed gas ‖ **reiches** ~ (spezifischer Brennwert 31465 bis 35617 kJ/m³) / rich gas, high-CV gas ‖ **saures** ~ (Chem Verf) / acid gas ‖ **säurebildendes** ~ (z.B. bei der Korrosion) / acid gas ‖ **technisches** ~ (Chem Verf) / industrial gas ‖ **technisches** ~ (künstlich hergestelltes) (Chem Verf) / manufactured gas ‖ **überkritisches** ~ (unter hohem Druck und hoher Temperatur) (Phys) / supercritical gas ‖ **verflüssigtes** ~ (Chem Verf) / liquefied gas, liquid gas ‖ ~ *n* **für Dichtigkeitsprüfung** (Bau, HuT) / tracer gas, search gas
**Gas•abgabe** *f* (aus dem Speicher) / send-out *n*, gas send-out ‖ ~**abgabe** (Vakuumt) / outgassing *n* ‖ ~**ableser** *m* / gasman *n* ‖ ~**abrasiver Verschleiß** (durch die Wirkung harter Körper oder Partikeln, die in einem gasförmigen Medium mitgeführt werden) / gas-abrasive wear ‖ ~**absorption** *f* (Phys) / gas absorption ‖ ~**adsorption** *f* (Phys) / gas adsorption ‖ ~**adsorptionschromatografie** *f* (Chem) / gas adsorption chromatography, GAC ‖ ~**aktivierung** *f* (der Aktivkohle) (Chem) / gas activation ‖ ~**analysator** *m* (Chem) / gas analyser, gas analyzer (US) ‖ ~**analyse** *f* (Chem) / gas analysis* ‖ ~**analysegerät** *n* (Chem) / gas analyser, gas analyzer (US) ‖ ~**annahme** *f* (Kfz) / throttle response ‖ ~**anstalt** *f* (Chem Verf) / gasworks *pl*, gashouse *n* (US) ‖ **mit** ~**antrieb** (Masch) / gas-powered *adj* ‖ ~**anzeichen** *n* (Geol) / gas show* ‖ ~**anzünder** *m* / gas lighter ‖ ~**aufbereitung** *f* / gas treatment, gas processing, gas conditioning (US) ‖ ~**aufbereitungsanlage** *f* (Chem Verf) / gas purifier ‖ ~**aufkohlen** *n* (Hütt) / gas carburizing* ‖ ~**aufkohlung** *f* (Hütt) / gas carburizing* ‖ ~**aufnahme** *f* (Phys) / gas absorption ‖ ~**aufzehrung** *f* (in Gasentladungsgefäßen) (Eltronik) / gas clean-up *n* ‖ ~**ausbruch** *m* (durch einen Branddamm) (Bergb) / blow* *n* ‖ ~**außendruckkabel** *n* (Kab) / gas-filled external-pressure cable, external gas pressure cable, external gas compression cable ‖ ~**außendruckkabel im Stahlrohr** (Kab) / pipe-type gas-compression cable ‖ ~**austritt** *m* (aus undichten Stellen) / gas leakage ‖ ~**automat** *m* (der mit einer Münze betätigt wird) / prepayment (gas) meter, slot (gas) meter ‖ ~**ballastpumpe** *f* (Vakuumt) / gas ballast pump ‖ ~**bedarf** *m* / gas demand ‖ ~**behälter** *m* / gasholder* *n*, gasometer *n* (GB)* ‖ **flexibler** ~**behälter** (eines Starrluftschiffs) (Luftf) / gas-bag* *n*, gas cell ‖ ~**beheizt** *adj* / gas-fired *adj* ‖ ~**beheizung** *f* / gas heating, gas firing ‖ ~**beizen** *n* (Hütt) / gas pickling ‖ ~**beleuchtung** *f* / gas lighting ‖ ~**benzin** *n* (Erdöl) / casinghead gasoline, natural gasoline ‖ ~**beton** *m* (ein Porenbeton nach DIN 4166) (Bau, HuT) / gas concrete*, aerated concrete ‖ ~**betonstein** *m* (Block- oder Planstein nach DIN 4165) (Bau, HuT) / aerated concrete block ‖ ~**bezug** *m* (Gasmenge, die ein Gasversorgungsunternehmen von einem anderen bezieht) / gas take ‖ **~bindende Vakuumpumpe** / entrapment pump ‖ ~**blase** *f* (im allgemeinen) / gas bubble ‖ ~**blase** (Gieß, Hütt) / blowhole* *n*, gas cavity, gas pocket, gas blowhole, gas hole ‖ **mit** ~**blasen verstärktes Material** / bubble-reinforced material ‖ ~**blaseneffekt** *m* (bei der Unterwasserdetonation) (Phys) / bubble effect ‖ ~**bläser** *m* (Bergb) / blower* *n*, feeder *n* ‖ ~**bleiche** *f* (Pap) / gas bleaching ‖ ~**bleiche** s. auch Bleichholländer ‖ ~**borieren** *n* (Hütt) / gas boronizing ‖ ~**brenner** *m* (Masch) / gas burner ‖ ~**brenner** (Schw) / flame torch, gas torch ‖ ~**brenner mit Gebläse** (Masch) / forced-air gas-burner with ventilation ‖ ~**brenner mit Mischkammer** (Masch) / pre-aerated burner ‖ ~**brenner mit Zwangsvormischung** (Masch) / pre-aerated burner ‖ ~**bürette** *f* (für volumetrische Gasanalysen) (Chem) / gas burette ‖ **Hempelsche** ~**bürette** (eine Gasbürette - nach W. Hempel, 1851-1916) (Chem) / Hempel burette* ‖ ~**chromatograf** *m* (Gerät) (Chem) / gas chromatograph ‖ ~**chromatografie (GC)** *f* (Chem) / gas chromatography* (GC) ‖ **druckprogrammierte** ~**chromatografie** (Chem) / programmed-pressure gas chromatography ‖ **präparative** ~**chromatografie** (Chem) / preparative-scale gas chromatography, prep-scale gas chromatography ‖ ~**chromatografie** *f* **mit programmierter Temperatur** (Chem) / programmed-temperature gas chromatography (TPGC), temperature-programmed gas chromatography ‖ ~**chromatografie-Massenspektrometrie** *f* (Chem) / gas chromatography-mass spectrometry, GC-MS ‖ **~chromatografisch** *adj* (Chem) / gas-chromatographic *adj* ‖

~**chromatografische Technik** (Chem) / GC technique ‖ ~**darbietung** f (Gesamtheit der aus Erdgasfeldern, Kokereien, Raffinerien usw. zur Verteilung an industrielle, kommunale und private Verbraucher verfügbaren Gasmenge) (Kftst) / available gas (quantity) ‖ ~**desodorierung** f / gas deodorizing

**gasdicht** adj / gas-tight adj ‖ ~ (Tankverschluß, Trockenbatterie) / sealed adj ‖ ~**er Tankverschluß** (Kfz) / sealed filler cap

**Gas•dichte** f (Phys) / gas density ‖ ~**dichte bei unendlich kleinem Druck** (Phys) / limiting density ‖ ~**dichtewaage** f (Phys) / gas balance ‖ ~**dichtung** f (DIN 42005) (Kfz) / gas seal ‖ ~**diffusion** f (Phys) / gaseous diffusion* ‖ ~**diffusionsverfahren** n (ein Isotopentrennverfahren) (Nukl) / gaseous diffusion method (of isotope separation), gaseous diffusion enrichment*

**Gasdruck** m (Phys) / gas pressure ‖ ~**dämpfer** m (Kfz) / gas-pressurized shock absorber, gas shock absorber, gas shocker ‖ ~**formen** n (Gieß) / impact moulding ‖ ~**kabel** n (Kab) / gas-pressure cable*, gas-impregnated cable*, gas cable*, gas-pressurized cable ‖ ~**lagerstätte** f (Erdölreservoir unter Gaskappe) (Erdöl) / gas cap drive reservoir ‖ ~**reduzierventil** n (der Gasflasche) (Masch) / gas regulator*, gas-pressure reducing valve, gas-pressure regulator* ‖ ~**stoßdämpfer** m (Kfz) / gas-pressurized shock absorber, gas shock absorber, gas shocker

**Gas•durchflußmesser** m (Masch) / anemometer* n ‖ ~**durchflußzählrohr** n (für α- und ß-Strahlung) (Nukl) / gas-flow counter* ‖ ~**durchlässig** adj (Gieß) / permeable to gas, permeable adj ‖ ~**durchlässigkeit** f (von Formsand) (Gieß) / permeability n, venting power ‖ ~**düse** f (das untere Ende des Brenners) (Schw) / gas nozzle ‖ ~**dynamik** f (Phys) / gas dynamics

**gasdynamisch•es Lager** (Gleitlager mit gasdynamischer Schmierung) (Masch) / hydrodynamic gas bearing ‖ ~**er Laser** (bei dem eine Besetzungsinversion durch thermische Anregungsenergie erfolgt) / gas-dynamic laser ‖ ~**e Schmierung** (eine Gasschmierung) / aerodynamic lubrication

**Gas•echtheit** f (Tex) / gas-fume fading resistance, gas fastness, gas fading resistance, fastness to gas fading, gas-fume fastness, fastness to gas-fume fading ‖ ~**einblasen** n (Glas) / bubbling n ‖ ~**einblasung** f (Nukl) / airlift* n ‖ ~**einlaß** m (bei Massenspektrometern) (Spektr) / gas inlet ‖ ~**einpreßverfahren** n (Erdöl) / repressuring n ‖ ~**einschluß** m (im allgemeinen) / gaseous inclusion, gas inclusion, gas pocket ‖ ~**einschluß** (ein Gußfehler) (Gieß, Hütt) / blowhole* n, gas cavity, gas pocket, gas blowhole, gas hole

**GaSe-Laser** m (Phys) / GaSe laser, gallium selenide laser

**Gas•elektrode** f (eine elektrochemische Elektrode) (Eltech) / gas electrode ‖ ~**element** n (galvanisches Element mit Gaselektrode) (Eltech) / gas cell*

**gasen** v (Tex) / singe v, gas v, scorch v ‖ ~ n (bei der Wassergaserzeugung) (Chem) / make-run n, run n (with steam), steaming n ‖ ~ (der Batterie) (Eltech, Kfz) / gassing* n, gas formation ‖ ~ (Tex) / singeing* n, gassing* n, scorching n

**Gas•entartung** f (Phys) / gas degeneration, degeneration of gas ‖ ~**entfeuchtung** f / gas dehumidification ‖ ~**entladung** f (elektrische) (Elektr) / gaseous discharge*, discharge in gases, gas discharge ‖ **selbständige** ~**entladung** (Elektr) / self-sustaining discharge ‖ ~**entladungsgleichrichter** m (eine zur Gleichrichtung von Wechselströmen verwendete Gasentladungsröhre) (Eltronik) / gas-filled valve rectifier ‖ ~**entladungslampe** f (Licht) / discharge lamp*, gas-discharge lamp, electric-discharge lamp* ‖ ~**entladungslichtquelle** f (Licht) / discharge lamp, gas-discharge lamp*, electric-discharge lamp* ‖ ~**entladungsröhre** f (Eltronik) / gas-discharge tube*, discharge tube*, gas-filled tube ‖ ~**entladungsröhre mit Napfkatode** (Eltronik) / pool tube ‖ **gittergesteuerte** ~**entladungsröhre mit Napfkatode** (Eltronik) / grid pool tube* ‖ ~**entladungsscheinwerfer** m (z.B. Litronic) (Kfz) / gas-discharge headlight, discharge-type headlight ‖ ~**entladungsstrecke** f (Eltronik) / gas-discharge gap ‖ ~**entlösungsdruck** m (Expansionsdruck des im Öl gelösten Gases) (Erdöl, Geol) / solution gas drive, internal gas drive, dissolved-gas drive, depletion gas drive ‖ ~**entlösungstrieb** m (in einer Erdöllagerstätte) (Erdöl, Geol) / solution gas drive, internal gas drive, dissolved-gas drive, depletion gas drive ‖ ~**entschwefelung** f (Umwelt) / gas desulphurization ‖ ~**entwickler** m (Chem Verf, Kftst) / gas producer*, gas generator* ‖ ~**entwicklung** f / gas evolution*, gas formation ‖ ~**entwicklung** (Vakuumt) / outgassing n ‖ **nachträgliche** ~**entwicklung** (Glas) / reboiling n ‖ ~**entwicklung** (Chem Verf, Kftst) / gas producer*, gas generator* ‖ ~**erzeuger mit automatischer Entschlackung** (Masch) / self-clinkering producer ‖ ~**erzeugungsanlage** f (Chem Verf) / gasworks pl, gashouse n (US) ‖ ~**expansionstrieb** m (Erdöl, Geol) / dissolved-gas drive ‖ ~**explosion** f / gas explosion ‖ ~**faden** m (Phys) / gas streamline, streamline of gas ‖ ~**-Fading** n (bei gefärbten Textilien) (Tex) / gas-fading n ‖ ~**familie** f (z.B. bei Gasgerätekategorien) / gas family ‖ ~**feder** f (Masch) / pneumatic spring ‖ ~**feld** n (eine aufgeschlossene Erdgaslagerstätte) / gas field ‖ **ausgefördertes** ~**feld** / depleted gas reservoir ‖ **leergefördertes** ~**feld** / depleted gas reservoir ‖ ~**-Fest-Chromatografie** f (Chem) / gas-solid chromatography, GSC ‖ ~**feuerstätte** f (Gasverbrauchseinrichtung vom Typ B) / flued appliance ‖ ~**feuerzeug** n / gas lighter ‖ ~**filterkorrelationsverfahren** n (ein fotometrisches Gasmeßverfahren) / gas-filter-correlation process ‖ ~**fitter** m / gas-fitter n ‖ ~**flamme** f (Gas) / gas flame ‖ ~**flammkohle** f (mit 35-40% an Flüchtigem) (Bergb) / subbituminous coal (>31% volatile matter), long-flame coal, free-burning coal (34-40% volatile matter) ‖ ~**flasche** f / gas cylinder n, gas-bottle n, cylinder n ‖ ~**flasche** (für Sauerstoff und Brenngas beim Schweißen) (Schw) / welding bottle ‖ ~**flaschenabfüllanlage** f / gas-cylinder filling station ‖ ~**flaschenfüllstation** f / gas-cylinder filling station ‖ ~**flaschenkarre** f / gas-cylinder truck ‖ ~**flaschenventil** n / gas-cylinder valve ‖ ~**-Flüssig-Chromatografie** f (Chem) / gas-liquid chromatography*, GLC* ‖ ~**-Flüssigkeits-Verteilungschromatografie** f (Chem) / gas-liquid chromatography*, GLC* ‖ ~**fokussierung** f (Eltronik, Plasma Phys) / gas focussing, ionic focussing ‖ ~**formation** f (Geol) / gas-producing formation

**gasförmig** adj (Phys) / gaseous adj ‖ ~**er Augenreizstoff** (Chem, Mil) / tear-gas* n ‖ ~**er Brennstoff** (DIN 1340) (Kftst) / gaseous fuel*, fuel gas ‖ ~**e Entladung** (Elektr) / gaseous discharge, discharge in gases, gas discharge ‖ ~**er Kampfstoff** (Chem, Mil) / war gas* ‖ ~**e Phase** (Phys) / gas phase ‖ ~**er Sauerstoff** / gaseous oxygen, gox n ‖ ~**er Schmierstoff** / gaseous lubricant

**gasfrei** adj / gas-free adj

**gasführend** adj / gassy adj ‖ ~ (Bergb, Geol) / gas-bearing adj, gas-carrying adj

**Gasfüllung, mit** ~ / gas-filled adj

**Gas•fußhebel** m (Kfz) / accelerator* n (a foot pedal), accelerator pedal (GB)*, gas pedal (US) ‖ ~**-Gathering** n (Abtrennung des gelösten Begleitgases aus dem geförderten Erdöl) / gas gathering ‖ **dynamische Entlastung beim** ~**geben** (Kfz) / rearward load transfer

**gasgefüllt** adj / gas-filled adj ‖ ~ (Röhre) (Eltronik) / soft* adj, gassy adj (US) ‖ ~**e Lampe** (Eltronik) / gas-filled lamp ‖ ~**e Röhre** (Eltronik) / gas tube*

**Gasgehalt** m (Volumenanteil des Gases in einer Gas-Flüssig-Dispersion) (Chem, Phys) / gas hold-up

**gasgekühlt•er Hochtemperaturreaktor** (Nukl) / high-temperature gas-cooled reactor, HTGR ‖ ~**er Reaktor** (Nukl) / gas-cooled reactor*, GCR ‖ ~**er schwerwassermoderierter Reaktor** (Nukl) / heavy-water gas-cooled reactor, HWGCR

**Gas•gemisch** n (Kftst, Phys) / gaseous mixture, gas mixture ‖ ~**generator** m (Chem Verf, Kftst) / gas producer*, gas generator* ‖ ~**generator** (z.B. ein Holzgasgenerator) (Kfz) / gasogene n, gazogene n ‖ ~**generator** (für Airbags) (Kfz) / inflator n ‖ ~**gerät** n (Gasverbrauchseinrichtung vom Typ A) / flueless appliance ‖ ~**geruch** m / smell of gas, odour of gas ‖ ~**geschmiert** adj (aerodynamisch) / aerodynamically lubricated, gas-lubricated adj ‖ ~**gesetze** n pl (thermische und kalorische Zustandsgleichungen der Gase) (Phys) / gas laws ‖ ~**gestänge** n (Kfz) / carburettor linkage ‖ ~**getragenes Luftfahrzeug** (Luftf) / aerostat* n, lighter-than-air aircraft ‖ ~**gewinde** n (Masch) / gas thread ‖ ~**gewindeschneideisen** n pl (Masch) / gas stocks and dies* ‖ ~**gewinnung** f **aus Mülldeponien** / landfill gas extraction (US) ‖ ~**gleichgewicht** n (Phys) / gas equilibrium ‖ **allgemeine** ~**gleichung** (Phys) / ideal-gas law, ideal-gas equation ‖ ~**glocke** f / gas bell ‖ ~**-Graphit-Reaktor** m (Nukl) / gas-cooled graphite-moderated reactor, gas-graphite reactor ‖ ~**hahn** m / gas tap

**gashaltig** adj / gassy adj ‖ ~**es Erdöl** (Erdöl) / live oil (US), crude oil containing natural gas

**Gas•haube** f (kuppelförmige Abdeckung über Schlammfäulräumen zur Entnahme des Klärgases) (Sanitär) / gas hood ‖ ~**hauptleitung** f / gas main(s) ‖ ~**heizung** f (Gas) / gas heating, gas firing ‖ ~**herd** m / gas cooker, gas range (US) ‖ ~**hohlraum** m (Gieß, Hütt) / blowhole* n, gas cavity, gas pocket, gas blowhole, gas hole ‖ ~**hülle** f / gaseous envelope ‖ ~**hydrat** n (Käfigeinschlußverbindung, die zu Verstopfungen in Ferngasleitungen führen kann) (Chem) / gas hydrate

**gasieren** v (Tex) / singe v, gas v, scorch v ‖ ~ n (Tex) / singeing* n, gassing* n, scorching n

**Gasiermaschine** f (Tex) / singeing machine, gas singeing machine

**Gas•inhalt** m (Erdöl) / gas-in-place n, G.I.P. ‖ ~**injektion** f (künstliche Erhöhung des Lagerstättendrucks) (Erdöl) / gas injection ‖ ~**innendruckkabel** n (Kab) / gas-filled internal pressure cable, internal gas pressure cable ‖ ~**innendruckkabel mit teilgetränkter Isolierung** (Kab) / gas-filled cable* ‖ ~**innendruckkabel mit unterteiltem Druckraum** (Kab) / gas-cushion cable* ‖ ~**-in-Place** n (Erdöl) / gas-in-place n, G.I.P. ‖ ~**installateur** m / gas-fitter n ‖ ~**-Ion** n (Phys) / gas ion ‖ ~**ionenstrom** m (Eltronik) / gas current*

**gasisoliert**

**gasisoliertes Kabel** (Kab) / gas-insulated cable ‖ **~er Rohrleiter** (Kab) / rigid CGI cable ‖ **~e Station** (Eltech) / gas-insulated substation
**Gas•isolierung** f (Kab) / gas insulation ‖ **~-Jet** m (z.B. in einem Schwerionenbeschleuniger) (Nukl) / gas jet ‖ **~kalorimeter** n / gas calorimeter ‖ **~kampfstoff** m (Chem, Mil) / war gas* ‖ **~kanal** m / gas duct ‖ **~kappe** f (der Gasraum über einem Ölträger) (Erdöl) / gas cap* ‖ **~kette** f (Eltech) / gas cell* ‖ **~kissen** n (bei der Untertagespeicherung) / cushion gas ‖ **~kocher** m / gas cooker, gas range (US) ‖ **~kohle** f (Streifenkohle mit etwa 28-35% Gehalt an Flüchtigem) (Bergb) / gas coal, subbituminous coal (>31% volatile matter) ‖ **~kokerei** f (Chem Verf) / coke oven plant for town-gas production ‖ **~koks** m (Bergb, Kftst) / by-product coke ‖ **~koks** (Kftst) / gas coke ‖ **~kompressor** m (Masch) / gas compressor ‖ **~konditionierung** f (Verfahren zur Einstellung einer gewünschten Gasbeschaffenheit durch Hinzufügen oder Entfernen bestimmter Komponenten bzw. Stoffe) / gas treatment ‖ **~konditionierung** (Schw) / gas conditioning* ‖ **~konstante** f (DIN 1304, 1345) (Phys) / gas constant*, gas-law constant, molar gas constant* ‖ **absolute ~konstante** (Phys) / molar gas constant, universal gas constant ‖ **allgemeine ~konstante** (Phys) / molar gas constant, universal gas constant ‖ **spezifische ~konstante** (Phys) / specific gas constant ‖ **~konzentrierung** f (Eltronik, Plasma Phys) / gas focussing, ionic focussing ‖ **~kraftwerk** n (mit Gas gefeuertes Kraftwerk) / gas-fired power station ‖ **~kreislaufverfahren** n (sekundäre Gewinnung) (Erdöl) / cycling n, recycling n ‖ **~kühlschrank** m (Absorberkühlschrank, dessen Austreiber mit einem brennbaren Gas beheizt wird) / gas refrigerator ‖ **~lagerung** f / gas storage ‖ **~lampe** f / gas light, gas lamp ‖ **~lanze** f (des Brenners) / gas lance ‖ **~laser** m (z.B. im UV-, sichtbaren, IR- oder FIR-Bereich) (Eltronik, Phys) / gas laser, gas-discharge laser ‖ **~leck** n / gas leakage ‖ **~leeres Öl** (Erdöl) / dead oil* ‖ **~leitung** f / gas main(s) ‖ **~leitung** (eines Brenners) (Masch) / spud n ‖ **~- und Wasserleitungsinstallation** f / piping n ‖ **~leuchte** f / gas light, gas lamp ‖ **~lichtpapier** n (ein altes Silberbromidpapier) (Foto) / contact paper*, gaslight paper* ‖ **~lieferung** f im Rahmen von nicht unterbrechbaren Verträgen (Kftst) / firm gas, firm service (gas supply) (US) ‖ **~lieferungsvertrag** m (Kftst) / gas supply contract ‖ **~liefervertrag** (Kftst) / gas supply contract ‖ **intermittierende ~liftförderung** / slug lifting ‖ **~-Lifting** n (Erdöl) / gas lift*, gaslifting n ‖ **~liftverfahren** n (bei der Erdölförderung) (Erdöl) / gas lift*, gaslifting n ‖ **~-Liquidus-Chromatografie** f (Chem) / gas-liquid chromatography*, GLC* ‖ **~löten** n (Hütt) / gas brazing ‖ **~löten** (Klemp, Masch) / torch brazing* ‖ **~lötschweißen** n (Schw) / gas braze welding ‖ **~-Luft-Brenner** m / gas-air torch ‖ **~-Luft-Gemisch** n für vollständige Verbrennung (Kftst) / total air-gas mixture* ‖ **~lupfen** n (Kfz) / snap off the throttle, power-off n, throttle lift-off ‖ **~lupfen** (Kfz) / snap off the throttle, power off n ‖ **~mann** n / gasman n ‖ **~maschine** f (V-Mot) / gas engine*, gas motor ‖ **~maser** m (Eltronik) / gas maser* ‖ **~maske** f (Chem) / gas mask* ‖ **~mengenstromteiler** m (am Ende der Trennsäule) (Chem) / splitter n ‖ **~messer** m (Instr) / gas meter, gas-supply meter ‖ **~messerleder** n (Leder) / meter leather ‖ **~messung** f / gas metering ‖ **~molekül** n (Chem, Phys) / gas molecule ‖ **~motor** m (V-Mot) / gas engine*, gas motor ‖ **multiplikation** f (Vervielfachung von elektrischen Ladungsträgern in Gasen durch Stoßionisation) (Eltronik, Kernphys) / gas amplification*, gas multiplication ‖ **~nachbehandlung** f (Chem Verf) / gas conditioning, gas treating, gas treatment ‖ **~nebel** m (interstellare Materie) (Astr) / gaseous nebula ‖ **~nitrieren** n (in Stickstoff abgebenden Gasen nach DIN 17014, T 1) (Hütt) / gas nitriding
**Gasodorierung** f (mit geruchsintensiven Substanzen) / gas odorizing
**Gasofen** m (Hütt, Masch) / gas furnace
**Gasohol** m / gasohol n
**Gasöl** n (DIN 51567) (Kftst) / gas oil ‖ **~ aus der katalytischen Krackung** (Kftst) / catalytic gas oil ‖ **~hydroaffination** f (Erdöl) / gas-oil hydrotreating, gas-oil hydrofining
**Gasolin** n (ein Leichtbenzin) (Erdöl, Kftst) / gasoline n, gasolene n ‖ **~fraktionierung** f (Erdöl) / gasoline fractionation ‖ **~splitting** n (Erdöl) / gasoline splitting
**Gas-Öl-Verhältnis** n (Erdöl) / gas-oil ratio, GOR
**Gasometer** m (Gasbehälter, der auch zur Volumenmessung dient) / gasometer n
**Gasottomotor** m (V-Mot) / LPG-operated spark-ignition engine
**Gas•pedal** n (Kfz) / accelerator* n (a foot pedal), accelerator pedal (GB)*, gas pedal (US) ‖ **~permeation** f (Chem Verf) / gas permeation ‖ **~phase** f (z.B. bei Kohlehydrierung) (Chem Verf) / vapour phase ‖ **~phase** (Phys) / gas phase ‖ **~phase** (Phys) / gas phase ‖ **~phasenabscheidung** f (Galv) / chemical vapour deposition, CVD ‖ **~phasenepitaxie** f (Eltronik) / vapour-phase epitaxy (VPE) ‖ **~phasenepitaxie** (bei der das Aufbringen einer Halbleiterschicht auf ein Halbleitersubstrat aus der Gasphase geschieht) (Eltronik) / gas-phase epitaxy (GPE) ‖ **~phaseninhibitor** m (über die Dampf-/Gas-/Phase wirksamer Korrosionsschutzstoff) (Chem) /

vapour-phase inhibitor* (V.P.I.) (VPI), volatile corrosion inhibitor (VCI) ‖ **~phasenoxidation** f (Chem Verf) / gas-phase oxidation ‖ **~phasenreaktor** m (Chem Verf) / gas-phase reactor ‖ **~phasenstörung** f (wenn der Analyt nicht vollständig in Atome dissoziiert ist) (Spektr) / gas-phase interference ‖ **~pipette** f (für Gasanalysen) (Chem) / gas pipette ‖ **~plasmabildschirm** m (EDV) / plasma panel, gas panel, plasma display panel, gas-plasma display ‖ **~plattieren** n / vapour plating, gas plating ‖ **~polster** n (Erdöl) / gas lock ‖ **~pore** f (Gaseinschluß in einer Schweißnaht) (Schw) / gas pore ‖ **~preßschweißen** n (Schw) / gas pressure welding, oxyacetylene pressure welding ‖ **~probennehmer** m / gas sampler ‖ **~prüfer** m / gas tester ‖ **~prüfgerät** n / gas tester ‖ **~prüfröhrchen** n / gas detector tube ‖ **~pyrometer** n (ein Berührungsthermometer zur Temperaturmessung an heißen Gasen) / gas pyrometer ‖ **~rauschen** n (Akus) / gas noise ‖ **~regler** m (Mengen- oder Druck-) (Masch) / gas governor* ‖ **~reibung** f (in einem der Reibpartner lückenlos trennenden, gasförmigen Film, der durch aerostatische oder aerodynamische Schmierung erzeugt werden kann) (Phys) / gas-film friction ‖ **~reiches Erdöl** (Erdöl) / live oil (US), crude oil containing natural gas ‖ **~reiniger** m (Chem Verf) / gas purifier ‖ **~reinigung** f (Chem Verf) / gas cleaning, gas purification ‖ **elektrostatische ~reinigung** / electrostatic gas purification, EGP ‖ **~reinigungsmasse** f (Chem Verf) / purifying material, sponge n (US), oxide n ‖ **beladene ~reinigungsmasse** (Chem Verf) / part-spent oxide ‖ **~reinjektion** f (Erdöl) / gas reinjection ‖ **~rohr** n / gas pipe ‖ **schmiedeeisernes ~rohr** (Masch) / gas barrel* ‖ **~röhre** f (Eltronik) / gas tube* ‖ **~rohrgewinde** n (Masch) / gas thread* ‖ **~rohrleger** n / gas-fitter n ‖ **~rohrleitung** f / gas pipeline ‖ **~rohrzange** f (Werkz) / gas-pipe tongs* pl, gas pliers* ‖ **~rückblasen** n (V-Mot) / blow-back n ‖ **~rückschieben** n (bei Zweitaktmotoren) (V-Mot) / blow-back n ‖ **~rückstand** m (Eltronik) / residual gas* ‖ **~rückverflüssigung** f / reliquefying ‖ **~ruß** m / gas black*, roller-process gas black ‖ **~säule** f / gas column ‖ **~schaum** m (ein Löschschaum) / chemical foam ‖ **~schieber** m (Masch) / gas valve ‖ **~schlauch** m / gas hole ‖ **~schleier** m (Schutzgas) / gas blanket ‖ **~schleuse** f (Hütt, Masch) / gas lock ‖ **~schmelzschweißen** n (Schw) / gas fusion welding ‖ **~schmierung** f (bei der die Reibflächen der sich relativ zueinander bewegenden Körper durch einen gasförmigen Schmierstoff getrennt werden) / gas-film lubrication, gas lubrication ‖ **~schneiden** n (Schw) / gas-cutting n, oxygen cutting, flame cutting*, oxy-cutting n ‖ **~schweif** m (des Kometen) (Astr) / gas tail, ionic tail, plasma tail ‖ **~schweißen** n (Schw) / gas welding* ‖ **~-Schwerwasser-Reaktor** m (Nukl) / heavy-water gas-cooled reactor, HWGCR
**Gasse** f (im Streb) (Bergb) / track n ‖ **~** (fehlerhafter Zwischenraum, der über mehrere Zeilen geht) (Typog) / rivers* pl, streets* pl, gutter gap
**gassenbesetzt** adj (Fernsp) / all trunks busy
**Gas•senge** f (Tex) / singeing machine, gas singeing machine ‖ **~sengmaschine** f (DIN 64990) (Tex) / singeing machine, gas singeing machine ‖ **~sensitive Membransonde** (Chem) / gas-sensing membrane probe ‖ **~sensor** m (ein Gasspürgerät) / gas sensor ‖ **~separation** f (Trennung eines unter Druck stehenden Gasgemisches an einer Membran) / gas separation ‖ **~sicherung** f (zur Unterbrechung der Gaszufuhr zu den Gasverbrauchseinrichtungen) / gas safety device ‖ **~-Solidus-Chromatografie (GSC)** f (Chem) / gas-solid chromatography, GSC ‖ **~speicherung** f / gas storage ‖ **~sperre** f (z.B. in der Pipeline) / gas lock ‖ **~spürgerät** n / gas detector ‖ **~spürgerät** s. auch Gasprüfer ‖ **~statisches Lager** (Gleitlager mit gasstatischer Schmierung) (Masch) / hydrostatic gas bearing ‖ **~statische Schmierung** (eine Gasschmierung) (Masch) / aerostatic lubrication ‖ **~sterilisierung** f (gas sterilization ‖ **~strahl** m (des Marschtriebwerkes - der bei V/STOL-Flugzeugen ausgelenkt wird) (Luftf) / slipstream n ‖ **~strahl** (Masch) / gas jet ‖ **ausgelenkter ~strahl** (des Marschtriebwerkes bei V/STOL-Flugzeugen) (Luftf) / deflected slipstream, directed slipstream ‖ **~strahlvakuumpumpe** f (eine Treibmittelvakuumpumpe) (Vakuumt) / gas-jet pump ‖ **~strecke** f (Schw) / arc gap ‖ **~strom** m / gas flow, gas stream ‖ **~strom** (in Vakuummetern) (Vakuumt) / gas current* ‖ **~stromschalter** m (Eltech) / gas-blast circuit breaker* ‖ **~strömung** f / gas flow, gas stream ‖ **~strömungsgeschwindigkeit** f (Phys) / gas flow rate
**Gast** m (Chem, Zool) / guest* n ‖ **~** (Person, die an Bord bestimmte Funktionen ausübt) (Schiff) / hand n, man n
**Gas•tanker** m (Schiff) / LPG carrier, gas tanker ‖ **~target** n (Nukl) / gas target ‖ **~technik** f (Chem Verf) / gas technology ‖ **~teer** m (meistens Steinkohlenteer) (Chem Verf) / gas tar*, gashouse coal tar, gasworks tar
**Gästehandtuch** n (Tex) / fingertip towel
**Gastester** m / gas tester
**Gästetuch** n (Tex) / fingertip towel

**Gastgebersprache** *f* (eine höhere Programmiersprache, in welche die Elemente der Datenmanipulationssprache eingebaut sind) (EDV) / host language

**Gastheorie, kinetische** ⁓ (Phys) / kinetic theory of gases*, kinetic molecular theory (of gases), KMT

**Gas•thermometer** *n* (ein Fundamentalthermometer mit Gas als Meßsubstanz) (Phys) / gas thermometer ‖ ⁓**thermometer konstanten Volumens** (Phys) / constant-volume gas thermometer

**Gast•holzart** *f* (z.B. Weymouthskiefer oder Sitkafichte in Europa) (For) / foreign wood species ‖ ⁓**-Ion** *n* (in dem Wirtsgitter) (Krist) / guest ion ‖ ⁓**mineral** *n* (Geol, Min) / metasome *n* ‖ ⁓**molekül** *n* (bei Einschlußverbindungen) (Chem) / guest molecule

**Gas**⁓**transfervakuumpumpe** *f* (Vakuumt) / gas transfer pump ‖ ⁓**trennung** *f* / gas separation ‖ ⁓**trennung** (im allgemeinen) / gas separation, gas fractionation, separation of gases ‖ ⁓**trieb** *m* (Gasdruck in einer Erdöllagerstätte) (Erdöl) / gas drive

**Gastrin** *n* (Biochem) / gastrin ‖ ⁓ **Big-**⁓ (aus 34 Aminosäureresten) (Biochem) / big gastrin ‖ **Big-big-**⁓ (aus 83 Aminosäureresten) (Biochem) / big big gastrin ‖ **Little** ⁓ (aus 17 Aminosäureresten) (Biochem) / little gastrin ‖ **Mini-**⁓ (aus 13 Aminosäureresten) (Biochem) / minigastrin *n*

**gastrininhibierend•es Peptid** (Biochem) / gastric inhibitory polypeptide ‖ ⁓**es Polypeptid** (Biochem) / gastric inhibitory polypeptide

**Gastriode** *f* (Eltronik) / gas-filled triode

**gastrisches inhibitorisches Polypeptid** (Biochem) / gastric inhibitory polypeptide

**Gaststätte** *f* (als Anlage) (Bau) / refreshment facility

**Gasturbine** *f* (eine Wärmekraftmaschine) (Masch) / gas turbine*, combustion (gas) turbine ‖ ⁓ **mit geschlossenem Kreislauf** (Masch) / closed-cycle gas turbine ‖ ⁓ **mit offenem Kreislauf** (Masch) / open-cycle gas turbine

**Gasturbinen, offene** ⁓**anlage** (Masch) / open gas-turbine system ‖ ⁓**kraftwerk** *n* (ein Wärmekraftwerk) (Eltech) / gas-turbine (electric) power plant, gas-turbine electric power station ‖ ⁓**lokomotive** *f* (Bahn) / gas-turbine locomotive ‖ ⁓**motor** *m* (Masch) / gas-turbine plant* ‖ ⁓**triebwerk** *n* (Masch) / gas-turbine plant* ‖ ⁓**triebwerk** (Luftf) s. auch PTL-Triebwerk und Strahlturbinentriebwerk ‖ ⁓**triebzug** *m* (Bahn) / turbotrain *n*

**gastweise** *adj* (EDV) / hosted *adj* (implementation)

**Gas•uhr** *f* (Instr) / gas meter, gas-supply meter ‖ ~**umhüllter Lichtbogen** / shielded arc ‖ ~**umwälzgebläse** *n* (Masch) / gas circulator ‖ ~**undurchlässig** *adj* / impervious to gases

**Gasung** *f* (bei der Wassergaserzeugung) (Chem) / make-run *n*, run *n* (with steam), steaming *n* ‖ ⁓ (der Batterie) (Eltech, Kfz) / gassing* *n*, gas formation

**Gasungsbeständigkeit** *f* (ein Maß für die Stabilität von Aluminiumpigmenten in Wasser und wäßrigen Beschichtungsstoffen) (Anstr) / gassing stability

**Gas•ventil** *n* (des Freiballons) (Luftf) / gas valve ‖ ⁓**ventil** (Masch) / gas valve ‖ ⁓**verbrauch** *m* (Kftst) / gas consumption ‖ ⁓**verbrauchseinrichtung** *f* (gas) appliance ‖ ⁓**verdichter** *m* (Masch) / gas compressor ‖ ⁓**verflüssigung** *f* (Phys) / liquefaction of gases*, gas liquefaction ‖ ⁓**versorgung** *f* (Kftst) / gas supply ‖ ⁓**versorgungsunternehmen** *n* (Kftst) / straight gas utility (US), gas utility (US), gas undertaking ‖ ⁓**verstärkung** *f* (Vervielfachung von elektrischen Ladungsträgern in Gasen durch Stoßionisation) (Eltronik, Kernphys) / gas amplification*, gas multiplication ‖ ⁓**verteiler** *m* (zur Dispergierung von Gasen in Flüssigkeiten) (Chem Verf) / gas sparger ‖ ⁓**verteilungsfritte** *f* (Chem) / sintered bubbler ‖ ⁓**vibrationen** *f pl* (in der Auspuffanlage) (Kfz) / gas oscillation(s) ‖ ⁓**volumen** *n* (Phys) / gas volume ‖ ⁓**volumeter** *n* **nach Lunge** (zur Analyse organischer Stickstoffverbindungen - nach G. Lunge, 1839 - 1923) (Chem) / Lunge nitrometer* ‖ ⁓**volumetrie** *f* / gas-volumetric analysis, gas volumetry, gasometric analysis ‖ ⁓**vorlage** *f* / gas-collecting main (of a coke-oven battery), gas-offtake main ‖ ⁓**waage** *f* (Phys) / gas balance ‖ ⁓**warneinrichtung** *f* / gas-alarm equipment ‖ ⁓**wascher** *m* (Sprühwäscher für Gasreinigung) (Chem Verf) / gas scrubber*, gas washer ‖ ⁓**wäscher** *m* (Sprühwäscher für Gasreinigung) (Chem Verf) / gas scrubber*, gas washer ‖ ⁓**waschflasche** *f* (Chem) / wash-bottle *n*, gas-washing bottle ‖ ⁓**wasser** *n* (Chem Verf) / gas liquor*, ammonia water, ammonia liquor, ammoniacal liquor ‖ ⁓**wechsel** *m* (Kfz) / charge-changing process ‖ ⁓**wegnehmen** *n* (abruptes) (Kfz) / snap off the throttle, power-off *n*, throttle lift-off ‖ ⁓**wegnehmen** (Kfz) / snap off the throttle, power off *n* ‖ ⁓**werk** *n* (Chem Verf) / gas works *pl*, gasworks *n* (US) ‖ ⁓**werkskoks** *m* (Kftst) / gas coke ‖ ⁓**werksretorte** *f* (Chem Verf) / gas retort ‖ ⁓**werksteer** *m* (Chem Verf) / gas tar*, gashouse coal tar, gasworks tar ‖ ⁓**zähler** *m* (Instr) / gas meter, gas-supply meter ‖ ⁓**zähler** (ein gasgefüllter Tscherenkow-Zähler) (Kernphys) / gas counter ‖ **trockener** ⁓**zähler** / dry-type gas meter, diaphragm meter, dry gas meter ‖ **nasser** ⁓**zähler** / wet-type gas meter, wet gas meter ‖ ⁓**zählrohr** *n* (Kernphys) / gas counter ‖ ⁓**zelle** *f* (in der die Wirkungs-

des Sauergases untersucht wird) (Chem Verf, Erdöl) / gas chamber ‖ ⁓**zelle** (Eltech) / gas cell* ‖ ⁓**zelle** (Luftf) / gas-bag* *n*, gas cell ‖ ⁓**zentralheizung** *f* (mit Erdgas) (Bau) / gas central heating ‖ ⁓**zentrifuge** *f* (zur Anreicherung des spaltbaren Uranisotops $^{235}$U) (Nukl) / gas centrifuge ‖ ⁓**zentrifugenverfahren** *n* (Isotopentrennung) (Nukl) / gas centrifuge process ‖ ⁓**zufuhr** *f* (Kftst) / gas supply ‖ ⁓**zug** *m* (ein Bowdenzug) (Kfz) / throttle-control cable, accelerator cable ‖ ⁓**zustandsgleichung** *f* (Phys) / ideal-gas law, ideal-gas equation

**Gate** *n* (pl. Gates) (DIN 41858) (Steuerelektrode beim Thyristor und beim Feldeffekttransistor) (Eltronik) / gate* *n*, gate electrode ‖ **schwebendes** ⁓ (integrierte MIS-Bauelemente, die in das Gateoxid einen Speicherplatz eingebaut haben) (Eltronik) / floating gate ‖ **über den** ⁓**anschluß gesteuert** (Eltronik) / gate-controlled *adj* ‖ ⁓**-Array** *n* (Eltronik) / gate array* ‖ ⁓**-Array-Verfahren** *n* (für den Entwurf von teilkundenspezifischen Schaltungen) (Eltronik) / gate-array process ‖ ⁓**bereich** *m* (EDV) / gate region, gate zone

**Gated-Decoupling** *n* (eine Methode zur Messung von gekoppelten Spektren) (Spektr) / gated decoupling

**Gatefold** *n* (Buchb) / folding plate*, gatefold *n* ‖ ⁓ (Faltblatt, das ein Druckwerk um eine Seite erweitert) (Buchb) / gate-fold *n*

**Gatemaskenprozeß, selbstjustierender** ⁓ (Eltronik) / self-adjusting gate process

**Gate•-Oxid** *n* (Eltronik) / gate oxide ‖ ⁓**rauschen** *n* (bei Sperrschichtfeldeffekttransistoren) (Eltronik) / gate noise ‖ ⁓**schaltung** *f* (bei Bipolar- und Feldeffekttransistoren) (Eltronik) / gate circuit ‖ ⁓**schutz** *m* (von MOS-Transistor-Schaltungen gegen Zerstörung) (Eltronik) / gate protection ‖ ⁓**spannung** *f* (zwischen Gateanschluß und der Bezugselektrode der Schaltung) (Eltronik) / gate voltage* ‖ ⁓**steuerung** *f* (Eltronik) / gate control ‖ ⁓**strom** *m* (Eltronik) / gate current ‖ ⁓**verstärker** *m* (eine Grundschaltung bei Bipolar- und Feldeffekttransistoren) (Eltronik) / gate amplifier

**Gateway** *n* (Koppeleinheit zwischen Netzwerken) (EDV) / gateway *n* ‖ ⁓ (ein Kommunikationsrechner zwischen verschiedenen Rechnernetzen, der die Aufgabe hat, Nachrichten von einem Netz in das andere zu übermitteln) (EDV) / gateway* *n* ‖ ⁓ (für die Verbindung zweier unterschiedlicher Netzwerke) (Fernm) / gateway* *n* ‖ ⁓ (Flughafen, auf dem Transozeanflüge beginnen oder enden) (Luftf) / gateway *n* ‖ ⁓**-Regel** *f* (die in wissensbasierten Systemen die Schnittstelle zwischen dem Innern der Referenzmaschine und der "Außenwelt" definiert) (KI) / import/export rule

**Gatsch** *m* / slack wax

**GATT** *n* (Allgemeines Zoll- und Handelsabkommen) / GATT (General Agreement on Tariffs and Trade)

**Gatt** *n* (Loch) (Schiff) / hole *n*

**Gatter** *n* (DIN 44300) (EDV) / logic gate, gate *n*, logic element*, logic unit* ‖ ⁓ (For) / frame sawing machine, gang saw*, frame-saw *n*, log frame saw ‖ ⁓ (Spinn, Tex) / creel* ‖ ⁓**anordnung** *f* (EDV) / logic array* ‖ ⁓**anordnung** (Eltronik) / gate array*

**Gattermann-Koch-Synthese** *f* (Chem) / Gattermann aldehyde synthesis ‖ ⁓ (Chem Verf) / Gattermann aldehyde synthesis, Gattermann-Koch synthesis

**Gattermann-Reaktion** *f* (ein Diazoniumaustausch - nach L. Gattermann, 1860-1920) (Chem) / Gattermann reaction*

**Gattermannsche Aldehydsynthese** (Chem Verf) / Gattermann aldehyde synthesis, Gattermann-Koch synthesis

**Gatter•matrix** *f* (regelmäßige Anordnung von Logikgattern in einer integrierten Schaltung) (Eltronik) / gate array* ‖ ⁓**rahmen** *m* (der Gattersäge) (For) / frame *n* ‖ ⁓**säge** *f* (For) / frame sawing machine, gang saw*, frame-saw *n*, log frame saw ‖ ⁓**säge** (For) s. auch Senkrechtgatter ‖ ⁓**sägemaschine** *f* (For) / frame sawing machine, gang saw*, frame-saw *n*, log frame saw ‖ **Hamburger** ⁓**sägemaschine** (For) / veneer frame sawing machine ‖ ⁓**sägewerk** *n* (For) / gang sawmill, frame sawmill ‖ ⁓**schaltung** *f* (EDV) / logic gate, gate *n*, logic element*, logic unit* ‖ ⁓**simulation** *f* (Eltronik) / gate-level simulation ‖ ⁓**wagen** *m* (For) / saw carriage, logsaw carriage

**gattieren** *v* (Ausgangsmaterialien in richtigen Mengenverhältnissen zur gewünschten Zusammensetzung der Schmelze zusammenstellen) (Hütt) / make up the charge, calculate the burden, burden *v* ‖ ⁓ *n* (Hütt) / charge make-up, burdening *n*, mixture-making *n*

**Gattierung** *f* (Hütt) / charge make-up, burdening *n*, mixture-making *n*

**Gattung** *f* (Biol) / genus* *n* (pl. genera)

**Gattungsbegriff** *m* / generic term

**Gattungsname** *m* / generic name

**GAU** (stattgefunden in Tschernobyl/Ukraine - April/Mai 1986) (Nukl) / maximum credible accident, maximum conceivable accident, MCA, worst hypothetical accident, China syndrome, maximum hypothetical accident, MHA

**Gaube** *f* (Bau) / dormer* *n*

**Gaubenstein** *m* / air-brick* *n*, ventilation brick

**gauche-Konformation** *f* (Chem) / gauche conformation

439

**Gaufrage**

**Gaufrage** f (von Mustern) (Tex) / goffering n, embossing n
**Gaufré** n (Gewebe mit eingepreßtem Muster) (Tex) / embossed fabric, dacian cloth
**gaufrieren** v (Plüsch) (Tex) / stamp
**Gaufrierkalander** m (Tex) / embossing calender, goffering calender
**gaufriertes Papier** (Pap) / embossed paper*
**Gaugauholz** n (aus Mesua ferrea L.) (For) / Ceylon ironwood*
**Gauge** n (Feinheitsbezeichnung für Cotton- und Raschelmaschinen) (Tex) / gauge* n, gage n
**Gauge-Zahl** f (Feinheitsbezeichnung für Cotton- und Raschelmaschinen) (Tex) / gauge* n, gage n
**Gaugino** n (Kernphys) / gaugino n
**Gaultheriaöl** n (etherisches Öl aus den Blättern der Gaultheria procumbens L.) / wintergreen oil, oil of wintergreen, wintergreen n, gaultheria oil, betula oil, teaberry oil, checkerberry oil
**Gaupe** f (Bau) / dormer* n
**Gauß** n (nicht mehr zugelassene Einheit der magnetischen Induktion = $10^{-4}$ T) (Mag) / gauss* n (pl. gausses or gauss) ‖ **~-Bonnetscher Satz** (nach O. Bonnet, 1819-1882) (Math) / Gauss-Bonnet theorem ‖ **~-Effekt** m (ein galvanomagnetischer Effekt) (Phys) / Gauss effect ‖ **~filter** n (Fernm) / Gaussian filter
**Gaussian** n (Programmsystem für Ab-initio-Rechnungen) (Chem) / gaussian n
**Gauß•-Impuls** m (DIN 40 146, T 3) (Eltronik) / Gaussian pulse ‖ **~-Jordan-Verfahren** n (Math) / Gaussian reduction, Gauss-Jordan elimination ‖ **~klammer** f (Math) / Gaussian bracket ‖ **~-Markow-Schätzung** f (Stats) / Gauss-Markov theorem, best linear unbiased estimator, BLUE ‖ **~-Objektiv** n (mit zwei dicken Menisken beiderseits der Aperturblende) (Foto, Opt) / Gauss objective lens, Celor lens system ‖ **~-Ostrogradskischer Integralsatz** (nach M. W. Ostrogradski, 1801 - 1862) (Math) / Gauss' theorem, Ostrogradski's theorem
**Gaußsch•er Algorithmus** (Math) / Gaussian elimination ‖ **~er Bildpunkt** (Opt) / Gauss image point ‖ **~e Differentialgleichung** (Math) / hypergeometric equation*, Gauss' differential equation* ‖ **~e Dioptrik** (Lehre von der optischen Abbildung mit Hilfe des fadenförmigen Raumes) (Opt) / Gaussian optics*, first-order theory, paraxial optics ‖ **~e Doppelwägung** (Phys) / double weighing, Gauss method (of weighing), Gaussian weighing method, transposition n ‖ **~es Eliminationsverfahren** (zur Lösung von linearen Gleichungssystemen im allgemeinen) (Math) / Gaussian elimination ‖ **~e Fehlerkurve** (Stats) / normal distribution curve, Gaussian curve, normal curve ‖ **~e Formeln** f pl (Math) / Delambre's analogies ‖ **~es Gebiet** (Opt) / Gaussian region, paraxial region ‖ **~e Glockenkurve** (Stats) / normal distribution curve, Gaussian curve, normal curve ‖ **~er Impuls** (Eltronik) / Gaussian pulse ‖ **~e Klammer** (Math) / Gaussian bracket ‖ **~e Krümmung** (Produkt aus den beiden Hauptkrümmungen einer Fläche) (Math) / Gaussian curvature*, total curvature* ‖ **~es Krümmungsmaß** (Math) / Gaussian curvature*, total curvature* ‖ **~es Maßsystem** / absolute system (of units) ‖ **~er Mittelwertsatz** (Math) / Gauss' mean-value theorem, Gaussian mean-value theorem ‖ **~es Okular** (ein Autokollimationsokular nach C.F. Gauß, 1777-1855) (Opt) / Gauss eyepiece* ‖ **~es Prinzip** (Phys) / principle of least constraint*, Le Chatelier-Braun principle, Le Chatelier's principle, Le Chatelier's theorem ‖ **~e ψ-Funktion** f (die logarithmische Ableitung der Gammafunktion) (Math) / digamma function, Gaussian ψ-function, psi function ‖ **~e Quadraturformel** (Math) / Gaussian quadrature formula ‖ **~es Rauschen** (wenn die Verteilung der Amplituden bei den einzelnen Frequenzen eine Gauß-Verteilung ist) (Akus) / Gaussian noise* ‖ **~er Strahl** (ein Lichtstrahl, bei dem die Verteilung des elektrischen Feldes in einer Ebene senkrecht zur Ausbreitungsrichtung gaußförmig ist) (Licht) / Gaussian beam ‖ **~e Verteilung** (Stats) / normal distribution*, Gaussian distribution* ‖ **~e Verteilungskurve** (Stats) / normal distribution curve, Gaussian curve, normal curve ‖ **~e Wägung** (Phys) / double weighing, Gauss method (of weighing), Gaussian weighing method, transposition n ‖ **~e Zahlenebene** (Darstellung der komplexen Zahlen durch Vektoren in einer Ebene) (Math) / Argand diagram*, complex (number) plane
**Gauß•-Seidel-Verfahren** n (Math) / Seidel method, Gauss-Seidel method ‖ **~-Verteilung** f (Stats) / normal distribution*, Gaussian distribution*
**Gautschbristol** m (Pap) / mill bristol
**gautschen** v (Pap) / couch* v ‖ **~** n (Pap) / couching n
**Gautsch•fehler** m (Pap) / couch mark, shadow-mark* n ‖ **~markierung** f (Pap) / couch mark, shadow-mark* n ‖ **~partie** f (einer Langsiebentwässerungsmaschine) (Pap) / couch n ‖ **~walze** f (Pap) / couch roll*
**Gay-Lussac•-Gesetz** n (erstes) (ein Gasvolumengesetz nach J.L. Gay-Lussac, 1778-1850) (Chem) / Gay-Lussac's law ‖ **~-Humboldtsches Gesetz** (nach A. Frhr. v. Humboldt, 1769-1859) (Phys) / Charles's law*, Charles' law, Charles-Gay-Lussac law,

Gay-Lussac's law* ‖ **~-Turm** m (Absorptionsturm bei der Gewinnung von Schwefelsäure nach dem Bleikammerverfahren - heute restlos veraltet) (Chem Verf) / Gay-Lussac tower
**Gaylussit** m (wasserhaltiges Karbonat) (Min) / gay-lussite* n
**Gaze** f (Tex) / mull n, butter muslin, tiffany n, cheesecloth* n, gauze* n ‖ **~gewebe** n (Tex) / leno n, leno fabric* ‖ **grobes ~gewebe** (Tex) / sponge cloth* ‖ **~heftung** f (Buchb) / sewing through gauze ‖ **~imitatbindung** f (Tex) / mock leno, imitation gauze ‖ **~schirm** m (Softscheibe) (Film) / scrim n
**g-Beschleunigungsprüfer** m (Luftf) / whirling arm*
**GC** (Chem) / gas chromatography* (GC)
**GCA-Anflug** m (beim GCA-Verfahren) (Luftf, Radar) / ground-controlled approach*, GCA*, talk-down* n
**GCA-Landung** f (beim GCA-Verfahren) (Luftf, Radar) / ground-controlled approach*, GCA*, talk-down* n
**GC-Instrument** n (Chem) / GC instrument
**GCI-Verfahren** n (Luftf, Mil) / ground-controlled interception*, GCI*
**GC-MS/Kopplung** f / GC-MS coupling, gas chromatography-mass spectrometry coupling, GC-MS
**GC-technik** f (Chem) / GC technique
**Gd** (nach dem finnischen Chemiker J. Gadolin, 1760 - 1852) (Chem) / gadolinium* n
**GD** (Stats) / least significance difference, LSD, 5%-level n
**G-Darstellung** f (ähnlich F-Darstellung, mit Anzeige der Entfernung) (Radar) / G display*
**GD-Gußverfahren** n (Gieß) / gravity diecasting
**GDI** (EDV) / graphics-device interface, GDI ‖ **~** (Stats) / gender-related development index, GDI
**gdm** (Geophys) / dynamic metre
**GDOS** (Spektr) / glow-discharge optical spectroscopy, GDOS
**GDÜ** (EDV, Fernm) / baseband modem, d.c. modem
**GDV** (EDV) / computer graphics*
**Ge** (Chem) / germanium* n
**GE** (Nahr) / cereal unit, cereal equivalent
**geächselter Zapfen** (z.B. bei der Fußzargenverbindung) (Tischl) / tusk tenon*, axled tenon
**Geäder** n (Bot) / nervation* n, nervature* n, venation* n, veining n
**geadert** adj (Bergb, Geol) / veined adj
**gealtert•er Katalysator** (Kfz) / aged catalyst ‖ **~es Mehl** (Nahr) / aged flour, matured flour
**Geantiklinale** f (großräumige Aufwölbung der Erdkruste) (Geol) / geoanticline n, geanticline* n
**Geantikline** f (Geol) / geoanticline n, geanticline* n
**Geäst** n (For) / branches pl
**GEA-System** n (ein Trockenkühlverfahren) / GEA dry cooling system, direct dry cooling system
**geätzt** adj / etched adj ‖ **~e Schaltung** (Eltronik) / etched circuit
**Gebälk** n (aus Architrav, Fries, Gesims) (Arch) / entablature* n
**gebändert** adj (Geol) / banded adj, ribboned adj ‖ **~e Eisenformation** (z.B. Itabirit) (Geol) / banded iron formation, BIF ‖ **~es Fluorit-Zinkblende-Erz** (Geol) / coontail ore ‖ **~er Gang** (Geol) / banded vein, ribbon vein ‖ **~e Textur** (Geol) / banded structure*, bands pl., banding n
**gebankt** adj (Bergb) / stratiform adj, stratified adj, bedded adj
**Gebäude** n (Arch) / building n ‖ **druckwellensicheres ~** (HuT, Nukl) / blast-proof building ‖ **großes ~** (Bau) / pile n (a large imposing building or group of buildings) ‖ **intelligentes ~** (Bau, EDV) / intelligent building, smart building ‖ **~** n **mit GLT-Anlage** (Gebäudeleittechnik) (Bau) / smart building, intelligent building
**Gebäude•aerodynamik** f (Bau, Phys) / building aerodynamics ‖ **~ausrüstung** f (Bau) / building services ‖ **~automation** f (Bau) / home automation, HA ‖ **~betriebsanlagen** f pl (Bau) / services pl ‖ **~ausspringende ~ecke** (Arch) / hip n, piend n, pien n, arris n ‖ **~einsichtsdarstellung** f (als Ergebnis) (Arch, Bau) / sciagraph n ‖ **~einsichtsdarstellung** (als Technik) (Arch, Bau) / sciagraphy n ‖ **~entwässerungsleitung** f (HuT) / drain n ‖ **~flügel** m (Arch) / wing* n ‖ **~gerippe** n (ohne Verputz und Ausbau) (Bau) / carcass* n, carcase n, fabric* n, shell n ‖ **~komplex** m (Bau) / pile n (a large imposing building or group of buildings) ‖ **~körper** m (Bau) / carcass* n, carcase n, fabric* n, shell n ‖ **~skelett** n (Bau) / carcass* n, carcase n, fabric* n, shell n ‖ **~sumpf** m (Nukl) / floor sump, sump n ‖ **~teil** n (Bau) / building component ‖ **~tragwerk** n (Bau) / carcass* n, carcase n, fabric* n, shell n ‖ **~trakt** m (Teil eines größeren, gegliederten Baukörpers - Mittel-, Vorder-, Hinter-, Hof-, Seitentrakt) (Bau) / section n
**gebauscht, wenig ~** (Tex) / low-bulk attr
**gebeizt, mehrfach ~** (Blech) (Hütt) / full-pickled adj
**Geber** m (z.B. von Funktionen) (EDV, Math) / generator n ‖ **~** (Teleg) / telegraph transmitter, transmitter n ‖ **~** s. auch Sensor ‖ **magnetischer ~** (Mag) / magnetic pickup ‖ **ohmscher ~** (passiver Meßumformer, wie z.B. ein Dehnungsmeßstreifen) / resistive sensor ‖ **~** m **für analytische Funktionen** (EDV) / analytical function generator,

natural function generator ‖ ~ **für variable Funktionen** (EDV) / variable-function generator ‖ ~ **für Zündzeitpunkt** (Kfz) / firing-point sensor, reference-mark sensor
**Geber•brücke** f (Eltronik) / transducer bridge ‖ ~**zylinder** m (bei der hydraulischen Kupplungsbetätigung) (Kfz) / master cylinder
**Gebetbuchpapier** n (Pap) / prayer-book paper
**gebeugter Strahl** (Opt) / diffracted ray
**Gebiet** n / region n, area n ‖ ~ (Landstrich) / tract n (an area of indefinite extent, typically a large one), area n ‖ ~ (z.B. Wohngebiet) (Bau) / area n, section n ‖ ~ (Geog) / territory* n ‖ ~ (Menge von Punkten eines topologischen Raumes) (Math) / domain* n, region* n ‖ **abflußloses** ~ (Wasserb) / non-contributing area, closed-drain area ‖ **abgetastetes** ~ (Eltronik) / scanned area ‖ **einfach zusammenhängendes** ~ (Math) / simply connected domain* ‖ **Fraunhofersches** ~ (Radio) / Fraunhofer region*, far zone ‖ **Fresnelsches** ~ (Radio) / Fresnel region*, near zone ‖ **mehrfach zusammenhängendes** ~ (Math) / multiply connected domain*, multiply connected region ‖ **zusammenhängendes** ~ (Math) / connected domain* ‖ ~ n **der Ionosphäre** (mit Ionosphärenschichten) (Geophys, Meteor) / ionospheric region* ‖ ~ **der regionalen und nationalen Flugstrecken** (Luftf) / regional and domestic air route area ‖ ~ **mit bestimmten Baubeschränkungen** (Bau) / restricted district ‖ ~ **mit Geschwindigkeitsbeschränkungen** (Kfz) / restricted area ‖ ~ **mit Schatten** / shadow area ‖ ~ **radioaktiven Niederschlags** (z.B. nach der Reaktorkatastrophe in Tschernobyl/Ukraine) (Umwelt) / fall-out pattern ‖ **unsicherer Peilung** (Radar) / bad-bearing sector
**Gebiets•analyse** f (bei der Bildverarbeitung) (EDV) / region analysis ‖ ~**bezogenes Wissen** (KI) / domain-specific knowledge ‖ ~**dekomposition** f (bei MIMD-orientierten Algorithmen) (EDV) / domain decomposition ‖ ~**integral** n (Math) / domain integral ‖ ~**integral** (n = 2) (Math) / surface integral ‖ ~**stufenkarte** f (thematische Karte zur relativen Darstellung der Gebietseinheiten) (Kart) / chorogram n ‖ ~**vorhersage** f (Meteor) / area forecast
**Gebilde** n / formation n ‖ ~ (Konstrukt) / construct n ‖ ~ (Math) / configuration n ‖ **molekulares** ~ (Chem) / molecular entity
**Gebildweberei** f (Web) / figured weaving, fancy weaving, figure weaving
**Gebinde** n / bunch n ‖ ~ (verschließbarer Flüssigkeitsbehälter für Transport und Verkauf) (Anstr) / package n, container n, can n ‖ ~ (Bau, Zimm) / rafters pl (+ one ceiling joist), trussed rafter pl ‖ ~ (Spinn) / lea n ‖ ~**konservierung** f (von wäßrigen Anstrichmitteln oder von wäßrigen Vorratslösungen) (Anstr) / in-can protection ‖ ~**konservierungsmittel** n (Mikrobizid, das zur Konservierung wasserhaltiger Produkte im Gebinde verwendet wird) (Anstr) / in-can preservative ‖ ~**strang** m (Spinn) / lea skein
**Gebirge** n (Bergb) / ground n, rock mass ‖ ~ (kohleführendes) (Bergb) / measures pl (a group of rock strata) ‖ ~ (Geog) / mountains pl ‖ ~ (Geol) / rock n ‖ ~ **[unverritztes]** ~ (Bergb) / unworked ground* ‖ **druckhaftes** ~ (Bergb, HuT) / heavy ground* ‖ **festes** ~ (beim Schachtabteufen) (Bergb) / stone heap* ‖ **gebräches** ~ (Bergb, HuT) / weak ground, ravelling ground ‖ **lockeres** ~ (Geol) / loose ground ‖ **schwimmendes** ~ (HuT) / running ground ‖ **standfestes** ~ (Bergb, HuT) / strong ground
**Gebirgs•anker** m (vorgefertigte Stahlstange, die über Haftelemente oder mittels Kunstharzen, ins Bohrloch eingebracht, befestigt wird und zum Zusammendübeln nicht zusammenhängender Schichten oder zum Aufhängen loser Gesteinsschalen am festen Gebirge dient) (Bergb) / rock bolt, strata bolt ‖ ~**ausläufer** m (Geol) / foothill n ‖ ~**bahn** f (Bahn) / mountain railway ‖ ~**beherrschung** f (Bergb) / roof control, ground control ‖ ~**druck** m (unsichtbare Spannung im unverritzten Gebirge oder um einen Grubenraum - vertikaler oder horizontaler) (Bergb) / rock pressure ‖ ~**fußfläche** f (Geol) / pediment* n, rock pediment ‖ ~**gletscher** m (Geol) / mountain glacier, alpine glacier ‖ ~**gletscher** (Geol) s. auch Talgletscher ‖ ~**kamm** m (Geol) / ridge n ‖ ~**kette** f (Geol) / ridge n ‖ ~**kette** (Geol) / mountain chain ‖ ~**massiv** n (Geol) / massif n ‖ ~**mechanik** f (HuT) / rock mechanics ‖ ~**paß** m (Geog) / pass n, col n ‖ ~**rücken** m (Geol) / ridge n ‖ ~**schlag** m (plötzliche und schlagartige Gebirgsbewegung als Folge von Entspannungsvorgängen in der Erzlagerstätte) (Geol) / rock-burst* n, bump n, crump* n ‖ ~**sporn** m (Geol) / spur* n ‖ ~**strobe** f (Pinus monticola Dougl. ex D. Don) (For) / Western white pine, Idaho white pine ‖ ~**tunnel** m (HuT) / mountain tunnel, rock tunnel ‖ ~**verankerung** f (Bergb) / rock bolting, strata bolting ‖ ~**zug** m (Teil eines Kettengebirges) (Geol) / range n, mountain range, range of mountains
**Gebläse** n (Chem) / blast burner, blowlamp n, blowtorch n, blast lamp, blowpipe n ‖ ~ (zur Luftlieferung bei Kupol- und Hochöfen) (Gieß, Hütt) / blast n ‖ ~ (Enddruck/Saugdruck < 1,1-3) (Masch) / blower n (for supplying a large volume of air at high pressure), blast engine n ‖ ~ (mit einem Druckverhältnis bis 3 je Stufe) (Masch) / fan* n, ventilating fan ‖ ~**brenner** m (Chem) / blast burner ‖ ~**brenner** (Chem) / blast burner, blowlamp n, blowtorch n, blast lamp, blowpipe

n ‖ ~**brenneraggregat** n (Masch) / package burner ‖ ~**häcksler** m (Landw) / chopper-blower n, cutter-blower n ‖ ~**kühlung** f (Kfz, Masch) / fan cooling* ‖ ~**lampe** f (Chem) / blast burner, blowlamp n, blowtorch n, blast lamp, blowpipe n ‖ ~**luft** f (Hütt) / blast n, air n ‖ ~**maschine** f (Masch) / blowing engine* ‖ ~**motor** m (Kfz) / blower motor
**geblasen•er Asphalt** / steam-blown asphalt ‖ ~**es Glas** (Glas) / blown glass (by mouth or by the use of compressed air) ‖ ~**es Öl** (Chem) / blown oil* ‖ ~**es Sojaöl** (Nahr) / thermally oxidized soya-bean oil
**Gebläse•sand** m (zum Sandstrahlen) (Gieß) / blower sand ‖ ~**wind** m (Hütt) / blast n, air n
**geblechter Pol** (Eltech) / laminated pole*
**gebleichtes, stark appretiertes Baumwollnesseltuch** (Tex) / waterfinish n ‖ ~**es Bienenwachs** / white beeswax (GB), white wax (US) ‖ ~**er Holzschliff** (Pap) / bleached groundwood
**geblockter Datensatz** (EDV) / blocked record
**geblümt** adj (Muster) (Tex) / floral adj
**gebogen** adj (z.B. Hobelmeißel) (Masch) / cranked adj ‖ ~**e Antrittsstufe** (Bau) / commode step*
**"gebogene" Bindung** (eine Elektronenmangelbindung bei Zyklopropan, Boranen usw.) (Chem) / banana bond
**gebogen•es Glas** (Glas) / bent glass ‖ ~**er Meißel** (Masch) / cranked tool ‖ ~**e Schiene** (Bahn) / curved rail ‖ ~**e Verwerfung** (U-förmige, z.B. ein Trocknungsfehler) (For) / bowing n, bow n ‖ ~**es Verziehen** (For) / bowing n, bow n
**gebohrte Körnermarke** (Masch) / dimple n
**Geborenenzahl** f (Umwelt) / natality* n, natality rate, birth rate
**Gebot** n (bei Versteigerungen) / bid n
**Gebotszeichen** n (Kfz) / mandatory sign, sign giving order
**gebräch** adj (Bergb) / friable* adj, soft adj, short* adj, teary adj ‖ ~ (leicht in kleinere Stücke zerfallend) (Bergb) / friable adj ‖ ~**es Gebirge** (Bergb, HuT) / weak ground, ravelling ground ‖ ~**es Gestein** (Bergb, HuT) / weak ground, ravelling ground ‖ ~**es Gestein** (Bergb, HuT) / heavy ground*
**gebrannt•er Alaun** (Alumen ustum) / burnt alum, alumen ustum (pl. alumina usta), dried alum ‖ ~**er Gips** (Calciumsulfat-Halbhydrat) / calcined gypsum ‖ ~**er Kalk** (Kalziumoxid) (Bau, Chem) / quicklime* n, caustic lime*, burnt lime*, anhydrous lime* ‖ ~**e Magnesia** (Magnesiumoxid) (Chem) / magnesia usta, calcined magnesia, caustic magnesia ‖ ~**e Sienaerde** (Anstr) / burnt sienna* ‖ ~**e Terra di Siena** (gebrannter Bolus) (Anstr) / burnt sienna* ‖ ~**er Topas** (rosafarbener) (Min) / rose topaz* ‖ ~**e Umbra** (gebrannter Bolus) (Anstr) / burnt umber* ‖ ~**er Kristall** (ein durch Erhitzen gelbbraun bis braunrot gewordener Amethyst) (Min) / occidental topaz*, Spanish topaz*, Madeira topaz*
**Gebräu** n / brew n
**Gebrauch** m ‖ ~**zum** use n ‖ **privater** ~ / private use
**gebräuchlich** adj / conventional adj
**Gebrauchs•angabe** f (klärender Zusatz bei terminologischen Eintragungen) / usage note ‖ ~**anleitung** f / directions for use, instructions pl (for use) ‖ ~**anweisung** f / directions for use, instructions pl (for use) ‖ **leichtverständliche** ~**anweisung** / easy-to-follow instructions, easy-to-understand instructions ‖ ~**bedingungen** f pl / service conditions, SC ‖ ~**dauer** f / service life ‖ ~**dauer** (Anstr) / pot life, spreadable life, working life, usable life, useful life ‖ ~**dauer** (Masch) / working life ‖ ~**dauer von Schmierfett** / grease life ‖ ~**echtheiten** f pl (Tex) / general use fastness properties ‖ ~**eigenschaft** (im allgemeinen) / use performance ‖ ~**eigenschaften** f pl (Tex) / performance characteristics (of a fabric) ‖ ~**energieträger** m (Kftst) / fuel n ‖ ~**fähigkeit** f / usability n, serviceability n ‖ ~**fehler** m / operating error ‖ ~**fertig** adj / ready to use, ready for use
**gebrauchsfertig•er Kitt für kleinere Reparaturen** / beaumontage n, patcher n ‖ ~**es Lebensmittel** (Nahr) / food mix
**Gebrauchs•feuchte** f (For, Tischl) / in-service moisture content ‖ ~**güter** n pl (langlebige Konsumgüter) / consumer durables ‖ ~**holz** n (For) / general-utility wood ‖ ~**holzsorte** f (For) / general-utility wood ‖ ~**kategorie** f (von Schaltgeräten) (Eltech) / conditions of severity* ‖ ~**klasse** f (2. Wahl bei der Klassifizierung von Fertigwaren) / utility grade ‖ ~**lage** f (eines Meßgeräts mit beweglichen Organen) (Instr) / normal position ‖ ~**last** f (die ein Tragwerk im normalen Gebrauch belastet und die ohne Beeinträchtigung der Gebrauchsfähigkeit ertragen werden muß) (Mech) / working load, service load, allowable load ‖ ~**muster** n / utility model, petty patent ‖ ~**qualität** f / functional quality ‖ ~**schnittholz** n (For) / sawn wood of common use ‖ ~**tauglich** adj (Produkt) / suitable for use ‖ ~**tüchtig** adj (Textile) (Tex) / functional adj ‖ ~**tüchtigkeit** f / usability n, serviceability n ‖ ~**wasser** n / industrial water, service water ‖ ~**wert** m / usability n, serviceability n ‖ ~**werteigenschaft** f (eines Produkts) / feature n ‖ ~**zeit** f (Anstr) / pot life, spreadable life, working life, usable life, useful life ‖ ~**zuverlässigkeit** f (Masch) / achieved reliability
**gebraucht** adj (Kleidung) / used adj ‖ ~**es Bad** / exhausted bath, spent bath

**Gebraucht-**

**Gebraucht•-** (Wagen) (Kfz) / used adj ‖ **~öl** n / waste oil, discarded oil, used oil, spent oil ‖ **~teil** n (Masch) / second-hand part, used part ‖ **~wagenhändler** m (Kfz) / used-car dealer
**gebremst•er Auslauf** (Luftf) / braked run ‖ **~e Elektrode** (Chem) / retarded electrode
**gebrochen** adj / fractional adj ‖ **~er Teil** (einer reellen Zahl) (Math) / fractional part ‖ **~e Farbe** (leicht abgetönte reinbunte Malerfarbe) / broken shade ‖ **~er Farbton** (Anstr) / off-shade n ‖ **~ geladenes Hadron** (Kernphys) / fractionally charged hadron ‖ **~es Härten** (Hütt) / interrupted quenching ‖ **~e Kante** (Glas) / arris edge* ‖ **~e Kante** (Masch, Tischl, Zimm) / chamfer* n, chamfered edge ‖ **~er Köper** (Tex) / broken twill* ‖ **~e Ladung** (Kernphys) / fractional charge ‖ **~e Linie** / broken line ‖ **~e Okular** (Verm) / diagonal eyepiece* ‖ **~e rationale Funktion** (Math) / fractional rational function ‖ **~er Rips** (Tex) / broken rib ‖ **~e See** (Logbuchtsbe G) / broken sea ‖ **~es Weiß** (Anstr) / off-white n ‖ **~ rationale Funktion** (mit Nenner ungleich 1) (Math) / fractional rational function
**gebuchter Zusteigeverkehr** (Luftf) / pick-up traffic
**gebufftes Leder** (Leder) / buff leather
**Gebühr** f / fee n, charge n ‖ **~** (für ein Ferngespräch) (Fernsp) / toll n (US) ‖ **~ für die Benutzung von Strecken- und Flugnavigationseinrichtungen und -diensten** (Luftf) / charge for air and route navigation facilities
**Gebühren•daten** pl (Fernsp) / charging information, call charge data ‖ **~einheit** f (Maßeinheit für die Gesprächsgebühr) (Fernsp) / message unit, charge unit, unit fee, call charge unit ‖ **~empfangskreis** m (Fernsp) / call-charge receiving unit ‖ **~erfassung** f (EDV) / charge registration ‖ **~erfassung** (Fernspr) / charging n, call charge registration, call metering, SMDR, station message detailed recording ‖ **~erfassungseinrichtung** f (Fernsp) / call-charge equipment ‖ **~erlaß** m (im Patentwesen) / remission of the fee ‖ **~fernsehen** n (TV) / pay-television n, pay-as-you-view* n, pay TV*, subscription television*, toll television*, see-fee television, pay-per-view TV
**gebührenfrei** adj / free of charge ‖ **~** (z.B. Dienstleistung) / non-chargeable adj, non-liable to a fee, non-liable to a charge, non-billable adj ‖ **~** (Anruf) (Fernsp) / free adj
**gebühren•günstige Zeit** (Fernsp) / cheap-rate period ‖ **~impuls** m (Fernsp) / metering pulse, meter pulse ‖ **~ordnung** f (Fernm) / scale of charges ‖ **~pflichtig** adj / chargeable adj, liable to a fee, liable to a charge, billable adj
**gebührenpflichtig** adj (Dienstleitung - von dem Dienstleistenden her gesehen) / sold adj ‖ **~e Autobahn** (Kfz) / toll-road n, turnpike n (US), pike n, tpk ‖ **~es Gespräch** (Fernsp) / chargeable call ‖ **~e Verbindungsdauer** (Fernsp) / billing time
**Gebühren•rechnung** f **des Teilnehmers** (Fernsp) / extension rate bill ‖ **~rechnungsaufstellung** f (Fernm) / billing n ‖ **~speicher** m (Fernsp) / call-charge memory ‖ **~übernahme** f (durch gerufenen Teilnehmer - allgemein) (Fernsp) / reverse charging, freephone service ‖ **~zone** f (Fernm) / metering zone, charging zone, tariff zone
**Gebund** n / pack n, package n, packet n, bundle n
**gebündelt•er Laserstrahl** / pin-point laser ‖ **~er Leiter** (Eltech) / bundled conductor, bundled wire ‖ **~er Strahl** (Phys) / focused beam
**gebunden** adj (Variable, Energie) / bound adj ‖ **~** (Buch) (Buchb) / case-bound adj, cased adj, bound adj ‖ **~** (mit steifem Einband) (Buchb) / hardbound adj ‖ **~** (mit steifem Rücken) (Buchb) / hardback adj ‖ **~** (Chem, Elektr) / bonded adj, bound adj, connected adj ‖ **nicht ~** (Phys) / unbound adj ‖ **~ vierfach koordinativ ~** (Chem) / tetracoordinate(d) adj ‖ **~ zeitlich ~** / timed adj ‖ **~ an eine Jahreszeit** / seasonal adj ‖ **~e Arbeit** (bei der die Ausbringung des Arbeiters durch Faktoren bestimmt ist, die außerhalb seines Einflußbereiches liegen) (F.Org) / restricted work ‖ **~e Asche** (Aufber, Bergb) / inherent ash* (in the original coal-forming vegetation) ‖ **~e Asche** (der Kohle) (Bergb) / constitutional ash*, fixed ash ‖ **~e Bewegung** (Phys) / restricted motion ‖ **~es Buch** (Buchb) / cased book*, bound book ‖ **~es Cyanid** (Chem) / combined cyanide ‖ **~e Elektrizität** (Elektr) / bound electricity ‖ **~es Elektron** (Kernphys) / bound electron ‖ **~e Energie** (Phys) / bound energy ‖ **~e Flößerei** (die Holzstämme werden zu Flößen zusammengebunden) (For) / rafting n ‖ **~er Gerbstoff** (mit dem Hauteiweiß) (Chem, Leder) / combined tannin ‖ **~er Kohlenstoff** (Chem, Hütt) / combined carbon* ‖ **~e Ladung** (Elektr) / bound charge* ‖ **~e (stationäre) Phase** (der Flüssigkeit, die durch chemische Bindung an Trägerpartikel gekoppelt ist - Chromatografie) (Chem) / bonded phase ‖ **~e Rotation** (Astr) / synchronous rotation ‖ **~er Rückstand** (Umwelt) / non-extractable residue, bound residue ‖ **~er Schwefel** (der in chemisch gebundener Form vorhandene Schwefel im Kautschukkohlenwasserstoff) (Chem Verf) / combined sulphur ‖ **~er Vektor** (mit festem Anfangspunkt) (Mech) / bound vector*, localized vector* ‖ **~es Wasser** (Bot) / bound water* ‖ **~er Zustand** (der Zustand eines Systems von wenigstens zwei Teilchen oder Körpern, bei dem zur völligen Abtrennung eines beliebigen Teilsystems eine positive Arbeit aufgewendet werden muß) (Phys) / bound state* ‖ **~es Zyanid** (Zyanidionen, die in der Form eines Schwermetall-Komplexes vorliegen) (Chem) / combined cyanide
**Geburtenzahl** f (Umwelt) / natality* n, natality rate, birth rate
**Geburtenziffer** f (Umwelt) / natality* n, natality rate, birth rate
**gechlorte Wolle** (Tex) / chlorinated wool
**gedacht** adj (Kegel, Kreis, Punkt) (Math) / imaginary adj
**Gedächtnis, bildhaftes ~** (KI) / iconic memory ‖ **Metallwerkstoff mit ~** (Hütt) / shape-memory alloy, memory metal, memory alloy ‖ **~effekt** m (Verbleiben von Restaktivität) (Kernphys, Plast) / memory effect ‖ **~zelle** f (Zyt) / memory cell
**gedämpft** adj (Licht, Farbe) / subdued adj ‖ **aperiodisch ~** (Eltech, Instr) / dead-beat attr ‖ **~e Farbe** / muted colour, quiet colour, subdued colour ‖ **~e Farbe** s. auch gebrochene Farbe ‖ **~ in den Tiefen und Höhen** (Akus) / no bottom, no top ‖ **~es Licht** (Licht) / subdued light, dimmed light ‖ **~ pink** / dusty rose ‖ **~e Schwingung** (Fernm) / ringing* n ‖ **~e Schwingung** (Phys) / damped oscillation*, damped vibration(s)
**Gedanit** m / gedanite n
**Gedankenpunkte** m pl (Typog) / marks pl of omission
**Gedankenstrich** m (Druck) / dash n
**gedeckelter Stahl** (unberuhigter Stahl, bei dem das Auskochen abgekürzt wurde) (Hütt) / capped steel
**gedeckt** adj (Farbton) (Anstr, Tex) / opaque adj ‖ **~** (Wagen) (Bahn) / covered adj ‖ **~e Brücke** (HuT) / roofed bridge, covered bridge ‖ **~er Güterwagen** (Bahn) / boxcar n (US), covered waggon, freight car (US)*, van n ‖ **~er Güterwagen** (mit Plane) (Bahn) / tented waggon ‖ **~er Hafen** (Glas) / closed pot, hooded pot, covered pot ‖ **~e Nuance** (Tex) / muted shade ‖ **~ vergossener Stahl** (Hütt) / capped steel ‖ **~e Zinke** (Zimm) / covered dovetail
**gedehnt•e Kräuselung** (Spinn) / curved crimps ‖ **~es Spektrum** (mit großem Zeit-Bandbreiteprodukt) (Spektr) / spread spectrum* ‖ **~e Zeitachse** (Eltronik) / expanded sweep*
**gediegen** adj (mit Elementen im freien, ungebundenen Zustand) (Min) / elemental adj, native* adj, free adj ‖ **~es Gold** (Bergb) / native gold* ‖ **~es Metall** (Min) / native metal (a metallic native element) ‖ **~ vorkommende Metalle** (Bergb) / metallics pl
**Gedinge** n (vertragliche Form des Akkordlohns) (Bergb, F.Org) / piece-work n, contract n, bargain n, tut-work n (GB)
**Gedingearbeit** f (Bergb, F.Org) / piece-work n, contract n, bargain n, tut-work n (GB)
**gedopte Schicht** (Eltronik) / doped junction*
**Gedrängefaktor** m (bei Nagetieren, Vögeln, Insekten usw.) (Umwelt, Zool) / crowding effect
**gedrängt** adj / compact adj ‖ **~** (Holzstrahlen) (For) / aggregate attr ‖ **~e Streifung** (Tex) / crammed stripe
**gedrechselter Artikel** (For) / spindle n
**gedrehtes Tau** (ein Ornament) (Arch) / rudenture* n
**Gedrit** m (ein aluminiumhaltiger Anthophyllit) (Min) / gedrite* n
**gedruckt•es Element** (innerhalb einer gedruckten Schaltung, z.B. Spule, Widerstand usw.) (Eltronik) / printed element ‖ **~e Schaltkarte** (EDV, Eltronik) / logic card, printed-circuit card ‖ **~e Schaltung** (DIN 40801 und DIN IEC 194) (Eltronik) / printed circuit*, pc ‖ **~e Schaltungsaufbau** (Eltronik) / printed circuitry ‖ **~e Verdrahtung** (Eltech) / printed wiring (PW) ‖ **~e Zeile** (EDV) / printed line, print line
**gedrückt** adj (Markt) / dull adj ‖ **~** (Fluglage) (Luftf) / nose-down attr ‖ **~es Gewölbe** (Arch) / surbased vault ‖ **~ halten** (eine Taste) / press and hold down (a key) ‖ **~er Spitzbogen** (Arch) / four-centred arch, depressed arch, drop arch
**gedrungen** adj (Mech) / ~**er Stab** (Mech) / short column
**Geduldsspielgrammatik** f (KI) / puzzle grammar
**Geduldzeit** f (in der Bedienungstheorie) (EDV) / patience time
**geeicht** adj (Chem, Phys) / calibrated adj ‖ **~e Glühlampe** (des Teilstrahlungspyrometers) (Wärm) / standard lamp
**geeignet** adj (für bestimmte Zwecke) / fit for purpose ‖ **~** / fit adj, suitable adj ‖ **zum Verzehr ~** (Nahr) / fit to be eaten ‖ **~ für alle Kopiergeräte** / for use on all copiers
**geerdet** adj (Eltech) / earthed adj, grounded adj ‖ **praktisch ~** (Eltech) / virtual-earth* attr, virtual-ground attr (US) ‖ **starr ~** (Eltech) / solidly earthed, solidly grounded (US) ‖ **~es Netz** (Eltech) / earthed neutral system ‖ **~es Schutznetz** (Eltech) / cradle* n ‖ **~er Sternpunkt** (Eltech) / earthed neutral* ‖ **~er Stromkreis** (Eltech) / earthed circuit*, grounded circuit* (US), earthy circuit ‖ **~es System** (Eltech) / earthed system*
**Geer-Ofen** m (Trockenschrank mit Luftumwälzung zur beschleunigten Alterung von Gummiproben bei erhöhter Temperatur) (Chem Verf) / Geer oven
**Geest** f (ein Landschaftstyp im nordwestdeutschen Küstengebiet) (Geog) / geest n
**Gee-Verfahren** n (ein altes Funknavigationsverfahren im Frequenzbereich 20-85 MHz) (Nav) / gee n

**GEF** (Umwelt) / Global Environment Facility, GEF
**Gefach** *n* (Bau) / panel *n*, compartment *n*
**gefächert • er Sprung** (EDV) / multiaddress branching || **~er Strahl** (Radio) / beavertail beam
**gefacht • es Garn** (Spinn) / plied yarn, folded yarn*, ply yarn, formed yarn || **~es Glasfilamentgarn** (Glas, Spinn) / multiple-wound glass filament yarn
**gefädelter Kode** (EDV) / threaded code
**Gefahr** *f* / danger *n*, hazard *n* || **~** (z.B. zweifelhafte Untiefe) (Kart, Schiff) / vigia*) *n* || **~ des Durchbrennens** / danger of burn-through, danger of burning-through || **~ durch Luftstoß** (bei Explosivstoffen) / blast hazard || **~ für die Umwelt** (Umwelt) / environmental hazard
**gefahrbringend** *adj* / dangerous *adj*
**gefährdend** *adj* / dangerous *adj*
**Gefährdung, mit hoher ~** / high-risk *attr* || **mit mäßiger ~** / moderate-risk *attr* || **nukleare ~** (Nukl) / nuclear hazard, nuclear risk || **ohne ~** / no-risk *attr*, dangerless *adj*, free from danger || **~ *f* durch Radioaktivität** (Radiol) / hazard of radioactivity
**Gefährdungs • faktor** *m* (Nukl) / danger coefficient*, mass coefficient (of reactivity) || **biologisches ~potential** (z.B. eines Isotops) (Nukl) / biological hazard potential, BHP || **~raum** *m* (eines IR) / danger room
**Gefahren • abwehr** *f* (z.B. als Bauaufsichtsaufgabe) / hazard prevention || **~bereich** *m* / hazardous area || **Möglichkeit *f* des Hineingreifens in den ~bereich** / accessibility to the hazardous area || **~feuer** *n* (Luftf) / hazard beacon || **~gebiet** *n* / danger zone, zone of danger, hazardous zone, hazard zone || **~grenze** *f* (Kart, Schiff) / danger line || **~klasse** *f* / hazard class, danger class || **~meldung** *f* / danger report *n* || **~potential** *n* (nach Gefahrklassen abgestuft) / hazard potential || **~schild** *n* (z.B. mit Gefahrensymbolen) / danger board || **~signal** *n* (DIN 33404, T 1) / danger signal, signal of danger || **~stelle** *f* (ein Verkehrszeichen) (Kfz) / other danger(s) *n* || **~stoff** *m* (Med, Umwelt) / dangerous substance || **~symbol** *n* / danger symbol, hazad symbol || **~zone** *f* / danger zone, zone of danger, hazardous zone, hazard zone || **~zulage** *f* / danger pay, danger money, danger bonus, hazard pay, hazard bonus (US)
**Gefahr • gut** *n* / hazardous material || **~guttransport** *m* / transport of hazardous materials || **~klasse** *f* / hazard class, danger class
**gefährlich** *adj* / dangerous *adj* || **~** (z.B. Chemikalie) / hazardous *adj* || **~** (Manipulation) / unsafe *adj*, risky *adj* || **~er Arbeitsstoff** (Chem, Med) / hazardous material, hazardous substance || **~e Begegnung zwischen Luftfahrzeugen** (Luftf) / airmiss *n*, near collision, near miss || **~es Gut** / hazardous material || **~es Gut** (beim Transport) / dangerous cargo || **~e Ladung** (im allgemeinen) / dangerous cargo || **~e Ladung** (mit Bildsymbolen oder Buchstaben gekennzeichnet) (Chem) / labelled cargo || **~er Staub** (Med) / harmful dust
**Gefährlichkeitsanalyse** *f* / hazard analysis
**Gefahr • stelle** *f* (DIN 31001, T 1) / danger point || **~stoff** *m* (Chem, Med) / hazardous material, hazardous substance || **~stoffverordnung** *f* / ordinance on hazardous substances || **~zeichen** *n* (nach der StVO) (Kfz) / warning sign
**Gefälle** *n* / slope *n*, fall* *n*, gradient *n*, inclination *n*, incline *n*, grade *n* (US) || **~** (Bahn, Kfz) / downgrade *n* (a downward gradient) || **~** (Bau) / current *n* || **~** (starkes) (Geol) / drop *n* || **~** (Kfz) / percent of grade || **~** (ein Verkehrszeichen) (Kfz) / steep hill (downwards) || **~ *n*** (des Flusses) (Wasserb) / stream gradient, slope of stream || **~ *n*** (Wasserb) / difference of head || **~** s. auch Gradient || **hydraulisches ~** (Hyd) / hydraulic gradient*, hydraulic grade line (US) || **vertikales ~** (Meteor) / lapse rate* || **~bremse** *f* (Bahn) / holding brake || **~bruch** *m* (Geol, HuT) / knickpoint *n*, nickpoint *n*, knickpunkt *n* || **~dach** *n* (als Gegensatz zu Flachdach) (Bau) / pitched roof*, high-pitched roof || **~druck** *m* (Wasserb) / pressure due to head of water
**gefallen • er Baum** (infolge Alters oder Fäulnis) (For) / deadfall *n* || **~er Niederschlag** (DIN 4049, T 101) (Meteor) / precipitation* *n*
**Gefälle • strecke** *f* (Bahn, Kfz) / incline *n*, uphill or downhill length || **~stufe** *f* (Geol) / drop *n* || **~verlust** *m* (Hyd) / hydraulic gradient*, hydraulic grade line (US) || **~zuführung** *f* (Masch) / gravity feed
**gefälliges Design** / appealing design, pleasing design
**Gefäll • strecke** *f* (Bahn, Kfz) / downgrade *n* (a downward gradient) || **~strecke** (Bahn, Kfz) / incline *n*, uphill or downhill length || **~strecke** (ein Verkehrszeichen) (Kfz) / steep hill (downwards)
**gefällt** *adj* (For) / felled *adj*
**gefältelt** *adj* (Geol) / plicated *adj*
**gefaltet • er Dipol** (eine Dipolantenne) (Radio) / folded dipole*, folded-dipole antenna || **~er Prozessor** (der Daten intern mit der doppelten Wortlänge der Datenbusbreite bearbeitet) (EDV) / folded processor || **~er Trichter** (Akus) / re-entrant horn*
**gefärbt, im Garn ~** (Spinn) / yarn-dyed *adj* || **leicht ~** (hell) (Tex) / light-coloured *adj*
**gefaserte Kategorie** (Math) / fibred category

**Gefäß** *n* / vessel *n* || **~** (Bergb) / skip *n* || **~** (Bot, For) / vessel* *n* || **~** (Eltech) / jar *n* || **kommunizierende ~** (Phys) / communicating vessels || **~barometer** *n* (ein Quecksilberbarometer) (Meteor) / cistern barometer, well-type barometer, cup barometer || **~bündel** *n* (Bot, For) / fibrovascular bundle*, vascular bundle, vascular strand || **~durchmesser** *m* (Bot) / vessel diameter || **~enddurchbrechung** *f* (For) / vessel perforation || **~erweiternd** *adj* (Pharm) / vasodilating *adj*, vasodilator *adj* || **~fördertrum** *n* (Bergb) / skip-way *n* || **~förderung** *f* (in Schachtförderegefäßen) (Bergb) / skip hoisting || **~förderung** (in tonnlägigen Gruben) (Bergb) / skip haulage || **~glied** *n* (Bot) / vessel element*, vessel segment*, vessel member*, vessel unit || **~gliederdurchbrechung** *f* (For) / vessel perforation || **~hyphe** *f* (For) / vascular hypha || **~kontrahierend** *adj* (Pharm) / vasoconstrictive *adj* || **~ofen** *m* (Hütt) / vessel furnace, closed-vessel furnace || **~strang** *m* (Bot, For) / fibrovascular bundle*, vascular bundle, vascular strand
**gefaßte Quelle** (Wasserb) / flowing well
**Gefäß • tracheide** *f* (For) / vascular tracheid || **~tüpfel** *m* (For) / vessel pit, intervascular pit || **~verengend** *adj* (Pharm) / vasoconstrictive *adj* || **~verteilung** *f* (Anordnung der Gefäße auf dem Querschnitt) (For) / vessel distribution, vessel grouping
**gefaste Schneide** (Masch) / chamfered cutting edge
**Gefechtsfeldkernwaffe** *f* (Mil) / battlefield nuclear weapon
**Gefechtskopf** *m* (Mil) / warhead *n* || **atomarer ~** (Mil) / nuclear warhead || **konventioneller ~** (Mil) / non-nuclear warhead || **nichtatomarer ~** (Mil) / non-nuclear warhead || **~ *m* mit Gasschlag- und Splitterwirkung** (Mil) / blast fragmentation warhead || **~ mit verstärkter Strahlung** (eine Neutronenwaffe) (Mil) / enhanced-radiation warhead, ERW
**Gefechtsturm** *m* (Schiff) / turret *n*
**gefedert** *adj* (Achse) (Masch) / springborne *adj*
**gefensterter Bildschirm** (der in mehrere Fenster unterteilt ist) (EDV) / multiwindow screen, windowed screen
**gefesselter Kreisel** (Luftf) / rate gyroscope
**gefettetes Öl** / compound oil, compounded oil, blend oil
**gefiedert** *adj* (Bot, Geol) / pinnate* *adj*
**gefilmtes Fahrzeug** (Film) / target car
**gefiltert • es Öl** / filtered oil || **~e Xenonbogenstrahlung** (Strahlung zur Simulation der Globalstrahlung bei künstlichen Bewitterungsprüfungen nach DIN 53231) (Anstr) / filtered xenon-arc radiation
**gefilzter Putz** (Bau) / felted plaster (with a felt rubbing board)
**gefladerte Textur** (For) / bastard grain
**geflammte Textur** (z.B. bei der finischen Birke) (For) / flame figure, flamy figure, curl figure, curl grain
**geflanschter Schwimmkopf** (bei Rohrbündelapparaten nach DIN 28191) (Masch) / flanged floating head
**Geflecht** *n* (Tex) / braided fabric || **~** (zur Befestigung von Böschungen) (Wasserb) / hurdle *n*, wattle *n* || **~packung** *f* (eine Weichpackung) / braided packing
**gefleckt** *adj* / flecked *adj*, speckled *adj* || **~** / smudgy *adj*, stained *adj*, blotchy *adj*, splodgy *adj*, splotchy *adj* || **~** / mottled *adj* || **~e Färbung** (Tex) / mottled dyeing
**geflogener Kurs über Grund** (Luftf) / track made good
**Gefluder** *n* (Rinne zum Ableiten von Wasser) (Bergb) / flume *n*, launder *n*, sluice *n*
**geflügelt** *adj* / winged *adj*
**geflushtes Pigment** (für Druckfarben) (Anstr, Druck) / flushed pigment, flushed colour
**Gefluter** *m* (Aufber) / sluice *n*
**gefräst, nicht ~** (Feile) (Masch) / uncut *adj*
**Gefrier • abteil** *n* (des Kühlschranks) (im Haushaltskühlschrank) / frozen-food compartment, ice-making compartment || **~apparat** *m* / freezer *n* || **~ätztechnik** *f* (Biol, Mikros) / freeze-etch(ing) *n* || **biologische Objekte durch ~ätztechnik für die Elektronenmikroskopie präparieren** (Biol, Mikros) / freeze-etch* *v*, freeze-fracture* *v* || **~ätzung** *f* (zum Präparieren biologischer Objekte für die Elektronenmikroskopie) (Biol, Mikros) / freeze-etch(ing) *n* || **~bohrloch** *n* (Bergb) / freezing hole || **~brand** *m* (bei Fleisch) (Nahr) / freezer burn
**Gefrieren** *n* (der Übergang des Wassers, einer wäßrigen Lösung oder einer anderen Flüssigkeit in den festen Aggregatzustand) (Meteor, Phys) / freezing *n* || **~** (Nahr) / freezing* *n*, deep-freezing *n* || **~ im Kaltluftstrom** / cold air-blast freezing || **~ nach Vortrocknen** / freeze-drying* *n* (a process whereby the material is frozen, a vacuum applied, and the water and low-boiling compounds removed by sublimation), freeze concentration, lyophilisation *n*, sublimation from the frozen state, dehydrofreezing *n*
**gefrierend • e Nässe** (Kfz, Meteor) / black ice, ground ice || **~es Nieseln** (Meteor) / freezing drizzle || **~er Regen** (Regen- oder Sprühregentropfen, die aus einer warmen in eine kältere Luftschicht fallen und dabei zu Eiskörnern gefrieren) (Meteor) / freezing rain

## Gefrierfleisch

**Gefrier • fleisch** n (Nahr) / frozen meat ‖ ⁓**fleischschneider** m (Kutter) (Nahr) / frozen-meat cutter ‖ ⁓**gründung** f (HuT) / Dehottay process (for foundations) ‖ ⁓**gut** n (Nahr) / frozen food(s) ‖ ⁓**gutfach** n (im Haushaltskühlschrank) / frozen-food compartment, ice-making compartment ‖ ⁓**kette** f (auf dem Weg vom Hersteller bis zum Endverbraucher) (Nahr) / freezer chain ‖ ⁓**konservierung** f (Nahr) / freezing preservation, cold-pack method, refrigeration conservation ‖ ⁓**kost** f (Nahr) / frozen food(s) ‖ ⁓**mahlen** n (Chem Verf, HuT) / cryogenic crushing, cold grinding ‖ ⁓**mikrotom** n (Mikros) / freezing microtome ‖ ⁓**mischung** f (Chem) / freezing mixture* ‖ ⁓**möbel** n(pl) / freezer cabinet(s) ‖ ⁓**präparat** n (Mikros) / frozen preparation ‖ ⁓**punkt** m (Phys) / freezing-point* n, fp*, FP ‖ ⁓**punktserniedrigung** f (eines Lösungsmittels durch gelöste Stoffe, die mit dem Lösungsmittel keine Mischkristalle bilden) (Phys) / depression of freezing point*, freezing-point depression ‖ **molare** ⁓**punktserniedrigung** (Phys) / cryoscopic constant, freezing-point depression constant, molecular depression of freezing point ‖ ⁓**raum** m / freezer n, freezing compartment ‖ ⁓**schacht** m (Bergb) / freezing shaft ‖ ⁓**schachtabteufen** n (beim stark wasserführenden Gebirge) (Bergb) / freeze sinking*, freezing method (of sinking), freezing shaft sinking ‖ ⁓**schiff** n (ein Transport- und Verarbeitungsschiff der Fischereiflotte) (Nahr, Schiff) / frozen cargo ship, freezer n, ship for frozen goods ‖ ⁓**schnitt** m (Mikros) / frozen section n ‖ ⁓**schrank** m / upright freezer ‖ ⁓**schutzmittel** n (z.B. Glykol) (Chem Verf) / antifreeze* n, antifreeze agent, freezing preventive, non-freezing mixture ‖ ⁓**schutzprotein** n (Biochem, Zool) / antifreeze protein, antifreeze glycoprotein ‖ ~**stabil** adj (Soße, Gel) (Nahr) / freeze-thaw stable ‖ ⁓**trocknung** f (schonende Konservierung) / freeze-drying* n (a process whereby the material is frozen, a vacuum applied, and the water and low-boiling compounds removed by sublimation, freeze concentration, lyophilisation n, sublimation from the frozen state, dehydrofreezing n ‖ ⁓**truhe** f / chest freezer ‖ ⁓**tunnel** m / tunnel freezer ‖ ⁓**verfahren** n (beim stark wasserführenden Gebirge) (Bergb) / freeze sinking*, freezing method (of sinking), freezing shaft sinking ‖ ⁓**verfahren** n (Baugrundvereisung zur Bodenverfestigung) (HuT) / ground freezing ‖ ⁓**verfahren** n (z.B. Tauch- oder Sprühgefrieren) (Nahr) / freezing* n, deep-freezing n

**gefrittet • es Glas** (Glas) / sintered glass ‖ ~**e Glasur** (Keram) / fritted glaze

**gefroren • e Erde** / frosted soil, chilled soil ‖ ~**er Boden** (Geol) / frozen ground, frozen soil

**Gefrornis** f (dauernde, ewige) (Geol) / permafrost* n, permanently frozen ground, pergelisol n, perennially frozen ground

**Gefüge** n (Bau und Beschaffenheit) / structure n ‖ ⁓ (Geol) / fabric n, rock fabric, petrofabric n, structural fabric ‖ ⁓ (von Gebirgskörpern) (Geol) / space distribution ‖ ⁓ (Verband der Körner) (Hütt) / structure n ‖ ⁓ (Geol) s. auch Struktur und Textur ‖ ⁓ (Hütt) s. auch Mikrostruktur ‖ **eutektisches** ⁓ (Hütt) / eutectic structure* ‖ **granulitisches** ⁓ (Geol) / granulitic texture* ‖ **kristalloblastisches** ⁓ (bei Metamorphiten) (Geol) / crystalloblastic texture*

**Gefüge • analyse** f (Geol) / petrofabric analysis ‖ **netzförmige** ⁓**ausbildung** (Hütt, Masch) / network structure* ‖ ⁓**auswertung** f (Hütt, Min) / structure assessment ‖ ⁓**bestandteil** m (der Streifenarten) (inhomogener Gefügebestandteil der Kohle) (Bergb, Min) / maceral* n ‖ ⁓**bestandteil** (Hütt) / microstructural component, microconstituent n ‖ **nicht ausgezähltes** ⁓**diagramm** (Geol) / point diagram (a fabric diagram in which poles representing lineations, normals to fabric planes, or crystallographic directions have been plotted), scatter diagram ‖ ⁓**kompaß** m (Geol) / strata compass ‖ ⁓**koordinaten** f pl (Geol) / symmetry axes, symmetry coordinates, fabric symmetry coordinates

**gefügelos** adj / structureless adj, textureless adj

**Gefügemechanik** f (Bergb, Geol) / structural mechanics

**Gefühl, künstliches** ⁓ (Luftf) / artificial feel*

**Gefühls • ratsche** f (der Bügelmeßschraube) (Werkz) / ratchet stop ‖ ⁓**schraube** f (Werkz) / ratchet stop ‖ ⁓**simulation** f (Einrichtung, die dem Piloten das Gefühl des direkten Eingriffs in die Kraftsteuerung vermittelt) (Luftf) / artificial feel* ‖ ⁓**simulationseinrichtung** f (Luftf) / artificial feel*

**geführt** adj (Luftkissenfahrzeug) / tracked adj, guided adj, track-guided adj ‖ ~**er Bus** (in einem Dual-Mode-System) (Bahn) / railbus n ‖ ~**er Kreisel** (Phys) / guided gyro ‖ ~**er Mode** (Faseroptik) (Eltronik) / bound mode, guided mode, trapped mode* ‖ ~**er Regler** (bei der Kaskadenregelung) (Regeln) / submaster controller, secondary controller ‖ ~**e Welle** (Elektr, Fernm) / guided wave*

**gefüllt** adj (Bot) / double adj

**gefütterter Beutel** (Pap) / multi-wall bag, lined bag

**gegabelt** adj / forked adj ‖ ~ (For) / crotched adj ‖ ~**e Befragung** (in der Umfrageforschung) / split ballot

**gegebene Größe** (Math) / given quantity

**Gegen • -** (was die Richtung betrifft) / opposite adj ‖ ⁓**-** / counter-acting adj ‖ ⁓**amperewindungen** f pl (Eltech) / back ampere-turns* ‖ ⁓**anflugteil** m (Luftf) / downwind leg, downwind tail ‖ ⁓**angebot** n / counter-offer n ‖ ⁓**anzeige** f (Pharm) / contraindication n ‖ ⁓**bauer-Funktionen** f pl (metasphärische Funktionen) (Math) / Gegenbauer functions ‖ ⁓**bauersche Polynome** n pl (Lösung der Gegenbauerschen Differentialgleichung - nach L. Gegenbauer, 1849-1903) (Math) / Gegenbauer polynomials ‖ ⁓**behälter** m (zum Ausgleich von Wasserspitzen und zur Erzielung gleichbleibenden Versorgungsdrucks) (HuT, Sanitär, Wasserb) / equalizing tank ‖ ⁓**beispiel** n (KI, Math) / counterexample n ‖ ⁓**betrieb** m (EDV, Fernm) / duplex* n, duplexing n, duplex transmission, full duplex, duplex operation ‖ ⁓**betrieb über Zweidrahtleitungen** (EDV, Fernm) / duplex transmission on 2-wire circuits ‖ ⁓**blasen** v (in Vorformen - beim Blas-Blas-Verfahren) (Glas) / preblow v, puff v ‖ ⁓**bogen** m (umgekehrter, mit dem Scheitel nach unten gerichteter Bogen zur gegenseitigen Verspannung der Fundamentpfeiler und zur gleichmäßigen Verteilung der Auflast auf schlechtem Baugrund) (Arch) / inverted arch*, inflected arch* ‖ ⁓**böschung** f (HuT) / counterscarp n ‖ ⁓**diffusion** f (bei der Durchmischung zweier Stoffe) / counterdiffusion n ‖ ⁓**diffusor** m (Kfz) / convergent cone, counterdiffuser n ‖ ⁓**dotieren** (Eltronik) / doping compensation ‖ ⁓**dotierung** f (Eltronik) / doping compensation ‖ ⁓**drehmoment** n (Mech) / retrotorque n, countertorque n, reaction torque

**Gegendruck** m (Phys) / back-pressure n ‖ ⁓**füller** m (in dem meist kohlensäurehaltige Getränke abgefüllt werden) (Chem Verf, Nahr) / isobarometric filler ‖ ⁓**hochofen** m (Hütt) / high-top-pressure blast furnace ‖ ⁓**kokille** f (Gieß) / counterpressure die ‖ ⁓**platte** f (der Räummaschine) (Masch) / fixture n ‖ ⁓**rolle** f (die den Draht an die Vorschubrolle drückt) (Schw) / pressure roller ‖ ⁓**turbine** f (eine Dampfturbine) (Masch) / back-pressure turbine* ‖ ⁓**ventil** n (Masch) / back-pressure valve

**Gegenecho** n (Fernm) / talker echo

**gegeneinander verstimmte Verstärkerstufen** (Radio) / stagger-tuned amplifier stages

**gegeneinanderlaufend** adj (Masch) / contrarotating adj, counterrotating adj

**gegeneinanderwirkende Justierschrauben** (eines Theodolits) (Verm) / clip screws*, antagonizing screws*

**Gegen • elektrode** f (in der Voltammetrie) (Chem) / counterelectrode n ‖ ⁓**elektrode** (Eltech) / counterelectrode n ‖ ⁓**elektromotorische Kraft** (Eltech) / counter e.m.f.*, back e.m.f.* ‖ ⁓**-EMK** f (Eltech) / counter e.m.f.*, back e.m.f.* ‖ ⁓**färbung** f (Biochem, Mikros) / counterstaining n ‖ ⁓**feld** n (Elektr) / opposing field ‖ ⁓**feldmethode** f (zur Bestimmung der Geschwindigkeit geladener Teilchen) (Nukl) / retarding-potential method ‖ ⁓**feldwiderstand** m (Eltech) / negative-sequence resistance ‖ ⁓**feuer** n (zur Bekämpfung eines Flächenbrandes, insbesondere eines Waldbrandes) / counterfire n ‖ ⁓**fläche** f / opposite surface ‖ ⁓**fläche** (bei Passungen) (Masch) / mating surface ‖ **Konstruktion von Eingriffslinie und** ⁓**flanke** (Masch) / geometric construction for path of contact and conjugate tooth profile ‖ ⁓**flansch** m (Masch) / counterflange n, companion flange, mating flange ‖ ⁓**furnier** n (Furnier ohne dekorative Ansprüche, das bei einseitig deckfurnierten Werkstoffen zur Verhinderung des Verziehens auf der Gegenseite aufgeklebt wird) (For) / counterveneer n ‖ ~**gekoppelter Verstärker** (Eltronik) / stabilized feedback amplifier* ‖ ~**geschaltete Akkumulatorzelle** (Eltech) / countercell n ‖ ⁓**gewicht** n (Bergb) / balance n, balancing weight ‖ ⁓**gewicht** (Mech) / balance weight*, counterweight n, bob-weight* n, counterbalance n, counterpoise n, counterbalance weight ‖ ⁓**gewicht** (z.B. das Chassis bei Kraftwagen) (Radio) / counterpoise* n, capacity earth*, artificial earth* ‖ ⁓**gewicht des Krans** (HuT) / kentledge* n ‖ ⁓**gewichtskasten** m (bei Kranen) (Masch) / balance box* ‖ ⁓**gewichtstrum** m n (Bergb) / balance pit ‖ ⁓**gewichtswagen** m (Bergb) / balance car ‖ ⁓**gift** n (Pharm) / antidote n ‖ ⁓**gift** (meistens gegen Schlangenbiß) (Pharm) / antivenom n, antivenin n ‖ ⁓**gitter** n (ein Teil des Abtasters beim inkrementalen Meßsystem) / grating n ‖ ⁓**hahn** m (Keram) / anvil n (a piece of wood, a pebble, or other hard substance) (Masch) / dolly* n, holding-up hammer, holder-up n ‖ ⁓**halter** (beim Nieten) (Masch) / dolly* n, holding-up hammer, holder-up n ‖ ⁓**halter** (der Waagerechtfräsmaschine) (Masch) / overarm n, overhanging arm ‖ ⁓**halter** (Abstützung der Werkradaufnahme vom Gegenständer aus beim Verzahnen) (Masch) / outboard support ‖ ⁓**halterständer** m (zur Führung der Werkstückachse einer Wälzfräs- bzw. Wälzstoßmaschine) (Masch) / work column ‖ ⁓**halte-Spanneisen** n (Kfz) / box-type bumping file ‖ ⁓**hang** m / counterslope n ‖ ⁓**hormon** n (Biochem, Biol) / antihormone* n ‖ ⁓**induktion** f (Elektr) / mutual induction n ‖ ⁓**induktionskoeffizient** m (Eltech) / mutual inductance* ‖ ⁓**induktivität** f (Eltech) / mutual inductance* ‖ ⁓**induktivitätskoeffizient** m (Eltech) / mutual inductance* ‖ ⁓**ion** n (mit entgegengesetztem Ladungsvorzeichen) (Chem) / gegenion* n, counterion* n ‖ ⁓**kapstan** m (Akus) / countercapstan n ‖ ⁓**kathete** f (des rechtwinkligen Dreiecks) (Math) / opposite side ‖ ⁓**keil** *m* (im allgemeinen) (Masch) / tightening key ‖ ⁓**keil** (Masch) / fox-wedge *n*, nose key ‖ ⁓**klopfmittel** *n* (Kftst) / antiknock substance*, antiknock *n*, antiknock additive, antidetonant *n*, fuel inhibitor, knock suppressor ‖ ⁓**kolbenmotor** *m* (ein Doppelkolbenmotor nach DIN 1940) (V-Mot) / opposed-piston engine ‖ ⁓**komponente** *f* (Eltech) / negative phase-sequence component*, negative-sequence component ‖ ⁓**köper** *m* (Tex) / reverse twill ‖ ⁓**kopplung** *f* (Fernm, Radio) / degenerative feedback, negative feedback*, reverse coupling, degeneration *n* ‖ ⁓**kopplung** (Regeln) / degenerative feedback, negative feedback*, reverse coupling, degeneration *n* ‖ **durch** ⁓**kopplung stabilisierter Verstärker** (Eltronik) / stabilized feedback amplifier* ‖ ⁓**kopplungsgrad** *m* (Regeln) / feedback factor* ‖ ⁓**körperfurchung** *f* (eine Verschleißart) (Masch) / ploughing wear, ploughing *n*, plowing *n* (US) ‖ ⁓**kraft** *f* (Phys) / counterforce *n* ‖ ⁓**krümmung** *f* (bei Straßen und Bahnen) / return curve, reversed curve ‖ ⁓**kurbel** *f* (Bahn, Masch) / return crank* ‖ ⁓**kurs** *m* / reciprocal course ‖ ⁓**lage** *f* (beim beidseitigen Schweißen einer Stumpfnaht von der zweiten Seite aus gefertigte Schweißlage) (Schw) / cap pass, capping pass, sealing run, backing run, back weld (US) ‖ ⁓**lager** *n* (zweites Stützlager für den Fräserdorn) (Masch) / thrust-pad bearing ‖ ⁓**lager** (beim Widerstandsschweißen) (Schw) / backing electrode ‖ ⁓**läufer** *m* (im Motorradbau) (Kfz) / offset twin ‖ ⁓**lauffräsen** *n* (DIN 3002) (Masch) / up-milling *n*, conventional milling, standard milling

**gegenläufig** *adj* (Masch) / contrarotating *adj*, counterrotating *adj* ‖ ⁓**gewickelt** (Eltech) / oppositely wound ‖ ⁓**e Kurbeln** (Masch) / opposite cranks ‖ ⁓**e Luftschrauben** (nichtgleichachsige - als symmetrische Einheiten auf beiden Seiten des Flugzeugs) (Luftf) / handed propellers ‖ ⁓**e Reaktion** (Chem) / back reaction, reverse reaction, opposing reaction ‖ ⁓**e Wiederholung** (ähnlicher Nucleotidsequenzen) (Biochem) / inverted repeat

**Gegenlauf•luftschrauben** *f pl* (Luftf) / coaxial propellers*, contrarotating propellers ‖ ⁓**-Luftschrauben** *f pl* (nicht koaxiale) (Luftf) / handed propellers

**Gegenlicht** *n* (außen) (Foto) / back light(ing)* ‖ ⁓**-** (Foto) / contre-jour *attr*, against-the-light *attr* ‖ ⁓ *n* (innen) (Foto) / kick-light *n*, rim-light *n* ‖ ⁓**aufnahme** *f* (Foto) / against-the-light photograph, against-the-light shot, contre-jour photograph ‖ ⁓**blende** *f* (Film, Foto) / lens hood*, sunshade *n*, lens shade

**gegen•magnetisierende Wicklung** (Eltech) / antipolarizing winding* ‖ ⁓**masse** *f* (Mech) / balance weight*, counterweight *n*, bob-weight* *n*, counterbalance *n*, counterpoise *n*, counterbalance weight ‖ **elektronische** ⁓**maßnahme** (Mil) / electronic countermeasure*, ECM* ‖ **passive elektronische** ⁓**maßnahmen** (Mil) / passive electronic countermeasures ‖ **aktive elektronische** ⁓**maßnahmen** (Mil) / active electronic countermeasures ‖ ⁓**maßnahmen** *f pl* **bei Auslegungsstörfällen und bei auslegungsüberschreitenden Ereignisabläufen** (Nukl) / accident management ‖ ⁓**mittel** *n* (Pharm) / antidote *n* ‖ ⁓**mittel** (Pharm) / antivenom *n*, antivenin *n* ‖ ⁓**mutter** *f* (Masch) / lock-nut* *n*, jam nut, pinch nut, check nut* ‖ ⁓**nebensprechen** *n* / far-end cross-talk*, FEXT ‖ ⁓**parallelschaltung** *f* (Eltech) / antiparallel connexion ‖ ⁓**passate** *m pl* (Meteor) / antitrades* *pl* ‖ ⁓**peilung** *f* (Nav) / reciprocal bearing ‖ ⁓**pfeiler** *m* (HuT) / counterfort* *n* ‖ ⁓**phase** *f* (Elektr, Phys) / opposition *n*, phase opposition, opposite phase ‖ ⁓**probe** *f* / countercheck *n*, check test, control test ‖ ⁓**profil** *n* (Masch) / mating profile ‖ ⁓**propeller** *m* (Leitblech hinter Propeller bewirkt Umlenkung der Drehbewegung des Wassers in axiale Richtung) (Schiff) / contrapropeller *n*, counterpropeller *n* ‖ ⁓**prüfung** *f* / countercheck *n*, check test, control test ‖ ⁓**punkt** *m* **der Sonne** (Astr) / antisolar point ‖ ⁓**rad** *n* (DIN 3960) (Masch) / mating gear, meshing gear ‖ ⁓**reaktanz** *f* (Eltech) / negative-sequence reactance ‖ ⁓**reaktion** *f* (Chem) / back reaction, reverse reaction, opposing reaction ‖ ⁓**reihenschlußwicklung** *f* (Eltech) / decompounding winding ‖ ⁓**richtung** *f* (Phys) / opposite direction ‖ ⁓**ring** *m* (V-Packung) (Masch) / female adapter ‖ **Zusatzmaschine** *f* **in** ⁓**schaltung** (Eltech) / negative booster* ‖ ⁓**schein** *m* (des Zodiakalbandes) (Astr) / gegenschein* *n*, counterglow* *n* ‖ ⁓**schein** (Astr) / opposition* *n* ‖ ⁓**scheinleitwert** *m* (Eltronik) / transadmittance* *n* ‖ **atomarer** ⁓**schlag** (Mil) / nuclear retaliation* ‖ ⁓**schlaghammer** *m* (schabottteloser Oberdruckhammer mit zwei Bären, die zwangläufig gegeneinander bewegt werden) / counterblow hammer ‖ ⁓**schreibverkehr** *m* (Telexverkehr) (Fernm) / two-way working, duplex operation ‖ ⁓**seil** *n* (am Bremsberg) (Bergb) / tail-rope *n*, backhaul cable ‖ ⁓**seite** *f* / opposite side ‖ ⁓**seite** (einer Naht) (Schw) / back *n* ‖ ⁓**seite** (Typog) / facing page

**gegenseitig** *adj* / mutual *adj* ‖ ⁓**e Abhängigkeit** / interdependence *n* ‖ ⁓**e Beeinflussung** / interaction* *n* ‖ ⁓**e Beeinflussung** (Masch) / interplay *n* ‖ ⁓**e Blockierung** (aufgrund fehlender Zugriffssynchronisierung) (EDV) / deadlock *n* ‖ ⁓**e Brunnenbeeinflussung** (Wasserb) / well interference ‖ ⁓**es Durchdringen** (Masch) / interpenetration *n* ‖ ⁓**e Durchdringung** (Masch) / interpenetration *n* ‖ ⁓**er Einfluß** (Masch) / interplay *n* ‖ ⁓**e Induktion** (Elektr) / mutual induction ‖ ⁓**e Kapazität** (zwischen zwei Leitern) (Eltech) / mutual capacitance ‖ ⁓**e Löslichkeit** (Chem) / mutual solubility ‖ ⁓ **phasenstarre Signale** (die ihre Phasenlage zueinander beim Durchlaufen einer Verzögerungsleitung nicht verändern) (Eltronik) / non-dispersive signals ‖ ⁓**es störendes Berühren** (Masch) / fouling* *n* ‖ ⁓**e Umwandlung** (ineinander) (Chem Verf) / interconversion *n* ‖ ⁓**e Verhakung** (Plast) / mutual interlocking ‖ ⁓**es Vorstellen** (Fernm) / mutual introduction

**gegensinnig** *adj* (Verwerfung) (Geol) / antithetic *adj* (fault) ‖ ⁓**e Bewegung** (in der euklidischen Geometrie) (Math) / orientation-reversing motion

**Gegen•sonne** *f* (eine Haloerscheinung) (Meteor) / anthelion* *n* (pl. -helia or -helions), countersun *n*, antisun *n* ‖ ⁓**spannung** *f* (Eltronik) / offset voltage *n* (des Spiegelteleskops) (Opt) / secondary mirror ‖ ⁓**spieler** *m* (Biochem, Pharm) / antagonist* *n* ‖ ⁓**sprechanlage** *f* (Fernm) / intercommunicating system, intercommunication system, intercom *n*, interphone *n* ‖ ⁓**sprechkanal** *m* (Fernm) / duplex channel ‖ ⁓**sprechschaltung** *f* (Fernm) / talk-back circuit ‖ ⁓**stab** *m* (Zimm) / counter *n* ‖ ⁓**stand** *m* / item *n* ‖ ⁓**stand** (Opt) / object *n* ‖ ⁓**stand der Erfindung** / object of the invention, subject matter of the invention (US) ‖ ⁓**ständige Tüpfelung** (For) / opposite pitting

**gegenständlich•es Prozeßmodell** (DIN 66 201, T 1) / physical process model ‖ ⁓**e Umwelt** (natürliche und von Menschen geschaffene) (Umwelt) / physical environment

**Gegenstands•ebene** *f* (eine Kardinalfläche) (Opt) / object plane ‖ ⁓**linse** *f* (Objektiv bei dioptrischen Fernrohren) (Opt) / object lens ‖ ⁓**marke** *f* (Sedimentgefüge) (Geol) / tool mark ‖ ⁓**punkt** *m* (Opt) / object point ‖ ⁓**raum** *m* (z.B. einer Programmiersprache) (EDV) / semantic domain

**gegenstandsseitig** *adj* (Opt) / object-side *attr* ‖ ⁓**er Brennpunkt** (Opt) / object-side principal focus, first principal focus ‖ ⁓**e Brennweite** (Opt) / front focal length, FFL

**Gegenstands•variable** *f* (in der Prädikatenlogik) (EDV, KI, Math) / object variable, individual variable ‖ ⁓**weite** *f* (Opt) / object distance ‖ ⁓**welle** *f* (die von einem Objekt reflektiert oder durchgelassen wurde) / object wave

**Gegen•station** *f* (EDV) / secondary station ‖ ⁓**stempel** *m* (zum Prägen) (Masch) / die* *n* ‖ ⁓**strahlung** *f* (langwellige Himmelsstrahlung) (Geophys) / counterradiation *n* ‖ **atmosphärische** ⁓**strahlung** (Meteor) / counterradiation *n*, back radiation ‖ ⁓**strebe** *f* (Bau, HuT) / reversed brace ‖ ⁓**streiflicht** *n* (Foto) / kicker *n*

**Gegenstrom** *m* (Eltronik) / reverse current, inverse current*, countercurrent *n* ‖ ⁓**auswaschung** *f* (Aufber) / countercurrent treatment, countercurrent washing ‖ ⁓**bohrverfahren** *n* (Erdöl) / counterflush drilling ‖ ⁓**bremsung** *f* (Eltech) / plugging* *n*, plug braking, regenerative braking*, countercurrent braking ‖ ⁓**brennkammer** *f* (Luftf) / return-flow system*, reverse-flow system*, return-flow combustor ‖ ⁓**chromatografie** *f* (Chem) / countercurrent chromatography, CCC ‖ ⁓**dekantation** *f* (Chem Verf) / continuous countercurrent decantation (CCD) ‖ ⁓**destillation** *f* (Chem) / rectification* *n* ‖ ⁓**Einspritzkondensator** *m* (Masch) / counterflow jet condenser ‖ ⁓**elektrolyse** *f* (Chem, Eltech) / countercurrent electrolysis ‖ ⁓**elektrolytische Isotopentrennung** (Nukl) / isotope separation by countercurrent electrolysis ‖ ⁓**extraktion** *f* (Chem Verf) / countercurrent extraction ‖ ⁓**extraktionsapparat** *m* **nach Podbielniak** (Chem Verf) / Podbielniak extractor ‖ ⁓**ionophorese** *f* (Chem, Eltech) / countercurrent electrolysis ‖ ⁓**klassierer** *m* (Aufber) / countercurrent classifier, upward-current classifier ‖ ⁓**prozeß** *m* (Chem Verf) / countercurrent contact*, countercurrent treatment, countercurrent process ‖ ⁓**spülung** *f* (Bergb) / reverse circulation, counterflush *n* ‖ ⁓**tellermischer** *m* (mit Läufern und/oder Schaufeln) (Plast) / Lancaster mixer ‖ ⁓**trockner** *m* (Chem Verf) / counterflow drier, countercurrent flow drier

**Gegenströmung** *f* (Wasserb) / countercurrent *n*

**Gegenstrom•verfahren** *n* (Chem Verf) / countercurrent contact*, countercurrent treatment, countercurrent process ‖ ⁓**verteilung** *f* (Chem Verf) / countercurrent distribution* ‖ ⁓**wäsche** *f* (Aufber) / countercurrent treatment, countercurrent washing

**Gegen•stück** *n* / companion part ‖ ⁓**stück** / match *n* ‖ ⁓**stück** (Masch) / counterpart *n* ‖ ⁓**system** *n* (bei der Darstellung von Drehfeldern mittels symmetrischer Komponenten) (Eltech) / negative sequence

**Gegentakt•-** (Fernm) / balanced *adj*, push-pull *attr* ‖ ⁓**endverstärker** *m* (Fernm) / push-pull power amplifier, PPPA ‖ ⁓**komplementärkollektorschaltung** *f* (ein Großsignalverstärker, dessen aktive Bauelemente aus zwei komplementär-symmetrischen Transistoren bestehen) (Eltronik) / push-pull complementary collector circuit ‖ ⁓**mikrofon** *n* (Akus) / push-pull microphone* ‖ ⁓**mischer** *m* (zur SSB-Signalaufbereitung) (Radio) / double-balanced mixer ‖ ⁓**modulator** *m* (Fernm) / balanced

**Gegentaktneutralisation**

modulator* ‖ ⁓**neutralisation** f (Eltronik) / cross neutralization* ‖ ⁓**schaltung** f **mit Phasenumkehr** (Fernm) / paraphase coupling* ‖ **katodengekoppelte** ⁓**stufe** (Eltronik) / long-tail pair* ‖ ⁓**tonspur** f (Film) / push-pull sound track* ‖ ⁓**transistorpaar** n (Eltronik) / push-pull transistor ‖ ⁓**verstärker** m (Fernm) / balanced amplifier*, push-pull amplifier* ‖ ⁓**verstärker Klasse B** (Fernm) / quiescent push-pull amplifier*, QPP amplifier*

**gegenüberliegen** v (z.B. die längere Seite dem größeren Winkel in einem Dreieck) (Math) / subtend* v

**gegenüberliegend** adj / opposite adj ‖ ⁓**e Seite** / opposite side ‖ ⁓**er Winkel** (Math) / opposite angle

**Gegen•übersprechen** n / far-end cross-talk*, FEXT ‖ **im** ⁓**uhrzeigersinn** / counterclockwise adj adv (US), ccw (US), anticlockwise adj adv (GB) ‖ ⁓**untersuchung** f / stand-by test ‖ ⁓**verbunderregung** f (Eltech) / differential excitation ‖ ⁓**verbundmaschine** f (Eltech) / differential compounded machine ‖ ⁓**verkehr** m (ein Verkehrszeichen) (Kfz) / two-way traffic (straight ahead) ‖ ⁓**verkehr** (Kfz) / oncoming traffic, meeting traffic, head-on traffic, contraflow n, counterflow n ‖ **Wartepflicht** f **bei** ⁓**verkehr** (ein Verkehrszeichen) (Kfz) / give priority to vehicles from opposite direction, priority for oncoming traffic ‖ ⁓**verkehr** m **hat Haltepflicht** (ein Verkehrszeichen) (Kfz) / priority over vehicles from opposite direction, priority over oncoming traffic ‖ ⁓**verkehrsfahrbahn** f (Kfz) / counterflow line ‖ ⁓**versuch** m / countercheck n, check test, control test ‖ ⁓**wartswert** m / advertising value, current value ‖ ⁓**wind** m (Kfz, Luftf) / head wind ‖ ⁓**windlandung** f (Luftf) / landing against the wind, into-wind landing ‖ ⁓**winkel** m pl (an Parallelen) (Math) / corresponding angles* ‖ ⁓**winkel** m (im allgemeinen) (Math) / opposite angle ‖ ⁓**wirkend** adj (Masch) / reactive adj ‖ ⁓**wirkend** (Feder) (Masch) / antagonistic adj ‖ ⁓**wirkungsprinzip** n (das dritte Newtonsche Axiom) (Phys) / Newton's third law of motion (action and reaction), law of action and reaction ‖ ⁓**zahl** f (wenn die Summe zweier Zahlen den Wert 0 hat) (Math) / opposite number ‖ ⁓**zelle** f (Eltech) / countercell n ‖ ⁓**zug** m (Entscheidung eines Spielers während einer Partie) / countermove v ‖ ⁓**zug** (Bahn) / train in the opposite direction ‖ ⁓**zug** (beim Drahtziehen) (Hütt) / back pull ‖ ⁓**zugsäge** f **für Querschnitt** (For, Zimm) / cross-cut saw*, log cross-cutting saw ‖ ⁓**zugschaftmaschine** f (eine alte Fachbildevorrichtung an Webmaschinen, bei der das Rückführen der Schäfte durch ein Hebelgestänge erfolgt) (Web) / positive dobby, positive heald motion, reverse motion dobby

**gegerbt** adj (aber nicht zugerichtet - meistens Rindsleder) (Leder) / rough adj, rough-tanned adj, in-the-rough attr

**gegittertes Lamellenwerk von Zwillingen** (nach dem Albit- und nach dem Periklingesetz, z.B. bei Mikroklinen) (Geol) / crossed twinning, gridiron twinning

**geglätteter Putz** (Bau) / plainface finish

**gegliedert•e Kuppel** (Arch, HuT) / sectional dome ‖ ⁓**e Wand** (Bau) / detailed wall

**geglühtes Eisenrot** / crocus powder

**Gegner** m **der umweltbeeinträchtigenden Eingriffe in der Nachbarschaft** (Umwelt) / Nimby n (not in my backyard - a person who objects to the siting of something perceived as unpleasant or hazardous in their own neighbourhood, especially while raising no such objections to similar developments elsewhere)

**gegossen** adj / cast adj ‖ ⁓**er Film** (Feinfolie) (Plast) / cast film ‖ ⁓**e Folie** (Plast) / cast film ‖ ⁓**es Karbidhartmetall** (Hütt) / cast hard carbide ‖ ⁓**es Rohr** (Hütt) / cast tube ‖ ⁓**e Schaltung** (Eltronik) / moulded circuit ‖ ⁓**e Zeile** (der alten Zeilensetzmaschine) (Typog) / slug* n

**Gehacktes** n (Nahr) / minced meat, mincemeat n, ground meat

**Gehalt** m (an bestimmten Stoffen - DIN 1310) / content n ‖ %-⁓ / percentage n ‖ ⁓ **an freiem Zyanid** (Chem Verf) / free cyanide content ‖ ⁓ **an Kautschukkohlenwasserstoff** (Chem Verf) / rubber hydrocarbon content, RHC ‖ ⁓ **an Magnetpartikeln** (im Asbest) / magnetic rating ‖ ⁓ **an Nährstoffen** (Trophiestufe) (Sanitär) / nutrient load ‖ ⁓ **an starken** (aggressiven) **Säuren** (Chem) / strong-acid number, SAN ‖ ⁓ **an Steinen** / stoneness n

**Gehaltsbestimmung** f (Chem) / determination of content

**Gehaltsentwicklung** f / salary history

**Gehänge** n (Bau) / hinge n ‖ ⁓ (des Kreisförderers) (Masch) / hanger n ‖ ⁓ (bei Flußregulierungen) (Wasserb) / river improvement by suspending fascines ‖ ⁓**bau** n (aus hängenden Reisigbündeln oder -tafeln) (Wasserb) / river improvement by suspending fascines ‖ ⁓**förderer** m (Masch) / overhead conveyor ‖ ⁓**nagel** m (Bau) / hang nail

**gehärtet•e Faserplatte** (Bau, Tischl) / tempered hardboard ‖ ⁓**es Filterpapier** (Chem, Pap) / hardened-grade filter paper ‖ ⁓**es Glas** (Glas) / prestressed glass, toughened glass*, hardened glass, case-hardened glass ‖ ⁓**e Pappe** (Pap) / hardboard n, glazed millboard

**geharzt** adj (Baum) (For) / tapped-out adj, bled adj, worked-out adj ‖ ⁓**e Bahn** (Plast) / varnished web

**gehauen, nicht** ⁓ (Feile) (Masch) / uncut adj

**gehäuft** adj (Holzstrahlen) (For) / aggregate attr

**Gehäuse** n (z.B. der analytischen Waage) (Chem) / case n ‖ ⁓ (EDV, Radio, TV) / cabinet n ‖ ⁓ (der elektrischen Maschine) (Eltech) / enclosure n ‖ ⁓ (Eltech) / housing* n, enclosing ‖ ⁓ (Eltech, Eltronik) / header* n ‖ ⁓ (Eltronik) / package n ‖ ⁓ (z.B. einer Kamera) (Foto) / body n ‖ ⁓ (Masch) / case n, casing n, cage n, enclosure n ‖ ⁓ (des Lagers) (Masch) / housing n ‖ ⁓ (des Kompasses) (Schiff) / binnacle n ‖ **keramisches** ⁓ (Eltronik) / ceramic package, cerpack n ‖ **mit einem** ⁓ **versehen** (Masch) / encase* v, case v ‖ **mit x-Anschlüssen versehenes** ⁓ (Eltronik) / x-lead package ‖ **plastisches** ⁓ (Eltronik) / plastic package ‖ ⁓ n **der Wirbelstrompumpe** (Masch) / whirlpool chamber, vortex chamber

**Gehäuse•abdeckung** f (Eltronik) / package cup, package cover ‖ ⁓**abdichtung** f (Eltronik) / package sealing ‖ ⁓**auslöser** m (Foto) / body release ‖ ⁓**brechbacke** f (Masch) / stationary jaw ‖ ⁓**deckel** m (der Pumpe) (Masch) / casing cover ‖ ⁓**deckel** (der Turbine) (Masch) / cylinder cover ‖ ⁓**fehler** m (EDV) / case defect ‖ ⁓**gestaltung** f (Eltronik) / package outline ‖ ⁓**masse** f (Radio) / frame n ‖ ⁓**schild** m (Eltech) / end shield* ‖ ⁓**temperatur** f (Eltech) / case temperature ‖ ⁓**warze** f (für Entleerungs-, Umführungs- und Meßleitungen) (Masch) / body boss

**Gehbelag** m (Bau) / top layer (screed)

**geheim** adj / confidential adj ‖ ⁓**er Schlüssel** (bei Verschlüsselung von Daten) (EDV, Fernm) / secret key ‖ ⁓**haltungssystem** n (der übergeordnete Begriff für Chiffrier- und Kodesystem) (EDV, Fernm) / secrecy system*, privacy system* ‖ ⁓**haltungsvereinbarung** f (EDV, Fernm) / confidential non-disclosure agreement, non-disclosure agreement, NDA ‖ ⁓**haltungsvertrag** m (EDV, Fernm) / confidential non-disclosure agreement, non-disclosure agreement, NDA

**Geheimnisbruch** m / breach of secrecy

**Geheimnisprinzip** n (in der Programmiermethodik) (EDV) / information hiding

**Geheim•patent** n / secret patent ‖ ⁓**system** n (Fernsp) / privacy system* ‖ ⁓**text** m (EDV) / cryptotext n ‖ ⁓**tinte** f / invisible (writing) ink

**geheizt•er Angußkanal** (Plast) / hot runner ‖ ⁓**er Faden** (Eltronik, Licht) / filament* n

**gehemmtes Gleichgewicht** (Phys) / metastable equilibrium

**gehen** v (z.B. zur Straße - Fenster) (Bau) / front v, face v (something) ‖ ⁓ (Masch) / work v, run v, operate v, act v ‖ **das Fenster geht auf die Straße** (Bau) / the window faces the street ‖ ⁓ **lassen** (Teig) (Nahr) / raise vt, prove v ‖ ⁓ n **an den Liegeplatz** (bei Schiffen) (Schiff) / berthing n

**gehend** adj (Fahrerplatz bei den Flurförderfahrzeugen) / pedestrian adj

**Gehenlassen** n (Teig) (Nahr) / raising n, proving n

**Geheul** n (Akus) / howling n, howl* n ‖ ⁓ (Akus) s. auch Jaulen

**Gehfalte** f (Tex) / kick pleat, fan pleat

**Geh-Gabelhubwagen** m (Masch) / pedestrian pallet truck

**Gehgeräusch** n (Studiotechnik) (Akus, Film) / footfall n

**Gehlenit** m (ein Schlackenmineral der Melilithgruppe) (Hütt, Min) / gehlenite* n

**gehobelt•es Holz** (For) / dressed timber*, wrought timber, surfaced timber, planed lumber, surfaced lumber, planed timber ‖ ⁓**e Schalung** (Bau, HuT) / wrought shuttering ‖ **und gespundet** (Zimm) / planed, tongued and grooved, P.T.G.

**gehoben** adj (Flügel bei der Verwerfung) (Geol) / upthrow attr, upthrown adj, uplifted adj

**Gehöft** n (Landw) / farm n, farmstead n

**Gehölz** n (Bot, For) / wood(y) plant, ligneous plant

**Gehölzkunde** f (For) / dendrology n

**gehölzkundlich** adj (For) / dendrological adj

**Gehölzvernichtungsmittel** n (Chem, Umwelt) / arboricide n, brushkiller n

**gehopfte Würze** (Brau) / hopped wort

**Gehör** n (Akus, Med) / hearing n, audition n, sense of hearing ‖ **absolutes** ⁓ (die Fähigkeit, Töne und Tonarten ohne vorgegebenen Vergleichston zu bestimmen oder durch Singen anzugeben) (Akus, Physiol) / sense of absolute pitch*, perfect pitch, absolute pitch ‖ **relatives** ⁓ (Akus) / sense of relative pitch*

**gehorchen** v (z.B. der Fermi-Dirac-Statistik) / obey v

**gehören** v (zu) / rank v (among)

**Gehör•fehler** m (Akus, Med) / auditory defect, hearing defect ‖ ⁓**schutzdiode** f (Akus, Eltronik, Fernsp) / acoustic-shock absorber diode ‖ ⁓**schützer** m (Akus, Med) / hearing protector, ear protector, ear defender, defender ‖ ⁓**schutzmittel** n (individuelles Lärmschutzmittel, wie z.B. Gehörgangsstöpsel, hermetische Kappen usw.) (Akus, Med) / hearing protector, ear protector, ear defender, defender ‖ ⁓**schutzstöpsel** m (Akus, Med) / ear-plug n,

ear-protection plug ‖ ⁓**schutzwatte** f / ear-protection wadding ‖ ⁓**sinn** m (Akus, Med) / hearing n, audition n, sense of hearing
**Gehre** f (bei Kleidern, Röcken, Hemden) (Tex) / gore n (a triangular or tapering piece of material used in making a garment, sail or umbrella) ‖ ⁓ (echte) (Tischl, Zimm) / mitre* n, bevel* n, miter n (US) ‖ ⁓ (Ergebnis) (Tischl, Zimm) / mitre n, bevel cut (45°), miter n (US)
**Geh-, Fahrt- und Leitungsrecht** n (eine Grunddienstbarkeit) (Bau) / right of way
**gehren** v (Tischl, Zimm) / mitre v, bevel v, miter v (US)
**Gehr•fuge** f (Tischl, Zimm) / mitre* n, bevel* n, miter n (US) ‖ ⁓**maß** n (Tischl, Werkz, Zimm) / bevel* n (sliding) ‖ ⁓**maß** (Tischl, Zimm) / mitre square* (rule)
**Gehrung** f (Eckfuge einer 45°-Holzverbindung) (Tischl, Zimm) / mitre* n, bevel* n, miter n (US) ‖ **auf** ⁓ (meistens 45°) **schneiden** (Tischl, Zimm) / mitre v, bevel v, miter v (US) ‖ **auf** ⁓ **stoßen** (Holzverband) (Tischl, Zimm) / mitre v, bevel v, miter v (US) ‖ **auf** ⁓ **verdeckte Schwalbenschwanzzinkenverbindung** (Tischl) / secret mitre dovetail ‖ **stumpfe** ⁓ **mit Hirnholzfeder** (Zimm) / tongued mitre
**Gehrungs•kreissägemaschine** f (Tischl, Zimm) / mitre circular sawing machine ‖ ⁓**lade** f (Tischl, Zimm) / mitre-box* n, mitre block* ‖ ⁓**maß** n (45°) (Tischl, Zimm) / mitre square* (rule) ‖ ⁓**säge** f (Tischl, Zimm) / mitre saw, mitre-box saw ‖ ⁓**schneidlade** f (45°) (Tischl) / mitre-box* n, mitre block* ‖ ⁓**schnitt** m (Ergebnis) (Tischl, Zimm) / mitre n, bevel cut (45°), miter n (US) ‖ ⁓**schnitt** (Tätigkeit) (Tischl, Zimm) / mitring n, bevel cut (45°) ‖ ⁓**spannklammer** f (Tischl) / spring corner cramp, spring dog ‖ ⁓**spannklammer** (in der Bilderrahmenproduktion) (Tischl) / spring corner cramp, spring dog ‖ ⁓**verbindung** f (Tischl, Zimm) / mitre joint ‖ ⁓**winkel** m (Tischl, Werkz, Zimm) / bevel* n (sliding) ‖ ⁓**winkel** (meistens 45°) (Tischl, Zimm) / mitreing angle ‖ ⁓**zinken** f pl (Tischl) / mitre dovetail
**Geh-Steh-Verfahren** n (Teleg) / start-stop* n, start-stop system
**Gehsteig** m (HuT) / pavement n (GB), footway n (GB), sidewalk n (US), walkway n (US), footpath n (GB) ‖ **[geneigter] rollender** ⁓ / travelator n (a moving walkway), travolator n
**Gehstreifen** m (Bahn) / walkway n
**Gehweg** n / footway n, footpath n, walk n ‖ ⁓ m (HuT) / pavement n (GB), footway n (GB), sidewalk n (US), walkway n (US), footpath n (GB) ‖ ⁓ (Kfz) / compulsory footpath ‖ ⁓**platte** f (Bau, HuT) / paving flag*, flagstone n, paving stone*, paving slab, paving n, paver n
**GE-Hypothese** f (nach v. Mises und Henky) (Mech) / maximum distortion energy theory, maximum shear strain energy criterion
**Geigenharz** n (ein natürliches Harz von Pinus-Arten) / colophony* n, rosin* n, colophonium* n (pl. -ms)
**Geiger•-Bereich** m (Zählrohr) (Nukl) / Geiger region*, Geiger-Müller region ‖ ⁓**-Müller-Bereich** m (Zählrohr) (Nukl) / Geiger region*, Geiger-Müller region ‖ ⁓**-Müller-Zählrohr** n (nach H. Geiger, 1882-1945, und W.M. Müller, 1905-1979) (Nukl) / Geiger-Müller counter*, G-M counter*, Geiger counter*, gas counter*, Geiger-Mueller counter ‖ ⁓**-Nuttallsche Beziehung** (zwischen Halbwertszeit und Energie der Alphastrahlen radioaktiver Stoffe) (Kernphys) / Geiger-Nuttall relation(ship)*, Geiger-Nuttall rule ‖ ⁓**-Nuttallsches Gesetz** (nach J.M. Nuttall, 1890-1958) (Kernphys) / Geiger-Nuttall relation(ship)*, Geiger-Nuttall rule ‖ ⁓**-Schwelle** f (Zählrohr) (Nukl) / Geiger threshold* ‖ ⁓**-Zähler** m (nach H. Geiger, 1882-1945, und W.M. Müller, 1905-1979) (Nukl) / Geiger-Müller counter*, G-M counter*, Geiger counter*, gas counter*, Geiger-Mueller counter
**Geiser** m (Geol) / geyser* n, gusher* n
**Geison** n (pl. -s oder Geisa) (horizontal verlaufendes Kranzgesims einer dorischen Ordnung) (Arch) / corona n (pl. coronae)
**Geißfuß** m (für Holzschnitte und Holzbildhauerei) (Werkz) / V veining tool, V tool (a carving tool) ‖ ⁓ (V-förmiger Einschnitt an Schiftsparren, der den Kehlsparren aufnimmt; Schmiegefläche bei der Klauenschiftung) (Zimm) / birdsmouth n, sally n
**Geißler-Röhre** f (mit spektralreinem Gas oder Dampf gefüllte Gasentladungslichtquelle für spektroskopische Zwecke) (Spektr) / Geissler tube
**Geißlersche Röhre** (nach H. Geißler, 1814-1879) (Spektr) / Geissler tube
**Geist** m (sichtbare Zone veränderter Struktur) (Krist) / ghost n ‖ ⁓ (Radar) / ghost n, ghost echo
**Geister•bild** n (Film) / ghost* n, multiple image ‖ ⁓**bild** (TV) / ghost n, double image (a spurious image), ghost image, multiple image ‖ ⁓**echo** n (Zeichen an einer Stelle des Radarschirms, das von keinem Ziel an dem ihr entsprechenden Ort des Raumes stammt) (Radar) / ghost n, ghost echo ‖ ⁓**erscheinung** f (auf dem Widerdruck, vor allem auf dunklen Flächen, als Glanz- oder Mattstellen wahrnehmbare Abbildung eines Qualitätsmangel in der (Druck) / gloss-ghosting n ‖ ⁓**fahrer** n (Kfz) / wrong-way driver (a person driving on the wrong side of the road or the wrong carriageway) ‖ ⁓**kristall** m (Krist) / ghost crystal ‖ ⁓**peak** n (in der Gaschromatografie) (Chem) / spurious peak, ghost n ‖ ⁓**peaks** m pl (als Gesamtphänomen in der Gaschromatografie) (Chem) / ghosting n

**geistiges Eigentum** (Immaterialgüterrecht) / intellectual property
**GEK** (Fernsp) / call-charge receiving unit
**gekalktes Eichenholz** (Oberflächeneffekt mit weißgetönten Poren) (For) / limed oak
**gekämmt•e Baumwolle** (Spinn) / combed cotton ‖ ⁓**es Glas** (feine Fäden, die bündelweise parallel zur Ziehrichtung auftreten) (Glas) / piano lines, drawing lines, lines pl
**gekapselt•e fremdbelüftete Maschine** (Eltech) / enclosed separately ventilated machine ‖ ⁓**er Klebstoff** / encapsulated adhesive ‖ ⁓**er Motor** (Masch) / enclosed motor n ‖ ⁓**er Rotor** (Eltech) / canned rotor (completely enclosed and sealed by a metal sheet) ‖ ⁓**e selbstbelüftete Maschine** (Eltech) / enclosed self-cooled machine* ‖ ⁓**e Sicherung** (Eltech) / enclosed fuse ‖ ⁓**es Thermoelement** (Eltech) / sheathed thermoelement
**gekästeltes Band** (Kart) / diced line
**gekehlt** adj / throated adj
**gekettet•e Datei** (EDV) / chained file ‖ ⁓**e Liste** (EDV) / chained list, linked list
**gekippte Matrix** (Math) / transpose n of a matrix* (by interchanging the rows and columns), conjugate matrix*
**gekittete Linse** (Opt) / cemented lens
**geklebt•er Chip** (Eltronik) / glue chip ‖ ⁓**e Dose** (Nahr) / cemented can ‖ ⁓**er Karton** (Pap) / pasteboard* n ‖ ⁓**e Schaltungsplatte** (Eltronik) / metal-bonded pc board ‖ ⁓**e Schuhe** (Leder) / cemented shoes ‖ ⁓**es Schuhwerk** (Leder) / cemented shoes ‖ ⁓**e Windschutzscheibe** (Kfz) / bonded windscreen
**geklüftetes Gestein** (Bergb, Geol) / jointed rock
**geknickter Strahlengang** (Opt) / coudé optical beam
**geköperter Flanell** (Tex) / flannel twill
**gekoppelt•er Entfernungsmesser** (Foto) / coupled rangefinder* ‖ ⁓**e Gleichungen** (Math) / coupled equations ‖ ⁓**er Oszillator** (Eltronik) / coupled oscillator* ‖ ⁓**e Schwingung** (Phys) / coupled oscillation ‖ ⁓**e Stromkreise** (Elektr) / coupled circuits ‖ ⁓**e Welle** (Phys) / coupled wave
**gekörnt** adj / grainy adj, granular* adj, granulated adj ‖ ⁓**e Gelatine** / kibbled gelatin ‖ ⁓**es Papier** (Pap) / grained paper ‖ ⁓**e Schlacke** (Hütt) / granulated slag, fine slag ‖ ⁓**es Zink** / zinc shot
**Gekrätz** n (bei NE-Metallen) (Hütt) / dross* n, skimmings pl, skim n, scum n
**Gekräusel** n (der Wasseroberfläche) (Phys, Wasserb) / ripple* n
**gekrepptes Handtuchpapier** (Pap) / towelling n, towel paper
**gekreuzt•e Beugungsgitter** n pl (Opt) / cross grating ‖ ⁓**e Kernreaktionen** (Kernphys) / cross bombardment* ‖ ⁓**e Konjugation** (Chem) / cross conjugation ‖ ⁓**e Molekularstrahlen** (Chem) / crossed molecular beams ‖ ⁓**e Nicols** (Licht) / crossed Nicols* ‖ ⁓**es Riemengetriebe** (Masch) / crossed-belt drive ‖ ⁓**er Riementrieb** (Masch) / crossed-belt drive
**gekreuzt-konjugiert** adj (Chem) / cross-conjugated adj
**Gekriech** n (langsame Bergabbewegung der oberen Gehängepartien) (Geol) / hill-creep n, creep n, creep slide, detritus slide, hillside creep, rock creep, surficial rock creep, slide n ‖ ⁓ (z.B. Wanderschutt) (Geol) / creep material (e.g. rock debris)
**gekrispeltes Leder** (Leder) / boarded leather
**gekröpft** adj (For, Masch) / cranked adj ‖ ⁓ (Meißel) (Masch) / swan-neck attr, swan-necked adj, goose-neck attr ‖ ⁓ **verkehrt** (Werkz) / back-bent adj ‖ ⁓**e** (um die Ecke gezogene) **Tür** (Bau) / wraparound door, wraround door ‖ ⁓**e Achse** (Masch) / dropped axle, drop axle ‖ ⁓**e Achswelle** (Bahn) / cranked axle, crank axle ‖ ⁓**e Bett für Brückeneinsatz** (der Drehmaschine) (Masch) / gap bed ‖ ⁓**er Hobelmeißel** (DIN 4957) (Masch) / swan-necked tool ‖ ⁓**er Meißel** (Masch) / swan-necked tool ‖ ⁓**er Ringschlüssel** (Werkz) / crank ring spanner, offset ring wrench, offset box wrench (US) ‖ ⁓**es Scharnier** / offset hinge ‖ ⁓**er Schlichtmeißel** (Masch) / goose neck
**Gekröselava** f (Geol) / ropy lava*, corded lava, pahoehoe n
**gekrümmt** adj (Kurven-) / curved adj ‖ ⁓ **leicht** ⁓ / slightly curved ‖ **positiv** ⁓ / of positive curvature ‖ **stark** ⁓ (Träger) / highly curved ‖ ⁓**er Gurt** (Arch, HuT) / arched boom ‖ ⁓**e Naht** (Schw) / curvilinear weld seam ‖ ⁓**e Oberfläche** (Phys) / curved surface ‖ ⁓**er Raum** (Math) / curved space ‖ ⁓**er Spiegel** (Opt) / curved mirror ‖ ⁓**es Treppenwangenstück** (einer Holztreppe) (Bau) / wreathed string*, wreath piece
**gekühlt, einseitig** ⁓ / single-side cooled
**gekümpelt** adj (Kesselboden) (Masch) / dished adj ‖ ⁓**es Blech** (Masch) / dished plate
**gekuppelt•es Fenster** (Arch) / jumelle window, gemel window ‖ ⁓**e Räder** (Masch) / coupled wheels* ‖ ⁓**e Säule** (Arch) / coupled column ‖ ⁓**e Stromkreise** (Elektr) / coupled circuits
**gekürzt** adj (Druck, Film) / abridged adj ‖ ⁓**e Kopie** (Film, TV) / trimmed print ‖ ⁓**e Version** (EDV) / pony version (of a software package program)

**Gel** *n* (ein aus mindestens zwei Komponenten bestehendes disperses System) (Chem) / gel\* *n* ‖ **engporiges** ≈ (Chem) / small-pore gel ‖ **flaches** ≈ (Chem) / slab gel ‖ **polyelektrolytisches** ≈ (Chem) / polyelectrolyte gel, polyelectrolytic gel ‖ **thixotropes** ≈ (Chem) / thixotrope\* *n* ‖ **weitporiges** ≈ (Chem) / large-pore gel
**geladen, dreifach** ~ (Ionen) (Chem, Phys) / triply charged, triple-charged *adj* ‖ **mehrfach** ~ (Ion) / multicharged *adj* ‖ **zweifach** ~ (Phys) / doubly charged, double-charged *adj*
**Geläger** *n* (Nahr) / lees *pl*, sediment *n*, cloud *n*, sludge *n* ‖ ≈ (beim Wein) (Nahr) / dregs of wine, wine lees, emptings *pl* (US)
**gelagert, dreiseitig** ~ (Masch) / supported on three sides
**Gelände** *n* (Park-, Film-) / lot *n* ‖ ≈ / terrain *n*, ground *n* ‖ ≈ / premises *pl* ‖ **abbauwürdiges** ≈ (Bergb) / pay\* *n* ‖ **auf** ≈ **führend** (bei Kanälen - Angabe auf Bauplänen) (Bau) / to daylight ‖ **bebautes** ≈ (Bau, HuT) / built-up area ‖ **hindernisträchtiges** ≈ (Luftf) / obstruction terrain ‖ ≈ *n* **für Außenaufnahmen** (Film) / location\* *n* ‖ ≈ **um die Docks** / dockland *n*
**Gelände • arbeit** *f* (HuT) / fieldwork *n* ‖ ≈ **aufnahme** *f* (Verm) / survey *n* ‖ ≈ **fahrzeug** *n* (eine Sonderbauart) (Kfz) / off-road vehicle, off-roader *n*, all-terrain car, all-terrain vehicle, ATV, rough-terrain vehicle ‖ ≈ **folgeradar** *m n* (Radar) / terrain-following radar ‖ ≈ **form** *f* (Geog) / landform *n* ‖ ≈ **gang** *m* (Kfz) / crawler gear, creeper gear, cross-country reduction gear
**geländegängig** *adj* (Kfz) / cross-country *attr*, off-the-road *attr*, all-terrain *attr*, off-road *attr* ‖ **~er PKW** (Kfz) / land rover ‖ **~er Wagen** (Kfz) / off-road vehicle, off-roader *n*, all-terrain car, all-terrain vehicle, ATV, rough-terrain vehicle
**Gelände • gängigkeit** *f* (Kfz) / off-road capability, off-highway capability, off-road ability, off-road mobility, cross-country performance ‖ ≈ **geologie** *f* (Geol) / surface geology ‖ ≈ **gestalt** *f* (Geog, Verm) / configuration of the terrain, terrain pattern ‖ ≈ **höhe** *f* (Verm) / ground-level\* *n*, level *n*, grade *n* (US), grade level (US) ‖ **digitalisierte** ≈ **höhenkarte** (Luftf, Mil) / digital map ‖ ≈ **karte** *f* (Verm) / morphological map ‖ ≈ **konturvergleich** *m* (Mil) / terrain-contour matching\*, TERCOM\*, terrain-profile matching\*, terprom\* *n* ‖ ≈ **korrektur** *f* (Verm) / terrain correction, topographic correction ‖ ≈ **kroki** *n* (Entwurf der Höhenlinien und Darstellung der Böschungen) (Verm) / field sketch ‖ ≈ **modell** *n* (Geog, Geol) / terrain model ‖ ≈ **profil** *n* (Kart) / contour *n* ‖ ≈ **- und Bodenprofil** *n* / profile *n* (section) ‖ ≈ **punkt** *m* (Verm) / terrain point, ground (survey) point
**Geländer** *n* (Bau) / railing *n*, railings *pl* ‖ ≈ **docke** *f* (aus Holz) (Arch) / baluster\* *n*, banister\* *n*, bannister *n*
**Gelände • regen** *m* (Metcor) / orographic rain\*, orographic precipitation ‖ ≈ **reifen** *f* (Kfz) / off-road tyre, cross-country tyre ‖ ≈ **schnitt** *m* (Fernm) / path profile ‖ ≈ **tauglichkeit** *f* (Kfz) / off-road capability, off-highway capability, off-road ability, off-road mobility, cross-country performance ‖ ≈ **übersetzung** *f* (Kfz) / extra-low ratio, extra-low gearing ‖ ≈ **wagen** *m* (Kfz) / off-road vehicle, off-roader *n*, all-terrain car, all-terrain vehicle, ATV, rough-terrain vehicle
**gelangen, in seine Umlaufbahn** ~ (Raumf) / get into orbit
**gelappt** *adj* (rosettenförmiger Querschnitt mit mindestens fünf wulstigen Ausbuchtungen - bei synthetischen Fasern und Fäden) (Tex) / multilobal *adj*
**Gelatina** *f* **Zinci** (Med, Pharm) / Unna's paste
**Gelatine** *f* (Xerogel) (Chem) / gelatin\* *n*, gelatine *n* (GB)\* ‖ **gekörnte** ≈ / kibbled gelatin ‖ **mit** ≈ **überziehen** (Nahr) / gelatinise *vt*, gelatinize *vt* ‖ ≈ **dynamit** *n* (durch Auflösen von Kollodiumwolle in Nitroglyzerin hergestellter Sprengstoff) / gelignite\* *n*, gelatin dynamite, gelly *n*, gum dynamite ‖ ≈ **filter** *n* (ein Farbfilter) (Film) / jelly\* *n* ‖ ≈ **filter** (ein Farbfilter) (Foto) / gelatin filter\* ‖ ≈ **kapsel** *f* (zur Arzneistoffverabreichung) (Pharm) / gelatin capsule ‖ ≈ **pigmentpapier** *n* (für die Heliogravüre) (Druck) / carbon tissue\*, carbon paper (a gelatin-coated paper), pigment paper ‖ ≈ **-Tannin-Schönung** *f* (des Weins) (Nahr) / fining with gelatin and tannin
**gelatinieren** *vi* / gelatinise *vi*, gelatinize *vi*, gel *vi*, jellify *vi*, jelly *vi* ‖ ~ *vt* / gelatinise *vt*, gelatinize *vt*, jellify *vt* ‖ ~ *v* (Chem) / gel *vi* ‖ ≈ *n* / gelation\* *n*, jellification *n*, jellying *n*
**gelatiniert • es Benzin** (Kftst) / jellied gasoline, gelatinized gasoline ‖ **~e Stärke** (Nahr) / gelatinized starch, swelling starch, pre-gelatinized starch
**Gelatinierung** *f* / gelation\* *n*, jellification *n*, jellying *n*
**Gelatinierungsmittel** *n* (Chem, Nahr) / gellant *n*, gelatinizing agent, gelling agent, gelant *n*
**Gelatinierungstemperatur** *f* / gel point
**Gelatinierungszeit** *f* / gel time, gelling time
**gelatinös** *adj* / gelatinous *adj*
**gelb** *adj* / yellow *adj* ‖ **~es Ultramarin** (BaCrO₄) (Anstr) / lemon yellow, ultramarine yellow ‖ **~es Arsen** (monotrope Modifikation von Arsen) (Chem) / yellow arsenic ‖ **~es Blutlaugensalz** (Chem) / yellow prussiate of potash, yellow potassium prussiate ‖ **~es Blutlaugensalz** (Kaliumhexazyanoferrat (II)) (Chem) s. auch Natriumhexazyanoferrat(II) ‖ **~ färben** / yellow *vt* ‖ **~es Licht** (der Verkehrsampel) (Kfz) / amber *n* ‖ **~er Ocker** (Anstr) / yellow ochre, Oxford chrome ‖ **~er Phosphor** (monotrope Modifikation) (Chem) / yellow phosphorus ‖ **~er Strohstoff** (nicht gebleichter) (Pap) / yellow straw pulp, yellow pulp, yellow mechanical straw pulp ‖ **~es Ultramarin** (Handelsbezeichnung für Baryt- und Strontiumgelb - Ba- und Sr-Chromat) (Anstr) / ultramarine yellow, yellow ultramarine ‖ **~ werden** / yellow *vi*
**Gelb** *n* (Anstr) / yellow *n* ‖ ≈ (der Verkehrsampel) (Kfz) / amber *n* ‖ ≈ (als Farbempfindung) (Phys) / yellow *n* ‖ **Kasseler** ≈ (mit Blei(II)-oxidchlorid) / Cassel's yellow\*, mineral yellow, Turner's yellow, Verona yellow ‖ **Kölner** ≈ (Anstr) / lead chrome, chrome yellow, Leipzig yellow, chrome *n* ‖ **Leipziger** ≈ (Anstr) / lead chrome, chrome yellow, Leipzig yellow, chrome *n* ‖ ≈ **es Akaroidharz** / blackboy gum, Botany Bay gum, yellow grass-tree gum ‖ ≈ **er Fleck** (der Netzhaut) (Opt) / yellow spot\* ‖ ≈ **es Grasbaumharz** (meistens aus Xanthorrhoea hastilis R.Br.) / blackboy gum, Botany Bay gum, yellow grass-tree gum ‖ ≈ **es Katechu** (aus Uncaria gambir (Hunter) Roxb.) (Leder) / gambier *n*, terra japonica, gambir *n*, pale catechu, white cutch ‖ ≈ **es Meranti** (Shorea spp.) (For) / Yellow meranti (a light hardwood), Yellow seraya (Shorea fagnetiana) ‖ ≈ **e Seiten** (Branchenverzeichnis in einem Telefonbuch) (Fernsp) / Yellow Pages ‖ ≈ **er Zwerg** (Astr) / yellow dwarf
**Gelb • ätze** *f* (Glas) / yellow stain ‖ ≈ **auszug** *m* (unter einem strengen Blaufilter gewonnenes Farbauszugsnegativ, dessen Kopie die Gelbdruckplatte ergibt - beim Dreifarbendruck) (Druck) / yellow separation ‖ ≈ **beize** *f* (Glas) / yellow stain ‖ ≈ **birke** *f* (Betula alleghaniensis Britt.) (For) / yellow birch ‖ ≈ **bleierz** *n* (Bleimolybdat) (Min) / wulfenite\* *n*, yellow lead ore
**gelbbraun** *adj* / yellow brown ‖ ~ s. auch lohfarben ‖ **~er Kimberlit** (Explosionsbrekzie) (Geol) / yellow ground\*
**Gelb • brenne** *f* (DIN 50902) (Galv) / bright dip, brightening dip ‖ **~brennende Irdenware** (Keram) / yellow ware ‖ ≈ **chromatierüberzug** *m* (Galv) / yellow chromate coating ‖ ≈ **eisenerz** *n* (Min) / jarosite\* *n* ‖ ≈ **eisenerz** (eine Varietät des Limonits) (Min) / xanthosiderite *n*
**Gelbett** *n* (Chem) / gel bed
**Gelb • fäule** *f* (der Eiche durch Stereum hirsutum) (For) / yellow rot ‖ ≈ **filter** *n* (Foto) / yellow filter ‖ ≈ **filter** (das Grün und Rot durchläßt und Blau unterdrückt) (Opt) / minus-blue filter ‖ ~ **gehärtet** *adj* (Band) (Hütt) / hardened to a straw temper ‖ ≈ **gießerfieber** *n* (Med) / brass chill, brass-founder's ague ‖ ≈ **glas** *n* (unreines Arsentrisulfid als Malerfarbe) (Anstr) / orpiment yellow, Montpellier yellow, mineral yellow ‖ ≈ **glut** *f* (eine Anlaßfarbe) (Hütt) / yellow heat ‖ ≈ **grünfilter** *n* (blau dämpfendes, Grün aufhellendes fotografisches Aufnahmefilter - in strenger Ausführung auch ein Dunkelkammerschutzfilter) (Foto) / yellow-green filter ‖ ≈ **guß** *m* (Hütt) / yellow metal, yellow brass ‖ ≈ **holz** *n* (aus Chlorophora tinctoria - ein Farbholz) (For) / old fustic, fustic *n* ‖ ≈ **holz** (als Sammelname) (For) / yellowwood *n*
**Gel • bildner** *m* (Chem, Nahr) / gellant *n*, gelatinizing agent, gelling agent, gelant *n* ‖ ≈ **bildung** *f* / gelation\* *n*, jellification *n*, jellying *n*
**Gelb • kali** *n* (Chem) ‖ ≈ **kiefer** *f* (Pinus ponderosa Dougl. ex P. et P. Laws.) (For) / Ponderosa pine, Western yellow pine, PP ‖ ≈ **kupfer** *n* (Hütt) / brass\* *n*, brasses\* *pl*
**gelblich** *adj* / yellowish *adj* ‖ ~ **braun** / buff *adj*
**Gelb • raum** *m* (im Beschirmungsraum) (TV) / yellow room *n* ‖ ≈ **reife** *f* (des Getreides) (Landw) / yellow ripeness ‖ ≈ **rost** *m* (an Getreide) (Chem, Landw) / stripe rust, yellow rust, yellow stripe rust ‖ ≈ **sehen** *n* (gestörtes Farbensehen) (Med, Opt) / xanthopsia\* *n*, yellow vision\* ‖ ≈ **spritzmittel** *n* (Chem, Landw) / dinitrocresol\* (DNOC, DNC) *n* ‖ ≈ **stich** *m* (Foto) / yellow cast ‖ ≈ **stich** (Verschiebung in Richtung Gelb) (Licht) / yellowness *n* ‖ **~stichig** *adj* / yellowish *adj* ‖ ≈ **strohpapier** *n* (geringwertiges Packpapier) (Pap) / straw paper ‖ ≈ **strohstoff** *m* (Pap) / straw pulp ‖ ≈ **strohstoff** (Pap) / yellow straw pulp, yellow pulp, yellow mechanical straw pulp ‖ ≈ **strohzellstoff** *n* (Pap) / yellow straw pulp, yellow pulp, yellow mechanical straw pulp ‖ ≈ **sucht** *f* (Bot, Landw) / yellows\* *pl*, yellows disease (YD) ‖ ≈ **ware** *f* (mit durchsichtiger, fast farbloser Glasur) (Keram) / yellow ware ‖ ≈ **werden** *n* (Tex) / oxidized oil staining, yellowing\* *n*
**Gelchromatografie** *f* (Chem) / gel permeation chromatography, liquid-exclusion chromatography, exclusion chromatography, gel-filtration chromatography, gel chromatography, size-exclusion chromatography\*, gel filtration, molecular-sieve chromatography, molecular exclusion chromatography
**Geld • ausgabeautomat** *m* (in einer Bank) (EDV) / automatic cash dispenser, cash-point dispenser, cash dispenser, automated telling machine, automated teller machine, computerized cash dispenser ‖ ≈ **automat** *m* (EDV) / automatic cash dispenser, cash-point dispenser, cash dispenser, automated telling machine, automated teller machine, computerized cash dispenser ‖ ≈ **automat** (Waren-, Spiel-) (Masch) / slot-machine *n*, coin machine ‖ ≈ **geber** *m* / sponsor

*n* ‖ ⁓**kassette** *f* / money box, cash box ‖ ⁓**prüfeinrichtung** *f* / cash-testing equipment ‖ ⁓**schub** *m* (in den Kassenterminals) / cash drawer, till *n* ‖ ⁓**spielautomat** *m* (mit in den Fenstern abgebildeten Früchten) / fruit machine (GB) ‖ ⁓**wechselautomat** *m* (EDV) / money-changing machine

**Gelee** *n m* (Chem, Nahr) / gelatin* *n*, jelly *n*, gelatine* *n* ‖ **in** ⁓ **überführen** / gelatinise *vt*, gelatinize *vt*, jellify *vt* ‖ **zu** ⁓ **erstarren** / gelatinise *vi*, gelatinize *vi*, gel *vi*, jellify *vi*, jelly *vi*

**Gelée royale** *n* (Weiselzellfuttersaft) (Chem, Pharm) / royal jelly, queen-bee's nutrient jelly ‖ ⁓ **royale** (Chem, Pharm) s. auch Königinnensubstanz

**Geleeabsatz** *m* (im Fleisch) (Nahr) / jelly pocket

**Geleffekt** *m* (Chem) / Trommsdorff effect, gel effect

**Gelege** *n* (Tex) / laying *n*

**Gelegenheits•arbeiter** *m* (F.Org) / casual *n*, utility man (US), odd-job man ‖ ⁓**parasit** *m* (Umwelt) / facultative parasite ‖ ⁓**verkehr** *m* (Kfz) / occasional traffic ‖ ⁓**wirt** *m* (Biol, Landw) / accidental host, optional host

**gelegentlicher Benutzer** (EDV) / casual user

**gelegt** *adj* (Typog) / off its feet

**geleimt** *adj* (Pap) / sized *adj*

**geleistet•e Arbeit** (Phys) / work done ‖ ⁓**e Flugkilometer** (Luftf) / kilometers flown ‖ ⁓**e Flugstunden** (Luftf) / hours flown, flown hours ‖ ⁓**e Nutzarbeit** (einer Maschine) (Phys) / work output ‖ ⁓**e Stunden** (Luftf) / hours flown, flown hours

**geleitet•es Lernen** (KI) / guided learning ‖ ⁓**e Schmierung** (Masch) / directed lubrication

**Geleitzelle** *f* (For) / companion cell

**Gelenk** *n* (an Schuhen) / shank *n*, waist *n* ‖ ⁓ (bewegliche Verbindung zweier Glieder) (Arch, Masch) / hinge *n* ‖ ⁓ (im Gespärre) (Bau, Zimm) / peak joint* ‖ ⁓ (Wellenverbindung) (Masch) / joint *n* ‖ ⁓ (Mech) / link *n*, joint *n* ‖ ⁓ (Tischl) / knuckle *n* ‖ **bewegliches** ⁓ (Arch, Masch) / movable hinge ‖ **durch** ⁓**e verbinden** (Masch) / articulate *vt* ‖ **elastisches** ⁓ (Kfz) / rubber universal joint, Hardy disk, flexible coupling ‖ **festes** ⁓ (Arch, Masch) / fixed hinge ‖ **homokinetisches** ⁓ (Kfz) / constant-velocity (universal) joint*, CVJ, homokinetic joint, CV joint ‖ **reibungsfreies** ⁓ (Masch) / frictionless joint

**Gelenk•antrieb** *m* (Masch) / articulated drive ‖ ⁓**auswahl** *f* **für die Vorderradanwendungen** (Kfz) / selection of joints for front-wheel applications ‖ ⁓**bogen** *m* (Bergb) / articulated (yielding) arch ‖ ⁓**bolzen** *m* (meistens in einem Gabelgelenk) (Masch) / joint pin ‖ ⁓**bolzen** (Masch) / hinged bolt ‖ ⁓**bühne** *f* (Masch) / elevating (articulated) platform, raising platform ‖ ⁓**bühne** (hydraulische) (Masch) / hydraulic platform ‖ ⁓**bus** *m* (Kfz) / articulated bus ‖ ⁓**egge** *f* (eine alte Zinkenegge) (Landw) / peg-tooth harrow, tandem zigzag harrow ‖ ⁓**fahrzeug** *n* (Schienen- oder Straßenfahrzeug) / articulated vehicle ‖ ⁓**gabel** *f* (Kfz) / joint yoke ‖ ⁓**gabel mit Längsausgleich** (mechanisches Getriebe, bei dem alle Glieder in Gelenken miteinander verbunden sind) (Kfz) / slip yoke ‖ ⁓**getriebe** *n* (Masch, Mech) / linkage *n* ‖ **ebenes viergliedriges** ⁓**getriebe** (Masch) / plane four-bar linkage ‖ **viergliedriges** ⁓**getriebe** (Masch, Mech) / four-bar linkage ‖ ⁓**hebel** *m* (Masch) / cranked lever

**gelenkig, nicht** ⁓ (Knoten - im Trägersystem) (Mech) / rigid *adj* ‖ ⁓ **angeordnet** / pivoted *adj*, pivoting *adj* ‖ ⁓ **angeschlossen** (Masch) / pin-jointed *adj*, pinned *adj*, pin-connected *adj*, hinged *adj* ‖ ⁓ **verbunden** (oder befestigt) (Masch) / pin-jointed *adj*, pinned *adj*, pin-connected *adj*, hinged *adj*

**Gelenk•kette** *f* (meistens eine Zahnkette) (Masch) / pitch chain, sprocket chain, flat-top chain ‖ ⁓**knarre** *f* (deren Knarrenkopf über ein Gelenk mit dem Knarrengriff verbunden ist) (Werkz) / flex-head ratchet, flexible-head ratchet ‖ ⁓**kompensator** *m* (zum Dehnungsausgleich bei Rohrleitungen) / articulatory compensator ‖ ⁓**kraft** *f* (Mech) / pin force ‖ ⁓**kupplung** *f* (Bau) / swivel coupling ‖ ⁓**kupplung** (Masch) / universal joint coupling ‖ ⁓**lokomotive** *f* (Bahn) / Garrat locomotive, articulated locomotive

**gelenklos** *adj* / hingeless *adj*, non-hinged *adj*

**gelenk•loser Rotor** (Luftf) / rigid rotor ‖ ⁓**maßstab** *m* / folding rule, zigzag rule ‖ ⁓**mast** *m* (Eltech) / flexible support* (for an overhead transmission line) ‖ ⁓**mast** (Masch) / elevating (articulated) platform, raising platform ‖ ⁓**mechanismus** *m* (Mech) / joint mechanism ‖ ⁓**mechanismus nach Peaucellier** (ein Inversor nach A. Peaucellier) (Math) / Peaucellier's linkage ‖ ⁓**omnibus** *m* (DIN 70010) (Kfz) / articulated bus ‖ ⁓**plattform** *f* (Erdöl) / articulated platform ‖ ⁓**punkt** *m* (theoretischer, im Trägersystem festgelegter Drehpunkt einer Gelenkkonstruktion) (Mech) / hinge *n* ‖ ⁓**quarzit** *m* (ein biegsamer Quarzit) (Geol) / itacolumite* *n*, flexible sandstone ‖ ⁓**rahmen** *m* (HuT) / hinged frame ‖ ⁓**roboter** *m* (Masch) / joint robot, articulated robot ‖ ⁓**rotor** *m* (mit Schlag- und/oder Schwenkgelenken) (Luftf) / articulated rotor ‖ ⁓**sandstein** *m* (Geol) / itacolumite* *n*, flexible sandstone ‖ ⁓**schlüssel** *m* (Schraubenschlüssel mit beweglichen Steckschlüsselenden) (Werkz) / swivel socket wrench, flex-head box wrench, flex-socket wrench ‖ ⁓**spindel** *f* (Masch) / articulated spindle ‖ ⁓**spindelbohrmaschine** *f* (eine Mehrspindelbohrmaschine mit umstellbaren Gelenkspindeln) (Masch) / articulated-spindle drilling machine ‖ ⁓**stab** *m* (Mech) / hinge bar ‖ ⁓**steckschlüssel** *m* (Werkz) / swivel socket wrench, flex-head box wrench, flex-socket wrench ‖ ⁓**steiger** *m* (Masch) / elevating (articulated) platform, raising platform ‖ ⁓**stift** *m* (meistens in einem Gabelgelenk) (Masch) / joint pin ‖ ⁓**strebe** *f* (Mech) / hinged strut ‖ ⁓**stück** *n* (an Schuhen) / shank piece ‖ ⁓**stück** (für Steckschlüsseleinsätze) (Werkz) / universal joint, U-joint *n* ‖ ⁓**stütze** *f* (HuT) / hinged post

**gelenkt, durch Gehenden** ⁓ (Transportmittel) / pedestrian-controlled *adj* ‖ ⁓**e Achse** (Kfz) / steered axle, steerable axle ‖ ⁓**e Bombe** (durch Laser, IR oder TV) (Mil) / smart bomb ‖ ⁓**e Schmierung** (Masch) / directed lubrication

**Gelenk•träger** *m* (Bau, HuT) / hinged girder ‖ ⁓**träger** (Bau, HuT) s. auch Gerber-Träger ‖ ⁓**turm** *m* (für Off-shore-Bohrungen) (Erdöl) / articulated tower ‖ ⁓**verbindung** *f* (Masch) / articulation* *n*, link joint ‖ ⁓**verbindung** (Tischl) / knuckle *n* ‖ ⁓**viereck** *n* (einer Viergelenkkette in der Geradführung) (Masch, Mech) / four-bar linkage ‖ ⁓**welle** *f* (Kfz) / propeller shaft*, drive shaft ‖ ⁓**welle** (im allgemeinen - Profilwelle mit mindestens einem Gelenk, in der Regel mit zwei Gelenken) (Masch) / jointed shaft ‖ ⁓**zapfen** *m* (meistens in einem Gabelgelenk) (Masch) / joint pin ‖ ⁓**zug** *m* (Bahn) / articulated train ‖ ⁓**zunge** *f* (einer Weiche) (Bahn) / loose heel switch, pivoted heel ‖ ⁓**zwischenstück** *n* (an Schuhen) (Leder) / waist piece

**gelernt** *adj* / professional *adj* ‖ ⁓**er Arbeiter** / skilled worker (who is expert in some particular general skill, e.g. press-setter, kiln-operator etc.)

**Gelese** *n* (Web) / lease *n* ‖ ⁓**blatt** *n* (Web) / lease reed ‖ ⁓**riet** *n* (Web) / lease reed

**Geleucht** *n* (Beleuchtungseinrichtungen im Untertagebetrieb) (Bergb) / pit lamp(s), lamps *pl*, lights *pl* ‖ **offenes** ⁓ (Bergb) / naked light, open light

**Gelfand-Topologie** *f* (nach I.M. Gelfand, 1913 -) (Math) / Gelfand topology

**Gel•filtration** *f* (Chem) / gel permeation chromatography, liquid-exclusion chromatography, exclusion chromatography, gel-filtration chromatography, gel chromatography, size-exclusion chromatography*, gel filtration, molecular-sieve chromatography, molecular exclusion chromatography ‖ ⁓**filtration** (Chem) / gel filtration ‖ ⁓**-Glas-Verfahren** *n* (Chem, Glas) / sol-gel process

**gelieferte Menge** (F.Org) / quantity delivered

**gelieren** *v* / gelatinise *vi*, gelatinize *vi*, gel *vi*, jellify *vi*, jelly *vi* ‖ ⁓ (Chem) / gel *vi* ‖ ⁓ **lassen** / gelatinise *vt*, gelatinize *vt*, jellify *vt* ‖ ⁓ *n* / gelation* *n*, jellification *n*, jellying *n*

**Gelier•harz** *n* (Plast) / gel-coat resin ‖ ⁓**maschine** *f* (DIN 64990) / gelling machine ‖ ⁓**mittel** *n* (das schnittfeste Gele bildet) (Chem, Nahr) / gellant *n*, gelatinizing agent, gelling agent, gelant *n* ‖ ⁓**schicht** *f* (Plast) / gel coat ‖ ⁓**stärke** *f* (beim Leim) (Chem) / jelly strength ‖ ⁓**trockner** *m* (Plast) / gelling drier (for PVC)

**Gelierung** *f* / gelation* *n*, jellification *n*, jellying *n*

**Gelierungs•temperatur** *f* / gel point ‖ ⁓**zeit** *f* / gel time, gelling time

**Gelierzeit** *f* / gel time, gelling time

**Gelierzucker** *m* (Zubereitung aus Kristallzucker, Trockenpektin, Wein- oder Citronensäure) (Nahr) / jelly sugar

**Gelifluxion** *f* (Geol, HuT) / gelifluxion *n*, gelifluction *n*

**Gelifraktion** *f* (Geol) / frost weathering, congelifraction *n*, gelifraction *n*, gelivation *n*, frost bursting, frost splitting

**Gelkautschuk** *m* (der in Benzol unlösliche Anteil von Kautschuk) / dry rubber gel

**Gelkorn** *n* (Chem) / gel particle

**Gelkurve** *f* (Fließkurve, die der höheren Viskositätslage entspricht - DIN 1342, T 1) (Phys) / gel curve

**gell** *adj* (Ton) (Akus) / shrill *adj*, strident *adj*, piercing *adj*, ear-piercing *adj*

**gellend** *adj* (Akus) / shrill *adj*, strident *adj*, piercing *adj*, ear-piercing *adj*

**Gell-Mann-Nischidschima-Gleichung** *f* (nach M. Gell-Mann, geb. 1929, und K. Nischidschima, geb. 1926) (Kernphys) / Gell-Mann-Nishijima scheme

**gelocht** *adj* (zur Lüftung) / vented *adj* ‖ ⁓**er Flachstab unter Zug** (Mech) / perforated flat bar under tensile stress ‖ ⁓**e Gipskarton-Putzträgerplatte** (Bau) / perforated gypsum lath

**Gelometer** *n* (zur Bestimmung der Gallertfestigkeit) (Chem) / gelometer *n*

**gelöschter Kalk** (Bau) / slaked lime, hydrated lime*, hydralime *n*, hydrate of lime*

**Gelose** *f* (Biochem) / agar-agar* *n*, agar *n*

**gelöst•er organischer Kohlenstoff** (Summenparameter zur Messung der Abbaubarkeit organischer Wasserinhaltsstoffe) / dissolved organic carbon, DOC ‖ ⁓**er organischer Kohlenstoff** (in Gewässern) (Sanitär) / dissolved organic carbon, DOC ‖ ⁓**er Stoff** (Chem) / solute* *n*, dissolved substance, dissolved matter

**Gelöstes**

**Gelöstes** *n* (Chem) / solute* *n*, dissolved substance, dissolved matter
**gelötet•e Dose** (Hütt, Nahr) / soldered can ‖ **~e, eingesetzte oder geschweißte Schneidplatte** (Werkz) / tip* *n*, bit* *n*, insert *n*, tool tip, tool bit, cutting tip, cutter tip
**Gel, gequollene ~perle** (in der Gelchromatografie) (Chem) / swollen gel bead ‖ **~permeation** *f* (bei der chromatografischen Trennung) (Chem) / gel permeation ‖ **~permeationschromatografie (GPC)** *f* (Chem) / gel permeation chromatography, liquid-exclusion chromatography, exclusion chromatography, gel-filtration chromatography, gel chromatography, size-exclusion chromatography*, gel filtration, molecular-sieve chromatography, molecular exclusion chromatography ‖ **~platte** *f* (Chem) / gel slab ‖ **~punkt** *m* (kritischer Umsatz bei der Bildung eines polymeren Netzwerkes) (Chem) / gel point ‖ **~quellfaktor** *m* (beim Gelspinnen) (Spinn) / gel swelling factor ‖ **~rückbildung** *f* (Wiederaufbau der Gelstruktur bei thixotropen Substanzen nach einer Scherung, welche die ursprüngliche Struktur zerstört hat) / gel regeneration ‖ **~schicht** *f* (die äußere Schicht) (Plast) / gel coat
**Gelsemin** *n* (Chem) / gelsemine
**Gelseminsäure** *f* (Chem) / scopoletin *n*, gelseminic acid
**Gel•-Sol-Übergang** *m* (Chem, Phys) / solation* *n* ‖ **~-Sol-Umwandlung** *f* (Chem, Phys) / solation* *n* ‖ **~spinnen** *n* (Spinn) / gel spinning ‖ **~sprengstoff** *m* (Bergb) / slurry blasting agent, slurry *n* ‖ **~teilchen** *n* (Chem) / gel particle
**gelten** *v* (vom Gesetz) / hold *v*, hold true, be valid, apply *v*, be in force
**Geltungsbereich** *m* / scope *n*
**Gel•zeit** *f* / gel time, gelling time ‖ **in den ~zustand übergehen** (Chem) / gel *vi*
**gem** *adj* (Chem) / gem-, geminal *adj* (referring to like atoms or groups attached to the same atom in a molecule)
**GEM** / gender empowerment measure, GEM
**gemahlen•es Erz** (Aufber) / ground ore ‖ **~es Gut** (in der Müllerei) (Landw, Nahr) / grist *n* ‖ **~e Kreide** / whiting *n* ‖ **~e Scherben** (Keram) / pitchers *pl*, sherd *n*, shard *n* ‖ **~e Steinkohle** (Gieß) / sea coal
**gemallte Breite** (Schiff) / moulded breadth*, moulded beam
**Gemarkung** *f* (Gemeindeflur) / community district
**Gemarkungskarte** *f* (Bau, Kart, Landw) / cadastral map, plat *n* (US)
**gemasert** *adj* (For) / curled *adj* ‖ ~ (Holz) (For) / veined *adj*, figured *adj*
**gemäßigt** *adj* (Klima) / temperate *adj* ‖ ~ / moderate *adj*
**gemauert•e Ofentür** (Hütt) / wicket *n* (a temporay refractory door in a furnace) ‖ **~er Schacht** (Bergb) / walled shaft ‖ **~er Sturz** (Bau) / brick lintel
**gemein•er Bruch** (Math) / vulgar fraction, common fraction ‖ **~er Logarithmus** (Math) / Briggs logarithm*, common logarithm*, Briggsian logarithm ‖ **~er Wert** (im Steuerrecht) / market value ‖ **~er Galmei** (Min) / hemimorphite* *n* (natural zinc silicate), electric calamine* ‖ **~er Hopfen** (Humulus lupulus L.) (Bot) / hop *n* ‖ **~er Judendorn** (Bot, Nahr) / jujube *n* ‖ **~e Kiefernbuschhornblattwespe** (Diprion sertifer Geoffr. und Diprion pini Schrk.) (For) / pine saw-fly ‖ **~e Lärche** (Larix decidua Mill.) (For) / European larch, Tyrolean larch, common larch ‖ **~e Roßkastanie** (Aesculus hippocastanum L.) (For) / horse chestnut ‖ **~e Roßkastanie** (For) s. auch Eßkastanie ‖ **~er Schwammspinner** (Lymantria dispar) (For) / gypsy moth
**Gemeindeplanung** *f* (Arch) / city planning (US), community planning
**Gemeine** *m* (Typog) / minuscule* *n*
**Gemeinkosten** *pl* / on-costs* *pl*, overhead expenses*, overheads *pl*, loading* *n*, overhead costs, establishment charges*
**gemeinnützig** *adj* / non-profit *attr*, not-for-profit *attr* ‖ **für ~e Zwecke enteignetes Grundeigentum** (HuT) / right of way (US)
**gemeinsam** *adj* (Math) / common *adj* ‖ ~ **abscheiden** (Galv) / codeposit *vt*, co-electroplate *vt* ‖ **~e Bearbeitung** (EDV, F.Org) / coprocessing *n* ‖ ~ **benutzbar** / shareable *adj*, sharable *adj* ‖ **~er benutzbarer virtueller Bereich** (EDV) / shared virtual area (SVA) ‖ **~e Benutzung** / joint use ‖ **~e Benutzung eines Druckers** (EDV) / printer sharing ‖ **~er Drucker** (EDV) / shared printer ‖ **~es Elektronenpaar** (Chem, Kernphys) / shared electron pair, shared pair of electrons ‖ **~er Europäischer Markt** (in der Europäischen Gemeinschaft) / Common Market ‖ ~ **genutzt** (EDV) / shared *adj* ‖ **~e genutzte Datei** (EDV) / shared file ‖ **~ genutzter Speicher** (EDV) / shared memory*, shared store ‖ **~er Kanal** (Radio) / co-channel *n*, common channel ‖ **~e Kante** / common edge ‖ **~e Leitung** (Eltech) / common *n* ‖ ~ **nutzbar** / shareable *adj*, sharable *adj* ‖ ~ **nutzen** (EDV) / share *v* ‖ **~e Nutzung** / joint use ‖ **~e Nutzung** (EDV) / sharing *n* ‖ **~e Nutzung von Frequenzen** (Fernm) / sharing of frequencies ‖ **~er Speicher** (EDV) / shared memory*, shared store ‖ **~er Teiler** (Math) / common divisor, common factor ‖ **~e Verarbeitung** (EDV, F.Org) / coprocessing *n* ‖ **~es Vielfaches** (Math) / common multiple
**Gemeinschaft** *f* (Biol) / community* *n*
**gemeinschaftlich** *adj* (Math) / common *adj* ‖ **~er Datenträger** (EDV) / public volume ‖ **~ genutzter Drucker** (EDV) / shared printer ‖ **~e Nutzung von Dateien** (EDV) / file sharing ‖ **~er Speicher** (EDV) / shared memory*, shared store

**Gemeinschafts•anschluß** *m* (Fernsp) / party line, shared-service line, shared line ‖ **~antenne** *f* (TV) / community antenna ‖ **~antennenanlage** *f* (TV) / community antenna ‖ **~finanzierung** *f* / cosponsoring *n* ‖ **~leitung** *f* (Fernsp) / party line, shared-service line, shared line ‖ **~rechner** *m* (EDV) / multi-user computer ‖ **~sendung** *f* (Radio) / simultaneous broadcasting*, simultaneous broadcast (SB), simulcast *n* ‖ **~unternehmen** *n* (mit internationalen Anteilseignern) / joint venture ‖ **~verpflegung** *f* (Nahr) / industrial and institutional catering ‖ **~versand** *m* / cooperative mailing, group mailing ‖ **~werbeversand** *m* / cooperative mailing, group mailing ‖ **~werbung** *f* / cooperative advertising
**gemeißelt, nicht** ~ (Feile) (Masch) / uncut *adj*
**Gemelk** *n* (frisch ermolkene Milch) (Nahr) / whole milk
**gemen** *v* (Schuhfabrikation) / gem *v*
**Gemenge** *n* (Chem, Phys) / heterogeneous mixture, bulk blend, mechanical mixture ‖ ~ (Ausgangsstoffgemisch für die Glasherstellung) (Glas) / batch* *n*, charge* *n* ‖ **~ aus Scherben** (Glas) / raw cullet ‖ **~ aus Scherben** (Glas) s. auch Scherbeneinlage ‖ **~anbau** *m* (Landw) / intercropping *n*, interplanting *n* ‖ **~behälter** *m* (Glas) / batch bucket ‖ **~einlegemaschine** *f* (Glas) / batch charger, batch feeder, batch stoker (US) ‖ **~haus** *n* (Abteilung eines Glaswerks, in der die Gemengebereitung stattfindet) (Glas) / batch house, batch plant ‖ **~kübel** *m* (Glas) / batch bucket ‖ **~mischer** *m* (ein Freifall- oder Zwangsmischer) (Glas) / batch mixer ‖ **~speiser** *m* (Glas) / batch charger, batch feeder, batch stoker (US) ‖ **~stein** *m* (Glas) / batch stone ‖ **~verteiler** *m* (Glas) / spreader *n*
**Gemengteil** *m* (Min) / constituent *n* ‖ ~ (Min) s. auch Mazeral ‖ **akzessorischer** ~ (der an der Zusammensetzung eines Gesteins mit weniger als 5% beteiligt, ggf. aber wichtig für dessen Bestimmung ist) (Geol, Min) / accessory mineral*
**GEMFET** (integrierte Schaltungsfamilie der Leistungselektronik in CMD-Technik, die mit Bipolar- und MOS-Strukturen auf dem gleichen Chip realisiert ist) (Eltronik) / gain-enhanced MOSFET (GEMFET)
**geminal** *adj* (Stellung zweier gleichartiger Substituenten, die am gleichen Kohlenstoffatom haften) (Chem) / gem-, geminal *adj* (referring to like atoms or groups attached to the same atom in a molecule) ‖ **~e Kopplung** (Chem) / geminal coupling
**Geminalkopplung** *f* (über zwei Bindungen) (Chem) / geminal coupling
**Geminitenside** *n pl* (ionogene Tenside, die je zwei hydrophobe und hydrophile Gruppen im Molekül enthalten) (Chem Verf) / Gemini surfactants
**Gemisch** *n* / mixture *n*, mix *n* ‖ ~ (nach einer Rezeptur) (Chem Verf) / compound *n* ‖ ~ (V-Mot) / mixture* *n* ‖ ~ (V-Mot) s. auch Kraftstoff/Luft-Gemisch und Kraftstoff/Öl-Gemisch ‖ **abgemagertes** ~ (V-Mot) / lean mixture ‖ **azeotropes** ~ (Chem) / azeotropic mixture*, azeotrope *n*, constant-boiling mixture* ‖ **eutektisches** ~ (Hütt) / eutectic* *n*, eutectic mixture ‖ **explosives** ~ (Chem) / explosive mixture ‖ **heterogenes** ~ (Chem, Phys) / heterogeneous mixture, bulk blend, mechanical mixture ‖ **mageres** ~ (V-Mot) / lean mixture, weak mixture, poor mixture, lean fuel mixture ‖ **razemisches** ~ (in dem Kristalle der beiden optisch aktiven Formen makroskopisch erkennbar nebeneinander vorliegen) (Chem) / racemic mixture ‖ **ternäres** ~ (Chem) / ternary mixture ‖ **zu fettes** ~ (V-Mot) / overrich mixture ‖ ~ **aus Teer und Bitumen** (z.B. Teerbitumen oder Teerpech) (HuT) / blacktop *n* ‖ ~ **idealer Gase** (Phys) / ideal-gas mixture
**Gemisch•aufbereitung** *f* (V-Mot) / carburetion *n*, carburation *n* ‖ **~aufbereitung** (bei Kraftstoffeinspritzung) (V-Mot) / fuel induction ‖ **~bildung** *f* (V-Mot) / mixture formation ‖ **~charakteristik** *f* (V-Mot) / mixture setting ‖ **~entflammung** *f* (V-Mot) / mixture ignition, fuel ignition ‖ **~regelung** *f* (V-Mot) / mixture control* ‖ **~regler** *m* (V-Mot) / mixture-control unit ‖ **~regulierventil** *n* (V-Mot) / fuel metering solenoid ‖ **~schmierung** *f* (V-Mot) / petroil lubrication
**gemischt•e Basis** (EDV, Math) / mixed base, mixed radix ‖ **~er Betrieb** (Amts- und Privatnebenstellen) (Fernsp) / mixed service* ‖ **~e elektromagnetische Welle** (Elektr) / hybrid electromagnetic wave*, HEM wave*, HEW, HEM* ‖ **~e Gleichdruck-Überdruck-Dampfturbine** (Masch) / disk-and-drum turbine*, impulse-reaction turbine*, combination turbine* ‖ **~e Gleichdruck-Überdruck-Turbine** (mit Curtisrad) (Masch) / combined-impulse turbine* ‖ **~es Kabel** (Kab) / composite cable* ‖ **~e Ladung** (Schiff) / general cargo ‖ **~e Logik** (negative + positive) (EDV) / mixed logic ‖ **~es Lösungsmittel** (Anstr, Chem) / solvent mixture, mixed solvent ‖ **~es Oxid** (Chem) / mixed oxide ‖ **~es Produkt** (Math) / parallelepipedal product, scalar triple product, mixed product, triple product ‖ **~es Salz** (wenn eine mehrwertige Base durch mindestens zwei verschiedene Säuren neutralisiert wird) (Chem) / mixed salt ‖ **~es Salz** (Chem) / mixed salt ‖ **~es Salz** (Chem) / mixed salt ‖ **~e Säuregärung** (Biochem) / heterolactic fermentation ‖ **~e Strategie** (KI) / mixed strategy ‖ **~es System** (z.B. zur Schaffung einer vertikalen Schubkomponente bei Senkrechtstartflugzeugen)

(Luftf) / mixed-thrust system, mixed thrust ‖ ~**er Verkehr** / intermodal transport, intermodal traffic ‖ ~**er Verkehr** (Amts- und Privatnebenstellen) (Fernsp) / mixed service* ‖ ~**er Vulkan** (Geol) / composite volcano, stratovolcano n (pl. -oes), composite cone ‖ ~**e Zahl** (z.B. 76 1/2) (Math) / mixed number ‖ ~**adriges Kabel** (Kab) / composite cable* ‖ ~**basisches Rohöl** (Erdöl) / mixed-base crude ‖ ~**bauweise** f (Bau) / mixed construction ‖ ~**belegter Schornstein** (durch den Rauchgas von Feuerstätten für feste und/oder flüssige Brennstoffe und Abgase von Gasfeuerstätten abgeführt werden) (Bau) / flue for multifuel appliances ‖ ~**gas** n (Chem Verf) / semi-water gas* ‖ ~**-Ligand-Komplex** m (Chem) / complex ligand ‖ ~**phase** f (Chem) / mixed phase ‖ ~**quadratische Gleichung** (Math) / mixed quadratic equation ‖ ~**strömung** f (Knudsen-Effekt) (Nichtkontinuumströmung - nach M.H.Ch. Knudsen, 1871-1949) (Chem Verf, Vakuumt) / Knudsen flow*, non-continuum flow, transition flow, Knudsen diffusion ‖ ~**zelliger Schaumstoff** (z.B. Moosgummi) (Plast) / cellular plastic with open and closed cells, mixed-cell foamed plastic (open-cell and closed-cell)
**Gemisch•überfettung** f **durch Kraftstoffniederschlag im Ansaugkrümmer** (V-Mot) / piling-up n ‖ ~**zündung** f (V-Mot) / mixture ignition, fuel ignition
**gemittelt** adj (Stats) / average attr, averaged adj ‖ **zeitlich** ~ / time-averaged adj ‖ ~**er Kurs über Grund** (Luftf) / average track
**Gemmatio** f (Bot) / gemmation* n, budding* n
**Gemmerlenkung** f (Kfz) / Gemmer steering, roller steering, worm-and-roller steering
**Gemmologie** f (befaßt sich mit den Edelsteinen schlechthin und bezieht auch deren Verwertung sowie die synthetischen Steine und Nachahmungen in den Kreis ihrer Forschung ein) (Min) / gemmology n, gemology n
**gemultiplexte Analogkomponenten** (CCIT, Rep. 1 73) (TV) / MAC* n, multiplexed analogue components*
**Gemurmel** (Akus) / mutter n, babbling n, mumbling n
**Gemüse•anbau** m **für den Markt** (Landw) / truck farming (US), trucking n (US), market gardening, truck gardening (US) ‖ ~**anbaufläche** f (Landw) / area under vegetables ‖ ~**aroma** n (Bot, Nahr) / vegetable flavour ‖ ~**saft** m (Nahr) / vegetable juice
**gemustert•er Außenputz** (Bau) / pargeting n, pargework n ‖ ~**er Druck** (Tex) / figured printing ‖ ~**es Gewebe** (Tex) / figured fabric ‖ ~**er Köper** (Web) / figured twill*
**GeN** (Fernm, Verm) / true north*
**Gen** n (Gen) / gene* n ‖ **chimäres** ~ (Gen) / chimaeric gene ‖ **kloniertes** ~ (Gen) / cloned gene ‖ **springendes** ~ (Gen) / jumping gene, transposon n ‖ **stummes** ~ (Gen) / silent gene ‖ **synthetisches** ~ (Gen) / synthesized gene, synthetic gene
**genadelter Trockenfilz** (Tex) / needled dry felt
**genagelt•er Balken** (ein zusammengesetzter Balken) (Zimm) / nailed beam ‖ ~**e Verbindung** (Zimm) / nail fastening, nail joint, nailed joint
**genäherte Transmission** (Opt) / transmittancy n
**genäht•e Reaktionskapillare** (Chem) / stitched open tube, SOT ‖ ~**e Sachen** (Tex) / sewing n ‖ ~**e Spitze** (Tex) / needle-lace n, needle-point n, needle-point lace, points pl, tape lace, point lace
**Gen•allel** n (bestimmte Konfiguration eines Gens) (Gen) / allele* n ‖ ~**amplifikation** f (die zeitlich begrenzte Vervielfältigung von Genen der rRNS, die zur Bildung von extrachromosomalen Kopien der betreffenden Gene führt) (Gen) / gene amplification
**genarbt•es Leder** (durch Narbenpressen erzielter Effekt) (Leder) / shagreen n ‖ ~**es Papier** (Maserpapier, Lederpapier) (Pap) / grained paper
**genau** adj / precise adj ‖ ~ / true adj ‖ ~ **abgegrenzt** / well-defined adj ‖ ~**e Deckung** (bei gedruckten Schaltungen) (Eltronik) / registration n ‖ ~ **fluchtend** / in true alignment
**Genauigkeit** f (im allgemeinen) / precision n ‖ ~ (Differenz zwischen einem Ergebnis oder einem Mittelwert und dem wahren Wert der zu bestimmenden Größe - DIN 55350, T 13) (Instr, Math) / accuracy n ‖ ~ (Zuverlässigkeit) (Stats) / reliability n ‖ **doppelte** ~ (EDV) / double precision* ‖ **einfache** ~ (EDV) / single precision ‖ **reproduzierbare** ~ / repetitive accuracy ‖ **Zahl** f **doppelter** ~ (EDV) / double-length number, double-precision number ‖ ~ **der Entfernungsmessung** (bei Rückstreumeßgeräten) (Phys) / horizontal accuracy
**Genauigkeits•bohren** n (Masch) / fine boring* ‖ ~**drehmaschine** f (Masch) / precision lathe, finishing lathe ‖ ~**grad** (Masch) / degree of accuracy, accuracy level ‖ ~**klasse** f (eines Meßinstrumentes) (Instr) / accuracy class, class of accuracy
**Genauschmiedestück** n (Masch) / close-tolerance forging, precision forging
**Gen•ausprägung** f (Gen) / gene expression ‖ ~**austausch** m (Gen) / crossing-over n, cross-over* n ‖ ~**bank** f (Gen) / gene library, gene bank ‖ ~**bedingt** adj (Gen) / genic adj ‖ ~**bibliothek** f (Gen) / gene library, gene bank

**Gender Changer** m (Eltronik) / gender changer (a two-directional plug /male and female/ "converting" a male interface to female or vice versa)
**Gendosis** f (Kopienzahl eines bestimmten Gens im Genom) (Gen) / gene dosage*, gene dosis
**genehmigen** v / authorize v, licence v, license v
**genehmigter Andruck** (vor dem Auflagendruck) (Druck) / pass sheet*, o.k. sheet, o.k. proof
**Genehmigung** f / approval n
**genehmigungs•bedürftig** adj (Anlage) / requiring approval ‖ ~**behörde** f / licensing authority ‖ ~**druck** m (eines Druckbehälters) (Masch) / design pressure ‖ ~**verfahren** n (behördliches) / licensing procedure
**geneigt** adj / inclined adj, raking adj, sloping adj, canted adj, pitching adj, slanting adj, slanted adj ‖ ~ (Tastatur) (EDV) / sloped adj ‖ ~ (Baugrund) (Geol, HuT) / hading adj ‖ **stark** ~ (Windschutzscheibe) (Kfz) / steeply raked ‖ ~**er Bogen** (Arch) / oblique arch* ‖ ~**es Dach** (über 20°) (Bau) / pitched roof, high-pitched roof ‖ ~**e Ebene** (Mech) / inclined plane* ‖ ~**e Ebene** (ein Hebewerk) (Wasserb) / inclined plane, incline n ‖ ~**e Falte** (Geol) / inclined fold ‖ ~**er Fußweg** (Bau) / slade* n ‖ ~ **geformt** (Tastatur) (EDV) / sloped-sculpted adj ‖ ~**e Rollenbahn** (Masch) / freely revolving roller conveyor, gravity roller conveyor ‖ ~**e Schneefläche** (Land- und See-Eis verbindende) (Geol) / ramp n ‖ ~**e Stoßfläche** (der Setzstufe) (Bau) / raking riser ‖ ~**e Wand** (Bau) / talus wall*
**General•-** / general adj ‖ ~**adresse** f (Fernm) / all-station address, global address ‖ ~**bebauungsplan** m (Bau) / general development plan ‖ ~**formel** f (Chem) / formula of Markush
**Generalisator** m (Math) / universal quantifier (a /pre/determiner)
**generalisieren** v / generalize v
**generalisiert** adj (Math, Phys) / generalized adj ‖ ~**er Impuls** (Math, Met) / generalized momentum ‖ ~**e Koordinaten** (Phys) / generalized coordinates, general coordinates ‖ ~**e Kraft** (Phys) / generalized force
**Generalisierung** f / generalization n
**Generalisierungsbeziehung** f (KI) / is-a relation, is-a-kind-of relation, AKO (a kind of) relation
**Generalisierungsregel** f (KI) / generalization rule, rule of generalization
**General•-Problemsolver** m (KI) / general problem solver, GPS ‖ ~**reparatur** f (Masch) / general overhaul ‖ ~**schalter** m (Eltech) / master-switch* n ‖ ~**stabskarte** f (1 : 100 000) (Kart) / Ordnance Survey map (1 : 100 000; 1 centimetre = 1 kilometre) ‖ ~**überholung** f (Masch) / general overhaul ‖ ~**unternehmer** m (Bau) / general contractor, main contractor, prime contractor
**Generation** f (in Kopierprozessen, bei Waffen, bei Rechnern) / generation n ‖ ~ (Biol, Kernphys) / generation n ‖ ~ (Erzeugung von freien Ladungsträgern in einem Halbleiter infolge Lichteinstrahlung) (Eltronik) / generation n ‖ **fünfte** ~ (der Rechner mit künstlicher Intelligenz) (EDV, KI) / fifth generation, 5G ‖ **Sprache** f **der 5.** ~ (EDV) / fifth-generation language ‖ **zur nächsten** (technischen) ~ **gehörend** / follow-on attr
**Generationenfolge** f **der Neutronen** (Nukl) / neutron cycle
**Generations•dauer** f (der Neutronen) (Kernphys) / generation time*, neutron generation time ‖ ~**rate** f (Anzahl der pro Zeit- und Volumeneinheit erzeugten Ladungsträgerpaare) (Eltronik) / generation rate* ‖ ~**zeit** f (Kernphys) / generation time*, neutron generation rate ‖ ~**zeit** f (Zeitintervall zwischen zwei aufeinander folgenden Zellteilungen) (Zyt) / generation time, doubling time
**generativ** adj (Biol) / generative adj, reproductive adj
**Generator** m (erzeugendes Programm) (EDV) / generator n, generating routine, generating program ‖ ~ (Maschine zur Erzeugung elektrischer Energie aus mechanischer Energie) (Eltech) / generator* n, electric generator* n ‖ ~ (Kftst, Masch) / producer n, generator* n ‖ ~ (Kfz) / generator n ‖ **benzinelektrischer** ~ (Eltech) / petrol-electric generating set* ‖ **direktgekoppelter** ~ (Eltech) / direct-coupled generator* ‖ **elektrostatischer** ~ (ein Bandgenerator oder eine Elektrisiermaschine) (Eltech) / electrostatic generator*, electrostatic machine*, static machine* ‖ **frequenzumschaltbarer** ~ / multifrequency generator ‖ **harmonischer** ~ (Phys) / harmonic generator* ‖ **magnetoelektrischer** ~ (Eltech) / magnetoelectric generator ‖ **magnetohydrodynamischer** ~ (zur direkten Umwandlung der dem Plasma innewohnenden thermischen Energie in elektrische Energie) (Plasma Phys) / magnetohydrodynamic generator*, magnetoplasmadynamic generator*, MHD generator*, MPD generator* ‖ **mitlaufender** ~ (Eltech) / locked generator ‖ **plasmadynamischer** ~ (Plasma Phys) / magnetohydrodynamic generator, magnetoplasmadynamic generator*, MHD generator*, MPD generator* ‖ **supraleitender** ~ (Eltech) / superconducting generator ‖ **thermionischer** ~ (Eltronik) / thermionic generator ‖ **thermoelektrischer** ~ (Eltech) / thermoelectric generator (a device that converts thermal energy into

**Generator**

electric energy by direct interaction of a heat flow and the charge carriers in an electric circuit, and that requires for this process the existence of a temperature difference in the electric circuit) || ~ *m* **für Kompilierprogramme** (EDV) / compiler generator, compiler-compiler *n* || ~ **für zwei Spannungen** (Eltech) / double-voltage generator || ~ **mit automatischer Entschlackung** (Masch) / self-clinkering producer || ~ **mit konstanter Leistung** (Eltech) / constant-power generator* || ~ **mit supraleitender Wicklung** (Eltech) / cryogenic generator || ~ **mit Überverbunderregung** (Eltech) / overcompounded generator* || ~ **von variablen Funktionen** (EDV) / variable-function generator || ~ **zur Erzeugung beliebiger Funktionen** / arbitrary function generator, general-purpose function generator
**Generator•anker** *m* **für Batterieladung** (im Magnetzündergenerator) (Kfz) / charging armature || ~**betrieb** *m* (der elektrischen Maschine) (Eltech) / generator operation, generating *n*
**Generatorengas** *n* (Chem Verf, Kftst) / producer gas
**Generator•gas** *n* (ein Schwachgas mit einem mittleren Heizwert) (Chem Verf, Kftst) / producer gas || ~**gruppe** *f* (Eltech) / generating set* || ~**holz** *n* / gas wood || ~**klemme** *f* (Eltech) / generator terminal || ~**programm** *n* (EDV) / generator *n*, generating routine, generating program || ~**sammelschienen** *f pl* (Eltech) / generator bus-bars* || ~**satz** *m* (Eltech) / generating set* || ~**schalttafel** *f* (Eltech) / generator panel*
**generell** *adj* / general *adj* || ~**er Overhauser-Effekt** (Kernphys) / general Overhauser effect
**Generic Name** *m* (chemische Kurzbezeichnung, z.B. ein Freiname oder ein Common Name) / generic name
**Generics** *pl* (unter einem internationalen Freinamen geführte Arzneimittel) (Pharm) / generics *pl*
**generierbar** *adj* / generable *adj*
**generieren** *v* / generate *v*
**Generierer** *m* (EDV) / generator *n*, generating routine, generating program
**Generierung** *f* (von sprachlichen Äußerungen) / generation *n* || ~ / generation *n* || ~ (Anpassung eines Programms an die konkrete Rechenanlage bzw. den Rechner des Anwenders) (EDV) / generation *n* || **gleichzeitige** ~ / cogeneration || **natürlichsprachige** ~ (Erzeugung von Sätzen in natürlicher Sprache aus der semantischen Repräsentation in einem sprachverstehenden System) (EDV) / natural-language generation || ~ *f* **von Schriften** (EDV) / font generation, font creation
**Generierungsprinzip** *n* (für die Erzeugung grafischer Darstellungen in CAD-Systemen) (EDV) / generation principle
**Generierungssteuerkarte** *f* (EDV) / generation control card
**Generika** *n pl* (Pharm) / generics *pl*
**generisch** *adj* / generic *adj* || ~**e Routine** (EDV) / generic routine, polymorphic routine
**Genese** *f* (Geol) / genesis *n*
**Genetic Engineering** *n* (Gen) / genetic manipulation, genetic engineering*, gene technology, recombinant DNA technology
**Genetik** *f* (Gen) / genetics* *n*
**Genetiker** *m* (Gen) / geneticist *n*
**genetisch** *adj* (Gen) / genetic* *adj* || ~**er Algorithmus** (KI) / genetic algorithm, GA || ~**e Erosion** (Gen) / genetic erosion || ~**er Fingerabdruck** (Gen) / genetic fingerprinting, DNA fingerprinting, DNA profiling || ~**e Information** (Gen) / genetic information *n* || ~**e Information** (Gen) s. auch Desoxyribonukleinsäure || ~**e Kartierung** (Gen) / genetic mapping, gene mapping || ~**er Kode** (in den Nukleinsäuren) (Gen) / genetic code* || ~**e Manipulation** (Gen) / genetic manipulation, genetic engineering*, gene technology, recombinant DNA technology || ~**er Marker** (Gen) / genetic marker (that indicates the pressure of particular genes) || ~**er Schaden** (ein Strahlenschaden) (Radiol) / genetic damage, genetic radiation damage || ~ **signifikante Dosis** (Radiol) / genetically significant dose* || ~ **veränderte Lebensmittel** (Nahr) / novel food
**Genetron** *n* (halogenierter Kohlenwasserstoff, der als Sicherheitskältemittel Verwendung findet) / Genetron *n*
**Gen•expression** *f* (Gen) / gene expression || ~**-Farming** *n* (Verwendung von transgenen Organismen als Bioreaktoren für die Herstellung von Genprodukten) (Gen) / gene farming, molecular farming
**Genfer Nomenklatur** *f* (IUPAC-Regeln) (Chem) / Geneva nomenclature, Geneva system
**Gengas** *n* (Chem Verf, Kftst) / producer gas
**genießbar** *adj* (Nahr) / edible *adj*
**genietet** *adj* (Masch) / riveted *adj*
**genisch** *adj* (Gen) / genic *adj*
**Genistein** (ein Naturstoff) (Biochem) / genistein *n*
**Gen•karte** *f* (Gen) / genetic map || ~**karteneinheit** *f* (Maß für die durch Crossing-over bestimmten Abstände der Gene eines Chromosomenpaares voneinander) (Gen) / map unit || ~**klonierung** *f* (Gen) / gene cloning || ~**kopplung** *f* (Gen) / gene linkage

**Genlock** *n* (Verriegelung) (TV) / genlock* *n*
**Gen•locus** *m* (pl.: -loci) (Gen) / gene locus || ~**manipulation** *f* (Gen) / genetic manipulation, genetic engineering*, gene technology, recombinant DNA technology || ~**marker** *m* (Gen) / genetic marker (that indicates the position of particular genes) || ~**mutation** *f* (Gen) / gene mutation
**Genom** *n* (die Gesamtheit der chromosomengebundenen Gene einer haploiden Zelle bzw. eines haploiden Chromosomensatzes im Zellkern eines Eukaryonten) (Gen) / genome* *n*
**Genomarchiv** *n* (Gen) / genomic library
**Genomgröße** *f* (Gen) / genome size
**genormt** *adj* / standard *attr*, unitized *adj*, standardized *adj* || ~**es Format** (meistens DIN) (Druck, Pap) / basic size* || ~**er Schliff** (Glas) / standard taper
**Genort** *m* (in der Genkarte) (Gen) / gene locus
**genotoxisch** *adj* (Gen) / genotoxic *adj*
**Genotoxizität** *f* (irreversible negative Veränderungen im genetischen Material einer Zelle) (Gen) / genotoxicity *n*
**Genotyp** *m* (Gen) / genotype* *n*
**genotypisch** *adj* (Gen) / genotypical *adj*, genotypic *adj*
**Genotypus** *m* (Gen) / genotype* *n*
**Genpac-Coater** *m* (ein Schmelzbeschichter) (Tex) / Genpac coater
**Genpac-Schmelzbeschichter** *m* (Tex) / Genpac coater
**Gen•pool** *m* (Gesamtheit der Erbanlagen aller Individuen einer Art innerhalb eines Areals) (Gen) / gene pool, gene resources || ~**probe** *f* (Gen) / gene probe || ~**produkt** *n* (Gen) / gene product || ~**produkte** *n pl* (Nahr) / GM products, genetically modified products || ~**redundanz** *f* (Vervielfaltigung von Genen innerhalb eines Chromosoms) (Gen) / gene redundancy || ~**regulation** *f* (Regulation der Genaktivität) (Gen) / gene regulation || ~**sonde** *f* (Gen) / gene probe || ~**spleißen** *n* (Gen) / gene splicing, splicing *n* || ~**synthese** *f* (Gen) / gene synthesis
**Gentamicin** *n* (Pharm) / gentamicin *n*
**Gentamycin** *n* (ein Antibiotikum) (Pharm) / gentamicin *n*
**Gentechnik** *f* (Gen) / genetic manipulation, genetic engineering*, gene technology, recombinant DNA technology
**gentechnisch, ohne ~e Veränderungen** (Nahr) / GM-free *adj* || ~ **erzeugtes Somatotropin** (Biochem) / recombinant bovine somatotropin, recombinant bovine growth hormone || ~ **hergestellter Antikörper** (Biochem) / engineered antibody || ~**e Schädlingsbekämpfung** (Landw) / pest control by genetic engineering || ~ **verändert** (Nahr) / genetically modified, GM
**Gen•technologie** *f* (Gen) / genetic manipulation, genetic engineering*, gene technology, recombinant DNA technology || ~**technologisch modifiziert** (Nahr) / genetically modified, GM
**Gentexdienst** *m* (Teleg) / gentex service, general telegraph exchange service
**Gentherapie** *f* (Gen) / gene therapy*
**Gentiana•alkaloide** *n pl* (meistens aus Enzian-Arten) (Pharm) / gentiana alkaloids || ~**violett** *n* (Chem) / gentian violet*
**Gentianin** *n* (Chem) / gentisin *n*
**Gentianose** (Biochem) / gentianose *n*
**Gentile-Statistik** *f* (Stats) / parastatistics *n*
**Gentiobiose** *f* (ein Disaccharid in Pflanzen) (Biochem) / gentiobiose* *n*
**Gentiopikrin** *n* (der Bitterstoff der Enzianwurzel und des Tausendgüldenkrauts - ein Iridoid) (Chem, Pharm) / gentiopicrin *n*
**Gentiopikrosid** *n* (Chem, Pharm) / gentiopicrin *n*
**Gentisin** *n* (Chem) / gentisin *n*
**Gentisinsäure** *f* (Chem) / gentisic acid, gentianic acid, hydroquinone carboxylic acid
**gen•toxisch** *adj* (Gen) / genotoxic *adj* || ~**toxizität** *f* (Gen) / genotoxicity *n*
**Gentzenkalkül** *m n* (der Quantorenlogik - nach G.K.E. Gentzen, 1909-1945) (Math) / Gentzen calculus
**genügen** *v* (den Bedingungen) / fulfil *v*, fulfill *v* (US), meet *v*, satisfy *v* || ~ (den Ansprüchen) / meet *v* (the requirements) || [**einer Gleichung**] ~ (Math) / satisfy *v* (an equation), fulfil *v*, fullfill *v* (US)
**Genus** *n* (pl. Genera) (Biol) / genus* *n* (pl. genera)
**Genußalkohol** *m* (Nahr) / alimentary alcohol
**Genußgift** *n* (Chem, Nahr) / social toxicant
**genußtauglich** *adj* (Nahr) / edible *adj*
**genußuntauglich** *adj* (Nahr) / non-edible *adj*
**genutet•er Anker** (Eltech) / slotted armature || ~**er Anker** (Eltech) / slotted armature || ~**es Ankerpaket** (Eltech) / slotted core* || ~**e Treppenwange** (der Holztreppe) (Bau) / close string*, housed string*, let-in *n*
**genutzt, gemeinsam ~** (EDV) / shared *adj*
**Genvektor** *m* (Gen) / genetic carrier, genetic vehicle, gene vector
**Geo•akustik** *f* (Akus) / geoacoustics *n* || ~**biochemie** *f* (Chem) / biogeochemistry *n* || ~**biochemisch** *adj* (Chem) / biogeochemical *adj*
**Geobiont** *m* (pl. -en) (während des gesamten Lebenszyklus im Erdboden lebender Organismus) (Umwelt) / geobiont* *n*

**Geo•biotechnologie** f (Biol, Chem, Geol) / geobiotechnology n ‖ ⁓**botanik** f (Bot) / geobotany n ‖ ⁓**botanik** (Bot) s. auch Phytogeografie ‖ ⁓**botanisch** adj (Bot) / geobotanical adj, geobotanic adj ‖ ⁓**chemie** f (Chem, Geol) / geochemistry* n ‖ **angewandte** ⁓**chemie** (Bergb) / geochemical prospecting* ‖ ⁓**chemie** f **des Wassers** (Chem) / hydrogeochemistry n ‖ ⁓**chemisch** adj (Chem, Geol) / geochemical adj ‖ ⁓**chemische Prospektion** (Bergb) / geochemical prospecting* ‖ ⁓**chemisches Schürfverfahren** (Bergb) / geochemical prospecting*
**Geochrone** f (Geol) / isochron n, isochrone n
**Geo•chronologie** f (relative oder absolute Altersbestimmung geologischer Ereignisse) (Geol) / geochronology* n ‖ ⁓**chronologisch** adj (Geol) / geochronological adj ‖ ⁓**chronometrie** f (mit der absoluten Zeitskale) (Geol) / geochronometry n ‖ ⁓**chronometrisch** adj (Geol) / geochronometric adj ‖ [**höhere**] ⁓**däsie (als Lehre)** (Verm) / geodesy* n, geodetic surveying*, geodetics n
**Geodäsie, höhere** ⁓ (Verm) / geodetic (control) surveying* ‖ **innere** ⁓ (Differentialgeometrie des Schwerefeldes nach A. Marussi) (Geophys, Verm) / intrinsic geodesy ‖ ⁓**satellit** m (zur Vermessung der Erdoberfläche) (Verm) / geodetic satellite
**Geodät** m (akademisch ausgebildeter Vermessungsingenieur) (Verm) / geodesist n
**Geodäte** f (Verm) / geodesic* n, geodetic line, geodesic line, geodetic n
**geodätisch** adj (Verm) / geodetic adj, geodesic adj ‖ ⁓**e Astronomie** (Astr, Verm) / geodetic astronomy n ‖ ⁓**er Azimut** (Verm) / compass bearing ‖ ⁓**e Bauweise** (Bau, Luftf) / geodetic construction* ‖ ⁓**es Datum** (Gesamtheit der Parameter, die das Koordinatensystem einer Landesaufnahme gegenüber dem globalen erdfesten Bezugssystem festlegen) (Verm) / geodetic datum ‖ ⁓**es Dreieck** (dessen Seiten geodätische Linien sind) (Verm) / geodesic triangle ‖ ⁓**e Förderhöhe** (einer Pumpe) (Masch) / static discharge head, static head ‖ ⁓**es Instrument oder Gerät** (Verm) / surveying instrument ‖ ⁓**e Koordinaten** (Verm) / geodetic coordinates ‖ ⁓**e Krümmung** (der Orthogonalprojektion einer Flächenkurve auf die Tangentialebene der Fläche) (Math, Verm) / geodesic curvature n ‖ ⁓**e Linie** (Verm) / geodesic* n, geodetic line, geodesic line, geodetic n ‖ ⁓**e Mannigfaltigkeit** (Math) / geodesic manifold ‖ ⁓**es Netz** (Verm) / geodetic network ‖ ⁓**er Punkt** (Verm) / station* n ‖ ⁓**es Referenzellipsoid** (Verm) / geodetic reference ellipsoid ‖ ⁓**er Satellit** (Verm) / geodetic satellite ‖ ⁓**er Satellit** (Verm) / geodetic satellite
**Geodätische** f (Verm) / geodesic* n, geodetic line, geodesic line, geodetic n
**Geode** f (Konkretion in Sedimentgesteinen) (Geol) / geode* n, potato stone
**Geodimeter** n (geodätischer Entfernungsmesser, der mit moduliertem Licht arbeitet, das am Zielpunkt durch Tripelprismen reflektiert wird) (Verm) / Geodimeter n, geodetic-distance meter
**Geo•dreieck** n (ein Zeichengerät) (Masch) / set square (GB), triangle n ‖ ⁓**dynamik** f (Lehre von den Bewegungen im Erdinneren und den sie verursachenden Kräften) (Geol) / geodynamics n
**geodynamisch** adj (Geol, Geophys) / geodynamic adj ‖ ⁓**es Meter** (Geophys) / dynamic metre
**Geo•elektrik** f (als praktische Tätigkeit) (Bergb, Geol) / electrical survey methods, electrical prospecting methods ‖ ⁓**elektrik** (als wissenschaftliche Disziplin, als Teilgebiet der angewandten Geophysik) (Geol) / electrical geophysics ‖ ⁓**elektrizität** f (Elektr, Geol) / terrestrial electricity, geoelectricity n
**geöffnet** adj (Hahn) (Eltech) / on adv ‖ ⁓**e Stellung** (bei Ventilen) (Masch) / passing position
**Geo•fraktur** f (Geol) / geosuture n, lineament* n ‖ ⁓**fraktur** (bis zum Erdmantel reichender Tiefenbruch) (Geol) / geofracture n ‖ ⁓**fgas** n (Erdgas, das außerhalb normaler Erdgaslagerstätten in Tiefenwässern vorkommt, die, eingelagert in Gesteinen, unter abnorm hohem Druck stehen) (Bergb) / geopressurized gas, geopressured gas
**Geogenie** f (Lehre von der Entstehung der Erde) (Geol) / geocosmology n, geoastronomy n
**Geognosie** f (Geologie + Mineralogie + Lagerstättenkunde) (Geol, Min) / geognosy* n
**Geogonie** f (Geol) / geocosmology n, geoastronomy n
**Geo•grafie** f (Geog) / geography n ‖ **physische** ⁓**grafie** (Geog) / physiography* n, physical geography
**geografisch** adj (Geog) / geographical adj, geographic adj ‖ **signifikanter** ⁓**er Punkt** (Geog, Luftf) / significant point ‖ ⁓**e Breite** (nach Norden oder Süden gezählter Winkel zwischen der Lotrichtung in einem Punkt und der Äquatorialebene) (Geog) / geographical latitude* ‖ ⁓**e Koordinaten** (Angaben im Winkelmaß zur Festlegung von Punkten auf der Erdoberfläche, bezogen auf den Äquator und einen Nullmeridian) (Kart) / terrestrial coordinates (in terms of latitude and longitude), geographical coordinates ‖ ⁓**e Lage** (bei Siedlungsplätzen) (Geog) / situation n ‖ ⁓**e Meile** (1852,2 m, in den Vereinigten Staaten = 1855,3 m) / geographical mile* ‖ ⁓**er Pol** (Geog) / geographic pole ‖ ⁓**e Sichtweite** (Schiff) / geographical visibility ‖ ⁓ m **Nord** (Fernm, Verm) / true north*
**Geohydrologie** f (Lehre vom Grundwasserhaushalt) (Geol) / hydrogeology* n, geohydrology n
**Geoid-** / geoidal adj
**Geoid** n (Äquipotentialfläche des Erdschwerefeldes) (Verm) / geoid* n
**geoidförmig** adj / geoidal adj
**Geo•informatik** f (EDV, Geol) / geoinformatics n ‖ ⁓**isotherme** f (Fläche oder Linie gleicher Temperatur im Erdinneren) (Geophys) / geoisotherm* n, isogeotherm n ‖ ⁓**karpie** f (das Heranreifen der Früchte unter der Erde) (Bot) / geocarpy* n
**geokrat** adj (Geol) / geocratic adj
**geokratisch** adj (Geol) / geocratic adj
**Geologe** m (Geol) / geologist n
**Geologenkompaß** m (Geol) / geologist's compass, geologic compass
**Geologie** f (Geol) / geology* n ‖ **angewandte** ⁓ (Geol) / applied geology* ‖ **dynamische** ⁓ (Geol) / dynamic geology ‖ **forensische** ⁓ (Geol) / forensic geology, legal geology ‖ **marine** ⁓ (Geol) / marine geology, sea geology, geological oceanography, submarine geology ‖ **mathematische** ⁓ (Geol) / mathematical geology ‖ **medizinische** ⁓ (Einfluß der geologischen Elemente und Prozesse auf die Gesundheit der Menschen) (Geol) / medical geology, regional pathology ‖ **physikalische** ⁓ (Geol) / physical geology ‖ ⁓ f **der nutzbaren Mineralien** (Geol) / economic geology* ‖ ⁓ **der Sedimentgesteine** (Geol) / soft-rock geology* ‖ ⁓ **der unverfestigten Massen** (Geol) / surficial geology ‖ ⁓ **des Felsgrunds** (Geol) / solid geology ‖ ⁓ **des Talsperrenumfeldes** (Geol, Wasserb) / dam geology
**geologisch** adj (Geol) / geological adj, geologic adj ‖ ⁓**es Alter** (Geol) / geologic age n ‖ ⁓**e Karte** (Geol, Kart) / geological map n ‖ ⁓**es Profil** (Geol) / geological column*, stratigraphical column*, geologic column ‖ ⁓**e Spezialkarte** (Kart) / detailed geological map ‖ ⁓**e Statistik** (Geol, Stats) / geostatistics n ‖ ⁓**es Thermometer** (Geol) / geothermometer n, geologic thermometer n ‖ ⁓ **untersuchen** (Geol) / geologize v, geologise v ‖ ⁓**e Zeitskale** (Geol) / geological timescale
**Geomagnetik** f (Bergb) / geomagnetic surveying, geomagnetism n
**geomagnetisch** adj (Geophys) / geomagnetic adj ‖ **dem** ⁓**en Hauptfeld parallele oder antiparallele Ströme** (Geophys) / field-aligned currents ‖ ⁓**er Äquator** (dessen Verlauf von Aklinen bestimmt ist) (Geog, Geophys) / magnetic equator* ‖ ⁓**er Effekt** (Geophys) / geomagnetic effect ‖ ⁓**er Pol** (Geog, Geophys) / geomagnetic pole ‖ ⁓**er Schweif** (der Magnetosphäre) (Geophys) / magnetotail n ‖ ⁓**e Umpolung** (Geophys) / geomagnetic reversal
**Geo•magnetismus** m (Geophys) / terrestrial magnetism*, geomagnetism n, Earth's magnetism ‖ ⁓**mechanik** f (Geol) / geomechanics n
**Geometer** m (Verm) / geometer n, land surveyor, topographical surveyor, surveyor n
**Geometrie** f (Gesamtheit der räumlichen Bestimmungen eines technischen Gebildes) (Masch) / dimensional characteristics ‖ ⁓ (Math) / geometry* n ‖ ⁓ (Strahlenmeßtechnik) (Nukl) / geometry n ‖ **absolute** ⁓ (Math) / absolute geometry*, pangeometry n, intrinsic geometry ‖ **affine** ⁓ (Geometrie des affinen Raumes) (Math) / affine geometry ‖ **algebraische** ⁓ (Math) / algebraic geometry ‖ **analytische** ⁓ (Teilgebiet der Mathematik, in dem man sich mit der zahlenmäßigen Beschreibung von Eigenschaften geometrischer Figuren beschäftigt) (Math) / analytical geometry*, Cartesian geometry, coordinate geometry, analytic geometry (US) ‖ **darstellende** ⁓ (die die Abbildungen des dreidimensionalen Raumes in einer Zeichenebene behandelt) (Math) / descriptive geometry ‖ **ebene** ⁓ (Math) / plane geometry ‖ **elliptische** ⁓ (eine nichteuklidische Geometrie) (Umkehrfunktion der elliptischen Funktion) (Math) / elliptic geometry, Riemannian geometry ‖ **endliche** ⁓ (Math) / finite geometry ‖ **euklidische** ⁓ ("klassische" Geometrie) (Math) / Euclidean geometry ‖ **fraktale** ⁓ (nach B.B. Mandelbrot) (Math) / fractal geometry ‖ **hydraulische** ⁓ (z.B. des Flußbetts) (Wasserb) / hydraulic geometry ‖ **innere** ⁓ (Math) / absolute geometry*, pangeometry n, intrinsic geometry ‖ **Lobatschewskische** ⁓ (nach N.I. Lobatschewski, 1792-1856) (Math) / Lobachevski geometry, Bolyai geometry, hyperbolic geometry* ‖ **nichteuklidische** ⁓ (Math) / non-Euclidean geometry, noneuclidean geometry ‖ **projektive** ⁓ (Math) / projective geometry ‖ **Riemannsche** ⁓ (nach B. Riemann, 1826-1866) (Math) / Riemannian geometry ‖ **schlechte** ⁓ (Nukl) / poor geometry, bad geometry ‖ **synthetische** ⁓ (axiomatisch begründete Geometrie, meistens als Gegensatz zu analytischer Geometrie) (Math) / synthetic geometry, pure geometry* ‖ **unitäre** ⁓ (Math) / unitary geometry ‖ **variable** ⁓ (Fähigkeit eines Flugzeuges, in der Luft die Tragflügelstellung abzuändern, um die Leistungsfähigkeit der Maschine zu verbessern) (Luftf) / variable sweep*, swing-wing* n, variable geometry*, VG ‖ ⁓ f **auf der Kugel** (Math) / spherical geometry ‖ ⁓ **der Ebene** (Math) / plane geometry ‖ ⁓ **des Kristalls** (Krist) / crystal geometry

**Geometriebuckling**

**Geometrie•buckling** n (Kernphys, Mag) / geometric buckling ‖
~**datenbank** f (bei den CAD-Verfahren) (EDV) / geometry data base
‖ ~**faktor** m (Radiol) / geometry factor*, geometric factor ‖ ~**fehler**
m (DIN 45060) (geometrische Verzeichnung) (TV) / geometric
distortion* ‖ ~**sensor** m (Sensor bzw. Sensorsystem zum
berührungslosen Erkennen bestimmter geometrischer Merkmale
von Objekten für Hanndhabungssysteme) / geometry sensor ‖
~**steuerung** f (des Reaktors - durch Bewegen räumlich
ausgedehnter Bezirke von Core, Moderator oder Reflektor) (Nukl) /
geometry control ‖ ~**verarbeitung** f (z.B. bei CAD) (EDV) /
processing of geometric data
**geometrisch** adj / geometrical adj, geometric adj ‖ ~ **ähnliche
Baureihen** (im Rahmen der Baureihen- und Baukastenentwicklung)
(Masch) / geometrically similar series ‖ ~**e Figur** (Math) / locus n (pl.
loci), geometric locus ‖ ~**e Fläche** (Math) / geometric surface ‖ ~**er
Fluß** (eine Raumwinkelgröße nach DIN 5031, T 1) / geometrical flux
‖ ~**e Folge** (Math) / geometric sequence, geometrical progression,
GP, geometric progression ‖ ~**e Isomerie** (Chem) / cis-trans
isomerism, geometrical isomerism, geometric isomeriom ‖ ~**e
Konfiguration** (Nukl) / geometrical configuration ‖ ~**e Konstruktion**
(Math) / geometrical construction, geometric construction ‖ ~**er
Körper** (Math) / geometric solid ‖ ~**es Mittel** (von 9 und 4 = 6) (Math,
Stats) / geometric mean* ‖ ~**es Modellieren** (EDV) / solid modelling,
geometric modelling ‖ ~**e** (monochromatische) **Aberration** (Opt) /
geometrical aberration ‖ ~**e Optik** (Opt) / geometrical optics* ‖ ~**er
Ort** (Gesamtheit aller Punkte, die eine bestimmte Eigenschaft
besitzen) (Math) / locus n (pl. loci), geometric locus ‖ ~**er
Querschnitt** (Phys) / geometrical cross-section ‖ ~**e Reihe** (Math) /
geometrical series, geometric series, GS ‖ ~**e Schwächung** (die
Abnahme einer Strahlungsgröße, die nur durch den Abstand
zwischen Bezugspunkt und Quelle bedingt ist) (Phys) / geometrical
attenuation* ‖ ~ **sicher** (Nukl) / geometrically safe ‖ ~**e Unschärfe**
(die Zone des allmählichen Übergangs von der Zone völligen
Schattens zur belichteten Zone) (Foto) / geometric blurring ‖ ~**e
Verteilung** (eine diskrete Verteilung) (Math) / geometric distribution
‖ ~**e Zahlenfolge** (Math) / geometric sequence, geometrical
progression, GP, geometric progression
**geometrisch-ideale Oberfläche** (DIN 4760) (Masch) / nominal surface
**geometrisch-optische Wahrnehmungsverzerrung** (Opt) / optical
illusion, geometrical illusion
**Geo•metrisierung** f (Math) / geometrization n ‖ ~**metrodynamik** f
(Versuch, die physikalischen Erscheinungen als Ergebnis einer
dynamischen Geometrie darzustellen) (Phys) / geometrodynamics* n
‖ ~**mikrobiologie** f (Biol) / geomicrobiology n ‖ ~**morphologie** f
(Lehre von den auf der Erdoberfläche gestaltend wirkenden
physischen Vorgängen und den durch sie geschaffenen Formen)
(Geol) / geomorphology n ‖ ~**morphologisch** adj (Geol) /
geomorphological adj, geomorphic adj
**geopetal** adj (Gefüge) (Geol) / geopetal adj
**Geophon** n (ein Schallwandler) (Akus, Geophys) / geophone* n, jug n
**Geophonkette** f (Geophys) / geophone array
**Geophysik** f (Geophys) / geophysics* n
**Geophysik** f **im Bohrloch** (Bergb, Erdöl) / logging n, well logging,
borehole logging, drillhole logging
**geophysikalisch** adj (Geophys) / geophysical adj ‖ ~**e Prospektion**
(Sprengseismik, Gravimetrie, Magnetik, Geoelektrik) (Bergb) /
geophysical prospecting*, geophysical exploration, geophysical
surveying ‖ ~**es Schürfverfahren** (Sprengseismik, Gravimetrie,
Magnetik, Geoelektrik) (Bergb) / geophysical prospecting*,
geophysical exploration, geophysical surveying
**Geoporphyrin** n (Biochem, Geol) / geoporphyrin n
**Geopotential** n (Phys) / geopotential n
**geopotentielles Meter** (Meteor) / geopotential metre
**geordnet•e Anweisungsliste** (EDV) / agenda n ‖ ~**er Baum** (EDV) /
ordered tree ‖ ~**e Deponie** (Sanitär, Umwelt) / controlled tipping
(GB), sanitary landfill (US) ‖ ~**er Mechanismus** (bei
Mehrsubstratreaktionen) (Biochem) / ordered mechanism ‖ ~**e
Menge** (Math) / ordered set ‖ ~**es Paar** (ein Tupel aus zwei
Komponenten) (Math) / ordered pair (KI) / ordered
resolution ‖ ~**e Stichprobe** (Stats) / ordered sample ‖ ~**er Zustand**
(Phys) / ordered state*
**Georgette** f m (Tex) / georgette* n
**Georgi-Glashow-Theorie** f (mit der 24-dimensionalen Eichgruppe
SU(5)) (Kernphys) / Georgi-Glashov theory
**Geosphäre** f (Geophys) / geosphere n
**geostationär** adj (Geophys, Raumf) / geostationary* adj
**geostationärer Satellit** (Fernm, Raumf) / synchronous satellite,
geostationary satellite, geosynchronous satellite, stationary satellite,
24h-satellite, fixed satellite
**geostationär•e Umlaufbahn** (bei Erdsatelliten) (Raumf) /
geostationary orbit ‖ ~**es Weltraumkraftwerk** (Eltech, Raumf) /
geostationary space power plant

**geostatisch** adj / geostatic adj
**Geostatistik** f (Geol, Stats) / geostatistics n
**geostrophisch•e Approximation** (Meteor) / geostrophic
approximation* ‖ ~**er Wind** (der Wind bei geradlinigen Isobaren,
wenn ein Gleichgewichtszustand zwischen der Gradientkraft und
der Corioliskraft besteht) (Meteor) / geostrophic wind
**Geosutur** f (Geol) / geosuture n, lineament* n
**geo•synchroner Satellit** (Fernm, Raumf) / synchronous satellite,
geostationary satellite, geosynchronous satellite, stationary satellite,
24h-satellite, fixed satellite ‖ ~**synklinal** adj (Geol) / geosynclinal adj
‖ ~**synklinale** f (in Schwellen und Tröge gegliederte meererfüllte
Senkungszone) (ein vom Meer erfüllter Sedimentationstrog) (Geol) /
geosyncline* n ‖ ~**synkline** f (ein vom Meer erfüllter
Sedimentationstrog) (Geol) / geosyncline* n ‖ ~**technik** f
(Ingenieurgeologie im breitesten Sinne) (Geol) / geotechnics n pl,
ground engineering ‖ ~**tektonik** f (Erklärung des
Entwicklungsganges von Krustenbewegungen und
Massenverlagerungen) (Geol) / geotectonics n pl ‖ ~**tektonisch** adj
(Geol) / geotectonic adj ‖ ~**textilien** pl (Spinnvliese zum Einsatz im
Straßen-, Eisenbahn- und Tunnelbau sowie für Drainagezwecke)
(HuT, Tex) / geotextiles* n, fabrics pl ‖ ~**thermie** f (Geophys) /
geothermics n, geothermy n ‖ ~**thermik** f (Lehre vom Wärmefluß
und von der Temperaturverteilung im Erdkörper) (Geophys) /
geothermics n, geothermy n
**geothermisch** adj (Geophys) / geothermal adj, geothermic adj ‖ ~**e
Energie** (Geophys) / geothermal energy, geothermal power* ‖ ~**es
Kraftwerk** (Eltech, Geophys) / geothermal power plant, geothermal
electric power station ‖ ~**e Tiefenstufe** (Geophys) / geothermal gradient*
**Geothermobarometrie** f (Geol) / thermobarometry n
**Geothermometer** n (Geol) / geothermometer n, geologic thermometer
**Geotop** m n (Geol) / geotope n
**geotropisch** adj (Bot) / geotropic adj ‖ ~**e Aufrichtung** (Bot) /
geotropism* n
**Geotropismus** m (Einstellung der Pflanzenorgane in eine bestimmte
Richtung zur Erdbeschleunigung) (Bot) / geotropism* n ‖ **positiver**
~ (Bot) / orthogeotropism*
**Geowissenschaften** f pl / earth sciences, geosciences pl
**geozentrisch** adj (Astr) / geocentric* adj ‖ ~**er Horizont** (Verm) / true
horizon*, rational horizon*, celestial horizon, astronomical horizon
**gepaart•e Stichproben** (im Wilcoxon-Test) (Stats) / matched pairs ‖
~**er Widerstand** (Eltech) / resistor pair
**gepachtetes Land** (Landw) / rented land
**Gepäck** n / luggage n, baggage n ‖ **aufgegebenes** (eingechecktes) ~
(Luftf) / registered baggage ‖ **unbegleitetes** ~ (Luftf) / unaccompanied
baggage ‖ ~**ablage** f (Luftf) / luggage rack, baggage rack (US) ‖ ~**abschnitt**
m (Luftf) / baggage identification tag, baggage check, tag n ‖ ~**abteil**
n (Kfz) / load compartment ‖ ~**anhänger** m (Kfz) / utility trailer ‖
~**aufbewahrungsschein** m / luggage ticket, baggage check (US) ‖
~**ausgabeband** n (auf Flughäfen) (Luftf) / baggage claim belt ‖
~**beförderung** f (Bahn) / conveyance of luggage, luggage transport ‖
~**container** m (auf dem Dach) (Kfz) / roof cargo box, roof box ‖
~**durchleuchtung** f (Luftf) / baggage screening ‖ ~**fach** n (eines
Reiseomnibusses) (Kfz) / luggage locker ‖ ~**fracht** f (Bahn) / luggage
freight ‖ ~**halle** f (des Flughafens) (Luftf) / baggage terminal ‖
~**karussell** n (Luftf) / carousel n (circulatory conveyor in arrival
terminal), baggage carousel ‖ ~**nachforschung** f (Luftf) / baggage
tracing ‖ ~**netz** n (Bahn, Kfz) / luggage net ‖ ~**raum** m (Bahn) / luggage
compartment ‖ ~**raum** s. auch Kofferraum ‖ ~**spinne** f (Kfz) / roof
lashing, tie-down straps
**gepackt•e Dezimalzahl** (EDV) / packed decimal ‖ ~**e Form** (zwei
BCD-Ziffern in einem Byte) (EDV) / packed mode ‖ ~**es Format**
(EDV) / packed format ‖ ~**e Kapillarsäule** (Chem) / micropack
column, packed microbore column, PMB column, microcolumn n,
micropacked column ‖ ~**e Säule** (Chem) / packed column
**Gepäck•träger** m (Kfz) / carrier n ‖ ~**träger** (Luftf) / skycap n (a porter
at an airport) ‖ ~**wagen** m (Bahn) / luggage van, baggage car (US),
van n
**gepanzerter Truppentransporter** (Mil) / armoured troop carrier
**geparkte Verbindung** / parked call
**gepastete Blasform** (mit pastenförmigem Formenschmiermittel, beim
maschinellen Blasen von Hohlglas) (Glas) / paste mould*
**gepfeilt** adj (Flügel) (Luftf) / swept adj (aircraft wing), swept-back ‖ ~**e
Linie** (im Signalflußbild) / arrowed line
**gepflügtes Land** (Landw) / ploughland n, plowland n (US), plough n,
plow n (US)
**gepinchtes Plasma** (Plasma Phys) / self-pinched plasma
**geplante Stillsetzung** (Eltech) / scheduled outage
**geplatzte Blase** (Anstr) / broken blister, blub n
**gepolstert** adj (zum Schutz) / padded adj ‖ ~**er Kopfhörerbügel** (Radio)
/ padded headband, padded headpiece
**gepolt** adj (Kondensator) (Eltech) / polar adj, polarized adj ‖ ~**er
Elektrolytkondensator** (Eltech) / polarized capacitor* ‖ ~**es Relais**

# Gerät

(Eltech) / polarized relay*, polar switch || ~**er Stecker** (Eltech) / polarized plug

**geprägt** adj (Bau) / embossed adj, relief attr || ~**e Bildwand** (die projiziertes Licht mit einer stark ausgeprägten Vorzugsrichtung reflektiert) (Film) / lenticular screen || ~**es Papier** (Pap) / embossed paper*

**gepreßt•er Bleimantel** (Kab) / moulded lead covering || ~**er Narben** (an Rinds- und Kalbsledern) (Leder) / Scotch grain || ~**er Ziegel** (in einem Preßverfahren hergestellt) (Keram) / pressed brick*

**geprüft•er Baustein** (der gerade geprüft wird) (Eltronik) / module under test, MUT || ~**er Schaltkreis** (der gerade geprüft wird) (Eltech) / circuit under test, CUT || ~**er Werkstoff** (der gerade geprüft wird) (WP) / material under test

**gepuffert•e Batterie** (Eltech) / floating battery* || ~**e FET-Logik** (Eltronik) / buffered FET logic (BFL) || ~**e Stromversorgung** (EDV) / buffered power supply, buffered power system (supply) || ~**er Virus** (EDV) / CMOS virus

**gepulst•er Betrieb** (eines Lasers) (Eltronik, Phys) / pulsed mode || ~**e Kolonne** (Chem Verf) / pulsed column*, pulsed tower || ~**e Neutronen** (Nukl) / pulsed neutrons || ~**e Welle** (WP) / pulsed wave

**gepulvertes Metall** (Pulv) / powder metal

**gepumpter Beton** (Bau, HuT) / pumped concrete, pumpcrete n, pumping-grade concrete

**gepunktet** adj (Web) / spotted adj

**geputzte Flechtwerktrennwand** (Bau) / wattle and daub*

**gequantelt** adj (Phys) / quantized adj

**gequetschter Kontakt** (Eltech) / crimp contact, crimped contact

**gequirlter Satz** (Typog) / broken matter

**gequollene Gelperle** (in der Gelchromatografie) (Chem) / swollen gel bead

**gerade** adj / straight adj, straight-line attr, rectilinear adj || ~ (Eltech) / flat adj || ~ (Math) / even adj || ~, **zweiläufige** (gegenläufige) **Treppe mit Richtungswechsel** (Arch) / dog-legged stair*, dog-leg staircase || ~ **Aufsteigung** (im Äquatorialsystem) (Astr) / right ascension*, R.A.* || ~**s Blatt** (Überblattung, Anblattung) (Zimm) / half-lap joint* || ~ **Einspritzung** (bei Dieselmotoren) (V-Mot) / axial injection || ~ **Funktion** (Math) / even function* || ~ **Kette** (Chem) / straight chain, unbranched chain || ~**r Kreiskegel** (Math) / right circular cone* || ~ **Parität** (Kernphys) / even parity*, positive parity || ~ **Permutation** (wenn die Anzahl der Inversionen einer Permutation eine gerade Zahl ist) (Math) / even permutation || ~**s Prisma** (Math) / right prism || ~ **Pyramide** (Math) / right pyramid, right-regular pyramid || ~**r Ringschlüssel** (Werkz) / flat ring spanner, flat ring wrench, straight box wrench (US) || ~**r Riß** (im Schnittholz) (For) / straght crack || ~**r Rücken** (Buchb) / flat spine, square back || ~ **Schleifscheibe** (DIN 69120) (Masch) / straight grinding-wheel, straight wheel || ~ **Schnürung** (Web) / straight tie, Norwich tie || ~ **Topfschleifscheibe** (DIN 69139) (Masch) / cup wheel*, saucer* n, straight cup grinding wheel, dish wheel* || ~ **Treppe** (Arch) / straight flight || ~**r Treppenlauf** (eine Treppenform) (Arch) / straight flight || ~ **Verzinkung** (Zimm) / combed joint, cornerlocked joint, laminated joint || ~**s** (Kontakt)**Vielfachfeld** (Fernsp) / straight bank multiple*, straight multiple || ~ **Wegstrecke** (Bahn, HuT) / straight run || ~**r zentraler Stoß** (Phys) / direct central impact, collinear impact

**Gerade** f (Grundgebilde der räumlichen und ebenen Geometrie) (Math) / straight line || **affine** ~ (Math) / affine line || **begleitende** ~ (Math) / satellite line || **Eulersche** ~ (durch Schwerpunkt, Höhenschnittpunkt und Mittelpunkt des Umkreises sowie des Feuerbachschen Kreises eines Dreiecks) (Math) / Euler line || **isotrope** ~ (Math) / isotropic line, minimum line || **konjugierte** ~**n** (Math) / conjugate lines (of a conic)* || **senkrechte** ~ (Math) / perpendicular line || **uneigentliche** ~ (die Menge der uneigentlichen Punkte einer projektiven Ebene) (Math) / line at infinity* || **unendlich ferne** ~ (ein uneigentliches Element in der projektiven Geometrie) (Math) / line at infinity* || **windschiefe** ~**n** (Math) / skew lines*

**Geradeaus•anflug** m (Lufft) / straight-in approach || ~**destillation** f (Chem Verf) / simple distillation || ~**empfänger** m (Radio) / tuned radiofrequency receiver*, TRF receiver*, straight receiver* || ~**flug** m (Lufft) / straight flight || ~**geschwindigkeit** f (Lufft) / forward speed || ~**kopf** m (Plast) / straight head (an extruder head), axial head || ~**lauf** m (des Fahrzeugs) (Kfz) / directional stability || ~**laufstabilität** f (Kfz) / directional stability

**Gerade-gerade-Kerne** m pl (Kernphys) / even-even nuclei*

**Geradelaufwächter** m (für Gurte eines Bandförderers) (Masch) / belt-alignment monitor, off-track detector (for belt conveyors)

**Geraden•bündel** n (die unendlich vielen Geraden, die sich in einem Punkt des Raumes schneiden) (Math) / sheaf of lines, bundle of lines || ~**büschel** n (ein Geradenbündel, dessen Geraden in einer Ebene liegen) (Math) / pencil of lines || ~**definition** f (EDV) / straight-line definition, definition of a straight line || ~**gleichung** f (die eine Gerade im Koordinatensystem definiert) (Math) / equation of the straight line || ~**kongruenz** f (Math) / congruence of lines

**Geraderütteln** n (EDV) / alignment n

**Gerade-ungerade-Kerne** m pl (Kernphys) / even-odd nuclei*

**geradeverzahnt** adj (Masch) / straight adj, straight-cut adj

**Geradführung** f (der Zeichenmaschine) / parallel motion*, parallel-motion device || ~ (der Dampfmaschine) (Masch) / cross heads || ~ (des Kreuzkopfes) (Masch) / slide bars*, slide guide, guide bars*, motion bars* || ~ (bei Werkzeugmaschinen) (Masch) / straight guide, straight-line guide, straight ways, straight-line ways || ~ (in der Kinematik) (Mech) / straight-line mechanism || **Wattsche** ~ (Mech) / Watt linkage, Watt's linkage, Watt's straight-line mechanism

**geradgenutet** adj / straight-fluted adj, straightway attr

**Geradheit** f (auch nach DIN 7184, T 1) (Masch) / straightness n, straightness tolerance, str. tol. || ~ (der Zahl) (Math) / evenness n

**geradkettig** adj (Chem) / straight-chain attr, unbranched-chain attr || ~**e Formel** (Chem) / straight-chain formula

**geradlinig** adj / straight adj, straight-line attr, rectilinear adj || ~**e** (unverzweigte) **Kette** (Chem) / straight chain, unbranched chain || ~**e Ausbreitung** (Phys) / rectilinear propagation || ~**e Bewegung** (Phys) / rectilinear motion, straight-line motion || ~**e Fläche** (Math) / ruled surface* || ~**e Modulation** (Radio) / linear modulation* || ~**e Schwingung** (Phys) / linear oscillation || ~**e** (Längs)**Verbindung** (eine Rohrverbindung) (Masch) / straight coupling

**Gerad•magazin** n (des Diaprojektors) (Foto) / straight magazine || ~**nagelung** f (Zimm) / face nailing, straight nailing || ~**nutig** adj / straight-fluted adj, straightway attr || ~**nutiger Bohrer** (Masch) / straight-flute drill* || ~**richten** v (Masch) / straighten v || ~**rohrbündelwärmeaustauscher** m (Masch) / straight-tube bundle-type heat exchanger || ~**schäftig** adj (Baum) (For) / straight-boled adj, straight-stemmed adj || ~**schliff** m (bei Maschinensägeblättern) (For) / square grind || ~**seitig** adj (Schiff) / wall-sided* adj || ~**sichtprisma** n (Opt) / direct-vision prism* || ~**sitztellerventil** n (Masch) / globe valve || ~**sitzventil** n (Armatur) (Masch) / flat-seat valve, straight-seat valve || ~**stich** m (Tex) / straight stitch || ~**stichnähmaschine** f (Tex) / straight-stitch sewing machine || ~**stirnrad** n (DIN 3960) (Masch) / spur gear*

**gerad(e)stoßen** v (Druck) / jog v || ~ n (Aus- oder Gleichstoßen von Bogen vor dem Durchschneiden) (Druck) / jogging n

**Geradstück** n (z.B. bei einer Hängebahn) / straight section

**geradverzahnt** adj (Masch) / straight adj, straight-cut adj || ~**er Fräser** (Masch) / milling cutter with straight teeth

**Gerad•verzahnung** f (Masch) / spur teeth, spur gear || ~**wegprojektion** f (Kart) / orthodromic projection

**geradzahlig** adj (Math) / even adj || ~**e Paritätskontrolle** (EDV) / even-parity check

**gerafft•er Darm** (Nahr) / shirred casing || ~**e Naht** (wenn zum Zweck der Formgebung zwei verschieden lange Stoffkanten auf eine Länge gebracht werden müssen) (Tex) / gathered seam

**gerändelte Mutter** (Masch) / knurled nut

**Geranial** n (Chem) / geranial* n (an isomer of citral), citral* a, trans-citral n

**Geraniol** n (in zahlreichen etherischen Ölen enthalten) (Chem, Nahr) / geraniol* n (a terpenoid alcohol)

**Geraniumöl** n (etherisches Öl aus den Blättern verschiedener Pelargoniumarten) / oil of rose geranium, geranium oil, pelargonium oil || **Ostindisches** ~ (aus Cymbopogon martinii (Roxb.) J.F. Watson) / palmarosa oil, oil of palmarosa, oil of East Indian geranium, rusa oil, Indian grass oil

**Geraniumsäure** f (3,7-Dimethyl-2,6-octadiensäure) (Chem) / geranic acid

**Geranylacetat** n (Chem) / geranyl acetate

**Geranylazetat** n (ein Geranylester von angenehmem Blumengeruch) (Chem) / geranyl acetate

**Geranylester** m (Ester des Geraniols mit einfachen Carbonsäuren, die teilweise Naturstoffe sind) (Chem) / geranyl ester

**Geranylgeraniol** n (Chem) / geranylgeraniol n

**geraspeltes Zink** / zinc shavings

**gerasterte Schrift** (EDV) / bit-mapped font

**Gerät•(e)** n (pl) / equipment n, gear* n, outfit n || ~ n (meistens Hausgerät) / appliance n || ~ (Instr) / apparatus n (pl. -tuses or -tus), device n || ~ (zur Bodenbearbeitung) (Landw) / tool n || ~ (Radio, TV) / set n || **das eben geprüfte oder kontrollierte** ~ (Eltronik) / device under test, DUT || **ferngesteuertes** ~ (Masch) / teleoperator n || **mit Instrumenten oder** ~**en ausrüsten** (oder versehen) (Instr) / instrument v || **optisches** ~ (Instr) / optical instrument, optic n || **peripheres** ~ (das unter der Kontrolle der Zentraleinheit eines Digitalrechners betrieben werden kann) (EDV) / peripheral* n, peripheral unit, peripheral device* || **reales** ~ (EDV) / physical device, real device || **thermoelektrisches** ~ (Meßgerät) (Instr) / thermocouple instrument, thermel n || **tragbares** ~ (Radio, Fernsehgerät usw.) / portable n (e.g. a portable TV) || **virtuelles** ~ (EDV) / virtual device || **zeichendarstellendes** ~ (DIN 66254) (EDV) / character-imaging device || ~ n **für den Hausgebrauch** / household

## Gerät

appliance || ~ **für elektronische Kampfführung** (Mil) / electronic-warfare equipment || ~ **oder Apparat zur Gasanalyse** (Chem) / gas analyser, gas analyzer (US) || ~ **zur Aufzeichnung der Gespräche im Cockpit** (Luftf) / cockpit voice recorder || ~ **zur Bestimmung des Zuckergehaltes** (z.B. ein Taschenrefraktometer bei Obstsäften) (Nahr) / sugar tester || ~ **zur Ermittlung der Einschaltquoten** (TV) / videometer n || ~ **zur Lüftung und Krümelung des Erdreichs** (z.B. ein Hackwerkzeug, Vertikutierer, Kultivator) (Landw) / aerator n || ~ **zur Nachbearbeitung** / dresser n || ~ **zur Spektralanalyse** (Chem, Eltronik, Spektr) / spectrum analyzer (US), spectrum analyser*

**geräte•abhängig** adj / device-dependent adj || ~**ablesung** f (Instr) / instrument reading || ~**anschlußleitung** f (mit Wandstecker und Geräteanschlußstecker) (Eltech) / cord set || ~**anschlußschnur** f (Eltech) / appliance cord || ~**aufstellung** f (Lageplan) / equipment layout || **ohne großen** ~**aufwand** (Instr) / without the need of expensive instrumentation || ~**ausrüstung** f / equipment n, gear* n, outfit n || ~**ausrüstung** s. auch Instrumentenausrüstung || ~**backe** f (bei Backenpreventern) (Erdöl) / pipe ram || ~**besteck** n (z.B. Meßkoffer) (Masch) / set n || ~**dämpfung** f (Instr) / instrument damping || ~**einheit** f (Raumf) / instrument module, IT || ~**einschub** m (steckbar) (EDV, Eltronik) / plug-in unit*, plug-in* n || ~**fehler** m (Instr) / instrumental error || ~**fenster** n (rechteckiger Bereich innerhalb des normalisierten Gerätekoordinatensystems, der für die Gerätetransformation verwendet wird) (EDV) / workstation window || ~**glas** n (ein Silikatglas) (Chem, Glas) / apparatus glass || **chemisches** ~**glas** (Chem, Glas) / chemical glass, laboratory glass || **virtuelles** ~**-Interface** (EDV) / virtual device interface (VDI) || ~**intern** adj (EDV) / local-mode attr || ~**kabel** n (Eltech) / appliance cord || ~**konstante** f (DIN 1319, T 2) (Instr) / apparatus constant || ~**koordinate (GK)** f (Koordinate eines Koordinatensystems, das geräteabhängig ist) (EDV) / device coordinate (DC) || ~**kopplung** f (bei Bodenbearbeitungsgeräten) (Landw) / coupling n || ~**liste** f / equipment list || ~**modul** n (Raumf) / instrument module, IT || ~**platin** n (Chem, Hütt) / apparatus platinum || **automatische** ~**prüfung** (EDV, Eltronik) / hardware check, automatic check (when applied to hardware), built-in check || ~**raum** m (Bau) / utensil room, bay n || ~**schnur** f (Eltech) / appliance cord || ~**schuppen** m (Werkz) / tool shed, toolhouse n (US) || ~**schutzsicherung** f (Eltech) / fuse n || ~**selbstprüfung** f (EDV, Eltronik) / hardware check, automatic check (when applied to hardware), built-in check || ~**sicherheitsgesetz** n (das überwachungsbedürftige Anlagen betrifft) / equipment safety act || ~**steckdose** f (an Haushaltsgeräten) (Eltech) / output socket, outlet n, receptacle n || ~**stecker** m (Eltech) / coupler plug, plug n || ~**steckvorrichtung** f (Eltech) / appliance coupler || ~**steuerung** f (EDV) / device control, DC || ~**steuerzeichen** n (EDV) / device control character || ~**stiel** m (des Pinsels, des Hammers, der Axt, des Löffels) (Werkz) / handle n || ~**technische Ausrüstung** (Instr) / instrumentation n || ~**technische Ausstattung** (als komplexe Einheit) (Instr) / complexity n || ~**träger** m (z.B. über dem Arbeitsplatz) / tool track || ~**träger** (Sonderbauart des Schleppers) (Landw) / tool carrier, implement carrier || ~**transformation** f (die Rand und Inneres eines Gerätefensters auf Rand und Inneres eines Bildbereichs abbildet) (EDV) / workstation transformation || ~**treiber** m (der Teil des Betriebssystems, der für die Steuerung der Ein-/Ausgabekanäle zuständig ist) (EDV) / device driver || **virtueller** ~**treiber** (EDV) / virtual device driver, VxD || ~**übersicht** f (EDV) / equipment list || ~**verbund** m (EDV) / resource sharing || ~**zelle** f (Raumf) / instrument module, IT

**gerauht** adj (Stoff) (Tex) / napped adj, brushed adj, raised adj, teased adj || ~**er Velours** (Tex) / brushed velvet, brushed velours

**Geräumde** n (For) / open forest, poorly stocked area

**geräumig** adj / spacious adj, roomy adj

**Geräumigkeit** f (einer Wohnung) (Bau) / roominess n

**Geräumte** n (For) / open forest, poorly stocked area

**Geräusch** n (Schallsignal, das meistens ein nicht zweckbestimmtes Schallereignis charakterisiert - DIN 1320) (Akus) / noise* n || **bei der Aufnahme übernommene** ~**e** (Akus, Film) / fuzz n || **vom Schiffskörper erzeugtes** ~ (Schiff) / structure-borne sound in ships || ~ **n an der Klebstelle** (Film) / bloop* n, splice bump, split bump || ~ **bei der Filmwiedergabe** (Film) / stew n || ~ **der Kohlekörner** (Akus) / carbon noise || ~ **durch Einschwingvorgänge** (Fernm) / transient noise || ~ **von Schritten** (Studiotechnik) (Akus, Film) / footfall n

**Geräuschabstand** m (Akus, Radio) / noise ratio*, signal/noise ratio*, speech/noise ratio, signal-to-noise ratio, SNR, S/N ratio*

**Geräusch•abstrahlung** f (Akus) / noise radiation || ~**angst** f (Akus, Med) / acousticophobia n || ~**arm** adj (Wiedergabe) (Akus) / low-noise attr || ~**arm** (beim Betrieb) (Akus, Masch) / quiet in operation, low-noise level (machine), silent adj || ~**begrenzer** m (Akus) / noise killer || ~**bewertung** f (Akus) / noise rating, NR || ~**dämmpappe** f (Bau) / deadening felt || ~**dämpfend** adj (Akus, Eltech, Masch) / silencing adj || ~**dämpfer** m (Kfz, V-Mot) / silencer* n, muffler (US)* || ~**dämpfung** f (als Baumaßnahme) (Akus, Bau) / acoustical absorptive treatment, sound insulation || ~**dämpfung** (Akus, Eltronik) / noise reduction*, NR || ~**-elektromotorische Kraft** (Fernm) / psophometric electromotive force

**Geräuschemacher** m (Film) / sound-effect technician

**Geräusch•emission** f (Akus, Umwelt) / noise emission || ~**-EMK** f (Fernm) / psophometric electromotive force || ~**gedämpft** adj (Akus, Eltech, Masch) / noise-reduced adj || ~**generator** m (Eltech) / noise generator* || ~**intensiv** adj (Akus, Eltech, Masch) / noisy adj || ~**kulisse** f (künstliche) (Film) / background sound effects

**geräuschlos** adj (Lauf) / quiet adj, smooth adj || ~ (Akus) / noiseless adj

**Geräusch•messer** m (Akus) / noise-meter* n || **objektiver** ~**messer** (Lautstärkemeßgerät mit gehörrichtiger Anzeige spitzenhaltiger Geräusche) (Akus) / objective noise meter* || **subjektiver** ~**messer** (Akus) / subjective noise meter* || ~**messer** m s. auch Lautstärke, Phon und Schallpegelmesser || ~**messung** f (Akus) / noise measurement || ~**pegel** (Akus, Med) / noise level* || ~**quelle** f (Eltech) / noise source* || ~**schwelle** f (kritischer Wert des Signal-Geräusch-Verhältnisses am Eingang eines Demodulators) (Fernm) / noise threshold || ~**spannung** f (Störspannung, die sich akustisch als Rauschen bemerkbar macht) (Akus) / noise voltage* || ~**spannung** (Fernm) / psophometric voltage* || ~**spannungsmesser** m (Fernm) / psophometer* n || ~**sperre** f (Eltronik) / squelch* n || ~**tonspur** f (Film) / effects track* || ~**töter** m (Akus) / noise killer || ~**undurchlässig** adj (Akus) / sound-proof adj || ~**trägerwellengesteuerter** ~**unterdrücker** (Fernm) / Codan* n, carrier-operated device anti-noise* || ~**unterdrückung** f (Akus, Eltronik) / noise attenuation, noise suppression, noise abatement, silencing n

**geräuschvoll** adj (Akus, Eltech, Masch) / noisy adj

**Geräuschwächter** m (Akus, Med, Umwelt) / noise monitor

**Gerb•automat** m (Leder) / automatic tanning unit || ~**beize** f (Leder) / bate n || ~**bleichung** f (Foto) / tanning bleach || ~**brühe** f (Leder) / tan-liquor* n, tan-ooze n, tanning liquor, liquor n

**gerben** v (mit Lohe) (Leder) / bark v || ~ (Leder) / tan v || ~ **in der Wolle** (Leder) / tan with the wool on

**gerbender Entwickler** (Foto, Typog) / tanning developer*

**Gerbentwickler** m (Foto, Typog) / tanning developer*

**Gerber** m (Leder) / tanner n || ~**baum** m (zum Streichen der Blößen) (Leder) / scudding beam, beam n, wet-shop beam || ~**beize** f (Leder) / bate n || ~**bock** m (Zool) / saw-horse n, sawbuck n (US), buck n (US)

**Gerberei** f (Tätigkeit) (Leder) / tanning n, tannage n || ~ (Leder) / tannery n, tan-yard n || ~**abfall** m (Leder) / tannery waste || ~**abwasser** n (Sanitär, Umwelt) / tannery waste water || ~**chemiker** m (Chem, Leder) / leather chemist || ~**hilfsmittel** n (Chem, Leder) / tanning auxiliary

**Gerber•lohe** f (Leder) / ground bark, ground tan-bark || ~**rot** n (Oxidationsprodukt von Gerbstoffen) (Leder) / phlobaphene n || ~**sumach** m (besonders von Rhus coriaria L.) (Bot) / sumac n, sumach n || ~**sumach** (Rhus coriaria L.) (Bot) / tanner's sumac(h), tanning sumac(h)

**Gerber-Test** m (Nahr) / Gerber test

**Gerber-Träger** m (auf mehr als zwei Stützen durchlaufender Balken, bei dem durch Anordnung von Gelenken zwischen Unterteilungen des Balkens die statische Bestimmtheit des Trägers erzielt ist - nach H. Gerber, 1832-1912) (Bau, HuT) / Gerber beam, gerber beam, continuous articulated beam, slung-span continuous beam

**Gerber•wolle** f (in einem chemischen Verfahren bei der Lederherstellung gewonnene Schafwolle) (Leder) / tanner's wool, fellmongered wool || ~**wolle** (Leder) s. auch Hautwolle

**Gerb•extrakt** m (zähflüssig oder pulverförmig) (Leder) / tanning extract || ~**faß** n (aus Kiefern- oder Lärchenholz) (Leder) / tanning drum, drum n || ~**grube** f (Leder) / tan-pit n, tan-vat n || ~**hilfsmittel** n (z.B. zum Weichen, Äschern und Pickeln) (Chem, Leder) / tanning auxiliary || ~**holz** n (For, Leder) / tanwood n || ~**maschine** f (Leder) / tanning machine || ~**mittel** n (Naturstoffe oder synthetisch hergestellte Produkte, die gerbend wirkende Substanzen enthalten) (Leder) / tanning material || ~**öl** n (Leder) / tanning oil, tannery oil || ~**restflotte** f (Leder) / residual tan float || ~**rinde** f (Leder) / tanner's bark, tan-bark n || ~**säure** f (pflanzlicher Gerbstoff) (Chem, Leder) / tannin* n, tannic acid* || ~**säuregehalt** m (in pflanzlich gegerbten Ledern) (Leder) / load n || ~**säurehaltig** adj (For, Leder) / tanniferous adj, tannic adj || ~**säuremesser** m (Leder) / tannometer n

**Gerbstoff** m (Chem, Leder) / tanning substance, tanning agent || ~ (Chem, Leder) s. auch Tannin || **blumebildender** ~ (hydrolysierbarer) (z.B. Myrobalanen) (Chem, Leder) / ellagitannin n || **gebundener** ~ (mit dem Hauteiweiß) (Chem, Leder) / combined tannin || **hydrolysierbarer** ~ (Gallusgerbsäure) (Leder) / hydrolysable tannin || **kondensierter** ~ (Chem, Leder) / catecholtannin n, condensed tannin || **synthetischer** ~ (Chem, Leder) / syntannin n, synthetic (organic) tannin, syntan n || ~**auszug** m (Leder) / tanning extract || ~**brühe** f (Leder) / tan-liquor* n, tan-ooze n, tanning liquor || ~**fleck**

*m* (Leder) / tan stain ‖ **~haltig** *adj* (For, Leder) / tanniferous *adj*, tannic *adj* ‖ **~haltiges Holz** (das zur Extraktgewinnung verwendet wird) (For, Leder) / tanwood *n* ‖ **~rot** *n* (Oxidationsprodukt von Gerbstoffen) (Leder) / phlobaphene *n* ‖ **~vorbeize** *f* (Tannin, nachträgliche Behandlung mit Brechweinstein) (Tex) / tannin bottom mordant

**Gerbung** *f* (Foto) / tanning *n* ‖ **~** (Leder) / tanning *n*, tannage *n* ‖ **beschleunigte ~** (meistens eine Faßgerbung) (Leder) / accelerated tannage ‖ **mineralische ~** (Leder) / mineral tanning ‖ **pflanzliche ~** (mit Rinde als Gerbmittel) (Leder) / bark tannage, bark tanning, barking *n* ‖ **pflanzliche ~** (Leder) / vegetable tanning ‖ **~** *f* **in situ** (in die Haut eingebrachte Gerbstoffvorprodukte werden durch chemische Umwandlung zur Gerbung aktiviert) (Leder) / tannage in situ ‖ **~ mit Fettstoffen** (Leder) / chamois tanning

**Gerbverfahren** *n* (Leder) / tanning *n*, tannage *n* ‖ **kombiniertes ~** (Leder) / combination tanning

**geregelt•er Katalysator** (als chemische Funktionseinheit) (Kfz) / computer-controlled catalyst ‖ **~er Katalysator** (ein Dreiwegekatalysator mit Lambdasondenregelung) (Kfz) / computer-controlled catalytic converter, feedback catalytic converter, catalytic converter with lambda control ‖ **~er Vergaser** (mit definiertem Lambda-Wert) (V-Mot) / feedback carburettor, electronically controlled carburettor, controlled A/F ratio carburettor, electrical solenoid-controlled carburettor, FBC

**gereinigtes Erdwachs** (Chem Verf) / ceresine wax, ceresin *n*

**Gergeliöl** *n* (Nahr) / sesame oil, gingelly oil, jinjili oil, benne oil, teel oil, til oil, ajonjoli *n*

**Geriatrie** *f* (Med) / geriatrics* *n*

**geriatrisch** *adj* (Med) / geriatric *adj* ‖ **~er Roboter** (für die Altenpflege) (Med) / geriatric robot

**gerichtet** *adj* (Menge, Strecke, Graf) / directed *adj* ‖ **~** (z.B. Erstarrung) / unidirectional *adj* ‖ **~** / directive *adj* ‖ **~** (Erdöl, Radio) / directional *adj* ‖ **~** (Krist) / oriented *adj*, orientated *adj*, sensed *adj* ‖ **einseitig ~** / unidirectional *adj* ‖ **~er Anschnitt** (Gieß) / ingate* *n* ‖ **~er azyklischer Graf** (EDV) / directed acyclic graph ‖ **~es Bohren** (Bergb, Erdöl) / directional drilling* ‖ **~es Erstarren** (Kristallreinigung und -züchtung) (Krist) / directional solidification ‖ **~er Graf** / directed graph, digraph *n*, oriented graph ‖ **~e Kante** (Math) / oriented edge ‖ **~e Kante** (eines Grafen) (Math) / arc *n* ‖ **~e Lichtquelle** / directional-light emitter, directional-light source ‖ **~e Mutagenese** (Gen) / oriented mutagenesis ‖ **~e Pfeilfolge** (in gerichteten Grafen) / oriented walk ‖ **~e Reflexion** (bei sehr ebenen Grenzflächen) (Licht, Phys) / specular reflection*, regular reflection, mirror reflection, direct reflection ‖ **~e Rekristallisation** (Krist) / directional recrystallization ‖ **~e Strecke** (Math) / directed (line) segment ‖ **~e Streustromableitung** (Korrosionsschutz) (Galv) / polarized drainage ‖ **~e Unterbrechung** (EDV) / vector interrupt, vectored interrupt ‖ **~e Valenz** (Chem) / directed valency ‖ **~er Wurzelbaum** (ein gerichteter Graf, der keine Maschen und Schleifen enthält) (Math) / directed tree

**gerichtlich • e Chemie** (Chem) / forensic chemistry, legal chemistry ‖ **~e Medizin** (Med) / forensic medicine*, legal medicine*

**Gerichtschemie** *f* (Chem) / forensic chemistry, legal chemistry

**Gerichtsgeologie** *f* (Geol) / forensic geology, legal geology

**Gerichtsmedizin** *f* (Med) / forensic medicine*, legal medicine*

**geriegelte Maserung** (For) / fiddle-back figure, ripple grain, fiddle-back *n*

**geriffelte Oberfläche** / ribbed surface

**gering** *adj* (Steigung) / gentle *adj* ‖ **~e Einreißfestigkeit** (Plast, WP) / shortness *n* ‖ **~e Schweißneigung** (der Kontaktwerkstoffe) (Eltech) / antiwelding characteristics ‖ **~es Vakuum** (Eltronik, Vakuumt) / low vacuum (100 kPa to 3 kkPa)

**geringaktiver Abfall** (Nukl) / low-activity waste, low-level radioactive waste, low-level waste*

**geringgekohlte Kohle** (Bergb) / low-rank coal

**geringhaltiges Erz** (Bergb) / lean ore*, low-grade ore

**geringmächtig** *adj* (Geol) / thin *adj*

**geringster Ablenkwinkel** (Opt) / angle of minimum deviation*

**geringwertig** *adj* / low-grade *attr*, substandard *attr*, low-quality *attr*, poor-quality *attr* ‖ **~es Erz** (Bergb) / lean ore*, low-grade ore ‖ **~es Holz** (For) / low-rate timber ‖ **~e Steiß- und Schwanzwolle** (Tex) / abb wool, abb *n*

**Gerinne** *n* (Aufber) / launder* *n*, strake *n*, trough channel ‖ **~** (Aufber) / sluice *n* ‖ **~** (des Wasserrads) (Wasserb) / race* *n*, chute *n* ‖ **künstliches ~** (Wasserb) / flume *n*, canal *n*, conduit* *n* ‖ **~** *n* **einer Schleuse** (Wasserb) / paddle hole*

**gerinnen** *v* (durch Kälte) / congeal *vi* ‖ **~** (Biol, Chem) / coagulate *vi*, curd *vi*, curdle *vi*, clot *vi* ‖ **~** *vi* (Milch) (Nahr) / set *vi*, sour *vi* ‖ **~ lassen** (Biol, Chem) / coagulate *vt*, curd *vt*, curdle *vt*, clot *vt* ‖ **~ lassen** (Milch) (Nahr) / set *vt*, clabber ‖ **zum ~ bringen** (Biol, Chem) / coagulate *vt*, curd *vt*, curdle *vt*, clot *vt*

**Gerinnsel** *n* (Biol, Chem) / coagulate *n*, coagulum* *n* (pl. -ula), clot* *n*

**Gerinnung** *f* (durch Kälte) / congealing *n* ‖ **~** / clotting *n*, clogging *n* ‖ **~** (Biol, Chem) / coagulation* *n*

**Gerinnungsfaktor** *m* (Biochem) / clotting factor

**gerinnungshemmendes Mittel** (Med) / anticoagulant* *n*

**Gerippe** *n* (Bau) / framing* *n*, framework* *n*, frame* *n* ‖ **~** (Masch) / skeleton *n* ‖ **~bau** *m* (Bau) / skeleton construction, frame building, skeletal framing ‖ **~darstellung** *f* (A) / planimetric representation ‖ **~trennwand** *f* (leichte Trennwand nach DIN 4103) (Zimm) / stud partition*, framed partition ‖ **~wand** *f* (leichte Trennwand nach DIN 4103) (Zimm) / stud partition*, framed partition

**gerippt** *adj* (z.B. Stahlstufe) / hatched *adj* ‖ **~** / ribbed *adj* ‖ **~er Baumwollsamt** (Tex) / velveret *n* ‖ **~es Obertuch** (Pap) / ribbing felt, marking felt ‖ **~es Rohglas** (Glas) / ribbed glass ‖ **~e Sohle** / rippled sole, ripple sole

**gerissen** *adj* / split *adj*, cracked *adj*, fissured *adj* ‖ **~e Enden** (beim Fadenbruch) (Tex) / cracked ends* ‖ **~e Fäden** (Web) / broken ends*, end breakage ‖ **~e Kettfäden** (Web) / ends down* ‖ **~e Linie** (Geog) / broken line ‖ **~e Rolle** (eine Kunstflugfigur) (Luftf) / flick roll*, snap roll ‖ **~e Schußfäden** (Web) / broken picks*, cut picks, filling run-outs, missing picks ‖ **~er Strich** (z.B. als Grundrißlinie) (Geog) / broken line

**geritztes Gitter** (ein Beugungsgitter) (Opt) / ruled grating

**German** *n* (Chem) / germane *n*, germanium hydride

**Germanat • (II)** *n* (Chem) / germanate(II) *n* ‖ **~(IV)** (Chem) / germanate(IV) *n*

**Germanatglas** *n* (das $GeO_2$ allein oder in Kombination mit anderen Netzwerkbildnern enthält) (Glas) / germanate glass, germanium glass

**Germanid** *n* (z.B. $GeMg_2$) (Chem) / germanide *n*

**Germanit** *m* (ein Erzmineral mit 8-10% Germanium) (Min) / germanite *n*

**Germanium (Ge)** *n* (Chem) / germanium* *n* ‖ **~(IV)-** (Chem) / germanic *adj* ‖ **~(II)-** (Chem) / germanous *adj* ‖ **~(IV)-chlorid** *n* (Chem) / germanium tetrachloride ‖ **~diode** *f* (Eltronik) / germanium diode* ‖ **~dioxid** *n* (Chem) / germanium(IV) oxide, germanium dioxide ‖ **~gleichrichter** *m* (Eltronik) / germanium rectifier* ‖ **~halogenid** *n* (Chem) / germanium halide ‖ **~leistungsdiode** *f* (Eltronik) / germanium power diode ‖ **~monosulfid** *n* (Chem) / germanium(I) sulphide ‖ **~nitrid** *n* (Chem) / germanium nitride ‖ **~(IV)-oxid** *n* (Chem) / germanium(IV) oxide, germanium dioxide ‖ **~solarzelle** *f* / germanium solar cell ‖ **~tetrachlorid** *n* (Chem) / germanium tetrachloride ‖ **~tetrahydrid** *n* (Chem) / monogermane *n*

**germizid** *adj* (Chem, Med) / germicidal *adj* ‖ **~** *n* (Chem, Med) / germicide *n*

**Geröll** *n* (Geol) / bottom load, river load, bed load, tractional load, stream gravel ‖ **~** (Geol) / rubble *n* ‖ **~** s. auch Kies und Schotter ‖ **fluviatiles ~** (Geol) / bottom load, river load, bed load, tractional load, stream gravel ‖ **tektonisches ~** (Geol) / crush conglomerate* ‖ **~fang** *m* (in den Straßenablauf eingehängter Eimer, der die Grobstoffe des Regenwasserabflusses zurückhält) (HuT) / pebble and boulder trap ‖ **~fang** *m* (zum Auffangen von Geröll) (Wasserb) / shingle trap ‖ **~massen** *f pl* **mit Edelsteinen** (sekundäre Lagerstätte) (Geol) / gem gravels*

**gerollt • e Buchse** (eines Lagers) (Masch) / wrapped bush ‖ **~e Kante** / curled edge

**geronnener Schlicker** (Keram) / curdling slip

**Geronos Lemniskate** (Math) / lemniscate of Gerono

**Gerontologie** *f* (Med) / gerontology *n*

**gerontologisch** *adj* (Med) / gerontological *adj*

**geröstet • er Kork** (Bau) / baked cork ‖ **~es oder kalziniertes Produkt** / calx* *n* (pl. calces)

**Gersdorffit** *m* (Nickelarsensulfid) (Min) / gersdorffite* *n*, nickel arsenic glance*

**Gersten•graupen** *f pl* (Nahr) / pearl barley ‖ **~kornbindung** *f* (eine grobkörnige Leinwandbindung) (Web) / huck weave ‖ **~kornleinen** *n* (Tex) / huckaback* *n* ‖ **~stärke** *f* (Nahr) / barley starch

**GERT** (eine leistungsfähige, für kleinere Projekte einsetzbare Netzplantechnik) / graphical evaluation and review technique, GERT

**Geruch** *m* (Physiol) / smell* *n*, odour *n*, odor *n* (US) ‖ **fuchsiger ~** (Nahr) / foxiness *n* ‖ **ohne ~** (als positive Eigenschaft) / free of undesirable odour ‖ **~ von angenehmen ~** / pleasant-smelling *adj* ‖ **~** *m* **nach faulen Eiern** / rotten-egg odour, rotten-egg smell

**geruch•frei** *adj* / inodorous *adj*, non-odorous *adj*, odourless *adj*, scentless *adj* ‖ **~los** *adj* / inodorous *adj*, non-odorous *adj*, odourless *adj*, scentless *adj* ‖ **~los** / free of undesirable odour

**Geruchs•bekämpfung** *f* / odour control ‖ **~belästigung** *f* / smell nuisance, nasal nuisance, olfactory nuisance, odour nuisance ‖ **~bindung** *f* / odour retention ‖ **~dicht** *adj* (Nahr) / odour-proof *adj* ‖ **~emission** *f* (Umwelt) / odour emission ‖ **~fehler** *m* (penetranter) / taint *n* ‖ **~maskierung** *f* / odour masking, masking of odours ‖ **~messung** *f* (Chem, Med, Umwelt) / odorimetry* *n*, olfactometry* *n* ‖

**geruchsneutral**

~**neutral** *adj* / free of undesirable odour ‖ ⁓**probe** *f* (z.B. bei Abwasserleitungen) (Chem, Sanitär) / smell test, scent test ‖ ⁓**profil** *n* (Chem, Nahr) / odour profile ‖ ⁓**schwelle** *f* (Physiol) / odour threshold ‖ ⁓**schwellenkonzentration** *f* (Konzentration mit der Verdünnungszahl 1) (Chem, Physiol) / odour threshold concentration ‖ ⁓**schwellenkonzentration** (Konzentration eines Geruchsstoffes, eventuell nach Verdünnung mit geruchsstofffreier Luft, die von 50% der Probanden noch wahrgenommen wird) (Sanitär) / threshold odour concentration ‖ ⁓**sinn** *m* (Physiol) / olfaction *n*, sense of smell, olfactory sense ‖ ⁓**stoff** *m* (Oberbegriff für Duft- und Riechstoffe) / odorous substance, flavouring matter, flavouring substance, odoriferous substance, odour material, odoriferous principle, odoriphore substance ‖ ⁓**veredlung** *f* (Tex) / anti-odour finish ‖ ⁓**verschluß** *m* (Sanitär) / air trap*, drain-trap* *n*, siphon trap, stench trap*, interceptor* *n*, U-bend* *n*, running trap*, siphon* *n*, intercepting trap*, disconnector* *n* ‖ einfacher ⁓**verschluß in Bogenform** (Sanitär) / P-trap* *n*

**geruch•tilgend** *adj* / deodorizing *adj* ‖ ⁓**tilgung** *f* (Chem) / deodorizing* *n*, deodorising *n*, deodorization *n* ‖ ⁓**verschluß** *m* (Sanitär) / air trap*, drain-trap* *n*, siphon trap, stench trap*, interceptor* *n*, U-bend* *n*, running trap*, siphon* *n*, intercepting trap*, disconnector* *n* ‖ ⁓**verschluß mit zweifachem Bogen** (Sanitär) / S-trap* *n*

**gerufener Teilnehmer** (Fernsp) / called party, called subscriber

**gerundet•e Außenkante** (Bau, Masch) / nosing* *n* ‖ ~**e Kante** (Masch) / radiused edge, bull-nose *n* ‖ ~**er Schruppmeißel** (Masch) / round-nose roughing tool

**Gerüst** *n* / horse* *n* ‖ ⁓ (Bau) / framing* *n*, framework* *n*, frame* *n* ‖ ⁓ (Bau) / scaffolding* *n*, scaffold* *n* ‖ ⁓ (Bau, HuT) / gantry* *n*, gauntry *n* (the trussed girders) ‖ ⁓ (Chem Verf) / matrix *n* (pl. matrices or matrixes) ‖ ⁓ (eines gerichteten Grafen) (EDV) / spanning tree ‖ ⁓ (in einem Walzwerk) (Hütt) / rolling stand, stand *n*, mill stand ‖ ⁓ (Masch) / skeleton *n* ‖ ⁓ (Math) / maximal tree, maximal tree subgraph, skeleton *n* ‖ **bewegliches** ⁓ (Bau) / mobile scaffold ‖ **ein** ⁓ **aufschlagen** (Bau) / scaffold *v* ‖ **ein** ⁓ **erbauen** (Bau) / scaffold *v* ‖ **fahrbares** ⁓ (Bau) / portable scaffold ‖ ⁓ **oder Rüstung abbauen** (Bau, HuT) / strike *v*, take down *v* ‖ ⁓ *n* **über dem First** (Bau) / saddle scaffold*

**Gerüst•abbau** *m* (Bau) / scaffold dismantling ‖ ⁓**bau** *m* (Bau) / scaffold erection, scaffolding *n* ‖ ⁓**bauer** *m* (Bau) / scaffolder *n* ‖ ⁓**bäume** *m pl* (Bau, For) / scaffold poles, standards *pl* ‖ ⁓**belag** (die auf den Querträgern eines Gerüstes aufliegenden Belagbretter) (Bau) / scaffold boarding ‖ ⁓**bock** *n* / horse* *n* ‖ ⁓**boden** *m* (Dielenabdeckung der Hängegerüste) (Bau) / scaffold floor ‖ ⁓**bohle** *f* (Bau) / scaffold board ‖ ⁓**brücke** *f* (HuT) / trestle bridge ‖ ⁓**diele** *f* (Bau) / scaffold board

**Gerüstebauer** *m* (Bau) / scaffolder *n*

**Gerüsteiweißstoffe** *m pl* (z.B. Kollagen, Elastin oder Keratin) (Biochem) / scleroproteins* *pl*

**Gerüster** *m* (A) (Bau) / scaffolder *n*

**Gerüst•gruppe** *f* (Hütt) / separate roll line ‖ ⁓**holz** *n* (Bau) / scaffold timber ‖ ⁓**kette** *f* (Bau) / scaffolding chain ‖ ⁓**klammer** *f* (Bau) / dog* *n*, joining dog ‖ **ungeordnete** ⁓**konformation** (bei denaturierten Proteinen, bei Helix-Coil-Übergängen oder bei synthetischen Polyaminosäuren) (Gen) / random coil* ‖ ⁓**kupplung** *f* (im Stahlrohrgerüstbau) (Bau) / scaffolding coupler, coupler *n* (of a tubular scaffold) ‖ ⁓**loch** *n* (in der Wand) (Bau) / putlog hole ‖ ⁓**luftschiff** *n* (z.B. nach dem Grafen v. Zeppelin) (Luftf) / rigid airship ‖ ⁓**monomer** *n* (Chem) / backbone monomer ‖ ⁓**proteine** *n pl* (z.B. Kollagen, Elastin oder Keratin) (Biochem) / scleroproteins* *pl* ‖ ⁓**riegel** *m* (Bau) / putlog* *n*, putlock *n* ‖ ⁓**silikat** *n* (z.B. Albit) (Min) / tectosilicate* *n*, tektosilicate* *n*, framework silicate, scaffold silicate ‖ ⁓**ständer** *m pl* (Bau, For) / scaffold poles, standards *pl* ‖ ⁓**stangen** *f pl* (Bau, For) / scaffold poles, standards *pl* ‖ ⁓**stoff** *m* (anorganischer Zusatz zu Waschmitteln) (Chem) / builder *n* ‖ ⁓**substanz** *f* (Bot) / structural compound ‖ ⁓**zange** *f* (Bau) / scaffolding tie

**gerüttelter Beton** (Bau, HuT) / vibrated concrete (compacted by vibration from an internal or external vibrator)

**gesalzen** *adj* (Nahr) / salt *adj*, salted ‖ ~**e Butter** (Nahr) / salted butter ‖ ~**e Haut** (Leder) / salted hide ‖ ~**e Rohware** (Leder) / salted raw material

**gesammeltes Wissen** (KI) / compiled knowledge

**gesamt** *adj* / overall *adj*, total *adj* ‖ ~**e äquivalente Bremsleistung** (Luftf) / total equivalent brake horsepower*, t.e.h.p.*, ehp* ‖ ~**er Strahlstrom** (Eltronik) / gun current*

**Gesamt•-** / general *adj* ‖ ⁓**abbrand** *m* (Schw) / flashing loss, flash-off *n* ‖ ⁓**abmessung** / overall dimension ‖ **schlüsselfertige** ⁓**anlage** (Bau) / turnkey plant ‖ ⁓**anordnung** *f* (Bau) / layout *n* ‖ ⁓**anschlußwert** *m* (Eltech) / total installed load, total connected load ‖ ⁓**ansicht** *f* / overall view, general view ‖ ⁓**aufnahme** *f* (Film) / long shot*, distance shot, distant shot, vista shot, VS ‖ ⁓**ausbeute** *f* (einer Bohrung) (Erdöl) / ultimate recovery ‖ ⁓**ausfall** *m* / complete breakdown, complete failure ‖ ⁓**ausfall** (Masch) / black-out failure, catastrophic failure ‖ ⁓**betriebskosten** *pl* / total running costs ‖ ⁓**bindungsenergie** *f* **des Elektrons** (Kernphys) / total electron binding energy* ‖ ⁓**bitfluß** *m* (EDV) / total bit stream, aggregate bit rate, gross bit rate ‖ ⁓**bohrzeit** *f* (Bergb) / overall drilling time ‖ ⁓**breite** *f* / overall width ‖ ⁓**cyanid** *n* (die in einer Lösung vorhandene Gesamtmenge an Cyanid = gebundenes + freies Cyanid) (Chem) / total cyanide ‖ ⁓**drall** *m* / total angular momentum ‖ ⁓**drehimpuls** *m* (eines physikalischen Systems) / total angular momentum ‖ ⁓**drehimpulsquantenzahl** *f* (Phys) / total angular momentum quantum number ‖ ⁓**druck** *m* (im Staupunkt) (Luftf) / impact pressure, stagnation pressure, total pressure, total head* (static pressure + dynamic pressure) ‖ ⁓**druck** (Phys) / total pressure ‖ ⁓**energie** *f* (potentielle + kinetische Energie) / gross energy ‖ ⁓**fallhöhe** *f* (bei Wasserkraftanlagen) (Wasserb) / gross head ‖ ⁓**fehler** *f* (Stats) / gross error ‖ ⁓**festsubstanz** *f* (Chem Verf) / total solids ‖ ⁓**flugmasse** *f* (minus verbrauchter Kraft- und Schmierstoff) (Luftf) / all-up *n*, all-up weight, AUW ‖ ⁓**förderhöhe** *f* (der Pumpe) (Masch) / total discharge head, total head ‖ ⁓**gasvolumen** *n* (eines Gasfeldes) (Erdöl) / gas-in-place *n*, G.I.P. ‖ ⁓**genauigkeit** *f* (Stats) / accuracy *n* ‖ ⁓**gewicht** *n* (das tatsächliche Gewicht des beladenen Fahrzeugs einschließlich der Besatzung und der Fahrgäste) (Kfz) / gross vehicle weight, laden weight, GVW ‖ **zulässiges** ⁓**gewicht** (Kfz) / maximum permissible weight ‖ ⁓**härte** *f* (des Wassers) (Chem) / total hardness (of water)

**Gesamtheit** *f* (Phys) / ensemble *n* ‖ **[statistische]** ⁓ (Stats) / population *n* (total number of objects under consideration), universe *n* ‖ **kanonische** ⁓ (Phys, Stats) / canonical assembly* ‖ **makrokanonische** ⁓ (Phys) / macrocanonical assembly, macrocanonical ensemble ‖ **mikrokanonische** ⁓ (in der Gibbsschen Statistik) (Phys) / microcanonical assembly*, microcanonical ensemble ‖ **statistische** ⁓ (Mech, Stats) / statistical universe, statistical population ‖ ⁓ *f* **der Anzeigeparameter** / display set-up

**Gesamt•höhe** *f* / overall height ‖ ⁓**hub** *m* (der Presse) (Masch) / overall stroke ‖ ⁓**impuls** *m* (Luftf, Raumf) / total impulse* ‖ ⁓**installation** *f* **an der Oberfläche** (ein Verfahren zur Erschließung eines Erdölvorkommens bei Off-shore-Bohrungen) (Erdöl) / all-platform production ‖ ⁓**installation auf dem Meeresgrund** (ein Verfahren zur Erschließung eines Erdölvorkommens bei Off-shore-Bohrungen) (Erdöl) / sub-sea completion, sea-bed completion ‖ ⁓**klirrfaktor** *f* (Fernm, Radio) / total harmonic distortion, THD ‖ ⁓**kohlenstoff** *m* (Chem, Umwelt) / total carbon, TC ‖ ⁓**kontext** *m* / overall context ‖ ⁓**konzentration** *f* (Chem, Umwelt) / total concentration ‖ ⁓**kraft** *f* (Mech) / resultant* *n*, resultant force ‖ ⁓**länge** *f* (des Bohrers nach DIN 1412) (Masch) / overall length, total length ‖ ⁓**länge in Fuß** / footage *n* ‖ ⁓**last** *f* (Eltech) / load* *n*, burden* *n* ‖ ⁓**lebensdauer** *f* (eines Werkzeugs) (Masch, Werkz) / total tool life, tool working life, working life of a tool ‖ ⁓**lebensdauer** (eines Schneidwerkzeugs) (Masch, Werkz) / cutting-edge life ‖ ⁓**luftgehalt** *m* (Bau) / air content ‖ ⁓**masse** *f* (Kfz, Luftf) / gross weight* ‖ ⁓**mittel** *n* (Stats) / grand mean ‖ ~**organischer Kohlenstoff** (besteht aus dem gelösten und dem partikulären Kohlenstoff) (Sanitär) / total organic carbon, TOC ‖ ⁓**querschnitt** *m* (Kernphys) / total cross section* ‖ ⁓**reaktion** *f* (Chem) / gross reaction, overall reaction ‖ **analytische** ⁓**reaktion** (Chem) / overall analytical reaction ‖ ⁓**reaktionsgeschwindigkeit** *f* (Chem) / global rate of reaction ‖ ⁓**reaktionsordnung** *f* (Chem) / overall order of reaction ‖ **volkswirtschaftliche** ⁓**rechnung** / national accounting, overall accounting ‖ ⁓**retentionszeit** *f* (in der Gaschromatografie) (Chem) / uncorrected retention time ‖ ⁓**säurezahl** *f* (Maß für die freie Gesamtsäure in mg KOH/1g Probesubstanz) (Chem) / total acid number, TAN ‖ ⁓**schneidwerkzeug** *n* (Masch) / compound press tool*, combination tool, compound die ‖ ⁓**schnitt** *m* (in einer Schnittebene) / overall sectional view ‖ ⁓**schnitt** (ein Preßwerkzeug) (Masch) / compound press tool*, combination tool, compound die ‖ ⁓**schrittverfahren** *n* (zur Lösung linearer Gleichungssysteme) (Math) / total-step iteration ‖ ⁓**schwefelgehalt** *m* (Chem) / total sulphur (content) ‖ ⁓**sicherung** *f* (von allen Daten eines zu sichernden Bereichs) (EDV) / full backup, complete backup ‖ **beim Verzehr eines Lebensmittels ausgelöster oraler** ⁓**sinneseindruck** (Aroma, Geschmack + physikalische Reize) (Nahr) / flavour *n*, flavor *n* (US) ‖ ⁓**sonneneinstrahlung** *f* (Geophys) / global solar radiation, G.S.R. ‖ ⁓**spin** *m* (Kernphys) / total spin ‖ ⁓**spinquantenzahl** *f* (Kernphys) / total spin quantum number ‖ ⁓**strahlungspyrometer** *n* (Wärm) / total-radiation pyrometer, rayotube pyrometer (Leeds & Northrup Company, Sumneytown Pike) ‖ ⁓**strahlungstemperatur** *f* (des schwarzen Körpers, bei der dieser die gleiche Gesamtleistung ausstrahlt wie der reale Strahler) (Phys) / radiation temperature ‖ ⁓**stromlaufplan** *m* (Eltech) / overall schematic diagram ‖ ~**stromlose Metallabscheidung** (Galv) / electroless plating, electroless deposition, chemical deposition ‖ ⁓**summe** *f* (EDV, Math) / grand total, total *n*, sum total ‖ ⁓**test** *m*

(EDV) / total test, system test ‖ ⁓**trockenmasse** *f* / total solids ‖ ⁓**trockensubstanz** *f* / total solids ‖ ⁓**trocknungszeit** *f* (Anwärmzeit + Trocknungszeit + Nachbehandlungszeit) (For) / kiln drying time ‖ ⁓**überdeckung** *f* (bei Zahnrädern) (Masch) / total contact ratio ‖ ⁓**überschrift** *f* (in extenso) (Druck) / blanket head, blanket headline ‖ ⁓**vergrößerung** *f* (Opt) / overall magnification, total magnification ‖ ⁓**verkehrsrelais** *n* (Fernm) / demand-totalizing relay ‖ ⁓**verluste** *m pl* (DIN 42005) (Eltech) / total losses* ‖ ⁓**verteilung** *f* (Stats) / resultant distribution ‖ ⁓**wassergehalt** *m* (bei der Immediatanalyse nach DIN 51718) (Bergb) / total moisture content ‖ ⁓**wasserpotential** *n* (das den Wasserzustand in biologischen Systemen und im Boden charakterisiert) (Biol, Bot) / water potential* ‖ ⁓**wirkungsgrad** *m* (Eltech) / overall efficiency* ‖ ⁓**wirkungsgrad** (Masch) / net efficiency ‖ ⁓**zahl** *f* (Hörer, Zuschauer) (Radio, TV) / total audience ‖ ⁓**zeichnung** *f* / general arrangement drawing ‖ ⁓**zuladung** *f* (Luftf) / disposable load* ‖ ⁓**zyanid** *n* (Chem) / total cyanide
**gesandete Dachpappe** (Bau) / mineral-surfaced bituminous felt
**Gesangbücherpapier** *n* (Pap) / hymnal paper
**Gesäß** *n* (Glas) / siege*  *n*, seat *n*, bench *n*
**gesättigt** *adj* (chemische Verbindung oder Lösung) (Chem, Phys) / saturated *adj* ‖ **~er Bereich** (Mag) / saturation region, saturated region ‖ **~er Dampf** (Wassersdampf) (Masch) / saturated steam* ‖ **~er Dampf** (nicht unbedingt der Wasserdampf) (Phys) / saturated vapour* ‖ **~e Fettsäure** (Chem) / saturated fatty acid ‖ **~e Kalomelelektrode** (Chem) / saturated calomel electrode*, SCE ‖ **~e Logik** (digitale Logikschaltungen mit Bipolartransistoren, deren Arbeitspunkte bei Ansteuerung mit L-Pegel im Sperrbereich und bei Ansteuerung mit H-Pegel im Sättigungsbereich liegen) (Eltronik) / saturated logic ‖ **~e Lösung** (Chem) / saturated solution* ‖ **~e sehr langkettige Fettsäure** (Nahr) / very-long-chain fatty acid, VLCFA
**geschachtelt ~es Menü** (EDV) / nested menu ‖ **~e Schleife** (EDV) / nested loop*
**Geschäft** *n* (einmalige Transaktion) / deal *n*, business transaction ‖ ⁓ / retail outlet, store *n* (US), retail store (US), shop *n* ‖ ⁓ (als Beruf) / business *n*, commerce *n*, trade *n* ‖ ⁓ **auf Gegenseitigkeit** / barter-trade *n*, bartering *n*
**Geschäfts•aufgabe** *f* / dereliction *n*, closure *n* (of the business) ‖ **Ausverkauf** *m* **wegen** ⁓**aufgabe** / closing-down sale, going-out-of-business sale (US) ‖ ⁓**bau** *m* (Bau) / commercial building ‖ ⁓**bereich** *m* (F. Org) / division *n* ‖ ⁓**bücherpapier** *n* (Pap) / account book paper*, ledger paper ‖ ⁓**flugwesen** *n* (Luftf) / commercial aviation ‖ ⁓**flugzeug** *n* (Luftf) / business aircraft ‖ ⁓**führend** *adj* / executive *adj*, managing *adj* ‖ ⁓**geheimnis** *n* / trade secret, company secret ‖ ⁓**grafik** *f* (EDV) / business graphics ‖ ⁓**jahr** *n* / financial year ‖ ⁓**papier** *n* (für alphanumerische Eintragungen) (Pap) / billhead paper ‖ ⁓**reisefliegerei** *f* (Luftf) / business flying ‖ ⁓**stunden** *f pl* (F.Org) / traffic hours ‖ ⁓**wagen** *n* (Kfz) / company car ‖ ⁓**wert** *m* / goodwill *n* ‖ ⁓**zeit** *f* (Bürozeit) (F.Org) / office hours ‖ ⁓**zeit** (F.Org) / traffic hours
**geschaltet, in Reihe ~** (Eltech) / series *attr*, in series
**geschätzte Umweltkonzentration** (Umwelt) / estimated environmental concentration, EEC, predicted environmental concentration, PEC
**geschäumtes Polystyrol** (Plast) / foamed polystyrene, Styrofoam *n*, expanded polystyrene
**Geschenkpapier** *n* (Pap) / gift wrapping paper
**geschichtet** *adj* / layered *adj* ‖ ⁓ (Bergb) / stratiform *adj*, stratified *adj*, bedded *adj* ‖ ⁓ (Lagerstätte, vulkanisches Gestein) (Geol) / eutaxitic* *adj* ‖ **nicht ~** (Geol) / unstratified *adj* ‖ **~e Blattfeder** (Masch) / stratified leaf spring ‖ **~er Chip** (Eltronik) / layered chip, 3D-chip *n*, three-dimensional chip ‖ **~e Grundablagerungen** (eines Deltas) (Geol) / bottomset beds* ‖ **~e Isolation** (Eltech) / laminar insulation ‖ **~e Katode** (eine Glühkatode) (Eltronik) / coated cathode* ‖ **~e Sprache** (EDV) / stratified language (that cannot be used as its own metalanguage) ‖ **~e Stapel der angegerbten Häute in Lohe** (beim Versatz) (Leder) / layers *pl* ‖ **~e Stichprobe** (Stats) / stratified sample ‖ **~es Stichprobenverfahren** (Stats) / stratified sampling
**Geschicklichkeit** *f* / skill *n* ‖ ⁓ (eines IR) (Masch) / dexterity *n*
**Geschicklichkeitsturnier** *n* (Kfz) / gymkhana *n*
**Geschicklichkeitswettbewerb** *n* (Kfz) / gymkhana *n*
**geschickt** *adj* / skilful *adj*, skillful *n* (US)
**Geschiebe** *n* (von der Strömung eines Fließgewässers mitgeführte Feststoffe) (Geol) / bottom load, river load, bed load, tractional load, stream gravel ‖ ⁓ (Geol) / drift* *n* ‖ ⁓**anteil** *m* (Verhältnis zwischen Geschiebe- und Wassermenge) (Wasserb) / sediment charge ‖ ⁓**faktor** *m* (Wasserb) / silt factor ‖ ⁓**fänger** *m* (korkartiges Meßgerät mit einer rechteckigen Einlauföffnung) (Wasserb) / bed-load sampler ‖ ⁓**fracht** *f* (Masse, Volumen pro Zeiteinheit) (Wasserb) / sediment discharge, bed-load rate ‖ ⁓**ganglinie** *f* **bezogen auf den Wasserstand** (Wasserb) / sediment discharge curve ‖ ⁓**ganglinie bezogen auf die Zeit** (Wasserb) / sediment hydrograph
**geschiebehaltiges Wasser** (Geol, Wasserb) / sediment water

**Geschiebe•konzentration** *f* (Wasserb) / sediment concentration ‖ ⁓**last** *f* (Geol, Wasserb) / traction load* ‖ ⁓**lehm** *m* (Geol) / till* *n* ‖ ⁓**mergel** *m* (an Geschieben reiche, kalkig-tonige Grundmoräne) (Geol) / boulder clay* ‖ ⁓**sand** *m* (Geol) / glacial sands* ‖ ⁓**transport** *m* (Geol, Wasserb) / bed-load transport, sediment flow
**geschirmtes Paar** (das aus einem Paar über dem ein statischer Schirm mit Beidraht aufgebracht ist, besteht) (Fernm, Kab) / shielded pair
**Geschirr** *n* (des Steinmetzes) (Bau) / mason's tool ‖ ⁓ (ein Gesamt an Geräten) (Schiff) / gear *n* ‖ ⁓ (Gesamtzahl der Schäfte) (Web) / harness *n*, stave *n*, leaves *pl* ‖ ⁓ (Kamm) (Web) / tackle *n* ‖ **kochfestes** ⁓ (Glas, Keram) / ovenware *n* (ceramine whiteware or glass), oven-top ware, stovetop ware (US) ‖ ⁓ *n* **mit Granitemail** / graniteware *n* (a one-coat porcelain-enamelled article, such as an item of kitchenware having a mottled appearance produced by controlled corrosion of the metal base prior to firing)
**Geschirr- und Stallhalfterleder** *n* (Leder) / harness leather
**Geschirr•glas** *n* (Glas) / table glassware, tableware *n* ‖ ⁓**porzellan** *n* (Keram) / service ware, tableware *n* ‖ ⁓**spülmaschine** *f* / dishwasher *n*, dishwashing machine ‖ ⁓**spülmittel** *n* (Chem) / dishwashing detergent, dishwashing agent
**geschlagen** *adj* (For) / felled *adj* ‖ **~es Tau** (Schiff) / laid rope
**geschlängelt** *adj* / snaking *adj*, snaky *adj*, tortuous *adj*
**Geschlecht** *n* (einer Fläche) (Math) / genus *n* (pl. genera)
**geschlechtliche Fortpflanzung** (Biol) / sexual reproduction
**Geschlechts•bestimmung** *f* (Gen) / sex determination* ‖ ⁓**bezogener Entwicklungsindex** (in den Berichten der UNO über die menschliche Entwicklung) (Stats) / gender-related development index, GDI ‖ ⁓**determination** *f* (Gen) / sex determination* ‖ ⁓**hormon** *n* (Biochem) / sex hormone ‖ ⁓**zelle** *f* (Biol) / sex cell*, sexual cell, gamete* *n*
**geschlichtete Kette** (Web) / sized warp
**geschliffen** *adj* (Diamant) / cut *adj* ‖ **~es Glas** (Glas) / cut glass ‖ **~er Narben** (Leder) / corrected grain ‖ **~er Reis** (Nahr) / white rice
**geschlitzt** *adj* (eingeschnitten) / slit *adj* ‖ ⁓ (genutet) / slotted *adj* ‖ **~er (hohler) Spannstift** (aus Federstahl) (Masch) / cotter *n* ‖ **~e Hohlrohrleitung** (Fernm) / slotted section, slotted waveguide, slotted line ‖ **~e Meßleitung** (Fernm) / slotted line* ‖ **~e Schlitzsektion** / slotted section ‖ **~er Wellenleiter** (Fernm) / slotted section, slotted waveguide, slotted line ‖ **~e Zylinderantenne** (Radio) / slotted cylindrical antenna
**geschlossen** *adv* (Wasserhahn) / off *adv* ‖ ⁓ / continuous *adj* ‖ **in sich ~** / self-contained *adj* ‖ **nicht ~** (eine Schutzschicht) (Galv) / porous *adj* ‖ **~e (= linke) Seite** (des Rundschäl- oder Messerfurniers) (For) / tight side ‖ **~e Ampulle mit gebogenem Hals** (Glas) / presealed ampoule with bent neck, closed ampoule (domed) ‖ **~e Bauart** (Eltech) / totally enclosed type ‖ **~e Bauweise** (z.B. der Ver- und Entsorgungsleitungen) (HuT) / trenchless construction method ‖ **~er Belag** (des Schleifpapiers mit Bestreuungsmittel) / closed coat ‖ **~e Benutzergruppe** / closed user group ‖ **~e Benutzergruppe** (EDV) / closed user group (CUG) ‖ **~er Faulbehälter** (Faulbehälter mit den Möglichkeiten der Faulgasgewinnung und der Beheizung - DIN 4045) (Sanitär) / covered digester ‖ **~e Fläche** (Math) / closed surface ‖ **~er Flammpunktprüfer nach Pensky-Martens** (Chem) / Pensky-Martens closed tester ‖ **~er Flammpunktprüfer nach Tagliabue** (Chem) / Tag closed-cup tester, Tagliabue closed tester ‖ **~er Flaschentest** (Nahr) / closed-bottle test ‖ **~es Gesenk** (Masch) / closed die ‖ **~er Graf** (unicursal graph, closed graph, Eulerian graph (a connected graph)) ‖ **~e Jordan-Kurve** / simple closed curve ‖ **~es Kaliber** (Hütt) / closed pass ‖ **~e Kette** (Chem) / closed chain ‖ **~e Kette** (Masch) / endless chain ‖ **~e Kette** (in der Grafentheorie) (Math) / cycle *n*, circuit *n* ‖ **~er Kolben** (Masch) / box piston ‖ **~er Kreislauf** (Masch) / closed cycle* ‖ **~er Kreislauf** (z.B. bei Probeläufen von Kompressoren) (Masch) / closed loop ‖ **~er Kühlkreislauf** (Kfz) / closed-circuit cooling, coolant return system ‖ **~e Kurve** (Math) / closed curve ‖ **~es LAN** (EDV) / closed LAN ‖ **~e Leitung** (für Flüssigkeiten) / close conduit ‖ **~e Linie** (Math) / circuit *n* ‖ **~er Luftkreislauf** / closed-air circuit ‖ **~er magnetische Kreis** (Eltech, Mag) / closed magnetic circuit* ‖ **~es Netzwerk** (Elektr) / connected network ‖ **~e Nut** (Eltech) / closed slot*, tunnelling slot, tunnel slot* ‖ **~er Polygonzug** (Verm) / closed traverse* ‖ **~e Pore** (closed pore*, blind pore) ‖ **~e Porosität** / sealed porosity ‖ **~e Prozeßkopplung** (DIN 66201) (EDV) / online closed loop (interfacing) ‖ **~er Rahmen** (Mech) / closed frame *n* ‖ **~er Raum** (Akus) / enclosure *n* ‖ **~es Regelungssystem** (Regeln) / closed-loop system*, feedback control system (US)* ‖ **~er Satz** (Math) / closed sentence, closed formula ‖ **~e Schicht des Bestreuungsmittels** (auf dem Schleifpapier) / closed coat ‖ **~e Schleife** (Regeln) / closed loop*, control loop ‖ **~er Schuß** (Plast) / lock *n* ‖ **~ sein** (Unterbrecherkontakte) (V-Mot) / dwell *v* ‖ **~e selbstkühlende Maschine** (Eltech) / enclosed self-cooled machine* ‖ **~e Stelle** (Spinn) / tight spot ‖ **~e Stellung** (Eltech, Masch) / closed position ‖ **~e Steuerkette** (Regeln) / closed loop*, control loop ‖ **~e Streuung** (beim Schleifpapier) / closed coat(ing), closed grain ‖

**geschlossen**

**Stromkreis** (Eltech) / closed circuit*, cc ‖ **~es System** (On-line-Prozeßkopplung, bei der der Mensch an der Datenübertragung keinerlei Anteil hat) (EDV) / closed-loop system ‖ **~es System** (Phys) / closed system ‖ **~er Transformator** (der so abgedichtet ist, daß zwischen seinem Innern und der Außenluft praktisch kein Austausch stattfindet) (Eltech) / sealed transformer ‖ **~er Tropfkörper** (Sanitär) / closed trickling filter, covered trickling filter ‖ **~es Unterprogramm** (das nur einmal im Speicher vorhanden ist und beliebig oft von jedem Programm aufgerufen und durchlaufen werden kann) (EDV) / closed subroutine*, linked subroutine ‖ **~es Vereisungsnetz** (vor oder in der Ansaugöffnung) (Luftf) / gapless ice guard ‖ **~er Verschlag** (Bau, Zimm) / sheathed crate ‖ **~er Weg** (bei Grafen) (Math) / cycle $n$ ‖ **~e Wicklungsnut** (Eltech) / closed slot*, tunnelling slot, tunnel slot* ‖ **~er Windkanal** (mit geschlossener Meßstrecke) (Luftf) / closed-jet wind tunnel* ‖ **~er Zug** (Bahn) / train load
**Geschlossenfach** $n$ (Web) / closed shed ‖ **~schaftmaschine** $f$ (Web) / closed-shed dobby
**Geschlossenheit** $f$ (von Schutzschichten) (Anstr, Galv) / continuity $n$
**geschlossenzelliger Schaumstoff** (z.B. Zellgummi) (Plast) / closed-cell foamed plastic
**geschlossenzelliger Zellgummi** (Plast) / closed-cell cellular rubber
**geschlungene Zykloide** (Math) / prolate cycloid*
**Geschmack** $m$ (Kernphys) / taste $n$ ‖ **~** (Nahr) / flavour $n$, savour $n$ ‖ **~** (pl. -äcke) (einer der fünf Sinne) (Physiol) / taste $n$ ‖ **erdiger ~** (Nahr) / earthy taste ‖ **ohne ~** (Nahr) / insipid $adj$, stale $adj$, flat $adj$, tasteless $adj$, vapid $adj$
**geschmackbeeinträchtigend** $adj$ (Nahr) / taste-impairing $adj$
**geschmacklos** $adj$ (Nahr) / insipid $adj$, stale $adj$, flat $adj$, tasteless $adj$, vapid $adj$ ‖ **~** (ohne Aroma) (Nahr) / flavourless $adj$, savourless $adj$
**Geschmacks•knospe** $f$ (Physiol) / taste-bud $n$ ‖ **~korrigens** $n$ (Pharm) / corrective $n$, corrigent $n$ ‖ **~lähmung** $f$ (Nahr, Physiol) / ageusia $n$ ‖ **~muster** $n$ / design $n$, industrial design ‖ **~musterpatent** $n$ / design patent ‖ **~neutral** $adj$ (Nahr) / neutral in taste ‖ **~schwellenwert** $m$ / taste threshold value ‖ **~sinn** $m$ (Physiol) / gustation $n$ ‖ **~sinn** (Fähigkeit, Geschmack wahrzunehmen) (Physiol) / taste $n$ ‖ **~stoff** $m$ (Nahr) / flavour $n$, flavouring $n$, flavour substance ‖ **~umwandler** $m$ (Nahr) / taste modifier ‖ **~verlust** $m$ (Nahr, Physiol) / ageusia $n$ ‖ **~vermögen** $n$ (Physiol) / gustation $n$ ‖ **~wandler** $m$ (der eine bestimmte Geschmacksrichtung verändern kann) (Nahr) / taste modifier
**Geschmack•verbesserer** $m$ (E 620 - E 637) (Nahr) / flavour potentiator ‖ **~verstärkende Verbindung** (Nahr) / flavour potentiator ‖ **~verstärker** $m$ (Nahr) / flavour potentiator
**geschmackvoll** $adj$ / stylish $adj$, elegant $adj$
**geschmeidig** $adj$ (Fett) / smooth $adj$ ‖ **~** / pliable $adj$, pliant $adj$, supple $adj$ ‖ **~** (Griff) (Tex) / supple $adj$, subtle $adj$
**geschmiedet•e Kurbelwelle** (Kfz) / forged crankshaft ‖ **~er Nagel** (Masch) / wire nail
**geschmiert, mit Wasser ~** (Umwelt, Wasserb) / water-lubricated $adj$
**geschmolzen** $adj$ / melted $adj$, molten $adj$ (of things that melt at a very high temperature, fused $adj$ ‖ **~es faseroptisches Material** (aus dem man z.B. einen Faserboden schneiden kann) / boule $n$ ‖ **~es Glas** (im Glasofen) (Glas) / metal $n$, molten metal, glass melt ‖ **~er Quarz** / fused quartz
**geschnitten•er Nagel** (aus Blechstreifen oder Bandstahl) (Masch) / cut nail ‖ **~es Textilglas** (DIN 61850) (Glas, Tex) / chopped glass strand
**geschobene Fuge** (Mörtel wird von der Lagerfläche mit dem Mauerstein in die Stoßfuge geschoben) (Bau) / shoved joint
**geschoren** $adj$ (Gewebe) (Tex) / sheared $adj$, shorn $adj$
**Geschoß** $n$ (Bau) / floor $n$, storey $n$, story $n$ (US) ‖ **~** (Luftf, Mil, Raumf) / missile* $n$ ‖ **~** (aus einer Schußwaffe) (Mil) / projectile $n$ ‖ **technisches ~** (Bau) / mechanical floor ‖ **zweites unterirdisches ~** (Bau) / subbasement $n$ ‖ **~bahn** $f$ (Flugbahn eines Geschosses) (Mil) / trajectory $n$ ‖ **~bau** $m$ (Bau) / multistorey building ‖ **~decke** $f$ (Bau) / floor $n$ ‖ **~hoch** $adj$ (Bau) / storey-high $adj$, floor-to-floor, attr. ‖ **~höhe** $f$ (DIN 4174) (Bau) / storey height, story height (US)
**geschrägte Nut** (Eltech) / skewed slot*
**Geschränk** $n$ (Brenner) (Masch) / air register
**geschränkt•es Riemengetriebe** (Masch) / quarter-turn belt drive ‖ **~er Riementrieb** (Masch) / quarter-turn belt drive ‖ **~er Sägezahn** (For, Werkz) / spring-set tooth
**Geschränkwiderstand** $m$ (des Brenners) (Masch) / pressure drop across burner
**geschraubter Kotflügel** (Kfz) / bolt-on wing, bolt-on fender (US)
**geschrotet•er Leinsamen** (Nahr) / linseed meal ‖ **~es Malz** (Brau) / grist $n$
**geschuppt** $adj$ / scaly $adj$, scaled $adj$
**geschüttet•er Damm** (Wasserb) / fill dam ‖ **~er Steindamm** (Wasserb) / loose rock dam, rubble dam
**Geschützstart** $m$ (Mil) / gun launching

**geschützt** $adj$ (dem Freiluftklima nicht ausgesetzt) / sheltered $adj$ ‖ **~** (Eltech) / protected-type* $attr$ ‖ **~ gegen Ungeziefer ~** / vermin-proof $adj$ ‖ **~es Feld** (EDV) / protected field, fixed data ‖ **~ gegen mutwillige Zerstörung** / vandal-safe $adj$ ‖ **~es Markenzeichen** / registered trademark, trademark $n$ ‖ **~er Speicherplatz** (EDV) / isolated location, protected location ‖ **~e Speicherzelle** (EDV) / isolated location, protected location ‖ **~er Trennstrich** (EDV) / non-breaking hyphen
**Geschützturm** $m$ (Schiff) / turret $n$
**geschwärzte Anode** (Eltronik) / carbonized anode*
**geschwefeltes Öl** (mit Schwefelsäure behandelt) / sulphurized oil, vulcanized oil
**geschweift•e Klammer** (Typog) / brace* $n$ ‖ **~er Knickgiebel** (Arch) / shaped gable
**geschweißt, ganz ~** (Schw) / all-welded $adj$ ‖ **~e Dose** (Nahr, Schw) / welded can ‖ **~e Konstruktion** (Schw) / weldment* $n$, welded construction, welded structure ‖ **~er Kotflügel** (Kfz) / welded-on wing, weld-on wing, welded fender (US) ‖ **~es Präzisionsstahlrohr** (DIN 2393 und 2394) (Hütt) / welded precision steel tube ‖ **~es Rohr** (Schw) / welded tube ‖ **~er Schwimmkopf** (bei Rohrbündelapparaten nach DIN 28190) (Masch) / welded floating head ‖ **~e Verbindung** (Schw) / welded joint*, weld $n$, welded connection ‖ **~e vollwandige Straßenbrücke** (DIN 4101) (HuT) / welded-plate road bridge
**Geschwindigkeit** $f$ (Gang) (Kfz) / gear* $n$, speed $n$ ‖ **~** (Masch) / rate $n$ ‖ **~** (als Skalargröße) (Phys) / speed $n$ (a scalar quantity) ‖ **~** (Bewegung nach DIN 5476) (Phys) / velocity* $n$ (a vector quantity) ‖ **absolute ~** (Phys) / absolute velocity ‖ **extrem hohe ~** (Mil, Phys) / hypervelocity $n$ ‖ **gleichbleibende ~** / constant speed ‖ **kosmische ~** (erste, zweite) (Raumf) / cosmic velocity, cosmic speed ‖ **kritische ~** (in der Strömungslehre) (Phys) / critical velocity ‖ **kritische ~** (Wasserb) / critical velocity ‖ **relative ~** (Phys) / relative velocity ‖ **sichere ~** (Luftf) / safety speed* ‖ **ungestörte ~** (der Strömung) (Phys) / remote velocity ‖ **zulässige ~** (Phys, Wasserb) / permissible velocity (the highest velocity at which water may be carried through a structure canal, or conduit without excessive damage) ‖ **~** $f$ **bei ausgefahrenem Fahrwerk** (Luftf) / landing-gear-extended speed ‖ **~ der Spitzen** (Luftschraube, Rotorblätter, Turbinenschaufeln) (Luftf) / tip speed ‖ **~ der Umsetzung** (Chem) / rate of conversion ‖ **~ noch ausreichender Steuerbarkeit** (Luftf) / minimum control speed (in free air) ‖ **~ über Grund** (Luftf) / groundspeed* $n$, GS
**Geschwindigkeitsabfall** $m$ **unterhalb eines Abflußhindernisses** (Wasserb) / velocity of retreat
**geschwindigkeitsabhängig** $adj$ / speed-dependent $adj$ ‖ **~e Anpreßdruckregelung** (bei Scheibenwischern) (Kfz) / speed-sensitive wiper system ‖ **~e Lenkunterstützung** (Kfz) / speed-related variable steering assistance, speed-regulated steering assistance ‖ **~e Rückführung** (Fernm) / derivative feedback* ‖ **~e Servolenkung** (Kfz) / speed-related variable steering assistance, speed-regulated steering assistance
**Geschwindigkeits•amplitude** $f$ (Akus) / velocity amplitude* ‖ **~analysator** $m$ (ein Gerät zur Geschwindigkeitsanalyse von Elektronenstrahlen) (Phys) / velocity analyser ‖ **~änderung** $f$ (Regeln) / speed variation ‖ **~anzeiger** $m$ (Masch) / speedometer $n$ ‖ **~begrenzer** $m$ (Pflicht bei Sattelzügen, schweren Kraftomnibussen und LKW) (Kfz) / retarder $n$ ‖ **~begrenzung** $f$ (Kfz) / speed limit ‖ **~bereich** $m$ (Masch) / speed range ‖ **schallnaher ~bereich** (0,8 - 1,3 Mach) (Luftf) / transonic range* ‖ **~beschränkung** $f$ (Kfz) / speed limit ‖ **~bestimmend** $adj$ / rate-determining $adj$ ‖ **~bestimmender Schritt** (einer Reaktion) (Chem) / rate-determining step* ‖ **~dreieck** $n$ (Eigengeschwindigkeit + Windgeschwindigkeit = Windwinkel zur Flugbahn) (Luftf) / triangle of velocities, velocity triangle, wind diagram (US) ‖ **~druck** $m$ (Phys) / kinetic pressure ‖ **~erregter Schall** (Akus) / velocity-generated noise (a structural noise) ‖ **~fokussierung** $f$ (Spektr) / velocity focussing ‖ **~gefälle** $n$ (Schergefälle nach DIN 1342, T 1) (Phys) / velocity gradient ‖ **~gestufte Gleichdruckturbine** (Masch) / velocity-compounded impulse turbine ‖ **~gleichung** $f$ (in der Reaktionskinetik) (Chem) / rate equation, rate law ‖ **~gradient** $m$ (Phys) / velocity gradient ‖ **~höhe** $f$ (als Flüssigkeitssäule ausgedrückter Staudruck) (Hyd) / velocity head, kinetic head, dynamic head ‖ **~kategorie** $f$ (bei Reifen) (Kfz) / speed rating, speed category ‖ **~kennbuchstabe** $m$ (bei Reifen) (Kfz) / speed symbol ‖ **~konstante** $f$ (Chem) / rate constant*, velocity constant*, velocity rate constant*, reaction rate constant ‖ **~kurve** $f$ **über den Meßlotrechten** (Wasserb) / depth velocity curve, vertical velocity curve ‖ **~messer** $m$ (z.B. für Messungen der Fließ- und Schallgeschwindigkeit, oder für Unterwassermessungen) / velocimeter $n$ ‖ **~messer** (Kfz) / speedometer $n$, clock $n$, speedo $n$ (pl. speedos) ‖ **~messer** (Masch) / speedometer $n$ ‖ **~messer** (Masch, Phys) / speed indicator* ‖ **~meßradar** $m$ $n$ (Radar) / Doppler radar* ‖ **~modulation** $f$ (Eltronik) / velocity modulation* (VM) ‖ **~modulierter Oszillator** (Eltronik, Fernm) / velocity-modulated oscillator ‖ **~monochromator** $m$ (eine

Anordnung elektromagnetischer Felder, die zur Spindrehung schneller, elektrisch geladener polarisierter Teilchen benutzt wird) (Phys) / Wien filter, Wien selector || ≈**parallelogramm** n (Phys) / parallelogram of velocities || ≈**pol** m (Mech) / instantaneous centre* (of rotation), virtual centre, momentary centre || ≈**potential** n (eine skalare Funktion bei einer wirbelfreien Strömung) (Phys) / velocity potential || ≈**profil** n (z.B bei der Strömung oder in der Seismik - DIN 1342, T 1) (Phys) / velocity profile || ≈**regelanlage** f (Kfz) / cruise control* || ≈**regelung** f (Akus) / pitch control || ≈**regelung** (der Antriebsmaschine) (Eltech) / speed governing* || **mit** ≈**regelung** / speed-controllable adj || **Eulerscher** ≈**satz** (Mech) / Euler's velocity equation || ≈**schwankung** f (Beschleunigung und/oder Verlangsamung) (Kfz, Schiff) / surging n || ≈**selektor** m (z.B. ein Monochromator) (Phys) / velocity selector || ≈**speicherung** f (bei Kurvensteuerung) (Masch) / feedrate reference || ≈**steuerung** f (Eltronik) / velocity modulation* (VM) || ≈**stufe** f (Masch) / rate n || ≈**stufung** f (bei Dampfturbinen) (Masch) / velocity staging || **~transparent** adj (ein Übertragungssystem) (EDV, Fernm) / speed-transparent adj || ≈**überwachung** f (bei der Zugbeeinflussung) (Bahn) / overspeed protection || **rechnerunterstützte Anlage für die** ≈**überwachung** (der Flugzeuge im Anflugsektor) (Lufft) / speed control adviser, SCA || ≈**vektor** m (Phys) / velocity vector, velocity n || ≈**verhältnis** n (Quotient aus Drehzahl des treibenden und Drehzahl des getriebenen Elements eines technischen Triebes) (Masch, Mech) / velocity ratio* || ≈**verlust** m (mit starkem Auftriebsverlust) (Lufft) / stalling n || ≈**verteilung** f (Mech) / velocity distribution || **Maxwellsche** ≈**verteilung** (Phys) / Maxwellian distribution || ≈**verteilungsgesetz** n **von Fermi, Dirac und Sommerfeld** (Kernphys) / FDS law*, Fermi-Dirac-Sommerfeld law* || ≈**ziffer** f (das Verhältnis der beim Ausströmen von Flüssigkeiten und Gasen tatsächlich auftretenden Geschwindigkeit zur theoretisch möglichen bei reibungsfreier Strömung) (Phys) / coefficient of discharge, discharge coefficient || ≈**zunahme** f (in m/s²) / acceleration* n || ≈**zustand** m (eine Übertragungsfunktion der Gelenkgetriebe) (Mech) / state of velocity

**Geschwindigkeit-Zeit-Diagramm** n (Masch) / speed-time curve*
**Geschwister** n pl (Biol) / sibs* pl, siblings* pl
**Geschwulst** f (Med) / tumour* n, tumor n (US)
**geschwulstbildend** adj (Med) / oncogenous adj, oncogenic* adj, oncogenical adj
**geschwungene Klammer** (Typog) / brace* n
**gesehnte Wicklung** (die Spulenweite ist meistens kleiner als die Polteilung) (Eltech) / chorded winding
**Gesellschaft** f / company n || ≈ (Biol) / community* n || **postindustrielle** ≈ (eine Dienstleistungsgesellschaft nach D. Bell) / postindustrial society
**Gesellschafter** m (in einer Handelsgesellschaft, in einer Gesellschaft des bürgerlichen Rechts) / partner n
**gesellschaftlich•e Auswirkung** (z.B. der neuen Medien) / social implication || **~es Zentrum** (Arch) / public and municipal facility
**Gesellschafts•anschluß** m (Fernsp) / party line, shared-service line, shared line || **~fremd** adj (Spezies) (Bot) / strange adj
**gesendete Daten** (EDV) / transmitted data, transmittal data
**Gesenk** n (geteufter Blindschacht) (Bergb) / winze* n || ≈ (als Formwerkzeug) (Hütt, Masch) / forming die (Stahlblock, in den als Gravur die Gegenform des Schmiedestücks eingearbeitet ist) (Masch) / die* n, forging die, swage* n, swage die || ≈ (Plast) / mould cavity || ≈ (Plast) / cavity plate, female mould || **geschlossenes** ≈ (Masch) / closed die || **offenes** ≈ (Masch) / open die || ≈**biegepresse** f (DIN 55222) (Hütt, Masch) / edging press, brake n (US), power brake (US), press brake || ≈**block** m (Masch) / cavity block, swage block || ≈**bördeln** n (des Blechrandes) (Hütt) / flanging n, cupping n || ≈**drücken** n (Masch) / sizing n || ≈**einsatz** m (Block mit vollständiger Gravur sowie ggf. Gratbahn und Stoßfläche, der in Werkzeughalter eingesetzt wird) (Masch) / die insert || ≈**formen** n (gebundenes Umformen nach DIN 8580) (Masch) / die forming || ≈**fräsen** n (Herstellen der Innenform einer Matrize) (Masch) / die sinking* || ≈**führung** f (Masch) / die guide || ≈**gravur** f (Masch) / die cavity, die pattern, die impression || ≈**halter** m (Masch) / bolster* n, sow-block n, anvil cap || ≈**oberteil** n (Masch) / upper die, top die || ≈**platte** f (Masch) / swage block, cavity block || ≈**pressen** v (nur Infinitiv und Partizip) (Masch) / die-press v || ≈**pressen** n (Masch) / die-press pressing || ≈**schmiedehammer** m (arbeitsgebundene Umformmaschine zum Gesenkschmieden) (Masch) / drop-forging hammer, die-forging hammer || **~schmieden** v (nur Infinitiv und Partizip) (Parti) (Masch) / drop-forge v, dip-forge v || ≈**schmieden** n (Masch) / drop forging*, die forging, pressure forging*, drop stamping* || ≈**schmiedeofen** m (meistens Kleinschmiedeofen bis etwa 4 m² Herdfläche) / die-forging furnace, die lubricant || ≈**schmiedepresse** f (Masch) / drop-forging press, die-forging press || ≈**schmiedestück** n (Masch) / drop forging, die forging, pressure forging, die-forging component || ≈**schmiedeteil** n (Masch) / drop

forging, die forging, pressure forging, die-forging component || ≈**schmierstoff** m / die lubricant || ≈**schräge** f (Masch) / draught n (of the die impressions), taper n, die draught || ≈**stahl** m (Hütt) / die steel
**gesenkt** adj (Flügel bei der Verwerfung) (Geol) / downthrow* attr
**Gesenk•teilungsebene** f (Masch) / parting plane of a die || ≈**temperatur** f (die ein Gesenk während der Warmumformung oder beim Vorwärmen annimmt) (Masch) / die temperature || ≈**unterteil** n (Masch) / lower die, bottom die
**Gesetz** n / law* n || **Bavenoer** ≈ (Krist) / Baveno twin law || **Dauphinéer** ≈ (Krist) / Dauphiné law || **Faradaysche** ≈**e** (Beziehungen zwischen dem Stromfluß bei der Elektrolyse und den an den Elektroden abgeschiedenen Stoffmengen) (Elektr) / Faraday's laws (of electrolysis)* || **Ficksches** ≈ **der Diffusion** (nach A. Fick, 1829-1901) (Chem) / Fick's law of diffusion* || **Fouriersches** ≈ (stationäre Wärmeleitung) (Phys) / Fourier's law || **Hagen-Poiseuillesches** ≈ (Phys) / Poiseuille's formula* || **Havelocksches** ≈ (Elektr) / Havelock's law || **Henrysches** ≈ (nach J. Henry, 1797-1878) (Chem) / Henry's law* || **kommutatives** ≈ (Math) / commutative law || **Lenzsches** ≈ (von H.F.E. Lenz, 1804-1865, aufgestellt) (Eltech) / Lenz's law* || **Morgansche** ≈**e** (Math) / De Morgan's laws, De Morgan's rules || **Newtonsche** ≈**e** (Phys) / Newton's laws of motion* || **ohmsches** ≈ (das Ohr zerlegt jedes Tongemisch in einfache Töne) (Akus) / Ohm's law of hearing* || **ohmsches** ≈ (Elektr) / Ohm's law* || **periodisches** ≈ (der Elemente) (Chem) / periodic law* || **Proustsches** ≈ (Gesetz der konstanten Proportionen nach J.-L. Proust, 1754-1826) / Proust's law || **schwaches** ≈ **der großen Zahlen** (Math) / weak law of large numbers || **starkes** ≈ **der großen Zahlen** (Math) / strong law of large numbers || **Wiedemann-Franzsches** ≈ (nach G.H. Wiedemann, 1826-1899, und R. Franz, 1827-1902) (Wärm) / Wiedemann-Franz law, Lorenz relation, Wiedemann-Franz ratio (the quotient of the thermal conductivity by the electric conductivity), Wiedemann, Franz and Lorenz law || **Wiedemannsches** ≈ **der Suszeptibilitätsaddition** (Chem) / Wiedemann's additivity law || ≈ n **der Abgeschlossenheit** (KI) / law of closure || ≈ **der äquivalenten Proportionen** (Chem) / law of equivalent proportions* || ≈ **der großen Zahl(en)** (Math) / law of large numbers || ≈ **der kleinen Zahlen** (Stats) / limit theorem of Poisson, law of small numbers || ≈ **der kleinsten Quadrate** (Math) / law of least squares || ≈ **der konstanten Proportionen** (Chem) / law of constant proportions*, law of definite proportions* || ≈ **der konstanten Wärmesummen** (Chem) / law of constant heat summation, Hess's law* || ≈ **der multiplen Proportionen** (nach Dalton) (Chem) / law of multiple proportions* || ≈ **der rationalen Indizes** (Krist) / law of rational indices*, law of rational intercepts, Haüy law, law of rationality of intercepts, Miller law || ≈ **der Temperaturstrahlung** (nach DIN 5031, T 8 - Plancksches, Wiensches, von Rayleigh-Jeans, Stefan-Boltzmannsches, Kirchhoffsches) (Wärm) / radiation law || ≈ **der umgekehrten Proportionalität zwischen Feldstärke und Entfernung** (Elektr) / inverse-distance law || ≈ **der unabhängigen Ionenwanderung** (Phys) / law of independent migration of ions || ≈ **der Winkelkonstanz** (Niels Stensen) (Krist) / law of constant interfacial angles, law of constancy of interfacial angles, law of constant angles || ≈ **des kürzesten Lichtweges** (Opt) / law of extreme path, principle of least time || ≈ **vom Minimum** (Umwelt) / Liebig's law of the minimum || ≈ **von Bouguer, Lambert und Beer** (DIN 1349, T 1) / Beer-Lambert-Bouguer law, Bouguer-Lambert-Beer law || ≈ **von der Erhaltung der Elemente** (Chem) / law of conservation of elements || ≈ **von der Erhaltung der Masse** (ein Erhaltungssatz) (Phys) / law of conservation of matter* || ≈ **von der Wiederkehr der gleichen Massenverhältnisse** (Chem) / law of reciprocal proportions* || ≈ **von Kohlrausch** (der unabhängigen Ionenwanderung - nach F.W.G. Kohlrausch, 1840-1910) (Chem) / Kohlrausch's law* || ≈ **von Pascal** (der Druck in einer ruhenden Flüssigkeit bei Vernachlässigung der Schwerkrafteinflusses ist überall und in jeder Richtung gleich groß - nach B. Pascal, 1623-1662) (Phys) / Pascal's law || ≈ **von van't Hoff** (Chem) / van't Hoff's law* || ≈ **von Wirkung und Gegenwirkung** (Lex tertia) (Phys) / Newton's third law of motion (action and reaction), law of action and reaction || ≈ **zur Regelung von Fragen der Gentechnik** (Bundesrepublik Deutschland, vom 20. 6. 1990) (Gen) / genetic engineering law
**gesetzlich** adj (z.B. Auflagen) / statutory adj, legal adj || **~e Bestimmungen** / legal provisions || **~es Meßwesen** / legal metrology
**gesichert** adj (Eltech) / fused adj || **gegen unbefugte Eingriffe ~** / tamper-proof adj (made so that it cannot be interfered with or changed)
**Gesichts•-** (Opt, Physiol) / optic* adj, visual adj || ≈**feld** n (des Fotoobjektivs) (Foto) / photographic field || ≈**feld** (das mit den Augen erfaßt werden kann) (Opt) / field of view, viewing field, visual field, field of vision || ≈**feldblende** f (Opt) / field stop || ≈**feldmessung** f (Opt) / scotometry n || **belüftete Schutzbrille mit großem** ≈**kreis** / wide-visibility ventilated protection goggles || ≈**linie** f (Verbindungslinie zwischen Beobachter und Gestirn) (Astr) / line of

**Gesichtslinie**

sight* ‖ ~**linie** (Opt, Verm) / line of collimation*, line of sight*, sight line ‖ ~**maske** f (eine Schutzmaske) / face mask ‖ ~**schutzschirm** m / full-face shield, face shield ‖ ~**sinn** m (Opt, Physiol) / vision n ‖ ~**symbol** (bei der Bildübermittlung) (Fernsp) / calling face ‖ ~**wahrnehmungsdauer** f (Opt) / duration of vision ‖ ~**winkel** m (der Linse) (Opt) / angle of view

**Gesiebe** n / sieve cloth, screen cloth, screening n, tammy cloth

**gesiebter Kies** (für Fußwege) (Bau) / hogging* n, hoggin* n

**Gesims** n (Arch, Bau) / cornice* n, ledge n, moulding* n ‖ ~ (vorspringender Teil eines Felsens) (Geol) / ledge n ‖ ~ **mit Wasserschräge** (z.B. ein Kaffgesims) (Bau) / canting strip*, water-table* n ‖ ~**ausladung** f (Arch, Bau) / projection of cornice ‖ **vertikale** ~**begrenzung** (Arch) / corona n (pl. coronae or coronas) ‖ ~**hobel** m (Tischl) / cornice plane ‖ ~**überstand** m (Bau) / cornice* n, table n, tablet n ‖ ~**unterseite** f (Bau) / planceer piece, soffit board ‖ ~**vorsprung** m (vorspringende horizontale Platte) (Bau) / cornice* n, table n, tablet n

**gesintert•es Karbidhartmetall** / cemented carbide*, sintered carbide*, hardmetal* n, hard-facing alloy ‖ ~**er Kernbrennstoff** (Nukl) / sintered nuclear fuel ‖ ~**er Lagerwerkstoff** (der aus gepreßten oder gesinterten Pulvern hergestellt ist) (Masch) / sintered bearing material

**Ge-Solarzelle** f / germanium solar cell

**gesondert** adj / separate adj

**gespalten** adj / split adj ‖ ~ (Spalierlatte) (Bau) / rendered* adj, riven* adj, split* adj ‖ ~**er Ferritkern** (EDV, Mag) / gapped ferrite core ‖ ~**es Holz** (For) / resawn lumber ‖ ~**es Material** (z.B. Weidenrute - für Matten und Korbwaren) / splint n

**Gespann•-** / animal-drawn adj ‖ ~**gezogen** adj / animal-drawn adj ‖ ~**guß** m (Gieß) / group casting, group teeming ‖ ~**pflug** m (Landw) / animal-drawn plough ‖ ~**platte** f (Gieß) / group-teeming plate, group teeming stool (US) ‖ ~**rückung** f (For) / horse skidding

**gespannt** adj / tight adj, taut adj ‖ ~ (Grundwasser) / confined adj ‖ ~ tensioned adj, taut adj ‖ ~**er Aquifer** (Geol) / confined aquifer ‖ ~**es Grundwasser** (Geol) / artesian water, confined water (US), confined ground water

**Gespanntransport** m / carting n

**Gespärre** n (Bau, Zimm) / rafters pl (+ one ceiling joist), trussed rafter

**gespeichert•e Ladung** (Elektr) / stored charge ‖ ~**e Mitteilung** (Fernm) / stored message ‖ ~**es Programm** (EDV) / stored program* ‖ ~**er Text** (EDV) / stored text

**gespeist, mittig** ~ (z.B. ein Folienblaskopf) (Plast) / central-fed adj ‖ **von ...** ~ (Masch) / operated from ‖ ~**e Antenne** (Radio) / active aerial, primary radiator, active antenna, exciter n ‖ ~**e Elemente** (eines Dipols) (Radio) / driven elements*

**Gesperre** n (Masch) / locking mechanism, backstop n

**gesperrt** adj (Fernsp) / restricted adj ‖ ~ (Typog) / spaced adj ‖ ~**e Datei** (EDV) / locked file ‖ ~**e Frequenz** (Radio) / taboo frequency ‖ ~**e Kennzahl** (Fernsp) / barred code*

**gespiegelte Matrix** (Math) / transpose n of a matrix* (by interchanging the rows and columns), conjugate matrix*

**Gespinst** n (ein gesponnenes Garn) (Spinn) / spun yarn*, spun thread ‖ **leonisches** ~ (aus leonischen Fäden) (Tex) / leonine spun ‖ ~**lein** m (Bot, Tex) / fibre flax, common flax, flax* n

**gespitzter Stein** (Bau) / nigged ashlar*, nidged ashlar*

**gespleißt** adj (Pap) / butted splice, buttsplice attr

**gesplissen** adj (Pap) / butted splice, buttsplice attr

**gesponnenes Glas** (Glas) / spun glass, fibre glass

**gesponserte Fernsehsendung** (TV) / sponsored television

**Gespräch** n (Informationsaustausch zwischen zwei oder mehr Endstellen) (EDV, Fernsp) / conversation n ‖ ~ (Fernsp) / call* n, telephone call ‖ **ankommendes** ~ (Fernsp) / incoming call ‖ **dringendes** ~ (Fernsp) / urgent call ‖ **externes** ~ (Fernsp) / external call, interexchange call ‖ **gebührenpflichtiges** ~ (Fernsp) / chargeable call ‖ **internes** ~ (Fernsp) / internal call, extension-to-extension call ‖ **zwischenstaatliches** ~ (Fernsp) / international call ‖ ~ n **mit Voranmeldung** (Fernsp) / personal call, person-to-person call (US) ‖ ~ **über drei zwischenstaatliche Leitungen** (über zwei Grenzen) (Fernsp) / double-switch call ‖ ~ **über zwei zwischenstaatliche Leitungen** (über eine Grenze) (Fernsp) / single-switch call

**Gesprächs•abwicklung** f (Fernsp) / call handling, call processing ‖ ~**anmeldung** f (als Vorgang) (Fernsp) / call request, booking of a call, placing of a call (US), call booking ‖ ~**anmeldung** (abgeschlossene Handlung) (Fernsp) / call request ‖ ~**anzeiger** m (Fernsp) / call indicator ‖ ~**dauer** f (Fernsp) / call duration ‖ ~**einheit** f (Fernsp) / unit call (e.g. hundred call-seconds) (UC), call unit ‖ ~**filterung** f (Voranmeldung) (Fernsp) / call filtering ‖ ~**geheimhaltung** f (Fernsp) / voice privacy ‖ ~**geheimnis** n (Fernsp) / voice privacy ‖ ~**kanal** m (Fernsp) / voice channel, telephone channel ‖ ~**struktur** f (KI) / talk structure ‖ ~**verbindung** f (Fernsp) / call* n, telephone call ‖ ~**weiterschaltung** f (Fernsp) / call transfer ‖ ~**zähler** m (Fernsp) / subscriber meter, call meter, call charge meter, call-counting meter ‖ ~**zählung** f **mit gestaffelten Gebühren** (Fernsp) / multifee metering* ‖ ~**zeitmesser** m (Fernsp) / subscriber meter, call meter, call charge meter, call-counting meter ‖ ~**zuteilung** f (Fernsp) / call assignment

**gespreiztes Spektrum** (Spektr) / spread spectrum*

**gesprengter Giebel** (Arch) / open-topped pediment, broken-apex pediment

**gesprenkelt** adj / flecked adj, speckled adj ‖ ~ / mottled adj ‖ ~ s. auch **getupft** ‖ ~**e Färbung** (Tex) / mottled dyeing ‖ ~**es Garn** (Spinn) / marl yarn*, mouliné yarn, mottle yarn*, mottled yarn

**gespritzt** adj (Anstr, Galv) / sprayed adj ‖ ~ (Plast) / injection-moulded adj ‖ ~**er Glühfaden** (Eltech) / squirted filament ‖ ~**es Papier** (ein Buntpapier) (Pap) / sprinkled paper ‖ ~**e Schaltung** (Eltronik) / sprayed wiring

**gesprochener Dialog** (Akus, Film) / spoken dialogue

**gesprungen** adj / split adj, cracked adj, fissured adj

**gespundet** adj (Zimm) / tongued and grooved, T.G., t & g ‖ ~**e Bretter** (Tischl, Zimm) / match-boarding* n, matched boards*, match-lining n

**Gespür** n **für** (gefährliche) **Verkehrssituationen** (Kfz) / road sense

**Gessopainting** n (Arch) / gesso painting

**gestaffelt•e Konformation** (z.B. des Ethans) (Chem) / staggered conformation* ‖ ~**es Menü** (EDV) / cascading menu ‖ ~**es Schutzsystem** (Eltech) / overlap protective system

**Gestagen** n (ein Steroidhormon, z.B. Progesteron) (Biochem) / gestagen n (a female sex hormone)

**Gestalt** f / form* n, shape n ‖ **kanonische** ~ (in der Hamilton-Jacobischen Theorie) (Mech) / canonical form

**Gestaltabweichung** f **3.- 5. Ordnung** (Masch) / surface roughness ‖ ~ **2. Ordnung** (Abweichung einer Ist-Oberfläche von geometrisch-idealer Gestalt) (Masch) / waviness n ‖ ~ **1. Ordnung** (DIN 4760) (Masch) / form error

**Gestalt•änderung** f (im allgemeinen) / change of shape ‖ ~**änderung** (Verzerrung nach DIN 13 316) (Mech) / distortion n ‖ ~**änderungsarbeit** f (Mech) / work of deformation, deformation work ‖ ~**änderungsenergiehypothese** f (Mech) s. auch Fließbedingung nach Mises

**gestalten** v / form vt, shape v ‖ ~ (herstellen) / fashion v ‖ ~ (konstruktiv) (Masch) / design v ‖ ~ (Typog) / design v

**gestaltfester Fahrgastraum** (Kfz) / stiff cabin, rigid passenger compartment, rigid passenger cage

**Gestaltfestigkeit** f (WP) / fatigue strength (depending on one-step fatigue load) ‖ ~ (WP) / form strength, strength depending on design

**gestaltlos** adj / shapeless adj ‖ ~**es Medium** (Phys) / fluid* n, fl

**Gestaltsänderungsarbeit** f (Mech) / distortion strain work

**Gestaltsänderungsenergie** f (Mech) / distortion energy

**Gestaltsänderungsenergiehypothese** f (Fließbedingung) (Mech) / maximum distortion energy theory, maximum shear strain energy criterion

**Gestaltung** f / forming n, shaping n ‖ ~ (Foto) / composition n ‖ ~ (konstruktive) (Masch) / design n ‖ ~ (einer optischen Fläche) (Opt) / figuring n ‖ ~ (Typog) / design n, layout n ‖ **beschichtungsgerechte** ~ (Anstr) / suitable design for coating ‖ **korrosionsgerechte** ~ (Galv, Masch) / corrosion-proof design ‖ **korrosionsschutzgerechte** ~ (DIN 5528, T 2) (Masch) / corrosion-proof design (construction)

**Gestaltungsarbeitsplatz** m (Druck) / graphic design workstation, layout workstation, graphic workstation

**Gestaltvergleich** m (KI, Math) / shape matching

**gestampfter Boden** (Hütt) / rammed bottom

**Geständnismittel** n (Chem) / truth drug

**Gestänge** n (Schienen von Grubenbahnen) (Bergb) / mine rail track, pit rails ‖ ~ (Erdöl) / drill pipes, drill-rods pl, drill stem ‖ ~ (als Getriebeart) (Masch) / bar linkage ‖ ~ (zur Bewegungs- und Kraftübertragung) (Masch) / rodding n ‖ ~**bremse** f (Kfz) / linkage brake ‖ ~**bühne** f (Erdöl) / derrick man's working platform ‖ ~**kräfte** f pl (bei Kolbenmaschinen) (Masch) / piston forces ‖ ~**pumpe** f (Erdöl) / walking-beam pump ‖ ~**rohr** n (beim Erdölbohren) (Erdöl) / drill pipe, drilling pipe, stempipe* n ‖ ~**schlagbohren** n (Erdöl) / hollow-rod churn drilling ‖ ~**strang** n (Erdöl) / drill string ‖ ~**test** m (Erdöl) / drill-stem test ‖ ~**verbinder** m (Erdöl) / tool joint ‖ ~**zange** f (Bergb) / pipe tongs ‖ ~**zange für gebrochenes Gestänge** (Bergb) / beche n ‖ ~**zug** m (Erdöl) / stand n (of drill)

**Gestank** m / stench n, bad smell, offensive smell, stink n, reek n, pong n (GB)

**gestanzte Schaltung** (Eltech) / stamped wiring

**gestärktes Baumwolleinen** (Tex) / Holland cloth, holland n

**gestatten** v / permit v

**gestauchter Sägezahn** (For, Werkz) / swage-set tooth

**Gestehungskosten** pl / prime cost, cost price, original cost

**Gestein** n (als Gangfüllung) (Bergb) / clog n ‖ ~ (Bergb) / unworked ground* ‖ ~ (Geol) / rock* n ‖ **abbauwürdiges** ~ (Bergb) / pay dirt ‖ **abgeschleudertes** ~ (Bergb) / fly-rock ‖ **abyssisches** ~ (Geol) / plutonic rock, plutonite* n ‖ **abyssische** ~**e** (Geol) / deep-sea deposits*, pelagic deposits ‖ **bauwürdiges** ~ (Bergb) / pay dirt ‖ **bergfeuchtes** ~ (Bergb) / fresh rock ‖ **exogenes** ~ (Geol) / exogenetic rock ‖ **feuerfestes** ~ (Geol) / fire-rock n ‖ **fluvioklastische** ~e (Geol) / fluvioclastics pl ‖ **gebräches** ~ (Bergb, HuT) / weak ground, ravelling ground ‖ **gebräches** ~ (Bergb, HuT) / heavy ground* ‖ **geklüftetes** ~ (Bergb, Geol) / jointed rock ‖ **hereingeschossenes** ~ (Bergb) / muck n, broken ground, debris n ‖ **hybrides** ~ (Geol) / hybrid rock*, syntectite n, contaminated rock* ‖ **hypabyssische** ~e (in geringer Tiefe erstarrte magmatische Schmelzen) (Geol) / hypabyssal rocks*, subvolcanic rocks ‖ **intermediäres** ~ (z.B. Diorit oder Porphyrit) (Geol) / intermediate igneous rock*, intermediate rock ‖ **kristalline** ~e (Geol) / crystalline rocks* ‖ **lockeres** ~ (Bau, Geol, HuT) / unconsolidated rock, loose rock ‖ **lösliches** ~ (Geol) / soluble rock ‖ **magmatisches** ~ (Geol) / eruptive rock*, extrusive rock*, igneous rock* ‖ **massiges** ~ (Geol) / massive rock ‖ **metamorphe** ~e (Geol) / metamorphic rocks ‖ **monomineralische** ~e (aus einer einzigen Mineralart) (Geol) / monomineralic rocks* ‖ **nachbrechendes** ~ (nach einem Gebirgsschlag) (Bergb) / afterburst* n ‖ **nicht verwittertes** ~ (Geol) / fresh rock ‖ **ortsfremdes** ~ (Geol) / exotic rock ‖ **phanerokristallines** ~ (Geol) / phanerite n ‖ **poröses wasserabgebendes** ~ (Geol) / weeping rock ‖ **saures** ~ (z.B. Granit oder Syenit) (Geol) / acid rock*, acidic igneous rock, acidic rock ‖ **standfestes** ~ (Bergb, HuT) / strong ground ‖ **submarines pyroklastisches** ~ (Geol) / hyaloclastite n ‖ **taubes** ~ (Bergb) / dead ground*, deads* pl, non-value n, waste rock, dirt* n, muck* n (US), barren rock, colliery spoil ‖ **taubes** ~ (Bergb) / hot-dry rock, HDR ‖ **übersättigtes** ~ (Geol) / oversaturated rock* ‖ **ultrabasisches** ~ (Erstarrungsgestein mit einem $SiO_2$-Gehalt von weniger als 45%) (Geol) / ultrabasic rock* ‖ **undurchlässiges** ~ (Geol) / retainer n ‖ **unsortiertes gebrochenes** ~ (HuT) / crusher run (stone) ‖ **untersättigtes** ~ (Geol) / undersaturated rock* ‖ **vulkanische** ~e (Geol) / extrusive rocks, volcanics pl, volcanic rocks, vulcanites* pl, effusive rocks, extrusives pl ‖ **wenig standfestes** ~ (Bergb, HuT) / weak ground, ravelling ground ‖ ~e n pl **chemischen Ursprungs** (Geol) / chemically formed rocks*

**Gesteindolomit** m (Geol) / dolomite rock*, dolostone* n

**Gesteins•aggregat** n (Geol) / aggregate* n ‖ ~**ausbruch** m (Bergb) / rock burst, burst n ‖ ~**berg** m (Bergb) / incline n ‖ ~**bestimmung** f (Geol) / rock identification ‖ ~**bildend** adj (Geol) / rock-forming adj ‖ ~**bildende Minerale** (in den Gesteinen der Erdoberfläche und der oberen Erdkruste besonders häufig auftretende Minerale, vor allem Quarz) (Geol) / rock-forming minerals*, rock minerals ‖ ~**bindemittel** n (Geol) / cement* n ‖ ~**boden** m (Geol) / lithosol n ‖ ~**boden** m (Geol) / lithosol n ‖ ~**bohrer** m (HuT) / rock-drill* n, rock auger ‖ ~**bohrmaschine** f (HuT) / rock-drill* n, rock auger ‖ **akkumulierte** ~**bruchstücke** (Geol) / debris n, detritus n, fragments pl, fragmental products ‖ ~**chemie** f (Chem, Geol) / petrochemistry n (the chemistry of rocks), lithochemistry n ‖ ~**durchbewegung** f **mit Mineralstreckung in Bewegungsrichtung** (Geol) / unrestricted movement ‖ ~**faser** f (DIN 60001) / mineral fibre ‖ ~**fazies** f (Geol) / lithologic facies ‖ ~**formation** f (Geol) / rock formation ‖ ~**gang** m (Bergb, Geol) / vein* n ‖ **flaseriges** ~**gefüge** (Geol) / flaser structure* ‖ ~**glas** n (Geol) / natural glass* ‖ ~**gruppe** f (Geol) / clan* n ‖ ~**grus** m (Geol) / rubble n ‖ ~**grus** (eckiges Schuttmaterial) (Geol, HuT) / gravel* n, grus n, gruss n (granite) ‖ ~**härte** f (Geol) / rock hardness ‖ **tafelförmiger** ~**körper** (Geol) / bed* n ‖ ~**kunde** f s. Mineralogie, Petrologie und Petrographie ‖ ~**linse** f (Geol) / lens n ‖ ~**magnetismus** n (Geol) / rock magnetism ‖ ~**masse** f (Geol) / rock mass ‖ ~**massiv** n (Geol) / rock mass ‖ ~**mehl** n (mehlfeine Stoffe aus natürlichem oder künstlichem Gestein zur Regeneration ausgelaugter Böden und zur Verhinderung der Übersäuerung der Böden) (Geol) / rock flour* ‖ ~**metamorphose** f (Geol) / metamorphism* n ‖ ~**mittel** n (Bergb) / parting n ‖ ~**provinz** f (Geol) / petrographic province*, province n ‖ **dünne** ~**schicht** (Bergb) / girdle n ‖ **weiche wasserführende** ~**schicht** (beim Schachtabteufen) (Bergb) / bibbles pl ‖ **poröse, wasserhaltige und praktisch undurchlässige** ~**schicht** (Geol) / aquiclude n ‖ **dichte, praktisch wasserfreie** ~**schicht** (Geol) / aquifuge n ‖ **überlagernde** ~**schicht** (Geol) / cap rock* ‖ ~**schlacke** f (Geol) / scoria n (on the surface of lava flows), cinder n ‖ ~**schuttablagerung** f **im Moränengebiet** (Geol) / kame* n ‖ ~**sippe** f (Geol) / clan n ‖ ~**sippe** (Geol) / rock tribe ‖ ~**stamm** m (Geol) / rock association, association n, kindred n ‖ **komagmatischer** ~**stamm** (Geol) / comagmatic assemblage* ‖ ~**staub** m (Bergb) / rock-dust n, stone dust, mineral dust, mine dust ‖ ~**staubsperre** f (heute durch Wassertrogsperre abgelöst) (Bergb) / stone-dust barrier, dust barrier ‖ ~**staubverfahren** n (Bergb) / rock dusting, stone dusting ‖ ~**strecke** f (Bergb) / rock drift ‖ ~**strecke** (größeren Querschnitts) (Bergb) / rock tunnel ‖ ~**strecke** (im Kohlebergbau) (Bergb) / hard heading*, hardhead n ‖ ~**strecke** (beim Abteufen) (Bergb, HuT) / stone head*, rock head* ‖ ~**trümmer** pl / brash n ‖ ~**wolle** f (Gesteinsfasern zur Schall- und Wärmedämmung) (Bau, Min) / rock-wool* n, mineral wool*, silicate cotton

**Gestell** n (Stellage) / rack n ‖ ~ / horse* n ‖ ~ (Bau, HuT) / gantry* n, gauntry n (the trussed girders) ‖ ~ (Bau, Masch) / cradle* n ‖ ~ (eintrümig, zweitrümig) (Bergb) / barney n, bullfrog n, donkey n ‖ ~ (Fernm) / bay* n ‖ ~ (For) / gate n ‖ ~ (For) / lane n, glade n, swathe n, aisle n ‖ ~ (der Gestellsäge) (For) / frame n, bow n ‖ ~ (Einrichtung zum Aufstecken, Anklemmen, Aufhängen oder Anschrauben der Warenteile bzw. der Anoden in galvanischen und anderen Bädern zur Metalloberflächenveredelung) (Galv) / rack n ‖ ~ (unteres Teil eines Hochofens) (Hütt) / hearth* n ‖ ~ (eines Kupolofens) (Hütt) / well n ‖ ~ (Keram) / rack n ‖ ~ (des Kurbelgehäuses) (Kfz) / frame n ‖ ~ (aufrechtstehende Gestellbauform der Werkzeugmaschine) (Masch) / frame n, column n ‖ ~ (im allgemeinen) (Masch) / support n ‖ ~ (in der Getriebesystematik) (Masch) / fixed link, fixed element ‖ ~ (DIN 64990) (Tex) / frame n ‖ **auf einem** ~ **befestigen** (Masch) / rack v ‖ ~**belastung** f (Hütt) / hearth load ‖ ~**boden** m (Hütt) / hearth bottom ‖ ~**einbau** m (Fernm) / rack mount, rack mounting* ‖ ~**einschub** m (Fernm) / rack mount, rack mounting*

**gestellfähig** adj (Fernm) / rack-mountable adj

**Gestell•förderung** f (Bergb) / cage winding, cage hoisting ‖ ~**glied** n (im Getriebe) (Masch) / fixed link, fixed element ‖ ~**panzer** m (Hütt) / hearth shell, hearth casing ‖ ~**rahmen** m (Fernm) / rack* n ‖ ~**rahmen** (Masch) / frame n ‖ ~**reihe** f (Fernsp) / suite n ‖ ~**säge** f (eine Handspannsäge) (For) / bow-saw* n, span saw*, frame saw* ‖ ~**säge** (für Zimmerleute) (For, Zimm) / span saw* ‖ ~**verbindungskabel** n (Fernm) / interrack cable

**gestelzter Bogen** (Arch) / stilted arch*, surmounted arch

**gestemmt•er Einschnitt für Zapfen** (Tischl, Zimm) / tenon hole, dowel hole, mortise* n, mortice* n ‖ ~**e Treppe** (Zimm) / housed-stringer staircase ‖ ~**e Treppenwange** (Bau) / close string*, housed string*, let-in n

**gesteppte Scheibe** (Masch) / needled buff, sewn mop, stitched mop, sewed buff (US)

**gesteuert•e** (kontrollierte) **thermonukleare Reaktion** (Nukl) / controlled thermonuclear reaction, CTR* ‖ ~**e adaptive Regelung** (Regeln) / open-loop adaption ‖ ~**er Halbleitergleichrichter** (Eltronik) / semiconductor-controlled rectifier, SCR, reverse-blocking triode-thyristor ‖ ~**e Kristallisation** (ein Nukleationsprozeß, der durch die Beimischung katalytisch wirkender Reagenzien in der Glasschmelze ausgelöst wurde) (Glas) / catalysed crystallization, catalyzed crystallization (US) ‖ ~**e Kristallisation** (Krist) / controlled crystallization ‖ ~**es Sprengen** (Bergb) / controlled blasting ‖ ~**es Trudeln** (Luftf) / controlled spin ‖ ~**er Überfall** (mit beweglichem Verschlußorgan) (Wasserb) / controlled weir, controlled spillway ‖ ~**er Werkstoffluß** (aus der Werkzeugöffnung) (Masch) / restricted-flow conditions

**Gestirn** n (selbstleuchtender oder lichtreflektierender Himmelskörper - Sonne, Mond, Planeten, Sterne) (Astr) / self-luminous celestial body, self-luminous heavenly body ‖ ~ (Astr) s. auch Himmelskörper

**gestochen** adj (scharf) (Foto, TV) / crisp adj

**gestockt•e Antenne** (Radio) / stacked antenna ‖ ~**er Putz** (Bau) / granulated plaster

**gestopft•e abgeleitete Phase** (Krist) / stuffed derivative ‖ ~**e Stelle** (Tex) / darn n

**gestorben** adj (eine definitiv abgedrehte Einstellung) (Film) / it's in the can, it's a wrap

**gestört** adj (Kanal) (Akus, Fernm) / noisy adj ‖ ~**es Absetzen** (Aufber) / hindered settling*, hindered settlement ‖ ~**e Bahn** (Astr) / disturbed orbit ‖ ~**er Boden** (HuT) / remoulded soil ‖ ~**e Bodenprobe** (Lagerungszustand und Wassergehalt wurden durch die Probenahme geändert) (Bau, HuT) / disturbed sample ‖ ~**e Bodenprobe** (HuT) / disturbed sample, auger sample ‖ ~**e Totalreflexion** (Phys) / frustrated total reflection, frustrated internal reflectance, FTR ‖ ~**er** (Nachrichtenübertragungs)**Kanal** (Fernm) / disturbed channel

**Gestörtzeichen** n (Fernm) / out-of-order tone, o.o.o. tone

**gestoßen** adj (Balken) (Zimm) / butt attr

**gestrandet** adj (Schiff) / aground adj ‖ ~**es Triftholz** (For, Wasserb) / stranded timber

**gestreckt** adj / prolate adj ‖ ~ (Mil) / flat adj ‖ ~**es Ellipsoid** (Math) / prolate ellipsoid*, prolate spheroid ‖ ~**e Länge** (Math) / effective length ‖ ~**e Phosphorseigerungen** (Hütt) / phosphorus bending ‖ ~**es Programm** (in dem jeder Befehl nur einmal durchlaufen wird - im Gegensatz zur Programmierung mit Schleifen) (EDV) / unwound program ‖ ~ **programmieren** (EDV) / unwind v, use the straight-line coding (method) ‖ ~**e Programmierung** (im Gegensatz zur "zyklischen Programmierung") (EDV) / in-line coding, straight-line coding ‖ ~**er Winkel** (Math) / straight angle* ‖ ~**e Zykloide** (Math) / curtate cycloid*

**gestreift**

**gestreift** adj / striped adj, stripy adj, stripe attr ‖ ~ (Geol) / striate adj, striated adj ‖ ~ (Med) / striate adj, striated adj ‖ **~e Textur** (z.B. bei Sapelli oder Zingana) (For) / ribbon figure, ribbon grain, striped grain
**gestreut•es Laden** (EDV) / scatter loading ‖ **~es Lesen** (EDV) / scatter reading ‖ **~e Transmission** (Phys) / diffuse transmittance*, diffuse transmission
**gestrichelt•e Linie** / broken line ‖ **~e Linie** (Füllzeichen zwischen Tabstops) (EDV) / dashed leader ‖ **~e Linie mit Richtungspfeil(en)** / arrowed broken line
**gestrichenes Papier** (z.B. Kunstdruck- und Chromopapier) (Pap) / coated paper, surface(d) paper, enamel paper, enamelled paper
**gestrickte Reaktionskapillare** (Chem) / knitted open tube, KOT
**gestroppte Hieve** (Schiff) / sling load
**Gestrüpp** n (For) / scrub n
**Gestrüppschläger** m (Landw) / scrub cutter
**gestuft** adj / stepped adj, stepping adj ‖ **~e Drehzahl** (Masch) / stepped speed
**gestürzt** adj (Letter) (Typog) / off its feet ‖ **~e Matrix** (Math) / transpose n of a matrix* (by interchanging the rows and columns), conjugate matrix* ‖ **~e Schalung** (A) (Holzverschalung durch waagerechte, übereinandergreifende gespundete oder gefalzte Bretter) (Bau) / weatherboarding n, weatherboards* pl, siding n (US)
**gestutzt•e Stichprobe** (Stats) / truncated sample ‖ **~e Verteilung** (Stats) / truncated distribution
**gesuchte Variable** (Math) / task variable
**gesund** adj (Gebirge) (Geol) / solid adj, sound adj, firm adj ‖ ~ (Gußstück) (Gieß) / sound adj ‖ ~ (Kost) (Nahr) / healthful adj, healthy adj ‖ **~er Ast** (For) / sound knot ‖ **~er Fels** (Geol) / sound rock ‖ **~es Hangendes** (Bergb) / hard roof ‖ **~er Menschenverstand** (KI) / common sense ‖ **~ast** m (For) / sound knot
**"gesunde" Lebensmittel** (Diät) (Nahr) / health food
**gesundheitliche Beeinträchtigung während des Flugs** (Luftf, Med) / incapacitation in flight, in-flight incapacitation
**Gesundheits•gefährdung** f (Med) / health hazard, health risk ‖ **~maßnahme** n f(pl) (Med) / sanitation n ‖ **~risiko** n (Med) / health hazard, health risk
**gesundheitsschädlich** adj (Med) / injurious to health, unhealthy adj, insalubrious adj (climate or place), deleterious adj, causing adverse health effect, harmful to health, detrimental to health ‖ ~ (Meteor, Nahr) / unwholesome adj ‖ **~er Arbeitsstoff** (Chem, Med) / occupational toxicant ‖ **~er** (giftiger) **Stoff** (Med) / noxious substance, toxic substance
**Gesundheits•schutz** m (Med) / health protection ‖ **~technik** f (Zweig der Technik, der mit Hilfe sanitärer Einrichtungen und den Mitteln des Hoch- und Tiefbaues sowie der Elektro-, Klima-, Heizungs-, Lüftungs- und Beleuchtungstechnik Anforderungen der Hygiene verwirklicht) (Sanitär) / public health engineering, sanitary engineering ‖ **~technische Einrichtungen** (Bau, Med) / sanitation n
**gesundschrumpfen lassen** (ein Unternehmen) / slim down vt
**gesungener Werbeslogan** / jingle n (a short slogan or tune)
**gesunkener Flügel** (Geol) / thrown side
**gesüßt** adj (mit negativem Doktortest) (Erdöl) / sweet adj ‖ **~es** (merkaptanfreies) **Benzin** (Erdöl) / sweet gasoline
**getäfelte Decke** (Bau, Zimm) / panelled ceiling
**Getah susu** n (Handelsbezeichnung für Wildkautschuk aus Kalimantan) / Borneo rubber
**getaktet** adj / timed adj, fixed-cycle attr ‖ **~e Arbeitsweise** (EDV) / fixed-cycle operation
**getapert** adj (Metallfolie als Polarisationsdreher) (Eltronik) / tapered adj
**Getau** n (zur Herstellung von Schmalgeweben bis zu einer Höchstbreite von etwa 400 mm) (Web) / narrow-fabric loom, bar loom, loom for narrow fabrics, tape loom
**getauchte Elektrode** (Schw) / dipped electrode
**geteert•er Hanf** (Schiff) / oakum* n ‖ **~es Segeltuch** (Tex) / tarpaulin n, tarp n
**geteilt** adj / split adj ‖ ~ / sectional adj ‖ ~ (Chem, Phys) / calibrated adj ‖ **~es Bild** (in technischer oder künstlerischer Absicht) / part image, split image ‖ **~es Bild** (durch fehlerhafte Synchronisation) (TV) / split image ‖ **~er Bildschirm** (EDV) / split screen ‖ **~e Busstruktur** (mit verschiedenen Pfadsystemen) (EDV) / shared bus structure ‖ **~e Felge** (Kfz) / split rim ‖ **~es Fitting** (Eltech) / split fitting* ‖ **~e Form** (Gieß) / split mould ‖ **~es Kaliber** (Hütt) / knife pass ‖ **~e Kardanwelle** (Kfz) / divided driveshaft, divided prop shaft, split prop shaft, double-section driveshaft ‖ **~er Kompressor** (Axialgasturbine) (Luftf) / split compressor*, two-spool compressor* ‖ **~es Kurbelgehäuse** (V-Mot) / split crankcase* ‖ **~es Lager** (Masch) / split bearing*, divided bearing* ‖ **~e Matrize** (Pulv) / segment die, split die ‖ **~es** (zweiteiliges) **Modell** (Gieß) / split pattern, sectional pattern ‖ **~es Preßwerkzeug** (Pulverpresse) (Pulv) / segment die, split die ‖ **~er Radkranz** (z.B. eines Schwungrads) (Masch) / split rim ‖ **~e Riemenscheibe** (meistens zweiteilige) (Masch) / split pulley* ‖ **~er Ring** (V-Mot) / multipiece ring ‖ **~er Rotor** (Eltech) / split rotor ‖ **~e Synthese** (Chem) / split synthesis ‖ **~es T-Stück** (aus zwei Teilen bestehendes Abzweigstück) (Masch) / split tee ‖ **~e Überschiebmuffe** (Masch) / split collar, split sleeve ‖ **~e umklappbare Rücksitzlehne** (Kfz) / split rear-seat backrest
**geteilt-konzentrische Kabel** (Kab) / split concentric cables
**getemperte Faserplatte** (Bau, Tischl) / tempered hardboard
**getönt** adj (Scheiben) (Kfz) / tinted adj ‖ **~es Papier** (Pap) / tinted paper
**Getose** n / roaring n
**Getöse** n / roaring n
**getragen** adj (Kleidung) / used adj ‖ ~ (Kleidung) (Tex) / hand-me-down attr
**Getränk, normalstarkes alkoholisches** ~ (mit 57,10 Vol.-%) (Chem, Nahr) / proof spirit
**Getränke•automat** m / drink dispenser, drink vending machine ‖ **~dosenhalter** m (Kfz) / beverage holder ‖ **~halter** m (z.B. in Mittelkonsole) (Kfz) / beverage holder ‖ **~industrie** f (Nahr) / beverage industry ‖ **~konzentrat** n (Obst, Früchte) (Nahr) / fruit squash ‖ **~pulver** n (Nahr) / beverage powder
**getränkter Mast** (For) / treated pole
**Getreide** n (Bot, Landw, Nahr) / cereals pl, cereal n ‖ ~ (Bot, Landw, Nahr) / corn* n ‖ **~ auf dem Halm** (Landw) / standing corn ‖ **~alkohol** m (aus Getreiderohstoffen) (Nahr) / grain alcohol ‖ **~anbaufläche** f (Landw) / area under cereals, cereal acreage, cereal area ‖ **~beize** f (Landw) / seed dressing, chemical seed protection ‖ **~brand** m (Bot, Landw) / smut* n, blight n ‖ **~branntwein** m (Nahr) / grain alcohol ‖ **~chemie** f (Chem) / cereal chemistry ‖ **~einheit** f (Nahr) / cereal unit, cereal equivalent ‖ **~händler** m (Landw) / corn chandler ‖ **~kapuziner** m (Rhizopertha dominica - ein Vorratsschädling an Getreide) (Landw, Zool) / lesser grain borer ‖ **~keimöl** n (wertvolles Speiseöl) (Nahr) / cereal germ oil, cereal seed oil ‖ **~korn** n (einzelnes) (Bot) / cereal grain, corn n ‖ **~krankheit** f (Landw) / cereal disease ‖ **~mäher** m (Landw) / reaper n, reaping machine ‖ **~mehl** n (Nahr) / cereal flour ‖ **~mühle** f (Nahr) / corn mill (GB), flour-mill n, grain mill ‖ **~nager** m (Tenebrioides mauritanicus L.) (Landw, Zool) / tenebrionide flour beetle ‖ **~nebenprodukt** n (Nahr) / cereal by-product ‖ **~öl** n (Nahr) / cereal germ oil, cereal seed oil ‖ **~pflanze** f (Landw) / cereal n ‖ **~plattkäfer** m (ein Vorratsschädling) (Landw) / sawtoothed grain beetle ‖ **~prober** m (zum Ziehen von Proben) (Landw) / grain trier ‖ **~protein** n (Nahr) / cereal protein ‖ **~reiniger** m (Landw) / grain cleaner ‖ **~rohkostprodukte** n pl (Nahr) / cereals pl ‖ **~schädlinge** pl (Landw) / cereal pests, pests of cereals ‖ **~schlempe** f (Brau) / distillers' grains ‖ **~schmalkäfer** m (Oryzaephilus surinamensis L.) (Landw) / sawtoothed grain beetle ‖ **~silo** m n (Landw) / grain storehouse, granary n, elevator n (US), grain silo, grain elevator ‖ **~speicher** m (Landw) / grain storehouse, granary n, elevator n (US), grain silo, grain elevator ‖ **~stärke** f (Chem) / grain starch, cereal starch ‖ **~stecher** m (Landw) / grain trier ‖ **~trocknung** f (Landw) / corn drying, grain drying ‖ **~whisky** m (Nahr) / grain whisky
**getrennt** adj / separate adj ‖ **~er Antrieb** (Masch) / separate drive ‖ **~es Holz** (For) / resawn lumber ‖ **~es Modell** (Gieß) / split pattern, sectional pattern ‖ **~er Verkauf** (eines Softwareprodukts) (EDV) / unbundling n ‖ **~ verkaufen** (ein Softwareprodukt) (EDV) / unbundle v ‖ **~schmierung** f (eines Zweitaktmotors) (Kfz) / separate lubrication
**Getriebe** n (mit veränderbarer Übersetzung) (Kfz) / transmission n, gearbox* n, gearcase n (US) ‖ ~ (das aus dem Mechanismus entsteht, wenn dieser an einem oder mehreren Gliedern angetrieben wird) (Masch) / motor mechanism ‖ ~ (Schaltgetriebe) (Masch) / gearing, gear transmission ‖ ~ (Mechanismus, dessen Glied angetrieben wird) (Masch, Mech) / gear* n, mechanism n, gearing* n ‖ ~ (Tex) / motion n ‖ **automatisches ~** (Masch) / automatic transmission* ‖ **ebenes ~** (Masch) / planar mechanism ‖ **hydraulisches ~** (Masch) / hydraulic transmission ‖ **hydrodynamisches ~** (Masch) / Föttinger speed transformer*, hydrodynamic power transmission*, hydrodynamic torque converter*, fluid flywheel*, Föttinger converter ‖ **hydrostatisches ~** (Masch) / hydrostatic power transmission ‖ **innenverzahntes ~** (Masch) / internal gear* ‖ **mechanisches ~** (handgeschaltet) (Kfz) / manual transmission, manual gearbox ‖ **räumliches ~** (Masch) / spatial mechanism ‖ **stufenlos einstellbares ~** (Masch) / infinitely variable drive, steplessly variable drive ‖ **über ~ verbunden** (Math) / geared adj (to) ‖ ~ **n mit einfacher Übersetzung** (Masch) / simple gearing ‖ ~ **mit Innenverzahnung** (Masch) / internal gear* ‖ ~ **mit Pfeilzahnrädern** (Masch) / herringbone gear* ‖ ~ **mit ständigem Eingriff** (Kfz) / constant-mesh gearbox* ‖ ~ **mit stufenlos veränderbarer Übersetzung** (Masch) / infinitely variable drive, steplessly variable drive ‖ ~ **mit Übersetzung ins Langsame** (Masch) / reduction gear
**Getriebe•abstufung** f (Kfz) / gearing ratio, gear ratio, gearing n ‖ **~abtriebswelle** f (Kfz) / transmission output shaft, gearbox output

shaft, output shaft ‖ ~**abtriebswelle** (Masch) / output shaft, transmission output shaft ‖ ~**anordnung** *f* **im Knotenpunkt der Drehschwingungen** (Masch) / nodal gearing* ‖ ~**antriebswelle** *f* (Kfz) / transmission input shaft, gearbox input shaft, clutch shaft, input shaft ‖ ~**arbeit** *f* (söhlige) (Bergb) / spilling *n*, spiling *n* ‖ ~**arbeit** (vertikal) (Bergb) / piling *n* ‖ ~**ausgangswelle** *f* (Kfz) / transmission output shaft, gearbox output shaft, output shaft ‖ ~**automatik** *f* (Masch) / automatic transmission* ‖ ~**bremse** *f* (Masch) / transmission brake ‖ ~**eingangswelle** *f* (Kfz) / transmission input shaft, gearbox input shaft, clutch shaft, input shaft ‖ ~**eingangswelle** (Masch) / input shaft, primary shaft ‖ ~**element** *n* (Masch) / link* *n* ‖ ~**fortsatz** *m* (Kfz) / transmission extension housing, gearbox extension ‖ ~**gehäuse** *n* (Kfz) / gearbox* *n*, gearbox housing, gearbox casing, box *n*, transmission housing ‖ ~**gehäuse** (bei Frontantrieb) (Kfz) / transaxle housing ‖ ~**gehäuse** (Masch) / gearbox* *n* ‖ ~**glied** *n* (Masch) / link* *n* ‖ ~**glocke** *f* (bei Automatikgetriebe) (Kfz) / torque converter housing, bell housing ‖ ~**hauptwelle** *f* (Kfz) / transmission main shaft, main gearshaft ‖ ~**jaulen** *n* (Kfz) / transmission whine ‖ ~**kasten** *m* (Masch) / gearbox* *n* ‖ ~**kompressor** *m* (Masch) / geared compressor ‖ ~**kopf** *m* (ein Stativkopf) (Film) / geared head ‖ ~**lehre** *f* (technische Kinematik) (Mech) / study of mechanisms

**getriebeloser Motor** (Eltech) / gearless motor*
**Getriebe•mahlen** *n* (Kfz) / transmission noise ‖ ~**motor** *m* (Masch) / gear motor
**getriebene Welle** (Masch) / driven shaft
**Getriebe•öl** *n* / gear-lubrication oil, gear oil, transmission oil ‖ ~**pfahl** *m* (Bergb) / pile *n* ‖ ~**pfahl** (Bergb, HüT) / spile *n*, spill *n*, forepole *n*, pile *n*, horse-head *n* ‖ ~**pfahl in der Firste** (Bergb, HüT) / head pile ‖ ~**rad** *n* (Masch) / gearwheel* *n*, toothed wheel*, gear* *n* ‖ ~**seitiger Anschluß** (der Gelenkwelle) (Kfz) / gearbox interface ‖ ~**steuerung** *f* (als Tätigkeit) (Kfz) / transmission control, gear shift control ‖ ~**synthese** *f* (Mech) / synthesis of mechanisms ‖ ~**tunnelverkleidung** *f* (Kfz) / transmission-tunnel lining ‖ ~**turbine** *f* (Eltech) / geared turbogenerator* ‖ ~**verdichter** *m* (Masch) / geared compressor ‖ ~**verlust** *m* **durch Ölbewegung** / churning loss* ‖ ~**zimmerung** *f* (Bergb) / spilling *n*, spiling *n*, forepoling* *n* ‖ ~**zug** *m* (DIN 868) (Masch) / gear train

**getriggerte Ablenkung** (Eltronik) / triggered sweep (that can be initiated only by a trigger signal, not free running)
**getrocknet, durch Schleudern** ~ (Tex) / spin-dry *adj* ‖ ~**e Form** (Gieß) / dry-sand mould ‖ ~**er Kern** (Gieß) / baked core* ‖ ~**er Koks** (für Laboruntersuchungen) (Chem Verf) / dry coke ‖ ~**es Schaffell** (Leder) / slat *n*
**getrübt•e Farbe** / muted colour, quiet colour, subdued colour ‖ ~**es Glas** (Glas) / opal glass ‖ ~**e Glasur** (Keram) / opaque (ceramic) glaze
**Getter** *m* (Stoff, der zur Verbesserung bzw. Aufrechterhaltung des Vakuums in einem nicht mehr mit der Vakuumpumpe verbundenen Behälter dient) (Eltronik) / getter* *n*
**gettern** *v* (Eltronik) / getter *v* ‖ ~ *n* (Eltronik) / gettering *n*
**Getter•pumpe** *f* (Vakuumpumpe, bei der durch Vorhandensein eines Getters eine Pumpwirkung infolge Sorption erzielt wird) (Vakuumt) / gettering pump, getter pump ‖ ~**stoff** *m* (Eltronik) / getter* *n* ‖ ~**tasche** *f* (Eltronik) / flag *n* ‖ ~**träger** *m* (Eltronik) / flag *n*
**Getterung** *f* (Eltronik) / gettering *n*
**getüpfelt** *adj* / flecked *adj*, speckled *adj*
**getupft** *adj* / spotted *adj*, dotted *adj*
**GeV** ($10^9$ V) (Eltech, Nukl) / giga-electron-volt* *n*, GeV*, BeV
**Geviert** *n* (vierteiliger, meistens aus Kanthölzern bestehender rechteckiger Ausbaurahmen für Blindschächte und Rollöcher) (Bergb) / frame set, framing *n*, set of frame timbers, cribwork *n* ‖ ~ (Ausschlußstück) (Typog) / em quad*, em quadrat, mutton* *n*, em* *n* ‖ ~**schein** *m* (eine Konstellation) (Astr) / quadrature* *n* ‖ ~**strich** *m* (Typog) / em rule*
**Gew.-%** / percentage by weight, weight percent, wt %
**gewachsen•er Boden** (natürlich gelagerter Boden) (HüT) / natural soil, grown soil, natural ground, unspoilt land ‖ ~**er Fels** (ein anstehendes Gestein) (HüT) / sound natural rock, solid rock, native rock, native bedrock ‖ ~**er Reifen** (Kfz) / grown tyre ‖ ~**es Ufer** (Wasserb) / raw bank (a river or other bank in its natural state or where the protective surface has been eroded or stripped off)
**Gewächshaus** *n* (Landw, Nahr) / glasshouse *n*, greenhouse *n* ‖ **temperiertes** ~ (beheiztes - 12-18 °C) (Landw) / stove *n* (GB) (used expecially for the cultivation of tropical exotics), forcing house, hothouse *n* ‖ ~**effekt** *m* (Reduktion der Ausstrahlung) (Umwelt) / greenhouse effect* ‖ ~**kultur** *f* (Landw) / greenhouse culture, glass-raised culture ‖ ~**schabe** *f* (Med, Nahr) / Surinam cockroach
**gewachstes Haushaltspapier** (in Rollen) (Pap) / lunch-paper roll
**gewählte virtuelle Verbindung** (Protokollvariante in der Paketvermittlungstechnik) (EDV) / virtual call facility
**Gewährleistung** *f* / warranty *n*, guarantee *n*
**Gewährleistungsanspruch** *m* / warranty claim
**Gewährleistungsdauer** *f* / period of guarantee, period of warranty

**gewalktes Tuch** (Tex) / milled cloth*
**Gewaltbruch** *m* (bei einsinniger Belastung) (Werkz) / forced fracture, overload fracture, forced rupture
**gewalzt•es Glas** (Glas) / rolled glass ‖ ~**e Profile** (Hütt, Masch) / rolled-steel sections*, rolled sections ‖ ~**es Rohglas** (Glas) / roughcast glass
**Gewände** *n* (Bau) / jamb* *n*
**Gewändepfosten** *m* (Bau) / jamb* *n*
**gewandt** *adj* / skilful *adj*, skillful *n* (US)
**Gewandtheit** *f* / skill *n* ‖ ~ (eines IR) (Masch) / dexterity *n*
**gewaschen•e Kohle** (Aufber) / cleaned coal, clean coal ‖ ~**er Sand** / washed sand, well-washed sand
**Gewässer** *n* (Umwelt) / aquatic environment ‖ ~ *n* (Wasserb) / water *n*, waters *pl*, body of water, water body ‖ **innere** ~ (der zwischen Festland und Küstenmeer gelegene Teil der Hoheitsgewässer eines Staates) / internal waters ‖ **stehende** ~ (Wasserb) / stagnant water ‖ **träge fließendes** ~ (Wasserb) / sluggish stream
**Gewässer•aufsichtsbehörde** *f* (Sanitär, Umwelt) / water pollution control authority (board) ‖ ~**ausbau** *m* (Wasserb) / training works*, river training, river improvement, river regulation ‖ ~**belastung** *f* (konkrete Zuordnung zu der Belastungsklasse) (Sanitär) / water pollution load ‖ ~**belüftung** *f* (Sanitär, Umwelt) / aeration of waters ‖ ~**chemie** *f* (Chem) / hydrochemistry *n* ‖ ~**darstellung** *f* (kartografische Darstellung fließender und stehender Gewässer sowie hydrotechnischer Anlagen) (Kart, Verm) / hydrographical surveying* ‖ ~**güte** *f* (fünf Belastungsstufen) (Umwelt) / quality of surface water ‖ ~**kunde** *f* (DIN 4049) / hydrology* *n* ‖ ~**netz** *n* (einer Karte) (Kart) / drainage pattern ‖ ~**schutz** *m* (Sanitär, Umwelt) / water protection ‖ ~**schutz** (Umwelt) / protection of waters, waters protection ‖ ~**versauerung** *f* (Umwelt) / acidification of waters ‖ ~**verschmutzende Substanz** (Sanitär, Umwelt) / water pollutant, water impurity ‖ ~**verschmutzung** *f* (konkrete Zuordnung zu der Belastungsklasse) (Sanitär) / water pollution load ‖ ~**verschmutzung** (Sanitär, Umwelt) / water pollution ‖ ~**verunreinigung** *f* (Sanitär, Umwelt) / water pollution
**Gewebe** *n* (Biol) / tissue* *n* ‖ ~ (Tex) / cloth* *n*, fabric *n*, textile *n*, woven fabric, textile fabric (woven) ‖ ~ **s** *pl*, wovens *pl*, weaves *pl* ‖ **bedrucktes** ~ (Tex) / printer *n*, printed fabric ‖ **beschichtetes** ~ (Tex) / coated fabric* ‖ **broschiertes** ~ (Tex) / broché *n* ‖ **dichtes** ~ (Tex) / tight weave ‖ **dichtgeschlagenes** ~ (Tex) / tight weave ‖ **doppelseitiges** ~ (mit zwei rechten Warenseiten) (Tex) / reversible *n*, double-face[d] fabric, double-face *n* ‖ **durchscheinendes** ~ (Tex) / sheer *n*, sheer fabric ‖ **elastisches** ~ (Tex) / elastic fabric* ‖ **fest eingestelltes** ~ (Tex) / tight weave ‖ **gemustertes** ~ (Tex) / figured fabric ‖ **glattes** ~ (Tex) / plain fabric* ‖ **kettenstarkes** ~ (Tex) / unidirectional cloth ‖ **lanciertes** ~ (Tex) / figured fabric, swivel fabric ‖ **lanciertes** ~ (Tex) / figured fabric, swivel fabric ‖ **leichtes** ~ (Tex) / lightweight fabric ‖ **lockeres** ~ (Tex) / scrim* ‖ **loses** ~ (Tex) / open fabric, open weave, loosely woven fabric ‖ **offenes** ~ (Tex) / open fabric, open weave, loosely woven fabric ‖ **pflanzliches** ~ (Bot) / plant tissue ‖ **plattiertes** ~ (Maschenware) (Tex) / plated fabric ‖ **rautenförmig gemustertes** ~ (Tex) / diaper *n* ‖ **reines** ~ (als Gegensatz zu Mischgewebe) (Tex) / straight fabric ‖ **stuhlrohes** ~ (Tex) / grey fabric, greycloth *n*, loomstate fabric, loom-finished cloth, raw cloth ‖ **technisches** ~ (Tex) / industrial fabric ‖ **verholztes** ~ (Bot, For) / woody tissue* ‖ **verstärktes** ~ (Tex) / reinforced cloth, wadding cloth ‖ **weiterreißfestes** ~ (Plast, Tex) / ripstop *n* (nylon fabric that is woven so that a tear will not spread) ‖ **welliges** ~ (das auf dem Zuschneidetisch nicht glatt aufliegt) (Tex) / baggy cloth, crooked cloth, ridgy cloth, wavy cloth ‖ ~ *n* **aus Schmelzfasern** (Tex) / fusible fabric ‖ ~ **aus Schmelzklebefasern** (Tex) / meltable fabric ‖ ~ **aus tierischen Haaren** (Tex) / hair cloth ‖ ~ **aus Vikunjawolle** (Tex) / vicuña* *n* ‖ ~ **für industrielle Buchbinderei** (Buchb) / publisher's cloth ‖ ~ **mit großem Wärmehaltungsvermögen** (Tex) / thermal fabric ‖ ~ **mit Rhombenmuster** (Tex) / diaper *n* ‖ ~ **mit Testanschmutzung** (Tex) / test-soiled fabric
**Gewebe•ablegevorrichtung** *f* (Tex) / cuttling device, plaiter *n* ‖ ~**äquivalent** *adj* (Radiol) / phantom attr, tissue-equivalent *adj* ‖ ~**aufbau** *m* (Web) / contexture *n* ‖ ~**band** *n* (Eltech, Tex) / textile tape ‖ ~**bandmaß** *n* (nicht eichfähig) (Verm) / linen tape ‖ ~**bank** *f* (Vorratsstelle für konserviertes menschliches Gewebematerial, das für Transplantationen bereitgehalten wird) (Med) / tissue bank ‖ ~**baum** *m* (Web) / cloth beam, cloth roller ‖ ~**bild** *n* (als ästhetische Qualität) (Tex) / fabric appearance ‖ ~**bindung** *f* (Web) / weave *n* ‖ ~**breite** *f* (DIN 53851) (Web) / cloth width ‖ ~**bruch** *m* (Web) / slam-off *n*, smash *n*, break-out ‖ ~**bleibende dehnung** (Tex) / fabric growth ‖ ~**dichte** *f* (Web) / gauge* *n* (knitted fabrics), set* *n* (woven fabrics), density *n*, sett* *n*, thickness *n*, gage *n* ‖ ~**dosis** *f* (Radiol) / tissue dose* ‖ ~**einband** *m* (Buchb) / textile binding ‖ ~**einlage** *f* (in Schläuchen) (Masch) / fabric ply ‖ ~**einlage** (Tex) / textile insert ‖ ~**falz** *m* (Buchb) / cloth joint* ‖ ~**farbband** *n* / fabric ribbon, cloth ribbon ‖ ~**fehler** *m* (Tex) / cloth defect ‖ ~**filter** *n* / fabric filter, cloth

**Gewebefördergurt**

filter, woven-fabric filter ‖ ~**fördergurt** m (des Gurtbandförderers) (Tex) / fabric belt, textile belt ‖ ~**kante** f (meistens eine Randleiste) (Web) / selvedge* n, selvage n (US) ‖ ~**konstruktion** f (Tex) / fabric construction, fabric structure ‖ ~**kultur** f (eine Arbeitstechnik der Zytologie und der Histologie) (Biol) / tissue culture* ‖ ~**kunstleder** n (Tex) / artificial leathercloth, leathercloth* n ‖ ~**lack** m (zum Imprägnieren von Jute-, Hanf-, Leinen- und Baumwollgeweben, von denen vor allem Geschmeidigkeit verlangt wird) (Anstr) / fabric-impregnating varnish ‖ ~**lage** f (der Karkasse) (Kfz) / ply n ‖ ~**länge** f (DIN 53851) (Web) / cloth length ‖ bleibende ~**längung** (Tex) / fabric growth ‖ ~**lehre** f (Med) / histology* n ‖ ~**leiste** f (meistens eine Randleiste) (Web) / selvedge* n, selvage n (US) ‖ ~**papier** n (Pap) / cloth-centred paper ‖ **bandartiger** ~**rand** (Tex) / tape selvedge ‖ **glatter** ~**rand** (Web) / plain selvedge ‖ ~**reißfestigkeit** f (Tex) / grab strength ‖ ~**schauen** n (Tex) / perching* n, inspection n ‖ ~**scheibengelenk** n (Kfz) / rubber universal joint, Hardy disk, flexible coupling ‖ ~**schlauch** m (Tex) / woven hose ‖ ~**schnitt** m (Mikros) / tissue section ‖ ~**strang** m (Tex) / rope n, roping n ‖ ~**struktur** f (Web) / contexture n ‖ ~**tapete** f (Tex) / fabric wallcovering, fabric wall hanging ‖ ~**typisierung** f (Med) / tissue typing* ‖ ~**unterbau** m (des Reifens) (der Gewebeunterbau als Festigkeitsträger) (Kfz) / carcass n ‖ ~**unverträglichkeit** f (Med) / histoincompatibility n, tissue intolerance ‖ ~**verträglichkeit** f (Med) / histocompatibility n, tissue tolerance ‖ ~**wickel** m (Tex) / fabric pack ‖ ~**züchtung** f (eine Arbeitstechnik der Zytologie und der Histologie) (Biol) / tissue culture*

**Gewebs•hormon** n (Biochem) / tissue hormone ‖ ~**unverträglichkeit** f (Med) / histoincompatibility n, tissue intolerance ‖ ~**verträglichkeit** f (Med) / histocompatibility n, tissue tolerance ‖ ~**zerstörung** f **durch Strahleneinwirkung** (Med, Radiol) / radionecrosis n

**gewellt** adj (Oberfläche) / wavy adj ‖ ~**e Feder** (Masch) / zigzag spring ‖ ~**er Federring** (Masch) / wave spring lock washer, wave split lock washer ‖ ~**e Federscheibe** (DIN ISO 1891) (Masch) / wave spring washer ‖ ~**er Polierring** (Masch) / corrugated buff

**gewendelt•e Stufe** (Bau) / winder* n, turret step, turn tread*, wheeler n, wheeling step* ‖ ~**e Stufe zwischen geraden Läufen** (Bau) / kite winder*

**Gewerbe** n (produzierendes) / industry n ‖ ~ (als Erwerbszweig) / trade n ‖ ~ / craft n ‖ ~ (als Tätigkeitsbereich und Beruf) / business n, commerce n, trade n ‖ **grafisches** ~ (Druck) / printing industry ‖ **produzierendes** ~ (Stats) / production industries

**Gewerbe•aufsicht** f / industrial inspection ‖ ~**aufsicht** (Behörde) / industry inspectorate, labour inspectorate, occupational safety inspectorate ‖ ~**gebiet** n / industrial estate ‖ ~**gefriermöbel** n pl / commercial freezer cabinet(s) ‖ ~**hygiene** f (Med) / industrial hygiene, occupational hygiene ‖ ~**kühlschrank** m / commercial refrigerator ‖ ~**- und Industriemüll** m (Sanitär) / commercial and industrial wastes ‖ ~**ordnung** f / industrial code ‖ ~**park** m / industrial estate

**gewerblich, ...für den ~en Gebrauch** / commercial adj ‖ ~**es Abwasser** (Sanitär) / trade effluent*, trade waste water, industrial sewage, industrial waste water ‖ ~ **anwendbar** (Erfindung) / susceptible of industrial application ‖ ~**e Anwendung** (des Patents) / industrial application ‖ ~**es Eigentum** (im gewerblichen Rechtsschutz) / industrial property ‖ ~**e Landung** (Luftr) / revenue stop ‖ ~**e Luftfahrt** (Luftr) / commercial aviation ‖ ~**e Nutzfläche** (Bau) / commercial area ‖ ~**er Rechtsschutz** / protection of industrial property ‖ ~**es Schutzrecht** / industrial property right ‖ ~**e Verwendung** (z.B. eines Patents) / commercial utilization

**Gewerk** n / craft n

**Gewerkschaft, bergbaurechtliche** ~ (in der BRD zum 31.12.1985 aufgelöst) (Bergb) / mining company

**gewerkschaftliche Kampfmaßnahme** (F.Org) / industrial action, job action

**Gewerkschaftsbund, Deutscher** ~ / German Trade(s) Union Federation

**Gewicht** n (z.B. einer Kante in einem Grafen) / weight n ‖ ~ (des Flachglases in g pro Fläche) (Glas) / substance* n ‖ ~ (einer Hypothese) (KI) / weight n ‖ ~ (Math, Stats) / weighting factor*, weight n ‖ ~ (Phys) / weight* n, balance weight (calibrated) "**Gewicht**" n (Phys) / weight* n, wt., wt

**Gewicht, mit einem** ~ **belastet** (Masch) / weighted adj ‖ **totes** ~ (Kfz) / dead weight ‖ **(ab)gefedertes** ~ (Kfz) / sprung weight ‖ ~ n **für Harnischfäden** (Web) / lingo* n (pl. lingoes) ‖ ~ **nach dem Äscherverfahren** (Leder) / white weight

**gewichtet** adj (KI, Stats) / weighted adj ‖ ~**er Graf** (KI) / weighted graph ‖ ~**er Kode** (EDV) / weighted code ‖ ~**es Mittel** (Math) / weighted mean, weighted average

**Gewichts•analyse** f (Chem) / gravimetric analysis* ‖ ~**analytisch** adj (Chem) / gravimetric adj ‖ ~**ausbringen** n (Verhältnis von Rohkohlenförderung zur absatzfähigen Kohle) (Bergb) / loss of vend* ‖ ~**belastet** adj (z.B. Sicherheitsventil) / weight-loaded adj ‖ ~**belastete Sprühelektrode** (des Elektrofilters) / weight-tensioned discharge electrode ‖ ~**faktor** m (Math, Stats) / weighting factor*, weight n ‖ ~**funktion** f (Math) / weighting function ‖ ~**holz** n (das nach Masse gehandelt wird) (For) / mass timber (sold in accordance with its weight) ‖ ~**klasse** f (z.B. bei Fracht) / weight category ‖ ~**kraft** f (das Produkt aus der Masse eines Körpers und der örtlichen Fallbeschleunigung nach DIN 1305) (Phys) / weight* n, wt., wt ‖ ~**losigkeit** f (Phys, Raumf) / weightlessness* n, zero-g* n, zero gravity ‖ ~**mäßiges Betonmischen** (Bau, HuT) / weigh batching (of concrete) ‖ ~**mittel** n (Math, Stats) / weight average ‖ ~**molare Lösung** (Chem) / molal solution ‖ ~**prozent** n (Prozentanteil bezogen auf das Gewicht des Stoffes) / percentage by weight, weight percent, wt % ‖ ~**reduzierung** f / weight reduction ‖ ~**satz** m / set of weights ‖ ~**schwund** m (Tex) / loss n, decrease in weight ‖ ~**staumauer** f (HuT) / gravity dam* ‖ ~**stützmauer** f (Bau, HuT) / gravity retaining wall

**Gewichtstück** n (DIN 1305) / weight* n, balance weight (calibrated) ‖ ~ **des Lotes** (Bau, Verm) / plumb-bob* n, plummet* n, plumb n

**Gewichts•verlust** m (Tex) / loss n, decrease in weight ‖ ~**zunahme** f / increase in weight, gain in weight ‖ ~**zunahme** (Phys) / gain in weight, weight increase, increase in weight, mass increase ‖ ~**zunahme** (Tex) / gain n

**Gewichtung** f (Math, Stats) / weighting n, weight n

**gewickelt** adj (Spule) (Eltech) / wound adj ‖ **auf Abstand** ~ (Eltech) / space-wound adj ‖ **gegenläufig** ~ (Eltech) / oppositely wound ‖ **verteilt** ~ (Eltech) / distributed-wound adj ‖ ~**e Isolierung** (Eltech) / lapped insulation ‖ ~**er Läufer** (Eltech) / slip-ring rotor*, wound rotor*

**Gewinde** n (ISO 5408) (Masch) / thread* n ‖ ~**- (Masch) / threaded adj ‖ asymmetrisches** ~ (z.B. für Knochenschrauben nach DIN 58810) (Masch) / asymmetrical thread ‖ **außenliegendes** ~ (der Spindel) (Masch) / outside screw (of the stem) ‖ **dreigängiges** ~ (Masch) / three-start thread, triple thread ‖ **kegeliges** ~ (DIN 158) (Masch) / taper thread, taper screw thread ‖ **mehrgängiges** ~ (Masch) / multistart thread*, multiple thread ‖ **metrisches** ~ (DIN 13, 14) (Masch) / metric (screw) thread* ‖ **mit** ~ (Masch) / threaded adj ‖ **ohne** ~ (Masch) / unthreaded adj, plain adj ‖ **vollausgeschnittenes** ~ (Masch) / full thread* ‖ **zweigängiges** ~ (Masch) / two-start thread*, double-start thread ‖ **zylindrisches** ~ (Masch) / parallel screw thread, straight thread ‖ ~ **für Fahrräder** (DIN 79012) (Masch) / cycle thread, BSC screw thread (GB), British Standard cycle thread ‖ ~ **für Lampenfassungen** (DIN 49689) (Eltech) / barrel thread for lampholders ‖ ~ **für Mikroskopobjektive** (Mikros) / microscope objective thread (US) ‖ ~ **für Pumpgestänge** (Erdöl) / API sucker rod (US) ‖ ~ **für Schlauchkupplungen** / hose-coupling thread ‖ ~ **für Übermaßpassungen** (Masch) / interference-fit thread (US) ‖ ~ **herstellen** (Masch) / thread v

**Gewinde•Abwälzschneiden** n (Masch) / thread generating ‖ ~**anschluß** m (Masch) / screwed end ‖ ~**auslauf** m (Masch) / run-out of thread, thread run-out, end of thread ‖ ~**backe** f (Masch) / threading die, screw die ‖ ~**bearbeitungsmaschine** f (Masch) / threading machine, screwing machine ‖ ~**bezeichnung** f (Masch) / thread specification ‖ ~**bohreinheit** f (Masch) / tapping unit ‖ ~**bohreinrichtung** f (Masch) / thread tapper, tapping attachment ‖ ~**bohren** n (eines Innengewindes mit einem Gewindebohrer) (Masch) / tapping* n ‖ ~**bohrende Schraube** (Masch) / self-drilling screw ‖ ~**bohrer** m (Masch) / tap* n ‖ ~**zusammenklappbarer** ~**bohrer** (zur Erzeugung von Innengewinden) (Masch) / collapsible tap* ‖ **spreizbarer** ~**bohrer** (Masch) / expanding tap, expansion tap (US) ‖ **sehr langer** ~**bohrer** (Masch) / stay tap* ‖ ~**bohrer** m **Nr. 3** (beim dreiteiligen Satz) (Masch) / plug tap*, bottoming tap*, third-tap* n ‖ ~**bohrer Nr. 2** (Masch) / second tap*, intermediate tap ‖ ~**bohrer Nr. 1** (Masch) / taper tap*, first-cut tap ‖ ~**bohrung** f (Masch) / tap hole, tapped hole, threaded hole ‖ ~**bolzen** m (DIN 976) (Masch) / stud bolt, threaded bolt ‖ ~**bolzen** (Masch) s. auch Stiftschraube ‖ ~**buchse** f (Masch) / tapped bush, threaded bushing ‖ ~**büchse** f (ein Hohlkörper, der sich beim Eindrehen in eine Bohrung sein Gewinde selbst schneidet) (Masch) / thread repair insert, thread insert ‖ ~**drehen** n (Schraubdrehen mit Vorschubbewegung parallel zur Drehachse des Werkstücks zur Herstellung von Außen- und Innengewinde mit Gewindemeißel) (Masch) / thread turning ‖ ~**drehmaschine** f (Masch) / threading lathe ‖ ~**drehmeißel** m (Werkz) / screw-cutting tool, thread cutting tool, lathe threading tool ‖ ~**drücken** n (von Rundgewinden an dünnwandigen Hohlkörpern) (Masch) / thread spinning ‖ ~**durchmesser** m (Masch) / thread diameter ‖ ~**einsatz** m (z.B. Helicoil) (Masch) / thread insert, wire-thread insert, aero-thread insert ‖ ~**einstechschleifen** n **mit mehrprofiligem Schleifkörper** (Masch) / multi-rib plunge-cut thread grinding ‖ ~**-Einzahnfräsen** n (Masch) / thread whirling, thread peeling, fly cutting (US) ‖ ~**ende** n (Masch) / thread end ‖ ~**feile** f (Werkz) / thread file ‖ ~**fertigen** n (Masch) / threading n, thread production ‖ ~**fertigung** f (Masch) / threading n, thread production

~flanke f (DIN 2244) (Masch) / flank* n, thread flank ‖ ~flansch m (Masch) / screwed flange ‖ ~form f (Masch) / thread form ‖ ~formen n (Masch) / forming of thread, cold-form tapping ‖ ~formende Schraube (Masch) / thread-forming screw ‖ ~former m (zur Erzeugung von Innengewinden durch Kaltumformen) (Masch) / cold-forming tap ‖ ~fräsen n (Masch) / thread milling ‖ ~freistich m (DIN 918) (Masch) / thread undercut, undercut of thread ‖ ~furchen n (Erzeugung von Innengewinden durch Kaltumformen in Werkstoffen von geringer bis mittlerer Festigkeit - nach DIN 8583) (Masch) / forming of thread, cold-form tapping ‖ ~furchende Schraube (Masch) / thread-forming screw ‖ ~gang m (DIN 2244) (Masch) / flight* n ‖ ~ganganzeiger m (Masch) / thread-dial indicator* ‖ ~grund m (DIN 13 und 2244) (Masch) / thread root ‖ theoretisches dreieckiges ~-Grundprofil (Masch) / fundamental triangle ‖ ~herstellung f (Masch) / threading n, thread production ‖ ~kerndurchmesser m (Masch) / inside diameter, thread minor diameter ‖ ~kopf m (bei der Zugprüfung) (WP) / threaded specimen end ‖ ~länge f (Masch) / thread length ‖ ~länge (bei der Zündkerze) (V-Mot) / reach n ‖ ~länge des Einschraubendes (Masch) / thread length of the stud ‖ ~längsschleifen n (Masch) / thread traverse grinding ‖ ~lehrdorn m (Masch) / thread plug gauge, screw plug gauge ‖ ~lehrdorn (für Muttergewinde) (Masch) / thread plug gauge ‖ ~lehre f (Prüflehre für Außen- oder Innengewinde) (Masch) / thread gauge, screw-threaded gauge, screw-pitch gauge ‖ ~lehrring m (für Bolzengewinde) (Masch) / thread ring gauge ‖ ~loch n (Masch) / tap hole, tapped hole, threaded hole ‖ ~muffe f (ein Rohrverbindungselement) (Klemp, Masch) / pipe coupling* ‖ ~muffe (Masch) / screwed socket ‖ ~nachschneiden n (Masch) / rethreading n ‖ ~nippel m (Masch) / threaded nipple ‖ ~profil n (der Umriß eines Gewindes im Ax̆ssschnitt nach DIN 2244) (Masch) / thread profile, thread shape ‖ ~rille f (Masch) / thread groove ‖ ~rohr n (DIN 2440 und 2441) (Hütt) / threaded pipe, threaded tube ‖ mittelschweres ~rohr (DIN 2440) (Hütt) / medium-weight threaded tube ‖ ~rollbacke f (Masch) / thread-rolling die ‖ ~rollen n (Masch) / thread rolling*, cylindrical die thread rolling ‖ ~rollkopf m (Masch) / cylindrical thread-rolling die head ‖ ~schaft m (Masch) / screwed shank ‖ ~schälen n (Masch) / thread whirling, thread peeling, fly cutting (US) ‖ ~-Schlagzahnfräsen n (Masch) / thread whirling, thread peeling, fly cutting (US) ‖ ~schleifen n (DIN 8589, T 2) (Masch) / thread grinding* ‖ ~schneidbacke f (Werkz) / die* n, screwing die* ‖ ~schneideinrichtung f (Gewindebohren) (Masch) / machine tapper ‖ ~schneideinrichtung (Masch) / screw-cutting attachment, thread-cutting attachment, screwing attachment ‖ ~schneiden n (mit Schneideisen oder Schneidkluppen) (Masch) / screw-cutting n, thread cutting ‖ ~schneiden in Bohrungen (Masch) / tapping* n ‖ ~schneiden mit dem Schneidkopf (Masch) / thread die cutting, threading die cutting ‖ ~schneidende Schraube (Masch) / thread-cutting screw ‖ ~schneidkluppe f (Werkz) / screw plate*, adjustable die-stock, screw plate stock, tap plate, tap wrench (US) ‖ ~schneidkopf m (der Gewindeschneidmaschine) (Masch) / die head*, die box* ‖ ~schneidkopf (der Gewindeschneidkluppe) (Masch) / die-stock* n, screw stock ‖ selbstauslösender ~schneidkopf (Masch) / self-opening die, opening die, self-opening die head ‖ [selbstauslösender] ~schneidkopf für Innengewinde (Masch) / collapsible tap* ‖ ~schneidmaschine f (Masch) / threading machine, screwing machine*, thread cutting machine ‖ ~schneidschraube f (DIN 7513) (DIN 7513 - die selbst das Gewinde in das Kernloch schneidet) (Masch) / thread-cutting screw, self-cutting screw ‖ selbstschneidende ~schraube (Masch) / tapping screw, self-tapping screw, self-cutting screw ‖ ~sockel m (ein Glühlampensockel) (Eltech) / screw-cap n ‖ ~spindel f (bei Fräsmaschinen) (Masch) / work gear spindle ‖ ~spitze f (DIN 2244) (Masch) / thread crest ‖ ~stange f (Masch) / threaded rod ‖ ~steigung f (Masch) / thread lead ‖ ~stift m (kopflose Schraube mit Schlitz oder Innensechskant, bei der sich das Gewinde im Ggs. zur Schaftschraube über den ganzen Bolzen erstreckt) (Masch) / setscrew n (US), grub screw* ‖ ~stift mit Innensechskant, Schaft und Kegelkuppe (Masch) / hexagon socket headless screw with flat chamfered end ‖ ~stift mit Schaft (Masch) / headless screw ‖ ~stift mit Schlitz, Schaft und Kegelkuppe (Masch) / slotted headless screw with flat chamfered end ‖ ~stift mit Schlitz und Ringschneide (DIN 427) (Masch) / slotted setscrew with a cup point ‖ ~stift mit Schlitz und Spitze (Masch) / slotted setscrew with cone point ‖ ~stift mit Schlitz und Zapfen (DIN 427) (Masch) / slotted setscrew with a full dog point ‖ ~strehlen n (Masch) / screw chasing*, thread chasing ‖ ~strehler m (Masch) / chaser* n, comb tool ‖ ~teilung f (Masch) / pitch n, thread pitch ‖ ~tiefe f (DIN 13) (Masch) / thread depth, depth of thread ‖ ~toleranz f (Masch) / thread tolerance n ‖ ~verbindung f (Masch) / threaded joint ‖ ~walzbacke f (Masch) / thread-rolling die ‖ ~walzdorn m (Masch) / thread-rolling mandril ‖ ~walzen n (DIN 8583, T 2) (Masch) / thread rolling*, cylindrical die thread rolling ‖ ~wirbeln n (eine Verfahrensvariante des Fräsens) (Masch) / thread whirling, thread peeling, fly cutting (US) ‖ ~zahn m (zwischen den Gewindeflanken) (Masch) / ridge n ‖ ~zapfen m (Masch) / male screwed end ‖ ~zwischenstück n (für Leuchtenanschluß) (Eltech) / hickey n, hicky n

**gewinkelte Konformation** (von Kohlenstoffringen) (Chem) / puckered conformation

**Gewinn** m (positives Unternehmungsergebnis) / profit n, earnings pl, net income ‖ ~ (das durch die Spielregeln festgelegte Ergebnis einer Partie) / gain n, profit n ‖ ~ (ein logarithmisches Verhältnis zwischen zwei Werten der gemessenen Größe in Dezibels) (Akus) / gain n

**gewinnbar • e** (erschlossene, nachgewiesene) **Vorräte** (Bergb) / developed reserves, assured mineral ‖ **~es Wasser** (Geol) / gravity groundwater

**Gewinnbeteiligungssystem** n (F.Org) / profit-sharing scheme

**gewinnbringend** adj (finanziell) / profitable adj, lucrative adj

**gewinnen** v (bei einer Reaktion) / obtain v ‖ ~ (Bergb) / win v, mine v, extract v ‖ ~ (bei Spielen) (EDV, KI) / win v ‖ ~ sprengend ~ (mit Sprengarbeit) (Bergb) / shoot v, blast v

**Gewinn • funktion** f (Stats) / pay-off function ‖ ~matrix f (in der Spieltheorie) (Math) / pay-off matrix ‖ ~rücklage f / retained earning, revenue reserve ‖ ~schwellenanalyse f / breakeven point analysis, breakeven analysis ‖ ~situation f (EDV, KI) / winning situation ‖ ~spanne f / profit margin ‖ ~strategie f (EDV, KI) / winning strategy

**Gewinnung** f (Bergb) / winning n, mining n, extraction n ‖ ~ (primäre, sekundäre, tertiäre) (Erdöl) / recovery n, production n, exploitation n ‖ **hydromechanische ~** (von Gold, von Kohle) (Bergb) / hydraulicking* n, hydraulic excavation, hydroextraction n, hydraulic extraction, hydromechanization n, hydraulic mining* ‖ **sekundäre ~** (Erdöl) / secondary recovery*, secondary production n ‖ **selektive ~** (Bergb) / selective mining ‖ **selektive ~ von hochwertigem Erz** (Bergb) / high grading* ‖ **tertiäre ~** (Erdöl) / tertiary recovery*, tertiary production* ‖ ~ f auf Seifenlagerstätten (Bergb) / placer mining, alluvial mining* ‖ ~ der thermischen Energie von heißen trockenen Gesteinsmassen / hot-dry-rock process ‖ ~ mit Bagger (Bergb) / strip mining ‖ ~ von Metallen durch Elektrolyse (ein Teil der Elektrometallurgie) (Eltech, Hütt) / electrowinning* n, electroextraction* n

**Gewinnungs • art** f (Bergb) / exploitation art, exploitation method, mining method ‖ ~hauer m (Bergb) / getter n, breaker n, faceman n, coal getter ‖ ~maschine f (Bergb) / winning machine, miner n, getter n, mining machine ‖ ~phase f (primäre, sekundäre, tertiäre) (Erdöl) / recovery n, production n, exploitation n ‖ **primäre ~phase** (das Erdöl wird durch den natürlichen Lagerstättendruck zur Fördersonde getrieben) (Erdöl) / primary recovery*, primary production* ‖ **sekundäre ~phase** (während der der Druck meist durch Einpressen von Wasser oder Gas aufrechterhalten wird) (Erdöl) / secondary recovery*, secondary production* ‖ **tertiäre ~phase** (dem Flutwasser werden Chemikalien zugesetzt oder das Erdöl wird in der Lagerstätte erwärmt) (Erdöl) / tertiary recovery*, tertiary production* ‖ ~rate f (gewinnbarer Anteil von "Öl in situ") (Erdöl) / recovery factor ‖ ~stoß m (Bergb) / working face

**Gewinnzug** m (EDV, KI) / winning move

**Gewirke** n (Tex) / knits pl, knitwear* n, hosiery n (GB)* ‖ ~ (Tex) / knitwear* n, piece of knitting, knittings pl, knits pl, hosiery n

**gewirkt • e Tapete(n)** (Tex) / tapestry n ‖ **~er Teppich** (Tex) / knitted carpet

**Gewirr** n / tangle n

**gewirtelte Säule** (Arch) / column with a shaft-ring

**Gewißheit** f (KI) / certainty n

**Gewißheitsgrad** m (KI) / certainty factor, CF

**Gewitter** n (Meteor) / thunderstorm n ‖ ~elektrizität f (Elektr) / thunderstorm electricity ‖ ~schwül adj (Meteor) / sultry adj (hot and humid) ‖ ~tag m (an dem im Verlauf von 24 Stunden mindestens ein Gewitter beobachtet wurde) (Meteor) / thunderstorm day ‖ ~wolke f (Meteor) / thundercloud n ‖ ~zelle f (Meteor) / thunderstorm cell

**GewO** / industrial code

**gewogen • es Mittel** (Math) / weighted mean, weighted average ‖ **~er Mittelwert** (Math) / weighted mean, weighted average

**gewöhnlich** adj / plain adj ‖ ~ (Math) / ordinary adj ‖ **~e Besselsche Funktion** (Math) / Bessel function of the first kind*, Bessel function of order n*, cylinder function ‖ **~e Differentialgleichung** (Math) / ordinary differential equation* ‖ **~er Doppelpunkt** (Math) / crunode n ‖ **~e Fichte** (Picea abies (L.) Karst.) (For) / Norway spruce n ‖ **~e Kornrade** (das Getreideunkraut Agrostemma githago L.) (Bot, Landw) / corncokle n ‖ **~es Licht** (Licht) / ordinary light ‖ **~er Nagekäfer** (ein tierischer Holzschädling) (For) / anobium beetle ‖ **~e Platane** (acer x hispanica Münchh.) (For) / London plane*, sycamore* n (US), American sycamore, English plane ‖ **~er Strandhafer** (Bot) / marram n, marram grass ‖ **~er Vollziegel** (Bau) / common brick* ‖ **~er Ziegel** (Bau) / common brick*

**Gewöhnung** f (Pharm) / habituation n
**Gewölbe** n (Bau) / vault* n ‖ ~ (Glas) / crown n, cap n ‖ ~ (Hütt) / crown n ‖ **abgeflachtes** ~ (Arch) / surbased vault ‖ **ellipsoidisch** (räumlich) **gekrümmtes** ~ (Arch) / barrel vault*, annular vault*, wagon vault*, tunnel vault*, cradle vault, cylindrical vault ‖ **gedrücktes** ~ (Arch) / surbased vault ‖ **schiefes** ~ (Arch) / oblique arch* ‖ **schiefwinkliges** ~ (Arch) / skew-arched vault
**Gewölbe•bogen** m (Bau) / arch* n ‖ ~**bogen** (quer zur Längsachse eines Gewölbes) (Arch) / transverse arch ‖ ~**druckkommutator** m (Eltech) / arch-bound commutator ‖ ~**feld** n (Einzelelement eines größeren Gewölbesystems) (Bau) / trave n, severy* n, civery* n ‖ **äußere** ~**fläche** (Bau) / extrados* n, back n ‖ ~**grat** m (Arch, Bau) / groin* n ‖ ~**joch** n (Bau) / trave n, severy* n, civery* n ‖ ~**kappe** f (Arch) / vault n, crown n ‖ ~**leibung** f (die Untersicht des Gewölbes) (Bau) / intrados* n ‖ ~**pfeilersperre** f (eine aufgelöste Staumauer) (Wasserb) / multiple-dome dam, multiple-arch dam, multiple-arch-type dam ‖ ~**rippe** f (Arch) / rib* n, nerve* n, nervure* n ‖ ~**rücken** m (Bau) / extrados* n, back n ‖ ~**scheitel** m (Bau, HuT) / soffit n, crown n, vertex n (pl. vertices or vertexes) ‖ ~**schub** m (die Kraft, mit der ein Gewölbe oder ein Bogenträger auf seine Widerlager seitlich nach außen drückt) (Arch, Bau) / thrust* n ‖ ~**staumauer** f (HuT, Wasserb) / arch dam* ‖ ~**stein** m (Bau) / arch stone*, voussoir* n, arch brick* ‖ ~**stirnmauer** f (Umfassungsmauer eines überwölbten Raumes) (Arch) / spandrel wall* ‖ ~**tropfen** m (Glas) / crown drop, furnace drop, tank drop ‖ ~**verschneidungslinie** f (Arch, Bau) / groin* n ‖ ~**widerlager** n (Arch) / skewback* n ‖ ~**zwickel** m (ein überleitendes Element im allgemeinen) (Arch) / spandrel* n, spandril n
**gewölbt** adj / dished* adj, concave adj ‖ ~ (nach oben) / domed adj, convex adj ‖ ~ (z.B. Kellerdecke) (Arch) / vaulted adj, arched adj ‖ ~ (Windschutzscheibe) (Kfz) / arched adj ‖ ~ (Masch) / dished adj ‖ **nach außen** ~ / curving outwards ‖ **nach innen** ~ / curving inwards ‖ ~**er Boden** (Glas) / pushed punt*, push-up* n ‖ ~**e Decke** (eines Ofens) (Hütt) / crown n ‖ ~**e Federscheibe** (DIN ISO 1891) (Masch) / curved spring washer ‖ ~**er Raum** (Arch) / vaultage n ‖ ~**er Spiegel**, dessen spiegelnde Oberfläche eine nicht entartete Fläche zweiter Ordnung bildet (z.B. ein Paraboloid) (Opt) / conic mirror
**gewolfte Wolle** (Tex) / willowed wool
**gewunden** adj / snaking adj, snaky adj, tortuous adj ‖ ~ / winding adj ‖ ~**e Feder** (Masch) / coil spring, coiled spring
**gewürfelt** adj / checkered adj (US), chequered adj
**Gewürz** n (z.B. Früchte, Samen, Blüten, Rhizome usw.) (Nahr) / spice n ‖ **Extraktkonzentration von** ~**en** (Chem) / oleoresin n ‖ ~**essig** m (Nahr) / seasoned vinegar (with spices) ‖ ~**extrakt** m n (Nahr) / spice extract ‖ ~**mischung** f (Nahr) / condiment n, seasoning n ‖ ~**nelkenöl** n (aus Syzygium aromaticum (L.) Merr. et L.M. Perry) / clove(s) oil*, oil of cloves*, caryophyllus oil ‖ ~**pflanze** f (Bot, Nahr) / spice plant
**gewürzt** adj (gut) (Pharm) / savoury adj, savory adj (US), spicy adj, picante adj, pungent adj
**Gewürz•waren** f pl (Nahr) / spices pl, spicery n ‖ ~**waren** (Nahr) / spicery n ‖ ~**zubereitung** f (Nahr) / condiment n, seasoning n
**Geyserit** m (Geol) / siliceous sinter*, geyserite* n, fiorite n
**Geysir** m (heiße Quelle, die in meist regelmäßigen Zeitabständen mit großer Kraft eine bis zu 60 m hohe Wasserfontäne ausstößt) (Geol) / geyser* n, gusher* n
**gezackt** adj (sägeartig) / serrate* adj, dentate* adj ‖ ~ (Masch) / jagged adj, nicked adj ‖ ~**er Betonstabstahl** (HuT) / indented bar*
**Gezähe** n (Bergb) / miner's tools
"**gezähmte**" **Frequenzmodulation** (Fernm) / tamed frequency modulation, TFM
**gezahnt** adj (sägeartig) / serrate* adj, dentate* adj ‖ ~ **ausgebildeter skalenoedrischer Kalzit** (Min) / dog-tooth spar* ‖ ~**e Bohrkrone** (Bergb) / castellated bit ‖ ~**er Impuls** (Eltech) / serrated pulse, serrated impulse ‖ ~**er Keilriemen** (ein formschlüssiger Riemen mit Quernuten in der Profilinnenfläche zur Erhöhung der Biegewilligkeit) (Masch) / cogged V-belt ‖ ~**er Räumschild** (HuT) / rake blade ‖ ~**er Rohrschlüssel** (Masch) / alligator wrench ‖ ~**er Spachtel** (Bau) / drag* n, scratcher* n, wire comb*
**gezähnt** adj (sägeartig) / serrate* adj, dentate* adj
**gezeichneter Bindepunkt** (Web) / raiser n
**Gezeit, eintägige** ~ (Ozean) / diurnal tide
**Gezeiten•** - (Ozean) / tidal adj ‖ **atmosphärische** ~ (Geophys) / atmospheric tides* ‖ ~ f pl **der Atmosphäre** (halbtägige, ganztägige oder monatliche Schwankungen des Luftdrucks mit den entsprechenden Sonnen- und Mondperioden) (Geophys) / atmospheric tides* ‖ ~ **des Erdkörpers** (durch die Anziehungskraft zwischen Sonne, Mond und Erde erzeugte Gezeitenwelle der festen Erdkruste) (Geophys) / earth tides ‖ ~**bereich** n (Bot, Geog, Zool) / littoral zone*, littoral* n ‖ ~**diagramm** n (Ozean, Schiff) / marigram* n ‖ ~**energie** f (Ozean) / tidewater energy, tidal energy, tidal power ‖ ~**erzeugend** adj (Kraft) (Ozean) / tide-generating adj ‖ ~**fluß** m (Ozean, Wasserb) / tidal river ‖ ~**hub** m (Mittel aus Tidenstieg und Tidenfall) (Ozean) / tidal range, range of tide, tidal lift ‖ ~**kraftwerk** n (Eltech, Ozean) / tidal power station, tidal power plant ‖ ~**kräuselung** f (Logbuchstabe T.) (Ozean, Schiff) / tide rips ‖ ~**marsch** f (Geol) / tidal marsh, tidal flat ‖ ~**pegel** m (Ozean, Verm) / tide gauge* ‖ ~**reibung** f (die Reibung der durch die Gezeiten bewegten Wassermassen der Erde) (Astr, Wasserb) / tidal friction* ‖ ~**strom** m (Ozean) / tidal current, tidal race ‖ ~**stromellipse** f (Ozean) / tidal-current ellipse ‖ ~**strömung** f (Ozean) / tidal current, tidal race ‖ ~**tafel** f (Ozean) / tidal table, tide table ‖ ~**tor** n (Ozean, Wasserb) / tide gate, tidal gate, flood-tide gate ‖ ~**verspätung** f (Ozean) / lag of tide, lagging of tide ‖ ~**welle** f (Ozean) / tidal wave
**Gezeugstrecke** f (Bergb) / drift* n, head* n
**gezogen** adj (Flugzeug) (Luftf) / nose-up attr ‖ ~**e Dose** (Hütt, Nahr) / drawn can ‖ ~**er Plüsch** (Tex) / uncut plush ‖ ~**er Stab** (Mech) / tension rod*, tie rod* ‖ ~**er Transistor** (Eltronik) / grown junction transistor ‖ ~**er Übergang** (Eltronik) / grown junction*, ground junction ‖ ~**e und abgestreckte Dose** (Hütt, Nahr) / drawn and ironed can, D and I can ‖ ~**e und weitergezogene Dose** (Hütt, Nahr) / drawn and redrawn can, DRD can
**gezontes Format** (EDV) / zoned format
**gezopft•er Draht** (für Bürsten) / spiral-twisted wire ‖ ~**e Topfbürste** / spiral twist wire cup brush
**gezündet, nicht** ~ (Eltronik) / unfired* adj ‖ **nicht** ~ (Raketenstufe) (Raumf) / inert adj
**gezwieselt** adj (For) / crotched adj
**gezwirnt** adj (Garn) (Spinn) / twisted adj ‖ **zweifach** ~ (Spinn) / double-twisted adj ‖ ~**es Handstrickgarn** (Tex) / fingering* n ‖ ~**e Seide** (Tex) / thrown silk, nett silk, net silk, mouliné twist
**g-Faktor** m (atomarer) (Phys) / Landé splitting factor*, Landé g factor, spectroscopic splitting factor, gyromagnetic ratio, magnetomechanical factor
**GFB** (Bau, HuT) / glass-fibre-reinforced concrete, GRC
**GFC** (Chem) / gel permeation chromatography, liquid-exclusion chromatography, exclusion chromatography, gel-filtration chromatography, gel chromatography, size-exclusion chromatography*, gel filtration, molecular-sieve chromatography, molecular exclusion chromatography ‖ ~ (Gelchromatografie) (Chem) / gel filtration
**GFC-Verfahren** n / gas-filter-correlation process
**GFK** (Plast) / glass-fibre reinforced plastics ‖ ~**-Karosserie** f (Kfz) / GRP body, fibreglass bodywork, fiberglass bodywork (US) ‖ ~**-Schiff** n (Schiff) / GRP ship
**GFP** (Biochem) / green fluorescent protein, GFP
**GG** (Med) / gamma globulin*, GG
**GGA-Anlage** f (TV) / community antenna television* (system) (CATV), central-antenna television, master antenna television (US) (MATV)
**GGG** (Eltronik) / gadolinium-gallium garnet (GGG, G³) ‖ ~ (Hütt) / spheroidal graphite cast iron, nodular cast iron, SG iron*, ductile cast iron*, spherulitic graphite cast iron*
**gg-Kerne** m pl (Kerne mit gerader Protonenzahl und gerader Neutronenzahl) (Kernphys) / even-even nuclei*
**GGL** (GG) (Hütt) / grey iron*, grey cast iron
**GGR** (Nukl) / gas-cooled graphite-moderated reactor, gas-graphite reactor
**g.g.T.** (Math) / greatest common divisor, gcd, highest common factor, G.C.D.
**ggT** (Math) / greatest common divisor, gcd, highest common factor, G.C.D.
**GGV** (Hütt) / compacted graphite cast iron*, CG iron*, vermicular iron
**gg-Zahl** f (Feinheitsbezeichnung für Cotton- und Raschelmaschinen) (Tex) / gauge* n, gage n
**G.H.** (Chem) / total hardness (of water)
**Ghattigummi** n (ein Polysaccharid, meistens aus Anogeissus latifolia (Roxb. ex DC.) Wall. ex Bedd. oder Acacia nilotica (L.) Willd. ex Del.) / ghatti gum, gum ghatti, gum gattie, Indian gum
**G-Horizont** m (ein A-Teilhorizont) (Landw) / G-horizon n
**Ghosting** n (Anstr) / ghosting n
**GHWP** (Umwelt) / greenhouse warming potential
**Giacoletto-Transistor-Ersatzschaltung** f (Eltronik) / Giacoletto equivalent network
**Giaever-Tunneleffekt** m (Durchgang einzelner Elektronen durch eine Grenzschicht zwischen zwei Supraleitern oder einem Supraleiter und einem Normalleiter, wenn eine Potentialdifferenz zwischen diesen besteht - nach I. Giaever, geb. 1929) (Elektr) / Giaever tunnelling, Giaever normal electron tunnelling
**Giam** n (For) / merawan n (a heavy heartwood), giam n
**Gibberellin** n (Stoffklasse natürlicher Pflanzenwuchshormone) (Biochem) / gibberellin* n ‖ ~**säure** f (Gibberellin A₃) (Biochem) / gibberellic acid*
**Gibbs•-Duhem-Gleichung** f (Chem) / Gibbs-Duhem equation (a relation between the chemical potential and concentration of

species in a mixture at constant temperature and pressure), Duhem equation ‖ ⁓-**Energie** *f* (Kurzzeichen G) (Phys) / Gibbs' function*, Gibbs' free energy*, free enthalpy, G ‖ ⁓-**Funktion** *f* (in der Thermodynamik) (Phys) / Gibbs' function*, Gibbs' free energy*, free enthalpy, G ‖ ⁓-**Helmholtzsche Gleichung** (der Thermodynamik) (Phys) / Gibbs-Helmholtz equation*, Gibbs-Helmholtz relation, equation of maximum work*

**Gibbsit** *m* (monoklines Aluminiumhydroxidmineral) (Min) / hydrargillite* *n*, gibbsite* *n*

**Gibbssch•e Adsorptionsgleichung** (Phys) / Gibbs adsorption equation (the relation between surface tension and adsorption) ‖ ⁓**es Phasengesetz** (nach J.W. Gibbs, 1839-1903) (Phys) / Gibbs' phase rule*, phase rule*, Gibbs rule ‖ ⁓**e Phasenregel** (Phys) / Gibbs' phase rule*, phase rule*, Gibbs rule ‖ ⁓**es Potential** (Phys) / Gibbs' function*, Gibbs' free energy*, free enthalpy, G

**Gibson-Bewertung** *f* (eine Mischung von Operationen, die einen Vergleich der Geschwindigkeit verschiedener Rechner ermöglicht) (EDV) / Gibson mix

**Gibson-Mix** *m* (ein Befehlsmix) (EDV) / Gibson mix

**Gicht** *f* (Beschickungsmenge bei intermittierender Beschickung des Hochofens) (Hütt) / charge* *n*, burden *n*, stock *n* ‖ ⁓ (des Hochofens) (Hütt) / throat *n*, charging hole, furnace throat, furnace top ‖ ⁓ (der obere Teil eines Schachtofens im allgemeinen) (Hütt) / shaft-furnace top, shaft-furnace mouth ‖ ⁓**aufzug** *m* (Hütt) / blast-furnace hoist, blast-furnace elevator ‖ ⁓**bühne** *f* (des Kupolofens) (Gieß) / charging platform ‖ ⁓**bühne** *m* (des Hochofens) (Hütt) / charging platform, charging floor, charging gallery

**Gichtenfolge** *f* (Hütt) / cycle of charges

**Gicht•gas** *n* (das bei der Herstellung von Roheisen im Hochofen entsteht) (Hütt) / blast-furnace gas ‖ ⁓**gasabzugsrohr** (Hütt) / downtake* *n*, downcomer* *n* ‖ ⁓**gasgebläse** *n* (Hütt) / gas-driven blower ‖ ⁓**gasleitung** *f* (Hütt) / downtake* *n*, downcomer* *n* ‖ ⁓**glocke** *f* (Hütt) / cone* *n*, bell* *n* ‖ ⁓**glocke** (untere) (Hütt) / bottom bell, lower bell ‖ ⁓**schlamm** *m* (eisenhaltiger Schlamm, der in Hochofenwerken bei der Reinigung des Gichtgaswaschwassers anfällt) (Hütt, Sanitär) / blast-furnace sludge ‖ ⁓**sonde** *f* (Hütt) / stock rod ‖ ⁓**staub** *m* (Hütt) / blast-furnace flue dust, blast-furnace dust, throat dust ‖ ⁓**temperatur** *f* (im Hochofen) (Hütt) / top temperature ‖ ⁓**trichter** *m* (Hütt) / furnace-top hopper ‖ ⁓**verschluß** *m* (Hütt) / top-closing device, throat-closing device, throat stopper ‖ **doppelter** ⁓**verschluß** (Hütt) / double stopper, double bell-and-hopper arrangement

**Giebel** *m* (Bau) / gable* *n* ‖ ⁓ (meistens des Fußwalmdachs) (Bau) / gablet *n* ‖ **gesprengter** ⁓ (Arch) / open-topped pediment, broken-apex pediment ‖ ⁓**abdeckung** *f* (Bau) / gable coping ‖ ⁓**balken** *m* (der mit 20-30 cm Abstand neben dem Mauerwerk liegt) (Bau) / beam touching the wall ‖ ⁓**bogen** *m* (Arch) / triangular arc ‖ ⁓**dach** *n* (nach zwei gegenüberliegenden Gebäudeseiten geneigtes Dach mit hochgeführten Giebelwänden an den zwei übrigen Seiten) (Bau) / gable roof, saddleback *n*, saddleback roof, span roof*, duo-pitched roof, saddle roof, close-couple roof ‖ ⁓**deckbrett** *n* (Bau) / barge board*, verge board*, gable board* ‖ ⁓**fenster** *n* (Bau) / gable window ‖ ⁓**fuß** *m* (Bau) / gable shoulder* ‖ ⁓**fußmauerwerk** *n* (Bau) / gable shoulder* ‖ ⁓**fußplatte** *f* (Bau) / skew table* ‖ ⁓**fußstein** *m* (Arch) / skew corbel* ‖ ⁓**fußstein** (keilförmiger) (Bau) / gable springer *f* ‖ ⁓**gaupe** *f* (Bau) / gable dormer ‖ ⁓**haus** *n* (Haus mit einem Satteldach, dessen Giebel die Hauptfront bildet) (Bau) / gable-fronted house ‖ ⁓**kante** *f* (Bau) / verge* *n* ‖ ⁓**randverkleidung** *f* (Bau) / skew flashing* ‖ ⁓**scheibe** *f* (Bau) / gable end ‖ ⁓**schutzbrett** *n* (Bau) / barge board*, verge board*, gable board* ‖ ⁓**seiteneinfassung** *f* (Bau) / skew flashing* ‖ ⁓**simsstein** *m* (Arch) / skew corbel* ‖ ⁓**wand** *f* (Bau) / gable wall

**Giemsa-Färbung** *f* (nach G. Giemsa, 1867-1948) (Mikros) / Giemsa stain

**Gien** *n* (Talje mit fünf und mehr Seilscheiben) (Schiff) / gin *n*, purchase *n*

**Gier•achse** *f* (Luftf) / yaw axis ‖ ⁓**dämpfer** *m* (Luftf) / yaw damper* ‖ ⁓**dämpfung** *f* (Luftf) / yaw damping ‖ ⁓**drehung** *f* (Kfz) / yaw turn

**gieren** *v* (wenn das Fahrzeugheck von der Soll-Fahrtrichtung durch höhere Schräglaufwinkel an der Hinterachse als an der Vorderachse abweicht) (Kfz) / yaw *v* ‖ ⁓ *n* (Drehbewegung in der waagerechten Ebene um eine lotrechte Achse, bewirkt durch ein Giermoment) (Kfz, Luftf, Schiff) / yaw* *n*, yawing *n* ‖ **ohne** ⁓ (Luftf, Schiff) / zero yaw ‖ ⁓**drehweg** *m* (bei den IR) (Masch) / yaw travel

**Gier•geschwindigkeit** *f* (Kfz) / yaw velocity ‖ ⁓**moment** *n* (Kfz, Luftf) / yawing moment* ‖ ⁓**stabilität** *f* (Luftf) / yawing stability ‖ ⁓**steuerflächen** *f pl* (Seitenruder) (Luftf) / direction controls

**Gierungsmesser** *m* (Luftf) / yaw meter*

**Gierwinkel** *m* (Kfz) / yaw angle, angle of yaw ‖ ⁓ (Luftf, Schiff) / yaw angle*, angle of yaw ‖ ⁓ **Null** (Luftf, Schiff) / zero yaw ‖ ⁓**beschleunigung** *f* (ständig zunehmende Vergrößerung des Gierwinkelfehlers) (Kfz) / yaw acceleration ‖ ⁓**fehler** *m* (Abweichung zwischen der Fahrzeuglängsachse und der Längsachse eines idealen Fahrzeugs, das den vorgegebenen Kreisbogen ohne Fehler weiter befährt) (Kfz) / yaw angle, angle of yaw ‖ ⁓**geschwindigkeit** *f* (Drehgeschwindigkeit der Fahrzeuglängsachse gegenüber einer raumfesten Richtung) (Kfz) / yaw velocity

**Gieson-Färbemittel** *n* (Hämatoxylin-Pikrinsäure-Säurefuchsin) (Mikros) / Van Gieson stain

**Gieson-Farbstoff** *m* (Hämatoxylin-Pikrinsäure-Säurefuchsin) (Mikros) / Van Gieson stain

**Gieß•** - s. auch **Guß**- ‖ ⁓**ader** *f* (Gieß) / casting stream, pouring stream ‖ ⁓**anlage** *f* (Gieß) / casting plant ‖ ⁓**apparat** *m* (Typog) / caster *n* ‖ ⁓**aufsatz** *m* (Gieß, Hütt) / hot top* ‖ ⁓**bach** *m* (Geol) / torrent *n*, mountain tract, mountain torrent, torrential stream ‖ ~**bachartig** *adj* (Geol) / torrential *adj* ‖ ⁓**bachbett** *n* (Geol) / wash *n*, gully *n* (US) ‖ ⁓**band** *n* (Hütt) / strand-type pig caster ‖ ⁓**bandwalzwerk** *n* (Hütt) / cast strip rolling mill

**gießbar** *adj* / castable *adj*, pourable *adj*

**Gieß•barkeit** *f* (eines Metalls) (Gieß) / fluidity *n*, flowing power ‖ ⁓**barkeit** (Gieß) / castability *n*, pourability *n* ‖ ⁓**barkeitsprobe** *f* (ein Probestück) (Gieß) / castability specimen ‖ ⁓**baum** *m* (für Feinguß) (Gieß) / cluster *n*, tree *n* ‖ ⁓**bett** *n* (vor einem Hochofen) (Hütt) / casting bed, pig bed* ‖ ⁓**bogen** (beim Strangguß) (Gieß) / casting bow ‖ ⁓**bühne** *f* (Gieß) / casting floor, casting deck ‖ ⁓**druck** *m* (mit dem das beim Gießen einströmende Gießgut auf die Wände des Formhohlraumes drückt) (Gieß) / casting pressure ‖ ⁓**druck** (beim Druckguß) (Gieß) / injection pressure ‖ ⁓**eigenschaften** *f pl* (des Gußwerkstoffs) (Gieß) / casting properties

**gießen** *v* (Pflanzen) / water *v* ‖ ⁓ / pour *v* ‖ ⁓ (Gieß, Glas, Keram) / cast *v*, pour *v*, found *v* ‖ ⁓ (Glas, Hütt) / teem* *v* ‖ **fallend** ⁓ (Gieß) / top-cast *v*, top-pour *v*, downhill-cast *v* ‖ **mit dem Schlauch** ⁓ (Gieß) / hose *v* ‖ **steigend** ⁓ (Gieß) / bottom-cast *v*, bottom-pour *v*, uphill-cast *v*, pit-cast *v* ‖ ⁓ *n* (Anstr) / curtain coating ‖ ⁓ (Gießvorgang) (Gieß, Glas, Keram) / casting* *n*, pouring *n*, (of metal and glass also) founding *n* ‖ ⁓ (Herstellen von Setzmaterial; Anfertigen von Flach- und Rund-Bleistereos) (Typog) / casting* *n* ‖ ⁓ **im Trockengußformen** (Gieß) / dry-sand casting ‖ ⁓ **in Dauerformen** (Gieß) / permanent-mould casting ‖ ⁓ **in Formkästen** (Gieß) / flask casting ‖ ⁓ **in Grünsandformen** (Gieß) / green sand casting* ‖ ⁓ **in kastenlose Formen** (Gieß) / casting in flaskless moulds ‖ ⁓ **in Sandformen** (Gieß) / sand casting* ‖ ⁓ **unter Vakuum** (Gieß) / vacuum casting ‖ ⁓ **von Glas** (Glas) / glass casting ‖ ⁓ **von Hohlkörpern** (aus flüssigem, pastenförmigem, pulverförmigem Material) (Plast) / slush moulding*, hollow casting, slush casting ‖ ⁓ *v* **von teilerstarrten Legierungen** (Gieß) / rheocasting *n*, thixocasting *n*

**Gießer** *m* (Gieß) / founder *n*

**Gießerei** *f* (Betrieb oder Betriebsteil) (Gieß) / foundry* *n* ‖ ⁓ **für Eigenbedarf** (Gieß) / tied foundry ‖ ⁓**anlage** *f* (Gieß) / casting plant ‖ ⁓**betrieb** *m* (Gieß) / foundry* *n* ‖ ⁓**flur** *m* (Gieß) / foundry floor, foundry deck ‖ ⁓**koks** *m* (Gieß) / foundry coke ‖ ⁓**kran** *m* (Gieß) / foundry crane ‖ ⁓**laufkran** *m* (Gieß) / foundry travelling crane ‖ ⁓**maschine** *f* (Gieß) / foundry machine ‖ ⁓**ofen** *m* (ein Trockenofen) (Gieß) / drying stove*, foundry stove*, baking oven ‖ ⁓**praxis** *f* (Gieß) / foundry practice ‖ ⁓**prozeß** *m* (Gieß) / casting process ‖ ⁓**roheisen** *n* (Roheisensorten, die zum Einsatz in Schmelzanlagen zur Erzeugung von Eisen-Kohlenstoff- Gußwerkstoffen bestimmt sind) (Gieß) / foundry pig-iron*, Cleveland pig iron ‖ **phosphorarmes** ⁓**roheisen** (Hütt) / low-phosphorus pig iron ‖ ⁓**sand** *m* (Gieß) / foundry sand ‖ ⁓**schachtofen** *m* (Gieß) / cupola-furnace* *n*, furnace cupola, cupola *n* ‖ ⁓**schwärze** *f* (Schlichte, deren Hauptbestandteil Graphit oder ein anderer Kohlenstoffträger ist) (Gieß) / blacking* *n*, black dressing*, black wash, black mould dressing ‖ ⁓**schwärzemühle** *f* (Gieß) / blacking mill, coke mill* ‖ ⁓**technik** *f* (Gieß) / foundry practice ‖ ⁓**wesen** (als technische Disziplin) (Gieß) / foundry engineering

**Gießerfieber** *n* (Med) / metal-fume fever, metal ague, spelter shakes, Monday fever

**gieß•fertig** *adj* (Gieß) / ready-to-pour *adj* ‖ ⁓**fieber** *n* (Med) / metal-fume fever, metal ague, spelter shakes, Monday fever ‖ ⁓**fleck** *m* (andere Farbtönung oder andere Struktur) (Keram) / flash *n* ‖ ⁓**folie** *f* (Plast) / cast film ‖ ⁓**form** *f* (verloren oder Dauerform) (Gieß) / mould *n*, foundry mould, mold *n* (US) ‖ ⁓**grat** *m* (ein am Gußstück anhaftender dünnwandiger Metallrest, der nicht unmittelbar zum Gußstück gehört) (Gieß) / seam* *n*, flash* *n*, casting seam, cast seam, cast flash ‖ ⁓**grube** *f* (zum stehenden Guß von Teilen großer Ausdehnung in einer Dimension) (Gieß) / foundry pit*, casting pit ‖ ⁓**gut** (zur Herstellung des Gußteils in den schmelzflüssigen Zustand übergeführter Gußwerkstoff) (Gieß) / molten metal (for casting) ‖ ⁓**halle** *f* (Gieß) / casting bay ‖ ⁓**halle** (selbständiges Gebäude) (Gieß) / casting house ‖ ⁓**hals** *m* (Druck) / gooseneck *n*, pot throat ‖ ⁓**hals** (Gieß) / gooseneck *n* ‖ ⁓**harz** *n* (gegossenes Produkt) (Duroplast, der als Harz-Härter-Gemisch nach

**Gießharz**

einer temperaturabhängigen Verarbeitungszeit durch Vernetzung erhärtet) (Plast) / casting resin*, cast resin ‖ ⁓**harz zur Herstellung von Leichtstoffen** (Plast) / lightweight casting resin ‖ ⁓**harzkommutator** m (Eltech) / moulded commutator ‖ ⁓**harzmasse** f (Rohstoff) (Plast) / casting resin*, potting resin ‖ ⁓**haut** f (Keram) / casting skin ‖ ⁓**höhe** f (Höhenunterschied beim Gießen zwischen dem Metallspiegel in der Pfanne bzw. im Eingußtümpel und der Gießform) (Gieß) / casting height ‖ ⁓**kanne** f / watering can ‖ ⁓**kannenschimmel** m (Bot, Chem Verf) / Aspergillus n ‖ ⁓**karussell** n (Gieß) / casting wheel*, rotary casting machine ‖ ⁓**keil** m (ein Testkörper zur Ermittlung der Weißeinstrahlung) (Gieß) / keel block*, wedge test bar, wedge test piece ‖ ⁓**keilprobe** f (Gieß) / keel block*, wedge test bar, wedge test piece ‖ ⁓**kelle** f (Gieß) / hand ladle* ‖ ⁓**kern** m (zum Aussparen von Hohlräumen) (Gieß) / core* ‖ ⁓**kran** m (Gieß) / pit crane, teeming crane, caster crane, ladle crane ‖ ⁓**lackierung** f (Anstr) / curtain coating ‖ ⁓**lackierung** (an unzugänglichen Stellen) (Anstr) / slushing n ‖ ⁓**lauf** m (Gieß) / runner* n

**Gießling, schlaffer** ⁓ (Keram) / flabby cast

**Gieß•lippe** f (der Lackgießmaschine) (Anstr) / lip n ‖ ⁓**löffel** m (Gieß) / hand ladle* ‖ ⁓**lunker** m (Gieß) / shrinkage cavity, shrink hole ‖ ⁓**marke** f (Typog) / pin mark* ‖ ⁓**maschine** f (Gieß) / casting machine, caster n ‖ ⁓**masse** f (Keram) / slip n, slop n ‖ ⁓**masse** (mit bis 40% Wasseranteil) (Keram) / casting slip, liquid body (for casting) ‖ ⁓**pfanne** f (mit der das Gießgut zur Form transportiert und vergossen wird) (Gieß) / casting ladle*, ladle* n ‖ ⁓**pressen** n (Gieß) / liquid-metal squeeze casting ‖ ⁓**preßschweißen** n (Schw) / liquid pressure welding ‖ ⁓**probe** f (Gieß) / arbitration bar* ‖ ⁓**rad** n (mit umlaufenden Dauerformen) (Gieß) / casting wheel*, rotary casting machine ‖ ⁓**rahmen** m (Gieß) / jacket n, slip jacket, mould frame jacket ‖ ⁓**rahmen** (der alten Monotype-Gießmaschine) (Typog) / die case*, matrix case ‖ ⁓**rest** m (beim Druckguß) (Gieß) / biscuit n, slug n ‖ ⁓**ringe** n pl (Fehler) (Keram) / wreathing n (a slightly raised crescent on the inside wall of slip-cast ware) ‖ ⁓**rinne** f (Hütt) / launder n, runner n ‖ ⁓**rohr** n (Bau, HuT) / articulated drop chute ‖ ⁓**schlicker** m (mit Magerungsmitteln) (Keram) / slip n, slop n ‖ ⁓**schmelzschweißen** n (Schw) / liquid-metal welding ‖ ⁓**schnauze** f (Gieß) / lip n ‖ ⁓**schweißen** n (Schw) / cast welding, casting welding, weld-casting n, casting-on n ‖ ⁓**schweißung** f (Schw) / cast welding, casting welding, weld-casting n, casting-on n ‖ ⁓**spirale** f (horizontal gelagerte, spiralförmige Kokille zur Prüfung der Gießeigenschaften metallischer Werkstoffe) (Gieß) / fluidity helix, fluidity spiral ‖ ⁓**strahl** m (Gieß) / casting stream, pouring stream ‖ ⁓**strahlentgasung** f (in der Vakuummetallurgie) (Hütt) / casting stream degassing ‖ ⁓**streichen** n (Pap) / cast coating ‖ ⁓**system** n (Gieß) / gate system, running system ‖ ⁓**temperatur** f (bei der das flüssige Gießgut in die Form gegossen wird) (Gieß) / casting temperature, pouring temperature ‖ ⁓**topf** m (der alten Monotype-Gießmaschine) (Typog) / melting-pot n ‖ ⁓**traube** f (Gieß) / cluster n, tree n ‖ ⁓**trichter** m (Gieß) / gating n, gate system ‖ ⁓**trichter** (Gieß) / casting gate, git n ‖ ⁓**tümpel** m (Teil des Eingußsystems) (Gieß, Masch) / pouring basin* ‖ ⁓**wagen** m (Gieß) / casting car, casting buggy ‖ ⁓**walzanlage** f (Hütt) / casting-rolling plant, continuous casting and rolling plant ‖ ⁓**walzen** n (Hütt) / strand rolling, cast rolling ‖ ⁓**wanne** f (Gieß) / tundish n ‖ ⁓**weise** f (steigend, fallend) (Gieß) / type of casting ‖ **steigende** ⁓**weise** (Gieß) / bottom casting, bottom pouring, uphill casting, pit casting ‖ ⁓**werk** n (für Stereos) (Druck) / casting box* ‖ ⁓**wülste** m oder f pl (Keram) / wreathing n (a slightly raised crescent on the inside wall of slip-cast ware) ‖ ⁓**zeit** f (in der das Gießgut aus der Gießvorrichtung bis zur vollständigen Füllung der Gießform abgegeben wird) (Gieß) / pouring time, filling time ‖ ⁓**zettel** m (Verzeichnis der Schriftgießereien, das die Stückzahlen oder das Verhältnis aller Drucktypen einer Schrift zueinander angibt) (Typog) / fount scheme, bill of fount, bill of type, bill* n, fount bill ‖ ⁓**zyklus** m (Gieß) / casting cycle

**Gift** n (Pharm) / toxicant n, poison* n, toxic n ‖ ⁓ (der Gifttiere) (Pharm) / venom n ‖ ⁓**-** (Zool) / venomous adj ‖ **Berufskrankheiten hervorrufendes** ⁓ (Chem, Med) / occupational toxicant ‖ **biogenes** ⁓ (z.B. Krötengift) (Biochem) / biogenic toxin ‖ ⁓ n **mit kumulativer Wirkung** (Pharm) / cumulative poison ‖ ⁓**bindend** adj (Med) / toxicopectic adj ‖ ⁓**frei** adj / non-toxic adj, non-poisonous adj ‖ ⁓**getreide** n (mit Rodentiziden imprägniert und als Köder ausgelegt) (Landw) / poisoned grain ‖ ⁓**grün** / garish green ‖ ⁓**heber** m (Chem) / siphon for poisons

**giftig** adj (Bot) / poisonous adj ‖ ⁓ (Chem) / poisonous adj, toxic adj ‖ ⁓ (Zool) / venomous adj ‖ **sehr** ⁓ (Stoff) (Chem) / definitely toxic (hazardous) ‖ ⁓**e Wetter** (Kohlenmonoxid) (Bergb) / white damp*

**Giftigkeit** f / toxicity n, toxic potential

**Gift•kies** m (Eisenarsensulfid) (Min) / arsenopyrite* n, mispickel* n, arsenical pyrites* n ‖ ⁓**köder** m (Chem, Landw, Umwelt) / poison bait ‖ ⁓**köder gegen Nagetiere** (Chem, Landw, Umwelt) / rodent bait ‖ ⁓**müll** m (Umwelt) / toxic waste, toxic rubbish, poisonous waste ‖ ⁓**mülldeponie** f (Umwelt) / toxic dump, toxic-waste dump, toxic-waste tip ‖ ⁓**neutralisierend** adj (Med) / toxicopectic adj ‖ ⁓**rechner** m (Nukl) / poison computer ‖ ⁓**stoff** m (Pharm) / toxicant n, poison* n, toxic n ‖ ⁓**sumach** m (Rhus vernix L.) (For) / poison sumac(h), poison ash, poison dogwood ‖ ⁓**sumach** (Rhus toxicodendron L.) (For) / Japanese varnish tree, Japanese lacquer tree ‖ ⁓**transport** m / transportation of /a/ poison(s) ‖ ⁓**weizen** m (zur Bekämpfung von Ratten und Mäusen) (Landw) / poisoned grain ‖ ⁓**wert** m (z.B. von Holzschutzmitteln) (For, Umwelt) / toxic limit

**Giga•-** (Vorsatz für $10^9$ - Kurzzeichen G) / giga-* ‖ ⁓**elektronenvolt** n (Eltech, Nukl) / giga-electron-volt* n, GeV*, BeV ‖ ⁓**elektronvolt** n (Eltech, Nukl) / giga-electron-volt* n, GeV*, BeV

**Gigant** m (Arch) / atlas n (pl. atlantes), telamon n (pl. telamones), Persian n ‖ ⁓ (pl. -en) (Astr) / giant star*, giant n

**GIGO** (EDV) / GIGO n, garbage-in, garbage-out

**Gilding Brass** (Cu-Zn-Legierung mit 95% Cu und 5% Zn, goldrotgelb, härter als reines Cu) (Hütt) / gilding brass

**Gillbox** f (Spinn) / gillbox n, pin drafter (US)

**Gillespie-Modell** n (Chem, Kernphys) / valence shell electron pair repulsion model, VSEPR model, Gillespie model

**Gilling** n (Schiff) / counter* n ‖ ⁓ (Tex) / gilling n

**Gill•-Morrell-Oszillator** m (Eltronik) / Gill-Morrell oscillator (a retarding-field oscillator) ‖ ⁓**stab** m (Spinn) / gill bar

**Gillung** f **im Lateralplan** (Schiff) / counter* n

**Gilsonit** m (ein Naturasphalt) (Min) / uintaite* n, gilsonite* n, uintahite n

**Gilson-Opal** m (synthetischer schleifwürdiger Edelopal) / Gilson opal

**Gimbalring** m (spezielle kardanische Aufhängung von Raketentriebwerken oder deren Ausströmdüse) (Raumf) / gimbal ring

**Gimetall-Element** n (Kfz, Masch) / rubber-metal element

**GIMOS-Technik** f (der Herstellung von nichtflüchtigen Halbleiterspeichern) (Eltronik) / GIMOS technology, gate-injection MOS technology

**Gimpe** f (mit Garn eng umwickelter Faden für Knopflöcher und Besatz) (Tex) / gimp n, gimp yarn

**Gimpenmaschine** f (Tex) / gimping machine

**Gimpenstuhl** m (Tex) / gimping machine

**Gingan** m (Tex) / gingham n

**Gingelyöl** n (Nahr) / sesame oil, gingelly oil, jinjili oil, benne oil, teel oil, til oil, ajonjoli n

**Gingergrasöl** n (minderwertige Sorte des Palmarosaöls) / ginger-grass oil

**Gingham** m (kräftiger Baumwollstoff, buntgewebt, in Leinwandbindung) (Tex) / gingham n

**Gini-Koeffizient** m (Stats) / Gini coefficient, Gini's concentration coefficient

**Ginkgo-Extrakt** m n (aus den Blättern von Ginkgo biloba L.) (Pharm) / ginkgo extract

**Ginsburg-Landau-Abrikosov-Gorkov-Theorie der Supraleitfähigkeit** (Phys) / GLAG theory, Ginzburg-Landau-Abrikosov-Gorkov theory

**Ginsburg-Landau-Parameter** m (der den Lösungstyp der Ginsburg-Landau-Gleichungen bestimmt) (Phys) / Landau-Ginzburg parameter, Ginzburg-Landau parameter

**Ginsburg-Landau-Theorie** f (der Supraleitfähigkeit) (Phys) / Landau-Ginzburg theory, Ginzburg-Landau theory

**Ginseng** m (Panax spp.) (Bot, Pharm) / ginseng n

**Ginsenosid** n (ein wesentlicher Inhaltsstoff von Panax ginseng C.A. Mey.) (Pharm) / ginsenoside n

**Ginsterfaser** f (Blattfaser aus den Stengeln des Cytisus scoparius (L.) Link oder des Spartium junceum L. - praktisch ohne Bedeutung, weil die vielen Verunreinigungen zu unregelmäßigem Gespinstausfall führen) (Tex) / broom fibre

**Ginstergelb** n (Chem) / cadmium yellow, aurora yellow, daffodil yellow, orient yellow

**G-Invarianz** f (Erhaltung der G-Parität) (Kernphys) / G-parity invariance

**Giorgisches Einheitensystem** n (nach G. Giorgi, 1871-1950) / Giorgi system*, MKSA*

**Giorgi-System** n (der Einheiten) / Giorgi system*, MKSA*

**GIP** (ein aus 43 Aminosäuren aufgebautes lineares Polypeptid mit hemmender Wirkung auf die gesamte gastrische Sekretion) (Biochem) / gastric inhibitory polypeptide

**Gipfel** m (Scheitel) / summit n ‖ ⁓ (For) / top n, tree-top n ‖ **gleichhohe** ⁓ (Geol) / accordant summits ‖ ⁓**bruch** m (For) / top break ‖ ⁓**dürr** adj (Baum) (For) / stag-headed adj, top-dry adj ‖ ⁓**dürre** f (For) / stag-headedness n, die back ‖ ⁓**feuer** n (For) / crown fire ‖ ⁓**flur** f (Geol) / accordant summits ‖ ⁓**höhe** f (Luftf) / absolute ceiling*, ceiling n ‖ ⁓**höhe** (eines Flugkörpers am Ende der Startphase) (Mil) / apogee* n ‖ **statische** ⁓**höhe** (Luftf) / absolute aerodynamic ceiling ‖ **dynamische** ⁓**höhe** (Luftf) / zoom ceiling ‖ **submarine** ⁓**kuppe** (Geol)

/ seapeak n ‖ ~spannung f (bei Tunneldioden) (Eltronik) / peak-point voltage ‖ ~wert m (Math) / peak* n, peak value
**Gips** m (Calciumsulfathydrat) (Geol, Min) / gypsum* n, selenite* n ‖ **beladener** ~ **aus der Gasreinigung** (Chem Verf) / gas lime* ‖ **gebrannter** ~ / calcined gypsum ‖ **mit** ~ **überziehen** (Bau) / plaster v ‖ **mit Ton verunreinigter** ~ (Min) / opaline v ‖ **Umwandlung von Anhydrit zu** ~ (Geol) / gypsification n ‖ ~ m **mit Holzfaserzusatz** (Bau) / wood-fibred plaster, wood-fibered plaster (US)
**Gips•abguß** m / plaster casting ‖ ~**ader** f (Min) / gypsum vein ‖ ~**anteil** m (im Kalkstuck) (Bau) / gauge n, gage n ‖ ~**arbeit** f (Bau) / plastering n ‖ ~**bauelement** n (Bau) / gypsum building element ‖ ~**bauplatte** f (Bau) / gypsum structural slab, gypsum tile ‖ ~**baustein** m (Bau) / gypsum block ‖ ~**beton** m (Bau) / gypsum concrete ‖ ~**binder** m (Bau) / gypsum binder ‖ ~**blockstein** m (Bau) / gypsum block ‖ ~**brei** m (Bau) / plaster of Paris paste ‖ ~**brennen** n / calcination of gypsum ‖ ~**bruch** m (Bergb) / gypsum quarry ‖ ~**dachplatte** f (Bau) / gypsum formboard ‖ ~**diele** f (Gipstafel für Bekleidungen und leichte Trennwände, im allgemeinen zu verputzen) (Bau) / plaster slab*, gypsum plank, board lath (US) ‖ ~**düngung** f (Landw) / gypsuming n
**gipsen** v (Bau) / plaster v ‖ ~ (Landw) / gypsum v ‖ ~ (Wein) (Nahr) / plaster v ‖ ~ n (des Brauwassers) (Brau) / burtonizing n ‖ ~ (des Weines - in Deutschland verboten) (Nahr) / plastering n
**Gipser** m (der Gipsarbeiten durchführt) (Bau) / plasterer n
**Gipserde** f (Geol) / gypsite n, gypsum earth
**Gipserspachtel** m (Bau) / plasterer's spatula
**Gips•estrich** m (Bau) / plaster floor, gypsum floor ‖ ~-**Faser-Mischung** f (Bau) / staff n ‖ ~**faserplatte** f (Bau) / fibrous plaster* (sheet) ‖ ~**flockenfüllung** f (als Dämmung) (Bau) / gypsum insulation ‖ ~**form** f (Gieß, Keram) / plaster mould ‖ ~**formung** f (von Latex) / flow casting ‖ ~**formverfahren** n (Gieß, Keram) / plaster mould casting*, plaster moulding process ‖ ~**führend** adj (Geol) / gypsiferous adj, gypsum-bearing adj ‖ ~**gestein** n (Geol) / rock gypsum ‖ ~**grube** f (Bergb) / gypsum quarry ‖ ~**grus** m / granular gypsum, gypsum gravel ‖ ~**haarkalkmörtel** m (Bau) / gypsum-hair plaster ‖ ~**halbhydrat** n (Chem) / plaster of Paris (BS 1191, Part 1), plaster of paris, hemihydrate plaster*, calcium sulphate hemihydrate
**gipshaltig** adj (Geol) / gypsiferous adj, gypsum-bearing adj ‖ ~**es Wasser** (Geol, Sanität) / selenitic water
**Gips•-Kalk-Binder** m (mit 5-10% Halbhydratplaster) (Bau) / selenitic cement*, selenitic lime*, gypsum cement ‖ ~**kalkmörtel** m (ein Luftkalkmörtel) (Bau) / gypsum-lime mortar
**Gipskarton•-Feuerschutz-Putzträgerplatte** f (Bau) / type X (gypsum) lath ‖ ~-**Lochplatte** f (Bau) / perforated gypsum plasterboard ‖ ~**platte** f (Platte aus Brandgips, deren Oberflächen und Längsschmalflächen mit einem Spezialkarton beschichtet sind) (Bau) / gypsum plasterboard, plasterboard* n, gypsum board ‖ **verputzbare** ~**platte** (großflächige, quadratische) (Bau) / gypsum baseboard ‖ ~-**Putzträgerplatte** f (Bau) / gypsum lath ‖ **gelochte** ~-**Putzträgerplatte** (Bau) / perforated gypsum lath ‖ **feuerhemmende** ~-**Putzträgerplatte** (Bau) / type X (gypsum) lath ‖ ~-**Putzträgerplatte** f **mit Folie auf der Rückseite** (meistens Aluminium - für dampfsperrende oder reflektierende Zwecke) (Bau) / foil-backed gypsum lath
**Gips•kitt** m (zum Kitten von Porzellan, Marmor und Glas) / gypsum cement ‖ ~**knorpel** m / granular gypsum, gypsum gravel ‖ ~**kocher** m (in dem durch Erhitzen Gips zu gebranntem Gips bzw. zum Stuckgips verarbeitet wird) (Bau) / calcining kettle (for gypsum), gypsum digester ‖ ~**lagerstätte** f (Bergb) / gypsum quarry ‖ ~**latte** f (Bau) / lath* n, plaster lath ‖ ~**leiste** f (Bau) / gypsum fillet ‖ ~**leiste** (als Putzträger) (Bau) / gypsum lath, rock lath ‖ ~**malerei** f (Arch) / gesso painting ‖ ~**marmor** m (Bau) / marezzo marble (an artificial marble like scagliola, which differs from it mainly in having no chips of added coloured matter - when precast, it is cast on a smooth sheet of plate glass or slate to give a polished surface) ‖ ~**mehl** n / powdered gypsum ‖ ~**modell** n (Gieß) / plaster pattern ‖ ~**mörtel** m (Mörtel mit Gips als alleinigem Bindemittel, enthält keine Zuschlagstoffe) (Bau) / gypsum mortar, plaster n ‖ ~**ofen** m / gypsum kiln ‖ ~-**Perlit-Mörtel** m (Bau) / perlite plaster ‖ ~**plättchen** n (ein Lambda-Viertel-Plättchen des Polarisationsmikroskops) (Opt) / gypsum plate*, gypsum test plate ‖ ~**platte** f (leichte Bauplatte aus Gips oder Anhydritbinder) (Bau) / gypsum structural slab, gypsum tile ‖ ~**prüfung** f (DIN 1168) (WP) / plaster testing ‖ ~**putz** m (mit abbindeverzögertem Gipshalbhydrat) (Bau) / hardwall plaster, retarded hemihydrate plaster ‖ ~**putz** (Wand- und Deckenputz aus Gipsmörtel und Gipssandmörtel) (Bau) / gypsum plaster ‖ ~**sandmörtel** m (Mörtel mit Gips als Bindemittel und Sand als Zuschlagstoff) (Bau) / gypsum-sand mortar ‖ ~**sandputz** m (Bau) / sanded gypsum plaster ‖ ~**stein** m (Geol) / rock gypsum ‖ ~**streifen** m (als Putzträger) (Bau) / gypsum lath, rock lath ‖ ~**treiben** n (Bau) / expansion due to free lime, blowing n, popping n ‖ ~**unterputz** m (Bau) / gypsum plaster ‖ ~**verfahren** n (Gieß, Keram) / plaster mould casting*, plaster moulding process ‖ ~**vorlage** f

**Gitterbeugung**

(Rauchgasentschwefelung) (Chem Verf) / gypsum slurry tank ‖ ~**wandbauplatte** f (DIN 18163) (Bau) / gypsum wallboard ‖ ~**zement** m (Bau) / Keene's cement*, marble gypsum ‖ ~**zement** (mit 5-10% Halbhydratplaster) (Bau) / selenitic cement*, selenitic lime*, gypsum cement ‖ ~**zement mit Borax** (Bau) / Parian cement*, Par C*, parian cement (to which borax is added) ‖ ~**zufüheung** f (Landw) / gypsuming n
**Gipüre** f (Tex) / guipure n
**Giraffe** f (Akus, Film, TV) / microphone boom, boom n
**Girard-Reagenzien** n pl (die Karbonylverbindungen in wasserlösliche Derivate überführen) (Chem) / Girard's reagents
**Girbotolverfahren** n (ein veraltetes Neutralisierungsverfahren zur Entschwefelung technischer Gase) (Chem Verf) / Girbotol process
**Girlande** f (Arch) / festoon n
**girlandenartiger Kreuzschichtungstyp** (Geol) / festoon n (cross-bedding)
**Girlandenrolle** f (der Tragrollengirlande) (Masch) / flexible idler, catenary idler
**Girod-Ofen** m (Lichtbogenofen mit Bodenelektrode) (Hütt) / free-hearth electric furnace*
**Gischt** m (schäumendes Wasser) / spume n
**Gismondin** m (Kalziumdialumodisilikat) (Min) / gismondine* n
**Gispe** f (unter 0,2 mm) (Glas) / seed* n
**Gispenness** n (staubiges Glas) (Glas) / heavy seed, heavy seeding
**gispig** adj (Glas) / seedy adj
**gissen** v (den Standort schätzen) (Luftf, Schiff) / estimate by guess
**Gitonin** n (ein Saponin aus den Samen des Roten Fingerhutes) (Pharm) / gitonin n
**Gitoxigenin** n (Aglykon des Digitalisglykosides Gitoxin) (Pharm) / gitoxigenin n
**Gitoxin** n (Pharm) / gitoxin n
**Gitter** n (Astr) / réseau* n ‖ ~ f (einer Batterie) (Eltech) / plate grid ‖ ~ n (Eltronik) / grid* n, grid electrode ‖ ~ (Eltronik) / gate n ‖ ~ (im Kartenfeld) (Kart) / grid* n ‖ ~ (dreifach periodische Anordnung der Atome im Kristall) (Krist) / lattice n (Phys) / grating*, diffraction grating*, optical grating* ‖ ~ (Sanitär) / grill n ‖ ~ (Krist) s. auch Netzebene, Stapelfehler und Versetzung ‖ **aktives** ~ (Reaktorgitter) (Nukl) / active lattice* ‖ **akustisches** ~ (zur spektralen Zerlegung eines aus mehreren Teiltönen bestehenden Schallsignals) (Akus) / acoustic grating* ‖ **basisflächenzentriertes** ~ (Krist) / base-centred lattice ‖ **basiszentriertes** ~ (Krist) / base-centred lattice ‖ **deformiertes** ~ (Krist) / strained lattice, perturbed lattice ‖ **dreidimensionales** ~ (Krist) / three-dimensional lattice ‖ **ebenes** ~ (Krist) / plane lattice ‖ **eindimensionales** ~ (Krist) / one-dimensional lattice ‖ **geritztes** ~ (Opt) / ruled grating ‖ **ideales** ~ (Krist) / perfect lattice, ideal lattice ‖ **induziertes dynamisches** ~ (Phys) / induced dynamic grating ‖ **lineares** ~ (Krist) / one-dimensional lattice ‖ **metalloides** ~ (Krist) / metalloid lattice ‖ **offenes** ~ (Eltronik) / floating grid, free-floating grid ‖ **optisches** ~ (Phys) / grating* n, diffraction grating*, optical grating* ‖ **reziprokes** ~ (Krist, Math) / reciprocal lattice* ‖ **ruhendes** ~ **mit unendlicher Schaufelzahl** (bei Strömungsmaschinen) (Masch) / cascades at rest with an infinite number of blades ‖ **verspannungsfreies** ~ (Krist) / strain-free lattice ‖ **verzerrtes** ~ (Krist) / strained lattice, perturbed lattice ‖ ~ n **für meßtechnische Zwecke** (Opt) / metrological grating ‖ ~ **mit dreieckigem Furchenprofil** (Opt) / sawtooth grating ‖ ~ **ohne festes Potential** (Eltronik) / floating grid, free-floating grid
**Gitter•-** / latticed adj ‖ ~**abdruck** m (Opt) / grating replica ‖ ~**ableitwiderstand** m (zwischen Steuergitter und Katode einer Röhre im Betriebsfall wirksamer äußerer Gleichstromwiderstand) (Radio) / grid leak ‖ ~**absorption** f (optische Absorption in Festkörpern, bei der elektromagnetische Strahlung absorbiert wird und dafür der Kristall in einem angeregten Zustand seiner Gitterschwingungen verbleibt) (Krist) / lattice absorption ‖ ~**abstand** m (Krist) / lattice distance, lattice spacing ‖ ~**abstand** (Opt) / grating spacing, groove spacing ‖ ~**anisotropie** f (Kernphys) / lattice anisotropy ‖ ~-**Anode-Kapazität** f (Eltronik) / grid-anode capacity ‖ ~**ansteuerung** f (Eltech) / drive* n ‖ ~**anzeige** f (Eltronik) / grid display ‖ ~**artig** adj / latticed adj ‖ ~**atom** n (Krist) / lattice atom ‖ ~**aufbau** m (Krist) / lattice structure* ‖ ~**aufstellung** f (Opt) / grating mounting, grating mount ‖ **Littrowsche** ~**aufstellung** (Opt) / Littrow grating mounting ‖ **Ebertsche** ~**aufstellung** (Opt, Spektr) / Ebert mounting n ‖ ~**ausleger** m (des Baggers, des Krans) (Masch) / lattice boom, lattice jig ‖ ~**basis** f (Krist) / lattice base ‖ ~**basisröhre** f (Radio) / zero-bias valve ‖ ~**basisverstärker** m (Eltronik) / grounded-grid amplifier* ‖ ~**bau** m (Krist) / lattice structure* ‖ ~**baufehler** m (Krist) / lattice imperfection, lattice defect ‖ ~**baufehler** (Krist) s. auch Kristallfehler ‖ ~**baustein** m (Krist) / lattice element ‖ ~**behang** m (einer Schranke) (Bahn) / skirt n ‖ ~**beschneidung** f (Eltronik) / grid clipping ‖ ~**bestrahlung** f (wenn das Einfallsfeld durch einen in das Nutzstrahlenbündel gebrachten Stoff mit Löchern von etwa 10 mm Durchmesser unterteilt wird) (Radiol) / grid therapy* ‖ ~**beugung** f

471

**Gitterbindung**

(Opt) / grating diffraction || ~**bindung** f (Krist) / lattice bond || ~**blockkondensator** m (Eltech) / grid capacitor*, grid blocking capacitor, grid condenser || ~**boden** m (Chem Verf) / Turbogrid plate, turbogrid tray || ~**boxpalette** f / box pallet with mesh panels, wiremesh pallet, cage n, crate pallet || ~**boxpalette mit abnehmbarer geteilter Vorderwand** / wiremesh collapsible pallet || ~**brücke** f (Fachwerkbrücke mit engmaschigem Netzwerk der Fachwerkstäbe) (HuT) / framed truss bridge, lattice bridge*, truss bridge || ~**dynamik** f (Krist) / lattice dynamics* || ~**dynamik** (Krist) s. auch Gittertheorie || ~**ebene** f (in Richtungen, die vom Kristall abhängig sind) (Krist) / lattice plane, net plane, atomic plane*, crystal plane * ~**eichfeldtheorie** f (Kernphys) / lattice gauge theory || **kleinster** ~**einschaltstrom** (Eltronik) / gate trigger current || ~**elektrode** f (Eltronik) / grid* n, grid electrode || ~**energie** f (die auf ein Mol bezogene Bindungsenergie eines Ionenkristalls) (Krist) / lattice energy* (molar) || ~**enthalpie** f (Phys) / lattice enthalpy || ~**fehler** m (Krist) / lattice imperfection, lattice defect || ~**fehler** (Opt) / grating fault, grating defect || **punktförmiger** ~**fehler** (Eltronik, Krist) / point defect* || ~**fehlstelle** f (lokalisierte Abweichung von der perfekten Ordnung im Raumgitter kristalliner Werkstoffe) (Krist) / lattice imperfection, lattice defect || **flächenhafte** ~**fehlstelle** (Krist) / surface defect, two-dimensional crystal lattice defect || ~**fehlstrom** m (Eltronik) / grid leakage current || ~**feldtheorie** f (Kernphys) / lattice field theory || ~**fenster** n (Bau) / barred window || ~**filter** n (ein Lichtfilter) (Foto) / cross-screen filter, grid lens

**gitterförmig ausgemauerte Kammern** (z.B. bei der Regenerativfeuerung) (Glas, Hütt) / checkers pl, checkerwork n || ~**es Flußnetz** (Geol) / trellis drainage pattern || ~**e Verteilung** (in der Theorie der Grenzwertsätze) (Stats) / lattice distribution

**Gitter•furche** f (Opt) / grating groove || ~**geister** m pl (periodische Abweichungen der einzelnen Gitterfurchen von ihrer idealen Lage im Gitterspektrografen) (Phys) / spectral ghosts, grating ghosts || ~**gerade** f (eine so im Raumgitter gezogene Gerade, daß auf ihr in regelmäßigen Abständen Atome liegen) (Krist) / lattice row || ~**gerät** n (Opt) / grating instrument || ~**gesteuerte Gasentladungsröhre mit Napfkatode** (Eltronik) / grid pool tube* || ~**gleichung** f (Opt) / grating equation || ~**glied** n (Bau) / grid member || ~**konstante** f (der Abstand zweier gleichwertiger Netzebenen) (Krist) / lattice constant, lattice parameter || ~**konstante** (der Abstand benachbarter Gitterelemente eines Beugungsgitters) (Opt) / grating constant, grating space || ~**kontrollierte Polymerisation** (Chem) / topochemical polymerization, lattice-controlled polymerization || ~**kopie** f (Reflexionsgitter) (Opt) / replica grating || ~**kräfte** f pl (Krist) / lattice forces || ~**kreis** m (Krist) / grid circuit* || ~**kreismodulation** f (Eltronik) / grid modulation || ~**leinen** n (Tex) / scrim* n || ~**loch** n (Subtraktionsbaufehler) (Kernphys, Krist) / vacancy* n, lattice vacancy || ~**lücke** f (nicht besetzter Gitterplatz) (Subtraktionsbaufehler) (Kernphys, Krist) / vacancy* n, lattice vacancy || ~**lückenfrei** adj (Kernphys, Krist) / vacancy-free adj || ~**maskenröhre** f (TV) / trinitron tube, Trinitron* n || ~**mast** m (freistehender Mast in vergitterter Fachwerkkonstruktion) (Eltech) / lattice steel tower || ~**mast-Autokran** m (Kfz, Masch) / lattice-boom truck-crane || ~**modulation** f (Eltronik) / grid modulation* || ~**monochromator** m (Phys) / grating monochromator || ~**navigation** f (Luftf, Nav) / grid navigation* || ~**netz** n (Astr) / réseau* n || ~**netz** (im Kartenfeld) (Kart) / grid* n || ~**netz** (Verm) / grid* n || ~**netzlinie** f (in der Tabellenkalkulation) (EDV) / gridline n || ~**neutralisation** f (Eltech) / grid neutralization* || ~**nord** n (Kart) / grid north || ~**parameter** m (Krist) / lattice constant, lattice parameter || ~**platte** f (einer Batterie) (Eltech) / accumulator grid*, grid plate, grid n, battery grid || ~**platz** m (Krist) / lattice position, lattice site || ~**polarisation** f (Eltronik, Phys) / ionic polarization, atomic polarization, lattice polarization || ~**polymer** n (Chem) / three-dimensional polymer || ~**punkt** m (Eltronik) / grid point || ~**punkt** (Krist) / lattice point || ~**punktmethode** f (Math) / finite-difference method, lattice-point method || ~**rad** n (zur Bodendruckverringerung) (HuT, Landw) / skeleton wheel, cage wheel || ~**radwalze** f (für den Straßenbau) (HuT) / grid roller || ~**rost** m (begehbarer) (Bau) / grating n || ~**rost** (Bergb) / grizzly n || ~**rostboden** m (Chem Verf) / Turbogrid plate, turbogrid tray || ~**rückstrom** m (Radio) / backlash* n || ~**rührer** m (Chem Verf) / lattice stirrer || ~**schaltstrom** m (Eltronik) / gate trigger current || ~**schnittprüfung** f (zur raschen Prüfung eines Anstrichfilms auf Haftfestigkeit gemäß DIN ISO 2409) (Anstr) / cross-cut test || ~**schwingung** f (Krist) / lattice vibration* || **kritische** ~**spannung** (bei Entladungsröhren) (Eltronik) / firing voltage, critical grid voltage (of multielectrode gas tubes) || ~**speiche** f (eines Alurades) (Kfz) / cross spoke || ~**spektrograf** m (Spektr) / grating spectrograph || ~**spektrometer** n (Spektr) / grating spectrometer || ~**spektroskop** n (Spektr) / grating spectroscope || ~**spektrum** n (Opt, Spektr) / grating spectrum* || ~**sperrspannung** f (Elektronenröhre) (Eltronik) / cut-off bias, black-out point || ~**stab** m (ein Kunststab mit gitterförmiger Anordnung der Teilleiter) (Eltech) /
Roebel-transposed bar, Roebel bar || ~**stein** m (Hütt, Keram) / checker brick, chequer brick, checker n || ~**stelle** f (Krist) / lattice position, lattice site || ~**steuerleistung** f (Eltronik) / grid-driving power || ~**steuerung** f (Eltronik) / grid control* || ~**stoff** m (Tex) / scrim* n || ~**störung** f (Krist) / lattice imperfection, lattice defect || ~**streuung** f (Krist) / lattice scattering || ~**strich** m (Opt) / grating line || ~**strom** m (Eltronik) / grid current* || **nichtzündender** ~**strom** (Eltronik) / gate non-trigger current || ~**struktur** f (Krist) / lattice structure* || ~**teilmaschine** f (Opt) / grating ruling engine, linear ruling engine, ruling engine || ~**teilung** f (Opt) / ruling n || ~**testbild** n (TV) / cross-hatch pattern* || ~**theorie** f (Krist) / lattice theory || ~**tor** n (Bau) / trellised gate || ~**träger** m (dreidimensionaler Fachwerkträger mit vielen Diagonalstäben, die ein Netzwerk zwischen den beiden Gurten bilden) (Bau) / lattice girder* || ~**trägerbrücke** f (HuT) / framed truss bridge, lattice bridge*, truss bridge || ~**räumliches** ~**tragwerk** (Bau, HuT) / space lattice || ~**trennkondensator** m (Eltech) / grid capacitor*, grid blocking capacitor, grid condenser || ~**tüll** m (ein Bobinet-Tüll mit quadratischen bzw. wabenförmigen Öffnungen) (Tex) / lattice tulle || ~**übergang** m (Eltronik) / lattice transition || ~**vektor** m (Krist, Math) / lattice vector || **Schaufeln und Profile im** ~**verband** (bei Strömungsmaschinen) (Masch) / blade rows (cascades) || ~**vorspannung** f (DIN 44400) (Eltronik) / grid bias*, C bias || **selbsttätige** ~**vorspannung** (Eltronik) / automatic bias*, automatic grid bias* || **automatische** ~**vorspannung** (Eltronik) / self-bias n || ~**vorspannungsbatterie** (Eltronik) / grid-bias battery (GB)*, C-battery* n || **[rechtwinkliges]** ~**werk** / chequerwork n || ~**werk der Regeneratorkammer** n / lattice-work n, trellis n || **y-**~**wert** (Kart) / easting* n || ~**ziegel** m (fur SM-Öfen) (Hütt, Keram) / checker brick, chequer brick, checker n || ~**zündspannung** f (bei Entladungsröhren) (Eltronik) / firing voltage, critical grid voltage (of multielectrode gas tubes)

**Givrine** m (einseitig schillernd-glänzender, ripsartiger Kleiderstoff in Tuchbindung mit dickem Woll- oder Viskose-Füllschuß) (Tex) / givrine n

**GK** (EDV) / device coordinate (DC)

**G-Kat** m (Kfz) / computer-controlled catalytic converter, feedback catalytic converter, catalytic converter with lambda control

**GKE** (Chem) / saturated calomel electrode*, SCE

**GKS** (EDV) / graphical kernel system (GKS)

**GKZ** (Hütt) / spheroidizing* n (annealing with the aim of causing spheroidization of the precipitated carbides), soft annealing

**GKZ-Glühen** n (Hütt) / spheroidizing* n (annealing with the aim of causing spheroidization of the precipitated carbides), soft annealing

**GL** (DIN 60001, T 1) (Fernm, Glas, Tex) / glass fibre*, fibreglass n, glass fiber (US)

**Glace** f (Nahr) / icing n, frosting n (US), sugar coating

**Glacé** m (schillerndes Gewebe) (Tex) / glacé n || ~**appretur** f (Tex) / lustre finish, glacé finish, gloss finish, glazed finish || ~**garn** n (Spinn) / polished yarn, iron yarn, glacé yarn, glacé thread, lustred yarn, glazed yarn || ~**gerbung** f (die am meisten verbreitete Anwendungsform der Aluminiumgerbung) (Leder) / glacé tannage, glacé tanning || ~**leder** n (feines, glänzendes Zickel- oder Lammleder) (Leder) / glacé leather, glazed leather || ~**papier** n (Pap) / enamel paper

**glacieren** v (Früchte) (Nahr) / candy v

**Glacis** n (Verebnungsfläche am Gebirgsfuß) (Geol) / pediment* n, rock pediment

**Gladstone-Daleschles Gesetz** (Phys) / Gladstone and Dale Law*

**GLAG-Theorie** f **der Supraleitfähigkeit** (Phys) / GLAG theory, Ginzburg-Landau-Abrikosov-Gorkov theory

**Glan-Thompson-Prisma** n (ein Nicol mit geraden, senkrecht zum Strahl stehenden Endflächen - nach P. Glan, 1846-1898, und S.P. Thompson) (Opt) / Glan-Thompson prism

**Glanz** m / shine n || ~ (blendender Schein) / glare* n, dazzle n || ~ (strahlender) / radiance n (Anstr, Opt) / gloss n || ~ (ein sulfidisches Mineral) (Min) / glance* n, blende n || ~ (Min, Pap) / lustre* n, luster n (US) || ~ (Min) / splendent adj, lustrous adj || **den** ~ **abziehen** (Tex) / delustre v (GB), deluster v (US) || **den** ~ **erhöhen** (Tex) / relustre v, reluster v (US) || **metallartiger** ~ (Min) / submetallic lustre, submetallic sheen || **pecharriger** ~ (Min) / resinous lustre

**Glanz•abscheidung** f (Eltech) / bright plating* || ~**abscheidung** (Galv) / bright plating || ~**appretur** f (Tex) / lustre finish, glacé finish, gloss finish, glazed finish || ~**arm** adj (Wolle) / demi-lustre adj || ~**auftrag** m (letzter - auf Narbenleder) (Leder) / finish n || ~**ausrüstungsmittel** n (Tex) / lustring agent || ~**bad** n (Galv) / bright-plating bath, bright-plating solution || ~**badbehandlung** f (Metallabscheidung mit Umpolung) (Eltech) / bright plating* || ~**baryt** m (sehr feinpulvrige Sorte von Blanc fixe) (Min) / bright barite || ~**beschichtet** adj (Tex) / wet-look attr || ~**beständigkeit** f (Anstr) / gloss retention || ~**bildner** m (im galvanischen Bad) (Galv) / brightener* n, brightening agent || ~**blech** n (zum Pressen von oberflächenpreßvergüteten Platten) (For) / polished press plate ‖ ~blech (Hütt) / bright polished sheet ‖ ~braunkohle f (Bergb) / black lignite, lignite A (73,6 - 76,2 % C) ‖ ~braunkohle (Bergb) / bright brown coal ‖ ~brenne f (für Teile aus Kupfer und Kupferlegierungen) (Galv) / bright dip, brightening dip ‖ heiß arbeitende ~brenne (Galv) / black boil ‖ ~brennen n (von Teilen aus Kupfer und Kupferlegierungen) (Galv) / bright dipping ‖ ~chrom n (Galv) / bright chromium ‖ ~draht m (Hütt) / glazed wire ‖ ~drücken v (nur Partizip und Infinitiv) / burnish v ‖ ~effekt m (Galv) / brightening effect ‖ ~einbuße f / loss of gloss, loss of brightness, loss of lustre ‖ ~elektrolyt m (Galv) / bright-plating bath, bright-plating solution

**glänzen** v / glisten v, glitter v ‖ ~ vt / brighten v, polish v ‖ **chemisches** ~ (wenn dem Poliermittel ein Ätzmittel zugesetzt wird) / chemical brightening, chemical polishing ‖ **elektrolytisches** ~ (Masch) / electrolytic polishing*, anode polishing*, electropolishing* n, electrobrightening* n, anode brightening*

**glänzend** adj / bright adj ‖ ~ / shiny adj ‖ ~ (Anstr, Opt) / glossy adj ‖ ~ (Min) / splendent adj, lustrous adj ‖ ~e Bestandteile (der Kohle) (Bergb) / anthraxylon n ‖ ~e Fehlerstelle im fertigen Papier (Glimmerpartikeln) (Pap) / shiners* pl ‖ ~e Glasur (Keram) / bright glaze (having a high gloss) ‖ ~er Punkt (Glas) / bright spot ‖ ~e Spur im matten Film (Anstr) / flash n, sheariness n (a defect in a paint film)

**Glanz•faden** m (Tex) / shiner ‖ ~garn n (stark appretiertes Baumwollgarn) (Spinn) / polished yarn, iron yarn, glacé yarn, glacé thread, lustred yarn, glazed yarn ‖ ~gebung f (Tex) / lustring n ‖ ~glasur f (Keram) / bright glaze (having a high gloss) ‖ ~gold n / bright gold ‖ ~gold (Keram) / liquid bright gold ‖ ~haltung f (Anstr) / gloss retention ‖ ~haltung (Anstr) / gloss retention

**glänzig werden** (Schleifmittel) / glaze vi

**Glanz•kalander** m (zur Hochglanzausrüstung) (Chem Verf, Pap, Tex) / friction càlender, friction-glazing calender, friction-type calender, frictional calender, glazing calender ‖ ~kohle f (im allgemeinen) (Bergb) / bright coal ‖ ~kohle (dichte, splittrig brechende, auf den Bruchflächen schillernde Kohle) (Bergb) / peacock coal ‖ ~lack m (Anstr) / gloss paint* ‖ ~leinen n (Tex) / calendered linen, glazed linen, sleeked dowlas ‖ ~leinwand f (Tex) / calendered linen, glazed linen, sleeked dowlas ‖ ~lichter n pl (Foto) / highlights pl

**glanzlos** adj / lustreless adj, lacklustre adj, matt adj, mat adj, dull adj, dead adj

**Glanzlosigkeit** f / lack of lustre, lack of gloss ‖ ~ (Anstr, Keram) / dullness n

**Glanz•messer** m (Anstr, Opt) / glossimeter n, glossmeter n ‖ ~messer (Keram, Pap) / glarimeter* n ‖ ~mittel n (Galv) / brightener* n, brightening agent ‖ ~mittel (Tex) / lustring agent ‖ ~nickelbadzusatz m (Galv) / electroplating brightener ‖ ~öl n (eine Harzlösung) (Anstr) / gloss oil ‖ ~papier n (Chromopapier mit wachshaltigem Strich) (Pap) / glazed (flint) paper ‖ ~papier (Pap) / enamel paper ‖ ~pappe f (Preßspanersatz) (Pap) / glazed pressboard, imitation pressboard ‖ ~pigment n (DIN 55943 und 55944) (Anstr) / lustre pigment, lustrous pigment ‖ ~pressen v (Tex) / gloss v ‖ ~pressen n (Tex) / glossing n ‖ ~schleifen v (Masch) / burnish v ‖ ~schleifen (Masch) / burnishing n ‖ ~stelle f (Anstr) / flash n, sheariness n (a defect in a paint film) ‖ ~stelle (nach dem Schleifen) (Anstr) / sweating n ‖ ~stelle (Anstr) / shiner n, shine n ‖ ~mit ~stellen (Tex) / shiny adj ‖ ~stellenbildung f (Anstr) / flashing* n ‖ ~stoßen v (nur Infinitiv oder Partizip) (Leder) / glaze v ‖ ~stoßen (Leder) / glazing n ‖ ~stoßprägung f / proof n ‖ ~tuch n (Tex) / lawn* n, linon n ‖ ~überdrucklack m (Druck) / glossy overprint varnish ‖ ~vergoldung f / bright gilding ‖ ~verlust m (im allgemeinen) / loss of gloss, loss of brightness, loss of lustre ‖ ~verlust (bei Aluminiumlackfarben) (Anstr) / leadiness n ‖ ~verlust (Beschlag) (Anstr) / bloom n ‖ ~vernickeln (Galv) / bright nickel plating ‖ ~weiß n (ein durch gleichzeitige Fällung erzeugtes Gemisch von Blanc fixe und Aluminiumtrihydroxid - ein Verschnittmittel) (Chem) / gloss white ‖ ~winkel m (z.B. in der Bragg-Gleichung) (Opt) / glancing angle*, Bragg angle* ‖ ~wolle f (Tex) / lustre wool, braid wool

**Glanzzusatz** m (im allgemeinen) / gloss enhancer ‖ ~ (Galv) / brightener* n, brightening agent ‖ **primärer** ~ (der nur halbglänzende Niederschläge abgibt) (Galv) / primary brightener ‖ **sekundärer** ~ (der einen ausgesprochenen Hochglanz gibt) (Galv) / secondary brightener ‖ ~ **erster Klasse** (Galv) / secondary brightener ‖ ~ **zweiter Klasse** (Galv) / primary brightener

**Glas** n (DIN 1259) (Glas) / glass* n ‖ ~ - (Glas) / glass attr, vitreous adj ‖ ~ (Geol) / vitric adj ‖ **abgeschrecktes und in Brocken zerfallenes** ~ (Glas) / quenched cullet*, dragaded cullet, dragladled cullet*, shrended cullet (US) ‖ **aktinisches** ~ (Glas) / actinic glass ‖ **angeklebtes** ~ (Glas) / stuck-on particles, stuck-on n, adhered glass ‖ **aus** ~ (Glas) / glass attr, vitreous adj ‖ **beschichtetes** ~ (Glas) / coated glass ‖ **craqueliertes** ~ (Glas) / crackled glass, crackle glass ‖ **emailliertes** ~ (Glas) / enamelled glass, enamel-coated glass ‖ **farbloses** ~ (Glas) / colourless glass ‖ **fluorgetrübtes** ~ (Glas) / fluoride opal glass ‖ **fotochromes** ~ (Glas) / phototropic glass, solar control glass ‖ **fotosensitives** ~ (aus edelmetallhaltigen Li,O-Silikatgläsern nach UV-Bestrahlung) (Glas) / photosensitive glass* ‖ **fototropes** ~ (das seine Lichtdurchlässigkeit den jeweiligen Lichtverhältnissen anpaßt) (Glas) / phototropic glass, solar control glass ‖ **freigeblasenes** ~ (freigeformtes) (Glas) / free-blown glass, hand-blown glass, off-hand glass ‖ **freihandgeblasenes** ~ (Glas) / free-blown glass, hand-blown glass, off-hand glass ‖ **geblasenes** ~ (Glas) / blown glass (by mouth or by the use of compressed air) ‖ **gebogenes** ~ (Glas) / bent glass ‖ **gefrittetes** ~ (Glas) / sintered glass ‖ **gehärtetes** ~ (Glas) / prestressed glass, toughened glass*, hardened glass, case-hardened glass ‖ **gekämmtes** ~ (feine Fäden, die bündelweise parallel zur Ziehrichtung auftreten) (Glas) / piano lines, drawing lines, lines pl ‖ **geschliffenes** ~ (Glas) / cut glass ‖ **geschmolzenes** ~ (im Glasofen) (Glas) / metal n, molten metal, glass melt ‖ **gesponnenes** ~ (Glas) / spun glass, fibre glass ‖ **getrübtes** ~ (Glas) / opal glass ‖ **halbleitendes** ~ (Glas) / semiconducting glass ‖ **hartes** ~ (Glas) / hard glass* ‖ **hartes** ~ (mechanisch) (Glas) / hard glass* ‖ **hochbrechendes** ~ (Glas, Opt) / high-refractive-index glass ‖ **im** ~ **e** (Biol) / in vitro* ‖ **im Hafen geschmolzenes** ~ (Glas) / pot glass, pot-melted glass ‖ ~, **in dem Seltene Erden** (als Stabilisatoren, Farbstoffe usw.) **vorkommen** (Glas) / rare-earths glass ‖ **in Streifen versilbertes** ~ (Glas) / striped silvering, Venetian silvering ‖ **infrarotdurchlässiges** ~ (Glas) / infrared-transmitting glass ‖ **kanneliertes genörpeltes** ~ (Glas) / reedlyte glass ‖ **kurzes** ~ (mit engem Verarbeitungstemperaturbereich) (Glas) / short glass, quick-setting glass ‖ **lampengeblasenes** ~ (Laborgeräte) (Chem, Glas) / lampblown glassware ‖ **langes** ~ (mit breitem Verarbeitungstemperaturbereich) (Glas) / long glass, slow-setting glass, sweet glass ‖ **metallisches** ~ (metallischer Werkstoff) (Glas) / amorphous metal*, glassy metal, metglass n, glassy alloy, metallic glass ‖ **mitteltrübes** ~ (Glas) / opalescent glass ‖ **mundgeblasenes** ~ (Glas) / free-blown glass, hand-blown glass, off-hand glass ‖ **natürliches** ~ (Geol) / natural glass* ‖ **nicht nachdunkelndes** ~ (Glas) / non-browning glass ‖ **niedrigschmelzendes** ~ (mit Se, As, Tl, oder S - Schmelzpunkt zwischen 127 und 350° C) (Glas) / low-melting glass ‖ **opakes** ~ (Glas) / opaque glass ‖ **optisches** ~ (zur Herstellung von Linsen und Spiegeln - mit bestimmten Lichtbrechungs- und Lichtzerstreuungseigenschaften) (Glas) / optical glass* ‖ **organisches** ~ (durchsichtiges Kunstharz aus Polymethakrylsäure und Polystyrol) (Plast) / organic glass, transparent thermoplastic, acrylic glass ‖ **oxidisches anorganisches** ~ (Glas) / inorganic oxide glass ‖ **polychromatisches** ~ (Foto) / polychromatic glass ‖ **polymeres** ~ (Chem, Glas) / polymeric glass, glassy polymer ‖ **poröses** ~ (offenporiges Glas mit großer Oberfläche) (Glas) / porous glass ‖ **röntgenstrahlenabsorbierendes** ~ / X-ray absorbing glass ‖ **schlieriges** ~ (Glas) / cordy glass ‖ **schußsicheres** ~ (Glas) / bulletproof glass (US) ‖ **sphärotorisches** ~ (Brillenglas) (Opt) / toric lens ‖ **splitterfreies** ~ (Glas) / non-shattering glass, shatterproof glass ‖ **splittersicheres** ~ (Glas) / non-shattering glass, shatterproof glass ‖ **stabilisiertes** ~ (Glas) / stabilized glass* ‖ **staubiges** ~ (Glas) / bloom* n ‖ **strahlenresistentes** ~ (das keine oder nur sehr geringe Verfärbung zeigt) (Glas) / non-browning glass ‖ **thermisch vorgespanntes** ~ (Glas) / heat-treated glass, tempered safety glass ‖ **torisches** ~ (Opt) / toric lens ‖ **übersponnenes** ~ (Glas) / spun glass ‖ **ultraviolettdurchlässiges** ~ (Glas) / ultraviolet (radiation) transmitting glass ‖ **ungefärbtes** ~ (Glas) / colourless glass ‖ **unter angezogene Kultur** (Landw) / greenhouse culture, glass-raised culture ‖ **venezianisches** ~ (z.B. Faden- oder Flügelgläser) (Glas) / Venetian glass ‖ **vorgespanntes** ~ (durch thermisches Abschrecken oder durch chemische Veränderungen der Oberfläche) (Glas) / prestressed glass, toughened glass*, hardened glass, case-hardened glass ‖ **vulkanisches** ~ (vulkanisches Schmelzprodukt wie z.B. Lavatropfen, Lavatränen, Peles Haar usw.) (Geol) / volcanic glass ‖ **wärmedämmendes** ~ (bei Sonneneinstrahlung) (Glas) / solar-control glass ‖ **wärmestrahlenabsorbierendes** ~ (Glas) / heat-absorbing glass ‖ **wärmestrahlenreflektierendes** ~ (ein Schutzglas) / reflective-coated glass, reflective glass, heat-reflective glass, antisolar glass ‖ **weiches** ~ (mechanisch) (Glas) / soft glass ‖ **weiches** ~ (mit niedriger Erweichungstemperatur) (Glas) / soft glass ‖ ~ n **für Deckgläser** (Glas, Mikros) / micro-glass n, microscopic glass ‖ ~ **für Passivierung** (Eltronik, Glas) / passivation glass ‖ ~ **für Tageslichtleuchten** (Glas) / daylight glass ‖ ~ **mit diffuser Reflexion** (sandgestrahlt, eisblumiert oder einseitig mattiert) (Glas) / obscured glass*, vision-proof glass, translucent glass ‖ ~ **mit hoher Lichtdurchlässigkeit** (Glas) / high-transmission glass

**Glasanalyse** f (Glas) / glass analysis

**glasartig** adj / glassy adj ‖ ~ / hyaline* adj, vitreous adj, glassy adj, glass-like attr ‖ ~ (Keram) / vitrified adj ‖ **nicht** ~ (z.B. die Oberfläche) / non-vitreous adj, non-vitrified adj ‖ ~**er Kohlenstoff** (Chem Verf) / glassy carbon

**Glasartikel**

**Glas•artikel** m pl (Glas) / glass n, glassware n ‖ ~**ätzsäure** f (Glas) / white acid (hydrofluoric acid + ammonium bifluoride) ‖ ~**auskleidung** f / glass lining ‖ ~**badtiefe** f (Glas) / metal depth, glass depth ‖ ~**ballon** m (Chem, Glas) / glass balloon flask, carboy* n (if cushioned) ‖ ~**band** n (Glas) / ribbon n ‖ ~**batist** m (weißer, durch Mercerisieren, Säurebehandlung und erneutes Mercerisieren glasig und steif gemachter, jedoch noch elastischer Batist) (Tex) / glass cambric ‖ ~**batist** (Tex) s. auch Opalbatist und Organdy ‖ ~**bauelement** n (Bau) / glass block*, structural glass (US), glass brick (a hollow glass block) ‖ ~**baustein** m (DIN 18175) (Bau) / glass block*, structural glass (US), glass brick (a hollow glass block) ‖ ~**baustein für Pflastereinbau** (Glas, HuT) / pavement prism ‖ ~**behälter** m (Glas) / glass container n ‖ ~**behältnis** n (Glas) / glass container ‖ ~**beton** m (HuT) / glass-concrete n ‖ ~**bettreaktor** m (für die Durchflußanalyse) (Chem) / single-bead string reactor, SBSR ‖ ~**biegen** n (Glas) / glass bending ‖ ~**bildner** m (z.B. Siliziumdioxid) (Glas) / glass-forming substance, glass former ‖ ~**bildungsbereich** m (Glas) / glass-forming region ‖ ~**blasen** n (mit der Glasmacherpfeife) (Glas) / glass blowing ‖ ~**blasen mit der Glasbläserlampe** (Glas) / lamp working* ‖ ~**bläser** m (ein Facharbeiter) (Glas) / glass-blower n, blower n ‖ ~**bläserpfeife** f (Glas) / blowpipe* n, blowing pipe, blowing-iron* n ‖ ~**block** m (Bau) / glass block*, structural glass (US), glass brick (a hollow glass block) ‖ ~**bruch** m (Glas) / cullet* n, collet n, glass cullet ‖ ~**bruchsensor** m / glass tampering sensor, glass tampering detector ‖ ~**dach** n (Bau) / skylight n, glass roof, glass top ‖ **mit** ~**dach** / glass-topped adj ‖ ~**dachstein** m (der den Einfall von Tageslicht in Dachräume ermöglicht) (Bau) / glass tile*, glass slate ‖ ~**dachziegel** m (Bau) / glass tile*, glass slate ‖ ~**dosimeter** n (Nukl) / glass dosemeter, glass dosimeter ‖ ~**druck** m (Bedrucken von Glas) (Glas) / glass printing ‖ ~**einschmelzung** f (Glas) / glass sealing (an airtight seal in which molten glass is the sealant) ‖ ~**elektrode** f (Meßelektrode zur pH-Messung nach DIN 19261) / glass electrode ‖ ~**email** n (Hütt) / glass lining ‖ ~**email** (Kart, Keram) / glass enamel ‖ ~**emaillieren** v (Glas, Keram) / glass v ‖ ~**emailliert** adj (Glas, Keram) / glassed adj

**glasen** v (Leder) / scour v

**Glas•endlosmatte** f (Glas, Tex) / continuous-filament mat, continuous-strand mat ‖ ~**endmaß** n (Masch) / optical flat*

**Glaser** m (Bau, Glas) / glazier* n

**Gläserbürste** f (für Becher) (Glas) / beaker brush

**Glaser•diamant** m (Glas) / diamond n, glazier's diamond ‖ ~**-Kammer** f (ein Spurkammer nach D.A. Glaser, geb. 1926) (Nukl) / bubble chamber* ‖ ~**kitt** m (Bau, Glas) / glazier's putty*, bedding putty

**gläsern** adj (Glas) / glass attr, vitreous adj ‖ **es Cockpit** (mit Multifunktionsdisplays) (Luftf) / glass cockpit ‖ ~**er Mensch** (EDV) / transparent man ‖ ~**er Träger** (in der Glühlampe) (Eltech) / glass support-rod, button rod

**Gläsertuch** n (Tex) / glass cloth, glass towelling

**Glas•fabrik** f (Glas) / glasswork(s) n(pl), glasshouse n ‖ ~**fabrikation** f (Glas) / glass-making n, glass manufacture ‖ ~**faden** m (Glas) / glass filament, glass fibril ‖ ~**falz** m (zur Auflage der Glasscheibe) (Glas, Tischl) / fillister* n, sash fillister* ‖ ~**falzhobel** m (Glas, Tischl) / fillister n, filletster n ‖ ~**farbe** f (Bleiborosilikatglas zum Dekorieren) / glass colorant

**Glasfaser** f (Fernm, Glas, Tex) / glass fibre*, fibreglass n, glass fiber (US) ‖ **jungfräuliche** ~ (Glas) / virgin fibre, pristine fibre, bare fibre ‖ ~**anschluß** m (bei den pin-FET-Empfängern) (Eltronik) / pigtail n (a short length of optical fibre, permanently fixed to a component, used to couple power between it and the transmission fibre) ‖ ~**anschluß bis ins Haus** (neueste Entwicklung im Teilnehmeranschlußbereich) (Fernm) / fibre-to-the-home n ‖ ~**anschluß bis zum Straßenrand** (neueste Entwicklung im Teilnehmeranschlußbereich) (Fernm) / fibre-to-the-curb n ‖ ~**beton** m (ein Faserbeton) (Bau, HuT) / glass-fibre-reinforced concrete, GRC ‖ ~**dämmstoff** m (Wärm) / fibrous glass ‖ ~**karosserie** f (Kfz) / GRP body, fibreglass bodywork, fiberglass bodywork (US) ‖ ~**kunststoff** m (Plast) / glass-reinforced plastics, GRP ‖ ~**vorimprägniertes material** (Glas, Plast) / prepreg* n, sheet moulding compound ‖ ~**matte** f / glass-fibre mat(ting), glass-fibre batt, glass felt, fiberglass mat (US) ‖ ~**optik** f (Opt) / glass-fibre optics ‖ ~**papier** n (Folien aus feinen Glasfasern für Filtration, Chromatografie und Elektrophorese) (Glas, Pap) / glass-fibre paper*, glass-paper n, all-glass paper ‖ ~**schichtstoff** m (Glas, Tex) / glass-fibre laminate ‖ ~**stoff** m (Glas, Tex) / glass fibre*, glass-fibre material ‖ ~**verdickung** f (Glas, Tex) / piecing n, bunch n, lump n, slough-off n, slub n ‖ ~**verstärkter Füllspachtel** m (Anstr) / glass-reinforced filler paste ‖ ~**verstärkte Kunststoffe** (höchstens 70 % Glasfasern und mindestens 30 % Kunststoff - DIN 7728, T 2) (Plast) / glass-fibre reinforced plastics ‖ ~**verstärkung** f (Glas) / glass-fibre reinforcement, GFR ‖ ~**vliesstoff** m / glass-fibre mat(ting), glass-fibre batt, glass felt, fiberglass mat (US) ‖ ~**ziehen** n (Glas) / glass-fibre drawing

**Glas•fehler** m (Glas) / glass defect ‖ ~**fiberoptik** f (Opt) / glass-fibre optics ‖ ~**filament** n (DIN 61850) (Glas) / glass filament, glass fibril ‖ **gefachtes** ~**filamentgarn** (Glas, Spinn) / multiple-wound glass filament yarn ‖ ~**filter** n (Chem Verf) / glass filter ‖ ~**filtertiegel** m (Chem) / sintered-glass crucible ‖ ~**fliese** f (für Wandbeläge) (Bau) / glass tile ‖ ~**fliese** (für wenig begangene Fußböden) (Bau) / glass paving slab ‖ ~**fluß** m (Glas, Keram) / flux n, fondant n, pâte de verre ‖ ~**folie** (bis zu 0,1 mm) (Glas) / glass foil ‖ ~**formstück** n (Glas) / glass fitting ‖ ~**frittentiegel** m (Chem) / sintered-glass crucible, fritted-glass crucible ‖ ~**füllungstür** f (Bau) / glazed door* ‖ ~**füllungstür** (Bau) / sash door*, half-glass door ‖ ~**fuß** m (in der Glühlampe) (Eltech) / glass stem ‖ ~**garn** n (Eltech, Glas) / glass yarn ‖ ~**garngelege** n (Glas) / scrim n (non-woven) ‖ ~**gefäß** n (Glas) / glass vessel, glass container ‖ ~**gemenge** n (Glas) / batch* n, charge* n ‖ ~**gespinst** n (Glas) / spun glass, fibre glass ‖ ~**gewebe** n (Flächengebilde aus Glasgarnen) (Web) / glass cloth, glass fabric ‖ ~**gewinde** n (nach DIN 40450) (Glas) / glass (joint) thread ‖ ~**gewinde** (für Schutzgläser elektrischer Leuchten nach DIN 40450) (Eltech) / screw thread for cover glasses ‖ ~**gewinde für Schutzgläser und Kappen** (DIN 40450) (Eltech) / screw thread for cover glasses and caps ‖ ~**glanz** m (Min) / vitreous lustre, glassy lustre ‖ ~**-Glas-Faser** f (Fernm) / glass-clad glass fibre ‖ ~**gleichrichter** m (Eltech) / glass-bulb rectifier* ‖ ~**-Glimmer-Preßplatte** f / glass-mica board ‖ ~**glocke** f (ein Laborgerät) (Vakuumt) / bell jar, bell glass ‖ ~**grat** m (Glas) / fin n (a thin, feather-edged protrusion or projection) ‖ ~**grieß** m (gemahlenes Glas) (Glas) / granulated glass, crushed glass ‖ ~**guß** m (Glas) / glass casting ‖ ~**haarradierer** m / glass eraser ‖ ~**hafen** m (für die Hafenschmelze) (eines Hafenofens) (Glas) / pot* n, glass pot ‖ ~**hafenton** m (Rohstoff zur Herstellung von Glasschmelzhäfen) (Glas) / pot clay ‖ ~**hahn** m (Chem, Glas) / glass tap, glass stopcock ‖ ~**halbleiter** m (ein amorpher Halbleiter) (Eltronik) / glass semiconductor ‖ ~**halbleiter** (Eltronik) s. auch halbleitendes Glas ‖ ~**halbzeug** n (für Lichtwellenleiter) / preform n ‖ ~**halteleiste** f (Bau, Glas) / glazing bead*, glass stop, glazing bar, bead n, stop n, astragal n, sash bar, muntin n (US) ‖ **horizontale** ~**halteleiste** (Glas) / lay bar ‖ ~**hart** adj / glass-hard adj ‖ ~**haus** n (Landw, Nahr) / glasshouse n, greenhouse n ‖ ~**temperiertes** ~**haus** (Landw) / temperate glasshouse ‖ ~**hauseffekt** m (Reduktion der Ausstrahlung) (Umwelt) / greenhouse effect ‖ ~**hauswirkung** f (Reduktion der Ausstrahlung) (Umwelt) / greenhouse effect* ‖ ~**herstellung** f (Glas) / glass-making n, glass manufacture

**Glashow-Salam-Weinberg-Modell** n (nach S.L. Glashow, geb. 1926, A. Salam, 1926-1996, und S. Weinberg, geb. 1933) (Kernphys) / Glashow-Salam-Weinberg model

**Glashow-Weinberg-Salam-Theorie** f (die die elektromagnetische und schwache Wechselwirkung in einer einheitlichen Eichtheorie zusammenfaßt) (Kernphys) / Weinberg and Salam's theory*

**Glashütte** f (Glas) / glasswork(s) n(pl), glasshouse n ‖ ~ (mit manueller Glasverarbeitung) (Glas) / glass hand shop

**glasieren** v (Keram) / glaze v ‖ ~ (durch Besprühen oder Spritzen) (Keram) / spray v ‖ ~ (durch Tauchen) (Keram) / dip v ‖ ~ (Nahr) / ice v, top v, frost v (US), glaze v

**Glasier•maschine** f (Keram) / glazing machine ‖ ~**mittel** n (E 900 - E 907) (Nahr) / glazing agent

**glasiert•er Dachziegel** (Bau) / encaustic tile ‖ ~**e Fliese** (Bau) / encaustic tile* ‖ ~**er Reis** (Nahr) / coated rice ‖ ~**er Stahl** (Chem Verf, Hütt) / glassed steel, glass-coated steel, glass-lined steel (with high resistance to chemical attack at elevated temperatures and pressures) ‖ ~**e Steinzeugwaren** (Keram) / glazed stoneware ‖ ~**er Ziegel** (Bau, Keram) / glazed brick*, enamelled brick*, enamel brick

**Glasierzange** f (Keram) / dipping tongs, glazing claws

**glasig** adj (wie Glas) / hyaline* adj, vitreous adj, glassy adj, glass-like attr ‖ ~ (Malz) (Brau) / steely adj, vitreous adj, glassy adj ‖ ~ (Gerste) (Nahr) / flinty adj ‖ **nicht** ~ / non-vitreous adj, non-vitrified adj ‖ ~**er Bruch** (WP) / vitreous fracture ‖ ~**es kondensiertes Phosphat** (Chem) / glassy phosphate ‖ ~**es Metall** (Glas) / amorphous metal*, glassy metal, metglass n, glassy alloy, metallic glass ‖ ~**e Schlacke** (Hütt) / bright dross ‖ ~**e Schlacke** (Hütt, Schw) / vitreous slag

**Glas•isolator** m (Eltech) / glass insulator ‖ ~**kasten** m (Glas) / glass holder ‖ **streifenförmiger** ~**keil** (zur Keildistanzmessung) (Verm) / optical wedge ‖ ~**keramik** f (ein polykristalliner Stoff, wie z.B. Pyroceram, Vitrokeram) / glass-ceramics n ‖ ~ **und Metallkitt** m (auf der Basis von Bleiglätte) (Glas) / glycerine litharge cement, litharge cement ‖ ~**klebstoff** m (Glas) / glass adhesive ‖ ~**kohlenstoff** m (Chem) / glassy carbon ‖ ~**kolben** m (der Glühlampe) (Eltech, Glas) / glass bulb ‖ ~**kolben** (der Leuchtstofflampe) (Eltech, Glas) / glass tube ‖ ~**kopf** m (nierenförmiger) (Min) / kidney (iron) ore* ‖ **Schwarzer** ~**kopf** (amorphes oder feinkristallines $MnO_2$ - ein Manganomelan) (Min) / psilomelane* n ‖ **Schwarzer** ~**kopf** (Min) s. auch Romanechit ‖ ~**kornsensor** m (ein Meßsensor hoher Empfindlichkeit, z.B. in Gyroskopen) / glass-grain sensor ‖ ~**krösel** m (Glas) / granulated glass, crushed glass ‖ ~**kugel** f (Anstr, Plast) / glass bead ‖ ~**kugel** (Glas) / bead n ‖ ~**kugel** (für die Glasfaserherstellung) (Glas) / glass marble ‖ ~**kügelchen** n pl (z.B. für Hinweiszeichen) (Glas) / ballotini* pl ‖ ~**laser** m (Festkörperlaser, dessen optisch aktive Substanzen in Glas eingebaut wurden, z.B. Nd-Glaslaser) (Phys) / glass laser

**glaslos** adj (z.B. Diarähmchen) / glassless adj

**Glas•lot** n (Glas) / solder glass, glass solder ‖ ~**macher** m (ein Facharbeiter) (Glas) / glassmaker n, glassman m ‖ ~**macherpfeife** f (Glas) / blowpipe* n, blowing pipe, blowing-iron* n ‖ ~**macherseife** f (meistens Mangandioxid oder Selenverbindungen) (Min) / glass-soap n, glassmakers' soap ‖ ~**macherseife** (Min) s. auch Psilomelan ‖ ~**macherstuhl** m (Glas) / chair* n ‖ ~**malerei** f (Glas) / painting on glass ‖ ~**malz** n (Brau) / steely malt, vitreous malt ‖ ~**mantel** m (Eltech, Glas) / glass sheath ‖ ~**maschine** f / glass-forming machine ‖ ~**masse** f (Glas) / glass-mass n ‖ **flüssige** ~**masse** (Glas) / metal n, molten metal, glass melt ‖ ~**mehl** n (bis zu 70μm) (Glas) / glass powder, powdered glass ‖ ~**membran** f (eine Glasphase in der Elektrochemie) (Chem) / glass membrane n ‖ ~**metall** n (Glas) / amorphous metal*, glassy metal, metglass n, glassy alloy, metallic glass ‖ ~-**Metall-Verschmelzung** f / glass-to-metal seal ‖ ~**mörser** m (Chem) / glass mortar ‖ ~**ofen** m (Glas) / glass furnace ‖ ~**opal** m (Min) / hyalite* n, Müller's glass* ‖ ~**papier** (nur aus Glasfasern) (Glas, Pap) / glass-fibre paper*, glass-paper n, all-glass paper* ‖ ~**papier** n (ein Schleifpapier) (Pap) / glasspaper n ‖ ~**passivierung** f (Eltronik) / glassivation n (the passivation of a transistor by encapsulating the semiconductor device, complete with metal contacts, in glass) ‖ ~**paste** f (Glas, Keram) / flux n, fondant n, pâte de verre ‖ ~**perle** f (z.B. für reflektierende Verkehrszeichen) (Glas) / glass-bead n ‖ ~**perle** (Glas) / bead n ‖ **Strahlen** n **mit** ~**perlen** / glass-bead blasting ‖ ~**phase** f (Phys) / glassy phase ‖ ~**pinsel** m (mit Borsten aus Glasfasern zum Radieren) / glass eraser ‖ ~**platte** f (dickere) (Glas) / glass plate ‖ ~**platte** (dünne) (Glas) / glass sheet, sheet of glass ‖ **planparallele** ~**platte** (Masch) / optical flat ‖ ~**posten** m (Glas) / post* n, gather* n, gob* n, lump n ‖ ~**probe** f (der Schmelze entnommene) (Glas) / rod proof, dip n ‖ ~**prüfmaß** n (Masch) / optical flat ‖ ~**pulver** n (= kleiner 40μm) (Glas) / glass powder, powdered glass ‖ ~**punkt** m (Plast) / T_g-point* n, glass-transition temperature ‖ ~**quetschfuß** m (in der Glühlampe) (Eltech) / glass stem ‖ ~**reife** f (der Maiskörner) (Landw) / wax-ripe stage, waxy stage ‖ ~**reiniger** m / glass cleaner ‖ ~**rohre** n pl (Chem) / glass tubing ‖ ~**rohr** n (Glas) / glass tube ‖ ~**rohr mit Schellbach-Streifen** (Glas) / Schellbach tubing, shellback n ‖ ~**rohrmaterial** n (Chem) / glass tubing ‖ ~-**Rovinggewebe** n (Glas, Tex) / woven-glass-roving fabric, roving cloth ‖ ~**sand** m (Glas) / glass sand (a nearly pure quartz sand with minor amounts of the oxides of aluminium, calcium, iron, and magnesium, sand for glass melting ‖ ~**scheiben einsetzen** (Bau) / glaze v ‖ ~**scherben** f pl (Glas) / cullet* n, collet n, glass cullet ‖ ~**schirm** n (als Schutz) (Glas) / glass shield ‖ ~**schleifen** (Glas) / glass-grinding n ‖ ~**schliff** m (eine Veredelungstechnik) (Glas) / glass-grinding n ‖ ~**schmelze** f (Glas) / metal n, molten metal, glass melt ‖ ~**schmelze** (elektrisch leitende) (V-Mot) / glass seal ‖ ~**schmelzer** m (Wannenarbeiter) (Glas) / founder n, glass-founder n ‖ ~**schmelzhafen** m (eines Hafenofens) (Glas) / pot* n, glass pot ‖ ~**schmelzofen** m (Glas) / glass furnace ‖ ~**schmelzsand** m (ein feiner Quarzsand) (Glas) / glass sand (a nearly pure quartz sand with minor amounts of the oxides of aluminium, calcium, iron, and magnesium, sand for glass melting ‖ ~**schmelzwanne** f (Glas) / glass tank (furnace), tank furnace* ‖ ~**schmiermittel** n (zum Schmieren von Matrizen beim Warmziehen und -strangpressen von Metallen) (Hütt) / glass lubricant ‖ ~**schneider** m (Diamantglasschneider, Stahlradglasschneider) (Werkz) / glass-cutter n, cutter n (a glass-cutting instrument) ‖ ~**schnittmatte** f (eine Textilglasmatte) (Glas, Tex) / chopped strand mat ‖ ~**seide** f (ein Glasfaserstoff) (Glas) / glass silk ‖ ~**seide** (ein Glasfaserstoff) (Glas) s. auch Glasfilament ‖ ~**seidengarn** n (Eltech, Glas) / glass-silk yarn ‖ ~**seidenmatte** f / glass-fibre mat(ting), glass-fibre batt, glass felt, fiberglass mat (US) ‖ ~**seidenpapier** n (Pap) / glass tissue ‖ ~**seidenroving** n (Strang aus ungedrehter Glasseide, der verwebt z.B. zur Herstellung von Matten verwendet wird) (Glas, Tex) / roving n, glass-fibre roving n ‖ ~**seife** f (Min) / glass-soap n, glassmakers' soap ‖ ~**siegel** n (Glas) / prunt* n ‖ ~**sinter** m (durch Verschmelzen eines Haufwerkes von Glaskörpern gewonnener Werkstoff) (Glas) / sintered glass ‖ ~**speiser** m (zur geregelten Entnahme der heißen Glasmasse an der Arbeitswanne) (Glas) / feeder n ‖ ~**spiegel** m (in dem Wannenofen) (Glas) / metal line (surface), surface of the melt ‖ ~**spiegellinie** f (Glas) / flux-line attack, flux-line corrosion, metal-line attack, metal-line corrosion, glass-level attack, glass-level cut ‖ ~**spinnfaden** f (DIN 61850) (Glas, Tex) / glass strand ‖ ~**splitter** m (Glas) / splinter of glass, chip of glass ‖ (**würfelartiger**) ~**splitter** (Glas) / dice n ‖ ~**stab** m (des Eintauchkolorimeters) (Chem) / glass plunger ‖ ~**stab** (Chem) / glass rod ‖ ~**stab** (in der Glühlampe) (Eltech) / glass support-rod, button

rod ‖ ~**stab** (Glas) / cane n, solid glass rod (of small to medium diameter) ‖ ~**stab zum Rühren** (Chem) / glass stirring rod ‖ ~**stahlbeton** m (ein Stahlbetonelement aus kreuzweise angeordneten Rippen und eingesetzten Glasvollkörpern - für durchlässige, belastbare Abdeckungen) (Bau, HuT) / glass concrete (e.g. a pavement light), glasscrete n ‖ ~**stand** m (Glas) / metal depth, glass depth ‖ ~**standregelung** f (Glas) / glass-level control ‖ ~**stange** f (Glas) / cane n, solid glass rod (of small to medium diameter) ‖ ~**stapelfaser** f (Glas, Tex) / glass staple fibre ‖ ~**stapelfasergarn** n (Glas, Tex) / glas staple-fibre yarn ‖ ~**staub** m (Glas) / glass dust ‖ ~**stein** m (Bau) / glass block*, structural glass (US), glass brick (a hollow glass block) ‖ ~**stopfen** m (Chem, Glas) / glass stopper ‖ ~**stopfenflasche** f / glass-stoppered bottle ‖ ~**stöpsel** m (Chem, Glas) / glass stopper ‖ ~**stöpselflasche** f / glass-stoppered bottle ‖ ~**strahlen** n (mit Glasfasern als Strahlmittel) / glass-bead blasting, bead blasting ‖ ~**struktur** f (Glas) / glass structure ‖ ~**teile** n pl (des Wagens) (Kfz) / body glass ‖ ~**temperatur** f (Chem Verf, Glas) / vitrification temperature, glass transition temperature ‖ ~**temperatur** (Glas) / transformation point*, transformation temperature ‖ ~**thermometer** n (die wichtigste Flüssigkeitsausdehnungsthermometer) / liquid-in-glass thermometer ‖ ~**tinte** f (Glas) / glass-marking ink ‖ ~**tinte** (Glas, Keram) / marking-ink n ‖ ~**trage** f (Glas) / glass holder ‖ ~**träne** f (Glas) / Rupert's drop, glass tear ‖ ~**träne** (Glas) s. auch Bologneser Träne ‖ ~**trusion** f (patentiertes Verfahren zum Ziehen und Wickeln von Profilen und Rohren aus faserverstärkten Kunststoffen) / Glastrusion n ‖ ~**tuff** m (Geol) / vitric tuff ‖ ~**tür** f (Bau) / glass door ‖ ~**übergangstemperatur** f (Chem Verf, Glas) / vitrification temperature, glass transition temperature ‖ ~**übergangstemperatur** (DIN 77624) (Plast) / T_g-point* n, glass-transition temperature ‖ ~**überzug** m (Glas) / glass lining ‖ ~**umwandlung** f (der Übergang eines Polymers von einem viskosen oder elastischen in einen spröden, glasartigen Zustand) (Chem Verf) / vitrification n, glass transition

**Glasur** f (Bau, Keram) / glaze* n ‖ ~ (Überzug auf keramischen Erzeugnissen) (Keram) / enamel* n ‖ ~ (Nahr) / icing n, frosting n (US), sugar coating ‖ **alkalireiche** ~ (Keram) / alkaline glaze, alkali glaze ‖ **bleifreie** ~ (Keram) / leadless glaze ‖ **getrübte** ~ (Keram) / opaque (ceramic) glaze ‖ **glänzende** ~ (Keram) / bright glaze (having a high gloss) ‖ **halbleitende** ~ (Keram) / semiconducting glaze ‖ **halbmatte** ~ (Keram) / semi-mat glaze, semi-matt glaze ‖ **kristallisierte** ~ (Keram) / crystalline glaze ‖ **matte** ~ (Kristallausscheidungen - ein Glasurfehler) (Keram) / matt glaze, dull glaze ‖ **mit** ~ **überziehen** (Keram) / glaze v ‖ **ungefrittete bleihaltige** ~ (Keram) / jardiniere glaze ‖ **unruhige, wellige** ~ (Keram) / shorelines pl (a defect in the surface of porcelain enamels) (a defect in the surface of porcelain enamels)

**Glasur•auftrag** m (Keram) / glaze application ‖ ~**brand** m (Keram) / glost firing ‖ **mit** ~**fehlern behaftete Töpferware** (durch Verdampfen von Bestandteilen) (Keram) / aired ware (defective ceramic ware on which the glaze hast become partially devitrified or some volatilization of glaze ingredients has occurred) ‖ ~**mop** m (Keram) / glaze mop ‖ **lederartige** ~**oberfläche** (Fehler) (Keram) / pigskin n (a porcelain-enamel or glaze imperfection) ‖ ~**risse** m pl (ein Glasurfehler) (Keram) / alligator hide ‖ ~**roller** m (glasurfreie Stelle - ein Glasurfehler) (Keram) / cut glaze ‖ ~**schlicker** m (Keram) / glaze slip ‖ ~**spannung** f (Keram) / glaze stress ‖ ~**spritzpistole** f (Keram) / glazing spray gun ‖ ~**stein** m (Bau, Keram) / glazed brick*, enamelled brick*, enamel brick ‖ **fehlerhafte** ~**stelle** (Keram) / cut glaze (a glazed area in which the coating is of insufficient thickness for good coverage) ‖ **auf der Ware haftende** ~**suspension** (nach dem Tauchen) (Keram) / pick-up n ‖ ~**zange** f (Keram) / dipping tongs, glazing claws ‖ ~**ziegel** m (Bau, Keram) / glazed brick*, enamelled brick*, enamel brick

**glas•verarbeitend** adj / glass-processing adj ‖ ~**verarbeitungsmaschine** f (eine Formgebungs- oder Nachbearbeitungsmaschine) / glass-forming machine ‖ ~**verfestigung** f (Glas) / glass toughening ‖ ~**verfestigung** (der radioaktiven Abfallstoffe) (Nukl) / vitrification* n, conversion to glassy solids, glassification* n ‖ ~**vergoldung** f (Glas) / glass gilding* ‖ ~**vergossene Diode** (Eltronik) / glass-enclosed diode ‖ ~**verkleidung** f / glass lining ‖ ~**vlies** n / glass-fibre mat(ting), glass-fibre batt, glass felt, fiberglass mat (US) ‖ ~**vorhangfassade** f (Bau) / cladding glass ‖ ~**wannenofen** m (Glas) / glass tank (furnace), tank furnace* ‖ ~**waren** f pl (Glas) / glass n, glassware n ‖ ~-**Wasser-Grenzfläche** f / glass-water interface ‖ ~**watte** f (Glas) / loose wool, short fibre, glass wadding ‖ ~**weizen** m (Triticum durum Desf.) (Landw, Nahr) / durum wheat, durum n ‖ ~**werk** n (Glas) / glasswork(s) n(pl), glasshouse n ‖ ~**wolle** f (ein Glasfaserstoff) (Glas) / glass wool* ‖ **lose** ~**wolle** (nach dem Schleuderverfahren hergestelltes Material aus Glasfasern) (Glas) / loose wool, short fibre, glass wadding ‖ ~**würfel** m / cube of glass, glass cube ‖ ~**ziegel** m (Bau) / glass block*, structural glass (US), glass brick (a hollow glass block) ‖ ~**zustand** m (ein amorpher

**glatt**

Zustand, der in kleinen Bereichen zwar Ordnung, aber keine Fernordnung zeigt) (Phys) / vitreous state*, glassy state*
**glatt** *adj* (ungerauht) / unnapped *adj*, napless *adj*, unraised *adj*, pileless *adj* ‖ ~ (nicht rauh) / smooth *adj* ‖ ~ (glitschig) / slippery *adj*, slick *adj* ‖ ~ (Walze, Oberfläche) / plain *adj* ‖ ~ (abschneidend) (Bau, Eltech) / flush* *adj* ‖ ~ (Frequenzgang) (Eltech) / flat *adj* ‖ ~ (Glas, Keram) / plain *adj*, undecorated *adj* ‖ ~ (Schnitt, Bruch) (Masch, WP) / clean *adj*, net *adj* ‖ ~ (Kurve, die keine Knicke und keine Unstetigkeiten hat) (Math) / smooth *adj* ‖ ~ (Math) / smooth *adj* ‖ ~ (Griff) (Tex) / smooth *adj* ‖ **stückweise ~** (Math) / piecewise smooth, sectionally smooth ‖ **~e Anschlußfläche** (eines Flansches) (Masch) / plain straight face ‖ **~e Außenhaut** / smooth skin ‖ **~e Bohrbuchse** (Masch) / headless drill bush ‖ **~er Bruch** (z.B. bei Glimmer) (Min) / smooth fracture, clean fracture, clean-cut fracture ‖ **~es Ende** (des Muffenrohrs) (Masch) / spigot *n*, male end of pipe ‖ **~er Federring** (Masch) / plain pattern lock washer ‖ **~es Gewebe** (Tex) / plain fabric* ‖ **~er Geweberand** (Web) / plain selvedge ‖ **~e Glühlampe** (Eltech) / pipless lamp* ‖ **~e Kulierware** (Tex) / single jersey*, plain jersey, single knits, plain knits ‖ **~e Lade** (Web) / plain sley ‖ **~er Mantel** (ein Metallmantel ohne Wellung oder Riffung) (Kab) / smooth sheath ‖ **~e Oberfläche** / smooth surface ‖ **~es Rohr** (Hütt) / plain tube ‖ **~er Satz** (Typog) / straight matter ‖ **~e See** (Ozean) / smooth sea, slick sea ‖ **~e Tür** (Bau, Tischl) / flush door ‖ **~er und dichter Niederschlag** (Galv) / smooth compact deposit ‖ **~e Ware** (Tex) / plain fabric* ‖ **~e Zustandsform** (aerodynamisch) (Luftf) / clean configuration
**Glättbalken** *m* (Bau, HuT) / screed *n*, screed board, screed rail, screeding beam, tamper *n*, screeding board, smoothing beam
**Glattblättriger Zürgelbaum** (For) / sugarberry *n*
**Glättbohle** *f* (Bau, HuT) / screed *n*, screed board, screed rail, screeding beam, tamper *n*, screeding board, smoothing beam
**Glatt•brand** *m* (Hauptbrand) (Keram) / glost firing ‖ **~brandofen** *m* (Keram) / glost kiln, glost firing kiln ‖ **~decker** *m* (Schiff) / flush-deck vessel, flush-decker *n* ‖ **~deckluke** *f* (Ausführung ohne Süll) (Schiff) / flush-deck hatch ‖ **~deckschiff** *n* (Schiff) / flush-deck vessel, flush-decker *n*
**Glätte** *f* (mechanische Oberflächenstruktur) (Pap) / smoothness *n* ‖ **~** (des Rohseidenfadens) (Tex) / neatness *n* ‖ **aerodynamische ~** (des Profils) (Luftf) / aerodynamic smoothness
**Glatteis** *n* (Meteor) / glazed frost*, glaze *n*, verglas *n*, glaze ice, sleet *n* (US)
**Glätteisen** *n* (Gieß) / sleeker* *n*, smoother* *n*, slicker* *n*
**glätten** *v* (Buchb) / burnish *v*, polieren *v* (Schnitt) ‖ ~ (Eltech, Math) / smooth *v* ‖ ~ (die Betondecke) (HuT) / finish *v*, smooth *v* ‖ ~ (Hütt) / planish *v* ‖ ~ (verbeulte Blechstellen mit Hammer und Handfaust) (Kfz) / ding *v*, level out *v* ‖ ~ (Leder) / scud *v* ‖ ~ (preßpolieren) (Masch) / burnish *v* ‖ ~ (Masch) / plait *v* ‖ ~ (schlichten) (Masch) / polish *v*, smooth *v* ‖ ~ (statistische Reihen) (Stats) / smooth *v* ‖ ~ (Tex) / iron *v* ‖ **~** *n* (Buchb) / burnishing* *n* ‖ **~** (Eltech, Math) / smoothing *n* ‖ **~** (Leder) / scudding *n* ‖ **~** (Preßpolieren) (Masch) / burnishing *n* ‖ **~** (Masch) / polishing *n*, smoothing *n* ‖ **~** (der statistischen Reihen) (Stats) / smoothing *n* ‖ **~** (Tex) / ironing *n* ‖ **~ mit Achatstein** (Pap) / flint glazing
**glättfähig** *adj* (Faser) (Tex) / polishable *adj*
**Glatt•garn** *n* (Spinn) / flat yarn*, non-crimped yarn ‖ **~gestrichen** *adj* (Bau) / fair-faced *adj* ‖ **~gewebe** *n* (Tex) / plain-surface fabric ‖ **~gewebter Flanell** (Tex) / winsey* *n*
**Glattheit** *f* (Math) / smoothness
**Glättkelle** *f* (Bau) / plasterer's trowel, plastering trowel, laying-on trowel
**Glattleder** *n* (Leder) / smooth leather
**Glätt•presse** *f* (in der Trockenpartie) (Pap) / breaker stack ‖ **~presse** (Pap) / smoothing press
**Glatt•putz** *m* (Bau) / plainface finish ‖ **~putz** (ein Außenwandputz) (Bau) / stucco* *n* (pl. -s or stuccoes), stuke* *n* ‖ **~putzen** *v* (Bau) / render, float and set* *v*, RFS* ‖ **~radwalze** *f* (HuT) / smooth-wheel roller
**glattreiben** *v* (Bau) / float *vt*
**glattrindig** *adj* (For) / smooth-barked *adj*
**Glatt•rohr** *n* (Hütt) / plain tube ‖ **~rütteln** (EDV) / alignment *n*
**Glättschaberstreichen** *n* (Pap) / blade coating, trailing-blade coating, flexible blade coating
**Glatt•schaftkolben** *m* (Kfz) / full-skirt piston, solid-shaft piston ‖ **~schleifen** *v* (Kanten) (Glas, Keram) / tow *v* ‖ **~schleifen** *n* (der Kanten) (Glas, Keram) / towing *n* ‖ **~schmelzen** *v* (Chem, Glas) / fire polishing (of the ends of glass-tubing)
**Glättstich** *m* (Hütt) / planishing pass, smoothing pass
**glatt•stoßen** *v* (Druck) / jog *v* ‖ **~stoßen** *n* (Druck) / jogging *n* ‖ **~stoßmaschine** *f* (Rütteltisch mit Seitenwänden) (Druck) / jogging machine, jogger *n* ‖ **~streichen** *v* (Gieß) / strike *v*, strickle *v*, level *v* ‖ **~streichen** *n* (Gieß) / striking-up *n*, striking *n*, striking-off *n*, levelling *n* ‖ **~strich** *m* (beim mehrlagigen Putz) (Bau) / setting coat*, fining coat*, finishing coat*, skim coat, skimming coat*, set *n*, white coat*, finish *n* ‖ **~strich** (bis zu 2 cm dicke Abschlußschicht aus fettem Zementmörtel) (Bau) / cement plainface finish ‖ **~trocknend** *adj* / smooth-drying *adj*
**Glättung** *f* (Eltech, Math) / smoothing *n* ‖ **exponentielle ~** (statistisches Prognoseverfahren) (Stats) / exponential smoothing
**Glättungs•bereich** *m* (Nukl) / flat region*, flux-flattening region ‖ **~drossel** *f* (Eltech) / smoothing choke* ‖ **~faktor** *m* (Eltech) / smoothing factor ‖ **~filter** *n* (im Tiefpaß) (Eltech) / ripple filter*, smoothing filter ‖ **~glied** (Eltech) / smoother* *n* ‖ **~kondensator** *m* (Eltech) / filter capacitor ‖ **~kondensator** (zur Glättung pulsierender Gleichspannung durch Ableitung des Wechselstromanteils) (Eltech) / smoothing capacitor ‖ **~kreis** *m* (Eltech) / smoothing circuit* ‖ **~material** *n* (Nukl) / flattening material*, flux-flattening material ‖ **~rechner** *m* (EDV) / averaging computer, averager *n* ‖ **~schaltung** *f* (Eltech) / smoothing circuit* ‖ **~tiefe** *f* (Masch) / peak-to-mean-line height, levelling depth, envelope average depth (a surface parameter) ‖ **~zone** *f* (Nukl) / flat region*, flux-flattened region
**Glattwalze** *f* (Hütt) / smoothing roll
**Glatt•walze** *f* (als Gegensatz zu Rauhwalze) (Landw) / flat roller ‖ **~walzen** *n* der Oberfläche (Hütt, Masch) / surface rolling
**Glätt•walzwerk** *n* (Hütt) / planisher* *n*, planishing mill, finisher *n* ‖ **~walzwerk** (zum Rohrwalzen) (Hütt) / smoothing rolling mill, reeling mill, reeler *n* ‖ **~walzwerk** (Hütt) / skin-pass mill ‖ **~walzwerk** (Bandwalzen) (Hütt) / flattener *n*
**glattwandig** *adj* / smooth-wall *attr* ‖ **~e Erstarrung** (Gieß) / smooth-wall solidification
**Glatt•ware** *f* (Keram) / glost ware ‖ **~wasser** *n* (Nachwürze) (Brau) / last wort, last runnings ‖ **~wasserlandung** *f* (bei Wasserflugzeugen) (Luftf) / mirage landing
**Glätt•werk** *n* (einer Langsiebpapiermaschine) (Pap) / calenders *pl*, calender section ‖ **~werkzeug** *n* (Gieß) / sleeker* *n*, smoother* *n*, slicker* *n* ‖ **~zahn** *m* (zum Abglätten des Goldschnitts) (Buchb) / burnisher *n*, polisher *n* ‖ **~zahn** (eines Räumwerkzeuges) (Masch) / burnishing tooth
**Glauben, direkter ~** (KI) / de re belief ‖ **indirekter ~** (KI) / de dicto belief
**Glauberit** *m* (Min) / glauberite* *n*
**Glaubersalz** *n* (Natriumsulfat-10-Wasser - nach J.R. Glauber, 1604-1670) (Chem) / Glauber salt*, Glauber's salt
**Glaubwürdigkeit** *f* (KI) / credibility *n*
**Glaucin** *n* (ein Alkaloid) (Chem, Pharm) / glaucine *n*
**Glaukodot** *m* (orthorhombischer kobalthaltiger Arsenopyrit) (Min) / glaucodote *n*, glaucodot *n*
**Glaukonit** *n* (ein Tonmineral) (Min) / glauconite* *n*
**Glaukophan** *m* (ein Alkaliamphibol) (Min) / glaucophane* *n*
**Glaukophanit** *f* (Geol) / blue schist*, glaucophane schist
**Glaukophanschiefer** *m* (Geol) / blue schist*, glaucophane schist
**glazial** *adj* (auf den Gletscher bezogen) (Geol) / glacial *adj* ‖ ~ (Geol) / glacial *adj* ‖ **~e Ablagerung** (Geol) / glacial deposit* ‖ **~es Sediment** (z.B. Sand, Moräne, Drumlin) (Geol) / glacial deposit* ‖ **~** *n* (Geol) / ice-age* *n*, glacial epoch ‖ **~erosion** *f* (die abtragende Wirkung der Gletscher) (Geol) / glacial erosion ‖ **~geschiebe** *n* (Geol) / glacial drift ‖ **~lakustrisch** *adj* (Geol) / glaciolacustrine *adj* ‖ **~see** *m* (Geol) / glacier lake*, glacial lake, drift-dam lake, glacier-dammed lake, proglacial lake ‖ **~ton** *m* (Geol) / glacial clay ‖ **~zeit** *f* (Geol) / ice-age* *n*, glacial epoch
**glaziär** *adj* (Geol) / glacial *adj*
**glazigen** *adj* (Geol) / glacial *adj*
**glaziofluviatil** *adj* (Geol) / fluvioglacial *adj*, glaciofluvial *adj*, glacifluvial *adj*
**Glaziologie** *f* (Geol) / glaciology *n*
**GLC** (Chem) / gas-liquid chromatography*, GLC*
**GlcN** (Biochem) / glucosamine *n*
**GlcUA** (Biochem) / glucuronic acid*
**Gleasonverzahnung** *f* (eine amerikanische Spiral-Kegelrad-Verzahnung) (Masch) / Gleason bevel gear system
**Gleditschie, Amerikanische ~** (For) / locust *n* (honey), honeylocust *n*
**Gleditsia triacanthos L.** (liefert u.a. Honey Locust Gum) (For) / locust *n* (honey), honeylocust *n*
**Glei** *m* (Geol) / glei soil*, glei *n*, gley* *n*
**Gleiboden** *m* (Boden in Niederungen und Senken, bei dessen Entwicklung das Grundwasser entscheidenden Einfluß hat) (Geol) / glei soil*, glei *n*, gley* *n*
**gleich** *adj* / equal *adj* ‖ **identisch ~** (Math) / identical *adj* ‖ **kleiner oder ~** (Math) / less than or equal (to), LE ‖ **~ aus dem Bad** (Beschichtung) (Galv) / as plated *adj* ‖ **~e Menge** (Math) / identical set, equal set, coincidence set
**gleichabständig** *adj* (Geog, Kart) / equidistant *adj*, equally spaced, equispaced *adj*

**gleichachsig** *adj* / coaxial *adj* ∥ ~ (Masch) / equiaxed *adj* ∥ **~e gegenläufige Propeller** (Luftf) / coaxial propellers*, contrarotating propellers
**Gleichanteil** *m* (Eltech) / steady component
**gleicharmig•e Balkenwaage** / equal-arm balance, simple beam balance ∥ **~e Drehbrücke** (eine bewegliche Brücke) (Masch) / pivot bridge*, swing bridge, swing drawbridge, swivel bridge
**gleichartig** *adj* (Biol) / conspecific* *adj* ∥ ~ (Chem, Phys) / homogeneous* *adj* ∥ **~e Erzeugnisse** / kindred products
**gleichbleibend** *adj* ~ / uniform* *adj* ∥ ~ / constant* *adj* ∥ **~e Belastung** (Mech) / constant load ∥ **~e Geschwindigkeit** / constant speed ∥ **~ gute Schriftwiedergabe** (EDV) / constant and uniform print quality
**Gleichdick** *n* (eine Kurve) (Math) / orbiform *n*, orbiform curve (of constant breadth)
**Gleichdrall-Doppelschnecke** *f* (Plast) / co-rotating twin screw
**Gleichdruck•prozeß** *m* (des Dieselmotors) (V-Mot) / diesel cycle*, constant-pressure cycle* ∥ **~rad** *n* (Masch) / impulse wheel* ∥ **~(dampf)turbine** *f* (Masch) / impulse turbine* ∥ **~turbine** *f* (Masch) / impulse turbine* ∥ **geschwindigkeitsgestufte ~turbine** (Masch) / velocity-compounded impulse turbine ∥ **~vergaser** *m* (bei dem ein Kolbenschieber, an dem auch die konische Düsennadel zur Kraftstoffzumessung befestigt ist, den Durchströmquerschnitt so verändert, daß Unterdruck und Strömungsgeschwindigkeit in der Mischkammer annähernd konstant sind) (V-Mot) / variable venturi carburettor, vv carburettor, constant-velocity/depression carburettor, constant-vacuum carburettor, constant-velocity carburettor
**Gleichenfeier** *f* (A) (Bau, Zimm) / topping-out ceremony
**gleichfällig** *adj* (Aufber) / equal-falling *adj*, equal-settling *adj*
**Gleichfälligkeit** *f* (gleiche Absetzgeschwindigkeit) (Aufber) / homogeneous sedimentation
**gleichfarbig** (Licht) / of the same colour, homochromous *adj*, isochroic* *adj*, homochromatic *adj*
**Gleichfeld** *n* (Phys) / static field
**gleichförmig** *adj* / uniform* *adj* ∥ **~e Belastung** (Mech) / constant load ∥ **~ beschleunigte Bewegung** (Phys) / uniformly accelerated motion ∥ **~e Bezugnahme** (EDV) / uniform referencing ∥ **~e Drehung** (Mech) / uniform rotation ∥ **~e Kreisbewegung** (Phys) / uniform circular motion ∥ **~er Lauf** (Masch) / smooth running, smooth working ∥ **~e Leitung** (Eltech) / uniform line* ∥ **~e Rotation** (Mech) / uniform rotation ∥ **~ verzögerte Bewegung** (Phys) / uniformly retarded motion, uniformly decelerated motion
**Gleichförmigkeit** *f* / uniformity *n*
**Gleichförmigkeitsgrad** *m* (HuT) / uniformity coefficient
**gleichfrequent** *adj* (Eltech, Phys) / equifrequent *adj*
**Gleichgang-Wellengelenk** *n* (eine Sonderkonstruktion des Gleichlaufgelenks nach A.H. Rzeppa) (Kfz) / Rzeppa joint, Birfield joint
**gleichgerichtet•e Einzelfalten** (Tex) / kilt plaits ∥ **~er Strom** (Eltech) / rectified current
**Gleichgewicht** *n* (Mech) / balance* *n*, equilibrium* *n* (pl. equilibria or equilibriums) ∥ **adiabatisches ~** (Phys) / adiabatic equilibrium ∥ **aerodynamisches ~** (Luftf) / aerodynamic balance* ∥ **aus dem ~ bringen** (Masch, Mech) / unbalance *vt* ∥ **außer ~** (Masch, Mech) / unbalanced *adj*, out of balance* *attr* ∥ **chemisches ~** (Chem) / chemical equilibrium ∥ **dynamisches ~** (Masch) / running balance ∥ **dynamisches ~** (Mech) / dynamic equilibrium ∥ **eingefrorenes ~** (Chem) / frozen equilibrium ∥ **elektrochemisches ~** (Chem) / electrochemical equilibrium ∥ **eutektisches ~** (einer Schmelze) (Hütt) / eutectic equilibrium ∥ **eutektoides ~** (einer Schmelze) (Hütt) / eutectoid equilibrium ∥ **heterogenes ~** (Phys) / heterogeneous equilibrium ∥ **homogenes ~** (Phys) / homogeneous equilibrium ∥ **hydrophil-lipophiles ~** (Chem) / hydrophilic-lipophilic balance, HLB* ∥ **hygroskopisches ~** (For) / hygroscopic equilibrium ∥ **im thermodynamischen ~ befindliches Plasma** (Plasma Phys) / equilibrium plasma ∥ **indifferentes ~** (Mech) / neutral equilibrium*, neutral stability, indifferent stability, indifferent equilibrium ∥ **inkongruentes ~** (eine inkongruent schmelzenden intermetallischen Verbindung) (Hütt) / incongruent equilibrium ∥ **instabiles ~** (Mech) / unstable equilibrium*, labile equilibrium ∥ **invariantes ~** (nach dem Gibbsschen Phasengesetz) (Phys) / invariant equilibrium ∥ **kinetisches ~** (Chem) / kinetic equilibrium ∥ **labiles ~** (Mech) / unstable equilibrium*, labile equilibrium ∥ **laufendes ~** (wenn die Aktivität eines Gliedes größer ist als die des vorhergehenden, in radioaktiven Gleichgewicht) (Kernphys) / transient equilibrium* ∥ **metastabiles ~** (Phys) / metastable equilibrium ∥ **nicht im thermodynamischen ~ befindliches Plasma** (Plasma Phys) / non-equilibrium plasma ∥ **ökologisches ~** (Umwelt) / ecological balance, ecological equilibrium ∥ **peritektisches ~** (einer Schmelze) (Hütt) / peritectic equilibrium ∥ **radioaktives ~** (bei einer radioaktiven Zerfallsreihe) (Kernphys) / radioactive equilibrium* ∥ **stabiles ~** (Mech) / stable equilibrium* ∥ **statisches ~** (Chem, Mech) / static equilibrium ∥ **thermisches ~** (Phys) / thermal equilibrium, heat equilibrium ∥ **thermodynamisches ~** (Phys) / thermodynamic equilibrium ∥ **univariantes ~** (nach dem Gibbsschen Phasengesetz) (Phys) / univariant equilibrium, monovariant equilibrium ∥ **vorgeschaltetes ~** / pre-equilibrium *n* ∥ **~ *n* der Kräfte** (Mech) / equilibrium of forces ∥ **~ *n* der Natur** (Umwelt) / balance of nature ∥ **herstellen** (Masch, Mech) / equilibrate *v* ∥ **~ herstellen** (Masch, Mech) s. auch auswuchten ∥ **~ *n* unter Solidus** (Hütt) / subsolidus equilibrium
**gleichgewichtiger Kode** (EDV) / fixed-weight code
**Gleichgewichts•apparatur** *f* (bei der Destillation) (Chem Verf) / equilibrium still* ∥ **~bahn** *f* (Kernphys) / equilibrium orbit ∥ **~bedingungen** *f pl* (Mech) / conditions of equilibrium ∥ **~chaubild** *n* (Hütt, Phys) / constitution diagram*, equilibrium diagram*, phase diagram* ∥ **~destillation** *f* (Chem) / flash distillation*, equilibrium distillation ∥ **~exponent** *m* (Chem) / pK*, pK value* ∥ **~feuchte** *f* (Chem Verf, For) / equilibrium moisture (content)* ∥ **~feuchtigkeitsgehalt** *m* (Chem Verf, For) / equilibrium moisture (content)* ∥ **~fluß** *m* (Wasserb) / mature river ∥ **~galvanispannung** *f* (Elektr) / equilibrium potential, equilibrium galvanic voltage ∥ **~geometrie** *f* (der Atomkerne) (Kernphys) / equilibrium geometry ∥ **~ionendosis** *f* (DIN 25401) (Kernphys, Radiol) / exposure* *n* ∥ **~konstante** *f* (Chem) / equilibrium constant*, mass action constant ∥ **~konzentration** *f* (Chem, Phys) / equilibrium concentration ∥ **~lage** *f* (Chem) / position of equilibrium ∥ **~modensimulator** *m* (Fernm) / equilibrium-mode simulator, EMS ∥ **~nah** *adj* (Mech) / near-equilibrium *attr* ∥ **~plasma** *n* (Plasma Phys) / equilibrium plasma ∥ **~potential** *n* (ein Elektrodenpotential) (Elektr) / equilibrium potential, equilibrium galvanic voltage ∥ **~reaktion** *f* (Chem) / reversible reaction*, balanced reaction*, equilibrium reaction* ∥ **~sinkgeschwindigkeit** *f* (Aufber) / terminal falling velocity ∥ **reproduzierbare ~temperaturen** (definierte Festpunkte der Internationalen Praktischen Temperaturskale) (Phys) / secondary reference points ∥ **~viskosität** *f* (DIN 1342, T 1) (Phys) / ultimate viscosity ∥ **~zusammensetzung** *f* (der Reaktionsmischung) (Chem) / equilibrium composition ∥ **~zustand** *m* (Mech) / stable state ∥ **stationärer ~zustand** (offener Systeme) (Biol, Chem) / steady state, homeostasis* *n*
**gleichgradig stetig** (eine Funktionenfolge) (Math) / equicontinuous *adj*
**gleichgroß** *adj* (1 : 1) / same-size *attr*
**Gleichheit** *f* (A = B) (Math) / equality *n*
**Gleichheitsrelation** *f* (Math) / equality relation
**gleichhohe Gipfel** (Geol) / accordant summits
**gleichionisch** *adj* (Chem, Phys) / isoionic *adj*
**Gleichkanal** *m* (Radio) / co-channel *n*, common channel ∥ **~betrieb** *m* (Radio) / co-channel operation, common-channel operation
**gleich•klingend** *adj* (Akus) / unisonant *adj*, unisonous *adj*, univocal *adj* ∥ **~konkav** *adj* (Opt) / equiconcave *adj* ∥ **~konvex** *adj* (Opt) / equiconvex *adj* ∥ **~körnig** *adj* (Opt) / equigranular *adj*, homogranular *adj*, even-grained *adj*, uniformly grained ∥ **~lageverfahren** *n* **mit Echokompensation** (Fernm) / adaptive echo cancellation ∥ **~last** *f* (bei Flächentragwerken) (HuT) / uniformly distributed load
**Gleichlauf** *m* (kontinuierliches Bestrahlen der Proben bei künstlichen Bewitterungsprüfungen) (Anstr) / continuous run ∥ **~ (zwangsweiser)** (EDV, Fernm, Masch) / synchronism* *n* ∥ **~** (Fernm) / tracking* *n* (of ganged circuits) ∥ **im ~** (Eltech) / in step* ∥ **mechanischer ~** (Eltech) / ganging* *n* ∥ **~abstimmkondensator** *m* (Eltech) / pad* *n*, padder *n*, padding capacitor ∥ **~abweichung** *f* (EDV) / synchronization drift
**Gleichläufer** *m* (ein Zweizylinder-Viertaktmotor) (V-Mot) / parallel twin
**Gleichlauf•festgelenk** *n* (Kfz) / constant-velocity fixed joint, homokinetic fixed joint, Birfield joint (US), outboard universal joint (outer joint of a drive shaft of a FWD vehicle) ∥ **~fräsen** *n* (DIN 6580) (Masch) / climb cutting*, climb milling, down cutting, down milling ∥ **~gelenk** *n* (Kfz) / constant-velocity (universal) joint*, CVJ, homokinetic joint, CV joint ∥ **~gelenkwelle** *f* (Kfz) / constant-velocity driveshaft ∥ **~getriebe** *n* (z.B. Vorschubantrieb des Frästisches über Spindel und Mutter mit Ausgleich des axialen Spiels für das Gleichlauffräsen) (Masch) / synchromesh gear
**gleichläufig** *adj* / synchronous *adj*, synchronic *adj*, sync, synchronal *adj*
**Gleichlauf•kegel** *m* (Kfz) / synchromesh cone, synchronizer cone, synchronizing cone ∥ **~kontrolleinrichtung** *f* (Eltech) / scrutineer *n* ∥ **~konus** *m* (ein Teil der Konuskupplung) (Kfz) / synchromesh cone, synchronizer cone, synchronizing cone ∥ **~mischer** *m* (ein Betontrommelmischer mit Entleeren bei gleichbleibender Drehrichtung durch Einschwenken einer Auslaufschurre oder bei einer zweiteiligen Trommel durch Trennung der beiden Schalenhälften) (Bau, HuT) / non-tilting mixer ∥ **~pilot** *m* (Fernm) / synchronizing pilot ∥ **~prüfung** *f* (EDV) / synchronism check, synchronous check, sync check ∥ **~regulator** *m* (Film) / compensator *n* ∥ **~schaltung** *f* (Eltech) / synchronizing circuit, sync circuit ∥ **~signal** *n* (Eltronik) / synchronous signal ∥ **~signal** (TV) /

**Gleichlauftopfgelenk**

synchronizing signal*, synchronizing pulse*, sync signal, sync pulse* ‖ ⁓**topfgelenk** n (Kfz) / constant-velocity slip joint, constant-velocity plunging joint, double-offset universal joint (US), inboard universal joint (inner joint of a drive shaft of a FWD vehicle) ‖ ⁓**verschiebegelenk** n (Kfz) / constant-velocity slip joint, constant-velocity plunging joint, double-offset universal joint (US), inboard universal joint (inner joint of a drive shaft of a FWD vehicle)

**Gleich•licht** n (im sichtbaren Spektralbereich) (Spektr) / cw radiation ‖ ⁓**lichtschranke** f (bei der der Sender Licht gleichbleibender Intensität erzeugt) (Eltronik, Licht) / constant-light barrier

**gleichmächtige Mengen** (A ~ B) (Math) / equipotent sets, equivalent sets, sets of equal cardinality

**Gleichmaßdehnung** f (wenn sich die Probe bis zur Höchstkraft weitgehend gleichmäßig über die eigene Länge dehnt) (WP) / uniform strain, unitary elongation, uniform elongation

**gleichmäßig** adj (Lauf des Motors) / smooth adj ‖ ~ / uniform adj ‖ ~ (Reifenprofilabnutzung) / even adj ‖ ~ (Anflug, Flug) (Luftf) / steady adj ‖ ~ (Färbung) (Tex) / level adj ‖ ~**er Angriff** (eines Korrosionsmediums) (Math) / uniform attack, even attack ‖ ~ **anregendes Rauschen** (DIN 1320) (Akus) / uniformly exciting noise ‖ ~**er Anschlag** (auf der Tastatur) (EDV) / even touch ‖ ~**es Aufbringen von Splitt** (HuT) / blinding* n, gritting n ‖ ~ **belastete Platte** (Mech) / uniformly loaded plate ‖ ~**e Belastung** (Mech) / uniform loading ‖ ~ **beschränkt** (Funktionenfolge) (Math) / uniformly restricted ‖ ~ **besser** (Test) (Stats) / uniformly more powerful ‖ ~ **best** (Test) (Stats) / uniformly most powerful ‖ ~**er Druck** (Druck) / good colour* ‖ ~ **erwärmen** (bei gleicher Temperatur) (Glas, Hütt) / soak v ‖ ~**e Erwärmung** (Glas, Hütt) / soaking* n ‖ ~**e Holzzeichnung** (For) / even grain ‖ ~**e Konvergenz** (Math) / uniform convergence* ‖ ~ **körnig** / equigranular adj, homogranular adj, even-grained adj, uniformly grained ‖ ~**e Maserung** (For) / even grain ‖ ~**e Spannungsverteilung** (Mech) / uniform distribution of stress ‖ ~**e Staffelung** (Fernm) / symmetrical grading ‖ ~**e Strömung** (Phys) / uniform flow ‖ ~ **verdeckendes Rauschen** (DIN 1320) (Akus) / uniformly masking noise ‖ ~ **verdeckendes Rauschen** (DIN 1320) (Akus) / uniformly masking noise ‖ ~ **verteilen** (einen Anstrichstoff) (Anstr) / lay off v ‖ ~**e Verteilung** (Stats) / uniform distribution ‖ ~**e Ware** (was die Fadensysteme betrifft) (Web) / balanced cloth

**Gleichmäßigkeit** f / regularity n, evenness n ‖ ⁓ / uniformity n

**gleichnamig** adj (Elektr, Math) / similar adj ‖ ~**e Brüche** (Math) / similar fractions, fractions with equal denominator ‖ ~ **geladen** (z.B. Ion) (Phys) / like-charged adj ‖ ~**e Glieder von Polynomen** (Math) / similar terms, like terms ‖ ~**e Ladung** (Phys) / like charge ‖ ~**e Operationen** / like operations

**Gleichnamigkeit** f (Elektr, Math) / similarity n

**gleichordnende Indexierung** (eines Dokuments) (EDV) / coordinate indexing

**gleichphasig** adj / equiphase adj, cophasal adj, equal-phase attr ‖ ~ (Eltech) / in phase*, equiphase adj, equal-phase attr ‖ ~**es Signal** (Fernm) / in-phase signal ‖ ~**e Spannungen auf einer symmetrischen Leitung** (Eltech) / push-push voltages

**Gleich•phasigkeit** f (Phys) / cophasal state ‖ ~**polar** adj (Eltech) / homopolar adj ‖ ⁓**polgenerator** m (Eltech) / homopolar generator* ‖ ⁓**polmaschine** f (Eltech) / acyclic machine, unipolar machine, homopolar machine ‖ ⁓**raumverbrennung** f (Phys) / constant-volume combustion, combustion at constant volume

**gleichrichten** v (Fasern) / orientate v ‖ ~ (Eltech) / rectify v

**Gleichrichter** m (zum Umformen von ein- oder mehrphasigem Wechselstrom in Gleichstrom) (Eltech) / rectifier* n ‖ ⁓ (bei den Strömungsmaschinen) (Masch) / flow straightener ‖ **linearer** ⁓ (Fernm) / linear detector*, linear rectifier* ‖ **mechanischer** ⁓ (Eltech) / mechanical rectifier ‖ **quadratischer** ⁓ / square-law rectifier* ‖ **siliziumgesteuerter** ⁓ (Eltronik) / SCR, silicon-controlled rectifier* ‖ ⁓ m **in Brückenschaltung** (Eltech) / bridge rectifier* ‖ ⁓ **in Graetzschaltung** (Eltech) / Grätz rectifier*, Graetz rectifier, Graetz circuit ‖ ⁓ **mit Vakuumhaltung** (Eltech) / maintained-vacuum rectifier ‖ ⁓**brücke** f (Eltech) / bridge rectifier* ‖ ⁓**diode** f (Eltech) / rectifier diode ‖ ⁓**effekt** m (Eltech) / Schottky effect*, Schottky emission ‖ ⁓**gerät** n (Eltech) / rectifier* n ‖ ⁓**instrument** n (Eltech) / rectifying instrument, rectifier instrument* ‖ ⁓**lokomotive** f (Bahn) / rectifier electric locomotive, rectifier locomotive ‖ ⁓**meßgerät** n (Eltech) / rectifying instrument, rectifier instrument* ‖ ⁓**röhre** f (Eltronik) / rectifying valve* ‖ ⁓**transformator** m (Eltech) / rectifier transformer (a transformer that operates at the fundamental frequency of an alternating-current system and designated to have one or more output windings conductively connected to the main electrodes of a rectifier) ‖ ⁓**wirkung** f (Eltech) / valve effect* ‖ ⁓**wirkung** (Eltronik) / unilateral conductivity*

**Gleich•richtung** f (Eltech) / rectification* n ‖ ⁓**schein** m (Astr) / conjunction* n ‖ ⁓**schelle** f (als Rohrunterstützung) / U-bolt n

**gleichschenklig•es Dreieck** (Math) / isosceles triangle* ‖ ~**es Trapez** (Math) / isosceles trapezium ‖ ~**er Winkelstahl** (Hütt) / angle with equal legs

**Gleichschlag** m (bei dem die einzelnen Drähte und Litzen und die Litzen selbst in den gleichen Richtung gewunden sind) (Masch) / lang lay*, Albert's lay, Lang's lay

**gleichschwebend** adj (Akus) / equally tempered

**gleichseitig** adj / equilateral adj ‖ ~ (Köper) (Tex) / even-sided adj (twill) ‖ ~ (annähernd) (Verm) / well-conditioned* adj ‖ ~**es Dreieck** (Math) / equilateral triangle* ‖ ~**e Hyperbel** (Math) / equilateral hyperbola, equiangular hyperbola, rectangular hyperbola ‖ ~**e Köperbindung** (Web) / Batavia weave ‖ ~**es Papier** (entweder zusammengeautscht oder auf einer Doppelsiebpartie gefertigt) (Pap) / twin-wire paper

**gleichsetzen** v / equate v, put equal (to) ‖ ~ (mit) (Krist) / equate v ‖ ⁓ n (Math) / equating n

**Gleichsetzungsmethode** f (Math) / method of equating

**Gleichsetzungsverfahren** n (Math) / method of equating

**Gleichsignal** n (beim Consolverfahren) (Nav) / equisignal n

**gleichsinnig** adj (Geol) / synthetic adj ‖ ~**e Ähnlichkeit** (Math) / direct similitude ‖ ~**e Bewegung** (in der euklidischen Geometrie) (Math) / orientation-preserving motion ‖ ~ **kongruent** (Figuren, die kongruent sind und gleichen Umlaufsinn haben) (Math) / directly congruent

**Gleichspannung** f (Eltech) / direct-current voltage, DCV, d.c. voltage

**Gleichspannungsumformer, rotierender** ⁓ (Eltech) / motor generator (a converter)*, genemotor n

**Gleichspannungsverstärker** m (Eltronik) / direct-coupled amplifier

**Gleichstrom** n (bei der Strömung) (Chem Verf, Phys) / co-current n ‖ ⁓ m (Eltech) / direct current*, d.c.*, d-c, DC, dc* ‖ **hochgespannter** ⁓ (Eltech) / high-voltage direct current, HVDC ‖ ⁓**anteil** m **des Stoßkurzschlußstromes** (Eltech) / aperiodic component of short-circuit current ‖ ⁓**brenner** m (ein Gasbrenner) / diffusion flame burner ‖ ⁓**brennkammer** f (Luftf) / straight-flow system* ‖ ⁓**dampfmaschine** f (Masch) / uniflow steam engine, uniflow engine ‖ ⁓**datenübertragungseinrichtung (GDÜ)** f (EDV, Fernm) / baseband modem, d.c. modem ‖ ⁓**destillation** f (Chem Verf) / simple distillation ‖ ⁓**doppelschlußmotor** m (Eltech) / compound motor* ‖ ⁓**elektrolokomotive** f (Bahn, Eltech) / d.c. electric locomotive ‖ ⁓**generator** m (Eltech) / dynamo* n, d.c. generator*, direct-current generator ‖ ⁓**-Gleichstrom-Einankerumformer** m (Eltech) / dynamotor* n ‖ ⁓**-Gleichstrom-Umspanner** m (Eltech) / commutator transformer ‖ ⁓**komponente** f (Eltech) / zero frequency*, z.f.* ‖ ⁓**leitfähigkeit** f (Eltech) / d.c. conductivity ‖ ⁓**lichtbogen** m (Eltech) / d.c. arc ‖ ⁓**maschine** f (Eltech) / dynamo* n, d.c. generator*, direct-current generator ‖ ⁓**motor** m (Eltech) / direct-current motor ‖ ⁓**plasmaofen** m (Hütt) / DC plasma furnace, d.c. plasma furnace ‖ ⁓**prozeß** m (Chem Verf) / co-current contact*, co-current treatment, co-current process ‖ ⁓**relais** n (Eltech) / direct-current relay, d.c. relay* ‖ ⁓**-Schwefelsäure-Oxalsäure-Verfahren** n (Galv) / sulphuric-acid oxalic-acid anodizing (process) ‖ ⁓**-Schwefelsäure-Verfahren** n (Galv) / sulphuric-acid anodizing (process) ‖ ⁓**schweißung** f (Schw) / d.c. welding ‖ ⁓**spülung** f (Kfz) / uniflow scavenging, through scavenging (US), end-to-end scavenging, unidirectional flow scavenging ‖ ⁓**tastwahl** f (Fernsp) / d.c. push-button dialling ‖ ⁓**telegrafie** f (Teleg) / d.c. telegraphy ‖ ⁓**übertragungssystem** n **mit konstantem Strom** (Eltech) / series system*, Thury system* ‖ ⁓**umrichter** (Stromrichter zur Umformung einer Gleichspannung in eine andere) (Eltech) / d.c./d.c. converter*, d.c. transformer* ‖ ⁓**umspanner** m (Eltech) / commutator transformer ‖ ⁓**verfahren** n (Chem Verf) / co-current contact*, co-current treatment, co-current process ‖ ⁓**verstärker** m (Eltech) / direct-current amplifier*, d.c. amplifier* ‖ ⁓**wandler** m (zur Umwandlung der Werte hoher Gleichströme in bequem meßbare Werte) (Eltech) / d.c. transformer* ‖ ⁓**widerstand** m (DIN 40110) (Elektr) / d.c. resistance*, ohmic resistance, true (ohmic) resistance* ‖ ⁓**widerstand des Drehstromwicklung** (Eltech) / d.c. armature winding resistance ‖ ⁓**zähler** f (ein Elektroenergieverbrauchszähler, z.B. eine Elektrolytzähler) (Eltech) / d.c. meter* ‖ ⁓**-Zeitkonstante** f (Eltech) / aperiodic time constant

**Gleichtakt•aussteuerung** f (Eltronik) / common-mode driving ‖ ⁓**eingangsspannung** f (bei Operationsverstärkern) (Eltronik) / common-mode input voltage ‖ ⁓**feuer** n (Schiff) / isophase light, intermittent light ‖ ⁓**unterdrückungsverhältnis** n (Eltronik) / common-mode rejection ratio* ‖ ⁓**verstärker** m (Fernm) / push-push amplifier

**Gleich•teil** n (das bei verschiedenen Erzeugnissen gleich ist) (F.Org) / identical part, shared component ‖ ⁓**teilstückliste** f (Stückliste, die

die gleichen Eigen-, Gruppen- und Kaufteile eines Erzeugnisses oder einer Erzeugnisreihe enthält) (F.Org) / identical parts list
**gleichtönend** adj (Akus) / unisonant adj, unisonous adj, univocal adj
**Gleichung** f (Math) / equation* n, eq. ‖ **algebraische ~** (Math) / algebraic equation ‖ **Arrhenische ~** (Chem) / Arrhenius equation ‖ **Bernoullische ~** (eine Strömungsgleichung) (Hyd) / Bernoulli equation, Bernoulli's theorem, Bernoulli's principle ‖ **Berthelotsche ~** (Phys) / Berthelot equation ‖ **biquadratische ~** (Math) / biquadratic equation, quartic equation* ‖ **chemische ~** (Chem) / chemical equation*, reaction equation ‖ **Clausiussche ~** (zweiter Hauptsatz der Thermodynamik in der Clausiusschen Formulierung) (Phys) / Clausius' theorem (second law of thermodynamics), Clausius' statement ‖ **determinierende ~** (Math) / indicial equation ‖ **diagnostische ~** (für die numerische Wettervorhersage) (Meteor) / diagnostic equation ‖ **diophantische ~en** (Math) / Diophantine equations* ‖ **explizite ~** (Math) / explicit equation ‖ **gemischtquadratische ~** (Math) / mixed quadratic equation ‖ **gleichzeitige ~en** (Math) / system of simultaneous equations, set of equations, system of equations, simultaneous equations, system equations ‖ **Haggenmachersche ~** (Beziehung für die Verdampfungswärme einer Flüssigkeit) (Phys) / Haggenmacher equation ‖ **Helmholtzsche ~en** (DIN 1324, T 3) / Helmholtz equations ‖ **implizite ~** (Math) / implicit equation ‖ **irrationale ~** (Math) / irrational equation, radical equation ‖ **jährliche ~** (Astr) / annual equation* ‖ **kanonische ~** (Phys) / canonical equation ‖ **kubische ~** (Math) / cubic equation* ‖ **Lamésche ~** (für Spannungsgleichgewicht - nach G. Lamé, 1795 - 1870) (Mech) / Lamé formula*, Lamé equation ‖ **Laplacesche ~** (Math) / Laplace's differential equation, Laplace's equation*, potential equation ‖ **lineare ~** (in der alle Gleichungsvariablen in der ersten Potenz auftreten und nicht miteinander multipliziert werden) (Math) / linear equation, equation of the first degree, simple equation ‖ **mehrgliedrige ~** (Math) / polynomial equation ‖ **natürliche ~** (in der Kurventheorie) (Math) / intrinsic equation*, natural equation ‖ **numerische ~** (Math) / numerical equation ‖ **persönliche ~** / personal equation ‖ **polynomische ~** (Math) / polynomial equation ‖ **quadratische ~** (Math) / quadratic equation*, quadratic n, equation of the second degree ‖ **rein quadratische ~** (Math) / pure quadratic equation ‖ **Riccische ~** (Math) / Ricci equation, Ricci identity ‖ **simultane ~en** (Math) / system of simultaneous equations, set of equations, system of equations, simultaneous equations, system equations ‖ **transzendente ~** (Math) / transcendent equation ‖ **trigonometrische ~** (Math) / trigonometric equation ‖ **~ f dritten Grades** (Math) / cubic equation* ‖ **~ ersten Grades** (Math) / linear equation, equation of the first degree, simple equation ‖ **~ fünften Grades** (Math) / quintic equation*, fifth-degree eqation ‖ **~ mit mehreren Unbekannten** (Math) / equation with several unknowns ‖ **~ mit weniger Wurzeln, als die vorgegebene Gleichung hat** (Math) / defective equation* ‖ **vierten Grades** (Math) / biquadratic equation, quartic equation* ‖ **zweiten Grades** (Math) / quadratic equation*, quadratic n, equation of the second degree
**Gleichungs•auflöser** m (EDV, Math) / equation solver ‖ **~löser** m (EDV, Math) / equation solver ‖ **~system** n (lineares, nicht lineares) (Math) / system of simultaneous equations, set of equations, system of equations, simultaneous equations, system equations ‖ **unlösbares ~system** (Math) / incompatible equations, inconsistent equations ‖ **lösbares ~system** (Math) / consistent equations*, compatible equations* ‖ **lineares ~system** (Math) / system of linear equations
**Gleich•verteilung** f / equipartition n ‖ **~verteilung** n (Stats) / uniform distribution n ‖ **~verteilungssatz** m (der Energie) (Chem) / principle of the equipartition of energy*, equipartition law ‖ **~vielfache** n pl (Math) / equimultiples pl ‖ **~wahrscheinlich** adj (Stats) / equiprobable adj ‖ **~wahrscheinlichkeitskreis** m (Nav) / circular probable error, CPE, CEP, circle of probable error ‖ **~wellenfunk** m (Radio) / simultaneous broadcasting*, common-frequency broadcasting* ‖ **~wellenrundfunk** m (Radio) / simultaneous broadcasting*, common-frequency broadcasting* ‖ **~wellensender** m (Fernm) / synchronized transmitter ‖ **~wellenstörungen** f pl (Mobilfunk) (Radio) / common-channel interference
**gleichwertig** adj / equivalent adj ‖ **~er Dateitransfer** (EDV) / peer-to-peer transfer ‖ **~es Netzwerk** (Eltech) / equivalent circuit*, equivalent network
**gleichwinklig** adj (Math) / isogonic adj, isogonal adj
**gleichzahlige Mengen** (Math) / equipotent sets, equivalent sets, sets of equal cardinality
**gleichzeitig** adj / simultaneous adj ‖ **~** (zusammenfallend) / concurrent adj, coincident adj ‖ **~e Ablagerung** (Geol) / co-sedimentation n ‖ **~es Aufdampfen aus zwei verschiedenen Quellen** (Eltronik) / co-evaporation n ‖ **~e Erzeugung** / cogeneration n ‖ **~es Fräsen von zwei** (planparallelen) **Seitenflächen** (Masch) / straddle milling* ‖ **~ galvanisch aufbringen** (Galv) / codeposit vt, co-electroplate vt ‖ **~e Generierung** / cogeneration n ‖ **~e Gleichungen** (Math) / system of simultaneous equations, set of equations, system of equations, simultaneous equations, system equations ‖ **~e induktive und kapazitive Kopplung** (Radio) / double reaction ‖ **~es Lesen und Schreiben** (EDV) / simultaneous read-while-write ‖ **~es Sputtern aus einem Silicidtarget oder aus einem Silicid-Metall-Mosaik-Target** (Eltronik) / co-sputtering n ‖ **~e Verarbeitung** (EDV) / concurrent processing
**Gleichzeitigkeit** f (Phys) / simultaneity* n
**Gleichzeitigkeits•faktor** m (ein Kraftwerkkennwert) (Eltech) / coincidence factor, simultaneity factor ‖ **~logik** f / concurrency logic
**Gleis** n (Bahn) / track n, rail-track n, road n, metals pl ‖ **auf ein anderes ~ verschieben** (Bahn) / shunt* v, switch v (US), marshal v ‖ **aus den ~en springen** (Bahn) / derail vi (GB), ditch vi (US), jump v (the track) (US), leave the metals (GB), run off the rails, come adrift of a rail ‖ **lückenloses ~** (Bahn) / running line, jointless track ‖ **lückenlos verschweißtes ~** (Bahn) / track welded without a gap ‖ **~** n **für den Gleiswechselbetrieb** (Bahn) / track for either direction working, reversible track (US)
**Gleis•abbau** m (Bahn) / removal of the track ‖ **~anlage** f (Bahn) / trackage n, way n, track system ‖ **provisorische ~anlage** (für die Oberbauarbeiten) (Bahn) / construction way ‖ **~anordnung** f (Bahn) / arrangement of lines ‖ **~anschluß** m (privater - eines Industriebetriebs, einer Zeche) (Bahn) / siding track, private siding ‖ **~arbeiten** f pl (Bahn) / trackwork n ‖ **~auswechslung** f (unter Verwendung alter, brauchbarer Stoffe) (Bahn) / track relaying (with old serviceable material), relaying of the track (with old serviceable material) ‖ **~auswechslung** s. auch Gleiserneuerung und Gleisumbau ‖ **~bau** m (Bahn) / track-laying n ‖ **~bauer** m / track maker, trackman n ‖ **~baumaschine** f (Bahn) / track-laying machine ‖ **~belegung** f (Bahn) / track occupation ‖ **~bereich** m (Bahn) / track environment, track area ‖ **~besetztanzeige** f (Bahn) / indication of track occupation ‖ **~besetzung** f (Bahn) / track occupation ‖ **~besetzungsanzeige** f (Bahn) / indication of track occupation ‖ **~bettreinigungsmaschine** f (Bahn) / track cleaner ‖ **~bettung** f (die Schicht auf der die Gleisanlage verlegt wird) (Bahn) / roadbed* n, ballast bed ‖ **~bildstellwerk** n (Bahn) / signal-box with push-button geographical circuitry, NX tower (US), panel-operated signal box ‖ **~bogen** m (Bahn) / track curve ‖ **~bremse** f (zur mechanischen Geschwindigkeitsregelung der über einen Ablaufberg in die Richtungsgleise rollenden Eisenbahnwagen - meistens vom Ablaufrechner eines Stellwerks automatisch gesteuert) (Bahn) / retarder* n, wagon retarder*, skate* n, slipper* n ‖ **~dreieck** n (Zusammenführung von drei Gleisen aus verschiedenen Richtungen mit direktem Übergang unter Verwendung von drei Weichen) (Bahn) / triangle tracks, reversing triangle, Y track (US) ‖ **~drossel** f (Bahn, Eltech) / impedance bond* ‖ **~entwicklung** f (Bahn) / track development ‖ **~erhaltung** f (Bahn) / track maintenance ‖ **~erneuerung** f (Ersatz eines Gleises durch Neustoffe) (Bahn) / track relaying, relaying of track ‖ **~erneuerung** (Bahn) / track renewal ‖ **~fahrzeug** n (Bahn) / rail vehicle, rail car ‖ **~flurförderer** m (Masch) / track-bound truck ‖ **~förderung** f (Bergb) / track haulage
**gleisgebunden** adj / track-bound adj, track-mounted adj
**gleis, nicht ~gebunden** / trackless adj
**gleisgebundene Förderung** (Bergb) / track haulage
**Gleis•gestänge** n (Bahn) / rodding n ‖ **~harfe** f (Gleisentwicklung, bei der an ein Stammgleis mehrere, meist parallele Gleise angeschlossen werden) (Bahn) / gridiron sidings, sorting gridiron ‖ **~instandhaltung** f (Bahn) / track maintenance ‖ **~joch** n (in der Länge einer Regelschiene montiertes fertiges Gleisstück) (Bahn) / track panel ‖ **~kette** f (Kfz) / track n, crawler track, endless crawler track, caterpillar n ‖ **~ketten-** (Fahrzeug) (Masch) / track-laying adj, tracked adj, crawler attr ‖ **~kettenfahrzeug** n (Masch) / crawler-tracked vehicle, crawler n, track vehicle ‖ **~kettenzugmaschine** f (HuT, Kfz) / track-laying tractor, tracked tractor, track-type tractor, crawler tractor ‖ **~körper** m (Bahn) / track n, rail-track n, road n, metals pl ‖ **~kraftwagen** m (Bahn) / track inspection railcar ‖ **~legemaschine** f (Bahn) / track-laying machine ‖ **~legen** n (Bahn) / track-laying n
**gleislos** adj / trackless adj ‖ **~e Förderung** (Bergb) / trackless haulage ‖ **~er Muldenkipper** (HuT) / side-dumping truck
**Gleis•magnet** m (Bahn) / track magnet, track inductor ‖ **~meßwagen** m (zum Überprüfen der Gleisgeometrie und Überwachen des Gleiszustandes) (Bahn) / track-recording car ‖ **~montage** f (Bahn) / track assembly ‖ **~plan** m (Bahn) / track plan, track layout ‖ **~querbinder** m (Bahn) / cross-bond* n ‖ **~räumer** m (Bahn) / guard iron, rail guard, pilot n (US), cowcatcher (US) ‖ **~relais** n (Eltech) / track relay* ‖ **~rottenwagen** m (Bahn) / gang trailer, gang car ‖ **~schaltmittel** n (Bahn) / rail switch ‖ **~schwelle** f (Bahn) / sleeper* n, cross-sill* n, crosstie* n, tie* n (US), railroad tie (US), rail tie (US) ‖ **~stopfen** n (Bahn) / tamping n, packing n ‖ **~stopfmaschine** f (Bahn) / tamping machine, packing machine ‖ **~stromkreis** m (Bahn, Eltech) / track circuit ‖ **mit ~stromkreisen**

**Gleisstumpf**

**ausrüsten** (Bahn, Eltech) / track-circuit v ‖ ~**stumpf** m (Bahn) / end-loading siding ‖ ~**überführung** f (Bahn, HuT) / flyover n, overpass n (US) ‖ ~**umbau** m (Bahn) / track renewal ‖ ~**unterhaltung** f (Bahn) / track maintenance ‖ ~**verbindung** f (Bahn) / cross-over* n ‖ ~**verleger** m (Arbeiter) (Bahn) / trackman n (pl. -men), tracklayer n (US), platelayer n ‖ ~**verlegung** f (Bahn) / track-laying n ‖ ~**verschlingung** f (Bahn) / gauntlet n, gantlet n ‖ ~**waage** f (Bahn) / waggon balance ‖ ~**wagen** m (Bahn) / gang trailer, gang car ‖ ~**wanderung** f (Bahn) / creep n ‖ ~**wechsel** m (Bahn) / track change ‖ ~**wechselbetrieb** m (Bahn) / two-way working of lines, either-direction working of (reversible) tracks

**Gleit•backe** f (Masch) / slider n, sliding block, guide shoe ‖ ~**bahn** f (Masch) / guideway n, slideway n ‖ ~**band** n (im Tagebau) (Bergb) / gliding conveyor ‖ ~**bände** n pl (Hütt, Krist) / slip bands*, glide bands ‖ ~**bewegung** f (eine Versetzungsbewegung) (Krist) / slip dislocation ‖ ~**bewegung** (Mech) / sliding motion ‖ ~**bewegung von weichem oder felsigem Material** (Geol) / earth-slide n ‖ ~**blechsystem** n (Chem Verf) / baffle system ‖ ~**boot** n (Schiff) / hydroplane* n, glider n, gliding boat ‖ ~**brettbau** m (Geol) / imbricate structure*, schuppen structure, shingling n, shingle-block structure, shingle structure ‖ ~**bruch** m (Geol) / shear fracture, sliding fracture ‖ ~**bruch** (Masch, WP) s. auch Spaltbruch ‖ ~**draht** m (bei Rohrkabels) (Kab) / skid wire ‖ ~**ebene** f (Krist) / gliding plane*, slip plane*, glide plane, T-plane n ‖ ~**ebene** (Luftf) / glide slope, GS, G/S ‖ ~**eigenschaft** f / slip n

**gleiten** v / glide v, slide v, slip v ‖ ~ (Räder) (Bahn) / slide v, slip v ‖ ~ (Krist) / glide v, slip v ‖ ~ (Luftf) / plane v, volplane v ‖ ~ n (Bahn) / slippage n, sliding n ‖ ~ (an den Kristallgrenzen) (Hütt, Krist) / slip* n ‖ ~ (Krist) / gliding n ‖ ~ (Phys) / slip n, slippage n, slide n, slipping n ‖ ~ (des Fadens) (Tex) / slippage n ‖ **ruckendes** ~ (Masch) / stick-slip motion*

**gleitend** adj / sliding adj ‖ ~ (Verdampfungsendpunkt) (Masch) / variable adj ‖ ~**e Amplitudenveränderung** (Phys) / amplitude sweep ‖ ~**e Arbeitszeit** n (F.Org) / gliding time, flexitime n, flextime n, staggered work time, sliding time ‖ ~**e Bewegung** (Mech) / sliding motion ‖ ~**er Lohn** / index-linked wages ‖ ~**es Mittel** (Stats) / moving average ‖ ~**e Montage** (Masch) / moving assembly (not stationary) ‖ ~**e Nadelplatte** (für die Sliding-Needle-Technik) (Tex) / sliding needle plate ‖ ~**es Potential** (Eltronik) / floating potential* ‖ ~**e Reibung** f (Mech) / sliding friction

**Gleiter** m (ein einfaches Segelflugzeug, für den Höhensegelflug nicht geeignet) (Luftf) / glider* n

**gleitfähig** adj (Partialversetzung) (Krist) / glissile adj

**Gleitfähigkeit** f (Phys) / slip n

**Gleitfalte** f (Geol) / flowage fold, flow fold

**Gleitfeder** f (der Welle) (Masch) / sliding key, feather key

**gleitfest** adj (Masch) / friction-grip attr ‖ ~**e Schraube** (Masch) / friction-grip bolt

**Gleit•fläche** f (hinter einer Stützmauer) (HuT) / plane of rupture ‖ ~**fläche** (z.B. des Tragflügelbootes) (Schiff) / hydrofoil* n, hydrovane* n, foil n ‖ ~**fläche des mechanischen Kommutators** (Eltech) / commutator surface*, commutator face* ‖ ~**flug** m (Luftf) / gliding* n, gliding flight, glide n ‖ **im** ~**flug fliegen** (Luftf) / plane v, volplane v ‖ ~**flugzeug** n (ein einfaches Segelflugzeug, für den Höhensegelflug nicht geeignet) (Luftf) / glider* n ‖ **motorloses** ~**flugzeug** (Luftf) / non-powered aircraft ‖ ~**führung** f (Masch) / coulisse* n ‖ ~**funke** m (Eltech) / creepage spark ‖ ~**funkenkerze** f (V-Mot) / surface-gap spark plug, surface-gap-type plug ‖ ~**funkenzündkerze** f (V-Mot) / surface-gap spark plug, surface-gap-type plug ‖ ~**geometrie** f (Krist) / slip geometry ‖ ~**geschwindigkeit** f (Differenz der Tangentialgeschwindigkeiten der Körper im Berührungspunkt beim Gleiten) (Phys) / sliding velocity ‖ ~**geschwindigkeit** (Schiff) / limit speed, limiting speed ‖ ~**hang** m (des Flusses) (Wasserb) / slip-off slope, inner bank, convex bank, accreting bank ‖ ~**hang** (Wasserb) s. auch Prallhang ‖ ~**klotz** m **für die Ruderpinne** (Schiff) / Rapson's slide

**Gleitkomma** n (EDV) / floating point* ‖ ~**arithmetik** f (in Digital- oder Taschenrechnern) (EDV) / floating-point arithmetic ‖ ~**darstellung** f (EDV) / floating-point notation*, floating-point representation, semi-logarithmic representation, variable-point representation ‖ ~**rechnung** f (EDV) / floating-point calculation ‖ ~**schreibweise** f (EDV) / floating-point notation*, floating-point representation, semi-logarithmic representation, variable-point representation

**Gleit•kontakt** m (Eltech) / sliding contact* ‖ ~**kreis** m (kreiszylindrische Gleitfläche nach Krey oder Fellenius) (HuT, Wasserb) / slip circle, circular arc (of a failure of a clay bank) ‖ ~**kreisverfahren** n (HuT, Wasserb) / circular-arc method, cylindrical-surface method, slip-circle method ‖ ~**kufe** f (z.B. bei Lastenschlitten) / skid n, sledge runner ‖ ~**kufe** (Luftf) / skid n ‖ ~**kufe** (Schiff) / skate n ‖ ~**kurve** f (Math) / glissette* n ‖ ~**lack** m (mit Bindemitteln gebundener Festschmierstoff) / lubricant with slip additives ‖ ~**lager** n (Masch) / plain bearing ‖ ~**lager** (ungeteilt) (Masch) / sleeve bearing ‖ ~**lager** (mit geteilter Lagerschale) (Masch) / shell bearing, shell-type bearing ‖ **unkreiszylindrisches** ~**lager** (Masch) / hybrid bearing, multishaped bearing ‖ ~**lager** n **mit unkreiszylindrischer Arbeitsfläche** (Masch) / hybrid bearing, multishaped bearing ‖ ~**lagergehäuse** n (Masch) / plain bearing housing ‖ ~**lagerhalbscheibe** f (Teil einer Gleitlagerscheibe) (Masch) / thrust half-washer ‖ ~**lagerschale** f (für Verbrennungsmotoren) (V-Mot) / half bearing ‖ ~**lagerscheibe** f (zur Aufnahme von Axialkräften) (Masch) / thrust washer ‖ ~**lagerung** f (tribologisches System, welches ein Gleitlager enthält) (Masch) / plain bearing assembly ‖ ~**linie** f (Krist) / slip line ‖ ~**linie** (die an jedem Punkt in Richtung der größten örtlichen Schubspannung verläuft) (Mech) / slip line ‖ ~**marke** f (Geol) / slide n, slide mark ‖ ~**mittel** n (Masch) / antiseize agent ‖ ~**mittel** (Masch) / sliding agent ‖ ~**mittel** (Plast) / lubricant* n, slip additive, slipping agent ‖ **Oberflächenfehler** m **durch** ~**mittel** (Plast) / lubricant bloom ‖ ~**mittelverfahren** n (Math, Stats) / moving average method ‖ ~**modul** m (Mech) / modulus of rigidity*, coefficient of rigidity*, rigidity modulus, shear modulus, elasticity of shear*, Coulomb modulus, modulus in shear* ‖ ~**möglichkeit** f (des Materials) (WP) / slip possibility ‖ ~**montage** f (Masch) / moving assembly (not stationary) ‖ ~**mutter** f (Masch) / sliding nut ‖ ~**paar** n (Mech) / sliding pair ‖ ~**paste** f (ein Druckhilfsmittel) (Druck) / slip paste ‖ ~**paste** (ein Druckhilfsmittel) (Druck) / slip paste ‖ ~**pfad** m (beim Instrumentenlandesystem) (Luftf) / glide path*, glide slope

**Gleitpunkt** m (EDV) / floating point* ‖ ~**addition** f (EDV) / floating add, floating-point addition ‖ ~**arithmetik** f (in Digital- oder Taschenrechnern) (EDV) / floating-point arithmetic ‖ ~**betriebsart** f (EDV) / noisy mode ‖ ~**darstellung** f (EDV) / floating-point notation*, floating-point representation, semi-logarithmic representation, variable-point representation ‖ ~**exponent** m (bei der Gleitpunktschreibweise) (EDV) / characteristic* n ‖ ~**funktion** f (EDV) / float function ‖ ~**gültigkeit** f (Programmmaske) (EDV) / signification mask ‖ ~**konstante** f (EDV) / floating-point constant ‖ ~**rechnung** f (in Digital- oder Taschenrechnern) (EDV) / floating-point arithmetic ‖ ~**rechnung** (EDV) / floating-point calculation ‖ ~**schreibweise** f (DIN 44300) (EDV) / floating-point notation*, floating-point representation, semi-logarithmic representation, variable-point representation ‖ ~**subtraktion** f (EDV) / floating subtract, floating-point subtraction ‖ ~**zahl** f (EDV) / floating-point number

**Gleit•reibung** f (Reibung der Bewegung) (Mech) / sliding friction ‖ ~**reibungsbeiwert** m (Mech) / coefficient of sliding friction ‖ ~**richtung** f (Krist) / slip direction, direction of slip, glide direction ‖ ~**ringdichtung** f (bei Wälzlagern) (Masch) / slide-ring seal ‖ ~**ringdichtung** (Masch) / mechanical face seal ‖ ~**rohrkompensator** m (zum Dehnungsausgleich bei Rohrleitungen) (HuT, Masch) / telescopic compensator ‖ ~**schalung** f (die am Bauwerk hochgedrückt wird) (HuT) / sliding form, continuously moving form, slip-form* n ‖ ~**schalungsfertiger** m (zur Herstellung von Zementbetonfahrbahndecken) (HuT) / slip-form paver ‖ ~**schicht** f (der Gleitlagerschale) (Masch) / antifriction layer, overlay n ‖ ~**schiene** f (Bau, Tischl) / running rail, runner n, slide rail ‖ ~**schiene** (Masch) / slide rail, slide bar ‖ ~**schiene** (an Rettungsbooten) (Schiff) / skate n ‖ ~**schienen** f pl (bei Elektromotoren) (Eltech) / skids pl ‖ ~**schirmfliegen** n (Luftf) / paragliding n ‖ ~**schleifen** v (in der Trommel - nur Infinitiv und Partizip) / barrel-polish v ‖ ~**schritt** m (Krist) / slip step ‖ ~**schutz-** / non-skid adj, antiskid adj, antislip adj, non-slip adj, skid-proof adj, slip-free adj ‖ ~**schutz** m / non-skid adj, antiskid adj, antislip adj, non-slip adj, skid-proof adj, slip-free adj ‖ ~**schutzkette** f (z.B. eine Schneekette) (Kfz) / antiskid chain, tyre-chain n, non-skid chain ‖ ~**schutzkette** (Kfz) / snow chain (a tyre-chain) ‖ ~**segeln** n (Luftf) / paragliding n ‖ ~**sicher** adj / non-skid adj, antiskid adj, antislip adj, non-slip adj, skid-proof adj, slip-free adj ‖ ~**sichtglas** n (Opt) / progressive lens, continuous-vision lens, varifocal lens, progressive addition lens ‖ ~**sitz** m (Masch) / sliding fit, snug fit, class 4 fit ‖ ~**sohle** f (des Bügelautomaten) / sole plate ‖ ~**spanen** n (Masch) / surface finishing by the vibratory impact of abrasive materials ‖ ~**spiegelebene** f (Krist) / gliding plane*, slip plane*, glide plane, T-plane n ‖ ~**spiegelung** f (Math) / glide reflection ‖ ~**spur** f (Geol) / trail n ‖ ~**spur** (Krist) / slip trace ‖ ~**stein** m (Masch) / slide n, slide block, sliding block, guide block, slipper n ‖ ~**strömung** f (Luftf) / slip flow* ‖ ~**stück** n (am Unterbrecherhebel) (Kfz) / rubbing block, heel n ‖ ~**stück** (Masch) / slide n, slide block, sliding block, guide block, slipper n ‖ ~**stück** (Übertragungsglied des Kurvengetriebes) (Masch) / cam follower ‖ ~**stufe** f (bei der plastischen Verformung kristalliner Stoffe) (Krist) / slip step ‖ ~**system** n (Krist) / slip system

**Gleitung** f (als Oberbegriff für Translation und Zwillingsgleitung) (Krist) / gliding n ‖ ~ (Math) / shear n, shearing n ‖ **nichtkristallografische** ~ (Krist) / banal slip

**Gleitverschleiß** m (mechanischer Verschleißprozeß, hervorgerufen durch Adhäsion) (Masch) / adhesive wear*

**Gleitweg** *m* (Sinkprofil, das für die vertikale Führung des Endanflugs beim Landen bestimmt ist) (beim Instrumentenlandesystem) (Luftf) / glide path*, glide slope ‖ ⁓**anzeige** *f* (Luftf) / glide-path indication, glide-slope indication ‖ ⁓**bake** *f* (Luftf) / glide-path beacon*, glide-path transmitter, GP transmitter, glide-slope transmitter ‖ ⁓**balken** *m* (Luftf, Nav) / glide-slope bar ‖ ⁓**sender** *m* (Luftf) / glide-path beacon*, glide-path transmitter, GP transmitter, glide-slope transmitter ‖ ⁓**winkel** *m* (Instrumentenlandesystem) (Luftf) / glide-path angle, glide-slope angle

**Gleit•widerstand** *m* (bei Lackschichten) (Anstr) / slip resistance ‖ ⁓**widerstand** (Krist) / resistance to slip ‖ ⁓**winkel** *m* (HuT, Phys) / angle of slide* ‖ ⁓**winkel** (Luftf) / gliding angle*, glide slope (US), glide angle ‖ ⁓**winkel** (Masch) / angle of friction* (between solid bodies) ‖ ⁓**zahl** *f* (Kehrwert der aerodynamischen Güte) (Luftf) / lift/drag ratio, LD ‖ ⁓**zapfenlager** *n* (Masch) / journal-bearing *n* ‖ ⁓**zeitarbeit** *f* (F.Org) / gliding time, flexitime *n*, flextime *n*, staggered work time, sliding time ‖ ⁓**zwilling** *m* (Krist) / glide twin

**Glencheck** *m* (große Überkaros, die auf karierartigen Kleinmustern deutlich erkennbar sind) (Tex) / glen plaid, glen check

**Gletscher** *m* (Geol) / glacier* *n* ‖ **nicht gefrorenen Untergrund überfahrender** ⁓ (Geol) / warm glacier, temperate glacier ‖ ⁓**bach** *m* (im Gletscher) (Geol) / englacial stream* ‖ ⁓**bruch** *m* (an einem starken Gehängeknick) (Geol) / ice fall ‖ ⁓**eis** *n* (Geol) / glacier ice ‖ ⁓**fall** *m* (Geol) / ice fall ‖ ⁓**fließen** *n* (Geol) / glacier flow, glacial flow ‖ ⁓**geschiebe** *n* (Geol) / drift* *n* ‖ ⁓**kies** *n* (Geol) / glacial gravel ‖ ⁓**kunde** *f* (Geol) / glaciology *n* ‖ ⁓**milch** *f* (Geol) / glacier milk (a stream of turbid , whitish meltwater containing rock flour in suspension) ‖ ⁓**mühle** *f* (Geol) / moulin *n*, glacial mill, glacier mill, glacier well ‖ **die** ⁓**oberfläche betreffend** (Geol) / superglacial *adj* ‖ ⁓**rückgang** *m* (Geol) / glacial recession (a decrease in the length of a glacier, i.e. a backward displacement of the terminus, owing to melting exceeding the rate of glacier flow), glacial retreat ‖ ⁓**schliff** *m* (Geol) / glacial polish ‖ ⁓**schrammen** *f pl* (Geol) / glacial striation, glacial striae, striae* *pl*, striations *pl*, glacial scratch ‖ ⁓**schutt** *n* (Geol) / glacial drift ‖ ⁓**see** *m* (ein Stausee) (Geol) / glacier lake*, glacial lake, drift-dam lake, glacier-dammed lake, proglacial lake ‖ ⁓**spalte** *f* (Geol) / crevasse* *n*, crevice *n* ‖ ⁓**sturz** *m* (Geol) / ice fall ‖ ⁓**tal** *n* (Geol) / glacial valley, glacial trough ‖ ⁓**tätigkeit** *f* (Geol) / glacial action* ‖ ⁓**tisch** *m* (Geol) / glacier table (a large block of rock supported by an ice pedestal that rises from the surface of a glacier) ‖ ⁓**topf** *m* (ein Strudelloch) (Geol) / kettle basin, kettle hole, kettle* *n* ‖ ⁓**topf** (Geol) s. auch Riesentopf ‖ ⁓**tor** *n* (am Ende der Gletscherzunge) (Geol) / ice cave ‖ ⁓**trichter** *m* (Geol) / moulin *n*, glacial mill, glacier mill, glacier well ‖ ⁓**alpiner** ⁓**typ** (Geol) / valley glacier ‖ ⁓**zunge** *f* (in dem Zehrgebiet) (Geol) / glacier tongue

**Gleukometer** *n* (nach F. Öchsle, 1774-1852) (Nahr) / must gauge, mustmeter *n*

**Gley** *m* (Geol) / glei soil*, glei *n*, gley* *n*

**Gleybildung** *f* (Geol) / gleying *n*, gleyization *n*, gleization *n*

**Gliadin** *n* (Prolaminfraktion des Weizens und des Roggens) (Chem) / gliadin* *n*

**Glied** *n* (Bau, HuT, Math, Regeln) / member* *n* ‖ ⁓ (Fernm) / section* *n* ‖ ⁓ (ein Organ der Getriebe) (Masch) / member *n* ‖ ⁓ (in einem Gliedermaßstab) (Masch) / fold *n* ‖ ⁓ (Math) / term *n* ‖ ⁓ (eines Objektivs) (Opt) / element* *n*, lens element ‖ ⁓ (eines Objektivs) (Opt) / component *n* ‖ ⁓ (des Regelkreises) (Regeln) / component *n* ‖ **antreibendes** ⁓ (Masch) / driving member, driving link ‖ **architektonisches** ⁓ (Arch, Bau) / moulding* *n* ‖ **gleichnamige** ⁓**er von Polynomen** (Math) / similar terms, like terms ‖ **inneres** ⁓ (einer Proportion) (Math) / mean *n*, mean term ‖ **konstantes** ⁓ (bei Polynomen) (Math) / constant term ‖ **mit endlich vielen** ⁓**ern** (Math) / terminate *adj*, terminating *adj* ‖ **quadrierendes** ⁓ (Eltronik) / squarer *n* ‖ **unähnliche** ⁓**er** (die einander nicht entsprechen) (Math) / dissimilar terms* ‖ ⁓ *n* **der Meßkette** (Gunter's chain = 20,1168 cm, Engineer's chain = 30,48 cm) (Verm) / link* *n* ‖ ⁓ **mit Ansprechschwelle** (EDV) / threshold element, threshold gate

**Glieder•bandförderer** *m* (Masch) / apron conveyor*, slat conveyor* ‖ ⁓**drucker** *m* (Kettendrucker, bei dem jedes Kettenglied mehrere Drucktypen trägt) (EDV) / train printer ‖ ⁓**egge** *f* (Landw) / chain-link harrow, chain harrow ‖ ⁓**förderer** *m* (Masch) / conveyor with articulated links ‖ ⁓**heizkörper** *m* (Bau) / column radiator ‖ ⁓**kessel** *m* (aus einzelnen gleichartigen gußeisernen Kopf- und Zwischengliedern) (Masch) / sectional header boiler, sectional boiler ‖ ⁓**kessel** (Masch) / header-type boiler ‖ ⁓**kette** *f* (Masch) / link chain ‖ ⁓**maßstab** *m* / folding rule, zigzag rule ‖ ⁓**riemen** *m* (Masch) / link belt ‖ ⁓**symbol** *n* (in der Getriebetechnik) (Masch) / link symbol ‖ ⁓**triebzug** *m* (Bahn) / articulated unit train set

**Gliederung** *f* / structuring *n*

**Glieder•walze** *f* (der Spaltmaschine) (Leder) / section roller, ring roller ‖ ⁓**zug** *m* (z.B. der spanische Tren Articulado Ligero Goicoechea Oriol) (Bahn) / articulated train

**Gliedpunkt** *m* (in der Kinematik) (Mech) / link point

**gliedweise Integration** (Math) / integration term by term

**Gliedwurm** *m* (Raupe des Maiszünslers ) (Landw) / European corn borer, corn borer

**Glimm•asche** *f* / sleeping embers, smouldering embers ‖ ⁓**einsatz** *m* (Eltech) / corona inception ‖ ⁓**einsetzspannung** *f* (Eltech) / corona-inception voltage

**glimmen** *v* / glow *v*

**glimmende Asche** / sleeping embers, smouldering embers

**Glimm•entladung** *f* (selbständige Gasentladung) (Eltronik) / glow-discharge* *n* ‖ **anormale** ⁓**entladung** (Eltronik) / abnormal glow discharge*, abnormal glow* ‖ ⁓**entladungsröhre** *f* (Eltronik) / glow tube*, glow-discharge tube, glow-discharge valve ‖ ⁓**entladungsspektroskopie** *f* (Spektr) / glow-discharge optical spectroscopy, GDOS

**Glimmer** *m* (ein Alumosilikat) (Eltech, Min) / mica* *n* ‖ **aufgeschlossener** ⁓ (Eltech) / integrated mica, reconstituted mica

**Glimmer-** / micaceous *adj*

**glimmerartig** *adj* / micaceous *adj*

**Glimmer•band** *n* (ein Erzeugnis, bei dem ein Träger mit Spaltglimmer oder Feinglimmerfolie belegt ist und gegebenenfalls eine Decklage besitzt) (Eltech) / mica tape ‖ ⁓**batist** *m* (Eltech, Tex) / mica cambric ‖ ⁓**bildung** *f* (Min) / micatization *n* ‖ ⁓**blättchen** *n* (Min) / mica flake ‖ ⁓**folie** *f* (dicker als Mikafolium) (Eltech) / mica sheet

**glimmerig** *adj* / micaceous *adj*

**Glimmer•kompensator** *m* (Opt) / mica-plate compensator ‖ ⁓**kondensator** *m* (Eltech) / mica capacitor ‖ ⁓**konus** *m* (Eltech) / mica V-ring*, mica cone* ‖ ⁓**papier** *n* (Eltech) / satin paper, mica paper ‖ ⁓**pigment** *n* (Anstr) / mica metal-oxide pigment ‖ **keilförmiges** ⁓**plättchen** (Eltech) / wedge *n*, mica wedge ‖ ⁓**sandstein** *m* (Geol) / micaceous sandstone* ‖ ⁓**schiefer** *m* (ein metamorphes Gestein der Mesozone) (Geol) / mica-schist* *n*, mica-slate *n* ‖ ⁓**ton** *m* (Geol) / micaceous clay ‖ ⁓**verunreinigung** *f* (Pap) / shiners* *pl*

**Glimm•katode** *f* (kalte Katode einer Gasentladungsröhre, an der die Elektronen durch den Aufprall positiver Ionen ausgelöst werden) / glow-discharge cathode ‖ ⁓**lampe** *f* (eine Gasentladungslichtquelle) (Eltronik, Film) / glowlamp *n*, cathode lamp ‖ ⁓**lampe mit geringer Leistungsaufnahme** (Eltronik) / low-wattage glowlamp ‖ ⁓**licht** *n* (Eltech, Eltronik) / glow light ‖ **blaues** ⁓**licht** (in der Elektronenröhre) (Eltronik) / blue glow ‖ **negatives** ⁓**licht** (ein Erscheinungsbild der Glimmentladung) (Eltronik) / negative glow* ‖ ⁓**lichtlampe** *f* (Eltronik, Film) / glowlamp *n*, cathode lamp ‖ ⁓**lichtoszilloskop** *n* (Eltronik) / ondoscope* *n* ‖ ⁓**nitridierung** *f* (Hütt) / glow nitriding, glow nitriding ‖ ⁓**nitrierung** *f* (Hütt) / glow-discharge nitriding, glow nitriding ‖ ⁓**potentialsteuerung** *f* (Eltech) / corona shielding, corona grading ‖ ⁓**relais** *n* (Eltech) / ionical relay, glow relay ‖ ⁓**relaisröhre** *f* (Eltronik) / trigger valve* ‖ ⁓**röhre** *f* (Gasentladungsröhre mit kalter Katode, die im Gebiet der normalen Glimmentladung arbeitet) (Eltronik) / glow tube*, glow-discharge tube, glow-discharge valve ‖ ⁓**schalter** *m* (Eltronik) / glow switch* ‖ ⁓**schalttriode** *f* (Eltronik) / trigger valve* ‖ ⁓**schutz** *m* (Eltech) / corona shielding, corona grading ‖ ⁓**spannung** *f* (Eltronik) / glow potential* ‖ ⁓**starter** *m* (Eltronik) / thermal starter, starting switch, starter *n* ‖ ⁓**zünder** *m* (Eltronik) / thermal starter, starting switch, starter *n*

**Gliotoxin** *n* (Aspergillin) (Pharm) / gliotoxin *n*

**Glitch** *m* (Sprung in der Periodendauer eines Pulsars) (Astr) / glitch *n*

**glitschig** *adj* / slippery *adj*, slick *adj*

**Glitzereffekt** *m* (Anstr) / sparkle effect

**Glitzer-Look** *m* (Tex) / glitter look

**glitzern** *v* / glisten *v*, glitter *v* ‖ ~ / sparkle *v*, twinkle *v* ‖ ⁓ *n* / sparkling *n*, twinkling *n* (stars)

**glitzernd** *adj* / sparkling *adj*, rutilant *adj*, twinkling *adj* ‖ ⁓ / glittering *adj*

**Gln** (Chem) / glutamine* *n*, Gln*

**global** *adj* / global *adj* (issue), global-scale *attr* ‖ ⁓ (EDV) / global *adj*, non-local *adj* ‖ ⁓ (Aussage oder Eigenschaft, die für die gesamte Grundmenge gelten) (Math) / global *adj* ‖ ⁓**es Beobachtungssystem** (eine Komponente der Weltwetterwacht) (Meteor) / Global Observing System (GOS) ‖ ⁓**es Datenverarbeitungssystem** (eine Komponente der Weltwetterwacht) (Meteor) / Global Data Processing System (GDPS) ‖ ⁓**e Erwärmung** (Umwelt) / global warming ‖ ⁓**es Fernmeldesystem** (eine Komponente der Weltwetterwacht) (Meteor) / Global Telecommunication System (GTS) ‖ ⁓**e Kodeoptimierung** (EDV) / global optimization ‖ ⁓**e Transaktion** (in einem verteilten Datenbanksystem) (EDV) / global transaction ‖ ⁓**e Variable** (EDV) / global variable* ‖ ⁓**er Zustand** (eines Automaten) (EDV) / non-local state, global state ‖ ⁓**e Umweltfazilität** (Umweltfonds für Entwicklungsländer) (Umwelt) / Global Environment Facility, GEF

**Global•-Beam-Antenne** *f* (eine Satellitenantenne) (Fernm) / global-beam antenna ‖ ⁓**-Positioning-System** *n* (Nav, Verm) / global

**Global-Sourcing**

positioning system, GPS ‖ ≈-**Sourcing** *n* (internationale Beschaffungsstrategie) / global sourcing
**Globalstrahlung** *f* (direkte Sonnenstrahlung + diffuse Himmelsstrahlung nach DIN 50019, T 1) (Geophys) / global radiation
**Globar** *m* (SiC-Stab als Lichtquelle in der IR-Spektroskopie) (Spektr) / Globar *n*
**Globigerinenschlamm** *m* (ein marines Sediment) (Geol) / globigerina ooze*
**Globin** *n* (Biochem) / globin *n* ‖ ≈ (Biochem, Zyt) / globin *n*
**Globoid·getriebe** *n* (Masch) / Hindley worm gear, double enveloping worm gear pair, globoidal worm gear, worm gearing, enveloping worm drive, hourglass worm drive ‖ ≈**kegelrad** *n* (zur Paarung mit Kegelschnecke) (Masch) / face worm gear ‖ ≈**rad** *n* (Stirnrad mit einer von einem Zylinder abweichenden Hüllform zur Erzielung einer größeren Überdeckung) (Masch) / hourglass worm wheel ‖ ≈**schnecke** *f* (DIN 3975) (Masch) / Hindley screw, hourglass screw, hourglass worm, double enveloping worm ‖ ≈**schnecken-Radsatz** *m* (Masch) / Hindley worm gear, double enveloping worm gear pair, globoidal worm gear, worm gearing, enveloping worm drive, hourglass worm drive ‖ ≈**verdichter** *m* (Masch) / globoid compressor
**globular** *adj* / globular *adj*, globose *adj* ‖ ~**es Kolloid** (Chem) / spherocolloid *n*, globular colloid
**globuläres Kolloid** (Chem) / spherocolloid *n*, globular colloid
**globulares Protein** (Biochem) / globular protein
**globuläres Protein** (Biochem) / globular protein
**Globulargraphit** *m* (Hütt) / spheroidal graphite, nodular graphite
**Globule** *f* (rundlicher Dunkelnebel aus Staub und Gas mit einem kleinen Durchmesser) (Astr) / globule* *n* ‖ ≈ (Astr) / Bok globule*
**Globulin·e** *n pl* (zu den Sphäroproteinen gehörende Eiweißstoffe) (Chem) / globulins *pl* ‖ **corticosteroidbindendes** ≈ (Biochem) / transcortin *n*
**Globulit** *m* (rundlicher Mikrolith) (Geol) / globulite* *n* ‖ ≈ (rundliches äquiaxiales Korn beim Kristallwachstum) (Krist) / globulite *n*
**Globulus** *m* (pl. -buli) (in Kügelchenform gepreßtes Arzneimittel) (Pharm) / globule *n*
**Globulusöl** *n* (das bekannteste Eukalyptusöl) / eucalyptus oil (from Eucalyptus globulus Labill.)
**Globus** *m* (pl. -se oder Globen) (Geog, Verm) / globe *n*
**Glocke** *f* / bell *n* ‖ ≈ (einer Glockenbodenkolonne) (Chem Verf) / bubble cap ‖ ≈ (Verschlußglocke) (Hütt) / cone* *n*, bell* *n* ‖ **große** ≈ (eine Gichtglocke) (Hütt) / large bell, large cone ‖ **kleine** ≈ (eine Gichtglocke) (Hütt) / small bell, small cone ‖ **obere** ≈ (Hütt) / top bell, blast-furnace top bell ‖ **untere** ≈ (Hütt) / bottom bell, lower bell ‖ ≈ *f* **mit gezacktem Rand** (einer Glockenbodenkolonne) (Chem Verf) / serrated bubbler
**Glocken·apparat** *m* (zum Galvanisieren von schüttfähigen Massenartikeln) (Galv) / oblique-type barrel plating machine ‖ ≈**apparat** (zum Polieren von schüttfähigen Massenartikeln) (Galv) / tilt-type barrel (for polishing), tiltable barrel (for polishing) ‖ ≈**boden** *m* (Chem Verf) / bubble-cap tray, bubble-cap plate ‖ ≈**bodenkolonne** *f* (Chem Verf) / bubble-cap tray column, bubble-cap column ‖ ≈**bronze** *f* (Hütt) / bell bronze ‖ ≈**düse** *f* (des Raketentriebwerks) (Raumf) / bell nozzle
**glockenförmig aufgeweitet** (z.B. Loch oder Rohr) (Masch) / bell-mouthed* *adj*, belled *adj* ‖ ~ **aufweiten** (Masch) / bell *v*, bell out *v* ‖ ~ **ausweiten** (Masch) / bell *v*, bell out *v* ‖ ~**e Erweiterung** (Masch) / bellmouthing *n* ‖ ~**e Erweiterung** s. auch konische Aufweitung
**Glocken·gasbehälter** *m* / bell-type gasholder ‖ ≈**gehäuse** *n* (Arch) / belfry *n* ‖ ≈**giebel** *m* (Giebelaufbau mit einer oder mehreren Öffnungen, in denen Glocken aufgehängt sind) (Arch) / bell gable* ‖ ≈**gut** *n* (mit etwa 78% Cu und 22% Sn) (Hütt) / bell metal*, bell alloy ‖ ≈**impuls** *m* (Elektr, Fernm) / sine-squared pulse, sine-square pulse, sin² pulse ‖ ≈**isolator** *m* (Telegrafenglocke) (Eltech) / petticoat insulator (US), insulating bell, bell-shaped insulator, shed insulator ‖ ≈**kurve** *f* (im allgemeinen) / bell-shape(d) curve, bell curve ‖ **Gaußsche** ≈**kurve** (Stats) / normal distribution curve, Gaussian curve, normal curve ‖ ≈**läufer** *m* (ein Außenläufer) (Eltech) / bell-shaped rotor ‖ ≈**läufer** (unmagnetischer Hohlläufer bei Asynchronmotoren) (Eltech) / hollow rotor ‖ ≈**leiste** *f* (Arch) / cyma recta*, ogee moulding ‖ ≈**leiste** (Arch) / cyma reversa*, cyma inversa*, reverse ogee moulding ‖ ≈**messing** *n* (60-63% Cu und 40-37% Zn) (Hütt) / bell brass ‖ ≈**metall** *n* (mit etwa 78% Cu und 22% Sn) (Hütt) / bell metal*, bell alloy ‖ ≈**metall** (Hütt) s. auch Glockenbronze und Glockenmessing ‖ ≈**soliton** *m* (Phys) / bell soliton *n* ‖ ≈**speise** *f* (mit etwa 78% Cu und 22% Sn) (Hütt) / bell metal*, bell alloy ‖ ≈**spinnmaschine** *f* (Spinn) / cap spinning frame, cap spinning machine ‖ ≈**spinnverfahren** *n* (Spinn) / cap spinning* ‖ ≈**stuhl** *m* (Arch) / belfry *n* ‖ ≈**trichter** *m* (Chem) / thistle funnel* ‖ ≈**turm** *m* (Arch) / belfry* *n*, bell-tower *n* ‖ ≈**- und Trichterverschluß** *m* (Hütt) / cup and cone ‖ ≈**werkstoff** *m* (mit etwa 78% Cu und 22% Sn) (Hütt) / bell metal*, bell alloy ‖ ≈**zählrohr** *n* (Geiger-Müller-Zählrohr mit einem Eintrittsfenster, das meistens mit einer dünnen Glimmerfolie bedeckt ist) (Kernphys) / end window counter*

**Glogersche Regel** (nach C.W.L. Gloger, 1803-1863) (Umwelt) / Gloger's rule
**Gloria** *f m* (Tex) / gloria cloth, silk gloria
**Gloriaseide** *f* (dichtes leichtes Gewebe, hauptsächlich für Schirme verwendet) (Tex) / gloria cloth, silk gloria
**Glorie** *f* (die sich um den Schatten des Beobachters auf einer Nebel- oder Wolkenwand bildet - z.B. Brockengespenst) (Licht) / glory* *n*, phantom ring*
**Glorietteseide** *f* (Tex) / gloria cloth, silk gloria
**Glotze** *f* (TV) / goggle-box *n*, box *n* (GB), tube *n* (US)
**Glovebag** *m* (ein Polyethylenbeutel mit zwei eingelassenen Handschuhen, Gaseinlaß und Produktschleuse) (Nukl) / glove bag
**Glovebox** *f* (in der heißen Zelle) (Nukl) / glove box*
**Glover-Turm** *m* (bei der Gewinnung von Schwefelsäure nach dem Bleikammerverfahren - heute restlos veraltet) (Chem Verf) / Glover tower*
**Glow-Kurve** *f* (Keram) / glow curve
**Glu** *f* (eine proteinogene Aminosäure) (Biochem) / glutamic acid*, glu*
**Glucagon** *n* (ein Proteohormon, das Glukose für die Insulinwirkung mobilisiert) (Biochem) / glucagon* *n*
**Glucan** *n* (Chem) / glucan* *n*
**Glucarat** *n* (Chem) / saccharate *n*, sucrate *n*
**Glucarsäure** *f* (eine Aldarsäure) (Chem) / saccharic acid, glucaric acid
**Gluco·corticoid** *n* (Biochem) / glucocorticosteroid *n*, glucocorticoid* *n* ‖ ≈**corticosteroid** *n* (ein Corticosteroid) (Biochem) / glucocorticosteroid *n*, glucocorticoid* *n*
**Glucomannan** *n* (Biochem) / glucomannan *n*
**Gluconeogenese** *f* (Biochem) / gluconeogenesis *n*
**Gluconsäure** *f* (eine Aldonsäure) (Chem) / gluconic acid, d-gluconic acid*, dextronic acid
**Glucophosphat** *n* (Cori- oder Robison-Ester) (Biochem) / glucose phosphate
**Glucosamin, D-**≈ (Biochem) / glucosamine *n*
**Glucose, D-**≈ (Chem) / D-glucose* *n*, dextrose* *n*, grape-sugar* *n*, Glu*
**Glucoseabbau** *m* (Biochem) / glucose degradation
**Glucosesirup** *m* (Chem, Nahr) / glucose syrup
**Glucosid** *n* (Glykosid der Glucose) (Chem) / glucoside
**Glucosidase** *f* (eine Disaccharidase) (Biochem) / glucosidase *n*
**Glucosinolat** *n* (Inhaltsstoff von Kreuzblütlern, wie z.B. Senf) (Chem) / glucosinolate *n*
**Glucurolacton** *n* (Bot, Pharm) / D-glucurono-6,3-lactone *n*
**Glucuron** *n* (Bot, Pharm) / D-glucurono-6,3-lactone *n*
**Glucuronid** *n* (Biochem) / glucuronide *n*
**Glucurono-6,3-lacton** *n* (Bot, Pharm) / D-glucurono-6,3-lactone *n*
**Glucuronsäure** *f* (Biochem) / glucuronic acid* *n* ‖ ≈**-γ-lacton** *n* (Bot, Pharm) / D-glucurono-6,3-lactone *n*
**Glueball** *m* (Kernphys) / glueball *n*, gluonia *n*, bound glue state
**Glüh·** - (HuT) / incandescent *adj* ‖ ≈**birne** *f* (Eltech, Licht) / bulb* *n*, electric light bulb, incandescent light bulb, light-bulb *n*, pear-shaped bulb ‖ ≈**birne für Taschenleuchte** (Eltech, Licht) / flash-lamp* *n* ‖ ≈**brand** (Keram) / bisque fire, biscuit firing, biscuiting *n* ‖ ≈**brand** (Keram) / biscuit firing, biscuiting *n*, bisque fire ‖ ≈**dornprobe** *f* (der Isoliermittel) (Eltech, WP) / hot-mandrel test, hot-needle test ‖ ≈**dornprüfung** *f* (der Isoliermittel) (Eltech, WP) / hot-mandrel test, hot-needle test *f* ‖ ≈**draht** *m* (ein Leuchtkörper) (Eltech, Licht) / filament* *n* (incandescent) ‖ ≈**draht** (meistens eine Wolframwendel) (Eltech, Licht) / wreath filament*, filament* *n* ‖ ≈**drahtmethode** *f* (Eltronik) / epitaxial growth technique, van Arkel-de Boer process ‖ ≈**drahtprüfung** *f* (von elektrotechnischen Erzeugnissen nach DIN 57471, T 2) (Eltech) / glow-wire test ‖ ≈**drahtschweißen** *n* (Plast, Schw) / hot-wire welding, hot-filament sealing
**glühelektrisch** *adj* (Eltronik) / thermionic *adj* ‖ ~**er Effekt** (Eltronik) / Edison effect*, Richardson effect*
**Glüh·elektronenemission** *f* (Eltronik) / thermionic emission*, thermal emission, Edison effect, Richardson effect* ‖ ≈**elektronenstrom** *m* (Eltronik) / thermionic current*, space current* ‖ ≈**emission** *f* (Eltronik) / thermionic emission*, thermal emission, Edison effect, Richardson effect*
**glühen** *vt* (Hütt) / anneal *v* ‖ ≈ *n* (Wärmebehandlung) (Hütt) / annealing* *n* ‖ ≈ (Licht) / incandescence* *n* ‖ ≈ (Phys) / glowing *n*, glow *n* ‖ **isothermes** ≈ (Hütt) / isothermal annealing ‖ **oxidierendes** ≈ (Hütt) / flame annealing ‖ ≈ *n* **auf Gefügegleichgewicht** (bei den NE-Metallen) (Hütt) / solution heat treatment*, solution treatment, solution annealing ‖ ≈ **auf kugeligen Zementit** (Hütt) / spheroidizing* *n* (annealing with the aim of causing spheroidization of the precipitated carbides), soft annealing ‖ ≈ **im Schutzgas** (Hütt) / bright annealing* ‖ ≈ **über AC₃** (Grobkorn- oder Normalglühen) (Hütt) / full annealing*, high-temperature annealing

**glühend** adj (Kohle) / live adj ‖ ~ (weiß- oder rot-) (HuT) / incandescent adj ‖ **~er Körper** (bei Pyrometern) (Phys) / hot body, hot source ‖ **~e Zone** (Phys) / incandescent zone
**glühendheiß** adj / scorching hot, blazing hot
**glühendrot** adj / red-hot adj, rutilant* adj
**Glüh·faden** m (Eltech, Licht) / filament* n (incandescent) ‖ **gespritzter ~faden** (Eltech) / squirted filament ‖ **graphitierter ~faden** (Eltech) / graphitized filament, metallized filament* ‖ **~faden** m **konventioneller Bauart** (Eltech) / ring filament ‖ **~fadenlampe** f (eine Glühlampe) (Eltech) / filament lamp*, incandescent filament lamp ‖ **~fadenpyrometer** n (ein Teilstrahlungspyrometer) (Wärm) / disappearing-filament pyrometer* ‖ **~frischen** n (Tempern in Sauerstoff abgebendem Mitteln unter Verringerung des Kohlenstoffgehaltes nach DIN 17014, T 1) (Hütt) / malleableizing by decarburization ‖ **~katode** f (z.B. Bariumkatode) (Eltronik) / hot cathode*, thermionic cathode* ‖ **~katodenentladung** f (bei der die Katode durch künstliche Heizung Elektronen emittiert) (Eltronik) / hot-cathode discharge ‖ **~katodengleichrichter** m (edelgasgefüllter Gasentladungsgleichrichter) (Eltronik) / hot-cathode rectifier* ‖ **~katodengleichrichter** (Eltronik) / thermionic rectifier* ‖ **~katodenionisationsvakuummeter** n (z.B. nach Bayard-Alpert) (Eltronik) / hot-cathode ionization gauge ‖ **~katodenröhre** f (Eltronik) / thermionic valve*, hot-cathode tube, thermionic tube*, thermionic vacuum tube ‖ **~katodenrichter** m (Eltronik) / thermionic rectifier* ‖ **~katodenwandler** m (zur direkten Umwandlung thermischer Energie in elektrische Energie) (Eltech, Phys) / thermionic converter, thermionic element ‖ **~kauter** m (Med) / electrocauterizing apparatus ‖ **~kerze** f (bei Dieselmotoren nach DIN 72520) (Kfz) / glow plug* (US), heater plug (GB)
**Glühkopf** m (an dem sich der eingespritzte Kraftstoff entzündet) (Kfz) / hot-bulb n, hot-head n, hot-plug n ‖ **~motor** m (Kfz) / semi-diesel engine, semi-diesel n, hot-head engine, hot-plug engine, hot-bulb engine ‖ **~zündung** f (Kfz) / hot-bulb ignition*, surface ignition
**Glüh·körper** m (Licht) / gas mantle*, incandescent mantle* ‖ **~körperlichtquelle** f (mit einer Leuchtsalzlösung) (Licht) / incandescent lamp* ‖ **~lampe** f (auch eine Bandlampe) (Eltech, Licht) / incandescent lamp ‖ **~glatte ~lampe** (Eltech) / pipless lamp* ‖ **~lampe f in Kerzenform** (Eltech) / flame lamp*, candelabra-base bulb, candle bulb ‖ **~lampe mit Klarglaskolben** (Eltech) / clear lamp* ‖ **~lampenglas** n (Glas) / incandescent-lamp glass ‖ **~lampensockel** m (Eltech) / lamp base n, lamp base ‖ **~lampensockel E 40** (Eltech) / goliath Edison screw-cap, mogul base ‖ **~linie** f (eine Bandbehandlungsanlage) (Hütt) / annealing line ‖ **~muffe** f (zum Glühen nach dem Schweißen) (Schw) / postheat wraparound ‖ **~nitrieren** (Hütt) / glow-discharge nitriding, glow nitriding ‖ **~ofen** m (Hütt) / annealing furnace*, annealing oven ‖ **~phosphat** (Chem, Landw, Nahr) / condensed phosphate, thermal phosphate, calcined phosphate ‖ **~pocken** f pl (Keram) / pimples pl, bloating n, blebs pl (blisters or bubble defects on the surface of pottery) ‖ **~pockenbildung** f (Keram) / bloating n ‖ **~rohr** n (Chem) / ignition tube, combustion tube (small) ‖ **~röhrchen** n (in dem man bei der qualitativen Vorprobenanalyse feste Substanzen trocken erhitzen kann) (Chem) / ignition tube, combustion tube (small) ‖ **~rückstand** m (Chem Verf) / ignition residue, residue of ignition ‖ **~rückstand** (DIN 6730) (Pap) / ash content ‖ **~rückstand** (Chem Verf) s. auch Asche ‖ **~schiffchen** n (Chem) / boat n, combustion boat ‖ **~stiftkerze** f (Kfz) / sheathed-element glow plug ‖ **~strom** m (Eltronik) / thermionic current*, space current ‖ **~strumpf** m (beim Auerlicht) (Licht) / gas mantle*, incandescent mantle* ‖ **~topf** m (Hütt) / annealing pot, annealing box
**Glühung** f (Hütt) / annealing* n
**Glüh·verlust** m (im Brand eingetretene Masseverminderung, bezogen auf die Trockenmasse) (Glas, Keram) / ignition loss ‖ **~verlust** (im Brand eingetretene Masseverminderung, bezogen auf die Trockenmasse) (Keram) / loss on ignition, LOI ‖ **~wendel** f (Eltech, Licht) / wreath filament*, filament* n ‖ **~zone** f (bei der Verbrennung) (Phys) / incandescent zone ‖ **~zünder** m (mit einem elektrisch beheizten Widerstandsdraht) / low-tension (electric) detonator* ‖ **~zusatz** m (bei der Herstellung von Titandioxidpigmenten) (Anstr) / calcination additive ‖ **~zwillinge** m pl (Hütt) / annealing twins
**Gluino** n (Kernphys) / gluino n
**Glukan** n (Chem) / glucan* n
**Glukokortikoid** (ein Nebennierenrindenhormon) (Biochem) / glucocorticosteroid n, glucocorticoid* n
**Glukomannan** n (Chem) / glucomannan n
**Glukonsäure** f (D-Glukonsäure) (Chem) / gluconic acid, d-gluconic acid, dextronic acid
**Glukopyranose** f (Chem) / glucopyranose n
**Glukosamin** n (Biochem) / glucosamine n
**Glukose, D-~** (Chem) / D-glucose* n, dextrose* n, grape-sugar* n, Glu*

**Glukoseabbau** m (Biochem) / glucose degradation
**Glukosesirup** m (mit mindestens 20% Glukose in der Trockenmasse) (Chem, Nahr) / glucose syrup
**Glukosid** n (das Glykosid der Glucose) (Chem) / glucoside* n
**Glukosidase** f (Biochem) / glucosidase n ‖ **α-1,4-~** (eine Disaccharidase) (Biochem, Chem) / maltase n
**Glukosinolat** n (Chem) / glucosinolate n
**Glukuronid** n (Biochem) / glucuronide n
**Glukuronsäure** f (Biochem) / glucuronic acid*
**Glu-NH₂** n (Chem) / glutamine* n, Gln*
**Gluon** n (Quant der starken Wechselwirkung) (Kernphys) / gluon* n
**Gluonium** n (gebundener Zustand zweier oder mehrerer Gluonen aufgrund ihrer Colour-Wechselwirkung) (Kernphys) / gluonium n
**Gluon·kugel** f (massives physikalisches Eichteilchen) (Kernphys) / glueball n, gluonia n, bound glue state ‖ **~modell** n (Kernphys) / gluon model ‖ **~-String** m (Kernphys) / gluon string
**Glut** f (Hütt) / heat* n ‖ **~** (Licht) / incandescence* n ‖ **~** (Zustand eines Stoffes, bei dem Wärme- und Lichtstrahlen ausgesandt werden) (Phys) / glowing n, glow n
**Glutamat** n (Ester oder Salz der Glutaminsäure) (Chem) / glutamate n
**Glutamatrezeptor** m (Biochem) / glutamate receptor*
**Glutamin** n (Chem) / glutamine* n, Gln*
**Glutaminat** n (Chem) / glutamate n
**Glutaminsäure** f (2-Aminoglutarsäure) (Biochem) / glutamic acid*, glu*
**Glutaminsäure-5-amid** n (Chem) / glutamine* n, Gln*
**Glutaraldehyd** m (Chem) / glutaraldehyde* n, glutaric dialdehyde
**Glutaraldehydleder** n (Leder) / glutaraldehyde leather
**Glutardialdehyd** m (Chem) / glutaraldehyde* n, glutaric dialdehyde
**Glutardialdehydgerbleder** n (Leder) / glutaraldehyde leather
**Glutardialdehydgerbung** f (Leder) / glutaraldehyde tannage
**Glutarsäure** f (Chem) / glutaric acid, pentanedioic acid ‖ **~anhydrid** n (Chem) / glutaric anhydride
**Glutathion** n (#gγ-L-Glutamyl-L-cysteinyl-glycin) (Chem) / glutathione n, glutamylcysteinylglycine n, GSH
**Glutbeständigkeitsprüfung** f (Plast) / glow-bar test
**Glutelin** n (einfacher Eiweißstoff, der besonders Glutaminsäure und Prolin enthält) (Chem) / glutelin n
**Gluten** n (des Brotgetreides) (Bot, Chem, Nahr) / gluten* n
**Glutenin** n (ein Glutelin) (Chem) / glutenin n
**Glutfestigkeitsprüfung** f (Plast) / glow-bar test
**Glutin** n (ein Skleroprotein) (Chem) / glutine n
**Glutinleim** n (ein tierischer Leim) / glutine (animal) glue
**Glutinometer** n (Chem) / gelometer n
**Glutwolke** f (heiße vulkanische Gase mit großen Mengen von Feststoffen und Schmelztröpfchen) (Geol) / nuée ardente*, glowing cloud
**Gly** n (Biochem) / glycine* n, aminoacetic acid, aminoethanoic acid*, Gly* n, glycocoll* n
**Glycane** n pl (Chem) / polysaccharides* pl, glycans pl
**Glyceraldehyd** m (2,3-Dihydroxypropionaldehyd) (Chem) / glyceraldehyde n, glyceric aldehyde
**Glycerat** n (Salz der Glycerinsäure) (Chem) / glycerate n
**Glycerid** n (Chem) / glyceride n, acylglycerol n
**Glycerin** n (Chem) / glycerine* n, glycerin (US)*, glycerol* n, glycyl alcohol ‖ **~aldehyd** m (Chem) / glyceraldehyde n, glyceric aldehyde ‖ **~ester** m (Chem) / glyceride* n, acylglycerol n ‖ **~ester-Hydrolase** f (Biochem) / lipase* n ‖ **~phosphorsäure** f (Chem) / glycerophosphoric acid ‖ **~säure** f (Chem) / glyceric acid ‖ **~triacetat** n (1,2,3-Triacetoxypropan) (Anstr, Chem, Nahr) / triacetin* n, glycerol triacetate* ‖ **~tributyrat** n (Chem) / tributyrin n ‖ **~trioleat** n (Chem) / triolein* n ‖ **~tripalmitat** n (Chem) / tripalmitin n, glycerol tripalmitate ‖ **~tristearat** n (Chem) / tristearin* n
**Glycerol** n (Chem) / glycerine* n, glycerin (US)*, glycerol* n, glycyl alcohol
**Glyceroltrinitrat** n (Chem) / glycerol trinitrate, nitroglycerine* n, glyceryl trinitrate, nitroglycerin n, NG
**Glycerophospholipid** n (z.B. Lecithin) (Biochem) / glycerophospholipid n
**Glycerophosphorsäure** f (Chem) / glycerophosphoric acid
**Glycid** n (Chem) / glycidol n
**Glycidester** m (Chem) / glycidic ester
**Glycidesterkondensation** f (Chem Verf) / Darzes glycidic ester condensation, Darzens reaction
**Glycidol** n (2,3-Epoxy-1-propanol) (Chem) / glycidol n
**Glycidylmethacrylat** n (Chem) / glycidyl methacrylate
**Glycin** n (Biochem) / glycine* n, aminoacetic acid, aminoethanoic acid*, Gly* n, glycocoll* n ‖ **~** (Foto) / glycin* n, photoglycin n
**Glycinethylester** m (Chem) / ethylglycinate n
**Glycogen** n (Biochem) / glycogen n, animal starch
**Glycol** n (Chem) / glycol* m
**Glycolipid** n (Biochem) / glycolipid n

**Glycolyse**

**Glycolyse** f (Biochem) / glycolysis* n (pl. glycolyses), Embden-Meyerhof-Parnas pathway, EMP pathway, glycolytic pathway
**Glycoprotein** n (Protein mit kovalent gebundenen Oligo- oder Polysaccharidketten) (Biochem) / glycoprotein* n, glucoprotein n, glycopeptide n
**Glycose** f (Chem) / glycose n
**Glycosidase** f (Biochem) / glycosidase n, carbohydrase n
**glycosidische Bindung** (Chem) / glycoside linkage, glycosidic linkage
**Glycyrrhetinsäure** f (Aglykon von Glycyrrhizin) (Chem) / glycyrrhetic acid
**Glycyrrhetinsäureglykosid** n (Chem) / glycyrrhizine n
**Glycyrrhizin** n (Chem) / glycyrrhizine n
**Glycyrrhizinsäure** f (Chem) / glycyrrhizine n
**Glykane** n pl (Chem) / polysaccharides* pl, glycans pl
**Glyko•cholsäure** f (peptidartiges Konjugat aus Cholsäure und Glyzin) (Biochem, Physiol) / glycocholic acid, cholylglycine n ‖ ~**diacetat** n (Chem) / ethylene glycol diacetate, ethylene diacetate, glycol diacetate ‖ ~**gen** n (Leberstärke - der Pflanzenstärke sehr ähnliches Polysaccharid) (Biochem) / glycogen n, animal starch ‖ ~**genolyse** f (energieliefernder intrazellulärer Abbau des Glykogens) (Biochem) / glycogenolysis n (pl. glycogenolyses) ‖ ~**genphosphorylase** f (Biochem) / phosphorylase* n ‖ ~**koll** n (Biochem) / glycine* n, aminoacetic acid, aminoethanoic acid*, Gly* n, glycocoll* n
"**Glykol**" n (Chem) / ethylene glycol*, 1,2-ethanediol n, 1,2-dihydroxyethane n, ethane-1,2-diol n
**Glykol** n (einfachster zweiwertiger Alkohol) (Chem) / glycol* m ‖ ~**dinitrat** n (Chem) / ethylene dinitrate, ethylene glycoldinitrate, glycoldinitrate n, ethylene nitrate n ‖ ~**distearat** n (Chem) / glycol distearate
**Glykolipid** n (Biochem) / glycolipid n
**Glykol•monomethylether** m (ein technisches Lösungsmittel) (Chem) / propylene glycol*, methyl glycol, propan-1,2-diol* n ‖ ~**säure** f (Chem) / glycolic acid, glycollic acid, hydroxyethanoic acid, hydroxyacetic acid ‖ ~**säurebutylester** m (Chem) / butyl glycolate ‖ ~**spaltung** f **nach Criegee** (R. Criegee, 1902 - 1975) (Biochem) / Criegee cleavage ‖ ~**trocknung** f (des Erdgases) / glycol drying
**Glyko•lyse** f (bedeutendster anaerober Abbauweg der Kohlenhydrate) (Biochem) / glycolysis* n (pl. glycolyses), Embden-Meyerhof-Parnas pathway, EMP pathway, glycolytic pathway ‖ ~**peptid** n (kleines Glykoprotein) (Biochem) / glycopeptide n ‖ ~**protein** n (eine Zucker-Eiweiß-Verbindung) (Biochem) / glycoprotein* n, glucoprotein n, glycopeptide n ‖ ~**saminoglykan** n (Biochem) / glycosaminoglycan n, mucopolysaccharide n
**Glykose** f (reduzierendes Monosaccharid) (Biochem) / glycose n
**Glykosid** n (ein Vollazetal) (Chem) / glycoside* n ‖ **herzaktives** ~ (Med, Pharm) / cardiac glycoside ‖ **zyanogenes** ~ (z.B. Amygdalin) (Biochem, Bot) / cyanogenetic glycoside, cyanogenic glycoside, cyanophoric glycoside
**Glykosidase** f (Biochem) / glycosidase n, carbohydrase n
**Glykosid•bindung** f (Chem) / glycosidic bond ‖ ~**bindung** (Chem) / glycoside linkage, glycosidic linkage
**glykosidisch•e Bindung** (Chem) / glycoside linkage, glycosidic linkage ‖ ~**e Verknüpfung** (Chem) / glycosidic link
**Glykosphingolipid** n (Membranlipid an der Oberfläche der Zellmembran) (Biochem) / glycosphingolipid n
**Glykosylierung** f (Biochem) / glycosylation n
**Glykosyltransferase** f (z.B. eine Phosphorylase) (Biochem) / glycosyltransferase* n
**Glyoxal** n (Chem, Foto) / glyoxal* n, ethane-1,2-dial* n, biformyl n
**Glyoxalsäure** f (die einfachste Oxokarbonsäure) (Chem) / glyoxalic acid*, glyoxylic acid*, oxoethanoic acid
**Glyoxylatzyklus** m (Biochem) / glyoxylate cycle*
**Glyoxylsäure** f (die einfachste Oxokarbonsäure) (Chem) / glyoxalic acid*, glyoxylic acid*, oxoethanoic acid
**Glyoxylsäurezyklus** m (Biochem) / glyoxylate cycle*
**Glyoxysom** n (pl. -somen) (Zyt) / glyoxysome* n, glyoxisome* n
**Glyphosat** n (ein Herbizid) (Chem, Landw) / glyphosate n
**Glyphosin** n (Wachstumsregulator für Zuckerrohr) (Landw) / glyphosine n
**Glyptal** n (ein Alkydharz aus Glyzerin und Phthalsäure) (Plast) / glycerol-phthalic resin*, glyptal resin*, Glyptal n
**Glyptalharz** n (heute fast nicht mehr produziert) (Plast) / glycerol-phthalic resin*, glyptal resin*, Glyptal n
**Glyptogenese** f (Entstehung von Landformen) (Geol) / glyptogenesis n
**Glyzerat** n (Chem) / glycerate n
**Glyzerid** n (Ester des Glyzerins) (Chem) / glyceride* n, acylglycerol n
**Glyzerin** n (als Handelsprodukt) (Chem) / glycerin* n, glycerine n (US)*, glycerol* n, glycyl alcohol ‖ ~**aldehyd** n (Chem) / glyceraldehyde n, glyceric aldehyde ‖ ~**azetat** n (Chem) / acetin* n ‖ ~**dichlorhydrin** n (Chem) / glycerol dichlorohydrin ‖ ~**ester** m (Chem) / glyceride* n, acylglycerol n ‖ ~**monoazetat** n (Chem) / glycerol monoacetate, monoacetin n ‖ ~**phosphorsäure** f (Chem) / glycerophosphoric acid ‖ ~**-Phthalsäure-Harz** n (Plast) / glycerol-phthalic resin*, glyptal resin*, Glyptal n ‖ ~**säure** f (2,3-Dihydroxypropionsäure) (Chem) / glyceric acid ‖ ~**triazetat** n (Anstr, Chem, Nahr) / triacetin* n, glycerol triacetate* ‖ ~**tributyrat** n (Chem) / tributyrin n ‖ ~**trinitrat** n (Chem) / glycerol trinitrate, nitroglycerine* n, glyceryl trinitrate, nitroglycerin n, NG ‖ ~**trioleat** n (Chem) / triolein* n ‖ ~**tripalmitat** n (Chem) / tripalmitin n, glycerol tripalmitate ‖ ~**tristearat** n (Chem) / tristearin* n
**Glyzidester** m (Chem) / glycidic ester
**Glyzidesterkondensation** f (Chem Verf) / Darzes glycidic ester condensation, Darzens reaction
**Glyzidylmethakrylat** n (Chem) / glycidyl methacrylate
**Glyzin** n (Biochem) / glycine* n, aminoacetic acid, aminoethanoic acid*, Gly* n, glycocoll* n ‖ ~ (Entwicklersubstanz = p-Hydroxyphenylglyzin) (Foto) / glycin* n, photoglycin n
**Glyzinbetain** n (Biochem) / trimethylglycine* n, betaine* n, trimethyl-amino-ethanoic acid*
**GM** (Leder) / green weight
**GMA** (Chem) / glycidyl methacrylate
**Gmelinit** m (ein Mineral der Chabasit-Gruppe) (Min) / gmelinite* n
**Gmelin-Probe** f (Chem) / Gmelin test*
**Gmelin-Test** m (zum Nachweis von Bilirubin und Biliverdin - nach L. Gmelin, 1788 - 1853) (Chem) / Gmelin test*
**G-Modul** m (Mech) / modulus of rigidity*, coefficient of rigidity*, rigidity modulus, shear modulus, elasticity of shear*, Coulomb modulus, modulus in shear
**GMP** (Biochem) / guanosine monophosphate, GMP, guanylic acid ‖ **cyclisches** ~ (Biochem) / cyclic GMP
**Gneis** m (Metamorphit mit Paralleltextur, der mehr als 20% Feldspat aufweist) (Geol) / gneiss* n
**Gneisdom** m (Geol) / gneiss dome ‖ **ummantelter** ~ (Geol) / mantled gneiss dome*
**Gneist** m (den man mechanisch durch Streichen entfernt) (Leder) / scud n
**Gneistextur** f (Geol) / gneissose texture*
**Gnomon** n (Restparallelogrammfläche) (Math) / gnomon* n
**gnomonisch•e Abbildung** (Abbildung einer Kugeloberfläche auf eine die Kugel tangierende Projektionsebene) (Kart) / gnomonic projection ‖ ~**e Karte** (Kart) / gnomonic chart, great-circle chart ‖ ~**e Projektion** (Kart) / gnomonic projection
**gnotobiotisch** adj (Tier) (Zool) / gnotobiotic* adj
**Goabohne** f (Psophocarpus tetragonolobus (L.) DC.) (Bot) / winged bean
**Gob** m (Glastropfen mit annähernd rundem Querschnitt und naturblanker Oberfläche - Halbzeug insbesondere bei optischen Gläsern) (Glas) / gob n
**Gobbler** m (Eltronik) / desoldering iron
**Gobelin** m (Tex) / Gobelin tapestry
**Gödelisierung** f (Math) / Gödel numbering, arithmetization n
**Gödel-Kodierung** f (Math) / Gödel numbering, arithmetization n
**Gödel-Nummer** f (Math) / Gödel number
**Gödel-Satz** m (Math) / Gödel's (incompleteness) theorem, Gödel's proof, incompleteness theorem
**Gödelscher Unvollständigkeitssatz** (nach K. Gödel, 1906-1978) (Math) / Gödel's (incompleteness) theorem, Gödel's proof, incompleteness theorem
**GOE** (Kernphys) / general Overhauser effect
**Goethit** m (Min) / goethite* n
**Goitrin** n (5-Vinyloxazolidin-2-thion) (Biochem) / goitrin n
**Golay-Säule** f (für die Kapillargaschromatografie) (Chem) / capillary column
**Golay-Zelle** f (pneumatischer Strahlungsempfänger) (Phys) / Golay cell*, Golay pneumatic radiometer
**Gold (Au)** n (Chem) / gold* n ‖ ~**(I)-** (Chem) / aurous* adj, gold(I) attr ‖ ~**(III)-** (Chem) / auric adj, gold(III) attr ‖ ~ **-** (goldhaltig) / auriferous adj ‖ **massives** ~ / solid gold ‖ **ungemünztes** ~ **oder Silber** (Hütt) / bullion* n ‖ ~**amalgam** n (Hütt) / gold amalgam* ‖ ~**anlegeöl** n / oil gold size, gold size ‖ ~**auflage** f (mechanische) / rolled gold*
**Goldbachsche Vermutung** (daß jede gerade Zahl /außer 2/ die Summe der Primzahlen ist - nach Ch. Goldbach, 1690-1764) (Math) / Goldbach conjecture, Goldbach's conjecture
**Goldbad** n (Galv) / gold-plating bath, gold-plating solution
**Goldberg-Emulsion** f (eine fotografische Schicht für Meßzwecke - nach E. Goldberg, 1881-1970) (Foto) / Goldberg emulsion
**Goldberg-Hogness-Box** f (Gen) / TATA box
**Goldberg-Keil** m (Opt) / Goldberg wedge*
**Gold•bergwerk** n (Bergb) / gold mine n ‖ ~**beryll** m (gelber bis grünlichgelber Edelstein) (Min) / chrysoberyl* n, gold beryll ‖ ~**beschichtung** f / gold coating ‖ ~**blättchen** n / gold leaf (thin)*, golden foil (thick), gold foil (thick) ‖ ~**blättchenelektroskop** n (Eltech) / gold-leaf electroscope* ‖ ~**brokat** m (Tex) / gold brocade ‖

⁓**bronze** *f* (blättchenförmiges Metalleffektpigment aus Kupfer oder Kupfer/Zink-Legierungen) (Anstr) / gold paint*, gold bronze ‖ **echte** ⁓**bronze** (Glas, Keram) / gold bronze powder ‖ ⁓**(III)-chlorid** *n* (Chem) / gold trichloride, gold(III) chloride, auric chloride ‖ ⁓**(I)-chlorid** (Chem) / gold monochloride, gold(I) chloride, aurous chloride ‖ ⁓**dekor** *m n* (Keram) / gold decoration ‖ ⁓**dekoration** *f* (Keram) / gold decoration ‖ ⁓**dekoration auf geätzter Oberfläche** (Keram) / acid gold (a decoration of gold applied to the surface of a glaze which previously was etched with hydrofluoric acid or other fluoride to improve adherence) ‖ ⁓**draht** *m* (Eltech, Hütt) / gold wire ‖ ⁓**drahtdiode** *f* (Eltronik) / gold-bonded diode ‖ ⁓**elektrolyt** *m* (Galv) / gold-plating bath, gold-plating solution
**Goldener Schnitt** (Math) / golden section*
**Gold • faden** *m* (Tex) / gold thread ‖ ⁓**feld** *n* (Lagerstätte von Gold) (Geol) / goldfield *n* ‖ ⁓**fluß** *m* (aus Murano) (Glas) / aventurine glass ‖ ⁓**folie** *f* / gold leaf (thin)*, golden foil (thick), gold foil (thick)
**goldführend** *adj* / auriferous *adj* ‖ ~**e Alluvionen** (Geol) / auriferous gravels, auriferous alluvia
**gold • führender Sand** (Geol) / auriferous sand ‖ ⁓**(quarz)gang** *m* (gangförmige Goldlagerstätte) (Geol) / reef* *n* ‖ ⁓**gelb** *adj* (eine Anlauffarbe) (Hütt) / dark straw *attr* ‖ ⁓**gelb** *n* / golden yellow ‖ ⁓**glätte** *f* (Anstr, Chem) / litharge* *n* ‖ ⁓**-Gold-Kollision** *f* (Kernphys) / gold-gold collision ‖ ⁓**grube** *f* (Bergb) / gold mine
**goldhaltig** *adj* / auriferous *adj*
**Gold • (III)-hydroxid** *n* (Chem) / auric acid* ‖ ⁓**imitationsfarbe** *f* (Anstr) / imitation gold ink ‖ ⁓**kiefer** *f* (For) / Ponderosa pine, Western yellow pine, PP ‖ ⁓**kissen** *n* (Bau, Buchb) / gold cushion*, gilder's cushion* ‖ ⁓**lack** *m* (Druck) / gold varnish ‖ ⁓**leder** *n* (mit einer goldfarbenen metallglänzenden Oberfläche) (Leder) / gold leather ‖ ⁓**legierung** *f* (Hütt) / gold alloy ‖ ⁓**lüster** *m* (Glas) / gold lustre ‖ ⁓**mine** *f* (Bergb) / gold mine ‖ ⁓**orfe** *f* (ein weißgolden glänzender Karpfenfisch, der als Testfisch zur Bestimmung der Fischtoxizität dient) (Sanitär, Zool) / golden orfe ‖ ⁓**(III)-oxid** *n* (Chem) / gold trioxide, gold(III) oxide, auric oxide* ‖ ⁓**prägung** *f* (Buchb) / gold tooling* ‖ ⁓**pressen** *f* (Bedrucken von Einbanddecken, Plakaten, Ausweisen usw. mit Farbe, Gold oder Metallfolien in beheizten Kniehebel-Prägepressen) (Buchb, Pap) / gold blocking*, gold stamping, gold pressing, gilding in the press ‖ ⁓**probe** *f* (zur Feststellung des Feingehalts einer Goldlegierung) (Hütt, WP) / gold assay ‖ ⁓**punkt** *m* (Erstarrungspunkt von Gold - $T_{au}$ = 1337,58 K nach DIN 5031, T 8) (Phys) / gold point, gold freezing point, freezing point of gold ‖ ⁓**purpur** *m* (Chem, Glas, Keram) / purple of Cassius*, gold tin purple, Cassius purple, gold tin precipitate ‖ ⁓**ränderung** *f* (Keram) / gold banding ‖ ⁓**roller** *m* (Apparat für das Abrollen von Rollengold) (Instr) / gilder's wheel* ‖ ⁓**rubin** *m* (Glas) / gold ruby glass, gold ruby ‖ ⁓**rubinglas** *n* (ein Anlaufglas) (Glas) / gold ruby glass, gold ruby ‖ **mit** ⁓**salz beladene Lauge** (Aufber) / pregnant solution*, royals* *pl*, pregs* *pl* ‖ ⁓**sand** *m* (Geol) / auriferous sand ‖ ⁓**säure** *f* (Chem) / auric acid* ‖ ⁓**scheidewasser** *n* (Aufber, Chem) / aqua fortis* ‖ ⁓**scheidung** *f* (Aufber) / gold parting ‖ ⁓**schicht** *f* (im allgemeinen) / gold layer ‖ ⁓**schicht** (die durch Abscheidung erzeugt wird) (Galv) / gold deposit, gold plate ‖ ⁓**schlägerhaut-Bespannstoff** *m* (für die Hülle von Gasballons) (Luftf) / goldbeater's fabric ‖ ⁓**schlägerhäutchen** *n* (von Ochsenblinddarm) / goldbeater's skin
**Goldschmidtsche Phasenregel** (Phys) / Goldschmidt's phase rule
**Goldschmidtverfahren** *n* (Chem Verf) / aluminothermic process*, aluminothermy *n*, Goldschmidt process*, thermit(e) process
**Gold • schnitt** *m* (Verziehrung des beschnittenen Buchblocks mit Blattgold) (Buchb) / gilt edge, gilt edges ‖ ⁓**schnittmachen** *n* (Buchb) / gilding *n* ‖ ⁓**schwefel** *m* (orangegelbes Pulver) / antimony red, golden antimony, crocus of antimony, golden antimony sulphide, antimonial saffron ‖ ⁓**seife** *f* (Bergb, Geol) / gold placer ‖ **verliehene** ⁓**seife** (Bergb) / placer claim *n* (US) ‖ ⁓**staub** *m* / gold dust ‖ ⁓**stein** *m* (Min) / aventurine quartz*, gold-stone *n*, gold-aventurine *n*, Indian jade*
**Goldstino** *n* (Kernphys) / goldstino *n*, Goldstone fermion
**Goldstone • Boson** *n* (Kernphys) / Goldstone boson ‖ ⁓**-Fermion** *n* (Kernphys) / goldstino *n*, Goldstone fermion ‖ ⁓**-Glasur** *f* (eine Aventurin-Glasur) (Keram) / Goldstone glaze (an aventurine glaze composed of basic lead carbonate, feldspar, silica, ferric oxide and whiting) ‖ ⁓**-Theorem** *n* (Phys) / Goldstone theorem
**Gold Teak** *n* (Holz des afrikanischen Baumes Afrormosia) (For) / Gold Teak
**Gold • tonfarbe** *f* (eine Flexo- oder Tiefdruckfarbe) (Druck) / gold varnish ‖ ⁓**tonung** *f* (Foto) / gold toning* ‖ ⁓**trichlorid** *n* (Chem) / gold trichloride, gold(III) chloride, auric chloride ‖ ⁓**trioxid** *n* (Chem) / gold trioxide, gold(III) oxide, auric oxide* ‖ **sehr dünner** ⁓**überzug** (Galv) / starved gold ‖ ⁓**waschen** *n* (mit einem Sickerring) (Aufber) / panning *n* ‖ ⁓**wäscherpfanne** *f* (Bergb) / batea *n* ‖ ⁓**zahl** *f* (Chem) / gold number ‖ ⁓**(I)-zyanid** *n* (AuCN) (Chem) / gold(I) cyanide

**Golfers** *pl* (langes Material, das aus maschinengestrickten Wollwaren gerissen wurde) (Tex) / golfers *pl*
**Golfkraut** *n* (Bot) / sargasso (*pl -s or -es*) *n*, sargassum *n* (*pl.* -ssa), sargassum weed, gulfweed
**Goliath-Sockel** *m* (Eltech) / goliath Edison screw-cap*, mogul base
**Gomberg-Reaktion** *f* (eine Diazo-Reaktion nach M. Gomberg, 1866-1947) (Chem) / Gomberg reaction
**Gomberg-Synthese** *f* (Chem) / Gomberg reaction
**Gommart-Harz** *n* / tacamahac *n*
**Gon** *n* (der 100ste Teil des rechten Winkels - nach DIN 1301, T 1 und 1315) / gon *n*, grade *n*
**Gonadendosis** *f* (die von den Keimdrüsen empfangene Äquivalentdosis ionisierender Strahlung) (Radiol) / gonadial dose
**Gonadotrophin** *n* (Biochem) / gonadotrophin *n*, gonadotrophic hormone, gonadotropin *n*, gonadotropic hormone
**Gonadotropin** *n* (ein Glykoprotein mit Hormoncharakter) (Biochem) / gonadotrophin *n*, gonadotrophic hormone, gonadotropin *n*, gonadotropic hormone
**Gonan** *n* (Kohlenwasserstoff-Grundgerüst der Steroide) (Biochem) / gonane *n*
**Gondel** *f* (in einem Selbstbedienungsladen) / gondola *n* (free-standing block of shelves used to display goods in a supermarket) ‖ ⁓ (des Luftschiffs) (Luftf) / car* *n*, gondola *n*, nacelle* *n* ‖ ⁓ (durch Streben oder Pylone verbunden) (Luftf) / pod* *n*
**Gondelstiel** *m* (Luftf) / pylon *n*
**Gongmetall** *n* (71 - 78% Cu, 22 - 26% Sn + Ni, Pb und Zn) (Hütt) / gong metal
**Gonio • fotometer** *n* (ein Gerät zur Glanzmessung) (Anstr) / goniophotometer *n*
**Goniometer** *n* (Instr, Opt) / goniometer* *n* ‖ ⁓ (zur Messung der Kristallwinkel - z.B. ein Anlegegoniometer) (Krist) / crystal goniometer* ‖ **optisches** ⁓ (Krist) / reflecting goniometer, optical goniometer ‖ ⁓**kopf** *m* / goniometer head ‖ ⁓**methode** *f* (Phys) / Bragg method
**Goniometrie** *f* (Krist, Math, Verm) / goniometry *n*
**goniometrisch** *adj* (Krist, Math, Verm) / goniometric *adj*, goniometrical *adj* ‖ ~**e Funktionen** (Math) / trigonometrical functions*, circular functions*
**Gonyaulax-Toxin** *n* (Chem, Nahr) / saxitoxin *n*
**Gooch-Tiegel** *m* (nach F.A. Gooch, 1852 - 1929) (Chem, Keram) / Gooch crucible*
**Good Laboratory Practice** (Vorschriften und Prüfrichtlinien, die zur Qualitätssicherung bei der nichtklinischen Forschung und der Unbedenklichkeitsprüfung eingehalten werden müssen) (Pharm) / good laboratory practice, GLP ‖ **Manufacturing Practice** (Pharm) / good manufacturing practice, GMP ‖ ⁓ **Storage Practice** (Pharm) / good storage practice, GSP
**Goodesche Abbildung** (Kart) / Goode's interrupted homolosine projection
**Good-Middling** *f* (eine Baumwollsorte) (Tex) / good middling cotton
**Good-Ordinary** *f* (eine Baumwollsorte) (Tex) / good ordinary cotton
**Good-Puffer** *m* (Biochem) / Good buffer
**Goodwill** *m* / goodwill *n*
**Googol-** ($10^{100}$) (EDV) / googol* *n*
**Goos-Hänchen-Effekt** *m* (Seitenversetzung eines Lichtstrahles bei Totalreflexion) (Opt) / Goos-Hänchen effect
**Gordon-Plastikator** *m* (große Spritzmaschine für die Kautschukverarbeitung, die zum Mastizieren von Rohkautschuk eingesetzt wird) (Chem Verf) / Gordon plasticator
**Gorlifett** *n* (fettes Öl der Samen der Oncoba-Arten) / gorliseed oil, gorli oil
**Gorliöl** *n* / gorliseed oil, gorli oil
**Gorlisäure** *f* (Chem) / gorlic acid
**Gorter-Casimir-Zweiflüssigkeitsmodell** *n* (zur Beschreibung einiger der mit der Supraleitfähigkeit verknüpften Erscheinungen) (Phys) / Gorter-Casimir two-fluid model
**Görtler-Wirbel** *m* (in Grenzschichten) (Phys) / Goertler vortex
**GO-Satz** *m* (EDV) / GO set of graphic characters
**Goslarit** *m* (Zinksulfat-7-Wasser) (Min) / goslarite* *n*, zinc vitriol, white copperas*, white vitriol*
**Gosse** *f* (an der Bordkante entlang laufende Straßenrinne, durch die Regenwasser und Straßenschmutz abfließen) (HuT) / gutter *n*, gutter channel, road channel
**Goss-Textur** *f* (die würfelartige Elementarzelle des Eisens steht auf der Kante und mit dieser parallel zur Walzrichtung des Blechs) (Hütt) / Goss texture
**Gossypol** *n* (ein toxischer, polyphenolischer Aldehyd des Baumwollsamenöls) (Chem) / gossypol *n*
**Gossypose** *f* (Chem) / gossypose *n*
**Go-Through-Maschine** *f* (eine Spitzenmaschine) (Spinn) / go-through machine*
**Gotik** *f* (Bau) / Gothic* *n*

**Gotikverband**

**Gotikverband** m (Bau) / Gothic bond
**gotisch•er Deltaflügel** (mit geschwungenen Vorderkanten) (Luftf) / ogee wing*, ogive n, ogee n, Gothic delta (wing whose basic triangular shape is modified to resemble Gothic window) ‖ **~er Flügel** (Luftf) / gothic wing* ‖ **~e Schrift** (Typog) / black letter* ‖ **~er Stil** (Bau) / Gothic* n ‖ **~er Verband** (in jeder Schicht wechseln ein Binder und ein Läufer und von Schicht zu Schicht liegen Binder und Läufer blockartig übereinander) (Bau) / Gothic bond ‖ **~er Verband** (Bau) / Flemish bond*, Dutch bond* ‖ **~er Verband** (beide Sichtflächen der Mauer) (Bau) / double Flemish bond* ‖ **~** n (Typog) / black letter*
**GOT-Monotest** m (Glutamat-Oxalacetat-Transaminase) (Med, Spektr) / GOT monotest
**Gottsche Methode** (kapazitive Kabelfehlerortsmessung) (Eltech) / Gott's method*
**Götze-Fokus** m (Eltronik, Radiol) / line focus*
**Gouache** f (eine deckende Wasserfarbe) / gouache* n
**Goubau-Leitung** f (ein metallischer Leiter mit aufgebrachter Schicht eines verlustarmen Isolierstoffes - nach G.H.E. Goubau, geb. 1906) (Elektr) / G-string* n, Goubau line, G-line n
**Goudsmitscher Gamma-Summensatz** (nach S.A. Goudsmit, 1902-1978) (Kernphys) / gamma sum rule, Goudsmit gamma sum rule
**Goulardsches Bleiwasser** (Pharm) / Goulard's extract
**Gouldscher Gürtel** (eine Konzentration von Sternen und interstellarem Gas - nach B.A. Gould, 1824 - 1896) (Astr) / Gould belt
**Goulier-Prisma** n (ein Umlenkprisma mit konstanter Ablenkung, dessen Hauptschnitt ein Fünfeck ist) (Foto) / pentaprism* n, pentagonal prism
**Gouraud-Shading** n (Algorithmus zur Berechnung geglätteter Abbildungen) (EDV) / Gouraud shading
**Gouy-Anteil** m (der diffuse Anteil einer elektrochemischen Doppelschicht) (Chem) / Gouy layer*
**Gouy-Chapman-Doppelschicht** f (der äußere Bereich der Mizellen) (Chem) / Gouy-Chapman double layer
**Gouy-Doppelschicht** f / Gouy layer*
**GÖV** (Erdöl) / gas-oil ratio, GOR
**Goyazit** m (Min) / goyazite n
**GP** (EDV) / integer programming
**G-Parität** f (eine Quantenzahl) (Kernphys) / G parity, isotopic parity
**GPC** (Chem) / gel permeation chromatography, liquid-exclusion chromatography, exclusion chromatography, gel-filtration chromatography, gel chromatography, size-exclusion chromatography, gel filtration, molecular-sieve chromatography, molecular exclusion chromatography
**gpm** (Längenmaß für Höhendifferenzen im Schwerefeld der Erde) (Meteor) / geopotential metre
**g-Pol** m (Steuerelektrode beim Thyristor und beim Feldeffekttransistor) (Eltronik) / gate* n, gate electrode
**G-Protein** n (Biochem) / G protein
**GPS** (KI) / general problem solver, GPS ‖ **~** (Nav, Verm) / global positioning system, GPS
**GR** (Fernm) / rack* n
**Gr** (DIN 1341) (Phys) / convection modulus, Grashof number, free convection number
**Grabegabel** f (HuT) / spading fork
**grabelig** adj (Geschmack) (Nahr) / musty adj, mouldy adj
**graben** v (nach Kohle, Wasser usw.) / dig v (for) ‖ **~** m (Bau, HuT) / open cut ‖ **~** (ein eingesunkenes Rindenstück) (Geol) / graben* n, trough n ‖ **~** (geböschter, z.B. Berieselungsgraben, Entwässerungsgraben, Straßengraben) (HuT) / ditch n ‖ **~** (HuT) / duct* n, conduit n ‖ **~** (HuT) / trench n ‖ **~** (HuT) / digging n, trenching, ditching n ‖ **~ausheben** (HuT, Landw) / trench v ‖ **~aushub** m (HuT, Landw) / trench excavation, trenching n ‖ **~bagger** (HuT) / trench excavator, trench digger, trencher n, trenching machine, trench hoe, ditch-digger n, ditching plough, ditcher n ‖ **~bau** m (HuT) / digging n, trenching n, ditching n ‖ **~entwässerung** f (Landw) / ditch drainage ‖ **~erosion** f (Geol) / gully erosion ‖ **~füllgerät** n (HuT) / trench filler, backfiller n ‖ **~pflug** m (HuT) / trench excavator, trench digger, trencher n, trenching machine, trench hoe, ditch-digger n, ditching plough, ditcher n ‖ **~räummaschine** f (HuT) / ditch cleaner ‖ **~sohle** f (die Unterseite eines Grabens) (HuT) / trench bottom, ditch bottom ‖ **~tiefe** f (Maß von Geländeoberkante bis Grabensohle) (HuT) / trench depth ‖ **~überstau** m (Landw) / submergence n ‖ **~verbau** m (HuT) / trench sheeting, trench shoring ‖ **~verfüller** m (HuT) / trench filler, backfiller n ‖ **~verfüllung** f (HuT) / trench backfill ‖ **~verrohrung** f (HuT) / ditch piping ‖ **~ziehen** n (HuT, Landw) / trench excavation, trenching n ‖ **~zieher** m (HuT) / trench excavator, trench digger, trencher n, trenching machine, trench hoe, ditch-digger n, ditching plough, ditcher n
**Grab•gefäß** n (Arbeitseinrichtung eines Krans oder eines Baggers, wie z.B. Tieflöffel, Ladeschaufel oder Greifer) (HuT) / fitting n (attached to the jib) ‖ **~gefäß** (Löffel, Schaufel, Becher, Eimer) (HuT) / bucket* n, scoop n ‖ **~scheit** n (Landw, Werkz) / spade n ‖ **~test** m (Tex) / grab test ‖ **~-Zugversuch** m **an Geweben** (DIN 53858) (Tex) / grab test
**Gracelaria-Gummi** n (ein Hydrokolloid aus Rotalgen) / gracilaria gum
**Grace-Teilchen** n (Kernphys) / grace particle
**Gracilaria-Gummi** n / gracilaria gum
**grad** (Math) / gradient n, grad n
**Grad** m (Altgrad nach DIN 1315 - für ebene Winkel; Skalenteil - Aräometer, Thermometer usw.) / degree* n, deg ‖ **elektrischer ~** (Phasenverschiebungswinkel) (Eltech) / electrical degree* ‖ **formaler ~** (des Polynoms) (Math) / degree n ‖ **fünften ~es** (Math) / quintic adj ‖ **in ~e einteilen** (Math) / gradient v ‖ **sechsten ~es** (Math) / sextic adj ‖ **unter null ~** (Temperatur) (Phys) / subzero adj ‖ **vierten ~es** (Math) / biquadratic adj, quartic adj ‖ **zweiten ~es** (Gleichung) / quadratic adj ‖ **~** m **der** (algebraischen) **Gleichung** (Math) / degree of equation ‖ **~ der Internationalen Gummihärte** / International Rubber Hardness Degree, IRHD ‖ **~ der statischen Unbestimmtheit** (Bau, HuT, Mech) / redundancy n ‖ **~ der Zugehörigkeit** (beim approximativen Schließen) (KI) / possibility n ‖ **~ Twaddell** (Chem) / Twaddle scale*, Twaddell scale*
**Gradation** f / gradation n ‖ **~** (Massenvermehrung einer Art) (Biol, Umwelt) / gradation n ‖ **~** (des fotografischen Materials, gekennzeichnet durch den Anstieg des geradlinigen Teils der Schwärzungskurve) (Foto) / gradation n
**Gradationskurve** f (bei Schwarzweißmaterialien) (Foto) / characteristic curve*
**Gradationsregelung** f (Film) / gamma control
**Gradbogen** m (Bergb) / miner's dip needle* ‖ **~** (Math, Verm) / graduated arc ‖ **~** (z.B. eines Spiegelsextanten) (Nav) / limb n
**Grader** m (HuT) / grader* n, blade grader
**Gradient** m / gradient* n, grade* n (US) ‖ **~** (des Vektorfeldes; mit Hilfe des Nabla-Operators dem Skalenfeld zugeordnet) (Math) / gradient n, grad n ‖ **barometrischer ~** (Meteor) / barometric gradient, pressure gradient ‖ **mittlerer ~** (Foto) / gradation n
**Gradienten•copolymer** n (Chem) / graded copolymer, tapered copolymer, gradient copolymer ‖ **~elution** f (Chem) / gradient elution ‖ **~faser** f (eine Lichtleitfaser, deren Brechzahl sich in radialer Richtung stetig ändert - nach DIN 58 140, T 1) / graded-index fibre*, gradient-index fibre, GRIN fibre, gradient-refractive-index fibre ‖ **~indexfaser** f / graded-index fibre*, gradient-index fibre, GRIN fibre, gradient-refractive-index fibre ‖ **~indexstab** m (bei Lichtwellenleitern) / GRIN rod, gradient-refractive-index rod ‖ **~kopolymer** n (Chem) / graded copolymer, tapered copolymer, gradient copolymer ‖ **~methode** f (Fernm) / hill-climbing* n ‖ **~ofen** m (ein Röhrenofen) / gradient furnace ‖ **~profil** n (Brechzahlprofil, das sich stetig über der Querschnittsfläche eines LWL verändert) / graded-index profile ‖ **~vektor** m (Math) / gradient n, grad n ‖ **~verfahren** (Math) / gradient method ‖ **~wellenleiter** m (DIN 57 888, T 1) / graded optical waveguide
**Gradient•kraft** f (Meteor) / gradient force ‖ **~strom** m (Ozean) / gradient current, slope current ‖ **~wind** m (der sich theoretisch durch Zusammenwirken von Gradient-, Coriolis- und Zentrifugalkraft ergebende Wind) (Meteor) / gradient wind*
**gradieren** v (eine Skale) / graduate v ‖ **~** (Chem Verf) / concentrate v, graduate v ‖ **~** n (das Anreichern des gelösten Stoffes in der Lösung durch teilweises Eindampfen) (Chem Verf) / concentrating n, concentration* n, graduation n (of solutions)
**Gradiermaschine** f (für die Herstellung von Schuhzuschneidemodellen) / pattern-grading machine, grading machine
**gradierte Schichtung** (z.B. bei Grauwacken) (Geol) / graded bedding*, density stratification
**Gradierung** f (bei Sedimenten) (Geol) / graded bedding*, density stratification
**grad•kettig** adj (Chem) / straight-chain attr, unbranched-chain attr ‖ **~maß** n (eines Winkels) (Math) / degree measure ‖ **~menge** f (Math) / set of degrees ‖ **~netz** n (geografisches) (Geog) / graticule n ‖ **~netznavigation** f (Luftf, Nav) / grid navigation* ‖ **~sichtprisma** n (Opt) / direct-vision prism* ‖ **~tag** m (eine kühltechnische Kenngröße) / cooling degree-day ‖ **~tag** (allgemein - für Heizung oder Klimaanlagen) / degree-day n ‖ **~tag** (eine heiztechnische Kenngröße) (Bau, Wärm) / heating degree-day ‖ **5--Tiefbettfelge** (Kfz) / drop centre rim, full-drop centre rim (US), well-base rim, DC-rim, 5-degree DC rim
**graduell** adj / gradual adj
**graduieren** v / graduate v
**graduiert•er Ingenieur** (Absolvent der Fach- oder Gesamthochschule) / engineering graduate ‖ **~e Spanplatte** (stufenlos aufgebaute) (For, Tischl) / graded board

**Gradzeichen** *n* (hochstehende kleine Null) (Druck) / degree sign, degree mark
**Graebe-Ullmannsche Carbazolsynthese** (Chem) / Graebe-Ullmann reaction
**Graeffe-Verfahren** *n* (zur näherungsweisen Berechnung der Nullstellen von Polynomen) (Math) / Graeffe's method
**Graetz-Gleichrichter** *m* (nach L. Graetz, 1856-1941) (Eltech) / Grätz rectifier*, Graetz rectifier, Graetz circuit
**Graetz-Schaltung** *f* (Eltech) / Grätz rectifier*, Graetz rectifier, Graetz circuit
**Graf** *n* (Schriftzeichen, die kleinste /nicht bedeutungsunterscheidende/ Einheit in schriftlichen Äußerungen) / graph *n* ‖ ⁓ *m* / chart *n*, graphic *n*, graph* *n*, diagram* *n* ‖ **aufgespannter** ⁓ / stretched graph ‖ **bipartiter** ⁓ (Math) / bipartite graph ‖ **dualer** ⁓ / dual graph ‖ **Eulerscher** ⁓ / unicursal graph, closed graph, Eulerian graph (a connected graph) ‖ **gerichteter** ⁓ / directed graph, digraph *n*, oriented graph ‖ **gerichteter azyklischer** ⁓ (EDV) / directed acyclic graph ‖ **gewichteter** ⁓ (KI) / weighted graph ‖ **knotenbewerteter** ⁓ / node-evaluated graph ‖ **nichtzusammenhängender** ⁓ (EDV) / unconnected graph ‖ **orientierter** ⁓ / oriented graph ‖ **paarer** ⁓ (Math) / bipartite graph ‖ **planarer** ⁓ / planar graph ‖ **regulärer** ⁓ (Math) / regular graph ‖ **relationaler** ⁓ (Math) / relational graph, relation graph ‖ **schwach zusammenhängender** ⁓ (EDV) / weakly connected graph ‖ **stark zusammenhängender** ⁓ (wenn von jedem Knoten zu jedem anderen Knoten mindestens ein gerichteter Weg existiert) (EDV) / strongly connected graph ‖ **ungerichteter** ⁓ / undirected graph ‖ **unikursaler** ⁓ / unicursal graph, closed graph, Eulerian graph (a connected graph) ‖ **vollständiger** ⁓ (wenn je zwei verschiedene Knoten eines ungerichteten Grafen durch eine Kante verbunden sind) / complete graph, symmetrical complete graph ‖ **zusammenhängender** ⁓ (wenn es zwischen zweien seiner Knotenpunkte mindestens einen verbindenden Weg gibt) (EDV) / connected graph ‖ ⁓ *m* **vom Geschlecht Null** / planar graph
**Grafenstrukturrepräsentation** *f* (EDV) / graph structure representation
**Grafensuche** *f* (KI) / graph search
**Grafentheorie** *f* (ein Teilgebiet der Kombinatorik) (Math) / theory of graphs, graph theory
**Grafgrammatik** *f* (ein Formalismus zur Beschreibung struktureller Veränderungen von Grafen und zur Erzeugung von Mengen von Grafen, der den gewöhnlichen Grammatiken zur Veränderung von Zeichenfolgen nachgebildet ist) (KI) / graph grammar
**Grafik** *f* (Kunst und Technik) (Druck) / graphic arts, graphics *n* ‖ **eingescannte** ⁓ (EDV) / scanned graphics ‖ **hochauflösende** ⁓ (EDV) / high-resolution graphics* (HRG), hi-res graphics ‖ **importierte** ⁓ (die nicht auf dem betreffenden System selbst erstellt wurde) (EDV) / imported graphics ‖ **kommerzielle** ⁓ (grafische Darstellung kommerzieller Daten) (EDV) / business graphics ‖ **niedrigauflösende** ⁓ (EDV) / low-resolution graphics* ‖ **pixelorientierte** ⁓ (EDV) / bit-map graphics ‖ **reprofähige** ⁓ (Druck, EDV) / camera-ready art ‖ ⁓ *f* **in Farbe** (EDV) / colour graphics ‖ ⁓ **mit hoher Auflösung** (EDV) / high-resolution graphics* (HRG), hi-res graphics ‖ **mittlerer Auflösung** (EDV) / medium-resolution graphics
**Grafik•adapter** *m* (EDV) / graphics adapter ‖ **monochromer** ⁓**adapter** (EDV) / monochrome graphics adapter ‖ ⁓**-Adventure** *f* (EDV) / graphics adventure (adventure game with /animated/ graphics sequences) ‖ ⁓**anzeige** *f* (EDV) / graphic(al) display ‖ ⁓**anzeigeeinheit** *f* (EDV) / graphic(al) display ‖ ⁓**arbeitsplatz** *m* (EDV) / graphics workstation ‖ ⁓**beschleuniger** *m* (Grafikkarte, die Grafikausgaben beschleunigt) (EDV) / graphics accelerator ‖ ⁓**bildschirm** *m* (EDV) / graphics screen ‖ ⁓**daten** *pl* (EDV) / graphic data ‖ ⁓**druck** *m* (EDV) / graphics print ‖ ⁓**drucker** *m* (der auch grafische Darstellungen drucken kann) (EDV) / graphics printer ‖ ⁓**editor** *m* (ein Hilfsprogramm) (EDV) / graphics editor ‖ ⁓**einbindung** *f* (EDV) / graphics insertion ‖ ⁓**einblendung** *f* (EDV) / graphics insertion ‖ ⁓**einschaltung** *f* (EDV) / graphics insertion ‖ ⁓**element** *n* (EDV) / graphic element
**grafikfähig** *adj* (EDV) / with graphics capability
**Grafikfähigkeit** *f* (EDV) / graphics capability
**Grafik•fenster** *n* (EDV) / graphics window ‖ ⁓**karte** *f* (EDV) / graphics card, graphics board ‖ ⁓**modus** *m* (als Gegensatz zu Zeichenmodus) (EDV) / graphics mode ‖ ⁓**programm** *n* **zum Ausmalen von Flächen** (paint program, painting program) ‖ ⁓**programmierung** *f* (EDV) / graphics programming ‖ ⁓**prozessor** *m* (der zusammen mit dem Bildwiederholspeicher die Grafikdaten für Bildschirmgrafiken aufbereitet) (EDV) / graphics processor ‖ ⁓**software** *f* (EDV) / graphics software ‖ ⁓**symbol** *n* / graphic symbol ‖ ⁓**tableau** *n* (EDV) / graphics tablet*, graph tablet ‖ ⁓**tablett** *n* (EDV) / graphics tablet*, graph tablet ‖ ⁓**terminal** *n* (EDV) / graphics terminal, graphic display terminal ‖ ⁓**verarbeitung** *f* (EDV) / graphics processing ‖ ⁓**vorlage** *f* (Druck, EDV) / art *n*, artwork *n*
**grafisch** *adj* / graphic *adj*, graphical *adj* ‖ ⁓**e Anzeige** (EDV) / graphic(al) display ‖ ⁓**e Anzeigeeinheit** (EDV) / graphic(al) display ‖ ⁓**er Arbeitsplatz** (meistens mit einem Bildschirmgerät) (EDV) / graphics workstation ‖ ⁓**e Ausgabe** (EDV) / graphic(al) display ‖ ⁓**e Ausgabeeinheit** (EDV) / graphic(al) display ‖ ⁓**e Benutzeroberfläche** (EDV) / graphic(al) user interface, GUI ‖ ⁓**er Bildschirmarbeitsplatz** (EDV) / display console plotter ‖ ⁓ **darstellen** / graph *v* ‖ ⁓**e Darstellung** (DIN 461) / graphic(al) representation, diagrammatical representation, graphic image, graphicacy *n* ‖ ⁓**e Darstellung des Strahlenverlaufs** (Opt) / ray diagram ‖ ⁓**e Daten** (EDV) / graphic data ‖ ⁓**e Datenverarbeitung** (alle Techniken und Anwendungen einer digitalen Rechenanlage, bei denen Daten in Form von gezeichneten Linien oder Rasterpunkten ausgegeben oder angenommen werden) (EDV) / computer graphics* ‖ ⁓**e Ein-/Ausgabe** (EDV) / graphical input output (GINO) ‖ ⁓**es Element** (Kart) / cartographic symbol ‖ ⁓**e Entscheidungshilfen** (EDV, KI) / decision-support graphics ‖ ⁓**er Equalizer** (Radio) / graphic equalizer ‖ ⁓**e Funktion** (EDV) / display function ‖ ⁓**es Gewerbe** (Druck) / printing industry ‖ ⁓**es Grundelement** (EDV) / graphics primitive, display element, output primitive ‖ ⁓**e Integration** (Math) / graphical integration ‖ ⁓**es Kernsystem** (grafische Schnittstelle zwischen Anwendersoftware und CAD/CAM-Systemen) (GKS) (EDV) / graphical kernel system (GKS) ‖ ⁓**e Lösung** (Math) / graphic solution ‖ ⁓**e Manipulationssprache** (zur Behandlung dreidimensionaler Körper) (EDV) / graphics manipulating language (GML) ‖ ⁓**er Maßstab** (Kart) / graphic scale ‖ ⁓**e Methode** (z.B. zur Lösung von Gleichungen) (HuT, Math) / graphical method* ‖ ⁓**es Papier** (Pap) / graphic(al) paper ‖ ⁓**es Rechnen** (Math) / nomography *n*, graphics *n* ‖ ⁓**e Schreibmaschine** / graphical typewriter ‖ ⁓**e Software** (Programme zur Steuerung eines grafischen Systems und zur Erzeugung von Bildern) (EDV) / graphics software ‖ ⁓**e Sprache** (eine Programmiersprache zur Verarbeitung und visuellen Darstellung grafischer Daten durch einen Rechner) (EDV) / graphics language ‖ ⁓**e Statik** (Masch) / graphic statics* ‖ ⁓**es Symbol** / graphic symbol ‖ ⁓**es System** (EDV) / graphics system ‖ ⁓**es Tablett** (EDV) / graphics tablet*, graph tablet ‖ ⁓**e Technologie** (Druck) / printing technology, printing* *n* ‖ ⁓**es Terminal** (EDV) / graphics terminal, graphic display terminal ‖ ⁓**e Workstation** (EDV) / graphics workstation ‖ ⁓**es Zeichen** / graphic symbol
**Grafit** *m* (Min) / graphite* *n*, black lead*, plumbago* *n*
**Grafoepitaxie** *f* (eine Variante der Epitaxie, bei der die Kristallorientierung am Anfang des Wachstums durch eine regelmäßige, durch Lithografie erzeugte Struktur an der Oberfläche erzwungen ist) (Eltronik, Krist) / graphoepitaxy *n*
**Grafostatik** *f* (Masch) / graphic statics*
**Grahamit** *m* (ein Asphaltit) (Geol) / grahamite* *n*
**Grahamsalz** *n* (überwiegend aus linearem Natriumpolyphosphat bestehendes Salz; zur Wasserenthärtung) (Chem) / Graham's salt
**Grahamsches Gesetz** (der Diffusionsgeschwindigkeiten - nach Th. Graham, 1805-1869) (Chem) / Graham's law* (of diffusion)
**Grain** (g) *m* (64,7989 mg) (Chem, Pharm) / grain* (gr) *n*
**Grain** *n* (ein Ripsgewebe) (Tex) / grain *n*
**Grainbindung** *f* (Ableitung der Leinwandbindung) (Web) / grain weave
**grainieren** *v* (Pap) / grain *v*
**Grainstone** *m* (ein Karbonatgestein - Partikel ohne Matrix, mit oder ohne Zement) (Erdöl, Geol) / grainstone *n*
**Gram•-Charlier-Entwicklung** *f* (Stats) / Gram-Charlier series ‖ ⁓**-Charlier-Reihe** *f* (Stats) / Gram-Charlier series ‖ ⁓**färbung** *f* (eine Differentialfärbung nach H.Ch. Gram, 1853-1938) (Bakteriol) / Gram's method, Gram's stain
**gramfest** *adj* (Bakteriol) / Gram-positive* *adj*
**gramfrei** *adj* (Bakteriol) / Gram-negative* *adj*
**Gramicidin** *n* (ein Peptidantibiotikum) (Chem, Pharm) / gramicidin* *n*
**Gramin** *n* (das erste Alkaloid, das aus Gräsern isoliert wurde) (Biochem) / gramine *n*
**Graminizid** *n* (gegen Ungräser) (Chem, Umwelt) / graminicide *n*
**gramlabil** *adj* (Bakterie) / gram-variable *adj*
**Gramm** *n* (inkohärente Einheit der Masse = $10^{-3}$ kg - DIN 1301, T 1) / gram* *n*, gramme *n* ‖ ⁓**äquivalent** *n* (der Quotient aus der Stoffmenge Mol und der Wertigkeit des betrachteten Atoms) (Chem) / gram-equivalent *n*
**Grammatik** *f* (EDV) / grammar *n* ‖ **eindeutige** ⁓ (EDV) / unambiguous grammar ‖ **kontextfreie** ⁓ (EDV) / context-free grammar ‖ **lineare** ⁓ (wenn alle Produktionen linear sind) (EDV) / linear grammar ‖ **linkslineare** ⁓ (wenn alle Produktionen linkslinear sind) (EDV) / left-linear grammar ‖ **rechtslineare** ⁓ (wenn alle Produktionen rechtslinear sind) (EDV) / right-linear grammar ‖ **reduzierte** ⁓ (EDV) / reduced grammar ‖ **regelbasierte** ⁓ (EDV) / rule-based grammar ‖ **sequentielle** ⁓ (deren Regeln so beschaffen sind, daß ein

**Grammatik**

nichtterminales Zeichen A ein für allemal verschwindet, nachdem alle Regeln, in denen es vorkommt, angewendet wurden) (EDV) / sequential grammar ‖ **unifikationsbasierte** ~ (KI) / unification-based grammar ‖ ~ *f* **mit endlich vielen Zuständen** (EDV) / finite-state grammar ‖ ~ **zum Zusammensetzen von Bäumen** (KI) / tree-adjoining grammar
**grammatikalisch** *adj* / grammatical *adj*
**Grammatik•analyse** *f* (EDV, KI) / grammar analysis ‖ ~**parser** *m* (EDV) / grammar parser ‖ ~**prüfprogramm** *n* (EDV) / grammar checker
**grammatisch** *adj* / grammatical *adj* ‖ ~ **fehlerhaft** (EDV, KI) / ungrammatical *adj*
**Grammatit** *m* (Min) / tremolite* *n*, grammatite* *n*
**Grammatom** *n* (chemische Masseeinheit, bezogen auf den 12ten Teil des Atoms 12$_C$) (Chem) / gram-atom* *n*, gram-atomic weight, gram-atomic mass
**Grammatur** *f* (Pap) / basis weight, substance* *n*, grammage *n*, G.S.M.
**Grammkalorie** *f* (nicht mehr zugelassene Einheit der Wärmemenge = 4,1855 J) (Wärm) / small calorie
**gramnegativ** *adj* (Bakteriol) / Gram-negative* *adj*
**grampositiv** *adj* (Bakteriol) / Gram-positive* *adj*
**Gramsche Determinante** (nach J.P. Gram, 1850-1916) (Math) / Gram determinant
**gramvariabel** *adj* / gram-variable *adj*
**Granalie** *f* (Pharm) / granule *n*
**Granat** *m* (magnetischer - oxidischer weichmagnetischer Wirkstoff) / garnet *n* (a synthetic ferrimagnetic material) ‖ ~ (ein Silikat wie: Pyrop, Almandin, Spessartin, Grossular, Andradit, Uwarowit) (Min) / garnet* *n* ‖ **Böhmischer** ~ (Min) / Bohemian garnet* ‖ **magnetischer** ~ (epitaktisch aufgebrachte Einkristallschicht in Magnetblasenspeichern) (EDV) / magnetic garnet
**granat•führend** *adj* (Geol, Min) / garnetiferous *adj* ‖ ~**haltig** *adj* (Geol, Min) / garnetiferous *adj* ‖ ~**lack** *m* (Anstr) / garnet lac, garnet shellac
**Granatoeder** *n* (Krist, Math) / rhombic dodecahedron* (pl. -hedra or -hedrons), granatohedron *n* (pl. -hedra or -hedrons)
**Granat•papier** *n* (ein Schleifpapier) (Pap, Tischl) / garnet paper ‖ ~**schellack** *m* (ungebleichter dunkelroter Schellack) (Anstr) / garnet lac, garnet shellac ‖ ~**schleifpapier** *n* (Pap, Tischl) / garnet paper
**Granbywagen** *m* (Bergb) / Granby car
**Grand-Tourisme-Wagen** *m* (Kfz) / gran turismo car, GT car, grand touring car
**Grängesbergwagen** *m* (Bergb) / drop-bottom car, bottom-dump car
**granieren** *v* (Pap) / grain *v*
**Granit** *m* (als Naturstein - breiter als der geologische Begriff) (Bau, HuT) / commercial granite, building granite ‖ ~ (ein Tiefengestein) (Geol) / granite *n* ‖ ~**ähnlich** *adj* (Geol) / granitoid *adj*, granitoidal *adj* ‖ ~**aplit** *m* (Geol) / granite-aplite *n* ‖ ~**bindiger Stoff** (Tex) / oatmeal cloth* (of a towel fabric) ‖ ~**bindung** *f* (abgewandelte Ripsbindung mit kreppartigem Aussehen) (Tex) / granite weave, momie weave ‖ ~**gewebe** *n* (Tex) / granite fabric ‖ ~**gneis** *m* (Geol) / granite-gneiss *n* ‖ ~**grau** *adj* / granite grey, metallic grey
**Granitisation** *f* (Geol) / granitization* *n*
**granitisch** *adj* (Gestein, Struktur) (Geol) / granitic *adj*
**Granitisierung** *f* (Geol) / granitization* *n*
**granitoid** *adj* (Geol) / granitoid *adj*, granitoidal *adj*
**Granit•pegmatit** *m* (Geol) / granite-pegmatite *n*, giant granite ‖ ~**pflasterstein** *m* (HuT) / pitcher *n* ‖ ~**platte** *f* (HuT) / pitcher *n* ‖ ~**porphyr** *m* (Naturstein für Monumentalbauten und hochbeanspruchte Teile) (Bau, Geol) / granite-porphyry* *n* ‖ ~**walze** *f* (Pap) / granite roll, granite roller
**Granne** *f* (Brau, Landw) / awn* *n* ‖ **mit** ~**n** (Brau, Landw) / awned *adj*
**Grannen•haar** *n* (Tex) / kemp *n*, dog hair, guard hair ‖ ~**kiefer** *f* (Pinus aristata Engelm.) (For) / bristlecone pine
**granoblastisches Gefüge** (ein gleichmäßig körniges kristalloblastisches Gefüge) (Geol) / granoblastic texture*, granoblastic fabric
**Granodieren** *n* (Warenzeichen von Alchem für ein Verfahren zum Phosphatieren und/oder Chromatieren) (Galv) / Granodizing *n*
**Granodine-Verfahren** *n* (Galv) / Granodizing *n*
**Granodiorit** *m* (ein kieselsäurereiches Tiefengestein) (Bau, Geol) / granodiorite* *n*
**Granophyr** *m* (dem Granit und dem Porphyr ähnliches Ergußgestein) (Geol) / granophyre* *n*
**granophyrisch** *adj* (Geol) / granophyric *adj*
**Grant** *m* (unentgeltliche Leistung der Entwicklungshilfe) / grant *n* ‖ ~ (Brau) / underback *n*, grant *n*
**Grant-Paul-Regeln** *f pl* (bei Verschiebungen des Kohlenwasserstoffs) (Spektr) / Grant-Paul rules
**Gran-Turismo-Wagen** *m* (Kfz) / gran turismo car, GT car, grand touring car
**granulär** *adj* / grainy *adj*, granular* *adj*, granulated *adj*
**Granularität** *f* (der Information) (KI) / granularity *n*

**Granulat** *n* / granular material, granulated material ‖ ~ (Plast) / shot *n* ‖ ~ (Plast) / granules *pl*, granulated compound, pellets* *pl*
**Granulation** *f* / granulation *n*, graining *n* ‖ ~ (eine körnige Struktur der Fotosphäre der Sonne) (Astr) / solar granulation*, granulation* *n*
**Granulatmehl** *n* (Nahr) / instant flour
**Granulator** *m* (Plast) / granulator *n*
**Granulieranlage** *f* / granulating plant
**granulieren** *v* / granulate *v*, grain *v* ‖ ~ *vi* / granulate *vi* ‖ ~ *v* (Glasmasse) (Glas) / shrend *v* ‖ ~ *n* / granulation *n*, graining *n*
**granuliert** *adj* / grainy *adj*, granular* *adj*, granulated *adj* ‖ ~**es Ammoniumnitrat** (als Sprengstoff) (Bergb) / prill-size ammonium nitrate, prilled ammonium nitrate, granular ammonium nitrate ‖ ~**er Kork** (Bau) / granular (waste) cork, granulated (waste) cork ‖ ~**es Material** (ein körniger Stoff von einheitlicher Größe) / granular material, granulated material ‖ ~**es Pulver** / granular powder ‖ ~**e Schlacke** (Hütt) / granulated slag, fine slag
**Granulit** *m* (helles metamorphes Hartgestein) (Geol) / granulite* *n*
**Granulitbildung** *f* (Geol) / granulitization* *n*
**granulitisch** *adj* (Geol) / granulitic *adj* ‖ ~**es Gefüge** (Geol) / granulitic texture*
**Granulitisierung** *f* (Geol) / granulitization* *n*
**Granulometrie** *f* (Sammelbezeichnung für Methoden zur Untersuchung des Aufbaus körniger Materialien mit Hilfe von Sichtung, Siebung oder Sedimentation) / granulometry *n*, particle size measurement
**granulös** *adj* / grainy *adj*, granular* *adj*, granulated *adj*
**Grapefruit-Kernöl** *n* / grapefruit-seed oil
**Grapefruitöl** *n* (aus den Früchten von Citrus paradisi Macfad.) (Nahr) / expressed grapefruit oil, grapefruit oil
**Graph** *n* / graph *n* ‖ ~ *m* / chart *n*, graphic *n*, graph* *n*, diagram* *n*
**Graph-** s. auch Graf-
**Graphecon** *n* (eine Elektronenstrahlröhre als Zweistrahl-Flächenspeicherröhre) (Radar) / graphecon* *n*
**Graphics Device Interface** *n* (EDV) / graphics-device interface, GDI
**Graphics-Equalizer** *m* (Radio) / graphic equalizer
**Graphit•** - / graphitic *adj* ‖ ~ *m* (stabile Form des Kohlenstoffs) (Min) / graphite* *n*, black lead*, plumbago* *n* ‖ **in Öl kolloidal gelöster** ~ / graphite oil ‖ **kolloidaler** ~ / colloidal graphite* ‖ **lamellarer** ~ (Hütt) / flake graphite, flaky graphite ‖ **mit** ~ **einstäuben** / graphitize *v*, graphite *v* ‖ **mit** ~ **überziehen oder auskleiden** / graphitize *v*, graphite *v* ‖ **primärer** ~ (Hütt) / primary graphite ‖ **sekundärer** ~ (Hütt) / secondary graphite
**Graphit•anode** *f* (Eltech) / graphite anode ‖ ~**anstrichstoff** *m* (Anstr) / graphite paint* ‖ ~**ausbildung** *f* (Hütt) / graphite structure ‖ ~**bildung** *f* (Chem, Hütt) / graphitization* *n* ‖ ~**boot** *n* (Chem, Hütt) / graphite boat ‖ ~**einschluß** *m* / graphite inclusion ‖ ~**elektrode** *f* / graphite electrode
**graphitmoderierter Reaktor** (DIN 25402) (Nukl) / graphite reactor*, graphite-moderated reactor
**Graphit•farbe** *f* (Anstr) / graphite paint* ‖ ~**faser** *f* / graphite fibre ‖ ~**faser** s. auch Kohlenstoffaser ‖ ~**fett** *n* / graphitic grease, graphite grease, graphited grease ‖ ~**form** *f* (Gieß) / graphite mould ‖ ~**gewebe** *n* (aus Graphitfasern) / graphite fabric (woven cloth of graphite fibres) ‖ ~**gitter** *n* (Krist) / graphite lattice ‖ ~**glühen** (Hütt) / graphitizing *n* ‖ ~**hülse** *f* (Nukl) / graphite sleeve
**graphitieren** *v* (Chem, Hütt) / graphitize *v* ‖ ~ *n* (Chem, Hütt) / graphitization* *n*
**graphitiert•es Fett** / graphitic grease, graphite grease, graphited grease ‖ ~**er Glühfaden** (Eltech) / graphitized filament*, metallized filament*
**Graphitierung** *f* (Hütt) / spongiosis *n*, graphitization *n*, graphitic corrosion
**graphitisch** *adj* / graphitic *adj* ‖ ~**er Kohlenstoff** (Hütt) / graphitic carbon* ‖ ~**e Korrosion** (von Gußeisen) (Hütt) / spongiosis *n*, graphitization *n*, graphitic corrosion
**graphitisieren** *v* (Chem, Hütt) / graphitize *v* ‖ ~ *n* (Chem, Hütt) / graphitization* *n*
**graphitisierendes Mittel** (Chem, Hütt) / graphitizer *n*
**graphitisiertes Polymer** (Chem) / graphitized polymer
**Graphitisierung** *f* (Chem, Hütt) / graphitization* *n*
**Graphitisierungsglühen** *n* (Hütt) / graphitizing *n*
**Graphitisierungsmittel** *n* (Chem, Hütt) / graphitizer *n*
**Graphit•keramik** *f* (Keram) / graphite ceramics ‖ ~**kohleelektrode** *f* (Schw) / graphite carbon electrode ‖ ~**kokille** *f* (Gieß) / graphite mould ‖ ~**korrosion** *f* (Nukl) / graphite corrosion, graphitic corrosion ‖ ~**ofen** *m* / graphite furnace ‖ ~**öl** *n* / graphite oil ‖ ~**oxid** *n* (Chem) / graphitic acid* ‖ ~**papier** *n* (Pap) / graphite paper ‖ ~**reaktor** *m* (Nukl) / graphite reactor*, graphite-moderated reactor ‖ ~**rohrofen** *m* (z.B. für die Graphitrohrofentechnik der Atomabsorptionsspektrometrie) / graphite furnace ‖ ~**salz** *n* (Chem) / graphite salt ‖ ~**säure** *f* (Chem) / graphitic acid* ‖ ~**schiffchen** *n* (Chem, Hütt) / graphite boat ‖ ~**schmiermittel** *n* / graphitic lubricant,

graphite lubricant ‖ ˜**schmierung** f / graphite lubrication ‖ ˜**schwärze** f (Gieß) / graphite blacking ‖ ˜**stab** m / graphite rod, graphite bar ‖ ˜**staub** m / graphite powder ‖ ˜**staub** (Schwärze) (Gieß) / plumbago n ‖ ˜**stein** m (feuerfester) / graphite brick (a refractory ceramic brick of coke and pitch, heat-treated to form a graphitic crystal structure) ‖ ˜**stift** m / lead pencil, pencil n ‖ ˜**struktur** f (Hütt) / graphite structure ‖ ˜**tiegel** m / graphite crucible ‖ ~**überzogen** adj / graphite-faced adj ‖ ˜**widerstand** m (Eltech) / graphite resistance*

**Grappierzement** m (Bau) / LeFarge cement, grappier cement
**Gras** n (aus der Familie der Poaceae) (Bot) / grass* n ‖ ˜ (Radarstörung) (Radar) / grass* n, hash n, picture noise* n ‖ ˜**bahn** f (Luftf) / grass strip ‖ ˜**baumharz** n (acaroid resin, accroides n, gum accroides, grass-tree gum, yacca resin ‖ **Gelbes** ˜**baumharz** (meistens aus Xanthorrhoea hastilis R.Br.) / blackboy gum, Botany Bay gum, yellow grass-tree gum ‖ ~**bewachsen** adj / grassy adj, grassed adj, grass-covered adj ‖ ˜**büschel** n (Bot) / tussock n ‖ ˜**decke** f / grass cover, covering of grass ‖ ˜**ebene** f (Geog, Geol) / grassy plain
**Grasen** n (Landw) / grazing n, pasturing n
**Graser** m (Gammastrahllaser) (Phys) / graser n, gamma-ray laser
**Gras•fleck** m (Tex) / grass stain ‖ ˜**flugplatz** m (Luftf) / grass airfield, sod field
**grasfressend** adj (Tier) (Landw, Zool) / graminivorous* adj, grass-eating* adj
**grasgrün** adj / grass-green adj, verdant green
**Grashof-Zahl** f (DIN 1341) (Phys) / convection modulus, Grashof number, free convection number
**Gras•land** n (Geol, Landw) / grassland* n ‖ ˜**landbewirtschaftung** f (Landw) / grassland management ‖ ˜**leinen** n (aus Ramiegarn) (Tex) / grass-cloth n ‖ ˜**mäher** m (Landw) / lawnmower n ‖ ˜**minimum** n (in 5cm-Höhe über dem Erdboden gemessenes Minimum der Temperatur) (Meteor) / grass minimum ‖ ˜**narbe** f (Landw) / turf n (pl. turfs or turves), sod n, mat of grass ‖ ˜**narbe** (auf dem Rasenplatz) (Luftf) / grass strip ‖ ˜**piste** f (Luftf) / grass strip ‖ ˜**samen** m / grass seed ‖ **mit** ˜**samen** (Wolle) (Tex) / seedy adj ‖ ˜**samen enthaltend** (Wolle) (Tex) / seedy adj
**Graßmann-Algebra** f (nach H.G. Graßmann, 1809-1877) (Math) / Grassmann algebra, exterior algebra
**Graßmannsche Gesetze** (der additiven Farbmischung - nach H.G. Graßmann, 1809-1877) / Grassmann's laws
**Gras•streifen** m (der Autobahn) (HuT, Kfz) / central reservation, central reserve, mall n (chiefly Upstate New York), median strip (US), median n (US) ‖ ˜**taft** m (aus Ramiegarn) (Tex) / grass-cloth n ‖ ˜**tapete** f (Bau) / grass-cloth n ‖ ˜**tuch** n (aus Ramiegarn) (Tex) / grass-cloth n ‖ ˜**wirtschaft** f (Landw) / grass-forming system
**Grat** m (der Schallplatte) (Akus) / land n (the record surface between two adjacent grooves of a mechanical recording) ‖ ˜ (Kante zwischen zwei aneinander überschneidenden Flächen eines Gewölbes) (Arch, Bau) / groin* n ‖ ˜ (Schnittkante) (Arch, Bau) / arris* n ‖ ˜ (Bau) / hip* n ‖ ˜ (Chem Verf, Hütt, Plast) / flash* n, spew n, spue n ‖ ˜ (Geog, Geol) / hogback* n, hog's back ridge ‖ ˜ (Gieß) / arête n ‖ ˜ (ein Gußfehler) (Gieß) / shift n, twist n ‖ ˜ (Formgrat) (Gieß, Hütt, Plast) / fin* n, flash* n ‖ ˜ (der sich beim Reifenverschleiß bildet) (Kfz) / feather n ‖ ˜ (Schneid- oder Stanzgerät) (Masch) / burr* n (spec burr n (US), burl n ‖ ˜ (zwischen den Stirnflächen der Gesenke) (Masch) / flash n ‖ ˜ (Schw) / flash n ‖ ˜ (diagonal verlaufende Gewebeoberflächenstruktur infolge versetzter Bindungspunkte) (Tex) / ripply n, ridge n, wale n ‖ **schmaler scharfer** ˜ (Geol) / razor back ‖ ˜ **an der Teilungsfläche** (Masch) / joint flash ‖ ˜**abstreifer** m (zum Abstreifen des Grates vom Schnittstempel) (Masch) / releaser n ‖ ˜**anfall** m (Arch) / hip n, piend n, pien n, arris n ‖ ~**artige Bindung** (Web) / twill interlacing ‖ ˜**bahn** f (rund um die Gesenkgravur) (Masch) / land n, flash land ‖ ˜**bahn** f (Flächen in Ober- und Untergesenk) (Masch) / die land, land n ‖ ˜**bildung** f (Gieß, Hütt) / finning n ‖ ˜**bildung** n (ein Reifenverschleißtyp) (Kfz) / feathering n
**Gräte** f (bei Fischen) (Zool) / bone* n ‖ **mit vielen** ~**n** (Nahr, Zool) / bony adj ‖ **ohne** ~ (Nahr, Zool) / boneless adj (fish)
**grätenlos** adj (Nahr, Zool) / boneless adj (fish)
**Grätenstich** m (Tex) / herringbone stitch, fishbone stitch
**Gratfeder** f (Zimm) / ledge n
**gratfrei** adj (Hütt, Plast) / flashless adj
**Grathobel** m (zum Herstellen von Gratfedern) (Tischl, Zimm) / fillister* n, router plane*, plough* n, grooving plane*, plow* n (US) / match plane
**grätig** adj (Nahr, Zool) / bony adj
**Gräting** f (Gitter aus Metall oder Holz) (Schiff) / grating n
**gratis** adj / free of charge
**Gratisprobe** f / sample not for sale
**Gratisverteilung** f (von Publikationen) / controlled circulation, CC

**Grat•leiste** f (Zimm) / ledge n ‖ ˜**linie** f (Bau) / hip* n ‖ ˜**linie** (Web) / twill line
**gratlos** adj (Hütt, Plast) / flashless adj
**Grat•mulde** f (eine Vertiefung, die die Gratbahn umgibt) (Masch) / flash gutter, gutter n ‖ ˜**naht** f (eine Stumpfnaht) (Schw) / flash weld ‖ ˜**nut** f (Tischl, Zimm) / housing* n, dado n ‖ ~**nuten** v (nur Infinitiv oder Partizip) (Tischl, Zimm) / dado v ‖ ˜**säge** f (Tischl, Zimm) / grooving saw ‖ ˜**sparren** m (beim Walmdach) (Bau, Zimm) / angle rafter*, hip rafter*, angle ridge*, piend rafter* ‖ ˜**sparrendach** n (Bau) / hip-and-gable roof ‖ ˜**stein** m (gewölbter) (Bau) / bonnet tile*, bonnet hip, cone tile ‖ ˜**stein** (als Oberbegriff) (Bau) / hip tile* (angular, round and bonnet) ‖ ˜**stichbalken** m (Zimm) / dragon piece, dragon-beam*, dragging-beam* n ‖ ˜**ziegel** m (ein gewölbter Formstein zur Eindeckung der Grate) (Bau) / bonnet tile*, bonnet hip, cone tile ‖ ˜**ziegel** (Bau) / hip tile* (angular, round and bonnet)
**grau** adj (Foto, Phys) / grey* adj, gray adj (US) ‖ ~ (Körper oder Medien, die einen wesentlichen Teil, aber nicht alle der einfallenden Neutronen einer bestimmten Energie absorbieren) (Nukl) / grey adj, gray adj (US) ‖ ˜**er Absorber** (Nukl) / grey absorber ‖ ~**es Arsen** (monotrope Modifikation von Arsen) (Chem) / grey arsenic ‖ **erstarrendes Roheisen** (Hütt) / grey pig iron ‖ ~**e Oberfläche** (Glas) / short finish ‖ ~**es Roheisen** (Hütt) / grey pig iron ‖ ~**er Star durch Wärmestrahlung** (Med) / heat cataract ‖ ~**er Steuerstab** (Nukl) / grey rod ‖ ~ **streuender Körper** (Phys) / non-selective diffuser n ‖ ˜**e Wickelpappe** (z.B. Buchbinderpappe) (Pap) / millboard n ‖ ˜**e Ambra** (aus dem Pottwal) (Chem, Zool) / ambergris* n ‖ ˜**er Körper** (der die gleiche spektrale Energieverteilung hat wie ein Schwarzer Körper, jedoch eine niedrigere Intensität) (Phys) / grey body*, non-selective radiator, graybody n (US), grey-body source ‖ ˜**er Strahler** (DIN 5496 und 5031, T 8) (Phys) / grey body*, non-selective radiator, graybody n (US), grey-body source ‖ ˜**er Waldboden** (For) / greysem n
**Grau•anteil** m (Foto, Opt) / desaturation* n ‖ ˜**balance** f (die Differenzierung der drei Teildruckformen Gelb, Magenta und Zyan einer Farbreproduktion) (Druck) / grey balance ‖ ˜**beige** n, grège n, greige n ‖ ~**blank** adj (Hütt) / grey-bright adj ‖ ˜**erle** f (Alnus incana (L.) Moench) / grey alder n ‖ ˜**filter** n (das der Lichtschwächung dient) (Foto) / neutral-density filter*, neutral filter, non-selective filter ‖ ˜**flecken** m pl (ein Zahnschaden) (Masch) / micropitting n ‖ ~**gedruckter Bogen** (Typog) / friar* n ‖ ˜**gehalt** m (im LTF-farbmetrischen System) (Druck) / greyness n, grayness n (US) ‖ ˜**glas** n (Glas, Masch, Pharm) / neutral glass ‖ ˜**glut** f (etwa 400 ° C) (Hütt) / grey heat ‖ ˜**guß** m (GG) (Hütt) / grey iron*, grey cast iron ‖ ˜**gußasten** (Gieß) / grey-iron casting
**Grau-in-grau-Malerei** f (Anstr) / grisaille* n
**Grau•kalk** m (Kalziumazetat) / grey lime (acetate), vinegar salt (crude calcium acetate) ‖ ˜**kalk** (Bau) / dolomitic lime ‖ ˜**kalk** (Bau) / grey lime (crude calcium acetate), greystone lime ‖ ˜**keil** m (keilartiges Lichtfilter zur stetig einstellbaren Lichtabschwächung) (Opt, Phys) / neutral wedge filter*, grey wedge, wedge filter, grey-scale wedge, gray step wedge (US), tone wedge set, optical wedge ‖ ˜**keilfotometer** n (mit Graugläsern als Lichtschwächungselementen) (Licht) / wedge photometer* ‖ ˜**keilsensitometer** n (Foto) / grey-scale-wedge sensitometer ‖ ˜**keilsignal** n (TV) / staircase signal ‖ ˜**kern** m (fakultative Farbkernbildung, meistens bei Ahorn und rotkerniger Rotbuche oder Esche) (For) / grey heart ‖ ˜**leiter** f (Foto, Opt) / grey scale*, grey step scale ‖ ˜**pappe** f (Pap) / chip board*, grey board, newsboard n ‖ ˜**pappel** f (Populus canescens (Ait.) Sm.) (For) / grey poplar
**Graupeln** f pl (durchsichtig: Frostgraupeln, undurchsichtig: Reifgraupeln) (Meteor) / soft hail, graupel n, sleet n
**Grau•reihe** f (Foto, Opt) / grey scale*, grey step scale ‖ ˜**rinde** f (auf dem unteren Stammteil der Kiefer) (For) / grey (coarse) bark ‖ ˜**scheibe** f (TV) / black screen ‖ ˜**schleier** m (Foto) / fog* n ‖ ˜**schleier** (mit ˜**schleier** belichtetes Schwarzweißpapier) (Foto) / fogged adj ‖ ~**schwarz** adj / greyish-black adj ‖ ˜**skala** f (mit Graustufen gleichmäßiger Abstufung zur Beurteilung und Messung der Schwärzung fotografischer Schichten) (Foto, Opt) / grey scale, grey step scale ‖ ˜**skale** (Foto, Opt) / grey scale, grey step scale ‖ ˜**spießglanz** m (Min) / stibnite* n, antimonite* n, antimony glance ‖ ˜**strahler** m (Phys) / grey body*, non-selective radiator, graybody n (US), grey-body source ‖ ˜**strahlung** f (Phys) / grey-body radiation ‖ ˜**stufe** f (Foto) / grey level ‖ ˜**stufenbild** n (elektronische Bildverarbeitung) (EDV) / grey-level image ‖ ˜**stufenkeil** m (Opt) / neutral-density step wedge ‖ ˜**tanne** f (Abies concolor (Gord. et Glend.) Lindl. ex Hildebr.) (For) / white fir n ‖ ˜**ton** n / grey tone, shade of grey ‖ ˜**wacke** f (grauer bis graugrüner Sandstein) (Geol) / greywacke* n, graywacke* n ‖ ~**weiß** adj (schmuddelig) / off-white adj ‖ ˜**weiß** n (Anstr) / off-white n ‖ ˜**werden** n **des Gesichtsfeldes**

**Grauwert**
(eine Art Amaurose) (Luftf, Mil) / greyout n, grayout n (US) ‖ ⁓**wert** m (Foto, Typog) / tonal value ‖ ⁓**wertbild** n / shaded picture
**Gravieren** n (Druck) / engraving n ‖ ⁓ (Herstellen der Innenform einer Matrize) (Masch) / die sinking* ‖ **elektronisches** ⁓ (nach DIN 16544) (Druck) / electronic engraving*, electronic photoengraving
**Gravier•fräsmaschine** f (die auf der Grundlage eines in der Ebene oder im Raum beweglichen Pantografen arbeitet) (Masch) / pantograph milling machine, engraving milling machine ‖ **elektronische** ⁓**maschine** (für den Buchdruck: D Klischograph der Fa. Hell, GB Scan-a-Graver der Fa. Fairchild, Sw Elgrama der Elgrama AG, und F Luxographe) (Druck) / electronic photoengraving machine ‖ ⁓**schicht** f / scribing coating, scribe coating, scribecoat n
**Gravierung** f (Druck) / engraving n ‖ **elektronisch gesteuerte** ⁓ (nach DIN 16544) (Druck) / electronic engraving*, electronic photoengraving
**Gravimeter** n (zur Messung der Schwerebeschleunigung - DIN 18718) (Phys) / gravimeter n, gravity meter
**Gravimetrie** f (Chem) / gravimetric analysis* ‖ ⁓ (Phys) / gravimetry n
**gravimetrisch** adj (Chem) / gravimetric adj ‖ ~ (Phys) / gravimetric adj ‖ ~**e Anomalie** (im Schwerefeld) (Phys) / gravimetric anomaly ‖ ~**es Prospektieren** (Bergb, Geol, Min) / gravity prospecting (identifying and mapping the distribution of rock masses of different specific gravity by means of a gravity meter)
**Gravipause** f (Raumf) / gravipause* n, neutral point*
**Gravisphäre** f (Bereich in der Umgebung eines Himmelskörpers, in dem dessen Schwerefeld noch wirksam und deshalb meßbar ist) (Astr, Phys) / gravisphere n
**Gravitation** f (die durch das Gravitationsgesetz beherrschte Erscheinung der gegenseitigen Massenanziehung) (Phys) / gravitation* n
**Gravitations•-** (Phys) / gravitative adj ‖ ⁓**aberration** f (die relativistische Lichtablenkung) (Phys) / gravitational aberration ‖ ⁓**aberration** (Phys) / light deflection ‖ ⁓**beschleunigung** f (Phys) / acceleration due to gravity*, acceleration of free fall, acceleration of gravity, gravitational acceleration ‖ ⁓**differentiation** f (eine magmatische Differentiation) (Geol) / gravitational differentiation* ‖ ⁓**energie** f (Phys) / gravitational energy, gravitational potential energy ‖ ⁓**feld** n (Phys) / gravitational field* ‖ ⁓**feldgleichung** f (Phys) / gravitational-field equation ‖ **Newtonsches** ⁓**gesetz** (Phys) / law of universal gravitation, Newton's law of gravitation ‖ ⁓**gleitmasse** f (Geol) / olistostrome* n ‖ ⁓**gleitstruktur** f (Geol) / flap n, gravity-collapse structure ‖ ⁓**instabilität** f (Astr) / gravitational instability ‖ ⁓**kollaps** m (eines massereichen Sterns) (Astr) / gravitational collapse ‖ ⁓**konstante** f (Kurzzeichen f oder G = $6{,}6726 \cdot 10^{-11}$ m$^3 \cdot$s$^{-2} \cdot$kg$^{-1}$) (Phys) / gravitational constant, constant of gravitation ‖ ⁓**linse** f (Astr) / gravitational lens ‖ ⁓**quant** n (Kernphys) / graviton* n ‖ ⁓**radius** m (Phys) / Schwarzschild radius, gravitational radius ‖ ⁓**rotverschiebung** f (der Energieverlust der Strahlung beim Durchlaufen eines Gravitationsfeldes) (Phys) / redshift (Einstein), gravitational redshift ‖ ⁓**strahlung** f (Phys) / gravitational radiation ‖ ⁓**tektonik** f (Geol) / gravitation tectonics ‖ ⁓**wasser** n (Geol) / gravitational water, free water ‖ ⁓**wechselwirkung** f (etwa $10^{-39}$) (Kernphys) / gravitational interaction ‖ ⁓**wellen** f pl (sich wellenartig ausbreitende Gravitationsfelder) (Phys) / gravitational waves, gravity waves*

**gravitativ** adj (Phys) / gravitative adj ‖ ~**e Anziehung** (Phys) / gravitation* n ‖ ~**e Trennung** (Aufber) / gravity separation*, gravity concentration
**gravitieren** v (vermöge der Schwerkraft auf einen Punkt hinstreben) (Phys) / gravitate v
**Gravitino** n (in der supersymmetrischen Erweiterung der Quantenchromodynamik als Partner für das Graviton gefordertes hyothetisches Elementarteilchen mit dem Spin 3/2) (Kernphys) / gravitino n
**Graviton** n (das zum Gravitationsfeld korrespondierende Quant) (Kernphys) / graviton* n
**Gravur** f (Druck) / engraving n ‖ ⁓ (im Gesenk) (Masch) / cavity n
**Gravüre** f (eine auf fotomechanischem Wege erzeugte Tiefdruckform und ein mit dieser hergestellter Druck) (Druck) / gravure* n ‖ ⁓ (Druck) / engraving n
**Gravurschicht** f / scribing coating, scribe coating, scribecoat n
**Gravurverschleiß** m (Masch) / impression die wear, die cavity wear
**Graxe** f (Nahr) / graxe n, liver hides
**Gray** n (SI-Einheit der Energiedosis = J/kg - nach L.H. Gray, 1905-1965) (Radiol) / gray* n, Gy*
**Grayanotoxin** n (toxisches Diterpenoid aus Blättern von Ericaceae-Arten) (Chem) / grayanotoxin n
**Gray-King-Verfahren** n (Untersuchung des Kokungsvermögens) (Aufber) / Gray-King Test*
**Gray-Kode** m (Spezialfall des zyklisch-permutierten Kodes) (EDV) / Gray code

**Great-Northern-Schleifer** m (eine Art Magazinschleifer) (Pap) / Great-Northern grinder
**Gredag** n (Schmiermittel auf der Basis von Graphitsuspensionen) / gredag n
**Greenalith** m (Min) / greenalite* n
**Greene-Funktion** f (Phys) / Feynman propagator
**Green-Formel** f (Math) / Green's theorem*
**Greenheart** n (südamerikanische Holzsorte von dem Baum Ocotea rodiaei (Schomb.) Mez) (For) / greenheart* n, demerara n
**Greenockit** m (Kadmiumsulfid) (Min) / greenockite* n, cadmium blende
**Greenough-Mikroskop** n (Mikros) / Greenough (stereo)microscope, Greenough binocular microscope
**Greensch•e Funktion** (zur Lösung von gewöhnlichen oder partiellen Differentialgleichungen bei vorgegebenen Randwerten - nach G. Green, 1793-1841) (Math) / Green's function, source function ‖ ⁓**er Integralsatz** (Math) / Green's theorem*
**Greenwichzeit** f (mittlere Sonnenzeit für den Ortsmeridian von Greenwich) (Astr) / Greenwich Mean Time*, GMT*
**Grège** f (gehaspeltes Seidengarn) (Tex) / grège n
**Gregorianischer Kalender** / Gregorian calendar*
**Gregory-Newtonsche, zweite** ⁓ **Formel** (nach J. Gregory, 1638-1675) (Math) / Gregory-Newton forward formula, Newton's interpolation formula with forward differences, Gregory-Newton forward difference formula
**Gregorysche Reihe** (nach J. Gregory, 1638 - 1675) (Math) / Gregory series
**Greif•arm** m (des Parallelmanipulators) / grasping arm ‖ ⁓**bagger** m (ein Naßbagger) (HuT) / grab-dredger* n, grapple dredger*
**greifbar** adj (Korngröße) / palpable adj ‖ ~ (bei Berührung) / tangible adj
**Greifbereich** m (z.B. eines IR) (Masch) / grip area, grip region
**greifen** v / grip v ‖ ~ (schnell, ruckartig) / pluck v, pluck off v, snap v ‖ ~ (ein HHO durch reines Umschließen) / grasp v, grip v ‖ ~ (Kupplung) (Kfz) / take up v
**Greifer** m pl (des Druckzylinders) (Druck) / grippers* pl ‖ ⁓ m (des Transportmechanismus) (Film) / claw n, pin n ‖ ⁓ (am Greiferrad) (For, Landw) / strake n ‖ ⁓ (des Krans oder des Baggers) (Masch) / grab* n, grab-bucket* n ‖ ⁓ (Masch) / gripper n, grasping device, gripping device ‖ ⁓ (BE-Wechselmaschine) (Nukl) / grappler n ‖ ⁓ (Schlingenfänger bei der Nähmaschine) (Tex) / looper n ‖ ⁓ (Tex) / fabric feeder, feed dog ‖ ⁓**achse** f (eines Greifers bei den IR) (Masch) / gripper axis ‖ ⁓**antrieb** m (beim Filmtransport) (Film) / pin movement ‖ ⁓**antrieb** (Masch) / gripper drive ‖ ⁓**arm** m (Masch) / gripper arm ‖ ⁓**bereich** m (bei IR) (Masch) / working envelope, working profile ‖ ⁓**bewegung** f (Film) / pin movement ‖ ⁓**effektor** m (Masch) / gripper effector ‖ ⁓**element** n (Masch) / grab* n, grab-bucket* n ‖ ⁓**exzenter** m (Druck) / gripper cam ‖ ⁓**finger** m (bei den IR) (Masch) / gripper finger ‖ ⁓**finger** (bei Nähmaschinen) (Tex) / hook finger ‖ ⁓**hand** f (bei den IR) (Masch) / gripper hand ‖ ⁓**hubwerk** n (Masch) / grab hoist ‖ ⁓**kante** f (Druck) / gripper edge* ‖ ⁓**kette** f (ein Antischlupfzubehör) (Kfz) / cleated tyre chain ‖ ⁓**kran** m (HuT) / grabbing crane* ‖ ⁓**kübel** m (Masch) / grab-bucket n ‖ ⁓**mechanismus** m (der Kamera) (Film) / claw mechanism ‖ ⁓**öffnen** n (bei den IR) (Masch) / gripper opening ‖ ⁓**peripherie** f (bei Robotern) / periphery of gripper ‖ ⁓**rad** n (eines Traktors) (For, Landw) / strake wheel ‖ ⁓**rand** m (Druck) / gripper edge* ‖ ⁓**ring** n (am Külbel) (Glas) / transfer ring ‖ ⁓**rohr** n (Web) / gripper bar ‖ ⁓**schließen** n (bei den IR) (Masch) / gripper closure, gripper closing ‖ ⁓**schubbewegung** f (eines Robotergreifers) / gripper sliding movement ‖ ⁓**schützen** m (Schußfadenzugkörper, z.B. bei Sulzer-Webmaschinen) (Web) / carrier n (of a rapier loom), dummy shuttle, gripper shuttle* ‖ ⁓**schützenautomat** m (Web) / gripper loom, rapier loom, rapier-type loom, rapier weaving machine ‖ ⁓**schützenwebmaschine** f (Web) / gripper-shuttle loom, projectile weaving machine ‖ ⁓**stange** f (Zugelement an Webmaschinen) (Web) / gripper bar ‖ ⁓**verschluß** m (bei den IR) (Masch) / gripper closure, gripper closing ‖ ⁓**vorschub** m (bei den IR) (Masch) / gripper travel ‖ ⁓**webmaschine** f (wenn von zwei Seiten, dann SACM, Dornier) (Web) / gripper loom, rapier loom, rapier-type loom, rapier weaving machine ‖ ⁓**werkzeug** n (Werkz) / gripper tool ‖ ⁓**winde** f (Masch) / grab winch ‖ ⁓**zähne** m pl / claws* pl, tines pl
**Greif•hand** f (EDV) / grabber n, grabber hand ‖ ⁓**hilfe** f (Masch) / grip aid ‖ ⁓**kraft** f (eines IR) (Masch) / grip force, grip power ‖ ⁓**organ** n (Masch) / grip organ ‖ ⁓**vorrichtung** f (Masch) / gripper n, grasping device, gripping device ‖ ⁓**vorrichtung** (BE-Wechselmaschine) (Nukl) / grappler n ‖ ⁓**winkel** m (Hütt) / angle of nip*, angle of contact, nip angle, angle of bite* ‖ ⁓**zirkel** m (Masch) / callipers* pl, calliper n, calipers* pl, calliper compasses
**Greim-Bauweise** f (die Verbindung von Fachwerkstäben mit Knotenblechen) (Zimm) / Greim-type construction ‖ ⁓ (Zimm) s. auch Gang-Nail-System

**Greinacher-Schaltung** f (eine Gleichrichterschaltung zur Spannungsverdopplung mit zwei Gleichrichterventilen und zwei Kondensatoren in Brückenschaltung - nach H. Greinacher, 1880-1974) (Eltech) / Greinacher circuit, Delon rectifier, Latour circuit
**Greisen** m (ein umgewandeltes granitisches Gestein) (Geol) / greisen* n
**Greisenalter** n (geomorphologisch) (Geol) / old age*
**Greisenbildung** f (Geol) / greisenization* n, greisening* n
**Greisenformen, topografische** ~ (am Ende eines Erosionszyklus) (Geol) / senile topography
**grell** adj (Licht) / keen adj, harsh adj ‖ ~ / glaring adj, gaudy adj, loud adj, garish adj, brash adj ‖ ~ (Ton) (Akus) / shrill adj, strident adj, piercing adj, ear-piercing adj
**Grellingsche Antinomie** (nach K. Grelling, 1886 - 1942) (KI, Math) / Grelling's paradox
**grellrosa** adj / shocking pink
**grellrot** adj / garish red, bright red
**Gremium** n (z.B. Aufsichtsrat) / body n
**Grenadillholz** n (For) / African blackwood, granadilla wood, granadilla wood, green ebony, Mozambique ebony
**Grenadine** f (Kreppgarn aus Natur- und Chemieseidenfäden) (Tex) / grenadine n, grenadine yarn ‖ ~ (taftbindiges Gewebe für Kleider und Blusen) (Tex) / grenadine n
**Grenco-Kocher** m (eine kontinuierliche Dämpfanlage zur Vorwärmung von Hackschnitzeln) (For) / Grenco digester
**Grendel** m (Landw) / plough beam n, beam n, leg n, standard n (US)
**Grendelriegel** n (Bau, Tischl) / barrel bolt*
**Grenz•abstand** m (kürzeste Entfernung zwischen Gebäuden und Grundstücksgrenze) (Bau) / setback n (US) ‖ **~beanspruchung** f (Mech, WP) / limit stress ‖ **~belastung** f (Masch) / limit load ‖ **~bereich** m / boundary region ‖ **~bereich** (wenn die Haftgrenze der Reifen beim Kurvenfahren fast erreicht ist) (Kfz) / limits of grip, cornering limit, transient cornering, handling limits ‖ **~dextrin** n (Chem) / limit dextrin ‖ **~dichte** f (Chem) / limiting density* ‖ **~differenz** f (Stats) / least significance difference, LSD, 5%-level n ‖ **~drehzahl** f (z.B. bei Lagern) (Masch) / limiting speed
**Grenze** f (Staatsgrenze) / frontier n, border n ‖ ~ / boundary n, margin n ‖ ~ s. auch Beschränkung und Schranke ‖ **eine gemeinsame ~ habend** / adjacent adj, conterminous adj, coterminous adj, adjoining adj, neighbouring adj, contiguous adj ‖ **logische ~** (Fernm) / logical boundary ‖ **obere ~** (Math) / greatest upper bound, supremum n (pl. -s or suprema), g.u.b. ‖ **obere ~** (Math) / least upper bound, supremum n (pl. suprema or supremums) ‖ **untere ~** (Math) / greatest lower bound, infimum n (pl. infima or infimums), g.l.b. ‖ **~n** f pl **des Hörbereichs** (Akus) / limits of audition
**Grenzeinflugzeichen** n (beim Instrumentenlandesystem) (Luftf) / inner marker (beacon*)
**grenzen** v (an) / border v (on)
**Grenz•energie** f (bei Mischdioden) (Eltronik) / burnout energy ‖ **Fermische ~energie** (am absoluten Nullpunkt) (Kernphys) / Fermi energy, EF ‖ **~ertragboden** m (Landw) / marginal soil ‖ **~erwärmung** f (Eltech) / heating limit*, thermal limit* ‖ **~fall** m / borderline case, threshold case, limiting case ‖ **~festigkeit** f nach Mohr (Mech) / Mohr's limit strength
**Grenzfläche** f (ohne Grenzflächendiffusion) / interface* n ‖ ~ (DIN 13 310) (Chem, Phys) / interface n ‖ ~ (Chem, Phys) s. auch Oberfläche ‖ **~ der Stationarität** (bei der Kerr-Lösung) (Phys) / stationary limit, static limit ‖ **~ fest-fest** / solid-solid interface ‖ **~ fest-flüssig** (Phys) / solid-liquid interface ‖ **~** f **Festkörper-Festkörper** (Phys) / solid-solid interface ‖ **~ Festkörper-Flüssigkeit** (Phys) / solid-liquid interface ‖ **~ flüssig-fest** (Phys) / liquid-solid interface ‖ **~ flüssig-flüssig** (Phys) / dineric interface, liquid-liquid interface ‖ **~** f **Flüssigkeit-Festkörper** (Phys) / liquid-solid interface ‖ **~ Flüssigkeit-Flüssigkeit** (Phys) / dineric interface, liquid-liquid interface
**grenzflächen•aktiv** adj (Chem, Phys) / surface-active adj ‖ **~aktiver Stoff** (DIN 53908) (Chem, Phys) / surface-active agent, surfactant* n, surface-active detergent, tenside n, surface-tension depressant ‖ **~aktivität** f (Chem, Phys) / surface activity* ‖ **~bindung** f (Phys) / interfacial bonding, interfacial adhesion ‖ **~energie** f (in J/m²) (Phys) / interfacial energy, interface energy ‖ **spezifische freie ~enthalpie** (Phys) / interfacial surface tension*, interfacial tension, interfacial force, interfacial potential, Galvani potential ‖ **~film** m (Aufber) / interfacial film* ‖ **~haftung** f (bei einer Klebeverbindung) / interfacial bonding, interfacial adhesion ‖ **~klima** n (Meteor, Umwelt) / microclimate* n ‖ **~polykondensation** f (Chem) / interfacial polycondensation ‖ **~spannung** f (Phys) / interfacial surface tension*, interfacial tension, interfacial force, interfacial potential, Galvani potential ‖ **~spannung** (Phys) s. auch Oberflächenspannung ‖ **Herabsetzen der ~spannung durch ein Netzmittel** (um das Eindringen von Flüssigkeiten zu erleichtern) (Chem) / introfaction n

‖ **~spannung zwischen zwei Flüssigkeiten ist gleich der Differenz der Grenzflächenspannungen der beiden Flüssigkeiten gegen Luft** (Phys) / Antonoff's rule* ‖ **~welle** f (Bergb, Geol) / head wave ‖ **~wellen** f pl (Phys) / interfacial waves, waves at interfaces
**Grenz•flachlehre** f (Masch) / flat internal limit gauge ‖ **~formänderung** f (maximal erreichbare Formänderung) (Mech, WP) / forming limit ‖ **~formänderungskurve** f (zur Kennzeichnung der Kaltumformbarkeit von Flachzeug) (Hütt) / forming-limit curve, FLC ‖ **~frequenz** f (bei Transistoren) (Eltronik) / cut-off frequency ‖ **~frequenz** (im allgemeinen) (Fernm) / cut-off frequency*, limiting frequency, edge frequency ‖ **~frequenz** (in der Kurzwellenübertragung) (Radio) / maximum usable frequency*, MUF* ‖ **~frequenz** (in der Hohlleitertechnik) (Radio) / critical frequency* ‖ **~frequenz** (in der Ionosphäre) (Radio) / penetration frequency, critical frequency ‖ **untere ~frequenz** (Elektr, Kernphys) / threshold frequency ‖ **~gebiet** n (in dem kein guter Empfang gewährleistet ist) (Radio, TV) / fringe area* ‖ **~geschwindigkeit** f (Luftf) / limiting velocity* ‖ **~geschwindigkeit** (Schiff) / limit speed, limiting speed ‖ **~geschwindigkeit** (Wasserb) / critical velocity ‖ **Debye-Hückelsches ~gesetz** (Chem) / Debye-Hückel limiting law ‖ **~konzentration** f (Chem) / limiting concentration ‖ **toxische ~konzentration** (Umwelt) / toxic limit concentration ‖ **~kupplung** f (eine Sicherheitskupplung) (Masch) / slip friction clutch ‖ **~last** f / maximum load ‖ **~last** (Bau) / plastic limit load ‖ **zulässige ~last** (HuT, Mech) / safe load*, allowable load ‖ **~last** f **für funkenfreie Kommutierung** (Eltech) / sparking limit* ‖ **~lastspielzahl** f (beim Dauerschwingversuch) (WP) / fatigue life ‖ **~lastsystem** n (Masch, Mech) / load-sensing system ‖ **~lehrdorn** m (mit Gut- und Ausschußseite) (Masch) / plug limit gauge*, cylindrical plug gauge ‖ **~lehre** f (ein Meßwerkzeug mit Gut- und Ausschußseite) (Masch) / limit gauge* ‖ **~leitfähigkeit** f (Chem) / limiting conductivity* ‖ **~linie** f / boundary line ‖ **~linie** (For) / pencil line, pencilling n ‖ **~löslichkeit** f (Chem, Phys) / terminal solubility ‖ **~-Machzahl** f (Luftf) / limiting Mach number ‖ **~maß** n (entweder Größt- oder Kleinstmaß) (Masch) / limiting size, limit size, limit dimension, limit n ‖ **~mauer** f (Bau) / boundary wall ‖ **~neigung** f (Bahn) / ruling gradient*, limiting gradient* ‖ **~nutzen** m (in der Volkswirtschaftslehre) / marginal benefit (the additional benefit arising from a unit increase in a particular activity) ‖ **~nutzungsdauer** f (eines Systems in der Zuverlässigkeitstheorie - bis zum Schadenseintritt) / useful lifetime, maximum durability (as unit of time) ‖ **~orbital** n (Chem) / frontier orbital ‖ **~orbitalkonzept** n (Chem) / Homo Lumo method ‖ **~orbitaltheorie** f (nach Kenichi Fukui und R. Hoffmann) (Chem) / frontier-orbital theory ‖ **unterer ~pegel** f / threshold level ‖ **~pfeiler** m (Bergb) / barrier pillar* ‖ **~plankostenrechnung** f (weiterentwickelte Plankostenrechnung) / direct costing, variable costing, marginal costing (GB) ‖ **~potential** n (kritisches Elektrodenpotential) (Eltech) / threshold (electrode) potential ‖ **~produktivität** f (F.Org) / marginal productivity ‖ **~punkte** m pl (Math) / characteristic points* ‖ **~rachenlehre** f (Masch) / calliper gauge ‖ **~register** n (das die höchste bzw. die niedrigste zugelassene Adresse speichert) (EDV) / limit register ‖ **~reibung** f (ein Sonderfall der Festkörperreibung) (Phys) / boundary friction ‖ **~risiko** n / borderline risk
**Grenzschicht** f (Phys) / boundary layer*, friction layer ‖ **atmosphärische ~** (die unterste Schicht im Aufbau der Atmosphäre, in der aufgrund der Rauhigkeit der Erdoberfläche und der daraus resultierenden Reibung eine ungeordnete turbulente Strömung vorherrscht) (Meteor) / friction layer*, planetary boundary layer*, PBL, surface boundary layer ‖ **bodennahe ~** (die unterste, der laminaren Bodenschicht aufliegende Schicht der atmosphärischen Grenzschicht von einigen Dekametern Mächtigkeit) (Meteor) / surface boundary layer* ‖ **laminare ~** (Luftf) / laminar boundary layer ‖ **planetarische ~** (Meteor) / friction layer*, planetary boundary layer*, PBL, surface boundary layer ‖ **turbulente ~** (Luftf) / turbulent boundary layer ‖ **urbane ~** (Meteor) / urban boundary layer ‖ **~ablösung** f (der Strömung) (Phys) / boundary-layer separation, burble n ‖ **~ablösungspunkt** m (Phys) / burble point, burble angle ‖ **~absaugung** f (Luftf) / boundary-layer suction ‖ **~anblasung** f (Luftf) / boundary-layer blowing ‖ **~anfachung** f (Luftf) / boundary-layer excitation ‖ **~ausblasung** f (Luftf) / boundary-layer blowing ‖ **~beeinflussung** f (Luftf) / boundary-layer control*, BLC ‖ **~defekt** m (Eltronik, Phys) / interface defect ‖ **~dicke** f / thickness of a boundary layer ‖ **~physik** f (Phys) / interface physics ‖ **~potential** f (Eltronik, Phys) / interface potential ‖ **~steuerung** f (Luftf) / boundary-layer control*, BLC ‖ **~strahlstrom** m (Meteor) / low-level jet stream* ‖ **~strömung** f (Phys) / boundary-layer flow ‖ **~theorie** f (Phys) / boundary-layer theory, film theory ‖ **~zaun** m (der das Abwandern der Grenzschicht nach den Flügelspitzen verhindert) (Luftf) / wing fence*, boundary-layer fence*, stall fence

**Grenz•schlankheit** f (bei Knicklastberechnungen) / limit slenderness ‖ ~**schmierung** f (Masch, Phys) / boundary lubrication*, borderline lubrication ‖ ~**signalgeber** m (Fernm) / limiting-signal transmitter (indicator) ‖ ~**spannung** f (mechanische) (Mech) / limiting stress, threshold stress, ultimate stress ‖ ~**strahl** m (der tangential zu einer horizontalen Ebene verläuft, in der die Schallgeschwindigkeit maximal ist - DIN 1320) (Akus) / limiting ray ‖ ~**strahlen** m pl (sehr weiche Röntgenstrahlen mit Fotonenenergien von 15 kV oder weniger) (Radiol) / grenz rays* ‖ ~**strahlenröhre** f (Röntgenröhre für strahlentherapeutische Anwendung) (Radiol) / grenz tube ‖ ~**strom** m (Elektrochemie) (Chem) / diffusion current* ‖ ~**struktur** f (mit lokalisierten Valenzstrichen darstellbare Molekülstruktur) (Chem) / limiting structure, canonical structure ‖ **mesomere** ~**struktur** (Spektr) / resonance structure ‖ ~**tiefe** f (bei der Strömung) (Hyd) / critical depth ‖ ~**tiefziehverhältnis** n (maximal mögliches Verhältnis von Rondendurchmesser zum Stempeldurchmesser beim Tiefziehen ohne Entstehung von fehlerhaften Werkstücken) (Hütt) / limiting drawing ratio

**grenzüberschreitend•er Datenfluß** (EDV) / transborder data flow, transnational data flow ‖ ~**er Güterkraftverkehr** (Kfz) / international carriage of goods by road ‖ ~**es Leasing** / cross-border lease ‖ ~**er Verkehr** / border-crossing traffic ‖ ~**er Warenverkehr** / movement of goods across the frontier

**Grenz•übertemperatur** f (Eltech) / heating limit*, thermal limit* ‖ ~**vergrößerung** f / ultimate magnification ‖ ~**viskositätszahl** f (Phys) / intrinsic viscosity, Staudinger index, intrinsic viscosity number, limiting viscosity number, L.V.N. ‖ ~**wand** f (Bau) / boundary wall ‖ ~**wellen** f pl (für den Nahfunkverkehr) (Radio) / intermediate waves* ‖ ~**wellenlänge** f (nach oben) (Phys) / maximum wavelength ‖ ~**wellenlänge** (nach unten) (Phys) / minimum wavelength*

**Grenzwert** m (DIN 1302 und 40200) (Math) / limit value, limiting value ‖ ~ (Wirkungsschwelle) (Med) / threshold limit value, TLV ‖ ~ (Math) s. auch Limes ‖ **linksseitiger** ~ (Math) / limit on the left, left-hand limit ‖ **rechtsseitiger** ~ (Math) / limit on the right, right-hand limit ‖ **zeitlicher mittlerer** ~ (Stats) / time-weighted average, TWA ‖ ~ **der Filtrierbarkeit** (ein Qualitätsmerkmal bei Dieselkraftstoffen) (Kftst) / cold-filter plugging point, CFPP ‖ ~**e** m pl **der Jahresaktivitätszufuhr** (Radiol) / annual limit of intake, ALI ‖ ~ m **des detektierbaren Signals** (Fernm) / background limited performance, BLIP ‖ ~ **des Neigungsverhältnisses** (Bahn) / maximum gradient ‖ ~**kontakt** m (Regeln) / limit contact ‖ ~**melder** m (zum Melden von Über- und/oder Unterschreitungen eingestellter Grenzwerte des Signals) (Fernm) / limiting-signal transmitter (indicator) ‖ ~**prüfung** f / marginal check, MC, marginal test, marginal testing* ‖ ~**regelung** f (Regeln) / adaptive control constraint, ACC ‖ ~**satz** m (Math) / limit theorem ‖ **zentraler** ~**satz** (ein Hauptresultat der Wahrscheinlichkeitstheorie) (Stats) / central limit theorem ‖ ~**satz** m **von Poisson** (Stats) / limit theorem of Poisson, law of small numbers ‖ ~**schalter** m (binärer Schalter, der beim Überschreiten von Endlagen betätigt wird) (Eltech) / limit switch*, end switch ‖ ~**überwachung** f / limiting-value monitoring

**Grenz•winkel** m (bei Walzen) (Hütt, WP) / neutral angle ‖ ~**winkel** (der Reibung) (Masch) / angle of friction* (between solid bodies) ‖ ~**winkel** (der Totalreflexion) (Opt) / critical angle* ‖ ~**winkel** (bei der Reflexion der Raumwelle in der Ionosphäre) (Radio) / critical angle* ‖ ~**winkelrefraktometer** n (nach dem Prinzip der Messung des Grenzwinkels der Totalreflexion) (Opt) / limiting-angle refractometer ‖ **versenkter** ~**zaun** (der nicht die Aussicht stört) (Bau) / ha-ha* n, sunk fence* ‖ ~**zustand** m (Mech) / limit state

**Grex-Gewichtsnumerierungssystem** n (der Garnnumerierung) (Tex) / grex system

**GRh** (Fernsp) / suite n

**Grid-Control** n (EDV) / grid control (displays information in a series of rows and columns, including the special rows and columns that display row and column headings)

**Griddipper** m (ein Resonanzmeßgerät) (Eltech) / grid dip meter*

**Gridistor** m (ein Feldeffekttransistor) (Eltronik) / gridistor n

**Gridsystem** n (ein Beleuchtungssystem mit Gitterzwischendecke) (Film, TV) / grid system

**Gridwalze** f (im Ober- in der Straßenbau) (HuT) / grid roller

**griechisch•es Alphabet** (Typog) / Greek alphabet ‖ ~**e Bindung** (Tex) / Grecian honeycomb, Grecian weave comb ‖ ~**er Buchstabe** (Typog) / Greek letter ‖ ~**es Wellenband** (Arch) / running dog, Vitruvian scroll ‖ ~**es Feuer** (Beleuchtungsvorrichtung; pyrotechnisches Knallpulver oder pyrotechnisches Weißfeuer) / Greek fire ‖ ~**e Strobe** (For) / Macedonian pine, Balkan pine

**Griechisch-Heu-Samen** m pl (Nahr, Pharm) / fenugreek n (seeds)

**griechisch-lateinisches Quadrat** (in der Varianzanalyse) (Math, Stats) / Graeco-Latin square, Greco-Latin square (US), Euler's square

**Grieß** m / very coarse sand, coarse sand ‖ ~ (meistens Weizengrieß) (Nahr) / semolina n, farina* n (US) ‖ ~ (TV) / snow* n ‖ ~**erz** n (Aufber) / small ore

**grießig** adj (Schüttgut) / fine-grained adj, small-grained adj ‖ ~ (Geol) / gravelly adj

**Grieß•pocken** f pl (Keram) / pimples pl, bloating n, blebs pl (blisters or bubble defects on the surface of pottery) ‖ ~**probe** f (Glas) / powder test ‖ ~**-Reagens** n (nach P. Grieß - Sulfanilsäure + 1-Naphthylamin, bei der Grieß-Ilosvay-Reaktion) (Chem) / Griess reagent

**Griff** m / ear n, handle n ‖ ~ (des Schlüssels) (Bau) / bow n ‖ ~ (F.Org) / grip n ‖ ~ (Masch) / grip n, grab handle ‖ ~ (des Papiers bei mechanisch-technologischen Prüfungen) (Pap) / feel n ‖ ~ (Tex) / feel* n, handle* n, touch n ‖ ~ (meistens Ballengriff) (Werkz) / helve* n, haft* n, handle n ‖ **[abgerundeter]** ~ (Masch) / knob n ‖ **abnehmbarer** ~ (Masch) / removable handle ‖ **brettiger** ~ (Tex) / boardy feel ‖ **brettiger** ~ (Tex) ‖ **fettiger** ~ (Tex) / fatty handle ‖ **fülliger** ~ (Tex) / full feel* ‖ **harter** ~ (Tex) / hard handle, hard feel ‖ **kerniger** ~ (Tex) / clothiness n ‖ **lebendiger** ~ (Leder) / natural handle ‖ **milder** ~ (Leder) / mellow handle ‖ **quellender** ~ (Tex) / springy hand ‖ **seifiger** ~ (Tex) / soapy handle ‖ **sprungelastischer** ~ (Tex) / springy hand ‖ **verstärkter** ~ (der Axtholms) / fawn foot ‖ **warmer und voller** ~ (Tex) / luxurious handle ‖ **weicher** ~ (Tex) / soft handle, soft feel ‖ ~ m **auf das laufende Band** (bei Industrierobotern) / conveyor picking ‖ ~ **für Feilen** (Werkz) / file handle ‖ ~ **in die Kiste** (bei Industrierobotern) / bin picking ‖ ~ **und Klang** (Pap) / handle n

**Griff•appretur** f (Tex) / stiffening n ‖ ~**beeinflussung** f (mit dem Griffvariator) (Leder, Tex) / handle modification ‖ ~**bereich** m / reach n, range of reach ‖ ~**elung** f (Geol) / pencil cleavage

**griffest** adj / resistant to touch

**griffgebende Appretur** (Tex) / stiffening n

**griffgünstig** adj / easy-to-grip attr, handy adj, wieldy adj, easy-grip attr, affording a firm grip, gripping well

**griffig** adj / easy-to-grip attr, handy adj, wieldy adj, easy-grip attr, affording a firm grip, gripping well ‖ ~ (Schleifscheibe) / sharp adj ‖ ~ (Mehl) (Nahr) / granular adj ‖ ~ **machen** (den Anstrichgrund) (Anstr) / tooth v ‖ ~ **machen** (Bau) / devil v, scratch v, hack v, stab v, pick v, stug v

**Griffigkeit** f (der Fahrbahn) (HuT, Kfz) / skid-resisting properties, non-skid properties ‖ ~ (der Schleifscheibe) (Masch) / sharpness n

**Griffin-Mühle** f (eine Pendelrollenmühle) (Aufber) / Griffin mill*

**Griffin-Skale** f (für das HLB-System) / Griffin scale

**Griffith-Riß** m (kleiner, lichtmikroskopisch nicht sichtbarer Riß in der Griffithschen Bruchtheorie) (Glas, WP) / Griffith crack

**Griff•kreuz** n (Masch) / star wheel, spider n, star handle, cross handle, palm grip ‖ ~**lochziegel** (Bau, Keram) / brick with a grip-slot ‖ ~**mittel** n (Leder, Tex) / handle modifier ‖ ~**mittel** (Tex) / handle-modifying agent ‖ ~**nocke** f (des Reißverschlusses) (Tex) / cam n ‖ ~**rand** n (bei zylindrischen Fässern) / top chime ‖ ~**register** n (Buchb) / thumb-index n ‖ ~**sicher** adj / easy-to-grip attr, handy adj, wieldy adj, easy-grip attr, affording a firm grip, gripping well ‖ ~**stativ** n (Foto) / grip tripod ‖ ~**stern** m (Masch) / star wheel, spider n, star handle, cross handle, palm grip ‖ ~**stück** n (des Brenners) (Schw) / handle n ‖ ~**variator** m (Leder, Tex) / handle modifier

**Grignardierung** f (Chem) / grignardization n

**Grignard-Reaktion** f (Addition von Grignard-Verbindungen an Aldehyde oder Ketone) (Chem) / Grignard reaction

**Grignards Reagens** n (nach F.A.V. Grignard, 1871-1935) (Chem) / Grignard reagent*, Grignard n

**Grignard-Verbindung** f (nach F.A.V. Grignard, 1871-1935) (Chem) / Grignard reagent*, Grignard n

**Grill** m (Kfz) / radiator grille, grille n

**Grimmlot** n (nicht genormtes Zinn-Weichlot mit 25% Pb und 20% Zn zum Fügen von Aluminium und seinen Legierungen mit maximal 2% Magnesium) / Grimm solder

**Grimmscher Hydridverschiebungssatz** (nach H.G. Grimm, 1887 - 1958) (Chem) / Grimm's hydride displacement law

**Grimm-Sommerfeldsche Phase** (eine Gruppe der intermetallischen und halbleitenden Verbindungen) (Chem, Hütt) / Grimm-Sommerfeld phase

**Grindel** m (des Pflugs) (Landw) / plough beam n, beam n, leg n, standard n (US)

**Grindometer** n (zur Bestimmung der Pigmentpartikelgröße bei Druckfarben - DIN EN 21524) (Anstr) / grindometer n

**Grinsen** n (an Dessinrändern beim Stoffdruck) (Tex) / inaccuracy of repeat, grinning n

**Grip** m (Kfz) / road-holding n, wheel grip, grip n, road adhesion, road adherence

**Grip-Profil** n (der Reifen für geländegängige LKWs) (Kfz) / grip tread

**Gripzange** f (Werkz) / locking pliers, self-grip pliers, grip wrench, vise grip pliers (US), vise grips (US)

**Grisaille** f (Malerei in grauen Farben) (Anstr) / grisaille* n

**Griseofulvin** n (ein altes Antimykotikum) (Pharm) / griseofulvin* n, curling factor

**Grit** *m* (Grobsand; aus eckigen Sandkörnern bestehender Sandstein; Sandstein, dessen Bestandteile sich durch deutlich sichtbare Korngrößenunterschiede auszeichnen) (Geol) / grit* *n*
**Grivation** *f* (Luftf, Nav) / grivation *n*, grid variation
**grob** *adj* (Werkstoff) / rough *adj* ‖ ~ (Mahlen, Brechen, Sieb) / coarse *adj* ‖ ~ (Masch) / black* *adj* ‖ ~**e Anreicherung** (des Fördererzes - z.B. durch Klassieren) (Aufber) / ragging* *n* ‖ ~**e Armatur** (des Kessels) (Masch) / appurtenances *pl*, mountings *pl*, trim *n*, boiler mountings ‖ ~ **bearbeiten** (Masch) / rough *v* ‖ ~ **bearbeiten** (mit der Maschine) (Masch) / rough-machine *v* ‖ ~**e, extralange Wolle** (Tex) / strong wool ‖ ~**es Gazegewebe** (Tex) / sponge cloth* ‖ ~**es Kettgarn** (Web) / coarse end, coarse thread, heavy end ‖ ~**es Korn** / coarse grain ‖ ~**e Leinenware** (Tex) / crash *n* ‖ ~**es** (griffiges) **Mehl** (besonders Roggenmehl) (Nahr) / meal *n* ‖ ~ **Sackleinwand** (Tex) / hopsack *n*, hopsacking *n* ‖ ~ **schätzen** / guesstimate *v*, guestimate *v* ‖ ~**e Schraube** (Masch) / black bolt, unfinished bolt ‖ ~**e See** (ein Seezustand) (Schiff) / rather rough sea ‖ ~**es Steinpflaster** (HuT) / pitching *n* ‖ ~**er Zuschlag** (HuT) / coarse aggregate*
**Grob·abstimmung** *f* (konkretes Ergebnis) (Radio) / flat tuning* ‖ ~**magnetische** ~**abstimmung** (Radio) / spade tuning* ‖ ~**ätzung** *f* / macroetching *n* ‖ ~**behauener Stein** (Bau) / rough ashlar* ‖ ~**blasige Belüftung** (Sanitär) / large-bubble aeration ‖ ~**blech** *n* (mit einer Dicke über 4,75 mm) (Hütt) / (steel) plate* *n* ‖ ~**blechbearbeitungsmaschine** *f* (Hütt) / plate-working machine ‖ ~**boden** *m* (HuT, Landw) / soil skeleton, coarse fragments (of the soil) ‖ ~**borke** *f* (For) / coarse bark ‖ ~**brechen** *n* (Aufber) / primary crushing*, preliminary crushing, primary breaking, prebreaking *n*, scalping ‖ ~**brecher** *m* (bis auf Korngröße von etwa 80 mm) (Aufber) / primary crusher, sledger* *n*, scalper *n*, coarse crusher, primary breaker, prebreaker *n* ‖ ~**coarsely dispersed, coarse-disperse** *adj* ‖ ~**disperses Wasser** (Erdöl) / free water ‖ ~**drahtvorziehen** *n* (Hütt) / thick ripping, ripping *n* ‖ ~**drahtziehen** *n* (Hütt) / preliminary drawing, predrawing *n*, breakdown drawing, pulling *n* ‖ ~**egge** *f* (meistens mit Vierkantzinken) (Landw) / tilling harrow ‖ ~**einstellung** *f* (im allgemeinen) (Instr) / coarse adjustment
**Grobes** *n* (Aufber) / sands* *pl*
**grob·fädig** *adj* / coarse-threaded *adj* ‖ ~**feile** *f* (Masch, Werkz) / rough-cut file, coarse-cut file ‖ ~**gängig** *adj* (Gewinde) (Masch) / coarse-thread *attr*, coarsely-threaded *adj* ‖ ~**garnspinnen** *n* (Spinn) / coarse spinning ‖ ~**gefüge** *n* (Geol, Hütt) / macrostructure* ‖ ~**gerastert** *adj* (Druck, Foto) / coarse-screen *attr* ‖ ~**geschätzte Zahlen** (über den Daumen gepeilte) / ballpark figures ‖ ~**getreide** *n* (Landw) / coarse grains ‖ ~**gezimmert** *adj* (Stuhl, Bank) / rustic *adj* ‖ ~**gut** (aus gebrochenem Erz) (Aufber) / sands* *pl* ‖ ~**gut** (bei der Siebanalyse) (Masch) / oversize *n*, overflow *n*, overs *pl*, plus mesh, plus sieve ‖ ~**hechelstrecke** *f* (Spinn) / slubbing box (card) ‖ ~**hohlziegel** *m* (Bau) / hollow brick ‖ ~**jähriges Holz** (For) / wide-ringed timber, coarse-ringed timber, coarse-grained wood, side-ringed wood ‖ ~**justierung** *f* (Instr) / coarse adjustment ‖ ~**keramik** *f* (Keram) / heavy clay ceramics ‖ ~**klärbecken** *n* (Sanitär) / roughing tank ‖ ~**koks** *m* / lump coke ‖ ~**korn** *n* / coarse grain ‖ ~**korn** (Hütt) / open grain ‖ ~**körnglühen** *n* (DIN 17 014, T 1) (Hütt) / coarse-grain annealing
**grobkörnig** *adj* / coarse-grained *adj* ‖ ~**es Ganggestein** (ein Tiefengestein) (Geol) / plutonite* *n* ‖ ~**er** (dunkelgrauer) **Sandstein** (Bau, Geol) / ragstone* *n*, rag *n* ‖ ~**er Sandstein** (Geol) / grit *n*, gritstone *n* ‖ ~**er Zuschlag** (HuT) / coarse aggregate*
**Grob·krempel** *f* (DIN 64100) (Spinn) / scribbler *n*, scribbler card ‖ ~**krempeln** *v* (nur Infinitiv und Partizip) (Spinn) / scribble *v*
**grobkristallin** *adj* / coarse-crystalline *adj*, coarsely cristalline ‖ ~ (Min) / phanerocrystalline* *adj*, phaneritic *adj*, coarse-grained *adj* ‖ ~**er Kalkstein** (Geol) / sparry limestone
**Grob·leinen** *n* (Tex) / crash *n* ‖ ~**narbig** (Leder) / coarse-grained *adj*, rough-grained ‖ ~**planung** *f* (F.Org) / coarse-cut planning, rough planning ‖ ~**polieren** *n* (Glas) / rough polishing ‖ ~**pore** *f* ($\geq 20\,\mu m$) / coarse pore *n* ‖ ~**pore** s. auch Makropore ‖ ~**porig** *adj* / coarse-pored *adj* ‖ ~**porös** *adj* / coarse-pored *adj* ‖ ~**pulver** *n* / macropowder *n* ‖ ~**putz** *m* (Bau) / rough casting ‖ ~**putzschicht** *f* (Bau) / pricking-up coat, scratch-coat *n*, base coat, rendering coat, rough coat*, rendering* *n*, render *n* ‖ ~**raster** *m* (mit einer Rasterweite bis 33 Linien/cm) (Druck, Foto) / coarse screen* ‖ ~**raster-** (Druck, Foto) / coarse-screen *attr* ‖ ~**rechen** *n* (zum Zurückhalten der Feststoffe) (Wasserb) / coarse-screen *n* (unit) ‖ ~**recherche** *f* (Methode, aus Datenbeständen Dateneinheiten zu ermitteln, die mit einer Suchfrage grob übereinstimmen) (EDV) / screen searching, area searching ‖ ~**ringiges Holz** (For) / wide-ringed timber, coarse-ringed timber, coarse-grained wood, side-ringed wood ‖ ~**ringigkeit** *f* (For) / coarse grain ‖ ~**sand** *m* (1 - 4 mm Korngröße) / very coarse sand, coarse sand ‖ ~**sand** s. auch Grit ‖ ~**schleifen** (Masch) / snagging *n* ‖ ~**schleifen** (Masch) / rough grinding ‖ ~**schluff** *m* (0,063 - 0,02 mm) (Geol) / coarse silt ‖ ~**schmied** *m* / blacksmith *n*, smith *n* ‖ ~**sieb** *n* / riddle *n*, screen *n* ‖ ~**sieb** (für Stückgutscheidung) / scalper *n*,

scalper screen ‖ ~**sieb** (Masch) / coarse screen ‖ ~**sieben** *v* (Aufber) / scalp *v* ‖ ~**siebung** *f* (Aufber) / scalping *n* ‖ ~**skale** *f* (Instr) / coarse scale ‖ ~**span** *m* / coarse chip ‖ ~**staub** *m* (Umwelt) / grit *n* ‖ ~**steinzeugrohr** *n* (Keram) / vitrified pipe, vitrified-clay pipe, ware pipe, stoneware pipe, glazed ware pipe ‖ ~**stich** *m* (bei Schuhen) / rope stitching, coarse stitching, rough stitching ‖ ~**stich** (Web) / coarse needle pitch ‖ ~**stoff** *m* (Pap) / screenings *pl*, waste *n*, groundwood rejects, junk *n*, rejected stock ‖ ~**strecke** *f* (Hütt) / rougher *n* ‖ ~**struktur** *f* (Geol, Hütt) / macrostructure* *n* ‖ ~**stückig** *adj* (Erz, zu groß für die Siebeinrichtungen) (Aufber) / ring-size* *attr* ‖ ~**stückig** (Aufber, Bergb) / lumpy *adj*, blocky *adj*, coarse *adj*, lump *attr* ‖ ~**-Test** *m* (zur Bewertung der Säulenqualität) (Chem Verf) / Grob test ‖ ~**trieb** *m* (Instr) / coarse adjustment ‖ ~**vakuum** *n* (Eltronik, Vakuumt) / low vacuum (100 kPa to 3 kkPa) ‖ ~**vakuumleitung** *f* (Vakuumt) / roughing line ‖ ~**vakuumpumpe** *f* (Vakuumt) / roughing pump ‖ ~**verteiltes Wasser** (Erdöl) / free water ‖ ~**welle** *f* (bei Wellpappen - Riffelteilung etwa 8-10 mm) (Pap) / A-flute ‖ ~**wolle** *f* (Tex) / coarse wool ‖ ~**zahnige Säge** (Werkz, Zimm) / coarse-toothed saw, rack saw* ‖ ~**zähnige Säge** (Werkz, Zimm) / coarse-toothed saw, rack saw* ‖ ~**zeitwechsel** *m* (EDV) / coarse-time change ‖ ~**zerkleinern** *v* (Aufber, Bergb) / mill *v* ‖ ~**zerkleinerung** *f* (Aufber) / primary crushing*, preliminary crushing, primary breaking, prebreaking *n*, scalping *n* ‖ ~**zerkleinerungsmaschine** *f* (Aufber) / primary crusher, sledger* *n*, scalper *n*, coarse crusher, primary breaker, prebreaker *n* ‖ ~**zerkleinerungsmaschine** (Aufber) / crusher* *n* ‖ ~**ziehen** *v* (Dräht) (Hütt) / predraw *v* ‖ ~**zug** *m* (Hütt) / preliminary drawing, predrawing *n*, breakdown drawing, pulling *n* ‖ ~**zuschlag** *m* (HuT) / coarse aggregate* ‖ ~**zuschlagstoff** *m* (Bau, HuT) / ballast* *n* ‖ ~**zuschlagstoff** (HuT) / coarse aggregate*
**Grogram** *m* (Tex) / grogram *n* (coarse fabric of silk, mohair and wool, or these mixed, often stiffened with gum)
**Grooving** *n* (Einfräsen von Rillen in die Fahrbahndecke als Mittel gegen Wasserglätte) (HuT) / grooving *n*
**Gros-grain** *m* (Tex) / grogram *n* (coarse fabric of silk, mohair and wool, or these mixed, often stiffened with gum)
**groß** *adj* (z.B. Preßkraft) / substantial *adj* ‖ ~ / large-sized *adj*, large-size *attr* ‖ ~ (Aufnahme) (Foto) / close-up *adj* ‖ ~ (und dünn - Haut) (Leder) / spready *adj* ‖ **ganz** ~ (Aufnahme) (Film) / big close-up, very close shot ‖ ~**er Anfangsbuchstabe** (verzierter) (Typog) / initial *n*, initial letter ‖ ~**es Aussichtsfenster** (eines Wohnzimmers) (Arch, Bau) / picture window ‖ ~**e Bausteine** (Bau) / scantling* *n* ‖ ~**er Fermatscher Satz** (nach P.de Fermat, 1601-1665) (Math) / Fermat's last theorem* *n* ‖ ~**e Furche** (in der B-DNS) (Biochem) / major groove ‖ ~**es Gebäude** (Bau) / pile *n* (a large imposing building or group of buildings) ‖ ~**e Glocke** (eine Gichtglocke) (Hütt) / large bell, large cone ‖ ~**e Halbachse** (der Ellipse) (Math) / semi-major axis ‖ ~**er Halo** (Astr, Licht) / 46° halo, halo of 46° ‖ ~**e Havarie** (nach 700 ff. des Handelsgesetzbuches) (Schiff) / general average ‖ ~**e Kalorie** (nicht mehr zugelassene Einheit der Wärmeenergie) (Phys) / large calorie*, great calorie ‖ ~**er Lagervorrat** / heavy stock ‖ ~**er Nebenstrom** (z.B. bei den Propfan-Triebwerken) (Luftf) / ultrahigh by-pass ‖ ~**es Rad** (DIN 868) (Masch) / wheel *n* ‖ ~**e Reichweite** (Luftf, Radar) / long range* ‖ ~**er Ring** (Astr, Licht) / 46° halo, halo of 46° ‖ ~**er Rohrgraben** (HuT) / duct* *n*, conduit *n* ‖ ~**e Steigung** (des Propellers) (Luftf) / coarse pitch ‖ ~**es Tellerrad** (des Ausgleichsgetriebes) (Kfz) / crown wheel, ring gear, axle drive gear ‖ ~**e unifizierte Theorie** (Phys) / Grand Unified Theory* (GUT*) ‖ ~**e Werksteine** (Bau) / scantling* *n* ‖ ~ **wie die Handfläche** / palm-sized *adj* ‖ ~**es Zahnrad** (DIN 868) (Masch) / wheel *n*
**Groß·er Achtzähniger Fichtenborkenkäfer** (For, Zool) / spruce bark beetle ‖ ~**er Brauner Rüsselkäfer** (For, Zimm) / holobius pine weevil, pine weevil, elegant pine weevil ‖ ~**er Buchdrucker** (Ips typographus L.) (For, Zool) / spruce bark beetle ‖ ~**e Klette** (Arctium lappa L.) (Bot, Landw) / Great burdock ‖ ~**er Lärchenborkenkäfer** (Ips cembrae) (For, Zool) / larch bark beetle ‖ ~**e Magellansche Wolke** (im Sternbild Schwertfisch) (Astr) / Large Magellanic Cloud, LMC ‖ ~**er Roter Fleck** (der auf etwa 20° südlicher Breite des Jupiters liegt) (Astr) / Great Red Spot* ‖ ~**er Ulmensplintkäfer** *m* (Scolytus scolytus - der durch den Pilz Ceratocystis ulmi hervorgerufene Ulmensterben überträgt) (For, Zool) / elm bark beetle, Dutch elm beetle ‖ ~**e vereinheitlichte Theorie** (Phys) / Grand Unified Theory* (GUT*) ‖ ~**er Waldgärtner** (Blastophagus piniperda L. - ein Forstschädling) (For, Zool) / larger pine-shoot beetle, large pine pith-borer
**Groß·** / large-sized *adj*, large-size *attr* ‖ ~**anzeige** *f* (Instr) / large-scale display ‖ ~**auflagendruck** *m* (Druck) / long-run printing ‖ ~**aufnahme** *f* (Foto) / close-up* *n*, tight shot ‖ ~**bandanlage** *f* (Bergb, Masch) / large-scale belt conveyor ‖ ~**basisantenne** *f* (Radio) / wide-aperture antenna ‖ ~**basisinterferometrie** *f* (Astr) / very-long-baseline interferometry, VLBI ‖ ~**basispeiler** *m* (Radar) / wide-aperture direction finder ‖ ~**baustelle** *f* (Bau) / large-scale site ‖

493

⁓**behälter** m / container n, freight container, shipping container ‖ ⁓**behälter** (für Schüttgut und Transport) / bulk storage container ‖ ⁓**behälter** (Masch) / tank n ‖ ⁓**behälterladung** f / containerized cargo ‖ ⁓**bildprojektion** f / large-screen projection ‖ ⁓**blattkreissäge** f (For) / large-blade circular saw ‖ ~**blättrig** adj (Bot, For) / large-leaved adj ‖ ⁓**block** m (Bau, Keram) / jumbo brick, jumbo block ‖ ⁓**bohrloch** n (meist drehbohrend hergestelltes Bohrloch von mehr als 65 mm Durchmesser) (Bergb) / large-diameter hole ‖ ⁓**brand** m / conflagration n, extensive blaze ‖ ⁓**buchstaben** m pl (Typog) / upper case*, upper-case letters, capitals n pl, caps n pl, majuscules* pl ‖ ⁓**buchstabe** m (am Anfang) (Typog) / initial n, initial letter ‖ ⁓**chinchilla** f n (pl. -s) (Leder, Zool) / mountain viscacha ‖ ⁓**docke** f (eine Warendocke) (Tex) / large fabric batch, giant batch
**Größe** f / size n ‖ ⁓ (Oberbegriff für Datenwort, Literal und vorgesehene Konstante) (EDV) / item n ‖ ⁓ (PL/I) (EDV) / item n ‖ ⁓ (Masch, Phys) / magnitude n, order of magnitude ‖ ⁓ (Math, Phys) / quantity n ‖ ⁓ (Tex) / size n ‖ **abgeleitete** ⁓ / derived quantity ‖ **bekannte** ⁓ (Math) / known quantity ‖ **die** ⁓ **bestimmen** / dimension v, rate v, size v, proportion v ‖ **extensive** ⁓ (physikalische Größe eines homogenen Systems, die proportional zur Stoffmenge des Systems ist; z.B. Volumen, Masse, Teilchenzahl, Ladung, Magnetisierung, Energie, Entropie - DIN 1345) (Phys) / extensive quantity ‖ **in voller** ⁓ / full-size attr, life-size attr ‖ **intensive** ⁓ (eine Zustandsfunktion eines thermodynamischen Systems, die nicht von der Masse abhängig ist - DIN 1345) (Phys) / intensive quantity ‖ **kalorische** ⁓**n** (Sammelbezeichnung für die Energien, die bei Reaktionen, beim Schmelzen, Verdampfen, Mischen usw. auftreten) (Phys) / caloric quantities ‖ **komplexe** ⁓ (DIN 1313 und 5483, T 3) (Math) / complex quantity, imaginary quantity ‖ **kritische** ⁓**n** (Phys) / critical constants ‖ **logarithmische** ⁓ (DIN 5493, T 1) (Math) / logarithmic quantity ‖ **massenbezogene** ⁓ (DIN 1345) (Phys) / specific quantity ‖ **mathematische** ⁓ (Math) / mathematical quantity ‖ **nach der** ⁓ **sortieren** / size v, sort according to size ‖ **natürliche** ⁓ (Maßstab 1:1) / full scale ‖ **natürliche** ⁓ (Istgröße) / actual size, full size, natural size ‖ **normale** ⁓ (Tex) / regular size ‖ **normalverteilte** ⁓ (Stats) / Gaussian variable, Gaussian quantity ‖ **partielle molare** ⁓ (Rechengröße zur Beschreibung der thermodynamischen Eigenschaften realer Mischungen) (Chem, Phys) / partial molar quantity ‖ **periodische** ⁓ (Phys) / periodic quantity ‖ **physikalische** ⁓ (DIN 1313) (Phys) / physical quantity ‖ **skalare** ⁓ (Math, Phys) / scalar quantity ‖ **tensorielle** ⁓ (DIN 1313) (Phys) / tensor quantity ‖ **vektorielle** ⁓ (DIN 1313) (Phys) / vector quantity, directed quantity ‖ **von mittlerer** ⁓ / medium-size attr, medium-sized adj ‖ **zeitabhängige** ⁓ (DIN 5483, T 3) / time-dependent quantity ‖ **zeitbezogene** ⁓ (DIN 5476) / time-related quantity ‖ ⁓ f **des Hiebs** (bei Feilen nach DIN 8349) (Masch) / grade of cut ‖ ⁓ **mit dem Dimensionsprodukt 1** (DIN 1313) / dimensionless quantity
**Größeinstellung** f (Foto) / close-up* n, tight shot
**Größen•änderung** f (z.B. Verformung) / dimensional change ‖ ⁓**ausschlußchromatografie** f (Chem) / size-exclusion chromatography ‖ ⁓**bereich** m (der Länge, der Massen, der Gewichte, der Zeitintervalle) (Math) / size range, magnitude range ‖ ⁓**bestimmung** f (Masch) / dimensioning n, rating n, proportioning n, sizing n ‖ ⁓**effekt** m (Größeneinfluß) (Phys) / size-effect n ‖ ~**induzierter Metall-Isolator-Übergang** (Eltronik) / size-induced metal-insulator transition (SIMIT) ‖ ⁓**klasse** (eines Gestirns) (Astr) / magnitude* n, stellar magnitude*, star magnitude*
**größenmäßig anpassen** / size v ‖ ~**e Anpassung** / sizing n ‖ ~ **neu festlegen** (auf ein bestimmtes Format vergrößern oder verkleinern) (EDV) / resize v
**Größen•metrik** f (EDV) / size metric ‖ ⁓**ordnung** f (Masch, Phys) / magnitude n, order of magnitude ‖ ~**richtig** adj / full-size attr, life-size attr ‖ ⁓**sortierer** m (Aufber) / sizer n, grader n ‖ ⁓**sortiermaschine** f (Aufber) / sizer n, grader n ‖ ⁓**sortierung** f (Aufber) / sizing n, size sorting, grading by size, size-grading* n ‖ ⁓**wandler** m (EDV) / quantizer n
**größer gleich** (Math) / greater than or equal (to) ‖ ~ **oder gleich** (Math) / greater than or equal (to) ‖ ~ **sein** (als Unterobjekte) (Math) / contain v (subobjects)
**Größerzeichen** n (Math) / greater than symbol
**Groß•faltung** f (Geol) / undation n ‖ ⁓**faziesbereich** m (Geol) / facies suite ‖ ⁓**feldokular** n (Opt) / wide-field eyepiece ‖ ⁓**feuerungsanlage** f / large combustion plant ‖ ⁓**flächen-** / large-area attr
**großflächig** adj / large-area attr ‖ ~**es Fenster** (Arch, Bau) / picture window ‖ ~**er Halbleiterlaser** (Eltronik, Phys) / broad-area semiconductor laser ‖ ~**e Holzeinlegearbeit** (For, Tischl) / tarsia* n, intarsia n ‖ ~**er Kahlschlag** (For) / full-forest harvesting ‖ ~**er Kontakt** (Eltech) / large-area contact ‖ ~**es Suchen** (EDV) / browsing n ‖ ~**er Wärmeaustauscher** (Masch, Wärm) / extended-surface heat exchanger
**Groß•flugzeug** n (Luftf) / large aircraft ‖ ⁓**formatfarbdrucker** m (EDV) / large-format colour printer

**großformatig** adj / large-sized adj, large-size attr ‖ ~**es Dia** (Foto) / superslide n ‖ ~**er Stein** (Bau, Keram) / jumbo brick, jumbo block
**Groß•formatseite** f (EDV) / oversize page ‖ ⁓**früchtige Eiche** (For) / mossy-cup oak, bur oak, burr oak ‖ ⁓**gemeinschaft-Antennenanlage** f (TV) / community antenna television* (system) (CATV), central-antenna television, master antenna television (US) (MATV) ‖ ⁓**glas** n (Chem, Glas) / wicker bottle ‖ ⁓**guß** m (Gieß) / heavy casting ‖ ⁓**händler** m / wholesaler n, jobber n (US) ‖ ~**integrierter Schaltkreis** (Eltronik) / large-scale integrated circuit, LSI ‖ ⁓**-Ion** n (bis 10 mm) (Chem, Phys) / large ion
**Grossist** m / wholesaler n, jobber n (US)
**Groß•kapazitätsspeicher** m (EDV) / large-capacity storage (LCS) ‖ ⁓**/Klein-Regelung** f (eine Gasregelung) / three-position control, two-step control, throttling control (US)
**groß/klein-sensitiv** adj (EDV) / case-sensitive adj (with the ability to distinguish between upper-case and lower-case characters)
**Groß-Klein-Umschaltung, mit automatischer** ⁓ (EDV) / case-sensitive adj
**Groß•klima** n (Meteor, Umwelt) / macroclimate n ‖ ⁓**kontext** m / macrocontext n ‖ ⁓**kreis** m (Schnitt einer Kugeloberfläche mit einer Ebene, die den Kugelmittelpunkt enthält) (Math) / great circle* ‖ **primärer** ⁓**kreis** (bei astronomischen Koordinaten) (Astr) / primary great circle ‖ ⁓**kreisbeschickung** f (Luftf, Nav) / conversion angle ‖ ⁓**kreisbogen** m (sphärische Geometrie) (Math) / line* n ‖ ⁓**kreisbogen** (Math) / orthodrome n ‖ ⁓**kreisdistanz** f (zwischen zwei Punkten eines Großkreises der Erdkugel) (Verm) / great-circle distance ‖ ⁓**kreisentfernung** f (zwischen zwei Punkten eines Großkreises der Erdkugel) (Verm) / great-circle distance ‖ ⁓**kreisfahrt** f (Bahnfestlegung auf dem geometrisch kürzesten Weg zwischen Abfahrts- und Zielort) (Schiff) / great-circle sailing, orthodromy n, orthodromics n ‖ ⁓**kreiskarte** f (Kart) / gnomonic chart, great-circle chart ‖ ⁓**kreispeilung** f (Radar) / long-path bearing ‖ ⁓**kreissegeln** n (Schiff) / great-circle sailing, orthodromy n, orthodromics n ‖ ⁓**kristall** m (Einsprengling) (Geol) / megacryst n ‖ ⁓**lochbohreinbruch** m (Bergb) / parallel cut, burn cut ‖ ⁓**lochbohrverfahren** n (Bergb) / large-hole drilling ‖ ⁓**markt** m / superstore n ‖ ⁓**oberflächenplatte** f (des Bleiakkumulators) (Eltech) / formed plate*, Planté plate* (G. Planté, 1834-1889) ‖ ⁓**packung** f / economy-size pack ‖ ⁓**pflaster** n (HuT) / Belgian block pavement, Belgian pavement ‖ ⁓**platte** f (Bau, Keram) / large-sized slab ‖ ⁓**plattenbauweise** f (Bau) / large-panel construction* ‖ ⁓**plattenprobe** f (für Rißstoppzähigkeit) (WP) / wide-plate specimen ‖ ⁓**produktion** f (Masch) / large-scale production
**Großraum** m (ein Grubenbau - z.B. für Füllörter, Werkstätten unter Tage, Lokomotivschuppen und Montagekammern) (Bergb) / chamber n ‖ ⁓**büro** n / (private) open office area, open-plan office ‖ ⁓**büro mit Blumen- und Pflanzenschmuck sowie individuell gestalteten Arbeitsplätzen** (F.Org) / landscape office, burolandschaft n ‖ ⁓**düsenflugzeug** n (Luftf) / jumbo n, wide-bodied jet airliner, jumbo jet ‖ ⁓**faß** n (Luftf) / large-capacity drum ‖ ⁓**flugzeug** n (z.B. Airbus) (Luftf) / wide-body aircraft, wide-bodied aircraft, Guppy* n ‖ ⁓**kabinenwagen** m (Kfz) / large-cab vehicle ‖ ⁓**kabiner** m (Kfz) / large-cab vehicle ‖ ⁓**kessel** m / extra-large boiler ‖ ⁓**radar** n (Radar) / long-range radar ‖ ⁓**silo** m n (Landw) / large-capacity silo ‖ ⁓**speicher** m (externer Speicher) (EDV) / bulk memory, bulk storage
**Groß•rechner** m (EDV) / mainframe* n, mainframe computer, large computer ‖ ⁓**rechnerhersteller** m (EDV) / mainframe n, mainframe manufacturer n ‖ ⁓**schreibung** f (EDV, Typog) / capitalization n ‖ ⁓**serienfertigung** f (Masch) / quantity-lot production ‖ ⁓**signalverstärkung** f (Eltronik) / large-signal amplification, large-signal gain ‖ ⁓**speicheretikett** n (EDV) / random label ‖ ⁓**speicheretikettbereich** m (EDV) / volume table of contents (VTOC) ‖ ⁓**spindelpresse** f (Masch) / large-scale screw press ‖ ⁓**städteballung** f (z.B. zwischen Washington und Boston oder im Ruhrgebiet) / megalopolitan corridor ‖ ~**städtischer Einzugsbereich** (für Pendler) / commuter belt ‖ ⁓**stadtnetz** n (Netz aus Glasfaserstrecken verbundenen LANs) (EDV, Fernm) / metropolitan area network, MAN ‖ ⁓**strang** n (Spinn) / jumbo skein ‖ ⁓**streckeninterferometrie** f (Astr) / very-long-baseline interferometry, VLBI ‖ ⁓**stückig** adj (Aufber, Bergb) / lumpy adj, blocky adj, coarse adj, lump attr
**größt•e Abmessungen** (Schiff) / extreme dimensions* ‖ ~**er anzunehmender Unfall** (der schwerste Störfall in einer kerntechnischen Anlage, dessen Beherrschung sichergestellt ist) (Nukl) / maximum credible accident, maximum conceivable accident, MCA / worst hypothetical accident, China syndrome, maximum hypothetical accident, MHA ‖ ~**e äußere Breite** (Kfz) / overall width ‖ ~**e äußere Höhe** (Kfz) / overall height ‖ ~**e äußere Länge** (Kfz) / overall length ‖ ~**e Breite** (Schiff) / extreme breadth*, maximum beam ‖ ~**es Element** (Math) / largest element, greatest element ‖ ~**e Erdferne** (Astr, Raumf) / apogee* n ‖ ~**e ganze Zahl** (Math) / integral part, integer part ‖ ~**er gemeinsamer Teiler** (Math) / greatest

common divisor, gcd, highest common factor, G.C.D. ‖ **~e obere Schranke** (Math) / greatest upper bound, supremum *n* (pl. -s or suprema), g.u.b. ‖ **~e untere Schranke** (Math) / greatest lower bound, infimum *n* (pl. infima or infimums), g.l.b.
**Groß•tafelbau** *m* (Bau) / large-panel construction* ‖ **≈tafelbauart** *f* (Bau) / large-panel construction* ‖ **≈tankstelle** *f* (Kfz) / service station, vehicle service station, full-service gas station (US)
**großtechnisch** *adj* (Anlage) / large-scale, commercial-sized *adj*, industrial *adj* ‖ **~e Herstellung** (F.Org) / industrial production ‖ **~er Maßstab** (F.Org) / commercial scale, industrial scale
**Größtmaß** *n* (bei Passungen) (Masch) / maximum size, top limiting size, top limit
**größtmöglich** *adj* / utmost *adj*
**Größtrechner** *m* (EDV) / ultra-large computer, superlarge computer
**Großtrombe** *f* (Meteor) / whirlwind*
**Größtwert** *m* (der größte Betrag des Augenblickswertes einer Wechselgröße innerhalb einer Halbschwingung) (bei impulsartigen Funktionen) (Phys) / peak value*, crest value*
**Großuhr** *f* (keine Taschenuhr, kein Chronometer) (Uhr) / clock* *n*
**Grossular** *m* (Min) / grossular* *n*, grossularite *n*, gooseberry stone* ‖ **bernsteinfarbiger ≈** (Min) / succinite* *n*
**Groß•vaterband** *n* (Band der Großvatergeneration) (EDV) / grandfather tape ‖ **≈vaterdatei** *f* (EDV) / grandfather file* ‖ **≈vergrößerung** *f* (auf der Wand) (Foto) / photomural *n* ‖ **≈versuch** *m* / large-scale trial, large-scale test ‖ **≈vieh** *n* (Rinder) (Landw) / cattle *n* ‖ **≈vieheinheit** *f* (einheitlicher Umrechnungsschlüssel für das Nutzvieh) (Landw) / livestock unit ‖ **≈wand-Betriebsfernsehen** *n* (z.B. bei Sportveranstaltungen) (TV) / theatre television ‖ **≈wasserraumkessel** *m* (Masch) / shell-type steam generator, shell boiler ‖ **≈wetterlage** *f* (Meteor) / grosswetterlage *n*, large-scale weather pattern ‖ **≈winkelkorngrenze** *f* (ein Flächendefekt) (Krist) / high-angle boundary, large-angle (grain) boundary ‖ **≈zähnige Pappel** (For) / bigtooth aspen ‖ **≈zahnrad** *n* (DIN 868) (Masch) / wheel *n*
**Grotesk** *f* (Typog) / Gothic* *n* (US), grotesque* *n*, grot *n*, sanserif* *n*, doric* *n*
**Groteskschrift** *f* (DIN 1451) (Typog) / Gothic* *n* (US), grotesque* *n*, grot *n*, sanserif* *n*, doric* *n*
**Grothendieck-Topologie** *f* (nach A. Grothendieck, geboren 1928) (Math) / Grothendieck topology
**Grotrian-Diagramm** *n* (Kernphys) / Grotrian diagram (which displays the energy levels of the states of an atom and depicts the observed transitions by lines connecting the terms that are responsible for them - the convention is also sometimes used for indicating the intensities of the transitions by the thickness of the lines)
**Grotte** *f* (Arch) / grotto *n* (pl. -s or -es) ‖ **≈** (Bergb) / pit *n*
**Grotthuß-Drapersches Gesetz** (nach T. Frhr. v. Grotthuß, 1785-1822) (Chem) / Grotthus-Draper law*
**Grotthuß-Mechanismus** *m* / Grotthus mechanism (of proton mobility)
**Grotthußsches Gesetz** (nach T. Frhr. v. Grotthuß, 1785-1822) (Chem) / Grotthus-Draper law*
**Grotzen** *m* (bei Fellen) (Leder) / line of the backbone
**Groundhostess** *f* (Angestellte einer Fluggesellschaft, der die Betreuung der Fluggäste auf dem Flughafen obliegt) (Lufft) / ground hostess
**Groundplane-Antenne** *f* (vertikaler Viertelwellenstrahler mit Gegengewicht) (Radio) / ground-plane antenna
**Groupware** *f* (Software für eine bestimmte Benutzergruppe, die in einem Netzwerk an einem gemeinsamen Projekt arbeitet) (EDV) / groupware *f*
**Grove-Element** *n* (nach Sir W.R. Grove, 1811-1896) (Eltech) / Grove cell
**Grove-Synthese** *f* (großtechnische Herstellung von Methylchlorid) (Chem Verf) / Grove's synthesis
**Growian** *m* *f* s. auch Klewian
**Grown-Diffused-Transistor** *m* (Eltronik) / grown-diffusion transistor*, grown-diffused transistor
**Grubber** *m* (meistens mit federnden Zinken) (Landw) / cultivator* *n*, scarifier* *n* ≈ (ein Bodenbearbeitungsgerät für die Saatbettvorbereitung und zum Stoppelumbruch) (Landw) / grubber *n*
**Grubberegge** *f* (Landw) / drag harrow*
**Grübchen** *n* / pit *n* ‖ **≈** (bei der Korrosion) / pit *n* ‖ **≈ bilden** (Lochfraß) / pit *v*
**grübchenartige Ausbröckelung** (am Zahnrad) (Masch) / pitting* *n* (destructive)
**Grübchenbildung** *f* **in der Wälzkreiszone** (am Zahnrad) (Masch) / pitting* *n* (destructive)
**Grube** *f* / pit *n* ‖ **≈** (Bau) / trench *n*, pit *n*, foundation pit ‖ **≈** (der untertägige Bereich eines Bergwerks) (Bergb) / pit *n* ‖ **≈** (Bergb) / mine *n* ‖ **≈** (Gieß-, Form-) (Gieß) / pit *n* ‖ **≈** (für pflanzliche Gerbung) (Leder) / pit *n* ‖ **ersoffene ≈** (Bergb) / inundated mine, flooded mine ‖ **schlagwetterfreie ≈** (Bergb) / naked-light mine*,

non-fiery mine, non-gassy mine, open-lamp mine ‖ **schlagwetterführende ≈** (Bergb) / fiery mine*, gassy mine, foul pit ‖ **≈** *f* **von geringer Teufe** (mit Haspelförderung) (Bergb) / gin-pit *n*
**Gruben•arbeiter** *m* (Bergb) / miner *n*, pitman *n* (pl. pitmen) ‖ **≈äscher** *m* (Leder) / pit liming ‖ **≈aufschluß** *m* (Bergb) / mine development ‖ **≈ausbau** *m* (mit Holz als Ausbaumaterial) (Bergb) / timbering *n* ‖ **≈ausbau** (Tätigkeit) (Bergb) / propping *n* ‖ **≈ausbau** (beim Tunnelbau) (Bergb, HuT) / ground support ‖ **≈bahn** *f* (gleisgebundenes Streckenfördermittel in Gruben) (Bergb) / mine railway ‖ **≈bau** *m* (pl. -baue) (planmäßig hergestellter bergmännischer Hohlraum wie Schacht, Strecke, Querschlag und Abbauraum) (Bergb) / working *n*, excavation *n*, opening *n*, underground working ‖ **≈bau zur Bergegewinnung** (Bergb) / quarry* *n* ‖ **regelmäßig bewetterte und inspizierte ≈baue** (Bergb) / active workings ‖ **≈betrieb** *m* (durch Schächte oder Stollen) (Bergb) / underground mining, deep mining, underground working ‖ **≈bewetterung** *f* (Versorgung von belegten Grubenbauen mit Frischwettern) (Bergb) / mine ventilation, ventilation of mines ‖ **≈bewetterung** (Bergb) / ventilation *n* ‖ **≈brand** *m* (Feuer oder Schwelbrand unter Tage) (Bergb) / mine fire, underground fire ‖ **offener ≈brand** (Ursache: Fremdzündung) (Bergb) / open fire, blazing fire ‖ **verdeckter ≈brand** (Flöz- oder Versatzbrand) (Bergb) / concealed fire ‖ **≈explosion** *f* (Bergb) / pit explosion ‖ **≈fahrrad** *n* (gleisgebundenes Fahrrad mit vier Rädern für eine bis vier Personen in Leichtbauweise, das von den Fahrenden durch Treten von Pedalen bewegt wird) (Bergb) / mine bike ‖ **≈feld** *n* (Bergb) / claim *n* (US), mining claim ‖ **unerkundetes ≈feld** (Bergb, Geol) / prospect* *n* ‖ **≈feld** *n* **mit goldhaltigem Quarzgestein** (Bergb) / quartz claim (US) ‖ **≈feldriß** *m* (Bergb) / claim map ‖ **≈feucht** (Kohle) (Bergb) / run-of-mine *attr*, run of the mine (coal) ‖ **≈feucht** *adj*, green *adj*, moist *adj*, freshly mined, with inherent moisture, fresh *adj* ‖ **≈feuchte** *f* (Bergb) / inherent moisture (in coal) ‖ **≈formerei** *f* (Gieß) / pit moulding* ‖ **≈formverfahren** *n* (Gieß) / pit moulding* ‖ **≈funk** *m* (Funkfernsprechen in Bergwerken) (Bergb) / mine radio (telephone) system ‖ **~gar** *adj* (Leder) / pit-tanned *adj* ‖ **≈gas** (vor allem aus Methan bestehendes Gas) (Bergb) / firedamp* *n*, sharp gas*, gas* *n*, mine gas, dirt *n* (GB) ‖ **≈gas unschädlich machen** (durch Verdünnen bei der Bewetterung) (Bergb) / baffle *v* ‖ **≈gasexplosion** *f* (Bergb) / firedamp explosion, blast *n*, blow-up *n* ‖ **≈gebäude** *n* (alle bergmännisch aufgefahrenen Grubenbaue eines Bergwerks) (Bergb) / mine openings, underground openings, pit room ‖ **≈gerberei** *f* (Leder) / pit tanning ‖ **≈gerbung** *f* (Leder) / pit tanning ‖ **≈glühen** (Hütt) / pit annealing ‖ **≈holz** *n* (Ausbauholz + Mattenholz nach DIN 21315 und 21324) (Bergb) / pit timber, pit wood ‖ **≈kabel** *n* (Bergb, Kab) / mining cable ‖ **≈kalk** *m* (Bau) / pit lime ‖ **unklassierter ≈kies** (Bergb) / pit-run gravel ‖ **≈klima** *n* (Bergb) / mine climate ‖ **≈kompaß** *m* (Bergb, Verm) / dial* *n*, mining dial* ‖ **≈kraftwerk** *n* (Bergb) / mine-owned power plant, mine-mouth power station ‖ **≈lampe** *f* (Bergb) / safety lamp*, miner's lamp*, Davy lamp*, mine lamp, permissible lamp (US), pit lamp ‖ **≈lokomotive** *f* (für die Arbeit über Tage) (Bergb) / beetle *n* ‖ **≈lokomotive** (z.B. Fahrdraht-, Akkumulator-, Diesel-, Druckluft- oder Verbundlokomotive) (Bergb) / mine locomotive ‖ **≈lüfter** *m* (Bergb) / mine fan, air machine ‖ **≈röste** *f* (Tex) / pit retting, dam retting ‖ **≈rundholz** *n* (Bergb, For) / round pit timber, round mine timber ‖ **≈sand** *m* (ungewaschener Sand der Körnung 0 bis 3 mm oder 0 bis 7mm, dessen Gewinnung in der Regel oberhalb des Grundwasserspiegels erfolgt) / quarry sand, pit sand ‖ **≈schmelz** *m* (Emaillerei) / champlevé *n* ‖ **≈schnittholz** *n* (Bergb, For) / cut pit timber ‖ **≈schwarte** (Bergb, For) / pit slab ‖ **≈schwelle** (Bergb, For) / pit sleeper ‖ **≈sicherheit** *f* (Bergb) / safety in mines ‖ **≈silo** *m* *n* (Landw) / horizontal silo ‖ **≈silo** (Landw) / pit silo ‖ **≈stempel** *m* (Stützelement aus Holz /wenig nachgiebig/, Stahl und Leichtmetall /nachgiebig/) (Bergb) / prop* *n*, post *n*, strut *n*, pit prop, puncheon *n* ‖ **≈taschenkompaß** *f* (Geol) / Brunton compass, Brunton pocket transit, Brunton *n* ‖ **≈ton** *n* (Keram) / pit clay ‖ **≈ventilator** *m* (Bergb) / mine fan, air machine ‖ **≈wagen** *m* (Bergb) / tram* *n*, tub* *n* ‖ **≈wasser** *n* (das bei der Wasserhaltung zutage geförderte Wasser, das häufig salzhaltig ist) (Bergb) / mine water, pit water, mine drainage water ‖ **saure ≈wässer** (Bergb) / acid mine water ‖ **≈wehr** *f* (Bergb) / mine rescue corps, rescue brigade, crew corps (US) ‖ **≈wehrmann** *m* (pl:. -männer) (Bergb) / brigadesman *n*, rescue man ‖ **≈wurmkrankheit** *f* (Med) / ankylostomiasis* *n* (pl. -ases), hookworm disease*, miners' anaemia*, tunnel disease ‖ **≈zimmerung** *f* (Bergb) / timbering *n*
**Gruber-Widal-Reaktion** *f* (Nachweis spezifischer Immunkörper im Blutserum durch Agglutination - nach M. v. Gruber, 1853-1927, und F. Widal, 1862-1929) (Med) / Widal reaction*, Gruber's reaction
**Grudekoks** *m* (Kftst) / brown-coal low-temperature coke, brown-coal semi-coke, lignite (low-temperature) coke, char *n*
**Grudeschwarz** *n* (durch Vermahlen von Grudekoks erhaltenes schwarzes Farbpulver) / brown-coke black

**Gruftgewölbe** n (Arch) / burial vault, undercroft n
**Grummet** n (Landw) / aftermath n, second-cut hay, rowen n (US), fog n
**Grumt** n (Landw) / aftermath n, second-cut hay, rowen n (US), fog n
**grün** adj (Feld, Wiese, Gras) / verdant adj ‖ ~ / green adj ‖ ~ (Holz, meistens mit hohem Feuchtegehalt) (For) / green adj, fresh adj, alive adj, unseasoned adj ‖ ~ (Leder) / undressed adj, green adj, raw adj ‖ ~ (Obst) (Nahr) / green adj, unripe adj, immature adj ‖ "**grüne Karte**" (Nachweis, daß ausländische Fahrzeugführer über eine den inländischen Anforderungen genügende Kraftfahrzeughaftpflichtversicherung verfügen) (Kfz) / green card (GB) ‖ **~er Ast** (For) / live knot, sound knot, tight knot ‖ **~er Bildschirm** (EDV) / green-toned screen ‖ **~es Ebenholz** (aus Excoecaria glandulosa) (For) / green ebony ‖ ~ **färben** / green vt ‖ ~ **fluoreszierendes Protein** (Biochem) / green fluorescent protein, GFP ‖ **~er Glaskopf** (Min) / dufrenite n ‖ **~e Hackschnitzel** (Hackschnitzel mit Grüngut) (For, Pap) / green chips ‖ **~es Holz** (For) / green wood, green timber ‖ **~er Phosphorbildschirm** (EDV) / green phosphor screen ‖ **~er Porphyr** (Geol) / verd-antique n ‖ **~er Sand** (kleinere oder größere Anteile von Wasser enthaltender Formsand) (feuchter Formsand) (Gieß) / green sand* ‖ **~er Schiefer** (Geol) / green schist ‖ **~e Schwimmdecke** (meistens Algen) (Umwelt) / green scum ‖ **~er Schwimmschlamm** (Umwelt) / green scum ‖ **~er Strahl** (Astr, Opt) / green flash*, green sun ‖ **~er Strahl** (einer Farbfernsehröhre) (TV) / green beam ‖ **~es Wachs** / bayberry wax, bayberry tallow, laurel wax, myrtle wax, myrica tallow ‖ **~e Welle** (im Kraftfahrzeugverkehr) (Kfz) / green wave, linked lights, synchronized lights (US), tuned traffic lights (US) ‖ ~ **werden** / green vi, turn green ‖ **~er Zinnober** (Chem) / chrome oxide green, leaf green
**Grün** n (Anstr) / green n ‖ ~ (als Farbempfindung) (Phys) / green n ‖ **Arnaudons ~** (Anstr) / Plessy's green ‖ **Braunschweiger ~** (Dikupfer(II)-chloridtrihydroxid-Tetrahydrat) (Anstr) / Brunswick green ‖ **ins ~e gehend** / greenish adj ‖ **Kasseler ~** (Anstr) / manganese green, Cassel green ‖ **Kaßler ~** (Anstr) / manganese green, Cassel green ‖ **Mittlers ~** (Chem) / Guignet's green, Guinea green, viridian green ‖ **Scheelesches ~** (ein altes Kupferpigment) (Chem) / Scheele's green* ‖ **spanisches ~** (Chem) / verdigris* n, aerugo n, crystal aerugo
**Grün•ablauf** m (Nahr) / high-grade sirup, high-green sirup, high sirup, green sirup ‖ **~algen** f pl (Klasse der Algen) (Bot) / green algae*, Chlorophyta* pl, Chlorophyceae* pl ‖ **~anlage** f (Arch, Umwelt) / green space, green belt, amenity planting ‖ **~ast** m (For) / live knot, sound knot, tight knot ‖ **~bleierz** n (Min) / mimetite* n, mimetesite n
**Grund** m (Boden) / bottom n ‖ ~ (den man mechanisch durch Streichen entfernt) (Leder) / scud n ‖ ~ (Gewindegrund) (Masch) / root n ‖ ~ (beim Wein) (Nahr) / dregs of wine, wine lees, emptings pl (US) ‖ ~ (Tex) / ground* n ‖ **auf ~ geraten** (Schiff) / go aground, ground v, strand v ‖ **auf ~ kommen** (Schiff) / go aground, ground v, strand v ‖ **auf ~ laufen** (Schiff) / go aground, ground v, strand v ‖ **aufgerauhter ~** (Anstr) / tooth n ‖ **fester ~** (Bau, HuT) / firm ground ‖ **~ablagerungen** f pl **vor dem Delta** (Flußablagerungen unter dem Wasserspiegel) (Geol) / prodelta n ‖ **geschichtete ~ablagerungen** (eines Deltas) (Geol) / bottomset beds* ‖ **~ablaß** m (der Talsperre) (Wasserb) / scouring tunnel, outlet tunnel, scouring sluice, ground sluice ‖ **~anschwemmung** f (angeschwemmtes Filterhilfsmittel) (Chem) / precoat n ‖ **~anstrich** m (Anstr) / ground coat*, first coat, undercoat n ‖ **~anstrich** (als Schicht) (Anstr) / primer coat, prime coat ‖ **mit ~anstrich versehen** (Anstr) / undercoat v ‖ **~anstrichfarbe** f (Anstr) / primer* n, priming n ‖ **~anstrichstoff** m (Anstr) / primer* n, priming n ‖ **~anstrichstoff** (Anstr) / for wood primer ‖ **~anweisung** f (EDV) / basic statement n ‖ **~auslegung** f (einer Anlage) (Masch) / basic design ‖ **~ausstattung** f (mit Schriften) (EDV) / basic set (of fonts) ‖ **~backe** f (Unterteil der geteilten Spannbacke) (Masch, Werkz) / sliding jaw, master jaw ‖ **~band** n (Frequenzbereich des modulierenden Signals) (Fernm) / baseband* n ‖ **~bau** m (ein Teil der Geotechnik) (HuT) / foundation engineering ‖ **~begriff** m / basic notion ‖ **~berührung haben** (Schiff) / take the ground ‖ **~beschichtung** f (Anstr) / ground coat*, first coat, undercoat n ‖ **~besitz** m (Gesamtheit der Immobilien) / real estate ‖ **~bestandteil** m / main component, principal component, main constituent, principal constituent, principle n, fundamental constituent ‖ **~bestandteil** (Basis) / base n ‖ **~bindung** f (Leinwand-, Köper- und Atlasbindung) (Web) / standard weave, basic weave, ground weave ‖ **~blatt** n (Druck) / draw sheet*, shim n ‖ **~bogen** m (Arch) / inverted arch*, inflected arch* ‖ **~brett** n (eines Vergrößerungsapparats) (Foto) / baseboard n ‖ **~bruch** m (im allgemeinen) (HuT) / foundation failure n ‖ **~bruch** (durch hydrodynamischen Druck) (HuT) / piping n ‖ **~bruch durch Untergrundwasserbewegung** (HuT) / piping n ‖ **~bündel** n (Kab) / bunch n ‖ **~datei** (EDV) / primary file ‖ **~dienst** m (EDV, Fernm) / basic service, fundamental service, standard service ‖ **~dienstbarkeit** f (Belastung eines Grundstücks zugunsten des jeweiligen Eigentümers eines fremden Grundstücks, z.B. das Geh-, Fahrt- und Leitungsrecht nach 1018 des BGB) / easement n ‖ **sphärisch-astronomisches ~dreieck** (Nav) / navigational triangle ‖ **~dünger** m (Landw) / complete fertilizer ‖ **~dünung** f (Logbuchstabe G.) (Schiff) / ground swell ‖ **~eigentum** n (nach 905 BGB) / real estate ‖ **~eis** n / anchor ice, ground ice, bottom ice, subsurface ice
**Gründeldruck** m (als Erzeugnis) (Tex) / blotch print
**Grund•elektrolyt** m (Galv) / main bath ‖ **~element** n (EDV) / primitive n, element n ‖ **~email** n / ground-coat enamel
**gründen** v (Bau, HuT) / found v
**Gründerzentrum** n (für neue Technik) / innovation centre
**Grund•faden** m (Web) / ground thread ‖ **~farbe** f (Anstr) / primer* n, priming n ‖ **~farbe** (Licht) / elementary colour*, base colour, primary colour*, ground-colour n ‖ **~farben** f pl (Rot, Gelb, Blau oder Purpur, Gelb und Zyan) / primary pigments ‖ **~fehler** m (eines Meßgeräts) (Instr) / intrinsic error ‖ **~filter** n (Fernm) / prototype filter* ‖ **~fläche** f (Bau) / ground area ‖ **~fläche** (des Prismas) (Math, Opt) / base n ‖ **~format** n (wenn der Kunde nicht anders entscheidet) (Druck, EDV) / basic format, default format ‖ **~frequenz** f (Eltech, Phys) / fundamental frequency*, fundamental n ‖ **~gebirge** n (meist aus metamorphen Gesteinen und Tiefengesteinen) (Geol) / basement* n, basement complex, substratum (pl. -ata) of old rock, bedrock* n ‖ **~gebirgstektonik** f (Geol) / basement tectonics ‖ **~gebühr** f (Eltech) / fixed charge ‖ **~gerät** n (meistens in der Meßtechnik) (Instr) / mainframe n ‖ **~geräusch** n (Akus) / background noise*, ground noise* ‖ **~geräusch** (einer Schallplatte) (Akus) / surface noise* ‖ **~gerüst** n (Chem Verf) / matrix n (pl. matrices or matrixes) ‖ **~gesamtheit** f (Stats) / population n (total number of objects under consideration), universe n ‖ **~geschwindigkeit** f (Fluggeschwindigkeit gegenüber der Erdoberfläche) (Luftf) / groundspeed* n, GS ‖ **dynamisches ~gesetz** (das zweite Newtonsche Axiom - Lex secunda) (Phys) / Newton's equation of motion, Newton's second law of motion ‖ **~gestein** n (Geol) / basement* n, basement complex, substratum (pl. -ata) of old rock, bedrock* n ‖ **~gestell** n (der Maschine) (Eltech) / base n ‖ **~gewebe** (z.B. bei Frottierwaren) (Tex) / backing fabric, backing material, backing cloth ‖ **~gitterabsorption** f (Eltronik) / interband absorption ‖ **~gleichung** f (von der die anderen abgeleitet werden) / governing equation ‖ **~gruppe** f (Fernm) / group* n ‖ **~hieb** m (beim Kreuzhieb) (Masch) / first cut (of the double-cut file) ‖ **~hobel** m (Handhobel zum Räumen des Grundes der mit der Gratsäge eingeschnittenen Gratnut) (Tischl) / dado plane*, trenching plane* ‖ **~hypothese** f (KI, Stats) / basic hypothesis
**Gründichte** f (Pulv) / green density, pressed density
**grundieren** v (Anstr) / apply a priming coat, prime v, apply a primer ‖ ~ (Tex) / ground v
**Grundier•film** m (Anstr) / priming film ‖ **~füller** m (Anstr) / primer-surfacer n, primer filler, self-filling primer ‖ **~mittel** n **auf Eiweißgrundlage** (zum Handvergolden) (Buchb) / glair* n, egg glair*
**Grundierung** f (Anstr) / ground coat*, first coat, undercoat n ‖ ~ (als Schicht) (Anstr) / primer coat, prime coat ‖ ~ (Tätigkeit) (Anstr) / priming n ‖ ~ (für die Hand- und Preßvergoldung) (Buchb) / bole n ‖ ~ (Leder) / bottoming n ‖ ~ (Tex) / grounding n ‖ **~sschicht** f (Anstr) / primer coat, prime coat
**Grund•instandsetzung** f (Masch) / major overhaul ‖ **~kante** f (des Prismas) (Math) / base edge ‖ **~karte** f (für die Ableitung kleinerer Karten) (Kart) / base map, basic map ‖ **~kartenwerk** n (Kart) / basic mapping ‖ **~kettenfilter** n (Radio) / constant-k filter ‖ **~klausel** f (ohne Variablen) (KI) / basic clause ‖ **~körper** m (Chem) / body n ‖ **~kreis** m (Masch) / base circle* ‖ **~lack** m (Anstr) / base paint ‖ **~lage** f / base n ‖ **~lage** (Stats) / frame n (for sample selection) ‖ **~lagen** f pl (einer Lehre) / fundamentals pl ‖ **~lagenforschung** f / basic research, pure research ‖ **~last** f (Eltech) / base load* ‖ **~lastkapazität** f (eines Kraftwerks) (Eltech) / base-load capacity ‖ **~lastkraftwerk** n (Eltech) / base-load station (hydroelectric power supply) ‖ **~lastmaschine** f (Eltech) / base-load machine ‖ **~leerlauf** n (Kfz) / low-idle speed, off-idle speed, curb idle speed
**grundlegend** adj / fundamental adj, ultimate adj, essential adj
**Grund•leistungskraftwerk** n (Eltech) / base-load station (hydroelectric power supply) ‖ **~licht** n (Film, Foto) / base light ‖ **~licht** (Film, Foto) / ambient light, ambient illumination* ‖ **~linie** f / baseline* n ‖ **~loch** n (Masch) / blind hole, bottom hole ‖ **~lohn** m / basic pay norm, basic wage, reference wage, basic wage rate, base pay ‖ **~lösung** f (Chem) / stock solution ‖ **~luft** f (Geol, Landw, Sanitär) / ground air*, soil air n ‖ **~masse** f (einer Legierung) (Hütt) / matrix n (pl. matrices or matrixes) ‖ **~masse** (Keram, Pulv) / matrix* n (pl. matrices or matrixes), groundmass n ‖ **~masse der Streifenkohle** (Bergb, Geol) / attrital coal ‖ **~masse in Eruptivgesteinen und Bindemittel in Sedimentgesteinen** (Geol) / groundmass* n, matrix n (pl. matrices or matrixes) ‖ **~material** n (Chem, Phys) / host* n ‖ **~matte** n (Depotvlies und Verankerungsvlies) (Plast, Tex) / depot facing ‖ **~mauer** f (Bau) / foundation wall ‖ **~mauerwerk** n (Bau) / foundation

brickwork || ~**menge** f (Math) / fundamental set || ~**metall** n (Hütt, Pulv) / base metal || ~**metall** (Schw) / parent metal*, base metal || ~**metallhärte** f (Masch) / base-metal hardness (of bolts) || ~**metallkorrosion** f / base-metal corrosion || ~**modell** n **der Entscheidung** (KI) / basic concept of decision || ~**molekül** n (Plast) / monomer n, basic molecule || ~**moräne** f (an der Gletscherbasis abgelagertes Material) (Geol) / ground moraine || ~**moränengeschiebe** n (Geol) / lodgment till, lodgment till || ~**moränentümpel** m (Geol) / swale n || ~**nährstoff** m (Nahr) / basic nutrient || ~**öl** n (z.B. für einen konsistenten Schmierstoff) / base oil || ~**öl** (Erdöl) / mother oil || ~**operation** f (z.B. Übertragung von Wärme, Trennen, Formen usw.) (Chem Verf, Phys) / unit operation || ~**oszillogramm** n (einer intakten Zündanlage als Vergleichsbasis) (V-Mot) / reference ignition pattern || **natürlicher** ~**pegel** (der ionisiernden Strahlung) (Radiol) / natural background level, natural radiation level || ~**phasenzeichnung** f (im Zeichentrickfilm) (Film) / key drawing || ~**platine** f (Eltronik) / motherboard n, system-board n, platter n || ~**platte** f (zum Formen) (Gieß) / bottom board || ~**platte** (Kurbelgehäuseunterteil) (Kfz) / bedplate* n || ~**platte** (Masch) / floor plate, base plate || ~**platte** (Radio) / chassis* n, frame n, mounting frame || ~**preis** m (Eltech) / fixed charge || ~**preis zuzüglich Überführungskosten** (Kfz) / base price plus delivery || ~**preistarif** (ein Stromzugstarif) (Eltech) / two-part tariff*, contract-rate tariff* || ~**probe** f (Chem) / bottom sample || ~**prozeß** m (Chem Verf) / unit process || ~**rahmen** m (Eltech) / base || ~**rauschen** n (Akus) / noise background* || ~**rechenart** f (Addition, Subtraktion, Division, Multiplikation) (Math) / arithmetical operation* || ~**regel** f / fundamental rule, basic rule || ~**riß** m / plan view, horizontal projection, plan n, top view || ~**riß** (eines Stockwerks) (Arch) / floor plan* || ~**riß** (zeichnerische Darstellung des waagerechten Schnittes eines Gebäudes oder eines Bauteiles) (Bau) / ground-plan* n || ~**rißanordnung** f / layout n || ~**rißdarstellung** f / planimetric representation || ~**rißkarte** f (Kart, Verm) / planimetric map, line map ||
~**Grunddruckfestigkeit** f (von Beton vor Beginn der Hydratation) (Bau, HuT) / green-concrete compressive strength
**Grund•satz** m / principle n, rule n || **Abbescher** ~**satz** (in der Längenprüftechnik nach DIN 2257, T 1) / Abbe principle || **Taylorscher** ~**satz** (Gestaltung und Anwendung von Lehren zur Prüfung von Paßteilen nach DIN 2257, T 1) (Masch) / Taylor principle || ~**schicht** f (im allgemeinen) / base coat || ~**schicht** (eines mehrlagigen Putzes) (Bau) / pricking-up coat, scratch-coat* n, base coat, rendering coat, rough coat*, rendering* n, render n || **stromlos abgeschiedene** ~**schicht** (Galv) / strike || ~**schicht** f **der Troposphäre** (Geophys) / lowest layer of the troposphere || ~**schichten** f pl (von Deltaablagerungen) (Geol) / bottomset beds* n || ~**schleppnetz** n (Hauptfanggerät der Hochseefischerei) (Ozean) / trawl n || ~**schleppnetz** (Ozean) / bottom trawl net, ground trawl || ~**schmelze** f (Hütt) / master heat || ~**schrift** f (im gemischten Satz die Schrift, aus der der größte Teil gesetzt wird) (Typog) / main type, body type || ~**schriftteil** m (Typog) / text* n, body* n, letterpress n, text section || ~**schwelle** f (Bau, Wasserb) / foundation sill, ground sill || ~**schwelle** (HuT) / foot block*, foot piece || ~**schwellenbau** m **aus Drahtschotterwalzen** (Wasserb) / sausage construction || ~**schwingung** f (Fernm, Phys) / dominant mode*, fundamental mode*, fundamental vibration || ~**schwingung** (Phys) / normal mode (of vibration) || ~**schwingung** (Phys) / first harmonic || ~**schwingungsgehalt** m (Verhältnis Effektivwert der Grundschwingung zu Effektivwert der Wechselgröße) (Elektr) / fundamental factor || ~**schwingungskristall** m (DIN 45100) (Eltronik) / fundamental crystal* || ~**schwingungsquarz** m (DIN 45100) (Eltronik) / fundamental crystal* || **die drei** ~**signale** (TV) / transmission primaries* || ~**stahl** m (Euronorm 20/74) (Hütt) / general-purpose steel, steel of tonnage grade, tonnage steel, steel for general structural purposes || ~**stein** m (Bau) / foundation-stone n || ~**stellung** f (EDV) / reset* n, unset n || ~**stellung** (EDV) / home n, home position (the starting position for a cursor on a terminal screen, usually in the top left-hand corner) || ~**stellung** (erste Zeile in Tabellen) (EDV) / home row || **in** ~**stellung bringen** (Instr) / clear v, reset v, restore v || ~**stoff** m (Chem) / element* n || **chemischer** ~**stoff** (Chem) / chemical element* || ~**stofferzeugung** f (z.B. Landwirtschaft und Bergbau) / primary industry, basic industry || ~**stoffindustrie** f / primary industry, basic industry || ~**straffer** m (Druck) / draw sheet*, shim n || ~**strecke** f (Bergb) / lift n || ~**strecke** (Bergb) / level* n, base road || ~**strecke** (Bergb) / main gate n || ~**stück** n (bebautes) (Bau) / premises pl || ~**stück** (um das Haus) (Bau) / ground n || ~**stückskarte** f (Bau, Kart, Landw) / cadastral map, plat n (US) || ~**stückszusammenlegung** f (Landw) / consolidation of (fragmented) holdings, land consolidation || ~**substanz** f / parent substance, mother substance || ~**teilung** f (Abstand zweier benachbarter gleichgerichteter Zahnflanken auf der Eingriffslinie nach DIN 3960) (Masch) / contact pitch (BS 2519) || ~**ton** m (der tiefste Teilton nach DIN 1311, T 1) (Akus) / fundamental tone || ~**ton**

("atmosphärische Verpackung") **der Werbeaussage** / flair n, tonality n || ~**ton** (Tonhöhe) **angeben** (Akus) / pitch v || ~**typ** m (einer Welle) (Fernm, Phys) / dominant mode*, fundamental mode*, fundamental vibration || ~**überholung** f (z.B. eines Flugzeugs) / remanufacturing n || ~**überholung** (Masch) / major overhaul || ~**umsatz** m (Physiol) / basal metabolism
**Gründung** f (Herstellung der Gründungskonstruktion) (Bau, HuT) / foundation || s. auch **Fundament** || ~ **unter Wasser** (HuT) / underwater foundation
**Gründünger** m (Pflanzenreste) (Landw) / green manure*
**Gründungs•basis** f (die mit dem Baugrund in Berührung stehende Fundamentfläche) (Bau, HuT) / foundation base, bottom of foundation || ~**bauwerk** n (Bau, HuT) / foundation structure || ~**konstruktion** f (die die Bauwerkslasten und die auf das Bauwerk wirkenden Kräfte auf den Baugrund überträgt) (Bau) / foundation system || ~**körper** m (Beton, Mauerwerk) (HuT) / monolith n || ~**pfahl** m (Bau, HuT) / pile n, pier n || ~**rost** m (Bau, HuT) / grillage n (a footing that consists of two or more tiers of closely spaced structural steel beams resting on a concrete block, each tier being at right angles to the one below) || ~**sohle** f (Bau, HuT) / foundation base, foundation level, foundation n || ~**streifen** m (für eine Flächengründung) (Bau, HuT) / strip footing || ~**streifen** (Bau) s. auch **Streifengründung** || ~**tiefe** f (der vertikale Abstand der Gründungssohle von Oberkante Gelände) (HuT) / foundation depth || ~**wanne** f (bei der Wannengründung) (Bau, HuT) / tank n
**Gründüngung** f (Landw) / green manuring
**Grundversion** f (eines Wagens) (Kfz) / base version, stripped version
**Grundwasser** n (das dicht unter der Erdoberfläche bis in größere Tiefen die Bodenhohlräume zusammenhängend ausfüllende Wasser) (Sanitär, Wasserb) / ground water*, groundwater n, subterranean water, underground water || **artesisches** ~ (Geol) / artesian water, confined water (US), confined ground water || **aufsteigendes** ~ (Geol) / subartesian water || **durch eine ungesättigte Zone vom** ~ **getrennter Fluß** (Wasserb) / perched stream || **fossiles** ~ (das schon vor langem in niederschlagsgünstigen Zeiten an seinen jetzigen Lagerungsort gelangt ist) (Geol) / connate water*, fossil water, native water || **gespanntes** ~ (Geol) / artesian water, confined water (US), confined ground water || **pseudoartesisches** ~ (Geol) / subartesian water || ~ **spendender Fluß** (durch Versinkung, wie z.B. die Donau östlich von Tuttlingen) (Geol, Wasserb) / influent stream, losing stream || ~**absenkung** f (Erniedrigung der Grundwasseroberfläche) (Wasserb) / groundwater lowering || ~**absenkung** (mit Hilfe von Grundwasser-Bohrrohren) (Wasserb) / well-point system || ~**andrang** m (Wasserb) / groundwater inrush || ~**anreicherung** f (Wasserb) / recharge of aquifer, induced recharge of aquifer || ~**ausgleichsperiode** f (Wasserb) / recovery cycle || ~**bewegung** f (Wasserb) / groundwater movement || ~**bohrrohr** n (HuT, Umwelt) / well-point n || ~**dargebot** n (Geol, Wasserb) / groundwater recharge, groundwater increment, groundwater replenishment, recharge n || ~**deckschicht** f (Geol) / confining bed || ~**haushalt** m (Wasserb) / ground-water budget || ~**hemmschicht** f (bezogen auf den Grundwasserleiter relativ schwach durchlässige Schicht) (Wasserb) / aquitard n || ~**horizont** m (Geol) / phreatic surface, main water-table || **hängender** ~**horizont** (Wasserb) / perched groundwater || ~**isohypse** f (Geol, HuT) / line of constant piezometric head || ~**leiter** m (Geol) / aquifer* n, water-bearing bed || ~**neubildung** f (Geol, Wasserb) / groundwater recharge, groundwater increment, groundwater replenishment, recharge n || ~**oberfläche** f (Geol, Wasserb) / groundwater table, groundwater level, groundwater surface, water-table* n, GWT || ~**saugrohr** n (HuT, Umwelt) / well-point n || ~**scheide** f (Geol, Wasserb) / groundwater divide, phreatic divide || **phreatische** ~**schicht** (oberhalb der Sättigungszone) (Geol) / phreatic surface, main water-table || ~**sohle** f (Geol) / aquiclude n || ~**sohlschicht** (Geol, Umwelt) / confining bed || ~**speicher** m (Geol) / groundwater reservoir, pocket n || ~**sperrschicht** f (Geol) / aquiclude n || ~**spiegel** m (normaler) (Geol) / plane of saturation* || ~**spiegel** (Geol, Wasserb) / groundwater table, groundwater level, groundwater surface, water-table* n, GWT || **höchster** ~**spiegel** (Geol) / phreatic high || **konstanter** ~**spiegel** (Niederschlag, Verbrauch und Verluste heben sich auf) (Geol, Wasserb) / drainage equilibrium || ~**spiegelabfall** m (Geol) / phreatic decline || **jahreszeitliche** ~**spiegelanhebung** (Wasserb) / seasonal recovery || ~**spiegelanstieg** m (Geol) / phreatic rise || ~**spiegelgefälle** n (Geol) / groundwater-table gradient, water-table gradient || ~**spiegelschwankung** f (Geol) / phreatic cycle || ~**stand** m (Geol, Wasserb) / groundwater table, groundwater level, groundwater surface, water-table* n, GWT || ~**standsgleiche** f (Geol, HuT) / line of constant piezometric head || ~**stauer** m (Geol) / aquiclude n || ~**strömung** f (Geol, Wasserb) / groundwater flow || ~**träger** m (Geol) / aquifer* n, water-bearing bed || ~**zutritt** n (Wasserb) / groundwater inrush
**Grund•wehr** n (Wehrkrone liegt unter dem Unterwasserspiegel) (Wasserb) / drowned weir, submerged weir || ~**welle** f (Phys) / ground

**Grundwellenanteil**

wave* ‖ ~**wellenanteil** m (Fernm) / fundamental component* ‖ ~**werk** n (des Holländers) (Pap) / bedplate* n ‖ ~**werkstoff** m (Eltronik, Galv, Glas, Keram) / substrate* n ‖ ~**werkstoff** (Schw) / parent metal*, base metal ‖ ~**wert** m **der Nebensprechdämpfung** (Fernm) / signal-to-crosstalk ratio* ‖ ~**wert des Nebensprechens** (Fernm) / signal-to-crosstalk ratio* ‖ ~**zahl** f (des Zahlensystems) (Math) / base n, base number ‖ ~**zeit** f (Summe der Sollzeiten von Ablaufabschnitten, die für die planmäßige Ausführung eines Ablaufes - durch den Menschen - erforderlich sind) (F.Org) / productive time, machining time ‖ ~**zustand** m (z.B. eines quantenmechanischen Systems - eines Atoms, eines Kerns) (Kernphys) / ground state*, normal state*

**Grüneisen-Beziehung** f (zwischen dem linearen Wärmeausdehnungskoeffizienten eines Festkörpers vom Volumen X, seiner spezifischen Wärmekapazität $c_v$ bei konstantem Volumen und seinem Kompressionsmodul - nach E. Grüneisen, 1877-1949) (Phys) / Grüneisen relation*, Grüneisen's law

**Grüneisen-Konstante** f (Phys) / Grüneisen constant, Grüneisen number

**grünen** v / green vi, turn green

**grünentfleischen** v (nur Infinitiv oder Partizip) (Leder) / green-flesh v (before liming)

**Grünerde** f (natürliches Magnesiumeisensilikat, wie z.B. Veronesergrün oder Böhmische Grünerde) (Anstr) / terre verte, green earth ‖ ~ (ein dunkel- bis bläulichgrünes Silikat) (Min) / celadonite n, green earth ‖ **Böhmische** ~ (Min) / Bohemian earth

**Grünerit** f (ein Strahlstein) (Min) / grunerite* n

**Grün•erle** f (Alnus viridis [ssp. viridis]) (For) / green alder ‖ ~**esche** f (Fraxinus pennsylvanica var. subintegerrima (Vahl) Fern.) (For) / green ash ‖ ~**fäule** f (bei feucht lagerndem Holz durch Pilze der Gattung Chlorsplenium) (For) / green rot ‖ ~**festigkeit** f (der ungebrannten Steine, des Formsandes, des Leims) (Gieß, Keram, Masch) / green strength ‖ ~**fläche** f (Arch) / planted area ‖ ~**futter** n (Landw) / green forage, green fodder, green crop, green stuff, greenfeed n ‖ ~**futter** (frisch gemähtes) **verfüttern** (Landw) / soil v ‖ ~**futtertrockner** m (Landw) / green-crop drier ‖ ~**glas** f (Glas) / green glass ‖ **aktinisches** ~**glas** (Glas) / actinic-green glass ‖ ~**gürtel** m (Umwelt) / green belt ‖ ~**holz** n (von frisch gefällten Bäumen) (For) / green wood, green timber ‖ ~**koks** m (ein Petroleumkoks) / green coke ‖ ~**korn** n (Calnitro) (Chem) / Nitro-chalk ‖ ~**land** n (Geol, Landw) / grassland* n ‖ ~**landbewirtschaftung** f (Landw) / grassland management ‖ ~**landwirtschaft** f (Landw) / grassland management ‖ ~**lauge** f (Pap) / green liquor

**grünlich** adj / greenish adj ‖ ~ **blau** / greenish blue

**Grünling** m (Pulv) / green compact, green* n, green pellet, green body

**Grün•mais** m (als Futter) (Landw) / green maize ‖ ~**malz** n (Brau) / green malt ‖ ~**masse** f (Landw, Umwelt) / green crop, green material ‖ ~**masse** (Leder) / green weight ‖ ~**öl** n (Leinöl-Braunstein-Bleiglätte-Gemisch zur Asphaltlackherstellung) (Anstr) / green oil ‖ ~**öl** (Chem) / green oil ‖ ~**-PC** m (ein PC, bei dessen Herstellung auf Umweltverträglichkeit und Ergonomie geachtet wurde) (EDV) / green PC ‖ ~**pellet** n (Pulv) / green pellet ‖ ~**phosphor** (TV) / green phosphor ‖ ~**saft** n (Nahr) / thin juice ‖ ~**salz** n (Abfall bei der Herstellung von Titandioxid aus Ilmenit - Eisen(II)-sulfat-heptahydrat) (Chem, Umwelt) / green salt ‖ ~**salz** (kristallwasserhaltiges Eisen(III)-sulfat) (Sanitär) / green salt ‖ ~**sand** m (ein Glaukonit führendes Meeressediment) (Geol) / greensand* n, glauconitic sand, glauconitic sandstone ‖ ~**sand** (feuchter Formsand) (Gieß) / green sand* ‖ ~**sandform** f (Gieß) / green-sand mould ‖ ~**sandkern** n (Gieß) / green-sand core ‖ ~**scherfestigkeit** f (Gieß) / green shear strength ‖ ~**schiefer** m (Geol) / green schist ‖ ~**schlick** m (ein Glaukonit führendes Meeressediment in schlammiger Form) (Geol) / green mud ‖ ~**seife** f / green soap ‖ ~**sirup** m (Nahr) / high-grade sirup, high-green sirup, high sirup, green sirup ‖ ~**span-** / verdigris attr, aeruginous* adj ‖ ~**span** m (Gemisch aus basischen Kupfer(II)-azetaten - je nach Arbeitsbedingungen entweder grün oder blau) (Chem) / verdigris* n, aerugo n, crystal aerugo ‖ ~**span** (Chem) s. auch Patina ‖ ~**spanfarben** adj / verdigris attr, aeruginous* adj ‖ ~**spanfarbig** adj / verdigris attr, aeruginous* adj ‖ ~**stärke** f / raw starch ‖ ~**stein** m (ein Oberbegriff für metamorphe Gesteine aus Chlorit, Hornblende und Epidot) (Geol) / greenstone* n ‖ ~**steingürtel** m (der Granitdome umgibt) (Geol) / greenstone belt ‖ ~**streifen** m (der Autobahn) (HuT, Kfz) / central reservation, central reserve, mall n (chiefly Upstate New York), median strip (US), median n (US) ‖ ~**verfärbung** f (Holzes durch Pilzbefall) (For) / green stain ‖ ~**zeitversatz** m (bei den Verkehrsampeln) (Kfz) / offset n ‖ ~**zone** f (in der Raumordnung) (Umwelt) / green belt

**Gruppe** f / battery* n ‖ ~ (des Periodensystems) (Chem) / group* n (vertical column) ‖ ~ (eines Moleküls) (Chem) / group* n ‖ ~ (EDV, Kernphys) / cluster n ‖ ~ (in der Trägerfrequenztechnik) (Fernm) / envelope* n, group n ‖ ~ (Fernm) / group* n ‖ ~ (in der Stratigraphie)

(Geol) / group* n ‖ ~ (von Werkzeugen) (Masch, Werkz) / gang n, set n ‖ ~ (eine algebraische Struktur) (Math) / group* n ‖ ~ (Chem) s. auch Radikal ‖ **abelsche** ~ (nach N.H.Abel, 1802-1829) (Math) / Abelian group*, commutative group ‖ **abgehende** ~ (bei chemischen Reaktionen) (Chem) / leaving group, nucleofuge n ‖ **additive** ~ (Math) / additive group ‖ **alternierende** ~ (von n Elementen) (Math) / alternating group ‖ **auflösbare** ~ (mit einer Kompositionsreihe, in der die Faktorgruppen von je zwei aufeinanderfolgenden Normalteilern abelsch sind) (Math) / soluble group, solvable group ‖ **charakteristische** ~ (in org. Verbindungen häufig wiederkehrende Gruppe, die den übereinstimmenden Charakter und die charakteristische Reaktionsfähigkeit ganzer Stoffklassen bedingt) (Chem) / functional group ‖ **diskontinuierliche** ~ (Math) / discrete group ‖ **diskrete** ~ (eine topologische Gruppe) (Math) / discrete group ‖ **ebene** ~ (Krist) / plane group ‖ **eine** ~ **am Ende anhängen** (Chem) / cap v ‖ **endliche** ~ (mit einer endlichen Anzahl von Elementen) (Math) / finite group ‖ **endständige** ~ (Chem) / terminal group, end group ‖ **funktionelle** ~ (Chem) / functional group ‖ **haptophore** ~ (zur spezifischen Bindung des Toxins an Rezeptoren der Zelle) (Biochem, Zyt) / haptophoric group ‖ **isomorphe** ~**n** (Math) / isomorphic groups* ‖ **kontinuierliche** ~ (eine topologische Gruppe, deren Elemente eine Mannigfaltigkeit bilden) (Math) / continuous group ‖ **kritische** ~ (Radiol) / critical group ‖ **Liesche** ~ (eine topologische Gruppe) (Math) / Lie group ‖ **lineare** ~ (Math) / linear group ‖ **linear geordnete** ~ (Math) / simply ordered group ‖ **lokale** ~ (Astr) / local group of galaxies* ‖ **mesogene** ~ (die in einem bestimmten Temperaturbereich eine Mesophase bildet) / mesogenic group ‖ **nucleofuge** ~ (Chem) / leaving group, nucleofuge n ‖ **ordnungsfinite** ~ (wenn jedes der Elemente eine endliche Ordnung hat) (Math) / periodic group ‖ **orthogonale** ~ (Math) / orthogonal group ‖ **perfekte** ~ (Math) / perfect group ‖ **periodische** ~ (wenn jedes der Elemente eine endliche Ordnung hat) (Math) / periodic group ‖ **prosthetische** ~ (Biochem) / prosthetic group* ‖ **spezielle unitäre** ~ (Math, Phys) / SU (special unitary group) ‖ **symmetrische** ~ (volle Permutationsgruppe) (Math) / symmetrical group, symmetric group ‖ **symplektische** ~ (Kernphys) / SP group, symplectic group ‖ **topologische** ~ (Math) / topological group ‖ **unendliche** ~ (mit unendlich viel Elementen) (Math) / infinite group ‖ **unitäre** ~ (Math) / unitary group ‖ **vollständige** ~ (Math) / complete group ‖ **zyklische** ~ (Math) / cyclic group ‖ ~ f **der Platinmetalle** (Chem) / platinum group ‖ ~ **O** (im Periodensystem = He, Ne, Ar, Kr, Xe, Rn) (Chem) / zero group ‖ ~ **von drei Sendern** (Nav) / triad n ‖ ~ **von Vulkanschloten** (Geol) / volcanic cluster

**Gruppen•adressierung** f (EDV) / group addressing ‖ ~**analyse** f (Chem) / group analysis ‖ ~**anruf** m (Fernsp) / multiparty call ‖ ~**antrieb** m (Eltech) / group drive* ‖ ~**anzeige** f / group indication ‖ ~**arbeitsplatz** m (F.Org) / group work centre ‖ ~**ast** m (For) / knot cluster ‖ ~**auswahl** f (Fernsp) / group selection ‖ ~**borat** n (Min) / soroborate n ‖ ~**diffusionstheorie** f (zur mathematischen Beschreibung der Neutronendiffusion in einem Reaktor) (Nukl) / multigroup theory, group theory ‖ ~**entscheidungsunterstützung** f (EDV, KI) / group decision support, negotiation support ‖ ~**fenster** n (zeigt nur Daten an und verarbeitet keine Angaben) (EDV) / group window ‖ ~**frequenz** f (Fernm) / group frequency ‖ ~**geschwindigkeit** f (einer Wellengruppe nach DIN 1324, T 3) (Fernm) / envelope velocity*, group velocity* ‖ ~**kode** m (EDV) / group code ‖ ~**kodierung** f (EDV) / group coding ‖ ~**kontaktierung** f (Eltronik) / gang bonding ‖ ~**laufzeit** f (DIN 40148, T 1) (Fernm) / envelope delay*, group delay* ‖ ~**laufzeitdifferenz** f **durch Modendispersion** (optische Kommunikationstechnik) (Fernm) / differential mode delay, multimode group delay ‖ ~**laufzeitverzerrung** f (Fernm) / envelope-delay distortion* ‖ ~**löschzeichen** n (DIN 66 009) (EDV) / group erase ‖ ~**marke** f (EDV) / group mark, group marker ‖ ~**modulation** f (Fernm) / group modulation* ‖ ~**modulation** (Fernm) / multiple modulation* ‖ ~**reagens** n (Chem) / group reagent ‖ ~**reaktion** f (Chem) / group reaction* ‖ ~**rückschlagklappe** f (Masch) / multidoor swing check valve, multiple-door reflux valve ‖ ~**ruf** m (Fernsp) / group call ‖ ~**schalter** m (ein Umschalter) (Eltech) / gang switch*, deck switch ‖ ~**schritt** m (EMD-Wähler) (Fernsp) / level* n ‖ ~**silikat** n (z.B. Thortveitit) (Min) / sorosilicate* n ‖ ~**stanzen** n (EDV) / gang punching ‖ ~**stanzen mit durchsetzten Leitkarten** (EDV) / interspersed gang-punching ‖ ~**steuerung** f (EDV, Fernsp) / group control ‖ ~**tafel** f (Math) / Cayley table, group table ‖ ~**theorie** f (Chem, Math) / group theory ‖ ~**theorie** (zur mathematischen Beschreibung der Neutronendiffusion in einem Reaktor) (Nukl) / group theory* ‖ ~**transferpolymerisation** f (Chem) / group transfer polymerization, GTP ‖ ~**transformator** m (Eltech) / bank of transformers ‖ ~**trennzeichen** n (DIN 66303) (EDV) / group separator (GS) ‖ ~**umsetzung** f (Fernm) / group modulation* ‖ ~**verbindungsplan** m (Fernm) / trunking diagram ‖ ~**verfahren** n (EDV) / group coding ‖ ~**vielfachleitung** f (Fernsp) / group multiwire line ‖ ~**vorsatz** m (Fernsp) / group adaptor, group adapter ‖ ~**wahl** f für Durchgangsverkehr (Fernsp) / tandem selection* ‖ ≈**wähler** m (Fernsp) / group selector* ‖ ≈**weiche** f (Fernsp) / group branching switch ‖ ~**weise Anordnung** (von Terminals) (EDV) / clustering n ‖ ≈**werkzeug** n (meist Mehrfachschnittwerkzeug) (Masch) / gang die ‖ ≈**zahnung** f (Zusammenfassung von mehreren Zähnen mit der gleichen Zahnform) (For) / interrupted toothing

**gruppieren** v / group v ‖ **neu** ~ / regroup v

**Gruppierung** f / grouping n ‖ ≈ (von Daten) (EDV, Stats) / aggregation n ‖ **einstufige** ≈ (Fernsp) / single-stage grouping ‖ ≈ f **des Wegevielfachs** (Fernsp) / trunk scheme grouping, path-multiple grouping ‖ ≈ **durch Zusammenhangskomponenten** (Stats) / single-linkage method

**Gruppierungsanordnung** f (Fernsp) / trunking array

**Gruppierungsbaustein** m (Fernsp) / trunking unit

**Gruppoid** n (eine Menge, in der eine zweistellige Verknüpfung definiert ist) (Math) / groupoid n ‖ **abelsches** ≈ (Math) / abelian grouppoid ‖ **assoziatives** ≈ (Math) / monoid* n, semigroup* n ‖ **kommutatives** ≈ (Math) / abelian grouppoid

**Grus** m (feiner, bröckliger Gesteinsschutt) (Geol, HüT) / gravel* n, grus n, gruss n (granite) ‖ ≈ (Geol) s. auch Splitt

**Gruskohle** f (unter 10 mm) (Bergb) / slack* n, slack coal

**Grützmühle** f (Nahr) / groats mill

**GS** (EDV, Fernsp) / group control ‖ ≈ (in Gießformen gegossener Stahl) (Hütt) / cast steel* ‖ ≈ (Masch) / sliding fit, snug fit, class 4 fit

**G-Säure** f (2-Naphthol-6,8-disulfonsäure) (Chem) / G-acid n

**GSC** (Chem) / gas-solid chromatography, GSC

**GSD** (Radiol) / genetically significant dose*

**GSH** (Chem) / glutathione n, glutamylcysteinylglycine n, GSH

**G-Sicherung** f (Eltech) / fuse n

**G-Sicherungspatrone** f (Eltech) / cartridge fuse link

**90-g-Silberauflage** f (Galv) / silver plate of 90 g per 1 dozen of teaspoons and forks

**GS-Integration** f (Integration hohen Grades bei monolithischen Halbleiterschaltungen) (Eltronik) / grand-scale integration, GSI

**GSM** (ein veralteter internationaler Standard für digitale Funknetze) (Fernm) / GSM (global system for mobile communication)

**g-Strophanthin** n (Pharm) / ouabain, strophanthin-G n, G-strophanthin n

**GS-Verfahren** n (Galv) / sulphuric-acid anodizing (process)

**GSX-Verfahren** n (Galv) / sulphuric-acid oxalic-acid anodizing (process)

**GS-Zeichen** n (geprüfte Sicherheit) / inspection safety mark ‖ ≈ (EDV) / group separator (GS)

**GT** (Fernsp) / called party, called subscriber

**G.T.** (Geol) / geothermal gradient*

**GT** (Teleg) / d.c. telegraphy

**GTA** (Anstr, Chem, Nahr) / triacetin* n, glycerol triacetate*

**g-Toleranz** f (Raumf) / g-tolerance* n

**GTS** (Hütt) / black-heart malleable cast iron, black malleable iron

**GTW** (Hütt) / white malleable iron, white-heart malleable cast iron

**GT-Wagen** m (Kfz) / gran turismo car, GT car, grand touring car

**GU** (Physiol) / basal metabolism

**GÜ** (EDV) / equipment list

**Gua** (Biochem) / guanine* n

**Guaian** n (Chem) / guaiane n

**Guajacol** n (2-Methoxyphenol) (Brenzkatechinmonomethylether) (Chem, Pharm) / guaiacol* n

**Guajak•harz** n (von Guajacum officinale L.) (Pharm) / guaiac n, guaiacum n ‖ ≈**holz** n (meistens aus Guaiacum sanctum L. od. Guaiacum officinale L.) (For) / guaiac wood n ‖ (pl. lignum vitaes), hollywood lignum vitae, guaic n ‖ ≈**holzöl** n (aus Bulnesia sarmienti) (For) / guaiac wood oil, oil of guaiac wood

**Guajakol** n (Brenzkatechinmonomethylether) (Chem, Pharm) / guaiacol* n

**Guajakolum** n (Brenzkatechinmonomethylether) (Chem, Pharm) / guaiacol* n

**Guajakprobe** f (medizinisch-diagnostischer Test zum Feststellen von okkultem Blut) (Chem, Med) / guaiac acid test*

**Guajan** n (ein Sesquiterpen) (Chem) / guaiane n

**Guajazulen** n (7-Isopropyl-1,4-dimethylazulen) (Chem) / guaiazulene n

**Guanajuatit** m (Min) / guanajuatite n

**Guanako** n (südamerikanisches Lama - Lama guanicoë) (Tex, Zool) / guanaco n, huanaco n ‖ ≈**garn** (aus den Haaren des Guanakos) (Tex) / guanaco yarn

**Guanamin** n (Chem, Plast) / guanamine n

**Guanidin** n (Chem) / guanidine* n, iminourea n

**Guanidinaluminiumsulfathexahydrat** n (ein Ferroelektrikum) / guanidine aluminium sulphate hexahydrate, gash* n

**Guanin** n (2-Amino-1,9-dihydropurin-6-on) (Biochem) / guanine* n

**guaninnukleotidbindendes Protein** (Biochem) / G protein

**Guano** m (organisches Düngemittel aus Vogelkotablagerungen) (Landw) / guano n

**Guanosin (G)** n (Biochem) / guanosine n ‖ ≈**monophosphat** n (Biochem) / guanosine monophosphate, GMP, guanylic acid ‖ ≈**-3'-,5'-monophosphat** n (Biochem) / cyclic GMP ‖ ≈**phosphat** n (Biochem) / guanosine phosphate ‖ ≈**tetraphosphat** n (Biochem) / guanosine tetraphosphate

**Guanylguanidin** n (Chem) / biguanide* n

**Guanylhydrazin** n (Chem) / aminoguanidine n

**Guanylsäure** f (Biochem) / guanosine monophosphate, GMP, guanylic acid

**Guaran** n / guar n, guar gum

**Guarana** f (Paullinia cupana H.B.K.) (Bot, Nahr) / guarana n, Brazilian cocoa

**Guard-Rail** n (eine Schutzmaßnahme in der Technik der Magnetblasen- bzw. Magnetdomänenspeicher) (EDV) / guard rail

**Guargummi** n (Schleimstoff aus den Guarbohnen - Cyamopsis tetragonoloba (L.) Taub.) / guar n, guar gum

**Guasch** f (eine deckende Wasserfarbe) / gouache* n

**Guayana-Arrowroot** n (Nahr) / plantain starch

**Guayule** f (Parthenium argentatum A. Gray) (Bot) / guayule n ‖ ≈ (Kautschuk) (Chem Verf) / guayule n, guayule rubber ‖ ≈**-Kautschuk** m (Chem Verf) / guayule n, guayule rubber ‖ ≈**-Strauch** m (Parthenium argentatum A. Gray) (Bot) / guayule n

**Gudden-Pohl-Effekt** m (Licht) / Gudden-Pohl effect*

**Gudermann-Funktion** f (Math) / Gudermannian* n

**Guerbet-Reaktion** f (Selbstkondensation von Alkoholen unter dem Einfluß von Na und Cu) (Chem) / Guerbet reaction

**GUI** (EDV) / graphic(al) user interface, GUI

**Guibo-Gelenk** n (ein elastisches Gelenk in Gummiringform) (Masch) / Guibo coupling

**GUI-Builder** m (EDV) / GUI builder

**Guide** m (Web-Seiten, die sortierte und meist kommentierte Links anbieten, aber keinerlei sonstige Inhalte zur Aufbereitung dieser Informationen) (EDV) / guide n

**GUI-Debugger** m (ein Debugger, der z.B. unter Windows läuft) (EDV) / GUI debugger

**Guignetgrün** n (Chem) / Guignet's green, Guinea green, viridian green

**Guillemin-Effekt** m (Mag) / Guillemin effect*

**Guilloche** f (Schlangenlinienverzierung) (Druck, For, Masch) / guilloche n

**Guinier-Kamera** f (Röntgenkamera für Pulveraufnahmen unter Verwendung eines fokussierenden Monochromators (nach A. Guinier, 1911-2000) / Guinier camera

**Guinier-Preston-Zone** f (bei der Nahentmischung der Mischkristalle) (Hütt, Krist) / Guinier-Preston zone

**Guipure-Spitze** f (ohne Fond, besonders die Ätzspitze mit Steggrund) (Tex) / guipure n ‖ ≈ (Tex) s. auch Ätzspitze

**gu-Kerne** m pl (Kerne mit gerader Protonenzahl und ungerader Neutronenzahl) (Kernphys) / even-odd nuclei*

**Gula** n (pl. -ae) (Akus, Med) / throat n

**Guldinsche Regeln** (nach P. Guldin, 1577-1643) (Math) / Pappus' theorems*, Guldin's theorems

**Güldisch-Silber** n (goldhaltige Silberlegierung) (Hütt) / doré silver*

**Gülle** f (natürlicher organischer Dünger, der sich aus Jauche, Kot und Wasser zusammensetzt) (Landw) / slurry n, liquid manure

**Gülleverregner** m (Landw) / slurry thrower

**Gullstrandsche Formel** (Opt) / Gullstrand formula

**Gully** m (Sanitär) / gulley* n, gully n, inlet n (US), street inlet (US), gully-hole n, street gully

**Gullyerosion** f (Geol) / gully erosion

**Gullygeruchverschluß** m (Sanitär) / gulley trap*, yard trap*

**Gulose** f (eine Aldohexose) (Chem) / gulose* n

**gültig** adj / valid adj

**Gültiges** n (im Erz) (Bergb, Hütt) / value n

**Gültigkeit** f (Math) / validity n

**Gültigkeits•bereich** m / scope n ‖ ≈**bereich eines Namens** (DIN ISO 7498) (EDV) / title domain ‖ **Festlegung** f **des** ≈**bereiches** / scoping n ‖ ≈**erklärung** f / validation* n ‖ ≈**erklärung** (eines Luftfahrerscheines) (Luftf) / rendering valid ‖ ≈**kontrolle** f (EDV) / validity check ‖ ≈**prüfung** f (EDV) / validity check ‖ ≈**prüfung** (EDV) s. auch Plausibilitätskontrolle ‖ ≈**zeit** f (EDV) / valid time

**Gum** m (im Rohgas) / gum n ‖ ≈ (Chem Verf, Erdöl) / gum n ‖ ≈ (Abdampfrückstand von Benzinen) (Erdöl) / gum n ‖ ≈ (im Erdöl) (Erdöl) / gum n ‖ **potentieller** ≈ (bei der Prüfung der Zunahme des Abdampfrückstandes nach künstlicher Alterung in der Wärme unter Sauerstoffdruck) / potential gum, ultimate gum

**Gumari** n (Gmelina arborea Roxb.) (For, Pap) / gmelina n

**Gumbildung** f (Bot, Erdöl) / gumming n, gum formation

**Guminhibitor** m (Erdöl) / gum inhibitor, antigumming agent

**Gummi** m n (vulkanisiertes Material) / rubber* n, india-rubber* n ‖ ≈ n (Gummiband) / rubber tape, rubber band ‖ ≈ (Bot, Chem) / gum* n, natural gum ‖ ≈ (der wasserlösliche Bestandteil der Gummiharze) (Chem, For) / gum n (agar, gum arabic) ‖ ≈ m **für die Autoindustrie**

**Gummi**

(Kfz) / automotive rubber ‖ ⁓ **für die Luftfahrtindustrie** (Luftf) / aeronautical rubber ‖ ⁓ **gegen Gummi** (Vierzylindersystem im Rollenoffset für gleichzeitigen Schön- und Widerdruck) (Druck) / blanket-to-blanket n ‖ ⁓ **Guajaci** (von Guajacum officinale L.) (Pharm) / guaiac n, guaiacum n ‖ ⁓ **Olibanum** (Gummiharz von Boswellia-Arten) / frankincense n, olibanum n, incense n, gum thus, gum olibanum

**Gummi•antenne** f (Kfz, Radio) / rubber antenna ‖ ⁓**arabikum** n (Gummi arabicum, Gummi acaciae) (Bot, Chem) / gum arabic*, acacia gum*, arabic gum, gum acacia ‖ ⁓**arabikumbaum** m (meistens Acacia senegal (L.) Willd.) (For) / gum arabic tree ‖ ⁓**artikel** m pl / rubber products, rubber goods ‖ **mit** ⁓**auflage** / rubber-covered adj ‖ ⁓**band** n (aus Gummi) / rubber tape, rubber band ‖ ⁓**band** (mit eingewebten Gummifäden) (Tex) / elastic ribbon, elastic n ‖ ⁓**bänder** n pl (EDV) / rubber bands ‖ ⁓**bandverfahren** n (zur Darstellung einer geraden Linie in der grafischen Datenverarbeitung) (EDV) / rubber-banding n ‖ ⁓**baum** m (der Gummi jeglicher Art liefert) (For) / gum-tree n ‖ ⁓**baum** (Ficus elastica Roxb.) (For) / Assam rubber tree, rambong n ‖ ⁓**baum** (For) s. auch Parakautschukbaum ‖ ⁓**bereift** adj / rubber-tyred adj ‖ ⁓**beschichtetes Band** (Kab) / proofed tape ‖ ⁓**besohlung** f / rubber soling ‖ ⁓**bindung** f (durch Vulkanisieren hergestellte Bindung der Schleifscheibe) / rubber bond ‖ ⁓**dichtung** f (Masch) / rubber gasket ‖ ⁓**dichtung mit Gewebeeinlage** (Masch) / elastic packing* ‖ ⁓**drucktuch** n (im Offsetdruck) (Druck) / blanket* n ‖ ⁓**elastisch** adj / resilient adj ‖ ⁓**elastizität** f / entropy elasticity, rubber elasticity

**gummieren** v (als Oberflächenschutz) / rubberize v, coat with rubber, line with a rubber coat ‖ ⁓ (z.B. Klebestreifen, Papier, Lithografiestein) / gum v, gum up v ‖ ⁓ n (Klebestreifen, Papier, Lithografiestein) / gumming n

**gummiert•es Band** (Kab) / proofed tape ‖ ⁓**es Klebeband** / gummed sealing tape, gummed tape ‖ ⁓**er Klebestreifen** / gummed sealing tape, gummed tape ‖ ⁓**es Papier** (Pap) / gummed paper*

**Gummi•erz** n (Min) / uranium ochre, gummite n ‖ ⁓**faden** m / rubber thread ‖ ⁓**faser** f (eine Elastofaser nach DIN 60001) (Tex) / rubber fibre ‖ ⁓**fasern** f pl (mit Latex verbundene elastische Auflage) (Tex) / rubberized hair ‖ ⁓**feder** f (Masch) / rubber spring ‖ ⁓**federelement** n (Masch) / rubber spring (element) ‖ ⁓**federung** f (Bahn) / rubber suspension ‖ ⁓**fluß** m (For) / gummosis n ‖ ⁓**freundliche Imprägnierung des Reifenkords** (z.B. mit Naturlatex, mit Resorzin-Formaldehyd, mit einem Zusatz von Vinylpyridin-Latex) (Kfz, Tex) / fabric dip ‖ ⁓**fuß** m / rubber foot ‖ ⁓**gelenk** n (Masch) / rubber doughnut coupling, rubber coupling ‖ ⁓**glyzerin** n (z.B. für Konimeter) / glycerine jelly ‖ ⁓**gurt** m (mit Textil- oder Stahlseileinlage) (Masch) / rubber belt ‖ ⁓**gurt mit Stahlseileinlage(n)** (Masch) / steel-cable reinforced belt, steel-cable conveyor belt ‖ ⁓**gurtbandförderer** m (Masch) / rubber belt conveyor ‖ ⁓**gutt** n (eingetrockneter latexartiger Wundsaft von Garcinia-Arten, vorwiegend G. hanburyi) / gamboge gum, cambogia n, gamboge n, camboge n, gutta gamba ‖ ⁓**haar** m (mit Latex verbundene elastische Auflage) (Tex) / rubberized hair ‖ ⁓**hammer** m (Werkz) / rubber mallet ‖ ⁓**handschuh** m / rubber glove ‖ **internationaler** ⁓**härtegrad** / international rubber hardness degree, IRHD ‖ ⁓**harz** n (For) / gum resin, resinoid n ‖ ⁓**haut** f (der Vorderkanten, die zur mechanischen Enteisung dient) (Luftf) / boot n, de-icer boot, rubber boot, overshoe n ‖ ⁓**imprägniertes Isolierband** (Eltech) / rubberized tape ‖ ⁓**isoliertes Kabel** (Kab) / rubber-insulated cable ‖ ⁓**kamm** m (zur Ausübung der Kammzugtechnik) (Anstr) / rubber comb ‖ ⁓**kissen** n (Block aus Gummiplatten zum Schneiden mit Schneidschablone sowie zum Hohlprägen und Tiefziehen) (Masch) / rubber pad ‖ ⁓**kleber** m / rubber adhesive ‖ ⁓**klischee** n (Druckplatte für den Hochdruck, vorwiegend für den Flexodruck) (Druck) / rubber plate*, rubber stereo, rubber stereotype ‖ ⁓**kokosvliesanlage** f (Tex) / rubber-coir web forming plant ‖ ⁓**kompensator** m (zum Dehnungsausgleich bei Rohrleitungen) / rubber compensator ‖ ⁓**körpergelenk** n (ein elastisches Gelenk in Form eines dicken Gummiringes) (Masch) / rubber doughnut coupling, rubber coupling ‖ ⁓**kreuzgelenk** n (Kfz) / rubber universal joint, Hardy disk, flexible coupling ‖ ⁓**lack** m (Lack oder Lackfarbe, die als Bindemittel abgewandelte Natur- oder Kunstkautschuke enthalten) (Anstr) / rubber-base paint ‖ ⁓**lager** n (ein Verformungslager) (Masch) / rubber bearing ‖ ⁓**leisten** f pl (im Falzmesser-Sammelzylinder der Hochdruck-Rollenrotationsmaschine) (Druck) / cut-off rubbers*, cutting buffers*, cutting strips* ‖ ⁓**liefernde Pflanze** (Bot) / gum plant ‖ ⁓**linien** f pl (EDV) / rubber bands ‖ ⁓**linse** f (Film, Foto) / zoom lens*, variable-focus lens*, varifocal lens*, zoom n, pancratic lens ‖ **die** ⁓ **aufziehen** (Film) / zoom out v, zoom back v ‖ **die** ⁓ **zuziehen** (Film) / zoom in v ‖ ⁓**lösung** f / rubber cement, rubber solution, cement n ‖ ⁓**mantel** m (Kab) / tough-rubber sheathing, TRS, cab-tyre sheathing ‖ ⁓**matte** f / rubber mat ‖ ⁓**membran** f (z.B. für das Hydroformverfahren) (Masch) / rubber diaphragm ‖ ⁓**membrane** f (für Blasfolien) (Plast) / rubber blanket ‖ ⁓**-Metall-Bindung** f (mit Zwischenlagen aus Messing, Kautschukhydrochlorid, Isozyanaten usw.) / rubber-to-metal bond ‖ ⁓**-Metall-Element** n (Metallgummi) (Kfz, Masch) / rubber-metal element ‖ ⁓**-Metall-Verbindung** f (Kfz, Masch) / rubber-metal connection ‖ ⁓**mischung** f (Chem Verf) / rubber compound ‖ ⁓**platte** f (im allgemeinen) / rubber sheet ‖ ⁓**platte** (Druckplatte für den Hochdruck, vorwiegend für den Flexodruck) (Druck) / rubber plate*, rubber stereo, rubber stereotype ‖ ⁓**polster** n (Kfz) / cushion n ‖ ⁓**rad** n / rubber wheel ‖ ⁓**radverdichter** m (eine Straßenbaumaschine) (HuT) / multi-wheel roller, pneumatic-tyred roller ‖ ⁓**radwalze** f (HuT) / rubber-tyred roller ‖ ⁓**radwalze** (HuT) / multi-wheel roller, pneumatic-tyred roller ‖ ⁓**rahmen** m (der Scheiben) (Kfz) / sealing rubber ‖ ⁓**raschel** f (Tex) / elastic raschel machine ‖ ⁓**raschelmaschine** f (Tex) / elastic raschel machine ‖ ⁓**reibrad** n (DIN 8220) (Masch) / rubber friction wheel ‖ ⁓**resina** f (For) / gum resin, resinoid n ‖ ⁓**ring** m (für Flaschen und Gläser) / lute n ‖ ⁓**ring** / rubber ring ‖ ⁓**sack** m **unter Druck** (Plast) / pressure bag ‖ ⁓**sackpreßverfahren** n (Plast) / rubber-bag moulding, flexible-bag moulding, pressure-bag moulding ‖ ⁓**sauger** m / suction cup, suction pad ‖ ⁓**sauger** (zum Absaugen verstopfter Geruchsverschlüsse) (Klemp) / force cup, plumber's helper, plumber's friend, plunger n (US) ‖ ⁓**schlauch** m / rubber hose, rubber tube ‖ ⁓**schlauch** (Kab) / tough-rubber sheathing, TRS, cab-tyre sheathing ‖ ⁓**schläuche** m / rubber tubing ‖ ⁓**schlauchmaterial** n / rubber tubing ‖ ⁓**schneiden** n (Masch) / Guerin process* ‖ ⁓**schnur** f (Eltech) / rubber-insulated cord ‖ ⁓**schuhwerk** n / rubber footwear ‖ ⁓**schwärze** f (qualitätsverbessernder Kautschukzusatz aus Ruß) (Chem Verf) / rubber black ‖ ⁓**spinne** f (Film, Foto) / rubber spider ‖ ⁓**stereo** (Druckplatte für den Hochdruck, vorwiegend für den Flexodruck) (Druck) / rubber plate*, rubber stereo, rubber stereotype ‖ **pflanzlicher** ⁓**stoff** (Bot, Chem) / gum* n, natural gum ‖ ⁓**stopfen** m / rubber stopper, rubber plug ‖ ⁓**stöpsel** m / rubber stopper, rubber plug

**Gummit** m (rötlichgelbes, gelartiges Verwitterungsprodukt des Uranpecherzes) (Min) / uranium ochre, gummite n

**Gummituch** n (im Offsetdruck) (Druck) / blanket* n ‖ ⁓ (für den Offsetdruck) (Druck) / offset blanket*, rubber blanket* ‖ ⁓ (Plast) / rubber blanket ‖ ⁓ **mit vier Gewebelagen** (Druck) / four-ply blanket ‖ ⁓**rakelstreichmaschine** f (Pap) / knife-on-blanket coater

**Gummi•tupfer** m (Anstr) / rubber stippler ‖ ⁓**ummantelung** f (z.B. bei alten Typen von Keilriemen) / rubber casing ‖ ⁓**ventil** n / rubber valve ‖ ⁓**ventil** (des Reifens) (Kfz) / rubber valve ‖ ⁓**viereck** n (EDV) / rubber rectangle, zoom rectangle ‖ ⁓**wagen** m (ein Kamerawagen) (Film, TV) / tyre dolly ‖ ⁓**waren** f pl / rubber products, rubber goods ‖ ⁓**wischer** m (z.B. an einem Rührstab) (Chem) / rubber policeman (a piece of rubber tubing with a flattened end) ‖ ⁓**ziehen** n (Tiefziehen über einen Ziehstempel mittels eines Gummikissens oder einer Gummimembran) (Masch) / rubber-pad forming, rubber forming* ‖ ⁓**ziehverfahren** n (Masch) / rubber-pad forming, rubber forming* ‖ ⁓**zug** m (in Stiefeln) / elastic gusset ‖ ⁓**zug** (Tex) / elastic ribbon, elastic n ‖ ⁓**zylinder** m (der mit einem Gummidrucktuch bespannte Zylinder im Offsetdruck) (Druck) / blanket cylinder*

**Gummose** f (For) / gummosis n

**Gunn•-Bauelement** n (Eltronik) / Gunn diode, Gunn-effect diode ‖ ⁓**-Diode** f (eine Halbleiterdiode, bei der der Gunn-Effekt ausgenutzt wird - nach J.B. Gunn, geb. 1928) (Eltronik) / Gunn diode, Gunn-effect diode ‖ ⁓**-Effekt** m (eine mit der Interbandstreuung heißer Ladungsträger verknüpfte Transporterscheinung in Halbleitern) (Eltronik) / Gunn effect* ‖ ⁓**-Element** n (Eltronik) / Gunn diode, Gunn-effect diode ‖ ⁓**-Oszillator** m (ein Mikrowellenoszillator) (Eltronik) / Gunn oscillator ‖ ⁓**-Oszillator** (ein Halbleiterbauelement, das auf den Schwingungen basiert, die den Gunn-Effekt begleiten können) (Eltronik) / Gunn oscillator ‖ ⁓**-Verstärker** m (ein Mikrowellenverstärker) (Eltronik) / Gunn amplifier

**günstig•ste Betriebsfrequenz** (für die ionosphärische Ausbreitung) (Radio) / optimum working frequency, FOT (fréquence optimum de travail) ‖ ⁓**e Eigenschaft** (z.B. einer Organisationsstruktur, einer Legierung) / merit n ‖ ⁓**e Lage** / geographical convenience ‖ ⁓**er Standort** / geographical convenience ‖ ⁓**e Wetterperiode** (z.B. für die Bohrarbeiten) (Erdöl) / weather window

**Günzburgs Reagens** (Chem, Med) / Günzburg's reagent

**Guo** (Trivialname für 9-B-D-Ribofuranosid) (Biochem) / guanosine n

**Gur** f (durch Zersetzung von Organismen oder Gesteinen entstandener Schlamm) (Geol) / guhr n

**Gurdynamit** n (mit etwa 25% Kieselgur) / guhr dynamite

**Gurjunbalsam** m (von Dipterocarpus alatus Roxb. und D. turbinatus C.F. Gaertn.) / gurjun balsam, garjan n, wood oil

**Gurken-Mosaik-Virus** n m (Biochem) / cucumber mosaic virus, CMV

**Gurt** m (des Architravs) (Arch, Bau) / fascia* n, facia n ‖ ⁓ (eines Vollwand- oder Fachwerkträgers - oberer oder unterer) (Arch, HuT) / boom* n, chord* n ‖ ⁓ (zum Steg senkrecht stehender Teil) (Bau,

Hütt) / flange* n ‖ ⁓ (Bau, Masch) / belt n, band n ‖ ⁓ (zur Bestückung) (Eltronik) / tape n ‖ ⁓ (Foto) / strap n ‖ ⁓ (Masch) / strap n ‖ ⁓ (Kfz, Luftf) s. auch Sicherheitsgurt ‖ **gekrümmter** ⁓ (Arch, HuT) / arched boom ‖ ⁓**anlegepflicht** f (Kfz) / obligation to wear seat belts ‖ ⁓**automatik** f (Kfz) / safety-belt retractor, seat-belt retractor, belt retractor ‖ ⁓**band** n (Masch) / strap n ‖ ⁓**bandförderer** m (Masch) / band conveyor* (fabric, rubber), belt conveyor* ‖ ⁓**bandgewebe** n (Tex) / webbing* n ‖ ⁓**bandrollsteig** n / belt-type moving pavement ‖ ⁓**bogen** n (ein Verstärkungsbogen, der den Raum quer zu seiner Längsachse in einzelne Abschnitte teilt) (Arch) / transverse arch

**Gürtel** m (Geol) / belt n ‖ ⁓ (Tex) / belt n ‖ **orogenetischer** ⁓ (Geol) / orogenic belt* ‖ ⁓**druckmaschine** f (eine Rollen-Rotationshochdruckmaschine) (Druck) / belt press ‖ ⁓**isolierung** f (gemeinsame Isolierung über mehrere verseilte Adern) (Kab) / belt insulation ‖ ⁓**reifen** m (Reifen mit Radialstruktur) (Kfz) / radial-ply tyre*, belted radial tyre, radial n, radial tyre ‖ ⁓**reifen in Semiradialbauweise** (Kfz) / belted bias tyre, bias-belted tyre ‖ ⁓**reifen mit Diagonalkarkasse** (Kfz) / belted bias tyre, bias-belted tyre ‖ ⁓**schlaufenaufnähmaschine** f (Tex) / belt loop machine ‖ ⁓**schlaufenmaschine** f (Tex) / belt loop machine ‖ ⁓**stoff** m (Tex) / belting* n, belt material

**Gürtelung** f / zonality n

**Gurt** ⁓**förderer** m (Masch) / band conveyor* (fabric, rubber), belt conveyor* ‖ ⁓**geschirr** n (der Drachenflieger) (Luftf) / harness n ‖ ⁓**gesims** n (das den Bau zwischen den einzelnen Geschossen umzieht) (Arch) / string-course* n, ledgement* n, cordon n ‖ ⁓**höhenverstellung** f (Kfz) / seat belt height adjustment ‖ ⁓**lose** f (Kfz) / belt slack ‖ ⁓**platte** f (Arch, HuT) / chord plate ‖ **untere** ⁓**platte** (Arch, HuT) / sole plate ‖ ⁓**roller** m (Bau) / strap rolling-up mechanism ‖ ⁓**schloß** n (Kfz) / buckle n ‖ ⁓**schlüssel** m (Werkz) / strap spanner, strap wrench ‖ ⁓**stab** m (Arch, HuT) / boom member, chord member ‖ ⁓**stoff** m (Tex) / strapping n, belting n ‖ ⁓**straffer** m (Kfz) / safety-belt tensioner, belt tensioner ‖ ⁓**umlenkpunkt** m (Kfz) / belt-deflection point

**Gurtung** f (die Gesamtheit der Gurte eines Fachwerkträgers) (Arch) / booms pl, chords pl

**Gurtungs•deck** n (oberstes durchlaufendes Deck) (Schiff) / main deck* ‖ ⁓**einrichtung** f (für axiale und radiale Bauelemente) (EDV) / belting equipment

**Gurt•verankerung** f (Kfz) / seat belt anchorage, seat belt mounting ‖ ⁓**versteller** m (Kfz) / seat adjustment device ‖ ⁓**warnleuchte** f (Kfz) / seat belt warning light, seat belt reminder light ‖ ⁓**weberei** f (Tätigkeit) (Tex) / belt weaving ‖ ⁓**werkstoff** m (Tex) / belting* n, belt material ‖ ⁓**zeug** n (des Fallschirms) (Luftf) / harness n

**Gurunuß** f (aus Cola acuminata (P.Beauv.) Schott et Endl.) / kola nut, goora nut, cola nut, kola seed

**Gushing** n (Brau) / gushing n

**Guß** m (Gieß) / casting* n, cast piece, cast part ‖ ⁓ (Gießvorgang) (Gieß, Glas, Keram) / casting* n, pouring n, (of metal and glass also) founding n ‖ **fallender** ⁓ (Gieß) / top casting, top pouring, downhill casting ‖ **schlecht ausgelaufener** ⁓ (Gieß) / misrun, faulty casting, misrun casting ‖ **steigender** ⁓ (Gieß) / bottom casting, bottom pouring, uphill casting, pit casting ‖ ⁓**asphalt** m (HuT) / poured asphalt, mastic asphalt ‖ ⁓**ausbringen** n (Verhältnis zwischen der Gußteilmasse und der zur Herstellung des Gußteils benötigten Flüssigmetallmasse) (Gieß) / casting yield ‖ ⁓**ausschuß** m (Gieß) / scrap castings, cast scrap ‖ ⁓**beton** m (heute nicht mehr hergestellt) (HuT) / poured concrete ‖ ⁓**blase** f (an der Oberfläche) (Gieß, Hütt) / blister* n ‖ ⁓**blase** (auch Gußfehler) (Gieß, Hütt) / blowhole* n, gas cavity, gas pocket, gas blowhole, gas hole ‖ ⁓**block** m (Hütt) / ingot* n, ingot bar ‖ ⁓**bronze** f (Gieß, Hütt) / cast bronze ‖ ⁓**bruch** m (aus dem Gebrauch ausgeschiedenes Material aus Gußeisen) (Gieß, Hütt) / scrap castings, cast scrap

**Gußeisen** n (eine Fe-C-Legierung mit 2 - 4,5 % C) (Hütt) / cast iron*, C.I. ‖ **aus** ⁓ (Hütt) / cast-iron attr ‖ **austenitisches** ⁓ (DIN 1694) (Hütt) / austenitic cast iron ‖ **ferritisches** ⁓ (Hütt) / ferritic cast iron ‖ **hochfestes** ⁓ (Hütt) / high-duty cast iron, high-test cast iron, high-strength cast iron ‖ **niedriggekohltes** ⁓ (Hütt) / semisteel* n ‖ **weiches** ⁓ (Hütt) / soft cast iron, SCI ‖ **weißes** ⁓ (Hartguß aus Temperrohguß) (Hütt) / chilled cast iron, white cast iron ‖ ⁓ **aus stahlreicher Gattierung** (mit hohem Stahlschrottzusatz) (Hütt) / semisteel* n ‖ ⁓ **mit Kugelgraphit** (DIN 1693) (Hütt) / spheroidal graphite cast iron, nodular cast iron, SG iron*, ductile cast iron* ‖ ⁓ **mit Lamellengraphit** (DIN 1691) (GG) (Hütt) / grey iron*, grey cast iron ‖ ⁓ **mit Vermikulargraphit** (Hütt) / compacted graphite cast iron*, CG iron*, vermicular iron ‖ ⁓**modell** n (Gieß) / iron pattern ‖ ⁓**plattenbelag** m (HuT) / iron paving

**gußeisern** adj (Hütt) / cast-iron attr

**Guß•email** n / cast-iron enamel ‖ ⁓**fehler** m (Fehlstelle am fertigen Gußstück) (Gieß) / casting defect, foundry defect, pouring defect ‖ **mit** ⁓**fehlern behaftet** (Gieß) / unsound* adj ‖ ⁓**folie** f (Plast) / cast film ‖ ⁓**gefüge** n (Gieß) / cast structure ‖ ⁓**gekapselt** adj (Eltech) / cubicle attr ‖ ⁓**gekapselt** (Eltech) / metal-enclosed adj, metal-cased adj, metal-clad adj, iron-clad adj ‖ ⁓**gestrichenes Papier** (Pap) / cast-coated paper ‖ ⁓**glas** n (DIN 1249, T 4) (Glas) / cast glass ‖ ⁓**glas** (Glas) s. auch Walzglas ‖ ⁓**grat** m (Gieß) / seam* n, flash* n, casting seam, cast seam, cast flash ‖ ⁓**haut** f (Gieß) / casting skin, casting scale ‖ ⁓**heizkörper** m (DIN 4720) (Bau) / cast-iron radiator ‖ ⁓**karbid** n (Hütt) / cast hard carbide ‖ ⁓**konstruktion** f (Entwurf) (Gieß) / casting design ‖ ⁓**kruste** f (Gieß) / casting skin, casting scale ‖ ⁓**legierung** f (metallische Legierung, die sich gut zur Herstellung von Formguß eignet) (Gieß) / casting alloy, alloy for casting ‖ ⁓**-Mehrstoff-Zinnbronze** f (DIN 1718) (Hütt) / red casting brass* ‖ ⁓**mörtel** m (Bau) / larry n, fluid mortar ‖ ⁓**nagel** m (Masch) / cast nail ‖ ⁓**naht** f (Gieß) / seam* n, flash* n, casting seam, cast seam, cast flash ‖ **faserbewehrter** ⁓**putz** (Bau) / stick-and-rag work* ‖ ⁓**putzen** n (Gieß) / dressing* n, fettling n, trimming* n, rattling n ‖ ⁓**putztrommel** f (eine Putztrommel zum Putzen von Gußstücken) (Gieß) / rumble n, tumbling barrel ‖ ⁓**radiator** m / cast-iron radiator ‖ ⁓**roheisen** n (Gieß) / foundry pig-iron*, Cleveland pig iron ‖ ⁓**seigerung** f (Unterschied in der chemischen Zusammensetzung verschiedener Körner nach dem Abguß einer Metallschmelze, die aus verschiedenen Legierungsbestandteilen besteht) (Hütt) / coring n ‖ ⁓**spannung** f (innere Spannung, die in Gußstücken nach Abkühlung auf Raumtemperatur vorliegen kann) (Gieß) / casting strain, contraction stress ‖ ⁓**stahl** m (in Gießformen gegossener Stahl) (Hütt) / cast steel* ‖ ⁓**streichen** n (Pap) / cast coating ‖ ⁓**streichverfahren** n (Pap) / cast coating ‖ ⁓**stück** n (Gieß) / casting* n, cast piece, cast part ‖ ⁓**druckdichtes** ⁓**stück** (Gieß) / pressure-tight casting ‖ **Hohlräume** m pl **und Aussparungen des** ⁓**stückes** (Gieß) / cast holes* ‖ ⁓**teil** n (Gieß) / casting* n, cast piece, cast part ‖ **formschwieriges** ⁓**teil** / casting difficult to mould ‖ ⁓**textur** f (Gieß) / casting texture ‖ ⁓**tisch** m (Glas) / casting table ‖ ⁓**toleranz** f (DIN 1683 bis 1688) (Gieß) / casting tolerance ‖ ⁓**versatz** m (Gußfehler, der dadurch entsteht, daß die Formkastenteile gegeneinander versetzt zugelegt werden) (Gieß) / cross joint ‖ ⁓**werkstoff** m (metallischer Werkstoff, der für die Herstellung von Gußteilen verwendet und zu diesem Zweck in den flüssigen Zustand überführt wird) (Gieß) / material for casting ‖ ⁓**zapfen** m (Typog) / tang n ‖ ⁓**zinnbronze** f (Hütt) / gunmetal* n ‖ ⁓**zustand** m (Hütt) / as-cast condition, cast condition

**gut** adj (Qualität) / good adj ‖ ~ (Ernte) (Landw) / rich adj ‖ **~ abgestufter Zuschlagstoff** (DIN 1045) (Bau, HuT) / dense-graded aggregate ‖ ~ **definiert** (KI, Math) / well-defined adj ‖ **~ durchgebraten** (Fleisch) (Nahr) / well-done adj ‖ **~e Durchschnittsqualität** / fair average quality, faq, F.A.Q., good merchantable quality ‖ **~er Fall** (Tex) / good drape (of cloth) ‖ **~ gasdurchlässiger Sand** (Gieß) / open sand* ‖ **~ in der Hand liegend** / easy-to-grip attr, handy adj, wieldy adj, easy-grip attr, affording a firm grip, gripping well ‖ **~e Kaufmannsware** / fair average quality, faq, F.A.Q., good merchantable quality ‖ **~e Laborpraxis** (Pharm) / good laboratory practice, GLP ‖ **~e Pflegeeigenschaften** (z.B. Reinigungs- oder Trocknungsverhalten) / easy-care properties ‖ ~ **proportioniert** / shapely adj, elegant adj ‖ **~e Qualität** (für die Archivierung) / archival quality ‖ **~e Schnitteigenschaften** (des Holzes) (For) / ease of sawing ‖ ~ **verwittert** (Boden) (Landw) / mature adj

**Gut** n (zu bearbeitendes) / material n, stock n ‖ ⁓ (Mahlgut) (Landw, Nahr) / grist n ‖ **abgeröstetes** ⁓ (Hütt) / calcine* n, calcined product ‖ **angereichertes** ⁓ (aus der Setzmaschine) (Aufber) / hutchwork n ‖ **gefährliches** ⁓ / hazardous material ‖ **gefährliches** ⁓ (beim Transport) / dangerous cargo ‖ **meritorische Güter** (bei denen der Staat in das Marktgeschehen eingreift - z.B. Alkohol, Benzin, Tabakwaren) / merit goods ‖ **stehendes** ⁓ (Tauwerk der Takelage, das mit Spannschrauben festgesetzt ist) (Schiff) / standing rigging

**Gutachten** n / expert report, expert opinion

**gutachterlich prüfen lassen** / commission an expert report (on sth.)

**gut•artig** adj (Kohle) (Bergb) / easy-to-separate attr ‖ ⁓**artiger Virus** (EDV) / benign virus ‖ ⁓**befund** m / approval n ‖ ⁓**behälter** m (Masch) / load-containing device

**Güte** f (eines schwingenden Systems) (Eltech) / quality factor*, magnification factor*, Q*, Q-factor* n, factor of merit ‖ **aerodynamische** ⁓ (Kehrwert der Gleitzahl) (Phys) / aerodynamic efficiency ‖ ⁓ **der** ⁓ **nach** / qualitative adj, qual ‖ ⁓ f **der Glättung** (bei Signalen) (Fernm) / smoothing quality ‖ ⁓ **der Konvergenz** (Math) / rate of convergence

**Güte•anforderung** f (Masch) / specification n ‖ ⁓**faktor** m (Eltech) / quality factor*, magnification factor*, Q*, Q-factor* n, factor of merit ‖ ⁓**faktormesser** m (Eltech) / Q-meter* n, quality-factor meter, Q-meter* n ‖ ⁓**faktormeßgerät** n (Eltech) / Q-meter* n, quality-factor meter, Q-meter* n ‖ ⁓**funktion** f (Stats) / power function ‖ ~**gesteuerter Laser** (Phys) / Q-switched laser ‖ ⁓**grad** m

**Güteklasse**

(der indizierte Wirkungsgrad einer Kraftmaschine) (Masch) / efficiency n || ⁓**klasse** f / grade n, quality n, class n || ⁓**klasse** (elektrischer Meßgeräte nach VDE 0410) (Eltech) / figure of merit* || **Erreichen** n **vorgegebener** ⁓**kriterien** (bei der adaptiven Regelung) (Regeln) / adaptive-control optimization, ACO || ⁓**kriterium** n (z.B. für ein Regelsystem) (Regeln) / performance index || ⁓**maß** n (einer Erdeempfangsstation einer Satellitenverbindung) (Fernm) / figure of merit || ⁓**minderung** f **durch Leitungsgeräusche** (Akus) / noise transmission impairment*, NTI* || ⁓**modulation** f (Eltronik, Phys) / Q-switching* n || ~**modulierter Laser** (Phys) / Q-switched laser
**Gutenberg•-Richter-Magnitudenskale** f (Einstufung des Erdbebens nach Größenklassen - nach Ch.F. Richter, 1900-1985) (Geophys) / Richter scale || ⁓**-Wiechert-Diskontinuität** f (nach J.E. Wiechert, 1861-1928, und B. Gutenberg, 1889-1960) (Geol) / Gutenberg discontinuity* (the seismic-velocity discontinuity at 2900 km), Wiechert-Gutenberg discontinuity || ⁓**-Zone** f (an der Wiechert-Gutenberg-Diskontinuität) (Geol) / low-velocity zone
**Gütenorm** f / quality standard, performance standard
**Güter•bahnhof** m (Bahn) / goods station, freight station (US) || ⁓**fernverkehr** m / long haul || ⁓**kraftverkehr** m (Kfz) / carriage of goods by road, trucking n || **grenzüberschreitender** ⁓**kraftverkehr** (Kfz) / international carriage of goods by road || ⁓**kraftverkehrsunternehmer** (Kfz) / trucker n || ⁓**transport** m / freight transport, cargo transportation, freight transportation || ⁓**umschlag** m (z.B. Schiene/Straße) (Schiff) / transshipment n, transhipment n, transfer n || ⁓**verkehr** m / goods traffic
**Güterwagen** m (Bahn) / waggon n, wagon m (US), goods waggon, freight car (US)* || ⁓ (flacher, offener) (Bahn) / flat waggon, flatcar n (US), truck n (GB) || **gedeckter** ⁓ (Bahn) / boxcar n (US), covered waggon, freight car (US)*, van n || **gedeckter** ⁓ (mit Plane) (Bahn) / tented waggon || **offener** ⁓ (Bahn) / gondola n (US), open goods waggon, open waggon, open-top car, open goods car || **offener** ⁓ **mit klappbaren Stirnwänden** (Bahn) / drop-end gondola
**Güterzug** m / goods train, freight train (US), freight n (US)
**Güte•schalter** m (Eltronik) / Q-switch n || ⁓**schaltung** f (Eltronik, Phys) / Q-switching* n || ⁓**sicherung** f / quality assurance* (QA*) || ⁓**überwachung** f (DIN 18200) / quality monitoring || ⁓**verlust** m / deterioration n, degradation n || ⁓**zeichen** n / cachet n, quality mark
**gut•flüssige Schlacke** (Hütt) / fluid slag || ⁓**grenze** f (Stats) / acceptable quality level, AQL, acceptance quality level || ⁓**lehre** f (Masch) / go gauge, pass gauge
**GUT-Modell** n (Phys) / Grand Unified Theory* (GUT*)
**gutmoderiert** adj (multiplizierendes Medium) (Nukl) / well-moderated adj
**Gutschein, abtrennbarer** ⁓ / tear-off coupon
**gut•schreiben** v (einen Betrag) / credit v || ⁓**seite** f (beim Schnittholz) (For) / better face || ⁓**seite** (bei Aneinanderfügen von Blättern) (For) / face side (of a board) || ⁓**seite** (Masch) / go-end n, GO gauging member || ⁓**seiten-Meßfläche** f (einer Lehre) (Masch) / go-end n, GO gauging member || ⁓**stoff** m (Teil der Pulpe, der beim Reinigen und/oder Sortieren akzeptiert wird) (Pap) / accept n
**Guttae** pl (an der Unterseite des Geisons und unterhalb der Triglyphen) (Arch) / guttae* pl
**Guttapercha** f n (ein Naturkautschuk aus dem Guttaperchabaum) / gutta-percha* n
**Guttation** f (Wasserabgabe in flüssiger Form) (Bot) / guttation* n
**Gutti** n / gamboge gum, cambogia n, gamboge n, camboge n, gutta gamba
**Gut•träger** m (z.B. Kasten oder Trog des Kettenförderers) (Masch) / load-containing device || ⁓**träger** (z.B. das Band des Bandförderers) (Masch) / load-supporting device || ⁓**- und Ausschußlehre** f (Masch) / go, not-go gauge*, go and no-go gauge
**Gutzeit-Probe** f (nach H.W. Gutzeit, 1845-1888) (Chem) / Gutzeit test*
**Gutzeit-Test** m (auf AsH$_3$) (Chem) / Gutzeit test*
**Guyot** m (pl. Guyots) (abgestumpfter Tiefseeberg) (nach A. Guyot, 1807-1884) (Geol, Ozean) / guyot n
**GV** (Landw) / livestock unit
**g-Verträglichkeit** f (Raumf) / g-tolerance* n
**GVU** (Kftst) / straight gas utility (US), gas utility (US), gas undertaking
**GVZ** (Phys) / intrinsic viscosity, Staudinger index, intrinsic viscosity number, limiting viscosity number, L.V.N.
**G-Wagen** m (Bahn) / boxcar n (US), covered waggon, freight car (US)*, van n
**γ-Wert** m (Höchstwert des Gradienten einer vorgegebenen Schwärzungskurve) (Foto) / gamma value, value of γ, development factor, gamma* n
**G-Wert** m (bei strahlenchemischen Reaktionen) (Kernphys) / G-value* n, yield-G n
**GWL** (Meteor) / grosswetterlage n, large-scale weather pattern
**GWP** (Umwelt) / greenhouse warming potential
**Gy** (SI-Einheit der Energiedosis = J/kg - nach L.H. Gray, 1905-1965) (Radiol) / gray* n, Gy*

**Gymkhana** n (Kfz) / gymkhana n
**Gymnospermen** pl (Bot) / Gymnospermae* pl, gymnosperms* pl
**Gynokardiaöl** n (aus Hydnocarpus kurzii (King) Warb.) (Med, Pharm) / chaulmoogra oil, hydnocarpus oil
**Gyralbewegung** f (Phys) / gyroscopic motion
**Gyrase** f (Biochem) / gyrase n
**Gyration** f (Drehung eines elektrisch geladenen Teilchens um eine magnetische Flußröhre) (Kernphys) / gyration n
**Gyrationsradius** m (Chem) / radius of gyration || ⁓ (Radius der Gyrationsbewegung eines elektrisch geladenen Teilchens) (Kernphys) / gyration radius, Larmor radius*
**Gyrator** m (ein Vierpol) (Eltronik) / gyrator* n
**Gyren** f pl (Krist) / rotation axes of symmetry*
**gyrieren** v (Kernphys) / gyrate v
**Gyro•antrieb** m (Masch) / gyro drive || ⁓**bus** m (Omnibus mit Antrieb durch in einem Schwungrad gespeicherte Energie) (Kfz) / gyrobus n, flywheel bus, electrogyro bus || ⁓**dynamik** f (Phys) / gyrodynamics n
**Gyroeder** n (Vierundzwanzigflächner mit Fünfecken als Begrenzungsflächen) (Krist, Math) / gyrohedron n (pl. -hedrons or -hedra)
**Gyroide** f (Krist) / rotoinversion axis, gyroid n, inversion axis of symmetry
**gyromagnetisch** adj (Phys) / gyromagnetic adj || ~**er Effekt** (z.B. Barnett-Effekt oder Einstein-de-Haas-Effekt) (Phys) / gyromagnetic effect*, magnetomechanical effect || ~**er Faktor** (Phys) / Landé splitting factor*, Landé g factor, spectroscopic splitting factor, gyromagnetic ratio, magnetomechanical factor || ~**es Verhältnis** (Kernphys) / gyromagnetic ratio*, gyromagnetic coefficient, magnetogyric ratio || ~**es Verhältnis des Protons** (Kernphys) / gyromagnetic ratio of proton
**Gyro•omnibus** m (Kfz) / gyrobus n, flywheel bus, electrogyro bus || ⁓**radius** m (Kernphys) / gyration radius, Larmor radius*
**Gyroskop** n (zum Nachweis von [Dreh]Bewegung) (Phys) / gyroscope* n, gyro n || **faseroptisches** ⁓ (ein Interferometer) (Opt) / fibre-optic gyroscope, FOG
**gyroskopisch** adj (Phys) / gyroscopic adj || ~**es Pendel** (Astr) / Foucault's pendulum*, gyropendulum n
**Gyroskopstabilisator** m (Instr) / gyrostabilizer n
**Gyrostat** m (eine Stabilisierungseinrichtung) (Luftf) / gyrostat* n
**Gyrostatik** f (Phys) / gyrostatics n
**Gyrotron** n (Kombination von Laufzeitröhre und Zyklotronresonanzmaser) (Eltronik) / gyrotron* n
**Gyttja** f (pl. Gyttjen) (grünlich grauer Halbfaulschlamm, aus organischen Resten bestehend) (Geol) / gyttja n
**GZ** (Gieß) / centrifugal casting*, centrispinning n, spun casting

# H

**h** (DIN 1301, T 1) / hour *n*
**H** (Chem) / hydrogen* *n*
**H₂** (Chem) / dihydrogen *n*
**H** (abgeleitete SI-Einheit der Induktivität) (Elektr) / henry* *n* (pl. henries or henrys)
**H** (Meteor) / high *n*, high-pressure area, H
**²₁H** (Chem) / deuterium* *n*, heavy hydrogen*
**ha** (Einheit der Fläche = 10⁴ m²) (Landw, Verm) / hectare* *n* ‖ ⁓ (Phys) / Hagen number
**HA** (DIN 60001, T 4) (Tex) / hemp fibre ‖ ⁓ (Fernsp) / subscriber's main station
**Haagsches Theorem** (in der allgemeinen Quantenfeldtheorie) (Kernphys) / Haag theorem
**Haar** *n* (meistens von Rindern, Pferden und Ziegen) / hair* *n* ‖ ⁓ (Tex) / nap* *n*, pile* *n*, run *n* ‖ ⁓- / hairy *adj* ‖ **borstenartiges** ⁓ (Bot, Zool) / seta* *n* ‖ ⁓**e entfernen** / depilate *v* ‖ ⁓**e lockern** (Leder) / lime *v*
**Haar•decke** *f* (Tex) / pile* *n* ‖ ⁓**entfernung** *f* / depilation *n*, epilation* *n* ‖ ⁓**entfernungsmittel** *n* / depilatory* *n*, hair remover, epilator *n* ‖ **~erhaltender Äscher** (Leder) / hair-save liming, wool-save liming (sheep) ‖ ⁓**fang** *m* (Sanitär) / hair catcher ‖ ⁓**filz** *m* (Bau, Tex) / hair felt* *n* ‖ ⁓**garn** *n* (Spinn) / hair yarn ‖ ⁓**garnteppich** *m* (Tex) / hair-yarn carpet ‖ ⁓**gerste** *f* (Bot, HuT) / lyme-grass *n* ‖ ⁓**gips** *m* (Bau) / hair-reinforced plastering mix ‖ ⁓**gras** *n* (Elymus - zur Stabilisierung von Wanderdünen) (Bot, HuT) / lyme-grass *n* ‖ ⁓**hygrometer** *n* (Meteor) / hair hygrometer*
**haarig** *adj* / hairy *adj*
**Haarigkeit** *f* / hairiness *n* ‖ ⁓ (rauhe Oberfläche) (Tex) / nappiness *n*
**Haar•kies** *m* (Nickel(II)-sulfid) (Min) / millerite* *n*, capillary pyrite*, hair pyrites, nickel pyrites ‖ ⁓**kristall** *m* (Chem, Krist) / whisker* *n*, crystal whisker ‖ ⁓**lineal** *n* (zum Prüfen der Ebenheit von Flächen) (Masch) / knife-edge straight edge, straight edge
**Haarnadel•feder** *f* (eine Ventilfeder) (Masch) / hairpin spring ‖ **~förmig** *adj* / hairpin-shaped *adj* ‖ ⁓**ofen** *m* (Keram) / hairpin furnace, U-type furnace ‖ ⁓**rohr** *n* (Schlange, z.B. für den Einsatz in den Dampferzeugern) / hairpin coil ‖ ⁓**schleife** *f* (Biochem) / hairpin loop, hairpinlike structure ‖ ⁓**struktur** *f* (Biochem) / hairpin loop, hairpinlike structure
**Haarpinsel** *m* (Anstr) / hair brush, hair pencil
**Haarriß** *m* / hair-line crack, hair-line *n*, hair-crack *n*, crazing crack, capillary crack ‖ ⁓ (im Beton, in den Anstrichfilmen) / hair-check *n* ‖ ⁓ (auf dem Flaschenhals) (Glas) / smear *n* ‖ **netzförmige Haarrisse** (Galv) / mud-cracking *n* ‖ ⁓**bildung** *f* (Anstr) / checking* *n*, crazing *n* ‖ ⁓**bildung** (Anstr, Keram) / crazing* *n*, cracking *n*, checking *n* ‖ ⁓**bildung** (allmähliches Abblättern) (Bau) / shelling *n* ‖ ⁓**bildung infolge örtlicher Unterkühlung** (Glasherstellung) (Glas) / crizzling* *n* ‖ ⁓**glasur** *f* (Keram) / crackle glaze, craquelé glaze
**Haar•röhrchen** *n* (Phys) / capillary tube, capillary *n* ‖ ⁓**salz** *n* (wasserhaltiges Tonerdesulfat) (Min) / alunogen* *n*, hair salt
**Haarsches Maß** (nach A. Haar, 1885 - 1933) (Math) / Haar measure
**Haar•schaf** *n* (das keine Wolle, sondern Haare trägt) (Leder, Tex) / hair sheep ‖ **~schonender Äscher** (Leder) / hair-save liming, wool-save liming (sheep) ‖ ⁓**seite** *f* (Leder) / bloom side, hair side ‖ ⁓**sieb** *n* / hair sieve ‖ ⁓**silber** *n* (Min) / wire silver ‖ ⁓**spatium** *n* (im Handsatz verwendetes dünnstes Ausschlußstück) (Typog) / hair space* *n* ‖ ⁓**stein** *m* (Min) / flèches d'amour', Venus' hair stone*, love arrows*, cupid's darts* ‖ ⁓**strich** *m* (Strich geringster Strichbreite) (Anstr, Phys) / hair-line *n* ‖ ⁓**strichstreifen** *m* (Tex) / hair-line stripe, hair-line *n* ‖ ⁓**tuch** *n* (Tex) / hair cloth* (for coats and upholstery work) ‖ ⁓**ulme** (For) / English elm, European elm ‖ ⁓**waschmaschine** *f* (zum Waschen des von der Haut entfernten Haares) (Leder) / hair-washing machine ‖ ⁓**wurzel** *f* (Landw, Leder) / hair root
**Haas-Effekt** *m* (akustische Ortung nach der ersten Wellenfront) (Akus) / Haas effect*
**Haas-van-Alphen-Effekt, de-** ⁓ (Auftreten von Quantenoszillationen der magnetischen Suszeptibilität von Metallen als Funktion eines homogenen Magnetfeldes) (Mag) / De Haas-van Alphen effect*
**Haben** *n* (in der Buchführung) / credit *n*
**Haber-Bornscher Kreisprozeß** (Phys) / Born-Haber cycle, Haber-Born cycle
**Haber-Bosch-Verfahren** *n* (nach F. Haber, 1868-1934, und C. Bosch, 1874-1940) (Chem Verf) / Haber process*, Haber-Bosch process

**Haber-Haugaard-Schicht** *f* (eine Quellschicht, die bei der Benetzung der Oberfläche von Glas mit Wasser entsteht) (Glas) / Haber-Haugaard layer
**Haber-Luggin-Sonde** *f* / Haber-Luggin capillary, Luggin-Haber capillary, Luggin-Haber probe, Luggin probe ‖ ⁓ (die die Potentialmessung in nächster Nähe der Elektrode ermöglicht - Aufnahme der Stromdichte-Potential-Kurve) / Haber-Luggin capillary, Luggin-Haber capillary, Luggin-Haber probe, Luggin probe
**Habitat** *n* (eine Unterwasserstation) / habitat *n* ‖ ⁓ (Wohngebiet, Wohnplatz einer Tierart) (Biol) / habitat* *n* ‖ ⁓ (Biol) s. auch Biotop und Umwelt
**Habitebene** *f* (Krist) / habit plane
**Habituation** *f* (Pharm) / habituation *n*
**Habitus** *m* (stengeliger, tafeliger, säuliger, würfeliger) (Krist) / habit* *n*, crystal habit ‖ **langsäuliger** ⁓ (Krist) / lath* *n*
**Habutai** *m* (pl. Habutais) (eine Japanseide) (Tex) / habutai *n*
**HACCP-Konzept** *n* (Festlegung der Prozeßschritte, Definition des Risikos, Festlegung der Kontrollpunkte) (Nahr) / hazard-analysis critical control point (process), HACCP
**Hack•apparat** *m* (Plast) / cutting mill, rotary cutter ‖ ⁓**bau** *m* (Landw) / hoe farming
**Hacke** *f* (Landw) / hoe *n* ‖ ⁓ (Bauteil am Schiffskörper, der vom Kiel bis zum unteren Ruderlager geht und bei Grundberührung das Ruder gegen Beschädigung schützt) (Schiff) / rudder heel ‖ **[keilförmiger] ⁓lstein** (Bau) / sneck *n*
**Hackelsteinmauerwerk** *n* (Bau) / snecked masonry wall
**hacken** *v* / chop *v* ‖ ⁓ (For) / hog *v* ‖ ⁓ (mit der Hacke) (Landw) / hoe up *v*
**Hacker** *m* (in fremde Rechnersysteme illegal eindringender Computerbesitzer) (EDV) / hacker* *n*, system hacker, chopper *n* ‖ ⁓ (zur Abnahme des Faservlieses vom Abnehmer der Kammwollkrempel) (Spinn) / doffer comb, comb *n* ‖ ⁓**kamm** *m* (Spinn) / doffer comb, comb *n*
**Hack•fleisch** *n* (Nahr) / minced meat, mincemeat *n*, ground meat ‖ ⁓**fräse** *f* (Landw) / rotary hoe ‖ ⁓**früchte** *f pl* (Kulturpflanzen, deren Anbau das Hacken notwendig macht) (Landw) / root crop(s), row crop ‖ ⁓**fruchterntemaschine** *f* (Landw) / root harvester, root crop harvester ‖ ⁓**ingwechsel** *m* (Vorrichtung an der Webmaschine zum Schützenwechsel durch Hub- oder Steigkasten) (Web) / Hacking's box motion ‖ ⁓**klotz** *m* / chopping block ‖ ⁓**klotz** (für das Fleischerhandwerk) / butcher block ‖ ⁓**kultur** *f* (Landw) / hoe farming
**Hackmanit** *m* (ein Mineral der Sodalith-Reihe) (Min) / hackmanite* *n*
**Hack•maschine** *f* (für Holz) (For) / hog *n*, hogging machine, hogger *n*, chopping machine, chipping machine, chipper *n* ‖ ⁓**maschine** (Landw) / hoeing machine ‖ ⁓**messer** *n* / bush knife, machete *n* ‖ ⁓**rotor** *m* (For) / rotary hogger ‖ ⁓**schnitzel** *n pl* (For, Pap) / (wood) chips *pl*, chippings *pl* ‖ **braune** ⁓**schnitzel** (For) / brown chips ‖ **schwarze** ⁓**schnitzel** (For) / brown chips ‖ **grüne** ⁓**schnitzel** (Hackschnitzel mit Grüngut) (For, Pap) / green chips ‖ ⁓**schnitzel** *n pl* **mit Rinde** (For) / brown chips ‖ ⁓**schnitzellagerung** *f* (For, Pap) / chip storage ‖ ⁓**schnitzelrohrleitung** *f* (For) / chip pipeline ‖ ⁓**schnitzelsortierer** *m* (Pap) / chip grader, chip sorter, chip screen ‖ ⁓**schnitzelzerspaner** *m* (For) / chipper *n*
**Häcksel** *n pl* (For, Pap) / (wood) chips *pl*, chippings *pl* ‖ ⁓ *m n* (kleingeschnittenes Stroh oder Heu) (Landw) / chaff *n*, chop *n* ‖ ⁓**gut** *n* (Landw) / chaff *n*, chop *n* ‖ ⁓**maschine** *f* (Landw) / chaff-cutter *n*, chopper *n*
**Häcksler** *m* (Landw) / chaff-cutter *n*, chopper *n*
**Häckslerladewagen** *m* (Landw) / complete forage harvester
**Hackstock** *m* (A) / chopping block
**Hadal** *n* (Ozean) / hadal zone (region)*, hadal *n*
**hadaler Bereich** (der Tiefsee - ab etwa -6000 m) (Ozean) / hadal zone (region)*, hadal *n*
**Hadamardsch•e Matrix** (nach J.S. Hadamard, 1865-1963) (Math) / Hadamard matrix ‖ ⁓**e Ungleichung** (bei Determinanten) (Math) / Hadamard's inequality
**Hadamard-Transform-Spektroskopie** *f* (Spektr) / Hadamard-transform spectroscopy, HTS
**Hadamard-Transform-Technik** *f* (ein Rechenverfahren in der IR-Spektroskopie) (Spektr) / Hadamard transform technique
**Hader** *m* / rag *n*
**Hadern•dreschen** *n* (Trockenreinigung des Hadernmaterials in den Haderndreschern) (Pap) / thrashing *n*, dusting *n*, rag thrashing willowing *n* ‖ ⁓**drescher** *m* (Pap) / willowing machine, willow *n* ‖ ⁓**halbstoff** *m* (Pap) / rag pulp, hard stock ‖ **~haltiges Papier** (mit mindestens 10% Hadern oder Baumwollfasern) (Pap) / rag-content paper* ‖ ⁓**krankheit** *f* (eine Form von Milzbrand - eine Berufskrankheit) (Med) / wool-sorters' disease* ‖ ⁓**papier** *n* (aus 100% Hadern) (Pap) / rag paper ‖ ⁓**schneider** *m* (Pap) / rag cutter, rag chopper ‖ ⁓**stäuben** *n* (Tex) / thrashing *n*, dusting *n*, rag thrashing

**Hadernstäuber**

|| ~stäuber *m* (Pap) / rag duster || ~stoff *m* (Pap) / rag pulp || ~wolf *m* (Pap) / rag cutter, rag chopper || ~zerreißwolf *m* (Pap) / rag cutter, rag chopper

**Hadfield-Stahl** *m* (mit metastabilem Austenitgefüge) (Hütt) / Hadfield's manganese steel

**Hadley-Zelle** *f* (ein Zirkulationssystem - nach G. Hadley, 1685 - 1768) (Meteor) / Hadley cell*

**Hadopelagial** *n* (Ozean) / hadal zone (region)*, hadal *n*

**Hadrom** *n* (der Gefäßteil ohne mechanische Elemente) (Bot) / hadrom* *n*, hadrome* *n*

**Hadron** *n* (ein Elementarteilchen) (Kernphys) / hadron* *n* || **gebrochen geladenes** ~ (Kernphys) / fractionally charged hadron || ~ *n* **mit gebrochener Ladung** (Kernphys) / fractionally charged hadron || ~**atom** *n* (Kernphys) / hadronic atom || ~**-Elektron-Ringanlage** *f* (HERA, am Deutschen Zentrum für Elementarteilchenforschung Desy in Hamburg, ab 1990) (Kernphys) / hadron-electron storage ring plant

**Hadronen-** (Kernphys) / hadronic *adj*

**Hadronen-Ära** *f* (in der Big-Bang-Kosmologie) (Astr) / hadron era

**hadronisch** *adj* (Kernphys) / hadronic *adj* || ~**es Atom** (Kernphys) / hadronic atom

**Hafen** *m* (eines Hafenofens) (Glas) / pot* *n*, glass pot || ~ (Schiff) / harbour *n*, port *n* || **den** ~ **ausgießen** (Glas) / teem* *v* || **gedeckter** ~ (Glas) / closed pot, hooded pot, covered pot || **im** ~ **geschmolzenes Glas** (Glas) / pot glass, pot-melted glass || **künstlicher** ~ (Kunstbauten) (HuT, Schiff) / artificial harbour || **offener** ~ (Glas) / open pot || ~ **schwimmender** ~ (Mil) / floating harbour, floating port

**Hafen·ausfahrt** *f* (Geog, Schiff) / mouth of the port, harbour mouth || ~**bahnhof** *m* (eines Seehafens) (Bahn) / maritime terminal, marine terminal || ~**bank** *f* (Glas) / siege* *n*, seat *n*, bench *n* || ~**bau** *m* (HuT) / harbour engineering, port engineering || ~**becken** *n* / harbour basin || ~**behörde** *f* / harbour authorities || ~**brennen** *n* (Glas) / pot arching || ~**bugsierer** *m* (Schiff) / harbour tug || ~**damm** *m* (ein wellenreflektierendes Hafenaußenwerk mit Landanschluß) (HuT) / bulwark* *n* || ~**damm** (Ozean) / sea-wall *n* || ~**einfahrt** *f* (Schiff) / harbour entrance || ~**einfahrt** *f* (Geog, Schiff) s. auch Hafenausfahrt || ~**fertiges Rubinglas** (Glas) / pot ruby || ~**gießen** *n* (Glas) / pot casting, pot teeming || ~**gießmann** *m* (Glas) / teemer *n* || ~**glas** *n* (Glas) / pot glass, pot-melted glass || ~**kran** *m* / wharf crane, dockside crane || ~**ofen** *m* (zur Hafenschmelze von Glas) (Glas) / pot furnace* || ~**radar** *m* *n* (Radar) / harbour surveillance radar, harbour radar || ~**reise** *f* (Lebensdauer eines Hafens) (Glas) / pot life (the length of time, or the number of cycles, a pot is in actual use before it is discarded) || ~**rohglas** *n* (Glas) / transfer glass, raw pot glass, pot-cooled glass || ~**scherben** *m pl* (Keram) / pitchers *pl* (fragments of broken pottery, sometimes ground to a powder, for use as an ingredient in bodies, glazes, and colouring compounds, pot sherds || ~**schlepper** *m* (Schiff) / harbour tug || ~**schmelze** *f* (ein diskontinuierliches Glasschmelzverfahren) (Glas) / pot melting || ~**schuppen** *m* (Schiff) / dockside shed || ~**setzen** *n* (mittels einer fahrbaren Hafenzange) (Glas) / pot setting || ~**stube** *f* (Nebenabteilung einer Glashütte zur Hafenherstellung und zur Herstellung anderer spezieller Feuerfesterzeugnisse) (Glas) / pot room || ~**tempern** *n* (Glas) / pot arching || ~**temperofen** *m* (Nebenanlage zum Antempern von Häfen) (Glas) / pot arch || ~**ton** *m* (Rohstoff zur Herstellung von Glasschmelzhäfen) (Glas) / pot clay || ~**viertel** *n* / dockland *n* || ~**wagen** *m* (Glas) / pot carriage, pot waggon || ~**zange** *f* (fahrbare) (Glas) / pot carriage, pot waggon || ~**zeit** *f* (Ozean) / lunitidal interval*

**Hafer·abspitzmaschine** *f* (Landw) / oat clipper || ~**flocken** *f pl* (Nahr) / rolled oats, oat flakes, flaked oats || ~**kleie** *f* (Nahr) / oat bran || ~**kornnarben** *m* (Leder) / oat grain || ~**quetsche** (Landw) / oat crusher || ~**schrot** *m* (Nahr) / groats *pl*, grits *pl* || ~**stroh** (Landw) / oat straw

**Haff** *n* (z.B. Frisches oder Kurisches Haff - vom offenen Meer abgetrennte Bucht) (Geog, Geol) / haff *n* (lagoon created by a sandy spit at a river mouth), fleet *n* || ~ (Geog, Geol) s. auch Strandsee

**Hafnat** *n* (Chem) / hafnate *n*

**Hafnerware** *f* (Keram) / earthenware *n*, pottery *n*

**Hafnium** (Hf) *n* (Chem) / hafnium* *n* || ~**carbid** *n* (Chem, Nukl) / hafnium carbide || ~**dioxid** *n* (Chem) / hafnium dioxide, hafnium oxide, hafnia *n* || ~**karbid** *n* (Chem, Nukl) / hafnium carbide || ~**legierung** *f* (Eltronik, Hütt, Nukl) / hafnium alloy

**HAF-Ruß** *m* / high-abrasion furnace black, HAF black

**Haft·arbeit** *f* (Phys) / adhesional work, work of adhesion || ~**breitreifen** *m* (Kfz) / low-section high-grip tyre || ~**brücke** *f* (eine Schicht, welche die Haftung eines Putzes oder Estrichs auf dem Untergrund verbessern soll) (Bau) / floating* *n*

**haften** *v* (Phys) / adhere *v*, stick *vi* || ~ *n* (des Gußstücks in der Form) (Gieß) / sticking *n* || ~ (Phys) / adhesion* *n*, adherence *n*, adherency *n*

**haftend** *adj* (Chem, Phys) / adhesive *adj*, well adherent *adj*

**Hafter** *m* (Bau) / lead tack, latchet *n* || ~ **unter der Holzleiste** (bei Leistendächern) (Bau) / undercloak* *n*

**Haft·etikette** *f* / self-adhesive label || ~**fähigkeit** *f* (z.B. des Betons am Stahl beim Stahlbeton) (HuT) / mechanical bond* || ~**fähigkeitsmesser** *m* (zur Schmierfettprüfung) / adherometer *n* || ~**fest** (Chem, Phys) / adhesive *adj*, well adherent *adj* || ~**festigkeit** *f* (von Mehrlagenkarton) (Pap) / bonding strength, interlaminar strength || ~**festigkeit** (DIN 53232, 53357 und 55945) (Phys) / adhesive strength, bond strength* || **mangelnde** ~**festigkeit** (bis zum Abplatzen) (Anstr, Bau) / bond failure, lack of adhesion, failure to adhere (to), adhesion failure || ~**festigkeit** *f* **gegenüber einem anderen Material** (bei Eis) (Phys) / adfreeze strength || ~**festigkeitsprüfung** *f* (organischer Beschichtungen auf dem Substrat) (Anstr) / adhesion testing || ~**fläche** *f* (z.B. in m=2) / adhesion area, area of adhesion || ~**fläche** (Bau) / key* *n*, mechanical key || ~**folie** *f* / adhesive film || ~**glas** *n* (Haftschale aus Glas, Opt) / contact lens* || ~**grenze** *f* (bei Reifen) (Kfz) / limits of grip || ~**grund** *m* (z.B. bei eiem Anstrichsystem) (Anstr, Galv) / keying surface, key *n* || ~**grund** (Bau) / key* *n*, mechanical key || ~**grundlage** *f* (Anstr, Galv) / keying surface, key *n* || ~**grundmittel** *n* (für Metalle) (Anstr, Galv) / wash primer (solution used as a chemical pretreatment for metals), wash coat, etch primer, pretreatment primer || ~**grundspritzen** *n* (mit Metallen) (Anstr, Galv) / Fusebond preparation || ~**gruppe** *f* (eines Polymermoleküls) (Chem) / anchoring group || ~**inhalt** *m* (z.B. der Kolonne) (Chem Verf) / hold-up* *n*, static hold-up, wettage *n*, hold-up volume || ~**klebeband** *n* / adhesive tape, gummed tape || ~**kleben** *n* / cold sealing

**haftklebend** *adj* / self-adhesive *adj*

**Haft·klebstoff** *m* (der bei geringer Substratspezifität bei leichtem Anpreßdruck sofort haftet) / pressure-sensitive adhesive || ~**maske** *f* (die fest mit der Kristallscheibe verbunden ist) (Eltronik) / adhesive mask || ~**massekabel** *n* (Kab) / mass-impregnated non-draining cable || ~**mittel** *n* (Bau, Chem Verf) / bonding agent || ~**oberfläche** *f* (Anstr, Galv) / keying surface, key *n* || ~**öl** *n* / adhesive oil || ~**öl** (in Kehrpulvern) / dust-binding oil, dust-laying oil, antidusting oil, dust oil || ~**papier** *n* (Pap) / adhesive paper, self-adhesive paper || ~**pfahl** *m* (der die Last überwiegend durch die Mantelreibung am Pfahlumfang auf die umgebenden Schichten überträgt) (HuT) / friction pile* || ~**pflichtversicherung** *f* (Kfz) / liability insurance || ~**reibung** *f* (Rad/Schiene) (Bahn) / adhesion *n* || ~**reibung** (maximale, nach deren Überschreiten gerade das Gleiten eintritt) (Phys) / static friction, sticking friction, stiction* *n*, friction of rest, limiting friction*, starting friction || ~**reibungszahl** *f* (Phys) / coefficient of static friction || ~**relais** *n* (Eltronik) / locking relay*, retentive-type relay, remanent relay, lock-in relay || ~**schale** *f* (Glas, Opt) / contact lens* || ~**schmelzklebstoff** *m* / hot-melt adhesive, fusion adhesive, dry adhesive (US), thermoplastic adhesive, hot-setting adhesive || ~**schmierfett** *n* / adherent lubricant || ~**schrift** *f* (Typog) / transfer lettering system* || ~**sitz** *m* (Übergangspassung) (Masch) / wringing fit, tight fit || ~**stelle** *f* (ein Typ von Störstellen in Halbleitern mit hoher Einfangwahrscheinlichkeit für freie Ladungsträger einer Art) (Eltronik) / trap* *n* || ~**stelle** (ein Bezirk in einem nicht idealen Supraleiter 2. Art) (Phys) / pinning centre || **flache** ~**stelle** (Eltronik) / shallow trap || **tiefe** ~**stelle** (Eltronik) / deep trap || ~**thermometer** *n* / adhesive thermometer

**Haftung** *f* (für einen entstandenen Schaden) / liability *n* || ~ (Phys) / adhesion* *n*, adherence *n*, adherency *n* || **feste** ~ (auf einer Unterlage) / anchorage *n* || **interlaminare** ~ (Plast, WP) / interlaminar bonding, interlayer adhesion || **mangelhafte** ~ (an Voranstrich oder Untergrund) (Anstr, Bau) / bond failure, lack of adhesion, failure to adhere (to), adhesion failure || ~ *f* **auf nasser Straße** (Kfz) / wet grip, wet-road holding || ~ **für** (Sach)**Mängel** / defect liability

**Haftungs·beschränkung** *f* / limitation of liability || ~**prüfung** *f* (Anstr) / adhesion testing || ~**risiko** *n* / risk of liability || ~**verlust** *m* / loss of adhesion

**Haft·vermittler** *m* (Anstr) / primer *n*, surfacer *n* || ~**vermittler** (Glas) / coupling agent, bonding agent, bridging agent, linking agent || ~**vermittler** (Phys) / adhesion promoter, adhesive promoter || ~**vermittler** (Anstr) s. auch Wash-primer || ~**vermögen** *n* (im allgemeinen) (Phys) / adhesive force, bond strength*, adherence *n* || ~**vermögen** (Phys) / adhesive strength, bond strength* || ~**verschluß** *m* (DIN 3415) (Tex) / touch-and-close fastener || ~**wahrscheinlichkeit** *f* (Kernphys) / sticking probability* || ~**wasser** *n* (in der Kohle) (Bergb) / surface moisture || ~**wasser** (das den Böden Bergfeuchtigkeit verleiht) (Geol) / retained water, adhesive water, adsorbed water || ~**wirkung** *f* (HuT) / mechanical bond* || ~**zentrum** *n* (Phys) / pinning centre || ~**zugfestigkeit** *f* (z.B. des Mörtels) (Bau) / adhesive tensile strength

**Hagel** *m* (Meteor) / hail* *n* || ~**korn** *n* (größer als 5 mm) (Meteor) / hailstone* *n* || ~**schaden** *m* (For, Landw) / hail damage, damage caused by hail || ~**schlag** *m* (Meteor) / hail* *n* || ~**schlagschaden**

(For, Landw) / hail damage, damage caused by hail ‖ ~**schlagverletzung** f (For, Landw) / hail injury, hail damage ‖ ~**schloße** f (Meteor) / hailstone* n
**Hagendorfit** m (Min) / hagendorfite n
**Hagen-Poiseuille-Gesetz** n (laminare Rohrströmung - nach G.H. Hagen, 1797-1884) (Phys) / Poiseuille's formula*
**Hagen-Poiseuillesches Gesetz** (Phys) / Poiseuille's formula*
**Hagen-Poiseuille-Strömung** f (Phys) / Poiseuille flow
**Hagen-Rubens-Gesetz** n (Opt) / Hagen-Rubens relation
**Hagenzahl** f (das Verhältnis von Druckkraft zu Zähigkeitskraft in Strömungen) (Phys) / Hagen number
**Haggenmachersche Gleichung** (Beziehung für die Verdampfungswärme einer Flüssigkeit) (Phys) / Haggenmacher equation
**Hahn** m (pl. Hähne od. Hahnen) (Klemp) / cock* n, plug cock*, tap n, spigot n ‖ ~ (Klemp) s. auch Ventil ‖ **Daniellscher** ~ (ein Brenner - nach dem englischen Chemiker J.F. Daniell, 1790 - 1845) / Daniell tap ‖ **kleiner** ~ (Klemp) / faucet* n ‖ **stopfbuchsloser** ~ (Masch) / glandless cock ‖ ~ m **am Wasserstandanzeiger** (Masch) / gauge cock* ‖ ~ **mit konischem Küken** (Masch) / taper-plug valve ‖ ~ **mit Kugelküken** (Masch) / ball valve* ‖ ~-**Banachscher Fortsetzungssatz** (nach H. Hahn, 1879-1934) (Math) / Hahn-Banach extension theorem
**Hahnen•balken** m (kurzer zweiter Kehlbalken bei sehr hohen Kehlbalkendächern) (Zimm) / collar beam*, top beam*, span piece, spar piece ‖ ~**fuß** m (ein Brennhilfsmittel) (Keram) / spur n (a triangular item of kiln furniture) ‖ ~**fußschlüssel** m (Werkz) / crowfoot spanner, crowfoot wrench (US) ‖ ~**tritt** m (ein klassisches Dessin) (Tex) / dogstooth n, houndstooth n ‖ ~**trittmuster** n (Tex) / dogstooth n, houndstooth n ‖ ~**trittmusterung** f (Tex) / dogstooth n, houndstooth n
**Hahn•fett** n (für Schliffe) (Chem, Glas) / ground-glass-joint lubricant, joint grease ‖ ~**fett** n (Masch) / tap grease, stopcock grease
**Hahnium** n (radioaktives, nur künstlich darstellbares chemisches Element der Ordnungszahl 105 - Ha) (Chem) / hahnium n, unnilpentium (Unp) n, nielsbohrium n
**Hahnküken** n (Masch) / plug n, taper plug
**Hahnsche Regeln** (Fällungs- und Adsorptionsregel nach O.Hahn, 1879 - 1968) (Chem, Phys) / Hahn's rules
**Hahn•stück** n (des Schlauchs) / tap connector ‖ ~**ventil** n (Masch) / cock valve, valve cock
**Haidingerbüschel** n pl (Opt) / Haidinger brushes
**Haidingerringe** m pl (nach W.K. von Haidinger, 1795-1871) (Interferenzerscheinungen an planparallelen Platten od. Luftschichten) (Opt) / Haidinger fringes*, constant-deviation fringes, constant-angle fringes, fringes of equal inclination
**Haidingersch•e Bündel von Interferenzerscheinungen** (Opt) / Haidinger sheaf ‖ ~**e Lupe** (ein einfaches Dichroskop) (Krist) / dichroscope* n
**Haifischlebertran** m / shark-liver oil, shark oil
**Haifischleder** n (Leder) / sharkskin n
**Haifischöl** n / shark-liver oil, shark oil
**Haifischtran** m / shark-liver oil, shark oil
**Haileder** n (Leder) / sharkskin n
**Hain•buche** f (Gewöhnliche) (Carpinus betulus L.); HB; Hornbaum;m. (For) / European hornbeam, hornbeam* n, yoke elm ‖ **Amerikanische** ~**buche** (Carpinus caroliniana Walter) (For) / American hornbeam, blue beech
**Hainesche Lösung** (zum Nachweis von Zuckern) (Chem) / Haine reagent
**Haiöl** n (das aus der Leber und anderen Organen von Haien gewonnene Öl) / shark-liver oil, shark oil
**Haircord** m (Tex) / haircord* n
**Hairline-Streifen** m (meistens auf klaren oder foulierten Kammgarnen) (Tex) / hair-line stripe, hair-line n
**Hajaschi-Linie** f (Astr) / Hayashi track
**HAKA** (Tex) / gents' and boys' outerwear
**Häkel•arbeit** f (eine Nadelarbeit) (Tex) / crochet n, crochet work ‖ ~**galonmaschine** f (eine Variante der Raschelmaschine) (Tex) / crochet galloon machine ‖ ~**garn** n (aus Seide) (Spinn) / crochet silk, crochet thread, crochet yarn ‖ ~**garn** n (aus Baumwolle) (Spinn) / crochet cotton ‖ ~**haken** m (Tex) / crochet needle, crochet hook
**hakelig** adj (Schaltung, Getriebe) (Kfz) / notchy adj
**häkeln** v (Tex) / crochet v ‖ ~ n (eine Handarbeitstechnik) (Tex) / crochet n, crochet work
**Häkel•nadel** f (Tex) / crochet needle, crochet hook ‖ ~**spitze** f (Tex) / crochet lace
**haken** v (Kfz) / stick v, be stiff v ‖ ~ m (EDV) / check mark (user interface) ‖ ~ (gegen das offene Meer auslaufende Nehrung, die zum Festland hin bogenförmig ist) (Geog) / hook n ‖ ~ (Masch) / hook n ‖ ~ (Masch) / clasp n ‖ **am** ~ **befestigen** / hook on v, engage the hook ‖ **keine** ~ **gebrauchen!** (Aufschrift auf der Kiste) / use no hooks ‖ **vom** ~ **lösen** / hook off v, unhook v ‖ ~ m f **und Öse** (Tex) / hook and eye
**Haken•blatt** n (hakenförmige Überblattung) (Tischl, Zimm) / coak* n, table n ‖ ~**blattverbindung** f (Tischl, Zimm) / table joint ‖ ~**dübel** m (Bau) / hook plug ‖ ~**förmig** adj (Bot) / unciform* adj ‖ ~**gut** n (das mit Anschlagmitteln am Haken des Hebezeuges befestigt werden kann) (Schiff) / hook cargo ‖ ~**höhe** f (bei Kranen) (Masch) / hook lift, hook height ‖ ~**keil** m (Masch) / fox-wedge n, nose key ‖ ~**kette** f (Masch) / hook-link chain ‖ ~**kette** (Schiff) / hook-ended sling, chain sling (with hook) ‖ ~**leiter** f / hook ladder ‖ ~**meißel** m (Masch) / right-angle cranked tool ‖ ~**nadel** f (Tex) / barbed needle ‖ ~**nagel** m (Masch) / spike n, dog n, dog-spike n, track spike, rail spike ‖ ~**schlagen** n (Biegung der ausstreichenden Schichten beim Gekriech) (Geol) / outcrop bending ‖ ~**schlüssel** m (mit Nase) (DIN 1810) (Werkz) / hook wrench, hook spanner wrench ‖ ~**schlüssel für Nutmuttern** (DIN 1810) (Werkz) / sickle spanner*, C-spanner* n ‖ ~**schlüssel mit Zapfen** (DIN 1810) (Werkz) / pin wrench, pin spanner wrench ‖ ~**schraube** f (mit halbem Hammerkopf) (Bau) / hook bolt ‖ ~-**Stützenisolator** m (Eltech) / swan-neck insulator* n ‖ ~**transistor** m (ein Vierschichttransistor mit der Zonenfolge Pnpn) (Eltronik) / hook transistor, hook collector transistor, p-n hook transistor ‖ ~**umschalter** m (Fernsp) / switch-hook, hook-switch n, cradle switch, gravity switch ‖ ~**verschluß** m (Tex) / hook-and-eye fastener ‖ ~**wurmkrankheit** f (eine Bergmannskrankheit) (Med) / ankylostomiasis* n (pl. -ases), hookworm disease*, miners' anaemia*, tunnel disease ‖ ~**zahn** m (der Säge) (For) / hook tooth
**HA-Latex** m (mit etwa 0,8% Ammoniak) (Chem Verf) / high-ammonia latex, HA latex
**Halatopolymere** n pl (die beim Tempern von Salzen zweiwertiger Metallionen und Dicarbonsäuren mit mehr als 8 C-Atomen oberhalb ihres Schmelzpunktes anfallen) (Chem) / halatopolymers pl
**Halazon** n (ein Desinfiziens) (Sanitär) / halazone n
**halb•** - / demi- (prefix denoting half-size)* n ‖ ~ **Anführungszeichen** (Typog) / single quotes*, single quotation marks ‖ ~**er Durchmesser** (Astr) / semidiameter* n ‖ ~ **einfach** (Math) / semi-simple adj ‖ ~**e Helfe** (Web) / doup n ‖ ~**es Kernstück** (Leder) / back n ‖ ~**er Öffnungswinkel** (DIN 58140) / acceptance one-half angle ‖ ~**er Quartilabstand** (Math) / semi-interquartile range (a measure of dispersion), quartile deviation ‖ ~**e Rolle** (eine Drehung bis zur Rückenfluglage) (Luftf) / half-roll* n ‖ ~**e Seite** (Druck, EDV) / half-page n ‖ ~**e Seite über den Bund** (Druck) / half-page spread ‖ ~**er Sinusversus** (Math) / haversin n, haversine* n, hav ‖ ~**er Stein** (Bau) / snapped header*, snap header, half-bat n, blind header ‖ ~**er Ton** (Akus) / half tone ‖ ~ **verschlossenes Seil** / half-locked rope ‖ ~**e V-Naht** (Schw) / single-bevel butt joint (without root face), single-bevel groove weld, single-bevel butt weld ‖ ~**er Wind** (Schiff) / beam wind ‖ ~**er Winkel** (Math) / semi-angle n
**Halb•** - / demi- (prefix denoting half-size)* ‖ ~**acetal** n (Chem) / hemi-acetal n, semi-acetal n ‖ ~**achse** f (Kfz) / half-shaft n ‖ ~**achse** (auch der Ellipse) (Math) / semi-axis n (pl. semi-axes) ‖ **große** ~**achse** (der Ellipse) (Math) / semi-major axis ‖ **kleine** ~**achse** (der Ellipse) (Math) / semi-minor axis ‖ ~**adder** m (EDV) / half-adder* n, one-digit adder, two-input adder ‖ ~**addierer** n / half-adder* n, one-digit adder, two-input adder ‖ ~**addierglied** n (EDV) / half-adder* n, one-digit adder, two-input adder ‖ ~**ähnliche Baureihe** (im Rahmen der Baureihen- und Baukastenentwicklung) (Masch) / semi-similar series ‖ ~**aktive Zielsuchlenkung** (Mil) / semi-active homing (guidance - a bistatic-radar system) ‖ ~**amtsberechtigte Nebenstelle** (Fernsp) / partially restricted extension, semi-restricted extension ‖ ~**apochromat** n (Foto) / semi-apochromatic objective, fluorite objective ‖ ~**atlas** m (Tex) / satinet n, satinette n ‖ ~**automatisch** adj / semi-automatic* adj ‖ ~**automatische Taste** (Teleg) / bug key* ‖ ~**axialläufer** m (Kfz) / mixed-flow impeller ‖ ~**axialpumpe** f (Masch) / mixed-flow pump, diagonal pump ‖ ~**axialrad** n (ein Laufrad der Kreiselpumpe) (Kfz) / mixed-flow impeller ‖ ~**axialturbine** f (Masch) / mixed-flow turbine ‖ ~**azetal** n (Chem) / hemi-acetal n, semi-acetal n ‖ ~**balanceruder** n (Schiff) / partially balanced rudder ‖ ~**band** m (Buchb) / quarter-binding n ‖ ~**band mit Buchecken** (Buchb) / half-binding n ‖ ~**beruhigter Stahl** (Hütt) / semi-killed steel ‖ ~**bild** n (TV) / frame n (GB), field n (US)* ‖ ~**bildfrequenz** f (TV) / frame frequency*, field frequency* (US) ‖ ~**bild-Fünfpunktanordnung** f (TV) / field-quincunx n ‖ ~**bild-Quincunx-Struktur** f (TV) / field-quincunx n ‖ ~**blanke Schraube** / semi-finished bolt ‖ ~**bogen** n (Druck) / half sheet ‖ ~**brandstein** m (Bau) / semi-engineering brick ‖ ~**brückenfilter** n (Radio) / half-lattice filter ‖ ~**byte** n (EDV) / half-byte n, nibble n ‖ ~**chemischer Aufschluß** (Chem Verf, Pap) / semi-chemical pulping ‖ ~**chemischer Holzaufschluß** (Chem Verf, Pap) / semi-chemical pulping ‖ ~**chemischer Zellstoff** (Chem Verf, Pap) / semi-chemical pulp* ‖ ~**chromosom** n (Gen) / chromatid* n (Arch) ‖ ~**containerschiff** n (Schiff) / semi-container ship ‖ ~**dach** n (Arch) /

**Halbdauerwurst**

pent roof, penthouse roof, pen roof ‖ ~**dauerwurst** f (Nahr) / semi-dry sausage ‖ **~dicht** adj / semi-dense adj ‖ **~direkte Beleuchtung** (Licht) / semi-direct lighting ‖ **~direkter Zugriff** (EDV) / semi-direct access ‖ ~**dreher** m (Tex) / half-cross leno, standard leno ‖ ~**drehung** f (Math) / half-rotation n, semi-rotation n ‖ ~**duplexbetrieb** m (EDV, Fernm) / half-duplex transmission, half-duplex operation, half duplex* (HD, HDX), HD transmission ‖ ~**duplexübertragung** f (EDV, Fernm) / half-duplex transmission, half-duplex operation, half duplex* (HD, HDX), HD transmission **halbdurchlässig • e Membrane** (Chem Verf) / semipermeable membrane* ‖ **~er Spiegel** (Foto) / semi-transparent mirror* ‖ **~er Spiegel** (Opt) / two-way mirror, see-through mirror (US), spy mirror ‖ **~er** (rückflächenversilberter) **Spiegel** (Opt, Verm) / half-silvered mirror ‖ **~er Spiegel** (des Lasers) (Phys) / partially reflecting end-plate
**Halb • durchsicht-Fotokatode** f (Eltronik) / semi-transparent photocathode* ‖ **~durchsichtige Fotokatode** (Eltronik) / semi-transparent photocathode* ‖ ~**ebene** f (Math) / semi-plane n, half-plane n ‖ ~**edelmetall** n (z.B. Sn, Ni, Cu) (Chem, Hütt) / semi-noble metal ‖ ~**edelstein** m (veraltete Bezeichnung für eine Art von Schmucksteinen) / semi-precious stone ‖ **~einfach** adj (Math) / semi-simple adj ‖ **~element** n (Eltech) / half-cell* n, half-element* n, single-electrode system* ‖ ~**elliptikfeder** f (Kfz, Masch) / semi-elliptic spring* ‖ **~empirisch** adj / semi-empirical adj ‖ **~entrindet** adj (For) / half-barked adj ‖ **~entwickelte Antiklinale** (Geol) / nose n ‖ ~**erzeugnis** n / semi-finished product, half-finished product, semi-manufacture n ‖ ~**ester** m (Chem) / semi-ester n ‖ ~**fabrikat** n / semi-finished product, half-finished product, semi-manufacture n ‖ ~**fang** m (Stricktechnik für sportlich wirkende Grobstrickqualitäten) (Tex) / half cardigan ‖ ~**fayence** f (Keram) / mezza majolica ‖ ~**fenster** n (in der Decke) (Geol) / half-window n ‖ ~**fertigfabrikat** n / semi-finished product, half-finished product, semi-manufacture n ‖ ~**fertigware** f / semi-finished product, half-finished product, semi-manufacture n ‖ **~fest** adj / semi-solid adj ‖ **~fett** adj (Schriftschnitt) (EDV, Typog) / semibold adj, medium-faced adj ‖ **in Fett oder ~fett auszeichnen** (EDV, Typog) / embold v ‖ **~feuchtes Lebensmittel** (Nahr) / intermediate-moisture food, IMF ‖ **~flächig** adj (Krist) / hemihedral adj ‖ ~**flächner** n (Krist) / hemihedron n (pl. -drons or -dra) ‖ **~flüssig** adj (Phys) / semi-fluid adj, semi-liquid adj, thick adj, viscid adj ‖ ~**format** n / half-size n ‖ **~gar** adj (Nahr) / underdone adj, rare adj (lightly cooked, so that the inside of the meat is still red) ‖ ~**garage** f (Kfz) / car cover, auto bonnet, car-top (plastic) cover ‖ ~**gasfeuerung** f (Hütt) / half-gas firing ‖ **~gedreht** adj (Treppe) (Bau) / half-turn attr ‖ **~gegerbt** adj (Leder) / rough-tanned adj ‖ **~gemuffelter Ofen** (Keram) / semimuffle-type furnace*, semimuffle furnace ‖ **~geordnet** adj (Math) / partially ordered ‖ **~geordnete Menge** (Math) / partially ordered set, poset n ‖ ~**gerade** f (Menge aller Punkte einer Geraden, die bezüglich eines Punktes auf derselben Seite liegen) (Math) / ray n, half-line n ‖ **~geschält** adj (For) / half-barked adj ‖ **~geschlossene Nut** (Eltech) / half-closed slot*, semi-closed slot* ‖ **~geschmolzen** adj / semi-fused adj ‖ **~geschmolzener** (verformter) **Ziegel** (Bau) / crozzle* n ‖ ~**geschoß** n (Arch, Bau) / mezzanine* n, entresol* n ‖ **~geschwister** n pl (Biol) / half-sibs pl ‖ **~getaucht** adj / semi-immersed adj ‖ **~getaucht** (Antrieb) (Schiff) / half-submerged adj, semi-submerged adj ‖ **~getauchter Tragflügel** (Schiff) / surface-piercing hydrofoil ‖ ~**geviert** n (Typog) / en* n ‖ ~**geviertgedankenstrich** m (Typog) / en rule*, en score ‖ ~**geviertstrich** m (Typog) / en rule*, en score ‖ ~**gewebeband** m (Buchb) / quarter cloth binding ‖ ~**glanz** m (Anstr) / semi-gloss n ‖ ~**glanz-** (Anstr) / semi-glossy adj ‖ ~**glanzelektrolyt** m (Galv) / semi-bright plating solution ‖ **~glänzend** adj (Anstr) / semi-glossy adj ‖ ~**glänzende Oberfläche** (Pap) / English finish, E.F. ‖ ~**glanzkohle** f (Geol) / clarain* n ‖ ~**glanznickel** n (Galv) / semi-bright nickel ‖ **~glasartig** adj (Keram) / semi-vitreous adj, semi-vitrified adj ‖ **~glasig** adj (Malz) (Brau) / half-glassy adj ‖ ~**grafik** f (EDV) / semigraphics n
**Halbgruppe** f (eine assoziative algebraische Struktur) (Math) / monoid* n, semigroup* n ‖ **freie ~** (Math) / free semigroup ‖ **kompakte zusammenhängende Hausdorffsche ~** (Math) / clan n ‖ **topologische ~** (Math) / topological semi-group
**halbhart** adj / half-hard adj, medium-hard adj ‖ **~** (Plast) / semi-rigid adj ‖ **~e Holzfaserplatte** (mit mittlerer Rohdichte) (Bau, Tischl) / medium-density hardboard ‖ **~e Schaumstoffe** (DIN 7726) (Plast) / semi-rigid expanded plastics, semi-rigid foam plastics, semi-rigid cellular materials
**Halb • heu** n (Landw) / haylage n ‖ **~hohe Wand** (Bau) / dwarf wall ‖ **~hohlniet** m (Masch) / semi-tubular rivet* ‖ **~holz** n (Kantholz, das zweistielig kerngetrennt eingeschnitten wurde) (For) / half-sawn timber ‖ **~homogenes Brennelement** (Nukl) / semi-homogeneous fuel element

**Halbhydrat** n (Chem, Min) / hemihydrate n ‖ **~** (Chem, Min) s. auch Halbhydratplaster ‖ ~**gips** m (Chem) / plaster of Paris* (BS 1191, Part 1), plaster of paris, hemihydrate plaster*, calcium sulphate hemihydrate ‖ ~**plaster** m (Stuckgips, Putzgips, Modellgips) (Chem) / plaster of Paris* (BS 1191, Part 1), plaster of paris, hemihydrate plaster*, calcium sulphate hemihydrate ‖ **verzögerter ~plaster** (Bau) / retarded hemihydrate plaster*
**halbieren** v (einen Winkel) (Math) / bisect v
**Halbierende** f (Math) / bisector* n, bisectrix n (pl. bisectrices), bisecting line
**Halbierungslinie** f (Math) / bisector* n, bisectrix n (pl. bisectrices), bisecting line
**halb • immergrün** adj (Bot) / semi-evergreen adj ‖ **~indirekte Beleuchtung** (Licht) / semi-indirect lighting ‖ ~**insel** f (Geog) / peninsula n, pen. ‖ **spitz zulaufende ~insel** (Geog) / bill n ‖ ~**invariante** f (Math) / cumulant n, semi-invariant n ‖ ~**kammgarn** n (gröberes Garn mit mehr als 135 Fasern im Garnquerschnitt) (Spinn) / half-worsted yarn, semi-worsted yarn, semi-worsted spun* ‖ ~**karton** m (Verpackung) (Pap) / tray n ‖ ~**kette** f (Eltech) / half-cell* n, half-element* n, single-electrode system* ‖ ~**kettenfahrzeug** n (Kfz) / half-track vehicle ‖ ~**kettentraktor** m (Kfz) / half-track tractor ‖ ~**kokille** f (Kombination aus Kokille und verlorener Form) (Gieß) / semi-permanent mould (a reusable mould) ‖ ~**koks** m (Kftst) / semi-coke n ‖ ~**konserve** f (Nahr) / preserve n ‖ **~kontinuierlich** adj / semi-continuous ‖ **~kontinuierliche Elektrode** (z. B. Söderberg-Elektrode) (Eltech) / semi-continuous electrode ‖ **~kontinuierliches Walzwerk** (Hütt) / semi-continuous (rolling) mill ‖ **~kontiwalzwerk** n (Hütt) / semi-continuous (rolling) mill ‖ ~**korbtechnik** f (Eltronik) / semi-bulk process ‖ ~**körper** m (Math) / semi-infinite solid
**Halbkreis** m (Math) / semicircle n ‖ **schiffbarer ~** (links der Sturmbahn auf der nördlichen Halbkugel) (Meteor, Schiff) / navigable semicircle*
**halbkreisartige Deviation** (Schiff) / semicircular deviation*
**Halbkreis • bogen** m (Arch) / full-centre arch*, semi-circular arch, round arch, semi-arch n ‖ ~**deviation** f (Kompaßfehler durch vertikale Schiffbauteile) (Schiff) / semicircular deviation* ‖ ~**fehler** m (Radar) / semicircular error ‖ **~förmig** adj / semicircular adj ‖ ~**fräser** m (mit nach innen oder nach außen halbkreisförmig gewölbtem Schneidenteil nach DIN 855 und 856) (Masch) / concave-form cutter, convex-form cutter ‖ ~**fräser** (ein Formfräser mit nach innen halbkreisförmig gewölbtem Schneidenteil) (Masch) / convex (form) cutter
**halb • kristallin** adj (Krist) / hemicrystalline adj, semi-crystalline adj ‖ **~kristallinisch** adj (Krist) / hemicrystalline adj, semi-crystalline adj ‖ ~**kugel-** / hemispherical adj, hemispheric adj ‖ **~kugelförmig** adj / hemispherical adj, hemispheric adj ‖ ~**kundenspezifisch** adj / semi-custom attr ‖ ~**leinen** n (für Tisch- und Geschirrtücher) (Tex) / half-linen n ‖ ~**leinenband** m (Buchb) / quarter cloth binding
**halbleitend** adj (Eltronik) / semiconducting adj, semiconductive adj ‖ **~es Glas** (Glas) / semiconducting glass ‖ **~e Glasur** (Keram) / semiconducting glaze
**Halbleiter** m (DIN 41852) (Eltronik) / semiconductor* (SC) n ‖ **amorpher ~** (z.B. ein Glashalbleiter) (Eltronik) / amorphous semiconductor ‖ **direkter ~** (Eltronik) / direct semiconductor ‖ **flüssiger ~** (Eltronik) / fluid semiconductor ‖ **indirekter ~** (Eltronik) / indirect semiconductor ‖ **n-~** (Eltronik) / n-type semiconductor* ‖ **organischer ~** (ein amorpher Halbleiter) (Eltronik) / organic semiconductor ‖ **p-~** (mit Defektelektronenleitung) (Eltronik) / p-type semiconductor* ‖ **mit direktem Bandabstand** (Eltronik) / direct-gap semiconductor ‖ **auf ~basis** (Eltronik) / semiconductor-based adj ‖ ~**bauelement** n (DIN 41785) (Eltronik) / semiconductor device, solid-state device ‖ ~**bauelement ohne Verbindungen** (funktionsfähige, aber nicht eingebaute Komponente) (Eltronik) / leadless (li:dles) device ‖ ~**bildsensor** m (TV) / charge-coupled image sensor, solid-state image sensor ‖ ~**blockschaltung** f (Eltronik) / solid circuit, solid-state circuit ‖ ~**chip** m (Eltronik) / semiconductor chip ‖ ~**detektor** m (Nukl) / semiconductor detector, junction detector, semiconductor radiation detector*, solid-state detector, nuclear semiconductor detector ‖ ~**diode** f (DIN 41855) (Eltronik) / semiconductor diode ‖ ~**elektronik** f (Eltronik) / semiconductor electronics ‖ ~**fangstelle** f (Eltronik) / semiconductor trap* ‖ ~**festspeicher** m (EDV) / semiconductor read-only memory, SC read-only memory ‖ ~**festwertspeicher** m (EDV) / semiconductor read-only memory, SC read-only memory ‖ ~**fotoeffekt** m (Eltronik) / photoconductive effect ‖ ~**fotoelement** n (Eltronik) / semiconductor photocell ‖ ~**fotozelle** f (Eltronik) / semiconductor photocell ‖ ~**glas** n (Chalkogenid- oder Übergangsmetalloxidglas) (Glas) / semiconducting glass n ‖ ~**gleichrichter** m (eine Richtdiode) (Eltronik) / semiconductor rectifier ‖ **gesteuerter ~gleichrichter** (Eltronik) / semiconductor-controlled rectifier, SCR, reverse-blocking triode-thyristor ‖ ~**gleichrichterbaustein** m (Eltronik) /

semiconductor rectifier cell ‖ ~**gleichrichterdiode** *f* (DIN 41781) (Eltronik) / semiconductor rectifier diode ‖ ~**gleichrichtereinrichtung** *f* (Eltronik) / semiconductor rectifier stack ‖ ~**kondensator** *m* (Eltech) / semiconductor capacitor ‖ ~**kühlelement** *n* (nach dem Peltier-Effekt) (Phys) / thermoelectric cooling device ‖ ~**laser** *m* (eine Kristalldiode mit zwei verschiedenen Zonen) (Eltronik, Phys) / semiconductor laser, semiconductor-junction laser ‖ **großflächiger** ~**laser** (Eltronik, Phys) / broad-area semiconductor laser ‖ ~**laser** *m* **mit Doppelheterostruktur** (z.B. GaAlAs) (Phys) / double-heterostructure laser, DH laser ‖ ~**leckstrom** *m* (Radio) / channel effect* ‖ ~**material** *n* (Eltronik, WP) / semiconducting material, semiconductor material ‖ ~**-Peltier-Element** *n* (als Kühl- oder Heizelement benutzt) (Eltronik) / Peltier element, thermoelectric module ‖ ~**physik** *f* (Phys) / semiconductor physics ‖ ~**polymer** *n* (durch Einfachbindungen unterbrochene doppeltlineare Kette) (Chem) / step-ladder polymer ‖ ~**relais** *n* (Eltech, Eltronik) / solid-state relay ‖ ~**schaltung** *f* (Eltronik) / semiconductor circuit ‖ **integrierte** ~**schaltung** (Eltronik) / solid circuit, solid-state circuit ‖ ~**scheibe** *f* (aus Einkristall geschnitten oder abgesägt) (Eltronik) / wafer*, slice *n* ‖ ~**schicht** *f* (Eltronik) / semiconducting layer ‖ ~**sensor** *m* (aus Halbleiterwerkstoffen) / semiconductor sensor ‖ ~**speicher** *m* (EDV) / semiconductor store, SC store, semiconductor memory, solid-state memory, SC memory, transistor memory ‖ ~**stromrichter** *m* (Eltech) / semiconductor convertor ‖ ~**substrat** *n* (Material, in dem oder auf dem Bauelemente oder integrierte Schaltungen hergestellt sind) (Eltronik) / semiconductor substrate, semiconductor base, semiconductor body ‖ ~**technik** *f* (Eltronik) / semiconductor technology ‖ ~**technologie** *f* (Eltronik) / semiconductor technology ‖ ~**thermoelement** *n* (ein als Thermoelement verwendbares Halbleiterbauelement) (Eltronik) / semiconductor thermoelement ‖ ~**thermometer** *n* (eine Sonderform des Widerstandsthermometers) / semiconductor thermometer ‖ ~**übergang** *m* (Eltronik) / junction* (JC) *n*, semiconductor junction* ‖ ~**ventil** *n* (ein Stromrichterventil) (Eltronik) / semiconductor diode* ‖ ~**-Wafer** *m* (aus Einkristall geschnitten oder abgesägt) (Eltronik) / wafer* *n*, slice *n* ‖ ~**werkstoff** *m* (Eltronik, WP) / semiconducting material, semiconductor material ‖ ~**zähler** *m* (Nukl) / semiconductor detector, junction detector, semiconductor radiation detector*, solid-state detector, nuclear semiconductor detector ‖ ~**zone** *f* (DIN 41852) (Eltronik) / semiconducting region ‖ ~**zündsystem** *n* (V-Mot) / solid-state ignition system, semiconductor ignition system ‖ **kontaktgesteuertes** ~**zündsystem** (V-Mot) / breaker-triggered transistorized ignition system, contact-controlled transistorized ignition ‖ ~**zündung** *f* (V-Mot) / solid-state ignition system, semiconductor ignition system
**Halbleitung** *f* (Eltronik) / semiconductivity *n*
**Halbleitungsfähigkeit** *f* (Eltronik) / semiconductivity *n*
**halb•letale Dosis** (Med) / LD₅₀*, mean lethal dose*, median lethal dose, lethal dose 50, MLD* ‖ ~**linse** *f* (Opt) / split lens ‖ ~**logarithmisch** *adj* (Math) / semi-logarithmic *adj*, semi-log *adj* ‖ ~**logarithmische Darstellung** (der Zahlen bei der Gleitkommarechnung) (EDV) / floating-point notation*, floating-point representation, semi-logarithmic representation, variable-point representation ‖ ~**lösung** *f* (Pap) / weak acid ‖ ~**majolika** *f* (Keram) / mezza majolica ‖ ~**martingal** *n* (Stats) / semimartingale *n* ‖ **fallendes** ~**martingal** (Stats) / supermartingale *n*, decreasing semi-martingale ‖ ~**matt** (Anstr) / semi-flat *adj*, semi-dull *adj*, bastard-flat *adj* ‖ ~**matt** (Fotopapier) (Foto) / semi-mat *adj*, semi-matt *adj*, semi-glossy *adj* ‖ ~**matte Glasur** (Keram) / semi-mat glaze, semi-matt glaze ‖ ~**mattglanz** *m* (Anstr) / eggshell gloss* ‖ ~**mattglasur** *f* (Keram) / semi-mat glaze, semi-matt glaze ‖ ~**mattlackierung** *f* **mit Eierschalenglanz** (Anstr) / eggshell gloss* ‖ ~**merino** *m* (dreibindig mit Baumwollkette und Kammgarnschuß) (Tex) / parramatta *n*, paramatta *n* ‖ ~**messer** *m* (des Kreises, des sphärischen Kreises, der Kugel) (Math) / radius* *n* (pl. -ii or -uses), rad ‖ ~**messer des Inkreises** (Math) / inradius* *n* (pl. -ii or -uses) ‖ ~**messer des Umkreises** (Math) / circumradius *n* (pl. -ii or -uses) ‖ ~**metall** *n* (Chem) / metalloid* *n*, semi-metal *n* ‖ ~**metallglanz** *m* (Min) / submetallic lustre, submetallic sheen ‖ ~**metallisch** *adj* (Chem) / semimetallic *adj* ‖ ~**mikroanalyse** *f* (Zentigrammethode nach DIN 32630) (Chem) / semimicroanalysis *n*, semimicromethod *n* ‖ ~**mikroprobe** *f* (Chem) / meso sample *n* ‖ ~**modularer Verband** (Math) / semi-modular lattice ‖ ~**mond** *m* (Astr) / crescent *n*, half moon ‖ ~**mondförmig** *adj* / lunate* *adj*, lunulate* *adj*, lunular *adj*, lunated *adj*, crescent *attr*, crescent-shaped *adj* ‖ ~**muffelofen** *m* (Keram) / semimuffle-type furnace*, semimuffle furnace *n* ‖ ~**naheinstellung** *f* (Film) / semi-close-up *n*, medium close-up ‖ ~**naßspinnen** *n* (Spinn) / half-wet spinning ‖ ~**norm** *f* (Math) / semi-norm *n* ‖ ~**offener Motorverdichter** (Masch) / canned rotor motor-compressor ‖ ~**offene Nut** (Eltech) / half-closed slot*, semi-closed slot* ‖ ~**offenfach** *n* (Web) / half-open shed ‖ ~**öl** *n* (Gemisch aus gleichen Gewichtsteilen Leinöl oder Leinölfirnis und einem Verdünnungsmittel - früher als Grundanstrichstoff eingesetzt) (Anstr) / wetting oil, priming oil, half-and-half linseed oil and turps ‖ ~**ordnung** *f* (Math) / partial ordering, partial order, partition ordering ‖ **konverse** ~**ordnung** (Math) / dual partition ordering, converse partition ordering ‖ ~**ordnungsrelation** *f* (Math) / partial ordering, partial order, partition ordering ‖ ~**parameter** *m* (eines Kegelschnitts) (Math) / semi-focal chord, semilatus rectum (pl. semilatera recta) ‖ ~**parasit** *m* (Umwelt, Zool) / hemiparasite *n*, semi-parasite *n* ‖ ~**peakpotential** *n* (Chem) / half-peak potential ‖ ~**periode** *f* (Phys) / semioscillation *n* ‖ ~**plastisch** *adj* (Keram) / stiff-plastic *adj* ‖ ~**podest** *n* *m* (Treppenabsatz zwischen parallel zueinander angeordneten Treppenläufen) (Bau) / half-space landing, half-space *n*, half landing *n* ‖ ~**portalkran** *m* (Masch) / semi-portal crane, semi-gantry crane ‖ ~**porzellan** *n* (eine Weiterentwicklung des Feldspatsteingutes) (Keram) / semi-china *n*, semi-porcelain *n* ‖ ~**quadrat** *n* (Typog) / en quad*, en quadrat, nut* *n* ‖ ~**quantitativ** *adj* (Chem) / semi-quantitative *adj* ‖ ~**quantitative Analyse** (z.B. Schnelltests mit Testpapieren und Teststäbchen) (Chem) / semi-quantitative analysis *n* ‖ ~**raffiniertes Paraffin** *n* (Chem) / semi-refined paraffin ‖ ~**raum** *m* (Math) / half-space *n* ‖ **reflexionsarmer** ~**raum** (DIN 1320) (Akus) / hemi-anechoic chamber ‖ ~**raupe** *f* (ein Schlepper) (Kfz) / half-track tractor ‖ ~**reaktion** *f* (Chem) / half-reaction *n*, partial reaction ‖ ~**regelmäßiger Körper** (Math) / Archimedean solid, Archimedean polyhedron, Catalan's solid ‖ ~**regelmäßige Veränderliche** (eine Untergruppe der Pulsationsveränderlichen) (Astr) / semi-regular variables, SR variables ‖ ~**reguläres Polyeder** (Math) / Archimedean solid, Archimedean polyhedron, Catalan's solid ‖ **Methode** *f* **der** ~**reihenmittelwerte** (Stats) / semiaverage method ‖ ~**rein entrindet** (For) / half-barked *adj* ‖ ~**rift** *n* (herzdurchschnittenes Riftbrett) (For) / heart rift ‖ ~**ring** *m* (Math) / semi-ring *n* ‖ ~**ring** (Probe) (WP) / C-ring (specimen) ‖ ~**ringporig** *adj* (For) / semi-ring-porous *adj*, falsely ring-porous ‖ ~**ringprobe** *f* (WP) / C-ring (specimen)
**halbrund•e Dachrinne** (Bau, Klemp) / plain half-round eaves gutter, half-round gutter ‖ ~**e Rinne** (Bau, Klemp) / plain half-round eaves gutter, half-round gutter
**Halbrund•feile** *f* (Werkz) / half-round file*, engineers' half-round file ‖ ~**kopf** *m* (DIN 918) (Masch) / cup head*, round head, button head (US), dome head, snap head ‖ ~**niet** *m* (DIN 660) (Masch) / snap-head rivet, round-head rivet, button-head rivet ‖ ~**schälen** *n* (von Furnieren) (For) / half-round cutting, half-round slicing ‖ ~**schälfurnier** *n* (For) / half-rotary-cut veneer, half-round-cut veneer, half-round-sliced veneer ‖ ~**schraube** *f* (Masch) / half-round screw*, button-headed screw*, round-head screw ‖ ~**stab** *m* (ein Zierglied) (Arch) / roll moulding ‖ ~**stahl** *m* (ein Stabstahl) (Hütt) / half round, half-round steel
**Halb•säulchen** *n* (Arch) / demishaft *n* ‖ ~**säule** *f* (z.B. eines Bündelpfeilers) (Arch) / demishaft *n* ‖ ~**säule** (zur Hälfte in die Mauer eingebundene) (Arch) / embedded column*, engaged column, half-column* ‖ ~**säure** *f* (Pap) / weak acid ‖ ~**schale** *f* (Arch) / spherical shell ‖ ~**schale** (Teil eines Lagers, der sich 180° über den Zapfen erstreckt und zusammen mit einem gleichen Teil ein vollumschließendes Gleitlager ergeben kann) (Masch) / half-liner *n* ‖ ~**schalenbauweise** *f* (Luftf) / semimonocoque construction*, stiffened-shell construction ‖ ~**schatten** *m* (wenn ein Körper mit zwei punktförmigen Lichtquellen beleuchtet wird) / half-shadow *n* ‖ ~**schatten** (der Bereich eines Schattens, in dem eine Lichtquelle aus optisch-geometrischen Gründen nur teilweise abgeschattet erscheint) / half-shade *n*, penumbra *n* (pl. penumbras or penumbrae), partial shadow ‖ ~**schattenapparat** *m* (ein Polarimeter) (Chem) / half-shade polarimeter (with a double-field optical system) ‖ ~**schlichtfeile** *f* (Masch) / second-cut file ‖ ~**schlitten** *m* (für die Rundholzförderung) (For) / crotch* *n*, go-devil* *n*, single sledge ‖ ~**schmarotzer** *m* (Umwelt, Zool) / hemiparasite *n*, semi-parasite *n* ‖ ~**schnitt** *m* (bei technischen Zeichnungen nach DIN 6) / half-section* *n* ‖ ~**schräger Abzweig** (Sanitär) / Y-branch *n* ‖ ~**schranke** *f* (Bahn) / half-barrier *n*, semi-barrier *n* ‖ ~**schritt** *m* (der Schreibmaschine) / half-space *n* ‖ ~**schrittaste** *f* (Bedienteil der Schreibmaschine, mit der der Halbschritt ausgeführt wird) / half-space key ‖ ~**schwingachse** *f* (eine Antriebsachse, bei der das Ausgleichsgetriebe starr mit dem Rahmen verbunden ist) (Kfz) / De Dion axle ‖ ~**seide** *f* (Kette: Naturseide, Schuß: anderes Material) (Tex) / union silk, half silk, blend of silk and other materials ‖ ~**seide mit Wolle** (Tex) / wool-and-silk union ‖ ~**seidenkord** *m* (Tex) / cord-de-chêne* *n*, cord de chine *n* ‖ ~**seite** *f* (Druck, EDV) / half-page *n* ‖ ~**seitensatz** *m* (in der sphärischen Trigonometrie) (Math) / half-side formula ‖ ~**sesselform** *f* (in der Stereochemie) (Chem) / half-chair form ‖ ~**sohle** *f* (Lauffläche am Schuh) (Leder) / half-sole *n*, slip-sole *n* ‖ ~**spulenwicklung** *f* (Eltech) / half-coiled winding, hemitropic winding ‖ ~**stahl** *m* (Hütt) / semisteel* *n* ‖ ~**starres**

**halbstarr**

**Drehstromsupraleitkabel** (Kab) / CERL design of AC superconducting cable ‖ ~**starres Luftschiff** (z.B. nach Basenach) (Luftf) / semirigid airship* ‖ ~**starrer Rotor** (des Rotorflugzeugs) (Luftf) / semi-rigid rotor ‖ ~**steinmauer** f (Bau) / half-brick wall* ‖ ~**steinstark** adj (Bau) / half-brick thick ‖ ~**stoff** m (Papierfaserstoff nach DIN 6730) (Pap) / half-stuff* n, half-stock n ‖ ~**stoffholländer** m (Pap) / breaker n, breaking engine ‖ ~**stufenpotential** n (in der Polarografie) (Chem) / half-wave potential ‖ ~**subtrahierer** m (EDV) / half subtracter, half subtracter, one-digit subtracter, two-input subtracter ‖ ~**subtrahierglied** n (EDV) / half subtracter, half subtracter, one-digit subtracter, two-input subtracter ‖ ~**synthetisch** adj (Chem) / semi-synthetic adj ‖ ~**synthetische Stimme** (Akus, EDV) / half-synthetic voice ‖ ~**systematischer Name** (in der chemischen Nomenklatur) (Chem) / semi-systematic name, semi-trivial name ‖ ~**tägige Tide** (Ozean) / semi-diurnal tide ‖ ~**tagstide** f (Ozean) / semi-diurnal tide ‖ ~**taucher** m (schwimmende Bohrplattform, deren untere Tragkonstruktion aus großen Kammern besteht) (Erdöl) / semi-submersible drilling platform, semi-submersible rig ‖ ~**taucher-Bohranlage** f (Erdöl) / semi-submersible drilling platform, semi-submersible rig ‖ schwimmende ~**taucherplattform** (meistens bemannte) (Erdöl) / floating instrument platform, FLIP ‖ ~**technisch** adj (Anlage) / semi-commercial adj, semi-industrial adj ‖ ~**tidehafen** m (HuT, Ozean) / half-tide basin

**Halbton** m (diatonischer, chromatischer - DIN 1320) (Akus) / semitone* n, half step, halftone n (US) ‖ ~ (Druck, Fernm, Foto) / halftone* n, continuous tone ‖ ~**bild** n (Druck) / tone illustration ‖ ~**schritt** m (Akus) / semitone* n, half step, halftone n (US) ‖ ~**verfahren** n (Druck, Foto) / half-tone process*, halftoning n ‖ ~**vorlage** f (Druck) / continuous-tone copy, full-tone copy, tone copy

**Halb**~**torkran** m (Masch) / semi-portal crane, semi-gantry crane ‖ ~**totale** f (Aufnahmeart mit einem geringeren Blickwinkel als bei der Totalen für einen Überblick über die aufzunehmende Szene) (Film) / medium long shot, MLS ‖ ~**trivialname** m (in der chemischen Nomenklatur) (Chem) / semi-systematic name, semi-trivial name ‖ ~**trocken** adj (Holz) (For) / rough dry, partially air-dry, PAD, shipping-dry adj ‖ ~**trocken** (Landw, Meteor) / semi-arid adj ‖ ~**trocken** s. auch verschiffungstrocken ‖ ~**trockenpressen** n (Keram) / semi-dry pressing ‖ ~**trockenverfahren** n (zur Herstellung harter Faserplatten) (For) / semi-dry process ‖ ~**trocknendes Öl** (ein fettes Öl wie Sojaöl, Sonnenblumenöl usw. - IZ 100 bis 170) (Anstr) / semi-drying oil ‖ ~**übertrag** m (EDV) / half-carry n ‖ ~**umfang** m (Math) / semi-circumference n ‖ ~**unendlich** adj / semi-infinite adj ‖ ~**unendlicher Körper** (Math) / semi-infinite body ‖ ~**verband** m (Math) / semi-lattice n ‖ ~**verglast** adj (Keram) / semi-vitreous adj, semi-vitrified adj ‖ ~**verkokung** f (Kftst) / semi-coking n ‖ ~**versenkter Schalter** (Bau, Eltech) / semi-flush switch ‖ ~**versetzung** f (Krist) / partial dislocation ‖ **Franksche** ~**versetzung** (nicht gleitfähige Versetzung) (Krist) / Frank partial dislocation ‖ **Shockleysche** ~**versetzung** (Krist) / Shockley partial dislocation, glissile dislocation ‖ ~**verstärkend** adj (Ruß) / semi-reinforcing adj ‖ ~**V-Naht** f (Schw) / single-bevel butt joint (without root face), single-bevel groove weld, single-bevel butt weld ‖ ~**wahrscheinlichkeits-Bemessungsverfahren** n (Bau) / semi-probabilistic design method ‖ ~**ware** f / semi-finished product, half-finished product, semi-manufacture n ‖ ~**warmumformer** m (Masch) / warm former ‖ ~**wassergas** n (Chem Verf) / semi-water gas* ‖ ~**weich** adj (Käse) (Nahr) / semi-soft adj ‖ ~**weicher Stahl** (0,25 bis 0,7 % C) (Hütt) / medium-carbon steel (US) ‖ ~**weiß** adj (Tex) / half-bleached adj ‖ ~**welle** f (Phys) / half-wave n, half-cycle n, alternation n

**Halbwellen**~**antenne** f (Radio) / half-wave antenna* ‖ ~**dipol** m (Radio) / half-wave dipole ‖ ~**schräggestellter** ~**dipol** (Radio) / sloper dipole ‖ ~**längenplättchen** n (Opt) / half-wave plate* ‖ ~**potential** n (Chem) / half-wave potential ‖ ~**strahler** m (Radio) / half-wave antenna*

**Halbwertbreite** f (Phys, Spektr) / half-width* n

**Halbwerts**~**abstrahlwinkel** m (Radio) / half-power beam width ‖ ~**breite** f (bei Peaks in der Gaschromatografie) (Chem) / width at half-height ‖ ~**breite** (Phys, Spektr) / half-width* n ‖ **volle** ~**breite** (ein Kriterium für die Beobachtung von zwei Spektrallinien) (Phys, Spektr) / full-width half maximum, FWHM ‖ ~**punkt** m (Radio) / half-power point* (of an antenna) ‖ ~**schichtdicke** f (Kernphys, Radiol) / half-value layer*, half-value thickness*, HVL, HVT, half-thickness* n ‖ ~**zeit** f (physikalische - $T_p$, biologische - $T_b$, effektive - $T_{eff}$) (Kernphys) / half-life* n (pl. half-lives), period of decay*, half-value period ‖ **biologische** ~**zeit** (Biol, Kernphys) / biological half-time, biological half-life* ‖ **effektive** ~**zeit** (Kernphys) / effective half-life*

**Halbwert**~**verfahren** n (Eltech) / half-deflection method* ‖ ~**zeit** f (DIN 25404) (Kernphys) / half-life* n (pl. half-lives), period of decay*, half-value period

**Halb**·**winkel** m (Math) / half angle, semiangle n ‖ ~**winkelformel** f (Math) / half-angle formula ‖ ~**winkelsatz** m (für ebene Dreiecke) (Math) / half-angle formula ‖ ~**wolle** f (Tex) / union n (of cotton and wool) ‖ ~**wollfarbstoff** m (Tex) / union dye, union dyestuff ‖ ~**wollfärbung** f (Tex) / union dyeing (of cotton and wool) ‖ ~**woll-Lumpen** m pl (Tex) / linsey n ‖ ~**wort** n (EDV) / half word ‖ ~**zahliger Spin** (Kernphys) / half-integer spin ‖ ~**zelle** f (elektrochemische Elektrode) (Eltech) / half-cell* n, half-element* n, single-electrode system* ‖ ~**zellstoff** m (Chem Verf, Pap) / semi-chemical pulp* ‖ ~**zellstoff, der durch das Kalt-Natron-Verfahren gewonnen wurde** (Chem Verf, Pap) / cold caustic pulp ‖ ~**zellstoffaufschluß** m (Chem Verf, Pap) / semi-chemical pulping ‖ ~**zellstoffaufschluß** (Chem Verf, Pap) s. auch Zellstoffaufschluß

**Halbzeug** n / semi-finished product, half-finished product, semi-manufacture n ‖ ~ (Pap) / half-stuff* n, half-stock n ‖ **quadratisches** ~ (Euronorm 79-69) (Hütt) / square semi-finished product ‖ ~ n **für Rohre** (Hütt) / tube rounds ‖ ~**holländer** m (Pap) / breaker n, breaking engine ‖ ~**walzstraße** f (Hütt) / semi-finishing mill ‖ ~**walzwerk** n (Hütt) / semi-finishing mill

**Haldane-Gleichung** f (Biochem) / Haldane relationship

**Haldane-Regel** f (Gen) / Haldane's rule

**Halde** f (Reservevorrat, Reservebestand, Bevorratungsform) (Aufber, Bergb) / stock pile*, dump stock ‖ ~ (Bau) / kerf n, kirve n ‖ ~ (Bergb) / dump*, heap n ‖ ~ (in der dynamischen Speicherverwaltung) (EDV) / heap n ‖ **brennende** ~ (Bergb) / fire bank*

**Halden**·**brand** m (Bergb) / fire bank*, spoil heap fire ‖ ~**gerät** n (Bergb) / stockpiling machine ‖ ~**kohle** f (Bergb) / stock coal ‖ ~**laugung** f (Hütt) / dump leaching ‖ ~**schüttung** f (HuT) / piling n ‖ ~**trocknung** f (von Ziegeln) (Bau, Keram) / hacking*

**Halfagras** n (aus der Stipa tenacissima L.) (Bot) / esparto n, esparto grass, alfa n, alfa grass

**Half-lattice-Filter** n (ein Quarzfilter) (Radio) / half-lattice filter

**Hälfte** f (Leder) / side leather, side n

**Halid** n (Chem) / halide* n

**halin** adj (Ozean) / haline adj

**Haliplankton** n (Umwelt) / haliplankton* n

**Halit** m (Min) / halite* n, rock-salt* n

**Hall**·**abstand** m (DIN 1320) (Akus) / diffused-field distance ‖ ~**ausgang** m (Akus, Film) / echo go ‖ ~**Beweglichkeit** f (Ladungsträgerbeweglichkeit) (Eltronik) / Hall mobility* ‖ ~**-Detektor** m (für die gaschromatografische Spurenanalyse) (Chem) / Hall-electrolytic-conductivity detector, HECD

**Halle** f (Bau) / hall n ‖ ~ (Luftf) / hangar* n

**Hall**·**-Effekt** m (ein galvanomagnetischer Effekt - nach E.H. Hall, 1855-1938) (Phys) / Hall effect* ‖ **quantisierter** ~**-Effekt** (Phys) / quantum Hall effect* ‖ ~**-Effekt-Bauelement** n (Eltronik) / Hall-effect device ‖ ~**-Effekt-Element** n (ein Halbleiterbauelement, bei dem der Stromdurchfluß mittels eines äußeren Magnetfeldes gesteuert wird) (Eltronik) / Hall generator, Hall-effect generator, Hall sender unit ‖ ~**-Effekt-Modulator** m (Radio) / Hall modulator, Hall-effect modulator ‖ ~**eingang** m (Akus, Film) / echo return ‖ ~**-Elektrode** f (Eltronik) / Hall electrode ‖ ~**-Element** n (Eltronik) / Hall-effect device

**Hallenbelüftung** f (Med) / shop aeration

**hallender Raum** (Akus) / reverberation chamber*, echo chamber*, live room*, reverberation room, echo studio*

**Hallen**·**deck** n (Schiff) / hangar deck, hangar bay ‖ [**seitlicher**] ~**teil** (einer Fabrik) (Arch) / aisle* n ‖ ~**vorfeld** n (Luftf) / apron* n, tarmac n (paved apron)

**Halleyscher Komet** (der die Sonne in 76 Jahren umkreist - zum letzten Mal 1986) / Halley's Comet

**hallfeldlineares Mikrofon** (Akus) / random-incidence microphone

**Hall**·**geber** m (ein Halbleiterbauelement, bei dem der Stromdurchfluß mittels eines äußeren Magnetfeldes gesteuert wird) (Eltronik) / Hall generator, Hall-effect generator, Hall sender unit ‖ ~**generator** m (ein Halbleiterbauelement, bei dem der Stromdurchfluß mittels eines äußeren Magnetfeldes gesteuert wird) (Eltronik) / Hall generator, Hall-effect generator, Hall sender unit ‖ ~**-Héroult-Verfahren** n (elektrolytische Zerlegung von in Kryolith gelöstem Aluminiumoxid - nach Ch.M. Hall, 1863-1914, und P.L.T. Héroult, 1863-1914) (Chem Verf) / Hall-Héroult process, Hall process*, Bayer-Hall-Héroult process ‖ ~**-IC** m (mit dem Hallgenerator) (Eltronik) / Hall IC, Hall module

**hallig** adj (Akus) / reverberant adj, live* adj

**Halligkeit** f (DIN 1320) (Akus) / reverberance n

**Hallinger-Schild** m (beim Tunnelauffahren) (HuT) / Hallinger shield

**Hall**·**-Koeffizient** m (Eltronik) / Hall coefficient* ‖ ~**-Motor** m (ein Außenläufermotor ohne mechanischen Kommutator und mit einem Ferritmagneten als Rotor) (Eltronik) / Hall motor ‖ ~**-Multiplikator** m (Eltronik) / Hall multiplier

**Halloysit** m (ein Tonmineral der Kaolinit-Gruppe) (Min) / halloysite* n

**Hallpannung** f (Eltronik) / Hall voltage

**Hall • -Petch-Beziehung** f (formelmäßige Beschreibung des Einflusses der Korngröße auf die Fließgrenze bzw. Streckgrenze polykristalliner metallischer Werkstoffe) (WP) / Hall-Petch relationship || ~**plättchen** n (Eltronik) / Hall plate || ~**radius** m (bei einer Schallquelle mit kugelförmiger Richtcharakteristik - DIN 1320) (Akus, Radio) / diffuse-field distance (for omnidirectional source) || ~**raum** m (Akus) / reverberation chamber*, echo chamber*, live room*, reverberation room, echo studio* || ~**-Schranke** f (Schalter, der auf dem Hall-Effekt beruht) (Eltronik) / Hall-effect switch, vane switch || ~**schranke** f (Eltronik) / Hall vane switch || **linearer** ~**sensor** (Eltronik) / linear-output Hall-effect transducer, LOHET || ~**sonde** f (Eltronik) / Hall probe*
**halluzinogen** adj (Pharm) / hallucinogenic adj || ~ n (ein psychotroper Stoff) (Pharm) / hallucinogen*  n, hallucinogenic drug
**Hallwachs-Effekt** m (äußerer Fotoeffekt - nach W. Hallwachs, 1859-1922) (Eltronik) / Hallwachs effect
**Hall-Winkel** m (nach E.H. Hall, 1855-1938) (Eltronik) / Hall angle (between the electric field vector and the current density vector)
**Halm** m (im allgemeinen) (Bot, Landw) / haulm m (a stalk or stem) || ~ (Getreide) (Bot, Landw) / stalk n, stem n || ~ (des Schlüssels) (Masch) / stem n, shank n, barrel n || ~**brecher** m (ein Heuaufbereiter) (Landw) / crimper n, hay crusher, crusher n || ~**festiger** (Landw) / culm stabilizer, stem stabilizer || ~**futtersilage** f (Landw) / stalk silage || ~**pflanze** f (Bot) / culmiferous plant || ~**rost** m (durch Puccinia graminis) (Landw) / stem rust || ~**teiler** m (am Schneidwerk der Halmfruchterntemaschinen) (Landw) / divider n
**halmyrogen** adj (Geol) / halmyrogenetic adj
**Halmyrolyse** f (submarine Verwitterung) (Geol) / halmyrolysis n, submarine weathering
**halmyrolytisch** adj (Geol) / halmyrolytic adj
**Halo** m (atmosphärisch-optische Erscheinung) (Astr, Licht, Meteor) / halo* n (pl. haloes or halos) || ~ (Eltronik, TV) / halo* n (pl. haloes or halos), halation* n || **galaktischer** ~ (im Milchstraßensystem) (Astr) / galactic halo* || **großer** ~ (Astr, Licht) / 46° halo, halo of 46° || **kleiner** ~ (Astr, Licht) / 22° halo, halo of 22° || ~**bildung** f (Eltronik, Foto) / halation* n
**halobiont** adj (Biol, Ozean) / halobiotic* adj || ~ m (pl. -en) (Biol) / halobiont n
**halobio(n)tisch** adj (Biol, Ozean) / halobiotic* adj
**Halo • effekt** m (Eltronik, TV) / halo* n (pl. haloes or halos), halation* n || ~**form** n (Trihalogenmethan) (Chem) / haloform n || ~**formreaktion** f (Chem) / haloform reaction
**Halogen** n (Chem) / halogen* n || ~**aldehyd** m (Chem) / haloaldehyde n || ~**alkan** n (Chem) / haloalkane n, alkyl halide || ~**alkyl** n (Chem) / haloalkane n, alkyl halide || ~**amin** n (Chem) / haloamine n, halogenamine n || ~**aren** n (Chem) / aryl halide
**Halogenation** f (Chem) / halogenation* n
**Halogen • benzol** n (Chem) / halobenzene n || ~**carbonsäure** f (Chem) / halogenated carboxylic acid || ~**essigsäure** f (Chem) / halogenated acetic acid || ~**fernscheinwerfer** m (Eltech, Kfz) / halogen driving lamp || ~**glühlampe** f (DIN 49820) (Eltech) / quartz halogen bulb, halogen bulb, quartz-iodine bulb
**Halogenid** n (Verbindung der Halogene) (Chem) / halide* n || ~ (z.B. Steinsalz) (Chem, Min) / halide mineral || ~ **der Nichtmetalle** (Chem) / non-metallic halide || ~**glas** n (bei dem die Glasbildung nicht an Oxide, sondern an Halogenide gebunden ist) (Glas) / halide glass || ~**kristall** m (Foto) / halide crystal || ~**mineral** n (Chem, Min) / halide mineral
**halogenieren** v (Chem) / halogenate v || **mehrfach** ~ (Chem) / polyhalogenate v
**halogenierter Kohlenwasserstoff** (Chem) / halogenated hydrocarbon, halohydrocarbon n
**Halogenierung** f (Einführung von Halogenatomen in die Moleküle von organischen Verbindungen) (Chem) / halogenation* n
**Halogenisierung** f (z.B. Bromierung oder Iodierung) (Chem) / halogenation* n
**Halogen • karbonsäure** f (Chem) / halogenated carboxylic acid || ~**keton** n (Chem) / halogen ketone || ~**kohlenstoffverbindung** f (z.B. Fluorkohlenwasserstoff) (Chem) / halocarbon n || ~**kohlenwasserstoff** m (Chem) / halogenated hydrocarbon, halohydrocarbon n || **leicht flüchtige** ~**kohlenwasserstoffe** (Chem) / volatile halogenated hydrocarbons || ~**lampe** f (Eltech) / quartz halogen bulb, halogen bulb, quartz-iodine bulb || ~**löscher** m / halogen extinguisher, halogenated-hydrocarbon extinguisher || ~**metalldampflampe** f (eine Gasentladungslichtquelle) (Eltech) / halide lamp || ~**olyse** f (Chem) / halogenolysis n || ~**scheinwerfer** m (Eltech) / halogen headlight, quartz-halogen lamp*, halogen lamp, quartz-iodine lamp*, tungsten-halogen lamp* || ~**silberverfahren** n (Foto) / silver halide process || ~**tanz** m (Stellungswechsel der Halogensubstituenten in aromatischen Halogenkohlenwasserstoffen) (Chem) / halogen dance || **organische** ~**verbindung** f (Chem) / organohalide n || **adsorbierbare organische** ~**verbindungen** (in der Wasserprobe) (Sanitär) / adsorbable organic halides || ~**wasserstoff** m (Chem) / hydrogen halide || ~**wasserstoffsäure** f (z.B. Flußsäure) (Chem) / haloid acid*, halogen acid || ~**zählrohr** n (mit Halogen als Löschzusatz) (Nukl) / halogen-quench Geiger tube*, halogen counter
**Halohydrin** n (2-Halogen-1-alkanol) (Chem) / halohydrin n
**Halokinese** f (schwerkraftbedingte Wanderung von Salzgesteinen) (Geol) / halokinesis n
**halokinetisch** adj (Geol) / halokinetic adj
**Halokline** f (Zone in einem geschichteten Wasserkörper, in der sich die Dichte infolge einer Veränderung des Salzgehalts rasch ändert) (Ozean) / halocline n
**Halometer** n (Senkspindel für Salzlösungen) (Phys) / salinometer* n, salimeter n, salometer n
**Halon** n (gemischthalogenierter Halogenkohlenwasserstoff als Feuerlöschmittel - in Deutschland verboten) (Chem) / halon n, halogenated fire suppressant
**Halon-Feuerlöscher** m / halogen extinguisher, halogenated-hydrocarbon extinguisher
**Halonlöscher** m / halogen extinguisher, halogenated-hydrocarbon extinguisher
**halophil** adj (Organismus) (Biol) / halophilic adj, halophilous adj, halophile* adj, halophil adj
**Halophyt** m (pl. Halophyten) (Bot) / halophyte* n
**halophytisch** adj (Biol) / halophytic adj
**Halo • population** f (die in dem galaktischen Halo befindlichen Kugelsternhaufen und RR-Lyrae-Sterne) (Astr) / halo population || ~**serie** f (mit einer Halophytenvegetation) (Bot) / halosere n
**Halothan** n (internationaler Freiname für ein Inhalationsanästhetikum) (Med) / Halothane* n
**halotolerant** adj (Organismus) (Biol) / halotolerant adj
**Halotrichit** m (Aluminiumeisen(II)-sulfat-22-Wasser) (Min) / halotrichite* n, butter rock, mountain butter, iron alum*
**Hals** m (der Säule) (Arch) / neck* n, necking n, neck-mould n || ~ (einer Katodenstrahlröhre) (Eltronik) / neck n || ~ (der Flasche) (Glas) / neck n || ~ (Leder) / headless shoulder || ~ (Masch) / neck n, throat n || **ausgereckter** ~ (Leder) / pinned shoulder || **unköpfiger** ~ (Leder) / squared shoulder || **verengter** ~ (Glas) / choke n (an insufficient opening in the neck of a glass container), choked neck || ~ m **des Dee** (Nukl) / stem n, dee stem
**Hals • ausweitung** f (meistens konische) (Masch) / flared neck || ~**falte** f (Leder) / fat crease, fat wrinkle || ~**kante** f (bei Schuhabsätzen) / heel-breast edge, breast edge || ~**kantenfräsmaschine** f (bei Schuhabsätzen) / heel-breast edge-trimming machine || ~**lager** n (spezielles einwertiges Lager, das zusammen mit einem Spurlager verwendet wird) (Masch) / neck-bearing n, collar bearing || ~**narbenspalt** m (der gegerbte Narbenspalt eines Halses, jedoch ohne Kopf) (Leder) / shoulder grain || ~**ring** m (Glas) / neck ring, neck-mould n || ~**senker** m (DIN 373) (Masch) / shank counterbore, piloted counterbore (US)
**Halt** m (Rast, Pause) / halt n || ~ (von Verkehrsmitteln) (Bahn, Kfz) / stop n || ~ (Haltsignal) (Bahn, Kfz) / stop n || **absolutes** ~ (unbedingtes Haltsignal für alle Zug- und Rangierfahrten) (Bahn) / absolute stop (signal), stop and stay || **planmäßiger** ~ (Luftf) / scheduled stop || **unvorgesehener** ~ (Bahn) / unexpected stop || **vollständiger** ~ (EDV) / halt n, drop dead || **wahlweiser** ~ (bei numerisch gesteuerten Maschinen) (Masch) / optional stop || ~ **- Vorfahrt gewähren** (ein Verkehrszeichen) (Kfz) / stop and give way || ~ **- Weiterfahrt nach Aufforderung** (ein Verkehrszeichen) (Kfz) / passing without stopping prohibited || ~ m **zum Auftanken** (Luftf) / refuelling stop
**haltbar** adj (These) / tenable adj || ~ (Einband) (Buchb) / sturdy adj || ~ (Nahr) / stable adj || **(mindestens)** ~ **bis** (Nahr) / best before, use by || ~**e Milch** (Nahr) / ultra heat treated milk, UHT milk, long-life milk
**Haltbarkeit** f / storage time f / fastness n (to)* || ~ / durability n, endurance n || ~ (Foto, Nahr) / keeping quality || ~ (Nahr) / stability n || **beschränkte** ~ (Lagerfähigkeit) / limited shelf life || ~ f **von eingebügelten Falten** (Tex) / retention of pressed creases
**Haltbarkeitsdauer** f (als Zeitangabe) / storage time
**Haltbarmachung** f (besonders durch Räuchern, Salzen und Pökeln) (Nahr) / curing n, cure n
**Haltbefehl** m (EDV) / halt instruction, stop instruction, checkpoint instruction, breakpoint instruction, pause instruction
**Halte • anode** f (Eltronik) / holding anode* || ~**bereich** m (in dem eine synchronisierte Größe synchron bleibt) (Eltech) / hold range || ~**bereich** (Regeln) / lock range || ~**bucht** f (Kfz) / pull-in n (an area at the side of the road where vehicles may pull off the road and stop) || ~**bucht für Busse** (Kfz) / bus bay, bus lay-by || ~**dauer** f (Eltech, Hütt) / holding time, hold time || ~**dauer** (Hütt) / arrest n || ~**draht** m (der den Leuchtkörper der Glühlampe hält) (Eltech) / support n, support wire || ~**fahrstreifen** m (für Busse) (Kfz) / bus stopping lane || ~**feuer** n (Glas) / holding heat || ~**glied** n (Regeln) / holding element || ~**griff**

**Haltegriff**
*m* (im Innenraum) (Kfz) / grab handle ‖ ⁓**griff** (z.B in Omnibussen) (Kfz) / hand strap ‖ ⁓**klammer** *f* (Masch) / fixing clip, hold-down clip ‖ ⁓**konsole** *f* **für Gasbrenner** / gas bracket ‖ ⁓**kraft** *f* (von Nägeln) (Zimm) / resistance to drawing ‖ ⁓**kreis** *m* (Radar) / keep-alive circuit ‖ ⁓**leine** *f* (Luftf) / mooring guy, mooring line ‖ ⁓**linie** *f* (auf der Fahrbahn) / stop line
**halten** *v* (Zustand, Wert) / hold *v*, keep *v*, maintain *v* ‖ ~ (Wärme) / retain *v* ‖ ~ (anhalten) / stop *v* ‖ ~ / keep *v*, hold *v*, retain *v* ‖ ~ (Geschwindigkeit) / keep up *v*, sustain *v* ‖ **sich** ~ (an Regeln) / obey *v* ‖ ⁓ *n* (auch des Gleichgewichts) / holding *n* ‖ ⁓ **auf Härtetemperatur** (Hütt) / holding at hardening temperature
**Halte•nase** *f* (im Lager) (Masch) / locking lug ‖ ⁓**pfahl** *m* (Schiff) / spud *n*, anchorage spud ‖ ⁓**problem** *n* (EDV) / halting problem ‖ ⁓**pumpe** *f* (Vakuumt) / holding pump ‖ ⁓**punkt** *m* (z.B. bei Flurförderzeugen) / stopping point ‖ ⁓**punkt** (Bahn) / stop *n*, halt *n* ‖ ⁓**punkt** (EDV) / breakpoint *n* ‖ ⁓**punkt** (Unstetigkeit auf der Erhitzungs- oder Abkühlungskurve bei reinen Metallen und eutektischen Legierungen) (Hütt) / arrest point*, critical point* ‖ ⁓**punkt bei der Abkühlung** (Hütt) / recalescent point, recalescence point ‖ ⁓**punkt bei der Erwärmung** (Hütt) / decalescent point, critical point on heating, decalescense point
**Halter** *m* (der Datenbank) (EDV) / owner *n* ‖ ⁓ (bei Scheibenbremsen) (Kfz) / adapter *n* ‖ ⁓ (Masch) / support *n*, holder *n* ‖ ⁓ (Tischl, Zimm) / stock *n*
**Halte•rahmen** *m* (Masch) / frame *n* ‖ ⁓**relais** *n* (Eltronik) / locking relay*, retentive-type relay, remanent relay, lock-in relay ‖ ⁓**ring** *m* (Chem) / support ring ‖ ⁓**ring** (Eltech) / support ring ‖ ⁓**ring** (Masch) / retaining ring, holding ring ‖ ⁓**rohr** *n* (Masch) / stay tube*
**Halterung** *f* (Eltech, Eltronik) / header* *n* ‖ ⁓ (Fernm) / mount* *n* ‖ ⁓ (Foto) / bracket *n* ‖ ⁓ (Masch) / support *n*, holder *n* ‖ ⁓ (des Plasmas) (Plasma Phys) / confinement *n* (of plasma)*, containment *n* (of plasma)* ‖ **magnetische** ⁓ (eines heißen Plasmas) (Plasma Phys) / magnetic confinement
**Halte•seil** *n* (Luftf) / mooring guy, mooring line ‖ ⁓**seil** (Masch) / guy* *n*, guy rope ‖ ⁓**signal** *n* (Bahn) / stop signal ‖ **permissives** ⁓**signal** (Bahn) / stop-and-proceed signal ‖ **ein** ⁓**signal überfahren** / go through a red light ‖ ⁓**spannung** *f* (Eltech) / holding voltage ‖ ⁓**spule** *f* (Eltech) / hold-on coil* ‖ ⁓**stange** *f* / stay-bar *n* ‖ ⁓**stange** (des Hängegleiters) (Luftf) / control bar ‖ ⁓**stein** *m* (Paßstück zwischen Gesenkhälften und Bär bzw. Schabotte) (Masch) / dowel *n* (of a die), peg *n* (of a die) ‖ ⁓**stelle** *f* (Bahn) / stop *n*, halt *n* ‖ ⁓**stelle** (Kfz) / station *n* ‖ ⁓**stelle** (des Aufzugs) (Masch) / landing *n* ‖ ⁓**stelle von Schienenfahrzeugen** (in der Stadt) / tramway stop ‖ ⁓**stift** *m* (Masch) / locating pin ‖ ⁓**stoßspannung** *f* (Eltech) / impulse withstand voltage ‖ ⁓**-Stoßstrom** *m* (Scheitelwert der ersten großen Teilschwingung des Stromes während des Ausgleichsvorganges nach Stromflußbeginn) (Eltech) / peak-withstand current ‖ ⁓**strahl** *m* (Eltronik) / holding beam* ‖ ⁓**strom** *m* (bei Relais oder Vierschichtdioden) (Eltech) / holding current, hold current ‖ ⁓**stromkreis** *m* (Eltronik) / holding circuit, locking circuit, stick circuit ‖ ⁓**verbot** (ein Verkehrszeichen) (Kfz) / no stopping ‖ **eingeschränktes** ⁓**verbot** (Kfz) / waiting restriction ‖ ⁓**verbotsschild** *n* (Kfz) / no-stopping sign ‖ ⁓**vermögen** *n* (Tex) / power *n* (with elastane fibres), expanding power ‖ ⁓**vorrichtung** *f* (der Oberleitung, z.B. Seitenhalter, Hänger, Nachspanngewicht usw.) (Eltech) / pull-off* *n* ‖ ⁓**wendel** *f* (Kab) / spiral binder tape, binder tape ‖ ⁓**wicklung** *f* (DIN 41205) (Eltech) / holding winding, hold-in winding ‖ ⁓**widerstand** *m* (Eltech) / economy resistance* ‖ ⁓**zeit** *f* / retention time ‖ ⁓**zeit** (während der die Sperrwirkung einer Kupferfalle nach dem Ausheizen anhält) / stay-down time ‖ ⁓**zeit** (Eltech, Hütt) / holding time, hold time ‖ ⁓**zeit** (im Temperatur-Zeit-Diagramm) (Hütt) / arrest *n*
**Halt•instruktion** *f* (EDV) / halt instruction, stop instruction, checkpoint instruction, breakpoint instruction, pause instruction ‖ ⁓**linie** *f* (Kfz) / stop line
**haltlos** *adj* (Wolle) (Tex) / mushy *adj*
**Haltsignal** *n* (Bahn) / stop signal ‖ **absolutes** ⁓ (Bahn) / absolute stop signal, stop-and-stay signal
**Haltstellung** *f* (eines Signals) (Bahn) / danger position
**Haltung** *f* (von Tieren) (Landw) / management *n* ‖ ⁓ (Wasserb) / reach *n*, pond* *n*, bay *n* ‖ **obere** ⁓ (Gewässerstrecke oberhalb einer Staustufe oder Schleuse) (Wasserb) / head-bay* *n*, forebay *n* ‖ **untere** ⁓ (Wasserb) / tail-bay* *n*, tailwater *n*
**Häm** *n* (Eisen(II)-komplex von Porphyrinen) (Biochem) / haem* *n*, heme *n*
**HAM** (EDV) / Host Adaptor Module, HAM
**Hamada** *f* (pl. -s) (Geol) / hammada *n*
**Hamamelose** *f* (aus Hamamelis virginiana L.) (Chem) / hamamelose *n*
**Hämatin** *n* ($Fe^{3+}$-Protoporphyrinkomplex) (Biochem) / haematin* *n*
**Hämatit** *m* (Eisen(III)-oxid) (Min) / haematite* *n*, hematite* *n* (US), oligiste iron, oligist iron **faseriger** ⁓ (Min) / pencil ore ‖ ⁓**kruste** *f* (Geol) / ferricrete *n*

**Hämatoxylin** *n* (ein blaues Färbemittel) (Mikros) / haematoxylin *n*
**Hambergit** *m* (ein Borat) (Min) / hambergite* *n*
**Hamburger Gattersägemaschine** (For) / veneer frame sawing machine
**Hamel-Basis** *f* (nach G.K.W. Hamel, 1877-1954) (Math) / Hamel base, Hamel basis
**Hamen** *m* (Fanggerät der Küsten- und Flußfischerei) / bag net with fixed mouth
**Hametag-Verfahren** *n* (zur Herstellung von Metallpulver) (Pulv) / Hametag process
**Hamilton•-Bewegungsgleichungen** *f pl* (Mech) / Hamilton's equations of motion, canonical equations of motion ‖ ⁓**-Funktion** *f* (nach Sir W.R. Hamilton, 1805-1865) (Mech) / Hamiltonian function, Hamiltonian *n* ‖ ⁓**-Jacobische Differentialgleichung** (Math) / Hamilton-Jacobi equation, Hamilton's partial differential equation ‖ ⁓**-Jacobische Theorie** (Mech) / Hamilton-Jacobi theory ‖ ⁓**-Operator** *m* (der hermitesche Operator der Gesamtenergie eines quantenmechanischen Systems) (Phys) / energy operator, Hamilton operator ‖ ⁓**-Quaternion** *f* (Math) / quaternion *n*, hypercomplex number
**Hamiltonsch•e Gestalt** (in der Hamilton-Jacobischen Theorie) (Mech) / canonical form ‖ ⁓**e kanonische Gleichungen** (Mech) / Hamilton's equations of motion, canonical equations of motion ‖ ⁓**e kanonische Theorie** (Mech) / Hamilton-Jacobi theory ‖ ⁓**er Kreis** (Math) / Hamiltonian circuit ‖ ⁓**e Linie** (Math) / Hamiltonian circuit ‖ ⁓**e partielle Differentialgleichung** (Math) / Hamilton-Jacobi equation, Hamilton's partial differential equation ‖ ⁓**es Prinzip** (der kleinsten Wirkung) (Math, Phys) / Hamilton's principle* ‖ ⁓**er Weg** (vollständige Hamiltonsche Bahn) (Math) / Hamiltonian path ‖ ⁓**e Wirkungsfunktion** (Mech) / action integral, Hamilton's principal function ‖ ⁓**er Zyklus** (EDV, Math) / Hamiltonian cycle
**Hamilton-Wirkungssprinzip** *n* (Math, Phys) / Hamilton's principle*
**Hämin** *n* (salzsaures Hämatin) (Biochem) / haemin* *n*
**Hamlin-Schalter** *m* (bei Airbag-Systemen) (Kfz) / Hamlin switch
**Hammada** *f* (pl. -s) (Geol) / hammada *n*
**Hammeltalg** *m* (Nahr) / mutton suet, mutton tallow, sheep tallow, mutton fat
**Hammer** *m* (Anker + Feder + Kontaktschraube - des Selbstunterbrechers) (Eltech) / trembler *n* ‖ ⁓ (Werkzeugmaschine zum spanlosen Umformen von Werkstücken) (Masch) / power hammer* *n* ‖ ⁓ (des Hammerbrechers) (Masch) / hammer *n* ‖ ⁓ (ein Schlagwerkzeug) (Werkz) / hammer *n* ‖ ⁓ (meistens Holzhammer) (Werkz) / mallet* *n* ‖ **mit dem** ⁓ **bearbeiten** / hammer *v* ‖ **nur mit dem** ⁓ **zu schlagen** (Meißel) (Werkz) / hammer-headed* *adj* ‖ **rückschlagfreier** ⁓ (Werkz) / dead-blow hammer ‖ **schwerer** ⁓ (meistens in Holzhammer) (Werkz) / maul* *n*, mawl *n*, mall* *n* ‖ **Wagnerscher** ⁓ (nach J.P. Wagner, 1799-1879) (Eltech) / electrical hammer break ‖ ⁓ *m* **mit flacher Pinne** (Werkz) / face-hammer* *n* ‖ ⁓ **mit Lederbahn** (Werkz) / leather mallet ‖ ⁓ **mit stark gekrümmter Klaue** (Werkz) / adze-eye hammer*
**Hammer•bahn** *f* (Werkz) / hammer-face, poll *n* ‖ ⁓**bär** *m* (Masch) / hammer tup ‖ ⁓**bohrmaschine** *f* (Bergb) / hammer-drill* *n*, heavy-duty drilling machine ‖ ⁓**brecher** *m* (Aufber, Masch) / hammer crusher ‖ ⁓**breitende** *n* (Werkz) / hammer-face *n*, poll *n* ‖ ⁓**entrinder** *m* (For) / hammer debarker ‖ ⁓**entrindungsmaschine** *f* (z.B. Nekoosa-Entrinder) (For) / hammer debarker ‖ ⁓**finne** *f* (Werkz) / hammer-pane *n*, hammer-peen *n* ‖ ⁓**finne** (des Pendelschlagwerks) (WP) / striking edge ‖ **~förmig** *adj* / hammer-shaped *adj* ‖ ⁓**führer** *m* (des Schmiedehammers) (Masch) / hammerman* *n*, hammer-smith *n* ‖ ⁓**gerechtes Schichtenmauerwerk** (Bau) / regular-coursed rubble*, range masonry (US), range work (US), coursed ashlar (US) ‖ ⁓**kopf** *m* (Kopf des Hammers) (Masch) / hammer-head *n* ‖ ⁓**kopf** (der Schraube - DIN ISO 1891) (Masch) / T-head *n*, hammer-head *n*, tee-head *n* ‖ ⁓**korbmühle** *f* / hammer cage mill
**Hämmermaschinen, mit** ⁓ **anspitzen** (Hütt) / swage *v*
**Hammer•mühle** *f* (dem Hammerbrecher sehr ähnliche Maschine zur kontinuierlichen Feinzerkleinerung mittelharter bis weicher Stoffe) (Aufber, Masch) / hammer mill* ‖ ⁓**mühle für Asbestmineralien** (Aufber) / fiberizer *n*
**hämmern** *v* / hammer *v* ‖ ⁓ *n* (Bahn) / hammer blow* ‖ ⁓ (Masch) / hammering *n* ‖ ⁓ (zur Oberflächenverfestigung) (Masch) / hammer peening
**Hammer•pinne** *f* (Werkz) / hammer-pane *n*, hammer-peen *n* ‖ ⁓**prüfung** *f* / hammering test ‖ **~rechter Stein** (Bau) / cut-stone* *n* ‖ ⁓**schlacke** *f* (Hütt, Masch) / hammer scale*, forging scale, forge scale, blacksmith's scale
**Hammerschlag** *m* (beim Schmieden) (Hütt, Masch) / hammer scale*, forging scale, forge scale, blacksmith's scale* ‖ ⁓ (Schlag mit dem Hammer) (Masch) / hammer blow ‖ ⁓**anstrich** *m* (Anstr) / hammer finish ‖ ⁓**folge** *f* (Masch) / hammer-blow sequence ‖ ⁓**handrad** *n* (der Armaturen) (Masch) / hammer-blow handwheel ‖ ⁓**lack** *m* (Anstr) / hammer-finish paint

**Hammer•schmied** *m* / blacksmith *n*, smith *n* ‖ ˷**schneide** *f* (des Pendelschlagwerks) (WP) / striking edge ‖ ˷**schraube** *f* (DIN 918) (Masch) / T-head bolt, hammer-head bolt (US) ‖ ˷**schweißen** *n* (Schw) / forge welding, hammer welding, fire welding, smith welding ‖ ˷**spur** *f* (Kernphys) / hammer track*, T-track *n* ‖ ˷**stern** *m* (Kernphys) / hammer track*, T-track *n* ‖ ˷**stiel** *m* (meistens aus Rotbuche) (Werkz) / hammer handle, hammer shaft ‖ ˷**unterbrecher** *m* (Eltech) / hammer break*
**Hämmerverdichtung** *f* (der Oberfläche) (Hütt) / hammer compacting
**Hammer•walke** *f* (bei der Sämischgerbung) (Leder) / hammer stocks, faller stocks, kickers *pl* ‖ ˷**walke** (Ein-, Zwei-, Drei- oder Vierhammerwalke) (Tex) / hammer fulling mill
**Hammett-Gleichung** *f* (nach dem amerikanischen Chemiker L.P. Hammett, 1894-1987) (Chem) / Hammett equation
**Hammettsche Azidätsfunktion** (Chem) / Hammett acidity function
**Hamming•abstand** *m* (EDV) / Hamming distance, Hamming metric, signal distance ‖ ˷**distanz** *f* (die Anzahl der Kodeelemente entsprechender Stellen, in denen sich zwei gleich lange Kodewörter unterscheiden) (EDV) / Hamming distance, Hamming metric, signal distance ‖ ˷**kode** *m* (zur Lokalisierung und zur Berichtigung von Übertragungsfehlern) (EDV) / Hamming code
**Hämo•-** (Bestimmungswort von Zusammensetzungen mit der Bedeutung "Blut") (Biochem, Physiol) / haemo-, hemo (US) ‖ ˷**cyanin** *n* (Biochem) / haemocyanin* *n* ‖ ˷**globin** *n* (der rote Blutfarbstoff in den Erythrozyten) (Biochem) / haemoglobin* *n*, hemoglobin* *n* (US) ‖ ˷**lysin** *n* (z.B. Saponine, Schlangengifte, Anilin, Kaliumzyanid) (Biochem, Med) / haemolysin* *n*
**hämolytisch** *adj* (Biochem, Med) / haemolytic *adj*, hemolytic *adj* (US)
**Hämoprotein** *n* (konjugiertes Protein, das als prosthetische Gruppe ein Häm enthält) (Biochem) / haemoprotein *n*, hemoprotein *n* (US)
**hämostatisch** *adj* (Med) / styptic* *adj*, haemostatic* *adj*, astringent* *adj*
**hämostyptisch** *adj* (Med) / styptic* *adj*, haemostatic* *adj*, astringent* *adj*
**Hämozyanin** *n* (Biochem) / haemocyanin* *n*
**Hämprotein** *n* (Biochem) / haemoprotein *n*, hemoprotein *n* (US)
**Hampsonmeter** *n* (zur Bestimmung des Flüssigkeitsstandes von auf tiefer Temperatur befindlichen verflüssigten Gasen) / Hampson level meter
**Hancock-Setzmaschine** *f* (Aufber) / Hancock jig*, percussion jig
**Hand** *f* (von Bananen) (Bot, Nahr) / hand *n* (a bunch of bananas) ‖ ˷ (ein Verweiszeichen) (Druck) / digit *n*, fist *n*, index *n* ‖ ˷ (Greifhandsymbol auf der Benutzeroberfläche) (EDV) / grabber *n*, grabber hand ‖ ˷**-** (Masch) / hand-operated *adj*, actuated by hand, worked by hand, manual *adj*, manually operated ‖ ˷ *f* (des Manipulators) (Nukl) / wrist *n* ‖ **gut in der** ˷ **liegend** / easy-to-grip *attr*, handy *adj*, wieldy *adj*, easy-grip *attr*, affording a firm grip, gripping well ‖ **letzte** ˷ **an etwas legen** / finish off *v* ‖ **von** ˷ (einstellbar) (Masch) / by hand ‖ **von** ˷ **abwischen** / hand-wipe *v* ‖ **von** ˷ **angezogen** (Masch) / finger-tight *adj* ‖ **von** ˷ **fügbar** (Kennzeichen bei Montage) (Masch) / hand pressure
**Hand•abschmierung** *f* (Masch) / hand greasing, hand lubrication ‖ ˷**abweiser** *m* (eine Schutzeinrichtung) (Masch) / hand rejector ‖ ˷**abzug** *m* (Druck) / hand proof, hand pull ‖ **kleiner** ˷**amboß** (Masch) / stake *n* (beakhorn, hatchet, square) ‖ **quadratischer** ˷**amboß** (Masch) / square *n* ‖ ˷**antrieb** *m* (Masch) / hand drive, hand operation ‖ **mit** ˷**antrieb** (Masch) / hand-operated *adj*, actuated by hand, worked by hand, manual *adj*, manually operated ‖ ˷**apparat** *m* (Fernsp) / handset* *n*, French telephone (US), hand telephone set, hand receiver ‖ ˷**arbeit** *f* (Kunsthandwerk) / handicraft *n*, handcraft *n* ‖ ˷**arbeit** (als Tätigkeit) (F.Org) / manual labour, handwork *n* ‖ ˷**arbeit** (Näharbeit) (Tex) / needlework *n* ‖ ˷**arbeitsgarn** *n* (im allgemeinen) (Spinn) / needlework thread ‖ ˷**arbeitsgarn** (zum Stricken) (Spinn) / hand-knitting yarn ‖ ˷**arbeitsstoff** *m* (Tex) / needlework fabric ‖ ˷**auflage** *f* (Masch) / hand rest* ‖ ˷**auflegeverfahren** *n* (Kfz) / laying-up *n* ‖ ˷**auflegeverfahren** (Plast) / hand lay-up moulding, contact moulding, impression moulding ‖ ˷**auftrag** *m* (von Hand) / hand application ‖ ˷**auftragswalze** *f* (Druck) / hand roller*, hand inking roller ‖ ˷**auslösung** *f* (Foto, Masch) / manual release ‖ ˷**ausschnitt** *m* (im Buchdruck vom Drucker manuell hergestellte Kraftzurichtung für den Druck von Bildern) (Druck) / hand-cut overlay* ‖ ˷**bandsägemaschine** *f* (For) / portable band-saw ‖ ˷**bedienung** *f* (Masch) / manual control, manual operation, hand operation ‖ ˷**beil** *n* (Zimm) / hatchet*, hacket *n*, chip axe ‖ ˷**beschickung** *f* (Masch) / hand feed ‖ ~**betätigt** *adj* (Masch) / hand-operated *adj*, actuated by hand, worked by hand, manual *adj*, manually operated ‖ ˷**betätigung** *f* (z.B. des Schalters) / manual operation ‖ ~**betrieben** *adj* (Masch) / hand-operated *adj*, actuated by hand, worked by hand, manual *adj*, manually operated ‖ ˷**blechschere** *f* (Klemp) / snips *pl*, metal shears (hand-operated) ‖ ˷**bohrer** *m* (Masch) / hand drill ‖ ˷**bohrer** (mit Quergriff) (Werkz) / auger* *n* ‖ ˷**bohrer** (mit Ringgriff) (Zimm) / gimlet *n*, wimble *n*, auger *n* ‖ ˷**bohrmaschine** *f* (elektrische) (Eltech, Masch) / electric drill, electrodrill *n* ‖ ˷**bohrmaschine** (nicht elektrische) (Masch) / hand drill ‖ ˷**bohrmaschine** (mit Brustblech) (Masch) / breast-drill *n*, chest drill ‖ ˷**bohrmaschine** (mit Kurbelantrieb) (Masch) / crank-brace* *n* ‖ ˷**bremse** *f* / handbrake *n* ‖ ˷**brett** *n* (Putzbrett mit Handgriff) (Bau) / float* *n*, hand float, skimming float, plasterer's float ‖ ˷**buch** *n* (z.B. Wartungs-) / manual *n* ‖ ˷**dosis** *f* (Radiol) / hand dose ‖ ˷**einband** *m* (meistens ein kunsthandwerklicher Einband) (Buchb) / hand binding, extra bound* ‖ ˷**eingabe** *f* (EDV) / manual input, clerical input
**Handel** *m* (einmalige Transaktion) / deal *n*, business transaction ‖ ˷ (als wirtschaftlicher Tätigkeitsbereich) / business *n*, commerce *n*, trade *n*
**Handels•benzol** *n* (Chem) / industrial-grade benzene, benzol* *n*, benzole *n* ‖ ˷**beschränkung** *f* / restriction on trade ‖ ˷**bezeichnung** *f* (der Ware) / trade name ‖ ˷**blei** *n* (mit etwa 99,85% Pb) (Hütt) / common lead* ‖ ˷**datenbank** *f* (EDV) / business data bank ‖ ˷**dünger** *m* (Landw) / commercial (artificial) fertilizer ‖ ˷**flotte** *f* (Schiff) / merchant marine (US), mercantile marine, merchant navy ‖ ˷**gesellschaft** *f* (für die das Handelsrecht gilt) / company *n* ‖ ˷**gesetzbuch** *n* (das Gesetzbuch vom 10.5. 1897 - aufgeteilt in fünf Bücher: Handelsstand, Handelsgesellschaften und stille Gesellschaften, Handelsbücher, Handelsgeschäfte, Seehandel) / commercial code ‖ ˷**gewicht** *n* (Tex) / commercial weight, commercial mass ‖ ˷**größe** *f* / marketable size ‖ ˷**güte** *f* / commercial grade, commercial quality ‖ ˷**güter** *n pl* / merchandise *n*, mdse, ware *n*, goods *pl*, wares *pl*, commodities *pl* ‖ ˷**hafen** *m* (Schiff) / commercial harbour, trading port, commercial port ‖ ˷**holz** *n* (das entsprechend seinem reichlichen Vorkommen und auf Grund seiner Verarbeitbarkeit Bedeutung für den Handel erlangt hat) (For) / commercial timber, commercial wood ‖ ˷**holzabmessungen** *f pl* (im Vertrag festgelegte) (For) / call dimensions ‖ ˷**klasse** *f* / grade *n*, quality *n*, class *n* ‖ ˷**klasse** (bei der Klassifizierung von Fertigwaren) / merchantable grade, market grade ‖ ˷**klauseln** *f pl* / terms of trade, trade terms ‖ ˷**legierung** *f* (Hütt) / commercial alloy, industrial alloy ‖ ˷**marine** *f* (Schiff) / merchant marine (US), mercantile marine, merchant navy ‖ ˷**masse** *f* (Tex) / commercial weight, commercial mass ‖ ˷**qualität** *f* / merchantable grade, market grade ‖ ˷**reisendenproblem** *n* (ein Problem der ganzzahligen Optimierung) (KI) / travelling-salesman problem ‖ ˷**roheisen** *n* (Hütt) / merchant pig iron ‖ ˷**schiff** *n* (Schiff) / merchant ship, merchantman *n*, trader *n* ‖ **Flagge** *f* **der britischen** ˷**schiffe** (Schiff) / red ensign, red duster ‖ ˷**stahl** *m* (Hütt) / regular-stock steel, commercial steel
**handelsüblich** *adj* / commercial *adj*, usual in the trade ‖ ~**er** Feuchtigkeitszuschlag (Tex) / commercial moisture regain ‖ ~**e** Größen der Kohle (z.B. Feinkohle, Nuß I, Nuß II usw.) (Bergb) / coal sizes* ‖ ~**e** (technische) Legierung (Hütt) / commercial alloy, industrial alloy ‖ ~**e** Qualität / commercial grade, commercial quality ‖ ~**e** Vertragsformeln / terms of trade, trade terms ‖ ~**e** Vertragsklauseln (z.B. ab Fabrik, fob, fas, frei Bahnhof, frei Waggon) / terms of trade, trade terms
**Handelsware** *f* / merchandise *n*, mdse, ware *n*, goods *pl*, wares *pl*, commodities *pl*
**Hand•entrinder** *m* (z.B. Römer-REB-Entrinder) (For) / manual debarker ‖ ˷**entrostung** *f* (DIN 55928, T 4) (Anstr) / hand-tool cleaning ‖ ˷**fahrgerät** *n* (z.B. Handkarren, Roller oder Wagen) / handcart *n* ‖ ˷**faust** *f* (Kfz) / dolly block, dolly* *n* ‖ ˷**feile** *f* (Masch, Werkz) / hand file ‖ ˷**fertigkeit** *f* / skill *n*
**handfest** *adj* (Masch) / finger-tight *adj* ‖ ˷ **anziehen** (Schraube) (Masch) / tighten by hand
**hand•feuchtes Rauhen** (Tex) / wet raising* ‖ ˷**feuerwaffe** *f* (bis 15 mm) (Mil) / small arm ‖ **groß wie die** ˷**fläche** / palm-sized *adj* ‖ ~**flächengroß** *adj* / palm-sized *adj* ‖ ˷**formen** *n* (Gieß) / hand moulding ‖ ˷**formerei** *f* (Gieß) / hand moulding ‖ ˷**formgießverfahren** *n* (Gieß) / hand-mould casting ‖ ˷**formguß** *m* (Gieß) / hand-mould casting ‖ ˷**fräsmaschine** *f* (Tischl) / portable electric planer, powered plane ‖ ˷**führung** *f* (z.B. eines Roboters) / hand-guiding *n* ‖ ˷**führung** (an der Treppenhauswand) (Bau) / handrail *n* ‖ ˷**funkgerät** *n* (Radio) / walkie-talkie *n* ‖ ˷**garn** *n* (von Hand gesponnen) (Spinn) / hand-spun yarn ‖ ˷**gegenzugsäge** *f* (For) / double-handed saw, two-handled saw ‖ ˷**geknüpft** *adj* (Teppich) (Tex) / hand-knotted *adj* ‖ ˷**gelenkstütze** *f* / wrist rest ‖ ˷**gerät** *n* (Sender und Empfänger) (Fernsp) / handset* *n*, French telephone (US), hand telephone set, hand receiver ‖ ˷**geschmiedeter Nagel** (ein stählernes Verbindungsmittel) (Zimm) / wrought nail, rose nail ‖ ~**geschnitten** *adj* / hand-cut *adj* ‖ ˷**geschöpftes Papier** (Pap) / handmade paper*, deckle-edge paper, vat paper (US) ‖ ~**gestochener Torf** / hand-cut peat ‖ ~**gewebt** *adj* (Web) / hand-woven *adj*
**Handgriff** *m* (zum Festhalten) (Masch) / grip *n*, grab handle ‖ ˷ (Tischl, Zimm) / stock *n* ‖ ˷ (des Hobels) (Tischl, Zimm) / handle *n* ‖ ˷**riemen** *m* (Film) / grip belt

511

**Hand·habefehler** *m* / handling error ‖ ⁓**habegut** *n* / objects to be handled
**handhaben** *v* (Werkstücke, Werkzeuge) / handle *v* ‖ **extrem leicht zu ~** / idiot *attr* ‖ ⁓ *n* / handling *n*
**Handhabe·objekt** *n* (das dem Handhaben unterliegt) / handling object, object *n*, object to be handled ‖ ⁓**roboter** *m* (der Werkstücke mittels Greifer bewegt) (Masch) / handling robot
**Handhabung** *f* / handling *n* ‖ **sichere** ⁓ (um Gesundheits- und Sachschäden zu verhindern) / safe handling, safe practice ‖ **unsachgerechte** ⁓ / handling malpractice
**Handhabungs·automat** *m* / handling automaton, automatic handling device ‖ ⁓**gerät** *n* (Masch) / handling equipment, handling plant ‖ ⁓**hilfsmittel** *n* / handling aid ‖ ⁓**roboter** *m* / handling robot
**Hand·hammer** *m* (bis etwa 2 kg Masse) (Werkz) / hand hammer, bench hammer ‖ ⁓**hebel** *m* (Masch) / hand lever ‖ ⁓**hebelbohrmaschine** *f* (Masch) / sensitive drill*, sensitive drilling machine ‖ ⁓**hebelschere** *f* (Masch) / cantilever action shears, lever shears, alligator shears, crocodile shears, compound leverage snips (US) ‖ ⁓**hebezeug** *n* (Masch) / hand-actuated hoist ‖ ⁓**heftgerät** *n* (Werkz) / tacker *n*
**Handheld** *m* (EDV) / hand-held computer (HHC), palmtop *n*, hand-held *n* ‖ ⁓**-Computer** *m* (mit integrierten Minidisketten, Minidrucker und mit grafikfähiger Anzeige) (EDV) / hand-held computer (HHC), palmtop *n*, hand-held *n*
**Handhobelmaschine** *f* (Tischl) / portable electric planer, powered plane
**Händigkeit** *f* (rechts oder links) (Kernphys) / chirality *n*
**Hand·kamera** *f* (Film) / hand-held camera, walkie-lookie *n* ‖ ⁓**klaubung** *f* (Aufber) / hand picking* ‖ ⁓**kloben** *m* (Werkz) / pin vice, hand vice, filing vice ‖ **~koloriert** *adj* (Druck) / hand-coloured *adj* ‖ ⁓**körner** *m* (Masch) / centre punch* ‖ ⁓**kreissägemaschine** *f* (Zimm) / portable (electric) circular saw ‖ ⁓**kreuz** *n* (Masch) / star wheel, spider *n*, star handle, cross handle, palm grip ‖ ⁓**kurbelfenster** *n* (Kfz) / manual-crank window ‖ ⁓**laminierverfahren** *n* (Kfz) / laying-up *n* ‖ ⁓**lampe** *f* / hand-portable lamp, hand lamp
**Handlauf** *m* (eine Treppengriffhilfe) (Bau) / rail* *n*, handrail *n* ‖ **runter unten abgeflachter** ⁓ (Bau) / mop-stick hand-rail* ‖ ⁓**kran** *m* / manually operated crane ‖ ⁓**kropf** *m* (bei der Wendeltreppe) (Bau) / wreath* *n* ‖ ⁓**krümmling** *m* (bei der Wendeltreppe) (Bau) / wreath *n* ‖ **90°-**⁓**krümmling** (Bau) / quarter turn*
**Handleiste** *f* (Bau) / rail* *n*, handrail *n*
**Handler** *m* (EDV) / handler *n*
**Händler·eindruck** *m* (Druck) / dealer imprint ‖ ⁓**markt** *m* (Markt, auf dem die Nachfrage sehr viel größer ist als das Angebot, so daß die Preise praktisch allein von den Verkäufern festgesetzt werden) / seller's market ‖ ⁓**werbung** *f* (Gesamtheit der Werbemaßnahmen für Konsumgüter, mit denen Produzenten Groß-, Zwischen- und Einzelhändler ansprechen) / trade advertising
**Hand·leser** *m* (z.B. für den EAN-Kode) (EDV) / hand-held (bar-code, etc.) reader, read pistol, data pen, wand *n* ‖ ⁓**leuchte** *f* / hand-portable lamp, hand lamp ‖ ⁓**leuchte** (kleine) (Film) / sun gun ‖ ⁓**leuchte** (eine Kontrolleuchte) / inspection lamp, trouble lamp (US) / trouble light
**Handlichkeit** *f* / handiness *n*
**Hand·loch** *n* (Masch) / hand hole* ‖ **~lochen** *v* (nur Infinitiv und Partizip) (EDV) / keypunch *v*, punch *v* ‖ ⁓**locher** *m* (eine Arbeitskraft) (EDV) / keypunch operator (male) ‖ ⁓**locher** (ein Gerät) (EDV) / hand punch, hand-feed punch, keypunch *n* ‖ ⁓**locher für Jacquardkarten** (Tex) / card nippers *pl* ‖ ⁓**log** *n* (Schiff) / hand log, chip log *n* ‖ ⁓**lot** *n* (Schiff) / hand lead* ‖ ⁓**lotleine** *f* (Schiff) / hand lead line
**Handlungs·faden** *m* (der durch einen Satz von Registerinhalten, einen separaten Befehlszähler sowie einen Stack-Pointer beschrieben wird) (EDV) / thread *n* ‖ ⁓**frame** *m* (KI) / action frame ‖ ⁓**montage** *f* (Film) / story shot ‖ ⁓**rahmen** *m* (KI) / action frame
**Hand·marke** *f* (Buchb) / thumb-index *n* ‖ ⁓**-Metallichtbogenschweißen** *n* (Schw) / manual metal-arc welding ‖ ⁓**-Mobilstation** *f* (Fernsp) / hand-held mobile station ‖ ⁓**montage** *f* (Masch) / hand assembly ‖ ⁓**muster** *n* (Pap) / hand-sheet *n* ‖ ⁓**oberfräsmaschine** *f* (elektrische) (Tischl) / power router, portable router
**Handout** *n* (pl. -s) (der Information dienende Unterlagen, die an Teilnehmer einer Tagung o.ä. verteilt werden) / hand-out *n*
**Hand·pappe** *f* (Pap) / handmade cardboard ‖ ⁓**pfanne** *f* (Gieß) / hand ladle* ‖ ⁓**pistole** *f* (für die Dichtungsmittel); Kittspritzpistole;*f*. (Bau) / mastic gun, gun *n* ‖ ⁓**prägestempel** *m* (Buchb) / type holder*, pallet *n* ‖ ⁓**prägung** *f* (Buchb) / tooling* *n* ‖ ⁓**presse** *f* (Druck) / hand press ‖ ⁓**pressenrahmen** *m* (Druck) / frisket* *n* ‖ ⁓**probe** *f* (Bergb, Geol) / hand specimen* ‖ ⁓**pumpe** *f* (Masch) / hand pump ‖ ⁓**rad** *n* (Masch) / handwheel *n* ‖ ⁓**steigendes rad** (bei Schiebern) (Masch) / rising handwheel ‖ ⁓**ramme** *f* (HuT) / beetle* *n*, punner* *n*, hand rammer ‖ ⁓**regel** *f* (z.B. Rechtehandregel) (Eltech) / hand rule ‖ ⁓**regelung** *f* (Masch, Regeln) / manual control ‖ ⁓**regler** *m* (Regeln) / hand-operated regulator ‖ ⁓**reibahle** *f* (DIN 206, DIN 859) (Masch) / hand reamer ‖ ⁓**reinigungsmittel** *n* (z.B. Handreinigungspaste) /

hand cleaning agent ‖ ⁓**reißschiene** *f* (Masch) / T-square *n*, tee square ‖ ⁓**retusche** *f* (Druck, Foto) / hand retouching ‖ ⁓**rührer** *n* (ein Küchengerät) / hand mixer, portable mixer ‖ ⁓**rührgerät** *n* (im Haushalt) / hand mixer, portable mixer ‖ ⁓**säge** *f* (For, Werkz) / hand-saw ‖ ⁓**zweischneidige** ⁓**säge** (eine Seite für Längs-, eine für Querschnitt gezahnt) (Werkz) / cabinet saw ‖ ⁓**säge für Span- und Faserplatten** (For) / panel saw ‖ ⁓**satz** *m* (Typog) / hand composition, hand setting ‖ ⁓**satztype** *f* (Typog) / founder's type* ‖ ⁓**scanner** *m* (EDV) / hand scanner ‖ ⁓**schaltgetriebe** *n* (Kasten) (Kfz) / manual gearbox ‖ ⁓**schindel** *f* (Bau) / shake *n* ‖ ⁓**schlagziegel** *m* (A) (Bau, Keram) / hand-moulded brick, handmade brick ‖ ⁓**schlaufe** *f* (Foto) / wrist strap ‖ ⁓**schleifen** *n* (Masch) / free-hand grinding, hand grinding, snagging *n*, offhand grinding* ‖ ⁓**schleifpapier** *n* (mit $Al_2O_3$, SiC, Schmirgel etc. und Tierleim als Bindemittel) (Masch) / finishing paper ‖ ⁓**schmieden** *n* (Masch) / hand forging, smith-forging ‖ ⁓**schneidbrenner** *m* (Masch, Schw) / manual cutting-blowpipe, hand cutting-torch ‖ ⁓**schraube** *f* (Masch) / hand-screw *n* ‖ ⁓**schrift(en)erkennung** *f* (EDV) / handwriting recognition ‖ ⁓**schriftleser** *m* (EDV) / handwriting reader, handwritten document reader ‖ ⁓**schuharbeitskasten** *m* (Nukl) / glove box* ‖ ⁓**schuhfach** *n* (Kfz) / glove compartment, glove box ‖ ⁓**schuhkasten** *m* (Nukl) / glove box* ‖ ⁓**schuhleder** *n* (Leder) / glove leather ‖ ⁓**schuhzickel** *n* (Leder) / gloving kid ‖ ⁓**schutz** *m* (z.B. bei Pressen) / hand guard ‖ ⁓**schützer** *m* (Glas) / lap *n* ‖ ⁓**schweißbeständigkeit** *f* (Schw) / hand-sweat resistance ‖ ⁓**schweißbrenner** *m* (Schw) / manual welding-blowpipe, hand torch ‖ ⁓**schweißen** *n* (bei dem alle Bewegungsabläufe vom Schweißer ausgeführt und überwacht werden) (Schw) / hand welding, manual welding ‖ ⁓**schweißzange** *f* (Plast) / hand sealer
**Handshake·Fehler** *m* (der beim Handshaking auftritt) (EDV) / handshake error ‖ ⁓**-Leitung** *f* (EDV) / handshake line ‖ ⁓**-Verfahren** *n* (EDV) / handshaking*
**Handshaking** *n* (EDV) / handshaking* *n*
**hand·sortierter Querfaserasbest** (Aufber) / crude asbestos ‖ ⁓**spannsäge** *f* (For) / buck saw* ‖ ⁓**spülbohren** *n* (Erdöl) / wash boring ‖ ⁓**stampfer** *m* (HuT) / beetle* *n*, punner* *n*, hand rammer ‖ ⁓**stapler** *m* (Masch) / stacker *n* ‖ ⁓**stapler** (Energieczuführung durch Kabel) (Masch) / mains-operated stacker ‖ ⁓**staubsauger** *m* / upright [vacuum] cleaner ‖ ⁓**stecker** *m* (Eltech) / cable plug ‖ ⁓**steifsäge** *f* (Tischl, Werkz) / back saw* ‖ ⁓**steuerung** *f* (Masch) / manual control, manual operation, hand operation ‖ ⁓**strichziegel** *m* (Bau, Keram) / hand-moulded brick, handmade brick ‖ ⁓**stricken** *n* (Tex) / hand knitting, finger knitting (hose and hosiery) ‖ ⁓**strickerei** *f* (Tex) / hand knitting, finger knitting (hose and hosiery) ‖ ⁓**gezwirntes strickgarn** (Tex) / fingering* *n* ‖ ⁓**stück** *n* (auf Handgröße formatisierte Gesteinsprobe für petrografische Sammlungen oder Untersuchungen) (Bergb, Geol) / hand specimen* ‖ ⁓**stütze** *f* (Masch) / hand rest* ‖ ⁓**tellergroß** *adj* / palm-sized *adj* ‖ **~trocken** *adj* (Anstr) / touch-dry *adj*, dry to touch, hand-dry *adj* ‖ ⁓**tuchhalter** *m* (Stange) (Bau) / towel rail ‖ ⁓**gekrepptes tuchpapier** (Pap) / towelling *n*, towel paper ‖ ⁓**tuchware** *f* (Tex) / towelling *n* ‖ ⁓**umstochenes Kapital** (Buchb) / handmade headband ‖ ⁓**verfahren** *n* (Plast) / hand lay-up moulding, contact moulding, impression moulding ‖ ⁓**vergolden** *n* (Buchb) / gold tooling* ‖ **~vermittelt** *adj* (Gespräch) (Fernsp) / manually switched, operator-initiated *adj*, manually put-through ‖ ⁓**versatz** *m* (Bergb) / hand filling ‖ ⁓**verzierung** *f* **der Buchdecke** (Buchb) / tooling* *n* ‖ ⁓**vorschub** *m* (Werkz) / hand feed* ‖ ⁓**wagen** *m* / hand truck ‖ ⁓**walze** *f* (ein Auftragswalze) (Druck) / hand roller*, hand inking roller ‖ **~warm** *adj* (Wasser) / hand-comfortable *adj*, hand-hot *adj*, warm to the touch ‖ ⁓**wäsche** *f* (Tex) / hand wash ‖ ⁓**werk** *n* / craft *n* ‖ ⁓**werker** *m* / tradesman *n* (pl. -men), craftsman *n*, artisan *n*
**handwerklich,** (**bewährte**) **~e Qualität** / workmanship *n*, sound workmanship, craftsmanship *n*, workmanlike manner ‖ **~er Beruf** / trade *n* ‖ **~e Buchbinderei** (Buchb) / craft bookbinding, miscellaneous binding ‖ **~e Fertigkeit** / handicraft skill(s), craft *n* ‖ **~es Können** / handicraft skill(s), craft *n*
**Hand·werkzeug** *n* (Werkz) / hand tool*, findings *pl* (US) ‖ ⁓**werkzeug** *n* **zum Ausschneiden des Anschnitts** (Gieß) / gate cutter ‖ ⁓**wicklung** *f* (Eltech) / hand winding*
**Handy** *n* (pl. -s) (Fernsp) / mobile telephone, mobile phone, mobile *n*
**Hand·zählrohr** *n* (in der Hand gehalten) (Kernphys) / hand monitor ‖ ⁓**zeit** *f* (Grundzeit-Hand, Hilfszeit-Hand) (F.Org) / manual time, hand time ‖ ⁓**doppelseitig verdeckte zinkung** (Tischl) / mitre dovetail
**Hanf** *m* (Bot, Tex) / hemp* *n* ‖ ⁓**geteerter** ⁓ (Schiff) / oakum* *n* ‖ **Indischer** ⁓ (Cannabis sativa ssp. indica (Lam.) E. Small et Cronquist) (Bot, Pharm) / Indian hemp*, cannabis* *n* ‖ ⁓**dichtung** *f* / hemp packing ‖ ⁓**eibisch** *m* (Bot) / kenaf *n*, deccan hemp, ambari hemp, gambo hemp ‖ ⁓**einlage** *f* (Kab) / hemp core ‖ ⁓**faser** *f* (Tex) / hemp fibre ‖ ⁓**hede** *f* (Landw) / hemp hards, hemp tow ‖ ⁓**kordel** *f* / hemp cord ‖ ⁓**öl** *n* / hemp-seed oil ‖ ⁓**papier** *n* (Pap) / sulphite wrapping, rope paper, hemp paper, jute paper ‖ ⁓**samenöl** *n* / hemp-seed oil ‖

⁓**schäben** f pl (zur Spanplattenherstellung) (For) / hemp shives, shives of hemp ‖ ⁓**schnur** f / hemp cord ‖ ⁓**seele** f (Kab) / hemp core ‖ ⁓**seil** n (DIN 83 325) / hemp rope, Manila rope ‖ ⁓**seil** (Klemp) / gaskin* n, gasket* n ‖ ⁓**spinnerei** f (als Tätigkeit) (Spinn) / hemp spinning ‖ ⁓**spinnerei** f (ein Textilbetrieb) (Spinn) / hemp spinning mill ‖ ⁓**weide** f (Salix viminalis L.) (For) / osier n, common osier ‖ ⁓**werg** n (Landw) / hemp hards, hemp tow ‖ ⁓**zwirn** m (Tex) / hemp thread

**Hang** m (eines Berges, eines Hügels) (Geog) / versant n, hillside n ‖ ⁓ (HuT) / slope n, grade n (US) ‖ **absteigender** ⁓ (Geol) / declivity n ‖ **ansteigender** ⁓ (Geol) / acclivity n ‖ **bepflanzter** ⁓ (Geol) / vegetated slope ‖ ⁓ m **mit natürlicher Pflanzenbedeckung** (Geol) / vegetated slope

**Hanganfahrwinkel** m (Kfz) / approach angle, entry angle (to gradients)

**Hangar** m (Luftf) / hangar* n

**Hangardeck** n (Schiff) / hangar deck, hangar bay

**Hangberieselung** f (in der Abwasserbehandlung) (Sanitär) / surface irrigation

**Hänge•äscher** m (Leder) / rocker n ‖ ⁓**bahn** f (Bahn) / suspended railway ‖ ⁓**bahn** (mit E-Katzen) (HuT) / telpher line*, telfer line ‖ ⁓**bahn** (Masch) / overhead conveyor ‖ ⁓**bank** f (übertägige Plattform in der Schachthalle) (Bergb) / bank n, pit head ‖ ⁓**bankarbeiten** f pl (Bergb) / banking* n ‖ ⁓**birke** f (Betula pendula Roth) (For) / silver birch, European white birch ‖ ⁓**bock** m (Masch) / hanger* n ‖ ⁓**bockgerüst** n (meistens für Schornsteinreparaturen) (Bau) / saddle scaffold*, straddle scaffold* ‖ ⁓**brücke** f (HuT) / suspension bridge* ‖ **in sich versteifte** ⁓**brücke** (HuT) / self-anchored suspension bridge ‖ ⁓**brücke** f **mit Versteifungsträger** (HuT) / stiffened suspension bridge* ‖ ⁓**bühne** f (Anstr, Bau) / cradle* n ‖ ⁓**dach** n (Bau, HuT) / suspended roof ‖ ⁓**dachrinne** f (Bau) / hanging gutter ‖ ⁓**dämpfer** m (Tex) / festoon steamer, festoon ager (US) ‖ ⁓**decke** f (Bau) / dropped ceiling, false ceiling, drop ceiling, suspended ceiling ‖ ⁓**druckknopftafel** f (Masch) / pendant hand control ‖ ⁓**eisen** n (Bau) / hanger n ‖ ⁓**färbapparat** m (DIN 64 990) (Tex) / suspended apparatus for dyeing ‖ ⁓**gerüst** n (Bau) / suspended scaffold*, cradle scaffold*, boat scaffold*, hanging scaffold ‖ ⁓**gewölbe** n (Arch) / hanging vault ‖ ⁓**gewölbe** (Glas, Hütt) / suspended arch, hanging arch ‖ ⁓**gleiter** m (zum ersten Mal von O. Lilienthal gebaut) (Luftf) / hang glider* ‖ ⁓**gletscher** m (Geol) / hanging glacier, glacieret n ‖ **mehrstöckiges** ⁓**haus** (Arch) / suspended multistorey block ‖ ⁓**isolator** m (an Masten u. ä. befestigter Isolierkörper zum Tragen von Leitungsseilen) (Eltech) / suspension insulator* ‖ ⁓**kabel** n (einer Hängebrücke) (HuT) / suspension cable ‖ ⁓**kabelverankerung** f (HuT) / suspension cable anchor* ‖ ⁓**kartei** f / hanging file unit ‖ ⁓**katze** f (Masch) / underslung trolley ‖ ⁓**kette** f (eine Isolatorkette mit Armaturen, die am unteren Ende die Last von einem Leiterseil oder mehreren Leiterseilen aufnehmen soll) (Eltech) / suspension insulator string ‖ ⁓**konstruktion** f (ein Bauwerk, bei dem äußere Lasten vornehmlich durch Zugbeanspruchungen von Stäben und Seilen abgetragen werden) (Bau) / suspended structure, suspended construction ‖ ⁓**korb** m (für eine Person) (Anstr, Bau) / bosun's chair, cradle* n, boatswain's chair ‖ ⁓**kran** m (Brückenkran mit Einträgerbrücke) (Masch) / suspension crane, underhung crane ‖ ⁓**kuppel** f (Arch) / sail vault ‖ ⁓**lampe** f (Licht) / pendant fitting, suspended luminaire (US), pendant* n, hanging lamp, hanger n ‖ ⁓**leuchte** f (Licht) / pendant fitting, suspended luminaire (US), pendant* n, hanging lamp, hanger n ‖ ⁓**lot** n (Bau, Verm) / plumb-bob* n, plummet*, plumb n ‖ ⁓**mäkler** m (am Kran) (HuT) / hanging leader ‖ ⁓**matte** f / hammock n

**hängen** vi / hang vi ‖ ⁓ v (Kontakte) (Eltech) / stick vi ‖ ⁓ n (der Beschickung im Hochofen) (Hütt) / hanging*, scaffolding n, hang-up* n

**hängenbleiben** vi / stick vi, hang up v, get stuck

**hangend•er Schram** (Bergb) / overcut n ‖ ~**er Teil eines Flözes** (Bergb) / upper leaf

**hängend•er Grundwasserhorizont** (Wasserb) / perched groundwater ‖ ~**er Kontakt** (Eltech) / sticking contact ‖ ~**er Motor** (Luftf) / inverted engine* ‖ ~**er Schlußstein** (Arch) / pendant n ‖ ~**e Tür** (ein Passungsfehler an Fahrzeugtüren) (Kfz) / sagging door, dragging door ‖ ~**es Ventil** (V-Mot) / overhead valve*, OHV

**Hangend•ausbruch** m (Herauslösen von mehr oder weniger mächtigem, flächenmäßig begrenztem Nebengestein aus dem Flözhangenden in Streb und Abbaustrecke) (Bergb) / roof fall, roof collapse ‖ ⁓**beherrschung** f (Bergb) / roof control, ground control

**Hangende, Sprung ins** ⁓ (Bergb, Geol) / upthrown fault

**Hangendes** n (über einer Bezugsschicht) (Bergb) / hanging wall*, overburden* n, hanger n, backs pl, baring n, top n ‖ **gesundes** ⁓ (Bergb) / hard roof ‖ **hereingebrochenes** ⁓ (Bergb) / shut n ‖ **nachbrechendes** ⁓ (Bergb) / following dirt*, clod n, falling n, following stone ‖ **standfestes** ⁓ (Bergb) / green roof ‖ **verbrochenes** ⁓ (Bergb) / shut n

**Hangend•pflege** f (das Hangende in seiner ursprünglichen Lage halten) (Bergb) / roof control, ground control ‖ **primäre** ⁓**richtung einer Schicht** (durch Sedimentationsmerkmale nachgewiesen) (Geol) / way up* n ‖ ⁓**scholle** f (bei Verwerfungen) (Geol) / upthrow block ‖ ⁓**schram** m (Bergb) / overcut n ‖ ⁓**schwebe** f (Bergb) / roof pillar ‖ ⁓**verzug** m (aus Holz über Stahlkappen) (Bergb) / lofting n ‖ ⁓**wasser** n (Erdöl, Wasserb) / top water

**Hängendwasserdecke** f (Wasserb) / perching layer

**Hangentwässerungsgraben** m (offener Wasserlauf) (Wasserb) / bench flume

**Hängeplattform** f (Anstr, Bau) / cradle* n

**Hänger** m (der echten Hängebrücke) (HuT) / suspender n, hanger n

**Hänge•rahmen** m (zum Farbengang) (Leder) / pivoted frame ‖ ⁓**rinne** f (Bau) / hanging gutter

**Hänger•klemme** f (der Kettenwerksfahrleitung) (Eltech) / dropper* n ‖ ⁓**klemme** (des Quertragwerks) (Eltech) / hanger* n

**Hänge, einfache** ⁓**säule** (im Hängewerk) (Bau, Zimm) / king-post* n, broach-post* n, king-piece* n, joggle-piece* n, middle-post* n, joggle-post* n ‖ **doppelte** ⁓**säule** (im Hängewerk) (Bau, Zimm) / queen-post* n ‖ ⁓**schalter** m (Eltech) / pendant switch, suspension switch, pear-push n, pendant push, pressel switch ‖ ⁓**schiene** f (Masch) / suspended rail ‖ ⁓**schloß** n / padlock n ‖ ⁓**seil** n (HuT) / suspension cable ‖ ⁓**stange** f (der echten Hängebrücke) (HuT) / suspender n, hanger n ‖ ⁓**stützgewölbe** n (Arch) / semi-suspended vault ‖ ⁓**tafel** f (Masch) / pendant hand control ‖ ⁓**tafel** (ein Bedienteil eines Industrieroboters) (Masch) / teach pendant, teach box, teach gun ‖ ⁓**tal** n (Seitental, dessen Sohle an der Einmündung höher liegt als die des Haupttales) (Geol) / hanging valley* ‖ ~**trocken** adj (Tex) / drip-dry* adj ‖ ⁓**trockner** m (Pap) / festoon drier ‖ ⁓**werk** n (Bau, Zimm) / hanging (post) truss, hanging structure, suspended truss ‖ ⁓**werk** (doppeltes) (Bau, Zimm) / queen-post truss ‖ ⁓**zeile** f (eine am Anfang einer Kolumne oder einer Spalte stehende Ausgangszeile) (EDV, Typog) / widow* n, bad break, widow line ‖ ⁓**zentrifuge** f / suspended centrifuge ‖ ⁓**zwickel** m (ein sphärisches Dreieck) (Arch) / pendentive* n, panache* n

**Hang•gleiter** m (zum ersten Mal von O. Lilienthal gebaut) (Luftf) / hang glider* ‖ ⁓**lage** f (Luftf) / hillside location, hillside position ‖ ⁓**mähdrescher** m (mit Niveauausgleich) (Landw) / hillside combine harvester n ‖ ⁓**nebel** m (Meteor) / upslope fog ‖ ⁓**ofen** m (teilweise in den Hang gebauter Feldbrandofen) (Keram) / groundhog kiln (constructed partly in a hillside) ‖ ⁓**pflügen** n (in der Höhenschichtlinie) (Landw) / contour ploughing, terracing n ‖ ⁓**rutsch** m (Geol) / slump* n ‖ ⁓**schutt** m (Geol) / head* n ‖ ⁓**segelflug** m (Luftf) / slope lift soaring ‖ ⁓**wind** m (Meteor) / slope current

**Hankel-Funktion** f (Math) / Bessel function of the third kind*, first or second Hankel function, Hankel function of the first and second kind*

**Hankelsche Funktion** (nach H. Hankel, 1839-1873) (Math) / Hankel function

$\chi^2$-**Anpassungstest** m (Stats) / goodness-of-fit test

**Hansagelb** n (Azofarbstoffgruppe) / Hansa yellow

**Hansch-Analyse** f (die quantitative Struktur-Wirkungs-Beziehungen ermittelt - nach C. Hansch, geboren 1918) (Chem) / Hansch analysis, linear free energy relationship, LFER

**H-Antenne** f (TV) / H-antenna n

"**Hantierer**" m (Routine zur Kontrolle eines peripheren Gerätes) (EDV) / handler n

**Hantierungskratzer** m (Verpackung und Transport) (Glas) / transit rub, handling scratch

**H-Antigen** n (Med) / histocompatibility antigen*

**Hantzsch-Synthese** f (nach A.R. Hantzsch, 1857 - 1935) (Chem) / Hantzsch synthesis

**Hanuš-Reagens** n (nach J. Hanuš, 1872-1955) (Chem) / Hanuš solution

**haploid** adj (Gen) / haploid* adj, true haploid*, monoploid* adj

**Haplont** m (pl.: -en) (Gen) / haplontic n

**Hapten** n (Halbantigen) (Biochem, Med) / hapten* n

**haptisch** adj (Physiol) / tactile* adj, haptic adj

**haptogene Membrane** (ein Grenzflächenfilm aus hochmolekularen Emulgatoren) (Chem) / haptogenic membrane

**Haptoglobin** n (Biochem) / haptoglobin n

**haptophore Gruppe** (zur spezifischen Bindung des Toxins an Rezeptoren der Zelle) (Biochem, Zyt) / haptophoric group

**Haptotropismus** m (Empfindlichkeit für Berührungsreize) (Bot) / haptotropism n

**HAPUG-Modulation** f (Fernm) / controlled-carrier modulation

**Haraß** m (ein Verpackungsmittel ohne Deckel) / bottle crate

**Hard cover** n (Buch mit festem Einband) (Buchb) / hard cover ‖ ⁓ **disk** m (z.B. Winchesterplatte) (EDV) / hard disk*, rigid disk ‖ ⁓ **dot** n (Typog) / hard dot

**Hardangerstickerei** f (Tex) / Hardanger embroidery

**Hardangerstoff** *m* (panamabindiger Handarbeitsstoff aus kräftigen Baumwoll- oder Zellwollzwirnen mit steifer Ausrüstung - nach der südnorwegischen Landschaft Hardanger) (Tex) / Hardanger cloth

**Hard•card** *f* (EDV) / hardcard *n* ‖ **~-Coat-Schicht** *f* (Galv) / hard anodic coating ‖ **~copy** *f* (EDV) / hard copy* (HC), permanent copy ‖ **~copy-Drucker** *m* (der an ein Sichtgerät angeschlossen ist und die gedruckte Ausgabe der am Bildschirm gezeigten Informationen ermöglicht) (EDV) / hard-copy printer

**Hard-core** *n* (Kernphys) / hard core

**Hardenit** *m* (Hütt) / hardenite *n*

**Hard-fail** *n* (auf einem Systemfehler beruhendes Versagen einer elektronischen Anlage) (Eltronik) / hard-fail *n*

**Hardinge-Mühle** *f* (Aufber) / Hardinge mill* (a continuous-type ball mill of tri-cone construction)

**Hard•Permalloy-Tonkopf** *m* (mit stark vermindertem Abrieb) (Eltech, Mag) / hard-permalloy tape head ‖ **~-Sphere-Potential** *n* (ein intermolekulares Potential) (Chem) / hard-sphere potential, rigid-sphere potential ‖ **~top** *n m* (meistens bei Sportwagen) (Kfz) / hardtop *n*

**Hardware** *f* (DIN 44300 und 66230) (EDV) / hardware* *n* ‖ **~-Beschreibungssprache** *f* (EDV) / hardware description language ‖ **~-Brettschaltung** *f* (Eltronik) / hardware breadboarding ‖ **~-Fehler** *m* (EDV) / machine error, machine malfunction, hardware fault ‖ **~nah** *adj* (EDV) / machine-intimate *adj* ‖ **~-Realisierung** *f* (EDV) / hardware implementation ‖ **~-Schnittstelle** *f* (EDV) / hardware interface ‖ **~-Stack** *m* (EDV) / hard pushdown stack, hardware stack ‖ **~-Trace-Modus** *m* (EDV) / hardware trace mode ‖ **~-Virus** *n m* (der Hardware zerstört) (EDV) / hardware destroy virus

**Hardwired-Logik** *f* (EDV) / hard-wired logic*

**Hardyscheibe** *f* (Kfz) / rubber universal joint, Hardy disk, flexible coupling

**Hardy-Schulze-Regel** *f* (Kolloidchemie) (Chem) / Hardy and Schulze law*, Hardy-Schulze rule

**Haring-Blum-Zelle** *f* (zur Messung der Streufähigkeit eines Elektrolyten) (Galv) / Haring cell, Haring-Blum cell

**Haring-Zelle** *f* (Galv) / Haring cell, Haring-Blum cell

**Harke** *f* (Landw) / rake *n*

**harken** *v* (Landw) / rake *v*

**Harkinssche Regel** (nach W.D. Harkins, 1873-1951) (Chem, Kernphys) / Harkins' rule

**Harmalin** *n* (3,4-Dihydroharmin) (Chem, Pharm) / harmaline *n*

**Harmalol** *n* (phenolische Base des Harmalins) (Chem) / harmalol *n*

**Harman** *n* (Pharm) / harman *n*

**Harmanalkaloid** *n* (z.B. aus der Passionsblume) (Pharm) / harman *n*

**Harmidin** *n* (Chem, Pharm) / harmaline *n*

**Harmin** *n* (ein Harman) (Chem) / harmine *n*

**harmlos** *adj* / harmless *adj*, innocuous *adj*, innoxious *adj* ‖ **~er Ausfall** (eines Systems) (Masch) / minor failure

**Harmonic-Drive-Getriebe** *n* (Masch) / harmonic drive

**Harmonikatür** *f* (Bau) / accordion* *n*, folding door, multifold door, accordion door

**harmonisch** *adj* (wenn die Frequenzen mehrerer Sinusschwingungen in ganzahligen Verhältnissen zueinander stehen) (Akus) / harmonic *adj* ‖ **~** (Phys) / harmonic* *adj* ‖ **nicht ~** (Phys) / anharmonic* *adj* ‖ **~er Analysator** (Phys) / harmonic analyser, harmonic wave analyser ‖ **~e Analyse** (DIN 1311, T 1) (Math, Phys) / Fourier analysis*, harmonic analysis* ‖ **~e Bewegung** (Phys) / simple harmonic motion*, SHM, s.h.m.*, sinusoidal oscillation, sinusoidal vibration, sine vibration, sine oscillation ‖ **~e Falte** (Geol) / harmonic fold ‖ **~e Funktion** (Math) / harmonic function*, potential function ‖ **~er Generator** (Phys) / harmonic generator* ‖ **~es Mittel** (Math) / harmonic mean* ‖ **~e Oberschwingung** (Phys) / harmonic* *n*, harmonic oscillation, harmonic wave* ‖ **~er Oszillator** (Eltronik, Phys) / harmonic oscillator, sinusoidal oscillator ‖ **~e Progression** (Math) / harmonic progression* ‖ **~e Proportion** (Math) / harmonic proportion* ‖ **~e Punkte** (wenn das Doppelverhältnis den Wert -1 hat) (Math) / harmonic points, harmonic range ‖ **~e Reihe** (Math) / harmonic series ‖ **~e Resonanz** (Akus, Mech) / harmonic resonance ‖ **~e Schwingung** (Phys) / simple harmonic motion*, SHM, s.h.m.*, sinusoidal oscillation, sinusoidal vibration, sine vibration, sine oscillation ‖ **~e Synthese** (die Umkehrung der harmonischen Analyse - DIN 1311, T 1) (Math, Phys) / harmonic synthesis ‖ **~e Teilung** (mit übereinstimmendem innerem und äußerem Teilungsverhältnis) (Math) / harmonic division ‖ **~e Unterschwingung** (Phys) / subharmonic oscillation ‖ **~e Welle** (Phys) / harmonic wave ‖ **~e Zahlenfolge** (Math) / harmonic progression*

**Harmonische** *f* (Sinusgröße, deren Frequenz ein ganzzahliges Vielfaches der als Grundfrequenz ausgewählten Größe ist - DIN 1320) (Phys) / harmonic* *n*, harmonic oscillation, harmonic wave* ‖ **dritte ~** (Phys) / third harmonic ‖ **erste ~** (Phys) / first harmonic ‖ **zweite ~** (Phys) / second harmonic (a component the frequency of which is twice the fundamental frequency)

**Harmotom** *m* (ein Zeolith) (Min) / harmotome* *n*

**Harn** *m* (Physiol) / urine* *n* ‖ **~analyse** *f* (Chem, Med) / urinalysis *n* (pl.: -lyses) ‖ **~farbstoff** *m* (Biochem) / urinary pigment

**Harnisch** *m* (an Verwerfungsflächen) (Geol) / fault striae ‖ **~** (meistens mit parallelen Schrammen versehene Gesteinsfläche) (Geol) / slickenside(s)* *n(pl)* ‖ **~** (der Jacquardmaschine - DIN 63001) (Web) / harness *n* ‖ **verkreuzter ~** (Web) / London tie, cross-tie *n*

**harnischbedingter Webfehler** (Web) / harness skip, skip *n*

**Harnisch•brett** *n* (Web) / comber board*, cord board, harness board ‖ **~gallierung** *f* (Web) / harness tie, harness mounting, harness tying, tying *n*, tie-up *n* ‖ **~gewicht** *n* (Web) / lingo* *n* (pl. lingoes) ‖ **~puppe** *f* (Web) / group of harness cords ‖ **~rand** *m* (bei Jacquardmaschinen) (Web) / border ties ‖ **~schnur** *f* (Web) / harness cord* ‖ **~schnürung** *f* (Web) / harness tie, harness mounting, harness tying, tying *n*, tie-up *n* ‖ **~striemung** *f* (Geol) / slickenside(s)* *n(pl)* ‖ **~stuhl** *m* (Web) / harnessing loom

**Harnsäure** *f* (Chem) / uric acid*

**Harnstoff** *m* (Endprodukt des Eiweißstoffwechsels) (Biochem) / urea* *n*, carbamide* *n* ‖ **schwefelumhüllter ~** (ein langsam löslicher Dünger) (Landw) / sulphur-coated urea ‖ **~additionsverbindung** *f* (Chem) / urea adduct ‖ **~addukt** *n* (Chem) / urea adduct ‖ **~-Bisulfit-Löslichkeit** *f* (Chem, Tex) / urea bisulphite solubility, UBS ‖ **~brücke** *f* (Chem) / urea bridge ‖ **~derivat** (Chem, Landw, Umwelt) / urea herbicide ‖ **~entparaffinierung** *f* (Chem Verf) / urea dewaxing ‖ **~-Formaldehydharze** *n pl* (Plast) / urea resins*, urea-formaldehyde resins, UF resins ‖ **~-Formaldehydklebstoff** *m* (For) / urea-formaldehyde adhesive, UF adhesive ‖ **~-Formaldehydkondensate** *n pl* (Plast) / urea resins*, urea-formaldehyde resins, UF resins ‖ **~harze** *n pl* (DIN 7728, T 1) (Plast) / urea resins*, urea-formaldehyde resins, UF resins ‖ **~harzschaum** *m* (Plast) / urea-formaldehyde foam ‖ **~herbizid** *n* (Chem, Landw, Umwelt) / urea herbicide ‖ **~nitrat** *n* (Chem) / urea nitrate ‖ **~spaltend** *adj* (Biochem) / ureolytic *adj* ‖ **~stickstoff** *m* (Biochem) / urea nitrogen ‖ **~synthese** *f* (Chem Verf) / synthesis of urea ‖ **~zyklus** *m* (Biochem, Physiol) / ornithine cycle, urea cycle*, Krebs-Henseleit cycle

**harntreibend** *adj* (Pharm) / diuretic *adj* ‖ **~es Mittel** (Pharm) / diuretic *n*

**Harpers Legierung** (44% Bi, 25% Pb, 25% Sn und 6% Cd) (Hütt) / Harper's alloy

**Harpolith** *m* (eine Intrusionsform) (Geol) / phacolith* *n*

**Harpune** *f* (Web) / carrier *n* (of a rapier loom), dummy shuttle, gripper shuttle*

**Harrasgarn** *n* (Spinn) / harras* *n*

**Harris•-Instabilität** *f* (Kernphys) / Harris instability ‖ **~-Raffinationsverfahren** *n* (Bleigewinnung) (Hütt) / Harris process* ‖ **~-Tweed** *m* (geschützte Herkunfts- und Markenbezeichnung für Tweed-Wollstoffe aus Homespungarnen, auf den Hebrideninseln Lewis with Harris, Uist, Barra etc. hergestellt - Schutzmarke: Reichsapfel und Malteserkreuz) (Tex) / Harris tweed

**harsch** *adj* (Schnee) (Meteor) / crusty *adj*, frozen *adj*, hard *adj*

**harschig** *adj* (Meteor) / crusty *adj*, frozen *adj*, hard *adj*

**hart** *adj* (Strahlung, Landung, Holz; Papier, Wasser) / hard* *adj* ‖ **~** (Kunststoff) / rigid *adj* ‖ **~** abrupt *adj* ‖ **~** (Ton) (Akus) / harsh *adj* ‖ **~** (Eltronik) / hard* *adj*, high-vacuum* *attr*, highly evacuated ‖ **~** (kontrastreich) (Foto) / hard *adj* ‖ **~** (Winter) (Meteor) / severe *adj*, hard *adj* ‖ **extrem ~** / extremely hard ‖ **~er Aufzug** (Druck) / hard packing ‖ **~e Base** (nach Pearson) (Chem) / hard base ‖ **~er Begrenzer** (EDV) / hard limiter ‖ **~es Bremsen** (Kfz) / severe braking ‖ **~e Dachdeckung** (aus nichtbrennbaren Stoffen) (Bau) / non-flammable roof covering ‖ **~e Dichtung** (Masch) / metallic seating, metal-to-metal seat facing ‖ **~er Einschluß** (Gieß) / hard spot ‖ **~e Flamme** (Schw) / hard flame, harsh flame ‖ **~e Formatierung** (EDV) / high-level formatting ‖ **~es Glas** (Glas) / hard glass* ‖ **~es Glas** (mechanisch) (Glas) / hard glass* ‖ **~er Griff** (Tex) / hard handle, hard feel ‖ **~e Holzfaserplatte** (DIN 68754) (Bau, Tischl) / hardboard *n* (high-density)*, beaver board* ‖ **~er Kern** (von Nukleonen) (Kernphys) / hard core ‖ **~e Landung** (Luftf, Raumf) / rough landing, hard landing, heavy landing, heavy landing, rough landing ‖ **~er Laser** (Med) / hard laser ‖ **~es Laubholz** (z.B. Eiche und Buche) (For, WP) / hard hardwood ‖ **~er Lehm oder Letten** (Bergb) / clod *n* ‖ **~es Metall** *n* (z.B. Wolfram, Tantal usw.) (Hütt) / hard metal* ‖ **~es Phosphoritband** (z.B. Florida-Phosphorit) (Geol) / hard-rock phosphate* ‖ **~e Röntgenstrahlung** (124-248 keV) (Radiol) / hard X-radiation, hard X-rays ‖ **"harte" Säure** (nach R.G. Pearson) (Chem) / hard acid* ‖ **~er Schauer** (Mesonenschauer) (Geophys) / penetrating shower* ‖ **~er Schnitt** (Film) / swish cut ‖ **~e Schutzschicht** (Keramik, Hartmetall, Cermet usw.) / hard coat, hard face ‖ **~e Seife** (Chem) / hard soap* ‖ **~e Stelle** (Gieß) / hard spot ‖ **~e Stelle** (im Werkstoff) (Masch, WP) / hard patch ‖ **~e Strahlung** (Radiol) / hard radiation* ‖ **~er Supraleiter** (Elektr) / type II superconductor*, hard superconductor ‖ **~er Trennstrich** (EDV) hard hyphen ‖ ~es (kalkhaltiges) **Wasser** (Chem) / hard water*, scale-forming water ‖ ~ **werden** / harden vi ‖ ~**er Zellstoff** (wenig aufgeschlossener) (Pap) / hard pulp

**Hart • anodisieren** n (Verfahrensvariante des anodischen Oxidierens von Aluminiumwerkstoffen) (Galv) / hard anodizing ‖ ≃**appretur** f (Tex) / stiffening finish, stiffening treatment ‖ ≃**asphalt** m / hard asphalt ‖ ≃**auftragslegierung** f (Hütt, Masch) / hard-facing alloy ‖ ≃**auftragsschweißen** n (Schw) / hard-facing n, hard-surfacing n

**härtbar** adj (Foto, Hütt, Masch) / hardenable adj ‖ ~**e Formmasse** (früher Preßmasse) (Plast) / thermocurable compound ‖ ~**es Harz** (Plast) / thermosetting resin, thermosetting plastic, thermosetting composition* ‖ ~**er Stahl** (Hütt) / hardening steel, hardenable steel

**Härtbarkeit** f (DIN 17014) (Foto, Hütt, Masch) / hardenability* n

**Hart • benzin** n (Kftst) / solid gasoline (US), solid petrol, canned gasoline (US) ‖ ≃**beton** m (dessen Zuschlag aus künstlichen Hartstoffen oder besonders hartem Naturgestein besteht) (Bau, HuT) / hard concrete ‖ ≃**blei** n (für Akkumulatorplatten) (Eltech, Hütt) / grid metal ‖ ≃**blei** (DIN 17640, T 1) (mit 0,5 - 13 Gew. % Antimon und manchmal mit Zinn) (Hütt) / antimonial lead*, hard lead*, regulus metal ‖ ≃**boden** m (Geol) / hard-ground n, solution bottom ‖ ≃**brandziegel** n (Bau) / klinker brick*, hard-burnt brick, engineering brick, clinker brick, clinker* n ‖ ≃**braunkohle** f (Bergb) / black lignite, lignite A (73,6 - 76,2 % C) ‖ ~**brennendes Steingut** (Keram) / ironstone n (a kind of hard white opaque stoneware) ‖ ≃**bronze** f (Hütt) / hard bronze* ‖ ≃**chrom** n (Galv) / hard chromium ‖ ≃**chromschicht** f (elektrolytisch abgeschiedene Chromschicht mit H-Atomen auf Zwischengitterplätzen, die eine Gitterverzerrung bewirken) (Galv) / hard-chromium coating, industrial chromium plate ‖ ~**dichtend** adj (Armatur) (Masch) / metallic adj, metal-to-metal attr

**Härte** f (Eltronik, Hütt, Masch, Min, WP) / hardness* n ‖ ≃ (der Schleifscheibe nach DIN 69100, mit Buchstaben A bis Z bezeichnet) (der Schleifscheibe) (Masch) / grade* n ‖ ≃ (der Strahlung) (Radiol) / penetrating power ‖ ≃, **die in einem statischen Verfahren ermittelt wird** (WP) / indentation hardness, penetration hardness ‖ **permanente** ≃ (durch Kalzium- und Magnesiumsulfate verursacht) (Chem) / permanent hardness*, non-carbonate hardness (of water) ‖ **vorübergehende** ≃ (Magnesiahärte des Wassers) / carbonate hardness, temporary hardness* ‖ ≃ f **des Wassers** (Eigenschaft des Wassers, die durch seinen Gehalt an Kalzium- und Magnesiumionen bestimmt wird) (Chem) / water hardness, hardness of water ‖ ≃ **nach Pfund** (WP) / Pfund hardness, PH ‖ ≃ **von Röntgenstrahlen** (Radiol) / X-ray hardness

**Härte • bad** n (Foto) / hardening bath ‖ ≃**bereich** m (WP) / hardness range ‖ ≃**fixierbad** n (Foto) / hardening bath ‖ ≃**grad** m (der Schleifscheibe) (Masch) / grade* n ‖ ≃**grad** (z.B. nach Brinell) (WP) / hardness* n, degree of hardness ‖ **englischer** ≃**grad** (des Wassers) / English degree, Clark degree ‖ ≃**grad nach Knoop** (eine US-Pyramidenhärte) (WP) / Knoop hardness number ‖ ≃**maschine** f (Gieß) / hardening machine ‖ ≃**maschine** (Gieß) s. auch Härtepresse ‖ ≃**messer** m (für Röntgenstrahlen) (Radiol) / penetrometer* n ‖ ≃**mittel** n pl (Hütt) / hardening media*

**härten** v (Stahl) / harden v ‖ ~ (Faserplatten) (For) / temper v ‖ ~ (Foto, Hütt, Masch) / harden vt ‖ ~ (Glas) / temper* v ‖ ~ n (Anstr, Plast) / curing* n, hardening* n ‖ ≃ (Faserplattenvergütung) (For) / tempering n ‖ ≃ (Foto, Hütt, Masch, Nahr) / hardening* n ‖ ≃ (Glas) / tempering n, toughening n ‖ ≃ (Nahr) / hydrogenation n (of fats and oils)* ‖ ≃ (Gieß, Hütt) s. auch Wärmebehandlung ‖ **durchgreifendes** ≃ (Hütt) / full hardening, through-hardening ‖ **gebrochenes** ≃ (Hütt) / interrupted quenching ‖ ≃ n **auf Bainitstruktur** (Hütt) / bainitic hardening ‖ ≃ **durch Abschrecken** (Hütt) / quench-hardening ‖ ≃ **mit Brenngas-Sauerstoff-Flamme** (Hütt) / flame-hardening ‖ ≃ **von Ölen** (Nahr) / hardening of oils*

**härtend, nicht** ~ (Hütt) / non-hardening adj

**Härte • ofen** m (Hütt) / hardening furnace, quench furnace ‖ ≃**öl** n (ein Abschreckmittel) (Hütt) / quenching oil, hardening oil ‖ ≃**presse** f (zur Minimierung des Verzuges beim Abschrecken) (Gieß) / hardening press, press-type hardening device ‖ ≃**prüfer** m (WP) / hardness tester ‖ ≃**prüfmaschine** f (WP) / hardness tester ‖ ≃**prüfung** f (WP) / hardness testing, hardness test ‖ **dynamische** ≃**prüfung mit dem Herbert-Pendel** (WP) / Herbert pendulum hardness ‖ ≃**prüfung f nach Brinell** (DIN 50351) (WP) / Brinell hardness test*, ball (pressure) test ‖ ≃**prüfung nach Knoop** (mit der verlängerten Diamantpyramide) (WP) / Knoop hardness test, Knoop indentation hardness test ‖ ≃**prüfung nach Rockwell** (ein statisches Härteprüfverfahren mit Kegel oder Kugel nach DIN 50103) (WP) / Rockwell hardness test* ‖ ≃**prüfung nach Vickers** (ein statisches Härteprüfverfahren nach DIN 50133) (WP) / Vickers diamond pyramid hardness test, Vickers hardness test* ‖ ≃**prüfverfahren** n (WP) / hardness testing, hardness test

**Härter** m (bei Zweikomponentenklebern) / curing agent, hardener n ‖ ≃ (bei Spachtelmassen) (Anstr) / catalyst n, hardener n ‖ ≃ (bei Zweikomponentenlacken) (Anstr, Plast) / hardener* n, curing agent ‖ ≃ (Foto) / hardener* n

**Härterei** f (Hütt) / hardening shop, heat-treating shop

**Härte • riß** m (Hütt) / quenching crack, hardening crack ‖ ≃**rißbildung** f (Hütt) / quench-cracking n, hardening cracking ‖ ≃**salz** n (Hütt) / hardening salt ‖ ≃**skala** f (WP) / hardness scale, scale of hardness ‖ ≃**skala nach Mohs** (nach dem deutschen Mineralogen Friedrich Mohs, 1773-1839) (Min) / Mohs' scale of hardness* ‖ ≃**spanne** f (WP) / hardness range ‖ ≃**stift** m (zur Ritzhärteprüfung) (WP) / touch-needle n ‖ ≃**stufe** f (der Schleifscheibe) (Masch) / grade* n ‖ ≃**tiefe** f (DIN 50190, T 1 bis 3) (Gieß) / hardening depth, depth of hardening (zone) ‖ ≃**tiefe bei Einsatzhärtung** (Hütt) / case* n, case depth ‖ ≃**verzug** m (Hütt) / hardening distortion, quenching distortion ‖ ≃ **durch ein dynamisches Härteprüfverfahren ermittelte** ≃**zahl** (WP) / rebound hardness (number), dynamic hardness number, D.H.N. ‖ ≃**zahl** f **nach Vickers** (konkret ermittelter Wert) (WP) / Vickers hardness number, V.H.N., HV

**Hart • faser** f (z.B. Sisal oder Kokosfaser) (Tex) / hard fibre ‖ ≃**faserplatte** f (DIN 68753) (Bau, Tischl) / hardboard n (high-density)*, beaver board* ‖ **schwere** ≃**faserplatte** (Bau) / superhardboard* ‖ ≃**ferrit** m (oxidischer Werkstoff für Dauermagnete) (Pulv) / hard ferrite ‖ ≃**gas** n (durch Abkühlung verfestigtes Kohlendioxid) / solid carbon dioxide ‖ ≃**gasschalter** m (Eltech) / hard-gas circuit-breaker ‖ ≃**gedreht** adj (Garn) (Spinn) / high-twisted adj, hard-twisted adj ‖ ~**geschlagen** adj (Seil mit vielen Zusatzdrehungen) / hard-laid adj ‖ ≃**gestein** n (z.B. Granit, Diorit, Basalt usw. als Betonzuschlag) (Bau, HuT) / broken-stone aggregate ‖ ~**getrocknet** adj (z.B. Forming) (Keram) / hard-dry adj ‖ ≃**gewebe** (Hgw) n (ein Schichtpreßstoff mit Gewebe als Füllstoff - DIN 7735, T 1) (Tex) / laminated fabric*, fabric-base laminate ‖ ~**gezogen** adj (Hütt) / hard-drawn* adj, HD ‖ ≃**gips** m (Bau) / gypsum cement, hard plaster* ‖ ≃**glas** n (mit hoher Erweichungstemperatur - z.B. Kieselglas) (Glas) / hard glass* ‖ ≃**glas** (vorgespanntes) (Glas) / prestressed glass, toughened glass*, hardened glass, case-hardened glass ‖ ≃**griffigkeit** f (Tex) / harsh handle ‖ ≃**grund** m (Einlaßgrundiermittel auf Nitrobasis für offenporige Holzlackierung) (Anstr, For) / sanding sealer ‖ ≃**grund** (verkrusteter Sedimentationsgrund) (Geol) / hard-ground n, solution bottom ‖ ≃**gummi** m (ein Elastomer nach DIN 7711) / ebonite* n, hard rubber, vulcanite*

**Hartguß** m (als Prozeß) (Gieß) / chill casting ‖ ≃ (als Erzeugnis) (Hütt) / chill cast iron ‖ **umgekehrter** ≃ (Gieß) / internal chill, inverse chilled casting, reverse chill ‖ ≃**verfahren** n (Gieß) / chill casting ‖ ≃**walze** f / chilled roll

**Hartharz** n (z.B. Kolophonium, höherschmelzende Umsetzungsprodukte von Harzsäuren, Aldehyd- und Ketonharzen) / hard resin

**Hartholz** n (z.B. Guajak, Hickory oder Ebenholz) (For) / hardwood n ‖ ≃**dollen** m (Bau) / trenail* n, trunnel* n, treenail n ‖ ≃**hammer** m (Werkz) / hardwood mallet ‖ ≃**konus** m (Bleirohrverlegung) (Klemp) / tampin* n ‖ ≃**-Runddübel** m (For) / Kübler dowel ‖ ≃**verkeilung** f (Bau, HuT) / folding wedges*

**Hartit** m ($C_{20}H_{34}$) (Min) / hartite* n

**Hart • kautschuk** m / ebonite* n, hard rubber, vulcanite* n ‖ ≃**kochung** f (bis zu einem geringen Aufschlußgrad oder Ligninabbau) (Pap) / hard cook ‖ ≃**kopie** f (EDV) / hard copy* (HC), permanent copy ‖ ≃**krepp** m (Tex) / georgette crêpe ‖ ≃**kronglas** n (Glas) / hard crown ‖ ≃**kurzwaren** f pl / metal haberdashery (GB) ‖ ≃**legierung** f (Hütt) / hard alloy

**Hartley** n (3,23 Bits - DIN 5493) (EDV) / hartley* n, information content decimal unit ‖ ≃**-Band** n (Astr) / Hartley band ‖ ≃**-Bande** (des Ozons - nach W.N. Hartley, 1846 - 1913) (Astr) / Hartley band ‖ ≃**-Oszillator** m (induktive Dreipunktschaltung) (Eltronik) / Hartley oscillator*

**Hartleysche Formel** (Informationsgehalt) (EDV) / Hartley's formula

**Härtling** m (ein auf Grund seiner Widerstandsfähigkeit gegenüber Abtragung und Verwitterung über seine Umgebung herausragender Einzelberg) (Geol) / monadnock n, torso mountain, residual n

**Hart • lot** n (DIN 8513) (Hütt, Klemp) / brazing solder, hard solder* (with substantial quantities of silver), spelter n, brazing alloy, brazing spelter, spelter solder, high-melting solder ‖ ~**löten** v (Hütt, Klemp) / braze v ‖ **sich** ~ **lassen** / braze vi ‖ ~**löten** n (450-600 °C) (Hütt, Klemp) / brazing* n, hard soldering n ‖ ≃**lötverbindung** f (Hütt, Klemp) / braze joint ‖ ≃**lötverfahren** n (Hütt, Klemp) / brazing* n, hard soldering n

**hartmagnetisch** adj ($H_c$ > 10 A/cm) (Eltech) / magnetically hard ‖ ~**er Werkstoff** (Eltech) / hard magnetic material, hard ferromagnetic material

**Hartmanganerz** n (Min) / braunite* n (a manganese silicate)

**Hartmannsch • e Dispersionsformel** (Opt) / Hartmann dispersion formula* || **~e Prüfung** (Extrafokalmethode) (Opt) / Hartmann test* || **~er Test** (Opt) / Hartmann test*
**Hartmann-Strömung** f (Kernphys) / Hartmann flow
**Hartmann-Zahl** f (Wärmeübertragung) (Wärm) / Hartmann number
**Hart • masse** f (Keram) / pâte dure (ceramic whitewares fired at relatively high temperatures) || **~masse** (mit hohem Feldspatanteil) (Keram) / hard paste (a high-fired china body highly resistant to thermal shock) || **~matte** f (aus Harz und Glasseidenmatte nach DIN 7735) / glass-mat-base laminate, resin-bonded glass mat || **~messing** n (schlecht kaltumformbar) (Hütt) / hard brass
**Hartmetall** n (pulvermetallurgisch hergestellter Schneidstoff mit einem Gefüge aus Kobalt als Matrix und fein verteilt eingelagerten Carbiden) / hard metal || **~auflage** f (Masch, Werkz) / hard-facing* n || **galvanische ~auflage** (Galv) / electrofacing* n || **~bestückt** adj (mit Sinter- oder Gußkarbid) (Masch, Werkz) / carbide-tipped adj || **~bestücktes Kreisblatt** (For, Werkz) / tipped circular-saw blade || **~bestückung** f (Masch, Werkz) / hard-facing* n || **~legierung** f (aus mindestens einer Hartstoffphase und einer Bindephase) (Pulv) / hard (sintered) metal alloy || **~meißel** m (Werkz) / carbide tool || **~schicht** f (elektrochemisch abgeschiedene) (Galv) / facing n || **~schneide** f (als Einsatzschneide) (Bergb) / insert bit, slug bit || **~werkzeug** n (im allgemeinen) (Werkz) / carbide tool*
**hartnäckig** adj (Fleck) / stubborn adj
**Hart • oxidschicht** f (Galv) / hard anodic coating || **~papier** n (ein Schichtpreßstoff aus Harz und geschichtetem Papier - DIN 7735) (Eltech) / laminated paper, hard paper || **~pappe** f (Pap) / hardboard n, glazed millboard || **~paraffin** n (Chem) / hard paraffin (GB), solid paraffin (US) || **~paraffin** s. auch Hartwachs und Zeresin || **~-PE** n (Chem, Plast) / high-density polyethylene, HDPE || **~pech** n (Erweichungspunkt um 85° C) / hard pitch || **~polyethylen (HDPE)** n (Chem, Plast) / high-density polyethylene, HDPE || **~porzellan** n (mit hohem Feldspatanteil) (Keram) / hard-paste porcelain, European porcelain, true porcelain, hard porcelain, porcelain n || **~porzellanmasse** f (Keram) / hard paste (a high-fired china body highly resistant to thermal shock) || **~postpapier** n (Pap) / vellum* n || **~putzgips** m (Bau) / gauged stuff*, putty and plaster*, gauged plaster || **~-PVC** n (Plast) / rigid PVC*, unplasticized PVC, UPVC
**Hartree** n (Kernphys) / hartree n || **~-Energie** f (Kernphys) / Hartree energy || **~-Fock-Verfahren** n (ein quantenmechanisches Näherungsverfahren, nach dem englischen Physiker D.R. Hartree, 1897 - 1958) (Phys) / Hartree method, Hartree-Fock approximation || **~-Verfahren** n (ein quantenmechanisches Näherungsverfahren, nach dem englischen Physiker D.R. Hartree, 1897 - 1958) (Phys) / Hartree method, Hartree-Fock approximation
**Hart • riegel** m (Cornus sp.) (For) / dogwood n || **~ruß** m / high-abrasion furnace black, HAF black || **~salz** n (ein Gemisch von Steinsalz, Sylvin, Kieserit oder Anhydrit) / hartsalz n (sylvite), hard salt || **~schalen-Aktenkoffer** m / moulded attaché case || **~schaum** m (geschäumter Kunststoff) (Plast) / rigid foam || **~schaumstoffe** m pl (DIN 7726) (Plast) / rigid expanded plastics, rigid foam plastics, rigid cellular materials || **~schnitzel** n (For) / flake n || **~schrot** m n (eine Hartbleilegierung) (Hütt) / hard shot || **~segment** n (eine Sequenz innerhalb der Polymerkette von Block- und Multiblockkopolymeren) (Chem) / hard segment || **~seide** f (Tex) / raw silk, unscoured silk || **~seife** f (Chem) / hard soap* || **~sektoriert** adj (Diskette) (EDV) / hard-sectored* adj || **~sektorierung** f (der Diskette) (EDV) / hard sectoring || **[schnellabbindende] ~spachtelmasse** / hard stopping, hard stopper || **~spiritus** m (mit Seifen oder Celluseestern) (Kftst) / solid spirit, hard spirit, solid alcohol || **~stoff** m (zur Herstellung von Cermets und Hartmetallen) / hard solid || **~stoffestrich** m (Bau) / screed with hard toppings || **~tastung** f (Teleg) / hard keying, click n
**Härtung** f (Anstr) / curing n || **~** (Foto, Hütt, Masch, Nahr) / hardening* n || **~** (Nahr) / hydrogenation n (of fats and oils)* || **isotherme ~** (Hütt) / isothermal hardening, isothermal quenching || **~ f des Neutronenspektrums** (Kernphys) / neutron hardening* || **~ eines Spektrums** (Spektr) / spectral hardening, hardening of a spectrum
**Härtungs • beschleuniger** m (Anstr) / curing accelerator || **~fixiermittel** n (Foto) / hardening fixer || **~mittel** n (Anstr, Plast) / hardener* n, curing agent || **~mittel** n pl (Hütt) / hardening media*
**Hart • verchromung** f (z.B. bei Meßwerkzeugen, Wellen, Lagerzapfen, Ventilen usw.) (Hütt) / hard plating*, hard chrome plating, hard chromium plating || **~wachs** n / hard polishing wax, hard wax || **~wasser** n (Hütt) / hard water*, scale-forming water || **~weizen** m (Triticum durum Desf.) (Landw, Nahr) / durum wheat, durum n || **~zeichner** m pl (Leuchten) (Film) / hards* pl || **~zeichner** m (Foto, Opt) / sharp-focus lens, hard-focus lens, high-definition lens || **~zeichnerlichter** n pl (Film) / hards* pl || **~zerkleinerung** f (Aufber) / crushing hard materials || **~zink** n (beim Feuerverzinken) (Galv) / dross n, zinc dross || **~zink** n (Zinkeisenlegierung mit 91-95% Zn) (Hütt) / hard zinc

**Harvard-Klassifikation** f (die am Harvard-Observatorium /Cambridge,USA/ aufgestellte Spektralfrequenz) (Astr) / Harvard classification*
**Harvester** m (For) / harvester n || **~** (For) s. auch Holzerntemaschine
**Harz** n (Bot) / gum || **~** (DIN 55958) (Bot, For, Plast) / resin* n || **~** (schädliches) (Pap) / pitch* n || **~** (Bot, For, Plast) s. auch Kolophonium || **~ - /** resinous adj **Burgunder ~** / Burgundy pitch || **engmaschiges ~** (Chem) / resin of low porosity || **flüssiges ~** (im allgemeinen) / liquid resin || **fossiles ~** (aus geologischen Lagerstätten gewonnenes natürliches Harz, z.B. Bernstein) (Geol) / fossil gum, fossil resin || **fremdhärtendes ~** (Plast) / indirect curing resin || **indirekt härtendes ~** (Plast) / indirect curing resin || **mögliches ~** (bei der Prüfung der Zunahme des Abdampfrückstandes nach künstlicher Alterung in der Wärme unter Sauerstoffdruck) / potential gum, ultimate gum || **natürliches ~** / natural resin || **öllösliches ~** (Anstr) / oil-soluble resin || **ölmodifiziertes ~** (Anstr) / oil-modified resin || **ölreaktives ~** (künstliches Harz, das sich mit fetten Ölen unter Wärmeeinwirkung chemisch umsetzt) (Anstr) / oil-reactive resin || **petrochemisches ~** (Erdöl) / petroleum resin || **rezentes ~** (frisch gewonnenes natürliches Harz) / recent resin, virgin resin || **rezentfossiles ~** / recent-fossil gum, recent-fossil resin || **synthetisches ~** (Plast) / synthetic resin* || **veredeltes ~** (Natur)**~** / modified resin || **vorhandenes ~** (Abdampfrückstand der Benzine) (Chem Verf) / existent gum || **~ n aus Rohterpentin** (Chem, For) / gum rosin, gum n || **~ auswaschen** / deresinify v, deresinate v || **~er Setzmaschine** (Aufber) / Harz jig*, piston jig
**Harz • abscheidung** f (For) / resin exudation, resin secretion || **~absonderung** f (For) / resin exudation, resin secretion || **~ader** f (Plast) / resin streak
**harzähnlich** adj / resin-like adj
**Harzappretur** f (Tex) / resin finish
**harzartig** adj / resinous adj || **~er Bestandteil** / resinoid n
**Harz • auffanggefäß** n (For) / tapping cup, buck n, dabrey n || **~ausrüstung** f (Tex) / resin finish || **~ausscheidung** f (bei harzführenden Bäumen) (For) / resin exudation, resin secretion || **~ausscheidung** (For) s. auch Harzfluß || **~behälter** m (Bot) / resin canal, resin duct* || **~beladung** f (Chem Verf) / resin loading || **~beschichtetes Laminat** (in Additivtechnik hergestellt) (Plast) / swell-and-etch laminate || **~beschichteter Schichtpreßstoff** (in Additivtechnik hergestellt) (Plast) / swell-and-etch laminate || **~beule** f (in der jungen Rinde) (For) / resin blister || **~bildend** adj (Bot) / resiniferous adj, resinogenous adj, resin-forming adj || **~bildung** f / resinification n || **mit ~bindung** (Plast) / resin-bonded adj || **~einschluß** n (Plast) / resin pocket || **~emulsion** f / resin emulsion
**harzen** vi (Harz ausscheiden) (For) / bleed v || **~ vt** (Bäume) (For) / cup v, box v, tap v || **~ n** (For) / resin tapping, resin collecting, tapping n
**harzend** adj (Bot) / resiniferous adj, resinogenous adj, resin-forming adj
**Harz • ertrag** m (For) / resin yield || **~essenz** f / rosin spirit(s) || **~ester** m (Anstr, Chem) / resin ester || **~fackel** f / resin torch || **~fänger** m (For) / resin trap || **~fluß** m (Bot) / resin flux, resinosis n (pl. -oses), resin flow
**harzfrei** adj / non-resinous adj || **~e Stelle** (in verstärkten Kunststoffen) (Plast) / dry spot
**Harz • galle** f (For) / resin pocket, pitch pocket, pitch streak, resin gall || **~gang** m (Bot) / resin canal, resin duct* || **~gebunden** adj (Plast) / resin-bonded adj || **~gehalt** m (For) / resin content || **~geist** m / rosin spirit(s) || **~gerbstoff** m (Syntangruppe ohne Eigengerbvermögen auf Basis stickstoffhaltiger Kondensationsprodukte) (Leder) / resin tanning material || **~gerbung** (Leder) / resin tannage || **~gewinnung** f (For) / resin tapping, resin collecting, tapping n || **~glanz** m (Min) / resinous lustre
**harzhaltig** adj (Bot) / resiniferous adj, resinogenous adj, resin-forming adj || **~** (Zellstoff) (Pap) / pitchy adj
**harzig** adj (im allgemeinen) / resinous adj
**Harz • kanal** m (Bot) / resin canal*, resin duct* || **~kleber** m / resin adhesive || **~korn** n (Chem Verf) / bead n || **~korn** (in den Ionenaustauschern) (Chem Verf) / resin bead || **~lachte** f (bei Lebendharzung die Kiefer entstehende Wundfläche) (For) / resin blaze, blaze n, face n (for resin tapping) || **~lack** n (Anstr) / resinous varnish, resin lacquer || **~leim** m (Pap) / rosin size, resin size, resin glue || **~liefernd** adj (Bot) / resiniferous adj, resinogenous adj, resin-forming adj || **~lösung** f (meistens kalkversetzte) (Anstr) / gloss oil || **~lösung** (Chem) / resin solution || **~matte** f (Glas, Plast) / prepreg* n, sheet moulding compound || **~milch** f (Pap) / resin milk || **~nest** n (Plast) / resin pocket || **~öl** n (aus trockener Destillation von Kolophonium) / rosin oil, resin oil || **~pech** n (Rückstand bei der Destillation von Naturharzen) / resin pitch || **~- n pl und Ölprodukte aus Nadelhölzern** (Anstr, Chem) / naval stores
**harzreich** adj / resinous adj || **~** (For) / resinous adj || **~es Nadelholz** (For) / lightwood* n || **~es Nadelholz** (For) s. auch verkientes Holz
**Harz • riß** m (mit Harz gefüllter und vom Kern ausgehender Radialriß) (For) / resin seam || **~rückstand** m (im Erdöl) (Erdöl) / gum n ||

⁓**sammelgefäß** *n* (bei Lebendharzung) (For) / tapping cup, buck *n*, dabrey *n* ‖ ⁓**säure** *f* (z.B. Abietinsäure) (Chem) / resin acid, rosin acid ‖ ⁓**säureester** *m* (Anstr, Chem) / resin ester ‖ ⁓**säureglyzerinester** *m* (Anstr, Chem) / ester gum ‖ ⁓**seife** *f* (harzsaures Salz) (Chem) / resin soap*, rosin soap, rosined soap ‖ ⁓**sekretion** *f* (For) / resin exudation, resin secretion ‖ ⁓**tasche** *f* (For) / resin pocket, pitch pocket, pitch streak, resin gall ‖ ⁓**tasche** (Plast) / resin pocket ‖ ⁓**träger** *m* (Chem) / resin binder, resinous binder
**Harzung** *f* (For) / resin tapping, resin collecting, tapping *n*
**Harz • verschmierung** *f* / resin smear ‖ ⁓**verschmutzung** *f* (bei Ionenaustauschern) (Chem Verf) / resin contamination
**HAs** (Fernm) / main line
**Hasard** *n* (die Fehlererscheinung in asynchronen Schaltnetzwerken) (EDV) / hazard *n*
**Haschisch** *n m* (Cannabis) (Pharm) / hashish* *n*, charas *n*
**Haselnuß** *f* (Corylus avellana var. avellana L.) (For) / hazel *n*, European hazel ‖ **Australische** ⁓ (Bot) / macadamia nut, Queensland nut ‖ ⁓**braun** *adj* / hazelnut *attr*, hazel *attr* ‖ ⁓**farben** *adj* / hazelnut *attr*, hazel *attr* ‖ ⁓**öl** *n* / hazelnut oil ‖ ⁓**strauch** *m* (For) / hazel *n*, European hazel
**Hasenhaar** *n* (Tex) / hare hair
**Hasenmaus** *f* (Leder, Zool) / chinchilla *n*
**Hasenwolle** *f* (Tex) / hare hair
**Hash** *m* (Druck, EDV) / hash *n* ‖ ⁓**-Adressierung** *f* (Errechnen der Adresse durch Transformation des jeweiligen Schlüsselwortes) (EDV) / hash addressing ‖ ⁓**-Algorithmus** *m* (EDV) / hashing algorithm ‖ ⁓**-Codierung** *f* (EDV) / hashing* *n*, hash coding ‖ ⁓**-Funktion** *f* (EDV) / hash function, hashing function ‖ ⁓**-Funktion-Optimierung** *f* (EDV) / hash-function optimization
**Hashing** *n* (eine Direktadressierungstechnik, die Überführung eines oder mehrerer Felder in eine andere, kompaktere Form, die auch leichter eine Weiterverarbeitung zuläßt) (EDV) / hashing* *n*, hash coding ‖ **dynamisches** ⁓ (EDV) / dynamic hashing ‖ **erweiterbares** ⁓ (EDV) / dynamic hashing
**Hash • -Kodierung** *f* (EDV) / hashing* *n*, hash coding ‖ ⁓**-Tabelle** *f* (für die Schlüsseltransformation) (EDV) / hash table ‖ ⁓**-Verfahren** *n* (EDV) / hashing* *n*, hash coding
**Haspe** *f* (Bau) / hasp* *n*
**Haspel** *f m* (z.B. der Breitbandbeschichtungsanlage) (Anstr) / arbor *n* ‖ ⁓ (am Haspelberg) (Bergb) / incline engine ‖ ⁓ (zum Aufwickeln von Bändern oder Draht) (Hütt) / coiler *n*, coiling machine ‖ ⁓ (bei Halmfruchterntemaschinen) (Landw) / reel *n* ‖ ⁓ (Leder) / paddle *n* ‖ ⁓ (Spinn) / reel *n*, swift *n*, cylinder *n* ‖ ⁓ (Tex) / winch* *n*, beck *n* (GB), winch beck (GB), winch back (US), winch vat, wince* *n* ‖ ⁓**äscher** *n* (Leder) / paddle liming ‖ ⁓**beize** *f* (Leder) / paddle bating ‖ ⁓**berg** *m* (Bergb) / engine plane* ‖ ⁓**förderung** *f* **mit dem Trommelhaspel** (Bergb) / direct rope haulage* ‖ ⁓**kufe** *f* (zum Entschlichten, Waschen, Bleichen und Färben von weniger faltenempfindlichen Geweben und Gewirken in Strangform) (Tex) / winch* *n*, beck *n* (GB), winch beck (US), winch back (US), winch vat, wince* *n* ‖
**haspeln** *v* / wind *v*, reel *v* ‖ ⁓ / reel *v* ‖ ⁓ (Hütt) / coil *v* ‖ ⁓ (Leder) / paddling *v* ‖ ⁓ (Überführen eines Fadens von Garnträgern in Strangform) (Spinn) / reeling *v*
**Haspel • seide** *f* (Tex) / reeled silk ‖ ⁓**spinnverfahren** *n* (ein Naßspinnverfahren) (Plast) / reel spinning ‖ ⁓**trommel** *f* (Spinn) / reel *n*, swift *n*, cylinder *n*
**Hasse-Diagramm** *n* (nach H. Hasse, 1898-1979) (Math) / Hasse diagram
**Hassium** *n* (Element 108) (Chem) / hassium *n*, Hs
**Hastelloy** *n* (eine Ni-Mo- bzw. Ni-Si-Legierung, die sich durch besondere Korrosionsbeständigkeit gegen Salzsäure und Schwefelsäure auszeichnet; Ni-Mo-Legierungen = Hastelloy A,B und C; Ni-Si-Legierung = Hastelloy D) (Hütt) / Hastelloy *n*
**Hasubanan-Alkaloide** *n pl* (Untergruppe der Morphinalkaloide aus Stephania-Arten) (Pharm) / hasubanan alkaloids
**Hatchettin** *m* (Min) / hatchettite *n*, mineral tallow, mountain tallow, hatchettine *n*, naphthine *n*, adipocerite *n*, adipocire *n*
**Hatchettolith** *n* (Uran-Pyrochlor) (Min) / hatchettolite *n*
**Hatch-Slack-Zyklus** *m* (Biochem) / Hatch-Slack pathway*
**H⁺-ATPase** *f* (Biochem) / proton-translocating ATPase*
**Hattersley-Schaftmaschine** *f* (eine Doppelhub-Hochfach-Schaftmaschine mit Offenfach, Federzugregister und Schrägfach durch Schaftaufhängung) (Web) / Hattersley dobby
**haubar** *adj* (For) / exploitable *adj*, ripe for felling, fit for cutting, mature *adj*
**Häubchen** *n* (bei Leder- und Pergamenteinbänden) (Buchb) / headcap* *n*
**Haube** *f* (durchsichtige - aus Kunststoff) / bubble *n* ‖ ⁓ / bonnet* *n*, hood *n*, cover *n* ‖ ⁓ (des Schornsteins) (Bau) / lid *n* ‖ ⁓ (der Kokille) (Gieß, Hütt) / hot top* ‖ ⁓ (aus Schamotte) (Glas) / potette* *n*, boot* *n*, hood* *n* ‖ ⁓ (bei Schmelzöfen) (Hütt) / crown *n* ‖ ⁓ (z.B. NACA-Haube) (Luftf) / cowling* *n*, cowl *n* ‖ ⁓ (des Propellers) (Luftf) / spinner* *n* ‖ ⁓ (Masch) / cap* *n* ‖ ⁓ (Masch) / shroud *n*, skirt *n* ‖ ⁓ (Masch) / dome *n* ‖ ⁓ (Radar) / hood *n* ‖ **Welsche** ⁓ (Turmbekrönung oder Haubendach mit geschweifter Kontur) (Arch) / bulbous cupola
**Haubenglühofen** *m* (zur Behandlung von Stahlband nach dem Haubenglühverfahren) (Hütt) / bell-type (annealing) furnace*, hood-type (annealing) furnace
**Haubenguß** *m* (Gieß) / hot topping
**Hauch** *m* (angelaufene Schicht) (Anstr) / bloom* *n*, haze *n* ‖ ⁓ (z.B. auf Früchten und auf Schokolade) (Nahr) / bloom* *n* ‖ ⁓**bildung** *f* (Anstr) / blooming* *n* (of hard gloss paints or enamel and varnish films), haziness *n*, hazing *n*
**hauchdünn** *adj* (Schicht) / paper-thin *adj*, wafer-thin *adj* ‖ ⁓ (Keram) / eggshell *attr* ‖ ⁓ (Tex) / sheer *adj*, filmy *adj* ‖ ⁓ (Tex) / gossamer-thin *adj* ‖ ⁓**e Metallschutzschicht** (Eltech, Hütt) / flash *n*, flash plate
**hauchfein** *adj* (Tex) / sheer *adj*, filmy *adj*
**Haue** *f* (Landw) / hoe *n*
**hauen** *v* (For) / take down *v*, fell *v*, cut down *v*, knock down *v*, hew *v*, hew down *v*, log *v* ‖ ⁓ (Masch) / cut *v* ‖ ⁓ (von Feilen) (Masch) / cutting *n*
**Hauer** *m* (Bergb) / getter *n*, breaker *n*, faceman *n*, coal getter
**Häuer** *m* (Bergb) / getter *n*, breaker *n*, faceman *n*, coal getter
**Häufel • gerät** *n* (Landw) / ridger* *n*, ridging plough ‖ ⁓**körper** *m* (zum Anhäufeln eines Dammes) (Landw) / ridging body, hiller *n*
**häufeln** *v* (Landw) / ridge *v*, hill *v*, list *v* ‖ ⁓ *n* (Landw) / ridging *n*, listing *n*
**Häufelpflug** *m* (Landw) / ridger* *n*, ridging plough
**häufen** *v* / heap *v*
**Haufen** *m* (von Sternen, Häusern) / cluster *n* ‖ ⁓ / heap *n* ‖ ⁓**laugung** *f* (Aufber) / heap leaching* ‖ ⁓**sand** *m* (Gieß) / floor sand*, heap sand, spillage sand ‖ ⁓**veränderliche** *m pl* (Astr) / cluster variables*, cluster cepheids, RR Lyrae variables* ‖ ⁓**wolke** *f* (Meteor) / cumulus* *n* (pl. cumuli), Cu* ‖ **flache** ⁓**wolke** (Meteor) / fair-weather cumulus
**Häufigkeit** *f* (z.B. Isotopen-) (Kernphys) / abundance* *n*, natural abundance* *n* ‖ ⁓ (Verhältnis der Besetzungszahl zur Gesamtzahl der Einzelwerte) (Math, Stats) / frequency* *n* ‖ **absolute** ⁓ (Stats) / absolute frequency ‖ **kosmische** ⁓ (Astr, Chem) / cosmic abundance* ‖ **relative** ⁓ (absolute Häufigkeit in einer Häufigkeitsklasse, dividiert durch die Gesamtanzahl der Einzeldaten einer Häufigkeitsverteilung) (Stats) / relative frequency ‖ ⁓ *f* **der Worttrennungen** (EDV, Typog) / frequency of hyphenation ‖ ⁓ **im Kosmos** (eines Elements) (Astr, Chem) / cosmic abundance*
**Häufigkeits • dichte** *f* (Verhältnis der relativen Häufigkeit zur entsprechenden Klassenweite) (Stats) / frequency density ‖ ⁓**faktor** *m* (Stats) / frequency factor ‖ ⁓**funktion** *f* (Stats) / frequency function* ‖ ⁓**kurve** *f* (Stats) / frequency curve ‖ ⁓**polygon** *n* (die aus geraden Stücken bestehende Verbindung der Endpunkte der über den Klassenmitten aufgetragenen relativen oder absoluten Klassenhäufigkeiten) (Stats) / frequency polygon ‖ ⁓**verhältnis** *n* (zweier Isotope) (Kernphys) / abundance ratio* ‖ ⁓**verteilung** *f* (Stats) / frequency distribution* ‖ ⁓**zähler** *m* (Stats) / frequency counter
**Häufler** *m* (Landw) / ridger* *n*, ridging plough
**Häufungs • grenze** *f* (Math) / limit* *n* ‖ **untere** ⁓**grenze** (Math) / limit inferior, lower limit ‖ **obere** ⁓**grenze** (Math) / limit superior, upper limit ‖ ⁓**punkt** *m* (Math) / accumulation point*, point of accumulation, limit point*
**Hauf • werk** *n* (herausgelöstes Mineral oder Gestein) (Bergb) / muck *n*, broken ground, debris *n* ‖ ⁓**werk** (kompaktes Gemenge aus Feststoffen) (Chem, Phys) / heterogeneous mixture, bulk blend, mechanical mixture ‖ **abgeschleudertes** ⁓**werk** (Bergb) / fly-rock *n* ‖ ⁓**werkfilter** *n* (Masch) / bed filter ‖ ⁓**werksporigkeit** *f* (des Betons) (HüT) / internal porosity of the aggregate particles, bulk porosity
**Hauklotz** *n* / chopping block
**Haumesser** *n* / bush knife, machete *n*
**Haupt** *n* (des Bogens) (Arch) / face *n* ‖ ⁓ (des Hammers) (Masch) / head* *n* ‖ ⁓ (einer Schleuse) (Wasserb) / head *n* ‖ ⁓- / general *adj* ‖ ⁓**abmessungen** *f pl* (Schiff) / moulded dimensions* ‖ ⁓**absperreinrichtung** *f* (der Gasleitung in einem Mehrfamilienhaus) / service valve (at entry to large buildings) ‖ ⁓**achse** *f* (Fernm, Radio) / principal axis* ‖ ⁓**achse** (Krist) / principal axis ‖ ⁓**achse** (der Ellipse) (Math) / major axis (of an ellipse)* ‖ ⁓**achse** (der Hyperbel) (Math) / transverse axis, transverse *n* ‖ ⁓**achsensystem** *n* (Krist, Mech) / principal-axes system ‖ ⁓**achsentransformation** *f* (eine Koordinatentransformation) (Math) / transformation to principal axes ‖ ⁓**anode** *f* (Eltronik) / main anode* ‖ ⁓**anschluß** *m* (bei einem Thyristor) (Eltronik) / main terminal ‖ ⁓**anschluß** (Fernm) / main line ‖ ⁓**anschluß** *m* (Fernsp) / subscriber's main station ‖ ⁓**anschluß für Direktruf** (Fernsp) / direct call line, main station for fixed connection ‖ ⁓**anschluß-Kennzeichen** *n* (Fernsp) / loop-disconnect dialling ‖ ⁓**anspruch** *m* (ein von anderen Ansprüchen unabhängiger Patentanspruch) / main claim ‖ ⁓**antrieb** *m* (Masch) / master drive, main drive ‖ ⁓(**antriebs**)**rad** *n* (Masch) / bull

**Hauptargument**

wheel ‖ ~**argument** n (Math) / principal argument ‖ ~**ast** m (im Hertzsprung-Russell-Diagramm) (Astr) / main sequence* ‖ ~**ausfall** m (der die Fähigkeit einer verhältnismäßig komplexen Einheit zur Erfüllung der vorgesehenen Funktion beeinträchtigt) (Masch) / major failure ‖ ~**band** n (Akus, EDV) / master tape ‖ ~**baumart** f (For) / ruling tree species ‖ ~**beben** n (beim Erdbeben) (Geol) / principal shock ‖ ~**bestandteil** m / main component, principal component, main constituent, principal constituent, principle n, fundamental constituent ‖ ~**bestandteil** (Chem) / body n ‖ ~**betriebszeit** f / peak period ‖ ~**bewegung** f (Masch) / primary motion ‖ ~**bewetterungsstrecke** f (Bergb) / main airway* ‖ ~**bremszylinder** m (Kfz, Masch) / master cylinder* ‖ ~**brennpunkt** m (Opt) / principal focus ‖ ~**brennraum** n (des Dieselmotors) (V-Mot) / main combustion chamber ‖ ~**brennstoffbehälter** m (Luftf) / main tank* ‖ ~**dach** n (z.B. bei einem Zwerchdach) (Bau) / main roof ‖ ~**datei** f (EDV) / master file (GB) ‖ ~**deck** n (Schiff) / main deck* ‖ ~**diagonale** f (einer Matrix) (Math) / main diagonal, major diagonal, principal diagonal, leading diagonal ‖ **außerhalb der** ~**diagonale** (Math) / off-diagonal adj ‖ **oberhalb der** ~**diagonale** (Element einer quadratischen Matrix) (Math) / off-diagonal adj ‖ **unterhalb der** ~**diagonale** (Element einer quadratischen Matrix) (Math) / off-diagonal adj ‖ ~**ebene** f (Opt) / principal plane* ‖ ~**einflugzeichen** n (ILS) (Luftf) / middle marker beacon*, middle marker, MM ‖ ~**entwässerung** f (Landw) / arterial drainage ‖ ~**entwässerungsrohr** n (Sanitär) / outfall sewer* ‖ ~**fahrwerk** n (Luftf) / main landing gear, main gear ‖ ~**fallschirm** m (Luftf) / main parachute ‖ ~**federblatt** n (Masch) / main leaf ‖ ~**fehler** m (der die Einsetzbarkeit des Werkstoffs unmöglich macht) (WP) / major defect ‖ ~**feld** n (eines Reihenschlußmotors) (Eltech) / series field* ‖ ~**feld** (Eltech) / main field* ‖ **dem geomagnetischen** ~**feld parallele oder antiparallele Ströme** (Geophys) / field-aligned currents ‖ ~**fenster** n (bei Mehrfensterdarstellung) (EDV) / principal window, primary window ‖ ~**flugplatz** m (Luftf) / main airfield ‖ ~**fluß** m (Eltech) / working flux* ‖ ~**förderstrecke** f (im Bergeversatz) (Bergb) / gateway* n, gate road* ‖ ~**fraktion** f (Erdöl) / main fraction, main cut ‖ ~**freifläche** f (Werkz) / major flank ‖ ~**gärung** f (Nahr) / primary fermentation ‖ ~**gemengteil** m (Geol) / essential mineral* ‖ ~**generator** m (Eltech) / main generator ‖ ~**geschäftsstelle** f (eines Unternehmens) / headquarters pl, head office ‖ ~**gesims** n (Arch, Bau) / cornice* n ‖ ~**gitternetzlinie** f (in der Tabellenkalkulation) (EDV) / major gridline ‖ ~**gleichung** f (Masch) / main equation ‖ ~**gleis** n (z.B. Einfahr- oder Ausfahrgleis) (Bahn) / main track ‖ ~**grubenlüfter** m (Bergb) / main mine fan ‖ ~**gruppe** f (Untergruppe im Periodensystem) (Chem) / main group ‖ ~**gruppenbegriff** m (EDV) / intermediate control number ‖ ~**gruppentrennzeichen** n (DIN 66303) (EDV) / file separator (FS) ‖ ~**histokompatibilitätskomplex** m (Gen) / major histocompatibility complex, MHC ‖ **verstärkte** ~**höhenlinie** (verbreitert gezeichnete Höhenlinie auf den Karten) (Kart) / index contour ‖ ~**impedanz** f (Eltech) / mutual impedance* ‖ ~**induktivität** f (Eltech) / mutual inductance* ‖ ~**kabel** n (Eltech) / main cable ‖ ~**kabel im Triebwagenzug** (Bahn) / bus-line* n ‖ ~**kanal** m (DIN 44302) (EDV) / forward channel ‖ ~**kanal** (in der Bewässerungsanlage) (Landw) / main canal ‖ ~**kanal** (Plast) / runner n ‖ ~**kette** f (eines verzweigten Moleküls) (Chem) / backbone chain, main chain ‖ ~**keule** f (Fernm, Radar, Radio) / major lobe*, main lobe ‖ **Abstand** m **zwischen der** ~**keule und dem Nebenzipfel** (der Richtcharakteristik) (Fernm) / gap n ‖ ~**komponente** f / main component, principal component, main constituent, principal constituent, principle n, fundamental constituent ‖ ~**kontakte** m pl (Eltech) / main contacts* ‖ ~**kontrollfeld** n (EDV) / major control field ‖ ~**krater** n (Geol) / main crater ‖ ~**kreis** m (Math) / great circle* ‖ ~**kreis** (um den Mittelpunkt einer Ellipse oder Hyperbel) (Math) / orthoptic circle*, director circle*, directrix circle (for the parabola) ‖ ~**kreis** (eines Kegelschnitts) (Math) / auxiliary circle* ‖ ~**krümmung** f (einer Fläche) (Math) / principal curvature ‖ ~**kühlmittel** n (Nukl) / primary coolant* ‖ ~**kühlwasser** n (Nukl) / primary coolant* ‖ ~**lager** n (der Kurbelwelle) (Kfz) / crankshaft main bearing, main bearing (of the crankshaft) ‖ ~**lager** (z.B. der Kurbelwelle) (Masch) / main bearing ‖ ~**lappen** m (Fernm, Radar, Radio) / major lobe*, main lobe ‖ ~**lauf** m (zweite Fraktion bei der Destillation); Hauptfraktion;f. (Chem Verf) / main fraction ‖ ~**leitstrahl** m (im Instrumentenlandesystem) / front beam ‖ ~**leitung** f (Klemp) / main(s) n (pl), service main(s) ‖ ~**leitung** (in der Wasserverteilung) (Wasserb) / water main ‖ ~**licht** n (einer Beleuchtung mit mehreren Scheinwerfern) (Film, Foto) / key light*, principal light, modelling light, main light ‖ ~**linie** f (Spektr) / analysis line, analytical line ‖ ~**linie zweiter Ordnung** (Math) / front line ‖ ~**linien** f pl **des Designs** (Masch) / design philosophy, design principles ‖ ~**mangel** m (WP) / major defect ‖ ~**maschine** f (Vorschnittsäge) (For) / head saw ‖ ~**maschine** (Anlage zum Vortrieb des Schiffs - Dieselmotor, Dampf- oder Gasturbine) (Schiff) / main engine ‖ ~**mast** m (des Derricks) (Bau) / king-tower* n, crane

tower ‖ ~**menü** n (ein übersichtartiges Menü, von dem aus Untermenüs angesteuert werden können) (EDV) / main menu, master menu ‖ ~**mode** m (Fernm, Phys) / dominant mode*, fundamental mode*, fundamental vibration ‖ ~**name** m (Pharm) / heading n ‖ ~**nenner** m (kleinstes gemeinsames Vielfaches, um die Brüche gleichnamig zu machen) (Math) / least common denominator, lowest common denominator, L.C.D., common denominator ‖ [**gemeinsamer**] ~**nenner** (Math) / common denominator ‖ ~**nutzungszeit** f (der Betriebsmittel) / useful life, usable life ‖ ~**nutzzeit** f (bei elektronischen Geräten) (Med, Radiol) / utilization time ‖ ~**patent** n (zu dem ein oder mehrere Zusatzpatente existieren) / main patent ‖ ~**-Pipeline** f (für die Raffinerie) (Erdöl) / main line, trunk line ‖ ~**piste** f (Luftf) / main runway ‖ ~**platine** f (Eltronik) / motherboard n, system-board n, platter n ‖ ~**pleuel** m (Kfz, Masch) / master connecting-rod*, master con rod ‖ ~**pol** m (Eltech) / field pole ‖ ~**programm** n (EDV) / main program, head program, main routine ‖ ~**punkt** m (ein Kardinalpunkt) (Opt) / principal point* ‖ ~**quantenzahl** f (Phys) / principal quantum number* ‖ ~**reflektor** m (der Cassegrain-Antenne) (Radio) / main reflector ‖ ~**regenbogen** m (dessen Radius etwa 42° ist) (Meteor, Phys) / primary bow*, primary rainbow ‖ ~**reihe** f (im Hertzsprung-Russell-Diagramm) (Astr) / main sequence* ‖ ~**richtung** f (principal direction*) ‖ ~**rohrleitung** f (Klemp) / main(s) n (pl), service main(s) ‖ ~**saison** f / high season ‖ ~**sammelschienen** f pl (Eltech) / generator bus-bars* ‖ ~**sammler** m (bei der Entwässerung) (Landw) / main drain, main sewer, interceptor ‖ ~**sammler** (für Abwasser) (Sanitär) / trunk main

**Hauptsatz** m (EDV) / master record ‖ ~ (in der numerischen Steuerung) (EDV, Masch) / reference block ‖ ~ (Phys) / fundamental law, fundamental theorem, principle n ‖ **dritter** ~ **der Thermodynamik** (Phys) / Nernst heat theorem*, third law of thermodynamics, Nernst-Simon statement ‖ **erster** ~ **der Thermodynamik** (Phys) / first law of thermodynamics ‖ **nullter** ~ **der Thermodynamik** (Phys) / zeroth law of thermodynamics ‖ **zweiter** ~ **der Thermodynamik** (Phys) / second law of thermodynamics, entropy principle ‖ ~ m **der Thermodynamik** (Phys) / thermodynamic principle

**Haupt•schaderreger** m (tierischer) (For, Landw) / major pest ‖ ~**schädling** m (For, Landw) / major pest ‖ ~**schalter** m (Eltech) / master-switch* ‖ ~**schalttafel** f (Eltech) / main switchboard ‖ ~**schicht** f (HuT) / road-base n, base course ‖ ~**schiff** n (Arch) / nave* n ‖ ~**schlechte** f (Geol) / headway n ‖ ~**schleife** f (des magnetischen Blasenspeichers) (EDV) / major loop ‖ ~**schlüssel** m (Kfz) / master key, primary key

**Hauptschluß•erregung** f (Eltech) / series excitation ‖ ~**feldspule** f (Eltech) / series coil ‖ ~**maschine** f (Eltech) / series-wound machine ‖ ~**motor** m (Eltech) / series motor*, series-wound motor ‖ ~**motor mit angezapftem Feld** (Eltech) / tap-field motor ‖ ~**wicklung** f (Eltech) / series winding

**Haupt•schneide** f (DIN 6581) (Masch) / major cutting edge ‖ ~**schnitt** m (Erdöl) / main fraction, main cut ‖ ~**sender** m (Radio) / key station (US) ‖ ~**sendezeit** f (TV) / prime time (US), peak viewing time ‖ ~**sequenz** f (im Hertzsprung-Russell-Diagramm) (Astr) / main sequence* ‖ ~**serie** f (von Spektrallinien) (Spektr) / principal series* ‖ ~**sicherung** f (Eltech) / main fuse ‖ ~**signal** n (Bahn) / main signal ‖ ~**signalsteuereinheit** f (in der Verkehrsregelung) (Eltech) / master controller*, pilot controller* ‖ ~**spannung** f (z.B. im Coulombschen Schergesetz) (HuT) / pressure at right angle to the plane of shear ‖ ~**spannung** (Mech) / principal stress* ‖ ~**sparren** m (Zimm) / principal rafter*, principal* n ‖ ~**speicher** m (interner Speicher) (interner Speicher eines Systems, auf den die Programmsteuerung unmittelbaren Zugriff hat) (EDV) / main memory, primary memory, primary store*, main storage, internal store* ‖ ~**speichersystem** n (EDV) / main-memory system ‖ ~**speisekabel** n (Eltech) / main cable ‖ ~**spiegel** m (des Spiegelteleskops) (Opt) / main reflector, primary mirror ‖ ~**spindelstock** m (Masch) / main headstock ‖ ~**station** f (Radar, Radio) / master station* ‖ ~**strahl** m (durch die Mitte der Blende gehender Strahl) (Opt) / principal ray*, central ray ‖ ~**strahlrichtung** f (der Richtcharakteristik einer Antenne) (Radio) / direction of maximum radiation ‖ ~**strahlungskeule** f (Fernm, Radar, Radio) / major lobe*, main lobe ‖ ~**strang** m (Klemp) / main(s) n (pl), service main(s) ‖ ~**strang** (der Wasserleitung) (Wasserb) / water main, trunk main, main pipeline ‖ ~**strang** (Wasserb) s. auch Hauptleitung ‖ ~**straße** f (Kfz) / major road ‖ ~**straße** (für den Verkehr in einer Stadt) (Kfz) / thoroughfare n ‖ ~**strecke** f (Bahn) / main line, main track ‖ ~**strecke** (Bergb) / gangway* n, trunk roadway, main n ‖ ~**strecke** (Luftf) / trunk route ‖ ~**streckenband** m (Bergb) / trunk conveyor* ‖ ~**streckenfördergurt** m (Bergb) / trunk conveyor

**Hauptstrom** m (Eltech) / main current ‖ ~**bahn** f (Eltech) / main circuit* ‖ ~**feld** n (Eltech) / series field* ‖ ~**kreis** m (Eltech) / main circuit* ‖ ~**kreis** (Eltech) / power circuit*

**Haupt • symmetrieachse** f (Krist) / principal axis ‖ ~**taktgeber** m (EDV) / master clock*, main clock, master synchronizer, master timer ‖ ~**teil** m (im allgemeinen) / principal part, main part ‖ ~**teil** (Math) / principal part* ‖ ~**teil des Belegs** / document body ‖ ~**teil des Dokuments** / document body ‖ ~**titel** m (Druck) / main title ‖ ~**titel** (Druck, Film) / title n ‖ ~**tragegurt** m (des Fallschirms) (Luftf) / riser n ‖ ~**tragfläche** f (Flügel) (Luftf) / main plane* ‖ ~**tragseil** n (einer Seilbahn) (HuT) / track cable, main cable ‖ ~**triangulation** f (Verm) / first-order triangulation, primary triangulation ‖ ~**trockner** m (For) / main drier, principal drier ‖ ~**tromel** f **der Kammwollkrempel** (Spinn) / swift n ‖ ~**trommel** f **der Karde** (Spinn) / swift n ‖ ~**typ** m (Fernm, Phys) / dominant mode*, fundamental mode*, fundamental vibration ‖ ~**überschrift** f (Druck) / primary heading ‖ ~**uhr** f (eine Normaluhr) (Eltech) / master clock*, driving clock ‖ ~**untermatrix** f (Math) / principal minor array ‖ ~**valenz** f (Chem) / primary valency ‖ ~**valenzbindung** f (Chem) / primary valency bond ‖ ~**ventil** n (bei hilfsgesteuerten Sicherheitsventilen zur Unterscheidung vom Steuerventil) (Masch) / master valve ‖ ~**verkehrsstraße** f (HuT, Kfz) / arterial road, artery n ‖ ~**verkehrsstraße** (Kfz) / highway n, Hwy, Hy ‖ ~**verkehrszeit** f (Fernsp, Kfz) / busy hours ‖ ~**verkehrszeit** (Kfz) / rush hour ‖ ~**verstärker** m (Eltronik, Film) / power amplifier ‖ ~**verstärkungsregelung** f (Akus) / master gain control* ‖ ~**verteiler** m (Fernsp) / main distribution frame*, MDF*, distributing frame, main distributing frame ‖ ~**verteiler** (für Fernleitungen) (Fernsp) / trunk distribution frame* ‖ ~**verteilung** f (Eltech) / distributing centre ‖ ~**verzeichnis** n (EDV) / root directory (the basic directory of an hierarchical file system /having no parent directory/) ‖ ~**vorschubbewegung** f (in Richtung des Hauptarbeitsfortschritts) (Masch) / main feed (motion), direction of main feed motion ‖ ~**vorschubrichtung** f (DIN 6580) (Masch) / main feed (motion), direction of main feed motion ‖ ~**wasserleitung** f (Wasserb) / trunk main ‖ ~**wasserscheide** f (Wasserb) / major divide ‖ ~**welle** f (Phys) / ground wave* ‖ ~**wert** m (einem Integral zugeordneter Grenzwert) (Math) / principal value ‖ **Cauchyscher** ~**wert** (Math) / Cauchy principal value ‖ ~**wetterstrecke** f (Bergb) / main airway* ‖ ~**wetterstrom** m (Bergb) / main air current, principal air current ‖ ~**windleitung** f (Hütt) / blast main* ‖ ~**windrichtung** f (Meteor) / prevailing wind direction ‖ ~**wirt** m (bei Parasiten) (Biol, Chem) / principal host ‖ ~**wolkenuntergrenze** f (Luftf, Meteor) / ceiling n, cloud base, cloud ceiling ‖ **aufliegende** ~**wolkenuntergrenze** (Luftf, Meteor) / ceiling zero ‖ **keine** ~**wolkenuntergrenze vorhanden** (Luftf, Meteor) / unlimited ceiling, ceiling unlimited ‖ ~**würze** f (Brau) / first wort ‖ ~**zipfel** m (bei Antennen) (Fernm, Radar, Radio) / major lobe*, main lobe ‖ **schiefe** ~**zugspannung** f (Mech) / diagonal tension ‖ ~**zyklus** m (EDV) / major cycle, primary cycle ‖ ~**zylinder** m (Kfz) / master cylinder

**Haus** • - / in-house attr, in-plant attr ‖ ~ - / domestic adj ‖ **außer** ~ **geben** (Arbeit) / put out v, contract s.th. out to s.o. ‖ **außerhalb des** ~**es**, **open-air** attr, outdoor attr ‖ **im** ~ / in-house attr, in-plant attr ‖ **pneumatisches** ~ (nach F.W. Lanchester, 1868-1946) (Bau) / air house, pneumatic house ‖ **temperiertes** ~ (12 - 18 °C) (Landw) / temperate glasshouse ‖ ~ **n nebst Zubehör** (Nebengebäude, Grund und Boden) / premises pl

**Haus • adresse** f (EDV) / home address, track address ‖ ~**anschluß** m (Fernsp) / extension* n, ext. ‖ ~**anschlüsse** m pl (Bau) / services pl, utilities pl (US)

**Hausanschluß • kabel** n (Eltech) / service cable, consumer's cable, service line ‖ ~**kanal** m (Kanalisation) (Sanitär) / house drain, collection line (US) ‖ ~**kasten** m (Übergabestelle zur elektrischen Energie innerhalb der Anlage des Stromabnehmers) (Eltech) / house connexion box, private connexion box, service switch cabinet (US) ‖ ~**leitung** f (Eltech) / service cable, consumer's cable, service line ‖ ~ - **und Verteilungsleitung** f (Gas) / individual service pipe ‖ ~**muffe** f (Abzweigmuffe zur Versorgung eines Abnehmers) (Kab) / service joint ‖ ~**rohr** n (Klemp) / service pipe, supply pipe

**Haus • Arbeit-Verkehr** m / home-to-work traffic, commuter traffic, rush-hour traffic ‖ ~**bau** m (Wohnungsbau) (Bau) / housebuilding n ‖ ~**beheizung** f (mit dem Hausbrand in der Heizperiode) (Bau) / domestic heating, residential heating ‖ ~**berechtigt** adj (Fernsp) / fully restricted ‖ ~**besetzersiedlung** f / squatter settlement ‖ ~**betriebsanlagen** f pl (Bau) / services pl ‖ ~**bock** m (Hylotrupes bajulus L. - ein Nadelholzschädling) (For) / house longhorn, domestic longhorn beetle, European house-borer ‖ ~**brandkohle** f (Kftst) / domestic coal ‖ ~**brandkoks** m (Kftst) / domestic coke, household coke ‖ ~**büffelleder** n (Leder) / buffalo leather

**Hausdorff-Raum** (nach F. Hausdorff, 1868-1942) (Math) / Hausdorff space*, $T_2$-space n, separated space

**Hausdorffscher Raum** (Math) / Hausdorff space*, $T_2$-space n, separated space

**Haus • ecke** f (Bau) / quoin* n ‖ ~**einführung** f (Eltech, Klemp) / service entrance

**Hausenblasenleim** m (Chem) / isinglass* n, fish-glue* n, ichthyocolla n, fish gelatin

**Hausentwässerung** f (Sanitär) / house sewage disposal

**Häuserblock, quadratischer** ~ (Bau) / square n (US)

**Haus • fäule** f (Verursacher: Coniophora puteana - Brauner Keller- oder Warzenschwamm) (For) / wet rot* ‖ ~**flagge** f (Schiff) / house flag (indicating the company that a ship belongs to) ‖ ~**flur** m (Bau) / corridor n ‖ ~**gang** m (Bau) / corridor n ‖ ~**gemacht** adj (Nahr) / home-made adj ‖ ~**gespräch** n (Fernsp) / internal call

**Haushalts • abfälle** m pl (Umwelt) / household rubbish, household refuse, garbage n (US), dust n (GB), household waste, residential wastes, domestic waste, trash n, municipal waste, urban waste ‖ ~**abwässer** n pl (Sanitär) / domestic sewage, dwelling sewage, sullage water ‖ ~**artikel** m pl **aus Holz** (For) / woodenware n ‖ ~**chemikalien** f pl (Chem) / household chemicals ‖ ~**elektrogeräte** n pl ("weiße Ware") (Eltech) / electrical (household) equipment ‖ ~**gerät** n (Eltech) / domestic appliance, household appliance ‖ ~**geschirr** n (Keram) / domestic ware, kitchenware n ‖ ~**glas** n (Glas) / domestic glassware, household glassware ‖ **(hitzeresistentes)** ~**glas** (ein temperaturwechselbeständiges Qualitätsglas) (Glas) / oven glass (for preparation and cooking of food) ‖ ~**kühlautomat** m / domestic refrigerating machine, household refrigerator, reefer n (US), fridge n (GB), ice box (US), domestic refrigerator ‖ ~**kühlschrank** m / domestic refrigerating machine, household refrigerator, reefer n (US), fridge n (GB), ice box (US), domestic refrigerator ‖ ~**müll** m (Umwelt) / household rubbish, household refuse, garbage n (US), dust n (GB), household waste, residential wastes, domestic waste, trash n, municipal waste, urban waste ‖ **gewachstes** ~**papier** (in Rollen) (Pap) / lunch-paper roll ‖ ~**roboter** m / home robot ‖ ~**seife** f / household soap ‖ ~**tarif** m (Eltech) / residential rate ‖ ~**verbraucher** m (Eltech) / residential customer ‖ ~**wäsche** f / home laundering ‖ ~**zähler** m (Eltech) / house service meter*

**Haus** - **-Haus-Verkehr** m / door-to-door service, store-door delivery service, door-to-door transport ‖ ~**heizung** f (mit dem Hausbrand in der Heizperiode) (Bau) / domestic heating, residential heating ‖ ~**installation** f (Eltech) / house wiring ‖ ~**interne Gestaltungsanweisungen** (wenn der Kunde keine eigenen Vorschläge liefert) (Druck) / style of the house*, house style* ‖ ~**korrektor** m (Druck) / printer's reader ‖ ~**korrektur** f (die in der Druckerei, meistens vom Korrektor, gelesene erste Korrektur einer Setzarbeit) (Druck) / house corrections*, marked proof

**häusliche Abwässer** (Sanitär) / domestic sewage, dwelling sewage, sullage water ‖ ~**es Abwasser** (Sanitär) / domestic sewage, dwelling sewage, sullage water

**Hausmannit** m ($Mn_3O_4$) (Min) / hausmannite* n

**Haus • marke** f (einer Einzelhandelsfirma) / house brand, own brand, private brand, dealer's brand ‖ ~**müll** m (Umwelt) / household rubbish, household refuse, garbage n (US), dust n (GB), household waste, residential wastes, domestic waste, trash n, municipal waste, urban waste ‖ ~**müllverbrennung** f (Sanitär, Umwelt) / refuse incineration ‖ ~**-Nebenstellenanlage** f **mit Wählbetrieb** (Fernsp) / private automatic exchange* (PAX*) (GB) ‖ **elektronische** ~**post** (EDV) / electronic in-house mail ‖ ~**schabe** f (Blatella germanica L.) (Med, Nahr) / German cockroach, Croton bug ‖ ~**schornstein** m (DIN 1860) (Bau) / chimney n, smokestack n (US)

**Hausschwamm** m (ein holzzerstörender Faltenpilz) (For) / house fungus ‖ **Echter** ~ (holzzerstörender Rindenpilz) (Bau, For) / Merulius lacrymans*, Serpula lacrymans*

**H-Austastung** f (TV) / horizontal blanking*, line blanking

**haustechnische Anlagen** (Bau) / services pl

**Haustein** m (Bau) / cut-stone* n ‖ ~ (meistens feinkörniger Sand- oder Kalkstein) (Bau) / freestone* n ‖ ~ (Bau) / ashlar* n, dimension stone, hewn stone

**Haus • textilien** pl (Tex) / soft furnishings (GB) ‖ ~**tür** f (Bau) / front door ‖ ~**türverkauf** m (Direktverkauf) / door-to-door sale, house-to-house sale, door-to-door selling ‖ ~**türvordach** n (Bau) / door canopy ‖ ~**verkehr** m (Fernsp) / internal call traffic ‖ ~**vermittlung** f (mit Selbstwählbetrieb ohne Amtsanschluß) (Fernsp) / private automatic exchange* (PAX*) (GB) ‖ ~**wandthermometer** n / outdoor thermometer ‖ ~**wärmepumpe** f (Masch, Wärm) / residential heat pump ‖ ~**wäsche** f / home laundering ‖ ~**wirtschaftsglas** n (ein temperaturwechselbeständiges Glas) (Glas) / oven glass (for preparation and cooking of food) ‖ ~**wirtschaftsglas** (im allgemeinen) (Glas) / domestic glassware, household glassware ‖ ~**zentrale** f (Fernsp) / private automatic exchange, PBX, private branch exchange ‖ ~**zentrale mit Amtsanschluß** (Fernsp) / house-exchange system ‖ ~**zuführungsleitung** f (Eltech, Fernsp) / drop-wire n, drop n ‖ ~**-zu-Haus-Werbung** f / canvassing n

**Haut** f / skin n ‖ ~ (Anstr, Hütt) / skin* n ‖ ~ (Leder) / rawhide n (untanned hide), hide n (when tanned or dressed), skin n (especially of smaller animals) ‖ **dünne** ~ (auf einer Flüssigkeit) / skim n ‖

**Haut**

**frisch abgezogene** ≃ (Leder) / fresh hide ‖ ≃**, gesalzene** ~ (Leder) / salted hide ‖ **mit faltiger** ≃ (Magervieh) (Leder) / hidebound adj ‖ **sonnenbrandige** ≃ (bei Trocknung in der direkten Sonne) (Leder) / hide with sunburnt parts ‖ **verhitzte** ≃ (Leder) / heated hide ‖ ≃ f **aus kleineren Landbetrieben** (manchmal Sekundaware) (Leder) / country hide ‖ ≃**bildung** f (Anstr) / skinning n, skin formation ‖ ≃**blatt** n (Zool) / ectoderm* n
**Häutchen** n / film* n
**Häutchenwasser** n (eine Art Haftwasser) (Geol, HuT) / pellicular water, film water, intergranular film
**Haut•dicke** f (beim Skineffekt) (Eltech) / skin depth* ‖ ≃**dosis** f (Energiedosis in der Keimschicht der Haut) (Radiol) / skin dose*
**Haute Couture** f (Tex) / haute couture, high fashion
**Haut•effekt** m (Eltech) / skin effect*, conductor skin effect, Kelvin skin effect ‖ ≃**einheitsdosis** f (ein veraltetes Dosismaß) (Radiol) / erythema dose
**Hautelissestuhl** m (Web) / high-warp loom, Hautelisse loom
**haut•eng** adj (enganliegend) (Tex) / skin-tight adj, skinny adj ‖ ≃**kontakt** m (Med) / skin contact ‖ ≃**leim** m (aus tierischer Haut) / skin glue size, hide glue
**hautlos** adj (Würstchen) (Nahr) / skinless adj
**Haut•marmorierungen** f pl (bei Tauchern und Caissonarbeitern) (Med) / mottling n, marbling n ‖ ≃**pulver** n (Leder) / hide powder ‖ ≃**reizung** f (z.B. durch unpassende Kleidung) (Med, Tex) / skin irritation ‖ ≃**reizungen** f pl (mit Ätzen und Brennen - eine Berufskrankheit der Taucher und der Caissonarbeiter) (Med) / skin rash(es) ‖ ≃**relief** n / high-relief n ‖ ≃**resorption** f (Pharm, Physiol) / skin absorption ‖ ≃**schutzcreme** f / barrier cream (used to protect the skin from damage or infection) ‖ ≃**schutzkrem** f / barrier cream (used to protect the skin from damage or infection) ‖ ~**sympathisch** adj (Tex) / pleasant to the skin, skin-sensitive adj ‖ **minderwertige** ≃**teile** (Flämen, Klauen, Kopf) (Leder) / offal n ‖ ≃**test** m (Med) / skin test* ‖ ≃**tinte** f / skin-marking ink
**Häutungshormon** n (ein Ecdysteroid) (Biochem) / ecdysone n, moulting hormone, molting hormone (US)
**Haut•verhinderungsmittel** n (bei oxidativ trocknenden Lacken und Druckfarben) (Anstr) / antiskinning agent, ASKA ‖ ≃**verhütungsmittel** n (bei oxidativ trocknenden Lacken und Druckfarben) (Anstr) / antiskinning agent, ASKA ‖ ≃**verpackungsmaschine** f / skin-packaging machine, skin-packing machine ‖ ≃**verträglichkeit** f (Med) / skin compatibility ‖ ≃**widerstand** m (Eltech, Mech) / skin resistance ‖ ≃**wirkung** f (Eltech) / skin effect*, conductor skin effect, Kelvin skin effect ‖ ≃**wolle** f (Tex) / skin wool*, slipe wool, plucked wool, pulled wool, Mazamet wool
**Hauungsbetrieb** m (For) / logging n, tree felling, lumbering n (US), felling n
**Haüyn** m (ein Mineral der Sodalith-Reihe) (Min) / haüyne* n
**Havarie** f / failure n, outage n, breakdown n ‖ ≃ (Seehandelsrecht) (Schiff) / average* n ‖ **besondere** ≃ (nach 701 des Handelsgesetzbuches) (Schiff) / particular average* ‖ **große** ≃ (nach 700 ff. des Handelsgesetzbuches) (Schiff) / general average ‖ ≃**abschaltung** f (Nukl) / scram* n, emergency shutdown* ‖ ≃**besichtigung** f (Schiff) / inspection of damage ‖ ≃**betrieb** m (bei funktionsgefährdenden Störungen) / emergency operation ‖ ≃**kommissar** m (Schiff) / average adjuster ‖ ≃**schutz- und Kompensationskassette** f (Nukl) / shim/scram assembly ‖ ≃**stab** m (Nukl) / emergency rod, scram rod*, shutdown rod, emergency shutdown rod
**Havelocksches Gesetz** (Elektr) / Havelock's law
**Haverei** f (Schiff) / average* n
**HAW** (Nukl, Umwelt) / high-active waste, high-level (radioactive) waste, hot waste, high-activity waste, HAW
**Hawking-Effekt** m (Entstehung einer Schwarzkörperstrahlung in der Umgebung eines Schwarzen Lochs) (Astr) / Hawking effect
**Hawking-Strahlung** f (nach S.W. Hawking, geb. 1942) (Astr) / Hawking radiation
**Haworth-Projektion** f (nach Sir W.N. Haworth, 1883-1950) (Chem) / Haworth projection
**Haworth-Rinne** f (eine Beckenform beim Belebungsverfahren) (Sanitär) / Haworth system
**Haworthsche Raumformel** (Chem) / Haworth projection
**Hayashi-Linie** f (Grenzlinie im Hertzsprung-Russell-Diagramm, die das Gebiet der Sterne im mechanischen Gleichgewicht von dem Gebiet trennt, in dem sich die gravitationsmäßig instabilen Protosterne befinden) (Astr) / Hayashi track
**Hay-Brücke** f (Meßbrücke zur Bestimmung von Induktivitäten hoher Güte) (Eltech) / Hay bridge*
**Hayemsche Lösung** (nach G. Hayem, 1841-1933) (Chem) / Hayem's solution
**Hayes-Befehlssatz** m (EDV) / Hayes command set, AT command set
**Hayes-kompatibel** adj (EDV) / Hayes-compatible adj (a modem supporting the Hayes command set)

**Hayes-Modem** m n (der den Hayes-Befehlssatz beherrscht) (EDV) / Hayes modem
**Haysche Brückenschaltung** (Eltech) / Hay bridge*
**Haze-Filter** n (Foto) / haze filter
**Hazelett-Verfahren** n (zwischen zwei umlaufenden Gießbändern) (Gieß) / Hazelett continuous casting process
**Hb** (der rote Blutfarbstoff in den Erythrozyten) (Biochem) / haemoglobin* n, hemoglobin* n (US)
**HB** (Kfz) / aspect ratio, profile n (ratio) ‖ ≃ (als Eigenschaft) (WP) / Brinell hardness ‖ ≃ (als Härtewert) (WP) / Brinell hardness number*, Brinell number, BHN*
**H-Bahn** f (eine hochgeständerte Einschienen-Hängebahn) (Bahn) / overhead monorail ‖ ≃ (Bahn) / suspended railway
**H-Bereich** m (der obere Bereich eines binären Signals) (Fernm) / H-range n
**HBE-Zelle** f (eine Flüssigkristallzelle) (Eltronik) / highly twisted by refringence effect cell, HBE cell
**HB-Garn** n (Spinn) / high-bulk yarn, HB yarn
**H-Bindung** f (Chem) / hydrogen bond*, hydrogen bonding, hydrogen bridge
**HBL** (Chem, Tex) / urea bisulphite solubility, UBS
**H-Bogen** m (Fernm) / H-bend n, flatwise bend
**H-Bombe** f (Mil) / hydrogen bomb*, H-bomb n
**H-Boson** n (Kernphys) / H boson, Higgs boson
**¹H-Breitbandentkopplung** f (Spektr) / proton noise decoupling
**H-Brücke** f (Chem) / hydrogen bond*, hydrogen bonding, hydrogen bridge
**HC** (Chem) / hydrocarbon* (HC) n
**HCB** (Chem) / hexachlorobenzene n, HCB
**HCCH** (Chem, Landw, Umwelt) / hexachlorocyclohexane n, benzene hexachloride*, BHC*
**HCF** (WP) / high cycle fatigue, HCF
**HCH** (Chem, Landw, Umwelt) / hexachlorocyclohexane n, benzene hexachloride*, BHC*
**HCH-Mittel** n (Chem, Landw, Umwelt) / hexachlorocyclohexane n, benzene hexachloride*, BHC*
**HCL** (Chem, Eltronik) / hollow-cathode tube*, HCT
**HCl-Laser** m (ein chemischer Laser) (Chem, Phys) / HCl-laser n
**HCMOS-Technik** f (eine Weiterentwicklung der CMOS-Technik) (Eltronik) / HCMOS technology (high-speed complementary metal oxide semiconductor)
**HC-Motor** m (V-Mot) / HC engine, high-camshaft engine
**HCN-Laser** m (ein Gaslaser im FIR) (Phys) / HCN-laser n
**H-Coal-Verfahren** n (ein amerikanisches Verfahren der Kohlehydrierung) / H-coal process
**Hcy** (Biochem) / haemocyanin* n
**HD** (Astr) / Henry Draper catalog, Draper catalog ‖ ≃ (Eltronik) / semiconductor diode* ‖ ≃ (Phys) / high pressure, HP, h. p.
**H-Darstellung** f (Leuchtstrichneigung ist dem Sinus des Höhenwinkels proportional, Seitenwinkel und Entfernung entsprechen der x- bzw. y-Koordinate des Strichmittelpunktes) (Radar) / H-display*
**H/D-Austausch** m (eine MMarkierungsreaktion) (Chem, Spektr) / deuterium exchange
**HD-Behälter** m / high-pressure vessel, high-pressure tank
**HDB-3-Kode** m (ein modifizierter AMI-Kode) (Fernm) / high-density bipolar code, HDB code, HDB-3-code n
**HD-Diskettenlaufwerk** n (EDV) / high-density drive, HDD
**HDDR-Band** n (EDV) / HDDR tape, high-density digital recording tape
**HDDR-Verfahren** n (magnetische Aufzeichnung mit hoher Dichte) (EDV) / high-density digital magnetic recording, HDDR
**HD-Getriebe** n (Masch) / harmonic drive
**HDH-Pulver** n (Pulv) / hydride-dehydride powder
**HDI** / human development index, HDI
**HD-Katalog** m (Astr) / Henry Draper catalog, Draper catalog
**HDK-Kondensator** m (Eltech) / Hi-k capacitor*
**HD-Laufwerk** n (EDV) / high-density drive, HDD
**HDLC-Prozedur** f (von ISO genormtes bitorientiertes Protokoll für die Datenübertragung) (EDV) / high-level data link control (HDLC)
**HDLC-Verfahren** n (EDV) / high-level data link control (HDLC)
**HD-Ofen** m (Hütt) / continuous car-type furnace, CCT furnace
**HdO-Gerät** n (ein Hörgerät) (Akus) / behind-the-ear hearing instrument, behind-the-ear hearing aid
**HdO-Hörgerät** n (Akus) / behind-the-ear hearing instrument, behind-the-ear hearing aid
**HD-Öl** n / heavy-duty oil, HD oil
**hdP** (Krist) / hexagonal close
**HDPE** (Chem, Plast) / high-density polyethylene, HDPE
**HDR** (Nukl) / superheated steam reactor
**HDS** (Entfernung von Schwefel unter Hydrierungsbedingungen) (Chem Verf) / hydrodesulphurization n, dehydrosulphurization n

**HD-Teil** *m* (Masch) / high-pressure end
**HD-Trocknung** *f* (For) / steam drying
**HDTV-System** *n* (TV) / high-definition television, HD television, HDTV
**HD-Verfahren** *n* (autotypisches Tiefdruckverfahren mit Rasterfilmen, die einen scharfen Punktaufbau besitzen, wie er durch Umkopieren entsteht) (Typog) / hard dot
**HDW** (Fernsp) / two-motion selector*, Strowger selector, two-motion switch
**h/e** (Phys) / photoelectric constant*
**He** (Chem) / helium* *n*
**He-3** *n* (ein leichteres Isotop von Helium) (Chem) / helium-3 *n*, helium three
**Head Injury Criterion** *n* / head-injury criterion, HIC
**Head-Crash** *m* (Aufsetzen des Schreib-/Lese-Kopfes einer Festplatte auf die Magnetschicht) (EDV) / head crash*
**Head-down-Display** *n* (im Cockpit) (Luftf) / head-down display*, HDD*
**Head-End** *n* (erster Verfahrensschritt der Wiederaufbereitung) (Nukl) / head end
**Header-Etikett** *n* (EDV) / beginning-of-file label, file header label
**Heading** *n* (eine Asymmetrie der Peak-Vorderfront) (Chem) / heading *n*
**Headline** *f* (Druck, Typog) / headline* *n*, heading *n*, rubric* *n*, head *n*, header line, heading line
**Head-Load** *m* (Aktivieren des Lesekopfes) (EDV) / head load
**Headspace** *m* (in dem immer zwei Phasen vorhanden sind) (Chem) / headspace *n* ǁ ~ (Chem) / headspace* *n*
**Headspace-Analyse** *f* (z.B. einer Dampfphase über Konservenfüllungen) (Chem) / headspace analysis, vapor-room analysis (US) ǁ ~ (mittels Gaschromatografie) (Chem) / headspace gas chromatography
**Head-up-Anzeige** *f* (im Cockpit) (Luftf) / head-up display*, HUD*
**Head-up-Display** *n* (in der Windschutzscheibe) (Kfz) / head-up display ǁ ~ (Luftf) / head-up display*, HUD*
**Heap** *m* (EDV) / heap *n*
**Heapsort** *n* (ein Sortieralgorithmus) (EDV) / heapsort *n*
**Hearsay-Architektur** *f* (KI) / Hearsay architecture
**Heater-Treater** *m* (beheizter Behälter zur Trennung von Öl/Gas/Wasser) (Erdöl) / heater-treater *n*
**Heatpipe** *f* (Raumf) / heat pipe
**Heat-set-Farbe** *f* (Spezialdruckfarbe) (Druck) / heat-set ink*
**Heat-set-Rollenoffsetdruck** *m* (Druck) / heat-set web-offset printing
**Heat-set-Schicht** *f* (im Rollenoffset) (Druck) / heat-set process
**Heat-Streß-Index** *m* (in den USA verwendete Kenngröße zur Berechnung der Arbeitsdauer bei Wärmebelastung auf der Basis der Wärmebilanz des menschlichen Körpers) (F.Org, Med) / heat-stress index, HS index
**Heaviside • -Funktion** *f* (Fernm) / Heaviside unit function*, unit-step function ǁ ~-**Kalkül** *m* (eine Operatorenrechnung) (Math) / Heaviside operational calculus
**Heavisidesche Sprungfunktion** (Fernm) / Heaviside unit function*, unit-step function
**Heaviside-Schicht** *f* (nach O. Heaviside, 1850-1925) (Geophys, Meteor) / E-layer *n*, E-region *n*, Heaviside layer*, Kennelly-Heaviside layer*
**Heazlewoodit** *m* (ein sulfidisches Mineral - im Serpentin neben Pentlandit und Awaruit, trigonales $Ni_3S_2$) (Min) / heazlewoodite* *n*
**hebbar•e** (isolierte) **Singularität** (Laurentreihe) (Math) / removable isolated singularity* ǁ ~**e Unstetigkeit** (einer Funktion) (Math) / removable discontinuity
**Hebdrehwähler** *m* (Fernsp) / two-motion selector*, Strowger selector, two-motion switch
**Hebe•bock** *m* (Masch) / jack* *n* (a machine for raising a heavy weight through a short distance), lifting jack ǁ ~**bohrinsel** *f* (Erdöl) / jack-up platform, jack-up rig *n*, self-elevating drilling platform, jack-up rig ǁ ~**bühne** *f* (mit Führung) (HuT) / cage* *n* ǁ ~**bühne** (Kfz) / lifting platform, lift *n* ǁ ~**bühne** (ortsfest oder verfahrbar) (Masch) / elevating (articulated) platform, raising platform ǁ **[hydraulische]** ~**bühne** (Masch) / hydraulic platform ǁ ~**bühneaufnahme** *f* (am Fahrzeug) (Kfz) / lifting-platform take-up point ǁ ~**kanzel** *f* (Masch) / elevating (articulated) platform, raising platform ǁ ~**kanzel** (hydraulische) (Masch) / hydraulic platform
**Hebel** *m* (des Kippschalters) (Eltech) / dolly* *n* ǁ ~ *m pl* (Masch) / compound lever* ǁ ~ *m* (in der Heusinger-Steuerung) (Masch) / radius rod, brindle rod, radius* *n* (pl. -ii or -uses) ǁ ~ (Druck, Masch) / lever* *n* ǁ ~ (des Spülkastens) (Sanitär) / flushing lever ǁ **einarmiger** ~ (mit Kraftangriff außerhalb des Lastangriffs) (wenn Kraft und Last vom Drehpunkt aus gesehen auf derselben Seite des Hebels angreifen) (Mech) / second-order lever, second-class lever, lever of second class ǁ **einarmiger** ~ (bei dem der Kraftarm näher beim Drehpunkt liegt) (Mech) / third-order lever, third-class lever, lever of third class ǁ **einseitiger** ~ (wenn Kraft und Last vom Drehpunkt aus gesehen auf derselben Seite des Hebels angreifen) (Mech) /

second-order lever, second-class lever, lever of second class ǁ **einseitiger** ~ (bei dem der Kraftarm näher beim Drehpunkt liegt) (Mech) / third-order lever, third-class lever, lever of third class ǁ **mittels** ~ **betätigen** (Masch) / lever *v* ǁ **zweiarmiger** ~ (wenn Kraft und Last, vom Drehpunkt aus gesehen, auf verschiedenen Seiten des Hebels angreifen) (Mech) / first-order lever, first-class lever, lever of first class
**Hebel•arm** *m* (Lastarm oder Kraftarm) (Masch, Mech) / lever arm ǁ ~**armkurve** *f* (charakteristische Kurve für die Stabilität eines Schiffs) (Schiff) / curve of statical stability, curve of righting arms ǁ ~**arretierung** *f* (Masch) / lever locking ǁ ~**ausschalter** *m* (Eltech) / single-throw switch ǁ ~**blechschere** *f* (Masch) / cantilever action shears, lever shears, alligator shears, crocodile shears, compound leverage snips (US) ǁ ~**bürstenhalter** *m* (Eltech) / cantilever-type brush-holder, arm-type brush-holder, lever-type brush-holder ǁ ~**eisen** *n* (Werkz) / pry bar ǁ ~**eisen** (mit Meißelzunge) (Werkz) / pinch bar ǁ ~**flasche** *f* / clip-lock bottle, lever-type closure bottle ǁ ~**gesetz** *n* (Mech) / lever principle ǁ ~**gestänge** *n* (Masch) / leverage *n*, lever system ǁ ~**getriebe** (Masch) / link mechanism*, crank mechanism ǁ **ebenes viergliedriges** ~**getriebe** (Masch) / plane four-bar linkage ǁ ~**hammer** *m* (Masch) / helve hammer (Bradley type)*, tilt-hammer *n*
**Hebelitze** *f* (Web) / lifting heald
**hebeln** *v* (mit dem Brecheisen) / pinch *v*, horse *v*
**Hebel•rollenschere** *f* (stationäres Schneidwerkzeug, das auf der Werkbank aufgebaut wird) (Werkz) / rotary shear cutter, guillotine *n*, Beverly shear (US) ǁ ~**roller** *m* / jack *n* (US)* ǁ ~**satz** *m* (Mech) / lever principle ǁ ~**schere** *f* **mit Handantrieb** (Masch) / cantilever action shears, lever shears, alligator shears, crocodile shears, compound leverage snips (US) ǁ ~**sicherheitsventil** *n* (Masch) / lever safety valve* ǁ ~**stelle** *f* (unter der den Wagenheber angesetzt wird) (Kfz) / jacking point ǁ ~**übersetzung** *f* (Mech) / leverage *n* ǁ ~**übersetzung** (eine Verhältniszahl) (Mech) / lever ratio ǁ ~**übersetzungsverhältnis** *n* (Mech) / lever ratio ǁ ~**vorschneider** *m* / detachable-jaw cut nippers ǁ ~**waage** *f* / beam balance*, arm balance ǁ ~**waage** (als Oberbegriff) / lever scales ǁ ~**werk** *n* (Masch) / compound lever* ǁ ~**wirkung** *f* (Mech) / leverage *n*
**Hebe•magnet** *m* (Eltech, Masch) / lifting magnet*, crane magnet* ǁ ~**maschine** *f* (Masch) / hoisting machine ǁ ~**messer** *n* (z.B. der Jacquardmaschine) (Web) / lifting blade
**heben** *v* (mit einem Hebezeug) / hoist *v* ǁ ~ (Sohle) (Bergb) / creep *v*, heave *vi*, lift *v* ǁ ~ (Masch) / lift *v*, raise *v*, uplift *v* ǁ ~ (mit einem Kleinhebezeug) (Masch) / jack *v*, jack up *v*, lift by jack ǁ ~ (Math) / cancel *v* ǁ **mit einem Kran** ~ **oder versetzen** (Masch) / crane *v* ǁ ~ (Masch) / hoisting *n* ǁ ~ (Masch) / lift *n*, lifting *n* ǁ ~ (Masch, Werkz) / elevation *n* ǁ ~ (Math) / cancellation *n* (out of) ǁ ~ (der Kettfäden) (Tex) / lift *n* ǁ ~ **der Form** (ein Gußfehler) (Gieß) / lifting *n*
**Hebeöse** *f* (Raumf) / eye-bolt* *n*
**Heber** *m* (Saugheber, Winkelheber) (Chem) / siphon *n* ǁ ~ (Druck) / ink vibrator, ink feed roller ǁ ~ (Kfz) / jack* *n*, car lift (US) ǁ ~**barograf** *m* (Meteor) / siphon barograph ǁ ~**barometer** *n* (ein Quecksilberbarometer) (Meteor) / siphon barometer ǁ ~**bock** *m* (bei der Gleitschalung) (HuT) / yoke *n* ǁ ~**leitung** *f* (zum Heben des Katalysators beim katalytischen Kracken) (Erdöl) / lift line ǁ ~**loch** *n* (Bergb) / lifter hole
**hebern** *v* / siphon *v*
**Heber•rohr** *n* / siphon pipe ǁ ~**schreiber** *m* (ein alter Farbröhrchenschreiber) (Teleg) / siphon recorder ǁ ~**schuß** *m* (Bergb) / lifter *n* ǁ ~**überlauf** *m* (Wasserb) / siphon spillway ǁ ~**walze** *f* (Druck) / ink vibrator, ink feed roller ǁ ~**wirkung** *f* (Phys) / siphonage *n*, siphoning *n*
**Hebe•scharnier** *n* (der Tür) (Tischl) / rising butt hinge* ǁ ~**schiff** *n* (Schiff) / lifting ship ǁ ~**system** *n* (Erdöl, Masch) / hoisting system ǁ ~**system** s. auch Hebewerk ǁ ~**türbeschläge** *n pl* (Bau) / pull-up door fittings ǁ ~**werk** *n* (Erdöl) / draw works* ǁ ~**werk** (Masch) / elevator* *n* ǁ ~**werk** (Schiff, Wasserb) / lift *n* ǁ ~**zange** *f* / crampon* *n*, grappling irons, nippers *pl* ǁ ~**zeug** *n* (Masch) / hoist *n*, tackle *n*, lift *n*, lifting tackle, lifting gear, lifting appliance, hoisting gear, hoisting equipment ǁ **[einfaches]** ~**zeug** (Masch) / pull *n*, puller *n*, come-along *n* (US), purchase* *n* ǁ ~**zeugkette** *f* (Masch) / lifting chain
**hebräische Schrift** (Typog) / Hebrew characters, Hebrew type
**Hebung** *f* (Geol) / uplift *n*, upheaval *n*, upthrust *n* ǁ **in** ~ **begriffen** (Geol) / positive *adj* ǁ ~ *f* **des Kettfadens** (Web) / lifting of warp threads, raising of warp threads, lift of the warp, raising of the warp
**Hebungsküste** *f* (Geol) / raised beach*, positive shoreline, shoreline of emergence
**Hebungswinkel** *m* (Uhr) / locking angle*
**HEC** (Chem) / hydroxyethylcellulose *n*
**HECD** (Chem) / Hall-electrolytic-conductivity detector, HECD
**HeCd-Laser** *m* (Phys) / helium-cadmium laser
**Hechel** *f* (Tex) / hackle *n*, heckle *n*, flax comb ǁ ~**flachs** *m* (Landw, Tex) / hackled flax ǁ ~**kamm** *m* (Tex) / hackle *n*, heckle *n*, flax comb

**hecheln** v (Flachs, Hanf) (Tex) / hackle v, gill v, heckle v, comb v ‖ ~ n (Flachs, Hanf) (Landw, Tex) / hackling* n, gilling n, heckling n
**Hechelwerg** n (Tex) / hackle tow, toppings pl, swingle tow, scutching tow
**Hecht** m (Leder) / half-back n, crop n (US)
**hechtgrau** adj / pike-grey adj
**Heck** n (Kfz) / rear n ‖ ~ (Luftf) / tail* n ‖ ~ (Schiff) / stern n ‖ **ausfallendes** ~ (Schiff) / counter-stern* n ‖ ~**ablage** f (im Auto) (Kfz) / rear shelf ‖ ~**abschlußblech** n (Kfz) / rear panel, back panel, rear valance ‖ ~**antrieb** m (Kfz) / rear-wheel drive, RWD ‖ ~**aufprall** m (Kfz) / rear-end impact, rear-end collision ‖ ~**aufschleppe** f (Schiff) / stern ramp, stern chute ‖ ~**ausleger** m (des Hubschraubers) (Luftf) / tail boom ‖ ~**blech** n (Kfz) / rear panel, back panel, rear valance
**Hecke** f (Landw) / hedge n, hedgerow n
**Hecken•riß** m (mechanische Verletzung der Rohhaut) (Leder) / thorn scratch ‖ **[batteriebetriebene]** ~**schere** (Landw) / hedge trimmer (battery-operated), hedge cutter ‖ ~**schneidmaschine** f (Landw) / hedge trimmer (battery-operated), hedge cutter
**Heck•fenster** n (Kfz) / rear window ‖ ~**fenster** (Kfz) / rear window ‖ ~**flagge** f (Schiff) / ensign n ‖ ~**kamera** f (anstelle herkömmlicher Rückspiegel) (Kfz) / rear-view camera ‖ ~**klappe** f (Kfz) / tail-gate n, rear-gate,n., liftgate n (US) ‖ ~**konus** m (Luftf) / tail cone* ‖ ~**ladeporte** f (eines Hubschraubers) (Luftf) / tail loading gate ‖ ~**lader** m (Landw) / rearloader n ‖ ~**landung** f (bei Wasserflugzeugen) (Luftf) / stern landing ‖ ~**last** f (Luftf) / tail load ‖ ~**lastig** adj (Luftf) / tail-heavy adj ‖ ~**lastig** (Schiff) / down by the stern, trimmed by the stern, stern-heavy adj ‖ ~**lastigkeit** f (Luftf) / tail heaviness* ‖ ~**laterne** f (Schiff) / poop lantern ‖ ~**leitwerk** n (Luftf) / empennage* n, tail-unit* n (complete) ‖ ~**leitwerklast** f (Luftf) / tail load ‖ ~**leuchte** f (Kfz) / rear-lamp n (GB), tail-lamp n ‖ ~**leuchte** (Luftf) / stern light ‖ ~**licht** n (Kfz) / rear-light n (GB), tail-light n ‖ ~**licht** (Luftf) / stern light ‖ ~**motor** m (Kfz) / rear-mounted engine, rear engine ‖ **Kraftwagen mit** ~**motor** (Kfz) / rear-engined car ‖ ~**partie** f (des Kraftwagens) (Kfz) / back n ‖ ~**rad** n (Luftf) / tail wheel ‖ ~**radfahrwerk** n (Luftf) / tail-wheel landing gear*, tail undercarriage ‖ ~**-Reaktion** f (Chem) / Heck reaction ‖ ~**-Reaktion** (Chem) s. auch Stille-Reaktion ‖ ~**rotor** m (des Hubschraubers) (Luftf) / tail-rotor* n, antitorque rotor, auxiliary rotor* ‖ ~**ruder** n (Luftf) / tail control surface ‖ ~**scheibe** f (Kfz) / rear window ‖ **beheizbare** ~**scheibe** (Kfz) / heated rear window ‖ **heizbare** ~**scheibe** (Kfz) / heated rear window ‖ ~**scheibenblende** f **mit Motiven** (Kfz) / scenic window screen ‖ ~**scheibenheizung** f (als Tätigkeit) (Kfz) / rear-window heating, rear-window defogging, rear-window demisting ‖ ~**scheibenheizung** (als Anlage) (Kfz) / rear-window defogger, rear-window demister ‖ ~**scheibensäule** f (Kfz) / C-pillar n, rear-cabin pillar ‖ ~**scheibenwaschanlage** f (bei Heckklappe) (Kfz) / liftgate washer ‖ ~**schiebesammler** m (am Dreipunktanbau des Traktorhecks befestigter) (Landw) / heck-mounted buck rake ‖ ~**schirm** m (kein Bremsschirm) (Luftf) / tail parachute, tail chute* ‖ ~**schraube** f (des Hubschraubers) (Luftf) / tail-rotor* n, antitorque rotor, auxiliary rotor* ‖ ~**schürze** f (unter dem Heckabschlußblech) (Kfz) / lower back panel (US), rear valance, rear apron ‖ ~**spoiler** m (Kfz) / rear spoiler, boot spoiler, rear deck spoiler (US) ‖ ~**sporn** m (Luftf) / tail skid* ‖ ~**starter** m (Luftf) / tailsitter n ‖ ~**startflugzeug** n (Luftf) / tailsitter n ‖ ~**station** f (Bergb, Masch) / return station ‖ ~**stütze** f (am Boden) (Luftf) / tail post ‖ ~**teil** n (Raumf) / afterbody n ‖ ~**triebler** m (Kfz) / rear-wheel drive car, rwd car, RWD car ‖ ~**trommel** f (eines Gurtbandförderers - auch mit Spannfunktion) (Masch) / tail pulley, foot-section pulley, tail drum ‖ ~**tür** f (bei Kombis) (Kfz) / tail-gate n, rear-gate,n., liftgate n (US) ‖ ~**welle** f (Luftf) / tail wave
**Hectorit** m (der aus Li-führenden Glimmern und anderen Li-Silikaten entsteht) (Min) / hectorite* n
**HeD** (Chem) / helium ionization detector, helium detector, h.d.
**Hede** f (Tex) / tow n
**Hedenbergit** m (Kalziumeisen(III)-disilikat - ein monoklines Pyroxen) (Min) / hedenbergite* n
**Hedströmzahl** f (eine dimensionslose Ähnlichkeitskennzahl zur Kennzeichnung viskoplastischer Deformationszustände) (Phys) / Hedström number
**Hedvall-Effekt** m (Festkörperreaktionen verlaufen schneller, wenn die am Prozeß beteiligten Partner Phasenumwandlungen durchmachen) (Phys) / Hedvall effect
**HEED** (Methode zur Untersuchung der Oberfläche von Folien, Dünnschichten und Kleinstpartikeln, die auf Beugungserscheinungen bei energiereichen Elektronen beruht) (Phys) / high-energy electron diffraction, HEED
**Hefe** f (Bot) / yeast* n, barm n ‖ ~ (Bodensatz) (Nahr) / lees pl, sediment n, cloud n, sludge n ‖ **ascosporogene** ~**n** (Nahr) / true yeast ‖ **Echte** ~**n** (Nahr) / true yeast ‖ **obergärige** ~ (Brau) / top yeast*, top-fermenting yeast ‖ **untergärige** ~ (die bei 5 - 10 °C gärt) (Brau) / lager yeast, bottom yeast ‖ **wilde** ~**n** (auf Früchten, Blütennektaren und Wundsäften von Pflanzen; auf Wein, sauren Gurken, Sauerkraut oder Essig) (Bot, Nahr) / wild yeasts, secondary yeasts
**hefeartig** adj / yeast-like adj
**Hefe•extrakt** m n / yeast extract ‖ ~**geschmack** m (des Weins) (Nahr) / yeasty taste, taste of lees ‖ ~**getrieben** adj (Backwaren) (Nahr) / yeast-raised adj, yeast-leavened adj ‖ ~**pilz** m (Bot) / yeast* n, yeast fungus
**hefig** adj (mit Hefegeschmack) / yeasty adj, yeast-bitten adj
**Heft** n (Werkz) / helve* n, haft* n, handle n ‖ ~**apparat** m (ein Bürogerät) / stapler n ‖ **eingelassener** ~**bund** (Buchb) / sunken cord, recessed cord ‖ ~**bünde** m pl (Buchb) / bands* pl ‖ ~**bünde** (runde) (Buchb) / cords* pl ‖ ~**bünde** (flache) (Buchb) / tapes pl ‖ **unechte** ~**bünde** (schmale Leder- oder Pappstreifen) (Buchb) / false bands* ‖ **erhabene** ~**bünde** (Buchb) / raised bands* ‖ ~**drahtklammer** f (Buchb) / staple n, wire staple ‖ ~**eisen** n (Glas) / punty* n, gathering iron, puntee* n, pontie* n, pontil* n, rod n
**heften** v (mit Klammern) / staple v (with wire-staples) ‖ ~ (Buchb) / sew v ‖ ~ (mit Heftdraht) (Buchb) / stitch v ‖ ~ (Schw) / tack v ‖ ~ (nach dem Zuschnitt) (Tex) / bast v ‖ ~ n (meistens mit Fäden) (Buchb) / sewing* n ‖ ~ (mit Heftdraht) (Buchb) / stitching* n ‖ ~ (Schweißpunkte oder kurze Schweißnähte) (Schw) / tack welding*, tacking n ‖ ~ (von Blechen) (Schw) / wire stapling, wire-stitching n ‖ ~ **im Falz** (mit Drahtklammern) (Buchb) / saddle-stitching* n (with wire) ‖ ~ **mit Klammern** / staple fastening, stapling n (wit wire-staples)
**Hefter** m (ein Bürogerät) / stapler n
**Heft•faden** m (Tex) / basting thread ‖ ~**garn** n (Tex) / basting thread ‖ ~**gaze** f (Buchb) / mull n, stitching gauze ‖ **engmaschige** ~**gaze** (Buchb) / crash n ‖ ~**lage** f (Buchb) / quire* n ‖ ~**lage** (Buchb) / section n ‖ ~**loch** n (Buchb) / stab n ‖ ~**maschine** f (die mit schräggestellten Nadeln die Blattpapierpacken durchsticht) (Buchb) / oversewing machine ‖ ~**maschine** (Fadenheften) (Buchb) / sewing-machine n ‖ ~**maschine** (Tex) / basting machine, baster n ‖ ~**nabel** m (Glas) / punty* n, gathering iron, puntee* n, pontie* n, pontil* n, rod n ‖ ~**naht** f (Schw) / tack weld ‖ ~**naht** (Tex) / basting seam ‖ ~**niet** m (Masch) / tack rivet ‖ ~**pistole** f (Bau) / staple gun ‖ ~**punkt** m (Schw) / tacking point ‖ ~**schweißen** v (nur Infinitiv und Partizip) (Schw) / tack v ‖ ~**schweißen** n (Schw) / tack welding*, tacking n ‖ ~**stelle** f (Schw) / tacking point
**Heftung, fliegende** ~ (Buchb) / flying stitching, stitching on the move ‖ **mechanische** ~ (Buchb) / French sewing*, machine-sewing n ‖ ~ f **während des Transports** (Buchb) / flying stitching, stitching on the move
**Heftzapfen** (eines Handwerkzeuges) (Tischl, Werkz, Zimm) / tang* n
**Hege** f (Schutz und Pflege von Wild und jungen Pflanzen) (Umwelt) / wildlife preservation, wildlife protection
**Hehner, Nachweis von Formaldehyd in Milch nach** ~ (Nahr) / Hehner's test*
**Hehner-Zahl** f (Maßzahl für den prozentualen Anteil an im Wasser nicht löslichen Fettsäuren eines Fettes) (Chem) / Hehner number
**Heide** f (Geog, Umwelt) / heath* n ‖ ~**korn** n (Fagopyrum esculentum Moench) (Bot, Nahr) / buckwheat n ‖ ~**moorkrankheit** f (Landw) / reclamation disease (caused by Cu shortage)
**Heil-** (Med) / curative adj, sanatory adj
**heilbar, durch Bestrahlung** ~ (Radiol) / radiocurable adj
**Heilbuttleber•öl** n (Pharm) / halibut-liver oil ‖ ~**tran** m (Pharm) / halibut-liver oil
**heilend** adj (Med) / curative adj, sanatory adj
**Heiligenschein** m (atmosphärisch-optische Beugungserscheinung) (Meteor, Opt) / nimbus n ‖ ~ (Meteor, Opt) s. auch Halo
**Heilkraut** n (Pharm) / officinal herb, medicinal plant
**Heilmeier-Zelle** f (eine Flüssigkristall-Farbstoffzelle) (Eltronik) / Heilmeier cell
**Heil•mittel** n (Pharm) / therapeutic n, therapeutic agent ‖ **antibiotische** ~**mittel** (Pharm) / antibiotics* pl ‖ ~**pflanze** f (Pharm) / officinal herb, medicinal plant ‖ **Japanisches** ~**pflanzenöl** / Japanese peppermint oil ‖ ~**quelle** f (i.e.S.) (Wasserb) / spring n of mineral water, mineral spring, spa n ‖ ~**wasser** n (Mineralwasser zur Linderung oder Verhütung von Krankheiten) / medicinal mineral water
**Heim•arbeit** f / outwork n, outside work ‖ ~**arbeiter** m / outworker n
**Heimat•datenbank** f (bei Mobiltelefonen) (Fernsp) / home location register, HLR ‖ ~**flughafen** m (Luftf) / base airport ‖ ~**flugplatz** m (Luftf) / base airport ‖ ~**hafen** m (Schiff) / home port ‖ ~**katalog** m (EDV) / home directory (UNIX)
**Heimatverzeichnis** n (EDV) / home directory (a private network directory that the network supervisor can create for a user or a user group)
**Heimatzettel** m (Bahn) / return-home label
**Heim•bussystem** n (Aufbau zur Verbindung und Bedienung verschiedener Geräte der Unterhaltungselektronik) (Eltronik) / home-bus system ‖ ~**computer** m (im Haushalt) (EDV) / home

computer ‖ ~elektronik f (Eltronik) / consumer electronics, home electronics ‖ ~industrie f / cottage industry
**heimisch** adj (For) / indigenous adj, native adj, domestic adj ‖ **~e Holzart** (Bot, For) / home wood species
**Heim•kino** n (Film) / home movies (US) ‖ **~lader** m (Eltech) / home battery-charger ‖ **~rechner** m (für den Heimbereich) (im Haushalt) (EDV) / home computer ‖ **~roboter** m / home robot ‖ **~studio** n (Steuergerät mit Kassettenrecorder und Plattenspieler) (Akus) / music centre ‖ **~terminal** n (EDV) / home terminal ‖ **~textilien** f pl (Tex) / home textiles, indoor furnishings ‖ **~tierfutter** n (Nahr) / pet food ‖ **~trainer** m (stationäres Fahrrad) / stationary bicycle, exercise bicycle ‖ **~trainer** (im allgemeinen) / home exerciser ‖ **kompakte ~unterhaltungsanlage** (Eltronik) / home entertainment centre ‖ **~videoprogramm** n / home video program ‖ **~videorecorder** m / home video recorder ‖ **~werker** m / hobbyist m, do-it-yourselfer m, do-it-yourself enthusiast, handyman m (pl. -men) ‖ **~werkerkasten** m (mit Ober- und Unterkasten und Deckel) (Werkz) / cantilever toolbox ‖ **~werkermaschinen** f pl (Werkz) / home-duty tools ‖ **~werkerwerkzeuge** n pl (Werkz) / home-duty tools
**Heine-Borel-Überdeckungssatz** m (Math) / Heine-Borel theorem
**Heiratsproblem** n (Math) / marriage theorem, marriage problem
**Heisenberg•-Bild** n (Phys) / Heisenberg picture, Heisenberg representation ‖ **~-Darstellung** f (Phys) / Heisenberg picture, Heisenberg representation
**Heisenbergsches Unbestimmtheitsprinzip** (nach W. Heisenberg, 1901-1976) (Phys) / uncertainty principle*, Heisenberg principle*, Heisenberg uncertainty relation, indeterminacy principle*, principle of indeterminism, Heisenberg's uncertainty principle
**Heising-Modulation** f (mit Parallelröhre) (Eltronik) / Heising modulation*, anode choke modulation, constant-current modulation*
**heiß** adj / hot adj ‖ ~ (Radiol) / hot* adj ‖ **~es Atom** (das sich als Folge von Kernprozessen in einem angeregten Energiezustand befindet oder eine kinetische Energie besitzt, die größer als die der umgebenden Atome ist - DIN 25401, T 16) (Kernphys) / hot atom ‖ **~e Bandage** (Masch) / tie bar ‖ **~e Chemie** (Chem) / hot chemistry ‖ **"heißer Draht"** (Direktverbindung, Fernsp) / hot line* ‖ **~es Ende** (Glas) / hot end ‖ **~e Kammer** (Chem, Kernphys) / cave n, hot cell ‖ **~er Kernkasten** (Gieß) / hot box ‖ **~es Labor** (für chemisches Experimentieren mit hochradioaktiven offenen Präparaten) (Kernphys) / hot laboratory, hot lab ‖ **~er Loop** (wenn der Kreislauf durch den Reaktorbereich geht) (Nukl) / hot loop, active loop ‖ **~e Lötstelle** (Eltronik, Masch) / hot junction ‖ ~ **machen** / heat v ‖ **~es Plasma** (T > 10⁶ K) (Plasma Phys) / hot plasma ‖ **~e Reserve** (Reserveelemente werden wie das eigentliche Element belastet und haben dieselbe Zuverlässigkeit) (Stats) / active redundancy ‖ **~e Salzlauge** (die die Erzschlämme überlagert) (Geol) / hot brine ‖ **~e Seite** (des Luftvorwärmers) / hot end ‖ **~e Stelle** (bei Werkstoffen mit niedriger Wärmeleitfähigkeit) (WP) / hot spot ‖ **~e Taste** (EDV) / hot key, shortcut key, shortcut n, accelerator n ‖ **~es Teilchen** (Nukl) / hot particle ‖ **~e Verbindung** (EDV) / hot link, automatic link ‖ **~e Zelle** (für chemisches Experimentieren mit hochradioaktiven offenen Präparaten - DIN 25401, T 8) (Chem, Kernphys) / cave n, hot cell
**Heiß•-** (Lager) (Masch) / overheated adj ‖ **~abbindend** adj / hot-setting adj, heat-setting adj, thermosetting adj ‖ **~abfahren** n (Starten und Wegfahren mit heißem Motor) (Kfz) / hot driveaway ‖ **~abfüllen** v (in Flaschen) (Nahr) / hot bottling n ‖ **~abfüllung** f (Nahr) / hot filling n ‖ **~applizierbar** adj (z.B. Dichtungsmasse) / hot-applicable adj ‖ **~biegen** n (von Holz nach dem Dämpfen) (Tischl) / steam bending n ‖ **~bitumen** (Bau) / hot bitumen, hot stuff, hot n ‖ **~bitumen** (z.B. als Dämmstoff) (Bau) / mastic asphalt* ‖ **~bruch** m (über 1200° C) (Hütt) / hot fracture (over 1200° C) ‖ **~brüchig** adj (Hütt) / hot-short* adj, susceptible to hot fracture, brittle when hot, susceptible to hot cracking ‖ **~brüchigkeit** f (Hütt) / hot brittleness, hot shortness, susceptibility to hot cracking ‖ **~chargieren** n (des Ofens) (Hütt) / hot charging ‖ **~dampf** m (Masch) / superheated steam* ‖ **~dampfreaktor** m (Nukl) / superheated steam reactor ‖ **~dampftrocknung** f (For) / steam drying ‖ **~druckfestigkeit** f (Hütt, Keram) / hot compressive strength
**Heiße-Atom-Chemie** f (Chem, Kernphys) / hot-atom chemistry, recoil chemistry
**Heiß•einbau** m (z.B. des Asphaltbetons) (HuT) / hot-laying n ‖ **~einbaugemisch** n (HuT) / hot mix ‖ **~elektronen** n pl (mit hoher Energie) (Kernphys) / hot electrons* ‖ **~emailkopierverfahren** n (Druck) / hot-enamel process ‖ **~extraktion** f (Chem) / hot extraction ‖ **~festigkeit** f (des Formstoffes) (Gieß, WP) / hot strength ‖ **~filmsensor** m (ein Anemometer) / hot-film sensor ‖ **~gaskorrosion** f / hot-gas corrosion, hot corrosion ‖ **~gaskorrosionsversuch** m (Galv) / hot-corrosion test ‖ **~gasmotor** m (z.B. Stirlingsche Luftmaschine) (Masch) / hot-air engine* ‖ **~gasschweißen** n (Plast) / hot-gas welding ‖ **~gelaufen** adj (Lager)

(Masch) / hot adj ‖ **~haltezeit** f (bei der Milchpasteurisierung) (Nahr) / hold-up time ‖ **~härten** (z.B. des Klebstoffs) / hot setting, hot curing ‖ **~härtend** adj / hot-setting adj, heat-setting adj, thermosetting adj ‖ **~härtender Binder** (Gieß) / hot-setting binder, hot-hardening binder ‖ **~isostatisches Pressen** (Pressen von Pulvern, die in dichte Kapseln aus Stahl oder Glas eingerüttelt, verschlossen und durch heiße Gase unter Druck allseitig verdichtet werden) (Pulv) / hot isostatic pressing, HIP ‖ **~-Kalt-Verfahren** n (ein Tauchverfahren beim Holzschutz) (For) / hot-and-cold open-tank method, hot-and-cold tank steeping ‖ **~-Kalt-Verfahren** (Isotopentrennung auf der Basis des chemischen Austauschverfahrens) (Kernphys) / dual temperature process ‖ **~kanal** m (Plast) / hot runner ‖ **~kanalanguß** m (beim Spritzgußverfahren für thermoplastische Kunststoffe) (Plast) / hot runner ‖ **~kanalspritzwerkzeug** n (Plast) / hot-runner injection mould, hot-runner mould ‖ **~kanalwerkzeug** n (Plast) / hot-runner mould ‖ **~kautschuk** m (Chem Verf) / hot rubber ‖ **~kautschuk** s. auch Kaltkautschuk ‖ **~klebefolie** f (Folie, die durch Erhitzen Hafteigenschaften erlangt) / heat-sealing tape ‖ **~klebepistole** f / glue gun pistol, hot-glue pistol ‖ **~kleber** m (zum Verbinden zweier Packstoffe durch Wärme und Druck) / hot-melt adhesive, fusion adhesive, dry adhesive (US), thermoplastic adhesive, hot-setting adhesive ‖ **~korrosion** f (Galv) / hot corrosion ‖ **~kritisch** adj (Nukl) / hot critical ‖ **~läufer** m (Bahn) / hot box ‖ **~läufer-Anzeigegerät** n (Bahn) / hot-box detector ‖ **~läufer-Ortungsgerät** n (Bahn) / hot-box detector ‖ **~leim** m (Tischl) / hot glue, hot-application glue ‖ **~löten** (Masch) / sweating* n
**Heißluft** f / hot air, heated air ‖ **~ballon** m (Luftf) / hot-air balloon ‖ **~einebnung** f (von Lot auf Leiterplatten) (Eltronik) / hot-air levelling (HAL) ‖ **~farbentferner** m (Anstr, Eltech) / hot-air gun*, hot-air paint remover, hot-air paint stripper ‖ **~gebläse** n (Werkz) / hot-air gun ‖ **~maschine** f (Masch) / hot-air engine ‖ **~motor** m (Masch) / hot-air engine* ‖ **~trocknung** f (eine Kammertrocknung) (For) / hot-air seasoning ‖ **~turbine** f (mit Heißluft als Arbeitsmittel) (Masch) / hot-air turbine ‖ **~verfahren** n (zur Bekämpfung holzzerstörender Insekten in Gebäuden) (For) / heat sterilization ‖ **~verzinnen** f Heißluftaufschmelzen (von Lot auf Leiterplatten) (zum Korrosionsschutz und zur Erhaltung der Lötfähigkeit von Leiterplatten) (Eltronik) / hot-air levelling (HAL) ‖ **~vulkanisation** (Chem Verf) / hot-air cure, hot-air curing
**Heiß•mangel** f (Tex) / hot mangle ‖ **~mangeln** v (nur Infinitiv und Partizip) (Tex) / hot-mangle v ‖ **dampfdurchlässiger ~mastix** (Bau) / hot insulation mastic* ‖ **~mischanlage** f (HuT) / hot-mix plant ‖ **~nachpressen** n (Hütt) / hot repressing ‖ **~ölfärben** n (Tex) / hot-oil dyeing ‖ **~phosphatieren** n (bei Temperaturen bis zum Siedepunkt) (Galv) / hot phosphating, hot-dip phosphate treatment ‖ **~phosphatierung** f (Galv) / hot phosphating ‖ **~-Pottasche-Verfahren** n (zur Entfernung von Schwefelwasserstoff - mit Hilfe einer Kaliumkarbonatlösung) (Chem Verf) / hot carbonate process ‖ **~prägen** n (von Folien) (Plast) / hot stamping ‖ **~prägung** f (Buchb, Pap) / hot-die stamping, hot stamping ‖ **~presse** f (Glas, Pap) / hot press ‖ **~presse** (Masch, Pulv) / hot press ‖ **~pressen** n (For, Masch, Pulv) / hot pressing* ‖ **~isostatisches ~pressen** (Pulv) / hot isostatic pressing, HIP ‖ **~preßverfahren** n (Glas) / hot-press moulding ‖ **~punkttemperatur** f (Eltronik) / hot(test) spot temperature ‖ **~räuchern** n (wenige Stunden, bis 80° C) (Nahr) / hot smoking ‖ **~räucherung** f (von Brüh- und Kochwürsten) (Nahr) / hot smoking ‖ **~riß** m (Glasurfahler) (Keram) / hot check ‖ **~riß** (Masch, Schw) / hot crack*, thermal crack ‖ **~rißanfällig** adj (Gieß, Hütt) / susceptible to hot cracking, susceptible to hot cracks ‖ **~rißbildung** f (als Glasurfehler) (Keram) / hot checking ‖ **~rißbildung** (Masch, Schw) / hot cracking ‖ **~salzkorrosion** f / hot-salt corrosion ‖ **~schliff** m (über 50 °C) (Pap) / hot grinding ‖ **~schliff** (als Produkt) (Pap) / hot-ground pulp* ‖ **~schmelzkleber** m / hot-melt adhesive, fusion adhesive, dry adhesive (US), thermoplastic adhesive, hot-setting adhesive ‖ **~siegelkleber** m (der vor der Verklebung abtrocknet und dann mit der Gegenseite unter kurzer Wärmeeinwirkung verklebt wird) / hot-seal adhesive, heat-sealing adhesive ‖ **~siegelklebstoff** m / hot-sealing adhesive ‖ **~siegeln** n (Plast) / heat sealing ‖ **~siegelpapier** n (DIN 6730) (Pap) / heat-sealing paper ‖ **~spritzen** n (ein Lacksprühverfahren) (Anstr) / hot spraying ‖ **~spritzen** (mit auf 70 bis 80° C erwärmtem Lack) (Anstr) / thermal spraying ‖ **~start** m (Kfz) / warm starting, hot starting ‖ **~strahlmotor** m (Luftf) / thermal jet engine ‖ **~strahltriebwerk** n (Luftf) / thermal jet engine ‖ **~tauchen** (Masch) / hot dipping, hot-dip coating ‖ **~tauchschutzschicht** f / hot-melt coating ‖ **~torsionsfestigkeit** f (Mech) / hot torsional strength ‖ **~umluftofen** m / forced convection oven ‖ **~umluftofen für den gewerblichen Gebrauch** / commercial electric forced convection oven ‖ **~verfestigend** adj / hot-setting adj, heat-setting adj, thermosetting adj ‖ **~versiegelte Leiste** (Tex) / sealed selvedge ‖ **~verstreckung** f (Tex) / hot-drawing n ‖ **~vulkanisation** f (Chem Verf) / hot vulcanization, hot curing ‖

**Heißvulkanisation**

~**vulkanisation** (Kfz) / hot-patching n ‖ ~**wachs** n (Kfz) / hot wax ‖ ~**wachsflutanlage** f (Kfz) / hot-wax flooding unit ‖ ~**wachsfluten** n (Kfz) / hot-wax flooding ‖ ~**wachshohlraumfluten** n (Kfz) / hot-wax flooding ‖ ~**wachskonservieren** v (nur Infinitiv und Partizip) (Kfz) / seal with hot wax

**Heißwasser•beize** f (Landw) / hot-water dressing ‖ ~**beizung** f (des Saatguts) (Landw) / hot-water dressing ‖ ~**bereiter** m (Bau) / boiler*n, water-heater n ‖ ~**heizung** f (Bau, Wärm) / hot-water heating, hydronic heating ‖ ~**-Heizungssystem** n (bei dem mit Wasser von mehr als 100° C geheizt wird) (Bau, Wärm) / hot-water heating system ‖ ~**rakete** f / steam rocket, hot-water rocket ‖ ~**speicher** m / storage water heater, hot-water cylinder ‖ **offener** ~**speicher** / expansion boiler ‖ ~**trichter** m (Chem) / hot-water funnel, heating funnel ‖ ~**versorgung** f / hot-water supply, HWS

**Heißwind** m (z.B. in einem Kupolofen) (Gieß, Hütt) / hot blast ‖ ~**kupolofen** m (Gieß) / hot-blast cupola furnace, hot-blast cupola ‖ ~**ringleitung** f (des Hochofens) (Hütt) / hot-air distribution pipe

**heiter** adj (mit einem Bedeckungsgrad unter 2/8) (Meteor) / fair adj

**Heitler-London-Slater-Pauling-Theorie** f (Chem) / valence-bond theory (a method of applying quantum theory to the calculation of chemical bonding), VB theory

**Heitler-London-Theorie** f (nach W. Heitler, 1904-1981, und F. London, 1900-1954) (Chem) / Heitler-London theory

**Heiz•bad** n (Chem) / heating bath ‖ ~**balg** m (für die Reifenherstellung) (Chem Verf) / bladder n, curing bladder ‖ ~**band** n (aus isolierten Widerstandselementen) (Chem Verf, Eltech) / heating tape, heating strip

**heizbare Heckscheibe** (Kfz) / heated rear window

**Heiz•batterie** f (Radio) / A-battery*, heater battery (GB), low-tension battery (L.T.B.) ‖ ~**decke** f (geheizte Raumdecke) (Bau) / heated floor ‖ ~**drahtschweißen** n (Plast, Schw) / hot-wire welding, hot-filament sealing ‖ ~**düse** f (Schw) / heating tip ‖ ~**elektrode** f (Eltech, Med) / applicator* n ‖ ~**element** n (des Elektroherdes) (Eltech) / element* n, heating element* ‖ ~**element** (z.B. ein Nickelröhrchen) (Eltronik) / heater* n ‖ ~**elementschweißen** n (der thermoplastischen Kunststoffe - DIN 1910, T 3) (Plast) / heated-tool welding

**heizen** v (Bau, Masch) / fire v ‖ ~ n / heating n ‖ ~ (Bau, Masch) / firing* n ‖ ~ **mit Holz** / wood heating ‖ ~ **von Obstanlagen** (eine Frostschutzmaßnahme) (Landw) / orchard heating

**Heizer** m (Eltronik) / susceptor n (energy-absorbing device generally used to transfer heat to another load) ‖ ~ (das zur Erwärmung einer indirekt geheizten Katode vorhandene Bauteil einer Röhre) (Eltronik) / heater* n ‖ ~ (des Wannenofens) (Glas) / teaser n, teazer n, furnace-man n ‖ ~ (Arbeiter) (Masch) / fireman n, stoker n ‖ ~ (Heizkörper) (Med) / krampf m (Med) / stokers' cramps

**Heiz•faden** m (der Glühlampe) (Eltech) / coiled filament n ‖ ~**faden** (z.B. ein Nickelröhrchen) (Eltronik) / heater* n ‖ ~**faden** (Eltronik, Licht) / filament* n ‖ ~**fläche** f (als geometrische Einheit) / heating area ‖ ~**fläche** (in einem flacher Wärmeübertrager) (Phys, Wärm) / ebullator* n ‖ ~**fläche** (als konkrete Austauschfläche) (Wärm) / heating surface, heat-exchange surface ‖ **rauchgasseitige** ~**fläche** (des Kessels) (Masch) / gas-swept heating surface ‖ ~**flächenbelastung** f (Masch) / heat density*, surface heat release (rate) ‖ ~**flächenbelastung** (Wärmestromdichte an der Heizfläche) (Wärm) / surface heat release, surface heat rate, heat flux* ‖ ~**form** f (der Vulkanisationspresse und des Vulkanisationskessels) (Chem Verf) / mould n ‖ ~**gas** n (Wärm) / heating gas, fuel gas ‖ ~**gradtag** m (Bau, Wärm) / heating degree-day ‖ ~**induktor** m (Eltech) / heating inductor*, work coil*, applicator* n ‖ ~**kammer** f (des Rohrverdampfers) (Chem Verf) / calandria* n ‖ ~**kammer der Prägepresse** (meistens Kniehebel-Prägepresse zum Preßvergolden) (Buchb, Pap) / heater box* ‖ ~**keil** m (Plast) / heated wedge ‖ ~**keilschweißen** n (die Berührungsflächen aufeinanderliegender Teilstücke werden durch einen dazwischenliegenden beweglichen Heizkeil fortlaufend erwärmt und hinter ihm verschweißt) (Plast) / heated-wedge welding ‖ ~**kessel** m (Bau, Masch) / domestic boiler ‖ ~**kessel** (DIN 4702, T 1) (Masch) / heating boiler

**Heizkörper** m (meistens Radiator) (Bau, Wärm) / radiator n ‖ ~ (des Elektroherdes) (Eltech) / element* n, heating element* ‖ ~ (im allgemeinen) (Wärm) / heater n ‖ ~**lack** m (für Radiatoren) (Anstr) / radiator enamel, radiator paint, radiator varnish ‖ ~**pinsel** m (meistens mit abgewinkeltem Stiel) (Anstr) / radiator brush (with a cranked handle), flag n ‖ ~**träger** m (Eltech, Keram) / element-former* n, element-carrier* n ‖ ~**ventil** n / thermostatic radiator valve

**Heiz•kraft** f (Wärm) / heating power ‖ ~**kraftwerk** n / combined heating and power station, CHP plant, co-generating plant (station), heating and power station ‖ ~**last** f (Wärmeverlust des Raumes nach außen + Wärmeaufwand für die von außen eindringende Außenluft) (Bau) / heating load ‖ ~**leiste** f (Wärm) / skirting-board radiator ‖ ~**leiter** m (Heizelement in der Elektrowärmetechnik) / heating element, heating conductor ‖ ~**leiterlegierung** f (Stahl mit hoher Zunderfestigkeit und großem elektrischem Widerstand) (Hütt) / heating-element alloy ‖ ~**lüfter** m (Wärm) / fan heater ‖ ~**mantel** m / heating jacket, heating mantle ‖ ~**mantel am Auspuff** (Luftf) / heating muff* ‖ ~**mantelarmatur** f (Masch) / jacketed valve ‖ ~**mantelvergaser** m (Kfz) / jacketed carburettor ‖ ~**mittel** n / heating medium ‖ ~**mittel** s. auch Wärmeträger

**Heizöl** n (DIN 51603) (Kftst) / fuel oil*, heating oil, heater oil, heating fuel, furnace oil, burning oil ‖ **(in etwa:)** ~ **EL (extra-leicht-flüssig)** / class D fuel oil (GB), gas oil ‖ **(in etwa:)** ~ **L (leichtflüssig)** / class E fuel oil (GB), light fuel oil ‖ **(in etwa:)** ~ **M (mittelflüssig)** / class F fuel oil (GB), medium fuel oil ‖ **(in etwa:)** ~ **S (schwerflüssig - bis 340 cSt)** / class G fuel oil (GB), heavy fuel oil ‖ ~**destilliertes** ~ (Kftst) / distillate fuel oil ‖ ~ n **ES (extraschwer)** / class H fuel oil ‖ ~ **für den Hausbedarf** (leichtes Heizöl) / domestic fuel, domestic fuel-oil, burner fuel oil, domestic heating oil ‖ ~**beständig** adj / fuel-oil resistant

**Heiz•periode** f (witterungsabhängiger, der Beheizung von Gebäuden zugrunde gelegter Zeitabschnitt) / heating season, heating period ‖ ~**platte** f (Bau) / heating panel, plate heater ‖ ~**presse** f (Foto) / print drier, drier n, rapid print drier, heated print drier ‖ ~**raum** m (für die Zentralheizung) (Bau) / boiler room ‖ ~**raum** (Schiff) / stokehold n, fire room ‖ ~**schlange** f (Wärm) / heating coil, heater coil ‖ ~**schlauch** m (zur Vulkanisation von Reifen) / curing bag ‖ ~**schleife** f / induction heating coil ‖ ~**spannung** f (bei Elektronenröhren) (Eltech) / heater voltage, filament voltage ‖ ~**spannung** (Eltronik) / flashing n ‖ ~**spirale** f (Eltronik) / heater spiral ‖ ~**spule** f (Eltech) / load coil* ‖ ~**strahler** m (Wärm) / radiant heater ‖ ~**strom** m (Eltronik) / filament current ‖ ~**tag** m (Tag, an dem das Tagesmittel der Lufttemperatur unter 15° C liegt) / heating day ‖ ~**tisch** m (des Mikroskops) (Opt) / heating stage ‖ ~**transformator** m (Eltronik) / filament transformer ‖ ~**trockner** m / drying heater

**Heizung** f (Tätigkeit) / heating n ‖ ~ (als Anlage) (Bau) / building heating system ‖ **direkte** ~ (Wärm) / direct heating ‖ **elektrische** ~ / electrical heating ‖ **indirekte** ~ (Wärm) / indirect heating*, indirect firing

**"Heizung"** f (Wärm) / heater n

**Heizungs-, Lüftungs- und Klimaanlage** f (Kfz) / heating, ventilation and air-conditioning system, HVAC

**Heizungs•gebläse** n (Kfz) / heating fan ‖ ~**hebel** m (Kfz) / tempeature lever, air-temperature control lever ‖ ~**kessel** m (Masch) / heating boiler ‖ ~**monteur** m / heating engineer, heating installer ‖ ~**schacht** m / heating shaft ‖ ~**techniker** m (Wärm) / heating engineer ‖ ~**truhe** f (Bau) / convector* n, convection heater ‖ ~**zug** m (Kfz) / heater control cable

**Heiz•vorrichtung** f (Wärm) / heater n ‖ ~**vorrichtung für Obstanlagen** (Landw) / orchard heater ‖ ~**wand** f (Bau, Wärm) / heating wall ‖ ~**wendel** f (Eltronik) / heater spiral ‖ ~**werk** n (Kraftwerk, das zur Erzeugung der Heizwärme für die Fernheizung dient) (Wärm) / district heating station, district heating plant ‖ ~**wert** m (des konkreten Brennstoffs) (Kftst) / fuel-value n ‖ ~**wert** (Kurzzeichen H) m (Wärmemenge, die bei der vollkommenen Verbrennung der Gewichts- bzw. Volumeneinheit eines Stoffes frei wird - im Gegensatz zur Verbrennungswärme ist im Heizwert die Kondensationswärme des Wasseranteils nicht enthalten) (Wärm) / calorific value*, heat value, heating value, c.v. ‖ ~**widerstand** m (Eltech) / heating resistor* ‖ ~**zentrale** f / heating centre, heating station ‖ ~**zentrale** (Wärm) / district heating station, district heating plant ‖ ~**zug** m (Bau) / flue* n ‖ ~**zyklus** m (Wärm) / heating cycle

**Hektar** n m (Landw, Verm) / hectare* n

**Hektografieverfahren** n (Druck) / spirit duplicating*

**Hektometerstein** m (für die Unterteilung der Kilometerstrecken in 100-m-Abschnitte) (Bahn) / hectometre stone

**Hektometerwelle** f (300-3000 kHz) (Radio) / hectometric wave*

**Hektopascal** n (das einem Millibar entspricht) (Meteor) / hectopascal n

**Hektorit** n (Min) / hectorite* n

**Heldbock** m (ein Bockkäfer) (For) / great capricorn beetle, oak cerambyx

**Helenalin** n (Trivialname für ein Sesquiterpen-Lakton) (Chem) / helenalin n

**Helenin** n (Chem) / helenin n, alantolactone n

**Helfe** f (ein Hubelement mit Auge) (Web) / heald* n, heddle* n ‖ **halbe** ~ (Web) / doup n

**Helfer** m (für Blasfolien) (Plast) / plug n, helper n, assisting plug

**Helge** f (Schiff) / building berth

**Helgen** m (Schiff) / building berth

**heliakisch** adj (von der Stellung Gestirn-Sonne-Erde abhängig) (Astr) / heliacal adj

**Helianthin** n (ein Natriumsalz der 4'-Dimethylaminoazobenzol-4'-sulfonsäure) (Chem) / helianthine* n, methyl orange*

**Heliarc-Verfahren** *n* (mit Heliumgas zur Kühlung und Oxidationsverhinderung) (Schw) / heli-arc welding*, Heliarc welding (an inert-gas-shielded arc welding)
**Helicität** *f* (Sonderfall der Chiralität bei Neutrinos) (Kernphys) / helicity
**helicitisch** *adj* (Geol) / helicitic *adj*
**Helicon** *n* (Halbleiteranordnung mit negativem Widerstand für cm-Wellen) (Radio) / helicon *n*
**Helikogyren** *f pl* (Krist) / screw axes*
**Helikoid** *n* (eine Fläche, die durch Schraubenbewegung einer ebenen Kurve um eine feste Achse erzeugt wird) (Math) / helicoid* *n*
**Helikon** *n* (elektromagnetische Welle in Metallen oder Halbleitern in einem homogenen Magnetfeld) (Phys) / helicon *n*
**Helikopter** *m* (Luftf) / helicopter* *n*, chopper || ~**bringung** *f* (For) / helicopter logging || ~**landeplatz** *m* (Luftf) / heliport *n* || ~**station** *f* (Luftf) / helistop *n*
**Helimagnetismus** *m* (Mag) / helimagnetism *n*
**Heliochemie** *f* (Chem) / heliochemistry *n*
**Heliodor** *m* (aus Namibia stammender Goldberyll) (Min) / heliodor* *n*
**Heliogenblau** *n* (ein synthetischer, kräftig leuchtender Pigmentfarbstoff) (Chem) / copper phthalocyanine, phthalocyanine blue, Monastral blue
**Heliogenfarbstoff** *m* (Chem, Tex) / phthalocyanine dyestuff
**Heliogengrün** *n* (ein synthetischer, kräftig leuchtender Pigmentfarbstoff) (Chem, Tex) / phthalocyanine green*, Monastral green (trade mark of ICI)
**Heliograf** *m* (ein Fernrohrfilmkamerasystem zur Herstellung von Fotografien und Filmen der Sonne) (Astr, Opt) / heliograph *n*, photoheliograph *n* || ~ (Gerät zur Registrierung der Sonnenscheindauer) (Geophys) / heliograph *n* || ~ (Schiff, Verm) / heliograph* *n* || ~ (Astr, Opt) s. auch Spektroheliograf
**Heliogravüre** *f* (Druck) / heliogravure *n*, photogravure* *n*
**Heliometer** *n* (Fernrohr zur Messung von kleinen Winkelabständen von Gestirnen) (Astr) / heliometer* *n*
**heliophil** *adj* (Biol, Umwelt) / luciphilous *adj*, heliophile *adj*, heliophilous *adj*, photophilic *adj*, photophilous* *adj*
**heliophob** *adj* (Biol, Umwelt) / lucifugous *adj*, heliophobous *adj*, heliphobic *adj*, photophobic *adj*
**Heliostat** *m* (auch Strahlungsbündler in der Heliotechnik) (Astr) / heliostat* *n*
**heliosynchron** *adj* (Astr) / sun-synchronous *adj*
**Heliotechnik** *f* / heliotechnology *n*, solar engineering, solar energy technology, solar power engineering
**Heliotrop** *m* (ein lauchgrüner Chalzedon mit blutroten Punkten) (Min) / bloodstone* *n*, heliotrope* *n*, oriental jasper || ~ *n* (Gerät zur Sichtbarmachung von Zielpunkten auf größere Entfernungen) (Verm) / heliotrope* *n*
**Heliotropin** *n* (Chem) / piperonal* *n*, heliotropin *n*
**Heliotropismus** *m* (Bot) / phototropism* *n* || ~ (durch einseitigen Sonnenlichteinfall) (Bot) / heliotropism* *n*
**heliozentrisch** *adj* (Astr) / heliocentric *adj*
**Heliport** *m* (Luftf) / heliport *n*
**Helipot** *n* (Eltech) / Helipot* *n*, helical track potentiometer, multiturn potential divider, helical potentiometer, multiturn helical-wound potentiometer
**helisch** *adj* (Astr) / heliacal *adj*
**Helium** (**He**) *n* (Chem) / helium* *n* || ~ **II** (flüssige Modifikation des Heliums) (Chem, Phys) / helium II, liquid helium II*, helium two || ~**blitz** *m* (ein Ereignis in der Entwicklung eines Sterns) (Astr) / helium flash || ~**brennen** *n* (3α-Prozeß) (Astr, Nukl) / helium burning || ~**brennen** (Astr, Nukl) s. auch Salpeter-Prozeß || ~**-Cadmium-Laser** *m* (Phys) / helium-cadmium laser || ~**detektor** *m* (Chem) / helium ionization detector, helium detector, h.d. || ~**gekühlter Reaktor** (DIN 25402) (Nukl) / helium-cooled reactor || ~**ionisationsdetektor** *m* (Chem) / helium ionization detector, helium detector, h.d. || ~**-Kadmium-Laser** *m* (Phys) / helium-cadmium laser || ~**kern** (Kernphys) / helium nucleus, alpha-particle* *n*, α-particle *n* || ~**kompressor** *m* (Nukl) / helium compressor || ~**lecksucher** *m* / helium leak detector || ~**methode** *f* (der Altersbestimmung von Gesteinen) (Geol) / helium method || ~**-Neon-Laser** *m* (ein Gaslaser) (Phys) / helium-neon laser*, He-Ne laser* || ~**stern** *m* (mit starken Heliumlinien im Spektrum) (Astr) / helium star* || ~**taucherglocke** *f* / helium diving-bell* *n* || ~**turbine** *f* (mit Helium als Arbeitsmittel) / helium turbine *f* || ~**verdichter** *m* (Nukl) / helium compressor || ~**versprödung** *f* (Kernphys) / helium embrittlement
**Helix** *f* (pl. Helices) (Biochem) / helix (pl. helices) || ~ (pl. Helices) (Eltech) / helical line, helix* *n* || ~ (pl. helices or -es) || ~ (pl. Helices) (Math) / helix* *n* (circular) (pl. helices or -es), cylindrical helix || ~**antenne** *f* (Fernm, Radar) / helical antenna* || ~**beschleuniger** *m* (Kernphys) / helical accelerator, helix accelerator || ~**filter** *n* (elektrisches Filter mit Helix-Resonatoren) (Eltech) / helical filter || ~**kreis** *m* (Selektionskreis sehr hoher Güte für UKW-Eingangsstufen) (Radio) / helical resonator || ~**magnetismus** *m* (Mag) / helimagnetism *n* || ~**struktur** *f* (Biochem) / helix (pl. helices)
**hell** *adj* / light *adj* || ~ (Klang) (Akus) / brilliant *adj*, clear *adj*, bright *adj* || ~ (Licht) (Licht, Opt) / bright *adj*, clear *adj*, brilliant *adj*, light *adj* || ~**e Braunkohle** (mit etwa 70 % C) (Bergb, Kftst) / brown lignite, lignite B (65-73,5° C), lignite (loosely consolidated material), brown coal (unconsolidated material) || ~**er Füllstoff** / white filler || ~**er Klang** (Akus) / brilliance* *n* || ~**e Klangfarbe** (Akus) / brilliance* *n* || ~**es Malz** (Brau) / pale malt || ~**e Mehlsorte** (Nahr) / high-grade flour || ~**es Segment** (bei der Dämmerung) (Geophys) / bright segment || ~**e Stellen abdecken** (Foto) / spot *v*
**helladaptieren, sich** ~ (nur Infinitiv und Partizip) (Opt) / light-adapt *v*
**hell•adaptiert** *adj* (Auge) (Opt) / light-adapted* *adj* || ~**bezugswert** *m* (Licht) / luminosity coefficient*, luminous value (of the colour) || ~**blau** *adj* / bright-blue *adj*
**Helle** *f* (TV) / luminance *n*
**Hellempfindlichkeit** *f* (Opt) / photopic luminous efficiency || **spektrale** ~ (Licht, Opt) / photopic spectral response, visibility function
**Hellempfindlichkeits•grad** *m* (Opt) / luminous efficiency || **spektraler** ~**grad** (des Auges nach DIN 5031, T 3) (Licht, Opt) / photopic spectral luminous efficiency || **spektrale** ~**kurve** (Licht, Opt) / photopic luminosity curve, photopic spectral luminous efficiency curve
**Heller-Alménsche Guajak-Terpentinprobe** (Chem, Med) / guaiac acid test*
**Hellerman-Maß** *n* (ein Softwaremaß) (EDV) / Hellerman measure
**hellfarbig** *adj* (Wein) (Nahr) / pale *adj*
**Hellfeld•-Auflicht** *n* (z.B. in einem Profilprojektor) (Opt) / bright-field incident light || ~**beleuchtung** *f* (Mikros) / bright-ground illumination, bright-field illumination, lightfield illumination
**hell•gefärbt** *adj* (Tex) / light-coloured *adj* || ~**gelbes, rhombisches Chromgelb** (mit etwa 40 % Bleisulfat) (Anstr) / primrose chrome || ~**gerbend** (Leder) / light-tanning *adj* || ~**getönte Färbung** (Druck) / Ben Day tint*, tint *n* || ~**graue Instrumentenskala** (Kfz) / off-white gauge face
**Helligkeit** *f* (ein Maß für die Strahlung eines Himmelskörpers) (Astr) / magnitude* *n*, luminosity* *n*, star magnitude*, stellar magnitude* || ~ (Leuchtdichte bei Selbstleuchtern, Hellbezugswert bei Körperfarben) (Licht) / lightness* *n* || ~ (eine Farbmaßzahl im Munsell-System) (Licht) / value *n* || ~ (subjektive Stärke einer Lichtempfindung) (Licht, Opt, TV) / brightness* *n*, brilliance *n* || ~ (TV) / luminance *n* || **[scheinbare]** ~ (Phys) / luminosity* *n* || **absolute** ~ (M) (Astr) / absolute magnitude* || **scheinbare** ~ (m) (Astr) / apparent magnitude*
**Helligkeits•automatik** *f* (TV) / automatic brightness control* (ABC), automatic background control || ~**einstellung** *f* (TV) / brightness control* || ~**flimmern** *n* (TV) / luminance flicker* || ~**flop** *m* (nei Metalleffekt- und anderen Effektlackierungen) (Anstr) / lightness flop || ~**modulation** *f* (Eltronik) / z-axis modulation* || ~**modulation** (Radar, TV) / intensity modulation*, Z-modulation* || ~**regelung** *f* (TV) / brightness control* || **automatische** ~**regelung** (TV) / automatic brightness control* (ABC), automatic background control || ~**regelwiderstand** *m* (Eltech) / dimming resistor || ~**regler** *m* (stufenloser) (Eltech) / dimmer* *n*, dimmer switch || ~**signal** *n* (TV) / luminance signal*, Y signal* || **Pogsonsche** ~**skale** (nach N.R. Pogson, 1829-1891) (Astr) / Pogson scale || ~**steuerung** *f* (Radar, TV) / intensity modulation*, Z-modulation* || ~**umfang** *m* (als subjektiver, nicht meßbarer Eindruck) (Foto) / key*, brightness range || ~**unterschied** *m* (Opt, TV) / brightness difference
**Helling** *f* (pl. Hellingen oder Helligen) (Schiff) / building berth
**hell•klingend** *adj* (Ton) (Akus) / high-pitched *adj* || ~**leitfähigkeit** *f* (Eltronik) / light conduction || ~**leitung** *f* (Eltronik) / light conduction || ~**raum-Display** *n* (EDV) / bright display || ~**raum-Sichtanzeige** *f* (EDV) / bright display || ~**raum-Sichtzeige** (EDV) / daylight display || ~**raum-Sichtdarstellung** *f* (EDV) / bright display || ~**rot** *adj* / bright-red *adj* || ~**rotes Meranti** (For) / Light Red Meranti
**hellste Stelle** *f* (TV) / luminance *n*
**Hell•strahler** *m* (zur gezielten Erwärmung bestimmter Karosseriebereiche in Lacktrockenöfen) (Anstr, Kfz) / bright emitter || ~**strom** (eines fotoelektronischen Bauelements nach DIN 44020) (Phys) / light current* || ~**tasten** *v* (nur Infinitiv und Partizip) (Eltronik, TV) / unblank *v* || ~**tasten** *n* (Vorgang, durch den der Elektronenstrahl eines Oszilloskopen nur während des Hinlaufs der Zeitablenkung sichtbar gemacht wird) (Eltronik, TV) / unblanking *n* || ~**tastung** *f* (Eltronik, TV) / unblanking *n* || ~**tönend** *adj* (Ton) (Akus) / high-pitched *adj* || ~**violett** *adj* / lilac *adj*
**Hell-Volhard-Zelinsky-Reaktion** *f* (zur Halogenierung von Carbonsäuren in α-Stellung mit Hilfe von Phosphorhalogeniden als Katalysatoren) (Chem) / Hell-Volhard-Zelinsky reaction
**Helm** *m* (Sturz-, Schutz-) / helmet* *n* || ~ (Arch) / spire* *n* (polygonal) || ~ (des Schornsteins) (Bau) / cowl* *n*, hood* *n*, chimney cowl, chimney terminal, tall-boy* *n*, chimney cap, flue terminal || ~

## Helm

(Ammophila arenaria (L.) Link - ein dünenbefestigendes Helmgras) (Bot) / marram $n$, marram grass ‖ ~ (einer Axt, eines Beils) (Werkz) / helve* $n$, haft* $n$, handle $n$ ‖ ~ **des Druckanzugs** (Luftf, Raumf) / pressure helmet* ‖ ~ **des Raumanzugs** (Luftf, Raumf) / pressure helmet* ‖ ~**dach** $n$ (Arch) / spire* $n$ (polygonal)
**Helmert-Verteilung** $f$ (Stats) / chi-squared distribution*
**Helmholtz•-Energie** $f$ (nach H.v. Helmholtz, 1821-1894) (Phys) / Helmholtz function, free energy*, Helmholtz free energy, work function (thermodynamic), Helmholtz potential ‖ ~**-Lagrangesche Invariante** (Grundlage der Abbildungsgleichung) (Opt) / Helmholtz equation, Lagrange-Helmholtz equation ‖ ~**-Resonator** $m$ (eine zur Klanganalyse verwendete luftgefüllte Glas- oder Metallhohlkugel) (Akus) / Helmholtz resonator*
**Helmholtzsch•e Doppelschicht** (eine Schicht der elektrochemischen Doppelschicht) (Chem, Phys) / Helmholtz double layer*, Stern layer ‖ ~**e Doppelzelle** (eine Konzentrationszelle ohne Überführung) (Chem) / Helmholtz cell ‖ ~**er Ersatzgenerator** (Elektr) / Thevenin generator ‖ ~**e Gleichungen** (DIN 1324, T 3) / Helmholtz equations ‖ ~**er Satz** (der Zweipoltheorie) (Eltech) / Thevenin's theorem*, Helmholtz's theorem*, Thevenin-Helmholtz theorem
**Helmholtz•-Spulen** $f$ $pl$ (zur Erzeugung eines sehr homogenen, allseitig zugänglichen und variablen Magnetfeldes) (Mag) / Helmholtz coils* ‖ ~**-Wärme** $f$ (Phys) / bound energy
**helmintegriertes Doppelfernrohr** (Luftf) / helemt-mounted binoculars
**Helminthagogum** $n$ (pl. -goga) (Pharm) / anthelmintic* $n$
**Helm•kamera** $f$ (Film) / helmet camera ‖ ~**visiersystem** $n$ (elektronisch-optische Hilfsvorrichtung für die Piloten) (Luftf, Mil) / helmet sight system, helmet-mounted sight system
**Helokrene** $f$ (Geol, Wasserb) / seepage spring
**HELP•-Befehl** $m$ (EDV) / help $n$ ‖ ~**-Desk** $m$ (zentrale Anlaufstelle des Benutzerservices für Supportanfragen) (EDV) / help desk ‖ ~**-Funktion** $f$ (EDV) / help function, help system
**Helvetialeder** $n$ (ein sehr zähes, flexibles, fettgegerbtes Leder von gelber Farbe) (Leder) / Helvetia leather
**Helvin** $m$ (Min) / helvite $n$, helvine $n$
**HEM** (For) / western hemlock, West Coast hemlock
**Hemdenflanell** $m$ (Tex) / flannelette* $n$
**Hemeralopie** $f$ (Med) / day blindness
**Hemi•acetal** $n$ (Chem) / hemi-acetal $n$, semi-acetal $n$ ‖ ~**azetal** $n$ (Chem) / hemi-acetal, semi-acetal $n$ ‖ ~**cellulase** $f$ (Hemicellulose spaltendes Ferment) (Biochem) / cytase* $n$ ‖ ~**cellulose** $f$ (Chem) / hemicellulose* $n$ ‖ ~**eder** $n$ (Krist) / hemihedron $n$ (pl. -drons or -dra) ‖ ~**edrie** $f$ (Krist) / hemihedry $n$ ‖ ~**edrisch** $adj$ (wenn nur die Hälfte der möglichen Flächen eines Kristallsystems ausgebildet ist) (Krist) / hemihedral $adj$ ‖ ~**formal** $n$ (Halbacetal des Formaldehyds) (Chem) / hemiformal $n$ ‖ ~**globin** $n$ (Biochem) / methaemoglobin* $n$, methemoglobin $n$ (US) ‖ ~**hydrat** $n$ (Chem, Min) / hemihydrate $n$ ‖ ~**ketal** $n$ (Chem) / hemiketal $n$ ‖ ~**kolloid** $n$ (Kettengliederzahl 50 bis etwa 500) (Chem) / hemicolloid* $n$ ‖ ~**kristallin** $adj$ (Krist) / hemicrystalline $adj$, semi-crystalline $adj$ ‖ ~**kristalline Eruptivgesteine** (Geol) / hemicrystalline rocks* ‖ ~**morph** $adj$ (Krist) / hemimorphic $adj$ ‖ ~**morphie** $f$ (Krist) / hemimorphism* $n$ ‖ ~**morphit** $m$ (Min) / hemimorphite* $n$ (natural zinc silicate), electric calamine* ‖ ~**parasit** $m$ (Umwelt, Zool) / hemiparasite $n$, semi-parasite $n$ ‖ ~**pelagisch** $adj$ (Bezeichnung für Meeressedimente in Tiefen von -200 bis -2700 m) (Geol) / hemipelagic $adj$ ‖ ~**sphäre** $f$ (Erd- oder Himmelshalbkugel) / hemisphere* $n$ ‖ ~**sphärisch** $adj$ / hemispherical $adj$, hemispheric $adj$ ‖ ~**terpen** $n$ (z.B. Isopren) (Chem) / hemiterpene $n$ ‖ ~**zellulose** $f$ (Polysaccharide und Polyuronide im Holz) (Chem) / hemicellulose* $n$ ‖ ~**zellulose** (Chem) s. auch Polyose
**Hemlockrinde** $f$ (Leder) / hemlock bark
**Hemlocktanne** $f$ (For) / hemlock $n$ ‖ **Kanadische** ~ (For) / Eastern hemlock, Canada hemlock ‖ **Westliche** ~ (For) / western hemlock, West Coast hemlock
**Hemlocktannen•nadelöl** $n$ / spruce oil, hemlock oil ‖ ~**rinde** $f$ (Leder) / hemlock bark ‖ **mit** ~**rinde(nextrakt) gegerbtes Leder** (Leder) / hemlock leather
**hemmen** $v$ (drosseln) / choke $v$ ‖ ~ (Eltronik) / inhibit $v$ ‖ ~ (Masch) / inhibit $v$ ‖ ~ (Masch) / block $v$, jam $v$, interlock $v$ ‖ ~ $n$ (Masch) / blocking $n$, jamming $n$, jam $n$, interlock $n$
**hemmend** $adj$ / inhibitive $adj$
**Hemmschuh** $m$ (Bahn) / brake shoe, slipper $n$ ‖ ~ (Bergb) / drag shoe, sprag $n$ ‖ ~ (Kfz) / wheel chock
**Hemmung** $f$ / constraint $n$ ‖ ~ (Biochem, Chem, Masch) / inhibition* $n$ ‖ ~ (Masch) / blocking $n$ ‖ ~ (Uhr) / escapement* $n$ (clock, watch) ‖ **kompetitive** ~ (seitens eines Inhibitors) (Biochem) / competitive inhibition, competitive enzyme inhibition ‖ **nichtkompetitive** ~ (Biochem) / non-competitive inhibition ‖ **unkompetitive** ~ (Biochem) / uncompetitive inhibition, incompetitive inhibition, non-competitive enzyme inhibition ‖ ~ $f$ **mit Steigrad** (Uhr) / verge escapement*, crown-wheel escapement

**Hemmungsrad** $n$ (bei mechanischen Uhren) (Uhr) / escape wheel
**Hempelbürette** $f$ (eine Gasbürette - nach W. Hempel, 1851-1916) (Chem) / Hempel burette*
**Hempelpipette** $f$ (eine Gaspipette) (Chem) / Hempel pipette
**Hempelsche Gasbürette** (eine Gasbürette - nach W. Hempel, 1851-1916) (Chem) / Hempel burette*
**HEMT** (Eltronik) / high-electron-mobility transistor (HEMT)
**HEM-Transistor** $m$ (extrem schneller und rauscharmer Feldeffekttransistor, der die hohe Beweglichkeit eines zweidimensionalen Elektronengases ausnutzt) (Eltronik) / high-electron-mobility transistor (HEMT)
**Hendecan** $n$ (Chem) / undecane $n$, hendecane $n$
**Hendecansäure** $f$ (Chem) / undecanoic acid, undecylic acid, hendecanoic acid
**Hendecensäure** $f$ (Chem) / undecylenic acid, undecenoic acid, hendecenoic acid
**Hendekagon** $n$ (Math) / hendecagon $n$
**Hendekan** $n$ (Chem) / undecane $n$, hendecane $n$ ‖ ~**säure** $f$ (Chem) / undecanoic acid, undecylic acid, hendecanoic acid
**Hendezensäure** $f$ (Chem) / undecylenic acid, undecenoic acid, hendecenoic acid
**Heneicosandisäure** $f$ (im Japanwachs) (Chem) / Japan acid
**He-Ne-Laser** $m$ (Phys) / helium-neon laser*, He-Ne laser*
**He-Ne-Laserdrucker** $m$ (EDV) / He-Ne laser printer
**Henequenfaser** $f$ (Hartfaser aus den Blättern von Agave fourcroydes) / henequen* $n$, Yucatán sisal
**Henkel** $m$ / ear $n$, handle $n$ ‖ ~ (Keram) / handle $n$ (open, block) ‖ ~ $n$ (erster Art) (Math) / handle $n$ ‖ ~ $m$ (beim Henkelplüsch) (Tex) / loop $n$ ‖ ~**plüsch** $m$ (auf Rundwirkmaschinen gearbeitete Wirkfrottierware mit geschlossenen Plüschschleifen) (Tex) / loop plush, looped plush, circular-knit pile fabric
**Henna** $f$ (pflanzliches Färbemittel) (Chem, Nahr) / henna $n$ ‖ ~**strauch** $m$ (Lawsonia inermis L.) (Bot) / henna $n$, Egyptian henna
**Hennebiquepfahl** $m$ (nach F. Hennebique, 1842-1921) (HuT) / Hennebique pile
**Henry** $n$ (abgeleitete SI-Einheit der Induktivität) (Elektr) / henry* $n$ (pl. henries or henrys)
**Henry-Draper-Katalog** $m$ (in den Jahren 1918 bis 1924 bzw. 1925 bis 1936 am Harvard-College-Observatorium erstellter Sternkatalog - nach H. Draper, 1837 - 1882, benannt) (Astr) / Henry Draper catalog, Draper catalog
**Henrysches Gesetz** (nach J. Henry, 1797-1878) (Chem) / Henry's law*
**Hentriacontanol** $n$ (farbloser Wachsalkohol) (Chem) / hentriacontanol $n$ ‖ **1-**~ (Chem) / melissyl alcohol, myricyl alcohol, 1-hentriacontanol $n$
**Henyey-Linie** $f$ (der Entwicklungsweg eines Sterns im HRD) (Astr) / Henyey track
**HEPA-Filter** $n$ (Umwelt) / HEPA filter, high-efficiency particulate air filter
**Hepar sulfuris** (Chem) / liver of sulphur
**Heparin** $n$ (ein Mukopolysaccharid) (Biochem) / heparin* $n$
**Hepta•chlor** $n$ (ein Cyclodien-Insektizid - in der BRD nicht zugelassen) (Chem, Landw) / heptachlor $n$ ‖ ~**chlorendomethylentetrahydroinden** $n$ (ein Cyclodien-Insektizid - in der BRD nicht zugelassen) (Chem, Landw) / heptachlor $n$ ‖ ~**gon** $n$ (Math) / heptagon $n$ ‖ ~**hydrat** $n$ (Chem) / heptahydrate $n$
**Heptalen** $n$ (Chem) / heptalene $n$
**Heptamethylnonan** $n$ (ein zündunwilliger Kohlenwasserstoff) (Chem, Kftst) / heptamethylnonane $n$
**Heptan** $n$ (Kohlenwasserstoff der Alkanreihe) (Chem) / heptane* $n$
**Heptanal, n-**~ (Chem) / oenanthal $n$, heptan-1-al $n$
**Heptandisäure** $f$ (1,5-Pentadicarbonsäure) (Chem) / pimelic acid*, heptanedioic acid
**Heptan-1-ol** $n$ (Chem) / heptan-1-ol $n$, heptyl alcohol
**Heptanol** $n$ (Chem) / heptan-1-ol $n$, heptyl alcohol
**Heptanon** $n$ (vom Heptan abgeleitetes aliphatisches Keton) (Chem) / heptanone $n$
**Heptansäure** $f$ (Chem) / oenanthic acid, n-heptanoic acid
**hepta•valent** $adj$ (Chem) / heptavalent* $adj$, septavalent* $adj$, septivalent $adj$ ‖ ~**valenz** $f$ (Chem) / heptavalence $n$, septavalence $n$, septivalence $n$
**Hepten** $n$ (zu den Alkenen gehörender Kohlenwasserstoff) (Chem) / heptene $n$, heptylene $n$
**Heptode** $f$ (eine Elektronenröhre mit Katode, Anode, zwei Steuergittern, zwei Schirmgittern und einem Bremsgitter) (Eltronik) / pentagrid $n$, heptode $n$
**Heptose** $f$ (Monosaccharid mit sieben Sauerstoffatomen) (Chem) / heptose* $n$
**Heptoxid** $n$ (Chem) / heptoxide $n$
**Heptoxotetraborsäure** $f$ (Chem) / pyroboric acid*, tetraboric acid*, tetrahydroxo-monoxodiboric(III) acid

**Heptulose** *f* (eine Ketose mit sieben Kohlenstoffatomen) (Chem) / heptulose *n*
**Heptylaldehyd, n-~** (Chem) / oenanthal *n*, heptan-1-al *n*
**Heptylalkohol** *m* (Chem) / heptan-1-ol *n*, heptyl alcohol
**HERA** = Hadron-Elektron-Ring-Anlage
**herab•drücken** *v* (Masch) / depress *v*, press down ‖ **~fallende Gegenstände** (die vom Fanggerüst aufgefangen werden können) (Bau) / droppings *pl* ‖ **~fließen** *v* (rieseln) / trickle down *v* ‖ **~führung** *f* (der Antenne) (Radio) / leading-down *n* ‖ **~hängen** *v* / hang down *adj* (from) ‖ **~hängend** *adj* / hanging down *adj*, pendent *adj*, pendant *adj* ‖ **~lassen** *v* / lower *v* ‖ **~lassen** / let down *v* ‖ **~regnen** *n* (geladener Teilchen) (Geophys) / precipitation *n* ‖ **~rieseln** *v* / trickle down *v*
**herabsetzen** *v* (Geschwindigkeit) / slow down *v*, slack up *v* ‖ **~** / downgrade *v*, deteriorate *v* ‖ **~** / lower *v*, mark down *v*, decrease *vt* ‖ **~** (senken) / reduce *v*, abate *v*, cut *v* ‖ **auf das Mindestmaß ~** (Math) / minimize *v* ‖ **~ der Grenzflächenspannung durch ein Netzmittel** (um das Eindringen von Flüssigkeiten zu erleichtern) (Chem) / introfaction *n* ‖ **~ des Alkoholgehalts** (von Spirituosen) (Nahr) / breaking-down *n*, reduction in proof
**herabsetzend** *adj* (Werbung) / denigratory *adj*, knocking *adj*
**Herabsetzung** *f* / reduction *n*, abatement *n* ‖ **~** (der Betriebswerte) (Eltech) / derating* *n* ‖ **~** (der Steuerbelastung) / rollback *n* (US)
**herab•spülen** *v* / wash down *v* ‖ **~stürzen** (Bergb) / run *v*, run off *v*, collapse *v* ‖ **~tropfen** *v* / trickle down *v*
**Heran•diffusion** *f* (Galv) / arrival *n* (of diffusing ions or molecules), diffusion *n* (as towards a surface) ‖ **schnelles ~fahren** (Masch, Werkz) / rapid approach, rapid advance ‖ **~gebrachter Boden** (Bau, HuT) / made ground*, fill *n* ‖ **~holen** *v* (Anrufe) (Fernsp) / pick up *v* ‖ **~zoomen** *v* (Film) / zoom in *v*
**herauf•schalten** *v* (Kfz) / gear up *v*, upshift *v* (US), shift up *v* ‖ **~schalten** *n* (Kfz) / gearing-up* *n*, upshift *n* (US) ‖ **~setzen** *v* (Preise) / raise *v*, mark up *v*, increase *v*, put up *v* ‖ **~transformieren** *f* (Eltech) / step up *v*
**Heraus•bildung** *f* (des Korns) (Hütt) / production *n* ‖ **~brechen** *vi* (von Schleifkörnern) / crumble *vi*, burst *vi* ‖ **~bringen** *v* (auf den Markt bringen) / market *v* ‖ **~destillieren** *v* (Chem Verf) / top *v* ‖ **~diffundieren** *v* (Galv) / diffuse outwards *v* ‖ **~drücken** *v* / press out *v*, squeeze out *v*, express *v* ‖ **~eggen** *n* **von Moos** (Landw) / moss elimination by harrowing ‖ **~fließen** *v* / outflow *v*, discharge *v*, flow off *v*, run off *v*, pour out *v* ‖ **~fließen** (Lava) (Geol) / flow out *v*, issue *v* ‖ **~fließen** *n* (Hyd, Phys) / outflow *n*, discharge *n*, running-out *n*, flowing-off *n*, running-off *n*, run-off *n*, draining-off *n* ‖ **~gabe** *f* / publication *n* ‖ **~geben** *v* / publish *v*, bring out *v*, put out *v*, issue *v* ‖ **~geber** *m* (Druck) / editor *n*
**herausgeführt•er Sternpunkt** (Eltech) / brought-out neutral ‖ **~er Strahl** (aus einem Beschleuniger oder aus einem Reaktor) (Nukl) / ejected beam
**heraus•gehobener Name** (in einem Verzeichnis) (Fernm) / distinguished name ‖ **~geschleppte Lösung** (bei der elektrolytischen Abscheidung) (Galv) / drag-out *n* ‖ **~heben** *v* / pry out *v* ‖ **~heben** *n* (der Modelle) (Gieß) / drawing of patterns*, lifting of patterns* ‖ **~hebung** *f* (Druck, EDV) / highlighting *n* ‖ **~holen** *v* (den Inhalt eines Registers aus dem Stapelspeicher) (EDV) / pop *v*, pull *v*
**herausklappbar•e Abbildung** (Buchb) / fold-out* *n*, pull-out *n*, throw-out* *n* ‖ **~e Karte** (Buchb) / fold-out* *n*, pull-out *n*, throw-out* *n* ‖ **~e Tastatur** (EDV) / fold-out keyboard
**heraus•kürzen** *v* (Math) / cancel *v* ‖ **~kürzen** *n* (aus) (Math) / cancellation *n* (out of) ‖ **~lösen** *v* (Chem) / dissolve out *v*, leach out *v* ‖ **~lösen** (aus der Form) (Gieß) / take out *v*, release *v* ‖ **~machen** *v* (Flecke) (Tex) / take out *v* ‖ **~nahme** *f* (des Modells) (Gieß) / delivery* *n* ‖ **~nehmbar** *adj* (Sonnendach) (Kfz) / pop-up *attr* ‖ **~nehmen** *v* (Werkstück, Film) / unload *v* ‖ **~nehmen** (Gieß) / take out *v*, release *v* ‖ **~pressen** *v* / press out *v*, squeeze out *v*, express *v* ‖ **~ragen** *v* (z.B. Nägel) (Masch) / stand proud ‖ **~ragend** *adj* (z.B. aus der Wand) / salient *adj* ‖ **~ragendes Teil** (Masch, Tischl) / proud* *n* ‖ **~sägen** *v* / saw out *v* ‖ **~springen** *v* (Kette) / jump out *v* ‖ **~springen**, trip *vi* ‖ **~springen** (Gang) (Kfz) / slip out *v* ‖ **~spritzen** *v* / jet *v* ‖ **~strömen** *v* (Lava) (Geol) / flow out *v*, issue *v* ‖ **kräftig ~strömen** (in Gasen) (forth) ‖ **~treiben** *v* / expel *v*, drive out *v* ‖ **~treiben** *n* / expulsion *n* (of gases from liquids) ‖ **~treten** *v* (von Strahlen) (Opt) / emerge *v* ‖ **~ziehbar** *adj* / roll-out *attr*, slide-out *attr* ‖ **~ziehen** *v* (z.B. Textstellen) / extract *v* ‖ **~ziehen** (aus) / pull out *v* (of), draw out *v* ‖ **~ziehen** / withdraw *v* ‖ **~ziehen** (aus einem Bad) (Galv, Tex) / withdraw *v* ‖ **den Stecker ~ziehen** (Eltech) / unplug *v* ‖ **~zoomen** *v* (Film) / zoom out *v*, zoom back *v*
**herb** *adj* (Nahr) / hard *adj*, harsh *adj* ‖ **~** (Wein) (Nahr) / dry *adj*, rough *adj* ‖ **~** (im Geschmack) (Nahr) / sour *adj*, tart *adj*, pungent* *adj*, acrid *adj*, sharp *adj*, astringent *adj* ‖ **~e Frische** (beim Tee) (Nahr) / point *n*
**herbeifahren** *v* (Nahr) / deliver *v*, convey *v*

**Herbert-Pendel** *n* (zur dynamischen Härteprüfung in den USA) (WP) / Herbert pendulum ‖ **dynamische Härteprüfung mit dem ~** (WP) / Herbert pendulum hardness
**Herbig-Haro-Objekt** *n* (eine interstellare Gaswolke) (Astr) / Herbig-Haro object
**herbizid** *adj* / herbicidal *adj* ‖ **~es Harnstoffderivat** (Chem, Landw, Umwelt) / urea herbicide
**Herbizid** *n* (Chem, Landw, Umwelt) / herbicide *n*, weedkiller *n*, weedicide *n* (a chemical weedkiller) ‖ **selektives ~** (Landw) / selective herbicide ‖ **translokal wirkendes ~** (das nur mit einem Teil einer Pflanze in Kontakt kommen muß und sich dann auf die gesamte Pflanze ausdehnt, einschließlich der Wurzel) (Bot, Chem, Landw, Umwelt) / translocated herbicide ‖ **~resistent** *adj* (Landw) / herbicide-resistant *adj* ‖ **~resistenz** *f* (Landw) / herbicide resistance
**Herbrand-Universum** *n* (zu einer vorgegebenen Clausenmenge konstruierte Menge von Termen - nach J. Herbrand, 1908 -1931) (KI) / Herbrand universe
**Herbst•äquinoktium** *n* (Astr) / autumnal equinox* ‖ **~düngung** *f* (Landw) / autumn fertilization ‖ **~holz** *n* (For) / autumn wood* ‖ **~laubvirus** *m* (EDV) / cascade virus, fall virus ‖ **~milbe** *f* (Trombicula autumnalis Shaw.) (Landw) / harvest mite* ‖ **~punkt** *m* (Astr) / First Point of Libra* ‖ **~-Tagundnachtgleiche** *f* (Astr) / autumnal equinox*
**Hercynit** *m* (Eisen/II/-aluminat) (Min) / hercynite* *n*, iron spinel*
**Herd** *m* (Fläche, die bei der Erzaufbereitung durch ihre schwache Neigung und stoßweise Bewegung eine Materialtrennung bewirkt) (Aufber) / concentrating table*, table *n* ‖ **~** (Ausgangspunkt von Erdbeben) (Geophys) / focus* *n* (of earthquake) (pl. foci or -es), seismic focus ‖ **~** (eines Schachtofens) (Hütt) / bottom *n* ‖ **~** (eines Schmelz- oder Flammofens) (Hütt, Keram) / hearth* *n* ‖ **~** (Med) / focus *n* (pl. foci or -es) ‖ **~abdeckplatte** *f* / hot-plate cover ‖ **~buchzucht** *f* (Landw) / pedigree breeding ‖ **~form** *f* (Gieß) / open mould ‖ **~formen** *n* (im offenen Herd) (Gieß) / open-sand moulding, bedding-in *n*, hearth moulding, open moulding ‖ **~formerei** *f* (im offenen Herd) (Gieß) / open-sand moulding, bedding-in *n*, hearth moulding, open moulding ‖ **~frischverfahren** *n* (ein altes Stahlherstellungsverfahren) (Hütt) / open-hearth process*, Siemens-Martin process* ‖ **~frischverfahren** (Hütt) s. auch Elektrostahlverfahren ‖ **~glas** *n* (Glas) / slag *n*, hearth glass ‖ **offener ~guß** (in nicht abgedeckten Herdformen) (Gieß) / open-sand casting ‖ **~mauer** *f* (unter der Bauwerkssohle) (Wasserb) / cut-off wall, cut-off *n* ‖ **~ofen** *m* (Glas, Hütt) / hearth-type furnace, hearth furnace ‖ **~ofen** (als Schmelzofen) (Hütt) / hearth-type melting furnace, open-hearth furnace* ‖ **~raum** *m* (über dem Herd angeordneter Ofenraum) / hearth room ‖ **~schmelzofen** *m* (Hütt) / hearth-type melting furnace, open-hearth furnace* ‖ **~sohle** *f* (Hütt) / bottom *n* ‖ **~tiefe** *f* (Geol) / focal depth ‖ **~wagen-Durchschubofen** *m* (Hütt) / continuous car-type furnace, CCT furnace ‖ **~wagenofen** *m* / bogie kiln, truck chamber kiln, bogie hearth furnace
**Herein•brechen** *n* **des Hangenden** (Bergb) / crush* *n* ‖ **~gebrochenes Hangendes** (Bergb) / shut *n* ‖ **~geschossenes Gestein** (Bergb) / muck *n*, broken ground, debris *n* ‖ **~gewinnen** *v* (Bergb) / break down *v*, cut *v*, dig *v*, hew *v* ‖ **~gewinnen** (Bergb) / get* *v* ‖ **seitenweises ~holen und Auslagern von Informationen** (EDV) / paging* *n*, paging technique ‖ **~rollen** *n* **der Bruchberge** (Bergb) / flushing *n* ‖ **~sprengen** *n* **eines Pfeilers** (Bergb) / run-off *n* ‖ **~wahl** *f* (Fernsp) / direct dial-in, DDI ‖ **~zoomen** *v* (Film) / zoom in *v*
**Heringsche Täuschung** (optische Täuschung, bei der zwei Parallelen durch ein Strahlengitter konkav gekrümmt erscheinen - nach E. Hering, 1834 - 1918) (Opt) / Hering's illusion
**Herings•öl** *n* / herring oil ‖ **~tran** *m* / herring oil
**Heritabilität** *f* (Gen) / heritability* *n*
**herkömmlich** *adj* / conventional *adj*
**Herkon-Kontakt** *m* (Fernsp) / hermetically sealed dry-reed contact
**Herkon-Relais** *n* (Fernsp) / reed relay, Herkon relay
**Herkunft** *f* / origin *n*, provenance *n* ‖ **subkrustaler ~** (Geol) / hypogene *adj*, hypogenic *adj*
**herkunfts•bezogen** *adj* (z.B. Polymernomenklatur) (Chem) / source-based *adj* ‖ **~land** *n* / country of origin
**herleiten** *v* (Math) / derive *v*
**Herleitung** *f* / derivation *n*
**Herlitze** *f* (For) / cornelian cherry
**Hermann-Mauguin-Symbole** *n pl* (internationale Raumgruppen- und Punktgruppensymbole für die Beschreibung der Symmetrie in einem Kristall) (Krist) / Hermann-Mauguin symbols
**Hermeneutik** *f* (Kunst der Interpretation von Texten) / hermeneutics *n pl*
**hermeneutisch** *adj* / hermeneutic *adj*
**hermetisch** *adj* / airtight *adj*, staunch *adj* ‖ **~er Abschluß** / hermetically tight sealing
**hermitesch•er Endomorphismus** (Math) / Hermitian endomorphism ‖ **~e Form** (Math) / Hermitian form ‖ **~ konjugiert** (Math) / adjoint*

hermitesch

*adj*, Hermitian conjugate, adjugate* *adj* ‖ ~**e Matrix** (DIN 5486) (Math) / Hermitian matrix ‖ ~**er Operator** (selbstadjungierter linearer Operator eines Hilbert-Raumes) (Math) / Hermitian operator ‖ ~**e Polynome** *n pl* (die der Hermiteschen Differentialgleichung genügen - nach Ch. Hermite, 1822-1901) (Math) / Hermite polynomials
**Heroin** *n* (Diazetylmorphin - ein Rauschgift) (Pharm) / heroin *n*
**Heronische Formel** (Math) / Hero's formula*, Heron's formula*
**Heronsball** *m* (z.B. beim Parfümzerstäuber) (Phys) / aeolipile *n*
**Heronsche Dreiecksformel** *f* (eine Flächeninhaltsformel nach Heron von Alexandria) (Math) / Hero's formula*, Heron's formula*
**Héroultofen** *m* (ein direkter Lichtbogenofen - nach P. Héroult, 1863 - 1914)) (Hütt) / Héroult furnace
**Herpolhodie** *f* (Mech) / herpolhode *n*
**Herpolhodiekegel** *m* (der Rastkegel eines Kreisels) (Mech) / space cone, herpolhode cone
**Herpolhodiekurve** *f* (Mech) / herpolhode *n*
**HERP-Wert** *m* (Verhältnis der aufgenommenen Dosis eines Stoffes im Vergleich zu dem TD-Wert) (Radiol) / human exposure dose per rodent potency dose
"**Herr der Daten**" (EDV) / owner *n*
**Herren-** *f* **und Knabenoberbekleidung** (Tex) / gents' and boys' outerwear
**Herren • ausstatter** *m* (Tex) / men's outfitter, haberdasher *n* (US) ‖ ~**bekleidung** *f* (Tex) / menswear *n*
**Herreshoff-Ofen** *m* (ein Mehretagenröstofen) / Herreshoff furnace (a mechanical, multiple-deck muffle furnace cylindrical in shape)
**Herringbone** *m* (Streichgarngewebe mit deutlich abgesetzter Fischgratbindung) (Tex) / herringbone *n*
**Herringsmehl** *n* (als Futtermittel) (Landw) / herring meal
**Herschel-Effekt** *m* (ein Belichtungseffekt) (Foto) / Herschel effect
**Herschelsches Spiegelteleskop** (nach Sir F.W. Herschel, 1738-1822) (Astr, Opt) / Herschelian telescope, off-axis telescope, off-axis reflector
**Hersch-Zelle** *f* (für die Coulometrie) (Chem) / Hersch cell
**Herstelldatum** *n* / production date
**herstellen** *v* (Gleichgewicht, Kontakt, Verbindung) / establish *v* ‖ ~ / manufacture *v*, produce *v*, make *v*, fabricate *v* ‖ ~ (Strecke) (Bergb) / drive *v*, drift *v*, run *vt* ‖ ~ (eine Verbindung) (Fernm) / establish *v*, set up *v*, build up *v* ‖ ~ *n* **des Vorderschachts** (Bergb) / foreshaft sinking
**Hersteller** *m* / manufacturer *n*, producer *n*, maker *n* ‖ ~ (Cobol) (EDV) / implementor *n*, implementer *n* ‖ ~ **einer Ware, die unter einer bestimmten Typenbezeichnung oder Marke als Einheit geliefert wird** (EDV, Masch) / original equipment manufacturer* (US), OEM ‖ ~**risiko** *n* (bei der statistischen Qualitätskontrolle) / producer's risk, seller's risk ‖ ~**spezifische Schnittstelle** (EDV) / M-interface *n* ‖ ~**staat** *m* (Luftf) / State of manufacture ‖ ~**wartung** *f* (für Eigen- und Fremdsysteme) / third-party maintenance, TPM
**Herstellkosten** *pl* / cost of production, manufacturing costs, production cost
**Herstellmaß** *n* / marketable size
**Herstellung** *f* (des Gleichgewichts, Kontakts) / establishment *n* ‖ ~ (von Präparaten) (Chem, Pharm) / preparation *n* ‖ ~ (Chem Verf, Masch) / manufacture *n*, production *n*, making *n*, fabrication *n*, manufacturing *n*, fashioning *n*, mfg ‖ ~ (einer Verbindung) (Fernm) / set-up *n*, build-up *n*, setting-up *n*, establishment *n* ‖ **großtechnische** ~ (F.Org) / industrial production ‖ ~ *f* **abgesetzter Bohrungen** (Masch) / step drilling ‖ ~ **der Buchdecke** (bei Handeinbänden) (Buchb) / finishing *n* ‖ ~ **der kombinierten** (Lichtton)**Kopie** (Film) / marrying* *n* ‖ ~ **des Gleichgewichts** (Masch, Phys) / equilibration* *n* ‖ ~ **des Weißhohlglases mit der Westlake-Maschine** (Glas) / Westlake process ‖ ~ **eines Gleichgewichts** (in der Dünnschichtchromatografie) (Chem) / equilibration *n*, saturation *n* ‖ ~ **eines Mitschnitts** (auf einem Tonband) (Mag) / transcription *n* ‖ ~ **von Außenanlagen** (Bau, HuT) / external works ‖ ~ **von Formteilen aus Preßpappe** (Pap) / pulp moulding ‖ ~ **von Papierbreipreßteilen** (Pap) / pulp moulding ‖ ~ **von Prototypen** (F.Org) / prototyping *n* ‖ ~ **von Quetschverbindungen** (Masch) / crimping *n* ‖ ~ **von rundlaufenden Rillen** (an zylindrischen Körpern) (Masch) / fullering *n* ‖ ~ **von Schnittpräparaten** (Mikros) / sectioning *n* ‖ ~ **von weißem Temperguß** (Hütt) / white-heart process*
**Herstellungs • bedingungen** *f pl* (F.Org) / production conditions, manufacturing conditions, processing conditions ‖ ~**fehler** *m* / manufacturing defect ‖ ~**kosten** *pl* / cost of production, manufacturing costs, production cost ‖ ~**methode** *f* (Chem Verf, F.Org, Masch) / production method ‖ ~**verfahren** *n* (Chem Verf, F.Org, Masch) / production method ‖ **sachgerechte** ~**weise** (Pharm) / good manufacturing practice, GMP
**Hertz** *n* (SI-Einheit der Frequenz) (Elektr) / hertz* *n* ‖ ~-**Pressung** *f* (Mech) / Hertzian contact pressure, Hertz's law (a sphere of elastic material and a surface)

**Hertzsch • er Dipol** (ein elementarer Dipol nach H. Hertz, 1857-1894 - DIN 1324, T 3) (Eltech) / Hertzian dipole*, Hertzian doublet*, Hertzian oscillator*, Hertz oscillator ‖ ~**e Formel** (zur Ermittlung der Beanspruchung bei Berührung zweier Körper) (Mech) / formula of Hertz, Hertz's formula ‖ ~**er Oszillator** (Eltech) / Hertzian dipole*, Hertzian doublet*, Hertzian oscillator*, Hertz oscillator ‖ ~**e Pressung** (Beanspruchung von gegeneinander gedrückten Körpern in ihrer Berührungsfläche und deren näherer Umgebung) (Mech) / Hertzian contact pressure, Hertz's law (a sphere of elastic material and a surface) ‖ ~**es Prinzip der geradesten Bahn** (Phys) / principle of least curvature ‖ ~**e Wellen** *f pl* (elektromagnetische Wellen mit Frequenzen unter 3000 GHz) (Elektr) / Hertzian waves*
**Hertzsprung-Russell-Diagramm** *n* (nach E.Hertzsprung, 1873-1967, und H.N. Russell, 1877-1957) (Astr) / Hertzsprung-Russell diagram*, H-R diagram
**herum • fahren** *v* (mit dem Fahrzeug) / go round *v*, ride round *v*, go about *v* ‖ ~**fließen lassen** (Text) (EDV, Typog) / flow *vt* ‖ ~**führen** *v* (Text) (EDV, Typog) / flow *vt* ‖ ~**gezogen** *adj* (Blinkerleuchten, Spoiler, Stoßfänger) (Kfz) / wraparound *attr*
**herunter • drehen** *v* (Fenster) (Kfz) / wind down *v* ‖ ~**fahren** *v* (Server) (EDV) / bring down *v* ‖ ~**fahren** *n* (Nukl) / run-down *n* ‖ ~**fallen** *v* / fall off *v* ‖ ~**fließen** *v* / run down *v* ‖ ~**gefahren** *adj* (Server) (EDV) / down *attr* ‖ ~**gehen** *v* / descend *v* ‖ ~**gehen** (Luftf) / come down *v* ‖ ~**klappbar** *adj* / fold-away *attr* ‖ ~**klappen** *v* / hinge down *v* ‖ ~**klappen** (Kfz) / fold *v*, fold away *v* ‖ ~**kühlung** *f* (Phys) / cooling *n*, cool-down *n* ‖ ~**ladbae Schriften** (EDV) / soft fonts ‖ ~**laden** *v* (EDV) / download *v* ‖ ~**laden** *n* (vom Großrechner zum Mikrocomputer) (EDV) / downloading *n* ‖ ~**lösen** *v* (z.B. Pflanzenschutzmittelrückstände) (Chem) / strip *v* ‖ ~**nehmen** *v* / take down *v* ‖ ~**schalten** *v* (Kfz) / gear down *v*, downshift *v* (US), shift down *v* ‖ ~**schalten** *n* (Kfz) / gearing-down* *n*, downshift *n* (US) ‖ ~**schwenk** *m* (Film) / pan-down *n* ‖ ~**steigen** *v* / descend *v* ‖ ~**trocknen** *v* (Schnittholz) (For) / dry down *v* ‖ ~**walzen** *v* (Hütt) / rough down *v*, rough *v*, break down *v* ‖ ~**walzen** *n* (Hütt) / roughing-down *n*, roughing *n*, breaking-down *n*
**hervor • brechen** *vi* (Quelle) / swell *vi* ‖ **mit Kursivschrift** ~**heben** (Typog) / italicize *v* ‖ ~**heben** *n* (bestimmter Passagen) (Druck, EDV) / highlighting *n* ‖ ~**hebungsart** *f* (EDV) / graphic rendition ‖ ~**quellen** *v* / gush *v* (forth) ‖ ~**rufen** *v* / effect *v* ‖ ~**rufen** / bring about *v*, induce *v* ‖ ~**rufen** / cause *v* ‖ ~**spritzen** *vi* / squirt *vi* (cause a liquid to be ejected from a small opening in something in a thin, fast stream or jet) ‖ ~**sprudeln** *vi* / squirt *vi* (cause a liquid to be ejected from a small opening in something in a thin, fast stream or jet) ‖ ~**sprudeln** *v* (in dünnem Strahl) / jet *v* ‖ ~**stehende Teile** (Masch) / projecting parts, protruding parts ‖ ~**treten** *v* / emerge *v* ‖ ~**treten** (Arch, Bau) / project *vi*, protrude *v* ‖ ~**treten lassen** / set off *v* ‖ ~**tretend** *adj* / salient *adj*
**herz • aktives Glykosid** (Med, Pharm) / cardiac glycoside ‖ ~**blättrige Erle** (Alnus cordata (Loisel.) Desf.) (For) / Italian alder ‖ ~**brett** *n* (aus der Stammitte geschnittenes, das Herz mit einschließendes Brett) (For, Zimm) / heart board ‖ ~**fäule** *f* (For) / crown rot, heart rot, central rot
**herzförmig** *adj* / heart-shaped *adj*, cordate* *adj*, cordiform *adj* ‖ ~**er Nocken** (Masch) / heart cam
**Herz • glykosid** *n* (z.B. Cardenolid, Bufadienolid) (Med, Pharm) / cardiac glycoside ‖ ~**holz** *n* (For) / duramen* *n*, heartwood* *n* ‖ ~**holz** (marknahes Holz) (For) / heart centre, core wood ‖ ~**kurve** *f* (Math) / cardioid* *n* ‖ ~- **und Trockenfäule** *f* (bei Mangold, Roter Beete und Rüben) (Bot) / heart rot ‖ ~**nocken** *m* (Masch) / heart cam ‖ ~**riß** *m* (For) / heart shake (BS 565)*, heart crack, rift crack, heart check ‖ ~**schnitt** *m* (mit engen Siedegrenzen) (Erdöl) / heart cut ‖ ~**schrittmacher** *m* (Med) / pacemaker* *m* ‖ ~**schrittmacherbatterie** *f* (Med) / pacemaker battery ‖ ~**seite** *f* (For) / internal side, heart side ‖ ~**streifen** (For) / heart centre, core wood ‖ ~**stück** *n* (Kreuzung, Weiche, Kreuzungsweiche) (Bahn) / frog* *n*, crossing* *n*, cross frog* ‖ ~**stück** (bei der Destillation) (Chem Verf) / heart *n*, heart cut ‖ **doppeltes** ~**stück** (Bahn) / diamond crossing, obtuse crossing ‖ ~**stück** *n* **für Drehscheiben** (Bahn) / crossing for turntable ‖ ~**stückanfang** *m* (Bahn) / toe of the frog ‖ ~**stückende** *n* (Bahn) / frog end, heel of the frog ‖ ~**stückspitze** *f* (bei Weichen) (Bahn) / point of crossing, toe *n* (of crossing) ‖ ~**teil** *m* (For) / heart centre, core wood
**Hesperetin** *n* (das Aglykon des Hesperidins) (Chem, Pharm) / hesperetin *n*
**Hesperidin** *n* (ein Bioflavonoid) (Chem, Pharm) / hesperidin *n*
**Hesse-Form** *f* (Math) / normal form (of the equation of a line or plane), Hesse's standard form
**Hessesch • e Determinante** (nach L.O. Hesse, 1811 - 1874) (Math) / hessian* *n* ‖ ~**e Normalform** (nach L.O. Hesse, 1811-1874) (Math) / normal form (of the equation of a line or plane), Hesse's standard form
**Hess-Gesetz** *n* (nach G.H. Hess, 1802-1850) (Chem) / law of constant heat summation, Hess's law*

**Hessian** *n m* (Tex) / hessian* *n*, burlap *n* (US)*, hessian canvas ‖ ≈ (Tex) s. auch Juteleinwand

**Hessit** *m* (Silbertellurid) (Min) / hessite* *n*

**Hessonit** *m* (wesentlich Kalktongranat) (Min) / hessonite* *n*, cinnamon stone*, essonite *n*

**Hesssch•es Gesetz** (der konstanten Wärmesummen) (Chem) / law of constant heat summation, Hess's law* ‖ ≈**e Strahlung** (nach V.F. Hess, 1883-1964) (Geophys) / cosmic radiation

**HET-Anhydrid** *n* (Chem) / HET-anhydride *n*, hexachloro-endomethylene-tet-rahydrophthalic anhydride

**heteroannular** *adj* (Chem) / heteroannular *adj*

**Heteroatom** *n* (ein Nichtkohlenstoffatom, das in die Ringstruktur von organischen heterozyklischen Verbindungen, in die Ketten von linearen organischen Verbindungen oder in Substituenten eingebaut ist) (Chem) / heteroatom *n*

**Heteroauxin** *n* (wichtigster Vertreter der Auxine) (Biochem, Bot) / indole-3-acetic acid*, β-indolylacetic acid*, IEA, indole-3-ethanoic acid, heteroauxin* *n*, IAA

**heteroblastisch** *adj* (ungleichkörnig) (Geol) / heteroblastic *adj*

**heterochrom** *adj* (Opt) / heterochromatic *adj*

**Heterochromatin** *n* (Biochem) / heterochromatin* *n*

**heterochromatisch** *adj* (Opt) / heterochromatic *adj*

**Heterocyclen** *pl* (Chem) / heterocyclic compounds*, heterocyclics *pl*

**heterocyclisch** *adj* (Chem) / heterocyclic *adj*

**heterodesmische Kristallstruktur** (Krist) / heterodesmic structure*

**heterodet** *adj* (Peptid) (Biochem) / heterodetic *adj*

**Heterodiode** *f* (Diode mit unterschiedlichen Gitterstrukturen der einzelnen Dotierungsbereiche) (Eltronik) / heterodiode *n*

**heterodispers** *adj* (mit Kolloidteilchen unterschiedlicher Größe) (Chem) / polydisperse *adj*, heterodisperse *adj*

**Heteroduplex** *m* (ein DNA-Doppelstrang) (Gen) / heteroduplex DNA*, heteroduplex *n*

**Heterodynempfang** *m* (Radio) / heterodyne reception, beat reception

**Heteroepitaxie** *f* (das Aufwachsen einer epitaktischen Schicht auf einem Material, das eine andere Kristallstruktur aufweist als das Substrat, auf dem es abgeschieden wird) (Eltronik) / heteroepitaxy *n*

**Heterofaser** *f* (ein Bikomponentenfaser) (Spinn) / heterofibre *n*

**heterofermentativ** *adj* (Mikroorganismen) (Biochem) / heterofermentative *adj* ‖ ≈**e Gärung** (Nahr) / heterolactic fermentation

**Heterofulleren** *n* (Chem) / heterofullerene *n*

**heterogametisch** *adj* (Gen) / heterogametic *adj*

**Heterogarn** *n* (aus mindestens zwei verschiedenen Fasern) (Spinn) / heterofil yarn, mixed filament yarn

**heterogen** *adj* (Chem, Phys) / heterogeneous* *adj* ‖ ~ (Holzstrahl) (For) / heterogeneous *adj* (ray tissue), heterocellular *adj* ‖ **~es Gemisch** (Chem, Phys) / heterogeneous mixture, bulk blend, mechanical mixture ‖ **~es Gleichgewicht** (Phys) / heterogeneous equilibrium ‖ **~e Katalyse** (Chem) / heterogeneous catalysis, surface catalysis, contact catalysis ‖ **~er Kernreaktor** (ein thermischer Reaktor) (Nukl) / heterogeneous reactor* ‖ **~e Legierung** (Hütt) / heterogeneous alloy, multiphase alloy ‖ **~es Netz** (mit mehreren unterschiedlichen Protokollen und Netzbetriebssystemen) (EDV) / heterogeneous network ‖ **~er Raketentreibstoff** (Raumf) / composite fuel, composite propellant ‖ **~er Reaktor** (ein thermischer Reaktor) (Nukl) / heterogeneous reactor* ‖ **~es (zusammengesetztes) Sperrholz** (For) / composite plywood ‖ **~e Strahlung** (eine Röntgenstrahlung) (Radiol) / heterogeneous radiation*

**Heterogenität** *f* (Chem, Phys) / heterogeneity *n* ‖ ~ **der Varianzen** (bei der chemischen Schichtung) (Stats) / heteroscedasticity *n*

**Hetero•glykan** *n* (Chem) / heteropolysaccharide *n* ‖ ≈**karyont** *m* (pl. -en) (Zyt) / heterokaryon *n*, heterocaryote *n* ‖ ≈**karyot** *m* (Zyt) / heterokaryon *n*, heterocaryote *n* ‖ ≈**kette** *f* (mit Heteroatomen als Kettengliedern) (Chem) / heterochain ‖ ≈**kettenpolymerisation** *f* (Chem) / heterochain polymerization ‖ ≈**konjugation** *f* (Chem) / heteroconjugation *n*

**heteroleptisch** *adj* (Komplexverbindung, in der ein Metall an unterschiedliche Liganden gebunden ist) (Chem) / heteroleptic *adj*

**heterolog** *adj* (Chem) / heterologue *adj*, heterolog (US) ‖ **~es Transplantat** (Med) / heterograft *n*, xenograft *n*

**heterologische Paradoxie** (KI, Math) / Grelling's paradox

**Heterolyse** *f* (Spaltung in zwei entgegengesetzt geladene Ionen) (Chem) / heterolysis *n* (pl. -lyses)

**heterolytisch** *adj* (in entgegengesetzt geladene Ionen dissoziierend) (Chem) / heterolytic *adj* ‖ **~e Fragmentierung** (Chem) / heterolytic fragmentation

**Heterometrie** *f* (nephelometrische Titration) (Chem) / heterometry* *n*

**Heteromorphie** *f* (Krist) / heteromorphism *n*

**Heteromorphismus** *m* (Krist) / heteromorphism *n*

**heteronuklear•er Kern-Overhauser-Effekt** (auf den der Intensitätsgewinn zurückgeht) (Kernphys, Spektr) / heteronuclear Overhauser effect, HNOE ‖ **~e Spinentkopplung** (Spektr) / heteronuclear spin decoupling

**Hetero-pn-Übergang** *m* (Eltronik) / heterojunction *n*

**heteropolar** *adj* (Chem) / heteropolar* *adj* ‖ ~ (Eltech) / heteropolar *adj* ‖ **~e Bindung** (Chem) / ionic bond*, electrostatic bond[ing]*, electrovalence* *n*, electrovalency *n*, electrovalent bond, polar bond*, heteropolar bond ‖ **~e Verbindung** (Chem) / heteropolar compound, polar compound

**Hetero•polymer** *n* (Chem) / heteropolymer *n* ‖ ≈**polymeres** *n* (Chem) / heteropolymer *n* ‖ ≈**polymerisat** *n* (Chem) / heteropolymer *n* ‖ ≈**polysaccharid** *n* (Chem) / heteropolysaccharide *n* ‖ ≈**polysäuren** *f pl* (Gruppenname für anorganische Polysäuren mit mindestens zwei verschiedenen Zentralatomen) (Chem) / heteropolyacids *pl*

**heteroskedastisch** *adj* (mit heterogenen Varianzen) (Stats) / heteroscedastic *adj*

**Heteroskedastizität** *f* (Stats) / heteroscedasticity *n*

**Heterosphäre** *f* (der obere Bereich der Atmosphäre) (Geophys) / heterosphere *n*

**Heterostrukturlaser** *m* (Phys) / heterostructure laser

**heterotaktisch** *adj* (Polymer) (Chem) / heterotactic

**heterotop** *adj* (Chem) / heterotopic *adj*

**Heterotransplantat** *n* (Med) / heterograft, xenograft *n* ‖ ≈ (Med) / xenograft *n*

**heterotroph** *adj* (auf organische Nährstoffe angewiesen) (Bot) / heterotrophic *adj* ‖ **~e Bakterien** (Bakteriol) / heterotrophic bacteria

**Heteroübergang** *m* (ein PN-Übergang, der bei Verwendung zweier Halbleitermaterialien mit unterschiedlichen Energieabständen zwischen Valenz- und Leitungsband entsteht) (Eltronik) / heterojunction *n*

**heterozellular** *adj* (For) / heterogeneous *adj* (ray tissue), heterocellular *adj*

**Heterozyklen** *pl* (Chem) / heterocyclic compounds*, heterocyclics *pl*

**heterozyklisch** *adj* (Chem) / heterocyclic *adj* ‖ **~e Verbindungen** (Chem) / heterocyclic compounds*, heterocyclics *pl*

**HETP-Wert** *m* (bei Füllkörperkolonnen) (Chem) / height equivalent to a theoretical plate, H.E.T.P.*

**Heu** *n* (Landw) / hay *n* ‖ ≈**aufzug** *m* (Landw) / hay-elevator* *n*, hay loader ‖ ≈**diemenstacker** *m* (Landw) / haystacker *n* ‖ ≈**elevator** *m* (Landw) / hay-elevator* *n*, hay loader ‖ ≈**förderer** *m* (Landw) / hay-elevator* *n*, hay loader ‖ ≈**greifer** *m* (Landw) / hay grab ‖ ≈**lader** *m* (Landw) / hay-elevator* *n*, hay loader

**Heulandit** *m* (Kalziumdialumohexasilikat - ein Zeolith) (Min) / heulandite* *n*

**Heulboje** *f* (mit selbsttätiger Sirene) (Schiff) / whistling-buoy *n*

**Heulen** *n* (Akus) / howling *n*, howl* *n* ‖ ~ (des Flüssigkeits-Raketentriebwerks infolge instabiler Verbrennung) (Luftf) / screeching* *n*, howl* *n*

**Heuler** *m* (Fernsp) / howler* *n*

**Heultonne** *f* (schwimmendes Seezeichen) (Schiff) / whistle buoy, whistling buoy

**Heuristik** *f* (Wissenschaft von den Methoden und Regeln der Entdeckung und Erfindung) / heuristics *n*, heuristic *n*

**heuristisch** *adj* / heuristic* *adj* ‖ **~es Programm** (EDV) / heuristic routine, heuristic program*

**Heu•schober** *m* (Landw) / haystack *n*, haymow:n. ‖ ≈**schrecke** *f* (Landw, Zool) / locust *n*

**Heusinger-Steuerung** *f* (nach E. Heusinger von Waldegg, 1817-1886) (Masch) / Walschaert's valve gear*, Heusinger valve gear, Waldegg valve gear*

**Heuslersche Legierungen** (im System Mangan-Kupfer-Aluminium - nach F. Heusler, 1866-1947) (Hütt) / Heusler alloys

**Heustapler** *m* (Landw) / haystacker *n*

**heutiger Stand der Technik** / present state of the art

**Heu•werbemaschine** *f* (Landw) / haymaking machine, haymaker *n* ‖ ≈**werbungsmaschine** *f* (Landw) / haymaking machine, haymaker *n*

**Heveakautschuk** *m* / Pará rubber, Hevea rubber

**Heveaöl** *n* (ein trocknendes Öl) / rubber-seed oil

**Hewlett-Isolator** *m* (Eltech) / Hewlett disk insulator*

**Hexa** *n* (in der BR Deutschland verboten) (Chem, Landw, Umwelt) / hexachlorocyclohexane *n*, benzene hexachloride*, BHC*

**Hexabutyldistannoxan** *n* (Chem) / tributyltin oxide, TBTO

**Hexachlorbenzen** *n* (Chem) / hexachlorobenzene *n*, HCB

**Hexachlorcyclohexan** *n* (z.B. Lindan) (Chem, Landw, Umwelt) / hexachlorocyclohexane *n*, benzene hexachloride*, BHC*

**Hexachlordisilan** *n* (Chem) / hexochlorodisilane *n*

**Hexachlorethan** *n* (Chem) / hexachloroethane *n*, carbon trichloride, perchloroethane *n*, hexachlorethane *n*

**Hexachlorophen** *n* (ein altes Bakteriostatikum und Desodorierungsmittel, das auch in kosmetischen Präparaten eingesetzt wurde) (Chem) / hexachlorophane *n* (GB)*, hexachlorophene *n* (US), G-11* *n*.

**Hexachloroplatinsäure(IV)** f (Chem) / hexachloroplatinic acid
**Hexachlorzyklohexan** n (Chem, Landw, Umwelt) / hexachlorocyclohexane n, benzene hexachloride*, BHC*
**Hexacosansäure, n-** ≃ (Chem) / cerotic acid, cerinic acid, hexacosanoic acid
**Hexadecan** n (Chem) / cetane* n, hexadecane* n
**Hexadecensäure, 9-** ≃ (Chem) / palmitoleic acid
**Hexadekan** n (Chem) / cetane* n, hexadecane* n
**hexadezimal** adj (Zahlensystem zur Programmierung der Digitalrechner) (EDV, Math) / hexadecimal adj, sedecimal adj, sexadecimal adj, hex ‖ ~e **Darstellung** (EDV) / hexadecimal notation* ‖ ≃ziffer f (mit der Basis 16) (EDV, Math) / hexadecimal digit
**Hexadien** n (Chem) / hexadiene n
**Hexaeder** n (Krist, Math, Min) / hexahedron (pl. hexahedra or -hedrons) ‖ ≃ (Krist, Math, Min) s. auch Würfel
**Hexaedergruppe** f (Bewegungsgruppe des Hexaeders) (Krist) / hexahedral group
**hexaedrisch** adj (Krist, Math) / hexahedral adj
**Hexafluoro·antimonsäure** f (Chem) / fluoroantimonic acid ‖ ≃**kieselsäure** f (Chem) / hydrofluosilicic acid, silicofluoric acid, fluosilicic acid, hydrofluorosilicic acid ‖ ≃**phosphorsäure** f (Chem) / hexafluorophosphoric acid*, phosphorofluoric acid* ‖ ≃**silicat** n (Chem) / fluosilicate n, fluorosilicate n, fluate n ‖ ≃**silikat** n (Chem) / fluosilicate n, fluorosilicate n, fluate n
**Hexagon** n (Math) / hexagon* n
**hexagonal** adj (Masch, Math) / hexagonal adj, hex. ‖ ~ **dichtest** (Packung) (Krist) / hexagonal close ‖ ~ **dichteste Kugelpackung** (Krist) / hexagonal close packing (hcp, HCP) ‖ ~e **Packungsanordnung** (Krist) / hexagonal close-packed structure, hcp structure ‖ ~es **System** (Kristallsystem nach DIN 13316) (Krist) / hexagonal system*
**Hexagramm** n (Stern mit sechs Ecken) (Math) / hexagram n
**Hexagyre** f (Krist) / hexad n (axis), hexagyre n
**Hexa·hydrat** n (Chem) / hexahydrate n ‖ ≃**hydrobenzol** n (Anstr, Chem, Spektr) / cyclohexane* n, hexamethylene* n ‖ ≃**hydrokresol** n (ein Lösungsmittel) (Chem) / methylcyclohexanol (IV)* n, hexahydrocresol* n, methylhexalin n, sextol* n ‖ ≃**hydropyridin** n (Chem) / piperidine* n, hexahydropyridine n ‖ ≃**hydrotoluol** n (Chem) / methylcyclohexane n ‖ ≃**hydroxybenzol** n (Chem) / benzenehexol n ‖ ≃**kistetraeder** n (Krist) / hextetrahedron n (pl. -hedrons or -hedra), hexakistetrahedron n (pl. -hedrons or -hedra) ‖ ≃**metaphosphat** n (kondensiertes Phosphat, wie z.B. Calgon oder Grahamsches Salz) (Chem) / hexametaphosphate* n ‖ ≃**metapol** n (Hexamethylphosphorsäuretriamid von Pierrefitte-Auby) (Chem) / hexametapol n ‖ ≃**methyldisilizan (HMDS)** n (Chem, Eltronik) / hexamethyldisilizane (HMDS) n ‖ ≃**methylen** n (Anstr, Chem, Spektr) / cyclohexane* n, hexamethylene* n ‖ ≃**methylendiamin** n (aus Adipinsäure oder Azetylen und Formaldehyd hergestellter Rohstoff für Nylon) (Chem) / hexamethylenediamine* n, 1,6-diaminohexane* n ‖ ≃**methylendiammoniumadipat** n (Rohstoff für die Nylonherstellung) (Chem) / hexamethylenediamine salt of adipic acid, 6,6 salt, AH-salt ‖ ≃**methylentetramin** n (Chem, For, Med) / hexamethylenetetramine* n, hexamine* n, methenamine n, urotropine* n, cystamine n ‖ ≃**methylphosphorsäuretriamid** n (ein aprotisches Lösemittel) (Chem) / hexamethylphosphoric triamide, hexamethylphosphoramide n, HMPA, HMPT
**Hexamin** n (Chem, For, Med) / hexamethylenetetramine* n, hexamine* n, methenamine n, urotropine* n, cystamine n
**Hexan** n (Chem) / hexane* n
**Hexanal** n (Chem) / hexanal n, capronaldehyde n
**Hexan·diamin** n (Chem) / hexamethylenediamine* n, 1,6-diaminohexane* n ‖ ≃**disäure** f (Chem) / adipic acid*, hexanedioic acid, butanedicarboxylic acid*
**Hexanitrokobaltat(III)** n (Chem) / cobaltonitrite n
**Hexanol** n (Chem) / hexanol n, hexyl alcohol
**Hexan-1-ol** n (Chem) / hexanol n, hexyl alcohol
**Hexansäure** f (Chem) / caproic acid*, n-hexanoic acid*, hexylic acid ‖ ≃**ethylester** m (Chem, Nahr) / ethyl caproate, ethyl hexanoate
**Hexaphenol** n (Chem) / benzenehexol n
**hexaploid** adj (Gen) / hexaploid adj
**Hexa·pollinse** f (eine Magnetfeldanordnung) (Eltronik) / hexapole lens ‖ ≃**stylos** m (pl. -len) (Arch) / hexastyle* n ‖ ~**symmetrisch** adj (Krist) / hexasymmetric adj ‖ ≃**tetraeder** n (Krist) / hextetrahedron n (pl. -hedrons or -hedra), hexakistetrahedron n (pl. -hedrons or -hedra) ‖ ~**valent** adj (Chem) / hexavalent* adj, sexavalent* adj, sexivalent adj, hexad adj ‖ ≃**valenz** f (Chem) / hexavalence n, sexavalence n ‖ ≃**zyanoferrat(II)** n (Chem) / ferrocyanide* n, hexacyanoferrate(II) n, cyanoferrate(II) n ‖ ≃**zyanoferrat(III)** (Chem) / ferricyanide* n, hexacyanoferrate(III) n, cyanoferrate(III) n
**Hexen** (Chem) / hexene n, hexylene n

**Hexenbesen** m (meist durch parasitische Pilze hervorgerufene pflanzliche Mißbildung, die durch das Auftreten von besenförmig dichten Astsystemen gekennzeichnet ist) (Bot, For) / witches' broom*, hexenbesen n
**Hexenmehl** n (Gieß, Pharm) / lycopodium n
**Hexenstich** m (Tex) / barred (witch) stitch
**Hexin** n (ein Alkin) (Chem) / hexyne n
**Hexit** n (ein linearer 6wertiger Alkohol, der durch Reduktion der Hexose entsteht) (Chem) / hexitol n
**Hexode** f (eine Elektronenröhre mit Katode, Anode, zwei Steuergittern und zwei Schirmgittern) (Eltronik) / hexode n
**Hexogen** n (Chem) / Cyclonite* n, RDX n, hexogen* n
**Hexokinase** f (Enzym, das den Abbau der Dextroseeinheiten im Glykogen einleitet) (Biochem) / hexokinase n
**Hexon** n (Chem) / methyl isobutyl ketone, hexone n, MIBK, 4-methyl-2-pentanone n
**Hexosan** n (aus Hexosen aufgebautes Polysaccharid) (Chem) / hexosan n
**Hexose** f (Monosaccharid mit sechs Sauerstoffatomen) (Chem) / hexose* n
**Hexosemonophosphatweg** m (Biochem) / pentose phosphate pathway, hexose monophosphate shunt, pentose shunt*
**Hexoxid** n (Chem) / hexoxide n
**Hexulose** f (Chem) / ketohexose* n
**Hexylalkohol** m (Chem) / hexanol n, hexyl alcohol
**Hexylenglycol** n (2-Methyl-2,4-pentandiol) (Chem) / hexylene glycol
**Heydrich-Motor** m (ein Rotationsmotor) (Masch) / Heydrich engine
**Heyland-Kreis** m (die Ortskurve des Primärstromes einer Asynchronmaschine) (Eltech) / Heyland diagram*
**Heynau-Getriebe** n (stufenloses Ganzstahlreibgetriebe) (Masch) / Heynau drive
**h'f** (Pap) / woodfree adj, groundwood-free adj
**Hf** (Chem) / hafnium* n
**HF** (Fernm) / radio-frequency* n, RF*, r-f ‖ ≃ (Dekameterwellen) (Radio) / high frequency* (HF)
**HF-Alkylierung** f (Chem) / hydrofluoric-acid alkylation, HF alkylation
**HF-Annäherungszünder** m (Mil) / radio proximity fuse
**HF-Bereich** (3 - 30 MHz) (Fernm, Radio) / high-frequency range ‖ ≃ m (Fernm, Radio) / high-frequency range, HF range
**HF-Beschleuniger** m (Nukl) / radio-frequency accelerator, RF accelerator
**HFD** (Bau, Tischl) / insulating fibreboard n, soft fibrebard
**HfD** (Fernsp) / direct call line, main station for fixed connection
**HF-dichte Tür** (Radio) / RF-screened door
**HF-Drossel** f (Eltech) / high-frequency choke, HF choke
**HF/E** (Bau, Tischl) / high-density hardboard, superhardboard n
**HF-Erwärmung** f (Wärm) / high-frequency heating*, radio heating*, r-f heating, radio-frequency heating*, microwave heating*
**HF-Generator** m (Eltech, Schw) / high-frequency generator, radio-frequency generator
**HFH** (Bau, Tischl) / hardboard n (high-density)*, beaver board*
**HF-Härten** n (ein thermisches Randschichthärteverfahren) (Hütt) / hardening by high-frequency current
**HF-Kabel, koaxiales** ≃ (Kab) / coaxial cable*, concentric cable*, coax n
**HF-Klebung** f (For, Tischl) / high-frequency glu(e)ing
**HF-Kohlenstoffaser** f (hochfeste) (Plast, Tex) / high-performance carbon fibre, high-tenacity carbon fibre
**HF-Kondensator** m (Eltech) / high-frequency capacitor
**HF-Modulator** m (zur Aufmodulierung des Videosignals auf einen hochfrequenten Träger) (TV) / RF converter unit
**H₄-Folat** n (Biochem) / tetrahydrofolic acid, THF
**HFP** (Chem) / radiofrequency polarography, rf polarography, RFP
**HF-Polarografie** f (Chem) / radiofrequency polarography, rf polarography, RFP
**HFR** (Nukl) / high-flux reactor*, high-flux isotope reactor, HFIR
**h'freies Papier** (Pap) / wood-free paper
**hfs** (Kernphys, Spektr) / hyperfine structure*, hfs
**HFS** (Kernphys, Spektr) / hyperfine structure*, hfs
**HF-Schweißen** n (DIN 1910) (Schw) / high-frequency welding*
**HF-Steckverbindung** f (Fernm) / radio-frequency connector, r-f connector
**HF-Störung** f (Radio) / radio-frequency interference, RFI
**HF-Titration** f (Chem) / high-frequency titration
**HF-Trägerstromtelegrafie** f (Teleg) / high-frequency carrier telegraphy
**HF-Transformator** m (Fernm) / high-frequency transformer*
**HF-Transistor** m (mit sehr hoher Grenzfrequenz) (Eltronik) / high frequency transistor, HF transistor
**HFT-Sperre** f (Fernsp) / carrier-current line trap
**H-Funktion** f (Math) / H-function of Jacobi, eta-function of Jacobi
**HF-Verleimung** f (For, Tischl) / high-frequency glu(e)ing
**HF-Verstärkung** f (Fernm) / high-frequency amplification*
**HF-Widerstand** m (Fernm) / high-frequency resistance*

**HF-Widerstandsschweißen** n (Schw) / high-frequency resistance welding
**Hg** (Chem) / mercury* n, quicksilver* n
**Hg-Anode** f / mercury anode
**HGB** / commercial code
**Hg-Elektrode** f / mercury electrode, Hg electrode
**Hg-Filmelektrode** f / thin-mercury-film electrode, mercury-film electrode, mercury thin-film electrode, MFE
**Hg-Katode** f / mercury cathode, mercury-pool cathode
**H-Glied** n (Fernm) / H-network* n
**HG-Verfahren** n (Aufber) / high-gravity process
**Hgw** (ein Schichtpreßstoff mit Gewebe als Füllstoff - DIN 7735, T 1) (Tex) / laminated fabric*, fabric-base laminate
**Hg-Zelle** f (Chem Verf) / mercury cell*, mercury element
**h'h** (Pap) / woody adj, containing groundwood, containing mechanical wood-pulp, wood-containing adj
**h'haltig** adj (Pap) / woody adj, containing groundwood, containing mechanical wood-pulp, wood-containing adj ∥ **~es Papier** (Pap) / wood-pulp paper, wood-containing paper
**HHbl** (Bau, Keram) / hollow block*, hollow building block
**HHDN** (Chem) / Aldrin* n
**HHF** (Radio) / extremely high frequency* (EHF), extra-high frequency
**HHO** / handling object, object n, object to be handled
**H-H-Reaktion** f (Astr, Kernphys) / proton-proton reaction, PP reaction
**HHS** (Hütt, Masch) / superhigh-speed steel, SHSS
**HHW** / high-lift truck ∥ **~** (Wasserb) / bank-full n, bank-full stage (when a stream fills its channel and just overflows its natural banks)
**Hiatus** m (pl. Hiatus) (eine durch Sedimentationsunterbrechung hervorgerufene Schichtlücke) (Geol) / hiatus* n
**Hibernation** f (Bot, Landw, Zool) / hibernation* n, winter sleep
**Hibernia-Trichter** m (für Staubniederschlagsmessung) (Umwelt) / Hibernia-type dust collector
**HI-Bogen** m (Eltech) / high-intensity arc*, HI Arc*
**HIC** / head-injury criterion, HIC
**Hickory** n (von der Gattung Carya) (For) / hickory* n ∥ **~** m f (For) / hickory n, hickory nut ∥ **Echter ~** (For) / mockernut hickory, black hickory ∥ **Schindelrindiger ~** (For) / shagbark hickory ∥ **~holz** n (von der Gattung Carya) (For) / hickory* n ∥ **~nuß** f (Carya Nutt. spp.) (For) / hickory n, hickory nut ∥ **~nußholz** n (von der Gattung Carya) (For) / hickory* n
**HIC-Wert** m (der Wahrscheinlichkeit der Kopfverletzung) (Kfz) / HIC value
**Hidden-Attribut** n (verstecktes Attribut) / hidden attribute
**Hiddenit*** m (eine Abart des Spodumens; in GB und in USA als Schmuckstein sehr geschätzt) (Min) / hiddenite* n, lithia emerald*
**Hidden-Markow-Modell** n (ein Klassifizierungsverfahren bei der Spracherkennung) (EDV, KI) / hidden Markov model
**Hide-and-Seek-Virus** m (der sich im System versteckt) (EDV) / hide-and-seek virus
**Hide-processor** m (ein Gerbmischer) (Leder) / hide processor
**Hieb** m (For) / cut n, exploitation n, cutting n ∥ **~** (Masch) / blow n, stroke n, impact* n, shock n ∥ **~** (Gestaltung und Anordnung der Feilzähne) (Masch) / cut n, file cut ∥ **~nummer** f (der Feile) (Werkz) / grade of cut ∥ **~reif** adj (For) / exploitable adj, ripe for felling, fit for cutting, mature adj
**Hiebs•art** f (Art des waldbaulichen Vorgehens beim Holzeinschlag) (For) / type of felling, method of felling ∥ **~satz** m (For) / felling ratio
**hier anheben!** (Aufschrift auf der Kiste) / lift here ∥ **~ öffnen !** (Aufschrift auf der Kiste) / open this end, open here
**Hierarchie, digitale ~** (Fernm) / digital hierarchy ∥ **plesiochrone digitale ~** (Fernm) / plesiochronous digital hierarchy ∥ **synchrone digitale ~** (Fernm) / synchronous digital hierarchy, SDH
**hierarchisch** adj / hierarchic adj, hierarchical adj ∥ **~es Dateisystem** (EDV) / hierarchical file system (HFS) ∥ **~e Klassifizierung** (Stats) / nested classification ∥ **~es Listenfeld** (Windows 95) (EDV) / tree-view control ∥ **~es Netz** (EDV) / hierarchical network ∥ **~e Planung** (KI) / hierarchical planning ∥ **~e Struktur** / hierarchical structure
**Hiev** f (Schiff) / heave n, hoist n
**Hieve** f (Schiff) / heave n, hoist n ∥ **gestroppte ~** (Schiff) / sling load
**hieven** v (Schiff) / heave v, hoist v
**Hi-Fi** f (Akus, Fernm) / high fidelity*, hi-fi* ∥ **-Verstärker** m (Akus) / high-fidelity amplifier*
**Hifo-Methode** f (zur Ermittlung der Anschaffungs- oder Herstellungskosten von gleichwertigen Gegenständen des Vorratsvermögens - auch ein Wartesystem in der DV) / highest in, first out, HIFO
**HIFO-Prinzip** n (zur Ermittlung der Anschaffungs- oder Herstellungskosten von gleichwertigen Gegenständen des Vorratsvermögens - auch ein Wartesystem in der DV) / highest in, first out, HIFO

**H-I-Gebiet** n (Gebiet des interstellaren Raumes mit neutralem atomarem Wasserstoff) (Astr) / H-I region, H-I area
**Higgs, s.-~** (Kernphys) / shiggs n, Higgsino n, higgsino n
**Higgs-Boson** n (Kernphys) / H boson, Higgs boson
**Higgsino** n (Kernphys) / shiggs n, Higgsino n, higgsino n
**Higgs-Phase** f (eine Phase des Eichfelds - nach P. W. Higgs, geb. 1929) (Phys) / Higgs phase
**Higgs-Teilchen** n (Kernphys) / Higgs particle
**High Resolution** f / high resolution, hi res
**High-blend-Taste** f (Radio) / high-blend key ∥ **~-bulk-Garn** n (Spinn) / high-bulk yarn, HB yarn ∥ **~-Com-Verfahren** n (zur Rauschunterdrückung) (Akus) / high-fidelity compander process, high-com process ∥ **~-Fidelity** (Akus, Fernm) / high fidelity*, hi-fi* ∥ **~-Gravity-Verfahren** n (ein Trennverfahren) (Aufber) / high-gravity process ∥ **~-Key-Effekt** m (bei Schwarzweißbildern, in denen die hellen Grautöne und Lichter stark dominieren und sich nur dünne Schattenzonen abzeichnen /wenn überhaupt/) (Foto) / high key* n ∥ **~-level-Formatierung** f (nach der Low-level-Formatierung) (EDV) / high-level formatting ∥ **~ lighting** n des Texts (EDV) / text highlighting, highlighting of text ∥ **~-Memory Area** f (EDV) / high-memory area (a block of nearby 64 KB of memory following the first MB of conventional memory - now obsolete), HMA ∥ **~-Modulus-Furnaceruß** m (Gasruß, der Vulkanisaten hohen Spannungswert verleiht) (Chem Verf) / high-modulus furnace black, HMF black ∥ **~-Output/Low-Noise-Band** n (ein extrem rauscharmes Tonband mit erweiterter Aussteuerbarkeit) (Akus) / LH/hi-fi-band n ∥ **~-Reliance-Beschichtung** f (bei Disketten) (EDV) / high-reliance coating ∥ **~-Resolution-Grafik** f (EDV) / high-resolution graphics* (HRG), hi-res graphics ∥ **~-Solids-Lack** m (der weniger als 30% Lösemittel enthält) (Anstr) / high-solids paint
**Highspeed•-Film** m (Film, Foto) / high-speed film (needing little light or only short exposure) ∥ **~-Fotografie** f (mit Belichtungszeiten unter 1/10,000.000 s) (Foto) / high-speed photography ∥ **~-Shutter** (Film) / high-speed shutter
**High•-Spin-Komplex** m (in der Koordinationslehre) (Chem) / high-spin complex ∥ **~-split-Verfahren** n (in der Breitbandtechnik) (Fernm) / high-split process ∥ **~-Structure-Ruß** m (Chem Verf) / high-structure carbon black ∥ **~-Tech** n f / high technology, high-tech n, hi-tech n, top-of-the-line technology ∥ **~-Tech-Industrie** f / high-tech industry, hi-tech industry ∥ **~-Throughput-Screening** n (von mehreren Tausend Proben pro Tag) (Chem) / high-throughput screening, HTS
**Highway** m (Leitung innerhalb einer Anlage, auf der Nachrichten zwischen mehreren Baugruppen im Zeitmultiplex ausgetauscht werden) (Eltronik, Fernm) / highway n ∥ **~** (Kfz) / highway n, Hwy, Hy ∥ **sprachgesteuerter ~** (EDV) / speech highway, speech bus
**High-Yield-Stoff** m (Pap) / high-yield pulp
**Hilbert-Raum** m (nach David Hilbert, 1862-1943) (Math) / Hilbert space
**Hilbert-Relation** f (Math) / resolvant equation*, resolvent equation
**Hilbertsche Funktionalgleichung** (Math) / resolvant equation*, resolvent equation
**Hilbert-Transformation** f (Phys) / Hilbert transform, Hilbert transformation
**Hilda-Gruppe** f (nach dem Kleinplaneten Hilda benannte Gruppe von etwa 20 Planetoiden, deren Umlaufszeit etwa 2/3 der Umlaufszeit des Jupiters beträgt) (Astr) / Hilda group
**Hildebrand-Regel** f (nach J.H. Hildebrand, 1881-1983) (Chem) / Trouton's rule*
**Hilfe, anchimere ~** (wenn bestimmte nukleophile Substitutionen schneller als erwartet und unter Erhalt der Konfiguration ablaufen) (Chem) / neighbouring-group participation ∥ **benutzerdefinierte ~** (EDV) / custom help ∥ **nichtoptische ~** (Luftf) / non-visual aid ∥ **~ f für die Kurseinhaltung über Grund** (Luftf) / track guidance ∥ **~befehl** m (bei interaktiven Systemen) (EDV) / help n ∥ **~bildschirm** m (EDV) / help screen ∥ **~meldung** f (EDV) / help function, help system ∥ **~menü** n (EDV) / help menu ∥ **~taste** f (EDV) / help key
**Hilfs•-** / auxiliary adj, ancillary adj ∥ **~-** subsidiary adj ∥ **~-** (Arbeiter) (F.Org) / unskilled adj ∥ **~ader** f (Fernm) / pilot wire*, pilot* n ∥ **~anlage** f (Masch) / supporting facility ∥ **~anode** f (Eltronik) / relieving anode ∥ **~antenne** f (Radio) / sense antenna, sense aerial ∥ **~arbeiter** m / hand n (a person who engages in manual labour), general hand ∥ **~arbeiter** n (a person doing unskilled manual work for wages), laborer n (US) ∥ **~arbeiter** (Bau) / mason's mate ∥ **~arbeiter bei den Bohrarbeiten** (Erdöl) / roustabout n ∥ **~arbeiter für Außenarbeiten** / yardman n ∥ **~ausrüstung** f (zusätzliche) / ancillary equipment, ancillary n ∥ **~bohrloch** n (Bergb) / easer n, relief hole, trimmer hole ∥ **~bohrung** f (Erdöl) / operational hole ∥ **~bremsanlage** f (Kfz) / secondary braking system ∥ **~bremse** f (Masch) / emergency brake ∥ **~einrichtung** f (Art bzw. Teil der Fertigungseinrichtung) (Masch) / auxiliary facility ∥ **~elektrode** f

**Hilfserde**

(Eltronik) / auxiliary electrode, AE ‖ **Wagnersche ⁓erde** (Eltech) / Wagner earth*, Wagner ground (US) ‖ **⁓fläche** f (Luftf) / foreflap n ‖ **kleiner ⁓flügel** (ein "Flügelohr") (Luftf) / winglet n ‖ **Culmannsche ⁓geraden** (zur grafischen Zerlegung einer Kraft) (Mech) / Culmann lines ‖ **⁓gerbstoff** m (Produkt ohne nennenswertes Eigengerbvermögen eingesetzt zum Dispergieren und Beschleunigen in der Vegetabilgerbung) (Leder) / auxiliary syntan ‖ **⁓gesteuert** adj (Regeln) / pilot-controlled adj ‖ **⁓gesteuertes Ventil** (Masch) / pilot-operated valve ‖ **⁓gitter** n (Eltronik) / auxiliary grid ‖ **⁓gitternetzlinie** f (in der Tabellenkalkulation) (EDV) / minor gridline n ‖ **⁓kanal** m (Fernm) / backward channel, return channel ‖ **⁓kraft** f / hand n (a person who engages in manual labour), general hand ‖ **Culmannsche ⁓kraft** (Mech) / Culmann's auxiliary force ‖ **⁓kraft-Bremsanlage** f (DIN 70012) (Kfz) / power-assisted braking system, power-assisted brake system, brake servo-unit ‖ **⁓kraftlenkung** f (Kfz) / power-assisted steering*, power steering, steering assistance ‖ **⁓lanze** f (Hütt) / sublance f ‖ **⁓leiter** m (Eltech) / pilot* n, pilot-wire* n ‖ **⁓lichtbogen** n (des Quecksilberdampfgleichrichters) (Eltech) / keep-alive arc (holding anode) ‖ **⁓lichtbogen** (Schw) / pilot arc ‖ **⁓liniengeometrie** f (Verfahren zur Vereinfachung der Darstellung komplexer Formen bei der rechnerunterstützten Zeichnungserstellung) (EDV) / witness-line geometry ‖ **⁓maß** n (DIN 406, T 1) / auxiliary dimension ‖ **⁓material** n (zur Durchführung und Sicherung des Fertigungsprozesses erforderliches Material, welches jedoch stofflich nicht in das Erzeugnis eingeht) (Masch) / indirect material (electric energy, fuel, lubricants) ‖ **⁓mittel** n (meistens in der Textilindustrie) / auxiliary n, auxiliary agent ‖ **⁓phase** f (Eltech) / split-phase* n ‖ **⁓phasenmotor** m (Eltech) / split-phase motor ‖ **⁓phasenwicklung** f (Eltech) / teaser n (of the teaser transformer) ‖ **⁓phasenwicklung** (z.B. bei den Spaltphasenmotoren) (Eltech) / starting winding* ‖ **⁓pleuel** n (Kfz, Masch) / slave con-rod ‖ **⁓pol** m (Eltech) / auxiliary pole* ‖ **⁓pumpe** f / booster pump* ‖ **⁓pumpe** (Schiff) / donkey pump* ‖ **⁓punkt** m (Anfahrpunkt für ein Werkzeug bei CNC-Fertigung, um sauber in eine Kontur einzutauchen) (Masch) / auxiliary point ‖ **natürliche ⁓quellen** (Umwelt) / natural resources ‖ **⁓relais** n (dessen Arbeitswert gerade unkritisch ist) (Eltech) / all-or-nothing relay ‖ **⁓relais** (Schaltrelais ohne beabsichtigte Verzögerung) (Eltech) / auxiliary relay ‖ **⁓ruder** n (Luftf) / tab* n ‖ **federbetätigtes ⁓ruder** (Luftf) / spring tab ‖ **⁓satz** m (Math) / lemma* n (pl. lemmata or lemmas) ‖ **⁓schalter** m (Eltech) / auxiliary switch, control switch ‖ **⁓schiff** n (an Ort und Stelle) (Erdöl, Schiff) / standby vessel ‖ **⁓schirm** m (der die Fallschirmhülle beim Entfalten aus der Verpackung reißt) (Luftf) / pilot chute*, pilot canopy, pilot parachute ‖ **⁓schmied** m (beim Handschmieden) (Masch) / hammerman* n, striker n ‖ **⁓schütz** n (Eltech) / contactor relay ‖ **unverzögertes ⁓schütz** (Eltech) / instantaneous contactor relay ‖ **verzögertes ⁓schütz** (Eltech) / time-delay contactor relay ‖ **schneller ⁓speicher** (EDV) / temporary memory*, temporary storage ‖ **nicht adressierbarer ⁓speicher** (EDV) / bump storage, bump n ‖ **⁓spiegel** m (Opt) / secondary mirror, subreflector n ‖ **⁓spule** f (Eltech) / dummy coil* ‖ **⁓stempel** m (Bergb) / catch prop* ‖ **⁓mit ⁓steuerung** (Regeln) / pilot-controlled adj ‖ **⁓steuerventil** n (Masch) / pilot valve*, relay valve* ‖ **⁓stoff** m / aid n, additive n, auxiliary material ‖ **technischer ⁓stoff** (Masch) / processing aid ‖ **⁓stoff** m in der Papierherstellung (Pap) / paper-making aid ‖ **⁓stoffe** m pl (z.B. beim Schweißen oder Schneiden) / consumables pl ‖ **⁓-Stromerzeugungsanlage** f auf Kernenergiebasis (Raumf, Schiff) / system for nuclear auxiliary power, SNAP ‖ **⁓studio** n (Radio) / satellite studio ‖ **⁓synchronsignal** n (TV) / burst signal, colour burst* ‖ **⁓system** n für Programmierer (EDV, KI) / programming assistent (system) ‖ **⁓tonspur** f (Film) / guide-track* n, track n ‖ **⁓träger** m (TV) / subcarrier* n ‖ **⁓transformator** m (Eltech) / booster transformer* ‖ **⁓triebwerk** n (kleines, vorwiegend im Rumpfheck oder im Fahrwerkschacht eingebautes Triebwerk, heute praktisch nur in TL-Triebwerk) (Luftf) / auxiliary power unit*, APU ‖ **⁓türstock** m (Bergb) / foreset n, false set ‖ **⁓übergang** m (Eltronik) / idler transition ‖ **⁓- und Nebenanlage, die sich direkt auf dem Baufeld befinden** (Erdöl) / on-site facility ‖ **⁓vorrichtung** f (Masch) / assist n ‖ **⁓wagen** m (der Gattersägemaschine) (For) / auxiliary carriage ‖ **hinterer ⁓wagen** (des Gatters) (For) / rear auxiliary carriage ‖ **vorderer ⁓wagen** (des Gatters) (For) / front auxiliary carriage ‖ **⁓wicklung** f (Eltech) / teaser n (of the teaser transformer) ‖ **⁓wicklung** (Eltech) / auxiliary winding* ‖ **⁓zugriff** m (EDV) / intermediate access

**Hill-Climbing-Methode** f (Fernm) / hill-climbing* n
**Hillebrandit** m ($Ca_2SiO_4 \cdot H_2O$) (Min) / hillebrandite* n
**Hillholder** m (Kfz) / hillholder n (automatic climb lock)
**Hill-Reaktion** f (Lichtreaktion der Fotosynthese) (Biochem, Bot) / Hill reaction*
**Hillsches System** (Reihungssystem für Bruttoformeln) (Chem) / Hill system

**Hiltsche Regel** (Zunahme des Inkohlungsgrades der Steinkohle mit zunehmender Tiefe) (Bergb) / Hilt's rule (in a vertical succession at any point in a coal field, coal rank increases with depth)
**Himalajafichte** f (Picea smithiana (Wall.) Boiss.) (For) / Himalayan spruce
**Himalajazeder** f (Cedrus deodara (Roxb.) G.Don) (For) / deodar* n, deodara n
**Himalaya** m (ein strichappretierter Kammgarn- oder Streichgarnstoff) (Tex) / zibeline n, zibelline n
**Himalaya-Fichte** f (For) / Himalayan spruce
**himbeerrot** adj / raspberry-red adj
**Himbeerspat** m (Mangan(II)-karbonat) (Min) / rhodochrosite* n, manganese spar*, dialogite* n
**Himmel** m (Astr, Meteor) / sky n ‖ (die Dachinnenverkleidung - heute meistens geformt und eingeklebt) (Kfz) / inside roof lining ‖ **klarer ⁓ nach CIE** (Licht) / CIE standard clear sky ‖ **stark bewölkter oder bedeckter ⁓** (Meteor) / cloudy sky ‖ **⁓ m mit Schäfchenwolken** (Meteor) / mackerel sky*
**himmelblau** adj / sky-blue adj, azure adj ‖ **⁓** (Grund des Wedgwood-Geschirrs mit mattweißen Reliefs der griechischen Szenen) (Keram) / Wedgwood attr ‖ **⁓ n** / blue of the sky*
**Himmels·achse** f (die ins Unendliche verlängerte Erdachse, welche die Himmelskugel in den Himmelspolen durchstößt) (Astr) / polar axis* ‖ **⁓äquator** m (Astr) / celestial equator*, equinoctial n, equinoctial line ‖ **⁓bedeckung** f (Meteor) / cloudiness* n, cloud cover, cloud amount (in tenths of sky covered) ‖ **⁓beschreibung** f (Astr) / uranography n, uranology n ‖ **⁓faktor** m (Bau, Licht) / daylight factor*, sky factor, window efficiency ratio* ‖ **⁓faktor** (bei der Helligkeitsbeurteilung) (Licht) / sky factor ‖ **⁓fernrohr** n / astronomical telescope* ‖ **⁓fotografie** f / astrophotography n ‖ **⁓gegenden** f pl (Astr, Nav, Verm) / cardinal points* ‖ **⁓gewölbe** n (Astr, Meteor) / sky n ‖ **⁓karte** f (Astr) / star chart*, star map ‖ **⁓koordinaten** f pl (Astr) / celestial co-ordinates ‖ **⁓körper** m (Astr) / celestial body, heavenly body ‖ **⁓kugel** f (Astr) / celestial sphere* ‖ **⁓licht** n (der sichtbare Teil der Himmelsstrahlung) (Geophys) / skylight n ‖ **⁓mechanik** f (ein Spezialgebiet der Astronomie, das die Bewegungen der Himmelskörper unter dem Einfluß der Gravitation untersucht) (Astr) / celestial mechanics*, gravitational astronomy ‖ **⁓pol** m (Schnittpunkt der verlängerten Erdachse mit der fiktiven Himmelskugel) (Astr) / celestial pole* ‖ **⁓richtung** f (Astr, Nav, Verm) / quarter n ‖ **⁓richtungen** f pl (Astr, Nav, Verm) / cardinal points* ‖ **⁓schreiber** m (zur Luftwerbung eingesetztes Flugzeug, das Flugfiguren in Form von Schriftzeichen fliegt und diese durch raucherzeugende Zusätze an den Triebwerksabgasen sichtbar macht) (Luftf) / sky-writer n ‖ **⁓sphäre** f (Astr) / celestial sphere* ‖ **⁓strahlung** f (Astr) / airglow* n ‖ **⁓strahlung** (Geophys) / diffuse sky radiation, sky radiation, diffuse sky-light ‖ **⁓strahlung** (am Tage) (Geophys) / dayglow n ‖ **nächtliche ⁓strahlung** (Geophys) / nightglow n
**hinabgleiten** v / slide down v
**hinabschleusen** v (Schiff) (Wasserb) / lock down v
**hinaufschleusen** v (Schiff) (Wasserb) / lock up v
**hinaufsteigen** v / climb v
**hinaus·drücken** v / force out v ‖ **⁓pressen** v / force out v ‖ **⁓schießen** v (über) (Phys) / overshoot v ‖ **⁓schießen** n (über) (Phys) / overshoot* n ‖ **⁓schleudern** v / eject v ‖ **⁓treiben** v / force out v ‖ **⁓wandern** v / wander out v, migrate out v
**hindern** v / impede v, obstruct v
**Hindernis** n (in bezug auf Flugmanöver bei Instrumentenbedingungen) (Luftf) / obstacle n ‖ **⁓** (auf dem Flugplatz) (Luftf) / obstruction n, obstn ‖ **⁓se** (Senkholz usw.) beseitigen (aus dem Flußlauf) (For, Wasserb) / snag v ‖ **⁓befeuerung** f (Luftf) / obstruction lights*, obstruction lighting, obs ‖ **⁓feuer** n pl (Luftf) / obstruction lights*, obstruction lighting, obs ‖ **⁓feuer** s. auch Gefahrenfeuer ‖ **⁓trächtiges Gelände** (Luftf) / obstruction terrain ‖ **⁓warnradar** m n (Radar) / terrain-avoidance radar
**Hinderung** f (sterische) (Chem) / hindrance n ‖ **sterische ⁓** (Chem) / steric hindrance*
**hindurchdrücken** v / press through v, force through v
**hindurchperlen lassen** (Chem Verf) / bubble vt
**hindurchpressen** v / press through v, force through v
**hindurchwandern** v / wander through v, migrate through v
**H-induzierte Rißbildung** (WP) / hydrogen-induced cracking, HIC, H-induced cracking
**Hineingehdarstellung** f (Arch, EDV) / walk-in representation
**Hineingreifen, Möglichkeit des ⁓s in den Gefahrenbereich** / accessibility to the hazardous area
**hineinmalen** v (bei Leiterplattenreparatur) (Eltronik) / paint in v
**hineinstreichen** v (bei Leiterplattenreparatur) (Eltronik) / paint in v
**hineinwandern** v / migrate in v
**Hingang** m (Werkz) / forward motion, forward stroke

**Hinlänglichkeitskriterium** n (in der Kognitionswissenschaft) (KI) / sufficiency criterion
**Hinlauf** m (Eltronik) / stroke n
**Hinlaufverzögerung** f (beim Oszilloskop) (Eltronik) / sweep delay
**hinlenken** v (auf) / bias vt (towards)
**Hinreaktion** f (bei einer umkehrbaren Reaktion) (Chem) / forward reaction
**hinreichend** adj (Math, Stats) / sufficient adj ‖ **~e Schätzfunktion** (Stats) / sufficient estimator, sufficient estimating function
**Hinsberg-Test** m (Chem) / Hinsberg test
**Hinsberg-Trennung** f (von primären, sekundären und tertiären Aminen durch Umsetzung mit Benzolsulfochlorid) (Chem) / Hinsberg test
**hinter•er Achsantrieb** (Kfz) / rear-axle final drive ‖ **~er Auspufftopf** (Kfz, V-Mot) / rear silencer, rear muffler (US) ‖ **~e Bordwand** (eines LKW) (Kfz) / tailboard n, tailgate n (US), hatchback n, hatchback door ‖ **~e Brennebene** (Opt) / rear focal plane ‖ **~er Brennpunkt** (Opt) / back focus, image-side principal focus ‖ **~er Dachpfosten** (Kfz) / C-pillar n, rear-cabin pillar ‖ **~e Dreherlitze** (Web) / back crossing heald ‖ **~es Ende** (Bau) / heel* n ‖ **~es Ende** (Masch) / tail n ‖ **~er Hilfswagen** (des Gatters) (For) / rear auxiliary carriage ‖ **~e Kante** (der Bürste) (Eltech) / trailing edge ‖ **~e Klappe** (Kfz) / tailboard n, tailgate n (US), hatchback n, hatchback door ‖ **~er Knotenpunkt** (ein Kardinalpunkt) (Opt) / rear nodal point ‖ **~e Laufachse** (Bahn) / trailing axle* ‖ **~es Laufrad** (Bahn) / trailing wheel* ‖ **~er Laufradsatz** (Bahn) / trailing truck ‖ **~es Lot** (Schiff) / after perpendicular ‖ **~e Motoraufhängung** (Kfz) / rear engine mount ‖ **~e Querwand** (Kfz) / rear bulkhead ‖ **~es Rad** (Bahn) / trailing wheel* ‖ **~e Schnittweite** (Foto, Opt) / back focus*, back focal distance, back focal length, BFL ‖ **~e Schwarzschulter** (TV) / back porch* ‖ **~er Tiefgang** (Schiff) / draught aft ‖ **~er Überhang** (Kfz) / rear overhang, aft overhang
**Hinterachsdifferential** n (Kfz) / rear differential, rear-axle differential
**Hinterachse** f (Kfz) / rear axle ‖ **höherer Anteil an der ~** (Antriebskraftverteilung) (Kfz) / front-to-rear power bias
**Hinterachs•getriebe** n (Kfz) / rear differential, rear-axle differential ‖ **~übersetzung** f (Kfz) / rear-axle ratio ‖ **~wellenrad** n (Kfz) / differential side gear
**Hinter•arbeiten** n (= Hinterdrehen, Hinterschleifen) (Masch) / relieving n, backing-off n, relief n ‖ **~ätzen** n (bei Mehrlagenleiterplatten) (Eltronik) / etch-back n ‖ **~bogen** m (Arch) / back arch ‖ **~-dem-Ohr-Gerät** n (Akus) / behind-the-ear hearing instrument, behind-the-ear hearing aid ‖ **~drehen** v (Masch) / relieving n (a turning operation) ‖ **~drehmaschine** f (Drehmaschine zum Hinterdrehen von Fräs- und Schneidwerkzeugen) (Masch) / relieving lathe, backing-off lathe ‖ **~drehter Fräser** (Masch) / form-relieved cutter ‖ **~druck** m (der unmittelbar hinter der Armatur nach dem Mediendurchfluß anstehende Druck) (Masch) / downstream pressure
**hintereinander schaltbar** adj (z.B. Baukastenelemente) (Masch) / cascadable adj ‖ **~ausführung** f (Math) / composition n ‖ **~geschaltet** adj (Eltech) / series attr, in series ‖ **~geschaltete Elektrolysezellen** (Chem Verf, Eltech) / cascade n (of electrolytic cells) ‖ **~schaltung** f (Eltech) / series connection, series arrangement
**Hinter•eingang** m (Bau) / back entrance, rear entrance ‖ **~fläche** f / rear surface ‖ **~flächenspiegel** m (mit reflektierender Hinterfläche) (Opt) / back-surface mirror ‖ **~flanke** f (des Impulses) (Fernm) / trailing edge*, negative edge ‖ **~fräsen** v (der Zähne eines Walzen- und Wälzfräsers) (Masch) / relief milling, relieving by milling ‖ **~fräsmaschine** f (Masch) / relief milling machine ‖ **~füllen** v (HuT) / backfill v, back v ‖ **~füllsand** m (Gieß) / back-up sand ‖ **~füllung** f (HuT) / back-filling n, backing n ‖ **~glasvergoldung** f (Glas) / glass gilding* ‖ **~glied** n (eines optischen Linsensystems) (Foto, Opt) / rear component ‖ **~glied** (eines Verhältnisses) (Math) / consequent* n
**Hintergrund** m / background n ‖ **~** (bei einer Aufnahme) (Film) / scenery n ‖ **~** (Tex) / ground* n, background n ‖ **~belastung** f (der durch den Menschen verursachte Anteil des Hintergrundgehaltes) (Umwelt) / background contamination ‖ **~bild** n (EDV) / wallpaper n (an optional background pattern or picture on a computer screen) ‖ **~gehalt** m (Chem, Umwelt) / background concentration (level) ‖ **~geräusch** n (Akus) / background noise*, ground noise* ‖ **~geräusche** n pl **in einer Massenszene** (Film) / walla-walla n ‖ **~job** m (EDV) / background job*, background contamination (level) ‖ **~konzentration** f (Konzentration eines Stoffes außerhalb des betrachteten Systems bzw. in der unbeeinflußten Umwelt) (Chem, Umwelt) / background concentration (level) ‖ **~licht** n (Film, Foto) / background light, set light ‖ **~musik** f (aus den Lautsprechern) (Akus) / canned music, piped music, furniture music ‖ **~programm** n (als Gegensatz zu Vordergrundprogramm) (EDV) / background program ‖ **~rauschen** n (Radar) / snow n ‖ **~verarbeitung** f (Programme können im Batchbetrieb mit geringer Priorität im Hintergrund ablaufen, während der Benutzer interaktiv mit dem System arbeitet) (EDV) / background processing, backgrounding n, low-priority processing, BGP
**Hinter•kante** f (Druck) / leave edge, leaving edge ‖ **~kante** (der Karte) (EDV) / trailing edge ‖ **~kante** (der Bürste) (Eltech) / leaving edge*, heel* n, trailing edge*, back* n ‖ **~kappe** f (des Schuhes) / counter n ‖ **~keule** f (Radar, Radio) / back lobe*, rear lobe ‖ **~kipper** m (HuT, Kfz) / end-tipping lorry, end tipper, end dump truck (US) ‖ **~klappe** f (des Schutzumschlags) (Druck) / back flap ‖ **~kleben** v (den kapitalten Buchblock am Rücken) (Buchb) / line v, line up v ‖ **~kleben** n (des kapitalten Buchblocks am Rücken) (Buchb) / lining n, lining-up n ‖ **~klebepapier** n (Buchb) / hollows* pl, back lining* (paper) ‖ **~land** n (eines Hafens) (Geog) / hinterland n ‖ **~lappen** m (Radar, Radio) / back lobe*, rear lobe ‖ **~lassen** v / leave v ‖ **~legen** v (Daten im Speicher) (EDV) / deposit v ‖ **~legungsstelle** f (bei Patentanmeldungen) / depositary authority ‖ **~leuchtetes Supertwist-Display** (EDV) / backlit supertwist display ‖ **~linse** f (Foto, Opt) / rear component ‖ **~linsenverschluß** m (Foto) / between-lens shutter ‖ **~lüften** v (Fugen, Vorhangwand) (Bau) / ventilate v ‖ **~maschine** f (Eltech) / regulating machine, secondary machine ‖ **~maschine** s. auch Scherbiusmaschine ‖ **~mauerung** f (Bau) / backing* n ‖ **~mauerungsmaterial** n (Bau) / backing* n ‖ **~mauerungsziegel** m (Bau) / common brick* ‖ **~piek** f (Schiff) / afterpeak* n ‖ **~piektank** m (Schiff) / after peak tank
**Hinterrad** n (Bahn) / trailing wheel* ‖ **~** (Kfz) / rear wheel ‖ **vollfliegende ~achse** (Achswelle nur auf Verdrehung beansprucht) (Kfz) / full-floating rear axle ‖ **~antrieb** n (mit Hinterachse als Antriebsachse) (Kfz) / rear-wheel drive, RWD ‖ **~gabel** f (bei Motorrädern) (Kfz) / rear-wheel fork
**Hinter•riemen** m (bei Schuhen) (Leder) / backstrap n ‖ **~schäumung** f (Auftragen einer Schaumschicht auf ein Bauteil oder eine Folie) / foam baking, foaming-in n (behind) ‖ **~schleifwinkel** m (Masch) / angle of relief* ‖ **~schliff** m (bei Fräserzähnen) (Masch) / backing n ‖ **~schneiden** v (Masch) / undercut v ‖ **~schneidung** f (Masch) / undercut* n ‖ **~schnitt** m (Masch) / undercut* n ‖ **~schnittfrei** adj (Festgelenk) (Kfz) / undercut-free adj ‖ **~schrämen** v (Bergb) / shear v ‖ **~seil** n (am Bremsberg) (Bergb) / tail-rope n, backhaul cable ‖ **~seite** f / rear n ‖ **~sitz** m (Kfz) / rear seat ‖ **~steven** (Schiff) / stern-frame* n ‖ **~stevensohle** f (Schiff) / sole piece* n ‖ **~teil** n (des Außenschaftes) (Leder) / quarter n ‖ **~tiefe** f (hintere Begrenzung der Schärfentiefe) (Foto) / far limit (of depth of field) ‖ **~tür** f (Kfz) / rear door ‖ **~wand** f (Bau) / back-wall n, rear wall ‖ **~wandzelle** f (Eltronik) / back-wall cell*, back-wall photovoltaic cell, back-layer photovoltaic cell ‖ **~wetzwinkel** m (bei Fräsern) (Masch) / angle of relief*
**hinüberbringen** v (Math) / transpose v
**hin-, sich – und herbewegend** adj (Masch) / reciprocating adj ‖ **~ und hergehend** adj (Masch) / reciprocating adj ‖ **~ und Herbewegung** f (Masch) / reciprocating motion ‖ **schnelle ~ und Herbewegung des Films** (Fehler) (Film) / jiggling n ‖ **~ und Her-Biegeversuch** m (mit einer einseitig eingespannten rechtwinkligen Biegeprobe nach DIN 50153) / reverse bend test (BS 2094) ‖ **~ und Herschnürung** f (Web) / London tie, cross-tie n
**hinuntersteigen** v (Math) / descend v
**Hinweis** m / hint n (in manuals) ‖ **~** (im Verzeichnis) (Fernm) / referral n ‖ **erläuternde ~e** / explanatory notes ‖ **~adresse** f (EDV) / pointer n ‖ **~gabe** f (z.B. für den Empfänger) (Fernm) / notification n ‖ **~linie** f (DIN 406, T 2) / leader line ‖ **~marke** n (EDV) / sentinel* n, sentinel flag, flag* n ‖ **~ton** m (kein Anschluß unter dieser Nummer) (Fernsp) / N.U. tone*, number unobtainable tone* ‖ **~zeichen** n (bei Wegweisern) (Kfz) / direction sign ‖ **~zeichen** (Kfz) / informatory sign, information sign ‖ **~zeichen** (Typog) / mark of reference*, reference mark*
**hinzuaddieren** v (Math) / add v, total v
**hinzufügen** v (Math) / add v
**hinzukommend** adj / additional adj, extra attr
**H-Ion** n (Ion des Wasserstoffs) (Chem) / hydrogen ion*, hydrion n
**Hiperco** n (Magnetlegierung mit 35% Co) (Hütt) / Hiperco n
**Hipernik** n (Magnetlegierung mit 50% Fe und 50% Ni) (Hütt) / Hipernik n
**HIPO-Methode** f (ein von der IBM entwickeltes Programmentwurfsverfahren) (EDV) / HIPO method (hierarchy plus input-process-output)
**Hippe** f (For) / brush hook, billhook n
**hippokratisches Möndchen** (Math) / Hippocrates lune
**Hippursäure** f (N-Benzoylglycin) (Biochem) / hippuric acid*, N-benzoylglycine n, benzoyl-aminoethanoic acid*
**Hiptagensäure** f (Biochem) / 3-nitropropionic acid
**HIP-Verfahren** n (Pulv) / hot isostatic pressing, HIP
**Hirnendenschutz** m (bei der Schnittholztrocknung sowie bei der Rundholzlagerung) (For) / end protection
**Hirnholz** n (Querschnitt an Vollholz) (For) / cross-cut wood ‖ **mit ~feder** (Tischl, Zimm) / cross-tongued* (x-tgd) adj ‖ **~hobel** m (Tischl)

**Hirnholznagelung**
/ block plane, low-angle plane (about 34°) ‖ ~**nagelung** f (Zimm) / end-grain nailing ‖ ~**riß** m (For) / end shake ‖ ~**riß** (For, Zimm) / end shake

**Hirnschnitt** m (des Holzes) (For) / cross-cut n, cross-section n, end grain, end-grain cutting

**H-Iron-Verfahren** n (ein bei der Hydrocarbon Research Inc. und Bethlehem Steel Corp. entwickeltes Verfahren zur Reduktion feiner, hochwertiger Eisenerze mittels Wasserstoff zu Eisenschwamm) (Hütt) / H-iron process

**Hirsch•Filtertrichter** m (Chem) / Hirsch funnel ‖ ~**geweihmast** m (der Freileitung) (Eltech) / corset-type tower

**Hirschhorn•geist** m (Liquor Ammonii caustici nach DAB 10) (Pharm) / ammonia water, ammonia solution, aqua ammonia (pl. aquae ammoniae), spirit of hartshorn ‖ ~**mast** m (mittlerer Leiter höherhängend) (Eltech) / K frame ‖ ~**salz** n (ein Gemisch von hauptsächlich Ammoniumhydrogenkarbonat und Ammoniumkarbamat - als Backpulver verwendet) (Nahr) / salt of hartshorn

**Hirsch-Trichter** m (Chem) / Hirsch funnel
**Hirsutin** n (Chem, Pharm) / hirsutine n
**Hirsutsäure** f (Chem) / hirsutic acid
**Hirthsche Verzahnung** (Masch) / serration n, groove toothing, channel toothing
**Hirudin** n (ein hochmolekularer Eiweißstoff - Sekret des medizinischen Blutegels) (Pharm) / hirudin* n
**His** (Biochem) / histidine* n, His*
**Hiß** m (eine VLF-Emission) (Radio) / hiss n
**Histamin** n (ein Gewebshormon) (Biochem) / histamine* n
**Histaminantagonist** m (pl. -sten) (Biochem, Pharm) / antihistamine* n
**Histaminase** f (Biochem) / diamine oxidase
**Histaminfreisetzungstest** m (Gen) / histamine release test
**Histidin** n (eine essentielle Aminosäure) (Biochem) / histidine* n, His*
**Histochemie** f (ein Teilgebiet der Chemie, das sich mit dem Gewebemechanismus von Organismen befaßt) (Chem) / histochemistry* n
**histochemisch** adj (Chem) / histochemical adj
**Histogramm** n (grafische Darstellung einer Häufigkeitsverteilung) (Stats) / histogram* n
**Histogrammabflachung** f / histogram flattening
**Histoinkompatibilität** f (Med) / histoincompatibility n, tissue intolerance
**Histokompatibilität** f (Med) / histocompatibility n, tissue tolerance
**Histokompatibilitätsantigen** n (Med) / histocompatibility antigen*
**Histologie** f (Lehre von den Körpergeweben der Lebewesen) (Med) / histology* n
**histologisch** adj (Med) / histological adj
**Histon** n (nicht gewebsspezifisches, basisches einfaches Protein) (Biochem) / histone* n
**Historadiografie** f (Abbildung von histologischen Schnitten mit radiologischen Mitteln) (Radiol) / historadiography n
**Histosol** m (mit organischen Stoffen stark angereicherter Boden) (Landw) / histosol n
**Hitchkupplung** f (für Anhängergeräte) (Landw) / pick-up hitch
**Hittorfsch•er Phosphor** (monokline, polymere, dreidimensional vernetzte Form des Phosphors, die man durch weiteres Erhitzen des roten Phosphors erhält) (Chem) / violet phosphorus, Hittorf phosphorus, red-violet phosphorus ‖ ~**e Überführungszahl** (der Beitrag einer Ionenart in einer festen oder flüssigen Lösung zur gesamten elektrolytischen Leitfähigkeit) (Chem) / Hittorf transport number, Hittorf transference number ‖ ~**er Umwegeffekt** (nach J.W. Hittorf, 1824 - 1914) (Elektr) / Hittorf principle, short-path principle

**Hitzdraht** m (Eltech) / hot-wire* n ‖ ~**amperemeter** n (Eltech) / hot-wire ammeter* ‖ ~**anemometer** n (zur Messung geringer Windgeschwindigkeiten nach DIN 1946, T 1) (Meteor) / hot-wire anemometer* ‖ ~**instrument** n (ein Meßinstrument) (Eltech) / hot-wire instrument ‖ **Bimetallinstrument + ~instrument** (Eltech) / thermal instrument ‖ ~**-Luftmassenmesser** m (in Einspritzanlagen) (Kfz) / hot-wire air flow meter ‖ ~**mikrofon** n (Radio) / hot-wire microphone, thermal microphone ‖ ~**oszillograf** m (Eltech) / hot-wire oscillograph* ‖ ~**spule** f (Eltech) / heat coil ‖ ~**strommesser** m (Eltech) / hot-wire ammeter* ‖ ~**vakuummeter** n (Vakuumt) / Pirani gauge*, hot-wire gauge ‖ ~**windmesser** m (Meteor) / hot-wire anemometer*

**Hitze** f (beim Rammen) (HuT) / tally of blows ‖ ~ (Hütt) / heat* n ‖ ~ (bei der Ultrahocherhitzung) (Nahr) / ultra-high temperature, heat n ‖ ~ (als Sinnesempfindung) (Physiol) / heat n ‖ ~**belastung** f (die zu Hitzekollaps führen kann) (Physiol) / heat stress

**hitzebeständig** adj / heat-resistant adj, heat-resisting adj, heatproof adj, heat-durable adj ‖ ~**er Anstrichstoff** (z.B. für Heizkörperanstriche) (Anstr) / heat-resisting paint* ‖ ~**e Legierung** (Hütt) / heat-resisting alloy*, heat-resistant alloy ‖ ~**er Stahl** (Hütt) / heat-resisting steel*

**Hitze•beständigkeit** f / heat resistance, heat stability ‖ ~**echtheit** f (Tex) / fastness to heat ‖ ~**empfindlich** adj / heat-sensitive adj ‖ ~**fest** adj / heat-resistant adj, heat-resisting adj, heatproof adj, heat-durable adj ‖ ~**festigkeit** f / heat resistance, heat stability
**hitzehärtbar** adj / thermosetting adj, heat-curing adj ‖ ~**er Klebstoff** (Chem) / thermosetting adhesive
**Hitze•inaktivierung** f (Phys) / thermal inactivation ‖ ~**insel** f (im urbanen Ökosystem) (Umwelt) / heat island ‖ ~**katarakt** f (Med) / heat cataract ‖ ~**koagulierung** f / thermocoagulation n ‖ ~**krämpfe** m pl (Med) / heat cramps, miners' cramps ‖ ~**mauer** f (Lufft, Phys) / heat barrier, thermal barrier ‖ ~**periode** f (Meteor) / heat wave, hot spell ‖ ~**resistent** adj (Bakteriol) / thermostable* adj ‖ ~**resistenz** f / heat resistance, heat stability ‖ ~**resistenz** (von Organismen) (Biol) / heat tolerance ‖ ~**schädigung** f / heat damage ‖ ~**schild** m (zur Ablationskühlung) (Raumf) / heat-shield n ‖ ~**schockprotein** n (Biochem) / heat-shock protein, HSP ‖ ~**schutzbekleidung** f (Tex) / heat protective clothing, heat-protection clothing ‖ ~**schwelle** f (Lufft, Phys) / heat barrier, thermal barrier ‖ ~**stau** m (in Kleidern) (Tex) / build-up of heat, accumulation of heat ‖ ~**sterilisation** f / heat sterilization ‖ ~**tetanie** f (Med) / heat cramps, miners' cramps ‖ ~**vergilbung** f / heat yellowing ‖ ~**verteilerplatte** f (bei Laborbrennern) (Chem) / wire gauze ‖ ~**verteilerplatte mit einer Asbesteinlage in der Mitte** (bei Laborbrennern) (Chem) / asbestos-centred wire gauze ‖ ~**welle** f (Meteor) / heat wave, hot spell ‖ ~**zerlegung** f (Phys) / thermal degradation, thermal decomposition ‖ ~**zersetzung** f (Phys) / thermal degradation, thermal decomposition ‖ ~**zulage** f (F.Org) / high-temperature supplement

**HIV** n (Med) / human immunodeficiency virus*, HIV*
**HJBT** (extrem schneller Transistor auf Galliumsenidbasis) (Eltronik) / heterojunction bipolar transistor (HJBT)
**HK** (Eltech) / main cable ‖ ~ (Glas) / hydrolytic class
**H-Kabel** n (VDE 0255) (Eltech) / Höchstädter cable*, H-type cable
**HK-Eisen** n (Hütt) / charcoal iron*, charcoal pig iron
**h-Kenngröße** f (Kenngröße bei der Vierpolersatzschaltbilddarstellung von Transistoren) (Eltronik) / h-parameter* n, hybrid parameter, small-signal parameter
**HK-Kassette** f (Nukl) / shim/scram assembly
**HKL** (Chem, Eltronik) / hollow-cathode tube*, HCT
**HKM** (Nukl) / primary coolant*
**H-Krümmer** m (Wellenleiter) (Fernm) / H-bend n, flatwise bend
**HKW** (ein Wärmekraftwerk) / combined heating and power station, CHP plant, co-generating plant (station), heating and power station ‖ ~ (Nukl) / primary coolant*
**HKZ** (Fernsp) / loop-disconnect dialling ‖ ~ (Kfz) / capacitor-discharge ignition system, CD ignition, CDI
**HL** (Sprengkörper oder Geschoß) (Bergb, Mil) / hollow charge, shaped charge
**H-Ladung** f (Bergb, Mil) / hollow charge, shaped charge
**HLA-Isoantigen** n (Physiol) / human leucocyte antigen, HLA
**HLA-System** n (in die Membran jeder Körperzelle eingebaute Antigene, die für die Gewebsverträglichkeit bei Transplantationen entscheidend sind) (Physiol) / HLA system
**HLB-Wert** m (zur Charakterisierung von Emulgatoren) (Chem) / hydrophilic-lipophilic balance, HLB*
**HLK** (Kfz) / heating, ventilation and air-conditioning system, HVAC
**HLSP-Theorie** f (Chem) / valence-bond theory (a method of applying quantum theory to the calculation of chemical bonding), VB theory
**Hm** (aus Harz und Glasseidenmatte nach DIN 7735) / glass-mat-base laminate, resin-bonded glass mat
**HMA** (EDV) / high-memory area (a block of nearby 64 KB of memory following the first MB of conventional memory - now obsolete), HMA
**HMDS** (Chem, Eltronik) / hexamethyldisilizane (HMDS) n
**HMF-Ruß** m (Chem Verf) / high-modulus furnace black, HMF black
**HMH** (Chem, Kfstof) / heptamethylnonane n
**H-Milch** f (Nahr) / ultra heat treated milk, UHT milk, long-life milk
**HMO-Theorie** f (Hückel-Molekularorbital-Theorie) (Chem) / HMO theory
**HMPT** (Chem) / hexamethylphosphoric triamide, hexamethylphosphoramide n, HMPA, HMPT
**$H_o$** (DIN 5499) / gross calorific value, gross heating value, high(er) heating value, heat of combustion, high-heat value (US), HHV (US)
**Ho** (Chem) / holmium* n
**Hoare-Monitor** m (EDV) / Hoare's monitor
**Hoare-Tripel** n (EDV) / Hoare triple
**Hobbock** m (ein Transportgefäß) / hobbock n, full-aperture drum
**Hobbyist** m / hobbyist n, do-it-yourselfer n, do-it-yourself enthusiast, handyman n (pl. -men)
**Hobbyraum** m / hobby room, workroom n
**Hobby-Speläologe** m (Geol) / caver n, spelunker n
**Hobel** m (Bergb) / plough n, coal planer, planer n ‖ ~ (Tischl, Zimm) / plane* n ‖ ~ **für Karniese** (Tischl) / ogee plane ‖ ~ m pl **zum Hobeln**

**hohler Flächen** (z.B. Schiffshobel) (Tischl) / hollows *pl* || ~ **zum Hobeln nach außen gewölbter Flächen** (z.B. Rundstabhobel) (Tischl) / rounds* *pl*, rounding planes || ~**bank** *f* (Arbeitsplatz des Tischlers) (Tischl) / workbench *n*, woodworker's bench || ~**breite** *f* (Tischl) / planing width || ~**diele** *f* (für Fußböden) (Zimm) / floorboard *n* || ~**düse** *f* (Schw) / gouging tip || ~**eisen** *n* (Tischl, Zimm) / cutting iron, plane-iron* *n*, blade *n*, bit* *n* || ~**eisenklappe** *f* (Zimm) / break iron*, back iron*, cover iron*, cap iron* || ~**kamm** *m* (eine gerad- oder schrägverzahnte Zahnstange zum Wälzstoßen) (Masch) / rack cutter, cutting rack, rack-form cutter || ~**kasten** *m* (Tischl, Zimm) / stock* *n*, body *n* || ~**maschine** *f* (Masch) / planing machine*, planer *n* || [schwenkbarer] ~**maschinensupport für Spanabnahme in beiden Richtungen** (Masch) / jim-crow* || ~**maul** *n* (Tischl, Zimm) / mouth* *n* || ~**meißel** *m* (einschneidiges Werkzeug zum Hobeln) (Masch) / planer tool* || **gekröpfter** ~**meißel** (DIN 4957) (Masch) / swan-necked tool || ~**messer** *n* (For) / facer knife, planer knife, planing knife || ~**messer** (Tischl, Zimm) / cutting iron, plane-iron* *n*, blade *n*, bit* *n*

**hobeln** *v* (Bergb) / plough *v*, plow *v* (US), plane *v* || ~ (abrichten) (For, Tischl, Zimm) / surface *v*, plane *v* || ~ (mit einem Langhobel) (For, Zimm) / try *v*, try up *v* || ~ (spanen nach DIN 8589, T 4) (Masch) / plane *v* || ~ *n* (Bergb) / planing *n*, ploughing *n* || ~ (DIN 8589, T 4) (Masch) / planing *n*

**Hobel•span** *m* (Masch) / planing chip || ~**späne** *m pl* (For) / shavings *pl*, wood shavings || ~**spanloch** *n* (Werkz) / escapement *n* || ~**stahl** *m* (Tischl, Zimm) / cutting iron, plane-iron* *n*, blade *n*, bit* *n* || ~**ständer** *m* (Masch) / planer stand *f* (For) / planed timber, planing-mill products, wrought timber, wrot *n* || ~**ware** (For) / dressed timber*, wrought timber, surfaced timber, planed lumber, surfaced lumber, planed timber || ~**ware** (Zimm) / wrought timber, surfaced timber, dressed timber, surfaced timber || ~**werkzeug** *n* (Tischl) / planing tool || ~**zahn** *m* (der Kettensäge) (For) / chipper-chain-saw cutter link || ~**zahn** *m* (For) / chipper chain (of a saw chain)

**hoch** *adj* / high *adj* || ~ (Ton) (Akus) / high-pitched *adj* || ~ (Raum) (Bau) / high-ceilinged *adj* || ~ s. auch höher und höchst || **hohe Auflösung** / high resolution, hi res || **hohe Dielektrizitätskonstante** (Eltech) / low permittivity || **hohe Drehung** (Spinn) / hard twist* || **hoher Kraftstoffverbrauch** (Kfz) / poor mileage (US) || **hohe Rändelmutter** (Masch) / knurled nut with collar || **hohe Schreibdichte** (EDV) / high density (HD) || **hohe See** (Ozean, Schiff) / open sea, high sea || **hohe Spaltschärfe** (Erdöl) / high-severity cracking || **hohes Verkehrsaufkommen** (Kfz) / heavy traffic, bumper-to-bumper traffic, high traffic || **hohe Wiedergabetreue** (Akus, Fernm) / high fidelity*, hi-fi* || **hohe Wolken** (Meteor) / high clouds || ~ **verestertes Pektin** (Biochem) / high-ester pectin

**Hoch** *n* (Meteor) / high *n*, high-pressure area, H || ~- / high *adj*

**hoch•abriebfester Ruß** / high-abrasion furnace black, HAF black || ~**achse** *f* (Luftf) / vertical axis, z-axis *n* (pl. z-axes), OZ, normal axis*, lift axis* || ~**affiner Farbstoff** (Tex) / high-affinity dye(stuff), dyestuff with high affinity || ~**aktiver Abfall** (Nukl, Umwelt) / high-active waste, high-level (radioactive) waste, hot waste, high-activity waste, HAW || ~**aktiv-Waste** *m* (Nukl, Umwelt) / high-active waste, high-level (radioactive) waste, hot waste, high-activity waste, HAW || ~**angereichertes Uran** (Nukl) / high-enriched uranium, highly enriched uranium, HEU || ~**antenne** *f* (z.B. auf dem Hausdach) (Radio) / elevated antenna || ~**aschehaltig** *adj* (Chem, Kftst) / high-ash *attr*, rich in ash, with high ash content || ~**atmosphäre** *f* (Astr, Geophys) / upper atmosphere*, upper air

**hochauflösend** *adj* / high-resolution *attr*, hi-res, attr. || ~ (Film) (Opt, TV) / high-definition* (HD) *attr* || ~**e Durchstrahlungselektronenmikroskopie** (Mikros) / high-resolution transmission electron microscopy, HRTEM || ~**e Elektron-Energie-Verlustspektroskopie** (Spektr) / high-resolution electron energy loss spectroscopy, HREELS || ~**es Fernsehen** (1250 Zeilen, Bildseitenverhältnis 16 : 9) (TV) / high-definition television, HD television, HDTV || ~**e Grafik** (EDV) / high-resolution graphics* (HRG), hi-res graphics

**Hoch•auftriebsmittel** *n* (Luftf) / lift-increasing device || ~**ausbeutezellstoff** *m* (meistens durch sauren Aufschluß gewonnen) (Pap) / high-yield pulp || ~**aussteuerbares Band** (Mag) / high-output tape || ~**bahn** *f* (in Großstädten angelegte Schnellbahn, die oberhalb des Straßennetzes auf einem eigenen Bahnkörper verkehrt) (Bahn) / elevated *n* (railroad) (US), overhead railway, elevated railway, el || ~**bau** *m* (als theoretische Disziplin) (Arch) / architectural engineering || ~**bau** (als Zweig der Bautechnik) (Bau) / overground workings || ~**bau** (über der Erde errichtetes Bauwerk) (Bau) / overground building || ~**-und Tiefbau** (Bau, HuT) / building and civil engineering || ~**bausch-** (Spinn) / high-bulk *attr*, hi-bulk *attr*, HB || ~**bauschgarn** *n* (ein texturiertes Garn) (Spinn) / high-bulk yarn, HB yarn || ~**bauschig** *adj* (Spinn) / high-bulk *attr*, hi-bulk *attr*, HB

**hochbeanspruchbar** *adj* / heavy-duty *attr*, tough *adj*, HD || ~**er Kolbenring** (V-Mot) / severe ring

**Hochbehälter** *m* (für Umlaufschmierung) / header tank || ~ / overhead tank, elevated tank, high-level distribution reservoir, high-level service reservoir, elevated storage reservoir

**hochbelastbar** *adj* / heavy-duty *attr*, tough *adj*, HD || ~ s. auch Hochleistungs- und Höchstleistungs-

**hochbelasteter Tropfkörper** (Sanitär) / high-rate trickling filter

**Hoch•bettfelge** *f* (Felgenausführung des CTS-Rades) (Kfz) / high-centre rim, raised-centre rim || ~**biegewerkzeug** *n* (zum Winkligstellen von Schenkeln zu einer U-Form) (Masch) / bending tool, box die || ~**bild** *n* (Geländemodell) (Kart) / relief *n* || ~**bleihaltig** *adj* (mit Bleizusätzen) / high-leaded *adj* || ~**bleikristall** *n* (mit > 30% PbO) / crystal glass with > 30 % PbO, high-lead crystal, full-lead crystal, English lead crystal || ~**bord** *m* (HuT) / upstanding kerb, raised kerb || ~**bordstein** *m* (HuT) / upstanding kerb, raised kerb || ~**bordsteinführung** *f* (HuT) / kerb alignment

**hochbrechen** *v* (von unten nach oben) (Bergb) / raise *v*, upraise *v*, rise *v* || ~ *n* (Bergb) / raising *n*, upraising *n*, rising *n*

**hochbrechendes Glas** (Glas, Opt) / high-refractive-index glass

**Hoch•brücke** *f* (HuT) / elevated bridge || ~**bunker** *m* / overhead hopper

**hochchloren** *v* (Sanitär) / superchlorinate *v*

**Hochchor** *m* (Teil des Chors über der Arkadenzone in der Höhe des Lichtgadens einer Basilika, entsprechend dem Hochschiff) (Arch) / chancel* *n*

**hochchromhaltig** *adj* (Chem) / high-chromium *attr*

**hochcyanidisch** *adj* (Galv) / high-cyanide *attr*

**hochdeckend** *adj* (Anstr) / superopaque *adj*

**Hochdecker** *m* (Flugzeug mit einem Tragflügel, der oberhalb des Rumpfes angebracht ist) (Luftf) / high-wing monoplane*

**hochdehnbares Papier** (Pap) / extensible paper, expandable paper, stretchable paper

**hochdichte Säure** (Raumf) / high-density acid, HDA

**hochdifferenziert** *adj* / sophisticated *adj*

**hochdrehen** *v* (Motor - hochjagen) (Kfz) / race *vt* || ~ (Fenster) (Kfz) / wind up *v*

**Hoch•drehung** *f* (Spinn) / hard twist* || ~**drehzahlgelenk** *n* (Kfz) / high-speed joint

**Hochdruck** *m* (Druck) / letterpress* *n*, relief printing, relief process*, relief press || ~ (zwischen etwa 5 MPa und 100 MPa) (Phys) / high pressure, HP, h. p. || **indirekter** ~ (von einer Hochdruckform über einen Gummizylinder auf das Papier) (Druck) / letterset printing*, dry offset*, indirect letterpress, driography* *n* || ~**armaturen** *f pl* (Masch) / high-pressure valves and fittings || ~**ausläufer** *m* (Meteor) / ridge* *n*, wedge *n* || ~**behälter** *m* / high-pressure vessel, high-pressure tank || ~**brenner** *m* (Masch, Schw) / high-pressure torch || ~**chemie** *f* (Chem) / high-pressure chemistry || ~**dampf** *m* (Masch) / high-pressure steam || ~**dichtung** *f* (Masch) / high-pressure seal || ~**düse** *f* **des Wasserwerfers** (bei der hydromechanischen Gewinnung) (Bergb) / giant* *n* || ~**einspritzung** *f* (Kfz, Luftf) / direct injection*, open combustion-chamber injection || ~**entladung** *f* (elektrische Gasentladung, meist stromstarke Bogenentladung, die bei Drücken weit über einer Atmosphäre brennt) (Phys) / high-pressure discharge || ~**entladungslampe** *f* (Eltech) / high-pressure discharge lamp || ~**extraktion** *f* (Chem Verf) / high-pressure extraction || ~**färben** *n* (Tex) / high-temperature dyeing process || ~**flüssigkeitschromatografie** *f* (Chem) / high-pressure liquid chromatography, HPLC || ~**formverfahren** *n* (mit einem Preßdruck von etwa 2 MPa) (Gieß) / high-pressure moulding process || ~**gaszähler** *m* / high-pressure (gas) meter || ~**gebiet** *n* (kaltes, warmes) (Meteor) / high *n*, high-pressure area, H || ~**hochofen** *m* (Hütt) / pressurized blast furnace, pressure blast furnace || ~**keil** *m* (Meteor) / ridge* *n*, wedge *n* || ~**kompressor** *m* (Luftf) / high-pressure compressor*, HP compressor* || ~**kraftwerk** *n* (mit mehr als 50 m Nutzfallhöhe) (Wasserb) / high-head power plant || ~**modifikation** *f* (Chem, Min) / high-pressure modification || ~**natriumdampflampe** *f* (Eltech) / high-pressure sodium lamp || ~**notrad** *n* (Kfz) / tempa spare wheel, tempa spare || ~**-PE** *n* (Chem, Plast) / low-density polyethylene, LDPE || ~**-PE** (Chem, Plast) / high-pressure polyethylene || ~**physik** *f* (Phys) / high-pressure physics || ~**-Planar-Flüssigkeitschromatografie** *f* / high-pressure planar liquid chromatography, HPPLC || ~**plasma** *n* (Plasma Phys) / thermal plasma, high-pressure plasma || ~**polyethylen** *n* (Chem, Plast) / high-pressure polyethylene || ~**rad** *n* (Kfz) / tempa spare wheel, tempa spare || ~**reaktor** *m* (Chem Verf, Phys) / pressure vessel, high-pressure reactor || ~**rotation** *f* (Druck) / letterpress rotary press || ~**schäumen** *n* (Verschäumen von Kunststoffen) (Plast) / high-pressure foaming || ~**seite** *f* (in Klimaanlagen) / high side || ~**spritzen** *n* (Anstr) / high-pressure spraying || ~**synthese** *f* (Chem Verf) / high-pressure synthesis || ~**teil** *n* (einer Mehrgehäusedampfturbine) (Masch) / high-pressure end || ~**tränken** *n* (eine Entspannungsmaßnahme) (Bau) / high-pressure infusion || ~**turbine** *f* (Luftf) / high-pressure turbine*, HP turbine* || ~**umformung** *f* (mit hohem hydrostatischem Druck) (Masch) / high

**Hochdruckverdichter**

energy rate (metal) forming*, HERF ‖ ⁓**verdichter** m (Luftf) / high-pressure compressor*, HP compressor* ‖ ⁓**wirkstoff** m / extreme-pressure additive, EP additive ‖ ⁓**wirkstoff** s. auch Höchstdruckschmiermittel ‖ ⁓**zusatz** m (ein Schmierstoffadditiv) / extreme-pressure additive, EP additive ‖ ⁓**zylinder** m (der Mehrfachexpansionsdampfmaschine) (Masch) / high-pressure cylinder*
**Hoch•durchforstung** f (For) / high thinning ‖ ⁓**ebene** f (z.B. die spanische Meseta) (Geol) / plateau n (pl. plateaux or plateaus)
**hochempfindlich** adj / highly sensitive, high-sensitive adj ‖ ⁓ (fotografisches Material) (Foto) / fast* adj ‖ ⁓**e Folie** (Verstärkerfolie mit relativ hoher Belegungsdichte) (Radiol) / high-speed screen
**hochenergetisch** adj / high-energy attr ‖ ⁓**es Elektron** (Kernphys) / high-energy electron ‖ ⁓**er Prozeß** / high-energy process
**Hochenergie•astronomie** f (Röntgen- und Gammaastronomie) (Astr) / high-energy astronomy ‖ ⁓**elektronenbeugung** f (Phys) / high-energy electron diffraction, HEED ‖ ⁓**kernfusion** f (Nukl) / high-energy nuclear fusion ‖ ⁓**metallumformung** f (Masch) / high energy rate (metal) forming*, HERF ‖ ⁓**physik** f (Physik der Elementarteilchen) (Kernphys) / high-energy (nuclear) physics*, particle physics*, elementary-particle physics
**hochentwickelt** adj (Maschine) / sophisticated adj ‖ ⁓**e Technik** / high technology, high-tech n, hi-tech n, top-of-the-line technology
**Hoch•ertragssorte** f (Bot, Landw) / high-yielding variety ‖ ⁓**evakuiert** adj (Eltronik) / hard* adj, high-vacuum* attr, highly evacuated ‖ ⁓**explosiv** adj / highly explosive ‖ ⁓**exzentrisch** adj (Bahn des Satelliten) (Raumf) / highly eccentric ‖ ⁓**fach** n (bei der Fachbildung) (Web) / upper shed, top shed ‖ ⁓**- und Tieffach** n (Web) / centre shed ‖ ⁓**fach-Jacquardmaschine** f (Web) / top-shedding Jacquard loom ‖ ⁓**fackel** f (beim Abfackeln) / elevated flare ‖ ⁓**fahren** n (eines Systems) (EDV) / start-up n (of a system) ‖ ⁓**fahren** (der Maschine) (Masch) / running up to operating speed ‖ ⁓**farbig** adj (Wein) (Nahr) / deep-coloured adj, high-coloured adj ‖ ⁓**fein** adj / superfine adj
**hochfest** adj / high-strength attr ‖ ⁓ (Tex) / high-tenacity attr ‖ ⁓ (Faser) (WP) / high-performance attr ‖ ⁓**es Gußeisen** (Hütt) / high-duty cast iron, high-test cast iron, high-strength cast iron ‖ ⁓**e Legierung** (Hütt) / high-strength alloy, high-tensile alloy ‖ ⁓**es Stahlblech** (Hütt) / high-strength sheet steel ‖ ⁓ **vorgespannt** (Masch) / friction-grip attr ‖ ⁓ **vorgespannte Schraube** (Masch) / friction-grip bolt ‖ ⁓**er Stahl** (Hütt) / high-strength steel, high-yield-strength steel, high-resistance steel
**Hoch•feuer** n (etwa über 1000 °C) (Keram) / hard-fire n, hard-burning n, full-fire n, sharp fire ‖ ⁓**feuerfest** adj (Keram) / superrefractory adj, superduty attr ‖ ⁓**florteppich** m (mit hochpoligem geschnittenem Flor) (Tex) / long-pile carpet, shaggy pile carpet
**hochflüchtig** adj (Chem) / high-volatile adj, readily volatile ‖ ⁓**e bituminöse** (Stein)**Kohle** (mit mehr als 31 % flüchtigen Bestandteilen und mehr als 14 000 B.t.u.) (Bergb) / high-volatile A bituminous coal (US) ‖ ⁓**e bituminöse** (Stein)**Kohle** (mit 13 000 bis 14 000 B.t.u.) (Bergb) / high-volatile B bituminous coal (US) ‖ ⁓**e bituminöse** (Stein)**Kohle** (mit 11 000 bis 13 000 B.t.u.) (Bergb) / high-volatile C bituminous coal (US)
**Hoch•flußreaktor** m (ein Forschungsreaktor) (Nukl) / high-flux reactor, high-flux isotope reactor, HFIR ‖ ⁓**format** n (Druck) / portrait n, upright size, portrait format, vertical format, upright format ‖ ⁓**formatiger Schrank für Audioanlage** (Eltronik) / vertical audio cabinet
**Hochfrequenz (HF)** f (Fernm) / radio-frequency* n, RF*, r-f ‖ ⁓ **(HF)** (Dekameterwellen) (Radio) / high frequency* (HF) ‖ ⁓ **von 30 - 300 MHz** (Meterwellen) (Radio) / very high frequencies*, VHF* ‖ ⁓**bereich** m (Fernm, Radio) / high-frequency range ‖ ⁓**bereich** (2o kHz bis zu mehreren Gigahertz) (Fernm, Radio) / high-frequency range, HF range ‖ ⁓**beschleuniger** m (Nukl) / radio-frequency accelerator, RF accelerator ‖ ⁓**drossel** f (zur Abblockung hochfrequenter Wechselströme) (Eltech) / high-frequency choke, HF choke ‖ ⁓**erwärmung** f (Wärm) / high-frequency heating*, radio heating*, r-f heating, dielectric heating*, microwave heating* ‖ ⁓**erwärmung mit senkrecht zur Klebfläche angeordneten Elektroden** (Wärm) / glue-line dielectric heating ‖ ⁓**feld** n (Radio) / radio-frequency field, r-f field ‖ ⁓**fotografie** f (mit Belichtungszeiten unter 1/10,000.000 s) (Foto) / high-speed photography ‖ ⁓**generator** m (Eltech, Schw) / high-frequency generator, radio-frequency generator ‖ ⁓**gleichrichter** m (Radio) / detector* n, demodulator* (DEM, DEMOD) n ‖ ⁓**härten** (Hütt) / hardening by high-frequency current ‖ ⁓**induktionsofen** m (ein Schmelzofen) (Eltech, Hütt) / high-frequency induction furnace*, high-frequency furnace ‖ ⁓**klebung** f (ein Heißklebvorgang) (For, Tischl) / high-frequency glu(e)ing ‖ ⁓**kondensator** m (Eltech) / high-frequency capacitor ‖ ⁓**konduktometrie** f (Chem) / oscillometry n ‖ ⁓**magnetisierung** f (Akus) / high-frequency biasing ‖ ⁓**massenspektrometer** n (Spektr) / radio-frequency mass spectrometer, high-frequency mass spectrometer ‖ ⁓**plasmabrenner** m (Masch, Plasma Phys) / radio-frequency induction plasma torch ‖ ⁓**polarografie** f (Chem) / radiofrequency polarography, rf polarography, RFP ‖ ⁓**quadrupol** m (Nukl) / radio-frequency quadrupole ‖ ⁓**schweißen** n (DIN 1910) (Schw) / high-frequency welding* ‖ ⁓**siegeln** n (Plast) / dielectric sealing, high-frequency sealing ‖ ⁓**spektroskopie** f (Spektr) / microwave spectroscopy*, high-frequency spectroscopy ‖ ⁓**spindel** f (mit über 30000 Umdrehungen/min) (Masch) / high-speed spindle ‖ ⁓**steckverbindung** f (Fernm) / radio-frequency connector, r-f connector ‖ ⁓**störung** f (Radio) / radio-frequency interference, RFI ‖ ⁓**tapete** f (ein Nomogramm zur Ermittlung des Scheinwiderstandes von Induktivitäten und Kapazitäten in Abhängigkeit von der Frequenz) (Eltech) / reactance chart* ‖ ⁓**titration** f (heute obsolet) (Chem) / high-frequency titration ‖ ⁓**trägerstromtelegrafie** f (Teleg) / high-frequency carrier telegraphy ‖ ⁓**transformator** m (Fernm) / high-frequency transformer* ‖ ⁓**trocknung** f (eine Art Elektrowärmetrocknung) (Eltech) / high-frequency (dielectric) drying, dielectric drying ‖ ⁓**übertrager** m (Fernm) / high-frequency transformer* ‖ ⁓**verleimung** f (For, Tischl) / high-frequency glu(e)ing ‖ ⁓**verstärker** m (Fernm) / high-frequency amplifier ‖ ⁓**verstärkung** f (Fernm) / high-frequency amplification* ‖ ⁓**widerstand** m (Fernm) / high-frequency resistance* ‖ ⁓**-Widerstandsschweißen** n (Schw) / high-frequency resistance welding
**Hoch•fußnadel** f (Tex) / high-butt needle, long-butt needle, long-shanked needle, long-heel needle ‖ ⁓**gang** m (des Kolbens) (Masch) / ascent n
**hochgebauscht** adj (Spinn) / high-bulk attr, hi-bulk attr, HB
**Hochgebirgsgletscher** m (Geol) / mountain glacier, alpine glacier ‖ ⁓ (Geol) / alpine glacier, mountain glacier
**hochgebockt** adj (z.B. bei Reparaturen) / jacked-up adj
**hochgefährlich** adj / high-risk attr
**Hochgehen** n (des Drucks) / surge n
**hochgekohlter Stahl** (Hütt) / high-carbon steel*, hard steel
**hochgeleimtes Papier** (Pap) / hard-sized paper
**Hochgenauigkeits-** / high-precision attr
**Hochgeschwindigkeits•-** / high-velocity attr, HV, high-speed attr ‖ ⁓**bus** m (EDV) / high-speed bus ‖ ⁓**datennetz** n (EDV) / high-speed data network ‖ ⁓**fotografie** f (mit Belichtungszeiten unter 1/10,000.000 s) (Foto) / high-speed photography ‖ ⁓**injektionslogik** f (EDV) / high-speed integrated injection logic, HSIIL, HSI²L ‖ ⁓**reifen** m (Kfz) / high-performance tyre, high-speed tyre ‖ ⁓**schaltkreis** m (eine sehr schnelle Digitalschaltung, z.B. in der GaAs-MESFET-Technik) (Eltronik) / high-speed integrated circuit, HSIC ‖ ⁓**spindel** f (Masch) / high-speed spindle ‖ ⁓**umformung** f (Masch) / high-speed forming
**hochgespannt•er Dampf** (Masch) / high-pressure steam ‖ ⁓**er Gleichstrom** (Eltech) / high-voltage direct current, HVDC
**Hochgestade** n (Geol, Wasserb) / high bank
**hochgestellt** adj (Druck) / superscripted adj, raised adj, superior adj ‖ ⁓**er Ziegel** (Bau) / brick-on-edge n ‖ ⁓**es Zeichen** (Druck, EDV) / superscripted character, superscript n
**hochgewachsen** adj (Bot) / tall adj
**hochgezogene Kehrtkurve** (eine Kunstflugfigur) (Luftf) / stall turn, hammerhead stall (US)
**hochgipflige Verteilung** (Stats) / leptokurtic distribution, peaked distribution
**Hochglanz** m / full gloss, brilliant gloss, high-gloss n, bright lustre ‖ **auf** ⁓ **bringen** / shine vt
**hochglänzend** adj (Faser) (Tex) / ultra-bright adj
**hochglänzender Filz** (Tex) / soleil felt
**hochglänzendes Papier** (Pap) / high-gloss paper
**Hochglanz•folie** f (Foto) / glazing sheet ‖ ⁓**kaschierung** f (Buchb) / high-gloss lamination ‖ ⁓**papier** n (bürstengeglättetes) (Pap) / brush-finish coated paper ‖ ⁓**papier** (Pap) / high-gloss paper ‖ ⁓**polieren** n (Hütt) / best bright finishing, No. 3 ‖ ⁓**politur** f (mit der man Spiegelglanz erzielen kann) / mirror finish* ‖ ⁓**presse** f (Foto) / glazing machine ‖ ⁓**pressen** v (nur Infinitiv und Partizip) (Foto) / glaze v ‖ ⁓**pressen** n (Foto) / glazing* n ‖ ⁓**trockner** m (Foto) / glazing machine ‖ ⁓**zeitschrift** f (elegante Zeitschrift auf Hochglanzpapier) / slick n (US), slick magazine (US)
**hochgradig radioaktiv** (Radiol) / hot* adj
**Hochhaus** n (Gebäude, dessen oberste Decke mehr als 22 m über der Gebäudeoberkante liegt) (Bau) / high-rise building, tall building, high-rise n ‖ ⁓ **höchster Klasse** (z.B. Sears Tower oder John Hancock Center in Chicago) (Bau) / ultra-high-rise building ‖ ⁓**bau** m (Bau) / high-rise construction
**hochheben** v / hoist v ‖ ⁓ (Masch) / lift v, raise v, uplift v
**Hochheben** n (Masch) / lift n, lifting n
**hochhitzebeständig** adj / high-temperature resistant

**Hochhubwagen** *m* (Gutträger: Plattform oder Gabel) / high-lift truck ‖ ~ **mit Plattform** / elevating-platform truck, platform stacker, high-lift platform truck
**hochhydraulischer Kalk** (>25 % Tonerde - DIN 1060) (Bau) / eminently hydraulic lime
**hochinkohlte Kohle** (hochwertige Kohle) (Bergb) / high-rank coal
**hochintegrierter Festkörperschaltkreis** (Eltronik) / large-scale integrated circuit, LSI
**Hochintensitätsbogen** *m* (Eltech) / high-intensity arc*, HI Arc* ‖ ~**lampe** *f* (Eltech, Licht) / Beck arc-lamp
**hochionisiert • es Atom** (Phys) / stripped atom*, fully ionized atom ‖ ~**es Plasma** (Plasma Phys) / highly ionized plasma
**hochjagen** *v* (Motor) (Motor - hochjagen) (Kfz) / race *vt*
**hochkalorig • es Gas** (spezifischer Brennwert 31465 bis 35617 kJ/m³) / rich gas, high-CV gas ‖ ~**es Gas** (Kftst) / fat gas
**hochkant** *adv* / edgewise *adv*, on edge, edgeways *adj* ‖ ~ **stellen** / upend *v* ‖ ~ **stellen** (Druck) / side-turn *v*
**Hoch • kantbündelholzbaugruppe** *f* (in der Mikroschaltungstechnik) (Eltronik) / on-end cordwood package ‖ ~**kantstabwicklung** *f* (Eltech) / edge winding* ‖ ~**kantwicklung** *f* (Eltech) / edge winding* ‖ ~**kasten** *m* (Kastenwagen mit erhöhtem Kasten) (Kfz) / high-roofed van ‖ ~**kegelkopf** *m* (eines Nietes) (Masch) / cone head ‖ ~**kippe** *f* (Bergb) / surface (high) dump ‖ ~**kippmulde** *f* (HuT) / high-discharge skip ‖ ~**kippschaufel** *f* (HuT) / high-discharge skip
**hochklappbar • e Schutzbrille** (mit Doppelglas) / lift-front goggles ‖ ~**er Spiegel** (bei der einäugigen Spiegelreflexkamera) (Foto) / instant-return mirror, hinged mirror
**Hoch • klappenscharnier** *n* / rule joint stay ‖ ~**kohlenstoffhaltiger Stahl** (Hütt) / high-carbon steel*, hard steel ‖ ~**komma** *n* (EDV, Typog) / tick mark ‖ ~**komma** (pl. -s or -ta) (Typog) / inverted comma ‖ **Zeichenfolge** *f* **zwischen** ~**kommas** (EDV, Typog) / quoted string ‖ ~**komplex** *adj* (Mischung) (Chem) / high-order *attr* ‖ ~**komprimierter Motor** (V-Mot) / high-compression engine, supercompression engine ‖ ~**konsistenzmahlung** *f* (Pap) / high-consistency refining, HCR
**hochkonzentriert** *adj* / high-concentration *attr* ‖ ~**e Schwefelsäure** (Chem) / double oil of vitriol, d.o.v.
**hochkorrosions • beständig** *adj* (Galv) / highly corrosion-resistant, strongly corrosion-resistant ‖ ~**fest** *adj* (Galv) / highly corrosion-resistant, strongly corrosion-resistant ‖ ~**resistent** *adj* (Galv) / highly corrosion-resistant, strongly corrosion-resistant
**hoch • korrosive Umgebung** (Galv) / severe corrosion environment ‖ ~**lage** *f* (der Kerbschlagarbeit-Temperatur-Kurve) (Hütt) / upper shelf ‖ ~**landgletscher** *m* (Geol) / plateau glacier ‖ ~**last-Oxidationsteich** *m* (in der Abwasserbehandlung) (Sanitär) / high-rate pond ‖ ~**laufen** *n* (Masch) / run-up *n* ‖ ~**laufgeber** *m* (Eltech) / ramp-function generator ‖ ~**laufintegrator** *m* (Eltech) / ramp-function generator ‖ ~**laufzeit** *f* / pre-roll time
**hochlegiert • er Chromstahl** (Hütt) / high-alloy chromium steel ‖ ~**er Stahl** (dessen Gehalt an charakteristischen Legierungselementen > 5 Gew.-% ist) (Hütt) / high-alloy steel
**Hochleistungs • -** (Kftst) / high-performance *attr*, exotic *adj* (fuel) ‖ **kontinuierlicher** ~**-CO₂-Laser** (Phys) / cw high-power CO₂ laser ‖ ~**diodenlaser** *m* (Eltronik) / inverted diode laser ‖ ~**dünnschichtchromatografie** *f* (Chem) / high-performance thin-layer chromatography (HPTLC) ‖ ~**elektrode** *f* (Schw) / high-performance electrode, high-speed electrode, iron-powder electrode, iron-powder-type electrode, heavy-duty electrode ‖ ~**entladungslampe** *f* (Eltech) / high-intensity discharge lamp, HID lamp ‖ ~**erfassungsradar** *m* *n* (Radar) / high-power acquisition radar, HIPAR ‖ ~**fähig** *adj* (Kftst) / high-performance *attr*, exotic *adj* (fuel) ‖ ~**faser** *f* (WP) / high-tech fibre ‖ ~**flüssigkeitschromatografie** *f* (Chem) / high-pressure liquid chromatography, HPLC ‖ ~**harz** *n* (Chem) / heavy-duty resin ‖ ~**kapillarelektrophorese** *f* (Chem) / high-performance capillary electrophoresis, HPCE ‖ ~**kapillarelektrophorese** (Chem) s. auch Kapillarelektrophorese ‖ ~**keramik** *f* (z.B. aus hochreinen Oxiden, Nitriden, Karbiden usw.) (Keram) / high-performance ceramics ‖ ~**kunststoff** *m* (ein Technokunststoff) (Plast) / high-performance polymer, high-modulus polymer ‖ ~**laser** *m* (Phys) / high-power laser, high-energy laser, HEL ‖ ~**LED** *f* (Eltronik) / superluminescent diode (SLD), superradiant diode, SRD ‖ ~**-MOS-Technik** *f* (Eltronik) / high-performance MOS technology ‖ ~**öl** *n* / heavy-duty oil, HD oil ‖ ~**optik** *f* (Opt) / high-performance optics *n* (Pap) ‖ ~**polymerwerkstoff** *m* (Polymerwerkstoff, der in mindestens einer Eigenschaft den Standardkunststoffen überlegen ist) (Plast) / high-performance polymer, high-modulus polymer ‖ ~**schnellstahl** *m* (HuT, Masch) / superhigh-speed steel, SHSS ‖ ~**schnitt** *m* (Masch) / heavy cut ‖ ~**sorte** *f* (Bot, Landw) / high-yielding variety ‖ ~**streb** *m* (Bergb) / high-performance face ‖ ~**verstärker** *m* (Eltech, Radio) / high-gain amplifier ‖ ~**werkstoff** *m* (WP) / high-performance material ‖ ~**werkzeuge** *n pl* (Werkz) / professional-duty tools ‖

~**zündanlage** *f* (vollelektronische) (Kfz) / high-energy ignition system
**Hoch • lichter** *n pl* (Druck) / highlights *pl*, lights *pl* ‖ ~**lochziegel** *m* (Bau, Keram) / vertical-coring brick, vertically perforated brick ‖ ~**löffel** *m* (des Hochlöffelbaggers) (HuT, Masch) / face shovel*, crowd shovel, forward shovel, push shovel ‖ ~**löffelbagger** *m* (HuT, Masch) / face shovel excavator, crowd shovel excavator, forward-shovel excavator ‖ ~**manganhaltiger Stahl** (Hütt) / high-manganese steel ‖ ~**modischer Farbton** (Tex) / high shade ‖ ~**modulfaser** *f* (die einen Elastizitätsmodul in der Größenordnung von Stahlfäden hat) (Tex) / high-modulus fibre ‖ ~**molekular** *adj* (Chem) / high-molecular *adj* ‖ ~**moor** *n* (Geol) / high moor, upland moor, raised bog*, raised mire ‖ ~**naßmodulfaser** *f* (Tex) / high wet modulus fibre, HWM fibre
**Hochofen** *m* (Hütt) / blast-furnace* *n*, BF ‖ ~ **mit Hochdruckausrüstung** (Hütt) / pressurized blast furnace, pressure blast furnace ‖ ~**abstich** *m* (Hütt) / blast-furnace tapping ‖ ~**anlage** *f* (Hütt) / blast-furnace complex ‖ ~**futter** *n* (Hütt) / blast-furnace lining ‖ ~**gas** *n* (Hütt) / blast-furnace gas ‖ ~**gasreinigung** *f* (Hütt) / blast-furnace gas cleaning ‖ ~**gichtgas** *n* (Hütt) / blast-furnace gas ‖ ~**möller** *m* (Beschickungsmenge bei intermittierender Beschickung des Hochofens) (Hütt) / charge* *n*, burden *n*, stock *n* ‖ ~**panzer** *m* (Hütt) / furnace shell *n* ‖ ~**sand** *m* (granulierte Hochofenschlacke) (Hütt) / granulated blast-furnace slag ‖ ~**schacht** *m* (Hütt) / blast-furnace stack ‖ ~**schaumschlacke** *f* (Hütt) / foamed slag*, expanded slag, expanded blast-furnace slag, foamed blast-furnace slag, blast-furnace foamed slag ‖ ~**schlacke** *f* (die beim Schmelzen von Eisenerz anfällt) (Hütt) / blast-furnace slag ‖ ~**staub** *m* (Hütt) / blast-furnace flue dust, blast-furnace dust, throat dust ‖ ~**werk** *n* (Hütt) / blast-furnace complex ‖ ~**zement** *m* (Bau, HuT) / Portland blast-furnace cement* (BS 146), blast-furnace Portland cement*, Portland blast-furnace slag cement
**Hochoffset** *n* (von einer Hochdruckform über einen Gummizylinder auf das Papier) (Druck) / letterset printing*, dry offset*, indirect letterpress, driography* *n*
**hochohmig** *adj* (Eltech) / high-resistant *adj*, highly resistant, high-ohmic *adj*, high-resistance *attr* ‖ ~ **gespeiste Antenne** (Fernm) / voltage-fed antenna* ‖ ~**es Voltmeter** (Eltech) / high-resistance voltmeter* ‖ ~**er Widerstand** (Elektr) / high ohmic resistance, high-value resistance
**Hoch • ohmwiderstand** *m* (oberhalb von 10 kΩ) (Elektr) / high ohmic resistance, high-value resistance ‖ ~**oktanig** *adj* (hochklopffest) (Kftst) / high-octane *attr* ‖ ~**oktanzahlig** *adj* (hochklopffest) (Kftst) / high-octane *attr* ‖ ~**paarig** *adj* / multiple-pair *attr*, multipair *adj* ‖ ~**paß** *m* (ein Netzwerk) (Fernm) / high-pass filter*, low-stop filter*, HP filter, HPF ‖ ~**paßfilter** *n* (Fernm) / high-pass filter*, low-stop filter*, HP filter, HPF ‖ ~**pegeliger Reserveeingang** (z.B. bei Hi-Fi-Verstärkern) (Radio) / auxiliary *n* ‖ ~**pegelwahl** *f* (Fernsp) / high-level selection ‖ ~**plastisch** *adj* (Ton) (Keram) / long *adj* ‖ ~**poliger geschnittener Flor** (Tex) / shag *n* ‖ ~**polymerer Rohstoff** (Lösung, Flüssigkeit, Pulver, Granulat, Blöcke) (Plast) / virgin material ‖ ~**polymer** *n* (Chem) / high polymer ‖ ~**polymeres** *n* (Chem) / high polymer ‖ ~**prozentig** *adj* (Alkohol) (Nahr) / high-proof *adj*, overproof* *adj*
**hochpumpen** *v* (Masch) / pump up *v* ‖ **auf Niveau** ~ (Kfz) / pump *v* to level, level *v* (by pumping)
**Hoch • quarz** *m* (574-870 ° C) (Min) / high-quartz *n* ‖ ~**radioaktiver Abfall** (Nukl, Umwelt) / high-active waste, high-level (radioactive) waste, hot waste, high-activity waste, HAW ‖ ~**radschlepper** *m* (Landw) / straddle-type tractor, stilt-type tractor, high-clearance tractor ‖ ~**rechnung** *f* (Math, Stats) / prediction *n*, estimation *n*, projection *n* ‖ ~**rechnungsfaktor** *n* (Stats) / raising factor ‖ ~**regallager** *n* (automatisiertes Stückgutlager) / high-bay warehouse ‖ ~**rein** *adj* / high-purity *attr*, HP ‖ ~**reines Metall** (z.B. mit fünf Neunern) (Hütt) / high-purity metal ‖ ~**reißen** *n* (Gewinn an Höhe durch Ausnutzung der kinetischen Energie) (Luftf) / zooming* *n*, zoom *n*, zoom climb ‖ ~**reißen** (des Flugzeuges) (Luftf) / nose-up pitching ‖ ~**reißfest** *adj* (Tex) / high-tenacity *attr* ‖ ~**relief** *n* / high-relief *n* ‖ ~**rot** *n* (ein leuchtendes Rot wie Klatschmohn) / ponceau *n* ‖ ~**rotationsglocke** (die mit etwa 20000 bis 70000 U/min beim Spritzlackieren eingesetzt wird) (Anstr) / high-rotating cone ‖ ~**rotationsscheibe** *f* (eine Abwandlung der Sprühscheibe zum Spritzlackieren) (Anstr) / high-rotating disk ‖ ~**rundkopf** *m* (eines Niets) (Masch) / high button head ‖ ~**saison** *f* / high season ‖ ~**satiniertes Papier** (Pap) / supercalendered paper* ‖ ~**sauerstoffhaltig** *adj* (Chem) / high-oxygen *attr*, rich in oxygen
**hochschalten** *v* (Kfz) / gear up *v*, upshift *v* (US), shift up *v* ‖ ~ *n* (Kfz) / gearing-up* *n*, upshift *n* (US)
**Hoch • schaltsperre** *f* (des Automatikgetriebes) (Kfz) / upshift interlock, upward shift interlock ‖ ~**schaum** *m* / high-expansion foam, HI-EX foam, high-expanded foam, HEF ‖ ~**schiebbare Treppe** (zum Dachboden) (Bau) / loft ladder (folding or concertina), disappearing stair, attic stairs (US), attic ladder ‖ ~**schlagfest** *adj* /

## hochschlagzäh

**hochschlagzäh** high-impact *attr* ‖ ~**schlagzäh** *adj* / high-impact *attr* ‖ ~**schleudern** *v* (Steine) (Kfz) / kick up *v*
**hochschmelzend** *adj* (Glas) / hard* *adj* ‖ ~ (Erz, Metall) (Hütt) / high-melting *adj* ‖ ~**e Legierung** (Hütt) / refractory alloy*, high-melting alloy, high-melting-point alloy ‖ ~**es Metallsilizid** (Chem) / refractory metal silicide
**Hoch•schnitt** *m* (im Tagebau) (Bergb) / high face ‖ ~**schrumpfend** *adj* (Tex) / high-shrinking *adj* ‖ ~**schrumpffaser** *f* (Tex) / high-shrinkage fibre ‖ ~**schwenk** *m* (Film) / pan-up *n*
**hochsee•gehend** *adj* (Schiff) / ocean-going *adj* (designed to cross oceans), seagoing *adj* ‖ ~**schiff** *n* (Schiff) / ocean-going ship, seagoing ship ‖ ~**schlepper** *m* (Schiff) / ocean-going tug
**Hochseil** *n* (für Langholz) (For) / skyline *n*
**hochselektiv** *adj* (z.B. Sperrfilter) / highly selective ‖ ~**er Quarz#+filterkreis** (in der ZF-Stufe eines Überlagerungsempfängers) (Radio) / stenode circuit
**hochsiedend** *adj* (Chem) / high-boiling *adj*, heavy *adj* ‖ ~**e Fraktion** (Chem Verf) / high-boiling fraction ‖ ~**e Fraktion bei der Gewinnung des Holzterpentinöls** (Chem Verf) / yellow pine oil ‖ ~**es Lösungsmittel** (Chem) / high-boiling solvent, high boiler
**Hoch•sieder** *m* (mit über 150° Siedetemperatur) (Chem) / high-boiling solvent ‖ ~**silo** *m n* (Landw) / tower silo, above-ground silo
**Hochspannung** *f* (GB: über 650 V, Deutschland: über 1000 V - VDE 0101) (Eltech) / high-voltage* *n* (> 650 V), HV, high-tension *n* (60-250 V)*
**Hochspannungs•angebot** *n* (V-Mot) / secondary available voltage ‖ ~**anode** *f* (Eltronik) / ultor* *n*, second anode ‖ ~**anschluß** *m* (Eltech) / high-voltage terminal ‖ ~**anzeiger** *m* (Eltech) / high-voltage indicator ‖ ~**beschleuniger** *m* (Nukl) / high-voltage-type accelerator ‖ ~**fotografie** *f* (Foto) / Kirlian photography ‖ ~**generator** *m* (Eltech) / high-voltage generator ‖ ~**gleichstrom** *m* (Eltech) / high-voltage direct current, HVDC ‖ ~**impuls** *m* (Eltech) / high-voltage pulse, high-voltage ignition pulse ‖ ~**kabel** *n* (im allgemeinen) (Kab) / high-voltage cable, HV cable ‖ ~**kabel** (zwischen Zündspule und -verteiler) (Kfz) / coil wire, coil high-tension lead ‖ ~**kondensator** *m* **mit Glasplatten** (als Dielektrikum) (Eltech) / glass-plate capacitor ‖ ~**kondensatorzündung** *f* (Kfz) / capacitor-discharge ignition system, CD ignition, CDI ‖ ~**mast** *m* (Eltech) / transmission tower*, tower *n*, pylon* *n* ‖ ~**mast auf einem gemeinsamen Fundament** (Eltech) / narrow-base tower* ‖ ~**mast auf Einzelfundamenten** (Eltech) / broad-base tower* ‖ ~**motor** *m* (Eltech) / high-voltage motor ‖ ~**prüfung** *f* (Eltech) / high-voltage test*, high-potential test, overvoltage test, hi-pot test ‖ **integrierte** ~**schaltung** (Eltronik) / high-voltage integrated circuit (HVIC) ‖ ~**schutz** *m* (Eltech) / high-voltage protection ‖ ~**sicherung** *f* (Eltech) / high-voltage fuse ‖ ~**stoß** *m* (Eltech) / high-voltage pulse, high-voltage ignition pulse ‖ ~**transistor** *m* (Eltronik) / high-voltage transistor ‖ ~**zündimpuls** *m* (Eltech) / high-voltage pulse, high-voltage ignition pulse
**Hochspinzustand** *m* (Chem, Kernphys) / high-spin state
**höchst•es besetztes Molekülorbital (HOMO)** (Chem) / highest-energy occupied molecular orbital (HOMO), highest occupied molecular orbital ‖ ~**e brauchbare Übertragungsfrequenz** (Radio) / maximum usable frequency*, MUF* ‖ ~**e Dosis (des Insektizids), die noch keine erkennbare Wirkung ausübt** (Umwelt) / no-effect level ‖ ~**er Gang** (Kfz) / top gear ‖ ~**er Grundwasserspiegel** (Geol) / phreatic high ‖ ~**es (je registriertes) Hochwasser** (Wasserb) / maximum flood ‖ ~**es Hochwasser** (Wasserb) / bank-full *n*, bank-full stage (when a stream fills its channel and just overflows its natural banks) ‖ ~**es jährliches Hochwasser** (in einem hydrologischen Jahr) (Wasserb) / annual flood ‖ ~**e lokale Schichttemperatur** (DIN 41848, T 1) (Eltronik) / hot(test) spot temperature ‖ ~**es mögliches Hochwasser** (Wasserb) / maximum possible flood (that theoretically can occur at a given area) ‖ ~**er nichtzündender Steuerstrom** (des Thyristors) (Eltronik) / gate non-trigger current ‖ ~**e Priorität** (EDV) / top priority, right-of-way precedence ‖ ~**e Reinheit** / superpurity ‖ ~**er Siedepunkt** (obere Grenze des Siedeintervalls bei mehrkomponentigen Systemen) (Phys) / maximum boiling point
**Hochstabläufer** *m* (Eltech) / deep-bar rotor ‖ ~ (Eltech) s. auch Tiefnutankermotor
**Höchstädter-Kabel** *n* (VDE 0255) (Eltech) / Höchstädter cable*, H-type cable ‖ **einadriges** ~ (Kab) / straight-type cable*, solid-type cable*
**Höchstädter-Papier** *n* (Pap) / H-paper *n*
**hochstämmig** *adj* (For) / long-holed *adj*, long-stemmed *adj*
**Höchst•auftriebswinkel** *m* (Luftf) / angle of stall*, stalling angle, stall angle ‖ ~**burstlänge** *f* (Fernm) / maximum burst rate
**Höchstdruck** *m* (im allgemeinen) / maximum pressure ‖ ~ (über 100 MPa) (Phys) / superpressure ‖ ~**schmiermittel** *n* / extreme-pressure lubricant*, EP lubricant ‖ ~**spritzen** *n* (eine Applikationstechnik) (Anstr) / airless spraying* ‖ ~**verdichter** *m* (Masch) / superpressure compressor

**hochstehend** *adj* (Druck) / superscripted *adj*, raised *adj*, superior *adj* ‖ ~**es Blindmaterial** (der Spieße verursacht) (Typog) / rising space* ‖ ~**er Buchstabe** (Druck, EDV, Typog) / superior letter* ‖ ~**e Holzfasern** (Anstr) / raised fibres, raised grain ‖ ~**er Index** (hochstehende Buchstaben, Ziffern oder Formelteile) (Druck, EDV, Typog) / superscript *n* ‖ ~**verladen** (Aufschrift auf einer Kiste) / stand upright ‖ ~**es Zeichen** (Druck, EDV) / superscripted character, superscript *n*
**hochsteigen** *v* (Blasen, Rauch) / rise *v*
**hochstellen** *v* (z.B. eine Tabelle) (Druck) / side-turn *v*
**höchst•empfindlich** *adj* / ultrasensitive *adj* ‖ ~**energie-Düsentreibstoff** *m* (Luftf) / zip fuel ‖ ~**erreichbarer Kontrast** (beim Entwickeln) (Foto) / gamma infinity* ‖ ~**fester Stahl** (Hütt) / very-high-strength steel, highest-strength steel ‖ ~**flugdauer** *f* (Luftf) / endurance* *n* ‖ ~**förderung** *f* (Erdöl) / plateau level
**Höchstfrequenz** *f* (Millimeterwellen) (HHF) (Radio) / extremely high frequency* (EHF), extra-high frequency ‖ ~**oszillator** *m* (Eltech) / microwave oscillator ‖ ~**resonator** *m* (Fernm) / microwave resonator* ‖ ~**technik** *f* (Eltech) / microwave technique, microwave engineering ‖ ~**verstärker** *m* (Eltronik) / microwave amplifier
**Höchst•gebot** *n* / highest bid, highest offer ‖ ~**gebrannt** *adj* (z.B. Scahmottestein) (Keram) / extra-duty *attr* ‖ ~**geschwindigkeit** *f* (zulässige) (Kfz) / speed limit ‖ ~**geschwindigkeit** (Masch) / maximum speed ‖ ~**gewicht** *n* / maximum weight ‖ ~**grenze** *f* / maximum *n* (pl. maxima or maximums) ‖ ~**grenze** (z.B. bei strategischen Offensivwaffen) (Mil) / ceiling *n* ‖ **partielle** ~**grenze** (z.B. bei strategischen Offensivwaffen) (Mil) / subceiling *n* ‖ ~**integrationsgrad** *m* (über 3 000 000 Bauelemente auf einem Halbleiterplättchen) (Eltronik) / super-large-scale integration ‖ **zulässige** ~**konzentration** (Chem) / maximum allowable concentration, MAC, maximum acceptable concentration ‖ ~**last** *f* / maximum load ‖ ~**last** (Eltech) / maximum demand* ‖ **thermische** ~**last** (Eltech) / heating limit*, thermal limit* ‖ ~**leistung** *f* / maximum output, peak power ‖ ~**leistungs-** / ultra-high-power *attr*, ultra-high-performance *attr*, peak-power *attr* ‖ ~**leistungsrechner** *m* (z.B. das alte deutsche Projekt Suprenum) (EDV) / supercomputer* *n*, number cruncher ‖ ~**leitfähig** *adj* (z.B. Gasruß) (Elektr) / super-conduction *attr* ‖ ~**maß** *n* / maximum *n* (pl. maxima or maximums) ‖ ~**masse** *f* / maximum weight
**Hoch•straße** *f* (HuT) / elevated highway ‖ ~**straße** (über Moor oder nasses Gelände) (HuT) / causeway *n*, dam *n* ‖ ~**stromkohlebogen** *m* (Eltech) / high-intensity arc*, HI Arc* ‖ ~**struktur-Ruß** *m* (ein Industrieruß) (Chem Verf) / high-structure carbon black
**höchst•schmelzend** *adj* (Metall) / refractory *adj* ‖ ~**spannung** *f* (Eltech) / extra-high voltage*, EHV, very high voltage ‖ ~**spannungs-Elektronenmikroskop** *n* (Mikros) / high-voltage electron microscope ‖ ~**spannungsnetz** *n* (von 275 kV und 380 kV) (Eltech) / supergrid* *n* ‖ ~**stromentladung** *f* (Phys) / pinch discharge ‖ ~**stromrelais** *n* (Eltech) / overcurrent relay*, overload relay* ‖ ~**temperaturreaktor** *m* (Nukl) / ultra-high temperature reactor ‖ ~**vakuum** *n* (Eltronik, Vakuum) / ultra-high vacuum (0,1 μ Pa and less), UHV ‖ ~**vergüteter Legierungssonderstahl** (Hütt) / ultraservice alloy steel ‖ ~**wassermenge** *f* (Wasserb) / maximum discharge
**Höchstwert** *m* / maximal value, maximum value* ‖ ~ (bei impulsartigen Funktionen) (Phys) / peak value*, crest value* ‖ ~**auswahl** *f* (Reaktorschutzsystem) (Nukl) / auctioneering *n*
**höchstwertig** *adj* (Stelle, Ziffer) (Math) / leftmost *adj* ‖ ~**es Bit** (EDV) / most significant bit*, MSB*, highest-order bit ‖ ~**e Stelle** (Math) / leftmost position ‖ ~**es Zeichen** (EDV) / most significant character, MSC ‖ ~**e Ziffer** (Math) / leftmost position
**Höchstzug•kraft** *f* (DIN 53815) (Tex) / tensile strength* ‖ ~**kraft** (DIN 50 145) (WP) / maximum tensile force ‖ ~**spannung** *f* (bei Freileitungen) (Eltech) / maximum tensile stress
**höchstzulässig•e Dauerleistung** (Luftf) / maximum continuous rating*, maximum continuous power ‖ ~**e Konzentration** (z.B. ein Emissionsgrenzwert) (Umwelt) / maximum permissible concentration*, maximum permissible level* ‖ ~**er Vorwärtsspitzensteuerstrom** (bei Thyristoren) (Eltronik) / peak gate current
**Hoch•tank** *m* (Schiff) / deep tank* ‖ ~**technologie** *f* / high technology, high-tech *n*, hi-tech *n*, top-of-the-line technology
**hochtemperaturbeständig** *adj* / high-temperature resistant ‖ ~ / heat-resistant *adj*, heat-resisting *adj*, heatproof *adj*, heat-durable *adj* ‖ ~**er Werkstoff** (Masch, WP) / high-temperature material
**Hochtemperatur•beständigkeit** *f* / heat resistance, heat stability ‖ ~**chemie** *f* (ein Teilgebiet der Chemie, das sich mit dem Ablauf von chemischen Reaktionen und dem chemischen Verhalten der Stoffe bei Temperaturen über etwa 1000 °C befaßt) (Chem) / high-temperature chemistry ‖ ~**-CVD** *n* (Eltronik) / high-temperature CVD ‖ ~**dampfelektrolyse** *f* (Chem Verf) / high-temperature electrolysis ‖ ~**elektrolyse** *f* (zur Gewinnung von Wasserstoff) (Chem

Verf) / high-temperature electrolysis || ~**entgasung** f (Kftst) / coking n, carbonization* n (of coal) || ~**färben** n (Tex) / high-temperature dyeing process || ~**fest** adj / high-temperature resistant || ~**glühen** n (Hütt) / full annealing*, high-temperature annealing || ~**hydrid (HTH)** n (Chem) / high-temperature hydride || ~**isolationsmaterial** n (Porosität 60 - 75%) (Keram) / high-temperature insulating refractory, HTI || ~**koks** n (Kftst) / high-temperature coke || ~**korrosion** f (Reaktion metallischer Werkstoffe bei hohen Temperaturen in gas- oder dampfförmigen Medien) (Galv) / hot corrosion || ~**legierung** f (eine Superlegierung) (Hütt) / high-temperature alloy || ~**löten** n (Hartlöten unter Schutzgas oder im Vakuum - über 900° C - DIN 8505) (Hütt, Klemp) / high-temperature brazing, high-temperature soldering || ~**messung** f (über etwa 500 °C) / pyrometry n || ~**physik** f (Phys) / high-temperature physics || ~**plasma** n (Plasma Phys) / high-temperature plasma || ~**reaktor** m (mit so hohen Betriebstemperaturen, daß die Spaltzone besonders temperaturbeständige Materialien enthalten muß) (Nukl) / high-temperature reactor*, HTR || **gasgekühlter** ~**reaktor** (Nukl) / high-temperature gas-cooled reactor, HTGR || ~**reaktor** m **mit Heliumturbine** (Nukl) / helium-turbine high-temperature reactor, HHT reactor, HHTR || ~**spektrum** n (Spektr) / high-temperature spectrum || ~**supraleiter** m (meistens ternäre Oxide mit sehr hohen Sprungtemperaturen) (Phys) / high-temperature superconductor || ~**trocknung** f (bei Temperaturen über 100° C) (For) / high-temperature drying, HTD || ~**trocknung** (des Holzes) (For) / oven seasoning, oven drying, kiln drying, kiln seasoning || ~**versprödung** (Hütt) / high-temperature brittleness || ~**werkstoff** m (Masch, WP) / high-temperature material || ~**werkstoffe** m pl (Hütt, Keram) / refractories* pl

**hoch** ~ **titanoxidhaltig** (Masse) (Keram) / high-titania attr || ~**töner** m (Akus) / tweeter* n, high-frequency speaker || ~**tonerdehaltig** adj (Keram) / high-alumina attr || ~**tonerdeschmelzzement** m (Bau, HuT) / high-alumina cement (BS 915) || ~**tonlautsprecher** m (Akus) / tweeter* n, high-frequency speaker || ~**touren** n (Masch) / run-up n || ~**tourig** adj (Masch) / high-speed attr || ~**transformieren** v (nur Infinitiv und Partizip) (Eltech) / step up v || ~**übersetzt** adj (Masch) / high-gear attr || ~**ufer** n (am Rande des Überschwemmungsbereiches eines Flusses) (Geol, Wasserb) / high bank

**Hochvakuum** n (zwischen $1 \times 10^{-4}$ und $1 \times 10^{-7}$ mm Hg) (Eltronik) / high-vacuum (HVAC) n - (Eltronik) / hard* adj, high-vacuum* attr, highly evacuated || ~**bitumen** / vacuum bitumen || ~**röhre** f (mit etwa $10^{-9}$ Pa) (Eltronik) / high-vacuum tube, hard tube || ~**röntgenröhre** f (Eltronik) / high-vacuum X-ray tube

**hochverdichtet** adj / high-density attr || ~**er Motor** (V-Mot) / high-compression engine, supercompression engine

**Hoch • veredlung** f (Tex) / high-grade finish, high finish || ~**vergaste Bohrspülung** (Erdöl) / heavily gas-cut mud || ~**vernetzt** adj (Polymer) (Chem) / highly cross-linked || ~**verzahnung** f (Masch) / long-addendum teeth || ~**viskos** adj / high-viscosity attr, highly viscous || ~**viskose Kalkspülung** (Erdöl) / high-viscosity lime-base mud || ~**volttherapie** f (Med, Radiol) / supervoltage therapy, megavoltage therapy || ~**wald** m (For) / high forest, forest of seed origin

**hochwarmfest • e Legierung** (Hütt) / high-temperature alloy || ~**er Stahl** (Hütt) / high-temperature steel

**Hochwasser** n (in der Gezeitenbeobachtung - als Wasserstand) (Ozean) / high water, HW, H.W., high tide || ~ (Wasserhochstand bei Flüssen) (Wasserb) / flowage n, spate n (GB), freshet n || ~ (Wasserhochstand bei Flüssen) (Wasserb) / high water, HW, H.W. || ~ (kurzzeitiges - durch starke Regenfälle, Schneeschmelze, Eisstau usw. entstanden) (Wasserb) / flash-flood n || **höchstes** ~ (Wasserb) / maximum flood || **höchstes** ~ (Wasserb) / bank-full n, bank-full stage (when a stream fills its channel and just overflows its natural banks) || **höchstes jährliches** ~ (in einem hydrologischen Jahr) (Wasserb) / annual flood || **höchstes mögliches** ~ (Wasserb) / maximum possible flood (that theoretically can occur at a given area) || **wahrscheinlich höchstes** ~ (Wasserb) / maximum probable flood || ~ **Führen** (Wasserb) / be in full spate

**Hochwasser • abflußbeiwert** m (Wasserb) / flood coefficient || ~**alarm** m (Wasserb) / flood warning || ~**becken** n (Wasserb) / flood retention basin, flood pool || ~**entlastungsanlage** f (Stauwerksüberlauf) (Wasserb) / bye-channel*, spillway* n, by-channel n || ~**entlastungsanlage** (vom Stauwerk getrennt) (Wasserb) / lateral-flow spillway, side-channel spillway, surplusing works || ~**fortpflanzung** f (in Gestalt einer Welle) (Wasserb) / flood propagation || ~**ganglinie** f (Wasserb) / flood hydrograph || ~**kanal** m (Wasserb) / flood-relief channel || ~**marke** f (Wasserb) / flood mark || ~**risiko** n (Wasserb) / flood risk || ~**rückhaltebecken** n (Wasserb) / flood retention basin, flood pool || ~**rückhaltevermögen** n (Wasserb) / flood absorption capacity || ~**schutz** m (zur Verhinderung von Überschwemmungs- und Hochwasserschäden) (Wasserb) / flood control, flood protection || ~**schutzbauten** m pl (Wasserb) / flood-protection works, flood-control works || ~**schutzraum** m (Talsperre) (Wasserb) / flood-control storage || **beherrschbarer** ~**schutzraum** (Wasserb) / flood retention storage || ~**speicher** m (Wasserb) / flood retention basin, flood pool || **außergewöhnlicher** ~**speicherraum** (Wasserb) / surcharge (flood) storage || ~**spitze** f (Wasserb) / peak flow || ~**statistik** f (Wasserb) / flood records || ~**strand** m (Ozean) / storm beach || ~**tor** n (Wasserb) / floodgate n (in a water channel), watergate n || ~**wahrscheinlichkeit** f (Wasserb) / flood probability

**Hochwebstuhl** m (für Gobelins und Teppiche, mit senkrecht geführter Kette) (Web) / high-warp loom, Hautelisse loom

**hochweiß** adj / ultra-white adj, extra-white adj, bright white || ~ **glänzend** (Faser) (Tex) / ultra-white bright || ~ **matt** (Faser) (Tex) / ultra-white dull

**Hochwert** m (bei der Gauß-Krüger-Abbildung) (Verm) / northing* n

**hochwertig** adj / high-grade attr, high-quality attr, superior adj, high-class attr, top-grade attr || ~ (Kohle) (Kftst) / high-rank attr, mature adj, high-quality attr || ~**es Bleierz** (mit großen Bleiglanzkristallen) (Hütt) / bing ore || ~**es Erz** (Aufber, Bergb) / high-grade ore, rich ore || ~**es Erzmineral** (nach der Aufbereitung) (Aufber, Bergb) / valuable mineral || ~**es Zeitungspapier** (für Tiefdruck) (Pap) / super news

**hochwinden** v (Masch) / jack v, jack up v, lift by jack v || ~ (Masch) / wind up v || ~ (Schiff) / heave v, hoist v

**Hochzeilenfernsehen** n (TV) / high-definition television, HD television, HDTV

**"Hochzeit"** f (doppelt gesetzte Wörter, Satzteile oder Sätze) (Druck) / double n

**hochziehen** v (das Flugzeug) (Luftf) / pull up v || ~ n (Anquellen und Loslösung eines Anstriches mit dem Lösungsmittel der darüber aufgebrachten nächsten Anstrichschicht) (Anstr) / lifting* n, pulling-up n, raising n, picking-up n, pull-up n, picking n || ~ (des Flugzeugs im allgemeinen) (Luftf) / pull-up || ~ (kurzes) (Gewinn an Höhe durch Ausnutzung der kinetischen Energie) (Luftf) / zooming* n, zoom n, zoom climb

**hochzinkhaltige Legierung** (Hütt) / zinc-based alloy

**hochzugfester Stahl** (Hütt) / high-tension steel

**Hochzwiesel** m (Gabelung in der Höhe des Stammes) (For) / schoolmarm n

**hochcyanidisch** adj (Galv) / high-cyanide attr

**Hocke** f (Landw) / shock n || **in** ~**n aufstellen** (Landw) / shock v

**Höcker** m (einer Kurve) / hump n || ~ (Masch) / bump n || ~ (des Nockens) (V-Mot) / lobe* n, cog n || ~ (im Tosbecken) (Wasserb) / baffle block || ~**spannung** f (Eltronik) / peak-point voltage || ~**strom** m (der in der Tunneldiode innerhalb des Bereiches des Tunneleffekts maximal fließende Strom) (Eltronik) / peak-point current

**Hocksche Spaltung** n (nach H. Hock, 1887-1971) (z. B. zur synthetischen Gewinnung von Phenol und Azeton) (Chem Verf) / cumene process, cumene-phenol process, Hock process

**Hock-Verfahren** n (z. B. zur synthetischen Gewinnung von Phenol und Azeton) (Chem Verf) / cumene process, cumene-phenol process, Hock process

**Hodgson-Schaftmaschine** f (Web) / Hodgson dobby

**Hodograf** m (Polardiagramm der Geschwindigkeit) (Mech, Meteor) / hodograph* n

**Hodogramm** n (Mech, Meteor) / hodograph* n

**Hodoskop** n (für die Beobachtung und die Registrierung der räumlichen Orientierung ionisierender Strahlung) (Nukl) / hodoscope* n

**Hoeppler-Viskosimeter** n (DIN 53015) (Phys) / falling-sphere viscometer, falling-ball viscometer

**Hof** m (Arch) / courtyard n (of a castle or large house) || ~ (in einer atmosphärischen Optik) (Astr, Meteor) / corona* n (pl. coronae) || ~ n (Bau) / yard n || ~ (des Hoftüpfels) (For) / pit border || ~ (ein atmosphärisches optisches Phänomen, das durch Beugung, Reflexion und Brechung des Lichtes an Wassertröpfchen entsteht) (Geophys) / halo* n, aureole n || ~ **pleochroitischer** (farbiger Ring oder Hof, z.B. bei Glimmer oder Flußspat) (Krist, Min) / pleochroic halo* || ~ m (meistens rechteckig) **einer Klausur** (in einem Kloster) (Arch) / garth* n

**HOF** (nur bei tiefen Temperaturen beständige, weiße Verbindung) (Chem) / hypofluorous acid

**Hof • arbeiter** m / yardman n || ~**bildung** f (beim Drucken) (Tex) / haloing n || ~**effekt** m (Eltronik, TV) / halo* n (pl. haloes or halos), halation* n

**Hofer-Dorn** m (hydraulischer Dehndorn zum Spannen von Werkstücken in ihrer Bohrung) (Masch) / Hofer hydraulic expansion mandrel

**höffiges Gebiet** (in dem das Auffinden eines Bodenschatzes zu erhoffen ist) (Bergb, Geol) / prospect* n

**höffliches Gebiet** (Bergb, Geol) / prospect* n

**Hoffmannsch**

**Hoffmannscher Stoß** (auf kosmische Strahlung bezogen oder in der Ionisationskammer) (Phys) / burst* *n*
**Hoffnungsgebiet** *n* (Bergb, Geol) / prospect* *n*
**Hofmann•-Eliminierung** *f* (quartärer Ammoniumhydroxide - nach A.W.v. Hofmann, 1818-1892) (Chem) / Hofmann degradation* ‖ ⁓**-Martius-Umlagerung** *f* (von N-alkylierten Anilinhydrochloriden oder -bromiden in 4-Alkyl-aniline durch Erhitzen auf 200 bis 300° C) (Chem) / Hofmann rearrangement, Hofmann-Martius reaction ‖ ⁓**-Sand-Reaktion** *f* (Chem) / oxymercurization *n*
**Hofmannsch•er Abbau** (quartärer Ammoniumhydroxide - nach A.W.v. Hofmann, 1818-1892) (Chem) / Hofmann degradation* ‖ ⁓**er Abbau** (von Säureamiden) (Chem) / Hofmann's reaction* ‖ ⁓**er Ringofen** (zur Ziegelherstellung) (Keram) / Hofmann kiln
**Hofmeistersche Reihe** (beim Kationenaustausch) (Chem) / Hofmeister series*, lyotrophic series*
**Hofmeister-Serie** *f* (nach F. Hofmeister, 1850-1923) (Chem) / Hofmeister series*, lyotrophic series*
**Hoftüpfel** *m* (For) / bordered pit
**Hogging** *n* (Durchbiegung der Schiffsmitte nach oben) (Schiff) / hogging *n*
**Hoghorn** *n* (Radio) / hoghorn *n*, flare *n*
**Hogness-Box** *f* (Gen) / TATA box
**Höhe** *f* / depth *n* (of the beam) ‖ ⁓ (Akus) / top *n*, treble *n* ‖ ⁓ (in der ein Kolbenmotor seine Höchstleistung abgibt) (Luftf) / rated altitude* ‖ ⁓ (Math) / height *n* ‖ ⁓ (Math, Nav, Raumf) / altitude* *n* ‖ ⁓ (lotrechter Abstand von einem Höhenbezugspunkt - sehr oft Ortshöhe über dem Meer) (Verm) / elevation* *n*, reduced level* (US) ‖ **[absolute]** ⁓ / altitude* *n* ‖ **absolute** ⁓ (Verm) / absolute altitude, absolute elevation ‖ **an** ⁓ **gewinnen** (Luftf) / climb *v* ‖ **äquivalente** ⁓ (Radio) / equivalent height* ‖ **größte äußere** ⁓ (Kfz) / overall height ‖ **hydraulische** ⁓ (Hyd) / hydraulic head ‖ **in die** ⁓ **schnellen** (Preise) / rocket *v*, skyrocket *v* ‖ **lichte** ⁓ (HuT, Masch) / headway *n*, headroom *n* ‖ **metazentrische** ⁓ (der Abstand des Metazentrums von dem Massenmittelpunkt, projiziert auf der Auftriebsrichtung) (Schiff) / metacentric height* ‖ **negative** ⁓ (Verm) / angle of depression*, depression angle, descending vertical angle, plunge angle* ‖ **nutzbare** ⁓ (Luftf) / usable height ‖ **scheinbare** ⁓ (des Gestirns) (Astr) / apparent altitude ‖ **scheinbare** ⁓ (Fernm) / virtual height* ‖ **sichere** ⁓ (Luftf) / net height ‖ **wahre** ⁓ **über dem Meer** (Luftf) / true altitude ‖ ⁓ *f* **der Seitenfläche** (der Mantelfläche) (Math) / slant height ‖ ⁓ **einer Übertragungseinheit** (Destillation) (Chem Verf) / height of a transfer unit*, H.T.U.* ‖ ⁓ **eines Punktes** (Verm) / spot height, spot elevation (US) ‖ ⁓ **oberhalb des Wasserspiegels** (bis zur Dammkrone) (Wasserb) / freeboard *n* ‖ ⁓ **über alles** / overall height ‖ ⁓ **über dem Meeresspiegel** (Verm) / altitude *n*
**Höhe/Breite-Verhältnis** *n* (Kfz) / aspect ratio, profile *n* (ratio)
**Höhen•absenkung** *f* (Akus) / treble cut ‖ ⁓**abstand** *m* (Masch) / vertical clearance ‖ ⁓**abstand** (im allgemeinen) (Masch) / vertical interval ‖ ⁓**änderungsmesser** *m* (Luftf) / rate-of-climb indicator*, variometer *n*, vertical speed indicator*, v.s.i., VSI* ‖ ⁓**anhebung** *f* (auch als schalltechnische Einrichtung zur betonten Wiedergabe der höheren Tonlagen) (Akus) / treble boost ‖ ⁓**anzeige** *f* (Luftf, Verm) / altitude indication ‖ ⁓**atmer** *m* (Luftf) / air-breathing engine, air-breather *n* ‖ **Stelle** *f* **mit** ⁓**beschränkung** (Bahn, Kfz) / point of limited headroom ‖ ⁓**bestimmung** *f* **durch Differenz** (Verm) / reciprocal levelling ‖ ⁓**bezugspunkt** *m* (Punkt, durch den die Niveaufläche festgelegt wird, auf sich die Höhenangaben beziehen) (Verm) / altitude datum ‖ ⁓**-/Breiten-Verhältnis** *n* (bei Reifen) (Kfz) / aspect ratio, profile *n* (ratio) ‖ ⁓**-/Breitenverhältnis** *n* **eines Pixels** (EDV) / pixel aspect ratio ‖ ⁓**flosse** *f* (Luftf) / horizontal stabilizer (US)*, tailplane* *n*, stabilizer *n* ‖ **vollbewegliche** ⁓**flosse** (wenn die gesamte Höhenflosse bewegt wird) (Luftf) / taileron *n*, stabilator* *n*, all-moving tail*, flying tail* ‖ ⁓**flug** *m* (Luftf) / high-altitude flight ‖ ⁓**förderer** *m* (Masch) / elevator* *n* ‖ **barometrische** ⁓**formel** (in der barometrischen Höhenmessung) / barometric formula ‖ ⁓**forschungsrakete** *f* (Astr, Meteor) / sounding rocket*, rocketsonde *n* ‖ ⁓**freie Kreuzung** (HuT, Kfz) / flyover *n*, overpass *n*, grade-separated junction (US) ‖ ⁓**freiheit** *f* (Masch) / vertical clearance ‖ ⁓**fries** *m* **außen** (Holzfüllungstür) (Tischl) / stile* *n*, style* *n* ‖ ⁓**fries innen** (Rahmen-Zwischenlängsstück) (Tischl) / muntin* *n*, munting* *n* ‖ ⁓**gleiche** *f* (Astr, Luftf) / circle of equal altitude* ‖ ⁓**haltung** *f* (Luftf) / altitude hold ‖ ⁓**kammer** *f* (Luftf) / altitude chamber, stratochamber *n* ‖ ⁓**korrektur** *f* (Luftf) / altitude compensation ‖ ⁓**kote** *f* (Verm) / altitude* *n* ‖ ⁓**krankheit** *f* (Med) / altitude sickness, air bends, Acosta's disease, puna *n*, mountain sickness ‖ ⁓**kreis** *m* (Astr, Verm) / vertical circle* ‖ ⁓**kreis** (Verm) / parallel of altitude, altitude circle, almucantar *n* ‖ ⁓**kreis zur Neigungsmessung** (am Theodolit oder Tachymeter) (Verm) / grading instrument*, gradiometer* *n* ‖ ⁓**lage** *f* / height *n* ‖ ⁓**leistung** *f* (eines Flugmotors) (Luftf) / height power factor* ‖ ⁓**leitwerk** *n* (Luftf) / horizontal tail (US) ‖ ⁓**linie** *f* (Verm) / contour* *n* ‖ ⁓**linienabstand** *n* (Kart) / contour interval*, vertical interval ‖ ⁓**linienkarte** *f* (in der die Geländeformen mittels Höhenlinien dargestellt sind) (Kart) / contoured map, contour map, hypsometric map ‖ ⁓**marke** *f* (durch Nivellement ermittelter Höhenpunkt) (Verm) / bench mark*, B.M., BM ‖ ⁓**maßstab** *m* (ein Verkleinerungsverhältnis) (Verm) / vertical scale
**Höhenmesser** *m* (zum Messen des Abstandes über dem momentan überflogenen Gelände) (Luftf) / absolute altimeter, terrain clearance altimeter ‖ **[barometrischer]** ⁓ (Luftf, Phys) / altimeter* *n* ‖ **akustischer** ⁓ (Luftf) / sonic altimeter ‖ **barometrischer** ⁓ (Verm) / aneroid altimeter, pressure altimeter, barometric altimeter ‖ **elektrischer** ⁓ (Luftf) / radio altimeter* (a reflection altimeter) ‖ **radioelektrischer** ⁓ (Luftf, Radio) / terrain clearance (warning) indicator
**Höhenmeßradar** *m n* (Radar) / height-finding radar
**Höhenmessung** *f* / altimetry *n*, hypsometry *n* ‖ ⁓ (z.B. barometrische) (Verm) / levelling* *n* ‖ **barometrische** ⁓ (Verm) / barometric levelling ‖ **trigonometrische** ⁓ (Verm) / trigonometric levelling
**Höhen•motor** *m* (Luftf) / altitude engine ‖ ⁓**punkt** *m* (ein Kartenzeichen zur Lageangabe) (Kart) / spot height, spot elevation (US) ‖ ⁓**punkt** (Verm) / spot height, spot elevation (US) ‖ ⁓**querruder** *n* (Luftf) / elevon* *n* ‖ ⁓**rechner** *m* (Luftf) / altitude computer ‖ ⁓**regelung** *f* (Tätigkeit) (Akus) / treble control ‖ ⁓**regler** *m* (Einrichtung) (Akus) / treble control (device) ‖ ⁓**reißer** *m* (Masch, Zimm) / scribing block*, marking gauge*, surface gauge* ‖ ⁓**rücken** *m* (Geol) / ridge *n* ‖ ⁓**ruder** *n* (Luftf) / elevator* *n*, flipper *n* (US) ‖ ⁓**ruder** (Schiff) / depth rudder, diving rudder ‖ ⁓**ruderscharnier** *n* (Luftf) / elevator hinge ‖ ⁓**satz** *m* (im rechtwinkligen Dreieck) (Math) / altitude theorem ‖ ⁓**schichtenfarbe** *f* (in der Höhenschichtfarbskale) (Kart) / hypsometric tint, altitude tint ‖ ⁓**schichtenfarbskale** *f* (Kart) / scale of hypsometric tints ‖ ⁓**schichtenkarte** *f* (Verm) / layered map ‖ ⁓**schichtfärbung** *f* (Kart, Luftf) / gradient tint ‖ ⁓**schichtlinie** *f* (Verm) / contour* *n* ‖ ⁓**schirm** *m* (Radar) / range-height indicator*, RHI ‖ ⁓**schnittpunkt** *m* (im Dreieck) (Math) / orthocentre* *n*, orthocenter *n* (US) ‖ ⁓**schraffenkarte** *f* (Kart) / drop-line chart ‖ ⁓**schreiber** *m* (Luftf) / altigraph *n*, altitude recorder, recording altimeter* ‖ ⁓**schritt** *m* (Hebdrehwähler) (Fernsp) / level* *n* ‖ ⁓**schrittvielfach** *n* (Fernsp) / level multiple *n* ‖ ⁓**staffelung** *f* (Luftf) / vertical separation* ‖ ⁓**standanzeiger** *m* (Masch) / level indicator ‖ ⁓**strahlen** *m pl* (Astr) / cosmic rays* ‖ ⁓**strahlung** *f* (kosmische) (Geophys) / cosmic radiation ‖ ⁓**stufe** *f* (Kart) / height *n* ‖ ⁓**überdeckung** *f* (Radar) / vertical coverage ‖ ⁓**unterschied** *m* (Geog, Verm) / altitude difference, difference in altitude ‖ ⁓**unterschied** (Verm) / elevation difference ‖ ⁓**unterschied benachbarter Höhenlinien** (Kart) / contour interval*, vertical interval
**höhenverstellbar** *adj* (Masch) / whose height can be adjusted, adjustable in height, height-adjustable *adj* ‖ ~**e Kreissägemaschine** (For) / rising and falling (circular) saw*
**Höhen•verstellung** *f* (Masch) / height adjustment ‖ ⁓**warnanzeiger** *m* (Luftf, Radio) / terrain clearance (warning) indicator ‖ ⁓**wind** *m* (Meteor) / upper wind, upper-level wind, wind aloft (US) ‖ ⁓**winkel** *m* (des Zieles) (Radar) / angle of elevation, elevation angle ‖ ⁓**winkel** (Radio) / angular height ‖ ⁓**zahl** *f* (Verm) / altitude* *n* ‖ ⁓**zuweisung** *f* (Luftf) / altitude assignment
**höher•e Ableitung** (Math) / higher derivative (of a function) ‖ ~**e Brillouin-Zone** (Phys) / higher Brillouin zone ‖ ~**er Dienst** (verglichen mit dem Standarddienst) (EDV) / more sophisticated service, higher-level service ‖ ~**er Feingehalt** (von Gold und Silber über dem Standard) (Bergb, Hütt) / betterness *n* ‖ ~**e Geodäsie** (Verm) / geodetic (control) surveying* ‖ ~**es Inferieren** (KI) / advanced reasoning ‖ ~**e Mathematik** (als Gegensatz zur Elementarmathematik) (Math) / higher mathematics ‖ ~**e Ordnung** (Bot, Zool) / superorder *n* ‖ ~**e partielle Ableitung** (Math) / higher-order partial derivative ‖ ~**e Programmiersprache** (EDV) / high-level language* (HLL), high-order language ‖ ~**e Schnittholzausbeute** (als rechnerisch ermittelt) (For) / overrun *n* ‖ ~**e Singularität** (Math) / higher singularity
**höherauflösend** *adj* (EDV, Opt) / higher-resolution *attr*
**höherdimensionaler Raum** (Math) / higher dimensional space
**höherliegend** *adj* / superior* *adj*
**höhersiedend** *adj* (Fraktion) (Chem) / high-boiling *adj*, heavy *adj*
**höherstehend** *adj* / superior* *adj*
**höherwertiges Bit** (EDV) / high-order bit
**Hohe-See-Einbringung** *f* (Umwelt) / ocean dumping, ocean disposal, dumping at sea
**hohl** *adj* / hollow *adj* ‖ ~ (röhrenförmig) / tubular *adj* ‖ ~ (klingend) (Akus) / dull *adj*, muffled *adj*, hollow *adj*, tubby *adj* ‖ ~ (Opt) / concave *adj* ‖ ~ **machen** / hollow *v* ‖ ~**e Putzstelle** (Bau) / gaul *n* (US) (in a finishing coat) ‖ ~**er Rücken** (Buchb) / hollow back*, open back* ‖ ~**e Spindel** (Bau) / open newel, hollow newel* ‖ ~**e** ⁓**achse** *f* (Masch) / hollow axle ‖ ⁓**anode** *f* (Eltronik) / hollow anode, tubular anode ‖ ⁓**balken** *m* (Bau, HuT) / hollow beam, box beam ‖ ⁓**beitel** *m* (zum Ausstechen runder Löcher) (Tischl, Zimm) /

**Hohlzylinder**

gouge* n ‖ **flacher ~beitel** (Tischl, Zimm) / flat gouge* ‖ **~block-Reduzierwalzwerk** n (Hütt) / hollow billet reducing mill ‖ **~blockstein** n (DIN 106, T 1 und 18151) (Bau, Keram) / hollow block*, hollow building block ‖ **~blocksteinmauerwerk** n (Bau) / blockwork* n ‖ **~bohren** n (Erdöl) / hollow drilling ‖ **~bohren** (Masch) / trepanning* n, core drilling ‖ **~bohrer** m (mit dem der Kern gewonnen wird) (Bergb) / core drill, annular auger, annular borer* ‖ **~bohrer** (Masch) / trepanning cutter (GB), core drill (US) ‖ **~bohrer** (für den Coretest) (Tex) / sampling tube ‖ **~bohrer** (Werkz) / shell bit*, gouge-bit* ‖ **~bohrstange** f (Erdöl) / hollow rod, hollow stem, hollow drill ‖ **~bohrung** f (ins volle Material) (Masch) / hollow drilling, trepanning n ‖ **~dorn** m (Masch) / hollow mandrel ‖ **~draht** m **mit Flußmittelseele** / flux-cored solder wire, cored solder
**Höhle** f (Geol) / cave n (in a hillside or cliff) ‖ **~** (große) (Geol) / cavern* n
**Höhlenablagerung, karbonatische ~en** (auch Tropfsteine) (Geol) / speleothems* pl
**Höhlen• fluß** m (Geol) / subterranean river ‖ **~forscher** m (Geol) / speleologist n ‖ **~forschung** f (Geol) / spelaeology* n, speleology* n ‖ **~kunde** f (Geol) / spelaeology* n, speleology* n ‖ **~lehm** m (Geol) / cave earth ‖ **~see** m (Geol) / underground lake
**Hohl• faser** f (eine tubuläre Faser) (Tex) / hollow fibre ‖ **~fasermembransuppressor** m (Chem) / hollow-fibre membrane suppressor ‖ **~faserreaktor** m (ein Bioreaktor) (Chem Verf) / hollow-fibre reactor ‖ **~fäule** f (For) / pipe rot ‖ **~flankenschnecke** f (Masch) / hollow-flank worm ‖ **~fließpressen** n (vorwärts oder rückwärts) (Masch) / tube extrusion*, Hooker extrusion, Hooker process ‖ **~form** f (Gieß) / hollow form, female form ‖ **~fuge** f (Bau) / keyed joint ‖ **~gegossen** adj (Gieß) / hollow-cast adj ‖ **~geschirr** n (Keram) / hollow-ware n, holloware n ‖ **~geschliffen** adj / hollow-ground adj ‖ **~gesims** f (Arch) / cavetto n (pl. -s or cavetti) ‖ **~gewebe** n (Tex) / tubular fabric, circular fabric, hollow web, tubing n ‖ **~gewebe** (das aus zwei übereinanderliegenden Gewebeteilen besteht, die untereinander webtechnisch verbunden sind, aber auch die Oberfläche wechseln können) (Tex) / compound fabric, compound cloth ‖ **~gitter** n (Phys) / concave grating* ‖ **~glas** n (alle aus der Glasschmelze nicht platten- oder faserförmig hergestellten Glaserzeugnisse, wie z.B. Behälterglas) (Glas) / hollow glass, hollow glassware ‖ **weißes ~glas** (Glas) / flint glass, white flint ‖ **~glaswanne** f (Glas) / hollow-glass tank furnace ‖ **~griff** m (Keram, Werkz) / hollow handle ‖ **~guß** m (Gieß) / hollow casting ‖ **~guß** (Gießverfahren in der Geschirr- und Zierkeramik) (Keram) / drain casting, hollow casting ‖ **~kabel** n (Fernm, Kab) / waveguide n ‖ **~kabelrepeater** m (Fernsp) / waveguide repeater ‖ **~kantiger Profildraht** (Eltech) / grooved wire ‖ **~kastenträger** m (Träger mit rechteckigem Hohlprofil) (Bau) / box girder, box beam, hollow-web girder ‖ **~katodenlampe** f (monochromatische Strahlenquelle für die Atomabsorptionsanalyse) (Chem, Eltronik) / hollow-cathode tube*, HCT ‖ **~kehle** f (konkaves Profil) / fillet n, quirk n ‖ **~kehle** (am Wasserschlag) (Arch) / gorge* n ‖ **~kehle** (am Karnies) (Arch) / cavetto* n (pl. cavetti or cavettos) ‖ **~kehle** (flache oder halbrunde muldenförmige Vertiefung in Fenster- oder Möbelteilen) (Tischl) / flute n ‖ **~kehle zwischen Decke und Wand** (Arch) / cove* n ‖ **~kehlhobel** m (ein Kehlhobel) (Tischl) / fluting plane* ‖ **~kehlnaht** f (Schw) / concave fillet weld ‖ **~keil** m (DIN 6881) (Masch) / saddle key* ‖ **~konstruktion** f (Masch) / hollow construction ‖ **~körper** m / hollow body, hollow n ‖ **~körperblasen** n (Plast) / extrusion blow moulding ‖ **~körperdecke** f (Bau) / hollow-tile floor, hollow-block floor, pot floor, ribbed floor ‖ **~körpergießen** n (Plast) / slush moulding*, hollow casting, slush casting ‖ **~kugel** f / hollow sphere ‖ **~ladung** f (Bergb, Mil) / hollow charge, shaped charge ‖ **~läufer** m (Eltech) / hollow-shaft motor
**Hohlleiter** m (im allgemeinen) (Eltech) / hollow-core annular conductor, hollow-core conductor ‖ **~** (ein nach außen durch ein Rohr aus leitenden Wänden völlig abgegrenzter Wellenleiter ohne Innenleiter) (Fernm, Phys) / waveguide* (WG) n, wave duct ‖ **biegbarer ~** (Fernm) / semi-rigid waveguide ‖ **runder ~** (Fernm) / circular waveguide ‖ **~** m **mit axialer Scheidewand** (Fernm) / septate waveguide ‖ **~** m **mit parallelen Platten** (Fernm) / pill n, pill-box n ‖ **~abschluß** m (Fernm) / waveguide termination ‖ **~bogen** m (Fernm) / waveguide bend ‖ **~brücke** f (Fernm) / waveguide bridge ‖ **~dämpfungsglied** n (Fernm) / waveguide attenuator ‖ **~dichtung** f (Fernm) / waveguide gasket ‖ **~filter** n (Fernm) / waveguide filter ‖ **~flansch** m (Fernm) / waveguide flange ‖ **~grenzfrequenz** f (Fernm) / waveguide cut-off frequency ‖ **~kalorimeter** n (Fernm) / waveguide calorimeter ‖ **~Koaxialübergangsstück** n (Übergangsstück von einem Hohlleiter auf einen Koaxialleiter) (Fernm) / waveguide-to-coax adapter ‖ **~koppler** m (Fernm) / waveguide coupler ‖ **~krümmer** m (Fernm) / waveguide bend ‖ **~linse** f (Fernm) / waveguide lens* ‖ **~mischer** m (Fernm) / waveguide mixer ‖ **~schalter** m (ein Mikrowellenschalter zur wahlweisen Verbindung und Trennung von Hohlleitern) (Fernm) / waveguide switch* ‖ **~schwingungsform** f (Fernm) / waveguide mode*, mode n ‖ **~strahler** m (eine Sendeantenne, bei der ein am Ende offener Hohlleiter die ihm zugeführte hochfrequente Energie in den Raum abstrahlt) (Radio) / waveguide radiator ‖ **~transformator** m (Fernm) / waveguide transformer* ‖ **~übergangsstück** n (zwischen Hohlleitern verschiedenen Querschnitts) (Fernm) / waveguide taper (a component), taper n (of a waveguide) ‖ **~verbindungsstück** n (Fernm) / waveguide junction* ‖ **~verdrehung** f (Fernm) / waveguide twist ‖ **~verdrillung** f (Fernm) / waveguide twist ‖ **~welle** f (Elektr, Fernm) / guided wave* ‖ **~wellenlänge** f (Fernm) / guide wavelength* ‖ **~winkel** m (Fernm) / corner* n, elbow n, bend* n
**Hohl• leitung** f (Fernm) / plumbing* n ‖ **~mauer** f (Bau) / hollow wall(ing)*, cavity wall* ‖ **~meißel** m (Tischl) / hollow chisel ‖ **~naht** f (eine Kehlnaht) (Schw) / concave fillet weld ‖ **~naht** (Tex) / hemmed seam ‖ **~niet** m (Masch) / hollow rivet ‖ **~pfanne** f (mit Falz) (eine Dachziegelform) (Bau, Keram) / pantile n ‖ **~platte** f (z.B. bei Stahlbrücken) (HuT) / core panel, core slab ‖ **~prägen** n (durch Stempel und Gegenstempel - DIN 8585, T 4) (Masch) / embossing n, raising n ‖ **~prägen** (mit unregelmäßigen Konturen) (Plast) / stamping n ‖ **~profil** n (HuT, Hütt) / tubular section ‖ **~profil** (der Karosserie, das meistens hohlraumversiegelt wird) (Kfz) / chassis section ‖ **~profilstahl-Abtreibepfahl** m (Bergb) / Larsens pile ‖ **~profilstahl-Spundpfahl** m (Bergb) / Larsens pile ‖ **dünnwandiger ~querschnitt** (Masch) / thin-walled tube ‖ **~rad** m (Masch) / ring gear, annulus gear ‖ **~rad** (Masch) / internal gear*
**Hohlraum** m / hollow n, cavity n, hollow space ‖ **~** (Akus) / hohlraum* n, cavity* n ‖ **~** (Pulv) / void* n ‖ **~ mit Hohlräumen** (Bergb, Geol) / drusy* adj ‖ **~ für biologisches Material** (Nukl) / biological hole* ‖ **~bildung** f (im Zementsilo) (Bau, HuT) / rathole formation, ratholing n ‖ **~fluten** n (mit Konservierungsstoffen) (Kfz) / cavity flooding ‖ **~frequenzmesser** m (Eltronik) / cavity-frequency meter* ‖ **~gestützt** adj (HPLC) (Chem Verf) / cavity-supported adj ‖ **~gitter** n (Eltronik) / resonator grid* ‖ **~kammer** f (eine Ionisationskammer, in der die Hohlraum-Ionendosis gemessen wird) (Radiol) / cavity ionization chamber ‖ **~konservierung** f (Kfz) / cavity sealing, body cavity protection, hollow-cavity insulation ‖ **~mittellage** f (der Verbundplatte) (For) / lightweight core ‖ **~resonator** m (in der Mikrowellentechnik) (Akus, Eltronik) / cavity resonator*, resonant cavity*, resonant chamber ‖ **abgestimmter ~resonator** (Akus, Eltronik) / tuned cavity, tuned cell ‖ **~spanplatte** f (For, Tischl) / hollow panel (a particle board) ‖ **~speicherung** f (Bergb, Geol) / storage in underground cavities ‖ **~strahlung** f (Phys) / black-body radiation*, black-body radiant energy, cavity radiation* ‖ **~versiegelung** f (mit kriechfähigem Korrosionsschutzmittel) (Kfz) / cavity sealing, body cavity protection, hollow-cavity insulation
**Hohl• ring** m (als Berührungsdichtung an gleitenden Flächen) (Masch) / hollow ring ‖ **~rohrleiter** m (Fernm, Phys) / waveguide* (WG) n, wave duct ‖ **geschlitzte ~rohrleitung** (Fernm) / slotted section, slotted waveguide, slotted line ‖ **~rolle** f (Hütt) / hollow roller ‖ **~rücken** m (Buchb) / hollow back*, open back* ‖ **~rührer** m (Chem Verf) / hollow stirrer ‖ **~runde Fuge** (Bau) / concave joint ‖ **~saum** m (Tex) / hem-stitch n ‖ **~säumapparat** m (Tex) / hemming attachment ‖ **~schleifen** n (von Kreissägeblättern) (For) / hollow grinding ‖ **Berner ~schlüssel** (Bahn) / Berne barred key, four-sided hollow socket key ‖ **~schraube** f (DIN 74305) (Kfz) / banjo bolt, hollow bolt ‖ **~schußbindung** f (Web) / floating weft yarn ‖ **~spat** m (Andalusit mit kreuzförmiger Anordnung kohliger oder toniger Einschlüsse) (Min) / chiastolite* n ‖ **~spiegel** m (Opt) / concave mirror* ‖ **~spindeldrehmaschine** f (Masch) / hollow mandrel lathe*, hollow spindle lathe ‖ **~steckschüssel** f (Masch) / tubular box spanner ‖ **~stege** m pl (im Handsatz verwendetes Blindmaterial nach DIN 16507) (Typog) / quotations* pl ‖ **~stein** m (Bau, Keram) / hollow block*, hollow building block ‖ **~stelle** f (in einer furnierten Fläche) (For) / hollow n ‖ **~träger** m (Bau) / box girder, box beam, hollow-web girder ‖ **~treiben** n (mit Tafelblech als Ausgangsmaterial) (Hütt) / hollowing n ‖ **~treppe** f (Bau) / geometrical stair* (with an open newel), open-newel stair* ‖ **~umschlag** m (Bau) / hollow roll*, seam roll* ‖ **~umschlagsfuge** f (Metallbedachung) (Bau) / hollow roll*, seam roll*
**Höhlung** f / hollow n, cavity n, hollow space
**Hohl• walze** f / hollow roll(er) ‖ **~ware** f (Keram) / hollow-ware n, holloware n ‖ **~weg** m (meistens durch Erosion entstanden) (Geog, Geol) / gully n ‖ **~welle** f (zur Weiterleitung von Drehmomenten) (Eltech, Masch) / quill* n, hollow shaft ‖ **~wellenantrieb** m (Eltech, Masch) / quill drive* ‖ **~wellenleiter** m (Fernm, Phys) / waveguide* (WG) n, wave duct ‖ **~wellenleiter-Koaxialkabel-Übergang** m (Fernm) / waveguide-to-coaxial transition ‖ **~wellenmotor** m (Eltech) / hollow-shaft motor ‖ **~ziegel** m (Bau) / hollow tile (a building unit formed of concrete or fired structural clay) ‖ **~ziegel** (mit größeren Löchern, die über 25% des Volumens ausmachen) (Bau) / hollow brick ‖ **~zylinder** m / hollow cylinder ‖ **~zylinder** (Math, Mech) / hollow cylinder ‖ **umschnürter ~zylinder** (Mech) / bound hollow cylinder

**Hohmann-Bahn**

**Hohmann•-Bahn** f (energetisch günstigste Übergangsbahn von einer Kreisbahn in eine andere - nach W. Hohmann, 1880-1945) (Raumf) / Hohmann orbit* ‖ ~-**Übergang** m (eine Raumflugbahn) (Raumf) / Hohmann transfer
**Hojalata-y-Lámina-Verfahren** n (ein Direktreduktionsverfahren) (Hütt) / Hyl process
**hoko** / high-concentration attr
**Hoko-Säure** f (hochkonzentrierte Salpetersäure mnit 98 - 99%) (Chem) / highly concentrated nitric acid
**Holarrhena-Alkaloide** n pl (aus Holarrhena pubescens Wall. ex Don, z.B. Conessin) (Pharm) / holarrhena alkaloids
**H₂O-Laser** m (ein Gaslaser im FIR) (Phys) / $H_2O$-laser n
**Holdcroft-Stab** m (Keram) / Holdcroft bar (of selected mineral composition designed to soften at different temperatures for use as pyroscope)
**Hölder-Bedingung** f (Math) / Hölder condition
**Hölder-Minkowski-Ungleichung** f (Math) / Hölder's inequality*
**Höldersche Ungleichung** (nach L.O. Hölder, 1859 - 1937) (Math) / Hölder's inequality*
**Holding** f / holding n
**Holdinggesellschaft** f (die die Aktien anderer Gesellschaften besitzt und diese dadurch beeinflußt oder beherrscht) / holding n
**Hold-up** m (z.B. der Kolonne) (Chem Verf) / hold-up* n, static hold-up, wettage n, hold-up volume
**Holeburning** n (ein Sättigungsloch bei einer bestimmten Oszillationsfrequenz) (Eltronik) / hole burning
**Holländer** m (Pap) / beater* n, beating engine, hollander beater*, Dutch engine, pulp engine (for producing paper pulp) ‖ ~**eintrag** m (Pap) / furnish n, pulp furnish ‖ ~**füllung** f (Pap) / furnish n, pulp furnish ‖ ~**leimung** f (Pap) / engine sizing
**Holländern** n (zum provisorischen Heften von Broschüren und Buchblocks) (Buchb) / French sewing*, Smyth sewing
**Holländer•trog** m (Pap) / beater tank, beater tub ‖ ~**walze** f (Pap) / beater roll* ‖ ~**weiß** n (Chem) / white lead*, ceruse n
**holländisch•e Pfanne** (eine Dachziegelform) (Bau, Keram) / pantile n ‖ ~**er Verband** (Bau) / English cross bond*, St Andrew's cross bond, Saint Andrew's cross bond, Dutch bond* ‖ ~**es Fernrohr** (mit sammelndem Objektiv und zerstreuendem Okular) (Opt) / Galilean telescope, Galilean glass ‖ ~**e Rolle** (Luftf) / Dutch roll* ‖ ~**-Kanevas** m (Tex) / holland* n
**Hollandit** m (ein Mineral der Kryptomelan-Psilomelan-Gruppe) (Min) / hollandite n
**Höllenstein** m (Silbernitrat [über 95 %] mit Kaliumnitrat [unter 5 %] in Stäbchenform geschmolzen, zur örtlichen Oberflächenätzung von Gewebe) (Chem, Pharm) / lunar caustic
**Holm** m (der Stufenstehleiter) / side rail ‖ ~ (der Leiter) (Bau, Zimm) / stile n, pole n, ladder beam ‖ ~ (Hauptlängsbauteil des Rumpfes oder der Rumpfgondel) (Luftf) / longeron* n ‖ ~ (Hauptbauteil der Tragflügel und der Leitwerksflossen in Richtung der Spannweite) (Luftf) / spar* n ‖ ~ (der Schmiedepresse) (Masch) / head n ‖ ~ (der Axt, des Hammers) (Werkz) / wooden handle
**Holmium (Ho)** n (Chem) / holmium* n
**Holmiumlaser** m (Festkörperlaser, bei dem Holmium in einen Wirtskristall, z.B. YAG oder YSGG, eingelagert ist und durch gepulste Blitzlampen angeregt wird) (Phys) / holmium laser
**Holmrahmen** m (Luftf) / spar frame*
**holoaxial** adj (Gruppe) (Krist) / holoaxial* adj
**Holocellulose** f (Gesamtmenge der in Wasser unlöslichen Polysaccharide pflanzlichen Fasermaterials) (Biochem) / holocellulose n
**holocellulosehaltig** adj (Biochem) / holocellulosic adj
**Holoeder** m (Krist) / holohedron n (pl. -dra or -drons)
**Holoedrie** f (die Menge aller ein Raum- bzw. Kristallgitter unverändert lassenden Drehoperationen) (Krist) / holohedry n
**holoedrisch** adj (Krist) / holohedral* adj, holosymmetrical adj, holosystemic adj ‖ ~ **isomorphe Gruppen** (Math) / isomorphic groups*
**Holoenzym** n (Coenzym + Apoenzym) (Biochem) / holoenzyme n (an enzyme-cofactor complex)
**Holoferment** n (Coenzym + Apoenzym) (Biochem) / holoenzyme n (an enzyme-cofactor complex)
**Holografie** f (Phys) / holography* n ‖ **akustische** ~ (Phys) / ultrasonic holography, acoustical holography
**holografisch** adj (Phys) / holographic adj ‖ ~**er Combiner** (in der Verbundglas-Windschutzscheibe) (Kfz) / holographic combiner ‖ ~**e Interferometrie** (Opt) / holographic interferometry* ‖ ~**er Speicher** (der Daten in Form von Hologrammen speichert) (EDV) / holographic store, holographic memory, holographic storage
**Hologramm** n (ein in der Hologrammebene angeordneter Empfänger; ein ohne Objektiv entstandenes Netzwerk von Interferenzlinien auf einem Film oder auf einer Platte) (Phys) / hologram* n
**holohyalin** adj (Geol) / holohyaline adj

**holokristallin** adj (Geol, Krist) / holocrystalline adj, fully crystalline ‖ ~**e Eruptivgesteine** (Geol) / holocrystalline rocks*
**holomiktischer See** (mit zweimaliger Umwälzung des Wassers im Jahr) (Geol) / holomictic lake
**holomorph** adj (Abbildung, Funktion) (Math) / holomorphic adj ‖ ~**e Funktion** (Math) / analytic function*, holomorphic function*, monogenic function* ‖ ~**e Funktion** (wenn sie in einem Gebiet komplex differenzierbar ist) (Math) / holomorphic function*
**holonomes System** (ein mechanisches System) (Mech) / holonomic system
**holoplanktisch** adj (während des ganzen Lebens zum Plankton gehörend) (Zool) / holoplanktonic adj
**Holosiderit** m (Geol) / aerosiderite n, siderite* n, iron meteorite*
**Holozän** n (Geol) / Holocene* n, Recent n
**Holozellulose** f (Gesamtmenge der in Wasser unlöslichen Polysaccharide pflanzlichen Fasermaterials) (Biochem) / holocellulose n
**holozellulosehaltig** adj (Biochem) / holocellulosic adj
**Holperschwelle** f (um die Autofahrer zu zwingen, langsam zu fahren) (HuT, Kfz) / sleeping policeman, rumble strip, serrated strip, jiggle bar, road hump, speed ramp
**Holphase** f (eines Befehls) (EDV) / instruction fetch cycle
**holprig** adj (Straße) / bumpy adj, rough adj
**Holz** n (meistens nur als naturwissenschaftlicher Begriff) (Bot, For) / wood* n ‖ ~ (Bauholz, Grubenholz) (For) / timber n (GB)*, lumber m (US) ‖ ~ s. auch Nutzholz ‖ ~- (Bot) / ligneous adj, woody adj, xyloid adj ‖ **abgerichtetes** ~ (For) / dressed timber*, wrought timber, surfaced timber, planed timber, surfaced lumber, planed timber ‖ **anstehendes** ~ (For) / standing timber, stumpage n ‖ **astfreies** ~ (For) / knotless wood, clear stuff ‖ **auf** ~ **lebend** (Bot, Zool) / lignicole* adj, lignicolous* adj ‖ **befallenes** ~ (For) / affected timber ‖ **blankes** ~ (ohne Farbfehler) (For) / bright wood ‖ **cyclopores** ~ (bei Laubhölzern) (For) / ring-porous wood* ‖ **einstielig eingeschnittenes** ~ (For) / boxed hearth ‖ **faules** ~ (For) / touchwood* n ‖ **gerbstoffhaltiges** ~ (das zur Extraktgewinnung verwendet wird) (For, Leder) / tanwood n ‖ **geringwertiges** ~ (For) / low-rate timber ‖ **gespaltenes** ~ (For) / resawn lumber ‖ **getrenntes** ~ (For) / resawn lumber ‖ **grobjähriges** ~ (For) / wide-ringed timber, coarse-grained timber, coarse-ringed wood, side-ringed wood ‖ **grobringiges** ~ (For) / wide-ringed timber, coarse-ringed timber, coarse-grained wood, side-ringed wood ‖ **grünes** ~ (For) / green wood, green timber ‖ **im Frühstadium gebildetes** ~ (For) / juvenile wood ‖ **in ausbauen** (Bergb) / timber v, crib v ‖ **kerngetrenntes** ~ (Kreuz- oder Halbholz) (For) / half-timber n ‖ **marknahes** ~ (For) / heart centre ‖ **minderwertiges** ~ (Kisten- oder Brennholz) (For) / low-rate timber, brack n, wrack n ‖ **modifiziertes** ~ (mit modifizierter Eigenschaften) (For) / modified wood, improved wood ‖ **nordisches** ~ (Schnitt- und Rundholz aus Rußland, Schweden, Norwegen und Finnland, insbesondere Fichte, Kiefer und Birke, z.T. auch als Furnier und Sperrholz gehandelt) (For) / northern timber ‖ **plastisches** ~ (aus Holzmehl und meist Zelluloseestern, pastenartig aufgetragen) (For) / plastic wood ‖ **plattenförmiger Werkstoff aus** ~ (z.B. Lagenholz, Verbund-, Faser- und Spanplatten) (Tischl) / manufactured board ‖ **Reizstoffe enthaltendes** ~ (For) / irritant timber ‖ **ringporiges** ~ (z.B. Esche, Eiche, Rüster) (For) / ring-porous wood* ‖ **rotes** ~ (mahagoniartiges tropisches Holz von verschiedenen Zedrachgewächsen aus Westafrika) (For) / redwood n ‖ **saftfrisches** ~ (For) / green wood, green timber ‖ **schädlicher Einfluß des Klimas auf die Qualität des** ~es (z.B. Austrocknung bei Landlagerung) (For) / weathering n ‖ **schädlingsbefallenes** ~ (For) / infested wood ‖ **schwammiges, brüchiges** ~ (For) / touchwood* n ‖ **sekundäres** ~ (Bot, For) / secondary wood, secondary xylem* ‖ **stehendes** ~ (For) / standing timber, stumpage n ‖ **triftendes** ~ (For, Wasserb) / driftwood n ‖ **tropisches** ~ (For) / tropical wood, tropical timber ‖ **vergütetes** ~ (For) / modified wood, improved wood ‖ **verkientes** ~ (For) / resinous pine-wood, resinous wood ‖ **verkieseltes** ~ (For) / silicified wood, opalized wood ‖ **versteinertes** ~ (For) / petrified wood, fossilized wood, woodstone n, dendrolith n ‖ **waldfrisches** ~ (For) / green wood, green timber ‖ **wasserfleckiges** ~ (z.B. in der Nähe schwarzer Tannenäste) (For) / wetwood* n ‖ **wässeriges** ~ (For) / wetwood* n ‖ **zugerichtetes** ~ (Zimm) / wrought timber, wrot timber, dressed timber* ‖ **zyklopores** ~ (For) / ring-porous wood* ‖ ~ n **auf dem Stamme** (For) / standing timber, stumpage n ‖ ~ **auf dem Stock** (For) / standing timber, stumpage n ‖ ~ **der Amerikanischen Weißbuche** (Carpinus caroliniana Walt.) (For) / ironwood n ‖ ~ **der Nutka-Scheinzypresse** Chamaecyparis nootkatensis (D. Don) Spach (For) / Alaska cedar, Sitka cypress, yellow cedar, yellow cypress ‖ ~ **der Virginischen Hopfenbuche** (Ostrya virginiana (Mill.) K. Koch) (For) / ironwood n ‖ ~ **des Amerikanischen Amberbaums** (For) / satin walnut*, sweetgum n ‖ ~ **des Amerikanischen Tulpenbaumes** (For) / tulipwood n, whitewood n, American whitewood ‖ ~ **des**

Blaugummibaumes (Eucalyptus globulus Labill.) (For) / bluegum* n, Tasmanian bluegum ‖ ⁓ **des Orangenbaums** (For) / orangewood n ‖ ⁓ **für chemische Verfahrenstechnik** (Chem Verf) / chemical wood ‖ ⁓ **für Zündholzherstellung** (For) / matchwood* n ‖ ⁓ **imprägnieren** (nach dem Payne-Verfahren) (For) / paynize v ‖ ⁓ n **in der Juvenilphase** (For) / juvenile wood ‖ ⁓ **mit breiten Jahrringen** (For) / wide-ringed timber, coarse-ringed timber, coarse-grained wood, side-ringed wood ‖ ⁓ **von mehr als 4" x 12" Querschnitt** (For) / flitch* n ‖ ⁓ **zuschneiden** / lumber v

**Holz•abfälle** m pl (For) / wood waste, wood residues, lumber scrap (US) ‖ ⁓**abfuhrweg** m (For) / skidding lane, skid road, logging road ‖ ⁓**absatz** m (z.B. Keil-, Block- usw.) / wood heel ‖ ~**ähnlich** adj / wood-like adj, ligniform adj ‖ ⁓**alkohol** m (Chem Verf) / wood alcohol*, wood spirit*, wood naphtha ‖ ⁓**alter** n (For) / wood age, timber age ‖ ⁓**anatomie** f (For) / wood anatomy ‖ ⁓**arbeiter** m (For) / logger* n, lumberjack n (US)*, lumberman n (US), faller n, feller n, timberman n (US), bucheron n (in Canada), timber-getter n ‖ ⁓**art** f (Bot, For) / wood species, species of wood ‖ **heimische** ⁓**art** (Bot, For) / home wood species ‖ ~**artig** adj (Bot) / ligneous adj, woody adj, xyloid adj ‖ ⁓**asche** f / wood ash ‖ ⁓**aufkommen** n (For) / timber crop ‖ ⁓**aufkommen** s. auch Holzernte ‖ ⁓**aufschluß** m (mechanisch, chemisch, halbchemisch) / wood pulping ‖ **halbchemischer** ⁓**aufschluß** (Chem Verf, Pap) / semi-chemical pulping ‖ ⁓**ausfuhr** f (For) / timber export ‖ ⁓**auszug** m (For, Tischl) / cutting list, bill of materials (US) ‖ ⁓**balken** m (für Dielenfußböden) (Bau, Zimm) / boarding joist ‖ ⁓**balken** (30 x 30 cm) (For) / whole timber ‖ ⁓**balkendecke** f (Bau, Zimm) / timber floor ‖ **balkendecke** (Zimm) / joist ceiling ‖ ⁓**balkenverbindungsringeisen** n (Zimm) / split-ring connector ‖ ⁓**bau** m (Bauwerk aus Holz) (Bau) / wood construction, timber construction, timbered construction ‖ ⁓**bauteile** n pl (vorgefertigte) (Bau, For) / millwork ‖ ⁓**bearbeitung** f (For, Tischl) / woodwork technology, woodworking n ‖ ⁓**bearbeitungshandwerkzeug** n (For, Tischl) / hand woodworking tool ‖ ⁓**bearbeitungsmaschine** f (im allgemeinen) / wood-processing machine ‖ ⁓**bearbeitungsmaschine** (mit Späneanfall - z.B. Säge, Hobel-, Fräs-, Dreh- und Bohrmaschine) (For, Tischl) / wood-cutting machine, woodworking machine ‖ ⁓**befeuert** adj / wood-fired adj ‖ ⁓**beförderung** f **zu Wasser** (entweder Triften oder gebundene Flößerei) (For) / floating n ‖ ⁓**behälter** m (z.B. ein Faß) / wood n ‖ ⁓**beize** f (zur Holzveredlung) (Tischl) / wood stain, stain ‖ **lichtechte** ⁓**beize** (Tischl) / non-fade stain ‖ ⁓**besohlung** f (des Schuhwerks) / wooden soling ‖ ⁓**beton** m (gemischtporiger Beton, bei dem der Zuschlag aus Holzspänen besteht) (Bau) / sawdust concrete, wood concrete ‖ ~**bewohnend** adj (Bot, Zool) / lignicole* adj, lignicolous* adj ‖ ⁓**biene** f (der Gattung Xylocopa) (Zool) / carpenter's bee, carpenter bee ‖ ⁓**bilanz** f (Aufkommen - Verbrauch) (For) / timber balance ‖ ⁓**bildhauerei** f / wood carving ‖ ⁓**bock** m (gemeiner) (Zool) / sheep tick, tick n, castor bean tick ‖ ⁓**bohrer** m (For) / wood borer, wood-boring insect, borer n ‖ ⁓**bohrer** (z.B. Nagel- oder Schlangenbohrer) (For, Werkz) / wood-boring bit ‖ ⁓**bohrer** (mit Ringgriff) (Zimm) / gimlet n, wimble n, auger n ‖ ⁓**bohrer mit gerader Schneidkante** (Zimm) / pod auger n ‖ ⁓**bohrkäfer** m (Zool) / bostrychid beetle ‖ ⁓**bringung** f (For) / logging n, lumbering n (US) ‖ ⁓**bringung mit der Waldeisenbahn** (For) / railway logging ‖ ⁓**brücke** f (Bau) / timber bridge, wood(en) bridge ‖ ~**brütend** adj (For) / timber-breeding adj ‖ ⁓**brüter** m (Brutgang im Holz) (For) / wood borer, wood-boring insect, borer n ‖ ⁓**bühne** f (Bergb) / stull n ‖ ⁓**chemie** f (Chem, For) / wood chemistry ‖ ⁓**decke** f (Bau, Zimm) / timber floor ‖ ⁓**deckenbalken** (Bau, Zimm) / common joist*, floor joist* ‖ ⁓**destillation** f (trockene) (Chem Verf) / wood pyrolysis, wood distillation, wood carbonization ‖ ⁓**dollen** m (zur unverschieblichen Verbindung von sich kreuzenden oder aufeinanderstehenden Hölzern) (Bau) / trenail* n, trunnel* n, treenail* n ‖ ⁓**draht** m (für die Herstellung von Zündhölzern) (For) / match splint, drawn wood ‖ ⁓**drehbank** f (For, Masch) / wood turning lathe, lathe n, turning lathe ‖ ⁓**drehmaschine** f (For, Masch) / wood turning lathe, lathe n, turning lathe ‖ ⁓**drehstück** n (For) / spindle n ‖ ⁓**eigenschaft** f (physikalische, technologische) (For) / wood property ‖ ⁓**einfuhr** f (For) / timber import ‖ ⁓**einfuhrland** n (For) / timber-importing country, wood-importing country ‖ ⁓**einschlag** m (For) / logging n, tree felling, lumbering n (US), felling n ‖ ⁓**einschlag** s. auch Holzernte ‖ ⁓**einschnitt** m (For) / conversion n, breaking down, opening cut ‖ **polymerchemische** ⁓**ergänzung** f (For, Tischl) / epoxy repair of timber ‖ ⁓**erkrankung** f (For) / wood disease ‖ ⁓**ernte** f (For) / timber harvest, lumber harvest, wood harvest, harvesting of wood ‖ ⁓**erntemaschine** f (For) / wood harvesting machine, lumber harvesting machine ‖ ⁓**essig** m (Chem) / wood-vinegar n ‖ ⁓**essig** (Chem) s. auch Pyroligninsäure ‖ ⁓**export** m (For) / timber export ‖ ⁓**extraktivstoff** m (Chem, For) / wood extractive ‖ ⁓**fällen** n (For) / logging n, tree felling, lumbering n (US), felling n ‖ ⁓**fäller** m (For) / logger* n, lumberjack n (US)*, lumberman n (US), faller n, feller n, timberman n (US), bucheron n (in Canada), timber-getter n ‖ ⁓**fällung** f (For) / logging n, tree felling, lumbering n (US), felling n ‖ ⁓**färbung** f (For) / wood colouration ‖ ⁓**faser** f (Bot, For) / wood-fibre* n, xylem fibre ‖ ⁓**faser** (die der Festigung des (Laub)Holzes dient) (For) / libriform fibre ‖ **diagonal verlaufende** ⁓**faser** (For) / sloping grain, oblique grain ‖ ~**faserartiger Bruch** (Hütt, WP) / woody fracture ‖ ⁓**faserbruch** m (Hütt, WP) / woody fracture ‖ ⁓**faserdämmplatte** f (Bau, Tischl) / insulating fibreboard n, soft fibrebard n ‖ ⁓**faserhartplatte** f (mit einer Rohdichte über 850 kg/m³) (Bau, Tischl) / hardboard n (high-density)*, beaver board* ‖ **hochstehende** ⁓**fasern** (Anstr) / raised fibres, raised grain ‖ ⁓**faserplatte** f (DIN 68750) (Bau, Tischl) / fibreboard* n, fibre building board, fibrous-felted board ‖ **poröse** ⁓**faserplatte** (DIN 68750) (Bau, Tischl) / porous fibreboard ‖ **halbharte** ⁓**faserplatte** (mit mittlerer Rohdichte) (Bau, Tischl) / medium-density hardboard ‖ **mittelharte** ⁓**faserplatte** (DIN 68754) (Bau, Tischl) / medium-density hardboard ‖ ⁓**faserstoffwerk** n (Pap) / pulp mill ‖ ⁓**fäule** f (Zersetzung der Holzsubstanz) (For) / decay n, rot n (caused by action of foreign biological agents) ‖ ⁓**fehler** m (zulässiger) (For) / blemish n ‖ ⁓**fehler** (im allgemeinen) (For) / timber defect, defect of wood, lumber defect (US) ‖ ⁓**fehler** (For) / imperfection n, defect m ‖ ⁓**fehler infolge Frosteinwirkung** (For) / frost injury, frost damage ‖ ⁓**fettsäure** f (Chem) / elaeostearic acid ‖ ⁓**feuchte** f (DIN 18355) (For, Tischl) / moisture in wood, wood moisture ‖ ⁓**feuerungsanlage** f / wood-firing plant ‖ ⁓**flößerei** f (gebundene) (For) / rafting n ‖ ⁓**frachter** m (Schiff) / timber carrier ‖ ⁓**frachtschiff** n (Schiff) / timber carrier ‖ ⁓**fräser** m (For, Tischl) / wood-milling cutter ‖ ⁓**frei** adj (holzschliffrei) (Pap) / woodfree adj, groundwood-free adj ‖ ⁓**freies Papier** (Pap) / wood-free paper ‖ ~**fressend** adj (Schädling) (For) / xylophagous* adj, lignivorous* adj, hylophagous* adj, wood-eating adj ‖ ⁓**füllmasse** f (Anstr, For) / stopping n ‖ ⁓**furnier** m (For) / veneer* n ‖ ⁓**furnierpapier** n (For) / veneer paper ‖ ⁓**fußboden** m (Bretter, Parkett) (Bau) / wooden floor, timber floor ‖ ⁓**garten** m (für die Flößerei) (For) / landing n ‖ ⁓**gas** n (Zielprodukt der Holzvergasung) (Chem Verf) / wood gas n ‖ ⁓**gebälk** n (Bau) / timberwork n ‖ ⁓**gebäude** n (Bau) / timber building ‖ ⁓**geist** m (Chem Verf) / wood alcohol*, wood spirit*, wood naphtha ‖ ⁓**gerüstbauer** m (z.B. von Stangen- oder Leitergerüsten) (Bau) / timber scaffolder n ‖ ⁓**gewächs** n (Bot, For) / wood(y) plant, ligneous plant ‖ ⁓**gewerke** n pl / wood industry, timber trade and industry ‖ ⁓**griff** m (z.B. einer Handsäge) / wooden handle ‖ ⁓**grundiermittel** n (Anstr, For) / wood primer ‖ ⁓**gummi** n (Chem) / xylan n ‖ ⁓**hacker** m (For) / logger* n, lumberjack n (US)*, lumberman n (US), faller n, feller n, timberman n (US), bucheron n (in Canada), timber-getter n ‖ ⁓**hackschnitzel** n (For) / wood chip n ‖ ⁓**halbwaren** n pl (meistens veredelte Vorprodukte) (For) / semi-finished wood products ‖ ~**haltig** adj (Pap) / woody adj, containing groundwood, containing mechanical wood-pulp, wood-containing adj ‖ ~**haltiges Papier** (Pap) / wood-pulp paper, wood-containing paper ‖ ⁓**hammer** m (großer) (HuT) / beetle n, mall n, maul n ‖ ⁓**hammer** (Werkz) / wooden hammer, mallet n ‖ ⁓**handel** m (For) / timber trade ‖ ⁓**hauer** m (For) / logger* n, lumberjack n (US)*, lumberman n (US), faller n, feller n, timberman n (US), bucheron n (in Canada), timber-getter n ‖ ⁓**hydrolyse** f (Chem) / wood saccharification, saccharification of wood

**holzig** adj (Bot) / ligneous adj, woody adj, xyloid adj ‖ ~**e Kohle** (Braunkohle) (Bergb) / bituminous wood, board coal, wood coal, woody lignite, xyloid coal, xyloid lignite

**Holz•imitat** n (Produkt) / mock wood ‖ ⁓**imitation** f / imitation of wood ‖ ⁓**imitationswerkzeug** n (z.B. Stahl- und Gummikämme, Schläger usw.) (Anstr) / mottler* n, grainer n ‖ ⁓**import** m (For) / timber import ‖ ⁓**industrie** f (For) / wood industry, timber trade and industry ‖ ⁓**inhaltsstoff** m (Chem, For) / wood extractive ‖ ⁓**insekt** n (Zool) / timber insect ‖ ⁓**karton** n (DIN 6730) (Pap) / mechanical woodpulp board ‖ ⁓**kastenausbau** m (Bergb) / pigsty timbering ‖ ⁓**keil** m (For) / wood wedge ‖ ⁓**keil** (zum Verbau) (HuT) / page n ‖ ⁓**kitt** m (Anstr, For) / stopping* n ‖ ⁓**klebebauweise** f (die Einzelteile sind in Flächen aneinander geschlossen und durch geeignete Klebstoffe verbunden) (Zimm) / laminated construction, glued-wood construction, glued-wood structure ‖ ⁓**kleber** m / wood adhesive ‖ ⁓**klebstoff** m / wood adhesive ‖ ⁓**klotz** m (für Befestigungszwecke) (Bau) / nog* n ‖ ⁓**eingemauerter klotz für Befestigungszwecke** (Bau) / wood brick*, timber brick*, fixing brick, fixing block, anchoring block, nailing block ‖ ⁓**kohle** f (Hauptprodukt der Holzverkohlung) / wood coal, charcoal* n ‖ ⁓**kohle** (Pharm) / wood charcoal, Carbo ligni ‖ **aktivierte** ⁓**kohle** (Chem, Pharm) / activated charcoal* n ‖ ⁓**kohlenroheisen** n (Hütt) / charcoal iron*, charcoal pig iron ‖ ⁓**kohlepulver** n / charcoal powder, charcoal dust ‖ ⁓**kolophonium** / pine oil, steam-distilled pine oil ‖ ⁓**konservierung** f (For) / preservative treatment of wood, wood preservation, preservation of timber ‖ ⁓**konstruktion** f (Bau) / timberwork n ‖ ⁓**kugelsitzauflage** f (Kfz) / bead seat mat ‖ ⁓-**Kunststoff-Kombination** f (For, Plast) /

**Holzlack**

wood-plastic composite, wood-polymer composite (material), WPC, polymer wood ‖ ~**lack** *m* (Anstr, For) / woodwork varnish, wood lacquer ‖ ~**lager** *n* (For) / wood-yard *n*, lumber yard (US); timber-yard *n* ‖ ~**lagerplatz** *m* (For) / wood-yard *n*, lumber yard (US), timber-yard *n* ‖ ~**lattenbehälter** *m* / slatted box pallet ‖ ~**leim** *m* (ein Holzklebstoff) (For, Tischl) / wood glue ‖ ~**leimbau** *m* (Zimm) / laminated construction, glued-wood construction, glued-wood structure ‖ ~**leiste** *f* (des Rolladens) (Bau) / slat *n* ‖ ~**leiste** (Bau) / wood roll ‖ ~**leiste** (Zimm) / slat* *n*
**HOLZ-Linie** *f* (Eltronik) / higher-order Laue zone line, HOLZ line
**Holz•liste** *f* (For, Tischl) / cutting list, bill of materials (US) ‖ ~**makler** *m* (For) / wood broker ‖ ~**maserungsimitation** *f* durch Pinselstrich (Anstr) / brush graining ‖ ~**maß** *n* (For) / timber measure ‖ ~**masse** *f* (z.B. für Schränke von Audio-Anlagen) (For) / wood composition ‖ ~**masse** (Pap) / mechanical pulp, mechanical wood pulp*, wood pulp* *n*, groundwood pulp, groundwood *n*, mechanical wood
**Holzmehl** *n* (feines) (For) / wood flour ‖ ~ (grobes) (For) / wood meal ‖ ~ (Bohrstaub) (For) / frass* *n* ‖ **feines** ~ (Pap) / fines *pl* ‖ ~**beton** *m* (Holzmehl als organischer Leichtzuschlag) (Bau) / sawdust cement ‖ ~**käfer** *m* (For, Zool) / lyctus *n*, powder-post beetle ‖ ~**käfer** *m pl* (For, Zool) / Lyctidae *pl* ‖ ~**papier** *n* (mit Holzmehlzusatz als Füllstoff) (Pap) / oatmeal paper
**Holz•modell** *n* (Gieß) / wood pattern ‖ ~**nagel** *m* (zur Lagesicherung von Zapfenverbindungen) (Bau) / trenail* *n*, trunnel* *n*, treenail *n* ‖ ~**note** *f* (For) / scent of wood
**Holzöl** *n* (Japanisches oder Chinesisches) (Chem) / wood oil ‖ **Chinesisches** ~ (aus Aleurites fordii Hemsl.) / tung oil ‖ **Japanisches** ~ (aus Aleurites cordata (Thunb.) R. Br. ex Steud.) / tung oil ‖ **Japanisches** ~ (aus Aleurites cordata) / Japanese tung oil, Japanese wood oil ‖ **Mexikanisches** ~ (Chem) / Mexican linaloe oil ‖ ~**baum** *m* (Aleurites fordii Hemsl.) (For) / tung tree, wood oil tree ‖ ~**fettsäure** *f* (Chem) / elaeostearic acid
**Holz•opal** *m* (Varietät des Opals) (Min) / wood opal*, xylopal *n* ‖ ~**packmittel** *n* (Fässer, Trommeln, Kisten und Verschläge) (For) / wood packing, wooden package ‖ ~**parenchym** *n* (Bot, For) / wood parenchyma, xylem parenchyma ‖ ~**partikelwerkstoff** *m* (For, Tischl) / wood-based particle product ‖ ~**paß** *n* (Wasserb) / log chute, log-way *n* ‖ ~**paste** *f* (Tischl) / wood compound ‖ ~**pathologie** *f* (Lehre von den Ursachen und der Struktur krankhafter Erscheinungen im Holz) (For) / wood pathology ‖ ~**pech** *n* (Chem Verf) / wood (tar) pitch ‖ ~**pechdestillation** *f* (Chem Verf, For) / pitch distillation ‖ ~**perlenaufleger** *m* (Kfz) / bead seat mat ‖ ~**pfahl** *m* (HuT) / wood pile *n*, timber pile, spile *n* ‖ ~**pfahlrost** *m* (HuT) / wood pilework ‖ ~**pfeiler** *m* (lotrechte Stütze) (HuT, Zimm) / timber column ‖ ~**pflanze** *f* (Bot, For) / wood(y) plant, ligneous plant ‖ ~**pflaster** *n* (als Material) (Bau) / block flooring, wood-block paving, wood-block flooring ‖ ~**pflaster** (als Fußbodenbelagtyp) (Bau) / block floor, wood-block floor ‖ ~**pflasterklotz** *m* (Bau) / wood-block *n* ‖ ~**pflegemittel** *n* (For, Tischl) / wood-care product ‖ ~**pflock** *m* / peg *n*, pin *n* ‖ ~**physik** *f* (For, Phys) / wood physics ‖ ~**plantage** *f* (For) / wood plantation, plantation *n* ‖ ~**platte** *f* (Span-, Faser-, Verbundplatte und Sperrholz) (For, Tischl) / man-made board ‖ ~**platz** *m* (For) / wood-yard *n*, lumber yard (US), timber-yard *n* ‖ ~**polysaccharid** *n* (Chem) / wood polysaccharide ‖ ~**produkte** *n* **zweiter Qualität** (For) / seconds *pl* ‖ ~**prüfung** *f* (DIN 52180) (For) / wood testing ‖ ~**pyrolyse** *f* (Chem Verf) / wood pyrolysis, wood distillation, wood carbonization ‖ ~**rahmen** *m* (Bau, Zimm) / wood frame, timber frame ‖ ~**rahmenwerk** *n* (Bau, Zimm) / wood framing ‖ ~**rest** *m* (For) / refuse *n* ‖ ~**reste** *m pl* (For) / wood waste, wood residues, lumber scrap (US) ‖ ~**restspäne** *m pl* (für die Herstellung von Spanplatten) (For) / waste chips ‖ ~**riemenscheibe** *f* (Masch) / wood pulley ‖ ~**schacht** *m* (eines Schleifers) (Pap) / magazine *n* (of a grinder) ‖ ~**schaden** *m* (durch Pilze, durch Tiere) (For, Zool) / wood injury, wood deterioration ‖ ~**schädigend** *adj* (Einfluß) (For) / injurious to the wood, causing wood deterioration ‖ ~**schädigende Pilze** (For) / fungi causing wood decay, fungi causing wood deterioration ‖ ~**schädigende Wirkung von Pilzen** (For) / deterioration of wood caused by fungi ‖ ~**schädlinge** (Käfer), **die sich von Ambrosiapilzen ernähren** (For) / ambrosia beetles* ‖ ~**schälmaschine** *f* (For) / wood peeler ‖ ~**schalung** *f* (unter der Dachdeckung) (Zimm) / sheathing* *n*, boxing *n* (US) ‖ ~**scheit** *n* (For) / billet *n*, log *n* ‖ ~**schindel** *f* (Bau) / shingle* *n*, shide* *n*, clapboard *n* (US) ‖ ~**schlag** *m* (For) / logging *n*, tree felling, lumbering *n* (US), felling *n* ‖ ~**schlegel** *m* (Werkz) / wooden hammer, mallet *n* ‖ ~**schleifband** *n* (Tischl) / sanding belt ‖ ~**schleifer** *m* (Pap) / grinder *n* ‖ ~**schleifstaub** *m* (For) / wood sanding dust ‖ ~**schleuse** *f* (Wasserb) / log chute, log-way *n*
**Holzschliff**, [mechanischer] ~ (**DIN 6730**) (Pap) / mechanical pulp, mechanical wood pulp*, wood pulp* *n*, groundwood pulp, groundwood *n*, mechanical wood ‖ **gebleichter** ~ (Pap) / bleached groundwood ‖ **mechanischer** ~ (nach dem Asplund-Defibrator-Verfahren gewonnen) (Pap) / asplund *n* ‖

~**entwässerungsmaschine** *f* (Pap) / presse-pâte *n*, pulp machine, pulp drier, pulp drying machine ‖ ~**haltig** *adj* (Pap) / woody *adj*, containing groundwood, containing mechanical wood-pulp, wood-containing *adj* ‖ ~**herstellung** *f* (zu Halbstoff) (Pap) / pulping* *n*, cooking *n*, digestion *n*, defibration* *n* ‖ ~**holz** *n* (For, Pap) / pulpwood *n* (for mechanical pulp) ‖ ~**holz** (For, Pap) s. auch Faserholz, Papierholz und Zellstoffholz ‖ ~**pappe** *f* (Pap) / wood-pulp board, pulpboard *n*
**Holz•schnitt** *m* (manuell gefertigte Holz-Hochdruckplatte und der Abzug davon) (Druck) / woodcut* *n* ‖ ~**schnitt** (als Reproduktionstechnik) (Druck) / wood engraving, xylography *n* ‖ **präparativer** ~**schnitt** (mikroskopierfähiger) (For) / wood section (preparation technique) ‖ **tangentialer** ~**schnitt** (For) / back sawing, flat-sawing *n*, slash-sawing *n*, plain sawing, flat grain sawing (US) ‖ ~**schnitzel** *n* (als Reduktionsmittel in einem Lichtbogenofen) / wood chip* ‖ ~**schnitzerei** *f* / wood carving ‖ ~**schraube** *f* (für Holz) (DIN 95, 96, 97) (Masch) / wood-screw *n* ‖ ~**schraube** (aus Holz) (Masch) / wooden screw ‖ ~**schraubengewinde** *n* (DIN ISO 1891) (Masch) / wood-screw thread ‖ ~**schrift** *f* (für Plakate und Schlagzeilen) (Typog) / wood letters* ‖ ~**schutz** *m* (DIN 52175 und 68800) (For) / preservative treatment of wood, wood preservation, preservation of timber ‖ ~**schutz** (Tränkung) **mit teerölhaltigen Holzschutzmitteln** (For) / creosoting *n* ‖ ~**schutzmittel** *n* (DIN 68800, DIN-EN 160) (For) / wood preservative* ‖ **öllösliches** ~**schutzmittel** (For) / oil-soluble wood preservative ‖ **wasserlösliches** ~**schutzmittel** (For) / water-soluble wood preservative, water-borne (wood) preservative ‖ **teerölhaltige** ~**schutzmittel** (Kreosot) **anwenden** (For) / creosote *v* ‖ ~**schutzmittelaufnahme** *f* (auf eine Flächen- oder Volumeneinheit bezogen) (For) / preservative retention (in %) ‖ ~**schwemmerei** *f* (For) / loose floating of wood ‖ ~**schwindung** *f* (For) / wood shrinkage ‖ ~**sohle** *f* / wood sole, wooden sole ‖ ~**späne** *m pl* (Pap) / matchwood *n* (very small pieces or splinters of wood) ‖ ~**spanplatte** *f* (DIN 68760) (For, Tischl) / particle board*, wood chipboard, chipboard* *n* ‖ ~**spiralbohrer** *m* (Tischl) / spiral wood drill, shell auger ‖ ~**spiritus** *m* (Chem Verf) / wood alcohol*, wood spirit*, wood naphtha* *n* ‖ ~**splitter** *m* (Pap) / sliver *n* ‖ ~**stab** *m* (Zimm) / slat* *n* ‖ **unbearbeiteter** ~**stamm** (For) / log *n* ‖ ~**stapel** *m* (For) / woodpile *n*, wood stack ‖ ~**staubexplosion** *f* / wood-dust explosion ‖ ~**stock** *m* (Druck) / wood-block *n*, woodcut *n* ‖ ~**stöckel** *m* (A) (Bau) / wood-block *n* ‖ ~**stöckelpflaster** *n* (A) (Bau) / block flooring, wood-block paving, wood-block flooring ‖ ~**stoff** *n* (wichtiger Holzbestandteil) (Chem, For) / lignin* *n* ‖ **chemischer** ~**stoff** (Chem Verf, Pap) / chemical wood pulp*, chemimechanical pulp, chemigroundwood pulp ‖ **chemomechanischer** ~**stoff** (Chem Verf, Pap) / chemical wood pulp*, chemimechanical pulp, chemigroundwood pulp ‖ **thermomechanischer** ~**stoff** (DIN 6730) (Pap) / thermomechanical pulp, TMP ‖ [**mechanischer**] ~**stoff** (Pap) / mechanical pulp, mechanical wood pulp*, wood pulp* *n*, groundwood pulp, groundwood *n*, mechanical wood ‖ ~**stoß** *m* (For) / woodpile *n*, wood stack ‖ ~**strahl** *m* (Bot) / xylem ray, wood ray ‖ ~**strahl** (For) / xylem ray, wood ray ‖ ~**strahltracheide** *f* (For) / ray tracheid* ‖ ~**substanz** *f* (For) / wood substance ‖ ~**täfelung** *f* (untere Wandverkleidung) (Tischl) / wainscot* *n* ‖ ~**technologie** *f* (mechanische, chemische) (For) / wood technology, wood-work technology ‖ ~**teer** *m* (z.B. Buchenteer) (Chem Verf) / wood tar* ‖ ~**teerpech** *n* (Rückstand der Holzteerdestillation) (Chem Verf) / wood (tar) pitch ‖ ~**teil** *m* (des Leitbündels) (Bot) / xylem* *n* ‖ ~**terpentinöl** *n* (pine oil, steam-distilled pine oil ‖ **niedrigsiedende Fraktion bei der Gewinnung des** ~**terpentinöls** (Chem Verf) / wood spirit of turpentine ‖ ~**textur** *f* (Zeichnung des Holzes, durch die beim Längsschnitt oder beim Schälen und Messern des Holzes angeschnittenen Jahrringe, Zuwachszonen, Längsparenchymbänder, Gefäße und Holzstrahlen hervorgerufen) (For) / wood texture, wood grain ‖ ~**transportschiff** *n* (Schiff) / timber carrier ‖ ~**treppe** *f* (Bau, Zimm) / wood stairs ‖ **künstliche** ~**trocknung** (For) / kiln drying ‖ **natürliche** ~**trocknung** (For) / natural seasoning, air seasoning, air drying ‖ **technische thermische** ~**trocknung** (For) / oven seasoning, oven drying, kiln drying, kiln seasoning ‖ ~**trocknungsanlage** *f* (die aus einer oder mehreren Trockneinheiten sowie den erforderlichen Zusatzeinrichtungen besteht) (For) / wood-drying plant ‖ ~**verarbeitungsmaschine** *f* (mit Späneanfall - z.B. Säge, Hobel-, Fräs-, Dreh- und Bohrmaschine) (For, Tischl) / wood-cutting machine, woodworking machine ‖ ~**verbindung** *f* (z.B. Überblattung od. Verkämmung) (Tischl, Zimm) / wood joint, woodworking joint ‖ **zimmermannsmäßige** ~**verbindung** (Zimm) / carpentry joint ‖ ~**verbindung durch Formung der Berührungsflächen** (z.B. Überblattung, Verkämmung, Anblattung usw.) (Tischl, Zimm) / notching *n* ‖ ~**veredlung** *f* (For) / wood processing ‖ ~**verfärbende Pilze** (meist Ascomyceten und Fungi imperfecti) (For) / wood-staining fungi, staining fungi ‖ ~**verfärbung** *f* (durch Mikroorganismen, Chemikalien, Metalle usw.) (For) / stain *n* (a discolouration) ‖ ~**verfärbung durch**

**Feuchtigkeit** (For) / water stain ‖ ~**vergasung** f (trockene Umwandlung des Holzes in Gegenwart von begrenzten Mengen an Oxidationsmitteln) (Chem Verf) / wood gasification ‖ ~**vergütung** f (For) / wood processing ‖ ~**verkohlung** f (Chem Verf) / wood pyrolysis, wood distillation, wood carbonization ‖ ~**verlattung** f (Zimm) / lathing* n ‖ ~**verleimung** f (Tischl, Zimm) / wood glu(e)ing ‖ ~**verpackung** f (For) / wood packing, wooden package ‖ ~**verschwelung** f (Chem Verf) / wood pyrolysis, wood distillation, wood carbonization ‖ ~**verzuckerung** f (Chem Verf) / wood saccharification, saccharification of wood ‖ ~**waren** f pl (For) / wood products, woodenware n ‖ ~**werbung** f (For) / logging n, tree felling, lumbering n (US), felling n ‖ ~**werkstoff** m (For, Tischl) / wood-based material ‖ **plattenförmige** ~**werkstoffe** (Holzfaserplatten + Holzspanplatten) (Tischl) / wood-based panels, wood-base fibre and particle panel materials, wood-based sheet materials ‖ ~**werkstoffplatte** f (For, Tischl) / man-made board ‖ ~**wespe** f (z.B. Riesenholzwespe oder Kiefernholzwespe - ein tierischer Holzschädling) (For, Zool) / woodwasp n, horntail n ‖ ~**wirtschaft** f (For) / wood industry, timber trade and industry ‖ ~**wolle** f (For) / wood-wool n, excelsior n (US) ‖ ~**wolle-Leichtbauplatte** f (DIN 1101) (Bau) / wood-wool slab* ‖ ~**wolle-Leichtbauplatte** (mit mineralischem Bindemittel) (Bau) / wood-cement board ‖ ~**wollemaschine** f / wood-wool machine ‖ ~**wurm** m (Käfer oder deren Larven) (For) / wood-worm n ‖ ~**wurmbekämpfung** f (For) / woodworm treatment, woodworm control ‖ **gleichmäßige** ~**zeichnung** (For) / even grain ‖ ~**zelle** f (For) / wood cell ‖ ~**zellstoff** m (Chem Verf, Pap) / chemical wood pulp*, chemimechanical pulp, chemigroundwood pulp ‖ ~**zellulose** f (Chem, For) / lignocellulose* n ‖ ~**zement** m (Kitt aus Holzmehl und einem Bindemittel) (For) / wood cement ‖ **pilzliche** ~**zersetzung** (For) / fungal decay ‖ ~**zerstörend** adj (Schädling) (For, Zool) / ligniperdous adj, timber-destroying adj, wood-destroying adj, wood-rotting adj ‖ ~**zerstörende Muscheln und/oder Krebstiere** (z.B. Teredo, Bankia, Martesia, Limnoria, Sphaeroma oder Chelura) (For, Zool) / marine borers ‖ ~**zerstörer** m (z.B. Pilz) (For) / wood destroyer, wood decayer, wood decomposer ‖ ~**zinn** n (ein ehemals gelförmiger, aber stets feinkristallin gewordener Zinnstein in glaskopfartigen Massen, oft mit achatartiger heller und dunkler brauner Bänderung) (Min) / toad's tin*, toad's-eye tin*, dneprovskite n ‖ ~**zucker** m (als Produkt der Holzverzuckerung) (Chem) / wood sugar*, xylose* n ‖ ~**zuschnitte** m pl (For) / dimension goods, dimension stock, dimension timber, dimension lumber ‖ ~**zuschußbedarfsland** n (For) / timber-importing country, wood-importing country ‖ ~**zuwachs** m (For) / accretion n, growth n, increment n
**Home•banking** n (Abwicklung von Bankgeschäften von der Wohnung des Kunden aus - Telebanking von Privatkunden) (EDV) / home banking ‖ ~**banking** s. auch Telebanking ‖ ~**computer** m (im Haushalt) (EDV) / home computer ‖ ~**dreß** n (Tex) / home wear ‖ ~**page** f (EDV) / home page ‖ ~**-Position** f (des Cursors) (EDV) / home n, home position (the starting position for a cursor on a terminal screen, usually in the top left-hand corner) ‖ **in** ~**-Position bringen** (den Cursor) (EDV) / clear home v ‖ ~**shopping** (EDV, TV) / teleshopping n, home shopping, electronic shopping (over the internet) ‖ ~**spun** m (handwebartiges Wollgewebe) (Tex) / homespun* n ‖ ~**-Taste** f (EDV) / home key ‖ ~**-Verzeichnis** n (EDV) / home directory (a private network directory that the network supervisor can create for a user or a user group) ‖ ~**wear** (Tex) / home wear
**Homidiumbromid** n (Biol) / ethidium bromide*, homidium bromide
**Hominy** n (ein grobgrießartiges Zwischenprodukt der Maistrockenvermahlung) (Nahr) / hominy n
**HOMO** (Chem) / highest-energy occupied molecular orbital (HOMO), highest occupied molecular orbital
**homoallylisch** adj (Chem) / homoallylic adj
**homoannular** adj (Chem) / homoannular adj
**Homoaromatizität** f (Chem) / homoaromaticity n
**homochromatisch** adj (Licht) / of the same colour, homochromous adj, isochromatic* adj, homochromatic adj
**Homocyclen** pl (Chem) / isocyclic compounds*
**homodesmische Kristallstruktur** (Krist) / homodesmic structure*
**homodet** adj (Peptid) (Biochem) / homodetic adj
**homodispers** adj (mit Kolloidteilchen einheitlicher Größe) (Chem) / monodisperse adj
**Homoduplex** m (Gen) / homoduplex n
**Homodynempfang** m (Empfang mit schwingendem Audion bei Schwebungsnull) (Fernm) / zero-beat reception* n ‖ ~ (Radio) / homodyne reception*, demodulation of an exalted carrier*
**Homoepitaxie** f (das Aufwachsen einer epitaktischen Schicht auf einem Material, das die gleiche Kristallstruktur aufweist wie das Substrat, auf dem es abgeschieden wird) (Eltronik) / homoepitaxy n

**homofermentativ** adj (Mikroorganismen) (Biochem) / homofermentative adj
**homogametisch** adj (gleichartige Gameten erzeugend) (Gen) / homogametic adj
**homogen** adj (Chem, Phys) / homogeneous* adj ‖ ~**e Differentialgleichung** (Math) / homogeneous differential equation ‖ ~**er Erddamm** (Wasserb) / homogeneous dam ‖ ~**es Feld** (Math) / uniform field* ‖ ~**er Flachriemen** / single-ply flat belt ‖ ~**e Funktion** (Math) / homogeneous function* ‖ ~**e Funktion** (Math) s. auch Eulerscher Satz ‖ ~**es Gleichgewicht** (Phys) / homogeneous equilibrium ‖ ~**e Katalyse** (Gas- oder Lösungsreaktionen) (Chem) / homogeneous catalysis ‖ ~**er Kernreaktor** (ein thermischer Reaktor mit homogenem Brennstoff-Moderator-Gemisch) (Nukl) / homogeneous reactor (a nuclear reactor in which fissionable material and moderator /if used/ are intimately mixed to form an effectively homogeneous medium for neutrons) ‖ ~**e Koordinaten** (in der projektiven Geometrie) (Math) / homogeneous co-ordinates* ‖ ~**e Legierung** (Hütt) / homogeneous alloy, single-phase alloy ‖ ~**e Leitung** (Eltech) / uniform line* ‖ ~**e Lorentz-Gruppe** (Math) / homogeneous Lorentz group ‖ ~**es Medium** / homogeneous medium ‖ ~**es Plasma** (das über größere Volumenbereiche eine nahezu konstante Ladungskonzentration besitzt) (Plasma Phys) / homogeneous plasma ‖ ~**es Polynom** (Math) / quantic n, forme n, homogeneous polynomial ‖ ~**er Raum** (Math) / homogeneous space ‖ ~**er Reaktor** (Nukl) / homogeneous reactor (a nuclear reactor in which fissionable material and moderator /if used/ are intimately mixed to form an effectively homogeneous medium for neutrons) ‖ ~**e Strahlung** (eine Röntgenstrahlung) (Radiol) / homogeneous radiation* ‖ ~**er ultrareiner, extrem segregationsfreier Legierungsblock** (Hütt) / homogeneous ultraclean alloy ingot
**Homogenisator** m (Chem Verf, Masch, Phys) / homogenizer* n
**Homogenisieranlage** f (Chem Verf, Masch, Phys) / homogenizer* n
**homogenisieren** v (Chem Verf, Masch, Phys) / homogenize v ‖ ~ n (Chem Verf, Masch, Phys) / homogenization n, homogenizing n ‖ ~ (Hütt) / solution heat treatment*, solution treatment, solution annealing
**Homogenisiermaschine** f (Chem Verf, Masch, Phys) / homogenizer* n
**Homogenisiermischer** m (Chem Verf, Masch, Phys) / homogenizer* n
**homogenisierter Reaktor** (Nukl) / homogenized reactor
**Homogenisierung** f (Chem Verf, Masch, Phys) / homogenization n, homogenizing n
**Homogenisierungsapparat** m (Chem Verf, Masch, Phys) / homogenizer* n
**Homogenisierungsausbeute** f (Kernphys) / mixing efficiency*
**Homogenität** f **der Varianzen** (Stats) / homoscedasticity*
**Homogen•kohle** f (Licht) / solid carbon ‖ ~**verbleien** n (wenn die Metallteile zunächst mit einer Lötflamme verzinnt werden und anschließend eine Bleischicht aufgeschmolzen wird) (Galv) / homogeneous leading ‖ ~**verbleiung** f (als Gegensatz zur Walzbleiauskleidung) (Galv) / homogeneous leading
**Homoglykan** n (Chem) / homopolysaccharide n
**homoiotherm** adj (mit konstanter Körpertemperatur) (Physiol, Zool) / warm-blooded* adj, homoiotherm adj, homoiothermic adj, homoiothermous adj
**homokinetisches Gelenk** (Kfz) / constant-velocity (universal) joint*, CVJ, homokinetic joint, CV joint
**Homokonjugation** f (Chem) / homoconjugation n
**homoleptisch** adj (Komplexverbindung, in der ein Metall an gleichartige Liganden gebunden ist) (Chem) / homoleptic adj
**homolog** adj (Biol, Chem, Math) / homologous adj ‖ ~**e Reihe** (Chem) / homologous series ‖ ~**es Transplantat** (Med) / homograft* n, allograft* n
**Homolog** n (Chem) / homologue n, homolog n (US)
**Homologation** f (Zulassung nach dem Reglement des Internationalen Automobil-Verbandes für den Motorsport) (Kfz) / homologation n
**Homologie** (Biochem) / homology n
**Homologiealgebra** f (Math) / homological algebra
**Homologierung** f (Kfz) / homologation n
**Homologietheorie** f (ein Teilgebiet der algebraischen Topologie) (Math) / homology theory
**homologische Algebra** (Math) / homological algebra
**Homologisierung** f (Chem) / homologation n
**homolosine Abbildung** (Kart) / homolosine projection
**Homo-Lumo-Methode** f (nach Fukui) (Chem) / Homo Lumo method
**Homolyse** f (Spaltung in zwei reaktionsfähige Radikale) (Chem) / homolysis n (pl. -lyses)
**homolytisch** adj (in reaktionsfähige Radikale dissoziierend) (Chem) / homolytic adj
**homometrisch** adj (Kristallstruktur) (Krist) / homometrical adj
**homomorphe Abbildung** (Math) / homomorphism n
**homomorphisch** adj (Math) / homomorphic adj
**Homomorphismus** m (Math) / homomorphism n ‖ **injektiver** ~ (Math) / monomorphism n ‖ **surjektiver** ~ (Math) / epimorphism n

**homonuklear**

**homonukleare Spinentkopplung** (Spektr) / homonuclear spin decoupling
**homöoblastisch** adj (Gefüge aus annähernd gleichgroßen Neubildungskörnern) (Geol) / homeoblastic adj
**Homöoboxdomäne** f (Biochem) / homoeodomain n
**Homöodomäne** f (Biochem) / homoeodomain n
**homöomorph** adj (Krist) / homeomorphic adj ‖ ~ (zwei Punktmengen, die sich topologisch aufeinander abbilden lassen) (Math) / homeomorphic* adj, homeomorphic adj
**Homöomorphismus** m (Math) / topological homeomorphism, topological mapping, homeomorphic mapping, homeomorphism* n, topological transformation
**homöopolar** adj (Chem) / homopolar* adj, covalent adj ‖ ~e Bindung (Chem) / covalent bond*, atomic bond*, homopolar bond, electron-pair bond ‖ ~ gebundenes Molekül (Chem) / homopolar molecule* ‖ ~es Molekül (Chem) / homopolar molecule*
**Homöostase** f (Biol, Chem) / steady state, homeostasis* n
**homöostatisch** adj (Regeln) / homoeostatic adj, homeostatic adj
**Homo•-pn-Übergang** m (Eltronik) / homojunction n ‖ ~polar adj (Eltech) / homopolar adj ‖ ~polarmaschine f (Eltech) / acyclic machine, unipolar machine, homopolar machine ‖ ~polymer n (Makromolekül, das nur aus einem sich wiederholenden Grundbaustein besteht) (Chem) / homopolymer* n ‖ ~polymeres n (Chem) / homopolymer* n ‖ ~polymerisat n (Chem) / homopolymer* n ‖ ~polymerisation f (an der nur eine Art von Monomeren beteiligt ist) (Chem) / homopolymerization n
**homopolymerisieren** v (nur Infinitiv und Partizip) (Chem) / homopolymerize v
**Homopolysaccharid** n (Chem) / homopolysaccharide n
**homoskedastisch** adj (mit homogenen Varianzen) (Stats) / homoscedastic* adj
**Homoskedastizität** f (Stats) / homoscedasticity n
**Homosphäre** f (bei der chemischen Schichtung der Atmosphäre) (Geophys) / homosphere n
**homotaktisch** adj (Geol) / homotaxic adj, homotactic adj
**homotax** adj (Geol) / homotaxic adj, homotactic adj
**Homothetie** f (Math) / homothety n, homothetic transformation
**homothetisch** adj (Geol) / synthetic adj ‖ ~ (Math) / homothetic adj
**homotop** adj (Chem) / homotopic adj ‖ ~e Abbildung (Math) / homotopic mapping* ‖ ~ n (bei chemischen Elementen und in dem Periodensystem) (Chem) / homologue n, homolog n (US) ‖ ~ (in der Stereochemie des Kohlenstoffs) (Chem) / homotope n
**Homotopie** f (topologische Abbildung) (Math) / homotopy n ‖ ~gruppe f (Math) / homotopy group
**Homo•transplantat** n (Med) / homograft* n, allograft* n ‖ ~übergang m (ein PN-Übergang, in dem die P- und N-Dotierung in der gleichen Kristallstruktur erfolgen) (Eltronik) / homojunction n
**homozentrisch** adj (Strahlenbündel) (Opt) / homocentric* adj
**homozyklische Verbindungen** (Chem) / isocyclic compounds*
**Honahle** f (Masch) / hone n, honing stick, honing tool
**Honan** m (Tex) / honan n
**Honanseide** f (eine Tussahseide) (Tex) / honan n
**Honduras-Mahagoni** n (Swietenia macrophylla King) (For) / Honduras mahogany, baywood* n, Tabasco mahogany
**Hone-Forming** n (Verfahren, bei dem Galvanisieren mit dem Honen kombiniert wird) / hone forming
**honen** v (DIN 8589, T 14) (Masch) / hone v ‖ ~ n (Feinbearbeitung mit festen Schleifkörpern nach DIN 8589, T 14) (Masch) / honing* n
**Honeycomb-Struktur** f (der Schichtverbundwerkstoffe) / honeycomb structure
**Honigmann-Schachtbohrverfahren** n (für Tagesschächte in mildem wasserführendem Gebirge) (HuT) / Honigmann method of shaft sinking
**Honig•stein** m (das Al-Salz der Benzolhexacarbonsäure) (Min) / mellite n ‖ ~steinsäure f (Chem) / mellitic acid*, benzene-hexacarboxylic acid ‖ ~tau m (Blattlaushonig) (Zool) / honey dew* ‖ ~wabenfäule f (For) / pecky dry rot, peckiness n, pocket (dry) rot, white pocket rot ‖ ~wabenspule f (eine Abart der Kreuzwickelspule mit wenigen, weit auseinanderliegenden Windungen pro Lage) (Eltech) / honeycomb coil*, lattice coil* ‖ ~wabenstruktur f / honeycomb structure ‖ ~wabenwicklung f (Eltech) / honeycomb winding, lattice winding*
**Honing** n (Feinbearbeitung mit festen Schleifkörpern nach DIN 8589, T 14) (Masch) / honing* n
**Hon•kopf** m (Masch) / hone n, honing stick, honing tool ‖ ~maschine f (Masch) / honing machine* ‖ ~stein m (in der Honahle radial verschiebbar angeordnet) (Masch) / honing stone, honestone n
**Hooke-Gesetz** n (Phys) / Hooke's law* ‖ **verallgemeinertes** ~ (Phys) / generalized Hooke's law
**Hooke-Modell** n (Phys) / Hooke model, Hookian spring
**hookesch** adj / Hookean adj ‖ ~e Feder (DIN 1342, T 1) (Phys) / Hooke model, Hookian spring ‖ ~ adj / Hookean adj ‖ ~es Gesetz (Beziehung zwischen Dehnung und Spannung - nach R.Hooke, 1635-1703) (Phys) / Hooke's law*
**Hookkollektortransistor** m (Eltronik) / hook transistor*, hook collector transistor, p-n hook transistor
**Hoopes-Verfahren** n (Hütt) / Hoopes process*
**Hop** m (EDV) / hop n (the logical number of routers a packet will cross to reach a specified destination)
**Hopan** n (pentazyklisches Grundgerüst einer Gruppe von Triterpenen aus Ölschiefer) (Chem) / hopane n
**Hopcalit** m (Granulat aus einer Mischung von Manganperoxid und Kupferoxid, z.B. als Katalysator im CO-Filterselbstretter) (Bergb, Chem) / Hopcalite n
**Hopeit** m (Min) / hopeite n
**hopfen** v (Brau) / hop v (the wort) ‖ ~ n (Brau) / hopping n ‖ **Gemeiner** ~ (Humulus lupulus L.) (Bot) / hop n ‖ α-~bittersäure (Brau) / humulone n, alpha resin, α-lupulinic acid ‖ β-~bittersäure (Brau) / lupulone n, β-lupulinic acid ‖ ~buche f (For) / hop hornbeam ‖ ~darre f (als Gebäude) (Brau) / oast house ‖ ~darre (Brau) / oast n, hop-drying kiln ‖ ~dolde f (Bot) / hop cone ‖ ~mehl n / lupulin n, hop flour ‖ ~öl n / hops oil ‖ ~pflücker m (Landw) / hopper n, hop picker ‖ ~pflückmaschine f (Landw) / hopper n, hop picker ‖ ~seiher m (Brau) / hop-back n, hop-jack n (US), hop-strainer n ‖ ~stopfen n (Brau) / dry hopping ‖ ~treber pl (Brau) / spent hops
**Hopfhornbuche** f (Ostrya sp.) (For) / hop hornbeam
**Hopkalit** m (Bergb, Chem) / Hopcalite n
**hoppen** v (TV) / zap v, flick v, switch v
**Hopper** m (HuT) / hopper n
**Hopperbagger** m (HuT) / hopper-dredger* n
**Hopping** n (Ladungstransport in ungeordneten Festkörpern und polaren Substanzen) (Eltronik) / hopping n
**Hopping-Prozeß** m (Eltronik) / hopping process
**Hopping-Transport** m (Eltronik) / hopping n
**Hoppus measure** n (ein Rundholzmaß - ein Kubikfuß Hoppus = 1,27 Kubikfuß) (For) / Hoppus measure
**Hopsack** m (Tex) / hopsack n, hopsacking n
**Hopserver** m (bei der elektronischen Post) (EDV) / hop server
**hörbar** adj (Akus) / audible adj ‖ ~er Frequenzbereich (Akus, Fernm) / audio-frequency range
**Hörbarkeit** f (Akus) / audibility* n
**Hörbarkeitsbereich** m (Akus) / range of audibility, earshot n, range n, hearing range
**Hör•beeinträchtigung** f (Akus) / hearing impairment, hearing handicap ‖ ~behindert adj (Akus) / hearing-impaired adj ‖ ~bereich m (Hörweite) (Akus) / range of audibility, earshot n, range n, hearing range ‖ ~bereich (Akus) / limits of audition ‖ **unterhalb des** ~(frequenz)bereichs (Akus) / infrasonic adj, subaudible adj ‖ ~bereitschaft f (Fernm) / listening watch ‖ ~bereitschaft (Fernm) / watch n ‖ ~brille f (ein Hörgerät) (Akus) / hearing-aid glasses, hearing spectacles
**Horchgerät** n (Mil) / listening device, sound detector
**Horde** f (Darre) (Brau) / floor n
**Hordein** n (Prolamin der Gerste) (Chem) / hordein n
**Hordenin** n (Brau, Pharm) / hordenine n, anhaline n
**Horden•trockner** m (fahrbarer) / truck drier ‖ ~trockner (feststehender) / shelf drier ‖ ~trockner (ein Festbetttrockner) (Chem Verf) / tray drier ‖ **[feststehender]** ~trockner / shelf drier ‖ ~wagen m (z. B. in einem Tunneltrockner) (Keram) / drier car
**Hör•eindruck** m (Akus) / auditory impression ‖ ~empfang m (Akus) / aural reception ‖ ~empfindung f (DIN 1320) (Akus) / auditory sensation
**Hören** n (Akus) / hearing* n
**Hörer** m (Akus) / listener n ‖ ~ (Fernsp) / receiver* n, telephone receiver ‖ ~ (Rundfunk) (Radio, TV) / listener n ‖ ~ abgenommen (Fernsp) / off-hook ‖ ~ aufgesetzt (Fernsp) / on-hook ‖ **eigene** ~adresse (Nachricht) (Fernm) / my listen address
**Hörereignis** n (DIN 1320) (Akus) / auditory event
**Hörer•paar** n (Radio) / headphones pl, headset n (US) ‖ ~schaft f (einer Sendung) (Radio, TV) / audience n ‖ ~schaft einer Werbesendung (Gesamtzahl der Personen oder Haushalte, die eine Werbesendung hören) (Radio, TV) / commercial audience ‖ **durchschnittliche** ~ **oder Zuschauerzahl** (Radio, TV) / average audience, AA
**Hör•fehler** m (Akus, Med) / auditory defect, hearing defect ‖ ~fläche f (Fläche, die durch diejenigen Kurven umrandet wird, welche die Hörschwelle und die Schmerzschwelle als Funktion der Frequenz beschreiben - DIN 1320) (Akus) / auditory sensation area ‖ ~frequent adj (Akus) / audible adj ‖ ~frequenz f (Akus) / audio frequency*, AF ‖ **oberhalb des** (übertragenen) ~frequenzbereichs (Akus) / superacoustic adj ‖ ~frequenzverstärker m (Eltronik) / audio amplifier, audio-frequency amplifier
**Hörfunk** m (Radio) / sound broadcasting, sound radio, audio broadcasting ‖ **digitaler** ~ (über terrestrische Funktürme) (Radio) /

digital audio broadcasting, DAB ‖ ⁓**empfänger** *m* (Radio) / radio set, broadcast receiver, radio *n* (pl. radios)
**Hörgerät** *n* (hinter dem Ohr zu tragendes) (Akus) / behind-the-ear hearing instrument, behind-the-ear hearing aid ‖ ⁓ (Akus) / deaf-aid* *n*, hearing-aid *n*, hearing instrument
**Hörhilfe** *f* (Akus) / deaf-aid* *n*, hearing-aid *n*, hearing instrument
**Horizont** *m* (Gesichtskreis) (Astr, Opt, Verm) / horizon* *n* ‖ ⁓ (als Bodenprofil oder kleinste geologische Zeiteinheit) (Geol) / horizon* *n* ‖ ⁓ (lithostratigrafischer) (Geol) / bed *n* ‖ ⁓ (Schicht des Bodenprofils) (im Bodenprofil) (Landw) / soil horizon ‖ ⁓ (in der Relativitätstheorie) (Phys) / horizon *n* ‖ ⁓ (wahrer) (Verm) / true horizon*, rational horizon*, celestial horizon, astronomical horizon ‖ **erdölführender** ⁓ (Erdöl) / oil horizon ‖ **künstlicher** ⁓ (Luftf) / artificial horizon*, gyrohorizon* *n*, false horizon ‖ **natürlicher** ⁓ (Astr) / visible horizon*, apparent horizon*, sensible horizon* ‖ **produzierender** ⁓ (Erdöl, Geol) / pay horizon, producing horizon ‖ **scheinbarer** ⁓ (Astr) / visible horizon*, apparent horizon*, sensible horizon* ‖ **wahrer** ⁓ (Verm) / true horizon*, rational horizon*, celestial horizon, astronomical horizon
**horizontabtastender Zielsuchkopf** (Mil) / horizon-scan homing head
**horizontal** *adj* / horizontal* *adj*, level *attr* ‖ ⁓ (verlaufend) (Bergb) / horizontal *adj*, level *attr*, aclinal *adj*, aclinic *adj*, flat *adj* ‖ ~**e Abbildungsebene** / ground plane ‖ ~**e Antenne** (Radio) / horizontal antenna* ‖ ~**e Austastlücke** (TV) / line blanking interval ‖ ~**e Austastung** (TV) / horizontal blanking*, line blanking ‖ ~**e Bewegung** (des Bauwerkes) (Bau) / sideway *n* ‖ ~**es Bohrloch** (z.B: in den dünnen Erdöllagerstätten in der Nordsee) (Erdöl) / horizontal borehole ‖ ~**e Bohrsäule** (für den Gesteinsbohrer) (Bergb) / stretcher *n* ‖ ~**e Chromatografie** (Chem) / horizontal chromatography ‖ ~**er Druck** (HuT) / thrust *n* ‖ ~**e Elektrophorese** (Chem) / horizontal electrophoresis ‖ ~**e Glashalteleiste** (Glas) / lay bar ‖ ~**e Komponente** (der Schwerebeschleunigung) (Phys) / horizontal *n* ‖ ~**e Kraft** (bei dem waagrechten Verbau der Baugrube) (HuT) / thrust *n* ‖ ~**er Mauervorsprung** (Bau) / table *n*, tablet *n* ‖ ~**e Montierung** (des Fernrohrs) (Astr) / azimuthal mounting ‖ ~**e Papierchromatografie** (Chem) / horizontal chromatography ‖ ~**e Polarisation** (horizontale Lage der elektrischen Feldlinien des elektromagnetischen Feldes) (Elektr) / horizontal polarization* ‖ ~**es Scrolling** (EDV) / horizontal scrolling ‖ ~**e Spannsäule** (für den Gesteinsbohrer) (Bergb) / stretcher *n* ‖ ~**e Sprungweite** (bei Verwerfungen) (Bergb, Geol) / heave *n* ‖ ~**es Stranggießen** (Gieß) / horizontal continuous casting ‖ ~**er Wurf** (Phys) / horizontal throw
**Horizontal•ablenkelektrode** *f* (Eltronik) / horizontal deflection electrode, horizontal deflection plate, x-plate *n* ‖ ⁓**ablenkplatte** *f* (Eltronik) / X-plate* *n*, horizontal deflection plate, horizontal deflection electrode ‖ ⁓**ablenkplatte** (Eltronik) / horizontal deflection electrode, horizontal deflection plate, x-plate *n* ‖ ⁓**ablenkung** *f* (TV) / horizontal deflection, horizontal sweep ‖ ⁓**abstand** *m* **senkrecht zur Vermessungsachse** (Verm) / offset* *n* ‖ ⁓**abtastung** *f* (TV) / line scanning*, linear scanning, linear scan* ‖ ⁓**abtastung** (TV) / horizontal scanning ‖ ⁓**achse** *f* (Opt, Verm) / horizontal axis*, trunnion axis* ‖ ⁓**antenne** *f* (Radio) / horizontal antenna* ‖ ⁓**auflösung** *f* (TV) / horizontal resolution*, horizontal definition ‖ ⁓**austastlücke** *f* (TV) / line blanking interval ‖ ⁓**austastung** *f* (TV) / horizontal blanking*, line blanking ‖ ⁓**automat** *m* (Anstr) / automatic horizontal paint-application machine (system) ‖ ⁓**diagramm** *n* (Radio) / horizontal pattern
**Horizontale** *f* (eine Ebene) / horizontal plane, level *n* ‖ ⁓ (eine Gerade) (Math) / horizontal *n*, horizontal line
**Horizontal•ebene** *f* / horizontal plane, level *n* ‖ ⁓**ebene** (Bezugsebene, die zur Beschreibung der Eigenschaften des Gehörs benutzt wird - DIN 1320) (Akus) / horizontal plane ‖ ⁓**elektrophorese** *f* (Chem) / horizontal electrophoresis ‖ ⁓**filterbrunnen** *f* (Wasserb) / infiltration gallery ‖ ⁓**flug** *m* (Luftf) / level flight ‖ ⁓**fräsmaschine** *f* (Masch) / horizontal milling machine ‖ ⁓**frequenz** *f* (TV) / line frequency* ‖ ⁓**gatter** *n* (For) / horizontal gang saw, horizontal frame-saw ‖ ⁓**geschwindigkeit** *f* (Luftf) / level flying speed ‖ ⁓**kamera** *f* (für fotografische Reproduktionen) (Druck, Foto) / horizontal camera ‖ ⁓**komponente** *f* (Eltech) / horizontal component* ‖ ⁓**kreis** *m* (eine Haloerscheinung) (Astr) / parhelic circle, mock-sun ring ‖ ⁓**kreis** (an Winkelmeßgeräten) (Verm) / limb* *n*, horizontal circle*, lower plate ‖ ⁓**kurve** *f* (Luftf) / level turn ‖ ⁓**maschine** *f* (Anstr) / automatic horizontal paint-application machine (system) ‖ ⁓**parallaxe** *f* (Astr, Verm) / horizontal parallax* ‖ ⁓**pendel** *n* (mit fast vertikaler Drehachse) (Phys) / horizontal pendulum, Galitzin pendulum ‖ ⁓**polarisation** *f* (Elektr) / horizontal polarization* ‖ ⁓**schmiedemaschine** *f* (Hütt) / horizontal die-forging maschine ‖ ⁓**seismograf** *m* (Geol) / horizontal seismograph ‖ ⁓**sicht** *f* (Luftf) / horizontal visibility ‖ ⁓**sprungweite** *f* (bei Verwerfungen) (Geol) / offset *n*, normal horizontal separation ‖ ⁓**strahlungsdiagramm** *n* (Radio) / horizontal pattern ‖ ⁓**stranggießanlage** *f* (Gieß) / horizontal continuous caster, horizontal continuous casting machine ‖ ⁓**stranggießen** *n* (Gieß) / horizontal continuous casting ‖ ⁓**strangguß** *m* (Gieß) / horizontal continuous casting ‖ ⁓**system** *n* (ein astronomisches Koordinatensystem - Azimut, Höhe) (Astr) / horizon system of coordinates ‖ ⁓**tabulator** *m* (EDV) / horizontal tabulator (HT) ‖ ⁓**verschiebung** *f* (Bau) / sideway *n* ‖ ⁓**verschiebung** (Geol) / strike-slip fault*, strike-shift fault, tear fault*, wrench fault, transcurrent fault, torsion fault, flaw *n*, transverse fault ‖ ⁓**verstärker** *m* (Eltronik) / X-axis amplifier, horizontal amplifier (for signals intended to produce horizontal deflection) ‖ ⁓**winkel** *m* (Verm) / horizontal angle
**Horizont•balken** *m* (des künstlichen Horizonts) (Luftf) / horizon bar ‖ ~**blau** *adj* / horizon-blue *adj* ‖ ~**ebene** *f* (die die scheinbare Himmelskugel in eine sichtbare und in eine unsichtbare Hälfte teilt) / horizon plane
**horizontieren** *v* (geodätische Instrumente) (Verm) / level *v*
**Horizontierschraube** *f* (Instr) / levelling screw
**Horizontierung** *f* (des geodätischen Meßinstruments) (Verm) / levelling *n*, leveling *n* (US)
**Horizont•linie** *f* (Verm) / horizon line ‖ ⁓**sensor** *m* (Eltronik, Mil) / horizon sensor* ‖ ⁓**spiegel** *m* (Verm) / horizon glass*, horizon mirror ‖ ⁓**sucher** *m* (Raumf) / horizon scanner
**Hör•kapsel** *f* (des Handapparats) (Fernsp) / receiver capsule ‖ ⁓**kopf** *m* (des Magnettongeräts) (des Magnettongeräts) (Akus, Mag) / reproduce head, reproducing head, magnetic reproducing head, playback head ‖ ⁓**kurve** *f* (Akus) / audiogram* *n*
**Hormesis** *f* (Med, Umwelt) / hormesis *n*
**Hörminimum** *n* (Luftf) / aural null
**Hormon** *n* (Biochem, Med) / hormone* *n* ‖ **adrenokortikotropes** ⁓ (Biochem) / corticotrophin* *n*, corticotropin *n*, adrenocorticotropic hormone*, ACTH*, adrenotropic hormone, adrencorticotropic hormone ‖ **antidiuretisches** ⁓ (Physiol) / vasopressin* *n*, antidiuretic hormone, ADH ‖ **follikelstimulierendes** ⁓ (Biochem) / follicle-stimulating hormone*, FSH* ‖ **freisetzungshemmendes** ⁓ (Biochem) / inhibiting factor, release inhibiting factor ‖ **interstitialzellenstimulierendes** ⁓ (Biochem) / interstitial cell-stimulating hormone*, lutropin *n*, luteinizing hormone*, ICSH*, LH ‖ **kortikotropes** ⁓ (Biochem) / corticotrophin* *n*, corticotropin *n*, adrenocorticotrophic hormone*, ACTH*, adrenotropic hormone, adrencorticotrophic hormone ‖ **lipotropes** ⁓ (Biochem) / lipotropin *n*, lipolytic hormone, lipotropic hormone, LPH ‖ **melanotropes** ⁓ (Biochem) / melanotropin *n*, melanocyte-stimulating hormone, MSH, intermedin *n* ‖ **melanozytenstimulierendes** ⁓ (Biochem) / melanotropin *n*, melanocyte-stimulating hormone, MSH, intermedin *n* ‖ **neurosekretorisches** ⁓ (Biochem) / neurohormone *n* ‖ **somatotropes** ⁓ (Biochem) / growth hormone*, GH, somatotropin *n*, somatotropic hormone, STH ‖ **thyreoidstimulierendes** ⁓ (Biochem, Med) / thyroid-stimulating hormone, thyrotropin *n*, TSH, thyrotropic hormone, thyrotrophin *n* ‖ **thyreotropes** ⁓ (Biochem, Med) / thyroid-stimulating hormone, thyrotropin *n*, TSH, thyrotropic hormone, thyrotrophin *n*
**hormonal** *adj* (Biochem, Med) / hormonal *adj*
**hormonell** *adj* (Biochem, Med) / hormonal *adj*
**Hormon-Rezeptor-Komplex** *m* (Biochem) / hormone responsive element
**Hörmuschel** *f* (des Handapparats) (Fernsp) / earphone *n*, earpiece *n*
**Horn** *n* (pl. -e) (Hornsubstanz) / horn *n* ‖ ⁓ (Kopf einer Lackspritzpistole) (Anstr) / air horn ‖ ⁓ (Bergspitze) (Geog, Geol) / horn* *n* ‖ ⁓ (Kfz) / horn *n*, motor horn, hooter *n* ‖ ⁓ (des Ambosses) (Masch) / bick* *n*, beak* *n* ‖ ⁓ (pl. Hörner) (Zool) / horn* *n* ‖ **[lautes]** ⁓ (Kfz) / klaxon *n* (a trademark) ‖ ⁓**anschnitt** *m* (Gieß) / horn gate* *n* ‖ ⁓**antenne** *f* (Radio) / horn antenna*, horn *n*, horn radiator, horn-shaped antenna, electromagnetic horn ‖ ⁓**ast** *m* (For) / horn knot, resinous knot ‖ ⁓**ausgleich** *m* (Ruderausgleich) (Luftf) / horn balance* ‖ ⁓**back** *m* (Rückenschild der Krokodilhaut für Luxusartikel der Lederwarenindustrie) (Leder) / hornback *n*
**Hornblende** *f* (Min) / hornblende* *n* ‖ ⁓**asbest** *m* (Geol) / amphibole asbestos ‖ ⁓**gneis** *m* (metamorphes Gestein aus der Katazone) (Geol) / hornblende-gneiss* *n* ‖ ⁓**granit** *m* (Geol) / hornblende granite
**Horn•blendenfels** *m* (Geol) / hornblendite *n* ‖ ⁓**blendit** *m* (Geol) / hornblendite *n*
**Horn-Clause** *f* (eine spezielle Clause, die aus einer Menge von Literalen besteht, von denen nur eines ein unnegiertes Atom ist) (KI) / Horn clause
**Horn•einguß** *m* (wenn der Anschnitt unter dem Gußstück durchgeführt wird) (Gieß) / horn sprue ‖ ⁓**einspeisung** *f* (z.B. der Cassegrainantenne) (Radio) / horn feeding
**Hörner•ableiter** *m* (eine Schutzfunkenstrecke) (Eltech) / horn arrester, horn-gap arrester ‖ ⁓**blitzableiter** *m* (Eltech) / horn arrester*

**Horner-Emmons-Reaktion** (Chem) / Wittig-Horner reaction, Wittig-Emmons reaction
**Hörnerfunkenstrecke** f (Eltech) / horn arrester, horn-gap arrester
**Horner-Schema** n (zur Bestimmung von Funktionswerten und Nullstellen von ganzen rationalen Funktionen; nach dem englischen Mathematiker W.G. Horner, 1786-1837) (Math) / Horner's method
**Horn•fels** m (feinkörniges kontaktmetamorphes Gestein des inneren Kontakthofes) (Geol) / hornfels* n ‖ ∼fels (mit Olivinkristallen) (Geol) / beerbachite n ‖ ∼formel f (eine prädikatenlogische Formel) (KI) / Horn clause
**hornig** adj (Griff) (Tex) / horny adj
**hornisierter Kautschuk** / ebonite* n, hard rubber, vulcanite* n
**Hornito** m (ein Ausbruchskegel auf Lavaströmen) (Geol) / hornito n
**Hornklausel** f (KI) / Horn clause
**Horn•koralle** f (Zool) / horn coral, solitary coral ‖ ∼lautsprecher m (Akus) / horn loudspeaker* ‖ ∼luft f (der am hornförmig ausgebildeten Kopf einer Lackspritzpistole austretende Luftstrom) (Anstr) / horn air ‖ ∼mündung f (der Hornantenne) (Radio) / horn mouth ‖ ∼parabol n (Radio) / hoghorn n, flare n ‖ ∼parabolantenne f (Radio) / hoghorn antenna ‖ ∼parabolstrahler m (Radio) / hoghorn antenna ‖ ∼quecksilber n (Min) / calomel n, calomelene n, horn quicksilver, mercurial horn, horn mercury ‖ ∼reflektorantenne f (Radio) / horn reflector antenna ‖ ∼relais n (Kfz) / horn relay ‖ ∼silber n (Min) / chlorargyrite n, cerargyrite* n, horn silver* ‖ ∼späne m pl / horn clippings ‖ ∼strahler m (eine Ausführungsform der Kurzwellenantenne) (Radio) / horn antenna*, horn n, horn radiator, horn-shaped antenna, electromagnetic horn* ‖ ∼substanz f (zu den Skleroproteinen gehörender Eiweißstoff) (Biochem) / keratin* n
**Hör•pegel** m (DIN 1320) (Akus) / auditory sensation level ‖ ∼pegel (dBA über audiometrischem Nullpunkt) (Akus) / hearing level (above threshold) ‖ ∼raum m (DIN 1320) (Akus) / auditory space
**Horrebow-Talcott-Methode** f (nach P. Horrebow, 1679-1764, und A. Talcott, 1797-1883) (Astr, Verm) / Horrebow-Talcott method
**Hörsaal** m (größerer) (Akus, Bau) / lecture theatre, theatre n (lecture theatre), lecture hall
**Hörsamkeit** f (ein Wert, der die Eignung eines Raumes für Schalldarbietungen kennzeichnet - DIN 1320) (Akus) / acoustic quality, acoustic properties
**Hör•schall** m (DIN 1320) (Akus) / audible sound ‖ ∼schwelle f (untere - Schalldruck, der vom menschlichen Gehör gerade noch wahrgenommen wird - DIN 1320) (Akus, Physiol) / threshold of sound audibility*, threshold of sound, auditory threshold, threshold of hearing*, hearing threshold ‖ **rückbildbare Verschiebung der ∼schwelle** (Akus) / temporary threshold shift* (TTS) ‖ **nichtrückbildbare Verschiebung der ∼schwelle** (durch hohe Lärmpegel verursacht) (Akus, Med) / permanent threshold shift*, PTS* ‖ ∼schwellenmeßgerät n (Akus, Physiol) / audiometer* n ‖ ∼schwellenverschiebung f (Akus) / threshold shift ‖ **zeitweilige ∼schwellenverschiebung** (Akus, Med) / temporary threshold shift* (TTS) ‖ **bleibende ∼schwellenverschiebung** (Akus, Med) / permanent threshold shift*, PTS*
**Horst** m (dicht zusammengewachsenes Büschel, z.B. von Gras oder Rohr) (Bot) / tuft n ‖ ∼ (Geol) / horst* n
**horten** v / stockpile v (raw materials)
**Hör•test** m (Akus) / audio test ‖ ∼test (Verständlichkeitsprüfung) (Fernsp) / listening test
**Hortikultur** f (Landw) / horticulture n, gardening n
**Hortisol** m (Gartenboden) / hortisol n
**Hör•ton** m (Akus) / audible tone ‖ ∼tongenerator m (Akus, Fernsp) / audible-tone generator
**Hortonsphäroid** n (kugelförmiger Drucktank, meist auf Stelzen) / Horton sphere
**Hör•verlust** m (Akus) / hearing loss* ‖ ∼verlustkurve f (Akus) / audiogram* n ‖ ∼vermögen n (Hören) (Akus) / hearing* n ‖ **vermindertes ∼vermögen** (Akus, Med) / auditory defect, hearing defect ‖ ∼verstehen n (des Textes) (KI) / listening comprehension ‖ ∼weite f (Akus) / range of audibility, earshot n, range n, hearing range
**Hose** f **mit ausgestellter Fußweite** (Tex) / bell-bottom trousers
**Hosen•rohr** n (Klemp) / wye* n, y-pipe* n ‖ ∼trägergurt n (Kfz) / shoulder harness (a safety harness) ‖ ∼umschlag m (Tex) / turn-up n
**Hosidenbuchse** f (Anschlußmöglichkeit am Kamerarecorder oder Videorecorder) (Film) / S terminal
**Hosierygarn** n (weichgedrehtes Strumpf-, Strick- und Trikotgarn) (Spinn) / hosiery yarn
**Host** m (EDV) / initiator n (the host in dialogue between SCSI devices) ‖ ∼**-Adaptermodul** n (EDV) / Host Adaptor Module, HAM ‖ ∼**based-Publishing** n (professionelles System mit Großrechnern - eine Art elektronisches Publizieren) (Druck, EDV) / host-based publishing ‖ ∼**-Rechner** m (in einem Verbundsystem - eine digitale Rechenanlage großer Verarbeitungsleistung und Speicherkapazität, die zur ladefertigen Verarbeitung von Programmen für kleinere Digitalrechner verwendet wird) (EDV) / host computer, central computer ‖ ∼**-Rechnersystem** n (ein Verbundsystem) (EDV) / master/slave computer system ‖ ∼**-Tabelle** f (Datei mit einem Verzeichnis der bekannten IP-Adressen) (EDV) / host table
**Hot Box** f (Gieß) / hot box ‖ ∼ **Box** (Finishaggregat in Großwäschereien) (Tex) / hot box ‖ ∼ **Brines** pl (am Meeresboden austretende heiße Lösungen vulkanischen Ursprungs) (Geol) / hot brines ‖ ∼ **Spot** m (lokale Anregung in Elementarteilchen und Atomkernen) (Kernphys) / hot spot
**Hot-Box•-Verfahren** n (zur Form- und Kernherstellung mit heißen Formwerkzeugen) (Gieß) / hot-box method ‖ ∼**-Verfahren** (zur Form- und Kernherstellung) (Gieß) / hot-box process
**Hot-Carrier-Diode** f (eine schnelle Schaltdiode) (Eltronik) / hot-carrier diode, Schottky diode*, Schottky barrier diode
**Hotchkiss-Hinterachse** f (Kfz) / Hotchkiss drive (axle layout)
**Hot-dry-Rock-Verfahren** n / hot-dry-rock process
**Hotelhalle** f (Arch) / hotel lobby, hotel lounge
**"Hot-Elly"-Verfahren** n (Chem Verf) / high-temperature electrolysis
**Hotelporzellan** n (Keram) / hotel (semivitreous) china
**Hotflue** f (bei 80 - 100 °C kontinuierlich arbeitender Heißlufttrockner) (Tex) / hot flue
**Hotfluetrockner** m (bei 80 - 100 °C kontinuierlich arbeitender Heißlufttrockner) (Tex) / hot flue
**Hotline** f (EDV) / hotline n (technical support) ‖ ∼ (direkter Telefonanschluß, z.B. auch für rasche Serviceleistungen) (Fernsp) / hotline n ‖ ∼**-Service** m (direktes Durchschalten zu einer einzigen Gegenstelle ohne Wahl durch den Teilnehmer) (EDV, Fernm) / hotline service ‖ ∼**-Service** m n (Fernsp) / hotline service
**Hot-Loop** n (im Kühlkreislauf) (Nukl) / hot loop, active loop
**Hotmelt** n (Sammelname für bestimmte Werkstoffe) (WP) / hot-melt material ‖ ∼**-Beschichtungsmasse** f (eine Heißschmelzmasse) (Anstr) / hot-melt coating ‖ ∼**-Dichtungsmasse** f (eine Heißschmelzmasse) / hot melt sealant ‖ ∼**-Kleber** m / hot-melt adhesive, fusion adhesive, dry adhesive (US), thermoplastic adhesive, hot-setting adhesive ‖ ∼**-Plastleim** m / hot-melt adhesive, fusion adhesive, dry adhesive (US), thermoplastic adhesive, hot-setting adhesive
**Hot•-pit-Gerbung** f (Leder) / hot pitting, hot-pit tanning ‖ ∼**-pit-System** n (Farbengang mit beheizten letzten Gruben) (Leder) / hot pitting, hot-pit tanning ‖ ∼**spot** m (Quelle der Radiofrequenzstrahlung) (Astr) / hot spot ‖ ∼**spot** (örtliche Überhitzung bei Hf-Transistoren) (Eltronik) / hot spot ‖ ∼**spot** (örtliche Aufschmelzungszone im Erdmantel unterhalb der Lithosphäre - z.B. Island oder Hawaii-Inseln) (Geol) / hot spot ‖ ∼**spot** (lokale Temperaturspitze) (WP) / hot spot ‖ ∼**-Tack** m (Festigkeit einer heißversiegelten Naht) / hot tack ‖ ∼**-wall-Reaktor** m (Eltronik) / hot-wall reactor
**Houben-Hoesch-Synthese** f (Chem Verf) / Houben-Hoesch synthesis, Houben-Hoesch reaction
**Houdresid-Verfahren** n (katalytisches Cracken) (Erdöl) / Houdresid process, Houdresid catalytic cracking
**Houdriforming** n (kontinuierlicher katalytischer Reformierungsprozeß) (Erdöl) / Houdriforming n
**Houdry-Verfahren** n (Herstellung von Butadien aus Butan mit $Cr_2O_3$-Katalysatoren - nach E. Houdry, 1892-1962) (Chem) / Houdry process
**Hourdi** m (pl. Hourdis) (Bau, Keram) / hollow tile, pot n, hollow block
**Hourdiziegel** m (Bau, Keram) / hollow tile, pot n, hollow block
**Hovercraft** n (bei dem ein Gebläse ein gegen die Umgebung abgedichtetes Gebiet höheren Drucks bildet) (Luftf) / ground-effect vehicle, air-cushion vehicle, ACV*, ground-effect machine, surface-effect vehicle, hovercraft n ‖ ∼ (Schiff) / surface-effect ship, hovercraft n, SES, cushion craft*
**Hover-Ofen** m (Tunnelofen, durch den die Ware auf einem Heißluftkissen bewegt wird) / hover kiln
**Hoverport** m (Landeplatz für Luftkissenfahrzeuge) / hoverport n
**Hovertrain** m / hovercraft train (a train that travels on a cushion of air), hovertrain n
**Howescher Träger** (Fachwerkbinder mit Druckschrägen oder auch gekreuzten Diagonalen und Zugvertikalen) (HuT) / Howe truss
**Howlith** m (blau gefärbt als Nachahmung von Türkis) (Min) / howlite n
**Hoyt-Nachbildung** f (Fernm) / Hoyt balancing network
**HOZ** (mit mehr als 36-85 Gew.-% Hüttensand - DIN 1164) (Bau, HuT) / Portland blast-furnace cement* (BS 146), blast-furnace Portland cement*, Portland blast-furnace slag cement
**Hp** (Eltech) / laminated paper, hard paper
**HP** (Fernm) / high-pass filter*, low-stop filter*, HP filter, HPF
**hPa** (Meteor) / hectopascal n
**h-Parameter** m (Kenngröße bei der Vierpolersatzschaltbilddarstellung von Transistoren) (Eltronik) / h-parameter* n, hybrid parameter, small-signal parameter

**HPCE** (Chem) / high-performance capillary electrophoresis, HPCE
**H-Pegel** m (bei Verwendung binärer Signale das Signal mit der höchsten Spannung) (Eltronik) / high level, H level
**HP-IB** m (eine Variante des Standardbusses) (EDV) / HPIB n (bus)
**HPLC** (Chem) / high-pressure liquid chromatography, HPLC
**HPLC-Detektor** m (ein Detektor in der Hochleistungsflüssigkeitschromatografie) (Chem) / HPLC detector
**HPPLC** / high-pressure planar liquid chromatography, HPPLC
**H-Profil** n (HuT, Hütt) / H-beam* n, H-girder* n, I-beam* n || ≈ (Masch) / H-type gasket
**Hp-Schale** f (ein Flächentragwerk) (Arch, HuT) / hyperbolic paraboloid (roof), hypar n
**HPT** (Chem) / hexamethylphosphoric triamide, hexamethylphosphoramide n, HMPA, HMPT
**HR** (WP) / Rockwell hardness
**H-Radar** m n (Radar) / H-radar* n
**¹H-Rauschentkopplung** f (Spektr) / proton noise decoupling
**HRB** (mittels Stahlkugel von 1,59 mm Durchmesser gemessen) (WP) / Rockwell B
**HRC** (mittels 120°-Diamantkegel gemessen) (WP) / Rockwell C
**HRD** (Astr) / Hertzsprung-Russell diagram*, H-R diagram
**HREELS** (Spektr) / high-resolution electron energy loss spectroscopy, HREELS
**HRTEM** (Mikros) / high-resolution transmission electron microscopy, HRTEM
**Hs** (Chem) / hassium n, Hs || ≈ (Tex) / hare hair
**HSAB-Prinzip** n (nach R.G. Pearson) (Chem) / hard-and-soft acids and bases principle
**H-Säure** f (eine Buchstabensäure) (1-Naphthylamin-8-hydroxy-3,6-disulfonsäure) (Chem) / H-acid* n
**HS-Faser** f (Tex) / high-shrinkage fibre
**HS-Index** m (F.Org, Med) / heat-stress index, HS index
**HSI-Test** m (Hardware-Software-Integrations-Test) (EDV) / HSI-test n
**HSK-Zyklus** m (Biochem) / Hatch-Slack pathway*
**HS-Lack** m (Anstr) / high-solids paint
**HSLA-Stahl** m (Hütt) / high-strength low-alloy steel, HSLA steel
**hsp** (Biochem) / heat-shock protein, HSP
**HSP** (Biochem) / heat-shock protein, HSP || ≈ (Chem) / half-wave potential
**H₂S-Spannungsrißkorrosion** f (Hütt) / H₂S stress corrosion cracking
**HSS-Stahl** m (mit Karbidbildnern hochlegierter Werkzeugstahl) (Hütt) / high-speed steel*, HSS, high-speed tool steel
**H-Stellung** f (der oberste Gang wird mit geschaltet - im automatischen Getriebe) (Kfz) / high n
**HSTTL** (Eltronik) / high-speed transistor-transistor logic (HSTTL)
**HSV** n (Farbdarstellungsmodell) (Film) / HSV (hue, saturation, value)
**H₂S-Wasser** n (Chem) / hydrosulphuric acid*
**HS-Zement** m (Bau, HuT) / sulphate-resisting cement
**5-HT** n (Biochem) / serotonin* n, ...5-hydroxytryptamine* n
**HT** = Hochtemperatur...
**HT-Baumfärbeapparat** m (zum diskontinuierlichen Färben von Stückwaren, insbesondere von Wirkwaren, unter HT-Bedingungen) (Tex) / high-temperature beam dyeing apparatus
**χ²-Test** m (Stats) / chi-squared test
**X²-Test** m (ein Signifikanztest, dessen Testgröße exakt oder näherungsweise einer X²-Verteilung genügt) (Stats) / chi-squared test
**HT-Färben** n (Tex) / high-temperature dyeing process
**HT-Faser** f (eine Kohlenstoffaser) (Plast) / high-temperature-resistant carbon fibre
**HTH** (Chem) / high-temperature hydride
**HT-Hängeschleifendämpfer** m (Tex) / high-temperature festoon ager, HT festoon ager
**H-Theorem** n (Phys) / Boltzmann H theorem, H theorem of Boltzmann
**HT-Hydrid** n (Chem) / high-temperature hydride
**HTML** (EDV) / hypertext mark-up language (a language for electronic publishing in networks), HTML || ≈ (EDV) / hypertext markup language, HTML
**HTML-Kompatibilität** f (EDV) / HTML compliance
**HTOL-Flugzeug** n (Luftf) / horizontal take-off and landing aircraft, HTOL aircraft, HTOL plane
**HTR** (Nukl) / high-temperature reactor*, HTR
**HTS** (Chem) / high-throughput screening, HTS || ≈ (Phys) / high-temperature superconductor || ≈ (eine Art IR-Spektroskopie) (Spektr) / Hadamard-transform spectroscopy, HTS
**HTS-Anlage** f (Chem) / heat-transfer-salt plant, H.T.S. plant
**HT-Stückfärberei** f (Tex) / high-temperature piece dyeing
**HT-Trocknung** f (For) / high-temperature drying, HTD
**HT-Verfahren** n (für PES-Fasern und Wolle) (Tex) / high-temperature dyeing process
**H-Typ** m (Wellenleiter) (Fernm) / transverse electric mode, H mode (GB), TE mode
**Huanaco** n (Tex, Zool) / guanaco n, huanaco n

**Hub** m (EDV) / hub n (a kind of wiring centre in a star wiring arrangement; a hub supports Ethernet, Token-Ring, or FDDI, whereas a concentrator supports all or combinations of these), wiring hub || ≈ (Spitze-Spitze) (Fernm) / swing* n || ≈ (Spinn) / traverse n (yarn transfer) || ≈ (der Weg des Kolbens zwischen seinen zwei Tot- oder Umkehrpunkten) (V-Mot) / stroke* n, piston stroke, piston travel || **Hübe je Minute** (V-Mot) / strokes per minute, stroking speed, spm || **logischer** ≈ (Breite des verbotenen Bereichs zwischen den Logikpegeln) / logic gap || ≈**arbeitsbühne** f (Masch) / elevating (articulated) platform, raising platform || ≈**balken** m (des Hubbalkenofens) (Hütt) / walking beam* || ≈**balkenofen** m (Hütt) / walking-beam furnace, rocker-bar furnace || ≈**bereich** m (der durch die Endlagen der Hubbewegung abgegrenzt ist) (Masch) / stroke range
**Hubble•-Beziehung** f (Astr) / Hubble relation, Hubble's law || ≈**-Effekt** m (systematische Rotverschiebung der Spektrallinien der Galaxien in Abhängigkeit von ihrer Entfernung - nach E.P. Hubble, 1889-1953) (Astr) / Hubble effect || ≈**-Effekt** (Astr) s. auch Rotverschiebung || ≈**-Expansion** f (Astr) / expansion of the universe || ≈**-Konstante** f (Astr) / Hubble constant*, Hubble parameter || ≈**-Weltraumteleskop** n (das größte optische und Ultraviolett-Observatorium im Weltraum, das am 25. April 1990 in eine elliptische Umlaufbahn gebracht wurde) (Astr) / Hubble Space Telescope, HST
**Hub•bohrinsel** f (Erdöl) / jack-up platform, jack-up n, self-elevating drilling platform, jack-up rig || ≈**-Bohrung-Verhältnis** n (V-Mot) / bore/stroke ratio, stroke/bore ratio || ≈**brücke** f (eine bewegliche Brücke, bei der der Überbau an Seilen oder Ketten durch Gegengewichte hochgezogen oder durch hydraulischen Antrieb und Schwimmer unmittelbar emporgehoben wird) (HuT) / lift bridge*, vertical-lift bridge* || ≈**dach-Caravan** m (Kfz) / pop-top caravan || ≈**deckenbau** m (Bau) / lift-slab construction
**Hubel** m (Halbzeug aus keramischer Masse) (Keram) / clot n, blank n, slug n
**Hub•ende** n (Masch) / end of stroke || ≈**feder** f (Masch) / lift spring || ≈**fensterarretierung** f (Bau) / sash fastener*, sash lock*, sash holder || ≈**fenstergewicht** n (Bau) / sash weight*, sash counterweight || ≈**fenstergewichtskette** f (Bau) / sash chain || ≈**fenstergewichtsschnur** f (Bau) / sash cord || ≈**gabel** f (Masch) / lifting fork || ≈**gebläse** n (z.B. bei VTOL-Flugzeugen) (Luftf) / lift-fan n || ≈**gerüst** n (eines Staplers) (Masch) / lift frame || ≈**geschwindigkeit** f (des Kranes) (Masch) / hoisting speed || ≈**geschwindigkeit** (ohne Last) (Masch) / rate of lift, speed of lift || ≈**geschwindigkeit** (mit Last) (Masch) / rate of lift with load, speed of lift with load || ≈**höhe** f / lifting height, height of lift || ≈**höhe** (des Ventils - als meßbare Größe) (Masch) / valve lift || ≈**insel** f (Erdöl) / jack-up platform, jack-up n, self-elevating drilling platform, jack-up rig || ≈**karren** m (Masch) / lifting truck*, lift truck || ≈**kipper** m (Bahn) / waggon with lifting and tipping bucket || ≈**kolbenmotor** m (Masch, V-Mot) / piston engine, PE, piston motor || ≈**kolbenpumpe** f (zur Förderung von Flüssigkeiten und Gasen unter hohem Druck) (Masch) / reciprocating pump || ≈**kolbenvakuumpumpe** f (Vakuumt) / piston pump || ≈**kolbenverdichter** m (Masch) / reciprocating compressor*, reciprocating piston-type compressor || ≈**kraft** f (vertikale Stützkraft) (Masch, Mech) / lifting power || ≈**lader** m (Landw) / frontloader n, front-end loader || ≈**länge** f (Arbeits- bzw. Leerhub) (Masch) / travel n || ≈**länge** (Masch) s. auch Hubweg || ≈**last** f (z.B. bei Staplern) (Masch) / load n || ≈**magnet** m (Eltech, Masch) / lifting magnet*, crane magnet* || ≈**motor** m (Masch) / lift motor, hoisting motor
**Hübnerit** m (Mangan(II)-wolframat) (Min) / hübnerite* n, huebnerite* n
**Hub•plattenverfahren** n (Bau) / lift-slab construction || ≈**plattform** f (Erdöl) / jack-up platform, jack-up n, self-elevating drilling platform, jack-up rig || ≈**plattform** (ein Flurförderzeug) (Masch) / lift platform || ≈**radius** m (Masch) / throw* n (of the crank)*, crank throw* || ≈**raum** m (eines Zylinders) (Kfz, Masch, V-Mot) / displacement* n, piston displacement, piston swept volume, swept volume || ≈**raumleistung** f (in kW) (Kfz, Masch, V-Mot) / volumetric efficiency || ≈**roller** m (ein Handfahrgerät) / truckbin n, truckster n || ≈**scheibenwelle** f (Tex) / camshaft n || ≈**schleifen** n (DIN 8589, T 13) (Masch) / grinding with a reciprocating grinder || ≈**schranke** f (Bahn) / lifting gate || ≈**schraube** f (Luftf) / rotor* n, lifting rotor, main rotor*
**Hubschrauber** m (Luftf) / helicopter* n, chopper n || ≈**bringung** f (For) / helicopter logging || ≈**deck** n (Luftf) / helideck n || ≈**flughafen** m (Luftf) / heliport n || ≈**führer** m (Luftf) / helicopter pilot || ≈**landedeck** n (Luftf) / helideck n || ≈**landefläche auf der Dachterrasse** (Luftf) / roof-top heliport || ≈**landeplatz** m (Luftf) / heliport n || ≈**landeplatz auf dem Dach** (Luftf) / roof-top heliport || ≈**(lande)plattform** f (Luftf) / helipad n, pad n, heliport deck || ≈**station** f (Luftf) / helistop n || ≈**träger** m (Mil, Schiff) / helicopter carrier

**Hub•schütz** n (ein Wehrverschluß) (Wasserb) / lift gate ‖ ~**schützenwehr** n (Wasserb) / draw-door weir* ‖ ~**seil** n (Masch) / fall* n, hoisting rope, fall rope ‖ ~**seil** (eines Zweiseilgreifers) (Masch) / holding rope ‖ ~**seilflasche** f (Masch) / pulley block ‖ ~**spindel** f (zum Verstellen der Querbalken der Hobel- und Stoßmaschine) (Masch) / elevating screw ‖ ~**stapler** m (Masch) / stacker truck ‖ ~**steiger** m (Masch) / elevating (articulated) platform, raising platform ‖ ~**steiger** (hydraulischer) (Masch) / hydraulic platform ‖ ~**tisch** m (eine Lasthebevorrichtung) (Masch) / lifting table ‖ ~**tor** n (der Schleuse) (Wasserb) / vertical-lift lock-gate ‖ ~**tor** n (des Schiffshebewerks, das senkrecht auf und ab bewegt wird) (Wasserb) / vertical gate, vertical-lift gate ‖ ~**tragschrauber** m (z.B. Marchetti) (Luftf) / heligyro ‖ ~**triebwerk** n (von VTOL-Flugzeugen) (Luftf) / lift engine*, vertical engine ‖ ~**vergrößerung** f (V-Mot) / stroking n ‖ ~**verhältnis** n (in einem mit Frequenzmodulation arbeitenden System) (Radio) / deviation ratio* ‖ ~**verhältnis** (DIN 1940) (V-Mot) / bore/stroke ratio, stroke/bore ratio ‖ ~**verstellung** f (Masch) / stroke alteration ‖ ~**volumen** n (Kfz, Masch, V-Mot) / displacement* n, piston displacement, piston swept volume, swept volume ‖ ~**vorrichtung** f (des Krans) (Masch) / hoist n ‖ ~**wagen** m (ein Handfahrgerät) (Masch) / lifting truck*, lift truck ‖ ~**wagen** (für Palettenförderung) (Masch) / pallet truck*, pallet lift truck ‖ ~**wechsel** m (Web) / drop box, change box ‖ ~**weg** m (der Presse) (Masch) / press stroke ‖ ~**werk** n (z.B. bei einem Schaufelradlader) (Masch) / hoist n ‖ ~**werk** (Masch) / hoist n ‖ ~**zahl** f **je Minute** (V-Mot) / strokes per minute, stroking speed, spm ‖ ~**zähler** m (Masch) / stroke counter ‖ ~**zapfen** m (V-Mot) / crankpin fillet
**Huckaback** m (Tex) / huckaback* n
**Huckbindung** f (Web) / huck weave
**Hückel-Regel** f (nach E. Hückel, 1896 - 1980) (Chem) / Hückel rule
**Hückelsches Molekülorbital** (Chem) / Hückel molecular orbital
**Huckepack•Bergungsfahrzeug** n (Kfz) / flat-bed recovery vehicle ‖ ~**flug** m (Luftf) / captive flight ‖ ~**flugzeug** n (Luftf) / composite aircraft ‖ ~**karte** f (Leiterplatte, die auf eine andere Leiterplatte aufgesteckt wird) (Eltronik) / piggyback board, daughter board ‖ ~**platine** f (Eltronik) / piggyback board, daughter board ‖ ~**satellit** m (ein kleiner Meßsatellit, der mit einem größeren Satelliten verbunden gestartet und erst in der Umlaufbahn von diesem getrennt wird) (Raumf) / pickaback satellite, piggyback satellite (US) ‖ ~**verkehr** m (Masch) / pickaback n, piggyback n (US) ‖ ~**verkehr** (Transport von Stückgut in Sattelaufliegern auf Trailerschiffen oder von Leichtern auf Trägerschiffen) (Schiff) / fishyback n
**Huey-Test** m (DIN 50921, ASTM-A-262-64 T) / Huey test (US)
**Hufeisen•bogen** m (runder oder spitzer) (Arch) / horseshoe arch, Moorish arch ‖ **spitzer**~**bogen** (Arch) / pointed horseshoe arch ‖ ~**förmig** adj / horseshoe-shaped adj ‖ ~**magnet** m (Eltech) / horseshoe magnet* ‖ ~**profil** n (des Tunnels) (HuT) / horseshoe shape, horseshoe profile
**Huffman-Code** m (EDV) / Huffman code (for data compression)
**Huffman-Kode** m (für Datenkompression) (EDV) / Huffman code (for data compression)
**hüftlang** adj (Tex) / hip-length attr
**Hügel** m (Geol) / hill n, knoll n (a small hill or mound), hillock n, mound n ‖ **kleiner** ~ (Geol) / monticule n
**hügelig** adj (Geol) / hilly adj
**Hügelkette** f (Geol) / ridge n
**Hugoniot-Kurve** f (grafische Darstellung der Hugoniot-Gleichung bei senkrechten Verdichtungsstößen) (Luftf, Phys) / Hugoniot adiabatic, Hugoniot curve
**Hühnerleiter** f / rung ladder
**Huile vierge** m (Nahr) / virgin (olive) oil, sublime olive oil
**Huk** f (pl. -en) (Vorsprung, der den geradlinigen Verlauf einer Küste unterbricht) (Geog) / hook n
**Hülle** f / cover n, covering n, sheath n, jacket* n ‖ ~ / shell n ‖ ~ (Druck) / jacket* n, wrapper n ‖ ~ (den Bindungskontext enthaltende Funktion) (KI) / closure n ‖ ~ (Luftf) / envelope* n ‖ ~ (Masch) / protective sleeve, sleeve (prefabricated for application to pipe) ‖ ~ (einer Menge) (Math) / closure n (of a set) ‖ ~ (Nukl) / cladding* n, sheath* n ‖ **ausdrückbare** ~ (Nukl) / collapsible can ‖ **flache** ~ (Nahr) / flat casing
**hüllen** v / cover v, envelop v, sheath v, jacket v ‖ ~ (EDV) / jacket v ‖ ~ n (EDV) / jacketing n ‖ ~**elektron** (Kernphys) / orbital electron, planetary electron, extranuclear electron ‖ ~**legierte Elektrode** (Schw) / alloy-coated electrode ‖ ~**material** n (Nukl) / can material, canning material ‖ ~**stern** m (Astr) / shell star*
**Hüll•kurve** f (der Verzahnung) (Masch) / generating curve ‖ ~**kurve** (einer Kurvenschar) (die alle Kurven einer gegebenen Schar berührt) (Math) / envelope* n ‖ **Mohrsche** ~**kurve** (Mech) / Mohr's envelope, rupture envelope, rupture line
**Hull-Methode** f (eine Pulvermethode) (Krist) / Debye and Scherrer method*, Debye-Scherrer method

**Hüll•rohr** n (in dem die Spannglieder geführt werden) (HuT) / duct n, cable duct ‖ ~**rohr** (HuT) / sheath n, sheathing n, jacket tube ‖ ~**schnitt** m (eine Folge von Schnitten, durch die das Zahnprofil im Wälzverfahren erzeugt wird) (Masch) / generating cut ‖ ~**verzahnung** f (Masch) / generated gear teeth
**Hull-Zelle** f (ein verkleinertes galvanisches Bad, mit dem das Verhalten des Elektrolyten bei verschiedenen Arbeitsbedingungen auf die Niederschlagsbildung geprüft werden kann) (Galv) / Hull cell
**Hülse** f / shell n ‖ ~ (eines Schliffpaars) (Chem) / female joint ‖ ~ (Chem) / thimble n (for extracting) ‖ ~ (für die Drahtbündel beim Spannbeton mit nachträglichem Verbund) (HuT) / core n ‖ ~ (bei Vorspannung mit nachträglichem Verbund nach DIN 18553) (HuT) / sheath n, sheathing n, jacket tube ‖ ~ (Klemp) / coupling* n, coupler n ‖ ~ (Masch) / bush* n, sleeve* n, bushing n ‖ ~ (Masch) / collet* n, collar* n ‖ ~ (Masch) / bushing n ‖ ~ (Nahr) / pod* n (of a leguminous plant) ‖ ~ (von Früchten) (Nahr) / skin n ‖ ~ (Nukl) / cartridge* n ‖ ~ (Pap) / core n ‖ ~ (Spinn) / tube n, bobbin* n (empty), holder n ‖ ~ **mit Längsteilung** (der Bügelmeßschraube) (Masch) / sleeve n
**Hülsen** f pl (Hülsenfrüchte) (Nahr) / pulse n, pulse crop ‖ ~**bruch** n (Nukl) / burst can ‖ ~**bruch-Überwachungsgerät** n (Nukl) / burst-can detector*, BCD, leak detector*, burst-cartridge detector* ‖ ~**dipol** m (Radio) / sleeve dipole*, sleeve-dipole antenna ‖ ~**früchte** f pl (Nahr) / pulse n, pulse crop ‖ ~**früchtler** m (Bot, Landw) / Leguminosae* pl ‖ ~**kette** f (DIN 8164) (Masch) / bushed roller chain ‖ ~**kupplung** f (eine starre Kupplung) (Masch) / sleeve coupling ‖ ~**papier** n (Pap, Spinn) / cop paper, cop tube paper, tube paper ‖ ~**schieber** m (V-Mot) / sleeve valve ‖ ~**schiebermotor** m (V-Mot) / sleeve-valve engine ‖ ~**wickeln** n (aus Papier) (Pap, Spinn) / tube winding
**Hum** m (Geol) / hum n
**human•es Immundefizienz-Virus** (Med) / human immunodeficiency virus*, HIV* ‖ ~**es Immunschwächevirus** (Med) / human immunodeficiency virus*, HIV* ‖ ~**e Peripherie** (EDV) / human peripheral
**Human counter** m (Nukl) / human counter ‖ ~ **engineering** n (Med) / human engineering, human-factors engineering ‖ ~**-Computer-Interaktion** f (EDV) / human-computer interaction ‖ ~**-Genom-Projekt** n (internationales Projekt mit dem Ziel der vollständigen Aufklärung der Struktur der menschlichen Erbsubstanz) (Gen) / Human Genome Project
**humanlesbar** adj (EDV) / human-readable adj
**Human•milch** f (Nahr) / mother's milk ‖ ~**ökologie** f (Umwelt) / human ecology ‖ ~**peripherie** f (die die Kommunikation zwischen Mensch und Automatisierungsgerät ermöglicht) (EDV) / human peripheral ‖ ~**schnittstelle** f (EDV, KI) / human interface ‖ ~**übersetzung** f / human translation (as opposed to machine translation)
**Humat** n (Landw) / humate n
**Humberstonit** m (Min) / humberstonite n
**Humboldtin** m (ein Eisenoxalat) (Min) / humboldtine n, oxalite n
**Hume-Rothery-Phase** f (Chem, Hütt) / Hume-Rothery phase
**Hume-Rothery-Regel** f (Phys) / Hume-Rothery rule
**Hume-Rotherysche Phase** (die zweitgrößte Gruppe der intermetallischen Verbindungen - nach dem britischen Metallurgen W. Hume-Rothery, 1899-1968) (Chem, Hütt) / Hume-Rothery phase
**humid** adj (Klimazone) (Meteor) / humid adj ‖ ~**es Klima** (Meteor) / humid climate
**Humidität** f (der Feuchtigkeitsgrad) (Meteor) / humidity* n ‖ ~ (Meteor, Phys) / humidity* n (relating to air)
**Humifizierung** f (Bot, Landw) / formation n of humus, humification n
**Huminsäure** f (Chem) / humic acid*
**Huminstoff** m (Landw) / humic substance
**Humistor** m (feuchtigkeitsempfindlicher Widerstand) (Eltech) / humistor n
**Humit** m (ein Silikat) (Min) / humite* n
**hummerrot** adj / lobster attr
**Humolith** m (Bergb) / humic coal
**Humor** m (pl. -es) (Med) / humor n, body fluid
**humoral** adj (die Körperflüssigkeiten betreffend) (Med) / humoral adj
**humos** adj (Boden, Kohle) (Geol, Landw) / humous adj, humic adj ‖ ~**e Kohle** (Bergb) / humic coal
**Hump** m (Betriebszustand der Viskosekupplung) (Kfz) / hump mode ‖ ~ (der Humpfelge) (Kfz) / hump n
**Humpfelge** f (eine Sicherheitsfelge mit umlaufender Erhöhung zwischen Schulter und Bett) (Kfz) / hump rim
**Humpmodus** m (Kfz) / hump mode
**Humulen** n (ein Sesquiterpen) (Chem) / humulene* n
**Humulon** n (ein Bitterstoff aus dem Harz des reifen Hopfens) (Brau) / humulone n, alpha resin, α-lupulinic acid
**Humus** m (Bot, Geol, Landw) / humus* n, mould n ‖ ~**auflage** f (Landw) / ectohumus n ‖ ~**bildung** f (Bildung von Humus) (Bot, Landw) / formation n of humus, humification n ‖ **Verfüllarbeiten** f pl **mit einer** ~**decke** (HuT) / resoiling n, soiling n ‖ ~**karbonatboden** m (Landw) /

rendzina* n ‖ ⁓kohle f (Bergb) / humic coal ‖ ~reich adj (Landw) / rich in humus ‖ ⁓säure f (Chem) / humic acid*
Hund m (Bergb) / hutch* n, corf n, corve n, dog n, mine car ‖ laufender ⁓ (ein Ornamentband) (Arch) / running dog, Vitruvian scroll
Hunde•fell n (Leder) / dogskin n ‖ ⁓knochen-Modell n (der plastischen Zone) (WP) / dog-bone model (of a plastic zone) ‖ ⁓kurve f (Luftf) / dog-curve n, curve of pursuit*, dog-leg path ‖ ⁓kurve (Math) / tractrix* n (pl. tractrices)
Hunderterstelle f (Math) / hundreds place
Hundertpunktkarte f (Kart) / percentage dot map ‖ ⁓ s. auch Tausendpunktkarte
Hunde•schutzgitter n (für Kombis) (Kfz) / dog guard ‖ ⁓zahn m (für Steinmetze) (Bau, Werkz) / pitching tool*, pitcher* n, pitching chisel
Hund-Mulliken-Methode f (nach F. Hund, 1896-1997, und R.S. Mulliken, 1896-1987) (Chem) / molecular orbital method
Hundsche Regel (nach F. Hund, 1896-1997) (Eltronik, Kernphys) / Hund rule*, law of maximum multiplicity
Hundsrippenschnitt m (For) / washboarding n, snake n
Hungern n (Landw) / starvation n
Hungerzustand m (der Hefe) (Brau) / starvation n
Hunsdiecker-Borodin-Reaktion f (Chem) / Hunsdiecker reaction, Hunsdiecker cleavage
Hunt m (Bergb) / hutch* n, corf n, corve n, dog n, mine car
Hunting n (auf der Fleischseite zugerichtetes Rauhleder aus Halbfellen) (Leder) / hunting suede ‖ ⁓ (Flugbahnschwingung mit annähernd konstanter Schwingungsweite) (Luftf) / hunting* n
Huntingcalf n (Leder) / reversed calf, hunting calf, trench calf
Huntington-Mühle f (Aufber) / Huntington mill*
Hupe f (Kfz) / horn n, motor horn, hooter n ‖ [laute] ⁓ (Kfz) / klaxon n (a trademark)
Hüpfbewegung f / skipping motion, jumping motion
hüpfende Bewegung / skipping motion, jumping motion
Hupton, (unangenehmer) anhaltender ⁓ (Kfz) / klaxon n
Hupulon n (ein Derivat des Lupulons) (Brau) / hupulone n
Hupverbot n (ein Verkehrszeichen) (Kfz) / use of audible warning devices prohibited
Hurdbecken n (längs durchströmtes Belebungsbecken mit quadratischem Querschnitt, bei dem durch einseitiges Einblasen von Druckluft eine walzenförmige Wasserbewegung erzeugt wird) (Sanitär) / hurd tank
Hurenkind n (eine am Anfang einer Kolumne oder einer Spalte stehende Ausgangszeile) (EDV, Typog) / widow* n, bad break, widow line
Hurwitz-Kriterium n (für die Stabilität von Systemen) (Mech) / Hurwitz criterion
Hurwitzsch•e Determinante (Math) / Hurwitz determinant ‖ ⁓es Polynom (nach A. Hurwitz, 1859 - 1919) (Math) / Hurwitz polynomial
husten v (V-Mot) / cough v
Hut m (Geol) / cap n
Huth-Kühn-Oszillator m (Eltronik) / tuned-plate tuned-grid oscillator, tuned-plate tuned-grid oscillator, T.P.T.G. oscillator
Hut•macherpapier n (Pap) / tip paper ‖ ⁓mutter f (hohe Form = DIN 1587, niedrige Form = DIN 917; s. auch DIN ISO 1891) (Masch) / cap nut*, dome nut*, blind nut, acorn nut, box nut* ‖ niedrige ⁓mutter (Masch) / cap nut*, box nut* ‖ ⁓schraube f (DIN 25197) (Masch) / cap bolt, acorn hexagon head bolt ‖ ⁓schweißleder n (Leder) / hat leather, hat sweat-band leather
Hütte f (Hütt) / metallurgical plant, metallurgical works ‖ ⁓ (Blei-, Kupfer-, Zink-) (Hütt) / melting house, smelting plant, melting plant, smelter n, smeltery n ‖ ⁓ (englische) (Meteor) / thermometer screen, thermometer shelter, thermoscreen n, instrument shelter ‖ englische ⁓ (mit weißgestrichenen Wänden, Boden und Dach - nach Th. Stevenson, 1818-1887) (Meteor) / Stevenson screen*
Hütten- und Gießereikunde f (Hütt) / metallurgy* n
Hütten•aluminium n (nach der Schmelzflußelektrolyse) (Hütt) / primary aluminium ‖ ⁓bims m (schnellgekühlte geschäumte gebrochene Hochofenschlacke) (Hütt) / foamed slag*, expanded slag, expanded blast-furnace slag, foamed blast-furnace slag, blast-furnace foamed slag ‖ ⁓chemie f (Chem, Hütt) / metallurgical chemistry ‖ ⁓erz n (Aufber, Hütt) / metallurgical ore ‖ ⁓flur f (Glas) / glasshouse floor ‖ ⁓flur (Hütt) / mill floor, mill level ‖ ⁓glas n (Glas) / blow-moulded glass ‖ ⁓kalk m / slag lime, metallurgical lime ‖ ⁓kalk (CaO) (Hütt) / fluxing lime ‖ ⁓kalk (CaCO₃) (Hütt) / fluxstone n ‖ ⁓koks m (Hütt, Kftst) / metallurgical coke ‖ ⁓kran m (Hütt) / steel mill crane ‖ ⁓kunde f (Hütt) / metallurgy* n ‖ ⁓männisch adj (Hütt) / metallurgic adj ‖ ⁓nickel n (DIN 1701) (Hütt) / commercial nickel, technical nickel ‖ ⁓ofen m (Hütt) / metallurgical furnace ‖ ⁓rauch m (Glas) / bloom* n ‖ ⁓rauch m (mit Flugstaub vermischte Abgase) (Hütt) / flue dust, smelter smoke, metallurgical fume ‖ ⁓sand m (gemahlene, glasig erstarrte Hochofenschlacke) (Hütt) / granulated blast-furnace slag ‖ ⁓schwemmstein m (DIN 398) (Bau) / foamed slag brick, pumice slag brick ‖ ⁓stein m (ein Hohlblockstein nach DIN 398) (Bau, Keram) / cinder block (a hollow concrete block made of a mixture of cement and cinders) ‖ ⁓weichblei n (Hütt) / chemical lead (99,9% Pb) ‖ ⁓werk n (Hütt) / metallurgical plant, metallurgical works ‖ ⁓werkskran m (Hütt) / steel mill crane ‖ ⁓wesen n (Hütt) / metallurgy* n ‖ mechanische Technologie im ⁓wesen (Hütt) / mechanical metallurgy ‖ ⁓wolle f / slag-wool* n, cinder wool, silicate cotton ‖ ⁓zement m (der außer Portlandzementklinker als Hauptbestandteil auch Hüttensand enthält) (Bau, HuT) / slag cement* ‖ ⁓zink n (Hütt) / good ordinary brand zinc, gob zinc ‖ ⁓zink (mit etwa 97% Zn) (Hütt) / spelter* n ‖ ⁓zinn n (DIN 1704) (Hütt) / commercial tin, technical tin
Hut•weide f (geringwertiges Weideland) (Landw) / woodland pasture, forest pasture ‖ ⁓zucker m (Nahr) / loaf sugar, cone sugar, sugarloaf, sugar cone
Huygens-Okular n (die Bildebene liegt zwischen Feld- und Augenlinse) (Opt) / Huygens' eyepiece*, negative eyepiece
Huygenssch•es Okular (Opt) / Huygens' eyepiece*, negative eyepiece ‖ ⁓es Prinzip (Konstruktionsprinzip für die Wellenfronten bei Wellenausbreitung in homogenen Medien - nach Ch. Huygens, 1629-1695) (Opt) / Huygens' principle*, Huygens' construction
HV (konkret ermittelter Wert) (WP) / Vickers hardness number, V.H.N., HV
H-Versprödung f (durch atomar aufgenommenen Wasserstoff) (Hütt, WP) / hydrogen embrittlement*
$\chi^2$-Verteilung f (Stats) / chi-squared distribution*
H-Verzweiger m (Masch) / H-plane junction
h-Vierpolparameter m (Kenngröße bei der Vierpolersatzschaltbilddarstellung von Transistoren) (Eltronik) / h-parameter* n, hybrid parameter, small-signal parameter
HVLP-Spritzpistole f (Anstr) / HVLP spray gun
HV-Naht f (Schw) / single-bevel butt joint (without root face), single-bevel groove weld, single-bevel butt weld
HV-Schraube f (Masch) / friction-grip bolt
HV-Schraubenverbindung f (Masch) / high-strength friction-grip joint, HSFG joint
HV-Straße f (Hütt) / no-twist mill (with alternate horizontal and vertical stands)
HVt (Fernsp) / main distribution frame*, MDF*, distributing frame, main distributing frame
HWD (Kernphys, Radiol) / half-value layer*, half-value thickness*, HVL, HVT, half-thickness* n
H-Welle f (Fernm) / TE-wave* n, H-wave* n, transverse electric wave*
HW-KO (Gieß) / hot-blast cupola furnace, hot-blast cupola
HWM-Faser f (Tex) / high wet modulus fibre, HWM fibre
HWS (Kernphys, Radiol) / half-value layer*, half-value thickness*, HVL, HVT, half-thickness* n
HWZ (Kernphys) / half-life* n (pl. half-lives), period of decay*, half-value period
hyalin adj (glasig ausgebildet) (Geol) / hyaline* adj
Hyalit m (weiße durchscheinende Abart des Opals - Silizium(IV)-oxid) (Min) / hyalite* n, Müller's glass*
Hyaloklastit m (Geol) / hyaloclastite n
Hyalophan m (Min) / hyalophane* n
hyalopilitische Struktur (Geol) / hyalopilitic texture*
Hyaluronat-Glykanhydrolase f (Pharm) / spreading factor, hyaluronate lyase, hyaluronidase n
Hyaluronidase f (Pharm) / spreading factor, hyaluronate lyase, hyaluronidase n
Hyaluronsäure f (ein Mukopolysaccharid) (Chem) / hyaluronic acid
Hyazinth m (Zirkoniumorthosilikat - der bekannteste Stein unter den Zirkonen) (Min) / hyacinth* n, jacinth* n
hybrid adj (Chem, Gen) / hybrid adj ‖ ~ (z.B. analog + digital, Röhren + Halbleiter usw.). (Eltronik, Masch) / hybrid adj ‖ ~e elektromagnetische Welle (Elektr) / hybrid electromagnetic wave*, HEM wave*, HEW, HEM* ‖ ~es Gestein (Geol) / hybrid rock*, syntectite n, contaminated rock* ‖ ~e integrierte Schaltung (Eltronik) / hybrid integrated circuit*, hybrid IC, integrated hybrid circuit ‖ ~er Zugang (EDV) / hybrid access
Hybrid m / hybrid system ‖ ⁓ (Gen) / hybrid* n ‖ ⁓antrieb m (Masch) / composite engine ‖ ⁓bande f (Phys, Spektr) / bastard band, hybrid band
Hybride f (bei Wellenleitern) (Fernm) / hybrid junction* ‖ ⁓ (Gen) / hybrid* n ‖ ⁓ (Hermitesche) (Math) / hybrid quantity
Hybrid•fahrzeug n (mit Hybridantrieb) (Kfz) / hybrid car ‖ ⁓flügel m (Luftf) / hybrid wing, strake wing
Hybridisation f (Chem) / hybridization* n
hybridisieren v (Chem) / hybridize v ‖ ~ (Gen) / hybridize v
Hybridisierung f (Chem) / hybridization n ‖ ⁓ (Gen) / hybridization* n ‖ ⁓ (Mischung von Atomorbitalen zu Hybridorbitalen) (Kernphys) / hybridization n

## Hybridkraftstoff

**Hybrid•kraftstoff** m (Kftst, Kfz) / hybrid fuel ‖ ≈**kühlturm** m (Naß-/Trockenkühlturm) / wet/dry cooling tower ‖ ≈**lager** n (Masch) / hybrid bearing ‖ ≈**motor** m (V-Mot) / hybrid engine
**Hybridom** n (Gen) / hybridoma n
**Hybridoma** n (Gen) / hybridoma n
**Hybrid•orbital** n (z.B. sp³) (Chem, Kernphys) / hybridized orbital, hybrid orbital ‖ ≈**parameter** m (Kenngröße bei der Vierpolersatzschaltbilddarstellung von Transistoren) (Eltronik) / h-parameter* n, hybrid parameter, small-signal parameter ‖ ≈**raketentriebwerk** n (Raumf) / hybrid-propellant rocket engine ‖ ≈**reaktor** m (Nukl) / fusion-fission hybrid reactor* ‖ ≈**rechner** m (EDV) / hybrid computer* ‖ ≈**-Router** m (EDV) / hybrid router (a combined bridge and router), bridge/router n, B router, bridge router, bridging router ‖ ≈**schaltung** f (Eltronik) / hybrid circuit ‖ **integrierte** ≈**schaltung** (Eltronik) / hybrid integrated circuit*, hybrid IC, integrated hybrid circuit ‖ ≈**station** f (DIN 44302) (EDV) / combined station ‖ ≈**system** n / hybrid system ‖ ≈**technik** f (ein Herstellungsverfahren für Festkörperschaltungen) (Eltronik) / hybrid-circuit technology ‖ ≈**technologie** f (Eltronik) / hybrid-circuit technology ‖ ≈**-T-Ersatzschaltung** f (Eltronik) / hybrid-T (equivalent circuit)* ‖ ≈**treibstoff** m (Raketentreibstoff aus [meist] festem Brennstoff und flüssigem Sauerstoffträger) (Raumf) / hybrid propellant ‖ ≈**-T-Verzweigung** f (Fernm, Radar) / magic-T n, magic tee*, hybrid tee*, hybrid-T* n, hybrid T-junction ‖ ≈**varaktor** m (Eltronik) / MIS varactor diode, hybrid varactor ‖ ≈**werkstoff** m (ein Faserverbundwerkstoff) / hybrid composite
**Hydantoin** n (Imidazolidin-2,4-dion) (Chem, Pharm) / hydantoin n
**hydatogen** adj (Geol) / hydatogenic adj
**Hydnocarpusöl** n (aus Hydnocarpus kurzii (King) Warb.) (Med, Pharm) / chaulmoogra oil, hydnocarpus oil
**Hydnocarpussäure** f (z.B. in Chaulmoograöl) (Chem, Pharm) / hydnocarpic acid
**Hydracrylsäure** f (Chem) / hydracrylic acid
**Hydrafilm-Prozeß** m (indirektes Strangpressen) (Masch) / Hydrafilm process, thick-film process
**Hydrafilm-Verfahren** n (Masch) / Hydrafilm process, thick-film process
**Hydrakrylsäure** f (3-Hydroxypropionsäure) (Chem) / hydracrylic acid
**Hydrangin** n (Chem) / umbelliferrone n
**Hydrant** m / fire hydrant ‖ ≈ (zur Wasserentnahme) / hydrant n
**Hydrantenkrümmer** m (Masch) / duckfoot bend
**Hydrantenschlüssel** m / hydrant key (GB), hydrant wrench (US)
**Hydrapulper** m (ein Stoffauflösegerät) (Pap) / pulper n, hydrapulper n
**Hydrargillit** m (monoklines Aluminiumhydroxidmineral) (Min) / hydrargillite* n, gibbsite* n
**Hydrargyrie** f (Med) / hydrargyrism n, acute mercury poisoning
**Hydrargyrismus** m (Med) / hydrargyrism n, acute mercury poisoning
**Hydrargyrose** f (Med) / hydrargyrism n, acute mercury poisoning
**Hydrastin** n (Alkaloid aus dem Wurzelstock der Hydrastis canadensis L.) (Pharm) / hydrastine n
**Hydrat** n (eine Anlagerungsverbindung, bei der das Wasser durch Ionendipolkräfte am Molekül oder Ion angelagert ist) (Chem) / hydrate* n, hydrated compound ‖ ≈- (Chem) / hydrated adj ‖ **10-**≈ (Chem) / decahydrate n ‖ **7-**≈ (Chem) / heptahydrate n ‖ **8-**≈ (Chem) / octahydrate n ‖ **6-**≈ (Chem) / hexahydrate n
**Hydratation** f (des Zements während des Erstarrens und Erhärtens) (Bau, HuT) / hydration n ‖ ≈ (Solvatation in Wasser als Lösungsmittel) (Chem, Geol) / hydration* n
**Hydratationswärme** f (freiwerdende Wärme bei der Reaktion des Zements mit Wasser, gemessen in J/g) (Bau, HuT) / heat of hydration
**Hydratcellulose** f (mit Natronlauge behandelt) (Pap, Tex) / hydrated cellulose
**Hydration** f (Chem, Pap) / hydration* n
**hydratisieren** v (Chem, Geol) / hydrate vt
**hydratisiert** adj (Chem) / hydrated adj ‖ ~**es Aluminiumhydroxid** (Chem) / hydrated aluminium hydroxide, alumina trihydrate ‖ ~**es Elektron** (Chem, Phys) / aqueous electron, hydrated electron ‖ ~**es Ion** (Chem, Phys) / aquo ion, aqueous ion, hydrated ion*
**Hydratisierung** f (Anlagerung von Wasser an organische Substrate) (Chem) / hydration n (water addition)
**Hydratisomerie** f (bei Koordinationsverbindungen) (Chem) / hydrate isomerism
**Hydratwasser** n (Chem) / water of hydration*
**Hydratzellulose** f (mit Natronlauge behandelt) (Pap, Tex) / hydrated cellulose
**Hydraulic-Fracturing-Verfahren** n (Erdöl) / hydraulic fracturing*, fracturing n, hydrofracturing n
**Hydraulik-** / hydraulic* adj, fluid-power attr
**Hydraulik** f / hydraulic engineering* ‖ ≈ (Anlage) (Masch) / hydraulics n, hydraulic system ‖ ≈ (ein Teilgebiet der Strömungslehre) (Phys, Wasserb) / hydraulics* n ‖ ≈ **der Fördersonde** (Erdöl) / wellbore hydraulics ‖ ≈ **und Pneumatik** / fluid technology (US) ‖ ≈**aggregat** n (Masch) / hydraulic power pack, hydraulic unit ‖ ≈**anlage** f (Masch) /

hydraulic plant, hydraulic installation ‖ ≈**antrieb** m (Wasserb) / hydraulic gear, hydraulic drive ‖ ≈**bagger** m (ein Naßbagger, dessen Grabgefäß durch Hydraulikzylinder betätigt wird) (HuT) / hydraulic dredger ‖ ≈**bagger** (ein Trockenbagger) (HuT) / hydraulically operated excavator ‖ ≈**behälter** m (Lufft, Masch) / hydraulic reservoir* ‖ ≈**Booster** m (Masch) / hydraulic amplifier*, hydrobooster n ‖ ≈**flüssigkeit** f (zur Kraft- und Leistungsübertragung) / hydraulic fluid, hydraulic medium, hydraulic liquid ‖ ≈**kolben** m (Masch) / hydraulic ram* ‖ ≈**motor** m (Masch) / hydraulic motor* ‖ ≈**öl** n / hydraulic oil, pressure oil, power oil ‖ ≈**-Planetengetriebe** n (Masch) / hydroplanetary transmission ‖ ≈**pumpe** f (Masch) / pump* n, hydraulic pump ‖ ≈**-Radzylinder** m (Kfz) / wheel-brake cylinder, wheel-cylinder n ‖ ≈**schlauch** m / hydraulic hose ‖ ≈**speicher** m (Masch) / hydraulic accumulator*, pressure accumulator, accumulator n ‖ ≈**stempel** m (als Einzelstempel und in allen Arten des Schreitausbaus) (Bergb) / hydraulic prop ‖ ≈**zylinder** m (Masch) / hydraulic cylinder ‖ ≈**zylinder** (z.B. einer Räummaschine) (Masch) / ram n
**hydraulisch** adj / hydraulic* adj, fluid-power attr ‖ **pneumatisch und** ~ / pneudraulic adj ‖ ~**e Abraumbeseitigung** (Bergb) / hydraulic stripping ‖ ~**e Analogie** (Phys) / hydraulic analogy ‖ ~**e Anlage** (Masch) / hydraulics n, hydraulic system ‖ ~**er Antrieb** (Wasserb) / hydraulic gear, hydraulic drive ‖ ~**e Aufzug mit Seilübersetzung** (Masch) / jigger* n ‖ ~**e Bremse** (Kfz) / hydraulic brake* ‖ ~**e Dichtung** (Masch) / hydraulic packing* ‖ ~**er Druck** (Phys) / hydraulic pressure ‖ ~**es Dynamometer** / water brake ‖ ~**er Förderer** (von Schüttgütern) (Masch) / hydraulic conveyor ‖ ~**e Förderung** (Bergb) / hydraulic transport*, hydraulic conveying ‖ ~**es Formschließen** (Plast) / hydraulic clamping ‖ ~**e Frac-Behandlung** (Aufbrechen einer Öllagerstätte durch hydraulische Überdrücke zur Erhöhung oder Erhaltung der Förderleistung einer Sonde) (Erdöl) / hydraulic fracturing*, fracturing n, hydrofracturing n ‖ ~**es Gefälle** (Hyd) / hydraulic gradient*, hydraulic grade line (US) ‖ ~**e Generatorgruppe** (Eltech) / hydroelectric generating set*, hydroelectric generator ‖ ~**e Geometrie** (z.B. des Flußbetts) (Wasserb) / hydraulic geometry ‖ ~**es Getriebe** (Masch) / hydraulic transmission ‖ ~**e glattes Rohr** (Wasserb) / hydraulically smooth pipe (or tube), smooth tube ‖ ~**er Gradient** (Hyd) / hydraulic gradient*, hydraulic grade line (US) ‖ ~**e Höhe** (Hyd) / hydraulic head ‖ ~**er Kalk** (mit mehr als 15% Siliziumdioxid, Tonerde und Eisen) (Bau, HuT) / hydraulic lime ‖ ~**er Kalkstein** (Oberbegriff für tonigen und Kieselkalkstein, welche, gebrannt, hydraulischen Kalk ergeben) (Bau, Geol) / hydraulic limestone ‖ ~**er Kraftverstärker** (Masch) / hydraulic amplifier*, hydrobooster n ‖ ~**e Kupplung** (Masch) / hydraulic coupling*, fluid coupling, Föttinger coupling*, Föttinger transmitter* ‖ ~**er Ladearm** (zum Aufbringen des Blockes auf den Wagen der vertikalen Blockbandsägemaschine) (For) / flipper n ‖ ~**e Leitfähigkeit** (DIN 4049) (HuT, Hyd) / permeability* n ‖ ~**er Linearmotor** (Masch) / linear hydraulic motor, hydraulic linear motor, hydrocylinder n ‖ ~**es Modell** (Wasserb) / hydraulic model ‖ ~**er Mörtel** (Bau) / hydraulic mortar* ‖ ~**e Nadelregulierventil** (bei Pelton-Turbinen) (Eltech, Wasserb) / Seewer governor* ‖ ~**e Nietung** (Masch) / hydraulic riveting ‖ ~**es Planetengetriebe** (Masch) / hydroplanetary transmission n ‖ ~**e Presse** (eine kraftgebundene Preßmaschine) (Masch) / hydraulic press*, hydrostatic press ‖ ~**e Presse mit Druckquelle** (Speicherantrieb) (Masch) / hydraulic press with pressure system (stored-energy drive) ‖ ~**e Presse mit Förderstromquelle** (unmittelbarer Pumpenantrieb) (Masch) / hydraulic press with conveyor system (direct pump drive) ‖ ~**e Pumpe** (Masch) / pump* n, hydraulic pump ‖ ~**er Radius** (Hyd) / hydraulic radius*, hydraulic mean depth* ‖ ~ **rauhes Rohr** (Wasserb) / hydraulically rough pipe (or tube), rough tube ‖ ~ **regulierbare Luftfeder** (Kfz) / Hydragas spring (a trade mark) ‖ ~**e Spannpresse** (HuT) / hydraulic jack ‖ ~**es Spritzen** (das heute vorherrschende Spritzverfahren) (Anstr) / airless spraying* ‖ ~**er Sprung** (Wasserb) / hydraulic jump ‖ ~**er Stellantrieb** (Regeln) / hydraulic actuator ‖ ~**er Stempel** (Bergb) / hydraulic prop ‖ ~**e Steuerung** (Masch, Regeln) / hydraulic control* ‖ ~**er Stoßdämpfer** (Masch) / dash pot* ‖ ~**er Stößel** (V-Mot) / hydraulic valve tappet, hydraulic valve lifter ‖ ~**e Strangpresse** (Masch, Plast) / ram extruder, hydraulic extruder, stuffer n (US) ‖ ~**e Übertragungseinrichtung** (der Bremsanlage) (Masch) / hydraulic transmission ‖ ~**es Ventil** (Masch) / hydraulic valve (for hydraulic control) ‖ ~**er Verstärker** (Masch) / hydraulic amplifier*, hydrobooster n ‖ ~ **vorgespannte Schraube** (Masch) / hydraulically pretensioned bolt ‖ ~**er Wagenheber** (Kfz) / hydraulic jack ‖ ~**e Werkzeughaltung** (Plast) / hydraulic clamping ‖ ~**er Widder** (Pumpe zum periodischen Wassertransport) (Masch) / hydraulic ram*, hydraulic ram pump ‖ ~**e Winde** (eine kurzhubige Winde) (Masch) / hydraulic jack*, hydraulic pillar jack ‖ ~**er Zement** (unter Wasser erhärtend) (Bau, HuT) / hydraulic cement*
**Hydraulizität** f (Wasserbindevermögen des Bindemittels) / hydraulicity n

**Hydraw-Verfahren** n (Verfahrenskombination zwischen hydrostatischem Strangpressen und Draht- oder Stabziehen) (Masch) / hydrostatic extrusion-drawing
**Hydrazid** n (Chem) / hydrazide* n
**Hydrazin** n (auch Raketentreibstoff) (Chem) / hydrazine* n, diamide n
**Hydrazingelb** n (Chem) / hydrazine yellow ‖ ≃ **O** (saurer Pyrazolonfarbstoff) (Chem, Nahr, Tex) / tartrazine n, buffalo yellow, Acid Yellow 23, Food Yellow 4
**Hydrazinhydrat** n (auch Raketentreibstoff) (Chem) / hydrazine-hydrate* n
**Hydraziniumsalze** n pl (Chem) / hydrazinium salts
**Hydraziniumsulfat** n (Chem) / hydrazinium sulphate
**Hydrazobenzol** n (Chem) / hydrazobenzene n, 1,2-diphenylhydrazine n
**Hydrazon** n (Chem) / hydrazone* n
**Hydriatrie** f (Anwendung von Wasser zu Heilzwecken) (Med) / hydrotherapy* n, hydropathy n
**Hydrid** n (Chem) / hydride* n ‖ **metallartiges** ≃ (Chem) / metallic hydride ‖ **salzartiges** ≃ (Chem) / ionic hydride ‖ ≃ **mit kovalenter Bindung** n (meistens flüchtig oder gasförmig) (Chem) / covalent hydride
**Hydridatomabsorptionsspektrometrie** f (Spektr) / hydride-generation atomic absorption spectrometry, HGAAS
**Hydrid-Dehydrid-Pulver** n (Pulv) / hydride-dehydride powder
**Hydridion** n (Chem) / hydride ion
**Hydridoaluminat** n (Chem) / hydridoaluminate n
**Hydridspeicher** m (Wasserstoffspeicher auf der Basis von reversiblen Metallhydriden) (Chem Verf) / hydride storage
**Hydridtechnik** f (der Atomabsorptionsspektrometrie) (Spektr) / hydride-generation atomic absorption spectrometry, HGAAS
**Hydridverschiebungssatz, Grimmscher** ≃ (nach H.G. Grimm, 1887 - 1958) (Chem) / Grimm's hydride displacement law
**Hydrieren** n (Chem) / hydrogenation* n
**hydrierend•e Behandlung von Schmierölen** (Erdöl) / lube-oil hydrofining ‖ **~e Desalkylierung** (Chem Verf) / hydrodealkylation n ‖ **~e Raffination** (Chem Verf) / hydrorefining n ‖ **~e Spaltung** (Erdöl) / hydrocracking n ‖ **~e Verflüssigung** (Bergb) / hydroliquefaction n ‖ **~e Vergasung** (Bergb) / hydrogasification n, gas-phase hydrogenolysis
**Hydrierstahl** m (legierter Sonderstahl für den Bau von Gefäßen, in denen chemische Reaktionen unter hohem Wasserstoffdruck erfolgen können) (Hütt) / pressurized-hydrogen-resisting steel
**Hydrierung** f (Chem) / hydrogenation* n ‖ **katalytische** ≃ (Chem Verf) / catalytic hydrogenation ‖ **partielle** ≃ (bei Fetthärtung) (Nahr) / partial hydrogenation ‖ **selektive** ≃ (von Fetten) (Nahr) / selective hydrogenation ‖ ≃ **f in der flüssigen Phase** (Chem Verf) / liquid-phase hydrogenation ‖ ≃ **von Ölen** (Nahr) / hardening of oils*
**Hydrierungs•katalysator** m (Chem Verf) / hydrogenation catalyst ‖ ≃**schlamm** m (Erdöl) / hydrogenation slurry
**Hydro•abbau** m (Bergb) / hydraulicking* n, hydraulic excavation, hydroextraction n, hydraulic extraction, hydromechanization n, hydraulic mining* ‖ ≃**abrasiver Verschleiß** (durch die Wirkung harter Körper oder Partikeln, die in einem flüssigen Medium mitgeführt werden) / hydroabrasive wear ‖ ≃**aggregat** n (das den Bremsdruck bei ABS regelt) (Kfz) / hydraulic modulator ‖ ≃**akustik** f (Lehre von der Schallausbreitung in natürlichen Gewässern) (Akus) / hydroacoustics* n ‖ ≃**akustisch** adj (Akus) / hydroacoustic adj, hydroacoustical adj ‖ ≃**-Arbeitszylinder** m (Masch) / hydraulic cylinder ‖ ≃**aromaten** n pl (Chem) / hydraromatic compounds ‖ **~aromatische Verbindungen** (Chem) / hydraromatic compounds ‖ ≃**behälter** m (Luftf, Masch) / hydraulic reservoir* ‖ ≃**biologie** f (Biol) / hydrobiology n ‖ ≃**borat** n (Chem) / borohydride n, hydroborate n ‖ ≃**borierung** f (ein Syntheseverfahren) (Chem Verf) / hydroboration n ‖ ≃**bremse** f (ein Bremsdynamometer) (Masch) / hydraulic brake* ‖ ≃**carboxylierung** f (Koch-Reaktion) (Chem) / hydrocarboxylation n ‖ ≃**cellulose** f (hydrolytisch abgebaute Cellulose) (Chem) / hydrocellulose* n, hydrated cellulose n ‖ ≃**cerussit** m (Min) / hydrocerussite* n ‖ ≃**chemie** f (Chem) / hydrochemistry n ‖ ≃**chinon** n (ein zweiwertiges Phenol) (Chem, Foto) / hydroquinone* n, quinol* n, hydrochinone n, benzene-1,4-diol n ‖ ≃**chinondimethylether** m (Chem) / hydroquinone dimethyl ether ‖ ≃**chinonkarbonsäure** f (2,5-Dihydroxybenzoesäure) (Chem) / gentisic acid, gentianic acid, hydroquinone carboxylic acid ‖ ≃**chlorid** n (chlorwasserstoffsaures Salz basischer organischer Verbindung) (Chem) / hydrochloride n ‖ **~chlorierter Kautschuk** (Chem Verf) / hydrochlorinated rubber ‖ ≃**chlorierung** f (Chem) / hydrochlorination n ‖ ≃**cortison** n (Biochem) / hydrocortisone n, cortisol n ‖ ≃**cracken** (Erdöl) / hydrocracking n ‖ ≃**cracker** m (Erdöl) / hydrocracker n, hydrocracking unit ‖ ≃**cyanit** (Min) / chalcocyanite n, hydrocyanite n ‖ ≃**dealkylierung** f (Chem Verf) / hydrodealkylation n ‖ ≃**desalkylierung** f (Chem Verf) / hydrodealkylation n ‖ ≃**desulfurierung (HDS)** f (Entfernung von Schwefel unter Hydrierungsbedingungen) (Chem Verf) / hydrodesulphurization n, dehydrosulphurization n ‖ ≃**dimerisation**

**Hydroglimmer**

f (Chem Verf) / hydrodimerization n ‖ ≃**dimerisierung** f (Chem Verf) / hydrodimerization n ‖ ≃**dynamik** f (ein Teilgebiet der Hydromechanik) (Mech) / hydrodynamics* n
**hydrodynamisch** adj (Mech) / hydrodynamic adj, hydrodynamical adj ‖ **~e Bremse** (für Schienen- und Straßenfahrzeuge) (Masch) / retarder n, hydrodynamic brake ‖ **~er Druck** (Phys) / hydrodynamic pressure ‖ **~es Getriebe** (Masch) / Föttinger speed transformer*, hydrodynamic power transmission*, hydraulic torque converter*, fluid flywheel*, Föttinger converter ‖ **~e Kupplung** (Masch) / hydraulic coupling*, fluid coupling, Föttinger coupling*, Föttinger transmitter* ‖ **~es Log** (Schiff) / hydrodynamical log ‖ **~es Log** s. auch Stevenlog ‖ **~es Paradoxon** (Phys) / hydrodynamic paradox
**hydrodynamische Schmierung** f (Trennung von Kontaktpartnern durch einen flüssigen Schmierfilm, der durch die Relativbewegung erzeugt wird) (mittels Flüssigkeiten) (Masch) / hydrodynamic lubrication*, complete lubrication, thick-film lubrication*, viscous lubrication
**hydrodynamische Stöße** (Schiff) / slamming n
**hydroelektrisch** adj / hydroelectric adj, hydro adj ‖ **~es Umformen** (durch eine hydraulische Druckwelle, die durch einen Hochspannungslichtbogen entsteht) (Masch) / electrohydraulic forming* ‖ **~e Umformung** (mit einem Unterwasserblitz) (Masch) / hydroelectric forming
**Hydro•elektrizitätswerk** n (Eltech) / hydroelectric generating (or power) station*, water-power station, hydroelectric power plant, hydro n, hydroelectric power station* ‖ **~energetische Zentrale** (Eltech) / hydroelectric generating (or power) station*, water-power station, hydroelectric power plant, hydro n, hydroelectric power station* ‖ ≃**energie** f (Eltech, Phys) / water power, hydropower n, hydroelectric power ‖ ≃**erdbau** m (HuT) / hydraulic earthworks ‖ ≃**fining** n (katalytische Entschwefelung und Produktverbesserung von Erdölfraktionen bei Anwesenheit von Wasserstoff - eine Mitteldruckraffination) (Erdöl) / hydrofining* n ‖ ≃**fixieren** n (Tex) / hydrosetting n, water setting, heat-setting with superheated steam ‖ ≃**fixierung** f (Tex) / hydrosetting n, water setting, heat-setting with superheated steam
**Hydrofoil** n (Pap) / hydrofoil n, drainage foil ‖ ≃ (pl. -s) (Schiff) / hydrofoil boat, hydrofoil craft
**Hydrofon** n (Akus, Geol, Phys) / hydrophone* n, subaqueous microphone*
**Hydro•förderung** f (Bergb) / hydraulic transport*, hydraulic conveying ‖ ≃**formieren** (Erdöl) / hydroforming* n ‖ ≃**forming** n (katalytisches Reformieren) (Erdöl) / hydroforming* n ‖ ≃**forming-Prozeß** m (Ziehen mit gesteuertem Druck gegen Gummimembran) (Masch) / hydroforming* n, Hydroform process ‖ ≃**formverfahren** n (Masch) / hydroforming* n, Hydroform process ‖ ≃**formylierung** f (Chem) / oxo process, hydroformylation n, oxo reaction, oxo synthesis ‖ ≃**füller** m (Anstr) / waterborne prime surfacer ‖ ≃**gel** n (Lyogel mit Wasser als Dispersionsmittel) (Chem) / hydrogel* n
**Hydrogenase** f (Chem) / hydrogenase n
**Hydrogenazid** n (Chem) / hydrazoic acid*, azoimide n, hydrogen azide, hydronitric acid
**Hydrogen•bromid** n (Chem) / hydrogen bromide* ‖ ≃**carbonat** n (Chem) / bicarbonate* n, hydrogen carbonate n ‖ ≃**chlorid** n (Chem) / hydrogen chloride*
**Hydrogenerator** m (Eltech) / hydroelectric generating set*, hydroelectric generator
**Hydrogen•fluorid** n (Chem) / hydrogen fluoride* ‖ ≃**hexachoroplatinat(IV)** n (Chem) / hexachloroplatinic acid
**Hydrogenie** f (Geol) / hydrogenesis n (pl. -geneses)
**Hydrogen•iodid** n (Chem) / hydrogen iodide* ‖ ≃**karbonat** n (Chem) / bicarbonate* n, hydrogen carbonate
**Hydrogenolyse** f (Spaltung einer Bindung durch Wasserstoff) (Chem) / hydrogenolysis n (pl. -lyses)
**Hydrogen•peroxid** n (Chem) / hydrogen peroxide* ‖ ≃**salze** n pl (die den Säurewasserstoff enthalten) (Chem) / acid salts*, hydrogen salts ‖ ≃**sulfat** n (Chem) / bisulphate n, hydrogen sulphate, hydrosulphate n ‖ ≃**sulfat(IV)** n (Chem) / bisulphite* n, hydrogen sulphite n ‖ ≃**sulfid** n (Chem) / hydrosulphide* n ‖ ≃**sulfit** n (Chem) / bisulphite* n, hydrogen sulphite n ‖ ≃**tartrat** n (Chem) / bitartrate n, acid tartrate n ‖ ≃**tetrachloroplatinat(II)** n (Chem) / tetrachloroplatinic acid ‖ ≃**zyanid** n (Chem) / hydrocyanic acid*, prussic acid*, hydrogen cyanide*
**Hydro•geochemie** f (Chem) / hydrogeochemistry n ‖ ≃**geologe** m (Geol) / hydrogeologist n ‖ ≃**geologie** f (Zweig der angewandten Geologie) (Geol) / hydrogeology* n, geohydrology n ‖ ≃**geologisch** adj (Geol) / hydrogeologic adj, hydrogeological adj ‖ ≃**gewinnung** f (Bergb) / hydraulicking* n, hydraulic excavation, hydroextraction n, hydraulic extraction, hydromechanization n, hydraulic mining* ‖ ≃**glimmer** m (zusammenfassende Bezeichnung für glimmerartige Minerale, bei

**Hydrografie**

denen an Stelle einiger Kationen H₂O-Moleküle in den Gitterverband eintreten) (Min) / hydromica n, hydrous mica ‖ ⁓**grafie** f (veraltete Bezeichnung zur Beschreibung der festländischen Oberflächengewässer) / hydrography* n ‖ ⁓**grafische Karte** (Kart) / hydrographic chart ‖ ⁓**grundierung** f (Anstr) / waterborne primer ‖ ⁓**halogenid** n (Chem) / hydrohalide n ‖ ⁓**karboxylierung** f (Koch-Reaktion) (Chem) / hydrocarboxylation n ‖ ⁓**kinematik** f (Mech) / hydrokinematics n ‖ ⁓**kinematisch** adj (Mech) / hydrokinematic adj ‖ ⁓**kinetik** f (Mech) / hydrokinetics n ‖ ⁓**kinetisch** adj (Mech) / hydrokinetic adj ‖ ⁓**klassierer** m (Aufber) / hydraulic classifier* ‖ ⁓**klassierung** f (Aufber) / hydraulic classification ‖ ⁓**kolloid** n (makromolekularer, hydrophiler, wasserlöslicher bzw. in Wasser quellender Stoff, der seiner chemischen Struktur nach überwiegend zu den Polysacchariden gehört) (Chem) / hydrocolloid n ‖ ⁓**kolloid** (Chem) s. auch hydrophiles Kolloid ‖ ⁓**konversion** f (Chem Verf) / hydroconversion n ‖ ⁓**kopf** m (mit Ziehfetten gedämpfter Schwenkkopf für Kameras) (Film) / fluid head ‖ ⁓**kortison** n (Hormon der Nebennierenrinde) (Biochem) / hydrocortisone n, cortisol n ‖ ⁓**krackanlage** f (Erdöl) / hydrocracker n, hydrocracking unit ‖ ⁓**kreis** m (Masch) / hydraulic circuit

**Hydrol** n (Nahr) / hydrol n

**Hydro·lack** m (Anstr) / water paint*, water-borne coating, water varnish, water-base coating ‖ ⁓**lager** n (hydraulisch gedämpftes Motorlager) / anti-vibration hydraulic mounting, hydro-mount n ‖ ⁓**lakkolith** m (Geol) / pingo n

**Hydrolase** f (ein Enzym, das große Moleküle unter Wasserabspaltung zerstört - eine Hauptklasse von Enzymen) (Biochem) / hydrolase n

**Hydrolenkung** f (Kfz) / hydraulic steering

**Hydrologie** f (DIN 4049) / hydrology* n ‖ **chemische** ⁓ (Chem) / chemical hydrology

**hydrologisch** adj / hydrologic adj, hydrological adj ‖ ⁓**es Jahr** (Deutschland: 1.11. bis 31.10.; USA: 1.10. bis 30.9.) (Wasserb) / hydrologic year, water year ‖ ⁓**er Zyklus** (Meteor) / hydrological cycle*, water cycle, hydrologic cycle

**Hydrolysat** n (Produkt der Hydrolyse) (Chem) / hydrolyzate n, hydrolysate n (US)

**Hydrolyse** f (Protolyse oder Solvolyse) (Chem) / hydrolysis n (pl. -lyses)* ‖ **partielle** ⁓ (Chem) / partial hydrolysis ‖ **saure** ⁓ (Chem) / acidolysis n (pl. acidolyses), acid hydrolysis ‖ ⁓ f **der Polysaccharide im Holz** (Chem Verf) / wood saccharification, saccharification of wood

**Hydrolysenlignin** n (Rückstand, der bei der technischen Säurehydrolyse des Holzes anfällt) (For) / hydrolysis lignin

**hydrolysierbarer Gerbstoff** (Gallusgerbsäure) (Leder) / hydrolysable tannin

**hydrolysieren** v (Chem) / hydrolyze v (US), hydrolyse v

**hydrolytisch** adj (Chem) / hydrolytic adj ‖ ⁓**e Bakterien** / hydrolytic bacteria ‖ ⁓**e Klasse** (1 bis 5) (Glas) / hydrolytic class

**Hydromagnesit** m (Magnesiumhydroxidkarbonat) (Min) / hydromagnesite* n

**hydromagnetisch** adj (Phys) / magnetohydrodynamic adj, hydromagnetic* adj, magnetoplasmadynamic adj, hydromagnetic* adj ‖ ⁓**er Generator** (Plasma Phys) / magnetohydrodynamic generator*, magnetoplasmadynamic generator*, MHD generator*, MPD generator* ‖ ⁓**es Stoßrohr** / hydromagnetic propulsion ‖ ⁓**e Welle** (Plasma Phys) / magnetohydrodynamic wave

**Hydromechanik** f (Lehre vom Gleichgewicht und von der Bewegung aller tropfbaren Flüssigkeiten und inkompressiblen Strömungsmedien) (Mech) / hydromechanics n

**hydromechanisch** adj (Mech) / hydromechanical adj ‖ ⁓**e Gewinnung** (von Gold, von Kohle) (Bergb) / hydraulicking* n, hydraulic excavation, hydroextraction n, hydraulic extraction, hydromechanization n, hydraulic mining* n ‖ ⁓**es Log** (Schiff) / hydromechanical log ‖ ⁓**es Log** (Schiff) s. auch Patentlog

**Hydro·metallurgie** f (Hütt) / hydrometallurgy* n ‖ ⁓**meteor** m (die aus der Phasenumwandlung vom gasförmigen in den flüssigen oder festen Zustand des Wasserdampfes entstehenden flüssigen oder festen Partikel - Tau, Regen) (Meteor) / hydrometeor* n ‖ ⁓**meteorologie** f (Teilgebiet der Meteorologie, das sich mit dem Verhalten des Wasserdampfs und seiner Kondensationsprodukte befaßt) (Meteor) / hydrometeorology* n ‖ ⁓**meter** n (Säureprüfer) (Kfz) / hydrometer n ‖ ⁓**metrie** f (Wasserb) / hydrometry n ‖ ⁓**monitor** m (Bergb) / monitor* n, giant* n, hydraulic giant, hydraulic monitor ‖ ⁓**morph** adj (Boden, z.B. Pseudogley) (Geol) / hydromorphic adj, hydromorphous adj ‖ ⁓**motor** m (DIN 24390) (Masch) / hydraulic motor*

**Hydronalium** n (seewasserfeste Al-Mg-Legierung mit Mn, Si, Zn) (Hütt) / Hydronalium n

**hydronieren** v (Chem, Kernphys) / protonate v

**Hydronierung** f (Chem, Kernphys) / protonation n

**Hydronium-Ion** n (Chem) / oxonium ion, hydronium ion*, hydroxonium ion*

**Hydroonium-Ion** n (Chem) / oxonium ion, hydronium ion*, hydroxonium ion*

**Hydrooptik** f (Lehre vom Verhalten des Lichtes in reinem Wasser sowie an den Grenzflächen und im Inneren natürlicher Gewässer) (Opt) / hydrooptics n

**Hydropathie** f (Anwendung von Wasser zu Heilzwecken) (Med) / hydrotherapy* n, hydropathy n

**Hydroperoxid** n (Sammelname für organische Verbindungen mit der Gruppe -O.OH) (Chem) / hydroperoxide* n ‖ ⁓ (Chem) s. auch Wasserstoffperoxid

**Hydrophan** m (ein durch Wasserverlust trüb gewordener Edelopal, der durch Wasseraufnahme vorübergehend durchscheinend und farbenspielend wird) (Min) / hydrophane* n

**hydrophil** adj (Biol) / hydrophilic adj ‖ ⁓ (Chem, Phys) / hydrophilic adj ‖ ⁓ (Chem, Phys) s. auch hygroskopisch ‖ ⁓**es Kolloid** (Chem) / hydrophilic colloid*

**Hydrophilierung** f (Tex) / hydrophilizing n

**Hydrophilitätsreihe** f (eine Aufstellung unterschiedlicher organischer und anorganischer Pigmente in der Reihenfolge ihrer Benetzungswärme beim Kontakt mit Wasser) (Anstr) / hydrophilicity scale

**hydrophil-lipophiles Gleichgewicht** (Chem) / hydrophilic-lipophilic balance, HLB*

**hydrophob** adj (Biol) / hydrophobic adj ‖ ⁓ (Chem, Phys) / hydrophobic adj, water-repellent adj, waterproofing adj ‖ ⁓**e Bindung** (von Proteinen) (Biochem) / hydrophobic bonding ‖ ⁓**e Chromatografie** f (eine Unterart der Affinitätschromatografie) (Chem) / hydrophobic chromatography, hydrophobic interaction chromatography, HIC ‖ ⁓**e Interaktionschromatografie** (Chem) / hydrophobic chromatography, hydrophobic interaction chromatography, HIC ‖ ⁓**es Kolloid** (Chem) / hydrophobic colloid* ‖ ⁓**e Wechselwirkung** (Biochem) / hydrophobic interaction

**hydrophobieren** v (Tex) / waterproof v, make hydrophobic

**Hydrophobiermittel** n (Tex) / waterproofing agent, water-repellent* n, impregnating agent, hydrophobic agent

**hydrophobierter Zement** (Bau, HuT) / water-repellent cement, waterproof cement, hydrophobic cement*, water-resistant cement, waterproofed cement

**Hydrophobierung** f (HuT, Tex) / hydrophobizing n

**Hydrophobierungsmittel** n (Tex) / waterproofing agent, water-repellent* n, impregnating agent, hydrophobic agent

**Hydrophon** n (Schallwandler, der ein zum akustischen Signal analoges elektrisches Signal erzeugt - DIN 1320) (Akus, Geol, Phys) / hydrophone* n, subaqueous microphone*

**Hydrophyt** m (Bot) / hydrophyte* n, aquatic plant, water plant

**hydropneumatisch** adj / hydropneumatic adj

**Hydro·presse** f (Masch) / hydraulic press*, hydrostatic press ‖ ⁓**pumpe** f (Masch) / pump* n, hydraulic pump ‖ ⁓**pyrolyse** f (Chem Verf) / hydropyrolysis n ‖ ⁓**raffination** f (Chem Verf) / hydrorefining n ‖ ⁓**schall** m (Akus) / water-borne sound, underwater sound, hydrosound n ‖ ⁓**silicat** n (Min) / hydrous silicate, hydrated silicate ‖ ⁓**silikat** n (Min) / hydrous silicate, hydrated silicate ‖ ⁓**silyierung** f (Synthese von siliziumorganischen Verbindungen) (Chem Verf) / hydrosilylation n ‖ ⁓**skimmer** m (Schiff) / hydroskimmer n

**Hydrosol** n (kolloidale Lösung eines Stoffes in Wasser) (Chem) / hydrosol* n

**Hydrospaltung** f (Erdöl) / hydrocracking n

**Hydrospark-Verfahren** n (Masch) / hydrospark process

**Hydro·speicher** m (Masch) / hydraulic accumulator*, pressure accumulator, accumulator n ‖ ⁓**sphäre** f (die Wasserhülle der Erde) (Ozean) / hydrosphere* n, hydrospace n ‖ ⁓**sprengpresse** f (HuT) / hydraulic cartridge* ‖ ⁓**stannierung** f (Chem) / hydrostannylation n ‖ ⁓**stannylierung** f (Chem) / hydrostannylation n ‖ ⁓**statantrieb** m (Masch) / hydrostatic transmission, hydrostatic drive

**Hydrostatik** f (ein Teilgebiet der Hydromechanik) (Mech) / hydrostatics* n ‖ ⁓**medium** n (beim hydrostatischen Strangpressen) (Masch) / hydrostatic medium ‖ ⁓**schmierung** f (Masch) / hydrostatic lubrication

**hydrostatisch** adj (Mech) / hydrostatic adj, hydrostatical adj ‖ ⁓**e Anfahrhilfe** (Gleitlagerung, die beim Anlauf von Großmaschinen das Durchfahren des Mischreibungsgebiets erleichtert) (Masch) / bearing with hydrostatic jacking system ‖ ⁓**e Anfahrhilfe** (die beim Anlauf von Großmaschinen das Durchfahren des Mischreibungsgebiets erleichtert - als System) (Masch) / hydrostatic jacking system ‖ ⁓**er Antrieb** (Masch) / hydrostatic transmission, hydrostatic drive ‖ ⁓**er Auftrieb** (Phys, Wasserb) / buoyancy* n ‖ ⁓**er Druck** (Phys) / hydrostatic pressure, hydrostatic head ‖ ⁓**es Druckmittelgetriebe** (Masch) / hydrostatic power transmission ‖ ⁓**es Getriebe** (Masch) / hydrostatic power transmission ‖ ⁓**es Lager** (Gleitlager mit hydrostatischer Schmierung) (Masch) / hydrostatic bearing ‖ ⁓**es Paradoxon** (Phys) / hydrostatic paradox ‖ ⁓**es Pressen** (Pulv) / hydrostatic pressing* ‖ ⁓**e Schmierung** (Trennung von

Kontaktpartnern durch einen flüssigen Schmierfilm, der durch einen von außen aufgebrachten Druck erzeugt wird) (Masch) / hydrostatic lubrication ‖ ~**es Staurand-Axiallager** (Masch) / hydrostatic step bearing ‖ ~**es Strangpressen** (z.B. von Wolfram oder Beryllium) (Hütt) / hydrostatic extrusion*, ramless extrusion ‖ ~**e Waage** (zur Dichtebestimmung von Festkörpern und Flüssigkeiten durch Ermittlung des Auftriebs) (Phys) / hydrostatic balance ‖ ~**es Ziehen** (mit flüssigen Wirkmedien als Druckübertragungsmitteln) (Masch) / hydroforming* n, Hydroform process

**Hydrostößel** m (der am Ölkreislauf des Motors angeschlossen ist) (V-Mot) / hydraulic valve tappet, hydraulic valve lifter

**Hydrotherapie** f (Anwendung von Wasser zu Heilzwecken) (Med) / hydrotherapy* n, hydropathy n

**hydrothermal** adj (Lösung) (Geol) / hydrothermal adj (solution) ‖ ~**e Erzlagerstätte** (Bergb, Geol) / hydrothermal ore deposit, hydrothermal deposit ‖ ~**e Metamorphose** (Geol) / hydrothermal metamorphism* ‖ ~**es Stadium** (Geol) / hydrothermal stage (the stage in the cooling of a magma during which the residual fluid is strongly enriched in water and other volatiles) ‖ ~**e Umwandlung** (Geol, Min) / hydrothermal alteration (of rocks or minerals by the reaction of hydrothermal water with pre-existing solid phases)

**Hydrothermalsynthese** f (Gewinnung von kristallinen Verbindungen aus wäßrigen Lösungen im überkritischen Zustandsbereich) (Chem Verf) / hydrothermal synthesis

**Hydrothiazid** n (Chem, Pharm) / hydrothiazide n

**Hydrotreating** n (ein Verfahren zur Entfernung von Schwefel und Stickstoff aus Rohmaterialien durch Ersetzen mit Wasserstoff) (Erdöl) / hydrotreating n, hydrogen treating ‖ ~ (Kohlehydrierung, bei der die Qualität flüssiger Kohlenwasserstoffe verbessert wird, indem sie in Gegenwart eines Katalysators verschieden hohem Wasserstoffdruck ausgesetzt werden) (Erdöl, Kftst) / hydrotreating n, hydrogen treating

**hydro•troper Stoff** (Chem) / hydrotropic agent, hydrotrope ‖ ~**tropie** f (die Erscheinung, daß eine schwerlösliche Substanz sich in Wasser besser löst, wenn eine weitere Komponente, welche selbst kein Lösungsmittel ist, zugegeben wird) (Chem) / hydrotropy n ‖ ~**tropikum** n (pl. -pika) (Chem) / hydrotropic agent, hydrotrope n ‖ ~**tropin** (Grundkörper der Tropanalkaloide) (Chem) / tropane n ‖ ~**troplignin** (For) / hydrotropic lignin ‖ ~**ventil** n (DIN 24300) (Masch) / hydraulic valve (for hydraulic control)

**Hydroxamsäure** f (ein Karbonsäurederivat) (Chem) / hydroxamic acid

**Hydroxid** n (Chem) / hydroxide* n ‖ ~ (Min) / hydroxide mineral ‖ ~**halid** (Chem) / hydroxide halide ‖ ~**ion** n (Chem) / hydroxide ion ‖ ~**salz** n ("basisches Salz") (Chem) / hydroxysalt n ‖ ~**schlamm** m (dessen Feststoffanteil überwiegend aus den Hydroxiden von Schwermetallen besteht) (Sanitär) / chemical sludge

**Hydroxoamminrutheniumchlorid** n (Chem, Tex) / ruthenium red, ammoniated ruthenium oxychloride

**Hydroxokomplex** m (Chem) / hydroxo complex

**Hydroxosalz** n (Chem) / hydroxo salt

**Hydroxostannat(II)** n (Chem) / stannate(II)* n, stannite* n

**Hydroxozinkat** n (Chem) / zincate* n, hydrozincate n

**Hydroxy•aldehyde** m pl (Sammelname für Aldehyde, die zusätzliche Alkoholfunktionen aufweisen) (Chem) / hydroxy aldehydes ‖ ~**alkylierung** f (Einführung einer Hydroxyalkylgruppe in organische Verbindungen) (Chem) / hydroxyalkylation n ‖ ~**benzoesäure** f (z.B. Salizylsäure) (Chem) / hydroxybenzoic acid ‖ ~**benzoesäure** (Chem) s. auch Salizylsäure und PHB-Ester ‖ **4-~benzoesäureester** (Chem, Nahr) / Parabens pl ‖ ~**benzol** n (Chem) / phenol* n ‖ ~**benzolsulfonsäure** f (Chem) / phenolsulphonic acid ‖ ~**bernsteinsäure** f (Chem, Nahr) / malic acid*, 2-hydroxybutanedioic acid, hydroxysuccinic acid ‖ ~**brasilin** n (Mikros) / hematoxylin n ‖ ~**carbonsäure** f (Chem) / hydroxy acid, hydroxycarboxylic acid, hydroxyl acid ‖ ~**chelidonsäure** f (Chem) / meconic acid ‖ ~**citronellal** n (7-Hydroxy-3,7-dimethyloctaanal) (Chem) / hydroxycitronellal n ‖ ~**cumarin** n (Chem) / hydroxycoumarine ‖ ~**essigsäure** f (Chem) / glycolic acid, glycollic acid, hydroxyethanoic acid, hydroxyacetic acid ‖ ~**ethylcellulose** f (Chem) / hydroxyethylcellulose n ‖ ~**ethylstärke** f (ein Stärkeether) (Chem) / hydroxyethylstarch n ‖ ~**ethylzellulose** f (Chem) / hydroxyethylcellulose n ‖ ~**fettsäure** f (Fettsäure, die OH-Gruppen als funktionelle Reste aufweist, wie z.B. Juniperinsäure) / hydroxy fatty acid ‖ ~**gruppe** f (Chem) / hydroxyl* n, OH group, hydroxy group ‖ **mit einer ~gruppe** (Chem) / monohydric adj ‖ ~**hämin** n (Fe$^{3+}$-Protoporphyrinkomplex) (Biochem) / haematin* n ‖ ~**karbonsäure** f (Chem) / hydroxy acid, hydroxycarboxylic acid, hydroxyl acid ‖ ~**keton** n (Chem) / hydroxyketone n ‖ ~**kumarin** n (Chem) / hydroxycoumarine n

**Hydroxylamin** n (Chem) / hydroxylamine* n

**Hydroxylapatit** m (im Zahnschmelz oder im Knochen) (Med, Min) / hydroxyapatite* n, hydroxylapatite n

**Hydroxylase** f (ein Ferment, das die Hydroxidbildung im Stoffwechsel fördert) (Biochem) / hydroxylase n

**Hydroxyl•gruppe** f (Chem) / hydroxyl* n, OH group, hydroxy group ‖ **mehrere ~gruppen enthaltend** (Chem) / polyhydric* adj

**hydroxylieren** v (Chem) / hydroxylate v

**Hydroxylierung** f (Chem) / hydroxylation n

**Hydroxyl•radikal** n (freies) (Chem) / hydroxyl radical ‖ ~**rest** m (Chem) / hydroxyl* n, OH group, hydroxy group

**Hydroxylysin** n (seltene Aminosäure - 5-Hydroxy-L-lysin) (Biochem) / hydroxylysine n

**Hydroxylzahl** f (mg Kaliumhydroxid, die erforderlich sind, um die von 1 g Fett oder fettem Öl bei der Azetylierung verbrauchte Essigsäure zu neutralisieren - DIN 53240 und 16945) (Chem) / hydroxyl number, hydroxyl value

**Hydroxy•malonsäure** f (Chem) / tartronic acid, hydroxymalonic acid ‖ ~**methylgruppe** f (Chem) / methylol group*, hydroxy methyl group ‖ ~**methylierung** f (ein Spezialfall der Hydroxyalkylierung) (Chem) / hydroxymethylation n ‖ ~**naphthaline** n pl (Chem) / naphthols* pl ‖ ~**prolin** n (Biochem) / oxyproline* n, hydroxyproline* n ‖ ~**propandial** n (Chem) / reductone n ‖ ~**säure** f (Chem) / hydroxy acid, hydroxycarboxylic acid, hydroxyl acid ‖ ~**toluol** n (Chem) / cresol* n, methylphenol n, hydroxytoluene* n ‖ ~**zitronellal** n (Chem) / hydroxycitronellal n

**Hydro•zellulose** f (Chem) / hydrocellulose* n, hydrated cellulose ‖ ~**zerussit** m (basisches Bleikarbonat) (Min) / hydrocerussite* n ‖ ~**zimtaldehyd** m (3-Phenylpropionaldehyd) (Chem) / hydrocinnamic aldehyde, hydrocinnamaldehyde n ‖ ~**zimtalkohol** m (3-Phenyl-1-propanol) (Chem) / hydrocinnamyl alcohol, phenylpropyl alcohol ‖ ~**zimtsäure** f (3-Phenylpropionsäure) (Chem) / hydrocinnamic acid ‖ ~**zinkit** m (basisches Zinkkarbonat, lokal wichtiges Zinkerz) (Min) / hydrozincite* n, zinc bloom* ‖ ~**zyanit** (Min) / chalcocyanite n, hydrocyanite n ‖ ~**zyklon** m (ein Gerät zum Wasserklären, Eindicken und Klassieren von Suspensionen, zum Abtrennen von Feststoffen aus Flüssigkeiten) (Aufber) / hydrocyclone* n ‖ ~**zylinder** m (Masch) / hydraulic cylinder ‖ ~**zylinder** (geradlinig arbeitendes Gerät zum Umwandeln von hydrostatischer Energie in mechanische Energie) (Masch) / linear hydraulic motor, hydraulic linear motor, hydrocylinder n

**Hyetograf** m (Meteor) / recording rain gauge, pluviograph n, hyetograph* n, rain recorder

**Hyetometer** n (Meteor) / rain gauge*, precipitation gauge, pluviometer n, ombrometer n, udometer n

**Hygiene•maßnahme(n)** f(pl) (Med) / sanitation n ‖ ~**maßnahmen durchführen** (Arch, HuT) / sanitize v ‖ ~**papier** n (Pap) / sanitary tissue

**hygienisch** adj (F.Org, Med, Sanitär) / hygienic adj ‖ **nicht ~** (Med, Sanitär) / insanitary adj ‖ ~**e Ausrüstung** (Tex) / antimicrobial finish ‖ ~**e Einrichtung(en)** (Med, Sanitär) / sanitation n

**Hygienisierung** f (Sanitär) / disinfection n

**Hygrin** n (ein Pyrrolidinalkaloid aus Coca-Blättern) (Chem) / hygrine n

**Hygrograf** m (Meteor) / hygrograph n

**Hygrometer** n (Feuchtigkeitsmessung) (Meteor) / hygrometer* n

**Hygrometrie** f (Meteor) / hygrometry* n

**hygrophil** adj / hygrophilous* adj, hygrophile* adj

**hygrophob** adj / hygrophobe* adj

**Hygrophyt** m (Bot) / hygrophyte* n

**Hygroskop** n (Vorläufer des Hygrometers) (Meteor) / hygroscope n

**Hygroskopie** f (Chem, Phys) / deliquescence* n

**hygroskopisch** adj (Chem) / hygroscopic* adj ‖ ~**es Gleichgewicht** (For) / hygroscopic equilibrium ‖ ~**es Salz** (Chem) / hygroscopic salt ‖ ~**es Wasser** (Wasserb) / adsorbed water, hygroscopic water

**Hygroskopizität** f / hygroscopicity n

**Hygrostat** m / humidistat n, hydrostat n, hygrostat* n

**Hyl-Verfahren** n (nach der mexikanischen Firma Hojalata y Lámina - Eisenerzeugung außerhalb des Hochofens) (Hütt) / Hyl process

**HY-Naht** f (Schw) / single-bevel tee butt weld

**Hyoscin** n (z.B. aus dem Gemeinen Stechapfel oder aus dem Bilsenkraut) (Pharm) / hyoscine* n, scopolamine* n

**Hyoscyamin** n (Alkaloid aus den Hyoscyamus-Arten und aus anderen Solanaceen) (Chem) / hyoscyamine* n

**Hyoszin** n (Pharm) / hyoscine* n, scopolamine* n

**Hyoszyamin** n (Chem) / hyoscyamine* n

**Hyp** (Biochem) / oxyproline* n, hydroxyproline* n ‖ ~ (6-Hydroxypurin) / hypoxanthine* n

**hypabyssische Gesteine** (in geringer Tiefe erstarrte magmatische Schmelzen) (Geol) / hypabyssal rocks*, subvolcanic rocks

**Hypacidität** f (Med) / subacidity n, hypoacidity n

**Hypäthraltempel** m / hypaethral temple*

**Hypäthros** m (antiker Tempel mit nicht überdeckter Cella) (Arch) / hypaethral temple*

**Hypazidität** f (verringerter Säuregehalt des Magensaftes) (Med) / subacidity n, hypoacidity n

**hyperabrupt** adj (Eltronik) / hyperabrupt adj

**Hyperacidität**

**Hyperacidität** f (vermehrter Säuregehalt des Magensaftes) (Med) / hyperacidity* n, superacidity n
**Hyperazidität** f (vermehrter Säuregehalt des Magensaftes) (Med) / hyperacidity* n, superacidity n
**Hyperband** n (ein Frequenzbereich des Kabelrundfunks zwischen 300 MHz und 450 MHz) (Radio) / hyperband n
**Hyperbarismus** m (Med, Raumf) / hyperbarism* n
**Hyperbel** f (einer der Kegelschnitte) (Math) / hyperbola* n (pl. -s or -e) || ⁓ - / hyperbolic* adj, hyperbolical adj || **gleichseitige** ⁓ (Math) / equilateral hyperbola, equiangular hyperbola, rectangular hyperbola || **⁓bahn** f (Raumf) / hyperbolic orbit || **⁓bewegung** f (eine Bewegung mit konstanter Beschleunigung im Ruhsystem des bewegten Teilchens) (Phys) / hyperbolic motion || **⁓funktionen** f pl (z.B. sinh, cosh) (Math) / hyperbolic functions* || **⁓kosinus** m (Math) / hyperbolic cosine, cosh* n, coshine n || **⁓navigation** f (eine Funknavigation, bei der zur Standortbestimmung zwei Hyperbeln aus zwei verschiedenen Scharen als Standlinien verwendet werden - z.B. DECTRA) (Luftf, Nav) / hyperbolic navigation || **⁓navigationsverfahren** n (eine Funknavigation, bei der zur Standortbestimmung zwei Hyperbeln aus zwei verschiedenen Scharen als Standlinien verwendet werden - z.B. DECTRA) (Luftf, Nav) / hyperbolic navigation || **⁓sinus** m (sinh, sh) (Math) / hyperbolic sine, sinh || **⁓tangens** m (tanh, th) (Math) / hyperbolic tangent, tanh* n
**hyperbolisch** adj / hyperbolic* adj, hyperbolical adj || ~e **Geometrie** (eine nichteuklidische Geometrie) (Math) / Lobachevski geometry, Bolyai geometry, hyperbolic geometry* || ~e **Differentialgleichung** (Math) / hyperbolic differential equation, hyperbolic partial differential equation || ~e **Funktionen** (z.B. sinh, cosh) (Math) / hyperbolic functions* || ~er **Kühlturm** (dessen Schale die Form eines Rotationshyperboloids hat) / hyperbolic cooling tower || ~es **Paraboloid** (Math) / hyperbolic paraboloid* || ~er **Punkt** (bei Krümmungen) (Math) / hyperbolic point* || ~e **Spirale** (Math) / hyperbolic spiral*, reciprocal spiral || ~er **Typus der partiellen Differentialgleichung** (Math) / hyperbolic differential equation, hyperbolic partial differential equation || ~es **Wehr** (zur Messung des Wasserstandes) (Wasserb) / hyperbolic weir || ~er **Zylinder** (Math) / hyperbolic cylinder
**Hyperboloid** n (Math) / hyperboloid* n || **einschaliges** ⁓ (Math) / hyperboloid of one sheet* || **zweischaliges** ⁓ (Math) / hyperboloid of two sheets* || **⁓schale** f (Betonschale, deren Fläche nach einem hyperbolischen Paraboloid gekrümmt ist) (Arch, HuT) / hyperbolic paraboloid (roof), hypar n
**Hyper•chlorhydrie** f (übermäßige Salzsäureproduktion der Magenschleimhaut) (Med) / hyperchlorhydria* n, hyperhydrochloria n || **⁓chrom** adj / hyperchromic adj || **⁓colorgruppe** f (Kernphys) / hypercolour group, hypercolour gauge group || **⁓cube** n (Rechnerarchitektur) (EDV) / hypercube || **⁓cube-Topologie** f (EDV) / hypercube topology || **⁓dokument** n (eine Ansammlung von Informationseinheiten, die in einem Netz miteinander verknüpft und über unterschiedliche Pfade miteinander erreichbar sind) (EDV) / hyperdocument n || **⁓ebene** f (Math) / hyperplane n || **~elliptisch** adj (Math) / hyperelliptic adj || **~exponentiell** adj (Verteilung) (Stats) / hyperexponential n || **~farbgruppe** f (Kernphys) / hypercolour group, hypercolour gauge group || **⁓feinstruktur** f (die über die Feinstruktur hinausgehende zusätzliche Aufspaltung der Spektrallinien von Atomen oder Molekülen) (Kernphys, Spektr) / hyperfine structure*, hfs || **⁓feinwechselwirkungen** f pl (Spektr) / hyperfine interactions || **⁓filtration** f (Chem) / hyperfiltration n, reverse osmosis, RO || **⁓fläche** f (Math) / hypersurface n || **⁓fläche 2. Ordnung** (Math) / quadric* n, quadric surface || **⁓fläche 4. Ordnung** (Math) / quartic n, quartic surface || **konfokale ⁓flächen zweiter Ordnung** (Math) / confocal quadrics* || **~fokale Distanz** (Foto) / hyperfocal distance* || **⁓forming** n (eine hydrierende Raffination, die insbesondere für Benzine Anwendung findet) (Chem Verf) / hyperforming n || **⁓fragment** n (Kernphys) / hyperfragment n, hypernucleus n
**hypergeometrisch** adj (Funktion, Verteilung) (Math) / hypergeometric adj || ~e **Differentialleichung** (Math) / hypergeometric equation*, Gauss' differential equation* || ~e **Funktion** (Lösung der hypergeometrischen Differentialgleichung) (Math) / hypergeometric function || ~e **Reihe** (Math) / hypergeometric series || ~e **Verteilung** (Stats) / hypergeometric distribution
**hypergol•er Raketentreibstoff** (Kftst, Raumf) / hypergol n, hypergolic fuel*, auto-igniting propellant || ⁓ n (Kftst, Raumf) / hypergol n, hypergolic fuel*, auto-igniting propellant
**Hypergonar** n (für CinemaScope) (Opt) / hypergonar lens
**Hypergraf** m (aus Knoten und einer Verallgemeinerung der Kanten, den Hyperkanten) (KI) / hypergraph n
**Hypericin** n (das natürliche Dimer von Emodin) (Chem, Pharm) / hypericin n

**Hyperkante** f (eine Verallgemeinerung der Kanten in einem Hypergrafen) (KI) / hyperedge n
**hyperkardioidförmig** adj (Richtwirkungskurve des Mikrofons) (Akus) / hypercardioid adj
**Hyperkern** m (Kernphys) / hyperfragment n, hypernucleus n
**hyperkomplex•es System** (Math) / hypercomplex system || ~e **Zahl** (Math) / quaternion n, hypercomplex number
**Hyper•konjugation** f (ein Konzept, das den Einfluß von Methyl- und auch Alkylgruppen auf das chemische Verhalten gewisser Verbindungen beschreiben soll) (Chem) / hyperconjugation n, Baker-Nathan effect || **⁓kubus** m (Rechnerarchitektur) (EDV) / hypercube n || **⁓kubus** (Math) / hypercube n || **⁓ladung** f (ladungsartige Quantenzahl) (Kernphys) / hypercharge* n
**Hyperlink** n (EDV, KI) / hypertext link
**Hypermedia** n pl (kombinierte Text-, Bild-, Ton- und Videoinformationen) / hypermedia n
**Hypermetropie** f (Opt) / hypermetropia* n, hyperopia* n, long-sightedness* n
**hypermetropisch** adj (Opt) / long-sighted adj, far-sighted adj (US)
**Hypernukleon** n (Kernphys) / hyperfragment n, hypernucleus n
**Hyperon** n (Elementarteilchen aus der Familie der Baryonen) (Kernphys) / hyperon* n || **Omega-**⁓ (ein Baryon) (Kernphys) / omega-minus particle* n, omega hyperon, hyperon Ω
**Hyperopie** f (Opt) / hypermetropia* n, hyperopia* n, long-sightedness* n
**Hyper•oxid** n (Chem) / superoxide* n, hyperoxide n || **⁓parasit** m (Biol) / secondary parasit || **⁓pfad** m (im Hypertext) (EDV) / hyperpath n || **⁓polarisation** f (bei Nervenzellen) (Biochem) / hyperpolarization n || **⁓polarisation** (bei einem Membranpotential) (Biol) / hyperpolarization n || **⁓quadrik** f (Math) / hyperquadric n || **⁓quantelung** f (Phys) / hyperquantization n || **⁓raum** m (Math) / hyperspace n || **⁓salin** (Geol) / hypersaline adj, ultrahaline adj || **⁓schall-** / hypersonic* adj, pretersonic adj || **⁓schall** (mit Frequenz über 1 GHz) (Phys) / microwave sound, hypersonic disturbance, hypersound* n || **⁓schall-Frequenzbereich** m (Phys) / hypersonic frequency, pretersonic frequency || **⁓schall-Lehre** f (Phys) / hypersonics n, pretersonics n || **⁓schall-Staustrahltriebwerk** n (in dem eine Überschallverbrennung stattfindet) (Luftf) / scram-jet n (supersonic combustion ram-jet) || **⁓schallströmung** f (Luftf, Phys, Raumf) / hypersonic flow || **⁓sensibilisierung** f (vor der Aufnahme) (Foto) / hypersensitization* n
**Hypersonicströmung** f (Luftf, Phys, Raumf) / hypersonic flow*
**hypersonisch** adj (über 5 Mach) / hypersonic* adj, pretersonic adj || ~e **Strömung** (Luftf, Phys, Raumf) / hypersonic flow*
**Hypersorption** f (Chem, Phys) / hypersorption n
**Hypersthen** m (ein Eisen-Magnesium-Silikat) (Min) / hypersthene* n
**Hypersthenit** m (Geol) / hypersthenite n, hypersthenfels n
**Hypertensin** n (ein Peptidhormon) (Biochem) / angiotensin n, angiotonin n, hypertensin n
**Hypertext** n (EDV, KI) / hypertext n || ⁓ **Markup Language** n (EDV) / hypertext markup language, HTML || **⁓authoring** n (EDV) / hypertext authoring || **⁓-Browser** m (Software zum Erschließen eines Hypertexts) (EDV) / hypertext browser || **⁓link** n (EDV, KI) / hypertext link
**hyper•thermische Quelle** (mit Wassertemperatur über 50° C) (Geol) / hot spring, thermal spring || **~tonisch** adj (Lösung) (Chem) / hypertonic* adj || **~troph** adj (mit sehr reichem Gehalt an Pflanzennährstoffen) (Umwelt) / hypertrophic adj || **~valent** adj (Molekül) (Chem) / hypervalent adj || **⁓ventilation** f (gesteigerte Beatmung der Lunge) (Luftf, Med) / overbreathing n, hyperventilation n || **⁓vitaminose** f (meistens bei fettlöslichen Vitaminen) (Med) / hypervitaminosis* n (pl. -noses) || **⁓würfel** m (Rechnerarchitektur) (EDV) / hypercube n
**Hyphe** f (ein Pilzfaden) (Bot) / hypha* n (pl. hyphae)
**Hyphen** n (EDV, Typog) / hyphen n
**Hyphengeflecht** n (Bot) / spawn* n
**hypidiomorph** adj (nur teilweise eigengestaltige Ausbildung von Mineralen in magmatischen Gesteinen) (Geol) / hypidiomorphic* adj, subhedral* adj
**Hypnagogum** n (pl. Hypnagoga) (Pharm) / soporific n, hypnotic* n
**Hypnotikum** n (pl. Hypnotika) (Pharm) / soporific n, hypnotic* n
**Hypo** n (Natriumthiosulfat, Fixiernatron) (Foto) / hypo* n
**Hypo•acidität** f (Med) / subacidity n, hypoacidity n || **⁓azidität** f (Med) / subacidity n, hypoacidity n || **⁓bromige Säure** (Chem) / bromic(I) acid, hypobromous acid || **⁓bromit** n (Salz der hypobromigen Säure) (Chem) / bromate(I) n, hypobromite n || **⁓chlorhydrie** f (verminderte Salzsäureproduktion der Magenschleimhaut) (Med) / hypochlorhydria* n || **⁓chlorige Säure** (Chem) / hypochlorous acid*, chloric(I) acid || **⁓chlorit** n (Salz der hypochlorigen Säure) (Chem) / chlorate(I) n, hypochlorite* n || **⁓chloritbleiche** f (Tex) / hypochlorite bleaching n || **⁓chloritbleichverfahren** n (Tex) / hypochlorite bleaching || **⁓chloritraffination** f (Raffination von "sauren"

merkaptanhaltigen Benzinen mit Hypochloritlauge) (Erdöl) / hypochlorite sweetening
**hypochrom** *adj* / hypochromic *adj*
**Hypoderm** *n* (Bot, Zool) / hypodermis* *n*, hypoderm* *n*
**Hypodermis** *f* (Bot, Zool) / hypodermis* *n*, hypoderm* *n*
**Hypodiphosphat** *n* (Chem) / diphosphate(IV) *n*, hypophosphate *n*
**Hypodiphosphorsäure** *f* (Chem) / hypophosphoric acid*, hypodiphosphoric acid
**hypoelastisches Verhalten** / hypoelasticity *n*
**Hypoelastizität** *f* / hypoelasticity *n*
**hypofluorige Säure (HOF)** (nur bei tiefen Temperaturen beständige, weiße Verbindung) (Chem) / hypofluorous acid
**Hypogäum** *n* (pl. -gäen) (unterirdische gewölbte Räumlichkeit) (Arch) / hypogeum *n* (pl. -gea)
**hypogen** *adj* (Geol) / hypogene* *adj*, hypogenic *adj* ‖ ~e Quelle (Geol) / hypogene spring
**Hypoglykämikum** *n* (pl.: -ika) (Pharm) / hypoglycaemic drug
**Hypohalite** *n pl* (Gruppenname für Salze und Ester der von Halogenen abgeleiteten Säuren) (Chem) / hypohalites *pl*
**Hypoid•getriebe** *n* (Masch) / hypoid bevel gear*, hypoid gears ‖ ~**getriebeöl** *n* (Höchstdruckgetriebeöl) / hypoid gear oil, hypoid oil ‖ ~**öl** *n* (Höchstdruckgetriebeöl) / hypoid gear oil, hypoid oil ‖ ~**rad** *n* (ein versetztes Kegelrad) (Masch) / hypoid bevel gear* ‖ ~**verzahntes Kegelrad** (Masch) / hypoid bevel gear*
**hypokristallin** *adj* (magmatisches Gestein) (Geol) / hypocrystalline *adj*, merocrystalline *adj*
**Hypolimnion** *n* (pl. -limnia) (Umwelt) / hypolimnion* *n* (pl. -limnia)
**Hypolimnium** *n* (pl. -limnia) (kalter tiefer Bereich in stehenden Gewässern unter der Sprungschicht - DIN 4049, T 2) (Umwelt) / hypolimnion* *n* (pl. -limnia)
**Hyponeuston** *n* (Lebensgemeinschaft auf der Unterseite des Oberflächenhäutchens der Gewässer, dem Wasserleben angepaßt) (Umwelt) / hyponeuston *n*, infraneuston *n*
**Hypophosphit** *n* (Chem) / hypophosphite *n*
**Hypophosphorsäure** *f* (Chem) / hypophosphoric acid*, hypodiphosphoric acid
**hyposalpetrige Säure** (Chem) / hyponitrous acid
**Hypostylon** *n* (pl. -styla) (Arch) / hypostyle hall*, hypostyle *n*
**Hypostylos** *m* (pl. -styloi) (Säulenhalle) (Arch) / hypostyle hall*, hypostyle *n*
**Hypotensivum** *n* (pl. -tensiva) (Pharm) / hypotensor *n*, antihypertensive agent
**Hypotenuse** *f* (Math) / hypotenuse* *n*
**hypothermale Erzlagerstätte** (Bergb, Geol) / hypothermal ore deposit, hypothermal deposit
**Hypothese** *f* / hypothesis* *n* (pl. -theses) (hyp.) ‖ **alternative** ~ (Math) / alternative hypothesis ‖ **eine** ~ **aufstellen** / hypothesize *v*, frame *v* a hypothesis ‖ **statistische** ~ (Stats) / statistical hypothesis ‖ ~ *f* **der größten Gestaltsänderungsarbeit** (Mech) / maximum distortion energy theory ‖ ~ **der maximalen Dehnung** (Mech) / maximum-strain theory
**Hypothesenraum** *m* (KI) / hypothesis space
**Hypothesentest** *m* (Prüfung, ob die Nullhypothese angenommen werden kann oder ob sie abzulehnen ist) (Stats) / hypothesis testing
**hypothetisch** *adj* / hypothetical *adj* ‖ ~**e Bezugsverbindung** (Fernm) / hypothetical reference circuit
**hypo•tonisch** *adj* (Lösung) (Chem) / hypotonic* *adj* ‖ ~**trochoide** *f* (verlängerte oder verkürzte Hypozykloide) (Math) / hypotrochoid* *n* ‖ ~**ventilation** *f* (zu schwache Beatmung der Lunge bei Verminderung der Atemfrequenz oder des Atemvolumens) (Luftf, Med) / underbreathing *n*, hypoventilation *n* ‖ ~**vitaminose** *f* (Erkrankung bei zu geringer Vitaminzufuhr) (Med) / hypovitaminosis* *n* (pl. -noses)
**Hypoxämie** *f* (Verminderung des Sauerstoffs im Blut - führt zu Hypoxie) (Med) / hypoxaemia *n*, hypoxemia *n* (US)
**Hypoxanthin** *n* (Chem) / hypoxanthine* *n*
**Hypoxie** *f* (Sauerstoffmangel in den Geweben infolge Hypoxämie) (Med) / hypoxia* *n*
**Hypozentrum** *n* (Geophys) / focus* *n* (of earthquake) (pl. foci or -es), seismic focus ‖ ~ (einer Kernwaffenexplosion) (Mil) / hypocentre *n*
**Hypozykloide** *f* (eine Rollkurve) (Math) / hypocycloid* *n* ‖ **dreispitzige** ~ (mit drei Rückkehrpunkten) (Math) / deltoid* *n*, Steiner's three-cusped hypocycloid*, Steiner's tricusp*, tricuspid curve
**hypsochrom** *adj* / hypsochromic *adj* ‖ ~**e Verschiebung** (Spektr) / hypsochromic shift, hypsochromatic shift
**hypsografische Kurve** (Geol, Ozean) / hypsographic curve
**Hypsometer** *n* (Phys) / hypsometer* *n*
**Hypsometrie** *f* / altimetry *n*, hypsometry *n*
**hypsometrisch•e Farbe** (Kart) / hypsometric tint, altitude tint ‖ ~**e Kurve** (Geol, Ozean) / hypsographic curve
**Hypsothermometer** *n* (mit einem Meßbereich zwischen 90 und 102° C) (Phys) / hypsothermometer *n* ‖ ~ (Phys) / hypsometer* *n*

**Hysterese** *f* (Verzögerung des Rückganges einer Eigenschaftsänderung bei Wegnahme ihrer äußeren Ursache) (Eltech, Phys) / hysteresis* *n* (pl. hystereses) ‖ ~ (beim Zweipunktregler) (Regeln) / overlap *n* ‖ **dielektrische** ~ (Elektr) / dielectric hysteresis* ‖ **ferroelektrische** ~ (bestimmter Ferroelektrika) (Eltech) / ferroelectric hysteresis ‖ **magnetische** ~ (in einem ferro- oder ferrimagnetischen Stoff) (Eltech) / magnetic hysteresis* ‖ **thermische** ~ ($A_C$- und $A_{r}$- Punkte) (Hütt) / thermal hysteresis, thermal lag ‖ **viskose** ~ (Eltech) / viscous hysteresis*
**Hysterese•beiwert** *m* (eine Jordansche Konstante) (Mag) / Steinmetz coefficient*, hysteresis coefficient* ‖ ~**fehler** *m* (Eltech, Luftf) / hysteresis error* ‖ ~**fehler** (Regeln) / hysteretic error ‖ ~**graf** *m* (Meßeinrichtung zur Sichtbarmachung von Hystereseschleifen auf einem Oszillografen) (Eltech) / hysteresigraph *n* ‖ ~**koeffizient** *m* **der Steinmetz-Formel** (Mag) / Steinmetz coefficient*, hysteresis coefficient* ‖ ~**kurve** *f* (DIN 1325) (Eltech, Mag) / hysteresis loop*, B/H loop* (B = magnetic induction and H = value of the magnetizing field), hysteresis cycle, magnetic hysteresis loop ‖ **rheologische** ~**kurve** (DIN 1342, T 1) (Phys) / rheological hysteresis curve ‖ ~**motor** *m* (ein Wechselstromkleinmotor) (Eltech) / hysteresis motor* ‖ ~**prüfgerät** *n* (Eltech) / hysteresis tester* ‖ ~**prüfgerät nach Ewing** (Eltech) / Ewing curve tracer* ‖ ~**schleife** *f* (Eltech, Mag) / hysteresis loop*, B/H loop* (B = magnetic induction and H = value of the magnetizing field), hysteresis cycle, magnetic hysteresis loop ‖ ~**ventil** *n* (Kfz) / hysteresis valve ‖ ~**verlust** *m* (in einem Ferromagnetikum) (Eltech) / hysteresis loss*, magnetic hysteresis loss ‖ **differentieller** ~**verlust** (Eltech) / incremental hysteresis loss* ‖ ~**wärme** *f* (bei periodischer Magnetisierung durch ein Wechselfeld) (Eltech) / hysteresis heat*
**Hysteresis** *f* (Eltech, Phys) / hysteresis* *n* (pl. hystereses) ‖ **mechanische** ~ (Mech) / mechanical hysteresis ‖ ~**kupplung** *f* (Eltech) / hysteresis coupling ‖ ~**modul** *m* (Chem Verf, Mech) / loss modulus, viscous modulus, hysteretic modulus, imaginary modulus, out-of-phase modulus
**Hz** (SI-Einheit der Frequenz) (Elektr) / hertz* *n*
**H-Zentrum** *n* (Zusammenlagerung von zwei Ionen um einen Gitterplatz) (Eltronik, Krist) / H-centre *n* ‖ ~ (Eltronik, Krist) s. auch Farbzentrum

# I

**I** (Chem) / iodine* n, I*
**i,p-Diagramm** n (ein Mollier-Diagramm) (Phys) / enthalpy-pressure chart, pressure-enthalpy chart
**i,s-Diagramm** n (ein Mollier-Diagramm) (Phys) / enthalpy-entropy diagram, enthalpy-entropy chart
**i,T-Diagramm** n (Phys) / temperature-enthalpy chart, i-T-chart
**i,x-Diagramm** n (ein Mollier-Diagramm) (Phys) / i-x diagram
**IAEO** (Nukl) / International Atomic Energy Agency*, IAEA*
**IAPP** (Biochem) / amylin n
**IAT** (Phys) / International Atomic Time, IAT
**Iatrorrhizin** n (Alkaloid der Kolombowurzel aus der Jateorhiza palmata (Lam.) Miers) (Chem) / jatrorrhizine n, jateorhizine n
**$I_a$-$V_g$-Kennlinie** f (TV) / transfer characteristic
**IB** (EDV) / information bit
**IBFN** (Fernm) / integrated broadband communications network
**Ibogain** n (ein Iboga-Alkaloid aus Tabernanthe iboga) (Pharm) / ibogaine n
**Ibotensäure** f (Chem) / ibotenic acid
**I-Breitflanschträger** m (HuT, Hütt) / H-beam* n, H-girder* n, I-beam* n
**IBW** (Bahn) / similar flexure turnout
**IC** (Eltronik) / integrated circuit* (IC) ‖ **bipolares ~** (Eltronik) / bipolar integrated circuit (in which the principal element is the bipolar junction transistor) ‖ **digitales ~** (Eltronik) / digital integrated circuit, digital IC
**ICAI** / intelligent computer-aided instruction, ICAI
**I-C-Filter** n (Eltech) / inductance-capacitance filter*, I-C filter*
**Ichor** m ("granitischer Saft") (Geol) / ichor n, residual liquid, residual magma
**Ichse** f (A) (bei einspringenden Gebäudeecken) (Bau) / valley* n
**Ichthyophthalm** m (Min) / apophyllite* n, fisheye stone
**I.C.I.-Deep-shaft-Prozeß** m (zur aerob-biologischen Abwasserreinigung - mit schachtförmigem Belebungsraum) (Sanitär) / I.C.I.-deep-shaft process
**IC-Karte** f (EDV) / chip card, smart card
**Icosan** n (Chem) / eicosane n
**ICOS-Dichtwand** f (HuT) / ICOS wall (a diaphragm wall)
**ICOS-Schlitzwand** f (HuT) / ICOS wall (a diaphragm wall)
**ICP** (Atomisierungs- und Anregungsquelle in der Atomspektroskopie) (Spektr) / inductively coupled plasma, ICP
**ICP-Emissions-Spektralanalyse** f (Spektr) / ICP spectroscopy, inductively coupled plasma atomic emission spectrometry
**ICR-Massenspektrometer** n (Spektr) / Fourier-transform ion-cyclotron resonance mass spectrometer, ICR spectrometer, FT-ICR mass spectrometer
**ICR-Spektroskopie** f (eine Methode der Massenspektroskopie) (Spektr) / ion-cyclotron-resonance spectroscopy, ICR spectroscopy
**ID$_{50}$** (Med) / ID$_{50}$, irritative dose
**I-Darstellung** f (das Ziel erscheint als vollständiger Kreis, wenn die Antenne genau auf das Ziel gerichtet ist; der Radius ist dann ein Maß für die Entfernung) (Radar) / I display*
**IDC** (Eltronik) / insulation displacement connexion (IDC)
**IDE** (EDV) / integrated drive electronics (hard-disk interface standard), IDE
**ideal** adj / ideal adj ‖ **nicht ~e Mischung** (Chem) / real mixture ‖ **~er Boden** (der Destillationskolonne) (Chem Verf) / theoretical plate* ‖ **~e Dampfmaschine** (Masch) / ideal steam engine ‖ **~er Festkörper** (ein kristallischer Festkörper höchster Ordnung) (Krist, Phys) / ideal solid ‖ **~es Fluid** (Phys) / ideal fluid, perfect fluid ‖ **~e Flüssigkeit** (eine inkompressible Flüssigkeit ohne innere Reibung - nach DIN 1342, T 1) (Phys) / inviscid fluid, non-viscous fluid, ideal fluid ‖ **~es Gas** (Phys) / ideal gas*, perfect gas* ‖ **~es Gitter** (Krist) / perfect lattice, ideal lattice ‖ **~er Kreisprozeß** (Phys) / ideal thermodynamic cycle ‖ **~er Kristall** (Krist) / perfect crystal*, ideal crystal* ‖ **~ längsdurchströmtes Becken** (ein Belebungsbecken) (Sanitär) / plug-flow reactor ‖ **~er Leiter** (Elektr) / ideal conductor, perfect conductor ‖ **~e Leitung** (Fernm) / dissipationless line*, lossless line*, ideal line, zero-loss line ‖ **~e Lösung** (Chem) / ideal solution ‖ **~e Mischung** (Chem) / ideal mixture ‖ **~e Momentanbahn** (Kernphys) / ideal instantaneous orbit ‖ **~er Reaktionsweg** (durch die Energiehyperfläche) (Chem) / intrinsic reaction coordinate, IRC ‖ **~e Schmierung** (die zur Flüssigkeitsreibung führt) / fluid lubrication*, fluid-film lubrication, liquid-film lubrication ‖ **~e Stromquelle** (Elektr) / ideal current source ‖ **~e Strömung** (Phys) / ideal flow, inviscid flow, frictionless flow
**Ideal** n (eine Teilmenge eines Ringes) (Math) / ideal* n ‖ **maximales ~** (Math) / maximal ideal ‖ **zweiseitiges ~** (Math) / two-sided ideal
**Ideal·basis** f (Math) / ideal basis, ideal base ‖ **~-elastisch-plastisches Verhalten** (WP) / ideal elastic plastic behaviour ‖ **~gas** n (Phys) / ideal gas*, perfect gas* ‖ **~-geometrische Oberfläche** (Masch) / nominal surface ‖ **~impuls** m (Fernm) / reference pulse
**idealisieren** v / idealize v
**idealisiert·er Fall** / idealized case ‖ **~er Impuls** (Fernm) / reference pulse
**Ideal·kristall** m (Krist) / perfect crystal*, ideal crystal* ‖ **~leiter** m (Elektr) / ideal conductor, perfect conductor ‖ **~periodisch** adj (Krist) / perfectly periodic ‖ **~prozeß** m (V-Mot) / air standard cycle* ‖ **~quotient** m (Math) / quotient ideal ‖ **~struktur** f (Krist) / perfect crystal*, ideal crystal* ‖ **~verhalten** n (des Materials) (WP) / ideal behaviour ‖ **~wert** m (Regeln) / ideal value ‖ **~zustand** m / ideal state, ideality n
**IDE-Controller** m (EDV) / IDE controller (disk controller supporting the IDE specifications)
**ideell** adj (nur gedacht, nicht wirklich) / ideal adj ‖ **~e Arbeit** (Arbeitsbetrag bei reibungsfrei gedachter Umformung) (Mech) / ideal work (of deformation)
**idempotent** adj (Math) / idempotent* adj
**Idempotenzgesetze** n pl (Math) / idempotent laws, idempotence laws
**Identifikation** f / identification n
**Identifikations·facette** f (Eltronik) / identification land ‖ **~grammatik** f / identification grammar ‖ **~kode** m (der einem Flugzeug für eine bestimmte Mission zugeordnet wird) (Luftf, Mil) / call sign ‖ **~name** m (Luftf, Mil) / call sign ‖ **~nummer** f / identification number ‖ **~nummer** (Luftf, Mil) / call sign ‖ **persönliche ~nummer (PIN)** (Zahlenfolge, die jeder Inhaber einer Chipkarte oder einer Magnetstreifenkarte als Geheimnummer erhält) (EDV, Fernsp) / personal identification number* (PIN) ‖ **~problem** n (Ermittlung der das Systemverhalten beschreibenden Gleichungen einschließlich der Systemparameter aus gemessenen Eingangs- und Ausgangssignalen) (Regeln) / identification problem ‖ **~teil** m (der zur Identifizierung des COBOL-Programms dient) (EDV) / identification division (COBOL)
**identifizieren** v / identify v
**Identifizierer** m (EDV) / identifier n
**Identifizierung** f / identification n ‖ **~ der Radarechoanzeige** (Radar) / radar blip identification, RBI ‖ **~ des Anrufers** (Fernsp) / call identification, caller identification, caller ID
**Identifizierungs·kennzeichen** n (elektronisches) (EDV) / tag* n ‖ **~nummer** f / identification number ‖ **~wahrscheinlichkeit** f (Mil, Radar) / identification probability
**identisch** adj (Math) / identical adj ‖ **~e Abbildung** (Math) / identity mapping*, identity function ‖ **~e Ebene** (Math) / identical plane ‖ **~e Funktion** (Math) / identity mapping, identity function ‖ **~ gleich** (Math) / identical adj ‖ **~ verteilt** (Stats) / identically distributed
**Identität** f (eine Äquivalenzrelation) / identity* n ‖ **Bézoutsche ~** (nach E. Bézout, 1730 - 1783) (Math) / Bézout's identity ‖ **Riccische ~** (Math) / Ricci equation, Ricci identity
**Identitäts·axiome** n pl (z.B. im Prädikatenkalkül) (Math) / identity laws ‖ **~glied** n (EDV) / identity element ‖ **~periode** f (Chem, Krist) / identity period ‖ **~problem** n (Math) / word problem, identity problem ‖ **~prüfung** f (Pharm) / identification n (US), identity test (GB) ‖ **~schaltung** f (EDV) / identity element
**identitiv** adj (eine zweistellige Relation) (Math) / antisymmetric adj, identitive adj
**Identnummer** f (für ein identifiziertes Nummerungsobjekt) / idenfification number
**Ideogramm** n (ein Begriffszeichen) / ideogram n, ideograph n
**IDE-Spezifikation** f (EDV) / integrated drive electronics (hard-disk interface standard), IDE
**Idigbo** n (Terminalia ivorensis) (For) / idigbo n, black afara
**idioblastisch** adj (Geol) / idioblastic adj
**idiochromatisch** adj (Eltronik, Krist) / idiochromatic* adj
**idiomorph** adj (Mineral, das bei der Auskristallisation seine Eigengestalt voll entwickelt hat) (Geol, Krist, Min) / idiomorphic* adj, euhedral* adj, automorphic adj ‖ **~er Pyrolusit** (tetragonale Kristalle) (Min) / polianite n
**Idiomorphie** f (Krist) / idiomorphism n
**idiophan** adj (Min) / idiophanous adj
**idiotensicher** adj / foolproof adj
**Idler-Frequenz** f (parametrischer Verstärker) (Eltronik) / idler frequency
**Idler-Übergang** m (Eltronik) / idler transition
**Idokras** m (olivgrüner Vesuvian) (Min) / idocrase* n
**Idose** f (eine optisch aktive Aldohexose) (Chem) / idose* n
**ID-Regelung** f (Regeln) / integral-derivative control, ID control

**Idrialin** *m* (Min) / idrialite *n*
**IDT** (Akus, Eltronik) / interdigital transducer, IDT
**IDV** (EDV) / integrated data processing, IDP ‖ ≙ (EDV) / personal computing, end-user computing, individual data processing
**I.E.** (Pharm) / international unit, I.U.
**IEA** (Sitz: Paris) / International Energy Agency, IEA
**IEC** (Chem) / ion-exchange chromatography (IEC) ‖ ≙**-Bus** *m* (eine Variane des Standardbusses) (EDV) / IEC (International Electrotechnical Commission) bus ‖ ≙**-Bus** (EDV) s. auch Standardbus ‖ ≙**-Prüffinger** *m* (Berührungsschutz) (Eltech) / IEC testing finger
**IEF** (Chem) / isoelectric focusing*, electrofocusing *n*
**I-Effekt** *m* (Chem) / inductive effect, I effect
**IEP** (Chem) / immunoelectrophoresis *n*
**I.E.P.** (derjenige pH-Wert einer amphoteren Elektrolytlösung, bei dem Ladungsgleichheit eintritt) (Chem) / isoelectric point*, I.E.P.
**IES** (wichtigster Vertreter der Auxine) (Biochem, Bot) / indole-3-acetic acid*, $\beta$-indolylacetic acid*, IEA, indole-3-ethanoic acid, heteroauxin* *n*, IAA
**IF** (Zyt) / intermediate filament*
**IF-Anweisung** *f* (COBOL) (EDV) / IF statement
**IFD** (EDV) / Image File Directory, IFD
**I-Feld** *n* (Fernm) / information field
**IFF** (Radar) / identification friend or foe, IFF
**IFF-Gerät** *n* (Luftf) / IFF system (identification, friend or foe)
**IFIP** (EDV) / International Federation for Information Processing* (IFIP)
**IFL-Baustein** *m* (Eltronik) / integrated fuse logic device, IFL device
**IF-Logik** *f* (logische Semikundenschaltungen, bei denen zur Programmierung Verbindungsbrücken durchschmolzen werden) (Eltronik) / integrated fuse logic (IFL)
**IFN** (Chem, Med) / interferon* *n* (species-specific protein)
**IFR** (Luftf) / instrument flight rules*, IFR*
**IFR-Flug** *m* (Luftf) / IFR flight *n*, instrument flight
**IF-Stahl** *m* (in dem noch gelöster Kohlenstoff und Stickstoff durch Titan oder Niob vollständig abgebunden sind) (Hütt) / interstitial-free steel, IF steel
**IFZ** / iodine colour number
**Ig** (spezifische körpereigene Abwehrproteine) (Biochem) / immunoglobulins* *pl*, Ig*
**Igelwalze** *f* (Spinn) / porcupine roller
**IGF** (Biochem) / insulin-like growth factor, IGF, non-suppressible insulin-like activity, NSILA
**IGFET-Transistor** *m* (Eltronik) / insulated-gate field-effect transistor, IGFET
**I-Glied** *n* (Regeln) / integrating circuit*, integrating network*, integrating element
**Iglu** *m* *n* (unter Druck stehender zylindrischer Behälter zur Aufnahme der Betriebsausrüstung) (Raumf) / igloo *n*
**Ignamestärke** *f* (Nahr) / Brazil arrowroot
**Ignimbrit** *m* (Geol) / welded tuff*, welded pumice, ignimbrite* *n*, flood tuff, tuff lava
**Ignistor** *m* (eine Antiparallelschaltung von zwei Thyristoren) (Eltronik) / ignistor *n*
**Ignitron** *n* (Bauart eines Stromrichtergefäßes) (Eltronik) / ignitron* *n*
**ignorabel** *adj* (Koordinaten) (Phys) / ignorable *adj*
**Ignorierzeichen** *n* (EDV) / ignore character, ignore *v*
**Iguapeöl** *n* (von Samen der Aleurites moluccana (L.) Willd.) / lumbang oil, candlenut oil, kekune oil, kukui oil
**IG-Verfahren** *n* (Kohlehydrierung) (Chem Verf) / Bergius process*
**IHK** / International Chamber of Commerce, ICC
**IIL** (bipolar ausgeführte Bausteine der Digitaltechnik, bei denen die Stromzuführung über strombegrenzende pn-Übergänge erfolgt) (Eltronik) / integrated injection logic, IIL, I²L, merged transistor logic, MTL
**IIR** (Bau, Chem, Plast) / butyl rubber*, isobutylene-isoprene rubber, IIR ‖ ≙ (Eltronik) / infinite impulse response (system) (IIR)
**IJKLMN-Regel** *f* (bei einigen höheren Programmiersprachen) (EDV) / implicit declaration
**Ijolith** *m* (Geol) / ijolite*
**IK** (veraltete Einheit der Lichtstärke - 1 IK = 1,019 cd) (Licht) / international candle* ‖ ≙ (Nukl) / ionization chamber*, gaseous ionization chamber, ion chamber
**Ikon** *n* (Zeichen, das mit seiner Bedeutung in einigen Merkmalen übereinstimmt, so daß die Zuordnung zwischen Zeichen und Bedeutung nahegelegt wird) (EDV, KI) / icon *n*, ikon *n*, iconic sign ‖ ≙ (EDV, KI) s. auch Piktogramm
**ikongesteuert** *adj* (EDV) / icon-driven *adj*
**ikonisch** *adj* (EDV, KI) / iconic *adj* ‖ **~e Bildverarbeitung** (EDV) / iconic image processing ‖ **~e Darstellung** (EDV, KI) / iconic representation ‖ **~es Zeichen** (EDV, KI) / icon *n*, ikon *n*, iconic sign
**Ikonometer** *n* (Foto) / frame finder*, iconometer *n*

**Ikonoskop** *n* (ursprüngliche Zworykinsche Bildaufnahmeröhre - heute durch Superothikon ersetzt) (TV) / iconoscope *n*, storage-type camera tube, image-storing tube, image-storage tube
**Ikosaeder** *n* (Krist, Math) / icosahedron* *n* (pl. -hedrons or -hedra)
**Ikositetraeder** *n* (Krist, Math) / icositetrahedron* *n* (pl. -hedrons or -hedra)
**IK-Stahl** *m* (Galv, Hütt) / chromized steel
**IKZ** (Fernm) / pulse signal
**IL** (dem Interferon nahestehendes kohlenhydratfreies Protein) (Chem, Med) / interleukin* (IL) *n*
**I²L** (bipolar ausgeführte Bausteine der Digitaltechnik, bei denen die Stromzuführung über strombegrenzende pn-Übergänge erfolgt) (Eltronik) / integrated injection logic, IIL, I²L, merged transistor logic, MTL
**Ilang-Ilang-Öl** *n* (das etherische Öl der Cananga odorata (Lam.) Hook. f. et Thomson) / ilang-ilang oil, ylang-ylang oil, oil of ilang-ilang
**Ile** *n* (Biochem) / isoleucine* *n*, Ile*
**i-leitend** *adj* (Eltronik) / intrinsic *adj*
**Ilgner-Umformer** *m* (ein Umformer in Leonard-Schaltung mit vergrößerter Schwungmasse für drehzahlregelbare Gleichstrommotoren, bei denen starke Belastungsstöße auftreten - heute nicht mehr benutzt - nach K. Ilgner, 1862-1921) (Eltech) / Ward-Leonard-Ilgner system*, Ilgner system*, Ward-Leonard speed-control system
**Ilkovićsche Reaktion** (in der Polarografie - nach D. Ilković, 1907-1980) (Chem) / Ilković equation*
**illegaler Sender** (Radio) / pirate radio station
**Illimerisierung** *f* (Bot, Geol, Landw) / lessivage* *n*
**Illit** *m* (Gruppe glimmerähnlicher Tonminerale, die strukturell aus zwei SiO$_4$-Tetraederschichten bestehen, welche durch eine Al-Oktaederschicht verbunden sind) (Min) / illite* *n*
**Illumination** *f* (farbige Festbeleuchtung) (Licht) / illumination *n* (as a sign of festivity)
**Illustration, dynamische** ≙ (die mit dem Text mitwandert) (EDV) / floating illustration
**Illustrationsdruckpapier** *n* (Pap) / supercalendered paper*, super *n*
**Illuvialhorizont** *m* (des Bodenprofils) (Landw) / illuvial horizon, B-horizon *n*, horizon B, subsoil* *n*
**Ilmenit** *m* (Eisen(II)-metatitanat) (Min) / ilmenite* *n*, titaniferous iron ore*
**Ilmenorutil** *m* (ein Rutil mit 14-20% Nb$_2$O$_5$ und 11-14% Fe$_2$O$_3$) (Min) / ilmenorutile *n*
**ILN** (Fernm) / internal line number, ILN
**ILO** (For) / iloma *n*, false nutmeg
**Ilombaholz** *n* (Muskatholz der Art Pycnanthus angolensis (Welw.) Warb. als Schäl-, Blind- und Kistenholz) (For) / ilomba *n*, false nutmeg
**ILS** (Luftf) / instrument landing system*, ILS* ‖ **korrelationsgeschütztes** ≙ (Luftf) / correlation-protected ILS, CPILS
**I³L-Technik** *f* (Eltronik) / isoplanar integrated injection technology (I³L), isoplanar I²L, isoplanar oxide isolation
**Ilvait** *m* (Min) / ilvaite* *n*, yenite *n*
**Image** *n* (pl. -s) (allgemeine Vorstellung von jemandem oder etwas in der öffentlichen Meinung) / image *n* ‖ ≙ (pl. -s) (abgespeicherter Bildschirmzustand einschließlich übersetzter Funktionen/Methoden und globalen Variablen zu einem bestimmten Arbeitszeitpunkt) (KI) / image *n* ‖ ≙ **File Directory** (im Header von TIFF-Dateien abgelegte Struktur, welche die in der Datei enthaltenen Bilder beschreibt) (EDV) / Image File Directory, IFD ‖ ≙**-Orthikon** *n* (Fernsehaufnahmeröhre mit Ladungsspeicher) (TV) / image orthicon* (IO) (a low-electron-velocity camera tube) ‖ ≙**-Prozessor** *m* (EDV) / image processor
**imaginär** *adj* (Math) / imaginary *adj* ‖ **rein ~** (Math) / pure imaginary ‖ **~e Achse** (der Gaußschen Zahlenebene, auf der die rein imaginären Zahlen abgetragen werden) (Math) / imaginary axis*, y-axis *n*, axis of imaginaries ‖ **~e Achse** (der Hyperbel) (Math) / conjugate axis of hyperbola* ‖ **~e Einheit** (i) (Math) / imaginary operator, i-operator *n*, j-operator *n* ‖ **~er Modul** (Chem Verf, Mech) / loss modulus, viscous modulus, hysteretic modulus, imaginary modulus, out-of-phase modulus ‖ **~er Teil** (einer komplexen Zahl) (Math) / imaginary part* ‖ **~e Zahl** (eine komplexe Zahl, deren Realteil null ist) (Math) / imaginary number*, imaginary *n*
**Imaginärteil** *m* (Math) / imaginary part* ‖ **eingebaute ≙funktion** (EDV) / IMAG built-in function
**Imaging-System** *n* / imaging system*
**Imago** *f* (pl. Imagines) (fertig ausgebildetes, geschlechtsreifes Insekt) (Zool) / imago *n* (pl. -s or imagines)*
**IMB** (For) / imbuya *n*

**Imbalanz**

**Imbalanz** f (Ungleichgewicht im Hinblick auf eine zu hohe oder zu niedrige Aufnahme bestimmter Nährstoffe im Vergleich zum Bedarf) (Physiol) / imbalance* n
**Im-Band-Kennzeichenangabe** f (Fernm) / inband signalling
**Imbibition** f (Biol, Chem) / imbibition* n
**Imbibitionskopie** f (Foto) / imbibition print
**Imbibitionswasser** n / imbibition water
**Imbuia** f pl (Holz der Ocotea porosa Mez) (For) / imbuya n
**IMC** (Anstr, Plast) / in-mould coating
**IMD-Bauteil** n (in der Oberflächenaufbautechnik) (Eltronik) / insert-mounted device (IMD)
**IMEI** (Fernsp) / international mobile subscriber identity, IMSI
**Imhoffbrunnen** m (Sanitär) / Imhoff tank*
**Imhofftank** m (Sanitär) / Imhoff tank*
**Imhofftrichter** m (Sanitär) / Imhoff tank*
**Imid** n (Diacylamin) (Chem) / imide* n
**Imidat** n (Ester der Imidsäure) (Chem) / imidate n
**Imidazol** n (1,3-Diazol) (Chem) / imidazole* n, iminazole n, glyoxaline* n
**Imidazolidin** n (vollständig hydriertes Imidazol) (Chem) / imidazolidine n
**Imidazolidin-2-thion** n (N,N'-Ethylenthioharnstoff) (Chem Verf, Landw) / ethylene thiourea, ETU
**Imidazolidintrion** n (Chem) / parabanic acid
**Imidsäure** f (Chem) / imidic acid
**Imin** n (Iminoverbindung) (Chem) / imine n
**Iminioverbindungen** f pl (Chem) / iminium compounds, immonium compounds
**Imino•diessigsäure** f (Chem) / iminodiacetic acid, IDA ǁ ~gruppe f (eine stickstoffhaltige Atomgruppierung) (Chem) / imino group* ǁ ~harnstoff m (Chem) / guanidine* n, iminourea n ǁ ~säure f (Chem) / imino acid
**Imitat** n / ersatz n
**Imitatgarn** n (Spinn) / imitation yarn
**Imitation** f / imitation* n
**Imitationsbüttenpapier** n (imitiertes Büttenpapier (DIN 6730)) (Pap) / mould-made paper, cylinder paper, vat paper (GB), imitation handmade
**Imitationskraftpapier** n (Pap) / imitation kraft paper, bogus kraft
**imitiert** adj (wenn etwas Echtes vorgetäuscht wird) / sham adj ǁ ~es Wasserzeichen (DIN 6730) (Pap) / simulated watermark ǁ ~es Ziegelmauerwerk (Bau) / bricking* n
**Im-Kopf-Lokalisiertheit** f (des Hörereignisses nach DIN 1320) (Akus) / intracranial locatedness
**immanentes Wissen** (KI) / immanent knowledge
**immateriell•e Vermögensgegenstände** / intangibles pl, intangible assets ǁ ~e Wirtschaftsgüter / intangibles pl, intangible assets
**immatur** adj / immature adj
**Immedialfarbstoff** m (ein Schwefelfarbstoff, der beim Erhitzen von aromatischen Verbindungen mit Schwefel und Natriumpolysulfid entsteht) (Chem) / Immedial dyestuff
**immediate Adresse** (EDV) / immediate address*
**Immediatanalyse** f (Kftst, Min) / proximate analysis, rational analysis
**Immelmann-Kurve** f (Luftf) / Immelmann n, Immelmann turn
**Immelmann-Turn** m (Luftf) / Immelmann n, Immelmann turn
**immensurabel** adj / immeasurable adj, measureless adj, immensurable adj
**immer, fast ~** (Math) / nearly always (a fuzzy quantor) ǁ **~ wiederkehrende Bewegung** (F.Org) / repetitive movement
**Immergan-Gerbung** f (mit Fettsäuresulfochlorid) (Leder) / Immergan tanning
**immergrün** adj (Baum, Strauch, Pflanze) (Bot) / evergreen adj, sempervirent adj ǁ ~ n (Bot) / evergreen n
**Immersion** f (Eintritt eines Himmelskörpers in den Schatten eines anderen) (Astr) / immersion* n, ingress n ǁ ~ (eines Objekts in die Immersionsflüssigkeit) (Opt) / immersion n ǁ ~ (eines Landgebietes durch das Meer) (Ozean) / immersion n
**Immersions•linse** f [elektrostatische] (Opt) / immersion lens ǁ ~methode f (Min) / immersion method ǁ ~objektiv n (Mikroskop) (Opt) / immersion objective, immersion lens ǁ ~wärme f (Anstr) / heat of immersion
**Immission** f (Einwirkung von schädlichen Emissionen) (Umwelt) / immission n
**Immissions•grenzwerte** m pl (Umwelt) / immission standards ǁ ~kataster m (Umwelt) / immission register ǁ ~normen f pl (Umwelt) / immission standards ǁ ~resistenz f (Bot) / resistance to air pollution ǁ ~überwachung f (Umwelt) / immission monitoring ǁ ~vorschriften f pl (Umwelt) / immission standards ǁ ~werte m pl (Umwelt) / immission standards
**Immittanz** f (Impedanz + Admittanz) (Elektr) / immittance* n
**Immittanzkonverter** m (Eltech) / converter n

**immobilisiert•er Biokatalysator** (Biochem) / immobilized biocatalyst ǁ ~e (stationäre) **Phase** (der Flüssigkeit, die durch in-situ-Polymerisation an Trägerpartikel oder Gefäßwände und deren Beläge immobilisiert ist - in der Chromatografie) (Chem) / immobilized phase
**Immobilisierung** f (auf Trägern, von Enzymen) (Chem) / immobilization n
**immun** adj (gegen) (Biochem, Bot, Physiol) / immune* adj (from, to) ǁ ~adsorbierend adj (Med) / immunosorbent adj ǁ ~antwort f (Biochem, Physiol) / immune response, immunoreaction n ǁ ~assay m n (Biochem) / immunoassay n ǁ ~blotting n (Gen) / western blotting*, western blot, western blot test, immunoblotting n ǁ ~chemie f (Teilgebiet der Immunologie) (Chem, Med) / immunochemistry n (the protein chemistry of immunoglobulins) ǁ ~cytochemie f (Chem, Physiol) / immunocytochemistry* n ǁ ~defekt m (Med, Pharm) / immunodeficiency n, immune deficiency ǁ **schwerer kombinierter ~defekt** (Med) / severe combined immunodeficiency syndrome*, SCID* ǁ ~defizienz f (Med, Pharm) / immunodeficiency n, immune deficiency ǁ ~fluoreszenz f (eine Methode zur Sichtbarmachung einer Antigen-Antikörper-Reaktion) (Chem, Med) / immunofluorescence* n ǁ ~genetik f (Teilgebiet der Immunologie) (Gen) / immunogenetics n ǁ ~globuline n pl (Biochem) / immunoglobulins* pl, Ig* ǁ ~histochemie f (Chem, Physiol) / immunohistochemistry* n
**Immunisierung** f (des Organismus) (Biochem, Physiol) / immunization* n, immunisation n (GB) ǁ ~ (Vergrößerung der Farbaffinität von natürlichen Rohstoffen) (Tex) / immunization* n, immunisation n (GB)
**Immunisierungsstecker** m (als Antivirenmaßnahme) (EDV) / immunizer plug
**Immunität** f (Biochem, Physiol) / immunity n
**Immunitätsmangel** m (Med, Pharm) / immunodeficiency n, immune deficiency
**immun•kompetent** adj (fähig, gegen einen antigenen Angriff zu reagieren) (Med) / immunocompetent adj ǁ ~körper m (Biochem, Physiol) / antibody* n, immune body*, Ab ǁ ~krankheit f (Med) / immunodeficiency disease
**Immuno•assay** m n (Biochem) / immunoassay n ǁ ~biologie f (ein Teilgebiet der Immunologie) (Biol) / immunobiology n ǁ ~cytochemie f (Chem, Physiol) / immunocytochemistry* n ǁ ~elektrophorese f (Chem) / immunoelectrophoresis n ǁ ~fluoreszenz f (Chem, Med) / immunofluorescence* n ǁ ~gen adj (Med) / immunogenic adj ǁ ~histochemie f (Chem, Physiol) / immunohistochemistry* n ǁ ~logie f (Lehre von den körpereigenen Abwehrstoffen und -mechanismen) (Med) / immunology n ǁ ~logisch adj (Med) / immunological adj, immunologic adj ǁ ~pathie f (Med) / immunodeficiency disease ǁ ~sensor m (Biosensor zum quantitativen Messen spezifischer Reaktionen von Antigenen mit Antikörpern) (Med) / immune sensor ǁ ~serologisch adj (Med) / immunoserologic adj ǁ ~zytochemie f (Chem, Physiol) / immunocytochemistry* n
**Immun•reaktion** f (Biochem, Physiol) / immune reaction, immune response, immunoreaction n ǁ ~schwäche f (Med, Pharm) / immunodeficiency n, immune deficiency ǁ **humanes ~schwächevirus** (Med) / human immunodeficiency virus*, HIV* ǁ ~serum n (pl. -seren oder -sera) (Med, Pharm) / antiserum (pl -rums or -ra) n, immune serum ǁ ~suppressiv adj (Med, Pharm) / immunosuppressive* adj, immunosuppressant adj ǁ ~suppressives **Mittel** (nichttoxisches, cytotoxisches) (Med, Pharm) / immunosuppressant n, immunosuppressive n ǁ ~suppressivum n (pl. -siva) (Med, Pharm) / immunosuppressant n, immunosuppressive n ǁ ~therapie f (aktive, passive) (Med) / immunotherapy n ǁ ~toleranz f (das Ausbleiben einer Antigen-Antikörper-Reaktion im Organismus) (Med) / immunological tolerance* ǁ ~zytochemie f (Chem, Physiol) / immunocytochemistry* n
**IMP** (Phosphorsäureester des Inosins) (Biochem) / inosinic acid, hypoxanthine ribonucleotide, inosine-5'-monophosphate (IMP) n ǁ ~ m (Vermittlungs-, Netz- oder Übertragungsrechner in Rechnerinformationsnetzen) (EDV) / IMP, interface message processor
**Impact compound** n (ein Stoff, der das charakteristische Aroma eines Lebensmittels prägt) (Nahr) / impact compound ǁ ~-Drucker m (EDV) / impact printer*
**Impactor** m (Gegenschlaghammer horizontaler Bauart) (Masch) / impactor n
**Impact•-Printer** m (EDV) / impact printer* ǁ ~-Verbindung f (Nahr) / impact compound
**Impakt** m (Geol, Raumf) / meteorite impact, impact n ǁ ~ (Mech) / impact* n, impulsive force
**Impaktit** m (Schmelzgestein durch Impaktmetamorphose) (Geol) / impactite n, impact slag

**Impakt•krater** *m* (Geol) / meteorite crater, meteor crater* ‖
  ≃**metamorphose** *f* (Geol) / shock metamorphism
**Impaktor** *m* (ein Staubmeßgerät) / impactor *n*, impacter *n*
**Impatt-Diode** *f* (eine Lawinendiode) (Eltronik) / impact-ionization avalanche transit time diode, IMPATT diode*
**Impedanz** *f* (DIN 5483, T 3) (ein Wechselstromwiderstand) (Elektr) / impedance* *n*, complex impedance ‖ ≃ (als Bauteil) (Elektr) / impedor* *n* ‖ **akustische** ≃ (DIN 1320) (Akus) / acoustic impedance* ‖ **elektrostatische** ≃ (Elektr) / static impedance* ‖ **kinetische** (mechanische) ≃ (eines Lautsprechers) (Akus, Fernm) / motional impedance* ‖ **konzentrierte** ≃ (Eltronik) / lumped impedance* ‖ **mechanische** ≃ (Quotient aus den komplexen Amplituden von Schalldruck und Schallfluß nach DIN 1320) (Akus) / mechanical impedance ‖ **mechanische** ≃ (das Verhältnis zwischen Kraft und Geschwindigkeit eines Systems) (Mech) / mechanical impedance* ‖ **negative** ≃ (Eltronik) / negative impedance ‖ ≃**anpassung** *f* (Eltech) / impedance matching* ‖ ≃**brücke** *f* (bei reellen Widerständen) (Eltech) / resistance bridge ‖ ≃**fehlanpassung** *f* (Eltech) / impedance mismatching ‖ ≃**glied** *n* (Elektr) / impedor* *n* ‖ ≃**konverter** *m* (Eltech) / converter *n* ‖ ≃**relais** *n* (Eltech) / impedance relay* ‖ ≃**schalldämpfer** *m* (Akus) / impedance silencer ‖ ≃**schutz** *m* (Eltech) / impedance protective system* ‖ ≃**spektroskopie** *f* (zur Korrosionsprüfung) (Galv, Spektr) / impedance spectroscopy ‖ ≃**wandler** *m* (Eltech) / impedance converter ‖ ≃**wandler** (Verstärker mit einem hohen Eingangs- und einem niedrigen Ausgangswiderstand sowie mit einem Verstärkungsfaktor von nahezu Eins) (Eltronik) / impedance converter
**Impeder** *m* (bei HF-Schweißen von Schlitzrohren) (Schw) / impedor *n*
**Impeller** *m* (Luftf) / impeller* *n*
**Impellerrührer** *m* (Chem Verf) / impeller stirrer
**imperativ** *adj* (Sprache) (EDV) / imperative *adj*
**Imperfektion** *f* (in der Tragwerklehre) / imperfection *n*
**Imperial-Smelting-Verfahren** *n* (ein altes Verfahren zur Pb-Zn-Gewinnung) (Hütt) / Imperial Smelting process, IS process, ISP
**impermeabel** *adj* / impermeable* *adj*
**impfen** *v* (Kristallisation anregen) (Krist) / seed *v*, impf *v* ‖ ~ (Wolken, Nebel) (Meteor) / seed *v* ‖ ≃ *n* (Hütt) / inoculation* *n* ‖ ≃ (zur Anregung der Kristallisation) (Krist) / seeding *n*, impfing *n* ‖ ≃ (von Wolken, von Nebel) (Meteor) / seeding *n*
**Impf•kristall** *m* (Chem) / seed crystal*, seed *n* ‖ ≃**kultur** *f* (Biol) / inoculum *n* (pl. -cula) ‖ ≃**legierung** *f* (Hütt) / inoculant alloy, seed alloy ‖ ≃**mittel** *n* (Hütt) / inoculant *n*, inoculating agent ‖ ≃**reis** *n* (Bot) / scion* *n*, graft *n*, cion *n* (US), cutting *n* ‖ ≃**schlamm** *m* (Sanitär) / seeding sludge ‖ ≃**stichverfahren** *n* (ein altes Holzschutzverfahren) (For) / Cobra process, gun injection ‖ ≃**stoff** *m* (Hütt) / inoculant *n*, inoculating agent ‖ ≃**stoff** (Med, Pharm) / inoculum* *n* (pl. -cula), vaccine *n*
**Impfung** *f* (gegen bestimmte Viren) (EDV) / vaccination *n* ‖ ≃ (Hütt) / inoculation *n* ‖ ≃ (mit lebenden oder abgetöteten Krankheitserregern) (Med) / vaccination* *n*, inoculation *n*
**Impinger** *m* (eine mit speziellen Absorptionslösungen gefüllte Waschflasche zur Anreicherung gasförmiger Spurenstoffe aus der atmosphärischen Luft bei der Luftanalyse) (Chem) / impinger *n*
**Implantat** *n* (Med, Radiol) / implant* *n*
**Implantationsenergie** *f* (Eltronik) / implantation energy
**implantieren** *v* (Eltronik) / implant *v* ‖ ~ (Med) / implant *v*
**Implementation** *f* (Gesamtheit aller Aufgaben zur Umsetzung eines Algorithmus bzw. eines Algorithmensystems in eine geeignete rechentechnische Form und die Umsetzung auf den Rechner) (EDV) / implementation *n*
**implementieren** *v* (EDV) / implement *v*
**Implementierung** *f* (EDV) / implementation* *n*
**Implementierungssprache** *f* (problemorientierte Programmiersprache zur Formulierung von Systemsoftware) (EDV) / implementation language
**Implikation** *f* (logische - eine zweistellige extensionale Aussagenverbindung nach DIN 5474) / implication *n* (material), if-then operation, inclusion *n*, conditional *n*, conditional implication operation ‖ **strenge** ≃ (eine Aussagenverbindung) / strict implication
**Implikationssystem** *n* (KI) / implicational expert system
**implizieren** *v* (nach sich ziehen) / entail *v*
**implizit** *adj* (Math) / implicit *adj* ‖ ~**e Adressierung** (EDV) / one-ahead addressing, implied addressing, stepped addressing, inherent addressing ‖ ~**e Definition** / implicit definition ‖ ~**e Funktion** (Math) / implicit function* ‖ ~**e Gleichung** (Math) / implicit equation ‖ ~**e Vereinbarung** (bei einigen höheren Programmiersprachen) (EDV) / implicit declaration
**Implosion** *f* (z.B. der Bildröhre) / implosion* *n*
**Implosionswaffe** *f* (Mil) / implosion (nuclear) weapon
**implosive Kernwaffe** (Mil) / implosion (nuclear) weapon

**Import•beschränkung** *f* / import restriction ‖ ≃/**Export-Regel** *f* (die in wissensbasierten Systemen die Schnittstelle zwischen dem Innern der Referenzmaschine und der "Außenwelt" definiert) (KI) / import/export rule ‖ ≃**holz** *n* (For) / imported timber, imported wood
**importieren** *v* (Waren) / import *v* ‖ ~ (Texte, Grafiken - von externen Datenträgern) (EDV) / import *v*
**importierte Grafik** (die nicht auf dem betreffenden System selbst erstellt wurde) (EDV) / imported graphics
**Import•kontingent** *n* / import quota ‖ ≃**lizenz** *f* / import licence ‖ ≃**quote** *f* / import quota
**Imprägnation** *f* (diffuse Verteilung von infiltrierten Stoffen im Gestein) (Geol) / impregnation *n*
**imprägnieren** *v* (For) / impregnate *v* ‖ ~ (Kab) / impregnate *v*, steep *v* ‖ ~ (Nahr) / impregnate *v* ‖ ~ (mit wasserabstoßenden Chemikalien) (Tex) / proof *v*, impregnate *v* ‖ ~ (Tex) s. auch hydrophobieren **neu** ~ (Tex) / reproof *v* ‖ ~ **mit** $CO_2$ (Getränke) (Nahr) / aerate *v*, carbonate *v* ‖ ≃ *n* (Tränken von Geweben mit wasserabstoßenden Chemikalien) (Tex) / proofing *n*, impregnation *n* ‖ ≃ **mit** $CO_2$ (der Getränke) (Nahr) / aeration *n*, carbonation *n*
**Imprägnier•harz** *n* (Plast) / resin for laminates, impregnating resin ‖ ≃**lasur** *f* (als Grund- und Zwischenanstrich) (Anstr, For) / impregnating glazing ‖ ≃**mittel** *n* / impregnating agent, impregnation compound ‖ ≃**mittel** (For) / impregnant *n*, impregnating agent ‖ ≃**mittel** (Tex) / waterproofing agent, water-repellent* *n*, impregnating agent, hydrophobic agent ‖ ≃**öl** *n* / impregnating oil ‖ ≃**pumpe** *f* (zur Herstellung kohlensäurehaltiger Getränke) (Nahr) / gasogene *n*, gazogene *n* ‖ ≃**salz** *n* (For) / impregnating salt
**imprägnier•te Kohle** (Licht) / impregnated carbon* ‖ ~**er Mast** (For) / treated pole
**Imprägnierung** *f* (Nahr) / impregnation *n* ‖ ≃ (der Vulkanfiber) (Pap) / impregnation *n*, pre-impregnation *n* ‖ ≃ (Tex) / proofing *n*, impregnation *n*
**impraktikabel** *adj* / impracticable *adj*
**Impreg** *n* (Holz, das mit Phenol-Formaldehyd-Harzen imprägniert wurde) (For) / impreg *n*
**Impressum** *n* (pl. Impressen) (des Druckers) (Druck) / colophon* *n*, printer's imprint ‖ ≃ (pl. Impressen) (Druck) / imprint* *n* ‖ ≃ (pl. Impressen) (Kart) / credit note ‖ ≃**seite** *f* (Rückseite des Haupttitelblattes) (Druck) / imprint page
**Imprimatur erteilen** (Druck) / pass *v* for press, okay *v* (the proofs), OK *v* (for press)
**Imprimaturabzug** *m* (Druck) / pass sheet*, o.k. sheet, o.k. proof
**imprimitiv** *adj* (Math) / imprimitive *adj*
**Impsonit** *m* (ein Glied der Asphaltitreihe) (Min) / impsonite* *n*
**Impuls** *m* (DIN 5483, T 1) (Eltech, Fernm) / pulse* *n*, impulse* *n* ‖ ≃ (der Betrag des Impulses) (Math, Mech) / momentum* *n* (pl. momenta or -s) ‖ ≃ (Zeitintegral der Kraft) (Mech) / impulse* *n* ‖ **bipolarer** ≃ (Fernm) / bidirectional pulse, bipolar pulse ‖ **diskreter** ≃ (Phys) / discrete pulse ‖ **elektromagnetischer** ≃ (Kernphys, Mil) / nuclear electromagnetic pulse, NEMP, electromagnetic pulse, EMP ‖ **Gaußscher** ≃ (Eltronik) / Gaussian pulse ‖ **generalisierter** ≃ (Math, Met) / generalized momentum ‖ **gezahnter** ≃ (Eltech) / serrated pulse, serrated impulse ‖ **idealisierter** ≃ (Fernm) / reference pulse ‖ **kosinusförmiger** ≃ (Eltronik) / cosinusoidal pulse ‖ **potentieller** ≃ (Mech) / potential pulse ‖ **spezifischer** ≃ (einer Antriebsanlage, bezogen auf Luftdurchsatz, Brennstoffdurchsatz, Konstruktionsmasse oder Stirnfläche) (Luftf, Raumf) / specific impulse*, specific thrust ‖ **unipolarer** ≃ (Fernm) / unidirectional pulse ‖ **zeitlich definierter** ≃ (Phys) / timed pulse
**Impuls•abfall** *m* (Fernm) / pulse decay, pulse fall ‖ ≃**abfallzeit** *f* (Fernm) / pulse decay time*, pulse fall time* ‖ ≃**abklingzeit** *f* (Fernm) / pulse decay time*, pulse fall time* ‖ ≃**abstand** *m* (Fernm) / pulse spacing, pulse interval (space or interval from one pulse to the next) ‖ ≃**amplitude** *f* (DIN 5483, T1) (Fernm) / pulse amplitude* ‖ ≃**amplitudenanalysator** *m* (Fernm) / pulse-height analyser*, pulse-amplitude analyzer ‖ ≃**amplitudendiskriminator** *m* (Fernm) / amplitude discriminator*, pulse-height discriminator*, pulse-height selector* ‖ ≃**amplitudenmodulation** *f* (Fernm) / pulse-amplitude modulation* (PAM) ‖ ≃**anregung** *f* (Fernm) / pulse triggering ‖ ≃**anstieg** *m* (Eltronik) / pulse rise ‖ ≃**anstiegszeit** *f* (Eltronik) / pulse rise time* ‖ ≃**antwort** *f* (Antwortfunktion eines Systems bei Anregung mit einer Impulsfunktion) (Eltronik) / impulse response ‖ **zeitdiskretes System mit unendlicher** ≃**antwort (IIR)** (Eltronik) / infinite impulse response (system) (IIR) ‖ ~**artig** *adj* / impulsive *adj* ‖ ~**artiges Rauschen** (Radio) / burst* *n* ‖ ≃**austausch** *m* (Phys) / momentum exchange ‖ ≃**bandbreite** *f* (Fernm) / pulse bandwidth* ‖ ≃**bereich** *m* (Neutronenflußmessung) (Nukl) / source range* ‖ ≃**betrieb** *m* (eines Halbleiterbauelements) (Eltronik) / pulse operation ‖ ≃**boden** *m* (Eltronik) / baseline* *n*, base level ‖ ≃**breite** *f* (Fernm) / pulse width, PW, pulse length*, pulse duration*, PD, impulse period* ‖ ≃**breitenmodulation** *f* (Fernm) / pulse-duration

**Impulschromatografie**

modulation, PD modulation, PDM, pulse-width modulation*, pulse-length modulation ‖ ⁓**chromatografie** f (Chem) / pulse chromatography ‖ ⁓**dach** n (Fernm) / pulse top, pulse peak ‖ [**negative**] ⁓**dachschräge** (Fernm) / pulse droop* ‖ ⁓**dauer** f (Fernm) / pulse width, PW, pulse length*, pulse duration*, PD, impulse period* ‖ ⁓**dauerverkürzung** f (Radar) / fast-time constant ‖ ⁓**dehner** m (Fernm) / pulse stretcher* ‖ ⁓**dehnung** f (Fernm) / pulse lengthening ‖ ⁓**dichtemesser** m (Nukl) / count ratemeter* ‖ ⁓**diskriminator** m (Fernm) / pulse discriminator* ‖ ⁓**-Doppler-Radar** m n (Radar) / pulsed Doppler, pulsed Doppler radar*, pulse-Doppler radar, PD ‖ ⁓**drahtsensor** m (zur berührungslosen Meßwertaufnahme) / impulse-wire sensor ‖ ⁓**echo** n (Fernm, Masch, WP) / pulse echo ‖ ⁓**echoverfahren** n (der Werkstoffprüfung mit Ultraschall) (WP) / pulse-echo method, pulse-echo system ‖ ⁓**energie** f (Fernm) / pulse energy ‖ ⁓**erhaltung** f (Mech) / conservation of momentum, momentum conservation ‖ ⁓**erhaltungssatz** m (Mech) / law of conservation of momentum, principle of linear momentum, principle of conservation of impulse, momentum law ‖ ⁓**erregung** f (Eltronik) / impulse excitation*, shock excitation* ‖ ⁓**erzeuger** m (für alle Frequenzen und für beliebige Kurvenformen) (Eltech) / impulse generator*, pulse generator* ‖ ⁓**flanke** f (Fernm) / pulse edge ‖ **mit** ⁓**folge** (Fernm) / repetitively pulsed ‖ ⁓**folgefrequenz** f (Fernsp) / impulse frequency* (the number of pulse periods per second generated by the dial-pulse springs in a telephone) ‖ ⁓**folgefrequenz** (in Hz) (Radar) / pulse repetition frequency* (the rate /in hertz or pulses per second/ at which pulses or pulse groups are transmitted from a radar set), pulse recurrence frequency ‖ **versetzte** ⁓**folgefrequenz** (Radar) / staggered pulse repetition frequency ‖ ⁓**form** f (der zeitliche Verlauf eines gegebenen Impulses - DIN 5483, T 1) (Fernm) / pulse shape, pulse form, pulse waveform ‖ ⁓**former** m (DIN 45021) (Fernm) / pulse shaper, pulse former, pulse-shaping circuit ‖ ⁓**former** (Radar) / pulse-forming line* ‖ ⁓**formerleitung** f (Fernm) / pulse-forming line* ‖ ⁓**formung** f (Fernm) / pulse shaping*, pulse forming, shaping of pulses ‖ ⁓**frequenz** f (Anzahl der Impulse pro Zeiteinheit) (Elektr, Fernm) / pulse frequency ‖ ⁓**frequenzmodulation** f (Fernm) / pulse-frequency modulation* (PM), PF modulation ‖ ⁓**frequenzteiler** m (Fernm) / scaler n ‖ ⁓**front** f (Eltronik, Fernm) / pulse front ‖ ⁓**funkmeßgerät** n (Radar) / pulse radar, pulsed-radar system* ‖ ⁓**funktion** f (eine Distribution) (Math) / pulse function, delta function, impulse function ‖ ⁓**gabe** f (Eltronik, Fernm) / pulsing n, impulsing n ‖ ⁓**gaslaser** m (Phys) / pulsed gas laser ‖ ⁓**geber** m (ein Sensor, der mechanische Größen in elektrische Signale umformt) (Eltech) / impulse sensing element ‖ ⁓**geber** (Fernm, Radar) / pulse generator*, pulser n ‖ ⁓**geber** (Fernsp) / impulse machine* ‖ ⁓**geber** (in der elektronischen Zündung) (Kfz) / pickup module, pulse generator* ‖ ⁓**geberrad** n (in der elektromagnetischen Zündung) (Kfz) / reluctor n, trigger wheel, armature n ‖ ⁓**generator** m (EDV, Fernm) / clock* n, clock signal generator, clock generator, CLK ‖ ⁓**generator** (Eltech) / impulse generator*, pulse generator* ‖ ⁓**geräusch** n (Radio) / impulsive noise, impulsive disturbance, impulse noise, impact noise ‖ ⁓**gleichstromkreis** m (Bahn, Eltronik) / impulse track circuit ‖ ⁓**härten** n (der äußeren Randschichten) (Hütt) / pulse hardening ‖ ⁓**höhe** f (Scheitelwert der Einhüllenden der den Impuls bildenden Schwingungen) (Fernm) / pulse amplitude* ‖ ⁓**höhenanalysator** m (Fernm) / pulse-height analyser*, pulse-amplitude analyzer ‖ ⁓**höhendiskriminator** m (Fernm) / amplitude discriminator*, pulse-height discriminator*, pulse-height selector* ‖ ⁓**höhenmesser** m (Luftf) / radar altimeter (RA), radio altimeter ‖ ⁓**-Ionisationskammer** f (eine Ionisationskammer zum Nachweis einzelner geladener Teilchen nach DIN 44420) (Nukl) / pulse ionization chamber* ‖ ⁓**-Ionisationskammer** (Radiol) / ionization counter ‖ ⁓**kennzeichen** n (Fernm) / pulse signal ‖ ⁓**kode** m (Fernm) / pulse code* ‖ ⁓**kodemodulation** f (Fernm) / pulse-code modulation* (PCM) ‖ ⁓**kompression** f (Radar) / pulse compression* ‖ ⁓**kondensator** m (für den Impulsbetrieb - meistens Metallpapier- oder Kunststoffolienkondensator) (Eltronik) / pulse capacitor ‖ ⁓**kühlung** f (Nukl) / momentum cooling ‖ ⁓**lagemodulation** f (Fernm) / pulse-position modulation* (PPM), pulse-phase modulation, PPM ‖ ⁓**länge** f (Fernm) / pulse width, PW, pulse length*, pulse duration*, PD, impulse period* ‖ ⁓**laser** m (Phys) / intermittent laser, pulsed laser ‖ ⁓**leistung** f (Fernm) / pulse power ‖ ⁓**leistung** (Strahlleistung eines Impulses) (Radar) / power per pulse ‖ ⁓**lichtbogen** m (Eltech, Schw) / pulsed arc ‖ ⁓**magnetisierung** f (Mag) / flash magnetization ‖ ⁓**modulation** f (Fernm) / pulse modulation* (PM) ‖ ⁓**moment** n (DIN 13317) (Phys) / angular momentum*, moment of momentum ‖ ⁓**momentensatz** m (Mech) / law of moment of momentum, angular moment equation ‖ ⁓**nebensprechen** n (EDV, Fernm) / intersymbol interference ‖ ⁓**neutronen** n pl (Nukl) / pulsed neutrons ‖ ⁓**phasenmodulation** f (Fernm) / pulse-position modulation* (PPM), pulse-phase modulation, PPM ‖ ⁓**radargerät** n (Radar) / pulse radar, pulsed-radar system* ‖ ⁓**rate** f (die Anzahl der Impulse je Zeiteinheit) (Fernm, Radar) / pulse repetition frequency*, pulse rate, PRF*, pulse repetition rate*, PRR ‖ ⁓**raum** m (der von den Impulskoordinaten aufgespannte - formal mathematische - Raum) (Phys) / momentum space ‖ ⁓**reaktor** m **für einzelne Neutronenblitze** (Nukl) / burst reactor, flash reactor, single-burst-pulsed reactor ‖ ⁓**regeneration** f (Fernm) / pulse regeneration*, pulse restoration* ‖ ⁓**regenerationsschaltung** f (Fernm) / pulse-regenerating circuit ‖ ⁓**regenerierung** f (Fernm) / pulse regeneration*, pulse restoration* ‖ ⁓**satz** m (Mech) / law of conservation of momentum, principle of linear momentum, principle of conservation of impulse, momentum law ‖ **zweiter** ⁓**satz** (ein starrer Körper kann drehungsfrei sein, wenn die Summe aller Drehmomente verschwindet) (Mech) / momentum theorem, theorem of moments ‖ ⁓**schaltung** f (Eltronik) / pulse circuit ‖ ⁓**schweißen** n (bei dem einem Grundstrom ein Impulsstrom unterschiedlicher Form, Frequenz und Amplitude überlagert wird) (Schw) / impulse welding, woodpecker welding ‖ ⁓**sender** m (Generator zum Prüfen von Funkstörmeßgeräten, der eine veränderbare Folge von definierten Impulsen abgibt) (Fernm) / pulse transmitter ‖ ⁓**sequenz** f (Elektr, Fernm) / pulse sequency ‖ **statistisch verteilte** ⁓**serie** (Fernm) / random pulse ‖ ⁓**siegeln** n (von Folien) (Plast) / impulse sealing ‖ ⁓**signal** n (Fernm) / pulse signal ‖ ⁓**spannung** f (Eltech) / surge n (voltage of an impulsive wave), impulse voltage*, surge voltage, pulse voltage ‖ ⁓**spektrum** n (Akus, Spektr) / pulse spectrum ‖ ⁓**sperrung** f (TV) / gating* n ‖ ⁓**spitze** f (Eltronik) / spike* n (a distortion in the form of a pulse waveform of relatively short duration, superimposed on an otherwise regular or desired pulse waveform) ‖ ⁓**steuerung** f (Regeln) / impulse control ‖ ⁓**störung** f (eine elektromagnetische Störung) (Radio) / impulsive noise, impulsive disturbance, impulse noise, impact noise ‖ ⁓**stromkreis** m (Fernsp) / impulse circuit* ‖ ⁓**tastverhältnis** n (Zeichen x Pause) (Fernm) / mark/space ratio*, keying interval ‖ ⁓**technik** f (Verfahren, die mit nichtkontinuierlichen Signalen arbeiten, diese erzeugen, übertragen, verarbeiten oder erkennen) (Eltech, Fernm) / pulse technique(s) ‖ ⁓**transformator** m (Fernm) / pulse transformer*, PT ‖ ⁓**triggerung** f (Fernm) / pulse triggering ‖ ⁓**übertrager** m (Fernm) / pulse transformer*, PT ‖ ⁓**vektor** m (Phys) / linear momentum ‖ ⁓**verbreiterung** f (in einem LWL) / pulse dispersion, pulse spreading ‖ ⁓**verdichtung** f (bei Kastenformen mit waagerechter Teilung) (Gieß) / impulse compaction ‖ ⁓**verdichtung** (des Bodens) (HuT) / ground bashing, dynamic consolidation, vibrating compaction ‖ ⁓**verformung** f (Fernm) / pulse distortion ‖ ⁓**verhältnis** n (Fernsp) / impulse ratio* ‖ ⁓**zeitlicher** ⁓**verlauf** (Phys) / pulse intensity change with time ‖ ⁓**verschachtelung** f (Fernm) / pulse interleaving*, pulse interlacing ‖ ⁓**verstärker** m (Fernm) / pulse amplifier* ‖ ⁓**versteilerung** f (Fernm) / peaking n (converting a pulse into a peaked form) ‖ ⁓**verteiler** m (Fernm) / pulse discriminator* ‖ ⁓**verteiler** (TV) / synchronizing pulse distribution amplifier ‖ ⁓**verzerrung** f (Fernm) / pulse distortion ‖ ⁓**verzögerung** f (Fernm) / pulse delay ‖ ⁓**wahlverfahren** (IWV) n (Fernsp) / pulse dialling system ‖ ⁓**weise senden** (Fernm) / pulse v ‖ ⁓**welle** f (bei der Ultraschallwerkstoffprüfung) (WP) / pulsed wave ‖ ⁓**wiederholer** m (Fernsp) / regenerator n ‖ ⁓**wiederholung** f (Fernm) / pulse repetition ‖ ⁓**zähler** m (Eltronik) / pulse counter, scaler n ‖ ⁓**zähler** (Kernphys) / pulse detector ‖ ⁓**zählgerät** n (Eltronik) / pulse counter, scaler* n

**IMR** (Anstr, Plast) / in-mould release
**IMS** (Spektr) / isotope mass spectrometer
**Imvierernebensprechen** n (Fernm) / in-quad cross-talk, intra-quad cross-talk
**in natura** / in kind ‖ ~ **situ** (Geol) / in situ, in place ‖ ~ **statu nascendi** (Chem) / nascent adj ‖ ~ **vitro** (Biol) / in vitro* ‖ ~ **vivo** (Biol) / in vivo*
**In** (Chem) / indium* n
**INADEQUATE** n (Spektr) / INADEQUATE n (incredible natural-abundance double-quantum transfer experiment)
**I-Naht** f (eine Stumpfnaht DIN 1912, T 5) (Schw) / plain butt weld, square butt weld, square-grooved weld
**inaktinisch** adj (Beleuchtung in der Dunkelkammer) (Foto) / non-actinic adj ‖ ~ (Radiol) / inactinic adj
**inaktiv** adj / inactive adj ‖ ~ (Chem) / unreactive adj, inactive adj ‖ **~es Fenster** (das auf dem Bildschirm sichtbare Fenster einer inaktiven Anwendung) (EDV) / inactive window ‖ **~er Löser** (Anstr, Chem) / non-solvent n ‖ **~es Lösungsmittel** (Anstr, Chem) / non-solvent n ‖ **~es Pigment** (das mit trocknenden Ölen oder Harzen in keine chemische Reaktion tritt) (Anstr) / inert pigment, extender pigment
**Inaktivator** m (Chem) / deactivating agent, deactivator n, inactivator n
**inaktivieren** v (Chem) / deactivate v, inactivate v ‖ ~ (EDV) / disable v
**Inaktivierung** f (Chem) / deactivation* n, inactivation* n ‖ **thermische** ~ (Phys) / thermal inactivation
**Inaktivierungsenergie** f (bei der Hitzesterilisation) / inactivation energy
**Inaugenscheinnahme** f (durch Vertreter der zuständigen Behörde) (WP) / visual inspection, sight check, visual examination

**Inband-Zeichengabe** f (innerhalb des Sprachbandes) (Fernm) / inband signalling
**Inbetrieb•nahme** f / commissioning n, putting into operation, putting into service, start-up n ‖ **erste ⁓nahme** (Masch) / priming n ‖ **⁓setzung** f / commissioning n, putting into operation, putting into service, start-up n ‖ **⁓setzungszeit** f (Nukl) / starting-up time*, start-up time*
**Inbetween** m (eine Heimtextilie) (Tex) / casement* n, casement cloth, in-between n
**Inbusschlüssel** m (allgemein für Innensechskantschrauben) (Werkz) / hexagon key, Allen key, hex key ‖ **⁓** (einseitig abgewinkelt) (Werkz) / Allen wrench, hexagon wrench, hex key wrench
**Inbusschraube** f (Markenname) (Masch) / Allen screw, hexagon socket head screw, socket head screw
**inc** (Meteor) / anvil cloud*, incus n (pl.incudes), thunderhead n
**Incentive** n (pl. -s) (durch wirtschaftspolitische Maßnahmen ausgelöster Anreizeffekt zu erhöhter ökonomischer Leistungsbereitschaft) (F.Org) / incentive n, wage incentive
**Inceptisol** n (Boden mit schwach ausgeprägtem Horizontprofil) (Landw) / inceptisol n
**Inch** m / inch n
**Inch-Gewinde** n (Masch) / inch thread
**Inchromieren** n (DIN 50902) (durch Diffusion von Chrom in die Stahloberfläche) (Galv) / chromizing n, chromizing process
**inchromierter Stahl** (Galv, Hütt) / chromized steel
**INCI** (von der europäischen Kosmetikindustrie und der Europäischen Kommission gemeinsam erarbeitete Nomenklatur zur Kennzeichnung von Inhaltsstoffen von kosmetischen Mitteln entsprechend der Europäischen Kosmetikrichtlinie) / INCI, International Nomenclature of Cosmetic Ingredients
**Incident-Light-Messung** f (bei Belichtungsmessern) (Foto) / incident-light reading
**Incinerator** m (Umwelt) / destructor n, incinerator n, refuse incinerator
**In-Circuit•-Emulation** f (EDV) / in-circuit emulation ‖ **⁓-Emulator** m (mit dem man Programme im Einplatinen-Rechner testen kann) (EDV) / in-circuit emulator ‖ **⁓-Test** m (für eingebaute oder fertige Elektronikbaugruppen oder Schaltungen) (Eltronik) / in-circuit test ‖ **digitaler ⁓-Test** (Eltronik) / digital in-circuit test, DICT
**Include-Datei** f (EDV) / include file
**Incoherent-scatter-Verfahren** n (für die Messungen in der Ionosphäre) (Geophys) / incoherent-scatter method (of measuring)
**Inconel** n (eine hitzebeständige Ni-Legierung) (Hütt) / Inconel* n, Alloy 600
**Incore-Instrumentierung** f (Nukl) / in-core instrumentation
**Incore-Temperaturmeßsystem** n (Nukl) / in-core temperature measuring system
**Incoterms** m pl (international übliche Lieferbedingungen, von der IHK Paris aufgestellt - letzte Fassung 1980) / Incoterms (International Commercial Terms)
**INCO-Verfahren** n (zur Gewinnung von Cu bzw. zur Verhüttung von Ni-Cu-Erzen) (Hütt) / INCO process
**Incus** m (Meteor) / anvil cloud*, incus n (pl.incudes), thunderhead n
**Indamine** n pl (Derivate des N-Phenylchinondiimins, Zwischenprodukte für die Synthese von Phenazinfarbstoffen) (Chem) / indamines* pl
**Indan** n (2,3-Dihydroinden) (Chem, Pharm) / indan n
**Indanthren** n (Grundkörper der Indanthrenfarbstoffe) (Chem) / indanthrene* n ‖ **⁓blau** n (Anstr, Chem, Tex) / indanthrone n ‖ **⁓farbstoff** m (Chem, Tex) / indanthrene dye ‖ **⁓farbstoff** (Chem, Tex) s. auch Küpenfarbstoff ‖ **⁓gelb G** n (Chem) / flavanthrone n
**Indanthron** n (ein Anthrachinonfarbstoff) (Anstr, Chem, Tex) / indanthrone n
**Indazol** n (Benzopyrazol) (Chem) / indazole n
**indefinit** adj (Math) / indefinite adj ‖ **⁓e Form** (Math) / indefinite form
**Indefinite-Hartguß** m (Hütt) / indefinite chilled cast iron
**Indemnitätsbrief** m (im Außenhandelsgeschäft gebräuliche Form der Konnossementsgarantie) / letter of indemnity
**Inden** n (kondensierter Kohlenwasserstoff) (Chem) / indene* n
**Index** m (pl. -e oder -dizes) (Druck) / index n (pl. indexes or indices) ‖ **⁓** (pl. -e oder -dizes) (tiefstehende Buchstaben, Ziffern oder Formelteile) (Druck, EDV, Typog) / subscript n, suffix n ‖ **⁓** (pl. -e oder -dizes) (hochstehende Buchstaben, Ziffern oder Formelteile) (Druck, EDV, Typog) / superscript n ‖ **⁓** (pl. -e oder -dizes) (eine Hilfsliste, welche die Kennbegriffe der gespeicherten Daten und die dazugehörigen Speicheradressen enthält) (EDV) / index (pl. indexes or indices) n ‖ **⁓** (pl. -e oder -dizes) (Nahr) / index n (pl. indexes or indices) ‖ **⁓** (eine Verhältniszahl, die sich aus der Beziehung einer Vergleichsgröße zu einer Basisgröße ergibt) (pl. -e oder -dizes) (Stats) / index number ‖ **hochstehender ⁓** (hochstehende Buchstaben, Ziffern oder Formelteile) (Druck, EDV, Typog) / superscript n ‖ **Indizes für Isotopen** (am Symbol) (Chem) / isotopic symbols* ‖ **kontravarianter ⁓** (Math) / contravariant index ‖

**Millersche Indizes** (reziproke, ganzzahlige Werte der Abschnitte einer Kristallfläche im kristallografischen Achsenkreuz - nach W.H. Miller, 1801-1880) (Krist) / Miller indices*, crystal indices*, rational indices, indices of crystal faces* ‖ **punktierte Indizes** (eines Spinors) (Math) / dotted indices ‖ **tiefstehender ⁓** (Druck, EDV, Typog) / subscript n, suffix n ‖ **unpunktierte Indizes** (eines Spinors) (Math) / undotted indices ‖ **zonaler ⁓** (Maß für den mittleren zonalen geostrophischen Wind zwischen zwei Breitenkreisen, gegeben durch die Differenz der mittleren geopotentiellen Höhen längs dieser Breitenkreise in einer Isobarenfläche) (Meteor) / zonal index* ‖ **⁓ m der menschlichen Entwicklung** (ein Indikator für den wirtschaftlich-sozialen Fortschritt eines Landes) / human development index, HDI
**Index•aufnahme** f (Aufnahme eines Inhaltsverzeichnisses, vorwiegend am Anfang oder Ende einer Serie, das das Auffinden eines bestimmten Sachgebietes in einem Mikrofiche erleichtert) / indexing frame ‖ **⁓bereich** m (EDV) / index area, index extent ‖ **⁓bezeichnung** f (EDV) / indexing n, indexation n ‖ **⁓ellipsoid** n (Krist) / index ellipsoid, indicatrix n (pl. indicatrices), optical indicatrix, reciprocal ellipsoid, ellipsoid of wave normals ‖ **⁓erstellung** f / indexing n, index generation ‖ **⁓fehler** m (Instr, Verm) / index error* ‖ **⁓fläche** f (Geol, Min) / index plane ‖ **optische ⁓fläche** (Krist) / index ellipsoid, indicatrix n (pl. indicatrices), optical indicatrix, reciprocal ellipsoid, ellipsoid of wave normals ‖ **⁓generierung** f / indexing n, index generation ‖ **⁓grenzen** f pl (der minimale und der maximale Wert, den ein Index annehmen kann) (EDV) / array bounds
**indexieren** v (EDV) / index v, make an index
**indexierte Adresse** (EDV) / indexed address*
**Indexierung** f (EDV) / indexing n, index generation ‖ **⁓** (eines Dokuments) (EDV) / descriptor assignment, indexing n ‖ **gleichordnende ⁓** (eines Dokuments) (EDV) / coordinate indexing
**Indexierungskonsistenz** f (bei Indexierung der Dokumente) (EDV) / indexing consistency
**Indexierungssprache** f (eine Dokumentationssprache) (EDV) / indexing language
**Index•karte** f (die, mitverfilmt, das Auffinden eines Bildes im Mikrofilm erleichtert) / flash card ‖ **⁓label** n (Beschriftungsfeld an der Oberfläche der Diskettenhülle) (EDV) / index label ‖ **⁓loch** n (das den Spuranfang markiert) (EDV) / index hole (in a floppy disk) ‖ **⁓lohn** m / index-linked wages ‖ **⁓marke** f (DIN 66238, T 1) (EDV) / index gap ‖ **⁓menge** f (Math) / index set ‖ **⁓mineral** n (Geol) / index mineral*, typomorphic mineral, symptomatic mineral ‖ **⁓öffnung** f (der Diskette) (EDV) / index hole ‖ **⁓register** n (das vorwiegend zum Modifizieren von Adressen und Verzweigungskriterien verwendet wird - DIN 44300) (EDV) / index register, indexing register, IR ‖ **⁓röhre** f (eine Einstrahl-Farbbildröhre) (TV) / beam indexing colour tube, index (picture) tube ‖ **⁓selektion** f (EDV) / index selection ‖ **⁓sequentiell** adj (EDV) / indexed-sequential adj, index-sequential adj ‖ **⁓sequentielle Datei** (EDV) / indexed-sequential file ‖ **⁓sequentielle Zugriffsmethode** (auf Daten einer Datei, deren Sätze sequentiell in Schlüsselfolge gespeichert sind) (EDV) / indexed-sequential access method*, ISAM, index-sequential access method ‖ **⁓spiegel** m (ein halbdurchlässiger Spiegel eines Spiegelsextanten) (Verm) / index glass, index mirror ‖ **⁓spur** f (DIN 66010) (EDV) / index track ‖ **⁓zahl** f (Stats) / index number ‖ **⁓ziffer** f (Stats) / index number
**Indianischer Wundbalsam** (Chem) / balsam of Peru*, Peru balsam, Peruvian balsam, Indian balsam
**Indican** n (ein Derivat des Indoxyls) (Chem) / indican n
**Indienne** f (bedrucktes leichtes Baumwollgewebe mit Seide durchschossen) (Tex) / indienne n
**indifferent** adj (Substanz) (Chem) / indifferent adj ‖ **⁓es Gleichgewicht** (Mech) / neutral equilibrium*, neutral stability, indifferent stability, indifferent equilibrium
**Indigblau** n (ein alter organischer Farbstoff) / indigo blue, Indian blue
**indigen** adj (For) / indigenous adj, native adj, domestic adj
**Indigo** m n (ein organischer Farbstoff) (Chem) / indigo* n (pl. -s or -es) ‖ **⁓blau** n / indigo blue, Indian blue ‖ **⁓carmin** n (Chem, Mikros, Nahr) / indigo carmine (soluble indigo blue) ‖ **⁓farbstoff** m (Chem) / indigoid dye
**indigoid** adj (Farbstoff) (Chem) / indigoid adj ‖ **⁓** n (ein Chromophor) (Chem) / indigoid n ‖ **⁓** (Chem) / indigoid dye
**Indigo•karmin** n (Chem, Mikros, Nahr) / indigo carmine (soluble indigo blue) ‖ **⁓küpe** f (Tex) / indigo vat ‖ **⁓lith** m (blauer Turmalin) (Min) / indicolite* n, indigolite* n ‖ **⁓rot** n (Chem) / indigo red, indirubin n
**Indigotin** n (Chem) / indigotin n
**Indigoweiß** n (Chem) / indigo white, leucoindigo n
**Indigweiß** n (Chem) / indigo white, leucoindigo n
**Indikation** f (Chem, Med) / indication n
**Indikationsverfahren, oszillometrisches ⁓** (Chem) / oscillometry n

**Indikator**

**Indikator** *m* (Substanz, die den Verlauf einer chemischen Reaktion zu verfolgen ermöglicht) (Chem) / indicator* *n* ‖ ~ *n* (Gerät zum Messen veränderlicher Drücke und Kräfte) (Instr, Masch) / indicator* *n*, INDR ‖ ~ (Gerät oder Substanz, mit deren Hilfe der ungefähre Wert oder Wertebereich einer physikalischen Größe bestimmt werden kann) (Instr, Phys) / detector *n* ‖ ~ (der Arbeitsdiagramme des Motors erstellt) (Kfz) / engine indicator ‖ **abgeschirmter** ~ (Chem) / screened indicator ‖ **äußerer** ~ (Chem) / external indicator ‖ **einfarbiger** ~ (Chem) / one-colour indicator ‖ **externer** ~ (außerhalb verwendeter) (Chem) / external indicator* ‖ **interner** ~ (Chem) / internal indicator* ‖ **optischer** ~ (zur Feststellung des Druckverlaufs in den Zylindern) (Kfz) / optical indicator* ‖ **radioaktiver** ~ (ein Radionuklid, das zur Markierung dient) (Chem, Kernphys) / radioactive tracer*, radiotracer *n*, radioactive indicator

**Indikator•atom** *n* (Kernphys) / tracer atom*, label atom, labelled atom*, tagged atom ‖ ~**diagramm** *n* (als Kurve) (Kfz, Masch) / indicator diagram* ‖ ~**diagramm** (als Träger) (Kfz, Masch) / indicator card* ‖ **leicht fallende obere Linie im** ~**diagramm der Dampfmaschine** (beim Einströmen des Dampfs) (Masch) / steam-line *n* ‖ ~**elektrode** *f* (deren Potential auf die interessierende Ionenart konzentrationsrichtig anspricht) (Chem, Phys) / indicating electrode, indicator electrode ‖ ~**elektrode** (Eltech) / working electrode, work electrode, WE ‖ ~**element** *n* (Chem, Kernphys) / tracer element* ‖ ~**gemisch** *n* (Chem) / mixed indicator ‖ ~**methode** *f* (Chem, Med) / tracer method ‖ ~**organismus** *m* (Bakteriol, Nahr) / indicator organism ‖ ~**papier** *n* (Chem) / indicator paper, test paper, reaction paper (US) ‖ ~**pflanze** *f* (Bot, Geol) / indicator plant (that grows exclusively or preferentially on soil rich in a given metal or other element), indicator* *n*, soil plant ‖ ~**röhre** *f* (eine Ionenröhre) (Eltronik) / indicator tube*

**Indikatrix** *f* (Krist) / index ellipsoid, indicatrix *n* (pl. indicatrices), optical indicatrix, reciprocal ellipsoid, ellipsoid of wave normals ‖ ~ (Math) / indicatrix *n* (pl. indicatrices)

**indirekt** *adj* / indirect *adj* ‖ ~ (Beobachtung) (Astr) / extrafoveal *adj*, indirect *adj* ‖ ~**es Echo** (Radar) / indirect echo ‖ ~**e Adresse** (EDV) / indirect address*, multilevel address, deferred address, second-level address ‖ ~ **adressierter Operand** (EDV) / indirect operand ‖ ~**e Adressierung** (EDV) / indirect addressing, multi-level addressing, deferred addressing, second-level addressing ‖ ~ **angetriebene Laufwalze** (Plast) / tendency roll ‖ ~**e Beleuchtung** (Licht) / indirect lighting* ‖ ~**er Beweis** (durch reductio ad absurdum) (Math) / proof by contradiction*, reductio ad absurdum proof* ‖ ~**e Bezugnahme** (EDV) / indirect referencing ‖ ~**es Blitzen** (z.B. gegen die Zimmerdecke) (Foto) / bounce-light *n* ‖ ~**e Einspritzung** (Kfz) / indirect injection ‖ ~ **geheizte Katode** (Eltronik) / indirectly heated cathode*, unipotential cathode, heater-type cathode ‖ ~**er Glauben** (KI) / de dicto belief ‖ ~**er Halbleiter** (Eltronik) / indirect semiconductor ‖ ~ **härtendes Harz** (Plast) / indirect curing resin ‖ ~**e Heizung** (Wärm) / indirect heating*, indirect firing ‖ ~**er Hochdruck** (von einer Hochdruckform über einen Gummizylinder auf das Papier) (Druck) / letterset printing*, dry offset*, indirect letterpress, driography* *n* ‖ ~**er Lichtbogenofen** (das Schmelzgut wird nur durch die strahlende Wärme des Lichtbogens erhitzt) (Eltech) / indirect-arc furnace* ‖ ~**e Luftkondensation** (ein Trockenkühlverfahren) / indirect dry cooling system ‖ ~**e Messung** / indirect measurement ‖ ~**er Plasmabrenner** (bei einem nicht elektrisch leitenden Werkstück) (Masch, Plasma Phys) / non-transferred arc plasma torch ‖ ~**er Plasmabrenner** s. auch Plasmapistole ‖ ~**e Reduktion** (Hütt) / indirect reduction ‖ ~**e Regelung** (Regeln) / indirect control ‖ ~**e Registeradressierung** (EDV) / register pair addressing (the instruction specifies the register pair containing the memory address) ‖ ~**e Rekombination** (Eltronik) / indirect recombination ‖ ~**e Rekursion** (EDV) / indirect recursion ‖ ~**er Satz** (EDV) / overflow record, no-home record ‖ ~**er Strahl** (Radio) / ionospheric ray, sky ray*, indirect ray* ‖ ~**es Strangpressen** (Hütt, Masch) / back extrusion, backward extrusion, indirect extrusion, reverse extrusion, inverted extrusion ‖ ~**er Tiefdruck** (Druck) / offset gravure ‖ ~**er Umschlag** (Güterumschlag über Lager) (Schiff) / indirect cargo handling ‖ ~**er Zugriff** (EDV) / indirect access

**Indirekt•einleiter** *m* (der Stoffe in eine Abwasseranlage verbringt, die in der Folge, ggf. nach einer Abwasserbehandlung in einer Abwasserbehandlungsanlage, in ein Gewässer gelangen) (Sanitär) / indirect discharger ‖ ~**messung** *f* / indirect measurement

**Indirubin** *m* (Chem) / indigo red, indirubin *n*

**indisch•e Baumwolle** (Tex) / Indian cotton ‖ ~**es Geraniumöl** / palmarosa oil, oil of palmarosa, oil of East Indian geranium, rusa oil, Indian grass oil ‖ ~**er Hanf** (Cannabis sativa ssp. indica (Lam.) Small et Cronquist) (Bot, Pharm) / Indian hemp*, cannabis* *n* ‖ ~**er Kopal** / piney dammar, piney resin, white dammar ‖ ~ **Leinen** (handgewebtes indisches Scheindrehergewebe aus hartgedrehten Baumwollgarnen, meist rohfarbig) (Tex) / cheesecloth *n* ‖ ~**er Mandelbaum** (For, Leder) / Malabar almond, country almond, Indian almond, tropical almond, olive bark tree ‖ ~**es Mandelöl** / Java almond oil, Malabar almond oil, Indian almond oil ‖ ~**er Senf** (Brassica juncea (L.) Czern.) (Bot, Nahr) / sarepta mustard, Indian mustard, Chinese mustard ‖ ~**er Tragant** (meist aus Sterculia urens Roxb.) (Nahr, Pharm) / karaya gum, sterculia gum, gum karaya, Indian tragacanth, kadaya gum ‖ ~**e Wolle erster Qualität** (Tex) / joria* *n*

**Indisch•gelb** *n* (Kaliumhexanitrokobaltat(III)) (Chem) / aureolin *n*, cobalt yellow, Indian yellow ‖ **echtes** ~**gelb** (heute nicht mehr benutzt) (Naturfarbstoff aus dem Harn der mit Mangoblättern gefütterten Kühe) / Indian yellow, piuri *n* ‖ ~**rot** *n* (ein Eisenoxidpigment) (Chem) / Indian red, iron saffron

**indiskrete Topologie** (Math) / indiscrete topology

**Indium (In)** *n* (Chem) / indium* *n* ‖ ~**antimonid** *n* (Chem, Eltronik) / indium antimonide ‖ ~**arsenid** *n* (Chem, Eltronik) / indium arsenide ‖ ~**chlorid** *n* (Chem) / indium chloride ‖ ~**phosphid-Kadmiumsulfid-Solarzelle** *f* (Chem, Masch) / indium phosphide/cadmium sulphide solar cell ‖ ~**selenid** *n* (Chem) / indium selenide

**Individual•dosimeter** *n* (Kernphys, Radiol) / personal dosimeter* ‖ ~**dosis** *f* (Kernphys, Radiol) / personal dosis ‖ ~**software** *f* (eine Anwendungssoftware) (EDV) / custom-made software, dedicated software ‖ ~**verkehr** *m* (Kfz) / private-vehicle traffic

**individuell** *adj* / individual *adj* ‖ ~ **angefertigt** / custom-made *adj* (US), custom-built *adj*, custom *attr*, customized *adj* ‖ ~**e Datenverarbeitung** (EDV) / personal computing, end-user computing, individual data processing ‖ ~**e Gaskonstante** (Phys) / specific gas constant ‖ ~**e Überwachung** (personendosimetrische) (Nukl, Radiol) / personnel monitoring*

**Individuenbereich** *m* (beliebige nicht-leere Menge, die zum Aufbau einer Struktur oder einer Interpretation benutzt wird) (KI) / domain of individuals, domain of interpretation

**Individuenvariable** *f* (EDV, KI, Math) / object variable, individual variable

**Individuenverteilung** *f* (Umwelt) / dispersion* *n*

**Indiziensammeldatei** *f* (EDV) / history file

**indizieren** *v* (Arbeit in einem Indikatordiagramm) / indicate *v* ‖ ~ (EDV) / index *v*, make an index

**indiziert•e Adresse** (EDV) / indexed address* ‖ ~**e Adressierung** (EDV) / indexed addressing ‖ ~**e Arbeit** (bei Kolbenmaschinen - die sich aus der Differenz der technischen Arbeiten, der Expansion und der Kompression ergibt) (Masch) / indicated work ‖ ~**e Datei** (EDV) / indexed file ‖ ~**e Leistung** (Innenleistung in PS) / indicated horse power*, ihp, IHP* ‖ ~**e Mitteldruck** (Kfz, Masch) / brake mean effective pressure*, BMEP* ‖ ~**er mittlerer Druck** (Masch, Phys) / indicated mean effective pressure*, I.M.E.P.* ‖ ~**e Variable** (EDV) / subscripted variable* ‖ ~**er Wasserstoff** (Chem) / indicated hydrogen

**indiziert-sequentiell** *adj* (EDV) / indexed-sequential *adj*, index-sequential *adj*

**Indizierung** *f* (COBOL) (EDV) / indexing *n*, indexation *n* ‖ ~ (eine Adreßrechnungsart) (EDV) / subscripting *n*

**Indocarbon-Farbstoffe** *m pl* (wasserunlösliche Farbstoffe) (Tex) / indocarbon dyestuffs

**Indol** *n* (Benzo[*b*]pyrrol) (Chem) / indole* *n*

**Indolalkaloide** *n pl* (z.B. Yohimbin od. Reserpin) (Chem, Pharm) / indole alkaloids

**Indolin** *n* (2,3-Dihydro-1-H-indol) (Chem) / indoline *n*

**Indolizidinalkaloide** *n pl* (Chem, Pharm) / indolizidine alkaloids

**Indolizin** *n* (Chem) / indolizine *n*, indolizine ring system, pyrrocoline ring system

**Indolylalkylamin** *n* (Chem) / indolyl alkylamine

**Indol-3-ylbuttersäure** *f* (Biochem, Bot) / indole-3-butyric acid*

**Indolylessigsäure, 3-**~ (wichtigster Vertreter der Auxine) (Biochem, Bot) / indole-3-acetic acid*, $\beta$-indolylacetic acid*, IEA, indole-3-ethanoic acid, heteroauxin* *n*, IAA

**Indolylsynthese, Fischersche** ~ (aus Phenylhydrazonen) (Chem) / Fischer indole synthesis

**Indometacin** *n* (ein Derivat des Indols) (Med, Pharm) / indomethacin* *n*

**Indoor-Kleidung** *f* (die meistens innerhalb geschlossener Räumlichkeiten getragen wird) (Tex) / indoor clothes

**Indoor-Smogkammer** *f* (Umwelt) / indoor smog chamber

**Indopheninreaktion** *f* (zum Nachweis von Thiophen) (Chem) / indophenine reaction

**Indophenol** *n* (Chem) / indophenol* *n*

**INDOR-Technik** *f* (spezielle Doppelresonanztechnik in der NMR-Spektroskopie) (Spektr) / internuclear double resonance technique, INDOR technique

**Indoxyl** *n* (Indolin-3-on, Hydroxylderivat des Indols) (Chem) / indoxyl *n*

**Indragiri** *n* (natürliches Harz von Dammarharz-Typ) / indragiri *n*

**Induced fit** *n* (selektive Bindung in der Affinitätschromatografie) (Chem) / induced fit

**Inducer** *m* (der die Synthese der Interferone in tierischen und menschlichen Zellen anregt) (Biochem) / inducer *n* ‖ ~ (der den NPSH-Wert verringert) (Masch) / inducer *n*

**Induktanz** *f* (ein Wechselstromwiderstand) (Eltech) / inductive reactance*

**Induktion** *f* (Biochem, Chem) / induction* *n* ‖ ~ (elektromagnetische, magnetische, elektrostatische) (Elektr) / induction *n* ‖ ~ (wichtigste Form des reduktiven Schließens) (KI, Math) / induction* *n* ‖ **elektromagnetische** ~ (Eltech) / electromagnetic induction* ‖ **fotochemische** ~ (Chem) / photochemical induction* ‖ **gegenseitige** ~ (Elektr) / mutual induction ‖ **magnetische** ~ (Einheit: Tesla) (Eltech) / magnetic induction*, magnetic flux density*, electromagnetic induction, magnetic displacement* ‖ **primäre** ~ (aus empirischen Fakten) (KI) / primary induction ‖ **sekundäre** ~ (aus allgemeinen Aussagen, Hypothesen usw.) (KI) / secondary induction ‖ ~ (bei der Bewegung einer Metallplatte durch ein Magnetfeld) (Eltech) / unipolar induction ‖ **vollständige** ~ (bei der Beweisführung) (KI, Math) / mathematical induction*, complete induction ‖ **wechselseitige** ~ (Eltech) / mutual induction

**Induktionsabfall, freier** ~ (Abfall der Quermagnetisierung nach dem Ende des Impulses) (Spektr) / free induction decay, FID

**Induktions•anfang** *m* (Math) / basis of induction ‖ ~**apparat** *m* (Eltech) / Ruhmkorff coil ‖ ~**arm** *adj* (Eltech) / low-inductance *attr* ‖ ~**beheizter Ofen** (Eltech) / induction furnace* ‖ ~**bremse** *f* (eine Eisenbahnbremse) (Bahn) / induction brake ‖ ~**dehnungsmesser** *m* (Masch) / electromagnetic strain gauge ‖ ~**effekt** *m* (Chem) / inductive effect, I effect ‖ ~**erwärmung** *f* (eine Art Hochfrequenzerwärmung) (Eltech) / induction heating*, inductive heating ‖ **direkte** ~**erwärmung** / eddy-current heating ‖ ~**fahrmotor** *m* (Bahn) / induction traction motor ‖ ~**feld** *n* (Phys) / induction field*, intermediate field ‖ **magnetischer** ~**fluß** (Mag) / magnetic flux* ‖ ~**flußmagnetometer** *n* (Eltronik) / Foerster probe, Förster probe ‖ ~**freie Belastung** (Eltech) / non-reactive load*, non-inductive load* ‖ ~**freies Kabel** (Kab) / anti-induction cable ‖ ~**freie Wicklung** (Eltech) / non-inductive winding ‖ ~**freier Widerstand** (Eltech) / non-inductive resistor* ‖ ~**fühler** *m* (Eltech) / inductive pick-off* ‖ ~**geber** *m* (in der elektronischen Zündung) (Kfz) / magnetic pickup (assembly), inductive pickup ‖ ~**geberrad** *n* (in der elektromagnetischen Zündung) (Kfz) / reluctor *n*, trigger wheel, armature ‖ ~**generator** *m* (Eltech) / induction generator* ‖ ~**gesetz** *n* (Faradaysches) (Elektr) / law of induction ‖ ~**härten** *n* (von Werkstücken nach oberflächigem oder durchgreifendem elektroinduktiven Erwärmen nach DIN 17014, T 1) (Hütt) / induction hardening ‖ ~**härtung** *f* (Hütt) / induction hardening* ‖ ~**heizung** *f* (Eltech) / induction heating*, inductive heating ‖ ~**kompaß** *m* (Instr) / flux-gate compass* ‖ ~**kompaß** (Mag) / induction compass* ‖ ~**konstante** *f* (Mag) / permeability of free space, magnetic constant, permeability of vacuum, space permeability ‖ ~**kräfte** *f pl* (Kernphys) / induction forces, Debye forces ‖ ~**kupplung** *f* (eine elektromagnetische Kupplung, die wie eine Asynchronmaschine arbeitet und einen Schlupf aufweist) (Eltech) / induction coupling ‖ ~**log** *n* (für Messungen in Bohrlöchern) (Bergb, Geol) / induction log ‖ ~**löten** *n* (ein Hartlötverfahren) / induction brazing ‖ ~**maschine** *f* (Eltech) / induction machine ‖ ~**meßinstrument** *n* (Eltech) / induction instrument* ‖ ~**messung** *f* (Erdöl) / induction logging ‖ ~**motor** *m* (Eltech) / asynchronous motor*, non-synchronous motor*, induction motor* ‖ **zweiseitiger linearer** ~**motor** (Eltech) / double-sided linear induction motor, double-sided LIM, DLIM ‖ **linearer** ~**motor** (Eltech) / linear induction motor, LIM ‖ ~**motor** *n* **mit Repulsionsanlauf** (DIN 42005) (Eltech) / repulsion-start induction motor* ‖ ~**ofen** *m* (ein elektrischer Schmelzofen mit induktiver Beheizung) (Eltech) / induction furnace* ‖ ~**periode** *f* (eine Anfangsphase bei bestimmten Reaktionen, in der die Reaktionsgeschwindigkeit sehr gering oder nahezu null ist) (Chem) / induction period* ‖ ~**plasmabrenner** *m* (Masch, Plasma Phys) / radio-frequency induction plasma torch ‖ ~**regler** *m* (Eltech) / induction regulator* ‖ ~**relais** *n* (dessen Arbeitsweise auf der Kraftwirkung zwischen feststehenden, stromdurchflossenen Spulen und den durch sie in einem beweglichen Leiter induzierten Strömen beruht) (Eltech) / induction relay* ‖ ~**rinnenofen** *m* (Hütt) / channel furnace, core-type induction furnace*, channel induction furnace ‖ ~**schleife** *f* (Eltech) / induction loop, inductance loop ‖ ~**schmelzofen** *m* (Hütt) / induction furnace* ‖ ~**schmelzofen ohne magnetischen Kern** / coreless induction furnace*, Northrup furnace*, crucible-type induction furnace ‖ ~**schritt** *m* (Math) / induction step, inductive step ‖ ~**schweißen** *n* (ein Preßschweißen) (Schw) / induction (electromagnetic) welding* ‖ ~**sonde** *f* (Eltech, Lufft) / flux gate*, flux valve ‖ ~**spule** *f* (Eltech, Fernsp) / induction coil* ‖ ~**strom** *m* (Elektr) / induced current* ‖ ~**variator** *m* (Eltech) / variometer* *n* (a form of variable inductor) ‖ ~**variometer** *n* (Eltech) / variometer* *n* (a form of variable inductor) ‖ ~**wicklung** *f* (eines Induktionsgebers) (Kfz) / pickup coil, inductive winding ‖ ~**zähler** *m* (Elektrizitätszähler für Wechsel- und Drehstrom) (Eltech) / induction meter* ‖ ~**zeit** *f* (Anstr) / waiting period ‖ ~**zeit** (bei Reaktionsharzen) (Chem, Plast) / induction period

**induktiv** *adj* (vom Einzelnen zum Allgemeinen führend) / inductive *adj*, induction *attr* ‖ ~ (durch Induktion wirkend oder entstehend) (Eltech) / inductive* *adj* ‖ ~**e Abstimmung** (Radio) / permeability tuning*, slug tuning* ‖ ~**e Abstimmung** (Radio) / inductive tuning ‖ ~**e Belastung** (Eltech) / inductive load*, lagging load* ‖ ~**er Blindwiderstand** (ein Wechselstromwiderstand) (Eltech) / inductive reactance* ‖ ~**er Effekt** (Chem) / inductive effect, I effect ‖ ~**e Erwärmung** (mit Hilfe magnetischer Wechselfelder) (Eltech) / induction heating*, inductive heating ‖ ~**e Führung** (z.B. bei automatischen Flurfördersystemen) / wire guiding ‖ ~ **geerdet** (Eltech) / reactance-earthed *adj*, reactance-grounded *adj* (US) ‖ ~ **gekoppeltes Plasma** (Atomisierungs- und Anregungsquelle in der Atomspektroskopie) (Spektr) / inductively coupled plasma, ICP ‖ ~ **gesteuerte Transistorzündung** (Kfz) / inductive semiconductor ignition with induction-type pulse generator ‖ ~**e Hohlleiterkupplung** (Fernm) / choke joint ‖ ~**er Koppler** (EDV) / induction coupler ‖ ~**e Kopplung** (Eltronik) / inductance coupling*, inductive coupling ‖ ~**er Leistungsfaktor** (Eltech) / lagging power factor, reactive power factor ‖ ~**es Lernen** (bei dem durch Deduktion aus spezifischen Fakten und Regeln in allgemeiner Form gültige neue Fakten und Regeln abgeleitet werden) (KI) / inductive learning ‖ ~**es Maß** (in der Softwaremaß) (EDV) / inductive measure ‖ ~**e Menge** (Math) / inductive set ‖ ~**er Nebenschluß** (Eltech) / inductive shunt ‖ ~**es Potentiometer** (Eltech) / inductive potentiometer ‖ ~**e Reaktion** (Elektr) / electromagnetic reaction, inductive reaction, magnetic reaction ‖ ~**e Rückkopplung** (Eltech) / inductive feedback ‖ ~**e Rückkopplungsschaltung** (Radio) / Meissner circuit ‖ ~**es Schließen** (KI, Math) / induction* *n* ‖ ~**er Schluß** (der Schluß von der Stichprobe auf die Grundgesamtheit, aus der sie stammt) (Stats) / inference *n* ‖ ~**er Spannungsabfall** (Eltech) / inductive drop* ‖ ~**er Spannungsteiler** (Eltech) / inductive potential divider, ipot ‖ ~**er Stromkreis** (Eltech) / inductive circuit* ‖ ~**es System** (KI) / induction system, example-driven system, example-based system ‖ ~**e Zugbeeinflussung** (Bahn) / inductive train-control system, automatic train stop*

**Induktivgeber** *m* (Kfz) / magnetic pickup (assembly), inductive pickup

**Induktivität** *f* (SI-Einheit = Henry) (Elektr) / inductance* *n* ‖ ~ (Eltech) / inductance coefficient*

**Induktivitäts•belag** *m* (DIN 1344) (Fernm) / inductance per unit length ‖ ~**-Kapazitäts-Schaltung** *f* (Eltech) / LC circuit ‖ ~**kasten** *m* (für Meßzwecke) (Eltech) / inductance box ‖ ~**meßbrücke** *f* (eine Wechselstrommeßbrücke) (Eltech) / inductance bridge ‖ ~**symmetrie** *f* (Eltech) / inductance balance

**Induktivtrocknung** *f* (eine Art Elektrowärmetrocknung) (For) / induction drying

**Induktor** *m* (zum induktiven Erwärmen) / induction heating coil ‖ ~ (eine chemische Verbindung, die in einer Zelle die Synthese von Enzymen auslöst) (Biochem) / inducer *n* ‖ ~ (bei induzierten Reaktionen) (Chem) / inductor* *n* ‖ **regelbarer** ~ (Eltech) / variable inductor* ‖ ~**generator** *m* (DIN 42005) (Eltech) / inductor generator* ‖ ~**kamm** *m* (Eltech) / induction comb ‖ ~**schlußzeichen** *n* (Fernsp) / ring-off signal ‖ ~**spule** *f* (Eltech) / inductor *n*, inductance coil*

**Indulin•e** *n pl* (Chem) / indulines* *pl* ‖ ~**farbstoffe** *m pl* (Azinfarbstoffe) (Chem) / indulines* *pl* ‖ ~**schwarz** *n* (Chem) / induline black (water-soluble nigrosine)

**Induration** *f* (Med) / induration* *n*

**Indusi** *f* (Bahn) / inductive train-control system, automatic train stop*

**Indusienkalk** *m* (Süßwasserkalk im Oligozän, aus Röhren von Köcherfliegenlarven) (Geol) / indusial limestone

**Industrial Design** *n* / industrial design ‖ ~ **engineering** (Wissenschaft und Technik der Rationalisierung industriebetrieblicher Arbeitsprozesse) (F.Org) / industrial engineering ‖ ~ **handling** (Rationalisierung und Automatisierung der Handhabungsvorgänge im industriellen Bereich) (F.Org) / industrial handling ‖ ~ **relations** *pl* (die inner- und überbetrieblichen Beziehungen zwischen Arbeitnehmern und -gebern) (F.Org) / industrial relations ‖ ~ **designer** *m* / industrial designer

**industrialisieren** *v* / industrialize *v*

**Industrialisierung** *f* / industrialization *n* ‖ ~ **des Weltraums** (Raumf) / space industrialization

**Industrie** *f* / industry *n* ‖ ~- / industrial *adj* ‖ **kerntechnische** ~ (Nukl) / nuclear industry ‖ **saisonabhängige** ~ / seasonal industry ‖ **standortunabhängige** ~ / footloose industry, mobile industry (independent of any siting restriction) ‖ **umweltschädigende** ~ (Umwelt) / offensive industry, offensive trade, noxious industry ‖ ~ *f* **mit hohem technischen Stand** / high-tech industry, hi-tech industry

**Industrieabfälle**

**Industrie•abfälle** m pl (Umwelt) / industrial waste, production-plant wastes ‖ ~**abwasser** n (Sanitär) / trade effluent*, trade waste water, industrial sewage, industrial waste water ‖ ~**abwässer** n pl **und Industrieabgase** (Umwelt) / industrial effluents ‖ ~**alkohol** m (Chem Verf) / industrial alcohol ‖ **denaturierter** ~**alkohol** (mit Methanol) (Chem) / industrial methylated spirit (IMS) ‖ ~**anlage** f (Masch) / industrial facility ‖ ~**ansiedlungszone** f (Bau) / industrial development area ‖ ~**anthropologie** f / industrial anthropology ‖ ~**archäologie** f / industrial archaeology ‖ ~**armaturen** f pl / industrial valves ‖ ~**atmosphäre** f (Umwelt) / industrial atmosphere ‖ ~**bahn** f (nichtstaatseigene Eisenbahn des nichtöffentlichen Verkehrs) (Bahn) / industrial railway, works railway, industrial railroad (US) ‖ ~**bau** n / industrial building ‖ ~**betrieb** m / industrial plant ‖ ~**boden** m (begehbar und befahrbar) / industrial floor ‖ ~**design** n (industrielle Formgebung) / industrial design ‖ ~**diamant** m (z.B. Carbonado, Bort) / industrial diamond* ‖ ~**dunst** m (Meteor) / industrial haze ‖ ~**elektronik** f (Eltronik) / industrial electronics ‖ ~**erzeugnis** n / industrial product ‖ ~**fest** adj (Baum) (For) / exhaust-proof adj ‖ ~**film** m (Film) / industrial film, theatrical film, business film ‖ ~**fußboden** m / industrial floor ‖ ~**gas** n (Chem Verf) / industrial gas ‖ ~**gebäude** n / industrial building ‖ ~**gebiet** n (Gebiet, das aufgrund günstiger Standortbedingungen eine Häufung von Industriebetrieben aufweist) (Bau) / industrial area ‖ ~**geografie** f (Zweig der Wirtschaftsgeografie, der sich mit der Erforschung von Industriegebieten und -landschaften und deren besonderen Gegebenheiten befaßt) (Geog) / industrial geography ‖ ~**getriebeöl** n / industrial gear oil ‖ ~**glas** n (Glas) / industrial glass ‖ ~**gleisanschluß** m (Bahn) / siding track, private siding ‖ ~**holz** n (For) / industrial wood ‖ ~**holz** (For) s. auch Faserholz ‖ ~**kalk** m (Chem Verf) / chemical lime ‖ ~**lack** m (Lack oder Lackfarbe, die auf die Bedürfnisse industrieller Großproduktion abgestimmt sind) (Anstr) / industrial coating ‖ ~**junges** ~**land** / newly industrialized country, NIC ‖ ~**laser** m (Phys) / industrial laser
**industriell** adj / industrial adj ‖ ~**es Abwasser** (Sanitär) / trade effluent*, trade waste water, industrial sewage, industrial waste water ‖ ~**e Anlage** (Masch) / industrial facility ‖ ~**e Anwendung** / industrial application ‖ ~**es Bauen** (Bau) / system building*, industrialized building*, factory industrialized building ‖ ~**e Bauweise** (Bau) / system building*, industrialized building*, factory industrialized building ‖ ~**bearbeitete(s) Lebensmittel** (Nahr) / processed food(s) ‖ ~**e Chemie** (Erkenntnis und Beherrschung der zweckmäßigsten Mittel für die unter Stoffumsatz verlaufende Herstellung einer gewünschten Ware) (Chem, Chem Verf) / industrial chemistry ‖ ~**er Dokumentationsfilm** (Film) / industrial film, theatrical film, business film ‖ ~**e Elektronik** (Eltronik) / industrial electronics ‖ ~**es Expertensystem** (KI) / industrial expert system ‖ ~**e Formgestaltung** / industrial design ‖ ~**es Lösungsmittel** (Chem) / commercial solvent (of an average or inferior quality) ‖ ~**e Nutzung des Weltraums** (Raumf) / space industrialization ‖ ~**e Produktion** (F.Org) / industrial production ‖ ~**e Tierproduktion** (intensive Tierhaltung) (Landw) / large-scale livestock farming ‖ ~**e Verwendung** / industrial utilization, industrial use
**Industrielle** m / industrialist n
**Industrie•mechaniker** m / fitter* n, machine fitter, machinist n (US), mechanic n ‖ ~**melanismus** m (in Industriegebieten beobachtete Erscheinung zunehmender Verdunklung der Körperfarbe als Folge natürlicher Selektion) (Umwelt) / industrial melanism* ‖ ~**meteorologie** f (Meteor) / industrial meteorology ‖ ~**möbel** n pl / contract furniture, industrial furniture ‖ ~**müll** m (Abfälle des produzierenden Gewerbes) (Umwelt) / industrial waste, production-plant wastes ‖ ~**nähmaschine** f / industrial sewing machine ‖ ~**ofen** m (DIN 24201) (Hütt, Masch) / furnace n, oven-type furnace*, industrial kiln ‖ **mit Brennstoff fremdbeheizter** ~**ofen** (Masch) / combustion furnace ‖ ~**ofen mit natürlicher Luftumwälzung** / air furnace ‖ ~**öl** n / industrial oil ‖ ~**park** m (kleinflächiges Industriegebiet oder zusammenhängendes Areal zur Ansiedlung kleiner und mittlerer Gewerbebetriebe) / industrial estate ‖ ~**pflanze** f (Bot) / plant for technical (industrial) use ‖ ~**pflanzen** f pl (die Rohstoffe für die Industrie liefern) (Bot) / industrial crops ‖ ~**produktion** f (F.Org) / industrial production ‖ ~**psychologie** f / industrial psychology ‖ ~**psychologie** s. auch Berufspsychologie ‖ **in** ~**qualität** (technisch) (Chem) / industrial-grade attr ‖ ~**reaktor** m (Nukl) / industrial reactor ‖ ~**reiniger** m / industrial cleaner ‖ ~**roboter** m (ein flexibles Handhabungsgerät, das über einen Arm mindestens mit drei Freiheitsgraden verfügt) / industrial robot, IR ‖ **problemorientierte Sprache für** ~**roboter** (von der Firma IBM entwickelt) (EDV) / manipulator language (ML) ‖ **eine Programmiersprache für** ~**roboter** (EDV, Masch) / ALFA language ‖ ~**roboter** m **für Einlegeoperationen** / pick-and-place robot, inserting robot, loading robot ‖ ~**roboter für Lötarbeiten** / soldering robot ‖ ~**rückstände** m pl (Umwelt) / industrial waste, production-plant wastes ‖ ~**ruß** m (Chem Verf) / industrial black (carbon black) ‖ ~**spionage** f / industrial espionage ‖ ~**standard-Architektur** f (EDV) / industry standard architecture, ISA ‖ **erweiterte** ~**standardarchitektur** (EDV) / extended industry standard architecture, EISA ‖ ~**staub** m (der Staubinhalationskrankheiten verursachen kann) (Med, Umwelt) / industrial dust ‖ ~**textilien** pl (Tex) / industrial textiles ‖ ~**thermometer** n / industrial thermometer ‖ ~**turbine** f (Masch) / industrial turbine ‖ ~**ware** f (technische Diamanten) (Min) / bort* n, boart* n ‖ ~**wasser** n / industrial water, service water
**induzieren** v (Phys) / induce v ‖ ~ (Phys) / stimulate v
**induziert•er Blitzschlag** (Eltech) / indirect stroke (a lightning stroke that does not strike directly any part of a network but that induces an overvoltage in it) ‖ ~**er Dipol** (Eltronik) / induced dipole ‖ ~**es dynamisches Gitter** (Phys) / induced dynamic grating ‖ ~**e elektromotorische Kraft** (Elektr) / induced e.m.f.*, induced electromotive force ‖ ~**e Emission** (Phys) / stimulated emission*, induced emission ‖ ~**e EMK** (Elektr) / induced e.m.f.*, induced electromotive force ‖ ~**e Ladung** (Phys) / induced charge* ‖ ~**e Magnetisierung** (DIN 1358) (Geophys) / induced magnetization ‖ ~**e Radioaktivität** (Kernphys) / artificial radioactivity*, induced radioactivity* ‖ ~**e Raman-Spektroskopie** (Phys) / stimulated Raman spectroscopy ‖ ~**e Reaktion** (Chem) / induced reaction*, sympathetic reaction* ‖ ~**e Spaltung** (Kernphys) / induced fission ‖ ~**e Spannung** (Eltech) / induced voltage, induced potential ‖ ~**er Strom** (Elektr) / induced current* ‖ ~**e Topologie** (Math) / relative topology, induced topology ‖ ~**er Widerstand** (am Tragflügel) (Luftf) / induced drag*
**ineffektiv** adj / ineffective adj, ineffectual adj
**ineinander, sich** ~ **umwandeln** (Chem Verf) / interconvert vi ‖ ~ **schachtelbar** / nestable adj ‖ ~ **überführen** / interconvert vt ‖ ~ **umwandeln** / interconvert vt ‖ ~ **verschachteln** / interleave v ‖ ~**falzen** v (Buchb) / inset v
**ineinandergreifen** v / interpenetrate vi ‖ ~ (Masch) / engage vi, intermesh v, mesh v, gear vi, mate v ‖ **fingerartig** ~ / interdigitate v ‖ ~ n (Masch) / interpenetration n ‖ ~ (DIN 3960) (Masch) / engagement n, intermeshing n, mesh n, contact n, gearing n, mating n
**ineinander•greifend** adj / interlocking adj ‖ ~**hängen** v (Tex) / interloop v ‖ ~**kämmende Rotoren** (Luftt) / intermeshing rotors ‖ ~**schiebbar** adj / telescopic adj ‖ ~**stecken** v (Buchb) / inset v ‖ ~**weben** v (Web) / interweave v, inweave v, intertwine v, enweave v, interlace v
**inelastisch** adj / inelastic adj, anelastic adj ‖ **tief** ~ (Phys) / deep inelastic ‖ ~**e Neutronenstreuung** (Kernphys) / inelastic neutron scattering, INS ‖ ~**er Stoß** (Phys) / inelastic collision*, inelastic impact ‖ ~**e Streuung** (bei der die Summe der kinetischen Energie vor und nach dem Stoß verschieden ist) (Kernphys) / inelastic scattering* ‖ ~**e Tunnelspektroskopie** (Spektr) / inelastic tunneling spectroscopy, ITS
**INEPT** (eine Methode des Polarisationstransfers) (Spektr) / insensitive nuclei enhancement by polarization transfer, INEPT
**inert** adj / inert* adj ‖ **chemisch** ~ (Chem) / noble adj ‖ ~**es Gas** / inert gas
**Inertgas** n (natürliches oder technisch aufbereitetes Schutzgas zur Verhinderung ungewollter Reaktionen bei der Behandlung und Bearbeitung von metallischen Werkstoffen) / inert gas
**Inertia** f (diejenige Stelle, an der die Verlängerung des geradlinigen Teils der Schwärzungskurve die Abszisse schneidet - in der Sensitometrie nach Hurter-Driffield, heute obsolet) (Foto) / inertia* n
**inertial** adj (Mech) / inertial adj ‖ **nicht** ~**es Bezugssystem** (Mech) / non-inertial frame of reference ‖ ~**lenkung** f (mittels eines Trägheitsnavigationssystems) (Nav) / inertial guidance*, inertial guiding, IG ‖ ~**masse** f (Mech) / inertial mass ‖ ~**navigation** f (Nav) / inertial navigation (system), INS ‖ ~**strömung** f (Trägheitsströmung ohne Einfluß äußerer Kräfte) (Phys) / inertial flow ‖ ~**system** n (ein Bezugssystem, in dem die Newtonschen Axiome für die Bewegung von Massepunkten gelten) (Mech) / inertial reference system*, inertial frame of reference, inertial system
**Inertinit** m (eine Mazeralgruppe) (Bergb, Geol) / inertinite* n
**inertisieren** v (Chem) / deactivate v, inactivate v
**Inertisierung** f (zur Vermeidung von Oxidationen und Explosionen) / inerting n ‖ ~ (eines Stoffes oder eines Systems) / inertization n, inerting n
**Inert•legierung** f (Hütt, Kernphys) / inert metal*, inert alloy ‖ ~**-pair-Effekt** m (bei Bor-Aluminium-Gruppen) (Chem) / inert-pair effect ‖ ~**staub** m (Bergb) / inert dust
**INF** (Chem, Med) / interferon* n (species-specific protein)
**INFA** (EDV) / information output
**INFAR** (EDV) / information output register
**INFE** (EDV) / information input
**Infekt** m (Med) / infection* n, contagion n
**Infektion** f (Med) / infection* n, contagion n ‖ **im Krankenhaus erworbene** ~ (Med) / hospital-acquired infection

**Infektions•code** m (EDV) / infection code ‖ ⁓**erreger** m (Med) / pathogen n (a bacterium, virus, or other micro-organism that can cause disease) ‖ ⁓**herd** m (EDV) / source of infection ‖ ⁓**kode** m (EDV) / infection code ‖ ⁓**krankheit** f (Med) / infectious disease, contagion n ‖ ⁓**krankheit, deren Keime durch den Boden verbreitet werden** (Med) / soilborne disease ‖ ⁓**quelle** f (EDV) / source of infection ‖ ⁓**schutzkleidung** f (DIN 61621) / anti-infection apparel ‖ ⁓**verhindernd** adj (Med, Pharm) / anti-infective adj
**infektiös** adj (Med) / infectious adj, contagious adj, catching adj
**inferentiell** adj (KI) / inferential adj
**Inferenz** f (ein Einzelschritt der Inferenzfindung) (KI) / inference n ‖ ⁓ (der Schluß von der Stichprobe auf die Grundgesamtheit, aus der die Stichprobe stammt) (Stats) / inference n ‖ **kaskadierte** ⁓ (KI) / cascaded inference ‖ **logische** ⁓ (KI) / logical inference ‖ **statistische** ⁓ (KI) / statistical inference ‖ ⁓**algorithmus** m (KI) / inference algorithm, reasoning algorithm ‖ ⁓**findung** f (KI) / inferencing n, reasoning process, reasoning n ‖ ⁓**komponente** f (derjenige Bestandteil eines Expertensystems, der eine Problemstellung durch Inferenzen auf der Wissensbasis löst) (KI) / inference component ‖ ⁓**maschine** f (die Komponente in wissensbasierten Systemen, die die Inferenzstrategie steuert) (KI) / inference engine, inference machine ‖ ⁓**netz** n (KI) / inference network, inference net ‖ ⁓**prozessor** m (KI) / inference processor ‖ ⁓**regel** f (die dem Zweck dient, aus einer Menge von vorhandenen Informationen weitere Informationen abzuleiten) (KI) / inference rule ‖ ⁓**system** n (Schlußfolgerungs- und Problemlösungsapparat) (KI) / inference system, inferencing system
**Inferieren, höheres** ⁓ (KI) / advanced reasoning
**Inferiervermögen** n (bei Menschen) / reasoning power
**Infestation** f (For, Landw) / infestation* n, infection n (US)
**Infiltration** f (eines Datensystems) (EDV) / infiltration n ‖ ⁓ (Grundwasseranreicherung) (Geol, Wasserb) / infiltration n ‖ ⁓ (Med) / infiltration* n ‖ ⁓ (z.B. bei den Durchdringungsverbundwerkstoffen) (WP) / infiltration n
**Infiltrations•rate** f (Geol, Wasserb) / infiltration rate ‖ ⁓**rate** (Bodendurchlässigkeit) (Landw) / intake rate ‖ ⁓**technik** f (bei der Herstellung von Durchdringungsverbundstoffen) / infiltration technology
**Infimum** n (pl. Infima) (Math) / greatest lower bound, infimum n (pl. infima or infimums), g.l.b.
**Infimumsbildung** f (Math) / infimum formation
**infinitär** adj (Math) / infinitary adj
**infinitesimal** adj (Math) / infinitesimal* adj ‖ ⁓**rechnung** f (zusammenfassende Bezeichnung für Differential- und Integralrechnung) (Math) / infinitesimal calculus, differential and integral calculus, calculus (pl. -es or -li) ‖ ⁓**ring** m (nach S. Lie, 1842-1899) (Math) / Lie algebra*
**Infinitum** n (pl. -nita) (Math) / infinity* n
**Infixschreibweise** f (EDV) / infix notation (ISO 2382-2) ‖ ⁓ (EDV) s. auch Polnische Notation
**infizierbar** adj (Datei) (EDV) / infectible adj
**infizieren** v (EDV, Med) / infect v
**Infizierungsstrategie** f (EDV) / infection strategy
**inflammabel** adj / flammable adj, inflammable adj, ignitable adj
**Inflatin** n (Chem, Pharm) / lobeline* n
**inflationäres Universum** (nach Guth, Linde, Steinhard und Albrecht) (Astr) / inflationary universe*
**inflationssicher** adj / inflation-proof adj
**Inflator** m (bei Taucheranzügen) / inflator n
**Inflektor** m (Nukl) / inflector n
**inflexibel** adj / inflexible adj
**Inflexionspunkt** m (Math) / point of inflexion, inflexion point, point of contraflexure
**Infloreszenz** f (Bot) / inflorescence* n
**Influenz** f (Elektr) / electrostatic induction*, electric induction, influence n ‖ **elektrische** ⁓ (Trennung und Verteilung elektrischer Ladungen in einem Leiter unter dem Einfluß eines elektrischen Feldes) (Elektr) / electrostatic induction*, electric induction, influence n ‖ ⁓**ladung** f (Phys) / induced charge* ‖ ⁓**maschine** f (eine Elektrisiermaschine) (Elektr) / influence machine, electrostatic generator ‖ ⁓**maschine** s. auch elektrostatischer Generator ‖ ⁓**strom** m (Elektr) / induced current* ‖ **statischer** ⁓**transistor** (SIT) (Eltronik) / static induction transistor (SIT)
**Infobahn** f (EDV) / information superhighway, I-Way n, information highway
**Infografik** f (EDV) / information graphics
**Infologie** f (EDV, KI, Math) / infology n, systemeering n
**infologisch•es Modell** (EDV, KI, Math) / infological model ‖ ⁓**e Modellierung** (EDV, KI, Math) / infology n, systemeering n
**Infomapping** n (EDV) / infomapping n
**informal** adj (Schlußfolgern) (KI) / informal adj

**Informatik** f (eine technisch-naturwissenschaftliche Disziplin, die sich mit dem Bau von Rechenanlagen, den Prozeßabläufen in Rechensystemen und Programmiersprachen befaßt) (EDV) / computer science* ‖ ⁓ (Wissenschaft von der Informationsverarbeitung) (EDV) / informatics n
**Informatiker** m (EDV) / computer scientist
**Information** f (EDV) / information* n ‖ **genetische** ⁓ (Gen) / genetic information ‖ **subjektive** ⁓ (EDV, Stats) / subjective information ‖ **veraltete** ⁓ (EDV) / obsolete information ‖ ⁓ **Chunk** n (psychologische Informationseinheit bei der individuellen Informationsaufnahme) (EDV) / information chunk
**informationell** adj (EDV) / information attr, informational adj ‖ ⁓**er Mehrwert** (EDV) / value-added information ‖ ⁓**es Selbstbestimmungsrecht** (EDV) / information privacy ‖ ⁓**es Selbstdarstellungsrecht** (EDV) / information privacy
**Information•-Engineering** n (EDV) / information engineering ‖ ⁓**-Retrieval** n (EDV) / retrieval n, data retrieval*, information retrieval, IR
**Informations•-** (EDV) / information attr, informational adj ‖ ⁓**anbieter** m (der Btx-Informationen aufbereitet und zum Abruf bereitstellt) (EDV) / information provider, IP ‖ ⁓**art** f (EDV) / information type ‖ ⁓**ausgabe** f (EDV) / information output ‖ ⁓**ausgaberegister** n (EDV) / information output register ‖ ⁓**bank** f (mit künstlicher Intelligenz) (EDV, KI) / knowledge base (KB) ‖ ⁓**basis eines Verzeichnisses** (Fernm) / directory information base (DIB) ‖ ⁓**baum** m (EDV, Fernm) / information tree ‖ ⁓**baum eines Verzeichnisses** (Fernm) / directory information tree (DIT) ‖ **mittlerer** ⁓**belag** (einer Nachrichtenquelle) (Fernm) / mean information content per character, average information content per character ‖ ⁓**bereich** m (als abgegrenztes Gebiet) (EDV) / descriptive region ‖ ⁓**bereich** (Menge von Informationen aus einem fest abgegrenzten Teil der Welt, die für eine bestimmte Anwendung relevant ist) (EDV, KI) / universe of discourse ‖ ⁓**bit** n (EDV) / information bit ‖ ⁓**broker** m (EDV) / information broker ‖ ⁓**büro** n (EDV) / information brokers ‖ ⁓**dienst** m (EDV) / information service ‖ ⁓**eingabe** f (EDV) / information input ‖ ⁓**einheit** f (EDV) / information unit ‖ **natürliche** ⁓**einheit** (DIN 5493, T 1) / natural information unit ‖ ⁓**elektronik** f (Eltronik) / information electronics ‖ ⁓**entropie** f (mittlerer Informationsgehalt) (Fernm) / entropy* n ‖ ⁓**feld** n (Fernm) / information field ‖ ⁓**fluß** m (EDV, Fernm) / information flow ‖ **einseitiger** ⁓**fluß** (EDV, Fernm) / one-way communication ‖ **mittlerer** ⁓**fluß** (einer Nachrichtenquelle) (Fernm) / average information rate per time ‖ ⁓**gehalt** m (DIN 5493, T 1 und 44301) (EDV) / information content*, I.C.* ‖ ⁓**gehalt** (Fernm) / intelligence n ‖ **mittlerer** ⁓**gehalt** (DIN 44301) / mean information content n ‖ ⁓**geschwindigkeit** f (Fernm) / information rate* ‖ ⁓**gesellschaft** f (eine postindustrielle Gesellschaft) (EDV, F.Org) / information society, informed society ‖ ⁓**gewinn** m (Stats) / information gain ‖ ⁓**highway** m (EDV) / information superhighway, I-Way n, information highway ‖ ⁓**kontrolle** f **durch den Betroffenen** (EDV) / information privacy ‖ ⁓**kopie** (weitere Ausfertigung) (EDV) / courtesy copy ‖ ⁓**lieferant** m (EDV) / information provider, IP ‖ ⁓**linguistik** f (EDV) / information linguistics, linguistic information science ‖ ⁓**management** n (EDV) / information management, IM ‖ ⁓**markt** m (EDV) / information market ‖ ⁓**maß** n (das für die Fertigung hinsichtlich Toleranzauswirkung nicht verbindlich ist) (Masch) / reference dimension, REF, auxiliary dimension ‖ ⁓**menge** f (EDV) / information quantity ‖ ⁓**menge eines Spiels** (KI) / set of information of a game ‖ ⁓**modellierung** f (bei der Systemanalyse) (EDV) / information modelling ‖ ⁓**netz** n (Fernm) / information network ‖ ⁓**parameter** m (physikalische Größe, die Informationen darstellt) (Phys) / information parameter ‖ ⁓**psychologie** f (EDV) / information psychology ‖ ⁓**punkt** m (EDV) / point of information ‖ ⁓**quelle** f (EDV) / information source ‖ ⁓**rate** f (Informationsmenge je Zeit) (Fernm) / information rate ‖ ⁓**spur** f (EDV) / information track ‖ ⁓**stelle** f (die auf Anfrage oder kontinuierlich Daten an bestimmte Benutzer weiterleitet, die Daten aber überwiegend nicht selbst aufbereitet) (EDV) / information agency ‖ ⁓**stelle** s. auch Informationsbüro ‖ ⁓**system** n (EDV) / information system ‖ ⁓**technik** f (d.h. Dokumentation und neue Medien) (EDV) / information technology* (ISO/IEC 2382) (IT) ‖ ⁓**theorie** f (EDV, Fernm) / information theory*, theory of information, IT ‖ ⁓**träger** m (EDV) / information carrier ‖ ⁓**transferzyklus** m (EDV) / information transfer cycle ‖ ⁓**trennkennzeichen** n (CCITT-Alphabet Nr. 5) (EDV, Fernm) / information separator, IS ‖ ⁓**trennzeichen** n (EDV, Fernm) / information separator, IS ‖ ⁓**überlastung** f (EDV) / information overload ‖ ⁓**verarbeitende Maschine** (EDV) / information processor, information-processing machine ‖ ⁓**verarbeitung** f (EDV) / data processing*, DP, processing data, information processing* ‖ ⁓**verbundsystem** n (EDV) / distributed information system (distributed data processing + distributed database + distributed operating systems) ‖ ⁓**verlust** m (z.B. bei einer Speicherröhre)

**Informationsverlust**
(Eltronik) / spill n || ~verlust (Fernm) / loss of information || ~vermittler m (EDV) / information broker || ~vermittlung f (in einem Informationsbüro) (EDV) / information brokerage || ~verwaltung f (EDV) / information management, IM || ~verwaltungssystem n (EDV) / information management system, IMS || ~vielfache f (Fernm) / information multiple || ~wesen n / documentation* n || ~wissenschaft f (eine Geisteswissenschaft, die sich mit konkreter Information und Kommunikation, einschließlich Aufbewahren, Wiederauffinden, Verteilen, Darbieten und Vermitteln dokumentarischer Daten und Informationen befaßt) / information science || ~wort n (EDV) / information word || ~zentrum n (Informationsstelle, die ihre Informationstätigkeit zentral für eine geografische, organisatorische oder politische Einheit wahrnimmt) (EDV) / information centre || ~zuordner m (Fernsp) / information translator
**informativ** adj / informative adj, informatory adj || ~e Werbung / informative advertising
**Informative labelling** n (Etikettierung von Waren durch aufklärende Hinweise auf Material usw. - in der Werbung) / informative labelling
**informatorisches Modell** (EDV, KI, Math) / infological model
**informell** adj / informal adj
**Infotainment** n (informierende Unterhaltung und Weiterbildung) (EDV) / infotainment n
**infra•akustisch** adj (Akus) / infrasonic adj, subaudible adj || ~-Bestrahlungslampe f / heat lamp || ~krustal adj / infracrustal adj
**infrarot** adj / infrared* adj, IR, i.r. || ~es bilddarstellendes Gerät (Phys) / infrared imaging device, infrared imager || ~es Fenster (Astr) / infrared window || ~e Strahlung (Phys) / infrared radiation*, infrared emission
**Infrarot•-** / infrared* adj, IR, i.r. || fernes ~ (DIN 5031, T 7) (Phys) / far infrared || mittleres ~ (Phys) / middle infrared, MIR, intermediate infrared || nahes ~ (IR - A + IR - B) (Phys) / near infrared, NIR
**Infrarot•absorption** f / infrared absorption || nichtdispersive ~absorption (ein Analyseverfahren zur Bestimmung von gasförmigen Bestandteilen in Kraftfahrzeugabgasen) (Kfz, Umwelt) / non-dispersive infrared absorption || ~aktiv adj (Chem, Opt) / infrared-active adj || nichtdispersiver ~analysator (Spektr) / NDIR analyser (GB), non-dispersive infrared analyzer || ~analyse f (Spektr) / infrared analysis || ~astronomie f (Astr) / infrared astronomy* || ~blitzlampe f (Foto) / infrared flashlight || ~detektor m (Phys) / infrared detector || ~diode f (DIN 41855,T 2) (Eltronik, Phys) / infrared radiation emitting diode, IRED, infrared-emitting diode || ~divergenz f (im Rahmen der Quantenelektrodynamik) (Phys) / infrared catastrophe, infrared divergence, IR divergence || ~durchlässiges Glas (Glas) / infrared-transmitting glass || ~durchlässige Haube (Phys) / IR dome || ~durchlässige Materialien / infrared optical materials || ~emission f (Phys) / infrared radiation*, infrared emission || ~emittierende Diode (Halbleiterdiode, die elektromagnetische Strahlung im kurzwelligen Bereich des infraroten Lichts aussendet) (Eltronik, Phys) / infrared radiation emitting diode, IRED, infrared-emitting diode || ~empfänger m / infrared receiver, nancy receiver || ~empfänger (Detektor) (Phys) / infrared detector || ~empfindlich adj / infrared-sensitive adj || ~farbfilm m (Foto, Mil) / false-colour film || ~fenster n (Spektralbereiche, in denen die Atmosphäre für die infrarote terrestrische Strahlung durchlässig ist) (Astr) / infrared window || ~fernbedienung f / infrared remote control || ~fernrohr n (Opt) / snooperscope n, sniperscope n || ~fernsteuerung f / infrared remote control || ~film m (Foto) / infrared film || ~filter n (Foto) / infrared filter || ~fotografie f (Foto) / infrared photography* || ~fotometer n (ein Abgasmeßgerät) (Spektr) / NDIR analyser (GB), non-dispersive infrared analyzer || ~-Fourier-Transform-Spektrometer n (Spektr) / infrared Fourier transform spectrometer, IRTF || ~-FT-Spektrometer n (Spektr) / infrared Fourier transform spectrometer, IRTF || ~härtung f (von Lackfilmen) (Anstr) / infrared curing || ~haube f (Phys) / IR dome || ~heizung f (die Infrarotstrahlung glühender Körper ausnutzende Strahlungsheizung) / infrared heating || ~hygrometer n (zur Bestimmung der absoluten Feuchte der Luft) / infrared hygrometer || ~inaktiv adj (Chem, Opt) / infrared-inactive adj || ~katastrophe f (im Rahmen der Quantenelektrodynamik) (Phys) / infrared catastrophe, infrared divergence, IR divergence || ~laser m (ein im Infrarotbereich arbeitender Laser) (Phys) / iraser n || abbildendes ~lenksystem (Mil) / imaging infrared guidance system || ~lenkung f (passives Zielsuchverfahren) (Mil) / infrared homing || ~linse f / infrared lens || ~löten n (Hütt) / infrared soldering || ~maser m (Molekularverstärker für infrarotes Licht) (Phys) / infrared maser* || ~messung f / infrared measurement || ~mikroskop n (Mikros) / infrared microscope || ~mikroskopie f (Mikros) / infrared microscopy, IR microscopy || ~peiler m (Mil) / heat seeker || ~prüfung f (WP) / infrared testing || ~quelle f / infrared source || ~schnittstelle f (EDV) / infrared interface || ~sender m (Phys) /

infrared transmitter || ~sensor m / infrared sensor, IR sensor || ~spektrometer n (Spektr) / infrared spectrometer* || ~spektroskopie f (Spektr) / infrared spectroscopy || ~spektrum n (Spektr) / infrared spectrum || ~strahler m (eine Strahlungsquelle, die Strahlung oberhalb 800 nm liefert) (Phys) / infrared radiator || ~strahlung f (DIN 5031, T 7) (Phys) / infrared radiation*, infrared emission || ~strahlungsmesser m (Phys) / infrared detector || ~teleskop n (Opt) / snooperscope n, sniperscope n || ~therapie f (Med) / infrared therapy* || ~thermografie f (Foto, Med, Phys) / thermography* n || ~thermografie (ein Fernerkundungsverfahren) (Foto, Opt) / infrared thermography, IR thermography, thermal imaging* || ~thermometer n / infrared thermometer || nichtdispersives ~verfahren (Spektr) / NDIR process || ~-Zielsuchlenkung f (Mil) / infrared homing
**infra•schall-** (Phys) / infrasonic adj, subsonic* adj || ~schall- (Phys) / infrasonic adj, subsonic* adj || ~schall m (unter 16 Hz) (Phys) / infrasound* n || ~struktur f (alle für die Wirtschaft eines Landes notwendigen Einrichtungen und Anlagen, die nur mittelbar der Produktion dienen) / infrastructure n
**Infus** n (nach Vorschrift des DAB 10) (Chem) / infusion* n
**Infusion** f (direkt in das Blutgefäßsystem) (Med) / infusion n
**Infusionsmaischverfahren** n (Brau) / infusion mashing
**Infusorienerde** f (Min) / diatomaceous earth*, diatomite* n, diatomaceous silica, infusorial earth*, kieselguhr* n, fossil meal*
**Infusum** n (nach Vorschrift des DAB 10) (Chem) / infusion* n
**Ing. grad.** / engineering graduate
**InGaAsP/InP-Halbleiterlaser** m (Phys) / InGaAsP/InP semiconductor laser
**Ingenieur** m / engineer* n || [staatlich] anerkannter ~ / chartered engineer*, C.Eng.* (a member of one of the several specialized engineering institutes recognized by royal charter) || ~ der Fachrichtung Kerntechnik (Nukl) / nuclear engineer || ~biologie f (Biol) / industrial biology, technical biology || ~datenbank f (EDV) / engineering database || ~geodäsie f (Verm) / engineering survey || ~geologie f (Geol) / engineering geology*, geological engineering || ~geologie (Geol) s. auch Geotechnik || ~keramik f (Schneid- und Formwerkzeuge, Motorenkeramik, Verschleißteile usw.) (Masch) / engineering ceramics || ~mäßige Anwendung der (rechnergestützten) Wissensverarbeitung (KI) / knowledge engineering || ~modell n / engineering mock-up || ~vermessung f (Verm) / engineering survey || ~werkstoff m (WP) / engineering material || ~werkstoff s. auch Werkstoff
**Ingestion** f (Nahr, Pharm) / ingestion* n || ~ (des Radionuklids) (Radiol) / ingestion n
**Inglasurdekor** m n (Keram) / inglaze decoration
**Inglasurfarbe** f (Keram) / inglaze colour, inter-glaze colour
**inglazial** adj (Geol) / englacial adj
**Ingokeöl** n / isano oil
**Ingot** m (Hütt) / ingot* n, ingot bar
**Ingrediens** n (pl. -ienzien) (Bestandteil einer Arznei) (Pharm) / ingredient n
**Ingredienz** f (pl. -en) (Nahr) / ingredient n || ~ (pl. -en) (Pharm) / ingredient n
**Ingression** f (des Meeres in festländische Räume) (Geol) / ingression n
**Ingweröl** n / ginger oil
**INH** (Biochem) / inhibiting factor
**Inhaberpapier** n (Wertpapier, bei dem der Berechtigte namentlich nicht genannt ist, vielmehr jeder Inhaber legitimiert ist) / bearer paper
**Inhalation** f (Einatmung von zerstäubten oder verdampften Heilmitteln oder eines Radionuklids) (Med) / inhalation* n
**Inhalations•allergene** n pl (Med) / aeroallergens pl || ~anästhetikum n (Med) / inhalation anaesthetic || ~dosis f (beim Strahlenschutz) (Radiol) / inhalation dose || ~narkotikum n (Med) / inhalation anaesthetic
**Inhalt** m / capacity n, content n || ~ (des Kofferraumes) (Kfz) / usable capacity || äußerer ~ (Math) / outer content, exterior content || den ~ berechnen (Math) / cube v || digitalisierter ~ (eines Dokuments) / digital content || innerer ~ (Math) / inner content, interior content || ~ m des Ausgleichsbeckens (Wasserb) / balance storage, regulator storage || ~ des Bildschirms (EDV) / screenful n || ~ des Bildschirms (eine relative Größe) (EDV) / screen load
**inhaltliche Erschließung** (des Textes) / content analysis
**inhalts•adressierbarer Schreib-/Lesespeicher** (EDV) / content-addressable random-access memory, CARAM || ~analyse f (Verfahren zur Analyse von Formen oder Inhalten sprachlicher, nichtsprachlicher oder symbolischer Kommunikation mit dem Ziel, anhand von objektiven Merkmalen inhaltliche Schlüsse zu ziehen) (Fernm, KI) / content analysis, analysis of communication content || ~bezogener Zugriff (EDV) / content access || ~fahne f (z.B. in Zeitschriften nach DIN 1428) / contents page, bibliographical slip || ~gleich adj (Math) / of equal area || ~gleich (volumengleich) (Math,

Phys) / of equal volume ‖ ⁓**stoff** *m* (Pharm) / drug* *n*, component *n* ‖ ⁓**stoffe** *m pl* **der Derriswurzel** (aus Derris elliptica - wie z.B. Rotenon, Ellipton usw.) (Chem) / derris* *n* ‖ ⁓**verzeichnis** *n* (tabellarisches) (Druck) / table of contents, TOC ‖ ⁓**verzeichnis** (Stichwortverzeichnis) (Druck) / index *n* (pl. indexes or indices)
**inhärent** *adj* / inherent *adj* ‖ **nicht** ⁓ / non-inherent *adj* ‖ ⁓**e Sicherheit** (des Reaktors) (Nukl) / inherent safety
**In-Haus-Netz** *n* (Nebenstellenanlagen + DV-Netz + lokales Netz) (EDV) / in-house network
**Inherited Rights Filter** *n* (Netware; mit Hilfe der IRF können Rechte gezielt nicht weitergegeben werden) (EDV) / inherited-rights filter, IRF
**inhibieren** *v* (Biol, Chem, EDV) / inhibit *v* ‖ ⁓ (Eltronik) / inhibit *v*
**inhibierend** *adj* / inhibitive *adj*
**inhibiertes Öl** (Eltech) / inhibited oil* (mineral transformer oil to which a synthetic oxidation inhibitor has been added)
**Inhibierung** *f* (Biol, Chem) / inhibition *n*
**Inhibin** *n* (ein Glykohormon) (Biochem) / inhibin *n*
**Inhibitdraht** *m* (EDV) / inhibit line, inhibit wire
**Inhibiting-Faktor** *m* (der Gegenspieler des Releasing-Hormons) (Biochem) / inhibiting factor
**Inhibition** *f* (eine zweistellige boolesche Funktion) (EDV) / exclusion *n*, NOT-IF-THEN operation, AND-NOT operation, EXCEPT operation
**Inhibitionsphase** *f* (Chem) / inhibitory phase*
**inhibitiv** *adj* / inhibitive *adj*
**Inhibitleitung** *f* (EDV) / inhibit line, inhibit wire
**Inhibitor** *m* (Chem Verf) / inhibitor* *n*, inhibiting agent ‖ ⁓**süßung** *f* (Erdöl) / inhibitor sweetening
**Inhibit•schaltung** *f* (EDV) / inhibit circuit, lock-out circuit ‖ ⁓**strom** *m* (EDV) / inhibit current
**inhomogen** *adj* (ungleichartig zusammengesetzt) / inhomogeneous *adj* ‖ ⁓**es Feld** (Phys) / inhomogeneous field ‖ ⁓**e lineare Differentialgleichung** (Math) / non-homogeneous linear differential equation, inhomogeneous linear differential equation ‖ ⁓**e Lorentz-Gruppe** (Math) / Poincaré group, inhomogeneous Lorentz group ‖ ⁓ **verbreiterte Linie** (der Doppler-Verbreiterung) (Spektr) / inhomogeneously broadened line ‖ ⁓**e Verbreiterung** (Spektr) / inhomogeneous broadening
**Inhomogenität** *f* / inhomogeneity *n* ‖ ⁓ (Glas) / ream* *n*, cord *n*
**Inhour** *f* (Nukl) / inhour* *n*
**Inhour-Gleichung** *f* (in der Reaktorregelung) (Nukl) / inhour equation
**Inhouse-** / in-house *attr*, in-plant *attr*
**Inhouse-Kommunikation** *f* (Fernm) / in-house communication
**Inhouse-Netz** *n* (Nebenstellenanlagen + DV-Netz + lokales Netz) (EDV) / in-house network
**INI-Datei** *f* (Initialisierungsdatei für Windows-Anwendungen) (EDV) / INI file
**Inifer-Polymerisation** *f* (Chem) / inifer polymerization
**Iniferter** *m* (Initiator für die radikalische Polymerisation) (Chem) / iniferter *n*
**Initial•-** / initial *adj* ‖ ⁓ *n* (Typog) / initial *n*, initial letter ‖ ⁓ **mit Oberlänge** (Typog) / stick-up initial ‖ ⁓ **mit Unterlänge** (Typog) / drop initial ‖ ⁓**buchstabe** *m* (Typog) / initial *n*, initial letter
**Initiale** *f* (Typog) / initial *n*, initial letter
**Initialimpuls** *m* (beim Sprengen) / firing impulse
**initialisieren** *v* (EDV, Mag, Masch) / initialize *v*
**Initialisierung** *f* (das Erzeugen eines bestimmten determinierten Startzustandes in einer DV-Anlage durch ein Systemprogramm vor Abarbeitung eines Anwenderprogramms z.B. durch Löschen der Register oder dem Programmablauf, das Nullsetzen der Zähler, Schalter u.ä.) (EDV) / initialization *n* ‖ ⁓ (die Vorbereitung magnetischer Datenträger durch ein Dienstprogramm durch Schreiben des Datenträger-Kennsatzes, Aufzeichnen der Spuradressen, Kennzeichnen unbrauchbarer Spuren usw.) (EDV, Mag) / initialization *n* ‖ ⁓ (Herstellung einer definierten Ausgangsstellung einer NC-Maschine als Voraussetzung für den Start eines Steuerprogramms) (EDV, Masch) / initialization *n*
**Initialisierungsnachricht** *f* (Fernm) / initial address message, IAM
**Initial•programmladen** *n* (EDV) / initial program loading ‖ ⁓**programmlader** *m* (EDV) / initial program loader (IPL) ‖ ⁓**schmierung** *f* (Masch) / initial lubrication ‖ ⁓**sprengstoff** *m* (gegen Schlag, Stoß und Wärme besonders empfindlicher Explosivstoff, der durch seine Entzündung die Explosion der gesamten Ladung auslöst) / initiating agent, primary explosive, initiating explosive ‖ ⁓**strahlung** *f* (Kernphys) / initial radiation
**Initiation** *f* (bei der Translation) (Biochem) / initiation *n* ‖ ⁓ (Chem) / initiation *n*, start *n* ‖ ⁓ (bei der Annäherung eines Objekts) (Eltronik) / initiation *n*
**Initiator** *m* (Substanz, die eine Kettenreaktion einleitet) (Chem) / initiator* *n* ‖ ⁓ (EDV) / initiator *n* (the host in dialogue between SCSI devices) ‖ ⁓ (in der Industrierobotertechnik) (Eltronik) / proximity sensor ‖ ⁓ (berührungs- und kontaktlos arbeitender Schalter oder Sender mit Zweipunktverhalten, der durch Änderung physikalischer Parameter bei Annäherung eines Objekts ein Signal abgibt) (Eltronik) / initiator *n*
**Initiatorcodon** *n* (Gen) / initiation codon, start codon
**initiieren** *v* / detonate *vt*, initiate *v* ‖ ⁓ (Chem) / initiate *v*, start *v*
**Initiierung, fotochemische** ⁓ (Anstr, Chem) / photoinitiation *n*
**Injektion** *f* (Bergb, HuT) / injection *n* ‖ ⁓ (Einbringen von zusätzlichen Ladungsträgern in einen Halbleiter von außen) (Eltronik) / injection* *n* ‖ ⁓ (Kernphys) / injection *n* ‖ ⁓ (Landw) / injection *n* ‖ ⁓ (Abbildung) (Math) / injection *n* ‖ ⁓ (Med, Pharm) / injection *n*
**Injektions•elektrode** *f* (Kernphys) / injecting electrode ‖ ⁓**elektrolumineszenz** *f* (Anregung durch Injektion von Minoritätsträgern) (Eltronik) / Lossev effect*, injection electroluminescence, recombination electroluminescence ‖ ⁓**gerät** *n* (für Flüssigdünger) (Landw) / injection apparatus ‖ ⁓**gerät** *n* (Nukl) / injector *n*, injector accelerator ‖ ⁓**laser** *m* (wenn der Injektionsstrom einen Schwellenwert überschreitet) (Phys) / injection laser diode, ILD, injection laser ‖ ⁓**logik** *f* (EDV, Eltronik) / injection logic ‖ **schnelle integrierte** ⁓**logik** (EDV) / high-speed integrated injection logic, HSIIL, HSI²L ‖ **integrierte** ⁓**logik** (IIL; I²L) (bipolar ausgeführte Bausteine der Digitaltechnik, bei denen die Stromzuführung über strombegrenzende pn-Übergänge erfolgt) (Eltronik) / integrated injection logic, IIL, I²L, merged transistor logic, MTL ‖ ⁓**mittel** *n* (Bau, Bergb, HuT) / grout *n*, grouting *n* ‖ ⁓**mörtel** *m* (Bau, HuT) / grout *n* (a mortar or paste for filling crevices) ‖ ⁓**optik** *f* (Kernphys) / injection optics ‖ ⁓**schirm** *m* (Bergb, HuT, Wasserb) / grout curtain ‖ ⁓**schleier** *m* (zur Abdichtung gegen Wasserverlust, meistens bei Talsperren) (Bergb, HuT, Wasserb) / grout curtain ‖ ⁓**spritze** *f* (in der Chromatografie) (Chem) / syringe *n* ‖ ⁓**spritze** (Med) / syringe *n*, hypodermic syringe ‖ ⁓**stabilisierter Laser** (Phys) / injection-locked laser ‖ ⁓**stoff** *m* (gasförmiger oder flüssiger) (Bau, HuT) / injection fluid ‖ ⁓**strom** *m* (Eltronik) / injection current ‖ ⁓**transistor** *m* (Eltronik) / bipolar transistor* ‖ ⁓**verfahren** *n* (bei der Stahlherstellung) (Hütt) / injection process ‖ ⁓**wirkungsgrad** *m* (Eltronik) / injection efficiency* ‖ ⁓**zerstäuber** *m* (Masch) / injection atomizer
**injektiv•e Abbildung** (Math) / injection *n* ‖ ⁓**er Homomorphismus** (Math) / monomorphism *n*
**Injektor** *m* (eine Dampfstrahlpumpe bei Dampferzeugern) (Masch) / steam injector*, injector* *n* ‖ ⁓ (Nukl) / injector *n*, injector accelerator ‖ ⁓ (Masch) s. auch Ejektor ‖ ⁓**brenner** *m* (Schw) / injector-type torch ‖ ⁓**düse** *f* (Schw) / injector nozzle ‖ ⁓**einsatz** *m* (Spektr) / injector insert, insert *n*
**injizieren** *v* (Bau, Bergb, Erdöl, HuT) / grout *v* (under pressure), inject *v* (under pressure) ‖ ⁓ (Eltronik, Geol, Med) / inject *v* ‖ ⁓ (Landw) / inject *v* ‖ ⁓ **von Erdöl-Lagerstätten durch Bakterienkultur-Lösungen** (eine Methode der Tertiärförderung) (Erdöl) / bacteria method (of enhanced oil recovery)
**Injizierung** *f* **der Säure in einen säurelöslichen Bereich** (um die Durchlässigkeit zu erhöhen) (Erdöl) / acidizing* *n* (an oil well), acidization *n*, acid treatment
**Inkarnationsnummer** *f* (EDV) / incarnation number
**Inka-Rose** *f* (ein Schmuckstein) (Min) / rhodochrosite* *n*
**Ink-Jet-Drucker** *m* (für Schwarzweiß- und für Farbdruck) (EDV) / ink-jet printer ‖ ⁓ **mit kontinuierlichem Tintenstrahl** (der durch ein elektrisches Ablenkfeld bewegt wird) (EDV) / continuous-stream (ink-jet) printer
**Ink-Jet-Verfahren** *n* (EDV) / ink-jet printing*
**Inklination** *f* (Astr, Raumf) / inclination* *n* ‖ ⁓ (Geophys, Mag) / dip* *n*, inclination* *n*, magnetic dip
**Inklinations•kompaß** *m* (Mag, Verm) / dip circle* ‖ ⁓**nadel** *f* (Mag, Verm) / dip needle*, dipping needle*
**Inklinatorium** *n* (mit einer freibeweglichen Magnetnadel) (Mag, Verm) / inclinometer* *n*, dipping compass, dip compass
**Inklusion** *f* (Chem, Hütt, Min, WP) / inclusion* *n* ‖ ⁓ (eine Teilmengenrelation) (Math) / inclusion *n* ‖ **echte** ⁓ (als echte Teilmenge) (Math) / proper inclusion
**Inklusions•cellulose** *f* (Chem) / inclusion cellulose ‖ ⁓**verbindung** *f* (Chem) / clathrate* *n*, enclosure compound ‖ ⁓**verbindung** (Chem) / inclusion complex, inclusion compound ‖ ⁓**zellulose** *f* (Chem) / inclusion cellulose
**inklusiv** *adj* / inclusive *adj* ‖ ⁓**es ODER** (EDV, Regeln) / inclusive OR, alteration *n* ‖ ⁓**e Wechselwirkung** (Kernphys) / inclusive interaction ‖ ⁓**es-ODER-Schaltung** *f* (EDV) / inclusive-OR circuit ‖ ⁓**preis** *m* / all-in price, inclusive price
**inkohärent** *adj* (Beleuchtung, Drehung, Streuung) (Phys) / incoherent* *adj*, non-coherent *adj* ‖ ⁓**es Licht** (ohne einheitlichen Zusammenhang mit Wellenzügen verschiedener Form, Frequenz und Richtung) (Licht) / incoherent light ‖ ⁓**e Streuung** (Kernphys) / incoherent scattering
**Inkohärenz** *f* (Phys) / incoherence *n*, incoherency *n*

**inkohlen** v (Pflanzenreste in Kohle umwandeln) (Bergb, Geol) / carbonize v, coalify v, carbonify v, incarbonize v
**Inkohlung** f (biochemischer und geochemischer Vorgang bei der Entstehung der Steinkohle) (Bergb, Geol) / carbonization* n, coalification n, carbonification n, incarbonization n, incoalation n
**Inkohlungs•grad** m (Geol) / rank of coal* ‖ ⁓**reihe** f (Geol) / coalification series ‖ ⁓**sprung** m (Geol) / coalification break, coalification jump ‖ ⁓**stufe** f (Rang verschiedener Kohlenarten) (Geol) / rank of coal* ‖ ⁓**stufe** (Geol) / coalification break, coalification jump
**Inkometer** n (Gerät zum Prüfen der Zähigkeit von Druckfarben) (Druck) / inkometer n
**inkommensurabel** adj (nicht mit gemeinsamem Maß meßbar, nicht vergleichbar) (Math) / incommensurable adj
**inkompatibel** adj / incompatible adj
**Inkompatibilität** f / incompatibility* n
**inkompetent** adj (zur Fortleitung gerichteten Druckes nicht befähigt) (Geol) / incompetent adj
**inkompressibel** adj / incompressible adj
**inkompressible Strömung** (Phys) / incompressible flow
**inkongruent** adj (Math) / incongruent adj ‖ ~**es Gleichgewicht** (einer inkongruent schmelzenden intermetallischen Verbindung) (Hütt) / incongruent equilibrium ‖ ~**es Schmelzen** (Hütt) / incongruent melting ‖ ~**er Schmelzpunkt** (Phys) / incongruent melting point
**Inkongruenz** f (Nicht-Deckungsgleichheit) (Math) / incongruence n, incongruity n ‖ ⁓ (Nicht-Restgleichheit in der Arithmetik) (Math) / incongruence n, incongruity n
**inkonsistent** adj (Math) / inconsistent adj
**inkonsistenztolerant** adj (System) (KI) / inconsistency-tolerant adj
**Inkorporation** f (Biol) / incorporation n ‖ ⁓ (vollständige oder auszugsweise Aufnahme eines Textblocks in einen neuen Text) (EDV) / incorporation n ‖ ⁓ (Aufnahme radioaktiver Stoffe in den menschlichen oder tierischen Organismus) (Radiol) / incorporation n ‖ ⁓ (Einlagerung feingemahlener Flammschutzmittelpigmente in die Viskose unmittelbar vor dem Verspinnen) (Tex) / incorporation n
**inkorporieren** v (Biol) / incorporate v
**Inkorporierung** f (Biol) / incorporation n ‖ ⁓ (von Radionukliden) (Radiol) / incorporation n
**Inkreis** m (eines Dreiecks) (Math) / incircle n, inscribed circle* (of a triangle) ‖ ⁓**halbmesser** m (bei einem regelmäßigen Vieleck) (Math) / apothem n ‖ ⁓**halbmesser** (Math) / inradius n (pl. -ii or -uses) ‖ ⁓**radius** m (Math) / apothem n ‖ ⁓**radius** (Math) / inradius n (pl. -ii or -uses)
**Inkrement** n (kleinster quantisierter Zuwachs einer Größe) (EDV, Math) / increment n, INCR
**inkremental** adj (EDV, Math) / incremental adj ‖ ~**e Bemaßung** (Masch) / point-to-point dimensioning, chain dimensioning, incremental dimensioning ‖ ~**e Darstellung** (EDV) / incremental representation ‖ ~**er Integrierer** (EDV) / incremental integrator ‖ ~**e Maßwertverarbeitung** (EDV, Masch) / incremental processing ‖ ~**er Vektor** (EDV) / incremental vector
**Inkremental•bandgerät** n / incremental tape station ‖ ⁓**bemaßung** f (der Endpunkt des vorhergehenden Maßes ergibt den Bezugspunkt des folgenden Maßes) (Masch) / point-to-point dimensioning, chain dimensioning, incremental dimensioning ‖ ⁓**compiler** m (EDV) / incremental compiler ‖ ⁓**geber** m (Maßstab oder Scheibe mit digitaler Teilung für die direkte oder indirekte digital-inkrementale Wegmessung) (Eltronik) / incremental indicator, incremental sensor, incremental sensing element ‖ ⁓**maß-Programmierung** f (numerische Steuerung - nach DIN 66257) (EDV) / incremental programming ‖ ⁓**maßverarbeitung** f (EDV, Masch) / incremental processing ‖ ⁓**meßverfahren** n (ein Wegmeßsystem der numerischen Steuerung) (Masch) / incremental system ‖ ⁓**plotter** m (EDV) / incremental plotter
**inkrementell** adj (EDV, Math) / incremental adj ‖ ~**er Compiler** (EDV) / incremental compiler ‖ ~**er Kompilierer** (EDV) / incremental compiler ‖ ~**es Lernen** (bei dem Informationen, die für einen Bereich gelernt wurden, so modifiziert werden, daß sie als neue Fakten in einem erweiterten Bereich zur Verfügung stehen) (KI) / incremental learning
**Inkrementgröße** f (die Entfernung zwischen zwei benachbarten adressierbaren Punkten auf der Darstellungsfläche des Plotters) (EDV) / plotter step size, increment size
**inkrementieren** v / increment v
**Inkrementierer** m (EDV) / incrementer n
**Inkrementsystem** n (z.B. zur Abschätzung der chemischen Verschiebungen) (Chem) / incremental system
**Inkretion** f (Biochem, Med) / incretion n
**Inkromieren** (durch Diffusion von Chrom in die Stahloberfläche) (Galv) / chromizing n, chromizing process
**Inkromierstahl** m (Galv, Hütt) / chromized steel
**inkromierter Stahl** (Galv, Hütt) / chromized steel

**Inkrom-Stahl** m (Galv, Hütt) / chromized steel
**Inkrom-Verfahren** n (durch Diffusion von Chrom in die Stahloberfläche) (Galv) / chromizing n, chromizing process
**Inkrustation** f / incrustation n, encrustation n, scaling n ‖ ⁓ (Einlegearbeit) (For, Tischl) / incrustation n, encrustation n ‖ ⁓ (Geol) / encrustation n, incrustation n
**Inkrustierung** f (Geol) / encrustation n, incrustation n ‖ ⁓ (von Saatgut) (Landw) / incrustation n
**Inkrustsubstanz** f (Chem) / incrustation agent, incrustant n
**Inkubation** f (Bakteriol, Med) / incubation* n
**Inkubations•periode** f / incubation period ‖ ⁓**phase** f (Chem Verf) / lag phase ‖ ⁓**zeit** f (z.B. bei der Kavitation oder Rekristallisation) / incubation period
**Inkugel** f (Math) / insphere n, inscribed sphere
**Inkugelradius** m (Math) / inradius n (pl. -ii or -uses)
**Inland•eis** n (Geol) / ice sheet, ice mantle ‖ ⁓**eismasse** f (Geol) / inland ice ‖ ⁓**flug** m (Luftf) / domestic flight ‖ ⁓**flugverkehr** m (Luftf) / domestic service
**inländisch** adj (For) / indigenous adj, native adj, domestic adj
**Inlands•gespräch** n (Fernsp) / national call ‖ ⁓**handel** m / domestic trade ‖ ⁓**netz** n (Fernm) / domestic network
**Inlay** m (im Trickmischgerät) (TV) / inlay* n
**Inlett** n (Tex) / ticking n, tick n
**Inlettstoff** m (Tex) / ticking n, tick n
**"In-line blending"** n (kontinuierliches Mischen in der Rohrleitung) (Erdöl) / in-line blending
**Inlineblender** m (in der Rohrleitung) (Erdöl, HuT) / in-line blender
**In-line•Directory** n (für eine integrierte Steuerung und Kontrolle von Daten- und Dokumentenbanken) (EDV) / in-line directory ‖ ⁓**-Farbbildröhre** f (mit drei nebeneinander in einer horizontalen Ebene des Halses der Bildröhre angeordneten Elektronenstrahlsystemen) (TV) / slot matrix tube, slot-mask picture tube, in-line colour picture tube ‖ ⁓**-Prüfung** f (meistens automatisierte) / in-line testing ‖ ⁓**-Pumpe** f (deren Saug- und Druckstutzen in der geradlinig verlaufenden Rohrleitung liegen) (Masch) / in-line pump
**Inlineröhre** f (mit drei nebeneinander in einer horizontalen Ebene des Halses der Bildröhre angeordneten Elektronenstrahlsystemen) (TV) / slot matrix tube, slot-mask picture tube, in-line colour picture tube
**In-line-Sensor** m (der zum Messen keine Probenbereitung benötigt und direkt in die Meßflüssigkeit eingetaucht wird) / in-line sensor
**Inlineskating-Bahn** f (Bau) / roller rink
**Inmold-Verfahren** n (Hütt) / in-mo(u)ld process
**In-Mould-Coating** n (Beschichtung eines Formteils im Produktionswerkzeug) (Anstr, Plast) / in-mould coating
**In-Mould-Release** n (inneres Trennmittel) (Anstr, Plast) / in-mould release
**Inmould-Verfahren** n (zur Erzeugung von Gußeisen mit Kugelgraphit) (Hütt) / in-mo(u)ld process
**innen, nach ~ einfallend** (Geol) / inward dipping ‖ **nach ~ gerichtet** / inboard adj ‖ **nach ~ öffnend** (Fensterflügel) (Bau) / inward-opening adj, opening in (window) ‖ **von ~ wirkend** / intrinsic adj
**Innen•-** (Masch) / female* adj ‖ ⁓**abfall** m (Masch) / knock-out n ‖ ⁓**abguß** m (Geol) / cast* n, pseudomorph n (a natural cast), internal mould, internal cast, steinkern n ‖ ⁓**angriff** m (Werkz) / internal drive, driving recess ‖ ⁓**anstrichmittel** n (Anstr) / indoor paint, interior paint ‖ ⁓**antenne** f (Radio, TV) / indoor antenna, indoor aerial, internal antenna, inside antenna, room antenna ‖ ⁓**antrieb** m (Werkz) / internal drive, driving recess ‖ ⁓**architekt** m (Bau) / interior decorator ‖ ⁓**architektur** f (Bau) / interior decoration, interior design ‖ ⁓**aufnahme** f (Eltech, Masch) / female socket ‖ ⁓**aufnahme** (Film, Foto) / interior photography, interior shot, interior n ‖ ⁓**ausbau** m (im allgemeinen) (Bau) / internal finishing, interior finish ‖ ⁓**ausbau** (Tischl) / interior joinery ‖ ⁓**ausstattung** f (Kfz) / interior trim ‖ ⁓**backenbremse** f (die Bremsbacken sind innerhalb der Bremstrommel) (Kfz) / internal brake, expanding brake*, internal-expanding brake* ‖ ⁓**bahn** f (im Atommodell) (Kernphys) / inner orbit ‖ ⁓**ballistik** f (Phys) / interior ballistics ‖ ⁓**befindlich** adj / internal adj ‖ ~**beleuchtetes Schaltbild** (Eltech) / illuminated diagram* ‖ ⁓**beleuchtung** f (Kfz) / courtesy light ‖ ⁓**beleuchtung** (Licht) / interior lighting ‖ ⁓**belüftete Bremse** (Kfz) / ventilated brake ‖ ⁓**berme** f (am Fuße eines Deichs) (Wasserb) / inner berm ‖ ~**beschichtete Bratpfanne** (meistens mit Teflon) (Nahr) / non-stick pan ‖ ⁓**beschichtung** f / inside coating, internal coating, inner coating ‖ ⁓**bildkodierung** f (TV) / intra-frame coding ‖ ⁓**bogenweiche** f (Bahn) / similar flexure turnout ‖ ⁓**bord** m (eines Blechteils) (Hütt) / plunged boss ‖ ⁓**bordklappe** f (Luftf) / inboard tab ‖ ⁓**bordmotor** m (Masch) / inboard engine ‖ ⁓**bordspoiler** m (Luftf) / inboard lift spoiler ‖ ⁓**böschung** f (der Luftseite) (Wasserb) / air slope ‖ ⁓**drehen** n (Erweitern einer vorhandenen Bohrung) (Masch) / internal turning ‖ ⁓**drehmeißel** m (DIN 4973) (Masch) / boring tool

**Innendruck** *m* (Phys) / internal pressure, inside pressure ‖ **~beansprucht** *adj* (z.B. Druckgefäß) / internal-pressure-loaded *adj*, internally pressure-loaded ‖ **~versuch** *m* (z.B. Abdrück- oder Berstversuch - mit Flüssigkeiten, Luft oder Inertgas als Druckmedium) (WP) / internal-pressure test ‖ **~versuch** (WP) / internal-pressure test ‖ **einem ~versuch unterziehen** (Masch) / hydrotest *v*

**Innen•durchlaufspule** *f* (die bei den elektromagnetischen Untersuchungen verwendet wird, indem man sie in die Probe einbringt, wie im Falle einer Einführsonde bei Rohrleitungen) (Eltech) / ID coil, inserted coil, inside coil ‖ **~durchmesser** *m* (Masch) / inside diameter, ID, internal diameter, inner diameter ‖ **~durchmesser der Auflagefläche** (Masch) / transition diameter ‖ **~-Eckdrehmeißel** *m* (DIN 4974) (Masch) / square-nose boring tool ‖ **~ecke** *f* (Bau) / internal corner ‖ **~elektron** *n* (Kernphys) / inner-shell electron, inner electron ‖ **~fäule** *f* (Abbau des Holzes durch holzzerstörende Pilze, die nur im Inneren wachsen) (For) / internal rot, internal decay ‖ **~fehler** *m* / inside defect, inside flaw ‖ **~fenster** *n* (Bau) / interior window, inside window ‖ **~fenster** (Fenster in der Innenmauer) (Bau) / borrowed light ‖ **~fläche** *f* / inner surface, internal surface ‖ **~fokussierung** *f* (Opt) / internal focusing ‖ **~furnier** *n* (auf Innenflächen von Möbelteilen) (For) / back *n*, back veneer, balancing veneer, backing veneer ‖ **~garnitur** *f* (Masch) / trim *n* ‖ **schallarme ~garnitur** (Masch) / low-noise trim, reduced-noise trim ‖ **~gegenspannungsdraht** *m* (Luftf) / anti-drag wire ‖ **~geräusche** *n pl* (Kfz) / interior noise ‖ **~gewinde** *n* (Masch) / internal screw-thread*, internal thread, female thread*, B-thread *n* (US) ‖ **kegeliges ~gewinde** (Masch) / internal taper pipe thread ‖ **~gewinde schneiden** (Gewindebohrer) (Masch) / tap *v* ‖ **~gewindedrehmeißel** *m* (Masch) / internal-screw (cutting) tool, inside-screw tool ‖ **~gezahnt** *adj* (Masch) / internal-tooth *attr*, internally toothed ‖ **~gezahnte Fächerscheibe** (Masch) / serrated internal-tooth lock washer ‖ **~glied** *n* (einer Proportion) (Math) / mean *n*, mean term ‖ **~grat** *m* (eine dünne Werkstoffschicht, die beim Schmieden von Durchgangslöchern entsteht und durch Lochen entfernt werden muß) (Masch) / wad *n*, piercing *n* ‖ **~gummi** *m* (in Reifen) (Kfz) / inner liner (of a tyre), tyre inner liner ‖ **~halbbildkodierung** *f* (TV) / intra-field coding ‖ **~hof** *m* (Arch) / patio *n* ‖ **~indikator** *m* (Chem) / internal indicator ‖ **~inspektionsgerät** *n* (Hütt) / endoscope* *n* ‖ **~installation** *f* (Bau) / consumer's installation, consumer's plant, customer's installation, customer's plant ‖ **~kante** *f* (eines Kolbenrings) (V-Mot) / inside edge ‖ **~kegel** *m* (Masch) / female taper ‖ **~kegel** (der für die innere Form eines Kegelkörpers begrenzt) (Math) / internal cone ‖ **blauer ~kegel** (der Flamme) (Chem) / blue cone (of a flame) ‖ **~kern** *m* (der zur Ausformung von Innenkonturen eingesetzt wird) (Gieß) / internal core ‖ **~kerninstrumentierung** *f* (Nukl) / in-core instrumentation ‖ **~kippe** *f* (im ausgekohlten Teil des Tagebaus) (Bergb) / internal spoil heap, inside dump, internal dump ‖ **~kneter** *m* (Masch) / internal mixer, closed mixer ‖ **~korrosion** *f* (z.B. von Behältern und Rohren) (Masch) / internal corrosion, subsurface corrosion ‖ **~kotflügel** *m* (aus Kunststoff) (Kfz) / wheel arch protector, inner fender ‖ **~kühlelement** *n* (Gieß) / internal chill ‖ **~kühlung** *f* (bei der die Wärme an das die Maschine durchströmende Kühlmittel abgegeben wird, das sich ständig erneuert) (Eltech) / open-circuit cooling ‖ **~lackierung** *f* (im Innenraum) (Anstr, Kfz) / interior painting ‖ **~laden** *m* (ein Fensterladen) (Bau) / inside shutter ‖ **~lage** *f* (Bestandteil eines Multilayers) (Eltronik) / internal layer, inner layer, buried layer ‖ **~lage** (bei Lagenholz) (For) / interior ply ‖ **~lagenverbindungsloch** *n* (Eltronik) / buried via hole ‖ **~lastig** *adj* (z.B. ein Flurförderer) (Masch) / inboard *adj* ‖ **~leiter** *m* (im Dreileitersystem) (Eltech) / internal conductor* ‖ **~leuchte** *f* (Kfz) / interior light ‖ **~leuchte** (Licht) / indoor luminaire ‖ **~liegende Dichtung** (oberhalb der Bauwerkssohle) (HuT) / core* *n* (the above-ground watertight barrier of an earth dam) ‖ **~liegendes Gewinde** (der Spindel) (Masch) / inside screw (of the stem) ‖ **~lunker** *m* (Gieß) / internal shrinkage ‖ **~marker** *m* (Luftf) / inner marker (beacon)* ‖ **~maß** *n* (im allgemeinen) (Masch) / internal size ‖ **~maß** (bei Toleranzen) (Masch) / hole *n* ‖ **~mattierter Kolben** (Licht) / inside-frosted lamp, satin-etched bulb, pearl lamp ‖ **~mauer** *f* (Mittel-, Trennmauer, Zwischenwand) (Bau) / internal wall, interior wall, inside wall ‖ **~meßfühler** *m pl* (der Schieblehre) (Masch) / inside jaws ‖ **~meßschraube** *f* (Masch) / inside micrometer calliper, inside micrometer ‖ **~messung** *f* (Bestimmung des Abstandes zweier Innenflächen) (Masch) / internal measurement, inside measurement ‖ **~messung** (Belichtungsmessung) (Foto, Opt) / through-the-lens metering, TTL ‖ **~mikrometer** *n* (Masch) / inside micrometer calliper, inside micrometer ‖ **~mischer** (Kneter) (Masch) / internal mixer, closed mixer ‖ **~mischer mit Stempel** / Banbury mixer ‖ **~moräne** *f* (Geol) / englacial moraine ‖ **~naht** *f* (Tex) / inseam *n* ‖ **~produktraum** *m* (Math) / unitary space, inner-product space ‖

**~putz** *m* (Bau) / internal plaster, plaster *n*, stuff* *n* ‖ **~rad** $n_i$ (bei der Kurvenfahrt) (Kfz) / inner wheel ‖ **~rad** (Masch) / internal gear*
**Innenraum** *m* / interior *n* ‖ **~** (als räumliche Einheit) (Kfz) / passenger compartment ‖ **~aufstellung** *f* / indoor installation, installation indoors ‖ **~beleuchtung** *f* (Kfz) / courtesy light ‖ **~beleuchtung** (in einem Wohnhaus) (Licht) / domestic lighting, residential lighting ‖ **~beleuchtung mit Ausschaltverzögerung** (Kfz) / delay courtesy light
**Innenräumen** *n* (DIN 1415, DIN 55143) (Masch) / internal broaching ‖ **~ von Drallnuten** (DIN 8589) (Masch) / internal broaching of helical grooves
**Innenraum•klima** *n* (Bau) / room climate, indoor climate ‖ **~luftbelastung** *f* (Umwelt) / indoor-air pollution
**Innenraummaschine** *f* (Masch) / internal broaching machine
**Innenraumtrennschalter** *m* (Eltech) / indoor disconnector
**Innen•räumwerkzeug** *n* (Masch) / internal broach ‖ **~rinde** *f* (For) / inner bark ‖ **~rinde** (For, Landw) / bast* *n*, liber *n* ‖ **~ring** *m* (des Rollenlagers) (Masch) / inner race ring ‖ **~ring** (des Wälzlagers) (Masch) / inner ring ‖ **~riß** *m* (ein Holzfehler) (For) / internal check ‖ **feine ~risse** (durch Erwärmung) (Hütt) / clinks* *pl* ‖ **~rohrrammung** *f* (z.B. bei Franki-Pfählen) (HuT) / drop-hammer working inside the tube ‖ **~rohrschneider** *m* (ein Fanggerät) (Erdöl) / inside cutter ‖ **~rückspiegel** *m* (Kfz) / inside rear-view mirror ‖ **~rundschleifen** *n* (Masch) / internal grinding*, internal cylindrical grinding ‖ **~rüttler** *m* (der in den Frischbeton eingetaucht wird - z.B. Flaschenrüttler) (Bau) / internal vibrator, immersion vibrator ‖ **~schale** *f* (Kernphys) / inner shell ‖ **~schleifen** *n* (Masch) / internal grinding*, internal cylindrical grinding ‖ **~schneider** *m* (einer Kernbohrkrone) (Bergb) / inside face ‖ **~schwärzung** *f* (der Glühlampe) (Eltech) / age coating ‖ **~sechskant** *n* (DIN 918) (Masch) / hexagonal socket, hexagon socket, hex socket ‖ **~sechskantschraube** *f* (Masch) / Allen screw, hexagon socket head screw, socket head screw ‖ **~sechskanttiefe** *f* (Masch) / recess depth ‖ **~seele** *f* (Kfz) / inner liner (of a tyre), tyre inner liner ‖ **~sehgerät** *n* (z.B. für Rohre) (Hütt) / endoscope* *n* ‖ **mit der ~seite nach außen** (Tex) / inside out ‖ **~sicherung** *f* (des Kolbenringstoßes) (V-Mot) / internal notch ‖ **~spannung** *f* (Mech) / internal stress*, residual stress, remaining stress ‖ **~speicher** *m* (EDV) / internal memory*, internal store ‖ **~spiegel** *m* (Kfz) / interior mirror, inside mirror ‖ **abblendbarer ~spiegel** (Kfz) / antidazzle *m* (mirror), day/night mirror (US), dipping mirror ‖ **~spule** *f* (bei der Wirbelstromprüfung) (Eltech) / internal coil ‖ **~stadt** *f* (Arch) / city centre, town centre, downtown *n* (US) ‖ **~stern** *m* (des Gleichlaufgelenkes) (Kfz) / inner race ‖ **~stirnrad** *n* (Masch) / internal gear* ‖ **~taster** *m* (Instr) / inside callipers*, internal callipers ‖ **~teil** *n* (Passung) (Masch) / inner member, internal member, insert *n*, male component ‖ **~torx** *m* (Werkz) / internal TORX ‖ **~treppe** *f* (Arch, Bau) / interior stair ‖ **~tür** *f* (in einer Öffnung der Innenwand) (Arch, Bau) / internal door, interior door ‖ **~verpackung** *f* / interior packing, inner packing, interior package ‖ **~verspiegelte Lampe** (Eltech, Licht) / internally silvered lamp, reflector lamp, reflector-type lamp ‖ **~verzahnt** *adj* (Masch) / internal-tooth *attr*, internally toothed ‖ **~verzahntes Getriebe** (Masch) / internal gear* ‖ **~verzahntes Rad** (Masch) / internal gear* ‖ **~verzahnung** *f* (Masch) / internal toothing, internal gear ‖ **mit ~verzahnung** (Masch) / internal-tooth *attr*, internally toothed ‖ **~wand** *f* (tragende, nichttragende) (Bau) / internal wall, interior wall, inside wall ‖ **~wange** *f* (sichtbare Treppenwange einer Holztreppe) (Zimm) / outer string*, face string (US) ‖ **~wendel** *f* (Kab) / spiral binder tape, binder tape ‖ **~widerstand** *m* (Eltech) / internal resistance ‖ **~widerstand** (Ausgangsimpedanz) (Eltech) / internal impedance* ‖ **~widerstand** (Eltronik) / differential anode resistance*, slope resistance* ‖ **~widerstand** (einer Röhre) (Eltronik) / anode resistance* ‖ **~winkel** *m* (eines Polygons) (Math) / interior angle ‖ **~winkelhalbierende** *f* (Math) / internal bisector ‖ **~zahnrad** *n* (DIN 3960) (Masch) / internal gear* ‖ **~zahnrad** (geradverzahntes) (Masch) / annulus *n* (pl. -li or -luses), annulus spur gear, annulus gear ‖ **~zahnradpumpe** *f* (Masch) / internal-gear pump, crescent pump ‖ **~zentriert** *adj* (Krist) / body-centred *adj* ‖ **~zwölfkant** *n* (Masch) / bihexagonal socket, 12-point socket ‖ **~zwölfzahn** *n* (Masch) / bihexagonal socket, 12-point socket

**inner•e Asche** (Aufber, Bergb) / inherent ash* (in the original coal-forming vegetation) ‖ **~e Ballistik** (Phys) / interior ballistics ‖ **~e Belastungskennlinie** (eines Generators) (Eltech) / internal characteristic* ‖ **~e Blockierung** (Zustand in einer Koppelanordnung) (Fernsp) / matching loss, mismatch loss, internal blocking ‖ **~e Bogen** (Arch) / rear arch, rere arch* ‖ **~e Bremsstrahlung** (Kernphys) / inner bremsstrahlung ‖ **~e Bremsstrahlung** (Radiol) / inner bremsstrahlung ‖ **~es Chromatogramm** (Chem) / internal chromatogram ‖ **~e Dämpfung** (des Materials) (WP) / damping capacity (of the material) ‖ **~er Druck** (Phys) / internal pressure, inside pressure ‖ **~e Druckschale** (bei Siedewasserreaktoren) (Nukl) / dry well ‖ **~es Elektron** (Kernphys) / inner-shell electron, inner electron ‖ **~e**

**Elektronenschale** (Kernphys) / inner shell ‖ ~e **Energie** (Chem) / internal energy* ‖ ~e **Energie** (Kurzzeichen U) (Wärm) / internal energy*, thermodynamic energy ‖ ~e **Ersatztemperatur** (Eltronik) / internal equivalent temperature, virtual temperature ‖ ~e **Form** (Druck) / inner forme*, second forme, perfecting forme, inside forme ‖ ~er **Fotoeffekt** (Eltronik) / photoconductive effect ‖ ~e **Geodäsie** (Differentialgeometrie des Schwerefeldes nach A. Marussi) (Geophys, Verm) / intrinsic geodesy ‖ ~e **Geometrie** (Math) / absolute geometry*, pangeometry n, intrinsic geometry ‖ ~e **Gewässer** n pl (der zwischen Festland und Küstenmeer gelegene Teil der Hoheitsgewässer eines Staates) / internal waters ‖ ~es **Glied** (einer Proportion) (Math) / mean n, mean term ‖ ~er **Inhalt** (Math) / inner content, interior content ‖ ~er **Interzeptor** (Luftf) / inboard spoiler ‖ ~e **Isolation** (Eltech) / internal insulation ‖ ~e **Isolation** (im Inneren von Betriebsmitteln) (Fernm) / insulation across the line trap ‖ ~es **Keimblatt** (Zool) / endoderm* n, entoderm* n ‖ ~er **Kern** (der Erde) (Geol) / inner core (the central part of the earth's core) ‖ ~e **Kompensation** (Chem) / internal compensation* ‖ ~es **Komplexsalz** (Chem) / inner complex salt ‖ ~e **Kontamination** (Radiol) / radioactive contamination in man ‖ ~e **Konversion** (ein Kernprozeß) (Kernphys) / internal conversion*, IC ‖ ~e **Korrosion** (Masch) / internal corrosion, subsurface corrosion ‖ ~e **Kraft** (Mech) / internal force ‖ ~e **Landeklappe** (Luftf) / inboard flap ‖ ~er **lichtelektrischer Effekt** (das aus seiner Bindung herausgelöste Elektron bleibt im Festkörper) / internal photoeffect ‖ ~e **Linie** (in einem Feynman-Diagramm) (Phys) / Feynman propagator ‖ ~e **natürliche Strahlenexposition** (Umwelt) / internal natural radiation exposure ‖ ~e **Paarbildung** (Kernphys) / internal pair production* ‖ ~e **Parität** (Phys) / intrinsic parity ‖ ~er **Peltier-Effekt** (Phys) / Bridgman effect ‖ ~e **Planeten** (Merkur bis Mars) (Astr) / inner planets ‖ ~es **Produkt** (Math) / scalar product*, inner product, dot product ‖ ~es **Querruder** (Luftf) / all-speed aileron, inner aileron ‖ ~e **Reflexionsspektroskopie** (Spektr) / internal-reflection spectroscopy, IRS, internal-reflection spectroscopy ‖ ~e **Reibung** (von Teilen ein und desselben Körpers) (Masch, Phys) / internal friction* ‖ ~es **Rohrende** (bei Rohrverbindungen) (Masch) / female end (of a pipe) ‖ ~e **Rückkopplung** (Eltronik) / inherent feedback ‖ ~es **Salz** (Chem) / inner salt ‖ ~e **Schale** (Kernphys) / inner shell ‖ ~e **Schieberdeckung** (Masch) / inside lap*, exhaust lap* ‖ ~er **Seitenrand** (Druck) / inner margin ‖ ~e **Sekretion** (der endokrinen Drüsen) (Physiol) / internal secretion* ‖ ~e **Spannung** (Mech) / internal stress*, residual stress, remaining stress ‖ ~er **Spannungsabfall** (Eltech) / impedance drop* ‖ ~er **Speicher** (EDV) / internal memory*, internal store ‖ ~er **Standard** (in der Chromatografie) (Chem) / internal standard ‖ ~er **Stromkreis** (Eltech) / internal circuit ‖ ~e **Symmetrie** (die durch Transformationen in abstrakten, unserer Anschauung nicht zugänglichen Räumen dargestellt wird) (Phys) / internal symmetry ‖ ~e **Temperatur** (eines Halbleiterbauelements) (Eltronik) / internal equivalent temperature, virtual temperature ‖ ~e **Totlage** (Kolbenstellung am Ende des Kolbenhubs im Gegenkolbenmotor, bei der der Abstand der beiden Kolben zueinander am geringsten ist) (V-Mot) / inner dead centre* ‖ ~er **Totpunkt** (der Kurbelwelle zuliegender Umkehrpunkt) (V-Mot) / bottom dead centre*, outer dead centre*, BDC ‖ ~e **Transmissionsdichte** (Chem) / absorbance* n, absorbancy n ‖ ~e **Uhr** (Biol) / biological clock*, internal clock ‖ ~e **Umwandlung** (Kernphys) / internal conversion*, IC ‖ ~e **Unschärfe** (die Zone des allmählichen Übergangs zwischen Zonen verschiedener Dichte) (Foto) / internal blurring ‖ ~e **Wicklung** (Eltech) / inner winding ‖ ~er **Widerstand** (Eltech) / internal resistance* ‖ ~e **Winkel** (an Parallelen) (Math) / interior angles
**Inner•es** n / interior n ‖ **im ~n** n / internal adj ‖ ~e n **des Kreises** (Math) / area of the circle, circular area, circle n (area), disk n
**innerbetrieblich** adj (System) / in-house attr, in-plant attr ‖ **System** n ~er **Verrechnungspreise** / transfer pricing ‖ ~e **Ausbildung** / corporate training ‖ ~e **Norm** / in-house standard ‖ ~e **Schulung** (F.Org) / in-company training, on-the-job training ‖ ~er (Material)**Transport** (im weitesten Sinne) (Masch) / materials handling ‖ ~er (Material)**Transport** (im engeren Sinne) (Masch) / in-plant transportation
**Innereien** f pl (Nahr) / offal n, variety meat
**innergemeinschaftlich** adj (innerhalb der EU) / intracommunity attr
**innerhalb des Systems** / intrasystem attr ‖ ~ **eines Reaktors** (Experiment oder Gerät) (Nukl) / in-pile attr
**Inner•komplex** m (Chem) / inner complex ‖ ~**komplexanion** n (Chem) / inner complex anion
**innerlich** adj / internal adj
**inner•molekular** adj (Chem, Phys) / intramolecular adj ‖ ~**molekulare Reaktion** (Chem) / intramolecular reaction ‖ ~**nuklear** adj (Kernphys) / intranuclear adj ‖ ~**nukleare Kräfte** (Kernphys) / intranuclear forces* ‖ ~-**Orbital-Komplex** m (Chem) / low-spin complex, inner orbital complex ‖ ~**ortsstraße** f (HuT, Kfz) / street n ‖ ~**schalenelektron** n (Kernphys) / inner-shell electron, inner electron ‖

~**sekretorisch** adj (Physiol) / endocrine* adj ‖ ~-**Space-Forschung** f (Raumf) / inner-space research, inner-space exploration ‖ ~**städtisch** adj (Verkehr) / intracity attr ‖ ~**tropische Konvergenz** (Geog, Meteor) / intertropical convergence, ITC ‖ ~**tropische Konvergenzzone** (der äquatorialen Tiefdruckrinne zwischen den Passatgürteln der Nord- und Südhalbkugel) (Geog, Meteor) / intertropical convergence zone*, ITCZ*, equatorial convergence zone
**innewohnend** adj / inherent adj ‖ ~e **Toxizität** / inherent toxicity
**innig** adj (Kontakt) / intimate adj ‖ ~ (Mischung) / intimate adj
**Innovation** f (Produkt-, Prozeß-) / innovation n, renewal n
**Innovationsmanagement** n (F.Org) / innovation management
**Innovationszyklus** m / innovation cycle, innovational cycle
**innovativ** adj / innovative adj, cutting-edge attr
**Ino** (Chem) / inosine n (hypoxanthinosine)
**Inokulation** f (einer Metallschmelze) (Hütt) / inoculation* n ‖ ~ (durch Impfung oder unbeabsichtigte Übertragung) (Med) / inoculation n ‖ ~ (Med) s. auch Schutzimpfung
**Inokulum** n (pl. -kula) (Biol) / inoculum n (pl. -cula)
**Inosilikat** n (z.B. Bastit) (Min) / inosilicate* n, chain silicate
**Inosin (Ino)** n (Chem) / inosine n (hypoxanthinosine) ‖ ~**diphosphat** n (Biochem) / inosine-5'-diphosphate n, IDP ‖ ~-**5'-monophosphat** n (Biochem) / inosinic acid, hypoxanthine ribonucleotide, inosine-5'-monophosphate (IMP) n ‖ ~**säure** f (Biochem) / inosinic acid, hypoxanthine ribonucleotide, inosine-5'-monophosphate (IMP) n
**Inosit** n (zu den Cycliten gehörendes Hexahydrocyclohexan) (Chem) / inositol* n
**Inosithexaphosphat, myo-~** (Chem) / phytic acid*
**Inositol** n (Chem) / inositol* n
**Inositphosphat** n (Biochem) / inositol phosphate
**In-out-Isomerie** f (an den Brückenkopfatomen von Bizyklen mit großer Ringgliederzahl) (Chem) / in-out isomerism
**Inoxidieren** n (Überzug aus $Fe_3O_4$) (Galv) / blueing n
**Inparabel** f (Math) / inparabola n, inscribed parabola
**InP/CdS-Zelle** f (Chem, Masch) / indium phosphide/cadmium sulphide solar cell
**Inphasekomponente** f (TV) / in-phase component
**In-pile-** (Nukl) / in-pile attr
**In-pile-Loop** m (wenn ein Teil des Loops und seines Inhalts in einem Reaktor liegt) (Nukl) / in-pile loop
**Input** m n (EDV) / input* n ‖ ~ (Eingangsbuchse bei Film-, Ton- und Videogeräten) (Film) / input n ‖ ~ (Eingangsgröße eines Systems) (Phys) / input n ‖ ~-**Output-Analyse** f (in der Theorie der industriellen Verflechtung) / input/output analysis ‖ ~**resolution** f (ein Spezialfall der linearen Resolution) (KI) / input resolution
**Inquadrat** n (Math) / insquare n, inscribed square
**I-Nr.** / idenfification number
**Inroute** f (VSAT-Dienst) (Fernm) / in-route n
**INS** (Kernphys) / inelastic neutron scattering, INS ‖ ~ (Spektr) / ion neutralization spectroscopy, INS
**Insalivation** f (der Nahrung) (Nahr) / insalivation n
**Insasse** m (Kfz) / occupant n (male)
**Insassenversicherung** f (Kfz) / motor-car passenger insurance, passenger (accident) insurance
**Insekt** n (For, Landw, Zool) / insect* n ‖ **primäre ~en** (For, Landw, Zool) / primary insects ‖ **sekundäre ~en** (For, Landw, Zool) / secondary insects
**Insekten•abwehrmittel** n (Landw, Umwelt) / repellent n, repallant n ‖ ~**befall** m (EN 844, T 11) (For, Landw) / insect attack, insect invasion, insect infestation ‖ ~**bekämpfung** f (Chem, For, Landw, Umwelt) / insect management, insect control ‖ ~**bekämpfungsmittel** n (Chem, For, Landw, Umwelt) / insecticide* n ‖ ~**falle** f (For) / insect trap ‖ ~**fest** adj / insect-resistant adj ‖ ~**festes Papier** (DIN 6730) (Pap) / insect-repellent paper, insect-repellent paper ‖ ~**fraßgang** m (For, Zool) / insect mine, insect hole, mine n, gallery n ‖ ~**geschädigt** adj (Holz) (For, Zool) / insect-damaged adj ‖ ~**gift** n (Chem, Zool) / insect venom ‖ ~**hormon** n (Biochem) / insect hormone ‖ ~**kunde** f (Zool) / entomology n ‖ ~**lockstoff** m (Chem) / attractant n, insect attractant ‖ ~**pulver** n (z.B. Dalmatinisches oder Persisches) (Chem) / insect powder ‖ **Dalmatinisches ~pulver** (Chem) / pyrethrum n, Dalmatian insect powder ‖ **Persisches ~pulver** (Chem) / pyrethrum n, Dalmatian insect powder, Persian insect powder ‖ ~**resistent** adj / insect-resistant adj ‖ ~**schaden** m (an Nutzholz) (For) / insect deterioration (of wood), insect damage ‖ ~**tötend** adj (Chem, Landw, Umwelt) / insecticidal adj ‖ ~**vertreibend** adj (z.B. Imprägnierung) / insect-repellent adj, insectifuge adj ‖ ~**vertreibungsmittel** n (Landw, Umwelt) / repellent n, repallant n ‖ ~**wachs** n / Chinese wax, Chinese insect wax, insect wax, pela n
**insektizid** adj (Chem, Landw, Umwelt) / insecticide adj, insecticidal adj ‖ ~**er Phosphorsäureester** (Chem, Landw) / phosphoric ester insecticide

**Insektizid** *n* (gegen Insekten und deren Entwicklungsformen) (Chem, For, Landw, Umwelt) / insecticide* *n* ‖ **mikrobielles** ≈ (Chem, Landw, Umwelt) / microbial insecticide

**Insel** *f* (Geog) / island *n* ‖ ≈ (des Flugzeugträgers) (Schiff) / island *n* (a superstructure above aircraft-carrier deck) ‖ **künstliche** ≈ / man-made island, artificial island ‖ ≈**amt** *n* (Fernsp) / island exchange ‖ ≈**-Amyloid-Peptid** *n* (Biochem) / amylin *n* ‖ ≈**bahnhof** *m* (Bahn) / island arrangement of the passenger building, island depot (station) ‖ ≈**bank** *f* (Geol) / key *n*, cay *n* ‖ ≈**berg** *m* (inselartig isolierter Rumpfrestberg) (Geol) / inselberg* *n*, bornhardt *n* (a large inselberg) ‖ ≈**berg** (Geol) / outlier *n*, farewell rock ‖ ≈**bildung** *f* (eine unerwünschte Erscheinung bei den Elektronenröhren) (Eltronik) / island effect* ‖ ≈**bogen** *m* (Geol) / island arc* ‖ ≈**effekt** *m* (Eltronik) / island effect* ‖ ≈**eis** *n* (Geol) / ice cap ‖ ~**formender Nebenarm** (bei Mäandern) (Geog, Wasserb) / anabranch *n* ‖ ≈**karte** *f* (mit Kartenauschnitten) (Kart) / map with insets ‖ ≈**lage** *f* **des Empfangsgebäudes** (Bahn) / island arrangement of the passenger building, island depot (station) ‖ ≈**lösung** *f* (z.B. bei Organisationsproblemen) (F.Org) / island solution ‖ ≈**nehrung** *f* (Geol) / tie bar, tying bar, tombolo *n* (pl. tombolos) ‖ ≈**netz** *n* (Fernm) / isolated network, subnetwork *n* ‖ ≈**schelf** *m* (Geol) / insular shelf, island shelf ‖ ≈**silikat** *n* (z.B. Gemeiner Olivin) (Min) / nesosilicate* *n*, island silicate

**Insemination** *f* (Landw) / insemination *n*

**inseparabel** *adj* / inseparable *adj*

**insequent** *adj* (ohne Beziehung zum Schichtenbau der Erdoberfläche) (Geol) / insequent *adj*

**Insequenz** *f* (langzeitige Sedimentationsunterbrechung) (Geol) / non-sequence* *n*, non-consequence *n*

**Insert** *n* (Film) / insert* *n* ‖ ≈ (eine Einschnittszene) (Film) / cut-in *n* ‖ ≈ (Plast) / insert* *n*, inset *n*

**Insertion** *f* (Einschub einer koordinativ ungesättigten Verbindung in eine Metall-Kohlenstoff-, Metall-Wasserstoff- oder Metall-Halogen-Bindung) (Chem) / insertion *n* ‖ ≈ (Gen) / insertion *n* ‖ ≈ (Einbringen eines Raumflugkörpers in eine Umlaufbahn) (Raumf) / injection *n*, insertion *n* (into orbit)

**Insertions•element** *n* (Gen) / insertion sequence ‖ ≈**polymerisation** *f* (mit Ziegler-Natta-Katalysatoren) (Chem) / coordination polymerization, insertion polymerization, polyinsertion *n* ‖ ≈**sequenz** *f* (Gen) / insertion sequence

**Insertschnitt** *m* (Film) / insert cut

**Insetter** *m* (Steuervorrichtung in Rollendruckmaschinen zum registergenauen Vereinen einer in einer anderen Druckmaschine vorbedruckten Papierbahn mit der durch die Druckmaschine laufenden Bahn) (Druck) / insetter* *n*, inter-setter *n*

**insilizieren** *v* (mit Silizium zementieren) (Hütt) / siliconize *v*

**In-situ•-Behandlung** *f* (des kontaminierten Standorts) (HuT, Umwelt) / in situ treatment ‖ ≈**-Laugung** *f* (Aufber) / leaching in place ‖ ≈**-Messung** *f* / in situ measurement ‖ ≈**-Verbrennung** *f* / in situ combustion ‖ ≈**-Vergasung** *f* (Bergb) / underground gasification*, pyrolytic mining*

**Inslot-Signalisierung** *f* (Fernm) / in-slot signalling

**Inslot-Zeichengabe** *f* (innerhalb des Zeitschlitzes des Sprachkanals) (Fernm) / in-slot signalling

**Insolation** *f* (Geophys, Meteor) / insolation* *n* ‖ ≈ (Sonnenstich) (Med) / insolation* *n*, sunstroke* *n* ‖ ≈ (die Dauer der Sonneneinstrahlung) (Meteor) / insolation *n*

**Insolationsverwitterung** *f* (Geol) / insolation weathering, destruction by insolation

**insolubel** *adj* (Chem) / insoluble* *adj*, indissoluble *adj*, insol

**Inspektion** *f* / check *n*, inspection *n* ‖ ≈ (EDV) / walk-through *n*

**Inspektions•bett** *n* (Hütt) / inspection bed ‖ ≈**intervall** *n* / inspection interval ‖ ≈**strategie** *f* (Methoden, Algorithmen und Programme zur Gewährleistung der erforderlichen Schritte bei der Durchführung einer Inspektion von Anlagen, Systemen, Prozessen o. ä.) (F.Org, Masch) / inspection strategy ‖ ≈**wagen** *m* (Bahn) / inspection car

**Inspektor** *m* / supervisor *n* ‖ ≈ (einer Klassifikationsgesellschaft, amtlicher) (Schiff) / surveyor *n*

**inspiratorisches Reservevolumen** (Physiol) / complemental air

**Inspissation** *f* (Chem, Phys) / inspissation *n*, thickening *n*, condensation *n*, reduction *n*

**inspissieren** *v* (Chem, Nahr, Phys) / inspissate *v*, thicken *v*, condensate *v*, reduce *v*

**inspizieren** *v* / inspect *v*

**instabil•es Gleichgewicht** (Mech) / unstable equilibrium*, labile equilibrium ‖ ~**es Isotop** (Chem, Kernphys) / unstable isotope ‖ ~**er Kern** (Kernphys) / unstable nucleus ‖ ~**es Teilchen** (Kernphys) / unstable particle

**Instabilität** *f* (des Oszillators) (Eltronik) / squegging ‖ ≈ (Lufft) / instability *n* ‖ ≈ (Meteor, Phys) / instability *n* ‖ **barokline** ≈ (Meteor) / baroclinic instability ‖ **kinetische** ≈ (Plasma Phys) / microinstability *n*, kinetic instability ‖ **periodische** ≈ (eines Oszillators) (Fernm) / squegging ‖ **resistive** ≈ (eine Plasmainstabilität, z.B. Tearing-Instabilität) (Plasma Phys) / resistive instability ‖ **thermische** ≈ (Eltronik) / thermal runaway*, thermal breakdown, thermal catastrophe ‖ ≈ *f* **des Plasmas** (Plasma Phys) / plasma instability ‖ ≈ **gegen Einschnürung** (Plasma Phys) / sausage instability ‖ ≈ **gegen Knickung** (eine Art magnetohydrodynamische Instabilität) (Plasma Phys) / kink instability* ‖ ≈ **vom Harris-Typ** (Kernphys) / Harris instability

**Instabilitätskonstante** *f* (Chem) / instability constant (of complex ions)

**Instabilwerden** *n* (Eltronik, Masch) / runaway *n*

**Installateur** *m* (Bau) / plumber *n*, fitter *n* ‖ ≈ (für Heizung, Lüftung und Sanitärtechnik) (Bau, Sanitär) / steam fitter

**Installation** *f* (einzelne ein- und angebaute Objekte) (Bau) / fixings *pl*, fixtures *pl* ‖ ≈ (Bau, Klemp, Sanitär) / plumbing* *n* ‖ ≈ (Aufstellung) (Masch) / installation *n* ‖ **elektrische** ≈ (Eltech) / wiring ‖ ≈ *f* **des Treibers** (EDV) / driver installation ‖ ≈ **mit biegsamen Leitungen** (Eltech) / flexible wiring

**Installations•arbeiten** *f pl* (Bau, Klemp, Sanitär) / plumbing* *n* ‖ ≈**block** *m* (Bau, Sanitär) / mechanical core, sanitary core, service core, plumbing unit*, plumbing services, core module, pod *n* ‖ ≈**fläche** *f* (EDV, Masch) / footprint *n* ‖ ≈**handbuch** *n* (EDV, Masch) / installation manual, installation manual ‖ ≈**kanal** *m* (Eltech) / duct *n* ‖ ≈**kern** *m* (sanitärer) (Bau, Sanitär) / mechanical core, sanitary core, service core, plumbing unit*, plumbing services, core module, pod *n* ‖ ≈**objekte** *n pl* (Bau) / fixings *pl*, fixtures *pl* ‖ ≈**plan** *m* (Eltech) / architectural diagram ‖ ≈**rohr** *n* (zum Schutz elektrischer Leitungen in Hausinstallationen) (Eltech) / plain conduit*, wiring tube ‖ ≈**zelle** *f* (Bau, Sanitär) / mechanical core, sanitary core, service core, plumbing unit*, plumbing services, core module, pod *n*

**installierbar** *adj* (EDV) / installable *adj*

**installieren** *v* (Masch) / install *v*, instal *v*

**installierte Leistung** (Eltech) / installed capacity, installed power

**instand•haltbar** *adj* (F.Org, Masch) / maintainable *adj*, ensuring maintainability, serviceable *adj* ‖ ≈**haltbarkeit** *f* (F.Org, Masch) / maintainability, serviceability *n* ‖ ≈**halten** *v* (Masch) / maintain *v*, service *v* ‖ ≈**halter** *m* (Masch) / maintenance fitter

**Instandhaltung** *f* (DIN 31051) (F.Org, Masch) / maintenance *n*, servicing *n*, upkeep *n* ‖ ≈ (Inspektion + Wartung + Instandsetzung) (Masch) / servicing *n*, maintenance *n* ‖ **planmäßig vorbeugende** ≈ (nach einem Zeitplan) (F.Org, Masch) / scheduled maintenance ‖ **rechnerunterstützte** ≈ (EDV, Masch) / computer-aided maintenance, CAM ‖ **vorbeugende** ≈ (Masch) / preventive maintenance, PM ‖ **zustandsorientierte** ≈ (Masch) / predictive maintenance

**instandhaltungs•gercht** *adj* (F.Org, Masch) / easy-to-service attr, easy-to-maintain attr ‖ ≈ **mit niedrigen Kosten** / low in maintenance cost ‖ ≈**personal** *n* (F.Org, Masch) / maintenance staff *n* ‖ ≈**strategie** *f* (Masch) / servicing strategy ‖ ≈**- und Wartungstechnik** *f* [wissenschaftliche] (Masch) / terotechnology *n*

**Instand•setzen** *n* (Sanieren nach DIN 31 051) (Bau) / repair *n*, restoration *n* ‖ ~**setzende Unterhaltung** (EDV, Masch) / corrective maintenance

**Instandsetzung** *f* (Wiederherstellen des Sollzustandes) (Masch) / repair *n*, refit *n* ‖ ≈ (Masch) / overhauling *n*, overhaul *n*, heavy maintenance, reconditioning *n*, restoring *n* ‖ **schweißtechnische** ≈ (Schw) / reclamation welding

**Instandsetzungs•auftrag** *m* (F.Org) / repair order ‖ ≈**einrichtung** *f* (Lufft) / repair facility ‖ ≈**satz** *m* (Masch) / repair kit, repair set ‖ ≈**schweißen** *n* (Schw) / maintenance welding ‖ ≈**wartung** *f* (EDV, Masch) / corrective maintenance ‖ ≈**zeit** *f* (F.Org) / repair time

**instant** *adj* (in Wasser rasch und rückstandslos löslichen Produkt - z.B. Kaffee- und Tee-Extrakte, Kakaopulver, Milchprodukte und Fertigsuppen) (Nahr) / instant *adj* ‖ ≈- (Nahr) / instant *adj* ‖ ≈**fotografie** *f* (Foto) / instant photography*, in-camera process

**instantiieren** *v* (begriffliche Frames konkretisieren und spezialisieren) (KI) / instantiate *v*

**instantiiertes Objekt** (KI) / instantiated object

**Instantiierung** *f* (bei der Mustererkennung) (KI) / instantiation *n* ‖ ≈ (Konkretisierung und Spezialisierung begrifflicher Frames) (KI) / instantiation *n*

**Instantisierung** *f* (Agglomerierung des Staubes) (Chem Verf) / instantization *n*, instantizing *n* ‖ ≈ (Nahr) / instantizing *n*

**Instant•kamera** *f* (Foto) / instant camera ‖ ≈**mehl** *n* (Nahr) / instant flour

**Instanton** *n* (quantenmechanischer Übergang zwischen unterschiedlichen Zuständen der Teilchen - ein Soliton) (Phys) / instanton *n*

**Instantzucker** *m* (sehr schnell löslich) (Nahr) / instant sugar

**Instanz** *f* (konkrete Ausprägung eines Objekts, einer Menge von Gegenständen derselben Art oder Repräsentation von Individuen) / instance *n* ‖ ≈ (z.B. in der Hierarchie des Managements) / entity *n* ‖ ≈ (Funktionseinheit) (Fernm) / entity *n* ‖ ≈ (Ergebnis der

**Instanz**

Instantiierung) (KI) / instance *n* || ~ (als Extension eines Konzepts) (KI) / instance *n* || ~**variable** *f* (KI) / instance variable
**instationär•e Strömung** (eine Flüssigkeitsströmung, wenn das Geschwindigkeitsfeld der Strömung zeitabhängig ist) (Phys) / unsteady flow || ~**e Vergiftung** (Nukl) / transient poisoning || ~**e Wärmeleitung** (DIN 1341) (Phys) / instationary heat transmission
**Instellungbringen** *n* (Mil) / positioning *n*
**Instillation** *f* (Med) / instillation *n*
**Institutionalisierung** *f* / institutionalization* *n*
**Instruktion, privilegierte** ~ (EDV) / privileged instruction
**Instruktions•folge** *f* (EDV) / instruction sequence, sequence of instructions || ~**wörterbuch** *n* (EDV) / dictionary of instructions || ~**zähler** *m* (EDV) / program counter, instruction counter, sequence register*, PC
**Instruktor** *m* / instructor *n*, trainer *n*
**Instrument** *n* (Instr) / instrument* *n* || **elektrodynamisches** ~ (Meßinstrument) (Eltech) / electrodynamic instrument* || **elektrostatisches** ~ (Meßinstrument) (Eltech) / electrostatic instrument* || **geodätisches** ~ **oder Gerät** (Verm) / surveying instrument || **mit** ~**en oder Geräten ausrüsten** (oder versehen) (Instr) / instrument *v* || **optisches** ~ (Instr) / optical instrument, optic *n* || **physikalisches** ~ (Instr) / physical instrument || **spitzes** ~ (Instr) / point *n* || **tragbares** ~ (Eltech, Instr) / portable instrument* || ~ *n* **mit Fernanzeige** (Instr) / distant-reading instrument*, distant-indicating instrument || ~ **mit Leuchtskale** (Eltech) / illuminated-dial instrument* || ~ **zur Messung elektrischer Größen** (Eltech) / electrical measuring instrument
**Instrumentation** *f* (Anwendung und Einsatz von Instrumenten) (Instr) / instrumentation *n*
**instrumentell** *adj* (chemische Analyse) (Chem) / instrumental *adj* || ~**e Analyse** (Chem) / instrumental analysis, instrument analysis || ~**e Analytik** (eine physikalische Analyse) (Chem) / instrumental analysis, instrument analysis
**Instrumenten•-** (Chem) / instrumental *adj* || ~**analyse** *f* (Chem) / instrumental analysis, instrument analysis || ~**anflug** *m* (Luftf) / instrument approach* || ~**anlage** *f* (Kfz) / dashboard *n*, instrument panel, fascia* *n*, fascia board, facia board, dash *n*, front dashboard, instrument board || ~**ausrüstung** *f* (Instr) / instrumentation *n* || ~**bereich** *m* (Nukl) / instrument range* || ~**block** *m* (Instr) / instrument cluster || ~**bodenzeit** *f* (Luftf) / instrument ground time || ~**brett** *n* (Luftf) / flight panel || ~**fehler** *m* (Instr) / instrumental error || ~**flug** *n* (Luftf) / IFR flight *n*, instrument flight || ~**flugregeln** *f pl* (Luftf) / instrument flight rules*, IFR* || ~**flugübung** *f* (Luftf) / synthetic training || ~**flugübungsgerät** *n* (Luftf) / synthetic flight trainer, synthetic trainer || ~**flugzeit** *f* (Luftf) / instrument flight time || ~**höhe** *f* (Verm) / height of instrument*, HI* || ~**holz** *n* (ein Klangholz) (Akus, For) / wood for musical instruments || ~**landesystem** *n* (heute nicht mehr benutzt) (Luftf) / instrument landing system*, ILS* || ~**öl** *n* / instrument oil || ~**piste** *f* (Luftf) / instrument runway || ~**sicherung** *f* (Eltech) / potential fuse* || **hellgraue** ~**skala** (Kfz) / off-white gauge face || ~**skala** *f* **mit schwarzer Schrift auf hellgrauem Grund** (Kfz) / off-white gauge face || ~**tafel** *f* (Kfz) / dashboard *n*, instrument panel, fascia* *n*, fascia board, facia board, dash *n*, front dashboard, instrument board || ~**träger** *m* (Instr) / dash panel, dashboard support || ~**wetterbedingungen** *f pl* (Luftf) / instrument meteorological conditions, IMC* || ~**zeit** *f* (Instrumentenflugzeit + Instrumentenbodenzeit) (Luftf) / instrument time
**instrumentieren** *v* (Instr) / instrument *v*
**Instrumentierung** *f* (Anwendung und Einsatz von Instrumenten) (Instr) / instrumentation *n* || ~ **außerhalb des Kerns** (Nukl) / ex-core instrumentation
**Instrumentkonstante** *f* (Instr) / apparatus constant
**Insulin** *n* (Proteohormon aus den Langerhansschen Inseln des Pankreas) (Biochem) / insulin* *n* (a polypeptide hormone)
**insulinartiger Wachstumsfaktor** (Biochem) / insuline-like growth factor, IGF
**Insulinase** *f* (insulinzerstörendes Leberenzym) (Biochem) / insulinase *n*
**Insulin-like-Growth-Faktor** *m* (Biochem) / insulin-like growth factor, IGF, non-suppressible insulin-like activity, NSILA
**Intaglio** *n* (pl. Intaglien) (Glas) / intaglio* *n*
**Intalox-Sattel** *m* (Füllkörper einer Rektifiziersäule) (Chem Verf) / Intalox saddle
**Intarsia** *f* (Säge- oder Messerverfahren) (For, Tischl) / tarsia* *n*, intarsia *n*
**Intarsiamaschenware** *f* (Tex) / intarsia* *n*, intarsia fabric
**Intarsiawirkware** *f* (mit Buntmusterung, bei der die farbigen Fäden nicht durch die ganze Ware laufen, sondern räumlich begrenzt sind) (Tex) / intarsia* *n*, intarsia fabric
**Intarsie** *f* (For, Tischl) / tarsia* *n*, intarsia *n*

**integrabel** *adj* (Math) / integrable *adj* || **integrables System** (Math, Mech) / integrable system (of partial differential equations) || **nicht integrables System** (Mech) / non-integrable system
**Integrabilitätsbedingung** *f* (Math) / integrability condition
**Integraf** *m* (Math) / integraph *n*
**integral** *adj* / integral *adj* || ~**e Auslöschung** (Krist) / integral extinction || ~**es Biot-Savart-Gesetz** *n* (in nichtvektorieller Schreibweise) (Phys) / integral Biot-Savart law (in non-vector notation) || ~**es Biot-Savartsches Gesetz** (Phys) / integral Biot-Savart law (in non-vector notation) || ~**es Chromatogramm** (Chem) / integral chromatogram
**Integral** *n* (Math) / integral* *n* || **bestimmtes** ~ (Math) / definite integral* || **elliptisches** ~ (Math) / elliptic integral* || **Fouriersches** ~ (Elektr, Math) / Fourier integral* || **komplexes** ~ (Math) / complex integral || **mehrfaches** ~ (Math) / multiple integral || **oberes** ~ (Math) / upper integral || **partikuläres** ~ (einer Differentialgleichung) (Math) / particular integral* || **Poissonsches** ~ (Math) / Poisson integral || **Riemannsches** ~ (Math) / Riemann integral, Riemannian integral || **singuläres** ~ (Math) / singular solution* || **Stieltjessches** ~ (eine Verallgemeinerung des Riemannschen Integrals - nach Th.J. Stieltjes, 1856-1894) (Math) / Stieltjes integral || **stochastisches** ~ (Math) / stochastic integral || **unbestimmtes** ~ (Newtonsches - die Menge aller Stammfunktionen einer gegebenen Funktion) (Math) / indefinite integral*, primitive *n*, antiderivative *n* || **uneigentliches** ~ (Riemannsches) (Math) / improper integral || **vollständiges** ~ (bei partiellen Differentialgleichungen) (Math) / complete integral*
**Integral•bauweise** *f* (bei der auch größere Bauteile aus einem vollen Materialblock hergestellt werden) / integral construction || ~**behälter** *m* (Luftf) / integral tank || ~**belegungsfunktion** *f* (Stats) / integrated spectrum || ~**buchdecke** *f* (Buchb) / integral cover, self-contained cover || ~**chromatogramm** *n* (Chem) / integral chromatogram || ~**darstellung** *f* (Math) / integral representation || ~**-Differential-Regelung** *f* (Regeln) / integral-derivative control, ID control || ~**dosis** *f* (Radiol) / integral dose*, integral absorbed dose, imparted energy || ~**exponentielle** *f* (Math) / integral exponential, exponential integral || ~**formel** *f* (Math) / integral formula || ~**fotometer** *n* (Licht) / integrating photometer*, sphere photometer || ~**fotometrie** *f* (Licht) / integral photometry || ~**geometrie** *f* (die Geometrie derjenigen Mengen mathematischer Objekte eines Raumes, für die ein Maß definiert ist, das invariant gegenüber den Transformationen einer Transformationsgruppe eines Raumes ist) (Math) / integral geometry || ~**gleichung** *f* (Math) / integral equation || **lineare** ~**gleichung** (Math) / linear integral equation || **Fredholmsche** ~**gleichung** (Math) / Fredholm integral equation || **Volterrasche** ~**gleichungen** (in denen der Integrationsbereich variabel ist - nach V. Volterra, 1860-1940) (Math) / Volterra integral equations, Volterra equations || ~**helm** *m* (Kfz) / full-face helmet || ~**kosinus** *m* (Math) / cosine integral || ~**kriterium** *n* **für die Konvergenz unendlicher Reihen** (nach Cauchy bzw. Maclaurin) (Math) / Cauchy's convergence test*, Cauchy integral test, integral convergence test || ~**kurve** *f* (Math) / integral curve, solution curve || ~**logarithmus** *m* (Math) / logarithm integral, integral logarithm || ~**messung** *f* (eine Art Belichtungsmessung) (Foto) / averaged light measurement || ~**operator** *m* (Math) / integral operator || ~**prinzip** (bei dem das Verhalten des Systems während endlicher Zeiten auf benachbarten Bahnkurven verglichen wird) (Mech) / integral principle || ~**prinzip** (ein Extremalprinzip) (Mech) / minimal principle, integral variational principle || ~**rechnung** *f* (ein Teilgebiet der Analyse) (Math) / integral calculus* || ~**regelung** *f* (Regeln) / integral control || ~**regler** *m* (Regeln) / integral-action controller, integral controller, integral-mode controller || ~**satz** *m* (Cauchyscher, Greenscher, Stokesscher) (Math) / integral formula, integral theorem || **Stokesscher** ~**satz** (Zusammenhang zwischen einem Oberflächenintegral und einem Kurvenintegral) (Math) / Stokes' theorem*, Stokes' integral theorem || **Greenscher** ~**satz** (Math) / Green's theorem* || ~**satz** *m* **von Gauß** (Math) / Gauss' theorem, Ostrogradski's theorem || ~**satz von Stokes** (Math) / Stokes' theorem*, Stokes' integral theorem || ~**schale** *f* (bei der Schalenbauweise) (Luftf) / monocoque* *n* || ~**schaum-Guß** *m* (Plast) / structural foam moulding, integral foam moulding || ~**schaumstoff** *m* (DIN 7726) (Plast) / structural foam, integral skin foam, integral foam, self-skinning foam || ~**sinus** *m* (Math) / sine integral, integral sine || ~**sitz** *m* (mit integriertem Dreipunkt-Automatikgurt) (Kfz) / integral-moulded seat || **Mehlersche** ~**stellung** (der Kegelfunktionen) (Math) / Mehler's integral || ~**tank** *m* (Kraftstoffbehälter, der durch Abdichtung von Hohlräumen der Flugzeugzelle gebildet wird) (Luftf) / integral tank || ~**transformation** *f* (z.B. Fourier- oder Laplace-Transformation) (Math, Phys) / integral transformation || ~**ungleichung** *f* (Math) / integral inequality || ~**verhalten** *n* (Regeln) / integral (control) action || ~**wert** *m* **der Kopfbelastung** (Kfz) / HIC value || ~**wirkender Regler** (Regeln) / integral-action controller, integral controller,

integral-mode controller ‖ ~**zeichen** *n* (Math) / integral *n*, integral sign ‖ ~**zeichner** *m* (ein Integriergerät) (Math) / integraph *n*
**Integrand** *m* (pl. -en) (unter dem Integralzeichen) (Math) / integrand* *n*
**Integrated Drive Electronics** *n* (EDV) / integrated drive electronics (hard-disk interface standard), IDE
**Integration** *f* (Verschmelzung wirtschaftlicher Einheiten zu größeren Einheiten) / integration *n*, merging *n* ‖ ~ (Biol) / integration *n* ‖ ~ (Math) / solution *n*, solving *n*, integration *n* ‖ **gliedweise** ~ (Math) / integration term by term ‖ **grafische** ~ (Math) / graphical integration ‖ **komplexe** ~ (Math) / complex integration ‖ **numerische** ~ (ein Verfahren, bei dem der Wert eines bestimmten Integrals näherungsweise ermittelt wird) (Math) / numerical integration, numerical quadrature ‖ **partielle** ~ (Math) / integration by parts ‖ ~ *f* **höchsten Grades** (über 3 000 000 Bauelemente auf einem Halbleiterplättchen) (Eltronik) / super-large-scale integration ‖ ~ **kleinen Maßstabes** (Eltronik) / single-scale integration (SSI), small-scale integration* ‖ ~ **mittleren Grades** (bis 1000000 Bauelemente auf einem Halbleiterplättchen) (Eltronik) / medium-scale integration*, MSI* ‖ ~**-Host-Faktor** *m* (Biochem) / integration host factor
**Integrations•analyse** *f* (in der Petrografie) (Geol) / Rosiwal analysis, Rosiwal intercept method* ‖ ~**bereich** *m* (Math) / domain of integration ‖ ~**grad** *m* (Eltronik) / level of integration, integration density ‖ **mittlerer** ~**grad** (Eltronik) / medium-scale integration*, MSI* ‖ **niedrigster** ~**grad** (etwa 1000 Bauelemente auf einem Halbleiterplättchen) (Eltronik) / single-scale integration (SSI), small-scale integration* ‖ **extrem hoher** ~**grad** (ab $10^8$ logischen Funktionen je Chip) (Eltronik) / giant-scale integration, ultralarge-scale integration, ULSI ‖ ~**grad** *m* **LSI** (Eltronik) / large-scale integration* (LSI) ‖ ~**grad mit mindestens** $10^{12}$ **Funktionen je Chip** (Eltronik) / tera-scale integration ‖ ~**grad MSI** (Eltronik) / medium-scale integration*, MSI* ‖ ~**grad SSI** *m* (Eltronik) / single-scale integration (SSI), small-scale integration* ‖ ~**grad** *m* **TSI** (Eltronik) / tera-scale integration ‖ ~**grad VHSI** (die bis heute - 2001 - höchste Integrationsstufe) (Eltronik) / very high speed integration (VHSI) ‖ ~**grenze** *f* (Math) / integration limit, limit of integration ‖ ~**komponente** *f* (die einen bestimmten integrierten oder zu integrierenden Bestandteil charakterisiert, der in den Prozeß oder in das System einbezogen ist oder einbezogen werden soll) (F.Org) / integration component ‖ ~**schaltung** *f* (Regeln) / integrating circuit, integrator *n* ‖ ~**stufe** *f* (Eltronik) / level of integration, integration density ‖ ~**variable** *f* (Math) / integration variable ‖ ~**weg** *m* (Math) / path of integration
**Integrator** *m* (ein Rechenelement, dessen Ausgangsvariable dem Integral über die Summe der Eingangsvariablen nach der Zeit proportional ist) (EDV) / integrator *n* ‖ ~ (ein kontinuierliches Personentransportmittel) (Masch) / integrator *n* ‖ ~ (Math) / integrator* *n* ‖ ~ (Nukl) / count ratemeter* ‖ ~ (Regeln) / integrating circuit*, integrating network*, integrating element ‖ **mechanischer** ~ (mit Kugeln und Walzen oder mit einem Reibradgetriebe) (Math) / mechanical integrator ‖ **summierender** ~ (EDV, Fernm) / summing integrator
**Integrieranlage** *f* (EDV) / differential analyser* (DA)
**integrierbar** *adj* (Math) / integrable *adj*
**integrieren** *v* (Eltronik, Math) / integrate *v*
**integrierend•er Anzeiger** / integrating indicator ‖ ~**e Bauweise** / integral construction* ‖ ~**er Faktor** (eine Funktion) (Math) / integrating factor* ‖ ~**er Fehler** (HuT, Math) / cumulative error*, accumulative error ‖ ~**es Fotometer** (mit Ulbrichtscher Kugel) (Licht) / integrating photometer*, sphere photometer ‖ ~**er Frequenzmesser** (Eltech) / integrating frequency meter*, master frequency meter ‖ ~**es Netzwerk** (Regeln) / integrating circuit*, integrating network, integrating element ‖ ~**e Schaltung** (Regeln) / integrating circuit*, integrating network*, integrating element ‖ ~**es Verhalten** (Regeln) / integral (control) action ‖ ~**er Zweirampenumsetzer** (Eltronik) / dual-slope converter
**Integrierer** *m* (DIN 40146, T 1) (EDV) / integrator *n* ‖ **inkrementaler** ~ (EDV) / incremental integrator ‖ ~ *m* **mit Begrenzung** (EDV) / limited integrator
**Integrier•gerät** *n* (mechanisches, elektronisches) (Math) / integrator* *n* ‖ ~**glied** *n* (Regeln) / integrating circuit*, integrating network*, integrating element ‖ ~**kreisel** *m* (Phys) / integrating gyroscope, gyro integrator ‖ ~**maschine** *f* (EDV) / differential analyser* (DA) ‖ ~**schaltung** *f* (DIN 40146, T 1) (Regeln) / integrating circuit*, integrating network*, integrating element
**integriert** *adj* (Kopfstütze, Stoßstange) (Kfz) / integral *adj* ‖ ~**er Bipolarschaltkreis** (Eltronik) / bipolar integrated circuit (in which the principal element is the bipolar junction transistor) ‖ ~**es Breitbandfernmeldenetz** (Fernm) / integrated broadband communications network ‖ ~**es Büro** (das im Rechnerverbund arbeitet) (EDV) / integrated office ‖ ~**e Büroautomatisierung** (EDV) / integrated office automation ‖ ~**e Datenverarbeitung (IDV)** (EDV) / integrated data processing, IDP ‖ ~**er digitaler Anschluß** (Fernm) / integrated digital access, IDA ‖ ~**er digitaler Zugang** (Fernm) / integrated digital access, IDA ‖ ~**e Entwicklungsumgebung** (EDV, KI) / integrated development environment (allowing access to all tools required for programming within one shell) ‖ ~**e Halbleiterschaltung** (Eltronik) / solid circuit, solid-state circuit ‖ ~**e Hochspannungsschaltung** (Eltronik) / high-voltage integrated circuit (HVIC) ‖ ~**e Hybridschaltung** (Eltronik) / hybrid integrated circuit*, hybrid IC, integrated hybrid circuit ‖ ~**e Injektionslogik (IIL; I²L)** (bipolar ausgeführte Bausteine der Digitaltechnik, bei denen die Stromzuführung über stromtreibende pn-Übergänge erfolgt) (Eltronik) / integrated injection logic, IIL, I²L, merged transistor logic, MTL ‖ ~**er Landbau** (Landw) / integrated farming ‖ ~**e Mikroschaltung** (DIN 41848, T 1) (Eltronik) / integrated microcircuit ‖ ~**e Millimeterwellenschaltung** (30 bis 300 GHz) (Eltronik) / millimetre-wave MIC (MIMIC, M³IC) ‖ ~**e Optik** (Aufbau mikrooptischer Elemente in Planartechnik) (Opt) / integrated optics, IO ‖ ~**e optische Schaltung** (Eltronik) / integrated optical circuit (IOC), optical integrated circuit, OIC ‖ ~**e optoelektronische Schaltung** (Eltronik) / integrated optical circuit (IOC), optical integrated circuit, OIC ‖ ~**e rechnerunterstützte Fertigung** (mit kompletten vor- und nachgeschalteten Betriebsbereichen) (EDV, F.Org) / computer-aided engineering*, CAE* ‖ ~**e Schädlingsbekämpfung** (For, Landw) / integrated pest management, integrated control ‖ ~**er Schaltkreis im Gehäuse** (Eltronik) / packaged integrated circuit ‖ ~**er Schaltkreis in Kompaktbauform** (Eltronik) / packaged integrated circuit ‖ ~**e Schaltkreise (als Ganzes)** (Eltronik) / integrated circuitry ‖ ~**e Schaltkreise in Verbindungshalbleitern** (Eltronik) / compound semiconductor integrated circuits ‖ ~**e Schaltung (IC, IS)** (Eltronik) / integrated circuit* (IC) ‖ ~**e Schaltungen** (als Gesamtheit) (Eltronik) / integrated circuitry ‖ ~**e Schaltungstechnik** (Eltronik) / integrated circuitry ‖ ~**e Schichtschaltung** (Eltronik) / film-integrated circuit ‖ ~**e Schnittstelle** (Eltronik) / interface integrated circuit, interface IC ‖ ~**er Sensor** (Sensorsystem, in dem die Funktionen Ankopplung, Wechselwirkung mit dem Sensorelement und Signalaufbereitung in einer Baueinheit integriert sind) (Eltronik) / integrated sensor ‖ ~**e Sensoreinheit** / integrated sensor unit, ISU ‖ ~**er Siedewasserüberhitzungsreaktor** (Nukl) / superheat boiling water reactor, SBWR, integral superheat boiling water reactor ‖ ~**e Software** (EDV) / integrated software ‖ ~**e Speicherschaltung** (DIN 44476, T 1) (EDV) / integrated-circuit memory
**Integrierwerk** *n* (Regeln) / integrating circuit*, integrating network*, integrating element
**Integrität** *f* (EDV) / integrity* *n* ‖ **referentielle** ~ / referential integrity (means that the database management system ensures the validity and accuracy of any data contained in one table that refers to or is dependent on data in another table), RI
**Integritäts•bedingung** *f* (KI) / integrity constraint ‖ ~**bereich** *m* (ein kommutativer Ring ohne Nullteiler) (Math) / integral domain* ‖ ~**management** *n* (der Daten und des Systems) (EDV) / integrity management
**Integrodifferentialgleichung** *f* (Math) / integro-differential equation
**Intein** *n* (selbstspleißendes Protein) (Biochem) / intein *n*
**Intel** *f* (EDV) / Intel *n* (US chips and system vendor)
**Intellektik** *f* (KI) / intellectics *n*
**intelligent** *adj* (eine Software-Eigenschaft) (EDV, KI) / intelligent *adj* ‖ ~**er Agent** (EDV) / intelligent agent ‖ ~**er Airbag** (Kfz) / smart airbag ‖ ~**er Arbeitsplatz** (EDV) / intelligent workstation ‖ ~**es Banksystem** (EDV) / intelligent banking system ‖ ~**er CUU** (EDV) / intelligent CAI ‖ ~**e Drohne** (mit Mikroprozessoren) (Mil) / smart drone ‖ ~**e Enzyklopädie** (KI) / intelligent encyclopedia ‖ ~**es Formular** (EDV) / smart form ‖ ~**es Gebäude** (Bau, EDV) / intelligent building, smart building ‖ ~**e Munition** (die das Ziel selbst findet) (Mil) / intelligent ammunition, smart munition ‖ ~**es Netz** (Fernm) / intelligent network ‖ ~**er Schild** (beim Schildausbau) (Bergb) / intelligent shield ‖ ~**e Schnittstelle** (EDV) / smart interface ‖ ~**er Sensor** (der mit einer elektronischen Datenaufbereitung verbunden ist) (EDV) / intelligent sensor ‖ ~**e Software** (EDV, KI) / intelligent software ‖ ~**es System** (KI) / intelligent system ‖ ~**e Tastatur** (EDV) / intelligent keyboard, programmable keyboard ‖ ~**e Technik** (Eltronik) / smart technology ‖ ~**es Terminal** (das als eigenständige Arbeitsstation benutzt werden kann) (EDV) / intelligent terminal* (IT), intelligent workstation, smart terminal ‖ ~**es Terminal** (EDV) s. auch Datenstation
**Intelligenz** *f* (EDV, Psychol) / intelligence *n* ‖ **künstliche** ~ (KI) / artificial intelligence*, machine intelligence, AI* ‖ **maschinelle** ~ (KI) / artificial intelligence*, machine intelligence, AI* ‖ **verteilte** ~ (bei nicht-von-Neumannschen Rechnerarchitekturen) (EDV) / distributed intelligence, dispersed intelligence ‖ ~**quotient** *m* (Psychol) / intelligence quotient*, IQ*
**intelligibel** *adj* / intelligible *adj*, understandable *adj*

**Intelsat**

**Intelsat** *m* (internationale Organisation für Bau und Betrieb eines weltweiten Systems von Nachrichtensatelliten, 1964 gegründet) / Intelsat* *n*, International Telecommunications Satellite Consortium
**Intensimeter** *n* (zur Messung der Energieflußdichte) (Radiol) / intensitometer* *n*
**intensional** *adj* (vom Inhalt abhängig oder auf ihn bezogen) (KI) / intensional *adj*
**Intensionalität** *f* (KI) / intensionality *n*
**Intensität** *f* (Phys) / intensity *n*
**Intensitäts•abgleich** *m* (Licht) / intensity match ‖ **~fluktuation** *f* (Chem, Phys) / intensity fluctuation ‖ **~fluktuationsspektrum** *n* (Chem, Phys) / intensity-fluctuation spectrum ‖ **~größe** *f* (Phys) / intensive quantity ‖ **~interferometer** *n* (Opt) / intensity interferometer ‖ **~modulation** *f* (Radar, TV) / intensity modulation*, Z-modulation* *n* ‖ **~pegel** *m* (im allgemeinen) (Akus) / intensity level* ‖ **~verfahren** *n* (Lichtton) (Akus) / variable-density recording, variable-density sound recording
**intensiv** *adj* (Emission, Licht) / intense *adj* ‖ **~** (Eigenschaft, Größe) / intensive *adj* ‖ **~e Größe** (eine Zustandsfunktion eines thermodynamischen Systems, die nicht von der Masse abhängig ist - DIN 1345) (Phys) / intensive quantity ‖ **~er Lichtfleck** (in den Elektronenstrahlröhren) (Eltronik) / womp *n*
**intensivieren** *v* / intensify *v*
**Intensivierung** *f* (Foto) / intensification* *n*
**Intensivlandwirtschaft** *f* (mit hohem Einsatz von Produktionsmitteln je Flächeneinheit) (Landw) / intensive farming
**intentional** *adj* (zielgerichtet) / intentional *adj*
**Interaktion** *f* (EDV, Phys, Stats) / interaction* *n* ‖ **~** (Arzneimittel-Arzneimittel-Wechselwirkung) (Pharm) / interaction *n*
**Interaktionschromatografie, hydrophobe ~** (Chem) / hydrophobic chromatography, hydrophobic interaction chromatography, HIC
**interaktiv** *adj* (EDV) / interactive *adj* ‖ **~er Betrieb** (EDV) / interactive mode, conversational mode, dialogue mode ‖ **~e Compact disk** (EDV) / compact disk interactive, CD-I ‖ **~e Computergrafik** (EDV) / interactive (computer) graphics, conversational graphics ‖ **~es Editieren** (EDV) / interactive editing ‖ **~e grafische Datenverarbeitung** (mit einem Dialog am Bildschirm) (EDV) / interactive (computer) graphics, conversational graphics ‖ **~e Kommunikation** (EDV) / interactive communication, conversational communication ‖ **~e Programmiersprache** (EDV) / interactive language ‖ **~e Videobildplatte** (EDV) / interactive videodisk
**inter•atomar** *adj* (Kernphys) / interatomic *adj* ‖ **~atomarer Abstand** (Kernphys) / interatomic distance ‖ **~aural** *adj* (die Beziehungen zwischen den beiden Ohren einer Person betreffend) (Akus, Med) / interaural *adj* ‖ **~band** *n* (Phys) / interband *n* ‖ **~bandabsorption** *f* (Eltronik) / interband absorption ‖ **~bandstreuung** *f* (von Ladungsträgern in Festkörpern) (Phys) / interband scattering ‖ **~bandübergang** *m* (Eltronik) / interband transition ‖ **~basenwiderstand** *m* (Eltronik) / interbase resistance ‖ **~basiswiderstand** *m* (Eltronik) / interbase resistance ‖ **~carrier** *m* (Fernm, TV) / intercarrier *n* ‖ **~carrier-Verfahren** *n* (TV) / intercarrier sound system, ICS system ‖ **~cept** *n* (Differenz zwischen der errechneten und der angemessenen Gestirnshöhe, die in Bogenminuten angegeben wird) (Astr) / intercept *n* ‖ **~ceptor** *m* (Abfangjäger) (Luftf) / interceptor *n*, fighter interceptor ‖ **~cooler** *m* (V-Mot) / intercooler *n*, charge-air cooler ‖ **~cyclisch** *adj* (Chem) / intercyclic *adj* ‖ **~dependent** *adj* / interdependent *adj* ‖ **~dependenz** *f* / interdependence *n* ‖ **~diffusion** *f* (Hütt) / interdiffusion *n* ‖ **~digitalleitung** *f* (eine Verzögerungsleitung, welche aus zwei metallischen Kämmen besteht, deren Zähne derart ineinandergreifen, daß ein mäanderförmiger Schlitz entsteht) (Eltronik) / interdigital line, interdigital structure* ‖ **~digitalwandler** *m* (Akus, Eltronik) / interdigital transducer, IDT ‖ **~disziplinär** *adj* / interdisciplinary *adj* ‖ **~disziplinäre Wissenschaft** / interdisciplinary science, interface science
**Interesse, öffentliches ~** / public interest
**Interessen•gemeinschaft** *f* / consortium *n*, syndicate *n* ‖ **~profil** *n* (einer Organisation, eines Kunden) / interest profile
**Interface** *n* (pl. -s) (ein gemeinsamer Grenzbereich) / interface *n* ‖ **~** (pl. -s) (eine genormte digitale Verbindung von Peripheriegeräten, mit einem Digitalrechner) (EDV) / interface* *n* ‖ **natürlichsprachliches ~** / natural-language interface, NLI, NL interface ‖ **~ eines Roboters** / robot interface ‖ **~-Baustein** *m* (EDV) / interface module, interface card ‖ **~-Baustein, der den Datenverkehr von Peripheriegeräten zur Zentraleinheit des Rechners steuert und übernimmt** (EDV) / programmable peripheral interface (PPI) ‖ **~-IS** *f* (Eltronik) / interface integrated circuit, interface IC ‖ **~-Modul** *n* (EDV) / interface module, interface card ‖ **~-Schaltung** *f* (Eltronik) / interfacing circuit, interface circuit
**Interfaszikularkambium** *n* (Bot) / interfascicular cambium*
**Interferenz** *f* (Biol, Med) / interference *n* ‖ **~** (Elektr, Radio) / interference *n*, electrical interference ‖ **~** (Fernm, Radio) / mush* *n* ‖ **~** (Opt) / interference *n* ‖ **~** (ungestörte Überlagerungserscheinung beim Zusammentreffen zweier oder mehrerer Wellenzüge) (Phys) / interference* *n*, interference pattern* ‖ **destruktive ~** (ein Sonderfall - Auslöschung) (Phys) / destructive interference ‖ **konstruktive ~** (ein Sonderfall - Verstärkung) (Phys) / constructive interference ‖ **magnetische ~** / magnetic interference ‖ **~ *f* des Lichts** (bei Lichtwellen) (Licht) / optical interference ‖ **~en** *f pl* **gleicher chromatischer Ordnung** (Opt) / Edser and Butler's bands* ‖ **~ *f* zweiter Ordnung** (Opt) / interference of the second ordre ‖ **~bild** *n* (Krist) / interference figure*, rings and brushes*, directions image* ‖ **~erscheinungen** *f pl* (wie Newtonsche oder Haidingersche Ringe, Fizeausche oder Herschelsche Streifen) (Licht, Opt) / interference fringes*, fringes* *pl* ‖ **Haidingersche Bündel von ~erscheinungen** (Opt) / Haidinger sheaf ‖ **~-Fading** *n* (Radio) / interference fading* ‖ **~farben** *f pl* (die Mischfarben, welche bei Interferenzerscheinungen im nichtmonochromatischen Licht auftreten) (Phys) / interference colours* ‖ **~figur** *f* (Krist) / interference figure*, rings and brushes*, directions image* ‖ **~filter** *n* (ein Lichtfilter) (Opt) / interference filter ‖ **~gebiet** *n* (mehrerer Sender) (Radio, TV) / fringe area* ‖ **~komparator** *m* (ein Meßgerät) (Opt) / gauge-block interferometer, end-gauge interferometer ‖ **~lichtfilter** *n* (nur für eine Wellenlänge durchlässig) (Opt) / interference filter* ‖ **~maximum** *n* (Phys) / maximum of interference ‖ **~mikroskop** *n* (ein Oberflächenmeßgerät - Kombination von Interferometer und Mikroskop) (Mikros) / interference microscope*, microinterferometer *n* ‖ **~mikroskop nach Nomarski** (Mikros) / Nomarski microscope ‖ **~minimum** *n* (Phys) / minimum of interference ‖ **~optischer Sensor** / interference optical sensor, IOS ‖ **~pfeifen** *n* (Radio) / heterodyne whistle*, interference whistle* ‖ **~pigment** *n* (ein Glanzpigment, dessen farbgebende Wirkung ganz oder vorwiegend auf dem Phänomen der Interferenz beruht, z.B. ein Irispigment - DIN 55943 und 55944) (Anstr) / interference pigment, interfering pigment ‖ **Jaminsches ~refraktometer** (nach J. Jamin, 1818-1886) (Licht) / Jamin interferometer* ‖ **~regenbogen** *m* (Meteor, Phys) / supernumerary rainbow ‖ **~rohr** *n* (zum Nachweis von Interferenz und Messung der Wellenlänge von Schallwellen - nach G.H. Quincke, 1834 - 1924, benannt) (Akus, Fernm) / Quincke tube, Herschel-Quincke tube ‖ **~schicht** *f* (Opt) / interference coating ‖ **~schwund** *n* (Radio) / interference fading* ‖ **~spektroskop** *n* (Spektr) / interference spectroscope ‖ **~spektroskop von Lummer-Gehrcke** (Phys) / Lummer-Gehrcke interferometer*, Lummer-Gehrcke plate ‖ **~spektroskopie** *f* (Spektr) / interference spectroscopy ‖ **~spektrum** *n* (Opt, Spektr) / interference spectrum ‖ **~wellenmesser** *m* (Radio) / heterodyne wavemeter*, beat-frequency wavemeter*, heterodyne frequency meter ‖ **~widerstand** *m* (meistens positiv - ungünstig) (Luftf) / interference* *n*
**inter•ferieren** *v* / interfere *v* (with) ‖ **~fermeter-** (Opt) / interferometric *adj* ‖ **~ferogramm** *n* (Opt) / interferogram *n*, interferogramme *n* ‖ **~ferometer** *n* (Opt) / interferometer* *n* ‖ **quantenmechanisches ~ferometer** (Phys) / superconducting quantum interference device*, squid* *n* ‖ **~ferometer** *n* (Opt) s. auch Radiointerferometer ‖ **~ferometer nach Rayleigh-Haber-Löwe** (Opt) / Rayleigh refractometer*, Rayleigh interferometer ‖ **~ferometrie** *f* (Opt) / interferometry *n* ‖ **holografische ~ferometrie** (Opt) / holographic interferometry* ‖ **~ferometrisch** *adj* (Opt) / interferometric *adj*
**Interferon** (IFN) *n* (Hemmstoff der Virussynthese) (Chem, Med) / interferon* *n* (species-specific protein)
**Inter•flow** *m* (Geol) / interflow *n* ‖ **~foliieren** *v* (Buchb) / interleave *v*, slip-sheet *v* (US)*, interfoliate *v* ‖ **~formational** *adj* (Konglomerat) (Geol) / interformational *adj* ‖ **~galaktisch** *adj* (z.B. Materie) (Astr) / intergalactic *adj* ‖ **~glazial** *n* (Geol) / interglacial period, interglacial *n*, interglacial stage* ‖ **~glazialzeit** *f* (Geol) / interglacial period, interglacial *n*, interglacial stage* ‖ **~granular** *adj* / intergranular *adj* ‖ **~granular-** (zwischen den Korngrenzen) / intergranular *adj* ‖ **~granulargefüge** *n* (Geol) / intergranular texture* ‖ **~halogenverbindung** *f* (Verbindung von verschiedenartigen Halogenen untereinander) (Chem) / interhalogen compound*, interhalogen *n* ‖ **~-Host-Kommunikation** *f* (EDV) / interhost communication
**Interieur** *n* / interior *n*
**Inter•image-Effekt** *m* (Foto) / interimage effect *n* ‖ **~ionisch** *adj* (z.B. Wechselwirkung) / interionic *adj* ‖ **~ionisch** (Chem, Phys) / interionic *adj* ‖ **~ionische Wechselwirkung** (Kernphys) / interionic action ‖ **~kalat** *n* (z.B. bei Graphit) (Chem) / intercalation compound, lamellar compound ‖ **~kalation** *f* (Biochem, Chem, Gen) / intercalation *f* ‖ **~kalationsverbindung** *f* (eine Einlagerungsverbindung) (Chem) / intercalation compound, lamellar compound ‖ **~kolumnie** *f* (Arch) / intercolumniation* *n* ‖ **~kolumnium** *n* (Abstand zweier Säulen, von Achse zu Achse gemessen und durch den unteren Säulendurchmesser geteilt) (Arch) / intercolumniation* *n* ‖ **~kombination** *f* (ein strahlungsloser Prozeß im Jablonski-Diagramm) (Chem, Phys) / intersystem crossing, ISC ‖ **~kombination** (Kernphys) / intercombination *n* ‖

576

≃**kombinationsübergang** m (im Jablonski-Diagramm) (Chem, Phys) / intersystem crossing ‖ **~kontinentaler ballistischer Flugkörper** (mit interkontinentaler Reichweite) (Mil) / intercontinental ballistic missile, ICBM ‖ ≃**kontinentalrakete** f (mit interkontinentaler Reichweite) (Mil) / intercontinental ballistic missile, ICBM ‖ **~kristalliner Bruch** (Hütt, WP) / intercrystalline failure*, intergranular fracture, grain-boundary fracture, intercrystalline fracture ‖ **~kristalline Korrosion** (die in der Nähe an den Korngrenzen eines Werkstoffs auftritt) (Galv, Masch) / intergranular corrosion*, IC, intercrystalline corrosion ‖ **~kristalliner Korrosionsangriff auf schmalen Streifen** (Schw) / knife-line attack, KNA, knife-line corrosion ‖ **~kristalline Spannungsrißkorrosion** (Galv, Masch) / intergranular stress-corrosion cracking

**ínterkrustal** adj (Geol) / intercrustal adj
**inter•kulturelle Kompetenz** / cultural literacy ‖ **~kutan** adj (Geol) / intercutaneous adj ‖ ≃**lace-Verfahren** n (TV) / interlaced scanning*, progressive interlace*, line jump scanning
**interlaminar** adj / interlaminar adj ‖ **~er Bruch** (WP) / interlaminar fracture ‖ **~e Festigkeit** (WP) / interlaminar strength ‖ **~e Haftung** (Plast, WP) / interlaminar bonding, interlayer adhesion ‖ **~e Scherfestigkeit** (WP) / interlaminar shear strength
**Inter•leave-Faktor** m (der angibt, um wieviele Sektoren sich eine Festplatte während der Verarbeitungszeit der Daten durch den Rechner weiterdreht) (EDV) / interleave factor ‖ ≃**leukin** (IL) n (dem Interferon nahestehendes kohlenhydratfreies Protein) (Chem, Med) / interleukin* (IL) n ‖ ≃**linearübersetzung** f (am Bildschirm) (EDV) / interlinear translation ‖ ≃**linien-Rate** f (Frachtrate für die Beförderung auf einer Linie/Route von zwei und mehr Luftverkehrsunternehmen, die jedoch in einem Betrag veröffentlicht wird) (Luftf) / interline rate, joint rate, joint charge ‖ ≃**lock** m (sehr dehnfähige doppelflächige Kulierstrickware) (Tex) / interlock* n ‖ ≃**lock-Maschine** f (Tex) / interlock machine ‖ ≃**lock-Rundstrickmaschine** f (DIN 62132) (Tex) / interlock circular knitting machine ‖ ≃**lock-Ware** f (DIN 62050) (Tex) / interlock* n
**intermediär** adj / intermediate adj ‖ **~** (z.B. Radikale) (Chem) / transient adj ‖ **~es Boson** (ein Vektorboson) (Kernphys) / intermediate boson, intermediate vector boson* ‖ **~es Erstarrungsgestein** (mit 55 bis 65%-Gesamt-SiO$_2$-Gehalt) (Geol) / intermediate igneous rock*, intermediate rock ‖ **~es Filament** (Zyt) / intermediate filament* ‖ **~es Gestein** (z.B. Diorit oder Porphyrit) (Geol) / intermediate igneous rock*, intermediate rock ‖ **~e Kopplung** (Phys) / intermediate coupling* ‖ **~es Neutron** (Kernphys) / epithermal neutron* ‖ **~e Phase** (Chem, Hütt) / intermetallic compound*, intermediate constituent*, intermetallic n, intermetallic phase, intermediate phase, electron compound ‖ **~e Quantenstatistik** (Stats) / parastatistics n ‖ **~er Reaktor** (Nukl) / intermediate reactor ‖ **~e Verbindung** (Chem) / intermediate* n, intermediate compound, intermediate product, intermediate substance
**Intermediärverbindung** f (Chem) / intermediate* n, intermediate compound, intermediate product, intermediate substance
**Intermediat** n (Halbfabrikat) (Chem) / intermediate* n, intermediate compound, intermediate product, intermediate substance ‖ ≃ (ein kurzlebiger Zwischenstoff bei komplexen Reaktionen) (Chem) / intermediate* n, transient n, reaction intermediate ‖ ≃ (Internegativ oder Interpositiv) (Film, Foto) / intermediate* n ‖ ≃ (Chem) s. auch Zwischenverbindung ‖ ≃**negativ** (Film, Foto) / internegative n, intermediate negative
**Inter•medin** n (Biochem) / melanotropin n, melanocyte-stimulating hormone, MSH, intermedin n ‖ ≃**metall-** (Chem) / intermetallic adj ‖ **~metallisch** (Chem) / intermetallic adj ‖ **~metallische Phase** (Chem, Hütt) / intermetallic compound*, intermediate constituent*, intermetallic n, intermetallic phase, intermediate phase, electron compound ‖ **~metallische Schicht** (Hütt) / intermetallic alloy zone ‖ **~metallische Verbindung** (Chem, Hütt) / intermetallic compound*, intermediate constituent*, intermetallic n, intermetallic phase, intermediate phase, electron compound ‖ ≃**mingled-Garn** n (Spinn) / intermingled yarn* ‖ ≃**mittenzeffekt** m (fotografischer Belichtungseffekt) (Foto) / intermittency effect
**Intermittieren** n / pulsation n
**intermittierend** adj / intermittent adj, discontinuous adj ‖ **~e Belichtung** (Foto) / intermittent exposure ‖ **~er Erdschluß** (Eltech) / intermittent earth* ‖ **~er Fehler** (Eltech) / intermittent fault, intermittent error ‖ **~er Filmlauf** (Film) / intermittent motion ‖ **~er Fluß** (Geol) / intermittent stream ‖ **~e Gasliftförderung** / slug lifting ‖ **~es Luftstrahltriebwerk** (Luftf) / pulse-jet* n, pulsating jet engine, aeropulse n, intermittent jet*, intermittent duct ‖ **~e Quelle** (mit zeitlich schwankenden Wassermengen) (Wasserb) / intermittent spring ‖ **~e Rolle** (Film) / intermittent sprocket ‖ **~er Ruf** (Fernsp) / interrupted ringing ‖ **~er Windkanal** (Luftf) / intermittent wind tunnel

**Inter•modulation** f (DIN 40148, T 3) (Fernm) / intermodulation* n ‖ ≃**modulationsverzerrung** f (Akus) / intermodulation distortion*
**intermolekular** adj (Chem, Phys) / intermolecular adj ‖ **~e Beweglichkeit** (Chem, Phys) / intermolecular mobility ‖ **~e Kondensation** (Chem) / intermolecular condensation ‖ **~e Reaktion** (Chem) / intermolecular reaction ‖ **~e Vernetzung** (Chem) / intermolecular cross-linking ‖ **~e Wasserstoffbrücke** (Chem) / intermolecular hydrogen bond
**intermontan** adj (Geol) / intermontane adj, intermountain adj ‖ **~es Becken** (Geol) / intermontane basin*, intermountain basin
**intern** adj / internal adj ‖ **~es Aufschalten** (Fernsp) / internal cut-in ‖ **~es Gespräch** (Fernsp) / internal call, extension-to-extension call ‖ **~er Indikator** (Chem) / internal indicator* ‖ **~e Leitungsnummer** (Fernm) / internal line number, ILN ‖ **~e Netzwerkverbindungen** (Fernm) / internet working, network interconnexion ‖ **~er Speicher** (EDV) / internal memory*, internal store ‖ **~er Standard** (in der Analytik) (Chem) / internal standard
**international•er Freiname** (z.B. bei Schädlingsbekämpfungs- und Arzneimitteln) (Chem, Pharm) / international non-proprietary name, INN ‖ **~er Gummihärtegrad** / international rubber hardness degree, IRHD ‖ **~e Kerze** (Licht) / international candle* ‖ **~es Kopfamt** (Fernsp) / international gateway exchange, international gateway centre ‖ **~e Kopie** (Film) / international print, IT print ‖ **~e Leitung** (Fernm) / international line ‖ **~e Mobilgerätekennung** (Fernsp) / international mobile station equipment identity, IMEI ‖ **~e Mobilteilnehmerkennung** (bei Mobiltelefonen) (Fernsp) / international mobile subscriber identity, IMSI ‖ **~es** (globales) **Netz** (EDV) / global-area network, GAN ‖ **~e Nummer** (Spinn) / metric count ‖ **~es Patent** / international patent ‖ **~er Selbstwählverkehr** (Fernsp) / international subscriber dialling, ISD ‖ **~e Standard-Buchnummer** (die seit 1973 jedes neu erscheinende Buch erhält - DIN 1462) (Druck) / International Standard Book Number, ISBN, standard book number* ‖ **~ standardisierter ISDN User-Port** (EDV) / international standardized ISDN user port (ISUP) ‖ **~er Stil** (z.B. Wright, Garnier, Loos, Gropius, Hoffmann - die erste Hälfte des 20. Jahrhunderts) (Arch) / international modern ‖ **~es Symbol** (Krist) / international symbol ‖ **~e Tafelkalorie** (nicht mehr zugelassene Einheit der Wärmemenge = 4,1868 J) (Wärm) / calorie* n ‖ **~e Telefonauskunft** (Fernsp) / international directory inquiry ‖ **~e Versicherungskarte für Kraftverkehr** (Kfz) / green card (GB)
**International•e Astronautische Akademie** (wissenschaftliche Institution, deren Gründung 1960 in Stockholm auf dem 11. Kongreß der Internationalen Astronautischen Föderation beschlossen wurde) (Raumf) / International Academy of Astronautics, IAA ‖ ≃**e Astronautische Föderation** (auf dem 2. Internationalen Astronautischen Kongreß 1950 in London gegründet, Sitz: Paris) (Raumf) / International Astronautical Federation ‖ ≃**e Atomenergie-Organisation** (gegründet 1956, Sitz: Wien) (Nukl) / International Atomic Energy Agency*, IAEA ‖ ≃**e Atomzeit** (nach der Cäsiumatomuhr des Bureau International de l'Heure) / International Atomic Time, international atomic time ‖ ≃**e Atomzeit** (Phys) / International Atomic Time, IAT ‖ ≃**er Ausschuß zur Registrierung von Frequenzen** (Fernm) / International Frequency Registration Board*, IFRB ‖ ≃**es Baumwoll-Institut** (juristischer Sitz: Washington, D.C., Zentralbüro: Brüssel) (Tex) / International Institute for Cotton, IIC ‖ ≃**e Beleuchtungskommission** (gegründet 1913, Sitz: Paris) (Licht) / International Commission on Illumination, CIE*, Commission Internationale de l'Eclairage ‖ ≃**er Beratender Ausschuß für den Funkdienst** (Radio) / International Radio Consultative Committee, CCIR*, Comité Consultatif International des Radiocommunications* ‖ ≃**e Einheit** (von der Weltgesundheitsorganisation standardisierte Mengeneinheit für nicht synthetisierte Antibiotika, Hormone und Vitamine, z.B. 3 μg reines Vitamin B$_1$) (Pharm) / international unit, I.U. ‖ ≃**es Einheitensystem** (es gilt in der BRD durch das "Gesetz über Einheiten im Meßwesen" vom 2.7.1969 bzw. 6.7.1973 und die zugehörige Ausführungsverordnung vom 26.6.1970) / international system of units*, International System of Units ‖ ≃**er Eisenbahnverband** (Bahn) / International Union of Railways ‖ ≃**e Elektrotechnische Kommission** (gegründet 1906, Sitz: Genf - bringt Fachwörterbücher heraus und erarbeitet internationale Bestimmungen über Größenbestimmungen, Formelzeichen und elektrotechnische Erzeugnisse) (Eltech) / International Electrotechnical Commission, IEC ‖ ≃**e Energieagentur** (Sitz: Paris) / International Energy Agency, IEA ‖ ≃**e Fernmelde-Union** (gegründet 1919, eine Sonderorganisation der UN, Generalsekretariat: Genf) (Fernm) / International Telecommunication Union*, ITU* ‖ ≃**e Föderation für Informationsverarbeitung (IFIP)** (EDV) / International Federation for Information Processing* (IFIP) ‖ ≃**e Gesellschaft für**

## International

**Strahlenschutz** (Radiol) / International Radiation Protection Association, IRPA ‖ ~**e Handelskammer** (freie Vereinigung von Unternehmern und Wirtschaftsverbänden zur Förderung des zwischenstaatlichen Handels und zur Lösung internationaler Handelsfragen) / International Chamber of Commerce, ICC ‖ ~**e Kommission für radiologische Einheiten und Messungen** (1925 gegründet, Sitz: Washington, D.C.) (Radiol) / International Commission on Radiological Units and Measurements, ICRU ‖ ~**er Luftsportverband** (1905 in Paris gegründet, Sitz: Paris) (Luftf) / International Aeronautical Federation ‖ ~**e Lufttransportvereinigung** (1945 neu gegründet, Sitz: Montreal) (Luftf) / International Air Transport Association*, IATA* ‖ ~**e Mathematische Union** (gegründet 1950, Sitz: Paris) (Math) / International Mathematical Union, IMU ‖ ~**e Patentklassifikation** / International Patent Classification ‖ ~**e praktische Temperaturskale** (1968 - mit 11 Festpunkten) (Phys) / international practical temperature scale*, IPT ‖ ~**er Rat für Meeresforschung** (gegründet 1902: Kopenhagen, Sitz: Kopenhagen) (Ozean) / International Council for the Exploration of the Sea, ICES ‖ ~**er Rat wissenschaftlicher Vereinigungen** (gegründet 1931, Sitz: Paris) / International Council of Scientific Unions, ICSU ‖ ~**e Skala für Stör- und Unfälle** (in Kernkraftwerken) (Nukl) / International nuclear event scale, INES ‖ ~**e Straßenliga** (gegründet 1948, Sitz: Washington, europäische Geschäftsstelle: Genf) (HuT) / International Road Federation, IRF ‖ ~**e Straßentransport-Union** (gegründet 1948, Sitz: Genf) (Kfz) / International Road Transport Union ‖ ~**es Telegrafen-Alphabet** (Teleg) / International Telegraph Alphabet ‖ ~**e Union für Naturschutz** (gegründet 1948, Sitz: Morges) (Umwelt) / International Union for Conservation of Nature and Natural Resources, I.U.C.N. ‖ ~**e Union für reine und angewandte Chemie (IUPAC)** (1919 gegründet, Research Triangle Park, North Carolina (Chem) / International Union of Pure and Applied Chemistry* (IUPAC) ‖ ~**e Union für reine und angewandte Physik** (1922 gegründet, Sitz: Göteborg) (Phys) / International Union of Pure and Applied Physics, IUPAP ‖ ~**e Vereinigung der Flugverkehrsleiter-Verbände** (in der BRD Verband Deutscher Flugleiter) (Luftf) / International Federation of Air Traffic Controllers Associations, IFATCA ‖ ~**e Vereinigung der Luftverkehrspilotenverbände** (in der BRD Cockpit e.V.) (Luftf) / International Federation of Air Line Pilots Associations, IFALPA ‖ ~**e Weltkarte** (1 : 1 Million, Lamberts winkeltreue Abbildung, Polargebiete in stereografischer Abbildung) (Kart) / International Map of the World, I.M.W. ‖ ~**es Woll-Sekretariat** (gegr. 1937, Zentralverwaltung: London, Zentrale für Deutschland, Österreich, Schweiz: Düsseldorf) (Tex) / International Wool Secretariat, IWS ‖ ~**e Zivilluftfahrt-Organisation** (1944 in Chicago gegründet, Sitz: Montreal) (Luftf) / International Civil Aviation Organization*, ICAO*

**Internationalisierung** f (Enabling plus Lokalisierung) (EDV) / internationalization n

**Internegativ** n (Film, Foto) / internegative n, intermediate negative

**Internet** n (weltweites Computernetzwerk für die Übertragung bzw.den Austausch digitalisierter Informationen, in dem verschiedene Dienste angeboten werden) (EDV) / Internet n ‖ ~**Protocol** (EDV) / Internet Protocol, IP

**Internet•-Adresse** f (EDV) / internet address, internet number ‖ ~**-Anbieter** m (EDV) / Internet provider ‖ ~**-Marketing** n (EDV) / Internet marketing ‖ ~**-PC** m (laufwerkloses System, bei dem Anwendungsprogramme über Internet zur Verfügung gestellt werden und die Anwenderdaten an Web-Seiten abgelegt werden) (EDV) / Internet PC, Network Computer ‖ ~**-Provider** m (EDV) / Internet provider ‖ ~**-Serviceprovider** m (EDV) / Internet-service provider, ISP ‖ ~**-Suchmaschine** f (EDV) / Internet search engine, search engine ‖ ~**-Suchsystem** n (EDV) / Internet search engine, search engine ‖ ~**-Telefon** n (EDV, Fernsp) / Web phone, Internet phone ‖ ~**-User** m (EDV) / Internet user ‖ ~**-Working** n (Fernm) / internet working, network interconnexion

**Internetzwerkkommunikation** f (Fernm) / internet working, network interconnexion

**Interniden** pl (orogene Strukturen) (Geol) / internides pl

**Internodus** m (pl. -nodi) (Bot) / internode* n

**Intern•satz** m (Fernsp) / intraexchange circuit ‖ ~**speicher** m (Arbeitsspeicher, Hauptspeicher) (EDV) / internal memory*, internal store ‖ ~**speicher** (interner Speicher eines Systems, auf den die Programmsteuerung unmittelbaren Zugriff hat) (EDV) / main memory*, primary memory, primary store*, main storage, internal store* ‖ ~**verbindung** f (zwischen den Nebenstellen einer Telekommunikationsanlage) (Fernsp) / internal call, extension-to-extension call

**inter•penetrierende Polymernetzwerke** (Chem) / interpenetrating polymeric networks ‖ ~**penetrierende polymere Netzwerke (IPN)** (Chem) / interpenetrating polymeric networks ‖ ~**personell** adj /

interpersonal adj ‖ ~**personelle Mitteilung** (Fernm) / interpersonal message, IP message ‖ ~**phase** f (Chem) / intermediate phase, interphase n ‖ ~**planarwinkel** m (Chem) / interplanar angle ‖ ~**planarwinkel** (Chem) / dihedral angle

**interplanetar** adj (zwischen den Planeten) (Astr) / interplanetary adj ‖ ~**er Flug** (Raumf) / interplanetary flight ‖ ~**e Materie** (zwischen Sonne und Planeten) (Astr) / interplanetary matter* ‖ ~**er Raum** (Raumf) / interplanetary space* ‖ ~**er Raumflug** (Raumf) / interplanetary flight ‖ ~**e Sonde** (Raumf) / interplanetary probe ‖ ~**er Staub** (eine Art interplanetare Materie) (Astr) / interplanetary dust

**interplanetarisch** adj (Astr) / interplanetary adj

**Interpolation** f (Schluß von bekannten Funktionswerten auf Zwischenwerte - eine spezielle Form der Approximation) (Math) / interpolation* n ‖ **lineare** ~ (Math) / linear interpolation ‖ **zirkulare** ~ (Math) / circular interpolation ‖ ~ f **von Meßpunkten** (Regeln) / desampling n

**Interpolations•fehler** m (Math) / interpolation error ‖ **Newtonsche** ~**formel mit absteigenden Differenzen** (Math) / Gregory-Newton forward formula, Newton's interpolation formula with forward differences, Gregory-Newton forward difference formula ‖ ~**formel** f **nach Lagrange** (Math) / Lagrange's interpolation formula ‖ ~**formel nach Newton** (Math) / Newton's interpolation formula ‖ ~**formel von Stirling** (für Interpolation im Inneren) (Math) / Stirling's interpolation formula ‖ ~**knoten** (Math) / interpolation node ‖ ~**parameter** m (DIN 66257) (Masch) / interpolation parameter

**Inter•polator** m (ein Bahnsollwertgenerator) (Regeln) / interpolator n ‖ ~**polieren** v (Math) / interpolate v

**Interpretation** f (z.B. der Meßergebnisse) / interpretation n

**Interpretationssystem** n (KI) / interpretation system

**interpretativ•e Maschine** (EDV) / interpretative machine ‖ ~**e Semantik** (EDV) / operational semantics

**Interpreter** m (EDV) / interpreter* n, interpreter program ‖ ~ (ein Subsystem des Inferenzsystems) (KI) / rule interpreter, interpreter n

**Interpretiercode** m (EDV) / interpretive code

**interpretierend•es Programm** (EDV) / interpreter* n, interpretive program ‖ ~**es Protokollprogramm** (EDV) / interpretive trace program

**Interpretierer** m (DIN 44300) (EDV) / interpreter* n, interpretive program

**Interpretier•kode** m (EDV) / interpretive code ‖ ~**programm** n (EDV) / interpreter* n, interpretive program

**Interprogrammkommunikation** f (EDV) / interprogram communication

**Inter•proximity-Effekt** m (eine Erscheinungsform des Proximity-Effekts) (Elektr) / interproximity effect ‖ ~**prozeßkommunikation** f (EDV) / interprocess communication (IPC), process communication ‖ ~**prozeßkommunikation** f **zwischen Prozessen auf verschiedenen Host-Rechnern eines Verbundsystems** (EDV) / interhost communication ‖ ~**punktion** f (Typog) / punctuation n ‖ ~**punktionspunkt** m (Typog) / full stop, period n (US) ‖ ~**punktionszeichen** n pl (Typog) / points* pl ‖ ~**quartilabstand** m (Stats) / interquartile range (a measure of dispersion) ‖ ~**record-Prozessor (IP)** m (ein Mehrzweckprozessor, der für verschiedene satzübergreifende Operationen eingesetzt wird) (EDV) / interrecord processor (IP) ‖ ~**referenz-Intervall** n (die Anzahl der Zeiteinheiten im Prozeßzustand "aktiv", die zwischen zwei aufeinander folgenden Referenzen zur gleichen Seite liegen) (EDV) / interreference interval

**Interrogator-Responder** m (Fernm) / interrogator-responsor n, interrogator-responder n, IR

**Interrupt** n (Unterbrechung eines gerade in Bearbeitung befindlichen Programms) (EDV) / interrupt* n ‖ ~**acknowledge-Zyklus** m (EDV) / interrupt-acknowledge cycle ‖ ~**befehl** m (EDV) / interrupt instruction ‖ ~**vektor** m (EDV) / interrupt vector

**Inter•sekting** n (Spinn) / D.N. draft, double-needle draft, intersecting gillbox ‖ ~**sekting-Nadelstrecke** f (Spinn) / D.N. draft, double-needle draft, intersecting gillbox ‖ ~**sektion** f (Math) / intersection* n ‖ ~**sertalgefüge** n (der Ergußgesteine) (Geol) / intersertal texture* ‖ ~**stadial** n (kurze Wärmeschwankung zwischen zwei kälteren Zeiten innerhalb einer Eiszeit) (Geol) / interstadial era n, interstade n

**interstellar** adj (zwischen den Sternen) (Astr) / interstellar adj ‖ ~**e Absorption** (Astr) / interstellar absorption n ‖ ~**er Flug** (zu einem anderen Fixstern) (Raumf) / interstellar flight, interstellar travel ‖ ~**e Materie** (die den Raum zwischen den Sternen unregelmäßig erfüllende diffus verteilte Materie sehr geringer Dichte) (Astr) / interstellar matter, interstellar medium* ‖ ~**es Molekül** (Astr, Chem) / interstellar molecule* ‖ ~**er Wasserstoff** (Astr) / interstellar hydrogen*

**Interstitial** n (mit Wasser erfülltes Lückensystem im Gewässer- und Meeresboden) (Geol) / interstitial n ‖ ~**volumen** n (Chem) /

interstitial void volume, interparticle volume, void volume, interstitial volume || ~**zellenstimulierendes Hormon** (Biochem) / interstitial cell-stimulating hormone*, lutropin n, luteinizing hormone*, ICSH*, LH
**interstitiell** adj (in den Zwischenräumen) / interstitial adj || ~**es Karbid** (Chem) / interstitial carbide || ~**e Legierung** (zwischen Metall und Nichtmetall) (Hütt) / interstitial alloy || ~**e Lösung** (eine Klasse von festen Lösungen bzw. Mischkristallen) (Chem) / interstitial solution || ~**er Mischkristall** (Krist) / interstitial mixed crystal, interstitial solid solution || ~**e Verbindungen** (Chem) / interstitial compounds*, intercalation compounds
**Interstitium** n (pl. -tien) (Opt) / separation of the principal points, hiatus m
**Intersymbol•differenz** f (EDV, Fernm) / intersymbol difference || ~**differenz** (EDV, Fernm) / intersymbol interference || ~**interferenz** f (EDV, Fernm) / intersymbol interference || ~**störung** f (EDV, Fernm) / intersymbol interference
**Inter•system-Crossing** n (in der Fotochemie) (Chem, Foto) / intersystem crossing, ISC || ~**task-Kommunikation** f (EDV) / intertask communication || ~**teilbandübergang** m (Eltronik) / intersubband transition || ~**tropische Konvergenz** (Geog, Meteor) / intertropical convergence, ITC || ~**type-Setzmaschine** f (verschiedene Typen der Setzmaschinen der Firma Intertype Comp. Brooklyn oder Harris-Intertype, Berlin) (Typog) / Intertype* n || ~**urban** adj / interurban adj
**Intervall** n / clearance* n, space n, interspace n, spacing n || ~ (der Tonskala) (Akus) / interval* n || ~ (Zeitraum zwischen zwei begrenzenden Punkten) (Math) / interval* n || ~ (Gesamtheit der Zahlen, die zwischen zwei begrenzenden reellen Zahlen liegen) (Math) / interval* n || **abgeschlossenes** ~ (Math) / closed interval* || **offenes** ~ (Math) / open interval*
**Intervalleystreuung** f (an Gitterschwingungen) (Phys) / intervalley scattering
**Intervall•mitte** f (Math) / midpoint n || ~**ordnung** f (EDV) / interval order || **Landésche** ~**regel** (die Energie- bzw. Wellenzahlabstände benachbarter Terme eines Termmultipletts sind proportional zur größeren der beiden Quantenzahlen) (Kernphys) / Landé interval rule || ~**schachtelung** f (eine Folge von Intervallen) (Math) / system of nested intervals, nest of intervals || ~**schaltung** f (Eltech) / intermittent circuit || ~**schaltung** (für Scheibenwischer) (Kfz) / intermittent control, interval control, delay control || ~**-Scheibenwischer** m (Kfz) / intermittent wiper || ~**schmierung** f (Masch) / periodical lubrication, intermittent lubrication || ~**schritt** m (der Tonskala) (Akus) / interval* n || ~**spritzgießen** n (zur Erzielung von Mehrfarbeneffekten) (Plast) / interval moulding || ~**zeitgeber** m (eine Digitalschaltung) (EDV) / interval timer
**inter•venierende Sequenz** (Teil eines Mosaikgens) (Gen) / intervening sequence, IVS || ~**venierende Sequenz** (Gen) s. auch Intron || ~**vention** f (Eingriff) (Masch) / intervention n || ~**view** n (pl. -s) (Stats) / interview n || ~**viewen** v (Stats) / interview v || ~**viewer** m (Stats) / interviewer n || ~**viewpartner** m (Stats) / interviewee n || ~**viewter** m (Stats) / interviewee n || ~**working** n (dienst- bzw. netzüberschreitende Kommunikation) (Fernm) / interworking n, interservice communications || ~**working Point** m (ISDN) (Fernm) / interworking point || ~**zellular** (Biol) / intercellular* adj || ~**zellulär** adj (zwischen den Zellen liegend) (Biol) / intercellular* adj || ~**zellularschicht** f (For) / middle lamella || ~**zellularsubstanz** f (isotrope Schicht zwischen aneinanderstoßenden Zellen) (For) / middle lamella || ~**zeption** f (Bot) / interception n || ~**zeption** (Rückhaltung von Niederschlägen an Blättern und Zweigen der Pflanzen /insbesondere im Kronenraum von Wäldern/ und der damit zusammenhängende Verdunstungsverlust) (Meteor) / interception n || ~**zeptionsverdunstung** f (Geophys, Meteor) / evaporation of intercepted water || ~**zeptor** m (Luftf) / spoiler* n || **innerer** ~**zeptor** (Luftf) / inboard spoiler || **äußerer** ~**zeptor** (Luftf) / outboard spoiler || ~**zyklisch** adj (mit einer Doppelbindung zwischen zwei ringförmigen Molekülen) (Chem) / intercyclic adj
**Intestinalpeptid, vasoaktives** ~ (Physiol) / vasoactive intestinal polypeptide, VIP
**Intestinalsender** m (Med) / endoradiosonde* n
**Intimmischung** f (verschiedener textiler Rohstoffe im Garn) (Spinn) / intimate blending
**Intimsphäre** f (EDV) / privacy n
**Intoleranz** f (Biol) / intolerance n
**Intoxikation** f (Med) / intoxication* n, poisoning n
**Intra•bandstreuung** f (von Ladungsträgern in Festkörpern) (Phys) / intraband scattering || ~**bandübergang** m (der Übergang im Energiespektrum eines Festkörpers, bei dem Anfangs- und Endzustand sich im gleichen Energieband befinden) (Eltronik) / intraband transition || ~**formational** adj (Konglomerat) (Geol) / intraformational adj || ~**glazial** adj (Geol) / englacial adj || ~**klast** m (Geol) / intraclast n || ~**kontinental** adj (Geol) / intracontinental adj ||

~**kristalliner Bruch** (Hütt, WP) / transcrystalline failure*, intracrystalline fracture || ~**krustal** adj (Geol) / intracrustal adj || ~**max-Mehrlagenleiterplatte** f (Mehrlagenleiterplatte mit Kompaktpfosten) (Eltronik) / intramax multilayer board
**intramolekular** adj (Chem, Phys) / intramolecular adj || ~**e Kondensation** (Chem) / intramolecular condensation || ~**er Ladungstransfer** (Chem) / intramolecular charge transfer || ~**er Ladungstransfer mit Verdrillung um die CN-Bindung** (zur Stabilisierung) (Chem) / twisted intramolecular charge transfer, TICT || ~**e Reaktion** (innerhalb eines Moleküls) (Chem) / intramolecular reaction || ~**e Vernetzung** (Chem) / intramolecular cross-linking || ~**e Wasserstoffbrücke** (Chem) / intramolecular hydrogen bridge
**intramontan** adj (z.B. Becken) (Geol) / intramontane adj
**Intranet** n (unternehmensinternes Informations- und Kommunikationsnetz, das auf der Basis des Internet-Protokolls TCP/IP arbeitet) (EDV) / Intranet n || ~ (EDV) / corporate network, Intranet n
**Intranetz** n (EDV) / corporate network, Intranet n
**intransitiv** adj (Math) / intransitive adj
**intra•nuklear** adj (Kernphys) / intranuclear adj || ~**nukleare Kräfte** (Kernphys) / intranuclear forces* || ~**okular** adj (Opt) / intraocular* adj || ~**okulär** adj (Opt) / intraocular* adj || ~**preneuring** n (Mitarbeiter als Unternehmer) (F.Org) / intrapreneuring n || ~**proximity-Effekt** m (eine Erscheinungsform des Proximity-Effekts) (Elektr) / intraproximity effect, size effect || ~**tellurisch** adj (im Erdkörper entstanden oder liegend) (Geol) / intratelluric adj || ~**valley-Streuung** f (an Gitterschwingungen) (Phys) / intravalley scattering || ~**vitalfärbung** f (eine Art Vitalfärbung) (Biochem, Mikros) / intravitam staining*, intravital staining || ~**zellular** adj (Biol) / intracellular* adj || ~**zellulär** adj (Biol) / intracellular* adj || ~**zonal** adj (Boden) / intrazonal adj || ~**zonal** (Boden) (Geol, Landw) / intrazonal adj
**Intrinsic Factor** m (der an der Resorption des Vitamins $B_{12}$ beteiligt ist) (Biochem) / intrinsic factor, Castle's intrinsic factor || ~**-Bereich** m (Eltronik) / intrinsic region || ~**-Dichte** f (der im Leitungsband freibeweglichen Elektronen eines Eigenleiters) (Eltronik) / intrinsic density || ~**-Halbleiter** m (Eltronik) / intrinsic semiconductor*, i-type semiconductor || ~**-Konzentration** f (Eltronik) / intrinsic concentration || ~**-Leitfähigkeit** f (Eltronik) / intrinsic conductivity || ~**-Schicht** f (bei Halbleitern) (Eltronik) / intrinsic layer || ~**-Temperatur** f (Eltronik) / intrinsic temperature || ~**-Temperaturbereich** m (dessen untere Grenze die Intrinsic-Temperatur ist) (Eltronik) / intrinsic temperature range
**intrinsisch** adj (Eltronik) / intrinsic adj || ~**e Leitfähigkeit** (Eltronik) / intrinsic conductivity
**Intrittfallmoment** n (Eltech) / pull-in torque
**Intron** n (der nicht kodierende Abschnitt bei den Eukaryonten) (Biochem, Gen) / intron* n (an intervening sequence in an enkaryotic gene)
**intrudieren** v (in die Lackschicht) (Anstr) / intrude v || ~ (Geol) / intrude v || ~ n (eine Art Schneckenspritzgießen) (Plast) / intrusion moulding
**Intrusion** f (in die Lackschicht) (Anstr) / intrusion n || ~ (ein magmatischer Prozeß) (Geol) / intrusion* n, injection n, invasion n || **plutonische** ~ (Geol) / plutonic intrusion*
**Intrusions•körper** m (Geol) / intrusion n, intruded body || ~**meldeanlage** f (welche das Eindringen von Personen und Sachen in gesicherte Bereiche erkennt und die Meldung weiterverarbeitet) (Eltronik) / intrusion alarm system || ~**spritzgießverfahren** n (eine Art Schneckenspritzgießen) (Plast) / intrusion moulding || ~**verfahren** n (Plast) / flow moulding || ~**verfahren** (eine Art Schneckenspritzgießen) (Plast) / intrusion moulding
**Intrusivgestein•e** n pl (Geol) / intrusive rocks, intrusives n pl || ~**e** (Geol) s. auch Plutonit
**Intrusivlagergang, konkordanter** ~ (ein Plutonit) (Geol) / sill* n
**Intuitionismus** m (z.B. nach L.E.J. Brouwer, 1881-1966) (Math) / intuitionism n
**Intumeszenz** f (Quellen und Schäumen) (Anstr, Chem) / intumescence* n
**Inulakampfer** m (Chem) / helenin n, alantolactone n
**Inulase** f (Biochem) / inulase n, inulinase n
**Inulin** n (hochpolymerisierter Fruchtzucker) (Chem) / inulin* n
**Inulinase** f (Enzym, welches Inulin zu Fruktose abbaut) (Biochem) / inulase n, inulinase n
**Inundation** f (eines Landgebietes durch das Meer) (Ozean) / immersion n || ~ (Wasserb) / inundation n, flooding n
**Inundationsgebiet** n (Wasserb) / floodplain* n, bottomland n (US), flood district
**inundieren** v (Wasserb) / inundate v, flood v, swamp v
**invalid** adj / invalid adj
**Invar** n (Eisen-Nickel-Legierung, die den Invar-Effekt aufweist) (Hütt) / Invar* n

**invariabel**

**invariabel** *adj* / invariable *adj* ‖ **invariable Ebene** (Astr) / invariable plane*
**Invariabilität** *f* / invariability *n*
**invariant** *adj* (Phys) / invariant* *adj*, non-variant *adj* ‖ **~e Ebene** (Astr) / invariable plane* ‖ **~es Gleichgewicht** (nach dem Gibbsschen Phasengesetz) (Phys) / invariant equilibrium ‖ **~e Kette** (Biochem) / invariant chain ‖ **~es Maß** (Math) / invariant measure ‖ **~e Masse** (Phys) / invariant mass ‖ **~e Untergruppe** (Math) / normal subgroup*, invariant subgroup*, self-conjugate subgroup*
**Invariante** *f* (Math, Phys) / invariant* *n* ‖ **adiabatische ~** (Phys) / adiabatic invariant
**Invariantentheorie** *f* (Math) / invariant theory, theory of invariants
**Invarianz** *f* (Unveränderlichkeit von Größen bzw. Eigenschaften gegenüber bestimmten Operationen, Abbildungen bzw. Transformationen) (Math, Phys) / invariancy *n*
**Invar-Legierung** *f* (Eisen-Nickel-Legierung, die den Invar-Effekt aufweist)) (Hütt) / Invar* *n*
**Invar-Pendel** *n* (ein Kompensationspendel) (Phys) / Invar pendulum
**Invasion** *f* (Biol) / invasion *n*
**Inventar** *n* / inventory *n*, stock *n* ‖ **lebendes ~** (Landw) / livestock *n*, stock *n* (farm animals) ‖ **~aufnahme** *f* / inventory *n*, stock-taking *n* ‖ **~errichtung** *f* / inventory *n*, stock-taking *n* ‖ **~isation** *f* / inventory *n*, stock-taking *n* ‖ **~isierung** *f* / inventory *n*, stock-taking *n* ‖ **~verzeichnis** *n* / inventory *n*
**Inventur** *f* / inventory *n*, stock-taking *n* ‖ **permanente ~** / permanent inventory, continuous inventory
**Inverform-Maschine** *f* (mit Obersieb) (Pap) / inverform *n*, inverform machine
**invers** *adj* (DIN 4898) / inverse* *adj* ‖ **~es Bild** (Math) / inverse image, antecedent *n*, prototype *n* ‖ **~e Bremsstrahlung** (Nukl) / inverse bremsstrahlung, free-free absorption ‖ **~es Element** (Math) / inverse* *n*, inverse element ‖ **~es Fett** (Chem) / inverse fat ‖ **~e Funktion** (Math) / inverse function ‖ **~e Lagerung** (Geol) / inversion *n* ‖ **~e Matrix** (DIN 5486) (Math) / inverse of a matrix*, inverse matrix ‖ **~e Micelle** (Chem) / inverted micelle, inverse micelle ‖ **~e Operation** (Math) / inverse *n*, inverse operation ‖ **~e Polarografie** (Chem, Eltech) / stripping polarography ‖ **~er Punkt** (Math) / inverse point ‖ **~e Ramanstreuung** (Phys) / inverse Raman scattering, IRS ‖ **~er Schrägstrich** (EDV) / backslash *n* ‖ **~e Schrift** (hell auf dunklem Untergrund) (Druck, EDV) / reverse print, reverse type ‖ **~e Transformation** (Math) / inverse transformation ‖ **~e Voltammetrie** (Chem) / stripping voltammetry ‖ **~e Wahrscheinlichkeit** (Phys) / inverse probability ‖ **~e Zeitverzögerung** (Eltech) / inverse time-lag*
**Inverse** *f* (DIN 5486) (Math) / inverse of a matrix*, inverse matrix ‖ **~** (z.B. 1/a bei a) (Math) / inverse* *n*, reciprocal* *n* (of a number) ‖ **~s** *n* (Math) / inverse* *n*, inverse element
**Inversion** *f* / inversion* *n* ‖ **~** (Konfigurationsumkehr) (Chem) / inversion *n* ‖ **~** (die Vorzeichenänderung der optischen Aktivität im Verlaufe der Reaktion chiraler Verbindungen) (Chem) / inversion* *n* ‖ **~** (Nachhydrolyse der bei der Haupthydrolyse aus den Holzpolysacchariden gebildeten Oligosaccharide und Dextrine, um die Monosaccharid-Ausbeute zu erhöhen) (Chem Verf) / inversion *n* ‖ **~** (EDV) / NOT function ‖ **~** (analog - Umkehrung des Vorzeichens, digital - Umkehrung des Logikpegels) (Eltronik) / inversion *n* ‖ **~** (Übergang von n- zu p-Leitung und umgekehrt - DIN 41852) (Eltronik) / inversion *n* ‖ **~** (Geol) / inversion of relief*, inverted relief, relief inversion ‖ **~** (Krist, Phys) / inversion *n* ‖ **~** (bei der Permutation) (Math) / inversion* *n* ‖ **~** (Math) / inversion* *n* ‖ **~** (Meteor) / inversion* *n*, temperature inversion, inversion of temperature gradient ‖ **~ der Besetzungszahlen** (in einem laseraktiven Material) (Phys) / population inversion*
**Inversions•barriere** *f* (Energiebarriere zur Planarität bei Molekülen mit pyramidaler Gleichgewichtsgeometrie) (Chem) / barrier to inversion ‖ **~drehachse** *f* (Krist) / rotoinversion axis, gyroid *n*, inversion axis of symmetry ‖ **~drehung** *f* (Krist) / rotoinversion *n*, rotatory inversion ‖ **~gebiet** *n* (Eltronik) / inversion layer ‖ **~kanal** *n* (kanalförmiges Inversionsgebiet) (Phys) / inversion channel ‖ **~kreis** *m* (Math) / circle of inversion* ‖ **~ladung** *f* (in einem Inversionsgebiet oder -kanal) (Phys) / inversion charge ‖ **~schicht** *f* (eines Halbleiters) (Eltronik) / inversion layer ‖ **~schicht** *f* (in der Atmosphäre) (Meteor, Radio) / inversion layer ‖ **~schicht-Solarzelle** *f* / inversion-layer solar cell ‖ **~schwingung** *f* (Chem, Phys) / inversional vibration ‖ **~spektrum** *n* (Opt) / inversion spectrum ‖ **~symmetrie** *f* (Krist) / inversion symmetry, reversal symmetry ‖ **~temperatur** *f* (thermischer Umkehrpunkt beim Drosseleffekt) (Phys) / inversion temperature ‖ **~zentrum** *n* (Krist) / centre of symmetry*, symmetry centre ‖ **~zentrum** (Math) / centre of inversion
**Inversor** *m* (mechanisches Hilfsmittel für die Konstruktion der Spiegelung am Kreis) (Math) / Peaucellier's linkage
**Inversreaktanz** *f* (Eltech) / negative-sequence reactance
**Inversvoltammetrie** *f* (Chem) / stripping voltammetry

**Inverswiderstand** *m* (das Verhältnis der Wirkkomponente der an der Drehstromwicklung liegenden Inversspannung zum Inversstrom) (Eltech) / negative-sequence resistance
**Invertase** *f* (β-Fructofuranosidase) (Chem) / invertase* *n*
**Inverted-F-Antenne** *f* (Radio) / inverted F antenna
**Inverted-V-Antenne** *f* (ein abgewinkelter Halbwellendipol) (Radio) / inverted vee, inverted-V antenna*
**Inverter** *m* (Schaltungsanordnung zur Realisierung der Negation) (EDV) / negater* *n*, negator *n*, inverter* *n*, negation element, NOT element, NOT gate ‖ **~** (Fernm) / inverter* *n*
**Invertglas** *n* (das weniger als 50 Mol.-% Neztwerkbildner enthält) (Glas) / invert glass
**invertierbar** *adj* (Math) / invertible* *adj* ‖ **~e Matrix** (Math) / invertible matrix, non-singular matrix
**invertieren** *v* / invert *v*
**invertierender Verstärker** (ein Operationsverstärker, bei dem der n-Eingang beschaltet und der p-Eingang auf Masse gelegt ist) (Eltronik) / inverting amplifier
**Invertierer** *m* (ein invertierender Operationsverstärker) (Eltronik) / inverting amplifier
**invertiert•e Darstellung** (dunkle Schrift auf hellem Hintergrund) (EDV) / inverse display, inverse video, reverse display, reverse video ‖ **~e Darstellung** (Druck) s. auch inverse Schrift ‖ **~e Datei** (die nach einem Sekundärschlüssel über einen Index organisiert ist) (EDV) / inverted file ‖ **~e Datenbank** (Datenbanksystem, das sich des Zugriffs über invertierte Dateien bedient) (EDV) / inverted database system ‖ **~e Sprache** (Sprachverschlüsselung) (Fernsp) / inverted speech, inversion *n*, scrambled speech
**Invertierung** *f* (Chem) / inversion* *n*
**Invert•seife** *f* (eine oberflächenaktive organische Verbindung, die desinfizierend wirkt) (Chem) / invert soap*, quat *n* ‖ **~zucker** *m* (Gemisch von gleichen Teilen Trauben- und Fruchtzucker mit mindestens 62 % Trockenmasse) (Chem, Nahr) / invert sugar* (a mixture of equal parts D-glucose and D-fructose) ‖ **~zuckercreme** *f* (Chem, Nahr) / artificial honey
**Investierung** *f* / investment *n*
**Investigation** *f* / investigation *n* (of, into)
**investigativ** *adj* / investigative *adj*
**Investition** *f* / investment *n*
**Investitions•anlage** *f* / capital equipment ‖ **~gut** *n* / capital equipment ‖ **~güter** *n pl* (die für die Erhaltung, Erweiterung oder Verbesserung des betrieblichen Anlagevermögens eingesetzt werden - Gegensatz: Konsumgüter) / producer goods, investment goods, capital goods ‖ **~projekt** *n* / investment project, capital project ‖ **~vorhaben** *n* / investment project, capital project
**Investmentguß** *m* (ein Feingußverfahren) (Gieß) / investment casting*
**Investmentverfahren** *n* (ein Feingußverfahren) (Gieß) / investment casting*
**Involute** *f* (Masch, Math) / involute* *n*
**Involution** *f* (eine projektive Abbildung) (Math) / involution* *n*
**Involutivität** *f* (Math) / involutivity *n*
**involutorisch** *adj* (Math) / involutional *adj*, involutory *adj*
**Inzahlungnahme** *f* (z.B. eines alten Wagens) / trade-in *n*
**Inzentiv** *n* (F.Org) / incentive *n*, wage incentive
**Inzentivreise** *f* (als Belohnung) (F.Org) / incentive trip
**Inzidenz** *f* (Axiom der Geometrie) (Math) / incidence *n* ‖ **~** (Anzahl der Personen einer Population, bei denen in einem Zeitabschnitt eine bestimmte Krankheit neu oder erneut auftritt) (Med) / incidence* *n* ‖ **~abbildung** *f* (Math) / incidence map ‖ **~axiom** *n* (Math) / incidence axiom ‖ **~geometrie** *f* (Math) / incidence geometry ‖ **~matrix** *f* (Math) / incidence matrix ‖ **~winkel** *m* (Phys) / angle of incidence*, incident angle, incidence angle
**inzidieren** *v* (Math) / incide *v*
**Inzucht** *f* (Biol, Landw) / inbreeding* *n*
**i.O.** (TV) / out of vision (OOV)
**I/O-Analyse** *f* / input/output analysis
**Iod (I)** *n* (Chem) / iodine* *n*, I* ‖ **~(III)-** (Chem) / iodous *adj* ‖ **~(V)-** (Chem) / iodic *adj* ‖ **radioaktives ~** (meistens Iod-131) (z.B. zur Untersuchung der Schilddrüsenfunktion) (Chem, Med) / radioiodine* *n* ‖ **~aminosäure** *f* (Chem) / iodamino acid ‖ **~argyrit** *m* (Min) / iodargyrite *n*, iodyrite *n*
**Iodat** *n* (Salz der Iodsäure) (Chem) / iodate* *n*
**Iodatometrie** *f* (Oxidimetrie mit Iodat-Ionen als Oxidationsmittel in saurer Lösung) (Chem) / iodatometry *n*
**Iod•azid** *n* (ein Halogenazid) (Chem) / iodazide *n* ‖ **~benzol** *n* (Chem) / iodobenzene *n* ‖ **~(I)-chlorid** (Chem) / iodine monochloride* *n* ‖ **~(III)-chlorid** (als Antiseptikum und Desinfiziens in 0,1%igen Lösungen) (Chem) / iodine trichloride* ‖ **~cyanid** *n* (Chem) / iodine cyanide, cyanogen iodide ‖ **~essigsäure** *f* (eine Halogenessigsäure) (Chem) / iodoacetic acid, iodoethanoic acid ‖ **~ethan** *n* (Chem) / ethyl iodide, iodoethane *n* ‖ **~farbzahl** *f* / iodine colour number ‖

**~gorgosäure** f (3,5-Diiodtyrosin) (Chem) / iodogorgoic acid* ‖ **~haltig** adj / iodine-containing adj

**Iodid** n (Verbindung, in der Iod als der elektronegative Bestandeil auftritt) (Chem) / iodide* n ‖ **~ der niedrigsten Oxidationsstufe** (Chem) / protoiodide n

**iodieren** v (Chem) / iodinate v, iodize v ‖ **~** n (Chem) / iodination* n, iodization n

**iodiert•es Salz** (Nahr) / iodized table salt ‖ **~es Speisesalz** (zur Kropfprophylaxe) (Nahr) / iodized table salt

**Iodierung** f (Chem) / iodination* n, iodization n
**Iodimetrie** f (Chem) / iodometry, iodimetry n
**Iod-Iodkalium-Lösung** f (Chem) / iodine-potassium iodide solution
**Iodismus** m (Med) / iodism* n
**Iod•-Kaliumiodid-Lösung** f (Chem) / iodine-potassium iodide solution ‖ **~kohle** f (iodhaltige Aktivkohle) (Pharm) / iodized active carbon ‖ **~kollodium-Silberverfahren** n (Druck) / iodized collodion process ‖ **~laser** m (ein chemischer Laser) (Chem, Phys) / iodine laser ‖ **~methan** n (Chem) / methyl iodide*, iodomethane n ‖ **~monochlorid** n (ICl) (Chem) / iodine monochloride*

**Iodoform** n (Antiseptikum) (Chem) / iodoform* n, triiodomethane n ‖ **~probe** f (eine Nachweisreaktion für bestimmte organische Verbindungen) (Chem) / iodoform test* ‖ **~reaktion** f (Chem) / iodoform reaction ‖ **Liebenscher ~test** (nach F. Lieben, 1890 - 1966) (Chem) / Lieben's iodoform test

**Iodometrie** f (maßanalytisches Verfahren) (Chem) / iodometry n, iodimetry n
**iodometrisch** adj (Chem) / iodometric* adj, iodimetric adj
**Iodopsin** n (Sehstoff der Netzhautzapfenzellen) (Opt, Physiol) / iodopsin* n, visual violet*
**Iodosobenzol** n (Chem) / iodosobenzene n, iodosylbenzene n
**Iodosoverbindung** f (Chem) / iodoso compound*
**Iodosylbenzol** n ($C_6H_5$-IO) (Chem) / iodosobenzene n, iodosylbenzene n
**Iodosylverbindung** f (mit der Atomgruppierung -IO) (Chem) / iodoso compound*
**Iod•(V)-oxid** n (Chem) / iodic anhydride*, iodine(V) oxide*, diiodine pentaoxide, iodine pentoxide ‖ **~pentafluorid** n ($IF_5$) (Chem) / iodine pentafluoride* ‖ **~salz** n (Nahr) / iodide salt ‖ **~säure** f (Chem) / iodic (V) acid ‖ **~silber** n (Min) / iodargyrite n, iodyrite n ‖ **~stärkepapier** n (z.B. Kaliumiodidstärke- oder Zinkiodidstärkepapier) (Chem) / iodine-starch paper ‖ **~stärkereaktion** f (Chem) / iodine-starch reaction ‖ **~thymol** n (Chem) / thymoliodid n ‖ **~tinktur** f (ethanolhaltige Iodlösung) (Pharm) / tincture of iodine, iodine solution, iodine tincture, iodine n ‖ **~trichlorid** n (als Antiseptikum und Desinfizien in 0,1%igen Lösungen) (Chem) / iodine trichloride* ‖ **~trimethylsilan** n (Chem) / iodotrimethylsilane n ‖ **~vergiftung** f (Med) / iodism* n ‖ **~wasserstoff** m (Chem) / hydrogen iodide* ‖ **~wasserstoffsäure** f (Chem) / hydriodic acid*, hydroiodic acid ‖ **~zahl (JZ)** f (dient zur Bestimmung der ungesättigten Säuren in Fetten und Ölen - DIN 53241, T 1) (Chem) / iodine value*, iodine number ‖ **~zyanid** n (Chem) / iodine cyanide, cyanogen iodide

**Iolit** m (veilchenfarbiger Cordierit) (Min) / iolite* n
**Ion** n (Chem, Phys) / ion* n ‖ **angeregtes ~** (Phys) / excited ion ‖ **komplexes ~** (Chem) / complex ion * ‖ **leichtes ~** (Phys) / light ion ‖ **metastabiles ~** (Chem) / metastable ion ‖ **organisches ~** (Chem) / organic ion ‖ **wasserstoffähnliches ~** (das wie das Wasserstoffatom aus einem Kern und aus einem diesen umkreisenden Elektron besteht) (Phys) / hydrogenic ion

**Ionen•-** (Chem, Phys) / ionic* adj, ionical adj ‖ **~abstand** m (Krist, Phys) / interionic distance, ionic distance ‖ **~aktivität** f (Chem, Phys) / ion activity ‖ **~akustische Welle** (Akus) / ion-acoustic wave ‖ **~anhäufung** f (Phys) / ion cluster* ‖ **~antrieb** m (ein elektrischer Antrieb) (Raumf) / ion propulsion* ‖ **~assoziation** f (Chem) / ion association ‖ **~atmosphäre** f (bei interionischen Wechselwirkungen) (Phys) / ion cloud, ionic atmosphere, ion atmosphere ‖ **~ätzen** n (Eltronik, Galv) / sputtering n ‖ **reaktives ~ätzen** (ein dem Plasmaätzen verwandtes Trockenätzverfahren, bei dem im Gegensatz zu diesem die zu ätzenden Halbleiterscheiben auf der unteren Platte des "Parallelplattenrezipienten" liegen, in die auch die Hochfrequenzspannung eingekoppelt wird, während die obere Platte mit dem Rezipienten auf Erdpotential liegt) (Eltronik) / reactive ion etching, RIE ‖ **~ausbeute** f (Phys) / ion yield* ‖ **~ausschluß** m (Chem) / ion exclusion ‖ **~ausschlußchromatografie** f (Chem) / ion-exclusion chromatography, IE chromatography ‖ **~austausch** m (DIN 54400) (Chem) / ion exchange*, IX* ‖ **~austausch im Trüben** (Aufber) / resin-in-pulp* (RIP) n ‖ **~austauschchromatografie** f (Chem) / ion-exchange chromatography (IEC) ‖ **~austauscher** m (Harz) (Chem) / ion-exchange resin* ‖ **~austauscher** (Anlage) (Chem Verf) / ion-exchange unit ‖ **~austauscherharz** n (Chem) / ion-exchange resin* ‖ **~austauschharz** n (Chem) / ion-exchange resin* ‖

**Ionenpumpe**

**~austauschkapazität** f (Chem) / ion-exchange capacity* ‖ **~austauschmembran** f (Chem Verf) / ion-exchange membrane ‖ **~belastung** f (Phys) / ionic load ‖ **~beschuß** m (Eltronik) / ionic bombardment* ‖ **~beweglichkeit** f (Chem, Phys) / ion mobility*, ionic mobility ‖ **~bewegung** f (Chem, Phys) / ion movement, ion motion ‖ **~bindung** f (Chem) / ionic bond*, electrostatic bond[ing]*, electrovalence* n, electrovalency n, electrovalent bond, polar bond*, heteropolar bond ‖ **~bombardment** n (Eltronik) / ionic bombardment* ‖ **~chromatografie** (Variante der Ionenaustauschchromatografie, bei der die Detektion störende Elektrolytuntergrund der mobilen Phase durch eine Nachsäulenderivatisierung zurückgedrängt wird) (Chem) / ion chromatography (IC) ‖ **~cluster** n (Phys) / ion cluster* ‖ **~-Cyclotron-Resonanzspektroskopie** f (Spektr) / ion-cyclotron-resonance spectroscopy, ICR spectroscopy ‖ **~diffusion** f / ionic diffusion ‖ **~dosis** (SI-Einheit: C/kg) (DIN 6809) (Nukl, Radiol) / ion dose ‖ **~dosis im Gewebe** (Radiol) / tissue dose* ‖ **~dosisrate** f (DIN 5476) (Radiol) / ion dose rate ‖ **~drift** f (Freisetzung von Ionen durch Feldemission) (Phys) / ion drift ‖ **~einbau** m (Methode zur Dotierung von Silizium-Wafern) (Eltronik) / ion implantation ‖ **~einpflanzung** f (Methode zur Dotierung von Silizium-Wafern) (Eltronik) / ion implantation* ‖ **~emission** f (Chem, Phys) / ion emission ‖ **~energiespektrometrie** f (zum Nachweis metastabiler Zerfälle) (Spektr) / direct analysis of daughter ions, DADI, mass-analysed ion kinetic energy spectroscopy, MIKES ‖ **~erzeugend** adj (Chem, Phys) / ionogenic* adj ‖ **~erzeugung** f (Chem, Phys) / ion generation ‖ **~exklusion** f (Chem) / ion exclusion ‖ **~falle** f (Eltronik, Phys) / ion trap* ‖ **Paulsche ~falle** (eine Quadrupolanordnung von Elektronen) (Phys) / Paul trap ‖ **~fänger** m (z.B. in einem Ionisationsvakuummeter) (Vakuumt) / ion collector ‖ **~fleck** m (auf den Leuchtschirmen von Oszillografenröhren) (Eltronik) / ion burn, ion spot* ‖ **~flotation** f (Chem) / ion flotation* ‖ **~friedhof** m / ion dump ‖ **~gaslaser** m (Phys) / ion laser, nuclear laser, gaseous ion laser ‖ **~geschwindigkeit** f (Chem, Phys) / ion velocity, ionic speed, ionic velocity ‖ **~getterpumpe** f (Ionenverdampferpumpe oder Penning-Pumpe) (Vakuumt) / ion getter pump, getter ion pump ‖ **~gewicht** n (Summe der Atomgewichte der das Ion aufbauenden Elemente) (Phys) / ionic weight* ‖ **~gitter** n (im Ionenkristall) (Krist) / ionic lattice, ion lattice ‖ **~gleichgewicht** n / ionic equilibrium ‖ **~halbleiter** m (Eltronik) / ionic semiconductor ‖ **~hydratation** f (Chem) / ion hydration ‖ **~hydration** f (Chem) / ion hydration ‖ **~implantation** f (Methode zur Dotierung von Silizium-Wafern) (Eltronik) / ion implantation* ‖ **~implantiert** adj (Eltronik) / ion-implanted adj ‖ **~implantierter Sensor** (Eltronik) / ion-implanted sensor ‖ **~implantierter Übergang** (Eltronik) / ion-implanted junction ‖ **~inaktiv** adj / non-ionic adj ‖ **~kanal** m (Zyt) / ion channel ‖ **~kettenpolymerisation** f (Chem) / ionic chain polymerization ‖ **~kollektor** m (Vakuumt) / ion collector ‖ **~kontamination** f (Eltronik) / ionic contamination ‖ **~konzentration** f (Chem) / ion concentration*, ionic concentration* ‖ **~kristall** m (Kristall mit Ionengitter) (Krist) / ionic crystal*, electrovalent crystal ‖ **~ladung** f (Chem) / ionic valence, ionic charge ‖ **~laser** m (Phys) / ion laser, gaseous ion laser ‖ **~lautsprecher** m (Akus) / ionic loudspeaker ‖ **~lawine** f (Eltronik) / ion avalance ‖ **~leiter** m (Festkörperelektrolyt, der elektrischen Strom aufgrund freibeweglicher Ionen leitet) (Chem) / ionic conductor*, electrolytic conductor ‖ **~leitfähigkeit** f (spezifische) (Chem) / ionic conductivity* ‖ **~leitung** f (die auf der Bewegung von Ionen beruht) (Chem) / ionic conduction, ion conduction ‖ **~lithografie** f (Eltronik) / ion lithography ‖ **~masse** f (Chem, Phys) / ion mass ‖ **~migration** f (Phys) / ionic migration*, electric migration, ion migration ‖ **~mikroskop** n (Mikros) / ion microscope ‖ **~mikrosonde** f / ion microprobe ‖ **~molekül** n (aus entgegengesetzt geladenen Atom- oder Radikalionen aufgebautes Molekül, dessen Zusammenhalt durch Ionenbindung bewirkt wird) (Chem) / ion molecule ‖ **~-Molekül-Reaktion** f (Chem) / ion-molecule reaction ‖ **~neutralisationsspektroskopie** f (Spektr) / ion neutralization spectroscopy, INS ‖ **~optik** f (Opt) / ion optics ‖ **~paar** n (Phys) / ion pair* ‖ **~paarbildung** f (Phys) / ion pair formation, ion-pairing n ‖ **~paarchromatografie** f (zur Trennung von hydrophoben ionischen Spezies) (Chem) / ion-pair chromatography, IPC ‖ **~plasma** n (Plasma Phys) / ion plasma ‖ **~plattieren** n (ein PVD-Verfahren, bei dem ein Teil des kondensierenden Materials an der Verdampfungsquelle oder auf dem Weg zu den Substraten ionisiert wurde) (Galv) / ion plating ‖ **chemisches ~plattieren** (eine Verfahrensvariante des CVP-Verfahrens) (Galv) / chemical ion plating ‖ **~polarisation** f (Verschiebung ionisierter Atome unter der Einwirkung eines elektrischen Feldes) (Eltronik, Phys) / ionic polarization, atomic polarization, ionic polarization ‖ **~produkt** n (bei einem Dissoziationsvorgang) (Chem) / ionic product* ‖ **~pumpe** f (ein Enzymkomplex) (Biochem) / ion pump ‖ **~pumpe** (zur Erstellung eines Höchstvakuums) (Vakuumt) / ion pump, ionization pump ‖

581

**Ionenquelle**

~**quelle** *f* (eine Vorrichtung zur Erzeugung gerichteter Ionenstrahlen im Vakuum) (Vakuumt) / ion source*, ionization source, ion gun ‖ ~**radienverhältnis** *n* (Phys) / radius ratio ‖ ~**radikal** *n* (Chem) / radical ion ‖ ~**radius** *m* (der scheinbare Radius der als starre, einander berührende Kugeln gedachten Ionen in einem Kristallgitter) (Krist) / ionic radius*, ion radius ‖ ~**rakete** *f* (Raumf) / ion rocket* ‖ ~**rauschen** *n* (Phys) / ionization noise ‖ ~**reaktion** *f* (Chem) / ionic reaction ‖ **lyotrope** ~**reihe** (Chem) / Hofmeister series*, lyotrophic series* ‖ ~**röhre** *f* (z.B. Thyratron oder Ignitron) (Eltronik) / gas-discharge tube*, discharge tube*, gas-filled tube ‖ ~**röhre** (Eltronik) / ionic valve ‖ ~**röhre** (eine Röntgenröhre mit kalter Katode) (Eltronik, Radiol) / gas x-ray tube ‖ ~**rückstreu-Spektroskopie** *f* (Spektr) / ion-scattering spectroscopy, ISS, low-energy ion-scattering spectroscopy ‖ ~**schall** *m* (zeitliche Aufeinanderfolge von Verdichtungen und Verdünnungen des Plasmas) (Plasma Phys) / ion sound ‖ ~**schallwelle** *f* (Akus) / ion-acoustic wave ‖ ~**schwarm** *m* (Phys) / ion cluster* ‖ ~**schweif** *m* (des Kometen) (Astr) / gas tail, ionic tail, plasma tail ‖ **~selektive Elektrode** (Chem, Eltronik) / ion-selective electrode, ISE ‖ **~selektiver Feldeffekttransistor** (Eltronik) / ion-sensitive field-effect transistor, ISFET ‖ **~sensitive Elektrode** (eine Meßelektrode in der chemischen Analyse) (Chem, Eltronik) / ion-selective electrode, ISE ‖ **~spezifische Elektrode** (Chem, Eltronik) / ion specific electrode, ISE ‖ ~**spray** *m n* (Spektr) / ion spray ‖ ~**stärke** *f* (mol/kg) (Chem) / ionic strength* ‖ ~**stärkeeinsteller** *m* (in der Potentiometrie) (Chem) / ionic-strength adjuster, ISA

**Ionenstrahl** *m* (Phys) / ion beam*, ionic beam* ‖ **positive** ~**en** (Phys) / canal rays, positive rays ‖ ~**ätzen** *n* (mit Inertgas - der Abtrag erfolgt ausschließlich durch physikalische Zerstäubung) (Eltronik) / ion-beam etching, IBE ‖ ~**ätzen** (Eltronik) / reactive ion-beam etching, RIBE, chemically assisted ion-beam etching, CAIBE ‖ ~**ätzen mit reaktivem Gas** (dessen Bestandteile mit dem Target-Material eine flüchtige Verbindung bilden können) (Eltronik) / reactive ion-beam etching, RIBE, chemically assisted ion-beam etching, CAIBE ‖ ~**dotierung** *f* (Methode zur Dotierung von Silizium-Wafern) (Eltronik) / ion implantation*

**Ionenstrahler** *m* (Phys) / ion gun

**Ionenstrahl • lithografie** *f* (in der Halbleitertechnologie) (Eltronik) / ion-beam lithography ‖ ~**-Mikroanalyse** *f* (Spektr) / secondary-ion mass spectrometry, SIMS, ion microprobe analysis ‖ ~**quelle** *f* (z.B. nach Penning) (Vakuumt) / ion source*, ionization source, ion gun

**Ionen • streuspektroskopie** *f* (Spektr) / ion-scattering spectroscopy, ISS, low-energy ion-scattering spectroscopy ‖ ~**strom** *m* (Eltronik) / ionic current*, ion current ‖ ~**strommeßverfahren** *n* (für die Wärmewertanpassung von Zündkerzen) (Kfz) / ionic-current measuring technique, ionic-current measuring method ‖ ~**therapie** *f* (Med) / iontophoresis* *n* (pl. -phoreses), ion therapy, ionic medication ‖ ~**transferpumpe** *f* (Vakuumt) / ion transfer pump ‖ ~**triebwerk** *n* (Raumf) / electrostatic rocket engine, ion engine* ‖ ~**verbindung** *f* (Chem) / heteropolar compound, polar compound ‖ ~**verschmutzung** *f* (Eltronik) / ionic contamination ‖ ~**verzögerung** *f* (Chem Verf) / ion retardation ‖ ~**verzögerungsverfahren** *n* / ion retardation process ‖ ~**wanderung** *f* (DIN 41852) (Phys) / ionic migration*, electric migration, ion migration* ‖ ~**wanderungsgeschwindigkeit** *f* (Chem, Phys) / ion velocity*, ionic speed, ionic velocity ‖ ~**wechselwirkung** *f* (Kernphys) / interionic action ‖ ~**wechselwirkungschromatografie** *f* (Chem) / ion-pair chromatography, IPC ‖ ~**wertigkeit** *f* (Chem) / ionic valence, ionic charge ‖ ~**wind** *m* (Elektr) / electric wind*, static breeze, convective discharge ‖ ~**wolke** *f* (Phys) / ion cloud, ionic atmosphere, ion atmosphere ‖ ~**zähler** *m* (Phys) / ion counter ‖ ~**zerstäuberpumpe** *f* (eine Ionengetterpumpe) (Vakuumt) / sputter-ion pump ‖ ~**zyklotronfrequenz** *f* (Phys) / ion cyclotron frequency*

**Ionik, molekulare** ~ (Biol, Chem, EDV) / molecular ionics

**Ion-Ion-Wechselwirkung** *f* (Chem, Phys) / ionic interaction, ion-ion interaction

**Ionisation** *f* (Phys) / ionization* *n* ‖ **chemische** ~ (in der Massenspektroskopie) (Spektr) / chemical ionization, CI ‖ **differentielle** ~ (Spektr) / differential ionization ‖ **direkte chemische** ~ (Spektr) / direct chemical ionization, DCI ‖ **elektrohydrodynamische** ~ (Phys) / electrohydrodynamic ionization ‖ **spezifische** ~ (Phys) / specific ionization ‖ **teilweise** ~ (Phys) / partial ionization ‖ **thermische** ~ (Phys) / thermal ionization, Saha ionization ‖ ~ *f* **durch Elektronenstoß** (Eltronik, Spektr) / impact ionization*, ionization by collision*, collision ionization

**Ionisations • aufladung** *f* (bei der elektrostatischen Pulverlackierung) (Anstr, Galv) / ionization charge (of a coating powder) ‖ ~**dichte** *f* (Phys) / ion concentration*, ionization density*, ion density ‖ ~**dosimeter** *n* (DIN 6817) (Radiol) / ionization dosemeter ‖ ~**energie** *f* (Kernphys) / ionization energy, ionizing energy* ‖ ~**grad** *m* (Phys) / degree of ionization*, fractional ionization ‖ ~**isomerie** *f* (bei Koordinationsverbindungen) (Chem) / ionization isomerism ‖ ~**kammer** *f* (Nukl) / ionization chamber*, gaseous ionization chamber, ion chamber ‖ **feste** ~**kammer** (Kristallzähler) (Kernphys) / solid ionization chamber ‖ **dickwandige** ~**kammer** (Nukl) / thick-wall chamber*, thick-wall ionization chamber ‖ **dünnwandige** ~**kammer** (Nukl) / thin-wall chamber*, thin-wall ionization chamber ‖ ~**kammer** *f* **mit Gasfüllung** (Nukl) / gaseous ionization chamber ‖ ~**konstante** *f* (Chem, Phys) / ionization constant* ‖ ~**manometer** *n* (Nukl) / ionization manometer* (direct reading) ‖ ~**manometerröhre** *f* (Nukl) / tubulated ionization gauge ‖ ~**rauchmelder** *m* (zur Feststellung von Bränden im Frühstadium) / ionization smoke detector ‖ ~**rauschen** *n* (Phys) / ionization noise ‖ ~**spannung** *f* (Kernphys) / ionization potential*, electron-binding energy*, IP ‖ ~**stärke** *f* (Phys) / specific ionization ‖ ~**stoß** *m* (auf kosmische Strahlung bezogen oder in der Ionisationskammer) (Phys) / burst* *n* ‖ ~**stoß** (Phys) / ionizing collision* ‖ ~**strom** *m* (Phys) / ionization current* ‖ ~**temperatur** *f* (Phys) / ionization temperature* ‖ ~**vakuummeter** *n* (Phys) / ionization vacuum gauge ‖ ~**vakuummeter nach dem Bayard-Alpert-System** (mit einer inversen Triodenanordnung zur Herabsetzung des Röntgen-Effekts) (Phys) / Bayard-Alpert ionization gauge, Bayard and Alpert gauge* ‖ ~**vakuummeterröhre** *f* **mit Glühkatode** (Eltronik) / hot-filament ionization gauge ‖ ~**verlustspektroskopie** *f* (Spektr) / ionization-loss spectroscopy ‖ ~**zähler** *m* (Radiol) / ionization counter ‖ ~**zentrum** *n* (Kernphys) / spur *n*

**Ionisator** *m* (Gerät zur Ableitung der elektrostatischen Aufladung von Faserstoffen) (Tex) / static eliminator

**ionisch** *adj* (Arch) / Ionic *adj* ‖ ~ (Chem, Phys) / ionic* *adj*, ionical *adj* ‖ **~er Charakter** (Chem) / ionicity *n* ‖ **~es Hydrid** (Chem) / ionic hydride ‖ **~es Polymer** (Chem) / ionic polymer ‖ **~e Polymerisation** (Chem) / ionic polymerization ‖ **~e Säulenordnung** (Arch) / Ionic order

**ionisierbar** *adj* (Phys) / ionizable *adj*

**ionisieren** *v* (Phys) / ionize *v*

**ionisierend, nicht ~e Strahlung** (Phys) / non-ionizing radiation ‖ **~e Strahlung** (die beim Einwirken auf Materie so viel Energie an deren Atome oder Moleküle abgibt, daß Elektronen abgelöst werden und somit eine Ionisation stattfindet - DIN 6814, DIN 2541) (Phys) / ionizing radiation* ‖ **~es Teilchen** (Phys) / ionizing particle*

**ionisiert, einfach ~** (Phys) / singly ionized ‖ **nicht ~** (Chem) / un-ionized *adj* ‖ **~es Atom** (Phys) / ionized atom*, atomic ion

**Ionisierung** *f* (Phys) / ionization* *n* ‖ ~ (als einmaliges Ereignis) (Phys) / ionizing event* ‖ **weiche** ~ (Phys) / soft ionization ‖ ~ *f* **im starken elektrischen Feld** (in der Massenspektroskopie) (Spektr) / field ionization, FI

**Ionisierungs • dichte** *f* (Phys) / ion concentration*, ionization density*, ion density ‖ ~**energie** *f* (die zum Abtrennen des Elektrons erforderlich ist) (Kernphys) / ionization energy, ionizing energy* ‖ ~**fähigkeit** *f* (Phys) / ionizing power ‖ ~**koeffizient** *m* (Kernphys) / Townsend coefficient*, Townsend ionization coefficient ‖ ~**manometer** *n* (Nukl) / ionization manometer* (direct reading) ‖ ~**potential** *n* (Kernphys) / ionization potential*, electron-binding energy*, IP ‖ ~**querschnitt** *m* (Phys) / ionization cross-section* ‖ ~**spannung** *f* (Kernphys) / ionization potential*, electron-binding energy*, IP ‖ ~**spannung** s. auch Ionisierungsenergie ‖ ~**strom** *m* (Phys) / ionization current* ‖ ~**temperatur** *f* (Phys) / ionization temperature* ‖ ~**vermögen** *n* (Phys) / ionizing power ‖ ~**zahl** *f* (Kernphys) / Townsend coefficient*, Townsend ionization coefficient

**Ionitrieren** *n* (Hütt) / glow-discharge nitriding, glow nitriding

**Ionitrierung** *f* (Nitrierverfahren für Eisen, bei dem mit einer stromstarken Glimmentladung gearbeitet wird) (Hütt) / glow-discharge nitriding, glow nitriding

**Ionium** *n* (radioaktives Zerfallsprodukt des Urans) (Chem) / ionium* *n*

**Ionizität** *f* (Chem) / ionicity *n*

**ionogen** *adj* (Chem, Phys) / ionogenic* *adj* ‖ **~ gebundener Wasserstoff** (Chem) / replaceable hydrogen*

**Iono • grafie** *f* (Krist, Radiol) / ionography *n*, electroradiography *n* ‖ ~**gramm** *n* (bei der Ionografie gewonnene Abbildung) (Med) / ionogram *n* ‖ ~**gramm** (durch Ionosonde geliefert) (Meteor) / ionogram *n*

**Ionol** *n* (Trivialname für den von Jonon abgeleiteten Alkohol) (Chem) / ionol *n*

**Ionolumineszenz** *f* (Phys) / collision-ionization luminescence

**Iono • mer** *m* (vernetzte, thermoplastische, transparente Kunststoffe, vor allem Copolymere des Ethylens mit carboxylgruppenhaltigen Monomeren) (Plast) / ionomer *n* ‖ ~**mere** *n* (Plast) / ionomer *n* ‖ ~**meres** *n* (Plast) / ionomer *n*

**Ionon** *n* (natürlicher Riechstoff) (Chem) / ionone *n*, irisone *n*

**Iono • phon-Lautsprecher** *m* (Akus) / ionophone* *n* ‖ ~**phor** *n* (Biochem) / ionophore* *n* ‖ ~**phorese** *f* (Elektrophorese bei niedermolekularen Ionen) (Chem) / ionophoresis *n* (pl. -ses) ‖ ~**sonde** *f* (Radar, Radio) / ionosonde *n*

**Ionosphäre** f (ein Teil der oberen Atmosphäre) (Geophys, Meteor) / ionosphere* n
**Ionosphären·ausbreitung** f (Radio) / ionospheric propagation || ~**sturm** m (Fernm, Geophys) / ionospheric storm
**ionosphärisch** adj / ionospheric adj || **~e Fokussierung** / ionospheric focussing || **~e Störung** (beim Ionosphärensturm) (Meteor) / ionospheric disturbance*, ionosphere disturbance || **~e Streuausbreitung** (Radio) / ionospheric scatter(ing) || **~ärische Voraussage** (Radio) / ionospheric prediction
**Ionotropie** f (räumlich geordnete Koagulation durch Eindiffusion von niedermolekularen Elektrolyten in Lösungen von Polyelektrolyten) (Chem) / ionotropy* n
**Ionisierungsmethode** f (Spektr) / ionization method
**Iontophorese** f (Med) / iontophoresis* n (pl. -phoreses), ion therapy, ionic medication
**iovanischer Planet** (Astr) / Jovian planet, giant planet
**Ioxynil** n (ein schwach systemisches Nachlaufherbizid) (Chem, Landw) / ioxynil n
**I.P.** (derjenige pH-Wert einer amphoteren Elektrolytlösung, bei dem Ladungsgleichheit eintritt) (Chem) / isoelectric point*, I.E.P.
**IP** (EDV) / Internet Protocol, IP || ~ (ein Mehrzweckprozessor, der für verschiedene satzübergreifende Operationen eingesetzt wird) (EDV) / interrecord processor (IP) || ~**-Adresse** f (aus Ziffern bestehende Internetadresse eines Rechners) (EDV) / IP address || ~**-Adresse** s. auch Netzadresse
**IPC** (Chem) / ion-pair chromatography, IPC
**Ipé** n (Holz von Tabebuia sp.) (For) / ipe n, lapacho n, Groenheart n
**Ipecacaalkaloid** n (Pharm) / ipecac alkaloid
**Ipecacuanhaalkaloid** n (Pharm) / ipecac alkaloid
**Ipekakuanha** f (Pharm) / ipecac n, ipecacuanha n
**Ipekakuanhaalkaloid** n (Pharm) / ipecac alkaloid
**IPE-Träger** m (Hütt) / IPE beam (European section)
**IP-Mitteilung** f (Fernm) / interpersonal message, IP message
**IPN** (Chem) / interpenetrating polymeric networks
**Ipo** n (Pharm) / upas n
**Ipomoea, Samen von ~ tricolor Cav.** (als Rauschmittel) (Chem) / morning-glory seeds
**Ipomoea-Alkaloide** n pl (aus mexikanischen Prunkwinden) (Pharm) / ipomoea alkaloids
**Ipomoea-Harz** n (Pharm) / ipomoea resin
**Ipopfeilgift** n (Pharm) / upas n
**Ipot** n (Eltech) / inductive potential divider, ipot n
**ipso-Substitution** f (elektrophile Substitution an aromatischen Verbindungen, bei denen die Abgangsgruppe kein Proton, sondern ein anderes Atom oder eine Atomgruppierung ist) (Chem) / ipso-substitution n
**IQ** (Psychol) / intelligence quotient*, IQ*
**Ir** (Chem) / iridium* n
**IR** / infrared* adj, IR, i.r. || ~ / industrial robot, IR || ~ / isoprene rubber, IR || ~**-Abfall** m (Eltech) / I.R. drop*, resistance voltage drop || ~**-Absorption** f / infrared absorption || **nichtdispersive** ~**-Absorption** (Kfz, Umwelt) / non-dispersive infrared absorption
**Iraser** m (ein im Infrarotbereich arbeitender Laser) (Phys) / iraser n
**IRDATA** m (ein Übersetzercode für Robotersprachen) / IRDATA n (industrial robot data)
**irden** adj (Keram) / fictile adj (made of earth or clay) || ~**gut** n (Keram) / earthenware n, pottery n || ~**ware** f (die mit Schlickerornamenten verziert ist) (Keram) / slipware n || ~**ware** (Keram) / earthenware n, pottery n **mit Schlickerornamenten verzierte** ~**ware** (Keram) / slipware n (pottery decorated by the application and firing of slips) || **gelbbrennende** ~**ware** (Keram) / yellow ware
**IR-Detektor** m (Phys) / infrared detector
**irdische Refraktion** (Brechung der Lichtstrahlen beim Durchgang durch erdnahe Luftschichten) (Meteor, Opt) / terrestrial refraction
**IRED** f (Eltronik, Phys) / infrared radiation emitting diode, IRED, infrared-emitting diode
**I-Regelung** f (Regeln) / integral control
**I-Regler** m (Regeln) / integral-action controller, integral controller, integral-mode controller
**IRF** (EDV) / inherited-rights filter, IRF
**IR·-Fernbedienung** f / infrared remote control || ~**-Film** m (Foto) / infrared film || ~**-Fotografie** f (Foto) / infrared photography*
**Irgalan-Farbstoffe** m pl (Metallkomplexfarbstoffe zum Färben von Wolle, Naturseide und Polyamid) (Chem, Tex) / irgalan dyes
**IR·-Glas** n (Glas) / infrared-transmitting glass || ~**-Haube** f (Phys) / IR dome
**IRHD** m / international rubber hardness degree, IRHD
**Iridium (Ir)** n (Chem) / iridium* n
**Iridiumniederschlag** m (elektrolytischer - aus dem Schmelzfluß) (Galv) / iridium deposition
**Iridoid** n (ein Monoterpen, wie z.B. Loganin) (Chem) / iridoid n

**Iridosmium** n (mit > 55% Os) (Min) / iridosmine* n, siserskite n, sysertskite n
**Iris** f (Opt) / iris* n || ~**blende** f (veränderliche Lochblende) (Eltech, Foto) / iris* n, iris diaphragm
**irisch·e Leinwand** (Tex) / Irish linen || ~**es Moos** (Bot, Nahr) / carragheen n, carrageen n, carrageen moss, Irish moss* || ~**-Leinen** n (aus Irland kommender sehr feinfädiger, dichter gebleichter Leinenstoff) (Tex) / Irish linen
**irisieren** v / iridesce v, be iridescent || ~ n / iridescence* n, irisation* n
**irisierende Wolke** (Meteor) / iridescent cloud*
**Iris·öl** n / orris oil, oil of orris, orrisroot oil, violet-root oil, iris oil || ~**quarz** m (Min) / iris* n, rainbow quartz* || ~**wurzelöl** n / orris oil, oil of orris, orrisroot oil, violet-root oil, iris oil
**Irländisches Moos** (Bot, Nahr) / carragheen n, carragean n, carrageen moss, Irish moss*
**IR·-Leuchtkörper** m / infrared flare (GB) || ~**-Materialien** n pl / infrared optical materials || ~**-Mikroskop** n (Mikros) / infrared microscope
**I-Rohr** n (Eltech) / plain conduit*, wiring tube
**Iroko** n (das Holz der Milicia excelsa (Welw.) C.C. Berg) (For) / iroko* n, kambala n
**Iron** n (Riechstoff der Veilchenwurzel-2-Methyljonon) (Chem) / irone* n
**IR-Prozeßinformation** f (EDV) / robot process information
**Irradiation** f (Einfluß des Streulichtes auf die scheinbare Größenzunahme heller Objekte) (Foto) / irradiation* n
**irrational** adj (Math) / irrational adj, surd* adj || **~e Funktion** (Math) / irrational function, non-rational function || **~e Gleichung** (Math) / irrational equation, radical equation || **~e Zahl** (Math) / irrational number*, irrational n
**Irrationalität** f (Math) / irrationality n
**Irrationalzahl** f (Math) / irrational number*, irrational n
**irreduzibel** adj (Math) / irreducible adj
**irreduzibles Polynom** (Math) / irreducible polynomial, non-factorable polynomial
**irreflexiv** adj (z.B. Relation) / irreflexive adj || **~e Relation** / irreflexive relation
**irreführende Werbung** / deceptive advertising
**irregulär** adj / irregular adj || ~ (Geol) / heterotaxic adj, heterotactic adj || ~ (Bewegung) (Mech) / irregular adj || **~e Veränderliche** (Astr) / irregular variables
**Irregularität** f / irregularity n
**irrelevant** adj / irrelevant adj
**irresolubel** adj (ein Stoff, der nach Abscheidung aus einer Lösung nicht wieder auflösbar ist) / irresoluble adj
**irrespirabel** adj (Physiol) / irrespirable adj
**irreversibel** adj (Effekt, Umweltschaden) / irreversible adj || **irreversible Änderung** / irreversible change || **irreversibler Anstrichstoff** (filmbildendes Anstrichmittel, das nach der Trocknung in seinem Lösemittel nicht mehr wieder löslich ist) (Anstr) / irreversible coating (compound) || **irreversible Elektrode** (Chem) / irreversible electrode || **irreversible Flugsteuerung** (Luftf) / flying by wire, flight by wire, fly-by-wire* n || **irreversibles Kolloid** (Chem) / irreversible colloid || **irreversible Polarisation** (Eltech) / overvoltage* n, overpotential n, excess voltage* || **irreversible Reaktion** (Chem) / irreversible reaction* || **irreversible Schrumpfung** (Phys) / permanent shrinkage || **irreversible Steuerung** (Luftf) / irreversible controls*
**Irreversibilität** f / irreversibility* n
**Irrfahrt** f (ein stochastischer Prozeß) (Stats) / random walk
**Irrigation** f (Landw) / irrigation* n, watering n
**irritabel** adj (Biol) / irritable adj
**Irritabilität** f (Biol) / irritability* n
**Irritation** f (auf die Dauer zum Tode führende Beeinträchtigung eines Organismus durch Schadstoffe) (Umwelt) / irritation n
**irritative Dosis** (Med) / $ID_{50}$, irritative dose
**Irrlicht** n (Selbstentzündung des Sumpfgases) (Phys) / will-o'-the-wisp n, ignis fatuus (pl. ignes fatui), jack-o'-lantern n, wildfire n, fen-fire n
**Irrstrom** m (Eltech) / leakage current*, leak current, stray current, tracking current
**irrtümliche Bezeichnung** / misnomer n
**Irrtumswahrscheinlichkeit** f (Wahrscheinlichkeit des Fehlers 1. Art) (Stats) / level of error of the first kind
**Irrungstaste** f (Fernsp) / fault button
**Irrungszeichen** n (Fernm) / rub-out signal
**IR-Schweißen** n / infrared welding
**$I^2R$-Sensor** m (Stromsensor, der aus einem Lichtleiter gebildet wird) / current sensor
**IR·-Sensor** m / infrared sensor, IR sensor || ~**-Spektrometer** n (Spektr) / infrared spectrometer* || ~**-Spektroskopie** f (Spektr) / infrared spectroscopy || ~**-Spektroskopie im nahen Infrarot** (Spektr) / near-infrared spectroscopy, NIR spectroscopy || ~**-Strahler** m (Phys)

**IR-Strahlung**

/ infrared radiator || ~-**Strahlung** f (Phys) / infrared radiation*, infrared emission || ~-**Thermografie** f (Foto, Opt) / infrared thermography, IR thermography, thermal imaging*
**Irul** n (For) / pyinkado* n, pyingado n, pyengadu n, acle n
**Irwinbohrer** m (ein Holzbohrer) (Zimm) / Irwin bit
**Irwinschlangenbohrer** m (Zimm) / Irwin bit
**IS** (EDV) / information system || ~ (Eltronik) / integrated circuit* (IC) || ~ (Fernsp) / intraexchange circuit
**ISA** f (internationale Normungsgemeinschaft, 1926 gegründet, nach dem Zweiten Weltkrieg in der ISO aufgegangen) / International Federation of the National Standardizing Associations, ISA || ~ (EDV) / industry standard architecture, ISA
**isabellfarben** adj / isabella adj, isabelline adj
**isabellfarbig** adj (graugelb) / isabella adj, isabelline adj
**ISAC-S** (für den Anschluß von Sprach-/Datenendgeräten an die ISDN-S-Schnittstelle) (Fernm) / ISDN subscriber-access controller
**ISAF-Ruß** m (Ofenruß hoher Abriebfestigkeit) / intermediate superabrasion furnace black, ISAF carbon black
**Isallobaren** f pl (Linien gleicher Luftdruckänderung in einer bestimmten Zeiteinheit) (Meteor) / isallobars* pl
**Isanöl** n / isano oil
**Isanoöl** n (aus den Samen der Ongokea gore (Hua) Pierre) / isano oil
**Isarithme** f (Kart, Meteor) / isoline n, isogram n, isarithm n
**ISA-Steckplatz** m (EDV) / ISA slot (Industry Standard Architecture)
**Isatin** n (2,3-Indolindion) (Chem) / isatin n
**Isatinsäure** f (Chem) / isatinic acid, isatic acid
**Isatosäureanhydrid** n (2H-3,1-Benzoxazin-2,4(1H)-dion) (Chem) / isatoic anhydride
**ISBN** (die seit 1973 jedes neu erscheinende Buch erhält - DIN 1462) (Druck) / International Standard Book Number, ISBN, standard book number*
**I-Scheibe** f (DIN 434) (Masch) / square-taper washer
**i-Schicht** f (Eltronik) / intrinsic layer
**ISDN** m (digitales Netz, in dem verschiedene Kommunikationsdienste vereint sind) (EDV, Fernm) / integrated-services digital network, ISDN || **international standardisierter** ~ **User-Port** (EDV) / international standardized ISDN user port (ISUP) || ~-**B** n (Fernm) / broadband ISDN || ~-**Basisanschluß** m (Fernm) / ISDN basic access || ~-**Bezugskonfiguration** f (Fernm) / ISDN reference configuration || ~-**Bildschirmtext** m (Fernm) / photo videotex || ~-**Bildübermittlung** f (z.B. Fernskizzieren, Fernzeichen, Festbild und langsames Bewegtbild) (TV) / slow-scan TV (with a frame refresh rate of about 4 seconds)* || ~-**Breitband** n (Fernm) / broadband ISDN
**ISD-Netz** n (Fernm) / integrated services digital network, ISD network
**ISDN**•-**Fernsprechen** n (Fernsp) / ISDN telephony || ~-**Modem** n (EDV) / ISDN modem || **virtuelles** ~-**Modem** (Modememulation, die unter Nutzung der ISDN-Karte mit TAPI-konformen Kommunikationsapplikationen erlaubt) (EDV) / virtual ISDN modem || ~-**Netzabschluß** m (Fernm) / ISDN network termination || ~-**NT** (Fernm) / ISDN network termination || ~-**Subscriber-Access-Controller** m (Fernm) / ISDN subscriber-access controller || ~-**TA-Dienst** m (Fernm) / interworking service || ~-**Teilnehmerschnittstelle** f (Fernm) / ISDN user network interface || ~-**Telefax** n (das für das Fernkopieren einer DIN-A4-Seite etwa eine Sekunde braucht) (Fernm) / high-speed facsimile || ~.**V.24-Adapter** m (Fernm) / ISDN modem
**isenthalp** adj (Phys) / isenthalpic* adj || ~**e Entspannung** (wärmegedämmte Drosselung) (Phys) / inenthalpic expansion
**Isenthalpe** f (Phys) / isenthalpe n
**isenthalpisch** adj (Phys) / isenthalpic* adj
**isentrop** adj (Phys) / isentropic* adj || ~**e Entspannung** (verlustfreie) (Phys) / isentropic expansion
**Isentrope** f (Diagrammkurve einer reversiblen adiabatischen Zustandsänderung) (Phys) / isentrope n, isentropic n
**Isentropenexponent** m (Phys) / isentropic exponent
**isentropisch** adj (Phys) / isentropic* adj
**Isethionsäure** f (2-Hydroxyethansulfonsäure) (Chem) / isethionic acid (a synthetic crystalline acid with detergent and surfactant properties)
**ISFET** m (chemischer Sensor, mit dem die Ionenkonzentration von Elektrolyten bestimmt werden kann) (Chem) / ISFET sensor
**ISFET-Transistor** m (Eltronik) / ion-sensitive field-effect transistor, ISFET
**IS-Flugzeug** n (zur Gefechtsfeldabriegelung und zum atomaren Gegenschlag mit taktischen Waffen) (Luftf) / IS aircraft n (interdiction and strike)*
**Ising-Modell** n (ein Modellsystem insbesondere zur Beschreibung der Phasenübergänge) (Phys) / Ising model
**Islandflechte** f (Cetraria islandica) (Bot) / Iceland moss, Iceland lichen
**Isländisches Moos** (Bot) / Iceland moss, Iceland lichen
**Islandspat** m (große klare Kristalle des Kalzits) (Min) / Iceland spar*

**ISL-Technik** f (ein Gate-Array-Konzept für die Herstellung von Semikundenschaltungen) (Eltronik) / integrated Schottky logic technology, ISL technology
**ISMA** (Spektr) / secondary-ion mass spectrometry, SIMS, ion microprobe analysis
**IS-Maschine** f (eine Blas-Blas-Maschine) (Glas) / individual-section machine, IS machine
**ISM-Frequenzen** f pl (etwa 12,2 cm) (Fernm) / industrial, scientific and medical frequencies
**ISO** f (Internationale Normungsgemeinschaft, Nachfolgeorganisation von ISA, gegründet 1947, Sitz: Genf) / International Organization for Standardization, ISO || ~ (Einheit der Lichtempfindlichkeit fotografischer Materialien) (Foto) / ISO n || ~ (Foto) s. auch ISO-Zahl
**Iso**•**agglutinin** n (im Blutserum vorhandener Antikörper) (Med) / isoagglutinin n || ~**alloxazin** n (ein Isomeres des Alloxazins) (Chem) / isoalloxazine n || ~**amylalkohol** m (Chem) / isoamyl alcohol, isobutyl carbinol, isopentyl alcohol || ~**amylnitrit** n (3-Methylbutylnitrit) (Pharm) / isoamyl nitrite || ~**antikörper** m (Antikörper, der gegen arteigene, aber körperfremde Antigene gerichtet ist) (Med) / isoantibody n || ~**ascorbinsäure** f (Nahr) / isoascorbic acid, erythorbic acid || ~**askorbinsäure** f (Nahr) / isoascorbic acid, erythorbic acid || ~**azimutallinie** f (Nav) / rhumb-line* n, loxodrome n, line of constant bearing, isoazimuthal line, rhumb n
**isobar** adj / isobaric adj || ~**er Spin** (Kernphys) / isotopic spin*, isobaric spin*, i-spin n, isospin* n || ~**e Wärmezufuhr** (Phys) / isobaric heat input
**Isobar** n (DIN 25401) (Kernphys) / isobar* n || ~- / isobaric adj || ~**analogzustand** m (Kernphys) / isobaric analogue state, analogue state
**Isobare** f (Chem, Meteor, Phys) / isobar* n || ~ (Kurve, auf der Zustände gleichen Druckes liegen) (Phys) / isobar n
**Isobaren**•**multiplett** n (Kernphys) / isospin multiplet, charge multiplet || ~**regel** f (Kernphys) / Mattauch rule, isobaric law || ~**spin** m (Kernphys) / isotopic spin*, isobaric spin*, i-spin n, isospin* n
**Isobathe** f (Linie gleicher Wassertiefe) (Verm) / contour n, isobath n
**ISO**•-**7-Bit-Code** m (EDV) / ISO 7* (a character code) || ~-**7-Bit-Kode** m (von der ISO genormter Kode mit 128 Kode-Kombinationen) (EDV) / ISO 7* (a character code)
**Iso**•**bornylacetat** n (Chem) / isobornyl acetate ~**bornylazetat** n (Chem) / isobornyl acetate || ~**bronte** f (Linie gleicher Uhrzeit des ersten Donners) (Meteor) / isobront n, homobront n || ~**butan** n (2-Methylpropan) (Chem) / isobutane* n (2-methylpropane) || ~**butanol** n (Chem) / isobutyl alcohol*, 2-methyl propan-1-ol* n || ~**buten** n (Chem) / isobutene n, isobutylene n (2-methylpropene) || ~**buttersäure** f (Chem) / isobutyric acid, dimethylacetic acid, 2-methylpropanoic acid || ~**butylalkohol** m (Chem) / isobutyl alcohol*, 2-methyl propan-1-ol* n || ~**butylen** n (2-Methylpropen) (Chem) / isobutene n, isobutylene n (2-methylpropene) || ~**butylmethylketon** n (Chem) / methyl isobutyl ketone, hexone n, MIBK, 4-methyl-2-pentanone n || ~**butylnitrit** n (Chem) / isobutyl nitrite || ~**butyrat** n (Ester oder Salz der Isobuttersäure) (Chem) / isobutyrate n || ~**chimene** f (Linie gleicher mittlerer Wintertemperatur) (Meteor) / isocheim n (line connecting points having equal mean winter temperature), isochime n || ~**chinolin** n (dem Chinolin isomere heterozyklische organische Verbindung) (Chem) / isoquinoline* n || ~**chinolinalkaloide** n pl (mit Isochinolin als Grundgerüst, z.B. Kaktusalkaloide) (Pharm) / isoquinoline alkaloids || ~**cholesterin** (ein Bestandteil des Lanolins) (Chem) / isocholesterol n || ~**chore** f (Phys) / isochore* n, isochor n, isometric n || ~**chromate** f (z.B. in der Spannungsoptik) (Licht, WP) / isochromatic* n, isochromatic line || ~**chromatisch** (Licht) / of the same colour, homochromous adj, isochromatic* adj, homochromatic adj || ~**chromatische Kurve** (Licht, WP) / isochromatic* n, isochromatic line || ~**chron** adj / isochronous* adj || ~**chrone Kerne** (die zufällig oder infolge ihrer chemischen Äquivalenz dieselbe Verschiebung haben) (Chem) / isochronous nuclei || ~**chrone Tastung** (Teleg) / isochronous modulation, isochronous restitution || ~**chrone Übertragung** (EDV) / isochronous transmission || ~**chrone** f (Fernm) / isochrone* n || ~**chrone** (Geol) / isochron n, isochrone n || ~**chrone des Gefrierens** (Meteor) / isopectic n || ~**chronregler** m (Masch) / isochronous governor || ~**chronzyklotron** n (Nukl) / isochronous cyclotron, sector cyclotron || ~**chronzyklotron nach Thomas** (Nukl) / Thomas cyclotron, Thomas-shim cyclotron || ~**citrat** n (Chem) / isocitrate n || ~**citronensäure** f (Biochem) / isocitric acid ~**crotonsäure** (cis-2-Butensäure) (Chem) / isocrotonic acid, cis-2-butenoic acid || ~**cyanat** n (Chem) / isocyanate n || ~**cyanatgerbung** f (Leder) / isocyanate tannage || ~**cyanatharz** n (DIN 55958) (Chem) / isocyanate resin || ~**cyanatklebstoff** m / isocyanate adhesive || ~**cyanid** n (Chem) / isonitrile* n, isocyanide* n, carbylamine* n || ~**cyaniddihalogenid** n (Chem) / isocyanide dihalide ||

≈cyanidreaktion f (Chem) / carbylamine reaction, isocyanide test ‖ ≈cyansäure f (Chem) / isocyanic acid ‖ ≈cyanursäure f (Chem) / isocyanuric acid, fulminuric acid ‖ ≈cyclen pl (Chem) / isocyclic compounds* ‖ ~cyclisch adj (Chem) / isocyclic adj ‖ ~desmische Kristallstruktur (Krist) / isodesmic structure* ‖ ~diametrisch adj / isodiametric* adj ‖ ~diapherer Kern (Kernphys) / isodiaphere* n ‖ ≈diapher n (Kernphys) / isodiaphere* n ‖ ≈dimorphie f (heterotype Mischkristallbildung) (Krist) / isodimorphism n ‖ ~dispers adj (Chem) / monodisperse adj ‖ ≈dose f (Linie bzw. Fläche gleicher Dosis) (Radiol) / isodose n ‖ ≈dosenkurve f (in der Strahlentherapie) (Radiol) / isodose chart* ‖ ≈drin n (ein Stereoisomer von Dieldrin - ein im Pflanzenschutz verbotenes Insektizid) (Chem) / isodrin* n ‖ ≈dyname f (Linie gleicher Intensität des erdmagnetischen Feldes) (Geophys) / isodynamic line* ‖ ≈dyname (Kurve, auf der Zustände gleicher freier Energie liegen) (Mech) / isodynamic line ‖ ~dynamisch adj (Mech) / isodynamic adj ‖ ~dynamisches Enzym (Biochem) / isoenzyme* n, isozyme* n ‖ ≈dynregler m (Regeln) / power controller, power regulator

isoelektrisch adj (Elektr) / isoelectric adj ‖ ~e Fokussierung (Trennung von Stoffen mit verschiedenen isoelektrischen Punkten) (Chem) / isoelectric focusing*, electrofocusing n ‖ ~er Punkt (I.P., I.E.P.) (derjenige pH-Wert einer amphoteren Elektrolytlösung, bei dem Ladungsgleichheit eintritt) (Chem) / isoelectric point*, I.E.P. ‖ ~e Wollwäsche (Tex) / isoelectric wool washing ‖ ~er Zustand (Chem) / isoelectric state

isoelektronisch adj (Eltronik, Kernphys) / isoelectronic* adj ‖ ~e Reihe (Spektr) / isoelectronic sequence

ISO-Empfehlung f (ISO/R) / ISO Recommendation, ISO/R ‖ Entwurf m einer ≈ (ISO/DR) / ISO Draft Recommendation*, ISO/DR

iso·energetisch adj / isoenergetic adj ‖ ≈enzym n (Biochem) / isoenzyme* n, isozyme* n ‖ ≈eugenol n (2-Methoxy-4-(propenyl)phenol (Chem, Nahr) / isoeugenol n ‖ ≈flavon n (ein Pflanzenfarbstoff) (Chem) / isoflavone n ‖ ≈flavonoid n (Chem) / isoflavonoid n ‖ ≈fluorphat n (Pharm) / diisopropyl fluorophosphate, DFP, fluostigmine n ‖ ≈forming n (Hütt) / isothermal treatment ‖ ≈forming-Prozeß m (Erdöl) / isoforming n, isoforming process ‖ ≈gamme f (Linie gleicher Abweichung der Schwerebeschleunigung vom Normalfeld der Erde oder von einem lokalen Bezugsfeld) (Geophys) / isogam n ‖ ≈gel n (Chem) / isogel n

ISO-Gewinde, metrisches ≈ (DIN 13) (Masch) / ISO metric screw thread ‖ ≈profil n (Masch) / ISO basic profile

Iso·glukose f (Nahr) / isoglucose n ‖ ≈gon n (regelmäßiges Vieleck) (Math) / isogon n ‖ ~gonal adj (Math) / isogonic adj, isogonal adj ‖ ≈gone f (Linie gleicher Mißweisung) (Geophys) / isogonic line* ‖ ≈grad m (Fläche gleichen Metamorphosegrads) (Geol) / isograd* n ‖ ≈grive f (Linie gleicher Grivation) (Luftf, Nav) / isogriv* n

ISO-Grundprofil n (ein Gewindeprofil) (Masch) / ISO basic profile

Iso·gyre f (Kurve, die allgemein Orte mit gleicher Schwingungsrichtung darstellt) (Opt) / isogyre n ‖ ≈helie f (Linie gleicher mittlerer Sonnenscheindauer) (Meteor) / isohel* n (line connecting points having equal duration of sunshine) ‖ ≈hydrie f (Chem) / isohydria n ‖ ~hydrisch adj (Chem) / isohydric* adj ‖ ≈hyete f (Linie gleicher Niederschlagshöhe) (Meteor) / isohyet* n, isohyetal line ‖ ~hypse f (Meereshöhe bzw. Grundwasserspiegel) (Verm) / contour* n ‖ ~ionisch adj (Chem, Phys) / isoionic adj ‖ ~ionisch (Chem, Phys) s. auch isoelektrisch ‖ ~ionischer Punkt (der die Elektroneutralität der Partikeln einschließlich gebundener Ionen anzeigt) (Chem) / isoionical point* ‖ ≈keraune f (Verbindungslinie zwischen Orten gleicher Häufigkeit, Stärke oder der Gleichzeitigkeit von Gewittern) (Meteor) / isoceraunic line ‖ ≈kette f (mit Atomen ein und derselben Sorte als Kettengliedern) (Chem) / isochain n ‖ ~kinetisch adj / isokinetic adj ‖ ~kinetische Probe (Pulv) / isokinetic sample* ‖ ~klin adj (Geol) / isoclinal adj, isoclinic adj ‖ ~klinalfalte f (Geol) / isoclinal fold*, isocline n ‖ ≈klinalkamm m (Geol) / hogback* n ‖ ≈klinalschieferung f (Geol) / bedding cleavage ‖ ≈kline f (Linie gleicher magnetischer Inklination) (Mag) / isocline* n, isoclinic line, isoclinal n ‖ ≈konzentrate f (Chem) / isoconcentrate n, equiconcentration line, line of equal concentration ‖ ≈konzentrationslinie f (Chem) / isoconcentrate n, equiconcentration line, line of equal concentration ‖ Diagramm n der ≈korrosionslinien / isocorrosion chart ‖ ≈krat adj (Chem) / isocratic adj (involving a mobile phase whose composition is kept constant and uniform) ‖ ~kratisch adj (Chem) / isocratic adj (involving a mobile phase whose composition is kept constant and uniform) ‖ ≈krotonsäure f (Chem) / isocrotonic acid, cis-2-butenoic acid

Isolation f (im allgemeinen) / insulation* n ‖ ≈ (der Grad der galvanischen Trennung von leitenden Teilen, die gegeneinander oder gegen Erde betriebsmäßig unter Spannung stehen) (Eltech) / electrical insulation ‖ äußere ≈ (Eltech) / external insulation ‖ geschichtete ≈ (Eltech) / laminar insulation ‖ innere ≈ (Eltech) / internal insulation ‖ innere ≈ (im Inneren von Betriebsmitteln) (Fernm) / insulation across the line trap ‖ nicht selbstheilende ≈ (die nach einem Durchschlag ihre isolierenden Eigenschaften verliert oder nicht vollständig wiedergewinnt) (Eltech) / non-self-restoring insulation ‖ selbstheilende ≈ (die nach einem Durchschlag ihre isolierenden Eigenschaften vollständig wiedergewinnt) (Eltech) / self-restoring insulation ‖ ≈ f durch Kollektordiffusion (Eltronik) / CDI technology, collector diffusion isolation process ‖ ≈ gegen Erde (Eltech) / isolation to (against) earth (ground) ‖ ≈ gegen Übertragung von Erschütterungen (Mech) / vibration isolation ‖ ≈ zwischen den Windungen (Eltech) / interturn insulation (between adjacent turns, often in the form of strips), turn isolation applied to provide electrical separation between turns of a coil

Isolations·diffusion f (z.B. in der Bipolartechnik) (Eltronik) / isolation diffusion ‖ ≈fehler m (Eltech) / insulation defect, insulation fault ‖ ≈klasse f (Eltech) / insulation class (in class ratings) ‖ ≈klasse bis 180 °C (Eltech) / H-class insulation* (temperature class rating) ‖ ≈klasse bis 90 °C (Eltech) / Y-class insulation* (temperature class rating) ‖ ≈koordination f (Eltech) / insulation coordination ‖ feuerseitiges ≈material (Keram) / high-temperature insulating refractory, HTI ‖ ≈messer m (Eltech) / insulation tester* ‖ ≈pegel m (eine Gruppe von Nennstehspannungen, die das Isoliervermögen sowohl für Betriebsfrequenz als auch für Stoß kennzeichnet) (Eltech) / insulation level ‖ ≈prüfapparat m (Eltech) / insulation tester* ‖ ≈prüfer m (Eltech) / insulation tester* ‖ ≈prüfverfahren n bei Gleichstrom-Dreileitersystem (nach Russell) (Eltech) / Russell's test* ‖ ≈widerstand m (Eltech) / insulation resistance*, insulance* n ‖ ≈widerstand des Optokopplers / optoisolator n ‖ ≈widerstand des Optokopplers s. auch Optokoppler

Isolator m (Material) (Eltech) / insulant* n, insulating material*, insulation* n, insulator* n, electrical insulating material* ‖ ≈ (Isolierkörper, der mit der Armatur fest verbunden ist) (Eltech) / insulator* n ‖ ≈ (nichtreziprokes Bauelement) (Eltronik, Radar) / isolator* n ‖ ≈ keramischer (Eltech) / ceramic insulator* ‖ kittloser ≈ (Eltech) / cementless insulator ‖ verlustloser ≈ (Elektr) / perfect dielectric*, ideal dielectric ‖ ≈ m mit Einlochbefestigung (Eltech) / knob insulator ‖ ≈ mit Kriechstrombarriere (Kfz) / antiflashover insulator

Isolator·fuß m (der Zündkerze) (Kfz) / insulator nose, core nose ‖ ≈fußspitze f (der Zündkerze) (V-Mot) / insulator tip, insulator firing end ‖ ≈glocke f (Eltech) / petticoat n (US)*, insulating bell ‖ ≈kappe f (Eltech) / insulator cap* ‖ ≈kette f (DIN 57746, T 1) (Eltech) / string* n, insulator string ‖ ≈mantel m (Eltech) / insulator shed ‖ ≈muffe f (Eltech) / insulating bush ‖ ≈schutzhorn n (eine Lichtbogenschutzarmatur) (Eltech) / insulator arcing horn* ‖ ≈stütze f (Armatur eines Stützenisolators) (Eltech) / insulator pin*

Isolenöl n (trocknendes Öl mit isolierten Doppelbindungen - z.B. Lein- oder Sojaöl) / isolene oil

Isoleuzin n (eine essentielle Aminosäure-2-Amino-3-methylpentansäure) (Biochem) / isoleucine* n, Ile*

Isolier·bahn f (Masch) / blanket n ‖ ≈band n (pl. Isolierbänder) (Eltech) / friction tape (US), insulating tape*, electric tape ‖ gummiimprägniertes ≈band (Eltech) / rubberized tape ‖ ~bar adj (rein darstellbar) (Chem) / isolable adj ‖ ≈buchse f (Eltech) / insulating bush

isolieren v (thermisch, elektrisch) / insulate v ‖ ~ / isolate v

isolierender Abdeckanstrichstoff (für Schweißarbeiten) (Anstr, Schw) / stop-weld n

Isolier·faser f (Glas-, Schlacken-, Stein- und keramische Faser) (Bau) / insulating fibre ‖ ≈festigkeit f (Eltech) / insulating strength ‖ ≈flüssigkeit f (z.B. Transformator- oder Kabelöl) (Eltech) / liquid dielectric ‖ ≈fuß m (Eltech) / stand-insulator* ‖ ≈glocke f (Eltech) / petticoat n (US)*, insulating bell ‖ ≈harzmasse f (lösungsmittelfreie Reaktionsharzmasse, die nach dem Härten elektrisch isoliert und gegen mechanische oder chemische Einwirkungen schützt) (Chem, Eltech) / insulating resin compound ‖ ≈klemme f (Eltech) / insulated bolt*, cleat insulator ‖ ≈körper m (Hohl- oder Massiv-) (Eltech) / insulator body ‖ ≈körper (der Zündkerze) (Kfz) / insulator n ‖ ≈lack m (DIN 46456) (Tränklack oder Überzugslack) (Anstr, Eltech) / enamel* n, insulating varnish, insulating lacquer, magnet-wire enamel, electrical insulating varnish ‖ ≈lack für Verteilerkappen (Anstr, Eltech, Kfz) / antitrack paint ‖ ≈masse f (im allgemeinen) (Eltech) / insulating compound* ‖ ≈material n / insulant* n, insulating material*, insulation* n, insulator* n, electrical insulating material* ‖ ≈matte f (Kfz) / insulating pad ‖ ≈matte (zur Wärmedämmung) (Masch) / blanket n ‖ ≈mittel n (Anstr) / sealer n, sealant n, surface waterproofer ‖ ≈öl n (DIN-EC 1039) (Eltech) / insulating oil*, electrical oil ‖ ≈papier n (DIN 6740 und 6741) (Eltech, Pap) / insulating paper, electrical insulation paper ‖ ≈pappe f (Pap) / insulating board ‖ ≈perlen f pl (Eltech) / insulating beads* ‖ ≈plättchen n (Eltech) / barrier* n ‖ ≈platte f (eine Holzfaserplatte) (Bau, For) / insulating board ‖ nichtmetallisches ≈rohr (Eltech) /

**Isolierrost**

flexible non-metallic tubing, loom $n$ ‖ ~**rost** $m$ / insulating grid ‖ ~**schicht-Feldeffekttransistor** $m$ (Eltronik) / insulated-gate field-effect transistor, IGFET ‖ ~**schlauch** $m$ (dünner) (Eltech) / spaghetti $n$ ‖ ~**schlauch** (im allgemeinen) (Eltech) / insulating tube, insulating tubing ‖ ~**stange** $f$ **zur Kondensatorentladung** (Eltech) / discharging tongs* $pl$ ‖ ~**steg** $m$ (Eltech) / barrier* $n$
**Isolierstoff** $m$ (isolierender Werkstoff) (Eltech) / insulant* $n$, insulating material*, insulation* $n$, insulator* $n$, electrical insulating material ‖ ~ (Eltech) s. auch Nichtleiter ‖ **flüssiger** ~ (Eltech) / liquid insulator ‖ **keramischer** ~ (DIN 40 685, T 1) (Eltech) / ceramic insulating material ‖ **keramischer** ~ **aus Steatit** (Eltech, Keram) / steatite whiteware, steatite porcelain ‖ **wärmetechnischer** ~ (Bau, HuT, Wärm) / lagging* $n$, heat insulator, insulant* $n$ ‖ ~**kammer** $f$ (eine Lichtbogenlöschkammer) (Eltech) / arc chute with arc-resisting material
**isoliert** $adj$ (Eltech) / insulated* $adj$ ‖ ~**e Doppelbindung** (Chem) / isolated double bond ‖ ~**er Draht** (Eltech) / insulated wire* ‖ ~**es Drahtende** (Eltech) / skinner* $n$ ‖ ~**e Einflüsse** (Stats) / episodic movements ‖ ~**er Kurvenpunkt** (Math) / isolated point*, conjugate point*, acnode* $n$, hermit point ‖ ~**e Leitungsklemme** (Eltech) / insulated clip* ‖ ~**er Leitungsträger** (Eltech) / insulated hook* ‖ ~**es Netz** (Eltech) / ungrounded system (US) ‖ ~**er Punkt** (einer Teilmenge) (Math) / isolated point*, hermit point ‖ ~**e Singularität** (Laurentreihe) (Math) / isolated singularity ‖ ~**er Sternpunkt** (Eltech) / insulated neutral* ‖ ~**es System** (Phys) / isolated system ‖ ~**es Teilstück einer abisolierten Kabelader** (Eltech) / skinner* $n$ ‖ ~**es Werkzeug** (Eltech) / insulated tool
**Isoliertransformator** $m$ (der nur eine galvanische Trennung vom speisenden Netz bewirkt) (Eltech) / isolation transformer*, isolating transformer, one-to-one transformer
**Isolierung** $f$ / insulation* $n$ ‖ ~ (aus einem Stoffgemisch durch Trennverfahren) (Chem) / isolation $n$ ‖ ~ (Eltech) / disconnection*, isolation $n$ ‖ **gewickelte** ~ (Eltech) / lapped insulation ‖ **wärmetechnische** ~ (Bau, Wärm) / heat insulation*, lagging* $n$, thermal insulation, thermal protection ‖ ~ $f$ **gegen Trittschall** (bei Fußböden) (Bau) / pugging* $n$, dead sounding*, deafening* $n$
**Isolier•verglasung** $f$ (gelötet, geklebt oder als Ganzglasdoppelscheibe) (Bau) / multiglazing $n$ (with a pre-assembled, sealed insulating-glass unit) ‖ ~**verglasung** (mit einem abgeschlossenen Scheibenzwischenraum) (Bau) / multiglazing $n$ (with a pre-assembled, sealed insulating-glass unit) ‖ ~**werkstoff** $m$ (Eltech) / insulant* $n$, insulating material*, insulation* $n$, insulator* $n$, electrical insulating material ‖ ~**zange** $f$ (Eltech) / insulated pliers* ‖ ~**zwischenlage** $f$ (Eltech) / insulating spacer
**Iso•linie** $f$ (Kart, Meteor) / isoline $n$, isogram $n$, isarithm $n$ ‖ ~**lobal** $n$ (elektronisch äquivalentes Fragment innerhalb eines Moleküls) (Chem) / isolobal $n$ ‖ ~**log** $adj$ (mit einem bestimmten Verwandtschaftsgrad - von Substanzen) (Chem) / isologous $adj$ ‖ ~**log** $n$ (Chem) / isolog $n$, isolog $n$, isologue $n$ ‖ ~**luxe** $f$ (Linie gleicher Beleuchtungsstärke) (Licht) / isolux* $n$, equilux $n$ ‖ ~**luxkurve** $f$ (Licht) / isolux* $n$, equilux $n$ ‖ ~**magnetische Kurve** (z.B. Isopore, Isodyname, Isogone) (Geophys) / isomagnetic line* ‖ ~**malt** $m$ (ein Zuckeraustauschstoff - E 953) (Nahr) / isomalt $n$
**isomer** $adj$ (Chem) / isomeric $adj$, isomerous $adj$ ‖ ~ $n$ (Chem) / isomer* $n$ ‖ **isotopes** ~ (Chem) / isotopomer $n$ ‖ **optisches** ~ (Chem) / enantiomer $n$, optical isomer, antimer $n$, optical antipode
**Iso•merase** $f$ (eine Hauptklasse der Enzyme) (Biochem) / isomerase $n$ ‖ ~**meratzucker** $m$ (Nahr) / high-fructose corn syrup $n$, isosyrup $n$, HFCS ‖ ~**mere** $n$ (Chem) / isomer* $n$ ‖ ~**merentrennung** $f$ (Nukl) / isomer separation* ‖ ~**meres** $n$ (Chem) / isomer* $n$
**Isomerie** $f$ (Chem) / isomerism* $n$ ‖ **geometrische** ~ (Chem) / cis-trans isomerism, geometrical isomerism, geometric isomeriom ‖ **räumliche** ~ (Chem) / stereoisomerism* $n$, spatial isomerism ‖ **topologische** ~ (Chem) / topological isomerism ‖ ~**verschiebung** $f$ (in der Mößbauer-Spektroskopie) (Spektr) / isomeric shift
**Isomerisation** $f$ (Chem) / isomerization $n$ ‖ **katalytische** ~ (Chem) / catalytic isomerization
**Isomerisationspolymerisation** $f$ (Chem) / isomerization polymerization
**isomerisieren** $v$ (Chem) / isomerize $vt$ ‖ **sich** ~ (Chem) / isomerize $vi$
**isomerisiert•e Fettsäuren** (Anstr, Chem) / isomeric fatty acids, isomerized fatty acids ‖ ~**er Kautschuk** (Chem Verf) / isomerized rubber*
**Isomerisierung** $f$ (Chem) / isomerization $n$ ‖ **degenerierte** ~ (Chem) / topomerization $n$, degenerate isomerization ‖ **katalytische** ~ (Chem) / catalytic isomerization
**Isomerose** $f$ (ein synthetisches, mit Hilfe von Isomerase gewonnenes Gemisch aus Glukose und Fruktose) (Nahr) / isomerose $n$
**ISO-Methode** $f$ **A** (der Darstellung in Zeichnungen) (Masch) / third-angle projection* ‖ ~ **E** / first-angle projection
**Isometrie** $f$ (ein Spezialfall der Axonometrie) (Math) / isometry $n$ ‖ ~ (eine Bijektion, bei der die Größe von Strecken und Winkeln invariant ist) (Math) / congruence $n$, isometry $n$

**isometrisch** $adj$ (einmaßstäblich) / isometric $adj$ ‖ ~ (Krist) / isometric $adj$ ‖ ~**e Darstellung** (eine rechtwinklige Parallelprojektion nach DIN 5, T 1) (Arch) / isometric projection* ‖ ~**e Flächen** $f pl$ (Math) / applicable surfaces, isometric surfaces ‖ ~**e Linie** (Geophys) / isopycnic $n$, isopycnal $n$ ‖ ~**e Projektion** (eine rechtwinklige Parallelprojektion nach DIN 5, T 1) (Arch) / isometric projection*
**ISO-Miniatur-Gewinde** $n$ **für kleine Durchmesser** (DIN 14) (Masch) / ISO miniature screw thread
**isomorph** $adj$ (Krist) / homeomorphic $adj$ ‖ ~**e Abbildung** (Math) / isomorphism* $n$ ‖ ~**er Ersatz** (bei der Kristallstrukturanalyse) (Krist) / isomorphous replacement* ‖ ~**e Gruppen** (Math) / isomorphic groups* ‖ ~**e Menge** (Math) / isomorphic set ‖ ~**e Reihe** (z.B. die Olivin-Reihe und die Triphylin-Reihe innerhalb der Verbindungen mit Olivin-Typus) (Min) / isomorphous series
**Isomorphie** $f$ (Chem, Krist) / isomorphism* $n$ ‖ ~**gesetz** $n$ **nach Mitscherlich** (Chem) / Mitscherlich's law of isomorphism*, law of isomorphism* ‖ ~**satz** $m$ (Math) / isomorphism theorem
**Iso•morphismus** $m$ (Math) / isomorphism* $n$ ‖ ~**nephe** $f$ (Meteor) / isoneph $n$ ‖ ~**niazid** $n$ (Chem, Pharm) / isoniazid(e) $n$, INH, isonicotinic hydrazide ‖ ~**nichtsymmetrisch** $adj$ (Kern) (Kernphys) / isononsymmetric $adj$ ‖ ~**nicotinsäure** $f$ (4-Pyridincarbonsäure) (Chem) / isonicotinic acid ‖ ~**nicotinsäurehydrazid** $n$ (Chem, Pharm) / isoniazid(e) $n$, INH, isonicotinic hydrazide ‖ ~**nikotinsäure** $f$ (Chem) / isonicotinic acid ‖ ~**nikotinsäurehydrazid** $n$ (Chem, Pharm) / isoniazid(e) $n$, INH, isonicotinic hydrazide ‖ ~**nitril** $n$ (Chem) / isonitrile* $n$, isocyanide* $n$, carbylamine* $n$ ‖ ~**nitril-Probe** $f$ (Chem) / carbylamine reaction, isonitrile test, Hofmann's isonitrile reaction ‖ ~**nonansäure** $f$ (Chem) / isononanoic acid ‖ ~**nonsymmetrisch** $adj$ (Kern) (Kernphys) / isononsymmetric ‖ ~**octan** $n$ (Chem) / isooctane $n$ ‖ ~**octanol** $n$ (Chem) / isooctanol $n$ ‖ ~**octanol** $n$ (Chem) / isooctanol $n$ ‖ ~**octen** $n$ (2,4,4-Trimethyl-1-penten) (Chem) / trimethylpentene $n$, diisobutylene $n$ ‖ ~**octylalkohol** $m$ (Chem) / isooctanol $n$ ‖ ~**oktan** $n$ (Chem) / isooctane $n$ ‖ ~**okten** $n$ (Chem) / trimethylpentene $n$, diisobutylene $n$ ‖ ~**oktylalkohol** $m$ (Chem) / isooctanol $n$ ‖ ~**ölsäure** $f$ (Chem) / isooleic acid ‖ ~**osmotisch** $adj$ (Biol, Chem) / isotonic* $adj$, isosmotic $adj$, iso-osmotic* $adj$ ‖ ~**pache** $f$ (Linie gleicher Schichtenmächtigkeit) (Geol) / isopach* $n$, isopachyte $n$ (GB) ‖ ~**pachyse** $f$ (Linie gleicher Schichtenmächtigkeit) (Geol) / isopach* $n$, isopachyte $n$ (GB) ‖ ~**pekte** $f$ (Meteor) / isopectic $n$ ‖ ~**pentan** $n$ (2-Methylbutan) (Chem) / isopentane $n$ ‖ ~**pentenoid** $n$ (Chem) / isoprenoid $n$, isoprenoid compound ‖ ~**pentylacetat** $n$ (Chem) / isopentyl acetate ‖ ~**pentylalkohol** $m$ (Chem) / isoamyl alcohol, isobutyl carbinol, isopentyl alcohol ‖ ~**pentylazetat** $n$ (Chem) / isopentyl acetate ‖ ~**pentylnitrit** $n$ (Pharm) / isoamyl nitrite ‖ ~**peptid** $n$ (Biochem) / isopeptide $n$ ‖ ~**peptidbindung** $f$ (Biochem) / isopeptide bond ‖ ~**peribol** $adj$ (Betrieb des Kalorimeters) / isoperibolic $adj$ ‖ ~**perimetrisch** $adj$ (Math) / isoperimetric $adj$, isoperimetrical $adj$ ‖ ~**perimetrisches Problem** (Aufgabe, unter allen ebenen Flächenstücken gleichen Umfangs oder Körpern gleicher Oberfläche diejenigen mit dem größten Flächeninhalt bzw. größten Volumen zu ermitteln) (Math) / isoperimetric problem ‖ ~**phase Umkristallisation** (Min) / isophased recrystallization ‖ ~**phase** $f$ (Koexistenzkurve in Zustandsdiagrammen - außer im p,T-Diagramm) (Phys) / isophase $n$ ‖ ~**phere** $f$ (Geophys) / isopycnic $n$, isopycnal $n$ ‖ ~**phone** $f$ (in der physiologischen Akustik) (Akus) / equal-loudness contour, Fletcher-Munson contour, isophone $n$, loudness contour* ‖ ~**phorondiisocyanat** $n$ (Anstr, Chem) / isophorone diisocyanate ‖ ~**phorondiisozyanat** $n$ (Anstr, Chem) / isophorone diisocyanate ‖ ~**phote** $f$ (Linie gleicher Helligkeit in einem Objekt oder auch einem Bild) (Licht) / isophot $n$, isophote $n$ ‖ ~**phthalsäure** $f$ (1,3-Benzoldicarbonsäure) (Chem) / isophthalic acid ‖ ~**pieste** $f$ (Hyd, Meteor) / isopiestic line ‖ ~**piestisch** $adj$ (Hyd, Meteor) / isopiestic* $adj$, constant-pressure $attr$, isobaric $adj$ ‖ ~**pimarsäure** $f$ (Chem, For) / isopimaric acid
**isopisch** $adj$ (Geol) / isopic $adj$
**iso•planar** $adj$ (in der gleichen Ebene) (Math) / isoplanar $adj$ ‖ ~**planartechnik** $f$ (Eltronik) / isoplanar integrated injection technology ($I^3L$), isoplanar $I^2L$, isoplanar oxide isolation ‖ ~**plere** (Kurve, auf der Zustände gleichen Volumens liegen) $f$. (Phys) / isochore* $n$, isochor $n$, isometric $n$ ‖ ~**plethe** (Linie gleichen Zahlenwerts in grafischen Darstellungen) (Kart, Math) / isopleth* $n$, isontic line ‖ ~**polymorphie** $f$ (Chem) / isopolymorphism $n$ ‖ ~**polysäuren** $f pl$ (Gruppenname für anorganische Polysäuren, die partielle Anhydride der Säuren darstellen) (Chem) / isopolyacids $pl$ ‖ ~**polywolframat** $n$ (Chem) / isopolytungstate $n$ ‖ ~**pore** $f$ (Linie gleicher Säkularvariation) (Geophys) / isopor $n$ ‖ ~**potentialfläche** $f$ (Phys) / equipotential surface*
**Isopren** $n$ (2-Methyl-1,3-butadien) (Chem) / isoprene* $n$ ‖ ~**einheit** $f$ (nach Ružička) (Chem) / isoprene unit ‖ ~**kautschuk** $m$ / isoprene rubber, IR

586

**isoprenoid•e Verbindung** (die durch Zusammenlagerung von Isopreneinheiten entstanden ist) (Chem) / isoprenoid *n*, isoprenoid compound || ~ *n* (Chem) / isoprenoid *n*, isoprenoid compound
**Isoprenregel** *f* (Chem) / isoprene rule
**Isopropanol** *n* (Chem) / isopropyl alcohol*, propan-2-ol* *n*, IPA, isopropanol *n* || ~**amin** *n* (1-Amino-2-propanol) (Chem) / isopropanolamine *n*
**Isopropyl•alkohol** *m* (Chem) / isopropyl alcohol*, propan-2-ol* *n*, IPA, isopropanol *n* || ~**amin** *n* (Chem) / isopropylamine *n* || ~**benzol** *n* (Chem) / cumene* *n*, isopropyl benzene* || ~**methylbenzol** *n* (Chem) / cymene* *n* || ~**palmitat** *n* (Chem) / isopropyl palmitate || ~**phenol** *n* (Chem) / isopropylphenol *n*
**Iso•purpurin** *n* (Chem) / anthrapurpurin *n*, isopurpurin *n* || ~**pykne** *f* (Geophys) / isopycnic *n*, isopycnal *n* || ~**pykne** (Linie, die alle Orte gleicher Luftdichte verbindet) (Meteor) / isopycnic* *n*, isopycnal *n* || ~**raum** *m* (Kernphys) / isospace *n*, isospin space
**ISO-Referenzmodell** *n* (EDV, Fernm) / ISO/OSI reference model, OSI reference model, layer model
**Isorhachie** *f* (Ozean) / cotidal line
**Isorubijervin** *n* (ein Veratrumalkaloid) (Pharm) / isorubijervine *n*
**Isosafrol** *n* (Chem) / isosafrole *n*
**isosbestische Punkte** (Punkte gleicher molarer Absorptionskoeffizienten bei einer definierten Wellenlänge) (Chem) / isosbestic points
**ISO-Scharfkerbprobe** *f* (WP) / ISO sharp-notch test bar
**iso•seismisch** *adj* (Geol) / isoseismal *adj*, isoseismic *adj* || ~**seiste** *f* (Linie, die alle Orte gleicher Intensität eines Erdbebens verbindet) (Geol) / isoseismal *n*, isoseismal line*, isoseismic line || ~**sirup** *m* (Nahr) / high-fructose corn syrup *n*, isosyrup *n*, HFCS
**IsoSiv-Verfahren** *n* (zur Paraffinextraktion mittels Molsieben) (Erdöl) / IsoSiv process
**iso•skalar** *adj* (Phys) / isoscalar *adj* || ~**sorbiddinitrat** *n* (ein Vasodilatator) (Pharm) / isosorbide dinitrate || ~**spin** *m* (Kurzzeichen I) (Kernphys) / isotopic spin*, isobaric spin*, i-spin *n*, isospin* *n* || ~**spinmultiplett** *n* (Kernphys) / isospin multiplet, charge multiplet || ~**spinor** *m* (Kernphys) / isospinor *n* || ~**spinraum** *m* (Kernphys) / isospace *n*, isospin space
**ISO•-Spitzkerb** *m* (WP) / ISO V-notch || ~**-Spitzkerbprobe** *f* (WP) / ISO V-notch test bar
**Isostasie** *f* (das Einspielen eines Schweregleichgewichtszustandes einzelner Schollen der Erdrinde) (Geol, Geophys) / isostasy* *n*
**isostatisch•es Heißpressen** (Pulv) / hot isostatic pressing, HIP || **~es Kaltpressen** (Pulv) / cold isostatic pressing, CIP || **~e Kompensation** (Geol) / isostatic compensation, isostatic correction, isostatic adjustment || **~es Pressen** (Pulv) / isostatic pressing, isostatic compacting
**ISO-Steilkegel** *m* (Masch) / taper 7 : 24
**iso•ster** *adj* (Chem) / isosteric* *adj* || **~ster** (Eltronik, Kernphys) / isoelectronic* *adj* || ~**stere** *f* (Meteor) / isostere* *n* || ~**sterie** *f* (Gleichheit der Elektronenkonfiguration) (Chem) / isosterism *n* || ~**sterisch** *adj* (Enzym) (Biochem) / isosteric *adj*
**isostrukturell** *adj* / isostructural *adj*
**ISO-Symbol** *n* (des Toleranzrahmens) / ISO-recommended symbol for geometric characteristic, feature control symbol, control symbol
**Iso•tache** *f* (Linie gleicher Windgeschwindigkeit) (Geog, Meteor) / isotach* *n*, isokinetic *n* || ~**tachophorese** *f* (eine Methode der Elektrophorese) (Chem) / isotachophoresis *n* (pl. -reses) || ~**taktisch** *adj* (Chem) / isotactic* *adj* || ~**taxie** *f* (bei Polymeren) (Chem) / isotaxy* *n* || ~**taxieindex** *m* (Chem) / isotactic index || ~**teniskop** *n* (Gerät zur Bestimmung des Sättigungsdruckes von Flüssigkeiten) (Chem) / isoteniscope* *n* || ~**there** *f* (Linie gleicher mittlerer Sommertemperatur) (Meteor) / isothere (line connecting points having equal mean summer temperature)
**isotherm** *adj* (Meteor, Phys) / isothermal* *adj* || **~e Ausdehnung** (im Carnot-Prozeß) (Phys) / isothermal expansion || **~e Expansion** (Phys) / isothermal expansion || **~es Fließpressen** (bei dem die während der Umformung erzeugte Wärme so schnell abgeführt wird, daß die Temperatur des Werkstücks konstant bleibt) (Hütt, Masch) / isothermal extrusion || **~es Glühen** (Hütt) / isothermal annealing || **~e Härtung** (Hütt) / isothermal hardening, isothermal quenching || **~es Nitrieren** (bei gleichbleibender Temperatur und gleichbleibender Haltezeit) (Hütt) / isothermal nitriding || **~e Umwandlung** (Phys) / isothermal change*, isothermal transformation || **~e Verdichtung** (im Carnot-Prozeß) (Phys) / isothermal compression || **~e Zustandsänderung** (Phys) / isothermal process*
**Isotherme** *f* (Kurve, auf der Zustände gleicher Temperatur liegen) (Meteor, Phys) / isotherm* *n*, isothermal curve*, isothermal* *n*, isothermal line*
**isothermisch** *adj* (Meteor, Phys) / isothermal* *adj* || **~es Plasma** (Plasma Phys) / isothermal plasma || **~e Umformung** (Hütt) / isothermal treatment || **~e Umwandlung in der Bainitstufe** (Hütt) / isothermal transformation in the bainite stage || **~er Wirkungsgrad** (die Güte des Verdichters kennzeichnender Wert) (Masch) / isothermal efficiency*
**iso•therm-isobare Chromatografie** (Chem) / isothermal-isobaric chromatography || ~**thiazol** *n* (Chem) / isothiazole *n*
**Isothio•cyanat** *n* (Chem) / isothiocyanate *n* || ~**zyanat** *n* (Chem) / isothiocyanate *n* || ~**zyanat** s. auch Senföl || ~**zyansäurephenylester** *m* (Chem) / phenyl mustard oil, phenyl isothiocyanate, phenylthiocarbonimide *n*, thiocarbanil *n*
**iso•tone Abbildung** (Math) / isotone mapping, isotonic mapping, order homomorphism, monotone mapping || ~**ton** *n* (Atomkern mit gleicher Neutronenzahl wie das andere Isoton - DIN 25401, T 1) (Kernphys) / isotone* *n* || ~**tonisch** *adj* (Biol, Chem) / isotonic* *adj*, isosmotic *adj*, iso-osmotic* *adj*
**isotop** *adj* (Chem, Kernphys) / isotopic *adj* || ~**es Isomer** (Chem) / isotopomer *n* || ~**er Raum** (der dreidimensionale Raum, in dem der Isospin ein Vektor ist) (Kernphys) / isospace *n*, isospin space || ~**er Spin** (Kernphys) / isotopic spin*, isobaric spin*, i-spin *n*, isospin* *n* || ~**er Tracer** (konträr dazu: nichtisotoper Tracer) (Kernphys) / isotopic tracer || ~**er Träger** (Kernphys) / isotopic carrier
**Isotop** *n* (Chem, Kernphys) / isotope* *n* || **in der Natur vorkommendes ~** (Kernphys) / natural isotope || **instabiles ~** (Chem, Kernphys) / unstable isotope || **natürliches ~** (Kernphys) / natural isotope || **stabiles ~** (Chem, Kernphys) / stable isotope (non-radioactive) || **Symbolik** *f* **der ~en** (Massenzahl links oben, Ordnungszahl links unten und die Anzahl der Atome rechts unten) (Chem) / isotopic symbols* || **wägbare Menge von radioaktiven ~en** (Kernphys) / ponderable *n* (US)
**Isotopen•-** (Chem, Kernphys) / isotopic *adj* || ~**altersbestimmung** *f* (Geol, Phys) / radioactive dating*, radiometric dating*, radioactive age determination, isotope dating || ~**analyse** *f* (Chem) / isotope analysis, isotopic analysis || ~**anomalie** *f* / isotopic anomaly || ~**austausch** *m* (Chem) / isotope exchange || ~**batterie** *f* (Nukl) / nuclear battery*, atomic battery, radioisotope battery, radionuclide battery, RNB, isotopic battery, radioisotope generator || ~**batterie mit thermoelektrischem Konverter** (Nukl) / radioisotope thermoelectric generator* || ~**chemie** *f* (Chem) / isotope chemistry || ~**gemisch** *n* (Kernphys) / isotope mixture || ~**geologie** *f* (Geol) / isotope geology* || ~**häufigkeit** *f* (Kernphys) / isotopic abundance || ~**häufigkeitsverhältnis** *n* (Kernphys) / abundance ratio* || ~**hydrologie** *f* / isotope hydrology || ~**indikator** *m* (Kernphys) / isotopic tracer, isotopic indicator, isotopic label, isotope tag || ~**kosmologie** *f* (Astr) / isotope cosmology || ~**masse** *f* (Chem) / isotopic mass || ~**massenspektrometer** *n* (Spektr) / isotope mass spectrometer || ~**molch** *m* (zur inneren Röntgenprüfung von Rohrschweißnähten) (HuT) / radiographic crawler || ~**reines Material** (Chem, Kernphys) / isotopically pure substance, isotopically pure material || ~**reine Substanz** (Chem, Kernphys) / isotopically pure substance, isotopically pure material || ~**schleuse** *f* (Methode des unterbrochenen Molekularstrahls) (Kernphys) / isotope sluice || ~**spin** *m* (Kernphys) / isotopic spin*, isobaric spin*, i-spin *n*, isospin* *n* || ~**tracer** *m* (Kernphys) / isotopic tracer, isotopic indicator, isotopic label, isotope tag || ~**trennung** *f* (die vollständige Trennung verschiedener Isotope oder die Anreicherung einzelner Isotope in einem Gemisch) (Nukl) / isotope separation* || **elektrolytische ~trennung** (Nukl) / electrolytic separation of isotopes || **elektromagnetische ~trennung** (Nukl) / electromagnetic separation* || ~**trennung** *f* **durch Gegenstromelektrolyse** (Nukl) / isotope separation by countercurrent electrolysis || ~**trennung durch Laser im atomaren Dampf** (Nukl) / atomic-vapour laser isotope separation, avlis *n* || ~**trennung nach dem Düsenverfahren** (Nukl) / jet nozzle process*, separation nozzle process, nozzle process || ~**verdünnung** *f* (Kernphys, Radiol) / isotopic dilution, isotope dilution *n* || ~**verdünnungsanalyse** *f* (Methode zur quantitativen Bestimmung eines Stoffes in einem Gemisch sehr ähnlicher Komponenten) (Kernphys) / isotopic dilution analysis* || ~**verdünnungsverfahren** *n* (Kernphys) / isotopic dilution analysis*
**Isotopie•-** (Chem, Kernphys) / isotopic *adj* || ~**effekt** *m* (Chem) / isotope effect || ~**hyperfeinstruktur** *f* (Kernphys) / isotope structure* || ~**struktur** *f* (Kernphys) / isotope structure* || ~**verschiebung** *f* (in Atom- oder Molekülspektren) (Kernphys) / isotope shift* || ~**verschiebungseffekt** *m* (Kernphys) / isotope shift*
**Isotopomer** *n* (Chem) / isotopomer *n*
**ISO-Trapezgewinde, metrisches ~** (DIN 103 und 263) (Masch) / ISO metric trapezoidal screw thread
**Isotron** *n* (Anlage zur Isotopentrennung nach dem Laufzeitprinzip) (Nukl) / isotron* *n*
**isotrop** *adj* (DIN 1342, T 1) (Math, Phys) / isotropic* *adj* || **~e Ebene** (Math) / isotropic plane || **~e Gerade** (Math) / isotropic line, minimum line || **~e Streuung** (DIN 1319, T 2) (Opt) / isotropic scattering || **~e Turbulenz** (Phys) / isotropic turbulence || **~er Vektor** (Vierervektor

isotrop

mit dem Betrag Null) (Math, Phys) / null vector ‖ ~**er Werkstoff** (Mech, WP) / isotropic material
**Iso•tropie** f (Math, Phys) / isotropy n ‖ ~**tropierung** f (Phys) / isotropization n ‖ ~**tropisiert** adj (Kristall) (Min) / metamict* adj ‖ ~**tropisierung** f **durch radioaktive Strahlung** (Min, Nukl) / metamictization n ‖ ~**tropstrahler** m (eine Bezugsantenne bei der Angabe des Antennengewinns) (Radio) / isotropic radiator*, omnidirectional radiator, isotropic antenna, unipole n (US), spherical radiator* ‖ ~**typ** adj (z.B. Kristalle von Steinsalz, Bleiglanz und Periklas) (Krist) / isotypic adj ‖ ~**typie** f (Krist) / isotypism n ‖ ~**valent** adj (Chem) / isovalent adj ‖ ~**valeraldehyd** m (3-Methylbutyraldehyd) (Chem) / isovaleraldehyde n ‖ ~**valeriansäure** f (Chem, Pharm) / isovaleric acid, 3-methylbutanoic acid ‖ ~**vektorielles Meson** (Kernphys) / isovector meson, isovectorial meson ‖ ~**vektormeson** n (Kernphys) / isovector meson, isovectorial meson ‖ ~**vitamin** n **C** (Nahr) / isoascorbic acid, erythorbic acid
**ISO•-V-Kerb** m (WP) / ISO V-notch ‖ ~**-V-Probe** f (WP) / ISO V-notch test bar
**Isoxazol** n (Chem) / isoxazole n
**ISO-Zahl** f (konkrete Angabe der Filmempfindlichkeit, die der ASA-Zahl entspricht; 64 ISO = 19 DIN) (Foto) / ISO number
**Iso•zahlkonturen** f pl (körperliche Isotopenverteilung) (Kernphys) / isocount contours ‖ ~**zitrat** n (Chem) / isocitrate n ‖ ~**zitronensäure** f (Biochem) / isocitric acid
**ISO-Zollgewinde** n (Masch) / ISO inch screw thread
**Iso•zucker** m (Nahr) / high-fructose corn syrup n, isosyrup n, HFCS ‖ ~**zyanat** n (Ester der Isozyansäure) (Chem) / isocyanate n ‖ ~**zyanatgerbung** f (mit aliphatischen Diisozyanaten) (Leder) / isocyanate tanning ‖ ~**zyanatklebstoff** m (ein Einkomponenten-Reaktionskleblack) / isocyanate adhesive ‖ ~**zyanid** n (Chem) / isonitrile* n, isocyanide* n, carbylamine* n ‖ ~**zyaniddihalogenid** n (Chem) / isocyanide dihalide ‖ ~**zyansäure** f (Chem) / isocyanic acid ‖ ~**zyanursäure** f (tautomere Form der Zyanursäure) (Chem) / isocyanuric acid, fulminuric acid ‖ ~**zyklen** pl (Chem) / isocyclic compounds* ‖ ~**zyklisch** adj (Chem) / isocyclic adj ‖ ~**zyklische Verbindungen** (Chem) / isocyclic compounds* ‖ ~**zym** n (Biochem) / isoenzyme* n, isozyme* n
**ISP** (EDV) / Internet-service provider, ISP
**ISPA-Architektur** f (EDV) / Inverted Socket Process Architecture, ISPA
**ISS** (Raumf) / Internationa Space Station ‖ ~ (Spektr) / ion-scattering spectroscopy, ISS, low-energy ion-scattering spectroscopy
**IS-Sequenz** f (Gen) / insertion sequence
**Ist-Abmaß** n Unterschied zwischen Ist- und Nennmaß) / actual deviation, actual allowance
**I-Stahl** m (Deckenträger mit schmalen Flanschen und hohem Steg) (Bau, Hütt) / rolled steel joist*, r.s.j., R.S.J.*, I-beam n, H-beam n, flanged beam, flanged girder
**Ist•-Bestand** m / actual stock ‖ ~**charakteristik** f (Eltech) / manufactured curve, as-built curve
**IS-Technik** f (Eltronik) / integrated screening
**Ist-Ein-Beziehung** f (KI) / is-a relation, is-a-kind-of relation, AKO (a kind of) relation
**I-Sterne** m pl (Astr) / irregular variables*
**Ist•-gleich-Taste** f (EDV) / equals key ‖ ~**-Größe** f / actual size, full size, natural size
**isthmisch** adj (den Isthmus betreffend - z.B. bei Korinth) (Geog, Geol) / isthmic adj
**Isthmos** m (pl. -men) (Geog) / isthmus n (pl. -es)
**Isthmus** m (pl. -men) (Geog) / isthmus n (pl. -es) ‖ ~ (pl. -men) (bei Grafen) (Math) / isthmus n, bridge n, separating edge
**Ist•-Kennlinie** f (Eltech) / manufactured curve, as-built curve ‖ ~**-Kosten** pl / actual cost ‖ ~**-Kurve** f (der geprüften Maschine) (Eltech) / manufactured curve, as-built curve
**Istlefaser** f (Tex) / ixtle fibre, istle fibre, Tampico fibre, Tampico hemp
**Ist•-Maß** n (Ergebnis einer Messung nach DIN 7182, T 1) (Masch) / actual size ‖ ~**-Maß** (Masch, Regeln) / variate n ‖ ~**-Oberfläche** f (das meßtechnisch erfaßte, angenäherte Abbild der wirklichen Oberfläche eines Formelements nach DIN 4762) / measured surface, effective surface ‖ ~**-Sieblinie** f (der Zuschlagstoffe) (HuT) / actual grading curve
**I-Stumpfnaht** f (Schw) / plain butt weld, square butt weld, square-grooved weld
**Ist•-Wert** m / actual value, true value ‖ ~**-Wert-Fernerfassen** n (Regeln) / remote sensing ‖ ~**-Zeit** f (im allgemeinen) / real time
**ISUP** m (EDV) / international standardized ISDN user port (ISUP)
**IS-Verfahren** n (Hütt) / Imperial Smelting process, IS process, ISP
**ITA** (Fernsp) / internal cut-in ‖ ~ **Nr. 5** (ein 7-Bit-Kode für Datenübertragung) (Fernm) / International Alphabet, Number 5, IA5
**Itabirit** m (ein wichtiges Eisenerz) (Geol) / itabirite n, banded-quartz haematite, haematite schist

**Itacolumit** m (glimmerhaltiger Sandstein) (Geol) / itacolumite* n, flexible sandstone
**Itaconat** n (Chem) / itaconate n
**Itai-Itai-Krankheit** f (die durch Aufnahme von Kadmiumverbindungen hervorgerufen wird und durch Kalziumausscheidung zu Schrumpfungen des menschlichen Knochengerüsts führt) (Med, Umwelt) / itai-itai disease, ouch-ouch disease
**Itakonat** n (Chem) / itaconate n
**Itakonsäure** f (Chem) / itaconic acid, methylenesuccinic acid
**IT-Band** n (mit IT-Ton) (Akus, Film) / M & E track
**IT-Bildsensor** m (Zwischenzeilen-Bildübertragungssensor) (TV) / IT image sensor
**Item** n (pl. Items) (Einzelposten, Einzelangabe) / item n ‖ ~ (pl. Items) (eine Frage aus einem Lernprogramm, einzelne Aufgabe innerhalb eines Tests) / item n
**Itemanalyse** f (der Testkonstruktionen) (Stats) / item analysis
**ITER** (ein als europäisch-japanisch-russisch-amerikanisches Gemeinschaftsprojekt geplanter Fusionsreaktor vom Typ Tokamak) (Nukl) / ITER (International Thermonucler Experimental Reactor)
**Iteration** f (EDV, Math) / iteration* n
**Iterations•index** m (EDV) / interation index, cycle index ‖ ~**schleife** f (EDV) / iterative loop, iteration loop ‖ ~**schleife** (Math) / iterative cycle ‖ ~**test** m (der die Anzahl der Iterationen in einer Stichprobe berücksichtigt) (Stats) / run test
**iterativ** adj (EDV, Math) / iterative adj ‖ ~**es Aufrollen** (des Syntheseprozesses) (Chem) / deconvolution n ‖ ~**e Berechnung** (Math) / iterative computation ‖ ~**e Division** (Math) / iterative division ‖ ~**e Operation** (EDV) / iterative operation ‖ ~**e Programmierung** (KI) / iterative programming ‖ ~**e Suche** (EDV) / iterative search
**iterier•te Funktion** (Math) / iterated function ‖ ~**er Logarithmus** (Math) / iterated logarithm ‖ ~**e Spalterwartung** (Kernphys) / iterated fission expectation* ‖ ~**e Spaltung** (Kernphys) / iterated fission
**IT•-Glied** n (ein Übertragungsglied mit integrierendem und verzögerndem Verhalten) (Eltronik, Regeln) / integrating device with time lag ‖ ~**-Kopie** f (Film) / international print, IT print ‖ ~**-Leiter** m (EDV) / chief information officer, CIO ‖ ~**-Netz** n (Schutzleitungssystem) (Eltech) / IT protective scheme
**I-Träger** m (Deckenträger mit schmalen Flanschen und hohem Steg) (Bau, Hütt) / rolled steel joist, r.s.j., R.S.J.*, I-beam n, H-beam n, flanged beam, flanged girder ‖ ~ (als Rammträger) (HuT) / H-pile n ‖ ~ **mit parallelen Flanschflächen** (Hütt) / IPE beam (European section)
**IT-Sicherheit** f (EDV) / information security
**IU-Lademethode** f (Arbeitsweise eines geregelten Ladegeräts) (Eltech) / IU charging method
**IUPAC** (1919 gegründet, Research Triangle Park, North Carolina (Chem) / International Union of Pure and Applied Chemistry* (IUPAC)
**IUPAP** (Phys) / International Union of Pure and Applied Physics, IUPAP
**Ivanoff-Reaktion** f (aldolartige Addition von Phenylessigsäure an Aldehyde oder Ketone in Gegenwart einer Grignard-Verbindung) (Chem) / Ivanov reaction, Ivanoff reaction
**Ivanov-Reaktion** f (Chem) / Ivanov reaction, Ivanoff reaction
**Ivarancusaöl** n / vetiver oil, cuscus oil, oil of vetiver, khus-khus oil, vetiver n
**IVD-Verfahren** n (zur Al-Beschichtung von Titan- und Stahlwerkstoffen) (Galv) / ion vapour deposition, IVD, Ivadizing n
**I-Verhalten** n (Regeln) / integral (control) action
**Ivermectin** n (Makrolidantibiotikum gegen parasitäre Krankheiten) (Pharm) / ivermectin n
**IW** (Umwelt) / immission standards
**IWT** (EDV) / repetitive text
**IWV** (Fernsp) / pulse dialling system
**Ixiolith** m (Min) / ixiolite n
**Ixodida** pl (Zool) / Ixodides pl, Ixodes pl, ticks pl
**Ixodidae** pl (Familie der Zecken) (Landw, Zool) / Ixodidae pl
**Ixtlefaser** f (meistens aus der "Hundertjährigen Aloe" - Agave lechuguilla Torr.) (Tex) / ixtle fibre, istle fibre, Tampico fibre, Tampico hemp
**IZO** (For) / izombe n
**Izod•-Kerbschlagbiegeversuch** m (WP) / Izod (impact) test* ‖ ~**-Prüfung** f (WP) / Izod (impact) test* ‖ ~**-Schlagprüfgerät** n (WP) / Izod machine (the specimen is mounted vertically and supported from the bottom in a cantilever fashion; the hammer strikes the specimen on its notched side at a specified distance above the notch)
**Izombé** n (Holz der Testulea gabonensis Pellegr.) (For) / izombe n
**i-Zone** f (ein Halbleiterbereich mit Eigenleitfähigkeit) (Eltronik) / intrinsic region
**IZ-Pumpe** f (Vakuumt) / sputter-ion pump

# J

**J** (in der älteren und der populärwissenschaftlichen deutschsprachigen Literatur) (Chem) / iodine* *n*, I*
**J** *n* (ein Elementarteilchen) (Kernphys) / psi particle, J particle, gipsie particle, J/$\psi$ particle*
**J** (Phys) / joule* *n*
**Jablonski•-Diagramm** *n* (eine schematische Darstellung der Übergänge zwischen Grund-, Singulett- und Triplettzuständen) (Chem, Phys) / Jablonski diagram ‖ ~-**Termschema** *n* (Chem, Phys) / Jablonski diagram
**Jabo** *m* (Luftf, Mil) / fighter-bomber *n*
**Jaborandiblätter** *n pl* (des Pilocarpus jaborandi Holmes - mit Pilokarpin als Hauptalkaloid) (Pharm) / jaborandi leaves
**Jackblock-Bauweise** *f* (Bau) / jackblock* *n*
**Jacket** *n* (eine pyramidenförmige Röhrenkonstruktion in dem Meeresboden) (Erdöl) / jacket *n* ‖ ~ (transparenter Kunststoffträger mit einer oder mehreren Filmtaschen, um Mikrofilmstreifen aufzunehmen) (Foto) / jacket *n*
**Jacketrohr** *n* (HuT, Masch) / jacket pipe, jacketed pipe, jacket tube
**jackettieren** *v* (Mikroformen) (Druck) / jacket *v* ‖ ~ *n* (von Mikroformen) (Druck) / jacketing *n*
**Jacobi-Klammer** *f* (in der analytischen Mechanik) (Mech) / Jacobi bracket
**Jacobisch•e Determinante** (nach C.G. Jacobi, 1804-1851) (Math) / Jacobian* *n*, Jacobian determinant ‖ ~**e elliptische Funktion** (Math) / Jacobian elliptic function* ‖ ~**e Matrix** (Math) / functional matrix
**Jacobsen•-Epoxidierung** *f* (Chem) / Jacobsen epoxidation ‖ ~**-Epoxidierung** (Chem) s. auch Sharpless-Epoxidierung ‖ ~**-Reaktion** *f* (nach O. Jacobsen, 1840 - 1889) (Chem) / Jacobsen reaction
**Jacobsonsche Topologie** (Math) / Jacobson topology
**Jaconet** *n* (ein Futterstoff) (Tex) / jaconet *n*, jacconette *n*
**Jaconnet** *m* (Tex) / jaconet *n*, jacconette *n*
**Jacquard** *m* (Gewebe, dessen Musterung mit Hilfe von Jacquardkarten hergestellt wurde) (Tex) / jacquard *n*, jacquard fabric ‖ ~**gewebe** *n* (Tex) / jacquard *n*, jacquard fabric ‖ ~ (das das Absenken der Kettfäden regelt) (Web) / lingo* *n* (pl. lingoes) ‖ ~**harnisch** *m* (Web) / jacquard harness ‖ ~**karte** *f* (gelochte Pappkarte, die der Webmaschine das Muster vermittelt) (Web) / jacquard card ‖ ~**-Litze** *f* (Web) / jacquard heald ‖ ~**maschine** *f* (nach J.M. Jacquard, 1752-1834) (Web) / jacquard* *n*, Jacquard loom, Jacquard *n* ‖ ~**maschine für Hochfach** (Web) / top-shedding Jacquard loom ‖ ~**maschine für Tieffach** (Web) / bottom-shedding Jacquard loom ‖ ~**maschine mit endloser Papierkarte** (Web) / paper-tape Jacquard machine, Verdol jacquard ‖ ~**-Musterkarte** *f* (Web) / jacquard card ‖ ~**pappe** *f* (Web) / Jacquard board ‖ ~**polstermöbelstoff** *m* (Tex) / tapestry* *n* ‖ ~**schloß** *n* (Web) / Jacquard lock ‖ ~**schnur** *f* (Web) / card lacing, jacquard cord ‖ ~**weberei** *f* (Web) / figured weaving, fancy weaving, figure weaving ‖ **weiträumig angeordnete Motive im Stoffdruck oder in der** ~**weberei** (Tex) / wide-space design
**Jacquinot-Vorteil** *m* (ein besseres Signal-Rausch-Verhältnis in der FTIR-Spektroskopie) (Spektr) / Jacquinot's advantage
**Jacupirangit** *m* (nephelinführender Pyroxenit) (Geol) / jacupirangite* *n*
**jade** *adj* (zartgrün) / jade *attr*, jade-green *adj* ‖ ~ *m f* (Sammelbezeichnung für Nephrit, Jadeit und Chloromelanit) (Min) / jade* *n*, jadestone *n*, yu-stone* *n* ‖ **Schweizerischer** ~ (Gemenge von Zoisit, Skapolith u.s.w.) (Min) / saussurite* *n* ‖ **unechter** ~ (Serpentin) (Min) / serpentine-jade* *n* ‖ ~**grün** *adj* / jade *attr*, jade-green *adj*
**Jadeit** *m* (Natriumaluminiumdisilikat) (Min) / jadeite* *n*
**jaden** *adj* / jade *attr*, jade-green *adj*
**Jaffé-Reaktion** *f* (Chem) / Jaffé reaction
**Jagd•bomber** *m* (Luftf, Mil) / fighter-bomber *n* ‖ ~**flugzeug** *n* (Luftf, Mil) / fighter *n* ‖ ~**panzer** *m* (Mil) / tank destroyer ‖ ~**pulver** *n* / hunting gunpowder
**jagen** *v* (Wolke) (Meteor) / scud *v*
**Jagenlinie** *f* (For) / lane *n*, glade *n*, swathe *n*, aisle *n*
**Jager** *m* (Stander des Vorgeschirrs eines Grundschleppnetzes) (Schiff) / ground cable
**Jäger** *m* (Luftf, Mil) / fighter *n* ‖ **allwetterkampffähiger** ~ (Luftf, Mil) / all-weather fighter ‖ ~**satellit** *m* (Mil) / killer satellite, hunter satellite ‖ ~**zaun** *m* (Bau) / trellis fence

**Jagzapfen** *m* (eine für den nachträglichen Einbau von Kanthölzern geeignete Zapfenverbindung) (For) / chase tenon
**jäh abfallend** / precipitous *adj*, declivitous *adj*
**Jahn-Teller-Effekt** *m* (die Aufhebung einer Entartung von Elektronenzuständen der Störstelle durch Verzerrung des umgebenden Gitters) (Phys) / Jahn-Teller effect
**Jahn-Tellersche Regel** (Phys) / Jahn-Teller theorem
**Jahr** *n* (z.B. tropisches, siderisches, anomalistisches) (Astr) / year* *n*, yr ‖ **anomalistisches** ~ (365 d 6 h 13 min 53 s) (Astr) / anomalistic year* ‖ **Besselsches** ~ (Astr) / Besselian year, fictitious year ‖ **bürgerliches** ~ / calendar year*, civil year ‖ **hydrologisches** ~ (Wasserb) / hydrologic year, water year ‖ **siderisches** ~ (365 d 6 h 9 min 9 s) (Astr) / sidereal year*
**Jahres•abflußbeiwert** *m* (DIN 4045) (Wasserb) / coefficient of annual discharge, annual-discharge coefficient ‖ ~**abschlußinventur** *f* (F.Org) / annual inventory ‖ ~**belastungskoeffizient** *m* (Eltech) / annual load factor* ‖ ~**benutzungskoeffizient** *m* (Eltech) / annual load factor* ‖ ~**bilanz** *f* **zum 31. Dezember 2001** / annual balance sheet as at 31st December, 2001 ‖ **3-**~**-Garantie** / warranted for 3 years ‖ ~**mittel** *n* (der Säkularvariation) (Mag) / annual variation ‖ ~**niederschlag** *m* (Meteor, Wasserb) / annual precipitation ‖ ~**ring** *m* (For) / annual ring*, year ring ‖ ~**ringanalyse** *f* (For, Umwelt) / tree-ring analysis ‖ ~**ringbreite** *f* (For) / annual-ring width, width of annual ring(s) ‖ ~**ringchronologie** *f* (absolute Altersbestimmung) (For) / dendrochronology* *n*, tree-ring dating ‖ ~**speicher** *m* (Wasserb) / annual storage ‖ ~**spitze** *f* (ein Kraftwerkkennwert) (Eltech) / absolute peak (in a year) ‖ ~**tonne** *f* / tonne per year, t.p.a., t/year, t/p.a. ‖ ~**variation** *f* (Mag) / annual variation ‖ ~**vertragsmenge** *f* (im Lieferungsvertrag) / annual-contract quantity ‖ ~**wagen** *m* (von einem Mitarbeiter eines Automobilwerkes zu sehr günstigem Preis erworbener neuer PKW, den dieser erst nach Ablauf eines Jahres veräußern darf) (Kfz) / employee's car ‖ ~**zeit** *f* / season *n* ‖ **gebunden an eine** ~**zeit** / seasonal *adj* ‖ **~zeitlich** *adj* / seasonal *adj* ‖ **~zeitliches Belastungstal** (Eltech) / seasonal minimum ‖ **~zeitliche Grundwasserspiegelanhebung** (Wasserb) / seasonal recovery ‖ **~zeitlicher Unterschied** (Ozean) / annual inequality ‖ ~**zuwachs** *m* (durch einen auf dem Querschnitt erscheinenden konzentrischen Ring dargestellt) (For) / annual growth, annual increment, seasonal increment
**Jahrgangswein** *m* (Nahr) / vintage wine, vintage *n*
**jährlich•e Aberration** (Astr) / annual aberration ‖ **~e Gleichung** (Astr) / annual equation* ‖ **~e Niederschlagshöhe** (DIN 4045) (Meteor, Wasserb) / annual precipitation ‖ **~e Parallaxe** (Astr) / annual parallax*, heliocentric parallax* ‖ **~e Wartung** (F.Org, Masch) / yearly maintenance ‖ **~er Zuwachs** (durch einen auf dem Querschnitt erscheinenden konzentrischen Ring dargestellt) (For) / annual growth, annual increment, seasonal increment
**Jährling** *m* (Lamm) (Landw, Tex) / hog *n* (a young sheep before the first shearing), hogget *n*, hog *n*
**Jährlingswolle** *f* (Tex) / first year's wool, yearling's wool, hog wool
**Jahrring** *m* (For) / annual ring*, year ring ‖ **auskeilender** ~ (For) / discontinuous growth ring ‖ ~**breite** *f* (For) / annual-ring width, width of annual ring(s) ‖ ~**spaltung** *f* (For) / shelling *n*
**Jakarandaholz** *n* s. Palisanderholz und Rosenholz
**Jakobsleiter** *f* (leichte Tauwerksleiter mit runden Holzsprossen) (Schiff) / Jacob's ladder, jack ladder
**Jakonett** *m* (Tex) / jaconet *n*, jacconette *n*
**Jalape** *f* (aus Ipomoea purga (Wender.) Hayne) (Pharm) / jalap *n*
**Jalapenwurzel** *f* (Pharm) / jalap *n*
**Jalapinolsäure** *f* (11-Hydroxypalmitinsäure) (Chem) / jalapinolic acid
**Jalon** *m* (S) (Verm) / picket* *n*, range pole, range rod, banderole *n*, ranging rod, ranging pole, flag-pole *n*, line rod
**Jalousette** *f* (Bau) / jalousette *n*
**Jalousie** *f* (einer Ventilationsöffnung) / louver* *n*, louvre* *n* ‖ ~ (Bau) / venetian blind, venetian shutter, venetian *n*, jalousie *n* ‖ ~ (Kfz) / sunblind *n* ‖ ~**blende** *f* (Film) / venetian shutter, multiflap shutter ‖ ~**hütte** *f* (Meteor) / Stevenson screen* ‖ ~**klappe** *f* (Gruppenanordnung mehrerer kleiner Klappenteller zur Sicherung der Rückschlagfunktion) (Masch) / multidoor swing check valve, multiple-door reflux valve
**Jamamaiseide** *f* (wilde Seide, die von den Raupen des Jamamaispinners stammt und der Maulbeerseide sehr ähnlich ist, Erzeugerland Japan) (Tex) / yamamai silk
**Jamesonit** *m* (Min) / jamesonite* *n* ‖ ~ s. auch Federerz
**Jamin-Interferometer** *n* (Licht) / Jamin interferometer*
**Jaminsches Interferenzrefraktometer** (nach J. Jamin, 1818-1886) (Licht) / Jamin interferometer*
**Jamming** *n* (durch Störsendung) (Radio) / jamming* *n*, active jamming
**Jam-Signal** *n* (z.B. bei dem CSMA/CD-Zugriffsverfahren) (EDV) / jam signal (ISO/IEC 2382-25:1992)

**Janák-Detektor** *m* (ein integrierender Detektor in der Gaschromatografie - nach J. Janák, geb. 1924) (Chem) / Janák detector
**Jansky** *n* (in der Radioastronomie verwendete Einheit für die Flußdichte kosmischer Radiostrahlung; 1 Jy = $10^{-26}$Wm$^{-2}$Hz$^{-1}$ - nach K. Jansky, 1905-1950) / jansky* *n*, one-flux unit, flux unit
**J-Antenne** *f* (vertikaler Halbwellenstrahler mit Viertelwellenanpaßleitung) (Radio) / J-antenna* *n*
**Janus•farbstoff** *m* (eine Gruppe von Azofarbstoffen) (Mikros) / Janus stain ‖ $^\sim$**grün** *n* **B** (ein Janusfarbstoff) (Mikros) / Janus green B ‖ $^\sim$**-System** *n* (ein Abstrahlungsverfahren für Doppler-Navigationsanlagen) (Nav) / Janus system
**J-Anzeige** *f* (eine eindimensionale Anzeige, bei der zur Erhöhung der Ablesegenauigkeit der Elektronenstrahl in einer Kreisbahn läuft) (Radar) / J display*
**Japaner Zwilling** (Min) / Japanese twin ‖ $^\sim$**-Gesetz** *n* (Krist) / Japanese law, Japan law
**japanisch•es Bienenwachs** / Japan wax*, Japan tallow, sumac wax, Japanese beeswax ‖ $^\sim$**e Esche** (Fraxinus mandshurica Rupr.) (For) / Japanese ash ‖ $^\sim$**es Heilpflanzenöl** / Japanese peppermint oil ‖ $^\sim$**es Holzöl** (aus Aleurites cordata (Thunb.) R. Br. ex Steud.) / Japanese tung oil, Japanese wood oil ‖ $^\sim$**es Pfefferminzöl** (aus Mentha arvensis ssp. haplocalyx (Briq.) Briq.) / Japanese peppermint oil ‖ $^\sim$**er Seidenspinner** (Philosamia cynthia) (Zool) / ailanthus silkworm
**Japan•kampfer** *m* (rechtsdrehende Form des Kampfers) (Chem) / Japan camphor*, gum camphor, dextrorotary camphor ‖ [**echter**] $^\sim$**lack** (Anstr) / Japanese lacquer, Chinese lacquer, japan *n* ‖ $^\sim$**papier** *n* (als Oberbegriff für leichte ostasiatische Papiere) (Pap) / China paper, Chinese paper ‖ $^\sim$**papier** (aus den Maulbeergewächsen) (Pap) / Japanese paper* ‖ $^\sim$**säure** *f* (Chem) / Japan acid ‖ $^\sim$**seide** *f* (Tex) / Japanese silk, Japan silk ‖ $^\sim$**talg** *m* (aus dem Talgsumach /Rhus succedanea L./ oder aus dem Lacksumach Rhus verniciflua Stokes/ gewonnen) / Japan wax*, Japan tallow, sumac wax, Japanese beeswax ‖ $^\sim$**-Velinpapier** *n* (Pap) / Japanese vellum* ‖ $^\sim$**wachs** *n* / Japan wax*, Japan tallow, sumac wax, Japanese beeswax ‖ $^\sim$**zeder** *f* (For) / Japanese cedar
**Japon** *m* (Tex) / Japanese silk, Japan silk
**Japp-Klingemann-Reaktion** *f* (Herstellung von Arylhydrazonen) (Chem) / Japp-Klingemann reaction
**Jargon** *m* (ein blaßgelber Zirkon) (Min) / jargoon* *n*, jargon* *n*
**Jarosit** *m* (ockergelbes oder schwarzbraunes, meist in derben Aggregaten vorkommendes Eisensulfatmineral) (Min) / jarosite* *n*
**Jarowisation** *f* (Bot, Landw) / vernalization* *n*
**jarowisieren** *v* (Bot, Landw) / vernalize *v*
**Jarrah** *n* (schweres Konstruktionsholz - aus dem westaustralischen Eucalyptus marginata Donn ex Sm. gewonnen) (For) / jarrah* *n*
**Jasminöl** *n* (aus Jasminum officinale 'Grandiflorum' L. oder Jasminum officinale L. gewonnenes etherisches Blütenöl für die Feinparfümerie) / jasmin(e) oil
**Jasmon** *n* (im Jasminöl vorkommendes Keton) (Chem) / jasmone *n* ‖ $^\sim$**säuremethylester** *m* (Chem) / methyl jasmonate
**Jaspé** *m* (Tex) / jaspé* *n* ‖ $^\sim$**garn** *n* (zwei verschiedenfarbige Vorgarne mit geringer Drehung, die leicht verzwirnt sind) (Spinn) / grandrelle *n*, grandrelle yarn / jaspé* *n*, grandrille yarn ‖ $^\sim$**gewebe** *n* (Tex) / jaspé* *n*
**Jasperware** *f* (feines unglasiertes, in der Masse eingefärbtes Steingut - nach J. Wedgwood) (Keram) / jasper *n*, jasperware *n*
**jaspierter Stoff** (Tex) / jaspé* *n*
**Jaspilit** *m* (ein gebändertes Sedimentgestein aus Hornstein und Hämatit) (Geol) / jaspilite *n*
**Jaspis** *m* (zu den Jaspisarten rechnen Heliotrop, Plasma und Silex) (Min) / jasper* *n*, jaspis *n*, jasperite *n*
**Jaspisware** *f* (Keram) / jasper *n*, jasperware *n*
**Jaspopal** *m* (roter Opal) (Min) / opal jasper, jasp opal
**jäten** *v* (Landw) / spud *v* ‖ $^\sim$ (Unkraut) (Landw) / weed *v*
**Jätmaschine** *f* (Landw) / weeder *n*, weeding machine
**Jätmesser** *n* (Landw) / spud *n*
**Jato** *f* / tonne per year, t.p.a., t/year, t/p.a.
**JATO** (Luftf) / jet-assisted take-off, jato, JATO*
**Jauchdrillgerät** *n* (Landw) / manure drill
**Jauche** *f* (natürlicher organischer Dünger) (Landw) / liquid manure, dung water ‖ $^\sim$ (Landw) s. auch Gülle ‖ $^\sim$**grube** *f* (Landw) / sink *n* ‖ $^\sim$**tankwagen** *m* (Landw) / liquid-manure tanker
**J-aufgelöstes 2D-Spektrum** (Spektr) / J-resolved 2D spectrum
**Jaulen** *n* (langsame Schwankungen) (Akus) / whine* *n*, wow* *n*
**Java** *n* (C++-ähnliche Programmiersprache, deren Compiler prozessorunabhängigen Code erzeugt) (EDV) / Java *n* ‖ $^\sim$**-Applet** *n* (EDV) / Java applet (a Java program that can be integrated into HTML pages)
**Javajutefaser** *f* (Tex) / kenaf *n*, kenaf fibre, gambo fibre, Java jute, bastard jute ‖ $^\sim$ (Tex) / roselle *n*, rosella *n*, Jamaica sorrel, rozelle hemp

**Java-Palisander** *m* (aus Dalbergia latifolia Roxb. ex DC.) (For) / East Indian rosewood, blackwood *n*, Indian rosewood
**Java•Script** *n* (Java-ähnliche Programmiersprache von NetScape) (EDV) / JavaScript *n* ‖ $^\sim$**-Servlet** *n* (serverseitiges Java-Bytecode-Objekt) (EDV) / Java servlet
**Javel-Lauge** *f* (Kaliumhypochloritlösung, Liquor Kalii hypochlorosi) (Chem) / Javel water*, eau de Javelle*, Javelle water
**Javellesch•e Lauge** (Kaliumhypochloritlösung, Liquor Kalii hypochlorosi) (Chem) / Javel water*, eau de Javelle*, Javelle water ‖ $^\sim$**e Lösung** (Kaliumhypochloritlösung, Liquor Kalii hypochlorosi) (Chem) / Javel water*, eau de Javelle*, Javelle water
**JBK** (Nahr) / locust bean gum powder, carob flour, carob-seed gum
**J-Box** *f* (Tex) / J-box *n*, J-tube *n*
**J-Darstellung** *f* (eine eindimensionale Anzeige, bei der zur Erhöhung der Ablesegenauigkeit der Elektronenstrahl in einer Kreisbahn läuft) (Radar) / J display*
**Jeanette** *f* (Tex) / jeanette *n*, reversed jeanette
**Jeans** *f* (geköperter Baumwollstoff) (Tex) / jean* *n* ‖ **feine** $^\sim$ (Tex) / jeanette *n*, reversed jeanette ‖ $^\sim$**stoff** *m* (Tex) / jean* *n* ‖ $^\sim$**wear** *f* (Tex) / jeans wear
**Jedermannfunk** *m* (BRD: 11 m) (Fernm, Kfz) / citizen radio, citizens' band (for private radio communications), citizens' waveband, CB*
**Jeffreys-Flüssigkeit** *f* (Phys) / three-parameter liquid
**Jeffreys-Theorem** *n* (nach Sir H. Jeffreys, 1891-1989) (Meteor) / Jeffreys theorem
**JEL** (For) / jelutong *n* (a light hardwood)
**Jellium** *n* (Phys) / jellium model ‖ $^\sim$**-Modell** *n* (ein Näherungsmodell zur Beschreibung elektronischer Festkörpereigenschaften) (Phys) / jellium model
**Jelutong** *m* (wilder Gummi der Dyera-Arten) / pontianak gum, jelutong* *n*, pontianak *n* ‖ $^\sim$ *n* (Holz der Dyera costulata Hook) (For) / jelutong *n* (a light hardwood), JEL ‖ $^\sim$ (Dyera costulata (Miq.) Hook.)) (For) / jelutong *n* (a light hardwood)
**Jenaer Glas** (Sonderglas des JENAer Glaswerkes Schott & Gen., Jena) (Glas) / Jena glass
**Jenny-Maschine** *f* (eine Feinspinnmaschine) (Spinn) / spinning-jenny* *n*, jenny *n*
**Jensensche Ungleichung** (Math) / Jensen's inequality
**Jequie-Kautschuk** *m* (von Manihot dichotoma Ule) / Jequie rubber
**Jequitiba** *n* (Holz der Cariniana brasiliensis Casar.) (For) / jequitiba (rosa), Brazilian mahogany ‖ $^\sim$ (For) / Colombian mahogany, albarco *n*
**Jersey** *m* (Kleiderstoff aus gewirkter Maschenware) (Tex) / jersey *n* ‖ **Wiener** $^\sim$ (Tex) / single jersey*, plain jersey, single knits, plain knits ‖ **zweiflächige** $^\sim$**ware** (Tex) / double-knit fabrics (made by interlocking the loops from two strands of yarn with a double stitch), double knits
**Jervasäure** *f* (Chem) / chelidonic acid
**Jervin** *n* (Alkaloid aus verschiedenen Veratrum-Arten) (Pharm) / jervine *n*
**Jet** *m* (aus dem Zentrum der Quasaren schießender Materiestrahl) (Astr) / jet *n* ‖ $^\sim$ *m* (Schmuckstein organischen Ursprungs) (Bergb) / jet* *n*, jet coal ‖ $^\sim$ *m* (Teilchenbündel) (Kernphys) / jet *n* ‖ $^\sim$ (Luftf) / jet *n*, jet airplane, jet aircraft ‖ **auslösender** $^\sim$ (Kernphys) / trigger jet ‖ $^\sim$**-Bag** *n* (stromlinienförmiger Dachgepäckträger) (Kfz) / jet bag ‖ $^\sim$**-Cooking** *n* (ein Verfahren der Stärkeindustrie) (Chem Verf) / jet cooking ‖ $^\sim$**-Cutting** *f* (Fertigungs- bzw. Bearbeitungsverfahren, bei dem Wasserstrahlen unter hohem Druck zum Schneiden, zur Oberflächenbearbeitung und zum Abtragen verwendet werden) (Masch) / jet cutting ‖ $^\sim$**-Cutting** (vollautomatische Zuschnittmethode für Fertigkleidung durch einen elektronisch gesteuerten Hochdruckwasserstrahl auf speziellem Zuschneidetisch mit Pumpe) (Tex) / jet cutting ‖ $^\sim$**-lag** *m* (Störung des gewohnten Alltagsrhythmus durch die Zeitverschiebung bei Langstrecken-Flugreisen) (Luftf) / jet lag ‖ $^\sim$**-Liner** *m* (Luftf) / jetliner *n* ‖ $^\sim$**-Perforation** *f* (Erdöl) / jet perforating ‖ $^\sim$**physik** *f* (Phys) / jet physics
**JET-Projekt** *n* (zur Erforschung der Kernfusion und die dazugehörige gemeinsame Anlage der EG in Culham bei Oxford) (Nukl) / Joint European Torus (experiment within the Fourth European Fusion Programme), JET*
**Jet•säuren** *n* (das Entfernen von Ablagerungen auf der Oberfläche sandiger Träger, indem die Sandoberfläche durch Säureströme mit hoher Geschwindigkeit abgewaschen wird) (Erdöl) / jet acidization, jet acidizing ‖ $^\sim$**stream** *m* (in der oberen Troposphäre und unteren Stratosphäre) (Geophys) / jet stream*, jet *n*
**Jett** *n* (Schmuckstein organischen Ursprungs) (Bergb) / jet* *n*, jet coal
**jetten** *v* (Luftf) / jet *v*
**Jetway** *m* (überdachte ausschwenkbare Fluggastbrücke) (Luftf) / jetway *n*, apron-drive bridge, passenger loading bridge
**Jeweilsänderung** *f* (EDV) / running modification
**JFZ** / iodine colour number

**JH** (glanduläres Insektenhormon) (Biochem) / juvenile hormone*, JH, larval hormone, status quo hormone
**J-Horn** *n* (eine Felgenhornausführung) (Kfz) / J-flange *n*
**Jigger** *m* (eine Färbemaschine) (Tex) / jig* *n*, full-width dyeing machine, whole-width dyeing machine, jigger* *n*
**J-Integral** *n* (ein Bruchmechanikparameter) (WP) / J-integral *n*
**JIT-Compiler** *m* (EDV) / just-in-time compiler, JIT compiler
**JIT-Konzept** *n* (F.Org) / just-in-time system, kanban *n*
**Jitter** *m n* (die Schwankungen der Kennzeitpunkte eines Digitalsignals um die idealen, im allgemeinen äquidistanten Zeitpunkte) (Fernm) / jitter* *n* ‖ ≃ (ein Signal, das plötzlichen Änderungen unterworfen ist) (TV) / jitter* *n* ‖ ≃**amplitude** *f* (Fernm) / jitter amplitude ‖ ≃**festigkeit** *f* (Fernm) / jitter tolerance
**JJD-Rad** *n* (ein Sicherheitsrad mit Notlaufeigenschaften) (Kfz) / JJD wheel, twin wheel, wheel with double rim
**jj-Kopplung** *f* (ein Grenzfall der Drehimpulskopplung) (Kernphys) / j.j. coupling*
**JK-Flipflop** *n* (bistabiler Multivibrator mit zwei Eingängen) (Eltronik) / JK flip-flop
**J-Naht** *f* (Schw) / J-groove weld, single-J butt (groove) weld
**Joaquinit** *m* (ein Zyklosilikat mit Viererring) (Min) / joaquinite *n*
**Job** *m* (pl. Jobs) (EDV) / job* *n* ‖ ≃**abrechnungsschnittstelle** *f* (eine Funktion, die für jeden Jobstep Abrechnungsinformationen sammelt) (EDV) / job-accounting interface ‖ ≃**abwicklung** *f* (EDV) / job handling ‖ ≃**betriebsanweisungsschritt** *m* (EDV) / job step ‖ ≃**betriebssprache** *f* (EDV) / job control language* (JCL), control language, operating language ‖ ≃**bibliothek** *f* (EDV) / job library ‖ ≃**eingabe** *f* (EDV) / job input ‖ ≃**ende** *n* (EDV) / end of job (EOJ), job end ‖ ≃**enlargement** *f* (Zusammenfassung von zerstückelten Tätigkeiten in der Arbeitsteilung) (F.Org) / job enlargement ‖ ≃**enrichment** *n* (qualitative Erweiterung des Arbeitsinhalts) (F.Org) / job enrichment ‖ ≃**ferneingabe** *f* (EDV) / remote job entry (RJE) ‖ ≃**folge** *f* (meistens in der Planung) (EDV) / job stream, input stream, run stream ‖ ≃**kennzeichen** *n* (EDV) / job identification ‖ ≃**naheingabe** *f* (EDV) / local job entry (LJE) ‖ ≃**name** *m* (EDV) / job name ‖ ≃**organisation** *f* (EDV) / job scheduling ‖ ≃**rotation** *f* (bei der ein Beschäftigter die einzelnen Stellen eines Fertigungsabschnitts oder eines Unternehmens nacheinander durchläuft) (F.Org) / job rotation ‖ ≃**schritt** *m* (EDV) / job step ‖ ≃**sharing** *n* (Aufteilung eines Vollzeitarbeitsplatzes unter zwei oder mehrere Personen) (F.Org) / job sharing ‖ ≃**step** *m* (EDV) / job step ‖ ≃**variable** *f* (EDV) / job variable
**Joch** *n* (Unterteilung bei langen Gewölben) (Bau) / trave *n*, severy* *n*, civery* *n* ‖ ≃ (für kleine Holzbrücken) (Bau) / trestle *n* ‖ ≃ (Schachteinbau) (Bergb) / barring *n* ‖ ≃ (ein unbewickelter magnetischer Rückschluß aus massivem oder lamelliertem Eisen im magnetischen Kreis) (Eltech) / magnetic yoke, magnet yoke*, yoke *n* ‖ ≃ (Geog) / pass *n*, col *n* ‖ ≃ (der Hobel- und Stoßmaschine) (Masch) / top rail ‖ ≃ (Masch) / yoke *n* ‖ ≃**lamelliertes** (Eltech) / laminated yoke* ‖ ≃**bleche** *n pl* (Eltech, Mag) / yoke lamination ‖ ≃**säule** *f* (Bau, Zimm) / stud *n* ‖ ≃**spule** *f* (Eltronik) / deflector coil*, deflection coil*, scanning coil*
**Jod** *n* / iodine* *n*, I*
**Jodoform** *n* (Antiseptikum) (Chem) / iodoform* *n*, triiodomethane *n*
**Jodstärkepapier** *n* (Chem) / potassium-iodide-starch paper
**Joffé-Stab** *m* (nach dem russischen Physiker A.F. Joffé, 1880-1960) (Nukl) / Ioffe bar, Yoffe bar
**Jog** *n* (durch Rotationsisomerie bewirkter Knick in den Ketten höherer Kohlenwasserstoffmoleküle) (Chem) / jog *n* ‖ ≃ (ein zwischengeschobenes Segment der Schraubenversetzungslinie mit Stufencharakter) (Krist) / jog *n*
**Joghurt** *m f n* (pl. -s) (Nahr) / yoghurt *n*, yoghurt *n*
**Jog-Shuttle** *n* (Drehknopf an Videorecordern) / jog shuttle
**Jogurt** *m f h* (Nahr) / yogurt *n*, yoghurt *n*
**Johannis•blut** *n* (aus dem Johanniskraut) (Chem, Pharm) / hypericin *n* ‖ ≃**brotgummi** *n* (von Ceratonia siliqua L.) / locust bean gum, carob gum, ceratonia gum ‖ ≃**brotkernmehl** *n* (Nahr) / locust bean gum powder, carob flour, carob-seed gum ‖ **Peruanisches** ≃**brotkernmehl** (Nahr) / tara gum
**Johannit** *n* (Min) / johannite *n*
**Johimbin** *n* (das Hauptalkaloid in vielen Aspidosperma-Arten) (Chem, Med) / yohimbine* *n*
**Joining** *n* (relationale Datenbank - Bildung einer neuen Relation aus zwei oder mehreren Relationen) (EDV, KI) / joining *n*
**Joint-venture** *n* / joint venture
**Jojoba** *f* (For) / jojoba *n* ‖ ≃**öl** *n* / jojoba oil, jojoba ‖ ≃**strauch** *m* (Simmondsia chinensis (Link) C.K. Schneid.) (For) / jojoba *n*
**Jo-Jo-Spinbremse** *f* (Raumf) / yoyo despin
**Jokerzeichen** *n* (EDV) / wildcard character, wildcard *n*, wildcard symbol ‖ **mit** ≃ **erweitert** (EDV) / wildcarded *adj*
**Jollysche Federwaage** (nach Ph.v. Jolly, 1809-1884) (Chem) / Jolly balance*

**Jominy-Versuch** *m* (zur Beurteilung der Härtbarkeit von Stählen oder zur Aufstellung von ZTU-Bildern) (Masch) / Jominy test*, end-quench hardenability test, end-quench test*, Jominy end-quench test*, Jominy hardenability test
**Jones-Zone** *f* (ein von Brillouinschen Zonenebenen begrenzter Bereich im k-Raum, wobei die zu diesen Ebenen gehörigen Fourier-Koeffizienten des Kristall- bzw. Pseudo- oder Modellpotentials besonders groß sind) (Eltronik, Phys) / Jones zone
**Jonol** *n* (Chem) / ionol *n*
**Jonon** *n* (Chem) / ionone *n*, irisone *n*
**Jonquillenöl** *n* / jonquil oil, narcissus oil
**Jonval-Turbine** *f* (Wasserb) / Jonval turbine, downward axial-flow turbine
**Joosten-Verfahren** *n* (chemisches Verfestigungsverfahren zur Schachtabdichtung - Wasserglaslösung + Kalziumchloridlösung) (Bergb) / Joosten process*
**Jordan•-Algebra** *f* (Math) / Jordan algebra ‖ ≃**-Bogen** *m* (Math) / Jordan curve ‖ ≃**-Hölderscher Satz** (Math) / Jordan-Hölder theorem
**Jordanit** *m* ($Pb_4As_2S$) (Min) / jordanite *n*
**Jordan•-Kegelstoffmühle** *f* (Pap) / Jordan refiner*, jordan *n* ‖ ≃**-Kurve** *f* (ein Teilraum eines topologischen Raumes - nach M.-E.C. Jordan, 1838-1922) (Math) / Jordan curve ‖ ≃**-Kurve** *f* / simple closed curve ‖ ≃**-Matrix** *f* (nach P. Jordan, 1902-1980) (Math, Phys) / Jordan matrix ‖ ~**-meßbar** *adj* (beschränkte Punktmenge) (Math) / Jordan measurable ‖ ≃**-Mühle** *f* (zur Stoffaufbereitung) (Pap) / Jordan refiner*, jordan *n*
**Jordanscher Kurvensatz** / Jordan curve theorem ‖ ≃**e Matrix** (Math, Phys) / Jordan matrix
**Jordan-Wigner-Matrizen** *f pl* (Phys) / Jordan-Wigner commutation rules
**Josephson•-Atto-Weber-Schalter** *m* (EDV) / Josephson Atto-Weber switch, JAWS ‖ ≃**-Effekt** *m* (ein Tunneleffekt zwischen zwei durch eine dünne isolierende Schicht verbundenen Supraleitern, bei dem Cooper-Paare tunneln) (Eltronik) / Josephson effect*, Josephson tunnelling ‖ ≃**-Element** *n* (Phys) / Josephson element, Josephson junction, JJ ‖ ≃**-Frequenz-Spannungs-Quotient** *m* (nach B.D. Josephson, geb. 1940) / Josephson frequency-voltage ratio ‖ ≃**-Kontakt** *m* (ein kryoelektronisches Bauelement) (Phys) / Josephson element, Josephson junction, JJ ‖ ≃**-Tunnelelement** *n* (Phys) / Josephson element, Josephson junction, JJ
**Josephus-Problem** *n* (nach Josephus Flavius) (Math) / Josephus problem (is to find the position of the one who survives when there are n people in a circle and every m-th remaining person is eliminated)
**Jost-Funktion** *f* (in der quantenmechanischen Streutheorie) (Phys) / Jost function
**Jot-Naht** *f* (Schw) / J-groove weld, single-J butt (groove) weld
**Joule** *n* (gesetzliche abgeleitete SI-Einheit für Arbeit, Energie und Wärmemenge; 1 J = 1 Nm = 1 Ws) (Phys) / joule* *n* ‖ ≃**-Aufheizung** *f* (Wärmewirkung des elektrischen Stroms im leitenden Material) (Elektr) / Joule heat, Joulean heat, current heat ‖ ≃**-Effekt** *m* (bei isobaren und isothermen Längenänderungen) (Mag) / Joule effect* ‖ ≃**-Integral** *n* (das Integral des Stromwertes zum Quadrat über eine gegebene Zeitdauer) (Eltech) / Joule integral ‖ ≃**-Kelvin-Effekt** *m* (Temperaturänderung realer Gase bei Drosselung) (Phys) / Joule-Thomson effect*, Joule-Kelvin effect* ‖ ≃**-Magnetostriktion** *f* (eine Gestaltsänderung bei gleichem Volumen) (Mag) / Joule magnetostriction* ‖ ≃**-Messer** *m* (ein Leistungsmesser) (Phys) / Joule meter* ‖ ≃**-Meter** *n* (Phys) / Joule meter* ‖ ≃**-Prozeß** *m* (ein Kreisprozeß) (Masch, Phys) / Brayton cycle*, complete expansion diesel cycle, Joule cycle
**Joulesch•es Gesetz** (Umwandlung elektrischer Energie in Wärme) (Eltech) / Joule's law* ‖ ≃**es Gesetz** (bei idealen Gasen sind die innere Energie und die Enthalpie nur von der Temperatur abhängig, nicht vom Volumen) (Phys) / Joule's law* ‖ ≃**e Wärme** (Elektr) / Joule heat, Joulean heat, current heat
**Joule•-Thomson-Effekt** *m* (Temperaturänderung realer Gase bei Drosselung) (Phys) / Joule-Thomson effect*, Joule-Kelvin effect* ‖ ≃**-Thomson-Koeffizient** *m* (Phys) / Joule-Kelvin coefficient ‖ ≃**-Zähler** *m* (nach J.P. Joule, 1818-1889) (Phys) / Joule meter*
**Jour** *n* (Glas) / bloach *n*, bleach *n*
**Jourdainsches Prinzip** (ein differentielles Extremalprinzip der Mechanik - nach P.E.B. Jourdain, 1879-1919) (Mech) / Jourdain's principle
**Journal** *n* (Schiff) / logbook *n*, log *n*
**Journaldatei** *f* (EDV) / journal file*
**jovianisch** *adj* (Astr) / Jovian *adj*
**Joystick** *m* (EDV) / joystick *n*
**JR** (DIN 60001, T 4) (Tex) / urena fibre
**JR-Flipflop** *n* (Eltronik) / JR flip-flop
**JS** (Tex) / roselle *n*, rosella *n*, Jamaica sorrel, rozelle hemp
**J-Säure** *f* (eine Buchstabensäure) (Chem) / J-acid *n*

**J-Schirm** *m* (Radar) / J-scope *n*, J-indicator *n*
**J-Teilchen** *n* (Kernphys) / psi particle, J particle, gipsie particle, J/$\psi$ particle*
**Ju** (Tex) / jute fibre
**Juchten** *m n* (mit Weidenrinde gegerbtes und mit Birkenteeröl gefettetes Leder mit charakteristischem Geruch) (Leder) / Russia leather*, Russian leather, Russia calf
**Juchtenleder** *n* (Leder) / Russia leather*, Russian leather, Russia calf
**Judasbaum** *m* (Cercis spp.) (Bot, For) / Judas tree
**Judendorn, Gemeiner** ≃ (Bot, Nahr) / jujube *n*
**Jugend • holz** *n* (For) / pith wood, juvenile wood, crown-formed wood, core wood ‖ ≃**stadium** *n* (Geol) / youthful stage, young stage, stage of youth ‖ ≃**stadium** (bei der Erosion) (Geol) / youth *n* ‖ ≃**stil** *m* (Arch) / art nouveau
**Juglon** *n* (ein Keimungshemmstoff, Bestandteil der in Hautbräunungsmitteln verwendeten Walnußschalenextrakte) (Chem) / juglone *n*
**Juice** *m n* (Nahr) / juice *n*
**Jujube** *f* (Ziziphus jujuba Mill.) (Bot, Nahr) / jujube *n*
**Jukebox** *f* (Akus) / jukebox *n* ‖ ≃**-Speicher** *m* (optischer Plattenspecher) (EDV) / jukebox memory
**Julia-Menge** *f* (nach G. Julia, 1893 - 1978) (Math) / Julia set
**julianisches Datum** (mit dem Nullpunkt 1.1.4713 v. Chr. - von Joseph Justus Scaliger vorgeschlagen) (Astr) / Julian date*
**Jumbo** *m* (ein Verkehrsflugzeug) (Luftf) / jumbo *n*, wide-bodied jet airliner, jumbo jet ‖ ≃**-Computer** *m* (EDV) / ultra-large computer, superlarge computer ‖ ≃**-Jet** *m* (Luftf) / jumbo *n*, wide-bodied jet airliner, jumbo jet
**Jumper** *m* (EDV) / jumper *n*, device configuration block ‖ ≃ (Eltech) / jumper* *n*
**jumperlose Adapterkarte** (EDV) / switchless adapter card
**jumpern** *v* (EDV) / jumper *v*
**Jumpsuit** *m* (Tex) / jumpsuit *n*
**Jumpy** *m* (pl. -ies) (Ganzarmpulli als Gymnastikanzug) (Tex) / jumpsuit *n*
**jung • er Beton** (HuT) / green concrete, unset concrete, fresh concrete, green* *n*, freshly mixed concrete, wet concrete ‖ **~es Industrieland** / newly industrialized country, NIC ‖ **~er Käse** (Nahr) / green cheese
**Jungbier** *n* (das noch nicht der Nachgärung unterworfene Bier nach der Hauptgärung) (Brau) / green beer
**Jungfer** *f* (HuT) / beetle* *n*, punner* *n*, hand rammer ‖ ≃ (eine fehlerfrei gesetzte Seite) (Typog) / clean* *n*, page without any misprints
**Jungfern • flug** *m* (erster Flug) (Luftf) / maiden flight ‖ ≃**glas** *n* (Min) / selenite* *n*, spectacle stone ‖ ≃**öl** *n* (Olivenöl, das ohne Pressung aus den Früchten austritt) (Nahr) / virgin (olive) oil, sublime olive oil
**jungfräulich** *adj* (Bergb) / unworked *adj*, maiden *adj*, virgin *adj*, unwrought *adj*, whole *adj* ‖ **~e Glasfaser** (Glas) / virgin fibre, pristine fibre, bare fibre ‖ **~e Kurve** (von Null bis zu einer Sättigung) (Mag) / rise path (of the magnetization force), normal induction curve ‖ **~e Neutronen** (Kernphys) / virgin neutrons*
**Jung • kalbleder** *n* (Leder) / deacon *n* ‖ ≃**pflanze** *f* (Bot, Landw) / sett *n*, set *n* ‖ ≃**tierhaut** *f* (bei Pelztieren) (Leder) / kit *n* ‖ ≃**wein** *m* (junger, hefetrüber Wein) (Nahr) / green wine ‖ ≃**wuchs** *m* (Bestand vom Beginn der künstlichen oder natürlichen Verjüngung bis zum Beginn des Bestandsschlusses) (For) / second-growth timber
**Juniperinsäure** *f* (eine Hydroxyfettsäure) (Chem) / juniperic acid
**Junkers-Doppelflügelklappe** *f* (nach H. Junkers, 1859-1935) (Luftf) / Junkers flap
**Junkers-Kalorimeter** *n* (zur Messung der Verbrennungswärme von Gasen) / Junkers water flow calorimeter
**Junkfood** *n* (Nahrung von geringem Nährwert, aber von hoher Joulezahl) (Nahr) / junk food
**Junktion** *f* (Negation und die zweistelligen aussagenlogischen Verknüpfungen) (EDV) / junction *n*
**Junktions-FET** *m* (Eltronik) / junction field-effect transistor*, junction gate field-effect transistor, JFET*, JUGFET, PN-FET
**Junktor** *m* / sentential connective, logical connective, connective *n* ‖ ≃ s. auch logisches Zeichen
**Junktorenlogik** *f* (KI) / assertion logic, propositional logic, sentential logic
**Jupiter • -** (Astr) / Jovian *adj* ‖ **~ähnlicher Planet** (Astr) / Jovian planet, giant planet ‖ **~artiger Planet** (Astr) / Jovian planet, giant planet ‖ ≃**lampe** *f* (eine alte Bogenlampe) (Film) / Klieg light, sun arc
**Jurimetrie** *f* (Wissenschaft, die sich mit der Anwendung mathematischer Methoden im Recht beschäftigt) (EDV) / jurimetrics *n*
**Jurimetrik** *f* (EDV) / jurimetrics *n*
**juristisch offenes Kommunikations • system** (EDV) / legally open communications system ‖ **~e Person** / body corporate, legal entity, juristic person
**Jus** *f m n* (Nahr) / drip *n*, dripping *n*, juice *n*, basting *n*, gravy *n*

**Justagefehler** *m* (beim Justieren zweier Faserstirnflächen) / misalignment *n*
**justierbare aktivierte Titananode** (für das Diaphragmenverfahren) / dimensionally stable anode (of titanium covered with platinum or ruthenium oxide)
**Justierbereich** *m* (eines Ultraschallprüfgerätes) (WP) / time-base range
**justieren** *v* (DIN 1319, T 1) (Instr) / adjust *v*
**Justiermarke** *f* (Eltech, Instr, Masch) / fiducial point*, alignment mark
**Justierung** *f* (eines Systems) (Eltronik, Opt) / alignment *n* ‖ ≃ (Opt, Radar) / boresighting *n* ‖ ≃ **auf Null** (Instr, Masch) / zero setting, zero adjustment, zeroizing *n* ‖ ≃ **des Sucherokulars** (zur Korrektur eines Sehfehlers) (Film) / dioptre adjustment
**Just-in-time • -Fertigung** *f* (moderne Art der vollautomatisierten rechnerunterstützten Fertigung) (F.Org) / just-in-time production, just-in-time manufacture, JIT production ‖ ≃**-Konzept** *n* (F.Org) / just-in-time system, kanban *n* ‖ ≃**-Produktion** *f* (Produktion auf Abruf) (F.Org) / just-in-time production, just-in-time manufacture, JIT production
**Jute** *f* (Bastfaser aus den Stengeln des Corchorus olitorius L. und Corchorus capsularis L.) (Bot, Tex) / jute* *n* ‖ ≃**drell** *m* (Tex) / twill jute fabric, jute sacking ‖ ≃**faser** *f* (DIN 60001) (Tex) / jute fibre ‖ ≃**köper** *m* (Tex) / twill jute fabric, jute sacking ‖ ≃**leinwand** *f* (Tex) / gunny *n*, gunny cloth ‖ ≃**papier** *n* (Pap) / jute (bag) paper ‖ ≃**sack** *m* (Tex) / jute sack ‖ ≃**sackleinen** *n* (Tex) / gunny *n*, gunny cloth ‖ ≃**samenöl** *n* (aus der Rundkapseljute) / gunny-seed oil ‖ ≃**spinnerei** *f* (als Tätigkeit nach DIN 60013) (Spinn) / jute spinning ‖ ≃**spinnerei** (als Textilbetrieb) (Spinn) / jute spinning mill ‖ ≃**werggarn** *n* (Tex) / jute-tow yarn
**Juvabion** *n* (Todomatsusäuremethylester) (Biochem) / juvabione *n*, paper factor
**juvenil** *adj* (Wasser, Magma, Pyroklastika) (Geol) / juvenile *adj* ‖ **~es Wasser** (entstammt Magmenherden und ist im magmatischen Zyklus neu gebildet) (Geol) / juvenile water*, magmatic water, plutonic water ‖ **~holz** *n* (For) / juvenile wood ‖ ≃**hormon** *n* (ein Häutungshormon) (Biochem) / juvenile hormone*, JH, larval hormone, status quo hormone
**Juwelier • borax** *m* (Pentahydrat) (Chem) / jeweller's borax, octahedral borax ‖ ≃**platin** *n* (Chem, Hütt) / jeweler's platinum ‖ ≃**seidenpapier** *n* (Pap) / jeweller's tissue
**JZ** (dient zur Bestimmung der ungesättigten Säuren in Fetten und Ölen - DIN 53241, T 1) (Chem) / iodine value*, iodine number

# K

**K** (Chem) / potassium* n
**K** (Phys) / kelvin* n
**K** ( = 1 cm⁻¹) (Spektr) / kayser* n
**KA** (EDV) / simulated request ‖ ~ (Sanitär) / sewage-works n (pl), sewage disposal plant, sewage treatment plant, purification plant
**Ka-Band** n (26 bis 40 GHz) (Radar) / Ka-band* n
**kabbelige See** (Logbuchstabe C) (Schiff) / choppy sea
**Kabbelsee** f (Schiff) / choppy sea
**Kabbelung** f (an der Berührungslinie verschieden gerichteter Strömungen auftretende kleine Wellen an der Oberfläche von Meeren und Seen) (Ozean, Wasserb) / rip tide
**Kabel** n (Eltech, Kab) / cable n ‖ ~ (Trägerelement von Brücken, Seilbahnen, Ankern usw.) (Masch) / cable* n, cable-laid rope (with an ordinary lay)*, water-laid rope ‖ ~ (des Kabelkranes) (Masch) / guy n, cable n ‖ ~ (DIN 60001) (Spinn) / tow* n ‖ **abgeschirmtes** ~ (Kab) / screened cable, shielded cable ‖ **abschnittweise belastetes** ~ (Kab) / intermittently loaded cable ‖ **an den Enden schwächer bespultes** ~ (Kab) / taper-loaded cable ‖ **biegsames** ~ (Kab) / flexible cable*, flexible wire ‖ **bündelverseiltes** ~ (Kab) / bunched cable, unit-stranded cable ‖ **doppeladriges** ~ (Eltech) / twin cable*, loop cable*, double-core cable, two-conductor cable, two-core cable ‖ **dreiadriges** ~ (Kab) / three-core cable*, three-conductor cable ‖ **einadriges** ~ (Kab) / single-core cable*, single cable ‖ **erdverlegtes** ~ (Kab) / underground cable, buried cable ‖ **gasisoliertes** ~ (Kab) / gas-insulated cable ‖ **gummiisoliertes** ~ (Kab) / rubber-insulated cable ‖ **in Kanälen verlegtes und vergossenes** ~ (HuT, Kab) / solid-laid cable ‖ **induktionsfreies** ~ (Kab) / anti-induction cable ‖ **kombiniertes** ~ (Kab) / composite cable* ‖ **lagenverseiltes** ~ (wenn die Verseilelemente einzeln in konzentrischen Lagen angeordnet sind) (Kab) / layered cable, layer-stranded cable, layer cable ‖ **mineralisoliertes kupferüberzogenes** ~ (Kab) / mineral-insulated copper-covered cable, MICC cable ‖ **mit** ~ **versehen** (Kab) / cable v ‖ **nichtbewehrtes** ~ (Kab) / unarmoured cable* ‖ **paarverseiltes** ~ (Fernm, Kab) / paired cable*, twin cable*, cable with pair formation ‖ **pupinisiertes** ~ (nach M. Pupin, 1858-1935) (Eltech) / Pupin cable ‖ **radial unterteiltes konzentrisches** ~ (Kab) / septate cable ‖ **supraleitendes** ~ (Kab) / superconducting cable ‖ **verlustarmes** ~ (Kab) / low-capacitance cable, LoCap cable ‖ **verseiltes** ~ (Eltech) / stranded cable* ‖ **viererverseiltes** ~ (Fernm) / multiple-twin cable* ‖ ~ n **für den Bergbau unter Tage** (Bergb, Kab) / mining cable ‖ ~ **im Stahlrohr** (Kab) / pipe-type cable (a pressure cable), steel pipe-type cable ‖ ~ **mit einem Lichtwellenleiter** (Kab) / single-fibre cable, monofibre cable ‖ ~ **mit gemeinsamem Schirm** (Kab) / non-radial-field cable, collectively shielded cable ‖ ~ **mit intermittierendem Betrieb** (Fernm) / intermittently loaded cable ‖ ~ **mit Luftraumisolierung** (Kab) / dry-core cable*, air-core cable ‖ ~ **mit Metallmantel** (thermisch stabiles) (Kab) / self-contained pressure cable ‖ ~ **mit nicht abwandernder Tränkmasse** (Kab) / mass-impregnated non-draining cable ‖ ~ **mit nicht radialem Feld** (das nur eine Schirmung über den verseilten Adern hat) (Kab) / non-radial-field cable, collectively shielded cable ‖ ~ **mit Ölfüllung** (Kab) / oil pressure cable

**Kabel•abzug** m (Spinn) / tow feed ‖ **~ader** f (Kab) / insulated wire, wire n (insulated), insulated conductor (US), core n (GB) ‖ **~anschluß** m (Kab) / cable junction ‖ **~aufbau** m (Kab) / cable make-up, cable design, cable build-up ‖ **~aufhänger** m (Kab) / cable suspender, cable bearer ‖ **~aufroller** m (Kab) / cable coiler ‖ **~aufteilung** f (Abschließen der hochpaarigen Fernmeldeaußenkabel mit Hilfe von niedrigpaarigen Kabeln an Kabelabschlußeinrichtungen) (Fernm) / cable distribution ‖ **~aufteilungskeller** m (Fernsp) / cable vault ‖ **~bagger** m (HuT) / tower excavator ‖ **~bahn** f (Bahn) / cable railway* ‖ **~ballen** m (Tex) / tow bale ‖ **~ballenpresse** f (Tex) / tow baling press ‖ **~baum** m (Eltech, Kab) / cable harness, wiring harness, wiring loom ‖ **~befestigungsklemme** f (Kab) / cable clamp, clip n, crosby n, Crosby clip, cable clip ‖ **~bewehrung** f (zum Schutz gegen mechanische Beschädigung, gegebenenfalls zur Aufnahme von Zugkräften während und nach der Legung) (Kab) / cable armour, cable armouring ‖ **~blei** n (Kab) / cable (sheathing) lead ‖ **~bruch** m (Kab) / parting of a cable ‖ **~brunnen** m (Eltech, Kab) / draw-in box*, draw-in pit* ‖ **~bündel** n (Kab) / bunched cable, massed wire ‖ **~cord** m (ein Genua-Cord mit 0,5 - 1 cm breiten Rippen) (Tex) / cable cord ‖ **~dielektrikum** n (Kab) / cable insulation, cable dielectric ‖ **~düker** m (Kab) / sunken pipe for cable(s) ‖ **~endverschluß** m (Kab) / pothead n, cable termination ‖ **~fernsehen** n (TV) / cable TV, cable television, CTV, cable n ‖ **privates ~fernsehen** (TV) / access television (US) ‖ **ans ~fernsehnetz anschließen** (TV) / cable v ‖ **~fernsehstation** f (TV) / cable operator ‖ **~fernsehunternehmen** n (TV) / cable operator ‖ **~formbrett** n (Eltech) / cable form* ‖ **~füllmaterial** n (Kab) / cable filler ‖ **~- oder Drahtfunk** m (Radio) / line broadcasting ‖ **~garn** n (grobe Garne zum Umspinnen von Erd- und Seekabeln oder zu anderen technischen Zwecken nach DIN 83305) (Kab) / cable yarn ‖ **~garnitur** f (Kab) / cable accessory ‖ **~garnituren** f pl (für den Betrieb von Kabeln notwendige Bauteile und Geräte) (Kab) / cable accessories, cable fittings (overhead lines) ‖ **~geschirr** n (Eltech, Kab) / cable harness, wiring harness, wiring loom ‖ **~gestell** n (Kab) / cable rack, cable hanger ‖ **~graben** m (HuT, Kab) / cable trench ‖ **~helfer** m (Film, TV) / cable-man n, cable puller ‖ **~hilfe** f (Film, TV) / cable-man n, cable puller ‖ **~isolierung** f (Kab) / cable insulation, cable dielectric

**Kabeljaulebertran** m (Pharm) / cod-liver oil*, CLO, banks oil
**Kabel•-Kammzug-Konverter** m (Spinn) / tow-to-top converter ‖ **~kanal** m (HuT, Kab) / conduit* n, electric conduit ‖ **~kanal** (geschlossener) (HuT, Kab) / cable duct* ‖ **~kanal** (offen) (HuT, Kab) / cable troughing, cable channel, wire trough, wiring trough, troughing (earthenware, wood, or other material) ‖ **~kanal-Formstein** m (Kab) / cable-duct block ‖ **~kanalzug** m (HuT, Kab) / cable conduit ‖ **~kapazität** f (Eltech, Kab) / cable capacitance ‖ **~kennzeichen** n (Kab) / cable mark ‖ **~klemme** f (Kabelanschluß) (Kab) / cable terminal ‖ **~klemme** (zum Verbinden, Abzweigen und Anschließen) (Kab) / cable clamp, clip n, crosby n, Crosby clip, cable clip ‖ **~kode** m (Kab) / cable code ‖ **~kommunikation** f (Fernm) / cable communication ‖ **~konstruktion** f (Kab) / cable make-up, cable design, cable build-up ‖ **~konvertierungsmethode** f (Spinn) / tow-to-top method, tow-to-top process, converting n ‖ **~kord** m (ein Breitkord für Sportkleidung und Möbelbezug) (Tex) / cable cord ‖ **~kran** m (HuT) / cableway* n ‖ **~kran** (mit festen Türmen) (HuT) / fixed cableway ‖ **~kran** (mit kreisverfahrbarem Turm) (HuT) / radial cableway ‖ **ortsfester ~kran** (HuT) / fixed cableway ‖ **fahrbarer ~kran** (Masch) / travelling cableway ‖ **~länge** f (meistens 1/10 Seemeile) (Schiff) / cable-length* n ‖ **~längenausgleich** m (Kab) / cable-length compensation, cable-length equalization ‖ **~legen** n (HuT, Kab) / cable laying ‖ **~leger** m (ein Spezialschiff) (Schiff) / cable ship ‖ **~leitung** f (Eltech, HuT, Kab) / cable line ‖ **~leitungen** f pl (Eltech, Kab) / cabling* n ‖ **~-Leitungskanal** m (Eltech, HuT, Kab) / cable raceway ‖ **~loses Mikrofon** (Akus, Radio) / wireless microphone, radiomicrophone* ‖ **~löter** m (Kab) / jointer n ‖ **~mantel** m (Kab) / cable sheath, cable cover, cable coating ‖ **~mantelpresse** f (Kab) / cable-sheath press ‖ **~masse** f (Kab) / insulating compound*, cable compound ‖ **~masse** (Kab) / cable filler ‖ **~mast** m (Eltech) / cable post, cable pole ‖ **~messer** n (Kab) / stripping knife, cable stripping knife, electrician's knife ‖ **~messung** f (Kab) / cable testing ‖ **~muffe** f (Maschinenanschluß) (Kab) / cable coupler ‖ **~muffe** (eine Verbindungsgarnitur) (Kab) / cable joint, cable sleeve ‖ **~netz** n (Kab) / cable network ‖ **~öl** n (eine Isolierflüssigkeit) / cable oil (for oil-filled cables) ‖ **~papier** n (als Schutz oder Zwickelausfüllung) (Kab, Pap) / cable wrap ‖ **~papier** (aus Holzzellstoff, das frei von Holzschliff und Metallteilchen ist und zur Isolierung spannungsführender Teile benutzt wird) (Kab, Pap) / cable paper, paper for conductor insulation ‖ **~pflug** m (HuT, Kab) / cable-laying plough, cable plough ‖ **~plan** m **im Selbstwählamt** (Fernm) / trunk diagram* ‖ **~pritsche** f (Kab) / cable rack, cable hanger ‖ **~reißmaschine** f (DIN 64100) (Spinn) / stretch break converter, stretch breaking converter ‖ **~rinne** f (HuT, Kab) / cable trough, cable channel ‖ **~rohr** n (HuT, Kab) / conduit* n, electric conduit ‖ **~rohr** (erdverlegtes) (Kab) / underground conduit ‖ **~rolle** f (Kab) / cable reel, cable drum ‖ **~rost** m / cable shelf, cable grate ‖ **~rost** (Kab) / cable rack, cable hanger ‖ **~rundfunk** m (Radio, TV) / cable broadcasting ‖ **~salat** (EDV, Kab) / spaghetti cables, mess of spaghetti ‖ **~satz** m (vorgefertigter) (Eltech, Kab) / cable harness, wiring harness, wiring loom ‖ **~schacht** m (Kab) / cable pit, cable jointing chamber, cable jointing manhole, cable vault ‖ **~schacht, der nicht überflutet werden kann** (Kab) / dry vault ‖ **~schelle** f (Kab) / cable clamp, clip n, crosby n, Crosby clip, cable clip ‖ **~schiff** n (Schiff) / cable ship ‖ **~schlag** n (eine Machart bei der Seilherstellung) / cable-laid construction (of a rope) ‖ **~schlagseil** n (Masch) / cable* n, cable-laid rope (with an ordinary lay)*, water-laid rope ‖ **~schleppkette** f (eine Stahlbolzenkette) (Bergb, Kab) / cable handler ‖ **~schneider** m (Kab) / cable cutter ‖ **~schuh** m (Verbindung zwischen Batteriekabel und Endpol) (Eltech, Kab) / battery lug ‖ **~schuh** m / lug n, cable lug ‖ **~schutzhaube** f (ein Formstück, das Erdkabel schützt) (Kab) / cable-protecting hood ‖ **~schutzhaube** s. auch Kabelschutzstein ‖ **~schutzhülle** f (Kab) / cable jacket ‖ **~schutzrohr** n (Kab) / cable conduit, tube n ‖ **~schutzstein** m / cable-protecting block ‖ **~schutzstein** s. auch Kabelschutzhaube ‖ **~seele** f (Gesamtheit der Verseilelemente nach DIN 57816) (Kab) /

**Kabelseilbagger**

cable core ‖ ~**seilbagger** m (HuT) / tower excavator ‖ ~**spanner** m / cable adjuster, cable tensioner, cable tensioning device ‖ ~**spannvorrichtung** f / cable adjuster, cable tensioner, cable tensioning device ‖ ~**stollen** m (HuT, Kab) / cable gallery, cable tunnel, cable subway ‖ ~**strecke** f (Eltech, HuT, Kab) / cable line ‖ ~**stutzen** m (Kab) / cable sealing end ‖ ~**suchgerät** n (Kab) / cable detector, cable locator, cable localizer ‖ ~**tau** n (Masch) / cable* n, cable-laid rope (with an ordinary lay)*, water-laid rope ‖ ~**tragdraht** m (Eltech, Kab) / cable suspension wire ‖ ~**trageisen** n (Vorrichtung zur Befestigung und Zugentlastung der ankommenden Kabel für den Kabelanschluß) (Eltech, Kab) / cable supporting structure ‖ ~**trasse** f (Kab) / cable route ‖ ~**trennanlage** f (zum Trennen zweier Leiter) / cable separator ‖ ~**trommel** f (Kab) / cable reel, cable drum ‖ ~**trosse** f (Masch) / cable* n, cable-laid rope (with an ordinary lay)*, water-laid rope ‖ ~**tuner** m (Kanalwähler für Fernsehempfänger zum zusätzlichen Empfang der beim Kabelrundfunk vorhandenen Fernsehkanäle) (TV) / cable tuner ‖ ~**turm** m (der Hängebrücke oder der seilverspannten Balkenbrücke) (HuT) / pylon n ‖ ~**turm** (Raumf) / umbilical tower ‖ ~**ummantelung** f (Kab) / cable sheathing, cable covering ‖ ~**ummantelungspresse** f (Kab) / cable-sheathing press ‖ ~**unterbrechung** f (ein Kabelfehler) (Kab) / cable interruption ‖ ~**verbindung** f (Kab) / cable joint ‖ ~**verbindung** (Anschluß) (Kab) / cable junction ‖ ~**verbindungskasten** m (Film) / spider* n ‖ ~**vergußkasten** m (Kab) / sealing box* ‖ ~**vergußmasse** f (Kab) / insulating compound*, cable compound ‖ ~**verlegen** n in Kanälen (Kab) / draw-in system* ‖ ~**verlegung** f (HuT, Kab) / cable laying ‖ ~**verteilungssystem** n (TV) / cabled distribution system ‖ ~**wachs** n (Kab) / cable wax*, cheese* n ‖ ~**wagen** m / cable car*, cable trolley ‖ ~**-Wandkanal** m (Eltech, HuT, Kab) / cable raceway ‖ ~**weg** m (Kab) / cable route ‖ ~**werk** n (Kab) / cable work, cable factory ‖ ~**zange** f (Werkz) / cable crimpling pliers ‖ ~**zieher** m (Film, TV) / cable-man n, cable puller ‖ ~**zubehör** n (bei Freileitungen bzw. Luftkabeln) (Kab) / cable accessories, cable fittings (overhead lines) ‖ ~**zuleitungsfeld** n (Schaltfeld für die Speisekabel einer Versorgungsleitung) (Eltech) / cable feeder

**Kabine** f (Wahlkabine) / booth n ‖ ~ (Umkleideraum) / cubicle n (a small partitioned-off area of a room) ‖ ~ (einer Seilbahn) (Eltech) / cable-car n, car n ‖ ~ (Luftf, Schiff) / cabin n ‖ ~ (Raumf) / capsule n, space capsule

**Kabinen•aufzug** m / cabin lift ‖ ~**band-Rollsteig** m / cabin-type moving pavement ‖ ~**besatzung** f (Luftf) / non-technical flight personnel, flight attendants, cabin attendants ‖ ~**fensteröffnung** f (in der Wand des Bildwerferraumes) (Film) / booth porthole, projection port ‖ ~**Förderband** n / cabin-type moving pavement ‖ [**durchsichtige**] ~**haube** (Luftf) / canopy* n ‖ ~**luftverdichter** m (Luftf) / cabin blower*, cabin supercharger* ‖ ~**personal** n (Luftf) / non-technical flight personnel, flight attendants, cabin attendants ‖ ~**taxi** n / people mover

**Kabinett** n (unterste Stufe der Qualitätsweine mit Prädikat) (Nahr) / kabinett n, kabinett wine

**Kabinettfeile** f (Werkz) / cabinet-file* n

**Kabotage** f (kleine, große - Form der Küstenschiffahrt) (Schiff) / coastal trade, coastal navigation

**Kabrio** n (Kfz) / cabriolet n, cabrio n, convertible n, soft-roof convertible (US), drophead n (GB), drop-top n (GB) ‖ **bügelfreies** ~ (Kfz) / all-open convertible

**Kabriolett** n (PKW mit zurückklappbarem Verdeck und versenkbaren Seitenfenstern) (Kfz) / cabriolet n, cabrio n, convertible n, soft-roof convertible (US), drophead n (GB), drop-top n (GB)

**Kabriolimousine** f (Kfz) / convertible saloon, convertible landau

**Kachel** f (Bau) / tile* n, interior tile ‖ ~ (für eine Seite im Hauptspeicher nach DIN 44300) (EDV) / page frame

**kacheln** v (Bau) / tile v

**Kachelofen** m (ein Speicherofen) / tilled stove (a storage heater)

**Kachelung** f (Math) / tessellation n, tiling n, tesselation n

**Kadaverbeseitigung** f (Sanitär) / animal rendering

**Kadaverin** n (Chem) / pentamethylene-diamine* n, cadaverine* n (1,5-diaminopentane)

**Kadavermehl** n (Landw) / tankage n

**Kaddigöl** n (Pharm) / cade oil, juniper-tar oil

**Kadenacy-Effekt** m (Saugwirkung beim Austritt der Gase aus dem Auslaßschlitz des Zylinders) (Kfz) / Kadenacy effect

**Kadeöl** n (Pharm) / cade oil, juniper-tar oil

**Kadett** n (Tex) / cadet cloth

**Kadinen** n (ein optisch aktives bizyklisches Sesquiterpen, z.B. in vielen etherischen Ölen) (Chem) / cadinene n

**Kadmieren** n (Galv) / cadmium-plating n

**Kadmierung** f (Galv) / cadmium-plating n

**Kadmium (Cd)** n (Chem) / cadmium* n ‖ ~**blende** f (Min) / greenockite* n, cadmium blende ‖ ~**chlorid** n (CdCl$_2$) (Chem) / cadmium chloride ‖ ~**fluorid** n (CdF$_2$) (Chem) / cadmium fluoride ‖ ~**-Fotozelle** f (Eltronik) / cadmium photocell* ‖ ~**gelb** n (Kadmiumsulfid, CdS) (Chem) / cadmium yellow, aurora yellow, daffodil yellow, orient yellow ‖ ~**grenze** f (Energiewert bei niederenergetischen Neutronen) (Kernphys) / cadmium cut-off ‖ ~**hydroxid** n (Chem) / cadmium hydroxide ‖ ~**iodid** n (Chem) / cadmium iodide ‖ ~**iodidtyp** m (Krist) / cadmium-iodide type, cadmium-iodide structure ‖ ~**kupfer** n (Hütt) / cadmium copper* ‖ ~**legierung** f (z.B. für die Luftfahrt) (Hütt) / cadmium alloy ‖ **rote** ~**linie** (Spektr) / cadmium red line* ‖ ~**nitrat** n (Chem) / cadmium nitrate ‖ ~**(II)-oxid** n (CdO) (Chem) / cadmium oxide ‖ **dunkelrotes** ~**pigment** (Anstr) / red lithopone ‖ [**dunkles**] ~**rot** (Mischkristalle von Kadmiumsulfid und Kadmiumselenid) (Chem) / cadmium red, selenium red ‖ ~**selenid** n (CdSe) (Chem) / cadmium selenide ‖ ~**spat** m (Min) / otavite n ‖ ~**sulfat** n (CdSO$_4$) (Chem) / cadmium sulphate ‖ ~**sulfid** n (auch ein extrem farbechtes Pigment) (Chem) / cadmium sulphide ‖ ~**sulfid-Belichtungsmesser** m (Foto) / cadmium-sulphide exposure meter ‖ ~**tellurid** n (Chem) / cadmium telluride ‖ ~**tellurid-Solarzelle** f / cadmium telluride cell, CdTe solar cell ‖ ~**verhältnis** n (Kernphys) / cadmium ratio ‖ ~**wolframat** n (CdWO$_4$) (Chem) / cadmium tungstate, cadmium wolframate

**Kadmopone** f (eine Mischung von Kadmiumsulfid und Bariumsulfat) (Anstr, Chem) / cadmopone n, cadmium lithopone

**Käferfraß** m (ein Holzschaden) (For) / beetle damage

**Käferschutz** m (For) / beetle proofing

**Kaff** n (Landw) / chaff n, tailings pl (US)

**Kaffee•automat** m / coffee maker, coffee percolator ‖ ~**braun** adj / coffee-brown adj, coffee-coloured adj ‖ ~**farbig** adj / coffee-brown adj, coffee-coloured adj ‖ ~**kohle** f (eine medizinische Kohle) (Med) / coffee coal ‖ ~**maschine** f / coffee maker, coffee percolator ‖ ~**säure** f (eine Hydroxyzimtsäure) (Chem) / caffeic acid ‖ ~**strauch** m (Bot, For) / coffee shrub, arabica n

**Kaffein** n (Chem, Pharm) / caffeine* n

**Kaffernkorn** n (Sorghum caffrorum (Retz.) P. Beauv.) (Nahr) / sorghum n

**Kaffgesims** n (Arch, Bau) / fillet n

**Käfig** m (Masch) / cage* n ‖ ~ (des Wälzlagers) (Masch) / cage* n, separator n ‖ ~**magnetischer** ~ (Plasma Phys) / magnetic trap* ‖ ~**anker** m (Eltech) / squirrel-cage rotor*, cage rotor*, short-circuited rotor* ‖ ~**antenne** f (eine vertikale Breitbandantenne) (Radio) / cage antenna* ‖ ~**dipol** m (Radio) / cage dipole ‖ ~**effekt** m (Chem) / cage effect ‖ ~**einschlußverbindung** f (Chem) / clathrate*, enclosure compound ‖ ~**läufer** m (Eltech) / squirrel-cage rotor*, cage rotor*, short-circuited rotor* ‖ ~**läufermotor** m (die häufigste Ausführung der Wechselstrom-Induktionsmaschine) (Eltech) / squirrel-cage motor*, cage motor ‖ ~**verbindung** f (z.B. Carboran) (Chem) / cage compound ‖ ~**walze** f (spezielle Bauart eines Bürstenbelüfters) (Sanitär) / cage rotor ‖ ~**wicklung** f (Eltech) / squirrel-cage winding*, cage winding

**kahl** adj / unnapped adj, napless adj, unraised adj, pileless adj ‖ ~ (Raum, Wand) / naked adj ‖ ~**e Stelle** (Tex) / gall n ‖ ~ **werdend** (Bot) / glabrescent* adj ‖ ~**appretur** f (Tex) / bare finish, hard finish, napless finish, pileless finish ‖ ~**ausrüstung** f (Tex) / bare finish, hard finish, napless finish, pileless finish ‖ ~**fressen** v (Landw) / skeletonize v ‖ ~**frost** m (Meteor) / frost without snow (cover) ‖ ~**geschnitten** adj (Tex) / pileless adj, napless adj ‖ ~**geschoren** adj (Tex) / pileless adj, napless adj ‖ ~**geworden** adj (Bot) / glabrate* adj ‖ ~**hieb** m (eine Hiebsart) (For) / clear cut, clear felling ‖ ~**schlag** m (For) / clear cut, clear felling ‖ ~**großflächiger** ~**schlag** (For) / full-forest harvesting

**Kahm•haut** f (durch hefeähnliche Pilze gebildete grauweiße Haut auf gärenden oder faulenden Flüssigkeiten) (Nahr) / top film (of yeast), scum n (a film or layer of floating matter formed upon the surface of a liquid in a state of fermentation) ‖ ~**hefe** f (Nahr) / film-forming yeasts

**kahmig** adj (Wein) (Nahr) / ullaged adj, aldehydic adj

**Kai** m / quay n ‖ ~ (Landungsdamm) / wharf n ‖ **ab** ~ (eine Liefervereinbarung) / ex quay ‖ ~**kran** m / wharf crane, dockside crane

**Kainit** m (Kaliummagnesiumchloridsulfat) (Min) / kainite* n

**Kainsäure** f (aus den Rotalgen Digenea simplex und Centroceras clavulatum) (Chem) / kainic acid

**Kairomon** n (ein Ökomon) (Physiol) / kairomone n

**Kaischuppen** m (Schiff) / dockside shed

**Kaiser•-Effekt** m (in Metallen) (Akus) / Kaiser effect ‖ ~**grün** (Chem) / imperial green, Paris green ‖ ~**zinn** n (mit etwa 93% Sn) (Hütt) / pewter* n

**Kaizunge** f (Wasserb) / pier n

**Kajeputöl** n (aus Melaleuca leucadendra L.) / cajuput oil, cajeput oil

**Kakao** m (Nahr) / cocoa n, cacao n, cocoa powder, cacao powder ‖ ~**bohne** f (Nahr) / cocoa bean, cacao bean ‖ ~**bohnenbruch** m (Nahr) / cocoa-bean fragments, cacao-bean fragments ‖ ~**butter** f (Fett der Kakaobohne) (Nahr) / cocoa butter, cacao butter, theobroma oil ‖ ~**fett** n (Nahr) / cocoa butter, cacao butter, theobroma oil ‖ ~**grus**

(Nahr) / cocoa fines, cacao fines, cocoa dust, cacao dust ‖ ~**masse** f (Nahr) / cocoa mass ‖ ~**öl** n (Nahr) / cocoa butter, cacao butter, theobroma oil ‖ ~**preßkuchen** m (Nahr) / cocoa press cake ‖ ~**pulver** n (Nahr) / cocoa n, cacao n, cocoa powder, cacao powder

**Kakerlak** m (pl. -en) (Blatta orientalis L.) (Med, Nahr) / Oriental cockroach, Asiatic cockroach, Oriental roach

**Kakodyl** n (Dimethylarsinogruppe) (Chem) / cacodyl* n

**Kakodyloxid** n (Oxy-bis-dimethylarsin) (Chem) / cacodyl oxide, alkarsine n

**Kakodylsäure** f (Chem) / dimethylarsinic acid, cacodylic acid

**Kakosmophor** m (Riechstoff mit unangenehmer Geruchswirkung) (Chem) / cacosmophore n

**kakosmophore Gruppe** (in Stinkstoffen) (Chem) / cacosmophore n

**Kaktusalkaloide** n pl (eine Gruppe von Isochinolinalkaloiden) (Pharm) / anhalonium alkaloids, cactus alkaloids

**Kalabarbohnen** f pl (giftige Samen von Physostigma venenosum Balf.) (Pharm) / Calabar beans, ordeal beans

**Kalamanderholz** n (aus Diospyros melanoxylon Roxb.) (For) / coromandel n, calamander n, coromandel ebony, coromandel wood

**Kalamin** m (Min) / hemimorphite* n (natural zinc silicate), electric calamine*

**Kalamität** f (durch Schädlinge, Hagel, Sturm usw. hervorgerufener schwerer Schaden in Pflanzenkulturen) (Landw) / calamity n, disaster n

**Kalamitätsholz** n (For) / calamity wood

**Kalander** m (meistens Rollkalander) (Chem Verf) / calender* n ‖ ~**appretur** f (Tex) / calender finish ‖ ~**färbung** f (Pap) / stuffing n ‖ ~**folie** f (Plast) / calendered sheet

**kalandern** v (Chem Verf) / calender v

**Kalander•platte** f (eine Spanplatte) (For, Tischl) / calender-rolled particle board ‖ ~**presse** f (For) / continuous roller press ‖ ~**ständer** m (Pap) / calender stack, calender n ‖ ~**straße** f (Chem Verf) / calendering line ‖ ~**walzenpapier** n (DIN 6730) (Pap) / bowl paper, calender-roll paper ‖ ~**walzpapier** (das Wollfasern enthält) (Pap) / woollen paper ‖ ~**walzensatz** m (Pap) / calender stack, calender n

**Kalandriagefäß** n (ein geschlossener Reaktorbehälter mit inneren Rohren und Kanälen, die den flüssigen Moderator vom Kühlmittel getrennt halten) (Nukl) / calandria* n

**kalandrieren** v (Chem Verf) / calender v ‖ ~ n (unter Hitze und Druck) (Tex) / swissing n

**kalandriert•e Folie** (Plast) / calendered sheet ‖ ~**es Papier** (Pap) / calendered paper*

**Kalben** n (Abbrechen der ins Meer vorgedrungenen Gletscherzungen zu Eisbergen) (Geol, Ozean) / calving n

**Kälber** n pl (die hervorstehenden Rippen eines Spillkopfes, eines Verholkopfes, einer Winde oder einer Ankerwinde) (Schiff) / whelps pl

**Kälberlab** n (Chem, Nahr) / rennet* n

**Kälberzähne** m pl (in der korinthischen Säulenordnung) (Arch) / dentils* pl, denticulation n

**Kalbledereinband** m (dunkelbrauner - für theologische Werke) (Buchb) / divinity calf* ‖ ~ (für juristische Nachschlagewerke) (Buchb) / law calf*

**Kalbs•fell** m (in Deutschland mit bis 14 kg Grüngewicht) (Leder) / calf n ‖ ~**fell** (Leder) / veal n (a large calfskin, almost as large as a kip) ‖ ~**haut** f (stapelgesalzen zwischen 6,8 bis 15,9 kg) (Leder) / kip n ‖ ~**hautleim** n / calfskin glue ‖ ~**leder** n (Leder) / calfskin, calf leather ‖ ~**leder imitierendes Papier** (Buchb) / calf paper ‖ ~**velour** m (mit einem samtartigen Schliff auf der Fleischseite) (Leder) / suede calf

**Kaldaunen** pl (Nahr) / tripe n, offal n

**Kaldo-Verfahren** n (Stahlerzeugungsverfahren, bei dem die Schmelze mit technisch reinem Sauerstoff verblasen wird) (Hütt) / Kaldo process

**Kalebassenkurare** n (nach dem Aufbewahrungsgefäß genannt) (Pharm) / calabash curare

**Kalender**, **bürgerlicher** ~ (DIN 1355, T 1) / civil calendar ‖ **Gregorianischer** ~ / Gregorian calendar* ‖ ~**datum** n (EN 28601) / calendar date ‖ ~**jahr** n (365 bzw. 366 d) (EN 28 601) / calendar year*, civil year ‖ ~**tag** m / calendar day ‖ ~**woche** f (EN 28 601) / calendar week

**kalfatern** v (Schiff) / caulk v, calk v ‖ ~ n (Schiff) / caulking n, calking n

**Kalfaterwerg** n (Schiff) / oakum n

**K-Algebra** f (über einem Ring) (Math) / hypercomplex system

**Kali** n (natürlich vorkommendes Kalisalz) / potash n ‖ ~- (Chem) / potassic adj ‖ ~ n (natürlich vorkommendes Kalisalz) s. auch Kalisalz und Kalium ‖ ~**alaun** m (Min) / potassium alum*, potash alum, kalinite n ‖ ~**apparat** m (ein Absorptionsgefäß) (Chem Verf) / potash bulb

**Kaliber** n (profilierte Spalte zwischen den Walzenpaaren) (Hütt) / pass n, grooved pass, groove n ‖ ~ (Form- oder Maßverkörperung) (Instr, Masch) / gauge* n, gage n (US) ‖ ~ (der innere Durchmesser von Rohren; der Durchmesser des Rohres einer Feuerwaffe) (Masch) / calibre* n, caliber (US)*, gauge n, bore n, internal diameter ‖ **blindes** ~ (bei Schienenwalzung) (Hütt) / dummy pass ‖ **flaches** ~ (Hütt) / bullhead pass, flat groove ‖ **geschlossenes** ~ (Hütt) / closed pass ‖ **geteiltes** ~ (Hütt) / knife pass ‖ **im** ~ **umschlagen** (Hütt) / tilt over v ‖ **offenes** ~ (Hütt) / open pass ‖ **quadratisches** ~ (Hütt) / square groove, square pass

**Kaliber•kette** f (Masch) / calibrated chain ‖ ~**log** n (mit dem man feststellen kann, ob das auf dem Meißel ruhende Gewicht bei weichem Gestein zum Nachfallen führt) (Erdöl) / calliper log ‖ ~**molch** m (Spezialmolch zur Überprüfung des Innendurchmessers einer Rohrleitung mittels einer oder mehrerer Kaliberscheiben) / calibre pig, calliper pig ‖ ~**reihe** f (Hütt) / sequence of passes ‖ ~**ring** m (Masch) / ring gauge*, female gauge* ‖ ~**scheibenmolch** m (Masch) / calibre pig, calliper pig

**Kaliborit** m (ein Kettenborat) (Min) / kaliborite n, paternoite n

**Kalibrator** m für Schalldruck (Akus) / sound-pressure calibrator

**Kalibrierdorn** m (zum Hohlkörperblaswerkzeug gehörendes Teil) (Plast) / blow mandrel, blow pin

**kalibrieren** v (nachschlagen) (Masch) / coin v ‖ ~ (Masch, Phys) / calibrate v, gauge v ‖ ~ n (Nachschlagen) (Masch) / coining* n ‖ ~ (DIN 1319, T 1) (Masch, Phys) / calibration n

**Kalibrier•mittel** n (Substanz, Gerät) (Chem) / calibrant n ‖ ~**probe** f (Substanz) (Chem) / calibrating sample ‖ ~**räumen** n (bei dem durch die Kalibrierzähne des Räumwerkzeugs das Fertigmaß erreicht wird) (Masch) / sizing n ‖ ~**substanz** f (Chem) / calibrant n

**kalibriert** adj (Chem, Phys) / calibrated adj ‖ ~**e Bohrung** (z.B. von Vergaserdüsen) (Kfz) / metered port, metered bore, metered drilling ‖ ~**e Fluggeschwindigkeit** (Lufft) / calibrated airspeed*, rectified airspeed* (IAS corrected for ASI system errors) ‖ ~**e Kette** (Masch) / calibrated chain ‖ ~**es Unterdrucksignal für die Zündzeitpunktverstellung** (Kfz) / ported vacuum advance, PVA

**Kalibrierung** f (Instr, Masch, Phys) / calibration* n, gauging n

**Kalibrier•zahn** m (der Reibahle) (Masch) / sizing tooth ‖ ~**zahn** (Masch) / sizing tooth, shave tooth

**Kali•düngemittel** n (Landw) / potash fertilizer ‖ ~**dünger** m (Landw) / potash fertilizer ‖ ~**düngesalz** n (Landw) / potash fertilizer ‖ ~**feldspat** m (z.B. Orthoklas oder Mikroklin) (Min) / potassium feldspar*, potassium felspar, K-feldspar, K felspar, potash feldspar

**Kalifornisch•e Flußzeder** f (Calocedrus decurrens (Torr.) Florin) (For) / incense cedar ‖ ~**es Bleistiftholz** (For) / incense cedar ‖ ~**e Küstentanne** (Abies grandis (Dougl. ex D. Don) Lindl.) (For) / grand fir, giant fir ‖ ~**e Nußeibe** (Torreya californica Torr.) (For) / California nutmeg yew, California torreya ‖ ~**e Rottanne** (Abies magnifica A. Murrray) (For) / California red fir, golden fir ‖ ~**es Tragfähigkeitsverhältnis** (HuT) / California bearing ratio, C.B.R.

**Kalifornium** (Cf) n (Chem) / californium* n

**Kali•glas** n (Glas) / potash glass n ‖ ~**haltig** adj (Chem) / potassic adj

**Kaliko** m (Buchb, Tex) / calico* n (pl. -oes, /US/ -os)

**Kalikot** m (Buchb, Tex) / calico* n (pl. -oes, /US/ -os)

**Kali•lauge** f (wäßrige Lösung von Kaliumhydroxid) (Chem) / caustic potash solution, potash lye (an aqueous solution of potassium hydroxide) ‖ ~**linie** f (Spektr) / potassium line ‖ ~**magnesia** f (ein Kalidünger) (Landw) / potash magnesia

**Kalina-Kreisprozeß** m (mit etwa 50% Wasser-Ammoniak-Lösung) (Wärm) / Kalina cycle

**Kalinit** m (Min) / potassium alum*, potash alum, kalinite n

**Kaliophilit** m (formelgemäß Nephelin ähnlich, Struktur aber etwas anders) (Min) / kaliophilite* n

**Kali•rohsalz** n (Bergb) / mine-run potash salt, potash ore ‖ ~**salpeter** m ("Kehrsalpeter") (Chem, Min) / nitre* n, saltpetre* n, niter n (US)* ‖ ~**salz** n (Chem) / potash salt, potassiferous salt ‖ ~**salzlagerstätte** f (z.B. bei Staßfurt) (Bergb) / potash deposit ‖ ~**schwefelleber** f (technisches Kaliumsulfid) (Pharm) / sulphurated potash ‖ ~**seife** f (Chem, Med) / potassium soap, potash soap, potash soft soap

**Kalium** (K) n (Chem) / potassium* n ‖ ~**acetat** n (Chem) / potassium ethanoate, potassium acetate ‖ ~**alginat** n (wasserlösliches Kaliumsalz der Alginsäure) (Chem) / potassium alginate ‖ ~**aluminiumsulfat** n (Alaun) (Chem) / potassium aluminium sulphate ‖ ~**amid** n (Chem) / potassamide n, potassium amide ‖ ~**antimonotartrat** n (Chem) / potassium antimony tartrate, potassium antimonyl tartrate* ‖ ~**-Argon-Methode** (K-40 zu Ar-40 - physikalische Altersbestimmung) (Phys) / potassium-argon method, potassium-argon dating*, K-A method, K-A dating ‖ ~**arsenat** n (Chem) / potassium arsenate, Macquer's salt ‖ ~**arsenit** n (Chem) / potassium arsenite ‖ ~**azetat** n / potassium ethanoate, potassium acetate ‖ ~**bromat** n (Chem) / potassium bromate(V) ‖ ~**bromid** n (Chem) / potassium bromide* ‖ ~**bromidpreßling** n (Chem, Spektr) / potassium bromide disk, potassium bromide pellet ‖ ~**carbonat** n (Chem) / potassium carbonate ‖ ~**chlorat** n (Chem) / potassium chlorate(V)* ‖ ~**chlorid** n (Chem) / potassium chloride* ‖ ~**chromalaun** m (Kaliumchrom(III)-sulfat-Dodekahydrat) (Chem) / chrome alum* (potassium chromium sulphate) ‖ ~**chromat** n

**Kaliumchrom(III)-sulfat-Dodekahydrat**
(Chem) / potassium chromate ‖ ~**chrom(III)-sulfat-Dodekahydrat** n (Chem) / potassium chromium(III) sulphate, potassium chrome alum ‖ ~**cyanat** n (Chem) / potassium cyanate ‖ ~**cyanid** n (Chem) / potassium cyanide* ‖ ~**dichromat(VI)** n (Chem) / potassium dichromate(VI)*, potassium bichromate* ‖ ~**dihydrogenphosphat** n ($K_2Cr_2O_7$) (Chem) / potassium acid phosphate, potassium phosphate (monobasic form), potassium dihydrogen phosphate (KDP) ‖ ~**dioxid** n (Chem) / potassium peroxide, potassium dioxide ‖ ~**disulfit** n (Chem, Foto) / potassium disulphite, potassium metabisulphite, potassium pyrosulphite ‖ ~**fluorid** n (Chem) / potassium fluoride ‖ saures ~**fluorid** (Chem) / potassium hydrogenfluoride ‖ ~**haltig** adj (Chem) / potassic adj ‖ ~**hexafluorozirkonat** n (Chem) / potassium hexafluorozirconate ‖ ~**hexacyanoferrat(II)** n (gelbes Blutlaugensalz) (Chem) / potassium hexacyanoferrate(II), potassium ferrocyanide* ‖ ~**hexacyanoferrat(III)** n (rotes Blutlaugensalz) (Chem) / potassium hexacyanoferrate(III), potassium ferricyanide* ‖ ~**hydrid** n (KH) (Chem) / potassium hydride* ‖ ~**hydrogenfluorid** n (manchmal jedoch auch $NO(SO_3K)_2$) (Chem) / Frémy's salt* ‖ ~**hydrogenfluorid** (Chem) / potassium hydrogenfluoride* ‖ ~**hydrogenkarbonat** n (Chem) / potassium hydrogencarbonate, potassium bicarbonate ‖ ~**hydrogenoxalat** n (Chem) / potassium hydrogenoxalate, monopotassium oxalate ‖ ~**hydrogenperoxomonosulfat** n (Chem) / potassium hydrogenperoxomonosulphate ‖ ~**hydrogensulfat** n ($KHSO_4$) (Chem) / potassium hydrogensulphate ‖ ~**hydrogentartrat** n (Chem) / potassium hydrogentartrate ‖ ~**hydroxid** n (Ätzkali) (Chem) / potassium hydroxide ‖ ~**hypochlorit** n (Chem) / potassium hypochlorite ‖ ~**iodat** n (Chem) / potassium iodate(V)* ‖ ~**iodatstärkepapier** n (ein Reagenzpapier) (Chem) / potassium-iodate-starch paper ‖ ~**iodid** n (Chem) / potassium iodide* ‖ ~**iodidstärkepapier** n (ein Reagenzpapier) (Chem) / potassium-iodide-starch paper ‖ ~**-Kalzium-Methode** f (K-40 zu Ca-40 - physikalische Altersbestimmung) (Phys) / potassium-calcium method, potassium-calcium dating ‖ ~**kanal** m (ein Ionenkanal) (Zyt) / potassium channel ‖ ~**karbonat** n (Pottasche) (Chem) / potassium carbonate* ‖ ~**karbonyl** n (Chem) / potassium carbonyl ‖ ~**linie** f (Spektr) / potassium line ‖ ~**manganat(VII)** n (Chem) / potassium manganate(VII), potassium permanganate*, purple salt, permanganate of potash ‖ ~**metabisulfit** n (Chem, Foto) / potassium disulphite, potassium metabisulphite, potassium pyrosulphite ‖ ~**metaperiodat** n (Chem) / potassium iodate(VII), potassium periodate ‖ ~**methanolat** n (Chem) / potassium methoxide ‖ ~**methoxid** n (Chem) / potassium methoxide ‖ ~**monosulfid** n ($K_2S$) (Chem) / potassium sulphide ‖ ~**monoxid** n (Chem) / potassium monoxide ‖ ~**-Natrium-Pumpe** f (für den Transport von Kalium- und Natriumionen in oder aus Zellen des Organismus) (Biochem, Physiol) / potassium-sodium pump, sodium-potassium pump, sodium pump ‖ ~**natriumtartrat** n (Chem) / potassium-sodium tartrate ‖ ~**nitrat** n (Kalisalpeter) (Chem) / potassium nitrate* ‖ ~**nitrit** n (Chem) / potassium nitrite ‖ ~**orthophosphat** n (Chem) / potassium orthophosphate ‖ ~**oxalat** n (Chem) / potassium oxalate ‖ saures ~**oxalat** (Chem) / potassium hydrogenoxalate, monopotassium oxalate ‖ ~**oxid** n ($K_2O$) (Chem) / potassium monoxide ‖ ~**oxid** (im allgemeinen) (Chem) / potassium oxide ‖ ~**perchlorat** n (Chem) / potassium chlorate(VII), potassium perchlorate, potassium hyperchlorate ‖ ~**periodat** n (Chem) / potassium iodate(VII), potassium periodate ‖ ~**permanganat** n (Chem) / potassium manganate(VII), potassium permanganate*, purple salt, permanganate of potash ‖ ~**permanganatverbrauch** m (Maßzahl für den Gehalt des Wassers an Stoffen, die durch $KMnO_4$ angreifbar sind) (Sanitär) / permanganate consumption ‖ ~**peroxid** n ($K_2O_2$) (Chem) / potassium peroxide, potassium dioxide ‖ ~**peroxodisulfat** n (Chem) / potassium peroxydisulphate, potassium persulphate ‖ ~**perrhenat** n (Chem) / potassium perrhenate ‖ ~**persulfat** n (Chem) / potassium peroxydisulphate, potassium persulphate ‖ tertiäres ~**phosphat** (Chem) / neutral potassium phosphate, potassium phosphate (tribasic form), tripotassium orthophosphate ‖ primäres (einbasisches) ~**phosphat** (Chem) / potassium acid phosphate, potassium phosphate (monobasic form), potassium dihydrogen phosphate (KDP) ‖ sekundäres ~**phosphat** (Chem) / potassium hydrogen phosphate, potassium phosphate (dibasic form), potassium monophosphate ‖ ~**polyjodidlösung** f (Chem) / iodine-potassium iodide solution ‖ ~**polysulfid** n (Chem) / potassium polysulphide ‖ ~**pyrosulfit** n (Chem, Foto) / potassium disulphite, potassium metabisulphite, potassium pyrosulphite ‖ ~**rhenat** n (VII) (Chem) / potassium perrhenate ‖ ~**rhodanid** n (Chem, Tex) / potassium thiocyanate ‖ ~**seife** f (Chem, Med) / potassium soap, potash soap, potash soft soap ‖ ~**silikat** n ($K_2O \cdot nSiO_2$) (Chem) / potassium silicate ‖ ~**sorbat** n (Konservierungsstoff für Lebensmittel) (Nahr) / potassium sorbate* ‖ ~**stannat** n (Chem) / potassium stannate ‖ ~**stannatelektrolyt** m (Galv) / potassium-stannate bath ‖ ~**sulfat** n (Chem) / potassium sulphate, salt of Lemery ‖ ~**sulfid** n (Chem) / potassium sulphide ‖ ~**sulfit** n (Chem) / potassium sulphite ‖ ~**superoxid** n ($KO_2$) (Chem) / potassium superoxide ‖ ~**-Tantalat-Niobat-Kristall** m (Opt) / potassium tantalate niobate crystal ‖ ~**tartrat** n (Chem) / potassium tartrate ‖ ~**-tert.-butoxid** n (Chem) / potassium t-butoxide ‖ ~**tetrafluoroborat** n (Chem) / potassium tetrafluoroborate ‖ ~**tetraiodocadmat** n (Chem) / potassium tetraiodocadmate, cadmium potassium iodide, potassium cadmium iodide ‖ ~**tetrathionat** n (Bakteriol, Chem) / potassium tetrathionate ‖ ~**thiocyanat** n (Chem) / potassium thiocyanate ‖ ~**thiozyanat** (Chem) / potassium thiocyanate ‖ ~**thiozyanat** (Chem, Tex) / potassium thiocyanate ‖ ~**triiodid** n (Chem) / potassium triiodide ‖ ~**trioxostannat(IV)** n (Chem) / potassium stannate ‖ ~**wasserglas** n (Chem Verf) / potassium silicate ‖ ~**xanthat** (z.B. Kaliumethylxanthat) (Chem) / potassium xanthate, potassium xanthogenate ‖ ~**xanthogenat** n (Aufber, Chem) / potassium xanthate ‖ ~**xanthogenat** (z.B. Kaliumethylxanthat) (Chem) / potassium xanthate, potassium xanthogenate ‖ ~**zitrat** n (Chem, Pharm) / potassium citrate ‖ ~**zyanat** n (Chem) / potassium cyanate ‖ ~**zyanid** n (Chem) / potassium cyanide*

**Kaliwasserglas** n (Chem Verf) / potassium silicate

**Kalk** m (Bau, Chem) / lime* n ‖ ~**-** (Chem) / calcic adj ‖ auf ~ wachsend (Bot) / calciphile* adj, calciphilous adj ‖ ~ **fetter** ~ (mit weniger als 10% Beimengungen des rohen Kalksteins) (Bau) / fat lime ‖ gebrannter ~ (Kalziumoxid) (Bau, Chem) / quicklime* n, caustic lime*, burnt lime*, anhydrous lime* ‖ gelöschter ~ (Bau) / slaked lime, hydrated lime*, hydralime n, hydrate of lime* ‖ hochhydraulischer ~ (>25 % Tonerde - DIN 1060) (Bau) / eminently hydraulic lime ‖ hydraulischer ~ (mit mehr als 15% Siliziumdioxid, Tonerde und Eisen) (Bau, HuT) / hydraulic lime ‖ kohlensaurer ~ (Chem) / calcium carbonate* ‖ magerer ~ (mit 10-20% Beimengungen des rohen Kalksteins) / lean lime ‖ mit ~ düngen (Landw) / lime v ‖ pulverförmig gelöschter ~ (Bau) / spray lime ‖ schwachhydraulischer ~ (Bau) / feebly hydraulic lime* ‖ Wiener ~ (reiner, feinstgemahlener, gebrannter Dolomit - ein Feinstschleif- und Putzmittel) / Vienna lime (a high-magnesia lime specially prepared for use as a buffing and polishing material) ‖ ~ m für chemische Zwecke (Chem) / chemical lime

**Kalk•ablagerung** f (in Wasserrohren) (Klemp) / furring n ‖ ~**algen** f pl (Bot, Geol) / calcareous algae ‖ ~**ammonsalpeter** m (Chem, Landw) / ammonium nitrate lime, Nitro-chalk ‖ ~**arenit** m (ein klastisches Karbonatsediment) (Geol) / calcarenite* n ‖ ~**artig** adj / calcareous* adj, limy adj, calcarious adj ‖ ~**äscher** m (Leder) / lime liquor, leach liquor ‖ alter ~**äscher** (Leder) / old lime, stale lime ‖ ~**ausblühung** f (Bau) / scum* n, lime bloom ‖ ~**ausscheidendes Wasser** (Masch) / scale-forming water ‖ ~**ausscheidung** f (in den Tropfsteinhöhlen) (Geol) / sheet n (a thin flowstone of calcite) ‖ ~**bad** n (Hütt) / lime bath ‖ ~**basisch umhüllte Elektrode** (Schw) / basic lime-coated electrode, lime electrode ‖ ~**beton** m (Bau) / lime concrete (a mixture of gravel, sand and lime which sets hard and was used in Roman times and later before Portland cement was made) ‖ ~**bildung** f (Geol) / carbonation n, carbonatization n ‖ ~**blau** n (mit Ultramarin abgetönte Kalkfarbe) (Anstr) / lime blue* ‖ ~**blau** (Chem) / Bremen blue, Neuwied blue, Peligot's blue, water blue ‖ ~**boden** m (mit über 40% Kalziumkarbonat, z.B. Rendzina oder Terra rossa) (Landw) / limy soil, calcareous soil, lime soil ‖ auf ~**boden** nicht gedeihend (Bot) / calcifuge* adj, calciphobe* adj, calcifугоus adj, calciphobous adj ‖ ~**brei** m (Bau) / lime paste* ‖ ~**brennen** n (Entsäuerung) (Bau) / lime burning ‖ ~**brennerei** f (Tätigkeit) (Bau) / lime burning ‖ ~**brennofen** m (Bau) / lime-kiln n ‖ ~**bürste** f (eine Deckenbürste) (Anstr) / limer n ‖ ~**chlorose** f (Bot) / lime-induced chlorosis* ‖ ~**düngemittel** n (Landw) / lime fertilizer ‖ ~**dünger** m (Landw) / lime fertilizer ‖ ~**düngung** f (Landw) / liming n ‖ ~**echt** adj / lime-resisting adj, fast to lime (not fading) ‖ ~**echtes Pigment** (Anstr) / lime pigment ‖ ~**echtheit** f / resistance to lime, lime resistance, lime fastness ‖ ~**eisengranat** m (Min) / andradite* n, colophonite n

**kalken** v (Landw) / lime v ‖ ~ (Zuckerrohsaft) (Nahr) / defecate v (by liming), lime v (the juice) ‖ ~ n (Landw) / liming n

**kälken** v (Stahldraht und -stangen mit gelöschtem Kalk) (Hütt) / lime v ‖ ~ (Leder) / lime v

**Kalk•fällung** f (mit Kalk als Fällmittel) (Sanitär) / lime precipitation ‖ ~**farbe** f (wäßrige Aufschlämmung von gelöschtem Kalk - nach DIN 55945) (Anstr) / lime paint* ‖ ~**feldspat** m (Geol) / calcium felspar, lime felspar, calcium feldspar ‖ ~**fett** n (in Schmierfett) (Chem) / calcium-soap grease, lime-base grease, lime grease ‖ ~**flecken** m pl (wenn kalkhaltige Blößen längere Zeit an der Luft liegen) (Leder) / lime blasts, lime specks ‖ ~**fliehend** adj (Bot) / calcifuge* adj, calciphobe* adj, calcifugous adj, calciphobous adj ‖ ~**flieher** m (Bot) / calcifuge plant, calcifugous plant ‖ ~**gesteine** n pl (z.B. Kalkstein, Kalksinter usw.) (Geol) / calcareous rocks* ‖ ~**gipsputz** m (Bau) / gauged stuff*, gauged plaster, putty and plaster* ‖ ~**glas** n (Glas) / lime glass ‖ ~**glimmer** m (Min) / margarite* n ‖ ~**grube** f (Bau) /

limepit n, slaking pit ‖ ~grün n (mit Chromoxidgrün abgetönte Kalkfarbe) / lime green ‖ ~grün (ein aus Brillantgrün hergestelltes Pigment) / lime green ‖ ~haltig adj / calcareous* adj, limy adj, calcarious adj ‖ ~härte f (des Wassers) (Chem, Sanitär) / calcium hardness ‖ ~hartstein m (Geol) / hard limestone ‖ ~hold adj (Bot) / calciphile* adj, calciphilous adj ‖ ~hydrat n (Bau) / slaked lime, hydrated lime*, hydralime n, hydrate of lime* ‖ ~hydrataäscher m (Leder) / hydrated-lime liquor

**kalkig** adj / calcareous* adj, limy adj ‖ ~er Schlick (Geol) / calcareous mud, calcareous ooze

**Kalk•kaseinfarbe** f (Anstr) / distemper* n ‖ ~kasten m (Bau) / slaking box ‖ ~-Kohlensäure-Gleichgewicht n (eines karbonatharten Wassers nach DIN 38404, T 10) / Tillman's equilibrium ‖ ~konkretion f (Geol) / bullion n ‖ ~krücke f (Werkz) / lime raker ‖ ~kruste f (Geol) / calcrete n, calcareous duricrust, caliche n, croûte calcaire ‖ ~licht n / limelight* n, calcium light ‖ ~liebend adj (Bot) / calciphile* adj, calciphilous adj ‖ ~liebende Pflanze (eine bodenanzeigende Pflanze) (Bot) / calcicolous plant, calcicole plant, calcicole* n, calcareous soil plant ‖ ~liniment n (Pharm) / lime liniment, carron oil ‖ ~loch n (Bau) / limepit n, slaking pit ‖ ~löschen n (Bau) / lime slaking, lime slacking ‖ ~löschmulde f (Bau) / slaking basin ‖ ~lunge f (eine Staublungenerkrankung infolge längerer Einatmung von Kalkstaub) (Med) / chalicosis n (pl. chalicoses) ‖ ~lutit m (Kalkstein ohne sichtbare Partikel) (Geol) / calcilutite n ‖ ~männchen n (kraterförmige Aussprengung) (Bau) / blowing* n, spalling n, popping n ‖ ~meidend adj (Bot) / calcifuge* adj, calciphobe* adj, calcifugous adj, calciphobous adj ‖ ~meidende Pflanze (Bot) / calcifuge plant, calcifugous plant ‖ ~meider m (Bot) / calcifuge plant, calcifugous plant ‖ ~mergel m (mit 25-35% Ton) (Geol) / calcareous marl, lime marl ‖ ~milch f (in Wasser aufgeschlämmter gelöschter Kalk) (Anstr, Bau) / milk of lime, limewash n ‖ ~milch (dicke) (Aufber) / lime slurry* ‖ ~milchprobe f (WP) / liquid-penetrant inspection* ‖ ~mörtel m (in Luftmörtel - Mauer- und Putzmörtel) (Bau) / lime mortar* ‖ ~mudde f (Geol) / calcareous mud ‖ ~nachäscher m (mit Weißkalk) (Leder) / straight reliming ‖ ~natronfeldspat m des Granits (Geol) / china stone* ‖ ~natronfeldspate m pl (Min) / plagioclase feldspars* ‖ ~ofen m (Bau) / lime-kiln n ‖ ~öl n / calcicoater n ‖ ~pflanze f (Bot) / calcicolous plant, calcicole plant, calcicole* n, calcareous soil plant ‖ ~putz m (Bau) / lime plaster ‖ ~rein n (A) (Bau) / slaking box ‖ ~rost-Schutzschicht f (bei wasserführenden Rohren der Hausinstallation) (Klemp) / chalky-rust film, protective scale (as in water-supply lines) ‖ ~rudit n (Partikelkalk mit >2 mm Partikeln) (Geol) / calcirudite n ‖ ~salpeter (Chem, Min) / nitrocalcite n, kalksaltpetre n, lime saltpetre ‖ ~salpeter (als Dünger) (Landw) / nitrate of lime ‖ ~-Sand-Beton m (Bau) / lime concrete (a mixture of gravel, sand and lime which sets hard and was used in Roman times and later before Portland cement was made) ‖ ~sandmörtel m (Bau) / coarse stuff ‖ ~sandstein m (Bau, Geol) / ragstone* n, rag n ‖ ~sandstein (mit Feuerstein als Zuschlagstoff) (Bau, Keram) / flintlime brick ‖ ~sandstein (Geol) / calcareous sandstone, sandy limestone ‖ ~sandsteine m pl (DIN 106) (Mauersteine, die aus Branntkalk und überwiegend quarzitischen Zuschlagstoffen geformt und unter Dampfdruck gehärtet werden) (Bau, Keram) / sand lime bricks* ‖ ~schachtofen m (Bau) / lime vertical-shaft kiln ‖ ~schatten m (Fehler: Kalziumkarbonatniederschlag) (Leder) / lime blast ‖ ~schatten m (wenn kalkhaltige Blößen längere Zeit an der Luft liegen) (Leder) / lime blasts, lime specks ‖ ~scheidepfanne f (Nahr) / defecation pan, defecation tank, defecator n, limer n ‖ ~scheu adj (Bot) / calcifuge* adj, calciphobe* adj, calcifugous adj, calciphobous adj ‖ ~schiefer m (Geol) / limestone shale ‖ ~schlamm m (Aufber) / lime slurry* ‖ ~schlämme f (Bau) / lime slurry ‖ ~schleier m (Foto) / chalk fog ‖ ~schlick m (Schlick mit Beimengungen von Kalk) (Geol) / calcareous ooze ‖ ~schwefelleber f (Chem) / calcium polysulphide ‖ ~schwefelleber (Pharm) / sulphurated lime ‖ ~-Schwefelnatrium-Äscher m (Leder) / sharpened lime ‖ ~seife f (eine Metallseife) (Chem) / lime soap, calcium soap ‖ ~silikatfels m (Geol) / lime-silicate rock* ‖ ~siltit m (Partikelkalk mit mikroskopisch kleinen Partikeln) (Geol) / calcisiltite n ‖ ~sinter n (Ausscheidung an Quellaustritten) (Geol) / calc-sinter n, calcareous sinter ‖ ~sinter (in den Tropfsteinhöhlen) (Geol) / sheet n (a thin flowstone of calcite) ‖ ~sinter (in den Höhlen) (Geol) / rimstone n ‖ ~-Soda-Verfahren n (Wasserenthärtung) (Chem) / lime-soda process*, soda-lime process ‖ ~spat m (Min, Opt) / calcite* n, calcspar* n ‖ optischer ~spat (Min, Opt) / optical calcite (usually Iceland spar) ‖ Berekscher ~spatkompensator m (ein Drehkompensator) (Opt) / Berek compensator ‖ ~spülung f (Erdöl) / lime mud, lime-base mud ‖ hochviskose ~spülung (Erdöl) / high-viscosity lime-base mud ‖ ~staub m (Bau) / spray lime ‖ ~staublunge f (Med) / chalicosis n (pl. chalicoses) ‖ ~stein m (mit Matrix, die Partikel stützen sich ab) (Geol) / packstone n ‖ ~stein (dessen Partikel in Matrix schwimmen) (Geol) / wackestone n ‖ ~stein (mit weniger als 10% Partikeln) (Geol) / mudstone n ‖ ~stein (Partikel ohne Matrix, mit oder ohne Zement) (Geol) / grainstone n ‖ ~stein (mit organogen miteinander verbundenen Komponenten) (Geol) / boundstone n ‖ ~stein (Geol) / limestone* n ‖ ~stein (mit maximal 5% $MgCO_3$) (Geol) / high-calcium limestone ‖ dichter ~stein (für Innenausbau) (Bau) / beer stone ‖ hydraulischer ~stein (Oberbegriff für tonigen und Kieselkalkstein, welche, gebrannt, hydraulischen Kalk ergeben) (Bau, Geol) / hydraulic limestone ‖ brüchiger ~stein (Geol) / malm n ‖ grobkristalliner ~stein (Geol) / sparry limestone ‖ dolomitischer ~stein mit hohem Tonanteil (über 18%) (Geol) / cement rock* ‖ ~steinbraunlehm m (ein Bodentyp) (Geol, Landw) / terra fusca ‖ ~steinfüllung f (Pap) / limestone packing ‖ ~steinrotlehm m (ein Bodentyp) (Geol) / terra rossa ‖ ~steinzuschlag m (als Flußmittel) (Hütt) / limestone flux ‖ ~stet (Bot) / calciphile* adj, calciphilous adj ‖ ~stickstoff m (Kalziumcyanamid als technisches Produkt) (Chem) / lime nitrogen (calcium cyanamide) ‖ ~stickstoffverfahren n (zur Ammoniakgewinnung) (Chem Verf) / cyanamide process* ‖ ~teig m (eingesumpfter Kalk) (Bau) / lime putty, plasterer's putty* ‖ ~teig (Bau) / pit lime ‖ ~tonboden m (Geol, Landw) / malm n ‖ ~tongranat m (Min) / grossular* n, grossularite, gooseberry stone* ‖ ~treiben n (Bau) / expansion due to free lime, blowing n, popping n ‖ ~tschernosjom (Landw) / kastanozem n, chestnut soil ‖ ~tuff m (Geol) s. auch Travertin ‖ ~tuff (poröser Kalkstein) an Quellaustritten) (Geol) / tufa* n (calc), calcareous tufa, calc-tufa n ‖ ~tüncher m (Anstr, Bau) / limer n

**Kalkül** m (Math) / calculus* n (pl. calculi or calculuses) ‖ **propositionaler** ~ (KI) / propositional calculus*, sentential calculus

**Kalkulation** f / costing n, estimation n

**Kalkulationsmaschine** f / calculator n, four-function calculator

**Kalkulationsprogramm** n (EDV) / spreadsheet program

**Kalkulationstabelle** f (EDV) / spreadsheet n, worksheet n, WKS

**Kalkulator** m / estimator n (der die Kosten schätzt, die Massen ermittelt, Leistungsverzeichnisse erstellt und manchmal auch Bauaufsicht ausführt) (Bau, HuT) / quantity surveyor* (QS*)

**Kalkültheorie** f (Math) / calculus theory

**Kalkung** f (Landw) / liming n ‖ ~ (zur Gewinnung des Scheidesafts in der Zuckerherstellung) (Nahr) / defecation n (by liming), liming n

**Kalkungssaft** m (Nahr) / limed juice

**kalk•verseiftes Öl** / limed oil ‖ ~wagen m (Bahn) / lime waggon, waggon for transporting lime ‖ ~wasser n (Chem, Pharm) / lime water* ‖ ~wasserbleiche f (Tex) / bucking n, bocking n ‖ ~wasserschwitze f (Äschern) (Leder) / cold sweating n ‖ ~werk n / lime works n ‖ ~wolle f (Leder) / tanner's wool, fellmongered wool ‖ ~zeiger m (eine bodenanzeigende Pflanze) (Bot) / calcicolous plant, calcicole plant, calcicole* n, calcareous soil plant ‖ ~zementmörtel m (Mauer- und Putzmörtel) (Bau) / cement mortar* (1 cement : 2 lime : 9 sand), compo* n (1 cement: 2 lime: 9 sand) ‖ ~zugabe f / lime addition ‖ ~zusatz m / lime addition

**Kallidin** n (Biochem) / kallidin n

**kalligrafischer Bildschirm** (ein grafisches Gerät) (EDV) / calligraphic display, directed-beam display

**Kallikrein** n (ein proteolytisches Enzym) (Biochem) / kallikrein n, kininogenin n, kallidinogenase n

**Kalling-Domnarvet-Verfahren** n (Hütt) / Kaldo process

**Kallus** n (Bot, For) / callus* n (pl. calluses), callous n (pl. callouses)

**Kallusring** m (For) / callus ring

**Kalmansches Adaptivfilter** (zur Verfolgung manövrierender Ziele - nach R.E. Kalman, geb. 1930) (Radar) / Kalman filter

**Kalme** f (Meteor) / calm n

**Kalmen** f pl (Meteor) / doldrums* pl

**Kalmuck** n (Tex) / kalmuck n, calmuc n (a cotton double-weave fabric)

**Kalmusöl** n / oil of calamus

**Kalomel** n (Chem) / calomel* n ‖ ~ (Min) / calomel n, calomelene n, horn quicksilver, mercurial horn, horn mercury ‖ ~elektrode f (meistens als Bezugselektrode benutzte Elektrode zweiter Art) (Chem) / calomel electrode, calomel half-cell (a type-two electrode) ‖ **gesättigte** ~elektrode (Chem) / saturated calomel electrode*, SCE ‖ **dezimolare** ~elektrode (aq. c = 0,1 mol/l) (Chem) / decimolar calomel electrode*

**Kaloreszenz** f (Licht, Wärm) / calorescence* n

**Kalorie** f (nicht mehr zugelassene Einheit der Wärmemenge = 4,1868 J) (Wärm) / calorie* n ‖ **15-Grad-** ~ (nicht mehr zugelassene Einheit der Wärmemenge = 4,1855 J) (Wärm) / small calorie ‖ **große** ~ (nicht mehr zugelassene Einheit der Wärmemenge) (Phys) / large calorie*, great calorie

**kalorien•arm** adj (Nahr) / low-energy attr, low-calorie attr, low-joule attr ‖ ~frei adj (Nahr) / non-caloric adj ‖ ~reich adj (Lebensmittel) (Nahr) / high-energy attr

**Kalorifer** m (Wärm) / heat-transport medium, heat carrier, heat-transfer medium

**Kalorimeter**

**Kalorimeter** n (Chem, Kernphys, Phys) / calorimeter* n ‖ **dynamisches** ~ (Phys) / dynamic calorimeter ‖ **magnetisches** ~ (Phys) / magnetic calorimeter ‖ **statisches** ~ (Phys) / static calorimeter ‖ ~**bombe** f (Phys) / bomb calorimeter*, calorimetric bomb

**Kalorimetrie** f (Messung von Wärmeneffekten, insbesondere von Wärme, die bei physikalischen, chemischen oder biologischen Prozessen auftreten) (Phys) / calorimetry* n ‖ ~ **mit Differentialabtastung** / differential scanning calorimetry, DSC

**kalorisch** adj (Wärm) / thermal adj, thermic adj, caloric adj ‖ ~**es Arbeitsäquivalent** (Phys) / equivalent of heat, energy equivalent ‖ ~**e Größen** (Sammelbezeichnung für die Energien, die bei Reaktionen, beim Schmelzen, Verdampfen, Mischen usw. auftreten) (Phys) / caloric quantities ‖ ~**er Wert** (Nahr) / energy value of a food, calorific value, CV ‖ ~**e Zustandsgleichung** (Phys) / caloric equation of state ‖ ~**e Zustandsgröße** (Phys) / caloric property of state

**Kalorisieren** n (Hütt) / calorizing* n

**Kalorisierung** f (Hütt) / calorizing* n

**Kalotte** f (flache Kuppel) (Arch, Bau) / calotte* n ‖ ~ (eines gewölbten Kesselbodens) (Masch) / crown n ‖ ~ (Math) / spherical cap, cap n ‖ ~ (des Lautsprechers) (Radio) / dome n

**Kalottenlautsprecher** m (mit einer Kugelkappe als Membran ausgestatteter elektrodynamischer Lautsprecher, besonders als Mittel- und Hochtonlautsprecher geeignet) (Akus) / dome loudspeaker

**Kalottenmodell** n (raumfüllenddes Atommodell) (Chem) / space-filling model

**Kalsilit** m (dem Nephelin sehr ähnliches Mineral) (Min) / kalsilite* n

**kalt•es Anfahren** (Masch) / cold start-up ‖ ~**e Bandage** (Masch) / buckstay n ‖ ~**es Docken** (Einschieben eines ausgeschalteten Laptops in eine Dockingstation) (EDV) / cold docking ‖ ~**er Fluß** (ein von außen den Polymeren aufgeprägter Spannungszustand) (Chem) / cold flow ‖ ~**er Fluß** (verzögerte Elastizität) (Phys) / retardation n ‖ ~**e Fusion** (Nukl) / cold fusion ‖ ~**e Katode** (Eltronik) / cold cathode* n ‖ ~**er Loop** (wenn es sich um einen Test außerhalb des Reaktors handelt) (Nukl) / cold loop ‖ ~**e Lötstelle** (Eltronik) / cold junction ‖ ~**e Lötstelle** (ein Lötfehler) (Masch) / dry joint*, dry solder joint ‖ ~ **nachgewalzt** (Hütt) / skin-passed adj, extra-smooth adj ‖ ~**e Nadel** (Druck) / dry-point n ‖ ~**es Neutron** (Kernphys) / cold neutron ‖ ~**es Plasma** (T<10, K) (Plasma Phys) / cold plasma ‖ ~**e Quelle** (Geol) / cold spring ‖ ~**er Raum** (der Stirlingschen Luftmaschine) (Masch) / cold body, cold reservoir ‖ ~**e Reserve** (Masch) / cold standby ‖ ~**e Reserve** (Reserveelemente arbeiten zunächst überhaupt nicht und müssen bei Ausfall des arbeitenden Elements erst zugeschaltet werden) (Stats) / standby redundancy ‖ ~**e Seite** (des Luftvorwärmers) (Masch) / cold end ‖ **sich verfestigender Klebstoff** (Chem) / cold adhesive, cold-setting adhesive, cold-curing adhesive ‖ ~**e Sole** (bei der Solekühlung) (Chem Verf) / cold brine, cool brine ‖ ~ **werden** v / cold vi

**kalt•abbindend** adj / cold-setting adj, cold-curing adj ‖ ~**ansatz** m (Anstr) / cold cut ‖ ~**arbeitsstahl** m (für Kaltumformwerkzeuge) (Hütt) / cold-work steel, cold-work tool steel ‖ ~**asphalt** m (Emulsion aus Bitumen und Wasser - DIN 1995, T 3) (Bau, HuT) / cold asphalt ‖ ~**asphalt-Mastix** m (Bau) / cold insulation mastic* ‖ ~**auftrag** m (Anstr) / cold application ‖ ~**auftrag** (von Pulver) (Galv) / peen-plating ‖ ~**aushärtender Kunstharzbinder** (Gieß) / no-bake binder ‖ ~**aushärtung** f (Anstr, Plast) / cold curing ‖ ~**auslagern** n (von Eisenwerkstoffen, nach DIN 17014, T 1) (Hütt) / natural age hardening, natural ageing (at room temperature), natural aging ‖ ~**auslagerung** f (Hütt) / natural age hardening, natural ageing at room temperature, natural aging ‖ ~**band** n (ein kaltgewalztes Flachzeug mit Dicken bis 5 mm und Breiten bis 630 mm) (Hütt) / cold-rolled strip, cold strip, cold band ‖ ~**bandstraße** f (Hütt) / cold-strip milling train ‖ ~**bearbeitung** f (Masch) / cold-working* n, cold-forming n ‖ ~**biegen** n (von Holz) (Tischl) / cold bending ‖ ~**biegeprobe** f (WP) / cold-bend test specimen ‖ ~**biegeversuch** m (WP) / cold bend, cold-bending test ‖ ~**bitumen** n (Lösungsmittel gemischtes Bitumen - DIN 1995, T 3) (HuT) / dissolved bitumen, cold bitumen ‖ ~**blütig** adj (die Körpertemperatur entsprechend der Temperatur der Umgebung wechselnd) (Physiol, Umwelt, Zool) / poikilothermal* adj, poikilothermic adj, poikilothermous adj, cold-blooded* adj ‖ ~**brüchig** adj (Hütt) / cold short* attr, cold-brittle adj, brittle when cold, susceptible to cold cracking ‖ ~**dach** n (das aus 2 physikalisch wirksamen Schalen besteht) (Bau) / ventilated roof, roof with air circulation ‖ ~**dampf** m / cold vapour ‖ ~**dampfabsorptionsspektrometrie** f (Spektr) / cold-vapour atomic absorption spectrometry, CVAAS ‖ ~**dampfatomabsorptionsspektrometrie** f (Spektr) / cold-vapour atomic absorption spectrometry, CVAAS ‖ ~**dampfverdichtungsverfahren** n (ein kältetechnisches Verfahren) / vapour-compression refrigeration process, compression refrigeration process ‖ ~**dampfzylinder** m (Masch) / cold-steam cylinder ‖ ~**druckfestigkeit** f (Hütt, Keram) / cold crushing strength

**Kälte** f (Meteor) / cold n ‖ **eisige** ~ (Meteor) / iciness n ‖ ~**anlage** f (die aus einer oder mehreren Kältemaschinen besteht) / refrigerating plant, refrigerating system ‖ ~**beständig** adj / cold-resistant adj, resistant to cold ‖ ~**beständigkeit** f / resistance to cold, cold resistance ‖ ~**brücke** f (die eine im Vergleich zur Umgebung höhere Wärmeleitfähigkeit besitzt und deshalb aus geheizten Räumen überdurchschnittlich viel Wärme abzieht) (Bau) / cold spot, cold thermal bridge, cold bridge ‖ ~**einbruch** m (infolge Advektion von Kaltluft) (Meteor) / sudden onset of cold weather, cold snap, snap n ‖ ~**empfindung** f (Physiol) / sensation of cold ‖ ~**erzeugend** adj / refrigerant adj, refrigeratory adj ‖ ~**erzeugung** f (Kühlung) / refrigeration n ‖ ~**erzeugungsanlage** f / refrigerator* n, refrigerating machine ‖ ~**fest** adj / cold-resistant adj, resistant to cold ‖ ~**festigkeit** f / resistance to cold, cold resistance ‖ ~**hoch** n (Meteor) / cold high

**Kalteinsenken** n (Gesenk) (Masch) / die broaching ‖ ~ (Masch) / hobbing n, hubbing n

**Kälte•kammer** f (vereinfachte Ausführung einer Klimakammer) / cold chamber ‖ ~**kreislauf** m (ein Kreisprozeß in entgegengesetzter Richtung im Vergleich zu Wärmekraftmaschinen) (Masch) / refrigeration cycle* ‖ ~**leistung** f (Kältemenge pro Zeiteinheit, meistens in MW) / refrigeration performance ‖ ~**maschine** f (Anlage) / refrigerator* n, refrigerating machine ‖ ~**maschinenkondensator** m / refrigeration condenser ‖ ~**maschinenöl** n / refrigeration oil ‖ ~**maschinenprozeß** m (ein Kreisprozeß in entgegengesetzter Richtung im Vergleich zu Wärmekraftmaschinen) (Masch) / refrigeration cycle* ‖ ~**mischung** f (mit Wasser) / cooling mixture ‖ ~**mischung** (Chem) / freezing mixture*

**Kaltemission** f (Eltronik) / autoemission n, autoelectric effect, cold emission, field emission*

**Kälte•mittel** n (Arbeitsstoff einer Kältemaschine nach DIN 8962) / refrigerant* n ‖ **dampfförmiges** ~**mittel** / refrigerant vapour, vapour refrigerant ‖ ~**mittelarmaturen** f pl (Masch) / cryogenic valves and fittings ‖ ~**mitteldampf** m / refrigerant vapour, vapour refrigerant ‖ ~**mittelflasche** f / refrigerant cylinder ‖ ~**mittelrohr** n / refrigerant tube ‖ ~**mittelsammler** m (in der Saugdruckleitung) (Kfz) / accumulator-drier n, accumulator n, refrigerant-accumulator m ‖ ~**mittelstromregler** m (in einer Kältemaschine) / refrigerant flow control device ‖ ~**mittelverdichter** m (DIN 8978) / refrigerant compressor, refrigeration compressor, refrigerating compressor

**Kalt•entfestigung** f (Hütt) / strain softening, work softening, cold softening ‖ ~**entfettung** f / cold cleaning (degreasing) ‖ ~**entgraten** n (Hütt) / cold trimming ‖ ~**entkeimung** f (von Fruchtsäften) (Nahr) / cold sterilization

**Kälte•periode** f (Meteor) / freeze-up n ‖ ~**physik** f (Phys) / low-temperature physics ‖ ~**pol** m (der Ort der Erdoberfläche mit den niedrigsten beobachteten Lufttemperaturen) (Geog) / pole of cold ‖ ~**prozeß** m (ein Kreisprozeß in entgegengesetzter Richtung im Vergleich zu Wärmekraftmaschinen) (Masch) / refrigeration cycle* ‖ ~**resistenz** f (Bot, For) / cold resistance ‖ ~**resistenz** (Bot, For) s. auch Kältetoleranz ‖ ~**rißbeständigkeit** f (eines Lackfilms) (Anstr) / cold-crack resistance ‖ ~**satz** m (ein kältetechnischer Maschinensatz) / refrigerating unit system, cooling set ‖ ~**schutz** m (Bau) / heat-loss insulation, insulation n (against loss of heat) ‖ ~**schwindung** f (Phys) / coldness shrinkage ‖ ~**sole** f / brine n, refrigerating brine ‖ ~**technik** f / refrigeration engineering, refrigerating engineering ‖ ~**technische Hilfsstoffe** / auxiliary materials for refrigerating plants ‖ ~**technisches Verfahren** / refrigeration process ‖ ~**therapie** f (Med) / cryotherapy* n ‖ ~**tief** n (Meteor) / cold low ‖ ~**toleranz** f (Bot, For) / cold tolerance ‖ ~**träger** m (Kühlmittel in der Kältetechnik, das die in der Kältemaschine erzeugte Kälte dem Verbrauch zuführt) / coolant* n, cooling agent, secondary refrigerant ‖ ~**verdichter** m (Masch) / refrigerant compressor, refrigerating compressor ‖ ~**verkürzung** f (bei schlachtfrischen Muskeln) (Nahr) / cold shortening

**Kalte-Wand-Paradoxie** f (Wärm) / cold-wall paradox

**Kältewelle** f (Meteor) / cold wave

**Kalt•extraktion** f (Chem) / cold extraction ‖ ~**färben** n (Färben bei niedriger Temperatur) (Tex) / low-temperature dyeing ‖ ~**färber** m (Tex) / low-temperature dyestuff ‖ ~**farbstoff** m (Tex) / low-temperature dyestuff ‖ ~**fertigbearbeitung** f (Hütt) / cold finishing ‖ ~**fetten** n (Leder) / hand stuffing ‖ ~**flämmanlage** f (Hütt) / cold-flame machine ‖ ~**flämmaschine** f (Hütt) / cold-flame machine ‖ ~**fließpresse** f (zum Fließpressen im Bereich der Raumtemperatur ohne spezielle Erwärmung der Anfangsform - meistens mehrstufig) (Masch) / cold extruder, cold extrusion press ‖ ~**fließpressen** n (Hütt) / cold extrusion ‖ ~**fluß** m (beim Löten) / cold flow ‖ ~**fluß** (Masch, Phys) / extrusion* n ‖ ~**formen** v (Masch) / cold-work v, cold-form v ‖ ~**formen** (Masch) / cold-working* n, cold-forming n ‖

~**formgebung** f (Masch) / cold-working* n, cold-forming n ‖ ~**fressen** n (ein Zahnschaden) (Masch) / cold seizing ‖ ~**front** f (der Abkühlung folgt) (Meteor) / cold front* ‖ ~**gang** m (des Hochofens) (Hütt) / cold state ‖ ~**gärung** f (bei 4 - 10 °C) (Nahr) / cold fermentation ‖ ~**gärverfahren** n (Mostbehandlung bei 4 bis 10° C) (Nahr) / cold-fermentation method ‖ ~**gas** n (in der Kaltgasmaschine) / cold gas ‖ ~**gaspolieren** n (Anstr) / cold-gas polishing ‖ ~**gepreßtes Öl** (Nahr) / cold-drawn oil, cold-pressed oil ‖ ~**geräuchert** adj (Nahr) / cold-smoked adj ‖ ~**gesenk** n (Masch) / cold die ‖ ~**gestreckt** adj (z.B. Blech) (Hütt) / cold-reduced adj ‖ ~**getter** m (Eltronik) / cold getter ‖ ~**gewalzt** adj (Hütt) / cold-rolled* adj, CR ‖ ~**gewalzter Bandstahl** (Hütt) / cold-rolled strip, cold strip, cold band ‖ ~**gezogen** adj (Hütt) / hard-drawn* adj, HD ‖ ~**härten** n (z.B. des Klebstoffs) / cold setting, cold curing ‖ ~**härten** (Anstr, Plast) / cold curing ‖ ~**härten** (Gieß) / cold setting ‖ ~**härten durch Hämmern** (Hütt) / peening* n ‖ ~**härtend** adj (z.B. Klebstoff) / cold-setting adj, cold-curing adj ‖ ~**härtend** (Plast) / cold-setting adj, cold-curing adj ‖ ~**härtender Binder** (Gieß) / cold-setting binder, airbond n, cold-hardening binder ‖ ~**härtender Formstoffbinder** (Gieß) / no-bake binder, cold-setting binder ‖ ~**härtender Lack** (Anstr) / acid-curing varnish ‖ ~**härtung** f (Vernetzung bei Raumtemperatur) (Anstr, Plast) / cold curing ‖ ~**härtung** (Gieß) / cold setting ‖ ~**harzsand** m (Gieß) / cold-resin sand ‖ ~**haus** n (bis 12° C) (Landw) / coldhouse n, cold greenhouse ‖ ~**hydrierung** f (Erdöl) / cold hydrogenation ‖ ~**isostatisches Pressen** (Pulv) / cold isostatic pressing, CIP ‖ ~**kammerdruckgießen** n (Hütt) / cold-chamber diecasting ‖ ~**kammerdruckgießmaschine** f (Gieß) / cold-chamber machine ‖ ~**kammermaschine** f (beim Druckguß) (Gieß) / cold-chamber machine ‖ ~**kammerverfahren** n (beim Druckguß) (Hütt) / cold-chamber diecasting ‖ ~**katode** f (Eltronik) / cold cathode* ‖ ~**katodengleichrichter** m (Eltech) / cold-cathode rectifier* ‖ ~**katoden-Ionisationsvakuummeter** n (z.B. Penning-Vakuummeter) (Eltronik) / cold-cathode ionization gauge ‖ ~**katodenlampe** f (Eltronik) / cold-cathode lamp ‖ ~**katodenrelaisröhre** f (Eltronik) / trigger valve* ‖ ~**katodenröhre** f (Eltronik) / cold-cathode tube ‖ ~**kautschuk** m (kaltes Butadien-Styrol-Mischpolymer bei 5° C) / cold rubber ‖ ~**kleber** m (Chem) / cold adhesive, cold-setting adhesive, cold-curing adhesive ‖ ~**klebrigkeit** f (von Klebstoffen) (For) / tack n ‖ ~**klebstoff** m (Chem) / cold adhesive, cold-setting adhesive, cold-curing adhesive ‖ ~**kreissägen** n (Hütt, Masch) / cold circular-sawing ‖ ~**kritischer Reaktor** m (Nukl) / cold critical reactor ‖ ~**lagerung** f / cold storage ‖ ~**laufeigenschaften** f pl (des Motors) (Kfz) / cold drivability ‖ ~**leim** m (bei Normaltemperatur abbindender Leim) / no-heat glue, cold glue, cold cement, cold-application glue ‖ ~**leiter** m (Widerstand nach DIN 44070) (Eltronik) / PTC resistor, posistor n, positive-temperature-coefficient resistor ‖ ~**licht** n (mit vorgesetztem Blaufilter) (Film, TV) / blue light, cold light ‖ ~**licht** (Phys) / cold light ‖ ~**lichtspiegel** m (in einem Lampenhaus) (Film) / cold mirror* ‖ ~**liegende Bandage** (Versteifung der Kesselwand) (Masch) / buckstay n ‖ ~**löslich** adj / cold-soluble adj, soluble in cold medium ‖ ~**lötstelle** f (Fehler in einem elektrischen Anschluß) (Eltech) / cold solder joint, dry-soldered connection ‖ ~**lufteinbruch** m (Meteor) / influx of cold air ‖ ~**luftmasse** f (Meteor) / cold air mass ‖ ~**luftsee** m (Meteor) / frost pool ‖ ~**lufttropfen** m (in der mittleren und oberen Troposphäre) (Meteor) / cold air pool ‖ ~**mahlen** n (Chem Verf, HuT) / cryogenic crushing, cold grinding ‖ ~**matrize** f (Masch) / cold die ‖ ~**meißel** m (DIN 5107) (zum Trennen kalter Schmiedestücke - mit größerem Keilwinkel) (Werkz) / cold chisel*, cold sett*, cold set ‖ **bituminöses** ~**mischgut** (zentral hergestellt) (HuT) / cold-laid plant mix ‖ ~**nachbearbeitung** f (Hütt) / cold finishing ‖ ~**nachwalzen** n (von Blechen und Bändern) (Hütt) / skin passing, skin-pass rolling ‖ ~**nachwalzwerk** n (Bleche und Bänder) (Hütt) / skin-pass mill ‖ ~**nadel** f (für Radierungen) (Druck) / dry-point n ‖ ~**-Natron-Holzaufschlußverfahren** n (Pap) / cold caustic soda process, cold soda process ‖ ~**nebenschluß** m (der Kerze) (Kfz) / cold shunting ‖ ~**nieten** n (bei dem die Nieten nicht vorgewärmt sind) (Masch) / cold riveting ‖ ~**phosphatierung** f (bei Raum- oder wenig erhöhter Temperatur - 20-50° C) (Galv) / low-temperature phosphating, cold phosphate surface treatment ‖ ~**pilgerwalzanlage** f (Hütt) / cold pilger rolling plant (unit) ‖ ~**plattieren** n (Pap) / cold roll-bonding ‖ ~**prägung** f (wobei das Werkzeug Raumtemperatur hat) (Buchb, Pap) / cold blocking, cold stamping ‖ ~**pressen** n (Masch) / cold pressing ‖ ~**pressen** (Plast) / cold moulding, cold press moulding ‖ **isostatisches** ~**pressen** (Pulv) / cold isostatic pressing, CIP ‖ ~**preßmasse** f (DIN 7708, T 4) (Plast) / cold-moulding compound ‖ ~**preßrohling** m (Masch) / slug n ‖ ~**preßschweißen** n (wenn die Vereinigung unter sehr hohem Druck ohne Wärmeeinwirkung und Zuatzwerkstoff erfolgt) (Schw) / cold welding, cold pressure welding, press cold welding ‖ ~**preßverfahren** n (Plast) / cold moulding*, cold press moulding ‖ ~**profilieren** n (Hütt) / profile rolling, form rolling ‖ ~**profilieren** (Hütt) / cold roll forming ‖ ~**räuchern** n (40 Tage bei etwa 10 bis 25° C) (Nahr) / cold smoking ‖ ~**reaktivität** f (Chem) / cold reactivity ‖ ~**reiniger** m (Chem) / cold cleanser, solvent cleanser ‖ ~**reinigung** f / cold cleaning (degreasing) ‖ ~**richten** (Hütt) / cold straightening ‖ ~**riß** m (Hütt, Schw) / cold crack ‖ ~**rißempfindlich** adj / susceptible to cold cracking ‖ ~**rissig** adj (Hütt, Schw) / susceptible to cold cracking, susceptible to cold cracks ‖ ~**säge** f (Masch) / cold saw* ‖ ~**sägen** n (Masch) / cold sawing ‖ ~**satz** m (Lichtsatz + Schreibsatz) (Typog) / cold composition, cold type (US) ‖ ~**schlagen** n (Masch) / cold pressing ‖ ~**schlagverfahren** n (Masch, Plast) / impact moulding ‖ ~**schleifen** n (Pap) / cold grinding ‖ ~**schliff** m (Zerfaserung des Holzes) (Pap) / cold grinding ‖ ~**schliff** (Pap) / cold-ground pulp ‖ ~**schrot** m (zum Trennen kalter Schmiedestücke - mit größerem Keilwinkel) (Werkz) / cold chisel*, cold sett*, cold set I ‖ ~**schrotmeißel** m (zum Trennen kalter Schmiedestücke - mit größerem Keilwinkel) (Werkz) / cold chisel*, cold sett*, cold set I ‖ ~**schrumpfen** n (kraftschlüssiges Verbinden von zumeist zylindrischen Bauteilen) (Phys) / cold shrinking ‖ ~**schweiße** f (ein Gußfehler) (Gieß) / cold shut*, cold lap ‖ ~**schweißplattieren** n / cold roll-bonding ‖ ~**schweißstelle** f (ein Gußfehler) (Gieß) / cold shut*, cold lap ‖ ~**siegelung** f / cold sealing ‖ ~**sprung** m (senkrecht zur Wirkrichtung der Zugspannung - bei heißem Glas) (Glas) / chill check, pressure vent ‖ ~**spülen** n / cold rinsing, cold rinse ‖ ~**start** n (eines Systems) (EDV) / cold start* (ISO/IEC 2382-17:1991), cold boot n ‖ ~**start** (Ergebnis) (Kfz) / cold start ‖ ~**start** (Vorgang) (Kfz) / cold starting ‖ ~**start** (Warmlaufphase) (Kfz) / cold drive-away ‖ ~**startanreicherung** f (Kfz) / cold-start enrichment ‖ ~**startgerät** n (eine Anlaßhilfe) (Kfz) / cold starting device ‖ ~**start-Hochleistungsbatterie** f (Kfz) / cold-start HD battery ‖ ~**startlampe** f (Eltronik) / instant-start fluorescent lamp, cold-start lamp, instant-start lamp ‖ ~**startleistung** f (Kftst) / cold-starting performance ‖ ~**start-Leuchtstofflampe** f (Eltech) / instant-start fluorescent lamp ‖ ~**startvermögen** n (Kftst) / cold-starting performance ‖ ~**startzug** m (Kfz) / choke n ‖ ~**stauchen** n (z.B. von Nietköpfen) (Masch) / cold-heading* n ‖ ~**sterilisation** f (mit mikroboziden Gasen) (Nahr) / gas sterilization, cold sterilization, dry sterilization ‖ ~**tordieren** (Hütt) / cold twisting ‖ ~**umformen** v (Masch) / cold-work v, cold-form v ‖ ~**umformen** n (Masch) / cold-working* n, cold-forming n ‖ ~**umformer** m (Masch) / cold former ‖ ~**umformmaschine** f (Masch) / cold former ‖ ~**umformung** f (Masch) / cold-working* n, cold-forming n ‖ **durch** ~**umformung hergestelltes Teil** (Masch) / cold-formed element (part) ‖ ~**verfestigend** adj / cold-setting adj, cold-curing adj ‖ ~**verfestigung** f (der Metalle) (Hütt) / strain-hardening* n, work-hardening* n, cold hardening* ‖ ~**verfestigung** (Ergebnis) (Hütt) / strain-hardness n, work-hardness n ‖ ~**verformen** n (Masch) / cold-working* n, cold-forming n ‖ ~**vergoldung** f / cold gilding ‖ ~**verschnitt** n (Anstr) / cold cut ‖ ~**verstreckung** f (Tex) / cold-drawing ‖ ~**verwinden** n (Hütt) / cold twisting ‖ ~**verzinkung** f (mit Zinkstaub) (Galv) / cold galvanizing (coating with a zinc-rich paint) ‖ ~**vulkanisation** f (Chem Verf) / cold cure, cold curing ‖ ~**vulkanisation** (mit Chlorschwefel nach dem Parkesprozeß) (Chem Verf) / Parkes process ‖ ~**vulkanisation** (Kfz) / cold-patching ‖ ~**walzen** n (Hütt) / cold rolling ‖ ~**walzwerk** n (Hütt) / cold-rolling mill ‖ ~**waschechtheit** f (Tex) / fastness to cold washing ‖ ~**wasserröste** f (Tex) / cold-water retting ‖ ~**wasserröste in stehendem Wasser** (Tex) / pit retting, dam retting ‖ ~**wasserrotte** f (Tex) / cold-water retting ‖ ~**wind** m (z.B. in einem Kupolofen) (Hütt) / cold blast ‖ ~**windkupolofen** m (Gieß) / cold-blast cupola furnace, cold-blast cupola ‖ ~**windofen** m (Hütt) / cold-blast furnace ‖ ~**zäher Stahl** (zum Einsatz bei tiefen Temperaturen - DIN 17280) (Hütt) / low-temperature steel, cold-work tool steel ‖ ~**zähigkeit** f (bei tiefen Temperaturen) (Hütt, WP) / cold toughness ‖ ~**ziehen** v (Hütt, Masch) / cold-draw v ‖ ~**ziehen** n (Hütt, Masch) / cold-drawing* n ‖ ~**ziehmatrize** f (Hütt, Masch) / cold-drawing die

**Kalumbawurzel** f (Pharm) / calumba root

**Kaluza-Klein-Theorie** f (allgemein kovariante Theorie von Raum-Zeit in d = 4 + k Dimensionen) (Kernphys) / Klein-Kaluza theory, Kaluza theory

**Kalziferol** n (Vitamin D) (Biochem) / calciferol* n, vitamin D* (antirachitic vitamin)

**Kalzifikation** f (von Geweben infolge Kalkablagerung) (Med) / calcification* n

**kalzifug** adj (Bot) / calcifuge* adj, calciphobe* adj, calcifugous adj, calciphobous adj ‖ ~**e Pflanze** (eine bodenanzeigende Pflanze) (Bot) / calcifuge plant, calcifugous plant

**Kalzinationsprodukt** n (Chem Verf, Hütt) / calcine n

**kalzinieren** v (Chem Verf) / calcine v ‖ ~ n (Chem Verf) / calcination* n

**Kalzinierofen** m (Chem Verf) / calciner n, calcining kiln

**kalziniert • er Koks** / calcined coke ‖ ~**e Magnesia** (Chem) / magnesia usta, calcined magnesia, caustic magnesia ‖ ~**e Soda** (Chem) / calcined soda

**Kalzinierung**

**Kalzinierung** f (Chem Verf) / calcination* n
**Kalzinose** f (Med) / calcinosis* n (pl. calcinoses)
**Kalziothermie** f (Kernphys) / calciothermy n, calciothermic process
**kalziphil** adj (Bot) / calciphile* adj, calciphilous adj
**Kalzit** m (Min, Opt) / calcite* n, calcspar* n ‖ **gezahnt ausgebildeter skalenoedrischer** ⁓ (Min) / dog-tooth spar*
**Kalzitonin** n (ein Polypeptid-Hormon - Antagonist des Parathormons) (Biochem) / calcitonin* n, thyrocalcitonin n
**Kalzium (Ca)** n (Chem) / calcium* n ‖ ⁓- (Chem) / calcic adj ‖ ⁓ **entziehen** (z.B. den Knochen) (Med) / decalcify v ‖ **⁓akrylat** n (Chem) / calcium acrylate ‖ **⁓aluminat** n [Ca(AlO₂)₂] (Chem) / calcium aluminate ‖ **⁓azetat** n (Chem) / calcium acetate, calcium ethanoate ‖ **⁓bisulfit** n (Chem) / calcium hydrogen-sulphide, calcium bisulphite ‖ **⁓chlorid** n (Chem) / calcium chloride* n ‖ **⁓chromat** n (Chem) / calcium chromate ‖ **⁓dihydrogenphosphat** n (Chem) / calcium dihydrogen-phosphate, primary calcium phosphate ‖ **⁓fluorid** n (Chem) / calcium fluoride* n ‖ **⁓fluorid** s. auch Flußspat ‖ **⁓formiat** n (Chem) / calcium formate ‖ **⁓glukonat** n (Chem, Nahr) / calcium gluconate ‖ **⁓härte** f (des Wassers) / calcium hardness ‖ **⁓hydrid** n (Chem) / calcium hydride ‖ **⁓hydrogenkarbonat** n (Chem) / calcium hydrogen-carbonate, calcium bicarbonate ‖ **kristallisches ⁓hydrogenkarbonat** (Min) / calcinite n ‖ **⁓hydrogenphosphat** n (Chem) / calcium hydrogen phosphate ‖ **⁓hydrogensulfit** n (Chem) / calcium hydrogen-sulphite, calcium bisulphite ‖ **⁓hydroxid** n (z.B. gelöschter Kalk) / calcium hydroxide ‖ **⁓hypochlorit** n [Ca(ClO)₂] (Chem) / calcium hypochlorite ‖ **⁓iodat** n (Keram) / calcium iodate ‖ **⁓ionen** n pl / calcium hardness ‖ **⁓karbid** n (Chem) / calcium carbide*, calcium acetylide ‖ **⁓karbonat** n (Chem) / calcium carbonate* ‖ **⁓laktat** n (Chem, Pharm) / calcium lactate ‖ **⁓metasilikat** n (Chem) / calcium metasilicate ‖ **⁓naphthenat** n (Chem) / calcium naphthenate ‖ **⁓nitrat** n (Chem) / calcium nitrate ‖ **⁓oxalat** n (Bot, Chem) / calcium oxalate ‖ **⁓oxid** n (z.B. gebrannter Kalk) (Chem) / calcium oxide, calx n (pl. -es or calces) ‖ **⁓pantothenat** n (Chem) / calcium pantothenate ‖ **⁓peroxid** n (Chem) / calcium peroxide ‖ **⁓phosphat** n (im allgemeinen) (Chem) / calcium phosphate ‖ **⁓phosphat** (Chem) / calcium orthophosphate ‖ **primäres ⁓phosphat** (Chem) / calcium dihydrogen-phosphate, primary calcium phosphate ‖ **⁓phosphid** n (Ca₃P₂) (Chem) / calcium phosphide ‖ **⁓plumbat** n (aktives Pigment, speziell für Grundanstriche auf Zinkflächen in Kunstharzbindemitteln verwendet) (Anstr) (Chem) / calcium plumbate* ‖ **⁓polysulfid** n (Chem) / calcium polysulphide ‖ **⁓propionat** n (Chem, Nahr) / calcium propionate ‖ **⁓seife** f (eine Metallseife) (Chem) / lime soap, calcium soap ‖ **⁓seifenfett** n (Chem) / calcium-soap grease, lime-base grease, lime grease ‖ **⁓silikat** n (Kalziumsalz der Kieselsäure) (Chem) / calcium silicate ‖ **⁓stearat** n (Chem) / calcium octadecanoate, calcium stearate ‖ **⁓sulfat** n (Chem) / calcium sulphate ‖ **feingeschlämmtes ⁓sulfat** (als Füller) (Pap) / puritan filler, crown filler ‖ **⁓sulfid** n (Chem) / calcium sulphide ‖ **⁓wolframat** n (z.B. für die Verstärkerfolien in der Röntgendiagnostik) (Chem) / calcium tungstate ‖ **⁓zyanamid** n (Chem) / calcium cyanamide ‖ **⁓zyanid** n (Chem) / calcium cyanide, black cyanide ‖ **⁓zyklamat** n (Chem) / calcium cyclamate
**Kam** m (Hügel der Grundmoränenlandschaft aus geschichteten Sanden und Kiesen fluvioglazialer Herkunft) (Geol) / kame* n
**Kamacit** m (Min) / camacite n, kamacite* n
**Kamala** n (indische Farbstoffdroge) (Chem, Tex) / kamala n
**Kamalaöl** n / kamala oil, kamela oil
**Kamasit** m (Balkeneisen) (Min) / camacite n, kamacite* n
**Kambala** n (For) / iroko* n, kambala n
**Kambialinitiale** f (For) / cambial initial
**Kambialwand** f (Bot) / primary wall*
**Kambium** n (pl. -ien) (Bot, For) / cambium* n ‖ ⁓- (Bot, For) / cambial adj ‖ **sekundäres** ⁓ (Bot) / interfascicular cambium* ‖ **⁓minierfliege** f (ein Holzinsekt) (For, Zool) / cambium miner ‖ **⁓zelle** f (Bot, For) / cambial cell
**Kambizid** n (zur chemischen Entrindung) (For) / cambicide n
**Kambrik** m (Tex) / cambric* n
**Kambrikpapier** n (geprägt mit leder- oder stoffähnlicher Oberfläche) (Buchb, Pap) / paper with cambric finish
**Kame** n (Geol) / kame* n
**Kamel** n (zum Heben von Schiffen) (Wasserb) / caisson n, camel n
**Kamelhaar** n (DIN 60001, T 1) (Tex) / camel hair*, camel's hair
**Kamelott** m (Tex) / camlet n
**Kamelwolle** f (Tex) / camel hair*, camel's hair
**Kameoglas** n (Glas) / flashed glass*, cased glass, case glass
**Kamera** f (Film, Foto) / camera* n ‖ **automatische** ⁓ (bei der die [meisten] Bedienungsfunktionen automatisiert sind) (Film, Foto) / automatic camera* ‖ **elektronische** ⁓ (TV) / electronic camera, electron camera* ‖ **im Blickfeld der** ⁓ (Film, Foto) / in camera ‖ **35-mm-**⁓ (Foto) / miniature camera* ‖ **nichtautomatische** ⁓ (bei der keine Bedienungsfunktionen automatisiert sind) (Foto) / manual camera ‖ **stumme** ⁓ (Film) / silent camera, mute camera ‖ **subjektive** ⁓ (Aufnahmetechnik, bei der alle Einstellungen aus der Sicht eines Betrachters aufgenommen werden) (Film) / subjective camera ‖ **subjektive** ⁓ (Film) s. auch Substitution‖ **versteckte** ⁓ (Film) / candid camera ‖ ⁓ **ab!** (Film) / speed ! ‖ ⁓ f **für Fernaufnahmen** (Foto) / telephotographic camera ‖ ⁓ **für schwache Objekte** (Astr) / faint-object camera, FOC ‖ ⁓ **läuft !** (das Kommando beim Beginn einer Aufnahme) (Film) / speed ! ‖ ⁓ f **mit Blendenautomatik** (Foto) / shutter-priority camera ‖ ⁓ **mit einem Objektivbajonett anstatt eines Revolvers** (Film) / hard-front camera ‖ ⁓ **mit Verschlußautomatik** (Foto) / aperture-priority camera ‖ ⁓ **mit Zeitautomatik** (Foto) / aperture-priority camera
**Kamera•abfahrt** f (Film, TV) / tracking back, tracking out, dolly-out n ‖ **⁓abgleich** m (Film) / camera setup ‖ **⁓aggregat** n (TV) / camera channel* ‖ **⁓anfahrt** f (Film, TV) / tracking in, dolly-in n ‖ **⁓assistent** m (pl. -en) (Film) / focus puller ‖ **⁓aufzeichnungssystem** n (Film, TV) / TV camera recording system ‖ **⁓bewegung** f (Film, Foto) / camera movement ‖ **⁓bewegung** (ungewollte einmalige) (Film, Foto) / shake n, jiggle n ‖ **⁓bewegung** (ungewollte einmalige) s. auch Wackeln ‖ **⁓fahrer** m (Film, TV) / tracker n ‖ **⁓fahrt** f (Film, TV) / track n, travelling n, tracking n ‖ **optische ⁓fahrt** (Film) / zooming n ‖ **seitliche ⁓fahrt** (Film, TV) / crab* n, crabbing n ‖ **⁓fahrt** f **Richtung Schauspieler** (Film) / head-on shot ‖ **⁓fahrt rückwärts** (Film, TV) / tracking back, tracking out, dolly-out n ‖ **⁓fahrt vorwärts** (Film, TV) / tracking in, dolly-in n ‖ **⁓film** m (Film) / camera film ‖ **⁓führung** f (Film) / camerawork n ‖ **⁓gehäuse** n (Film) / camera body, camera box ‖ **⁓gurt** m (Foto) / camera strap ‖ **⁓kabel** n (Film, TV) / camera cable ‖ **⁓kette** f (TV) / camera chain ‖ **⁓kran** m (Film) / camera boom, camera crane ‖ **⁓licht** n (meist als zusätzliches Füllicht dienende Lichtquelle, die unmittelbar neben der Kamera angeordnet ist und bei Standortänderungen mitgeführt wird) (Film) / camera light ‖ **⁓mann** m (erster) (Film) / operative cameraman, first cameraman, camera operator ‖ **⁓mann** (pl. Kameramänner oder Kameraleute) (Film) / cameraman n ‖ **erster ⁓mann** (Film) / director of photography, head cameraman ‖ **⁓molch** m (Spezialmolch zur inneren Videoinspektion von Rohrleitungen) (HuT) / camera pig ‖ **⁓monitor** m (TV) / camera monitor ‖ **⁓motor** m **mit veränderlicher Geschwindigkeit** (Film) / wild motor ‖ **⁓neiger** n (ölgelagerter Kamerastativkopf) (Film, Foto) / tilt head, tilting head, tilt-top n ‖ **⁓position** f (Film) / camera position, camera set-up ‖ **⁓recorder** m (Film) / camcorder* n, camera recorder ‖ **⁓rekorder** m (Film) / camcorder* n, camera recorder ‖ **⁓rückfahrt** f (Film, TV) / tracking back, tracking out, dolly-out n ‖ **⁓schwenk** m (Bewegung der Kamera) (Film, TV) / pan* n (of a motion-picture or television camera), panoramic motion, panning n, pano n ‖ **⁓signal** n (TV) / camera signal ‖ **⁓standpunkt** m (Film) / camera position, camera set-up ‖ **⁓verschluß** m (Foto) / camera release ‖ **⁓verstellung** f (gewollte) (Foto) / camera movement, camera adjustment ‖ **⁓wagen** m (schienenlos) (Film, TV) / dolly* n, camera trolley, crab dolly, camera truck
**Kamerlingh-Onnes-Effekt** m (Phys) / lambda leak*
**Kamerlingh-Onnes-Pendel** n (Astr) / Foucault's pendulum*, gyropendulum n
**Kamillenöl** n (Pharm) / camomile oil, chamomile oil ‖ **Blaues** ⁓ (Pharm) / oil of German chamomile, German camomile oil, German chamomile oil ‖ **Deutsches** ⁓ (Pharm) / oil of German chamomile, German camomile oil, German chamomile oil ‖ **Römisches** ⁓ (aus den Blüten des Chamaemelum nobile (L.) All.) / camomile oil
**Kamin** m (Bau) / chimney n, smokestack n (US) ‖ ⁓ (offene Feuerstätte) (Bau) / open fire ‖ **[offener]** ⁓ (Bau) / fireplace n ‖ **⁓- und Brückenbildung** f (im Zementsilo) (Bau, HuT) / rathole formation, ratholing n ‖ **⁓abdeckplatte** f (Bau) / chimney cap, chimney capping, chimney hood ‖ **⁓gewölbebogen** m (Bau) / chimney arch ‖ **⁓gewölbeeisen** n (als Versteifung) (Bau) / turning-bar* n ‖ **⁓sims** m (Bau) / mantel tree*, mantelpiece n, mantelshelf n ‖ **⁓stummel** m (einer Glocke) (Chem) / chimney n ‖ **⁓umrandung** f (Bau) / fire surround, surround n ‖ **⁓verluste** m pl (Masch) / chimney losses, stack losses ‖ **⁓vorsprung** m (Bau) / chimney breast, breast n ‖ **⁓wirkung** f (Masch) / chimney effect, stack effect
**Kamm** m (am Lötösenstreifen) / fanning strip ‖ ⁓ (oft mit Schächterleinen überspannt) (Anstr) / comb* n ‖ ⁓ (am gefällten Stamm) (For) / sloven n, cutting crest ‖ ⁓ (Geol) / ridge n ‖ ⁓ (Furchenkamm) (Landw) / ridge n ‖ ⁓ (Web) / reed* n, comb n ‖ **[grober]** ⁓ (Bau) / drag* n, scratcher* n, wire comb* n ‖ **⁓anschnitt** m (Gieß) / comb gate
**Kammarmor** m (z.B. auf dem Buchschnitt) (Buchb) / comb pattern, dutch marble
**Kämmaschine** f (Spinn) / combing machine, comber n
**Kamm•bart** m (Spinn) / tuft n ‖ **⁓breite** f (Web) / reed width, width of the reed, reed space ‖ **⁓eis** n (Geol, Meteor) / needle ice, acicular ice, fibrous ice, satin ice

**kämmen** vi (Zahnräder) (Masch) / engage vi, intermesh v, mesh v, gear vi, mate v || ~ v (Spinn) / comb* v || ~ n (Außenputz) (Bau) / combing n || ~ (DIN 3960) (Masch) / engagement n, intermeshing n, mesh n, contact n, gearing n, mating n || ~ (Spinn) / combing n || **beim ~ abfallende [für Kämmlinge zu lange] Wollfasern** (Tex) / robbings pl || **doppeltes ~** (Spinn) / double combing || **zweifaches ~** (Spinn) / double combing

**Kammer** f (ein Abbauraum von meist rechteckigem Grundriß) (Bergb) / room n || ~ (Chem Verf, Masch) / chamber* n || **heiße ~** (Chem, Kernphys) / cave n, hot cell || **~- und Pfeilerbau** m (Bergb) / room-and-pillar* n || **~bau** m (ein Abbauverfahren mit kammerartiger Bauweise) (Bergb) / panel work, room-work n

**Kämmereimaschine** f (Spinn) / combing machine, comber n

**Kammer•filterpresse** f (Chem Verf) / chamber filter press, chamber press || **~gitterwerk** n (Glas, Hütt) / checkers pl, checkerwork n || **~kabel** n (Kab) / slotted-core cable || **~libelle** f (Verm) / chambered level tube*

**Kammer•minensprengung** f (Bergb, HuT) / coyote blasting, coyote-hole blasting, gopherhole blasting || **~ofen** m (DIN 24207) (Hütt) / chamber furnace, chamber kiln || **~ofen** (Keram) / box furnace, box kiln || **~pfeiler** m (Bergb) / rib pillar || **~pfeilerbau** m (Bergb) / bord-and-pillar* n || **~pfeilerbau** (Bergb) / pillar-and-chamber system, pillar-and-room system || **~** (beim Bleikammerverfahren anfallende Schwefelsäure) (Chem Verf) / chamber acid* || **~schießen** n (Bergb) / chambering n, chamber blasting || **~schleuse** f (Wasserb) / chamber lock || **~schweißen** n (Schw) / enclosed resistance welding || **~sprengung** f (Bergb, HuT) / coyote blasting, coyote-hole blasting, gopherhole blasting || **~ton** m (440 Hz) (Akus) / concert pitch* (standard tuning frequency) || **~trocknen** n (Tex) / stove drying || **~trockner** m (For) / compartment kiln || **~trockner** (Tex) / stove n (for drying), chamber drier || **~trockner** s. auch Satztrockner || **~trockner mit natürlichem Zug** (For) / natural-draught compartment kiln || **~trocknung** f (For) / oven seasoning, oven drying, kiln drying, kiln seasoning || **~tuch** n (Tex) / cambric* n || **~wasserschloß** n (Wasserb) / surge chamber

**Kamm•filter** n (zur Trennung von zwei Signalen mit einem unterschiedlichen Frequenzspektrum in einem gemeinsamen Informationskanal) (Fernm, TV) / comb filter* || **~garn** n (wollhaltiges Garn) (Spinn) / combed yarn*, worsted yarn || **~garn** (für das Kammgarnspinnverfahren) (Spinn) / combed wool, combing-wool n, worsted wool, wool for worsted spinning || **mehrfarbiges ~garn** (Spinn) / marl yarn*, mouliné yarn, mottle yarn*, mottled yarn || **~garnanzugstoff** m (Tex) / worsted suiting || **~garnartig versponnen** (Spinn) / worsted-spun* adj || **~garnflyer** m (Spinn) / differential fly frame || **~garngewebe** n pl (Tex) / worsteds pl || **~garngewebe** (Tex) / worsted cloth, worsted* n || **auf der ~garnmaschine versponnen** (Spinn) / worsted-spun* adj || **~garnspinnerei** f (Spinn) / worsted-system spinning, worsted system, worsted spinning || **~garnspinnverfahren** (Spinn) / worsted-system spinning, worsted system, worsted spinning || **~garnstoff** m (Tex) / worsted cloth, worsted* n || **~geschmack** m (ein Weinfehler) (Nahr) / stem-like taste, stalky taste, stemmy taste || **~kelle** f (mit der der Fliesenkleber aufgetragen und scharf abgezogen wird) (Bau) / serrated trowel || **~kies** m (Markasit in gezähnelten Gruppen) (Min) / cockscomb pyrites*, cockscomb* n || **~lager** n (Masch) / collar thrust bearing

**Kämmling** m (in der Wollkämmerei) (Spinn) / noil* n, comber waste

**Kämmlingswolle** f (ausgekämmte Kurzfasern) (Spinn) / noil* n

**Kamm•pole** m pl (Eltech) / comb poles* || **~polymer** n (Chem) / comb polymer, comblike polymer || **~profildichtung** f (Masch) / grooved metal gasket || **~profilierter Dichtring** (Masch) / grooved packing ring || **~putz** m (Bau) / combed stucco || **~ringmaschine** f (Tex) / circular combing machine, circular comber || **~setzmaschine** f (Web) / reed-binding machine || **~stechen** n (Web) / reeding n, sleying n || **~struktur** f / comb structure, meander structure || **~stuhl** m (meistens Wollkämmaschine) (Spinn) / combing machine, comber n

**Kämmung** f (feine Fäden, die bündelweise parallel zur Ziehrichtung auftreten) (Glas) / piano lines, drawing lines, lines pl

**Kammwalze** f (des Walzwerks) (Hütt) / pinion n || ~ (Spinn) / combing cylinder, combing roll, comb cylinder

**Kämmwalze** f (Spinn) / combing cylinder, combing roll, comb cylinder

**Kamm•wolle** f (durch Kämmen gewonnene lange, wenig gekräuselte Wolle) (Spinn) / combed wool, combing-wool n, worsted wool, wool for worsted spinning || **~wollkratze** f (Leder) (Spinn) / carding leather, card leather, card clothing leather || **~wollkrempel** f (Spinn) / worsted card || **~zug** m (Produkt der Kämmaschine) (Spinn) / top* n, combed sliver, worsted sliver || **~zugband** n (Spinn) / top* n, combed sliver, worsted sliver || **~zugtechnik** f (zur dekorativen Flächengestaltung und Belebung und zur Holzimitation) (Anstr) / combing n || **~zugwirkerei** f (Tex) / sliver knitting

**Kamp** m (pl. Kämpe) (zur Waldpflanzenerziehung bestimmte Fläche) (For) / forest nursery, nursery n, forest-tree nursery

**Kampagne** f (Betriebszeit in saisonbedingten Unternehmen) (F.Org) / campaign n

**Kampanile** m (freistehender Glockenturm) (Arch) / campanile* n

**Kampescheholz** n (Haematoxylum campechianum L.) (For) / Campeachy wood, logwood* n, blue-wood n, CAM

**Kampfeinsatz** m (Luftf, Mil) / operational mission

**Kampfer** m (Chem, Pharm) / camphor* n || **~-** / camphoric adj || **d-~** (Chem) / Japan camphor*, gum camphor, dextrorotary camphor || **künstlicher ~** (Pharm) / artificial camphor, terpene hydrochloride || **l-~** (Chem) / matricaria camphor, laevorotatory camphor || **Malayischer ~** (aus Dryanops aromatica Gaertn.) / Borneo camphor*, Malayan camphor, Sumatra camphor

**Kämpfer** m (Widerlager von Mauerbögen und Gewölben) (Arch, Bau) / cushion* n, impost* n, platband n || ~ (bei Fenstern feststehender, waagrecht durchlaufender Riegel zwischen oberen und unteren Flügeln) (Tischl) / transom* n, sash bar*

**Kampferbaum** m (Cinnamomum camphora (L.) J. Presl) (For) / camphor tree, camphor laurel

**Kämpfer•druck** m (die Kraft, mit der ein Gewölbe oder ein Bogenträger auf seine Widerlager seitlich nach außen drückt) (Arch, Bau) / thrust* n || **~fläche** f (Arch, Bau) / springing* n || **~höhe** f (Arch, Bau) / springing level || **~linie** f (Arch, Bau) / springing line*, skewback n

**Kampfer•liniment** n (Pharm) / camphor liniment || **~öl** n (aus der Destillation des Kampferholzes) (Chem, Pharm) / camphor oil, oil of camphor || **~öl** (mit Erdnußöl) (Pharm) / camphorated oil

**Kämpferstein** m (Arch, Bau) / springer* n, springing* n, rein n || **~ des Giebels** (Arch, Bau) / gable springer*, footstone* n

**Kampf•flugzeug** n (Luftf, Mil) / combat aircraft, tactical aircraft || **taktisches ~flugzeug** (Angriffs- oder Abfangflugzeug, das im Gegensatz zu den strategischen Bombern ohne Betankung in der Luft über einen nur begrenzten Aktionsradius verfügt) (Luftf, Mil) / tactical fighter, tactical aircraft || **elektronische ~führung** (Mil) / electronic warfare, EW* || **~gerät für elektronische ~führung** (Mil) / electronic-warfare equipment || **~gas** n (Chem, Mil) / war gas* || **~hubschrauber** m (Luftf, Mil) / helicopter gunship, combat helicopter || **gewerkschaftliche ~maßnahme** (F.Org) / industrial action, job action || **chemisches ~mittel** (Mil) / chemical weapon || **~rakete** f (Mil) / rocket n, rocket ammunition

**Kampfstoff** m (biologischer, chemischer) (Mil) / combat agent, agent n || **ernteschädigender ~** (Mil) / anticrop weapon || **erstickender ~** (Mil) / asphyxiant n || **gasförmiger ~** (Chem, Mil) / war gas* || **radioaktiver ~** (Mil) / radioactive agent

**kampfunfähigmachender Stoff** (Mil) / incapacitating agent

**Kamphen** n (Chem) / camphene* n

**Kampimeter** n (Med, Opt) / campimeter n

**KAN** (EDV) / switching network

**Kanada-Antikorrosionskode** m (ab Modelljahr 1981) (Kfz) / Canada Anti-Corrosion code

**Kanadabalsam** m (Balsamum canadense) (Chem) / Canada balsam*, Canada turpentine, balsam of fir*

**Kanadier** m (verstellbarer Ruhesessel) (Tischl) / recliner n, reclining chair

**Kanadisch•e Fichte** (For) / Alberta spruce, white spruce || **~e Hemlocktanne** (For) / Eastern hemlock, Canada hemlock || **~es Pech** (meist von Tsuga canadensis (L.) Carrière) / Canada pitch, hemlock pitch || **~er Terpentin** (Balsamum canadense) (Chem) / Canada balsam*, Canada turpentine, balsam of fir* || **~e Wasserpest** (Elodea canadensis Michx.) (Bot) / Canadian pondweed

**Kanal** m / channel* n, chan || ~ (U-förmige Metallfläche zur Abscheidung des Russes) (Chem Verf) / channel n || ~ (ein Übertragungsweg) (EDV) / channel* n || ~ (z.B. Luftkanal in elektrischen Maschinen oder Heizungskanal) (Eltech) / duct* n || ~ (der Teil eines Halbleiterelementes, durch den der gesteuerte Strom fließt) (Eltronik) / channel n || ~ (Frequenzband bestimmt Bandbreite) (Fernm) / channel* n || ~ (HuT) / duct* n, conduit n || ~ (für Lüftung oder Kühlung) (Masch) / duct n || ~ (Ventil, Turbine) (Masch) / passage n || ~ (Nukl) / canal* n, channel* n (fuel) || ~ (für Abwässer) (Sanitär) / sewer n || ~ (natürlicher Wasserlauf) (Wasserb) / channel n || ~ (künstlich hergestellter Wasserlauf) (Wasserb) / flume n, canal n, conduit* n || ~ (z.B. Abzugs-, Zufuhr-) (Wasserb) / race n || **binärer ~ mit Auslöschung** (EDV) / binary erasure channel (BEC) || **diskreter ~** (DIN 44301) (EDV) / discrete channel || **durch einen ~ leiten** (Wasserb) / channel v || **gemeinsamer ~** (Radio) / co-channel n, common channel || **leitfähiger ~** (beim Durchschlag im Isolierstoff) (Eltech) / breakdown channel || **logischer ~** (EDV) / logical channel || **mehrzügiger ~** (Kab) / multiple duct* || **offener ~** (Hyd, Wärm) / open channel || **physikalischer ~** (EDV) / physical channel || **schleusenloser ~** (Wasserb) / level canal*, ditch canal* || **symmetrischer ~** (Fernm) / symmetrical channel || **übernächster ~** (Radio) / second channel || **virtueller ~** (der eingerichtet, aber physikalisch nicht vorhanden ist) (EDV) / virtual channel, VC || **~ m mit Auslöschung** (EDV) / erasure

**Kanal**

channel ‖ ~ **mit gleichbleibendem Gefälle** (Wasserb) / uniform-grade channel ‖ ~ **mit gleichförmigem Gefälle** (Wasserb) / uniform-grade channel ‖ ~ **mit veränderlichem Gefälle** (Wasserb) / variable-grade channel

**Kanal•abschluß** *m* (Eltronik) / channel termination ‖ ~**abstand** *m* (Fernm) / channel spacing, channel separation* ‖ ~**abstand** (Nukl) / pitch* *n* ‖ ~**adresse** *f* (EDV) / channel address ‖ ~**adreßregister** *n* (EDV) / channel address register ‖ ~**artiger Umlauf** (in den Wänden oder in der Sohle einer Schiffsschleuse) (Wasserb) / culvert system ‖ ~**ausgangsleitung** *f* (zu der bzw. von der Kanalschaltung) (EDV) / local output line ‖ ~**bandbreite** *f* (Fernm) / channel bandwidth ‖ ~**befehl** *m* (EDV) / channel command ‖ ~**befehlswort** *n* (ein Doppelwort, das einen Kanal, eine Steuereinheit oder eine Einheit beauftragt, eine Operation oder eine Gruppe von Operationen durchzuführen) (EDV) / channel command word (CCW) ‖ ~**begehung** *f* (HuT, Sanitär) / sewer inspection ‖ **bewachsenes** ~**bett** (Wasserb) / grassed channel, vegetated channel ‖ ~**böschung** *f* (Wasserb) / canal slope ‖ ~**breite** *f* (die Breite des für eine Nachrichtenübertragung zur Verfügung stehenden Frequenzbandes) (Fernm) / channel bandwidth ‖ ~**dekodierung** *f* (Fernm) / channel decoding ‖ ~**direktwahl** *f* (Radio, TV) / direct channel access ‖ ~**effekt** *m* (bei dem Streuexperiment) (Kernphys) / channelling effect* ‖ ~**entladung** *f* (eine Gasentladung) (Eltronik) / channel discharge ‖ ~**fehler** *m* (EDV) / channel error ‖ ~**fernauge** *n* (HuT, Sanitär) / television system for sewers ‖ ~**führung** *f* (Eltech) / conduit* *n* ‖ ~**gas** *n* (Sanitär) / sewer gas ‖ ~**gas** (Sanitär) s. auch Faulgas ‖ ~**haltung** *f* (Wasserb) / reach* *n*, pond *n* (the water retained between two canal locks)*, pound* *n*

**Kanalisation** *f* (DIN 4045) (Sanitär) / sewerage* *n*, sewerage system, public sewers ‖ ~ (Sanitär) / water-carriage system* ‖ ~ (Wasserb) / river training, training *n*, canalization *n*, channelization *n*, canalisation *n*

**Kanalisations•rohr** *n* (Sanitär) / sewer pipe, sewage pipe ‖ ~**system** *n* (Sanitär) / sewerage* *n*, sewerage system, public sewers ‖ ~**ziegel** *m* (Landw, Sanitär) / sewer brick

**kanalisieren** *v* (Wasserb) / canalize *v*

**kanalisierter Fluß** (Wasserb) / navigation* *n*, canalized stream, canalized river

**Kanalisierung** *f* (von Flüssen) (Wasserb) / river training, training *n*, canalization *n*, channelization *n*, canalisation *n*

**Kanal•kachel** *f* (Keram, Sanitär) / sewer tile ‖ ~**kapazität** *f* (in bit/s) (EDV, Fernm) / channel capacity* ‖ ~**kodierung** *f* (Fernm) / channel coding ‖ ~**latenzzeit** *f* (Eltronik) / channel latency ‖ ~**leitung** *f* (Sanitär) / sewer line ‖ ~**mittelstein** *m* (die Verbindung zwischen dem Trichter und den Kanalsteinsträngen) (Gieß, Keram) / cluster *n*, cluster bottom mould, king brick ‖ **N-**~ (Eltronik) / n-channel metal-oxide semiconductor technology, NMOS technology ‖ ~**nebensprechen** *n* (Fernm) / interchannel crosstalk ‖ ~**netz** *n* (für raumlufttechnische Anlagen) / duct system ‖ ~**netz** (DIN 4045) (Sanitär) / sewerage* *n*, sewerage system, public sewers ‖ ~**ofen** *m* (mit Wagen) (Keram) / car tunnel kiln ‖ ~**ofen** (Masch) / tunnel furnace*, tunnel kiln ‖ ~**programm** *n* (EDV) / channel program ‖ ~**radpumpe** *f* (mit Laufradkanälen, die auch festen Körpern den Durchtritt gestatten) (Sanitär) / non-clogging centrifugal pump (for sewer cleaning) ‖ ~**reinigungsgerät** *n* (Sanitär) / sewer cleaner, sewer cleaning device ‖ ~**riff** *n* (Geol) / barrier reef* ‖ ~**rohr** *n* (Sanitär) / sewer pipe ‖ ~**ruhezeit** *f* (Eltronik) / channel latency ‖ ~**ruß** *m* (Chem Verf) / channel black*, impingement black ‖ ~**sanierung** *f* (Sanitär) / sewer renovation ‖ ~**schacht** *m* (Sanitär) / sewer manhole, SMH ‖ ~**schalter** *m* (EDV) / channel switch ‖ ~**schieber** *m* (Absperrorgan, das zum Einbau in einem Freispiegelkanal geeignet ist) (Sanitär) / sewer penstock ‖ ~**schiffahrt** *f* (mit Hilfe von Schleusungen) (Schiff, Wasserb) / slack-water navigation*, still-water navigation* ‖ ~**spüler** *m* (Sanitär) / sewer flushing device ‖ ~**statuswort** *n* (EDV) / channel status word, CSW ‖ ~**stauraum** *m* (DIN 4045) (Sanitär) / storage capacity of a sewer ‖ ~**stein** *m* (Hütt) / runner *n*, runner brick ‖ ~**stein** (für Abwasserkanäle) (Landw, Sanitär) / sewer brick ‖ ~**strahlen** *m pl* (die am längsten bekannten und am einfachsten zu erzeugenden Strahlen positiver Ionen) (Phys) / canal rays, positive rays ‖ **magnetohydrodynamische** ~**strömung** (Kernphys) / Hartmann flow ‖ ~**strömungs-Strahlantrieb** *m* (Phys) / duct propulsion ‖ ~**system** *n* (Sanitär) / sewerage* *n*, sewerage system, public sewers ‖ ~**trockner** *m* (von Schnittholz oder Furnieren) (For) / continuous drier, progressive kiln, tunnel drier ‖ ~**trockner** (Plast) / tunnel drier ‖ ~**-Tunnel** *m* / Channel Tunnel ‖ ~**überhitzung** *f* (Nukl) / hot-channel effect ‖ ~**umschaltung** *f* (EDV) / channel switching ‖ ~**umsetzer** *m* (TV) / television frequency converter, television channel translator, television transposer, television rebroadcasting station ‖ ~**versetzung** *f* (Fernm) / staggering *n* ‖ ~**verteiler** *m* (Fernm) / distributor *n* ‖ ~**waage** *f* (hydrostatisches Nivellierinstrument) (Verm) / U-tube *n* ‖ ~**wahl** *f* (Radio, TV) / channel access ‖ **direkte** ~**wahl** (Radio, TV) / direct channel access ‖ ~**wähler** *m* (eine Baugruppe) (TV) / tuner* *n* ‖ ~**wahlschalter** *m* (TV) / tuner* *n* ‖ ~**wahltaste** *f* (TV) / tuner* *n* ‖ ~**widerstand** *m* (bei Transistoren nach DIN 41858) (Eltronik) / channel resistance ‖ ~**winde** *f* (Arbeitsgerät, das über einem Einsteigschacht aufgestellt wird und mit dessen Hilfe z.B. ein Reinigungsgerät durch die vorhergehende Haltung gezogen werden kann) (Sanitär) / sewer winch ‖ ~**wirkung** *f* (Kernphys) / radiation streaming, streaming of radiation, channelling effect, streaming effect ‖ ~**zähler** *m* (Kanäle je Datensatz bei Multiplexübertragung) (EDV, Fernm) / channel-per-frame counter ‖ ~**zug** *m* (Masch) / duct* *n* ‖ **bedarfsweise** ~**zuteilung** *f* (EDV) / demand assignment, DA

**Kanamycin** *n* (internationaler Freiname für Aminoglykosid-Antibiotika aus Kulturen von Streptomyces kanamyceticus) (Pharm) / kanamycin *n*

**Kanamyzin** *n* (Pharm) / kanamycin *n*

**Kanangaöl** *n* / cananga oil

**kanariengelb** *adj* / canary yellow, canary *attr* ‖ ~ *n* / canary yellow, canary colour

**Kanarische Kiefer** (Pinus canariensis C. Sm.) (For) / Canary pine, blue pine, Canary Island pine

**Kanban** *n* (F.Org) / just-in-time system, kanban *n*

**Kandasensor** *m* (ein Drucksensor) / Kanda sensor

**Kandelillawachs** *n* (aus Pedilanthus pavonis Boiss. - E 902)) / candelilla wax

**Kandelzucker** *m* (Nahr) / candy *n*, candy sugar, sugar candy

**kandieren** *v* (Samen) (Landw) / pellet *v*, coat *v* (US) ‖ ~ (Nahr) / candy *v*

**kandierte Frucht** (Nahr) / candied fruit

**Kandis** *m* (Nahr) / candy *n*, candy sugar, sugar candy

**Kandiszucker** *m* (weißer, brauner) (Nahr) / candy *n*, candy sugar, sugar candy

**Kandit** *m* (ein Mineral der Kaolin-Familie, z.B. Kaolinit, Nakrit, Dickit, Halloysit usw.) (Min) / kandite* *n*

**Kaneel** *m* (Nahr) / Ceylon cinnamon

**Kaneelstein** *m* (roter Grossular) (Min) / hessonite* *n*, cinnamon stone*, essonite *n*

**Kanephore** *f* (Arch) / caryatid* *n* (a sculptured female figure used as a column to support an entablature or other similar member), canephora *n*

**Kanette** *f* (Web) / pirn* *n*, weft bobbin, filling bobbin (US), quill *n*

**Kanevas** *m* (Tex) / canvas* *n* (pl. canvases or canvasses)

**Känguruhbaum** *m* (Casuarina sp.) (For) / casuarina *n*, horsetail tree

**Känguruhtasche** *f* (Tex) / kangaroo pouch pocket

**Kanigen-Verfahren** *n* (zum stromlosen Vernickeln) (Galv) / Kanigen process

**Kanin** *n* (Fell der Haus- und Wildkaninchen) (Leder) / rabbit *n*

**Kaninchenaugen** *n pl* (bei Blitzlichtaufnahmen ohne Extender) (Foto) / red-eyes *pl*

**Kaninchenhaar** *n* (Tex) / rabbit hair

**Kaninhaar** *n* (DIN 60001, T 1) (Tex) / rabbit hair

**Kaninleder** *n* (Leder) / rabbit leather

**Kanister** *m* (Kfz) / can *n*, metal container ‖ ~ s. auch Reservekanister

**Kannabinol** *n* (wichtigster Bestandteil des Haschischs) (Pharm) / cannabinol *n*

**Kannastärke** *f* (Nahr) / achira starch, tous-les-mois *n*

**Kannelé** *m* (Tex) / cannele rep

**Kannelérips** *m* (Tex) / cannele rep

**Kannelierapparat** *m* (für das Anbringen längsverlaufender Hohlkehlen an gedrehten Möbelteilen) (Tischl) / fluting attachment

**kannelieren** *v* (Arch) / flute *v*, cannelure *v*

**kanneliertes genörpeltes Glas** (Glas) / reedlyte glass

**Kannelierung** *f* (Arch) / fluting* *n*, cannelure *n* ‖ ~ (Glas) / flute *n*, reed *n* ‖ **verstäbte** ~ (Arch) / cabling* *n*

**Kännel•kohle** *f* (Kftst) / cannel coal*, cannel *n* ‖ ~**- und Normalkohle in Wechsellagerung** (Bergb) / blend coal ‖ ~**schiefer** *m* (sapropelischer Schiefer) (Geol) / cannel shale

**Kannelur** *f* (Einkehlung am Schaft einer Säule oder eines Pilasters) (Arch) / flute* *n* ‖ ~ (Arch) / fluting* *n*, cannelure *n*

**Kannelüre** *f* (Arch) / flute* *n* ‖ ~ (Arch) / fluting* *n*, cannelure *n*

**Kannendreheinrichtung** *f* (Spinn) / coiler* *n*, can coiler

**Kannenwickel** *m* (Spinn) / coiler* *n*, can coiler

**Kannibalisierung** *f* (Kfz) / cannibalization *n*

**Kanonenbohrer** *m* (ein Tieflochbohrer) (Masch) / gun drill*, cylinder bit, D-bit *n*, half-round bit

**Kanoneneinbruch** *m* (Bergb) / parallel cut, burn cut

**kanonisch** *adj* (Math, Phys) / canonical *adj* ‖ ~**e Bewegungsgleichungen** (Mech) / Hamilton's equations of motion, canonical equations of motion ‖ ~**e Darstellung** (wenn man die gleichen Primzahlen zu Primzahlpotenzen zusammenfaßt und nach wachsenden Basen ordnet) (Math) / canonical form, standard form ‖ ~**e Dimension** (Kernphys) / canonical dimension, naive dimension ‖ ~**e Form** (Resonanzhybrid) (Chem) / canonical form ‖ ~**e Form** (bei Systemen partieller Differentialgleichungen) (Math) / canonical form*, normal form* ‖ ~e **Gesamtheit** (Phys, Stats) / canonical assembly* ‖ ~e **Gestalt** (in der Hamilton-Jacobischen Theorie) (Mech) / canonical form ‖ ~e **Gleichung** (Phys) / canonical equation ‖ ~ **konjugierte Variablen** (bei der Quantisierung) (Phys) / canonically conjugate variables ‖ ~e **Korrelationsanalyse** / canonical correlation analysis, CCA ‖ ~e **Sequenz** (Gen) / consensus sequence ‖ ~e **Theorie nach Hamilton** (Mech) / Hamilton-Jacobi theory ‖ ~e **Transformation** (Math) / canonical transformation ‖ ~e **Zerlegung** (Math) / canonical form, standard form

**Kant·apparat** m (im Walzwerk) (Hütt) / tilter n ‖ ~**beitel** (Werkz, Zimm) / framing chisel, cant chisel

**Kante** f (auch eines Grafen) / edge n ‖ ~ (des Buchdeckels) (Buchb) / edge n ‖ ~ (technisches Zeichnen) (Masch) / outline n ‖ ~ (Schmalfläche) (Tischl, Zimm) / narrow face ‖ ~ (meistens eine Randleiste) (Web) / selvedge* n, selvage n (US) ‖ **[scharfe]** ~ (des Quaders) (Bau) / arris* n ‖ **abgerundete** ~ (Masch) / radiused edge, bull-nose n ‖ **abgeschrägte** ~ (Masch, Tischl, Zimm) / chamfer* n, chamfered edge ‖ **abgeschrägte** ~ (Schw) / scarfed edge ‖ **abgesprengte** ~ (Glas) / edge as cut, rough edge, raw edge ‖ **ablaufende** ~ (Eltech) / trailing edge ‖ **auflaufende** ~ (der Bürste) (Eltech) / leading edge ‖ **ausgebrochene** ~ (Eltronik) / chip n, edge chip, nick* n, peripheral chip, peripheral indent ‖ **ausgebrochene** ~ (Masch) / chip n ‖ **beschädigte** ~ / damaged edge, ragged edge ‖ **brechende** ~ (Schnittkante der Prismenebenen) (Opt) / refracting edge (intersection of the prism's sides) ‖ **feinbearbeitete** ~ (Glas) / smoothed edge ‖ **fußbeschnittene** ~n / trimmed edges* ‖ **gebrochene** ~ (Glas) / arris edge* n ‖ **gebrochene** ~ (Masch, Tischl, Zimm) / chamfer* n, chamfered edge ‖ **gemeinsame** ~ / common edge ‖ **gerichtete** ~ (Math) / oriented edge ‖ **gerichtete** ~ (eines Grafen) (Math) / arc n ‖ **gerollte** ~ / curled edge ‖ **gerundete** ~ (Masch) / radiused edge, bull-nose n ‖ **hintere** ~ (der Bürste) (Eltech) / trailing edge ‖ **mit Leerhaften** ~n (Ware) (Tex) / listed adj ‖ **mit fester** ~ **versehen** (Tex) / welt v ‖ **scharfe** ~ (im allgemeinen) / sharp edge, keen edge ‖ **scharfe** ~ (Tischl) / coin n, quoin n ‖ **sichtbare** ~n (technisches Zeichnen) (Masch) / visible outlines ‖ **singuläre** ~ (Math) / singular edge ‖ **übergreifende** ~ (des Einbands) (Buchb) / overhang n, overlap n ‖ **umgelegte** ~ (Tex) / folded edge ‖ **unaufgeschnittene** ~n (Buchb) / bolts* pl, uncut edges, untrimmed edges ‖ **ungesäumte** ~ (Tex) / raw edge ‖ **unsichtbare** ~ (bei technischen Zeichnungen) / hidden edge ‖ **verdeckte** ~n (technisches Zeichnen) / hidden outlines, hidden lines ‖ **zugeschärfte** ~ (Keram) / featheredge n (a thin sharp edge) ‖ ~ **an Kante zusammengelegter Stoff** (Tex) / rigged cloth ‖ ~ **auf Kante gefalzt** (Buchb) / flush-folded adj ‖ ~n **bearbeiten** (Glas) / edge v ‖ ~ **bearbeiten** (Glas, Keram) / tow v ‖ ~n **brechen** / bevel v

**Kantel** f (Zuschnitt mit quadratischem oder rechteckigem Querschnitt) (For, Tischl) / square workpiece, square n

**kanten** v / tilt v ‖ ~ / upend v

**Kanten·ablauf** m (Tex) / listing* n (defect) ‖ ~**ast** m (For) / edge knot ‖ ~**ausbildung** f (For, Masch) / edge configuration ‖ ~**ausroller** m (DIN 64990) (Tex) / selvedge opener, selvedge uncurler, selvedge spreader ‖ ~**bearbeitung** f (im allgemeinen) / edge treatment ‖ ~**bearbeitung** (Glas) / edging n, edge work, pencil edging ‖ ~**bearbeitung** (Glas, Keram) / towing n ‖ ~**beschneidung** f (Masch) / edge trimming ‖ ~**beschnitten** adj (Masch) / edge-trimmed adj ‖ ~**beschnittene Tapete** (Bau, Pap) / fully-trimmed wallpaper ‖ ~**brechen** n (Masch) / bevelling n ‖ ~**detektor** n (EDV) / edge detector ‖ ~**effekt** m (ein Nachbareffekt) (Foto) / border effect*, edge effect*, fringe effect* ‖ ~**einfassung** f (bei Teppichen) (Tex) / edge binding ‖ ~**emission** f (Eltronik) / edge emission ‖ ~**fehler** m (am Schnittholz) (For) / edge defect ‖ ~**fest** adj / edge-holding adj ‖ ~**flucht** f (Neigung des flüssig aufgebrachten Lackes, aufgrund seiner Oberflächenspannung vor den Kanten einen Wulst zu bilden, wodurch sich die Lackschichtdicke auf der Kante deutlich verringert) (Anstr) / thinning n, thinning-out n, running away ‖ ~**folge** f (in einem ungerichteten Grafen) / walk n ‖ **offene** ~**folge** (in einem Grafen) / open walk ‖ ~**folie** f (zum Umkleiden der Kanten von billigen Preßholzmöbeln) (For) / edging f ‖ ~**fräsmaschine** f (zum Bestoßen von Stereos und Galvanos) (Druck) / edge trimmer ‖ ~**fühler** m (Tex) / edge sensor, edge feeler ‖ ~**gerundet** adj / subangular adj ‖ ~**glätten** n (EDV) / antialiasing n ‖ ~**hobel** m (mit seitlichen Griffen) (Tischl) / spokeshave n (for shaping curved edges) ‖ ~**korrosion** f (Galv) / knife-edge corrosion, edge corrosion ‖ ~**kräuselgarn** n (Spinn) / edge-crimped yarn ‖ ~**kräuselverfahren** n (von endlosen Monofilen) (Spinn) / edge crimping ‖ ~**leimung** f (-verleimung, -umleimung) (For) / edge glueing ‖ ~**leiste** f (For) / banding n, railing n, lipping n, edging n ‖ ~**lineal** n (an der Nähmaschine) (Tex) / edge guide ‖ ~**mäher** m (Landw) / edger n, edge mower ‖ ~**markierung** f (Math) / arc labelling ‖ ~**modell** n (EDV) / wire-frame representation, wire-frame model ‖ ~**profil** n (der Treppe) (Bau) / nosing strip ‖ ~**riegel** m (zum Festhalten des linken Flügels zweiteiliger Türen) (Tischl) / blind bolt ‖ ~**riß** m (am Schnittholz) (For) / edge crack, edge shake ‖ ~**schärfe** f (beim Zeichnen) / edge definition ‖ ~**schärfe** (Opt) / edge acuity, edge definition, acutance n ‖ ~**schliff** m (Glas) / edging n ‖ ~**schutz** m (als Maßnahme) / edge protection ‖ ~**schutz** (z.B. eine Leiste) / edge protector, edge trim ‖ ~**schutzleiste** f / edge protector, edge trim ‖ ~**schutzprofil** n / edge protector, edge trim ‖ ~**schutzschiene** f (abgerundete) (Bau) / nosing* n ‖ ~**schutzwinkel** m (Bau) / metal angle bead ‖ ~**schweißen** n (Plast) / side-weld sealing ‖ ~**schwund** m (Anstr) / thinning n, thinning-out n, running away ‖ ~**sicher** adj / durable at edges ‖ ~**steppen** n / top-stitching n ‖ ~**tragen** n (bei Gleitlagern) (Masch) / edge loading ‖ ~**träger** m (z.B. Anlaufen der Kurbelwangen/Lagerzapfen-Hohlkehle an den Lagerschalenkanten) (Kfz, Masch) / radius ride ‖ ~**verleimmaschine** f (Tischl) / edge banding machine, edge bander, edge glu(e)ing machine ‖ ~**verleimpresse** f (Tischl) / edge banding machine, edge bander, edge glu(e)ing machine ‖ ~**verrundung** f / edge radiusing ‖ ~**versatz** m (beim Schweißen von Stumpfnähten an Werkstücken gleicher Materialdicke vorhandene Abweichung von der Werkstückebene) (Schw) / poor alignment of plate edges ‖ ~**vorbereitung** f (Schw) / edge preparation ‖ ~**winkel** m (wo sich zwei Kristallflächen schneiden) (Krist) / interfacial angle ‖ ~**wirbel** m (in der Aerodynamik) (Luftf) / rim vortex ‖ ~**zange** f (Masch) / pincers pl, pair of pincers ‖ ~**zelle** f (For) / marginal ray cell ‖ ~**ziehverfahren** n (ein Texturierverfahren) (Spinn) / edge crimping ‖ ~**zwinge** f (Tischl) / edge clamp, corner clamp

**Kanter** m (Gieß, Hütt) / upender n ‖ ~ (im Walzwerk) (Hütt) / tilter n

**Kanthaken** m (For) / cant hook, cant dog

**Kanthal** n (Legierung mit 67% Fe, 25% Cr, 5% Al und 3% Co) (Eltech, Hütt) / kanthal* n

**Kantharidenkampfer** m (Gift aus dem Blut von Weichkäferarten hauptsächlich der Spanischen Fliege) (Pharm) / cantharidin* n

**Kantharidin** n / cantharidin n, cantharides camphor ‖ ~ (Gift aus dem Blut von Weichkäferarten, hauptsächlich der Spanischen Fliege) (Pharm) / cantharidin* n ‖ ~**kampfer** m / cantharidin n, cantharides camphor

**Kantholz** n (zwischen 5 und 20 cm) (For) / small timbers ‖ ~ (von quadratischem Querschnitt, meistens 30 x 30 cm) (For) / whole timber ‖ **dreiseitig beschnittenes** ~ (mit Fehlkante) (Zimm) / billet* n ‖ ~ **von quadratischem Querschnitt** (über 10 x 10 cm) (For) / die square n ‖ ~ **von quadratischem Querschnitt** (bei Nadelholz = 48-102 mm x 51-114 mm) (For) / scantling* n (light structural timber) ‖ ~ **von quadratischem Querschnitt** (For) / square* n, squared timber n ‖ ~ **von quadratischem Querschnitt** (über 15 x 15 cm) (For) / baulk* n ‖ ~ **von quadratischem Querschnitt** (For) s. auch Vierkantholz ‖ ~**-Kreissägemaschine** f (For) / stud mill

**Kantieren** n (von Schuhen) / top-stitching n

**kantig** adj (z.B. Stein) / angular adj, square adj, squared adj ‖ ~ (Karosserie) (Kfz) / boxy adj

**Kantigdrehen** n (Verfahren zum Querprofilieren kantiger Säulen) (Tischl) / square turning, thurming n

**Kantinenfahrzeug** n (Kfz) / canteen van

**kantoniert** adj (Pfeiler) (Arch) / cantoned adj

**Kantonleinen** n (aus Ramiegarn) (Tex) / grass-cloth n

**Kant·schnitt** m (For) / prismatic cut, double cut ‖ ~**vorrichtung** f (im Walzwerk) (Hütt) / tilter n

**Kanutillawachs** n / candelilla wax

**Kanzel** f (des Fernmeldeturms) (Fernm) / apparatus floors, apparatus rooms n ‖ ~ (Pilotenraum) (Luftf) / cabin n, cockpit n ‖ ~ **mit Bodensicht** (Luftf) / droop snoot*

**kanzerogen** adj (Med) / carcinogenic adj, oncogenic adj ‖ ~**er Stoff** (Med) / carcinogen n, oncogen n ‖ ~ n (Med) / carcinogen n, oncogenetic agent

**Kaolin** n m (Tongestein, das aus Umwandlung und Verwitterung feldspathaltiger Gesteine entstanden ist) (Geol) / kaolin* n, kaoline n ‖ **kolloidales** ~ / colloidal kaolin ‖ ~**füllstoff** m (Pap) / clay filler ‖ ~**gefüllt** adj (Pap) / clay-filled adj ‖ ~**gruppe** f (Kaolinit, Dickit, Nakrit) (Min) / kaolin group

**Kaolinisierung** f (Geol) / kaolinization* n

**Kaolinit** m (Aluminiumhydroxidsilikat - wichtigstes Tonmineral der Kaolingruppe) (Min) / kaolinite* n

**kaolinitisch** adj (Min) / kaolinitic adj

**Kaolinitisierung** f (Geol) / kaolinization* n

**Kaolin·klebsand** m (Hütt) / kaolin plastic refractory clay ‖ ~**lagerstätte** f (Geol) / kaolin deposit ‖ ~**milch** f (Pap) / clay milk ‖ ~**sand** m (Gieß) / kaolin sand ‖ ~**trübe** f (Pap) / clay milk ‖ ~**vorkommen** n (Geol) / kaolin deposit

**Kaon** n (instabiles Elementarteilchen aus der Familie der Mesonen) (Kernphys) / kaon* n, k-meson n, k-particle n

**Kaonatom** n (Kernphys) / kaonic atom

**Kaonenatom** n (Kernphys) / kaonic atom

**kaonisches Atom** (Kernphys) / kaonic atom

**Kaori** f (Agathis philippinensis Warb.) (For) / Malayan kauri ‖ ≈ (ein Pechbaum) (Agathis australis (D. Don) Salisb.) (For) / kauri pine, kauri n (pl. -s)
**Kap** n (Landspitze) (Geog) / cape n
**Kapazitanz** f (Elektr) / capacitive reactance*, capacitative reactance*
**Kapazität** f (eines Industrieofens) / work-load capacity ‖ ≈ (die SI-Einheit: Farad) (Elektr) / capacitance* n ‖ ≈ (Menge von Erzeugnissen oder Leistungen, die innerhalb eines Zeitraumes unter voller Nutzung der Arbeitszeit und entsprechender zeitlicher Auslastung der Betriebsmittel realisierbar ist) (F.Org) / capacity n ‖ ≈ (der Kanalhaltung, des Wasserspeichers) (HuT, Wasserb) / pondage n, storage capacity ‖ **freie** ≈ (F.Org) / spare capacity ‖ **gegenseitige** ≈ (zwischen zwei Leitern) (Eltech) / mutual capacitance ‖ **spannungsgesteuerte** ≈ (Eltech) / voltage-variable capacitance, VVC ‖ **veränderliche** ≈ (Eltech) / variable capacitance ‖ **verlustlose** ≈ (Elektr) / pure capacitance ‖ **verteilte** ≈ (Elektr) / distributed capacitance* ‖ ≈ f **der Datenbearbeitungsanlage** (EDV) / data-handling capacity* ‖ ≈ **einer Sperrschicht** (Eltronik) / depletion-layer capacitance, barrier-layer capacitance, junction capacitance ‖ ≈ **gegen Erde** (Elektr) / earth capacitance*, ground capacitance* (US) ‖ ≈ **in Ah** (einer Batterie) (Elektr) / ampere-hour capacity*
**Kapazitäts•änderung** f (Phänomen und Meßprinzip) (Elektr) / change of capacitance ‖ ~**armer Schalter** (Eltech) / anticapacitance switch* ‖ ~**arme Wicklung** (Eltech) / bank winding, banked winding ‖ ≈**auslastung** f (prozentuale Inanspruchnahme des Kapazitätsbestandes) (F.Org, Masch) / operating ratio ‖ ≈**ausnutzung** f (F.Org, Masch) / operating ratio ‖ ≈**bedarf** m (F.Org) / capacity requirements ‖ ≈**belag** m (eine Leitungskonstante nach DIN 1344) (Eltech) / capacitance per unit length ‖ ≈**belegung** f (Zuordnung des Kapazitätsbedarfes zum Kapazitätsbestand) (F.Org) / capacity load ‖ ≈**bestand** m (Bestand an Kapazität, bezogen auf Zeitabschnitte und Kapazitätsarten, die durch die unterschiedlichen Arbeits- bzw. Betriebsmittel und/oder Personen gebildet werden) (F.Org) / capacity stock ‖ ≈**dehnungsmesser** m / variable-capacitance strain gauge ‖ ≈**differenz** f (Eltech) / capacitance unbalance, coefficient of asymmetry, capacitance asymmetry ‖ ≈**diode** f (eine mit einer Gleichspannung in Sperrichtung vorgespannte Diode, deren Sperrschicht als eine vom Gleichspannungswert abhängige variable Kapazität verwendet wird) (Eltronik) / variable-capacitance diode, Varicap n, varactor diode, parametric diode* ‖ ~**frei** adj (Elektr) / non-capacitive adj ‖ ~**gerader Drehkondensator** (Eltech) / straight-line capacitor* ‖ ≈**kasten** m (Eltech) / capacitance box, capacitance decade box ‖ ≈**koeffizient** m (Eltech) / capacitance coefficient* ‖ ≈**loser Schalter** (Eltech) / anticapacitance switch* ‖ ≈**meßbrücke** f (eine Wechselstrombrücke, z.B. Wien-Brücke) (Eltech) / capacitance bridge* ‖ ≈**messer** m (Eltech) / faradmeter* n ‖ ~**meßgerät** n (Eltech) / capacitance meter ‖ ~**normal** n (Maßverkörperung der elektrischen Kapazität) (Eltech) / standard capacitor ‖ ~**proportionaler Kondensator** (Eltech) / straight-line capacitor* ‖ ~**reserve** f (der Batterie) (Eltech) / reserve capacity ‖ ≈**terminierung** f (F.Org) / capacity scheduling ‖ ≈**überschreitung** f (DIN 9757) (EDV) / overflow* n ‖ ≈**variationsdiode** f (Eltronik) / variable-capacitance diode, Varicap n, varactor diode, parametric diode*
**kapazitiv** adj (Eltech) / capacitive adj, capacitative adj ‖ ~**e Abstimmung** (Radio) / capacitive tuning ‖ ~**e Belastung** (Eltech) / capacitative load*, leading load* ‖ ~**beschwerte Antenne** (Radio) / top capacitor antenna, tail-cap antenna, top-loaded vertical antenna ‖ ~**er Blindstrom** (Eltech) / capacitive current ‖ ~**er Blindwiderstand** (Eltech) / capacitive reactance*, capacitative reactance* ‖ ~**e Dreipunktschaltung** (Eltronik) / Colpitts oscillator* ‖ ~**e HF-Erwärmung** (Eltech) / capacitance current heating ‖ ~**e Kopplung** (induktiv-galvanische) (Eltech) / auto-inductive coupling* ‖ ~**e Kopplung** (Eltech) / capacitance coupling*, capacitive coupling ‖ ~**er Kurzschlußkolben** (Eltech) / choke piston, choke plunger, non-contact plunger ‖ ~**er Nebenschluß** (Eltech) / capacitive shunt ‖ ~**e Reaktanz** (Eltech) / capacitive reactance ‖ ~**e Rückkopplung** (Eltech) / electrostatic feedback ‖ ~**er Sensor** (z.B. bei den IR) / capacitive sensor ‖ ~**er Speicher** (EDV) / capacitor storage, dicap-storage ‖ ~**er Strom** (Eltech) / capacitive current ‖ ~**er Widerstand** (Elektr) / capacitive reactance*, capacitative reactance*
**Kapazitivität** f (bei linearen Dielektriken) (Elektr) / permittivity* n, dielectric constant*, capacitivity n
**Kap-Buchsbaum** m (For) / East London boxwood, African boxwood, gonioma kamassi, Cape box
**Kapellation** f (Hütt) / cupellation* n
**Kapelle** f (Chem Verf) / fume cupboard*, hood n, cupboard n, laboratory fume hood ‖ ≈ (Hütt) / cupel* n
**kapern** v (ein Schiff) (Schiff) / capture v, bring in v, take v, seize v
**Kapgranat** m (Min) / Cape ruby*

**kapillar** adj (Phys) / capillary* adj ‖ ~**er Aufstieg** (Landw) / capillary rise ‖ ~**e Kondensation** (die in Kapillaren und engen Poren bereits oberhalb des Siedepunktes eintretende Kondensation von Flüssigkeitsdämpfen) (Chem) / capillary condensation* ‖ ~**e Steighöhe** (Phys) / height of capillary rise ‖ ~**er Wasserhub** (Bau) / capillary rise
**Kapillar•affinität** f (Phys) / capillary affinity ‖ ~**aktiv** adj (Chem, Phys) / capillary-active adj ‖ ≈**analyse** f (Chem) / capillary analysis ‖ ≈**aszension** f (Phys) / capillary rise ‖ ≈**attraktion** f (das Aufsteigen einer Flüssigkeit in einer Kapillare) (Phys) / capillary rise ‖ ≈**bandfilter** n (Chem) / capillary belt filter ‖ ≈**bewegung** f (Phys) / capillary flow, capillary migration, capillary movement ‖ ≈**bruch** m (Bau) / capillary break, capillary breaking ‖ ≈**chemie** f (Chemie an Grenzflächen und porösen Stoffen) (Chem) / capillary chemistry ‖ ≈**chromatografie** f **mit Mikrosäulen** (Chem) / microbore chromatography ‖ ≈**depression** f (das Absinken einer Flüssigkeit in einer Kapillare) (Phys) / capillary depression ‖ ≈**druck** m (DIN 4045 und 13310) (Phys) / capillary pressure* ‖ ≈**druckhöhe** f (Phys) / height of capillary rise
**Kapillare** f (Phys) / capillary tube, capillary n
**kapillar•elektrisch** adj / electrocapillary adj ‖ ≈**elektrometer** n (Chem) / capillary electrometer* ‖ ≈**elektrophorese** f (Chem) / capillary electrophoresis, capillary gel electrophoresis, CGE ‖ ≈**flächenaktivität** f (Chem, Phys) / surface activity* ‖ ≈**gaschromatografie** f (Chem) / capillary gas chromatography, high-resolution gas chromatography, HR gas chromatography ‖ ~**inaktiv** adj (Chem, Phys) / capillary-inactive adj
**Kapillarität** f (Phys) / capillarity* n, capillary action* ‖ **Abstand** m **zwischen den Überlappungen, der die** ≈ **verhindern soll** (Bau, Klemp) / capillary break, capillary groove
**Kapillaritätsfehler** m (bei U-Rohr-Manometern) / error due to capillarity
**Kapillar•kondensation** f (Chem) / capillary condensation* ‖ ≈**konstante** f (freie Oberflächenenergie) (Phys) / capillary constant ‖ ≈**kräfte** f pl (Phys) / capillary forces ‖ ≈**membranmodul** n (ein Grundelement einer technischen Anlage für die Membranfiltration) (Chem) / capillary module ‖ ≈**mikroskopie** f (Med, Mikros) / capillaroscopy n ‖ ≈**oskopie** f (Med, Mikros) / capillaroscopy n ‖ ≈**porenraum** m / capillary space ‖ ≈**porosität** f (des Bodens) (Landw) / capillary porosity ‖ ≈**riß** m / hair-line crack, hair-line n, hair-crack n, crazing crack, capillary crack ‖ ≈**röhre** f (Phys) / capillary tube, capillary n ‖ ≈**säule** f (Chem) / capillary column ‖ **Fused-Silica-**≈**säule** (Chem) / fused-silica capillary column ‖ **gepackte** ≈**säule** (Chem) / micropack column, packed microbore column, PMB column, microcolumn n, micropacked column ‖ ≈**saum** m (über der oberen Grenzfläche des ungespannten Grundwassers) (HuT, Landw) / capillary fringe, capillary fringe zone, zone of capillarity ‖ ≈**sonde** f / Haber-Luggin capillary, Luggin-Haber capillary, Luggin-Haber probe, Luggin probe ‖ ≈**sonde nach Luggin und Haber** (Phys) / Haber-Luggin capillary, Luggin-Haber capillary, Luggin-Haber probe, Luggin probe ‖ ≈**sperre** f (Bau, Klemp) / capillary break, capillary groove ‖ ≈**viskosimeter** n (ein nach dem Prinzip der Poiseuilleströmung wirkendes Meßgerät zur Bestimmung der Viskosität) (Phys) / capillary viscometer ‖ ≈**wasser** n (derjenige Anteil an Haftwasser, der durch Oberflächenkräfte des Bodens unter Bildung von Menisken im Boden gehalten wird) (Bot, HuT, Landw) / capillary soil water* ‖ **durch** ≈**wasser gespeiste Verdunstung** (Geophys) / soil discharge ‖ ≈**welle** f (Hyd) / capillary wave ‖ ≈**welle** (Wasserb) / ripple* n ‖ ≈**wirkung** f (Phys) / capillarity* n, capillary action*
**Kapital** n (das verzinst wird) / principal n ‖ ≈ (unteres) (Buchb) / tailband* n, foot-band n ‖ ≈ (oberes) (Buchb) / headband* n ‖ ≈**handumstochenes** ≈ (Buchb) / handmade headband
**Kapitäl** n (Arch) / capital* n, cap* n
**Kapital•anlage** f / investment n ‖ ≈**aufwand** m / capital cost ‖ ≈**band** n (unten) (Buchb) / tailband* n, foot-band n ‖ ≈**band** (oben) (Buchb) / headband* n ‖ **unteres** ≈**band** (Buchb) / tailband* n, foot-band n ‖ ≈**bandmaschine** f (die das Ankleben der Kapitalbänder besorgt) (Buchb) / headbander n, headbanding machine ‖ ≈**bindung** f / capital tie-up
**Kapitälchen** n pl (ohne Anfangsversal) (Typog) / even small caps*, level small caps* ‖ ≈ n (Großbuchstabe aus der Antiqua, aber nur von der Größe eines Kleinbuchstabens) (Typog) / small capital*, small cap ‖ ≈ n (mit Anfangsversal) (Typog) / caps and small caps* (c. s. c.)
**Kapital•dienst** m **der Anlagekosten** / capacity cost ‖ ~**intensiv** adj / capital-intensive adj ‖ ≈**maschine** f (die das Ankleben der Kapitalbänder besorgt) (Buchb) / headbander n, headbanding machine ‖ ≈**rentabilität** f / return on investment, ROI
**Kapitän** m **auf großer Fahrt** (Schiff) / foreign-trade master
**Kapitel** n (Druck) / chapter n ‖ ≈ (Cobol) (EDV) / section n
**Kapitell** n (Kopfstück einer Säule oder eines Pfeilers) (Arch) / capital* n, cap* n

**Kapitelldeckplatte** *f* (quadratische) (Arch) / abacus* *n* (pl. abacuses or abaci)
**Kapiza-Widerstand** *m* (nach dem russischen Nobelpreisträger P. Kapiza, 1894-1984) (Phys) / Kapitza resistance
**Kaplan•-Rohrturbine** *f* (Masch) / axial-flow tube-type hydraulic turbine (Kaplan) ‖ ⁓**-Turbine** *f* (entwickelt von V. Kaplan, 1876-1934) (Masch) / Kaplan water turbine*, Kaplan-type hydraulic turbine ‖ ⁓**-Turbine mit verstellbaren Schaufeln** (Masch) / adjustable-blade Kaplan-type turbine, adjustable-blade propeller (hydraulic) turbine
**Kapnograf** *m* (zur kontinuierlichen Messung der Staubkonzentration in gasförmigen Medien) (Umwelt) / capnograph *n*
**Kapok** *m* (Kapselwolle des Kapokbaumes) (Tex) / kapok* *n*, Java cotton, ceiba *n*, capoc *n*, silk cotton
**Kapokbaum, Echter** ⁓ (Ceiba pentanda (L.) Gaertn.) (For) / kapok-tree *n*, silk-cotton tree, ceiba *n*
**Kapokfaser** *f* (DIN 66001, T 1) (Tex) / kapok* *n*, Java cotton, ceiba *n*, capoc *n*, silk cotton
**Kappakurve** *f* (Math) / kappa curve
**Kapparesonanz** *f* (Kernphys) / kappa resonance
**Kappazahl** *f* (die Bestimmung der Härte und der Bleichbarkeit des Zellstoffs nach DIN 54357) (Pap) / kappa number*
**Kappe** *f* (meistens Hinterkappe - am Schuh / stiffener *n* ‖ ⁓ (meistens Vorderkappe - am Schuh) / tip *n*, cap *n*, toe *n*, puff *n* ‖ ⁓ (Arch) / vault *n*, crown *n* ‖ ⁓ (im Türstock) (Bergb) / cap* *n*, cap piece ‖ ⁓ (beim Rahmenausbau) (Bergb) / tie *n*, girt *n* ‖ ⁓ (des Isolators) (Eltech) / cap *n* ‖ ⁓ (Gen) / cap *n*, capping *n* ‖ ⁓ (Glas) / moil* *n* ‖ ⁓ (eine Deckenkonstruktion) (Glas) / crown *n*, cap *n* ‖ ⁓ (bei schlauchlosen Reifen) (Kfz) / inner liner (of a tyre), tyre inner liner ‖ ⁓ (Masch) / cap* *n* ‖ ⁓ (meistens mit Kette - als Absperrorgan) (Masch) / plug *n* ‖ ⁓ (Masch) / dome *n* ‖ ⁓ (bei Wolkengattungen Kumulus und Kumulonimbus) (Meteor) / cap* *n*, pileus* *n* (pl. pilei) ‖ **[Schutz]** ⁓ / bonnet* *n*, hood *n*, cover *n* ‖ **Böhmische** ⁓ (ein Gewölbe über einer kleineren Fläche als dem Grundquadrat) (Arch) / Bohemian vault ‖ **mit einer** ⁓ **bedecken** / cap *v* ‖ **mit einer** ⁓ **verschließen** / cap *v*
**kappen** *v* / lop *v*, lop off *v* ‖ ⁓ / poll *v* ‖ ⁓ (EDV) / clip *v*, scissor *v* ‖ ⁓ (Rundholz, Bretter, Bohlen) (For) / nose *v* (a tree trunk)), equalize *v* (sawnwood), dock *v* ‖ ⁓ (einen Baum) (KI) / prune *v*, truncate *v*, cut off *v* ‖ ⁓ (eine Leine, eine Kette) (Schiff) / cut *v* ‖ ⁓ (Tex) / fell *v* ‖ ⁓ *n* (Entfernen der Teile von Darstellungselementen oder Anzeigegruppen, die außerhalb der Berandung bzw. des Fensters liegen) (EDV) / clipping *n*, scissoring *n* ‖ ⁓**ausbau** *m* (Bergb) / hitch timbering ‖ ⁓**fläche** *f* (eines Gewölbes) (Bau) / sectroid* *n* ‖ ⁓**isolator** *n* (Eltech) / cap-and-pin type insulator*
**Kapp•faktor** *m* (Eltech) / Kapp coefficient ‖ ⁓**lage** *f* (Schw) / cap pass, capping pass, sealing run, backing run, back weld (US) ‖ ⁓**lagenschweißen** *n* (Schw) / capping *n*, rewelding from the back ‖ ⁓**leiste** *f* (der Schornsteineinfassung) (Klemp) / cover flashing ‖ ⁓**messer** *n* (For) / brush hook, billhook *n* ‖ ⁓**naht** *f* (Tex) / fell seam, monk's seam, flat-fell seam, felled seam ‖ ⁓**nahtherstellung** *f* (Tex) / felling *n* ‖ ⁓**säge** *f* (For, Zimm) / docking saw
**Kappsch•es Dreieck** (Eltech) / Potier construction*, Potier diagram, Potier reactance triangle ‖ ⁓**er Phasenschieber** (Eltech) / Kapp phase advancer*, Kapp vibrator* ‖ ⁓**er Vibrator** (Eltech) / Kapp phase advancer*, Kapp vibrator*
**Kapp•schuh** *m* (ein Verbindungselement zur Herstellung von starren Kappenverbindungen) (Bergb) / cap shoe, cap knee ‖ ⁓**station** *f* (For) / cross-cut station
**Kaprin•aldehyd** *m* (Chem) / capric aldehyde, decanal *n* ‖ **n-**⁓**säure** *f* (Chem) / capric acid*, n-decanoic acid* ‖ ⁓**säureethylester** *m* (Chem, Nahr) / ethyl caprate, ethyl decanoate
**Kaprolaktam** *n* (Chem) / caprolactam *n*
**Kapronsäure, n-**⁓ (Chem) / caproic acid*, n-hexanoic acid*, hexylic acid ‖ ⁓**ethylester** *m* (Chem, Nahr) / ethyl caproate, ethyl hexanoate
**Kaprubin** *n* (dem böhmischen Granat ähnlicher Schmuckstein aus den Diamantminen bei Kimberley und den Seifenlagerstätten am Vaalfluß) (Min) / Cape ruby*
**Kaprylsäure, n-**⁓ (Chem) / caprylic acid*, n-octanoic acid* ‖ ⁓**ethylester** *m* (Chem) / ethyl caprylate, ethyl octanoate
**Kapsel** *f* (des Kapselpinsels) (Anstr) / ferrule *n* (oval or round) ‖ ⁓ (Bot) / capsule *n* ‖ ⁓ (Fernsp) / capsule *n* ‖ ⁓ (zur Aufnahme von Brenngut) (Keram) / saggar* *n*, sagger *n* (US) ‖ ⁓ (Nukl) / cartridge* *n* ‖ ⁓ (Hülle für die Arzneizubereitung) (Pharm) / capsule* *n* ‖ ⁓ (Raumf) / capsule *n*, space capsule ‖ ⁓ (z.B. Lunar Excursion Module) (Raumf) / module* *n* ‖ ⁓**bodenlose** ⁓ (Keram) / ringer *n* ‖ ⁓ **aus Stärkemasse** (eine Arzneiform) (Pharm) / cachet *n*, medicinal wafer ‖ ⁓ **für Gammastrahlungsquellen** (Nukl, Radiol) / gamma-ray capsule*
**Kapsel•aufsetzer** *m* (Nahr) / capsuling machine, capping machine, capper *n* ‖ ⁓**engobe** *f* (Keram) / saggaring wash ‖ ⁓**federmanometer** *n* (ein mechanisches Manometer mit elastischem Meßglied für Gasdrücke in niederen Meßbereichen) (Phys) / capsule manometer ‖ ⁓**flaschenlack** *m* (Anstr, Nahr) / capsule lacquer ‖ ⁓**lack** *m* (für verkorkte Flaschenhälse) (Anstr, Nahr) / capsule lacquer ‖ ⁓**motor** *m* (Masch) / enclosed motor
**kapseln** *v* / encapsulate *v* ‖ ⁓ (Lärmquellen) (Akus) / isolate *v*
**Kapsel•papier** *n* (Pap) / carbonless copy paper, NCR (= no carbon required)*, non-carbon paper, NCP ‖ ⁓**papier** (Pap) / self-contained carbonless paper, SC paper ‖ ⁓**pumpe** *f* (eine Drehkolbenpumpe) (Masch) / canned pump ‖ ⁓**spinnmaschine** *f* (Spinn) / centrifugal pot spinning machine, can spinning machine, can spinning frame, pot spinning frame, centrifugal spinning machine ‖ ⁓**stapel** (Keram) / bung *n* (a group of saggers or pots stacked in a kiln) ‖ ⁓**ton** *m* (zur Herstellung von Brennkapseln) (Keram) / saggar clay, sagger clay (US)
**Kapselung** *f* (von Lärmquellen) (Akus) / isolation* *n* ‖ ⁓ (einer Druckmaschine) (Druck) / hooding *n* ‖ **druckfeste** ⁓ (Eltech) / flameproof enclosure ‖ **druckfeste** ⁓ (Instr) / casing *n*
**Kapselverschlußmaschine** *f* (eine Flaschenverschließmaschine) (Nahr) / capsuling machine, capping machine, capper *n*
**Kapsenberg-Kappe** *f* (Metallkappe zum sterilen Verschluß mikrobiologischer Kulturen) (Chem) / Kapsenberg cap
**Kapsenberg-Schmiere** *f* (für die Schliffapparaturen) (Chem) / Kapsenberg lubricant
**Kapsid** *n* (Biochem) / capsid *n*
**Kapsomer** *n* (Biochem) / capsomere *n*
**Kapspur** *f* (1067 mm) (Bahn) / Cape gauge
**Kapstan** *m* (Akus, Mag) / capstan* *n*
**Kaptal, oberes** ⁓**band** (Buchb) / headband* *n*
**kaptalen** *v* (ein Kaptalband anbringen) (Buchb) / headband *v*
**kaptalter Buchblock** (Buchb) / headbanded book
**Kapteyn-Feld** *n* (Astr) / selected area
**Kapur** *n* (Holz der Dryobalanops aromatica C.F. Gaertn.) (For) / kapur* *n*
**Kapurholz** *n* (For) / kapur* *n*
**Kapuzinerkäfer** *m* (Familie Bostrychidae) (Zool) / bostrychid beetle
**Kapwolle** *f* (Sammelbegriff für feinste südafrikanische Farmerwolle des Merinotyps) (Tex) / Cape wool, South African merino wool
**Kar** *n* (Geol) / cirque* *n*, corrie *n*
**Karabinerhaken** *m* (mit einer federnden Zunge) (Masch) / karabiner *n*, carabiner *n*, snap-hook *n*, snap connector
**Karakul** *m* (gewebte oder gewirkte Pelzimitation) (Tex) / caracul cloth, karakul cloth
**Karakulschaf** *n* (Zool) / caracul *n*, karakul *n*
**Karambolage** *f* (Kfz) / shunt *n* (a motor accident, especially a collision of vehicles travelling one close behind the other)
**Karamel** *m* (gebrannter Zucker) (Nahr) / caramel *n*, burnt sugar
**Karamelisierung** *f* (Bildung von Karamel) (Nahr) / caramelization *n*
**Karamell** *n* (Nahr) / caramel *n*, burnt sugar
**Karamelmalz** *n* (Brau) / crystal malt, caramel malt
**Karamelzucker** *m* (Aroma- und Geschmacksstoff) (Nahr) / caramel *n*, burnt sugar
**Karat** *n* (altes Maß für die Feinheit einer Goldlegierung) / carat* *n*, karat* *n* ‖ **metrisches** ⁓ / metric carat*, MC*
**Karayagummi** *n* (meist aus Sterculia urens Roxb.) (Nahr, Pharm) / karaya gum, sterculia gum, gum karaya, Indian tragacanth, kadaya gum
**Karbamat** *n* (Chem) / carbamate *n*
**Karbamid** *n* (Endprodukt des Eiweißstoffwechsels) (Biochem) / urea* *n*, carbamide *n*
**Karbamidsäure** *f* (Chem) / carbamic acid*, aminoformic acid
**Karbamyl** *n* (Chem) / carbamyl *n*
**Karbate** *n* (ein alter Kunststoff aus graphitischem Material - von Union Carbide Corporation entwickelt) (Chem Verf) / Karbate* *n*
**Karbazid** *n* (Chem) / carbazide *n*
**Karbazol** *n* (Chem) / carbazole* *n*, dibenzopyrrole *n*
**Karbazon** *n* (Chem) / carbazone *n*
**Karbene** *n pl* (Chem) / carbenes* *pl*
**Karbid** *n* (als Feuerfestmaterial) / refractory carbide ‖ ⁓ (Chem) / calcium carbide*, calcium acetylide ‖ ⁓ (Chem) / carbide* *n* ‖ **E-**⁓ (eine Eisenkarbidausscheidung mit hexagonal dichter Packung der Formel Fe$_{2,4}$ C) (Hütt) / epsilon carbide ‖ **eingeformtes** ⁓ (Hütt) / spheroidized carbide ‖ **interstitielles** ⁓ (Chem) / interstitial carbide ‖ **ledeburitisches** ⁓ (Hütt) / ledeburitic carbide ‖ ⁓ **des Legierungselements** (Hütt) / alloy carbide ‖ ⁓**ausscheidung** *f* (Hütt) / carbide precipitation ‖ ⁓**band** *n* (Hütt) / carbide band ‖ ⁓**beschickungsanlage** *f* (Schw) / carbide feed mechanism ‖ ~**bildendes Element** (Hütt) / carbide former, carbide-forming agent ‖ ⁓**bildner** *m* (Hütt) / carbide former, carbide-forming agent ‖ ⁓**hartmetall** *n* (gegossenes oder gesintertes) (Hütt) / hard carbide ‖ **gegossenes** ⁓**hartmetall** (Hütt) / cast hard carbide
**karbidischer Brennstoff** (Nukl) / carbide (nuclear) fuel
**Karbid•lampe** *f* / carbide lamp ‖ ⁓**ofen** *m* / carbide furnace ‖ ⁓**schutzschicht** *f* (Galv) / carbide coating

**Karbinol**

**Karbinol** *n* (eine veraltete Bezeichnung für Alkohole) (Chem) / carbinol* *n*
**Karbo•anhydrase** *f* (Biochem) / carbonic anhydrase*, carbonic acid anhydrase, carboanhydrase *n*, carbonate dehydratase ‖ ~**chemie** *f* (Chem) / coal chemistry, chemistry of coal ‖ ~**dikarbonyl** *n* (Chem) / carbon suboxide*, tricarbon dioxide
**Karbolfuchsin-Lösung** *f* (mit Phenol versetzte alkoholische Fuchsinlösung) (Mikros) / carbolfuchsin *n*
**Karbolineum** *n* (Chem, For) / carbolineum *n*
**Karbol•öl** *n* (Chem Verf) / carbolic oil*, middle oil* ‖ ~**säure** *f* (wäßrige Lösung von Phenol) (Chem) / carbolic acid*, carbolic
**Karbonado** *m* (grauschwarzer, koksähnlicher Diamant) (Min) / black diamond*, carbonado* *n* (pl. -oes)
**Karbonat** *n* (Salz oder Ester der Kohlensäure) (Chem) / carbonate* *n* ‖ ~ (z.B. der Kalzit-Dolomit-Aragonit-Familie) (Min) / carbonate mineral ‖ **basisches** ~ (Chem) / subcarbonate *n* ‖ **neutrales** ~ (Chem) / neutral carbonate, secondary carbonate ‖ **normales** ~ (Chem) / neutral carbonate, secondary carbonate ‖ ~**apatit** *m* (Min) / carbonate-apatite* *n*
**Karbonatation** *f* (Nahr) / saturation *n*, carbonation *n*
**Karbonatationspfanne** *f* (bei der Zuckergewinnung) (Nahr) / defecation pan, defecation tank, defecator *n*, limer *n*
**Karbonatationsschlamm** *m* (Nahr) / carbonation slurry
**Karbonat•bleiweiß** *n* (Chem) / white lead*, ceruse *n* ‖ ~**galmei** *m* (Min) / smithsonite* *n*, dry bone* (ore - the honeycombed variety), szaskaite *n* ‖ **schlammgestütztes** ~**gestein** (Geol) / mud-supported carbonate sedimentary rock ‖ **schlammgestütztes** ~**gestein** (mit >10% Komponenten) (Geol) / wackestone *n* ‖ **schlammgestütztes** ~**gestein** (mit <10% Komponenten) (Geol) / mudstone *n* ‖ ~**gesteine** *n pl* (im wesentlichen Kalke, Mergel, Dolomite und Zwischenglieder) (Geol) / carbonate rocks ‖ ~**härte** *f* (des Wassers) / carbonate hardness, temporary hardness* ‖ ~**ionen** *n pl* **der Erdalkalien** (im Wasser) / carbonate hardness, temporary hardness*
**karbonatische Höhlenablagerungen** (auch Tropfsteine) (Geol) / speleothems* *pl*
**Karbonatisierung** *f* (Geol) / carbonation *n*, carbonatization *n* ‖ ~ (Bildung von Kalziumkarbonat aus dem Kalkhydrat des Zementsteins infolge Einwirkung von Kohlendioxid) (HuT) / carbonation *n*, carbonization *n*
**Karbonatit** *m* (ein magmatisches Gestein) (Geol) / carbonatite* *n*
**Karbon•band** *n* (der Schreibmaschine) / carbon ribbon, acetate ribbon ‖ ~**druck** *m* (Drucken von Flächen mit Spezialdruckfarben /Heißkarbonfarben/ auf der Rückseite eines Bedruckstoffes, um ihn durchschreibfähig zu machen - DIN 16514) (Druck) / carbon printing ‖ ~**farbband** *n* (Carbon ribbon, acetate ribbon ‖ ~**freies Durchschreibepapier** (bei dem der Druck meistens eine chemische Farbreaktion auslöst) (Pap) / carbonless copy paper, NCR (= no carbon required)*, non-carbon paper, NCP
**karbonisch** *adj* (Kohle) (Bergb, Geol) / carboniferous *adj*
**karbonisieren** *v* (Nahr) / aerate *v*, carbonate *v* ‖ ~ (Wolle) (Tex) / carbonize *v* ‖ ~ *n* (Nahr) / aeration *n*, carbonation *n* ‖ ~ (von Wolle) (Tex) / carbonization* *n*, carbonizing *n* ‖ ~ (der Fasern) (Tex) / charring *n* ‖ **nasses** ~ (Tex) / wet carbonizing ‖ **trockenes** ~ (der Wolle) (Tex) / dry carbonizing
**karbonisierende Flamme** (bei Auftreten von freiem Kohlenstoff im Flammeninneren) (Schw) / carburizing flame
**karbonisierte Wolle** (Tex) / carbonized wool
**Karbonisierung** *f* (der Fasern - Brennverhalten der Textilien) (Tex) / charring *n*
**Karbonisur** *f* (der Gewebe) (Tex) / carbonization* *n*
**Karbo•nitrid** *n* (Mischkristalle von Karbiden und Nitriden der Übergangsmetalle) / carbonitride *n* ‖ ~**nitrieren** *n* (Kombination von Einsatzhärten und Nitrierhärten zur Erzielung großer Oberflächenhärte bei Stählen - in Gas oder im Salzbad) (Hütt) / carbonitriding *n*, nicarbing *n*, carbonitration *n*
**Karbonohydrazid** *n* (Chem) / carbazide *n*
**Karbon•papier** *n* (A) (Pap) / carbon paper*, carbon *n*, carbon sheet ‖ ~**säure** *f* (Chem) / carboxylic acid* ‖ ~**säureester** *m* (auch synthetisches Schmiermittel) (Chem) / carboxylic acid ester
**Karbonyl** *n* (Chem) / carbonyl* *n*, carbonyl group ‖ ~**gruppe** *f* (Chem) / carbonyl group
**Karbonylierung** *f* (Chem) / carbonylation *n*
**Karbonyl•prozeß** *m* (Hütt) / carbonyl process, direct synthesis from carbonyls ‖ ~**pulver** *n* (Pulv) / carbonyl powder* ‖ ~**sulfid** *n* (Chem) / carbonyl sulphide, carbon oxysulphide ‖ ~**verfahren** *n* (Verfahren zur Gewinnung sehr reiner Metalle der Eisengruppe über die leichtflüchtige Verbindung $Me(CO)_x$) (Hütt) / carbonyl process, direct synthesis from carbonyls
**Karboxygruppe** *f* (Chem) / carboxyl group*
**Karboxylase** *f* (Enzym mit Biotin als prosthetischer Gruppe) (Biochem) / carboxylase* *n* ‖ ~ (Biochem) s. auch Pyruvatcarboxylase

**Karboxylat-Kautschuk** *m* (Kopolymere von Butadien oder anderen Monomeren mit 0,5-2% Methakrylsäure) (Chem Verf) / carboxylic rubber
**karboxylieren** *v* (in organische Verbindungen die Karboxylgruppe einführen) (Chem) / carboxylate *v*
**Karboxymethylzellulose** *f* (ein Zelluloseether) (Chem) / carboxymethylcellulose *n*, CMC, cellulose gum
**Karboxypeptidase** *f* (Biochem) / carboxypeptidase *n*
**karbozyklisch** *adj* (Chem) / carbocyclic *adj*
**Karbrodruck** *m* (Foto) / Carbro process*
**Karburator** *m* (zur Erhöhung des Heizwertes und der Leuchtkraft von Heizgasen) (Kftst) / carburetter *n* ‖ ~ (zur Wassergaserzeugung) (Kftst) / carburetter *n*
**Karburieren** *n* (Erhöhung der Leuchtkraft und des Heizwertes von Brenn- und Leuchtgasen) (Chem Verf) / carburetting *n*, carburetion *n* (US)
**karburierende Flamme** (bei Auftreten von freiem Kohlenstoff im Flammeninneren) (Schw) / carburizing flame
**karburiertes Wassergas** (Chem Verf) / carburetted water gas, enriched water gas, C.W.G.
**Kardamomenöl** *n* (Nahr) / oil of cardamom
**Kardan•antrieb** *m* (Kfz) / Cardan drive ‖ ~**aufhängung** *f* (Masch) / gimbal mount*, Cardan mount*, Cardan's suspension, cardancic suspension ‖ ~**fehler** *m* (des Kreiselkompasses) (Schiff) / gimballing error ‖ ~**gelenk** *n* (zur Kraftübertragung - nach G.Cardano, 1501-1576) (Kfz, Masch) / Hooke's joint*, cardan universal joint, cardan joint ‖ ~**gelenk** (Verbindungsteil für Steckschlüsseleinsätze) (Werkz) / universal joint, U-joint *n*
**kardanisch** *adj* / cardanic *adj*, on gimbals ‖ ~**e Aufhängung** (Masch) / gimbal mount*, Cardan mount*, Cardan's suspension, cardanic suspension ‖ ~**er Bügel** / gimbal(s) *n(pl)*, gymbal(s) *n(pl)* ‖ ~**e Formel** (Math) / general cubic equation, Cardan's solution of the cubic
**Kardan•kreise** *m pl* (Mech) / Cardan circle pair, Cardan's circles (Cardan motion) ‖ ~**kreispaar** *n* (in der Geradführung) (Mech) / Cardan circle pair, Cardan's circles (Cardan motion) ‖ ~**rahmen** *m* / gimbal(s) *n(pl)*, gymbal(s) *n(pl)* ‖ ~**tunnel** *m* (bei Hinterradantrieb) (Kfz) / driveshaft tunnel, transmission tunnel ‖ ~**welle** *f* (Kfz) / Cardan shaft ‖ ~**welle** (beim Hinterradantrieb) (Kfz) / propeller shaft*, drive shaft ‖ ~**geteilte** ~**welle** (Kfz) / divided driveshaft, divided prop shaft, split prop shaft, double-section driveshaft ‖ **zweiteilige** ~**welle** (Kfz) / divided driveshaft, divided prop shaft, split prop shaft, double-section driveshaft
**Karde** *f* (in der Baumwoll- und Flachsspinnerei) (Spinn) / card* *n*, carding engine, carding machine ‖ **Haupttrommel der** ~ (Spinn) / swift *n*
**Kardeele** *f* (eines Kabelschlagseiles nach DIN 83305 und 83306) / strand *n*
**karden** *v* (Spinn) / card *v* ‖ ~ *n* (Spinn) / carding* *n* ‖ ~**abfall** *m* (Spinn) / card waste ‖ ~**ausputz** *m* (Spinn) / card waste ‖ ~**band** *n* (Spinn) / card sliver, carded sliver, sliver *n* ‖ ~**beschlag** *m* (Spinn) / card clothing* ‖ ~**flor** *m* (Spinn) / card web, carded web ‖ ~**garnitur** *f* (Spinn) / card clothing* ‖ ~**vlies** *n* (Spinn) / card web, carded web
**Karderie** *f* (Spinn) / carding room, card room
**kardieren** *v* (Spinn) / card *v* ‖ ~ *n* (Spinn) / carding* *n*
**Kardierflügel** *m* (Spinn) / carding beater, Kirschner beater
**kardiertes Garn** (Spinn) / carded yarn*, woollen-spun yarn
**Kardinal•flächen** *f pl* (optische Kardinalelemente) (Opt) / cardinal planes* ‖ ~**punkte** *m pl* (optische Kardinalelemente) (Opt) / cardinal points*, Gauss points ‖ ~**rot** *adj* / cardinal *adj*, cardinal red ‖ ~**strecke** *f* (Opt) / cardinal distance ‖ ~**zahl** *f* (Math) / cardinal number*, cardinal *n* ‖ ~**zahl** (einer Menge) (Math) / cardinality *n*, power *n* ‖ **endliche** ~**zahl** (Math) / finite cardinal (number) ‖ **transfinite** ~**zahl** (Math) / infinite cardinal (number)
**Kardioiddunkelfeldkondensor** *m* (Mikros) / cardioid condenser
**Kardioide** *f* (eine spitze Epizykloide) (Math) / cardioid* *n*
**Kardioidmikrofon** *n* (Akus) / cardioid microphone
**Kardyöl** *n* (Nahr) / safflower oil
**Karenzzeit** *f* (bei Pflanzenschutzmitteln) (Landw) / waiting period, waiting time
**Karfunkel** *m* (alte Bezeichnung für feuerrote Schmucksteine) (Min) / carbuncle* *n*
**Karfunkelstein** *m* (Min) / carbuncle* *n*
**karg** *adj* (Kost) (Nahr) / slender *adj* ‖ ~ **bemessen** (Masch) / undersized *adj*
**Kargo** *m* (Schiff) / cargo *n* (pl. cargoes or cargos), load* *n*, shipload *n*
**Karibische Kiefer** (Pinus caribaea Morelet) (For) / Caribbean pine, slash pine
**kariert** *adj* / checkered *adj* (US), chequered *adj* ‖ ~**e Bahn** (des Karosseriehammers) (Kfz) / cross-milled serrated face, cross-hatched face ‖ ~**es Leinen** (Tex) / linen check ‖ ~**es Papier** (Pap) / squared paper

**kariogen** adj (Med, Nahr) / cariogenic adj
**Karitébutter** f (von Vitellaria paradoxa C. F. Gaertn.) / shea butter, bambuk butter
**Karitéfett** n (von Vitellaria paradoxa C. F. Gaertn.) / shea butter, bambuk butter
**Karkasse** f (der Gewebeunterbau als Festigkeitsträger) (Kfz) / carcass n
**Karl-Fischer•-Lösung** f (Chem) / Fischer reagent for water, Karl Fischer solution ‖ ≈-**Methode** f (zur Wasserbestimmung) / Karl Fischer technique, Karl Fischer titration ‖ ≈-**Reagens** n (zur quantitativen Bestimmung von Wasser - nach K. Fischer, 1901-1958) (Chem) / Fischer reagent for water, Karl Fischer solution ‖ ≈-**Titration** f / Karl Fischer technique, Karl Fischer titration
**Karlsbader Gesetz** (Krist) / Carlsbad law ‖ ≈ **Salz** (Salzgemisch aus eingedampftem Wasser der Karlsbader Quellen - Böhmen) (Pharm) / Karlsbad salt, Carlsbad salt
**Kármánsche Wirbelstraße** (eine regelmäßige Anordnung rechts- und linksdrehender Wirbel hinter stumpfen Körpern - nach T.v.Kármán, 1881-1963) (Hyd, Luftf) / Kármán vortex street*, von Kármán vortex street, Kármán street*, vortex street*, vortex trail, vortex train, street n
**Kármán-Trefftz-Profil** n (ein Tragflügelprofil) (Luftf) / Kármán-Trefftz profile
**Karmesin** n (Mikros, Nahr) / carmine n (a vivid crimson colour made from cochineal), cochineal n
**karmesinrot** adj / carmine-red adj, carmine adj
**Karmin** n (Mikros, Nahr) / carmine n (a vivid crimson colour made from cochineal), cochineal n ‖ ≈**lack** m (ein Farblack) (Anstr) / crimson lake ‖ ~**rot** adj / carmine-red adj, carmine adj ‖ ≈**säure** f (E 120) (Chem) / carminic acid
**Karnallit** m (ein primäres Kalisalz) (Min) / carnallite* n
**Karnaubawachs** n (von der Karnaubawachspalme) / carnauba wax, Brazil wax
**Karnaubawachspalme** f (Copernicia prunifera L. (Mill.) H.E. Moore) / carnauba n, wax palm
**Karnaugh•-Diagramm** n (in der Schaltalgebra) (EDV) / Karnaugh map (ISO 2382-2: 1976), Veitch diagram ‖ ≈-**Tabelle** f (EDV) / Karnaugh map (ISO 2382-2: 1976), Veitch diagram ‖ ≈-**Veitch-Diagramm** n (EDV) / Karnaugh map (ISO 2382-2: 1976), Veitch diagram
**Karneol** m (blutroter bis gelblicher Chalzedon) (Min) / carnelian* n, cornelian* n
**Karnies** n (bekrönendes steigendes) (Arch) / cyma recta*, ogee moulding ‖ ≈ (stützendes steigendes) (Arch) / cyma reversa*, cyma inversa*, reverse ogee moulding ‖ ≈ (Arch) s. auch Blende (für die Gardinenleiste) ‖ **bekrönendes steigendes** ≈ (Arch) / cyma recta*, ogee moulding ‖ **stützendes steigendes** ≈ (Arch) / cyma reversa*, cyma inversa*, reverse ogee moulding ‖ ≈**hobel** m (ein Profilhobel) (Tischl) / ogee plane
**Karolus-Zelle** (Lichtsteuerzelle nach A. Karolus, 1893-1972) (Eltech) / Kerr cell*, electrooptical shutter, Kerr shutter
**Karosserie** f (Kfz) / body n, bodywork n, coachwork n, shell n ‖ ≈**aufbau** m (Kfz) / body framing ‖ ≈**aufbaustraße** f (Kfz) / body-framing line ‖ ≈**bauer** m (Kfz) / coachbuilder n, body builder ‖ ≈**blech** n (als Werkstoff) (Kfz) / body sheet, autobody sheet ‖ ≈**blechteil** n (Kfz) / panel n, body panel ‖ ≈**defekt** m (Kfz) / bodywork defect, bodywork blemish, damage to the bodywork ‖ ≈**dichtmasse** f (Kfz) / body sealant, body sealer ‖ ≈**dröhnen** n (Akus, Kfz) / body rumble ‖ ≈**hammer** m (für Reparaturarbeiten) (Werkz) / panel hammer, panel-beating hammer ‖ ≈**kreide** f (Kfz) / body chalk ‖ ≈**pappe** f (Kfz, Pap) / automobile board ‖ ≈**rohbau** m (Kfz) / body-in-white n (the base shell of the vehicle) ‖ ≈**säge** f (für Karosserie-Trennarbeiten) (Kfz) / body panel saw ‖ ≈**schaden** m (Kfz) / bodywork defect, bodywork blemish, damage to the bodywork ‖ ≈**schlosser** m (Kfz) / body repair man, body man, body technician ‖ ≈**spengler** m (Kfz) / body repair man, body man, body technician ‖ ≈**werk** n (für die Produktion von Fahrzeugkarosserien) (Kfz) / pressing plant ‖ ≈**werkstatt** f (Kfz) / body shop, body repair shop
**Karossier** m (Kfz) / coachbuilder n, body builder
**Karotin** n (Chem) / carotene* n
**Karotinoid** n (Chem) / carotenoid* n
**Karottage** f (Bergb, Erdöl) / logging n, well logging, borehole logging, drillhole logging
**Karottenöl** n (Nahr) / carrot oil, carrot-seed oil
**Karpholith** m (Min) / carpholite n
**Karplus•-Beziehung** f (nach M. Karplus, geb. 1930) (Chem) / Karplus equation (the variation of the spin-spin coupling constant) ‖ ≈-**Conroy-Beziehung** f (Chem) / Karplus equation (the variation of the spin-spin coupling constant) ‖ ≈-**Kurve** f (Spektr) / Karplus curve
**Karpose** f (Biol, Umwelt) / carposis n, parabiosis n ‖ ≈ (Biol, Umwelt) s. auch Kommensalismus

**kartenmäßig**

**Karrageen** n (Bot, Nahr) / carragheen n, carrageen n, carrageen moss, Irish moss*
**Karragheen** n (Bot, Nahr) / carragheen n, carrageen n, carrageen moss, Irish moss*
**karrarischer Marmor** (Bau, Geol) / Carrara marble, carrara n (a general name for the marbles quarried near Carrara, Italy)
**Karree** n (pl. -s) (Bau) / square n (US)
**Karren** pl (häufigste Kleinform des Karstes) (Geol) / karren pl, lapiés pl, solution channels, grikes* pl, grykes* pl ‖ ≈ m (Typog) / carriage n ‖ ≈**pflug** m (Landw) / gallows plough, wheel plough ‖ ≈**pumpe** f (Hyd) / barrow pump ‖ ≈**spritze** f (ein Pflanzensprühgerät) (Landw) / barrow-mounted sprayer, spray barrow, barrow sprayer
**Karrer-Methode** f (Synthese von Riboflavin und Tocopherol - nach P. Karrer, 1889-1971) (Chem Verf) / Karrer method
**Karri** n (Holz der Eucalyptus diversicolor F. Muell.) (For) / karri* n
**Karriholz** n (For) / karri* n
**Karsee** m (Geol) / tarn n, cirque lake
**Karst** m (Geol) / karst* n ‖ **nackter** ≈ (Geol) / naked karst ‖ ≈**brunnen** m (Geol) / jama n ‖ ≈**doline** f (Geol) / karst valley ‖ **wasserabgebender** ≈**fluß** (Geol) / lost river ‖ ≈**inselberg** m (Geol) / hum n ‖ ≈**landschaft** f (Geol) / karst landscape ‖ ≈**quelle** f (Geol) / karst spring ‖ ≈**restberg** m (Geol) / hum n ‖ ≈**schlot** m (Geol) / sinkhole n, sink n ‖ ≈**trichter** m (Vertiefung der Karstoberfläche) (Geol) / doline n, dolina n ‖ ≈**wasser** n (Spalten- und Höhlenwasser in den Karstgebieten) (Geol) / karst water
**Kartätsche** f (ein altes Putzwerkzeug) (Bau) / derby float*, darby* n, slicker n
**Karte** f (EDV) / card* n ‖ ≈ (des Kartenrelais) (Eltech) / relay armature card ‖ ≈ (Kart, Verm) / map n ‖ ≈ (eine kartografische Darstellung) (Luftf, Schiff) / chart n ‖ ≈ (zur Steuerung von Mustereinrichtungen) (Web) / card n ‖ ≈ (EDV) s. auch Lochkarte ‖ **abgeleitete** ≈ (Kart) / derived map ‖ **angewandte** ≈ (in der Erscheinungen und Sachverhalte zur Erkenntnis ihrer selbst dargestellt sind) (Kart) / thematic map, special-subject map ‖ **ausklappbare** ≈ (Buchb) / fold-out* n, pull-out n, throw-out* n ‖ **bathymetrische** ≈ (Kart, Ozean) / bathymetric chart ‖ **geologische** ≈ (Geol, Kart) / geological map ‖ **gnomonische** ≈ (Kart) / gnomonic chart, great-circle chart ‖ **herausklappbare** ≈ (Buchb) / fold-out* n, pull-out n, throw-out* n ‖ **hydrografische** ≈ (Kart) / hydrographic chart ‖ **lithologische** ≈ (Geol) / lithological map ‖ **nautische** ≈ (Kart, Ozean) / nautical chart, marine chart, marine map ‖ **physische** ≈ (meistens eine Schulkarte) (Kart) / physical map ‖ **rechter Rand der** ≈ (für Prüfkerbung vorgesehen) (EDV) / trailing edge ‖ **selbstleuchtende** ≈ (Kart) / fluorescent map ‖ **thematische** ≈ (z.B. Geologie, Vegetation, Klima, Bevölkerung, Wirtschaft) (in der Erscheinungen und Sachverhalte zur Erkenntnis ihrer selbst dargestellt sind) (Kart) / thematic map, special-subject map ‖ **topografische** ≈ (komplexe Abbildung der Landschaft) (Kart) / topographic map ‖ ≈ **mit Vollochung** (EDV) / laced card
**Kartei** f / file n ‖ ≈**kasten** m / file box, card box ‖ ≈**schrank** m / filing cabinet
**Karten•abbildung** f (Geog, Kart) / projection* n, map projection ‖ ≈**abtastung** f (EDV) / card sensing ‖ ≈**anstoß** m (EDV) / card wreck, card jam, wreck n, jam n ‖ **transparente** ≈**auflage** (Radar) / map overlay ‖ ≈**bahn** f (EDV) / card track, card bed ‖ ≈**bestandteile** m pl (Kart) / map content ‖ ≈**bildbegrenzungslinie** f (Kart) / neat line, sheet line ‖ ≈**bindemaschine** f (Web) / card-lacing machine ‖ ≈**blatt** n (Kart) / sheet n, quadrangle n (US) ‖ ≈**diagramm** n (Kart) / cartogram n ‖ ≈**doppler** m (EDV) / card reproducer, reproducer n, reproducing punch, card reproducing punch ‖ ≈**ebene** f (bei der Darstellung des Kartengegenstandes im allgemeinen) (Kart) / map plane ‖ **elektronische** ≈**einblendung** f (bei der Flugsicherung) (Luftf, Radar) / video mapping ‖ ≈**eingabefach** n (bei Lochern) (bei Lesern) (EDV) / card hopper, hopper n, input magazine ‖ ≈**einschub** m (Eltronik) / card plug-in unit, card slide-in unit ‖ ≈**eintragung** f (Verm) / plot n ‖ ≈**entfernung** f (die Projektion auf die kugelförmig angenommene Erdfläche) (Radar) / ground range ‖ ≈**feld** n (Kart) / body of the sheet, face of the map, map face ‖ ≈**feldbegrenzung** f (Kart) / neat line, sheet line ‖ ≈**feldrandlinie** f (Kart) / neat line, sheet line ‖ ≈**führung** f (EDV) / card track, card bed ‖ ≈**gegenstand** m (die in einer Karte dargestellte Sache) (Kart) / map subject ‖ ≈**gitter** n (im Kartenfeld) (Kart) / grid* n ‖ ≈**halter** m (der Schreibmaschine) / card holder ‖ ≈**inhalt** m (Kart) / map content ‖ ≈**käfig** m (für Schaltkarten usw.) (EDV) / card cage ‖ ≈**kopiermaschine** f (Web) / card-copying machine, card-repeating machine ‖ ≈**kurs** m (Nav) / true track ‖ ≈**leseleuchte** f (Kfz) / map-light n, map-reading light ‖ ≈**lesen** n (Kart) / map reading ‖ ≈**leser** m (EDV) / card reader*, punched-card reader, CR ‖ ≈**leser** (mit manuellem Vorschub) (EDV) / swipe reader (US), slot reader ‖ ≈**locher** m (manuell) (EDV) / card punch, keypunch n (US) ‖ **loses System** (EDV) / cardless system ‖ ≈**magazin** n (bei Lesern) (EDV) / card hopper, hopper n, input magazine ‖ ~**mäßige Darstellung, bezogen auf eine Druckfläche** (Luftf, Meteor) / constant-pressure chart* ‖ ~**mäßige Darstellung,**

607

**Kartenmaßstab**

**bezogen auf eine Niveaufläche** (Luftf, Meteor) / constant-level chart* ‖ ≃**maßstab** *m* (Kart) / map scale ‖ ≃**messung** *f* (Kart) / cartometry *n* ‖ ≃**mischer** *m* (EDV) / collator *n*, interpolator* *n* ‖ ≃**netz** *n* (Abbildung des geografischen Gradnetzes) (Geog, Kart) / graticule *n* ‖ ≃**netzentwurf** *m* (Geog, Kart) / projection* *n*, map projection ‖ ≃**null** *n* (mehrfach gekrümmte Bezugsfläche der Seekarten) (Kart, Schiff) / chart datum ‖ ≃**objekt** *n* (die in einer Karte dargestellte Sache) (Kart) / map subject ‖ ≃**papier** *n* (Kart, Pap) / map paper ‖ ≃**projektion** *f* (Geog, Kart) / projection* *n*, map projection ‖ ≃**prüfer** *m* (EDV) / card verifier, verifier *n* ‖ ≃**prüfgerät** *n* (EDV) / card verifier, verifier *n* ‖ ≃**raum** *m* (von der Kommandobrücke abgeteilter Raum, in dem die Seekarten, das Chronometer, die Schiffsortungseinrichtungen und nautische Handbücher untergebracht sind) (Schiff) / chart room, chart house ‖ ≃**relais** *n* (Eltech) / card relay, printed-board relay ‖ ≃**rückschlagvorrichtung** *f* (Web) / card reversing motion ‖ ≃**rückseite** *f* (EDV) / card back ‖ ≃**salat** *m* (EDV) / card wreck, card jam, wreck *n*, jam *n* ‖ ≃**satz** *m* (EDV) / card deck* ‖ ≃**schlagen** *n* (Web) / card cutting, card punching, card perforating ‖ ≃**schnur** *f* (für Jacquardkarten) (Web) / lacing cord, card lacing ‖ ≃**schnürmaschine** *f* (Web) / card-lacing machine ‖ ≃**skizze** *f* (einfache Karte ohne Maßstabsgenauigkeit) (Kart) / sketch map ‖ ≃**spiel** *n* (EDV) / card deck* ‖ ≃**spiel** (ein Satz von Musterkarten) (Tex) / set of cards ‖ ≃**stanzer** *m* (EDV) / card punch, punch *n*, PCH ‖ ≃**stapel** *m* (EDV) / card deck* ‖ ≃**staub** *m* (EDV) / lint *n* ‖ ≃**stauung** *f* (EDV) / card wreck, card jam, wreck *n*, jam *n* ‖ ≃**steckplatz** *m* (EDV) / card slot ‖ ≃**stoß** *n* (EDV) / card deck* ‖ ≃**tasche** *f* (in der Türverkleidung) (Kfz) / map pocket ‖ ≃**technik** *f* (Kart) / map-making *n* ‖ ≃**telefon** *n* (Fernsp) / phonecard telephone, cardphone *n* (GB), chip-card phone, calling-card telephone (US) ‖ ≃**vergleichsgerät** *n* (Radar) / map comparison unit*, chart comparison unit * CCU ‖ ≃**verklemmung** *f* (EDV) / card wreck, card jam, wreck *n*, jam *n* ‖ ≃**vorderseite** *f* (EDV) / card face ‖ ≃**zuführungsmagazin** *n* (bei Lesern) (EDV) / card hopper, hopper *n*, input magazine
**Karterrasse** *f* (Geol) / cirque platform
**kartesianisch** *adj* (Math, Phys) / Cartesian *adj*, cartesian *adj* ‖ ~**er Taucher** / Cartesian diver
**kartesisch** *adj* (Math, Phys) / Cartesian *adj*, cartesian *adj* ‖ ~**es Blatt** (eine algebraische Kurve dritter Ordnung) (Math) / folium of Descartes*, leaf of Descartes ‖ ~**e Koordinaten** (DIN 4895) (Math) / Cartesian coordinates*, rectangular coordinates, rectangular axes* ‖ ~**e Ovale** (Math) / Cartesian ovals* ‖ ~**es Produkt** (Math) / Cartesian product, Cartesian set ‖ ~**er Roboter** / cartesian robot *n* ‖ ~**er Taucher** (nach R.Descartes, 1596-1650) / Cartesian diver ‖ ~**e Zeichenregel** (nach R. Descartes, 1596-1650) / Descartes' rule of signs*, Descartes sign convention
**Karthamin** (rote Komponente des Safflors) (Chem) / carthamine *n*
**kartierbar** *adj* (Gen, Kart, Verm) / mappable *adj*
**kartieren** *v* (Gen, Kart, Verm) / map *v* ‖ ≃ *n* (Kart, Verm) / field mapping, mapping* *n*, charting *n*
**Kartiergerät** *n* (Kart, Verm) / co-ordinatograph *n*
**kartierte Fläche** (Kart, Verm) / mapped area
**Kartierung** *f* (Gen) / mapping* *n* ‖ ≃ (Kart, Verm) / field mapping, mapping* *n*, charting *n* ‖ **genetische** ≃ (Gen) / genetic mapping, gene mapping ‖ ≃ *f* **des Mondes** (Kart) / lunar charting
**Kartodiagramm** *n* (thematische Karte, bei der die - meist statistischen - Aussagen in Diagrammen dargestellt sind) (Kart, Stats) / diagram map
**Kartoffel•belüftungsanlage** *f* (Einrichtung zur Langzeitlagerung von Kartoffeln mit kontrollierter Atmosphäre) (Landw) / potato storehouse ‖ ≃**dämpfer** *m* (Landw) / potato steamer ‖ ≃**erntemaschine** *f* (DIN 11367, T 1) (Landw) / potato harvester, potato combine (US) ‖ ≃**käfer** *m* (Landw) / Colorado beetle* ‖ ≃**lagerhaus** *n* (Landw) / potato storehouse ‖ ≃**legeautomat** *m* (Landw) / automatic potato planter ‖ ≃**legemaschine** *f* (DIN 11172) (Landw) / potato planter ‖ ≃**mehl** *n* (z.B. als Trennmittel) (Nahr) / potato flour ‖ ≃**mehlschlichte** *f* (Tex) / potato flour size ‖ ≃**müdigkeit** *f* (Landw) / potato fatigue ‖ ≃**nematode** *f* (Globodera rostochiensis) (Landw) / potato cyst nematode ‖ ≃**püree-Pulver** *n* (Nahr) / potato solids ‖ ≃**quetsche** *f* (Landw) / potato masher, potato crusher ‖ ≃**roder** *m* (Landw) / digger *n*, digging machine, potato digger ‖ ≃**schlempe** *f* (Landw) / potato slop ‖ ≃**schorf** *m* (gewöhnlicher Erreger: Actinomyces scabies) (Landw) / potato scab ‖ ≃**schrott** *n* (Rückstand der Kartoffelstärkeherstellung) (Chem Verf) / potato pulp ‖ ≃**setzmaschine** *f* (Landw) / potato planter ‖ ≃**spiritus** *m* (Chem Verf) / potato alcohol ‖ ≃**sprit** *m* (Chem Verf) / potato alcohol ‖ ≃**stampfer** *m* (Landw) / potato masher, potato crusher ‖ ≃**stärke** *f* (Chem Verf, Nahr, Tex) / potato starch, farina *n* ‖ ≃**vollerntemaschine** *f* (Landw) / potato harvester, potato combine (US) ‖ ≃**vorratsroder** *m* (Landw) / potato digger ‖ ~**waschmaschine** *f* (Landw) / potato washer ‖ ≃**zystenälchen** *n* (Gelbes) (Landw) / potato cyst nematode

**Karto•graf** *m* (Kart) / projectionist *n*, cartographer *n*, map-maker *n* ‖ ≃**grafie** *f* (Kart) / cartography* *n*, mapping *n* ‖ **rechnergestützte** ≃**grafie** (Herstellung und Aktualisierung von Landkarten mittels elektronischer Datenverarbeitung) (Kart) / computer-assisted cartography, CAC ‖ **digitale** ≃**grafie** (Kart) / digital cartography ‖ ~**grafie-CAD** *n* (Kart) / computer-assisted cartography ‖ ~**grafisch** *adj* (Kart) / cartographic *adj* ‖ ~**grafische Abbildung** (Wiedergabe der Oberfläche eines Weltkörpers auf eine Kartenebene) (Geog, Kart) / projection* *n*, map projection ‖ ≃**gramm** *n* (Gebietsflächenkarte) (Kart, Stats) / diagrammatic map ‖ ≃**meter** *m* (Kart) / instrument for measuring the length of curved lines (e.g. an opisometer) ‖ ≃**metrie** *f* (Kart) / cartometry *n*
**Karton** *m* (Schachtel) (Pap) / carton *n*, fibreboard case, carton board* ‖ ≃ (bis 600 g/m² - DIN 6730) (Pap) / paperboard *n*, board* *n*, cardboard *n*, pulpboard* *n* ‖ **durchgearbeiteter** ≃ (Pap) / one-ply board ‖ **einlagiger** ≃ (Pap) / one-ply board ‖ **geklebter** ≃ (Pap) / pasteboard* *n* ‖ **in** ≃**s packen** / box *v* ‖ **kaschierter** ≃ (Pap) / liner board ‖ **knickfester** ≃ (Pap) / stiff cardboard ‖ **mehrlagig gegautschter** ≃ (Pap) / combination board ‖ ≃ *m* **für Flaschendeckel** (Pap) / bottle-cap board ‖ ≃ **für Pappteller** (Pap) / plateboard *n*, dishboard *n* ‖ ≃ **mit Rundsiebdeckschicht** (Pap) / vatlined board ‖ ≃ **und Pappenmaschine** *f* (Pap) / board machine, paperboard machine, cardboard machine
**Kartonagen•fabrik** *f* (Pap) / board mill ‖ ≃**karton** *m* (Pap) / boxboard *n* ‖ ≃**pappe** *f* (DIN 6730) (Pap) / boxboard *n* ‖ ≃**zuschnitt** *m* (Pap) / box blank
**Kartonfabrik** *f* (Pap) / board mill
**kartonieren** (einschachteln) / box *v* ‖ ~ *v* (Buchb) / put in boards, bind in paper cover, board *v*
**kartonummantelte Kante** (einer Gipsplatte) (Bau) / paperbound edge
**Kartreppe** *f* (Geol) / cirque stairway, cirque steps, glacial stairway ‖ **Seen auf den Stufen einer** ≃ (Geol) / paternoster lakes
**Kartusche** *f* (ein Zierrahmen) (Arch) / cartouche* *n*, cartouch* *n* ‖ ≃ (z.B. für Handpistolen) (Bau) / cartridge *n*
**Kartuschenpapier** *n* (Mil, Pap) / cartridge paper*, ammunition paper
**Kartuschenpistole** *f* (für die Dichtungsmittel)(Bau) / mastic gun, gun *n*
**Karussell•automat** *m* (Galv) / return rotary-type machine, rotary return-type machine ‖ ≃**bankbestückungsanlage** *f* (Eltronik) / carousel bench assembly system ‖ ≃**blasaggregat** *n* (Plast) / rotary-blow moulding unit, carousel-type moulding unit ‖ ≃**drehmaschine** *f* (Masch) / vertical lathe, vertical boring mill, vertical boring and turning mill ‖ ≃**extrakteur** *m* (Chem Verf) / rotary extractor *n* ‖ ≃**extraktor** *m* (mit kreisförmiger Anordnung der Stationen bzw. Formen) (Chem Verf) / rotary extractor ‖ ≃**förderer** *m* (Luftf, Masch) / merry-go-round conveyor ‖ ≃**maschine** *f* (Glas) / rotating machine, revolving machine ‖ ≃**melkstand** *m* (Landw) / rotary milking parlour, rotary milker, rotary parlour ‖ ≃**presse** *f* (für die Verarbeitung von Duroplasten) (Plast) / rotating press ‖ ≃**trockner** *m* (Keram) / dobbin *n*
**Karvakrol** *n* (5-Isopropyl-2-methylphenol) (Chem) / carvacrol* *n*
**Karvon** *n* (in mehreren etherischen Ölen vorkommendes Terpenketon mit charakteristischem Kümmelgeruch) (Chem) / carvone* *n*
**Karyatide** *f* (Arch) / caryatid* *n* (a sculptured female figure used as a column to support an entablature or other similar member), canephora *n*
**Karyokinese** *f* (Zyt) / karyokinesis *n*
**Karyophyllen** *n* (Chem) / caryophyllene* *n*
**Karyoplasma** *n* (Biol) / nucleoplasm* *n*, nuclear sap*, karyolymph *n*
**karzinogen** *adj* (Med) / carcinogenic *adj*, oncogenic *adj* ‖ ~**e Substanz** (Med) / carcinogen *n*, oncogenetic agent ‖ ≃ *n* (Med) / carcinogen *n*, oncogenetic agent
**Karzinotron** *n* (eine Lauffeldröhre) (Eltronik) / carcinotron *n*
**KAS** (Chem, Landw) / ammonium nitrate lime, Nitro-chalk *n*
**Kasai** (Pometia pinnata J.R. Forst. et G. Forst.) (For) / taun *n*
**Kasch** *m* (Film, Foto, TV) / mask* *n*, mat *n*, matte* *n*
**kaschieren** *v* (Anstr, Film, Foto, TV) / mask *v* ‖ ~ (Bucheinbandpappe mit buntem oder bedrucktem Papier überkleben) (Buchb, Druck) / plate *v* ‖ ~ (Buchb, Druck) / laminate *v*, line *v* ‖ ~ (von Tafeln) (Buchb, Druck) / plating* *n* ‖ ≃ (Buchb, Tex) / lamination *n*, lining* *n* ‖ ≃ (Pap, Plast) / lamination *n* ‖ ≃ (deckungsgleiches Verkleben zweier oder mehrerer Stoffbahnen auf einer Kaschiermaschine) (Tex) / lamination *n* ‖ ≃ **mit Füllmaterial** (steppdeckenartig) (Tex) / quilting *n*
**Kaschierer** *m* (TV) / plasterer *n*
**Kaschier•maschine** *f* (Pap, Plast, Tex) / laminator *n*, laminating machine, lining machine ‖ ≃**mittel** *n* (Pap, Tex) / laminant *n*, laminating agent
**kaschiert, beidseitig** ~**e Leiterplatte** (Eltronik) / two-sided printed circuit board, double-face printed circuit board ‖ **einseitig** ~ (Pap) / single-lined *adj* ‖ ~**e Folie** / laminated foil ‖ ~**er Karton** (Pap) / liner board ‖ ~**es Papier** (Pap) / laminated paper* ‖ ~**e Pappe** (Pap) / pasteboard* *n* ‖ ~**e Wellpappe** (Pap) / double-faced corrugated board, double facer

**Kaschmir** m (Tex) / cashmere* n || ⁓**stoff** m (Tex) / cashmere* n || ⁓**wolle** f (Tex) / cashmere wool, cashmere n, cashmere hair || ⁓**ziegenhaar** n (DIN 60001, T 1) (Tex) / cashmere wool, cashmere n, cashmere hair
**Kascholong** m (weißgelblicher, chalzedonhaltiger Opal) (Min) / cacholong n
**Kaschunußharz** n / cashew resin
**Kaschuschalenöl** n (von Anacardium occidentale L.) / cashew nut shell oil
**Käse, junger** ⁓ (Nahr) / green cheese || **künstlich überreifter** ⁓ (Nahr) / cheese slurry, enzyme-modified cheese, EMC || ⁓**bruch** m (Nahr) / curd n || ⁓**deckmasse** f (Nahr) / cheese coating || ⁓**form** f (Nahr) / hoop n || ~**hart** adj (Masse, Ton) (Keram) / cheese-hard adj
**Kasein** n (gefälltes) (Chem) / casein* n (GB), paracasein n (US) || ⁓ (nicht gefälltes) (Chem) / caseinogen n (GB), casein n (US)
**Kaseinat** n (Chem, Nahr, Plast) / caseinate n
**Kasein•farbe** f (mit Kasein als Bindemittel) (Anstr) / casein paint, casein coating, washable distemper (bound with casein), calcimine n (US) || ⁓**kunststoff** m (Plast) / casein plastic || ⁓**leim** m (Anstr) / casein glue || ⁓**tempera** f (Anstr) / washable distemper (bound with casein)
**Käse•lab** n (Chem, Nahr) / rennet* n || ⁓**presse** f (Nahr) / cheese press || ⁓**reifung** f (Nahr) / cheese ripening, cheese-curing adj
**Käsereimilch** f (Nahr) / cheese milk
**Käse•schachtelantenne** f (wenn der Abstand der metallischen Platten größer als eine Wellenlänge ist) (Radio) / cheese antenna || ⁓**überzugmasse** f (Nahr) / cheese coating || ⁓**wachs** n (Nahr) / cheese (coating) wax || ⁓**wanne** f (Nahr) / cheese vat
**Kasha-Regel** f (Fluoreszenz von größeren organischen Molekülen) (Chem) / Kasha's rule
**Kasimir** m (Tex) / kerseymere n, casmere n, cassimere n || ⁓ (Tex) s. auch Kaschmir
**Kaskade** f (Chem Verf, Eltronik, HuT, Nukl, Wasserb) / cascade* n || ⁓ (Druck) / cascade n || ⁓ (EDV) / cascade n (a series of actions that take place in the course of data processing, each triggered by the previous action in the series) || ⁓ (Eltech) / cascade* n, tandem n, stage n || ⁓ (Geophys) / cascade shower* || ⁓ (Reaktor aus nacheinander durchflossenen einzelnen Reaktionsräumen - DIN 4045) (Sanitär) / cascade n, staged system
**Kaskaden•entwicklung** f (elektrofotografisches Entwicklungsverfahren) / cascade development || ⁓**falte** f (Geol) / zigzag fold (a kink fold, the limbs of which are of unequal length) || ⁓**filter** n (Chem Verf) / metafiltration cascade || ⁓**generator** m (Eltech) / cascade generator* || ⁓**generator** (Nukl) / Cockcroft and Walton accelerator*, Cockcroft-Walton generator || ⁓**impaktor** m (zur Bestimmung des aerodynamischen Durchmessers fester Schadstoffe) (Umwelt) / cascade impactor || ⁓**klystron** n (Eltronik) / multicavity klystron || ⁓**reaktor** m (ein Rührkesselreaktor) (Chem Verf) / multistage stirred tank || ⁓**reaktor** (Sanitär) / cascade n, staged system || ⁓**regelung** f (Regeln) / cascade control || ⁓**schaltung** f (Eltech) / cascade connexion, tandem connexion || ⁓**schauer** n (Geophys) / cascade shower* || ⁓**spülung** f (zum Einsparen von Spülwasser) / cascade rinsing || ⁓**teilchen** n (Phys) / cascade particle* || ⁓**überschlag** m (Eltech) / cascading of insulators* || ⁓**umformer** m (DIN 42005) (Eltech) / motor converter, La Cour converter || ⁓**verflüssiger** m (Chem Verf) / cascade liquefier || ⁓**verstärker** m (mit galvanischer Kopplung des Ausgangs einer Kaskerstufe mit dem Eingang der nächsten Stufe) (Eltronik) / cascade amplifier, multistage amplifier
**kaskadierbar** adj (Masch) / cascadable adj
**kaskadieren** v / cascade v, couple in cascade(s)
**kaskadierend•es Menü** (EDV) / cascading menu || ⁓**es Zurücksetzen** (von Transaktionen) (EDV) / cascading n, roll-back n
**kaskadiert•e Inferenz** (KI) / cascaded inference || ~**e Suche** (EDV) / cascaded search
**Kaskadierung** f (Erweiterung der zu verarbeitenden Wortlänge durch Zusammenschalten mehrerer Prozesorelemente) (EDV) / cascade connexion, cascade connection
**kaskadische Löschfunktion** / cascading deletes (feature of procedural RI to delete all child records if a parent record is deleted)
**Kaskararinde** f (aus Frangula purshiana (D.C.) J.G. Cooper) (Pharm) / cascara sagrada*, chittam bark, chittem bark, chittim bark
**Kaskarillöl** n / cascarilla oil
**Kaskarillrinde** f (aus dem Kaskarillabaum - Croton eluteria oder cascarilla Benn.) (Pharm) / cascarilla bark, cascarilla n, eleuthera bark, sweetwood bark
**Kasko** m (Schiffsrumpf) (Schiff) / hull* n, ship's hull
**Kaskodeschaltung** f (DIN 44400) (Fernm) / cascode amplifier*
**Kaskodeverstärker** m (DIN 44400) (Fernm) / cascode amplifier*
**Kassawa** f (Bot) / cassava* n, manioc n, tapioca plant, manioca n
**Kassawamehl** n (Nahr) / tapioca n, manioc n
**Kasse** f (elektronische - z.B. in den Supermärkten) (EDV) / checkout n, checkout counter, checkout point, checkout desk

**Kasseler Braun** (Min) / Cassel brown, cassel earth, Cologne earth, Cologne brown || ⁓ **Erde** (ein Verwesungsprodukt des Holzes) (Min) / Cassel brown, cassel earth, Cologne earth, Cologne brown || ⁓ **Gelb** (mit Blei(II)-oxidchlorid) / Cassel's yellow*, mineral yellow, Turner's yellow, Verona yellow || ⁓ **Grün** (Anstr) / manganese green, Cassel green || ⁓ **Ofen** (bekanntester Töpferofen und Ofen für das Brennen von Mauer- und Dachziegeln, Kacheln u. dgl.) (Keram) / Kassel kiln
**Kassen•bedienplatz** m (EDV) / point-of-sale terminal*, POS terminal* || ⁓**belegdrucker** m (EDV) / slip printer || ⁓**scanner** m (EDV) / cash-register scanner || ⁓**scanner** (EDV) / cash-register tape || ⁓**terminal** n (EDV) / point-of-sale terminal*, POS terminal* || **elektronisches** ⁓**terminal** (EDV) / electronic-point-of-sale terminal, EPOS terminal || ⁓**verbundsystem** n (EDV) / integrated cash-register system || ⁓**verwaltung** f (in der Bank) (EDV) / till management
**Kassette** f (Film-, Band- usw.) / cassette* n || ⁓ (in der Kassettendecke) (Arch) / coffer* n, caisson* n || ⁓ (EDV) / cartridge* n || ⁓ (DIN 66229) (EDV) / cartridge n, magnetic tape cassette || ⁓ (für den Ab- und Aufwickelvorgang - DIN 15580) (Film) / cartridge* n || ⁓ (für die Filmspule) (Film) / container n || ⁓ (für Platten oder Filme) (Foto) / adapter* n
**Kassetten•abspielgerät** n (Akus, Radio) / cassette player || ⁓**ausschubtaste** f / eject key, eject button || ⁓**band** n (EDV) / cartridge tape || ⁓**behälter** m (Akus) / cassette box, cassette holder, cassette cabinet || ⁓**box** f (Akus) / cassette box, cassette holder, cassette cabinet || ⁓**deck** n (Akus) / cassette deck || ⁓**deck** (Akus) / tape deck* || ⁓**decke** f (Arch) / coffered ceiling || ⁓**fach** n (des Radiorecorders, der Kamera) (Akus) / cassette compartment || ⁓**farbband** n / cassette ribbon, ribbon cassette || ⁓**fernsehen** n (TV) / cartridge television, cassette television, cassette video playback system || ⁓**film** m (für Amateurkameras) (Film) / cartridge n || ⁓**magnetband** n (EDV) / magnetic cassette tape || ⁓**player** m (Kassettenrekorder) (Akus, Radio) / Walkman n (pl. -s), stereo cassette player || ⁓**recorder** m (Akus) / cassette recorder, cassette tape recorder || ⁓**schieber** m (Foto) / dark slide* || ⁓**tonbandgerät** n (Akus) / cassette recorder, cassette tape recorder || ⁓**verleih** m (z.B. in den Schulen) / cassette library
**kassettierte Betondecke** (Bau) / waffle floor
**Kassiakölbchen** n (ein Standkölbchen zur Prüfung einiger etherischer Öle) (Chem) / cassia flask
**Kassiaöl** n (aus Cinnamomum aromaticum Nees) / cassia oil*, Chinese (cinnamon) oil*
**Kassiterit** m (Min) / cassiterite* n, tin-stone* n
**Kaßler Braun** (Min) / Cassel brown, cassel earth, Cologne earth, Cologne brown || ⁓ **Grün** (Anstr) / manganese green, Cassel green
**Kastanienboden** m (ein Bodentyp) (Landw) / kastanozem n, chestnut soil
**kastanien•braun** adj (z.B. Kennfaden 15 in den CENELEC-Ländern) / chestnut attr, chestnut-brown adj, chestnut-coloured adj, castaneous adj || ⁓**eiche** f (Quercus prinus L.) (For) / rock oak, chestnut oak || ⁓**holz** n (meistens von der Eßkastanie) (For) / chestnut n, chestnut wood || ⁓**holzextrakt** m n (Leder) / chestnut extract || ⁓**holzmodell** n (Gieß) / chestnut-wood pattern
**Kastanosem** n (Landw) / kastanozem n, chestnut soil
**Kastanosjom** n (ein Bodentyp) (Landw) / kastanozem n, chestnut soil
**Kästchen** n (auf Formularen) (Typog) / box n
**Kasten** m / box n, case n, chest n || ⁓ / bin n || ⁓ (durch eine Umrandung abgegrenzter oder herausgehobener Text) (Druck) / frame n || ⁓ (Gieß) / flask* n, moulding box* || ⁓ (des Hobels) (Tischl, Zimm) / stock* n, body n || ⁓**aufklappbarer** (Gieß) / snap flask || **blauer** ⁓ (TV) / blue box || **in Kästen verpackt** / cased adj || "**Kasten**" m (Fernsehempfänger) (TV) / box n || **kräfteaufnehmender** ⁓ (im Außenflügel eines Flugzeugs) (Luftf) / prime box || **Weißer** ⁓ (kybernetisches System mit erkennbarer Struktur) (KI) / white box || ⁓ m **zur Pinselaufhängung** (in Flüssigkeit) (Anstr) / brush keeper
**Kasten•aufkohlen** n (mit festen Kohlungsmitteln) (Hütt) / pack carburizing, box carburizing, pack-hardening* n || ⁓**ausbau** n (Bergb) / boxing n || ⁓**bandfilter** n (Chem Verf) / travelling-pan filter, TP filter || ⁓**beschicker** m (Keram) / box feeder || ⁓**drän** m / box drain || ⁓**durchlaß** m (HuT) / box culvert* || ⁓**-oder Kofferfahrzeug** n (Kfz) / van n || ⁓**feile** f (zum Einziehen von Springbeulen) (Kfz) / box-type bumping file || ⁓**fenster** n (bei der äußere und der innere Fensterrahmen durch einen Kasten verbunden sind) (Bau, Tischl) / box-type window || ⁓**formen** (Gieß) / flask moulding || ⁓**formerei** f (Gieß) / flask moulding || ~**förmig** adj / box-shaped adj || ⁓**fundament** n / box foundation || ⁓**gehäuse** n (Eltech, Masch) / box frame || ⁓**gerinne** n / box drain || ⁓**glühen** n (Hütt) / close annealing*, box annealing*, pot annealing* || ⁓**guß** m (Gieß) / flask casting || ⁓**hubfenster** n (Arch) / box sash window || ⁓**kaliber** n (Hütt) / box pass || ⁓**kippgerät** n (Web) / box tipper || ⁓**lader** m (Web) / box loader || ~**los** adj (Gieß) / flaskless adj || ~**lose Spule** (Eltech) / spoolless coil || ⁓**mälzerei** f (mit Saladin-Keimkasten) (Brau) / saladin malting

**Kastenmälzerei**

Saladin box malting (system) ‖ ~**mälzerei** (Brau) / box malting, compartment malting ‖ ~**modell** n (Gieß) / box-type pattern ‖ ~**mutter** f (Mutter in einem Blechkäfig, der an das Karosserieteil angeschweißt wird) (Kfz) / captive nut ‖ ~**platte** f (der Batterie) (Eltech) / box-type negative plate*, cage-type negative plate* ‖ ~**profil** n / box section ‖ ~**rinne** f (in Kastenform) (Bau) / parallel gutter*, parapet gutter, box gutter*, trough gutter* ‖ ~**schloß** n (Bau, Tischl) / rim lock* ‖ ~**speiser** m (DIN 64075) (Spinn) / hopper n, hopper feeder ‖ ~**ständerbohrmaschine** f (Masch) / box-column drilling machine ‖ ~**träger** m (Bau) / box girder, box beam, hollow-web girder ‖ ~**wagen** m (ein Kleinlasttransporter) (Kfz) / small van ‖ ~**zimmerung** f (Bergb) / boxing n ‖ ~**zunge** f (Web) / swell n, box swell

**kastilianische Seife** / Castile soap, olive-oil Castile soap
**Kastor** m (Min) / petalite* n
**Kastoröl** n (aus dem Ricinus communis L.) (Chem) / castor oil*
**Kasuarine** f (For) / casuarina n, horsetail tree
**Kasugamycin** n (ein Antibiotikum) (Pharm) / kasugamycin n, kasumin n
**Kasusgrammatik** f / case grammar
**Käsewasser** n (Nahr) / whey n
**kat** (eine bestimmte katalytisch wirkende Menge eines Katalysators oder eines Enzyms) (Biochem) / katal n (SI unit of catalytic activity), kat ‖ ~ m (Chem, Kfz) / catalyst* n ‖ ~ (Kfz) / catalytic converter, converter n
**kata•batisch** adj (Meteor) / katabatic adj ‖ ~**batischer Wind** (mit abwärts gerichteter Bewegungskomponente) (Meteor) / gravity wind, katabatic wind*, drainage wind ‖ ~**bolie** f (die Gesamtheit der Abbauprozesse des Stoffwechsels) (Biochem) / catabolism* n, katabolism* n, degradative metabolism, dissimilation n ‖ ~**bolismus** m (die Gesamtheit der Abbauprozesse des Stoffwechsels) (Biochem) / catabolism* n, katabolism* n, degradative metabolism, dissimilation n ‖ ~**bolit** m (Biochem, Biol) / catabolite n, katabolite n ‖ ~**dioptrisch** adj (Opt) / catadioptric* adj ‖ ~**dyn-Ag+-Verfahren** n (ein auf der Oligodynamie aufbauendes Verfahren zur Entkeimung von Trinkwasser durch Zugabe von Silber-Ionen auf elektrolytischem Wege - Katadyn Deutschland GmbH) / Katadyn process ‖ ~**front** f (Meteor) / katafront* n ‖ ~**kaustik** f (bei der Abbildung durch Hohlspiegel) (Licht, Opt) / catacaustic* n ‖ ~**klase** f (tektonisch bedingte Zerbrechungserscheinungen in und an Einzelmineralen eines Gesteins) (Geol) / cataclasis* n (pl. cataclases)
**Katal** n (Biochem) / katal n (SI unit of catalytic activity), kat
**Katalanverfahren** n (heute obsolet) (Hütt) / catalan process*
**Katalase** f (bei fast allen Sauerstoff benötigenden Organismen vorkommendes Enzym) (Biochem) / catalase* f
**Katalog** m (Astr, Druck, EDV) / catalogue n, catalog n (US) ‖ ~**baustein** m (EDV, Eltronik) / off-the-shelf element (device), standard device
**katalogisieren** v (eine Phase, ein Modul, ein Buch oder eine Prozedur in eine der System- oder Privatbibliotheken einfügen) (EDV) / catalogue v, catalog v (US)
**Katalogpapier** n (Pap) / catalogue paper
**Katalymetrie** f (Anwendung der Katalyse in der Spurenanalyse und in der Maßanalyse) (Chem) / catalymetry n
**Katalysator** m (katalytisch wirksame Substanz) (Chem, Kfz) / catalyst* n ‖ ~ (als ganze Anlage) (Kfz) / catalytic converter, converter n ‖ **bifunktioneller** ~ (Chem) / bifunctional catalyst ‖ **bleiverträglicher** ~ (Kfz) / lead-tolerant catalyst ‖ **fester** ~ (Chem) / solid catalyst ‖ **frischer** ~ (Kfz) / fresh catalyst ‖ **gealterter** ~ (Kfz) / aged catalyst ‖ **geregelter** ~ (als chemische Funktionseinheit) (Kfz) / computer-controlled catalyst ‖ **geregelter** ~ (ein Dreiwegekatalysator mit Lambdasondenregelung) (Kfz) / computer-controlled catalytic converter, feedback catalytic converter, catalytic converter with lambda control ‖ **ungeregelter** ~ (als chemische Funktionseinheit) (Kfz) / open-loop catalyst ‖ ~**auto** n (Kfz) / controlled vehicle, catalytic-converter equipped vehicle, cat car ‖ ~**bett** n (Chem) / catalyst bed ‖ ~**fahrzeug** n (Kfz) / controlled vehicle, catalytic-converter equipped vehicle, cat car ‖ ~**füllung** f (Kfz) / catalyst charge ‖ ~**gehäuse** n (Kfz) / converter shell, converter housing, canister n ‖ ~**gift** n (Chem) / catalytic poison*, paralyser* n, paralyzer n (US), catalyst poison, contact poison ‖ ~**schüttung** f (Kfz) / catalyst charge ‖ ~**selektivität** f (Chem) / catalyst selectivity ‖ ~**topf** m (Kfz) / converter shell, converter housing, canister n ‖ ~**träger** m (Chem) / catalyst carrier, catalyst substrate, catalyst support ‖ ~**vergiftung** f (Chem) / catalyst poisoning, contact poisoning ‖ ~**vergiftung** (Kfz) / catalyst contamination, catalyst poisoning
**Katalyse** f (Chem) / catalysis* n (pl. catalyses) ‖ **asymmetrische** ~ (Chem) / asymmetric catalysis ‖ **heterogene** ~ (Chem) / heterogeneous catalysis, surface catalysis, contact catalysis ‖ **homogene** ~ (Gas- oder Lösungsreaktionen) (Chem) / homogeneous catalysis ‖ **negative** ~ (Chem) / anticatalysis n (pl. anticatalyses), negative catalysis*
**katalysieren** v (Chem) / catalyse v, catalyze v (US)

**katalysierte Diffusion** (Chem) / catalyzed diffusion
**Katalysin** n (Biol, Mikros) / thionine n
**katalytisch** adj (Chem) / catalytic adj ‖ ~**e Aktivität** (von Enzymen) (Biochem) / specific activity ‖ ~**er Antikörper** (Biochem, Physiol) / abzyme n, catalytic antibody ‖ ~**e Hydrierung** (Chem Verf) / catalytic hydrogenation ‖ ~**e Isomerisation** (Chem) / catalytic isomerization ‖ ~**e Isomerisierung** (Chem) / catalytic isomerization ‖ ~**er Konverter** (Kfz) / catalytic converter, converter n ‖ ~**e Konvertierung bei der Wassergaserzeugung** (Chem Verf) / water-gas shift reaction ‖ ~**e Krackapparatur** (Chem Verf, Erdöl) / cat cracker*, catalyst cracker ‖ ~**es Kracken** (Chem Verf, Erdöl) / catalytic cracking*, cat-cracking n ‖ ~**es Kracken in Reaktoren mit aufsteigendem Katalysator** (Erdöl) / riser cracking ‖ ~**e Krackung in der Wirbelschicht** (Chem Verf) / fluid catalytic cracking, fluid cat cracking, FCC ‖ ~**es Reformieren** (Chem Verf, Erdöl) / catalytic reforming, CR ‖ ~**es Reforming** (Reformieren mit Katalysator) (Chem Verf, Erdöl) / catalytic reforming, CR ‖ ~**e Wirkung** (Chem) / catalytic action
**Kata•maran-Trägerschiff** n (Schiff) / barge-aboard-catamaran ship, BACAT ship ‖ ~**phorese** f (Anstr) / cathodic electropainting ‖ ~**phorese** (bei der Elektrophorese) (Chem, Phys) / cataphoresis n (pl. cataphoreses) ‖ ~**phoreselack** m (Anstr) / cathodic electropaint, cathodic electrocoat paint ‖ ~**phoretischer Lackauftrag** (Anstr) / cathodic electropainting ‖ ~**pinat** n (Chem) / catapinate n
**Katappaöl** n / Java almond oil, Malabar almond oil, Indian almond oil
**Katappenbaum** m (For, Leder) / Malabar almond, country almond, Indian almond, tropical almond, olive bark tree
**Katappenterminalie** f (For, Leder) / Malabar almond, country almond, Indian almond, tropical almond, olive bark tree
**Kata•pult** n m (Luftf) / catapult* n, launching catapult ‖ ~**pultiereinrichtung** f (für Schleudersitze) (Luftf) / ejector n
**Kataraktwirkung** f (bei den Mahlkugeln einer Trommelmühle) / cataracting n
**Katasterkarte** f (Bau, Kart, Landw) / cadastral map, plat n (US)
**Katasterkartografie** f (Kart) / cadastral mapping
**Katastervermessung** f (Verm) / cadastral survey*
**Katastralvermessung** f (Verm) / cadastral survey*
**katastrophaler Blowout** (Erdöl) / catastrophic blowout ‖ ~**e Korrosion** (bei Überschreiten kritischer Korrosionsbedingungen, das zur totalen Zerstörung führt) (Galv) / catastrophic corrosion, breakaway corrosion ‖ ~**e Oxidation** (eine von einem bestimmten Punkt an extrem rasch verlaufende Oxidation) (Chem) / catastrophic oxidation ‖ ~**e Oxidation** (Verzunderung hitzebeständiger Stähle mit ungewöhnlich hoher Zundergeschwindigkeit, meistens als Folge der Entstehung flüssiger Korrosionsprodukte) (Galv, Hütt) / catastrophic oxidation
**Katastrophe** f (Math) / catastrophe n
**Katastrophen•handbuch** n (EDV) / disaster manual ‖ ~**hochwasser** n (Wasserb) / catastrophic flood ‖ ~**plan** m / emergency plan ‖ ~**schutz** m (Umwelt, Wasserb) / disaster control ‖ ~**theorie** f (von R. Thom) (Math) / catastrophe theory*
**kata•thermale Erzlagerstätte** (Bergb, Geol) / hypothermal ore deposit, hypothermal deposit ‖ ~**thermometer** n (DIN 1946, T 1) (zur Messung des Katawertes) (Bergb, Phys) / katathermometer* n, Kata Thermometer
**Kat-Auto** n (Kfz) / controlled vehicle, catalytic-converter equipped vehicle, cat car
**Kata•vothre** f (Geol) / swallow hole, sinkhole n, swallet n, water sink, sink n, limestone sink ‖ ~**wert** m (Phys) / cooling effect (measured with the katathermometer) ‖ ~**zone** f (Tiefenstufe der Metamorphose) (Geol) / katazone n
**Katechin** n (Biochem) / catechol* n, 1,2-dihydroxybenzene n
**Katechingerbstoff** m (Chem, Leder) / catecholtannin n, condensed tannin
**Katecholamin** n (hydroxyliertes Phenethylamin, das die Brenzkatechingruppierung enthält) (Biochem) / catecholamine n
**Katechu, [braunes]** ~ (aus Acacia catechu) / cutch n ‖ **Gelbes** ~ (aus Uncaria gambir (Hunter) Roxb.) (Leder) / gambier n, terra japonica, gambir n, pale catechu, white cutch ‖ ~**gerbsäure** f (Chem) / catechutannic acid
**Kategorialgrammatik** f (EDV) / categorial grammar
**Kategorie** f / category n ‖ **gefaserte** ~ (Math) / fibred category ‖ ~ f **in der realen Welt** (KI) / real-world category
**kategorisch** adj (System von Axiomen) (Math) / monomorphic adj, categorical adj
**kategorisieren** v / categorize v
**Katenaverbindung** f (Chem) / catena compound
**Katenoid** n (Rotationsfläche der Kettenlinie um ihre Symmetrieachse) (Math) / catenoid* n
**Katergol** n (Raketenmonotreibstoff, der durch einen Katalysator zum Zerfall gebracht wird) (Raumf) / katergol n (monofuel with a catalyst)
**Katersches Pendel** (nach H. Kater, 1777-1835) (Phys) / Kater's reversible pendulum

**Katgut** *n* (chirurgisches Nähmaterial aus Darmseiten) (Med) / catgut* *n*

**Katharometer** *n* (Phys) / katharometer* *n*

**Kathartikum** *n* (pl. -tika) (mittelstarkes Abführmittel) (Pharm) / cathartic *n*

**Kathedralglas** *n* (mit Mustern, die wie gehämmert aussehen) (Glas) / cathedral glass

**Kathepsin** *n* (Endopeptidase der Proteolyse) (Biochem) / cathepsin *n*

**Kathete** *f* (im rechtwinkligen Dreieck) (Math) / leg *n*, small side

**Kathetensatz** *m* (Satz von Euklid) (Math) / Euclid's theorem, Euclidian theorem (of the legs of a rectangular triangle) ‖ **~ des Euklid** (Math) / Euclid's theorem, Euclidian theorem (of the legs of a rectangular triangle)

**Kathetometer** *n* (zur Messung von lotrechen Längen) (Opt) / cathetometer* *n*

**Kathode** *f* (die negative Elektrode) (Eltronik) / cathode* *n*

**Kathoden-** (Eltronik) / cathodic *adj*

**kathodisch** *adj* (Eltronik) / cathodic *adj* ‖ **~er Korrosionsschutz** (DIN 50900, T 2) (Galv) / cathodic protection*

**Kathodynschaltung** *f* (eine Phasenumkehrschaltung) (Eltronik) / cathodyne circuit

**Katholyt** *m* (Galv) / catholyte* *n*, catolyte* *n*

**Kation** *n* (positiv geladenes Ion) (Chem, Phys) / cation* *n*, positive ion* ‖ **~aktive Stoffe** (Chem, Tex) / cationic detergents*, cationic tensides, cationic surfactants ‖ **~(en)aktive Tenside** (Chem, Tex) / cationic detergents*, cationic tensides, cationic surfactants

**Kationen • austauscher** *m* (Chem) / cationic exchanger, cation exchanger ‖ **~austauschkapazität** *f* (Chem) / cation-exchange capacity, c.e.c. ‖ **~austauschsäule** *f* (Chem) / cation column, cation-exchange column ‖ **~seife** *f* (Chem) / invert soap*, quat *n*

**kationisch** *adj* / cationic *adj* ‖ **~e Farbstoffe** (Foto, Tex) / basic dyes*, cationic dyestuffs ‖ **~e Tenside** (grenzflächenaktive Stoffe, bei denen der hydrophobe Rest eine kationische Gruppe trägt) (Chem, Tex) / cationic detergents*, cationic tensides, cationic surfactants

**Kationit** *m* (Chem) / cationic exchanger, cation exchanger

**kationotropische Umlagerung** (Chem) / cationotropic rearrangement

**Kation • seife** *f* (Chem) / invert soap*, quat *n* ‖ **~tenside** *n pl* (Chem, Tex) / cationic detergents*, cationic tensides, cationic surfactants

**Katode** *f* (die negative Elektrode) (Eltronik) / cathode* *n* ‖ **aktivierte ~** (eine Glühkatode, z.B. Barium- oder Oxidkatode) (Eltronik) / activated cathode* ‖ **direktgeheizte ~** (DIN 44400) (Eltronik) / directly heated cathode* ‖ **entladungsgeheizte ~** (Eltronik) / ionic-heated cathode* ‖ **flüssige ~** (z.B. Quecksilberkatode eines Ignitrons) (Eltronik) / pool cathode* ‖ **geschichtete ~** (Eltronik) / coated cathode* ‖ **indirekt geheizte ~** (Eltronik) / indirectly heated cathode*, unipotential cathode, heater-type cathode ‖ **kalte ~** (Eltronik) / cold cathode* ‖ **thorierte ~** (Eltronik) / thoriated cathode* ‖ **virtuelle ~** (Eltronik) / virtual cathode

**Katoden • -** (Eltronik) / cathodic *adj* ‖ **~anschluß** *m* (DIN 41853 und 41786) (Eltronik) / cathode terminal ‖ **~becher** *m* (in dem die Glühkatode einer Röntgenröhre befestigt ist) (Radiol) / focusing cup ‖ **~dunkelraum** *f* (Phys) / cathode dark space, Crookes dark space*, Hittorf dark space ‖ **~fall** *m* (Eltronik) / cathode drop, cathode fall ‖ **~fleck** *m* (Eltronik) / cathode spot* ‖ **~folger** *m* (Eltronik) / cathode follower ‖ **~formierung** *f* (Eltronik) / cathode formation ‖ **~gekoppelte Gegentaktstufe** (Eltronik) / long-tail pair* ‖ **~glimmen** *n* (Eltronik) / cathode glow* ‖ **~glimmlicht** *n* (Eltronik) / cathode glow* ‖ **~kohle** *f* (Eltech) / negative carbon* ‖ **~linse** *f* (Eltronik, Hütt) / cathode lens ‖ **~modulation** *f* (Eltronik) / cathode modulation* ‖ **~polarisation** *f* (Eltech) / cathodic polarization ‖ **~reaktion** *f* (bei elektrochemischen Korrosionsvorgängen) (Galv) / cathodic (corrosion) reaction ‖ **~seitig steuerbarer Thyristor** (Eltronik) / p-gate thyristor ‖ **~strahl** *m* (Eltronik) / cathode ray* ‖ **~strahloszillograf** *m* (Eltronik) / cathode-ray oscillograph* ‖ **~strahloszilloskop** *n* (Eltronik) / cathode-ray oscilloscope* (CRO) ‖ **~strahlpolarografie** *f* (Chem) / single-sweep polarography, SSP, linear-sweep polarography, LSP ‖ **~strahlröhre** *f* (Eltronik) / cathode-ray tube* (CRT), Braun tube*, electron-beam valve, electron beam tube (US) ‖ **~strahlröhre mit Lenard-Fenster** (Eltronik) / Lenard tube ‖ **~strom** *m* (Eltronik) / cathode current ‖ **~überzug** *m* (Galv) / cathode coating* ‖ **~vergiftung** *f* (Eltronik) / cathode poisoning* ‖ **~zerstäuben** *n* (Eltronik, Hütt, Kernphys) / cathodic sputtering, vacuum coating by cathodic sputtering ‖ **~zerstäubung** *f* (Eltronik, Hütt, Kernphys) / cathodic sputtering, vacuum coating by cathodic sputtering ‖ **~zerstäubung, bei der die Gasentladung durch Hochfrequenz angeregt wird** (Eltronik, Hütt) / radio-frequency sputtering ‖ **~zerstäubung, bei der eine durch Reaktion mit dem Trägergas entstehende Verbindung abgeschieden wird** (Eltronik, Hütt) / reactive sputtering

**katodisch** *adj* (Eltronik) / cathodic *adj* ‖ **~e Korrosion** (Galv) / cathodic corrosion, cathode corrosion ‖ **~er Korrosionsschutz** (durch Fremdstrom, durch galvanische Anoden) (Galv) / cathodic protection* ‖ **~e Reaktion** (Galv) / cathodic (corrosion) reaction ‖ **~e Reduktion** (Gegensatz zu anodischer Oxidation) (Galv) / cathodic reduction ‖ **~e Reinigung** / cathodic cleaning, direct cleaning ‖ **~er Schutz** (durch Fremdstrom) (Galv) / impressed-current cathodic protection, impressed e.m.f. method ‖ **~er Schutz** (Galv) / cathodic protection* ‖ **~er Schutz mit Aktivanoden** (Galv) / sacrificial protection* ‖ **~e Stromausbeute** (Eltronik) / cathode efficiency* ‖ **~e Wiederauflösung** (in der inversen Polarografie) (Chem) / cathodic stripping ‖ **~ wirksame Schutzschicht** (Galv) / noble coating ‖ **~er (Kalk-, Magnesium-)Niederschlag** (Schiff) / cathodic chalk

**Katodolumineszenz** *f* (eine Art Elektrolumineszenz) (Licht) / cathodoluminescence* *n*

**Katodophon** *n* (Akus) / cathodophone* *n*, ionophone* *n*, glow-discharge microphone

**Katolyt** *m* (Elektrolytlösung im Bereich der Katode) (Galv) / catholyte* *n*, catolyte* *n*

**Katophorit** *m* (eine natron- und eisenreiche Hornblende zwischen Arfvedsonit und Barkevikit) (Min) / katophorite* *n*, kataphorite* *n*, cataphorite* *n*

**katoptrisch** *adj* (Opt) / catoptric *adj* ‖ **~es Fernrohr** (Astr) / reflecting telescope*, reflector *n*

**katten** *v* (den Stockanker) (Schiff) / cat *v*

**Kattun** *m* (Buchb, Tex) / calico* *n* (pl. -oes, /US/ -os)

**Kattundruckerei** *f* (Tex) / print-works *pl*

**Katze** *f* (auf einem Brückenkran, Stahlträger oder an einem Seil fahrender Wagen mit einer Winde, der Lasten in horizontaler oder auch geneigter Richtung bewegt) (Masch) / crab *n*, trolley *n*, crane trolley

**Katzen • auge** *n* (bei Fahrrädern) / cat's eye, reflector *n*, bull's eye ‖ **~auge** (Blase - ein Fehler) (Glas) / cat's eye* ‖ **~auge** (eine Quarzvarietät) (Min) / cat's eye* ‖ **~auge** (aus dem Fichtelgebirge) (Min) / Hungarian cat's-eye* ‖ **~augenblende** *f* (Opt) / cat's eye aperture ‖ **~augeneffekt** *m* (wandernder Lichtschein) (Min) / chatoyancy* ‖ **~augenharz** *n* (aus den verschiedensten Bäumen der Familie der Dipterocarpaceae) / dammar* *n*, gum dammar, damar *n* ‖ **~augenquarz** *m* (Min) / cat's eye* ‖ **~balken** *m* (kurzer zweiter Kehlbalken bei sehr hohen Kehlbalkendächern) (Zimm) / collar beam*, top beam*, span piece, spar piece ‖ **~gold** *n* (goldgelber Pyrit) (Min) / fool's gold* ‖ **~kopf** *m* (ein Pflasterstein) (HuT) / **~kopf** (Masch) / spider* *n*

**"Katz-und-Maus-Motor"** *m* (mittelachsiger drehkolbenartiger Umlaufkolbenmotor) (Kfz) / cat-and-mouse engine, scissor engine

**Kauder** *m* (S) (Tex) / tow *n*

**Kaue** *f* (Schwarz- oder Weißkaue) (Bergb) / dry-house *n*, washouse *n* ‖ **~** (Umkleideraum der Bergleute) (Bergb) / miners' dressing room ‖ **~** (Bergb) s. auch Waschkaue

**Kauf** *m* nach Probe / purchase according to sample ‖ **~absichtserklärung** *f* / letter of intent ‖ **~angebot** *n* / bid *n* ‖ **~appell** *m* / sell *n* ‖ **~aufforderung** *f* (der wichtigste Teil des Werbemittels) / sell ‖ **~datum** *n* / date of (original) purchase

**kaufen** *v* von der Stange (Tex) / buy off the peg

**Käufer** *m* / customer *n* ‖ **~markt** *m* (Markt, auf dem die Preise und Umsätze von den Käufern bestimmt werden, weil das Angebot die Nachfrage übersteigt) / buyer's market ‖ **~verhalten** *n* / shopping behaviour

**k-aufgelöste inverse Fotoelektronenspektroskopie** (Spektr) / k-resolved inverse photoemission spectroscopy, KRIPES

**Kauf • interessent** *m* / prospective customer ‖ **~männischer Bereich** (im Betrieb) / accounting *n* ‖ **~männisch runden** (maschinell runden, wobei der letzten verbleibenden Dezimalstelle eine 1 zugezählt wird, wenn die werthöchste abgestrichene Stelle einen Wert gleich oder größer als 5 hat - DIN 9757) (Math) / round off *v* ‖ **~männisches Und** (Typog) / ampersand *n* ‖ **gute ~mannsware** / fair average quality, faq, F.A.Q., good merchantable quality ‖ **~-Rückvermietung** *f* / sale and lease back ‖ **~teil** *n* (auswärts bestellt) (Masch) / bought-out component, bought-in component, part from supplier ‖ **~verhalten** *n* / shopping behaviour

**Kaukasisch • e Flügelnuß** (For) / Caucasian wingnut ‖ **~er Flügelnußbaum** (Pterocarya fraxinifolia (Lam.) Spach) (For) / Caucasian wingnut

**Kaumasse** *f* (für den Kaugummi) (Nahr) / masticatory substance, chewing-gum base, gum base

**Kauri • -Butanol-Wert** *m* (Kftst) / kauri-butanol value* ‖ **~-Butanol-Zahl** *f* (Kftst) / kauri-butanol value* ‖ **~fichte** *f* (Agathis australis (D. Don) Salisb.) (For) / kauri pine, kauri *n* (pl. -s) ‖ **~gum** *m* (aus der Kaurifichte) (Chem) / kauri-gum* *n*, kauri *n*, kauri copal ‖ **~harz** *n* (aus der Kaurifichte) (Chem) / kauri-gum* *n*, kauri *n*, kauri copal ‖ **~kopal** *n* (aus der Kaurifichte) (Chem) / kauri-gum* *n*, kauri *n*, kauri copal

**kausale Kette** (KI, Phys) / causal chain

**Kausalität** *f* (Kausalgesetz) (KI, Phys) / causality *n*

**Kausalitätskegel** *m* (im Minkowski-Raum) (Phys) / light cone

**Kausal•netz** n (in der Theorie der nebenläufigen Prozesse) (EDV) / occurrence net ‖ ⁓**zusammenhang** m (auch als Rechtsbegriff im Haftungsrecht) (KI, Phys) / causality n
**Kausch** f / thimble n, dead eye*
**Kausche** f (an einem Tauende) / thimble n, dead eye*
**Kaustik** f (Einhüllende der zum Abbildungsfehler beitragenden Strahlen) (Opt) / caustic curve*, focal line, caustic n ‖ ⁓ (als Hüllfläche) (Opt) / caustic surface*
**kaustisch** adj (Chem) / caustic* adj ‖ ⁓ (Opt) / caustic adj ‖ ⁓**es Alkali** (Chem) / caustic alkali, caustic n ‖ ⁓**e Fläche** (Opt) / caustic surface* ‖ ⁓**e Kulör** (einfache Alkohol-Zucker-Kulör) (Nahr) / caramel coulor I, plain caramel, caustic caramel ‖ ⁓**e Magnesia** (DIN 273, T 1) (Chem) / magnesia usta, calcined magnesia, caustic magnesia ‖ ⁓**e Metamorphose** (Geol) / pyrometamorphism n ‖ ⁓**e Soda** (als Produkt des Kalk-Soda-Verfahrens) (Chem Verf) / caustic soda ‖ ⁓**e Sulfitkulör** (hergestellt durch kontrollierte Hitzeeinwirkung auf Kohlenhydrate mit sulfithaltigen Verbindungen) (Nahr) / caramel colour II, caustic sulphite-process caramel
**Kaustobiolith** m (brennbarer Biolith, wie Torf, Kohle, Harz und Bernstein) (Geol) / caustobiolite n
**Kautex-Verfahren** n (Plast) / rising-table blow moulding
**Kautschuk** m (das rohe Produkt - DIN 53501) (Chem Verf) / caoutchouc* n, rubber n (natural)* ‖ **anorganischer** ⁓ (anorganische Verbindung mit kautschukähnlichen Eigenschaften) (Chem Verf) / inorganic rubber ‖ **arktischer** ⁓ / anticrystallizing rubber, AC rubber ‖ **cyclisierter** ⁓ (Chem Verf) / cyclized rubber* ‖ **hornisierter** ⁓ / ebonite* n, hard rubber, vulcanite* n ‖ **hydrochlorierter** ⁓ (Chem Verf) / hydrochlorinated rubber ‖ **isomerisierter** ⁓ (Chem Verf) / isomerized rubber* ‖ **ölgestreckter** ⁓ (Chem Verf) / oil-extended rubber ‖ **regenerierter** ⁓ (Chem Verf) / reclaimed rubber, reclaim n ‖ **synthetischer** ⁓ (Chem Verf, Plast) / synthetic rubber*, artificial rubber*, SR ‖ **thermoplastischer** ⁓ (ein Elastomer, das ohne Vulkanisation bei Raumtemperatur elastische, kautschukähnliche Eigenschaften besitzt, jedoch bei höherer Temperatur thermoplastisch verformbar ist) (Chem Verf) / thermoplastic rubber, TR, thermoplastic elastomer, TPE ‖ **ungelöste Stückchen** ⁓ (in Kautschuklösungen) (Chem Verf) / fish eyes, cat eyes ‖ **vulkanisierter** ⁓ (Chem Verf) / vulcanizate n ‖ **zyklisierter** ⁓ (Chem Verf) / cyclized rubber*
**Kautschuk•baum** m (For) / Pará rubber tree, rubber-tree n ‖ ⁓**dibromid** n ($C_5H_8Br_2$)x (Chem) / rubber dibromide ‖ ⁓**fell** n (Chem Verf) / rough sheet ‖ ⁓**fell** (in Reifen) (Kfz) / rubber sheet, rubber strip ‖ ⁓**gift** n (z.B. Spuren von Kupfer und Mangan) / rubber poison ‖ ⁓**hilfsmittel** n (z.B. Vulkanisationsbeschleuniger) (Chem Verf) / caoutchouc auxiliary ‖ ⁓**hydrochlorid** n (Chem) / rubber hydrochloride ‖ ⁓**hydrofluorid** n (zähes, thermoplastisches Produkt, erhalten durch Behandlung von Kautschuk mit 50-85%iger Flußsäure) (Chem) / rubber hydrofluoride ‖ ⁓**klebstoff** m / rubber adhesive ‖ ⁓**kohlenwasserstoffgehalt** m (Chem Verf) / rubber hydrocarbon content, RHC ‖ ⁓**latex** m (Milchsaft von kautschukliefernden Pflanzen) / rubber latex ‖ ⁓**liefernde Pflanze** (jede Pflanze, die Latex liefert) (Bot) / rubber plant, gum plant ‖ ⁓**mischung** f (Chem Verf) / stock n ‖ ⁓**pflanze** f (jede Pflanze, die Latex liefert) (Bot) / rubber plant, gum plant ‖ ⁓**trockensubstanz** f (Chem Verf) / total solids
**kautschutieren** v / rubberize v, coat with rubber, line with a rubber coat
**Kavain** n (aus den Wurzeln des Rauschpfeffers - Piper methysticum G. Forst.) (Chem, Pharm) / kawain n
**Kavalier•-Glas** n (chemisches und hitzebeständiges Haushaltsglas der böhmischen Firma Sklárny Kavalier) (Glas) / Kavalier glass (a high-potash-bearing, chemical-resistant glass) ‖ ⁓**perspektive** f / a mode of three-dimensional representation in which two dimensions are represented at the same scale, while the third dimension is represented at a 0<q<1-scale (the planes so represented are drawn with an angle of 45° between them) ‖ ⁓**perspektive** (Math) / cabinet projection ‖ ⁓**riß** m / a mode of three-dimensional representation in which two dimensions are represented at the same scale, while the third dimension is represented at a 0<q<1-scale (the planes so represented are drawn with an angle of 45° between them) ‖ ⁓**riß** (Math) / cabinet projection ‖ ⁓**start** m (Kfz) / racing start
**Kavallerie-Twill** m (schweres Baumwollgewebe für Damen- und Herrenmäntel mit deutlich sichtbarem, diagonalverlaufendem, fast wulstigem Köpergrat) (Tex) / cavalry twill
**Kaverne** f (Bergb) / zawn* n (in Cornwall, GB) ‖ ⁓ (Bergb, Geol) / cavern n, cavity n ‖ ⁓ (im Kalkstein) (Geol) / shake hole ‖ ⁓ (eine mit ionisierten Gasen gefüllte Blase beim Unterpulverschweißen) (Schw) / cavity n
**Kavernen•kernkraftwerk** n (Eltech, Nukl) / underground nuclear powerstation ‖ ⁓**kraftwerk** n (Eltech) / underground power station ‖ ⁓**speicherung** f (von Öl und Gas) / cavern storage
**kavernös** adj (Gestein) (Geol) / cavernous adj
**Kavität** f (Med) / cavity n

**Kavitation** f (Bildung und Zusammenbruch von dampfgefüllten Hohlräumen in Flüssigkeiten bei Einwirkung intensiver Strömungen oder von Schallfeldern nach DIN 50900) / cavitation* n ‖ ⁓ (Abplatzen von Gesteinsteilen durch Sog) (Geol) / cavitation n ‖ ⁓ **in Flüssigkeitsströmungen** / flow cavitation
**kavitations•beständig** adj (Masch) / resistant to cavitation, cavitation-resistant adj ‖ ⁓**erosion** f (mechanische Zerstörung des Materials durch Hochgeschwindigkeitsstrahlen) (Masch) / cavitation erosion ‖ ⁓**frei** adj (Masch) / cavitation-free adj ‖ ⁓**gefahr** f (Masch) / cavitation hazard ‖ ⁓**korrosion** f (chemische Zerstörung des Materials aufgrund von Zerstörung der Deckschicht) (Masch) / cavitation corrosion ‖ ⁓**prüfung** f (WP) / cavitation test ‖ ⁓**verschleiß** m (Masch) / cavitation wear ‖ ⁓**wolke** f (Ansammlung von Dampfbläschen) / cavitation cloud ‖ ⁓**zahl** f (von Thoma) (Phys) / cavitation number
**kavitieren** v (Masch) / cavitate v
**Kawain** n (Goniothalamin-7,8-epoxid) (Chem, Pharm) / kawain n
**Kawapfeffer** m (Piper methysticum G. Forst.) (Bot, Nahr) / kava n
**kb** (Gen) / kilobase n
**KB** / accelerated weathering, artificial weathering, controlled weathering ‖ ⁓ (eine Betriebsart) (Eltech) / short-time duty ‖ ⁓ (HuT) / dissolved bitumen, cold bitumen
**K-Band** n (12 bis 40 GHz; meistens jedoch nur 18 bis 26 GHz) (Radar) / K-band* n
**kBd** (Teleg) / kilobaud n, kbd
**kbp** (Gen) / kilobase n
**KBr-Preßling** m (in der IR-Spektroskopie) (Chem, Spektr) / potassium bromide disk, potassium bromide pellet
**KBS** (Nukl) / nuclear fuel*, fission fuel, nuclear reactor fuel, reactor fuel, fuel* n
**Kbyte** n (EDV) / kilobyte n
**KBZ** (Nukl) / fuel cycle*, nuclear fuel cycle, reactor fuel cycle, operating fuel cycle
**kcal** (nicht mehr zugelassene Einheit der Wärmemenge) (Phys) / large calorie*, great calorie
**KC-Kondensator** m (ein Kunststoffolienkondensator) (Eltech) / polycarbonate capacitor
**K-Corona** f (Astr) / K corona
**KD** / knockdown n
**K-Darstellung** f (Radar) / K-display*
**KDF** (Hütt, Keram) / cold crushing strength
**KDO** (Chem, Pharm) / KDO
**KDPG-Weg** m (des Glucoseabbaus) (Biochem) / Entner-Doudoroff pathway
**K-Dünger** m (Landw) / potash fertilizer
**KE** (Mech) / kinetic energy*, vis viva, KE
**KEAS** (Luftf) / knot-equivalent air speed, KEAS
**KEAS-Geschwindigkeit** f (Luftf) / knot-equivalent air speed, KEAS
**Keatit** m (Silica-K; eine nur synthetisch bekannte Hochdruckomodifikation des $SiO_2$) (Min) / keatite* n
**Keder** m (Dichtungsleiste aus Kunststoff oder Gummi) (Kfz) / piping n, beading n, welting n ‖ ⁓ (Leder) / rand n ‖ ⁓ (Randverstärkung) (Tex) / welt n, welting n ‖ ⁓**leiste** f (Kfz) / piping n, beading n, welting n ‖ ⁓**stich** n (Tex) / air tuck stitch
**Keep** f (z.B. in einer Kausch oder zwischen den Kardeelen des Tauwerks) (Schiff) / groove n
**Kees** n (in den Tauern) (Geol) / glacier* n
**Keesom-Kräfte** f pl (nach W.H. Keesom, 1876-1956) (Kernphys) / Keesom forces, orientation forces
**Kefir** m (ein Sauermilcherzeugnis) (Nahr) / kefir* n
**Keg** n (Brau) / keg n
**Kegbier** n (Brau, Nahr) / keg beer (GB)
**Kegel** m (kegeliges Werkstück mit kreisförmigem Querschnitt - DIN 254) (Masch) / cone n ‖ ⁓ (Masch) / taper n, conicity n ‖ ⁓ (Math) / cone* n (general cone) ‖ ⁓ (einer Kegelstoffmühle) (Pap) / conical plug ‖ ⁓ (Rotor der Kegelstoffmühle) (Pap) / rotor n ‖ ⁓ (DIN 16507) (Typog) / body* n (des Ventils) (Masch) / flat-facing disk ‖ **konischer** ⁓ (ein Drosselkegel) (Masch) / mitre-facing disk ‖ **Machscher** ⁓ (kegelförmiger Raum hinter der Störquelle) (Luftf) / Mach cone* ‖ **parabolischer** ⁓ (ein Drosselkegel) (Masch) / parabolic disk ‖ **parasitärer** ⁓ (Geol) / parasite cone, parasitic cone ‖ **schräg abgeschnittener** ⁓ (Math) / obliquely truncated cone ‖ **spitzer** ⁓ (Math) / pointed cone ‖ **umbeschriebener** ⁓ (Math) / circumcone n
**Kegel•abbildung** f (Kart) / conical projection* ‖ ⁓**ankermagnet** m (Eltech) / long-pull magnet ‖ ⁓**antenne** f (Radio) / conical antenna, cone antenna ‖ ⁓**aufweitversuch** m (Hütt) / drifting test* ‖ ⁓**brecher** m (Masch) / gyratory* n, cone crusher, gyratory crusher, rotary crusher, gyratory breaker ‖ ⁓**bremse** f (Masch) / cone brake ‖ ⁓**bund** m (z.B. von Radschrauben) (Kfz) / taper seat ‖ ⁓**dach** n (Arch) / conical roof ‖ ⁓**dichtsitz** m (Kfz) / taper seat, conical seat(ing) ‖ ⁓**drehen** n (Masch) / taper turning, conical turning ‖ ⁓**drehvorrichtung** f (Masch) / taper-turning attachment* ‖

⁓**drucksonde** *f* (HuT) / cone penetrometer ‖ ⁓**druckversuch** *m* (HuT) / cone penetration test, deep-penetration test ‖ ⁓**durchmesser** *m* (Math) / cone diameter ‖ ⁓**düse** *f* (eine Entspannungsdüse) / cone nozzle, conical nozzle ‖ ⁓**einbruch** *m* (Bergb) / cone cut, pyramid cut, centre cut ‖ ⁓**eindringung** *f* (bei Prüfung von Paraffinen) (Erdöl) / cone penetration ‖ ⁓**eindringungsgerät** *n* (für die Bodenuntersuchung) (HuT) / cone penetrometer ‖ ⁓**eindringungsversuch** *m* (HuT) / cone penetration test, deep-penetration test ‖ ⁓**fallpunkt** *m* (Keram) / pyrometric cone equivalent*, PCE* ‖ ⁓**falltemperatur** *f* (Keram) / pyrometric cone equivalent*, PCE* ‖ ⁓**feder** *f* (Masch) / conical spring, conical helical spring, volute spring ‖ ⁓**fläche** *f* (Math) / conical surface* ‖ ~**förmig** *adj* / conical *adj*, coniform *adj*, conic *adj* ‖ ~**förmiger Bruch** (WP) / cup fracture ‖ ⁓**fräser** *m* (Masch, V-Mot) / valve-seat cutter ‖ ⁓**gewinde** *n* (meist Kegel 1:16) (Masch) / taper thread, taper screw thread ‖ **mit** ⁓**gewinde** (Masch) / taper-threaded *adj* ‖ ⁓**gewölbe** *n* (Tonnengewölbe mit endlichem Schnittpunkt der Scheitel- und Kämpferlinien) (Arch, Bau, HuT) / splaying arch*, trumpet arch*, fluing arch* ‖ ⁓**griff** *m* (DIN 99) (Masch) / ball handle ‖ ~**hahn** *m* (ein Glashahn für Laborgeräte) (Chem, Glas) / stopcock *n* ‖ ⁓**hobeln** *n* (Masch) / taper planing ‖ ⁓**huf** *m* (senkrechter) (Math) / ungula *n* of the cone ‖ ⁓**hülse** *f* (Masch) / taper sleeve, taper reducer sleeve **kegelig** *adj* / conical *adj*, coniform *adj*, conic *adj* ‖ ~ (Masch) / tapered *adj* ‖ ⁓**er Dichtsitz** (der Zündpatrone) (Kfz) / taper seat, conical seat(ing) ‖ **~es Gestängerohrgewinde** (DIN 4941 und 20314) (Masch) / taper pipe thread for drill tubes ‖ **~es Gewinde** (DIN 158) (Masch) / taper thread, taper screw thread ‖ **~es Innengewinde** (Masch) / internal taper pipe thread ‖ **~es Rohrgewinde** (Erdöl) / API 7-thread (US) ‖ **~es Rohrgewinde** (Masch) / national gas taper thread (US) ‖ **~es Rohrgewinde für Futterrohre** (lange Ausführung) (Erdöl) / API long round thread casing (US) ‖ **~e Senkung** (Masch) / countersinking* *n* ‖ **~es Turmdach** (Arch) / spire* *n* (conical) **Kegeligkeit** *f* (Bohrung, Kolben, Lagerzapfen) (Masch) / taper *n* ‖ ⁓ (Math) / conicity *n*
**Kegel•karst** *m* (Geol) / cockpit karst, cone karst, Kegel karst ‖ ⁓**kerbstift** *m* (DIN 1471) (Masch) / full-length taper grooved dowel pin, grooved taper pin, tapered grooved pin ‖ ⁓**klauenkupplung** *f* (Masch) / law clutch coupling, cone dog ‖ ⁓**kondensator** *m* (Eltech) / cone capacitor* ‖ ⁓**kuppe** *f* (Masch) / blunt start* ‖ ⁓**kuppe** (der Stellschraube, des Gewindestifts) (Masch) / flat point ‖ ⁓**kupplung** *f* (eine kraftschlüssige Kupplung) (Masch) / cone clutch*, conical clutch ‖ ⁓**lager** *n* (Masch) / cone bearing* ‖ ⁓**lehre** *f* (zum Prüfen des Kegelwinkels) (Masch) / cone gauge ‖ ⁓**leitapparat** *m* (Masch) / taper-turning attachment* ‖ ⁓**lochwalzwerk** *n* (Hütt) / rotary rolling mill ‖ ⁓**mantel** *m* (einer Kegelstoffmühle) (Pap) / conical shell ‖ ⁓**mühle** *f* (Pap) / conical refiner ‖ ⁓**öffner** *m* (in der Baumwollspinnerei) (Spinn) / beater opener ‖ ⁓**pendel** *n* (Phys) / conical pendulum ‖ ⁓**projektion** *f* (Math) / conical projection, conic projection
**Kegelrad** *n* (DIN 3971) (Masch) / bevel gear ‖ **hypoidverzahntes** ⁓ (Masch) / hypoid bevel gear* ‖ ⁓ *n* **mit Oktoidenverzahnung** (Masch) / octoid bevel gear* ‖ ⁓**differential** *n* (Kfz) / bevel differential
**Kegelräder 1 : 1** *n pl* (mit Wellen im rechten Winkel) (Masch) / mitre-wheels* *pl*
**Kegelrad•fräsmaschine** *f* (Masch) / bevel-gear cutting machine ‖ ⁓**getriebe** *n* (Kfz) / bevel gears, bevel gear ‖ **achsversetztes** ⁓**getriebe** (Masch) / hypoid bevel gear*, hypoid gears ‖ ⁓**hobelmaschine** *f* (eine Verzahnmaschine) (Masch) / bevel-gear planer ‖ ⁓**hobelmaschine** (mit einem Hobelmeißel) (Masch) / bevel-gear single-tool generator ‖ ⁓**paar** *n* (Masch) / bevel-gear pair ‖ ⁓**verzahnmaschine** *f* (Wälzfräsmaschine zum Fräsen von Kegelrädern) (Masch) / bevel-gear hobbing machine ‖ ⁓**verzahnung** *f* (Masch) / bevel gearing ‖ ⁓**vorgelege** *n* (Masch) / bevel gear*
**Kegel•refiner** *m* (Pap) / cone-type refiner, conical refiner ‖ ⁓**reibahle** *f* (DIN 9) (Masch) / taper reamer ‖ ⁓**rollenlager** *n* (DIN 720) (Masch) / tapered roller bearing*, Timken bearing (US) ‖ ⁓**rotor** *m* (der Kegelstoffmühle) (Pap) / rotor *n* ‖ ⁓**schaft** *m* (kegeliger Teil eines Bohrers, mit dem er eingespannt wird = DIN 1412) (Masch) / taper shank* ‖ ⁓**scheibe** *f* (stufenlos verstellbar) (Masch) / cone pulley*, step pulley, stepped cone pulley, cone *n*, speed cone ‖ ⁓**scheibenantrieb** *m* (Masch) / cone drive*, cone gear* (system) ‖ ⁓**scheibenhälfte** *f* (Masch) / pulley flange, V-pulley half ‖ ⁓**scheibenpaar** *n* (bei Riemengetriebe) (Masch) / V-pulley ‖ ⁓**schliffverbindung** *f* (Chem) / conical ground joint, tapered joint ‖ ⁓**schnecke** *f* (zur Paarung mit Globoidgegenrad) (Masch) / tapered worm, conical worm ‖ ⁓**schnitt** *m* (Kurve 2. Ordnung) (Math) / conic section, conic* *n* ‖ **konjugierter** ⁓**schnitt** (Math) / apolar conic ‖ **singulärer** ⁓**schnitt** (Math) / singular conic section, degenerate conic section ‖ **zerfallender** ⁓**schnitt** (Math) / singular conic section, degenerate conic section ‖ **eigentlicher** ⁓**schnitt** (Math) / regular conic section, non-degenerate conic ‖ **nichtentarteter** ⁓**schnitt** (Math) / regular conic section, non-degenerate conic ‖ ⁓**schnitt** *m* **in konjugierter Lage** (Math) / apolar conic ‖ **konfokale** ⁓**schnitte** (Math) / confocal conics* ‖ ⁓**schnittfurnier** *n* (For, Tischl) / cone-cut veneer ‖ ⁓**schraubgetriebe** *n* (Masch) / hypoid bevel gear*, hypoid gears ‖ ⁓**senker** *m* (DIN 334) (Masch) / countersink *n*, rose countersink, countersinking bit ‖ ⁓**sitz** *m* (Kfz) / taper seat, conical seat(ing) ‖ ⁓**spiegel** *m* (Opt) / conic mirror ‖ ⁓**spitze** *f* (als Schraubenende) (Masch) / truncated cone point ‖ ⁓**spitzkopf** *m* (z.B. eines Niets) (Masch) / steeple head ‖ ⁓**stift** *m* (DIN 1) (Masch) / taper pin* ‖ ⁓**stoffmühle** *f* (Pap) / conical refiner ‖ ⁓**stück** *n* (Ventilbefestigungselement) / valve keeper, valve lock, valve-locking key, split keeper ‖ ⁓**stumpf** *m* (Math) / frustum (pl. frustums or frusta) of a cone*, truncated cone ‖ **bemesserter** ⁓**stumpf** (einer Kegelstoffmühle) (Pap) / conical plug ‖ ⁓**stumpffeder** *f* (Masch) / conical spring, conical helical spring, volute spring ‖ ⁓**stumpfniet** *m* (Masch) / panhead rivet* ‖ ⁓**stumpftonne** *f* (Schiff) / nun buoy ‖ ⁓**toleranz** *f* (Masch) / cone tolerance ‖ ⁓**ventil** *n* (Masch) / cone valve ‖ ⁓**verfahren** *n* (bei der Probenvorbereitung) (Aufber) / coning *n* ‖ ⁓**verfahren** (Probenvorbereitung) (Aufber, HuT) / quartering *n*, coning and quartering* ‖ ⁓**verfahren** (bei der Probenaufbereitung) (Aufber) s. auch Vierteln ‖ ⁓**verhältnis** *n* (bei runden Körpern) (Masch) / taper *n*, conicity *n* ‖ ⁓**widerstand** *m* (bei der Bodenuntersuchung) (HuT) / cone resistance, end-bearing resistance ‖ ⁓**winkel** *m* (bei Rotoren) (Lufft) / coning angle*
**Kehl•balken** *m* (beim Kehlbalkendach) (Zimm) / collar beam*, top beam*, span piece, spar piece ‖ ⁓**balkendach** *n* (Zimm) / collar-beam roof*, trussed-rafter roof* ‖ ⁓**beitel** *m* (Tischl, Zimm) / gouge* *n* ‖ ⁓**blech** *n* (Klemp) / valley flashing, soaker* ‖ ⁓**blech** (Klemp) s. auch Dachkehle aus Blech ‖ ⁓**brett** *n* (Zimm) / valley board ‖ ⁓**dach** *n* (Bau) / valley roof
**Kehle** *f* (Akus, Med) / throat *n* ‖ ⁓ (ein Profil) (Arch, Bau) / recessed moulding ‖ ⁓ (bei einspringenden Gebäudeecken) (Bau) / valley* *n* ‖ ⁓ (Leder) / throat *n* ‖ ⁓ (Masch) / neck *n*, throat *n*
**kehlen** *v* (For) / dado *v*, rabbet *v*, rebate *v* ‖ ~ (Tischl) / mould *v*, cove *v*
**Kehl•fußbrett** *n* (Zimm) / valley board* ‖ ⁓**fußschindel** *f* (Bau) / valley shingle ‖ ⁓**hammer** *m* (Masch, Werkz) / fuller *n*, top fuller ‖ ⁓**hobel** *m* (For, Zimm) / beading plane
**kehlig** *adj* (Auspuffsound) (Kfz) / throaty *adj*
**Kehl•kopf** *m* (Akus, Med) / larynx* (*pl* -nges) ‖ ⁓**kopfmikrofon** *n* (Akus) / throat microphone, laryngophone* *n*, necklace microphone ‖ ⁓**leiste** *f* (Tischl) / moulding *n* ‖ ⁓**leiste** (für Anschlüsse) (Tischl) / fillet* *n*, listel* *n* ‖ ⁓**linie** *f* (bei Regelflächen) (Math) / gorge line, striction line ‖ ⁓**maschine** *f* **für Hohlkehlen** (Tischl) / moulder *n* ‖ ⁓**naht** *f* (eine Schweißnahtform) (Schw) / fillet weld* ‖ **konkave** ⁓**naht** (Schw) / concave fillet weld ‖ **äußere** ⁓**naht** (Schw) / corner seam ‖ **zweiseitige** ⁓**naht** (Schw) / double fillet weld, fillet weld each side of tee ‖ ⁓**nahtdicke** *f* (Schw) / throat of a fillet weld ‖ ⁓**nahtschenkel** *m* (Schw) / fillet leg ‖ ⁓**rinne** *f* (Bau) / vee gutter*, valley gutter ‖ ⁓**sparren** *m* (unter einer Dachkehle angeordneten Sparren, auf dem die Schifter aufsitzen) (Bau) / valley rafter *n* ‖ ⁓**stein** *m* (Zubehörziegel zu Falzziegeln zur Eindeckung von Dachkehlen); flämischer Stein (Bau) / valley tile, flap tile
**Kehlung** *f* (Arch, Bau) / recessed moulding ‖ ⁓**spitze** ⁓ (Arch) / quirk* *n*
**Kehlziegel** *m* (Zubehörziegel zu Falzziegeln zur Eindeckung von Dachkehlen); flämischer Stein (Bau) / valley tile, flap tile
**Kehr•** - / inverse *adj*, ⁓- (Math) / reciprocal *adj* ‖ ⁓**abfall** *m* / sweeping waste, sweepings *pl* ‖ ⁓**bild** *n* (Opt) / inverted image
**kehren** *v* (Schornstein) (Bau) / sweep *v*
**Kehr•fahrzeug** *n* (Kfz) / road-sweeping lorry, street-cleaning lorry, street cleaner ‖ ⁓**funktion** *f* (Math) / inverse function ‖ ⁓**gut** *n* / sweeping waste, sweepings *pl* ‖ ⁓**herd** *m* (Aufber) / buddle *n*
**Kehricht** *f* / sweeping waste, sweepings *pl*
**Kehr•lage** *f* (eine Frequenzlage des Hauptseitenbandes) (Radio) / inverted position ‖ ⁓**maschine** *f* (Kfz) / mechanical sweeper ‖ ⁓**mehl** *n* / sweeping powder ‖ ⁓**pflug** *m* (Landw) / reversible plough, two-way plough, two-way plow (US) ‖ ⁓**pulver** *n* / sweeping powder
**Kehrrichtverbrennungsanlage** *f* (S) (Umwelt) / refuse incineration plant, destructor plant
**Kehr•schleife** *f* (HuT, Kfz) / sharp bend, hairpin bend ‖ ⁓**seite** *f* (des Stoffes) (Tex) / wrong side, reverse side, back *n*, reverse *n* ‖ ⁓**späne** *pl* / sweeping powder ‖ ⁓**strecke** *f* (DIN 64100) (Tex) / lap drawing frame, ribbon lap machine, set frame, ribbon lapping machine, ribbon lapper ‖ ⁓**wert** *m* (Math) / reciprocal* *n* ‖ ⁓**wert der Dielektrizitätskonstante** (Elektr) / elastivity* *n* ‖ ⁓**wert der Hubble-Konstante** (Astr) / Hubble's time ‖ ⁓**wert der Kapazität** (Elektr) / elastance* *n* ‖ ⁓**wert der Steifigkeit** (Akus) / compliance *n* ‖ ⁓**wert der Torsionssteifigkeit** (Mech) / torsional compliance
**Keil** *m* (Eltech) / wedge* *n* ‖ ⁓ (For, Masch, Phys) / wedge *n* ‖ ⁓ (bei schräger Absteifung) (HuT, Masch) / sole* *n* ‖ ⁓ (für die Keilwellenverbindung) (Masch) / taper key* ‖ ⁓ (bei Spannungsverbindung mit Anzug) (Masch) / machine key ‖ ⁓ (hohen Luftdrucks) (Meteor) / ridge* *n*, wedge *n* ‖ ⁓ (Tex) / gusset *n* ‖ ⁓ (zur Stielbefestigung) (Werkz) / handle wedge ‖ **[brechender]** ⁓ (Opt) /

**Keil**

wedge* n ‖ **elastischer** ~ (Masch) / flexible wedge, H-shaped wedge, elastic wedge ‖ **Französischer** ~ (eine Holzlängsverbindung) (Tischl, Zimm) / table joint ‖ **quadratischer** ~ (Masch) / square key, square plain taper key ‖ **starrer** ~ (einteiliger Absperrkörper in Keilform) (Masch) / solid wedge ‖ **veränderlicher** ~ (Opt) / variable-power prism, Risley prism, variable-deviation prism ‖ ~ m **mit Anzug** (DIN 6886) (Masch) / taper key*, taper-sunk key

**Keil•abschluß** m (Eltech) / wedge* n ‖ ~**angel** f (eine Sägeangel) (For) / key buckle ‖ ~**anschnitt** m (Gieß) / wedge gate ‖ ~**artig** adj (Masch) / tapered adj ‖ ~**befestigung** f (Verkeilung) (For, Masch) / wedging n ‖ ~**distanzmessung** f (vor einen Teil des Objektivs eines Theodolitfernrohres wird ein streifenförmiger Glaskeil gebracht) (Verm) / tacheometry with an optical wedge ‖ ~**einbruch** n (bei Sprengarbeiten) (Bergb) / wedge cut, vee cut, V-cut n ‖ ~**einguß** m (Gieß) / wedge sprue ‖ ~**einschnitt** m / V-cut n ‖ ~**element** n (zur Sicherung der Verrohrung) (Bergb, Erdöl) / slip n

**keilen** v (mit Querkeil) (Masch) / cotter v

**Keil•falle** f (Hütt) / wedge trap ‖ ~**fehler** m (Glas) / wedge n, wedging n ‖ ~**fehler** (Abweichung von der Parallelität) (Opt) / wedge error ‖ ~**filter** n (Opt) / wedge filter ‖ ~**flachschieber** m (Masch) / flat-body wedge gate valve ‖ ~**flanke** f (Phys) / wedge flank ‖ ~**förmig** adj / wedge-shaped adj, cuneiform* adj, cuneate* adj, wedge-like adj ‖ ~**förmiges Glimmerplättchen** (Eltech) / wedge n, mica wedge ‖ ~**förmiger Riß** / wedge crack ‖ ~**förmiger Wellenleiter** (Fernm) / tapered waveguide, tapered transmission line ‖ ~**gespundete Verbindung** (Tischl, Zimm) / vee joint* ‖ ~**haut** m (eine Abart von Titanit) (Min) / keilhauite* n

**Keiligkeit** f (Glas) / wedge n, wedging n

**Keil•interferenzen** f pl (Opt) / Fizeau fringes*, contour fringes* ‖ ~**klammer** f (Bahn, Masch) / wedge clamp ‖ ~**kompensator** m (Opt) / wedge-shaped compensator ‖ ~**kranz** m (Bergb) / wedging crib* (a curb of close-fitting planks behind which wedges are driven in to make watertight package between the tubbing in a shaft and the rock walls), wedging curb*, wedging ring* ‖ ~**kranz** s. auch Tragkranz ‖ ~**kupplung** f (Masch) / wedge coupling ‖ ~**längsnut** f (Masch) / keyway* n, key-seating* n ‖ ~**manschettenpackungsring** m (eine Stopfbuchsendichtung) (Masch) / bevelled-lip packing ring ‖ ~**nabe** f (DIN 5462) (Masch) / splined bore ‖ ~**nabenprofil** n (Masch) / internal splines ‖ ~**nabenprofil mit Evolventenflanken** (Masch) / involute spline ‖ ~**nut** f (Masch) / keyway n ‖ ~**nut** (Masch) / keyway* n, key-seating* n ‖ ~**nut** (Keilwellenprofil) (Masch) / spline* n ‖ ~**nutenfräsmaschine** f (Masch) / keyway milling machine ‖ ~**nutenstoßmaschine** f (Masch) / key-seating machine* ‖ ~**nutenwelle** f (splined shaft (a shaft provided with several long feather ways), K-profile shaft ‖ ~**nutenziehmaschine** f (Masch) / draw-cut-type seater ‖ ~**platte** f (Masch) / key plate ‖ ~**presse** f (für die Warm-Massivumformung) (Masch) / wedge press ‖ ~**probe** f (Gieß) / keel block*, wedge test bar, wedge test piece ‖ ~**profil** n (Luftf) / conical camber* ‖ ~**profile bearbeiten** (fräsen, wälzfräsen, wälzstoßen) (Masch) / spline v ‖ ~**reibung** f (Phys) / friction on a wedge ‖ ~**riemen** m (zum Antrieb der Nebenaggregate des Motors - im Drei- oder Viereckantrieb) (Kfz) / fan belt, vee belt ‖ ~**riemen** (DIN 2215) (Masch) / vee belt*, V-belt n, texrope n (US) ‖ **gezahnter** ~**riemen** (ein formschlüssiger Riemen mit Quernuten in der Profilinnenfläche zur Erhöhung der Biegewilligkeit) (Masch) / cogged V-belt ‖ ~**riemenantrieb** m (Masch) / V-belt drive, vee-belt drive ‖ ~**riemenscheibe** f (Masch) / V-belt pulley, vee-belt pulley, V-belt sheave ‖ ~**rippenriemen** m (Masch) / poly-V-belt n, multigroove V-belt, ribbed V-belt ‖ ~**rippenriemenscheibe** f (Masch) / multigroove V-belt sheave ‖ ~**riß** m / wedge crack ‖ ~**schieber** m (mit verjüngtem Absperrkörper) (Masch) / wedge-gate valve, cone-shaped valve, sluice valve ‖ ~**schieberventil** n (Masch) / wedge-gate valve, cone-shaped valve, sluice valve ‖ ~**schlitzverbindung** f (Tischl) / tapered slip joint ‖ ~**schloß** n (symmetrisch oder asymmetrisch - eine Seilbefestigung) (Masch) / gib and cotter ‖ ~**schraube** f (Masch) / wedge bolt ‖ ~**schweißung** f (Schw) / cleft joint ‖ ~**sicherung** f (Masch) / wedge-lock n ‖ ~**sitzring** m (bei Absperrarmaturen) (Masch) / wedge-seat ring ‖ ~**sonde** f (zur Untersuchung von Überschallströmungen) (Phys) / wedge sonde ‖ ~**spinne** f (des Pinnhammers) (Werkz) / wedge end, chisel end ‖ ~**staffelung** f (der Zähne eines Räumwerkzeugs) (Masch) / wedge-type offset ‖ ~**stein** m (Bau) / wedge stone, wedge brick ‖ ~**streifenchromatogramm** n (Chem) / wedge-shaped chromatogram ‖ ~**stück** n (als Notbehelf) (Zimm) / dutchman* n (US) ‖ ~**topf** m (am Bohrlochkopf) (Erdöl) / spider n ‖ ~**treiber** m (Druck) / shooting stick* ‖ ~**treiber** m (Masch) / key-drift n, drift-pin n ‖ ~**verbindung** f (For, Masch) / wedging n ‖ ~**verbindung** (eine formschlüssige Verbindung) (Masch) / key joint, keyed joint ‖ ~**verbindung** (Masch) / cottered joint (with a tapered edge) ‖ ~**verriegelung** f (Masch) / wedge-lock n ‖ ~**verschluß** m (Gieß) / wedge-lock n ‖ ~**vorgang** m (DIN 483, T 1) (Eltech) / ramp n ‖ ~**welle** f (Masch) / splined shaft (a shaft provided with several long feather ways), K-profile shaft ‖

~**wellenfräsmaschine** f (Masch) / spline milling machine ‖ ~**wellenprofil** n (Masch) / external splines ‖ ~**wellenprofil mit Evolventenflanken** (Masch) / involute spline ‖ ~**wellenverbindung** f (Masch) / spline* n ‖ ~**wellenwälzfräser** m (Masch) / spline hob ‖ ~**winkel** m (bei einem Sägezahn) (For) / sharpening angle, sharpness angle ‖ ~**winkel** (DIN 6581) (Masch) / point angle ‖ ~**winkel** (Masch, Phys) / wedge angle ‖ ~**wirkung** f (Kraftwirkung bei einem Keil als Kraftübertragungsmittel) (Mech) / wedge effect ‖ ~**zinke** f (Bau, Tischl) / finger joint ‖ ~**zinkenanlage** f (Tischl) / finger-jointing line ‖ ~**zinkenverbindung** f (eine Holzlängsverbindung) (Bau, Tischl) / finger-joint n, wedge-finger joint ‖ ~**zinkung** f (Bau, Tischl) / finger-joint n, wedge-finger joint ‖ ~**zugprobe** f (WP) / wedge-drawing specimen

**Keim** m (Biochem) / germ* n ‖ **pathogener** ~ (Med) / pathogen n (a bacterium, virus, or other micro-organism that can cause disease) ‖ ~**abtötend** adj (Chem, Med) / germicidal adj ‖ ~**apparat** m (zur Bestimmung der Keimfähigkeit) (Biochem, Bot, Landw) / germinator n ‖ ~**bildner** m (Krist) / nucleation agent, nucleating agent* ‖ ~**bildung** f (Krist) / nucleation n ‖ ~**blatt** n (Bot) / cotyledon* n, seed leaf* ‖ **inneres** ~**blatt** (Zool) / endoderm* n, entoderm* n ‖ **äußeres** ~**blatt** (Zool) / ectoderm* n ‖ ~**darrkasten** m (Brau) / compartment kiln, box kiln ‖ ~**drüsendosis** f (Radiol) / gonadal dose ‖ ~**drüsenhormon** n (Biochem) / sex hormone

**keimen** v (Bot) / germinate v ‖ ~ (Bot, Brau) / sprout v ‖ ~ n (Bot) / germination* n ‖ ~ (Bot, Brau) / sprouting n

**Keim•entferner** m (Landw) / degerminator n ‖ ~**fähig** adj (Landw) / germinable adj ‖ ~**fähigkeit** f (Landw) / germinability n, capability of germination ‖ ~**frei** adj (Biol, Med) / sterile* adj ‖ ~**frei** (Med) / aseptic adj ‖ ~**frei machen** (reinigen) / sanitize v (a pool), sanitise v (GB) ‖ ~**freiheit** f (Biol, Med) / sterility n ‖ ~**freimachung** f (Biol) / sterilization* n ‖ ~**gehalt** m (Bakteriol) / microbial load n ‖ ~**haltig** adj (Med) / septic adj ‖ ~**hemmendes Mittel** (Bot, Chem, Nahr) / sprout inhibitor, sprout suppressant ‖ ~**hemmer** m (Sanitär) / germination inhibitor ‖ ~**hemmungsinhibitor** m (Sanitär) / germination inhibitor ‖ ~**hemmungsmittel** n (für Speise- und Futterkartoffeln) (Bot, Chem, Nahr) / sprout inhibitor, sprout suppressant ‖ ~**hemmungsmittel** (Sanitär) / germination inhibitor ‖ ~**kristall** m (Chem) / seed crystal*, seed n

**Keimling** m (Bot, For) / seedling n

**Keimlingsbrand** m (Bot, For) / damping-off* n (of seedlings)

**Keimlingskrankheit** f (Bot, For) / damping-off* n (of seedlings)

**Keim•öl** n (aus Getreidekeimen) (Nahr) / cereal germ oil, cereal seed oil ‖ ~**punkt** m **einer fortschreitenden Werkstoffermüdung bei heterogenen Isolierstoffen** (Eltech) / dielectric spot ‖ ~**reifung** f (Mälzerei) (Brau) / maturity of germination ‖ ~**ruhe** f (Bot) / dormancy* n ‖ ~**sieden** n (Chem Verf) / nucleate boiling ‖ ~**tötend** adj (Chem, Med) / germicidal adj ‖ ~**tötendes Mittel** (Chem, Med) / germicide n ‖ ~**träger** m (Bakteriol) / carrier* n

**Keimung** f (Bot) / germination* n ‖ **verzögerte** ~ (Bot) / delayed germination

**Keimungshemmstoff** m (z.B. Juglon) (Biochem, Bot) / plant germination inhibitor

**Keim•verschleppung** f (Med) / vection n ‖ ~**verzug** m (Bot) / delayed germination ‖ ~**zahl** f (Bakteriol, Nahr) / microbial count, viable count, bacterial count ‖ ~**zelle** f (Biol) / germ cell

**Kein Durchgang !** (Kfz) / no thoroughfare, no through traffic

**keine Haken gebrauchen!** (Aufschrift auf der Kiste) / use no hooks ‖ ~ **Durchfahrt!** (Kfz) / no thoroughfare, no through traffic

**K-Einfang** m (ein Elektroneneinfang) (Kernphys) / K-capture* n, K-electron capture*

**Kekulé-Struktur** f (nach F. A. Kekulé von Stradonitz, 1829 - 1896) (Chem) / Kekulé structure

**KEL** (For) / keledang n (a medium hardwood)

**Kelch** m (z.B. beim Quetschanschluß) (Eltech, Kab) / barrel n

**Kelchblatt** n (Bot) / sepal* n

**kelchförmig** adj / goblet-shaped adj, bell-shaped adj

**Kelchnaht** f (Schw) / single-U butt joint, single-U groove weld, U-groove weld

**Keledang** n (Holz von Artocarpus lanceolius oder A. rigidus) (For) / keledang n (a medium hardwood)

**K-Elektron** n (Kernphys) / K-electron n

**Kelle** f (z.B. Maurerkelle) (Bau) / trowel* n ‖ ~ (eines Putzers) (Bau) / plasterer's trowel, plastering trowel, laying-on trowel ‖ ~ (Glas) / ladle n ‖ **mit der** ~ **abreiben** (Bau) / trowel off v, trowel v ‖ **mit der Spachtel oder** ~ **auftragbar** (Bau) / trowellable adj

**Kellenrückstand** m (Glas) / scull* n

**Keller** m (für Lagerzwecke) (Bau) / cellar n ‖ ~ (eine lineare Liste, bei der nur die Operationen "Einfügen bzw. Löschen eines Listenelements", und zwar nur an einem Ende der Liste, durchgeführt werden können) (EDV) / stack n, cellar n, push-down stack, push-down list, push n, STK ‖ ~**ablauf** m (Bau, Sanitär) / cellar gully, basement gully ‖ ~**assel** f (Porcellio scaber Latr. - eine

Landassel) (For, Landw) / woodlouse n (pl. -lice), pill bug, sow bug ‖ ⁓automat m (EDV, Math) / push-down automaton (PDA), push-down machine ‖ **nicht deterministischer ⁓automat** (EDV, Math) / non-deterministic PDA ‖ **⁓befehl** m (EDV) / stack instruction ‖ **Oberkante** f **⁓decke** (Bau) / level of cellar (basement) floor ‖ **⁓entwässerung** f (Anschluß der im Keller eines Gebäudes liegenden Wasserablaufstellen an die Grundleitung) (Bau, Sanitär) / basement drainage ‖ **⁓falte** f (Tex) / inverted pleat, box pleat ‖ **⁓fehler** m (EDV) / stack error ‖ **⁓fenster** n (in der Wandfläche von Kellerräumen) (Bau) / basement window ‖ **⁓geschoß** n (Bau) / basement n, basement storey, cave n ‖ **zweites ⁓geschoß** (das ganz unter der Erdoberfläche liegt) (Bau) / subbasement n ‖ **⁓gewölbe** n (Bau) / cellar vault, vault* n ‖ **⁓-Ofen** m (Gieß) / Keller furnace ‖ **⁓rechner** m (in dem die internen Informationskomponenten durch Hardware-Keller verwaltet werden) (EDV) / stack computer ‖ **⁓schwamm** m (Cladosporium herbarum) (For) / cellar mould ‖ **Weißer ⁓schwamm** (For) / white-pore fungus, mine fungus ‖ **Brauner ⁓schwamm** (For) / Coniophora puteana*, cellar fungus ‖ **⁓sinkkasten** m (Bau, Sanitär) / sink trap ‖ **⁓speicher** m (DIN 44300) (EDV, Math) / push-down storage, push-down store, nesting store, cellar n, running accumulator, stack n, stack storage ‖ **im ⁓speicher abspeichern** (EDV) / stack v, push v ‖ **⁓stationstransformator** m (Eltech) / vault transformer ‖ **⁓treppe** f (Bau) / cellar stairs, basement stairs, below-stairs pl (US) ‖ **⁓tür** f (niveaugleiche, direkt mit dem Gehweg abschließend) (Bau) / sidewalk door
**Kellerung** f (EDV) / stacking n, push-down principle
**Keller•wand** f (DIN 1053) (Bau) / basement wall ‖ **⁓zeiger** m (der die Adresse der nächsten verfügbaren Stapelstelle im Speicher enthält) (EDV) / stack pointer (SP)
**Kell-Faktor** m (TV) / Kell factor (the relationship between the total number of scanning lines per field and the corresponding bandwidth of the video signal)
**Kellnersches Okular** (Opt) / Kellner eyepiece
**Kellogg-Schalter** m (Eltech) / tumbler switch*, toggle switch, lever switch, tumbler n
**Kellogg-Synthese** f (Synthol-Verfahren) (Chem Verf) / synthol process
**Kelly** n (auch zum Abführen des Bohrkleins) (Bergb, Erdöl) / kelly* n, Kelly joint ‖ **⁓-Filter** n (ein Blattfilter) (Chem Verf) / Kelly filter, Kelly filter press ‖ **⁓-Filterpresse** f (Chem Verf) / Kelly filter, Kelly filter press ‖ **⁓-Hahn** m (Bergb, Erdöl) / Kelly cock, Kelly safety valve ‖ **⁓-Stange** f (auch zum Abführen des Bohrkleins) (Bergb, Erdöl) / kelly* n, Kelly joint
**Kelp** n (Seetangasche zur Gewinnung von Iod und Iodsalzen, Brom- und Kaliumsalzen) / kelp* n, varec n ‖ **⁓** (große Braunalgen der Ordnung Laminariales und Fucales in frischem Zustand) (Bot) / kelp* n
**Kelter** f (Nahr) / winepress n ‖ **⁓** (Fruchtpresse) (Nahr) / press n
**keltern** v (in der Kelter) (Nahr) / press v ‖ **⁓** n (Nahr) / pressing n
**Kelvin** n (SI-Basiseinheit der thermodynamischen Temperatur) (Phys) / kelvin* n ‖ **⁓-Körper** m (in der Modelldarstellung der Rheologie - DIN 13343) (Phys) / Kelvin body ‖ **⁓-Modell** n (ein rheologisches Modell nach DIN 1342, T 1) (Phys) / Voigt model, Kelvin model, Voigt-Kelvin model ‖ **⁓-Rohr** n (Wassertiefemessung) (Wasserb) / Kelvin tube
**Kelvinsch•e Funktion erster Art** (Math) / bei function ‖ **⁓e Funktion zweiter Art** (Math) / ber function ‖ **⁓es Prinzip der kleinsten kinetischen Energie** (Phys) / Kelvin's minimum-energy theorem
**Kelvin•-Skale** f (fundamentale thermodynamische Temperaturskale - nach Lord Kelvin of Largs, 1824-1907) (Phys) / Kelvin thermodynamic scale of temperature*, Kelvin absolute temperature scale ‖ **⁓-Temperatur** f (DIN 1345 und 5498) (Phys) / absolute temperature*, thermodynamic temperature ‖ **thermodynamische ⁓-Temperaturskale** (mit der Einheit Kelvin) (Phys) / thermodynamic scale of temperature*, absolute temperature scale, scientific temperature scale, Kelvin thermodynamic scale of temperature ‖ **⁓-Varley-Teiler** m (ein präziser Spannungsteiler für Meßzwecke) (Eltech) / Kelvin-Varley slide*
**Kelyphit** m (Geol) / corona n (pl. coronas or coronae), kelyphite n
**kelyphitische Textur** (Geol) / ocellar texture
**Kelyphitrinde** f (Geol) / kelyphitic rim*
**Kem** (For) / kempas n (a medium hardwood)
**Kemler-Zahl** f (die auf der oberen Hälfte der orangefarbenen Warntafel an Tankfahrzeugen zur Kennzeichnung der Gefahr dient, die vom transportierten Stoff ausgeht) (Kfz) / identification number
**Kempas** n (Holz der Koompassia malaccensis Maing.) (For) / kempas n (a medium hardwood)
**Kemula-Polarografie** f (Chem, Eltech) / stripping polarography
**Kenaf** n (Hibiscus cannabinus L.) (Bot) / kenaf n, deccan hemp, ambari hemp, gambo hemp
**Kenaffaser** f (Tex) / kenaf n, kenaf fibre, gambo fibre, Java jute, bastard jute
**Kendal** n (grobes grünes Wolltuch) (Tex) / Kendal green

**Kendall-Effekt** m (bei der Faksimile-Übertragung) (Fernm) / Kendall effect
**Kendallscher Rangkorrelationskoeffizient** (Stats) / Kendall's tau
**Kenn•abschnitt** m (Teleg) / significant interval ‖ **⁓begriff** m (EDV) / key n ‖ **⁓buchstabe** (Fernm) / classification letter, identification letter ‖ **⁓buchstabe** (Fernm) / code letter ‖ **⁓buchstabe** (Fernm) / call letter ‖ **⁓buchstabe für Radar- und Satellitenfunk-Frequenzbänder** (Radar) / radar letter designation ‖ **⁓daten** n pl (z.B. sicherheitstechnische) / specifications pl, characteristics pl ‖ **⁓daten** (Eltech) / rating* n
**Kennelkohle** f (aus Sporen entstandene Faulschlammkohle in geologisch jungen Steinkohlenflözen, die mit leuchtender Flamme brennt und als leicht schnitzbarer Stoff in der Kunst Verwendung findet) (Kftst) / cannel coal*, cannel n
**Kennelly-Heaviside-Schicht** f (der Ionosphäre - nach A.E. Kennelly, 1861-1939, und O. Heaviside, 1850-1925) (Geophys, Meteor) / Kennelly-Heaviside layer*, Heaviside layer*, Kennelly layer
**Kenn•faden** m (Kab) / identification thread, tracer thread, marker thread ‖ **⁓farbe** f (DIN 5381) / identification colour, tint n ‖ **⁓faser** f (Tex) / tracer fibre ‖ **⁓feld** n (Zündkennfeld, Schließwinkelkennfeld) (Kfz) / characteristic map, mapping n ‖ **⁓feldzündung** f (digitalgesteuerte Zündanlage) (Kfz) / electronic-map ignition system, ignition (system) with digital mapping (for dwell and timing), digital spark control, grid-controlled ignition (system) ‖ **⁓feuer** n (Luftf) / identification beacon ‖ **⁓frequenz** f (Fernm) / characteristic frequency ‖ **⁓frequenz** (Phys) / undamped natural frequency ‖ **⁓frequenz** (für die jeweilige Funkstelle) (Radio) / assigned frequency* ‖ **⁓funktion** f / characteristic function ‖ **⁓größe** f (die konstant gehalten bzw. als konstant gehalten wird) / parameter n ‖ **⁓größe** (z.B. Dämpfungsgrad eines Schwingungssystems) (Phys) / characteristic parameter ‖ **⁓größe** (Phys) s. auch Kennzahl ‖ **⁓impedanz** f (in einer ebenen fortschreitenden Welle - DIN 1320) (Akus) / characteristic impedance ‖ **⁓kurve** f (in einem Diagramm) / curve n ‖ **⁓lampe** f (Eltech) / pilot lamp ‖ **⁓leitwert** m / indicial admittance* ‖ **⁓leuchte** f (Eltech) / pilot light, pilot lamp, indicator lamp ‖ **⁓lichtscheinwerfer** m (auf Sanitäts- und anderen Einsatzfahrzeugen - blaues Licht, dessen Lichtkegel nur nach vorne gerichtet ist) (Kfz) / identification lamp
**Kennlinie** f (nicht lineare) (in einem Diagramm) / curve n ‖ **⁓** (grafische Darstellung einer Gesetzmäßigkeit) (Math) / characteristic* n ‖ **äußere ⁓** (Eltech) / external characteristic ‖ **dynamische ⁓** (z.B. einer Elektronenröhre) (Eltronik) / dynamic characteristic* ‖ **statische ⁓** (z.B. einer Elektronenröhre) (Eltronik) / static characteristic*
**Kennlinien•knick** m (Eltronik) / knee* n ‖ **⁓schar** f / family of characteristics, set of characteristics ‖ **⁓schreiber** m (Eltronik) / curve tracer ‖ **⁓verhalten** n (einer Maschine) (Masch) / characteristic performance
**Kenn•loch** n (EDV) / detection hole, detection punch ‖ **⁓melodie** f (eines Senders) (Radio, TV) / signature tune (a dictinctive piece of music) ‖ **⁓satz** m (Satz für die Identifikation einer Datei) (EDV) / label n ‖ **⁓satzprüfung** f (EDV, Fernm) / message label check, label check
**Kenntlichmachung** f / labelling n
**Kennung** f (eines Fernschreibpartners) (Fernm) / answer-back n ‖ **⁓** (eines Leucht- oder Funkfeuers) (Nav) / characteristic mark ‖ **⁓** (Radar) / identification n
**Kennungs•auswertung** f (Fernm) / identification analysis, prefix analysis ‖ **⁓feld** n (EDV) / count field ‖ **⁓geber** m (Teleg) / answer-back unit
**Kenn•wert** m (z.B. bei Leistungsangaben) / marker n ‖ **⁓wert** (Masch) / parameter* n ‖ **⁓wertbestimmung** f **aus der Ortskurve** (Regeln) / root-locus analysis ‖ **⁓wertkonverter** m (Eltech) / parametric converter ‖ **⁓widerstand** m **eines Vierpols** (Elektr) / image impedance ‖ **⁓wort** n (z.B. beim Datenschutz) (EDV) / password* n ‖ **⁓wort** (für Programme) (EDV) / call word ‖ **⁓wortgenerator** m (EDV) / password generator
**Kennzahl** f / cipher n ‖ **⁓** (z.B. Säurezahl, Neutralisationszahl usw.) (Chem) / index (pl indexes or indices) n ‖ **⁓** (Fernsp) / code n ‖ **⁓** (des Logarithmus) (Math) / characteristic n ‖ **⁓** (z.B. Prandtl-Zahl) (Phys) / dimensionless number, dimensionless group ‖ **⁓** s. auch Koeffizient ‖ **chemische ⁓** (z.B. Iodzahl, Bromzahl usw.) / chemical index ‖ **gesperrte ⁓** (Fernsp) / barred code*
**Kennzahlenplan** m (Fernsp) / numbering plan
**Kennzeichen** n (z.B. eines Feldes) (EDV) / identifier (ID) n ‖ **⁓** (EDV) / flag* n, mark n ‖ **⁓** (amtliches) (Kfz) / registration mark, registration number ‖ **⁓ für den Pakettyp** (Fernm) / packet-type identifier ‖ **⁓beleuchtung** f (Kfz) / number-plate light, license light (US) ‖ **dezentrale ⁓gabe** (Fernm) / decentralized signalling ‖ **⁓schild** n (Kfz) / license plate (US), number-plate n (GB), tag n (US)
**kennzeichnen** v / mark v ‖ **mit Schlagzeichen ⁓** (Masch) / stamp v, stamp-mark v

**kenn•zeichnender Punkt** (Fernm) / significant instant ‖ **⁓zeichner** *m* (EDV) / qualifier *n*
**Kennzeichnung** *f* (z.B. des Materials) / identification *n* ‖ ⁓ (der Daten, um den Mißbrauch zu erschweren) (EDV) / earmarking *n* ‖ ⁓ **für "Kennung des rufenden Anschlusses"** (Fernm) / calling-line identity (CLI) ‖ ⁓ **mit Schlagzeichen** / stamping *n*, stamp-marking *n* ‖ ⁓ **von Absätzen** (EDV) / paragraph marking, paragraph tagging
**Kennzeichnungs•Allonge** *f* (des Startbandes) (Film) / identification leader ‖ **⁓-Allonge** (des Endbandes) (Film) / identification trailer ‖ **⁓aufnahme** *f* (das erste Bild der ersten Reihe eines Mikrofiches, das die Angabe enthält, auf wieviel Mikrofiches ein Sachverhalt verteilt ist) / identification frame ‖ **⁓merkmal** *n* / qualifier *n* ‖ **⁓teil** *n* (der zur Identifizierung des COBOL-Programms dient) (EDV) / identification division (COBOL)
**Kenn•zeitpunkt** *m* (Fernm) / significant instant ‖ **⁓ziffer** *f* (des Logarithmus) (Math) / characteristic *n*
**Kenotron** *n* (ein Glühkatodengleichrichter) (Eltronik) / kenotron *n*
**Kentsmithit** *m* (Min) / vanoxite *n*
**Kephalin** *n* (ältere Bezeichnung für eine Mischung von Glycerophospholipiden) (Biochem) / kephalin *n*, cephalin *n*
**Kepler•Bahn** *f* (Astr) / Keplerian orbit ‖ **⁓-Bewegung** *f* (Astr) / two-body motion, Keplerian motion ‖ **⁓-Ellipse** *f* (Astr) / Keplerian ellipse ‖ **⁓-Gesetze** *n pl* (Astr) / Kepler's laws of planetary motion* ‖ **⁓-Problem** *n* (ein Zweikörper-Problem) (Astr, Kernphys) / Kepler problem
**Keplersch•es** (astronomisches) **Fernrohr** (Opt) / Keplerian telescope, inverting telescope ‖ **⁓e Bahn** (eine Kegelschnittbahn nach Johannes Kepler, 1571-1630) (Astr) / Keplerian orbit ‖ **⁓e Gesetze** *n pl* (die drei die Bewegung der Planeten bestimmenden Gesetze) (Astr) / Kepler's laws of planetary motion*
**Kerabitumen** *n* (Geol) / kerogen* *n*
**Keramfarbe** *f* (Keram) / ceramic colourant
**Keramik** *f* (Erzeugnisse) (Keram) / ceramics* *n* ‖ ⁓ (ein Industriezweig) (Keram) / ceramics* *n* ‖ **kochfeste ⁓ zum Einsatz auf der Gasflamme** (Keram) / flame-proof ware, flameware *n* ‖ **piezoelektrische ⁓** (z.B. PZT-Keramik) (Keram) / piezoceramics *n*, piezoelectric ceramics (Keram) ‖ **technische ⁓** (für Anwendungen in technischen Bereichen) (Keram) / engineering ceramics ‖ ⁓ **für die Elektronik** (Eltronik, Keram) / electronic ceramics ‖ **⁓beschichtet** *adj* / ceramic-coated *adj* ‖ **⁓bremse** *f* (heute nur bei teuren Wagen) (Kfz) / ceramic brake, ceramic-composite brake ‖ **⁓chipträger** *m* **mit Anschlüssen** (Eltronik) / ceramic leaded chip carrier package, CER package, CER-QUAD *n*
**Keramiker** *m* (Keram) / ceramicist *n*, ceramist *n* (male)
**Keramik•faser** *f* (eine anorganische Chemiefaser) (Keram) / ceramic fibre ‖ **⁓fliese** *f* (Keram) / ceramic tile ‖ **⁓isolator** *m* (Eltech) / ceramic insulator* ‖ **⁓katalysator** *m* (Kfz) / ceramic catalyst ‖ **⁓klinker** *m* (Bau) / klinker brick*, hard-burnt brick, engineering brick*, clinker brick, clinker* *n* ‖ **⁓kondensator** *m* (Eltech, Eltronik) / ceramic capacitor* ‖ **⁓magnet** *m* / ceramic magnet ‖ **⁓monolith** *m* (V-Mot) / ceramic monolith, ceramic honeycomb ‖ **⁓motor** *m* (V-Mot) / ceramic engine ‖ **⁓platte** *f* (Bau) / flag* *n*, flagstone *n* ‖ **⁓schutzschicht** *f* / ceramic (protective) coating ‖ **⁓sockel** *m* (der Sicherung) (Eltech) / ceramic fuse base, ceramic body ‖ **⁓stab** *m* (für Heizstrahler) (Eltech) / fire-bar* *n* ‖ **⁓tiegel** *m* / ceramic crucible ‖ **⁓-Vielschichtkondensator** *m* (Eltech) / ceramic multiple-layer capacitor
**keramisch** *adj* (Keram) / ceramic *adj* ‖ **~es Beschichtungsmittel** (Keram) / solution ceramic ‖ **~er Brennstoff** (Nukl) / ceramic fuel* ‖ **~er Bruch** (meistens geramahn) (Keram) / pitchers *pl*, sherd *n*, shard *n* ‖ **~es DIP-Gehäuse** (Eltronik) / ceramic dual-in-line package, cerdip *n* ‖ **~e Farbe** (Keram) / ceramic colourant ‖ **~er Farbkörper** (Keram) / ceramic-colouring material ‖ **~e Faser** (Keram) / ceramic fibre ‖ **~es Filter** (Keram) / ceramic filter* ‖ **~es Flachgehäuse** (Eltronik) / ceramic flat-pack, cerpac ‖ **~es Flat-Pack** (Eltronik) / ceramic flat-pack, cerpac *n* ‖ **~es Furnier** (dünne Bauterrakotta) (Bau) / ceramic veneer ‖ **~es Gehäuse** (Eltronik) / ceramic package, cerpack *n* ‖ **~er Isolator** (Eltech) / ceramic insulator* ‖ **~er Isolierstoff** (DIN 40 685, T 1) (Eltech) / ceramic insulating material ‖ **~er Isolierstoff aus Steatit** (Eltech, Keram) / steatite whiteware, steatite porcelain ‖ **~er Kondensator** (Eltech, Eltronik) / ceramic capacitor* ‖ **~er Magnet** / ceramic magnet ‖ **~e Masse** (Keram) / ceramic body, ceramic paste ‖ **~es Mikrofon** (Akus) / ceramic microphone ‖ **~e Mikroschaltung** (Eltronik) / ceramic-based microcircuit ‖ **~er Monolith** (ein Wabenkörper) (V-Mot) / ceramic monolith, ceramic honeycomb ‖ **~er Motor** (V-Mot) / ceramic engine ‖ **~er Reaktor** (mit keramischem Brennstoff oder mit keramischem Reaktorkern) (Nukl) / ceramic reactor ‖ **~e Scherben** (Keram) / pitchers *pl*, sherd *n*, shard *n* ‖ **~e Schutzschicht** / ceramic coating ‖ **~e Spaltplatte** (DIN 18166) (Bau, Keram) / split tile ‖ **~er Supraleiter** (Elektr, Keram) / ceramic superconductor ‖ **~es Ventil** (V-Mot) / ceramic valve ‖ **~er Werkstoff** (Keram) / ceramic *n*, ceramic material

**Keramografie** *f* (Ton- und Ziegelmalerei) / ceramography *n*
**Keramohalit** *m* (Min) / alunogen* *n*, hair salt
**Keramtechniker** *m* (Keram) / ceramicist *n*, ceramist *n* (male)
**Keranji** *n* (Holz von Dialium spp.) (For) / keranji *n* (a heavy hardwood)
**Kerargyrit** *m* (Min) / chlorargyrite *n*, cerargyrite* *n*, horn silver*
**Keratansulfat** *n* (Chem) / keratan sulphate
**Keratin** *n* (Biochem) / keratin* *n*
**Keratinabbau** *m* (Leder, Zyt) / keratolysis *n*
**Keratinisierung** *f* (Zyt) / keratinization *n*, cornification *n*, hornification *n*
**Keratolyse** *f* (Leder, Zyt) / keratolysis *n*
**Keratophyr** *m* (Ergußstein der Alkalireihe, z.B. der Lahnporphyr) (Geol) / keratophyre* *n*
**Kerb** *m* (Masch) / nick *n*, notch *n*, dent *n* ‖ ⁓ (Masch) / score *n* ‖ ⁓ (WP) / notch *n* ‖ **⁓- und Schrämmaschine** *f* (Bergb) / header *n* ‖ **⁓aufweitung** *f* (WP) / notch extension
**Kerbe** *f* (Masch) / groove *n*, slot *n* ‖ ⁓ (Masch) / nick *n*, notch *n*, dent *n* ‖ ⁓ (Masch) / score *n* ‖ ⁓ (WP) / notch *n* ‖ ⁓ (Zimm) / indent* *n*
**Kerb•einfluß** *m* (WP) / effect of notches ‖ **⁓empfindlichkeit** *f* (Kerbwirkung) (Hütt) / notch sensitivity* ‖ **⁓empfindlichkeitszahl** *f* (Hütt, Masch, Mech, WP) / notch sensitivity ratio, NSR
**kerben** *v* (mit Kerben versehen) (Masch, WP) / notch *v*, nick *v*, cut a notch ‖ ⁓ *n* (von Proben) (Masch, WP) / notching *n* ‖ **verbinden** *v* **durch ⁓** (Masch) / stake *v*
**Kerb•festigkeitsverhältnis** *n* (WP) / notch-unnotch ratio ‖ **⁓filter** *n* (Radio) / notch filter ‖ **~freier Übergang** / notch-free transition ‖ **~gezahnt** *adj* (Masch) / serrate *adj* ‖ **⁓grund** *m* (z.B. einer DVM-Probe) (WP) / notch base, root of a notch, notch root ‖ **⁓härteprüfung** *f* (der Glasur) / indentation hardness (of glazes)* ‖ **⁓nabe** *f* (Kfz) / central-locking hub, locking hub, spline hub, splined hub, Rudge hub ‖ **⁓nagel** *m* (mit Halbrundkopf nach DIN 1476; mit Senkkopf nach DIN 1477) (Masch) / grooved drive stud ‖ **⁓öffnung** *f* (WP) / notch extension ‖ **⁓probe** *f* (WP) / notched specimen, notched bar, notch impact test specimen ‖ **⁓schärfe** *f* (WP) / notch acuity ‖ **⁓schlagarbeit** *f* (WP) / notched-bar impact work ‖ **⁓schlagbiegeversuch** *m* (DIN 50115) (WP) / notched-bar test*, impact test on a notched specimen ‖ **⁓schlagbiegeversuch nach Charpy** (DIN EN 10045, T 1 - G. Charpy, 1865-1945) (WP) / Charpy (impact) test*, Charpy V-notch impact test ‖ **⁓schlagbiegeversuch nach Izod** (ein dynamisches Härteprüfverfahren) (WP) / Izod (impact) test* ‖ **⁓schlagfestigkeit** *f* (WP) / impact strength* ‖ **⁓schlagprobe** *f* (nach DIN 50115) (WP) / notched specimen, notched bar, notch impact test specimen ‖ **⁓schlagzähigkeit** *f* (in J/cm$^2$) (WP) / notch toughness* ‖ **⁓schnitt** *m* (Fehler) (Leder) / gash *n*, gouge *n*, damage to flesh surface (with a fleshing knife) ‖ **⁓schnitzerei** *f* (mit einem Schnitzmesser) (For) / chip carving ‖ **⁓seil** *n* (Bergb) / dead rope ‖ **⁓spannung** *f* (WP) / notch stress ‖ **⁓spitze** *f* (Bau, Masch) / notch tip ‖ **⁓sprödigkeit** *f* (WP) / notch brittleness* ‖ **⁓stab** *m* (WP) / notched bar ‖ **⁓stift** *m* (Masch) / grooved straight pin ‖ **⁓tal** *n* (Geol) / V-shaped valley, V-valley *n* ‖ **⁓tier** *n* (For, Landw, Zool) / insect* *n* ‖ **~verzahnen** *v* / serrate *v* ‖ **⁓verzahnt** *adj* (Masch) / serrate *adj* ‖ **⁓verzahnung** *f* (für formschlüssige Wellen-Naben-Verbindung) (Masch) / serration *n*, groove toothing, channel toothing ‖ **⁓wirkung** *f* (Festigkeitslehre) (Mech) / notch effect ‖ **⁓wirkungszahl** *f* (bei schwingender Belastung) (Mech) / fatigue notch factor ‖ **⁓zahnprofil** *n* (Masch) / serration profile ‖ **⁓zahnung** *f* (Masch) / serration *n*, groove toothing, channel toothing ‖ **⁓zahnwelle** *f* (V-förmige Rillen) (Masch) / serrated shaft ‖ **⁓zange** *f* (Eltech) / crimping tool ‖ **⁓zugfestigkeit** *f* (WP) / notch tensile strength, notched-bar tensile strength ‖ **⁓zugversuch** *m* (WP) / notched-bar tensile test, notch tension test
**Kerf** *m* (For, Landw, Zool) / insect* *n*
**Kerma** *f* (SI-Einheit Gy) (Kernphys) / kerma *n*
**Kermaleistung** *f* (Quotient aus der Kerma und der Zeit) (Kernphys) / kerma rate
**Kermarate** *f* (Gy/s) (Kernphys) / kerma rate
**Kermes** *m* (getrocknete weibliche Kermesschildläuse) / kermes grains, kermes *pl*, grains *pl* ‖ ⁓ (ein alter Farbstoff) / kermes scarlet ‖ **⁓eiche** *f* (Quercus coccifera L.) (For) / kermes oak ‖ **⁓farbstoff** *m* / kermes scarlet
**Kermesinsäure** *f* (Chem) / kermesic acid
**Kermesit** *m* (Antimon(III)-oxidsulfid) (Min) / kermesite* *n*, kermes mineral, purple blende, red antimony, kermes *n*, pyrostilbite* *n*
**Kermes•körner** *n pl* (getrocknete weibliche Kermesschildläuse) / kermes grains, kermes *pl*, grains *pl* ‖ **⁓rot** *adj* / carmine-red *adj*, carmine *adj* ‖ **⁓rot** (Mikros, Nahr) / carmine *n* (a vivid crimson colour made from cochineal), cochineal *n* ‖ **⁓säure** *f* (eine Anthrachinonsäure - die wichtigste farbgebende Komponente des Naturfarbstoffs Kermes) (Chem) / kermesic acid ‖ **⁓scharlach** *m* / kermes scarlet
**Kern** *m* (des Kometen) (Astr) / nucleus* *n* (pl. nuclei) ‖ ⁓ (Erdkörper des Unterbaus) (Bahn) / dumpling *n* ‖ ⁓ (Bergb) / core* *n* ‖ ⁓ (eines

modularen Betriebssystems) (EDV) / kernel n ‖ ~ (Eisenteil eines magnetischen Kreises) (Eltech, Mag) / core* ‖ ~ (Kernholz) (For) / heart n ‖ ~ (zum Aussparen von Hohlräumen) (Gieß) / core* n ‖ ~ (des Schliffes) (Glas) / male joint n, cone ‖ ~ (Kernphys) / nucleus* n (pl. nuclei), atomic nucleus ‖ ~ (Kernstück der Haut) (Leder) / butt n (tanned), butt bend (tanned) ‖ ~ (Leder) / croupon n (untanned) ‖ ~ (des Spiralbohrers) (Masch) / web n ‖ ~ (der Integralgleichung) (Math) / kernel* n ‖ ~ (eines Druck- oder Zugstabes) (Mech) / core n, kern n ‖ ~ (Nahr) / kernel n ‖ ~ (Nukl) / core* n, reactor core ‖ ~ (bei Lichtwellenleitern nach DIN 57888, T 1) (Opt) / core n ‖ ~ (der Papierrolle) (Pap) / core n ‖ ~ (beim Spritzgießen) (Plast) / core n ‖ ~ (Zyt) / nucleus* n (pl. nuclei), cell nucleus ‖ [Obst] ~ (Nahr) / stone n, pit n (US) ‖ **äußerer** ~ (Geol) / outer core (the outer or upper zone of the earth's core) ‖ **außerhalb des** ~s (Kernphys) / extranuclear adj ‖ **bandgewickelter** ~ (EDV) / tape-wound core ‖ **beschossener** ~ (Kernphys) / target nucleus ‖ **dunkel gefärbter** ~ (ein Holzfehler) (For) / blackheart* n ‖ **gespickter** ~ (mit örtlich angereichertem Brennstoff) (Nukl) / spiked core, seed core ‖ **getrockneter** ~ (Gieß) / baked core* ‖ **innerer** ~ (der Erde) (Geol) / inner core (the central part of the earth's core) ‖ **instabiler** ~ (Kernphys) / unstable nucleus ‖ **isochrone** ~e (die zufällig oder infolge ihrer chemischen Äquivalenz dieselbe Verschiebung haben) (Chem) / isochronous nuclei ‖ **isodiapherer** ~ (Kernphys) / isodiaphere n ‖ **lamellierter** ~ (Eltech) / laminated core*, laminated-iron core ‖ **offener** ~ (ohne äußeren Eisenschluß) (Eltech) / open core ‖ **schwarzer** ~ (Keram) / black core (a defect occurring in fireclay and other refractory brick when vitrification of the surface areas takes place before oxidation of carbonaceous matter in the interior is complete), black heart ‖ **schwerer** ~ (Kernphys) / heavy nucleus ‖ **stabiler** ~ (Kernphys) / stable nucleus ‖ **unterteilter** (loser) ~ (beim Druckguß) (Gieß) / collapsible core ‖ ~ **aus der Bohrlochwand** (Erdöl) / sidewall core

**Kern** • - / nuclear adj ‖ ~**ablage** f (Gieß) / rack for cores ‖ ~**abschaltungssystem** n (bei dem ein Kernbereich der Wasserverteilung abgeschaltet werden kann, um die Kühlleistung des Kühlturms zu verringern und ein Vereisen bei Winterbetrieb zu verhindern) / zoning system ‖ ~**absorption** f (paramagnetische Kernresonanzabsorption) (Kernphys) / nuclear absorption ‖ ~**abstand** m (zwischen zwei Atomkernen) (Kernphys) / internuclear distance, nuclear distance ‖ ~**aktive Komponente** (Gruppe) (Kernphys) / nuclear-active component, N-component ‖ ~**altsand** m (Gieß) / shake-out core sand ‖ ~**analyse** f (Bergb, Geol) / core analysis ‖ ~**anlage** f (Nukl) / nuclear plant, N-plant n, nuclear facility, nuclear installation ‖ ~**anregung** f (Kernphys) / nuclear excitation ‖ ~**ansatz** m (Masch) / half-dog point ‖ ~**arbeiter** m (Gieß) / coremaker n ‖ ~**arbeitszeit** f (F.Org) / core-time n ‖ ~**aufheizung** f (Nukl) / core heat-up ‖ ~**ausrichtung** f (die Parallelausrichtung der Spins bzw. der magnetischen Momente von Atomkernen in einem äußeren oder inneren Magnetfeld) (Kernphys) / nuclear alignment ‖ ~**ausrundung** f (beim Gewinde) (Masch) / root radius ‖ ~**außeninstrumentierung** f (Nukl) / ex-core instrumentation ‖ ~**ausspitzung** f (des Bohrers nach DIN 1412) (Masch) / web thinning (BS 328) ‖ ~**ausstoßen** n (Gieß) / core removal, decoring n ‖ ~**ausstoßer** m (Gieß) / core breaker, decorer n ‖ ~**ausstoßgerät** n (Gieß) / core breaker, decorer n ‖ ~**batterie** f (Nukl) / nuclear battery*, atomic battery, radioisotope battery, radionuclide battery, RNB, isotopic battery, radioisotopic generator ‖ ~**bauweise** f (HuT) / German tunnelling method ‖ ~**beton** m (als Gegenteil zu Betonrandzonen) (HuT) / core concrete ‖ ~**bildung** f (For) / duramination n, duramination n, heartwood formation ‖ ~**bindemittel** n (Gieß) / core binder ‖ ~**binder** m (Gieß) / core binder ‖ ~**binder auf Ölbasis** (Gieß) / core oil ‖ ~**binderöl** n (Gieß) / core oil ‖ ~**bindung** f (die durch die Kernkräfte bewirkte Bindung mehrerer Nukleone in einem Kern) (Kernphys) / core binding ‖ ~**bindungsenergie** f (die bei der Bildung eines Atomkerns freiwerdende Energie) (Kernphys) / nuclear binding energy* ‖ ~**blasmaschine** f (Gieß) / core blower ‖ ~**blech(e)** n(pl) (DIN 41302, T 1) (Eltech) / core lamination ‖ ~**blech** n (als ungestanztes Material) (Eltech) / core sheet ‖ ~**böckchen** n (Gieß) / chaplet*, box stud ‖ ~**bohren** n (ein drehendes Tiefbohren) (Bergb) / core drilling ‖ ~**bohren** (DIN 8589, T 2) (Masch) / trepanning* n, core drilling ‖ ~**bohrer** m (mit dem der Kern gewonnen wird) (Bergb) / core drill, annular auger, annular borer* ‖ ~**bohrer** (Masch) / trepanning cutter (GB), core drill (US) ‖ ~**bohrkrone** f (Bergb) / core bit ‖ ~**bohrmaschine** f (Masch) / core drill ‖ ~**bohrvorrichtung** f (Masch) / corer n ‖ ~**brennschale** f (Gieß) / core plate ‖ **Kernbrennstoff** m (Nukl) / nuclear fuel*, fission fuel, nuclear reactor fuel, reactor fuel, fuel* n ‖ **frischer** ~ (Nukl) / new fuel ‖ **gesinterter** ~ (Nukl) / sintered nuclear fuel ‖ **nitridischer** ~ (Nukl) / nitride nuclear fuel ‖ **oxidischer** ~ (Nukl) / oxide fuel, oxidic nuclear fuel ‖ ~**kreislauf** m (Nukl) / fuel cycle*, nuclear fuel cycle, reactor fuel cycle, operating fuel cycle ‖ ~**tablette** f (Nukl) / fuel pellet, pellet n ‖

~**wechselmaschine** f (Nukl) / loading and unloading machine*, fuel-handling machine, reactor refuelling machine ‖ ~-**Wiederaufarbeitung** f (Nukl) / fuel reprocessing*, nuclear fuel reprocessing ‖ ~-**Wiederaufbereitungsanlage** f (Nukl) / reprocessing plant, fuel reprocessing plant, FRP ‖ ~**zyklus** m (Nukl) / fuel cycle*, nuclear fuel cycle, reactor fuel cycle, operating fuel cycle

**Kern** • **brett** n (aus der Stammitte geschnittenes, das Herz mit einschließendes Brett) (For, Zimm) / heart board ‖ ~**bruchstück** n (Kernphys) / nuclear fragment, chip n ‖ ~**brutstoff** m (Nukl) / fertile material ‖ ~**büchse** f (Gieß) / core box* ‖ ~**chemie** f (derjenige Teil der Chemie, der sich mit dem Studium von Atomkernen und Kernreaktionen unter Verwendung chemischer Methoden befaßt - DIN 25401, T 1) (Chem) / nuclear chemistry* ‖ ~**dichte** f (Kernphys) / nuclear density ‖ ~**dichte** (der Kernmaterie) (Kernphys) / nuclear density ‖ ~**dicke** f (bei Spiralbohrern nach DIN 1412) (Masch, Werkz) / web thickness ‖ ~**draht** m (Gieß, Schw) / core wire ‖ ~**drahtlegierte Elektrode** (Schw) / alloyed-core electrode ‖ ~**durchmesser** m (Gewinde - nach DIN 13) (Masch) / minor diameter, core diameter ‖ ~**durchmesser** (Nukl) / core diameter ‖ ~**einlegen** n (Gieß) / core setting, coring up ‖ ~**eisen** (ein Stab) (Gieß) / core bar* ‖ ~**eisen** (gitterartiges) (Gieß) / core grid ‖ ~**eisen** (Stabilisierungselement im allgemeinen) (Gieß) / core iron, core frame

**Kernel** m (die innerste Schicht eines Betriebssystems, die der Hardware am nächsten ist) (EDV) / kernel n

**Kern** • **elektronik** f (Eltronik) / nuclear electronics ‖ ~**emission** f (Kernphys) / nuclear emission* ‖ ~**emulsion** f (Verbindung aus Kernölrohstoffen und wasserlöslichen Bindern) (Gieß) / core emulsion ‖ ~**emulsion** (Fotoemulsion zum Nachweis von Spuren hochenergetischer Teilchen, z.B. auf einer Kernspurplatte) (Kernphys) / nuclear emulsion*

**Kernen** (Bergb) / coring n

**kernendes Bohren** (Bergb) / core drilling

**Kernenergie** f (die bei der Kernumwandlung freisetzbare oder freigesetzte Energie - DIN 25401, T 1) (Nukl) / nuclear energy*, atomic energy*, nuclear n ‖ **mit** ~ **angetrieben** (Nukl) / nuclear-powered adj ‖ **mit** ~ **betrieben** (Nukl) / nuclear-powered adj ‖ ~**nutzbare** ~ (Nukl) / nuclear power* ‖ ~**anlage** f (Nukl) / nuclear plant, N-plant n, nuclear facility, nuclear installation ‖ ~**antrieb** m (Raumf) / nuclear propulsion* ‖ **mit** ~**antrieb** (Nukl) / nuclear-powered adj ‖ ~**gegner** m (Nukl) / antinuclear activist, antinuker n (US), nuclear foe ‖ ~**getrieben** adj (Nukl) / nuclear-powered adj ‖ ~**recht** n (Nukl) / nuclear law, atomic energy law ‖ ~**risiko** n (Nukl) / nuclear risk ‖ ~**schiff** n (Schiff) / nuclear ship, NS ‖ ~**technik** f (Nukl) / nuclear engineering

**Kern** • **explosion** f (HuT, Mil) / nuclear explosion ‖ ~**fahne** f (Kfz) / flipper n ‖ ~**fänger** m (beim Tiefbohren) (Bergb) / core catcher, core lifter, core gripper, split-ring core lifter, spring lifter ‖ ~**fangring** m (Bergb) / core catcher, core lifter, core gripper, split-ring core lifter, spring lifter ‖ ~**farbstoff** m (zur selektiven Anfärbung von Zellkernen) (Mikros, Zyt) / nuclear stain ‖ ~**färbung** f (For) / heart stain ‖ ~**färbung** (Mikros, Zyt) / nuclear stain ‖ ~**fäule** f (For) / crown rot, heart rot, central rot ‖ ~**feld** n (Kernphys) / nuclear field* ‖ ~**feldkraft** f (Kernphys) / nuclear force* ‖ ~**fernes Elektron** (Kernphys) / outer-shell electron, peripheral electron ‖ ~**finish** n (Tex) / full-penetration finish ‖ ~**fixierung** f (z.B. mit einer Stütze) (Gieß) / core location ‖ ~**fläche** f (eines Druck- oder Zugstabes) (Mech) / core n, kern n ‖ ~**fluß** m (beim Entladen aus Behältern) / core flow ‖ ~**flutsystem** n (Nukl) / core flooding system ‖ ~**formen** n (Gieß) / core moulding, core making ‖ ~**formmaschine** f (Gieß) / core-making machine ‖ ~**formstoff** m (für die Herstellung von Kernen in Kernkästen) (Gieß) / core moulding material (sand) ‖ ~**forschung** f (Kernphys) / nuclear research ‖ ~**forschungsanlage** f (Kernphys) / nuclear research centre ‖ ~**forschungszentrum** n (Kernphys) / nuclear research centre ‖ ~**fotoeffekt** m (Kernphys) / photodisintegration*, nuclear photoeffect*, photonuclear reaction ‖ ~**fragment** n (Kernphys) / nuclear fragment, chip n ‖ ~**füllfaktor** m (beim Transformator und bei Eisendrosseln) (Eltech) / core space factor, stacking factor ‖ ~**fusion** f (thermonukleare Reaktion) (Kernphys) / nuclear fusion*, fusion* n ‖ **steuerbarer Reaktionsablauf bei der** ~**fusion** (Nukl) / controlled thermonuclear reaction, CTR* ‖ ~**fusionsbombe** f (Mil) / fusion bomb*, thermonuclear bomb ‖ ~**fusionsenergie** f (Nukl) / fusion energy*, thermonuclear energy* ‖ ~**fusionsreaktor** m (Nukl) / fusion reactor*, controlled thermonuclear reactor, CTR ‖ ~**garn** n (Spinn) / core-spun yarn* ‖ ~**geologie** f (Geol) / nuclear geology ‖ ~**gerüst** n **des Moleküls** (Kernphys) / nuclear framework of a molecule ‖ ~**gestell** n (Gieß) / core rack ‖ ~**getrenntes Holz** (Kreuz- oder Halbholz) (For) / half-timber n ‖ ~-**g-Faktor** m (g-Faktor für Atomkerne) (Kernphys) / nuclear g-factor ‖ ~**gruppe** f (einer Halbgruppe) (Math) / kernel n ‖ ~**haltestift** (Gieß) / dabber n ‖ ~**härten** (DIN 17014, T 1) (Hütt) / core hardening ‖ ~**härtung** f (Hütt) / core hardening ‖ ~**heber** m (Bergb) / core catcher, core lifter, core gripper, split-ring core lifter, spring lifter ‖ ~**heizkraftwerk** n /

617

**Kernheizwerk**
nuclear heating and power plant, combinded heat and power plant, CHP plant ‖ ~**heizwerk** n / nuclear heating plant ‖ ~**herstellung** f (Gieß) / core moulding, core making

**Kernholz** n (Herzholz um die Markröhre) (For) / duramen* n, heartwood* n ‖ ~- (For) / all-heart attr ‖ ~**baum** m (mit trocknerem und auffällig gefärbtem Kern) (For) / tree with regularly formed heartwood ‖ ~**bildung** f (For) / duraminization n, duramination n, heartwood formation ‖ ~**fäule** f (For) / heartrot n

**kernig** adj (Griff) (Tex) / crisp adj, full adj, solid adj ‖ ~**er Griff** (Tex) / clothiness n

**Kernigkeit** f (Tex) / body n (of the fabric) ‖ ~ (Tex) / clothiness n

**Kern**•**induktion** f (Meßverfahren der Hochfrequenzspektroskopie zum Nachweis der Kernspinresonanz, bei dem das durch die Präzession der Kerndipolmomente in einer von der Sendespule getrennte Empfangsspule induzierte Signal nachgewiesen wird) (Kernphys) / nuclear induction, nuclear magnetic induction ‖ ~**industrie** f (Nukl) / nuclear industry

**Kerning** n (EDV) / kerning n, pair kerning

**Kern**•**ingenieur** m (Nukl) / nuclear engineer ‖ ~**inneninstrumentierung** f (Nukl) / in-core instrumentation ‖ ~**isodiapher** n (mit gleichem Neutronenüberschuß) (Kernphys) / isodiaphere* n ‖ ~**isomer** (Chem, Kernphys) / nuclear isomer* ‖ ~**isomeres** n (Chem, Kernphys) / nuclear isomer* ‖ ~**isomerie** f (Chem, Kernphys) / nuclear isomerism, isomerism of atomic nucleus

**Kernit** m (Natriumtetraborat-3-Wasser) (Min) / kernite* n

**Kern**•**kasten** m (Vorrichtung aus Kunststoff, Metall oder Holz, in der durch Formgebung und Verdichten von Formstoffen Kerne hergestellt werden) (Gieß) / core box* ‖ **heißer** ~**kasten** (Gieß) / hot box ‖ ~**kasten** m **mit Ziehschablone** (Gieß) / strickle core box ‖ ~**katalysiertes Laminat** (Additivtechnik) (Eltronik) / core-catalysed laminate ‖ ~**katalysierter Schichtpreßstoff** (Eltronik) / core-catalysed laminate ‖ ~**kettenreaktion** f (Kernphys) / nuclear chain reaction ‖ ~**kinematik** f (Kernphys) / nuclear kinematics ‖ ~**körperchen** n (Zyt) / nucleolus* n (pl. nucleoli) ‖ ~**kraft** f (Kernphys) / nuclear force* ‖ ~**kraft** (als Energiequelle) (Nukl) / nuclear power* ‖ ~**kräfte** f pl (z.B. Wigner-, Majorana-, Heisenberg- und Bartlettkraft) (Kernphys) / short-range forces* ‖ ~**kraftgegner** m (Nukl) / antinuclear activist, antinuker n (US), nuclear foe ‖ ~**kraftpotential** n (Nukl) / nuclear potential* ‖ ~**kraftwerk** n (Eltech, Nukl) / atomic power plant, nuclear power-station, nuclear power plant (US), nuclear (power) generating station ‖ **unterirdisches** ~**kraftwerk** (Eltech, Nukl) / underground nuclear powerstation ‖ ~**ladung** f (Kernphys) / nuclear charge* ‖ ~**ladungszahl** f (deren Wert mit dem der Ordnungszahl identisch ist) (im Periodensystem der Elemente) (Chem) / atomic number*, proton number, nuclear-charge number ‖ **effektive** ~**ladungszahl** (Kernphys) / effective atomic number, EAN ‖ ~**leitwert** m (nach R. Feldtkeller, 1901-1981) (Elektr) / transfer admittance* ‖ **reziproker** ~**leitwert** (nach R. Feldtkeller) (Elektr) / transfer impedance* ‖ ~**loch** n (Gieß, Masch) / cored hole*, cast hole* ‖ ~**lochdurchmesser** m (Masch) / core hole ‖ ~**los** adj (Trauben) (Nahr) / seedless adj ‖ ~**loses Bohren** (Bergb) / plugging n, non-core drilling, solid drilling, full-hole drilling ‖ ~**loser Induktionsofen** / coreless induction furnace*, Northrup furnace*, crucible-type induction furnace ‖ ~**machen** n (Gieß) / core moulding, core making ‖ ~**macher** m (Gieß) / coremaker n ‖ ~**macherei** f (Gieß) / core shop, core-moulding department ‖ ~**magnetische Doppelresonanz** (Kernphys) / nuclear magnetic double resonance, NMDR ‖ ~**magnetisches Moment** (Kernphys) / nuclear magnetic moment ‖ ~**magnetische Resonanz** (Spektr) / nuclear magnetic resonance, NMR ‖ ~**magnetische Resonanzspektroskopie** (Spektr) / nuclear magnetic resonance spectroscopy, NMR spectroscopy ‖ ~**magnetismus** m (Kernphys) / nuclear magnetism ‖ ~**magnetometer** n (Geophys) / nuclear magnetometer ‖ ~**magneton** n (Einheit des magnetischen Dipolmoments von Atomkernen) (Kernphys) / nuclear magneton* ‖ ~**mantelfaden** m (bei Bikomponentenfasern) (Tex) / sheath n ‖ ~**-Mantel-Faser** f (Viskosefaser, bei der die Außenhaut [ = Mantel] eine höhere Faserdichte aufweist als die Innenschicht [ = Kern]) (Tex) / sheath/core fibre, core/sheath fibre, centric cover-core fibre ‖ ~**mantelgarn** n (Spinn) / core-spun yarn* ‖ ~**marke** f (in der Gießform) (Gieß) / core print*, print* n ‖ ~**masse** f (die Ruhmasse eines Atomkerns) (Kernphys) / nuclear mass ‖ ~**material** n (Nukl) / nuclear material ‖ ~**materie** f (die Nukleonen im Innern eines schweren Atomkerns) (Kernphys) / nuclear matter ‖ ~**mehl** n (Carobin) (Nahr) / locust bean gum powder, carob flour, carob-seed gum ‖ ~**modell** n (z.B. das Schalenmodell) (Kernphys) / nuclear model* ‖ **kollektives** ~**modell** (Kernphys) / collective model* (of the nucleus), unified model* (of the nucleus) ‖ **vereinigtes** ~**modell** (Kernphys) / collective model* (of the nucleus), unified model* (of the nucleus) ‖ ~**modulationseffekt** m (Spektr) / nuclear modulation effect ‖ ~**molekül** n (Kernphys) / nuclear molecule ‖ ~**moment** n (magnetisches, elektrisches) (Kernphys) / nuclear moment n ‖ **magnetisches** ~**moment** (Kernphys) / nuclear magnetic moment ‖ ~**nächstes Elektron** (Kernphys) / innermost electron ‖ ~**nagel** n (Gieß) / core nail ‖ ~**nahes Elektron** (Kernphys) / inner-shell electron, inner electron ‖ ~**niveau** n (Spektr) / nuclear (energy) level ‖ ~**notkühlsystem** n (Nukl) / emergency core-cooling system, ECCS ‖ ~**obst** n (Bot, Nahr) / pomes pl, pomaceous fruits ‖ ~**öl** n (Gieß) / core oil ‖ ~**orientierung** f (Kernphys) / nuclear orientation

**Kern-Overhauser-Effekt** m (Kernphys) / nuclear Overhauser effect, NOE ‖ **heteronuklearer** ~ (auf den der Intensitätsgewinn zurückgeht) (Kernphys, Spektr) / heteronuclear Overhauser effect, HNOE

**Kern**•**paramagnetismus** m (Kernphys) / nuclear paramagnetism ‖ ~**physik** f (Kernphys) / nuclear physics ‖ ~**physiker** m (Kernphys) / nuclear physicist ‖ ~**pigment** n (bei dem der anorganische, inerte Kern von einer oder mehreren anorganischen Substanzen umhüllt ist - DIN 55943) (Anstr) / core pigment ‖ ~**plasma** (Protoplasma des Zellkerns) (Biol) / nucleoplasm* n, nuclear sap*, karyolymph n ‖ ~**platte** f (Spritzgießen) (Plast) / core plate ‖ ~**polarisation** f (eine Kernausrichtung) (Kernphys) / nuclear polarization ‖ **chemisch induzierte dynamische** ~**polarisation** (in der Kernresonanzspektroskopie) (Spektr) / CIDNP, chemically induced dynamic nuclear polarization ‖ ~**potential** n (Nukl) / nuclear potential* ‖ **elastische** ~**potentialstreuung** (Phys) / Delbrück scattering* ‖ ~**präzession** f (Kernphys) / nuclear precession ‖ ~**probe** f (Bergb) / core sample* ‖ ~**programm** n (Standardprogramm, dessen Ausführungszeit zur Bewertung eines Rechnerkerns herangezogen wird) (EDV) / kernel n, kernel program ‖ ~**progressivschnecke** f (Plast) / constant taper screw (with constantly increasing root diameter) ‖ ~**protein** n (Biochem) / core protein ‖ ~**prozeß** m (Kernphys) / nuclear reaction* ‖ ~**quadrupolmoment** n (Spektr) / nuclear quadrupole moment ‖ ~**quadrupolresonanz** f (Spektr) / nuclear quadrupole resonance, NQR ‖ ~**quadrupolresonanzspektroskopie** f (Spektr) / nuclear quadrupole resonance spectroscopy, NQR spectroscopy ‖ ~**radius** m (Kernphys) / nuclear radius ‖ ~**rakete** f (Mil, Raumf) / atomic rocket, nuclear rocket

**Kernreaktion** f (Kernphys) / nuclear reaction* ‖ **direkte** ~ (Kernphys) / direct nuclear reaction ‖ **endotherme** ~ (Kernphys) / threshold reaction ‖ **gekreuzte** ~**en** (Kernphys) / cross bombardment*

**Kernreaktor** m (Nukl) / nuclear reactor*, reactor* n, pile* n, NR ‖ **heterogener** ~ (ein thermischer Reaktor) (Nukl) / heterogeneous reactor* ‖ **homogener** ~ (ein thermischer Reaktor mit homogenem Brennstoff-Moderator-Gemisch) (Nukl) / homogeneous reactor (a nuclear reactor in which fissionable material and moderator /if used/ are intimately mixed to form an effectively homogeneous medium for neutrons) ‖ ~ m **für Lehrzwecke** (Nukl) / training reactor ‖ ~**technik** f (Nukl) / reactor technology

**Kern**•**reifholzbaum** m (z.B. Rüster, Esche) (For) / tree with irregular heartwood ‖ ~**reinheit** f (Chem, Nukl) / nuclear purity ‖ ~**reiter** m (ein Profil-Gummistreifen um den Reifenwulstkern) (Kfz) / bead apex ‖ ~**relaxation** f (Kernphys) / nuclear relaxation

**Kernresonanz** f (Kernphys) / nuclear resonance, nuclear magnetic resonance, NMR ‖ **bildgebende magnetische** ~ / NMR imaging, nuclear magnetic imaging resonance ‖ **magnetische** ~ (eine Methode der Hochfrequenzspektroskopie) (Kernphys) / nuclear magnetic resonance*, magnetic nuclear resonance, nuclear paramagnetic resonance*, NMR*, n.m.r. ‖ **magnetische** ~ (Spektr) / nuclear magnetic resonance, NMR ‖ **paramagnetische** ~ (Kernphys) / nuclear magnetic resonance*, magnetic nuclear resonance, nuclear paramagnetic resonance*, NMR*, n.m.r. ‖ ~**absorption** f (Keram) / NMR absorption ‖ ~**fluoreszenz** f (ein Spezialfall der Fluoreszenz bei Atomkernen) (Kernphys) / nuclear resonance fluorescence ‖ ~**niveau** n (Kernphys) / resonance level* ‖ ~**spektrometer** n (Spektr) / NMR spectrometer ‖ ~**spektroskopie** f (Spektr) / nuclear magnetic resonance spectroscopy, NMR spectroscopy ‖ ~**spektrum** n (Spektr) / NMR spectrum

**Kern**•**riß** m (For) / heart shake (BS 565)*, heart crack, rift crack, heart check ‖ **sternartiger** ~**riß** (For) / star shake*, star check ‖ ~**rissig** adj (For) / heart-shaken adj, quaggy adj ‖ ~**rissigkeit** f (For) / quagginess n ‖ ~**rohr** n (Gestängerohr zur Aufnahme von Bohrkernen) (Bergb) / core barrel, core-gripper case ‖ ~**röhre** f (For) / pith* n, medulla* n ‖ ~**rückstoß** m (Kernphys) / nuclear recoil ‖ ~**sand** m (Gieß) / core sand* ‖ ~**sandbinder** m (Gieß) / core binder ‖ ~**sandmischmaschine** f (Gieß) / core-sand mixer ‖ ~**sättigungsmagnetometer** n (Eltronik) / Foerster probe, Förster probe ‖ ~**schablone** f (Gieß) / template n, templet n ‖ ~**schale** f (Gieß) / core plate* ‖ ~**schatten** m (Astr) / umbra n (pl. umbrae or umbras), full shadow ‖ ~**schatten** (zwei Schattenbilder, die sich überlappen - wenn man einen Körper mit zwei punktförmigen Lichtquellen beleuchtet) (Licht) / umbra n (pl. umbrae or umbras), complete shadow ‖ ~**schicht** f (bei der Sandwichbauweise) / inner core ‖ ~**schießmaschine** f (eine Kernformmaschine) (Gieß) / core shooter, core-shooting machine

˜**schmelze** f (bei dem am meisten gefürchteten Reaktorstörfall) (Nukl) / core meltdown, core melt ‖ ˜**schmelzen** n (bei dem am meisten gefürchteten Reaktorstörfall) (Nukl) / core meltdown, core melt ‖ ˜**schmelzunfall** m (Nukl) / core meltdown accident ‖ ˜**schrott** m (Hütt) / heavy scrap ‖ ˜**seife** f (eine Natriumseife) (Chem) / hard soap* ‖ ˜**seite** f (For) / internal side, heart side ‖ ˜**sicherheitssystem** n (Nukl) / nuclear safety system ‖ ˜**software** f **für intelligente Terminals** (Fernm) / kernel software for intelligent terminals ‖ ˜**spaltspur** f (Geol) / fission track ‖ ˜**spaltspuren-Methode** f (der radioaktiven Altersbestimmung) (Geol) / fission-track method, fission-track dating ‖ ˜**spaltung** f (spontane, induzierte - binäre, tertiäre) (Kernphys, Nukl) / fission* n, nuclear fission* ‖ ˜**spaltungsbombe** f (eine Atombombe, die auf der Spaltung schwerer Atomkerne beruht) (Mil) / fission bomb* ‖ ˜**spaltungsenergie** f (Kernphys) / fission energy ‖ ˜**spaltungskettenreaktion** f (Kernphys) / fission chain reaction ‖ ˜**spaltungsreaktor** m (Nukl) / fission reactor ‖ ˜**speicher** m (EDV) / core memory, magnetic core memory, core store* ‖ ˜**spektrometer** n (mit dem man die Kernstrahlung bzw. ionisierende Strahlung spektral untersuchen kann) (Spektr) / nuclear spectrometer ‖ ˜**spektrum** n (das beim Übergang angeregter Atomkerne in den energetischen Grundzustand entsteht) (Kernphys) / nuclear spectrum ‖ ˜**spin** m (Eigendrehimpuls des Atomkernes) (Kernphys) / nuclear spin ‖ ˜**spindel** f (bei der Zellteilung) (Zyt) / spindle* n ‖ ˜**spinkopplungskonstante** f (Spektr) / spin-spin coupling constant, coupling constant, CC ‖ ˜**spinresonanz** f (Kernphys) / nuclear magnetic resonance*, magnetic nuclear resonance, nuclear paramagnetic resonance*, NMR, n.m.r. ‖ ˜**spintomograf** m (Med) / magnetic resonance imager, MR imager ‖ ˜**spintomografie** f (Magnetfelddiagnostik) (Med) / magnetic resonance imaging, NMR imaging, MRI, zeugmatography n ‖ ˜**sprengkopf** m (Mil) / nuclear warhead ‖ ˜**sprengkörper** m (Mil) / nuclear weapon, nuke n, atomic weapon ‖ ˜**sprengkörper** (im allgemeinen) (Mil) / nuclear explosive device ‖ **unsauberer** ˜**sprengkörper** (Mil) / salted nuclear weapon ‖ ˜**sprengkörper** m **im Sub-kt-Bereich** (Mil) / subkiloton nuclear weapon ‖ ˜**sprengung** f (HuT, Mil) / nuclear explosion ‖ ˜**sprung** m (Geol) / radial (heat) crack

**Kernspur** f (Kernphys) / track* n, particle track, nuclear track ‖ ˜**emulsion** f (Fotoemulsion zum Nachweis von Spuren hochenergetischer Teilchen, z.B. auf einer Kernspurplatte) (Kernphys) / nuclear emulsion* ‖ ˜**emulsionstechnik** f (zum Nachweis von Spuren hochenergetischer Teilchen) (Kernphys) / photographic-emulsion technique*, nuclear-emulsion technique ‖ ˜**film** f (Kernphys) / nuclear film ‖ ˜**platte** f (Kernphys) / nuclear plate, nuclear emulsion plate ‖ ˜**technik** f (bei der Untersuchung der Hyperfragmente und der kosmischen Strahlung) (Kernphys) / emulsion technique*

**Kern•statistik** f (Nukl, Stats) / nuclear statistics ‖ ˜**stoff** m (spezifischer Inhaltsstoff des Kernholzes) (For) / heartwood deposit ‖ ˜**stopfmaschine** f (Gieß) / core extrusion machine ‖ ˜**strahl** m (Eltronik) / central beam, central pencil ‖ ˜**strahlung** f (Kernphys) / nuclear radiation ‖ ˜**streifen** m (Leder) / range n ‖ ˜**streuung** f (Ablenkung eines Teilchens aus seiner ursprünglichen Bewegungsrichtung durch Wechselwirkung mit einem Atomkern) (Kernphys) / nuclear scattering ‖ ˜**strömung** f (z.B. des Kesselwassers) / core stream ‖ ˜**struktur** f (die durch Angabe aller meßbaren oder gemessenen Eigenschaften eines Atomkerns oder Nuklids charakterisierte Struktur, insbesondere auch die innere, durch Quantenzahlen beschriebene Struktur) (Kernphys) / nuclear structure ‖ **halbes** ˜**stück** (Leder) / back n ‖ ˜**stückhälfte** f (Leder) / bend n ‖ ˜**stütze** f (zum Abstützen der Kerne zur Formwand bzw. zu anderen Kernen) (Gieß) / chaplet* n, box stud ‖ **grafisches** ˜**system** (grafische Schnittstelle zwischen Anwendersoftware und CAD/CAM-Systemen) **(GKS)** (EDV) / graphical kernel system (GKS) ‖ ˜**technik** f (dasjenige Gebiet der Technik, das sich direkt oder mittelbar mit dem Atomkern als Strahlungs- und Energiequelle befaßt) (Nukl) / nuclear engineering ‖ ˜**technik** (angewandte Kernwissenschaft) (Nukl) / nucleonics* n ‖ ˜**techniker** m (Nukl) / nuclear engineer

**kerntechnisch** adj (Nukl) / nuclear adj ‖ ~**e Anlage** (Nukl) / nuclear plant, N-plant n, nuclear facility, nuclear installation ‖ ~**e Industrie** (Nukl) / nuclear industry ‖ ~**e Instrumentierung** (Instr, Nukl) / nuclear instrumentation ‖ ~**es Sicherheitssystem** (Nukl) / nuclear safety system

**Kern•teilung** f (Zyt) / karyokinesis n ‖ **indirekte** ˜**teilung** (ein Kernteilungsmechanismus) (Zyt) / mitosis* n (pl. mitoses) ‖ ˜**trafo** m (Eltech) / core-type transformer* ‖ ˜**transformator** m (Eltech) / core-type transformer* ‖ ˜**trockenofen** m (Gieß) / core oven*, core stove ‖ ˜**trockenschale** f (Gieß) / core plate* ‖ ˜**übergang** m (Kernphys) / nuclear transition ‖ ˜**überhitzreaktor** m (Nukl) / nuclear superheat reactor, NSR ‖ ˜**umwandlung** f (Kernphys) / nuclear transformation, transmutation n ‖ ˜**verbund** m (mit dickem Kern und relativ dünnen Deckschichten, nach DIN 53290) / sandwich n ‖ ˜**verdampfung** f (Kernphys) / nuclear evaporation ‖ ˜**verlagerung** f (For) / wandering heart (pith) ‖ ˜**verschmelzung** f (thermonukleare Reaktion) (Nukl) / nuclear fusion*, fusion* n ‖ ˜**verschmelzungsreaktor** m (Nukl) / fusion reactor*, controlled thermonuclear reactor, CTR ‖ ˜**volumeneffekt** m (der Isotopie) (Kernphys) / isotope volume effect, volume effect

**Kernwaffe** f (Mil) / nuclear weapon, nuke n, atomic weapon ‖ **implosive** ˜ (Mil) / implosion (nuclear) weapon ‖ ˜**n abziehen** (Mil) / denuclearize v

**Kernwaffen•arsenal** n (Mil) / nuclear arsenal, nuclear panoply ‖ ˜**bestand** m (Mil) / nuclear arsenal, nuclear panoply ‖ ˜**bestände** m pl (Mil) / nuclear arsenal, nuclear panoply ‖ **strategisches offensives** ˜**einsatzmittel** (Mil) / strategic offensive nuclear delivery vehicle ‖ ~**fähig** adj (Mil) / nuclear-weapons-grade attr, weapons-grade attr ‖ ~**frei** adj (Staat) (Mil) / non-nuclear adj ‖ **eine ~freie Zone bilden** (Mil) / denuclearize v ‖ ˜**potential** n (Mil) / nuclear capability ‖ ˜**sperrvertrag** m (Mil) / non-proliferation treaty, Treaty on the Non-Proliferation of Nuclear Weapons ‖ ˜**test** m (Mil) / nuclear weapons test ‖ ~**trächtig** adj (Material) (Mil) / nuclear-weapons-grade attr, weapons-grade attr ‖ ˜**versuch** m (Mil) / nuclear weapons test ‖ **unterirdischer** ˜**versuch** (Mil) / underground nuclear weapons test

**Kern•wickelmaschine** f (an der einzelne Stahldrähte zum Wulstkern gewickelt werden) (Kfz) / bead-winding machine ‖ ˜**wickeln** n (Kfz) / bead winding ‖ ˜**zeit** f (bei gleitender Arbeitszeit die Zeitspanne zwischen spätestmöglichem Arbeitsbeginn und frühestem Arbeitsende) (F.Org) / core-time n ‖ ˜**zerfallsakte** m pl **je Sekunde** (veraltete Einheit der Aktivität radioaktiver Strahlung) (Kernphys) / transmutations pl per second, tps ‖ ˜**zerschmiedung** f (Gefügeauflockerung bzw. Materialaufreißung im Kern eines Schmiedestücks) (Hütt, Masch) / hammer burst ‖ ˜**zersplitterung** f (Kernphys) / spallation* n, nuclear spallation ‖ ˜**zertrümmerung** f (Kernphys) / spallation* n, nuclear spallation ‖ ˜**zone** f (beim Einsatzhärten) (Hütt) / core n ‖ ˜**zonenumschmelzverfahren** n (Hütt) / core-zone remelting ‖ ˜**zug** m (beim Spritzgießen) (Gieß, Plast) / core puller n ‖ ˜**zustand** m (Spektr) / nuclear (energy) level

**Kerogen** n (organischer Kohlenwasserstoffgehalt des Ölschiefers) (Geol) / kerogen* n

**Kerogen-Gestein** n (mit authigenem Bitumen) (Geol) / kerogen* n ‖ ˜ (authigenes Bitumen) (Geol) / asphalt rock, bituminous rock, asphalt stone, rock asphalt

**Kerosin** n (Leucht- und Heizpetroleum) (Erdöl, Kftst) / kerosine n, kerosene n ‖ ˜ (Erdöl, Kftst, Luftf) / aviation kerosine*, avtur* n (Jet-A1), aviation turbine fuel, Jet-A 1

**Kerosinsüßung** f (Erdöl) / kerosine sweetening

**Kerr•-Effekt** m (elektrooptischer, magnetooptischer - nach J. Kerr,1824-1907) (Eltech, Phys) / Kerr effect* ‖ **ramaninduzierter** ˜**-Effekt** (Eltronik) / Raman-induced Kerr effect, RIKE ‖ **magnetooptischer** ˜**-Effekt** (Opt) / magnetooptic Kerr effect, Kerr magnetooptical effect, magnetooptical Kerr effect ‖ **elektrooptischer** ˜**-Effekt** (Phys) / electrooptical birefringence, Kerr electrostatic effect, electrooptical Kerr effect ‖ ˜**-Konstante** f (vom Material abhängig - nach J. Kerr, 1824-1907) (Eltech) / Kerr constant ‖ ˜**-Lösung** f (statische Lösung der Einsteinschen Gravitationsgleichungen für den leeren Raum außerhalb einer rotierenden Masse) (Phys) / Kerr solution ‖ ˜**-Zelle** f (Eltech) / Kerr cell*, electrooptical shutter, Kerr shutter

**Kersantit** m (Geol) / kersantite* n

**Kersei** m (Tex) / kersey n

**Kersey** m (Tex) / kersey n

**Kerze** f / candle n ‖ ˜ (V-Mot) / sparking plug*, spark plug, plug n ‖ ˜ s. auch Zündkerze

**Kerzen•filter** n (mit auswechselbaren Filterkerzen) / tube filter, tubular filter, candle filter ‖ ˜**filtergarn** n (Spinn) / candlewick* n, candlewick yarn ‖ ˜**gehäuse** n (V-Mot) / sparking-plug body, spark-plug shell (US) ‖ ˜**kohle** f (Kftst) / cannel coal*, cannel n ‖ ˜**lampe** f (Flame lamp*, candelabra-base bulb, candle bulb ‖ ˜**nußöl** n (von Samen der Aleurites moluccana (L.) Willd.) / lumbang oil, candlenut oil, kekune oil, kukui oil ‖ ˜**schlüssel** m (V-Mot, Werkz) / spark-plug spanner, spark-plug wrench ‖ ˜**sitz** m (V-Mot) / spark-plug seat ‖ ˜**stecker** n (V-Mot) / spark-plug connector, spark-plug cap

**Kessel** m (für offenes Feuer) / cauldron n ‖ ˜ (kleiner, offener) / kettle n ‖ ˜ (für Zentral- oder Stockwerksheizung) (Bau, Masch) / domestic boiler ‖ ˜ (zur Vulkanisation) (Chem Verf) / vulcanizing autoclave, open steam vulcanizer ‖ ˜ (des Öltransformators) (Eltech) / tank n ‖ ˜ (eine tektonische Mulde) (Geol) / cauldron n ‖ ˜ (Masch) / boiler n, steam boiler ‖ **eingehängter** ˜ (Masch) / suspended boiler, top-supported boiler, topslung boiler ‖ **eingemauerter** ˜ (Masch) / brick-set boiler ‖ **freistehender** ˜ (Masch) / self-supporting boiler ‖ **liegender** ˜ (Masch) / horizontal boiler ‖ **mit festen Brennstoffen**

**Kessel**

**gefeuerter** ~ (Masch) / solid-fuel boiler ‖ **Schottischer** ~ (ein veralteter Schiffsdampferzeuger) (Schiff) / Scotch boiler*, Scotch marine boiler ‖ **stehender** ~ (Masch) / vertical boiler* ‖ ~ *m* **für fossile Brennstoffe** (Masch) / fossil-fuelled boiler ‖ ~ **mit Druckfeuerung** (Masch) / boiler with pressurized furnace, pressurized-furnace boiler ‖ ~ **mit flüssiger Entaschung** (Masch) / boiler with slag-tap furnace, slag-tap boiler, wet-bottom boiler ‖ ~ **mit flüssiger und trockener Entaschung** (Masch) / intermittent slag-tapping boiler ‖ ~ **mit Gasfeuerung** (Masch) / gas-fired boiler ‖ ~ **mit trockener Entaschung** (Masch) / dry-bottom boiler ‖ ~ **mit Unterkessel** (Masch) / double cylindrical boiler
**Kessel•abfahrvorgang** *m* (Masch) / boiler shut-down (procedure) ‖ ~**ablaß** *m* (Masch) / boiler drain ‖ ~**-Ablaßentspanner** *m* (in Systemen mit Brüdendampfzufuhr, vom Entsalzungsentspanner zum Entgaser) (Masch) / blow-down vessel ‖ ~**absalzung** *f* (Masch) / boiler blow-down ‖ ~**abschlämmung** *f* (Masch) / boiler blow-down ‖ ~**anfahrvorgang** *m* (Masch) / boiler start-up (procedure) ‖ ~**anlage** *f* (Masch) / boiler plant ‖ ~**ausmauerung** *f* (mit feuerfesten Steinen) / boiler refractory setting ‖ ~**ausrüstung** *f* (Masch) / boiler fittings and mountings* ‖ ~**bau** *m* (Masch) / boilermaking *n* ‖ ~**bauniet** *m* (Masch) / boiler rivet ‖ ~**blech** *n* (DIN 17155) (Hütt, Masch) / boiler plate*, boiler steel ‖ ~**bruch** *m* (Geol) / cauldron subsidence ‖ ~**decke** *f* (Masch) / furnace roof ‖ ~**dekatur** *f* (Tex) / batch decatizing, kier decatizing
**Kesseldruck** *m* (Masch) / boiler pressure* ‖ ~**körper** *m* (Masch) / boiler pressure part, pressurized boiler body ‖ ~**tränkung** *f* (das bedeutungsvolle Holzschutzverfahren) (For) / pressure impregnation ‖ ~**tränkung** (For) / high-pressure treatment, pressure treatment, pressure impregnation ‖ ~**verfahren** *n* (For) / pressure impregnation ‖ ~**verfahren** (z.B. nach Rüping) (For) / high-pressure treatment, pressure treatment, pressure impregnation ‖ ~**verfahren mit teerölhaltigen Holzschutzmitteln** (For) / pressure creosoting (BS 913)
**Kessel•entsalzung** *f* (Masch) / boiler blow-down ‖ ~**-Entsalzungsentspanner** *m* (in Systemen mit Brüdendampfzufuhr vom Entsalzungsentspanner zum Entgaser) (Masch) / flash vessel, flash tank, flashing vessel, flash box ‖ ~**entschlammung** *f* (Masch) / boiler blow-down ‖ ~**feuerraum** *m* (Masch) / boiler furnace ‖ ~**feuerung** *f* (Masch) / boiler furnace ‖ ~**förmig** *adj* (Geol) / cauldron-shaped *adj* ‖ ~**fundament** *n* (Masch) / boiler setting* ‖ ~**kohle** *f* (für Schiffskessel) / navigation-coal *n* ‖ ~**kohle** (Bergb) / steam-coal* *n* ‖ ~**lauge** *f* / boiler blow-down (water flow) ‖ ~**leistung** *f* (t/h) (Masch) / boiler capacity*, steam output, boiler output ‖ ~**leistungsschalter** *m* (Eltech) / dead-tank circuit breaker ‖ ~**leitstand** *m* (Masch) / boiler control panel ‖ ~**mauerwerk** *n* (Bau) / setting *n* ‖ ~**nennleistung** *f* (Masch) / boiler rating ‖ ~**niet** *m* (Masch) / boiler rivet ‖ ~**ölschalter** *m* (Eltech) / bulk oil circuit breaker ‖ ~**raum** *m* (Masch) / boiler room ‖ ~**rohr** *n* (Masch) / boiler tube* ‖ ~**rohrbank** *f* (Masch) / boiler tube bank ‖ ~**rohrbündel** *n* (Masch) / boiler tube bank ‖ ~**schlacke** *f* / clinker *n* (the stony residue from burnt coal or from a furnace) ‖ ~**schuß** *m* (Masch) / shell ring ‖ ~**spanner** *m* (für Wärmedämmarbeiten) / steel-band tightener ‖ ~**speisepumpe** *f* (Masch) / boiler feed pump ‖ ~**speisewasser** *n* (Masch) / boiler feed-water* ‖ ~**speisewasseraufbereitung** *f* (Chem, Masch) / boiler feed-water treatment ‖ ~**speisewasserzusatz** *m* (Chem, Masch) / boiler composition*, boiler compound ‖ ~**staubsauger** *m* / canister vacuum cleaner (US), tank vacuum cleaner ‖ ~**stehbolzen** *m* (Masch) / boiler stay*
**Kesselstein** *m* (steinartiger Belag in Kesseln) (Chem, Masch) / boiler scale*, incrustation *n*, fur *n*, scale *n* ‖ **mit** ~ (Masch) / scaly *adj* ‖ ~ **ansetzen** (Masch) / fur ‖ ~**belag** *m* (Ausscheidung von Karbonaten und Sulfaten bei der Erhitzung natürlichen mineralhaltigen Wassers) (Chem, Masch) / boiler scale*, incrustation *n*, fur *n*, scale *n* ‖ ~**bildendes Salz** (Chem) / scale-forming salt, scale-producing salt ‖ ~**bildner** *m* (Masch) / scale-forming agent ‖ ~**bildung** *f* (Masch) / incrustation *n*, scaling *n*, scale formation ‖ ~**entfernung** *f* (Masch) / descaling* *n*, scaling *n*, boiler-scale removal ‖ ~**gegenmittel** *n* (Chem, Masch) / anti-incrustator* *n*, scale inhibitor, disincrustant* *n* ‖ ~**hammer** *m* (DIN 6465) (Masch) / boilermaker's hammer*, scaling hammer* ‖ ~**löser** *m* (Chem, Masch) / scale solvent ‖ ~**verhütungsmittel** *n* (Chem, Masch) / anti-incrustator* *n*, scale inhibitor, disincrustant* *n*
**Kessel•trommel** *f* (Masch) / boiler drum ‖ ~**verkleidung** *f* (Masch) / boiler casing ‖ ~**verluste** *m pl* (Zusatzverluste in inaktiven Teilen des Transformators) (Eltech) / tank losses ‖ ~**wagen** *m* (ein Güterwagen - nach DIN 26015) (Bahn) / tank-car *n*, tank waggon ‖ ~**wagen** (Kfz) / tank lorry, tank truck (US) ‖ ~**warte** *f* (Masch) / boiler control room ‖ ~**wasser** *n* (Masch) / boiler water ‖ ~**wirkungsgrad** *m* (wichtigste Güteziffer eines Dampferzeugers) (Masch) / boiler efficiency* ‖ ~**zug** *m* (Masch) / boiler flue pass
**Kessener-Bürste** *f* (aus Piassava, zur Oberflächenbelüftung - heute nicht mehr verwendet) (Sanitär) / Kessener brush

**Kesternich-Prüfung** *f* (ein Korrosionsprüfverfahren mit Schwitzwasser-Wechselklima und schwefeldioxidhaltiger Atmosphäre) (Galv) / Kesternich corrosion test, SO2-cabinet test
**Ketal** *n* (Chem) / ketal *n* (acetal of a ketone)
**Ketalisierung** *f* (Chem) / ketalization *n*
**Keten** *n* (organische Verbindung, welche die allgemeine Formel $R^1R^2C=C=O$ hat) (Chem) / ketene* *n*
**Ketimin** *n* (Chem) / ketimine *n*
**Keto•carbonsäure** *f* (Chem) / keto acid, keto carboxylic acid ‖ ~**desoxyoctonsäure** *f* (Chem, Pharm) / KDO ‖ ~**-Enol-Tautomerie** *f* (Chem) / keto-enolic tautomerism*, keto-enol tautomerism ‖ ~**ester** *m* (Chem) / oxo ester, keto ester ‖ ~**form** *f* (Chem) / keto form* ‖ ~**gen** *adj* (Biochem, Med) / ketogenic* *adj* ‖ ~**gene Aminosäure** (Biochem) / ketogenic amino acid ‖ ~**genese** *f* (Chem) / ketogenesis *n* (pl. -geneses) ‖ ~**glutarat** *n* (Ester oder Salz der Oxoglutarsäure) (Chem) / oxoglutarate *n*, ketoglutarate *n* ‖ ~**glutarsäure** *f* (Chem) / oxoglutaric acid, ketoglutaric acid ‖ ~**gruppe** *f* (eine Carbonylgruppe) (Chem) / keto group ‖ ~**hexose** *f* (ein Ketozucker) (Chem) / ketohexose* *n* ‖ ~**karbonsäure** *f* (Chem) / keto acid, keto carboxylic acid ‖ ~**keten** (Chem) / ketoketene *n*
**Ketol** *n* (Chem) / hydroxyketone *n* ‖ ~ (Chem) / keto alcohol, ketol *n*
**Keto•malonsäure** *f* (Chem) / mesoxalic acid, oxomalonic acid, ketomalonic acid ‖ ~**moschus** *m* (ein künstlicher Moschus) (Chem) / musk ketone
**Keton** *n* (von Aceton abgeleiteter Gruppenname für Verbindungen der allgemeinen Formel $R^1R^2C=O$) (Chem) / ketone* *n* ‖ **Michlers** ~ (Zwischenprodukt für Farbstoffsynthesen - nach W. Michler, 1846-1889) (Chem) / Michler's ketone (tetramethyldiaminobenzophenone) ‖ **ungesättigtes** ~ (Chem) / unsaturated ketone ‖ ~**acetal** *n* (Chem) / ketal *n* (acetal of a ketone) ‖ ~**alkohol** *m* (Hydroxyketon) (Chem) / keto alcohol, ketol *n* ‖ ~**azetal** *n* (Chem) / ketal *n* (acetal of a ketone) ‖ ~**form** *f* (Chem) / keto form* ‖ ~**harz** *n* (ein synthetisches Harz) (Chem) / ketone resin, ketonic resin
**ketonisieren** *v* (Chem) / ketonize *v*
**Keton•körper** *m* (Biochem) / ketone body, acetone body ‖ ~**körperbildung** *f* (Chem) / ketogenesis *n* (pl. -geneses) ‖ ~**körperentstehung** *f* (Chem) / ketogenesis *n* (pl. -geneses) ‖ ~**ranzigkeit** *f* (beim Abbau der Fettsäuren zu Methylketonen) (Nahr) / ketonic rancidity
**Keto•pentose** *f* (ein Ketozucker) (Chem) / ketopentose *n* ‖ ~**pentose** (Strukturisomeres der Ribulose) (Chem) / xylulose *n*, xyloketose *n* ‖ ~**plastische Aminosäure** (die bei ihrem Abbau im intermediären Stoffwechsel Ketonkörper liefert) (Biochem) / ketogenic amino acid ‖ ~**säure** *f* (eine Oxocarbonsäure) (Chem) / keto acid, keto carboxylic acid
**Ketose** *f* (ein Monosaccharid) (Chem) / ketose* *n*
**Keto•steroid** *n* (Biochem) / ketosteroid *n* ‖ ~**triose** *f* (ein Ketozucker) (Chem) / ketotriose *n*
**Ketoxim** *n* (Oxim der Ketone) (Chem) / ketoxime* *n*
**Ketozucker** *m* (Chem) / ketose* *n*
**ket-Symbol** *n* (von Dirac bei der Ausarbeitung des formalen Apparates der Quantenmechanik eingeführte Schreibweise - gebildet aus dem englischen Wort für Klammer bra-c-ket)* (Phys) / ket *n*
**Kett•ablaß-Vorrichtung** *f* (Web) / warp let-off motion, warp regulator ‖ ~**atlas** *m* (Tex) / satin* *n*, warp satin ‖ ~**baum** *m* (DIN 64531, T 1) (Web) / warp beam, weaver's beam, yarn beam, loom beam ‖ **einen** ~**baum herstellen** (Web) / warp *vt* ‖ ~**baumbremse** *f* (Web) / warp beam brake ‖ ~**baumherstellung** *f* (Web) / beaming *n*, beam-warping *n*, direct warping, turning-on *n*, batching *n*, batching-up *n* ‖ ~**baumherstellung** (Web) / warping ‖ ~**baumregulator** *m* (Web) / warp let-off motion, warp regulator ‖ ~**dichte** *f* (Web) / warp density ‖ **niedrige** ~**dichte** (Tex) / low warp* ‖ ~**draht** *m* (Pap) / warp wire ‖ ~**druck** *m* (Tex) / chiné printing, warp printing
**Kette** *f* (Chem) / chain* *n*, atomic chain ‖ ~ (von Zeichen) (EDV) / string* *n* ‖ ~ (EDV) / chain *n*, catena *n* (pl. catenae or catenas) ‖ ~ (eindimensionales Gitter) (Krist) / one-dimensional lattice ‖ ~ (Masch) / ordered set ‖ ~ (Math) / ordered set ‖ ~ (Math) / linearly ordered set, chain *n* ‖ ~ (Web) / warp* *n* ‖ ~ (Masch) s. auch Gleiskette ‖ **cyclische** ~ (Chem) / closed chain ‖ **endlose** ~ (Masch) / endless chain ‖ **engringige** ~ (Masch) / short-link chain, close-link chain ‖ **geradlinige** ~ (unverzweigte) ~ (Chem) / straight chain, unbranched chain ‖ **geschlichtete** ~ (Web) / sized warp ‖ **geschlossene** ~ (Chem) / closed chain ‖ **geschlossene** ~ (Masch) / endless chain ‖ **invariante** ~ (Biochem) / invariant chain ‖ **kalibrierte** ~ (Masch) / calibrated chain ‖ **kausale** ~ (KI, Phys) / causal chain ‖ **kinematische** ~ (offene, geschlossene, offene verzweigte, geschlossene verzweigte) (Masch) / kinematic chain* ‖ **lehrenhaltige** ~ (Masch) / calibrated chain ‖ **leichte** ~ (Bestandteil der Antikörper) (Biochem) / light chain*, chain *n*, B chain ‖ **Markowsche** ~ (im Markowschen Prozeß) (Math) / Markov chain ‖ **maximale** ~ (Math) / maximal chain ‖ **mit der** ~ **befestigen** / chain *v*, chain up *v* ‖ **offene** ~ (Chem) / open chain ‖

**selbstaufziehende** ~ (ein Antischlupf-Zubehör) (Kfz) / self-mounting tyre chain ‖ **verzweigte** ~ (Chem) / branched chain, branching chain ‖ **zeitachsenorientierte** ~ (Math) / time-line chain ‖ **zwangläufige kinematische** ~ (Masch) / constrained kinematic chain
**Ketteffekt** *m* (Web) / warp effect, warp face
**Kettel** *m f* (Bau) / staple *n* ‖ ~ *m* (Web) / chain warp
**kett • elastisch** *adj* (Tex) / stretchable in the warp ‖ ~**elastizität** *f* (Tex) / warpwise stretch ‖ ~**element** *n* (des Maschinensiebes) (Pap) / warp wire
**kettellos** *adj* (Strumpf) (Tex) / linkless *adj*, loopless *adj*
**Kettelmaschine** *f* (Tex) / linking machine, binding-off machine, looping machine, looper *n*
**ketteln** *v* (Tex) / link *v*, loop *v* ‖ ~ *n* (maschengerechtes Verbinden zweier Maschenwarenkanten) (Tex) / linking *n*, looping *n*
**Kettel • naht** *f* (Tex) / linking seam ‖ ~**stich** *m* (in der Stickerei) (Tex) / chain stitch, cable stitch, cable *n* ‖ ~**stich** (Tex) / loop stitch, looped stitch
**ketten** *v* / chain *v*
**Ketten • -** (Molekül) (Chem) / long-chain *attr* ‖ ~ *n* (EDV) / chaining operation, CHAIN ‖ **durchbrochene** ~**ware** (Tex) / filet fabric ‖ ~**abbrecher** *m* (Chem) / chain terminator ‖ ~**abbruch** *m* (Chem) / chain termination, chain breaking, chain breakage ‖ ~**abbruchmittel** *n* (Chem) / chain terminator ‖ ~**analyse** *f* (Zerlegung eines Satzes in seine Elementarketten, wie z.B. Satzkern und seine Adjunkte) (EDV) / string analysis (SA) ‖ ~**antrieb** *m* (Masch) / chain drive, chain transmission, chain-and-socket drive ‖ **einfache** ~**aufhängung** (Eltech) / single-catenary suspension* ‖ ~**bahn** *f* (ein Stetigförderer) (Masch) / endless chain transporter ‖ ~**bahn-Wagenanschläger** *m* (Bergb) / clipper *n* ‖ ~**baum** *m* (ein Vorbaum) (Web) / warp beam, weaver's beam, yarn beam, loom beam ‖ ~**befehl** *m* (EDV) / chain instruction ‖ ~**bemaßung** *f* (DIN 66257) (Masch) / point-to-point dimensioning, chain dimensioning, incremental dimensioning ‖ ~**bildung** *f* (Vorgang) (Chem) / linkage* *n*, interlinkage *n*, concatenation *n*, link-up *n*, linking *n*, catenation *n* ‖ ~**bruch** *m* (Chem) / termination *n* ‖ ~**bruch** (Math) / continued fraction* ‖ **Ramanujanscher** ~**bruch** (nach S. Ramanujan, 1887 - 1920) (Math) / Ramanujan continued fraction ‖ ~**code** *n* (EDV) / chain code* ‖ ~**dämpfung** *f* (Dämpfungsmaß) (Fernm) / attenuation constant ‖ ~**datei** *f* (EDV) / chained file ‖ ~**drucker** *m* (ein alter mechanischer Drucker) (EDV) / chain printer* ‖ ~**düngerstreuer** *m* (Landw) / endless-chain fertilizer distributor ‖ ~**effekt** *m* (auf der Gewebeoberfläche) (Web) / warp effect, warp face ‖ ~**egge** *f* (Landw) / chain harrow ‖ ~**einlauf** *m* (des Reißverschlußschiebers) (Tex) / throats *pl* ‖ ~**entrindungsmaschine** *f* (For) / chain barking machine ‖ ~**fahrleitung** *f* (Eltech) / catenary construction* ‖ **windschiefe** ~**fahrleitung** (Bahn, Eltech) / inclined catenary construction* ‖ ~**fahrzeug** *n* (Masch) / crawler-tracked vehicle, crawler *n*, track vehicle ‖ ~**fallhammer** *m* (ein Gesenkschmiedehammer) (Masch) / chain drop hammer ‖ ~**faltung** *f* (bei der Kristallisation aus der Schmelze) (Krist) / chain folding ‖ ~**fläche** *f* (Rotationsfläche der Kettenlinie um ihre Symmetrieachse) (Math) / catenoid* *n* ‖ ~**flaschenzug** *m* (Masch) / chain pulley block, chain block*, chain block hoist, chain fall ‖ ~**förderer** *m* (Masch) / chain conveyor* ‖ ~**form** *f* (Chem) / chain form ‖ ~**förmiger Kohlenwasserstoff** (Chem) / open-chain hydrocarbon, aliphatic hydrocarbon ‖ ~**fräsmaschine** *f* (eine senkrechte Schlitzstemmaschine) (For) / chain mortiser, chain mortise chain cutter ‖ ~**gebirge** *n* (Geol) / mountain chain (mountain ranges and mountain systems), chain of mountains ‖ ~**gebirge** (z.B. Anden) (Geol) / cordillera *n* ‖ ~**gehäuse** *n* (Kfz) / chain case, chain housing ‖ ~**geräusch** *n* (Masch) / noise of the chain ‖ ~**gespräch** *n* (Fernsp) / chain call, sequential call ‖ ~**getriebe** *n* (ein Zugmittelgetriebe) (Masch) / chain gear, chain gearing, chain drive, chain transmission ‖ ~**gewirk** *n* (Tex) / warp-knitted fabric*, warp-knit fabric, warp-knit goods ‖ ~**gewirk mit Schußeintrag** (Tex) / weft-inserted warp knitting (warp-knitted fabric) ‖ ~**gewirke** *n* (Tex) / warp-knitted fabric*, warp-knit fabric, warp-knit goods ‖ ~**gleichungen** *f pl* (Fernm) / chain parameter equations ‖ ~**glied** *n* (eine Filterschaltung) (Eltronik) / ladder *n* ‖ ~**glied** (Fernm) / section* *n* ‖ ~**glied** (Masch) / chain link ‖ ~**haus** *n* (Bau) / terrace *n*, terraced house, terrace house, town house ‖ ~**impedanz** *f* (Elektr) / iterative impedance* ‖ ~**induzierung** *f* (Chem) / chain initiation ‖ ~**initiierung** *f* (Chem) / chain initiation ‖ ~**isolator** *m* (Eltech) / chain insulator*, string insulator ‖ ~**isomerie** *f* (eine Abart der Strukturisomerie) (Chem) / chain isomerism ‖ ~**kasten** *m* (Kfz) / chain case, chain housing ‖ ~**kasten** (Masch) / chain case ‖ ~**kasten** (für die Ankerkette) (Schiff) / chain locker* ‖ ~**kode** *m* (EDV) / chain code* ‖ ~**kratzerförderer** *m* (Bergb) / chain scraper conveyor ‖ ~**kupplung** *f* (Bahn) / chain coupling* ‖ ~**länge** *f* (Masch) / chain length ‖ ~**leiter** *f* (Elektr) / ladder network *n* ‖ ~**leiter** (Eltech) / sequence network *n* ‖ ~**leiter-Widerstandsnetzwerk** *n* (Fernm) / ladder network* ‖ ~**linie** *f* (Math) / catenary* *n* ‖ ~**loses Merzerisieren** (Tex) / chainless mercerization ‖ ~**magazin** *n* (ein Werkzeugmagazin)

(Masch) / chain magazine ‖ ~**maschine** *f* (DIN 63401) (Web) / warping frame, warping machine ‖ ~**maß** *n* (Maßzahl, die sich an das jeweils vorhergehende Maß anschließt) (Masch) / incremental dimension ‖ ~**maßverarbeitung** *f* (EDV, Masch) / incremental processing ‖ ~**matrix** *f* (DIN 1344) / hybrid matrix ‖ ~**molekül** *n* (Chem) / chain molecule ‖ ~**naht** *f* (Schw) / multirow non-staggered seam (of spot welds) ‖ ~**netz** *n* (EDV) / bus-type network, bus network ‖ ~**netzwerk** *n* (Fernm) / ladder network* ‖ ~**nietung** *f* (Masch) / chain riveting ‖ ~**nuß** *f* (bei Gliederketten) (Masch) / sprocket-wheel* *n*, chain sprocket ‖ ~**parameter** *m* (Vierpolparameter der Kettengleichungen) (Fernm) / chain parameter, abcd parameter ‖ ~**polymerisation** *f* (Chem) / chain polymerization ‖ ~**prüfung** *f* **von Rundstahlketten** (nach DIN 685, T 3) / round-steel-chain test ‖ ~**pumpe** *f* (Masch) / chain pump* ‖ ~**rad** *n* (zur Handbetätigung von Armaturen, die sich in waagerechten Überkopflagen befinden) / chain wheel ‖ ~**rad** (EDV) / sprocket wheel, feed-sprocket wheel, sprocket *n* ‖ ~**rad** (Zahnrad für Triebstockverzahnung, bei der die Bolzen in einer Kette angeordnet sind) (Masch) / sprocket-wheel* *n*, chain wheel*, sprocket* *n* ‖ ~**radzahn** *m* (Masch) / sprocket tooth ‖ ~**räumen** *n* (Masch) / chain broaching ‖ ~**räummaschine** *f* (Masch) / chain-broaching machine ‖ ~**reaktion** *f* (ein spezieller Typ einer Folgereaktion) (Chem, Kernphys) / chain reaction* ‖ **divergierende** ~**reaktion** (beim Durchgehen des Reaktors) (Kernphys) / divergence* *n* ‖ **nukleare** ~**reaktion** (Kernphys) / nuclear chain reaction ‖ ~**reaktionsträger** *m* (Chem) / chain initiator, chain carrier, chain reaction carrier ‖ ~**rechwender** *m* (eine Heuwerbemaschine) (Landw) / chain-side delivery rake ‖ ~**regel** *f* (für die Ableitung von Funktionen) (Math) / chain rule ‖ ~**rohrdecksklüse** *f* (Schiff) / spurling pipe, spurling gate ‖ ~**rohrklüse** *f* (Schiff) / spurling pipe, spurling gate ‖ ~**-Rohrschneider** *m* (zum Abtrennen von Auspuffrohren) (Kfz) / exhaust and tailpipe cutter, tailpipe cutter ‖ ~**rohrzange** *f* (Bau, Masch) / chain tongs*, chain pipe wrench ‖ ~**rolle** *f* (bei Gliederketten) (Masch) / sprocket-wheel* *n*, chain sprocket ‖ ~**rost** *m* / chain grate ‖ ~**säge** *f* (eine Ablängsäge mit endloser Gliederkette) / chain-saw *n* ‖ ~**sägemaschine** *f* / chain-saw *n* ‖ ~**schaltung** *f* (bei Sporträdern) / dérailleur* *n* ‖ ~**schaltung** (Eltech) / iterative network, recurrent network ‖ ~**schattenbildung** *f* (Web) / shaded weave ‖ ~**schleifer** *m* (ein Stetigschleifer) (Pap) / chain-fed grinder, caterpillar grinder, chain grinder ‖ ~**schlepper** *m* (im Walzwerk) (Hütt) / chain drag, chain skid ‖ ~**schloß** *n* (Sonderkettenglied zur Verbindung zweier Kettenstränge) (Masch) / chain connector ‖ ~**schlüssel** *m* (Masch) / chain wrench ‖ ~**schmierung** *f* (Masch) / chain oiling ‖ ~**schrägförderer** *m* (des Mähdreschers) (Landw) / chain grain conveyor ‖ ~**schrämmaschine** *f* (Bergb) / chain coal cutter ‖ ~**schutz** *m* (Masch) / chain guard ‖ ~**schutzblech** *n* (Masch) / chain guard ‖ ~**schweißen** *n* (Schw) / chain-link welding ‖ ~**silikat** *n* (z.B. Bastit) (Min) / inosilicate* *n*, chain silicate ‖ ~**spaltung** *f* (Chem) / chain cleavage ‖ ~**spanner** *m* (Masch) / chain tensioner ‖ ~**spannung** *f* (Masch) / chain tension ‖ ~**spannung** (Web) / warp tension ‖ ~**spannungsregler** *m* (Web) / let-off motion* ‖ ~**spannvorrichtung** *f* (Masch) / chain tensioner ‖ ~**speicher** *m* (ein Werkzeugspeicher) (Masch) / chain magazine ‖ ~**stahl** *m* (für geschweißte Rundstahlketten) (Hütt) / chain steel ‖ ~**starkes Gewebe** (Tex) / unidirectional cloth ‖ ~**start** *m* (Chem) / chain initiation ‖ ~**startreaktion** *f* (Chem) / chain initiation ‖ ~**steifes Polymer** (Chem) / stiff-chain polymer ‖ ~**stern** *m* (HuT, Masch) / drive tumbler *n*, bull wheel, tumbler *n* ‖ ~**stich** *m* (in der Stickerei) (Tex) / chain stitch, cable stitch, cable *n* ‖ **einfacher** ~**stich** (Tex) / single-warp stitch, single-chain stitch ‖ ~**stichnähmaschine** *f* (Tex) / chain-stitch sewing machine ‖ ~**stopper** *m* (Erdöl) / chain stopper ‖ ~**stopper** (Schiff) / chain cable stopper, cable stopper ‖ ~**stoppvorrichtung** *f* (Erdöl) / chain stopper ‖ ~**strang** *m* (Masch) / strand *n* ‖ ~**stropp** *m* (Schiff) / chain sling ‖ ~**stuhl** *m* (Tex) / warp-knitting machine, warp loom, warp-knitting loom, tricot machine ‖ ~**suche** *f* (EDV) / chaining search ‖ ~**teilung** *f* (Masch) / chain pitch ‖ ~**träger** *m* (in der Kettenreaktion) (Chem) / chain initiator, chain carrier, chain reaction carrier ‖ ~**traktor** *m* (HuT, Kfz) / track-laying tractor, tracked tractor, track-type tractor, crawler tractor ‖ ~**trieb** *m* (Masch) / chain drive, chain transmission, chain-and-socket drive ‖ ~**trommel** *f* (Masch) / chain barrel* ‖ ~**trum** *m n* (Masch) / chain run ‖ ~**überschlag** *m* (Fernm) / cascading of insulators* ‖ ~**übertragung** *f* (bei der radikalischen Polymerisation) (Chem) / chain transfer ‖ ~**verlängerung** *f* (Chem) / chain lengthening ‖ ~**verstärker** *m* (DIN 44400) (Fernm) / transmission-line amplifier*, distributed amplifier ‖ ~**verzweigung** *f* (Chem) / chain branching ‖ ~**wachstum** *n* (bei Hochpolymeren) (Chem) / chain growth, chain propagation ‖ ~**wachstumspolymerisation** *f* (Chem) / chain-grow polymerization ‖ ~**wanderrost** *m* (Masch) / chain-grate stoker* ‖ ~**ware** *f* (Tex) / warp-knitted fabric*, warp-knit fabric, warp-knit goods ‖ ~**werksfahrleitung** *f* (mit selbsttätiger Nachspannung) (Bahn) / overhead cable ‖ ~**wickel** *m* (bei der Kettbaumherstellung) (Web) / ball warp ‖ ~**widerstand** *m* (Elektr) / iterative impedance* ‖

**Kettenwirken**

~wirken n (Tex) / warp knitting ‖ ~wirkerei f (Tex) / warp knitting ‖ ~wirkmaschine f (Tex) / warp-knitting machine, warp loom, warp-knitting loom, tricot machine ‖ ~wirkstuhl m (Tex) / warp-knitting machine, warp loom, warp-knitting loom, tricot machine ‖ ~wirkungsgrad m (bei Isolatoren) (Eltech) / string efficiency* ‖ doppelflächige ~wirkware (Tex) / simplex n (double-faced fabric usually made on two needle-bars of a bearded needle warp-knitting machine) ‖ ~zug m (Masch) / chain pulley block, chain block*, chain block hoist, chain fall
**Kettfaden** m (einzelner) (Web) / end* n ‖ ~ (im allgemeinen) (Web) / warp thread ‖ **fehlender** ~ (Web) / end out, broken end, thread out, missing end, runner ‖ **gerissene Kettfäden** (Web) / ends down* ‖ ~ablaßvorrichtung f (Web) / let-off motion* ‖ ~dichte f (Web) / warp set, warp setting ‖ ~effekt m (Web) / warp effect, warp face ‖ ~einziehschema n (Web) / entering plan ‖ ~einzug m **in geordneter Reihenfolge** (Web) / space draft ‖ ~-Mulekötzer m (Spinn) / twist cop ‖ ~unregelmäßigkeit f (in Kreppstoffen) (Tex) / gapping n ‖ ~wächter m (Web) / warp stop motion ‖ ~wächterlamelle f (Web) / drop-wire n ‖ ~zahl f (Web) / porter n
**Kett•färberei** f (Tex) / warp dyeing ‖ ~färbung f (Tex) / warp dyeing ‖ ~florgewebe n (Web) / warp pile fabric ‖ ~flottierung f (Web) / warp float ‖ ~garn n (Web) / warp thread, warp yarn ‖ **grobes** ~garn (Web) / coarse end, coarse thread, heavy end ‖ **fehlerhaftes** ~garn (Web) / fine end, light end, thin end ‖ ~hebung f (bei der der Kettfaden über dem Schußfaden liegt) (Web) / lifting of warp threads, raising of warp threads, lift of the warp, raising of the warp ‖ ~köper m (alle Kettfäden werden im Bindungsrapport nur einmal gesenkt) (Web) / warp twill ‖ ~kötzer m (Spinn) / twist cop ‖ ~regulator m (Web) / let-off motion, warp regulator ‖ ~richtung f (Tex) / warpwise adj ‖ ~rips m (Web) / warp rib, warp repp (GB), warp rep (US) ‖ ~samt m (Tex) / warp pile fabric ‖ **Baumwoll-**~samt (mit etwa 1-2 mm hoher Polschicht) (Tex) / velvet* n ‖ ~satin m (Tex) / satin* n, warp satin ‖ ~schären n (DIN 62500) (Web) / beaming n, beam-warping n, direct warping, turning-on n, batching n, batching-up n ‖ ~schlichtmaschine f (DIN 62500) (Tex) / slasher n, warp sizing machine, tape frame ‖ ~senkung f (Web) / lowering of the warp ‖ ~spannung f (Web) / warp tension ‖ ~streifen m (ein Webfehler) (Web) / warp streak*, warp stripe* ‖ ~streifig adj (Tex) / reedy adj ‖ ~stuhlgewebe n (DIN 62062) (Tex) / warp-knitted fabric*, warp-knit goods
**Kettung** f (EDV) / chaining* n
**Kettungsdatei** f (EDV) / chained file
**Kett•ware** f (Tex) / warp-knitted fabric*, warp-knit fabric, warp-knit goods ‖ ~wirkware f (Tex) / warp-knitted fabric*, warp-knit fabric, warp-knit goods
**ket-Vektor** m (in der Diracschen Schreibweise) (Phys) / ket vector
**Ketyl** n (kurzlebige organische Verbindung) (Chem) / ketyl n
**Keuchen** n (die Ein- und Auswärtsbewegung der Vorschiffsbeplattung) (Schiff) / panting* n
**Keule** f (eines Strahlungsdiagramms) (Fernsp, Radar, Radio) / lobe* n, radiation lobe ‖ ~ s. auch Mörserkeule
**Keulen•umtastung** f (Radar) / lobe switching*, beam switching, sequential lobing ‖ ~wandler m (Fernm) / door-knob transformer* ‖ ~wolle f (Tex) / shanking n, thigh wool
**KeV** (Kernphys) / kilo-electron-volt* n, KeV*
**Kevazingo** n (For) / bubinga n
**Kevlar** n (eine Aramidfaser) (Plast) / Kevlar n
**Kew-Barometer** n (ein Stationsbarometer) (Meteor) / Kew barometer
**Keyboard** n (EDV) / keyboard* (KBD) n, keyset n
**Key-Effekt** m (Film) / key effect
**Keyhole-Schweißen** n (Schw) / keyhole welding
**Keyholing** n (Schw) / keyholing n
**Keypad** n (EDV) / keypad n
**KF** (Fernm) / switching matrix
**KFA** (Kernphys) / nuclear research centre
**K-Fläche** f (mit 0 PBC) (Krist) / kinked face
**KFR** (Chem) / Fischer reagent for water, Karl Fischer solution
**KF-Titration** f / Karl Fischer technique, Karl Fischer titration
**kfz** (Krist) / face-centred cubic* (f.c.c.)
**Kfz** (Kfz) / motor vehicle, power-driven vehicle, motor n (GB), automotive vehicle, motor car (GB) ‖ ~-Elektronik f (Eltronik, Kfz) / automotive electronic equipment (system) ‖ ~-Haftpflichtversicherung f (Kfz) / third-party (liability) insurance, motor vehicle third-party liability insurance, automobile liability insurance (US), third-party only insurance ‖ ~-Hersteller m (Kfz) / automaker n ‖ ~-Steuer f / road tax ‖ ~-Werkzeug n (Kfz) / automotive tool, car tool
**kg** (SI-Basiseinheit der Masse) / kilogram* n, kilogramme* n, kg
**KG** (Fernm) / switching unit, SWU
**KGC** (Chem) / capillary gas chromatography, high-resolution gas chromatography, HR gas chromatography
**KH** / carbonate hardness, temporary hardness*

**Khaki** m (Tex) / khaki n ‖ ~braun adj / khaki adj ‖ ~farben adj / khaki adj ‖ ~farbig adj / khaki adj ‖ ~stoff m (Tex) / khaki n
**Khaprakäfer** m (ein Speckkäfer - Trogoderma granarium Ev.) (Landw) / khapra beetle
**Khaya** n (rötliche bis rotbraune Holzart aus dem tropischen afrikanischen Regenwald) (For) / African mahogany*, khaya n
**Khaya-Mahagoni** n (meistens aus Khaya anthotheca (Welw.) C. DC.) (For) / Uganda mahogany*
**Khellin** n (ein Furochromon aus dem Zahnstocherkraut) (Pharm) / khellin n
**KH-Lack** m (Anstr) / synthetic paint*
**K-Horn** n (eine Felgenhornausführung) (Kfz) / K-flange n
**Khornerstone** m (Einheit für Ergebnisse der Khornerstone-Benchmark) (EDV) / Khornerstone n ‖ ~-Benchmark f (EDV) / Khornerstone tests (test suite of 21 tests that stress a workstation's CPU, FPU, and disk subsystem)
**K-Hydraulik** f (Hyd) / mini-hydraulics n
**KHz** (Phys) / kilohertz* n, kHz*
**KI** (KI) / artificial intelligence*, machine intelligence, AI* ‖ **verteilte** ~ (KI) / distributed AI
**Kiaat** n (For) / kiaat n, muninga n
**Kick** m (der sich aus einem planmäßigen oder unplanmäßigen Zufluß von Medien aus der Formation in die Bohrung ergibt) (Erdöl) / kick* n ‖ ~ (Raumf) / kick n, apogee kick ‖ ~down m (starkes Durchtreten des Gaspedals beim raschen Beschleunigen - automatisches Getriebe) (Kfz) / kickdown n (forced downshift) ‖ ~downabschaltung f (Kfz) / kickdown shutoff
**Kicker** m (bei der Schaumstofferzeugung entstehendes Gas) (Plast) / kicker n
**Kick•starter** m (ein alter Tretanlasser beim Kraftrad) (Kfz) / kick-starter n ‖ ~stufe f (Raumf) / kick stage*
**Kid** n (feines Ziegen- oder Kalbleder) (Leder) / kid n
**Kidderminster-Teppich** m (beidseitig gemusterter Teppich) (Tex) / Kidderminster carpet, Scotch carpet
**Kid-Mohär** m (von jungen Mohärziegen) (Tex) / kid mohair
**Kiefer** m (Pinus) (For) / pine* n, pinetree n ‖ **Karibische** ~ (Pinus caribaea Morelet) (For) / Caribbean pine, slash pine ‖ **Rumelische** ~ (Pinus peuce Griseb.) (For) / Macedonian pine, Balkan pine ‖ ~klemme f (Med) / trismus* n, lockjaw*
**Kiefern•altstöcke** m pl (für Extraktionszwecke geeignetes Kiefernstockholz) (For) / pine stump wood ‖ ~bastkäfer m (Hylastes ater Paykull) (For) / root-boring pine beetle ‖ ~baumschwamm m (Phellinus pini (Brot.; Fr.) Ames) (For) / conk rot fungus ‖ ~bock m (Monochamus galloprovincialis Ol.) (For) / pine sawyer beetle ‖ **Gemeine** ~buschhornblattwespe (Diprion sertifer Geoffr. und Diprion pini Schrk.) (For) / pine saw-fly ‖ ~gewächse n pl (Pinaceae) (Bot, For) / pine family ‖ ~harz- und Kiefernölprodukte n pl (Anstr, Chem) / naval stores ‖ ~holz n (For) / pine n, pine-wood n ‖ ~holzteer m (Chem Verf) / pine tar ‖ ~nadelöl n (in Kiefernöl) / pine needle oil ‖ ~nadelöl s. auch Fichtennadelöl ‖ ~pflanzung f (For) / pinetum n (pl. -neta) ‖ ~porling m (Phaseolus schweinitzii (Fr.) Pat.) (For) / butt-rot fungus ‖ ~schnittholz n (aus der Pinus sylvestris L.) (For) / red deal*, redwood* n, Baltic deal ‖ ~teer m (der bei der Nadelholzverkohlung anfällt) (Chem Verf) / pine tar ‖ ~teerpech n (ein Weichpech) (Chem Verf) / pine tar pitch ‖ **mit** ~wald bedeckt (For) / piny adj, pinely adj
**Kiel** m (für die Kielpinsel) (Anstr, Zool) / quill* n ‖ ~ (Schiff) / keel n ‖ ~aufbuchtung f (Schiff) / hogging* n ‖ ~aufbuchtung und Durchsenkung (im Seegang) (Schiff) / hogging and sagging ‖ ~bogen m (Arch) / ogee arch, ogee* n, OG*, ogival arch*
**Kielerdrell** m (Tex) / regatta n
**Kiel•gang** m (die untersten, am Kiel befestigten Planken der Außenhaut) (Schiff) / garboard strake* n ‖ ~gerüst-Luftschiff n (z.B. nach Basenach) (Luftf) / semirigid airship* ‖ ~pinsel m (Haarpinsel, der im Federkiel gefaßt ist) (Anstr) / liner n, lining pencil, lining brush ‖ ~schwein n (Stegblech zur Versteifung der Bodenkonstruktion von Schiffen ohne Doppelboden) (Schiff) / keelson* n, kelson n ‖ ~wasser f (Totstrom ohne Wirbel) (Hyd) / dead water ‖ ~wasser n (Schiff) / wake n, wash n ‖ [**von der Schraube nach hinten geworfenes**] ~wasser (Schiff) / wake n, wash n ‖ ~wasserfeld n (elektromagnetisches Streufeld, das von den beschleunigten Teilchen selbst hervorgerufen wird) (Kernphys) / wake field
**Kien** m (For) / resinous pine-wood, resinous wood ‖ ~ (For) s. auch harzreiches Nadelholz ‖ ~ast m (For) / horn knot, resinous knot ‖ ~holz n (For) / resinous pine-wood, resinous wood
**kienig** adj (For) / resinous adj
**Kien•öl** n (von Pinus-Arten) / pine oil* ‖ **Schwedisches** ~öl / Swedish turpentine, Swedish pine oil ‖ ~ruß m (Rußschwarz) (Chem Verf) / pine soot ‖ ~teer m (Chem Verf) / pine tar
**Kies** m (rundgeschliffenes Gestein mit einer Korngröße zwischen 4 und 63 mm) (Bau, Geol, HuT) / gravel* n ‖ ~ (Min) / pyrite* n, pyrites* n, iron pyrites*, mundic* ‖ ~ (Bau, Geol, HuT) s. auch Flußgeröll

**abstrahlen** v **mit** ~ (Gieß) / grit-blast v ‖ **bauwürdiger** ~ (in Seifenlagerstätten) (Bergb) / pay dirt ‖ **gesiebter** ~ (für Fußwege) (Bau) / hogging* n, hoggin* n ‖ **mit** ~ **bestreuen** (Bau, HuT) / gravel v ‖ **sandiger** ~ (mit 50 bis 70% Sand) / sandy gravel ‖ ~**abbrand** m (Hütt) / roasted pyrites, calcined pyrites ‖ ~**ablaß** m (Wasserb) / gravel pass ‖ ~**artig** adj (Geol) / gravelly adj ‖ ~**auslaß** m (Wasserb) / gravel pass ‖ ~**bank** f (Geol) / gravel bank, gravel bar ‖ ~**beladen** adj (Geol) / gritty adj ‖ ~**beton** m (aus Sand und Kies) (HuT) / gravel concrete ‖ ~**bettung** f (Bahn) / gravel ballast ‖ ~**brechsand** m (HuT) / crushed stone fines ‖ ~**bremsstreifen** m (Bau) / gravel fillet
**Kiesel** m (Geol) / pebble n ‖ ~**bettfilter** n (Masch) / gravel-bed filter ‖ ~**eisenerz** n (Geol) / banded iron formation (the rock that consists of alternating bands of iron-rich minerals, generally haematite, and chert or fine-grained quartz), bif ‖ ~**erde** f (z.B. Neuburger) (Min) / silica n ‖ **Neuburger** ~**erde** (feinmehliges, weißes Mineralgemenge aus 85 - 90% Quarz und Kaolinit) / Neuburg chalk ‖ ~**fluormagnesium** n (Chem) / magnesium hexafluorosilicate, magnesium fluate, magnesium silicofluoride ‖ ~**fluorwasserstoffsäure** f (Chem) / hydrofluosilicic acid, silicofluoric acid, fluosilicic acid, hydrofluorosilicic acid ‖ ~**galmei** n (Min) / hemimorphite* n (natural zinc silicate), electric calamine* ‖ ~**gel** n (Chem) / silica gel* ‖ **Gel G** (mit Gips als Bindemittel) / silica gel G ‖ ~**gel-Dünnschichtfolie** f / silica-gel sheet ‖ ~**gelsäule** f (Chem) / silica-gel column ‖ ~**geröll** n (Geol, Ozean) / shingle* n ‖ ~**gestein** n (Geol) / chert* n, siliceous rock ‖ **kryptokristallines** ~**gestein** (z.B. Jaspilit) (Geol) / phthanite n, phtanite n ‖ ~**glas** n (mit nahezu 100% SiO$_2$) (Glas, Opt) / quartz glass*, silica glass* ‖ ~**glas-Laborgeräte** n pl **und -Apparatur** (Chem) / silica ware ‖ ~**grau** adj / pebble grey ‖ ~**gur** f (ein Festgestein aus den Kieselsäuregerüsten der Diatomeen) (Min) / diatomaceous earth*, diatomite* n, diatomaceous silica, infusorial earth*, kieselguhr* n, fossil meal* ‖ **mit** ~**gur imprägniertes Papier** (Chem) / kieselguhr paper ‖ ~**gut** n (glasiger Werkstoff auf SiO$^2$-Basis) (Chem, Glas) / vitreous silica*, fused silica*, fused quartz ‖ ~**haltig** adj / siliceous adj, silicious adj ‖ ~**holz** n (For) / silicified wood, opalized wood
**kieselig** adj / siliceous adj, silicious adj ‖ ~ (Geol) / cherty adj. ‖ ~ (Geol) / gravelly adj ‖ ~**er Sandstein** (Geol) / siliceous sandstone
**Kiesel**•**konglomerat** n (Horizont kieseligen Materials) (Geol) / silcrete n ‖ ~**kreide** f / Neuburg chalk ‖ ~**kruste** f (Geol) / silcrete n, silcrust n ‖ ~**kupfer** n (Min) / chrysocolla* n ‖ ~**kupfersmaragd** m (Min) / dioptase* n, emerald copper* ‖ ~**lunge** f (Med) / silicosis* n (pl, silicoses) ‖ ~**oolith** m (Geol) / siliceous oölite ‖ ~**putz** m (in den aufgezogenen Oberputz werden Kiesel eingedrückt) (Bau) / pebble-dashing* n, dry dash ‖ ~**reich** adj (Geol) / cherty adj
**Kieselsäure** f (Chem) / silicic acid*, hydrated silica ‖ ~**ester** m (auch synthetisches Schmiermittel) (Chem) / silicic acid ester, silicon ester ‖ ~**gel** n (Chem) / silica gel* ‖ ~**gestein** n (z.B. Kieselschiefer, Chert, Hornstein, Radiolarit, Feuerstein usw.) (Geol) / chert* n, siliceous rock ‖ ~**haltig** adj (Chem) / siliceous adj ‖ ~**sol** n (Chem) / silica sol
**Kiesel**•**schiefer** m (Geol) / flinty slate, siliceous shale (with radiolarians) ‖ ~**sediment** n (Geol) / siliceous deposit* ‖ ~**sinter** m (Geol) / siliceous sinter*, geyserite* n, fiorite n ‖ ~**sol** n (15 oder 30%ige kolloidale wäßrige Lösung von amorphem Siliciumdioxid) (Chem) / silica sol ‖ ~**stein** m (Geol) / pebble n ‖ ~**Xerogel** n (Chem) / silica xerogel ‖ ~**zinkerz** n (Min) / hemimorphite* n (natural zinc silicate), electric calamine*
**kiesen** m (Bau, HuT) / gravel v
**Kieserit** m (wasserhaltiges Magnesiumsulfat) (Min) / kieserite* n
**Kies**•**filter** n (HuT) / gravel filter ‖ ~**filter** (natürliches, kein Sieb) (Wasserb) / gravel wall, gravel screen ‖ ~**filter** (Sieb) (Wasserb) / well screen ‖ ~**filterbrunnen** m (Sanitär) / gravel-packed well, gravel-wall well ‖ ~**filterkörper** m (mehrstufig aufgebauter) (HuT) / graded filter ‖ **abgestufte** ~**filterschüttung** (HuT) / graded filter ‖ ~**grube** f (zum Trocken- oder Naßbau) (HuT) / gravel pit ‖ ~**haltig** adj (Geol, Min) / pyritiferous adj
**kiesig** adj (Geol) / gritty adj ‖ ~ (Geol) / gravelly adj ‖ ~ (Boden) (Geol, Landw) / flinty adj, channery adj (a term used in Scotland and Ireland)
**Kies**•**insel** f (künstlicher Untergrund bei Bohrarbeiten) (Erdöl) / gravel island ‖ ~**insel** (mit Stahlbehältern als Schutzwall gegen Eisdruck und Wellen) (Ozean) / caisson-retained island ‖ ~**leiste** f (des Flachdachs) (Bau) / gravel fillet ‖ ~**nest** n (Hohlräume zwischen den gröberen Betonzuschlagkörnern) (HuT) / gravel pocket ‖ ~**pumpe** f (HuT) / gravel pump ‖ ~**rauhputz** m (Bau) / harling n, wet dash, roughcast n ‖ ~**sand** m (Bau, Geol, HuT) / gravel sand, gravelous sand ‖ ~**sand** (grober, tonhaltiger) (HuT) / hoggin n (a mixture of sand and gravel, used especially as hard core in roadbuilding) ‖ ~**schüttflachdach** n (Bau) / gravel roof ‖ ~**splitt** m (HuT) / gravel chips, chippings pl ‖ ~**tragschicht** f / gravel base course
**Kikuchi-Linien** f pl (parallele dunkle und helle Linien in Elektronenbeugungsaufnahmen - nach Kikuchi Masashi, geb. 1902) (Krist) / Kikuchi lines

**Kikuöl** n (das in Japan destillativ aus den Chrysanthemen gewonnen wird) / kiku oil
**Kiliani-Synthese** f (nach H. Kiliani, 1855 - 1945) (Chem) / Kiliani reaction
**Killer**•**anwendung** f (EDV) / killer application (technological breakthrough in SW applications, generating a new market segment), killer software ‖ ~**hefe** f (die Proteine oder Glykoproteine ausscheidet, wodurch empfindlichere Hefen abgetötet werden) (Chem) / killer yeast ‖ ~**programm** n (EDV) / killer program ‖ ~**satellit** m (eine Antisatellitenwaffe) (Mil) / killer satellite, hunter satellite ‖ ~**software** f (EDV) / killer software
**Killinchy-Space-dyeing** n (ein Kettendruckverfahren zur Erzielung von Mehrfarbeffekten auf Tufting-Teppichen) (Tex) / Killinchy space dyeing
**Kiln** m (zum Abrösten von stückigen Schwefelerzen) (Aufber, Hütt) / kiln* n
**kilo**•-/ kilo-* (SI prefix denoting x $10^3$) ‖ ~-/ kilo-* (SI prefix denoting x $10^3$) ‖ ~- (= 1000, bei der Ermittlung der Speicherkapazität = 1024) (EDV) / kilo- (K) ‖ ~**base** f (Sequenz von 1000 Basen oder Basenpaaren von DNA oder Oligonucleotiden) (Gen) / kilobase n ‖ ~**baud** n (Teleg) / kilobaud n, kbd ‖ ~**byte** n (EDV) / kilobyte n ‖ ~**elektronvolt** n (Kernphys) / kilo-electron-volt*, KeV ‖ ~**gramm** n (SI-Basiseinheit der Masse) / kilogram* n, kilogramme* n, kg ‖ ~**hertz** n (Phys) / kilohertz* n, kHz* ‖ ~**kalorie** f (nicht mehr zugelassene Einheit der Wärmemenge) (Phys) / large calorie*, great calorie ‖ ~**Megabit** n ($10^9$ Bits) (EDV) / billibit n
**Kilometer** m n ( = 1000 m) / kilometre n, kilometer n (US) ‖ ~**leistung** f (Laufleistung von Reifen) (Kfz) / mileage n, milage n ‖ ~**leistung** (Kfz) s. auch Reifenlaufleistung ‖ ~**stand** m (am Tacho) (Kfz) / mileage n, milage n ‖ ~**stein** m (Abteilungszeichen) (Bahn) / kilometre post, kilometre stone ‖ ~**welle** f (30-300 kHz) (Radio) / kilometric wave*
**Kilo**•**metrierung** f (Bahn) / stationing in kilometres ‖ ~**tonne** f (Kernphys) / kiloton* n, kt ‖ ~**tonnenwert** m (der Kernwaffen) (Mil) / kilotonnage n ‖ ~**voltampere** n (Einheit der Leistung, zur Angabe elektrischer Scheinleistungen) (Eltech) / kilovolt-ampere n, kVA ‖ ~**watt** n (Eltech, Kfz) / kilowatt* n, kW ‖ ~**wattstunde** f (inkohärente Einheit der Arbeit = 3,6 · $10^6$ J) (Eltech) / kilowatt-hour*, kW-hr
**Kim-Anderson-Modell** n (kritischer Zustand nichtidealer Supraleiter 2. Art) (Phys) / Kim-Anderson model
**Kimberlit** m (Explosionsbrekzie von Glimmerperidotit) (Geol) / kimberlite* n ‖ **gelbbrauner** ~ (Explosionsbrekzie) (Geol) / yellow ground*
**Kimm** f (Luftf) / chine* n ‖ ~ (der gekrümmte Übergang des Schiffsbodens in die Bordwand) (Schiff) / bilge n ‖ ~ (kreisförmige Begrenzungslinie des Gesichtsfeldes eines Beobachters auf freier See) s. Horizont (sichtbarer) ‖ ~**abstand** m (Winkel am Auge des Beobachters, den seine Blickrichtungen zum Gestirn und zur Kimm miteinander bilden) (Schiff) / apparent altitude
**Kimme** f (am Faß) / chime n, chimb n ‖ ~ (bei Wasserflugzeugen) (Luftf) / chine* n ‖ ~ (Teil des Visiers bei Hand- und Faustfeuerwaffen) (Mil) / rear sight
**Kimm**•**hobel** m (Tischl) / chive n, croze n ‖ ~**tiefe** f (Winkel am Auge des Beobachters, den vom Lichtstrahl Kimm - Auge mit der Ebene des scheinbaren Horizonts gebildet wird) (Schiff) / dip of the horizon, negative altitude, apparent depression of the horizon
**Kimmung** f (Meteor) / looming* n, inferior mirage
**Kinase** f (zu den Transferasen gehörendes Enzym) (Biochem) / kinase* n
**Kind, mitfahrendes** ~ (Kfz) / child passenger ‖ **Von** ~**ern fernhalten!** / Keep away from children!
**Kinder**•**fernsehen** n (TV) / children's television, kidvid n ‖ ~**freundlich** adj (nicht gefährlich) / childproof adj ‖ ~**gerecht** adj / childproof adj ‖ ~**gesichert** adj / childproof adj ‖ ~**gesicherte Packung** / child-resistant package ‖ ~**gesichertes Türschloß** / childproof lock ‖ ~**programm** n (Radio, TV) / children's programme, kidvid n ‖ ~**rückhaltesystem** n (Kfz) / child restraint system ‖ ~**sicher** adj / childproof adj ‖ ~**sichere Verpackung** / child-resistant package ‖ ~**sicherung** f (in den hinteren Türen) (Kfz) / child lock, children safety catch ‖ ~**sitz** m (Kfz) / child's safety seat, child's seat, baby seat, infant carrier
**Kindknoten** m (in der Grafentheorie) / child node, daughter node
**Kine**•**film** m (DIN 15580) (Film) / cine film, motion-picture film ‖ ~**mathek** f (Film) / film library, library n
**Kinematik** f (Lehre von der Bewegung materieller Körper und Systeme, die die bewegenden Kräfte außer Betracht läßt - DIN 13317) (Mech) / kinematics* n, phoronomy n
**kinematisch** adj / kinematic adj ‖ ~**e zwangläufige** ~**e Kette** (Masch) / constrained kinematic chain ‖ ~**e Analyse** (eines Getriebes) (Masch, Mech) / kinematic analysis ‖ ~**e Kette** (offene, geschlossene, offene verzweigte, geschlossene verzweigte) (Masch) / kinematic chain* ‖ ~**e Theorie** (der Raumgitterinterferenzen - nach M.v. Laue) (Krist) / Laue theory (of X-ray diffraction), kinematical theory of X-ray

**kinematisch**

diffraction* || **~e Viskosität** (in $m^2s^{-1}$) (DIN 1342, T 1) (Masch, Phys) / kinematic viscosity*
**Kine•matografie** *f* (Film) / cinematography *n* || **~substitution** *f* (Chem) / cine-substitution *n* || **~theodolit** *m* (Raumf) / kinetheodolite *n*, cinetheodolite *n*
**Kinetik** *f* (DIN 13317) (Chem, Phys) / kinetics* *n* || **chemische ~** (die Untersuchung der Geschwindigkeit, mit der chemische Reaktionen ablaufen - DIN 13345) (Chem) / chemical kinetics*, reaction kinetics || **elektrochemische ~** (Chem) / electrochemical kinetics || **~ *f* der Elektrodenprozesse** / electrode kinetics || **~ der Relativbewegung** (Mech) / dynamics of relative motion
**Kinetin** *n* (ein Pflanzenwachstumsregulator) (Bot, Chem) / kinetin* *n*
**kinetisch** *adj* / kinetic *adj* || **~er Druck** (Phys) / kinetic pressure || **~e Energie** (derjenige Teil der Energie, der vom Bewegungszustand eines physikalischen Systems abhängt - DIN 13317) (Mech) / kinetic energy*, vis viva, KE || **~e Enthalpietitration** (Chem) / thermokinetic analysis (a kind of enthalpimetric analysis) || **~e Erwärmung** (Molekülverzögerung der Luft und dadurch in der Grenzschicht bewirkte Umsetzung der kinetischen Energie in Wärme) (Phys) / dynamic heating*, kinetic heating || **~e Gastheorie** (Phys) / kinetic theory of gases*, kinetic molecular theory (of gases), KMT || **~es Gleichgewicht** (Chem) / kinetic equilibrium || **~e** (mechanische) **Impedanz** (eines Lautsprechers) (Akus, Fernm) / motional impedance* || **~e Instabilität** (Plasma Phys) / microinstability *n*, kinetic instability || **~e Kontrolle** (der chemischen Reaktion) (Chem) / kinetic control || **~e Metamorphose** (Geol) / dynamic metamorphism*, dynamometamorphism *n*, kinetic metamorphism || **~es Potential** (Mech) / Lagrangian *n*, kinetic potential, Lagrange function, Lagrangian function || **~e Reibung** (Phys) / kinetic friction*, dynamic friction || **~er Strom** (Chem) / kinetic current || **~e Theorie von Gasen** (Phys) / kinetic theory of gases*, kinetic molecular theory (of gases), KMT || **~e Vakuumpumpe** (Vakuumt) / kinetic pump
**Kinetometamorphose** *f* (Geol) / dynamic metamorphism*, dynamometamorphism *n*, kinetic metamorphism
**Kinetose** *f* (Med) / motion sickness
**kinetostatisch** *adj* (Analyse eines Getriebes) / kinetostatic *adj*
**King-Kong-Peptid** *n* (zu den Conotoxinen zählendes Peptid) (Biochem) / King-Kong peptide
**Kingleinen** *n* (Tex) / domestic *n*
**Kingstonventil** *n* (Schiff) / Kingston valve*
**Kingwood** *n* (aus Dalbergia cearensis Ducke) (For) / kingwood *n*
**Kinin** *n* (ein Oligopeptid) (Physiol) / kinin* *n* || **~ s. auch Cytokinin** || **pflanzliches ~** (Physiol) / cytokinin* *n*
**Kink** *m* (Eltronik, Hütt, Krist) / kink* *n* || **~ *f*** (am Drahtseil) (Masch) / kink *n*
**Kinke** *f* (Knick in Polymethylenketten) (Chem) / kink *n* || **~** (Eltronik, Hütt, Krist) / kink* *n* || **~** (eine in der Gleitebene verlaufende Stufe in einer Versetzung) (Krist) / dislocation of higher order
**Kino** *m n* (der eingetrocknete Saft verschiedener Pterocarpus-Arten) (Chem, For) / kino* *n*, gum kino* *n* || **~gerbsäure** *f* (Chem) / kinotannic acid || **~gummi** *n* (der eingetrocknete Saft verschiedener Pterocarpus-Arten) (Chem, For) / kino* *n*, gum kino* *n* || **~harz** *n* (der eingetrocknete Saft verschiedener Pterocarpus-Arten) (Chem, For) / kino* *n*, gum kino* *n* || **~maschine** *f* (Film) / cine projector, motion-picture projector, movie projector || **~neiger** *m* (Film, Foto) / tilt head, tilting head, tilt-top *n* || **~vorführer** *m* (Film) / projectionist *n*
**Kinzigit** *m* (metasomatischer Gneis) (Geol) / kinzigite *n*
**Kioskstation** *f* (Bergb, Eltech) / kiosk substation, packaged substation, integrated substation
**Kipp** *m* (Eltronik) / sweep *n* || **~achse** *f* (DIN 18718) (Opt, Verm) / horizontal axis*, trunnion axis* || **~bar** *adj* / tiltable *adj*, tilting *adj* || **~barer Ofen** / tilting furnace || **~- und drehbarer Bildschirm** (EDV) / tilt/swivel screen, tilt-and-swivel screen || **~diode** *f* (die bei einem bestimmten Wert der angelegten Spannung in beiden Richtungen sperrt, bei Überschreiten dieses Wertes in den Durchlaßzustand und bei Unterschreiten eines bestimmten Stromes in den Sperrzustand kippt) (Eltronik) / four-layer diode
**Kippe** *f* (Bergb) / dump* *n*, heap *n*
**Kippeffekt** *m* **nach oben** (Luftf) / pitch-up *n* || **~ nach unten** (Luftf) / pitch-down *n*
**kippen** *v* (Träger) / buckle *v* || **~** / tilt *vi* (in a lateral direction) || **~** / upend *v* || **~** (Eltech) / pull out *v* || **~** (Eltronik) / flip *v* || **~** (stürzen) (Masch) / tip *v* || **~** (Mech) / tip over *v*, overturn *v*, topple over *v* || **~ lassen** (Eltronik) / trip *v* || **~** / tilt *n*, tilting *n* || **~** (einer Kippstufe) (Eltronik) / transition (from state 1 to state 0) || **~** (Fernm) / pull-out *n* || **~** (Masch) / tipping *n* || **~ nach oben** (Luftf) / pitch-up *n* || **~ nach unten** (Luftf) / pitch-down *n*
**Kipper** *m* (Kreis- und Roll-, Zweiseiten- usw.) (Bergb, Masch) / tipple* *n*, tipper *n*, tilter *n* || **~** (Kfz) / tip lorry, tipper *n*, tipper truck || **~** (kaltgeräucherter Hering oder Lachs) (Nahr) / kipper *n*, smoked herring (US)

**kipp•fähiger Wagen** (HuT) / jubilee waggon, tipping waggon, tipping car || **~fahrzeug** *n* (mit mechanisch oder hydraulisch abkippbarer Ladefläche) (Kfz) / tip lorry, tipper *n*, tipper truck || **~fehler** *m* (systematischer Fehler, der durch Kippbewegungen in den Führungsbahnen von Meßgeräten entsteht) / Abbe error, Abbe offset error, tilt error || **~flügel** *m* (Luftf) / tilt wing* || **~flügelfenster** *n* (nach innen öffnend) (Bau) / hopper light*, bottom-hung window || **~flügelfenster mit Zugschutz** (mit nach innen öffnendem Doppelflügel) (Bau) / hopper window*, hospital window || **~flügelflugzeug** *n* (ein Senkrechtstarter) (Luftf) / tilt-wing aircraft, tilt-wing VTOL, tip-wing aircraft || **~flügler** *m* (Luftf) / tilt-wing aircraft, tilt-wing VTOL, tip-wing aircraft || **~form** *f* (Gieß) / tilting mould || **~-Gasentwickler** *m* (Chem) / Kipp's apparatus*, Kipp generator || **~generator** *m* (Eltronik) / sweep generator (in an oscilloscope), time-base generator* || **~gießen** *n* (Gieß) / tilt pouring, inversion casting || **~bistabiles ~glied** (Eltronik) / bistable circuit*, trigger pair, flip-flop* *n*, toggle* *n*, flop *n*, FF, flip-flop circuit, flop-over *n* || **~grenze** *f* (eine Kleinwinkelkorngrenze) (Krist) / tilt (grain) boundary || **~hebel** *m* (Drehpunkt liegt in Kipphebelmitte) (V-Mot) / rocker arm*, valve rocker, rocker *n* || **~hebelachse** *f* (Kfz) / rocker shaft, rocker-arm spindle, rocker spindle || **~hebelschalter** *m* (Eltech) / tumbler switch*, toggle switch, lever switch, tumbler *n* || **~hebelwelle** *f* (Kfz) / rocker shaft, rocker-arm spindle, rocker spindle || **~herd** *m* (Aufber) / ragging frame*, rack* *n*, reck* *n* || **~horde** *f* (in der Mälzerei) (Brau) / tilting floor, tipping floor || **~kante** *f* (Hütt) / tipping edge || **~** (bei der Berechnung der Standsicherheit) (Mech) / tilting edge || **~kreis** *m* (Eltronik) / sweep circuit* || **~kreisgenerator** *m* (Eltronik) / relaxation generator, buffer generator || **~kübel** *m* (Hütt) / skip *n*, tipping bucket || **~kübelaufzug** *m* (Hütt) / skip hoist, skip elevator || **~kübelbegichtung** *f* (Hütt) / skip charging || **~lager** *n* (im Brückenbau) (HuT) / rocker bearing || **~-LKW** *m* (Kfz) / tip lorry, tipper *n*, tipper truck || **~lore** *f* (HuT) / jubilee waggon, tipping waggon, tipping car || **~moment** *n* (bei einem Wechselstrommotor das höchste Drehmoment, das der Motor im Lauf bei Nennspannung und Nennfrequenz entwickelt) (Eltech) / pull-out torque* || **~moment** (bei der Berechnung der Standsicherheit) (Mech) / overturning moment, tilting moment || **~mulde** *f* (Bahn) / skip *n* || **~nase** *f* (Luftf) / droop nose*, droop snoot* || **~ofen** *m* / tilting furnace || **~pflug** *m* (Landw) / balance plough, roll-over plough, swivel plough || **~platte** *f* (HuT) / saddle* *n* || **~pritsche** *f* (Kfz) / tipping body, dump body || **~regel** *f* (DIN 18718) (Verm) / tilting level* || **~relais** *n* (Schaltrelais mit zwei Stellungen, die bei Abschalten der Wirkungsgröße jeweils in der letzten Stellung verbleiben) (Eltronik) / trigger relay*, throw-over relay || **~rinne** *f* (bei wasserbaulichen Modellen) (Hyd) / tilting flume || **~rotorflugzeug** *n* (ein Senkrechtstarter) (Luftf) / tilt-rotor aircraft, tilt-rotor VTOL
**Kippscher Apparat** (zur Herstellung und Entnahme von Gasen für Laboratoriumsbedarf nach DIN 12485 - nach J.P. Kipp, 1808-1864) (Chem) / Kipp's apparatus*, Kipp generator
**Kipp•schalter** *m* (Eltech) / tumbler switch*, toggle switch, lever switch, tumbler *n* || **~schaltung** *f* (Eltronik) / sweep circuit* || **~schaltung** (Eltronik, Fernm) / trigger circuit* || **~schlupf** *m* (Eltech) / pull-out slip || **~schrank** *m* (seitliches Herauskippen des oberen Drittels des Zahnes) (For) / spring set || **~schraube** *f* (Verm) / micrometer screw (of a tilting level) || **~schwinger** *m* (eine Schaltung der Digitaltechnik) (Fernm) / astable multivibrator, free-running multivibrator || **~schwingung** *f* (Schwingung mit meistens sägezahnförmigem Verlauf) (Fernm) / relaxation oscillation || **~schwingung** (Spektr) / wagging *n*, wagging vibration, wag vibration || **~sicherheit** *f* (Eltronik) / stability *n* || **~spannung** *f* (Eltronik) / sweep voltage || **~strom** *m* (bei Thyristoren) (Eltronik) / break-over voltage || **~strom** (Eltronik) / sweep current || **~stufe** *f* (Eltronik) / trigger element || **bistabile ~stufe** (Eltronik) / bistable circuit*, trigger pair, flip-flop* *n*, toggle* *n*, flop *n*, FF, flip-flop circuit, flop-over *n* || **monostabile ~stufe** (Eltronik) / monostable multivibrator, one-shot multivibrator, single-shot multivibrator, single shot, univibrator* *n*, Kipp relay, monostable flipflop || **~support** *m* (der Drehmaschine) (Masch) / swivel head || **~tisch** *m* (Gieß, Hütt) / upender *n* || **~tisch** (auf der von unten nach oben schneidenden Schere) (Hütt) / rising table || **~tisch** (Hütt) / tilting table || **~triebwerk-Flugzeug** *n* (ein Senkrechtstarter) (Luftf) / tilting-duct VTOL, tilting-engine VTOL || **~trommel-Betonmischer** *m* (HuT) / tilting-drum mixer || **~trommelmischer** *m* (Entleeren durch Neigen der Trommelachse) (HuT) / tilting-drum mixer
**Kippung** *f* (bei schmalen hohen Trägern) (Mech) / lateral buckling, buckling *n*
**Kipp•verstärker** *m* (für sich langsam ändernde Gleichspannungen) (Eltronik) / sweep amplifier || **~vorrichtung** *f* (zum Entleeren von normalen Förderwagen) (Bergb, Masch) / tipple* *n*, tipper *n*, tilter *n*
**Kips** *n* (leichte indische Rindhaut, leichte skandinavische Haut) (Leder) / kip *n* || **belegte ~e** (Leder) / coated kips

**Kipshaut** *f* (von zweijährigen Rindern) (Leder) / kip *n*
**Kirchenvorplatz** *m* (Arch, Bau) / parvis *n* (in front of a cathedral or church)
**Kirchhoff•-Formel** *f* (Eltech) / Thomson's formula, Kelvin's formula ‖ ~**-Gesetze** *n pl* (nach G.R. Kirchhoff, 1824-1887 - DIN 5489) (Eltech) / Kirchhoff's laws* (of electric circuits) ‖ ~**-Integral** *n* (Licht) / Kirchhoff theory
**Kirchhoffsch•es Gesetz** (DIN 5031, T 8) (Phys) / Kirchhoff's law (for radiation), Kirchhoff radiation law ‖ ~**e Regeln** (Knotenregel, Maschenregel) (Eltech) / Kirchhoff's laws* (of electric circuits) ‖ ~**es Strahlungsgesetz** (Phys) / Kirchhoff's law (for radiation), Kirchhoff radiation law
**Kirkendall-Effekt** *m* (in einer Grenzfläche zwischen zwei Legierungen) (Hütt) / Kirkendall effect*
**Kirkmans Problem** (der 15 Schulkinder) (Math) / Kirkman schoolgirl problem, Kirkman's problem
**Kirkmansches Schulmädchenproblem** (Math) / Kirkman schoolgirl problem, Kirkman's problem
**Kirkwood-Lücke** *f* (nach D. Kirkwood, 1814-1895) (Astr) / Kirkwood gap
**Kirlian-Fotografie** *f* (Foto) / Kirlian photography
**Kirne** *f* (Maschine zur Herstellung von Margarine) (Nahr) / churn *n*, churner *n* ‖ ~ (Nahr) s. auch Butterfertiger
**kirnen** *v* (Margarine) (Nahr) / churn *v*
**Kirschgummi** *n* (Gummifluß an Kirschbäumen) / cherry gum (tree exudation)
**Kirschnerflügel** *m* (Spinn) / carding beater, Kirschner beater
**kirschrot** *adj* (eine Anlauffarbe) / cerise *adj*, cherry-red *adj*, cherry *adj*
**Kirsey** *m* (Tex) / kersey *n*
**Kishner-Wolff-Reduktion** *f* (Chem) / Wolff-Kishner reduction
**Kissen** *n* / pillow *n* ‖ ~ (der Presse) (Masch) / cushion *n* ‖ ~ (Tex) / shoulder-pad *n*, pad *n* ‖ ~ (Tex) / pad *n* ‖ ~ (der Presse) (Masch) s. auch Gummikissen ‖ ~**artige Struktur** (Geol) / pillow structure* ‖ ~**förmige Verzeichnung** (ein monochromatischer Abbildungsfehler) (Opt, TV) / pincushion distortion*, pillow distortion* ‖ ~**gas** *n* (bei Untertagespeicherung) / cushion gas ‖ ~**gas** (in einem Untertagespeicher zur Erstfüllung erforderliches Gas, das jedoch nicht zur Abgabe verfügbar ist) / cushion gas ‖ ~**gummi** *m* (Kfz) / cushion *n* ‖ ~**lava** *f* (wulst- bis kissenartige Struktur mit Durchmessern bis etwa 1 m) (Geol) / pillow lava* (usually basaltic or andesitic), ellipsoidal lava ‖ ~**verzeichnung** *f* (ein monochromatischer Abbildungsfehler) (Opt, TV) / pincushion distortion*, pillow distortion*
**Kiste** *f* / box *n*, case *n*, chest *n* ‖ **in** ~**n verpackt** / cased *adj*
**Kisten•auskleidepapier** *n* (Pap) / case-lining paper, casing paper ‖ ~**auslegepapier** *n* (Pap) / case-lining paper, casing paper ‖ ~**beil** *n* / box hatchet ‖ ~**garnitur** *f*, **shook** *n* ‖ ~**glühen** (Hütt) / close annealing, box annealing*, pot annealing* ‖ ~**karre** *f* / luggage truck ‖ ~**pappe** *f* (Pap) / container board, fibreboard *n* ‖ ~**teile** *n pl* / shook *n* ‖ ~**zuschnitt** *m* / shook *n*
**KIT** (Fernm) / kernel software for intelligent terminals
**Kitkait** *m* (ein Mineral der Melonit-Reihe) (Min) / kitkaite *n*
**Kitt** *m* (Klebkitt) / cementing compound *n* (Anstr, Bau, Glas) / stopping *n* ‖ ~ (Bau) / putty *n*, lute *n*, mastic* *n* ‖ ~ (Opt) / optical cement, cement *n* ‖ **gebrauchsfertiger** ~ **für kleinere Reparaturen** / beaumontage *n*, patcher *n*
**Kittel** *m* (Tex) / warehouse coat, smock *n*, smock-frock *n*
**kitten** *v* / cement *v* ‖ ~ (Bau) / putty *v*, lute *v* ‖ **neu** ~ (Linsen) (Opt) / recement *v*
**Kitt•falz** *m* (zur Auflage der Glasscheibe) (Glas, Tischl) / fillister* *n*, sash fillister* ‖ ~**falzhobel** *m* (Glas, Tischl) / fillister *n*, filletster *n* ‖ ~**glied** *n* / part to be cemented ‖ ~**glied** (Opt) / cemented lens ‖ ~**harz** *n* / propolis *n*
**Kittling** *m* (Gegenstand, der verkittet werden soll) / part to be cemented
**kittlos•er Isolator** (Eltech) / cementless insulator ‖ ~**er Lampensockel** (Eltech) / mechanical lamp base ‖ ~**e Verglasung** (ohne Dichtungsmassen, mit Dichtungsbändern) / patent glazing*, dry glazing, puttyless glazing
**Kitt•messer** *n* (Anstr, Bau, Glas) / stopping knife ‖ ~**messer** (französische, Rotterdamer und Schweizer Form) (Anstr, Glas) / putty knife, glazing knife
**Kittner-Walze** *f* (Pap) / lumpbreaker roll
**Kitt•pech** *n* (Opt) / blocking pitch, mallet pitch ‖ ~**spritzpistole** *f* (mit Handkompressor) / pressure gun, caulking gun ‖ ~**substanz** *f* (For) / middle lamella ‖ ~**vorlage** *f* (Bau, Glas) / back bedding, back putty
**Kiurushilack** *m* (aus dem Giftsumach) (Anstr) / Japanese lacquer, Chinese lacquer, japan *n*
**Kiviat-Graf** *m* (zur Analyse sich dynamisch ändernder Systemauslastungen) (EDV) / Kiviat graph
**Kjeldahl•-Kolben** *m* (kleiner, birnenförmiger Langhalsrundkolben, der zum Aufschluß stickstoffhaltiger Substanz mit Schwefelsäure und Zusätzen verwendet wird - DIN 12360) (Chem) / Kjeldahl flask* ‖ ~**-Methode** *f* (nach J. Kjeldahl, 1849-1900) (Chem) / Kjeldahl's method*, Kjeldahl *n*
**Kjeldahlsche Stickstoffbestimmung** (Chem) / Kjeldahl's method*, Kjeldahl *n*
**Kjeldahl-Stickstoff** *m* (der nach Kjeldahl bestimmt wurde) (Chem) / Kjeldahl nitrogen
**Kjelland-Verfahren** *n* (zur Gewinnung von Kalisalzen aus Meerwasser) (Chem Verf) / Kjelland process
**Kjellin-Ofen** *m* (ein Induktionsofen) (Eltech) / Kjellin furnace
**KK** (Nav) / compass course, compass heading
**KKK** (Galv) / cathodic protection
**KKM** (Kfz, V-Mot) / rotary-piston engine
**K-Korona** *f* (Astr) / K corona
**KKW** (Eltech, Nukl) / atomic power plant, nuclear power-station, nuclear power plant (US), nuclear (power) generating station
**KK-Zug** *m* (HuT, Kab) / cable conduit
**KL** (Eltech) / squirrel-cage motor*, cage motor
**1K-Lack** *m* (Anstr) / one-pack system lacquer (varnish)
**klaffen** *v* / gape *v* ‖ ~ (Linien) (Verm) / mismatch *v* ‖ ~ *f pl* (Verm) / mismatches *pl*
**klaffender Riß** (bei Rundholz und bei Furnieren) (For) / open split
**Klaffung** *f* (Verm) / mismatches *pl*
**Klafter** *m f n* (For) / cord* *n*
**Klafterholz** *n* (For) / cordwood* *n*
**klamm** *adj* (Meteor) / clammy *adj* (cold and damp) ‖ ~ *f* (enges, tief eingeschnittenes Tal, das nahezu senkrechte, oft überhängende Wände hat) (Geol) / gorge* *n*, coulee *n* (US), notch *n* (US)
**Klammer** *f* / holdfast *n* (securing an object to a wall or other surface) ‖ ~ (zum Zusammenhalten oder Befestigen) (Büro) / paper clip, clip *n*, clip for paper ‖ ~ (für Natursteinmauerwerk) (Bau) / cramp *n*, clamp *n*, cramp-iron* *n* ‖ ~ (Buchb) / staple *n*, wire staple ‖ ~ (beim Kopieren) (Film, TV) / paper *n* ‖ ~ (eines Förderzeugs) (Masch) / clamp* *n* ‖ ~ (Masch) / clasp *n* ‖ ~ (Masch) / tab *n* ‖ ~ (runde) (Math, Typog) / parenthesis *n* (pl. parentheses), round bracket ‖ ~ (eckige) (Math, Typog) / bracket *n* (square) ‖ **eckige** ~ *n* (Typog) / square brackets, straight brackets ‖ **Gaußsche** ~ (Math) / Gaussian bracket ‖ **geschweifte** ~ (Typog) / brace *n* ‖ **geschwungene** ~ (Typog) / brace* *n* ‖ ~ **in** (runde) ~**n setzen** (Math) / parenthesize *v*, put in parentheses ‖ ~ **in** (eckige) ~**n setzen** (Math) / bracket *v*, put in brackets ‖ ~ **mit** ~**n verbinden** / cramp *v* ‖ **runde** ~ (Math, Typog) / parenthesis *n* (pl. parentheses), round bracket ‖ **spitze** ~ *n* (Typog) / angle brackets ‖ ~ **auf** (Math) / left parenthesis, left bracket ‖ ~ *f* **für Hobeldielen** (Zimm) / floor cramp ‖ ~ **zu** (Math) / right parenthesis, right bracket
**Klammer•affe** *m* (EDV) / commercial at ‖ ~**auflösung** *f* (Math) / removal of brackets, dissolution of brackets ‖ ~**ausdruck** *m* (Math) / bracketed expression, expression in brackets (parentheses, braces), expression within brackets ‖ ~**diode** *f* (Eltronik) / clamping diode*, catching diode* ‖ ~**freie Notation** (z.B. polnische Notation nach Lukasiewicz) (EDV) / parenthesis-free notation ‖ ~**freie Schreibweise** (EDV) / parenthesis-free notation ‖ ~**gripzange** *f* (Werkz) / C-clamp, self-grip C-clamp ‖ ~**heftmaschine** *f* (Buchb) / wire stapler ‖ ~**heftung** *f* (Buchb) / wire-stitching *n*, stapling *n*, wire-stapling *n* ‖ ~**platte** *f* (zur Verstärkung von Holzverbindungen) (For, Zimm) / clamping plate ‖ ~**schaltung** *f* (Fernm, TV) / clamp* *n*, clamping circuit
**Klang** *m* (sinusförmige Schallschwingung im Hörbereich, die aus Grund- und Obertönen besteht - DIN 5483, T 1) (Akus) / sound* *n*, tone* *n*, complex tone ‖ ~ (ein Schallschwingungsgemisch) (Akus) / unpitched sound* ‖ ~ (bei mechanisch-technologischen Prüfungen) (Pap) / rattle* *n*, crackle *n* ‖ **heller** ~ (Akus) / brilliance* *n* ‖ ~**analysator** *m* (Akus) / sound analyser* ‖ ~**analyse** *f* (DIN 1311, T 1) (Akus) / sound analysis ‖ ~**bild** *n* (Akus) / sound impression, sound pattern ‖ ~**boden** (Akus) / soundboard *n* ‖ ~**effekt** *m* (Akus) / sound effect ‖ ~**einsteller** *m* (Fernm, Radio) / tone control, tonalizer *n* ‖ ~**einstellung** *f* (Fernm, Radio) / tone control ‖ ~**farbe** *f* (Anzahl und Stärke der Teiltöne nach DIN 1320) (Akus) / timbre* *n*, tone colour, tone quality (the characteristic of a musical tone that distinguishes one musical instrument from another playing the same tone) ‖ ~**farbenbeeinflussung** *f* (Fernm, Radio) / tone control ‖ ~**farbeneinstellung** *f* (Fernm, Radio) / tone control ‖ ~**farbenkorrektur** *f* (Akus) / tone correction ‖ ~**farbenregelung** *f* (Fernm, Radio) / tone control ‖ ~**farberegler** *m* (Fernm, Radio) / tone control, tonalizer *n* ‖ ~**färbung durch das Gehäuse** (Akus) / boxiness *n* ‖ ~**fülle** *f* (eines Instruments) (Akus) / richness of tone ‖ ~**fülle** (eines Orchesters) (Akus) / richness of sound ‖ ~**gemisch** *n* (Akus) / complex sound ‖ ~**hartes Aufwickeln** (Pap) / tight winding ‖ ~**hintergrund** *m* (Film) / background music ‖ ~**holz** *n* (das für die Verwendung im Musikinstrumentenbau geeignet ist) (For) / resonant wood, resonance wood ‖ ~**laut** *m* (Akus) / sound* *n*, tone* *n*, complex tone ‖ ~**los** *adj* (Stimme) (Akus) / dead *adj* ‖ ~**muster** *n*

**Klangprüfung**

(Akus) / sound pattern ‖ ~prüfung f (bei der die zu prüfenden Erzeugnisse mit dem Hammer angeschlagen werden) / hammering test ‖ ~prüfung (bei der die zu prüfenden Erzeugnisse angeschlagen werden) (WP) / sound test ‖ ~regelschaltung f (Fernm) / tone control circuit* ‖ ~regelung f (Fernm, Radio) / tone control ‖ ~regler m (Fernm, Radio) / tone control, tonalizer n ‖ ~reichtum m (Akus) / sonority n ‖ ~synthese f (Akus) / sound synthesis ‖ ~treu adj (Akus) / orthophonic adj ‖ ~umfang m (Akus) / sound volume ‖ ~verbesserung f (Akus) / tone correction ‖ ~verschmelzung f (Akus) / sound blend, blend n, tonal fusion ‖ ~voll adj (Stimme) (Akus) / sonorous adj ‖ ~volumen n (Akus, Radio, TV) / volume* n

**Klanke** f (Knick, durch den das Seil unbrauchbar werden kann) (Masch) / kink n

**Klapp•** - / collapsible adj, folding adj, foldaway attr, collapsing adj, fold-down attr ‖ ~- / retractable adj ‖ ~anhänger m (Kfz) / hard-sided caravan, rigid-fold caravan ‖ ~ankermagnet m (Teleg) / hinged-armature magnet

**klappbar** adj / collapsible adj, folding adj, foldaway attr, collapsing adj, fold-down attr ‖ ~ / hinged adj

**Klapp•blende** f (Film) / Venetian shutter, multiflap shutter ‖ ~brücke f (eine bewegliche Brücke) (HuT) / bascule-bridge* n, balance-bridge*, counterpoise bridge ‖ ~caravan m (Kfz) / hard-sided caravan, rigid-fold caravan ‖ ~deckel m / hinged lid, hinged cover ‖ ~deckel (Masch, Tischl) / flap n ‖ ~deckelöler m (DIN 3410) (Masch) / hinge-cap oiler, spring-cap oiler ‖ ~deckelwagen m (Bahn) / waggon with hinged covers

**Klappe** f (große, angelenkte) / door n ‖ ~ (zum Schließen des Diskettenschlitzes) (EDV) / latch n (of a disk drive) ‖ ~ (Hand-) (Film) / clapperboard* n, clappers* pl, clap stick ‖ ~ (ein Hochauftriebsmittel) (Luftf) / flap* n, wing flap ‖ ~ (Masch, Tischl) / flap n ‖ ~ (eines Doppelhobeleisens - zum Brechen der Späne) (Zimm) / break iron*, back iron*, cover iron*, cap iron* ‖ angeblasene ~ (Luftf) / blown flap*, suction flap ‖ hintere ~ (Kfz) / tailboard n, tailgate n (US), hatchback n, hatchback door ‖ mit oder Deckel (Masch) / lidded adj ‖ mit eingefahrenen ~n (Luftf) / clean adj, naked adj

**Klappen•falz** m (Buchb) / jaw fold ‖ ~falzapparat m (Druck) / nip and tuck folder*, jaw folder, blade and jaw folder ‖ ~prahm m (HuT) / hopper barge, dump barge, dump scow, dumping scow, dredging barge ‖ ~scharnier n / tab hinge ‖ ~schiene f (Luftf) / flap track ‖ ~schrank m (Fernsp) / drop switchboard ‖ schräge ~tasche (Tex) / hacking pocket ‖ ~teller m (z.B. bei Drosselklappen) (Masch) / tilting disk ‖ ~text m (für ein Buch) (Druck) / blurb* n, publisher's note, review slip ‖ ~träger m (Masch) / clapper box* ‖ ~ventil m (Masch) / flap-valve* n ‖ ~ventil (bei Pumpen) (Masch) / clack valve ‖ ~verschluß m (Opt) / flap shutter ‖ ~wehr n (Wasserb) / shutter weir ‖ ~wehr (dessen Verschluß als Klappe mit waagerechter Klappe ausgebildet ist) (Wasserb) / balance gate*

**Klapper** m (Caravan) (Kfz) / hard-sided caravan, rigid-fold caravan ‖ ~geräusche n pl der Karosserie (Kfz) / body rattle

**klappern** v (Akus) / clatter v ‖ ~ (Akus) / rattle v ‖ ~ n (Akus) / rattle n

**Klapp•fenster** n (Bau) / top-hung window ‖ ~fensterladen m (in einem Mauerschlitz geführter) (Bau) / folding shutter, boxing shutter ‖ ~flügel m (meistens nach außen öffnen) (Bau) / top-hung window-sash* ‖ ~kamera f (Foto) / folding camera ‖ ~kondensator m (Eltech) / book capacitor ‖ ~laden m (Bau) / shutter n, window shutter ‖ ~laden (Bau) / folding shutter, boxing shutter ‖ ~leitwerk n (Luftf, Mil) / folding fins ‖ ~luke f (Bau) / hinged hatch ‖ ~maßstab m / folding rule, zigzag rule ‖ ~messereffekt m (bei einem Frontalaufprall) (Kfz) / jack-knifing n ‖ ~messereffekt (Kfz) / jack-knifing n ‖ ~plakat n (doppelseitig) / A-board n, A-frame n ‖ ~schaufel f (HuT) / bottom dump shovel ‖ ~scheibe f (Mil) / pop-up target ‖ ~scheinwerfer m (Kfz) / concealed headlight, pop-up headlight ‖ ~schild n (doppelseitig) / A-board n, A-frame n ‖ ~schornstein m (Schiff) / lowering funnel ‖ ~schute f (HuT) / hopper barge, dump barge, dump scow, dumping scow, dredging barge ‖ ~sitz m / tip-up seat, folding seat ‖ ~sitz (Kfz) / jump seat (US) ‖ ~spaten m / folding shovel ‖ ~stativ n (Film) / telescopic floor stand ‖ ~symmetrie f (Math) / axial symmetry ‖ ~tisch m / folding table ‖ ~tisch (an der Vordersitzlehne) (Kfz) / tray table, picnic table ‖ ~tor n (der Schleuse) (Wasserb) / tilting gate ‖ ~tritt m / folding-step stool, fold-away step ‖ ~türgriff m (ein Außentürgriff) (Kfz) / lift-bar-type door outside handle, flipper-type handle ‖ ~verdeck n (herunterklappbares) (Kfz) / sunroof n (top) ‖ ~waschbecken n (in den Caravans) (Kfz) / fold-away basin, tip-up wash basin, up-and-over basin

**klar** adj / clear adj, liquid* adj ‖ ~ (scharf) / distinct adj ‖ ~ (Schiff) / clear adj ‖ ~er Himmel nach CIE (Licht) / CIE standard clear sky

**Kläranlage** f (Sanitär) / sewage-works n (pl), sewage disposal plant, sewage treatment plant, purification plant

**Klarätzen** n (mit wäßriger Flußsäure) / clear etching, bright etching

**Klär•becken** n (Sanitär) / clarifying basin, clarifying tank, clarifier n, clearing basin ‖ ~bottich m (Tex) / clearing tub, clearing vat ‖ ~brunnen m (Sanitär) / setting well

**Kläre** f (Zuckergewinnung) (Nahr) / saturated syrup, clairce n

**Klareis** n / clear ice, glaze n

**klären** v (eine Flüssigkeit) / clear v ‖ ~ n / clarification n, clearing n ‖ ~ (Brau) / fining n

**Klär•erde** f (Chem, Sanitär) / absorbent clay ‖ ~filter n (Chem Verf) / clarifying filter

**Klargas** n / clear gas

**Klär•gas** n (Sanitär) / sewage gas*, sewer-gas n, sludge gas*, digester gas ‖ ~geschwindigkeit f (Aufber, Chem Verf) / settling rate, sedimentation rate, settling velocity

**Klarglas** n (Glas) / clear glass

**Klarheit** f (des Filtrats) / clarity n ‖ ~ (Auflösung) (Akus) / definition* n

**Klarierung** f (Schiff) / clearance n

**Klarifikation** f / clarification n, clearing n

**Klar•lack** m (nicht pigmentierter Lack ohne Füllstoffe nach DIN EN 971-1) (Anstr) / clear varnish, clear coat, clear lacquer ‖ ~luftturbulenz f (Luftf, Meteor) / clear-air turbulence*, CAT

**klarmachen** v (Gerät) / ready v ‖ ~ zum Auftauchen (Uboot) (Schiff) / rig for surfacing ‖ ~ zum Tauchen (Uboot) (Schiff) / rig for diving

**Klärmittel** n / clarifier n, clarifying agent ‖ ~ (Brau) / finings pl, fining agent

**Klarpunkt** m (bei der Fällungsanalyse) (Chem Verf) / clear point

**Klärpunkt** m (Umwandlungspunkt von einer mesomorphen Phase zur Flüssigkeit) (Phys) / clarification point

**klarrot** adj / red-hot adj, rutilant* adj

**Klärschlamm** m (Rückstand bei der mechanischen Abwasserreinigung) (Sanitär) / sewage sludge, sludge* n, sewage solids ‖ ~entseuchung f (Sanitär) / decontamination of sewage sludge ‖ ~entsorgung f (Sanitär) / sewage-sludge disposal ‖ ~konditionierung f (Sanitär) / sludge conditioning, seasoning of sludge, conditioning of sludge ‖ ~veraschung f (Sanitär) / sewage-sludge incineration ‖ ~verbrennung f (Sanitär) / sewage-sludge incineration

**Klarschrift** f (Druckschrift oder Handschrift im Gegensatz zu Lochschrift) (EDV) / plain writing ‖ ~beleg m (EDV) / plaintext document ‖ ~leser m (EDV) / character reader

**Klarsicht•** - (Opt) / transparent adj ‖ ~hülle f / plastic pocket, clear pocket ‖ ~mittel n (Opt) / antifogging compound, antifogging agent ‖ ~packung f / see-through package, window package, transparent package ‖ ~verpackung f / see-through package, window package, transparent package

**Klärteich** m (Sanitär) / settling pond

**Klar•text** m (nichtverschlüsselte Information) / clear text, plain text, plain language ‖ ~textanzeige f (bei Instrumenten) (Instr) / alphanumeric display

**Klärton** m (Chem, Sanitär) / absorbent clay

**Klärung** f / clarification n, clearing n ‖ ~ (Zuckergewinnung) (Nahr) / washing n

**Klarwasserzone** f (im Nachklärbecken die obere Zone feststofffreien, gereinigten Abwassers) (Sanitär) / supernatant zone

**Klärwerk** n (Sanitär) / sewage-works n (pl), sewage disposal plant, sewage treatment plant, purification plant

**Klason-Lignin** n (For) / Klason lignin

**Klassat** n (das Gesamt des Klassierten) / classate n

**Klasse** f (Biol) / class* n ‖ ~ (DIN 66 160) (Math, Stats) / class n ‖ ~ (Häufigkeitsverteilung - DIN 66160) (Math, Stats) / cell n ‖ offene ~ (bei Segelflugmeisterschaften) (Luftf) / open class ‖ pediale ~ (ohne jedes Symmetrieelement) (Krist) / pedial class ‖ Serresche ~ (nach J.P. Serre, geb. 1926) (Math) / Serre's class

**Klassen•bereich** m (Stats) / class interval* (the range between the highest and lowest values allowed in a particular class) ‖ ~beschreibung f (Math, Stats) / class description ‖ ~bezeichnung f / classification n ‖ ~bildung f / classification n ‖ ~breite f (DIN 66160) (Stats) / class interval* (the range between the highest and lowest values allowed in a particular class) ‖ ~durchgangsverteilung f (eine spezielle Art von Amplitudenverteilung) (Radio) / level-crossing distribution ‖ ~freie Theorie (Math) / no-class theory ‖ ~grenze f (bei der Häufigkeitsverteilung) (Math) / class boundary, class limit ‖ ~häufigkeit f (Stats) / class frequency* (the number of elements or individuals which fall into a particular class) ‖ ~intervall n (bei der Häufigkeitsverteilung) (Stats) / class interval* (the range between the highest and lowest values allowed in a particular class) ‖ ~mitte f (Stats) / mid-value of a class ‖ ~weite f (Unterschied zwischen zwei aufeinanderfolgenden Klassenmitten bei einer Häufigkeitsverteilung mit Klassen gleicher Weite) (Stats) / class limits ‖ ~zuordnung f (z.B. von Isolierstoffen) (Eltech) / class rating

**Klassierapparat** m (Aufber, Hütt) / classifier* n

**klassieren** *v* (Elemente einer Menge nach DIN 1319, T 1) / classify *v* ‖ ~ (DIN 1319, T 1) / grade *v* ‖ ~ (nach Kornfraktionen) (Aufber) / size *v* ‖ ~ (Aufber, Chem Verf) / size *v*, fractionate *v*, grade by sizes ‖ ~ *n* (nach Kornfraktionen) (Aufber) / classification* *n*, sizing *n*
**Klassierer** *m* (Aufber, Hütt) / classifier* *n*
**Klassier•kegel** *m* (Aufber) / cone classifier*, spitzkasten* *n* ‖ ~**sieb** *n* (Aufber) / classifying screen, sizer *n* ‖ ~**spitze** *f* (Aufber) / cone classifier*, spitzkasten* *n*
**klassierte Kohle** (DIN 22005) / graded coal
**Klassierung** *f* / grading *n* ‖ ~ (nach Kornfraktionen) (Aufber) / classification* *n*, sizing *n*
**Klassifikation** *f* (Herstellung von Ordnungssystemen - DIN 6763) / classification *n* ‖ **natürliche** ~ (auf der abgestuften Ähnlichkeit der Organismen aufbauende) (Bot) / natural classification*
**Klassifikationsschema** *n* / classification scheme
**klassifizierter Name** (EDV) / qualified name
**Klassifizierung** *f* **der Isolierstoffe nach Wärmebeständigkeitsklassen** (Eltech) / thermal classification of insulation
**Klassifizierungsgesellschaften, [Schiffs-]** (wie z.B. Lloyd's Register of Shipping) (Schiff) / classification societies*
**klassisch** *adj* (z.B. Mechanik) / classical* *adj*, non-quantized *adj* (US)*, non-quantum *attr* ‖ ~ (Konstruktion) / orthodox *adj* ‖ **~e Logik** (nach Aristoteles, 384-322 v.Chr.) / Aristotelian logic ‖ **~e Logik** (KI) / classical logic, standard logic, conventional logic ‖ **~e Mechanik** (Mech) / non-quantum mechanics, classical mechanics, non-quantized mechanics, Newtonian mechanics ‖ **~e MUF** (ausschließlich infolge ionosphärischer Beugung ermögliche MUF) (Radio) / classical MUF ‖ **~er Radius des Elektrons** (Kernphys) / classical electron radius ‖ **~e Streuung** (von unpolarisierten Lichtwellen) (Phys) / Thomson scattering*, classical scattering*
**klassizistische Antiqua** (z.B. Bodoni, Didot oder Walbaum) (Typog) / modern face*
**Klast** *m* (Geol) / clast *n*
**klastisch** *adj* (Geol) / clastic *adj* ‖ **Verhältnis** *n* ~ **zu nichtklastisch** (Geol) / clastic ratio, detrital ratio ‖ **~e Gesteine** (Psephit, Psammit, Pelit) (Geol) / clastic rocks*, fragmental rocks ‖ **~e Sedimente** (die aus dem mechanischen Absatz mitgeführter fester Teilchen entstehen) (Geol) / mechanical sediments*
**Klathrat** *n* (Einschlußverbindung mit käfigartigen Hohlräumen) (Chem) / clathrate* *n*, enclosure compound
**Klathratverbindung** *f* (Chem) / clathrate* *n*, enclosure compound
**klatschen** *v* (Regen) / splash *v* ‖ ~ *n* (des Wassers gegen ein Boot) (Schiff) / slapping *n*, wash *n*
**Klaubearbeit** *f* (Aufber) / cobbing* *n*
**Klaubeband** *n* (Aufber, Bergb) / picking belt*, picking conveyor, inspection belt
**klauben** *v* (Aufber) / pick *v*, sort *v*, wale *v* (GB), cull *v* ‖ ~ *n* (Aufber) / picking *n*, sorting *n*, waling *n* (GB), culling *n*
**Klaubetisch** *n* (Aufber, Bergb) / picking table
**Klaue** *f* (Mittelpufferkupplung) (Bahn) / coupler knuckle, knuckle *n* ‖ ~ (des Transportmechanismus) (Film) / claw *n*, pin *n* ‖ ~ (Leder) / shank *n* ‖ ~ (Klauenkupplung) (Masch) / dog *n*, jaw *n*, claw *n*
**Klauen•anschluß** *m* (bei Unterflurhydranten) (Masch) / lug coupling ‖ **[schlüsselbetätigtes]** ~**futter** (Masch) / key chuck* *n* ‖ ~**hammer** *m* (Zimm) / claw-hammer* *n* ‖ ~**kupplung** *f* (eine formschlüssige Schaltkupplung) (Masch) / claw coupling*, dog-clutch* *n*, claw clutch*, jaw clutch, positive clutch ‖ ~**öl** *n* (Pharm) / neat's foot oil, hoof oil ‖ ~**polgenerator** *m* (Eltech) / claw-field generator, claw-pole generator ‖ ~**schiftung** *f* (Zimm) / birdsmouth joint, foot cut (US) ‖ ~**schraube** *f* (HuT, Masch) / rag-bolt* *n*, Lewis bolt, lewis bolt*, barb bolt, jag-bolt* *n*
**Klausel** *f* (endliche Menge von Literalen) (EDV) / clause *n* ‖ ~ (KI) / clause *n* ‖ ~**form** *f* (KI) / clause form, clausal form
**Klavier•band** *n* / butt hinge*, piano hinge ‖ ~**saiten(feder)draht** *m* / piano wire, music wire
**k₁a-Wert** (Chem Verf) / k₁a value
**Kleb•ast** *m* (dicker Wasserreiser) (For) / epicormic branch, bole sprout ‖ ~**bondierung** *f* (Plast, Tex) / adhesive bonding ‖ ~**dispersion** *f* (Chem) / adhesive dispersion
**Klebe•aggregat** *n* (für Packbehälter) (Masch) / gluing machine ‖ ~**anker** *m* (ein Gebirgsanker, der mittels Kunstharzen in ein Bohrloch eingebracht wird) (Bergb) / resin-anchored (roof) bolt ‖ ~**ast** *m* (For) / epicormic branch, bole sprout
**Klebeband** *n* / adhesive tape, gummed tape ‖ ~ (mit transparenter Trägerfolie wie z.B. Tesafilm) / sellotape *n*, Scotch tape (a trade mark), Sellotape *n* (a trade mark) ‖ ~ (perforiertes) (Film) / film patch ‖ **doppelseitig klebendes** ~ / double-face (adhesive) tape ‖ **doppelseitiges** ~ / double-face (adhesive) tape ‖ **gummiertes** ~ / gummed sealing tape, gummed tape ‖ ~**methode** *f* (Anstr) / adhesive tape pull test, adhesive tape test, tape test ‖ ~**prüfung** *f* (Anstr) / adhesive tape pull test, adhesive tape test, tape test

**Klebe•bindemaschine** *f* (Buchb) / adhesive binding machine, perfect binding machine ‖ ~**bindung** *f* (Buchb) / unsewn binding*, perfect binding*, threadless binding, thermoplastic binding*, adhesive binding ‖ ~**bondieren** *n* (Tex) / adhesive laminating ‖ ~**dach** *n* (Bau) / built-up roof ‖ ~**dichtstoff** *m* / adhesive sealer, sealant-adhesive *n* ‖ ~**dispersion** *f* (wäßrige Dispersion von Polymeren mit klebefähigen Eigenschaften) (Chem) / adhesive dispersion ‖ ~**etikett** *n* / sticker *n*, stick-on label, gummed label ‖ ~**fertig beschichtete Tapete** (mit einer rückseitigen trockenen Kleisterbeschichtung, die spontan wasserlöslich ist) (Bau, Pap) / prepasted paper, ready-pasted paper ‖ ~**folie** *f* (Klebstoff in Folienform) / adhesive film ‖ ~**folie** (bei gedruckten Schaltungen) (Eltronik) / bonding sheet ‖ ~**fuge** *f* (zwischen zwei Fügeteilen) / glue joint ‖ ~**gezwickter Schuh** / cement-lasted shoe ‖ ~**gips** *m* / adhesive gypsum ‖ ~**karton** *m* (Pap) / pasteboard* *n* ‖ ~**kaschierung** *f* (Tex) / adhesive laminating ‖ ~**kraft** *f* / adhesive capacity, adhesiveness *n*, adhesive force ‖ ~**mittel** *n* / adhesive *n*, adhesion agent, sticker *n*, glue *n*, adhesive agent ‖ **wasserfestes** ~**mittel** (Chem) / hydraulic glue*
**kleben** *vt* / stick *vt*, glue *vt* ‖ ~ *v* / paste *v* ‖ ~ (an einer Sache) / stick on *vi* ‖ ~ (Druck) / paste up *v* ‖ ~ *vi* (Kontakte) (Eltech) / stick *vi* ‖ ~ *n* (DIN 16920) / adhesive bonding, bonding *n* ‖ ~ (Klebrigkeit) (Anstr) / stickiness *n*, tackiness *n*, cheesiness *n* ‖ ~ (Hängenbleiben beim Hochlauf) (Eltech, Masch) / cogging* *n* ‖ ~ (der Elektrode) (Schw) / freezing *n*, sticking *n* ‖ **leichtes** ~ (Anstr) / blocking *n*, sticking *n* ‖ ~ *n* **der Relaiskontakte** (Eltech) / relay freezing
**klebend** *adj* / adhesive *adj*, tacky *adj*, sticky *adj*, gluey *adj* ‖ ~ (Klebstoff auf Kautschukbasis, Anstrich) / dry-tack *attr*, aggressive-tack *attr* ‖ **zu** ~**er Körper** (WP) / adherend *n* ‖ **zu** ~**er Werkstoff** (WP) / adherend *n* ‖ **zu** ~**es Teil** (Masch) / adherend *n* ‖ ~**er Kontakt** (Eltech) / sticking contact
**Klebepresse** *f* (Film) / splicer* *n*, joiner* *n*
**Kleber** *m* / adhesive *n*, adhesion agent, sticker *n*, glue *n*, adhesive agent ‖ ~ (des Brotgetreides) (Bot, Chem, Nahr) / gluten* *n* ‖ ~ (Walzgut) (Hütt) / cobble *n* ‖ ~**auftrag** *m* (For) / adhesive application, spread *n* ‖ ~**eiweiß** *n* (des Brotgetreides) (Bot, Chem, Nahr) / gluten* *n* ‖ ~**entzug** *m* (Nahr) / deglutination *n* ‖ ~**riß** *m* (Glas) / tear *n*
**Klebe•spleiß** *m* (eine feste Verbindung von zwei LWL) / glue splice ‖ ~**stift** *m* (des Relais) (Eltech) / residual stud ‖ ~**streifen** *m* (z.B. Tesa-Krepp) (Anstr, Bau) / masking tape ‖ **gummierter** ~**streifen** / gummed sealing tape, gummed tape ‖ ~**trocknung** *f* (Leder) / pasting *n*, pasting process ‖ ~**umbruch** *m* (Druck) / paste-up *n* ‖ ~**verbindung** *f* / adhesive-bonded joint, adhesive joint ‖ ~**verbindung** (mit Leim) / glue joint, glued assembly ‖ ~**verfahren** *n* (Kaschieren mit Hilfe von Klebern oder Schaumstoff) (Plast, Tex) / adhesive bonding ‖ ~**zement** *m* / rubber cement, rubber solution, cement *n* ‖ ~**zettel** *m* / sticker *n*, stick-on label, gummed label
**Kleb•fähigkeit** *f* / adhesive capacity, adhesiveness *n*, adhesive force ‖ ~**film** *m* / adhesive film ‖ ~**film-Grenzschichtbruch** *m* (einer Klebverbindung) / cohesion-adhesive failure ‖ ~**fläche** *f* (einer Klebverbindung) / adhesive surface, sticky side, glued face ‖ ~**flächenvorbehandlung** *f* (eine Art Klebvorbehandlung) / pretreatment of the adhesive surface ‖ ~**folie** *f* / adhesive film ‖ ~**frei** *adj* (Anstr) / tack-free *adj* ‖ ~**fuge** *f* (Tischl) / glue line, adhering joint, bond line, glue joint ‖ **verhungerte** ~**fuge** (Tischl, Zimm) / starved joint ‖ ~**fügeteil** *n* (Masch) / adherend *n* ‖ ~**kraft** *f* / adhesive capacity, adhesiveness *n*, adhesive force ‖ **magnetische** ~**kraft** (Mag) / magnetic adhesion ‖ ~**lack** *m* (streich- oder spritzfähige Lösung von organischen Klebgrundstoffen in flüchtigen organischen Lösungsmitteln) (Anstr) / solution adhesive, solvent adhesive, solvent-based adhesive
**Klebling** *m* / adherend *n* ‖ ~ (For) / adherend *n*
**klebrig** *adj* / ropy *adj*, viscid *adj* ‖ ~ / sticky *adj*, tacky *adj*, cheesy *adj* ‖ **nicht mehr** ~ (Anstrich) (Anstr) / tack-free dry ‖ **~e Enden** (Gen) / sticky ends ‖ **~e Oberfläche** (ein Spachtelfehler) (Anstr, Kfz) / surface tack ‖ ~**macher** *m* (Stoff zur Erhöhung der Klebrigkeit von Gummimischungen) / tackifier *n* ‖ ~**macherharz** *n* (Tackifier) (Chem Verf) / tackifier *n*
**Kleb•sand** *m* (stark tonhaltiger Quarzsand) (Gieß) / loam sand, loamy sand ‖ ~**stelle** *f* (Film) / splice* *n* ‖ ~**stelle** (dicke) (Glas, Tex) / splice *n* ‖ **schlechte** ~**stelle** (infolge Klebstoffmangels) (For) / starved joint ‖ **abgerissene** ~**stelle** (Glas) / tear *n* ‖ ~**stellengeräusch** *n* (Film) / bloop* *n*, splice bump, split bump ‖ ~**stellenknacken** *n* (Film) / bloop* *n*, splice bump, split bump ‖ ~**stift** *m* / glue stick
**Klebstoff** *m* (nach DIN 16920 entweder chemisch oder physikalisch abbindend) / adhesive *n*, adhesion agent, sticker *n*, glue *n*, adhesive agent ‖ ~ (der mit Feuchtigkeit reagiert) / remoistening adhesive (gum arabic, animal glue, dextrin) ‖ ~ s. auch Kleister und Leim ‖ **bituminöser** ~ (Bau) / bituminous adhesive, plying cement ‖ **gekapselter** ~ / encapsulated adhesive ‖ **kalt sich verfestigender** ~ (Chem) / cold adhesive, cold-setting adhesive, cold-curing adhesive ‖ **langsamhärtender** ~ / slow-curing adhesive, slow-setting adhesive

**Klebstoff**

**plastischer** ≈ / plastic adhesive ‖ **spaltfüllender** ≈ (mit Spaltüberbrückungsvermögen) / gap-filling adhesive ‖ **sprühbarer** ≈ / spray adhesive ‖ **synthetischer** ≈ (Plast) / synthetic-resin adhesive* ‖ **thermoplastischer** ≈ / hot-melt adhesive, fusion adhesive, dry adhesive (US), thermoplastic adhesive, hot-setting adhesive ‖ ≈ *m* **auf Eiweißgrundlage** / glair* *n* ‖ ≈ **auf Kunstharzbasis** (z.B. Epoxid- und ungesättigte Polyesterharze) (Plast) / synthetic-resin adhesive* ‖ ≈ **auf Polymerbasis** (Plast) / polymeric adhesive ‖ ≈ **für Herstellung von Furnier- und Verbundplatten** (For, Tischl) / veneer glue ‖ ≈ **für Holz oder Möbel** (Tischl, Zimm) / assembly adhesive, joint glue ‖ ≈ **für Holzfaserplatten** (For, Tischl) / fibreboard adhesive ‖ ≈ **für Metallklebverbindungen** / metal-bonding adhesive, metal adhesive ‖ ≈ **für Spanplatten** (For) / chipboard adhesive ‖ ≈**ansatz** *m* (verarbeitungsfertig angesetzte Mischung oder Lösung der Bestandteile des Klebstoffes, wenn der Klebstoff nicht im verarbeitungsfertigen Zustand geliefert wird) / adhesive formulation (suitable for coating) ‖ ≈**auftrag** *m* (For) / adhesive application, spread *n* ‖ ≈**auftragmaschine** *f* (For) / adhesive spreader, adhesive applying machine ‖ ≈**auftragmaschine für Schäfte** (eine Schuhmaschine) / cementing machine for uppers ‖ ≈**durchschlag** *n* (durch die aufgetragene Deckschicht) (For) / bleed-through *n*, bleeding *n* ‖ ≈**einsatzmasse** *f* (für Faser- und Spanplatten) (For) / spread *n* ‖ ≈**-Flm** *m* (DIN 53276) / adhesive film ‖ **~freie Stelle** (Plast) / dry spot ‖ ≈**prüfung** *f* (zur Ermittlung der Eigenschaften der Klebstoffe) / adhesive testing ‖ ≈**spender** *m* **mit Pistolengriff** / glue gun ‖ ≈**zusatz** *m* (z.B. Füll- oder Streckmittel, Weichmacher oder Härter) / adhesive additive

**Klebstreifen** *m* (z.B. Tesa-Krepp) (Anstr, Bau) / masking tape ‖ ≈ (mit dem beim Rollenwechsel die beiden Rollen verbunden werden) (Druck) / paster tab*, paste* *n* ‖ ≈ (für die Taping-Maschine) (For) / joint tape ‖ **~test** *m* (zur Prüfung der Haftfestigkeit) (Anstr) / adhesive tape pull test, adhesive tape test, tape test

**Klebung** *f* **von Grundpapier** (vor dem Tapezieren) (Bau) / lining *n* ‖ ≈ **von Makulatur** (vor dem Tapezieren) (Bau) / lining *n*

**Kleb•verbindung** *f* / adhesive-bonded joint, adhesive joint ‖ ≈**verbindung** (als Vorgang) / adhesive bonding, bonding *n* ‖ ≈**verbindung** (von verschiedenen Papierbahnen) (Druck) / join* *n* ‖ ≈**verbund** *m* (bei Klebstoffen) / adhesive bonding, bonding *n* ‖ ≈**vermögen** *n* (Bindekraft) / adhesive capacity, adhesiveness *n*, adhesive force

**Klecks** *m* / blotch *n*, blot *n* ‖ ≈ (Anstr) / spatter *n*, splatter *n*

**Kleeblatt** *n* (eine Autobahnkreuzung) (HuT, Kfz) / cloverleaf *n*, cloverleaf interchange ‖ ≈**antenne** *f* (eine Rundstrahlantenne) (Radio) / cloverleaf antenna ‖ **~bogen** *m* (Arch) / trefoil arch ‖ ≈**symmetrie** *f* (Math) / trefoil symmetry ‖ **~zapfen** *m* (an Walzen) (Hütt) / wobbler *n*

**Kleedrescher** *m* (Landw) / clover huller, clover rubber

**Kleene-Hierarchie** *f* (eine Klassifikation von Mengen natürlicher Zahlen nach S. C. Kleene, geb. 1909) (Math) / Kleene hierarchy

**Kleene-Operation** *f* (EDV, KI) / regular operation

**Klee•reiber** *m* (Landw) / clover huller, clover rubber ‖ **~salz** *n* (ein Gemisch von Kaliumtetraoxalat und Kaliumhydrogenoxalat) (Chem) / salt(s) of sorrel, sal acetosella, salt of lemon ‖ ≈**säure** *f* (Chem) / oxalic acid*, ethanedioic acid

**Klei** *m* (entwässerter Schlick in den Marschen) (Geol) / tidal mud (drained)

**Kleid, waschbares** ≈ (Tex) / washable dress ‖ ≈ **zweiteiliges** ≈ (Tex) / two-piece *n* ‖ ≈ *n* **mit durchgehender Knopfleiste** (Tex) / button-through dress

**Kleider•bad** *n* (vereinfachtes Reinigungsverfahren) (Tex) / quick dry-cleaning, simple dry-cleaning method, dry-cleaning by machine ‖ ≈**coupon** *m* (abgemessenes Stück Stoff) (Tex) / suit length ‖ ≈**färberei** *f* (Tex) / garment dyeing ‖ ≈**kupon** *m* (Tex) / suit length ‖ ≈**leinen** *n* (Tex) / dress linen ‖ ≈**motte** *f* (Tineola biselliella Humm.) (Tex) / clothes-moth *n* ‖ ≈**rolle** *f* (Tex) / lint remover (roller) ‖ ≈**sack** *m* (Tex) / garment bag ‖ ≈**stoff** *m* (Tex) / dress fabric, dress material ‖ ≈**stoffe** *m pl* (Tex) / dress goods ‖ ≈**wolle** *f* (Tex) / apparel wool

**Kleidung** *f* (Tex) / clothing *n*, clothes *pl*, apparel *n*, garments *pl*, wearing apparel ‖ **billige** ≈ **von der Stange** (Tex) / slop *n* (ready-made or cheap clothing)

**Kleidungsstück** *n* (Tex) / article of clothing, garment *n*, clothes item ‖ ≈ **e** *n pl* (Tex) / clothing *n*, clothes *pl*, apparel *n*, garments *pl*, wearing apparel ‖ **weites** ≈ (das über den Kopf gezogen wird) (Tex) / popover *n*

**Kleie** *f* (Rückstand beim Mahlen des gereinigten Getreidekorns) (Med, Nahr) / bran* *n* ‖ **~haltig** *adj* (Nahr) / branny *adj*

**Kleien•beize** *f* (als Tätigkeit) (Leder) / bran drenching ‖ ≈**beize** (Leder) / drench bate ‖ ≈**mehl** *n* (Nahr) / pollard *n*

**Kleieputzmaschine** *f* (Hütt) / branner *n*, branning machine

**klein•er Betonwerkstein** (Bau, HuT) / concrete brick ‖ **~er Bohrwagen** (auf Schienen, für das Herstellen von nebeneinanderliegenden Bohrlöchern) (HuT) / gadder *n*, gadding machine, gadding car ‖ **~er Doppelmaulschlüssel** (Werkz) / compact open-end spanner, midget open-end wrench (US), electrical spanner ‖ **~e Erdölraffinerie** (in abgelegener Gegend) (Erdöl) / prairie-dog plant (US) ‖ **~er Fermatscher Satz** (additive Zahlentheorie) (Math) / Fermat's little theorem ‖ **~e Filmleuchte** (Film) / pup *n* ‖ **~er Fluß** (Geog) / rivulet *n*, runnel *n*, runlet *n*, creek *n*, run *n* (US) ‖ **~er Fluß** s. auch Bach und Rinnsal ‖ **~e Furche** (in der B-DNS) (Biochem) / minor groove ‖ **~er Gang** (Geol) / ledge *n*, vein* *n*, veinlet *n* ‖ **~er gleich** (Math) / less than or equal (to), LE ‖ **~e Glocke** (eine Gichtglocke) (Hütt) / small bell, small cone ‖ **~er Hahn** (Klemp) / faucet* *n* ‖ **~e Halbachse** (der Ellipse) (Math) / semi-minor axis ‖ **~er Halo** (Astr, Licht) / 22° halo, halo of 22° ‖ **~er Handambuß** (Masch) / stake *n* (beakhorn, hatchet, square) ‖ **~er Hilfsflügel** (ein "Flügelohr") (Luftf) / winglet *n* ‖ **~er Hügel** (Geol) / monticule *n* ‖ **~e Löcher** (Pap) / pin-holes* *pl* ‖ **~e Losgröße** (F.Org) / short run ‖ **~es, unstarres Luftschiff** (mit über 42000 m³) (Luftf) / blimp* *n* ‖ **~er Mikrofongalgen** (Akus) / lazy arm ‖ **~er oder gleich** (Math) / less than or equal (to), LE ‖ **~e Öffnung** / orifice *n* ‖ **~e Periode** (im Periodensystem der Elemente) (Chem) / short period, small period ‖ **~e periphere Einheit** (EDV) / small peripheral unit (SPU) ‖ **~er Planet** (Astr) / asteroid* *n*, planetoid* *n*, minor planet* ‖ **~er Prüfstrom** (bei Sicherungseinsätzen) (Eltech) / limiting no-danger current ‖ **~er Ring** (Astr, Licht) / 22° halo, halo of 22° ‖ **~er Ring** (Chem) / small ring ‖ **~e Rundfeile** (Werkz) / rat file, rat's tail, rat-tail file* ‖ **~er Schmelzhafen** (meistens für Spezialgläser) (Glas) / skittle pot* ‖ **~er Schraubsockel** (12,5 mm) (Eltech) / small Edison screw cap* ‖ **~er Setzkasten** (für Korrekturzwecke im Handsatz) (Typog) / barge *n* (for sorts) ‖ **~e Steigung** (Luftf) / fine pitch ‖ **~es Tranquillans** (ein Psychotherapeutikum) (Pharm) / ataractic *n*, ataraxic *n*, minor tranquilizer *n* ‖ **~er Wohnwagen** (Kfz) / caravanette *n* (GB) ‖ **~er Wolf** (zum Heben von härteren Steinen) (Bau) / lifting lewis, lifting pins, lewis* *n* ‖ **~er Zapfhahn** (Masch) / faucet* *n* ‖ **~er Zweig** (For) / sprig *n* ‖ **~e Essigfliege** (Gen, Nahr, Zool) / Drosophila melanogaster* ‖ **~e Magellansche Wolke** (im Sternbild Tukan) (Astr) / Small Magellanic Cloud, SMC ‖ **~er Pappelbock** (ein Bockkäfer) (For) / small poplar borer (longicorn - Saperda populnea), small poplar longhorn beetle ‖ **~er Ulmensplintkäfer** (Scolytus multistriatus Marsh.) (For) / European elm bark-beetle

**Klein•anhänger** *m* (Kfz) / utility trailer ‖ ≈**anzeige** *f* (in der Zeitung) / classified advertisement ‖ ≈**atmosphäre** *f* (um einen Satelliten, die durch Ausgasung entsteht) (Raumf) / induced atmosphere ‖ ≈**auflage** *f* (Druck) / short run ‖ ≈**auflagendruck** *m* (Druck) / short-run printing ‖ ≈**bahn** (Bahn) / railway *n* (local), road *n* (US), railroad *n* (local) (US) ‖ ≈**bahn** (HuT) / industrial railway ‖ ≈**baustelle** *f* (Bau) / small-scale site ‖ ≈**bildkamera** *f* (Bildgröße größer als 18x24 mm) (Foto) / miniature camera* ‖ ≈**bildkamera** (Filmformat kleiner als 35 mm) (Foto) / subminiature camera ‖ **~blättrig** *adj* (Bot, For) / small-leaved *adj* ‖ ≈**brennertest** *m* (im Labor nach DIN 4102-1) (Bau) / small-scale burning test ‖ ≈**buchstabe** *m* (Typog) / minuscule* *n* ‖ ≈**buchstaben** *m pl* (Typog) / lower case*, l.c.*, lower-case letters ‖ ≈**buchstabensatz** *m* (Druck) / cockroach* *n* ‖ ≈**bus** *m* (Kfz) / minibus *n* ‖ ≈**bus** (für Flughafenzubringerdienste) (Kfz) / limousine *n* (US) ‖ ≈**computer** *m* (EDV) / small-sized computer, small computer ‖ ≈**dumper** *m* (HuT) / power barrow (pedestrian-controlled dumper) ‖ ≈**eisen** *n pl* (Schienen-, Schwellen-) (Bahn) / small iron fittings ‖ ≈**eisenzeug** *n* (Masch) / hardware ‖ ≈**eiserzeuger** *m* / small icemaker ‖ ≈**erz** *n* (Aufber) / small ore

**Kleiner-Zeichen** *n* (Math) / less than symbol, LT symbol

**Klein•fältelung** *f* (Geol) / crenulation *n* ‖ **~flächig** *adj* / having a small surface area ‖ ≈**flugzeug** *n* (mit etwa 5 670 kg Starthöchstgewicht) (Luftf) / light aircraft*, lightplane *n*, small aircraft (up to 5670 kg) ‖ ≈**förderwagen** *m* (HuT) / buggy *n* ‖ **~formatig** *adj* / small-scale *attr* ‖ **~formatiges Massenblatt** (Druck) / tabloid newspaper* ‖ **~formatige (Boulevard)Zeitung** (Druck) / tabloid newspaper* ‖ ≈**gabelschlüssel** *m* (Werkz) / compact open-end spanner, midget open-end wrench (US), electrical spanner ‖ **~gedruckt** *adj* / small-print *attr* ‖ **~gemusterter Schuhplüsch** (Tex) / shoe moquette

**Klein-Gordon-Gleichung** *f* (relativistische Verallgemeinerung der Schrödinger-Gleichung nach O. Klein, 1894-1977, und W. Gordon, 1893-1939) (Phys) / Klein-Gordon equation*, Schrödinger-Klein-Gordon equation

**Klein•hebezeug** *n* (kurzhubiges) (Masch) / jack* *n* (a machine for raising a heavy weight through a short distance), lifting jack ‖ ≈**hebezeug** (Masch) / small hoist ‖ ≈**hydraulik** *f* (Hyd) / mini-hydraulics *n* ‖ ≈**integration** *f* (Eltronik) / single-scale integration (SSI), small-scale integration ‖ ≈**intrusion** *f* (Geol) / minor intrusion* ‖ ≈**kältemaschine** *f* (z.B. ein Kühlschrank) / small-scale refrigerating machine

**Klein-Kaluza-Theorie** *f* (nach T.F.E. Kaluza, 1885-1954) (Kernphys) / Klein-Kaluza theory, Kaluza theory

**Klein•klima** n (Meteor, Umwelt) / microclimate* n ‖ **⁓konverter** m (Hütt) / baby Bessemer converter, miniconverter n ‖ **⁓kraftrad** n (Kfz) / moped n ‖ **⁓kreis** m (der Kugel) (Math) / small circle* ‖ **druckbelüfteter ⁓kühlturm mit geschlossenem Primärkreislauf** / forced-draught closed-circuit cooling tower ‖ **saugbelüfteter ⁓kühlturm mit offenem Kreislauf** / induced-draught open-circuit cooling tower ‖ **⁓lader** m (für Batterien) (Eltech) / home battery-charger ‖ **⁓laster** m (Kfz) / light truck ‖ **⁓lastkraftwagen** m (Kfz) / light truck ‖ **⁓leistungslaser** m (Phys) / low-power laser ‖ **⁓mosaik** n (Bau) / Roman mosaic* ‖ **⁓motor** m (mit einer Nennleistung von 1,1 kW bei 1500 min$^{-1}$) (Eltech) / small-power motor

**Klein-Nishina-Formel** f (Kernphys) / Klein-Nishina formula*

**Klein•offset** m (Druck) / small offset* ‖ **⁓offsetdrucker** m (bis DIN A3) (Druck) / small offset press ‖ **⁓offsetmaschine** f (eine Offsetpresse) (Druck) / small offset press ‖ **⁓parkettlamelle** f (Bau) / finger n ‖ **⁓pflasterdecke** f (HuT) / small-block pavement, small set pavement (US) ‖ **⁓planet** m (Astr) / asteroid* n, planetoid* n, minor planet* ‖ **⁓punktschweißmaschine** f (Schw) / miniature spot welding machine ‖ **⁓rechner** m (EDV) / small-sized computer, small computer ‖ **⁓rohrheizung** f (mit 15 mm-Rohren) (Bau) / small-bore system*

**Kleinsch•e Flasche** (Math) / Klein bottle* ‖ **⁓er Schlauch** (eine geschlossene nichtorientierbare Fläche vom Geschlecht 2 - nach F. Klein, 1849-1925) (Math) / Klein bottle* ‖ **⁓e Vierergruppe** (Math) / Klein four-group

**Klein•schalter** m (Eltech) / microgap switch*, microswitch* n ‖ **⁓schneiden** v (nur Infinitiv und Partizip) / cut up v ‖ **⁓serienfertigung** f (F.Org) / small-batch production ‖ **⁓signalelektronik** f (Eltronik) / small-signal electronics ‖ **⁓signalkennwert** m (Eltronik) / small-signal parameter* ‖ **⁓signalverstärkung** f (Eltronik) / small-signal amplification, small-signal gain ‖ **~skaliert** adj / small-scale attr, reduced-scale attr ‖ **⁓spannung** f (bis 42 V) (Eltech) / extra-low voltage, very low-voltage ‖ **⁓spinzustand** m (Kernphys) / low-spin state

**kleinst•er ablesbarer Wert** (z.B. bei einem Nonius) (Instr) / least count ‖ **⁓es Element** (in der Mengenlehre) (Math) / minimum n (pl. minima or minimums) ‖ **~es Element** (einer halbgeordneten Menge) (Math) / smallest element, least element ‖ **~e Energie** (des Atoms oder des Kerns im Grundzustand) (Kernphys) / ground level ‖ **~er gemeinsamer Nenner** (Math) / least common denominator, lowest common denominator, L.C.D., common denominator ‖ **~es gemeinsames Vielfaches** (k.g.V.) (Math) / least common multiple, lowest common multiple*, L.C.M.* ‖ **~er Gittereinschaltstrom** (Eltronik) / gate trigger current ‖ **~er Lichtweg** (Opt) / minimum optical path ‖ **~e nachweisbare Leistung** (Masch) / minimum detectable power ‖ **~e nachweisbare Spur** (Chem) / ultratrace n ‖ **~es wahrnehmbares Signal** (Fernm) / minimum discernible signal*

**Kleinstation** f **mit sehr kleiner Strahleröffnung** (in der Satellitenkommunikation) (Fernm) / very small aperture terminal (VSAT)

**Kleinst•bildkamera** f (Bildgröße kleiner als 18x24 mm, Filmbreite 16 mm oder schmaler) (Foto) / ultraminiature camera, subminiature camera ‖ **⁓biotop** n (Umwelt) / merotope n ‖ **⁓bus** m (Kfz) / microbus n ‖ **⁓drehmelder** m (Eltech) / microsyn* n ‖ **⁓ionisationskammer** f (Nukl) / thimble ionization chamber* n ‖ **⁓kondensator** m (Eltech) / microcapacitor n ‖ **⁓maß** n (z.B. der Welle) (Masch) / bottom limiting size, bottom limit ‖ **⁓maß** (bei Passungen) (Masch) / minimum size, bottom limiting size ‖ **⁓mikroform** f (Foto) / extreme-reduction microform ‖ **⁓motor** m (mit einigen Pferdestärken - der sich in den Ständer eines Asynchronmotors offener Bauart mit 1 PS Dauerleistung bei 1800 U/min einbauen läßt) (Eltech) / fractional horse power motor, f.h.p. motor, FHP motor ‖ **⁓röhre** f (Eltronik) / peanut tube ‖ **⁓teilchen** n / ultimate particle ‖ **⁓wert** m / minimum value, trough value ‖ **⁓wert** (Math) / minimal value, minimum

**Klein•tastatur** f **für die Fernbedienung eines Geräts** (EDV) / keypad n ‖ **⁓tauwerk** n (Schiff) / small cordage, small stuff (US) ‖ **⁓teile** n pl / incidentals pl, small parts ‖ **⁓teilekasten** m / storage cabinet (for small parts), small-parts storage box, odds-and-ends box ‖ **⁓teilemagazin** n / storage cabinet (for small parts), small-parts storage box, odds-and-ends box ‖ **⁓tektonik** f (welche die Deformationsspuren im kleinen Bereich bis zum Dünnschliff beschreibt) (Geol) / microtectonics n ‖ **⁓transporter** m (mit Kastenaufbau) (Kfz) / small van ‖ **⁓trennwand** f (Bau) / dwarf partition ‖ **⁓triangulation** f (Verm) / lesser triangulation ‖ **⁓trombe** f (Sand- oder Staubhose) (Meteor) / dust devil ‖ **⁓unternehmen** n / small business ‖ **⁓versuch** m / small-scale test, small-scale trial, small-scale experiment ‖ **⁓videokassette** f / compact video cassette, CVC ‖ **⁓volumig** adj / low-volume attr ‖ **⁓waffe** f (bis 30 mm) (Mil) / small arm ‖ **⁓wagen** m (Kfz) / compact car, compact n (US) ‖ **⁓winkelkorngrenze** f (regelmäßig angeordnete Versetzungen) (Krist) / small-angle (grain) boundary ‖ **~winklig** adj / narrow-angled adj

**Kleister** m (DIN 16920) / paste n

**Kleisterälchen** n (Anguillula aceti Ehrb. - ein Vorratsschädling) (Nahr) / vinegar eel, vinegar worm

**kleisterig** adj / pasty adj

**kleistern** v / paste v

**kleistrig** adj / pasty adj

**Kleistsche Flasche** (nach E.G.v. Kleist, 1700-1748) (Eltech) / Leyden jar*, Kleistian jar

**Klemm•backe** f (Masch) / jaw* n, grip jaw, dog n ‖ **⁓bank** f (For) / clam bunk ‖ **⁓bolzen** m (Masch) / clamping bolt ‖ **⁓brett** n (eine Schreibunterlage mit einer großen Klemme am oberen Ende) / clipboard n ‖ **⁓brett** (Eltech) / terminal board ‖ **⁓buchse** f (Masch) / locking bushing, fixing bushing ‖ **⁓bügel** m (des Prismas) (Masch) / clamp n ‖ **⁓diode** f (Eltronik) / clamping diode*, catching diode* ‖ **⁓dose** f (Eltech) / connection box*, connecting box* ‖ **⁓-Drehmoment** n (Mech) / prevailing torque

**Klemme** f (Klammer) / holdfast n (securing an object to a wall or other surface) ‖ **⁓** (ein Stativzubehör) (Chem) / clamp n ‖ **⁓** (DIN 4899) (Eltech) / terminal n ‖ **⁓** (Masch) / clamp n ‖ **negative ⁓** (der Batterie) (Eltech) / negative terminal ‖ **negative ⁓** (Eltech) / negative terminal ‖ **positive ⁓** (Eltech) / positive terminal ‖ **positive ⁓** (Eltech, Kfz) / positive terminal

**klemmen** v / clamp v ‖ **~** (Schloß) / jam v, get jammed ‖ **~** (Säge in der Schnittfuge) (For) / bind v ‖ **~** (Masch) / block v, jam v, interlock v ‖ **~** vt (ein HHO) (Masch) / clamp vt ‖ **~** vi (Tür) (Tischl) / ride vi ‖ **⁓** n (der Säge in der Schnittfuge) (For) / pinching n, binding n, get jammed ‖ **~** (Masch) / blocking n, jamming n, jam n, interlock n ‖ **⁓baustein** m (Fernm) / terminal module ‖ **⁓belegung** f (EDV, Eltronik) / terminal assignment ‖ **⁓block** m (Eltronik) / terminal block ‖ **⁓brett** n (Eltech) / terminal board ‖ **⁓brett** (Eltech) s. auch Klemmleiste ‖ **⁓kasten** n (Eltech) / terminal box ‖ **⁓paar** n (DIN 4899) (Eltech) / terminal pair ‖ **⁓schaltung** f (System mit mehreren Klemmen nach DIN 4899) (Eltech) / multipole n ‖ **⁓spannung** f (Eltech) / terminal voltage* ‖ **symmetrische ⁓spannung** (Eltech) / symmetrical terminal voltage ‖ **unsymmetrische ⁓spannung** (Eltech) / V-terminal voltage ‖ **⁓ständer** m (Chem) / clamp stand

**Klemm•flansch** m (Chem) / supported flange joint ‖ **⁓gewicht** n (zur Beseitigung einer Unwucht) (Kfz) / clip-on (wheel) weight ‖ **⁓halter** m (zum Drehen) (Werkz) / clamping tip, tool holder ‖ **⁓hülse** f (Werkz) / clamping sleeve, clamping collet ‖ **⁓hülsenkupplung** f (Masch) / split-ring clutch ‖ **⁓isolator** m (Eltech) / insulated bolt*, cleat insulator ‖ **⁓körper** m (bei Freilaufkupplungen) (Masch) / constrained element ‖ **⁓länge** f (bei Nieten nach DIN 78) (Masch) / rivet grip, grip n ‖ **⁓leiste** f (Druck) / clamp bar* ‖ **⁓leiste** (Eltech) / terminal strip ‖ **⁓mappe** f (in deren Rückenbereich Stahlfedern eingearbeitet sind, die ein Einklemmen von Blättern, Lagen usw. ermöglichen) (Buchb) / spring binder, spring-back file ‖ **⁓muffe** f (Masch) / clamping sleeve, tool holder ‖ **⁓pflanzung** f (For) / slit planting ‖ **⁓platte** f (für Schienen) (Bahn) / rail clip, gauge stop ‖ **⁓schaltung** f (Fernm, TV) / clamp* n, clamping circuit ‖ **⁓schiene** f (Druck) / clamp bar* ‖ **⁓schraube** f (eine Befestigungsschraube) (Masch) / attachment screw, fastening screw ‖ **⁓schraube** (Masch) / set screw, set bolt ‖ **⁓schraube** (Masch) / locking screw, binding screw, clamping screw ‖ **⁓schraube** s. auch Spannschraube ‖ **⁓schuß** m (ein Webfehler) (Web) / shuttle mark ‖ **⁓spannung** f (Eltech) / terminal voltage* ‖ **⁓verbindung** f (eine Reibschlußverbindung) (Masch) / clamp joint ‖ **⁓vorrichtung** f (der Bügelmeßschraube) (Masch) / lock-nut* n, lock ring

**Klempner** m (Bau) / plumber n ‖ **⁓** (Klemp) / sheet-iron worker, sheet-metal worker ‖ **⁓- und Rohrlegearbeiten** f pl (Bau) / plumbing* n ‖ **⁓niet** m (Masch) / tinner's rivet

**Klenganstalt** f (zur Gewinnung der Samen aus Nadelholzzapfen) (For) / seed-extraction plant, seed extractory

**Klenge** f (For) / seed-extraction plant, seed extractory

**Klenglein** n (Bot, Tex) / flax* n

**Klenow-Fragment** n (Gen) / Klenow fragment

**Klettband** n (Tex) / Velcro strip

**Klette** f (bei Rohwollen) (Tex) / burr* n, bur n ‖ **Große ⁓** (Arctium lappa L.) (Bot, Landw) / great burdock

**Kletten•bildung** f (Web) / buttoning* n ‖ **~haltige Wolle** (Tex) / burry wool ‖ **⁓verschluß** m (bei dem zwei Textilbänder mit kleinen Häkchen aneinanderhaften) (Tex) / Velcro strip fastener, Velcro fastener ‖ **mit ⁓verschluß schließen** (Tex) / Velcro v ‖ **⁓wolf** m (Tex) / burr crusher ‖ **⁓wolle** f (Tex) / burry wool

**Kletter•eisen** n (für Holzmaste) / pole climber ‖ **⁓eisen** (Bau, Eltech) / step-iron* n, foot iron*, climbing iron, creeper n, gaff n ‖ **⁓filmverdampfer** m (in dem eine ringförmige Filmströmung mit einem Dampfkern entsteht) (Chem Verf) / rising-film evaporator, LTV evaporator, long-tube (vertical-film) evaporator, climbing-film evaporator, Kestner evaporator ‖ **⁓kran** m (Bau, Masch) / self-climbing crane, climbing crane

**klettern**

**klettern** v / climb v ‖ ⁓ n (Verlagerung von Stufenversetzungen) (Krist) / climb n, climbing n
**kletternd** adj (Bot) / scandent* adj ‖ ⁓**er Giftsumach** (Toxicodendron radicans (L.) O. Kuntze) (For) / poison ivy
**Kletter·netz** n / scrambling net ‖ ⁓**pflanze** f (z.B. Ranken- oder Schlingpflanze) (Bot) / climbing plant ‖ ⁓**schalung** f (die in regelmäßigen Taktzeiten absatzweise nach oben gezogen wird) (Bau) / climbing form*, cantilever form ‖ ⁓**weiche** f (Bahn, HuT) / drop-on n
**klettige Wolle** (Tex) / burry wool
**Klettverschluß** m (Tex) / Velcro strip fastener, Velcro fastener
**KLG** (Math) / less than or equal (to), LE
**Klick** m (Akus, Radio) / click* n
**klicken** v / click v ‖ ⁓ (eine der Maustasten drücken) (EDV) / click v
**Klickpieps** m (EDV) / clicking beep, clicking bleep
**Klickton** m (EDV) / clicking beep, clicking bleep
**Klient** m (EDV) / client n
**Kliff** n (durch die Tätigkeit der Brandung an Steilküsten erzeugte Steilwand) (Geol) / cliff n
**Kligler-Agar** m n (Bakteriol) / Kligler iron agar
**Kligler-Eisen-Agar** m n (Bakteriol) / Kligler iron agar
**Klima** f (Meteor) / climate* n ‖ ⁓ (z.B. für die Werkstoffprüfung) (WP) / climate n, atmosphere n ‖ **arides** ⁓ (wenn die Verdunstung stärker ist als der Niederschlag) (Meteor) / arid climate ‖ **arktisches** ⁓ (Meteor) / polar climate, arctic climate ‖ ⁓ (Meteor) / humid climate ‖ **kontinentales** ⁓ (das Klima im Innern großer Landmassen) (Meteor) / continental climate* ‖ **marines** ⁓ (Meteor) / marine climate, maritime climate, oceanic climate, ocean climate ‖ **maritimes** ⁓ (Meteor) / marine climate, maritime climate, oceanic climate, ocean climate ‖ **ozeanisches** ⁓ (Meteor) / marine climate, maritime climate, oceanic climate, ocean climate ‖ **regionales** ⁓ (Meteor, Umwelt) / macroclimate n
**Klima·änderung** f (Meteor) / climate change, climatic change ‖ ⁓**anlage** f / air-conditioner n, air-conditioning equipment ‖ **automatische** ⁓**anlage** (Kfz) / automatic climate control system ‖ ⁓**anlage** f **mit Kapillarrohr** (Kfz) / accumulator-drier system, CCOT system, cyclic-clutch-orifice-tube system, accumulator-dehydrator system ‖ ⁓**automatik** f (Kfz) / automatic climate control system ‖ ⁓**diagramm** n (Meteor, Umwelt) / climatic diagram, climograph*, climagram n, climagraph n, climatograph n, climogram n ‖ ⁓**faktor** m (der die Klimaelemente und damit das Klima beeinflußt) (Meteor) / climatic factor ‖ ⁓**festigkeit** f (Masch, Meteor) / weathering resistance, weatherproofness n ‖ ⁓**kammer** f (Med, WP) / climatic chamber, climate chamber ‖ ⁓**karte** f (Meteor) / climatic map ‖ ⁓**kunde** f (Meteor) / climatology* n ‖ ⁓**labor** n (WP) / environmental testing laboratory ‖ ⁓**oszillation** f (Meteor) / climatic oscillation ‖ ⁓**pendelung** f (Meteor) / climatic oscillation ‖ ⁓**prüfkammer** f (zur Werkstoffprüfung) (WP) / environmental chamber, climate chamber, environmental test chamber ‖ ⁓**prüfklasse** f (WP) / climatic category ‖ ⁓**prüfung** f (bei der Freiluftklima oder Klimamodelle auf das Werkstoff einwirken) (WP) / climatic test, environmental test ‖ ⁓**Rahmenkonvention** f (d3r Vereinten Nationen) (Meteor) / United Nations Framework Convention on Climate Change, FCCC ‖ ⁓**raum** m (geschlossener Fertigungsraum, in dem mehrere Klimakomponenten auf festen Werten gehalten werden bzw. gegebene Grenzwerte einhalten) (Bau) / conditioned room ‖ ⁓**scheide** f (ein Landschaftsteil, der das Klima seiner weiteren Umgebung beeinflußt und dabei Räume mit verschiedenen Klimaten trennt) (Meteor) / climatic divide ‖ ⁓**schrank** m (Tex) / air-conditioning cabinet ‖ ⁓**sicher** adj (z.B. Kassettengehäuse) / temperature-stable adj ‖ ⁓**technik** f / air-conditioning n, A/C
**klimatisch·e Beanspruchung** (WP) / climatic strain ‖ ⁓**e Schneegrenze** (Meteor) / climatic snowline ‖ ⁓**e Widerstandsfestigkeit** (Masch, Meteor) / weathering resistance, weatherproofness n
**klimatisieren** v / air-condition v, condition v
**klimatisiert·e Luft** / conditioned air ‖ ⁓**er Raum** (Bau) / controlled-atmosphere room
**Klimatisierung** f / air-conditioning n, A/C
**Klimatologie** f (Meteor) / climatology* n
**klimatologisch** adj (Meteor) / climatological adj
**Klima·variation** f (Meteor) / climatic variation ‖ ⁓**wechsel** m (Meteor) / climate change, climatic change
**Klimax** f (Bot) / climax community, biotic climax*, climax* n ‖ **edaphische** ⁓ (Bot, Umwelt) / edaphic climax* n ‖ ⁓**gesellschaft** f (Bot) / climax community, biotic climax* n
**Klima·zone** f (Meteor) / climatic zone ‖ ⁓**zyklus** m (Meteor) / climatic cycle
**klinchen** v (die Aerosolverpackung) / clinch v, swage v ‖ ⁓ (Konservendosen) (Nahr) / clinch v, clench v
**Klinge** f (auch des Schraubendrehers) / blade n ‖ ⁓ (bei schneidenden oder hackenden Werkzeugen) (Werkz) / knife n, blade n ‖ ⁓ (Werkz) / knife* n ‖ ⁓ **mit Wellenschliff** / serrated blade

**Klingel** f (Akus, Bau, Eltech) / bell n ‖ ⁓ (Fernsp) / bell n, ringer n (US) ‖ ⁓**anlage** f (Akus, Bau, Eltech) / bell n ‖ ⁓**batterie** f (Eltech) / ringing battery ‖ ⁓**kasten** m (Fernsp) / bell box, ringer box
**klingeln** v / ring v ‖ ⁓ n / ringing n ‖ ⁓ (heller metallischer Ton bei der Verbrennung ungenügend klopffester Kraftstoffe - meistens eine Vorstufe des Klopfens) (Kftst) / pink n, ping n (US) ‖ ⁓ (Kftst) s. auch Klopfen
**Klingel·schaltung** f (Fernm) / ringing circuit ‖ ⁓**transformator** m (zum Betrieb einer Klingelanlage) (Eltech) / bell transformer*
**Klingenmesser** n (mit Ersatzklingen) / sharp knife (Stanley - with disposable blades)
**Klingentexturierung** f (Spinn) / edge crimping
**Klingstein** m (Geol) / phonolite* n, clink-stone* n
**K-Linien** f pl (Phys) / K-lines* pl
**Klinikmüll** m (Sanitär, Umwelt) / hospital waste, hospital refuse, medical waste
**klinisch** adj (Med) / clinical adj ‖ ⁓**e Chemie** (analytische Probleme in der klinischen Medizin) (Chem, Med) / clinical chemistry ‖ ⁓**e Dosimetrie** (Radiol) / clinical dosimetry ‖ ⁓**e Prüfung** (Med, Pharm) / clinical trial
**Klinke** f (Bau) / door handle ‖ ⁓ (des Schlosses) (Bau) / latch n, latch bolt (US) ‖ ⁓ (schaltendes Kontaktbauelement) (Fernsp) / jack* n, JK ‖ ⁓ (Masch) / latch n ‖ ⁓ (Sperrklinke) (Masch) / pawl* n, click n ‖ ⁓ (Tischl) / sneck* n
**Klinkeisen** n (zum Umschlagen von Nagelenden über eine Klinkscheibe) (Masch) / roove iron
**Klinken·feld** n (Fernsp) / jack field, jack panel ‖ ⁓**gehäuse** n (Fernsp) / jack box*, jack n ‖ ⁓**gesperre** n (Masch) / ratchet-and-pawl mechanism ‖ ⁓**rad** n (Masch) / ratchet wheel*, dog wheel, ratchet n ‖ ⁓**radvorschub** m (Masch) / ratchet feed, pawl feed ‖ ⁓**schaltwerk** n (Masch) / ratchet mechanism* ‖ ⁓**sockel** m (Akus) / jack base ‖ ⁓**stecker** m (Akus, Fernm) / phonoplug n ‖ ⁓**streifen** m (Fernm) / strip of jacks, jack strip
**Klinker** m (zur Zementherstellung - Stücke zusammengeschmolzener Asche von Kohle oder Koks) (Bau) / furnace clinker*, clinker* n ‖ ⁓ (bis zur Dichtsinterung gebrannter Ziegel) (Bau) / klinker brick*, hard-burnt brick, engineering brick*, clinker brick, clinker* n ‖ **schwarze** ⁓ (Keram) / terro-metallic clinkers ‖ ⁓**bildung** f (Keram) / clinkering n ‖ ⁓**bildungszone** f (in einem Zementofen) (Keram) / clinkering zone the high-temperature section of a cement kiln where clinker is formed) ‖ ⁓**phase** f (Zementherstellung) (Keram) / clinkering phase
**Klinkerung** f (Zementherstellung) (Keram) / clinkering n
**Klinkscheibe** f (zum Umschlagen von Nagelenden) (Masch) / roove n
**Klino·achse** f (Krist) / clinoaxis (pl -axes) n, clinodiagonal n ‖ ⁓**chlor** n (lichtgrünes bis gelbliches Mineral der Chloritgruppe) (Min) / clinochlore* n (p. Klinodomen) (Krist) / clinodome n ‖ ⁓**enstatit** m (monokliner Pyroxen) (Min) / clinoenstatite n ‖ ⁓**graf** m (zur Ermittlung von Neigungswinkelveränderungen am Hang) (Geol, Verm) / clinograph* n ‖ ⁓**grafische Projektion** (Krist) / clinographic projection ‖ ⁓**humit** m (Min) / clinohumite* n ‖ ⁓**meter** n (Geol, Verm) / clinometer* n, inclinometer n, dip meter, batter level* ‖ ⁓**pinakoid** n (Krist) / clinopinacoid n ‖ ⁓**ptilolith** m (Alkali-Heulandit) (Min) / clinoptilolithe n ‖ ⁓**pyroxene** m pl (Min) / clinopyroxenes* pl ‖ ⁓**zoisit** m (ein Mischungsglied der Epidot-Reihe) (Min) / clinozoisite* n
**klinschig** adj (Brot) (Nahr) / sodden adj
**Klipp** m (federnde Klemme) / clip n
**Klippe** f (Geol) / klippe n (pl. klipps or klippes or klippen), drop-off n (US), crag n ‖ **tektonische** ⁓ (Erosionsrest einer Decke) (Geol) / outlier n
**Klippel** m (Bau, Werkz) / beechwood mallet
**klippen** v (EDV) / clip v, scissor v ‖ ⁓ (Furniere) (For) / clip v ‖ ⁓ n (EDV) / clipping n, scissoring n
**Klipper** m (For) / veneer clipper, clipper n
**klipsen** v (auf/an) / clip v (on/to)
**Klirrdämpfung** f (Fernm) / harmonic (distortion) attenuation
**klirren** v (Gläser, Flaschen) / clink v, chink v ‖ ⁓ (Akus) / clatter n
**Klirr·faktor** m (Eltech) / distortion factor* ‖ ⁓**faktor** (Oberwellenanteil einer Verstärker- oder Übertragungsanlage) (Fernm, Radio) / klirrfaktor n, non-linear distortion factor* ‖ ⁓**verzerrung** f (Fernm) / non-linear distortion*
**Klischee** n (Druck) / block* n, printing block, cliché n, cut n (US)* ‖ **kombiniertes** ⁓ (Druck) / half-line block*, combination line-and-half-tone block ‖ ⁓ **einbauen** (Typog) / run around* v ‖ ⁓**herstellung** f (Druck) / blockmaking n
**Klitzing-Effekt** m (Stufen in der Hall-Spannung, wenn diese in Abhängigkeit vom Magnetfeld oder von der Elektronendichte gemessen wird - nach K.v. Klitzing, geb. 1943) (Phys) / Klitzing effect
**Kloben** m (Masch) / pulley block ‖ ⁓ (Feil-) (Masch) / vice* n, vise* n ‖ ⁓**band** n (Bau) / hinge n ‖ ⁓**holz** n (For) / split billets
**Klon** m (ein Stamm) (Biol, Gen) / clone* n ‖ ⁓ (EDV) / clone n

**klonal** *adj* (Biol, Gen) / clonal *adj*
**klonen** *v* (Biol, Gen) / clone *v*
**klonieren** *v* (Biol, Gen) / clone *v*
**kloniert • es Gen** (Gen) / cloned gene ‖ **~er** (nachgebauter) **Rechner** (meistens IBM-kompatibler, der billiger ist und schneller arbeitet) (EDV) / clone *n*
**Klonierungsstelle, multiple** ~ (Gen) / polylinker *n*, multiple cloning site, mcs
**Klonierungsvektor** *m* (Plasmid oder Phage) (Gen) / cloning vector, cloning vehicle, vector *n*
**Kloniervektor** *m* (Gen) / cloning vector, cloning vehicle, vector *n*
**Klöntür** *f* (Bau) / Dutch door, stable door
**Klopf • apparat** *m* (Pulv) / tap machine ‖ **~begünstigend** *adj* (Zusatz) (Kftst) / pro-knock *attr* ‖ **~bremse** *f* (Kftst) / antiknock substance*, antiknock *n*, antiknock additive, antidetonant *n*, fuel inhibitor, knock suppressor ‖ **~dichte** *f* (Pulv) / tap density* ‖ **~eigenschaften** *f pl* (Kftst) / knock characteristic(s) ‖ **~einrichtung** *f* (Pulv) / tap machine
**Klöpfel** *m* (aus Weißbuchenholz - zum Treiben der Meißel bei der Bearbeitung weicher Gesteinsarten) (Bau, Werkz) / beechwood mallet ‖ ~ (Werkz) / mallet* *n*
**Klopfempfindlichkeit** *f* (des Ottokraftstoffes) (Kftst) / sensitivity *n*
**klopfen** *v* / beat *v* ‖ ~ (signalisieren, warnen) (Bergb) / rap *v* ‖ ~ (Kftst) / knock *v* ‖ ~ (Masch) / knock *v* ‖ ~ (Spinn) / willow *v*, beat *v* ‖ **leicht ~** (Masch) / tap *v* ‖ ~ *n* / beating *n* ‖ ~ (Fernm) / thump *n* ‖ ~ (im Vergasermotor) (Kftst) / detonation* *n*, knock* *n*, knocking* *n* ‖ ~ (Masch) / knock* *n*, knocking *n* ‖ ~ (in einer Rohrleitung) (Masch) / hammering *n*, whipping *n*, hammer blow* *n* ‖ ~ **unter Last** (Kftst) / knocking under load
**Klopfer** *m* (Teleg) / sounder *n*
**Klopf • festigkeit** *f* (die Eigenschaft eines Ottokraftstoffs, ohne Klopfen zu verbrennen) (Kftst) / antiknock quality, knock resistance ‖ **[konkreter Wert der] ~festigkeit (als Kennzahl)** (Kftst) / antiknock value*, antiknock index ‖ **~festigkeitswert** *m* (Kftst) / antiknock value*, antiknock index ‖ **~freudig** *adj* (Kftst) / prone to knocking ‖ **~geräusch** *n* (Akus) / tapping noise ‖ **~grenze** *f* (Kftst) / knock limit ‖ **~holz** *n* (Werkz) / mallet* *n* ‖ **nur mit dem ~holz zu schlagen** (Meißel) (Werkz) / mallet-headed *adj* ‖ **~käfer** *m pl* (For) / anobiidae *pl* ‖ **~meßgerät** *n* (Kftst) / detonation meter* ‖ **~peitsche** *f* (Kftst) / cetane number improver, ignition accelerator, Diesel ignition improver ‖ **~regelung** *f* (Kftst) / knock control ‖ **~sensor** *m* (ein Fühler im Motorblock) (Kfz) / detonation sensor, knock sensor ‖ **~stärke** *f* (Kftst) / knock intensity ‖ **~stärkemeßgerät** *n* (Kftst) / detonation meter* ‖ **~ton** *n* (ein Geräusch) (Fernm) / thump *n* ‖ **~verhalten** *n* **bei Grenzzusammensetzung** (grafisch dargestellt) (Kftst) / borderline knock curve ‖ **~wert** *n* (Kftst) / antiknock value*, antiknock index ‖ **~wertermittlung** *f* (Kftst) / knock rating* ‖ **~wolf** *m* (Pap, Spinn) / willow *n*, willey *n*, willy *n*, shake willey ‖ **~wolf** (Spinn) / beater* *n*, beater opener ‖ **~wolf** (für Baumwollabfall) (Spinn) / cotton waste shaker ‖ **~wolf** (Spinn) s. auch Lumpenwolf und Reißwolf
**Klöppel** *m* (Garnträger beim maschinellen Flechten) (Tex) / strand carrier ‖ **~spitze** *f* (Tex) / bobbin lace, bone lace ‖ **~spitze aus Shetlandwolle** (Tex) / Shetland lace
**Klöpperboden** *m* (des Kessels nach DIN 28011 und 28012) (Masch) / torispherical head, torispherical end
**Klosett, chemisches** ~ (Sanitär) / chemical closet*
**Klosettbrille** *f* (Bau) / toilet seat, loo-seat *n*
**Klostergewölbe** *n* (mit Wangen und Kappen) (Arch) / domical vault, coved vault, cloister vault (US)
**Klosterziegel** *m* (Mönch oder Nonne) (Arch) / Spanish tile
**Kloth** *m n* (A) / Italian cloth, zanella *n*
**Klothoide** *f* (Math) / Cornu's spiral*, clothoid* *n*
**Klotz** *m* / chock *n* ‖ ~ (Distanz-, Trage-; bei der Verglasung) (Bau, Glas) / pad *n* ‖ ~ (aus Kittpech oder Siegellack) (Opt) / mallet *n*, button *n* ‖ **~bremse** *f* (Masch) / block brake, shoe brake
**Klötzelleinen** *n* (Tex) / artist's canvas
**Klotzen** *n* (Tränken von Geweben mit Farbstofflösungen oder Dispersionen in breitem Zustand nach DIN 61704) (Tex) / padding *n*
**Klotz • färbung** *f* (Tex) / pad dyeing ‖ **~-Jig-Verfahren** *n* (Tex) / pad-jig method ‖ **~-Kondensationsverfahren** *n* (Tex) / pad-cure process ‖ **~maschine** *f* (Tex) / pad* *n*, padding mangle, padder *n*, padding machine ‖ **~-Schocktrocknungsverfahren** *n* (Tex) / pad shock drying process, pad dry fixation method ‖ **~teich** *n* (For) / log storage pond, log pond, mill-pond *n* ‖ **~-Thermofixierverfahren** *n* (Tex) / pad-cure process ‖ **~-Trocknungs-Verfahren** *n* (Tex) / pad-dry process
**Klotzung** *f* (bei der Verglasung) (Bau, Glas) / padding *n*
**Kluft** (Bergb, Geol) / joint *n*, crack *n* ‖ ~ (zwischen zwei Blöcken) (Eltronik) / gap* *n*, space* *n* ‖ ~ (Geol) / fissure* *n*, chasm *n* ‖ ~ (Geol) / rima *n* (pl. -ae) ‖ ~ (Geol) / slide* *n* ‖ ~ (Mag) / gap* *n* ‖ **kleine ~** (in Kohle oder Gestein) (Bergb) / parting *n* ‖ **~letten** *n* (Bergb) / slide* *n*, flookan *n*, flucan *n* ‖ **~mineral** *n* (Min) / fissure mineral ‖ **~quelle** *f* (ein Quellentyp) / fracture spring, fissure spring ‖ **~schar** *f* (in ungefähr gleicher Richtung verlaufende Kluftgemeinschaft) (Geol) / joint set ‖ **~system** *n* (die Zusammenfassung gleich alter, jedoch verschieden streichender Kluftscharen) (Geol) / joint system
**Klüftung, kugelschalige** ~ (in den Säulen von Effusivgesteinen) (Geol) / cup-and-ball joint, ball-and-socket joint ‖ **schichtparallele ~** (Geol) / bedding cleavage
**Kluftwasser** *n* (Geol) / cleft water, crevice water
**Klumpen** *m* (verklumpte Masse) / clot *n*, clog *n* ‖ ~ *n* / clotting *n*, clogging *n* ‖ ~ *m* / lump *n* ‖ ~ (größere Spur in der Kernemulsion) (Kernphys) / blob *n* ‖ **voller ~** / lumpy *adj* ‖ **~analyse** *f* (Stats) / cluster analysis* *n* (Stats) / cluster sampling ‖ **~auswahlverfahren** *n* (Stats) / cluster sampling ‖ **~bildung** *f* / clotting *n*, clogging *n* ‖ **~stichprobe** *f* (Stats) / cluster sample ‖ **~stichprobenverfahren** *n* (Stats) / cluster sampling ‖ **~verhütungsmittel** *n* (Anstr) / anticlotting agent
**klumpig** *adj* / lumpy *adj* ‖ ~ / cloddy *adj*
**Klupanodonsäure** *f* (Chem) / clupanodonic acid, docosapentaenoic acid, DPA
**Kluppe** *f* (Meßgerät zur Ermittlung des Durchmessers von Rundholz) (For) / tree calliper ‖ ~ s. Gewindeschneidkluppe und Meßkluppe
**kluppen** *v* (For) / calliper *v*
**kluppieren** *v* (For) / calliper *v*
**Klüse** *f* (Öffnung bzw. Vorrichtung zum Führen von Leinen, Trossen und Ketten) (Schiff) / hawse *n*, hawse-hole *n*
**Klüsgatt** *n* (Schiff) / hawse *n*, hawse-hole *n*
**Klut** *m* (Landw) / clod *n*
**Klute** *f* (Landw) / clod *n*
**Klüten** *m* (Landw) / clod *n*
**Klutenabweiser** *m* (Landw) / clod deflector
**Klutenbrecher** *m* (Landw) / clod breaker, clod crusher, clod buster (US)
**Klüver** *m* (mit Klauen an den Vorstagen befestigte Segel) (Schiff) / jib *n*
**KLV** / intermodal transport, intermodal traffic
**Klydonograf** *m* (eine einfache Registriereinrichtung) (Eltech) / klydonograph *n*, Lichtenberg figure camera
**Klydonogramm** *n* (Eltech) / klydonogram *n*
**Klystron** *n* (Eltronik) / klystron *n* (a velocity-modulated tube)*
**KM** (Kernphys) / nuclear magneton*
**K-Meson** *n* (instabiles Elementarteilchen aus der Familie der Mesonen) (Kernphys) / kaon* *n*, k-meson *n*, k-particle *n*
**KMF** / man-made mineral fibre, MMMF
**KMK** (Chem) / critical micellization concentration
**KM-Koeffizient** *m* (beim Durchgang optischer Strahlung durch trübe Stoffe nach DIN 1349, T 2) (Opt) / Kubelka-Munk coefficient
**KM-Modell** *n* (Opt) / Kubelka-Munk model
**0-km-Qualität** *f* (eines Erzeugnisses) (Masch) / time-zero quality
**KMR** (Spektr) / nuclear magnetic resonance spectroscopy, NMR spectroscopy
**kn** (Luftf, Schiff) / knot* *n*, kn ‖ ~ / Knudsen number, Kn
**KN** (Masch) / grooved drive stud
**Kn** (Tex) / rabbit hair
**Knabbelkohle** *f* (Bergb) / cobbles *pl*
**Knabbeln** *pl* (80 - 120 mm) (Bergb) / cobbles *pl*
**Knabber** *m* (ein Elektrowerkzeug) (Masch) / nibbler *n*
**Knabbern** *n* (Masch) / nibbling* *n*
**Knabber • schere** *f* (Masch) / nibbling shears ‖ **~schneiden** *n* (Scherschneiden durch stückweises Abtrennen des Werkstoffs längs einer beliebig verlaufenden Schnittlinie) (Masch) / nibbling* *n* ‖ **~zange** *f* (Werkz) / nibbler *n*, Monodex-type cutter
**Knabensatin** *m* (kräftiger Baumwollatlas mit blauweißen Längsstreifen für Metzgerblusen und Anstaltskleidung) (Tex) / cadet cloth
**Knäckebrot** *n* (Nahr) / crispbread *n*
**knacken** *v* (zerbrechen) / crack *v* ‖ ~ / click *v* ‖ ~ *vi* (Holz) (Akus, For) / crackle *v* ‖ ~ *v* (EDV) / crack *v* (protection)
**Knacker** *m* (EDV) / cracker *n* ‖ ~ (Film) / clapper mark ‖ ~ (für optisches Glas) (Glas) / cracking tool
**knack • fest** *adj* (Salat und Gemüse) (Nahr) / crunchy *adj*, crisp *adj* ‖ **~geräusch** *n* (Akus, Radio) / click* *n*
**knackig** *adj* (Nahr) / crunchy *adj*, crisp *adj* ‖ ~ (Nahr) / firm *adj*
**Knack • schutz** *m* (Fernsp) / click suppression ‖ **~störung** *f* (eine kurzzeitige Impulsstörung) (Akus, Radio) / click* *n* ‖ **~weide** *f* (For) / crack willow ‖ **~werkzeug** *n* (Glas) / cracking tool
**Knagge** *f* (Bau) / sole* *n*, sole plate*, sole piece*, sleeper* *n* ‖ ~ (Masch, Tischl, Zimm) / stop* *n*, fence* *n*, mechanical stop ‖ ~ (Bauteil zum Verstärken von Winkelverbindungen im Möbelbau) (Tischl) / corner block ‖ **mit ~n versehen** (bzw. stützen) (Zimm) / cleat *v*
**K-Naht** *f* (bei dem Schmelzschweißen) (Schw) / double-bevel butt (groove) weld
**Knall** *m* (bei der Detonation) (Akus) / report *n*, pop *n* ‖ ~ (zweiseitiger Schallimpuls, vornehmlich von großer Stärke - DIN 5483, T 1 und DIN 1320) (Akus) / bang *n*, bidirectional pulse ‖ **dumpfer ~** (Akus) / bump *n*

**Knallgas**

**Knallgas** n (2 Wasserstoff + 1 Sauerstoff) (Chem) / detonating gas, electrolytic gas, oxyhydrogen gas ‖ ⁓ (2 Wasserstoffgas + 1 Sauerstoffgas) (Chem Verf) / detonating gas ‖ ⁓**bakterien** f pl (Bakteriol, Raumf) / knallgas bacteria ‖ ⁓**coulombmeter** n (Eltech) / oxygen-hydrogen coulometer, gas coulometer ‖ ⁓**coulometer** n (Eltech) / oxygen-hydrogen coulometer, gas coulometer ‖ ⁓**entwicklung** f (im Voltameter) (Eltech) / gassing* n ‖ ⁓**gebläse** n (ein Gebläsebrenner) (Schw) / oxyhydrogen blowpipe ‖ ⁓**kette** f (eine Brennstoffzelle) (Kftst) / hydro-oxygen cell, hydrogen-oxygen fuel cell ‖ ⁓**voltameter** n (Eltech) / oxygen-hydrogen coulometer, gas coulometer

**Knallgold** n (entsteht beim Versetzen einer Gold(III)-chloridlösung mit Ammoniak) (Chem) / fulminating gold*

**knallig** adj (Farbe) / glaring adj, gaudy adj, loud adj, garish adj, brash adj

**Knall•kapsel** f (Bahn) / fog-signal* n, detonator n ‖ ⁓**laut** m (Akus) / bang n, bidirectional pulse ‖ ⁓**quecksilber** n (Initialsprengstoff und Zündsatzaufladung für Sprengkapseln) (Chem) / mercury fulminate*, mercury(II) fulminate, fulminate of mercury ‖ ⁓**saures Silber** (AgONC) (Chem) / silver fulminate ‖ ⁓**säure** f (HONC) (Chem) / fulminic acid, carbyloxime n ‖ ⁓**silber** (AgN₃) (Chem) / silver azide ‖ ⁓**silber** (Chem) / silver fulminate ‖ ⁓**welle** f / detonation wave ‖ ⁓**zündschnur** f (Bergb) / detonating fuse*

**knapp** adj / short adj ‖ ⁓**e Nahaufnahme** (Film) / tight close-up, T.C.U.

**Knapp** m (in der Strebfront) (Bergb) / stall* n, stint n

**Knäpper** m (HuT) / block-stone drilled for blasting

**Knäpperbohrloch** n (Kurzbohrloch in nicht ladegerechten Gesteinsbrocken) (Bergb) / pop n, pop-hole n, pop shot

**Knäppern** n (Bergb) / block-holing n, mudcapping n, popping n

**Knäpperschießen** n (Bergb) / block-holing n, mudcapping n, popping f / shortage n

**Knapsackproblem** n (ein Standardproblem der Unternehmensforschung) (Math, Raumf) / knapsack problem

**Knarre** f (Werkz) / ratchet n ‖ **umsteckbare** ⁓ (Werkz) / coupler ratchet

**knarren** v (Werkz) / squeak v, creak v ‖ ⁓ (Akus) / creak v

**Knarren•ringschlüssel** m (Werkz) / ratchet spanner, ratchet box wrench (US) ‖ ⁓**schlüssel** m (Werkz) / ratchet wrench ‖ ⁓**schraubendreher** m (Werkz) / ratchet screwdriver*

**knattern** v (Radio) / sizzle v, crackle v

**Knäuel** m n (Knoten) / twist n ‖ ⁓ (in der makromolekularen Chemie) (Chem) / coil n ‖ ⁓ (bei der Versetzung) (Krist) / tangle n, dislocation tangle ‖ ⁓ (nach DIN 61800) (Tex) / ball n ‖ **polygermes** ⁓ (Rübensaatgut) (Landw) / polygerm cluster ‖ **polykarpes** ⁓ (Landw) / polygerm cluster ‖ **zu einem** ⁓ **aufwickeln** (Tex) / ball v ‖ ⁓**molekül** n / coilked molecule

**knäueln** v (Tex) / ball v

**Knäuel•schären** n (Web) / ball warping ‖ ⁓**zetteln** n (Web) / ball warping

**Knauf** m (an Überkreuzungen von Balkendecken und Hängesäulen bei offenen Dachstühlen) (Arch) / pendant n ‖ ⁓ (z.B. einer Turmspitze, einer Säule) (Arch) / pommel* n

**Knautscheffekt** m (beim Aufprall) (Kfz) / concertina effect

**Knautscher** m (Druck) / jam-up n

**Knautsch•lack-** (Tex) / wet-look attr ‖ ⁓**wirkung** f (beim Aufprall) (Kfz) / concertina effect ‖ ⁓**zone** f (Kfz) / crumple zone, collapsible section ‖ [**Aufprallenergie absorbierende**] ⁓**zone** (Kfz) / energy-absorbing zone

**Knebel** m (For, Tischl, Zimm) / wooden strip (of the bow-saw) ‖ ⁓ (DIN ISO 1891) (Masch) / tommy bar*, tommy n ‖ ⁓**griff** m (Masch) / locking handle, tee handle, T-handle n

**Knebelit** m (ein Nesosilikat) (Min) / knebelite* n

**Knebelschraube** f (DIN ISO 1891) (Masch) / tommy screw

**Kneifzange** f (Masch) / pincers pl, pair of pincers ‖ ⁓ (kleine) (Masch) / pliers n

**Kneiper** m (beim Gesenkschmieden) (Hütt, Masch) / lap* n

**knetbar** adj / kneadable adj ‖ ⁓ **machen** (Chem, Plast) / plastify v, plasticate v, plasticize v, soften vt, flux v ‖ ⁓**e Masse** / dough n, paste n

**kneten** v (Chem Verf, Masch) / knead v ‖ ⁓ (Nahr) / knead v, work v, mix v

**Kneter** m (Chem Verf, Masch) / kneader n ‖ ⁓ (bei der Margarinefabrikation) (Nahr) / worker n

**Knet•gestein** n (Geol) / mylonite* n ‖ ⁓**gummi** m (knetbarer Radiergummi) / kneader n, kneaded eraser, architect's soft eraser ‖ ⁓**legierung** f (Hütt) / wrought alloy, fabricable alloy ‖ ⁓**masse** f (zum Abformen) / moulding mass, plastic modelling material ‖ **feuerfeste** ⁓**masse** (Keram) / plastic refractory (a water-tempered refractory) ‖ ⁓**messing** n (Hütt) / forging brass ‖ ⁓**mischer** m (Chem Verf) / kneader mixer ‖ ⁓**packung** f (DIN 3750) / plastic packing ‖ ⁓-**Radiergummi** n / kneader n, kneaded eraser, architect's soft eraser ‖ ⁓**schaufel** f (Chem Verf) / kneader blade, mixing blade ‖ ⁓**scheibe** f (Chem Verf) / kneading disk

**Knick** m (scharfe Biegung) / sharp bend ‖ ⁓ (im Bohrlochverlauf) (Bergb, Erdöl) / peg-leg n ‖ ⁓ (einer Kennlinie) (Eltronik) / knee* n ‖ ⁓ (Eltronik, Hütt, Krist) / kink* n ‖ ⁓ (Pap) / fold n, bend n ‖ **scharfer** ⁓ (im Bohrlochverlauf) (Erdöl) / dog-leg n ‖ ⁓**arm** m (bei den IR) (Masch) / folding arm ‖ ⁓**ausleger** m (bei Kranen) (Masch) / collapsible crane jib, swan-neck jib ‖ ⁓**aussteifung** f (Mech) / stiffening against buckling ‖ ⁓**bandbildung** f (Eltronik, Hütt, Krist) / kink band formation, fold formation ‖ ⁓**bar** adj (z.B. Verteilermast der Autobetonpumpe) / collapsible adj ‖ ⁓**bildung** f (Eltronik, Hütt, Krist) / kinking n

**knicken** v (Schlauch) / kink v ‖ ⁓ / fold v, pleat v ‖ ⁓ (Knickstab) (Mech) / buckle* v, cripple v ‖ ⁓ n (Mech) / buckling n, crippling n ‖ ⁓ **im elastischen** (Euler-)**Bereich** (Mech) / elastic buckling ‖ ⁓ **im unelastischen** (Tetmajer-)**Bereich** (Mech) / inelastic buckling ‖ ⁓ **von einzelnen Fasern** (Mech, WP) / microbuckling n

**Knick•ermüdung** f (Mech, WP) / buckling fatigue ‖ ⁓**falte** f (Leder) / flexing crease ‖ ⁓**fest** adj (Mech) / non-buckling adj ‖ ⁓**fester Karton** (Pap) / stiff cardboard ‖ ⁓**festigkeit** f (Leder) / bursting strength ‖ ⁓**festigkeit** f (Mech, WP) / buckling strength ‖ ⁓**festigkeitsprüfung** f (WP) / cross-breaking strength test ‖ ⁓**flügel** m (der Innenflügel bildet mit dem Flugzeugrumpf ein V) (Luftf) / gull wing ‖ ⁓**flügel** (negativer) (Luftf) / inverted gull wing ‖ **umgekehrter** ⁓**flügel** (der Innenflügel bildet mit dem Flugzeugrumpf ein umgekehrtes V) (Luftf) / inverted gull wing ‖ ⁓**flügel-Lötfläche** f (in der Oberflächenaufbautechnik) (Eltronik) / gull-wing solder pad ‖ **Eulersche** ⁓**formel** (für Eulersche Knickfälle (Mech) / Euler's formula (for long columns)* ‖ ⁓**frequenz** f (Frequenzwert an der Knickstelle) (Eltronik, Regeln) / corner frequency, break frequency ‖ **geschweifter** ⁓**giebel** (Arch) / shaped gable ‖ ⁓**grenze** f (beim Stauchen) (Mech) / buckling point ‖ ⁓**instabilität** f (Plasma Phys) / kink instability* ‖ ⁓**kraft** f (WP) / collapsing force ‖ ⁓**länge** f (eines Stabes) (Bau, Mech) / effective height (of a column), effective column length* ‖ ⁓**last** f (Mech) / buckling load, crippling load ‖ ⁓**lastberechnung** f (Mech) / calculation of the (critical) buckling load ‖ ⁓**modul** m (nach Engesser und von Kármán) (Mech) / buckling modulus ‖ ⁓**punkt** m (der Siede-Tau-Kurve) (Chem Verf) / pinch point ‖ ⁓**punkt** m (Geol, HuT) / knickpoint n, nickpoint n, knickpunkt n ‖ ⁓**punkt** (Hütt) / transition range ‖ **mit** ⁓**punkt** (Kurve) / sharp-kneed adj ‖ ⁓**rekonstruktion** f (Eltronik) / buckling reconstruction ‖ ⁓**schutzhülle** f / antikink sleeve ‖ ⁓**schwingungen** f pl (eine Schwingungsform bei Spektren mehratomiger Moleküle) (Spektr) / bending vibrations ‖ ⁓**sicherheit** f (DIN 1045) / buckling safety ‖ ⁓**sicken** n (des Mantels von Hohlkörpern) (Masch) / bulging n ‖ ⁓**soliton** n (Phys) / kink soliton ‖ ⁓**spannung** f (seitliches Ausweichen eines gedrückten Stabes) (Mech) / buckling stress, collapsing stress, crippling stress ‖ ⁓**stab** m (HuT) / long column* n ‖ ⁓**steif** adj (Mech) / buckle-proof adj ‖ ⁓**stelle** f (des Schlauchs) / kink n ‖ ⁓**stelle** (ein Blechschaden) (Kfz) / breakover n

**Knickung** f (Krümmung) / flexure* n ‖ ⁓ (Längsbiegung eines langen Stabes) (Mech) / buckling n, lateral buckling

**Knick•versuch** m (Mech) / buckling test, crippling test ‖ ⁓**wuchs** m (Ausknickung des Schaftes von Jungbäumen, insbesondere Eichen) (For) / crooked growth ‖ ⁓**zonen** f pl (Geol) / kink bands, knick bands, knick zones

**Knie** n (Klemp) / knee* n ‖ **chronische Erkrankung des** ⁓**s durch ständigen Druck** (Schleimbeutelentzündung oder Zellulitis) (Med) / beat knee (bursitis and/or cellulitis), housemaid's knee* (bursitis) ‖ ⁓**bau** m (Bergb) / polygonal support ‖ ⁓**falte** f (Geol) / flexure n, monocline* n, flexure fold, flexure folding, true folding ‖ ⁓**freiheit** f (auf den Rücksitzen) (Kfz) / rear knee room ‖ ⁓**gelenk** n (ein Zwischenstück im Bohrgestänge) (Erdöl) / knuckle joint ‖ ⁓**gelenkgetriebe** n (Masch) / toggle linkage ‖ ⁓**hebel** m (Gelenkmechanismus) (Masch) / toggle joint*, toggle n, knee joint ‖ ⁓**hebel** (Masch, Mech) / bell crank, bell-crank lever ‖ ⁓**hebelantrieb** m (Masch) / toggle drive ‖ ⁓**hebelpresse** f (weggebundene mechanische Presse, bei der die Preßkraft von der Kurbelwelle über einen Kniehebel auf den Stößel übertragen wird) (Masch) / toggle press*, knuckle-joint press* ‖ ⁓**holz** n (For) / elfinwood n, krummholz* n, elfin forest* ‖ ⁓**matte** f / kneeling mat ‖ ⁓**montierung** f (eine äquatoriale Montierung des Fernrohrs) (Astr) / coudé mounting* ‖ ⁓**pinsel** m (Anstr) / spout brush, striker n ‖ ⁓**schoner** m / knee-pad n ‖ ⁓**schutz** m (Kfz) / knee restraint ‖ ⁓**schützer** m / knee-pad n ‖ ⁓**stock** m (durch Anheben des Dachfußes über die Geschoßdecke beim Kehlbalken- oder Pfettendach) (Bau) / jamb wall ‖ ⁓**stück** n (Klemp) / knee* n ‖ ⁓**tief** adj / knee-deep adj ‖ ⁓**tisch** m (Masch) / knee n ‖ ⁓**tischfräsmaschine** f (mit in Höhe einstellbarem konsolförmigem Frästisch) (Masch) / knee-and-column milling machine ‖ ⁓**unterlage** f / kneeling mat

**Knight-Shift** m (Verschiebung der Kernresonanzlinien gegenüber dem freien Atom - eine Hyperfeinstrukturwechselwirkung) (Kernphys) / Knight shift*

**Knight-Verschiebung** f (Kernphys) / Knight shift*
**knipsen** v (Foto) / snap v
**knirschen** v (Schnee, Kies) / crunch v ‖ ~ (Akus) / grate v (hinges) ‖ ~ (Raupenseide) (Tex) / scroop v ‖ ⁓ n (der Raupenseide) (Tex) / scroop*
**knirschfrei** adj (Tex) / non-crunchy adj
**Knirschgriff** m (der Seide) (Tex) / scroopy handle, crunchy handle, scroopy feel
**Knistergold** n / imitation gold foil, tinsel n (a sheet of metal)
**knistern** v (Störgeräusche) (Akus) / crackle v, fry v ‖ ~ (Akus) / crackle v (fire) ‖ ~ (Akus) / rustle v ‖ ~ (beim Empfang) (Radio) / sizzle v, crackle v ‖ ⁓ n (Akus) / rustling n ‖ ⁓ (der Kohle) (Bergb) / rustling n ‖ ⁓ (der Seide) (Tex) / frou-frou n
**knisternd** adj (Kohle) / live adj, alive adj
**Knistersalz** n (eine Art Steinsalz, das Gaseinschlüsse enthält) / cracking salt
**Knitter** m (Tex) / wrinkle n ‖ ~**arm** adj (Tex) / non-creasing* adj, crease-resistant adj, wrinkle-resistant, non-mussing adj ‖ ~**echt** adj (Tex) / non-creasing* adj, crease-resistant adj, wrinkle-resistant, non-mussing adj ‖ ⁓**echtausrüstung** f (Tex) / crease-resist* finish*, crease-resistance finish, wrinkle-resistance finish ‖ ⁓**erholung** f (Entknitterung des Gewebes nach Wegfall der Belastung) (Tex) / crease recovery, wrinkle recovery ‖ ⁓**erholungsprüfung** f (Tex) / crease-recovery test, wrinkle-recovery test ‖ ⁓**erholungswinkel** m (DIN 53890) (Maß der Knittererholung) (Tex) / crease-recovery angle, wrinkle-recovery angle ‖ ⁓**falte** f (Tex) / wrinkle n ‖ ⁓**fest** adj (Tex) / non-creasing* adj, crease-resistant adj, wrinkle-resistant, non-mussing adj ‖ ⁓**festausrüstung** f (Tex) / crease-resist* finish*, crease-resistance finish, wrinkle-resistance finish ‖ ⁓**festigkeit** f (Tex) / crease resistance, wrinkle resistance, mussing resistance ‖ ⁓**frei** adj (Tex) / non-creasing* adj, crease-resistant adj, wrinkle-resistant, non-mussing adj ‖ ~**freie Ausrüstung** (Tex) / crease-resist* finish*, crease-resistance finish, wrinkle-resistance finish ‖ ⁓**freiausrüstung** f (Tex) / crease-resist* finish*, crease-resistance finish, wrinkle-resistance finish ‖ ⁓**gold** n / imitation gold foil, tinsel n (a sheet of metal)
**knitternd, leicht** ~ (Stoff) (Tex) / wrinkly adj
**Knitterneigung, Prüfapparat für die** ⁓ (Tex) / Random Tumble Pilling Tester
**Knitter•prüfung** f (Tex) / creasing test, crumpling test ‖ ~**resistent** adj (Tex) / non-creasing* adj, crease-resistant adj, wrinkle-resistant adj, non-mussing adj ‖ ⁓**resistenz** f (Tex) / crease resistance, wrinkle resistance, mussing resistance
**Knitterung** f (Kluftpaare) (Geol) / kink bands, knick bands, knick zones
**Knitterwinkel** m (Maß der Knittererholung) (Tex) / crease-recovery angle, wrinkle-recovery angle
**KNN** (KI) / artificial neural net(work), ANN
**Knoblauchöl** n / garlic oil
**Knochen** m (Zool) / bone* n ‖ **mit viel** ~ / bony adj ‖ **ohne** ⁓ (Nahr) / boneless adj ‖ ⁓**asche** f / bone ash ‖ **brekzie** f (Geol) / bone bed* ‖ ⁓**dichte** f (Radiol) / bone density ‖ ~**fett** n (Nahr) / bone fat ‖ ~**frei** adj (Nahr) / boneless adj ‖ ⁓**glas** n (mit Knochenasche getrübtes Glas) (Glas) / bone glass ‖ ⁓**kohle** f (adsorbierende) (Pharm) / spodium n, bone char ‖ ⁓**leim** n (aus Knochenschrot) / bone glue ‖ ⁓**leitung** f (eine spezielle Art der Körperleitung nach DIN 1320) (Akus, Med) / bone conduction*, BC ‖ ~**los** adj (Nahr) / boneless adj ‖ ⁓**mark** n (Biol, Nahr) / bone marrow ‖ ⁓**mehl** n (Futter- und Düngemittel) (Landw) / bone meal (of ground or grated fresh bones) ‖ ⁓**mikrofon** n (Akus) / osteophone n ‖ ⁓**öl** n (früher als Uhren- und Nähmaschinenöl benutzt) / bone oil ‖ ⁓**porzellan** n (eine Art Weichporzellan mit hoher Transparenz und weißem Scherben - die Bezeichnung rührt von dem erheblichen Zusatz an Knochenasche her) (Keram) / bone china, bone porcelain ‖ ~**reich** adj (Nahr) / bony adj ‖ ⁓**schalleitung** f (eine spezielle Art der Körperleitung nach DIN 1320) (Akus, Med) / bone conduction*, BC ‖ ⁓**schrot** m (Landw) / bone meal (of ground or grated fresh bones) ‖ ⁓**schwarz** n (ein Gemisch von Knochenkohle mit Zucker oder Sirup in konzentrierter Schwefelsäure) (Chem) / bone black ‖ ⁓**sucher** m (Chem, Umwelt) / bone seeker* ‖ ⁓**superphosphat** n (Landw) / bone superphosphate ‖ ⁓**teer** m (bei der Herstellung von Knochenkohle gewonnener Teer) (Chem Verf) / bone tar ‖ ~**trocken** adj / bone-dry adj
**Knockdown** n (Zusammenbruch der Gleichgewichtshaltung vergifteter Tiere bei der Insektizidprüfung) / knockdown n
**Knock-down-Möbel** n pl (Tischl) / knockdown furniture, KD furniture
**"Knocked-on"-Atom** (Kernphys) / knock-on atom, knocked-on atom
**Knoevenagel-Kondensation** f (nach E. Knoevenagel, 1865-1921) (Chem) / Knoevenagel reaction, Knoevenagel condensation
**Knöllchen, [Wurzel-, Bakterien-]**⁓ n (Bot) / nodule* n
**Knolle** f (gotische Kriechblume) (Arch) / crocket n (a bud or curled leaf) ‖ ⁓ (Bot, Pharm) / tuber* n ‖ ⁓ (knollige Konkretion) (Geol) / nodule n

**Knollen** m (knollige Konkretion) (Geol) / nodule n ‖ ⁓**bildung** f (Korrosion) (Galv, Hütt) / tuberculation n ‖ ⁓**bildung** (in Wasserleitungen) (Wasserb) / tuberculation n ‖ ⁓**furnier** n (For) / burr veneer, burl veneer ‖ ~**maserig** adj (For) / burry adj ‖ ⁓**stärke** f / tuber starch
**knollig** adj (Sand) / lumpy adj ‖ ~ (Min) / nodular adj
**Knoop-Härte** f (WP) / Knoop hardness number
**Knopf** m (zum Heranholen des Aufzugs) / call button ‖ ⁓ (Masch) / knob n ‖ ⁓ (DIN 61575) (Tex) / button n ‖ **mit Knöpfen versehen** / button vt ‖ ⁓**annähfuß** m (der Nähmaschine) (Tex) / button sewing foot ‖ ⁓**brechmaschine** f (DIN 64990) (Tex) / button breaker ‖ ⁓**flecken** m pl (von Hadern herrührend) (Pap) / button specks ‖ ⁓**leiste** f (Tex) / button panel ‖ ⁓**leiste** (Tex) / fly n, front fly ‖ ⁓**lochfuß** m (der Nähmaschine) (Tex) / buttonhole foot ‖ ⁓**lochmikrofon** n (Akus) / button microphone* ‖ ⁓**lochriegelmaschine** f (Tex) / buttonhole bar tacker ‖ ⁓**lochschere** f (Tex) / buttonhole scissors ‖ ⁓**lochseide** f (Tex) / buttonhole silk ‖ ⁓**probe** f (Keram) / button test ‖ ⁓**prüfung** f (der Fließbarkeit einer Fritte) (Keram) / button test ‖ ⁓**riegel** m (ein Beschlag) (Bau) / button latch ‖ ⁓**rohling** m / button blank ‖ ⁓**röhre** f (Kleinströhre) (Eltronik) / acorn valve* ‖ ⁓**schellack** m (ein indischer Eingeborenen-Schellack) / button lac, button shellac ‖ ⁓**schmelztiegel** m (Chem) / button crucible ‖ ⁓**stiel** m (beim Annähen von Knöpfen) (Tex) / shank n ‖ ⁓**zelle** f (eine kleine, runde, völlig geschlossene Primärzelle) (Eltech) / round cell R 9, button-type cell
**Knorpeltang** m (Bot, Nahr) / carragheen n, carrageen n, carrageen moss, Irish moss*
**Knorren** m (For) / knag n
**knorrig** adj (For) / gnarled adj, gnarly adj
**Knorr-Synthese** f (die zu Stickstoffheterozyklen führt - nach L. Knorr, 1859-1921) (Chem) / Knorr synthesis
**Knospe** f (beim Galvanisieren) (Eltech) / nodule n
**knospen** v (Bot) / bud v ‖ ⁓ n (Bot) / gemmation* n, budding* n ‖ ⁓**lage** f (Bot) / vernation* n ‖ ⁓**mutation** f (Bot) / bud sport*, sport* n ‖ ⁓**ruhe** f (Bot) / dormancy* n ‖ **Roter** ⁓**wickler** (Tmetocera ocellana F.) (Landw) / eyespotted bud moth
**Knospung** f (Bot) / gemmation* n, budding* n
**Knötchen** n (Materialfehler) (Masch) / knot n ‖ ⁓ (Med) / nodule n ‖ ⁓ (im Garn oder Gewebe) (Tex) / mote n ‖ ⁓ **nib** n ‖ ⁓ **entfernen** (im Garn oder Gewebe) (Tex) / mote v ‖ ~**förmig** adj / nodular adj
**knoten** v / knot v
**Knoten** m (eines Netzplanmodells) / node n ‖ ⁓ (Akus, Opt, Radio) / nodal point*, node* n ‖ ⁓ (aufsteigender, absteigender) (Astr) / node* n ‖ ⁓ (Blattansatzstelle) (Bot) / node* n ‖ ⁓ (ein exotisches Molekül) (Chem) / knot n ‖ ⁓ (Endpunkt eines Zweiges oder Verbindungspunkt mehrerer Zweige) (Elektr) / node n, vertex n (pl. vertices or vertexes) ‖ ⁓ (Eltech) / junction n ‖ ⁓ (Einsvnfluß als Fehler) (Glas) / knot n ‖ ⁓ (Einheit der Geschwindigkeit = 1 sm/h) (Luftf, Schiff) / knot* n, kn ‖ ⁓ (Masch) / knot n ‖ ⁓ (Interpolationsknoten) (Math) / interpolation node n ‖ ⁓ (topologischer) (Math) / knot n ‖ ⁓ (eine geschlossene doppelpunktfreie Kurve im dreidimensionalen Raum) (Math) / node n ‖ ⁓ (Med) / nodus n (pl. nodi) ‖ ⁓ (Pap) / knot n ‖ ⁓ (Schnittpunkt stehender Wellen) (Phys) / node* n, nodal point* ‖ ⁓ (Schnittpunkt der Bahn eines Himmels- oder Raumflugkörpers mit der Grundebene eines Koordinatensystems) (Raumf) / node* n ‖ ⁓ (Verschlingung von Fasern, Garnen, Seilen, Tauen) (Tex) / knot n ‖ **absteigender** ⁓ (Schnittpunkt, an dem der betreffende Körper die Grundebene von Norden nach Süden überschreitet) (Raumf) / descending node* ‖ **aufsteigender** ⁓ (Schnittpunkt, an dem der betreffende Körper die Grundebene von Süden nach Norden überschreitet) (Raumf) / ascending node* ‖ **durch einen** ⁓ **verbinden** / knot v ‖ **einen** ⁓ **machen** / knot v ‖ **eintangentiger** ⁓ (bei dem alle Scharkurven im Knoten die gleiche Tangente haben) (Math) / simple tangential knot ‖ **nicht terminaler** ⁓ (KI) / non-terminal node ‖ **persischer** ⁓ (Tex) / Persian knot ‖ **terminaler** ⁓ (KI) / terminal node, end node ‖ **übergeordneter** ⁓ (KI) / parent node (ISO/IEC 2382-17 : 1991) ‖ **zweitangentiger** ⁓ (bei dem alle Scharkurven bis auf eine im Knoten die gleiche Tangente haben) (Math) / double tangential knot ‖ ⁓ m **ohne Nachkommen** (in der Grafentheorie) / childless node
**Knoten•- nodal** adj ‖ ⁓**achse** f (Eulerscher Winkel) (Math) / nodal line, node line ‖ ⁓**amt** n (Fernsp) / tandem exchange*, tandem central office (US), tandem office (US) ‖ ~**artig** adj / nodular adj ‖ ⁓**bahnhof** m (Bahn) / junction station n ‖ ⁓**beutel** m / tie bag ‖ ~**bewerteter Graf** / node-evaluated graph ‖ ⁓**blech** n (Klemp, Masch) / gusset plate*, gusset n ‖ ⁓**-Effektgarn** (Tex) / knop yarn*, slub yarn, neppy yarn, slubby yarn ‖ ⁓**fang** m (Pap) / picker n, knot catcher, knotter* n, strainer* n ‖ ⁓**fänger** m (Pap) / picker n, knot catcher, knotter* n, strainer* n ‖ ⁓**fänger** (Web) / knot catcher stop motion ‖ ⁓**färbung** f (Tex) / tie-dyeing n, tie-and-dye n, bandanna dyeing ‖ ⁓**fläche** f (Math) / nodal surface ‖ ⁓**fläche** (bei stehenden

**knotenförmig**

Wellen) (Phys) / nodal surface ‖ **~förmig** adj / nodular adj ‖ **~gewebe** n (Tex) / rice weaves pl, rice cloth ‖ **~haftung** f (Tex) / knot-holding property (resistance to knot-slippage) ‖ **~linie** f (Astr, Raumf) / line of nodes ‖ **~linie** (z.B. Chladnische Klangfigur) (Phys) / node line ‖ **~matrix** f (EDV) / adjacency matrix, connectivity matrix, reachability matrix ‖ **~nummer** f (EDV) / node number (a number that identifies a network board) ‖ **~orientiert** adj (Grammatik, Graf) (EDV) / vertex-oriented adj, node-oriented adj ‖ **~orientierter Baum** (EDV) / node-oriented tree
**Knotenpunkt** m (Akus, Opt, Radio) / nodal point*, node* n ‖ ~ (eines Tragwerks) (Bau, Mech) / joint n ‖ ~ (Verbindungsstelle von mindestens drei Zweigen) (Eltech) / junction n ‖ ~ (HuT, Kfz), junction n ‖ ~ (HuT, Kfz) / interchange n, access point ‖ ~ (eines Grafen) (Math) / node* n ‖ ~ (einer Kurve) (Math) / node* n, crunode* n ‖ ~ (bei stehenden Wellen) (Phys) / nodal point ‖ **bildseitiger** ~ (Opt) / rear nodal point ‖ **hinterer** ~ (ein Kardinalpunkt) (Opt) / rear nodal point ‖ **kreuzungsfreier** ~ (HuT, Kfz) / flyover n, overpass, grade-separated junction (US) ‖ ~ m **einer Linse** (ein Kardinalpunkt) (Opt) / nodal point of a lens* ‖ ~ **mit Kreisverkehr** (HuT, Kfz) / rotary interchange ‖ **~arm** m (HuT) / leg n
**Knoten•rechner** m (EDV) / remote communication computer, remote front-end processor ‖ **~rechnerlizenz** f / node-locked licence ‖ **~regel** f (der Kirchhoffschen Regeln - DIN 5489) / Kirchhoff's current law (currents meeting at a point) ‖ **~reißkraft** f (Tex) / knot-breaking strength ‖ **~rutschen** n (Tex) / knot-slippage n ‖ **~rutschfestigkeit** f (Tex) / knot-holding property (resistance to knot-slippage) ‖ **~satz** m (DIN 5489) (Eltech) / Kirchhoff's current law (currents meeting at a point) ‖ **~schiefer** m (Geol) / knotted slate ‖ **~schlieren** f pl / knotty cords ‖ **~schnitt** m (Masch) / nodal section ‖ **~schnittverfahren** n (zur Ermittlung der Stabkräfte) (Mech) / node-intersection procedure ‖ **~tang** m (Ascophyllum nodosum L.) (Bot) / knobbed wrack ‖ **steife ~verbindung** (Bau, Mech) / rigid joint ‖ **~vermittlungsstelle** f (in einem Sternnetz) (Fernsp) / tandem exchange*, tandem central office (US), tandem office (US) ‖ **~vermittlungsstelle** (Fernsp) / toll centre ‖ **~verschmelzung** f (in der Grafentheorie) / node fusion ‖ **~wächter** m (Web) / knot catcher stop motion
**knotig** adj (Gewebe) (Tex) / slubbed adj
**Knotmaschine** f (Web) / knotting machine
**Know-how** n (spezielles Wissen um die ingenieurtechnische Verwirklichung eines Verfahrens) / know-how n
**Knowledge Engineering** n (KI) / knowledge engineering
**Knowles-Schaftmaschine** f (eine Einhub-Hoch-Offenfach-Schaftmaschine, die im Gegenzug arbeitet) (Web) / Knowles dobby
**Knudsen•-Gas** n (Chem Verf, Vakuumt) / Knudsen gas ‖ **~-Strömung** f (Nichtkontinuumströmung - nach M.H.Ch. Knudsen, 1871-1949) (Chem Verf, Vakuumt) / Knudsen flow*, non-continuum flow, transition flow, Knudsen diffusion ‖ **~-Strömung** (Chem Verf, Vakuumt) s. auch Molekularströmung ‖ **~-Vakuummeter** n (Vakuumt) / Knudsen gauge, Knudsen pressure gauge, Knudsen vacuum gauge ‖ **~-Zahl** f (ein Maß für die Dichte der Gasströmung - DIN 1341) / Knudsen number, Kn
**Knüpfel** m (Werkz) / mallet n, woodworker's mallet
**knüpfen** v (Teppiche) / knot v ‖ ~ (Tex) / tie v
**Knüpfende** n (Web) / beating* n ‖ **~n** n pl (bei der Verarbeitung der Baumwolle) (Web) / thrums pl
**Knüpfteppich** m (Tex) / knotted carpet, tied carpet
**Knüppel** m (ein Halbzeug) (Hütt) / billet* n ‖ ~ (Kfz) / floor-type gear lever, floor-board shift lever (US) ‖ ~ (der Knüppelsteuerung bei Starrflügelflugzeugen) (Luftf) / control stick, stick n, joystick n ‖ **~abschnitt** m (Hütt, Masch) / blank* n, slug n ‖ **~anode** f / oval-section anode ‖ **~betätigungskraft** f (Luftf) / stick force* ‖ **~damm** m (ein Bohlenweg) (HuT) / log causeway, corduroy n (US), corduroy road (US), cord road, log road ‖ **~gattersägemaschine** f (For) / billet frame saw ‖ **~Handling** n (Hütt) / billet handling ‖ **~kraft** f (Luftf) / stick force* ‖ **~leiter** f (Schiff) / Jacob's ladder, jack ladder ‖ **~nachdrück-Vorrichtung** f (Luftf) / stick pusher* ‖ **~schaltung** f (Kfz) / floor-type gear shift, floor-type shifting (US), floor-board shifting (US), central gear change, stick shift (US) ‖ **~schere** f (Hütt) / billet shears ‖ **~steuerung** f (Luftf) / stick control ‖ **~stranggießmaschine** f mit einem Gießrad als Kokille (Hütt) / rotary continuous casting machine ‖ **~walzwerk** n (Hütt) / billet mill*, billet rolls*
**knusprig** adj (Gebäck, Nüsse) (Nahr) / crunchy adj ‖ ~ (Nahr) / crisp adj ‖ ~ **braten** (Nahr) / crisp v ‖ ~ **braten** (Nahr) / crisp vt
**Ko** (DIN 60001, T 1) / coir* n, palm wool
**Koadsorption** f (z.B. bei Aktivkohle) / coadsorption n
**Koagulans** n (pl. -tia oder -zien) (Chem) / coagulant n, coagulating agent
**Koagulase** f (Biochem) / coagulase n
**Koagulat** n (Biol, Chem) / coagulate n, coagulum* n (pl. -ula), clot* n

**Koagulation** f (Biol, Chem) / coagulation* n
**Koagulator** m (Chem) / coagulant n, coagulating agent
**koagulieren** vi (Biol, Chem) / coagulate vi, curd vi, curdle vi, clot vi ‖ ~ vt (Biol, Chem) / coagulate vt, curd vt, curdle vt, clot vt
**koagulierendes Mittel** (Chem) / coagulant n, coagulating agent
**koagulierter Zementit** (Hütt) / spheroidized carbide
**Koagulierung** f durch Hitze / thermocoagulation n
**Koagulin** n (ein Antikörper) (Med, Pharm) / precipitin* n
**Koagulum** n (Biol, Chem) / coagulate n, coagulum* n (pl. -ula), clot* n
**Koaktion** f (Umwelt) / coaction n
**Koaleszentfilter** n (z.B. zur Ausscheidung von Öl in den Verdichtern) (Chem, Masch) / coalescence filter
**Koaleszenz** f (völlige Vereinigung der einzelnen Partikeln bei Dispersionskolloiden) (Chem) / coalescence n ‖ **~filter** n (Chem, Masch) / coalescence filter ‖ **~temperatur** f (Chem, Phys) / coalescence temperature
**Koaleszer** m (Filterapparate oder Filtermittel, die in der Lage sind, emulsoide Zweiphasensysteme durch einen Filtrationsprozeß in die einzelnen Phasen zu zerlegen) / coalescer n
**koaleszieren** v / coalesce v
**Koax-Anschluß** m (Fernm) / coaxial feeder, concentric feeder
**koaxial** adj / coaxial adj ‖ **~es Abschwächungsglied mit Blindleitungen** (Fernm) / chimney attenuator ‖ **~es HF-Kabel** (Kab) / coaxial cable*, concentric cable*, coax n
**Koaxial•antenne** f (Fernm) / coaxial antenna* ‖ **~antenne mit Gegengewicht** (Radio) / sleeve-monopole antenna, sleeve-stub antenna ‖ **~antenne mit Sperrtopf** (Fernm) / skirt dipole*, sleeve dipole* ‖ **~dipol** m **mit Sperrtopf** (Radio) / sleeve dipole*
**Koaxialität** f (DIN 7184, T 1) (Masch) / concentricity n
**Koaxial•kabel** n (Kab) / coaxial cable*, concentric cable*, coax n ‖ **~leitung** f (eine HF-Leitung) (Eltech) / coaxial line*, concentric line ‖ **~leitungsresonator** m (Eltech) / coaxial-line resonator* ‖ **~relais** n (die Kontakte sind als Innenleiter eines koaxialen Systems mit gleichem Wellenwiderstand wie die anzuschließenden Koaxialkabel ausgeführt) (Eltech) / coaxial relay* ‖ **~resonator** m (Phys) / coaxial resonator* ‖ **~stichleitung** f (Eltech) / coaxial stub*
**Koaxkabel** n (Kab) / coaxial cable*, concentric cable*, coax n
**Koazervation** f (Chem) / coacervation* n
**Koazervierung** f (Chem) / coacervation* n
**KOB** (For) / danta n, kotibé n
**Kobalamin** n (Sammelbezeichnung für Stoffe mit der Wirkung des Vitamins $B_{12}$) (Biochem) / cobalamine n, extrinsic factor
**Kobalt (Co)** n (Chem) / cobalt* n ‖ **~-** (Chem) / cobaltic adj ‖ **~-** (Chem) / cobaltous adj ‖ **~(II)-** (Chem) / cobaltous adj ‖ **~(III)-** (Chem) / cobaltic adj ‖ **radioaktives** ~ (Chem, Med, Radiol) / radiocobalt n ‖ **~aluminat** n (Chem) / cobalt aluminate ‖ **~aluminid** n (Chem) / cobalt aluminide ‖ **~arsenkies** m (Min) / cobaltiferous arsenopyrite ‖ **~arsenopyrit** m (Min) / danaite n ‖ **~blau** n (ein Kobaltaluminat) / cobalt blue, cobalt ultramarine, Thenard's blue, Dumont blue ‖ **~blau** (ein Kobalt[II]-stannat) (Chem) / celestine blue, cobalt(II) blue ‖ **dunkles ~blau** (ins Violette gehend) / Mazarine blue, mazarine blue (with approximately 50% cobalt oxide) ‖ **leichtes ~blau** (Chem) / willow blue ‖ **~blüte** f (Min) / erythrite* n, cobalt bloom* ‖ **~bombe** f (eine Wasserstoffbombe mit Kobaltmantel) (Mil) / cobalt bomb* ‖ **~(II)-chlorid** (Chem) / cobaltous chloride, cobalt chloride ‖ **~dichlorid** n (Chem) / cobaltous chloride, cobalt chloride ‖ **~elektrolyt** m / cobalt bath ‖ **~(III)-fluorid** (Chem) / cobalt(III) fluoride ‖ **~gelb** n (Kaliumhexanitrokobaltat(III)) (Chem) / aureolin n, cobalt yellow, Indian yellow ‖ **~-60-Gerät** n (eine Telegamma-Therapieeinrichtung) (Med, Radiol) / cobalt bomb*, cobalt unit* ‖ **~glanz** m (Min) / cobaltite* n, cobalt glance, cobaltine n ‖ **~glas** n (durch Kobaltoxid intensiv blau gefärbtes Glas) (Glas) / cobalt glass ‖ **~grün** n (Chem) / Rinman's green, cobalt green ‖ **~haltiger Arsenopyrit** (z.B. Danait oder Glaukodot) (Min) / cobaltiferous arsenopyrite
**Kobaltin** m (Min) / cobaltite* n, cobalt glance, cobaltine n
**Kobaltit** m (Min) / cobaltite* n, cobalt glance, cobaltine n
**Kobalt•kanone** f (Med, Radiol) / cobalt bomb*, cobalt unit* ‖ **~karbonyl** n (Chem) / cobalt carbonyl* ‖ **~legierung** f (Hütt) / cobalt alloy ‖ **~monoxid** n (Chem) / cobalt(II) oxide* ‖ **~(II)-oxid** n (Chem) / cobalt(II) oxide* ‖ **~(III)-oxid** (Chem) / cobalt(III) oxide, cobalt sesquioxide ‖ **~(II,III)-oxid** (Chem) / tricobalt tetroxide ‖ **~pigment** n (Keram) / cobalt pigment ‖ **~quelle** f (Med, Radiol) / cobalt bomb*, cobalt unit* ‖ **~schicht** f (eine Oberflächenschutzschicht) / cobalt coat(ing) n ‖ **~schutzschicht** f / cobalt coat(ing) n ‖ **~spat** m (Min) / cobaltocalcite n ‖ **~stähle** m pl (Hütt) / cobalt steels* ‖ **~therapie** f (Med, Radiol) / cobalt-beam therapy, cobalt therapy ‖ **~trioxid** n (Chem) / cobalt(III) oxide, cobalt sesquioxide ‖ **~ultramarin** n / cobalt blue, cobalt ultramarine, Thenard's blue, Dumont blue
**Kobellit** m (Min) / kobellite* n
**Kobild** n (Math) / co-image n
$K_{OC}$ (Bodenabsorptionskoeffizient) / soil adsorption coefficient, $K_{OC}$

**Koch•banane** *f* (Nahr) / plantain *n* ‖ **~beständig** *adj* / boilfast *adj* ‖ **~beutel** *m* (Nahr) / boilable poach, boilable bag ‖ **~bläschen** *n pl* (ein Anstrichfehler) (Anstr) / solvent pop, popping *n* ‖ **~blase** *f* (Anstr) / solvent boil ‖ **~blutagar** *m n* (Biol) / chocolate agar ‖ **~echt** *adj* / boilfast *adj*

**köcheln** *v* (auf schwachem Feuer leicht kochen) (Nahr) / simmer *v*

**kochen** *v* / boil *v* ‖ **~** (Fernm) / hiss* *v*, fry *v* ‖ **~** (zubereiten) (Nahr) / cook *v* ‖ **~** (krabben) (Tex) / crab *v* ‖ **am Rückflußkühler ~** (zum Sieden unter Rückfluß bringen) (Chem) / reflux *v* ‖ **zu stark ~ lassen** (Nahr) / overboil *v* ‖ **~** *n* / boiling* *n*, ebullition* *n* ‖ **~** (Nahr) / cooking *n*, cookery *n* ‖ **~** (Tex) / crabbing* *n* ‖ **zum ~ bringen** (Nahr) / scald *v* ‖ **~** *n* **auf Korn** (Nahr) / crystal boiling, boiling to grain

**kochend färben** (Tex) / dye at the boil ‖ **~heiß** *adj* / boiling *adj*, boiling hot ‖ **~wassergerät** *n* (Bau) / water boiler

**Kocher** *m* (Folge der Kraterbildung) (Anstr) / solvent boil ‖ **~** (For) / digester *n*, kier *n* ‖ **~** (Pap) / digester* *n*

**Köcherbürstenhalter** *m* (für Kleinmaschinen) (Eltech) / tubular brush-holder, cartridge-type brush-holder

**Koch•extrusion** *f* (Nahr) / extrusion cooking ‖ **~fertig** *adj* (Nahr) / ready-to-cook *adj* ‖ **~fest** *adj* / boilfast *adj* ‖ **~festes Geschirr** (Glas, Keram) / ovenware *n* (ceramine whiteware or glass), oven-top ware, stovetop ware (US) ‖ **feste Keramik zum Einsatz auf der Gasflamme** (Keram) / flame-proof ware, flameware *n* ‖ **~festigkeit** *f* (Nahr) / boiling-water resistance ‖ **~fett** *n* (Nahr) / cooking fat ‖ **~flasche** *f* (Chem) / boiling flask ‖ **~flüssigkeit** *f* (Pap) / cooking liquor ‖ **~gerät** *n* / cooking appliance ‖ **~geschirr** *n* (Glas, Keram) / ovenware *n* (ceramine whiteware or glass), oven-top ware, stovetop ware (US) ‖ **~geschmack** *m* (der erhitzte Lebensmittel von nicht erhitzten unterscheidet) (Nahr) / cooked flavour ‖ **~kessel** *m* / kettle* *n* ‖ **~kessel** (für kurze Stammstücke) (For) / digester *n*, kier *n* ‖ **~kolben** *m* (Chem) / boiling flask

**Koch-Kurve** *f* (eine selbstähnliche fraktale Kurve nach H. v. Koch, 1870-1924) (Math) / Koch curve

**Koch•lauge** *f* (alkalisches Verfahren) (Pap) / digestion liquor, alkaline cooking liquor ‖ **~lösung** (Pap) / cooking liquor ‖ **~maische** *f* (Brau) / decoction mash, cooker mash ‖ **~maschine** *f* (Tex) / crabbing machine ‖ **~nische** *f* (Bau) / kitchenette *n* ‖ **~platte** *f* (des Herds) / hob element, hotplate, radiant plate ‖ **~probe** *f* (auch eine Korrosionsprüfung) / boiling test ‖ **~prüfung** *f* (Leder, Nahr) / boiling test ‖ **~punkt** *m* (Siedetemperatur) (Chem, Phys) / boiling-point* *n*, b.p.*, B.P, boiling temperature

**Koch-Reaktion** *f* (stufenweise Darstellung von Monocarbonsäuren durch Carbonylierung von Alkenen und anschließende Zersetzung des Zwischenproduktes mit Wasser) (Chem) / Koch reaction

**Kochromatografie** *f* (Verfahren zur Identifizierung von Verbindungen bei chromatografischen Trennungen) / cochromatography *n*

**Kochsalz** *n* (Nahr) / salt* *n*, common salt ‖ **streng natriumarmes ~** (Nahr) / reduced-sodium salt ‖ **~ersatzmittel** *n* (z.B. Adipate oder Citrate) (Nahr) / dietary salt, low-sodium salt, salt substitute, diet salt ‖ **physiologische ~lösung** (Pharm) / physiological salt solution, saline *n*, physiological sodium chloride solution, normal saline (US), normal salt solution, physiological saline ‖ **~wasser** *n* (ein Mineralwasser) (Med) / muriated water

**Kochsauce** *f* (Sulfitverfahren) (Pap) / digestion liquor

**Kochsche Karbonsäure-Synthese** (nach H. Koch, 1904-1967) (Chem Verf) / Koch synthesis

**Koch•topf** *m* / pot *n* ‖ **~verfahren** *n* (For) / cooking process ‖ **~versuch** *m* / boiling test ‖ **~waschbeständigkeit** *f* (Tex) / resistance to washing at the boil ‖ **~wäsche** *f* / laundry to be boiled ‖ **~wäsche** (Tätigkeit) / wash at the boil, washing at the boil ‖ **~waschecht** *adj* (Tex) / fast to laundering at the boil, fast to washing at the boil ‖ **~waschgang** *m* (um 95 °C) / wash at the boil, washing at the boil

**KOD** (Chem) / colloidal osmotic pressure, oncotic pressure

**Kode** *m* (Vorschrift für die eindeutige Zuordnung der Zeichen eines Zeichenvorrats zu denjenigen eines anderen Zeichenvorrats - DIN 44300) (EDV, Fernm) / code* *n* ‖ **8-4-2-1- ~** (EDV) / natural binary code (NBC) ‖ **absoluter ~** (Maschinenkode) (EDV) / absolute code*, actual code, specific code, direct code ‖ **bipolarer ~** (Fernm) / AMI-code *n*, alternate-mark inversion code ‖ **einschrittiger ~** (EDV) / unit-distance code ‖ **erweiterter ~** / extended code ‖ **ethischer ~** (ein Verhaltenskodex für das DV-Personal) (EDV) / code of conduct, code of fair information practice ‖ **fehlererkennender ~** (EDV) / error-detection code ‖ **fehlerkorrigierender ~** (EDV) / error-correcting code*, self-checking code, self-correcting code ‖ **fremdsynchronisierter ~** (EDV) / synchronizing code ‖ **gefädelter ~** (EDV) / threaded code ‖ **genetischer ~** (in den Nukleinsäuren) (Gen) / genetic code* *n* ‖ **gewichteter ~** (EDV) / weighted code ‖ **gleichgewichtiger ~** (EDV) / fixed-weight code ‖ **mnemonischer ~** (ein Buchstabenkode) / mnemonic code ‖ **numerischer ~** / numerical code, numeric code ‖ **persönlicher ~** (zur Sicherung gegen unberechtigte Nutzung, z.B. eines Rechnernetzes) (EDV) / personal code ‖ **pseudoternärer ~** (EDV, Fernm) / pseudoternary code ‖ **redundanter ~** (EDV) / redundant code ‖ **rekurrenter ~** (EDV) / convolutional code ‖ **ROM-geeigneter ~** (EDV) / ROMable code ‖ **selbstkorrigierender ~** (EDV) / error-correcting code*, self-checking code, self-correcting code ‖ **selbstsynchronisierender ~** (EDV) / self-synchronizing code ‖ **systematischer ~** (EDV) / weighted code ‖ **zyklisch permutierter ~** (EDV) / cyclic permuted code ‖ **~** *m* **mit fester Wortlänge** (EDV) / fixed-length code ‖ **~ mit variabler Wortlänge** (EDV) / variable-length code

**Kode•aufbau** *m* / code structure ‖ **~element** *n* (kleinste Einheit zur Bildung eines Kodewortes) / code element ‖ **~element** (Teil des seriellen Fernschreibgleichstromsignals) / code element ‖ **~generator** *m* (EDV) / code generator

**Kodein** *n* (Methylmorphin) (Pharm) / codeine* *n*

**Kode•karte** *f* (EDV, Mag) / magnetic badge ‖ **nichtzulässige ~kombination** (EDV) / forbidden (code) combination ‖ **~konversion** *f* (EDV) / code conversion ‖ **~lexikon** *n* (EDV) / code book, code dictionary ‖ **~moduliert** *adj* / code-modulated *adj* ‖ **~optimierung** *f* (lokale oder globale) (EDV) / optimization *n*

**Koder** *m* (System oder Person zur Kodierung von Nachrichten) (EDV, Fernm) / coder* *n* ‖ **~** (beim Stereorundfunk) (Radio) / coder *n*

**Köder** *m* (schmaler Lederstreifen, der beim Zusammensteppen zweier Lederteile zur Verschönerung der Kante mit eingenäht wird) (Leder) / rand *n* ‖ **~** (Mil) / decoy *n* ‖ **~gift** *n* / bait poison

**Kodestillation** *f* (Chem) / codistillation *n*, amplified distillation

**kode•transparent** *adj* (Datenübermittlung) (EDV) / code-transparent *adj* ‖ **~transparenz** *f* (eines Kanals, der jede beliebige Folge von Kodesymbolen eines bestimmten Kodesymbolvorrats fehlerfrei übertragen kann) (EDV) / code transparency ‖ **~umschaltzeichen** *n* (EDV) / escape character ‖ **~umsetzer** *m* (EDV) / code converter ‖ **~umsetzung** *f* (EDV) / code conversion ‖ **~unabhängig** *adj* (EDV) / code-independent *adj*, code-transparent *adj* ‖ **~wandler** *m* (EDV) / code converter ‖ **~wort** *n* (EDV) / code word ‖ **~wortvorrat** *m* (EDV) / set of code words

**Kodier•anweisung** *f* (EDV) / coding instruction ‖ **~blatt** *n* (EDV) / coding sheet

**kodieren** / code *v*, encode* *v* ‖ **~** *n* / coding* *n*, encoding *n*

**kodierende Sequenz** (Biochem) / coding sequence*

**Kodierer** *m* (ein Kodeumsetzer) / coding device, encoder *n* ‖ **~** (Mitarbeiter, der die Programmablaufpläne in Anweisungen einer Programmiersprache überträgt) (EDV) / coder *n*

**Kodierer-Dekodierer** *m* (von analogen bzw. digitalen Signalen) (Fernm) / codec *n*, coder-decoder *n*

**Kodier•gewinn** *m* (EDV) / coding gain, code gain ‖ **~schaltung** *f* (Fernm) / coding circuit

**kodiert•e Apertur** (ausgedehnter, teilweise strahlungsdurchlässiger Schirm zur Abbildung eines Objekts) (Radiol) / coded aperture ‖ **~e Darstellung** / coded representation ‖ **~e Modulation** (Fernm) / coded modulation

**Kodierung** *f* / coding* *n*, encoding *n* ‖ **spaltenbinäre ~** (EDV) / Chinese binary* (representation), column binary*

**Kodimension** *f* (Math) / codimension *n*, codim *n*

**kodogener Strang** (der DNS-Doppelhelix) (Gen) / codogenic strand

**Kodöl** *n* (Pharm) / cod-liver oil*, CLO

**Kodominanz** *f* (Gen) / codominance *n*

**Kodon** *n* (Gen) / codon* *n*

**Koebesche Funktion** (nach P. Koebe, 1882 - 1945) (Math) / Koebe function

**Koeffizient** *m* (DIN 5485) / coefficient* *n* ‖ **osmotischer ~** (ein Korrekturfaktor, der das Verhältnis des real gemessenen osmotischen Druckes zum idealen osmotischen Druck angibt) (Chem) / osmotic coefficient* ‖ **pluviometrischer ~** (Meteor) / pluviometric coefficient ‖ **stöchiometrischer ~** (Chem) / stoichiometric factor ‖ **~** *m* **der inneren Reibung** (Phys) / coefficient of viscosity*, viscosity coefficient ‖ **~ der turbulenten Scheindiffusion** (Chem Verf) / eddy diffusivity* ‖ **~ des Luftüberschusses** / excess coefficient

**Koeffizienten•matrix** *f* (DIN 13321) (Math) / matrix of coefficients ‖ **~matrix** (der Transformation) (Math) / transformation matrix, matrix of the transformation

**Koenzym** *n* (Biochem) / coenzyme* *n* ‖ **~ A** (Biochem) / coenzyme A*, CoA ‖ **~ Q** (Biochem) / ubiquinone* *n*, coenzyme Q

**Koepe•Förderanlage** *f* (Bergb) / Koepe hoist, Koepe winder ‖ **~-Fördermaschine** *f* (bei der Treibscheibenförderung) (Bergb) / Koepe hoist, Koepe winder ‖ **~-Förderung** *f* (Bergb) / Koepe winding system ‖ **~-Scheibe** *f* (Bergb) / Koepe sheave, Koepe wheel

**Koerzimeter** *n* (ein Meßgerät zum Erfassen der Koerzitivfeldstärke) (Mag) / coercimeter* *n*

**koerzitiv•e Eigenschaft** (Mag) / coercivity *n* ‖ **~feldstärke** *f* (DIN 1324) (Mag) / coercive electric field, coercive force* ‖ **maximale ~feldstärke** (Mag) / coercivity* *n* ‖ **~kraft** *f* (Mag) / coercive electric field, coercive force*

koexistent

**koexistente Phasen** (Phys) / coexisting phases
**koexistieren** v / coexist v
**koextrudiertes Produkt** (Plast) / coextrusion n
**Koextrusion** f (Plast) / coextrusion n, multilayer extrusion
**Kofaktor** m (Biochem) / cofactor f
**Koffein** (Chem, Pharm) / caffeine* n || **~frei** adj (Kaffee) (Nahr) / decaffeinated adj || **~haltig** adj / caffeinic adj
**Koffer•damm** m (Schiff) / coffer-dam* n || **~deckel** m (Kfz) / boot lid, trunk lid (US), deck lid (US) || **~empfänger** m (Radio) / portable n || **~falte** f (mit flachem Scheitel und mehr oder weniger senkrechtem Schenkelabfall) (Geol) / box fold || **~gerät** n (Radio) / portable n || **~kuli** m (auf Bahnhöfen und Flughäfen) / courtesy vehicle, trolley n || **~radio** n (Radio) / portable n || **~raum** m (Kfz) / boot n (GB), luggage space, trunk n (US) || **~raumdeckel** m (Kfz) / boot lid, trunk lid (US), deck lid (US) || **~raumdeckel-Fernentriegelung** f (Kfz) / remote boot release, remote trunk release (US) || **~raumleuchte** f (Kftst) / cargo lamp, trunk lamp (US) || **~raumvolumen** n (Kfz) / boot capacity, luggage capacity
**Koflockung** f (Chem) / coflocculation n
**Koflokkulation** f (Chem) / coflocculation n, mutual flocculation
**Kog** m (pl. Köge) (HuT) / polder* n
**Kogasin** n (Abkürzung aus Koks*, Gas* und Benzin* - Kohlenwasserstoffe, die bei der Fischer-Tropsch-Synthese anfallen) (Chem Verf) / Kogasin f
**Kognitionsergonomie** f (Lehre über die Gestaltung der kooperativen Mensch-Machine-Systeme) / cognitive ergonomics
**Kognitionswissenschaft** f / cognitive science
**kognitiv** adj / cognitive adj || **~e Dissonanz** (zwischen der neuen Information und der inneren Überzeugung) (KI) / cognitive dissonance*, cognitive lap || **~e Konsonanz** (KI) / cognitive consonance* || **~es Modell** (KI) / cognitive model || **~e Modellierung** (KI) / cognitive modelling || **~es Paradigma** (KI) / cognitive paradigm || **~er Rechner** (EDV) / cognitive computer || **~e Wissenschaft** (über die kognitiven und perzeptiven Fähigkeiten des Menschen, die simulative Modelle benutzt) / cognitive science
**kogredient** adj (Math) / cogredient adj
**Kogruppe** f (Math) / cogroup n
**Kohärazie** f (Kerbschlagprobe mit Spitzkern nach Schnadt) (Hütt) / coheracy n
**kohärent** adj / coherent* adj || **auf ~es Licht empfindlicher Wandler** (Eltronik) / laser pick-up || **~e Antistokes-Raman-Spektroskopie** (Spektr) / coherent anti-Stokes Raman spectroscopy, CARS || **~e Anti-Stokes-Raman-Streuung** / coherent anti-Stokes Raman scattering || **~e Einheit** (die innerhalb eines Systems durch eine Einheitengleichung als Potenzprodukt von Basiseinheiten definiert ist, z.B. 1 N = 1 m · kg · s $^{-2}$) / coherent unit* || **~es Licht** (Licht) / coherent light || **~e Lichtquelle** (Licht, Opt) / coherent light source || **~e Optik** (Opt) / coherent optics || **~e Strahlung** (Phys) / coherent radiation || **~e Streuung** (eine Art Lichtstreuung) (Licht) / coherent scattering || **~e Welle** (Phys) / coherent wave
**Kohärenz** f / coherence* n, coherency n || **optische ~** (Opt) / optical coherence || **räumliche ~** (Phys) / space coherence, coherence of space, spatial coherence || **zeitliche ~** (Phys) / time coherence, temporal coherence, coherence in time
**Kohärenz•funktion** f **vierter Ordnung** (Phys) / fourth-order coherence function || **~grad** m (des Lichtes) / degree of coherence || **~länge** f (Phys) / coherence length, coherence distance || **~oszillator** m (Radar) / coherent oscillator*, COHO || **~transfer** m (Phys) / coherence transfer, population transfer, CT, magnetization transfer || **~volumen** n (Phys) / coherence volume || **~zeit** f (Phys) / coherence time
**Kohäsion** f (Phys) / cohesion* n
**Kohäsions•bruch** m (in der Werkstoffkomponente mit der geringeren Festigkeit - bei Verbundwerkstoffen) (WP) / coherence failure || **~druck** m (Mech) / cohesion pressure || **~druck** (nach innen ausgeübter Normaldruck) (Phys) / internal pressure, inside pressure || **~energie** f (Phys) / cohesional work, cohesive energy, cohesion energy || **~energiedichte** f (Phys) / cohesive-energy density, CED || **~kraft** f (Phys) / cohesive force, cohesion force || **~los** adj (HuT, Landw) / non-cohesive adj, cohesionless adj, frictional adj, crumbly adj
**kohäsiv** adj (HuT, Landw) / cohesive* adj, tenacious adj || **~e Enden** (Gen) / sticky ends || **~e Energiedichte** (Chem) / cohesive energy density (CED)
**Kohle** f (im allgemeinen als Primärenergieträger) (Bergb) / coal* n || **angekokte ~** (Min) / burnt coal* || **anstehende ~** (durch einen Schrämrahmen unterschnitten) (Bergb) / buttock* n || **anstehende ~** (im festen Gebirgsverband) (Bergb) / unworked coal, maiden coal || **anstehende ~** (in der Abbaustrecke) (Bergb) / rib n, ribside n || **asphaltische ~** (Min) / libollite n || **autochthone ~** (Bergb) / in situ coal || **backende ~** (Bergb) / caking coal* || **biologische Umwandlung von ~** (Chem Verf) / bioprocessing of coal || **bituminöse ~** (mit 5 bis 6% Wasserstoffgehalt) (Bergb) / orthohydrous coal || **bituminöse ~** (Eßkohle, Fettkohle, Gaskohle, Gasflammkohle; Flammkohle) (Bergb) / bituminous coal, soft coal || **brennfreudige ~** (Bergb, Kftst) / cooperative coal || **brikettierte ~** (Kftst) / briquetted coal || **durchwachsene ~** (Streifenkohle) (Bergb) / banded coal || **erdige ~** (minderwertige) ~ (am Flözausbiß) (Bergb) / smut* n || **fette ~** (mit 19-28% Gehalt an Flüchtigem) (Bergb) / fat coal*, caking coal || **geringgekohlte ~** (Bergb) / low-rank coal || **gewaschene ~** (Aufber) / cleaned coal, clean coal || **handelsübliche Größen der ~** (z.B. Feinkohle, Nuß I, Nuß II usw.) (Bergb) / coal sizes* || **hochinkohlte ~** (hochwertige Kohle) (Bergb) / high-rank coal || **humose ~** (Bergb) / humic coal || **imprägnierte ~** (Licht) / impregnated carbon* || **klassierte ~** (DIN 22005) / graded coal || **künstliche ~** (Holz-, Blut- usw.) (Chem) / charcoal* n, char n || **kurzflammige ~** (mit einem niedrigen Prozentsatz an flüchtigen Bestandteilen) (Bergb) / short-flame coal || **langflammige ~** (mit einem hohen Prozentsatz an flüchtigen Bestandteilen) (Bergb) / long-flame coal || **minderwertige ~ am Schichtkopf** (Bergb) / crop coal || **minderwertige pyritische ~** (Bergb) / grizzle n || **mit ~ bedeckt** / coaly adj || **negative ~** (Eltech) / negative carbon* || **neue ~** aufnehmen (Schiff) / recoal v || **nicht brennfreudige ~** (Bergb, Kftst) / uncooperative coal || **niedriggekohlte ~** (Bergb) / low-rank coal || **positive ~** (Eltech) / positive carbon || **sapropelitische ~** (Geol) / sapropelic coal, sapropel coal, sapropelitic coal || **schwach backende ~** (Bergb) / weakly caking coal || **schwefelfreie ~** (Bergb) / sweet coal || **subbituminöse ~** (eine Art Braunkohle) (Bergb) / subbituminous coal || **ungebänderte ~** (Bergb, Geol) / non-banded coal || **unterschrämte ~** (Bergb) / hanging coal || **verkupferte ~** (Licht) / coppered carbon || **verwachsene ~** (Bergb, Geol) / bone* n, bony coal* || **verwitterte ~** (Bergb) / weathered coal || **wasserstoffarme ~** (Bergb, Kftst) / subhydrous coal || **wasserstoffreiche ~** (Bergb, Kftst) / perhydrous coal || **weiße ~** (Wasserkraft) / white coal || **Weiterverarbeitung von ~** (umfassender als coal upgrading) / coal technology || **zähe ~** (Bergb, Kftst) / heath coal || **~ aufnehmen** (bunkern) (Schiff) / coal v || **~ f mit erhöhtem Wasserstoffgehalt** (Bergb, Kftst) / perhydrous coal || **mit Mineraleinsprenglingen ~** (Bergb) / mineralized coal || **~ mit niedrigem Wasserstoffgehalt** (Bergb, Kftst) / subhydrous coal || **~ von niedrigem Inkohlungsgrad** (Bergb) / low-rank coal
**Kohle•abbau** m (Bergb) / coaling n || **~abbau** (als Tätigkeit) (Bergb) / coal mining, coal winning || **~abbau durch Laugung** (Bergb) / coal leaching || **~abdruck** m (Mikros) / carbon replica n || **~abdruckverfahren** n (Mikros) / carbon replica technique* || **~anode** f / carbon rod || **~artig** adj / coaly adj, coal-like adj || **~aufbereitung** f / coal preparation || **~aufschluß** m (Chem Verf) / solubilization of coal || **~ausbruch** m (Bergb) / rock burst, burst n || **~automat** m (Schw) / automatic carbon-arc welding machine || **~bergbau** m (als Industriezweig) (Bergb) / mining of coal, coal mining || **~bogenlampe** f (Licht) / carbon-arc lamp* || **~brecher** m (Bergb) / coal breaker, coal crusher || **~bunker** m / coal bunker || **~bürste** f (harte) (Eltech) / carbon brush* || **~bürste** (weiche) (Eltech) / graphite brush* || **~chemie** f (Chem) / coal chemistry, chemistry of coal || **~dichtung** f (Masch) / carbon gland || **~druck** m (Foto) / carbon process* || **~elektrode** f (Eltech) / carbon electrode || **~entschwefelung** f (Aufber) / coal desulphirization || **~entschwefelung** / coal desulphurization || **~extraktion** f (z.B. nach Pott und Broche) (Chem Verf) / coal extraction || **~faden** m (Licht) / carbon filament* || **~fadenlampe** f / carbon-filament lamp, carbon lamp || **~farbband** n (das nur einmal benutzbar ist) / carbon ribbon || **~faser** f (Chem) / carbon fibre*, c-fibre || **~film** m / carbon film || **~filter** n / charcoal filter || **~förderung** f (Bergb) / coal extraction || **~förderung** (Bergb) / coal mining, coal winning || **~formmasse** f / carbon paste || **~frachtschiff** n (Schiff) / collier n, coal carrier || **~freies Durchschreibepapier** (Pap) / carbonless copy paper, NCR (= no carbon required)*, non-carbon paper, NCP || **~führend** adj / coaly adj, carboniferous adj || **~führende Schichten** (Bergb) / measures pl || **~gelbglas** n (Glas) / amber glass || **~gewinnung** f (Bergb) / coal mining, coal winning || **~gewinnungsstoß** m (Bergb) / coal face, face* n, end* n, free end, breast* n || **~granulat** n (Fernsp) / granular carbon, carbon granules || **~graphitbürste** f (Eltech) / carbon-graphite brush || **~grieß** m (Mikrofonkohle) (Fernsp) / granular carbon, carbon granules || **~haltig** adj / coaly adj, carboniferous adj || **~hydrat** n (Chem) / carbohydrate* n, saccharide n || **~hydrierung** f (Verflüssigungsverfahren von Kohle unter Wasserstoffanlagerung zur Herstellung von Kohlenwasserstoffen) (Chem Verf) / hydrogenation of coal, coal liquefaction || **~-in-Gas-Umwandlung** f / coal-to-gas conversion || **~klein** n (Bergb) / gummings pl, gum n, holings pl, cuttings pl, kirvings pl, duff n || **~kontakt** m (Eltech) / carbon contact* || **~kraftwerk** n (Braun- oder Steinkohlekraftwerk) / coal-fired power plant || **~lichtbogen** m (Eltech) / carbon arc || **~lichtbogenlampe** f mit mehreren Kohleelektroden (Eltech) / magazine arc-lamp* || **~lichtbogenschneiden** n (von Metallen) (Masch) / carbon-arc cutting

‖ ⁓**lichtbogenschweißen** n (Schw) / Benardos welding, Benardos process, carbon-arc welding* ‖ ⁓**massewiderstand** m (Eltech) / composite resistor*, composition resistor ‖ ⁓**mazeral** n (Bergb) / coal maceral ‖ ⁓**mikrofon** n (Akus) / carbon microphone*

**Kohlen·arbeiter** m (Bergb) / collier n, coal miner, pitman n (pl. pitmen) ‖ ⁓**artenmischung** f (DIN 22005) / blended coal ‖ ⁓**aufbereitungsanlage** f (Bergb) / coal breaker, coal crusher ‖ **oberste** ⁓**bank** (Bergb) / head* n ‖ ⁓**becken** n (Bergb, Geol) / coal basin ‖ ⁓**bein** n (Bergb) / cob n ‖ ⁓**bergbau** m (Bergb) / mining of coal, coal mining ‖ ⁓**chemie** f (Chem) / coal chemistry, chemistry of coal

**Kohlendioxid** n (fälschlich "Kohlensäure") (Chem) / carbon dioxide*, carbonic anhydride*, carbonic acid gas* ‖ ⁓**absorptionsröhrchen** n (Chem) / CO$_2$-absorption tube ‖ ⁓**assimilation** f (Chem) / carbon dioxide assimilation, carbon fixation ‖ ⁓**assimilation** f (Chem) s. auch Fotosynthese ‖ ⁓**-Erstarrungsverfahren** n (ein Formverfahren) (Gieß) / CO$_2$ process, carbon dioxide process ‖ ⁓**kreislauf** m (Biol) / carbon cycle* ‖ ⁓**laser** m (Phys) / CO$_2$ laser, carbon dioxide (gas) laser, carbon-dioxide laser*

**Kohlen·disulfid** n (Chem) / carbon disulphide*, disulphide of carbon* ‖ ⁓**dunst** m (Bergb) / vapour from coal ‖ ⁓**eisenstein** m (Bergb) / black-band iron-ore*, carbonaceous ironstone ‖ ⁓**fadenlampe** f / carbon-filament lamp, carbon lamp ‖ ⁓**feld** n (Bergb) / coal-field n ‖ ⁓**flöz** n (Bergb) / coal-seam n, coal-bed n ‖ ⁓**flöz mit mächtigen Zwischenmitteln** (Bergb) / split (coal) seam ‖ **oberer oder unterer Teil eines (durch ein Zwischenmittel) geteilten** ⁓**flözes** (Bergb) / split* n ‖ ⁓**förderung** f (Bergb) / coal extraction ‖ ⁓**förderung** (Bergb) / coal mining, coal winning ‖ ⁓**gas** n / coal-gas* n, straight coal gas ‖ ⁓**gebiet** n (Bergb) / coal-mining district, coal-mining area ‖ ⁓**gesteine** n pl (Geol) / carbonaceous rocks* ‖ ⁓**grube** f (im allgemeinen- Unter- oder Übertage-) (Bergb) / coal pit, coal mine ‖ ⁓**grus** m (Durchfall bei 1/8' Maschenweite) (Bergb) / culm* n ‖ ⁓**grus** (Bergb) / slack* n, slack coal ‖ ⁓**hobel** m (am Kettenkratzerförderer geführtes Gewinnungsgerät) (Bergb) / plough n, coal planer, planer n ‖ ⁓**hydrat** n (Chem) / carbohydrate* n, saccharide* n ‖ ⁓**hydrierung** f (eine Art Kohleveredlung) (Chem Verf) / hydrogenation of coal*, coal hydrogenation, coal liquefaction ‖ ⁓**klein** n (beim Sieben) (Bergb) / refuse coal ‖ ⁓**lager** n (Bergb) / coal deposit, coal measures ‖ ⁓**lagerstätte** f (Bergb) / coal deposit, coal measures ‖ ⁓**monoxid** n (Chem) / carbon monoxide* ‖ ⁓**monoxidlaser** m (Phys) / carbon monoxide (gas) laser, CO laser ‖ ⁓**mühle** f (Aufber) / pulverizer n, coal-pulverizing mill, coal-milling plant, coal mill

**Kohlenoxid** n (Chem) / carbon monoxide* ‖ ⁓**chlorid** n (Chem) / phosgene* n, carbonyl chloride ‖ ⁓**chlorid** s. auch Phosgen ‖ ⁓**kalium** n (Chem) / potassium carbonyl ‖ ⁓**sulfid** n (Chem) / carbonyl sulphide, carbon oxysulphide

**Kohlen·petrografie** f (Bergb, Geol) / coal petrology ‖ ⁓**petrologie** f (Bergb, Geol) / coal petrology ‖ ⁓**pfanne** f (Bau) / brazier* n ‖ **kleiner** ⁓**pfeiler** m (Bergb) / cob n ‖ ⁓**reinigung** f (Aufber) / coal cleaning ‖ ⁓**revier** n (Bergb) / coal-mining district, coal-mining area ‖ ⁓**sack** m (des Hochofens) (Hütt) / belly n ‖ ⁓**saurer Kalk** (Chem) / calcium carbonate

**Kohlensäure** f (H$_2$CO$_3$) (Chem) / carbonic acid* ‖ ⁓**anhydratase** f (Biochem) / carbonic anhydrase*, carbonic acid anhydrase, carboanhydrase n, carbonate dehydratase ‖ ⁓**diamid** n (Endprodukt des Eiweißstoffwechsels) (Biochem) / urea* n, carbamide* n ‖ ⁓**dichlorid** n (Chem) / phosgene* n, carbonyl chloride* n ‖ ⁓**dimethylester** m (Chem) / dimethylcarbonate n ‖ ⁓**eis** n (festes Kohlendioxid) (Chem) / carbon dioxide ice ‖ ⁓**-Erstarrungsverfahren** n (Gieß) / CO$_2$ process, carbon dioxide process ‖ ⁓**ester** m (Chem) / carbonate n ‖ ⁓**haltiges Getränk** (mit CO$_2$ imprägniert) (Nahr) / carbonated beverage

**Kohlen·schicht** f (Bergb) / coal-seam n, coal-bed n ‖ **weicher dunkler** ⁓**schieferton** (Geol) / coaly rashings ‖ ⁓**schiff** n (Schiff) / collier n, coal carrier ‖ ⁓**schlacke** f / breeze* n (small cinders mixed with sand and cement) ‖ ⁓**schlacke** n / clinker* n (the stony residue from burnt coal or from a furnace) ‖ ⁓**spat** n (Min) / whewellite* n

**Kohlenstaub** m (pulverisierte Kohle als Produkt) / pulverized coal, powdered coal, pulverized fuel, PF* n (auch aus Filtern) / coal dust ‖ ⁓**bekämpfung** f (durch Kohlenstoßtränkung) (Bergb) / coal dust consolidation ‖ ⁓**brenner** n / pulverized-coal burner* ‖ ⁓**explosion** f (Bergb) / coal-dust explosion ‖ ⁓**feuerung** f / PF firing, pulverized-fuel firing, pulverized-coal firing ‖ ⁓**leitung** f / PF-line n, pulverized-fuel line, pulverized-coal line ‖ ⁓**lunge** f (eine Staublungenerkrankung) (Bergb, Med) / anthracosis* n (pl. -coses), blacklung n, coal-miners' lung ‖ ⁓**motor** m (Masch) / coal-dust engine ‖ ⁓**mühle** f (Aufber) / pulverizer n, coal-pulverizing mill, coal-milling plant, coal mill ‖ ⁓**silo** m n / PF bin, pulverized-fuel bin, pulverized-coal bin

**Kohlenstein** m (Chem, Hütt) / carbon brick, carbon refractory brick

**Kohlenstoff (C)** m (Chem) / carbon* n ‖ ⁓**-14** m (Chem) / radiocarbon* n, carbon-14 ‖ **aktivierter** ⁓ (Chem) / activated carbon* ‖ **fester** ⁓ (Chem, Hütt) / fixed carbon*, FC ‖ **freier** ⁓ (Chem, Hütt) / free carbon ‖ **gebundener** ⁓ (Chem, Hütt) / combined carbon* ‖ **gelöster organischer** ⁓ (Summenparameter zur Messung der Abbaubarkeit organischer Wasserinhaltsstoffe) / dissolved organic carbon, DOC ‖ **gelöster organischer** ⁓ (in Gewässern) (Sanitär) / dissolved organic carbon, DOC ‖ **glasartiger** ⁓ (Chem Verf) / glassy carbon n ‖ **graphitischer** ⁓ (Hütt) / graphitic carbon* ‖ ⁓ **umwandeln** (Chem) / carbonize v ‖ **mit** ⁓ **anreichern** (Chem) / carbonize v ‖ **mit** ⁓ **beladen** (Katalysator) (Chem) / fouled with carbon ‖ **organischer** ⁓ (Chem) / organic carbon ‖ ⁓**analyse** f (Chem) / carbon analysis ‖ ⁓**anreicherung** f (Chem) / carbonizing n, carbon enrichment ‖ ⁓**äquivalent** n (Formel zur Kennzeichnung der Schweißeignung von Stählen) (Hütt, Schw) / carbon equivalent ‖ ⁓**arm** adj (Chem) / low-carbon attr, poor in carbon ‖ ⁓**armer Stahl** (Hütt) / low-carbon steel* ‖ ⁓**atom** n (Chem) / carbon atom, C atom ‖ ⁓**bilanz** f (eine erweiterte Form der Biomassebilanz) (Biochem) / carbon balance, C balance ‖ ⁓**brennen** n (eine Kernreaktion) (Astr, Nukl) / carbon burning ‖ ⁓**dioxid** n (Chem) / carbon dioxide*, carbonic anhydride*, carbonic acid gas* ‖ ⁓**dioxidlaser** m (ein Gaslaser im IR) (Phys) / CO$_2$ laser, carbon dioxide (gas) laser, carbon-dioxide laser* ‖ ⁓**disulfid** n (Chem) / carbon disulphide, disulphide of carbon* ‖ ⁓**faser** f (Chem) / carbon fibre*, c-fibre n ‖ ⁓**faserverstärkter Kunststoff** (Plast) / carbon-fibre reinforced plastic, CFRP ‖ ⁓**filament** n (Tex) / carbon filament* ‖ ⁓**frei** adj (Chem) / carbonless adj ‖ ⁓**gehalt** m (Chem) / carbon content ‖ ⁓**gehalt des Stahls** (Hütt) / temper n, steel carbon content ‖ ⁓**gerüst** n (Chem) / carbon skeleton ‖ ⁓**haltig** adj (Chem) / carbonaceous* adj, carbon-containing adj ‖ ⁓**haltiger Zusatz** (Dynamit) / dope n ‖ ⁓**isotopenverhältnis** n (Chem) / carbon ratio ‖ ⁓**kette** f (bei Kohlenstoffverbindungen) (Chem) / carbon chain ‖ ⁓**-Kohlenstoff-Bindung** f (Chem) / carbon-carbon bond ‖ ⁓**konnektivität** f (Chem) / carbon-carbon connectivity, CC connectivity, CCC ‖ ⁓**kreislauf** m (Biol) / carbon cycle* ‖ ⁓**mobilisierung** f (Umwandlung organischer Stoffe in mobile Kohlenstoffverbindungen) (Chem, Umwelt) / carbon mobilization ‖ ⁓**monoxid** n (Chem) / carbon monoxide* ‖ ⁓**nitrid** n (Chem) / carbon nitride ‖ ⁓**-13-NMR-Spektroskopie** f (Spektr) / carbon-13 NMR spectroscopy, $^{13}$C-NMR spectroscopy ‖ ⁓**pegel** m (potentieller, in der Kohlenstoffatmosphäre bei der Wärmebehandlung) (Hütt) / carbon level ‖ ⁓**pigment** n (Anstr) / pigment black ‖ ⁓**potential** n (Hütt) / carbon potential ‖ ⁓**quelle** f (Nahr) / carbon source ‖ ⁓**reich** adj / high-carbon attr, rich in carbon ‖ ⁓**reiche Gesteine** (Torf, Kohlen und manchmal auch Kohlenwasserstoffe wie Erdöl und Erdgas) (Geol) / carbonaceous rocks* ‖ ⁓**reicher Stahl** (Hütt) / high-carbon steel*, hard steel ‖ ⁓**-13-Satellit** m (Spektr) / carbon-13 satellite, $^{13}$C satellite ‖ ⁓**stahl** m (unlegierter Werkzeugstahl mit 0,5 bis 1,4% C) (Hütt) / carbon (tool) steel* ‖ ⁓**stahl** (mit bis 0,4% C) (Hütt) / carbon steel* ‖ **weicher** ⁓**stahl** (Hütt) / dead-mild steel, dead-soft steel, extramild steel ‖ ⁓**stein** m (Chem, Hütt) / carbon brick, carbon refractory brick ‖ ⁓**stern** m (Astr) / carbon star* ‖ ⁓**-Stickstoff-Verhältnis** n (Umwelt) / C : N ratio ‖ ⁓**-Stickstoff-Zyklus** m (Astr) / carbon cycle*, Bethe cycle*, carbon-nitrogen cycle* ‖ ⁓**tetrachlorid** n (Chem) / carbon tetrachloride*, tetrachloromethane* n ‖ ⁓**tetrafluorid** n (Chem) / carbon tetrafluoride ‖ ⁓**übergangszahl** f (Kenngröße zur Charakterisierung der Kohlungswirkung von Aufkohlungsregime beim Aufkohlen) (Hütt) / carbon transfer coefficient ‖ ⁓**verbindung** f (Chem) / carbon compound* ‖ **ringförmige** ⁓**verbindungen** (Chem) / isocyclic compounds* ‖ ⁓**verfügbarkeit** f (Hütt) / carbon availability ‖ ⁓**verfügbarkeit** (Hütt) / carbon potential ‖ ⁓**verlust** m (Chem) / carbon loss ‖ ⁓**wanderung** f / carbon migration ‖ ⁓**zahl** f (in der Gaschromatografie) (Chem) / carbon number ‖ ⁓**zyklus** m (Biol) / carbon cycle*

**Kohlen·stoß** m (Bergb) / coal face, face* n, end* n, free end, breast* n ‖ ⁓**suboxid** n (ein Bisketen) (Chem) / carbon suboxide*, tricarbon dioxide ‖ ⁓**teer** m (Chem Verf) / coal-tar* n ‖ ⁓**teerharz** n (ein Kohlenwasserstoffharz) (Chem Verf) / coal-tar resin ‖ ⁓**teer-Solventnaphtha** f (Chem Verf) / coal-tar naphtha (solvent) ‖ ⁓**turm** m (in der Kokerei) / coal tower ‖ ⁓**veredlung** f (Chem Verf) / coal refining, coal beneficiation, coal upgrading ‖ ⁓**vorkommen** n (Bergb) / coal deposit, coal measures ‖ ⁓**wäsche** f (als Anlage) (Aufber) / coal washery* ‖ ⁓**wäsche** (Tätigkeit) (Aufber) / coal washing ‖ ⁓**wassergas** n (Chem Verf) / coal water gas

**Kohlenwasserstoff** m (natürlicher) (Bergb, Erdöl) / native hydrocarbon* ‖ ⁓ (Chem) / hydrocarbon* (HC) n ‖ **polymerer** ⁓ (Chem) / polyhydrocarbon n ‖ **acyclischer** ⁓ (Chem) / aliphatic hydrocarbon ‖ **aliphatischer** ⁓ (Chem) / aliphatic hydrocarbon ‖ **alternierende** ⁓**e** (Chem) / alternant hydrocarbons, AH ‖ **aromatischer** ⁓ (Chem) / aromatic hydrocarbon, aromatic carbohydrate ‖ **azyklischer** ⁓ (Chem) / aliphatic hydrocarbon ‖ **benzoide** ⁓ (Chem) / benzene hydrocarbons* ‖ **chlorierter** ⁓ (Chem) / chlorinated hydrocarbon, chlorocarbon n, chlorohydrocarbon n ‖ **halogenierter** ⁓ (Chem) / halogenated hydrocarbon, halohydrocarbon n ‖ **kettenförmiger** ⁓ (Chem) / open-chain hydrocarbon, aliphatic hydrocarbon ‖

**Kohlenwasserstoff**

**niedrigsiedender** ⁓ (Chem, Erdöl) / light hydrocarbon ‖ **polyzyklischer** ⁓ (Chem) / polynuclear hydrocarbon, polycyclic hydrocarbon ‖ **polyzyklischer aromatischer** ⁓ (z.B. Benzpyren) (Chem) / polycyclic aromatic hydrocarbon, PAH, polynuclear aromatic hydrocarbon ‖ **ringförmiger** ⁓ (Chem) / cyclic hydrocarbon ‖ ⁓**harz** n (synthetisches Harz, welches durch Reaktion von Kohlenwasserstoffen /außer Olefinen/ mit sich selbst in Gegenwart von Aluminiumchlorid oder Schwefelsäure als Katalysator entsteht) (Chem Verf, Plast) / hydrocarbon resin ‖ ⁓**kette** f (Chem) / hydrocarbon chain ‖ ⁓**löslich** adj (Chem) / hydrocarbon-soluble adj ‖ ⁓**nachweisgerät** n (Chem) / hydrocarbon-detecting device ‖ ⁓**pflanze** f (die einen beträchtlichen Teil ihrer Biomasse in Form von Kohlenwasserstoffen ablagert) (Bot) / hydrocarbon plant ‖ ⁓**süßung** f (Erdöl) / hydrocarbon sweetening

**Kohlen•wertstoffanlage** f (in der Kokereiindustrie) (Chem Verf) / coal by-product plant ‖ ⁓**wertstoffe** m pl (die bei Schwelung, Verkokung, Extraktion oder Verflüssigung von Kohlen anfallenden Produkte) (Chem Verf) / coal by-products, coal chemicals

**Kohle•öl** n (aus dem Hydrierverfahren) / coal oil ‖ ⁓**-Öl-Gemisch** n / coal-oil mixture ‖ ⁓**packung** f (z.B. bei den Dampfturbinen) (Masch) / carbon gland* ‖ ⁓**papier** n (Pap) / carbon paper*, carbon n, carbon sheet ‖ ⁓**pech** n / carbopitch n

**Köhlersche Beleuchtung(sanordnung)** (nach A. Köhler, 1866-1948) (Mikros) / Köhler illumination

**Kohle•schicht** f (dünne) / carbon film ‖ ⁓**schichtwiderstand** m (Eltech) / carbon-film resistor ‖ ⁓**stab** m (als Kohleelektrode bei der Schmelzfluß-Elektrolyse) / carbon rod ‖ ⁓**stämmig** adj / coal-derived adj ‖ ⁓**stift** m (eingeformt in einem Depolarisator (bei galvanischen Primärelementen)) / bobbin n ‖ ⁓**stift** (Zündverteiler-Mittelelektrode) (Kfz) / carbon pin ‖ ⁓**strom** m / coal by wire ‖ **schwefeloxidhaltige, durch Luftfeuchtigkeit zusammengeballte schwebende** ⁓**teilchen** (Luftverunreinigung) (Umwelt) / acid soot, acid smut ‖ ⁓**umschlag** m / coal handling ‖ ⁓**verdampfungstechnik** f (eine Art Hochvakuumbedampfungstechnik) (Mikros) / carbon-film technique* ‖ ⁓**veredlung** f (Koks, Gas, Kohlewertstoffe und flüssige Produkte) (Chem Verf) / coal refining, coal beneficiation, coal upgrading ‖ **nichtenergetische** ⁓**veredlung** (Chem Verf) / non-energetic coal refining ‖ ⁓**verflüssigung** f (direkte, indirekte) (Chem Verf) / hydrogenation of coal*, coal hydrogenation, coal liquefaction ‖ ⁓**vergasung** f (Art Kohleveredlung) (Chem Verf) / coal gasification ‖ ⁓**vergasung unter Tage** / underground gasification of coal ‖ ⁓**verkokung** f (eine Art Kohleveredlung) (Chem Verf) / coal carbonization ‖ ⁓**verstromung** f (Eltech) / generation of power from coal, use of coal for the generation of electric energy ‖ ⁓**verstromung an Ort und Stelle** / coal by wire ‖ ⁓**vorkommen** n (Bergb) / coal-bed n ‖ ⁓**vorräte** m pl (nicht abgegrenzte) / coal reserves ‖ ⁓**vorräte** (abgegrenzte) / coal resources ‖ ⁓**wertstoffe** m pl (Chem Verf) / coal by-products, coal chemicals ‖ ⁓**widerstand** m (Eltech) / carbon resistor*, carbon-composition resistor ‖ ⁓**zeichnung** f (Druck) / charcoal drawing ‖ ⁓**-Zink-Zelle** f (Eltech) / Leclanché cell*, sal-ammoniac cell

**kohlige Schicht** (Bergb) / grist n

**Kohlrausch•es Gesetz** (für die Isotachophorese) (Chem) / Kohlrausch's law* ‖ ⁓**es Quadratwurzelgesetz** (Chem) / Kohlrausch's square-root law

**Kohlsaatöl** n / colza oil, rape-oil n, rape-seed oil

**Kohlung** f (Hütt) / carburizing* n, carburization n, carbon case-hardening, cementation* n, carbonization* n, carburising n

**Kohlungs•mittel** n (Hütt) / carburizer n, carburizing agent ‖ ⁓**wirkung** f (Oberbegriff für das Gesamtverhalten von Wirkmedien bezüglich des Kohlenstoffaustausches mit dem Behandlungsgut beim Aufkohlen) (Hütt) / carburization effect ‖ ⁓**zone** f (des Hochofens) (Hütt) / carburizing zone

**Kohobation** f (Chem) / cohobation n

**Kohomologie** f (Math) / cohomology n

**Koinjektion** f (Plast) / coinjection moulding, multicomponent injection moulding

**koinzident** adj / coincident adj

**Koinzidenz** f (Biol, EDV, Eltech, Math) / coincidence n ‖ **verzögerte** ⁓ (Chem) / delayed coincidence ‖ ⁓**-Entfernungsmesser** m (Foto) / coincidence range-finder ‖ ⁓**libelle** f (Winkelmeßzeug, bei dem die Neigung der Libelle durch eine Meßschraube verstellt werden kann) / coincidence level ‖ ⁓**methode** f (in der Kernspektroskopie) (Spektr) / coincidence method ‖ ⁓**mikrofon** n (für die Intensitätsstereofonie) (Akus) / coincidence microphone ‖ ⁓**schaltung** f (Eltech) / coincidence circuit ‖ ⁓**speicher** m (EDV) / coincident-current memory, coincidence memory ‖ ⁓**stromauswahl** f (zum Ansteuern einzelner Kerne beim Kernspeicher) (EDV) / coincident-current selection ‖ ⁓**stromprinzip** n (EDV) / coincident-current selection ‖ ⁓**stromspeicher** m (EDV) /

coincident-current memory, coincident-current memory ‖ ⁓**zähler** m (Kernphys) / coincidence counter

**Koion** n (Phys) / co-ion n

**Koje** f (Kfz) / berth n

**Kojisäure** f (Chem, Pharm) / kojic acid

**Kokaalkaloid** n (ein Tropanalkaloid) (Pharm) / coca alkaloid

**Kokain** n (Benzoylecgoninmethylester) (Pharm) / cocaine* n

**Kokarde** f (Umkrustung von Nebengesteinsbrocken durch Erze) (Geol) / cockade n ‖ ⁓ (Hoheitszeichen an britischen militärischen Flugzeugen) (Luftf, Mil) / roundel n

**kokartesisch** adj (Math) / cocartesian adj

**Kokarzinogen** n (Med) / cocarcinogen n

**Kokatalyse** f (Chem) / cocatalysis n

**Kokerei** f (Chem Verf) / coking plant, coke plant, cokery n ‖ ⁓**gas** n / coke-oven gas ‖ ⁓**ofen** m (Chem Verf) / coke oven*, gas retort ‖ ⁓**teer** m / coke-oven tar

**Kokille** f (ein Kühlelement für den Einbau in Sandgußformen und Kernen) (Gieß) / chill* n, denseer n ‖ ⁓ (für Kokillenguß) (Gieß) / permanent mould*, die n ‖ **konische** ⁓ (Hütt) / big-end-down mould ‖ **umgekehrtkonische** ⁓ (Hütt) / wide-end-up mould, W.E.U. mould, big-end-up mould ‖ ⁓ f **mit verlorenen Kernen** (Gieß) / semi-permanent mould (a reusable mould)

**Kokillen•gießen** n (Hütt) / gravity diecasting*, permanent-mould casting ‖ ⁓**gießen** (Hütt) s. auch **Druckguß** ‖ ⁓**gießverfahren** n (Hütt) / gravity diecasting*, permanent-mould casting ‖ ⁓**guß** m (mit eingelegten Abschreckplatten) (Gieß) / chill casting ‖ ⁓**guß** (Hütt) / gravity diecasting*, permanent-mould casting ‖ ⁓**schmiere** f (Gieß) / mould lubricant ‖ ⁓**zange** f (Hütt) / flapper tongs

**Kokko** n (indisches) (For) / lebbek m, lebbek tree, koko n, siris n, woman's tongue tree, kokko n

**Kokkus** (pl Kokken) m (Bakteriol) / coccus* (pl cocci) n

**Kokon** m (Tex) / cocoon* n, pod n

**Kokondensation** f (Chem) / cocondensation n

**Kokon•-Einspinnverfahren** n / cocooning n ‖ ⁓**faden** m (Tex) / bave n ‖ ⁓**haspel** f (Tex) / reel n, silk reel ‖ ⁓**seide** f (Tex) / floss silk, flock silk ‖ ⁓**verfahren** n (zum zeitweiligen Korrosionsschutz von Gegenständen bei Lagerung und Transport) / cocooning n ‖ ⁓**verpackung** f / cocooning n

**Kokos•aroma** n (Nahr) / coconut flavour ‖ ⁓**butter** f (raffiniertes Kokosöl) / coconut butter ‖ ⁓**faser** f / coir* n, palm wool ‖ ⁓**fett** n / coconut oil* ‖ ⁓**matten** f pl / coconut matting ‖ ⁓**milch** f (flüssige Phase des Endosperms der Kokospalme) / coconut milk, coconut water ‖ ⁓**nuß** f (Bot, Nahr) / coconut n, cocoanut n ‖ ⁓**nußbutter** f / coconut butter ‖ ⁓**nußöl** n / coconut oil* ‖ ⁓**öl** n / coconut oil*

**Kokrodua** f (falsches Gold-Teak) (For) / afrormosia* n, kokrodua n

**Koks** m (Chem Verf) / coke n ‖ ⁓ **getrockneter** (für Laboruntersuchungen) (Chem Verf) / dry coke ‖ **kalzinierter** ⁓ / calcined coke ‖ **metallurgischer** ⁓ (Hütt, Kftst) / metallurgical coke

**Kok-Saghys** m (Taraxacum kok-saghyz Rodin - die Pflanze wird als Kautschuklieferant ausgewertet) (Bot) / kok-saghyz n, kok-sagyz n

**Kok-Saghyz** m (Bot) / kok-saghyz n, kok-sagyz n

**Koks•aschenbeton** m (HuT) / breeze concrete* ‖ ⁓**aschenbetonblock** m (Bau) / breeze-block ‖ ⁓**ausdrückmaschine** f / coke pusher, pusher n ‖ ~**beladen** adj (Katalysator) / coke-contaminated adj ‖ ⁓**gas** n / coke-oven gas ‖ ⁓**gicht** f (Hütt) / coke charge ‖ ⁓**grus** m (Bergb) / breeze* n, coke breeze*, coke ashes ‖ ⁓**hochofen** m (Hütt) / coke blast furnace ‖ ⁓**kammer** f / coking chamber ‖ ⁓**kohle** f (DIN 22005) (Bergb) / coking coal* ‖ ⁓**lösche** f (Bergb) / breeze* n, coke breeze*, coke ashes ‖ ⁓**löschturm** m / coke-quenching tower ‖ ⁓**löschwagen** m / coke-quenching car, quencher car, quenching car ‖ ⁓**ofen** m (für die Koksherstellung) (Chem Verf) / coke oven*, gas retort ‖ ⁓**ofenbatterie** f (Chem Verf) / coke-oven battery, retort bench, bench n, carbonization bench, carbonizing bench ‖ ⁓**ofengas** n / coke-oven gas ‖ ⁓**ofenteer** m / coke-oven tar ‖ ⁓**pulver** n / coke powder ‖ ⁓**rampe** f / coke wharf, coke bench ‖ ⁓**schwarz** n / brown-coke black ‖ ⁓**schwarz** (Grudekoks als Schwarzpigment) / coke black ‖ ⁓**sorten** f pl / cokes pl ‖ ⁓**wassergas** n / blue (water) gas, B.W.G.

**Kokungsvermögen** n / coking power

**Kokusholz** n (westindisches Edelholz aus Brya sp.) (For) / cocuswood* n, Jamaica ebony*, West Indian ebony*, green ebony

**Kokzidien** f pl (Bakteriol, Landw, Med) / coccidia pl

**Kola** f (aus Cola acuminata (P.Beauv.) Schott et Endl.) / kola nut, goora nut, cola nut, kola seed

**Kolamin** n (ein biogenes Amin) (Biochem) / colamine n

**Kolanuß** f (aus Cola acuminata (P.Beauv.) Schott et Endl.) / kola nut, goora nut, cola nut, kola seed

**Kolatur** f (das Durchgeseihte) / colature n

**Kölbel** n (Mundblasverfahren, bei der maschinellen Hohlglasfertigung) (Glas) / parison* n

**kolben** v (Erdöl) / swab in v ‖ ⁓ n (Erdöl) / swabbing n

**Kolben** *m* (Bot) / spadix* *(pl -ices)* *n* ‖ ≃ (von Mais) (Bot, Landw) / maize ear, corn cob (US) ‖ ≃ (ein Laborgerät) (Chem) / flask *n*, reaction flask ‖ ≃ (einer alten Destillierblase) (Chem) / cucurbit *n* ‖ ≃ (Eltech) / plunger* *n*, piston* *n* ‖ ≃ (der Glühlampe) (Eltech, Licht) / bulb* *n*, electric light bulb, light-bulb *n*, pear-shaped bulb ‖ ≃ (Röhrenkolben) (Eltronik) / envelope *n*, tube* *n* ‖ ≃ (der Kolbenpumpe) (Masch) / bucket *n* ‖ ≃ (Plast) / plunger *n*, ram *n* ‖ ≃ (V-Mot) / piston* *n* ‖ **doppelwandiger** ≃ (Masch) / box piston ‖ **innenmattierter** ≃ (Licht) / inside-frosted lamp, satin-etched bulb, pearl lamp ‖ **mattierter** ≃ (Licht) / frosted lamp* ‖ **ovaler** ≃ (V-Mot) / oval piston*, oblong piston ‖ **quergeschlitzter** ≃ (ein Kolben mit Wärmedämmwirkung) (V-Mot) / heat slot piston ‖ **spitzenloser** ≃ (der Elektronenröhre) (Eltronik) / tipless bulb ‖ ≃ *m* **der Hydropresse** (Masch) / hydraulic ram* ‖ ≃ **mit Ansatzrohr** (Chem) / tubulated flask ‖ ≃ **mit Wärmedämmwirkung** (Kfz) / heat dam piston
**Kolben • absatz** *m* (bei Scheibenbremsen) (Kfz) / piston face recess ‖ ≃**abschwächer** *m* (Eltech) / piston attenuator* ‖ ≃**antrieb** *m* (Masch) / piston drive ‖ ≃**auge** *n* (inneres) (V-Mot) / piston boss, piston-pin boss ‖ ≃**beschleunigung** *f* (Kenngröße des Kurbeltriebwerks von Kolbenmaschinen) (Masch) / piston acceleration ‖ ≃**blitz** *m* (DIN 19040) (Foto) / flash bulb*, photoflash lamp, flash-lamp *n*, photographic flash bulb ‖ ≃**boden** *m* (Druckaufnahmefläche des Kolbens) (V-Mot) / piston crown ‖ ≃**bodenoberseite** *f* (V-Mot) / piston top ‖ ≃**bohrung** *f* (V-Mot) / piston bore
**Kolbenbolzen** *m* (DIN 73125) (V-Mot) / gudgeon-pin* *n*, wrist pin, piston-pin* *n* ‖ ≃**auge** *n* (V-Mot) / piston boss, piston-pin boss ‖ ≃**bohrung** *f* (V-Mot) / piston boss, piston-pin boss ‖ ≃**buchse** *f* (V-Mot) / small-end bush, piston-pin bushing ‖ ≃**ende** *n* (des Pleuels) (V-Mot) / little-end* *n*, small-end *n* ‖ ≃**halteband** *n* (V-Mot) / ribbon ring ‖ ≃**lager** *n* (V-Mot) / small-end bearing ‖ ≃**sicherung** *f* (V-Mot) / piston-pin circlip, gudgeon-pin circlip, wrist-pin snap ring
**Kolben • bürette** *f* (Chem) / piston (syringe) burette ‖ ≃**decke** *f* (V-Mot) / junk ring* ‖ ≃**deckel** *m* (V-Mot) / junk ring* ‖ ≃**deckelschraube** *f* (V-Mot) / junk ring pin ‖ ≃**durchflußmesser** *m* (mit konstantem Druckabfall) (Masch) / piston-type flowmeter ‖ ≃**durchmesser** *m* (Masch) / piston diameter ‖ ≃**extruder** *m* / ram extruder ‖ ≃**feder** *f* (Masch) / plunger spring ‖ ≃**feder** (V-Mot) / piston spring ‖ ≃**fenster** *n* (V-Mot) / window port, window *n*, cut-out ‖ ≃**fläche** *f* (V-Mot) / piston area ‖ ≃**fresser** *m* (V-Mot) / seizure of the piston (of a reciprocating engine), piston seizure ‖ ≃**füllhalter** *m* / fountain pen with piston filling system ‖ ≃**gebläse** *n* (Masch) / piston blower ‖ ≃**geschwindigkeit** *f* (Kenngröße des Kurbeltriebwerkes von Kolbenmaschinen) (Masch) / piston speed ‖ ~**gesteuert** *adj* (Schlitz, bei schlitzgesteuerten Motoren) (V-Mot) / piston-controlled *adj* ‖ ~**gesteuerter Einlaß** (eines Zweitaktmotors) (V-Mot) / third-port induction ‖ ~**gesteuerter Zweitaktmotor** (V-Mot) / piston-ported two-stroke engine ‖ ≃**gießmaschine** *f* (eine Warmkammermaschine) (Gieß) / piston machine ‖ ≃**hahn** *m* (mit einem zylindrischen Küken) (Masch) / piston plug valve ‖ ≃**hemd** *n* (Kolbenschaft unterhalb der Kolbenbolzenbohrung) (V-Mot) / piston skirt ‖ ≃**hirse** *f* (Bot, Landw) / foxtail millet, Hungarian grass, Italian millet, foxtail bristle grass ‖ ≃**hub** *m* (Abstand zwischen den beiden Totpunkten des Kolbens) (V-Mot) / stroke* *n*, piston stroke, piston travel ‖ ≃**hubpipette** *f* (Chem) / automatic pipette* ‖ ≃**klappern** *n* (V-Mot) / piston slap* ‖ ≃**klemmer** *m* (V-Mot) / seizure of the piston (of a reciprocating engine), piston seizure ‖ ≃**kompressor** *m* (Masch) / piston compressor ‖ ≃**kraft** *f* (Masch, V-Mot) / piston force ‖ ≃**kraftmaschine** *f* (Kfz, Masch) / displacement prime mover ‖ ≃**ladepumpe** *f* (bei Zweitaktmotoren) (V-Mot) / piston charging pump ‖ ≃**legierung** *f* (Aluminiumlegierung mit hohem Siliziumgehalt) (Kfz) / piston alloy ‖ ≃**löten** (Klemp) / copper-bit soldering ‖ ≃**löten** (weich) (Klemp, Masch) / iron soldering, heated-bit soldering ‖ ≃**manometer** *n* / piston pressure gauge ‖ ≃**mantel** *m* (Kolbenschaft unterhalb der Kolbenbolzenbohrung) (V-Mot) / piston skirt ‖ ≃**maschine** *f* (eine Maschine, die durch periodische Hin- und Herbewegung eines Kolbens in einem Zylinder gekennzeichnet ist) (Masch) / reciprocating engine*, piston engine, PE ‖ ≃**motor** *m* (Masch, V-Mot) / piston engine, PE, piston motor ‖ ≃**mulde** *f* (bei Wankelmotoren) (V-Mot) / recessed rim ‖ ≃**nut** *f* (V-Mot) / piston-ring groove ‖ ≃**pumpe** *f* (eine Verdrängerpumpe) (Masch) / reciprocating pump*, piston pump ‖ **einfachwirkende** ≃**pumpe** (Masch) / single-acting pump
**Kolbenring** *m* (Bauteil zur Abdichtung des Zylinderraums gegen den Kurbelgehäuseraum und zur Weiterleitung der vom Kolben aufgenommenen Wärme an die Zylinderwand) (V-Mot) / piston-ring* *n* ‖ **einteiliger** ≃ (V-Mot) / single-piece ring ‖ **hochbeanspruchbarer** ≃ (V-Mot) / severe ring ‖ **mehrteiliger** ≃ (V-Mot) / multipiece ring ‖ ≃**feld** (V-Mot) / piston-ring belt ‖ ≃**nut** *f* (V-Mot) / piston-ring groove ‖ ≃**steg** *m* (V-Mot) / piston-ring land ‖ ≃**tragkörper** *m* (V-Mot) / piston-ring belt ‖ ≃**zange** *f* (V-Mot) / piston-ring expander, piston-ring-expander tool ‖ ≃**zone** *f* (V-Mot) / piston-ring belt

**Kolben • rückschlagventil** *n* (Masch) / piston-type lift check valve, piston check valve ‖ ≃**rücksetzzange** *f* (Kfz, Werkz) / piston-retraction tool (Girling) ‖ ≃**schaft** *m* (Masch) / piston body ‖ ≃**schieber** *m* (Masch) / piston valve* ‖ ≃**schwärzung** *f* (der Glühbirne) (Eltech, Licht) / bulb blackening ‖ ~**seitiges Kolbenstangenende** (Pleuelkopf) (V-Mot) / little-end* *n*, small-end *n* ‖ ≃**setzmaschine** (Aufber) / Harz jig*, piston jig ‖ ≃**setzmaschine** (für Anthrazit) (Aufber) / Lehigh jig ‖ ≃**spiel** *n* (V-Mot) / piston-in-cylinder clearance, piston play ‖ ≃**spritze** *f* (Chem) / syringe *n* ‖ ≃**spritzgießmaschine** *f* (Plast) / plunger-type injection moulder ‖ ≃**stange** *f* (Masch) / piston-rod* *n* ‖ **kurbelwellenseitiges** ≃**stangenende** (V-Mot) / big-end* *n* ‖ ≃**stellantrieb** *m* (Regeln) / piston actuator ‖ ≃**strangpresse** *f* (Masch, Plast) / ram extruder, hydraulic extruder, stuffer *n* (US) ‖ ≃**temperatur** *f* (V-Mot) / piston temperature, temperature of the piston ‖ ≃**träger** *m* (Chem) / flask holder, flask support ‖ ≃**triebwerk** *n* (Luftf) / reciprocating engine ‖ ≃**ventil** *n* (ein Absperrventil, bei dem sich ein Kolben in einem Zylinder mit waagerechter Durchgangsbohrung nach oben oder nach unten bewegt und Bohrung freigibt oder verdeckt und somit absperrt) (Masch) / piston valve ‖ ≃**verdichter** *m* (Masch) / piston compressor ‖ ≃**werkstoff** *m* (V-Mot, WP) / piston material ‖ ≃**zapfen** *m* (V-Mot) / crank pin
**Kolbesche Synthese** (Verfahren zum Aufbau höherer gesättigter Kohlenwasserstoffe - nach H. Kolbe, 1818-1884) (Chem) / Kolbe hydrocarbon synthesis, Kolbe's method
**Kolbe-Schmitt-Synthese** *f* (von Phenolcarbonsäuren unter Druck) (Chem Verf) / Kolbe-Schmitt synthesis
**Kolchizin** *n* (das Hauptalkaloid der Herbstzeitlosen - Colchicum autumnale L.) (Chem) / colchicine* *n*
**Kolemanit** *m* (Min) / colemanite* *n*
**Koleopter** *m* (Luftf) / coleopter* *n*
**Kolibakterie** *f* (Bakteriol) / Escherichia coli, colon bacillus, E. coli
**Kolibakterium** *n* (Bakteriol) / Escherichia coli, colon bacillus, E. coli
**kolieren** *v* / percolate *v*, strain *v* ‖ ~ (Nahr) / colander *vt*, cullender *vt*, strain *v* ‖ ~ (mit dem Koliertuch) (Pharm) / strain *v*, colate *v* ‖ ≃ (Pharm) / straining *n*, colation *n*
**Kolinsky** *m* (Leder, Zool) / kolinsky *n* (pl. -ies), kolinski *n*
**Kolinsky** *m* (Handelsbezeichnung für Kolonok bzw. Feuerwiesel im Pelztiergeschäft) (Leder, Zool) / kolinsky *n* (pl. -ies), kolinski *n*
**Kolititer** *m* (Sanitär, Wasserb) / coliform index, coli index
**Kolk** *m* (Masch) / crater *n* ‖ ≃ (Wasserb) / pothole *n* ‖ ≃**breite** *f* (Maß für den Kolkverschleiß) (Masch) / crater width
**Kolkothar** *m* (Eisenoxidrot) / colcothar *n*, red iron oxide, Prague red
**Kolk • schutz** *m* (Wasserb) / scour protection ‖ ≃**tiefe** *f* (Maß für den Kolkverschleiß) (Masch) / crater depth
**Kolkung** *f* (Masch) / pitting *n*
**Kolk • verschleiß** *m* (der Schneide) (Masch) / pitting *n* ‖ ≃**verschleiß** *m* (muldenförmiger Verschleiß auf der Spanfläche) (Masch) / crater wear, cratering *n*
**kollabieren** *v* (z.B. Strukturelemente bei einem Aufprall) / collapse *v*
**kollagen** *adj* (Biochem) / collagenous *adj* ‖ ≃ *n* (zu den Skleroproteinen gehörender Eiweißstoff) (Biochem) / collagen* *n* (the most abundant protein in animals)
**Kollagen-** (Biochem) / collagenous *adj*
**Kollagenase** *f* (eine Protease, die Kollagen zerlegt) (Biochem) / collagenase *n*
**Kollagendarm** *m* (Nahr) / collagen casing
**kollateral** *adj* / collateral *adj*
**kollationieren** *v* (zusammengetragene Bogen) (Buchb) / collate* *v*
**Kollektion** *f* (Waren-) / range *n*, collection *n*
**kollektiv** *adj* / collective *adj* ‖ ~**e Äquivalentdosis** (die gesamte einem Kollektiv applizierte Äquivalentdosis) (Radiol) / collective dose equivalent* ‖ ~**e Beschleunigung** (Nukl) / collective acceleration ‖ ~**e Bewegung** (Nukl) / collective motion ‖ ~**e Blatteinstellung** (bei Hubschraubern) (Luftf) / collective pitch (pilot control in rotary-wing aircraft directly affecting pitch of all blades of lifting rotor(s) simultaneously, irrespective of azimuth position) ‖ ~**e Blattverstellung** (Anstellwinkeländerung bei Rotorflugzeugen) (Luftf) / collective pitch control*, collective, simultaneous pitch control ‖ ~**e Flotation** (Aufber) / bulk flotation* ‖ ~**es Kernmodell** (Kernphys) / collective model* (of the nucleus), unified model* (of the nucleus) ‖ ~**er Übergang** (Kernphys) / collective transition ‖ ~**e Wechselwirkung** (Kernphys) / collective interaction
**Kollektiv** *n* (Stats) / population *n* (total number of objects under consideration), universe *n* ‖ ≃ *n* eine beliebig große Gesamtheit von Beobachtungsdaten, die an eindeutig voneinander abgrenzbaren Exemplaren einer statistischen Menge beobachtbar sind) (Stats) / collective *n* ‖ ≃**anregung** *f* (Nukl) / collective excitation ‖ ≃**bewegung** *f* (Nukl) / collective motion ‖ ≃**dosis** *f* (DIN 6814, T 5) (Radiol) / collective dose
**Kollektivisierung** *f* (Masch) / collectivization *n*
**Kollektivmodell** *n* (Kernphys) / collective model* (of the nucleus), unified model* (of the nucleus)

**Kollektor** *m* (Aufber) / collector agent*, collector *n* ‖ ~ (Eltech) / commutator* *n* ‖ ~ (eines Transistors - DIN 41854) (Eltronik) / collector* *n* ‖ ~ (Masch) / collector *n* ‖ ~ (in der Köhlerschen Beleuchtungseinrichtung eines Mikroskops) (Mikros) / light collector ‖ **konzentrierender** ~ (in der Heliotechnik - ein Sonnenkollektor) / concentrating collector ‖ **offener** ~ (Eltronik) / open collector ‖ ~**anschluß** *m* (Eltronik) / collector terminal ‖ ~**bahnwiderstand** *m* (Eltronik) / collector series resistance ‖ ~**basisstufe** *f* (Eltronik) / emitter follower* ‖ ~**diffusionsisolation** *f* (Eltronik) / CDI technology, collector diffusion isolation process ‖ ~**elektrode** *f* (Eltronik) / collector* *n* ‖ ~**-Emitter-Sättigungsspannung** *f* (Eltronik) / collector-emitter saturation voltage ‖ ~**kapazität** *f* (Eltronik) / collector capacitance* ‖ ~**motor** *m* (Eltech) / commutator motor* ‖ ~**pille** *f* (bei Transistoren) (Eltronik) / collector pellet ‖ ~**ring** *m* (Eltech) / commutator ring* ‖ ~**schaltung** *f* (eine Grundschaltung des Transistors) (Eltronik) / common-collector circuit, grounded collector circuit, common-collector connection*, cc connexion, grounded collector connexion ‖ ~**schrumpfring** *m* (Eltech) / commutator shrink-ring ‖ ~**sperrstrom** *m* (Eltronik) / collector cut-off current ‖ ~**strom** *m* (bei npn-Transistoren hineinfließend, bei pnp-Transistoren herausfließend) (Eltronik) / collector current* ‖ ~**übergang** *m* (der pn-Übergang zwischen Kollektor- und Basiszone eines Bipolartransistors) (Eltronik) / collector junction* ‖ ~**verluste** *m pl* (Eltech) / commutator losses* ‖ ~**verstärker** *m* (Eltronik) / emitter follower ‖ ~**zone** *f* (Eltronik) / collector region

**Kollenchym** *n* (Bot) / collenchyma* *n*

**Koller** *m* (in der Herrenkonfektion) (Tex) / yoke *n* ‖ ~**gang** *m* (Aufber, Masch) / edge runner, kollergang *n*, pan mill, pan crusher, Chile mill, muller *n* ‖ **satzweise arbeitender** ~**gang** (Masch) / batch mill* ‖ ~**gangläufer** *m* (Aufber) / chaser *n*

**Kollider** *m* (Speicherring mit gegeneinander geführten Strahlen) (Nukl) / collider *n*, collision ring

**kollidieren** *v* (im allgemeinen) / collide *v* ‖ ~ (Masch, Schiff) / foul *v*, collide *v*

**kolligative Eigenschaften** (eines Lösungsmittels in einer Lösung) (Chem) / colligative properties*

**Kolligator** *m* (eine Seitenkette, die an das Farbstoff-Ion gekoppelt ist) (Chem) / colligator *n*

**Kollimation** *f* (Kernphys, Opt) / collimation* *n*

**Kollimationsebene** *f* (Verm) / plane of collimation*

**Kollimationsfehler** *m* (Opt) / collimation error

**Kollimator** *m* (Kernphys, Opt) / collimator* *n* ‖ ~**spiegel** *m* (Spektr) / collimating mirror ‖ ~**zielbild** *n* (Verm) / collimator target image

**kollinear** *adj* (Math) / collinear *adj* ‖ ~**e Abbildung** (Math) / collineation* *n*, collineatory transformation ‖ ~**e Punkte** (Math) / collinear points

**Kollinearität** *f* (Math) / collinearity *n*

**Kollineation** *f* (Math) / collineation* *n*, collineatory transformation

**Kolliquation** *f* (Verflüssigung fester organischer Substanz) (Med) / colliquation *n*

**Kollision** *f* / collision *n* ‖ ~ (in einem Datennetz) (EDV) / collision *n* ‖ ~ **während des Fluges** (Luftf) / mid-air collision, aerial collision, in-flight collisions

**Kollisions•bremsung** *f* (Kernphys) / degradation* *n* ‖ ~**effekt** *m* (Umwelt, Zool) / crowding effect ‖ ~**erkennung** *f* (EDV) / collision detection ‖ ~**los** *adj* (Plasma) (Plasma Phys) / collisionless *adj* ‖ ~**maschine** *f* (wie z.B. SCC) (Nukl) / collider *n*, collision ring ‖ ~**raum** *m* (eines IR) (Masch) / collision space ‖ ~**schott** (vorderstes wasserdichtes Querschott) (Schiff) / collision bulkhead* ‖ ~**schutzradar** *m n* (Luftf, Radar) / anticollision radar, collision-avoidance radar ‖ ~**warnsystem** *n* (Luftf) / collision avoidance system*, CAS*

**Kollo** *n* (pl. -s oder Kolli) / package *n*

**Kollоblock-Klischee** *n* (Druck) / colloblock plate ‖ ~ s. auch Auswaschreliefdruckstock

**Kollodium** *n* (eine Lösung von Collodiumwolle) (Chem) / collodion* *n* ‖ ~**wolle** *f* (Chem) / pyroxilin* *n*, pyroxylin *n*, soluble gun-cotton, collodion cotton ‖ ~**esterlösliche** ~**wolle** (Chem) / regular soluble nitrocellulose, RS nitrocellulose

**kolloid** *adj* (Chem) / colloid *adj*, colloidal *adj* ‖ ~**er Elektrolyt** (Chem, Phys) / colloidal electrolyte* ‖ ~**e Lösung** (keine echte Lösung) (Chem) / colloidal solution ‖ ~**er Schwefel** (Chem) / colloidal sulphur ‖ ~**es System** (Chem) / colloidal system, colloidal dispersion, colloidal suspension

**Kolloid** *n* (kolloiddisperses System) (Chem) / colloid* *n* ‖ **fibrilläres** ~ (Chem) / linear colloid ‖ **globuläres** ~ (Chem) / spherocolloid *n*, globular colloid ‖ **hydrophiles** ~ (Chem) / hydrophilic colloid* ‖ **hydrophobes** ~ (Chem) / hydrophobic colloid* ‖ **irreversibles** ~ (Chem) / irreversible colloid ‖ **lyophiles** ~ (Chem) / lyophilic colloid* ‖ **lyophobes** ~ (Chem) / lyophobic colloid* ‖ **oleophiles** ~ (Chem) / oleophilic colloid ‖ **oleophobes** ~ (Chem) / oleophobic colloid ‖ **protektives** ~ (Chem) / protective colloid* ‖ **reversibles** ~ (Chem) / reversible colloid ‖ **wasserabweisendes** ~ (Chem) / hydrophobic colloid* ‖ **wasseranziehendes** ~ (Chem) / hydrophilic colloid*

**kolloidal** *adj* (Chem) / colloid *adj*, colloidal *adj* ‖ ~**er Brennstoff** / colloidal fuel*, coal-in-oil suspension ‖ ~**er Graphit** / colloidal graphite* ‖ ~**es Kaolin** / colloidal kaolin *n* ‖ ~**es Silber** (Chem) / colloidal silver ‖ ~**er Träger** (bei wirksamen Enzymen) (Biochem) / pheron *n* ‖ ~**er Zustand** (Chem) / colloidal state*

**Kolloid•brennstoff** *m* / colloidal fuel*, coal-in-oil suspension ‖ ~**chemie** *f* (Chem) / colloid chemistry, collochemistry *n* ‖ ~**disperses System** (Chem) / colloidal system, colloidal dispersion, colloidal suspension ‖ ~**elektrolyt** *m* (Chem, Phys) / colloidal electrolyte* ‖ ~**gleichrichter** *m* (Eltech) / colloid rectifier ‖ ~**graphit** *m* / colloidal graphite* ‖ ~**-Ion** *n* / colloidal ion ‖ ~**kaolin** *n m* / colloidal kaolin ‖ ~**lösung** *f* (Chem) / colloidal solution ‖ ~**mühle** *f* (eine Hochgeschwindigkeitsmühle) (Chem Verf) / colloid mill* ‖ ~**osmotischer Druck (KOD)** (Chem) / colloidal osmotic pressure, oncotic pressure ‖ ~**partikel** *m* (Chem, Phys) / colloidal particle ‖ ~**schwefel** *m* (Chem) / colloidal sulphur ‖ ~**system** *n* (Chem) / colloidal system, colloidal dispersion, colloidal suspension ‖ ~**teilchen** *n* (Chem, Phys) / colloidal particle ‖ ~**wissenschaft** *f* (Chemie und Physik der dispersen Systeme) / colloid science ‖ ~**zustand** *m* (Chem) / colloidal state*

**Kollokation** *f* (des Satelliten) / collocation *n* ‖ ~ (Math) / collocation *n*

**Kollophan** *m* (eine Varietät des Phosphorits) (Min) / collophane* *n*, collophanite *n*

**Kolloxylin** *n* (Chem) / pyroxilin* *n*, pyroxylin *n*, soluble gun-cotton, collodion cotton

**Kolluvium** *n* (Ablagerungen bei Hangabtragung) (Geol) / colluvium (pl -ms or -ia)

**Kolmatierung** *f* (Geol) / colmatage *n*

**Kolmation** *f* (Geol) / colmatage *n*

**Kolmogorowsche Ungleichung** (nach A.N. Kolmogorow, 1903 - 1987) (Stats) / Kolmogorov inequality

**Kolmogorow•-Sinai-Invariante** *f* (Phys) / Kolmogorov-Sinai invariant, entropy of a transformation ‖ ~**-Smirnow-Test** *m* (ein Signifikanztest nach N.W. Smirnow, 1900-1966) (Stats) / Kolmogorov-Smirnov test ‖ ~**-Test** *m* (Stats) / Kolmogorov-Smirnov test

**Kölner Erde** (Min) / Cassel brown, cassel earth, Cologne earth, Cologne brown ‖ ~ **Gelb** (Anstr) / lead chrome, chrome yellow, Leipzig yellow, chrome *n* ‖ ~ **Schwarz** (durch Verkohlen von Knochen hergestelltes Schwarzpigment für die Malerei) (Chem) / bone black

**Kölnisch Braun** (Min) / Cassel brown, cassel earth, Cologne earth, Cologne brown ‖ ~**e Erde** (Min) / Cassel brown, cassel earth, Cologne earth, Cologne brown ‖ ~ **Wasser** *n* / cologne *n*, cologne water, eau-de-Cologne *n*

**Kolon** *n* (pl. -s oder Kola) (Druck, EDV) / colon *n*

**Koloniakübel** *m* (A) (Umwelt) / dustbin *n* (GB), garbage can (US), trash can (US)

**Kolonie** *f* (Ansammlung von Tieren oder Pflanzen) (Bakteriol, Biol, Umwelt) / colony* *n*

**Koloniehybridisierung** *f* (Gen) / colony hybridization

**Kolonnade** *f* (Arch) / colonnade* *n*

**Kolonne** *f* (Chem Verf) / column *n*, tower *n* ‖ ~ (von Wagen) (Kfz) / train *n* ‖ **gepulste** ~ (Chem Verf) / pulsed column*, pulsed tower ‖ **pulsierte** ~ (Chem Verf) / pulsed column*, pulsed tower ‖ ~ *f* **mit rotierenden Scheiben** (Chem Verf) / rotating disk contactor, rotary disk contactor*, rotary disk column, RDC, RDC extractor

**Kolonnen•chromatografie** *f* (Chem) / column chromatography ‖ ~**destillation** *f* (Chem Verf) / column distillation ‖ ~**einbauten** *m pl* (Chem Verf) / column internals ‖ ~**index** *m* (Math) / column index ‖ ~**kopf** *m* (Chem Verf) / column head ‖ ~**springen** *n* (Kfz) / jumping the queue ‖ ~**springer** *m* (Kfz) / lane hopper ‖ ~**weise Anordnung** (Druck) / column arrangement ‖ ~**wirkungsgrad** *m* (Chem Verf) / column efficiency

**Kolophonester** *m* (Ester des Kolophoniums - Kaumassegrundstock) (Nahr) / colophony ester

**Kolophonium** *n* (ein natürliches Harz von Pinus-Arten) / colophony* *n*, rosin* *n*, colophonium* *n* (pl. -ms)

**Kolophoniumester** *m* (Anstr, Chem) / rosin ester

**Koloradokäfer** *m* (Landw) / Colorado beetle*

**Kolorierung** *f* (EDV) / painting *n*

**Kolorimeter** *n* (Chem) / colorimeter* *n*, chromometer *n* ‖ **die mit dem** ~ **nach Saybolt ermittelte Farbe der petrochemischen Produkte** (Erdöl) / Saybolt color (US) ‖ ~ *n* **nach Saybolt** (zur Bestimmung der Farbe von petrochemischen Produkten) (Erdöl) / Saybolt chromometer

**Kolorimetrie** *f* (Astr, Licht) / colorimetry* *n* ‖ ~ (Chem) / colorimetric analysis*

**kolorimetrisch** adj (Chem) / colorimetric adj, colorimetrical adj ‖ ~e **Analyse** (ein Verfahren der Absorptiometrie) (Chem) / colorimetric analysis*
**koloristisch** adj (Tex) / coloristic adj
**Kolossalordnung** f (z.B. in der Renaissance und im Barock) (Arch) / colossal order, giant order
**Kolumbit** m (Mischkristalle von Tantalit und Niobit) (Min) / columbite* n, dianite n
**kolumnar** adj (Krist) / columnar adj, basaltiform adj ‖ ~es **Gefüge** (Geol) / columnar structure*
**Kolumne** f (Druck, Math) / column n
**Kolumnen•schnur** f (zum Ausbinden einer Satzkolumne) (Typog) / page cord* ‖ ⁓**titel** m (Druck) / column heading, column head ‖ **lebender** ⁓**titel** (im Wörterbuch) (Druck) / catchword* n ‖ **lebende** ⁓**titel** (Typog) / running heads*
**Koluren** pl (Großkreise) (Astr) / colures* pl
**Kolzaöl** n / colza oil, rape-oil, rape-seed oil
**Koma** f (pl. -s) (des Kometen) (Astr) / coma n (pl. comae)*, envelope n ‖ ⁓ (pl. -s) (ein Abbildungsfehler) (Opt) / coma* n (pl. comae) ‖ [**meridionale**] ⁓ (Opt) / coma* n (pl. comae) ‖ **mit** ⁓ (Opt) / comatic adj ‖ ~**behaftet** adj (Opt) / comatic adj
**komagmatischer Gesteinsstamm** (Geol) / comagmatic assemblage*
**Kombi** m (Kfz) / estate car (GB), station wagon (US), estate n (GB) ‖ ⁓**brenner** m / multifuel burner ‖ ⁓**instrument** n (Instr) / instrument cluster ‖ ⁓**kopf** m (Akus, Eltech, Mag) / combined recording-reproducing head ‖ ⁓**kopf** m (Masch) / universal actuator attachment head ‖ ⁓**kraftwerk** n (Elektrizitätserzeugungsanlage bestehend aus einer Gasturbinen-Generatoreinheit, deren Abgase in einem Abhitzekessel - mit oder ohne Zusatzbrenner - Dampf erzeugen, mit dem in einer Dampfturbinen-Generatoreinheit zusätzlich Strom erzeugt wird) (Eltech) / combined-cycle power plant, combination power station ‖ ⁓**limousine** f (meistens dreitürige) (Kfz) / hatchback n
**Kombinanz** f (Wirkung verschiedener dominanter Allele eines Genotyps) (Gen) / codominance n
**Kombination** f (Chem) / combination* n ‖ ⁓ (von Endmaßen) (Masch) / gauge block ‖ ⁓ (Math) / subfactorial* n ‖ ⁓ (k-ter Klasse) (Math) / combination* n ‖ ⁓ (Tex) / combination suit ‖ ⁓ (einteiliger Schutzanzug) (Tex) / overall(s) n(pl), coverall(s) n(pl) (US) ‖ ⁓ **aus einem Siebboden mit zentralem Rücklauf und einem ähnlichen mit peripherem ringförmigem Rücklauf** (Chem Verf) / disk-and-doughnut n ‖ **zweier verschiedener Antriebsaggregate** f (z.B. Kolbenmotor/Turbine) (Masch) / composite engine
**Kombinations•anschluß** m (der im wesentlichen aus einer Kugellagersäule mit Bundbuchse und zwei Axial-Rillenkugellagern besteht) (Masch) / universal actuator attachment head ‖ ⁓**aufnahme** f (eines realen Vordergrundes mit projiziertem Hintergrund oder mit einem Bild) (Film) / process shot ‖ ⁓**druck** m (mehrere Zeichen übereinander) (Druck) / overstriking n ‖ ⁓**flugschrauber** m (Luftf) / gyrodyne* n ‖ ⁓**flugschrauber** (Luftf) / compound helicopter ‖ ⁓**frequenz** f (Fernm) / mixed frequency, combination frequency ‖ ⁓**futter** n (Masch) / combination chuck* ‖ ⁓**garn** n (unelastisch) (Spinn) / core-spun yarn* ‖ ~**gegerbtes Leder** (Leder) / combination-tanned leather ‖ ⁓**gerbung** f (gleichzeitige oder aufeinanderfolgende Verwendung wesensverschiedener Gerbstoffe) (Leder) / combination tanning ‖ ⁓**gerbung mit Chromsalzen und pflanzlichen oder synthetischen Gerbstoffen** (Leder) / chrome retannage, chrome retanning ‖ ⁓**kraftwagen** m (Kfz) / estate car (GB), station wagon (US), estate n (GB) ‖ **Ritzsches** ⁓**prinzip** (Einelektronenspektren - nach W. Ritz, 1878-1909) (Kernphys) / combination principle of Ritz, Ritz's combination principle ‖ ⁓**schall** m (DIN 1320) (Akus) / combination tones* ‖ ⁓**schaltung** f (Eltech) / combinational circuit ‖ ⁓**schwingung** f (Chem) / combination vibration ‖ ⁓**steuerung** f (eine Fernsteuerung, bei der durch eine Kombination von Relais gegenüber der Ein- oder Mehrdrahtsteuerung Übertragungsleitungen eingespart werden) (Eltech) / combination control ‖ ⁓**töne** m pl (Akus) / combination tones* ‖ ⁓**verpackung** f / composite package ‖ ⁓**wirkung** f (von mehreren Umweltfaktoren) (Umwelt) / combinatory effect ‖ ⁓**zange** f (Masch, Werkz) / engineer's pliers, combination pliers, general-purpose pliers
**Kombinatorik** f (Math) / combinatorics n, combinatorial analysis, combinatorial theory
**kombinatorisch** adj (Math) / combinatorial adj ‖ ~e **Chemie** (Chem) / combinatorial chemistry ‖ ~e **Mathematik** (Math) / combinatorics n, combinatorial analysis, combinatorial theory ‖ ~e **Schaltung** (DIN 41506, T 1) (EDV) / combinational circuit, combinatorial circuit, combinational logic system ‖ ~e **Synthese** (Chem) / combinatorial chemistry ‖ ~e **Topologie** (Math) / combinatorial topology
**kombinieren** v / combine vt, compound v ‖ ⁓ (Chem) / combine vt ‖ ⁓ n (von Suchmustern) (EDV) / nesting n

**kombiniert•e A- und H-Bombe** (Mil) / fission-fusion-fission bomb, 3F-bomb n, three-F bomb ‖ ~e **Datei** (EDV) / combined file ‖ ~e **Dünger-Drillmaschine** (Landw) / combine drill ‖ ~er **Flugzeug-Eisenbahn-Verkehr** (Bahn, Luftf) / rail-air-rail service ‖ ~er **Gabel- und Gelenksteckschlüssel** (Werkz) / combination flex-head wrench, combination end-socket wrench, flex-head combination wrench ‖ ~es **Gerbverfahren** (Leder) / combination tanning ‖ ~es **Höhen- und Querruder** (Luftf) / elevon* n ‖ ~es **Kabel** (Kab) / composite cable* ‖ ~es **Kernmodell** (Kernphys) / collective model* (of the nucleus), unified model* (of the nucleus) ‖ ~es **Klischee** (Druck) / half-line block*, combination line-and-half-tone block ‖ ~e **Kopie** (Film) / married print* ‖ ~er **Ladungsverkehr** / intermodal transport, intermodal traffic ‖ ~es **Modell** (Kernphys) / collective model* (of the nucleus), unified model* (of the nucleus) ‖ ~e **Parität** (Phys) / CP parity ‖ ~e **Rasterstrichätzung** (Druck) / half-line block*, combination line-and-half-tone block ‖ ~er **Rohr- und Schraubenschlüssel** (Werkz) / combination wrench ‖ ~es **TL-Staustrahltriebwerk** (Luftf) / turboramjet* n, turboramjet engine ‖ ~er **Transport** (mit Übergang von einem Transportmittel auf ein anderes) / intermodal transport, intermodal traffic ‖ ~er **Transport** (in Flugzeugen) (Luftf) / birdyback n, birdieback n ‖ ~er **Transport** (auf Schiffen oder Bargen) (Schiff) / fishyback n ‖ ~er **Verkehr** / intermodal transport, intermodal traffic
**Kombinierung** f (von Textbausteinen) (EDV) / assembling n
**Kombi•schiff** n (ein Handelsschiff, das neben hohem Frachtanteil Einrichtungen für mehr als 12 Passagiere besitzt) (Schiff) / passenger-cargo ship ‖ ⁓**sperrholz** n (For) / composite plywood ‖ ⁓**version** f (einer Limousine) (Kfz) / station-wagon derivative, estate derivative ‖ ⁓**wagen** m (Kfz) / estate car (GB), station wagon (US), estate n (GB) ‖ ⁓**zange** f (Masch, Werkz) / engineer's pliers, combination pliers, general-purpose pliers
**Komet** m (Astr) / comet* n ‖ **Halleyscher** ⁓ (der die Sonne in 76 Jahren umkreist - zum letzten Mal 1986) (Astr) / Halley's Comet ‖ **kurzperiodischer** ⁓ (Umlaufzeit unter 200 Jahre) (Astr) / short-period comet ‖ **langperiodischer** ⁓ (Umlaufzeit über 200 Jahre) (Astr) / long-period comet
**kometarisch** adj (Nebel) (Astr) / cometary adj, cometic adj
**Kometbildung** f (Ausbildung einer in der Laufrichtung diffus begrenzten Zone in der Papier- und Dünnschichtchromatografie) (Chem) / tailing n, trailing n
**Kometen•bahn** f (Astr) / cometary orbit ‖ ⁓**kern** m (Astr) / nucleus* n (pl. nuclei) ‖ ⁓**schweif** m (Astr) / cometary tail ‖ ⁓**schweife** m pl (unerwünschte Poliermarken) (Masch) / comet tails, tadpoles pl
**komfortables Sehen** (Opt) / visual comfort
**Komfort•ausstattung** f (Fernm) / convenience outfitting, deluxe outfitting ‖ ⁓**klimaanlage** f (zur Schaffung behaglicher Raumluftverhältnisse für Aufenthaltsräume aller Art) / comfort air-conditioning plant ‖ ⁓**telefon** n (Fernsp) / added-feature telephone, feature telephone, convenience telephone ‖ ⁓**temperatur** f (Physiol) / comfort temperature ‖ ⁓**wert** m (eines textilen Bodenbelags) (Tex) / comfort class
**Komma** n (syntonisches oder pythagoreisches) (Akus) / comma* n ‖ ⁓ n (pl -s oder -ta) (Druck, EDV) / comma n ‖ ⁓ (EDV, Math) / point* n (decimal) ‖ ⁓ (pl -s oder -ta) (Trennungszeichen zwischen den ganzen und den Bruchzahlen bei den Dezimalbrüchen) (Math) / decimal point, point n ‖ **binäres** ⁓ (EDV) / binary point* ‖ **einstellbares** ⁓ (EDV) / adjustable point
**Komma•art** f (EDV) / scale n ‖ ⁓**automatik** f (EDV) / automatic decimal point capability, automatic decimal point positioning ‖ ⁓**bacillus** m (pl. -cilli) (Med) / comma bacillus ‖ ⁓**bazillus** m (pl. -zillen) (Med) / comma bacillus
**Kommando** n (im Dialogbetrieb über eine Schnittstelle den Anruf eines Prozesses bewirkende Anweisung nach DIN 44300) (EDV) / command n ‖ **absolutes** ⁓ (EDV) / absolute command, absolute instruction ‖ **relatives** ⁓ (EDV) / relative command, relative instruction ‖ ⁓**brücke** f (Schiff) / bridge n (the elevated, enclosed platform on a ship from which the captain and officers direct operations) ‖ ⁓**interpretervirus** n m (EDV) / command-file virus ‖ ⁓**leitung** f (TV) / talk-back circuit* ‖ ⁓**lenkung** f (Raumf) / command guidance* ‖ ⁓**sprache** f (EDV) / command language ‖ ⁓**steuerung** f (durch Fernsteuerung) (Raumf) / command guidance* ‖ ⁓**string** m (EDV) / command string ‖ ⁓**- und Versorgungseinheit** f (Raumf) / command-service module, CSM ‖ ⁓**- und Versorgungskabine** f (Raumf) / command-service module, CSM
**Komma•stellung** f (EDV, Math) / point position ‖ ⁓**verschiebung** f (DIN 1333, T 2) (EDV, Math) / point shifting
**kommen** (im Funkverkehr) (Luftf, Radio) / over ‖ **zu weit** ⁓ (bei der Landung) (Luftf) / overshoot v
**Kommensalismus** m (Biol, Umwelt) / commensalism* n
**Kommensurabilitätslücke** f (Sonnenabstand, in dem sich im Hauptplanetoidengürtel nur wenige oder gar keine Planetoiden befinden) (Astr) / Kirkwood gap

**kommensurable**

**kommensurable Größen** (zwei oder mehr Größen, welche durch eine dritte Größe ohne Rest teil- oder meßbar sind) (Math) / commensurable quantities* ‖ ~ **Observablen** (ein Paar von Observablen, für das keine Unschärferelation gilt, d.h., das prinzipiell gleichzeitig genau gemessen werden kann) (Phys) / commensurable observables
**Kommentar** m (Algol, PL/1) (EDV) / comment n ‖ ≈ (EDV) / remark n
**kommerzialisieren** v / commercialize v, market v
**kommerziell • es à** (DIN 66 009) (EDV) / commercial at ‖ **~e Datenverarbeitung** (Buchhaltung, Finanzen, Lagerhaltung usw.) (EDV) / commercial data processing ‖ **~es Fernsehen** (TV) / commercial television ‖ **~er Fernsehrundfunk** (TV) / commercial television ‖ **~er Flug** (Luftf) / revenue flight ‖ **~e Flugstunde** (Luftf) / commercial flying hour ‖ **~e Grafik** (grafische Darstellung kommerzieller Daten) (EDV) / business graphics ‖ **~e Programmiersprache** (EDV) / commercial language, COML ‖ **~er Reaktor** (Nukl) / commercial reactor ‖ **~er Satellit** (Fernm) / commercial satellite ‖ **~es Und** (Typog) / ampersand n
**kommissionieren** v (eine Bestellung komplettieren, z.B. in einem Ersatzteillager)
**Kommissionierer** m (ein Lagerstapler) (Masch) / commissioner n
**Kommissioniergerät** n (Masch) / order picker
**Kommissionierung** f (Komplettierung der Bestellung, gemäß vorgegebener Ausgangspapiere, z.B. in einem Ersatzteillager) (F.Org, Masch) / order-picking n, commissioning n
**kommunal • es Abwasser** (Sanitär, Umwelt) / urban sewage, municipal waste water ‖ **~es Verwaltungs- und Kulturzentrum** (Arch) / civic centre ‖ **≈abwasser** (Sanitär, Umwelt) / urban sewage, municipal waste water ‖ **≈wissenschaft** f / urbanology n
**Kommunikant** m / communicant n
**Kommunikation** f (zwischen Kommunikator und Rezipient) / communication* n ‖ **digitale** ≈ (Fernm) / digital communication(s), digicom n ‖ **drahtgebundene** ≈ (Fernm) / line communication, wire communication ‖ **multimediale** ≈ (Fernm) / multimedia communication ‖ **nichtsprachliche** ≈ (EDV) / non-voice communication ‖ **visuelle** ≈ (z.B. mit Fahnen, Rauch, Heliograf) (Fernm, Opt) / visual communication ‖ ≈ f **im Hause** (innerhalb des Unternehmens) (Fernm) / in-house communication ‖ ≈ **Mensch-Maschine** / man-machine communication ‖ ≈ **offener Systeme** (EDV) / open systems interconnection (OSI) ‖ ≈ **zwischen einzelnen Büroarbeitsplätzen** (elektronische) (EDV) / interdesk communications
**Kommunikations • art** f (Fernm) / communication type ‖ **≈bus** m (EDV) / communication bus, C bus ‖ **≈empfänger** m (Fernm) / communication receiver ‖ **≈gerät** n (Fernm) / communicator n ‖ **persönliches mobiles ≈gerät** (Mobilfunknetz PCN im Bereich 1,7 - 1,9 GHz) (Fernm) / personal mobile communicator, PMC ‖ **≈mittel** n pl / means of communication, communications pl ‖ **≈modell** n / communication(s) model ‖ **≈multimedia** n (EDV) / communication multimedia ‖ **≈netz** n (im allgemeinen) (Fernm) / communication network ‖ **privates ≈netz** (EDV) / corporate network, Intranet n ‖ **≈programm** n (EDV) / communications program (software, controlling the modem, and the interactions between modem and computer), comm program ‖ **≈protokoll** n (EDV) / communication protocol n, protocol n ‖ **≈protokoll für technische Büros** (einheitliches) (EDV) / technical and office protocol (TOP) ‖ **≈protokoll in der automatisierten Fertigung** (einheitliches) (EDV) / manufacturing automation protocol (MAP) ‖ **zentraler ≈prozessor** (für digitale Kommunikationssysteme) (EDV) / central communications processor, CCP ‖ **≈rechner** m (EDV) / communication processor (CP), communication computer (CC) ‖ **≈satellit** m (Fernm) / communications satellite*, communication satellite ‖ **passiver ≈satellit** (Fernm) / passive communications satellite, passive satellite* ‖ **aktiver ≈satellit** (Raumf) / active communications satellite, active satellite* ‖ **subsynchroner ≈satellit** (Raumf) / subsynchronous communications satellite ‖ **synchroner ≈satellit** (Raumf) / synchronous communications satellite* ‖ **≈schreibmaschine** f / communications typewriter ‖ **einheitliche ≈steckdose** (Fernm) / standard communication socket ‖ **≈steuerschicht** f (Schicht 5 im ISO-Referenzmodell) (EDV) / session layer ‖ **≈steuerungsprotokoll** n (DIN ISO 7498) (EDV) / session protocol ‖ **≈system** n (im allgemeinen) (EDV, KI) / communication system ‖ **juristisch offenes ≈system** (EDV) / legally open communications system ‖ **privates ≈system** (Fernm) / private communication system ‖ **offenes ≈system** (gemäß ISO-Referenzmodell) (Fernm) / open-system architecture ‖ **≈technik** f (Fernm) / communication(s) engineering, signal engineering (US), telecommunications pl, communication technology ‖ **optische ≈technik** (Fernm) / light-wave communications
**Kommunikator** m (Sender in einem Kommunikationsprozeß) / communicant n

**kommunizierende Gefäße** (Phys) / communicating vessels
**Kommunmauer** f (Bau) / party wall, partition wall, parting wall, common wall (US)
**Kommunwand** f (Bau) / party wall, partition wall, parting wall, common wall (US)
**Kommutation** f (Math) / commutation n (of two elements)
**kommutativ** adj (Math) / commutative* adj ‖ **nicht** ~ (Math) / non-commutative adj ‖ **~e Algebra** (Math) / commutative algebra ‖ **~es Gesetz** (Math) / commutative law ‖ **~es Gruppoid** (Math) / abelian grouppoid ‖ **~er Ring** (dessen Multiplikation kommutativ ist) (Math) / commutative ring
**Kommutativgesetz** n (Math) / commutative law
**Kommutativität** f (Math) / commutativity n
**Kommutator** m (Bauteil auf der Läufrwelle, das bei elektrischen Maschinen die Umpolung des elektrischen Stromes durch die Läuferwicklungen bewirkt) (Eltech) / commutator* n ‖ ≈ (Math) / commutator* n ‖ ≈ (in der Quantentheorie) (Phys) / commutator n ‖ **≈anker** m (Eltech) / commutator armature ‖ **≈buchse** f (Eltech) / commutator hub*, commutator shell*, commutator sleeve*, commutator bush* ‖ **≈fahne** f (Eltech) / commutator lug, commutator riser, riser n ‖ **≈gruppe** f (Math) / commutator group, derived subgroup ‖ **≈lamelle** f (Eltech) / segment* n, commutator bar*, commutator segment*, bar n ‖ **≈maschine** f (Eltech) / commutator machine, commutating machine* ‖ **≈motor** m (Eltech) / commutator motor* ‖ **≈nabe** f (Eltech) / commutator hub*, commutator shell*, commutator sleeve*, commutator bush* ‖ **≈ring** m (Eltech) / commutator ring* ‖ **≈schritt** m (Eltech) / commutator pitch ‖ **≈schrumpfring** m (Eltech) / commutator shrink-ring ‖ **≈steg** m (Eltech) / segment* n, commutator bar*, commutator segment*, bar n ‖ **≈teilung** f (DIN 40108) (Eltech) / commutator pitch ‖ **≈tragkörper** m (Eltech) / commutator core ‖ **≈verluste** m pl (Eltech) / commutator losses*
**kommutieren** v / commute v
**Kommutierung** f (Umschaltung eines Stromkreises auf verschiedene Zweige) (Eltech) / commutation n ‖ **funkenfreie** ≈ (Eltech) / sparkless commutation* ‖ **Grenzlast f für funkenfreie** ≈ (Eltech) / sparking limit* ‖ **verzögerte** ≈ (Eltech) / undercommutation n
**Kommutierungs • faktor** m (Eltronik) / commutation factor* ‖ **≈feld** n (Eltech) / commutating field*, reversing field ‖ **≈kondensator** m (Eltech) / surge-absorbing capacitor ‖ **≈zahl** f (Eltronik) / commutation factor*
**Komonomer** n (Chem) / comonomer n
**kompakt** adj / solid adj, compact adj ‖ ~ / compact adj ‖ ~ (Baugruppe) (Eltronik) / packaged* adj ‖ **~e Heimunterhaltungsanlage** (Eltronik) / home entertainment centre ‖ **~er integrierter Schaltkreis** (Eltronik) / packaged integrated circuit ‖ **~e Menge** (in der Topologie) (Math) / compact set* ‖ **~er Puder** / compact powder ‖ **~e zusammenhängende Hausdorffsche Halbgruppe** (Math) / clan n
**Kompakt** n (tabletten- oder pastillenähnliches /kosmetisches/ Präparat) / compact n ‖ ≈ / compact adj ‖ **≈anlage** f (Eltronik) / radiogram n (GB), radiogramophone n ‖ **≈bau-** (Eltronik) / packaged* adj ‖ **≈baustein** m (größerer) (Masch) / packaged unit, package n ‖ **≈bauweise** f (Masch) / compact design ‖ **in ≈bauweise** (Masch) / of compact design ‖ **[transportables] kasten- oder schrankförmiges ≈gerät** / packaged unit ‖ **≈-Getriebeturboverdichter** m (Masch) / package geared centrifugal compressor ‖ **≈heit** f / compactness n
**kompaktieren** v / compact v, compress v ‖ ≈ n (HuT) / compaction* n, compression n
**Kompaktifizieren** n (EDV) / compaction n, garbage collection
**Kompaktifizierung** f (bei einem Hausdorff-Raum) (Math) / compactification n ‖ ≈ **einer topologischen Gruppe mittels fastperiodischer Funktionen** (Math) / Bohr's compactification ‖ ≈ **von Daten** (EDV) / data compression
**Kompaktion** f (Volumenverringerung) (Geol, HuT) / compaction* n
**Kompakt • kassette** f (Akus, Mag) / compact cassette ‖ **≈nachgerbung** f (Färben und Fetten im gleichen Bad direkt nach der Neutralisation mit anschließender Nachgerbung) (Leder) / compact retannage
**Kompaktor** m (schnellfahrender statischer Bodenverdichter) (HuT) / compactor n
**Kompakt • rechner** m (EDV) / compact computer ‖ **≈roboter** m (Masch) / compact robot ‖ **≈schaufelradbagger** m (Masch) / compact bucketwheel excavator, compact BWE ‖ **≈spinnanlage** f (Spinn) / compact spinning plant ‖ **≈spritzguß** m (Plast) / conventional injection moulding ‖ **≈station** f (eine Ortsnetzkabelstation) (Bergb, Eltech) / kiosk substation, packaged substation, integrated substation ‖ **≈torus** m (Plasma Phys) / compact torus ‖ **≈wagen** m (Kfz) / compact car, compact n (US) ‖ **≈waschmittel** n (Chem) / compact detergent, high-density detergent
**Kompander** m (ein Dynamikregler) (Akus) / compander* n
**Kompandor** m (ein Dynamikregler) (Akus) / compander* n

**komparativ** *adj* / comparative *adj*

**Komparator** *m* (EDV, Eltech) / comparator* *n* ‖ ⁓ (Fernm) / comparator* *n* ‖ ⁓ (Gerät zum Vergleich kleiner Längenunterschiede, meist bei Strichteilungen) (Phys) / comparator* *n*

**Komparse** *m* (Film) / extra *n*, supernumerary *n*, super *n* (US)

**Kompartiment** *n* (ein Teil der Umwelt, z.B. Wasser, Luft, Boden) (Umwelt) / compartment *n* ‖ ⁓ (ein durch Membranen abgeteilter Reaktionsraum der Zelle) (Zyt) / compartment *n*

**Kompartimentierung** *f* (Zyt) / compartmentation

**Kompaß** *m* (Instr, Nav, Phys) / compass* *n* ‖ ⁓**haus** *n* (Schiff) / binnacle *n* ‖ ⁓**kurs** *m* (Winkel zwischen der Kompaßnordrichtung und der Kielrichtung) (Nav) / compass course, compass heading ‖ ⁓**peilung** *f* (Luftf) / compass bearing ‖ ⁓**rack** *n* (genau passende Halterung für einen transportablen Kompaß) / compass rack ‖ ⁓**rose** *f* (ein Teil des Kompasses) / compass card ‖ ⁓**rose** (auf der Karte gedruckt) (Nav) / compass rose

**kompatibel** *adj* / compatible *adj* ‖ ⁓ (Stereoschallplatte, die auch monaural abgespielt werden kann) (Akus) / compatible *adj* ‖ ⁓ (EDV, Eltech) / compatible* *adj* ‖ ⁓ **anschließen** (EDV, Eltech) / interface *v*

**Kompatibilität** *f* (der Stereoschallplatten, die man auch monaural abspielen kann) (Akus) / compatibility *n* ‖ ⁓ (Chem) / compatibility *n* ‖ ⁓ (zweier Systeme) (EDV, Eltech) / compatibility *n* ‖ ⁓ (der Fahrzeuge bei Straßenverkehrsunfällen) (Kfz) / compatibility *n* ‖ **elektromagnetische** ⁓ (Funktionstüchtigkeit unter elektromagnetischer Umgebungsbeeinflussung) (Eltronik) / electromagnetic compatibility, EMC ‖ **volle** ⁓ (TV) / full compatibility ‖ **weltweite** ⁓ (EDV, Eltech, Eltronik) / global compatibility

**Kompatibilitätsbedingung** *f* (DIN 13316) (Mech) / compatibility condition

**Kompendium** *n* (pl.: -ien) (Film, Foto) / effects box, matte box

**Kompensation** *f* / compensation *n* ‖ ⁓ (Eltech) / bucking *n* ‖ **chemische** ⁓ (Nukl) / chemical shim ‖ **innere** ⁓ (Chem) / internal compensation* ‖ **isostatische** ⁓ (Geol) / isostatic compensation, isostatic correction, isostatic adjustment

**Kompensations • blende** *f* (Opt) / optical attenuator ‖ ⁓**diode** *f* (Eltronik) / balancing diode ‖ ⁓**drossel** *f* (Eltech) / arc-suppression coil*, arc suppressor*, Petersen coil*, Petersen earth coil, earthing reactor, arcing-ground suppressor* ‖ ⁓**druck** *m* (Phys) / compensatory pressure ‖ ⁓**farbe** *f* / compensation colour ‖ **sekundärer** ⁓**fehler** (Uhr) / middle temperature error* ‖ ⁓**feld** *n* (Eltech) / compensating field* ‖ ⁓**filter** *n* (Foto) / colour-compensating filter, CC filter*, compensating filter* ‖ ⁓**fotometer** *n* (Phys) / compensation photometer ‖ ⁓**halbleiter** *m* (mit Gegendotierung) (Eltronik) / compensated semiconductor ‖ ⁓**kalorimeter** *n* (klassisches Eiskalorimeter) (Phys) / compensation calorimeter (an ice calorimeter) ‖ ⁓**leitung** *f* (z.B. zwischen Thermoelement und Thermostat) (Eltech) / compensation lead ‖ ⁓**meßmethode** *f* / compensating method ‖ ⁓**methode** *f* (der Meßtechnik) / compensating method ‖ ⁓**methode** (Prinzip der elektrischen Meßtechnik) (Eltech) / compensation (comparison) method ‖ **Poggendorffsche** ⁓**methode** (eine Methode zur genauen Messung der EMK galvanischer Elemente in stromlosem Zustand - nach J.Ch. Poggendorff, 1796-1877) (Chem) / Poggendorff compensation method* ‖ ⁓**nivellier** *n* (Verm) / self-levelling level*, automatic level ‖ ⁓**okular** *n* (Opt) / compensating eyepiece ‖ ⁓**pendel** *n* (Phys) / compensated pendulum* ‖ ⁓**pendel** (Uhr) / compensation pendulum ‖ ⁓**rückkopplung** *f* (Regeln) / compensating feedback ‖ ⁓**schaltung** *f* (Akus) / correction circuit, compensating network ‖ ⁓**schaltung** (bei Spannungsmessern) (Eltech) / bucking circuit ‖ ⁓**schreiber** *m* (nach dem Kompensationsverfahren arbeitender Schreiber, bei welchem die Schreibvorrichtung durch den Motor der Kompensationseinrichtung betätigt wird) / potentiometric recorder ‖ ⁓**spannung** *f* (Eltronik) / offset voltage ‖ ⁓**spannung** (Eltronik) / offset voltage ‖ ⁓**spule** *f* (Eltech) / bucking coil*, backing coil*, differential coil, compensating coil ‖ ⁓**stab** *m* (Nukl) / shim rod* ‖ ⁓**thermometer** *n* (Gerät zur Messung der Lufttemperatur bei schnellen Flugzeugen, das den Einfluß der Reibungs- und Stauwärme durch Verwendung einer geeigneten Düse kompensiert) (Luftf) / compensated thermometer ‖ ⁓**- und Schnellabschaltstab** *m* (Nukl) / shim/scram rod ‖ ⁓**verfahren** *n* (das Fundamentalverfahren der Meßtechnik) / compensating method ‖ ⁓**verfahren** (Eltech) / zero method*, null method*, balance method ‖ ⁓**verstärker** *m* (Eltronik) / compensated amplifier ‖ ⁓**voltmeter** *n* (Eltech) / slide-back voltmeter, compensated voltmeter ‖ ⁓**wägung** *f* (Phys) / direct weighing ‖ ⁓**wattmeter** *n* (Eltech) / compensated wattmeter* ‖ ⁓**wicklung** *f* (Eltech) / compensating winding* ‖ ⁓**zone** *f* (Eltronik) / compensation zone

**kompensative Farbe** (die bei additiver Farbmischung mit einer gegebenen Farbvalenz Unbunt liefert) / compensation colour

**Kompensator** *m* (Eltech) / potentiometer* *n* ‖ ⁓ (Fernm) / comparator* *n* ‖ ⁓ (ein in die Rohrleitung eingebautes Rohrstück) (Masch) / expansion joint*, expansion bend, expansion loop, expansion compensator ‖ ⁓ (Opt, Verm) / compensator* *n* ‖ ⁓ **optischer** ⁓ / optical compensator ‖ ⁓**nivellier** *n* (Verm) / autoset level, automatic level ‖ ⁓**nivellierinstrument** *n* (Verm) / self-levelling level*, automatic level

**kompensieren** *v* / compensate *v* ‖ ⁓ (Mag, Nukl) / shim *v*

**kompensierende Rückkopplung** (Regeln) / compensating feedback

**kompensiert, nicht** ⁓ (Spin) (Phys) / uncoupled *adj* ‖ ⁓**er Induktionsmotor** (Eltech) / compensated induction motor* ‖ ⁓**er Motor** (Eltech) / compensated motor ‖ ⁓**es Plasma** (Plasma Phys) / compensated plasma ‖ ⁓**er Reihenschlußmotor** (Eltech) / compensated series motor*, neutralized series motor*, compensated series-wound motor ‖ ⁓**er Repulsionsmotor** (Eltech) / compensated repulsion motor

**Kompensograf** *m* / potentiometric recorder

**kompetent** *adj* (zur Fortleitung gerichteten Druckes befähigt) (Geol) / competent *adj*

**Kompetenz, interkulturelle** ⁓ / cultural literacy ‖ ⁓**bereich** *m* (EDV) / protection domain ‖ ⁓**bereich mit beschränkten Befugnissen** (EDV) / small protection domain

**kompetitive Hemmung** (seitens eines Inhibitors) (Biochem) / competitive inhibition, competitive enzyme inhibition

**Kompetitivreaktion** *f* (Chem) / competing reaction

**kompilieren** *v* (EDV) / compile *v*

**Kompilierer** *m* (ein Übersetzer) (EDV) / compiler* *n*, COM ‖ **inkrementeller** ⁓ (EDV) / incremental compiler ‖ **optimierender** ⁓ (EDV) / optimizing compiler

**Kompiler • generator** *m* (EDV) / compiler generator, compiler-compiler *n* ‖ ⁓**phase** *f* (EDV) / compile phase, compiling phase (of a run) ‖ ⁓**programm** *n* (EDV) / compiler* *n*, COM

**Kompilierungs • anlage** *f* (EDV) / source computer* (COBOL), source machine ‖ ⁓**rechenanlage** *f* (EDV) / source computer* (COBOL), source machine

**Kompilierzeit** *f* (EDV) / compilation time, compiling time, compile duration

**komplanar** *adj* (auf einer gemeinsamen Ebene liegend) (Math) / coplanar *adj* ‖ ⁓**e Vektoren** (Math, Phys) / coplanar vectors*

**Komplanarität** *f* (Math) / coplanarity *n*

**Komplement** *n* (Biochem) / complement *n* ‖ ⁓ (Math, Med) / complement *n* ‖ **90° -** ⁓ **der Breite** (eines Gestirns) (Astr) / colatitude* *n* ‖ **algebraisches** ⁓ (Math) / cofactor* *n*, signed minor* ‖ **B-minus-1-** ⁓ (EDV) / diminished radix complement, radix-minus-one complement ‖ ⁓ **des Logarithmus** (Math) / cologarithm* *n*, colog *n* ‖ ⁓ **einer Menge** (Math) / complement of a set*

**komplementär** *adj* (DIN 4898) / complementary *adj* ‖ ⁓**er Baum** (Elektr) / co-tree ‖ ⁓**er distributiver Verband** (Math) / complemented distributive lattice ‖ ⁓**es Ereignis** (Stats) / complementary event, complement *n* ‖ ⁓**er MOSFET** (mit geringer Verlustleistung, hoher Störsicherheit und Eignung zur Miniaturisierung in Großschaltkreisen) (Eltronik) / complementary-metal-oxide semiconductor, CMOS ‖ ⁓**er Verband** (Math) / complemented lattice

**Komplementärfarbe** *f* (die mit der anderen Komplementärfarbe das volle Weiß ergibt, z.B. Rot und Blaugrün) (Foto) / complementary colour*

**Komplementarität** *f* (Phys) / complementarity* *n*

**Komplementär • kode** *m* (z.B. Aiken- oder Exzeß-3-Kode) (EDV) / complementary code, complement code ‖ ⁓**luft** *f* (Physiol) / complemental air ‖ ⁓**menge** *f* (Math) / complement of a set* ‖ ⁓**-Metalloxidhalbleiter** *m* (Eltronik) / complementary-metal-oxide semiconductor, CMOS ‖ ⁓**operation** *f* (EDV) / complementary operation ‖ ⁓**transistoren** *m pl* (Transistorpaar vom komplementären Typ) (Eltronik) / complementary transistors*

**komplementieren** *v* / complement *v*

**Komplementierung** *f* (Math) / complementation* *n*

**Komplementwinkel** *m pl* (bis 90°) (Math) / complementary angles*

**komplett** *adj* / complete *adj*, integral *adj*

**komplettieren** *v* / complete *v*

**Komplettierung** *f* (Erdöl) / completion *n*

**Komplett • lösung** *f* (EDV) / complete solution ‖ ⁓**lötung** *f* (Eltronik) / mass soldering ‖ ⁓**schnitt** *m* (Masch) / compound press tool*, combination tool, compound die

**komplex** *adj* (Service) / full *adj* ‖ ⁓**e Analysis** (Math) / complex analysis, theory of functions ‖ ⁓**e Ebene** (Math) / Argand diagram*, complex (number) plane ‖ ⁓**e Größe** (DIN 1313 und 5483, T 3) (Math) / complex quantity, imaginary quantity ‖ ⁓**e Impedanz** (ein Wechselstromwiderstand) (Elektr) / impedance* *n*, complex impedance ‖ ⁓**es Integral** (Math) / complex integral ‖ ⁓**e Integration** (Math) / complex integration ‖ ⁓**es Ion** (Chem) / complex ion* ‖ ⁓**er Modul** (DIN 13 343) (Phys) / complex module ‖ ⁓**e Rundholzausnutzung** (For) / log run, machine run, mill run ‖ ⁓**es Salz** (Chem) / complex salt ‖ ⁓**e Steilheit** (bei Elektronenröhren) (Eltronik) / transadmittance* *n* ‖ ⁓**e Variable** (Math) / complex

**komplex**

variable ‖ ~**er Vektor** (DIN 5483, T 3) / complex vector ‖ ~**e Veränderliche** (Math) / complex variable ‖ ~**e Verbindung** (Chem) / complex compound, complex n ‖ ~**e Verbindung** (Chem) s. auch Koordinationsverbindung ‖ ~**er Widerstand** (Masch) / vector impedance ‖ ~**e Zahl** (Ausdruck für eine Einheit aus reeller und imaginärer Zahl) (Math) / complex number*

**Komplex** m (Chem) / complex compound, complex n ‖ **aktivierter** ~ (Chem) / activated complex, encounter complex ‖ **kupferhaltiger** ~ (Nahr) / copper complex ‖ **planarer** ~ (Chem) / planar complex ‖ **quadratisch-planarer** ~ (Chem) / square-planar complex ‖ **schwach gebundener** ~ (da die Bindungen keine vollen Bindungen sind) (Chem) / hypoligated complex ‖ **stark gebundener** ~ (ein Durchdringungskomplex) (Chem) / hyperligated complex ‖ ~ m **von chiralen Bausteinen** (Chem, Kernphys) / chiral pool ‖ ~ **von Testdatensätzen** (EDV) / test bed, test environment

**Komplex•automatisierung** f (F.Org) / complex automatization, automation* n ‖ ~**bildend** adj (Chem) / complex-forming adj ‖ ~**bildner** m (Chem, Galv) / complexing agent, complexant n, complexogen n ‖ ~**bildung** f (Chem, Galv) / complexing n, complexation n, complex formation ‖ ~**bildungskonstante** f (Chem) / stability constant, complex-formation constant ‖ ~**bildungstitration** f (Chem) / complexometric titration, complexometric titration, complexation titration ‖ ~**chemie** f (Chem) / coordination chemistry ‖ ~**diagnose** f (einer Betrachtungseinheit) / complex diagnosis ‖ ~**dünger** m (Landw) / complex fertilizer

**komplexieren** v (Chem) / complex v

**Komplexierung** f (Chem, Galv) / complexing n, complexation n, complex formation

**Komplexierungsmittel** n (Chem, Galv) / complexing agent, complexant n, complexogen n

**Kompleximetrie** f (Chem) / complexometry n, complexometry n

**kompleximetrisch** adj (Chem) / complexometric adj, compleximetric adj

**Komplex-Ion** n (Chem) / complex ion*

**Komplexion** f (Maxwell-Boltzmann-Statistik) (Phys) / microstate n, microscopic state*

**Komplexität** f (von Systemen, von Berechnungen) / complexity* n ‖ ~**stheorie** f (die sich mit der Komplexität von Berechnungen befaßt) (Math) / complexity theory

**Komplexmedium** n (für die Kultivierung von Organismen oder Zellen höherer Organismen) (Biol) / complex medium

**Komplexometrie** f (ein maßanalytisches Bestimmungsverfahren) (Chem) / complexometry n, complexometry n

**komplexometrisch** adj (Chem) / complexometric adj, compleximetric adj

**Komplexon** n (Aminopolykarbonsäure, die mit mehrwertigen Metall-Ionen stabile Chelatkomplexe bildet) (Chem) / complexone* n

**Komplexor** m (Quotient zweier Zeiger sinusförmiger Größen gleicher Frequenz) (Eltech) / complexor* n, phasor* n, sinor* n, vector* n

**Komplex•salz** n (Chem) / complex salt ‖ **inneres** ~**salz** (Chem) / inner complex salt ‖ ~**sensor** m (mikroelektronischer Sensor, der mehrere Meßgrößen mißt, die untereinander verkoppelt sind) (Eltronik) / complex sensor ‖ ~**stabilitätskonstante** f (Chem) / complex-stability constant ‖ ~**verbindung** f (Chem) / complex compound, complex n ‖ ~**versuch** m (Stats) / factorial experiment ‖ ~**wertige Funktion** (Math) / complex-valued function

**Komplianz** f (Quotient einer elastischen Verformung durch die zugehörige Spannung nach DIN 1342, T 1) (Phys) / compliance* n

**Komplikations•gesetz** n (nach V.M. Goldschmidt, 1888-1947) (Krist) / complication rule ‖ ~**regel** f (nach V.M. Goldschmidt, 1888-1947) (Krist) / complication rule

**kompliziert** adj / sophisticated adj ‖ ~**e Form** / complex shape, intricate shape

**Komponente** f / constituent* n ‖ ~ (Chem, Phys) / component* n ‖ ~ (z.B. Blindspannungskomponente) (Eltech) / component* n ‖ **horizontale** ~ (der Schwerebeschleunigung) (Phys) / horizontal n ‖ **kernaktive** ~ (Gruppe) (Kernphys) / nuclear-active component, N-component n ‖ **passive** ~ (z.B. Widerstand, Kapazität, Induktivität) (Eltronik) / passive device, passive element, passive component ‖ **saure** ~ (Chem) / acid component ‖ **symmetrische** ~**n** (Eltech) / symmetrical components* ‖ **vertikale** ~ (der Schwerebeschleunigung) (Phys) / vertical n ‖ ~ f **des Vektors** (die senkrechte Projektion eines Vektors auf die kartesische Koordinatenachse) (Math) / component of a vector*

**Komponenten•prüfung** f (bei der Kontrolle der Rückstände von Pflanzenschutzmitteln in Nahrung und Umwelt) (Nahr, Umwelt) / constitutive screening ‖ ~**subschicht** f (Fernm) / component sublayer ‖ ~**waage** f (Luftt) / aerodynamic balance*, wind-tunnel balance ‖ ~**zerlegung** f **von Vektoren** (Phys) / resolution of vectors

**komponieren** v (Math) / compose v

**Kompositbau** m (Bau) / composite construction

**Komposition** f (des Bildes) (Foto) / composition n ‖ ~ (zweier Abbildungen) (Math) / composition n ‖ ~ (Math) / composition n (of arrows or morphisms) ‖ **additive** ~ (Math) / additive composition

**Kompositions•gold** n (als Blattmetall = unechtes Gold) / imitation gold ‖ ~**reihe** f (nach dem Jordan-Hölderschen Satz) (Math) / composition series

**Komposit•membrane** f (zur Trennung von Flüssigkeiten und zur Gasreinigung) (Chem Verf) / composite diaphragm ‖ ~**ordnung** f (Arch) / composite order ‖ ~**pilaster** m (Arch) / composite pilaster ‖ ~**schiff** n (z.B. ein Schichtstoffschiff) (Schiff) / composite vessel ‖ ~**treibstoff** m (ein Raketentreibstoff) (Raumf) / composite fuel, composite propellant ‖ ~**werkstoff** m (aus zwei oder mehr Komponenten) (WP) / composite n, composite material*

**Kompost** m (Landw) / compost* n

**Kompostbereitung** f (Landw, Umwelt) / composting n

**Komposter** m (Umwelt) / digestion chamber

**Kompostgewinnung** f (Landw, Umwelt) / composting n

**kompostierbar** adj (Landw, Umwelt) / compostable adj

**kompostieren** v (Landw, Umwelt) / compost v

**Kompostierung** f (von Rinde) (For) / bark composting ‖ ~ (Landw, Umwelt) / composting n

**Kompostierungsanlage** f (Landw) / composting plant

**Kompound, leitfähiger** ~ (Kab) / semiconducting compound

**Kompoundierung, feldverstärkende** ~ (Eltech) / cumulative compounding

**Kompoundverhalten** n (Eltech) / compounding characteristic

**Komprehension** f (Math) / comprehension n

**kompresser Satz** (der ohne Durchschuß hergestellt ist) (Typog) / set solid*, solid matter*

**kompressibel** adj / compressible adj ‖ **kompressible Strömung** (Phys) / compressible flow

**Kompressibilität** f (Phys) / compressibility* n

**Kompressibilitäts•faktor** m (bei realen Gasen) (Phys) / compressibility factor ‖ ~**koeffizient** m (Chem, Phys) / coefficient of compressibility* ‖ ~**widerstand** m (Luftt) / compressibility drag*

**Kompression** f / compression n ‖ **magnetische** ~ (Zusammenpressung und Verdichtung eines Plasmas durch magnetische Kräfte) (Plasma Phys) / magnetic compression ‖ **verlustbehaftete** ~ (EDV) / lossy compression ‖ **verlustlose** ~ (EDV) / non-lossy compression (compression method where the decompressed version is exactly the same as the original), lossless compression ‖ **verlustreiche** ~ (die Originalbilder nicht vollständig erhält) (EDV) / lossy compression

**Kompressions•chip** m (EDV) / compression chip ‖ ~**druckmesser** m (Kfz) / compression tester, compression gauge ‖ ~**durchlässigkeitsgerät** n (HuT) / consolidation press, oedometer n, consolidometer n, odometer n ‖ ~**gerät** n (HuT) / consolidation press, oedometer n, consolidometer n, odometer n ‖ ~**hub** m (V-Mot) / compression stroke ‖ ~**kältemaschine** f / compression refrigerating machine, mechanical refrigerator ‖ ~**krumpfung** f (Tex) / compressive shrinkage*, compression shrinkage ‖ ~**manometer** n (ein Druckmeßgerät, z.B. McLeod-Manometer) / compression manometer ‖ ~**messer** m / compressometer n ‖ ~**modul** m (DIN 13343) (Phys) / bulk modulus ‖ ~**prüfer** m (Kfz) / compression tester, compression gauge ‖ ~**raum** m (Kfz, Masch) / clearance volume* ‖ ~**ring** m (V-Mot) / compression ring ‖ ~**schrumpfung** f (Tex) / compressive shrinkage*, compression shrinkage ‖ ~**stufe** f (Masch) / compression stage ‖ ~**vakuummeter** n (Chem) / McLeod gauge*, Macleod gauge, Mcleod gauge ‖ ~**verlust** m (Masch, V-Mot) / compression leakage ‖ ~**versuch** m (bei den Bodenproben) (HuT) / compression test, consolidation test (of soils) ‖ ~**wärme** f (Phys) / compression heat, heat of compression ‖ ~**welle** f (longitudinale Raumwelle) (Geophys) / P-wave n, compressional wave, pressure wave, primary wave (a type of seismic body wave)

**kompressiv•es Krumpfen** (Tex) / compressive shrinkage*, compression shrinkage ‖ ~**es Schrumpfen** (Tex) / compressive shrinkage*, compression shrinkage

**Kompressor** m (Masch) / compressor* n, compression machine ‖ **einstufiger** ~ (Luftt, Masch) / single-stage compressor ‖ **fahrbarer** ~ (Masch) / mobile compressor ‖ **geteilter** ~ (Axialgasturbine) (Luftt) / split compressor*, two-spool compressor* ‖ **ölfreier** ~ (Masch) / oil-free compressor, dry-piston compressor, non-lubricated compressor, oilless compressor ‖ **zweistufiger** ~ (Masch) / two-stage compressor ‖ ~**anlage** f (Masch) / compressor plant ‖ ~**fanfare** f (Kfz) / air horn, air trumpet ‖ ~**gehäuse** n (Masch) / compressor casing ‖ ~**modul** m (Masch) / compressor module ‖ ~**öl** n (Masch) / compressor oil ‖ ~**schaufel** f (Masch) / compressor blade ‖ ~**-Skid** m (Masch) / compressor skid ‖ ~**stufe** f (Masch) / compressor stage

**komprimieren** v / compact v, compress v ‖ ~ / compress v ‖ **wieder** ~ / recompress v ‖ ~ n (HuT) / compaction* n, compression n

**Komprimierung** f / compression n

**Komprimierungskarte** f (EDV) / compression board

**Komproportionierung** *f* (Chem) / coproportionation *n*, synproportionation *n*
**konaxial** *adj* / coaxial *adj*
**Konche** *f* (einer Muschel vergleichbare Halbkuppel) (Arch) / conch *n*, concha* *n* ‖ ⁓ (Nahr) / conge *n* ‖ **auf der ⁓ vermengen** (Schokoladenmasse) (Nahr) / mill *v*
**konchieren** *v* (Schokoladenmasse) (Nahr) / mill *v* ‖ ⁓ *n* (der Schokoladenmasse) (Nahr) / milling *n*
**konchoidal** *adj* / conchoidal *adj*, conchoid *adj*
**Konchoide** *f* (Math) / conchoid* *n* ‖ ⁓ **des Nikomedes** (bei der die vorgegebene Kurve eine Gerade ist) (Math) / conchoid of Nicomedes*
**Kondensanz** *f* (Elektr) / capacitive reactance*, capacitative reactance*
**Kondensat** *n* (Kondenswasser) / condensed water, condensed moisture, sweat *n*, condensation water ‖ ⁓ (Ergebnis einer Kondensation) / condensate* *n*, condensation product, condensate liquid ‖ **⁓ablaß** *m* / condensate drain ‖ **⁓ableiter** *m* (Masch) / steam trap*, condensate trap ‖ **thermodynamischer ⁓ableiter** (Masch) / thermodynamic steam trap ‖ **thermostatisch geregelter ⁓ableiter** (Masch) / thermostatic steam trap ‖ **⁓ableiter** *m* **mit niveaugeregeltem Ableitesystem** (Masch) / float-operated steam trap ‖ **⁓aufbereitung** *f* (Masch) / condensate polishing ‖ **⁓entsalzung** *f* (Masch) / condensate polishing ‖ **⁓feld** *n* (Lagerstätte mit kondensiertem Gas) (Erdöl) / condensate field ‖ **⁓führungsblech** *n* (Masch) / condenser deflector slat
**Kondensation** *f* (Chem, Phys) / condensation* *n* ‖ **extramolekulare ⁓** (Chem, Phys) / self-condensation *n* ‖ **fraktionierte ⁓** (Chem) / dephlegmation *n*, partial condensation ‖ **fraktionierte ⁓** (Chem Verf) / fractional condensation ‖ **intermolekulare ⁓** (Chem) / intermolecular condensation ‖ **intramolekulare ⁓** (Chem) / intramolecular condensation ‖ **kapillare ⁓** (die in Kapillaren und engen Poren bereits oberhalb des Siedepunktes eintretende Kondensation von Flüssigkeitsdämpfen) (Chem) / capillary condensation* ‖ **partielle ⁓** (Chem) / dephlegmation *n*, partial condensation ‖ **retrograde ⁓** (Chem Verf) / retrograde condensation ‖ **rückläufige ⁓** (Chem Verf) / retrograde condensation ‖ **verzögerte ⁓** (Tex) / deferred curing, delayed curing ‖ ⁓ *f* **eines Dampfes zu einem Feststoff** (Chem, Phys) / ablimation *n*, solidensing *n*, desublimation *n*
**Kondensations•adiabate** *f* (Meteor) / moist adiabat, wet adiabat, pseudoadiabat *n* ‖ **⁓adiabate** (Meteor) / saturated adiabate, saturated adiabatic* (line) ‖ **⁓becken** *n* (Druckabbausystem) (Nukl) / suppression pool, pressure-suppression pool ‖ **⁓dampfkraftwerk** *n* (Eltech) / condensing power plant ‖ **⁓dampfmaschine** *f* (Masch) / condensing (steam) engine ‖ **⁓enthalpie** *f* (eine Umwandlungsenthalpie) (Phys) / condensation enthalpy ‖ **⁓harz** *n* (ein Kunstharz, wie z.B. das Glyzerin-Phthalsäure-Harz) (Plast) / condensation resin ‖ **⁓hygrometer** *n* (Meteor) / dew-point hygrometer*, dew-cell hygrometer, condensation hygrometer ‖ **⁓kalorimeter** *n* (Phys) / steam calorimeter, Joly's steam calorimeter ‖ **⁓keim** *m* / condensation nucleus, condensation centre ‖ **⁓kern** *m* / condensation nucleus, condensation centre ‖ **⁓koeffizient** *m* (in der Hertz-Knudsen-Formel) / condensation coefficient ‖ **⁓kraftwerk** *n* (ein Dampfkraftwerk) (Eltech) / condensing power plant ‖ **⁓mindernder Anstrichstoff** (Anstr) / anticondensation paint ‖ **⁓polymer(es)** *n* (Chem) / condensation polymer ‖ **⁓polymerisation** *f* (Chem) / polycondensation *n* (a step-growth polymerization), condensation polymerization ‖ **⁓produkt** *n* / condensate* *n*, condensation product, condensate liquid ‖ **⁓pumpe** *f* (Vakuumt) / diffusion pump*, Gaede diffusion pump, condensation pump ‖ **⁓punkt** *m* (Chem, Phys) / condensation temperature ‖ **⁓punkt** *m* (Math) / condensation point ‖ **⁓reaktion** *f* (Chem, Phys) / condensation reaction ‖ **⁓rohrmessing** *n* (Hütt) / Admiralty brass, Admiralty metal ‖ **⁓temperatur** *f* (Chem, Phys) / condensation temperature ‖ **⁓trockner** *m* (For) / condensation drier ‖ **⁓turbine** *f* (eine Dampfturbine mit großem Energiegefälle) (Masch) / condensing turbine ‖ **⁓verzug** *m* (Phys) / retardation of condensation ‖ **⁓wärme** *f* (die bei der Kondensation freiwerdende Umwandlungswärme) (Phys) / heat of condensation ‖ **⁓wasserableiter** *m* (Masch) / steam trap*, condensate trap
**Kondensatöl** *n* / drip oil
**Kondensator** *m* (Chem, Chem Verf) / condenser* *n* ‖ ⁓ (von Kältemitteldampf) (Chem Verf, Masch) / condenser* *n* ‖ ⁓ (DIN-EC 62, 63) (Eltech) / capacitor* *n*, condenser* *n* ‖ ⁓ (der Kondensationsdampfmaschine) (Masch) / condenser* *n*, steam condenser ‖ **barometrischer ⁓** (Masch) / barometric condenser ‖ **dekadisch einstellbarer ⁓** (Eltech) / decade capacitance box ‖ **einflutiger ⁓** (Masch) / single-flow condenser ‖ **frequenzgerader ⁓** (ein Drehkondensator) (Fernm) / straight-line frequency capacitor*, SLF capacitor ‖ **kapazitätsproportionaler ⁓** (Eltech) / straight-line capacitor* ‖ **keramischer ⁓** (Eltech, Eltronik) / ceramic capacitor* ‖ **luftgefüllter ⁓** (direkte Luftkühlung) (Masch) / air-cooled condenser ‖ **luftgekühlter ⁓** (Masch) / air-cooled condenser ‖ **parallel geschalteter ⁓** (Eltech) / parallel capacitor ‖ **reihengeschalteter ⁓** (Eltech) / series capacitor* ‖ **selbstheilender ⁓** (wenn keine Energiezufuhr von außen notwendig ist) (Eltech) / self-sealing capacitor, Mansbridge capacitor ‖ **variabler ⁓** (Eltech) / variable capacitor ‖ ⁓ *m* **der Kältemaschine** / refrigeration condenser ‖ ⁓ **mit Festelektrolyt** (Eltech) / dry capacitor, solid-electrolyte capacitor ‖ ⁓ **mit Luftkühlung** (Eltech) / air capacitor* ‖ ⁓ **mit veränderlicher Kapazität** (Eltech) / variable capacitor ‖ ⁓ **zur Verbesserung des Leistungsfaktors** (Eltech) / static capacitor*
**Kondensator•antenne** *f* (Radio) / capacitor antenna ‖ **⁓bank** *f* (Eltech) / capacitor bank ‖ **⁓batterie** *f* (Gruppe von Kondensatoren, die elektrisch miteinander verbunden sind) (Eltech) / capacitor bank ‖ **⁓belag** *m* (Eltech) / coating* *n* ‖ **⁓belegung** *f* (Eltech) / coating* *n* ‖ **⁓durchführung** *f* (Eltech) / condenser bushing*, capacitor bushing*, capacitor terminal* ‖ **⁓elektrometer** *n* (Eltech) / vibrating-reed electrometer
**Kondensatorenblock** *m* (Eltech) / capacitor bank
**Kondensator•felderwärmung** *f* (ein Arbeitsverfahren der dielektrischen Erwärmung) (Eltech) / capacitance current heating ‖ **⁓impulsschweißen** *n* (ein Sonderschweißverfahren, das die Energie aus einer Kondensatorentladung gewinnt) (Schw) / impulse condenser resistance welding, impulse capacitor resistance welding ‖ **⁓kammer** *f* (eine kleine Ionisationskammer zur Dosismessung ionisierender Strahlung) (Kernphys, Radiol) / condenser ionization chamber ‖ **⁓kopplung** *f* (mit einem Koppelkondensator) (Eltech) / capacitance coupling*, capacitive coupling ‖ **⁓kühler** *m* (Chem, Chem Verf) / condenser* *n* ‖ **⁓lautsprecher** *m* (Akus) / capacitor loudspeaker*, electrostatic loudspeaker* ‖ **⁓mikrofon** *n* (Akus) / capacitor microphone*, electrostatic microphone* ‖ **⁓motor** *m* (Eltech) / capacitor motor* ‖ **⁓motor** **mit Motoranlaßkondensator** (Eltech) / starter capacitor motor, capacitor-start motor ‖ **⁓motor** (mit dem Motorbetriebskondensator) (Eltech) / capacitor start-run motor, permanent-split capacitor motor, PSC motor ‖ **⁓motor mit Anlauf- und Betriebskondensator** (Eltech) / two-value capacitor motor ‖ **⁓öl** *n* (eine Isolierflüssigkeit) / capacitor oil ‖ **⁓papier** *n* (ein pergaminähnliches, dünnes Elektroisolierpapier) (Pap) / condenser tissue*, capacitor paper, condenser paper, capacitor tissue* (paper) ‖ **⁓rohr** *n* (Masch) / condenser tube* ‖ **⁓(entlade)schweißen** *n* (Schw) / capacitor-discharge welding, stored-energy welding ‖ **⁓seidenpapier** *n* (Pap) / condenser tissue*, capacitor paper, condenser paper, capacitor tissue* (paper) ‖ **⁓speicher** *m* (EDV) / capacitor storage, dicap-storage ‖ **⁓turm** *m* (Chem Verf) / condensing tower ‖ **⁓wandler** *m* (Meßumformer, bei dem die Änderung des Eingangssignals eine Änderung der Kapazität eines Kondensators hervorruft) / capacitor converter, capacitive converter
**Kondensat•pumpe** *f* (Masch) / condensate pump ‖ **⁓reiches Gas** (natural) gas ‖ **⁓rückgewinnung** *f* / condensate recovery ‖ **⁓rücklauf** *m* / condensate return ‖ **⁓sammler** *m* (Masch) / syphon *n*, condensate receiver, gas trap (US), drip pot (US) ‖ **⁓schwall** *m* / slug *n* ‖ **⁓sperre** *f* (im Verteilerkopf) (Kfz) / condensate shield ‖ **⁓stoß** *m* / slug *n*
**Kondenser** *m* (Tex) / condenser *n* (in a blowing room), blowing-room condenser
**kondensierbar** *adj* / condensable *adj* ‖ **nicht ⁓** (Gas) / non-condensable *adj*
**kondensieren** *v* (Chem) / fuse *v*, condense *v* ‖ ⁓ (Phys) / condense *v* ‖ ⁓ *n* (Chem, Phys) / condensation *n*
**kondensiert, glasiges ⁓es Phosphat** (Chem) / glassy phosphate ‖ **⁓e Aromaten** (Chem) / fused aromatics ‖ **⁓er Dampf** / condensed steam ‖ **⁓er Gerbstoff** (Chem, Leder) / catechotannin *n*, condensed tannin ‖ **⁓e Milch** (ungezuckert) (Nahr) / evaporated milk ‖ **⁓e Milch** (gezuckert) (Nahr) / condensed milk ‖ **⁓es Phosphat** (Meta- oder Poly-) (Chem, Landw, Nahr) / condensed phosphate, thermal phosphate, calcined phosphate ‖ **⁓er Ring** (Chem) / condensed nucleus*, fused ring*, anellated ring ‖ **⁓es System** (Chem) / condensed system*
**Kondensmilch** *f* (Nahr) / evaporated milk ‖ ⁓ (gezuckert) (Nahr) / condensed milk
**Kondensor** *m* (Mikros, Opt) / condenser* *n* ‖ **Abbescher ⁓** (Opt) / Abbe condenser ‖ **⁓linse** *f* (dicke Konvexlinse) (Mikros, Opt) / condensing lens*, bull's-eye lens*, condenser lens
**Kondens•streifen** *m pl* (weiße, schmale Wolkenstreifen hinter den Triebwerken hochfliegender Flugzeuge) (Luftf) / condensation trails*, contrails* *pl*, vapour trails ‖ **⁓topf** *m* (Masch) / float-operated steam trap
**Kondenswasser** *n* (das sich aus seiner Dampfphase unterhalb seines Taupunktes durch Kondensation bildet) / condensed water, condensed moisture, sweat *n*, condensation water ‖ **⁓abscheider** *m* / steam trap ‖ **⁓austritt** *m* / condensed-water discharge ‖ **⁓korrosion** *f* (Galv) / condensing-humidity corrosion, corrosion by condensed water ‖ **⁓pumpe** *f* (Masch) / condensate pump ‖ **⁓rinne** *f* (in der

**Kondenswasser-Wechselklima-Test**

Laterne) (Arch) / condensation gutter* || ~-**Wechselklima-Test** *m* (eine Korrosionsprüfung nach DIN 50018) / moisture condensate alternating atmosphere test
**konditionieren** *v* (radioaktiven Abfall vor der Endlagerung) / condition *v* || ~ (Werkstoffe) / condition *v* || ~ *n* (Prüfung auf Feuchtigkeitsgehalt und Feststellen des Garnhandelsgewichtes) (Spinn) / conditioning* *n*
**Konditionierofen** *m* (Tex) / conditioning oven
**Konditionierung** *f* (Anpassung der Werkstoffe an besondere Bedingungen) / conditioning* *n* || ~ (von radioaktivem Abfall vor der Endlagerung) (Nukl) / conditioning *n* || ~ (Sanitär) / conditioning *n* (Verfahren zur Verbesserung von Schlammeigenschaften nach DIN 4045)
**Konditionierungsmittel** *n* (z.B. für Papier) (Pap) / conditioning agent
**Kondo-Effekt** *m* (bei glasartigen magnetischen Werkstoffen) (Mag) / Kondo effect
**Konduktanz** *f* (DIN 40110) (Elektr) / conductance* *n*, electric conductance || ~ (Elektr) / conductance* *n* || ~**relais** *n* (Eltech) / conductance relay
**Konduktieur** *m* (Bahn) / guard *n*, conductor *n* (US) || ~ (Kfz) / conductor *n* (on buses)
**Konduktivität** *f* (Elektr) / electrical conductivity*, conductivity *n*
**Konduktometrie** *f* (Chem) / conductimetry *n*, conductometry *n*
**konduktometrisch** *adj* (Chem) / conductimetric *adj*, conductometric *adj* || ~**e Analyse** (Chem) / conductimetric analysis* || ~**e Titration** (ein Verfahren der Maßanalyse) (Chem) / conductometric titration
**Kondurangorinde** *f* (Pharm) / condurango bark
**Konfektion** *f* (Tex) / clothing industry, ready-to-wear industry, garment industry || ~ **oder Gewebe mit PP-Effekt** (Tex) / permanent press
**Konfektionieranlage** *f* (Hütt) / confectionery line
**Konfektioniermaschine** *f* / tyre-building machine
**konfektioniert** *adj* (Anzug, Kleider) (Tex) / made-up *adj*, ready-to-wear *adj*, RTW, ready-made *adj*
**Konfektionierung** *f* (Aufmachung) / packing *n* || ~ (Aufbau von vulkanisationsreifen Fertigprodukten aus Mischung, Textil, Metall usw.) (Chem Verf) / building *n*, assembly *n* || ~ (Mischung von Kunststoffpolymeren mit Zusatzstoffen) (Chem Verf) / compounding *n* || ~ **des Stahlseils** / rope end fittings
**Konfektions•-** (Anzug, Kleider) (Tex) / made-up *adj*, ready-to-wear *adj*, RTW, ready-made *adj* || ~ **reach-me-down** *attr* || ~**größe** *f* (Tex) / standard size || ~**klebrigkeit** *f* / tack *n*
**Konferenz** *f* (kartellartiger Zusammenschluß von Reedereien im Überseegeschäft) (Schiff) / conference *n* || **feste** ~ (Fernm) / preset conference || ~**berechtigung** *f* (Fernsp) / conference-access status || ~**gespräch** *n* (Fernsp) / conference call || ~**sammelschiene** *f* (Fernsp) / conference bus || ~**schaltung** *f* (eine Sammelschaltung) (Radio, TV) / link-up *n*, conference circuit, conferencing *n* || ~**schaltungssystem** *n* (Fernsp) / conference system* || ~**taste** *f* (Fernsp) / conference key
**Konfidenz** *f* (Stats) / confidence *n* || ~**bereich** *m* (Stats) / confidence region || ~**intervall** *n* (DIN 1319, T 3) (Stats) / confidence interval* (between the confidence limits) || ~**intervallschätzung** *f* (Stats) / confidence interval estimate || ~**niveau** *n* (Stats) / confidence level || ~**schätzung** *f* (Stats) / confidence estimation
**Konfiguration** *f* (gegenseitige Stellung der Planeten zueinander) (Astr) / planetary configuration, configuration *n* || ~ (Chem, Phys) / configuration* *n* || ~ (z.B. Konsole und Peripheriegerät) (EDV) / configuration *n* || ~ (die gesamte Ausstattung mit Telekommunikationseinrichtungen einschließlich aller individuellen Programmierungen und Einstellungen) (Fernm) / configuration *n* || **absolute** ~ (Chem) / absolute configuration* || **Änderung** *f* **der** ~ / reconfiguration *n* || **die** ~ **ändern** / reconfigure *v* || **geometrische** ~ (Nukl) / geometrical configuration || **logische** ~ (Eltronik) / logic configuration || **relative** ~ (Chem) / relative configuration
**Konfigurations•baustein** *m* (Chem) / configurational unit || ~**bezeichnung** *f* **nach der Cahn-Ingold-Prelog-Konvention** (Chem) / Cahn-Ingold-Prelog system* || ~**erhalt** *m* (bei Substitutionsreaktionen) (Chem) / retention of configuration || ~**formel** *f* (eine Strukturformel) (Chem) / configuration formula, configurational formula || ~**isomerie** *f* (Chem) / configurational isomerism || ~**management** *n* (Software) (EDV) / configuration management, configuration control || ~**raum** *m* (Phys) / position space, configuration space || ~**steuerung** *f* (eine Reaktorsteuerung) (Nukl) / configuration control* || ~**wechselwirkung** *f* (in der Quantenchemie) (Chem) / configuration interaction
**konfigurative Einheit** (Chem) / configurational unit
**konfigurierbar** *adj* (Eltronik, Fernm) / configurable *adj*
**Konfigurierbarkeit** *f* (Eltronik, Fernm) / configurability *n*
**konfigurieren** *v* / configure *v* || **neu** ~ / reconfigure *v*
**Konflikt** *m* (von zwei Ereignissen, von zwei Regeln) (EDV, KI) / conflict *n* || ~**auflösung** *f* (bei lokalen Netzen mit Busstruktur) (EDV) / contention control || ~**frei** *adj* / conflict-free *adj* || ~**lösungsprozedur** *f* (EDV) / conflict-resolution procedure || ~**verkehrsströme** *m pl* / conflicting traffic flows
**konfluent** (z.B. Algorithmus) (EDV) / confluent *adj* || ~**e hypergeometrische Funktion** (Math) / confluent hypergeometric function
**Konfluenz** *f* (von Flüssen oder Gletschern) (Geol) / confluence *n*, conflux *n* || ~ (Math) / confluence *n* || ~ (das Zusammenlaufen von Stromlinien) (Phys) / confluence *n*
**konfokal** *adj* (Math, Opt) / confocal *adj* || ~**e Hyperflächen zweiter Ordnung** (Math) / confocal quadrics* || ~**e Kegelschnitte** (Math) / confocal conics* || ~**e Quadriken** (Math) / confocal quadrics* || ~**er Resonator** (mit zwei gleichen konkaven sphärischen Spiegeln, deren Brennpunkte zusammenfallen) (Eltronik) / confocal resonator
**konform** *adj* (Math) / conformal *adj* || ~**e Abbildung** (kartografische Abbildung, die in ihren kleinsten Teilen dem Urbild ähnlich ist) (Kart, Verm) / conformal (map) projection, orthomorphic projection || ~**e Abbildung** (Math) / conformal transformation*, isogonal transformation*, conformal mapping || ~**e azimutale Abbildung** (spezielle, umkehrbar eindeutige, winkeltreue Abbildung einer Kugelfläche auf eine Ebene, die senkrecht steht zu dem Durchmesser der Kugel, der das Projektionszentrum enthält) (Geog, Krist) / stereographic projection || ~**e Krümmung** (Math) / conformal curvature
**Konformation** *f* (bei kettenförmigen Makromolekülen) (Chem) / conformation *n* || **antiklinale** ~ (Chem) / anticlinal conformation || **ekliptische** ~ (Chem) / eclipsed conformation || **gestaffelte** ~ (z.B. des Ethans) (Chem) / staggered conformation*
**Konformations•analyse** *f* (Chem) / conformational analysis* || ~**energie** *f* (Chem) / conformational energy || ~**formel** *f* (Chem) / conformational formula || ~**isomer(es)** *n* (Chem) / conformer *n*, conformational isomer || ~**isomerie** *f* (die durch Rotation von Gruppen um Einfachbindungen zustande kommt) (Chem) / conformational isomerism, rotational isomerism
**Konformeres** *n* (Chem) / conformer *n*, conformational isomer
**Konformitäts•bescheinigung** *f* / certificate of conformity || ~**kriterien** *n pl* / conformity criteria || ~**test** *m* / conformance test || ~**zeichen** *n* (Eltech) / listing mark || ~**zertifikat** *n* / certificate of conformity
**kongenital** *adj* (Med) / congenital (present from birth)
**Konglomerat** *n* (Chem) / racemic mixture || ~ (diagenetisch verfestigter Schotter, dessen Geröllkomponenten deutlich zugerundet sind) (Geol) / conglomerate* *n*
**konglomerieren** *v* / conglomerate *v*
**Kongo•gummi** *n* / Congo gum, Congo copal || ~**jutefaser** *f* (Tex) / urena fibre || ~**kopal** *m* / Congo gum, Congo copal || ~**palisander** *m* (For) / wengé *n* || ~**papier** *n* (mit 0,1%iger wäßriger Kongorotlösung getränktes Filterpapier zum Säurenachweis) (Chem) / Congo paper || ~**rot** *n* (Azofarbstoff aus der Benzidinfarbstoffgruppe) (Chem, Mikros) / Congo red*
**kongruent** *adj* (Figuren - deckungsgleich) (Math) / congruent* *adj* || ~**e Abbildung** (Math) / congruent mapping, congruent transformation* || ~**es Schmelzen** (Phys) / congruent melting || ~**er Schmelzpunkt** / congruent melting point || ~**e Umwandlung** (Hütt) / congruent transformation
**Kongruenz** *f* (Deckungsgleichheit) (Math) / congruence *n* || ~ (zwei ganze Zahlen a und b sind kongruent modulo m) (Math) / congruence* *n* || ~**abbildung** *f* (eine Bijektion, bei der die Größe von Strecken und Winkeln invariant ist) (Math) / congruence *n*, isometry *n* || ~**punkt** *m* / congruent melting point || ~**satz** *m* (für Dreiecke) (Math) / congruence theorem || ~**schmelzpunkt** *m* (bei kongruent schmelzenden Stoffen) / congruent melting point
**Koniferen** *f pl* (Bot) / Coniferales *pl*, conifers *pl*, Coniferae* *pl* || ~**(nadel)öl** *n* / pine needle oil || ~**pflanzung** *f* (For) / pinetum *n* (pl. -neta)
**Koniferin** *n* (Chem) / coniferin* *n*
**Koniferylalkohol** *m* (z.B. im Lignin) (Chem) / coniferyl alcohol
**Königinmetall** *n* (Masch) / queen's metal || ~ s. auch Queens Metal
**Königinnensubstanz** *f* (Sekret aus den Mandibulardrüsen von Bienenköniginnen) (Pharm) / queen substance*
**Königsberger Brückenproblem** (von L. Euler) (Math) / Königsberg bridge problem
**Königs•blau** *n* (ein Co-K-Silikat) / king's blue, bleu de roi (pl. bleus de roi), starch blue, smalt *m*, royal blue || ~**chinarinde** *f* (aus Cinchona officinalis L.) (Pharm) / calisaya bark, yellow cinchona, Peruvian bark || ~**gelb** *n* (reines Arsentrisulfid) (Chem) / king's yellow || ~**holz** *n* (For) / kingwood || ~**nuß** *f* (Carya laciniosa (F. Michx.) London) (For) / shellbark hickory || ~**purpur** *m* / royal purple || ~**rot** *n* (roter CuO-Überzug, der beim Eintauchen von Cu in geschmolzenes $NaNO_2$ entsteht) / king's red
**Königstein** *m* (Gieß, Keram) / cluster *n*, cluster bottom mould, king brick
**Königs•wasser** *n* (Salzsäure-Salpetersäure-Gemisch) (Chem, Hütt) / aqua regia*, aq. reg., nitromuriatic acid, chloroazotic acid,

chloronitrous acid, nitrohydrochloric acid ‖ ⁓welle f (Kfz) / vertical shaft, level shaft
**Koniin** n (Pharm) / coniine* n
**Konimeter** n (ein Staubmesser) / konimeter* n
**konisch** adj / conical adj, coniform adj, conic adj ‖ ⁓ (Masch) / tapered adj ‖ normal ⁓ (Block) (Gieß) / small-end-up attr ‖ **umgekehrt** ⁓ (Block) (Gieß) / big-end-up attr, wide-end-up attr ‖ ⁓e **Abbildung** (Kart) / conical projection* ‖ ⁓e **Abtastung** (Radar) / conical scanning* ‖ ⁓ **aufweiten** / funnel vt ‖ ⁓e **Aufweitung** (Akus, Hütt) / flaring* n ‖ ⁓e **Doppelbalkenbiegeprobe** (WP) / tapered double-cantilever beam specimen, TDCB specimen ‖ ⁓e **Düse** (eine Entspannungsdüse) / cone nozzle, conical nozzle ‖ ⁓e **Faser** (LWL) (Opt) / optical taper, conical fibre, conical fiber ‖ ⁓er **Kegel** (ein Drosselkegel) (Masch) / mitre-facing disk ‖ ⁓e **Kokille** (Hütt) / big-end-down mould ‖ ⁓e **Kreuzspule** (wobei die untere Stirnfläche einen größeren Durchmesser hat als die obere) (Spinn) / cone n ‖ ⁓e **Kreuzspulenwickelmaschine** f (für Garne und Zwirne) (Spinn) / cone-winding machine, cone winder, cone-and-cheese winder ‖ ⁓e **Kuppel** (z.B. Schloß Chambord) (Arch) / conical dome ‖ ⁓e **Matrize** (beim Drahtziehen) (Hütt) / conical die ‖ ⁓es **Pendel** (Phys) / conical pendulum ‖ ⁓e **Polare** (Math) / polar conic ‖ ⁓er **Polschuh** (Eltech) / tapered pole piece ‖ ⁓e **Rauchfahne** (Umwelt) / coning n ‖ ⁓e **Refraktion** (in der Kristalloptik) (Licht) / conical refraction* ‖ ⁓er **Spiegel** (Opt) / conic mirror ‖ ⁓er **Stift** (Masch) / taper pin* ‖ ⁓es **Suchverfahren** (bei einem Zielverfolgungsradar) (Radar) / conical scan-tracking ‖ ⁓e **Trommel** (eine Seiltrommel) (Bergb) / conical drum ‖ ⁓e **Trommelmühle** (Aufber) / Hardinge mill* (a continuous-type ball mill of tri-cone construction) ‖ ⁓e **Verzahnung** (Masch) / tapered teeth
**Konischdrehen** n (Masch) / taper turning, conical turning
**Konizität** f (Gieß) / draft n ‖ ⁓ (Masch) / taper n ‖ ⁓ (Math) / conicity n
**Konjuene** n pl (organische Verbindungen, deren Doppelbindungen in Konjugation stehen) (Chem) / conjuenes pl
**Konjuenöl** n (trocknendes Öl mit konjugierten Doppelbindungen) / oil with conjugated double bonds, conjuene oil
**Konjugat** n (Chem) / conjugate n
**Konjugation** f (eine besondere Art der chemischen Bindung) (Chem) / conjugation n ‖ **durch** ⁓ **bedingte Rotverschiebung** (Spektr) / conjugative redshift ‖ **gekreuzte** ⁓ (Chem) / cross conjugation ‖ **transoide** ⁓ (Chem) / transoid conjugation
**Konjugenfettsäure** f (Chem) / conjugated fatty acid
**konjugieren** v (Chem) / conjugate v
**konjugiert, mit ⁓en Doppelbindungen** (eine Kohlenstoffverbindung) (Chem) / conjugated adj (compound) ‖ ⁓e **Brennpunkte** (Opt) / conjugate foci* ‖ ⁓e **Doppelbindungen** (Chem) / conjugate double bonds ‖ ⁓e **Durchmesser** (Math) / conjugate diameters* ‖ ⁓e **Fasern** (Spinn) / conjugate fibres, bicomponent fibres* ‖ ⁓e **Geraden** (Math) / conjugate lines (of a conic)* ‖ ⁓er **Kegelschnitt** (Math) / apolar conic ‖ ⁓es **Protein** (Biochem) / conjugated protein ‖ ⁓e **Punkte** (einer optischen Abbildung) (Opt) / conjugated points ‖ ⁓e **Strahlen** (Math) / conjugate lines (of a conic)* ‖ ⁓e **Subgruppe** (Math) / conjugate subgroup* ‖ ⁓e **Verwerfungen** (Geol) / conjugated faults
**konjugiert-komplex** adj (Math) / complex-conjugate adj ‖ ⁓e **Dämpfung** (Dämpfungsmaß) / conjugate-attenuation constant ‖ ⁓er **Widerstand** (Fernm) / conjugate impedance
**Konjunktion** f (DIN 5474) / and operation, logical product, conjunction n ‖ ⁓ (eine Konstellation) (Astr) / conjunction* n ‖ **obere** ⁓ (Astr) / superior conjunction ‖ **untere** ⁓ (Astr) / inferior conjunction*
**Konjunktions•name** m (Vereinigung zweier Moleküle, jedoch unter Abzug zweier H-Atome) (Chem) / conjunctive name, conjunction name ‖ ⁓**schaltung** f (EDV) / AND element*, AND gate*, conjunction gate, AND circuit
**konjunktiv** adj (Math) / conjunctive adj
**konjunktur•abhängig** adj (Industriezweig) / cyclical adj, dependent on economic trends ‖ ⁓**abschwächung** f / decline in economic activity, downswing n ‖ ⁓**bewegungen** f pl (in der Wirtschaft) (Stats) / cyclical movements
**konjunkturell** adj (Entwicklung) / cyclical adj
**Konjunkturzyklus** m / economic cycle, business cycle, trade cycle
**Konkatenation** f (EDV) / concatenation n
**konkav** adj (Opt) / concave adj ‖ ⁓e **Kehlnaht** (Schw) / concave fillet weld ‖ ⁓es **n-Eck** (ein einfaches n-Eck, das nicht ein konvexes n-Eck ist) (Math) / re-entrant polygon* ‖ ⁓es **Vieleck** (Math) / re-entrant polygon*
**Konkav•gitter** n (ein Beugungsgitter) (Phys) / concave grating* ‖ ⁓**glas** n (in der Augenoptik) (Opt) / divergent lens*, diverging lens
**Konkavität** f (von unten) / concavity n
**konkav•-konvex** adj (Opt) / concavo-convex adj ‖ ⁓**linse** f (Opt) / concave lens* ‖ ⁓**spiegel** m (Opt) / concave mirror*
**Konklusion** f (KI) / conclusion n, consequent n

**Konklusionsteil** m (einer Regel) / conclusion part, 'then' part, consequence n, consequent n (the second part of a conditional proposition)
**konkordanter Intrusivlagergang** (ein Plutonit) (Geol) / sill* n
**Konkordanz** f (bei Meßwerten) / concordance n ‖ ⁓ (Index mit Kontext je Belegstelle) (EDV) / concordance n ‖ ⁓ (Geol) / concordance n, conformable strata*, parallel unconformity
**konkret** adj / concrete adj (existing in material or physical form) ‖ ⁓**er Automat** (EDV) / concrete automaton
**"konkretes" Öl** (Parfümerie-Rohstoff, den man durch mehrfache Extraktion frischer Blüten gewinnt) / concrete n
**Konkretion** f (z.B. Lößkindel, Feuersteinknolle, Toneisensteingeode usw.) (Geol) / concretion* n
**Konkretionsmeißel** m (ein Diamantbohrmeißel) (Erdöl) / impregnated diamond bit
**Konkurrenz** f (in der Wirtschaft) / competition n ‖ ⁓ (z.B. Licht- oder Wurzelkonkurrenz) (Biol) / competition* n ‖ **atomistische** ⁓ / perfect competition ‖ **ruinöse** ⁓ / cut-throat competition ‖ **vollständige** ⁓ (eine Marktform) / perfect competition ‖ ⁓**betrieb** m (DIN 44302) (EDV) / contention mode ‖ ⁓**fähig** adj ‖ **nicht** ⁓**fähig** / uncompetitive adj ‖ ⁓**fähiger Preis** / competitive price ‖ ⁓**hemmung** f (seitens eines Inhibitors) (Biochem) / competitive inhibition, competitive enzyme inhibition ‖ ⁓**preis** m / competitive price ‖ ⁓**situation** f (EDV) / contention n ‖ **durch** ⁓**wirkung verdrängen** (z.B. Unkräuter) (Bot, Landw) / outcompete v
**konkurrieren** v / compete v
**konnates Wasser** (Geol) / connate water*, fossil water, native water
**konnatal** adj (Med) / congenital (present from birth)
**Konnektionismus** m (KI) / connectionism n
**Konnektionsmaschine** f (KI) / connection machine
**Können** n (KI) / ability n
**konnex** adj (Relation) (Math) / connected adj
**Konnossement** n (im Seefrachtgeschäft) (Schiff) / bill of lading, BL
**Konode** f (in Phasendiagrammen - Verbindungslinie zwischen zwei Punkten, die die Zusammensetzung von zwei im Gleichgewicht befindlichen Phasen angibt) (Hütt) / tie line, conode n
**konoid** adj (Math) / conoidal adj, conoid adj ‖ ⁓ (Math) / conoid n ‖ ⁓ (Math) / conoidal adj, conoid adj ‖ **Plückersches** ⁓ (Math) / Plücker's conoid ‖ ⁓**fläche** f (Math) / conoid n ‖ ⁓**schale** f (Arch) / conoidal shell
**Konormale** f (Math) / conormal n
**Konoskop** n (für Durchlichtmikroskopie im konvergenten Strahlengang) (Mikros) / conoscope n, hodoscope n
**Konoskopie** f (in der Polarisationsmikroskopie) (Mikros) / conoscopy n
**konoskopisch** adj (Mikros) / conoscopic adj
**Konowalowsche Regel** (Gesetzmäßigkeit für Siede- und Dampfdruckdiagramme binärer Mischungen) (Chem) / Konowalow's law, Konovaloff rule, Gibbs-Konowalow rule*
**konrotatorisch** adj (Chem) / conrotatory adj
**konsekutiv** adj / consecutive adj ‖ ⁓ (Math) / consecutive adj
**Konsekutivreaktion** f (Chem) / consecutive reaction, consequent reaction
**Konsensussequenz** f (Gen) / consensus sequence
**konsequent** adj (logisch schlüssig, folgerichtig) / consequent adj ‖ ⁓ (mit Beziehung zum Schichtenbau der Erdoberfläche) (Geol) / consequent adj ‖ ⁓**er Fluß** (Geol) / consequent river
**Konsequenz** f (einer Folgerung) / conclusion part, 'then' part, consequence n, consequent n (the second part of a conditional proposition)
**konservativ** adj (Kraft, System) (Math, Phys) / conservative adj ‖ ⁓e **Bewegung** (eine Versetzungsbewegung) (Krist) / slip dislocation ‖ ⁓**es Feld** (Phys) / conservative field ‖ ⁓**es System** (abgeschlossenes physikalisches System) (Phys) / conservative system*
**Konserven•büchse** f (Nahr) / tin n, can n (US), tin can ‖ ⁓**dose** f (Nahr) / tin n, can n (US), tin can ‖ ⁓**dosenlack** m (ein Einbrennlack) (Anstr) / can varnish ‖ ⁓**fabrik** f (Nahr) / cannery n ‖ ⁓**fabrikation** f (Nahr) / canning n, tinning n
**konservieren** v (Hohlraumschutz) (Kfz) / seal v ‖ ⁓ (Leder) / cure v ‖ **in Dosen** ⁓ (Nahr) / can v, tin v ‖ ⁓ **strahlensicher** (Nukl) / mothball v
**Konservierung** f (For, Foto, Nahr) / preservation n ‖ ⁓ (der Hohlräume, von Oberflächen) (Kfz) / sealing n ‖ ⁓ (Leder) / curing n ‖ ⁓ (z.B. des Dampferzeugers) (Masch) / preservation n ‖ ⁓ **durch Bestrahlung** (Nahr) / radiation preservation, irradiation preservation ‖ ⁓ **in Dosen** (Nahr) / canning n, tinning n
**Konservierungs•fett** n (gegen Korrosion) (Galv, Hütt) / anticorrosion grease, slushing grease, anticorrosive grease ‖ ⁓**mittel** n (temporäres - bei Eisen und Stahl) (Anstr, Chem, Hütt) / slushing compound*, slush n ‖ ⁓**mittel** (Holzschutz, für tierische und pflanzliche Leime) (For) / preservative n, preserver n ‖ ⁓**mittel** (für Entwickler) (Foto) / preservative n ‖ ⁓**mittel** (Kfz) / sealant n ‖ ⁓**mittel** (E 200 - E 297) (Nahr) / preservative n ‖ ⁓**öl** n (gegen Korrosion) (Galv, Hütt) / rust-inhibiting oil, rust-preventing oil ‖ ⁓**salz** n (z.B. Natriumchlorid) (Leder) / cure* n ‖ ⁓**stoff** m (der die

**Konsignationslager**
Lagerdauer durch Verhütung des mikrobiologischen Verderbs verlängert - z.B. Sorbin- oder Ameisensäure) (Nahr) / preservative *n*
**Konsignationslager** *n* (ein vom Lieferanten auf seine Kosten beim Besteller bereitgestellter Warenbestand) / consignment stock
**konsistent** *adj* (Math) / consistent *adj*, compatible *adj* ‖ ~e **Folge** (Stats) / consistent sequence ‖ ~e **Schätzfunktion** (Stats) / consistent estimator ‖ ~er **Schmierstoff** (meistens aus einem flüssigen Grundöl und einem Eindicker) / semisolid lubricant
**Konsistenz** *f* (Anstr) / body *n* ‖ ~ (Widerspruchsfreiheit) (KI, Math) / consistency *n* ‖ ~ (Weichheitsgrad eines Fettes) (Masch) / penetration *n* ‖ ~ (in der Rheologie gebräuchliche Graduierung der Steifigkeit einer Substanz gegenüber formändernden Einflüssen, z.B. flüssig, zähflüssig usw.) (Phys) / consistency* *n* ‖ ~ (einer Schätzfunktion) (Stats) / consistency *n* ‖ ~**bereich** *m* (z.B. steif, plastisch, weich, fließfähig) (Phys) / consistency region ‖ ~**problem** *n* (KI) / consistency problem ‖ ~**prüfung** *f* (KI) / consistency check ‖ ~**überprüfer** *m* (ein Subsystem des Inferenzsystems) (KI) / consistency checker ‖ ~**zahl** *f* (die den aktuellen Zustand der Bodenplastizität charakterisiert - DIN 18122, T 1) (HuT) / consistency index
**Konsistometer** *n* (Gerät zur Bestimmung rheologischer Eigenschaften, wie Viskosität, Bildsamkeit, Dilatanz, Thixotropie usw.) (WP) / consistometer *n*
**Konsol•ausgabedatei** *f* (EDV) / display file ‖ ~**blattschreiber** *m* (EDV) / console typewriter (CTW) ‖ ~**bogen** *m* (Arch) / shouldered arch* ‖ ~**dach** *n* (umlaufendes) (Bau) / skirt-roof *n*
**Konsole** *f* / bracket *n* ‖ ~ (Bau) / cantilever* *n*, beam fixed at one end ‖ ~ (Bau) / corbel* *n* (bricks or stones) ‖ ~ (EDV) / console* *n*, operator's console, operating console ‖ ~ (Kfz) / console *n* ‖ ~ (Masch) / knee *n* ‖ ~ (Bau) s. auch Konsolträger ‖ ~ **mit Knagge** (Zimm) / gallows bracket
**Konsol•eingabe** *f* (EDV) / keyboard entry, keyboard input, keyboarding *n* ‖ ~**eingabe** (EDV) / manual input, clerical input
**Konsolentreiber** *m* (EDV) / console driver
**Konsolette** *f* (TV) / small cabinet
**Konsol•fräsmaschine** *f* (mit in Höhe einstellbarem konsolförmigem Frästisch) (Masch) / knee-and-column milling machine ‖ ~**führung** *f* (Masch) / knee slide ‖ ~**gerüst** *n* (Bau) / needle scaffold* ‖ ~**getriebe** *n* (Konsolspindel + Mutter) (Masch) / knee drive
**Konsolidation** *f* / consolidation *n*
**konsolidieren** *v* / consolidate *v*
**Konsolidierung** *f* / consolidation *n* ‖ ~ (HuT) / consolidation* *n*
**Konsol•kran** *m* (Masch) / bracket crane ‖ ~**spindel** *f* (des Konsolgetriebes) (Masch) / knee spindle, telescoping spindle ‖ ~**träger** *m* (Bau) / cantilever beam, cantilevered beam
**Konsonant** *m* (pl. -en) (Akus) / consonant *n*
**Konsonanz** *f* (Akus) / consonance* *n* ‖ **kognitive** ~ / cognitive consonance*
**Konsortium** *n* (pl. -tien) / consortium *n*, syndicate *n*
**konstant** *adj* (stetig, unveränderlich) / constant* *adj* ‖ ~e **Abbildung** (Math) / constant mapping, constant function ‖ ~e **Ablenkung** (Opt) / constant deviation ‖ ~e **Belastung** (Masch, Mech, WP) / permanent load*, dead load*, sustained load, constant load ‖ ~e **Funktion** (Math) / constant mapping, constant function ‖ ~e **Geschwindigkeit** / constant speed ‖ ~es **Glied** (bei Polynomen) (Math) / constant term ‖ ~es **Glied** (Math) / absolute term, constant term ‖ ~er **Grundwasserspiegel** (Niederschlag, Verbrauch und Verluste heben sich auf) (Geol, Wasserb) / drainage equilibrium ‖ ~e **Proportionen** (Chem) / constant proportions*, definite proportions ‖ ~e **Spannung** (Eltech) / constant voltage, CV ‖ ~er **Zeichenabstand** (EDV) / constant pitch
**Konstantan** *n* (eine Cu-Ni-Legierung) (Eltech, Hütt) / constantan* *n* ‖ ~**-Heizdraht** *m* (Eltech) / constantan wire
**Konstante** *f* (DIN 1319, T 2) (Instr) / scale factor ‖ ~ (bei unbestimmten Integralen) (Math) / constant of integration* ‖ ~ (DIN 5485) (Phys) / constant* *n* ‖ **astronomische** ~**n** (Astr) / astronomical constants ‖ **atomare** ~ (z.B. die Elektronenmasse, die Elementarladung und das Plancksche Wirkungsquantum) (Phys) / atomic constant ‖ **Boltzmannsche** ~ (eine Fundamentalkonstante) (Phys) / Boltzmann's constant*, Stefan-Boltzmann constant ‖ **ebullioskopische** ~ (Chem, Phys) / ebullioscopic constant, molecular elevation of boiling-point*, molal boiling-point elevation constant ‖ **elastische** ~ (nach dem Hookeschen Gesetz) (Mech) / elastic constant* (modulus of elasticity, shear modulus, bulk modulus, Poisson's ratio) ‖ **konzentrierte** ~ (z.B. einer Leitung) (Elektr) / lumped constant* ‖ **kosmologische** ~ (Astr, Phys) / cosmological constant ‖ **kritische** ~**n** (Phys) / critical constants ‖ **kryoskopische** ~ (Phys) / cryoscopic constant, freezing-point depression constant, molecular depression of freezing point ‖ **optische** ~ (z.B. Brechungsindex) (Opt) / optical constant* ‖ **Poissonsche** ~ (Mech) / Poisson number (reciprocal of Poisson ratio) ‖ **Verdetsche** ~ (nach M.E. Verdet, 1824-1866) (Licht) / Verdet's constant* ‖ **verteilte** ~**n**

(bei Systemen mit nicht konzentrierten Gliedern) (Phys) / distributed constants*
**Konstanten•bereich** *m* (EDV) / constant area ‖ ~**multiplizierer** *m* (EDV) / constant multiplier ‖ ~**speicher** *m* (bei Taschenrechnern) (EDV) / constant memory
**Konstanter** *m* (Eltronik) / voltage regulator, regulator* *n* (voltage)
**Konstant•fahrruckeln** *n* (Kfz) / roll *n* ‖ ~**halten** *v* (Radio) / stabilize *v* ‖ ~**halten** (Regeln) / regulate *v* ‖ ~**halten** *n* **der Ausgangsspannung** (Eltech) / bottoming *n* ‖ ~**halter** *m* (Eltronik) / voltage regulator, regulator* *n* (voltage) ‖ ~**haltung** *f* (Radio) / stabilization* *n* ‖ ~**haltung** (Regeln) / regulation* *n* ‖ ~**-K-Filter** *n* (Radio) / constant-k filter ‖ ~**potential** *n* (Phys) / constant potential ‖ ~**pumpe** *f* (Masch) / fixed-delivery pump ‖ ~**regler** *m* (Eltronik) / voltage regulator, regulator* *n* (voltage) ‖ ~**schrift** *f* (bei der alle Buchstaben gleich breit sind) (EDV) / monospaced font, monopitch font ‖ ~**siedend** *adj* (Chem, Phys) / constant-boiling *adj* ‖ ~**spannung** *f* (Eltech) / constant voltage, CV
**Konstantspannungs•generator** *m* (Eltech) / constant-voltage generator ‖ ~**ladung** *f* (Eltech) / constant-voltage charging, constant-potential method ‖ ~**quelle** *f* (Eltech) / constant-voltage source ‖ ~**system** *n* (Eltech) / constant-voltage system* ‖ ~**transformator** *m* (Eltech) / constant-voltage transformer*
**Konstantstrom** *m* (Eltech) / constant current ‖ ~**ladung** *f* (Eltech) / constant-current method, constant-current charging ‖ ~**quelle** *f* (ein Präzisionsstromgeber) (Eltech) / constant-current source (a source whose output current is independent of the load impedance) ‖ ~**system** *n* (Eltech) / constant-current system* ‖ ~**-Verstärkermaschine** *f* (Eltech) / metadyne* *n*
**Konstanz** *f* (Unveränderlichkeit) / constancy* *n* ‖ ~ (relative Häufigkeit des Auftretens einer Art) (Umwelt) / constancy *n*
**Konstellation** *f* (z.B. Konjunktion) (Astr) / constellation *n* ‖ ~ (bei kettenförmigen Makromolekülen) (Chem) / conformation *n*
**Konstellationsisomerie** *f* (Chem) / conformational isomerism, rotational isomerism
**Konstituens** *n* (pl. -enzien) / constituent* *n*
**Konstituent** *m* / constituent* *n*
**Konstituentenstrukturgrammatik** *f* (EDV) / phrase structure grammar (PSG)
**Konstitution** *f* (Chem) / constitution* *n*
**Konstitutions•aufklärung** *f* (Chem) / structure elucidation, structure determination ‖ ~**formel** *f* (Chem) / constitutional formula*, structural formula*, graphic formula, valency-dash formula ‖ ~**isomerie** *f* (Chem) / structural isomerism, constitutional isomerism ‖ ~**wasser** *n* (aus einem Hydroxid) (Chem) / water of constitution, constitutional water*
**konstitutiv gebundenes Wasser** (Chem) / water of constitution, constitutional water*
**konstruieren** *v* (gedanklich) / devise *v* ‖ ~ (Masch) / design *v* ‖ ~ (Math) / construct *v* ‖ **[methodisches]** ~ (heute rechnergestützt) / design engineering ‖ **korrosionsschutzgerechtes** ~ (Masch) / corrosion-proof design (construction) ‖ **rechnergestütztes** ~ (EDV, Masch) / computer-aided design*, CAD* ‖ **rechnergestütztes** ~ **und Zeichnen** (EDV, Masch) / computer-aided design and draughting, CADD
**Konstrukt** *n* / construct *n*
**Konstrukteur** *m* (Masch) / design engineer, designer *n*
**Konstruktion** *f* / design *n*, configuration *n*, model *n*, pattern *n* ‖ ~ (das Gebaute) (Bau) / construction *n*, structure *n*, building structure ‖ ~ (als geistiges Konzept) (Masch) / design *n* ‖ ~ (z.B. eines Dreiecks) (Math) / construction *n* ‖ **geometrische** ~ (Math) / geometrical construction, geometric construction ‖ **geschweißte** ~ (Schw) / weldment* *n*, welded construction, welded structure ‖ **nachgiebige** ~ (Erdöl) / compliant structure ‖ **pneumatische** ~ (Bau, HuT) / pneumatic structure, pressurized structure ‖ **schwimmende** ~ (bei Offshore-Bohrungen) (Erdöl) / floating structure ‖ **tragende** ~ (Bau, HuT) / support structure, bearing structure, load-bearing structure, supporting structure ‖ ~ *f* **mit Zirkel und Lineal** (Math) / geometrical construction, geometric construction ‖ ~ **und Bau von Werkzeugen** (Masch, Werkz) / design and construction of tools ‖ ~ *f* **von Eingriffslinie und Gegenflanke** (Masch) / geometric construction for path of contact and conjugate tooth profile
**Konstruktions•-** / structural *adj* ‖ ~**abteilung** *f* / design department ‖ ~**büro** *n* / design office ‖ ~**durchsicht** *f* (bei technischen Zeichnungen) / phantom view, ghosted view ‖ ~**einheit** *f* (Bau, Masch) / structural element ‖ ~**element** *n* (Bau, Masch) / structural element ‖ ~**element** (Masch) / machine part ‖ **mittleres senkrechtes** ~**element** (eines Fachwerks) (Zimm) / filling post* ‖ ~**fehler** *m* (Masch) / constructional defect, design defect ‖ ~**fuge** *f* (zwischen Fertigteilen) (Bau) / construction joint ‖ ~**holz** *n* (Bau) / carcassing timber*, structural timber ‖ ~**klebstoff** *m* / structural adhesive (a bonding agent), construction adhesive, structure adhesive, engineering adhesive ‖ ~**merkmal** *n* (Masch) / design feature ‖

~prinzipien n pl (Masch) / design philosophy, design principles ‖ ~spantenriß m (Schiff) / body plan ‖ automatische ~technik / automated design engineering, ADE ‖ ~teil n (Bau, Masch) / member* n ‖ ~unterlagen f pl (z.B. Zeichnungen, Stücklisten usw.) (Masch) / construction documents ‖ ~wasserlinie f (die Wasserlinie, die dem Konstruktionstiefgang entspricht) (Schiff) / design waterline, DWL ‖ ~zeichner m (Masch) / designer n ‖ ~zeichnung f (DIN 199, T 1) (Masch) / structural drawing ‖ ~ziegel m (Bau) / engineering brick*
**konstruktiv** adj / structural adj ‖ **durch ~e Mängel begünstigte Korrosion** (Galv) / engineering corrosion ‖ **~e Änderung** (Masch) / design change ‖ **~er Entwurf** / structural design ‖ **~e Interferenz** (ein Sonderfall - Verstärkung) (Phys) / constructive interference ‖ **~e Maßnahme** / design measure ‖ **~e Mathematik** (Math) / constructive mathematics
**Konstruktivität** f (Math) / constructiveness n
**Konstruktvalidierung** f (Validierung eines theoretischen Konstrukts) (KI) / construct validation
**Konsultation** f / consultation n
**Konsum** m / consumption n
**Konsument** m (pl. -en) / consumer n ‖ ~**en** m pl (heterotrophe Organismen) (Umwelt) / consumers* pl
**Konsumentenverhalten** n / consumer behaviour
**Konsumerismus** m (organisierter Verbraucherschutz) / consumerism n
**Konsumgüter** n pl / consumer goods, commodities pl
**Konsum(güter)elektronik** f (Eltronik) / consumer electronics, home electronics
**konsumieren** v / consume v
**Kontagion** f (pl. -en) (Med) / contagium n (pl. -gia)
**kontagiös** adj (Med) / infectious adj, contagious adj, catching adj
**Kontagium** n (pl. -ien) (Med) / contagium n (pl. -gia)
**Kontakt** m / exposure n ‖ ~ n (ein Schaltstück) (Eltech) / contact* n, electric contact, contact part, contact piece ‖ **angefressener** ~ (Eltech) / pitted contact ‖ **beweglicher** ~ (Eltech) / moving contact ‖ **elektrischer** ~ (ein Zustand) (Eltech) / contact* n, electric contact ‖ **federnder** ~ (Eltech) / spring contact, spring-loaded contact ‖ **gequetschter** ~ (Eltech) / crimp contact, crimped contact ‖ **großflächiger** ~ (Eltech) / large-area contact ‖ **hängender** ~ (Eltech) / sticking contact ‖ **lamellierter** ~ (Eltech) / laminated contact ‖ **potentialfreier** ~ (Eltech) / floating contact ‖ **sperrfreier** ~ (DIN 41852) (Eltech) / non-rectifying contact ‖ **verschmorter** ~ (Eltech) / scorched contact ‖ ~ m **der Kohlebürste** (Eltech) / brush contact
**Kontakt•abbrand** m (Eltech) / contact erosion, pitting of contacts ‖ ~**abgriff** m (Eltech) / contact pick-off ‖ ~**ablauf** m (Eltech) / contact separation ‖ ~**abstand** m (zwischen den Kontaktstücken eines offenen Relaiskontaktes) (Eltech) / contact clearance, contact gap, break* n, point gap ‖ ~**abstand** m (des Unterbrechers) (Kfz) / contact breaker gap, CB gap, breaker-point gap, point gap, points gap ‖ ~**abzug** m (Foto) / contact print* ‖ ~**arm** m (Eltech) / contact arm ‖ ~**arm** (Fernsp) / wiper* n ‖ ~**aureole** f (Geol) / aureole* n, contact aureole, contact zone ‖ ~**backe** f (Eltech, Schw) / contact jaw* ‖ ~**bandschleifer** m (Masch) / contact belt grinder ‖ ~**bank** f (Fernsp) / contact bank, bank of contacts ‖ ~**bildschirm** m (EDV) / touch screen, touch-sensitive screen ‖ ~**bolzen** m (Eltech) / contact stud* ‖ ~**bürste** f (Eltech) / brush* n, wiper* n ‖ ~**druck** m (bei Mehrlagenleiterplatten) (Eltronik) / low-pressure cycle ‖ ~**druck** (Fernm) / contact pressure ‖ ~**ebene** f (Krist) / composition plane (of a contact twin), twinning plane ‖ ~**elektrizität** f (Elektr) / contact electricity ‖ ~**elektrode** f (Schw) / contact electrode ‖ ~**element** n (Eltech) / contact* n, electric contact, contact part, contact piece ‖ ~-**EMK** f (Eltech) / contact e.m.f.*, contact potential difference ‖ ~**fahne** f (Eltech) / contact tag ‖ ~**feder** f (Eltech) / contact spring ‖ **bewegliche** ~**feder** (Eltech) / swinger n ‖ ~**feder** f **des Relais** (Eltech) / relay spring*, relay contact spring, relay blade ‖ ~**feile** f (Kfz) / ignition file, contact file, ignition-point file (US) ‖ ~**feld** n (Fernsp) / contact bank, bank of contacts ‖ ~**feuer** n (Eltech) / contact arcing, arcing n ‖ ~**filtration** f (durch eine Adsorptionsschicht) (Erdöl) / contact filtration ‖ ~**finger** m (kammartige Struktur in der Solarzelle) / grid finger ‖ ~**finger** m pl (Eltech) / contact fingers* ‖ ~**fläche** f (z.B. bei zu verklebenden Teilen) / contact area ‖ ~**fläche** (Geol) / contact n ‖ ~**fläche** (Krist) / composition face, composition surface ‖ ~**flansch** m (Masch) / contact flange ‖ ~**flattern** n (Fernm) / contact chatter (undesired intermittent closure of open contacts or opening of closed contacts), chatter* n ‖ ~**folie** f / adhesive film ‖ ~**gabe** f (Eintreten der Berührung der in einer Strombahn liegenden Kontaktstücke) (Eltech) / contact closing ‖ ~**gang** m (Bergb) / contact vein* ‖ ~**gebendes Glied** (Eltech) / contact maker* ‖ ~**geber** m (Eltech) / contact maker* ‖ ~**gebiet** n (des Chips) (Eltronik) / bond pad ‖ ~**gefrieren** n / contact freezing, contact-plate freezing ‖ ~**geräusch** n (Eltronik) / contact noise* ‖ ~**gestein** n (Geol) / contact rock ‖ ~**gesteuertes Halbleiterzündsystem** (V-Mot) /

breaker-triggered transistorized ignition system, contact-controlled transistorized ignition ‖ ~**gesteuerte Transistorzündung** (V-Mot) / breaker-triggered transistorized ignition system, contact-controlled transistorized ignition ‖ ~**gift** n (bei der Katalyse) (Chem) / catalytic poison*, paralyser* n, paralyzer n (US), catalyst poison, contact poison ‖ ~**gift** (z.B. DDT, E 605) (Chem, Landw) / contact insecticide* ‖ ~**gitter** n (der Solarzelle) / grid contact, collecting grid ‖ ~**glas** n (Haftschale aus Glas) (Glas, Opt) / contact lens* ‖ ~**goniometer** n (Krist) / contact goniometer ‖ ~**hängen** n (Eltech) / contact sticking, contact blocking, contact adhesion ‖ ~**harz** n (Kunstharz, das als Bindemittel für Schichtstoffe ohne besondere Druckanwendung verwendet wird) (Plast) / contact resin, contact-pressure resin ‖ ~**heizfläche** f (Wärm) / contact heating surface ‖ ~**herbizid** n (Chem, Landw) / contact herbicide* ‖ ~**höcker** m (Eltronik) / pillar n, bump contact ‖ ~**hof** m (Geol) / aureole* n, contact aureole, contact zone ‖ ~**hut** m (des Mikrofons) (Fernsp) / centre contact
**kontaktieren** v (Eltronik) / contact v ‖ ~ (**bonden**) (Eltronik) / bond v ‖ ~ n (Eltronik) / bonding n, electric bonding
**Kontaktierfläche** f (beim Bonden) (Eltronik) / bonding area, contacting area
**Kontaktierung** f (Eltronik) / bonding n, electric bonding
**Kontakt•inhibitor** m (Korrosionsinhibitor, der mit der Metalloberfläche in Kontakt gebracht wird) (Galv) / contact inhibitor ‖ ~**insektizid** n (für Pflanzen- und Vorratsschutz) (z.B. DDT, E 605) (Chem, Landw) / contact insecticide* ‖ ~**insektizid mit langanhaltender Wirkung** (Chem, Landw) / residual-contact insecticide n ‖ ~**ionenpaar** n (durch Lösemittel nicht trennbar) (Chem) / tight ion pair, intimate ion pair, contact ion pair ‖ ~**ionisation** f (Eltronik) / contact ionization* ‖ ~**kamm** m (Eltronik) / edge-board connector ‖ ~**kammer** f (Chem Verf) / catalyst chamber ‖ ~**katalyse** f (Chem) / heterogeneous catalysis, surface catalysis, contact catalysis ‖ ~**kleben** n (mit Kontaktklebstoff) / contact bonding (with a contact adhesive), dry bonding ‖ ~**kleben** (Eltech) / contact sticking, contact blocking, contact adhesion ‖ ~**kleber** m (Eltech) / contact adhesive, contact-bond adhesive, dry-bond adhesive ‖ ~**klebstoff** m (der auf beide Oberflächen der zu verklebenden Teile aufgebracht wird) / contact adhesive, contact-bond adhesive, dry-bond adhesive ‖ ~**knopf** m (Eltech) / contact stud* ‖ ~**kolben** m (Eltech) / contact piston, contact plunger ‖ ~**kopie** f (Foto) / contact print* ‖ ~**korrosion** f (Berührung mit elektronenleitendem Festkörper) (Galv) / contact corrosion, bimetallic corrosion, galvanic corrosion ‖ ~**kraft** f (diejenige Druckkraft, die die Kontaktstücke in geschlossenem Zustand aufeinander ausüben) (Eltech) / contact force ‖ ~**kuppe** f (Eltech) / contact butt, contact dome ‖ ~**lagerstätte** f (Geol) / contact deposit ‖ ~**last** f (Eltech) / contact force ‖ ~**legierung** f (Eltech, Hütt) / contact alloy ‖ ~**linse** f (Glas, Opt) / contact lens* ‖ ~**log** n (zur Untersuchung von Gesteinsschichten in Tiefbohrungen) (Erdöl, Geol) / contact log
**kontaktlos arbeitende Transistor•zündung** (Kfz) / breakless transistorized ignition system ‖ ~**er Druck** (Siebdruck) (Eltronik) / off-contact print ‖ ~**es Druckverfahren** (Druck) / non-contacting printing method ‖ ~ **gesteuertes** (elektronisches) **Zündsystem** (Kfz) / breakless transistorized ignition system ‖ ~**es Relais** (Eltech) / static relay ‖ ~**es Relais** (Eltronik) / solid-state relay (SSR)
**Kontakt•mechanik** f (Mech) / contact mechanics ‖ ~**metamorphose** f (durch Berührung mit aufsteigendem Magma hervorgerufene Gesteinsumwandlung) (Geol) / contact metamorphism* ‖ ~**mikrofon** n (Akus) / carbon microphone* ‖ ~**mineral** n (das bei der Kontaktmetamorphose durch Einwirkung von hohen Temperaturen auf das umliegende Gestein entstanden ist) (Min) / contact mineral ‖ ~**ofen** m (Chem Verf) / converter n ‖ ~**öffnung** f (Eltronik) / contact opening
**Kontaktor** m (zur Solventextraktion) (Chem Verf) / contactor n (for solvent extraction)
**Kontakt•papier** n (Fotopapier für Kontaktabzüge) (Foto) / contact paper ‖ ~**planprogrammierung** f (mit grafischen Symbolen wie Stromlaufplan - nach DIN IEC 65A) / ladder programming ‖ ~**plattengefrieren** n (Nahr) / contact freezing ‖ ~**potential** n (Eltronik) / contact potential* ‖ ~**prellen** n (Fernm) / contact bounce* ‖ ~**raster** m (Druck) / contact screen* ‖ ~**rauschen** n (Eltronik) / contact noise* ‖ ~**reihe** f (Fernsp) / contact bank, bank of contacts ‖ ~**reinigung** f **durch Ton** (Bleicherde) (Chem Verf) / clay contacting ‖ ~**rohr** n (Schw) / contact tube ‖ ~**satz** m (Zusammenfassung aller Kontaktglieder eines Relais) (Eltech) / contact set, contact assembly ‖ ~**schale** f (Glas, Opt) / contact lens* ‖ ~**schiene** f (bei einem Verkehrssystem mit Zwangsführung) (Bahn, Eltech) / live rail*, conductor rail*, contact rail*, third rail ‖ ~**schraube** f (Eltech, Masch) / contact screw ‖ ~**schuh** m (Eltech) / collector shoe*, contact shoe* ‖ ~**schwefelsäure** f (Chem Verf) / contact acid ‖ ~**schwefelsäureverfahren** n (Chem Verf) / contact process* ‖ ~**spannung** f (Potentialdifferenz zweier verschiedener Metalle) (Eltech, Phys) / contact voltage ‖ ~**spannung** (Eltech) s. auch Volta-Potential ‖ ~**spiel** n (innerhalb der Kontakthalterung) (Eltech) /

**Kontaktspule**

contact float ‖ ~**spule** f (die die elektrische Verbindung zur Airbag-Einheit herstellt) (Kfz) / contact coil, coil spring, clock spring ‖ ~**stelle** f (Berührungsfläche zwischen den Kontaktelementen) (Eltech) / contact area, contact point ‖ ~**stift** m (Eltech) / pin* n, contact tag, connector pin ‖ ~**stift** (des Steckers) (Eltech) / prong n ‖ ~**stück** n (eines Schalters, eines Relaiskontaktes) (Eltech) / contact* n, electric contact, contact part, contact piece ‖ **rollendes** ~**stück** (Eltech) / rolling contact ‖ ~**tannenbaum** m (Fernm) / tree* n ‖ ~**therapie** f (bei der die Strahlungsquelle direkt an den Herd gebracht wird) (Radiol) / contact-radiation therapy* ‖ ~**thermometer** n (Phys) / contact thermometer ‖ ~**träger** m (Chem) / catalyst carrier, catalyst substrate, catalyst support ‖ ~**trennung** f (Aufheben der Berührung der in einer Strombahn liegenden Kontaktstücke) (Eltech) / contact separation ‖ ~**trockner** m (bei Furnieren) (For) / contact drier ‖ ~**verfahren** n (zur Herstellung der Schwefelsäure) (Chem Verf) / contact process* ‖ ~**verfahren** (bei der Verarbeitung von Duroplasten) (Plast) / hand lay-up moulding, contact moulding, impression moulding ‖ **die im** ~**verfahren gewonnene Schwefelsäure** (Chem Verf) / contact acid ‖ ~**verfahren** n **mit Anhydrit als Ausgangsmaterial** (Chem Verf) / anhydrite process* ‖ ~**verschweißen** n (Nichtöffnen von Schaltstücken durch Dauerschweißen) (Eltech) / contact welding ‖ ~**vielfachfeld** n (Fernsp) / contact bank, bank of contacts ‖ ~**walze** f (treibende Walze für das Breitschleifband der Breitbandschleifmaschine) (For) / contact roll ‖ ~**wendel** f (Kab) / contact helix ‖ ~**werkstoff** m (für elektrische Kontakte) (Eltech) / contact material ‖ ~**widerstand** m (der an der Berührungsfläche zweier aneinanderstoßender metallischer Leiter auftritt) (Eltech) / contact resistance* ‖ ~**winkel** m (Phasengrenzfläche flüssig (gasförmig)) (Phys) / contact angle*, wetting angle, angle of contact* ‖ ~**zeit** f / contact time, touch time ‖ ~**zwillinge** m pl (Krist) / juxtaposition twins*, contact twins

**Kontaminanten** pl (Nahr) / contaminants pl, incidental additives (US), unintentional food additives (US)

**Kontamination** f (eine Art Syntexis) (Geol) / contamination n ‖ ~ (Nukl, Radiol, Umwelt) / contamination n ‖ ~ (Belastung mit toxischen Substanzen und/oder Keimen) (Umwelt) / contamination n ‖ **innere** ~ (Radiol) / radioactive contamination in man ‖ **radioaktive** ~ (Verunreinigung durch radioaktive Substanzen) (Nukl, Radiol) / radioactive contamination ‖ **radioaktive** ~ **im Menschen** (Radiol) / radioactive contamination in man

**Kontaminations•messer** m (Radiol) / contamination meter* ‖ ~**potential** n (Umwelt) / contamination potential

**kontaminieren** v (Nukl, Radiol, Umwelt) / contaminate v

**Konterlatte** f (Bau) / counterlath n, cross-lath n

**Kontermutter** f (Masch) / lock-nut* n, jam nut, pinch nut, check nut*

**Kontern** n (von seitenverkehrt in seitenrichtig und umgekehrt) (Foto) / lateral reversing

**Konterumdruck** m (Herstellung eines Umdrucks, bei dem eine Seitenumkehrung erfolgt) (Druck) / retransfer n

**Kontext** m (EDV) / context n ‖ ~**abhängig** adj / contextual adj, context-sensitive adj ‖ ~**freie Grammatik** (EDV) / context-free grammar ‖ ~**freie Sprache** (EDV) / context-free language, algebraic language ‖ ~**menü** n (EDV) / context-sensitive menu (menu that pops up when the user presses the right mouse button in the application window), pop-up menu, short-cut menu ‖ ~**sensitiv** adj / contextual adj, context-sensitive adj ‖ ~**sensitive Sprache** (EDV) / context-sensitive language ‖ ~**suche** f (EDV) / contextual search

**kontextuelle Bedeutung** (KI) / contextual meaning

**kontextunabhängige Sprache** (EDV) / context-free language, algebraic language

**Konti•glühe** f (Hütt) / continuous annealing line ‖ ~**glühlinie** f (Hütt) / continuous annealing line ‖ ~**glühung** f (Hütt) / continuous annealing

**Kontinent** m (Festland; Erdteil) (Geog) / continent n

**kontinental** adj (Geol) / continental adj ‖ ~**e Ablagerung** (Geol) / terrestrial deposit ‖ ~**es Klima** (das Klima im Innern großer Landmassen) (Meteor) / continental climate* ‖ ~**e Kruste** (Geol) / continental crust* ‖ ~**e Polarluft** (Meteor) / polar continental air ‖ ~**es System** (Spinn) / Continental (spinning) system, continental system

**Kontinental•-** (Geol) / continental adj ‖ ~**abfall** m (an der hypsografischen Kurve der Erdoberfläche) (Geog, Geol) / continental slope* ‖ ~**abhang** m (an der hypsografischen Kurve der Erdoberfläche) (Geog, Geol) / continental slope* ‖ ~**anstieg** m (über dem Kontinentalrand) (Geol) / continental rise ‖ ~**böschung** f (an der hypsografischen Kurve der Erdoberfläche) (Geog, Geol) / continental slope* ‖ ~**drift** f (Geol) / continental drift*, continental displacement ‖ ~**hang** m (an der hypsografischen Kurve der Erdoberfläche) (Geog, Geol) / continental slope*

**Kontinentalität** f (Meteor) / continentality n

**Kontinental•klima** n (das Klima im Innern großer Landmassen) (Meteor) / continental climate* ‖ ~**rand** m (Geol) / continental margin ‖ ~**schelf** m n (Geol) / continental shelf*, continental platform, shelf n (pl. shelves) ‖ ~**sockel** m (Kontinentalschelf und Kontinentalhang) (Geol) / continental terrace ‖ ~**verschiebung** f (Geol) / continental drift*, continental displacement

**Kontingent** n (z.B. Import-) / quota n

**Kontingenz** f (Beziehung zwischen zwei oder mehreren mehrfach-alternativen Zufallsgrößen) (KI) / contingence n, contingency n ‖ ~ (Verbundenheit zwischen zwei kategorialen Merkmalen einer statistischen Masse) (Stats) / contingency n, contingence n ‖ ~**tafel** f (Stats) / contingency table*

**Kontinue-Bleiche** f (Tex) / continuous bleaching

**Kontinue-Garn** n (Spinn) / continuous spun yarn

**kontinuierlich** adj / continuous adj, non-intermittent adj ‖ ~ (Math, Phys) / continuous* adj ‖ ~ **abgestrahlte Welle** (bei der Ultraschallwerkstoffprüfung) (WP) / continuous wave ‖ ~**e Absorption** (Phys) / continuous absorption ‖ ~**e Anodisation** (Galv) / continuous anodizing, coil anodizing, band anodizing, strip anodizing ‖ ~ **arbeitende Mischanlage** (HuT) / continuous mix plant ‖ ~ **arbeitender Ofen** / continuous furnace*, continuous kiln ‖ ~ **arbeitender Trockner** / continuous drier ‖ ~**e Benzineinspritzung** (Kfz) / continuous injection system, CIS ‖ ~ **beschickter Ofen** / continuous furnace*, continuous kiln ‖ ~**er Betrieb** (Laser) (Phys) / cw operation ‖ ~**e Bewegung** (Mech) / continuous motion ‖ ~**e Destillation** (Chem Verf) / continuous distillation* ‖ ~**e Diffusion** (Nahr) / continuous diffusion* ‖ ~**e Extraktion** (Chem Verf) / continuous extraction* ‖ ~**e Fermentation** (Kultivierung von Zellen in Fermenten) (Biochem) / continuous culture ‖ ~**es Feuerverzinken** (Galv) / continuous hot-dip galvanizing, continuous galvanizing ‖ ~**e Feuerverzinkung** (Galv) / continuous hot-dip galvanizing, continuous galvanizing ‖ ~**e Füllmaschine** (für Wurstmasse) (Nahr) / continuous stuffer ‖ ~**e Gruppe** (eine topologische Gruppe, deren Elemente eine Mannigfaltigkeit bilden) (Math) / continuous group ‖ ~**er Hochleistungs-CO$_2$-Laser** (Phys) / cw high-power CO$_2$ laser ‖ ~**e Kultur** (von Mikroorganismen) (Bakteriol) / continuous culture* ‖ ~**er Mischer** / continuous mixer ‖ ~**e Nebelkammer** (Kernphys) / diffusion cloud chamber ‖ ~**er Phasenübergang** (Phys) / continuous phase transition, second-order transition ‖ ~**e Presse** (zur Herstellung von Holzwerkstoffen) (For) / continuous-process press, progressive presser ‖ ~**e Reaktionsreihe** (bei der Kristallisationsdifferentiation) (Geol) / continuous reaction series ‖ ~**es Rohrwalzwerk** (Hütt) / mandrel tube-rolling mill ‖ ~**er Rührkesselreaktor** (Chem Verf) / continuous(ly) stirred tank reactor ‖ ~**es Schmelzverfahren** (Hütt) / continuous melting process, contimelt process ‖ ~**e Schmierung** (eine Methode der Schmierstoffversorgung) / continuous lubrication ‖ ~**e Schweißnaht** (Schw) / continuous weld (along the entire length of the joint) ‖ ~**es Signal** (dessen Signalwerte in jedem beliebigen Zeitpunkt die ihnen jeweils zugeordneten Informationen abbilden) / continuous signal ‖ ~**e Simulation** (EDV) / continuous simulation ‖ ~**es Sintern** / continuous sintering, stoking n ‖ ~**es Sonnenspektrum mit überlagerten Absorptionslinien** (Geophys) / dark-line spectrum ‖ ~**es Spektrum** (Spektr) / continuous spectrum* ‖ ~**e Sterilisation** (Nahr) / continuous sterilization ‖ ~**es Verfahren** (F.Org) / continuous process ‖ ~**e Versorgung** / no-break supply ‖ ~**e Walzstraße** (Hütt) / continuous mill* ‖ ~**es Walzwerk** (Hütt) / continuous mill* ‖ ~**e Wanne** (Glas) / continuous tank, continuous glass tank

**Kontinuität** f (Math, Phys) / continuity* n

**Kontinuitäts•bedingung** f (DIN 13316) (Mech) / continuity condition ‖ ~**gleichung** f (Phys) / equation of continuity, continuity equation ‖ **Yatessche** ~**korrektur** (Stats) / Yates correction, Yates modified chi-square test ‖ ~**prüfung** f (Eltech) / continuity test, continuity testing, connectivity testing, continuity check ‖ ~**spektrum** n (Spektr) / continuous spectrum*

**Kontinuum** n (DIN 1311, T 4) (pl. -ua) (Math, Phys) / continuum* n (pl. -uums or -ua) ‖ **arithmetisches** ~ (Math) / numerical axis, number line, arithmetic continuum*, real line ‖ **schwingendes** ~ (Phys) / vibrating continuum

**Kontinuumhypothese** f (Cantors) (Axiom der Mengenlehre) (Math) / continuum hypothesis*

**Kontinuums•mechanik** f (als Gegensatz zu Quantenmechanik) (Mech) / continuum mechanics ‖ ~**rheologie** f (DIN 1342, T 1) (Phys) / continuum rheology ‖ ~**strahler** m / continuum-radiation source, continuum radiator ‖ ~**strahlung** f (Phys) / continuum emission, continuum radiation ‖ ~**theorie** f / continuum theory

**Konti•-Rohrwalzwerk** n (Hütt) / mandrel tube-rolling mill ‖ ~**walzanlage** f (Hütt) / continuous mill* ‖ ~**walzwerk** n (Hütt) / continuous mill*

**Konto** n (in der Buchführung) / account n

**Kontokartenpapier** n (Pap) / account book paper*, ledger paper

**Kontorflagge** f (Schiff) / house flag (indicating the company that a ship belongs to)

**kontra•gredient** *adj* (Math) / contragredient *adj* ‖ **~harmonisch** *adj* (Mittel) (Math) / contraharmonic *adj*
**Kontrahent** *m* / contractor *n*, contracting party
**kontrahierende Abbildung** (eines metrischen Raumes) (Math) / contraction *n*, contractive mapping
**Kontraindikation** *f* (Pharm) / contraindication *n*
**kontraktil** *adj* (z.B. Protein) (Biochem, Biol) / contractile *adj* ‖ ~ (Bot, Zool) / contractile *adj*
**Kontraktion** *f* (des Atomorbitals) (Kernphys) / contraction *n* ‖ ~ (Math) / contraction *n*, contractive mapping ‖ ~ (Verkleinerung einer Länge einer Fläche oder eines Volumens durch Schrumpfung) (Phys) / shrinkage* *n* (volumetric), contraction *n*, shrinking *n*, volume contraction
**Kontraktionsstelle** *f* (Hyd) / vena contracta* *n* (pl. venae contractae)
**Kontraktometer** *n* (Gerät zur Messung der Eigenspannungen galvanischer Niederschläge) (Galv) / contractometer *n*
**Kontraktor-Verfahren** *n* (HuT) / Contractor process, Contractor method
**Kontra•position** *f* (eine Aussagenverknüpfung) / contraposition *n* ‖ **~propeller** *m* (Schiff) / contrapropeller *n*, counterpropeller *n*
**konträre Ereignisse** (Stats) / incompatible events, mutually exclusive events
**Kontrast** *m* (der wahrgenommene Helligkeitsunterschied benachbarter Sehobjekte) (Foto, TV) / contrast* *n* ‖ **höchsterreichbarer** ~ (beim Entwickeln) (Foto) / gamma infinity* ‖ ~ *m* **der Interferenzstreifen** (Opt) / fringe contrast ‖ **~arm** *adj* (Fotografie) (Foto) / flat *adj*, low-contrast *attr* ‖ **~ausgleich** *m* (TV) / contrast control* ‖ **~balken** *m* (Luftf) / contrast bar ‖ **~empfindlichkeit** *f* (TV) / contrast sensitivity* ‖ **~farbe** *f* (Opt) / contrast colour ‖ **~färbeverfahren** *n* (von Stückwaren) (Tex) / differential dyeing* ‖ **~färbung** *f* (Biochem, Mikros) / counterstaining *n* ‖ **~filter** *n* (Foto, TV) / contrast filter ‖ **augenschonendes ~filter** (TV) / eye-protecting contrast filter ‖ **~filterscheibe** *f* (für Tageslicht) (TV) / filter screen ‖ **~fotometer** *n* (ein visuelles Fotometer) (Phys) / contrast photometer*
**Kontrastiereinrichtung** *f* (z.B. bei polierten Anschliffen) / contrasting device
**kontrastieren** *v* (deutlich unterscheiden) / set off *v*
**Kontrast•karton** *m* (Anstr) / contrast card, Morest chart ‖ **~los** *adj* (Fotografie) (Foto) / flat *adj*, low-contrast *attr* ‖ **~minderung** *f* (Opt) / contrast reduction ‖ **~mittel** *n* (zur Steigerung der optischen Kontraste) (Radiol) / contrast medium*, radiological contrast substance ‖ **~programmwerbung** *f* (TV) / contrast control* ‖ **~reich** *adj* (Fotografie) (Foto) / high-contrast *attr*, contrasty *adj* ‖ **~reiche** (meistens schwarzweiße) **Würfelmusterung** (Tex) / shepherd's check, shepherd's plaid ‖ **~schicht** *f* (zwischen zwei Lackiergängen) (Anstr) / guide coat ‖ **~schwelle** *f* (Licht) / contrast threshold ‖ **~starke Beleuchtung** (im Stile von Helldunkel bei Rembrandt) (Licht) / Rembrandt lighting ‖ **~steuerung** *f* (TV) / contrast control* ‖ **~übertragung** *f* (Foto, Opt) / modulation transfer ‖ **~übertragungsfunktion** *f* (Foto, Opt) / modulation transfer function, MTF* ‖ **~umfang** *m* (Foto) / luminance range ‖ **~umfang** (TV) / contrast range*, dynamic range ‖ **~verhältnis** *n* (Opt) / contrast ratio ‖ **~verminderung** *f* (Opt) / contrast reduction ‖ **~verstärkung** *f* (Opt) / contrast enhancement ‖ **~werbung** *f* / contrast advertising
**Kontravalenz** *f* (mit dem einschließenden ODER) (EDV, Math) / disjunction *n* ‖ ~ (EDV, Regeln) / antivalence *n*, exclusive OR, anticoincidence *n*, non-equivalence *n*, EXOR, XOR ‖ ~ (Math) / symmetric difference
**kontravariant** *adj* (Math) / contravariant *adj* ‖ **~er Funktor** (Math) / contravariant functor ‖ **~er Index** (Math) / contravariant index ‖ **~er Tensor** (Math) / contravariant tensor
**Kontrazeptivum** *n* (pl. -tiva) (Pharm) / antifertility agent, ovulation inhibitor, anovulant *n*, contraceptive *n*
**Kontrollabzug** *m* (Druck) / proof* *n*, pull* *n*, test print, proof print, trial print
**Kontrollämpchen** *n* (Eltech) / pilot-lamp* *n*, signal lamp, warning lamp, tell-tale lamp
**Kontrollampe** *f* (Eltech) / pilot-lamp* *n*, signal lamp, warning lamp, tell-tale lamp
**Kontroll•analyse** *f* (Chem) / check analysis ‖ **~ausdruck** *m* (Druck) / proof* *n*, pull* *n*, test print, proof print, trial print
**Kontrollautsprecher** *m* (Fernm) / monitoring loudspeaker*
**Kontroll•bereich** *m* / security perimeter ‖ **~bereich** (Radar) / guard zone ‖ **~bett** *n* (Hütt) / inspection bed ‖ **~bezirk** *m* (Luftf) / control area ‖ **~bit** *n* (EDV) / check bit ‖ **~block** *m* (EDV) / control block ‖ **~bunker** *m* (Mil, Nukl) / blockhouse ‖ **~bus** *m* (EDV) / control bus
**Kontrolle** *f* / check *n*, inspection *n* ‖ ~ / control* *n*, supervision *n*, monitoring *n* ‖ **außer ~ geraten** / run wild *v* ‖ **bodenseitige ~** (beim GCA-Verfahren) (Radar) / ground control* ‖ **kinetische ~** (der chemischen Reaktion) (Chem) / kinetic control ‖ **optische ~** (WP) /

visual inspection, sight check, visual examination ‖ **thermodynamische ~** (der chemischen Reaktion) (Chem) / thermodynamic control ‖ **100%ige ~** / complete inspection ‖ **~** *f* **anhand eines qualitativen Merkmals** (EDV, Fernm, Stats) / inspection by attributes ‖ **~ anhand eines quantitativen Merkmals** (EDV, Fernm, Stats) / variables inspection, inspection by variables ‖ **~ vor dem Start** (Raumf) / prelaunch inspection
**Kontrollehre** *f* (Masch, Werkz) / master* *n*, master gauge*, reference gauge
**Kontroll•empfänger** *m* (Radio) / monitoring receiver*, check receiver* ‖ **~empfänger** (für die visuelle Beurteilung der Bildqualität) (TV) / picture monitor*
**Kontrolleuchte** *f* (eine Handleuchte) / inspection lamp, trouble lamp (US), trouble light ‖ ~ (Eltech) / pilot-lamp* *n*, signal lamp, warning lamp, tell-tale lamp ‖ ~ (der Instrumententafel) (Kfz) / indicator light, light *n*, indicator *n*, IND LITE (US)
**Kontroll•firme** *f* (ein im Seehafen arbeitender Betrieb) (Schiff) / inspection firm, controlling firm ‖ **~gang** *m* (Vorgang) / tour of inspection ‖ **~gang** (ein Schacht) (Masch) / inspection chamber*, manhole *n*, inspection gallery ‖ **~harz** *n* (bei der Affinitätschromatografie) (Chem) / mock resin
**Kontrollicht** *n* (Kfz) / warning light, reminder light
**kontrollieren** *v* / control *v*, supervise *v*, monitor *v* ‖ ~ / inspect *v*
**kontrolliert•er Abstieg** (Raumf) / controlled descent ‖ **~e Atmosphäre** (Gasatmosphäre, Schutzgas) / controlled atmosphere, CA ‖ **~er Flug** (Luftf) / controlled flight ‖ **~e Freisetzung** (Gen, Med) / controlled release ‖ **~er Leistungsrückgang** (EDV) / graceful degradation ‖ **~er Luftraum** (Luftf) / controlled airspace* ‖ **~e Müllablagerung** (Sanitär, Umwelt) / controlled tipping (GB), sanitary landfill (US)
**Kontroll•interview** *n* (Stats) / callback *n* ‖ **~karte** *f* (in der statistischen Qualitätskontrolle) (Stats) / control chart ‖ **~kästchen** *n* (mit dem man eine nicht exklusive Option aktiviert oder deaktiviert) (EDV) / control box ‖ **~maßnahme** *f* / check *n*, inspection *n* ‖ **~modus** *m* (EDV) / control mode ‖ **~probe** *f* / check *n*, inspection *n* ‖ **~prüfung** *f* (der Güteeigenschaften der Baustoffe seitens des Auftraggebers) (Bau, HuT) / control test ‖ **~punkt** *m* (Eltech, Instr, Masch) / fiducial point*, alignment mark ‖ **~punkt im Luftraum** (Luftf) / gate *n* ‖ **~quelle** *f* (Instr) / check source (a radioactive source, not necessarily calibrated, which is used to confirm the continuing satisfactory operation of an instrument) ‖ **~relais** *n* (Eltech) / monitoring relay ‖ **~schacht** *m* (Masch) / inspection chamber*, manhole *n*, inspection gallery ‖ **~schachtdeckel** *m* (Masch) / manhole cover, manhole head ‖ **~spur** *f* (Film) / control track ‖ **~streifen** *n* (Luftf) / flight progress strip ‖ **~stromkreis** *m* (Regeln) / pilot circuit ‖ **~struktur** *f* **einer Softwarearchitektur** (EDV) / software control structure ‖ **~summe** *f* (EDV) / check total, check-sum *n*, proof total ‖ **~summenfeld** *n* (EDV) / hash total field ‖ **~test** *m* (Gegenprobe) / countercheck *n*, check test, control test ‖ **~turm** *m* (des Flughafens) (Luftf) / control tower, tower *n*, airport traffic control tower, TWR ‖ **~übergabe** *f* (Luftf) / transfer of control ‖ **~vektor** *m* (EDV) / control vector ‖ **~versuch** *m* / countercheck *n*, check test, control test ‖ **~versuch** (Pharm) / control *n*, control experiment ‖ **~wort** *n* (EDV) / check word ‖ **~zentrum** *n* (Raumf) / control centre ‖ **~ziffer** *f* (EDV) / check digit* ‖ **~zone** *f* (Luftf) / control zone*, CTR ‖ **~zone** (Radar) / guard zone
**Kontur** *f* / contour *n*, outline *n*, contour line ‖ **scharfe ~** (des Musters) (Anstr, Tex) / sharp edge ‖ **~ätzen** *n* / chemical machining, chemical milling ‖ **~diagramm** *n* (in der zweidimensionalen ₁H-NMR-Spektroskopie) (Spektr) / contour diagram
**Konturen•analyse** *f* (in optical character recognition, a reading technique that employs a roving spot of light which searches out the character's outline by bouncing around its outer edges) (EDV) / contour analysis ‖ **~druck** *m* (Tex) / outline printing ‖ **~flug** *m* (Luftf) / contour flying, hedgehopping *n*, contour flight ‖ **~nähen** *n* (auf der Nähmaschine) (Tex) / contour sewing ‖ **~schärfe** *f* (Foto) / acutance* *n* ‖ **~schärfe** (Foto, Tex) / contour definition, sharpness of outline (of the print), contour acuity, contour sharpness ‖ **~treue** *f* (bei gedruckten Schaltungen) (Eltronik) / definition *n*
**Kontur•länge** *f* (der Kette) (Chem) / contour length ‖ **~schrift** *f* (EDV, Typog) / outline letters*, open letters, outline type, outlined characters, outline font
**Konurbation** *f* (Arch) / conurbation *n*
**Konus** *m* (Glas) / reamer *n*, flaring tool ‖ ~ (pl. Konen und Konusse) (Math) / cone* *n* (general cone) ‖ ~ (der Drucktype) (Typog) / bevel* *n*, beard *n* (US), neck *n* ‖ **~antenne** *f* (Radio) / conical antenna, cone antenna ‖ **~bremse** *f* (Masch) / wedge brake ‖ **~horn** *n* (Akus) / conical horn* ‖ **~kupplung** *f* (eine kraftschlüssige Kupplung) (Masch) / cone clutch*, conical clutch ‖ **~membran** *f* (Akus) / cone diaphragm* ‖ **~penetration** *f* (bei Prüfung von Paraffinen) (Erdöl) / cone penetration ‖ **~schärmaschine** *f* (Web) / cone warping machine ‖ **~scheibe** *f* (Masch) / cone pulley*, step pulley, stepped cone pulley, cone *n*, speed cone

**Konvektion**

**Konvektion** f (Geophys, Meteor, Wärm) / convection* n ‖ **erzwungene** ~ (Phys) / forced convection ‖ **freie** ~ (wenn die Strömung nicht durch Wände begrenzt ist) (Phys) / free convection ‖ **natürliche** ~ (wenn die Ursache der Bewegung Dichteunterschiede sind, die aus Temperaturunterschieden resultieren) (Phys) / natural convection ‖ **thermische** ~ (Meteor) / thermal convection, free convection, gravitational convection ‖ **zellulare** ~ (Meteor) / cellular convection
**Konvektions•entladung** f (Eltech) / convective discharge ‖ ~**heizgerät** n (Bau) / convector* n, convection heater ‖ ~**heizofen** m (Bau) / convector* n, convection heater ‖ ~**heizung** f (Bau) / convection heating, convective heating ‖ ~**instabilität** f (Meteor) / convective instability, potential instability ‖ ~**kühlung** f (Phys) / convection cooling ‖ ~**ofen** m (Bau) / convector* n, convection heater ‖ ~**regen** m (Meteor) / convectional rain ‖ ~**strom** m (ein Strom bewegter Ladungen) (Phys) / convection current* ‖ ~**strömung** f (thermische - im Glasbad) (Glas) / convection current ‖ ~**strömung** (Phys) / convection current* ‖ ~**trockner** m / convection drier ‖ ~**wolke** f (infolge Konvektion entstehende Kumuluswolke) (Meteor) / convective cloud, convection cloud ‖ ~**zone** f (die die Strahlungszone der Sonne umgibt) (Astr) / convective zone
**konvektiv** adj / convection attr, convective adj, convected adj, convectional adj ‖ ~**er Niederschlag** (Meteor) / convectional rain
**Konvektor** m (ein Direktheizgerät) (Bau) / convector* n, convection heater
**Konvektorheizkörper** m (Bau) / convector* n, convection heater
**Konventionalismus** m (Lehre, nach der axiomatische Theorien lediglich aus Zweckmäßigkeitsgründen gewählte Übereinkommen sind) (Phys) / conventionalism n
**konventionell** adj (Verfahren, Bauweise) (Masch) / orthodox adj ‖ ~ (Rüstung) (Mil) / conventional adj ‖ ~**e Bauart** / conventional design ‖ ~**e Einspritzung** (bei Dieselmotoren) (Kfz) / jerk system ‖ ~**er Gefechtskopf** (Mil) / non-nuclear warhead ‖ ~**er Rechner** (mit komplexem Befehlsvorrat) (EDV) / complex instruction set computer, CISP ‖ ~**es Wärmekraftwerk** (mit fossilem Brennstoff) / fossil-fuelled power station ‖ ~**e Zündanlage** (Kfz) / Kettering ignition system, conventional ignition system
**konvergent** adj (Kernphys) / convergent adj (nuclear chain reaction) ‖ ~ (Math) / convergent adj ‖ ~**es Filter** (in einem topologischen Raum) (Math) / convergent filter ‖ ~**e Folge** (Math) / convergent sequence ‖ ~**e Reihe** (Math) / convergent series
**Konvergenz** f (Bergb, Geol, Math, Opt, Stats, Umwelt) / convergence* n, convergency n ‖ ~ (im Strömungsfeld der Atmosphäre) (Meteor) / convergence n, negative divergence ‖ ~ (Zusammentreffen von Oberflächenströmungen) (Ozean) / convergence n ‖ ~ (optische Deckung der drei Farbauszüge) (TV) / convergence n ‖ ~ (TV) / convergence* n ‖ **absolute** ~ (Math) / absolute convergence* ‖ **bedingte** ~ (Math) / conditional convergence ‖ **beständige** ~ (Math) / permanent convergence, convergence everywhere ‖ **dynamische** ~ (TV) / dynamic convergence ‖ **gleichmäßige** ~ (Math) / uniform convergence* ‖ **innertropische** ~ (Geog, Meteor) / intertropical convergence, ITC ‖ **punktweise** ~ (Math) / pointwise convergence ‖ **schwache** ~ (Math) / weak convergence ‖ **starke** ~ (Math) / strong convergence ‖ **statische** ~ (TV) / static convergence* ‖ **unbedingte** ~ (Math) / permanent convergence ‖ ~ f **fast sicher** (Stats) / convergence almost certain ‖ ~ **in Wahrscheinlichkeit** (von Zufallsgrößen über dem gemeinsamen Wahrscheinlichkeitsraum) (Stats) / convergence in probability ‖ ~ **mit Wahrscheinlichkeit Eins** (eine Konvergenzart für Folgen zufälliger Variabler) (Stats) / convergence almost certain ‖ ~ **überall** (Math) / permanent convergence, convergence everywhere
**Konvergenz•abszisse** f (Math) / abscissa of convergence ‖ ~**bestrahlung** f (eine Form der Bewegungsbestrahlung) (Radiol) / converging-field therapy* ‖ ~**diode** f (TV) / convergence diode ‖ ~**elektrode** f (TV) / convergence electrode ‖ ~**geschwindigkeit** f (Math) / rate of convergence ‖ ~**gleichheit** f (Math) / equiconvergence n ‖ ~**korrekturspule** f (TV) / convergence coil* ‖ ~**kreis** m (Math) / circle of convergence*, convergence circle ‖ ~**kriterium** n (für Reihen) (Math) / convergence criterion, criterion of convergence, test for convergence, test of convergence ‖ **Weierstraßsches** ~**kriterium** (Math) / M-test of Weierstrass for uniform convergence*, Weierstrass' test for uniform convergence*, Weierstrass' M test ‖ **Kummersches** ~**kriterium** (für Reihen - nach E.E. Kummer, 1810-1893) (Math) / Kummer's convergence test* ‖ ~**radius** m (bei Reihen) (Math) / radius convergence ‖ ~**satz** m (Math) / convergence theorem ‖ ~**testbild** n (TV) / convergence test pattern ‖ ~**winkel** m (Astr) / parallactic angle* ‖ ~**zone** f (Geol) / convergence zone, consuming plate boundary, converging plate boundary
**konvergieren** v (konvergent verlaufen) / converge v (to)
**konvergierend** adj (Math) / convergent adj

**konvers•e Halbordnung** (Math) / dual partition ordering, converse partition ordering ‖ ~**e Relation** (Math) / inverse relation, converse relation
**Konversationsgrafik** f (EDV) / interactive (computer) graphics, conversational graphics
**Konversion** f (Chem Verf) / conversion n ‖ ~ (Umkehrung der aussagenlogischen Verknüpfung) (EDV) / conversion* n ‖ ~ (ein Kernprozeß) (Kernphys) / conversion n ‖ ~ (z.B. bei Senkrechtstartflugzeugen) (Lufft) / conversion n ‖ ~ (Nukl) / breeding n ‖ ~ (Erzeugung neuer spaltbarer Substanz aus Brennstoffen in Kernreaktoren oder Umwandlung des vorhandenen Brennstoffs) (Nukl) / conversion n ‖ **innere** ~ (ein Kernprozeß) (Kernphys) / internal conversion*, IC ‖ ~ f **der Stärke** (Chem) / saccharification of starch, starch conversion
**Konversions•elektron** n (Eltronik, Kernphys) / conversion electron* ‖ ~**filter** n (Foto) / photometric filter ‖ ~**produkt** n (Chem Verf) / conversion product ‖ ~**rate** f (Nukl) / conversion ratio*, nuclear conversion ratio* ‖ ~**salpeter** m (Kaliumnitrat + Kaliumchlorid) (Chem) / conversion saltpetre ‖ ~**schicht** f (eine Oberflächenschutzschicht) (Galv) / conversion coat(ing), surface-conversion coat(ing) ‖ ~**verfahren** n (Druck) / conversion system ‖ ~**verhältnis** n (Nukl) / conversion ratio*, nuclear conversion ratio*
**Konverter** m (EDV) / converter* n, convertor n, conversion equipment ‖ ~ (Eltech) / converter n ‖ ~ (ein metallurgischer Schmelzofen für das Blasstahlverfahren) (Hütt) / steel converter, converter n, steel convertor ‖ ~ (Masch) / converter n ‖ ~ (wenn die Brutrate kleiner als 1 ist) (Nukl) / converter reactor*, converter n, nuclear converter ‖ ~ (negatives Linsensystem zwischen Kamerakörper und Objektiv) (Opt) / converter n ‖ ~ (Vorsatzgerät für Kurzwellen- und RTTY-Empfang) (Radio) / converter n ‖ ~ (Maschine zur Herstellung von Chemiespinnfasern aus Filamentkabel) (Spinn) / converter n ‖ **bodenblasender** ~ (Hütt) / bottom-blown converter, bottom-blowing converter ‖ **katalytischer** ~ (Kfz) / catalytic converter, converter n ‖ **rauscharmer** ~ (Satellitenkommunikation) (Fernm) / low-noise converter, LNC ‖ **seitenblasender** ~ (Hütt) / side-blown converter ‖ **thermionischer** ~ (zur direkten Umwandlung thermischer Energie in elektrische Energie) (Eltech, Phys) / thermionic converter, thermionic element ‖ **thermoelektrischer** ~ (Eltech) / thermal converter*, thermocouple converter, thermoelectric generator
**Konverter•abgas** n (Hütt) / converter off-gas, converter waste gas ‖ ~**abhitze** f (Hütt) / converter waste heat ‖ ~**auskleidung** f (Hütt) / converter lining ‖ **saure** ~**auskleidung** (beim Bessemer-Verfahren) (Hütt) / ganister n, gannister n ‖ ~**boden** m (Hütt) / converter bottom ‖ ~**charge** f (Hütt) / blow n (the quantity of metal dealt with at a single operation), converter charge, molten charge ‖ ~**einsatz** m (Hütt) / blow n (the quantity of metal dealt with at a single operation), converter charge, molten charge ‖ ~**folie** f (Kernphys) / converter foil ‖ ~**frischverfahren** n (Hütt) / pneumatic process, converter steel process ‖ ~**futter** n (Hütt) / converter lining ‖ ~**halle** f (Hütt) / converter shop ‖ ~**hals** m (Hütt) / converter nose ‖ ~**hut** m (Hütt) / converter hood, conical converter top ‖ ~**kamin** m (Hütt) / converter stack ‖ ~**metall** n (Hütt) / converter metal ‖ ~**mündung** f (Teil des Konverterhuts) (Hütt) / mouth of a converter, converter mouth ‖ ~**öffnung** f (Hütt) / mouth of a converter, converter mouth ‖ ~**prozeß** m (Hütt) / pneumatic process, converter steel process ‖ ~**reaktor** m (Nukl) / converter reactor*, converter n, nuclear converter ‖ ~**schnauze** f (Hütt) / mouth of a converter, converter mouth ‖ ~**stahl** m (Bessemer- oder Thomasstahl) (Hütt) / converter steel ‖ ~**verfahren** n (z.B. OBM-Verfahren) (Hütt) / pneumatic process, converter steel process ‖ ~**verfahren** (Spinn) / tow-to-top method, tow-to-top process, converting n ‖ ~**zustellung** f (Hütt) / converter lining
**Konvertierung** f (Chem Verf) / conversion n ‖ ~ (Chem Verf) / shift conversion, conversion n ‖ ~ (während des Haber-Bosch-Verfahrens) (Chem Verf) / water-gas shift reaction ‖ **katalytische** ~ **bei der Wassergaserzeugung** (Chem Verf) / water-gas shift reaction
**Konvertierungs•code** m (EDV) / transformation code ‖ ~**grad** m (prozentualer Schadstoffumsatz als Maß für die katalytische Wirksamkeit eines Katalysators) (Kfz) / conversion rate ‖ ~**karte** f (die die Verbindung von zwei unterschiedlichen Systemen möglich macht) (EDV) / bridge card ‖ ~**kode** m (EDV) / transformation code ‖ ~**ofen** m (Chem Verf) / shift converter ‖ ~**rate** f (Kfz) / conversion rate
**Konvertiplan** m (Lufft) / convertiplane* n
**Konvertsalpeter** m (Kaliumnitrat + Kaliumchlorid) (Chem) / conversion saltpetre
**konvex** adj (erhaben gekrümmt) (Opt) / convex adj ‖ ~**er Körper** (Math) / convex body ‖ ~**e Menge** (Math) / convex set ‖ ~**es n-Eck** (ein einfaches n-Eck, in dem die Verbindungsstrecke zweier beliebiger Punkte des Inneren nur Punkte dieses Gebiets enthält) (Math) /

convex polygon ‖ ~e **Optimierung** (EDV) / convex programming ‖ ~es **Polyeder** (wenn die Neigungswinkel benachbarter Begrenzungsflächen im Inneren des Körpers gemessen, sämtlich kleiner als 180° sind) (Math) / convex polyhedron ‖ ~e **Programmierung** (EDV) / convex programming ‖ ~e **Punktmenge** (Math) / convex set ‖ ~es **Vieleck** (Math) / convex polygon
**Konvex·bogen** *m* (Arch) / convex arch ‖ ~**glas** *n* (in der Augenoptik) (Opt) / convergent lens*, converging lens
**Konvexität** *f* / convexity *n*
**konvex·-konkav** *adj* (Opt) / convexo-concave *adj* ‖ ~**linse** *f* (Opt) / convex lens* ‖ ~**spiegel** *m* (Opt) / convex mirror*
**Konvoi** *m* (Typenbezeichnung des 1300 MW-Druckwasserreaktors der Framatome ANP GmbH) (Nukl) / Konvoi *n*
**Konvolution** *f* (Geol) / convolution *n*
**Konzentrat** *n* (bei der Herdarbeit) (Aufber) / heads *pl*, headings* *pl* ‖ ~ (Produkt der Aufbereitung) (Aufber) / concentrate* *n* ‖ ~ (Chem) / concentrate *n* ‖ **verhüttungsfähiges** ~ (Hütt) / smelting concentrate ‖ ~**direktschmelzen** *n* (in der Pyrometallurgie) (Hütt) / direct smelting of concentrates
**Konzentration** *f* / concentration *n* ‖ ~ (von Molekülen oder Ionen in einer Volumeneinheit) (Chem) / concentration* *n* ‖ ~ (einer Lösung nach DIN 1310) (Chem) / strength *n* ‖ **höchstzulässige** ~ (z.B. ein Emissionsgrenzwert) (Umwelt) / maximum permissible concentration*, maximum permissible level* ‖ **kritische** ~ (Chem, Kernphys) / critical concentration ‖ **osmotische** ~ (Chem) / osmolarity *n* ‖ **scheinbare** ~ (ohne Berücksichtigung von Störionen) (Chem) / apparent concentration ‖ **sichere** ~ (eine für den größten Teil eines bestimmten Fischbestandes unschädliche Konzentration einer Chemikalie in den Gewässern) (Umwelt) / safe concentration ‖ **zur ursprünglichen** ~ **lösen** (Chem) / reconstitute *v* ‖ ~ **auf Bodenhöhe** *f* (Luftverunreinigung) (Umwelt) / ground-level concentration, GLC ‖ ~ **des Elektrolyten** (Chem) / electrolyte strength* ‖ ~ **eines Stoffes, bei der kein toxischer Effekt beim Versuchstier beobachtet werden kann** (Umwelt) / no-effect concentration (NEC), no-observed-effect level (NOEL), no-observable-effect level ‖ ~ **von Öltanks** (Erdöl) / tank farm (a large group of tanks)
**konzentrations·abhängig** *adj* (Chem) / concentration-dependent *adj* ‖ ~**änderung** *f* (Chem) / change of concentration, concentration change ‖ ~**bezogene Leitfähigkeit** (Chem, Elektr) / molar conductivity* ‖ ~**dreieck** (zur Angabe der Zusammensetzung eines Dreistoffsystems) (Phys) / triangular phase diagram (of ternary systems) ‖ ~**dreieck** *n* (im ternären Zustandsdiagramm) (Phys) / composition triangle, triangular diagram ‖ ~**element** *n* (ein Korrosionselement, das durch Unterschiede in den physikalischen Bedingungen gebildet wird - DIN 50900) (Galv) / concentration cell*, ion-concentration cell ‖ ~**gefälle** *n* (Chem) / concentration gradient ‖ ~**gradient** *m* (Chem) / concentration gradient ‖ ~**kette** (Galv) / concentration cell*, ion-concentration cell ‖ ~**kurve** *f* (Chem) / concentration curve ‖ ~**löschung** *f* (bei der Lumineszenz von Festkörpern die Verringerung der Intensität der Lumineszenz mit wachsender Konzentration der Lumineszenzzentren oberhalb einer kritischen Konzentration) (Licht) / concentration quenching ‖ ~**maß** *n* (z.B. Molprozent) (Chem) / concentration scale ‖ ~**polarisation** *f* (Phys) / concentration polarization* ‖ ~**strömung** *f* (Phys) / density current ‖ ~**überschuß** *m* **in der Oberflächenschicht** (Chem) / surface concentration excess* ‖ ~**überspannung** *f* (die durch Konzentrationsänderungen der Elektrolytlösung an der Elektrodenoberfläche hervorgerufen wird) (Galv) / concentration overvoltage, concentration overpotential ‖ ~**verteilung** *f* (Chem) / concentration distribution ‖ ~**zelle** *f* (Galv) / concentration cell*, ion-concentration cell ‖ ~**zelle mit Überführung** (Eltech, Galv) / concentration cell with transport
**Konzentratladung** *f* (vorwiegend Erzkonzentrate) (Schiff) / concentrate cargo
**Konzentrator** *m* (in der Heliotechnik) / solar concentrator ‖ ~ **(KT)** (EDV, Fernm) / concentrator *n*
**Konzentratschaum** *m* (Aufber) / concentrate-laden froth
**konzentrieren** *v* / concentrate *v* ‖ ~ (Chem Verf) / concentrate *v*, graduate *v* ‖ ~ (Pap) / fortify *v* ‖ ~ *n* (das Anreichern des gelösten Stoffes in der Lösung durch teilweises Eindampfen) (Chem Verf) / concentration *n*, concentration* *n*, graduation *n* (of solutions)
**konzentrierend·er Kollektor** (in der Heliotechnik - ein Sonnenkollektor) / concentrating collector ‖ ~**es optisches System** (Opt) / concentrator *n*
**konzentriert·es Abwasser** (Sanitär) / strong sewage ‖ ~**e Anschlußschaltung** (EDV) / pooled termination ‖ ~**e Belastung** (HuT) / concentrated load* ‖ ~**e Belastung** s. auch Punktlast ‖ ~**e Impedanz** (Eltronik) / lumped impedance* ‖ ~**e Konstante** (z.B. einer Leitung) (Elektr) / lumped constant* ‖ ~**er Latex** / concentrated latex ‖ ~**e Parameter** *m pl* (Eltronik) / lumped parameters* ‖ ~**e Salpetersäure** (eine etwa 67-69,2%ige Säure) (Chem) / concentrated nitric acid ‖ ~**e Salzsäure** (eine Handelsform der Salzsäure) (Chem) / concentrated hydrochloric acid (about 24 to 36% HCl, density 1.12 to 1.18) ‖ ~**e Wicklung** (Eltech) / concentrated winding
**Konzentrierung** *f* / concentration *n*
**konzentrisch** *adj* / concentric *adj* ‖ ~**es Doppelleiterkabel** (Kab) / twin-concentric cable*, twinax cable ‖ ~**es Dreiaderkabel** (Kab) / triple-concentric cable* ‖ ~**e Dreifachleitung** (Kab) / triple-concentric cable* ‖ ~**es Dreileiterkabel** (Kab) / triple-concentric cable* ‖ ~**e Falte** (Geol) / parallel fold, concentric fold ‖ ~**es Kabel mit zwei Innenleitern** (Kab) / twin-concentric cable*, twinax cable ‖ ~**er Leiter** (Eltech) / concentric conductor, concentric-lay conductor ‖ ~**er Resonator** (mit zwei gleichen konkaven sphärischen Spiegeln, deren Krümmungsmittelpunkte zusammenfallen) (Eltronik) / concentric resonator ‖ ~**e Speiseleitung** (Fernm) / coaxial feeder, concentric feeder ‖ ~**e Spulenwicklung** (Eltech) / concentric winding* ‖ ~**e Steckverbindung** (Eltech) / concentric plug-and-socket
**Konzentrizität** *f* / concentricity *n* ‖ ~ (Masch) / concentricity *n*
**Konzentrizitätsabweichung** *f* **zwischen Kern und Mantel** (bei Lichtwellenleitern nach DIN 57888, T 1) / core-cladding concentricity error
**Konzept** *n* / draft *n* ‖ **logisches** ~ (EDV) / logical design*, logic design ‖ ~ *n* **der elastisch-plastischen Bruchmechanik** (WP) / elastic-plastic fracture mechanics, EPFM ‖ ~ **der linear-elastischen Bruchmechanik** (WP) / linear-elastic fracture mechanics, LEFM
**Konzeption** *f* / conception *n* (central idea), concept *n*
**konzeptionell** *adj* / conceptual *adj*
**Konzept·papier** *n* (Pap) / scribbling paper, rough paper ‖ ~**phase** *f* (eines Projekts) / concept phase
**konzeptuelle Dependenz** (KI) / conceptual dependency, CD
**Konzern** *m* (ein herrschendes und mindestens ein abhängiges Unternehmen) / group *n*, combine *n* ‖ ~ (Mischkonzern) / conglomerate *n*
**konzertierte Reaktionen** (Chem) / concerted reactions, synchronous reactions
**Konzession** *f* / licence *n* ‖ ~ (Bergb) / grant *n*
**Konzessions·erteiler** *m* / licenser *n*, licensor *n* ‖ ~**inhaber** *m* / licensee *n* ‖ ~**vergabe** *f* (im Einzelhandel) / franchising *n*
**konzyklisch** *adj* (Punkte) (Math) / concyclic *adj*
**Koog** *m* (pl. Köge) (HuT) / polder* *n*
**Kookkurrenz** *f* (gemeinsames Vorkommen sprachlicher Einheiten in einer Äußerung, in einem Satz) (EDV) / co-occurrence *n*
**Kooperation** *f* / cooperation *n*, co-operation *n*
**kooperativ** *adj* (Verhalten) (Mag, Phys) / cooperative *adj*, co-operative *adj* ‖ ~ **oligomer** (Enzym mit sigmoider Kinetik) (Biochem) / allosteric *adj* ‖ ~**e Software** (EDV) / cooperative software ‖ ~**es Spiel** (bei dem die beteiligten Spieler die Möglichkeit haben, Koalitionen zu bilden) (Math) / cooperative game
**Kooperativität** *f* / cooperativity *n* ‖ ~ (eine aufeinanderfolgende Bindung von Liganden an die Untereinheiten von oligomeren Proteinkomplexen) (Biochem) / cooperativity *n*
**Koopmans-Energie** *f* (der Energieparameter in dem Hartree-Fock-Verfahren) (Kernphys) / Koopmans energy
**Koordinate, relative** ~ (EDV) / relative coordinate
**Koordinaten** *f pl* (Math) / coordinates *pl*, co-ordinates* *pl* ‖ **astronomische** ~ (Astr) / celestial co-ordinates ‖ **baryzentrische** ~ (Math) / barycentric coordinates ‖ **biangulare** ~ (Math) / bipolar coordinates* ‖ **bipolare** ~ (Math) / bipolar coordinates* ‖ **durch** ~ **festlegen** (Math) / plot *v* ‖ **elliptische** ~ (Math) / elliptic coordinates ‖ **Eulersche** ~ (raumfeste) (Math) / Euler coordinates, Eulerian coordinates ‖ **galaktische** ~ (Astr) / galactic coordinates ‖ **generalisierte** ~ (Phys) / generalized coordinates, general coordinates ‖ **geodätische** ~ (Verm) / geodetic coordinates ‖ **homogene** ~ (in der projektiven Geometrie) (Math) / homogeneous co-ordinates* ‖ **kartesische** ~ (DIN 4895) (Math) / Cartesian coordinates*, rectangular coordinates, rectangular axes* ‖ **krummlinige** ~ (Math) / curvilinear coordinates* ‖ **Lagrangesche** ~ (körper- und teilchenfeste) (Phys) / Lagrange coordinates, Lagrangian coordinates, material coordinates ‖ **raumfeste** ~ / space-fixed coordinates ‖ **räumliche** ~ (Math) / spatial coordinates, space coordinates ‖ **sphärische** ~ (Math, Verm) / spherical polar coordinates*, spherical coordinates ‖ **verallgemeinerte** ~ (Phys) / generalized coordinates, general coordinates ‖ ~ *f pl* **des Werkzeugs** (Regeln) / tool coordinates
**Koordinaten·achse** *f* (Math) / coordinate axis ‖ ~**bohrmaschine** *f* (zur Herstellung von Bohrungen mit sehr genauen Lochabständen) (Masch) / jig borer*, jig-boring machine ‖ ~**drehung** *f* (Math) / coordinate rotation ‖ ~**dreibein** *n* (Math) / coordinate trihedral ‖ ~**ebene** *f* (Math) / coordinate plane ‖ ~**fräsmaschine** *f* (Masch) / coordinate milling machine ‖ ~**grafik** *f* (EDV) / coordinate graphics, line graphics ‖ ~**meßgerät** *n* (zur Erfassung der Körpergeometrie - Ausleger-, Ständer-, Portal- und Brückenbauart) / coordinate

**Koordinatenmeßokular** measuring instrument (machine) ‖ **~meßokular** n (bei dem zwei Strichplattenskalen senkrecht gegeneinander verschiebbar sind) (Opt) / coordinate measuring eyepiece ‖ **~meßtisch** m (Opt) / coordinate stage ‖ **~papier** n (Pap) / coordinate paper ‖ **~papier** s. auch kariertes Papier ‖ **~raum** m (Math) / coordinate space ‖ **~schalter** m (Fernsp) / crossbar switch ‖ **~schalteramt** n (Fernsp) / crossbar exchange* ‖ **~schieber** m (Kart) / romer n (named after C. Romer, 1883-1951) ‖ **~schreiber** m (ein Meßschreiber) (EDV) / x-y recorder*, X-Y plotter, graph plotter, coordinate plotter ‖ **~speicher** m (EDV) / matrix storage, coordinate storage, matrix memory, MXM ‖ **~strecke** f (Math) / intercept n ‖ **~system** n (Math) / coordinate system ‖ **galaktisches ~system** (ein astronomisches Koordinatensystem - galaktische Länge, galaktische Breite) (Astr) / galactic system (of coordinates) ‖ **flugkörperfestes ~system** (Luftf) / body axes ‖ **orthogonales ~system** (DIN 4895) (Math) / orthogonal system ‖ **mitbewegtes ~system** (Opt) / moving coordinate system, moving coordinate system ‖ **~tisch** m (Opt) / coordinate stage ‖ **~transformation** f (z.B. Lorentz- oder Hauptachsentransformation) (Math) / transformation of coordinates, coordinate transformation ‖ **~transformation** (Umrechnung von Koordinatenwerten eines Koordinatensystems in ein anderes) (Math) / coordinate transformation, transformation of coordinates ‖ **~verschiebung** f (Math) / coordinate displacement ‖ **~wandler** m (bei vektoriellen Größen) (EDV) / resolver n, coordinate resolver, coordinate transformer

**Koordinations•chemie** f (Chem) / coordination chemistry ‖ **~einheit** f (das Gebilde aus einem oder mehreren Zentralatomen und den zugehörigen Liganden) (Chem) / coordination unit, coordination entity ‖ **~gitter** n (z.B. Diamant oder Natriumchlorid) (Krist) / coordination lattice ‖ **~isomerie** f (eine besondere Art der Konstitutionsisomerie) (Chem) / coordination isomerism ‖ **~kompensator** m (Eltech) / coordinate potentiometer* ‖ **~lehre** f (Chem) / coordination theory ‖ **~polyeder** n (gedachtes Polyeder, an dessen Ecken die an ein Zentralatom gebundenen Atome liegen) (Chem) / coordination polyhedron ‖ **~polymerisation** f (mit Ziegler-Natta-Katalysatoren) (Chem) / coordination polymerization, insertion polymerization, polyinsertion n ‖ **~polymerisation** (Chem) s. auch Ziegler-Natta-Polymerisation ‖ **~sphäre** f (erste, zweite) (Chem) / coordination sphere ‖ **~verbindung** f (nach A. Werner, 1866-1919) (Chem) / coordination compound*, Werner complex ‖ **~zahl** f (KZ; Kz) (die Zahl der Liganden in einer Komplexverbindung) (Chem) / coordination number* (CN), ligancy n ‖ **~zahl** (Anzahl der nächsten Nachbarn eines Gitterbausteins) (Krist) / coordination number

**koordinativ, dreifach ~ gebunden** (Chem) / tricoordinate(d) adj ‖ **dreifach ~ gebunden** (Chem) / tricoordinate(d) adj ‖ **fünffach ~ gebunden** (Chem) / pentacoordinate(d) adj ‖ **mit drei ~en Bindungen** (Chem) / tricoordinate(d) adj ‖ **vierfach ~ gebunden** (Chem) / tetracoordinate(d) adj ‖ **zweifach ~ gebunden** (Chem) / dicoordinate(d) adj ‖ **~ anlagern** (z.B. Moleküle) (Chem) / coordinate vt ‖ **~e Bindung** (Chem) / coordinate bond*, dative bond*, coordinate-covalent bond ‖ **~ sechswertig** (Chem) / hexacovalent adj ‖ **~ vierwertig** (Chem) / tetracovalent adj

**Koordinatograf** m (Kart, Verm) / co-ordinatograph n ‖ **~** (Verm) s. auch Plotter

**Koordinator** m (Kart, Verm) / co-ordinatograph n

**koordinieren** v / coordinate v

**koordiniert•e Indexierung** (eines Dokuments) (EDV) / coordinate indexing n ‖ **~e Weltzeit** (EN 28601) / Universal Time Coordinated (UTC), Universal Coordinated Time, Coordinated Universal Time

**Kop** m (Spinnhülse mit aufgewickeltem Garn) (Spinn) / cop* n

**Kopaiva•balsam** m (von Copaifera-Arten) / copaiba balsam, copaiba n, balsam copaiba ‖ **~öl** n (von Copaifera-Arten) / copaiba oil ‖ **~terpentin** n / copaiba balsam, copaiba n, balsam copaiba

**Kopal** m (Sammelname für rezent-fossile Harze) / copal n (fossil) ‖ **amerikanischer ~** (aus der Hymenaea courbaril L.) / courbaril n (from the locust tree) ‖ **Amerikanischer ~** (aus Hymenaea courbaril L.) / South American copal gum ‖ **Ostafrikanischer ~** / Zanzibar gum, Zanzibar copal, animé n ‖ **~ m aus dem Dammarabaum** (Agathis dammara) / dammar* n ‖ **~fichte** f (Agathis australis (D. Don) Salisb.) (For) / kauri pine, kauri n (pl. -s) ‖ **~harz** n / copal n (fossil)

**Köper** m (Web) / twill* n ‖ **abgesetzter ~** (Tex) / interrupted twill ‖ **beidrechter ~** (Web) / double-face twill ‖ **dreibindiger ~** (Web) / three-end twill, three-harness twill, three-shaft twill ‖ **durchlaufender ~** (Tex) / continuous twill ‖ **einseitiger ~** (Web) / one-face twill ‖ **gebrochener ~** (Tex) / broken twill* ‖ **gemusterter ~** (Web) / figured twill* ‖ **krummer ~** (Web) / curved twill ‖ **versetzter ~** (Tex) / irregular twill, transposed twill, offset twill (weave), cross twill, crossed twill ‖ **zusammengesetzter ~** (Web) / stitched twill, combined twill ‖ **~ m im Grätenmuster** (Web) / crow twill, swansdown twill, broken crow twill ‖ **~ mit Würfelbindung** (Web) / Celtic twill

**Köper•atlas** m (Tex) / satin twill ‖ **~bindung** f (im allgemeinen) (Web) / twill weave ‖ **die Richtung ändernde ~bindung** (Web) / reverse twill ‖ **gleichseitige ~bindung** (Web) / Batavia weave ‖ **~grat** m (Tex) / ridge of twill, twill line ‖ **~gratlinie** f (Web) / twill line ‖ **~gratrichtung** f (Web) / waling n ‖ **~linie** f (Web) / twill line

**kopernikanisch•es System** (nach N. Kopernikus, 1473-1543) (heliozentrische Planetentheorie) (Astr) / Copernican System* ‖ **~es Weltsystem** (heliozentrische Planetentheorie) (Astr) / Copernican System*

**Köperrückseite** f (bei Strickwaren) (Tex) / twill backing

**Kopf** m / head* n ‖ **~** (z.B. ein Sprechkopf oder Hörkopf nach DIN 45510) (Akus, Eltech, Mag) / head* n, sound-head* n ‖ **~** (Säulenkopf) (Arch) / head n ‖ **~** (des Kometen = Koma + Nukleus) (Astr) / head n ‖ **~** (ein Halbziegel) (Bau) / snapped header*, snap header, half-bat n, blind header ‖ **~** (bei Angabe von Stichwörtern in Wörterbüchern) (Druck) / catchword* n ‖ **~** (des Speisers) (Glas) / feeder nose ‖ **~** (Stirne und Backen) (Leder) / head n ‖ **~** (Leder) / head n ‖ **~** (Schraube, Hammer, Eisenbahnschiene) (Masch) / head* n ‖ **~** (eines Reißverschlusses) (Tex) / head n, heads pl ‖ **~** (eines Reißverschlußzahns) (Tex) / pip n ‖ **abgerundeter ~** (Masch) / round head ‖ **ausgenommen mit ~** (Fisch) (Nahr) / gutted with head (fish) ‖ **ausgenommen ohne ~** (Fisch) (Nahr) / gutted without head (fish) ‖ **einen ~ bilden** (anetzen - Salat, Kohl) (Landw) / head v ‖ **verlorener ~** (unmittelbar auf das Gußteil aufgesetzter, offener Speiser) (Hütt) / feeder head*, dead head, shrinking head, shrink head, feeding head*, feed head ‖ **vor ~ anbauen** (einen Brückenteil im Freivorbau) (HuT) / launch v (a bridge)

**Kopf•abstand** m (Kfz) / headway n, headroom n ‖ **~airbag** m (Kfz) / head airbag ‖ **internationales ~amt** (Fernsp) / international gateway exchange, international gateway centre ‖ **~anfang** m (Fernm) / start of heading, SOH ‖ **~anstauchen** (Hütt, Masch) / heading n ‖ **~anstauchwerkzeug** n (Masch) / heading tool* ‖ **~bahnhof** m (Bahn) / terminus n (pl. termini or terminuses), terminal depot (US), dead-end station, terminal n, terminal station ‖ **~band** n (der Schutzbrille - meistens verstellbar) / goggles strap, strap n (of the goggles) ‖ **~band** (z.B. zwischen Pfetten und Stuhlsäulen) (Zimm) / angle tie n, angle brace ‖ **~bau** m (eine Baggerabbaumethode) (HuT) / frontal system of working ‖ **~baum** m (bei ausschlagfähigen Laubholzarten) (For) / pollard* n ‖ **~bauwerk** n (Wasserb) / head n, heading n ‖ **~bedeckung** f (Tex) / headgear n ‖ **~binder** m (Bau) / through-stone* n, perpend* n, jumper* n, perpend-stone n ‖ **~bug** m (Zimm) / angle tie n, angle brace slot ‖ **~dichtung** f (Kfz) / head gasket n ‖ **~drehmaschine** f (Masch) / face lathe*, facing lathe ‖ **~düngen** v (nur Infinitiv und Partizip) (Landw) / top-dress v ‖ **~dünger ausbringen** (Landw) / top-dress v ‖ **~düngung** f (Landw) / top-dressing n ‖ **~durchmesser** m (Masch) / head diameter ‖ **~eiche** f (For) / pollard oak

**köpfen** v (leicht anschleifen) / sand down v ‖ **~** (Bodenprofil) / truncate v ‖ **~** (Proben) (Bergb) / cut v ‖ **~** (For) / pollard v ‖ **~** (Zuckerrübe) (Landw) / top v ‖ **~ n** (der Zuckerrübe) (Landw) / topping n

**Kopf•ende** n / head-end n, head n ‖ **~etikett** n (EDV) / header n, header label, heading n ‖ **~farbe** f (beim Farbengang) (Leder) / head rocker ‖ **~farbenbrühe** f (Leder) / head liquor ‖ **~fenster** n (EDV) / read/write head opening, head slot, head access hole, head window ‖ **~fenster** (in der Hülle einer Diskette) (EDV) / head window, write/read window, read/write window ‖ **~fläche** f (die Sichtfläche des Natursteins) (Bau) / face n ‖ **~flughöhe** f (EDV) / flying height, flying altitude ‖ **~form** f (Glas) / neck ring, neck-mould n ‖ **~form** (der Schraube) (Masch) / head shape, head type, head form ‖ **~freiheit** f (Kfz) / headroom n ‖ **~gesteuerter Motor** (V-Mot) / overhead-valve engine, I-head engine, valve-in-head engine, OHV engine ‖ **~gleis** n (Bahn) / end-loading siding n ‖ **~guß** m (Gieß) / top casting, top pouring, downhill casting ‖ **~haube** f (eine Art Kopfschutz) / hair protector ‖ **~höhe** f (bei Schrauben) (Masch) / height of head ‖ **~höhe** (des Zahnrads nach DIN 867) (Masch) / addendum n (pl. addenda)* ‖ **in ~höhe** / at head height

**Kopfholz** n (For) / pollard* n ‖ **~betrieb** m (For) / coppice management, sprout forest management ‖ **~betrieb** (ein Ausschlagholzbetrieb bei Laubbäumen) (For) / pollard system ‖ **~wirtschaft** f (For) / coppice management, sprout forest management ‖ **~wirtschaft** (For) / pollard system

**Kopfhörer** m (DIN 1320) (Akus) / headphone n, earphone n ‖ **~anschluß** m (Stecker) (Radio) / headphone cable plug, earphone cable plug, headphone plug, headset plug ‖ **~anschluß** (Buchse) (Radio) / headphone socket, earphone socket ‖ **~anschlußbuchse** f (Radio) / headphone jack ‖ **~anschlußstecker** m (Radio) / headphone cable plug, earphone cable plug, headphone plug, headset plug ‖ **~buchse** f (Radio) / headphone socket, earphone socket ‖ **~bügel** m (Radio) / headband n, headphone bow ‖ **gepolsterter ~bügel** (Radio) / padded headband, padded headpiece ‖ **~garnitur** f (Radio) /

headphones *pl*, headset *n* (US) ‖ ~**stecker** *m* (Radio) / headphone cable plug, earphone cable plug, headphone plug, headset plug
**Kopf•jäger** *m* / headhunter *n* ‖ ~**kante** *f* (Buchb) / top edge ‖ ~**kegel** *m* (um die Radachse nach DIN 3971) (Masch) / tooth crest cone, crest cone ‖ ~**kehlfläche** *f* (eines Zahnrads) (Masch) / gorge *n* ‖ ~**-Kopf-Polymerisation** *f* (mit Kopf-Kopf-Verknüpfung) (Chem) / head-to-head polymerization ‖ ~**korrigierte Verzahnung** (Masch) / addendum-corrected gearing ‖ ~**kreis** *m* (DIN 3960) (Masch) / outside circle, addendum circle, tip circle ‖ ~**kreisdurchmesser** *m* (Masch) / tip diameter, outside diameter, OD ‖ ~**kürzung** *f* (bei Zahnrädern nach DIN 3960) (Masch) / addendum shortening ‖ ~**lampe** *f* (Bergb) / headlamp* *n*, cap lamp ‖ ~**lastig** *adj* (Lufft) / nose-heavy *adj*, down by the nose ‖ ~**lastig** (Schiff) / bow-heavy *adj*, down by the bow ‖ ~**lastigkeit** *f* (eines Caravans) (Kfz) / nose-down attitude ‖ ~**lastigkeit** (Lufft) / nose heaviness* *n* ‖ ~**leiste** *f* (Arch) / headband *n* ‖ ~**leiste** (Typog) / headpiece *n* ‖ ~**leitwerk** *n* (Eltech, Wasserb) / headworks* *pl*, intake heading (US) ‖ ~**los** *adj* (Niet, Nagel) (Masch) / headless *adj* ‖ ~**lüfter** *m* (unmittelbar unter Deck) (Schiff) / head ventilator ‖ ~**mantelfläche** *f* (DIN 868) (Masch) / tip surface
**Köpfmesser** *n* (einer Rübenvollerntemaschine) (Landw) / topping knife
**Kopf•passage** *f* (EDV) / head passage ‖ ~**platte** *f* (Masch) / cover* *n* ‖ ~**platte** (Träger der Aufnahmeplatte für einen Schneidstempel) (Masch) / top plate ‖ ~**produkt** *n* (das bei der Destillation über Kopf abgeht und durch Kondensation gewonnen wird) (Chem Verf) / overhead product, overhead *n*, top *n* ‖ ~**produkt** (beim Orford-Verfahren) (Hütt) / tops *pl* ‖ ~**rad** *n* (schnelldrehendes Rad im Videorecorder, auf dem sich die Videoköpfe befinden) / video head wheel ‖ ~**raum** *m* (Chem) / headspace* *n* ‖ ~**rechnen** *n* (Math) / mental arithmetic ‖ ~**satz** *m* (EDV) / leading record, leader *n* ‖ ~**schicht** *f* (Bau) / brick-on-end *n* ‖ ~**schnitt** *m* (Buchb) / top edge, top *n*, head *n* ‖ ~**schraube** *f* (Masch) / cap screw* ‖ ~**schutz** *m* (z.B. Helm) / head protection ‖ ~**schutzschild** *m* / head shield ‖ ~**-Schwanz-Polymerisation** *f* (mit Kopf-Schwanz-Verknüpfung) (Chem) / head-to-tail polymerisation ‖ ~**- f oder Säulenschwellung des Balusters** (Bau) / die* *n* (pl. dies) ‖ ~**seite** *f* (die Sichtfläche des Natursteins) (Bau) / face *n* ‖ ~**senker** *m* (Masch) / piloted counterbore ‖ ~**- und Rumpfsimulator** *m* (DIN 1320) (Akus) / artificial head, head and torso simulator ‖ ~**spalt** *m* (Akus, EDV, Mag) / head gap ‖ ~**spalt** (bei der magnetischen Aufzeichnung - als Längenangabe) (Akus, Mag) / gap length* ‖ ~**spiegel-Glühlampe** *f* (Eltech) / crown lamp ‖ ~**spiel** *n* (bei Zahnrädern) (DIN 3960) (Masch) / clearance *n*, tip clearance ‖ ~**stand** *m* (Lufft) / nose-over *n* ‖ ~**station** *f* (TV) / head station ‖ ~**steg** *m* (der obere Papierrand bis zum Beginn des Satzes oder der Bilder) (Buchb, Druck) / head* *n*, head margin* *n* ‖ ~**stehend** *adj* (Bild) / inverted *adj* ‖ ~**stein** *m* (für Kopfsteinpflaster) (HuT) / cobblestone* *n*, block *n* ‖ ~**steinpflaster** *m* (HuT) / Belgian block pavement, Belgian pavement ‖ ~**stelle** *f* (der Empfangsstelle einer Großgemeinschaftsantennenanlage) (TV) / head station ‖ ~**stimme** *f* (Akus) / head voice ‖ ~**strebe** *f* (Zimm) / angle tie *n*, angle brace ‖ ~**strecke** *f* (Bergb) / top gate, head gate
**Kopfstück** *n* (bei Kleinarmaturen) (Masch) / bonnet* *n* ‖ ~ (eines Brennelementbündels, einer Brennstoffkassette) (Nukl) / top fitting ‖ **eingeschraubtes** ~ (bei Kleinarmaturen) (Masch) / screw-in bonnet ‖ ~ **mit Überwurfverschraubung** (bei einem Kopfstückventil) (Masch) / union bonnet ‖ ~**ventil** *n* (Masch) / valve with screwed bonnet, valve with union bonnet
**Kopf•stütze** *f* (Kfz) / headrest *n*, head restraint, head support ‖ ~**teil** *m* / head* *n* ‖ ~**teil der Rakete** (Raumf) / forebody *n*, pocket head ‖ ~**trommel** *f* (im Video- und Kamerarecorder) (Film) / video-head drum, video-head cylinder ‖ ~**umschaltung** *f* (Mag) / head switching ‖ ~**verletzungsmerkmal** *n* (Kfz) / head-injury criterion, HIC (motor car crash test) ‖ ~**verletzungsrisiko** *n* / head-injury criterion, HIC ‖ ~**verschmierung** *f* (bei der Aufzeichnung) (Eltronik) / head clogging ‖ ~**verschmutzung** *f* (Eltronik) / head clogging ‖ ~**verstärker** *m* (Eltronik) / head amplifier* ‖ ~**weide** *f* (eine Wuchsform bestimmter kultivierter Weiden) (For) / pollard willow ‖ ~**welle** *f* (an Schichtgrenzen) (Bergb, Geol) / head wave ‖ ~**welle** (Lufft, Phys) / head wave, bow shock wave, bow wave ‖ ~**welle** (ein Verdichtungsstoß) (Lufft, Phys) / head wave, bow shock wave, bow wave ‖ ~**zeile** *f* (Druck, Typog) / headline* *n*, heading *n*, rubric* *n*, head *n*, header line, heading line ‖ ~**zierleiste** *f* (Arch) / headband *n* ‖ ~**zylinder** *m* (Hüllzylinder der Verzahnung) (Masch) / tip cylinder, addendum cylinder
**Kopie** *f* / copy *n* ‖ ~ (Akus) / rerecording *n* ‖ ~ (Druck, Foto) / copy* *n*, print* *n* ‖ ~ (Film, Foto) / print *n*, photoprint *n* ‖ ~ (Opt) / replica *n* ‖ **beglaubigte** ~ / authentic copy, confirmed copy, attested copy ‖ **frische** ~ (Film) / green film ‖ **gekürzte** ~ (Film, TV) / trimmed print ‖ **internationale** ~ (Film) / international print, IT print ‖ **kombinierte** ~ (Film) / married print* ‖ **stumme** ~ (Film) / mute print ‖ **zweistreifige** ~ (eine Rolle enthält den Bildinhalt, die andere den zugeordneten Licht- oder Magnetton) (Film) / unmarried print ‖ ~ *f* **auf Papier** / paper copy ‖ ~ **mit Untertiteln** (Film) / superimposed print
**Kopieempfänger** *m* (Fernm) / copy recipient
**Kopiensortiereinrichtung** *f* (DIN 9780) (EDV) / sorter *n*
**Kopier•arbeiten** *f pl* (Film, Foto) / lab work ‖ ~**dienst** *m* / reprographic service ‖ ~**drehen** *n* (Masch) / copy turning ‖ ~**drehmeißel** *m* (Werkz) / copying tool, tracer tool ‖ ~**echo** *n* (EDV) / print-through* *n*, transfer* *n* ‖ ~**effekt** *m* (Akus, Mag) / spurious printing, magnetic printing ‖ ~**effekt** (die gegenseitige Beeinflussung von in einem Bandwickel nebeneinanderliegenden magnetisierten Schichen über ihre Streufelder) (Akus, Mag) / cross-talk *n* ‖ ~**effekt** (EDV) / print-through* *n*, transfer* *n* ‖ ~**einrichtung** *f* (Werkz) / duplicator *n*, copying attachment, duplicating attachment ‖ ~**emulsion** *f* (Foto) / positive emulsion*
**kopieren** *v* / duplicate *v*, copy *v* ‖ ~ (auf) / copy *v* (on) ‖ ~ (Kassette, Band) (Akus) / dub *v* ‖ ~ (Foto) / print *v* ‖ ~ (Masch) / copy *v*, duplicate *v* ‖ ~ **!** (Anweisung an die Ateliersekretärin) (Film) / Save it! ‖ ~ *n* (Film, Foto) / lab work ‖ ~ (Abziehen) (Foto) / printing *n* ‖ ~ **auf der Durchlaufkopiermaschine** (Film) / continuous printing* ‖ ~ **mit anamorphotischer Entzerrung** (Film) / unsqueezing *n* ‖ ~ **von Klammer zu Klammer** (Film) / clip-to-clip printing, cord-to-cord printing, tab-to-tab printing, paper-to-paper printing
**Kopierer** *m* / tracer *n*
**Kopier•fähigkeit** *f* (Druck) / printability *n* ‖ ~**fräsen** *n* (mit der Übertragung der Form eines Nachformbezugsstücks) (Masch) / copy milling, profile milling, tracer milling (US) ‖ ~**gerät** *n* (im allgemeinen) / copier *n* ‖ ~**gerät** (Foto) / printer *n* ‖ ~**geschützt** *adj* (EDV) / copy-protected *adj* ‖ ~**hobeln** *n* (Masch) / contour planing, copy planing ‖ ~**lauf** *m* (EDV) / copy run, duplicating run ‖ ~**maschine** *f* (Foto) / printer *n* ‖ ~**maschine** (Masch) / copying machine*, duplicator *n*, copier *n* ‖ ~**papier** *n* (Pap) / duplicating paper, duplicator paper* ‖ ~**rädchen** *n* (Tex) / tracing wheel, tracer *n* ‖ ~**rahmen** *m* (Foto) / carrier* *n* ‖ ~**pneumatischer rahmen** *m* (Druck) / vacuum printing frame* ‖ ~**schutz** *m* (EDV) / copy protection *n* ‖ ~**schutzstecker** *m* (EDV) / dongle *n* ‖ ~**stift** *m* (Masch) / follower *n* ‖ ~**stoßen** *n* (Masch) / copy shaping
**kopiertes Band** (als Sicherung beim Timesharing) (EDV) / incremental dump tape, fail-safe tape
**Kopierung** *f* (EDV) / copy* *n*
**Kopierverfahren, optisches** ~ (Film) / optical printing*
**Kopier•vorlage** *f* (für Kopiergeräte) (Druck) / master *n*, master copy ‖ **Zusammenstellung der** ~**vorlagen für den Tiefdruck** (auf einer Glasplatte) (Druck) / planning *n* ‖ ~**werk** *n* (Film) / film laboratory, film-processing laboratory ‖ ~**werktest** *m* (Film) / laboratory test, lab test
**Kopilot** *m* (Kfz) / co-driver *n* ‖ ~ (Lufft) / co-pilot *n*, second pilot
**koplanar** *adj* (Math) / coplanar *adj* ‖ ~**leitung** *f* (eine Streifenleitung) (Eltronik) / coplanar line (a stripline)
**kopolare Dämpfung** (Radio) / copolar attenuation
**Kopolymer** *n* (Chem) / copolymer* *n* ‖ ~**alternierendes** ~ (Chem) / alternating copolymer ‖ **statistisches** ~ (dem Polymernamen wird das Infix "ran" hinzugefügt) (Chem) / random copolymer* ‖ **statistisches** ~ (dem Polymernamen wird das Infix 'stat' hinzugefügt) (Chem) / statistical copolymer
**Kopolymeres** *n* (Chem) / copolymer *n*
**Kopolymerisat** *n* (Chem) / copolymer* *n* ‖ ~**e** *n pl* **aus Tetrafluorethylen und Hexafluorpropylen** (Plast) / FEP plastics*
**Kopolymerisation** *f* (Chem) / copolymerization *n* ‖ **statistische** ~ (Chem) / random copolymerization
**Kopolymerisationsparameter** *m* (Chem) / copolymerization parameter
**kopolymerisieren** *v* (Chem) / copolymerize *v*
**Koppel** *f* (Landw) / pitman *n* (pl. pitmans) ‖ ~ (Glied in einem Koppelgetriebe) (Mech) / coupler *n* ‖ ~**anordnung** *f* (EDV) / switching network ‖ ~**baustein** *m* (EDV, Eltronik) / switching component ‖ ~**bit** *n* (EDV) / merging bit *n* ‖ ~**diode** *f* (Eltronik) / coupling diode ‖ ~**ebene** *f* (Mech) / coupler plane ‖ ~**einrichtung** *f* (Anordnung von Koppelelementen zum Verbinden von Leitungen) (Fernm) / switching network ‖ ~**elektronik** *f* (bei Hybridrechnern) (EDV, Eltronik) / switching electronics ‖ **mehrtoriges** ~**element** (Eltronik) / multiport coupling device ‖ ~**faktor** *m* / coupling efficiency, coupling coefficient ‖ ~**faktor** (Fernm) / coupling factor* ‖ ~**feld** *n* (Fernm) / switching matrix ‖ ~**feldsteuerungsbaugruppe** *f* (Fernm) / switching-matrix control module ‖ ~**filter** *n* (zur Koppelung von Hochfrequenz- und Zwischenfrequenzverstärkerstufen in Rundfunkempfängern) (Radio) / coupling filter ‖ ~**getriebe** *n* (Masch, Mech) / linkage *n* ‖ ~**glied** *n* (Baugruppe zur Anpassung verschiedener Nahtstellen) / interface* *n* (a device) ‖ ~**gruppe** *f* (Fernm) / switching unit, SWU ‖ ~**impedanz** *f* (Eltech) / coupling (mutual) impedance ‖ ~**kondensator** *m* (EDV, Fernm) / coupling capacitor ‖ ~**kurve** *f* (eines viergliedrigen Drehgelenkgetriebes) (Masch) / coupler curve, coupler point curve ‖ ~**leitung** *f* (Eltronik) / strapping* *n* ‖ ~**matrix** *f*

**Koppelmittel**

(Fernm) / switching matrix ‖ ⁓**mittel** *n* (bei Ultraschallprüfungen) (WP) / couplant *n*
**koppeln** *v* / couple *v* ‖ ~ (Eltech) / couple *v* ‖ ~ (Masch) / link *v*, interlink *v* ‖ ⁓ *n* (Nav, Schiff) / dead reckoning
**Koppel•navigation** *f* (Bestimmung der geografischen Koordinaten des Schiffsorts mit bordeigenen Mitteln) (Nav, Schiff) / dead reckoning ‖ ⁓**punkt** *m* (Schaltmittel in einer Koppelanordnung, über die Leitungen zusammengeschaltet werden) (Eltech) / cross-point *n* ‖ ⁓**punkt** (Mech) / coupler point ‖ ⁓**raum** *m* (Eltronik) / interaction space* ‖ ⁓**relais** *n* (Fernm) / matrix switching relay, switching relay ‖ ⁓**schleife** *f* (Eltronik) / coupling loop* ‖ ⁓**schleuse** *f* (Wasserb) / staircase of locks ‖ ⁓**schlitz** *m* (Fernm) / window* *n* ‖ ⁓**schwingung(en)** *f(pl)* (bei Systemen mit mehreren Freiheitsgraden) (Mech) / coupled vibration(s) ‖ ⁓**schwingung** *f* (Phys) / coupled oscillation ‖ ⁓**spule** *f* (Fernm) / coupling coil* ‖ ⁓**standortanzeiger** *m* (Luftf, Nav) / ground-position indicator*, GPI ‖ ⁓**stift** *m* (bei Wellenleitern) (Eltronik) / probe* *n* ‖ ⁓**stufe** *f* (Fernm) / coupling stage ‖ ⁓**vielfaches** *n* (in dem kommende und gehende Leitungen über elektromechanische oder elektronische Kontakte verbunden sind) (Eltech) / switching matrix ‖ ⁓**zuordnung** *f* (Mech) / coupler coordination
**Köppensche Klassifikation** (nach W. Köppen, 1846 - 1940) (Meteor) / Köppen classification*
**Koppler** *m* (Eltronik) / coupler *n*, coupling element ‖ ⁓ (Luftf) / coupler *n* ‖ ⁓ (passives optisches Bauelement zum Übertragen von Licht zwischen Lichtquelle und Lichtwellenleiter oder zwischen mehreren Lichtwellenleitern) (Opt) / coupler *n* ‖ **akustischer** ⁓ (DIN 44302) (EDV) / acoustic coupler*
**Kopplung** *f* / connexion *n* (GB), connection *n* ‖ ⁓ (Eltronik, Fernm) / coupling *n* ‖ ⁓ (Verbindung zweier Schwingkreise) (Fernm) / coupling *n* ‖ ⁓ (im allgemeinen) (Masch) / linking *n*, interlinking *n*, linkage *n*, interlinkage *n* ‖ ⁓ (Raumf) / docking* *n*, link-up *n* ‖ ⁓ (in der NMR-Spektroskopie) (Spektr) / coupling *n* ‖ **elektromagnetische** ⁓ (Mag) / electromagnetic coupling (coupling that exists between circuits when they are mutually affected by the same electromagnetic field) ‖ **galvanische** ⁓ (Eltronik) / direct coupling* ‖ **geminale** ⁓ (Chem) / geminal coupling ‖ **gleichzeitige induktive und kapazitive** ⁓ (Radio) / double reaction ‖ **induktive** ⁓ (Eltronik) / inductance coupling*, inductive coupling ‖ **intermediäre** ⁓ (Phys) / intermediate coupling* ‖ **kapazitive** ⁓ (induktiv-galvanische) (Eltech) / auto-inductive coupling* ‖ **kapazitive** ⁓ (Eltech) / capacitance coupling*, capacitive coupling ‖ **kritische** ⁓ (Fernm) / critical coupling ‖ **lose** (unterkritische) ⁓ (Eltech) / loose coupling*, weak coupling ‖ **magnetische** ⁓ (Eltech) / magnetic coupling ‖ **magnetische** ⁓ (Eltronik) / inductance coupling*, inductive coupling ‖ **ohmsche** ⁓ (Eltech) / resistance coupling*, resistive coupling, RC ‖ **parasitäre** ⁓ (Phys) / stray coupling ‖ **regelbare** ⁓ (Eltech) / variable coupling* ‖ **schwache** ⁓ (Kernphys) / weak coupling ‖ **skalare** ⁓ (Spektr) / scalar coupling ‖ **starke** ⁓ (Kernphys) / tight coupling, strong coupling, tight binding ‖ **überkritische** ⁓ (Eltech) / overcoupling *n*, overcritical coupling ‖ **unterkritische** ⁓ (Eltech) / undercoupling *n*, undercritical coupling ‖ **vicinale** ⁓ (Spektr) / vicinal coupling ‖ ⁓ *f* **der Schwingungsmoden** (bei einem Laser) (Phys) / mode-locking *n* ‖ ⁓ **durch gemeinsame Kapazität** (Eltech, Fernm) / autocapacitance coupling* ‖ ⁓ **zwischen Röhren** (Radio) / intervalve coupling, interstage coupling
**Kopplungs•ausgleich** *m* (Kab) / balancing *n* ‖ ⁓**bruch** *m* (von Genen einer Kopplungsgruppe) (Gen) / crossing-over *n*, cross-over* *n* ‖ ⁓**bügel** *m* (Eltech) / strap *n* ‖ ⁓**einheit** *f* (Raumf) / docking module (DM), docking unit ‖ ⁓**element** *n* (Eltronik) / coupler *n*, coupling element ‖ ⁓**faktor** *m* (Selbstinduktivität) (Fernm) / coupling factor* ‖ ⁓**fenster** *n* (z. B. bei Hohlwellenleitern) (Fernm) / coupling aperture (an aperture in the bounding surface of a cavity resonator, waveguide, transmission line, or waveguide component which permits the flow of energy to or from an external circuit), coupling hole, coupling slot ‖ ⁓**flüssigkeit** *f* (bei Ultraschallwerkstoffprüfung) (WP) / couplant *n* ‖ ⁓**glied** *n* (im allgemeinen) / coupling link ‖ ⁓**grad** *m* (bei Polymerketten) (Chem) / extent of coupling ‖ ⁓**grad** (DIN 1311, T 3) (Fernm) / coupling degree ‖ ⁓**koeffizient** *m* (Fernm) / coupling coefficient*, coefficient of coupling ‖ ⁓**kondensator** *m* (EDV, Fernm) / coupling capacitor* ‖ ⁓**kondensator** (Kondensator erhöhter Sicherheit für Anwendungen, bei denen er beim Versagen unmittelbar zu einem elektrischen Schlag führen kann) (Eltech) / coupling capacitor, blocking capacitor ‖ ⁓**konstante** *f* (der Abstand benachbarter Einzellinien in einem Multiplett) (Spektr) / spin-spin coupling constant, coupling constant, CC ‖ ⁓**manöver** *n* (Raumf) / docking manoeuvre ‖ ⁓**mechanismus** *m* (Raumf) / docking system ‖ ⁓**netzwerk** *n* (Spektr) / coupling network ‖ ⁓**ring** *m* (Raumf) / docking ring ‖ ⁓**schleife** *f* (Eltronik) / coupling loop* ‖ ⁓**spule** *f* (Fernm) / coupling coil* ‖ **veränderliche** ⁓**spule** (Eltech) / variocoupler* *n*, variometer *n* ‖ ⁓**stecker** *m* (Eltech) / adapter* *n*, plug adapter,

adapter plug, attachment plug ‖ ⁓**symmetrisches Zweitor** (Elektr) / reciprocal two-port network ‖ ⁓**technik** *f* (z.B. zwischen Trenn- und Identifizierungsmethoden) (Chem) / hyphenated technique ‖ ⁓**transformator** *m* (für Funkensender) (Eltech) / jigger *n* ‖ ⁓**wirkungsgrad** *m* (das Verhältnis der Lichtleistung nach einer Verbindungsstelle des LWL zur Lichtleistung vor der Verbindungsstelle) (Fernm) / coupling efficiency
**Kopp-Neumannsche Regel** (Molwärme fester Verbindungen ist gleich der Summe der Atomwärmen der sie bildenden Elemente - nach F.E. Neumann, 1798-1895, und H. Kopp, 1817-1892) (Phys) / Neumann-Kopp rule, Kopp's rule, Kopp and Neumann's law
**Kopra** *f* (getrocknetes Nährgewebe der Kokosnuß) / copra *n*
**Koprolith** *m* (versteinertes tierisches Exkrement) (Geol) / coprolite* *n*
**Koprozessor** *m* (ein Mikroprozessor, der in einem System bestimmte Aufgaben übernimmt) (EDV) / coprocessor *n* (controlled by its master processor) ‖ **arithmetischer** ⁓ (EDV) / arithmetic coprocessor ‖ **numerischer** ⁓ (EDV) / numeric coprocessor, numeric data processor, NDP
**Kops** *m* (Spinnhülse mit aufgewickeltem Garn) (Spinn) / cop* *n*
**Kopshalter** *m* (Spinn) / cop holder
**Kopsrohr** *n* (Spinn) / cop sleeve
**Kopulation** *f* (eine Form von Veredelung) (Landw) / copulation *n*
**kopunktal** *adj* (Math) / copunctal *adj*
**Korallen•achat** *m* (an Korallen erinnernde Varietät von Achat) (Min) / coral agate ‖ ⁓**bank** *f* (von Riffkorallen bewachsene Untiefe, z.B. die Nazarethbank nordöstlich von Madagaskar) (Geol) / coral shoal ‖ ⁓**erz** *n* (braunroter Zinnober) (Min) / brown-red cinnabar ‖ ⁓**holz** *n* (For) / coralwood ‖ ⁓**kalk** *m* (Geol) / coral lime ‖ ⁓**kalkstein** *m* (Geol) / coral rock, coral limestone ‖ ⁓**riff** *n* (Geol) / coral reef* ‖ ⁓**sand** *m* (Geol) / coral sand
**korallrot** *adj* / coral-red *adj*, coralline *adj*
**Korand** *m* (Math) / coboundary *n*
**Korb** *m* (meistens Weidenkorb) / skep *n* ‖ ⁓ (einer Erntemaschine) (Landw) / cage *n* ‖ ⁓ (z.B. des Freiballons) (Luftf) / basket *n* (for passengers) ‖ ⁓**bogen** *m* (gedrückter Bogen aus aneinandergereihten Kreisbogen) (Arch) / basket arch, three-centred arch*, anse de panier ‖ ⁓**bogen** (als Kurve) (Math) / false ellipse* ‖ **fünfpunktiger** ⁓**bogen** (Arch) / five-centred arch* ‖ ⁓**eiche** *f* (For) / swamp chestnut oak, basket oak ‖ ⁓**flasche** (Chem, Glas) / wicker bottle ‖ ⁓**flasche** s. auch Demijohn und Glasballon ‖ ⁓**leine** *f* (des Freiballons) (Luftf) / basket rope ‖ ⁓**schleudermühle** *f* (Gieß) / disintegrating mill*, disintegrator *n*, cage mill, disintegrator crusher ‖ ⁓**spule** *f* (Eltech) / diamond-type coil ‖ ⁓**ware** *f* / wickerwork *n*, wicker basketry ‖ ⁓**ware** (aus gespaltenen Materialien) / splint-woven work ‖ ⁓**waren** *f pl* / basketry *n*, basket work ‖ ⁓**weide** (For) / osier *n*, common osier ‖ ⁓**wicklung** *f* (Eltech) / chain winding*, basket winding ‖ ⁓**windschutz** *m* (Film) / basket windshield
**Kord** *m* (Tex) / cord *n* ‖ ⁓ (technischer Zwirn) (Tex) / cord *n* ‖ ⁓**ablösung** *f* (Kfz) / cord separation
**Kordel** *f* (rautenförmiges Rändelmuster) / diamond knurl ‖ ⁓ / string *n*, cord *n*, twine *n* ‖ ⁓ (Tex) / cord *n* ‖ ⁓**garn** (Spinn) / cord yarn ‖ ⁓**mutter** *f* (Masch) / thumb nut
**Kordeln** (DIN 8583, T 5) (Masch) / diamond-knurling *n*, cross-knurling *n*
**Kord•garn** *n* (Kfz, Tex) / tyre yarn ‖ ⁓**gewebe** *n* (Tex) / cord *n* ‖ ⁓**gewebe für den Puffer** (zwischen Lauffläche und Karkasse) (Kfz, Tex) / breaker fabric*
**Kordieren** *n* (Masch) / diamond-knurling *n*, cross-knurling *n*
**kordierter Zwirn** (Zwirn mit Spezialdrehung) (Spinn) / cord yarn
**Kordillere** *f* (Gebirgssystem im Westen des amerikanischen Doppelkontinents) (Geol) / cordillera *n*
**Kordit** *m* (ein rauchschwaches Schießpulver) / cordite *n*, pyrocellulose *n*
**Kordlage** *f* (der Karkasse) (Kfz) / ply *n*
**Kordofangummi** *n* (eine Art Gummiarabikum) / gum Kordofan, kordofan gum
**Kordonett** *m* (mehrstufiger Zwirn mit schnurartigem Charakter) (Spinn) / cordonnet *n*
**Kordonettseide** *f* (Handarbeits- und Knopflochseide) (Tex) / cordonnet silk
**Kordonettzwirn** *m* (Spinn) / cordonnet *n*
**Kordongesims** *n* (A) (Arch) / string-course* *n*, ledgement* *n*, cordon *n*
**Kordonsims** *m* (A) (Arch) / string-course* *n*, ledgement* *n*, cordon *n*
**Kordsamt** *m* (Tex) / cord velvet
**Korduan** *n* (weiches Leder, ursprünglich aus Córdoba) (Leder) / Cordovan leather, cordovan *n*
**Korduanleder** *n* (Leder) / Cordovan leather, cordovan *n*
**Kore** *f* (Arch) / caryatid* *n* (a sculptured female figure used as a column to support an entablature or other similar member), canephora *n*
**Korianderöl** *n* (etherisches Öl aus Coriandrum sativum L.) (Nahr, Pharm) / coriander oil, oil of coriander
**Koriandrol** *n* (D-Linalool) (Chem) / coriandrol *n*

**korinthische Säulenordnung** (Arch) / Corinthian order
**Korium** n (Leder) / corium* n (pl. coria), dermis* n, true skin, cutis n, derma n, derm* n
**Kork** m (Bot) / cork* n, phellem n ‖ **agglomerierter ~** / manufactured cork, corkwood n, compressed cork, agglomerated cork ‖ **expandierter ~** (für Wärme- und Schalldämmstoffe) (Bau) / expanded cork ‖ **gerösteter ~** (Bau) / baked cork ‖ **granulierter ~** (Bau) / granular (waste) cork, granulated (waste) cork ‖ **unechter ~** (Bot) / phalloid n
**Korkeiche** f (Quercus suber L.) (For) / cork oak
**korken** v / cork vt ‖ **~** m (Nahr) / cork n ‖ **mit einem ~ verschließen** / cork vt ‖ **nach ~ schmecken** (Wein) (Nahr) / be corked vi, taste v of the cork
**Korkenzieher•antenne** f (Fernm, Radar) / helical antenna* n ‖ **~regel** f (eine Handregel) (Elektr) / corkscrew rule ‖ **~regel** (Elektr) / screw rule ‖ **Maxwellsche ~regel** (Elektr) / corkscrew rule
**Korkgeschmack, mit ~** (Nahr) / corked adj
**Kork•gewebe** n (Bot) / cork* n, phellem* n, cork tissue ‖ **~granulat** n (Bau) / granular (waste) cork, granulated (waste) cork ‖ **~holz** n (For) / cork wood ‖ **~kambium** n (Bot) / cork cambium*, phellogen* n, cork-producing layer ‖ **~korn** n (Bau) / granular (waste) cork, granulated (waste) cork ‖ **~mehl** n (Bau) / cork powder ‖ **~platte** (Natur- oder Preßkork) (Bau) / corkboard n, cork plate, cork sheet, cork pane, cork slab ‖ **~platte** f s. auch Blähkork und Preßkorkplatte ‖ **~preßmasse** f **mit Bindemittel** (Bau) / composition cork
**Korkrinde** f (von Quercus suber L.) (Bot) / cork* n, phellem n
**Kork•säure** f (Chem) / suberic acid, octanedioic acid ‖ **~schrot** m n (zerkleinerter Korkabfall) (Bau) / granular (waste) cork, granulated (waste) cork ‖ **~staublunge** f (Med) / suberosis n (pl. -oses) ‖ **~stein** m (mit Pech oder Ton gebunden) / composition cork block ‖ **~stein** (aus Korkmehl und Hartpech oder Ton gepreßtes Baumaterial) / cork tile ‖ **~stein ohne Bindemittel** / pure agglomerated cork ‖ **~stoff** m (Bot) / suberin* n ‖ **~stopfen** n (Nahr) / cork n ‖ **~wolle** f (von persischen Schafen) (Tex) / kurki wool ‖ **~zieherbindung** f (Web) / corkscrew weave ‖ **~zieherzwirn** m (Spinn) / corkscrew yarn
**Korn** n (Bot) / grain n (of seed)*, kernel* n ‖ **~** (Bot, Landw, Nahr) / corn* n ‖ **~** (Foto, Krist) / grain* n ‖ **~** (bei Edelmetallen) (Hütt) / fineness* n, standard n ‖ **~** (Beschaffenheit der Oberfläche) (Pap) / tooth n ‖ **~** (Pharm) / granule n ‖ **auf ~ kochen** (Ahornsaft) (Nahr) / sugar off v ‖ **ausgeprägtes ~** (Leder) / defined grain ‖ **grobes ~** / coarse grain ‖ **~ bilden** / granulate vi
**Korn•abrieb** m **im fließenden Wasser** (Wasserb) / sorting n ‖ **~ährenverband** m (ein alter Mauersteinverband bei starken Backsteinfundamentmauern) (Bau) / raking bond*, diagonal bond*, herring-bone bond* ‖ **~aufbau** m / grain structure, granular structure ‖ **~bildung** f / grain formation ‖ **~bildung** (bei der Zuckerherstellung) (Nahr) / graining n ‖ **~blumenblau** / cornflower blue ‖ **~branntwein** m (Nahr) / grain alcohol ‖ **~bunker** m (Landw) / grain tank
**Körnchen** n (Unreinheit) / speck n (a small particle of a substance) ‖ **~** (Pharm) / granule n
**Korn•dehnung** f (WP) / grain elongation ‖ **~dichte** f (Gefüge) (Hütt) / grain density ‖ **~dichte** (Pulv) / closeness of grain ‖ **~elevator** m (des Mähdreschers) (Landw) / clean grain elevator
**Kornelkirsche** f (For) / cornelian cherry
**körnen** v / granulate v, grain v ‖ **~** (Gelatine) / kibble v ‖ **~** (Glasmasse) (Glas) / shrend v ‖ **~** (Getreide) (Landw) / seed v ‖ **~** (Leder) (Leder) / grain v ‖ **~** (mit dem Körner) (Masch) / centre-punch v, mark with a centre punch ‖ **~** (Zucker, Salz) (Nahr) / granulate v ‖ **~** (Pap) / grain v ‖ **~** / granulate v, graining n
**Körner** m (gehärteter, zugespitzter Stahlstift zum Körnen) (Masch) / centre punch* n ‖ **mit dem ~ markieren** (Masch) / centre-punch v, mark with a centre punch
**Körner•beize** f (Nerobraun) (For) / walnut crystals, walnut stain ‖ **~förderer** m (Landw) / grain conveyor ‖ **~futter** n (Landw) / grain feed ‖ **~gelatine** f / kibbled gelatin ‖ **~lack** m (grob sortierter Schellack) (Anstr) / seed-lac n ‖ **~lein** (ein Glutinleim) / grain glue ‖ **~leim** (eine Handelsform des Glutinleims) / grain glue ‖ **~loch** n (am Außendurchmesser des Schneideisens) (Masch) / grub-screw recess, locating hole (US) ‖ **~marke** f (Vertiefung mit Hilfe eines Körners) (Masch) / centre mark, centre-punch mark, prick-punch mark ‖ **gebohrte ~marke** (Masch) / dimple n ‖ **~nußbeize** f (For) / walnut crystals, walnut stain ‖ **~schleuder** f (Landw) / grain thrower ‖ **~schnecke** f (Landw) / grain auger n, auger conveyor ‖ **~schüttung** (Chem Verf) / granular bed, bed of granular solids ‖ **~spitze** f (Masch) / centre* n
**Kornerupin** m (Min) / kornerupine* n
**Korn•feinen** n (Hütt) / grain refining* ‖ **~feinung** f (von Gußwerkstoffen) (Hütt) / grain refining* ‖ **~filter** n (mit Filterkies) (HuT) / gravel filter ‖ **~filter** (Kiesfilter) (Wasserb) / gravel wall, gravel screen ‖ **~form** f / particle shape ‖ **~form** / grain shape, grain form ‖ **~fraktion** f (Pulv) / fraction n, size fraction*, cut n, sieve fraction,

# Kornstruktur

grain-size fraction ‖ **~frucht** f (Bot, Landw, Nahr) / corn* n ‖ **~gefüge** / grain structure, granular structure ‖ **~gefüge** (Geol, Mikros) / microfabric n ‖ **~gemisch** n (im Straßenbau) (HuT) / aggregate* n ‖ **~gerüst** n / grain skeleton ‖ **~gestalt** f / grain shape, grain form ‖ **~gleitverschleiß** m (Verschleißart, bei der in der Kontaktfläche von zwei Körpern während einer Gleitbewegung Verschleiß durch frei bewegliche Körner hervorgerufen wird, indem die Abrasion als Verschleißmechanismus wirksam wird) / grain slip wear
**Korngrenze** f (kohärente, inkohärente) (Krist) / grain boundary ‖ **~** (Krist) s. auch Großwinkelkorngrenze
**Korngrenzen•abgleitung** f (Krist) / grain-boundary sliding ‖ **~angriff** m (selektiver Angriff der Korngrenzen oder korngrenzennaher Bereiche) / grain boundary attack ‖ **~belegung** f (Krist) / grain boundary deposit ‖ **~bruch** m (Hütt, WP) / intercrystalline failure*, intergranular fracture, grain-boundary fracture, intercrystalline fracture ‖ **~carbid** n (Hütt) / grain-boundary carbide ‖ **~druck** m (HuT) / effective pressure, intergranular pressure ‖ **~gleiten** n (Krist) / grain-boundary sliding ‖ **~karbid** n (Hütt) / grain-boundary carbide ‖ **~korrosion** f (Galv, Masch) / intergranular corrosion*, IC, intercrystalline corrosion ‖ **~spannung** f (HuT) / effective pressure, intergranular pressure ‖ **~zementit** m (Hütt) / grain-boundary cementite
**Korngröße** f (DIN 66100) / grain* n, particle size*, grain size*, grade n, size n ‖ **mittlere ~** (Pulv) / particle mean size ‖ **von gleichmäßiger ~** / equigranular adj, homogranular adj, even-grained adj, uniformly grained ‖ **von ungleichmäßiger ~** / inequigranular adj, heterogranular adj
**Korngrößen•analyse** f (ein Bodenkennwert nach DIN 18123) (HuT, Landw) / particle-size analysis, mechanical analysis ‖ **~aufteilung** f (Aufber) / grading* n, grain classification, gradation n ‖ **~bereich** m / grain-size range ‖ **~bestimmung** f (Aufber) / grain-size determination n, size-grading* n, particle-size analysis*, particle-size determination, grain-size analysis (US)* ‖ **~bestimmung** (durch Auszählung einer Stichprobe auf einer bestimmten Fläche) (Aufber) / planimetric method, Jeffries' method ‖ **~einstufung** f (Aufber) / grading* n, grain classification, gradation n ‖ **~einteilung** f (Aufber) / grading* n, grain classification, gradation n ‖ **~gruppe** f / fraction n, size fraction, cut n, sieve fraction, grain-size fraction ‖ **~klasse** f (Pulv) / fraction n, size fraction*, cut n, sieve fraction, grain-size fraction ‖ **~klassifikation** f (klastischer Gesteine, z.B. nach DIN 4188) (Geol) / grain-size classification* ‖ **~verteilung** f (Aufber) / grain-size distribution, particle-size distribution
**körnig** adj / grainy adj, granular* adj, granulated adj ‖ **~** (Sand) / gritty adj, pebbly adj ‖ **gleichmäßig ~** / equigranular adj, homogranular adj, even-grained adj, uniformly grained ‖ **ungleichmäßig ~** / inequigranular adj, heterogranular adj ‖ **~er Eisregen** (Meteor) / sleet n (US) ‖ **~ machen** / granulate v, granulate v ‖ **~e Struktur** / granulation n, granularity n, grain* n ‖ **~e Struktur** / grain structure, granular structure ‖ **~ werden** / granulate vi
**Körnigkeit** f (als Eigenschaft) / granulation n, granularity n, grain* n ‖ **~** (subjektive) (Foto) / graininess n ‖ **~** (objektive) (Foto) / granularity n
**Körnigmachen** n / granulation n, graining n
**Korn•käfer** m (Sitophilus granarius, Calandra granaria L.) (Landw) / grain weevil, granary weevil ‖ **~kammer** f (Hauptanbaugebiet für Getreide) (Landw) / granary n ‖ **~klapper** f (eine primitive Putzmühle) (Landw) / winnower n ‖ **~klasse** f (Pulv) / fraction n, size fraction*, cut n, sieve fraction, grain-size fraction ‖ **~kochen** n (Zuckergewinnung) / crystal boiling, boiling to grain ‖ **~los** adj / grain-free adj
**Körnmaschine** f (für Zink- oder Aluminiumplatten) (Druck) / grainer n, graining machine
**Korn•mittel** n (bei der Siebanalyse) / average particle size ‖ **~motte** f (Nemapogon granellus) (Landw) / European grain moth ‖ **~orientieres Elektroblech** (Mag) / grain-oriented electrical sheet, grain-oriented sheet steel ‖ **~orientierung** f / grain orientation ‖ **~polymerisation** f (Chem) / bead polymerization, suspension polymerization, pearl polymerization, granular polymerization ‖ **~porosität** f (in %) / grain porosity ‖ **~pulver** n (von gleichmäßiger Körnigkeit) / granular powder
**Kornrade, Gewöhnliche ~** (das Getreideunkraut Agrostemnma githago L.) (Bot, Landw) / corncockle n
**Korn•raster** m (Druck) / grained screen ‖ **eine Art von ~raster** (Druck) / Erwin screen ‖ **~schnecke** f (des Mähdreschers) (Landw) / clean grain auger ‖ **~seigerung** f (Gieß) / microsegregation n ‖ **~seigerung** (Hütt) / coring n
**Korn-Shell** f (eine Weiterentwicklung der Bourne-Shell) (EDV, KI) / Korn shell
**Korn•silo** m n (Landw) / grain storehouse, granary n, elevator n (US), grain silo, grain elevator ‖ **~speicher** m (Landw) / grain storehouse, granary n, elevator n (US), grain silo, grain elevator ‖ **~struktur** f /

grain structure, granular structure ‖ ~**tank** m (des Mähdreschers) (Landw) / grain tank

**Körnung** f (als Eigenschaft) / granulation n, granularity n, grain* n ‖ ~ (als Tätigkeit) / granulation n, graining n ‖ ~ (Glas) / stippled finish ‖ ~ (Größenstufung der Schleifkörner nach ihrem mittleren Korndurchmesser) (Masch) / grit* n ‖ ~ (Vertiefung mit Hilfe eines Körners) (Masch) / centre mark, centre-punch mark, prick-punch mark ‖ ~ (der Oberfläche) (Pap) / tooth n

**Körnungs • artendreieck** n (HuT) / Feret triangle, textural triangle ‖ ~**aufbau** m (Kohle) (Bergb) / size consist ‖ ~**bereich** m / grain-size range ‖ ~**kurve** f / grading curve, particle-size distribution curve ‖ ~**nummer** f (Masch) / grit* n ‖ P-~**reihe** (bei Schleifpapieren) / P grit numbers

**Korn • vergröberung** f (DIN 17014) (Hütt) / grain coarsening ‖ ~**verteilung** f / particle-size distribution ‖ ~**verteilungskurve** f (grafische Darstellung der Kornzusammensetzung) / grading curve, particle-size distribution curve ‖ ~**wachstum** n (Krist) / grain growth* ‖ ~**wälzverschleiß** m (Verschleißart, bei der in der Kontaktfläche von zwei Körpern während einer Wälzbewegung Verschleiß durch frei bewegliche Körner hervorgerufen wird) (Phys) / grain roll wear ‖ **Schwarzer** ~**wurm** (Landw) / grain weevil, granary weevil ‖ ~**zange** f (Instr, Uhr) / tweezers pl ‖ ~**zerfall** m (im allgemeinen) / grain disintegration, grain decay ‖ ~**zerfall** (Korrosion) (Galv, WP) / transcrystalline corrosion ‖ ~**zerfallsempfindlichkeit** f (Hütt, Krist) / susceptibility to sensitization ‖ ~**zinn** n / grain tin ‖ ~**zusammensetzung** f (Kohle) (Bergb) / size consist ‖ ~**zusammensetzung der Zuschlagstoffe** (auch als Klassenbegriff) (Bau) / grading* n

**Korollar** f (ein Satz, der sich aus einem schon bewiesenen Theorem in einfacher Weise ergibt) / corollary n, rider n

**Koromandelholz** n (aus Diospyros melanoxylon Roxb.) (For) / coromandel n, calamander n, coromandel ebony, coromandel wood

**Korona** f (pl. -nen) (Arch) / corona n (pl. coronae) ‖ ~ (pl. -onen) (Astr) / solar corona* ‖ ~ (pl. -onen) (Astr, Meteor) / corona* n (pl. coronae) ‖ ~ (pl. -onen) (Eltech) / corona* n (pl. coronae), corona discharge, electric corona ‖ ~ (Geol) / corona n (pl. coronas or coronae), kelyphite n

**Koronadit** m (Min) / coronadite n

**Korona • einsatzspannung** f (Eltech) / critical corona voltage* ‖ ~**entladung** f (eine Gasentladung) (Eltech) / corona* n (pl. coronae), corona discharge, electric corona ‖ ~**entladungsröhre** f (Eltronik) / corona-discharge tube

**koronal • es Loch** (in der Sonnenkorona) (Astr) / coronal hole ‖ ~**e Transients** (rasche Struktur- und Helligkeitsänderungen in der Sonnenkorona) (Astr) / coronal transients

**Korona • sonde** f (Aufnehmer zur weitgehend verzögerungsfreien Messung der Strömungsgeschwindigkeit von Gasen) / corona probe ‖ ~**verluste** m pl (Elektr) / corona loss

**Koronen** n (Chem) / coronene* n

**Koronisierung** f (Elektroplattierung von Zink oder Nickel) (Galv) / coronizing n

**Koronograf** m (pl. -en) (Astr) / coronagraph* n

**Körper** m (der nicht flüchtige Anteil der Anstrichfarben und Lacke) (Anstr) / body* n ‖ ~ (eines elektrischen Betriebsmittels) (Eltech) / exposed conductive part ‖ ~ (der Walze) (Hütt) / barrel n, body n ‖ ~ (Math) / field n, domain of rationality ‖ ~ (Phys, Physiol) / body n ‖ ~ (Werkz) / blade n ‖ ~ (festkörperübertragen) (Akus) / structure-borne adj ‖ **abelscher** ~ (Math) / Abelian field, Abelian domain ‖ **algebraischer** ~ (Math) / algebraic field ‖ **algebraischer** ~ **über einem Körper** (Math) / algebraic extension ‖ **angeströmter** ~ (strömungsgünstig geformter) ~ (Lufft, Phys) / aerofoil n, airfoil n (US) ‖ **archimedischer** ~ (Math) / Archimedean solid, Archimedean polyhedron, Catalan's solid ‖ **dem** ~ **angepaßt** (z.B. eine Sitzgelegenheit) / contoured adj ‖ **endlicher** ~ (Math) / finite field, Galois field ‖ **fester** ~ (Phys) / solid* n ‖ **geometrischer** ~ (Math) / geometric solid ‖ **glühender** ~ (bei Pyrometern) (Phys) / hot body, hot source ‖ **Grauer** ~ (der die gleiche spektrale Energieverteilung hat wie ein Schwarzer Körper, jedoch eine niedrigere Intensität) (Phys) / grey body*, non-selective radiator, graybody n (US), grey-body source ‖ **halbunendlicher** ~ (Math) / semi-infinite body ‖ **lichtstreuender** ~ (Licht, Opt) / diffusor n ‖ **schiefer** ~ (Math) / skew field (a ring), division ring, non-commutative field ‖ **Schwarzer** ~ (ein gedachter Körper mit den Strahlungseigenschaften des Schwarzen Strahlers) (Phys) / black body* ‖ **schwimmender** ~ (Phys) / floating body ‖ **selektiv streuender** ~ (Phys) / selective diffuser ‖ **topologischer** ~ (Math) / topological field ‖ **völlig diffus strahlender** ~ (Licht, Phys) / perfect diffuser ‖ **zerstreut reflektierender** ~ (Opt) / diffuse reflector ‖ ~ m **mit hohem Strömungswiderstand** (Wasserb) / bluff body ‖ ~ **mit quer überströmten scharfen Kanten** (Wasserb) / bluff body

**Körper • adjunktion** f (Math) / field adjunction ‖ ~**belastung** f (die Aktivität eines bestimmten Radionuklids in einem menschlichen oder tierischen Körper) (Radiol) / body burden ‖ ~**diskriminante** f (Math) / discriminant of a field ‖ ~**dosis** f (effektive Dosis + Teilkörperdosis) (Radiol) / body dose ‖ ~**ecke** f (Math) / polyhedral angle ‖ ~**eigen** adj (Biol) / endogenous adj ‖ ~**erweiterung** f (des Grundkörpers zu einem umfassenden größeren Körper - einfache, endliche, algebraische, separable) (Math) / extension of a field ‖ **algebraische** ~**erweiterung** (Math) / algebraic extension ‖ ~**farbe** (Licht, Opt) / object colour, surface colour ‖ ~**flüssigkeit** f (Med) / humor n, body fluid ‖ ~**gebend** adj (Anstr) / bodying adj ‖ **scheinbarer** ~**gehalt** (Thixotropie) (Anstr) / false body* ‖ ~**haltung** f (z.B. beim Feilen) (F.Org, Physiol) / stance n ‖ **korrekte** ~**haltung** (z.B. beim Feilen) (F.Org, Physiol) / correct stance ‖ ~**kraft** f (DIN 33411) (Phys) / physical strength

**körperlich** adj / physical adj ‖ ~ (Math) / solid* adj ‖ ~**e Anforderungen** / physical requirements ‖ ~**e Auslieferung** (Fernm) / physical delivery ‖ ~**e Bereitstellung** (von Werkstoffen) / staging n ‖ ~**e Berührung** / physical contact, PC ‖ ~**er** (Lager)**Bestand** / physical stock ‖ ~**e Ecke** (Math) / polyhedral angle ‖ ~**e Ecke** (Math) / trihedron n (pl. -s or -hedra) ‖ ~**e Leitung** (Eltech) / physical line

**Körper • modell** n (EDV) / solid model ‖ ~**naht** f (Glas) / seam n, mould joint, parting line, mould mark ‖ **n-**~**problem** (Phys) / n-body problem, many-body problem ‖ ~**querschnittsbild** n (in der Computertomografie) (Radiol) / slice* n ‖ ~**reich** adj (Wein) (Nahr) / robust adj ‖ ~**schall** m (Festkörperschall - DIN 1320) (Akus) / solid-borne sound, structure-borne sound ‖ ~**schalladmittanz** f (Akus) / structure-borne noise receptance ‖ ~**schalldämmung** f (Akus) / solid-borne noise isolation, structure-borne noise insulation ‖ ~**schallmaß** n (Akus) / structure-borne noise factor, structural-noise factor ‖ ~**schallmelder** m (eine Alarmanlage) / structure-borne sound detector ‖ ~**schallmikrofon** n (Eltech) / vibration pick-up*, contact microphone ‖ ~**schallverhalten** n (einer Struktur) (Akus) / frequency behaviour body noise ‖ ~**schluß** m (Eltech) / body contact, fault to frame ‖ ~**schutzmittel** n pl (z.B. Säureschutzkleidung, Gehörschutz usw.) (Med) / personnel protective equipment ‖ ~**schwerpunkt** m (Math, Phys) / centre of mass of a body ‖ **Schutz gegen gefährliche** ~**ströme** (Eltech, Med) / protection against electric shock, protection against (accidental) contact ‖ ~**verträglichkeit** f (Med) / biocompatibility n ‖ ~**zentriert** adj (Krist) / body-centred adj

**Korpus** n (pl. -ora) (Grundgesamtheit der Texte) (EDV) / corpus n (pl. -ora or -es), textual corpus, text base ‖ ~ m (pl. -se) (bei Möbeln) (Tischl) / carcass n

**Korpuskel** f n (Kernphys) / particle* n, corpuscle n

**Korpuskularstrahlung** f (Kernphys) / particulate radiation, corpuscular radiation

**Korpus • presse** f (Tischl) / carcass clamp, carcass cramp ‖ ~**verleimvorrichtung** f (Tischl) / carcass clamp, carcass cramp

**korradieren** v (Gesteine mechanisch angreifen - bewegte Medien) (Geol) / corrade v

**korradierend** adj (Geol) / corrasive adj

**Korrasion** f (mechanischer Angriff bewegter Medien auf anstehende Gesteine) (Geol) / corrasion* n ‖ ~ s. auch Windschliff

**Korrasions-** adj (Geol) / corrasive adj

**korrasiv** adj (Geol) / corrasive adj

**korrekt** adj (Logikkalkül) / sound adj, correct adj ‖ ~ **gestelltes Problem** (Math) / well-posed problem ‖ ~**e Körperhaltung** (z.B. beim Feilen) (F.Org, Physiol) / correct stance

**Korrektheitsbeweis** m (auf Richtigkeit eines Programms) (EDV) / correctness proof, program correctness proof

**Korrektion** f / correction n ‖ ~ (der gleiche absolute Zahlenwert wie der Fehler, aber mit dem entgegengesetzten Vorzeichen - DIN 1319, T 3) / correction n

**Korrektionsstück** n (aus magnetischem Material) (Mag, Nukl) / shim* n, pole shim*

**Korrektor** m (Druck) / proofreader n, reader* n ‖ ~ (im Prädiktor-Korrektor-Prozeß) (Math) / corrector n

**Korrektorat** n (Druck) / proof-room n, proof-reader's office

**Korrektorgehilfe** m (Druck) / copyholder* n

**Korrektur** f / correction n ‖ ~ (Druck) / proof* n, pull* n ‖ ~**en** f pl (Typog) / proof corrections* ‖ **[behelfsmäßige]** ~ (eines Softwarefehlers) (EDV) / patch n ‖ **periodische** ~ (Regeln) / sampling action ‖ **Yatessche** ~ (um eine bessere Annäherung der Verteilung der Testgröße an die $\chi^2$-Verteilung mit einem Freiheitsgrad zu erreichen) (Stats) / Yates correction, Yates modified chi-square test

**Korrektur • abzug** m (Druck) / proof* n, pull* n ‖ **unkorrigierter** ~**abzug** (Druck) / uncorrected proof ‖ ~**abzug** m (Druck) s. auch Maschinenabzug ‖ ~**band** n (Druck, EDV) / correction tape ‖ ~**eingriffe** m pl (Typog) / proof corrections ‖ ~**fähig** adj / correctable adj ‖ ~**fahne** f (Typog) / galley proof*, slip proof* ‖ ~**faktor** m (bei der Berechnung von Schraubenfedern) (Masch) / Wahl's factor ‖ ~**faktor des Anströmwinkels** (Phys) / angularity correction ‖ ~**filter** n (Foto) / colour-compensating filter, CC filter*, compensating filter* ‖

⁓**fräser** *m* (zum Abschrägen des Ventilsitzwinkels) (Kfz) / valve-seat cutter ‖ ⁓**glied** *n* (Element zur Korrektur von Fehlern oder nicht erwünschten Einflüssen) (Regeln) / correction element ‖ ⁓**karte** *f* (EDV) / patch card, REP card ‖ ⁓**kopie** *f* (Film) / timed print ‖ ⁓**kurve** *f* / correction curve ‖ ⁓**lesen** *n* (Druck) / proofreading *n* ‖ ⁓**leser** *m* (Druck) / proofreader *n*, reader* *n* ‖ ⁓**luftbohrungen** *f pl* (im Vergaser) (Kfz) / antisiphon passage ‖ ⁓**manöver** *n* (Raumf) / correction manoeuvre ‖ ⁓**maßnahme** *f* (DIN 55350) (EDV) / corrective action ‖ ⁓**netzwerk** *n* (Akus) / correction circuit, compensating network ‖ ⁓**presse** *f* (Druck) / proofing press*, proof press, press* *n* ‖ ⁓**programm** *n* (EDV) / spelling corrector ‖ ⁓**-Prozeßsteuerung** *f* (Regeln) / overriding process control ‖ ⁓**routine** *f* (EDV) / patch *n* ‖ ⁓**routine** (EDV) / patch *n* ‖ ⁓**schalter** *m* (Masch) / override switch ‖ ⁓**schaltung** *f* (Akus) / correction circuit, compensating network ‖ ⁓**signalverstärker** *m* (Eltronik) / error amplifier ‖ ⁓**steuerung** *f* (Regeln) / override control ‖ ⁓**stift** *m* / correction pen ‖ ⁓**taste** *f* (der Schreibmaschine) / correcting key ‖ ⁓**triebwerk** *n* (Raumf) / booster engine ‖ **schwaches** ⁓**triebwerk** (Raumf) / thruster *n*, thrustor *n* ‖ ⁓**verstärker** *m* (Eltronik) / error amplifier ‖ ⁓**zeichen** *n* (für Satz = DIN 16511) (Typog) / proof correction symbols (BS 1219)
**Korrelation** *f* (Biol, Stats) / correlation* *n* ‖ **multiple** ⁓ (Stats) / multiple correlation ‖ **negative** ⁓ (Stats) / negative correlation ‖ **positive** ⁓ (Stats) / positive correlation
**Korrelations•analysator** *m* (Fernm) / correlator *n* ‖ ⁓**analyse** *f* (Stats) / correlation analysis ‖ **kanonische** ⁓**analyse** / canonical correlation analysis, CCA ‖ ⁓**diagramm** *n* (Stats) / scatter diagram ‖ ⁓**empfang** *m* (Radio) / correlation detection* ‖ ⁓**energie** *f* (Chem) / correlation energy ‖ ⁓**funktion** *f* (Math, Stats) / correlation function ‖ ~**geschütztes** ILS (Luftf) / correlation-protected ILS, CPILS ‖ ⁓**interferometer** *n* (Opt) / intensity interferometer ‖ ⁓**koeffizient** *m* (das Maß der Korrelation nach DIN 1319, T 4) (Stats) / correlation coefficient*, Pearson's coefficient, Pearsonian coefficient, coefficient of correlation ‖ ⁓**koeffizient nach Bravais-Pearson** (Stats) / product moment correlation coefficient ‖ ⁓**matrix** *f* (DIN 1319, T 4) (Math) / correlation matrix ‖ ⁓**peak** *m* (Chem) / correlation peak ‖ ⁓**rechner** *m* (EDV) / correlation computer ‖ ⁓**rechnung** *f* (Math, Stats) / correlation calculus ‖ ⁓**sensor** *m* (mit dem sich Korrelationstechniken mit Hilfe der Mikroelektronik umsetzen lassen) / correlation sensor ‖ ⁓**spektroskopie** *f* (zweidimensionale) (Spektr) / correlation spectroscopy, COSY ‖ ⁓**verhältnis** *n* (Stats) / correlation ratio
**Korrelator** *m* (Fernm) / correlator *n*
**korreliertes 2D-Spektrum** (Spektr) / correlated 2D spectrum
**Korrelogramm** *n* (grafische Darstellung der empirischen Korrelationsfunktion) (Math) / correlogram *n*, correlation curve
**Korrespondenz, reziproke** ⁓ (Math) / reciprocal correspondence ‖ **[Bohrsches]** ⁓**prinzip** (Phys) / correspondence principle*
**korrespondieren** *v* / correspond *v*
**korrespondierend** *adj* (Säure, Base) (Chem) / conjugate *adj* ‖ ~**e Pendellänge** (Phys) / equivalent length of pendulum ‖ ~**e Zustände** (in der Thermodynamik) (Phys) / corresponding states*
**Korridor** *m* (Hausflur) (Bau) / corridor *n*
**Korrigens** *n* (pl. Korrigentia oder Korrigenzien) (Pharm) / corrective *n*, corrigent *n*
**korrigieren** *v* / correct *v* ‖ ~ (durch Shims) (Mag, Nukl) / shim *v* ‖ **direkt** ~ (Software) (EDV) / patch *v* ‖ **zeitlich** ~ / retime *v*
**korrigierender Eingriff** (Regeln) / corrective action
**korrigiert, für unendlich** ~ (Opt) / infinity-corrected *adj* ‖ ~**er Mittelwert** (Math) / corrected mean, modified mean ‖ ~**er Narben** (bei Narbenschäden oder bei unansehnlich gewordenen Narbenbildern) (Leder) / corrected grain
**Korrinring** *m* (Biochem) / corrin nucleus (four pyrrole rings)
**korrodierbar** *adj* (Galv) / corrosion-prone *adj*, susceptible to corrosion, corrodible *adj* ‖ **nicht** ~ (Galv) / corrosion-resisting *adj*, corrosion-resistant *adj*, incorrodible *adj*, non-corrodible *adj*, non-corroding *adj*
**korrodieren** *vi* (der Korrosion unterliegen) / corrode *vi* ‖ ~ *vt* / corrode *vt*, eat away *v*
**korrodierend** *adj* (Galv) / corrodent *adj*, corrosive *adj* ‖ ~**es Agens** (Galv) / corrodent *n*, corrosive *n*, corrosive agent, corroding agent ‖ ~**es Mittel** (Galv) / corrodent *n*, corrosive *n*, corrosive agent, corroding agent
**Korrosimeter** *n* / corrosion meter
**Korrosion** *f* (DIN 50900) (Chem, Galv, Masch) / corrosion* *n* ‖ ⁓ (chemischer Angriff auf Gesteine) (Geol) / corrosion* *n*, chemical erosion ‖ **anodische** ⁓ (Galv) / anodic corrosion, anodic corrosion ‖ **atmosphärische** ⁓ (ein Spezialfall der elektrolytischen Korrosion) (Galv) / atmospheric corrosion ‖ **äußere** ⁓ (Galv) / external corrosion ‖ **chemische** ⁓ (Galv) / chemical corrosion, direct chemical corrosion, non-electrochemical corrosion ‖ **dehnungsinduzierte** ⁓ (z.B. an Dampfkesseln) (Galv) / strain-induced corrosion ‖ **durch Algen verursachte** ⁓ (Luftt, Raumf) / algal corrosion* ‖ **durch konstruktive Mängel begünstigte** ⁓ (Galv) / engineering corrosion ‖ **ebenmäßige** ⁓ (Galv) / uniform attack, even attack ‖ **elektrochemische** ⁓ (Galv) / electrochemical corrosion, electrolytic corrosion* ‖ **elektrolytische** ⁓ (Galv) / electrochemical corrosion, electrolytic corrosion* ‖ **flächenhafte** ⁓ (Galv) / overall corrosion, general corrosion ‖ **fleckenförmige** ⁓ / even local corrosion ‖ **fleckige** ⁓ / even local corrosion ‖ **galvanische** ⁓ (DIN 50900, T 1) (Galv) / contact corrosion, bimetallic corrosion, galvanic corrosion ‖ **graphitische** ⁓ (von Gußeisen) (Hütt) / spongiosis *n*, graphitization *n*, graphitic corrosion ‖ **innere** ⁓ (Masch) / internal corrosion, subsurface corrosion ‖ **interkristalline** ⁓ (die in der Nähe an den Korngrenzen eines Werkstoffs auftritt) (Galv, Masch) / intergranular corrosion*, IC, intercrystalline corrosion ‖ **katastrophale** ⁓ (bei Überschreiten kritischer Korrosionsbedingungen, das zur totalen Zerstörung führt) (Galv) / catastrophic corrosion, breakaway corrosion ‖ **katodische** ⁓ (Galv) / cathodic corrosion, cathode corrosion ‖ **kristalline** ⁓ (Sammelbezeichnung für interkristalline Korrosion, Spannungsrißkorrosion und Schwingungsrißkorrosion) (Galv) / crystallographic corrosion ‖ **mikrobiologische** ⁓ / microbial corrosion, microbiological corrosion, microbial-induced corrosion, MIC ‖ **narbige** ⁓ (Galv) / uneven local corrosion, wide pitting (in an early stage) ‖ **nasse (elektrochemische)** ⁓ (bei Anwendung eines Elektrolyten) (Galv) / wet (electrochemical) corrosion ‖ **örtliche** ⁓ (Galv) / localized corrosion, local corrosion ‖ **passive** ⁓ (Galv) / passivity* *n* ‖ **rauchgasseitige** ⁓ (an Kesselanlagen) (Galv, Masch) / fireside corrosion ‖ **schichtförmige** ⁓ (Masch) / exfoliation* *n*, exfoliation corrosion ‖ **selektive** ⁓ (bevorzugte Korrosion eines Gefügebestandteiles) (Hütt, Masch) / selective corrosion, parting *n* ‖ **selektive** ⁓ **einer Legierungskomponente** (Hütt) / dealloying *n*, parting *n* ‖ **streusalzbedingte** ⁓ (Galv, Kfz) / salt corrosion ‖ **thermogalvanische** ⁓ (Galv) / thermogalvanic corrosion ‖ **transkristalline** ⁓ (Galv, WP) / transcrystalline corrosion ‖ **trockene** ⁓ (DIN 50900) (Galv) / dry corrosion ‖ **ungleichmäßige** ⁓ (Galv) / non-uniform corrosion, regional corrosion ‖ **vorzugsweise zwischen Dendriten fortschreitende** ⁓ (Galv) / interdendritic corrosion ‖ **wasserseitige** ⁓ (an Kesselanlagen) (Galv) / waterside corrosion ‖ **wasserstoffinduzierte** ⁓ (Oberbegriff für eine Reihe von Phänomenen, die durch Wechselwirkung von Wasserstoff mit metallischen Werkstoffen hervorgerufen werden) (Galv) / hydrogen-induced corrosion ‖ ⁓ *f* **an (in) der Wasserlinie** (Schiff) / waterline corrosion, waterline attack, line corrosion ‖ ⁓ **an tragenden Bauteilen** (Bau) / structural corrosion ‖ ⁓ **der Isolierstoffe** (durch Entladungserscheinungen verursacht) / electrical corrosion ‖ ⁓ **der Metalle** (Galv) / metallic corrosion ‖ ⁓ **der Schweißnaht** (selektiv) (Schw) / weld decay ‖ ⁓ **der Trockenbatterie** (bei der Lagerung) (Eltech) / shelf corrosion ‖ ⁓ **durch die Atmosphäre** (durch den Luftsauerstoff) (Galv) / atmospheric corrosion ‖ ⁓ *f* **durch Mikroorganismen** / microbial corrosion, microbiological corrosion, microbial-induced corrosion, MIC ‖ ⁓ **durch Strom** / anodic corrosion, anode corrosion ‖ ⁓ **im Rückkühlsystem** (von Dampferzeugern) (Masch) / post-boiler corrosion ‖ ⁓ **in Alkalien bzw. alkalischen Lösungen** (Chem) / alkali corrosion ‖ ⁓ **in der Wasserlinie** (Schiff) / waterline corrosion ‖ ⁓ **in Salzschmelzen** (Chem) / fused-salt corrosion ‖ ⁓ **in Säuren bzw. sauren Lösungen** (Chem) / acid corrosion ‖ ⁓ **in wäßrigen Lösungen** (Galv) / aqueous corrosion ‖ ⁓ **in wäßrigen Medien** (Galv) / aqueous corrosion ‖ ⁓ **infolge Oberflächenangriffs durch turbulent strömende Medien** / impingement corrosion ‖ ⁓ **mit Rißbildung** (Galv) / crack corrosion ‖ ⁓ **unter Ablagerungen** (DIN 50900, T 1) / deposit attack, deposit corrosion, poultice corrosion*, deposition corrosion ‖ ⁓ **unter haftenden Korrosionsprodukten** (Masch) / surrosion *n*
**korrosions•aggressiv** *adj* (Medium) (Galv) / corrodent *adj*, corrosive *adj* ‖ ~**aktiv** (Galv) / corrodent *adj*, corrosive *adj* ‖ ~**anfällig** *adj* (Galv) / corrosion-prone *adj*, susceptible to corrosion, corrodible *adj* ‖ **interkristalliner** ⁓**angriff auf schmalen Streifen** (Schw) / knife-line attack, KNA, knife-line corrosion ‖ ⁓**angriff** *m* **schmelzflüssiger Metalle** (Galv) / liquid-metal attack ‖ ⁓**art** *f* (Klassifizierung der Korrosionsvorgänge) (Galv) / type of corrosion ‖ ⁓**beanspruchung** *f* (DIN 50900, T 1) (Galv) / corrosion exposure, corrosion stress, corrosive stress ‖ ~**begünstigend** *adj* (Galv) / corrosion-promoting *adj*, corrosion-increasing *adj*, corrosive *adj* ‖ ⁓**belastung** *f* (DIN 50900, T 1) (Galv) / corrosion exposure, corrosion stress, corrosive stress ‖ ~**beständig** *adj* (Galv) / corrosion-resisting *adj*, corrosion-resistant *adj*, incorrodible *adj*, non-corrodible *adj*, non-corroding *adj* ‖ ~**beständiger Stahl** (Hütt) / corrosion-resistant steel ‖ ⁓**bruch** *m* (durch elektrochemische Oberflächenwirkung) (Galv, WP) / stress-corrosion cracking, corrosion failure ‖ ⁓**element** *n* (DIN 50900, T 2) (Galv) / corrosion element, corrosion cell ‖ ~**empfindlich** *adj* (Galv) / corrosion-prone *adj*, susceptible to corrosion, corrodible *adj* ‖ ⁓**ermüdung** *f* (DIN 50900) (Galv) / corrosion fatigue*, vibration-induced corrosion cracking, CF ‖

**Korrosionserscheinung**

≈**erscheinung** f (typisiertes Ergebnis eines Korrosionsvorganges) (Galv) / corrosion phenomenon, manifestation of corrosion ‖ ~**fähig** adj (Galv) / corrosion-prone adj, susceptible to corrosion, corrodible adj ‖ ≈**fäule** f (For) / white rot ‖ ~**fest** adj (Galv) / corrosion-resisting adj, corrosion-resistant adj, incorrodible adj, non-corrodible adj, non-corroding adj ‖ ≈**film** m (Galv) / corrosion film ‖ ≈**flächenregel** f (die Materialabtragung an der Anode ist um so stärker, je größer die Katode im Verhältnis zur Anode ist) (Galv) / catchment principle (corrosion), catchment area principle ‖ ~**fördernd** adj (Galv) / corrosion-promoting adj, corrosion-increasing adj, corrosive adj ‖ ≈**gefahr** f (Galv) / risk of corrosion, corrosion risk ‖ ~**gerechte Gestaltung** (Galv, Masch) / corrosion-proof design ‖ ≈**geschwindigkeit** f (Reaktionsgeschwindigkeit der elektrochemischen Korrosion) (Galv) / corrosion rate ‖ ≈**größe** f (in Korrosionsversuchen aus Meßgrößen ermittelter Kennwert - DIN 50900, T 3) (Galv) / corrosion characteristic ‖ ≈**grübchen** n (Galv) / corrosion pit ‖ ~**hemmend** adj (Galv) / anticorrosive adj, corrosion-inhibiting adj ‖ ≈**hemmstoff** m (Galv) / corrosion inhibitor, anticorrosive agent ‖ ≈**herd** m (Galv) / focus of corrosion ‖ ≈**inhibitor** m (Stoff, der die Korrosionsgeschwindigkeit verringert) (Galv) / corrosion inhibitor, anticorrosive agent ‖ **chemischer** ≈**inhibitor** (Galv) / anticorrosion additive ‖ ≈**kenngröße** f (Galv) / corrosion characteristic ‖ ≈**kinetik** f (Galv) / corrosion kinetics, kinetics of corrosion ‖ ≈**kunde** f (DIN 50900) (Galv) / corrosion science, corrosion theory ‖ ≈**lehre** f (Galv) / corrosion science, corrosion theory ‖ ≈**medium** n (DIN 50900) (Galv) / corrodent n, corrosive n, corrosive agent, corroding agent ‖ ≈**mittel** n (Galv) / corrodent n, corrosive n, corrosive agent, corroding agent ‖ ≈**narbe** f (örtlich flacher Korrosionsabtrag, der durch Lokalkorrosion hervorgerufen wird) (Galv) / corrosion pit ‖ ≈**neigung** f **durch Schweißen** (Schw) / weld decay ‖ ≈**nest** n (Galv) / focus of corrosion ‖ ≈**potential** n (ein Elektrodenpotential) (Galv) / corrosion potential ‖ ≈**produkt** n (festes, gasförmiges, flüssiges oder im Elektrolyten gelöstes Reaktionsprodukt der Korrosion) (Galv) / corrosion product ‖ ≈**prüfung** f (nach DIN 50021 - z.B. Dauertauch-, Rühr- oder Kochversuch) (Galv) / corrosion testing ‖ ≈**prüfung unter Laborbedingungen** (WP) / laboratory corrosion testing ‖ ≈**rate** f (Galv) / corrosion rate ‖ ~**resistent** adj (Galv) / corrosion-resisting adj, corrosion-resistant adj, incorrodible adj, non-corrodible adj, non-corroding adj ‖ ≈**riß** m (tiefer und feiner) (Galv) / corrosion fissure ‖ ≈**riß** (von geringer Tiefe) (Galv) / corrosion crack ‖ ≈**rißbildung** f (Galv) / corrosion cracking ‖ ≈**schaden** m (DIN 50900, T 1) (Galv) / corrosion damage ‖ ≈**schicht** f (dünne) (Galv) / corrosion film

**Korrosionsschutz** m (DIN 50900, T 1) (Galv) / corrosion control, corrosion protection, corrosion prevention ‖ ≈ (als technischer Zweig) (Galv) / corrosion engineering ‖ ≈**-** (Galv) / anticorrosive adj, corrosion-inhibiting adj ‖ **aktiver** ≈ (Galv) / corrosion protection by conditioning ‖ **anodischer** ≈ (Galv, Hütt) / anodic protection* ‖ **elektrochemischer** ≈ (von Metallen - durch kathodische Polarisation) (Galv) / electrolytic protection (of a metal from electrochemical corrosion), anodic + cathodic protection (against corrosion) ‖ **passiver** ≈ (Trennung des Korrosionsmediums vom zu schützenden Werkstoff mit Hilfe von Schutzschichten) (Galv) / corrosion protection by coating(s) ‖ **temporärer** ≈ (passive Schutzmaßnahme) (Galv) / temporary corrosion protection ‖ **tribogalvanischer** ≈ (Galv) / peen-plating n ‖ ≈ **von Off-shore-Bauwerken** (Erdöl) / offshore structures corrosion protection ‖ ≈**anstrichstoff** m (Anstr) / corrosion-preventive coating, corrosion-preventive varnish ‖ ≈**behandlung** f (Galv) / anticorrosive treatment, anticorrosive treatment

**korrosionsschützend** adj (Galv) / anticorrosive adj, corrosion-inhibiting adj

**Korrosionsschutz•fett** n (Galv, Hütt) / anticorrosion grease, slushing grease, anticorrosive grease ‖ ≈**garantie** f (Kfz) / guarantee against corrosion, (anti)corrosion warranty, corrosion-protection warranty ‖ ~**gerecht** f (Konstruktion) / corrosion-proof attr ‖ ~**gerechte Gestaltung** (DIN 5528, T 2) (Masch) / corrosion-proof design (construction) ‖ ~**gerechtes Konstruieren** (Masch) / corrosion-proof design (construction) ‖ ≈**mittel** n (temporäres - bei Eisen und Stahl) (Anstr, Chem, Hütt) / slushing compound*, slush n ‖ ≈**mittel** (nach Dr. Angus Smith) (Galv) / Dr August Smith's solution (any black bituminous composition applied by brush) ‖ ≈**öl** n (Galv, Hütt) / rust-inhibiting oil, rust-preventing oil ‖ ≈**papier** n (Pap) / antirust paper, acid-free paper, anticorrosive paper ‖ ≈**prüfung** f (Galv, Masch) / rust inspection, rust check, corrosion check, corrosion inspection ‖ ≈**schutzöl** n (Galv, Masch) / anticorrosive oil, corrosion-protective oil, anticorrosion oil ‖ ≈**strom** m (Galv) / protective current ‖ ≈**technik** f (Galv) / corrosion engineering ‖ ≈**voranstrich** m (Anstr, Galv) / anticorrosive undercoat, corrosion-protective undercoat ‖ ≈**wert** m (Wirksamkeit des Korrosionsschutzes) (Galv) / corrosion-protective value

**Korrosions•sensor** m / corrosion sensor ‖ ≈**spannung** f (zwischen der korrodierenden Fläche und der Bezugselektrode) (Galv) / corrosion potential ‖ ≈**stelle** f (Galv) / corrosion site ‖ ~**stimulierend** adj (Galv) / corrosion-promoting adj, corrosion-increasing adj, corrosive adj ‖ ≈**strom** m (Galv) / corrosion current, net current ‖ ≈**test** m (Galv, WP) / corrosion test ‖ ≈**verhalten** n (Galv) / corrosion behaviour ‖ ≈**verlust** m (nach DIN 50901 der Quotient aus dem Gewichtsverlust einer Probe und der korrodierten Probenoberfläche) (Galv) / corrosion loss ‖ ≈**versuch** m (Galv, WP) / corrosion test ‖ ≈**wechselfestigkeit** f (Wechselfestigkeit eines metallischen Bauteils bei gleichzeitiger Einwirkung eines Korrosionsmediums) (Galv) / corrosion fatigue limit ‖ ≈**zeitschwingfestigkeit** f (Galv) / corrosion fatigue limit ‖ ≈**zuschlag** m (z.B. bei Blechen) (Masch) / corrosion allowance, extra corrosion thickness

**korrosiv** adj (Medium) (Galv) / corrodent adj, corrosive adj ‖ ~**es Agens** (Galv) / corrodent n, corrosive n, corrosive agent, corroding agent ‖ ~**e Anfressung** (örtliche kleine) (Galv) / corrosion pit ‖ ~**er Verschleiß** (z.B. Erosions-, Kavitations- oder Reibkorrosion) (Galv) / wear corrosion, wear oxidation ‖ ~**es Wasser** (Galv) / corrosive water

**Korrosivität** f (Chem, Galv) / corrosivity, corrosiveness n, corrosion activity

**Kortdüse** f (düsenförmiger Ring um die Schiffsschraube - nach L. Kort, 1888-1958) (Schiff) / Kort nozzle

**Korteweg-de-Vries-Gleichung** f (bei Solitonen) (Phys) / Korteweg-de Vries equation, KdV equation

**Kortex** m (pl. Kortizes) (Rinde) (Pharm) / cortex* n (pl. cortices)

**Kortikoid** n (Biochem) / corticosteroid* n, hormone of the adrenal cortex, adrenocortical hormone, corticoid n, adrenal cortex hormone

**Kortikosteroid** n (Biochem) / corticosteroid* n, hormone of the adrenal cortex, adrenocortical hormone, corticoid n, adrenal cortex hormone

**Kortikosteron** n (ein 11-Hydroxysteroid) (Biochem) / corticosterone n

**kortikotropes Hormon** (Biochem) / corticotrophin* n, corticotropin n, adrenocorticotrophic hormone*, ACTH*, adrenotropic hormone, adrenocorticotrophic hormone

**Kortikotropin** n (Biochem) / corticotrophin* n, corticotropin n, adrenocorticotrophic hormone*, ACTH*, adrenotropic hormone, adrenocorticotrophic hormone

**Kortin** n (Nebennierenrindenextrakt) (Biochem) / cortin n

**Körting-Kondensator** m (Nahr) / Koerting condenser

**Kortison** n (ein Hormon der Nebennierenrinde) (Biochem) / cortisone* n

**Korund** m ($\alpha$-Aluminiumoxid) (Min) / corundum* n ‖ **violetter Flußspat oder purpurfarbener** ≈ (Min) / false amethyst*

**Korunderzeugnis** n (feuerfestes Erzeugnis mit etwa 90-95% Korund) / corundum product

**Korundfeile** f (Werkz) / corundum file

**Korvette** f (Mil, Schiff) / corvette n

**Koschenille** f (Chem) / cochineal* n ‖ ≈ (Mikros, Nahr) / carmine n (a vivid crimson colour made from cochineal), cochineal n

**Kosekans** m (pl. - oder -nten) (Math) / cosecant n, cosec

**Kosinus** m (pl. - oder -se) (Math) / cosine n, cos* ‖ ~**förmiger Impuls** (Eltronik) / cosinusoidal pulse ‖ **Lambertsches** ≈**gesetz** (Licht) / Lambert's cosine law*, cosine law*, cosine-emission law, Lambert's law of emission ‖ ≈**kurve** f (Math) / cosine curve ‖ ≈**linie** f (Math) / cosine curve ‖ ≈**satz** m (ein Lehrsatz der Trigonometrie) (Math) / cosine rule, law of cosines ‖ ≈**stunde** f (in der Heliotechnik) / cosine-hour n ‖ ≈**versus** m (Math) / coversed sine, coversine n, versed cosine, covers

**Kosmetik•artikel** m / cosmetic n ‖ ≈**chemiker** m (Chem) / cosmetic chemist ‖ ≈**produkt** n / cosmetic n ‖ ≈**spiegel** m (Kfz) / vanity mirror

**Kosmetikum** n (pl. Kosmetika) / cosmetic n

**kosmetisch** adj (Galv) / cosmetic adj ‖ ~**es Mittel** / cosmetic n

**Kosmid** n (Gen) / cosmid n

**kosmisch** adj / cosmic adj, cosmical adj ‖ **2. ~e Geschwindigkeit** (Astr, Raumf) / escape velocity*, parabolic velocity*, velocity of escape ‖ **1. ~e Geschwindigkeit** (Raumf) / circular velocity* ‖ **Teilchenspur** f **der ~en Strahlung** (Astr) / cosmic-ray track ‖ ~**e Elementenhäufigkeit** (Astr, Chem) / cosmic abundance* ‖ ~**e Geschwindigkeit** (erste, zweite) (Raumf) / cosmic velocity, cosmic speed ‖ ~**e Häufigkeit** (Astr, Chem) / cosmic abundance* ‖ ~**e Hintergrundstrahlung** (Astr) / cosmic background radiation*, relic radiation, cosmic microwave radiation, microwave background* ‖ ~**e Materie** (Astr) / cosmic matter ‖ ~**er Raum** (Astr, Raumf) / space n ‖ ~**es Rauschen** (Radio) / cosmic noise* ‖ ~**e Saite** (fadenförmiges Relikt aus der Frühzeit des Universums) (Astr) / string n, cosmic string ‖ ~**er Staub** (die staubförmige Komponente der interstellaren Materie) (Astr) / cosmic dust ‖ ~**e Strahlen** (Astr) / cosmic rays* ‖ ~**e Strahlung** (Geophys) / cosmic radiation ‖ ~**e Urstrahlung** (Astr) / cosmic background radiation*, relic radiation, cosmic microwave radiation, microwave background*

**Kosmo • biologie** f (Biol) / astrobiology n, exobiology* n, xenobiology n ǁ **~chemie** f (Wissenschaftszweig, der sich mit dem Auftreten und der Verteilung der chemischen Elemente im Weltall befaßt) (Astr, Chem) / cosmochemistry n, cosmic chemistry, astrochemistry n ǁ **~chlor** m (aus Eisenmeteoriten und Jade) (Min) / kosmochlor n, cosmochlore n, ureyite n ǁ **~gen** adj (aus dem All herkommend) (Astr) / cosmogenic* adj ǁ **~geologie** f (Geol) / space geology ǁ **~gonie** f (Weltentstehungslehre) (Astr) / cosmogony* n ǁ **~gonisch** adj (Astr) / cosmogonic adj, cosmogonical adj ǁ **~logie** f (Astr) / cosmology* n ǁ **~logische Konstante** (Astr, Phys) / cosmological constant ǁ **~logisches Postulat** (Astr) / cosmological principle* ǁ **~logische Rotverschiebung** (beobachtbarer Unterschied zwischen ausgesandter und empfangener Frequenz von Fotonen in einem expandierenden Kosmos) (Astr) / cosmological redshift* ǁ **~naut** m (pl. -en) (Raumf) / astronaut* n, space traveller, spaceman n, cosmonaut n, spationaut* n ǁ **~nautik** f (Raumf) / astronautics* n, cosmonautics n ǁ **~polit** n (pl. -en) (Lebewesen, das in allen Bereichen der Erdoberfläche lebensfähig ist) (Biol, Umwelt) / cosmopolitan n, cosmopolite n ǁ **~politisch** adj (Biol, Umwelt) /
**Kosmos** m / cosmos n, universe n ǁ **außerhalb des Sonnensystems** (Astr, Raumf) / outer space
**Kosolvenz** f (Chem, Phys) / cosolvency n
**Kosponsering** n / cosponsoring n
**Kossel-Effekt** m (Röntgenstrahlinterferenzen, die auftreten, wenn die Strahlungsquelle im Kristall selbst liegt - nach W. Kossel, 1888 - 1956) (Phys) / Kossel effect
**Kosten, fixe** ~ / fixed costs ǁ **laufende** ~ / running costs ǁ **vertretbare** ~ / justifiable cost(s) ǁ **volkswirtschaftliche** ~ (die von der Wirtschaft verursacht, jedoch von Dritten oder der Allgemeinheit getragen werden - z.B. Wasser- und Luftverschmutzung) / social costs ǁ ~ pl **des technischen Umweltschutzes** (Umwelt) / antipollution costs ǁ ~ **pro Seite** (Druck) / cost per page
**Kosten • analyse** f / cost analysis ǁ **~anschlag** m / estimate n (rough), cost estimate ǁ **~art** f / cost type ǁ **~aufwand** m / outlay n (an amount of money spent on something) ǁ **~basierender Optimierer** (EDV) / cost-based optimizer ǁ **~dämpfung** f / cost abatement ǁ **~deckung** f / breakeven n ǁ **~einsparung** f / cost saving ǁ **~erfassung** f / cost accounting ǁ **~günstig** adj / cost-effective adj, cost-saving adj ǁ ~ **- und Abrechnungsingenieur** m (Bau, HuT) / quantity surveyor* (QS*) ǁ **~intensiv** adj / cost-intensive adj
**kostenlos** adj / free of charge ǁ **~e Abholung** (z.B. von Schrottfahrzeugen) / free towing ǁ **~e Lieferung** / delivery free of charge ǁ **~es Muster** / give-away sample ǁ **~e Probe** / give-away sample
**kosten • minimale Strategie** (KI) / minimum-cost strategy ǁ **~-Nutzen-Analyse** f (im öffentlichen Sektor) / cost-benefit analysis ǁ **~optimierung** f / cost optimization ǁ **~platzsatz** m (F.Org) / machine burden unit ǁ **~rechnung** f / cost accounting ǁ **betriebliche ~rechnung** / operational costing ǁ **~sparend** adj / cost-effective adj, cost-saving adj ǁ **~stelle** f (rechnungsmäßiges Teilgebiet des Gesamtunternehmens) / cost centre, cost location ǁ **~trächtig** adj / costly adj, pricey adj, pricy adj, expensive adj ǁ **~träger** m / cost unit ǁ **~voranschlag** m / estimate n (rough), cost estimate ǁ **~voranschlag machen** / draw up an estimate ǁ **~-Wirksamkeit-Analyse** f / cost-effectiveness analysis ǁ **~zusammensetzung** f / cost composition
**Köster-Verfahren** n (Herstellung von bororganischen Verbindungen) (Chem Verf) / Köster process
**Kostinsky-Effekt** m (ein Nachbareffekt) (Foto) / Kostinsky effect*
**kostspielig** adj / costly adj, pricey adj, pricy adj, expensive adj
**Kotangens** m (Math) / cotangent* n, cot*
**Kotbeizen** n (enzymatischer Abbauprozeß mit Hundekot oder entsprechenden synthetischen Produkten) (Leder) / puering n
**Kote** f / level n ǁ ~ (Höhenzahl) (Verm) / altitude* n
**Kotenplan** m (ein Feldaufnahmeblatt) (Verm) / levelling plan
**Kotflügel** m (Kfz) / mudguard n, wing n (GB), fender n (US) ǁ **geschraubter** ~ (Kfz) / bolt-on wing, bolt-on fender (US) ǁ **geschweißter** ~ (Kfz) / welded-on wing, weld-on wing, welded fender (US)
**Kotibé** n (Nesogordonia papaverifera Capuron) (For) / danta n, kotibé n
**Kotoleranz** f (Umwelt) / cotolerance n
**Koton** m (Tex) / cotton* n
**kotonisieren** v (Spinn) / cottonize v (flax or hemp)
**Kotorsion** f (Math) / cotorsion n
**Kotpellet** n (Geol) / faecal pellet, fecal pellet (US)
**kotranslational** adj (Modifikation während der Translation) / cotranslational adj
**Kotstein** m (Geol) / coprolite* n
**Kotstoffe** m pl (Sanitär) / faeces* pl, faecal matter, fecal matter (US), feces pl (US)

**Kotton** m (A) (Buchb, Tex) / calico* n (pl. -oes, /US/ -os)
**Kottonöl** n (Oleum gossypii) / cottonseed oil*, cotton oil, oleum gossypii seminis
**Kotyledone** f (Bot) / cotyledon* n, seed leaf*
**Kötzer** m (Spinnhülse mit aufgewickeltem Garn) (Spinn) / cop* n
**kovalent** adj (Chem) / homopolar* adj, covalent adj ǁ **~er Atomradius** (Chem, Krist) / covalent radius* ǁ **~e Bindung** (Chem) / covalent bond*, atomic bond*, homopolar bond, electron-pair bond ǁ **~e Chromatografie** (eine Unterart der Affinitätschromatografie) (Chem) / covalent chromatography, CC ǁ **~er Kristall** (Krist) / covalent crystal ǁ **~es Nitrid** (Chem) / covalent nitride ǁ **~er Radius** (Chem, Krist) / covalent radius* ǁ **~e Wertigkeit** (Chem) / covalency n (GB)*, covalence n (US)
**Kovalenz** f (Chem) / covalency n (GB)*, covalence n (US) ǁ **~moment** n (elektrisches Dipolmoment) (Chem) / covalency moment ǁ **~radius** m (Chem, Krist) / covalent radius*
**Kovar** n (Warenzeichen für einen Leiterwerkstoff aus 53,5% Fe, 28,5% Ni und 18% Co) (Eltech, Hütt) / Kovar* n
**kovariant** adj (Math, Stats) / covariant adj ǁ **~e Ableitung** (Math) / covariant derivative ǁ **~er Funktor** (Math) / covariant functor ǁ **~er Tensor** (Math) / covariant tensor
**Kovarianz** f (Math) / covariance n (the property of a function of retaining its form when the variables are linearly transformed) ǁ ~ (Korrelationsmoment stochastischer Größen - DIN 55350, T 23) (Math, Stats) / covariance n ǁ **~analyse** f (eine Verallgemeinerung der Varianzanalyse) (Stats) / covariance analysis ǁ **~matrix** f (DIN 13303, T 1) (Stats) / covariance matrix
**Kováts-Index** m (in der Gaschromatografie) (Chem) / retention index (RI), Kováts index
**Kovellin** m (Min) / covellite* n, indigo copper*, covelline* n
**Kovolumen** n (in der van-der-Waalsschen Zustandsgleichung) (Chem, Phys) / co-volume* n, incompressible volume*
**Kozyklus** m (Math) / cocycle n
**KP** (Chem) / polycondensation n (a step-growth polymerization), condensation polymerization
**K$_B$** (Siedetemperatur) (Chem, Phys) / boiling-point* n, b.p.*, B.P., boiling temperature
**KP** (Luftf) / compass bearing
**KP-Kondensator** m (ein Kunststoffolienkondensator) (Eltech) / polypropylene capacitor
**K-Profil** n (Verbindungsart von Welle und Nabe) (Masch) / K profile, spline n
**K-Profil-Welle** f (Masch) / splined shaft (a shaft provided with several long feather ways), K-profile shaft
**2K-PUR** m (Anstr) / two-package urethane coating
**KPVK** (Anstr) / critical pigment-volume concentration, CPVC
**Kr** (Chem) / krypton* n
**Krabbe** f (gotische Kriechblume) (Arch) / crocket n (a bud or curled leaf)
**krabben** v (Tex) / crab v ǁ ~ n (in feuchtem gespanntem Zustand auf Koch- oder Krabbmaschinen ausgeübte Naßbehandlung von Wolle und wollehaltigen Mischgeweben) (Tex) / crabbing* n
**Krabbmaschine** f (Tex) / crabbing machine
**krachen** v (Seide) (Tex) / scroop v ǁ ~ n (der Raupenseide) (Tex) / scroop* n
**Krach • griff** m (der Seide) (Tex) / scroopy handle, crunchy handle, scroopy feel ǁ **~griffausrüstung** f (Tex) / scrooping n
**krachig** adj (Braten, Salat, Brötchen) (Nahr) / crackly adj ǁ ~ (Nahr) / crunchy adj, crisp adj
**Krach • störung** f (eine Impulsstörung) (Radio) / buzz n ǁ **~töter** m (Akus) / noise killer
**krächzender Ton** (Akus) / rasping sound
**Krack • anlage** f (Erdöl) / cracker n, cracking plant ǁ **~benzin** n (Erdöl) / cracked gasoline
**kracken** v (Erdöl) / crack vt ǁ ~ n (Erdöl) / cracking* n ǁ **katalytisches** ~ (Chem Verf, Erdöl) / catalytic cracking*, cat-cracking n ǁ **katalytisches ~ in Reaktoren mit aufsteigendem Katalysator** (Erdöl) / riser cracking ǁ **strahlenchemisch-thermisches** ~ (Erdöl) / radiation thermal cracking, RTC ǁ **thermisches** ~ (heute praktisch ohne Bedeutung) (Erdöl) / thermal cracking ǁ ~ n **im aufsteigenden Strom** (Erdöl) / riser cracking ǁ ~ **in Wasserstoffatmosphäre** (katalyisches) (Erdöl) / hydrocracking n
**Krack • gas** n (Brenngas aus flüssigen oder gasförmigen Kohlenwasserstoffen) (Erdöl) / cracker gas, cracking gas, cracked gas ǁ **~ofen** m (Erdöl) / cracking furnace
**Krackung** f (Erdöl) / cracking* n ǁ **katalytische** ~ **in der Wirbelschicht** (Chem Verf) / fluid catalytic cracking, fluid cat cracking, FCC
**Krackverhinderungsmittel** n (Erdöl) / anticracking agent
**Krad** n (Kfz) / motor bicycle (motor cycle or moped)
**Kraemer-Sarnow-Test** m (zur Ermittlung des Kraemer-Sarnow-Erweichungspunkts nach DIN 1995) (Bau, HuT) / Kraemer-Sarnow test*

**Krafft-Punkt**

**Krafft-Punkt** m (DIN 53918) (Chem Verf) / Krafft point
**Krafmaschine** f (als Gegensatz zur Arbeitsmaschine) (Masch) / prime mover*, engine n
**Kraft** f (eine Vektorgröße nach DIN 1305 und DIN 13317) (Mech) / force* n ‖ ~ (z.B. am Kraftarm des Hebels) (Mech) / effort n ‖ **[mechanische]** ~ (Mech) / power n ‖ **aerodynamische** ~ (Phys) / aerodynamic force ‖ **antiparallele Kräfte** (Mech) / antiparallel forces ‖ **auslösende** ~ / tripping force ‖ **äußere** ~ (Mech) / external force ‖ **direkte** ~ (Mech) / direct force ‖ **drehende** ~ (Mech) / rotatory force, turning force, torsional force ‖ **eingeprägte** ~ (Mech) / applied force, active force ‖ **gegenelektromotorische** ~ (Eltech) / counter e.m.f.*, back e.m.f.* ‖ **generalisierte** ~ (Phys) / generalized force ‖ **induzierte elektromotorische** ~ (Elektr) / induced e.m.f.*, induced electromotive force ‖ **innere** ~ (Mech) / internal force ‖ **innernukleare Kräfte** (Kernphys) / intranuclear forces* ‖ **intranukleare Kräfte** (Kernphys) / intranuclear forces* ‖ **Kräfte im Raum** (Mech) / forces in space ‖ **Kräfte in der Ebene** (Mech) / coplanar forces ‖ **Kräfte mit gemeinsamem Angriffspunkt** (Mech) / concurrent forces ‖ **magnetische** ~ (Mag) / magnetic force ‖ **ponderomotorische** ~ (Phys) / ponderomotive force* ‖ **protonenmotorische** ~ (Biochem) / proton motive force*, PMF ‖ **störende** ~ (Mech) / disturbing force, perturbing force ‖ **thermoelektrische** ~ (Eltech) / thermoelectric power*, thermal e.m.f., thermoelectric force, Seebeck coefficient, thermoelectric voltage, thermal electromotive force*, Seebeck electromotive force ‖ **van-der-Waalssche Kräfte** (zwischenmolekulare Anziehungskräfte) (Kernphys) / van der Waals' forces* ‖ **verallgemeinerte** ~ (in den Lagrangeschen Bewegungsgleichungen) (Phys) / generalized force ‖ **wasserbindende** ~ (eines Bodens) (HuT, Wasserb) / water-holding capacity (the minimum possible water content to which a soil sample can be reduced by gravity drainage), WHC ‖ ~ f **in der Kraftschraube** (Mech) / intensity of the wrench
**Kraft • angriffspunkt** m (Mech) / point of application of a force ‖ ~**anlage** f (Eltech) / powerplant n, power-generation facility, energizer n ‖ ~**arm** m (des Hebels) (Mech) / effort arm, power arm ‖ ~**aufnahme** f (einer Maschine) / power consumption ‖ ~**aufnehmer** m (ein aktiver Sensor zur primären Umwandlung der zu messenden Kraft in ein Signal) (Eltech, Masch) / force transducer, force sensor ‖ ~**ausgleich** m (Mech) / force balance ‖ ~**Außenangriff** m (Werkz) / external drive ‖ ~**bedarf** m (einer Maschine) / power consumption ‖ ~**belag** m (Mech) / force density per unit length ‖ ~**betätigt** adj (Mech) / power-operated adj ‖ ~**betätigung** f (Mech) / power operation ‖ ~**betrieben** adj (Masch) / powered adj, power attr, power-driven adj ‖ ~**bewegt** adj (Masch) / powered adj, power attr, power-driven adj
**Kräfte • addition** f (Mech) / addition of forces ‖ ~**aufnehmender Kasten** (im Außenflügel eines Flugzeugs) (Luftf) / prime box
**Krafteck** n (Mech) / polygon of forces*, force polygon
**Kräfte • diagramm** n (Masch, Mech) / force diagram*, stress diagram*, reciprocal diagram* ‖ ~**dreieck** n (Mech) / triangle of forces*, force triangle ‖ ~**freier Kreisel** (Phys) / gyro free of forces, force-free gyro, free gyroscope ‖ ~**freie Oberfläche** (WP) / force-free surface ‖ ~**gebundene Oberfläche** (WP) / force-bearing surface ‖ ~**gleichgewicht** n (Mech) / equilibrium of forces ‖ ~**paar** n (ein Kräftesystem nach DIN 13317) (Mech) / couple of forces, force couple, couple* n ‖ ~**parallelogramm** n (Math, Mech) / parallelogram of forces* ‖ ~**plan** m (Masch, Mech) / force diagram*, stress diagram*, reciprocal diagram* ‖ **Cremonascher plan** (nach L.Cremona, 1830-1903) (Mech) / Cremona diagram ‖ ~**polygon** n / polygon of forces*, force polygon
**kraft • erregter Schall** (Akus) / force-generated noise (a structural noise) ‖ ~**erzeugung** f (bei Zerreißmaschinen) (WP) / deformation production
**Kräftesystem** n (Mech) / force system, system of forces ‖ **ebenes** ~ (Mech) / coplanar system of forces, system of coplanar forces ‖ **räumliches** ~ (Mech) / non-coplanar system of forces, space system of forces ‖ **zentrales** ~ (Mech) / central force system, concurrent force system ‖ ~ n **in der Ebene** (Mech) / coplanar system of forces, system of coplanar forces
**Kräfte • vieleck** n (Mech) / polygon of forces*, force polygon ‖ ~**zerlegung** f (in vorgegebene Kraftrichtungen ohne Änderung der gesamten Drehmomente) (Mech) / resolution of forces* ‖ ~**zusammenfassung** f (Mech) / force combination ‖ ~**zusammensetzung** f (Mech) / composition of forces*
**Kraft • fahrer** m (Kfz) / driver n, motorist n ‖ ~**fahrersturzhelm** m (ECE-Regelung 22) (Kfz) / crash-helmet n, safety helmet ‖ ~**fahrstraße** f (autobahnähnlich ausgebaut, jedoch nicht immer kreuzungsfrei) (Kfz) / clearway n (a road on which no parking is permitted), throughway n, expressway n (an urban motorway) (US), freeway n (US), thruway n (US), speedway n (US), Fwy ‖ ~**fahrstraße** (Kfz) / highway n, Hwy, Hy ‖ ~**fahrtechnik** f (Kfz) / automotive engineering, road-vehicle engineering ‖ ~**fahrtechnisch**

adj (Kfz) / automotive adj ‖ ~**fahrt-Unfallversicherung** f (Kfz) / motor-car passenger insurance, passenger (accident) insurance ‖ ~**fahrtversicherung** f (Sammelbezeichnung für verschiedene Versicherungsarten zur Deckung von Gefahren, die sich aus dem Gebrauch von Kraftfahrzeugen ergeben) (Kfz) / motor insurance, car insurance, motor-vehicle insurance
**Kraftfahrzeug** n (DIN 70002) (Kfz) / motor vehicle, power-driven vehicle, motor n (GB), automotive vehicle, motor car (GB) ‖ ~ (Kfz) / automotive adj ‖ **in einem** ~ **befördern** (Kfz) / motor vt ‖ ~ **mit emissionsmindernder Einrichtung** (Kfz) / low-emission vehicle ‖ ~ **mit selbsttragender Karosserie** (Kfz) / unitized vehicle, chassisless vehicle ‖ ~**bau** m (als Technikfach) (Kfz) / automotive engineering ‖ ~**bau** (als Industriezweig) (Kfz) / automobile construction ‖ ~**beleuchtung** f (Kfz) / motor-car lighting ‖ ~**elektrik** f (im allgemeinen) (Eltronik, Kfz) / auto-electrics n, car's electrics ‖ ~**elektrik** (elektrische Ausrüstung) (Eltronik, Kfz) / automotive electrical equipment ‖ ~**elektronik** f (Eltronik, Kfz) / automotive electronic equipment (system) ‖ ~**führer** m (Kfz) / driver n, motorist n ‖ ~**-Funksprechanlage** f (Fernsp) / motor-car telephone, car radiotelephone, car telephone, car phone ‖ ~**-Haftpflichtversicherung** f (Kfz) / third-party (liability) insurance, motor vehicle third-party liability insurance, automobile liability insurance (US), third-party only insurance ‖ ~**halter** m (Kfz) / car owner ‖ ~**hersteller** m (Kfz) / automaker n ‖ ~**industrie** f (Kfz) / automobile industry, car industry, automotive industry (US), motor industry ‖ ~**mechanik** f (Kfz) / automotive mechanics ‖ ~**mechaniker** m (ein Handwerker) (Kfz) / automobile mechanic, motor mechanic ‖ ~**motor** m (Kfz) / automotive engine ‖ ~**park** m (Kfz) / motor-vehicle fleet ‖ ~**schlosser** m (ein Industrieberuf) (Kfz) / automobile mechanic, motor mechanic ‖ ~**-Sprechfunkanlage** f (Fernsp) / motor-car telephone, car radiotelephone, car telephone, car phone ‖ ~**steuer** f / road tax ‖ ~**straße** f (mit Halteverbot) (Kfz) / clearway n (a road on which no parking is permitted), throughway n, expressway n (an urban motorway) (US), freeway n (US), thruway n (US), speedway n (US), Fwy ‖ ~**technisch** adj (Kfz) / automotive adj ‖ ~**verkehr** m (Kfz) / motor vehicle traffic ‖ ~**versicherung** f (Kfz) / motor insurance, car insurance, motor-vehicle insurance ‖ ~**werkstatt** f (Kfz) / garage n (commercial), car repair shop
**Kraft • feld** n (Phys) / field of force*, force field ‖ **Coulombsches** ~**feld** (Kernphys) / Coulomb field, Coulombian field ‖ ~**feld** n **im Atomkern** (Kernphys) / nuclear field* ‖ ~**fluß** f (Elektr) / electric flux*, flux of displacement, displacement flux ‖ ~**fluß** (Masch) / power flow, flow of power ‖ ~**futter** n (Landw) / concentrate n ‖ ~**gas** n / power gas ‖ ~**gas** s. auch Generatorgas ‖ **elektrostatisches** ~**gesetz** (Elektr) / Coulomb's law* ‖ ~**getriebe** n (Eltech) / servomotor* n ‖ ~**gewinn** m (Kraftvergrößerung durch mechanische Mittel) (Mech) / mechanical advantage*, MA, purchase n ‖ ~**gruppe** f (Mech) / force system, system of forces ‖ ~**haus** n (Eltech) / powerhouse n ‖ ~**heber** m (Masch) / hydraulic lift*
**kräftig** adj / bold adj ‖ ~ (Kontur) / bold adj ‖ ~ / deep adj, full adj, rich adj ‖ ~ / vigorous adj, violent adj ‖ ~ (Nahr) / robust adj ‖ ~ **gebeiztes Velourleder** (aus Lammfell) (Leder) / French antelope lambskin, French antelope finish ‖ ~ **herausströmen** / gush v (forth)
**kräftigend** adj (Pharm) / tonic adj
**Kraft • innenangriff** m (Werkz) / internal drive, driving recess ‖ ~**kompensation** f (beim Kompensationsverfahren) / force compensation ‖ ~**komponente** f (Mech) / component* n ‖ ~**konstante** f (Chem, Phys) / force constant ‖ ~**kreis** m (Eltech) / power circuit ‖ ~**leitung** f (Eltech) / power installation ‖ ~**lignin** n (Bot, For) / alkali lignin, soda lignin ‖ ~**linie** f (Phys) / line of force* ‖ **magnetische** ~**linienstreuung** (Mag) / flux leakage ‖ ~**linienverlauf** m (Mech) / path of lines of force ‖ ~**doppeltwirkende** ~**maschine** (Masch) / double-acting engine* ‖ **einfachwirkende** ~**maschine** (bei dem nur die Oberseite des Kolbens von den Verbrennungsgasen beaufschlagt wird) (Masch) / single-acting engine* ‖ ~**maschine** f **mit äußerer Verbrennung** (z.B. Dampfmaschine, Turbine) (Masch) / external-combustion engine ‖ ~**meßdose** f (kapazitive, induktive, mit Dehnungsmeßstreifen, piezoelektrische, magnetoelastische, hydraulische - dosenförmiger Kraftaufnehmer) (Eltech, Masch) / load cell* ‖ ~**messer** m (Eltech) / dynamometer* n, dynamo n ‖ ~**messung** f (Phys) / force measurement ‖ ~**moment** n (Phys) / moment of (a) force ‖ ~**omnibus** m (DIN 70010) (Kfz) / bus n, motor bus, motor-coach n ‖ ~**omnibus** s. auch Reiseomnibus ‖ ~**papier** n (DIN 6730) (Pap) / kraft n, kraft paper ‖ ~**papier** (Pap) s. auch Sackpapier ‖ ~**pappe** f (Pap) / kraft board, sulphate board ‖ ~**pegel** m (DIN 1320) (Akus) / force level ‖ ~**programm** n (beim Widerstandsschweißen) (Schw) / multiforce cycle ‖ ~**rad** n (DIN 70010) (Kfz) / motor bicycle (motor cycle or moped) ‖ ~**rad ohne Beiwagen** (Kfz) / solo motor cycle ‖ ~**ramme** f (HuT) / power rammer ‖ ~**röhre** f (eine gedachte Röhre im elektrostatischen Feld, deren Wandung aus Feldlinien besteht) (Elektr) / tube of force*, tube of flux, field tube ‖ ~**rückführung** f (an Master-Slave-Operatoren) / force feedback ‖

~sackpapier n (DIN 6730) (Pap) / kraft bag paper ‖ ~sauger m (zum Herausziehen von Beulen) (Kfz) / dent puller ‖ ~schaufel f / scraper n ‖ ~schaufel (HuT) / power shovel*, mechanical shovel ‖ ~schluß n (z.B. zweier Getriebeglieder) (Masch, Mech) / connexion where power is transmitted by friction(al contact), friction-type connexion, positive engagement, adhesion n ‖ ~schlüssig adj (Masch, Mech) / frictional adj ‖ ~schlüssige Schwingbeanspruchung (WP) / non-positive stress conditions ‖ ~schlüssige Spurführung (Bahn) / guidance by adhesion ‖ ~schlüssiges (Kraft + ein dazu paralleles Moment) (Mech) / wrench* n ‖ ~schrauber m (Masch) / power wrench ‖ ~sensor m (der die physikalische Meßgröße Kraft erfaßt und in ein elektrisches Signal wandelt) / force sensor ‖ ~spannantrieb m (elektrische, hydraulische oder pneumatische Vorrichtung zur Betätigung von Spannern beim Spannen und Entspannen an Werkzeugmaschinen) (Masch) / power-operated chuck-loading device ‖ ~spritze f / motor pump ‖ ~steuerung f / booster control ‖ ~steuerung (Regeln) / servocontrol* n, power-assisted control ‖ ~steuerung mit elektrischer Signalübertragung (Luftf) / flying by wire, flight by wire, fly-by-wire* n ‖ ~stichsäge f (For) / sabre saw, saber saw (US)
**Kraftstoff** m (Kftst, Kfz) / fuel n ‖ alternativer ~ (z.B. Wasserstoff oder Ethanol) (Kftst) / substitute fuel, alternative fuel, replacement fuel ‖ verbleiter ~ (heute nicht mehr benutzt) (Kftst, Kfz) / leaded fuel, leaded gasoline, ethyl gasoline, leaded petrol ‖ ~ aufnehmen (Kftst) / refuel v, fuel vi, tank v ‖ ~ m für Kraftfahrzeuge (meistens Vergaserkraftstoff + Dieselkraftstoff) (Kftst) / automotive fuel, motor fuel ‖ ~ mit niedrigsiedenden Anteilen (Kftst) / priming fuel ‖ ~abscheider m (Kfz) / fuel trap ‖ ~absperrventil n (eine Diebstahlsicherung) (Kfz) / fuel lock, gas lock (US) ‖ ~anlage f (Kftst) / fuel system ‖ ~anzeige f (Kfz) / fuel gauge ‖ ~anzeiger m (Kfz) / fuel gauge ‖ ~behälter m (Kfz) / fuel tank ‖ ~computer m (Kfz) / fuel computer ‖ ~dampf-Absaugventil n (Kfz) / scavenging valve, purge valve ‖ ~dämpfe m pl (Kfz) / fuel vapours, fuel fumes ‖ ~dampfrückhaltesystem n (Kfz) / evaporative emission control system, EECS, fuel vapor recirculation system (US) ‖ ~druck m (V-Mot) / fuel pressure ‖ ~düse f (des Vergasers) (V-Mot) / fuel nozzle ‖ ~einspritzung f (V-Mot) / fuel injection* ‖ ~einspritzung (einmalige - der Beschleunigerpumpe) (V-Mot) / pump shot ‖ elektronisch gesteuerte ~einspritzung (als Anlage) (V-Mot) / electronic fuel-injection system ‖ ~filter m (zur Reinigung des durchströmenden Kraftstoffes) (Kftst) / fuel filter ‖ ~fördermenge f / fuel delivery, delivered fuel ‖ ~förderpumpe f (Kftst) / fuel pump, petrol pump (GB)*, gas pump* ‖ ~förderung f (als Tätigkeit) (Kftst) / fuel delivery ‖ ~leitung f (Kfz) / fuel line ‖ ~leitungsfilter n (Kfz) / fuel line filter, in-line fuel filter ‖ ~-Luft-Gemisch n (V-Mot) / air-fuel mixture, A/F mixture ‖ ~-Luft-Verhältnis n (V-Mot) / air-fuel ratio, AF ratio, fuel-air ratio ‖ nichtausfliegbare ~menge (Luftf) / unusable fuel ‖ ~niveau n (Kftst) / fuel level ‖ ~-Öl-Gemisch n (Kfz) / lubricated gasoline (US), petroil mixture, petrol-oil mixture, lubricated petrol, gas-oil mixture ‖ ~pumpe f (Kftst) / fuel pump, petrol pump (GB)*, gas pump* ‖ ~rechner m (Kftst) / fuel computer ‖ ~reserveanzeige f (Kfz) / low-fuel indicator, low-fuel-level indicator light ‖ ~reserven f pl (Luftf) / allowances* pl ‖ ~sparend adj (Kfz) / fuel-efficient adj, petrol-efficient adj ‖ ~speicher m (Luftf) / fuel accumulator* ‖ ~spiegel m (Kftst) / fuel level ‖ ~stand m (Kftst) / fuel level ‖ ~tank m (Kfz) / fuel tank* ‖ ~tankdeckel m (des Benzinbehälters) (Kftst, Kfz) / filler cap, tank cap* ‖ ~tankentlüftung f (Kftst, Kfz) / fuel-tank venting ‖ ~tankklappe f (des Benzinbehälters) (Kfz) / filler cap, tank cap ‖ ~verbrauch m (DIN 1940) (Kftst) / fuel consumption ‖ ~ mit optimalem ~verbrauch (Kfz) / fuel-optimal adj ‖ hoher ~verbrauch (Kfz) / poor mileage (US) ‖ niedriger ~verbrauch (Kfz) / good mileage (US) ‖ spezifischer ~verbrauch (dem Verbrennungsmotor zugeführte Kraftstoffmasse je Einheit der Leistung und der Zeit) (V-Mot) / specific fuel consumption*, SFC ‖ ~verbrauch m pro Kilometer (Kfz) / kilometrage n ‖ ~verbrauch pro Meile (Kfz) / mileage n ‖ ~verdampfungsanlage f (Kfz) / evaporative emission control system, EECS, fuel vapor recirculation system (US) ‖ ~verdunstungsanlage f (Kfz) / evaporative emission control system, EECS, fuel vapor recirculation system (US) ‖ ~verteilerrohr n (Kfz) / fuel rail, fuel manifold, fuel header ‖ ~verteilung f (V-Mot) / distribution* n ‖ ~vorräte m pl (Luftf) / allowances* pl ‖ ~wagen m (Kftst, Luftf) / bowser n ‖ ~warnleuchte f (Kfz) / fuel reserve indicator, fuel warning light ‖ ~zufuhr f (Kfz) / fuel supply ‖ ~zusatz m (Kftst) / fuel additive
**Kraft•strom** m (für elektrische Antriebe) (Eltech) / three-phase current, power current ‖ ~stromkabel n (Eltech, Kab) / power cable, electric power cable ‖ ~stromleitung f (Eltech) / power line ‖ ~-Strom-Wandler-Koeffizient m (DIN 1320) (Akus) / force-current-transducer coefficient ‖ ~system n (Mech) / force system, system of forces
**Kraftübertragung** f (Masch, Phys) / transmission n, power transmission ‖ ~ (mittels Hebel) (Mech) / leverage n

**Kraftübertragungs•element** n (Masch, Phys) / force-transmission element ‖ ~fläche f (des Reifens) (Kfz) / contact area, contact patch, tyre contact area ‖ ~kette f (Masch) / transmission chain ‖ ~verlauf m (Kfz, Masch) / transmission* n, power train
**Kraft•vektor** m (Mech) / force vector, vector of force ‖ ~vergleich m (z.B. bei Meßumformern) / comparison of forces ‖ ~verkehr m (Kfz) / motor traffic ‖ ~verkehrsversicherung f (Kfz) / motor insurance, car insurance, motor-vehicle insurance ‖ ~verlängerungsdiagramm n (beim Zugversuch) (WP) / load-extension curve* ‖ ~verlängerungsschaubild n (WP) / load-extension curve* ‖ ~verlauf m (Kfz, Masch) / transmission* n, power train
**Kraftverstärker** m (Masch) / booster n ‖ **hydraulischer** ~ (Masch) / hydraulic amplifier*, hydrobooster n ‖ **mechanischer** ~ (Eltech) / servo link*
**Kraftverstärkung, mechanische** ~ (Kraftvergrößerung durch mechanische Mittel) (Mech) / mechanical advantage*, MA, purchase n
**Kraftwagen** m (Kfz) / car n, automobile n ‖ ~ **mit einer Mindestzahl an Insassen** (zugelassen zu bestimmten Stoßzeiten auf den Stadtautobahnen) (Kfz) / high-occupancy vehicle (US), HOV ‖ ~ **mit Heckmotor** (Kfz) / rear-engined car ‖ ~getriebe n (Masch) / infinitely variable drive, steplessly variable drive ‖ ~motor m (Kfz, V-Mot) / automobile engine ‖ ~werkstatt f (Kfz) / motor-car repair (work)shop
**Kraft•Wärme-Kopplung** f / cogeneration, combined heat and power ‖ ~weg m (bei einem Flaschenzug) (Masch) / distance moved by effort ‖ ~-Weg-Diagramm n (ebene Darstellung des Kraftverlaufs in Abhängigkeit vom Weg) (Mech) / load displacement (characteristic) curve ‖ ~-Weg-Kennlinie f (Mech) / load displacement (characteristic) curve ‖ ~-Weg-Kurve f (Mech) / load displacement (characteristic) curve ‖ ~werk n (Eltech) / power plant (US), generating station*, power station, supply station*, electric power station, powerhouse n (US) ‖ ~- und Heizwerk n (mit Kraft- und Wärmekopplung) / combined heating and power station, CHP plant, co-generating plant (station), heating and power station ‖ **solarthermisches** ~werk (Eltech) / solar power station, heliostation n, solar thermal power unit ‖ **thermisches** ~werk (Eltech) / thermal station* ‖ **unterirdisches** ~werk (Eltech) / underground power station ‖ **geothermisches** ~werk (Eltech, Geophys) / geothermal power plant, geothermal electric power station ‖ ~werk n im Weltraum (Eltech, Raumf) / space power plant ‖ ~werk mit Pumpspeicherreserve (Eltech) / pondage power station ‖ ~werkkennwert m (Eltech) / power-plant performance figure ‖ ~werksblock m (Eltech) / power station unit, power-section unit ‖ ~werkschemie f (ein Teilgebiet der angewandten Chemie) (Chem) / power-station chemistry ‖ ~werksleittechnik f / controlling of power stations ‖ ~werkstechnik f / power-plant engineering ‖ ~werksturbine f / power plant turbine ‖ ~wirklinie f (Wirklinie der resultierenden Umformkraft parallel zur Führung) (Masch) / axis of deformation ‖ ~wirkung f durch induzierte Wirbelströme (Phys) / induction drag ‖ ~wirkungslinie f (Mech) / strain line n ‖ ~wirkungsrichtung f (Phys) / direction of force ‖ ~zellstoff m (hochfester Sulfatzellstoff) (Pap) / kraft pulp ‖ ~zentrale f (Eltech) / powerplant n, power-generation facility, energizer n ‖ ~zurichtung f (beim Einrichten einer Druckform mit Bildern) (Druck) / make-ready n (by underlaying) ‖ ~zurichtung (mit Hilfe einer Maschine) (Druck) / mechanical make-ready
**Krag•arm** m (Bau) / cantilever* n, cantilever arm, cantilever bracket ‖ ~bogen m (unechter Bogen aus Kragsteinen) (Arch) / corbel arch, corbelled arch ‖ ~brücke f (HuT) / cantilever bridge* ‖ ~dach n (umlaufendes) (Bau) / skirt-roof n
**Kragen** m (einer Kragensteckvorrichtung) (Eltech) / shroud n ‖ ~ (eines Loches im Blech) (Hütt) / plunged boss ‖ ~ (Tex) / collar n ‖ mit ~ versehen / collar v ‖ ~mutter f (z.B. als Einstellmutter am Radlager) (Kfz, Masch) / staked nut ‖ ~steckdose f (Eltech) / shrouded socket-outlet ‖ ~ziehen n (Umformen des Lochrandes eines Blechteiles durch Ziehring und Ziehstempel derart, daß sich durch Druck auf den Lochrand ein Kragen bildet - DIN 8584) (Hütt) / plunging n, burring n (US)
**Krag•gerüst** n (Bau) / needle scaffold* ‖ ~gewölbe n (ein unechtes Gewölbe) (Arch) / corbel vault ‖ ~länge f (Masch, Mech) / protruding length ‖ ~schichten f pl (von Ziegelsteinen im Mauerwerk) (Arch, Bau) / oversailing courses*, sailing courses*, cantilevering courses ‖ ~stein m (plastisch verzierter) (Arch) / modillion n ‖ ~stein (aus der Wand vorkragendes Auflager) (Bau) / console* n, bracket* n ‖ ~stein (im Steinbau) (Arch) / corbel* n (bricks or stones) ‖ ~steine m pl (als tragendes Gesamtelement) (Bau) / corbelling* n ‖ ~sturzbogen m (bei dem der mittlere Kreisbogen durch einen waagrechten Sturz ersetzt ist und die beiden seitlichen auskragenden Konsolsteine sind) (Arch) / shouldered arch* ‖ ~stützengerüst n (Bau) / needle scaffold* ‖ ~träger m (Bau) / cantilever beam,

cantilevered beam ‖ ≈**treppe** f (Bau) / hanging steps*, cantilevered steps* ‖ ≈**wirkung** f (Masch, Mech) / cantilever effect
**Krähenfüße** m pl (ein Anstrichfehler) (Anstr) / crowsfooting n ‖ ≈ (Glas) / spider's web ‖ ≈ (Tex) / washer wrinkles, washer breaks, crow's-feet pl
**Krählarm** m (Hütt) / raking arm, rabble arm, rabble* n
**Krähle** f (Hütt) / raking arm, rabble arm, rabble* n
**Krähleisen** n (Hütt) / raking arm, rabble arm, rabble* n
**krählen** v (Aufber, Bergb, Hütt) / rake v, rabble v
**Krähl•stein** m (Hütt) / raking arm, rabble arm, rabble* n ‖ ≈**werk** n (Aufber) / raking mechanism ‖ ≈**werk** (eines Eindickers nach DIN 4045) (Sanitär) / picket-fence stirrer ‖ ≈**werkzeug** n (Sanitär) / picket-fence stirrer
**Krakelee** n (Krakelüren) (Keram) / shivering n, strainlining n, crazing n ‖ ≈ (dessen Oberfläche ein narbig-rissiges Aussehen hat) (Tex) / craquelé n ‖ ≈**glas** n (Glas) / crackled glass, crackle glass ‖ ≈**glasur** f (Keram) / crackle glaze, craquelé glaze
**krakelieren** v (mit Craquelée versehen) (Glas, Keram) / crackle vt
**krakeliert** adj (Glas) / crackled* adj, craquelé adj ‖ ~**es Glas** (Glas) / crackled glass, crackle glass
**Krakelierung** f (Anstr) / controlled cracking
**Krakelüre** f (Anstr) / craquelure n
**Kralle** f (Masch) / claw n
**Krallenringdübel** m (Bau) / toothed ring
**Krallenverbinder** m (des Riemens) / claw-type fastener
**Krallmatte** f (HuT) / claw mat (e.g. for consolidating river bed)
**Krämermaschine** f (Eltech) / Kraemer system
**Kramersches Theorem** (eine aus gruppentheoretischen Überlegungen folgende Aussage, daß in einem gegen Zeitumkehr invarianten System mit einer ungeraden Anzahl von Elektronen alle Energiezustände wenigstens zweifach entartet sind) (Kernphys) / Kramer's theorem
**Kramers-Kronig-Beziehung** f (Opt, Phys) / Kramers-Kronig relation
**Kramers-Kronig-Relation** f (eine Dispersionsrelation nach H.A. Kramers, 1894-1952, und Ralph de Laer Kronig, 1900-1995) (Opt, Phys) / Kramers-Kronig relation
**Krämer-Stromrichterkaskade** f (Eltech) / static Kraemer system, static Kraemer drive
**Krammeisen** n (zum Abkrammen der Schlacke) (Hütt) / rake n, skimmer n, slag skimmer, skimmer rod, skimmer bar
**Krammetsbeere** f (Sorbus aucuparia L.) (For) / rowan n, rowan-tree n (GB), mountain ash
**Krammstock** m (Hütt) / rake n, skimmer n, slag skimmer, skimmer rod, skimmer bar
**Krampe** f (Befestigungsmittel für Putzträger usw.) (Bau) / staple n ‖ ≈ (des Reißverschlusses) (Tex) / tooth n (pl. teeth)
**Krampen** m (A) (Werkz) / pick* n, hack-iron n
**krampflösendes Mittel** (Pharm) / spasmolytic n, spasmolytic agent
**Krampstock** m (Hütt) / rake n, skimmer n, slag skimmer, skimmer rod, skimmer bar
**Kran** m (pl. -e) (Masch) / crane n ‖ **fliegender** ≈ (Luftt) / crane helicopter, heavy-lift helicopter, skycrane n (US), HLH ‖ **mit einem** ≈ **heben oder versetzen** (Masch) / crane v ‖ **selbstfahrender** ≈ (Film) / cherry picker ‖ **vollschwenkbarer** ≈ (um 360°) (Erdöl) / whirley n ‖ **vollschwenkbarer** ≈ (um 360°) (Masch) / fully revolving crane ‖ ≈ m **mit Drehausleger** (Masch) / swing-jib crane ‖ ≈ **mit einem Hubwerk** (Masch) / single-hoist crane ‖ ≈ **mit einer Hubvorrichtung** (Masch) / single-hoist crane ‖ ≈ **mit festem Ausleger** (Masch) / fixed-cantilever crane ‖ ≈ **mit zwei Hubvorrichtungen** (Masch) / double-hoist crane ‖ ≈ **mit zwei Hubwerken** (Masch) / double-hoist crane
**Kran•arbeiten** f pl (Masch) / cranage n ‖ ≈**aufnahme** f (Film) / boom shot, crane shot ‖ ≈**ausladung** f (Masch) / working radius of crane ‖ ≈**ausleger** m (Masch) / crane jib ‖ ≈**bahn** f (Masch) / crane runway, runway (of the crane), crane-way n ‖ ≈**bahnschiene** f (Masch) / crane rail ‖ ≈**barge** f (Erdöl, HuT) / derrick barge, crane barge* ‖ ≈**brücke** f (Masch) / crane bridge
**Kranewittöl** n (Pharm) / cade oil, juniper-tar oil
**Kran•fahrbahn** f (Masch) / crane runway, runway (of the crane), crane-way n ‖ ≈**führer** m (Masch) / crane driver, crane operator ‖ ≈**führerkabine** f (Masch) / crane cab n ‖ ≈**gebühren** f pl / cranage n
**krängen** v (Schiff) / heel v ‖ ≈ n (Überlegen des Schiffes nach einer Seite) (Schiff) / heel* n, heeling n
**Kran•gerüst** n (Bau, HuT) / gantry* n, gauntry n (the trussed girders) ‖ ≈**gießpfanne** f (Gieß) / bull ladle
**Krängung** f (Schiff) / heel* n, heeling n
**Krängungs•fehler** m (des Kompasses) (Schiff) / heeling error* ‖ ≈**magnet** m (Schiff) / Flinders bar*, heeling magnet ‖ ≈**tank** m (Schiff) / heeling tank ‖ ≈**versuch** m (Wasserb) / inclining experiment*
**Kran•haken** m (Masch) / crane hook ‖ ≈**hakenhöhe** f (Masch) / crane-hook clearance ‖ ≈**hubschrauber** m (Luftt) / crane helicopter, heavy-lift helicopter, skycrane n (US), HLH
**krank schreiben** v (Med) / certify as ill

**Krankabine** f (Masch) / crane cab n
**Kranken•geld** n / sick-benefit n ‖ **im** ≈**haus erworbene Infektion** (Med) / hospital-acquired infection ‖ ≈**hausabfall** m (Umwelt) / hospital waste ‖ ≈**haustextilien** pl (DIN 61621) (Tex) / hospital textile equipment ‖ ≈**quote** f (Med, Stats) / morbidity rate ‖ ≈**stand** m (prozentuales Verhältnis der durch Krankheit ausgefallenen Arbeitstage zu den Sollarbeitstagen der Gesamtbeschäftigten eines Betriebes in einem bestimmten Zeitraum) (Med, Stats) / number of staff away sick, number of sick persons, sick-rate n, sickness figure ‖ ≈**wagen** m (Kfz) / ambulance n
**Krankheit, ansteckende** ≈ (Med) / infectious disease, contagion n ‖ **eine durch Lebensmittel übertragene** ≈ (nicht mit Lebensmittelvergiftung zu verwechseln) (Med) / food-borne disease ‖ **luftbürtige** ≈ (Med) / airborne disease
**Krankheits•erreger** m (Med) / pathogen n (a bacterium, virus, or other micro-organism that can cause disease) ‖ ≈**erregerübertragung** f (Med) / vection n ‖ ≈**rate** f (Med, Stats) / morbidity rate ‖ ≈**ziffer** f (Med, Stats) / morbidity rate
**Kran•kosten** pl / cranage n ‖ ≈**kübel** m (Masch) / crane skip ‖ ≈**lasthaken** m (Masch) / crane hook ‖ ≈**laufbahn** f (Masch) / crane runway, runway (of the crane), crane-way n ‖ ≈**laufkatze** f (auf einem Brückenkran, Stahlträger oder an einem Seil fahrender Wagen mit einer Winde, der Lasten in horizontaler oder auch geneigter Richtung bewegt) (Masch) / crab n, trolley n, crane trolley n ‖ ≈**luke** f (im Reaktorgebäude) (Nukl) / crane hatch ‖ ≈**motor** m (Masch) / crane motor* ‖ ≈**pfanne** f (Gieß) / crane ladle ‖ ≈**portal** n (Masch) / gantry n ‖ ≈**säule** f (Masch) / crane post* ‖ ≈**schaufler** m (HuT) / crane shovel ‖ ≈**schiene** f (DIN 536, T 1) (Masch) / crane rail ‖ ≈**seil** n (Masch) / crane cable, lifting cable (of a crane) ‖ ≈**spiel** n (Gesamtzeit vom Anschlagen einer Last bis zum Abschlagen der Last am anderen Ort (Arbeitsspiel) und dem Zurückfahren zur nächsten Last (Leerspiel)) (Schiff) / crane cycle ‖ ≈**träger** m (Masch) / crane girder, crane beam ‖ ≈**tragwerk** n (Masch) / crane structure ‖ ≈**vorsatz** m (z.B. bei einem Gabelstapler) / jib with hook and slings ‖ ≈**wagen** m (mit Eigenantrieb) (Bahn) / locomotive crane, rail crane, jenny n ‖ ≈**wagen** (Bahn) / crane waggon, derrick car (US)
**Kranz** m (Astr, Meteor) / corona* n (pl. coronae) ‖ ≈ (Bau, Zimm) / curb n ‖ ≈ (Glas) / ring n, pot ring, gathering ring ‖ ≈ (des Rades, der Riemenscheibe) (Masch) / rim n ‖ ~**förmige Wassersammelrinne** (im Schacht) (Bergb) / garland n, garland drain, water ring ‖ ≈**gesims** n (Arch, Bau) / cornice* n ‖ ≈**loch** n (beim Sprengen) (Bergb) / easer n, relief hole, trimmer hole ‖ ≈**schuß** m (Bergb) / easer n, easer shot, trimmer shot
**Krapp** m (Rubia tinctoria L.) (Bot) / madder n ‖ ≈**farbstoff** m (Pflanzenfarbstoff der Rötegewächse) / madder n, madder dyestuff ‖ ≈**lack** m (rotes Pigment für Künstlerfarben) / madder lake (Mordant Red 11, Pigment Red 83) ‖ ≈**rot** n / madder n, madder dyestuff ‖ ≈**wurzel** f (Bot) / madder root
**Krarupisieren** n (Eltech) / continuous loading*, Krarup loading
**Krarupisierung** f (Eltech) / continuous loading*, Krarup loading
**Krater** m / crater* n (trichterförmige Vertiefung im Anstrichfilm - ein Anstrichschaden) (Anstr) / pinhole n ‖ ≈ (Schw) / cup n ‖ ≈ m pl (Fehler) (Tex) / pin-holes pl, cat eyes, duck eyes, cross stitches, fish eyes, spread stitches n ‖ ≈ **am Schweißnahtende** (Schw) / end crater, crater at the end (of a weld pass) ‖ ≈**bildung** f / cratering n ‖ ≈**bildung** (Anstr) / pinholing* n ‖ ≈**bildung** (bei Schweißarbeiten) (Schw) / cupping n, cup formation ‖ ~**förmig** adj / crateriform adj ‖ ≈**see** m (Geol) / crater lake
**Kratogen** n (Geol) / kraton* n, craton* n
**Kraton** n m (ein Krustenteil) (Geol) / kraton* n, craton* n
**Kratz•bagger** m (mit zwei fahrbaren Türmen) (HuT) / slack-line cableway, slack-line cableway excavator ‖ ≈**bandförderer** m (Masch) / scraper n, scraper conveyor, scraper-type (flight) conveyor ‖ ≈**bandklassierer** m (Aufber) / drag classifier*
**Krätzblei** n (Hütt) / slag lead
**Kratzbürste** f (mit Drahtborsten) (Werkz) / wire-brush n
**Krätze** f (Abbrandprodukte, in der Hauptsache unlösliche Oxide des Basismetalls und seiner Legierungen) (Hütt) / dross* n, skimmings pl, skim n, scum n ‖ ≈ (durch ZnO verunreinigtes Zinkpulver) (Hütt) / blue dust n ‖ ≈ (Hütt) s. auch Schaum und Schlacke
**Krätzebildung** f (Hütt) / dross formation, drossing n
**Kratzeisen** n (für Außenputzbearbeitung) (Bau) / drag* n, scratcher* n, wire comb* n ‖ ≈ (Werkz) / scraper* n, knife* n, scraping knife
**kratzen** v (ein kratzendes Geräusch verursachen) (Akus) / scratch v ‖ ~ (Spinn) / card v ‖ ~ (auf die Haut - subjektives Gefühl beim Tragen) (Tex) / prickle v, scratch v ‖ ≈ n (Spinn) / carding n ‖ ≈**band** n (DIN 64 108) (Spinn) / card fillet ‖ ≈**beschlag** m (Spinn) / card clothing* ‖ ≈**leder** n (der Kammwollkrempel) (Spinn) / carding leather, card leather, card clothing leather
**Kratzer** m (Beschädigung der Lackoberfläche) (Anstr) / mar n ‖ ≈ (Bau, Masch) / scratch n, score n ‖ ≈ (Film, Mag) / scratch n, abrasion n ‖ ≈ (Foto, Opt) / crush n, rub n ‖ ≈ (kleiner, tiefer) (Glas) / dig n (deep,

short scratch) ‖ ≈ (langer) (Glas) / block rake (a scratch or cullet-cut imperfection), block reek ‖ ≈ (Glas) / cat scratch (mark resembling a scratch by the claws of a cat) ‖ ≈ (beim Polieren) (Glas) / rake *n* ‖ ≈ (leichte mechanische Verletzung der polierten Glasoberfläche) (Glas, Opt) / sleek *n*, scratch *n* ‖ **feiner** ≈ (auf der Linsenfläche, der beim Polieren entstanden ist) (Foto, Opt) / sleek *n* ‖ ≈ *m* **mit kammähnlichen Zähnen** (Bau) / comb *n* ‖ ≈**bildung** *f* (auf der Oberfläche in Gleitrichtung) / scratching *n* ‖ ≈**entrinder** *n* (For, Pap) / scraper *n* ‖ ≈**förderer** *m* (mit Kratzerblechen oder -stegen) (Masch) / drag conveyor*, flight conveyor ‖ ≈**kettenförderer** *m* (Bergb) / scraper-chain conveyor

**kratz•fest** *adj* (beständig gegen oberflächliche Beschädigungen) / scratch-resistant *adj*, scratch-proof *adj*, mar-resistant *adj*, non-marring *adj*, scuff-resistant *adj* ‖ ≈**fest** (Kleidung) (Tex) / antitickle *attr* ‖ ≈**festigkeit** *f* (WP) / scratch-resistance *n*, mar-resistance *n*, scratch hardness, resistance to scratching ‖ ≈**kettenklassierer** *m* (Aufber) / drag classifier* ‖ ≈**spur** *f* / scratch mark

**k-Raum** *m* (Phys) / k-space* *n*

**Kräusel•bandeinziehen** *n* (Tex) / shirring *n* ‖ ≈**beständigkeit** *f* (Maß für die Kräuselungselastizität) (Spinn) / crimp stability* ‖ ≈**bogen** *m* (Spinn) / crimping arc ‖ ≈**elastizität** *f* (Tex) / curling elasticity, crimping elasticity ‖ ≈**falte** *f* (Tex) / pucker *n* ‖ ≈**garn** *n* (Spinn) / crimped yarn (a bulk yarn)

**Kräseligwerden** *n* (Pap) / cockling* *n*

**Kräusel•kontraktion** *f* (Spinn) / crimp contraction ‖ ≈**krepp** *m* (mit Natronlauge bearbeitet) (Tex) / crimp crepe ‖ ≈**lack** *m* (ein Effektlack) (Anstr) / wrinkle finish*, ripple finish*, wrinkle varnish

**kräuseln** *v* (Nähmaschine) (Tex) / gather *v*, ruffle *v*, frill *v* ‖ ~ (Tex) / goffer *v*, gauffer *v*, crimp *v*, crinkle *v* ‖ ≈ *n* / curling *n* ‖ ≈ (Ozean) / ruffle *n*, ruffling *n* ‖ ≈ (Tex) / crimping *n*, crinkling *n*, goffering *n*, gauffering *n* ‖ ≈ (Tex) / gathering *n*, frilling *n*, ruffling *n* ‖ ≈ **der Emulsion** (Foto) / frilling*

**Kräusel•prüfung** *f* (Tex) / crimp determination, crimp-rigidity test ‖ ≈**spannung** *f* (Eltech) / voltage ripple* ‖ ~**stabil** *adj* (Spinn) / showing good crimp retention ‖ ≈**test** *m* (Tex) / crimp determination, crimp-rigidity test

**Kräuselung** *f* (Anstr) / wrinkling *n* ‖ ≈ (der See) (Ozean) / ruffle *n*, ruffling *n* ‖ ≈ (der Wasseroberfläche) (Phys, Wasserb) / ripple* *n* ‖ ≈ (Fehler) (Spinn) / cockling* *n* ‖ ≈ (einer Faser) (Tex) / crimping *n*, crinkling *n*, goffering *n*, gauffering *n* ‖ ≈ (mit der Nähmaschine) (Tex) / gathering *n*, frilling *n*, ruffling *n* ‖ **gedehnte** ≈ (Spinn) / curved crimps ‖ **schlichte** ≈ (Spinn) / faint crimps

**Kräuselungs•bogen** *m* (Spinn) / crimping arc ‖ ≈**elastizität** *f* (Tex) / curling elasticity, crimping elasticity ‖ ≈**verschiebung** *f* (Web) / crimp interchange

**Kräuselwelle** *f* (Wasserb) / ripple* *n*

**Krauseminzöl** *n* (aus Mentha spicata var. crispata L. oder Mentha cardiaca) (Nahr) / spearmint oil

**Kräusen** *n* (beim intensiv gärenden Jungbier) (Brau) / krausening *n*

**Krauskopf** *m* (Masch) / countersink *n*, rose countersink, countersinking bit ‖ ≈ (Bart) (Masch) / mushrooming *n*

**Kraut** *n* (z.B. Kartoffelkraut) (Landw) / haulm *n*, shaw *n* ‖ ≈- *f* **und Knollenbraunfäule der Kartoffel** (durch Phytophthora infestans) (Landw) / potato blight, potato late blight, potato mildew ‖ ≈**abtötungsmittel** *n* (Chem, Landw) / haulm destroyer ‖ ≈**abtötungsmittel** *n* (Landw) / desiccant *n*

**Kräuteressig** *m* (Nahr) / seasoned vinegar

**Kraut•häcksler** *m* (Landw) / haulm chopper ‖ ≈**kette** *f* (des Kartoffelroders) (Landw) / haulm chain ‖ ≈**schleudertrommel** *f* (Landw) / beater *n*

**Kravčuk-Polynom** *n* (Math) / Krawtchouk polynomial

**Krawattenstoff** *m* (Tex) / necktie fabric

**Krawtschuksches Polynom** (Math) / Krawtchouk polynomial

**Kreatin** *n* (ein Aminosäurederivat) (Biochem) / creatine *n*

**Kreatinin** *n* (Biochem) / creatinine *n*

**Kreatinphosphat** *n* (Biochem) / creatine phosphate*, phosphocreatine *n*

**Kreativfilter** *n* (Foto) / trick filter

**Kreativität** *f* / creativity *n*, creativeness *n*

**Krebs** *m* (Wucherung an Pflanzen) (Bot) / canker *n* ‖ ~**erregend** *adj* (Med) / carcinogenic *adj*, oncogenic *adj* ‖ ~**erregender Stoff** (Med) / carcinogen *n*, oncogenic agent ‖ ~**erzeugender Stoff** (Med) / carcinogen *n*, oncogenic agent ‖ ≈**fleisch** *n* (Nahr) / crabmeat *n*

**Krebs-Henseleit-Zyklus** *m* (Biochem, Physiol) / ornithine cycle, urea cycle*, Krebs-Henseleit cycle

**Krebs-Kornberg-Zyklus** *m* (Biochem) / glyoxylate cycle*

**Krebs•mittel** *n* (Pharm) / cancer drug ‖ ≈**nebel** *m* (im Sternbild Taurus) (Astr) / Crab nebula* ‖ ≈**pulsar** *m* (Astr) / Crab pulsar ‖ ~**rot** *adj* / lobster *attr* ‖ ~**verursachende Substanz** (Med) / carcinogen *n*, oncogenetic agent ‖ ≈**zement** *m* (Bau) / LeFarge cement, grappier cement

**Krebs-Zyklus** *m* (von Sir H.A. Krebs [1900-1981] entdeckt) (Biochem) / citric acid cycle*, Krebs cycle, TCA cycle, tricarboxylic acid cycle*

**Kredit** *m* (zur Verfügung gestellter Geldbetrag) / credit *n* ‖ ≈ *n* (als Gegensatz zu Debet in der Buchführung) / credit *n* ‖ ≈**brief** *m* (ein Zahlungsversprechen eines Kreditinstituts) / letter of credit

**kreditieren** *v* (ein Konto) / credit *v*

**Kredit•kartenanruf** *m* / credit-card call ‖ ≈**kartengespräch** *n* / credit-card call ‖ ≈**kartenleser** *m* (EDV) / credit-card reader ‖ ≈**kartenterminal** *n* (EDV) / credit-card terminal

**KREEP** *n* (Basaltgestein des Mondes mit merklichem Gehalt an Kalium /K/, seltenen Erden /Rare Earth Elements/ und Phosphor /P/) (Astr, Geol) / KREEP *n*

**Kreide** *f* (Gestein) (Geol) / chalk* *n* ‖ **gemahlene** ≈ / whiting *n* ‖ **lithografische** ≈ (Druck) / lithographic crayon ‖ ≈**boden** *m* / chalk soil ‖ ≈**grube** *f* (Bergb) / chalk-pit *n*

**Kreiden** *n* (z.B. des Dispersionsanstrichs - DIN 55943) (Anstr) / chalking* *n*, flouring *n*, powdering *n*

**Kreide•papier** *n* (Pap) / chalk paper ‖ ≈**schnur** *f* (Bau, HuT) / chalk line*, snap line, snapped line, struck line ‖ ≈**zurichtpapier** *n* (Druck, Pap) / chalk overlay paper, chalk transfer paper

**kreidig** *adj* / chalky *adj*

**Kreidungsgrad** *m* (DIN 55945) (Anstr) / degree of chalking

**Krein-Milmanscher Satz** (Math) / Krein-Milman theorem

**Kreis** *m* (Elektr, Eltech) / circuit *n* ‖ ≈ (Math) / circle* *n* ‖ **aperiodischer** ≈ (Fernm) / untuned circuit* ‖ ≈ **des Apollonius**, **Apollonius' circle** ‖ **einbeschriebener** ≈ (eines Dreiecks) (Math) / incircle *n*, inscribed circle* (of a triangle) ‖ **elektrischer** ≈ (Elektr) / electrical circuit, electric circuit ‖ **geschlossener magnetischer** ≈ (Eltech, Mag) / closed magnetic circuit* ‖ **Hamiltonscher** ≈ (Math) / Hamiltonian circuit ‖ **magnetischer** ≈ (eine in sich geschlossene Anordnung zur weitgehenden Führung und Bündelung des magnetischen Flusses mit dem Ziel, eine hohe magnetische Flußdichte zu erreichen) (Mag) / magnetic circuit* ‖ **metallischer** ≈ (Stromkreise und Leitungen, bei denen die Erde nicht als Rückleiter benutzt wird) (Fernm) / metallic circuit* ‖ **Mohrscher** ≈ (Mech) / Mohr's circle (for stress) ‖ **Ramsdenscher** ≈ (Opt) / Ramsden circle, Ramsden disk ‖ **symmetrischer** ≈ (Fernm) / balanced circuit ‖ **umbeschriebener** ≈ (Math) / circumcircle* *n*, circumscribed circle* ‖ **verzweigter** ≈ (Fernm) / forked circuit, channel circuit ‖ ≈ *m* **des Apollonios** (nach Apollonios von Perge) (Math) / circle of Apollonius, Apollonius' circle ‖ ≈ **mit Rückführung** (Regeln) / closed loop*, control loop, CL, loop *n*

**Kreis•-** / circular *adj* ‖ ≈**abschnitt** *m* (Math) / segment of circle ‖ ≈**ausschnitt** *m* (Math) / sector* *n* ‖ ≈**bahn** *f* (Phys) / circular path, circular trajectory ‖ ≈**bahn** *f* (Raumf) / circular orbit ‖ ≈**bahnfräsen** *n* (Masch) / circular milling, circular-path milling ‖ ≈**bahngeschwindigkeit** *f* (Raumf) / circular velocity* ‖ ≈**beregnung** *f* (Landw) / circle watering ‖ ≈**beschleuniger** *m* (Nukl) / circular particle accelerator, circular accelerator ‖ ≈**bewegung** *f* (Phys) / circular motion ‖ **ungleichförmige** ≈**bewegung** (Phys) / non-uniform circular motion ‖ **gleichförmige** ≈**bewegung** (Phys) / uniform circular motion ‖ ≈**blattschreiber** *m* / disk recording instrument, disk-chart recording instrument, circular-chart recorder ‖ ≈**bogen** *m* (Math) / circular arc, arc of circle ‖ ≈**bogendreieck** *n* (Math) / arc triangle, circular triangle ‖ ≈**bogenfunktion** *f* (Math) / inverse trigonometrical function*, antitrigonometrical function ‖ ≈**bogenstück** *n* (z.B. bei einem Ellipsenbogen) (Bau) / hance* *n* ‖ ≈**bogenverzahnung** *f* (Masch) / circular-arc teeth, circarc teeth ‖ ≈**bogenzweieck** *n* (Math) / circular lune ‖ ≈**bohrer** *m* (Werkz) / circle cutter ‖ ≈**büschel** *n* (Math) / family of circles ‖ ≈**charakteristik** *f* (ein Richtdiagramm, das in der betrachteten Ebene einen Kreis bildet) (Akus, Radio) / circular radiation pattern

**kreischen** *v* (Tür in den Angeln) / squeak *v*, creak *v* ‖ ≈ *n* (des Flüssigkeits-Raketentriebwerks infolge instabiler Verbrennung) (Luftf) / screeching* *n*, howl* *n*

**Kreis•dämpfung** *f* (der Kehrwert der Güte eines Schwingkreises) (Eltech) / circuit damping ‖ ≈**diagramm** *n* (in Sektoren unterteilter Kreis) / circle graph, pie chart (US), circular diagram, sector chart ‖ ≈**diagramm** *n* (eine kreisförmige Ortskurve bei der Zeigerdarstellung komplexer Wechselstromgrößen) (Eltech) / circle diagram*

**Kreisel** *m* (Kfz) / roundabout *n*, traffic circle (US), rotary (US) ‖ ≈ (großer) (Kfz) / gyratory *n* (pl.: -ies) (a road junction or traffic system requiring the circular movement of traffic, larger or more complex that an ordinary roundabout) ‖ ≈ (Phys) / gyroscope* *n*, gyro* *n* ‖ ≈ (zur Belüftung beim Belebungsverfahren) (Sanitär) / impeller *n* ‖ **gefesselter** ≈ (Luftf) / rate gyroscope ‖ **geführter** ≈ (Phys) / guided gyro ‖ **kräftefreier** ≈ (Phys) / gyro free of forces, force-free gyro, free gyroscope **symmetrischer** ≈ (ein Molekül) (Chem, Spektr) / symmetric-top molecule ‖ ≈ *m* **mit drei Freiheitsgraden** (in der

**Kreisel**

angelsächsischen Fachliteratur bleibt der Freiheitsgrad des Kreisels um seine Läuferachse unberücksichtigt) (Phys) / two-degree-of-freedom gyro ‖ ~ **mit zwei Freiheitsgraden** (in der angelsächsischen Fachliteratur bleibt der Freiheitsgrad des Kreisels um seine Läuferachse unberücksichtigt) (Phys) / single-degree-of-freedom gyro
**Kreisel •** - (Phys) / gyroscopic adj ‖ ~**aggregat** n (Raumf) / gyro unit ‖ ~**belüfter** m (ein Oberflächenbelüfter) (Sanitär) / impeller aerator, simplex aerator ‖ ~**bewegung** f (Phys) / gyroscopic motion ‖ ~**brecher** m (Masch) / gyratory* n, cone crusher, gyratory crusher, rotary crusher, gyratory breaker ‖ ~**drehmoment** n (Phys) / gyroscopic torque ‖ ~**dynamik** f (Phys) / gyrodynamics n ‖ ~**gebläse** n (Masch) / paddle-wheel fan*, turboblower n ‖ ~**gestützt** adj (Phys) / gyroscopic adj ‖ ~**gestützter Magnetkompaß** (Luftf) / gyromagnetic compass* ‖ ~**gleichungen** f pl (Phys) / equations of gyroscopic motion ‖ ~**horizont** m (Luftf) / artificial horizon*, gyrohorizon* n, false horizon ‖ ~**kompaß** m (Instr, Phys) / gyrocompass* n, gyroscopic compass ‖ ~**kompaßkurs** m (Winkel zwischen der Kreisel-Nordrichtung und der Kielrichtung) (Nav) / gyrocompass course ‖ ~**kopf** m (ein Stativkopf) (Film) / gyro head ‖ ~**lader** m (Kfz) / centrifugal-flow supercharger ‖ ~**magnetisch** adj (Phys) / gyromagnetic adj ‖ ~**mäher** m (mit Mähtrommeln) (Landw) / rotary mower ‖ ~**mähwerk** n (Landw) / rotary mower ‖ **symmetrisches** ~**molekül** n (in der Rotationsspektroskopie) (Chem, Spektr) / symmetric-top molecule ‖ ~**moment** n (bei Hubschraubern) (Luftf) / gyroscopic effect ‖ ~**pendel** n (Astr) / Foucault's pendulum*, gyropendulum n ‖ ~**pflug** m (mit einem von der Zapfwelle angetriebenen und um seine senkrechte Achse rotierenden Pflugkörper mit schraubenförmig angeordneten Scharmessern) (Landw) / rotary plough, rotary plow (US) ‖ ~**plattform** f (Luftf, Raumf) / inertial platform, gyroplatform n, gyrostabilized platform ‖ ~**pumpe** f (DIN 24250) (Masch) / centrifugal pump*, turbine pump, kinetic pump ‖ ~**pumpe mehrstufiger Bauart** (Masch) / multistage centrifugal pump ‖ ~**radpumpe** f (Masch) / impeller pump, rotodynamic pump ‖ ~**stabilisierte Plattform** (Luftf, Raumf) / inertial platform, gyroplatform n, gyrostabilized platform ‖ ~**stabilisierung** f / gyro-stabilization n ‖ ~**stativ** n (Film, Foto) / gyroscopic tripod, gyro-tripod n ‖ ~**streuer** m (Landw) / spinning fertilizer distributor, disk fertilizer distributor ‖ ~**verdichter** m (Kfz) / centrifugal-flow supercharger ‖ ~**verdichter** (meist als Radialverdichter ausgeführt) (Masch) / centrifugal compressor, turbocompressor m ‖ ~**wipper** m (Bergb) / rotary wagon tipper, rotary tippler, rotary dumper, rotary car dumper, gyratory tipper ‖ ~**wirkung** f (Phys) / gyroscopic effect ‖ ~**zettwender** m (eine Mehrzweck-Heuwerbemaschine) (Landw) / rotary tedder and turner
**kreisen** v / circulate vi ‖ ~ (Phys) / rotate vi, circle v, gyrate v
**Kreis • evolvente** f (Masch, Math) / involute* n ‖ ~**exzenterscheibe** f (Masch) / eccentric cam ‖ ~**fahrt** f (Film) / track-round n ‖ ~**fahrt** (Kfz) / circling n ‖ ~**fläche** f (Math) / area of the circle, circular area, circle n (area), disk n ‖ ~**flächenmitteldurchmesser** m (in der Holzmeßkunde) (For) / quadratic mean diameter ‖ ~**flug** m (Luftf) / orbit flight ‖ ~**förderer** m (meistens mit einer endlosen Kette) (Masch) / endless conveyor, circular conveyor ‖ ~**förderer** (eine Hängebahn mit Laufbahnen und -rollen, z.B. als Zubringer und Verbindungsmittel in Werkstätten) (Masch) / overhead trolley conveyor ‖ ~**form** f (Abweichung vom Kreis nach DIN 7184, T 1) (Masch) / roundness tolerance, rd. tol.
**kreisförmig** adj / circular adj ‖ **praktisch** ~ / virtually circular ‖ ~ **ablegen** (Tex) / coil v ‖ ~**e Domstruktur** (Geol) / quaquaversal dome (a geologic structure) ‖ ~**e Öffnung** (Opt) / round aperture, circular aperture ‖ ~ **polarisierte Welle** / circularly polarized wave ‖ ~**e Umlaufbahn** (Raumf) / circular orbit ‖ ~**e Zeitbasis** (Eltronik) / circular time base*
**Kreis • frequenz** f (DIN 1311, T 1) (Phys) / angular frequency*, pulsatance* n, radian frequency*, circular frequency ‖ ~**funkfeuer** n (Luftf) / non-directional beacon, NDB*, omnidirectional radio beacon*, ORB ‖ ~**funktionen** f pl (Math) / trigonometrical functions*, circular functions* ‖ ~**grafik** f / circle graph, pie chart (US), circular diagram, sector chart ‖ ~**güte** f (Eltech) / quality factor*, magnification factor*, Q*, Q-factor* n, factor of merit ‖ ~**inhalt** m (Math) / area of the circle, circular area, circle n (area), disk n ‖ ~**interpolationsparameter** m (Mittelpunktkoordinaten für die Programmierung von Kreisbögen und Vollkreisen in der CNC-technik - DIN 66 025) (Masch) / circular interpolation parameter ‖ ~**kegel** m (Math) / circular cone* ‖ **gerader** ~**kegel** (Math) / right circular cone* ‖ **schiefer** ~**kegel** (Math) / scalene cone, oblique circular cone ‖ ~**kolbenmotor** m (dessen Kolben eine stetig kreisende Bewegung ausführt) (Kfz, V-Mot) / rotary-piston engine ‖ ~**körper** m (Math) / circular body ‖ ~**kurve** f (Math) / circular curve
**Kreislauf** m (in der Hydraulik) / circuit n ‖ ~ **des Gases durch eine Lagerstätte** (Erdöl) / cycling n, recycling n ‖ ~ (Med) / circulation n (the continuous motion of blood) ‖ ~ (Nukl) / circuit n ‖ ~ (Phys) /

cycle* n ‖ **aus einem** ~ **abgezweigter Strom** (Chem Verf) / bleed-off n ‖ **direkter** ~ (eines Reaktors) (Nukl) / direct cycle ‖ **geschlossener** ~ (Masch) / closed cycle ‖ **geschlossener** ~ (z.B. bei Probeläufen von Kompressoren) (Masch) / closed loop ‖ **im** ~ **führen** (Masch, Phys) / recycle v ‖ **reaktorinterner** ~ (Nukl) / in-pile loop ‖ ~ m **des Wassers infolge des unterschiedlichen spezifischen Gewichts zwischen erwärmtem** (Vorlauf) **und abgekühltem** (Rücklauf) **Wasser** (Phys) / gravity circulation of hot water ‖ ~**becken** n (Sanitär) / continuous channel ‖ ~**führung** f (bei der Durchführung von Reaktionen) (Chem Verf) / circulation process ‖ ~**führung** (Masch, Phys) / recycling* n ‖ ~**gas** n / recycle gas ‖ ~**gut** n (gewünschtes Produkt) (Aufber) / circulating load ‖ ~**kühlung** f / closed-circuit cooling, closed-cycle cooling ‖ ~**(luft)kühlung** f (Eltech) / closed-circuit ventilation, closed-circuit cooling ‖ ~**mahlung** f (Aufber) / closed-circuit grinding* ‖ ~**material** n (Gieß, Hütt) / return scrap, circulating scrap, plant-returned scrap ‖ ~**metall** n (internes Rückkaufmetall, z.B. Angüsse, Speiser, Ausschußstücke usw.) (Gieß, Hütt) / return scrap, circulating scrap, plant-returned scrap ‖ ~**öl** n / circulating oil, recycle oil, cycle oil ‖ ~**pumpe** f (Masch) / circulating pump* ‖ ~**reaktor** m (Chem Verf) / loop reactor ‖ ~**sand** m (Gieß) / recirculation sand, recirculating sand, return sand ‖ ~**scherben** m pl (Glas) / ecology cullet, recycled cullet, bottle bank cullet ‖ ~**-Schwimm-Tauchen** n / scuba diving ‖ ~**strom** m (Erdöl) / cycle stock ‖ ~**wasser** n / circulating water
**Kreis • linie** f (als Umfang des Kreises) (Math) / circumference n, perimeter of the circle (the length of the circumference) ‖ ~**linie** (als Linie) (Math) / circle ‖ ~**magnetisierung** f (Mag) / circuital magnetization*, solenoidal magnetization* ‖ ~**manometer** n (Phys) / ring balance (manometer), ring manometer, weight-balanced ring-type meter ‖ ~**messer** n (Druck) / slitter* n, disk knife, cutting disk* ‖ ~**messer** (Masch) / circular knife, disk knife ‖ ~**messerschere** f (Hütt) / circular-knife shears, circular-cutter shears ‖ ~**nahe Bahn** (Raumf) / near-circular orbit ‖ ~**nut** f (Masch) / circular groove ‖ ~**pappschere** f (Buchb) / rotary board cutter, rotary board-cutting machine ‖ ~**pendel** n (Phys) / circular pendulum ‖ ~**peripherie** f (Math) / circumference n, perimeter of the circle (the length of the circumference) ‖ ~**platte** f (Bau, Mech) / circular plate
**Kreisprozeß** m (Phys) / cycle* n ‖ ~ (bei Wärmekraftmaschinen - z.B. nach Carnot, Clausius-Rankine usw.) (Phys) / heat-engine process ‖ ~ (Thermodynamik) (Phys) / working cycle ‖ **Carnotscher** ~ (Phys) / Carnot cycle*, Carnot working cycle ‖ **Haber-Bornscher** ~ (Phys) / Born-Haber cycle, Haber-Born cycle ‖ **idealer** ~ (Phys) / ideal thermodynamic cycle ‖ **theoretischer** ~ **idealer Gase** (z.B. nach Carnot, Otto usw.) (Phys) / ideal cycle with perfect gases ‖ **thermodynamischer** ~ (Phys) / thermodynamic cycle, heat cycle ‖ **umgekehrter Carnotscher** ~ (Masch, Phys) / vapour compression cycle* (a refrigeration cycle) ‖ **umgekehrter Carnotscher** ~ (Phys) / reverse Carnot cycle ‖ ~ m **bei Kältemaschinen** (Masch, Phys) / vapour compression cycle* (a refrigeration cycle)
**Kreispunkte, uneigentliche** ~ (Math) / circular points* (at infinity)
**Kreis • raster** m (Druck) / circular screen ‖ ~**rauschen** n (Eltech) / circuit noise* ‖ ~**repetenz** f (der Betrag des Wellenvektors) (DIN 1304, $2\pi/\lambda$) (Phys) / circular wave-number, circular repetency, wavelength constant ‖ ~**ring** m (Math) / annulus* n (pl. -li or -luses) ‖ ~**ringlinse** f (Nukl) / annular lens ‖ ~**rohrmanometer** n (Phys) / ring balance (manometer), ring manometer, weight-balanced ring-type meter ‖ ~**runde oder spiralige Bewehrung** (HuT) / hooping* n
**Kreissäge** f (For) / circular saw, circular-sawing machine, buzz saw (US) ‖ **mit einer** ~ **schneiden** (For) / buzz v (US) ‖ ~**blatt** n (For) / circular blade, circular-saw blade, circular saw* ‖ **hartmetallbestücktes** ~**blatt** (For, Werkz) / tipped circular-saw blade ‖ ~**maschine** f (For) / circular saw, circular-sawing machine, buzz saw (US) ‖ **höhenverstellbare** ~**maschine** (For) / rising and falling (circular) saw* ‖ ~**werk** n (For) / circular sawmill, scrag sawmill
**Kreisscheibe, offene** ~ (Math) / area of the circle, circular area, circle n (area), disk n
**Kreis • schere** f (eine Rundmesserschere mit einem Messerpaar, von dem ein Messer eine zur Blechebene parallele Achse und ein Messer eine zur Blechebene geneigte Achse hat) (Masch) / circular shears ‖ ~**segment** n (Math) / segment of circle ‖ ~**sektor** m (Math) / sector* n ‖ ~**sektorresonator** m (eines Magnetrons) (Eltronik) / vane-type resonator ‖ ~**skale** f (Instr) / circular scale ‖ ~**teiltisch** m (der Bohr-, Fräs- und Schleifmaschine) (Masch) / circular indexing table ‖ **optischer** ~**teiltisch** (meistens als Zusatzgerät für Koordinatenbohrmaschinen) (Masch) / optical rotary table ‖ ~**teilung** f (Math) / cyclotomy n ‖ ~**teilungsgleichung** f (Math) / cyclotomic equation, cyclometric equation ‖ ~**teilungspolynom** n (Math) / cyclotomic polynomial ‖ ~**umfang** m (Math) / circumference n, perimeter of the circle (the length of the circumference) ‖ ~**verkehr** m (bauliche Gestaltung) (Kfz) / roundabout n, traffic circle (US), rotary n (US) ‖ ~**verkehr** (Vorgang) (Kfz) / roundabout traffic, rotary traffic (US) ‖ ~**verkehrbeleg** m (EDV) / turnaround

document* ‖ ~verstärkung f (Radio) / open-loop gain ‖ **magnetische ~welle** (Mag) / circular magnetic wave ‖ **~wellenzahl** f (DIN 1304, $2\pi/\lambda$) (Phys) / circular wave-number, circular repetency, wavelength constant ‖ ~**wulst** m f (Math) / torus* n (pl. tori or -ses), anchor-ring* n, tore n ‖ ~**zahl** f (eine transzendente irrationale Konstante - nach Ludolph van Ceulen, 1540-1610) (Math) / pi* ‖ ~**zylinder** m (Math) / circular cylinder ‖ **schiefer ~zylinder** (Math) / oblique circular cylinder*
**Krem** f m / cream n
**kremig** adj (Geschmack) (Nahr) / creamy adj, smooth adj
**Krempe** f (For, Werkz) / lifting hook, cant-dog n, cant-hook n
**Krempel** f (For, Werkz) / lifting hook, cant-dog n, cant-hook n ‖ ~ (in der Wollspinnerei) (Spinn) / card* n, carding engine, carding machine ‖ ~**ausputz** n (Spinn) / card waste ‖ ~**band** n (Spinn) / card sliver, carded sliver, sliver n ‖ ~**beschlag** m (DIN 64108) (Spinn) / card clothing*
**Krempelei** f (Spinn) / carding room, card room
**Krempel·flor** m (Spinn) / card web, carded web ‖ ~**garn** n (Spinn) / carded yarn*, woollen-spun yarn ‖ ~**garnitur** f (Spinn) / card clothing*
**krempeln** v (Spinn) / card v ‖ ~ n (Spinn) / carding* n
**Krempel·putzer** m (Spinn) / fettler* n ‖ ~**satz** m (Spinn) / set of cards ‖ ~**vlies** n (Spinn) / card web, carded web ‖ ~**wolf** m (Maschine) (Spinn) / fearnought n, carding willow, tenterhook willow, fearnought blending willey
**Kremserweiß** n (ein mit Mohnöl angerührtes Bleiweiß, in der Kunstmalerei verwendet) (Anstr) / Kremnitz white, Krems white, Cremnitz white
**Krenal** n (Quellbereich eines Flußgewässers) (Umwelt) / crenal n
**Krennerit** m (Min) / krennerite n, white tellurium
**Kreosol** n (Chem) / creosol n
**Kreosot** n (aus den schweren Holzteer-Öl-Fraktionen) (Chem Verf) / creosote n, wood creosote ‖ ~ (von Braun- oder Steinkohlenteer) (Chem Verf) / creosote oil*, creosote n, coal-tar creosote
**kreosotieren** v (mit Kreosot behandeln; durch Kreosot gegen Fäulnis schützen) / creosote v
**Kreosotöl** n (Chem Verf) / creosote oil*, creosote n, coal-tar creosote
**Krepeline** f (Tex) / crepeline n
**Krepidoma** n (Stufenunterbau und Fundament eines antiken Bauwerks) (Arch) / crepidoma n ‖ ~ s. auch Stereobat
**Krepis** f (Arch) / crepidoma n
**Krepon** m (Kreppgarne, die auf der Zwirnmaschine nochmals nachgedreht werden) (Spinn) / crepon n
**kreponieren** v (Tex) / crêpe v ‖ ~ n (Tex) / crêping n
**Krepp** m (Tex) / crêpe n, crepe fabric
**Kreppapier** n (Gärtner- oder Packkrepp nach DIN 6730) (Pap) / crêpe paper*
**Krepp·bindung** f (Web) / crêpe weave ‖ ~**effekt** m (Tex) / pebble v
**kreppen** v (Tex) / crêpe v ‖ ~ n (ein Ausrüstungsvorgang bei Kreppgeweben) (Tex) / crêping n
**Krepp·garn** n (Spinn) / crêpe yarn ‖ ~**gummi** m (Chem Verf) / crêpe rubber*, crepe n, first latex crepe ‖ ~**kautschuk** m (Chem Verf) / crêpe rubber*, crepe n, first latex crepe ‖ ~**kautschuk** (dickes Fell) (Chem Verf) / blanket n, blanket crepe ‖ ~**kautschuk** (dünnes Fell) (Chem Verf) / lace crepe
**krepponieren** v (Tex) / crêpe v ‖ ~ n (Tex) / crêping n
**Krepp·schaber** m (Pap) / crêping doctor ‖ ~**streifen** m (z.B. Tesa-Krepp) (Anstr, Bau) / masking tape
**Kresol** n (Chem) / cresol* n, methylphenol n, hydroxytoluene* n ‖ ~**harz** n (ein Phenolharz) (Plast) / cresol resin* ‖ ~**rot** n (Chem) / cresol red* ‖ ~**säure** f (ein Gemisch von Kresolen, Dimethylphenolen und Phenolen) (Chem) / cresylic acid* ‖ ~**seife** f / cresol soap
**Kresotinsäure** f (Chem) / cresotic acid, cresotinic acid
**Kresylester** m (Chem) / cresyl ester
**Kresylsäure** f (Chem) / cresylic acid*
**kretazeisch** adj (Geol) / Cretaceous adj
**kretazisch** adj (Geol) / Cretaceous adj
**Kreton** m (Tex) / cretonne* n
**Kreuz** n / cross n ‖ ~ (Formatzeichen bei Perforationen als Einspannhilfe für Formulare usw.) (EDV) / intersection n ‖ ~ (Fitting nach DIN 2950) (Klemp, Masch) / cross* n, double junction*, pipe cross, cross-fitting n, double tee ‖ ~ (z.B. als Fußnotenzeichen) (Typog) / dagger n, dagger sign, obelisk n, obelus n (pl. -li) ‖ ~ **des Südens** (Astr) / Southern Cross* ‖ ~**-Assembler** m (EDV) / cross assembler (an assembler for use in a computer with an instruction set other than the one which the application program is written for) ‖ ~**balkendecke** f (Bau) / two-way joist construction ‖ ~**band** n (bei Postsendungen) / wrapper n ‖ ~**band** (als Beschlag) (Bau) / tee hinge*, T-hinge n ‖ ~**band** (eine Holzverbindung) (Zimm) / cross halving ‖ ~**bandscheider** m (ein Magnetscheider) (Aufber) / Conklin magnetic separator ‖ ~**bau** m (Arch) / cruciform building ‖

~**beschuß** m (Kernphys) / cross bombardment* ‖ ~**blume** f (an der Spitze von Türmen, Fialen, Wimpergen usw.) (Arch) / fleur-de-lis n (pl. fleurs-de lis), finial n (in a fleur-de-lis form) ‖ ~**bruchfalzung** f (Buchb) / right-angled folding*, square folding* ‖ ~**-Compiler** m (EDV) / cross compiler, CCO ‖ ~**effektgarn** n (Tex) / diamond n ‖ ~**einlesen** n (Web) / leasing n
**kreuzen** v / cross v ‖ ~ (Biol, Landw) / crossbreed v ‖ **nicht verwandte Individuen ~** (Biol, Landw) / outbreed n ‖ **sich ~** (Wege) / intersect vi, cross v ‖ ~ n **eines Flusses** (z.B. bei Erdgasfernleitungen) (HuT) / river crossing
**Kreuz·fach** n (Web) / cross shed ‖ ~**feder** f (z.B. bei Scheibenbremsen) (Kfz) / cross-spring n ‖ ~**feldröhre** f (Eltronik) / crossed-field tube*, M-type microwave tube ‖ ~**feldvervielfacher** m (Eltech) / crossed-field multiplier* ‖ ~**feuer** n (Kernphys) / cross bombardment* ‖ ~**feuertechnik** f (eine Bestrahlungstechnik, bei der aus verschiedenen Einfallswinkeln nacheinander Nutzstrahlungsbündel auf den Herd gerichtet werden) (Radiol) / cross-fire technique* ‖ ~**flügler** m (eine Rakete) (Mil) / cruciform wing missile ‖ ~**förmig** adj / cruciform adj, cross-shaped adj ‖ ~**förmiger Steuerstab** (Nukl) / cruciform control rod ‖ ~**fuge** f (eine Furnierfigur) (For) / four-piece (diamond) match ‖ ~**gang** m (des Pinsels) (Anstr) / crossing n, cross-coating n ‖ ~**gang** (Arch) / cloister n (a covered walk in a convent, monastery, college, or cathedral, typically with a wall on one side and a colonnade open to a quadrangle on the other) ‖ **im ~gang sprühen** (erst horizontal, dann vertikal) (Anstr) / cross-coat v, cross-spray v ‖ ~**gelenk** n (ein Festgelenk) (Kfz, Masch) / Hooke's joint*, cardan universal joint, cardan joint ‖ ~**gelenk mit zwei Bewegungsfreiheiten** (Masch) / universal joint*, U-joint n, UJ ‖ ~**gerippt** adj (z.B. Stahlstufe) / cross-hatched adj ‖ ~**gewickelt** adj (Eltech) / cross-wound adj ‖ ~**gewickelte Spule** (Eltech) / cross-wound coil ‖ ~**gewölbe** n (mit zwei Tonnengewölben ungleichen Querschnitts) (Arch) / Welsh groin*, Welsh vault, underpitch groin* ‖ ~**gewölbe** (Arch) / groin vault, groined vault, cross vault, four-part vault* ‖ ~**glied** n (Eltech) / bridge network*, lattice network*, lattice section ‖ ~**glied** (ein Frequenzfilter) (Fernm) / lattice n ‖ ~**gratgewölbe** n (Arch) / groin vault, groined vault, cross vault, four-part vault* ‖ ~**greifen** v (nur Infinitiv und Partizip) (Web) / lease v ‖ ~**greifen** n (Einordnung der Kettfäden in das Geleseblatt) (Web) / leasing n ‖ ~**griff** m (DIN 6335) (Masch) / star wheel, spider n, star handle, cross handle, palm grip ‖ ~**hacke** f (Masch) / double-pointed pick ‖ ~**hammer** m (Werkz) / straight-pane hammer* (the wedge is parallel to the shaft), straight-peened hammer ‖ ~**hammer** (Werkz) / cross-pane hammer (the wedge is horizontal when the handle is vertical)*, cross-peened hammer ‖ **leichter ~hammer** (Werkz) / London hammer*, Exeter hammer* ‖ ~**hieb** m (Werkz) / cross cut, double cut ‖ ~**hiebfeile** f (Werkz) / cross-cut file*, double-cut file ‖ ~**holz** n (Schnittholz) (For) / quarter timber ‖ ~**kappengewölbe** n (Arch) / groin vault, groined vault, cross vault, four-part vault* ‖ ~**klassifizierung** f (Stats) / crossed classification ‖ ~**konjugation** f (Chem) / cross conjugation ‖ ~**köper** m (Web) / cross twill, crossed twill, transposed twill ‖ ~**kopf** m (der Kreuzkopfdampfmaschine oder des Kreuzkopfmotors) (Masch) / cross-head* ‖ ~**kopfführung** f (Masch) / slide bars*, slide guide, guide bars*, motion bars* ‖ ~**kopfverdichter** m (Masch) / cross-head compressor ‖ ~**kopplung** f (ungewollte Übernahme des Nachrichteninhaltes einer elektromagnetischen Welle durch eine andere elektromagnetische Welle, deren Polarisationsrichtung senkrecht zur Polarisationsrichtung der ersten Welle verläuft) (Fernm) / cross-coupling* ‖ ~**korrelation** f (Stats) / cross correlation ‖ ~**korrelationsanalyse** f (Stats) / cross-correlation analysis ‖ ~**kovarianzfunktion** f (Stats) / cross-covariance function ‖ ~**laminat** n (Plast) / cross-ply laminate ‖ ~**leitwerk** n (Luftf) / cruciform tail, cruciform tail unit ‖ ~**licht** n (Foto) / cross light ‖ ~**linienraster** m (Druck, Kart) / cross-line screen, cross ruling ‖ ~**linientestbild** n (TV) / cross-hatch pattern* ‖ ~**loch** n (DIN 918) (Masch) / cross hole ‖ ~**lochmutter** f (DIN 548 und 1816) (Masch) / capstan nut*, round nut with set pin holes in side ‖ ~**lochschraube** f (DIN 404) (Masch) / capstan screw ‖ ~**lochschraube mit Schlitz** (Masch) / slotted capstan screw ‖ ~**meißel** m (DIN 6451) (Masch) / cross-cut chisel*, cape chisel ‖ ~**metathese** f (Chem) / cross metathesis ‖ ~**modulation** f (hochfrequentes Übersprechen) (Fernm) / intermodulation* n ‖ ~**modulation**, die nichtlinearen Übertragungsgliedern auftretende Modulation) (Radio) / cross modulation* ‖ ~**peilung** f (Standortbestimmung eines Fahrzeugs als Schnittpunkt zweier Peilstandlinien, von denen jede Resultat einer optischen oder einer Funkpeilung ist) (Nav) / cross bearing ‖ ~**pflanzung** f (For) / quincunx planting ‖ ~**pickel** m (Werkz) / pickaxe* n, pick n, pickax n (US) ‖ **mit dem ~pickel aufbrechen** (z.B. die Fahrbahndecke) (HuT) / pickaxe v ‖ ~**pinne** f (des Hammers) (Werkz) / cross peen ‖ ~**polarisation** f (Phys) / cross polarization (CP) ‖ ~**polarisationsentkopplung** f (Satellitenkommunikation) (Fernm) / cross-polarization discrimination (CPD) ‖ ~**polarisierung** f (Phys) / cross polarization

**Kreuzpolter**

(CP) ‖ **⁓polter** *m n* (For) / Bristol pile, Bristol stack ‖ **⁓produkt** *n* (Math) / cross product (of a vector)*, vector product* ‖ **⁓produkt** (Math) / Cartesian product, Cartesian set ‖ **⁓produktverhältnis** *n* (Stats) / odds ratio*, cross-product ratio ‖ **⁓rahmenantenne** *f* (ein Goniometerpeiler) (Radio) / Bellini-Tosi antenna*, crossed-loop antenna ‖ **⁓rändeln** (Erzeugen einer griffigen Fläche an Drehteilen durch Einwalzen sich kreuzender Riefen mit Hilfe von zwei Rändelrollen) (Masch) / diamond-knurling *n*, cross-knurling *n* ‖ **⁓raster** *m* (Druck, Kart) / cross-line screen, cross ruling ‖ **⁓rillendübel** *m* (For) / cross-grooved dowel ‖ **⁓rippe** *f* (an einem Diagonalbogen) (Arch) / diagonal rib ‖ **⁓rippengewölbe** *n* (mit unterlegten Rippen) (Arch) / cross-rib vault, cross-ribbed vault ‖ **⁓ruten** *f pl* (Web) / lease rods*, leasing rods ‖ **⁓schalter** *m* (Schalter 7; VDE 0632) (Eltech) / intermediate switch*, two-way double-pole reversing switch ‖ **⁓schaltung** *f* (ein Umkehrstromrichter für Vierquadrantenbetrieb) (Eltronik) / cross-connexion *n*, cross-connection *n* ‖ **⁓scharnier** *n* (z.B. der Ziehfeder) (Masch) / cross joint ‖ **⁓scheibenkupplung** *f* (die einen großen Parallelversatz ausgleichen kann) (Masch) / Oldham coupling*, double slider coupling ‖ **⁓schichtung** *f* (Geol) / cross-bedding* *n*, current bedding*, false bedding* ‖ **girlandenartiger ⁓schichtungstyp** (Geol) / festoon *n* (cross-bedding) ‖ **⁓schieber** *m* (Masch) / compound rest, compound slide, compound slide rest* ‖ **⁓schiebetischfräsmaschine** *f* (Masch) / kneeless milling mashine ‖ **⁓schienenwähler** *m* (Fernsp) / crossbar switch ‖ **⁓schienenwählersystem** *n* (Fernsp) / crossbar system, X-bar system ‖ **⁓schlag** *m* (eine Drahtseilmachart) (Masch) / regular lay, ordinary lay ‖ **⁓schlaghammer** *m* (die Finne ist parallel zum Stiel) (Werkz) / straight-pane hammer* (the wedge is parallel to the shaft), straight-peened hammer ‖ **⁓schlagseil** *n* / plain-laid rope ‖ **⁓schleierwäscher** *m* (Chem Verf) / Stroeder scrubber, cross-current haze scrubber ‖ **⁓schleife** *f* (Kulissenantrieb) (Masch) / Scotch crank*, Scotch yoke* ‖ **⁓schlitten** *m* (Masch) / compound rest, compound slide, compound slide rest* ‖
**Kreuzschlitz** *m* (Philips) (Masch) / Philips drive, cross recess (Philips) ‖ **⁓** (DIN 918) (Masch) / cross recess ‖ **⁓** (Pozidriv) (Masch, Werkz) / Pozidriv *n*, cross recess (Pozidriv) ‖ **⁓** (Supadriv) (Werkz) / Supadriv *n* ‖ **Schraubendreher mit ⁓** (Werkz) / Phillips screwdriver* ‖ **⁓ H** (mit abgerundeten Ecken) (Masch) / Philips drive, cross recess (Philips) ‖ **⁓ Z** (Masch, Werkz) / Pozidriv *n*, cross recess (Pozidriv) ‖ **⁓klinge** *f* (Werkz) / Philips bit ‖ **⁓schraube** *f* (DIN 918) (Masch, Tischl) / Phillips screw*, cross-recessed-head screw ‖ **⁓schraubendreher** *m* (Masch) / cross-point screwdriver, cross-head screwdriver
**Kreuz•schlüssel** *m* (für Radmuttern) (Masch) / spider wrench*, spider spanner*, four-way wheel wrench, 4-way lug wrench (US) ‖ **⁓schnur** *f* (Spinn) / steadying band, squaring band ‖ **⁓schnur** (Web) / lease band, lease cord ‖ **⁓schraffur** *f* / cross-hatching *n*, section lining ‖ **⁓sicherung** *f* (Verfahren der Datensicherung, bei dem gleichzeitig die Prüfung der Querparität /VRC/ und der Längsparität angewendet wird) (EDV) / cross-checking method ‖ **⁓speichenrad** *n* (Kfz) / cross-spoke wheel ‖ **⁓spulautomat** *m* (DIN 62511) (Spinn) / automatic cheese winder, automatic cone winder
**Kreuzspule** *f* (Eltech) / crossed coil ‖ **⁓** (DIN 61800) (Spinn) / cheese* *n*, cross-wound bobbin, cheese package ‖ **konische ⁓** (wobei die untere Stirnfläche einen größeren Durchmesser hat als die obere) (Spinn) / cone *n* ‖ **zylindrische ⁓** (DIN 61 800) (Spinn) / cylindrical cheese, parallel cheese ‖ **zylindrische ⁓ mit kurzem Hub** (Spinn) / short traverse cheese
**Kreuz•spulen** *n* (Spinn) / cross winding ‖ **⁓spulerei** *f* (DIN 61801) (Spinn) / cross winding ‖ **⁓spulfärbeapparat** *m* (Tex) / cheese-dyeing machine, cheese-dyeing apparatus ‖ **⁓spulfärbemaschine** *f* (Tex) / cheese-dyeing machine, cheese-dyeing apparatus ‖ **⁓spulfärberei** *f* (eine Art Garnfärberei) (Spinn) / cheese dyeing, dyeing of cheeses ‖ **⁓spulmaschine** *f* (für konische Spulen nach DIN 62511) (Spinn) / cone-winding machine, cone winder, cone-and-cheese winder ‖ **⁓spulmeßwerk** *n* (ein Quotientenmesser) (Eltech) / cross-coil mechanism ‖ **⁓spülung** *f* (Kfz) / cross-flow scavenging, reverse-flow scavenging ‖ **⁓stäbe** *m pl* (Web) / lease rods*, leasing rods ‖ **⁓stapel** *m* (ein Blockstapel) (For) / Bristol pile, Bristol stack ‖ **⁓steg** *m* (in sechzehnseitigen Druckformen für den Buchdruck der Steg, der zwischen den beiden Bundstegen im rechten Winkel zum Mittelsteg verläuft) (Buchb, Druck) / gutter* *n* ‖ **⁓stein** *m* (Min) / chiastolite* *n* ‖ **⁓stich** *m* (Tex) / cross-stitch *n* ‖ **⁓stock** *m* (Bau) / window cross ‖ **⁓stoß** *m* (Schw) / cruciform joint, double-T joint, cross joint ‖ **⁓strebe** *f* (Bau, Masch) / diagonal* *n*, diagonal brace, batter brace, brace *n*, stay *n* ‖ **⁓strom** *m* (ein Bewegungsprinzip für zwei miteinander in Beziehung stehende Stoffströme) (Chem Verf, Phys) / cross flow ‖ **⁓strombrenner** *m* (Kftst) / premix burner ‖ **⁓stromkühlturm** *m* (ein Naßkühlturm) / cross-flow cooling tower, mixed-flow cooling tower ‖ **⁓stromspülung** *f* (von Zweitaktmotoren) (Kfz) / cross-flow scavenging, reverse-flow scavenging ‖ **⁓stück** *n* (ein Formstück) (Klemp, Masch) / cross* *n*,

double junction*, pipe cross, cross-fitting *n*, double tee ‖ **⁓support** *m* (Masch) / compound rest, compound slide, compound slide rest* ‖ **⁓tabellierung** *f* (Stats) / crossed classification
**Kreuzung** *f* (Querung eines Verkehrsweges durch einen anderen) / crossing *n*, cross *n* ‖ **⁓** (von Leitungen) (Eltech, Fernm) / crossing *n* ‖ **⁓** (in mehreren Ebenen mit Über- und Unterführungen bzw. Brücken) (HuT, Kfz) / interchange *n*, traffic interchange ‖ **⁓** (auf gleichem Niveau) (Kfz) / intersection *n* ‖ **⁓** (von Individuen verschiedener Rassen) (Landw) / crossbreeding *n* ‖ **höhenfreie ⁓** (HuT, Kfz) / flyover *n*, overpass *n*, grade-separated junction (US) ‖ **reziproke ⁓** (Bastardierung) (Gen) / reciprocal crossing ‖ **überschneidungsfreie ⁓** (HuT, Kfz) / flyover *n*, overpass *n*, grade-separated junction (US) ‖ **⁓ f elektrischer Leitungen** (Eltech) / wire transposition ‖ **⁓ in verschiedenen Ebenen** (mit Unter- oder Überführung) (Bahn, Kfz) / grade separation ‖ **⁓ zweier Rohrleitungen mit Verbindungsstelle** (HuT) / intersection of two ducts ‖ **⁓ zweier Rohrleitungen ohne Verbindungsstelle** (HuT) / crossover of two ducts
**Kreuzungs•bahnhof** *m* (Bahn) / crossing station ‖ **⁓bauwerk** *n* (HuT, Kfz) / flyover *n*, overpass *n*, grade-separated junction (US) ‖ **⁓bauwerk** (HuT, Kfz) / interchange *n*, traffic interchange ‖ **⁓bauwerk** (Wasserb) / junction *n*, crossing *n* ‖ **⁓ebene** *f* (DIN 868) (Masch) / mid-plane *n* ‖ **~freier Knotenpunkt** (HuT, Kfz) / flyover *n*, overpass *n*, grade-separated junction (US) ‖ **⁓linie** *f* (bei Schraubgetrieben) (Masch) / line of centres ‖ **⁓mast** *m* (Eltech) / transposition tower*, transposition pole ‖ **⁓punkt** *m* (von zwei Verkehrswegen) / crossing point ‖ **⁓punkt** / crossing *n*, cross *n* ‖ **⁓punkt** (Eltronik) / crossover* *n* ‖ **⁓punkt** (DIN 868) (Masch) / crossing point ‖ **⁓stelle** *f* / crossing *n*, cross *n* ‖ **⁓stoß** *m* (Schw) / cruciform joint, double-T joint, cross joint ‖ **⁓weiche** *f* (Bahn) / diamond crossing with slips, slip switch ‖ **doppelte ⁓weiche** (Bahn) / double slip
**Kreuz•verband** *m* (Bau) / English cross bond*, St Andrew's cross bond, Saint Andrew's cross bond, Dutch bond* ‖ **⁓verband** (Bau) / cross-bond *n* ‖ **~verstrebter Dachstuhl** (Zimm) / scissors truss* ‖ **~weise Multiplikation** (Math) / cross multiplication ‖ **⁓wickel** *m* (DIN 61800) (Spinn) / cheese* *n*, cross-wound bobbin, cheese package ‖ **⁓wicklung** *f* (Spinn) / cross winding ‖ **⁓winkel** *m* (für Gattersägen) (For) / posting square ‖ **⁓zeichen** *n* (um das Ableben einer Person zu kennzeichnen) (Typog) / obelisk *n*, obelus *n* (pl. -li) ‖ **⁓zeigerinstrument** *n* (Luftf) / cross-pointer instrument
**Kribbelkrankheit** *f* (Chem, Med) / ergotism* *n*, St Anthony's fire*, Saint Anthony's fire
**Kriech•anlassen** *n* (Eltech) / slow-speed starting ‖ **⁓boden** *m* (doppelter Boden im Maschinenraum eines Rechenzentrums, von Verlegen von Kabeln usw., in dem man sich bei der Montage bewegen kann) (Bau, EDV) / raised floor ‖ **⁓bruch** *m* (WP) / creep rupture* ‖ **⁓bruchfestigkeit** *f* (WP) / creep strength, creep resistance, resistance to creep ‖ **⁓dehnung** *f* (bei dem Zeitstandversuch nach 50118) (Bau, Hütt, Masch, WP) / creep strain ‖ **kriechen** *v* / creep *v* ‖ **⁓** *n* (die Wiederabstoßung einer Anstrichschicht durch den Untergrund) (Anstr) / cissing* *n* (when a coat of paint, varnish or water colour refuses to form a continuous film, recedes from the surface, collects in beads and leaves the surface partially exposed), cessing *n* ‖ **⁓** (zeitabhängige Verformung unter gleichbleibender Beanspruchung) (Bau, Hütt, Masch, WP) / creep strain ‖ **⁓** (von Strömen) (Eltech) / surface leakage* *n* ‖ **⁓** (ganz langsame Einblendung oder Ausblendung des Tons oder des Bildes) (Film) / sneak *n* ‖ **⁓** (plastische Verformung) (Geol) / flowage *n*, flow *n* ‖ **⁓** (Vortrieb von Automatikfahrzeugen bei eingelegter Fahrstufe und Motor im Leerlauf) (Kfz) / idling drag, creep *n* ‖ **primäres ⁓** (Hütt, WP) / primary creep, transient creep ‖ **sekundäres ⁓** (Hütt, WP) / secondary creep, stationary creep, standy-state creep ‖ **stationäres ⁓** (Hütt, WP) / secondary creep, stationary creep, standy-state creep ‖ **⁓** *n* **bei Normaltemperatur** (Phys) / cold flow ‖ **⁓ mit gleichbleibender Geschwindigkeit** (Bau, Hütt, Masch, WP) / secondary creep, steady-state creep ‖ **⁓ mit zunehmender Geschwindigkeit** (Hütt, WP) / tertiary creep (until failure occurs)
**kriechend** *adj* (Bot, Zool) / reptant *adj*, repent *adj* ‖ **~e Hysterese** (Eltech) / viscous hysteresis*
**Kriech•erholung** *f* / creep recovery ‖ **⁓festigkeit** *f* (WP) / creep strength, creep resistance, resistance to creep ‖ **⁓gang** *m* (Bahn) / inching speed ‖ **⁓gang** (Kfz) / crawler gear, creeper gear, cross-country reduction gear ‖ **⁓gang** (einer Werkzeugmaschine bei numerischer Steuerung) (Masch) / creep *n*, creeping *n*, inching *n* ‖ **⁓gangschleifen** *n* (Masch) / deep grinding ‖ **⁓geschwindigkeit** *f* (zentrale Kenngröße des Kriechvorganges) (Bau, Hütt, Masch, WP) / creep rate, creep velocity ‖ **⁓grenze** *f* (Hütt) / creep limit* ‖ **⁓keller** *m* (Bau) / creep trench, crawl space ‖ **⁓marke** *f* (Geol) / slide *n*, slide mark ‖ **⁓öl** *n* / penetrating oil, penetration oil ‖ **⁓probe** *f* (Nachweis von Fluoriden) (Chem) / creep test ‖ **⁓rate** *f* (Bau, Hütt, Masch, WP) / creep rate, creep velocity ‖ **Überlagerung von ⁓ und Ermüdungsschädigung** (WP) / creep-fatigue interaction ‖ **⁓spur** *f*

(sichtbare Spuren an Isolierstoffen) (Eltech) / track n ‖ ~**spur** (Geol) / trail n ‖ ~**spur** (Kfz) / slow-moving traffic lane (GB), crawler lane, creeper lane ‖ ~**spurbildung** f (Elektr) / tracking* n ‖ **zweites** ~**stadium** (Bau, Hütt, Masch, WP) / secondary creep, steady-state creep ‖ **erstes** ~**stadium** (Hütt, WP) / primary creep, transient creep ‖ **drittes** ~**stadium** (Hütt, WP) / tertiary creep (until failure occurs) ‖ ~**strecke** f (Eltech) / creepage distance, leakage distance ‖ ~**streifen** m (Kfz) / slow-moving traffic lane (GB), crawler lane, creeper lane ‖ ~**strom** m (Strom zwischen spannungsführenden Teilen auf der Oberfläche eines Isolierkörpers) (Eltech) / leakage current*, leak current, stray current, tracking current ‖ ~**strombarriere** f (der Zündkerze) (Kfz) / flashover protection, leakage-current barrier, leak-current barrier ‖ ~**stromfest** adj (Eltech) / non-tracking adj (insulation), resistant to tracking ‖ ~**stromfestigkeit** f (Widerstandsfähigkeit des Isolierstoffes gegen Kriechspurbildung nach DIN 53480) (Eltech) / tracking resistance, resistance to tracking ‖ ~**stromprüfung** f (Eltech) / creep test ‖ ~**trieb** m (Bot) / runner* n ‖ ~**überschlagstrecke** f (längs einer Isolierstoffoberfläche zwischen zwei Bezugspunkten) (Eltech) / creepage distance, leakage distance ‖ ~**überschlagweg** m (Eltech) / creepage distance, leakage path, flashover path ‖ ~**verformung** f (WP) / creep deformation, delayed deformation ‖ ~**verhalten** n (WP) / creep behaviour ‖ ~**versuch** m (WP) / creep test ‖ ~**versuch** (WP) s. auch Zeitstandversuch ‖ ~**weg** m (mindestens 1,05 m hoch) (Bau) / crawlway n (a duct at least 1,05 m deep, but not high enough to walk through) ‖ ~**weg** (unter 1,05 m hoch) (Bau) / creep trench (a duct below floor level less than 1,05 m high) ‖ ~**weg** (DIN 53480) (Eltech) / creepage distance, leakage path, flashover path ‖ ~**weg** (Eltech) s. auch Kriechstrecke ‖ ~**wegbildung** f (Elektr) / tracking* n ‖ ~**zahl** f (Beton) (HuT) / creep value
**Kriegführung, atomare** ~ (Einsatz von taktischen und strategischen Kernwaffen im Kriegsfall) (Mil) / nuclear warfare ‖ **biologische** ~ (unter Einsatz biologischer Massenvernichtungsmittel) (Mil) / biological warfare ‖ **chemische** ~ (Mil) / chemical warfare, CW
**Kriegs•brücke** f (schnell zu bauende und abzubauende Brücke aus vorgefertigtem Gerät, für zeitlich begrenzten Einsatz) (Mil) / military bridge ‖ ~**flotte** f (Mil, Schiff) / navy n ‖ ~**schiff** n (Schiff) / warship n, man-of-war n (pl. men-of-war)
**Krimmer** m (Fell des auf der Krim und in der Ukraine beheimateten Fettschwanzschafes) (Leder, Tex) / crimmer n, krimmer n ‖ ~ (persianähnliche Pelzimitation) (Tex) / crimmer n (an imitation astrakhan), krimmer n (a karakul cloth), astrakhan cloth, astrakhan* n
**Krimpfähigkeit** f (der Wolle zu verfilzen) (Tex) / felting property (of wool)
**Krimpkraft** f (Tex) / felting property (of wool)
**Kringelbildung** f (Fehler) (Spinn) / cockling* n
**Kringeln** v / curling n
**Krippe** f (Landw) / manger n
**Krispelholz** n (gewölbtes Brettchen mit Korkbelag auf der Unterseite) (Leder) / curved corkboard, corkboard n ‖ ~ (Leder) / graining board
**krispeln** v (das Narbenbild) (Leder) / board v, grain v, pommel v ‖ ~ n (Leder) / boarding n, graining n, pommelling n
**Kristall** m (Krist) / crystal* n, xtal n ‖ ~- / crystalline* adj, crystal attr ‖ **[fertig bearbeiteter]** ~ (Krist) / piezoid* n ‖ **anisotroper** ~ (Krist) / anisotropic crystal ‖ **doppelbrechender** ~ (Krist, Opt) / birefringent crystal ‖ **fehlgeordneter** ~ (Krist) / disordered crystal ‖ **flüssiger** ~ (Chem, Eltronik) / liquid crystal* ‖ **freigewachsener** ~ (Min) / free crystal ‖ **idealer** ~ (Krist) / perfect crystal*, ideal crystal* ‖ **kovalenter** ~ (Krist) / covalent crystal ‖ **linksdrehender** ~ (Eltronik) / left-handed crystal, L.H. crystal ‖ **mimetische** ~e (Zwillingsbildungen von Kristallen, die eine höhere Symmetrie vortäuschen als der Kristallart zukommt) (Krist) / mimetic crystals ‖ **mit miteinander verzahnten** ~**en** (Krist) / intercrystallized adj ‖ **negativer** ~ (Eltronik) / negative crystal ‖ **nicht polarer** ~ (Krist) / non-polar crystal ‖ **optischer** ~ (Opt) / optical crystal (any natural or synthetic crystal that is used in infrared and ultraviolet optics and for its piezoelectric effects) ‖ **optisch einachsiger** ~ (Min) / uniaxial crystal* ‖ **optisch negativer** ~ (Opt) / negative crystal* ‖ **optisch positiver** ~ (Opt) / positive crystal ‖ **optisch zweiachsiger** ~ (Min) / biaxial crystal ‖ **piezoelektrischer** ~ (Fernm) / piezoelectric crystal* ‖ **plastischer** ~ (Krist) / plastic crystal ‖ **polarer** ~ (Krist) / polar crystal ‖ **positiver** ~ (Eltronik) / positive crystal ‖ **pseudomorpher** ~ (Krist) / pseudomorph* n, pseudomorphous crystal ‖ **realer** ~ (Krist) / real crystal, imperfect crystal ‖ **rechtsdreher** ~ (Eltronik) / right-handed crystal, R.H. crystal ‖ **unbehandelter** ~ (bei der Kristallzüchtung) (Krist) / as-grown crystal ‖ **unpolarer** ~ (Krist) / non-polar crystal ‖ ~**e bilden** / crystallize v, crystallise v ‖ ~ m **mit kovalenter Bindung** (Krist) / covalent crystal
**Kristall** n (z.B. Bleikristall) (Glas) / crystal* n, crystal glass* ‖ **böhmisches** ~ (Glas) / Bohemian glass
**Kristall•achsen** f pl (Krist) / crystal axes* ‖ ~**anisotropie** f (Krist) / crystal anisotropy* ‖ ~**anordnung** f (Krist) / crystal texture* ‖ ~**autsprecher** m (Akus) / crystal loudspeaker*, piezoelectric loudspeaker* ‖ ~**bau** m (Krist) / crystal structure*, crystalline structure ‖ ~**baufehler** m (struktureller oder mechanischer) (Krist) / defect* n, crystal defect ‖ ~**baufehler** (struktureller) (Krist) / crystal structural defect ‖ ~**bildung** f (Krist) / crystallization* n, crystallisation n ‖ ~**chemie** f (chemische Kristallografie) (Chem, Krist) / crystal chemistry, chemical crystallography ‖ ~**chemisch** adj (Chem, Krist) / crystallochemical adj ‖ ~**detektor** m (Eltronik) / crystal detector* ‖ ~**diode** f (Eltronik) / crystal diode ‖ ~**drilling** m (Krist) / trilling n, triplet crystal, triplet n ‖ ~**ebene** f (Krist) / crystal plane ‖ ~**eis** n / clear ice, glaze n ‖ ~**elektrisches Feld** (Krist) / crystal field ‖ ~**element** n (Länge oder Längenverhältnis) (Krist) / crystal element n ‖ ~-**Engineering** n (Herstellung von maßgeschneiderten Festkörperstrukturen) (Krist, WP) / crystal engineering, CE
**Kristaller** m (Krist) / crystallizer n, crystallization apparatus
**Kristall•erholungstemperatur** f (Krist) / crystal regeneration temperature ‖ ~**fehler** m (Krist) / defect* n, crystal defect ‖ ~**feld** n (elektrisches Feld, das die in der Umgebung eines Kristallgitterplatzes angeordneten Atome oder Ionen an diesem Ort erzeugen) (Krist) / crystal field ‖ ~**feldtheorie** f (Chem, Phys) / ligand-field theory*, crystal-field theory ‖ ~**fläche** f (Krist) / crystal face ‖ ~**niedrigindizierte** ~**fläche** (bei der Spaltung) (Krist) / plane with lowest indexes ‖ ~**form** f (Kristallinität) / crystallinity n ‖ ~**form** (Krist) / crystalline form*, crystal form ‖ **ohne** ~**form** (Krist) / amorphous* adj, non-crystalline* adj ‖ ~**geometrie** f (Kristallometrie und Kristallsymmetriekunde) (Krist) / crystal geometry ‖ ~**gestalt** f (Habitus + Tracht) / crystal shape ‖ ~**gitter** n (Raumgitter der Kristalle + Kristallstruktur) (Krist) / crystal lattice*, lattice* n ‖ ~**glas** n (Krist) / crystal glass* ‖ ~**glasur** f (mit einer Komponente übersättigter Glasfluß) (Keram) / crystalline glaze ‖ ~**gleichrichter** m (Eltronik) / crystal rectifier* (CR) ‖ ~**grenze** f (Krist) / crystal boundary* ‖ ~**größe** f (Krist) / crystal size ‖ ~**habitus** m (Krist) / habit* n, crystal habit
**kristallin** adj (nicht amorph) (Krist, Min) / crystalline* adj ‖ ~**er Bruch** / crystalline fracture ‖ ~**er Feststoff** (Chem) / crystalline solid* ‖ ~**e Flüssigkeit** (Chem, Eltronik) / liquid crystal* ‖ ~**e Gesteine** (Geol) / crystalline rocks* ‖ ~**e Korrosion** (Sammelbezeichnung für interkristalline Korrosion, Spannungsrißkorrosion und Schwingungsrißkorrosion) (Galv) / crystallographic corrosion ‖ ~**e Phase** (Phys) / crystalline phase n ‖ ~**e Schiefer** m pl (Metamorphite) (Geol) / crystalline schists* ‖ ~**er Zustand** (Krist) / crystalline state
**Kristallin** n (Grundgebirge) (Geol) / crystalline n (rock)
**kristallin-flüssig** adj / liquid-crystalline adj
**kristallinisch** adj (Krist, Min) / crystalline* adj
**Kristallinität** f / crystallinity n
**Kristallisation** f (Krist) / crystallization* n, crystallisation n ‖ **fraktionierte** ~ (Krist) / fractional crystallization* ‖ **gesteuerte** ~ (ein Nukleationsprozeß, der durch die Beimischung katalytisch wirkender Reagenzien in der Glasschmelze ausgelöst wurde) (Glas) / catalysed crystallization, catalyzed crystallization (US) ‖ **gesteuerte** ~ (Krist) / controlled crystallization ‖ **rhythmische** ~ (Geol, Krist) / rhythmic crystallization* ‖ **zur** ~ **eindicken** (Ahornsirup) (Nahr) / sugar off v ‖ ~ f **bei der Dialyse** (mit halbdurchlässiger Membran) (Chem) / percrystallization ‖ ~ **der Schweißnaht** (Schw) / crystallization of the weld
**Kristallisations•bereich** m (Min) / crystallization interval, freezing interval ‖ ~**enthalpie** f (eine Umwandlungsenthalpie) (Phys) / heat of crystallization ‖ ~**fähig** adj (Krist) / crystallizable adj ‖ ~**folge** f (Krist) / order of crystallization ‖ ~**geschwindigkeit** f (Krist) / rate of crystallization ‖ ~**grad** m / degree of crystallinity ‖ ~**hilfsmittel** n (Nahr) / crystallization aid ‖ ~**inhibitor** m (Nahr) / crystallization inhibitor ‖ ~**intervall** n (Min) / crystallization interval, freezing interval ‖ ~**keimbildung** f (Krist) / nucleation n ‖ ~**reihe** f (Krist) / order of crystallization ‖ ~**schieferung** f (Geol) / crystallization schistosity ‖ ~**wärme** f (die beim Kristallwachstum frei werdende Umwandlungswärme) (Phys) / heat of crystallization ‖ ~**zentrum** n (Krist) / crystal nucleus, nucleus* n (pl. nuclei)
**Kristallisator** m (in dem Kristalle wachsen) (Krist) / crystallizer n, crystallization apparatus
**kristallisches Kalziumhydrogenkarbonat** (Min) / calcinite n
**kristallisierbar** adj (Krist) / crystallizable adj
**kristallisieren** v / crystallize v, crystallise v
**Kristallisierer** m (Krist) / crystallizer n, crystallization apparatus
**Kristallisier•gut** n / crystallizand n ‖ ~**hilfsmittel** n (Nahr) / crystallization aid ‖ ~**schale** f / crystallizing dish
**kristallisierte Glasur** (Keram) / crystalline glaze
**Kristallisierung** f (aus einer nicht kristallinen Phase) (Krist) / crystal growing from melts
**Kristallit** m (jedes einzelne Kristallkorn eines Kristallaggregats) (Krist) / crystallite* n
**Kristall•kante** f (Krist) / crystal edge ‖ ~**keim** m (Krist) / crystal nucleus*, nucleus* n (pl. nuclei) ‖ ~**klar** adj / crystalline adj

**Kristallklasse**

⁓**klasse** f (insgesamt 32) (Krist) / symmetry class*, crystal class, crystallographic class ‖ **symmetrielose** ⁓**klasse** (Krist) / pedial class ‖ ⁓**kunde** f (Krist) / crystallography* n ‖ ⁓**manometer** n (Phys) / piezoelectric manometer ‖ ⁓**mikrofon** n (Akus) / crystal microphone*, piezoelectric microphone* ‖ ⁓**mischer** m (Eltronik) / crystal mixer* ‖ ⁓**monochromator** m (Kernphys, Spektr) / crystal monochromator ‖ ⁓**morphologie** f (Lehre von der Gestalt und der Form der Kristalle) (Krist) / morphology of crystals, crystal morphology
**Kristallo•blast** m (Geol) / crystalloblast n ‖ ⁓**blastese** f (Geol) / crystalloblastesis n (pl. -ses) ‖ ⁓**blastisch** adj (Geol) / crystalloblastic adj ‖ ⁓**blastisches Gefüge** (bei Metamorphiten) (Geol) / crystalloblastic texture* ‖ ⁓**grafie** f (Krist) / crystallography* n ‖ ⁓**grafie** (Krist) s. auch Kristallstrukturanalyse ‖ ⁓**grafisch** adj (Krist) / crystallographic adj, crystallographical adj ‖ ⁓**grafisches Achsenkreuz** (Krist) / crystallographic axes* ‖ ⁓**grafische Symbolik** (Krist) / crystallographic notation* ‖ ⁓**gramm** n (Krist) / crystallogram* n
**Kristalloid** n (ein kristallähnlicher Körper oder ein Stoff mit kristallähnlicher Struktur) / crystalloid* n
**Kristallöl** n (Gemisch aliphatischer Kohlenstoffe nach DIN 51 632) (Anstr) / mixture of aliphatic compounds (distillation range 130 - 220 °C)
**Kristallo•lumineszenz** f (bei der Kristallisation aus Schmelzen) / crystalloluminescence n, luminescence of crystals ‖ ⁓**metrie** f (Messung der Winkel zwischen Kristallflächen mit Hilfe von Goniometern) (Krist) / crystallometry n, geometric crystallography ‖ ⁓**metrisch** adj (Krist) / crystallometric adj
**Kristall•optik** f (ein Spezialgebiet der Kristallphysik) (Opt, Phys) / crystal optics ‖ ⁓**orientierung** f (Krist) / crystal orientation
**Kristallose** f (Natriumsalz des Saccharins als Süßstoff) (Chem) / sodium saccharin
**Kristall•oszillator** m (Eltronik, Phys) / quartz oscillator*, crystal oscillator*, piezoelectric oscillator, quartz-crystal oscillator ‖ ⁓**papier** n (Pap) / glassine* n, transparent parchment, glazed grease-proof paper, glassine paper ‖ ⁓**phase** f (Phys) / crystalline phase ‖ ⁓**physik** f (Krist, Phys) / crystal physics, physical crystallography ‖ ⁓**platte** f (Eltech) / crystal plate ‖ ⁓**porzellan** n (eine Weiterentwicklung des Feldspatsteingutes) (Keram) / semi-china n, semi-porcelain n ‖ ⁓**potential** n (das effektive Potential, in dem sich ein Elektron im Kristall bewegt) (Krist) / crystal potential ‖ ⁓**projektion** f (Darstellung ausgezeichneter Richtungen eines Kristalls durch Punkte auf einer Kugelfläche oder Ebene) (Krist) / crystal projection ‖ ⁓**pulvermethode** f (zur Untersuchung von feinkristallinem Material mit Hilfe der Beugung von Röntgenstrahlen) (Krist, Min) / powder method*, X-ray powder method ‖ ⁓**raffinade** f (Nahr) / crystal sugar, granulated sugar, coarse sugar ‖ ⁓**refraktometer** n (Opt) / crystal refractometer ‖ ⁓**rohling** m (Eltronik) / crystal blank ‖ ⁓**sägen** n (Eltronik) / wafering n, wafer slicing ‖ ⁓**scheibe** f (Eltronik) / crystal slice ‖ ⁓**schneiden** n (Eltronik) / wafering n, wafer slicing ‖ ⁓**seigerung** f (Gieß) / microsegregation n ‖ ⁓**seigerung** (Hütt) / coring n ‖ ⁓**soda** f (Natriumkarbonat-Dekahydrat) (Chem) / crystal carbonate, soda crystals, natron n, washing soda, crystal soda, sal soda, salt of soda ‖ ⁓**spektrometer** n (Spektr) / crystal spectrometer* ‖ ⁓**steuerung** f (Eltronik) / crystal drive*
**Kristallstruktur** f (Krist) / crystal structure*, crystalline structure ‖ ⁓ (Krist) s. auch Kristallgitter ‖ **anisodesmische** ⁓ (Krist) / anisodesmic structure* ‖ **heterodesmische** ⁓ (Krist) / heterodesmic structure* ‖ **homodesmische** ⁓ (Krist) / homodesmic structure* ‖ **isodesmische** ⁓ (Krist) / isodesmic structure* ‖ **mesodesmische** ⁓ (Krist) / mesodesmic structure ‖ ⁓**analyse** f (meistens nach der Schweratommethode) (Krist) / X-ray diffraction analysis, X-ray analysis ‖ ⁓**analyse** (Krist) / crystal analysis, crystal-structure analysis, structural crystallography ‖ ⁓**analyse** (meistens nach der Schweratommethode) (Krist) / X-ray structure analysis ‖ ⁓**typ** m (Krist) / crystal (structure) type ‖ ⁓**untersuchung** f **mit Röntgenstrahlen** (Krist) / X-ray diffraction analysis, X-ray analysis
**Kristall•symmetrie** f (Krist) / crystal symmetry ‖ ⁓**symmetriekunde** f (Krist) / crystal symmetry theory ‖ ⁓**system** n (kubisch, hexagonal, tetragonal, rhombisch, monoklin, triklin) (Krist) / crystal system*, system of crystals*, crystallographic system* ‖ **tetragonales** ⁓**system** (Krist) / tetragonal system*, quadratic system*, pyramidal system* ‖ ⁓**textur** f (Krist) / crystal texture ‖ ⁓**tonabnehmer** m (Akus) / crystal pick-up*, piezoelectric pick-up* ‖ ⁓**tracht** f (Krist) / tracht n ‖ ⁓**tuff** m (Geol) / crystal tuff ‖ ⁓**typ** m (Krist) / crystal (structure) type ‖ ⁓**urgie** f (Teilgebiet der Kristallphysik, das sich mit Messungen und anderen Hantierungen an Einkristallen beschäftigt) (Krist, Phys) / crystallurgy n ‖ ⁓**violett** n (Hexamethylpararosanilinchlorhydrat) (Chem) / crystal violet* ‖ ⁓**wachstum** n (Krist) / crystal growth ‖ ⁓**wachstumsgeschwindigkeit** f (Krist) / crystal growth rate ‖ ⁓**wasser** n (das in Kristallen in stöchiometrischer Menge gebundene Wasser) (Chem) / water of crystallization*, combined water ‖ ⁓**wasser von Hydraten** (Chem) / water of hydration* ‖ ⁓**wasserfrei** adj (Chem) / anhydrous* adj, non-aqueous adj, free from water ‖ ⁓**winkel** m (Krist) / crystal angle ‖ ⁓**zähler** m (zum Nachweis von Gammastrahlung) (Kernphys) / crystal counter* ‖ ⁓**ziehen** n (aus einem Tiegel) (Krist) / crystal pulling*, Czochralski method, Czochralski process ‖ ⁓**ziehverfahren** n (Krist) / crystal pulling*, Czochralski method, Czochralski process ‖ ⁓**züchtung** f (synthetische Herstellung von Einkristallen) (Krist) / crystal growing* ‖ ⁓**züchtung aus der Lösung** (Krist) / crystal growing from solution ‖ ⁓**züchtung aus der Schmelze** (Krist) / crystal growing from melts ‖ ⁓**zucker** m (Nahr) / crystal sugar, granulated sugar, coarse sugar ‖ ⁓**zwilling** m (Krist) / twin crystal, twinned crystal*, macle* n
**Kriterium** n (pl. -rien) / criterion n (pl. -ria or -rions) ‖ ⁓ (der Stabilität) **nach Routh-Hurwitz** (nach E.J. Routh, 1831-1907, und A. Hurwitz, 1859-1919) (Mech) / Routh-Hurwitz stability criterion
**Kritikalität** f (DIN 25403) (Nukl) / criticality* n ‖ **nasse** ⁓ (mit Kühlmittel) (Nukl) / wet criticality ‖ **trockene** ⁓ (ohne Kühlmittel) (Nukl) / dry criticality
**Kritikalitäts•linie** f (Nukl) / line of criticality ‖ ⁓**störfall** m (Nukl) / criticality accident, criticality incident ‖ ⁓**unfall** m (Nukl) / criticality accident, criticality incident
**kritisch** adj (Becken, Blende, Masse, Punkt) / critical adj ‖ **nicht** ⁓ (Fehler) / non-critical adj ‖ ~**e Abkühlungsgeschwindigkeit** / critical cooling rate ‖ ~**e Anordnung** (DIN 25401) (Nukl) / critical assembly ‖ ~**er Anstellwinkel** (Luftf) / angle of stall*, stalling angle, stall angle ‖ ~**er Ausfall** (eines Systems) / critical failure ‖ ~**e Beleuchtung** (Mikros) / critical illumination ‖ ~**er Bereich** (bei Signifikanztesten) (Stats) / critical region ‖ ~**e Blende** (bei der die Bildschärfe ein Optimum wird) (Opt) / critical aperture ‖ ~**e Dämpfung** (Fernm, Phys) / critical damping* ‖ ~**e Drehzahl** (wenn die Resonanz eintritt) (Masch) / critical speed ‖ ~**er Erregerwiderstand** (Eltech) / critical build-up resistance ‖ ~**e Flattergeschwindigkeit** (Luftf) / flutter speed* ‖ ~**e Frequenz** (die Bildwechselzahl je Zeiteinheit, bei der kein Flimmern mehr auftritt) (Film, Licht, Opt, TV) / flicker-fusion frequency*, fff, critical fusion frequency, critical flicker frequency, cff, fusion frequency ‖ ~**e F-Wert** (EDV) / F-critical n ‖ ~**e Geschwindigkeit** (beim Start) (Luftf) / critical speed*, decision speed* ‖ ~**e Geschwindigkeit** (Luftf) / never-expected speed ($V_{NE}$), velocity never expected ‖ ~**e Geschwindigkeit** (in der Strömungslehre) (Phys) / critical velocity ‖ ~**e Geschwindigkeit** (Wasserb) / critical velocity ‖ ~**e Gitterspannung** (bei Entladungsröhren) (Eltronik) / firing voltage, critical grid voltage (of multielectrode gas tubes) ‖ ~**e Größen** (Phys) / critical constants ‖ ~**e Gruppe** (Radiol) / critical group ‖ ~**e Konstanten** (Phys) / critical constants ‖ ~**e Konzentration** (Chem, Kernphys) / critical concentration ‖ ~**e Kopplung** (Fernm) / critical coupling ‖ ~**e Lösungstemperatur** (Chem) / critical solution temperature*, (upper) consolute temperature, upper critical solution temperature ‖ ~**e Luftmenge** (Hütt) / critical air blast, CAB ‖ ~**e Machzahl** (Zuström-Machzahl, bei der auf der Oberfläche umströmter Körper gerade Schallgeschwindigkeit auftritt) (Luftf) / critical Mach number* ‖ ~**e Masse** (eines spaltbaren Stoffes) (Nukl) / critical mass*, crit* n, critical size ‖ ~**e Micellbildungskonzentration** (Chem) / critical micellization concentration ‖ ~**er Motor** (Luftf) / critical engine ‖ ~**e Opaleszenz** (extrem starkes Anwachsen der Lichtstreuung in Dämpfen und Flüssigkeiten in der Nähe des kritischen Punktes) (Phys) / critical opalescence ‖ ~**es Organ** (in der Toxikologie) (Chem, Med) / critical organ ‖ ~**es Phänomen** (Phys) / critical phenomenon ‖ ~**e Pigmentvolumenkonzentration** (DIN EN 971-1) (Anstr) / critical pigment-volume concentration, CPVC ‖ ~**er Punkt** (im Druck/Temperatur-Zustandsdiagramm eines Einstoffsystems) (Phys) / critical point ‖ ~**er Punkt** (Mischungspunkt) **bei gleichbleibender Temperatur** (Chem) / plait pont (in a three-component system) ‖ ~**er Reaktor** (Nukl) / critical reactor ‖ ~**e Regenspende** (bei Entwässerungsprojekten) (Landw, Meteor) / drainage design, rainfall design ‖ ~**e Reichweite** (beim Wasserschall - DIN 1320) (Akus) / crossover range ‖ ~**e Reynolds-Zahl** (beim Umschlag) (Phys) / critical Reynolds number ‖ ~**e Rißlänge** (WP) / critical crack length ‖ ~**e Spannung** (Mech) / critical stress ‖ ~**e Sprungfrequenz** (Radio) / zero skip frequency (ZSF) ‖ ~**e Steuerungsumkehrgeschwindigkeit** (Luftf) / reversal speed* ‖ ~**e Strömung** (Wasserb) / critical flow ‖ ~**e Temperatur** (Phys) / critical temperature* ‖ ~**e Tiefe** (bei der Strömung) (Hyd) / critical depth ‖ ~**es Triebwerk** (Luftf) / critical engine ‖ ~**e Triebwerksausfallgeschwindigkeit** (Luftf) / critical engine failure speed ‖ ~**er t-Wert bei einseitigem t-Test** (Stats) / t-critical one-tail ‖ ~**e Überhitzung** (Nukl) / departure from nucleate boiling, DNB ‖ ~**e Verformung** (Mech) / critical deformation ‖ ~**er Verformungsgrad** (Mech) / critical deformation ‖ ~**er Vergleichsdifferenzbetrag** / reproducibility critical difference ‖ ~**es Volumen** (meistens kritisches Molvolumen) (Phys) / critical volume* ‖ ~**er**

**Wiederholdifferenzbetrag** (DIN 55350, T 13) / repeatability critical difference ‖ **~er Winkel** (Opt) / critical angle* ‖ **~er Winkel** (bei der Reflexion der Raumwelle in der Ionosphäre) (Radio) / critical angle* ‖ **~er Zustand** (Phys) / critical state*

**KRK** (Meteor) / United Nations Framework Convention on Climate Change, FCCC

**Kroki** n (pl. -s) / croquis n ‖ ≃ (pl. -s) (Kart) / sketch map

**Krokodilklemme** f / alligator clip (US), crocodile clip, alligator clamp

**Krokoit** m (Min) / crocoite* n, red lead ore, crocoisite* n

**Krokydolith** m (asbestartiges dunkelblaues oder blaugraues Silikat, zur Amphibolgruppe gehörend) (Min) / Cape asbestos*, Cape blue asbestos, crocidolite* n, blue asbestos*

**Kroll-Verfahren** n (ein wichtiges hüttenmännisches Verfahren zur Gewinnung von schwammförmigem Titan oder Zirkonium - nach W.J. Kroll, 1889-1973) (Hütt) / Kroll's process*

**Kromekote-Verfahren** n (Pap) / cast coating

**Kron** n (Glas) / crown glass*, optical crown, optical crown glass, crown optical glass

**Krone** f (eines Stahlbetonkühlturms - divergente, konvergente) / top n ‖ ≃ (Ornamentik) (Arch) / cresting* n, bratticing* n, brattishing* n ‖ ≃ (Ballast) (Bahn) / top n, crown n ‖ ≃ (Trivialname für makrozyklische Polyether) (Chem) / crown n ‖ ≃ (For) / crown* n, top n, head n ‖ ≃ (HuT) / crest* n ‖ ≃ (als Teil anderer Knoten) (Schiff) / crown knot ‖ ≃ (Spinn) / reel n, swift n, cylinder n ‖ ≃ (zum Aufziehen und Stellen von Taschen- und Armbanduhren) (Uhr) / crown n ‖ ≃ (des Stauwerkes) (Wasserb) / sill* n ‖ ≃ (Damm-, Deich-, Wehr-) (Wasserb) / crest* n, crown n

**Kronecker-Produkt** n (Math) / Kronecker product

**Kronecker-Symbol** n (nach L. Kronecker, 1823-1891) (Math) / Kronecker delta*

**Krönel** m / patent pick, patent axe

**Kröneleisen** n (zum Nacharbeiten von Steinflächen) / patent pick, patent axe

**krönen** v / top v

**Kronen•bohrer** m (Bau, Masch) / annular bit* ‖ **≃bohrer** (Masch) / trepanning cutter (GB), core drill (US) ‖ **≃breite** f (HuT) / carriageway n, roadway n, travelled way ‖ **≃bühne** f (Erdöl) / crow's nest ‖ **≃dach** n (Dachdeckung, bei der jede Dachlatte zwei Reihen versetzter Biberschwänze trägt) (Arch, Bau) / plain-tile roof (with alternate double courses) ‖ **≃durchforstung** f (For) / crown thinning ‖ **≃durchlaß** m (bei Regen) (For) / throughfall n ‖ **≃durchmesser** m (der Kronenmutter) (Masch) / diameter of the castle ‖ **≃ether** m (Chem) / crown ether* ‖ **≃feuer** n (For) / crown fire ‖ **≃mutter** f (Krone direkt in Mutter) (Masch) / hexagon slotted nut, slotted hex nut ‖ **≃mutter** (mit Kronenaufsatz) (Masch) / castle nut, castellated nut ‖ **≃rad** n (des Spannfutters) (Masch) / scroll n ‖ **≃rückschnitt** (For) / heading n ‖ **≃schluß** m (Bot) / canopy* n, crown canopy ‖ **≃verbindungen** f pl (Chem) / crown compounds, coronates pl ‖ **≃veredelung** f (bei Bäumen) (For, Landw) / topworking n ‖ **≃verlichtung** f (For) / crown thinning ‖ **≃verschluß** m (Brau, Nahr) / crown cork, crown-cap n ‖ **≃verschluß** (Wasserb) / crest fall

**Kron•flintglas** n (ein altes optisches Glas) (Glas) / crown flint glass, lead crown glass ‖ **≃glas** n (ein altes optisches Glas mit schwacher Brechung und geringer Dispersion, meistens Bariumkronglas) (Glas) / crown glass*, optical crown, optical crown glass, crown optical glass

**Kronig-Penney-Modell** n (für ein Kristallpotential) (Phys) / Kronig-Penney model*

**Kron•leuchter** m (Eltech) / lustre n ‖ **≃leuchter** (mit Glühlampen bestückt) (Eltech) / electrolier n (a chandelier in which the lights are electrical)

**kröpfen** v (Bau) / reverse v ‖ ~ (Masch) / offset v, crank v

**Kropfstück** n (bei der Wendeltreppe) (Bau) / wreath* n

**Kröpfung** f (Abbiegung aus der ursprünglichen Achse in eine andere, parallel dazu liegende) (Masch) / offset n, cranking n

**Kröpfungszapfen** m (aus der Welle herausgearbeiteter Kurbelzapfen) (Masch) / wobble crank*

**Kröselzange** f (Glas) / glazier's pliers

**kroß** adj (Nahr) / crisp adj

**Krötengift** n (ein biogenes Gift, z.B. Bufotoxin) (Chem) / toad venom

**Kroton•aldehyd** m (Chem) / crotonaldehyde* n ‖ **≃öl** n (vom Krotonölbaum = Croton tiglium L.) / croton oil ‖ **≃säure** f (Chem) / crotonic acid*, trans-2-butenoic acid, but-2-enoic acid*

**Krozin** n (Chem, Nahr) / crocin n

**KR-Sprache** f (KI) / knowledge representation language, KRL

**Krückenheft** n (For) / crutch handle

**Krückstock-Diebstahlsicherung** f (Kfz) / steering wheel and brake lock

**Krüger-Klappe** f (eine Auftriebshilfe) (Luftf) / Kruger flap*

**Krume** f (Geol, Landw) / A horizon, horizon A

**Krümel•egge** f (Landw) / pulverizer n, pulverizing harrow ‖ **≃gefüge** n (Landw) / crumb structure ‖ **≃gerät** n (Landw) / clod breaker, clod crusher, clod buster (US)

**krümelig** adj / crumby adj, crumbly adj ‖ ~ (verwitterter Boden, Gestein) (Geol, Landw) / brash adj ‖ ~ (Boden) (HuT, Landw) / non-cohesive adj, cohesionless adj, frictional adj, crumbly adj

**Krümelstruktur** f (des Bodens) (Landw) / crumb structure

**Krumenpacker** m (Sonderbauart der Ackerwalzen) (Landw) / furrow press, land packer, undersoil packer

**Krümler** m (Landw) / clod breaker, clod crusher, clod buster (US)

**krumm•er Köper** (Web) / curved twill ‖ **~e Landspitze** (Geog, Geol) / hooked spit, hook n ‖ **~er Strang** (Bahn) / curve n

**Krümme** f (in der Straßentrasse) (HuT) / curved section

**krümmen** v / curve vt ‖ sich in der Mitte nach oben ~ / hog v, camber v ‖ sich in der Mitte nach unten ~ (Kiellängsachse) (Schiff) / sag v ‖ ≃ n (z.B. eines Metallstabes bei Knickbelastung) (Mech) / buckling n, crippling n

**krümmend, sich nach außen** ~ / outward-curving adj ‖ **sich nach innen** ~ / inward-curving adj

**Krümmer** m (bei Richtbohrungen) (Erdöl) / bent sub, angle sub ‖ ≃ (Fernm, Masch) / bend* n ‖ ≃ (Kfz) / manifold n ‖ **22,5°**-≃ (Klemp) / eight bend ‖ **90°**-≃ (Klemp) / elbow* n, sharp-bend n, quarter bend*, pipe elbow ‖ ≃ **mit Standfuß** (Masch) / duckfoot bend

**Krümmfaser** f (ein Holzfehler) (For) / twisted fibre

**Krumm•holz** n (For) / elfinwood n, krummholz n, elfin forest* ‖ **≃holzkiefer** f (Pinus mugo Turra) (For) / mountain pine

**Krümmling** m (bei der Wendeltreppe) (Bau) / wreath* n

**krumm•linig** adj (Math) / curvilinear adj ‖ **~linige Koordinaten** (Math) / curvilinear coordinates* ‖ **~schaftig** adj (For) / crooked-stemmed adj, curved adj (tree-trunk) ‖ **~schäftig** adj (For) / crooked-stemmed adj, curved adj (tree-trunk) ‖ **~stämmig** adj (For) / crooked-stemmed adj, curved adj (tree-trunk) ‖ **~stehen** v (eine Zeichenfeder) / ride v

**Krümmung** f / flexure* n ‖ ≃ (der Schallplatte) (Akus) / warping n ‖ ≃ (bogenförmige - eines belasteten Gliedes) (Bau) / bow n ‖ ≃ (s-förmige, z.B. ein Trocknungsfehler) (For) / crooking n, crook n ‖ ≃ (einer Kurve oder einer Fläche von einer Geraden oder einer Ebene) (Math) / curvature* n ‖ ≃ (des Flusses) (Wasserb) / bend n, curve n, rincon n ‖ **durchschnittliche** ≃ (Math) / mean curvature ‖ **Gaußsche** ≃ (Produkt aus den beiden Hauptkrümmungen einer Fläche) (Math) / Gaussian curvature*, total curvature* ‖ **geodätische** ≃ (der Orthogonalprojektion einer Flächenkurve auf die Tangentialebene der Fläche) (Math, Verm) / geodesic curvature ‖ **konforme** ≃ (Math) / conformal curvature ‖ **mittlere** ≃ (einer Fläche) (Math) / mean curvature ‖ **sphärische** ≃ (Math) / spherical curvature*

**Krümmungs•halbmesser** m (Halbmesser des Krümmungskreises) (HuT, Math) / radius of curvature* ‖ **≃kegel** m (Math) / cone of curvature ‖ **thermischer ≃koeffizient** (analog zum thermischen Ausdehnungskoeffizienten) (Phys) / flexivity n ‖ **≃kreis** m (in der Differentialgeometrie) (Math) / circle of curvature*, osculating circle* ‖ **≃linien** f pl (Math) / lines of curvature ‖ **Gaußsches ≃maß** (Math) / Gaussian curvature*, total curvature* ‖ **≃mittelpunkt** m (Math) / centre of curvature ‖ **≃radius** m (HuT, Math) / radius of curvature* ‖ **≃tensor** m (tensorielle Darstellung der durch Parallelverschiebung längs infinitesimaler geschlossener Kurven gemessenen Krümmungseigenschaften des Raumes) (Math) / curvature tensor ‖ **Riemannscher ≃tensor** (Math) / Riemann-Christoffel tensor

**Krummwuchs** m (For) / crooked growth

**krumpf•arm** adj (Tex) / low-shrinkage attr, low-shrink attr ‖ **~echt** adj (Tex) / shrinkproof adj, shrink-resistant adj, non-shrinking adj, non-shrinkable adj ‖ **~echt ausgerüstet durch Schrinken** (Tex) / London-shrunk* adj ‖ **≃echtausrüstung** f (Tex) / non-shrink finish, shrink-resistant finish*

**Krumpfen** (ungewollte Maßänderung durch Einlaufen beim Naßwerden) (Tex) / shrinkage n ‖ ≃ (ein Appreturverfahren) (Tex) / shrinkage* n (desirable), shrinking process, shrinking n (desirable) ‖ **kompressives** ≃ (Tex) / compressive shrinkage*, compression shrinkage

**krumpf•fähig** adj (Tex) / shrinkable adj (a desirable property) ‖ **~frei** adj (Tex) / shrinkproof adj, shrink-resistant adj, non-shrinking adj, non-shrinkable adj ‖ **~freie Ausrüstung** (Tex) / non-shrink finish, shrink-resistant finish* ‖ **≃freiausrüstung** f (Tex) / non-shrink finish, shrink-resistant finish* ‖ **≃freiausrüstung** (Tex) / shrinking process, shrinkproofing process, shrinkproof process

**Krupon** m (Kernstück der Haut) (Leder) / butt n (tanned), butt bend (tanned) ‖ ≃ (aus zwei Kernstückhälften) (Leder) / double bend ‖ ≃ (Kernstück der Haut) (Leder) / croupon n (untanned)

**kruponieren** v (Leder) / round v, crop v ‖ ≃ n (Leder) / rounding n

**Krüppelwalm** m (Bau) / jerkin head*, shread head*, hipped gable

**Krüppelwalmdach** n (eine gebrochene Dachform) (Bau) / jerkin-head roof, hipped-gable roof

**Kruskal-Grenze** f (Kernphys) / Kruskal limit

**Kruskal-Wallis-Test** *m* (ein Signifikanztest, eine Verallgemeinerung des U-Tests) (Stats) / Kruskal and Wallis test
**Kruste** *f* / crust *n*, scale *n* ‖ ~ (örtlich begrenzte) (Geol) / crust *n*, duricrust* *n* ‖ ~ (Masch) / fur *n*, incrustation *n* ‖ ~ (Nahr) / rind *n* ‖ **eine ~ bekommen** / crust *vi*, crust *vt* ‖ **eine ~ bilden** / crust *vi*, crust *vt* ‖ **kontinentale ~** (Geol) / continental crust* ‖ **mit einer ~ überziehen** / incrust *vt*, encrust *vt* ‖ **mit einer ~** (einem harten Belag) **versehen** / incrust *v*, encrust *v* ‖ **ozeanische ~** (Geol, Ozean) / oceanic crust*
**Krusten·** - (Geol) / crustal *adj* ‖ **~bewegung** *f* (Geol) / crustal movement ‖ **~bildner** *m* (Chem) / incrustation agent, incrustant *n* ‖ **~bildung** *f* / incrustation *n*, encrustation *n*, scaling *n* ‖ **~instabilität** *f* (Geol) / tectonism *n* ‖ **~ruhe** *f* (Geol) / crustal rest ‖ **~verbiegung** *f* (nach oben) (Geol) / warping *n*
**kruzial** *adj* (Eigenschaft, die als Abgrenzungskriterium bei der Gestaltung selbsterklärungsfähiger Systeme dienen kann) (EDV, KI) / crucial *adj*
**Kryo·akustik** *f* (Akus) / low-temperature acoustics ‖ **~biochemie** *f* (Biochem) / cryobiochemistry *n* ‖ **~biologie** *f* (Biol) / cryobiology *n* ‖ **~chemie** *f* (Chem) / cryochemistry *n*, low-temperature chemistry ‖ **~chemisch** *adj* (Chem) / cryochemical *adj* ‖ **~elektronik** *f* (Eltronik) / cryoelectronics *n*, cryolectronics *n* ‖ **~flüssigkeit** *f* / cryogenic fluid, cryogen *n* ‖ **~gene Zerkleinerung** (Aufber) / cryocomminution *n* ‖ **~genblasenkammer** *f* (Kernphys) / cryogenic bubble chamber ‖ **~genik** *f* / cryogenics* *n* ‖ **~genisch** *adj* / cryogenic* *adj* ‖ **~genischer Speicher** (EDV) / cryogenic memory, cryogenic storage, cryogenic store, superconducting memory*, cold store* ‖ **~genspeicher** *m* (EDV) / cryogenic memory, cryogenic storage, cryogenic store, superconducting memory*, cold store* ‖ **~gentank** *m* (wärmeisolierter Transportbehälter für verflüssigte Gase bei Normaldruck und sehr niedrigen Temperaturen) / cryogenic tank ‖ **~hydrat** *n* (eutektische Salzlösung, deren Schmelz- oder Gefriertemperatur konstant bleibt) (Chem) / cryohydrate *n*, cryosel *n* ‖ **~hydratischer Punkt** (Phys) / cryohydric point ‖ **~kabel** *n* (Kab) / cryoresistive cable, CR cable, cryogenic resistive cable ‖ **~konit** *m* (Staubdeposition und kryophile Organismen auf Schnee und Eis) (Umwelt) / cryoconite *n* ‖ **~lith** *m* (Natriumfluoroaluminat) (Min) / cryolite* *n*, Greenland spar*, ice stone ‖ **~logie** *f* (der Zweig der Hydrologie, der sich mit den festen Formen des Wassers, also Schnee und Eis, beschäftigt) / cryology *n* ‖ **~magnet** *m* (Mag) / cryomagnet *n* ‖ **~magnetismus** *m* (Mag) / cryomagnetism *n* ‖ **~mahlen** *n* (Chem Verf, HuT) / cryogenic crushing, cold grinding ‖ **~meter** *n* (Thermometer für tiefe Temperaturen) (Wärm) / cryometer* *n* ‖ **~mittel** *n* / cryogenic fluid, cryogen *n* ‖ **~pedologie** *f* (Wissenschaft zum Studium sämtlicher, mit der Wirkung des Frostes auf den Boden zusammenhängender Fragen) (Geol, Landw) / cryopedology *n* ‖ **~physik** *f* (Phys) / cryophysics *n*, low-temperature physics *n* ‖ **~planation** *f* (Geol) / cryoplanation *n* ‖ **~pumpe** *f* (eine Vorrichtung zum Pumpen von Gasen zur Vakuumerzeugung durch Kondensation und Adsorption an Oberflächen sehr tiefer Temperaturen) (Vakuumt) / cryogenic pump, cryo pump ‖ **~pumpe** (Vakuumt) s. auch Kryoadsorption und Kryotrapping ‖ **~pumpen** *n* (Vakuumt) / cryogenic pumping, cryopumping *n* ‖ **~punkt** *m* (Sättigungspunkt eines eutektischen Gemischs von Eis und Salz) (Phys) / cryohydric point
**Kryosar** *m* (Tieftemperatur-Halbleiterelement) (Eltronik) / cryosar* *n*
**Kryo·sensor** *m* (kapazitiver Sensor, der zum Erfassen extrem tiefer Temperaturen eingesetzt wird) / cryosensor *n* ‖ **~skop** *n* (Chem) / cryoscope* *n* ‖ **~skopie** *f* (Meßverfahren bei der Gefrierpunktserniedrigung einer Lösung) / cryoscopy *n*, cryoscopic method* ‖ **~skopisch** *adj* (Phys) / cryoscopic *adj* ‖ **~skopische Konstante** (Phys) / cryoscopic constant, freezing-point depression constant, molecular depression of freezing point ‖ **~sorption** *f* (bei schwer kondensierbaren Gasen) (Vakuumt) / cryosorption *n* ‖ **~speicher** *m* (EDV) / cryogenic memory, cryogenic storage, cryogenic store, superconducting memory*, cold store* ‖ **~sphäre** *f* (die Erde bedeckende Eis- und Schneemasse) (Geol) / cryosphere *n* ‖ **~stat** *n* (Thermostat für tiefe Temperaturen) (Regeln, Wärm) / cryostat* *n* ‖ **~technik** *f* (Phys) / cryogenics* *n* ‖ **~therapie** *f* (Med) / cryotherapy* *n* ‖ **~trapping** *n* (zum Pumpen schwer kondensierbarer Gase) (Vakuumt) / cryogenic trapping, cryotrapping *n* ‖ **~tron** *n* (Eltronik) / cryotron* *n* ‖ **~turbation** *f* (ein Translokationsprozeß der Bodenbildung) (Geol) / cryoturbation *n*
**Krypta** *f* (pl. -ten) (meistens unter dem Chor einer Kirche) (Arch) / crypt *n*
**Kryptand** *m* (pl. -en) (Azapolyether) (Chem) / cryptand *n*
**Kryptat** *n* (chemische Verbindung höherer Ordnung aus Kryptanden und ionischen Verbindungen) (Chem) / cryptate *n*
**Krypto·analyse** *f* (ein Teilgebiet der Kryptologie) / cryptanalysis *n* ‖ **~anwendung** *f* (EDV) / crypto application ‖ **~controller** *m* (EDV) / cryptocontroller *n* ‖ **~grafie** *f* (ein Teilgebiet der Kryptologie) / cryptography *n* ‖ **~grafie** (Wissenschaft von den Methoden der Verschlüsselung und Entschlüsselung von Daten zum Zwecke der Unkenntlichmachung der Informationen) / cryptography *n* ‖ **~grafisch** *adj* / cryptographic *adj* ‖ **~grafisch** *adj*, crypto *adj* ‖ **~grafische Anwendung** (EDV) / crypto application ‖ **~grafische Datenverschlüsselung** (EDV) / cryptographic transformation ‖ **~ionische Reaktion** (Chem) / crypto-ionic reaction ‖ **~karte** *f* (EDV) / cryptocard *n* ‖ **~klastisch** *adj* (Geol) / cryptoclastic *adj* ‖ **~kristallin** *adj* (Min) / cryptocrystalline *adj* ‖ **~kristallines Kieselgestein** (z.B. Jaspilit) (Geol) / phthanite, phtanite *n* ‖ **~lith** *m* (ein in fast mikroskopischen Nädelchen in Apatit von Arendal eingewachsener Monazit) (Min) / cryptolite *n* ‖ **~logie** *f* (Wissenschaft, deren Aufgabe die Entwicklung von Methoden zur Verschlüsselung von Informationen und deren mathematischen Absicherung gegen unberechtigte Entschlüsselung ist) / cryptology *n* ‖ **~melan** *m* (ein Manganomelan) (Min) / cryptomelane *n* ‖ **~mer** *adj* (mit bloßem Auge nicht erkennbar - Bestandteile eines Gesteins) / cryptomerous *adj* ‖ **~meter** *n* (Anstr) / cryptometer* *n*
**Krypton (Kr)** *n* (Chem) / krypton* *n* ‖ **~difluorid** *n* (Chem) / krypton difluoride ‖ **~lampe** *f* (zu den Allgebrauchslampen zählende, das Edelgas Krypton enthaltende Glühlampe) (Eltech, Licht) / krypton lamp ‖ **~monofluorid** *n* (Chem) / krypton monofluoride
**Krypto·perthit** *m* (Geol) / cryptoperthite *n* ‖ **~system** *n* **mit öffentlich bekanntem Schlüssel** (zum Verschlüsseln, nicht zum Entschlüsseln) (EDV) / public-key system ‖ **~vulkanisch** *adj* (Geol) / cryptovolcanic *adj* ‖ **~xanthin** *n* (ein Carotinoid - E 161c) (Chem, Nahr) / cryptoxanthine *n*
**krz** (Krist) / body-centred cubic* (bcc, BCC)
**KS** (Fernm) / switching-matrix control module ‖ ~ (Masch) / grooved straight pin
**K-Salz** *n* (Zyklotrimethylentrinitramin als Sprengstoff) (Chem) / Cyclonite* *n*, RDX *n*, hexogen* *n*
**K-Säure** *f* (1-Amino-8-naphthol-4,6-disulfonsäure - eine Buchstabensäure) (Chem) / K-acid* *n*
**K-Schale** *f* (die innerste Elektronenschale im Atom) (Kernphys) / K-shell* *n*
**K-Schirm** *m* (Radar) / K-scope *n*, K-indicator *n*
**K-Serie** *f* (Kernphys) / K-series *n*
**KS-Kondensator** *m* (Eltech) / polystyrene capacitor
**K-Sprache** *f* (die von einer K-Grammatik erzeugt werden kann) (EDV) / Kleene language, K-language *n*
**KS-Steine** *m pl* (Mauersteine, die aus Branntkalk und überwiegend quarzitischen Zuschlagstoffen geformt und unter Dampfdruck gehärtet werden) (Bau, Keram) / sand lime bricks*
**KST** (Med) / magnetic resonance imaging, NMR imaging, MRI, zeugmatography *n*
**K-Stiel** *m* (HuT) / K-strut *n*
**3-K-Strahlung** *f* (Astr) / cosmic background radiation*, relic radiation, cosmic microwave radiation, microwave background*
**K-Strahlung** *f* (eine charakteristische Röntgenstrahlung) (Radiol) / K-radiation *n*
**KSV** (Tex) / pad shock drying process, pad dry fixation method
**Kt** (im Schmucksteinhandel verwendete Masseeinheit = 0,2 g) / metric carat*, MC*
**KT** (EDV, Fernm) / concentrator *n* ‖ ~ (Kernphys) / kiloton* *n*, kt ‖ ~ (Masch) / crater depth
**KT-Kondensator** *m* (ein Kunststoffolienkondensator) (Eltech) / polyester capacitor
**KTN-Kristall** *m* (Opt) / potassium tantalate niobate crystal
**kton-Sprengkraft** *f* (= 1000 tons TNT) (Kernphys) / kiloton* *n*, kt
**KTP** (die nur dann zur Blüte kommt bzw. mit anderen charakteristischen Morphosen reagiert, wenn die tägliche Beleuchtungsdauer eine artspezifisch festgelegte Minimalzeit nicht überschreitet) (Bot) / short-day plant*
**KTW** (Lufft) / reciprocating engine
**kT-Zahl** *f* (Akus) / noise figure*
**Ku** (Chem) / kurchatovium* *n*
**KU** (Eltech) / automatic reclosing
**Ku-Band** *n* (12 bis 18 GHz) (Radar) / Ku-band* *n*
**Kubatur** *f* / cubing *n* ‖ ~ (A) (Bau) / walled-in volume, yardage *n*, building volume, walled-in space, cubage *n*, cubic content(s) ‖ ~ (Math) / cubing *n*
**Kubebenöl** *n* (Pharm) / oil of cubeb, cubeb oil
**Kubebenpfefferöl** *n* (Pharm) / oil of cubeb, cubeb oil
**Kübel** *m* (des Schürfkübelwagens) (HuT) / bowl *n* ‖ ~ (Werkz) / bucket* *n*, pail *n*, vat *n*, tub *n* ‖ ~ **mit Bodenentleerung** (HuT) / drop-bottom bucket, bottom-opening bucket
**Kubelka-Munk-Koeffizient** *m* (nach P. Kubelka, 1900-1954) (Opt) / Kubelka-Munk coefficient
**Kubelka-Munk-Modell** *n* (Opt) / Kubelka-Munk model
**kubieren** *v* (Math) / cube *v*
**Kubierung** *f* (Math) / cubing *n*
**Kubik·** - / cubic *adj* ‖ **~fuß je Sekunde** (0,0283 m$^3$) (Wasserb) / cusec* *n* ‖ **~inhalt** *m* (Math) / cubic contents, cubature *n*, cubage *n*, cubical

capacity, cubical contents ‖ ~**inhaltsberechnung** *f* / cubing *n* ‖ ~**meter** *m* **je Sekunde** (1 m³/s) (Wasserb) / cumec *n* ‖ ~**wurzel** *f* (mit dem Wurzelexponenten n = 3) (Math) / cube root ‖ ~**zahl** *f* (Math) / cube* *n*

**kubisch** *adj* (würfelförmig) / cubic *adj*, cubical *adj* ‖ **~es Bornitrid** (Chem) / cubic boron nitride, CBN ‖ **~ dichteste Kugelpackung** (Krist) / cubic close packing* (ccp, CCP) ‖ **~e Gleichung** (Math) / cubic equation* ‖ **~ kristallines Bornitrid** (Chem) / cubic boron nitride, CBN ‖ **~ primitiv** (Kristallsystem) (Krist) / simple cubic, primitive cubic ‖ **~es System** (Kristallsystem - DIN 13316) (Krist) / cubic system*, isometric system*, regular system

**kubisch • -flächenzentriert** *adj* (Krist) / face-centred cubic* (f.c.c.) ‖ **~-raumzentriert** *adj* (Krist) / body-centred cubic* (bcc, BCC)

**Kubizierglocke** *f* (Gasmessung) / bell prover, gas referees' meter prover

**Küblerdübel** *m* (For) / Kübler dowel

**Kubooktaeder** *m* (Krist) / cubooctahedron *n* (pl. -hedrons or -hedra)

**Kubus** *m* (EDV) / cube *n* ‖ ~ (Math) / cube* *n* ‖ ~ (Math) / cube* *n*

**Kuchen** *m* (Schamotteplatte, die die Einsatzöffnung verschließt) (Glas) / tweel *n*, tweel block, tuile block, tuille *n*, stopper *n* ‖ ~ (Zementkuchen) (HuT) / pat *n*

**Küchen • abfälle** *m pl* (als Schweinefutter) (Landw, Umwelt) / swill *n* ‖ ~**abfälle** (Umwelt) / kitchen refuse, kitchen scraps ‖ ~**aufzug** *m* (Bau) / service lift, dumb waiter ‖ ~**block** *m* (Bau) / kitchen unit

**Kuchen • diagramm** *n* / circle graph, pie chart (US), circular diagram, sector chart ‖ ~**fertigmehl** *n* (Nahr) / cake mix ‖ ~**fertigmehlmischung** *f* (Nahr) / cake mix ‖ ~**filtration** *f* (Chem, Phys) / surface filtration

**Küchen • gerät** *n* (Eltech) / kitchen appliance ‖ **elektrisches** ~**gerät** (Eltech) / electric machine for kitchen use, kitchen electrical ‖ ~**hubwagen** *m* (Luftf) / catering truck ‖ ~**maschine** *f* (Stand-, Kompakt-) (Nahr) / food processor ‖ **elektrische** ~**maschine** (Eltech) / electric machine for kitchen use, kitchen electrical

**Kuchenmehl** *n* (backfertiges Mehl zur Herstellung bestimmter Kuchenarten) (Nahr) / cake mix

**Küchen • möbel** *n pl* (Tischl) / kitchen furniture ‖ ~**schabe** *f* (Blatta orientalis L.) (Med, Nahr) / Oriental cockroach, Asiatic cockroach, Oriental roach ‖ ~**wagen** *m* (auf dem Flughafen) (Luftf) / galley loader ‖ ~**zelle** *f* (Bau) / kitchen unit

**Kuckersit** *m* (rotbrauner, dünnschiefriger, kalkhaltiger Bitumenschiefer) (Geol) / kukersite *n*

**Kuckucksgestirn** *n* (der bekannteste offene Sternhaufen im Sternbild Stier) (Astr) / Pleiades* *n pl*

**Kuder** *m* (S) (Tex) / tow *n*

**KUF** (Tex) / cupro staple

**Kufe** *f* / vat *n*, back* *n*, tub *n*, beck* *n*, bark *n* ‖ ~ / ski *n* ‖ ~ (Gleitkufe) / skid *n*, sledge runner ‖ ~ (Bottich der Waschmaschine) (Tex) / vat *n* ‖ **auf** ~**n befördern** / skid *vt*

**Kufen • fahrwerk** *n* (Luftf) / skid-type undercarriage ‖ ~**station** *f* (Kraftwerk) (Eltech) / skid-mounted station ‖ ~**taster** *m* (der Rübenvollerntemaschine) (Landw) / skid feeler

**Küfer** *m* (S) / cooper, white cooper

**Küferei** *f* / cooperage *n*

**Küferniet** *m* / cooper's rivet

**Küfner** *m* (S) / cooper *n*, white cooper

**Kugel** *f* / sphere *n*, globe *n* ‖ ~- / spherical *adj*, globular *adj*, spheriform *adj* ‖ ~- / spheroidal *adj*, spheroid *adj* ‖ ~ *f* / ball *n* ‖ ~ (Geol) / kugel *n*, orbicule *n* ‖ ~ *n f pl* (zum Kugelpolieren) (Gieß, Masch) / burnishing shot ‖ ~ *f* (meistens eine Vollkugel) (Math, Phys) / ball *n* ‖ **abgeschlossene** ~ (Math) / closed ball ‖ **offene** ~ (Math) / open ball ‖ **zapfengelagerte** ~ (Masch) / trunnion-mounted ball ‖ ~ *f* **aus Korund oder Flint** (für die Kugelmühlen) / grinding pebble

**Kugel • abschnitt** *m* (Math) / spherical segment, segment of sphere ‖ ~**armatur** *f* (Masch) / globe valve ‖ ~**ausschnitt** *m* (Math) / spherical sector, sector of sphere ‖ ~**bakterie** *f* (Bakteriol) / coccus* (*pl cocci*) ‖ ~**behälter** *m* (großer) / spherical tank ‖ ~**bildung** *f* (ein Glasurfehler) (Keram) / conglobation *n*, balling *n* ‖ ~**bildungsgrad** *m* (Pulv) / nodularity *n* ‖ ~**blitz** *m* (Meteor) / ball lightning*, globular lightning ‖ ~**brennraum** *m* (bei Dieselmotoren) (V-Mot) / spherical combustion chamber ‖ ~**bund** *m* (z.B. von Radschrauben) (Kfz) / radius set ‖ ~**charakteristik** *f* (die Richtcharakteristik eines Kugelstrahlers oder -mikrofons) (Radio) / isotropic radiation pattern, isotropic pattern, omnidirectivity *n*

**Kügelchen** *n* / globule *n* ‖ ~ (durch Agglomerieren, Kompaktieren oder Stückigmachen hergestelltes) (unregelmäßiger Rundkörper ohne internes Richtungsgefüge) (Geol) / pellet *n*

**Kugel • drehen** *n* (Masch) / spherical turning ‖ ~**drehkranz** *m* (Masch) / ball-bearing slewing-ring ‖ ~**drehverbindung** *f* (Masch) / live ring ‖ ~**dreieck** *n* (Math) / spherical triangle* ‖ ~**druckhärte** *f* (DIN 53456) (Plast, WP) / ball-impression hardness ‖ ~**druckhärte** s. auch Brinellhärte ‖ ~**endmaß** *n* (ein Parallelendmaß) (Masch) / spherical end block (gauge) ‖ ~**evolvente** *f* (DIN 3971) (Math) / spherical involute ‖ ~**evolventenverzahnung** *f* (DIN 3971) (Masch) / involute toothing with a spherical line of contact ‖ ~**fallschallquelle** *f* (Akus) / falling-ball acoustic calibrator ‖ ~**fallviskosimeter** *n* (Phys) / falling-sphere viscometer, falling-ball viscometer ‖ ~**fest** *adj* / bulletproof *adj*, bullet-resistant *adj* ‖ ~**festgelenk** *n* (Kfz) / ball-type fixed joint ‖ ~**festgelenk** (nach A.H. Rzeppa) (Kfz) (eine Sonderkonstruktion des Gleichlaufgelenks nach A.H. Rzeppa) (Kfz) / Rzeppa joint, Birfield joint ‖ ~**fläche** *f* (Math) / spherical surface ‖ ~**flächenfunktion** *f* (Math) / surface harmonic, surface spherical harmonic

**kugelförmig** *adj* / spherical *adj*, globular *adj*, spheriform *adj* ‖ **~e Anode** (Eltronik) / spherical anode ‖ **~er Besen** (am langen Stiel) (Schiff) / Turks head ‖ **~er Brennraum** (V-Mot) / spherical combustion chamber ‖ **~es Molekül** (in der Molekülspektroskopie) (Spektr) / spherical rotor ‖ **~er Sternhaufen** (Astr) / globular cluster* ‖ **~er Zementit** (Hütt) / globular cementite*

**Kugel • förmigkeit** *f* (der Jets) (Kernphys) / sphericity *n* ‖ ~**fräser** *m* (Masch) / cherry *n* ‖ ~**frässtift** *m* (Masch) / spherical burr ‖ ~**führung** *f* (eine Längsführung) (Masch) / ball guide ‖ **in** ~**führung** (Opt) / ball-bearing mounted, ball-guided *adj* ‖ **mit** ~**führung** (Opt) / ball-bearing mounted, ball-guided *adj* ‖ ~**funkenstrecke** *f* (Eltech) / sphere gap* ‖ ~**funktion** *f* (Math) / surface harmonic, surface spherical harmonic

**Kugelgelenk** *n* (als Getriebeteil) (Masch) / ball joint*, ball-and-socket joint* ‖ **mit Verschleißanzeige** (Masch) / wear-indicating ball joint ‖ ~**abzieher** *m* (ein Kfz-Spezialwerkzeug) (Kfz, Werkz) / ball-joint separator, ball-joint puller ‖ ~**kopf** *m* (Masch) / ball-and-socket head* ‖ ~**zapfen** *m* (Masch) / ball socket

**Kugel • geometrie** *f* (Math) / spherical geometry ‖ ~**gewindetrieb** *m* (Masch) / recirculating ball screw ‖ ~**graphit** *m* (Hütt) / spheroidal graphite, nodular graphite ‖ ~**hahn** *m* (Masch) / ball valve ‖ ~**haube** *f* (Math) / spherical cap, cap *n* ‖ ~**haufen** *m* (Astr) / globular cluster* ‖ ~**haufenreaktor** *m* (in dem die Kernmaterialien teilweise oder vollständig in Form eines stationären Bettes kleiner Kugeln vorliegen, die in Kontakt miteinander stehen) (Nukl) / pebble-bed reactor* ‖ ~**hülse** *f* (eine Längsführung) (Masch) / ball spline

**kugelig** *adj* (sphärisch) / spherical *adj*, globular *adj*, spheriform *adj* ‖ ~ (Min) / mammillary *adj* ‖ **~e Absonderungsklüftung** (Geol) / spheroidal jointing* ‖ **~ gelagertes Lager** (Masch) / spherical-seated bearing ‖ **~er** (eingeformter) **Perlit** (Hütt) / granular pearlite*, globular pearlite, divorced pearlite ‖ **~es Pulver** (Pulv) / spherical powder ‖ **~er Sitz** (Masch) / spherical seat ‖ **~e Verwitterungsformen** (Geol) / concentric weathering ‖ **~er Zementit** (Hütt) / spheroidite *n*

**Kugel • käfig** *m* (Masch) / ball retainer, ball cage retainer, ball cage ‖ ~**kalotte** *f* (als konkrete Fläche eines Maschinenteils) (Masch) / spherical part ‖ ~**kalotte** (Math) / spherical cap, cap *n* ‖ ~**kappe** *f* (als konkrete Fläche eines Maschinenteils) (Masch) / spherical part ‖ ~**kappe** (Math) / spherical cap, cap *n* ‖ ~**kappenfallschirm** *m* (Luftf) / umbrella-shaped parachute ‖ ~**keil** *m* (Math) / spherical wedge ‖ ~**knopf** *m* (Masch) / knob *n* ‖ ~**kondensator** *m* (Eltech) / spherical capacitor ‖ ~**koordinaten** *f pl* (Math, Verm) / spherical polar coordinates*, spherical coordinates

**Kugelkopf** *m* (der alten Schreibmaschine) / golf-ball *n* (a typing element), spherical print-ball, ball typing head, spherical print-head ‖ ~ / ball head, spherical head ‖ ~ (einer Anhängerkupplung) (Kfz) / trailer ball, trailer hitch ball, tow ball ‖ ~**drucker** *m* (EDV) / golf-ball printer ‖ ~**gelenk** *n* (Masch) / ball joint*, ball-and-socket joint* ‖ ~**hebel** *m* (in der Kurvengetriebe) (Masch) / spherical face follower ‖ ~**schraubendreher** *m* (Masch, Werkz) / ball hex driver, ball and hexagon screwdriver ‖ ~**stößel** *m* (Masch) / spherical face follower

**Kugel • kühler** *m* (Chem) / Allihn condenser ‖ ~**lager** *n* (Masch) / ball-bearing ‖ ~**lagerabzieher** *m* (ein Kfz-Spezialwerkzeug) (Kfz, Werkz) / ball-bearing puller ‖ ~**lagerauszieher** *m* (Kfz, Werkz) / ball-bearing puller ‖ ~**lagerlaufbahn** *f* (Masch) / ball-track* *n* ‖ ~**läppmaschine** *f* (Masch) / spherical lapping machine ‖ ~**laufbahn** *f* (Masch) / ball-track* *n* ‖ ~**leuchte** *f* (Licht) / sphere lamp ‖ ~**loslager** *n* (Masch) / ball bushing ‖ ~**mikrofon** *n* (Akus) / non-directional microphone*, astatic microphone, omnidirectional microphone*, polydirectional microphone* ‖ ~**mitte** *f* (Math) / centre of the sphere ‖ ~**molch** *m* / sphere pig

**Kugelmühle** *f* (kleines Laborgerät) (Chem) / jar mill, jar crusher ‖ ~ (mit Stäben als Mahlmittel) (Masch) / marathon mill ‖ ~ (als Mahlkörper werden Flint, Hartporzellan, Stahl usw. verwendet) (Masch) / ball mill*, ball grinder ‖ **schwingende** ~ (Masch) / vibromill* *n*, vibratory mill, vibrating ball mill, vibration ball mill ‖ ~ *f* **Kruppscher Bauart** (mit Hartguß- oder Stahlkugeln als Mahlkörpern) (Masch) / Krupp ball mill

**Kugelmutter-Hydrolenkung** *f* (eine Servolenkung) (Kfz) / ball nut hydro-steering, rotary-valve power steering, torsion-bar power steering

**Kugeln** *n* (Masch) / ball burnishing ‖ ~ (von Bohrungen) (Masch) / ball sizing*

**Kugeloberfläche**

**Kugeloberfläche** f (Math) / spherical surface
**Kugelpackung** f (Krist) / sphere packing ‖ **dichteste ~** (Krist) / close packing ‖ **ebene dichteste ~** (Krist) / plane close cubical packing ‖ **hexagonal dichteste ~** (Krist) / hexagonal close packing (hcp, HCP) ‖ **kubisch dichteste ~** (Krist) / cubic close packing* (ccp, CCP) ‖ **räumlich dichteste ~** (Krist) / sphere closest packing, space close cubical packing
**Kugel•pendel** n (Phys) / spherical pendulum ‖ **~perforation** f (Erdöl) / gun perforation* ‖ **~perforator** m (Erdöl) / gun perforator ‖ **~polieren** s (Masch) / ball burnishing ‖ **~polieren** s. auch Preßpolieren ‖ **~polierung** f (Oberflächenbearbeitung) (Masch) / ball burnishing ‖ **~projektion** f (Krist) / spherical projection ‖ **~radius** m (Math) / radius of the sphere ‖ **~rasseln** n (bei Gleichlaufgelenkwellen) (Kfz) / CVJ knock, ball rattle ‖ **~resonator** m (Akus) / spherical resonator ‖ **~ring** m (Math) / spherical annulus ‖ **~ringmühle** f / ball-and-race mill, ring-ball mill, ball-and-race-type pulverizer ‖ **~rohr** n (Apparatur zur schonenden Destillation, Sublimation oder Lösemittelverdampfung) (Chem Verf) / ball-tube still ‖ **~rohrmühle** f (Masch) / bulb-tube mill ‖ **~rollspindel** f (ein Stellelement) (Masch) / recirculating ball screw, ball screw ‖ **~rollspindel** (Masch) / recirculating ball screw ‖ **~schale** f (des Kugelgelenks) (Masch) / race n ‖ **~schale** (der zwischen den Oberflächen zweier konzentrischer Kugeln liegende Raumteil) (Math) / spherical shell ‖ **~schalige Klüftung** (in den Säulen von Effusivgesteinen) (Geol) / cup-and-ball joint, ball-and-socket joint ‖ **~schallquelle** f (Akus) / spherical sound source ‖ **~schaufler** m (stetig arbeitende Lademaschine zum Fördern von Schüttgütern) (HuT, Masch) / rotary excavator ‖ **~scheibe** f (Masch) / spherical washer ‖ **~schicht** f (zwischen zwei parallelen Ebenen) (Math) / spherical layer, spherical segment of two bases ‖ **~schlaghammer** m **der Poldihütte** (Hütt) / Poldi hardness tester, Poldi hammer ‖ **~schliffverbindung** f (Chem) / spherical ground joint, ball-and-cup joint ‖ **~schmiernippel** n (Masch) / domed-head-type lubricating nipple ‖ **~schnäpper** m (Beschlag zum kraftschlüssigen Schließen von Möbeltüren) (Bau) / ball catch*, bullet catch* ‖ **~schnitt** m (Math) / spherical section ‖ **~schraubtrieb** m (mit einer Kugelumlaufspindel) (Masch) / recirculating ball screw and nut ‖ **~schreiber** m (mit Dreh- oder Druckmechanik) / ball-point n, ball-point pen, ball-pen n, Biro n (pl. -s) ‖ **~schreiberpaste** f (DIN 16554, T 1) / ball-point pen ink ‖ **~segment** n (Math) / spherical segment, segment of sphere ‖ **~sektor** m (Math) / spherical sector, sector of sphere ‖ **~sicher** adj / bulletproof adj, bullet-resistant adj ‖ **~sicheres Glas** (Glas) / bulletproof glass (US) ‖ **~sintern** v (bei Hitzeeinwirkung - nur Infinitiv und Partizip) (Pulv) / nodulize v ‖ **~sitz** m (Masch) / spherical seat ‖ **~speiser** m / spheric wave, spherical feeder, spherical riser ‖ **~speiser** (für diskontinuierliche Formgebungsverfahren) (Glas) / spherical feeder ‖ **~-Stab-Modell** n (ein Molekülmodell, bei dem nur die Bindungswinkel exakt stimmen) (Chem) / stick model (Chem) ‖ **~sternhaufen** n (Astr) / globular cluster* ‖ **~stoßversuch** m (Anstr, WP) / ball impact test ‖ **~strahlen** n (Gieß, Masch) / shot-peening* n, peening* n, shot-blasting n ‖ **~strahler** m (der nach allen Richtungen mit gleicher Leistung abstrahlt) (Radio) / isotropic radiator*, omnidirectional radiator, isotropic antenna, unipole n (US), spherical radiator* ‖ **~strahler nullter Ordnung** (Akus) / zeroth-order spherical radiator ‖ **~strahlversuch** m (meistens zur Prüfung von Automobillackierungen nach DIN 53154) (Anstr, WP) / ball impact test ‖ **~tank** m / spherical tank ‖ **~textur** f (Geol) / orbicular structure* (with spherical orbs up to several centimetres in diameter), spheroidal structure (large rounded masses) ‖ **~umlauflenkung** f (Lenkung, bei der das Lenkgetriebe mit Schraubenkugellager versehen ist) (Kfz) / recirculating ball-type steering n, recirculating-ball-and-nut steering (gear) ‖ **~umlaufspindel** f (ein Stellelement) (Masch) / recirculating ball screw, ball screw ‖ **~umlaufspindel** (Kernstück eines Vorschubantriebs bei CNC-Maschinen) (Masch) / recirculating ball screw ‖ **~- und Rollendrehverbindung** f (Masch) / live ring ‖ **~ventil** n (ein Rückschlagventil) (Masch) / ball valve*, ball check valve (US) ‖ **~verschiebegelenk** n (Kfz) / ball-type plunging joint ‖ **~volumen** n (Math) / volume of the sphere ‖ **~walzmaschine** f (Masch) / ball rolling machine ‖ **~welle** f (bei punktförmiger Schallquelle - DIN 1324, T 3) (Akus) / spheric wave, spherical wave ‖ **~windeisen** n (verstellbarer Werkzeughalter mit vier Vierkantlöchern/ oder unverstellbarer Halter mit sechs Vierkantlöchern/ zur Aufnahme von Handgewindebohrern) (Masch) / multiway tap holder, ball-type tap wrench, two-piece threading die ‖ **~winkel** m (Math) / spherical angle ‖ **~zapfen** m (Masch) / ball journal ‖ **~zementit** m (Hütt) / globular cementite* ‖ **~zone** f (derjenige Teil der Oberfläche der Kugel, der zur Begrenzung der Kugelschicht gehört) (Math) / zone of sphere ‖ **~zweieck** n (die Kugeloberfläche des Kugelkeils) (Math) / lune* n, gore n, spherical lune
**Kuglerstuhl** m (Glas) / cutting lathe
**Kuglerzeug** n (Glas) / cutting lathe

**Kuhfänger** m (Bahn) / guard iron, rail guard, pilot n (US), cowcatcher n (US)
**Kuhhaut** f (Leder) / cow-hide n
**kühl lagern!** / keep cool!
**Kühl•auto** n (Kfz) / refrigerated truck, refrigerator truck, reefer n ‖ **~automobil** n (Kfz) / refrigerated truck, refrigerator truck, reefer n ‖ **~bad** n / cooling bath ‖ **~bahn** f (ein Entspannungsofen) (Glas) / lehr* n, leer* n, lear* n, lier* n ‖ **~band** n (Glas) / lehr belt (continuous) ‖ **~becken** n (zur Kühlwasserrückkühlung) (Masch) / cooling pond* ‖ **~becken** (mit Sprühdüsen - für Zirkulationswasser) (Masch) / spray pond, spray pool ‖ **~bereich** m (Glas) / annealing range ‖ **~beschlag** m (ein Entspannungsfehler) (Glas) / bloom* n ‖ **~blech** n (Nahr) / cooling tray ‖ **~box** f / cooling box ‖ **~delta** n / cooling delta, delta n ‖ **~dusche** f (Nahr) / chill shower ‖ **~einbau** n (eines Naßkühlturms) / packing n, fill n (US), filling n (US) ‖ **~einsatz** m (Gieß) / cooling fountain ‖ **~eisen** n (Gieß) / chill* n, chill plate ‖ **~eisen anlegen** (um ein dichtes Gefüge zu erhalten) (Gieß) / densen v ‖ **thermoelektrisches ~element** (Phys) / thermoelectric cooling device ‖ **~emulsion** f (Masch) / emulsified coolant*
**kühlen** v / cool vt ‖ **mit Eis ~** / ice vt ‖ **~** n (mittels Kältemaschine) / refrigeration n ‖ **~** (Glas) / annealing* n ‖ **~** (Masch, Phys) / cooling n
**Kühler** m / cooler n ‖ **~** (ein Laborgerät) (Chem, Chem Verf) / condenser* n ‖ **~** (Kfz) / radiator* n ‖ **Allihnscher ~** (Chem) / Allihn condenser ‖ **~abdeckung** f (Kfz) / radiator shroud ‖ **~blech** n (Kfz) / front panel, radiator support panel ‖ **~block** m (Kfz) / radiator core, radiator matrix ‖ **~frostschutzmittel** n (Kfz) / radiator antifreeze ‖ **~grill** n (Kfz) / radiator grille, grille n ‖ **~gruppe** f (bei Dieselmotoren) (V-Mot) / cooling unit ‖ **~halterung** f (Kfz) / radiator support, radiator cowl, radiator mounting panel ‖ **~haube** f (Kfz) / bonnet* n, vehicle bonnet, hood n (US) ‖ **~jalousiesystem** n (Kfz) / radiator shutter system ‖ **~klappe** f (Luftf) / gill* n, radiator flap*, cooling gill n ‖ **~maske** f (Kfz) / radiator grille, grille n ‖ **~schlauch** m (Kfz) / radiator hose ‖ **~schutzgitter** n (Kfz) / radiator grille, grille n ‖ **~träger** m (Kfz) / radiator support, radiator cowl, radiator mounting panel
**Kühl•fahrzeug** n (Kfz) / refrigerated lorry, reefer n (US) ‖ **~fahrzeug mit Eiskühlung** (Kfz) / iced vehicle ‖ **~fahrzeug mit Kältesatz** (Kfz) / mechanically refrigerated vehicle ‖ **~falle** f (mit flüssiger Luft) / liquid-air trap ‖ **~falle** (zur Abscheidung von Dämpfen aus Gasströmen oder in Vakuumsystemen durch Kondensation) (Vakuumt) / cold trap*, cryogenic trap ‖ **~falte** f (ein Oberflächenfehler) (Glas) / chill mark n ‖ **~fehler** m (Glas) / annealing defect ‖ **~finger** m (eine spezielle Art von Rückflußkühlern) (Chem) / cold-finger condenser ‖ **~fläche** f / cooling surface ‖ **~flüssigkeit** f (Masch) / coolant* n, cooling liquid, cooling fluid ‖ **~flüssigkeit** (für Motoren) (V-Mot) / engine coolant ‖ **~gebläse** n (bei luftgekühlten Motoren) (V-Mot) / cooling fan, blower n ‖ **~geschwindigkeit** f (Hütt, Krist) / cooling rate ‖ **~gut** n / refrigerated goods ‖ **~halten** v / cooling n ‖ **~haube** f (Glas) / soaking pit (for optical glass) ‖ **~haus** n / cold store, cooling house ‖ **~insel** f (eine Verkaufskühltruhe) / refrigerated island site cabinet
**Kuhlippe** f (Keram) / cow's lip (a trimming tool of hard rubber)
**Kühl•kanal** m (Eltech) / cooling duct* ‖ **~kasten** m (eines Schachtofens) (Hütt) / cooling box, monkey n ‖ **~kerze** f (im Behälter) / cooling bar ‖ **~kette** f (auf dem Weg vom Hersteller bis zum Endverbraucher) (Nahr) / cold chain ‖ **~kokille** f (Gieß) / chill* n, densener n ‖ **~körper** m (eines Transistors) (Eltronik) / heat sink*, dissipator n ‖ **~körper** (eingeformter) (Gieß) / chill* n, chill plate n ‖ **~kreis** m / cooling circuit ‖ **~kreislauf** m / cooling cycle ‖ **geschlossener ~kreislauf** (Kfz) / closed-circuit cooling, coolant return system ‖ **~lagerung** f / cold storage ‖ **~lamelle** f (bei zweiteiligen Formen) (Masch, V-Mot) / fin* n ‖ **~last** f (die aus einem zu klimatisierenden Raum abzuführende Wärmemenge) / cooling load ‖ **~leistung** f / cooling capacity, cooling efficiency ‖ **~leistung** (eines Kühlturms) (Masch) / thermal performance (of a cooling tower) ‖ **~luft** f / cooling air ‖ **~luftklappen** f pl (Luftf) / cowl flaps*, cowl gills n ‖ **~mantel** m (Raumf) / jacket* n ‖ **~maschine** f (eine Kältemaschine die zur Nutzung des bei niederer Temperatur aufgenommenen Wärmestromes betrieben wird) / refrigerating system for cooling ‖ **~medium** n / cooling medium
**Kühlmittel** n (Wärmeübertragungsmittel) (Phys) / coolant n, cooling agent ‖ **natürlich bewegtes ~** (Eltech) / naturally circulated coolant ‖ **sekundäres ~** (Nukl) / secondary coolant* ‖ **~ausgleichsbehälter** m (Kfz) / expansion tank, coolant recovery bottle ‖ **~durchsatz-Störfall** m (Nukl) / loss of flow accident, LOFA ‖ **~öl** n (Masch) / soluble oil*, soluble cutting oil ‖ **~pumpe** f (Nukl) / coolant pump ‖ **~schleife** f (Nukl) / closed cycle ‖ **~temperatur** f (Kfz) / coolant temperature, engine coolant temperature ‖ **~temperaturanzeige** f (Kfz) / coolant temperature gauge ‖ **~temperaturanzeige** m (Kfz) / coolant temperature gauge ‖ **~umwälzschleife** f (Nukl) / recirculation loop, coolant recirculation loop ‖ **~verlust-Störfall** m (Nukl) / loss of coolant accident*, LOCA*

**Kühl • möbel** n / refrigerated cabinet ‖ **⁓ofen** m (zur Entspannung von Glas) (Glas) / annealing furnace ‖ **⁓ofenbeschicker** m (Glas) / lehr loader (a machine which places and spaces glassware on a continuous lehr belt), stacker n ‖ **⁓platte** f (der Heißpresse) (For) / cooling plate ‖ **⁓platte** (Hütt) / stave cooler ‖ **⁓presse** f (zum Kühlen von Spanplatten) (For) / cooling press ‖ **⁓pumpe** f (Nukl) / coolant pump ‖ **unterer ⁓punkt** (Glas) / strain point ‖ **⁓regal** n / refrigerated case ‖ **⁓rippe** f (die das Reißen von besonders warmrißgefährdeten Gußstückpartien verhindern soll) (Gieß) / bracket n ‖ **⁓rippe** (meistens quer verlaufend) (Masch) / cooling fin, cooling rib ‖ **⁓rippe** (zur Oberflächenvergrößerung) (Masch, V-Mot) / fin* n ‖ **⁓riß** m (Keram) / cooling crack ‖ **⁓rißbildung** f (Keram) / dunting n (the cracking of fired ware which has been cooled too rapidly) ‖ **⁓säule** f (mehrere übereinander angeordnete Kühlelemente, die senkrecht am Umfang eines Trockenkühlturms aufgestellt werden) / cooler column ‖ **⁓schaden** m (Nahr) / frost damage, cold-storage injury, chilling injury ‖ **⁓schiff** n (zum Abkühlen heißer Bierwürze) (Brau) / coolship n ‖ **⁓schiff** (ein Spezialschiff) (Schiff) / refrigerated carrier, reefer n ‖ **⁓schlange** f (Brau) / attemperator n ‖ **⁓schlange** (Masch) / cooling coil* ‖ **⁓schlitz** m (Eltech) / cooling duct* ‖ **radiale ⁓schlitze** (Eltech) / radial ducts*

**Kühlschmier • behälter** m (Masch) / coolant lubrication pot ‖ **⁓emulsion** f (Masch) / emulsified coolant* ‖ **⁓mittel** n (ein Metallbearbeitungsöl) (Masch) / coolant n ‖ **⁓stoff** m (DIN 51385) (Masch) / coolant n ‖ **⁓system** n (Masch) / cooling lubricant system

**Kühl • schrank** m (Masch) / refrigerator* n ‖ **thermoelektrischer ⁓schrank** (mit thermoelektrischem Kältesatz) (Eltech) / thermoelectric refrigerator ‖ **⁓sole** f (als Kälteträger) / brine n, refrigerating brine ‖ **⁓sole** (bei der Solekühlung) (Chem Verf) / cold brine, cool brine ‖ **⁓stärke** f (Masch) / cooling effect (measured with the katathermometer) ‖ **⁓station** f (für Beschickbleche) (For) / cooling station ‖ **⁓stern** m (Eltech) / star-shaped heat dissipator ‖ **⁓strecke** f (DIN 64990) (Tex) / cooling stretch ‖ **plombiertes ⁓system** (Kfz) / sealed-for-life cooling system ‖ **⁓tank** m (Glas) / bosh* n ‖ **⁓tasche** f / cooler n, cool bag ‖ **⁓teich** m (Masch) / cooling pond* ‖ **⁓teich** (mit Sprühdüsen - für Zirkulationswasser) (Masch) / spray pond, spray pool ‖ **untere ⁓temperatur** (Glas) / strain point ‖ **⁓theke** f (Verkaufskühlmöbel, gegen den Käufer durch Glasscheiben abgedeckt, so daß die Ware nur von der Verkäuferseite zugänglich ist) / refrigerated service counter ‖ **⁓tisch** m / refrigerated case ‖ **⁓trub** m (Brau) / cold break ‖ **⁓tunnel** m / cooling tunnel

**Kühlturm** m (DIN 1947) (Masch) / cooling tower* ‖ **atmosphärischer ⁓** / atmospheric cooling tower ‖ **einflutiger ⁓** (Querstromkühlturm, der nur auf einer Seite Lufteintrittsöffnungen und Kühleinbauten besitzt, während die drei übrigen Seiten vom Gehäuse umschlossen sind) / single-flow cooling tower ‖ **hyperbolischer ⁓** (dessen Schale die Form eines Rotationshyperboloids hat) / hyperbolic cooling tower ‖ **zweiflutiger ⁓** (Querstromkühlturm mit zwei gegenüberliegenden Lufteintrittsöffnungen und Kühleinbauflächen) / double-flow cooling tower ‖ **⁓tasse** f / cold water basin, collection basin

**Kühl- und Gefrierkombination** f / refrigerator-freezer n

**Kühlung** f (mittels Kältemaschine) / refrigeration n ‖ **⁓** (Masch, Phys) / cooling n ‖ **natürliche ⁓** / natural cooling ‖ **thermoelektrische ⁓** (unter Ausnutzung des Peltier-Effekts) (Phys) / thermoelectric cooling*, Peltier cooling ‖ **⁓ f beim Wiedereintritt in die Erdatmosphäre** (Raumf) / re-entry cooling ‖ **⁓ durch hohle Leiter** (Eltech) / direct cooling* ‖ **⁓ durch Stoffaustausch** (z.B. eine Ablationskühlung) / mass transfer cooling ‖ **⁓ im offenen Kreislauf** (Eltech) / open-circuit cooling (by pressurizing medium), enclosed self-ventilation ‖ **⁓ mit Eis** / ice cooling ‖ **⁓ mit Eiswasser** (Nahr) / hydrocooling n

**Kühlungskristallisator** m (Krist) / cooling crystallizer

**Kühl • verfahren** n / cooling process ‖ **⁓vitrine** f / refrigerated display cabinet, display refrigerator ‖ **⁓vorrichtung** f / cooler n ‖ **⁓vorrichtung** (eines Transistors) (Eltronik) / heat sink*, dissipator n ‖ **⁓wagen** m (Bahn) / refrigerated wagon, reefer n (US) ‖ **⁓wagen** (im Entspannungsofen) (Glas) / pan n ‖ **⁓wasser** n / cooling water, C.W. ‖ **⁓wassertemperatur-Meßeinrichtung** f (Kfz) / temperature gauge ‖ **⁓wasserthermometer** m (Kfz) / water temperature gauge ‖ **⁓wasserwanne** f (Glas) / bosh* n ‖ **⁓wendel** f (Masch) / cooling coil* ‖ **⁓wirkung** f / cooling capacity, cooling efficiency ‖ **⁓-Zement** m (heute nicht mehr hergestellte) (HuT) / Kühl cement ‖ **⁓zone** f (z.B. bei Tunnelöfen der Abschnitt vom Ende der Brennzone bis zur Ofenausfahrt) / cooling zone

**Kuhmilch** f (Nahr) / cow milk, cows' milk, milk of cows

**Kuhn-Roth-Methode** f (oxidativer Abbau von organischen Verbindungen mit Chromsäure-Schwefelsäure) (Chem) / Kuhn-Roth method

**Kuhstall** m (Landw) / cowshed n

**Küken** n (Masch) / plug n, taper plug

**Kukuruz** m (A) (Bot, Landw) / maize* n, corn* n (US), Turkey corn (US), Indian corn (US)

**Kulait** m (Hornblende-Nephelin-Tephrit) (Geol) / kulaite* n

**Külbel** n (Mundblasverfahren, bei der maschinellen Hohlglasfertigung) (Glas) / parison* n

**kulieren** v (Maschenware) (Tex) / coulier v ‖ **⁓** n (nacheinander ablaufendes Umformen des Fadens in Schleifen) (Tex) / couliering n, yarn sinking

**Kulier • exzenter** m (Tex) / coulier cam ‖ **⁓gewirke** n (Tex) / weft knit fabric, weft-knitted fabric, coulier goods ‖ **⁓platine** f (DIN 62 154) (Tex) / jack sinker, loop-forming sinker ‖ **⁓platine** (Tex) s. auch Verteilplatine ‖ **⁓plüsch** m (Tex) / knitted plush ‖ **⁓rad** n (Tex) / sinker wheel, looping wheel, loop wheel ‖ **⁓rössel** n (Tex) / slur cam ‖ **⁓ware** f (Tex) / weft knit fabric, weft-knitted fabric, coulier goods ‖ **doppelflächige ⁓ware** (Maschenware, bei der die Vorderseite und Rückseite von verschiedenen Nadelreihen gearbeitet wird und auf beiden Seiten rechte Maschen erhält) (Tex) / double-knit fabrics (made by interlocking the loops from two strands of yarn with a double stitch), double knits ‖ **glatte ⁓ware** (Tex) / single jersey*, plain jersey, single knits, plain knits ‖ **⁓wirken** n (Tex) / weft knitting* ‖ **⁓wirkerei** f (Tex) / weft knitting* ‖ **⁓wirkmaschine** f (Tex) / weft-knitting machine, filling knitting machine ‖ **⁓wirkware** f (Tex) / weft knit fabric, weft-knitted fabric, coulier goods

**Kulisse** f (Film) / flat* n, set flat, stage flat ‖ **⁓** (Kulissensteuerung der Dampfmaschine) (Masch) / link* n, slotted link (of a link motion) ‖ **⁓** (Masch) / slot link* ‖ **⁓** (Masch, Zimm) / coulisse n, cullis n ‖ **zerlegbare ⁓**, **breakaway*** n ‖ **zusammenklappbare ⁓** (Film, TV) / book flat, wing flat

**Kulissen • antrieb** m (Masch) / link drive ‖ **⁓falte** f (Geol) / en-echelon fold, echelon fold ‖ **⁓führung** f (Masch) / coulisse* n ‖ **⁓hebel** m (mit veränderlichem Übersetzungsverhältnis) (Masch) / variable-fulcrum lever ‖ **⁓rad** n (Masch) / bull gear, crank gear ‖ **⁓schaltungsgetriebe** n (Kfz) / gate-change gear* ‖ **⁓stange** f (in der Getriebelehre) (Masch) / link rod ‖ **⁓stein** m (Masch) / slide block ‖ **⁓steuerung** f (Masch) / link motion (Stephenson's)*

**Kullenberg-Probenehmer** m (für Tiefseesedimente) (Geol, Ozean) / Kullenberg corer, Kullenberg piston corer

**Kulm** m (klastische Fazies des Unterkarbons) (Geol) / culm* n

**Kulmination** f (Astr) / culmination n ‖ **obere ⁓** (Astr) / upper culmination*, upper transit ‖ **untere ⁓** (Astr) / lower culmination*, lower transit

**Kulör** m (Nahr) / caramel n, caramel colour ‖ **kaustischer ⁓** (einfacher Alkohol-Zucker-Kulör) (Nahr) / caramel colour I, plain caramel, caustic caramel

**kultiviert** adj (Pflanze) (Landw) / tame adj

**Kultivierung** f (Bakteriol, Biol) / cultivation n, culture* n

**Kultosol** m (Landw) / arable land, arable n, agricultural land

**Kultur** f (Bakteriol) / culture* n ‖ **kontinuierliche ⁓** (von Mikroorganismen) (Bakteriol) / continuous culture* ‖ **technische ⁓en** (Landw) / non-food agriculturals ‖ **unter Glas angezogene ⁓** (Landw) / greenhouse culture, glass-raised culture ‖ **zuckerliefernde ⁓** (Bot, Landw) / sugar crop ‖ **⁓boden** m (Ackerland) (Landw) / arable land, arable n, agricultural land ‖ **⁓boden** (Landw) / tilth n, tillage n, tilled land ‖ **⁓bodenauftrag** m (bei der Rekultivierung) (Landw) / resoiling n ‖ **flächenhaftes ⁓denkmal** (Arch) / conservation area (GB), preservation area (US) ‖ **⁓hefe** f (gezüchtete) (Nahr) / culture yeast, pure yeast ‖ **⁓kolben** m (Biochem) / culture flask ‖ **⁓landschaft** f (Anthropogaea) (Umwelt) / man-made landscape, cultural landscape ‖ **⁓medium** n (z.B. Nährbouillon, Nähragar, Bierwürze usw.) (Bakteriol) / nutrient medium, culture medium ‖ **⁓pflanze** f (eine Art von Nutzpflanzen) (Bot, Landw) / cultivated plant ‖ **⁓pflanzen** f pl (Landw) / crops pl ‖ **⁓pflanzenbau** m (Landw) / crop husbandry, crop farming ‖ **⁓pflanzenkrankheit** f (Landw) / crop disease ‖ **⁓platte** f (Bakteriol) / plate n (a shallow glass dish on which a culture of cells or micro-organims may be grown), culture plate ‖ **⁓schale** f (Bakteriol) / plate n (a shallow glass dish on which a culture of cells or micro-organims may be grown), culture plate ‖ **⁓schimmel** m (z.B. für die Käsezubereitung) (Nahr) / mould starter ‖ **⁓sorte** f (Bot, Landw) / select cultivar ‖ **⁓stamm** m (von Mikroorganismen) (Bakteriol) / strain* n ‖ **⁓stau** m (Wasserb) / river barrage (to support the ground-water table) ‖ **⁓varietät** f (Bot) / strain* n ‖ **⁓zustand** m **des Bodens** (Landw) / tilth n

**Kumarin** n (Chem) / coumarin* n

**Kumaron** n (Chem) / coumarone* n, cumarone* n

**Kumaronharze** pl (Plast) / coumarone resins

**Kümmelöl** n (aus Carum carvi L.) / caraway oil, caraway seed oil, carui oil, oil of caraway

**Kümmerfluß** m (Geol) / misfit stream, underfit stream

**Kummer-Pochhammer-Funktion** f (Math) / confluent hypergeometric function

**Kummersch • e Funktion** (nach E.E. Kummer, 1810-1893) (Math) / confluent hypergeometric function ‖ **⁓es Konvergenzkriterium** (für

Reihen - nach E.E. Kummer, 1810-1893) (Math) / Kummer's convergence test*
**Kummetleder** n (ein Geschirrleder) (Leder) / collar leather
**Kümo** n (Schiff) / motor coaster
**kümpeln** v (einen ebenen Blechzuschnitt zu einem flachen Hohlkörper wölben) (Masch) / dish v ‖ ⁓ n (Schließen der Rohrenden) (Hütt, Masch) / staving n, upsetting n ‖ ⁓ (eines ebenen Blechzuschnittes) (Masch) / dishing n ‖ ⁓ (Wölben eines ebenen Blechzuschnitts) (Masch) / dishing n ‖ ⁓ (Einpressen des ebenen Blechs in eine gekrümmte Werkzeugform) (Masch) / flanging n
**Kümpelpresse** f (zur Herstellung gewölbter Blechformteile) (Masch) / flanging press
**Kumulante** f (Math) / cumulant n, semi-invariant n
**kumulativ** adj / cumulative adj ‖ **~e Anregung** (Eltronik) / cumulative excitation* ‖ **~er Bruch** (WP) / cumulative fracture ‖ **~e Dosis** (Radiol) / cumulative dose* ‖ **~er Schaden** (WP) / cumulative damage ‖ **~e Wirkung** / cumulative effect, cumulative action
**Kumulen** n (Verbindung mit zwei oder mehr kumulierten Doppelbindungen) (Chem) / cumulene n
**kumuliert•er Anteil** (Stats) / grade n ‖ **~e Doppelbindung** (Chem) / cumulated double bond
**Kumulonimbus** n (Meteor) / cumulonimbus* n, thundercloud n, Cb*
**Kumulus** m (pl. -li) (Meteor) / cumulus* n (pl. cumuli), Cu*
**Kumys** m (Nahr) / kumiss n, kumis n, koumiss n
**Kumyß** m (gegorene Stutenmilch) (Nahr) / kumiss n, kumis n, koumiss n
**Kunde** m / customer n
**Kundendatei** f (EDV) / customer file
**Kundendienst** m / after-sales service ‖ ⁓ (als technischer Bereich) / customer engineering, service engineering ‖ ⁓ (als Servicedienst) / customer field service, field engineering service ‖ **⁓fachmann** m / customer engineer ‖ **⁓mechaniker** m / serviceman n ‖ **⁓netz** n / service network ‖ **⁓scheckheft** n (Kfz) / service record, maintenance record ‖ **⁓techniker** m / serviceman n ‖ **⁓vertrag** m / maintenance agreement, service contract, service agreement
**Kunden•entwurf** m (EDV) / custom design ‖ **~freundlich** adj (F.Org, Masch) / easy-to-service attr, easy-to-maintain attr ‖ **⁓gateway** n (EDV) / customer gateway, CGW ‖ **⁓gießerei** f (Gieß) / jobbing foundry ‖ **⁓guß** m (Gieß) / foundry jobbing ‖ **⁓installation** f (Fernm) / customer equipment, CEQ ‖ **⁓modell** n (z.B. für die Innenausstattung) / customer mock-up ‖ **~programmierbar** adj (EDV) / custom-programmable adj ‖ **~spezifisch** adj / custom-made adj (US), custom-built adj, custom attr, customized adj ‖ **~spezifische Konstruktion** (der Baugruppen) (Eltronik) / customer design, CD, custom design ‖ **~spezifischer Schaltkreis** (Eltronik) / custom circuit ‖ **⁓strom** m (in der Bedienungstheorie) (EDV) / input n ‖ **⁓verkehr** m (Personen, die innerhalb eines Zeitraums ein Geschäft betreten) / traffic n ‖ **nach ⁓wunsch hergestellte vorgefertigte integrierte Schaltung** (mit kundenspezifischer Modifizierung) (Eltronik) / semi-custom IC ‖ **Anpassung** f **an ⁓wünsche** (an die Forderungen der Benutzer) / customization n ‖ **anpassen an ⁓wünsche** / customize v, custom-build v
**Kundt-Effekt** m (Drehung dünner ferromagnetischer Substanzen) (Licht) / Kundt effect
**Kundtsch•es Gesetz** (der anomalen Dispersion) (Opt) / Kundt's rule* ‖ **⁓e Konstante** (bei der magnetischen Drehung der Polarisationsebene) (Licht) / Kundt constant* ‖ **⁓es Rohr** (in dem Kundtsche Staubfiguren entstehen - nach A. Kundt, 1839-1894) (Akus) / Kundt's tube* ‖ **⁓e Staubfiguren** (akustisches Analogon zu den elektrischen stehenden Wellen) (Akus) / Kundt's powder (dust) figures
**Kunkel** f (zylinderförmiger Preßling aus Sprengpulver oder -salpeter) (Chem Verf) / explosive pellet
**Kunst•bau** m (z.B. eine Brücke) (HuT) / structure n ‖ **⁓darm** m (Nahr) / artificial casing ‖ **⁓druckabzug** m (Druck) / art pull ‖ **⁓druckpapier** n (DIN 6730) (Pap) / art paper* ‖ **⁓dünger** m (Landw) / inorganic fertilizer, chemical fertilizer, mineral (inorganic) fertilizer ‖ **⁓email** n / jeweller's enamel ‖ **⁓faserseil** n / synthetic rope ‖ **⁓faserzellstoffe** m (Pap, Tex) / dissolving pulp* ‖ **⁓fleisch** n (aus pflanzlichen Proteinen) (Nahr) / textured vegetable protein, TVP ‖ **⁓fliegen** n (Luftf) / aerobatics n, acrobatics n (US), stunt flying ‖ **⁓fliegen** (Luftf) s. auch Kunstflug ‖ **⁓flug** m (Luftf) / acrobatic flight, stunt flight ‖ **⁓flugfigur** f (Luftf) / aerobatic manoeuvre ‖ **⁓flugprogramm** n (Luftf) / aerobatics routine ‖ **⁓glas** n (Chem, Glas) / polymeric glass, glassy polymer ‖ **organisches ⁓glas** (Plast) / organic glass, transparent thermoplastic, acrylic glass ‖ **⁓glimmer** m / recovered mica ‖ **⁓guß** m (Gieß) / art casting
**Kunstharz** n (DIN 55958) (Plast) / synthetic resin* ‖ ⁓ **mit Härtezusatz** (Plast) / catalysed resin, activated resin ‖ **⁓ansatz** m (Plast) / catalysed resin, activated resin ‖ **⁓beton** m (Bau, HuT) / polymer concrete, PC ‖ **⁓binder** m (Gieß) / synthetic-resin binder ‖ **kaltaushärtender ⁓binder** (Gieß) / no-bake binder ‖ **mit ⁓bindung** (Plast) / resin-bonded adj ‖ **⁓film** m (ein mit Reaktionsharzen imprägniertes und vorkondensiertes Spezialpapier) / synthetic-resin film ‖ **⁓gebunden** adj (Plast) / resin-bonded adj ‖ **⁓gebundene** (meist mit Bakelit) **Schleifscheibe** (Masch) / resinoid (grinding) wheel ‖ **⁓ionenaustauscher** m (Chem) / resinous (synthetic-resin) ion exchanger ‖ **⁓klebstoff** m (Plast) / synthetic-resin adhesive* ‖ **⁓lack** m (Anstr) / synthetic paint* ‖ **⁓lager** n (Masch) / composition bearing ‖ **⁓lager** (Masch) / synthetic-resin bearing ‖ **⁓modell** n (Gieß) / synthetic-resin pattern ‖ **⁓modifizierter Zementbeton** (Bau, HuT) / polymer cement concrete, PCC ‖ **⁓modifizierter Zementbeton** (mit wasseremulgierten EP-Harzen) (Bau, HuT) / epoxy cement concrete, ECC ‖ **⁓preßholz** n (DIN 7707) (For) / high-density plastic laminate, resin-treated compressed wood ‖ **⁓pulver** n (Plast) / resin powder ‖ **⁓putz** m (Bau) / synthetic-resin based plaster, synthetic-resin plaster ‖ **⁓sperrholz** n (Bau, Tischl) / resin-bonded plywood* ‖ **⁓veredlung** f (Tex) / resin finish
**Kunst•holz** n (z.B. Werkstoffe aus Holzmehl als Füllstoff und Portlandzement als Bindemittel) (For) / artificial wood ‖ **⁓honig** m (Chem, Nahr) / artificial honey ‖ **⁓kautschuk** m (Chem Verf, Plast) / synthetic rubber, artificial rubber*, SR ‖ **⁓keramik** f (Keram) / art pottery ‖ **⁓kohle** f (grüne Masse aus Petrolkoksen) / artificial coal, manufactured carbon ‖ **⁓kopf** m (zur stereophonen Aufnahme von Klangereignissen) (Akus) / artificial head, head and torso simulator ‖ **⁓korund** / fused alumina ‖ **⁓leder** n (lederartiges Erzeugnis, bestehend aus Trägerbahn und Aufstrich - DIN 16922) (Leder) / artificial leather, imitation leather ‖ **⁓leitung** f (Fernm) / artificial line*, simulated line*
**Künstler•bedarfsartikel** m pl / artists' material ‖ **⁓farbe** f (Malfarbe für die Kunstmalerei) / artist's colour ‖ **⁓malpinsel** m (Anstr) / pencil n, pencil brush
**künstlich** adj / artificial adj, man-made adj ‖ **~es Altern** (im allgemeinen) / artificial ageing ‖ **~es Altern** (von Kohlenstoffstählen und niedriglegierten Öl- und Wasserhärtern) (Hütt) / artificial ageing* ‖ **~e Anforderung** (EDV) / simulated request ‖ **~e Antenne** (die strahlungsfreie elektrische Nachbildung einer Antenne durch einen Ersatzwiderstand, dessen Wert dem Wellenwiderstand der Antenne an ihrem Eingang entspricht) (Radio) / artificial antenna, dummy antenna ‖ **~e Antenne** (Radio) / artificial antenna*, dummy antenna*, phantom antenna* ‖ **~e Beleuchtung** (Licht) / artificial lighting ‖ **~e Bewetterung** (Bergb) / artificial ventilation ‖ **~e Bewitterung** (eine Kurzprüfung) (Anstr) / accelerated weathering ‖ **~es Bittermandelöl** (Chem) / artificial bitter-almond oil ‖ **~es Caissonfundament für das Bohrgerät** (Kombination von Kiesinsel und CIDS - mit Stahlbehältern als Schutzwall gegen Eisdruck und Wellen) (Erdöl) / caisson-retained island, CRI ‖ **~es chemisches Element** (Technetium + Promethium + Transurane) (Chem) / man-made element ‖ **~ dargestelltes Auripigment** (Königsgelb) (Anstr) / orpiment n ‖ **~ darstellbares chemisches Element** (Technetium + Promethium + Transurane) (Chem) / man-made element ‖ **~es Echo** (Radar) / plume n ‖ **~e Erde** (Radio) / counterpoise* n, capacity earth*, artificial earth* ‖ **~e Evolution** (EDV) / evolution strategy ‖ **~es Gefühl** (Luftf) / artificial feel* ‖ **~es Gerinne** (Wasserb) / flume n, canal n, conduit* n ‖ **~er Hafen** (Kunstbauten) (HuT, Schiff) / artificial harbour ‖ **~es Hagelkorn** (mit Füllung - zu Simulationszwecken) / ice ball ‖ **~e Holztrocknung** (For) / kiln drying ‖ **~er Horizont** (Luftf) / artificial horizon*, gyrohorizon* n, false horizon ‖ **~e Insel** / man-made island, artificial island ‖ **~e Intelligenz** (KI) / artificial intelligence*, machine intelligence, AI* ‖ **~er Kampfer** (Pharm) / artificial camphor, terpene hydrochloride ‖ **~e Kohle** (Holz-, Blut- usw.) (Chem) / charcoal* n, char n ‖ **~e Leitung** (Fernm) / artificial line*, simulated line* ‖ **~es Licht** (Licht) / artificial light ‖ **~e Lüftung** (Druck-, Saug- und Verbundlüftung) (Masch) / fan ventilation, mechanical ventilation, forced ventilation ‖ **~e Mineralfaser** / man-made mineral fibre, MMMF ‖ **~er Nachhall** (Akus) / artificial echo, synthetic reverberation ‖ **~er Narben** (Leder) / corrected grain ‖ **~es neuronales Netz** (KI) / artificial neural net(work), ANN ‖ **~e Niederschlagserzeugung** (Meteor) / rainmaking* ‖ **~e Puzzolan** / artificial pozzolana ‖ **~e Radioaktivität** (Kernphys) / artificial radioactivity*, induced radioactivity* ‖ **~er Regen** (Meteor) / artificial rain ‖ **~e Reinigungsmasse** (zur chemischen Reinigung der Gase) (Chem Verf) / artificial oxide ‖ **~e Röste** (Oberbegriff für Röstverfahren mittels Heißwasser, Dampf und Zusatz von Chemikalien) (Tex) / chemical retting, artificial retting ‖ **~er Satellit** (Astr) / artificial satellite*, man-made moon ‖ **~es Schleifmittel** (Masch) / manufactured abrasive, artificial abrasive ‖ **~e Schwerkraft** (Raumf) / artificial gravity ‖ **~er See** (z.B. ein Baggersee oder ein Stausee) (Wasserb) / man-made lake ‖ **~es Sehen** (KI) / computational vision, computer vision, machine vision ‖ **~e Spaltung** (Kernphys) / induced fission ‖ **~e Sprache** (eine Kalkülsprache nach DIN 2330) (EDV) / artificial language, fabricated language, mechanical language, synthetic language ‖ **~e Stabilität** (Luftf) / artificial stability ‖ **~e Stimme**

(Akus, EDV) / artificial voice* ‖ ~es Tageslicht (Licht) / artificial daylight* ‖ ~ überreifter Käse (Nahr) / cheese slurry, enzyme-modified cheese, EMC ‖ ~er Wasserlauf (Wasserb) / flume n, canal n, conduit* n ‖ ~e Wasserstraße (Schiff, Wasserb) / artificial waterway ‖ ~er Zug (Masch) / forced draught*, induced draught*, mechanical draught ‖ ~es Karlsbader Salz (Pharm) / Karlsbad salt (artificial)

Kunst•licht n (Film) / tungsten light ‖ ~licht (das Licht künstlicher Lichtquellen) (Licht) / artificial light ‖ ~lichtfilm m (Film) / indoor film, type A film ‖ ~marmor m (Bau) / marezzo marble (an artificial marble like scagliola, which differs from it mainly in having no chips of added coloured matter - when precast, it is cast on a smooth sheet of plate glass or slate to give a polished surface) ‖ ~milchprodukt n (Nahr) / milk imitation product ‖ ~produkt n aus Magermilch und Speisefetten (in Deutschland nicht zugelassen) (Nahr) / filled milk ‖ ~schaltung f (Eltech) / trick circuit ‖ ~schiefer m (Bau) / machine-made slate ‖ ~schmied m / wrought-iron craftsman ‖ ~schreiner m (Tischl) / cabinetmaker n ‖ ~sonne f (Med) / sunlamp n, sunray lamp ‖ ~sprache f (EDV) / artificial language, fabricated language, mechanical language, synthetic language ‖ ~stab m (der aus Teilleitern besteht - z.B. ein Roebelstab) (Eltech) / transposed bar, composite conductor, transposed conductor ‖ ~stein m (Betonwerkstein, Gipsbetonstein, Schlackenstein, usw.) (Bau) / artificial stone*

Kunststoff m (Plast) / plastic n ‖ ~ (als Werkstoff) (Plast, WP) / plastic material ‖ ~- (Plast) / plastic adj ‖ aus ~ (Plast) / plastic adj ‖ borfaserverstärkter ~ (Plast) / boron-fibre reinforced plastic ‖ faserverstärkter ~ (Plast) / fibre-reinforced plastic, FRP ‖ glasfaserverstärkte ~e (höchstens 70 % Glasfasern und mindestens 30 % Kunststoff - DIN 7728, T 2) (Plast) / glass-fibre reinforced plastics ‖ kohlenstofffaserverstärkter ~ (Plast) / carbon-fibre reinforced plastic, CFRP ‖ metallwhiskerverstärkter ~ (Plast) / metal-whisker reinforced plastic ‖ mit ~ ausgekleidet (Plast) / plastic-lined adj ‖ optisch anwendbarer ~ (Chem, Opt) / optical plastic ‖ selbstverstärkender ~ (Plast) / self-reinforcing plastic, SRP ‖ verstärkte ~e (Plast) / reinforced plastics* ‖ ~ m für technische Weiterverarbeitung (Grundstoff für Anstriche, Lacke, Klebstoffe, Bindemittel usw.) (Plast) / engineering plastic (e.g. nylon, acetal resins, polycarbonate resins, ABS resins)

Kunststoff•abfälle m pl (Plast) / plastic waste ‖ wiederverwendeter ~abfall (Plast) / reworked material, reworked plastic, reprocessed plastic ‖ ~akkumulator m (Eltech) / plastic battery

Kunststoffaser f (Plast, Tex) / plastic fibre ‖ ~optik f (Opt) / synthetic-fibre optics

Kunststoff•außenmantel m (Kab) / plastic outer sheath ‖ ~batterie f (Eltech) / plastic battery ‖ ~bedachung f (Bau) / roofing membrane ‖ krummliniger Riß in der ~bedachung (Bau) / skater's crack ‖ ~behälter m (Plast) / plastainer n, plastic container ‖ ~behälter (schwimmender) (Wasserb) / dracone* n ‖ forminstabiler ~behälter (Plast) / collapsible plastic container, plastic container ‖ ~- und/oder Linoleumbelag m (Bau) / resilient flooring ‖ ~beschichtet adj (Plast) / plastic-coated adj, polymer-coated adj ‖ ~beschichtung f (Plast) / plastic coating, plastic finishing ‖ ~beschichtungsanlage f (Plast) / plastic(s) coating plant ‖ ~besohlung f (von Schuhen) (Plast) / synthetic soling, resin-rubber soling ‖ ~bindung f (Buchb) / plastic binding ‖ ~blend n / polyblend n, polymer blend ‖ ~chipträger m mit Anschlüssen (Eltronik) / plastic leaded chip carrier package, PLCC package ‖ ~damm m (aus Kunststoffolien) (Wasserb) / fabridam n ‖ ~dispersion f (in Wasser fein verteilter thermoplastischer Kunststoff) (Plast) / plastic emulsion ‖ ~dispersion s. auch Latex ‖ ~dispersionsfarbe f (DIN EN 971, T 1) (Anstr) / emulsion paint*, dispersion paint* ‖ ~dübel m (Bau) / plastic dowel

Kunststoffeder, faserverstärkte ~ (Masch, Plast) / fibre-composite spring

Kunststoff•-Flachfaden m (Plast) / film yarn, film tape ‖ ~-Flammspritzen n (Plast) / flame spraying of plastics ‖ ~-Folien-Kondensator m (Eltech) / plastic-film capacitor ‖ ~galvanisierung f (Galv, Plast) / electroplating of plastics ‖ ~granulat n (Plast) / plastics granules, plastics pellets ‖ ~hammer m (ein Schonhammer) (Werkz) / plastic hammer, plastic-faced hammer ‖ mit ~hülle (Plast) / plastic-sheathed adj ‖ ~industrie f (Plast) / plastics industry ‖ ~klischee n (Druck) / plastic plate ‖ ~klischees n pl (Druck) / photopolymer plates* ‖ ~lasche f (Bahn) / plastic fish-plate ‖ ~legierung f (aus mindestens zwei chemisch und physikalisch unterschiedlichen Phasen) (Chem) / polymer alloy ‖ ~-Leitungsrohr n (Plast, Kab) / plastic conduit ‖ ~matrix f (Chem) / polymer matrix ‖ ~metall n / plastic metal ‖ ~metallisierung f (z.B. durch Kunststoffgalvanisierung) (Galv, Plast) / metallic coating of plastics, metallizing of plastics ‖ ~-Metall-Klebverbindung f / plastic-metal adhesive bonding ‖ ~moderierter Reaktor (Nukl) / plastic-moderated reactor ‖ ~motor m (V-Mot) / plastic engine, all-plastic engine

Kunststoffolie f (als Bedachungsmaterial) (Bau) / roofing membrane ‖ ~ (für Bespannungen) (Luftf) / greenhouse n ‖ mit ~ beschichtet (Plast) / plastic-laminated adj

Kunststoff•-Originaldruckplatte f (Druck) / plastic plate ‖ ~papier n (flächiger, im wesentlichen aus Chemiefasern bestehender Werkstoff) (Pap) / synthetic paper* ‖ ~politur f (Glas) / plastic polish, resin polish (US), resin finish (US) ‖ ~rohr n (Plast) / plastic pipe, plastic tube ‖ ~schweißen n (DIN 7732, T 1) (Plast) / welding of plastics, plastics welding ‖ ~technik f (Plast) / plastics engineering ‖ ~teil n (Plast) / plastic part ‖ ~träger m (der Magnetschicht des Magnetbandes) (Akus, Mag) / backing n (for the magnetic oxide coatings) ‖ ~tropfkörper m (Sanitär) / plastic-media biofilter ‖ mit ~überzug (Plast) / plastic-coated adj, polymer-coated adj ‖ ~umkleidung f (des textilen Gurtbands) (Masch) / friction n ‖ ~ummantelt adj (Plast) / plastic-sheathed adj ‖ ~ummantelte Faser (Eltronik, Opt) / plastic-clad silica fibre, PCS fibre ‖ ~verkleidetes Blech / skin plate n ‖ ~werkstoff m (Plast, WP) / plastic material

Kunst•tischler m (Tischl) / cabinetmaker n ‖ ~tischlerei f (Tischl) / high-class joinery, cabinet-making n ‖ ~töpferei f (Keram) / art pottery

kunstvoll adj / fancy adj

Kunstwerkprüfung f (WP) / materials testing of works of art

Kunzit n (eine Abart des Spodumens; in GB und in USA als Schmuckstein sehr geschätzt) (Min) / kunzite* n

Kuoxamfaserstoff m (Tex) / cuprammonium rayon

Kuoxamlösung f (Chem) / cuprammonia* n, cuprammonium hydroxide solution

Kuoxamzellulose f (Chem Verf) / cuprammonium cellulose

Küpe f (Tex) / vat n ‖ ~ (reduzierende Färbeflotte der Küpenfärberei) (Tex) / vat liquor ‖ in der ~ behandeln (Tex) / vat v ‖ scharfe ~ (Tex) / sharp vat

Kupellation f (Hütt) / cupellation* n

Kupelle f (Hütt) / cupel* n

Kupellieren n (Hütt) / cupellation* n

küpen v (Tex) / vat v ‖ ~druck m (Tex) / vat printing ‖ ~druckhilfsmittel n (Tex) / vat-printing assistant ‖ ~färberei f (Chem, Tex) / vat dyeing ‖ ~farbstoffe m pl (Chem, Tex) / vat dyestuffs*, vat dyes* ‖ ~flotte f (Tex) / vat liquor ‖ ~säure f (Chem, Tex) / vat acid

Küperei f (Chem, Tex) / vat dyeing

Kupfer n (Chem) / copper* n ‖ ~- (Chem) / cupric* adj ‖ ~- (Chem) / cuprous* adj ‖ ~(I)- (Chem) / cuprous* adj ‖ ~(II)- (Chem) / cupric* adj ‖ gargepoltes ~ (etwa 99,4 % Cu) (Hütt) / casting copper*, refined copper, set copper ‖ metallisches ~ (Chem, Hütt) / metallic copper ‖ sauerstofffreies ~ hoher Leitfähigkeit (Eltech, Hütt) / oxygen-free high-conductivity copper*, OFHC* ‖ weichgeglühtes ~ (Eltech, Hütt) / annealed copper

Kupfer•(II)-acetat n (Chem) / copper(II) acetate, cupric acetate, copper(II) ethanoate ‖ ~(II)-acetatarsenat(III) (Chem) / copper(II) acetoarsenate(III) ‖ ~-Aluminium-Legierung f (Hütt) / aluminium bronze* ‖ ~(II)-azetat n (Chem) / copper(II) acetate, cupric acetate, copper(II) ethanoate ‖ ~(II)-azetatarsenat(III) (Schweinfurter Grün) (Chem) / copper(II) acetoarsenate(III) ‖ ~bad n (Galv) / copper (plating) bath ‖ saures ~bad (Galv) / acid-copper bath ‖ ~bandwendel f (Kab) / contact helix ‖ ~blau n (Anstr) / verditer blue, azurite blue, Hungarian blue, mineral blue, copper blue, blue verditer (a basic copper carbonate) ‖ ~blau (ein Kupfersulfidpigment für Antifouling-Anstrichstoffe) (Anstr) / oil blue ‖ ~blüte f (Min) / chalcotrichite* n, plush copper (ore), capillary cuprite ‖ ~bürste f (Eltech) / copper brush* ‖ ~carbonat n (Chem) / copper carbonate ‖ ~(I)-chlorid (Chem) / copper(I) chloride, cuprous chloride ‖ ~(II)-chlorid (Chem) / copper(II) chloride, cupric chloride ‖ ~cyanid n (Chem) / copper cyanide ‖ ~dampflaser m (Chem, Phys) / copper laser ‖ ~(II)-dihydroxidkarbonat n (Chem) / cupric carbonate (CuCO$_3$·Cu(OH)$_2$) ‖ ~draht m mit deckender Lötschicht (Eltech) / solder-covered wire* ‖ ~druckfarbe f (Druck) / copperplate ink ‖ ~druckverfahren n (Kunstblätter, Wertpapiere, Landkarten) (Druck) / copperplate printing, copperplate printing process ‖ ~elektrode f (Schw) / copper electrode ‖ ~erz-Imprägnationen f pl in Silikatgesteinen (Kupferglanz, Kupferkies, Enargit u. a.) (Bergb) / disseminated copper ores, porphyry copper ores ‖ ~ethylendiamin-Komplex m (Lösungsmittel für Zellulose) (Chem) / cupriethylenediamine n, cuene n, cuprien n ‖ ~falle f (Vakuumt) / copper trap ‖ ~faser f (Tex) / cupro staple n ‖ ~feinblei n (DIN 1719) (Hütt) / chemical lead* ‖ ~filamentgarn n (Tex) / cuprammonium rayon, cupro n ‖ ultradünne ~folie (Eltronik, Hütt) / ultrathin copper foil, UTC-foil ‖ im Nickelelektrolyt gehärtetes ~galvano (Druck) / nickel-faced electro* ‖ ~gelb n / copper yellow ‖ ~glanz m (eine Mineralgruppe) (Min) / glance copper, copper glance* ‖ ~glanz (Min) s. auch Chalkosin und Digenit ‖ ~grün adj / verdigris attr, aeruginous* adj ‖ ~grün n (Min) /

**Kupferhalbzeug**

chrysocolla* n ‖ ~**halbzeug** n (für Walzwerke) (Hütt) / mill n ‖ ~**halogenid** n (Chem) / copper halide ‖ ~**haltiger Komplex** (Nahr) / copper complex ‖ ~**hammer** m (DIN 5130) (Werkz) / copper hammer, copper-faced hammer ‖ ~**hütte** f (Hütt) / copper works, copper smelting plant ‖ ~**(II)-hydroxid** n (Chem) / cupric hydroxide ‖ ~**indig** m (Min) / covellite* n, indigo copper*, covelline* n ‖ ~**karbonat** n (Chem) / copper carbonate ‖ **basisches** ~**karbonat als blaues Pigment** (z.B. Azurblau, Hamburgerblau, Mineralblau usw.) (Anstr) / verditer blue, azurite blue, Hungarian blue, mineral blue, copper blue, blue verditer (a basic copper carbonate) ‖ ~**kaschiert** adj (z.B. Mikrowellensubstrat) (Eltronik) / copper-clad adj ‖ ~**kaschierung** f (bei Leiterplatten) (Eltronik) / copper cladding ‖ ~**kern** m (der Zündkerze) (V-Mot) / copper core, copper nucleus ‖ ~**kies** m (Min) / chalcopyrite* n, copper pyrites* ‖ ~**kohle** f (Licht) / coppered carbon ‖ ~**kopf** m (Fehler, der auf nicht optimaler Zusammensetzung der Grundfritte beruht) (Keram) / copper-head n ‖ ~**lagermetall** n / copper-base bearing metal ‖ ~**lasur** f (Min) / azurite* n, blue copper ore, chessylite n, chessy copper, blue malachite ‖ ~**legierter Stahl** (mit über 0,3% Cu) (Hütt) / copper steel ‖ ~**legierung** f (DIN 1718) (Hütt) / copper alloy ‖ ~**mantelkabel** n (Kab) / copper-sheathed cable* ‖ ~**mantelrelais** n (ein Verzögerungsrelais) (Fernm) / slugged relay ‖ ~**metall** n (Chem, Hütt) / metallic copper ‖ ~**naphthenat** n (auch für Antifouling-Anstrichstoffe und als Wildverbißmittel) (Anstr, Chem) / copper naphthenate* ‖ ~**nickel** n (eine Cu-Ni-Legierung) (Hütt) / cupro-nickel* n ‖ ~**nickel** (Min) / niccolite* n, copper nickel*, nickeline n, kupfernickel* n, arsenical nickel ‖ ~**(II)-nitrat** n (Chem) / copper(II) nitrate ‖ ~**organische Verbindung** (Chem) / organocopper compound ‖ ~**(I)-oxid** n (Chem) / copper(I) oxide, cuprous oxide ‖ ~**(II)-oxid** (Chem) / copper(II) oxide, cupric oxide, copper monoxide ‖ ~**oxidammoniakzellulose** f (Chem Verf) / cuprammonium cellulose ‖ ~**(II)-oxidchlorid** n (als Tetrahydrat = Braunschweiger Grün) (Chem) / copper oxide chloride (Brunswick green) ‖ ~**(I)-oxid-Gleichrichter** m (Eltech) / copper oxide rectifier* ‖ ~**oxydulgleichrichter** m (Eltech) / copper-oxide rectifier* ‖ ~**phthalocyanin** n (ein synthetischer, kräftig leuchtender Pigmentfarbstoff) (Chem) / copper phthalocyanine, phthalocyanine blue, Monastral blue ‖ ~**phthalozyanin** n (ein synthetischer, kräftig leuchtender Pigmentfarbstoff) (Chem) / copper phthalocyanine, phthalocyanine blue, Monastral blue ‖ ~**pigment** n (z.B. Bremer Blau oder Schweinfurter Grün) (Anstr) / copper pigment ‖ ~**plattiert** adj / copper-clad adj ‖ ~**protein** n (Biochem) / copper protein ‖ ~**pyrit** m (Min) / chalcopyrite* n, copper pyrites* ‖ ~**resinat** n (auch als Holzschutzmittel) (Chem, For) / copper resinate ‖ ~**rohr** n (Hütt) / copper tube

**Kupferron** n (Chem) / cupferron* n, copperon n

**kupfer•rot** adj / copper-red adj, coppery adj ‖ ~**rubin** n (Anlaufglas von tiefroter Farbe; die Färbung wird durch Metallkolloide des Kupfers hervorgerufen) (Glas) / copper ruby (glass) ‖ ~**rubinglas** n (Glas) / copper ruby (glass) ‖ ~**rückgewinnung** f / copper recovery ‖ ~**samterz** n (Min) / cyanotrichite n ‖ ~**schaum** m (Min) / tirolite n ‖ ~**schiefer** n (Min) / copper slate ‖ ~**schmied** m / coppersmith n ‖ ~**schwerpunkt** m (optimaler Netzknotenpunkt) (Fernm) / wire centre ‖ ~**seide** f (z.B. Bemberg - heute bedeutungslos) (Tex) / cuprammonium rayon ‖ ~**sodabrühe** f (ein Fungizid) (Landw) / soda bordeaux, Burgundy mixture ‖ ~**spinnfaser** f (Tex) / cupro fibre, cuprammonium fibre ‖ ~**stahl** m (Hütt) / copper steel ‖ ~**stahldraht** m (Eltech) / steel-cored copper conductor* ‖ ~**stecher** m (besonders an Fichten lebender Borkenkäfer - Pityogenes chalcographus L.) (For) / six-dentated engraver beetle, six-toothed spruce bark beetle ‖ ~**stich** m (die früheste Tiefdrucktechnik) (Druck) / copperplate engraving ‖ ~**(I)-sulfat** n (Chem) / copper(II) sulphate*, cupric sulphate ‖ ~**süßung** (Chem Verf, Erdöl) / copper-chloride process*, copper sweetening ‖ ~**tetramminhydroxidlösung** f (Chem) / cuprammonia* n, cuprammonium hydroxide solution ‖ ~**uranglimmer** m (Min) / zeunerite n ‖ ~**vergiftung** f (Med) / copper poisoning ‖ ~**verlust** m (ein Stromwärmeverlust) (Eltech) / copper loss* ‖ ~**vierer** m (Eltech, Kab) / copper quad ‖ ~**vitriol** n (Chem) / chalcanthite* n, blue vitriol*, bluestone* n, blue vitriol* ‖ ~**wicklung** f (Eltech) / copper winding

**Kupfer-Zink•-Gußlegierung** f (eine Kupferlegierung mit 16,5% Zn, 0,5% Sn und 0,3% Fe) (Hütt) / French gold, oroide n ‖ ~**-Gußlegierung mit etwa 3% Al und 3% Vorlegierung Sn + P** (Hütt) / Richard's solder ‖ ~**-Knetlegierung mit 2% Al** (Hütt) / aluminium brass* ‖ ~**-Knetlegierung mit 3% Pb** (Hütt, Masch) / free-cutting brass*, leaded brass ‖ ~**-Legierung** f (mit etwa 30 % Zn) (Hütt) / cartridge brass (70% Cu + 30% Zn) ‖ ~**-Legierung** (mit etwa 60% Cu, 39,25% Zn und 0,75% Sn) (Hütt) / Tobin bronze*, naval brass ‖ ~**-Legierung** (mit etwa 71% Cu, 28% Zn und 1% Sn) (Hütt) / Admiralty brass, Admiralty metal ‖ ~**-Legierung** (mit etwa 60% Cu, 39% Zn und 1% Sn) (Hütt) / naval brass*, naval bronze ‖ ~**-Legierung mit etwa 33% Zn** (Hütt) / high brass* ‖ ~**-Legierung mit etwa 20% Zn** (Hütt) / low brass

**Kupfer-Zinn•-Blei-Legierung** f **mit Nickel** (Hütt) / acid bronze ‖ ~**-Legierung** f (im Verhältnis 2:1) (Hütt) / speculum* n, speculum-metal n, speculum alloy ‖ ~**-Legierung** (DIN 1718) (Hütt) / tin bronze ‖ ~**-Legierung** (mit 92% Cu und 8% Sn) (Hütt) / steel bronze ‖ ~**-Zink-Legierung** f (mit 8-10% Sn und 2-4% Zn) (Hütt) / gunmetal* n ‖ ~**-Zink-Legierung** (mit 88% Cu, 6% Sn, 4,5% Zn und 1,5% Pb) (Hütt) / steam bronze

**Kupferzyanid** n (entweder CuCN oder Cu(CN)₂) (Chem) / copper cyanide

**Kupffer-Sternzelle** f (nach K.W. von Kupffer, 1829 - 1902) (Zyt) / Kupffer cell*

**Küpfmüller-Nyquist-Intervall** n (Fernm) / Nyquist interval

**kupieren** v (Bodenprofil) / truncate v

**Kupolofen** m (zum Erschmelzen von Gußeisen) (Gieß) / cupola-furnace* n, furnace cupola, cupola n ‖ ~**koks** m (Gieß) / foundry coke

**Kupon** m (Tex) / suit length

**Kuppe** f (der Fahrbahn) (HuT) / summit ‖ ~ (Narben) (Leder) / tip n (raised part of the grain) ‖ ~ (bei Stellschrauben) (Masch) / point n ‖ **ohne** ~ (Schraubenende) (Masch) / as-rolled end

**Kuppel** f (Arch) / dome* n, cupola* n ‖ ~ (mit einem Quadrat als Grundrißfigur) (Arch) / square dome ‖ ~ (gewölbte Oberfläche z.B. eines Lakkoliths) (Geol) / dome n ‖ ~ (Geol) / quaquaversal structure ‖ **gegliederte** ~ (Arch, HuT) / sectional dome ‖ **konische** ~ (z.B. Schloß Chambord) (Arch) / conical dome ‖ **ungegliederte** ~ (Bau, HuT) / unbraced dome

**Kuppel•achse** f (Bahn) / coupled axle ‖ ~**dach** n (Bau) / domed roof ‖ ~**gas** n / unavoidable gas ‖ ~**gewölbe** n **über quadratischem Grundriß** (Arch) / square dome ‖ ~**leitung** f (Eltech) / interconnector* n, interconnecting feeder*

**kuppeln** v (Foto, Tex) / couple v, develop v

**Kuppel•ofen** m (Gieß) / cupola-furnace* n, furnace cupola, cupola n ‖ ~**öffnung** f (der Sternwarte) (Astr) / dome opening ‖ ~**produkt** n (z.B. Benzin, Heizöl, Schweröl) (Erdöl) / joint product ‖ ~**schleuse** f (Wasserb) / staircase of locks ‖ ~**stange** f (bei Lokomotiven) (Bahn) / coupling rod, side rod ‖ ~ (Bahn, Masch) / drawbar* n, drag-bar* n, draught-bar* n ‖ ~**stein** m (Keram) / dome brick ‖ ~**zelle** f (der Schaltanlage) (Eltech) / coupling cubicle

**Kuppenberg** m (Geol) / knob n

**Kuppler** m (Farbkuppler) (Foto) / coupler* n, colour coupler* ‖ **freier Raum für den** ~ (Bahn) / Berne rectangle, free-coupling space

**Kupplung** f (Bahn) / coupler n, coupling* n ‖ ~ (eine Reaktion bei den Azofarbstoffen) (Chem) / coupling ‖ ~ (Steckvorrichtung, bei der sowohl die Dose als auch der Stecker beweglich sind) (Eltech) / coupler plug and socket connection ‖ **[lösbare]** ~ (Masch) / clutch* n, loose coupling*, cut-off coupling ‖ **bewegliche** ~ (zum Ausgleich geringer Lagerungsungenauigkeiten bei den zu verbindenden Wellen) (Masch) / flexible coupling* ‖ **drehelastische** ~ (Masch) / flexible coupling ‖ **drehmomentgeschaltete** ~ (Masch) / torque-sensitive clutch ‖ **drehstarre** ~ (Masch) / rigid coupling ‖ **drehzahlgesteuerte** ~ (Masch) / speed-sensitive clutch ‖ **elektrische** ~ (Eltech) / magnetic clutch*, electromagnetic clutch* ‖ **enge** ~ (Eltech) / tight coupling, close coupling* ‖ **feste formschlüssige** ~ (Masch) / clamping coupling ‖ **flexible** ~ (Masch) / flexible coupling ‖ **flexible** ~ (eine Wellenkupplung) (Masch) / flexible coupling* ‖ **formschlüssige ausrückbare** ~ (Masch) / positive clutch ‖ **fremdgeschaltete** ~ (Masch) / clutch n ‖ **hydraulische** ~ (Masch) / hydraulic coupling, fluid coupling, Föttinger coupling*, Föttinger transmitter* ‖ **hydrodynamische** ~ (Masch) / hydraulic coupling*, fluid coupling, Föttinger coupling*, Föttinger transmitter* ‖ **magnetische** ~ (Eltech) / magnetic clutch*, electromagnetic clutch* ‖ **mechanische** ~ (von Kondensatoren) (Eltech) / ganging* n ‖ **nicht schaltbare** ~ (für Wellenverbindung) (Masch) / coupling n ‖ **nichtschaltbare** ~ (Masch) / fast coupling*, rigid coupling, permanent coupling ‖ **richtungsgeschaltete** ~ (Masch) / directional clutch, one-way clutch ‖ **schaltbare** ~ (Masch) / clutch* n, loose coupling*, cut-off coupling ‖ **selbstnachstellende** ~ (Kfz) / self-adjusting clutch ‖ **starre (feste)** ~ (Masch) / fast coupling*, rigid coupling, permanent coupling

**Kupplungs•ausrückhebel** m (Kfz) / clutch-release lever ‖ ~**ausrücklager** n (Kfz) / clutch release bearing, throw-out bearing ‖ ~**belag** m (Kfz) / clutch lining, clutch facing ‖ **neuer** ~**belag** (Kfz) / relining n (of the clutch), refacing n ‖ ~**bremse** f (Masch) / clutch brake ‖ ~**bügel** m (der Schraubenkupplung) (Bahn) / looped coupling link, bent coupling link, D-link n ‖ ~**dose** f (Eltech) / coupler socket ‖ ~**drucklager** n (Kfz) / clutch release bearing, throw-out bearing ‖ ~**erhöhung** f (beim Reißverschluß) (Tex) / head n, heads pl ‖ ~**farbstoff** m (Tex) / coupling dyestuff, coupling dye ‖ ~**flansch** m (Masch) / coupling flange ‖ ~**flüssigkeit** f (im Automatikgetriebe) (Kfz) / clutch fluid ‖ ~**fußhebel** m (Kfz) / clutch pedal ‖ ~**gelenk** n (eine bewegliche Kupplung) (Masch) / coupling joint ‖ ~**haken** *m* (Bahn) / drawhook *n*, drag-hook *n*, coupling hook ‖ ~**klaue** *f* (Mittelpufferkupplung) (Bahn) / coupler knuckle, knuckle *n* ‖ ~**komponente** *f* (z.B. bei Azofarbstoffen) (Tex) / coupling component ‖ ~**lasche** *f* (der Schraubenkupplung) (Bahn) / coupling link ‖ ~**pedal** *n* (Kfz) / clutch pedal ‖ ~**punkt** *m* (beim Drehmomentwandler) (Masch) / coupling point ‖ ~**reaktion** *f* (Chem) / coupling reaction, coupling *n* ‖ ~**rutschen** (Kfz) / clutch slip ‖ ~**scheibe** *f* (Mitnehmerscheibe bei Trockenkupplungen) (Kfz, Masch) / clutch disk, driven plate, friction disk ‖ ~**schleifen** *n* (Kfz) / clutch drag ‖ ~**schwengel** *m* (der Schraubenkupplung) (Bahn) / coupling screw handle, coupling lever ‖ ~**seite** *f* (Eltech) / back *n* ‖ ~**spiel** *n* (Kfz) / clutch free play ‖ ~**spiel** (toter Gang am Kupplungsfußhebel) (Kfz) / clutch pedal free travel ‖ ~**spindel** *f* (der Schraubenkupplung) (Bahn) / coupling screw ‖ ~**spindelpresse** *f* (Masch) / clutch screw press ‖ ~**stück** *n* (Masch) / coupling *n* ‖ ~**vertiefung** *f* (eines Reißverschlußzahns) (Tex) / pocket *n* ‖ ~**welle** *f* (Kfz) / clutch shaft ‖ ~**zentrierung** *f* (Kfz) / clutch aligning

**Kuprat** *n* (Chem) / cuprate *n*
**Kuprismus** *m* (Med) / copper poisoning
**Kuprit** *m* (Min) / cuprite* *n*, octahedral copper ore, red copper ore, red oxide of copper*
**Kuproxgleichrichter** *m* (heute nicht mehr gebräuchlicher Halbleitergleichrichter) (Eltech) / copper-oxide rectifier*
**Kurare** *n* (Pfeilgift aus Strychnos toxifera R.H. Schomb. ex Benth. oder Chondrodendron tomentosum Ruiz et Pav.) (Pharm) / curare* *n*, curari *n*
**Kurarin** *n* (Pharm) / curarine* *n*
**kurativ** *adj* (Med) / curative *adj*, sanatory *adj*
**Kurbel** *f* (Masch) / crank* *n* ‖ ~ (als Griff) (Werkz) / crank handle ‖ **beiderseitig gelagerte** ~ (Masch) / inside crank* ‖ **einseitig gelagerte** ~ (Masch) / outside crank* ‖ **gegenläufige** ~ **n** (Masch) / opposite cranks ‖ **umlegbare** (versenkbare) ~ (Masch) / folding handle
**Kurbel•achse** *f* (Bahn) / cranked axle, crank axle ‖ ~**antrieb** *m* (Masch) / crank drive ‖ ~**arbeit** *f* (Tex) / oversewing *n* ‖ ~**arm** *m* (Masch) / crank arm ‖ ~**belastung** *f* (Masch) / crank effort* ‖ ~**drehgelenk** *n* (Masch) / crankpin joint
**Kurbelgehäuse** *n* (DIN 6260) (Kfz, Masch) / crankcase* *n* ‖ **geteiltes** ~ (V-Mot) / split crankcase* ‖ ~**emissionen** *f pl* (Kfz) / crankcase emissions ‖ ~**entlüftung** *f* (Kfz) / positive crankcase ventilation, PCV ‖ ~**entlüftung** (Kfz) / crankcase ventilation ‖ ~**entlüftungsrohr** *n* (in der Kurbelwanne) (V-Mot) / breather pipe* ‖ ~**gase** *n pl* (V-Mot) / blow-by *n*, crankcas blow-by ‖ ~**hälfte** *f* (Kfz) / crankcase half ‖ ~**oberteil** *n* (Kfz) / entablature* ‖ ~**unterteil** *m* (Kfz) / oil pan *n*, oil sump*, sump *n* ‖ ~**zwangsentlüftung** *f* (geschlossene) (Kfz) / positive crankcase ventilation, PCV
**Kurbel•gestänge** *n* (Masch) / crank assembly ‖ ~**getriebe** *n* (Masch) / link mechanism*, crank mechanism ‖ ~**griff** *m* (der Bohrwinde) (Werkz) / brace *n* ‖ ~**griff** (Werkz) / crank handle ‖ ~**induktor** *m* (ein Isolationsmeßgerät) (Eltech) / megohmmeter* *n*, megger *n* ‖ ~**induktor** (im allgemeinen) (Eltech) / magneto *n* (inductor), crank inductor, hand-driven inductor ‖ ~**kastenpumpe** *f* (Pumpwirkung des Kurbelkastens des Zweitaktmotors) (Kfz) / crankcase pumping chamber ‖ ~**kette** *f* (in der Kinematik) / crank chain ‖ ~**kröpfung** *f* (Masch) / crank throw
**kurbeln** *v* / crank *vt*, crank up *v*
**Kurbel•presse** *f* (eine mechanische Presse) (Masch) / crank press ‖ ~**presse mit zweifach gekröpfter Welle** (Masch) / double-crank press ‖ ~**rad** *n* (Masch) / crank wheel, crank disk ‖ ~**scheibe** *f* (der Waagerecht-Stoßmaschine) (Masch) / crank wheel, crank disk ‖ ~**schema** *n* (Masch, V-Mot) / crank schematic ‖ ~**schenkel** *m* (V-Mot) / crank cheek ‖ ~**schere** *f* (mit Kurbelantrieb und Schwungrad) (Masch) / guillotine shears, alligator shears ‖ ~**schleife** *f* (Masch) / inverted slider crank ‖ **schwingende** ~**schleife** (Stößelgetriebe in Waagerechtstoßmaschinen) (Mech) / oscillating inverted slider crank ‖ ~**schmiedepresse** *f* (Masch) / crank forging press ‖ ~**schwinge** *f* (Masch, Mech) / crank-and-rocker mechanism ‖ ~**sieb** *n* (mit einem Kurbel- oder Exzenterantrieb) / crank sieve ‖ ~**stange** *f* (Masch, Kfz) / connecting rod*, con rod, pitman *n* (US) ‖ ~**stativ** *n* (Film, Foto) / elevator tripod ‖ ~**stütze** *f* (Kfz) / corner steady, steady leg ‖ ~**trieb** *m* (ein Gelenkgetriebe) (Masch) / link mechanism*, crank mechanism ‖ ~**trieb** (Masch) / crank drive ‖ ~**walke** *f* (Leder) / hammer stocks, faller stocks, kickers *pl* ‖ ~**wange** *f* (Kurbelarm der Kurbelwelle) (V-Mot) / crank web*, web *n* of a crank, crank arm (US) ‖ ~**wanne** *f* (DIN 6260) (V-Mot) / crankcase sump, crankcase bottom ‖ ~**wannensumpf** *m* (V-Mot) / engine pit* ‖ **sächsische** ~**webmaschine** (Web) / buckskin loom ‖ ~**weg** *m* (Masch) / crank path
**Kurbelwelle** *f* (Masch, V-Mot) / crankshaft* *n* ‖ **fünffach gelagerte** ~ (Kfz) / five-bearing crankshaft ‖ **geschmiedete** ~ (Kfz) / forged crankshaft
**Kurbelwellen•backe** *f* (V-Mot) / crank cheek ‖ ~**bohrer** *m* (Masch) / crankshaft drill ‖ ~**drehmaschine** *f* (Masch) / crankshaft lathe ‖ ~**hauptlager** *n* (Kfz) / crankshaft main bearing, main bearing (of the crankshaft) ‖ ~**seitiges Kolbenstangenende** (V-Mot) / big-end* *n* ‖ ~**seitiges Pleuelende** (V-Mot) / big-end* *n* ‖ ~**winkel** *m* (Masch, V-Mot) / crank angle, crankshaft angle ‖ ~**zapfen** *m* (Masch) / crank pin*
**Kurbel•winkel** *m* (Masch, V-Mot) / crank angle, crankshaft angle ‖ ~**zapfen** *m* (Masch) / crank pin* ‖ ~**zapfenbohrmaschine** *f* **für Lokomotivradsätze** (Masch) / wheel-quartering machine*
**Kürbiskernöl** *n* (fettes Öl aus den geschälten, gerösteten Samen des Gartenkürbis) (Nahr) / pumpkin oil
**Kurie-Plot** *n* (Kernphys) / Kurie plot*, Fermi plot*, Fermi-Kurie plot
**Kurkuma•gelb** *n* (Chem, Nahr) / curcumin *n* ‖ ~**papier** *n* (Chem) / curcuma paper, turmeric-paper *n* ‖ ~**stärke** *f* (Nahr) / tikor *n*, curcuma starch
**Kurkumen** *n* (Chem) / curcumene *n*
**Kurkumin** *n* (E 100) (Chem, Nahr) / curcumin *n*
**Kurkwolle** *f* (Tex) / kurki wool
**Kurrleine** *f* (zum Aussetzen, Schleppen und Einholen eines geschleppten Fanggeräts) (Schiff) / towing warp, trawl warp
**Kurrolsches Salz** (hochmolekulares Polyphosphat) (Chem) / Kurrol's salt
**Kurs** *m* (Schiff) / course* *n* ‖ **abgehender** ~ **über Grund** (Lufft) / outbound track ‖ **den** ~ **steuern** (Schiff) / stand on the course ‖ **denselben** ~ **weiterhalten** (Schiff) / stand on the course ‖ **geflogener** ~ **über Grund** (Lufft) / track made good ‖ **gemittelter** ~ **über Grund** (Lufft) / average track ‖ **magnetischer** ~ (Lufft, Nav) / magnetic track ‖ **mißweisender** ~ (über Grund) (Lufft, Nav) / magnetic track ‖ **mißweisender** ~ (Winkel zwischen der magnetischen Nordrichtung und der Kielrichtung) (Nav, Schiff) / magnetic course ‖ **rückseitiger** ~ (ILS) (Lufft) / back course ‖ **seitlich versetzter** ~ (Lufft) / offset course ‖ **wahrer zurückgelegter** ~ (Schiff) / true course ‖ ~ *m* (über Grund) **für kürzeste Flugzeit** (Lufft) / least-time track ‖ ~ **über Grund** (Lufft) / flight track, track *n* ‖ ~ **über Grund** (geografischer) (Nav) / true track ‖ ~ **über Grund auf der Kursgleichen** (Lufft, Nav) / rhumb-line course
**Kurs•ablage** *f* / course deviation, course-line deviation* ‖ ~**ablageanzeige** *f* (Lufft) / off-course indicator ‖ ~**abweichanzeiger** *m* (Lufft) / course deviation indicator ‖ ~**abweichanzeiger** (Lufft) / off-course indicator ‖ ~**abweichung** *f* / course deviation, course-line deviation* ‖ ~**abweichungsanzeigegerät** *n* (Lufft) / pictorial deviation indicator, PDI ‖ ~**änderungspunkt** *m* (Lufft) / turning-point *n* ‖ ~**buch** *n* / schedule *n*, timetable *n*
**Kürschner** *m* (wenn keine Klebung zwischen Furnier und Untergrund erfolgt) (For) / bubble *n*, blister *n*, bubble *n*
**Kursdreieck, vergrößertes** ~ (Abbildung des loxodromischen Dreiecks in die Seekarte) (Kart, Schiff) / mercator sailing triangle
**Kurseinhaltung, Hilfe für die** ~ **über Grund** (Lufft) / track guidance
**Kurs•flug** *m* (Lufft) / tracking *n* ‖ ~**flugzeug** *n* (Lufft) / airliner, liner *n* ‖ ~**führungsanlage** *f* (Lufft) / track guide* ‖ ~**funkfeuer** *n* (Lufft) / directional (radio) beacon, direction-giving beacon ‖ ~**gleiche** *f* (Nav) / rhumb-line* *n*, loxodrome *n*, line of constant bearing, isoazimuthal line, rhumb *n*
**kursiv•Antiqua** (Typog) / sloped roman* ‖ ~ **legen** (Typog) / italicize *v* ‖ ~**e runde Schrift** (Typog) / sloped roman* ‖ ~ **setzen** (Typog) / italicize *v*
**Kursive** *f* (Typog) / italics* *n pl*
**Kursivschrift** *f* (Typog) / italics* *n pl* ‖ **in** ~ **auszeichnen** (Typog) / italicize *v* ‖ **mit** ~ **hervorheben** (Typog) / italicize *v*
**Kurs•korrektur** *f* (Raumf) / course correction* ‖ ~**kreisel** *m* (ein Zusatzgerät zum Flugzeug-Magnetkompaß) (Lufft) / directional gyro, directional gyroscope ‖ ~**lageanzeigegerät** *n* (integriertes) (Lufft) / pictorial deviation indicator, PDI ‖ ~**lagenanzeigegerät** *n* (integriertes) (Lufft) / horizontal situation indicator, HSI ‖ ~**linie** *f* (Nav) / rhumb-line* *n*, loxodrome *n*, line of constant bearing, isoazimuthal line, rhumb *n* ‖ ~**regler** *m* (Lufft) / automatic pilot*, autopilot *n*, gyro-pilot *n*, George* *n* ‖ ~**richtungsfehler** *m* (Lufft) / on-course heading error, course directional error ‖ ~**schreiber** *m* (Lufft) / track plotter ‖ ~**schwingungen** *f pl* (Lufft, Nav) / course scalloping, scalloping *n* ‖ ~**sektor** *m* (Lufft) / course sector ‖ ~**staffelung** *f* **über Grund** (Lufft) / track separation ‖ ~**versetzung** *f* (Lufft) / heading displacement ‖ ~**versetzung** (Schiff) / drift *n* ‖ ~**wagen** *m* (Bahn) / through coach, through car ‖ ~**winkel** *m* **über Grund** (Lufft) / track angle
**Kurtosis** *f* (Maß für die Ausprägung des Gipfels einer Verteilung) (Stats) / kurtosis* *n*
**Kurtschatovium** *n* (radioaktives, nur künstlich darstellbares chemisches Element der Ordnungszahl 104) (Chem) / kurchatovium* *n* ‖ ~ (Chem) s. auch Rutherfordium
**Kurvatur** *f* (Arch) / curvature *n*
**Kurve** *f* (in einem Diagramm) / curve *n* ‖ ~ (HuT, Kfz) / curve *n*, bend *n* ‖ ~ (Lufft) / turn *n* ‖ ~ (eines Kurvengetriebes) (mechanisches Steuerelement in Form einer Kurvenscheibe) (Masch) / cam* *n* ‖ ~ (Math) / curve* *n* ‖ **algebraische ebene** ~ **sechster Ordnung** (Math) / sextic *n*, plane sextic ‖ **ballistische** ~ (Mech) / ballistic curve ‖ **binodale** ~ (Math, Phys) / binodal curve ‖ **charakteristische** ~ (bei

**Kurve**

Schwarzweißmaterialien) (Foto) / characteristic curve* ‖ **doppelpunktfreie geschlossene ~** / simple closed curve ‖ **ebene ~** (Math) / plane curve ‖ **ebene algebraische ~** (Math) / plane algebraic curve ‖ **eine ~ nehmen** (Kfz) / corner v ‖ **einfache geschlossene ~** (Math) / simple closed curve ‖ **einhüllende ~** (die alle Kurven einer gegebenen Schar berührt) (Math) / envelope* n ‖ **flache ~** (Luftf) / flat turn ‖ **Galtonsche, ~** (Math, Stats) / Galtonian curve, Galton ogive ‖ **geschlossene ~** (Math) / closed curve ‖ **hypsografische ~** (Geol, Ozean) / hypsographic curve ‖ **hypsometrische ~** (Geol, Ozean) / hypsographic curve ‖ **in die ~ gehen** (Kfz) / enter a curve ‖ **isochromatische ~** (Licht, WP) / isochromatic* n, isochromatic line ‖ **räumliche ~** (Math, Phys) / space curve, curve of double curvature, spatial curve, skew curve ‖ **sphärische ~** (Kurve auf einer Kugeloberfläche) (Math) / spherical curve ‖ **spirische ~** (Math) / spiric line, spiric curve ‖ **Steinersche ~** (Math) / deltoid* n, Steiner's three-cusped hypocycloid*, Steiner's tricusp*, tricuspid curve ‖ **unikursale ~** (als Träger mehrerer Skalen) (Math) / unicursal curve ‖ **Vivianische ~** (nach V. Viviani, 1622 - 1703) (Math) / Viviani's curve, Viviani's window ‖ **zirkulare ~** (Math) / circular curve ‖ **zyklische ~** (die Bahnkurve eines mit einer ebenen starren Scheibe fest verbundenen Punktes bei stetiger Abrollbewegung an einer ebenen Polbahn, z.B. die Trochoide, speziell die Zykloide) (Math) / cyclic curve ‖ **~** f der spektralen Augenempfindlichkeit (Opt) / visibility curve*, luminosity curve, spectral sensitivity curve ‖ **~ gleichen Lautstärkepegels** (Akus) / equal-loudness contour, Fletcher-Munson contour, isophone n, loudness contour* ‖ **~ gleicher Breite** (z.B. ein Reuleaux-Dreieck) (Math) / curve of constant breadth, orbiform curve ‖ **~ gleicher Breite** (Math) / orbiform n, orbiform curve (of constant breadth) ‖ **~ gleicher Durchlässigkeit** (Opt) / isotransmittance curve ‖ **~** f **gleicher Farbe** (Licht, WP) / isochromatic* n, isochromatic line ‖ **~ gleicher Lautstärke** (Akus) / equal-loudness contour, Fletcher-Munson contour, isophone n, loudness contour* ‖ **~ gleicher Lautstärkeempfindung** (Akus) / equal-loudness contour, Fletcher-Munson contour, isophone n, loudness contour* ‖ **~ gleicher Pegellautstärke** (Akus) / equal-loudness contour, Fletcher-Munson contour, isophone n, loudness contour* ‖ **konstanter Breite** (z.B. ein Reuleaux-Dreieck) (Math) / curve of constant breadth, orbiform curve ‖ **~ mit gleichem Tageslichtkoeffizienten** (Licht) / iso-daylight-factor curve ‖ **~ mit Klothoide** (Bahn, HuT, Verm) / transition curve*, easement curve* ‖ **~ mit Querneigung** (Luftf) / banked turn ‖ **~ von Archytas** (Raumkurve 4. Ordnung zur Würfelverdopplung) (Math) / Archytas curve

**Kurven** f pl **gleicher Neigung** (Opt) / Haidinger fringes*, constant-deviation fringes, constant-angle fringes, fringes of equal inclination ‖ **~-** / curved adj ‖ **~absteckung** f (Bahn) / staking-out of curves ‖ **~anpassung** f / curve fitting ‖ **~äußeres Rad** (bei Kurvenfahrt) (Kfz) / outer wheel ‖ **~bahn** f (Mech) / curved track ‖ **~bahnfräsen** n (Masch) / cam-track milling ‖ **~band** n (ein Förderer) (Masch) / curved-belt conveyor, curving-belt conveyor, curving conveyor ‖ **~betätigt** adj (Masch) / cam-operated adj, cam-actuated adj ‖ **~blatt** f / curve sheet ‖ **~bogen** m (Teilstück einer Kurve) (Math) / arc* n ‖ **~diagramm** n (Masch) / cam diagram ‖ **~diagramm** (Math) / line graph, line chart ‖ **~diagramm mit bandförmiger Unterteilung** (z.B. ein Sankey-Diagramm) / band chart, band curve chart ‖ **~diskussion** f (Math) / discussion of a function ‖ **~durchhang** m (der Schwärzungskurve) (Foto) / toe* n ‖ **~ stochastische ~ermittlung** (Phys) / curve fitting* ‖ **~fahren** n (Kfz) / cornering n ‖ **~fahrt** f (Kfz) / cornering n ‖ **~fahrverhalten** n (Kfz) / cornering performance, cornering behaviour ‖ **neutrales ~fahrverhalten** (Kfz) / neutral cornering ‖ **~förderer** m (Masch) / curved-belt conveyor, curving-belt conveyor, curving conveyor ‖ **~form** f (Masch) / cam profile*, cam shape, cam contour ‖ **~form des Empfangszeichens** (Teleg) / arrival curve* ‖ **~förmig** adj (Math) / curvilinear adj ‖ **~förmiger Flug** (auf gekrümmter Bahn in der Vertikal- oder Horizontalebene oder gleichzeitig in beiden Ebenen unter Einwirkung der Zentripetalkraft) (Luftf) / curvilinear flight ‖ **~förmige Naht** (Schw) / curvilinear weld seam ‖ **~fräsmaschine** f (zur Fertigung von Steuerkurven mit Fingerfräsern) (Masch) / cam milling machine, cam copy miller ‖ **~gängiges Förderband** (Masch) / curved-belt conveyor, curving-belt conveyor, curving conveyor ‖ **~gängigkeit** f (Bahn) / curve-passing-behaviour curve ‖ **~gelenk** n (als Getriebeteil) (Masch) / cam joint ‖ **~generator** m (der eine Kurve analog oder digital erzeugt) (EDV) / curve generator ‖ **~geschwindigkeit** f (Kfz) / cornering speed ‖ **~geschwindigkeit** (Luftf) / turn rate ‖ **~getriebe** n (Masch) / cam mechanism, cam gear ‖ **~grenzbereich** m (wenn die Haftgrenze der Reifen beim Kurvenfahren fast erreicht ist) (Kfz) / limits of grip, cornering limit, transient cornering, handling limits ‖ **~inneres Rad** (bei Kurvenfahrt) (Kfz) / inside wheel ‖ **~integral** n (Math) / line integral*, circulatory integral* ‖ **~lage** f (Luftf) / banking* n, bank n ‖ **~lauf** m (Bahn) / curve passage, curve negotiation ‖ **~läufigkeit** f (der

Lokomotive) (Bahn) / curve-passing-behaviour curve ‖ **~leser** m (Eingabegerät zum Umsetzen von Kurven in Signale - DIN 44300) (EDV) / curve follower, graph follower ‖ **~lineal** n (z.B. Burmester-Kurve) (Instr) / curve* n, spline n, French curve*, curved ruler ‖ **~lineal mit großen Kreisbögen** (in einem Satz von Kreisbogenlinealen mit verschiedenen Krümmungen) (Instr) / railway curve* ‖ **~linie** f (in einem Diagramm) / curve n ‖ **~messer** m (Kart) / instrument for measuring the length of curved lines (e.g. an opisometer) ‖ **~naht** f (Schw) / curvilinear weld seam ‖ **~netz** n (Math) / net of curves ‖ **~normale** f (Math) / normal to the curve, normal line to the curve ‖ **~platte** f (Platte mit Nockenform an Außenkante) (Masch) / plate cam* ‖ **isolierter ~punkt** (Math) / isolated point*, conjugate point*, acnode* n, hermit point ‖ **~radius** m (Luftf) / turning-radius n ‖ **~reich** adj (Strecke) / twisty adj, twisting adj, winding adj ‖ **~reiche Strecke** (HuT, Kfz) / series of bends ‖ **~rollgang** m (Hütt) / curved roller table ‖ **~schablone** f (für das Zeichnen ganz bestimmter Kurven - im Gegensatz zu einem Kurvenlineal) / curve template ‖ **~schar** f (Math) / family of curves, group of curves ‖ **~scheibe** f (ein Nocken) (Masch) / plate cam*, disk cam ‖ **~scheibe** (Masch) s. auch Scheibenkurve ‖ **~schere** f (eine Blechschere) (Masch) / scroll shears, curve shears ‖ **~schieber** m (Masch) / translating cam ‖ **~schneiden** n (Masch) / curved cutting ‖ **~schreiber** m (DIN 44300) (EDV) / plotter* n, graphic plotter, data plotter ‖ **~schreiber** (elektrisches Meßgerät mit einer Schreibeinrichtung für Meßgrößen, deren zeitlicher Verlauf festgehalten werden soll) (Eltech) / curve follower, graph follower ‖ **~sicherheit** f (Kfz) / cornering safety ‖ **~steuerung** f (mit Kurvengetriebe) (Masch) / cam-throttle control ‖ **~träger** m (Scheibe oder Zylinder des Kurvengetriebes) (Masch) / cam m ‖ **~trieb** n (Masch) / cam mechanism, cam gear ‖ **~trommel** f (ein Nocken) (Masch) / cylindrical cam ‖ **~überhöhung** f (Bahn) / superelevation of the curve ‖ **~verhalten** n (Kfz) / cornering performance, cornering behaviour ‖ **~verlauf** m (Math) / curve shape ‖ **~welle** f (Masch, V-Mot) / camshaft* n ‖ **~zeichner** m (mathematisches Zeichengerät) (Instr) / curve* n, spline n, French curve*, curved ruler ‖ **~zylinder** m (Masch) / cylindrical cam

**Kurvimeter** n (Kart) / instrument for measuring the length of curved lines (e.g. an opisometer)

**kurz** adj / short adj ‖ **~** (Glas, Keram) / short* adj ‖ **~-** / short-term attr ‖ **zu ~ kommen** (bei der Landung) (Luftf) / undershoot v ‖ **~e Absage am Ende einer Programmsendung** (Radio, TV) / tag n ‖ **~e Abzweigleitung** (Eltech) / spur n ‖ **~er Aufbau** (Schiff) / short superstructure ‖ **~e** (abgekürzte) **Division** (Math) / short division ‖ **~e Druckfarbe** (Druck) / short ink* ‖ **~e Flotte** (Flüssigkeitsvolumen klein im Verhältnis zum Warengewicht) (Leder) / short float ‖ **~es Glas** (mit engem Verarbeitungstemperaturbereich) (Glas) / short glass, quick-setting glass ‖ **~e Periode** (im Periodensystem der Elemente) (Chem) / short period, small period ‖ **~er, regelmäßiger Stillstand** (Masch) / dwell* n ‖ **~e Reichweite** (Luftf) / short range ‖ **~es Rundholzstück** (For) / billet n ‖ **~e Schlacke** (Hütt) / fluid slag ‖ **~e Steckkarte** (EDV) / half-sized board ‖ **~er Stromausfall** (Eltech) / glitch n (brief power failure) ‖ **~es Überholmanöver** (Kfz) / quick pass ‖ **~ übersetzt** (Getriebe) (Kfz) / low-gear attr ‖ **~es Übersetzungsverhältnis** (Kfz) / low gearing ratio, low gearing, low gear ratio

**Kurz•- /** short adj ‖ **~-** / short-time attr ‖ **~adresse** f / short address, shortened address ‖ **~adressierung** f (EDV) / abbreviated addressing ‖ **~analyse** f (Kftst, Min) / proximate analysis, rational analysis ‖ **~antenne** f (Kfz) / electronic antenna (AM/FM) ‖ **~arbeit** f (F.Org) / short time, short-time working, undertime n, work on short time ‖ **~ästig** adj (For) / short-branched adj

**Kurzawka** f (Bergb, HuT) / quicksand* n, running sand*

**Kurz•balken** m pl (mehrere Luftfahrtbodenfeuer) (Luftf) / barrette n ‖ **~balken** m (Zimm) / stub beam ‖ **~basisdiode** f (Eltronik) / short-base diode ‖ **~bau** m (bei der Bauanordnung Vorderradantrieb mit Frontmotor und Hinterradantrieb mit Heckmotor) (Kfz) / short drive shafts ‖ **~belichtung** f (Foto) / short-time exposure ‖ **~bestrahlung** f (Radiol) / short-time exposure ‖ **~bewitterung** f (in Geräten, nach DIN 53384 und DIN 53387) / accelerated weathering, artificial weathering, controlled weathering ‖ **~bewitterung** (eine Kurzprüfung) (Anstr) / accelerated weathering ‖ **~dauernd** adj / transitory adj

**kürzen** v (Math) / cancel v ‖ **~** n (mit, durch) (Math) / cancellation n (out of)

**kürzest•e Linie** (Math) / shortest n, shortest line ‖ **~e** f (eine geodätische Linie) (Math) / shortest n, shortest line ‖ **~er-Weg-Problem** n (Grundaufgabe der Grafentheorie) / shortest-path problem

**Kurz•faser** f (DIN 60001) (Pap, Plast, Tex) / flock* n, short fibre ‖ **~fasern enthaltende Wolle** (Tex) / noily wool ‖ **~faserig** adj / short-fibred adj, short-fibre attr, short-staple attr ‖ **~faserspinnerei** f (Spinn) / short-staple spinning ‖ **~fellmantel** m (eines

Rollwerkzeugs) (Anstr) / short-pile sleeve ‖ ~**film** *m* (Film) / short film, short *n* ‖ ~**flammige Kohle** (mit einem niedrigen Prozentsatz an flüchtigen Bestandteilen) (Bergb) / short-flame coal ‖ **~fristig** *adj* / short-term *attr* ‖ **~fristig** (Wettervorhersage) (Meteor) / short-range *attr* ‖ **~fristige Lieferung** / delivery on a short-term basis (DUT) ‖ **~fristige Wettervorhersage** (Meteor) / short-period forecast, short-range forecast ‖ **~fristprognose** *f* (bis zu etwa 3 Tagen) (Meteor) / short-period forecast, short-range forecast ‖ **~frontstreb** *m* (Bergb) / shortwall face ‖ **~halskolben** *m* (Chem) / short-neck flask, short-necked flask ‖ **~halsstandkolben** *m* (Chem) / flat-bottom short-neck flask ‖ **~hobelmaschine** *f* (Masch) / shaping machine* ‖ ~**hobler** *m* (Masch) / shaping machine* ‖ **~holz** *n* (For) / shortwood *n*, short timber ‖ **~holzgattersägemaschine** *f* (For) / billet frame saw ‖ ~**holzvollerntemaschine** *f* (For) / shortwood harvester ‖ ~**huber** *m* (V-Mot) / oversquare engine, short-stroke engine ‖ ~**hubhonen** *n* (DIN 8589, T 14) (Masch) / superfinishing* *n* ‖ ~**hubhonmaschine** *f* (Masch) / superfinishing machine, short-stroke honing machine ‖ **~hubig** *adj* (Masch) / short-stroke *attr* ‖ **~hubig** (V-Mot) / oversquare *adj* ‖ **~hubige Winde** (Masch) / jack* *n* (a machine for raising a heavy weight through a short distance), lifting jack ‖ **~hubmotor** *m* (V-Mot) / oversquare engine, short-stroke engine ‖ **~kettig** *adj* (Polymer) (Chem) / short-chain *attr* ‖ **~lebig** *adj* / short-life *attr*, short-lived *adj* ‖ **~lebiges Teilchen** (Kernphys) / unstable particle ‖ ~**lichtbogen** *n* (Schw) / short-circuiting arc, short arc ‖ **~lichtbogenschweißen** *n* (Schw) / short-arc welding, short-circuiting arc welding, welding in the short-circuiting arc mode ‖ ~**lochkarte** *f* (EDV) / stub card, ticket *n*, scored card, Kimball tag* ‖ **~malz** (Brau) / pale malt ‖ ~**malz** (Brau) / short-grown malt ‖ **~öl-Alkydharz** *n* (Anstr) / short-oil alkyd (resin) ‖ **~ölig** *adj* (z.B. Alkydharz) (Anstr) / short-oil* *attr* ‖ ~**periode** *f* (im Periodensystem der Elemente) (Chem) / short period, small period ‖ **~periodisch** *adj* (Astr) / short-term *attr*, short-period *attr* ‖ **~periodischer Komet** (Umlaufzeit unter 200 Jahre) (Astr) / short-period comet ‖ ~**pfahl** *m* (HuT) / short pile, stub pile ‖ ~**pfahlgründung** *f* (Bau, HuT) / short-pile foundation ‖ ~**prüfung** *f* (WP) / accelerated test ‖ **automatisches** ~**referat** (EDV) / auto-abstract *n*, automatic abstract ‖ **~reichweitige Kräfte** (z.B. Wigner-, Majorana-, Heisenberg- und Bartlettkraft) (Kernphys) / short-range forces* ‖ **~reichweitiges Teilchen** (Kernphys) / short-range particle ‖ **~reichweitige Wechselwirkung** (Kernphys) / short-range interaction ‖ **~schaftig** *adj* (For) / short-stemmed *adj*, short-boled *adj* ‖ ~**schäftig** *adj* (For) / short-stemmed *adj*, short-boled *adj* ‖ **~schließen** *v* (Eltech) / short-circuit *v*, short *v* ‖ **~schließen** (nur Infinitiv oder Partizip - mit Hilfe eines Drahtes die Zündschloßkontakte direkt verbinden und auf diese Weise ohne Schlüssel starten) (Kfz) / hot-wire *v* ‖ ~**schließen** *n* (Eltech) / short-circuiting *n* ‖ ~**schließer** *m* (Eltech) / short-circuiting device*, short-circuiter *n* ‖ ~**schließer** (Eltech) s. auch Magnetanker und Magnetschlußstück ‖ ~**schließvorrichtung** *f* (zum Verbinden der kurzzuschließenden Außenleiter) (Eltech) / short-circuiting device*, short-circuiter *n*

**Kurzschluß** *m* (Eltech) / short circuit*, short *n*, short-circuit fault, fault *n* ‖ **akustischer** ~ (bei einem frei aufgestellten Lautsprecher) (Akus) / acoustic short circuit ‖ **nicht verlagerter** ~ (Eltech) / symmetrical short-circuit* ‖ ~**satter** (durch metallische Berührung) (Eltech) / dead short circuit ‖ ~**ankermotor** *m* (Eltech) / squirrel-cage motor*, cage motor ‖ ~**berechnung** *f* (Eltech) / short-circuit calculation ‖ ~**bremsung** *f* (eine Art Widerstandsbremsung) (Eltech) / short-circuit braking ‖ ~**bügel** *m* (Fernm) / U-link* *n*, shorting plug ‖ ~**charakteristik** *f* (bei den Synchronmaschinen) (Eltech) / locked-rotor impedance characteristic ‖ ~**drehmoment** *m* (Eltech) / peak transient torque ‖ ~**dreieck** *n* (Eltech) / Potier construction*, Potier diagram, Potier reactance triangle ‖ ~**drossel** *f* (Kurzschlußreaktanz) (Eltech) / short-circuit limiting reactor ‖ ~**Eingangsadmittanz** *f* **bei kleiner Aussteuerung** (Eltronik) / small-signal short-circuit input admittance ‖ ~**elektrolyse** *f* / internal electrolysis (without external voltage) ‖ ~**fest** *adj* (Eltech) / short-circuit proof, resistant to short circuits ‖ ~**fest** (Halbleiterelement) (Eltronik) / surge-proof *adj* ‖ ~**festigkeit** *f* (Eltech) / short-circuit strength, short-circuit rating, resistance to short circuits, ability to withstand short-circuit ‖ ~**fortschaltung** *f* (ein Schaltzyklus) (Eltech) / automatic reclosing ‖ ~**impedanz** *f* (der gesamten Kurzschlußstrombahn) (Eltech) / short-circuit impedance* ‖ ~**impedanz eines Wicklungspaares** (Eltech) / short-circuit impedance of a pair of windings ‖ ~**kennlinie** *f* (bei den Synchronmaschinen) (Eltech) / short-circuit characteristic* ‖ ~**kolben** *m* (Eltech) / plunger* *n*, piston* *n* ‖ **kapazitiver** ~**kolben** (Eltech) / choke piston, choke plunger, non-contact plunger ‖ ~**kontakt** *m* (Eltech) / sparking contact* ‖ ~**läufer** *m* (Eltech) / squirrel-cage rotor*, cage rotor*, short-circuited rotor* ‖ ~**läufermotor** *m* (Eltech) / squirrel-cage motor*, cage motor ‖ ~**leistung** *f* (zur Kennzeichnung der Kurzschlußfestigkeit von Betriebsmitteln) (Eltech) / short-circuit capacity ‖ ~**nachbildung** *f* (Eltech) / short-circuit calculator* ‖ ~**prüffeld** *n* (Eltech) / short-circuit test stand, short-circuit test station ‖ ~**ring** *m* (Eltech) / rotor end ring ‖ ~**schutz** *m* (elektrischer Betriebsmittel vor den Folgen eines Kurzschlusses) (Eltech) / short-circuit protection ‖ ~**spannung** *f* (Eltech) / short-circuit voltage* ‖ ~**sperre** *f* (eine Wiedereinschaltsperre) (Eltech) / short-circuit lock-out ‖ ~**spülung** *f* (bei Zweitaktmotoren) (Kfz) / short circuiting ‖ ~**strom** *m* (Eltech) / short-circuit current ‖ **[praktischer]** ~**strom** (Eltech) / flash current ‖ ~**taste** *f* (Eltech) / short-circuit key ‖ ~**test** *m* (Kfz) / stall test (of the starter) ‖ ~**verhältnis** *n* (Eltech) / short-circuit ratio*, SCR ‖ ~**verlust** *m* (bei elektrischen Maschinen) (Eltech) / short-circuit loss ‖ ~**verluste** *m pl* (bei Zwei- oder Mehrwicklungstransformatoren) (Eltech) / load loss ‖ ~**versuch** *m* (bei elektrischen Maschinen oder Transformatoren) (Eltech) / short-circuit test* ‖ ~**vorgang** *m* (Eltech) / short-circuiting *n* ‖ ~**widerstand** *m* (Eltech) / short-circuit resistance

**Kurz**·**schriftmaschine** *f* / stenotype machine, stenotype *n* ‖ ~**sichtigkeit** *f* (Med, Opt) / myopia* *n*, near-sightedness *n*, short-sightedness* *n*, short sight ‖ ~**spanend** *adj* (Metall) (Masch) / brittle *adj* ‖ ~**speicherausdruck** *m* (EDV) / indicative dump ‖ ~**spinnverfahren** *n* (Spinn) / short spinning process, abbreviated spinning process, sliver-to-yarn spinning ‖ ~**stabantenne** *f* (Kfz) / bendable, unbreakable antenna ‖ **flexible** ~**stabantenne** (Kfz, Radio) / rubber antenna ‖ ~**stabprobe** *f* (Hütt) / short bar specimen ‖ ~**stämmig** *adj* (For) / short-stemmed *adj*, short-boled *adj* ‖ ~**stapelige Baumwolle** (mit einem Handelsstapel unter 22 mm) (Tex) / short cotton ‖ ~**starter** *m* (Luftf) / STOL aircraft*, short take-off and landing craft ‖ ~**startflugzeug** *n* (Luftf) / STOL aircraft*, short take-off and landing craft ‖ ~**stator-Linearmotor** *m* (Magnetschwebetechnik) (Eltech) / short-stator linear motor ‖ ~**streb** *m* (Bergb) / stall* *n* ‖ ~**strecken-** (Luftf) / short-range *attr*, short-haul *attr* ‖ ~**strecken-Düsen-Airliner** *m* (Luftf) / short-haul jet airliner ‖ ~**streckenfahrt** *f* (Kfz) / short-distance trip, short journey ‖ ~**streckennavigation** *f* (Nav) / short-range navigation ‖ ~**stroh** *n* (Landw) / cavings *pl* ‖ ~**tagpflanze** *f* (Bot) / short-day plant* ‖ ~**taktpresse** *f* (For) / short-cycle press ‖ ~**tauchen** *n* (ein Tauchverfahren, das Sekunden bis Minuten dauert) (For) / short dipping ‖ ~**titel** *m* (Druck) / abbreviated title ‖ ~**ton** *m* (zu Prüfzwecken) (Akus, Fernm) / toneburst *n* (used in testing the transient response of audio components) ‖ ~**trommelofen** *m* (Hütt) / short rotary furnace

**Kürzung** *f* (z.B. der Mittel im Werbeetat) / cut *n*

**Kürzungsregel** *f* (Math) / cancellation law

**Kurz**·**version** *f* (EDV) / pony version (of a software package program) ‖ ~**verzahnung** *f* (Masch) / short-addendum teeth ‖ ~**wahl** *f* (Leistungsmerkmal bei Fernsprechern des öffentlichen Netzes) (Fernsp) / speed calling ‖ ~**wahl** (Leistungsmerkmal bei Nebenstellenanlagen) (Fernsp) / abbreviated dialling, abbreviated calling, shortcode dialling ‖ ~**wahlprozessor** *m* (Fernsp) / abbreviated dialling processor ‖ ~**wahlzuordner** *m* (Fernsp) / abbreviated dialling translator ‖ ~**wangendrehmaschine** *f* (Masch) / front-operated lathe, short-bed lathe ‖ ~**waren** *f pl* (kleinere Bedarfsartikel für die Schneiderei) (Tex) / smallwares *pl*, haberdashery *n*, findings *pl* (US), novelties *pl*, notions *pl* (US) ‖ ~**warenhändler** *m* (Tex) / haberdasher *n* (GB) ‖ ~**wegdestillation** *f* (Chem, Vakuumt) / molecular distillation* ‖ ~**wegverdampfer** *m* (der zur Molekulardestillation dient) (Chem Verf) / molecular evaporator ‖ ~**weil-Einleasemaschine** *f* (EDV) / Kurzweil data entry machine ‖ ~**welle** (KW) *f* (Radio) / short wave* ‖ ~**welle** *f* (Radio) s. auch Dekameterwelle ‖ ~**wellen-** (Radio) / short-wave *attr*, short-wavelength *attr* ‖ ~**wellenhörer** *m* (Radio) / short-wave listener (SWL) ‖ ~**wellentherapie** *f* (Med) / short-wave therapy* ‖ ~**wellenvorsatz** *m* (Radio) / short-wave converter ‖ ~**wellenvorsatzgerät** *n* (Radio) / short-wave converter ‖ ~**wellig** *adj* (Radio) / short-wave *attr*, short-wavelength *attr* ‖ ~**welliges Ultraviolett** (Phys) / far ultraviolet ‖ ~**werbefilm** *m* (Film) / filmlet *n* ‖ ~**werbesendung** *f* (die in eine Programmsendung eingeblendet wird) (Radio, TV) / pop-in *n* ‖ ~**wollig** *adj* (Schaf) (Tex, Zool) / short-woolled *adj* ‖ ~**wortmaschine** *f* (EDV) / short-word computer

**Kurzzeit**· / short-life *attr*, short-lived *adj* ‖ ~ / short-time *attr* ‖ ~**ausheilen** *n* (zum Ausheilen von Strahlenschäden nach der Ionenimplantation in Diffusionsöfen) (Eltronik) / rapid thermal annealing (RTA) ‖ ~**belichtung** *f* (Foto) / short-time exposure ‖ ~**bestrahlung** *f* (Radiol) / short-time exposure ‖ ~**betrieb** *m* (Eltech) / short-time duty ‖ ~**dynamik** *f* (Kernphys) / short-term dynamics ‖ ~**erhitzung** *f* (Nahr) / flash pasteurization, flashing *n* ‖ ~**ermüdung** *f* (im Bereich niedriger Lastspielzahlen) (WP) / low-cycle fatigue ‖ ~**gedächtnis** *n* (des Menschen) / short-term memory, STM

**kurz**·**zeitig** *adj* / short-time *attr* ‖ ~**zeitige Bildstörung** (TV) / flash *n* ‖ ~**zeitig gemittelte Belastung** (ein Kraftwerkkennwert) (Eltech) / demand *n* ‖ ~**zeitiges Punktschweißen** (Schw) / shot welding ‖ ~**zeitiger Störimpuls** (EDV, Eltronik) / glitch *n* (a perturbation of the pulse waveform of relatively short duration and of uncertain origin)

**kurzzeitig**

|| ~**zeitige Störung** / transient disturbance || ~**zeitige Überlast(ung)** (Eltech) / short-time overload
**Kurzzeit•messer** *m* (für die Küche - meistens mit Klingelton und Aufhängevorrichtung) / cooking timer || ~**messer** (Uhr) / timer *n* || ~**mittelwert** *m* (Mittelwert, der aus einer zeitlich relativ eng begrenzten Stichprobenreihe eines Signalverlaufes ermittelt wird) / short-time average || ~**pasteurisierung** *f* (Nahr) / flash pasteurization, flashing *n* || ~**prüfung** *f* (WP) / accelerated test || ~**speicher** *m* (EDV) / short-time storage, short-time memory, short-term storage || ~**trockner** *m* (Chem Verf) / spray drier, spray tower || ~**uhr** *f* (Uhr) / timer *n* || ~**verfahren** *n* (Phosphatieren von Metallen) (Galv) / accelerated phosphate treatment (thin coating) || ~**verhalten** *n* (WP) / short-term behaviour || ~**versuch** *m* (WP) / accelerated test || ~**wecker** *m* (EDV) / relative-time clock || ~**wecker** (Uhr) / timer *n*
**KUS** (Tex) / cuprammonium rayon, cupro *n*
**Kußdruck** *m* (Druck) / kiss impression*
**Küste** *f* (als Erholungsstätte) / seaside *n* || ~ (Ozean) / shore *n*, coast *n*, seashore *n* || **an der** ~ / waterside *attr*, at the waterside, by the waterside, on the waterside || **nahe der** ~ **liegend** (Geol, Ozean) / sublittoral *adj* || **von der** ~ **ab oder her** / offshore *adv* (towards the sea from the land)
**Küsten•bohrturm** *m* (Erdöl) / offshore drill rig tower || ~**brechung** *f* (Radar, Radio) / coastal refraction*, coastline refraction* || ~**deich** *m* (Ozean) / sea-wall || ~**effekt** *m* (der einen Peilfehler verursachen kann) (Radar, Radio) / shore effect*, coastline effect*, shoreline effect || ~**einwärts** *adv* / onshore *adv* (form the sea towards the land) || ~**funkstelle** *f* (Radio) / shore radio station, coastal radio station || ~**gebiet** *n* (Geog) / coastal region || ~**gewässer** *n* (Geog) / territorial sea || ~**handbuch** *n* (Kart, Nav, Schiff) / pilot *n* (a navigational handbook for use at sea) || ~**insel** *f* (aus Korallen oder Sand) (Geol) / key *n*, cay *n* || ~**kabel** *n* (Kab) / coastal cable, shallow-water cable || ~**kies** *m* (Geol, Ozean) / shingle *n* || ~**kliff** *n* (Geol) / sea cliff, wave-cut cliff || ~**linie** *f* (die Grenzlinie zwischen Land und Wasser bei mittlerem Hochwasser, wie sie auf Seekarten eingezeichnet ist) (Kart) / shore-line *n* || ~**linie** (Ozean) / coastline *n* || ~**mammutbaum** *m* (Sequoia Endl.) (For) / redwood* *n*, sequoia* *n* || ~**mammutbaum** (For) / redwood* *n*, California redwood, coast redwood || ~**meer** *n* (Geog) / territorial sea || ~**motorschiff** *n* (Schiff) / motor coaster || ~**nah** *adj* (Geol, Ozean) / near-shore *adj* || ~**nah** (Ozean) / offshore *adj* || **bodennahe Rückströmung in** ~**nähe** (Ozean) / undertow *n* || ~**parallele Strömung** (Ozean) / littoral current || ~**reflex** *m* (Radar) / coastal reflection* || ~**schiffahrt** *f* (Schiff) / coastal shipping, coasting *n*
**Küstenschutz** *m* (im allgemeinen) (Ozean) / coastal protection || ~ (als Technikfach und wasserbauliche Maßnahmen zum Schutz der Meeresküsten) (Ozean) / coastal engineering || ~**bau** *m* (z.B. Wellenbrecher, Deiche, Buhnen usw.) (Ozean) / coastal structure || ~**bauten** *m pl* (Ozean) / sea-defence works || ~**programm** *n* (Ozean, Umwelt) / shore protection programme
**Küsten•sediment** *n* (Geol) / littoral deposits* || ~**seife** *f* (Bergb) / beach placer || ~**sequoie** *f* (For) / redwood* *n*, California redwood, coast redwood || ~**staat** *m* / littoral state || ~**streifen** *m* (Ozean) / shore *n*, coast *n*, seashore *n* || ~**strom** (Ozean) / longshore current* || ~**strömung** *f* (Ozean) / littoral current || ~**tanker** *m* (Schiff) / intercoastal tanker || ~**tankschiff** *n* (Schiff) / intercoastal tanker || **Kalifornische** ~**tanne** (Abies grandis (Dougl. ex D. Don) Lindl.) (For) / grand fir, giant fir || **Atlantischer** ~**typ** (Geol) / Atlantic-type coastline || **Pazifischer** ~**typ** (Geol) / Pacific-type coastline || ~**versatz** *m* (Verlagerung von Küstensedimenten längs der Küste) (Geol, Ozean) / longshore drift*, littoral drift || ~**versetzung** *f* (Geol, Ozean) / longshore drift*, littoral drift || ~**wärts** *adv* / onshore *adv* (form the sea towards the land) || ~**wüste** *f* (Geog, Geol) / coastal desert || ~**zone** *f* (Ozean) / coastal zone
**Kustode** *f* (Druck) / catchword* *n*
**Kustos** *m* (pl.: Kustoden) (am Fuß einer Buchseite zur Verbindung mit der kommenden Seite) (Druck) / catchword* *n*
**kutan** *adj* (die Haut betreffend) (Med) / cutaneous* *adj*
**Kutikula** *f* (pl.: -s od. -lä) (äußerstes Häutchen der Epidermis) (Leder) / cuticle* *n*
**Kutin** *n* (Bot, Chem) / cutin* *n*
**Kutinit** *m* (ein Kohlemazeral) (Min) / cutinite *n*
**Kutis** *f* (Leder) / corium* *n* (pl. coria), dermis* *n*, true skin, cutis *n*, derma *n*, derm* *n*
**Kutnahorit** *m* (aus Kuttenberg in Böhmen) (Min) / kutnahorite *n*
**Kutta-Joukowskischer Satz** (über den Zusammenhang zwischen Auftriebskraft und Zirkulation - nach M.W. Kutta, 1867-1944, und N. Shukowski, 1847-1921) (Luftf) / Kutta-Joukowski theorem, Kutta-Joukowski equation
**Kutta-Joukowsky-Gleichung** *f* (Luftf) / Kutta-Joukowski theorem, Kutta-Joukowski equation

**Kutta-Shukowskischer Satz** (in der Strömungslehre) (Luftf) / Kutta-Joukowski theorem, Kutta-Joukowski equation
**Kuttelflecke** *m pl* (Nahr) / tripe *n*, offal *n*
**Kutteln** *pl* (Nahr) / tripe *n*, offal *n*
**Kutter** *m* (zur Herstellung der Brätmasse) (Nahr) / cutter *n*, bowl-chopper *n*, sausage machine, sausage grinder
**Kutterhilfsmittel** *n* (das die Wasserbindung des Brühwurstbräts und das Emulgieren des Fetts fördert) (Nahr) / cutter auxiliary
**Kutto-Messer** *n* (mit Ersatzklingen) / sharp knife (Stanley - with disposable blades) || ~ / craft knife
**Kuvertiermaschine** *f* (DIN 32759) / enveloping machine
**Küvette** *f* (des Eintauchkolorimeters) / cup *n* || ~ (Chem) / cuvette *n* || ~ (Spektr) / cell *n* || ~ **für die IR-Spektroskopie** (flüssige Proben) (Spektr) / infrared liquid cell
**Kux** *m* (pl. Kuxe) (börsenmäßig gehandelter quotenmäßiger Anteil an einer bergrechtlichen Gewerkschaft - in Deutschland abgeschafft) (Bergb) / claim *n*, mining share, mining field, location *n*
**KV** (Eltech) / switching matrix
**kVA** (Eltech) / kilovolt-ampere *n*, kVA
**k-Vektor** *m* (Phys) / wave vector (a vector quantity that describes not only the magnitude of of a wave but also its direction)
**KVSt** (Fernsp) / tandem exchange*, tandem central office (US), tandem office (US)
**KV-Zahnung** *f* (For) / brier teeth || **Säge mit** ~ (Kreis- oder Kettensäge) (For, Werkz) / gullet saw*, brier-tooth saw*
**kW** (Eltech, Kfz) / kilowatt* *n* || ~ (Bahn) / diamond crossing with slips, slip switch || ~ (Radio) / short wave*
**K-Wagen** *m* (zweiachsiger Güterwagen mit durch Klappen öffnungsfähigem Dach) (Bahn) / waggon with hinged covers
**k-Wert** *m* (Foto, Tex) / contour definition, sharpness of outline (of the print), contour acuity, contour sharpness || ~ *m* (zur Charakterisierung der Molmasse von Polymeren - nach Fikentscher) (Chem) / k-value *n*
**kWh** (inkohärente Einheit der Arbeit = $3,6 \cdot 10^6$ J) (Eltech) / kilowatt-hour* *n*, kW-hr
**KW-Hauptlager** *n* (Kfz) / crankshaft main bearing, main bearing (of the crankshaft)
**KWIC-Index** *m* (EDV) / keyword-in-context index, KWIC index
**KWIC-Register** *n* (EDV) / keyword-in-context index, KWIC index
**KW-KO** *m* (Gieß) / cold-blast cupola furnace, cold-blast cupola
**KWL** (Schiff) / design waterline, DWL
**KWOC-Index** *m* (EDV) / keyword-out-of-context index, KWOC index
**KWOC-Register** *n* (EDV) / keyword-out-of-context index, KWOC index
**KW-Stoff** *m* (Chem) / hydrocarbon* (HC) *n*
**Kyanisieren**, *n* (mit Quecksilber(II)-chlorid) (Bau, For) / kyanizing* *n*, cyanizing* *n*
**Kyanisierung** *f* (mit Quecksilber(II)-chlorid) (Bau, For) / kyanizing* *n*, cyanizing* *n*
**Kyanit** (Aluminiumoxidorthosilikat) (Min) / disthene* *n*, cyanite* *n*, kyanite* *n*
**Kyanotrichit** *m* (Min) / cyanotrichite *n*
**Kybernetik** *f* / cybernetics* *n*
**Kybernetiker** *m* / cybernetician *n*, cyberneticist *n*
**kybernetisch** *adj* / cybernetic *adj* || ~**er Raum** (von Rechnern erzeugte virtuelle Scheinwelt, die eine perfekte Illusion räumlicher Tiefe und realitätsnaher Bewegungsabläufe vermittelt) (EDV, KI) / cyberspace *n* || ~**es System** / cybernetic system
**Kyma** *n* (dorisches, lesbisches, ionisches) (Arch) / cymatium *n*, cyma* *n*
**Kymation** *n* (dorisches, lesbisches, ionisches) (Arch) / cymatium *n*, cyma* *n*
**Kymograf** *m* (Radiol) / kymograph *n*
**Kymografie** *f* (röntgenologische Darstellung von Bewegungsabläufen in einem Organ) (Radiol) / kymography* *n*
**Kymophan** *m* (Chrysoberyll-Katzenauge) (Min) / cymophane* *n*, chrysoberyl cat's eye*, Oriental cat's eye*
**Kynurensäure** *f* (4-Hydroxychinolin-2-carbonsäure) (Biochem) / kynurenic acid
**kyrillisches Alphabet** (Typog) / Cyrillic *n*
**Kyrilliza** *f* (kyrillische Schrift) (Typog) / Cyrillic *n*
**Kyropoulos-Verfahren** *n* (Krist) / crystal pulling*, Czochralski method, Czochralski process
**KZ** (Krist) / crystal nucleus*, nucleus* *n* (pl. nuclei)
**Kz** (Tex) / cashmere wool, cashmere *n*, cashmere hair
**KZG** / short-term memory, STM

# L

Λ (Luftf) / aspect ratio*
**L** (ein Spezialfall des Ionenprodukts) (Chem) / solubility product*
**La** (Chem) / lanthanum* $n$
**LAAS** (Spektr) / laser atomic absorption spectrometry
**Lab** $n$ (aus zerkleinerten Labmägen gewonnenes Produkt) (Chem, Nahr) / rennet* $n$ ‖ ~ (Chem, Physiol) / rennin $n$, chymosin $n$
**Labarraquesche Lauge** (Chem) / Labarraque's solution
**Lab•austauscher** $m$ (Nahr) / rennet substitute ‖ ~**austauschstoff** $m$ (Nahr) / rennet substitute ‖ ~**bruch** $m$ (das ausgeschiedene Kasein bei der Käseherstellung) (Chem, Nahr) / rennet curd
**Labdan** $n$ (ein Diterpen) (Chem) / labdane $n$
**Labdanum** $n$ (aus Cistus ladanifer oder C. laurifolius L.) (Chem) / ladanum $n$, labdanum $n$
**Label** $n$ (Schallplattenetikett) / label ‖ ~ (Schallplattenfirma) / label $n$ ‖ ~ (Sprungziel in einem Programm, welchem eine für den Rechner verständliche Adresse zugeordnet wird) (EDV) / label $n$
**Lab•enzym** $n$ (Chem, Physiol) / rennin $n$, chymosin $n$ ‖ ~**ferment** $n$ (Chem, Physiol) / rennin $n$, chymosin $n$
**labil** adj (Bau, Mech) / deficient* adj, unstable* adj ‖ ~ (z.B. Radikale) (Chem) / transient adj ‖ ~ (Mech) / labile* adj, instable adj, unstable* adj ‖ **~es Gleichgewicht** (Mech) / unstable equilibrium*, labile equilibrium ‖ **~e Zone** (Geol) / mobile belt*
**Labilität** $f$ (Mech) / lability $n$, instability* $n$, unstability* $n$
**Lab•käsebruch** $m$ (Chem, Nahr) / rennet curd ‖ ~**kasein** $n$ (Chem, Nahr) / rennet casein
**Lablabbohne** $f$ (Bot, Landw, Nahr) / lablab $n$
**Labor** $n$ / laboratory $n$, lab ‖ **fahrbares** ~ (Chem, Umwelt) / mobile laboratory ‖ **heißes** ~ (für chemisches Experimentieren mit hochradioaktiven offenen Präparaten) (Kernphys) / hot laboratory, hot lab ‖ **rechnernetzintegriertes** ~ (Chem) / computer-integrated laboratory, CIL
**Laboranalyse** $f$ (Chem) / laboratory analysis
**Laborant** $m$ / laboratory assistant
**Laboratmosphäre** $f$ (Chem) / laboratory atmosphere
**Laboratorium** $n$ / laboratory $n$, lab ‖ **rechnernetzintegriertes** ~ (Chem) / computer-integrated laboratory, CIL
**Laboratoriums•ausstattung** $f$ (Chem) / laboratory equipment ‖ ~**bezugssystem** $n$ (Chem) / laboratory coordinate system, laboratory system of coordinates, L-system $n$ ‖ ~**versuch** $m$ (Chem) / laboratory test, lab test
**Labor•-auf-einem-Chip-Gerät** $n$ (Chem) / lab-on-a-chip device ‖ ~**ausrüstung** $f$ (Chem) / laboratory equipment ‖ ~**ausstattung** $f$ (Chem) / laboratory equipment ‖ ~**automation** $f$ / laboratory automation ‖ ~**automatisierung** $f$ / laboratory automation ‖ ~**befund** $m$ / laboratory finding ‖ ~**bericht** $m$ / laboratory report ‖ ~**chemikalie** $f$ (Chem) / laboratory chemical ‖ ~**computer** $m$ (EDV) / laboratory computer ‖ ~**einrichtung** $f$ (Chem) / laboratory equipment ‖ ~**geprüft** adj (Chem) / lab-tested adj ‖ ~**geräte** $n$ pl (Chem) / labware $n$ ‖ ~**geräte aus Kunststoff** (Chem) / plastic labware ‖ ~**geräte und -apparate aus Glas** (Chem) / laboratory glassware ‖ ~**glas** $n$ (Chem, Glas) / chemical glass, laboratory glass ‖ ~**instrument** $n$ **geringerer Genauigkeit** (Eltech, Instr) / substandard instrument* ‖ ~**instrument höchster Genauigkeit** (Eltech, Instr) / standard instrument ‖ ~**klima** $n$ (Chem) / laboratory atmosphere ‖ ~**korrosionsprüfung** $f$ (WP) / laboratory corrosion testing ‖ ~**maßstab** $m$ / laboratory scale, bench scale ‖ ~**meßtechnik** $f$ (die im Zusammenhang mit industrieller Forschung und Entwicklung angewandte Meßtechnik, daneben auch diejenige Betriebsmeßtechnik, die unter Laborbedingungen stattfindet) (Chem, Phys) / laboratory measuring ‖ ~**modul** $n$ (Raumf) / laboratory module ‖ ~**porzellan** $n$ (Chem) / laboratory porcelain ‖ **gute** ~**praxis** (Pharm) / good laboratory practice, GLP ‖ ~**probe** $f$ (Chem) / laboratory sample ‖ ~**prüfplatz** $m$ (aus Einzelmeßgeräten aufgebaute Anordnung zur Funktionsprüfung einer relativ kleinen Zahl von Prüflingen) (Chem, Phys) / laboratory test stand ‖ ~**prüfsieb** $n$ / laboratory test sieve ‖ ~**prüfung** $f$ (Chem) / laboratory test, lab test ‖ ~**rechner** $m$ (EDV) / laboratory computer ‖ ~**roboter** $m$ / laboratory robot ‖ ~**siegelgerät** $n$ (Plast) / laboratory sealer ‖ ~**statistik** $f$ / laboratory statistics ‖ ~**system** $n$ (in dem der Beobachter und seine Geräte ruhen) / laboratory coordinate system, laboratory system of coordinates, L-system $n$ ‖ ~**test** $m$ (Chem) / laboratory test, lab test ‖ ~**tier** $n$ / laboratory animal ‖ ~**versuch** $m$ (Chem) / laboratory test, lab test ‖ ~**wecker** $m$ (ein Kurzzeitwecker) /

laboratory timer ‖ ~**zentrifuge** $f$ (Chem Verf) / laboratory centrifuge, bench centrifuge
**Labpulver** $n$ (Nahr) / rennet powder
**Labrador** $m$ (ein Mischglied der Plagioklas-Reihe) (Min) / labradorite* $n$, Labrador spar, Labrador stone
**Labradorisieren** $n$ (Farbenschimmer des Labradors) (Min) / labradorescence* $n$
**Labradorit** $m$ (ein magmatisches Gestein) (Geol) / labradorite $n$ ‖ ~ (Min) / labradorite* $n$, Labrador spar, Labrador stone ‖ ~ (Min) s. auch Larvikit
**Labradorstein** $m$ (Min) / labradorite* $n$, Labrador spar, Labrador stone
**L-Abstimmung** $f$ (Radio) / inductive tuning
**Laburnin** $n$ (Chem, Pharm) / cytisine $n$, sophorine $n$, ulexine $n$, baptitoxine $n$
**Labyrinthdichtung** $f$ (eine Bewegungsdichtung) (Masch) / labyrinth packing*, labyrinth seal, labyrinth-type seal
**Labyrinthfaktor** $m$ (Konstante, die berücksichtigt, daß die Diffusion über labyrinthartige Umwege erfolgt - in der Chromatografie) (Chem) / labyrinth factor
**Labyrinthring** $m$ (Masch) / labyrinth seal ring
**Laccainsäure** $f$ (ein roter Anthrachinonfarbstoff - Naturrot 25) (Chem) / laccaic acid
**Laccase** $f$ (p-Polyphenoloxidase) (Biochem) / laccase $n$
**Laccolith** $m$ (in flacher Tiefe steckengebliebene Magmenmasse) (Geol) / laccolith* $n$, laccolite $n$
**Lacdye** $n$ (Anstr) / lac dye (red dye obtained by the maceration of lac)
**Lace-Antrieb** $m$ (Raumf) / liquid-air-cycle engine, LACE
**Lache** $f$ (Umwelt) / pond* $n$
**Lachgas** $n$ (Distickstoffoxid) (Chem) / laughing-gas* $n$
**lachs•farben** adj / salmon-pink adj, salmon-coloured adj ‖ **~farbig** adj / salmon-pink adj, salmon-coloured adj ‖ ~**leiter** $f$ (Wasserb) / salmon ladder, salmon leap ‖ ~**öl** $n$ / salmon oil ‖ **~rosa** adj / salmon-pink adj, salmon-coloured adj ‖ **~rot** adj / salmon-pink adj, salmon-coloured adj
**Lachstran** $m$ / salmon oil
**Lachstreppe** $f$ (Wasserb) / salmon ladder, salmon leap
**Lachte** $f$ (eine senkrechte Tropfrinne und schräg, fischgrätenähnlich verlaufende Risse) (For) / resin blaze, blaze $n$, face $n$ (for resin tapping)
**Lack** $m$ (mit physikalischer Trocknung) (Anstr) / lacquer* $n$ (clear composition based on cellulose) ‖ ~ (mit chemischer Trocknung) (Anstr) / varnish* $n$ ‖ ~ (Kfz) / paint $n$ ‖ ~ s. auch Anstrichstoff, Emaillelack, Farblack und Klarlack ‖ **dickschichtiger** ~ (Anstr) / high-build coating, high-build paint ‖ **elektrisch leitender** ~ (Anstr, Eltech) / conducting paint, electrically conductive varnish ‖ **festkörperreicher** ~ (Anstr) / high-solids paint ‖ **2K-**~ (Stammlack + Härter) (Anstr) / two-package system lacquer, two-pack varnish, two-can system lacquer, two-pack material ‖ **kalthärtender** ~ (Anstr) / acid-curing varnish ‖ **lösungsmittelfreie** ~**e** (Anstr) / solventless coatings* ‖ **ofentrocknender** ~ (Anstr) / baking varnish (US), baking enamel (US), stoving enamel (GB), stoving material, stoving finish, stove-enamel $n$, baking finish ‖ **säurehärtender** ~ (Anstr) / acid-curing varnish ‖ **schützender farbloser** ~ (Anstr) / finish $n$ ‖ **thixotroper** ~ (Anstr) / thixotropic paint, thixotropic varnish ‖ **wasserverdünnbarer** ~ (Anstr) / water paint*, water-borne coating, water varnish, water-base coating
**Lack•abbeizer** $m$ (Anstr) / paint remover ‖ ~**abbeizpistole** $f$ (Anstr) / heat-gun paint stripper ‖ ~**applikation** $f$ (Anstr, Kfz) / paint application ‖ ~**auffangwanne** $f$ (Anstr) / paint sump ‖ ~**auftrag** $m$ (Anstr, Kfz) / paint application ‖ **kataphoretischer** ~**auftrag** (Anstr) / cathodic electropainting ‖ ~**bad** $n$ (beim Tauchlackieren oder in Elektrotauchanlagen) (Anstr) / paint bath (in a tank) ‖ ~**band** $n$ (Eltech) / varnished fabric, coated fabric ‖ ~**beize** $f$ (Anstr, For) / varnish stain ‖ ~**benzin** $n$ (DIN 51632) (Anstr) / white spirit*, W.M. & P. naphtha, white $n$, light gasoline (US), petroleum spirit, V.M.& P. ‖ ~**draht** $m$ (ein Wickeldraht) (Eltech) / enamel-insulated wire*, enamelled wire ‖ ~**druck** $m$ (Tex) / lacquer printing, enamel printing ‖ ~**entferner** $m$ (Anstr) / paint remover ‖ ~**entfernungspistole** $f$ (Anstr) / heat-gun paint stripper ‖ ~**farbe** $f$ (aus pigmentiertem Lack - nach DIN 55945) (Anstr) / lacquer* $n$ ‖ **roter** ~**farbstoff** (Anstr) / lac dye (red dye obtained by the maceration of lac) ‖ ~**film** $m$ (Anstr) / varnish film, coating film ‖ ~**filmkondensator** $m$ (Eltronik) / lacquer-film capacitor ‖ ~**folie** $f$ (bei der Schallplattenaufnahme) (Akus) / lacquer original, lacquer master ‖ ~**folie** s. auch Vater-Platte ‖ ~**gewebe** $n$ (die aus Naturfaser- oder Chemiefasergarnen auf Zellulosebasis hergestellt sind) (Eltech) / varnished fabric, coated fabric ‖ ~**gießanlage** $f$ (Anstr) / curtain coater, curtain-coating plant ‖ ~**gießschicht** $f$ (beim Lackgießverfahren) (Anstr) / curtain $n$ ‖ ~**gießverfahren** $n$ (Anstr) / curtain coating ‖ ~**glasgewebe** $n$ (Eltech) / varnished glass fabric ‖ ~**haftung** $f$ (Anstr) / paint adhesion, coating adhesion ‖ ~**hantel** $f$ (Anstr) / applicator $n$, drawdown blade (US) ‖ ~**harz** $n$ (Anstr, Chem) / varnish resin, resin for lacquers and varnishes

**Lackhautverhinderer**
|| ~**hautverhinderer** *m* (bei oxidativ trocknenden Lacken und Druckfarben) (Anstr) / antiskinning agent, ASKA
**Lackieranlage** *f* (Anstr) / painting plant
**lackierbar** *adj* (Anstr) / paintable *adj*
**lackieren** *v* (Anstr) / paint *v*, lacquer *v*, varnish *v* || **neu ~** (Anstr) / repaint *v*, refinish *v*
**Lackierer** *m* (Anstr) / painter *n*, decorator *n*
**Lackierereiabfälle** *m pl* (Anstr, Umwelt) / paintshop waste
**Lackier•kabine** *f* (Anstr, Kfz) / paint booth, painting booth || ~**maschine** *f* (Anstr) / coater *n* || ~**pistole** *f* (Anstr, HuT) / spray gun, spraying pistol, gun* *n* || ~**roboter** *m* (Anstr) / painting robot || ~**straße** *f* (Anstr, Kfz) / painting line
**lackiertes Papier** (Eltech, Pap) / lacquered paper, varnished paper
**Lackierung** *f* (Kfz) / paintwork *n*, paint job || **elektrophoretische ~** (Anstr) / electrophoretic coating, electrocoating *n*, electrophoretic painting
**Lack•- und Farbenindustrie** *f* (Anstr) / varnish industry || **~isolierter Draht** (Eltech) / enamel-insulated wire*, enamelled wire || ~**isolierung** *f* (z.B. Lackpapier) (Eltech) / varnished insulation || ~**koagulierung** *f* (nach dem Entkleben des Oversprays der Spritzlackierung) (Anstr) / coagulation of paint || ~**konservierer** *m* (Kfz) / car wax, car polish || ~**kunstharz** *n* (Lackbindemittel, dessen essentielle Komponente ein rein synthetisches Produkt oder ein chemisch abgewandelter Naturstoff ist) (Anstr) / synthetic paint resin || ~**lasur** *f* (mit höherem Festkörpergehalt) (Anstr) / transparent colour varnish || ~**läufer** *m pl* (bei ungleichmäßiger Verteilung von Anstrichmitteln an senkrechten Flächen) (Anstr) / curtains *pl*, sags *pl*, runs *pl* || ~**leder** *n* (Leder) / patent leather, japanned leather || **beschichtetes ~leder** (Leder) / patent laminated leather, plastic-surfaced laminated leather || ~**leder** *n* **mit Preßnarben** (Leder) / printed patent leather || ~**leinen** *n* (Eltech) / varnished fabric, coated fabric || ~**leinöl** *n* (aus rohem Leinöl durch Entfernen der Schleimstoffe bei höherer Temperatur gewonnenes raffiniertes Leinöl - DIN 55930) (Anstr) / refined linseed oil || ~**maske** *f* (für Leiterplatten) (Eltronik) / resist mask
**Lackmus** *m n* (blauer Flechtenfarbstoff) (Chem) / litmus* *n*, lacmus *n*, turnsole *n* || ~**papier** *n* (Chem) / litmus-paper *n*
**Lack•nebelverlust** *m* (Anstr) / overspray *n*, overspray loss, spray-dust loss || ~**papier** *n* (isolierendes geschmeidiges lackiertes Papier) (Eltech, Pap) / lacquered paper, varnished paper || ~**platte** *f* (Akus) / lacquer disk || ~**pulver** *n* (Anstr) / varnish powder || ~**pulver** (zur Pulverbeschichtung) (Anstr) / coating powder || ~**reiniger** *m* (Anstr, Kfz) / finish restorer || ~**riß** *n* (der durch geringe Elastizität und unterschiedliche Spannungen im Lackfilm und Lackträger entsteht) (Anstr) / paint crack || ~**schaden** *m* (Anstr) / damage to the paintwork, paint damage || ~**schicht** *f* (in der chinesischen und japanischen Lackkunst) (Anstr, Kfz) / coat of paint, paint coat || ~**schicht** (Anstr, Kfz) / coat of paint, paint coat || ~**schlamm** *m* (Substanz, die aus dem Overspray durch Lackkoagulierung und anschließenden Austrag aus dem Spritzkabinenwasser entsteht) (Anstr) / sludge of paint, paint sludge || ~**schlammentsorgung** *f* (Anstr, Umwelt) / disposal of sludge of paint || ~**schlauch** *m* (Eltech) / flexible varnish tubing || ~**schliff** *m* (Anstr) / rubbing *n*, flatting *n* || ~**schwarz** *n* / Paris black || ~**stift** *m* (zur punktuellen Ausbesserung der lackierten Oberfläche) (Anstr) / touch-up pencil, touch-up applicator, touch-up pen || ~**sumach** *m* (Rhus verniciflua Stokes) (For) / Japanese varnish tree, Japanese lacquer tree, Japanese sumac, lacquer tree || ~**trockenkabine** *f* (Anstr) / low-bake booth || ~**tropfen** *m* (Anstr) / tear *n* || ~**verdünner** *m* (Anstr) / lacquer thinner, paint thinner || ~**verlust** *m* **durch Spritznebel** (und durch die das Objekt verfehlenden Spritzstrahlen) (Anstr) / overspray *n*, overspray loss, spray-dust loss || ~**wolle** *f* (mit 10,5 - 12,2 Gew.-% Stickstoff) (Chem) / pyroxilin* *n*, pyroxylin *n*, soluble gun-cotton, collodion cotton
**Lactalbumin** *n* (Chem) / lactalbumin *n*
**Lactam** *n* (ein zyklisches Amid) (Chem) / lactam *n* || ~**gießen** *n* (Plast) / monomer casting || ~**-Lactim-Tautomerie** *f* (Spezialfall der Amid-Iminol-Tautomerie bei Lactamen) (Chem) / lactam-lactim tautomerism
**Lactase** *f* (eine Hydrolase) (Biochem) / lactase *n*
**Lactat** *n* (E 235 - E 327) (Chem, Nahr) / lactate *n*
**Lactatdehydrogenase** *f* (Biochem) / lactate dehydrogenase, LDH
**Lactid** *n* (Chem) / lactide *n*
**Lactim** *n* (ein Tautomer des Lactams) (Chem) / lactim *n*
**Lactobacillsäure** *f* (Biochem) / lactobacillic acid
**Lactoflavin** *n* (Biochem) / riboflavin* *n*, vitamin $B_2$* *n*, lactoflavin *n*, vitamin G
**Lacton** *n* (ein zyklischer Lactonsäureester) (Chem) / lactone* *n*
**Lactonsäure** *f* (Chem) / lactone acid, lactonic acid (any of several acids with a lactone ring bearing the carboxyl group)
**Lacto-POD** *f* (Biochem) / horseradish peroxidase*, HRP*
**Lactoprotein** *n* (Biochem, Nahr) / milk protein, lactoprotein *n*

**Lactose** *f* (Saccharum lactis) (Chem) / milk-sugar* *n*, lactose* *n*, lactobiose* *n*
**Lactulose** *f* (Chem, Nahr) / lactulose *n*
**Ladanharz** *n* (aus Cistus ladanifer oder C. laurifolius L.) (Chem) / ladanum *n*, labdanum *n*
**Ladanum** (aus Cistus ladanifer oder C. laurifolius L.) (Chem) / ladanum *n*, labdanum *n*
**Laddic** *n* (leiterförmige Anordnung von Ferritkernen) (Eltronik) / laddic *n*
**ladefähig** *adj* (EDV) / loadable *adj*, operable *adj*, executable *adj*
**Lade** *f* (Web) / batten *n*, sley* *n*, slay *n*, lathe *n*, lay *n*, loom sley || **freifallende ~** (Web) / free-falling sley || **glatte ~** (Web) / plain sley
**Lade•adresse** *f* (EDV) / load address *n* || ~**anweisung** *f* (EDV) / load instruction || **hydraulischer ~arm** (zum Aufbringen des Blockes auf den Wagen der vertikalen Blockbandsägemaschine) (For) / flipper *n* || ~**baum** *m* (bordeigenes Hebezeug) (Schiff) / cargo boom *n*, derrick boom || ~**baum** (Schiff) / steeve *n* || ~**baumposten** *m* (Schiff) / Samson post || ~**befehl** *m* (EDV) / load instruction || ~**bereich** *m* / loading zone || ~**bock** *n* / stillage *n*, skid *n* || ~**charakteristik** *f* (Eltech) / charge curve, charging curve || ~**dichte** (Verhältnis von Sprengstoffmenge zu Sprengbohrlochvolumen) (Bergb) / filling degree || ~**druck** *m* (V-Mot) / boost* *n*, boost pressure, supercharge *n*, supercharging pressure || ~**druckregler** *m* (V-Mot) / boost-pressure controller || ~**druckwähler** *m* (Kfz) / turboboost selector || ~**einheit** *f* / unit load, unitized load, load unit || ~**einrichtung** *f* (Schiff) / cargo-handling appliance || ~**-Entlade-Anlage** *f* (Nukl) / charge-discharge machine* || ~**-Entlade-Betrieb** *m* (bei Batterien) (Eltech) / cycle operation, cyclic operation || ~**faktor** *m* (das Verhältnis von belegtem zu reserviertem Speicherplatz) (EDV) / load factor || ~**faktor** (Eltech) / charging factor || ~**fläche** *f* (Kfz) / cargo area || ~**fläche** (eines Flurfördermittels) (Masch) / platform *n*, deck *n* || ~**freigabe** *f* (EDV) / load enable || ~**frist** *f* / loading term || ~**gerät** *n* (mit dem die Sekundärelemente aus dem Netz die Ladeenergie zugeführt erhalten) (Eltech) / charger *n* || ~**gerät** (HuT) / loader* *n* || ~**geschirr** *n* (Gesamtheit der an Bord des Schiffs vorhandenen Einrichtungen zum Laden und Löschen der Ladung) (Schiff) / cargo gear, cargo-handling gear, loading gear || ~**gewicht** *n* (Bahn) / weight of load, weight loaded, load* *n* || ~**gewicht** (Kfz) / carrying capacity || ~**gleichrichter** *m* (zur Ladung von Sekundärelementen) (Eltech) / charging rectifier || ~**gut** *n* / cargo *n* (pl. cargoes or cargos), load* *n*, freight *n* || ~**hafen** *m* (Schiff) / port of loading || ~**höhe** *f* / loading height || ~**kante** *f* / loading edge || ~**kante** (unter der Heckklappe des Kombiwagens) (Kfz) / sill *n*, liftover height || ~**kapazität** *f* **des Kabel** (Eltech, Kab) / cable capacitance || ~**kennlinie** *f* (Kfz) / charging characteristic || ~**klappe** *f* (Kfz) / tailboard *n*, tailgate *n* (US), hatchback *n*, hatchback door || ~**kolben** *m* (bei Zweitaktmotoren) (Kfz) / charging piston *n* || ~**kondensator** *m* (zwischen die gleichstromseitigen Anschlüsse des Stromrichtersatzes geschalteter Kondensator) (Eltech) / charging capacitor || ~**kontrolle** *f* (eine Warnleuchte) (Kfz) / alternator charging light || ~**kontrolleuchte** *f* (Kfz) / alternator charging light || ~**kreis** *m* (Eltech) / charging circuit || ~**kurve** *f* (Eltech) / charge curve, charging curve || ~**lehre** *f* (ortsfeste Einrichtung zum Überprüfen der Einhaltung des Lademaßes) (Bahn) / loading gauge* || ~**leitrad** *n* (im Lader) (Kfz) / diffuser *n* || ~**leitung** *f* (Steuerleitung eines Zählers oder eines Schieberegisters) (EDV) / load line || ~**leitung** (V-Mot) / inlet manifold*, manifold *n*, induction manifold* || ~**linien** *f pl* (Schiff) / load lines*, Plimsoll lines (S. Plimsoll, 1842-1898) || ~**linien** s. auch Freibord und Lademarke || ~**liste** *f* (Schiff) / loading list || ~**luftkühler** *m* (zur Kühlung der vorverdichteten Ladeluft) (V-Mot) / intercooler *n*, charge-air cooler || ~**luke** *f* (Schiff) / cargo hatchway || ~**marke** *f* (Schiff) / load-line disk || ~**maschine** *f* (für das Haufwerk) (Bergb) / loader* *n*, mucker *n* || ~**maschine** (HuT) / loader* *n* || ~**- und Entlademaschine** *f* (Nukl) / loading and unloading machine*, fuel-handling machine, reactor refuelling machine || ~**maß** *n* (festgelegte Begrenzungslinie, bis zu der ein Güterwagen beladen werden darf) (Bahn) / loading gauge* || **~maßüberschreitende Beladung** (bei Güterwagen) (Bahn) / out-of-gauge load || ~**maßüberschreitung** *f* (bei Güterwagen) (Bahn) / fouling of the gauge || ~**mast** *m* (mit Ladebaum) (Schiff) / derrick *n* (mast)
**laden** *v* / load *v* || **~** (Sprengladungen einbringen) (Bergb) / place *v* || **~** (Chem, Elektr) / charge *v* || **~** *n* / loading* *n*, lading *n* || **~** (des Einzelhandels) (Kfz) / retail outlet, store *n* (US), retail store (US), shop *n* || **~** (Bau) / shutter *n*, window shutter || **~** *n* (Einbringen der Sprengladung) (Bergb) / charge* *n*, placing *n*, loading *n* || **gestreutes ~** (EDV) / scatter loading || **~ des Systems** (EDV) / system loading || **~ und Ausführen** (EDV) / load-and-go *n*
**Laden•anschlag** *m* (Web) / beat-up *n*, blow of the sley || ~**anschlag** (Web) / beat-up *n*, beating-up* *n* || ~**arm** *m* (Web) / sley sword, lay sword || ~**bahn** *f* (Web) / shuttle race, race board, race *n*, shuttle board || ~**band** *n* (Bau) / shutter hinge || ~**baum** *m* (Web) / going part

⁓**besitzer** *m* / shopkeeper *n*, shopman *n* (pl. -men), storekeeper *n* (US)
**Ladenburg-Benzol** *n* (nach A. Ladenburg, 1842-1911) (Chem) / prismane *n*, Ladenburg benzene
**Laden • hüter** *m* / drug on the market ‖ ⁓**klotz** *m* (Web) / going part ‖ ⁓**lokal** (Schiff) / retail outlet, store *n* (US), retail store (US), shop *n* ‖ ⁓**neu** *adj* (Gebrauchtwagen) (Kfz) / showroom-new *adj* ‖ ⁓**schild** *n* / fascia* *n*, fascia board ‖ ⁓**schlag** *m* (Web) / battening *n* ‖ ⁓**schwinge** *f* (Web) / sley sword, lay sword ‖ ⁓**stelze** *f* (Web) / sley sword, lay sword ‖ ⁓**straße** *f* (Arch) / mall *n*, pedestrianized mall, shopping precinct, shopping parade, shopping street (in a pedestrian precinct), pedestrianized shopping parade
**LADEN-Taste** *f* (an der Konsole) (EDV) / load key
**Ladenverschlußstange** *f* (Bau) / shutter bar
**Lade • öl** *n* (in Tankern) (Schiff) / bulk oil, oil in bulk ‖ ⁓**ort** *m* / loading place ‖ ⁓**pforte** *f* (Schiff) / cargo port ‖ ⁓**platte** *f* / stillage *n*, skid *n* ‖ ⁓**platz** *m* (HuT) / loading station ‖ ⁓**posten** *m* (Schiff) / Samson post ‖ ⁓**pritsche** *f* / stillage *n*, skid *n* ‖ ⁓**pritsche** (z.B. für Zementsäcke) (Schiff) / board sling ‖ ⁓**programm** *n* (EDV) / loading routine, loader *n*, loader program ‖ ⁓**programm für absolute Programme** (EDV) / absolute loader ‖ ⁓**pumpe** *f* (der Gasmaschine) (Masch) / feed pump
**Lader** *m* (Bergb) / filler *n*, collier *n* ‖ ⁓ (EDV) / loading routine, loader *n*, loader program ‖ ⁓ (HuT) / feed pump ‖ ⁓ (der Gasmaschine) (Masch) / feed pump ‖ ⁓ (Luftverdichter) (V-Mot) / supercharger* *n*, blower* *n*, booster *n* ‖ **umschaltbarer** ⁓ (Luftf) / multispeed supercharger*
**Laderampe** *f* (Bahn, Kfz) / loading platform, loading rack, loading ramp, loading bank
**Laderaum** *m* (bei Kombis, Pickups) (Kfz) / cargo bay, cargo hold ‖ ⁓ (Luftf, Schiff) / hold* *n*, cargo hold, cargo space ‖ ⁓ (Raumf) / payload bay ‖ **verfügbarer** ⁓ (Luftf) / disposable load capacity ‖ ⁓**meteorologie** *f* (ein Teilgebiet der technischen Meteorologie) (Schiff) / meteorology of the cargo hold ‖ ⁓**saugbagger** *m* (HuT) / hopper-dredger* *n*
**Ladermotor** *m* (V-Mot) / supercharged engine
**Lade • rohr** *n* (Nukl) / charge tube, charging tube ‖ ⁓**routine** *f* (EDV) / loading routine, loader *n*, loader program ‖ ⁓**säule** *f* (geschlossener Strang von Sprengstoff, der bis zum Bohrlochtiefsten reichen muß) (Bergb) / columnar charge, column load ‖ ⁓**schaufel** *f* (HuT) / loading shovel ‖ ⁓**schlußspannung** *f* (am Ende der Ladung) (Eltech) / final charging voltage ‖ ⁓**schlußstrom** *f* (Eltech) / final charging current ‖ ⁓**schurre** *f* (Bergb) / loading chute, delivery chute ‖ ⁓**seite** *f* (Nukl) / charge face* ‖ ⁓**spannung** *f* (Eltech) / charging voltage* *n* ‖ ⁓**station** *f* (Eltech) / charging station ‖ ⁓**station** (HuT) / loading station ‖ ⁓**stock** *m* (zum Einführen von Sprengstoffpatronen und Besatz in ein Bohrloch) (Bergb) / tamping bar, charging bar, tamping rod ‖ ⁓**strom** *m* (Eltech) / charging current* ‖ ⁓**system** *n* (Mechanik in Video- und Kamerarecorder) / loading system ‖ ⁓**taste** *f* (EDV) / load key ‖ ⁓**verdrängung** *f* (Schiff) / load-displacement* ‖ ⁓**verlauf** *m* (der zeitliche Verlauf der Spannung und des Stromes während des Ladens einer Batterie) (Eltech) / course of charging ‖ ⁓**wasserlinie** *f* (Schiff) / load waterline, L.W.L. ‖ ⁓**widerstand** *m* (ein Bauteil) (Eltech) / charging resistor ‖ ⁓**winde** *f* (Schiff) / cargo winch, cargo windlass ‖ ⁓**zeit** *f* / loading time ‖ ⁓**zone** *f* / loading zone ‖ ⁓**zustand** *m* (der Batterie) (Eltech, Kfz) / state of charge of a battery, battery charge, battery condition ‖ ⁓**zustandsanzeige** *f* (der Batterie) (Instr, Kfz) / battery-discharge indicator
**Ladung** *f* (Tätigkeit) / loading* *n*, lading *n* ‖ ⁓ / cargo *n* (pl. cargoes or cargos), load* *n*, freight *n* ‖ ⁓ (physikalische Größe) (Chem, Eltech, Phys) / charge* *n* ‖ ⁓ (Hütt) / load *n* ‖ ⁓ (Kfz) / charge *n* ‖ **baryonische** ⁓ (Kernphys) / baryon number* ‖ **bewegliche** ⁓ (Elektr) / moving charge ‖ **elektrische** ⁓ (DIN 1324, T 1) (Einheit C) (Eltech) / electric charge, quantity of electricity* ‖ **entgegengesetzte** ⁓ (Elektr) / opposite charge ‖ **flüssige** ⁓ (Schiff) / liquid cargo ‖ **formale** ⁓ (formales Maß für die Überschußladung im Umgebung eines gebundenen Atoms) (Chem, Phys) / formal charge ‖ **freie** ⁓ (Elektr) / free charge* ‖ **gebrochene** ⁓ (Kernphys) / fractional charge ‖ **gebundene** ⁓ (Elektr) / bound charge* ‖ **gefährliche** ⁓ (im allgemeinen) / dangerous cargo ‖ ⁓ **gefährliche** (mit Bildsymbolen oder Buchstaben gekennzeichnet) (Chem) / labelled cargo ‖ **gemischte** ⁓ (Schiff) / general cargo ‖ **gespeicherte** ⁓ (Elektr) / stored charge ‖ **gleichnamige** ⁓ (Phys) / like charge ‖ **induzierte** ⁓ (Phys) / induced charge* ‖ **leptonische** ⁓ (ladungsartige Quantenzahl der Elementarteilchen) (Kernphys) / lepton number*, lepton charge ‖ **lose** ⁓ (Schiff) / break bulk, break-bulk cargo ‖ **negative** ⁓ (Elektr) / negative charge ‖ **positive** ⁓ (Elektr) / positive charge ‖ **schwarze** ⁓ (Erdöl, Schiff) / dirty cargo, black cargo ‖ **spezifische** ⁓ (Phys) / charge-mass ratio*, specific charge ‖ **überstehende** ⁓ (z.B. bei Kraftfahrzeugen) (Kfz) / projecting load ‖ **verderbliche** ⁓ (Schiff) / perishable cargo ‖ **volle** ⁓ / full charge ‖ **vorgestoppte** ⁓ (Schiff) / preslung cargo ‖ **weiße** ⁓ (Erdöl, Schiff) / white cargo, clean cargo ‖ **zirkulierende elektrische** ⁓ (Elektr) / circulating charge ‖ **zurückbleibende** ⁓ (Elektr) / retained charge ‖ ⁓ *f* **bei konstantem Strom** (der Batterie) (Eltech) / constant-current method, constant-current charging ‖ ⁓ **bei konstanter Spannung** (der Batterie) (Eltech) / constant-voltage charging, constant-potential method ‖ ⁓ **in Bewegung** (Elektr) / moving charge
**Ladung-Masse-Verhältnis** *n* (Phys) / charge-mass ratio*, specific charge
**Ladungs • abhängigkeit** (Phys) / charge dependence ‖ ⁓**ableitung** *f* (Elektr) / charge dissipation ‖ ⁓**anzeige** *f* (Eltech) / charge indication ‖ ⁓**artige Quantenzahl** (Phys) / charge-like quantum number ‖ ⁓**aufbau** *m* (Eltech) / charge build-up ‖ ⁓**austausch** *m* (Phys) / charge exchange*, CE ‖ ⁓**bedeckung** *f* (Elektr, Phys) / surface density of charge* ‖ ⁓**bild** *n* (Eltronik) / electric image, image charge ‖ ⁓**charakteristik** *f* (Eltech) / charge curve, charging curve ‖ ⁓**dichte** *f* (Eltech) / density of electric charge, electric charge density ‖ ⁓**dichte** (Phys) / charge density ‖ ⁓**dokumentation** *f* (Schiff) / cargo documents ‖ ⁓**einheit** *f* / unit of charge ‖ ⁓**empfindlich** *adj* / charge-sensitive *adj* ‖ ⁓**erhaltung** *f* (Phys) / conservation of charge ‖ ⁓**flußtransistor** *m* (Eltronik) / charge-flow transistor (CFT)
**ladungsgekoppelt • er Baustein** (Eltronik) / charge-coupled device*, CCD* ‖ ⁓**es Schaltelement** (ein Halbleiterelement aus einem n-Substrat, das mit einer Oxidschicht bedeckt wird, auf der wiederum zwei metallisierte Anschlüsse angebracht werden) (Eltronik) / charge-coupled device*, CCD* ‖ ⁓**e Schaltung** (Eltronik) / charge-coupled circuit, CCD ‖ ⁓**er Schiebespeicher** (EDV) / charge-coupled device*, charge-coupled memory
**ladungs • induziert** *adj* (Phys) / charge-induced *adj* ‖ ⁓**injektions-Bauelement** *n* (Eltronik) / charge-injection device (CID) ‖ ⁓**injektions-Schaltung** *f* (Eltronik) / charge-injection device (CID) ‖ ⁓**konjugation** *f* (eine formale Operation in der Quantenfeldtheorie) (Phys) / charge conjugation ‖ ⁓**kontrolle** *f* (Schiff) / checking of the cargo ‖ ⁓**kontrolliert** *adj* (Wechselwirkungen) (Kernphys) / charge-controlled *adj* ‖ ⁓**kurve** *f* (Eltech) / charge curve, charging curve ‖ ⁓**menge** *f* (Eltech) / quantity of charge ‖ ⁓**multiplett** *n* (Phys) / isospin multiplet, charge multiplet ‖ ⁓**nachweis** *m* (Luftf) / load-sheet *n* ‖ ⁓**normierung** *f* (Phys) / charge normalization ‖ ⁓**nullpunkt** *m* (Elektr) / zero point of charge, ZPC ‖ ⁓**operateur** *m* (Kernphys) / charge operator ‖ ⁓**parität** *f* (Phys) / charge parity, charge conjugation parity ‖ ⁓**pool** *m* (Schiff) / cargo pool ‖ ⁓**renormierung** *f* (Phys) / charge renormalization ‖ ⁓**schädlinge** *m pl* (z.B. Korn-, Reismehl- oder Khapraköfer) (Schiff) / cargo pest ‖ ⁓**schichtung** *f* (Kfz) / stratification *n* ‖ ⁓**schweiß** *m* (Schiff) / cargo perspiration ‖ ⁓**sicherung** *f* (z.B. mit Luftkissen, Festlegehölzern, Pallungen usw.) / cargo securing, cargo safeguarding ‖ ⁓**sicherung durch Verstrebung oder Absteifung** / bracing *n* ‖ ⁓**speicherdiode** *f* (Eltronik) / storage varactor ‖ ⁓**speicherung** *f* (TV) / charge storage ‖ ⁓**symmetrie** *f* (Elektr) / charge symmetry ‖ ⁓**teilung** *f* (Schiff) / cargo sharing ‖ ⁓**träger** *m* (Elektr) / charge-carrier *n* ‖ ⁓**trägergeschwindigkeit** *f* (Eltronik) / carrier velocity ‖ ⁓**trägerinjektion** *f* (DIN 41 852) (Eltronik) / charge-carrier injection ‖ ⁓**trägertransfer** *m* (Eltronik) / charge transfer, charge transport ‖ ⁓**trägertransport** *m* (Eltronik) / charge transfer, charge transport ‖ **intramolekularer** ⁓**transfer** (Chem) / intramolecular charge transfer ‖ **intramolekularer** ⁓**transfer mit Verdrillung um die CN-Bindung** (zur Stabilisierung) (Chem) / twisted intramolecular charge transfer, TICT ‖ ⁓**transferspeicher** *m* (EDV) / charge-coupled device*, charge-coupled memory ‖ ⁓**transport** *m* (eine umkehrbare, partielle Verschiebung von Elektronen von einem Donatorteilchen, die nicht zu starker chemischer Wechselwirkung führt, sondern nur zu einem relativ lockeren Zusammenschluß) (Eltronik) / charge transfer, charge transport ‖ ⁓**transportspeicher** *m* (EDV) / charge-coupled device*, charge-coupled memory ‖ ⁓**trennung** *f* (Eltech) / charge separation ‖ ⁓**überführung** *f* (Eltronik) / charge transfer, charge transport ‖ ⁓**übertragung** *f* (Eltronik) / charge transfer, charge transport ‖ ⁓**übertragungskomplex** *m* (Chem) / charge-transfer complex ‖ ⁓**umkehr** *f* (Kernphys) / charge reversal ‖ ⁓**unabhängig** *adj* (Kernphys) / charge-independent* *adj* ‖ ⁓**kombinierter verkehr** / intermodal transport, intermodal traffic ‖ ⁓**verschiebeelement** *n* (Eltronik) / charge-transfer device, CTD ‖ ⁓**verschiebschaltung** *f* (in MOS-Technik hergestellt) (Eltronik) / bulk charge coupled device, BCCD ‖ ⁓**verschiebeschaltung** (Eltronik) / charge-transfer device, CTD ‖ ⁓**verschiebung** *f* (Eltronik) / charge transfer, charge transport ‖ ⁓**vertauschungsreaktion** *f* (Chem) / charge-permutation reaction *n* ‖ ⁓**verteilung** *f* (Phys) / charge distribution ‖ ⁓**verteilung** (als bildliche Darstellung) (Phys) / charge pattern ‖ ⁓**verteilung** (Schiff) / distribution of the cargo ‖ ⁓**wechsel** *m* (Kfz) / charge-changing process ‖ ⁓**wechsel** (V-Mot) / gas exchange, charge-changing process, scavenging process ‖ ⁓**wolke** *f* (Raum des wahrscheinlichen Aufenthalts der Elektronen in der Theorie der chemischen Bindung) (Chem) / charge cloud ‖ ⁓**wurf** *m* (Schiff) / jettison of cargo ‖ ⁓**zahl** *f* (die die Zahl der Ladungen eines Ions angibt) (Chem) / ionic

**Ladungszahl**

valence, ionic charge ‖ ~zahl (z.B. eines Ions) (Phys) / charge number ‖ ~zustand m (Phys) / charge state, charge condition
**Lady-Zelle** f (DIN 40861) (Eltech) / round cell R 1
**Laffe** m (eines Löffels) / bowl n
**Lage** f / layer n, ply n, lamination n (of a laminated material) ‖ ~ (geometrische Bestimmung einer Fläche oder eines Körpers zu einer Bezugsebene) / position n ‖ ~ / condition n, state n ‖ ~ (ein in einer Ebene angeordnetes Kühleinbauteil) / fill deck ‖ ~ (des Förderseils auf der Scheibe) (Bergb) / lap* n ‖ ~ (ein Zwanzigstel des Rieses) (Buchb) / quire* n ‖ ~ (8 - 32 Seiten) (Buchb) / section n ‖ ~ (einer Mehrlagenleiterplatte) (Eltronik) / layer n ‖ ~ (des Lagenholzes) (For) / ply n ‖ ~ (sehr dünne, meistens andersfarbige Schicht) (Geol) / band n ‖ ~ (des Druckbehälters) (Masch) / skin n ‖ ~ (bei den IR) (Masch) / pose n (combination of position and orientation of a part of a robot) ‖ ~ (im Mehrlagensack) (Pap) / wall n ‖ ~ (Schw) / pass n, run n, weld pass, weld run ‖ ~ (Gewebe-) (Tex) / ply n ‖ ~ s. auch Schweißlage und Standort ‖ **exzentrische** ~ (Mech) / eccentricity* n, off-centre position ‖ **geografische** ~ (bei Siedlungsplätzen) (Geog) / situation n ‖ **lotrechte** ~ (Bau, HuT) / plumbness n ‖ **normale** ~ / normal position ‖ **oberste** ~ (beim Kaschieren) / overlay n ‖ **oberste** ~ (Plast) / overlay n ‖ **topografische** ~ (bei Siedlungsplätzen) (Geog) / site n ‖ **topografische** ~ (Verm) / site n ‖ **wahre** ~ / true position
**lage•abhängig** adj / position-dependent adj ‖ ~**abweichung** f / deviation of position ‖ ~**abweichung** (DIN ISO 1101) (Masch) / position error, error in position ‖ ~**bestimmungsgerät** n (Luftf) / air-position indicator*, API ‖ ~**beurteilung** f / assessment of the position ‖ **flugkörperfest eingebautes** ~**bezugssystem** (Luftf) / strap-down attitude reference assembly ‖ ~**einstellung** f (bei NC-Maschinen) (Masch) / position adjustment ‖ ~**energie** f (Arbeitsvermögen eines physikalischen Systems) (eines physikalischen Systems) (Phys) / potential energy* ‖ **~fest machen** (Raumf) / despin v ‖ ~**genauigkeit** f (bei gedruckten Schaltungen) (Eltronik) / registration n ‖ ~**genauigkeit** (z.B. bei Leiterplatten) (Eltronik) / placement accuracy ‖ ~**genauigkeit der Bohrung** (Masch) / hole-location accuracy ‖ ~**kreisel** m (Luftf, Raumf) / displacement gyro ‖ ~**melder** m (Regeln) / position pick-up ‖ **~- und Wegmessung** f (bei NC-Maschinen) (Masch) / position and path measurement
**Lagen•aufbau** m (Schw) / weld build-up ‖ ~**beziehungen** f pl (bei Getriebesystemen) (Masch) / correlation of locations ‖ ~**bild** n (bei palettierten Waren) / layer pattern
**lagenverseiltes Kabel** (wenn die Verseilelemente einzeln in konzentrischen Lagen angeordnet sind) (Kab) / layered cable, layer-stranded cable, layer cable
**Lagen•fehler** m (Masch) / error in position, position error ‖ ~**folge** f (Schw) / run sequence, pass sequence, weld-layer sequence ‖ ~**folge** (Schw) / build-up sequence* ‖ **~- oder flözförmige Einlagerung** (Bergb) / girdle n ‖ ~**gneis** m (Geol) / layered gneiss ‖ ~**holz** n (das aus mindestens drei flächig miteinander verleimten Holzlagen besteht) (Tischl, Zimm) / plywood* + laminated wood ‖ ~**kabel** n (Kab) / layered cable, layer-stranded cable, layer cable ‖ ~**lösung** f (z. B. bei einem Schichtstoff) / ply separation ‖ ~**maß** n (bei besäumten Brettern) (For) / surface measure*, SM ‖ ~**steuerung** f (eines IR) / pose-to-pose control ‖ ~**textur** f (Geol) / banded structure*, bands pl., banding n ‖ ~**trennung** f / ply separation ‖ ~**versatz** m (Kab) / registration n ‖ ~**wicklung** f (Eltech) / layer winding
**Lage•parameter** m pl (Stats) / measures of central tendency ‖ ~**parameter** m (Stats) / location parameter, position parameter, parameter of position ‖ ~**plan** m (Bau, HuT) / layout n, location plan, key plan*, ground plan ‖ ~**plan** (beim Zusammensetzen mehrerer Kräfte in der Ebene) (Mech) / location plan ‖ ~**plan** (des Standortes) (Verm) / site plan
**Lager** n (Raum) / store-room n, stock-room n, store n, repository n ‖ ~ (ein Gebäude) (Raum) / warehouse n ‖ ~ (abbauwürdiger Fundort von Erdschätzen) (Bergb, Geol) / deposit n (of economic value) ‖ ~ (Raum) (Chem) / stockroom n ‖ ~ (Glas, Keram) / holding room (an area in which ware is stored prior to subsequent processing or shipment) ‖ ~ (HuT, Masch, Wasserb) / abutment* n ‖ ~ (Masch) / bearing* n ‖ **[Waren]** ~ (Bestand) / stock n, stock on hand ‖ **ab** ~ (vorrätig) / off-the-shelf attr ‖ **ab** ~ (eine Liefervereinbarung) / ex warehouse, from stock ‖ **ausgelaufenes** ~ (Masch) / worn-out bearing ‖ **einteiliges** ~ (Masch) / solid bearing ‖ **einwertiges** ~ (Bauart einer Lagerung, die nur eine senkrecht zur Stützfläche wirkende Kraft auf nehmen kann, jedoch kein Kraftmoment; diese Lagerart wird verwendet, um die Wärmeausdehnung nicht zu behindern) (HuT, Masch) / single-valued bearing **festgefressenes** ~ (Masch) / frozen bearing* ‖ **gasstatisches** ~ (Gleitlager mit gasstatischer Schmierung) (Masch) / hydrostatic gas bearing ‖ **geteiltes** ~ (Masch) / split bearing*, divided bearing* ‖ **hydrostatisches** ~ (Gleitlager mit hydrostatischer Schmierung) (Masch) / hydrostatic bearing ‖ **kugelig gelagertes** ~ (Masch) / spherical-seated bearing ‖ **magnetohydrodynamisches** ~ (Masch) / magnetohydrodynamic bearing, MHD bearing ‖ **nicht am** ~ (zur Zeit nicht lieferbar) (Druck) / out of stock ‖ **paarweise eingebaute und vorgespannte** ~ (Masch) / bearings prestressed and installed in pairs ‖ **poröses** ~ (selbstschmierendes) ~ (ein Sinterlager) (Masch) / porous (self-lubricating) bearing* ‖ **schwimmendes** ~ (z.B. im Turbolader) (Kfz) / floating bearing ‖ **selbstschmierendes** ~ (Masch) / self-lubricating bearing* ‖ **ungeschmiertes** ~ (für den Betrieb ohne Schmierstoff) (Masch) / unlubricated bearing ‖ **ungeteiltes** ~ (Masch) / bushed bearing ‖ **verschleißloses** ~ (bei dem Welle und Lagerschale durch einen Schmierfilm getrennt sind) (Masch) / fluid-film bearing ‖ **vorgespanntes** ~ (Masch) / preloaded bearing ‖ **wartungsfreies** ~ (Masch) / dry bearing ‖ **zweiwertiges** ~ (das eine beliebig gerichtete Kraft, jedoch kein Kraftmoment aufnehmen kann) (Masch) / two-valued bearing ‖ ~ n **mit Festschmierstoff** (Gleitlager mit Feststoffschmierung) (Masch) / solid-film bearing ‖ ~ **mit hydrostatischer Schmierung** (Masch) / hybrid bearing ‖ ~ **mit Kreisquerschnitt** (Masch) / circular sectional bearing ‖ ~ **mit kugeligem Sitz** (Masch) / spherical-seated bearing
**Lager•abbau** m / destocking n ‖ ~**abzieher** m (ein Kfz-Werkzeug) (Kfz) / bearing puller ‖ ~**aufnahme** f / inventory n, stock-taking n ‖ ~**auftrag** m (in der Lagerverwaltung) (F.Org) / stock order ‖ ~**ausguß** m (Masch) / bearing lining ‖ ~**auslegung** f (Masch) / bearing design ‖ ~**ausrüstung** f (F.Org) / storage facilities ‖ ~**balken** m (Bau) / sole* n, sole plate*, sole piece*, sleeper* ‖ ~**becken** n (für abgebrannte Brennelemente) (Nukl) / cooling pond, spent-fuel pit, fuel storage pool, CP ‖ ~**bedienwagen** m (Masch) / warehousing truck ‖ ~**belastung** f (Masch) / bearing load ‖ ~**bestand** m / store n, stock n ‖ **wertmäßiger** ~**bestand** / stock value ‖ **buchmäßiger** ~**bestand** / accounted stock ‖ ~**beständigkeit** f / stable in storage ‖ ~**beständigkeit** f (als Zeiteinheit) (als Zeiteinheit) / storage life, shelf-life n, sales life ‖ ~**beständigkeit** (als physikalische Erscheinung) / storage stability ‖ ~**bestandsführung** f (EDV, F.Org) / inventory accounting ‖ ~**bewegungsdatei** f (Sammlung aller Daten eines Lagers, die die Lagerbewegung des Lagergutes hinsichtlich der Einlagerung und der Abgänge permanent erfaßt und ausweist) (EDV, F.Org) / stock movement file ‖ ~**bier** n (untergäriges Bier, bei dessen Gärung die Hefe nach unten sinkt) (Brau) / lager beer*, lager n ‖ ~**bock** m (Masch) / bearing pedestal, bearing block ‖ ~**bohrung** f (Masch) / bearing bore ‖ ~**brücke** f (Masch) / end bracket* ‖ ~**buchse** f (Masch) / bearing bush, bearing cup ‖ ~**büchse** f (Masch) / bearing bush, bearing cup ‖ ~**deckel** m (Masch) / bearing cap ‖ ~**druck** m (Mech) / reaction n, support force, supporting force
**Lage•regelung** f (Luftf, Raumf) / attitude control* ‖ ~**regelung** (im allgemeinen) (Regeln) / position control
**Lager•eindeckungszeit** f (F.Org) / stock coverage time ‖ ~**einlaufschicht** f (Überzug auf der Lagergleitschicht zur Verbesserung des Einlaufs, der Anpassungsfähigkeit, der Einbettfähigkeit und in manchen Fällen der Korrosionsbeständigkeit) (Masch) / bearing running-in layer
**lagerfähig** adj / storable adj ‖ **~ bis zum....** (Aufschrift auf der Packung) / storage life expires, shelf-life expires ‖ **~e Ware** (Nahr) / keeper n
**Lagerfähigkeit** f (die Eigenschaft von Erzeugnissen, Rohstoffen usw., ohne chemische oder physikalische Veränderung eine bestimmte Lagerzeit zu überstehen) / storage life, keeping quality, keepability n, shelf life ‖ ~ (der verpackten Anstrichstoffe) (Anstr) / package stability ‖ ~ (Foto, Nahr) / keeping quality ‖ ~ (des Getreides) (Landw) / warehouse quality
**Lager•fähigkeitsprüfung** f (der Batterie) (Eltech) / shelf test ‖ ~**fäule** f (bei unrichtiger Lagerung des Holzes durch Pilze hervorgerufene Zerstörung des Holzes) (For) / storage rot ‖ ~**fläche** f (eines Ziegels oder eines Werksteines) (Bau) / bed* n ‖ ~**fläche** (Grundfläche des Lagers) (F.Org) / warehouse area, storage area ‖ ~**fries** m (des Fußbodens) (Zimm) / border n ‖ ~**fuge** f (waagrecht durchgehende Fuge zwischen Mauersteinen) (Bau) / bed joint*, horizontal joint, coursing joint* ‖ **mit abgestrichenen** ~**fugen** (Bau) / struck* adj ‖ ~**gang** m (schichtparalleler Gang) (Geol) / sill* n ‖ ~**gang** (Sheet) (Geol) / sheet n ‖ ~**gebühr** f / storage n, storage charge(s), storage cost ‖ ~**gehäuse** n (Masch) / bearing housing ‖ ~**geld** n / storage n, storage charge(s), storage cost ‖ ~**gleitschicht** f (Masch) / antifriction layer, overlay n ‖ ~**halle** f (im Fernen Osten oder in Indien) / godown n ‖ ~**halle** f / storehouse n, warehouse n ‖ ~**haltigkeit** f (als Zeiteinheit) / storage life, shelf-life n, sales life ‖ ~**haltung** f / stocking n, stockkeeping n, storage n ‖ ~**haltungsmodell** n (ein Teilgebiet des Operations-Researchs) / stockkeeping model ‖ ~**haus** n (im Fernen Osten oder in Indien) / godown n ‖ ~**haus** / storehouse n, warehouse n ‖ ~**holz** n (als Unterlage für Holzfußböden über Massivdecken) (Bau) / sleeper* n ‖ ~**holz** (Bau, Zimm) / bearing joist
**lagerichtig** adj (Darstellung nach DIN 40719) / topographic adj
**Lager•kapazität** f (Gütermenge, die gleichzeitig in einem Lager aufbewahrt werden kann) (F.Org) / store capacity, storage capacity ‖ ~**klima** n / storage climate ‖ ~**kosten** pl (F.Org) / storage costs, cost of

storage ‖ **~last** *f* (Masch) / bearing load ‖ **~luft** *f* (Masch) / bearing clearance, bearing slackness ‖ **~material** *n* (Masch) / bearing material ‖ **~metall** *n* (Legierung auf Sn-, Sb-, Pb-Basis oder Sn-, Cu-Pb- oder Pb-Alkali-Legierungen) (Hütt, Masch) / bearing metal (e.g. Babbitt metal)*, bearing alloy ‖ **~miete** *f* / storage *n*, storage charge(s), storage cost ‖ **~möglichkeit** *f* (zwischen den einzelnen Arbeitsplätzen oder Arbeitssystemen) (F.Org) / storage capacity, storing capacity

**lagern** *v* / store *v*, warehouse *v* ‖ **~** (unter etwas) / underlie *v* ‖ **~** *v* (Nahr) / keep *v* ‖ **~** *n* (Niederliegen von Halmfrüchten) / lodging *n* (of a crop) ‖ **~** / storage *n*, storing *n*, warehousing *n* ‖ **~ im Tank** / tanking *n*

**Lager•öl** *n* / bearing oil ‖ **~platte** *f* (Masch) / bedplate* *n* ‖ **~platz** *m* / storage yard *n*, yard *n* ‖ **~platzbelegung** *f* (F.Org) / storage space occupancy ‖ **~position** *f* / stockkeeping unit, stock item ‖ **~position mit Nullbestand** / stock-out item ‖ **~raum** *m* / storage *n*, store room ‖ **~raum** (Chem) / stockroom *n* ‖ **abgeschirmter ~raum** (DIN 25401) (Nukl) / cave *n* ‖ **~reibung** *f* (z.B. an Meßwerken) (Masch, Phys) / bearing friction ‖ **~reibungswert** *m* (Eltech) / pivot factor* ‖ **~rücken** *m* (Masch) / bearing back ‖ **~schale** *f* (Masch) / bearing shell, brass* ‖ **~schale mit Bund** (Masch) / flanged liner ‖ **~schalenspreizung** *f* **vor dem Einbau** (Masch) / bearing spread ‖ **~schalenüberstand** *m* **vor dem Einbau** (Masch) / bearing crush ‖ **~schild** *m* (Eltech) / end shield* ‖ **~schwelle** *f* (Bau) / sole* *n*, sole plate*, sole piece*, sleeper* *n* ‖ **~schwund** *m* / storage loss ‖ **~silo** *m n* (ein Vorratssilo) / storage bin, storage silo ‖ **~spiel** *n* (Masch) / bearing clearance, bearing play ‖ **~spiel** (Uhr) / shake *n*

**Lagerstätte** *f* (DIN 21918) (abbauwürdiger Fundort von Erdschätzen) (Bergb, Geol) / deposit *n* (of economic value) ‖ **~** (produktive) (Erdöl) / pay area ‖ **~druckschwache** (Erdöl) / low-pressure pay area ‖ **druckstarke ~** (Erdöl) / high-pressure pay area ‖ **marine ~** (Geol) / marine deposit ‖ **metasomatische ~** (Bergb) / replacement deposit ‖ **oberflächennahe ~** (Erdöl) / superficial deposit*, surface deposit ‖ **orthomagmatische ~** (Geol) / orthomagmatic deposit, orthotectic deposit ‖ **orthotektische ~** (Geol) / orthomagmatic deposit, orthotectic deposit ‖ **primäre ~** (Bergb) / primary deposit ‖ **sekundäre ~** (Bergb) / secondary deposit ‖ **tafelförmige ~** (Bergb) / bed *n*, blanket deposit ‖ **unter Gasdruck stehende ~** (Erdöl) / gas-drive field ‖ **~** *f* **mit Wassertrieb** (Erdöl) / water-drive pay area ‖ **~ von nutzbaren Mineralien** (Geol) / mineral deposit*

**Lagerstätten, nach ~ suchen** (mit der Wünschelrute) (Bergb) / dowse* *v* ‖ **sehr hoher ~anteil** (Bergb) / run of ore, high-grade stock, gulf *n*, bonanza * ‖ **~druck** *m* (Geol) / reservoir pressure*, formation pressure ‖ **mit natürlichem ~druck** (Erdöl) (Erdöl) / oleostatic *adj* ‖ **~energie** *f* (Geol) / reservoir energy, formation energy ‖ **~forschung** *f* **durch Schweremessung** (Geol, Geophys) / gravity prospecting ‖ **~geologie** *f* (Geol) / economic geology* ‖ **~kunde** *f* (ein Teilgebiet der angewandten Geologie) (Geol) / geology of mineral deposits, gitology *n* ‖ **~simulation** *m n* (Geol) / reservoir simulation, deposit simulation ‖ **unwissenschaftliches ~suchgerät** (Geol) / doodlebug *n* ‖ **primärer ~ton** (Geol) / residual clay (which remains at the site of its formation)

**Lager•stein** *m* (DIN 8256) (Instr, Uhr) / jewel* *n*, stone* *n* ‖ **~steine einsetzen** (in) (Instr, Uhr) / jewel* *v* ‖ **~strecke** *f* (im Erzbergbau) (Bergb) / drift *n*, head* *n* ‖ **~strom** *m* (Eltech) / bearing current* ‖ **~stuhl** *m* (Masch) / bearing block ‖ **~stützschale** *f* (Teil einer Mehrschicht-Lagerschale, der dem Lager die erforderliche Festigkeit und/oder Steifheit gibt) (Masch) / bearing-liner backing, liner backing ‖ **~tank** *m* (Erdöl) / storage tank ‖ **~tank** (für Glasur- und Tonschlicker) (Keram) / ark *n* ‖ **~technik** *f* (als Fach) / warehouse engineering ‖ **~teil** *n* (F.Org, Masch) / in-store part, stored component (part) ‖ **~temperatur** *f* (Masch) / bearing temperature ‖ **~träger** *m* (Masch) / bearing carrier ‖ **~umschlag** *m* / stock turnover

**Lagerung** *f* / storage *n*, storing *n*, warehousing *n* ‖ / bedding *n* ‖ **~** (als wirtschaftliche Tätigkeit) / storage and warehousing ‖ **~** (Geol) / attitude *n* ‖ **~** (des Getreides durch Wettereinflüsse) (Landw) / laying down *n* ‖ **~angestellte** (üblicherweise mit Schräglagern - eine Wälzlagerung) (Masch) / adjusted bearing ‖ **diskordante ~** (oben Schichtgestein, unten Massengestein) (Geol) / non-conformity *n* ‖ **inverse ~** (Geol) / inversion *n* ‖ **normale ~** (Lage) / normal position ‖ **sachgerechte ~** (Pharm) / good storage practice, GSP ‖ **schichtförmige ~** (Geol) / stratification* *n*, bedding* *n* ‖ **übergreifende ~** (Geol) / onlap* *n*, transgressive overlap ‖ **unsachgemäße ~** / inadequate storage ‖ **zeitweilige ~** (Masch) / temporary storage ‖ **zeitweilige ~** (Nukl) / interim storage, intermediate storage ‖ **~** *f* **im Freien** / open storage ‖ **~ in aufgeschütteten Haufen** / bulk storage

**lagerungs•beständig** *adj* / stable in storage ‖ **~beständigkeit** *f* (als physikalische Erscheinung) / storage stability ‖ **~dichte** *f* (Grad der Verdichtung, in dem sich ein nichtbindiges Lockergestein befindet - DIN 18 126) (HuT) / density index ‖ **~fähig** *adj* / storable *adj* ‖

**~kosten** *pl* (F.Org) / storage costs, cost of storage ‖ **~verlust** *m* / storage loss

**Lager•verlust** *m* / storage loss ‖ **~versandauftrag** *m* (F.Org) / stock delivery order ‖ **~vorrat** *m* / store *n*, stock *n* ‖ **großer ~vorrat** / heavy stock ‖ **~wanddicke** *f* (Masch) / bearing-wall thickness ‖ **~werkstoff** *m* (Masch) / bearing material ‖ **gesinterter ~werkstoff** (der aus gepreßten oder gesinterten Pulvern hergestellt ist) (Masch) / sintered bearing material ‖ **~zapfen** *m* (der von einem Radialgleitlager unterstützt wird) (Masch) / journal* *n* ‖ **~zeit** *f* (als Zeiteinheit) / storage life, shelf-life *n*, sales life ‖ **~zone** *f* (flächenmäßige Aufteilung der Lager eines Seehafens quer zur Kaikante) (Schiff) / storage zone

**Lage•sensor** *m* (Masch) / position sensor ‖ **~sichern** *v* (ein HHO) / protect the position ‖ **~sollwertbildung** *f* (bei NC-Maschinen) (Masch) / position setpoint generation ‖ **~steuerung** *f* (Masch) / positioning control ‖ **~toleranz** *f* (DIN 7184, T 1) (Masch) / positional tolerance, tolerance on position ‖ **~werterfassung** *f* (Masch) / position data registration

**lag-Phase** *f* (die Zeit, in der bei einer submers betriebenen Batch-Fermentation direkt nach dem Beimpfen noch keine Zellvermehrung zu beobachten ist) (Biochem) / lag phase ‖ **~** (Chem Verf) / lag phase

**Lagrange•-Dichte** *f* (Phys) / Lagrangian density ‖ **~-Faktoren** *m pl* (Math) / Lagrangian multipliers, undetermined multipliers ‖ **~-Funktion** *f* (kinetisches Potential) (Mech) / Lagrangian *n*, kinetic potential, Lagrange function, Lagrangian function ‖ **~-Klammer** *f* (in der analytischen Mechanik) (Mech) / Lagrange bracket ‖ **~-Punkte** *m pl* (Astr, Phys) / Lagrangian points

**Lagrangesch•e Bewegungsgleichung** (nach L.J. de Lagrange, 1736-1813) (Mech) / Lagrange's dynamical equation*, Lagrangian equation of motion ‖ **~e Dynamik** (Mech) / Lagrangian dynamics ‖ **~e Formel** (Math) / mean-value theorem, first law of the mean, first mean value theorem ‖ **~e Interpolationsformel** (Math) / Lagrange's interpolation formula ‖ **~e Koordinaten** (körper- und teilchenfeste) (Phys) / Lagrange coordinates, Lagrangian coordinates, material coordinates ‖ **~e Koordinaten** (Phys) s. auch verallgemeinerte Koordinaten ‖ **~e Multiplikatoren** (Math) / Lagrangian multipliers, undetermined multipliers ‖ **~e Punkte** (Astr, Phys) / Lagrangian points ‖ **~er Satz** (Math) / Lagrange's theorem

**Laguerre-Polynome** *n pl* (Math) / Laguerre polynomials

**Lagune** *f* (Geog, Geol) / lagoon* *n*

**Lahar** *m* (bei Vulkanausbrüchen entstehender Schlammstrom) (Geol) / volcanic mudflow, lahar* *n* ‖ **~** (Geol) s. auch quasiviskoses Fließen

**lahmlegen** *v* (Verkehr) / immobilize *v*, immobilise *v* (GB)

**Lahn** *m* (flach geplätteter Metalldraht, der allein oder als Umwicklung von textilen Garnen für die Erzeugung von Lamé, Brokaten usw. verwendet wird - DIN 60001, T 2) (Tex) / tinsel *n* ‖ **mit ~ umsponnenes Garn** (Spinn) / tinsel yarn*

**Lahngold** *n* / imitation gold foil, tinsel *n* (a sheet of metal)

**Lahuan** *n* (For) / alerce *n*, alerse *n*

**Laibung** *f* (innere Bogenoberfläche) (Bau) / intrados* *n* ‖ **~** (des Fensters - äußere) (Bau) / respond* *n*, reveal* *n* ‖ **~** (des Fensters - innere) (Bau) / reveal* *n* ‖ **schräge ~** (Bau) / splayed jamb*

**Laich** *m* (Zool) / spawn* *n*

**laichen** *v* (Zool) / spawn *v*

**Lake** *f* (Chem Verf) / brine *n* ‖ **~** (Nahr) / pickle *n*, brine *n*, corn *n*, immersion pickle, souse *n* ‖ **~ in ~ pökeln** (Nahr) / brine *v*, corn *v* (beef, ham), souse *v*, cure *v*

**Laken** *n* (Tex) / sheet *n*

**Lakenbehandlung** *f* (Rohhautkonservierung durch Wasserentzug mittels Salz) (Leder) / brining *n*, wet-salting *n*

**Lake•pumpe** *f* (Nahr) / pickle pump ‖ **~spritzgerät** *n* (Nahr) / pickle injector

**Lakkolith** *m* (in flacher Tiefe steckengebliebene Magmenmasse) (Geol) / laccolith* *n*, laccolite *n*

**Laktalbumin** *n* (Chem) / lactalbumin *n*

**Laktam** *n* (Chem) / lactam *n*

**Laktamantibiotika, β-~** (z.B. Penizillin) (Pharm) / lactam antibiotics, antibiotics of the beta-lactam group

**Laktase** *f* (Ferment, das Milchzucker in Glukose und Galaktose zerlegt) (Biochem) / lactase *n*

**Laktat** *n* (Salz oder Ester der Milchsäure) (Chem, Nahr) / lactate *n*

**Laktatdehydrogenase** *f* (Biochem) / lactate dehydrogenase, LDH

**Laktation** *f* (Milchproduktion) (Landw, Zool) / lactation *n*

**Laktid** *n* (Chem) / lactide *n*

**Laktim** *n* (Chem) / lactim *n*

**Lakto•bazillsäure** *f* (Biochem) / lactobacillic acid ‖ **~biose** *f* (Saccharum lactis) (Chem) / milk-sugar* *n*, lactose* *n*, lactobiose* *n* ‖ **~densimeter** *n* (Nahr) / lactometer *n* ‖ **~flavin** *n* (Biochem) / riboflavin* *n*, vitamin B$_2$*, lactoflavin *n*, vitamin G, riboflavine *n* ‖ **~meter** *n* (ein Aräometer) (Nahr) / lactometer *n*

**Lakton** *n* (Chem) / lactone* *n*

**Laktonsäure** f (Chem) / lactone acid, lactonic acid (any of several acids with a lactone ring bearing the carboxyl group) ‖ ~ s. auch Galaktonsäure
**Laktoprotein** n (Biochem, Nahr) / milk protein, lactoprotein n
**Laktose** f (Saccharum lactis) (Chem) / milk-sugar* n, lactose* n, lactobiose* n
**Laktulose** f (Chem, Nahr) / lactulose n
**lakunär** adj (Höhlungen, Buchten oder freie Felder enthaltend) (Biol, Med) / lacunary adj, lacunar adj, lacunal adj
**Lakune** f (Biol, Med) / lacuna n (pl. lacunas or lacunae) ‖ ~ (der fadenumgrenzte Bereich eines Flächengefüges, der nicht durch Bauglieder ausgefüllt ist) (Tex) / lacuna n (pl. lacunas or lacunae)
**lakusträr** adj (Umwelt) / limnetic adj, limnic adj, lacustrine* adj, lacustral adj, lacustrian adj
**lakustrische Sedimentation** (Geol) / lacustrine deposits, lacustrine sediments
**LAL** (Chem, Nahr) / lysinoalanine n
**Lalancette-Reagens** n (Chem) / Lalancette's reagent
**Lalande-Element** n (Zink-Eisen-Primärelement) (Eltech) / Lalande cell
**LA-Latex** m (mit niedrigem Ammoniakgehalt) / low-ammonia latex, LA latex
**Lallemantiaöl** n (aus Lallemantia iberica (M.Bieb.) Fisch. et C. A. Mey.) / lallemantia oil
**Lama** n (aus Lama spp.) (Tex) / llama n, llama fibre*, llama wool
**LAM-Anforderung** f (DIN IEC 678) (EDV) / look-at-me request
**Lamawolle** f (aus Lama spp.) (Tex) / llama n, llama fibre*, llama wool
**Lambda•-Fenster** n (bei Dreiweg-Katalysatoren) (Kfz) / lambda window (with the lowest emission values) ‖ **~halbedipol** m (Radio) / half-wave dipole ‖ **~Halbe-Plättchen** n (Opt) / half-wave plate* ‖ **~/4-Hülsenstrahler** m (Radio) / sleeve-monopole antenna, sleeve-stub antenna ‖ **~-Hyperon** n (Elementarteilchen aus der Familie der Baryonen) (Kernphys) / lambda-particle*  n, lambda n ‖ **~-Kalkül** m (Math) / lambda calculus ‖ **~-Konvention** f (zur Angabe der Bindigkeit) (Chem) / lambda convention ‖ **~kurve** f (Besonderheiten im Phasendiagramm von Helium bei Temperaturen unterhalb von 3 K) (Chem, Phys) / lambda point ‖ **~-Leck** n (Phys) / lambda leak* ‖ **~phänomen** n (Chem, Phys) / lambda point ‖ **~-Plättchen** n (Min) / sensitive tint plate*, red I plate, full-wave plate, lambda plate ‖ **~-Punkt** m (im Phasendiagramm von Helium) (Chem, Phys) / lambda point* ‖ **~regel** f (zur Angabe der Bindigkeit) (Chem) / lambda rule, lambda convention ‖ **~-Regelung** f (im allgemeinen) (Kfz) / A/F control ‖ **~-Regelventil** n (V-Mot) / fuel metering solenoid ‖ **~-Resonanzen** n pl (Kernphys) / lambda resonances ‖ **~-Sonde** f (ein Meßfühler im Auspuffkrümmer der Kat-Autos) (Kfz) / lambda sensor, lambda probe, oxygen sensor ‖ **~-Teilchen** n (Kernphys) / lambda-particle*  n, lambda n ‖ **~-Viertel-Grenze** f (Phys) / Rayleigh limit* ‖ **~-Viertel-Kuppler** m (Radio) / sleeve n ‖ **~-Viertel-Leitung** f (abgestimmte Resonanzleitung) (Fernm) / quarter-wave line*, quarter-wave bar* ‖ **~-Viertel-Plättchen** n (Opt) / quarter-wave plate*
**Lambert•-Beersches Gesetz** (Phys) / Lambert-Beer law ‖ **~-Beersches Gesetz** s. auch Gesetz von Bouguer, Lambert und Beer
**Lamberts flächentreuer Azimutalentwurf** (nach J.H. Lambert, 1728-1777) (Geog, Kart) / zenithal equal-area projection*, Lambert's projection*, Lambert conformal conic projection
**Lambertsch•e Fläche** (Opt) / Lambert surface ‖ **~es Gesetz** (Licht) / Lambert's cosine law*, cosine law*, cosine-emission law, Lambert's law of emission ‖ **~es Kosinusgesetz** (Licht) / Lambert's cosine law*, cosine law*, cosine-emission law, Lambert's law of emission ‖ **~er Strahler** (strahlende Fläche, für die das Lambertsche Gesetz zutrifft - DIN 5031, T 8) (Phys) / Lambertian source, Lambertian radiator
**Lamberts•hasel** f (For) / filbert n ‖ **~nuß** f (Corylus maxima L.) (For) / filbert n
**Lambert-Strahler** m (Phys) / Lambertian source, Lambertian radiator
**Lamb-Mößbauer-Faktor** m (Spektr) / Lamb-Mössbauer factor
**Lambris** m f (pl. -bris oder -brise) (Tischl) / wainscot* n
**Lamb-Shift** m (Aufspaltung im Feinstrukturspektrum des Wasserstoffatoms - nach dem amerikanischen Physiker W.E. Lamb, geb. 1913) (Kernphys) / Lamb shift, Lamb-Rutherford shift
**Lambswool** f (Tex) / lambs wool* n, lambswool n
**Lamb-Verschiebung** f (Aufspaltung im Feinstrukturspektrum des Wasserstoffatoms - nach dem amerikanischen Physiker W.E. Lamb, geb. 1913) (Kernphys) / Lamb shift, Lamb-Rutherford shift
**Lamé** m (leichterer modischer Kleiderstoff, der durch Mitverwendung von Metallfäden hergestellt wird) (Tex) / lamé* n
**lamellar** adj (in dünnen Schichten) / lamellar* adj ‖ **~er Graphit** (Hütt) / flake graphite, flaky graphite ‖ **~e Zwillinge** (Krist) / polysynthetic twins
**Lamellarperlit** m (Hütt) / lamellar pearlite, laminar pearlite
**Lamelle** f / lamella n (pl. lamellae)* ‖ **~ (des Rolladens)** (Bau) / slat n ‖ **~** (Eltech) / lamination* n, stamping* n ‖ **~ (des Kommutators)** (Eltech) / segment* n, commutator bar*, commutator segment*, bar n ‖ **~ (der Irisblende)** (Foto) / blade n, leaf n ‖ **~ (der Kupplung)** (Kfz) / disk n, plate n ‖ **~** (Kfz) / sipe n, kerf n ‖ **~** (Masch) / fin* n ‖ **tote ~** (Eltech) / dead segment* ‖ **vorstehende ~** (Eltech) / high segment ‖ **zurückstehende ~** (Eltech) / low segment
**lamellen•artig** adj / lamellar* adj ‖ **~kühler** m / ribbon-cellular radiator, gilled radiator ‖ **~kühlerblock** m (Kfz) / ribbon-cellular radiator core ‖ **~kupplung** f (Masch) / multiple-disk clutch*, multidisk clutch ‖ **~magnet** m (Eltech) / laminated magnet* ‖ **~packungsring** m (eine Stopfbuchsendichtung) (Masch) / laminated packing ring ‖ **~pilze** m pl (Bot) / agarics pl, gill fungi ‖ **~reifen** m (Kfz) / multisiped tyre ‖ **~riß** m (beim Terrassenbruch) (WP) / lamellar tearing ‖ **~-Scheinwerferabdeckung** f (Kfz) / headlight louvres ‖ **~sperrdifferential** n (Kfz) / multiplate limited-slip differential, limited-slip differential, friction-disk differential ‖ **~store** f (A) (Bau) / venetian blind, venetian shutter, venetian n, jalousie n ‖ **~struktur** f (Min) / lamellar structure ‖ **~verschluß** m (Foto) / bladed shutter, leaf shutter ‖ **gegittertes ~werk von Zwillingen** (nach dem Albit- und nach dem Periklingesetz, z.B. bei Mikroklinen) (Geol) / crossed twinning, gridiron twinning
**lamelliert•er Balken** (Bau, Zimm) / glue-laminated beam, laminated timber beam ‖ **~e Bürste** (Eltech) / laminated brush* ‖ **~es Joch** (Eltech) / laminated yoke* ‖ **~er Kern** (Eltech) / laminated core*, laminated-iron core ‖ **~er Kontakt** (Eltech) / laminated contact* ‖ **~er Pol** (Eltech) / laminated pole*
**Lamésch•e Elastizitätskonstanten** (Mech) / Lamé constants, Lamé's constants ‖ **~e Funktionen** (Math) / Lamé's functions ‖ **~e Gleichung** (für Spannungsgleichgewicht - nach G. Lamé, 1795 - 1870) (Mech) / Lamé formula*, Lamé equation ‖ **~e Konstanten** (Mech) / Lamé constants, Lamé's constants
**Lametta** n (pl. -s) (dünngewalzte Aluminiumfolie) (Tex) / tinsel n
**laminar** adj (Phys) / laminar* adj ‖ **~e Grenzschicht** (Luftf) / laminar boundary layer ‖ **~e Rohrströmung** (Phys) / Poiseuille flow ‖ **~e Strömung** (stationäre Strömung reibungsbehafteter Flüssigkeiten oder Gase, bei der die Schichten der strömenden Substanz ohne Wirbelbildung aneinandergleiten - DIN 1342, T 1) (Phys) / laminar flow*
**Laminar•-** (wirbelfrei in parallelen Schichten fließend) (Phys) / laminar* adj ‖ **~box** f (in dem Reinraum) (Biochem) / laminar-flow hood ‖ **~flow** n (zur Belüftung von Operationsräumen, Intensivstationen und mikrobiologischen Laborplätzen erzeugter keim- und wirbelfreier Luftstrom) (Med) / laminarflow n ‖ **~-Flow-Arbeitsplatz** m (DIN 12950) (Biochem) / laminar-flow workbench ‖ **~-Flow-Arbeitsplatz** (Biochem) s. auch Reinwerkbank ‖ **~gefüge** n (des Bodens) (Landw) / platy structure ‖ **~gitter** n (optisches Beugungsgitter mit rechteckigen Vertiefungen) (Opt) / laminary grating ‖ **~profil** n (Luftf) / laminar-flow airfoil, high-speed subsonic airfoil ‖ **längsangeströmte ebene Platte bei ~strömung** (Phys) / flat plate in laminary flow with longitudinal inflow
**Laminat** n (Plast) / laminate n ‖ **~e** n pl (Pap, Plast, Tischl) / laminated plastics*, laminates* pl ‖ **harzbeschichtetes ~** (in Additivtechnik hergestellt) (Plast) / swell-and-etch laminate
**Lamination** f (Geol) / lamination* n
**Laminator** m (Plast) / laminating unit, laminator n
**laminieren** v (Buchb, Tex) / laminate v, line v ‖ **~** (Mehrlagenleiterplatten) (Eltronik) / laminate v ‖ **~** (um Fasern in Längsrichtung zu ordnen) (Tex) / laminate v ‖ **~** (wenn ein vorgebildeter Film aus der Schmelze aufgebracht wird) / lamination n, laminating n ‖ **~** (Buchb, Tex) / lamination n, lining* n ‖ **~** (Überziehen der Landkarte mit einer Schutzschicht) (Kart) / lamination n
**Laminier•harz** n (Plast) / laminating resin, varnishing resin ‖ **~presse** f (zur Herstellung von Mehrleiterplatten) (Eltronik) / multilayer printed circuit laminating press
**laminierter Riemen** / laminated belt
**Laminierung** f (feine Schichtung bei Sedimentgesteinen) (Geol) / lamination* n
**Lamm** n **vor der ersten Schur** (Landw, Tex) / hog n (a young sheep before the first shearing), hogget n, hogg n ‖ **~fell** n (z.B. Persianer) (Tex) / lambskin n ‖ **~fellfutter** n (Tex) / shearling lining, shearling lamb lining ‖ **~fell-Sitzbezug** m (Kfz) / sheepskin seat cover ‖ **~pelz** m (Tex) / mouton n ‖ **~wolle** f (Tex) / lamb's wool* n, lambswool n
**La-Mont-Kessel** m (ein Zwangumlaufkessel) (Masch) / La Mont boiler
**Lampantöl** n (Jungfern-Olivenöl mit erhöhtem Säuregrad, das nicht ohne weiteres zum Verzehr geeignet ist) (Nahr) / lampante virgin olive oil
**Lampe** f (Lichtquelle nach DIN 5039) (Eltech, Licht) / lamp n ‖ **~** (Eltech, Licht) s. auch Leuchte ‖ **Anordnung von drei ~ n** (im Dreieck) (Film) / triangle n ‖ **elektrische ~** (Eltech) / electric lamp* ‖ **gasgefüllte ~** (Eltronik) / gas-filled lamp ‖ **innenverspiegelte ~** (Eltech, Licht) / internally silvered lamp, reflector lamp, reflector-type lamp ‖ **10kW-~** (Film, Licht) / tenner n ‖ **steckbare ~** (Eltech) / jack lamp ‖

stoßfeste ~ (Eltech) / rough-service lamp ‖ ~ f für Allgemeinbeleuchtung (Eltech, Licht) / general-lighting service lamp, GLS lamp, general service (electric) lamp ‖ für medizinische (therapeutische) Zwecke (Eltech, Med) / health lamp
Lampen•anzeige f (Eltech) / lamp display ‖ ~arbeit f (Glas) / lamp working* ‖ ~armatur f (Eltech) / fitting* n ‖ ~aufseher m (Bergb) / lamp man* ‖ ~bläserei f (Glas) / lamp working* ‖ ~fassung f (Eltech) / lampholder* n, lamp socket ‖ ~fassung mit Edisongewinde (Eltech) / Edison-screw lampholder ‖ ~feld n (Fernm) / bank of lamps, lamp panel ‖ ~geblasenes Glas (Laborgeräte) (Chem, Glas) / lampblown glassware ‖ ~gewinde n (Eltech) / Edison screw-thread, electrical thread* ‖ ~haus n (eines Stehbild- oder Filmprojektors) (Film) / lamphouse* n ‖ ~kopf m (Foto) / lamphouse* n, lamp housing ‖ ~kugel f (Eltech) / globe n ‖ ~putzer m (für Lackarbeiten an schwer zugänglichen Stellen) (Anstr) / fitch* n ‖ ~reiniger m (Bergb) / trimmer n ‖ ~ruß m (Anstr, Chem) / lampblack* n, vegetable black ‖ ~schirm m (Eltech) / lampshade n, shade n ‖ ~schwarz n (Pigment) (Anstr, Chem) / lampblack* n, vegetable black ‖ ~sockel m (Eltech) / lamp cap*, base n, lamp base ‖ kittloser ~sockel (Eltech) / mechanical lamp base ‖ ~sockel m mit Elektrogewinde (Eltech) / small Edison screw cap* ‖ ~steuerkreis m (Eltech) / lamp driver circuit ‖ ~streifen m (DIN 49560) (Eltech) / lamp strip ‖ ~wagen m (der Horizontalkamera) (Druck) / lamp trolley ‖ ~wärter m (Bergb) / lamp man ‖ ~widerstand m (Eltech) / lamp resistance*
Lamprophyr m (eine Sammelbezeichnung für Ganggesteine) (Geol) / lamprophyre* n
LAN (EDV) / local area network* (LAN) ‖ geschlossenes ~ (EDV) / closed LAN ‖ offenes ~ (EDV) / open LAN ‖ virtuelles ~ (EDV) / virtual LAN, VLAN
Lanameter n (Mikros, Tex) / lanameter n (for measuring the thickness and the surface development of the wool fibre)
LAN-Architektur f (EDV) / LAN architecture
Lanataglycosid n (Pharm) / lanata glycoside
Lanataglykosid n (Pharm) / lanata glycoside ‖ primäres ~ (aus dem Wolligen Fingerhut) (Pharm) / lanatoside n
Lanatosid n (ein Digitalisglykosid der Digitalis lanata Ehrh.) (Pharm) / lanatoside n
Lancashire-Kessel m (ein Flammrohrkessel mit glattem Boden) (Masch) / Lancashire boiler*
Lancé m (Tex) / figured fabric, swivel fabric
Lancewood n (Holz der Oxandra lanceolata (Sw.) Baill.) (For) / lancewood* n
Lanciergewebe n (Tex) / figured fabric, swivel fabric
Lancierstuhl m (Web) / embroidery loom
lanciertes Gewebe (Tex) / figured fabric, swivel fabric
Land n (Fläche zwischen den Pits einer Digitalschallplatte mit logisch "1" als Bedeutung) (EDV) / land n ‖ ~ (festes) (Geog) / earth n (in contrast to the water surface) ‖ am schwersten betroffene Länder (Geog) / most seriously affected countries, MSAC ‖ am wenigsten entwickelte Länder (Geog) / least developed countries, LLDC ‖ an ~ (Schiff) / ashore adv ‖ an ~ setzen (Schiff) / land vt, disembark vt ‖ anbaufähiges ~ (Landw) / arable land, arable n, agricultural land ‖ auf ~ zu steuern (Schiff) / stand in v ‖ bestelltes ~ (Landw) / tillage n, tilled land ‖ ~, dessen Bebauung sich gerade noch lohnt (Landw) / marginal land ‖ gepachtetes ~ (Landw) / rented land ‖ gepflügtes ~ (Landw) / ploughland n, plowland n (US), plough n, plow n (US) ‖ ~, in n dem ein bestimmtes Bauvorhaben durchgeführt wird (Bau) / project country ‖ wenig(er) entwickelte Länder (Geog) / less developed countries, LDC ‖ ~ n an der Straßen- od. Wasserfront (Verm) / frontage n
Land•- / rural adj ‖ ~anschluß m (einer Buhne) (Wasserb) / root n ‖ ~arbeiter m (Landw) / farmhand n (worker on a farm) ‖ ~assel f (Familie Oniscoidea) (Chem, For, Landw) / woodlouse n (pl. -lice) ‖ ~atmosphäre f (Anstr, Umwelt) / rural atmosphere, country atmosphere
Landau•-Dämpfung f (von Wellen im stößefreien Plasma) (Plasma Phys) / Landau damping ‖ ~-Gleichung f (eine kinetische Gleichung für elektrisch geladene Teilchen) (Phys) / Landau equation ‖ ~-Niveau n (Phys) / Landau level*
Landausche Theorie (mit Landau-Gleichung und Landau-Dämpfung - nach dem russischen Physiker L.D. Landau /1908 - 1968/) (Chem) / Landau theory*
Land•bau m (ohne Plural) (Landw) / agriculture n, farming n, husbandry n ‖ integrierter ~bau (Landw) / integrated farming ‖ ökologischer ~bau (Landw) / organic farming (method) ‖ ~behandlung f der Abwässer (Sanitär) / land treatment* ‖ ~bohranlage f (Erdöl) / land rig ‖ ~brücke f (Geol) / land bridge
Lände f (For) / landing n
Lande•abstand m (Luftf) / landing interval ‖ ~anflug f (Luftf) / approach n ‖ ~auftrieb m (Luftf) / ballooning n ‖ ~bahn f (Luftf) / landing strip, landing runway ‖ ~bahnsicht f (Luftf) / runway visual range*, RVR ‖ ~bahnsichtweite f (Luftf) / runway visual range*, RVR ‖ ~bereich m (Luftf) / landing area* ‖ ~bremstriebwerke einschalten (Luftf) / retrofire v, retro v ‖ ~brücke f (Schiff) / landing stage, stairs pl ‖ ~deck n (auf Flugzeugträgern) (Mil, Schiff) / landing deck ‖ ~einheit f (Raumf) / lander n ‖ ~einrichtung f (z.B. Radfahrwerk, Schwimmer) (Luftf) / alighting gear, landing gear, gear n
Landé-Faktor m (nach A. Landé, 1888-1975) (Phys) / Landé splitting factor*, Landé g factor, spectroscopic splitting factor, gyromagnetic ratio, magnetomechanical factor
Lande•fläche f (Luftf) / landing surface ‖ ~freigabe (Luftf) / landing clearance ‖ ~frequenz f (Luftf) / rate of landing ‖ ~führungssystem n (MLS, früher ILS) (Luftf) / landing system ‖ ~funkfeuer n (Luftf) / landing beacon* ‖ ~geschwindigkeit f (Luftf) / landing speed* ‖ ~geschwindigkeitsfolge f (Anzahl je Zeiteinheit) (Luftf) / rate of landing ‖ ~gewicht n (Luftf) / landing weight, downweight n ‖ ~hilfe f (bord- oder bodenseitige) (Luftf) / aid to landing, landing aid ‖ automatische ~hilfe (Luftf) / autoflare* n ‖ ~karte f (Luftf) / landing chart
Landeklappe f (eine einfache Flügelklappe) (Luftf) / plain flap*, camber flap* ‖ ~ (an der Hinterkante) (Luftf) / trailing flap* ‖ ~ (die die Flügelfläche vergrößert) (Luftf) / area-increasing flap, extension flap* ‖ ausfahrbare ~ (z.B. Fowlerklappe) (Luftf) / area-increasing flap, extension flap* ‖ äußere ~ (Luftf) / outboard flap ‖ innere ~ (Luftf) / inboard flap
Lande•kreuz n (helles, bei Schnee meist rotes Segeltuch, das auf Flugplätzen in T-Form in Richtung gegen den Wind ausgelegt wird, um den Aufsetzpunkt anzuzeigen) (Luftf) / wind T*, landing tee, wind tee, landing-T n ‖ ~kufe f (Luftf) / landing skid ‖ ~kurs m (Luftf) / localizer course ‖ ~kurssender m (beim Instrumentenlandesystem) (Luftf) / localizer beacon*, localizer n, LOC ‖ ~lauf m (Luftf) / landing run ‖ ~- oder Startlauf m (eines Wasserflugzeugs) (Luftf) / water run ‖ ~laufstrecke f (Luftf) / landing run ‖ ~masse f (Luftf) / landing weight, downweight n ‖ ~mast m (für Luftschiffe) (Luftf) / mooring tower*, mooring mast ‖ ~matte f (für Behelfslandebahn, z.B. Stahlrostplatte) (Luftf) / landing mat ‖ ~meldung f (Luftf) / report of arrival
landen v (Luftf) / land v
Landenge f (Geog) / isthmus n (pl. -es)
Landeort, erster ~ (Luftf) / point of first intended landing
Lande•platz m (Luftf) / landing ground* ‖ ~platz (Schiff) / landing place, levee n (US)* ‖ ~radarkontrollor m (A) (Luftf) / final controller ‖ ~radarlotse m (Luftf) / final controller ‖ ~radarverkehrsleiter m (S) (Luftf) / final controller ‖ ~rakete f (Raumf) / lander n ‖ ~richtungsanzeiger m (Luftf) / landing direction indicator* ‖ ~rollstrecke f (Luftf) / landing run
Landesaufnahme f (Kart, Verm) / field mapping, mapping* n, charting n ‖ ~ (derjenige Teil der Geodäsie, bei dem die Krümmungsverhältnisse der Erde zu berücksichtigen sind) (Verm) / geodetic (control) surveying*
Landésch•e Intervallregel (die Energie- bzw. Wellenzahlabstände benachbarter Terme eines Termmultipletts sind proportional zur größeren der beiden Quantenzahlen) (Kernphys) / Landé interval rule ‖ ~e Regel (Kernphys) / Landé interval rule
Landescheinwerfer m (Luftf) / landing light, landing headlight
Landes•kennzahl f (Fernsp) / country code ‖ ~pflege f (Umwelt) / landscape enhancement ‖ ~planung f (Arch, Umwelt) / regional planning
Lande•spoiler m (Luftf) / inner spoiler, landing flap ‖ ~stelle f (Schiff) / landing place, levee n (US)* ‖ ~stoß-Beschleunigungsmesser m (Luftf) / impact accelerometer* ‖ ~stoßkräfte f pl (Luftf) / landing loads n ‖ ~strahl m (Luftf) / landing beam* ‖ ~strecke f (Luftf) / landing distance, LD ‖ ~streifen m (Luftf) / landing strip, landing runway
Landes•vermessung f (Verm) / geodetic (control) surveying* ‖ ~weites Netz (EDV, Fernm) / wide-area network (WAN)
Lande•-T n (Luftf) / wind T*, landing tee, wind tee, landing-T n ‖ ~wettervorhersage f (Luftf) / landing forecast
Land•fall m (Punkt, an dem der MFK nach Flug über See die Küste erreicht) (Mil) / landfall n ‖ vorprogrammierter ~fall (eines MFK) (Mil) / intended landfall ‖ ~fallkarte f (Mil) / landing chart ‖ ~flucht f (Landw) / rural exodus, urban drift ‖ ~flugplatz m (Luftf) / land aerodrome ‖ ~flugzeug n (Luftf) / landplane n ‖ nichtöffentlicher beweglicher ~funk (mobiler) (Radio) / private mobile radio, PMR ‖ öffentlicher beweglicher ~funk (mobiler) (Radio) / public-access mobile radio, PAMR ‖ beweglicher ~funkdienst (Radio) / land mobile service ‖ ~gang m (Schiff) / shore gangway, ship-to-shore gangway ‖ ~gangsteg m (Zugang zum Schiff als Steg aus Leichtmetall oder Holz zum Betreten des Schiffs vom Kai) (Schiff) / shore gangway, ship-to-shore gangway
landgestützt adj (Flugkörper) (Mil) / ground-launched adj ‖ ~ (Startgerät) (Mil) / land-based adj ‖ ~er ballistischer Flugkörper (Mil) / ground-launched ballistic missile, GLBM

**Land•gewinn** *m* infolge Rückgangs des Wasserspiegels (Wasserb) / dereliction *n* ‖ **⁓gewinnung** *f* (aus dem Wattenmeer, durch Trockenlegung) (Landw) / land reclamation, reclaiming *n*, land accretion, reclamation *n* ‖ **⁓karte** *f* (Kart, Verm) / map *n* ‖ **⁓kartenpapier** *n* (Kart, Pap) / map paper ‖ **⁓kartenstruktur** *f* (Oberflächenfehler der Spanplatten) (For) / mapping *n* ‖ **⁓kennung** *f* (Luftf, Schiff) / landfall *n* ‖ **⁓klima** *n* (das Klima im Innern großer Landmassen) (Meteor) / continental climate* ‖ **⁓lagerung** *f* (von Rundholz) (For) / ground storage
**ländlich** *adj* (Landw) / rural *adj* ‖ **~e Atmosphäre** (Anstr, Umwelt) / rural atmosphere, country atmosphere ‖ **~e Ware** (Keram) / rural ware
**Land•marke** *f* (Luftf) / landmark *n* ‖ **~marke** (markanter Punkt oder Seezeichen an Land, die zur Orientierung oder Standortbestimmung dienen können) (Schiff) / landmark *n* ‖ **⁓maschinen und -geräte** *pl* (DIN 11085) (Landw) / farm implement and machinery, agricultural machinery ‖ **⁓maschinenpark** *m* (Landw) / farm implement and machinery, agricultural machinery ‖ **⁓messer** *m* (Verm) / geometer *n*, land surveyor, topographical surveyor, surveyor *n* ‖ **⁓messung** *f* (Verm) / cadastral survey* ‖ **⁓messung** (Verm) / land measure
**Landolt-Reaktion** *f* (Chem) / Landolt reaction
**Landoltsch•er Ring** (Med, Opt) / Landolt ring ‖ **~e Zeitreaktion** (nach H.H. Landolt, 1831-1910) (Chem) / Landolt reaction
**Landpfeiler** *m* (der Brücke) (HuT) / end pier
**Landsat-Satellit** *m* (Geog) / earth observatory satellite, EOS
**Landschaft** *f* (als technische Infrastruktur) (HuT, Umwelt) / hard landscape ‖ **⁓** (Umwelt) / landscape *n* ‖ **die architektonisch gestalten** (Arch) / landscape *v* ‖ **städtische ⁓** (Arch) / townscape *n* ‖ überwiegend aus natürlichen Elementen bestehende oder gestaltete **⁓** (ohne störende anthropogene Eingriffe) (HuT, Umwelt) / soft landscape ‖ überwiegend aus technisch-künstlichen Elementen bestehende oder gestaltete **⁓** (HuT, Umwelt) / hard landscape ‖ **unberührte ⁓** (Umwelt) / virgin landscape, unspoilt landscape, unspoiled countryside ‖ **⁓** *f* **aus Menschenhand** (von Menschen gestaltete oder verunstaltete Landschaft) (Umwelt) / man-made landscape, cultural landscape
**landschaftlich schöne Stelle** (Aussichtspunkt) (Umwelt) / beauty spot (a place known for its beautiful scenery) ‖ **~ schöne Strecke** (Hinweis auf Autokarten) (Kfz) / scenic road ‖ **~ schöne Verkehrsstraße** (die z.B. durch eine Grünzone führt) (Kfz) / scenic road ‖ **~ verschönern** (die Umgebung) (Arch) / landscape *v*
**Landschafts•architektur** *f* (Arch) / landscape architecture ‖ **⁓bauarbeiten** *f pl* (Arch, HuT) / landscaping work ‖ **⁓bild** *n* (Geog) / scenery *n* ‖ **⁓gebundene Architektur** (Arch) / landscape architecture, environmental architecture ‖ **⁓ökologie** *f* (Umwelt) / landscape ecology ‖ **⁓pflege** *f* (Verwaltung) (Umwelt) / landscape management ‖ **⁓pflege** (Umwelt) / landscape conservation, landscape preservation, landscape protection ‖ **⁓Rückprofilm** *m* (der Landschaften als Hintergrund für eine Rückprojektion darstellt) (Film) / landscape film ‖ **⁓schaden** *m* (Umwelt) / landscape degradation ‖ **⁓schutz** *m* (Umwelt) / landscape conservation, landscape preservation, landscape protection ‖ **⁓schutzgebiet** *n* (Umwelt) / preserve *n*, area of outstanding natural beauty, AONB (a region in England and Wales which is not a national park, but which is considered sufficiently attractive to be preserved from overdevelopment) ‖ **⁓verbesserungsmaßnahmen** *f pl* (Umwelt) / landscape improvement measures ‖ **⁓verschönerungsmaßnahmen** *f pl* (Umwelt) / landscape improvement measures
**Land•seite** *f* (der Lagerhalle) / landside *n* (of the warehouse) ‖ **⁓seite** (Pflug) (Landw) / landside *n* ‖ **⁓spitze** *f* (Geog) / point *n* ‖ **⁓spitze** (schmaler, ins Wasser ragender Landstreifen) (Geol) / spit* *n* ‖ **krumme ⁓spitze** (Geog, Geol) / hooked spit, hook *n* ‖ **⁓straße** *f* (HuT, Kfz) / road *n* ‖ **⁓strich** *m* / tract *n* (an area of indefinite extent, typically a large one), area *n* ‖ **⁓technik** *f* (als Fach) (Landw) / agricultural engineering ‖ **⁓technik** (Maschinen und Geräte) (Landw) / farm implement and machinery, agricultural machinery ‖ **⁓terrasse** *f* (einer Schichtstufe) (Geol) / backslope *n* (of a cuesta) ‖ **⁓transport** *m* (Geog) / overland transport, land transport ‖ **⁓umschlossen** *adj* (Geog) / land-locked *adj*
**Landung** *f* (jeglicher Art, auch Zwischenlandung) (Luftf) / stop *n* (e.g. refuelling stop) ‖ **⁓** (Luftf, Schiff) / landing *n* ‖ **abgebrochene ⁓** (Luftf) / balked landing, baulked landing ‖ **gewerbliche ⁓** (Luftf) / revenue stop ‖ **harte ⁓** (Luftf, Raumf) / rough landing, hard landing, heavy landing, heavy landing, rough landing ‖ **nichtgewerbliche ⁓** (Luftf) / non-traffic stop, stop for non-traffic purposes ‖ **sehr harte ⁓** (Luftf) / pancaking* *n*, pancake landing ‖ **vollautomatische ⁓** (Luftf) / automatic landing, autoland* *n* ‖ **vorsorgliche ⁓** (Luftf) / precautionary landing ‖ **weiche ⁓** (Luftf, Raumf) / soft landing ‖ **⁓** *f* **auf dem Mars** (Raumf) / Mars landing ‖ **⁓ auf dem Mond** (Raumf) / landing on the Moon, Moon-landing *n*, lunar landing ‖ **⁓ auf dem Wasser** (Luftf) / alighting on water ‖ **⁓ auf einem Planeten** (Raumf) / planet fall ‖ **⁓ bei Bedarf** (Luftf) / optional landing ‖ **⁓ mit Bodenberührung eines Flügels** (Luftf) / wing-tip landing ‖ **⁓ mit dem (Rücken)Wind** (Luftf) / downwind landing, Chinese landing ‖ **⁓ mit großem Anstellwinkel** (Luftf) / tail-down landing*
**Landungs•brücke** *f* (Schiff) / jetty *n* ‖ **⁓brücke** (Schiff) / landing stage, stairs *pl* ‖ **das voraussichtliche ⁓gebiet des Raumfahrzeugs** (Raumf) / footprint *n*
**landungsloser Durchflug** (Luftf) / non-stop transit flight
**Ländungsplatz** *m* (For) / landing *n*
**Landungs•steg** (Schiff) / landing stage, stairs *pl* ‖ **⁓versuch** *m* (Luftf) / landing attempt
**Land•verbindung** *f* (Fernm) / land link ‖ **⁓vermesser** *m* (Verm) / geometer *n*, land surveyor, topographical surveyor, surveyor *n*
**landwärts** *adv* / onshore *adv* (form the sea towards the land)
**Land•/Wasser/Luft-System** *n* (Mil) / lanwair system ‖ **⁓wind** *m* (Meteor) / land-breeze *n*
**Landwirt** *m* (Landw) / farmer *n*
**Landwirtschaft** *f* (Landw) / agriculture *n*, farming *n*, husbandry *n* ‖ **alternative ⁓** (Landw) / organic farming
**landwirtschaftlich** *adj* (Landw) / agricultural *adj* ‖ **~e Abwasserverwertung** (Landw, Sanitär) / sewage farming ‖ **~ Allzweckfahrzeug** (Landw) / multipurpose farm vehicle ‖ **~ bebaubarer Boden** (Landw) / arable land, arable *n*, agricultural land ‖ **~er Betrieb** (Landw) / farm *n*, farmstead *n* ‖ **~ genutzte Fläche** (Landw) / agricultural land ‖ **~er Musterbetrieb** (Landw) / pilot farm, model farm ‖ **~e Presse** (Landw) / baler *n*, baling press ‖ **~es Unternehmen** (Landw) / farm *n*, farmstead *n* ‖ **~er Unternehmer** (Landw) / farmer *n*
**Landwirtschafts•chemie** *f* (Chem, Landw) / agricultural chemistry ‖ **⁓fliegerei** *f* (Landw, Luftf) / agricultural aviation ‖ **⁓flugzeug** *n* (Landw, Luftf) / agricultural aircraft ‖ **⁓geologie** *f* (Geol) / agricultural geology ‖ **⁓ökologie** *f* (Landw, Umwelt) / agroecology *n* ‖ **⁓ökologisch** (Landw, Umwelt) / agroecological *adj* ‖ **⁓statistik** *f* (Landw, Stats) / agricultural statistics ‖ **⁓tarif** *m* (Eltech) / rural rate ‖ **⁓wissenschaft** *f* (Landw) / agronomy *n* (science of land cultivation, crop production and soil management)
**Land•ziel-Marschflugkörper** *m* (Mil) / land-attack cruise missile ‖ **⁓zunge** *f* (Geol) / tongue *n* (a long, low promontory)
**lang** *adj* / long *adj* ‖ **⁓** (Glas, Keram) / long* *adj* ‖ **~er Aufbau** (Schiff) / long superstructure* ‖ **~e Baumwollfaser** (> 29 mm) (Tex) / long-staple cotton, high-quality cotton ‖ **~er Dateiname** (der länger ist als 8 + 3 Zeichen) (EDV) / long filename ‖ **~e (unabgekürzte) Division** (Math) / long division ‖ **~e Druckfarbe** (Druck) / long ink* ‖ **~er Druckknopf** (VDE 0660, T 201) (Eltech) / long button, extended button ‖ **~e Flotte** (Flüssigkeitsvolumen groß im Verhältnis zum Warengewicht) (Leder) / long float ‖ **~es Glas** (mit breitem Verarbeitungstemperaturbereich) (Glas) / long glass, slow-setting glass, sweet glass ‖ **~e Periode** (im Periodensystem der Elemente) (Chem) / long period ‖ **~e Schlacke** (Hütt) / pasty slag ‖ **~e Steckkarte** (EDV) / full-length board ‖ **~er Stiefel** (Gummi oder Kunststoff) / wellington *n*, wellington boot ‖ **~e Stütze** (Masch) / strut* *n*, spur *n* ‖ **~ übersetzt** (Getriebe) (Kfz) / high-gear *attr* ‖ **~es Übersetzungsverhältnis** (Kfz) / high gearing ratio, high gearing, high gear ratio ‖ **~e Welle** (planetarische) (Geophys, Meteor) / Rossby wave*
**Lang-** / long-term *attr* ‖ **⁓** / long *adj*
**langanhaltend** *adj* / long-lasting *adj*
**langästig** *adj* (For) / long-branched *adj*
**langausrollende See** (Logbuchstabe L.) (Schiff) / long-rolling sea
**Lang•band** *n* (in Türband) (Bau) / long hinge ‖ **⁓basisinterferometrie** *f* (Astr) / very-long-baseline interferometry, VLBI ‖ **⁓beckzange** *f* (Masch) / long-nose pliers
**Langbeinit** *m* (Min) / langbeinite *n*
**Lang•drahtantenne** *f* (eine Linearantenne) (Radio) / long-wire antenna ‖ **⁓draht-Leuchtdraht** *m* (Eltech) / straight-up-and-down filament* ‖ **⁓drehautomat** *m* (eine einspindlige Drehmaschine) (Masch) / Swiss-type automatic (lathe)* ‖ **⁓drehen** (wenn sich der Drehmeißel parallel zur Werkstückachse bzw. Drehachse bewegt) (Masch) / plain turning
**Länge** *f* (Astr, Geog) / longitude* *n*, long. ‖ **⁓** (Wortlänge, Informationslänge) (EDV) / length* *n* ‖ **⁓** (in Metern nach DIN 1301, T 1) (Math) / length *n* ‖ **⁓** (eines Vektors) (Math, Phys) / magnitude *n* ‖ **freie (wirksame) ⁓** (eines Stabes) (Bau, Mech) / effective height (of a column), effective column length* ‖ **freie ⁓** (bei Ventilfedern) (V-Mot) / free length ‖ **galaktische ⁓** (Astr) / galactic longitude ‖ **gestreckte ⁓** / effective length ‖ **größte äußere ⁓** (Kfz) / overall length ‖ **teilbare ⁓** (ohne Rest) (Masch) / multiple length ‖ **⁓ von fester** (EDV) / non-varying *adj* ‖ **⁓** *f* **der Mantellinie** (Math) / slant height (of a cone) ‖ **⁓ der Seite** (Druck, EDV) / page depth, page length, depth of page ‖ **⁓ der Straßenfront** (Bau, HuT) / frontage *n* ‖ **⁓ des Viruscodes** (EDV) / length of virus code ‖ **⁓ in den Loten** (Schiff) / length between perpendiculars*, L.B.P. ‖ **⁓ in Fuß** /

footage n ‖ ⁓ **über alles** (vom vordersten bis zum hintersten festen Punkt des Schiffs) (Schiff) / length overall*, overall length, LOA
**Länge/Durchmesser-Verhältnis** n (Masch) / L/D ratio
**längen** v (DIN 8580) / lengthen v, elongate v ‖ ⁓ n (Masch, Math) / lengthening n, elongation n, increase in length
**Längen** m (Strumpfwirkerei) (Tex) / leg n
**Längen•abhängigkeit** f / length dependence ‖ ⁓**abnahme** f (eine negative Dehnung) / shortening n ‖ ⁓**änderung** f (Mech) / change in length ‖ ⁓**ausdehnung** f / linear extent ‖ ⁓**ausdehnungskoeffizient** m (Phys) / linear expansivity, coefficient of linear expansion ‖ ⁓**ausrundung** f (Bahn, HuT, Verm) / vertical curve* ‖ ⁓**begrenzung** f / length limit ‖ ⁓**bezogene Masse** (Phys) / linear density, linear mass ‖ ⁓**einheit** f (Math) / unit of length ‖ ⁓**kontraktion** f (Hypothese zur Erklärung des negativen Resultats des Michelson-Versuchs) (Phys) / Lorentz contraction*, FitzGerald-Lorentz contraction*, Lorentz-FitzGerald contraction ‖ ⁓**kreis** m (Astr) / meridian* n, celestial meridian, meridian of longitude* ‖ ⁓**maß** n (Phys) / measure of length, linear measure ‖ ⁓**meßgerät** n / length-measuring device ‖ ⁓**meßkopf** m / length-measuring head ‖ ⁓**messung** f (Math, Verm) / linear measurement ‖ ⁓**metazentrum** n (Schiff) / longitudinal metacentre* ‖ ⁓**profil** n / longitudinal section, longitudinal profile ‖ ⁓**prüftechnik** f (DIN 2257, T 1) / dimensional metrology ‖ ⁓**säge** f (For) / rip-saw* n, ripping saw* ‖ ⁓**sägeblatt** n (For) / rip-saw n, ripping saw ‖ ⁓**treu** adj / length-preserving adj ‖ ⁓**vorgabe** f (der größte Abstand einer Sprengladung von der nächsten freien Fläche) (Bergb) / heel of a shot, toe n ‖ ⁓**zunahme** f (eine positive Dehnung) (Masch, Math) / lengthening n, elongation n, increase in length
**länger erhitztes Darrmalz** (Brau) / amber malt
**Langette** f (Trennwand zwischen den Schornsteinzügen) (Bau) / withe* n, mid-feather* n, feather* n ‖ (dichter Schlingenstich als Randbefestigung von Zacken- und Bogenkanten) (Tex) / scallop n ‖ **mit ⁓n einfassen** (Tex) / scallop v
**langettieren** v (Tex) / scallop v ‖ ⁓ n (Tex) / scalloping n
**Langevin•-Debye-Gleichung** f (eine Beziehung, die in einfacher Form die Überlagerung permanenter und induzierter Dipolmomente in einem Dielektrikum behandelt) / Langevin-Debye formula, Langevin-Debye law ‖ ⁓**-Formel** f (eine Verallgemeinerung der Curie-Gesetzes für paramagnetische Stoffe) (Mag) / Langevin formula ‖ ⁓**-Funktion** f (des Dielektrikums - die die Temperaturabhängigkeit der statischen Dielektrizitätskonstanten beschreibt) (Elektr) / Langevin function ‖ ⁓**-Gleichung** f (Bewegungsgleichung eines Teilchens, das mit anderen Teilchen eines Mediums in unregelmäßiger Wechselwirkung steht) (Phys) / Langevin equation ‖ ⁓**-Ion** n (in atmosphärischen Aerosolen bis 1000 nm - nach P. Langevin, 1872-1946) (Phys) / Langevin ion, large ion
**Längezeichen** n (Druck) / macron n, long accent
**Lang•fasergarn** n (Spinn) (Tex) / long-fibred yarn ‖ ⁓**faserig** adj (For, Tex) / long-fibred adj ‖ ⁓**faserspinnerei** f (Spinn) / worsted-system spinning, worsted system, worsted spinning ‖ ⁓**fellmantel** m (eines Rollwerkzeugs) (Anstr) / deep-pile sleeve ‖ ⁓**flammige Kohle** (mit einem hohen Prozentsatz an flüchtigen Bestandteilen) (Bergb) / long-flame coal ‖ ⁓**florig** adj (Tex) / shaggy adj ‖ ⁓**floriger Teppichboden** (Tex) / shag ‖ ⁓**flortepich** m (Tex) / long-pile carpet, shaggy pile carpet ‖ ⁓**form** f (der Abkürzung) / full form ‖ ⁓**fräsmaschine** f (Masch) / plano milling machine, planer-type milling machine (US) ‖ ⁓**fries** m (Tischl) / stile* n, style* n
**langfristig** adj / long-term attr ‖ ⁓ (Wettervorhersage) (Meteor) / long-range* attr ‖ ⁓**e Entwicklung** / long-term development ‖ ⁓**e Werbewirkung** / carry-over n ‖ ⁓**e Wettervorhersage** (Meteor) / long-period forecast, long-range forecast
**Lang•fristprognose** f (über einen Monat) (Meteor) / long-period forecast, long-range forecast ‖ ⁓**frontartiger Abbau** (Bergb) / longwall working*, longwall system, longwalling n, longwork n
**langgestreckt•e Blase** (Glas) / air line ‖ ⁓**e Federwolken** (Meteor) / mare's tail ‖ ⁓**er Pfeiler** (dünner) (Bergb) / rance ‖ ⁓**e Schliere** (aus Luftbläschen) (Glas) / air line
**Lang•gewindefräsen** n (Masch) / long-thread milling, traverse thread milling ‖ ⁓**haarig** adj / long-hair attr ‖ ⁓**halskolben** m (Chem) / long-neck flask, long-necked flask ‖ ⁓**halsstandkolben** m (Chem) / flat-bottom long-neck flask ‖ ⁓**haus** n (Arch) / nave* n ‖ ⁓**hobel** m (etwa 56 cm Länge) (Tischl) / trying plane*, try plane, truing plane, long plane ‖ ⁓**hobel** (Zimm) / jointer plane*, jointing plane*, shooting plane*, long plane, jointer ‖ ⁓**hobelmaschine** f (Masch) / planing machine*, planer n
**Langholz** n (For, Pap) / log n ‖ ⁓**dünnes ⁓** (Zimm) / pole n ‖ ⁓**anhänger** m (For) / logging trailer, timber trailer ‖ ⁓**polter** n (als stationäre Daueranlage) (For) / cold deck ‖ ⁓**sortiment** n (For) / logwood n ‖ ⁓**zerspaner** m (For) / long-log flaker, whole-log flaker
**Lang•huber** m (V-Mot) / long-stroke engine ‖ ⁓**hubhonmaschine** f (Masch) / long-stroke honing machine ‖ ⁓**hubig** adj (Masch) /

long-stroke attr ‖ ⁓**hubig** (V-Mot) / undersquare adj ‖ ⁓**hubmotor** m (V-Mot) / long-stroke engine
**langkettig** adj (Polymer) (Chem) / long-chain attr
**langlebig** adj / long-life attr, long-lived adj ‖ ⁓ (z.B. Batterie) / long-lasting adj ‖ ⁓ (Kernphys) / long-lived adj ‖ ⁓**es Teilchen** (Kernphys) / stable particle
**länglich** adj / oblong adj, elongated adj ‖ ⁓**e Falte** (in einem dünnwandigen Rohr) (Hütt) / convolution n
**länglichrund** adj / oval adj
**Lang•lichtbogen** m (Schw) / long arc ‖ ⁓**lichtbogenschweißen** n (Schw) / long-arc welding ‖ ⁓**lochbohrer** m (Masch) / deep-hole drill ‖ ⁓**lochbrenner** m / long-slot burner ‖ ⁓**lochfräser** m (Masch) / end mill (US)*, slotting end mill cutter, slot mill ‖ ⁓**lochfräser** (DIN 326 und 327) (Masch) / slotting mill ‖ ⁓**lochkolben** m (V-Mot) / oval piston*, oblong piston ‖ ⁓**malz** n (Brau) / dark malt ‖ ⁓**malz** (Brau) / long-grown malt ‖ ⁓**messerschere** f (Masch) / guillotine n
**Langmuir•-Blodgett-Film** m (Chem) / LB film, Langmuir-Blodgett film ‖ ⁓**-Blodgett-Technik** f (Erzeugung von ultradünnen Schichten aus geordneten Monolagen - nach K.M. Blodgett, 1898-1979) (Chem) / Langmuir-Blodgett technology ‖ ⁓**-Effekt** m (Eltronik) / Langmuir effect ‖ ⁓**-Fackel** f (bei der Rekombination der H-Atome) (Chem, Schw) / Langmuir torch ‖ ⁓**-Hinshelwood-Mechanismus** m (einer heterogenen r Katalyse) (Chem) / Langmuir-Hinshelwood mechanism
**Langmuirsch•e Adsorptionsisotherme** (Chem) / Langmuir adsorption isotherm* ‖ ⁓**e Waage** (zur direkten Messung partieller Oberflächenspannungen von Filmen) / Langmuir's film balance
**Langmuir-Sonde** f (eine Gleichspannungs-Plasmasonde - nach I. Langmuir, 1881-1957) (Eltronik) / Langmuir probe*
**Lang•narben** m (Leder) / straight grain ‖ ⁓ (z.B. Stammholz) (For, Pap) / log n ‖ ⁓**öl-Alkydharz** n (resin) ‖ ⁓**ölig** adj (Alkydharz) (Anstr) / long-oil alkyd attr ‖ ⁓**periode** f (im Periodensystem der Elemente) (Chem) / long period
**langperiodisch** adj (Astr) / long-term attr, long-period attr ‖ ⁓**er Komet** (Umlaufzeit über 200 Jahre) (Astr) / long-period comet ‖ ⁓**e Veränderliche** (Mira-Sterne) (Astr) / long-period variables
**Lang•rohholz** n (For) / forest timber (boles) ‖ ⁓**rohrschraubbläser** m (drucklose Ausrüstung von Dampferzeugern) (Masch) / rotary long retractable soot blower ‖ ⁓**rufnummer** f (Fernsp) / non-abbreviated call number ‖ ⁓**rumpfflugzeug** n (Luftf) / long-bodied aeroplane
**Längs•** / longitudinal adj ‖ ⁓**aberration** f (Opt) / longitudinal aberration ‖ ⁓**ablauf** m (ein Stapellauf) (Schiff) / end launching ‖ ⁓**achse** f (Luftf) / longitudinal axis*, x-axis n (pl. x-axes), OX ‖ ⁓**achse** (Masch, Math) / longitudinal axis ‖ **nahe der ⁓achse** (Luftf) / inboard adj
**langsam** adj / slow adj ‖ ⁓ (Gärung bei Most) (Biochem) / sluggish adj, stuck adj ‖ ⁓**es Abtasten** (Eltronik) / low-velocity scanning* ‖ ⁓ **arbeitender Entwickler** (Foto) / slow developer ‖ ⁓**es Drehen** (des Raumtransporters um eigene Achse) (Raumf) / barbecue mode, barbecue n ‖ ⁓ **erhärtender Zement** (DIN 1164) (Bau, HuT) / slow-setting cement ‖ ⁓**e Fluoreszenz** (Phys) / delayed fluorescence ‖ ⁓**e, spielende Rolle** (Luftf) / slow roll, aileron roll (US) ‖ ⁓ **herablassen** (z.B. Wagen am Seil) (Bergb) / snub v ‖ ⁓ **laufendes Papier** (in der Flüssigkeitschromatografie) (Chem) / slow paper ‖ ⁓**er Leerlauf** (Kfz) / low-idle speed, off-idle speed, curb idle speed ‖ ⁓**es Neutron** (dessen kinetische Energie einen bestimmten Wert unterschreitet) (Kernphys) / slow neutron* ‖ ⁓**er Reaktor** (Nukl) / slow (neutron) reactor ‖ ⁓**er Schwenk** (Film) / extended pan ‖ ⁓**er Speicher** (EDV) / slow-access storage, slow storage
**Langsam•fahrstelle** f (Bahn) / speed restriction track ‖ ⁓**fahrstrecke** f (die ständig oder vorübergehend nur mit verminderter Geschwindigkeit befahren werden darf) (Bahn) / speed restriction track ‖ ⁓**fahrt-Signal** n (Bahn) / signal to reduce speed, speed-restriction signal ‖ ⁓**filter** n (mit Schichten aus Sand und Kies) (Sanitär) / slow sand filter (for purifying sewage effluent) ‖ ⁓**flug-Querruder** n (Luftf) / low-speed aileron, outer aileron ‖ ⁓**härtender Klebstoff** / slow-curing adhesive, slow-setting adhesive
**Langsamkeit** f / slowness n
**langsam•laufende Maschine** (Masch) / low-speed engine, low-speed machine, lower-speed engine, slow-speed engine ‖ ⁓**läufer** m (Masch) / low-speed engine, low-speed machine, lower-speed engine, slow-speed engine ‖ ⁓**-Sand-Tiefenfilter** n (mit Sand als Filtermittel) (Sanitär) / slow sand filter ‖ ⁓**scherversuch** m (HuT) / drained shear test, slow test, drained test, S-test n ‖ ⁓**schichtkorrektur** f (in der Seismik) (Geol) / weathering correction ‖ ⁓**startvorrichtung** f (Eltech) / inching starter* ‖ ⁓**trocknend** adj (Anstr) / slow-drying adj ‖ ⁓**wirkend** adj / slow-acting adj ‖ ⁓**wirkender Dünger** (Landw) / slow-release fertilizer, slow-acting fertilizer
**Langsandfang** m (meist ein Mehrkammer-Sandfang, dessen Breite und Tiefe im Verhältnis zur Länge klein sind) (Sanitär) / grit channel

**längsangeströmt**

**längs•angeströmte ebene Platte bei Laminarströmung** (Phys) / flat plate in laminary flow with longitudinal inflow ‖ **magnetische ⁓aufzeichnung** (Akus) / longitudinal magnetic recording
**langsäuliger Habitus** (Krist) / lath* n
**Längs•balken** m (Bau, HuT) / stringer* n ‖ **⁓becken** n (Sanitär) / plug-flow reactor ‖ **⁓beschleunigung** f (Mech) / longitudinal acceleration ‖ **⁓bruch** m (Glas) / snake n (the progressive longitudinal cracking in continuous flat-glass operation), snaking n
**langschaftig** adj (For) / long-stemmed adj, long-boled adj
**langschäftig** adj (For) / long-stemmed adj, long-boled adj
**Lang•schiff** n (Arch) / nave* n ‖ **⁓schild** n (das Schlüsselloch und die Türschnalle zusammenfassender Beschlag) (Bau) / long door-plate ‖ **⁓schlitzbrenner** m (Wärm) / ribbon-flame burner ‖ **⁓schnittkreissägen** n (For) / slitting n ‖ **⁓schnittsägen** (For) / slitting n ‖ **⁓schraubbläser** m (Masch) / long-lance retracting-type soot blower ‖ **⁓schraube** f (Eltech) / through bolt ‖ **⁓schubdrehbläser** m (Masch) / long-lance retracting-type soot blower
**Längs•dämpfung** f (eine Zustandsgröße ist am Ausgang eines Übertragungsgliedes kleiner als am Eingang) (Eltech, Fernm, Kernphys) / attenuation* n ‖ **⁓differential** n (Kfz) / interaxle differential, centre differential ‖ **⁓differentialschutz** m (Eltech) / biased protective system*, biased differential protection ‖ **⁓drehen** n (Masch) / plain turning ‖ **⁓drossel** f (Eltech) / bus reactor ‖ **⁓düne** f (Geol) / longitudinal dune* ‖ **⁓durchströmter Reaktor** (Sanitär) / plug-flow reactor ‖ **⁓falz** m (Druck) / length fold ‖ **⁓fuge** f / longitudinal joint ‖ **⁓führung** f (z.B. Kugelführung, Kugelhülse oder Rollenführung) (Masch) / linear rolling bearing and ball spline, ball bearing spline ‖ **⁓gefaltet** adj (Geol) / plicated adj ‖ **⁓geschnittener Sägeblock** (For) / juggle n ‖ **⁓gestrickt** adj (Tex) / knitted with the wale ‖ **⁓geströmter Laser** (Phys) / axial-flow laser ‖ **⁓halbziegel** m pl (Bau) / splits* pl ‖ **⁓halbziegelschicht** f (Bau) / split course* ‖ **⁓heizung** f (Eltech) / glueline* n ‖ **⁓holz** n (bei Schalungen) (Bau, HuT) / runner n
**Langsieb** n (Pap) / fourdrinier wire, fourdrinier wire part, fourdrinier table, fourdrinier former ‖ **⁓entwässerungsmaschine** f (Pap) / Fourdrinier n (machine), fourdrinier* n ‖ **⁓maschine** f (Pap) / Fourdrinier n (machine), fourdrinier* n ‖ **⁓papiermaschine** f (Pap) / Fourdrinier n (machine), fourdrinier* n
**Längs•instabilität** f (Luftf) / longitudinal instability* ‖ **⁓keil** m (Masch) / ordinary taper key ‖ **⁓keil** (Masch) / key* n ‖ **⁓kraft** f (Mech) / longitudinal force, axial force ‖ **⁓kraft mit Biegung** (in statischen Berechnungen) (Mech) / direct stress and bending ‖ **⁓kraft ohne Biegung** (in statischen Berechnungen) (Mech) / direct stress ‖ **⁓kräfte** f pl (in der Reifenaufstandsfläche wirksame Kräfte) (Kfz) / longitudinal forces, circumferential forces ‖ **⁓krümmung** f (For) / crooking n, crook n ‖ **⁓krümmung der Schmalfläche** (von Schnittholz) (For) / spring n, crook n, crooking n ‖ **⁓lenker** m (Achse geschoben) (Kfz) / leading link ‖ **⁓lenker** (Achse gezogen) (Kfz) / trailing link ‖ **⁓lenkerachse** f (Kfz) / trailing-link suspension, trailing-link axle ‖ **⁓magnetisierung** f (Mag) / longitudinal magnetization* ‖ **⁓moment** n (Bahn, Kfz, Luftf) / pitching moment* ‖ **⁓motor** m (Kfz) / longitudinal engine ‖ **⁓naht** f (Schw) / longitudinal seam (weld) ‖ **⁓nahtrohr** n (Schw) / longitudinally welded pipe ‖ **⁓nahtschweißmaschine** f (zur Herstellung längsnahtgeschweißter Stahlrohre) (Schw) / longitudinal welder ‖ **⁓neigung** f (um die Querachse) (Bahn, Kfz, Luftf) / pitch* n, pitching* n ‖ **⁓neigung** (HuT) / longitudinal gradient, longitudinal grade (US) ‖ **⁓neigung** (in der Fotogrammetrie) (Verm) / y tilt ‖ **⁓neigungswinkel** m (Luftf) / angle of pitch
**Langspan** m (For) / strand n
**Längs•parenchym** n (For) / longitudinal parenchyma, axial parenchyma ‖ **⁓parität** f (Parität eines Datenblocks nach Ergänzung durch ein Blockprüfzeichen; im Gegensatz zur Quer- bzw. Zeichenparität) (EDV) / longitudinal parity, block parity, horizontal parity
**Lang•spielband** n (eine Tonbandsorte) (Akus) / LP band, long-playing band ‖ **⁓spielplatte** f (Akus) / long-playing record, LP record, long play
**Längs•profil** n / longitudinal section, longitudinal profile ‖ **⁓richtstrahler** m (Radar, Radio) / end-fire aerial array*, end-on aerial array, end-fire array* ‖ **⁓richtung** f (im allgemeinen) / longitudinal direction ‖ **⁓richtung** (Masch) / with-machine direction ‖ **⁓richtung** (Pap) / machine direction, grain direction, long direction, grain direction ‖ **⁓rillendübel** m (Tischl) / multigrooved dowel ‖ **⁓rips** m (Web) / weft rib, weft rep, filling rep (US) ‖ **⁓riß** n (For) / check n ‖ **⁓riß** (Glas) / snake n (the progressive longitudinal cracking in continuous flat-glass operation), snaking n ‖ **⁓riß** (Draht) (Masch) / split n ‖ **⁓riß** (Schiff) / sheer plan ‖ **⁓rundschleifen** n (Außen- oder Innenrundschleifen mit stetigem axialem Vorschub und schrittweiser radialer Zustellung) (Masch) / cylindrical grinding ‖ **~sägen** v (For, Tischl, Zimm) / rip* v ‖ **⁓scheitel** m (im Gewölbe) (Arch) / longitudinal ridge ‖ **⁓scheitelrippe** f (im Gewölbe) (Arch) / longitudinal ridge-rib ‖ **⁓schiffs** adv (Schiff) / fore-and-aft adv ‖ **⁓schiffsschwingungsperiode** f (Schiff) / pitching period n (pitching + scending) ‖ **⁓schlag** m (Masch) / lang lay*, Albert's lay, Lang's lay ‖ **⁓schleifen** n (DIN 8589, T 11) (Masch) / cylindrical grinding ‖ **⁓schlitten** m (der Fräsmaschine) (Masch) / longitudinal slide ‖ **⁓schlupf** m (eines Bandes oder Films auf der Spule) / cinching n ‖ **⁓schmalfläche** f **der Gipskartonplatte** (Bau) / edge of a gypsum board ‖ **~schneiden** v (For, Tischl, Zimm) / rip* v ‖ **⁓schneiden** n (For, Tischl, Zimm) / ripping n, flat cutting ‖ **⁓schneiden** (Masch) / slitting n ‖ **⁓schneiden** (Pap) / slitting n ‖ **⁓schneider** m (Druck, Pap) / slitter* n ‖ **⁓schneider** (Tex) / slitter n ‖ **⁓schnitt** m / longitudinal section, longitudinal profile ‖ **⁓schnitt** (For, Tischl, Zimm) / ripping n, flat cutting ‖ **⁓schnitt im Gefälle** (bei offenen Gerinnen) (Wasserb) / drop-down curve* ‖ **⁓schnittsäge** f (For) / rip-saw* n, ripping saw* ‖ **⁓schnittschere** f (Hütt, Schiff) / longitudinal-cutting circular shears ‖ **⁓schrumpfung** f (in Längsrichtung einer Schweißnaht) (Schw) / longitudinal contraction ‖ **⁓schweißen** n (Plast) / side-weld sealing ‖ **⁓schwingung** f (Mech) / longitudinal vibration ‖ **⁓seits** adv (Schiff) / fore-and-aft adv ‖ **⁓spant** m (Schiff) / longitudinal frame* ‖ **⁓sperre** f (Kfz) / centre-differential lock ‖ **⁓spiel** n (Uhr) / shake n ‖ **⁓spritzkopf** m (der Spritzmaschine) (Plast) / straight head (an extruder head), axial head ‖ **⁓spülung** f (bei Zweitaktmotoren) (Kfz) / uniflow scavenging, through scavenging (US), end-to-end scavenging, unidirectional flow scavenging ‖ **⁓spurvideoaufzeichnung** f (TV) / longitudinal video recording ‖ **⁓stabilität** f (in bezug auf Drehmomente um die Querachse) (Luftf) / longitudinal stability* ‖ **⁓staffelung** f (Luftf) / longitudinal separation ‖ **⁓stange** f (des Holzgerüsts) (Bau) / ledger* n ‖ **⁓stapellauf** m (Schiff) / end launching ‖ **⁓steghohlleiter** m (Fernm) / septate waveguide ‖ **⁓steuerflächen** f pl (Luftf) / longitudinal controls ‖ **⁓stoß** m (Phys) / longitudinal impact ‖ **⁓stoß** (Tischl, Zimm) / abutment joint, butt joint ‖ **⁓strahler** m (dessen Gewinn durch einen dem Speiseelement gegenüberliegenden ebenen Reflektor erhöht wird) (Radio) / end-fire antenna ‖ **⁓süll** m n (einer stählernen Luke) (Schiff) / side coaming ‖ **~symmetrisches Zweitor** (Elektr) / symmetrical two-port network
**langstämmig** adj (For) / long-stemmed adj, long-boled adj
**langstapelig•e Baumwollfaser** (> 29 mm) (Tex) / long-staple cotton, high-quality cotton ‖ **~e Wolle** (18 bis 51 cm) (Tex) / long wool
**Langstator-Linearmotor** m (Magnetschwebetechnik) (Eltech) / long-stator linear motor
**Längs•teilanlage** f (Hütt) / dividing line ‖ **~teilen** v (nur Infinitiv und Partizip) / slit v ‖ **⁓teillinie** f (Hütt) / dividing line ‖ **⁓teilung** f (Masch) / slitting n ‖ **⁓tonne** f (Gewölbe) (Arch) / longitudinal barrel vault ‖ **⁓träger** m (des Holzgerüsts) (Bau) / ledger* n ‖ **⁓träger** (Stab, Bogen, Balken) (Bau, HuT) / stringer* n ‖ **⁓träger** (des Rahmens) (Kfz) / side rail, side member ‖ **⁓träger** (des Starrluftschiffs) (Luftf) / longitudinal* n ‖ **⁓transformator** m (zur Spannungserhöhung) (Eltech) / transformer booster*
**Langstrecke** f / long range*
**Langstrecken•-** / long-range* attr ‖ **⁓betrieb** m (auf Autobahnen und Landstraßen) (Kfz) / long-haul driving, highway driving, cruising n ‖ **⁓-Doppler-Zielverfolgungsradar** n (Radar) / extradop n (extended-range dovap)*, extended-range Doppler velocity and position ‖ **⁓-Doppler-Zielverfolgungsradargerät** n (Radar) / extradop n (extended-range dovap)*, extended-range Doppler velocity and position ‖ **⁓-Düsen-Airliner** m (Luftf) / long-range jet airliner ‖ **⁓flug** m (meistens über 10000 km) (Luftf) / long-distance flight, long haul ‖ **⁓verkehr** m (Kfz) / long-haul driving, highway driving, cruising n
**Längstrennung** f (Masch) / slitting n
**Längstwellen** f pl (Radio) / myriametric waves
**Längs•verband** m (z.B. Kiel, Deck) (Schiff) / longitudinal structure ‖ **⁓verband** (Verbindung zur Verlängerung von Hölzern) (Tischl, Zimm) / lengthening joint ‖ **⁓verband** f (z.B. Hakenblatt) (Tischl, Zimm) / lengthening joint ‖ **⁓verformung** f (DIN 13 316) (Mech) / longitudinal distortion ‖ **⁓vergrößerung** f (Opt) / longitudinal magnification* ‖ **⁓versteifung** f (des Flugbootrumpfs) (Luftf) / keelson* n, kelson n ‖ **⁓verwerfung** f (Geol) / strike fault* ‖ **⁓walzen** n (DIN 8583, T 2) (Hütt) / longitudinal rolling ‖ **⁓walzmaschine** f (Hütt) / longitudinal rolling machine ‖ **⁓welle** f (zwischen vorne angeordnetem Motor und Hinterachse) (Kfz) / longitudinal driveshaft ‖ **⁓welle** (wenn die Schwingung in Ausbreitungsrichtung erfolgt) (Phys) / longitudinal wave* ‖ **zweiteilige ⁓welle mit Zwischenlager** (Kfz) / double-section longitudinal driveshaft with intermediate bearing ‖ **⁓werk** n (Schutzbau längs eines Flußufers) (Wasserb) / bank protection construction ‖ **⁓windkomponente** f (Luftf) / longitudinal wind component ‖ **⁓zickzackköper** m (Web) / longitudinal zigzag twill ‖ **⁓ziehen** n (der Schienen) (Bahn) / pull n ‖ **⁓zweig** m (Fernm) / series arm*

**Lang•tagpflanze** f (Bot) / long-day plant* ‖
**⁓tisch-Flachschleifmaschine** f **mit horizontaler Hauptspindel** (Masch) / longitudinal surface grinder with horizontal main spindle ‖
**⁓träger** m (durchgehendes Bauteil eines Eisenbahnfahrzeugs, das die in Längsrichtung wirkenden Kräfte aufnimmt und den Fahrzeugkasten trägt) (Bahn) / longitudinal girder, longitudinal bearer
**Längung** f (des Gewebes - bleibende) (Tex) / growth n
**Langwelle** f (elektromagnetische Welle mit einem Frequenzbereich von 30 bis 300 kHz = > 1 km) (Radio) / long wave* ‖ ⁓ (Radio) s. auch Kilometerwelle
**langwellig** adj / long-wavelength attr, long-wave attr ‖ **⁓es Ultraviolett** (Phys) / near ultraviolet, black light
**langwollig** adj (Schaf) / long-woolled adj
**Langzeit•** - / long-life attr, long-lived adj ‖ **⁓** - / long-term attr ‖ **⁓alterung** f (Hütt) / long-term ageing ‖ **⁓auswirkung** f (WP) / long-time effect ‖ **⁓belebung** f (DIN 4045) (Sanitär) / extended aeration ‖ **⁓belüftung** f (Sanitär) / extended aeration ‖ **⁓dünger** m (Landw) / slow-release fertilizer, slow-acting fertilizer ‖ **⁓einwirkung** f (WP) / long-time effect ‖ **⁓garantie** f / longlife-guarantee, longlife-warranty (US) ‖ **⁓gedächtnis** n (beim Menschen) / long-term memory, long-time memory ‖ **⁓korrosionsschutz** m / long-term anticorrosion protection ‖ **⁓prüfung** f (WP) / life test ‖ **⁓qualität** f / long-term value ‖ **⁓relais** n (Eltech, Fernm) / slow-acting relay*, slow-operating relay ‖ **⁓speicher** m (EDV) / long-time storage ‖ **⁓speicher** (KI) / long-time memory ‖ **⁓stabilität** f (z.B. eines Sensors) / long-time stability ‖ **⁓verhalten** n (WP) / long-term behaviour ‖ **⁓versuch** m (bei dem die Proben nach DIN 50118 in der Zeitstandprüfeinrichtung bei konstanter Temperatur auf Zug beansprucht werden) (WP) / long-time creep test, long-time static test ‖ **⁓wärmeverhalten** n (von Isolierwerkstoffen) (Eltech) / thermal endurance ‖ **⁓wert** m / long-term value

**langziehendes Fett** / fibre grease, fibrous grease
**Lanocerinsäure** f (ein Bestandteil des Lanolins) (Chem) / lanoceric acid
**Lanolin** n (Chem, Tex) / lanolin* n
**Lanosterol** n (ein Bestandteil des Lanolins) (Chem) / lanosterol n, kryptosterol n
**Lansfordit** n (ein Magnesiumkarbonat aus der Nesquehoning-Anthrazitgrube bei Lansford, Pa.) (Min) / lansfordite* n
**L-Antenne** f (eine Linearantenne - einfache Form einer kapazitiv verkürzten, beschwerten Antenne) (Radio) / L antenna
**Lanthan (La)** n (Chem) / lanthanum* n
**Lanthanglas** n (Glas) / lanthanum glass*
**Lanthanoid** n (Element der Lanthanoidenreihe) (Chem, Kernphys) / lanthanoid n, lanthanide n
**Lanthanoiden•gruppe** f (OZ 58 - 71) (Chem) / lanthanide series*, lanthanum series ‖ **⁓kontraktion** f (Chem, Kernphys) / lanthanide contraction*, lanthanoid contraction ‖ **⁓reihe (Ln)** f (OZ 58 - 71) (Chem) / lanthanide series*, lanthanum series
**Lanthanoxid** n (Chem) / lanthanum(III) oxide, lanthanum oxide
**Lanthioninbrücke** f (Chem, Leder) / lanthionine bridge
**LAN-WAN-Brücke** f (EDV) / remote MAC bridge
**Lanzen•düngung** f (Landw) / fertilization by soil injection ‖ **⁓holz** n (Oxandra lanceolata (Sw.) Baill.) (For) / lancewood n ‖ **⁓russbrußbläser** m (Masch) / long-lance retracting-type soot blower ‖ **⁓webstuhl** m (Web) / gripper loom, rapier loom, rapier-type loom, rapier weaving machine ‖ **⁓zeiger** m (Instr) / lancet pointer
**Lanzett•bogen** m (in der englischen Gotik) (Arch) / lancet arch* ‖ **⁓bruch** m (Glas) / hackle marks (fine ridges on a glass surface parallel to the direction a fracture is propagated)
**Lanzette** f (ein Formerwerkzeug) (Gieß) / heart and spoon trowel
**lanzettförmiger Zeiger** (Instr) / lancet pointer
**lanzettlich** adj (Bot) / lanceolate* adj
**Lanzettzeiger** m (Instr) / lancet pointer
**Lanzier•gewebe** n (Tex) / figured fabric, swivel fabric ‖ **⁓lade** f (Web) / broché sley ‖ **⁓stuhl** m (für mehrschüssige Arbeit) (Web) / embroidery loom
**lanziertes Gewebe** (Tex) / figured fabric, swivel fabric
**Lapachol** n (ein prenyliertes Naphthochinon aus holzbildenden Pflanzen) (Chem) / lapachol n
**Lapilli** pl (Geol) / lapilli* pl (2 - 64 mm)
**Lapis, Deutscher** ⁓ (eine Imitation des Lapislazulis aus gefärbtem blaurötlichem Jaspis) (Min) / German lapis* ‖ **Schweizer** ⁓ (ein rissiger, mit Berliner Blau gefärbter Quarz, der eine Imitation des Lapislazuli darstellt) (Min) / Swiss lapis* ‖ ⁓ **calaminaris** (gemahlenes Galmeierz) (Pharm) / medicinal calamine, calamine n ‖ ⁓ **infernalis** (Chem, Pharm) / lunar caustic
**lapisblau** adj / lapis lazuli blue adj
**Lapislazuli** m (ein Schmuckstein, Hauptfundorte Hindukusch, Sibirien und Chile) (Min) / lapis lazuli*, lazuli n

**Laplace•-Gleichung** f (partielle Differentialgleichung 2. Ordnung) (Math) / Laplace's differential equation, Laplace's equation*, potential equation ‖ **⁓-Operator** m (nach P.S. Marquis de Laplace, 1749-1827) (Math) / Laplacian n, Laplace operator, Laplacian operator ‖ **⁓-Raum** m (irgendeine endliche Menge zusammen mit der Gleichverteilung) (Stats) / Laplace space
**Laplacesch•e Differentialgleichung** (Math) / Laplace's differential equation, Laplace's equation*, potential equation ‖ **⁓es Gesetz** (Phys) / Biot-Savart's law*, magnetic field strength produced by an electric current ‖ **⁓e gewöhnliche Differentialgleichung** (Math) / Laplace linear equation* ‖ **⁓e Gleichung** (Math) / Laplace's differential equation, Laplace's equation*, potential equation
**Laplace•-Transformation** f (eine Integraltransformation nach DIN 13343) (Math) / Laplace transform*, Laplace transformation ‖ **zweiseitige ⁓-Transformation** (Math) / bilateral Laplace transform, two-sided Laplace transformation ‖ **⁓-Transformierte** f (Math) / Laplace transform* ‖ **⁓-Verteilung** f (Stats) / Laplace distribution ‖ **⁓-Wahrscheinlichkeitsraum** m (Stats) / Laplace's probability space
**La-Plata-Wolle** f (argentinische Schurwolle, im wesentlichen Crossbredwolle) (Tex) / River Plate wool
**Laportesch•e Auswahlregel** (für erlaubte Übergänge müssen die miteinander kombinierenden Atomzustände verschiedene Parität haben) (Kernphys) / Laporte selection rule ‖ **⁓e Regel** (Kernphys) / Laporte selection rule
**Lappen** m / rag n ‖ ⁓ (Geol, Med) / lobe n ‖ ⁓ (des Formkastens) (Gieß) / lug n ‖ ⁓ (Masch) / lobe n ‖ ⁓ (der Sicherungsscheibe nach DIN 93) (Masch) / lug n ‖ ⁓ **zum Ausputzen** (wenn mit Blattgold gearbeitet wird) (Buchb) / gold rug*
**läppen** v (spanabhebend bearbeiten mit losem in einer Paste oder Flüssigkeit verteiltem Korn) (Masch) / lap v ‖ ⁓ v (spanabhebende Bearbeitung mit losem in einer Paste oder Flüssigkeit verteiltem Korn) (Masch) / lapping* n ‖ **elektrochemisches ⁓** (Masch) / electrochemical lapping
**Lappenband** n (als Beschlag) (Bau) / flap hinge ‖ ⁓ **mit Angel** (Tischl) / knuckle* n
**lappig** adj (Leder) / raggy adj ‖ ~ (Tex) / multilobal adj
**Lapping** n (unter der zu bedruckenden Ware auf der Rouleauxdruckmaschine) (Tex) / lapping n
**Läppmaschine** f (Masch) / lapping machine*
**Läppwerkzeug** n (ein Schleifmittelträger beim Läppen) (Masch) / lap n
**Laptop** n (ein kompakter PC) (EDV) / laptop n, laptop computer, briefcase computer, portable computer ‖ **⁓-Drucker** m (EDV) / laptop printer ‖ **⁓-Printer** m (EDV) / laptop printer
**Lärche, Amerikanische** ⁓ (Larix laricina (Du Roi) K. Koch) (For) / tamarack n, Eastern larch, hackmatack n ‖ **Gemeine** ⁓ (Larix decidua Mill.) (For) / European larch, Tyrolean larch, common larch ‖ **Westamerikanische** ⁓ (Larix occidentalis Nutt.) (For) / western larch
**Lärchen•blattwespe** f (meistens Große ~ - Pristiphora erichsoni) (Zool) / larch saw-fly ‖ **Großer ⁓borkenkäfer** (Ips cembrae) (For, Zool) / larch bark beetle ‖ **⁓holz** n (aus der Larix decidua) (For) / larchwood n ‖ **⁓krebs** m (durch Trichoscyphella willkommii (Hart.) Nannf.) (For) / larch canker ‖ **⁓rüsselkäfer** m (Hylobius piceus) (For, Zool) / larch weevil ‖ **⁓samenöl** n (Anstr, Chem Verf) / larch-seed oil ‖ **⁓terpentin** m (aus Larix decidua Mill.) (Anstr) / Venice turpentine (the oleoresin of the Tyrolean larch), larch turpentine
**Lardoil** n (Nahr) / lard (grease) oil, bacon fat
**Lardöl** n (Nahr) / lard (grease) oil, bacon fat
**Large-Elektron-Positron-Collider** m (der größte Ringbeschleuniger der Welt - CERN in Genf) (Kernphys) / large electron positron collider, LEP
**Larixinsäure** f (Chem, Nahr) / maltol, larixinic acid
**Lärm** m (störend empfundener Schall - DIN 1320) (Akus, Med, Umwelt) / noise* n ‖ **elektrischer** ⁓ / electrical noise ‖ ⁓ m **durch Nieten** (Akus) / riveting noise ‖ ⁓ **in Wohnräumen** (im Wohnbereich) (Akus, Umwelt) / residential noise ‖ ⁓ **mit schwankendem Pegel** (Akus, Umwelt) / fluctuating noise ‖ **⁓abstrahlung** f (Akus) / noise radiation ‖ **⁓arbeitsplatz** m (F.Org) / noisy work area
**lärmarm** adj (Akus) / low-noise attr ‖ ~ (z.B. Triebwerk) (Luftf) / quiet adj
**Lärm•barometer** n (Akus) / noise barometer ‖ **~bedingt** adj (Akus, Med) / noise-induced adj ‖ **⁓begrenzer** m (Akus, Med) / noise limiter ‖ **⁓bekämpfung** f (Akus, Med, Umwelt) / noise abatement, noise suppression, noise control*, suppression of noise ‖ **⁓belästigung** f (Umwelt) / noisiness n, noise nuisance, annoyance caused by (excessive) noise ‖ **⁓belastung** f (Akus, Med, Umwelt) / noise exposure, exposure to noise ‖ **⁓belastungsprognose** f (Akus, Med, Umwelt) / noise-exposure forecast, NEF ‖ **⁓bereich** m (Akus, F.Org) / noise area ‖ **⁓bewertung** f (durch einen Zahlenwert) (Akus) / noise rating, NR ‖ **⁓bewertungskurve** f (Akus) / noise-rating curve ‖ **~dämpfender Stahl** (Hütt) / noise-abating steel ‖ **⁓dosis** f (Akus, Umwelt) / noise exposure ‖ **⁓einwirkung** f (unerwünschte) (Akus) / noise pollution ‖

**Lärmemission**

~**emission** f (Akus, Umwelt) / noise emission ‖ ~**empfindlich** adj (Akus, Med) / sensitive to noise

**Lärmen** n (von Maschinen) (Akus, Masch) / roaring n

**Lärm•exposition** f (Akus, Umwelt) / noise exposure ‖ ~**fläche** f (Luftf) / noise footprint ‖ ~**gemindert** adj (Akus) / noise-reduced adj ‖ ~**grenzwert** m (Akus, Med) / noise limit

**Lärmigkeit** f (Maß für die Störwirkung von Lärm) (Akus) / perceived noise level, PNL

**Lärm•immission** f (Einwirkung von Lärm auf Aufenthaltsorte von Menschen) (Umwelt) / noise pollution ‖ ~**immission in Wohnungen** (Akus, Umwelt) / residential noise ‖ ~**karte** f (Akus) / noise map ‖ ~**kontrolle** f (Akus, Med, Umwelt) / noise monitoring ‖ ~**kontur** f (Luftf) / noise contour ‖ ~**lästigkeit** f (Umwelt) / noisiness n, noise nuisance, annoyance caused by (excessive) noise ‖ **seitlicher** ~**meßpunkt** (Luftf) / sideline noise measurement point ‖ ~**meßstelle** f (Akus, Umwelt) / noise-measuring station, noise-monitoring station ‖ ~**messung** f (Akus, Umwelt) / noise measurement ‖ ~**minderung** f (Akus, Bau, Umwelt) / noise reduction, NR ‖ ~**minderungsplan** m (Akus) / noise (reduction) map

**Larmor•Frequenz** f (Eltronik) / Larmor frequency* ‖ ~**-Kreismittelpunkt** m (Eltronik) / guiding centre ‖ ~**-Präzession** f (eine Bewegung, die ein atomarer magnetischer Dipol in einem konstanten Magnetfeld um die Feldrichtung herum ausführt - nach Sir J. Larmor, 1857-1942) (Eltronik) / Larmor precession* ‖ ~**-Radius** m (Kernphys) / gyration radius, Larmor radius*

**Lärm•pegel** m (Lautstärke des Lärms) (Akus, Med) / noise level* ‖ **empfundener** ~**pegel** (Maß für die Störwirkung von Lärm) (Akus) / perceived noise level, PNL ‖ ~**quelle** f (Akus) / noise source* ‖ ~**schädigung** f (Med) / noise trauma ‖ ~**schall** m (Akus, Med, Umwelt) / noise* n ‖ ~**schatten** m (Gebiet, das von einer nahe liegenden Lärmquelle nicht betroffen ist) (Akus) / noise shadow ‖ ~**schleppe** f (Luftf) / noise carpet, boom carpet

**Lärmschutz** m (aktiver, passiver) (Akus, Bau, Umwelt) / potection against noise, noise insulation ‖ ~**bereich** m (Umwelt) / noise protection zone, noise protection area ‖ ~**bestimmung** f (Umwelt) / antinoise regulation

**Lärmschützer** m (individueller) (Akus, Med) / hearing protector, ear protector, ear defender, defender

**Lärmschutz•verordnung** f (Umwelt) / antinoise regulation ‖ ~**wall** m (eine Erdaufschüttung - oft mit Bepflanzung) (Kfz) / noise protection embankment, noise protection dam, noise barrier ‖ ~**wand** f (eine vertikale Plattenkonstruktion) (Kfz, Luftf) / noise protection wall, noise insulating wall ‖ ~**zone** f (Umwelt) / noise protection zone, noise protection area ‖ ~**zubehör** n (Masch) / hush-kit n

**Lärm•schwerhörigkeit** f (eine entschädigungspflichtige Berufskrankheit) (Med) / occupational (noise-induced) hearing loss (damage), noise deafness, noise trauma deafness ‖ ~**stark** adj (Akus, Eltech, Masch) / noisy adj ‖ ~**stärke** f (Bewertungskala für die Beurteilung von Flugzeuglärm nach Kryter) (Akus, Luftf, Umwelt) / noisiness n ‖ ~**teppich** m (die Fläche, die von der kegelförmigen Druckwelle bei Überschallflügen am Erdboden überstrichen wird) (Luftf) / noise carpet, boom carpet ‖ ~**trauma** n (Med) / noise trauma ‖ ~**traumataubheit** f (berufsbedingte) (Med) / occupational (noise-induced) hearing loss (damage), noise deafness, noise trauma deafness ‖ ~**überwachung** f (Akus, Med, Umwelt) / noise monitoring ‖ ~**überwachungsgerät** n (Akus, Med, Umwelt) / noise monitor ‖ ~**wächter** m (Akus, Med, Umwelt) / noise monitor ‖ ~**zone** f (Gebiet, das von einer Lärmquelle voll betroffen ist) (Umwelt) / noise zone ‖ ~**zulassung** f (Luftf) / noise certificate

**Larnit** n (Min) / larnite* n

**Larson-Miller-Parameter** m (Hilfsmittel zur Darstellung und Extrapolation von Meßergebnissen der Zeit bis zum Bruch von Werkstoffen bei hoher Temperatur) (WP) / Larson-Miller parameter

**Larssen-Pfahl** m (HuT) / Larssen sheet pile

**Larssen-Spundbohle** f (HuT) / Larssen sheet pile

**Larvalhormon** n (Biochem) / juvenile hormone*, JH, larval hormone, status quo hormone

**Larvengift** n (ein selektiv wirkendes Insektizid) (Chem) / larvicide n, larvacide n

**Larvikit** m (ein Tiefengestein mit bis zu 88% Rhombenfeldspat) (Bau, Geol) / laurvikite* n, larvikite* n

**Larvizid** n (Chem) / larvicide n, larvacide n

**Larynx** m (pl. -ngen) (Akus, Med) / larynx* (pl -nges) n

**Lasche** f (des Schuhs) / tab n ‖ ~ (Bahn) / fishplate* n, fish piece*, fish-bar*, shin* n, splice piece*, fish n ‖ ~ (zur punktuellen Befestigung eines Blechteils an ein anderes) (Kfz) / tab n ‖ ~ (ein Verbindungsstück) (Masch) / strap n, cover strap, cover plate ‖ ~ (der Laschenkette) (Masch) / link plate, plate n ‖ ~ (Masch, Schiff) / shackle* n

**Laschen•anlagefläche** f (Bahn) / fishing surface ‖ ~**bolzen** m (Bahn) / fish-bolt n ‖ ~**kette** f (meistens eine Zahnkette) (Masch) / pitch chain, sprocket chain, flat-top chain ‖ ~**nietung** f (Masch) / butt-strap riveting ‖ ~**schraube** f (Bahn) / fish-bolt n ‖ ~**stoß** m (Bahn) / fished joint*, butt-strapped joint ‖ ~**stoß** (Schw) / open-butt strap joint ‖ ~**verbindung** f (Bahn) / fished joint*, butt-strapped joint

**lasen** v (Phys) / lase v ‖ ~ n (Phys) / lasing n, lasing process, laser action

**Laser** m (Lichtverstärkung durch induzierte Emission von Strahlung) (Phys) / laser* n, light amplification by stimulated emission of radiation ‖ **abstimmbarer** ~ (Farbstofflaser, der mit äußeren Bauelementen wie Prismen, Gittern und Etalons auf jede gewünschte Wellenlänge innerhalb des Bereichs, für den der Farbstoff geeignet ist, eingestellt werden kann) (Phys) / tunable laser ‖ **chemischer** ~ (z.B. HCl- oder Iodlaser) (Chem, Phys) / chemical laser ‖ **D-H-**~ (Phys) / double-heterostructure laser, DH laser ‖ **durchstimmbarer** ~ (Phys) / tunable laser ‖ **dynamisch einmodiger** ~ (ein Halbleiterlaser, der auch bei hohen Modulationsfrequenzen nur eine longitudinale Mode emittiert) (Phys) / dynamic single-mode semiconductor laser, DSM semiconductor laser ‖ **gütegesteuerter** ~ (Phys) / Q-switched laser ‖ **gütemodulierter** ~ (Phys) / Q-switched laser ‖ **harter** ~ (Med) / hard laser ‖ **injektionsstabilisierter** ~ (Phys) / injection-locked laser ‖ **längsgeströmter** ~ (Phys) / axial-flow laser ‖ **quererregter** ~ (Phys) / transverse-excited atmosphere laser, TEA laser, transversally excited laser ‖ **quergeströmter** ~ / cross-flow laser, transverse-flow laser, traverse-flow laser ‖ **weicher** ~ (Med, Phys) / soft laser ‖ ~ **m für Satellitenseinsatz** (Phys) / space-qualified laser ‖ ~ **im fernen Infrarot** (Phys) / far-infrared laser, FIR laser ‖ ~ **mit aufgeweitetem Strahl** (Phys) / extended-source laser ‖ ~ **mit breiten optischen Resonatoren** (Phys) / large optical cavities laser, LOC laser ‖ ~ **mit freien Elektronen** (Phys) / laser with free electrons ‖ ~ **mit Gasstromunterstützung** (Phys) / gas-assisted laser ‖ ~ **mit verteilter Rückkopplung** (Phys) / distributed-feedback laser, DFB laser

**Laser•ablation** f (meistens mit Excimerlaser) (Galv, Phys) / laser ablation ‖ ~**abstandsensor** m (bei IR) (Phys) / laser distance sensor ‖ ~**aktives Material** (Phys) / laser medium, lasing medium, active laser medium, lasing material, active medium (for lasers) ‖ ~**alloying** n (Auftragen des gewünschten Oberflächenmaterials mit einer konventionellen Technik und anschließendes Aufschmelzen der Oberfläche mit einem Laserstrahl) (Hütt) / laser alloying ‖ ~**annealing** n (Anlassen von kaltverformten, dünnen Metallteilen, ohne deren Oberfläche aufzuschmelzen) (Hütt) / laser annealing ‖ ~**anregung** f (Phys) / laser excitation ‖ ~**anreicherung** f (Nukl) / laser enrichment* ‖ ~**antrieb** m (Raumf) / laser propulsion ‖ ~**-Atomabsorptionsspektrometrie** f (Spektr) / laser atomic absorption spectrometry ‖ ~**-Atomfluoreszenzspektrometrie** f (Spektr) / laser-excited atomic fluorescence spectrometry, LEAFS ‖ ~**aufschmelzen** n (dünner Oberflächenschichten mit sehr kurzen Laserpulsen oder mit Laser-Dauerstrich von sehr großer Leistung) (Masch) / laser glazing ‖ ~**bearbeitung** f (Masch) / laser-beam machining* ‖ ~**bedingung** f (Phys) / lasing condition ‖ ~**belichter** m (Druck) / laser imager, laser-beam image typesetter, laser exposer ‖ ~**betrieb** m (Phys) / lasing n, lasing process, laser action ‖ ~**bildplatte** f / laser disk ‖ ~**blitzfotolyse** f / laser flash photolysis ‖ ~**bohren** n (Masch) / laser drilling ‖ ~**brennschneiden** n (Masch) / laser oxygen-assisted cutting, laser gas-jet cutting ‖ ~**chemie** f (ein Teilgebiet der Fotochemie) (Chem) / laser chemistry, laser photochemistry ‖ ~**cladding** (Auftragen einer verschleißfesten Legierung auf ein metallisches Werkstück durch Aufblasen eines Pulvers aus dieser Legierung auf die mit einem Laserstrahl geschmolzene Oberfläche) (Galv) / laser cladding, laser hard-facing ‖ ~**-COM-Recorder** m (COM-Gerät zur Aufzeichnung von Informationen mittels Laserstrahl auf metallbeschichtetem Film) (EDV) / laser-computer-output-microfilm recorder ‖ ~**-CVD-Prozeß** m (eine Schichtabscheidung aus der Gasphase) (Phys) / laser CVD ‖ ~**datenspeicher** m (EDV) / laser memory, laser storage, laser store ‖ **matrixunterstützte** ~**-Desorption/-Ionisation** (Spektr) / MALDI n ‖ ~**diode** f (eine Halbleiterdiode) (Eltronik) / laser diode, diode laser, LD, DL ‖ ~**diode mit vier Heteroübergängen** (Eltronik) / symmetrical double-heterojunction diode, four-heterojunction diode ‖ ~**disc** f / laser disk ‖ ~**disk** f / laser disk ‖ ~**display** n / laser display ‖ ~**-Doppler-Anemometer** n (zur Bestimmung von Strömungsgeschwindigkeit) (Phys) / laser doppler anemometer ‖ ~**-Doppler-Velocimeter** n (optisches Gerät zur berührungsfreien Schwingungsanalyse) (Phys) / laser doppler velocimeter, LDV ‖ ~**druck** m (EDV) / laser printing ‖ ~**drucker** m (ein nichtmechanischer Drucker) (LD) (EDV) / laser printer*, laser-beam printer ‖ ~**emission** f (Phys) / lasing n, lasing process, laser action ‖ ~**energie** f (Phys) / laser energy ‖ ~**entfernungsmesser** m (Phys) / laser rangefinder ‖ ~**entfernungsmessung** f (Phys) / laser distance measurement ‖ ~**-Erfassungszielsystem** n (Mil) / laser targeting system ‖ ~**farbstoff** m (z.B. Terphenyl oder Stilben) (Chem, Phys) / laser dye ‖ ~**film** m (EDV) / laser film ‖ ~**fluchtgerät** n (Verm) / laser aligning instrument ‖ ~**font** m (eine digitalisierte Schrift für Laserdrucker und Laserbelichter) (Druck, EDV) / laser font,

laser-print font ‖ ⁓-Fotochemie f (Chem) / laser chemistry, laser photochemistry ‖ ⁓fotodetachment-Elektronenspektrometrie f (Spektr) / laser photodetachment electron spectrometry, LPES ‖ ⁓fusion f (im Fusionsreaktor) (Nukl) / laser-induced fusion, laser fusion*, laser-driven fusion ‖ ⁓fusionsreaktor m (Nukl) / laser fusion reactor* ‖ ⁓gas n (Phys) / laser gas ‖ ~geführte Bombe (Mil) / laser-guided bomb ‖ ⁓generator m (Eltronik) / laser oscillator, laser generator ‖ ⁓geschwindigkeitsmesser m / laser velocimeter ‖ ~gesteuerte Fusion (Nukl) / laser-induced fusion, laser fusion*, laser-driven fusion ‖ ~getriebene Fusion (mit Hilfe gepulster Laser sehr hoher Leistung) (Nukl) / laser-induced fusion, laser fusion*, laser-driven fusion ‖ ⁓glas n (sehr reines extrem schlierenfreies Glas, das mit Neodyn dotiert ist) (Glas) / laser glass ‖ ⁓gyroskop n (Instr, Nav) / laser gyro* ‖ ⁓höhenmesser m (Luftf) / laser altimeter ‖ ⁓holografie f / laser holography ‖ ⁓-Imagesetter m (Druck) / laser exposer ‖ ⁓induziert adj (Phys) / laser-induced adj ‖ ⁓induzierte Fluoreszenz (Phys) / laser-induced fluorescence, LIF ‖ ⁓interferometer n (ein Längenmeßgerät, das auf der Interferenz von Laserstrahlen basiert) (Opt) / laser interferometer ‖ ⁓ionisation f / laser ionization ‖ ⁓-Isotopentrennung f (Nukl) / laser separation of isotopes ‖ ⁓-Kampfstation f (Mil) / laser battle station ‖ ⁓karte f (EDV) / laser card ‖ ⁓-Kleinwinkellichtstreuung f / laser-low-angle light scattering, LLALS ‖ ⁓komprimierung f (des Brennstoffs bei der Trägheitshalterung) (Nukl) / laser compression* ‖ ⁓kopf m / laser-head n ‖ ⁓kreisel m (Instr, Nav) / laser gyro* ‖ ⁓kühlung f (Nukl) / laser cooling ‖ ⁓licht n (Licht) / laser light ‖ ⁓licht-Kleinwinkelstreuung f / laser-low-angle light scattering, LLALS ‖ ⁓material n (Phys) / laser medium, lasing medium, active laser medium, lasing material, active medium (for lasers) ‖ ⁓medium n (Phys) / laser medium, lasing medium, active laser medium, lasing material, active medium (for lasers) ‖ ⁓mikroschweißen n (Schw) / laser microwelding ‖ ⁓mikroskop n (Mikros) / laser microscope ‖ ⁓mikrosonde f (Spektr) / laser microprobe ‖ ⁓mikrosonden-Massenspektrometrie f (Spektr) / laser-microprobe mass analysis, LAMMA ‖ ⁓mode f m (Phys) / laser mode
**lasern** v (Phys) / lase v ‖ ⁓ n (Phys) / lasing n, lasing process, laser action
**Lasernachführgerät** n / laser tracker
**lasernde Faser** / lasing fibre
**Laser•niveau** n / laser energy level ‖ ⁓nivellier n (Verm) / laser level* ‖ ⁓-Oberflächenhärten n (Masch) / laser surface hardening ‖ ⁓-Oberflächenverdichten n (Masch) / laser shock hardening ‖ ⁓optik f (Opt) / laser optics ‖ ⁓oszillator m (Eltronik) / laser oscillator, laser generator ‖ ⁓physik f (Phys) / laser physics ‖ ⁓plasma n (Plasma Phys) / laser plasma ‖ ⁓platte f (EDV) / laser disk ‖ ⁓plattenproduktionsanlage f (Druck) / laser platemaker ‖ ⁓plattenspeicher m (optische Speicherplatte) (EDV) / laser disk memory ‖ ⁓plattenspeicher (EDV, Opt) / optical disk, optical videodisk, OVD, optical disc, video long-play disk, VLP disk, OD ‖ ⁓plotter m (EDV) / laser plotter ‖ ⁓pointer n (Phys) / laser pointer ‖ ⁓-Polymerchemie f (Chem) / laser polymer chemistry ‖ ⁓pumpe f (Phys) / laser pump ‖ ⁓pyrolyse f (z.B. bei der Laser-Mikrospektralanalyse) / laser pyrolysis ‖ ⁓radar m n (Radar) / colidar n, coherent light detecting and ranging, ladar n, laser radar ‖ ⁓-Raman-Spektroskopie f (Spektr) / laser Raman spectroscopy ‖ ⁓raster m (für die automatische Oberflächenprüfung von bahnförmigen Erzeugnissen) (Glas) / laser sorter ‖ ⁓resonator m (Phys) / laser resonator ‖ ⁓scan-Mikroskop m (Mikros) / laser scan microscope ‖ ⁓scanner m (in der industriellen Meßtechnik - Meßeinrichtung zur automatischen Längenmessung, das auf dem Prinzip der Lichtschranke beruht) (Instr) / laser scanner ‖ ⁓scanning-Mikroskop m (Mikros) / laser scan microscope ‖ ⁓-Schmelzhärten n (Gefügeumwandlung durch Diffusion von Kohlenstoff oder Stickstoff in niedriglegierten Stahl unter Erhitzung mittels Laserstrahl) (Hütt) / laser alloying ‖ ⁓-Schmelzschneiden n (Masch) / laser melt cutting ‖ ⁓schneiden n (ein modernes thermisches Schneiden nach DIN 2310) (Masch) / laser cutting, laser-beam cutting* ‖ ⁓schweißen n (Schw) / laser welding, laser-beam welding ‖ ⁓schweißen in der Mikrotechnik (Schw) / laser microwelding ‖ ⁓schwelle f (Schwelle für die Laserschwingung in einem bestimmten Mode, die einer Verstärkung entspricht, welche gerade gleich den Verlusten ist) (Phys) / laser threshold*, lasing threshold ‖ ⁓schwellenwert m (Phys) / laser threshold*, lasing threshold ‖ ⁓sensor m / laser sensor ‖ ⁓speicher m (EDV) / laser memory, laser storage, laser store ‖ ⁓spektroskopie f (Spektr) / laser spectroscopy
**Laserstrahl** m (Phys) / laser beam ‖ **gebündelter** ⁓ / pin-point laser ‖ ⁓abtastung f / laser-beam scanning ‖ ⁓bearbeitung f (Masch) / laser-beam machining* ‖ ⁓härten n (Hütt) / laser-beam hardening ‖ ⁓schweißen n (Schw) / laser welding, laser-beam welding
**Laser•strahlung** f (Licht als elektromagnetische Strahlung synchronisierter atomarer Dipole) (Licht, Phys) / laser radiation ‖ ⁓-Sublimierschneiden n (Masch) / laser sublimation cutting ‖ ⁓technik f (Phys) / laser technology ‖ ⁓technologie f (Phys) / laser technology ‖ ⁓theodolit m (Verm) / laser theodolite ‖ ⁓triade f (Mil) / laser triad ‖ ⁓verdichten n (dünner Oberflächenschichten durch kurze Laserimpulse großer Intensität) (Masch) / laser shock hardening ‖ ⁓verstärker m (zum Verstärken extrem hoher Strahlungsleistungen) (Licht, Phys) / laser amplifier ‖ ⁓vision f (eine Bildplatten-Technik) / Laservision* n ‖ ⁓vorgang m (Phys) / lasing n, lasing process, laser action ‖ ⁓waffe f (Mil) / laser weapon ‖ ⁓welle f (Phys) / laser mode ‖ ⁓wirkung f (Phys) / lasing n, lasing process, laser action ‖ ⁓-Zielbeleuchtungssystem n (Mil) / laser targeting system ‖ ⁓-Zielmarkierungssystem n (Mil) / laser targeting system
**LASH** n (ein Transportverfahren mit Hilfe von Trägerschiffen) / LASH n (lighter-aboard-ship) ‖ ⁓-Carrier m (Schiff) / barge carrier, lighter-aboard-ship carrier, LASH
**Lashing** n (Ladungssicherung für Stückgut) (Schiff) / lashing n
**LASH•-Schiff** n (Schiff) / barge carrier, lighter-aboard-ship carrier, LASH ‖ ⁓-Transport m / LASH n (lighter-aboard-ship)
**lasieren** v (zur Holzimitation) (Anstr) / overgrain v ‖ ~ (For) / glaze v, scumble v ‖ ⁓ n (zur Holzimitation) (Anstr) / overgraining* n
**lasierend** adj (Druck, Foto) / transparent adj ‖ ~es Pigment (Anstr) / transparent pigment ‖ ~e Retusche (Druck, Foto) / transparent retouching
**La-Silla-Observatorium** (in Chile) (Astr) / European Southern Observatory, ESO
**Lasing** n (Phys) / lasing n, lasing process, laser action
**Laspeyres-Index** m (eine Indexzahl, die den Einfluß von Inflation auf die Lebenshaltungskosten mißt - nach E.L.E. Laspeyres, 1834 - 1913) (Stats) / Laspeyres index
**Lassaignesche Probe** (qualitativer Farbnachweis von Stickstoff) (Chem) / Lassaigne's test*
**Lassaigne-Test** m (in der Elementaranalyse) (Chem) / Lassaigne's test*
**Lässigkeitsverlust** m (bei der Turbine) / leakage loss
**Last** f (Masch) / load* n, burden* n ‖ ~ (die von Körpern unter Normfallbeschleunigung ausgeübte Kraft) (Mech) / load* n ‖ **aufgebrachte** ⁓ (Mech) / applied load ‖ **bewegliche** ⁓ (Mech) / mobile load ‖ **Durchbiegung f durch eigene** ⁓ (Mech) / natural sag ‖ **ohmsche** ⁓ (Eltech) / resistive load* ‖ **ohne** ⁓ / unladen adj, unloaded adj ‖ **plötzlich aufgebrachte** ⁓ (Phys, WP) / impact load ‖ **sichere** ⁓ (höchstzulässige) (Luftf) / limit load* ‖ **temporäre** ⁓ (vorwiegend ruhend) (Bau) / live load*, superload n, superimposed load ‖ **unter** ⁓ / on-load attr, loaded adj ‖ ⁓ **aus Wind** (der vom Wind auf eine Bauwerksfläche ausgeübte Druck oder Sog) (Bau, HuT) / wind load*, wind force
**last•abhängig** adj / load-controlled adj, load-sensitive adj ‖ ~abhängige Verluste (Eltech) / load loss ‖ ⁓abwurf m (Eltech) / load shedding (removing preselected loads from a power system) ‖ ⁓abwurf m (bei Fördermitteln) (Masch) / discharge n ‖ ⁓änderung f (Eltech) / load variation, load change ‖ **wechselnder** ⁓**angriff** (bei der Werkstoffprüfung) (WP) / cyclical load variation ‖ ⁓annahme f (genormte) (Mech) / design load ‖ ⁓anpassung f (Eltech) / load matching ‖ ⁓anzeiger m / weight indicator ‖ ⁓arm m (an der Waage) (Masch) / weight arm ‖ ⁓arm (des Hebels) (Mech) / load arm ‖ ⁓armmanipulator m (direkt vom Menschen gesteuerter Synchronmanipulator zum Bewegen von Lasten mit automatischem Ausgleich angehängter Werkstückmassen) (Masch) / weight arm manipulator ‖ ⁓armverhältnis n (der Waage) (Masch) / arm ratio ‖ ⁓aufbringung f (Mech) / load application ‖ **maximale** ⁓**aufbringung** (Bau, HuT) / maximum load ‖ ⁓aufnahme f (des Hangenden beim Rauben der Pfeiler) (Bergb) / rush n ‖ ⁓aufnahmefähigkeit f / load-carrying capacity (of a lubricant) ‖ ⁓aufnahmemittel n (am Portalstapler) / spreader n ‖ ⁓aufnahmemittel (z.B. bei Kranen) (Masch) / holding mechanism, holding device, load take-up device ‖ ⁓ausgleich m (Eltech) / load matching* ‖ ⁓ausgleichsnetz n (Eltech) / load-matching network ‖ ⁓bedingung f (Mech, WP) / loading condition ‖ ⁓begrenzungsrelais n (Eltech) / load-levelling relay* ‖ ⁓dauer f (Schw) / arcing time ‖ ⁓drosselung f (Eltech) / derating* n
**Lasten•aufbringung** f (Mech) / load application, loading n ‖ ⁓aufzug m (DIN 15305) / goods lift (GB) ‖ ⁓fallschirm m (Luftf) / cargo parachute, aerial delivery parachute, supply parachute ‖ ⁓greiferzange f / crampon* n, crampoon* n, grappling irons, nippers pl ‖ ⁓heft n (Masch) / specification* n (book), specs, checklist n ‖ ⁓hubschrauber m (Luftf) / crane helicopter, heavy-lift helicopter, skycrane n (US), HLH ‖ ⁓luftseilbahn f (HuT) / cableway* n, blondin* n, flying fox
**lastgeführter Wechselrichter** (ein Teil des Schwingkreisumrichters) (Eltech) / load-commutated inverter
**Lastex** (düsengespritzte Gummifäden, mit Viskosefilament umsponnen) (Tex) / Lastex n
**Last•fahrt** f (eines Fördermittels) / load trip ‖ ⁓faktor m (Anzahl der Einheitslasten, mit denen der Eingang /Fan-in/ oder der Ausgang /Fan-out/ einer Digitalschaltung belastet ist oder belastet werden kann) (Eltronik) / load factor ‖ ⁓fall m (Bau, Mech) / load(ed)

**Lastfeld**

**Lastfeld** condition, loading condition ‖ ⁓**feld** n (Mech) / field of load, area of load ‖ ⁓**flußrechner** m (Eltech) / power flow computer ‖ ⁓**führung** f (Anlage) / load guide ‖ ⁓**führung** (Tätigkeit) / load guiding ‖ ⁓**führung der Kommutierung** (Eltech) / load commutation ‖ ⁓**gang** m (im Automatikgetriebe) (Kfz) / hill-climbing gear, Low, L ‖ ⁓**ganglinie** f (grafische Darstellung des zeitlichen Verlaufs der gesamten Abgabe elektrischer Leistung an die angeschlossenen Verbraucher) (Eltech) / load curve, load graph ‖ ⁓**grenze** f (Mech, WP) / load limit ‖ ⁓**haken** m (Masch) / lifting hook, load hook ‖ ⁓**haken des Krans** (Masch) / crane hook ‖ ⁓**(en)hebemagnet** m (Eltech, Masch) / lifting magnet*, crane magnet* ‖ ⁓**heborgan** n (bei Hebezeugen) (Masch) / load-containing device

**Lastigkeit** f (Schiff) / trim* n

**Lästigkeit** f (von Lärm) (Umwelt) / noisiness n, noise nuisance, annoyance caused by (excessive) noise

**Lästigkeitspegel** m (Maß für die Störwirkung von Lärm) (Akus) / perceived noise level, PNL

**Lasting** m (Möbel- oder Kleiderstoff) (Tex) / lasting* n

**Last•kette** f (Masch) / lifting chain ‖ ⁓**kollektiv** n (Mech) / load population ‖ ⁓**-Kraft-Verhältnis** n (Mech) / mechanical advantage*, force ratio, MA

**Lastkraftwagen** m (Kfz) / lorry n (GB), truck n (US), motortruck n (US) ‖ [**schwerer**] **geländegängiger** ⁓ (Kfz) / off-highway truck (US) ‖ **frei abgehender** ⁓ (eine Handelsklausel) / free leaving lorry ‖ ⁓ m **in gedrungener** (verkürzter) **Bauweise** (Kfz) / short-bodied truck, bobtail n ‖ ⁓**-Pooling** n (Kfz) / lorry pooling, truck pooling (US)

**Lastkreis** m (Eltech) / load circuit

**Lästling** m (Zool) / troublesome insect

**Lastlinie** f (bei Transistoren) (Eltronik) / load line

**lastlos** adj (Eltech) / open-circuited adj

**Last•minderung** f (Eltech) / derating* n ‖ ⁓**ösenbolzen** m (Masch) / clevis pin ‖ ⁓**profil** n (EDV) / work-load n ‖ ⁓**punktverschiebung** f **auf tragfähigem Boden** (HüT) / arching n ‖ ⁓**rakete** f / cargo rocket ‖ ⁓**rakete** (als Zubringerfahrzeug) / ferry rocket vehicle ‖ ⁓**regelung** f / load control ‖ ⁓**richtungsumkehr** f (Eltech) / reversal of load ‖ ⁓**schalter** m (VDE 0600, T 107) (Eltech) / switch* n (mechanical), on-load switch ‖ ⁓**schalter mit Sicherungen** (VDE 0660 T 107) (Eltech) / switch-fuse n ‖ ⁓**schaltgetriebe** n (Kfz) / powershift transmission ‖ ⁓**schriftverfahren** n / direct debiting ‖ ⁓**schwankung** f (Eltech) / load variation, load change ‖ ⁓**schwerpunkt** m (z.B. beim Heben) (Mech) / load centre n ‖ ⁓**seil** n (Masch) / fall* n, hoisting rope, fall rope ‖ ⁓**sensor** m (eine Wägezelle) / load sensor ‖ ⁓**signal** n / load signal ‖ ⁓**spannung** f (Eltech) / load voltage ‖ ⁓**spannung** (Mech) / load stress ‖ ⁓**spiel** n (beim Dauerversuch) / stress cycle ‖ ⁓**spiel** (WP) / load cycle ‖ ⁓**spielzahl** f (konkrete Anzahl der Lastspiele) (WP) / number of cycles ‖ ⁓**spielzahl** (Prüfdauer bis zum vollen Durchbruch der Probe) (WP) / lifetime n, endurance n ‖ ⁓**spitze** f (Eltech) / peak load* ‖ ⁓**spule** f (Eltech) / load coil* ‖ ⁓**strom** m (Eltech) / load current ‖ ⁓**tier** n / beast of burden

**lasttragend** adj / load-bearing adj, bearing adj ‖ ~**e Wand** (Bau) / load-bearing wall, bearing wall*, structural wall

**Last•tragfähigkeit** f (eines Ölfilms) / load-carrying capacity (of a lubricant) ‖ ⁓**trenner** m (der in der Offenstellung die Trennbedingungen erfüllt) (Eltech) / switch-disconnector n ‖ ⁓**trennschalter** m (VDE 0670, T 3) (Eltech) / switch-disconnector n ‖ ⁓**trum** m n (des Riemengetriebes) (Masch) / driving side* (of a belt), tight side ‖ ⁓**umkehrung** f (Eltech) / reversal of load ‖ ⁓**umschalter** m (der den Strom führen und auf die vorgewählte Anzapfung umschalten kann) (Eltech) / diverter switch ‖ ⁓**verluste** m pl (Eltech) / load loss ‖ ⁓**verschiebungsbild** n (grafische Darstellung der Verformung einer Holzverbindung unter der Gebrauchslast) (Tischl, Zimm) / load-displacement curve ‖ ⁓**verstimmung** f (Fernm) / pulling* n ‖ ⁓**verstimmungsmaß** n (Fernm) / pulling figure* ‖ ⁓**verteiler** m (Eltech) / load despatcher*, load dispatcher, load distributor ‖ ⁓**verteilung** f (Mech) / load distribution ‖ **wirtschaftliche** ⁓**verteilung** (Eltech) / economic dispatch (the distribution of total generation requirements among alternative sources for optimum system economy with due consideration of both incremental generating costs and incremental transmission losses) ‖ **falsche** ⁓**verteilung** (Mech) / maldistribution of load(s) ‖ ⁓**verteilungswarte** f (Eltech) / load dispatching centre ‖ ⁓**vielfaches** n (bei der Festigkeitsberechnung einer Flugzeugkonstruktion) (Luftf) / load factor* ‖ ⁓**wähler** m (der den Strom führen und umschalten kann) (Eltech) / selector switch ‖ ⁓**wechsel** m (abrupter) (Kfz) / snap off the throttle, power-off n, throttle lift-off ‖ ⁓**wechsel** (Übergang von antreibenden zu angetriebenen Rädern beim Schließen der Drosselklappe) (Kfz) / load alteration ‖ ⁓**wechsel** (Mech) / alternation of load, change of load, loadings pl ‖ ⁓**weg** m (bei einem Flaschenzug) (Masch) / distance moved by load ‖ ⁓**wegdiagramm** n (bei Stempeln) (Bergb) / resistance-yield curve, load-yield curve (of pit-props) ‖ ⁓**widerstand** m (Eltech) / load resistance ‖ ⁓**winkel** m (Eltech) / rotor-displacement angle, load angle ‖ ⁓**wirkungsgrad** m (Eltronik) / load efficiency* ‖ ⁓**zug** m (LKW mit Anhänger) (Kfz) / articulated lorry, artic n, lorry with trailer, truck with trailer (US), tractor-trailer n

**Lasur** f (Anstr) / glaze* n (similar in colour to the ground and used solely to modify the ground colour), scumble* n (used to produce a broken colour effect by means of a sharp distinction between the scumble colour and the ground colour) ‖ ⁓ (zur Holzimitation) (Anstr) / overgraining* n ‖ **buntfarbene** ⁓ (Anstr, For) / coloured lacquer ‖ ⁓**blau** adj / lapis lazuli blue adj ‖ ⁓**farbe** f (zum Maserieren) (Anstr) / graining colour, overgraining colour ‖ ⁓**farbe** (Druck) / transparent ink

**Lasurit** m (der wichtigste Bestandteil des Lapislazuli) (Min) / lazurite* n

**Lasur•pigment** n (Anstr) / transparent pigment ‖ ⁓**stein** m (der wichtigste Bestandteil des Lapislazuli) (Min) / lazurite* n

**LAT** (EDV) / line adapter

**Latch** n (Flipflop zur Speicherung von Informationen) (EDV) / latch n

**Latching-Current** m (Eltronik) / latching current

**Latch-Kreis** m (Selbsthalteschaltung) (Eltronik) / latch circuit

**Latch-up-Effekt** m (Eltronik) / latch-up effect

**lateinisch•es Alphabet** (Typog) / Roman alphabet ‖ ~**es Quadrat** (in der Varianzanalyse) (Math, Stats) / Latin square

**Latensifikation** f (Empfindlichkeitssteigerung fotografischer Schichten nach dem Belichten) (Foto) / latensification* n

**latent** adj (versteckt, verborgen) / latent adj ‖ ~ (ohne typische Merkmale vorhanden, nicht gleich erkennbar) (Med) / latent adj ‖ ~**es Bild** (die durch Lichtabsorption verursachte stabile Veränderung der Silberhalogenidkörner einer fotografischen Emulsion) (Foto) / latent image* ‖ ~ **hydraulisch** (Bau) / latent hydraulic ‖ ~**e Virus** (EDV) / latent virus ‖ ~**e Wärme** (Phys) / latent heat*, phase-change heat, transformation heat, transition heat

**Latentbild** n (Foto) / latent image*

**Latenz** f (Biol, Physiol) / latency* n ‖ ⁓**zeit** f (Biol, Physiol) / latency time ‖ ⁓**zeit** (die vergeht, bis der Lese-/Schreibkopf eine bestimmte Stelle auf der Platte erreicht hat) (EDV) / latency time, latency* n ‖ ⁓**zeit** (die zwischen einer Bestrahlung und dem Auftreten der durch diese Bestrahlung ausgelösten Symptome verstreicht) (Radiol) / latent period*

**lateral** adj / lateral* adj ‖ ~**e Ordnung** (Chem) / lateral order

**Lateralisation** f (DIN 1320) (Akus) / lateralization n

**Lateral•kanal** m (Wasserb) / lateral canal* ‖ ⁓**plan** m (Fläche der Seitenprojektion) (Schiff) / lateral plane ‖ ⁓**rakete** f (Raumf) / lateral-burning rocket ‖ ⁓**transistor** m (lateral an der Halbleiteroberfläche gebildeter Bipolartransistor, bei dem die Emitter- und Kollektor-Basis-Übergänge nebeneinander liegen und der Injektionsstrom parallel zur Halbleiteroberfläche fließt) (Eltronik) / lateral transistor ‖ ⁓**vergrößerung** f (Math, Opt) / lateral magnification, linear magnification

**Laterit** m (Verwitterungsprodukt - im wesentlichen aus Eisen- und Aluminium-Hydraten, bei relativ geringer Beteiligung von $SiO_2$) (Geol) / laterite* n

**Lateritbildung** f (Geol) / laterization* n

**lateritisch** adj (Geol) / lateritic n

**Lateritverwitterung** f (Geol) / laterization* n

**Laterne** f (Dachaufbau, türmchenartiger Aufsatz, durchbrochene Bekrönung von Türmen) (Arch) / lantern* n, cupola n

**Laterolog** n (für geoelektrische Bohrlochmessungen verwendetes Verfahren) (Bergb, Erdöl) / Laterolog n

**Laterologmessung** f (Bergb, Erdöl) / lateral logging

**Latex** m (pl. Latizes) (Kunstharzdispersion nach DIN 53593) / latex* n (pl. latexes or latices) ‖ ⁓ (pl. Latizes) (Bot) / latex* n (pl. latexes or latices) ‖ **aufgerahmter** ⁓ / creamed latex ‖ **froststabilisierter** ⁓ (Chem Verf) / freeze-thaw resistant latex ‖ **konzentrierter** ⁓ / concentrated latex ‖ **vulkanisierter** ⁓ (Chem Verf) / vultex* n ‖ ⁓ **auf dem Zapfschnitt** (trockener) (Bot, For) / curly scrap, panel scrap

**latex•absondernd** adj / laticiferous adj, lactiferous* adj ‖ ⁓**anstrichfarbe** f (eine Dispersionsfarbe) (Anstr) / latex paint, plastic emulsion, latex emulsion, latex water paint ‖ ⁓**becher** m (For) / tapping cup, buck n, dabrey n ‖ ⁓**bindemittel** n / latex binder ‖ ⁓**faden** m (dünner Gummifaden mit rundem Querschnitt, hergestellt durch Extrudieren einer NK-Latexmischung durch Kapillaren in ein Koagulationsbad) / extruded latex ‖ ⁓**farbe** f (eine Dispersionsfarbe) (Anstr) / latex paint, plastic emulsion, latex emulsion, latex water paint ‖ ⁓**farbe** (Anstr) s. auch Gummilack ‖ ~**führend** adj / laticiferous adj, lactiferous* adj ‖ ~**haltig** adj / laticiferous adj, lactiferous* adj

**latexieren** v / latex v ‖ ~ n (Aufbringen eines Haftvermittlers auf Filamentgarnen zur Verwendung als Kordeinlage bei der Reifenherstellung) (Kfz, Tex) / latexing n

**Latex•kaltguß** m / flow casting ‖ ⁓**kanal** m (For) / latex canal, latex channel, laticifer n ‖ ⁓**kleber** m / latex cement, latex adhesive ‖ ⁓**schaum** m (Plast) / latex foam, foamed latex

**Latinisierung** f / romanization n
**Latit** m (Vulkangestein - Zwischenglied zwischen Trachyt und Andesit) (Geol) / latite n
**Latosol** m (nährstoff- und kieselsäurearmer Boden, in dem Eisen- und Aluminiumoxide dominieren) (Geol, Landw) / latosol n, oxisol n, ferralitic soil, lateritic soil ‖ ⁓ (Landw) s. auch Roterde
**Latour-Motor** m (ein kompensierter Repulsionsmotor mit feststehendem Doppelbürstensatz) (Eltech) / Latour-Winter-Eichberg motor
**Latsch** m (Kfz) / contact area, contact patch, tyre contact area
**Latsche** f (For) / dwarf pine, mugho pine, mugo pine
**Latschenkiefernöl** n (Pharm) / dwarf-pine needle oil
**Lattbeil** n (Bau, Werkz) / pick hammer (a slater's tool)
**Latte** f (Bau, For) / batten n ‖ ⁓ (Tischl, Zimm) / lath n ‖ ⁓ (Verm) / staff n (graduated) ‖ ⁓n f pl **als Putzträger** (Bau) / lathwork n, lathing* n
**Latteibrett** n (innere Abdeckung der Fensterbrüstung) (Bau) / window board, elbow-board* n
**Latten•band** n (des Kartoffelförderers) (Landw) / slatted chain ‖ ⁓**beil** n (Bau, Werkz) / pick hammer (a slater's tool) ‖ ⁓**gerüst** n (Bau) / batten framework ‖ ⁓**gestell** n (Bau) / batten framework ‖ ⁓**hammer** m (Bau, Werkz) / lath hammer (a plasterer's hammer), claw hatchet, shingling hatchet ‖ ⁓**hammer** (Werkz, Zimm) / carpenter's roofing hammer ‖ ⁓**kiste** f / crate n, lattice crate ‖ ⁓**kreuz** n (Bau) / brace and counter brace ‖ ⁓**lehre** f (für die Estricharbeiten) (Bau) / screed batten ‖ ⁓**pegel** m (im Gewässer eingebaute Meßlatte zur Ablesung in Zeitintervallen) (Wasserb) / staff gauge ‖ ⁓**rost** m (Bau) / strapping* n ‖ ⁓**rostfußboden** m (Bau) / slatted floor, lath floor ‖ ⁓**schalung** f (als Putzträger) (Bau) / lathwork n, lathing* n ‖ ⁓**standpunkt** m (Verm) / stadia station, rod station ‖ ⁓**teilung** f (Verm) / staff graduation ‖ ⁓**trennwand** f (leichte Trennwand nach DIN 4103) (Zimm) / stud partition*, framed partition ‖ ⁓**trommel** f (Leder) / slatted drum ‖ ⁓**trommel** (Tex) / lattice drum ‖ **Durcharbeiten** n **von Häuten in der** ⁓**trommel oder im Faß** (Leder) / drumming n ‖ ⁓**tuch** n (Spinn) / lattice apron ‖ ⁓**tür** f (für untergeordnete Räume, z.B. für Keller- und Bodenräume) (Zimm) / batten door, ledged and braced door ‖ ⁓**verschlag** m (Bau) / lath partition ‖ **verkleideter** ⁓**verschlag** (Bau, Zimm) / sheathed crate ‖ ⁓**verschlags-Auskleidungspapier** n (Pap) / crate liner ‖ ⁓**weite** f (bei den Dachlatten) (Bau) / gauge n ‖ ⁓**zaun** m (Bau, Zimm) / picket fencing, pale fencing
**Latthammer** m (DIN 7239) (Bau, Werkz) / lath hammer (a plasterer's hammer), claw hatchet, shingling hatchet ‖ ⁓ (Werkz, Zimm) / carpenter's roofing hammer
**Lattice-Filter** n (ein Quarzfilter) (Radio) / lattice filter*
**Latwerge** f (Pharm) / electuary* n
**Latzhose** f (Tex) / boiler suit
**Lauán** n (leichtes bis mittelschweres rotbraunes Holz von Shorea-, Parashorea- und Pentacme-Arten) (For) / lauan n, Philippine mahogany ‖ ⁓ (For) s. auch Meranti
**Laub** n (Bot) / leafage n, foliage n ‖ ⁓**baum** m (sommergrüner) (Bot, For) / deciduous tree
**Laubengang** m (Arch, Bau) / pergola n ‖ ⁓**haus** n (Arch) / block of flats with access balconies, apartment house with access balconies (US), balcony-access block
**Laub•erde** f (For) / leaf mould, mould n ‖ ⁓**grün** adj (kräftig hellgrün wie frisches Laub) / leaf-green adj ‖ ⁓**grün** n (Chem) / chrome oxide green, leaf green
**Laubholz** n (das Holz bedecktsamiger Pflanzen) (For) / hardwood* n, wood of deciduous trees, broad-leaved timber, deciduous timber, porous wood, wood of broad-leaved trees, broadleaf timber ‖ **hartes** ⁓ (z.B. Eiche und Buche) (For, WP) / hard hardwood ‖ **weiches** ⁓ (z.B. Tulpenbaum) (For) / soft hardwood ‖ **zerstreutporiges** ⁓ (z.B. Ahorn, Birke, Buche, Erle, Linde, Pappel) (For) / diffuse-porous wood* ‖ ⁓**art** f (For) / hardwood species, deciduous-wood species ‖ ⁓**parkett** n (Bau, For) / hardwood flooring, hardwood floor finish (US) ‖ ⁓**zellstoff** m (Pap) / hardwood pulp
**Laubmannit** m (ein wasserfreies Phosphat) (Min) / laubmannite n
**Laub•nutzholz** n (For) / commercial hardwood ‖ ⁓**säge** f (eine Handsäge) (Tischl) / fretsaw* n, coping saw*, scroll saw ‖ ⁓**säge** (Tischl, Werkz) / jigsaw* n, scroll saw ‖ ⁓**sägearbeit** f (Tischl) / fretwork n ‖ ⁓**sägeblatt** n (Tischl) / fretsaw blade ‖ ⁓**streu** f (Landw) / leaf litter ‖ ⁓**wald** m (in dem Laubbäume die vorherrschende Vegetationsform darstellen) (Bot, For) / deciduous forest, hardwood forest ‖ ⁓**werk** n (Arch) / leafage n ‖ ⁓**werk** n (Bot) / leafage n, foliage n
**lauchgrün** adj (z.B. Prasem) (Min) / leek-green adj
**Laudanum** n (Opiumtinktur) (Pharm) / laudanum* n
**Laue•-Aufnahme** f (Röntgenbeugungsaufnahme eines stillstehenden Kristalls mit kontinuierlicher Röntgenstrahlung - nach Max v. Laue, 1879-1960) (Krist) / Laue pattern*, Laue photograph ‖ ⁓**-Bedingung** f (in der kinematischen Theorie) (Krist) / Laue condition ‖ ⁓**-Diagramm** n (Krist) / Laue pattern*, Laue photograph ‖ ⁓**-Gleichungen** f pl (Krist) / Laue equations ‖ ⁓**-Kamera** f (eine Röntgenkamera für das Laue-Verfahren) (Krist) / Laue camera ‖ ⁓**-Methode** f (eine Feinstrukturuntersuchung) (Krist) / Laue method
**Lauesche Indizes** (Krist) / Bragg indices
**Laue•-Verfahren** n (Krist) / Laue method ‖ ⁓**-Zone** f **nullter Ordnung** (Krist) / zero-order Laue zone, ZOLZ
**Lauf** m (EDV) / run n ‖ ⁓ (der Maschine - Tätigkeit) (Masch) / run n, work n, operation n, running n ‖ ⁓ (ein Längenmaß) (Masch) / travel n (a distance) ‖ ⁓ (Mil) / barrel n ‖ **chromatografischer** ⁓ (Chem) / chromatographic run ‖ **ruhiger** ⁓ (Masch) / smooth running, smooth working
**Lauf•achse** f (Bahn) / carrying axle, running axle ‖ **hintere** ⁓**achse** (Bahn) / trailing axle* ‖ ⁓**bahn** f (Masch) / track n (round, elliptical, Gothic or plane track on which the joint balls or rollers move in an oscillatory manner) ‖ ⁓**band** n / moving carpet, moving floor, moving walkway ‖ ⁓**bandtrockner** m (Plast) / screen belt drier ‖ ⁓**bildbetrachter** m (Film) / action viewer, animated viewer*, movie editor, viewer* n, film viewer ‖ ⁓**bildkamera** f (Film) / motion-picture camera, movie camera, film camera, cinecamera n ‖ ⁓**bildprojektor** m (Film) / cine projector, motion-picture projector, movie projector ‖ ⁓**bildwerfer** m (Film) / cine projector, motion-picture projector, movie projector ‖ ⁓**boden** m (z.B. einer Studiokamera) (Foto) / baseboard n ‖ ⁓**bohle** f (Einrichtung über schrägen Dachflächen, die ein Begehen oder Überqueren ermöglichen soll) (Bau) / walkway n ‖ ⁓**bohle** (des Gerüsts) (Bau) / scaffold board ‖ ⁓**bohle** (Bau) / scaffold board ‖ ⁓**brett** n (Einrichtung über schrägen Dachflächen, die ein Begehen oder Überqueren ermöglichen soll) (Bau) / walkway n ‖ ⁓**brücke** f (Schiff) / flying bridge ‖ ⁓**buchse** f (V-Mot) / liner n ‖ **trockene** ⁓**buchse** (V-Mot) / dry liner*, dry cylinder sleeve ‖ **nasse** ⁓**buchse** (V-Mot) / wet liner, wet cylinder sleeve ‖ ⁓**bühne** f (Bau) / gangway* n ‖ ⁓**bühne** (Bau, Masch) / platform n ‖ ⁓**decke** f (des Reifens) (Kfz) / casing n, outer cover
**laufen** v / run v ‖ ⁓ (Masch) / work v, run v, operate v, act v ‖ ⁓ (Schiff) / sail v
**laufend** adj / running adj ‖ ~**e Anpassung** / serial adaptation ‖ ~**e digitale Summe** (EDV) / running digital sum ‖ ~**es Gleichgewicht** (wenn die Aktivität eines Gliedes größer ist als die des vorhergehenden; ein radioaktives Gleichgewicht) (Kernphys) / transient equilibrium* ‖ ~**er Hund** (ein Ornamentband) (Arch) / running dog, Vitruvian scroll ‖ ~**er jährlicher Zuwachs** (For) / current annual increment ‖ ~**e Kosten** / running costs ‖ ~**er Meter** / running metre ‖ ~**es Programm** (EDV) / active program, current program ‖ ~**e Summe** (EDV, Math) / subtotal n, batch total ‖ ~**er Text** (EDV) / running text ‖ ~**e Wartung** (Lufft) / routine maintenance ‖ ~**e Zeile** (z.B. in der Textverarbeitung) (EDV) / current line ‖ ⁓**halten** (z.B. von maschinellen Wörterbüchern) (EDV) / maintenance n
**Läufer** m pl (bei ungleichmäßiger Verteilung von Anstrichmitteln an senkrechten Flächen) (Anstr) / curtains pl, sags pl, runs pl ‖ ⁓ (als Gegensatz zu Binder) (Bau) / stretcher n ‖ ⁓ (in Streckenrichtung auf Stempeln verlegtes Rundholz) (Bergb) / cap n, runner n ‖ ⁓ (der rotierende Teil eines Synchrongenerators) (Eltech) / rotor* n, armature* n ‖ ⁓ (des Rechenschiebers) (Instr) / cursor* n, runner n ‖ ⁓ (Masch) / cursor* n ‖ ⁓ (Masch) / slide n ‖ ⁓ (mühlensteinartiger Mahlkörper) (Masch) / runner n, runner stone, upper millstone ‖ ⁓ (durch einen Block geschorenes Ende einer Leine) (Schiff) / runner n ‖ ⁓ (Spinn) / ring traveller, traveller* n ‖ **festgebremster** ⁓ (Eltech) / locked rotor, stalled rotor ‖ **gewickelter** ⁓ (Eltech) / slip-ring rotor*, wound rotor*
**Läufer•anlasser** m (Eltech) / rotor starter* ‖ ⁓**anordnung** f (Eltech) / rotor-core assembly ‖ ⁓**bildung** f (Anstr) / curtaining n, sagging n ‖ ⁓**blech** n (Eltech) / rotor-core lamination ‖ ⁓**blechpaket** n (Eltech) / rotor core* ‖ ⁓**bremse** f (Starter) (Kfz) / armature brake* ‖ ⁓**drehvorrichtung** f (Eltech) / barring gear, barrier gear* ‖ ⁓**eisen** n (Eltech) / rotor core* ‖ ~**gespeist** adj (Eltech) / rotor-fed adj ‖ ⁓**käfig** m (Eltech) / rotor cage ‖ ⁓**kappe** f (Eltech) / rotor end-bell ‖ ⁓**kappe** (Eltech) / end bell* ‖ ⁓**rute** f (eines Rammgerüsts) (HuT) / leader(s) n (pl), lead n (li:d) ‖ ⁓**schicht** f (eine Mauerschicht) (Bau) / stretching course, stretcher course ‖ ⁓**spule** f (Eltech) / rotor coil ‖ ⁓**stab** m (Eltech) / rotor bar ‖ ⁓**stein** m (des Kollergangs) (Masch) / runner n, runner stone, upper millstone ‖ ⁓**stern** m (Eltech) / spider* n, rotor spider ‖ ⁓**stern** (sternförmig gegossener Tragkörper) (Eltech) / field spider* ‖ ⁓**verband** m (als Schornsteinverband) (Bau) / chimney bond* ‖ ⁓**verband** (Bau) / stretching bond*, stretcher-bond* n, running bond*, facing bond* ‖ ⁓**waage** f (Masch) / steelyard n, Roman balance, steelyard machine ‖ ⁓**wicklung** f (Eltech) / rotor winding ‖ ⁓**widerstandsanlauf** m (Eltech) / rotor-resistance starting
**lauffähig** adj (Schienenfahrzeug) (Bahn) / fit for running
**Lauffeld•magnetron** n (Eltronik) / travelling-wave magnetron* ‖ ⁓**röhre** f (eine Lauffeldröhre) (Eltronik) / travelling-wave tube* (TWT)
**Lauffeuer** n (sich rasch ausbreitendes Feuer) / running fire ‖ ⁓ (im Bodenüberzug) (For, Masch) / ground fire, brush-fire

**Lauffläche** *f* (des Rades) (Bahn) / wheel tread, tread of the wheel ‖ ⁓ (des fertigen Reifens) (Kfz) / tread *n* ‖ ⁓ (der Riemenscheibe) (Masch) / face *n* ‖ ⁓ (des Kolbenrings) (V-Mot) / face *n* ‖ ⁓ (Kfz) s. auch Reifenprofil ‖ **mit balliger** ⁓ (Kolbenring) (V-Mot) / barrel-faced *adj* ‖ **mit kegeliger** ⁓ (Kolbenring) (V-Mot) / taper-faced *adj* ‖ **mit zylindrischer** ⁓ (Kolbenring) (V-Mot) / straight-faced *adj*
**Laufflächen • ablösung** *f* (Kfz) / tread separation ‖ ⁓**profil** *n* (Kfz) / tread* *n*, tread design
**Lauf • gang** *m* (Bau) / gangway* *n* ‖ ⁓**gang** (ein Bedienungsgang) (Masch) / gallery *n*, passage gallery, operating gallery ‖ ⁓**geräusch** *n* (Kfz, Masch) / running noise ‖ ⁓**geschwindigkeit** *f* (Masch) / running speed ‖ ⁓**gewicht** *n* (DIN 1305) (Masch) / jockey weight, sliding weight, rider *n*, movable weight ‖ ⁓**gewichtstück** *n* (Masch) / jockey weight, sliding weight, rider *n*, movable weight ‖ ⁓**gewichtswaage** *f* (Masch) / steelyard *n*, Roman balance, steelyard machine ‖ ⁓**glasur** *f* (die aufgrund ihrer Leichtflüssigkeit an geneigten Oberflächen eines keramischen Gegenstandes in Form von Schlieren oder Streifen herabläuft) (Keram) / flowing glaze ‖ ⁓**grenze** *f* (der Zündkerze) (Kfz) / misfire limit ‖ ⁓**güte** *f* (des Getriebes) (Masch) / running quality ‖ ⁓**holm** *m* (Masch) / cross-head *n* ‖ ⁓**junge** *m* (in einer Druckerei) (Typog) / printer's devil ‖ ⁓**kante** *f* (eines Kolbenrings) (V-Mot) / peripheral edge, outside edge ‖ ⁓**karte** *f* (F.Org) / routing card ‖ ⁓**katze** *f* (auf einem Brückenkran, Stahlträger oder an einem Seil fahrender Wagen mit einer Winde, der Lasten in horizontaler oder auch geneigter Richtung bewegt) (Masch) / crab *n*, trolley *n*, crane trolley ‖ **quer verfahrbare** ⁓**katze** (Masch) / traversing trolley ‖ ⁓**katzenkran** *m* (in Reparaturhalle) (Masch) / overhead crane ‖ ⁓**kegel** *m* (Mech) / body cone, polhode cone, moving axode *n* ‖ ⁓**klausel** *f* (Algol) (EDV) / for clause ‖ ⁓**kraftwerk** *n* (Eltech, Wasserb) / run-of-river station (a hydroelectric generating station that utilizes all or a part of the stream flow without storage), river power station, stream-flow power plant ‖ ⁓**kran** *m* (ein Werkstattkran) (Masch) / overhead travelling crane*, shop traveller*, travelling (shop) crane, overhead traveller ‖ ⁓**kran** (im allgemeinen) (Masch) / bridge-type displacement crane, bridge-type crane ‖ ⁓**kultur** *f* (im allgemeinen) (Kfz) / running characteristics ‖ ⁓**kultur** (hohe - als wertendes Merkmal bei Fahrzeugen und Motoren) (Kfz) / refinement *n* (car, engine) ‖ ⁓**kultur** (schlechte) (Kfz) / rough running, rough performance ‖ ⁓**kultur** (gute) (Kfz) / smooth running, smooth performance ‖ ⁓**samtige** ⁓**kultur** (Kfz) / velvet smoothness ‖ ⁓**längenkodierung** *f* (eine Quellenkodierung) (EDV) / run-length coding ‖ ⁓**leder** *n* (das als endlose Riemenbänder an Kämmaschinen und Strecken dient) (Tex) / apron leather ‖ ⁓**leder** (endlose Riemenbänder an Nadelstabstrecken) (Tex) / gillbox leather ‖ ⁓**leder für Kammstühle** (Leder, Tex) / combing leather ‖ ⁓**leiste** *f* (auf der Seite des Schiebekastens gleitet) (Eltech) / drawer runner, drawer run ‖ ⁓ (Tex) (z.B. als Weihnachtsschmuck) / chaser ‖ ⁓**linie** *f* (gedachte stetige Linie, in der das zulässige Steigungsverhältnis gemessen werden muß - DIN 18064, T 1) (Bau) / walking line*, going line* ‖ ⁓**liste** *f* (Algol) (EDV) / for list ‖ ⁓**masche** *f* (Tex) / ladder *n* (GB)*, run *n* (US) ‖ ⁓**masche** (bei glatter Kulierware) (Tex) / dropped stitch, drop stitch ‖ ⁓**maschenfest** *adj* (Tex) / ladderproof *adj*, non-laddering *adj*, runproof *adj* ‖ ⁓**maschensichere Ausrüstung** (Tex) / anti-snag finish ‖ ⁓**mittel** *n* (Chem) / (mobile) solvent system, solvent *n*, mobile liquid, mobile solvent ‖ ⁓**mittelfront** *f* (Chem) / solvent front ‖ ⁓**mittelfront** (Chem) / solvent front, mobile phase front ‖ ⁓**mittelgemisch** *n* (Chem) / (mobile) solvent system, solvent *n*, mobile liquid, mobile solvent ‖ ⁓**nummer** *f* (z.B. von Programmschritten) (EDV) / sequence number
**Laufrad** *n* / wheel *n* ‖ ⁓ (Bahn) / carrying wheel, bogie wheel, running wheel, free wheel ‖ ⁓ (einer Strömungsmaschine) (Luftf) / impeller* *n* ‖ ⁓ (der Turbine) (Luftf) / turbine wheel, turbine drum, turbine rotor ‖ ⁓ (zum Landtransport des Wasserflugzeugs) (Luftf) / ground wheel ‖ ⁓ (einer Reaktionsturbine) (Masch) / drum *n* ‖ ⁓ (einer Radialpumpe) (Masch) / propeller *n* ‖ ⁓ (der Wasserturbine) (Masch) / runner *n* ‖ ⁓ (des Krans) (Masch) / ground wheel, travelling wheel ‖ **hinteres** ⁓ (Bahn) / trailing wheel* ‖ **vorderer** ⁓**satz** (Bahn) / leading truck
**Laufradsatz, hinterer** ⁓ (Bahn) / trailing truck
**Laufradschaufel** *f* (Masch) / rotor blade
**Lauf • rahmen** *m* (GUI-Objekt, das Anzeigen in Laufschrift liefert) (EDV) / moving border, marquee *n*, dotted marquee ‖ ⁓**raum** *m* (des Klystrons) (Eltronik) / drift space ‖ ⁓**raum** (Eltronik) / drift space* *n* ‖ ⁓**richtung** *f* (in der Chromatografie) (Chem) / direction of development ‖ ⁓**richtung** (Masch) / with-machine direction ‖ ⁓**richtung** (Pap) / machine direction*, grain *n*, long direction, grain direction ‖ ⁓**richtung des Bandes** (Akus, Mag) / tape travel ‖ ⁓**richtungsanzeige** *f* (z.B. bei Kassetten-Abspielgeräten) (Akus) / tape direction indicator ‖ ⁓**richtungsgebundenes Reifenprofil** (Kfz) / directional tread pattern ‖ ⁓**ring** *m* (des Wälzkörpers im Lager) (Masch) / race* *n* ‖ ⁓**rolle** *f* (Masch) / pulley* *n* ‖ ⁓**ruhe** *f* (des Reifens) (Kfz) / quiet ride ‖ ⁓**ruhe** (Masch) / smooth running, running smoothness, steady running ‖ ⁓**schaufel** *f* (der Turbine, des Kompressors) (Masch) / moving blade ‖ ⁓**schaufelaustrittswinkel** *m* (Masch) / blade exit angle ‖ ⁓**schaufeleintrittswinkel** *m* (Masch) / blade inlet angle ‖ ⁓**scheibe** *f* (der Turbine) (Masch) / turbine disk ‖ ⁓**schicht** *f* (des Lagers) (Masch) / antifriction layer, overlay *n* ‖ ⁓**schiene** *f* (Bau, Tischl) / running rail, runner *n*, slide rail ‖ ⁓**schiene** (der Einschienenbahn) (HuT) / monorail *n* ‖ ⁓**schlacke** *f* (Hütt) / fluid slag ‖ ⁓**schrift** *f* (an Gebäudefassaden) / newscaster *n* ‖ ⁓**schriftwiedergabe** *f* (am Radiodisplay) (Kfz) / scroll-mode display ‖ ⁓**seele** *f* (im Lauf einer Waffe durch Bohrung entstandener Hohlraum) (Mil) / bore *n* ‖ ⁓**setzstock** *m* (Masch) / follow-rest* *n*, travelling steady
**Laufsitz** *m* (Masch) / running fit*, medium fit, class 3 fit ‖ **enger** ⁓ (Masch) / tight running fit ‖ **leichter** ⁓ (Masch) / light running fit ‖ **leichter** ⁓ (Masch) / free fit, class 2 fit ‖ **weiter** ⁓ (Masch) / loose fit, class 1 fit
**Lauf • sohle** *f* (Leder) / outsole *n* ‖ ⁓**spindel** *f* (der Turbine) (Masch) / bearing spindle ‖ ⁓**status** *m* (EDV) / running state
**Laufsteg** *m* (Bahn) / bridge *n* ‖ ⁓ (Bau) / gangway* *n* ‖ ⁓ (an der Maschine) (Masch) / catwalk *n* ‖ ⁓ (zwischen zwei Kolbenringnuten) (V-Mot) / land *n* ‖ ⁓**versatz** *m* (V-Mot) / land offset
**Lauf • strecke** *f* (in der Chromatografie) (Chem) / migration distance ‖ ⁓**toleranz** *f* (Masch) / run-out *n*, tolerance on run-out ‖ ⁓**unruhe** *f* (Masch) / unsteady running, irregular running, unbalance *n* ‖ ⁓**variable** *f* (ein Zähler, der bei Schleife die Durchläufe zählt) (EDV) / index variable ‖ ⁓**verfolger** *m* (international vereinheitlichtes Formular des kommerziellen Verkehrs) (Luftf) / tracer *n* ‖ ⁓**wagen** *m* (bei der Elektroplattierung) (Galv) / trolley *n* ‖ **indirekt angetriebene** ⁓**walze** (Plast) / tendency roll ‖ ⁓**wasserkraftwerk** *n* (zur Nutzung der in Flüssen und Bächen enthaltenen potentiellen und kinetischen Energie) (Eltech, Wasserb) / run-of-river station (a hydroelectric generating station that utilizes all or a part of the stream flow without storage), river power station, stream-flow power plant
**Laufwerk** *n* (der Lokomotive) (Bahn) / running gear ‖ ⁓ (bei Lochstreifenabtaster bzw. Lochstreifenlocher) (EDV) / paper tape drive, tape feed (device) ‖ ⁓ (eines Magnetbandgerätes) (EDV, Mag) / magnetic tape drive, tape drive*, tape transport mechanism ‖ ⁓ (Masch) / mechanism *n* ‖ ⁓**virtuelles** ⁓ (Laufwerk an einem anderen Rechner, das so genutzt werden kann, als sei es physikalisch im lokalen Rechner vorhanden) (EDV) / virtual drive ‖ ⁓ *n* **der optischen Platte** (EDV) / optical drive ‖ ⁓ **des digitalen Magnetbandgerätes** (Eltronik, Mag) / DAT drive ‖ ⁓**buchstabe** *m* (EDV) / drive letter ‖ ⁓**liste** *f* (EDV) / drive list box
**laufwerklos** *adj* (ohne Festplatte, und oft ohne Diskettenlaufwerk) (EDV) / diskless *adj* ‖ **~e Workstation** (bei On-line-Publishing) (EDV) / diskless workstation
**Laufwerks • schacht** *m* (EDV) / disk-drive loading slot ‖ ⁓**verschlußdeckel** *m* (EDV) / drive cover
**Lauf • wiederholungszeit** *f* (in der Läufe, die zuvor fehlerhaft abliefen, wiederholt werden) (EDV) / rerun time ‖ ⁓**winde** *f* (auf einem Brückenkran, Stahlträger oder an einem Seil fahrender Wagen mit einer Winde, der Lasten in horizontaler oder auch geneigter Richtung bewegt) (Masch) / crab *n*, trolley *n*, crane trolley ‖ ⁓**zahl** *f* (ein Turbinenkennwert - optimal bei einer Gleichdruckturbine = 0,5, bei einer Überdruckturbine = 1) (Luftf) / running ratio ‖ ⁓**zapfen** (ein Halszapfen) (Hütt, Masch) / neck *n*
**Laufzeit** *f* (der Zeitverzug des Signals) (Akus, Fernm) / delay* *n*, delay time ‖ ⁓ (eines Chromatogramms, eines Filters, in der Dünnschichtchromatografie) (Chem) / running time, run time ‖ ⁓ (des Ionenaustauschers zwischen zwei Wiederbelebungen) (Chem) / time between regenerations, service run ‖ ⁓ (EDV) / run time, execution time, running time, run duration ‖ ⁓ (der Elektronen von Katode zu Anode) (Eltronik) / transit time*, propagation time ‖ ⁓ (Eltronik, Phys) / travel time, transit time ‖ ⁓ (eines Signals) (Fernm) / run time ‖ ⁓ (eines Films) (Film) / running time, showing time, screening time ‖ ⁓ (der seismischen Wellen) (Geol) / transit time ‖ ⁓ (einer Reflexion) (Geophys) / arrival time ‖ ⁓ (Kernphys) / time of flight, TOF ‖ ⁓ (Luftf) / time between overhauls*, TBO*, tbo*, overhaul period* ‖ ⁓ (Regeln) / delay time, lag time ‖ ⁓ (der Hochwasserwelle) (Wasserb) / travel time ‖ ⁓**analysator** *m* (Kernphys) / time-of-flight analyzer ‖ ⁓**bibliothek** *f* (EDV) / dynamic link library (a Windows code module that can be loaded on request and linked at run time; when the code is no longer needed it can be unloaded), DLL ‖ ⁓**bibliothek** (EDV) / routine library, RTL ‖ ⁓**fehler** *m* (EDV) / execution error, run-time error ‖ ⁓**gang** *m* (die Frequenzabhängigkeit der Laufzeit) (Fernm) / delay characteristic ‖ ⁓**kette** *f* (Eltech) / delay network, retardation network ‖ ⁓**kette** (Radar) / pulse-forming line ‖ ⁓**massenspektrometer** *n* (Spektr) / time-of-flight mass spectrometer, TOF mass spectrometer ‖ ⁓**methode** *f* (zur Identifizierung und Klassifizierung von Teilchen der Kernstrahlung) (Kernphys) / time-of-flight method ‖ ⁓**röhre** *f*

(Triftröhre + Lauffeldröhre) (Eltronik) / velocity-modulated tube, linear-beam tube ‖ ~**sensor** m / transit-time sensor ‖ ~**speicher** m (EDV) / delay-line store, delay-line memory, delay-line storage ‖ ~**spektrometer** n (Kernphys, Spektr) / time-of-flight spectrometer*, TOF spectrometer ‖ ~**system** n (EDV) / run-time module ‖ ~**system** (EDV) / run-time system* ‖ ~**system** (ein akustisches Positionierungssystem) (Erdöl) / time of arrival system ‖ ~**unterschied** m (Zeitdifferenz zwischen Eingangskanälen) (EDV) / skew n ‖ ~**verzerrung** f (durch die Frequenzabhängigkeit der Gruppenlaufzeit) (Fernm) / phase distortion*, delay distortion ‖ ~**verzögerungsleitung** f (ein Laufzeitglied) (Fernm) / delay line ‖ ~**winkel** m (Eltronik) / transit angle*, transit phase angle

**Laufzettel** m (Begleitpapier einer Partie mit Angaben über durchzuführende Arbeitsgänge) (F.Org) / work ticket

**Lauge** f (Chem) / lye* n (alkaline solution) ‖ ~ (Hütt) / leach n, leachate n (solution obtained by leaching) ‖ ~ (bei der Kesselentsalzung) (Masch) / blow-down n (water) ‖ ~ (Prozeß-Abfallflüssigkeit) (Pap) / liquor n ‖ ~ (Wasch- oder Bleichlauge) (Tex) / buck n (solution of caustic soda) ‖ **mit Goldsalz beladene** ~ (Aufber) / pregnant solution*, royals* pl, pregs* pl ‖ **mit Metallsalz beladene** ~ (im Laugeverfahren der Naßmetallurgie) (Aufber) / pregnant solution*, royals* pl, pregs* pl ‖ **verbrauchte** ~ (in der Zyanidlaugerei) (Hütt) / foul solution*

**Laugemittel** n (Aufber, Chem) / leaching agent, leachant n

**laugen** v (Hütt) / leach v, lixiviate v ‖ ~ (Tex) / buck v ‖ ~ n (Hütt) / leaching* n, lixiviation* n ‖ ~ (Tex) / bucking n, bocking n ‖ ~**ätzung** f (Tex) / alkaline discharge ‖ ~**behälter** m (Hütt) / leaching tank, leaching vat ‖ ~**beständig** adj (Chem) / alkali-proof adj, resistant to alkalis, alkali-resistant adj, lye-proof adj, caustic-proof adj ‖ ~**brüchigkeit** f (Chem, Hütt) / caustic embrittlement*, caustic cracking ‖ ~**echt** adj / fast to lye ‖ ~**korrosion** f (Chem) / alkali corrosion ‖ ~**rißbeständig** adj (Chem, Hütt) / resistant to caustic crack ‖ ~**rißkorrosion** f (Chem, Hütt) / caustic embrittlement*, caustic cracking ‖ ~**salz** n (Chem) / alkali* n (pl. alkalis or alkalies) ‖ ~**sprödigkeit** f (die durch Alkalilauge hervorgerufen wird) (Chem, Hütt) / caustic embrittlement*, caustic cracking ‖ ~**stein** m (Anstr, Chem Verf) / solid caustic paint remover (3 parts of sodium hydroxide + 2 parts of soda), sodium hydroxide (dry, contaminated with soda)

**Laugeverfahren** n (Hütt) / leaching* n, lixiviation* n

**Laugflüssigkeit** f (Chem) / lye* n (alkaline solution)

**Laugieren** n (zur Erzielung eines Stretch-Effekts bei Baumwollgeweben) (Tex) / slack mercerization, mercerizing without tension

**Laugung** f (Hütt) / leaching* n, lixiviation* n ‖ **bakterielle** ~ (von Erzen und mineralischen Rohstoffen) (Aufber) / biological leaching, bioleaching n, bacterial leaching, microbial leaching ‖ **saure** ~ (Hütt) / acid leaching

**Laugungskolk** m (Wasserb) / pothole n

**Laugungsmittel** n (Aufber, Chem) / leaching agent, leachant n

**Laumontit** m (Kalziumbisalumosilikat - ein Zeolith) (Min) / laumontite* n

**Launcher** m (Mil, Raumf) / launcher n, rocket launcher

**Laurat** n (Salz oder Ester der Laurinsäure) (Chem) / laurate n

**Laurdalit** m (Geol) / laurdalite* n, lardalite* n

**Laurel** n (Handelsbezeichnung für das Holz der chilenischen Laureliaarten) (For) / laurel n

**Laurent-Halbschattenplatte** f (Opt) / Laurent half-shade plate

**Laurentiusschwarm** m (Astr) / Perseids* pl

**Laurent-Reihe** f (die durch Entwicklung einer analytischen Funktion entsteht) (Math) / Laurent's expansion*

**Laurent-Säure** f (Chem) / Laurent's acid

**Laurentsch•e Entwicklung** (nach P.A. Laurent, 1813-1854) (Math) / Laurent's expansion* ‖ ~**e Säure** (eine Naphthylaminsulfonsäure) (Chem) / Laurent's acid

**Laurent-Transformation** f (zweiseitige Z-Transformation) (Fernm, Math) / Laurent transformation

**Laurin**•**aldehyd** m (n-Dodekanal) (Chem) / lauraldehyde n, lauryl aldehyde ‖ ~**lactam** n (Chem) / laurolactam n ‖ ~**laktam** n (Chem) / laurolactam n ‖ ~**säure** f (Chem) / lauric acid*, dodecanoic acid*

**Laurionit** m (ein Mineral der Fiedlerit-Laurionit-Gruppe) (Min) / laurionite* n

**Laurit** m (RuS$_2$ mit geringem Os-Gehalt) (Min) / laurite* n

**Lauritsen-Elektroskop** n (Instr) / Lauritsen electroscope

**Lauroylperoxid** n (Chem) / lauroyl peroxide

**Laurvikit** (ein Tiefengestein mit bis zu 88% Rhombenfeldspat) (Bau, Geol) / laurvikite* n, larvikite* n

**Laurylalkohol** m (Chem) / lauryl alcohol (dodecan-1-ol)*, dodecyl alcohol

**Laurylchlorid** n (Chem) / dodecyl chloride

**Laurylpyridiniumchlorid** n (Chem, Tex) / lauryl pyridinium chloride

**Lauschaktion** f (Fernm) / bugging operation, electronic eavesdropping

**Lauschangriff** m (ideologisch verbrämter Begriff für das Abhören) / eavesdropping n ‖ ~ (Fernm) / bugging operation, electronic eavesdropping

**Lauschoperation** f (Fernm) / bugging operation, electronic eavesdropping

**Läusekörner** n pl (aus Delphinium staphisagria L.) / stavesacre seed(s)

**laut** adj (Akus, Eltech, Masch) / noisy adj ‖ ~ (Physiol) / loud adj ‖ **sehr ~** (Akus) / ear-splitting adj ‖ ~**es Hupsignal** (Kfz) / klaxon n ‖ ~**er stellen** (Radio) / turn up v

**Laut** m (DIN 1320) (Akus) / auditory event ‖ ~**e** m pl (akustisch wahrnehmbare Sprachercheinungen) (Akus) / speech-sounds* pl ‖ **stimmhafter** ~ (Akus) / voiced sound* ‖ **unartikulierter** ~ (beim Sprechen) (Akus) / unvoiced sound*

**Lautarit** m (ein Iodat aus den Natrosalpeterlagern der Atacama-Wüste) (Min) / lautarite* n

**Lautaufzeichnung, frequenzspektrale ~** (der Sprache) (Akus) / visible speech*

**Lautbildung** f (Akus, Physiol) / phonation* n, articulation n

**läuten** v / ring v ‖ ~ n / ringing n

**Läuter•bottich** m (Brau) / lauter tub ‖ ~**grant** m (Brau) / underback n, grant n ‖ ~**mittel** n (Chem, Glas) / glass-refining agent, refining agent, fining agent

**läutern** v / depurate v ‖ ~ (Bierwürze) (Brau) / lauter v ‖ ~ (Flüssigkeiten) (Chem, Phys) / clarify v, purify v ‖ ~ (Glas) / refine v, plain v, found v, fine v

**Läuterteil** m **der Glaswanne** (Glas) / refiner n, refining zone

**Läuterung** f (Abstreichen von störenden Schlämmen bei der Flotation) (Aufber) / scavenging n ‖ ~ (Chem, Phys) / clarification n, purification n ‖ ~ (nach der Rauhschmelze - thermische oder Dünnschichtläuterung) (Glas) / fining* n, founding* n, plaining* n, refining* n, melting until seed-free ‖ ~ (Hütt) / refining n

**Läuterungs•mittel** n (Chem, Glas) / glass-refining agent, refining agent, fining agent ‖ ~**rohstoff** m (Chem, Glas) / glass-refining agent, refining agent, fining agent

**Läuterzone** f (der Schmelzwanne) (Glas) / refiner n, refining zone

**Lautheit** f (subjektive Lautstärkenbeurteilung nach DIN 1320, 45630, T 1 und 45631) (Akus, Physiol) / loudness* n

**Laut•hören** n (Leistungsmerkmal bei Fernsprechern) (Fernsp) / open listening (amplified voice), direct listening, loudspeaker monitoring ‖ ~**hörtelefon** n (Fernsp) / speakerphone n

**Lauthsches Violett** (Thioninhydrochlorid) (Biol, Mikros) / Lauth's violet

**Lautschrift** f (Akus) / phonetic transcription

**Lautsprecher** m (DIN 1320) (Akus) / loudspeaker* n, LS, speaker n, reproducer n ‖ **dynamischer** ~ (Akus) / loudspeaker*, dynamic loudspeaker*, moving-coil loudspeaker*, moving-conductor loudspeaker ‖ **elektrodynamischer** ~ (Akus) / electrodynamic loudspeaker*, dynamic loudspeaker*, moving-coil loudspeaker*, moving-conductor loudspeaker ‖ **elektromagnetischer** ~ (heute kaum gebraucht) (Akus) / inductor loudspeaker*, electromagnetic loudspeaker* ‖ **elektrostatischer** ~ (Akus) / capacitor loudspeaker*, electrostatic loudspeaker* ‖ **magnetostriktiver** ~ (Akus) / magnetostriction loudspeaker* ‖ **piezoelektrischer** ~ (Akus) / crystal loudspeaker*, piezoelectric loudspeaker* ‖ **piezokeramischer** ~ (Akus) / piezoceramic loudspeaker* ‖ ~ **ohne Schallstrahler** (Trichter) (Akus) / open-diaphragm loudspeaker*

**Lautsprecher•anlage** f (Akus) / public-address system*, PA system, sound reinforcement system*, tannoy n (GB) ‖ ~**box** f (Akus) / loudspeaker box, speaker box ‖ ~**gehäuse** n (Akus) / speaker housing ‖ ~**gehäuse** (Holz) (Akus) / speaker cabinet ‖ ~**grill** m (Akus) / speaker grille ‖ ~**korb** m (Akus) / loudspeaker frame ‖ ~**mikrofon** n (Akus) / loudspeaker microphone* ‖ ~**säule** f (Akus) / column speaker, sound column, sound stack ‖ ~**wagen** m (Akus, Eltronik) / sound truck, laudspeaker car, loudspeaker van ‖ ~**weiche** f (Netzwerk, bestehend aus C- und L-Gliedern zur Aufteilung der Frequenzbereiche für die einzelnen Teilbereiche der verwendeten Lautsprecher) (Akus) / loudspeaker dividing network*, dividing network

**Lautstärke** f (Akus) / loudness level, level* n ‖ ~ (Akus, Radio, TV) / volume* n ‖ ~ **im linken Kanal** (Akus, Radio) / left-hand volume ‖ ~ **im rechten Kanal** (Akus, Radio) / right-hand volume ‖ ~**abgleich** m (Akus) / loudness balance ‖ ~**einheit** f (Radio) / volume unit*, VU* ‖ ~**einsteller** m (Fernm) / volume control, volume regulator ‖ ~**pegel** m (quantitatives Maß für die Stärke der Schallempfindung nach DIN 45630, T 1) (Akus) / loudness level*, acoustic intensity level ‖ ~**regelung** f (gehörrichtige) (Akus) / loudness control ‖ ~**regelung** (Akus, Radio, TV) / volume control ‖ ~**regelung** (als Beschriftung des Bedienungselementes) (Radio, TV) / volume down ‖ ~**regelung** (als Beschriftung des Bedienungselements) (Radio, TV) / volume up ‖ **automatische** ~**regelung** (Radio) / automatic volume control, AVC* ‖ ~**regler** m (mit linearer Kennlinie) (Fernm) / volume control*, volume regulator

699

**Lautverständlichkeit**

**Lautverständlichkeit** f (Akus) / sound articulation*
**lauwarm** adj (Wasser) / lukewarm adj, warmish adj, tepid adj
**Lava** f (pl. Laven) (bei vulkanischen Eruptionen austretender hochtemperierter Gesteinsschmelzfluß) (Geol) / lava* n ‖ **ausfließende ~** (Geol) / outpouring lava ‖ **~ausbruch** m (Geol) / extravasation n ‖ **~decke** f (Geol) / lava sheet ‖ **~dom** m (Staukuppe) (Geol) / lava dome ‖ **~dom** (Geol) s. auch Schildvulkan ‖ **~dorn** m (Geol) / volcanic spine, spine n ‖ **~erguß** m (Geol) / extravasation n ‖ **~fontäne** f (Geol) / lava fountain, fire fountain ‖ **~höhle** f (Geol) / lava cave, lava cavern ‖ **~kaskade** f (Geol) / lava cascade
**Lavaldüse** f (nach dem schwedischen Ingenieur G. de Laval, 1845-1913) / Laval nozzle, de Laval nozzle (a con-di nozzle)
**Lavaliermikrofon** n (Akus) / Lavalier microphone*, lavaliere microphone, lavaliere n
**Lavandinöl** n (aus dem blühenden Kraut des Lavandins /einer sterilen Kreuzung zwischen Echtem Lavendel und dem Großen Speik/) / lavandine oil
**Lava·sand** m (Geol) / lava sand ‖ **~see** m (in einem Krater) (Geol) / lava lake ‖ **~strom** m (Geol) / lava-flow* n, coulée n, coulee n (US) / river of molten lava ‖ **~tunnel** m (Geol) / lava tunnel, lava tube ‖ **~zement** m (nicht genormter Zement aus Portlandzementklinker und Lavamehl) (Bau) / lava cement
**Lavendel** m (Film) / lavender print ‖ **~kopie** f (Film) / lavender print ‖ **~öl** n (Chem Verf, Keram, Pharm) / oil of lavender, lavender oil
**Laver** m (Lebensmittel aus gesammelten oder kultivierten Rotalgen /Gattung Porphyra/) (Nahr) / laverbread n, laver n
**Laverbread** n (Nahr) / laverbread n, laver n
**Laves-Phase** f (die größte Gruppe der intermetallischen Verbindungen - nach F. H. Laves, 1906-1978) (Chem, Hütt) / Laves phase
**Lavezstein** m (Min) / potstone* n
**lavieren** v (Anstr, HuT) / wash v ‖ **~** n (Anstr, HuT) / wash* n
**lavierte Zeichnung** / wash drawing
**lävogyr** adj (Chem, Opt) / laevorotatory* adj, laevogyric adj, laevogyratory adj, levorotatory adj (US)
**Lävulinsäure** f (4-Oxo-pentansäure) (Chem) / laevulinic acid, 4-oxovaleric acid, levulinic acid (US), laevulic acid, 4-oxopentanoic acid
**Lävulose** f (Chem) / fructose* n, laevulose* n, fruit sugar n
**LAW** (Nukl) / low-activity waste, low-level radioactive waste, low-level waste*
**Lawesson-Reagens** n (Chem) / Lawesson reagent
**Lawine** f (Eltronik, Kernphys) / avalanche* n, electron avalanche ‖ **~** (Geol) / avalanche n ‖ **~** (Meteor) / avalanche n, snowslide n
**Lawinen·diode** f (eine Halbleiterdiode nach DIN 41855) (Eltronik) / avalanche diode* ‖ **~diode mit eingegrenztem Durchbruchbereich** (Eltronik) / controlled-avalanche diode ‖ **~durchbruch** m (DIN 41852) (Eltronik) / avalanche breakdown ‖ **~durchbruchspannung** f (DIN 41852) (Eltronik) / avalanche voltage ‖ **~effekt** m (Eltronik) / avalanche effect* ‖ **~fotodiode** f (Eltronik) / avalanche photodiode (APD) ‖ **~rauscharme ~fotodiode** (bei der die Multiplikationsschicht aus einer Folge von Quantum-well-Schichten besteht) (Eltronik) / multi-quantum-well avalanche photodiode (MQWAD) ‖ **~galerie** f (HuT) / avalanche roof ‖ **~laufzeitdiode** f (Eltronik) / impact-ionization avalanche transit time diode, IMPATT diode* ‖ **~rauschen** n (Eltronik) / avalanche noise ‖ **~schutt** m (Geol) / avalanche debris ‖ **~schutz** m (HuT) / avalanche control ‖ **~schutzgalerie** f (HuT) / avalanche roof ‖ **~transistor** m (mit einem ausnutzbaren Bereich negativen differentiellen Widerstandes der Durchbruchskennlinie) (Eltronik) / avalanche transistor* ‖ **~transistor mit Steuerung der Durchbruchsspannung** (Eltronik) / surface-controlled avalanche transistor (SCAT) ‖ **~verstärkungsfaktor** m (Eltronik) / avalanche gain ‖ **~wind** m (Meteor) / avalanche wind
**Lawrence-Farbfernsehröhre** f (TV) / tricolour chromatron
**Lawrencium (Lr)** n (Chem) / lawrencium* n
**Lawson** n (färbender Bestandteil von Henna - 2-Hydroxy-1,4-naphthochinon) (Chem, Pharm) / lawsone n
**Lawsonit** m (als Gemengteil und auf Klüften in metamorph veränderten Gabbros und Diabasen, besonders in Glaukophanschiefern - enstanden aus Anorthit) (Min) / lawsonite* n
**Lawson-Kriterium** n (Bedingung bei den sich selbst tragenden thermonuklearen Reaktionen - nach J. D. Lawson, geb. 1923) (Nukl) / Lawson criterion*
**Lawsons Scheinzypresse** (Chamaecyparis lawsoniana (A. Murray) Parl.) (For) / Lawson's cypress, Port-Orford cedar, Port-Orford white cedar
**Lawson-Zypresse** f (For) / Lawson's cypress, Port-Orford cedar, Port-Orford white cedar
**Laxantia** n pl (Pharm) / laxatives* pl
**Laxanzien** n pl (Pharm) / laxatives* pl
**Laxativa** n pl (Pharm) / laxatives* pl

**Laxative** n pl (Pharm) / laxatives* pl
**Laxmanit** m (Doppelsalz von Pb- und Cu-Chromat und Phosphat, monoklin) (Min) / vauquelinite n
**Layering** n (das Übereinandertragen von mehreren verschiedenen Kleidungsstücken) (Tex) / layering n
**Lay-in-Effekt** m (eine Mustermöglichkeit bei Jerseystoffen) (Tex) / lay-in effect
**Layout** n (Anordnungsskizze für Bild und Text) (Druck, EDV, Typog) / layout* n
**layouten** v (Druck, EDV, Typog) / layout v
**Layouter** m (Druck) / layout man
**LAZ** (EDV) / line-address of the offering port, offering-port line address
**Lazarettschiff** n (Mil, Schiff) / hospital ship
**Lazulith** m (ein Aluminium, Magnesium und Eisen enthaltendes Phosphat) (Min) / lazulite* n, blue spar
**LB** (Fernsp) / line seizure ‖ **~** (Nukl) / linear accelerator*, linac n, lineac n, linear particle accelerator
**L-Band** n (Fernm) / L-band* n
**LB-Automat** m (EDV) / linear-bounded automaton (LBA)
**LB-Film** m (dünne Schicht aus geordneten Monolagen von amphiphilen oder amphotropen Molekülen) (Chem) / LB film, Langmuir-Blodgett film
**LBn** (Bau) / lightweight concrete*
**LB-Technik** (Chem) / Langmuir-Blodgett technology
**LB-Texturierung** f (Spinn) / air-bulk texturing
**L2-Cache** m (EDV) / 2nd-level cache, second-level cache, secondary cache
**LCAO-Methode** f (eine Methode der Molekülzustände - durch Hund, Mulliken und Lennard Jones entwickeltes Näherungsverfahren zur Beschreibung der molekularen Bindungsverhältnisse) (Chem) / LCAO method
**LC-Ausführung** f (des Baggers - mit breiterer Spur und längerem Fahrschiff) (HuT, Masch) / long-crawler construction
**LCC-Laser** m (ein Halbleiterlaser) / laterally coupled cavity laser, LCC laser
**LCD** (EDV, Phys) / liquid crystal display*, LCD*
**LCD-Projektor** m (ein Gerät des Projektionsfernsehens) (TV) / liquid-crystal-display projector
**LCF** (WP) / low-cycle fatigue, LCF ‖ **~ bei hohen Temperaturen** (WP) / high-temperature LCF, HTLCF
**LCF-Versuch** m (mit niedrigen Lastspielzahlen) (WP) / low-cycle fatigue test
**LC-Generator** m (ein Meßgenerator) (Eltronik) / LC generator
**LC-Kopplung** f (Eltronik) / LC coupling*, impedance coupling*
**LC-MS-Kopplung** f (Chem, Spektr) / liquid chromatography-mass spectrometry coupling
**LCM-Verfahren** n (Extrudieren der Kautschukmischungen in heiße Flüssigkeitsbäder) (Chem Verf) / LCM process, liquid-curing-medium process
**LCN-Zahl** f (Luftf) / load classification number*, LCN*
**L-Corona** f (Astr) / L corona
**LCP-Glas** n (selbstverstärkender Kunststoff) (Chem, Plast) / liquid crystalline polymer glass
**LC-Polymer** n (Chem) / liquid-crystal polymer, LC polymer, liquid-crystalline polymer (LCP)
**LCP-Pigment** n (Anstr) / liquid-crystal-polymer pigment, LCP pigment
**LCR** (Pharm) / vincristine* n, leurocristine n
**LC-Schaltung** f (Eltech) / LC circuit
**LC-Sheetkautschuk** m (Chem Verf) / light-coloured sheet
**LC-Sheets** pl (lichte, gelbbraune Sheets) (Chem Verf) / light-coloured sheet
**LD** (EDV) / laser printer*, laser-beam printer ‖ **~** (Eltronik) / laser diode, diode laser, LD, DL ‖ **~** (Med) / lethal dose, LD
**L.D.$_{50}$** (tödliche Dosis für 50% der Versuchstiere - charakteristische Größe bei der Prüfung von Arzneimitteln) (Med) / LD$_{50}$*, mean lethal dose*, median lethal dose, lethal dose 50, MLD*
**LDA** (Phys) / laser doppler anemometer
**LD/AC-Verfahren** n (Linz-Donawitz-Arbed-CNRM - ein Blasstahlverfahren für phosphorreiches Roheisen) (Hütt) / L.D.A.C. process
**L-Darstellung** f (Radar) / L display*
**LDH** (ein zu den Oxidoreduktasen gehörendes Enzym, das die Hydrierung der Brenztraubensäure zu Milchsäure katalysiert) (Biochem) / lactate dehydrogenase, LDH
**λ/2-Dipol** m (Radio) / half-wave dipole
**L-Dock** m (Schiff) / offshore dock*
**L-Dopa** n (zur Behandlung der Parkinsonschen Krankheit) (Chem) / L-dopa n (3,4-Dihydroxy-phenylamin)
**LDPE** (Chem, Plast) / low-density polyethylene, LDPE
**l-drehend** adj (Chem, Opt) / laevorotatory* adj, laevogyric adj, laevogyratory adj, levorotatory adj (US)

**LDR-Widerstand** *m* (Eltronik) / photoconductive cell*, photoresistor *n*, light-dependent resistor, photoresistive cell, LDR
**LD-Stahl** *m* (Hütt) / L.D. steel
**LDV** (EDV) / computational linguistics, computer linguistics ‖ ≙ (Phys) / laser doppler velocimeter, LDV
**LD-Verfahren** *n* (ein Blasstahlverfahren mit technisch reinem Sauerstoff für phosphorarmes Roheisen) (Hütt) / Linz-Donawitz process, L.D. process
**LE** (EDV) / Little Endian *n*, LE ‖ ≙ (Fernsp) / line-termination unit, line-terminating equipment, LTE ‖ ≙ (Galv) / basic electrolyte, conducting salt, supporting electrolyte
**Lea** *f* (Garnmaß: Kammgarn = 80 yd, Baumwolle = 120 yd, Leinen = 200 yd) (Tex) / lea *n*
**Lead** *n* (Voraueilen einiger wirtschaftlicher Größen vor anderen im Konjunkturverlauf) / lead *n* (li:d)
**Leader** *m* (Mechanismus des elektrischen Durchschlags in Gasen bei inhomogenen Feldern und großer Schlagweite) (Eltech) / leader *n*
**Leader-Band** *n* (EDV, Mag) / leader tape
**Leadersequenz** *f* (Gen) / leader sequence
**Leadframe** (*pl -s*) *m* (Eltronik) / lead frame
**Leadhillit** *m* (ein wasserfreies Karbonat, monoklines Bleimineral, aus Leadhills) (Min) / leadhillite* *n*
**Leading** *n* (Chromatografie) (Chem) / leading *n*, fronting *n* ‖ ≙ (Chem) / fronting *n*, leading *n*, bearding *n*
**Leafing** *n* (Aufschwimmen von Bronzepulvern) (Anstr) / leafing* *n*
**Leafing-Pigment** *n* (Anstr) / leafing pigment
**Leaf-Movement-Faktor** *n* (Bot, Chem) / leaf-movement factor
**Leak** *m* (Schleuse bei Massenspektrometern) (Spektr) / leak *n*
**Leakage** *f* (Sickerstrahlung - die durch eine Abschirmung noch durchdringende Strahlung) (Nukl, Radiol) / leakage *n*
**Leak-proof-Konstruktion** *f* (bei Monozellen) (Eltech) / leak-proof construction
**Lean Computing** *n* (EDV) / lean computing
**Leancomputing** *n* (dezentralisierte Datenverarbeitung, die im Gegensatz zu Großrechenanlagen flexibel und kostengünstig den wechselnden Erfordernissen eines Unternehmens angepaßt werden kann) (EDV) / lean computing
**Leangas** *n* (Erdgas unter 1 Vol.-% Schwefelwasserstoff) (Kftst) / lean gas
**Leanmeter** *n* (Gerät zur Messung der Speckdicke am lebenden Schwein aufgrund der unterschiedlichen elektrischen Leitfähigkeit von Fleisch und Fett) (Nahr) / leanmeter *n*
**Leanproduction** *f* (F.Org) / lean production
**Learning** *n* **by Doing** (KI) / learning by doing ‖ ≙ **on the Job** (KI) / learning on the job
**Learning-Faktor** *m* (in der Ausfallratenberechnung) / learning factor
**Leasing** *n* (Vermietung von [Industrie]Gütern; moderne Industriefinanzierungsform) / leasing *n*, lease *n* ‖ **betriebstechnisches** ≙ (kurz- und mittelfristiges Leasing, wobei dem Leasingnehmer normalerweise unter Einhaltung einer bestimmten Frist ein Kündigungsrecht eingeräumt wird) / operating lease, service lease ‖ **grenzüberschreitendes** ≙ / cross-border lease ‖ **steuerbegünstigtes** ≙ / tax lease ‖ ≙ *n* (des Luftfahrzeuges) **ohne Treibstoff und Besatzung** (Luftf) / dry lease, bare-hull charter ‖ ≙ (eines Luftfahrzeuges) **mit Treibstoff und Besatzung** (Luftf) / wet lease* ‖ ≙**geber** *m* / lessor *n* ‖ ≙**makler** *m* (der vorwiegend Leasing-Geschäfte für Dritte arrangiert) / lease broker ‖ ≙**nehmer** *m* / lessee *n* ‖ ≙**rate** *f* / lease payment
**Leaversmaschine** *f* (für gewebte Spitzen - nach J. Leavers, 1786-1848) (Tex) / Leavers machine*
**Leawert** *m* (Qualitätsangabe für Baumwolle) (Tex) / lea value
**Leben** *n* (Biol) / life *n*
**lebend•es Inventar** (Landw) / livestock *n*, stock *n* (farm animals) ‖ **~er Kolumnentitel** (im Wörterbuch) (Druck) / catchword* *n* ‖ **~e Kolumnentitel** (Typog) / running heads* ‖ **~es Polymer** (mit Kettenwachstum) (Chem) / living polymer ‖ **~ vermarkten** (Vieh) (Landw) / sell on the hoof ‖ **~es Werk** (die unter der Konstruktionswasserlinie liegenden Teile des Schiffs /Unterwasserschiff/) (Schiff) / quick works ‖ **~es Werk** (Teil des Rumpfs, der unter der Wasserlinie liegt) (Schiff) / live work ‖ **~e Zelle** (Biol, Zyt) / living cell
**Lebend•bau** *m* (HuT, Wasserb) / stabilization of banks (or batters) by planting or live vegetation, side stabilization by seeding ‖ ≙**färbung** *f* (von Holz - bevorzugt von Rotbuchen, z.B. mit Anilin, Kupfer- oder Eisensulfat) (For) / injecting with dye (a living tree) ‖ ≙**harzung** *f* (mit Harzlachte) (For) / resin tapping, resin collecting, tapping *n*
**lebendiger Griff** (Leder) / natural handle
**Lebendigkeit** *f* (eine Systemeigenschaft) (EDV) / liveness *n* ‖ ≙ (Tex) / liveliness *n* (of wool)
**Lebend•impfstoff** *m* (Pharm) / live vaccine ‖ ≙**streifen** *m* (ungeharzter Stammumfang zwischen zwei Lachten - bei Lebendharzung) (For) / interspace *n*, interface *n* ‖ ≙**vakzine** *f* (Pharm) / live vaccine

≙**verbau** *m* (HuT, Wasserb) / stabilization of banks (or batters) by planting or live vegetation, side stabilization by seeding ‖ ≙**verbauung** *f* (HuT, Wasserb) / stabilization of banks (or batters) by planting or live vegetation, side stabilization by seeding ‖ ≙**zaun** *m* (Landw) / hedge *n*, hedgerow *n*
**Lebens-** (Biol) / biotic* *adj*
**Lebensbaum** *m* (Thuja L. sp.) (For) / arbor vitae, thuja *n* ‖ **Abendländischer** ≙ (For) / Northern white cedar, white cedar, Eastern white cedar
**Lebensdauer** *f* / useful life, usable life ‖ ≙ (bei vorwiegend statischer Beanspruchung = Zeitdauer bis zum Versagen, bei vorwiegend dynamisch-periodischer Beanspruchung = Zyklenzahl bis zum Versagen) / service life ‖ ≙ (z.B. von Ladungsträgern) (Elektr, Kernphys) / lifetime* *n* ‖ ≙ (Dauer der Funktionsfähigkeit) (Masch) / life cycle ‖ ≙ s. auch Haltbarkeit ‖ **begrenzte** ≙ (als Prognose) / finite service-life expectancy ‖ **begrenzte** ≙ / limited service-life, finite service-life ‖ **elektrische** ≙ (Eltech) / voltage endurance ‖ **experimentelle** ≙**bestimmung** / experimental determination of service life ‖ **mittlere** ≙ (die Verweilzeit im angeregten Zustand) (Kernphys, Stats) / mean life* ‖ **mittlere** ≙ (bei nicht gewarteten Systemen) (Masch) / mean time to failure, MTTF ‖ **rechnerische** ≙ (Masch) / rating life, rated life ‖ **thermische** ≙ (Eltech) / thermal life ‖ **verlängerte** ≙ (Masch) / improved service life, extended service life ‖ **voraussichtliche** ≙ / life expectancy, estimated service life ‖ ≙ *f* **an der Oberfläche** (eines Halbleiterkristalls) (Eltronik) / surface lifetime* ‖ ≙ **des Elektrolyten** (bei der Galvanisierung) (Galv) / bath life ‖ ≙ **des Werkzeugs** (Masch, Werkz) / endurance *n* (of a tool), tool life (expressed in time units), service life (of a tool) ‖ ≙**anteil** *m* (bei Wechselbeanspruchung) (WP) / life fraction ‖ ≙**anteilregel** *f* **von Miner** (WP) / Miner's rule of cumulative damage ‖ ≙**beiwert** *m* (z.B. für die Ausfallwahrscheinlichkeit für den Werkstoff, für die Betriebsbedingungen - DIN ISO 281) / life coefficient ‖ ≙**ende** *n* / end of life, EOL ‖ ≙**prüfung** *f* (WP) / life test ‖ ≙**schmierung** *f* (für die gesamte Lebensdauer der Reibstelle) (Masch) / lifetime lubrication, for-life lubrication ‖ ≙**verteilung** *f* (zeitlicher Verlauf des auf die Beanspruchungsbedingungen bezogenen Bestands einer Gesamtheit von Erzeugnissen) / life distribution ‖ **rechnerische** ≙**vorhersage** (Masch) / calculated life prediction
**Lebens•eiche** *f* (For) / live oak ‖ ≙**erhaltungssystem** *n* (z.B. Atem- oder Druckschutz) (Raumf) / life-support system ‖ ≙**erwartung** *f* (die durchschnittliche Lebensdauer, die Individuen einer Organismenart oder einer Population zu erwarten haben) (Biol, Stats) / life expectancy ‖ ≙**erwartung** (von Systemen oder Bauteilen) (Masch) / life expectancy ‖ **~fähig** *adj* (Biol) / viable* *adj* ‖ **~gefährlich** *adj* (Verletzung) (Med) / critical *adj* ‖ **~groß** *adj* / full-size *attr*, life-size *attr* ‖ ≙**kraft** *f* (Biol) / vitality *n* ‖ ≙**lauf** *m* (bei den Bewerbungen) / curriculum vitae, résumé *n* (US)
**Lebensmittel** *n* (Nahr) / food *n*, foodstuff *n* ‖ **ballaststoffreiche** ≙ (Nahr) / high-fibre foods ‖ **brennstoffverminderte** ≙ (Nahr) / calorie-reduced foods ‖ ≙, **die** *n pl* **auf der Grundlage moderner Technologie hergestellt wurden** (Nahr) / engineered foods, high-technology food ‖ **eine durch** ≙ **übertragene Krankheit** (nicht mit Lebensmittelvergiftung zu verwechseln) (Med) / food-borne disease ‖ ≙**energiereduzierte** (Nahr) / slimming foods ‖ **fertigzubereitete** ≙ (Gerichte) **für den Sofortverzehr** (Nahr) / take-away food, take-out food (US) ‖ **gebrauchsfertiges** ≙ (Nahr) / food mix ‖ **genetisch veränderte** ≙ (Nahr) / novel food ‖ **halbfeuchtes** ≙ (Nahr) / intermediate-moisture food, IMF ‖ **industriell bearbeitete(s)** ≙ (Nahr) / processed food(s) ‖ **mikrowellengeeignete** ≙ (Nahr) / micro-ready foods, microwave foods ‖ **nachgemachte** ≙ (Nahr) / imitated foods ‖ **naturbelassene** ≙ (Nahr) / food in its unrefined state ‖ **pulverisierte** ≙ (Nahr) / powdered foods ‖ **texturierte** ≙ (nach dem Spinn- oder Extrusionsprozeß) (Nahr) / texturized food, food analogue ‖ **tiefgefrorene** ≙ (Nahr) / deep-frozen food ‖ **unverpackte** ≙ (Nahr) / bulk foods ‖ **verarbeitete(s)** ≙ (meistens industriell) (Nahr) / processed food(s) ‖ ≙ *n pl* **aus dem "alternativen" Anbau** (Nahr) / eco food ‖ ≙ *n* **von mittlerer Feuchtigkeit** (Nahr) / intermediate-moisture food, IMF ‖ ≙**allergie** *f* (Med, Nahr) / food allergy* ‖ ≙**analytik** *f* (Chem, Nahr) / food analysis ‖ ≙**bestrahlung** *f* (Nahr) / food irradiation ‖ ≙**chemie** *f* (Chem, Nahr) / food chemistry, chemistry of foods ‖ **~echt** *adj* (Nahr) / safe for all foods ‖ ≙**fälschung** *f* (Nahr) / food adulteration ‖ ≙**farbstoff** *m* (E 100 - E 180) (Chem, Nahr) / food colour, certified colour, FD&C (Food, Drug and Cosmetic Act) colour, colour *n*, certified dye, colouring additive ‖ ≙**imitation** *f* (Nahr) / foodstuff imitation ‖ ≙**industrie** *f* (Nahr) / food industry, food-manufacturing industry ‖ **Unbedenklichkeitserklärung für konkrete** ≙**inhalts- und -begleitstoffe** (ausgegeben vom US-Department of Health, Education and Welfare) / GRAS (generally recognized as safe) ‖ ≙**intoleranz** *f* (Nahr) / food intolerance, dietary intolerance ‖ ≙**kolloid** *n* (+ Verdickungsmittel) / food colloid ‖ ≙**konservierung** *f* (Nahr) / food preservation, food canning (US) ‖ ≙**kontamination** *f*

**Lebensmittel-Monitoring**

(Nahr) / food contamination ‖ ~-**Monitoring** n (Nahr) / food monitoring ‖ ~**papier** n (Pap) / food wrapper ‖ **in** ~**reinheit** (Nahr) / food-grade adj, food-scale attr ‖ ~**sauber** adj (Nahr) / food-grade adj, food-scale attr ‖ ~**technologie** f (Nahr) / food engineering ‖ ~**toxikologie** f (Chem, Nahr) / food toxicology ‖ ~**überwachung** f (Nahr) / food inspection ‖ ~**verarbeitung** f / food manufacturing ‖ ~**verderb** m (der das Produkt ungenießbar macht) (Nahr) / food spoilage, food deterioration, food decay ‖ ~**vergiftung** f (Med, Nahr) / food poisoning* ‖ ~**werbung** f (Nahr) / food advertising, foodstuff advertising ‖ ~**wesen** n (Nahr) / food technology ‖ ~**wissenschaft** f (Nahr) / food science ‖ ~**wissenschaftler** m (Nahr) / food scientist, nutritionist n ‖ ~**zusatz** m (z.B. Farbstoffe, Antioxidantien, Emulgatoren, Konservierungsmittel, Bindemittel, Enzyme usw.) (Nahr) / food additive ‖ ~**zusatzstoff** m (Nahr) / food additive
**lebens•notwendig** adj / vital adj ‖ **wurzelnaher** (mikrobieller) ~**raum** (Bot) / rhizosphere* n ‖ **verlorene** ~**tage** (einer Risikogruppe) (Umwelt) / lost days of life ‖ ~**wichtig** adj / vital adj ‖ **mittlere** ~**zeit der Neutronengeneration** (Kernphys) / generation time*, neutron generation time ‖ ~**zyklus** m (Biol) / ontogeny* n, ontogenesis* n (pl. -geneses)
**leber•braun** adj (z.B. ein Mineral) / liver-brown adj, liver-maroon adj, liver-coloured adj ‖ ~**graxe** f (fester Rückstand, der bei der Lebertrangewinnung nach Abtrennung des Trans zurückbleibt und reich an Vitaminen und Nährstoffen ist) (Nahr) / graxe n, liver hides ‖ ~**opal** m (graue oder schwarze Knollen und Lagen aus Opal) (Min) / menilite* n ‖ ~**öl** n, **leber** ~**öl** n (Pharm) / liver oil* ‖ ~**tran** m (von den Gadus-Arten) (Pharm) / cod-liver oil*, CLO ‖ ~**tran** (im allgemeinen) (Pharm) / liver oil
**Lebesgue-Maß** n (zur Definition des Lebesgue-Integrals) (Math) / Lebesgue measure
**Lebesgue-meßbare Menge** (Stats) / Lebesgue measurable set
**Lebesguesches Integral** n (Math) / Lebesgue integral*
**Lebesgue-Stieltjes-Maß** n (nach H. Lebesgue, 1875-1941, und T.J. Stieltjes, 1856-1894) (Math) / Lebesgue-Stieltjes measure
**lebhaft** adj (Farbe) / vivid adj ‖ ~ / vivid adj
**Lebhaftwerden** n (Brau) / condition* n
**Leblancsch•er Phasenschieber** (Eltech) / Leblanc phase advancer* ‖ ~**e Schaltung** (Eltech) / Leblanc connexion (three-phase to two-phase transformer)*
**LEBM-Konzept** n (WP) / linear-elastic fracture mechanics, LEFM
**Lebrigwerden** n (Stadium des Anlaufprozesses bei Anlaufgläsern) (Glas) / overstriking n
**LE-Byteordnung** f (EDV) / Little Endian n, LE
**Leca** n (Zuschlag für Leichtbeton) (Bau, HuT) / light-expanded-clay aggregate
**Lecanorsäure** f (eine Flechtensäure) (Chem) / lecanoric acid
**Le-Chatelier-Braunsches Prinzip** (nach H.L. Le Chatelier, 1850-1936, und K.F. Braun, 1850-1918) (Phys) / principle of least constraint*, Le Chatelier-Braun principle, Le Chatelier's principle, Le Chatelier's theorem
**Lechatelierit** m (das natürliche Kieselglas z.B. in Form von Blitzröhren) (Min) / lechatelierite* n
**Le-Chatelier-Mikroskop** n (Mikros) / inverted microscope
**Lecher-Leitung** f (eine zweiadrige Hochfrequenzleitung) (Eltech) / Lecher wires*, Lecher line, parallel wire resonator*
**Lecher-System** n (ein Wellenleiter nach E. Lecher,1856-1926) (Eltech) / Lecher wires*, Lecher line, parallel wire resonator*
**Lecher-Welle** f (Eltech) / TEM wave, transverse electromagnetic wave
**Lecithin** n (E 322) (Biochem, Nahr) / lecithin* n
**Lecithinase** f (Phospholipase, die Phosphatidylcholine hydrolysiert) (Biochem) / lecithinase n ‖ ~ (Biochem) s. auch Phospholipase
**leck** adj / leaky adj ‖ ~ / **e Stelle** / leak n ‖ ~ / leakage n ‖ ~ (Beschädigung der Außenhaut des Schiffes mit Wassereinbruch) (Schiff) / leak n ‖ **ein** ~ **bekommen** / spring a leak ‖ ~**absaugsystem** n (Nukl) / leakoff system
**Leckage** f / leakage n
**leckagefrei** adj / leak-proof adj, leak-free adj ‖ ~ / tight adj, proof adj
**leckagesicher** adj / leak-proof adj, leak-free adj
**Leck•anfälligkeit** f / leakiness n ‖ ~**anschluß** m (der Pumpe) (Masch) / drain n ‖ ~**auffangsystem** n (Nukl) / leakage interception system, guard vessel system n ‖ ~**detektor** m (Masch, Phys) / leak detector*
**lecken** v / leak v ‖ ~ n / leak n, leakage n ‖ ~ (durch Sickerung) / weeping n
**lecker** adj (Nahr) / tasteful adj, palatable adj, tasty adj, delicious adj
**Leck•flüssigkeit** f (Gas oder Tropfflüssigkeit) / leakage n ‖ ~**geschützt** adj (Bauweise bei Zink-Mangandioxid-Elementen) (Eltech) / leak-proof adj ‖ ~**geschwindigkeit** f / leak rate ‖ ~**loch** n (Bau) / weephole n ‖ ~**luft** f (Vakuumt) / inleakage n ‖ ~**mode** m (Faseroptik) (Eltronik) / leaky mode, tnnelling mode ‖ ~**nachweisgerät** n (Masch, Phys) / leak detector* ‖ **dynamische** ~**prüfung** (Vakuumt) / dynamic leak test ‖ ~**rate** f (Vakuumt) / leak rate ‖ ~**schlagen** v (Schiff) / stave vi ‖ ~**sicher** adj / leak-proof adj, leak-free adj ‖ ~**springen** n (Masch) / springing n ‖ ~**spürgerät** n (Masch, Phys) / leak detector* ‖ ~**stein** m

(für Tiere) / salt lick, lick n ‖ ~**stelle** f / leak n ‖ ~**strahlung** f (Nukl) / leakage radiation ‖ ~**strom** m (im allgemeinen) (Eltech) / leakage current*, leak current, stray current, tracking current ‖ ~**suche** f / leakage detection, leak check ‖ ~**suche** (Masch) / tightness check, leak test ‖ ~**suche mittels Abseifens** / soapsuds check for leakage, soapy-water tightness check, soap-bubble testing ‖ ~**suchgerät** n (Masch, Phys) / leak detector* ‖ ~**suchmassenspektrometer** n (Vakuumt) / leak-test mass spectrometer ‖ ~**suchmolch** m (ein Prüfmolch) / leak-detection pig ‖ ~**suchspray** m n / leak-detection spray ‖ ~**test** m (Dichtheitsprüfung) (Masch) / tightness check, leak test ‖ ~**verlust** m / leakage n ‖ ~**vor-Bruch-Konzept** n (Verhinderung katastrophalen Bruchversagens durch Anwendung des Konzeptes der Basissicherheit) (Masch, WP) / leak-before-fracture concept ‖ ~**welle** f (ein Wellentyp, der durch Abstrahlung längs der Faser gedämpft wird) (Fernm) / leaky wave
**Leclanché-Element** n (Kohle-Zink-Element nach G. Leclanché, 1839-1882) (Eltech) / Leclanché cell*, sal-ammoniac cell
**Lectin** n (Protein in pflanzlichen Speicherorganen) (Bot) / lectin n
**LED** f im Gehäuse (Eltronik) / packaged LED
**LED-Anzeige** f (EDV) / LED display
**LED-Drucker** m (EDV) / light-emitting-diode printer, LED printer
**Ledeburit** m (Eutektikum des metastabilen Systems im Eisen-Kohlenstoff-Diagramm - nach A. Ledebur, 1837-1906) (Hütt) / ledeburite n
**ledeburitisch** adj (Hütt) / ledeburitic adj ‖ ~**es Karbid** (Hütt) / ledeburitic carbide
**Leder** n (Leder) / leather* n, lea ‖ **buffiertes** ~ (Leder) / buff leather ‖ **durch Krispeln herausgearbeitetes natürliches Narbenbild pflanzlicher** ~ (Leder) / willow grain ‖ **eingebranntes** ~ (das durch Eintauchen in heißes Fett imprägniert wurde) (Leder) / dip-dressed leather ‖ **gebufftes** ~ (Leder) / buff leather ‖ **gekrispeltes** ~ (Leder) / boarded leather ‖ **genarbtes** ~ (durch Narbenpressen erzielter Effekt) (Leder) / shagreen n ‖ **kombinationsgegerbtes** ~ (Leder) / combination-tanned leather ‖ **leeres** ~ (Leder) / empty leather ‖ **nicht sortierte** ~ (aus der Gerberei) (Leder) / table run, tannery run, TR ‖ **ostindisches** ~ (vegetabilisch vorgegerbte Häute und Felle Indiens) (Leder) / East-India leather ‖ **technisches** ~ (meistens für die Textilindustrie) (Leder) / mechanical leather ‖ **weißgares** ~ (Leder) / Hungarian leather, whitleather n ‖ **weißgegerbtes** ~ (Leder) / Hungarian leather, whitleather n ‖ ~ n **für Arbeitsschutzartikel** (Leder) / leather for worker's protective clothing, protective clothing leather ‖ ~ **für Bekleidungszwecke** (Leder) / clothing leather, garment leather ‖ ~ **für den Schuhoberbau** (Leder) / upper leather, shoe upper leather ‖ ~ **für den Schuhunterbau** (Leder) / sole leather, bottom leather, bottoming leather ‖ ~ **für Kleidungsstücke** (Leder) / clothing leather, garment leather ‖ ~ **für orthopädische Zwecke** (meistens für Beinprothesen und Maßschuhe) (Leder) / orthopaedic leather, orthopedic leather (US) ‖ ~ **für Riemenverbindungen** (Leder) / lace leather ‖ ~ **für Treibriemen** (Leder) / belt leather, belting leather ‖ ~ **im Borkenzustand** (Leder) / crust leather ‖ ~ **mit künstlichem Krokodilschuppenbild** (auf der Narbenseite) (Leder) / alligator-grained leather ‖ ~ **mit Pigmentzurichtung** (Leder) / pigment-finished leather
**Leder•abfälle** m pl **zur Gewinnung des Hautleims** (Leder) / spetches pl ‖ ~**ähnlich** adj / leathery adj, leatherlike adj ‖ ~**appretur** f (Leder) / leather dressing
**lederartig** adj / leathery adj, leatherlike adj ‖ ~**e Glasuroberfläche** (Fehler) (Keram) / pigskin n (a porcelain-enamel or glaze imperfection)
**Leder•ausbeute** f (Leder) / leather return ‖ ~**ausstattung** f (Kfz, Leder) / leather interior trim, leather trim ‖ ~**balgen** m (Foto) / leather bellows ‖ ~**band** m (Buchb) / leather binding, leather-bound book ‖ ~**berg-Technik** f (nach J. Lederberg, 1925- ) (Bakteriol) / Lederberg technique ‖ ~**berg-Technik** (Bakteriol) s. auch Replikaplattierung ‖ ~**braun** adj / tan adj, tawny adj, tan-coloured adj ‖ ~**effekt** m (Mikros) / vesuvin n ‖ ~**effekt** m (Tex) / sharkskin finish ‖ ~**einband** m (Buchb) / leather binding, leather-bound book ‖ ~**einband mit Einlegearbeit** (Buchb) / mosaic binding, inlaid binding
**Lederer** m (A) (Leder) / tanner n
**Lederer-Manasse-Reaktion** f (Hydroxymethylierung von Phenolen mit Formaldehyd) (Chem) / Lederer-Manasse reaction
**Leder•ersatzstoff** m (Leder) / leathercloth n ‖ ~**etui** n / leather case ‖ ~**farben** adj / buff attr, leather-yellow attr ‖ ~**farben** (hell) (Pap) / India-tint attr ‖ ~**faser** f (Leder) / leather fibre ‖ ~**faserpappe** f (Pap) / leatherboard* n, leather-fibre board ‖ ~**faserstoff** m (Tex) / non-woven leather ‖ ~**faserwerkstoff** m (Leder) / leatherboard n, reconstituted leather ‖ ~**fäule** f (Phytophthora-Fruchtfäule an Erdbeeren, verursacht durch Phytophthora cactorum Schroet. oder Phytophthora fragariae) (Landw) / red stele ‖ ~**futteral** n / leather case ‖ ~**gelb** adj / buff attr, leather-yellow attr ‖ ~**gelb** n (Tex) / leather yellow ‖ ~**hart** adj (Scherben, der noch nicht völlig ausgetrocknet, aber bereits genügend verfestigt ist) (Keram) / leather-hard adj ‖

⁓haut f (Leder) / corium* n (pl. coria), dermis* n, true skin, cutis n, derma n, derm* n ‖ ⁓holz n (Dirca palustris L.) (For, Pharm) / leatherwood n ‖ ⁓klebstoff m (Leder) / leather adhesive ‖ ⁓kleidung (Leder) / leatherwear n ‖ ⁓kordel f (Leder) / thong n ‖ ⁓leim m (aus Lederabfällen) / leather glue ‖ ⁓lenkrad n (Kfz) / leather-trimmed steering wheel ‖ ⁓manschette f (am Schaltknüppel) (Kfz) / leather gaiter ‖ ⁓manschette (eine Manschettendichtung) (Masch) / U-leather n, leather cup
ledern adj / leathery adj
Leder•papier n (Pap) / leather paper, leatherette paper ‖ [braune] ⁓pappe (Pap) / leatherboard* n, leather-fibre board ‖ ⁓pflegemittel n / leather-dressing agent ‖ ⁓polsterung f (Kfz) / leather upholstery ‖ ⁓reinigung f / leather cleaning ‖ ⁓riemen m (ein Treibriemen) (Masch) / leather belt ‖ ⁓rücken m (Buchb) / leather back ‖ ⁓sack m mit Schrotfüllung (als Unterlage für das Treiben von Hohlformen) (Kfz) / shot bag ‖ ⁓schaltmanschette f (Kfz) / leather gearshift boot ‖ ⁓schärfmaschine f (Leder) / leather-skiving machine, skiving machine ‖ ⁓schnur f (Leder) / thong n ‖ ⁓schürze f / leather apron ‖ ⁓seife f (Leder) / saddle soap ‖ ⁓spaltmaschine f (Leder) / leather-splitting machine ‖ ⁓streifen m (schmaler) (Leder) / thong n ‖ ⁓zecke f (Landw, Zool) / soft tick ‖ ⁓zecken f pl (Landw, Zool) / Argasidae pl ‖ ⁓zurichtung f (Leder) / leather finishing
LED-Leuchtstrich m (Eltronik) / LED light bar
Ledol n (Pharm) / ledol n, ledum camphor
Leduc-Righi-Effekt m (nach S.A. Leduc, 1856-1937, und A. Righi, 1850-1920) (Phys) / Righi-Leduc effect, Leduc effect*, Righi effect
Ledumcampher m (aus dem Sumpfporst - Ledum palustre L.) (Pharm) / ledol n, ledum camphor
Lee n f (die dem Wind abgekehrte Seite, z.B. eines Berges) (Geol, Meteor) / lee n ‖ ⁓ (Schiff) / lee n, lee side
Lee-Abstand m (EDV) / Lee distance, Lee metric
LEED (Phys) / low-energy electron diffraction*, LEED*
leer adj / blank adj, clean adj ‖ ⁓ (Behälter, Geschmackseindruck) / empty adj ‖ ⁓ (Bau) / vacant adj, empty adj, unoccupied adj ‖ ⁓ (Batterie) (Eltech) / dead adj, flat adj, run-down adj, discharged adj, low adj ‖ ⁓ blasen (den Zellstoffkocher) (Pap) / blow v, blow off v ‖ ⁓es Energieband (Phys) / empty band* ‖ ⁓er Garnträger (Spinn) / tube n, bobbin* n (empty), holder n ‖ ⁓es Leder (Leder) / empty leather ‖ ⁓e Liste (EDV) / empty list, null list ‖ ⁓e Menge (DIN 5473) (Math) / empty set, void set, null set, set of measure zero ‖ ⁓er Raum (Phys) / free space ‖ ⁓e Redundanz / useless redundancy, unessential redundancy ‖ ⁓e Teilmenge (Math) / vacuous subset ‖ ⁓e Untermenge (Math) / vacuous subset ‖ ⁓e Vergrößerung (Opt) / empty magnification, magnification beyond the useful limit ‖ ⁓es Zeichen (EDV) / forbidden character, meaningless character
Leer•- / empty adj ‖ ⁓anschluß m (Fernm) / dummy line ‖ ⁓balken m (Zimm) / intermediate joist ‖ ⁓band n (Mag) / raw tape
Leere, Torricellische ⁓ (nach E. Torricelli, 1608-1647) (Phys) / Torricellian vacuum*
leergefördertes Gasfeld / depleted gas reservoir
Leer•fahrt f (eines Fördermittels) / no-load trip, empty trip ‖ ⁓fahrt (einer Lokomotive) (Bahn) / idle running ‖ ⁓flug m (Luftf) / non-revenue flight ‖ ⁓gewicht n (das in den Fahrzeugpapieren angegeben) (Kfz) / kerb weight, curb weight ‖ ⁓gut n / empties pl (returned) ‖ ⁓hubgeschwindigkeit f (des Stößels einer hydraulischen Presse) (Masch) / closing speed ‖ ⁓karte f (Nav) / plotting sheet, plotting chart ‖ ⁓last f (Eltech) / no-load n ‖ ⁓lastanzeige f (Eltech) / no-load indication
Leerlauf m (des Wagens) (Bahn) / empty running ‖ ⁓ (Eltech) / open circuit ‖ ⁓ (im allgemeinen) (Eltech, Masch) / no-load operation ‖ ⁓ (einer Druckgießmaschine) (Gieß) / dry cycling ‖ ⁓ (bei Druckgießmaschinen) (Gieß) / dry cycling ‖ ⁓ (mit niedrigster Drehzahl) (Masch) / idle RPM ‖ ⁓ (Masch) / end play ‖ ⁓ (Motorbetriebszustand) (V-Mot) / idle n, idling n ‖ ⁓ (Vorgang) (V-Mot) / idling* n, idle running, tickover n ‖ erhöhter ⁓ (V-Mot) / fast idle ‖ im ⁓ (Eltech) / at no-load ‖ im ⁓ betrieben (Eltech) / open-circuited adj ‖ im ⁓ laufen lassen (Masch) / idle vt ‖ unrunder ⁓ (V-Mot) / rough idle, rough idling
Leerlauf•abschaltmagnet m (Kfz) / antidieseling solenoid, idle-stop solenoid, idle shut-off solenoid(-operated valve) ‖ ⁓abschaltventil n (als Oberbegriff) (Kfz) / antidieseling device, idle-stop valve, anti-run-on valve ‖ ⁓anhebung f (V-Mot) / fast idle ‖ ⁓drehsteller m (V-Mot) / idle-speed stabilizer, idle stabilizer ‖ ⁓drehzahl f (Kfz, V-Mot) / idling speed, idle speed, idle RPM ‖ ⁓drehzahl (erhöhte) (Masch) / fast idle speed ‖ ⁓drehzahl (Masch) / speed under no load, no-load speed ‖ normale ⁓drehzahl (Kfz) / kerb idle, curb idle speed ‖ ⁓drehzahl bei betriebswarmem Motor (Kfz) / kerb idle, curb idle speed (normal idle speed on a warm engine) ‖ ⁓drehzahl im Flug (Luftf) / flight idle ‖ ⁓düse f (Kfz, V-Mot) / idle jet, slow-running jet ‖ ⁓eingangsimpedanz f (Eltech) / free impedance* ‖ ⁓einrichtung f (Kfz, V-Mot) / idle system, idle fuel system ‖ ⁓einstellschraube f (Kfz, V-Mot) / idle speed screw, idle air screw, pilot air screw, idle adjusting screw ‖ ⁓einstellung f (Kfz, V-Mot) / idling adjustment*, slow-running adjustment
leerlaufen v (nur Infinitiv oder Partizip) / idle v, tick over v
Leerlauf•feld n (Eltech) / no-load field ‖ ⁓gemisch n (Kfz) / idle mixture ‖ ⁓gemischabmagerungsvorrichtung f bei heißem Motor (Kfz) / hot-idle compensator ‖ ⁓gemischeinstellung f (Kfz) / idle-mixture adjustment, idle-mixture setting ‖ ⁓gütefaktor m (Eltech) / non-loaded Q, basic Q ‖ ⁓impedanz f (Eltech) / open-circuit impedance* ‖ ⁓kennlinie f (Eltech) / open-circuit characteristic*, no-load characteristic* ‖ ⁓kennlinie (die Sättigungsverhalten zeigt) (Eltech) / open-circuit saturation curve, no-load saturation curve ‖ ⁓-Kurzschlußverhältnis n (Eltech) / short-circuit ratio*, SCR ‖ ⁓lampe f (Masch) / idling lamp ‖ ⁓leistung f (Masch) / idling power, idle power ‖ ⁓-Reibungswiderstand m (Kfz) / idling drag ‖ ⁓sägen n (Drehzahlschwankungen) (Kfz) / roll n ‖ ⁓sättigungskurve f (Eltech) / open-circuit saturation curve, no-load saturation curve ‖ ⁓spannung f (Eltech) / open-circuit voltage* ‖ ⁓stabil adj (Eltech) / open-circuit stable ‖ ⁓stellung f (des Getriebes) (Kfz) / neutral n, neutral gear, neutral position ‖ ⁓strom m (Eltech) / no-load current* ‖ ⁓test m (Kfz) / no-load test (of the starter) ‖ ⁓verhalten n (Kfz) / idle quality, idle behaviour ‖ ⁓verlust m (Eltech) / no-load loss*, open-circuit loss* ‖ ⁓verstärkung f ohne Netzwerk (Radio) / open-loop gain ‖ abgesenkte ⁓zahl (Kfz) / low-idle speed, off-idle speed, curb idle speed ‖ ⁓zeit f (verfügbare Zeit minus Produktivzeit) (F.Org) / idle time ‖ ⁓zustand (Eltech) / open circuit
Leer•liste f (EDV) / empty list ‖ ⁓lokomotive f (die vor einem Zug vorausfährt) (Bahn) / pilot engine* ‖ ⁓masse f (eines Containers) / tare* n ‖ ⁓masse (eines Fahrzeugs) (Bahn, Kfz) / unloaded weight ‖ ⁓meldung f (wenn in einem Erwartungsgebiet keine Ziel- oder Falschmeldung erfolgt) (Radar) / missing plot n ‖ ⁓platte f (halbfertige durchkontaktierte Leiterplatte ohne Leiterzüge) (Eltronik) / blank board n ‖ ⁓schritt m (Fernm) / space pulse n ‖ ⁓seil n (des Schrappers) (HuT) / return rope ‖ ⁓sparren m (Bau, HuT) / common rafter*, spar n, rafter spar, intermediate rafter* ‖ ⁓stelle f (Druck, EDV) / space* (SP) n ‖ ⁓stelle (Subtraktionsbaufehler) (Kernphys, Krist) / vacancy* n, lattice vacancy ‖ ⁓stellenfolge f (EDV) / blank string n ‖ ⁓stellenfrei adj (Kernphys, Krist) / vacancy-free adj ‖ ⁓stich n (beim Walzen) (Hütt) / lost pass ‖ ⁓takt m (V-Mot) / idle stroke ‖ ⁓tankmasse f (Luftf) / zero fuel weight*, ZFW ‖ ⁓taste f (der Schreibmaschine) / space bar, space key, blank key ‖ ⁓trum m n (des Riemengetriebes) (Masch) / slack side (of a belt) ‖ ⁓vergrößerung f (Opt) / empty magnification, magnification beyond the useful limit ‖ ⁓versuch m (Nachweisreaktion in der chemischen Analyse) (Chem) / blank experiment ‖ ⁓versuch (Pharm) / blind trial, placebo test ‖ ⁓wagenpark m (Bahn) / empty stock ‖ ⁓weg m (des Pedals) (Kfz) / free travel ‖ ⁓wert m (Chem) / blank value, blank reading ‖ ⁓wert (Wärmeverbrauch eines Schmelzofens bei Haltefeuer) (Glas) / no-load heat consumption, holding-heat consumption, idle-load consumption ‖ ⁓zeichenunterdrückung f (Druck, EDV) / space suppression ‖ ⁓zeile f (nicht bedruckte oder beschriftete Zeile zur Unterteilung des Textes) (Druck) / space line, white line* ‖ ⁓zeit f (z.B. beim Rüsten) (F.Org) / idle time
Leeseite f (Schiff) / lee n, lee side
leewärts adv / leeward adv, alee adv
Lee•welle f (stationäre atmosphärische Welle auf der Leeseite eines quer angeströmten Gebirges) (Geol, Luftf, Meteor) / lee wave ‖ ⁓wellenwolke f (Meteor) / lenticularis n (pl. -res), lenticular cloud ‖ ⁓wirbel m (auf der Leeseite von Gebäuden und anderen Hindernissen) (Umwelt) / downdraught n
Legacy-Geräte n pl (die nicht Plug & Play unterstützen) (EDV) / legacy devices
legaler Titer (Gewicht von 9000 m eines Garnes) (Spinn) / legal titer
Legal-Test n (nach E. Legal, 1859 - 1922) (Biochem, Med) / Legal test
Legaltiter m (Gewicht von 9000 m eines Garnes) (Spinn) / legal titer
Legatoschreiben n (EDV) / key roll-over (operation)
Lege•automat m (Tex) / folder n, folding machine ‖ ⁓batterie f (Landw) / battery n (a series of small cages for the intensive rearing and housing of farm animals, especially poultry) ‖ ⁓gerät n (bei Kartoffeln) (Landw) / planter n, planting machine ‖ ⁓maschine f (Landw) / planter n, planting machine ‖ ⁓maschine (Tex) / folder n, folding machine
legen v (Kartoffeln) (Landw) / plant v ‖ ⁓ (Samen) (Landw) / set vt ‖ Energieleitungen ⁓ / power v ‖ sich ⁓ (Wind) (Meteor) / drop v ‖ tiefer ⁓ / lower v ‖ Wasserleitungen ⁓ / water v ‖ ⁓ n (Bau) / setting n, bricklaying n, bricking n ‖ ⁓ (Tex) / folding n
Legende f (EDV) / call-out n (a text box with a line that points to an area of interest in an illustration) ‖ ⁓ (erklärender Text) (Typog) / caption n, legend* n, underline n, cutline n
Legendre•Differentialgleichung f (nach A.M. Legendre, 1752-1833) (Math) / Legendre's differential equation*, Legendre equation ‖

**Legendre-Polynom**

~**-Polynome** *n pl* (zonale Kugelfunktionen) (Math) / Legendre's polynomials*, zonal spherical harmonics
**Legendresch•e Funktionen** (Lösungen der Legendre-Differentialgleichung) (Math) / Legendre functions ‖ ~**e Polynome** (zonale Kugelfunktionen) (Math) / Legendre's polynomials*, zonal spherical harmonics ‖ ~**es Symbol** (in der Zahlentheorie) (Math) / Legendre symbol
**Legendre-Transformation** *f* (eine spezielle Berührungstransformation) (Math) / Legendre transformation, Legendre contact transformation
**Leger** *m* (Tex) / rigger *n*
**Legerkleidung** *f* (Tex) / casual clothing, casuals *pl* (suitable for everyday wear rather than formal occasions)
**Leger-Kleidung** *f* (die moderne Freizeitkleidung) (Tex) / casual wear
**Lege•schiene** *f* (der Kettwirk- und Raschelmaschine) (Tex) / guide bar ‖ ~**tisch** *m* (DIN 64990) (Tex) / folding table ‖ ~**verfahren** *n* (bei der Herstellung von Leiterplatten) (Eltronik) / laying method
**Legföhre** *f* (Pinus mugo subsp. pumilio (Haenke) Franco) (For) / dwarf pine, mugho pine, mugo pine
**legieren** *v* (Öl) / dope *v* ‖ ~ *vt* (Hütt) / alloy *v* ‖ ~ *v* (Hütt) / alloy *v* ‖ ~ (Nahr) / thicken *v* ‖ **sich** ~ **lassen** (Hütt) / alloy *v* ‖ ~ *n* (Hütt) / alloying *n*
**legiert•es Motorenöl** (V-Mot) / premium motor oil ‖ ~**es Öl** (mit Wirkstoffen) / doped oil ‖ ~**er Stahl** (Hütt) / alloy steel* ‖ ~**er Transistor** (Eltronik) / alloy-junction transistor, alloyed transistor ‖ ~**er Übergang** (Eltronik) / alloy junction* ‖ ~**er Zonenübergang** (Eltronik) / alloy junction*
**Legierung** *f* (von Mineralölprodukten) (Chem) / doping *n* ‖ ~ (ein Gemenge aus dem Grundmetall und dem Legierungselement) (Hütt) / alloy* *n* ‖ **binäre** ~ (Hütt) / binary alloy ‖ **dampfabgeschreckte** ~ (Hütt) / vapour-quenched alloy ‖ **eine** ~ **bilden** (Hütt) / alloy *v* ‖ **einphasige** ~ (Hütt) / homogeneous alloy, single-phase alloy ‖ **eutektische** ~ (Hütt) / eutectic alloy ‖ **handelsübliche** ~ (Hütt) / commercial alloy, industrial alloy ‖ **Harpers** ~ (44% Bi, 25% Pb, 25% Sn und 6% Cd) (Hütt) / Harper's alloy ‖ **heterogene** ~ (Hütt) / heterogeneous alloy, multiphase alloy ‖ **hitzebeständige** ~ (Hütt) / heat-resisting alloy*, heat-resistant alloy ‖ **hochfeste** ~ (Hütt) / high-strength alloy, high-tensile alloy ‖ **hochschmelzende** ~ (Hütt) / refractory alloy*, high-melting alloy, high-melting-point alloy ‖ **hochwarmfeste** ~ (Hütt) / high-temperature alloy ‖ **hochzinkhaltige** ~ (Hütt) / zinc-based alloy ‖ **homogene** ~ (Hütt) / homogeneous alloy, single-phase alloy ‖ **interstitielle** ~ (zwischen Metall und Nichtmetall) (Hütt) / interstitial alloy ‖ **magnetische** ~ (Hütt, Mag) / magnetic alloy*, magnet alloy ‖ **mehrphasige** ~ (Hütt) / heterogeneous alloy, multiphase alloy ‖ **niedrigschmelzende** ~ (Hütt) / low-melting-point alloy*, fusible alloy*, low-melting alloy, low-melting-point fusible alloy ‖ **pyrophore** ~ (ein Pyrophor) (Hütt) / pyrophoric metal*, pyrophoric alloy ‖ **quaternäre** ~ (Hütt) / quaternary alloy ‖ **schnell erstarrte** ~ (Gieß) / rapidly solidified alloy, RS alloy ‖ **supraleitende** ~ (Hütt) / superconducting alloy ‖ **ternäre** ~ (Hütt) / ternary alloy, tertiary alloy ‖ ~ *f* **für Endoprothesen und Alloplastik** (Hütt) / prosthetic alloy ‖ ~ **mit Formgedächtnis** (Hütt) / shape memory alloy ‖ ~ **mit niedrigem thermischem Ausdehnungskoeffizienten** (Hütt) / low-expansion alloy ‖ ~ **zweiter Schmelze** (Hütt) / secondary alloy
**Legierungs•abscheidung** *f* (Teilgebiet der Galvanotechnik - das gleichzeitige elektrochemische Abscheiden zweier oder mehrerer Metalle, die je nach ihrem Anteil in der abgeschiedenen Schicht bestimmte Legierungen bilden) / deposition of alloy coatings ‖ ~**bereich** *m* (Hütt) / alloying range ‖ ~**bestandteil** *m* (Hütt) / constituent* *n*, alloying constituent ‖ **homogener ultrareiner, extrem segregationsfreier** ~**block** (Hütt) / homogeneous ultraclean alloy ingot ‖ ~**diffundiert** *adj* (Eltronik) / alloy-diffused *adj* ‖ ~**diode** *f* (eine Halbleiterdiode) / alloy diode ‖ ~**element** *n* (Si, Mn, Cr, Ni, Cu, Al usw.) (Hütt) / alloying element, alloy element ‖ ~**gehalt** *m* (in Stählen) (Hütt) / alloying content ‖ ~**grundgefüge** *n* (Hütt) / alloy matrix ‖ ~**grundmasse** *f* (Hütt) / alloy matrix ‖ ~**komponente** *f* (Hütt) / constituent* *n*, alloying constituent ‖ ~**metall** *n* (z.B. W, Mo, Ta und Cr) (Hütt) / alloy metal, alloying metal ‖ ~**pulver** *n* (Hütt) / alloy powder ‖ ~**rohr** *n* (als Gegensatz zum Bleirohr) (Hütt) / compo pipe ‖ ~**schicht** *f* (Galv) / alloy coating ‖ ~**schmelze** *f* (Hütt) / alloy melt ‖ ~**schutzschicht** *f* (aus verschiedenen Legierungselementen) (Galv) / alloy coating ‖ **höchstvergüteter** ~**sonderstahl** (Hütt) / ultraservice alloy steel ‖ ~**system** *n* (Hütt) / alloy system ‖ ~**technik** *f* (Eltronik) / alloying *n* ‖ ~**technologie** *f* (Eltronik) / alloying *n* ‖ ~**transistor** *m* (ein im Legierungsverfahren hergestellter Bipolartransistor) (Eltronik) / alloy-junction transistor, alloyed transistor ‖ ~**übergang** *m* (Eltronik) / alloying *n* ‖ ~**vergolden** *n* (Eltronik) / gold-alloy deposition ‖ **elektrolytisches** ~**verzinken** (Galv) / alloy electrogalvanizing ‖ ~**zusatz** *m* (Hütt) / minor element (of an alloy), alloy agent ‖ ~**zwischenschicht** *f* (Hütt) / intermetallic alloy zone
**LE-Glas** *n* (Glas) / low-expansion glass

**Leguminosae** *pl* (Bot, Landw) / Leguminosae* *pl*
**Leguminosen** *f pl* (Bot, Landw) / Leguminosae* *pl*
**Leguminosensilage** *f* (Landw) / legume silage
**Legung** *f* (Bewegung der Legeschienen) (Tex) / lapping *n*, lapping movement ‖ ~ **über den Nadeln** (Tex) / lapping *n* ‖ ~ **unter den Nadeln** (Tex) / shogging *n*
**Lehm** *m* (Geol) / loam* *n*, mild clay*, clay* *n*, sandy clay* ‖ **harter** ~ **oder Letten** (Bergb) / clod *n*
**Lehm•-** / loamy *adj* ‖ ~**boden** *m* (eine Bodenart) (Landw) / clay soil ‖ ~**form** *f* (Gieß) / loam mould ‖ ~**formen** *n* (Gieß) / loam moulding ‖ ~**formerei** *f* (Gieß) / loam moulding ‖ ~**füllung** *f* / clay filling ‖ ~**glasur** *f* (Keram) / slip glaze ‖ ~**grube** *f* / clay pit, loam pit ‖ ~**guß** *m* (in Lehmformen) (Gieß) / loam casting
**lehmhaltig** *adj* / loamy *adj*
**lehmig** *adj* / loamy *adj* ‖ ~**er Boden** (Geol) / gumbo *n* (US)
**Lehm•kern** *m* (zur Einzelfertigung von Großguß) (Gieß) / loam core ‖ ~**kneten** *n* (Keram) / pugging *n* ‖ ~**schlag** *m* (mit Wasser angemacht - wasserseitig im Deich eingebaut zur Bildung eines wasserdichten Abschlusses) (Wasserb) / clay puddle*, puddle* *n* ‖ ~**stampfen** *n* (Keram) / pugging *n* ‖ ~**stein** *m* (Gieß) / loam brick* ‖ ~**stopfen** *m* (Hütt) / clay plug ‖ ~**verputz** *m* (Bau) / daub *n* ‖ ~**verstrich** *m* (Bau) / daub *n*
**Lehnenentriegelungshebel** *m* (Kfz) / recliner release lever
**Lehnstuhl** *m* (mit verstellbarer Rückenlehne) (Tischl) / reclining chair
**Lehr•automat** *m* (EDV) / teaching machine ‖ ~**baustein** *m* (EDV) / didactic module ‖ ~**bogen** *m* (Bau) / centring* *n*, centres* *pl*, centering* *n* ‖ ~**bogen** (flacher) (Bau) / turning-piece*, camber-slip* *n* ‖ ~**brett** *n* (Bau) / reverse *n* ‖ ~**brett** (zum Ziehen von Profilleisten oder Gesimsen bei Stuckarbeiten) (Bau) / horsed mould, horse* *n* ‖ ~**brettchen** *n* (Zimm) / pitch board, step mould, gauge board ‖ ~**buch** *n* (z.B. der Physik) / textbook *n* (of, on) ‖ ~**dorn** *m* (Masch) / plug gauge*
**Lehre** *f* / theory *n* ‖ ~ (zum Ziehen von Profilleisten oder Gesimsen bei Stuckarbeiten) (Bau) / horsed mould, horse* *n* ‖ ~ (Maß-, Form-, Grenz-) (Form- oder Maßverkörperung) (Instr, Masch) / gauge* *n*, gage *n* (US) ‖ ~ **vom Frostboden** (Geol, Landw) / cryopedology *n* ‖ ~ **vom Symbol** (KI) / symbology *n* ‖ ~ **vom Zeichen** (KI) / symbology *n* ‖ ~ **von den Harzen** / resinography *n* ‖ ~ **von der Polymerisation** (Chem) / polymer science
**Lehreinheit** *f* (im rechnerunterstützten Unterricht) (EDV, KI) / frame *n*
**lehren** *v* (mit einem Taster) / calliper *v*, caliper *v* (US) ‖ ~ / teach *v* ‖ ~ (mit einem Kaliber) (Instr, Masch) / gauge *v*, gage *v* (US) ‖ ~**bezugslinie** *f* (Lufft) / rigging datum line ‖ ~**bohrmaschine** *f* (Masch) / jig borer, jig-boring machine ‖ ~**bohrwerk** *n* (Masch) / jig borer*, jig-boring machine ‖ ~**haltige Kette** (Masch) / calibrated chain
**Lehr•film** *m* (Film) / training film ‖ ~**gerüst** *n* (meistens bei der Herstellung von Betonfertigteilen) (HuT) / mould* *n*, form* *n* ‖ ~**gerüst** (HuT) / falsework* *n*, lagging* *n* ‖ ~**kopf** *m* (Bau) / dot* *n* ‖ ~**labor** *n* (Chem) / teaching laboratory
**Lehrling** *m* (F.Org) / apprentice *n*, trainee *n*
**Lehr•maschine** *f* (EDV) / teaching machine ‖ ~**methode** *f* (KI) / tutorial method, tutoring method, teaching method ‖ ~**modell** *n* / mock-up *n* ‖ ~**programm** *n* (EDV) / didactic program, teaching program, learning program, educational program ‖ ~**punkt** *m* (z.B. ein Nagel - zur Feststellung der Putz- oder Estrichdicke) (Bau) / dot* *n* ‖ ~**reaktor** *m* (Nukl) / training reactor ‖ ~**ring** *m* (Masch) / ring gauge*, female gauge* ‖ ~**satz** *m* (Math, Phys) / theorem* *n*, tenet *n*, law *n* ‖ **binomischer** ~**satz** (Math) / binomial theorem ‖ **euklidischer** ~**satz** (Math) / Euclid's theorem, Euclidian theorem (of the legs of a rectangular triangle) ‖ ~**schiff** *n* (Schiff) / training vessel ‖ ~**schlitten** *m* (zum Ziehen von Profilleisten oder Gesimsen bei Stuckarbeiten) (Bau) / horsed mould, horse* *n* ‖ ~**spantmodell** *n* (Schiff) / mould *n* ‖ ~**spielzeug** *n* / educational toy ‖ **computerunterstütztes** ~**system** / intelligent computer-aided instruction, ICAI ‖ **rechnerunterstütztes** ~**system** / intelligent computer-aided instruction, ICAI ‖ ~**verfahren** *n* (KI) / tutorial method, tutoring method, teaching method ‖ ~**werkstatt** *f* / training shop ‖ ~**zahnrad** *n* (Gegenrad zum Prüfling bei der Zweiflankenwalzprüfung) (Masch) / master gear
**Leibnizsche Formel** (eine Verallgemeinerung der Produktregel - nach G.W. Leibniz, 1646 - 1716) (Math) / Leibniz's rule
**Leibung** *f* (Bau) / respond* *n*, reveal* *n* ‖ ~ (des Fensters - innere) (Bau) / jamb* *n*
**"Leiche"** *f* (ausgelassene Wörter, Satzteile oder Sätze) (Druck) / out *n*
**Leichengift** *n* (Chem) / ptomaine* *n*
**leicht** *adj* (Steigung) / gentle *adj* ‖ ~ / light *adj* ‖ ~ (HuT, Landw) / non-cohesive *adj*, cohesionless *adj*, frictional *adj*, crumbly *adj* ‖ ~ (Gewebe) (Tex) / lightweight *adj* ‖ ~**e Anbohrung** (Masch) / dimple *n* ‖ ~ **angereichert** (Nukl) / low-enriched *adj* ‖ ~ **angezogen** (Masch) / finger-tight *adj* ‖ ~**e Bauweise** (Bau) / lightweight construction ‖ ~ **bearbeitbar** / easily workable, tractable *adj*, easily worked ‖ ~**e Bedienbarkeit** / easy-to-use operation ‖ ~**er Beistelldruck** (Druck) / kiss impression* ‖ ~**es Benzin** (Siedebereich 20 - 135 °C) (Kftst) /

benzine *n*, light gasoline ‖ ~e **Beschädigung** (äußere) / blemish *n* ‖ ~ **bewegte See** (ein Seezustand) (Schiff) / slight sea ‖ ~e (gute) **biologische Abbaubarkeit** (Umwelt) / ready biodegradability ‖ ~**er Boden** (Landw) / light soil ‖ ~**er Bohrhammer** (Bergb) / jackhammer* *n* ‖ ~e **Brise** (nach der Beaufortskala) (Meteor, Ozean) / light breeze ‖ ~**er Derrickkran** (Masch) / whip-crane *n*, Dutch wheel crane ‖ ~**es Drahtgeflecht** (Hütt) / chicken-wire* *n* ‖ ~ **entfärbt** (nach dem Einsatz der reduzierenden Flamme) (Glas) / smoked *adj* ‖ ~ **explodierend** / explosive *adj* ‖ ~**es Fahrzeug** / runabout *n* ‖ ~ **färbbar** (Mikros) / chromophil* *adj*, chromophilic* *adj*, chromatophil *adj*, chromophile *adj*, chromatophile *adj* ‖ ~**es Feuer** (Keram) / soft fire (a flame with a deficiency of air) ‖ ~ **flüchtige Halogenkohlenwasserstoffe** (Chem) / volatile halogenated hydrocarbons ‖ ~ **gefärbt** (hell) (Tex) / light-coloured *adj* ‖ ~ **gekrümmt** / slightly curved *adj* ‖ ~ **gereinigt** (Reinigungsgrad beim Strahlen) (Anstr) / whip-blast *adj* ‖ ~ **getönt** (Edelstein) (Min) / off-colour *attr* ‖ ~**es Gewebe** (Tex) / lightweight fabric ‖ ~ **hereinbrechend** (wenig standfest) (Bergb) / friable *adj*, soft *adj*, short* *adj*, teary *adj* ‖ ~ **im Seegang laufendes Schiff** (Schiff) / easy-working vessel ‖ ~**es Ion** (Phys) / light ion ‖ ~**e Kehlnaht** (Schw) / concave fillet weld ‖ ~**e Kette** (Bestandteil der Antikörper) (Biochem) / light chain*, chain *n*, B chain ‖ ~ **klopfen** (Masch) / tap *v* ‖ ~ **knitternd** (Stoff) (Tex) / wrinkly *adj* ‖ ~**es Kobaltblau** (Chem) / willow blue ‖ ~**er Laufsitz** (Masch) / light running fit ‖ ~**er Laufsitz** (Masch) / free fit, class 2 fit ‖ ~ **löslich** (Chem) / readily soluble ‖ ~**er machen** / lighten *v*, reduce the load ‖ ~**es Maschinenöl** (Chem, Erdöl, Masch) / light machine oil, LMO ‖ ~**er Mastenkran** (Masch) / whip-crane *n*, Dutch wheel crane ‖ ~**er Nebel** (Meteor) / gauze *n* ‖ ~**e Öle** (Chem, Erdöl) / light oils* ‖ ~**e Peptidkette** (Bestandteil der Antikörper) (Biochem) / light chain*, chain *n*, B chain ‖ ~**es Profil** (mit kleineren Steg- und Flanschdicken als bei dem Mutterprofil) (Hütt) / light section ‖ ~**e Reinigung** (Abstrahlen) / whip blasting ‖ ~**es Rohöl** (Erdöl) / light crude ‖ ~ **salzig** / saltish *adj* ‖ ~**er Satin** (Tex) / satinet *n*, satinette *n* ‖ ~**er Schlag** (z.B. um Blech auszubeulen) (Masch) / tap *v* ‖ ~ **schlagen** (Masch) / tap *v* ‖ ~ **schmieren** (Tinte, Farbe) / be very smeary ‖ ~**er Schrott** (Hütt) / light scrap ‖ ~**e Seidengaze** (Tex) / gossamer *n* ‖ ~**e Soda** (Glas) / light ash ‖ ~ **splitternd** (For) / splintery *adj* ‖ ~ **tailliert** (Tex) / semi-fitted *adj* ‖ ~**e Trennwand** (DIN 4103) (Bau) / non-loadbearing partition, panel partition ‖ ~**er Unfall** (Luftf) / minor accident ‖ ~ **verarbeitbar** (Glas) / sweet* *adj* ‖ ~ **verfilzte Wolle** (DIN 60004) (Tex) / matted wool, stringy wool, cotty wool, felted wool, cotts *pl* ‖ ~ **verstaubt** / shop-soiled *adj*, shop-worn *adj* ‖ ~**er Wind** (Meteor) / light breeze ‖ ~**er (Woll)Musselin** (Tex) / delaine *n* ‖ ~ **zu pflegen** (Tex) / easy-care* *adj*, easy to care for ‖ ~**er Zug** (nach der Beaufortskala) (Meteor) / light air ‖ ~ **zugänglich** (Masch) / readily accessible, easily accessible ‖ ~**e Zugänglichkeit** (Masch) / easy access, ease of access ‖ ~ **zusammenhängender Graf** (EDV) / weakly connected graph
**Leicht•aktiv-Waste** *n* (Nukl) / low-activity waste, low-level radioactive waste, low-level waste* ‖ ~**anker** *m* (Schiff) / lightweight anchor
**Leichtbau** *m* (Bau) / lightweight construction ‖ ~ (optimales Verhältnis zwischen Masse und Ökonomie) (Masch) / lightweight building, light construction ‖ ~**monoblockwelle** *f* (Kfz) / lightweight monobloc shaft ‖ ~**platte** *f* (aus langfasriger Holzwolle) (Bau) / wallboard* *n*, lightweight building board ‖ ~**stein** *m* (Bau) / lightweight building stone ‖ ~**weise** *f* (Bau) / lightweight construction
**leicht•bearbeitbar** *adj* / easily workable, tractable *adj*, easily worked ‖ ~**benzin** *n* (Siedebereich 20 - 135 °C) (Kftst) / benzine *n*, light gasoline ‖ ~**benzinfraktionierung** *f* (Erdöl) / gasoline fractionation ‖ ~**beton** *m* (wärmedämmender oder konstruktiver nach DIN 4108, 4232) (Bau) / lightweight concrete* ‖ ~**destillate** *n pl* (Chem, Erdöl) / light oils* ‖ ~**druckpapier** *n* (Pap) / lightweight paper ‖ ~**entzündlich** *adj* / flammable *adj*, inflammable *adj*, ignitable *adj*
**Leichter** *m* (ein flachgehendes Küstenlastschiff ohne Eigenantrieb) (Schiff) / lighter *n* ‖ ~**geld** *n* (Schiff) / lighterage *n* ‖ ~**kosten** *pl* (Schiff) / lighterage *n* ‖ ~**lohn** *m* (Schiff) / lighterage *n*
**leichtern** *v* (Schiff) / lighter *v*
**leichtersiedend** *adj* (Fraktion) (Chem) / light *adj*
**Leichter•transport** *m* (Schiff) / lighterage *n* ‖ ~**verkehr** *m* (Schiff) / lighterage *n*
**leichteste Druckpressung** (Druck) / kiss impression*
**Leicht•flint** *n* (Glas) / light flint, LF ‖ ~**flintglas** *n* (Glas) / light flint, LF ‖ ~**flüchtig** *adj* (Chem) / high-volatile *adj*, readily volatile ‖ ~**flüchtige Bestandteile** (z.B. Wasserdampf, Fluorgas) (Geol, Min) / mineralizer *n* ‖ ~**flugzeug** *n* (Luftf) / light aircraft*, lightplane *n*, small aircraft (up to 5670 kg) ‖ ~**flüssig** *adj* / easily fusible ‖ ~**flüssigkeitsabscheider** *m* (Sanitär) / light liquid ‖ ~**flüssigkeitsabscheider** *m* (ganze Anlage) (Sanitär) / petrol separator, petrol intercepting chamber, petrol trap ‖ ~**gängig** (Lenkung) (Kfz) / light *adj*, easy *adj* ‖ ~**gängigkeit** *f* (der Lenkung) (Kfz) / ease *n* ‖ ~**getöntes Weiß** (Anstr) / off-white *n* ‖ ~**gips** *m* (Bau) / lightweight gypsum ‖ ~**gips** (Bau) s. auch Porengips
**Leichtigkeit** *f* der Herstellung / ease of manufacture
**Leicht•Ion** *n* (Phys) / light ion ‖ ~**kolben** *m* (ausgesparter Leichtmetallkolben) (V-Mot) / slipper piston* ‖ ~**ladelinie** *f* (Schwimmebene des Schiffs bei voller Ausrüstung ohne Ladung) (Schiff) / light line, light water line, light load line ‖ ~**lastkraftwagen** *m* (Kfz) / pick-up *n*, light lorry ‖ ~**leserlich** *adj* / easy-to-read *attr* ‖ ~**löslich** *adj* (Chem) / readily soluble ‖ ~**mauermörtel** (DIN 1053).m. (Bau) / lightweight mortar
**Leichtmetall•e** *n pl* (metallische Elemente bis etwa 5 g Dichte - technisch wichtige Leichtmetalle = Al, Mg, Ti) (Chem) / light metals ‖ ~**felge** *f* (Kfz) / mag *adj*, alloy *n* ‖ ~**legierung** *f* (Hütt) / light alloy*, light metal alloy ‖ ~**motor** *m* (Kfz) / all-alloy engine ‖ ~**rad** *n* (Kfz) / alloy wheel, mag wheel, alloy road wheel ‖ ~**rad** (Kfz) s. auch Alurad ‖ ~**scheibenrad** *n* (Kfz) / alloy wheel, mag wheel, alloy road wheel ‖ ~**schweißung** *f* (Schw) / light-metal welding, light-alloy welding
**Leicht•mineral** *n* (mit Dichte unter 2,9 g/cm³) (Min) / light mineral ‖ ~**mörtel** *m* (Bau) / lightweight mortar ‖ ~**öle** *n pl* (Chem, Erdöl) / light oils* ‖ ~**öle** (als Ladung) (Schiff) / white cargo, clean cargo ‖ ~**paraffin** *n* (Erdöl) / light liquid paraffin ‖ ~**profil** *n* (Feinstahl) (Hütt) / light section ‖ ~**profilstraße** *f* (Hütt) / light-section mill ‖ ~**schalthahn** *m* (mit einem Anlüftkreuz) (Masch) / lift plug valve ‖ ~**schaum** *n* (ein Löschmittel mit hoher Verschäumungszahl) (Bau) / high-expansion foam, HI-EX foam, high-expanded foam, HEF
**leichtschmelzend** *adj* / easily fusible ‖ ~**e Legierung** (z.B. Woodsches Metall) (Hütt) / low-melting-point alloy*, fusible alloy*, low-melting alloy, low-melting-point fusible alloy
**leicht•siedend** *adj* / low-boiling *adj* ‖ ~**stein** *m* (mit porösem Scherben und sehr geringem Wärmeleitvermögen) (Bau) / lightweight brick ‖ ~**verständliche Gebrauchsanweisung** / easy-to-follow instructions, easy-to-understand instructions
**Leichtwasser** *n* (Chem, Nahr) / light water* ‖ ~**gekühlter Reaktor** (Nukl) / light-water-cooled reactor ‖ ~**linie** *f* (Schiff) / light line, light water line, light load line
**leichtwassermoderierter Reaktor** (Nukl) / light-water-moderated reactor
**Leichtwasserreaktor** *m* (Nukl) / light-water (nuclear) reactor*, LWR*
**Leicht•zuschlag** *m* (mit niedriger Kornrohdichte nach DIN 4226) (Bau, HuT) / lightweight aggregate* ‖ ~**zuverarbeitend** *adj* (Glas) / sweet* *adj*
**Leidener Flasche** (Eltech) / Leyden jar*, Kleistian jar
**Leidenfrostsches Phänomen** (Ausbildung einer wärmedämmenden Dampfschicht zwischen nicht gasförmigen Stoffen mit sehr großem Temperaturunterschied - nach J.G. Leidenfrost, 1715-1794) (Phys) / Leidenfrost's phenomenon
**Leierblättrige Eiche** (For) / overcup oak
**Leihverpackung** *f* / returnable package, reusable package, multiway package
**Leim** *m* (Pap) / size *n*, sizing agent, sizing material ‖ ~ (DIN 16920) (Tischl, Zimm) / glue* ‖ ~ **aus dem** ~ **gehen** (Tischl) / unglue *vi* ‖ **pflanzlicher** ~ / vegetable glue ‖ **tierischer** ~ (Pap) / animal size ‖ **wasserfester** ~ (Chem) / hydraulic glue* ‖ **weißer** ~ / PVA adhesive, white glue
**Leim•abfall** *m* / glue waste ‖ ~**aufbereitung** *f* / glue preparation ‖ ~**auftrag** *m* / glue application, glue spreading ‖ ~**auftragmaschine** *f* (Tischl) / glue spreader ‖ ~**auftragswalze** *f* (bei der Klebebindung) (Buchb) / glue application roller ‖ ~**bau** *m* (Zimm) / laminated construction, glued-wood construction, glued-wood structure ‖ ~**durchschlag** *m* (Tischl) / glue penetration
**leimen** *v* / glue *v* ‖ ~ (Buchb) / glue off *v*, glue up *f* ‖ ~ (Pap) / size *v* ‖ ~ *n* / gluing *n*, glueing *n* ‖ ~ (Pap) / sizing *n*
**Leim•farbe** *f* (mit wasserlöslichen Klebstoffen und Schlämmkreide als Pigment) (Anstr) / soft distemper, size distemper, size-bound distemper (with powdered whiting) ‖ **fleckiger Anstrich mit der** ~**farbe** (Anstr) / gathering *n* ‖ ~**farbe** (Anstr) s. auch Tünche ‖ ~**festigkeitsgrad** *m* (Pap) / hold-out *n*, resistance to penetration by a liquid ‖ ~**festigkeitsgrad nach der Tintenprobe** (Pap) / ink hold-out ‖ ~**film** *m* / adhesive film ‖ ~**fleck** *m* (Tischl) / glue stain ‖ ~**fleisch** *n* (beim Entfleischen anfallende Unterhaut) (Leder) / fleshings *n pl* ‖ ~**flotte** *f* (verarbeitungsfertige Leimmischung /Leimansatz/ bei der Holzverleimung, die sich in der Regel aus Leim, Härter und Wasser zusammensetzt) (For, Tischl) / glue liquor ‖ ~**folie** *f* / film glue* ‖ ~**fuge** *f* (Tischl) / glue line, adhering joint, bond line, glue joint ‖ ~**gemisch** *n* (Tischl) / glue mix, glue mixture ‖ ~**grund** *n* (Anstr) / clearcole *n*, claircolle *n* ‖ ~**grundierung** *f* (Tischl) / glue priming ‖ ~**kitt** *m* (Gemisch aus einem steifen Schlämmkreide-Wasser-Brei mit 5 - 10% Glutinleim) (Anstr) / glue putty ‖ ~**klammer** *f* (Tischl) / spring corner cramp, spring dog ‖ ~**knecht** *m* (zum Einspannen von Brettern, die miteinander in der Breite verleimt werden sollen) (For, Tischl) / glueing cramp ‖ ~**kocher** *m* (Pap) / size cooker ‖ ~**kocher** (Tischl) / glue pot ‖ ~**kratzer** *m* (Handwerkszeug zum Entfernen der

**Leimküche**

aus der Klebfuge beim Verkleben herausgedrückten ausgehärteten Klebstoffreste) (Tischl) / shave hook || ⁓**küche** f (in der Spanplattenindustrie gebräuchliche Bezeichnung für die zur Beleimstation gehörenden Ausrüstungen und Räume, in denen die Komponenten für das Leimgemisch vorbereitet, dosiert und gemischt werden) (For) / glue room || ⁓**leder** n (nach dem Entfleischen anfallendes Unterhautbindegewebe) (Leder) / glue stock (hide scrapings) || ⁓**lösung** f (Anstr) / clearcole n, claircolle n || ⁓**lösung** (eine Dispersion oder ein Kolloid) (Tischl) / glue solution || ⁓**milch** f (Pap) / size emulsion || ⁓**niederschlag** n (Seifenherstellung) (Chem) / nigre n, spent soap lye || ⁓**pistole** f / glue gun || ⁓**presse** f (in der Trockenpartie der Papiermaschine) (Pap) / size press || ⁓**ring** m (For) / sticky band, glue band || ⁓**spachtel** m f (mit Kreide oder sonstigen Füllstoffen verdickte spachtelfähige Leimlösung) (Anstr) / Swedish putty, glue filler || ⁓**spachtelmasse** f (mit Kreide oder sonstigen Füllstoffen verdickte spachtelfähige Leimlösung) (Anstr) / Swedish putty, glue filler || ⁓**tiegel** m (Tischl) / glue pot || ⁓**topf** m (Tischl) / glue pot || ⁓**tränke** f (stark verdünnter Leim) (Pap, Tischl) / glue size, thinned glue solution

**Leimung** f / sizing n || ⁓ (Pap) / gluing n, glueing n || ⁓ (Pap) / sizing n || **mit schwacher** ⁓ (Pap) / soft-sized (S.S.) adj, slack-sized adj, weakly sized || **mit starker** ⁓ (Pap) / strongly sized || ⁓ **f im Stoff** (Pap) / engine sizing

**Leimungs•festigkeit** f (gegenüber wäßrigen und nichtwäßrigen Flüssigkeiten) (Pap) / hold-out n, resistance to penetration by a liquid || ⁓**grad** m (Pap) / hold-out n, resistance to penetration by a liquid

**Leim•verbindung** f / glue joint, glued joint, glued assembly || ⁓**wasser** n (Anstr) / size water || ⁓**werk** n (für Packbehälter) (Masch) / gluing machine || ⁓**zusatz** m / glue additive || ⁓**zwinge** f (Tischl) / collar n

**Lein** m s. auch Dreschlein || ⁓**baum** m (For) / Norway maple, European maple || ⁓**dotteröl** n (aus Camelina sativa /L./ Crantz) / cameline oil, German sesame oil, dodder oil

**Leine** f / string n || ⁓ (starke Schnur) / line n || ⁓ (Tex) / clothes-line n, line n || ⁓ **zur Betätigung des Gasventils** (des Freiballons) (Luftf) / valve line

**leinen** adj / linen adj || ⁓ n (Tex) / linen* n || **kariertes** ⁓ (Tex) / linen check || **schlesisches** ⁓ (Tex) / silesia n, Silesian linen || ⁓**bandmaß** n (nicht eichfähig) (Verm) / linen tape || ⁓**batist** m (Tex) / sheer lawn || ⁓**bleiche** f (Tex) / crofting n, linen bleaching || ⁓**falz** m (Buchb) / cloth joint* || ⁓**garn** n (ein Sammelbegriff) (Spinn) / flax yarn || ⁓**mischgewebe** n (Tex) / linen blends || ⁓**papier** n, ⁓ (mit Leinenprägung oder als Hadernpapier aus Leinenabfällen) (Pap) / linen paper || ⁓**prägung** f (Pap) / linen finish || **grobe** ⁓**ware** (Tex) / crash n || ⁓**wurfapparat** m (Schiff) / rocket apparatus, line-throwing rocket || ⁓**wurfgerät** n (Raketenapparat zur Herstellung von Verbindungen zwischen zwei Schiffen oder vom Land zum Schiff und umgekehrt) (Schiff) / line thrower, line-throwing apparatus (rifle or gun) || ⁓**zwirn** m (Spinn) / flax yarn

**L-Einfang** m (ein Elektroneneinfang) (Kernphys) / L-capture* n, L-electron capture

**Lein•kuchen** m / linseed cake || ⁓**mehl** n (Nahr) / linseed meal

**Leinöl** n (das durch Pressen des Leinsamens gewonnen wird) / linseed oil*, flax-seed oil || **weißes** ⁓ (mit Kaliumpermanganat, Natriumsulfit und Salzsäure gebleichtes Leinöl) / white linseed oil || ⁓**farbe** f (Anstr) / linseed-oil paint || ⁓**fettsäure** f (Chem) / linseed-oil fatty acid (LOFA) || ⁓**firnis** m (DIN 55932) (Anstr) / boiled linseed oil, linseed-oil varnish || ⁓**firnis mit Terpentin** (Zusatz zu Lasurfarben) (Anstr) / megilp n || ⁓**imprägniertes Gewebe** (Eltech) / empire cloth || ⁓**imprägnierter Stoff** (Eltech) / empire cloth || ⁓**kitt** m (z.B. Glaserkitt) / linseed oil putty

**Lein•pfad** m (Wasserb) / horse path*, towing path, towpath n, canal towing-path || ⁓**samen** m (des Dreschleins) (Bot, Nahr) / linseed n, flax-seed n || ⁓**geschroteter** ⁓**samen** (Nahr) / linseed meal

**Leinwand** f (Tex) / linen* n || **irische** ⁓ (Tex) / Irish linen || **rhombenförmig gemusterte** ⁓ (Tex) / diaper linen, diamond linen || ⁓**bindung** f (Web) / plain weave, calico weave, tabby weave || ⁓**dreher** m (Tex) / half-cross leno, standard leno

**Leipziger Gelb** (Anstr) / lead chrome, chrome yellow, Leipzig yellow, chrome n

**leise•r schalten** (Radio, TV) / turn down v || ⁓**r stellen** (Radio, TV) / turn down v

**LEIS-Spektroskopie** f (Spektr) / ion-scattering spectroscopy, ISS, low-energy ion-scattering spectroscopy

**Leiste** f (Bau, For) / batten n || ⁓ (mit Symbolen am Bildschirmrand) (EDV) / bar n || ⁓ (For) / strip n, fillet n (stiff strip) || ⁓ (der Kiste) (For, Tischl) / batten n || ⁓ (an Stoßfängern) (Kfz) / nerf strip, nerf n || ⁓ (Begrenzung des Stoffes in Längsrichtung) (meistens eine Randleiste) (Web) / selvedge* n, selvage n (US) || **heißversiegelte** ⁓ (Tex) / sealed selvedge || **profilierte** ⁓ (Tischl) / moulding n || **rollende** ⁓ (Web) / rolling selvedge, curling selvedge, curled selvedge, double selvedge, turned-over selvedge, folded selvedge || **wellige** ⁓ (Web) / slack selvedge, baggy selvedge, loose selvedge, wavy selvedge, stringy selvedge

**leisten** v (Flugkilometer, Flugstunden) / fly vt

**Leisten** m (Schuhform zum Spannen der Schuhe) / last n || ⁓**aufroller** m (Tex) / selvedge opener, selvedge uncurler, selvedge spreader || ⁓**ausroller** m (Tex) / selvedge opener, selvedge uncurler, selvedge spreader || ⁓**hobelmaschine** f (Tischl) / moulding machine, moulder n || ⁓**kopie** f (für den Aufbau eines Grundmodells für die Schuh-Serienfabrikation) / last forme, forme n || ⁓**kreissägemaschine** f (For) / multiblade circular sawing machine || ⁓**leger** m (Web) / tucking unit || ⁓**öffner** m (Tex) / selvedge opener, selvedge uncurler, selvedge spreader

**Leistung** f (eines Motors) / power n, performance n || ⁓ (Leistungsverhalten - Grad der Aufgabenerfüllung) (F.Org) / performance n || ⁓ (einer Einheit) (F.Org) / productivity* n, production rate || ⁓ (Arbeitsergebnis einer Anlage) (F.Org, Masch) / performance n || ⁓ (Glas) / move* n || ⁓ (des Bandförderers) (Masch) / throughput n || ⁓ (Energie durch Zeit nach DIN 5476) (Mech) / power* n, PWR, pwr || **abgebbare** ⁓ (Eltech) / available power || **abgegebene** ⁓ (Masch) / output* n, power output* || **abgestrahlte** ⁓ (Phys, Radio) / radiated power* n || **aufgenommene** ⁓ (Eltech, Mech) / input n (power), power input || **effektive** ⁓ / efficiency* n || **elektrische** ⁓ (DIN 40110) (Elektr) / electrical power, electric power || **erfinderische** ⁓ / inventive merit || **erzeugte** ⁓ (pro Reaktor) (Eltech, Nukl) / generation output || **fotometrische** ⁓ (Licht) / photometric power || **höhere** ⁓ **bringen** (als) / outperform v || **indizierte** ⁓ (Innenleistung in PS) / indicated horse power*, ihp, IHP* || **installierte** ⁓ (Eltech) / installed capacity, installed power || **kleinste nachweisbare** ⁓ (Masch) / minimum detectable power || **mit geringer** ⁓ (Masch) / low-power attr, low-powered adj || **mit höherer** ⁓ (Luftf) / uprated adj || **mit kleiner** ⁓ (Masch) / low-power attr, low-powered adj || **projektierte** ⁓ (einer Anlage) (Masch) / nominal design power || **verfügbare** ⁓ (Eltech) / available power || ⁓ f (eines Flugtriebwerks) **ohne Wassereinspritzung** (Luftf) / dry power || ⁓ **am Radumfang** (Bahn) / output at the wheel rim || ⁓ **des Wasserkraftwerkes** / hydrocapability n || ⁓ **im Dauerbetrieb** (Eltech) / continuous rating* || ⁓ **im oberen Drehzahlbereich** (Kfz) / top-end power || ⁓ **im oberen Drehzahlbereich** (Kfz) / top-end performance || ⁓ **in Watt** (Eltech) / wattage n

**Leistungs•abgabe** f (Masch) / output* n, power output* || ⁓**absenkung** f (Nukl) / trip* n || ⁓**abwurf** m (Nukl) / trip* n || ⁓**änderung** f (Änderung der Netzbelastung als Folge der schwankenden Leistungsabnahme durch die Verbraucher) (Eltech) / load variation, load change || ⁓**anforderungen** f pl (F.Org) / performance requirements || ⁓**angabe** f (Eltech) / power rating || ⁓**anreiz** m (F.Org) / incentive n, wage incentive

**leistungsarm** adj / low-power attr, low-powered adj || ~**e Logik** (Variante der Dioden-Transistor-Logik, bei der der Basisvorwiderstand des Transistors durch ein oder zwei Offsetdioden ersetzt wird) (Eltronik) / low-level logic (LLL)

**Leistungs•aufnahme** f (der Lampe) (Eltech) / wattage n, connected load || ⁓**aufnahme** (Eltech, Mech) / input n (power), power input || ⁓**aufnahme** (Radio) / power handling (capacity) || ⁓**bandbreite** f (Masch) / performance range || ⁓**bedarf** m (Masch, Phys) / power requirements || ⁓**belastbarkeit** f (Eltech) / power rating || ⁓**belastung** f (Luftf) / power loading* || ⁓**bereich** m (Masch) / performance range || ⁓**bereich** (Masch, Nukl) / power range || ~**bezogene Masse** (Bahn, Kfz) / power-to-mass ratio || ⁓**brüter** m (Nukl) / power breeder* || ⁓**brutreaktor** m (Nukl) / power breeder || ⁓**daten** pl (Masch) / performance specifications, specifications pl || **Erhöhung** f **der** ⁓**daten** (V-Mot) / forcing n || ⁓**-DDK** f (Chem) / power-compensation DSC || ⁓**demodulator** m (Eltech) / power detector*, power demodulator* || ⁓**diagramm** n (Masch) / rating chart || ⁓**dichte** f (Masch, Nukl, Phys) / power density* || **spektrale** ⁓**dichtefunktion** (Phys) / spectral power density || ⁓**dichtespektrum** n (DIN 13 320) (Phys) / power-density spectrum || ⁓**einbruch** m (automatisch durch Sicherheitsmaßnahmen ausgelöst) (Nukl) / trip* n || ⁓**einstellung** f (Masch) / power setting || ⁓ **bei dem Dispergieren von Pigmenten und Füllstoffen in Dispergiergeräten** (Anstr) / mechanical power input || ⁓**eintrag** (dimensionslose Kennzahl, deren Wert ein Maß für den mechanischen Leistungseintrag in ein Fluid darstellt) (Phys) / power number || ⁓**elektrik** f (Eltech) / power engineering, heavy-current engineering || ⁓**elektronik** f (Eltronik) / power electronics || ~**elektronischer Schalter** (Eltronik) / electronic power switch || ⁓**ergebnisgrad** m (F.Org) / performance n || ⁓**exkursion** f (Nukl) / excursion n, power excursion, reactor excursion (rapid rise in the power level of a nuclear reactor)

**leistungsfähig** adj / efficient adj || ⁓ (System) (EDV) / performant adj || ~**er sein** (als) / outperform v

**Leistungsfähigkeit** f (im LTF-farbmetrischen System) (Druck) / efficiency n || ⁓ (in W) (Eltech) / capacity* n, generating capacity || ⁓ (Masch) / efficacy n, efficiency* n, capability n || ⁓ (Mech) / power* n

≃ (eines Hafens) (Schiff) / efficiency n ‖ **rechnerische** ≃ (EDV) / computational capability
**Leistungsfaktor** m (cos - DIN 40110) (Eltech) / power factor*, pf*, cos *, p.f., PF ‖ **induktiver** ≃ (Eltech) / lagging power factor, reactive power factor ‖ ≃ m **Eins** (Eltech) / unity power factor ‖ ≃ **Null** (Eltech) / zero power factor ‖ ≃**ausgleich** m (Eltech) / power-factor compensation ‖ ≃**messer** m (Eltech) / power-factor meter*, power-factor indicator*
**Leistungs•förderer** m (zur Verbesserung der Futterverwertung) (Landw) / growth stimulant ‖ ≃**futter** n (Landw) / production feed ‖ ≃**futterration** f (Landw) / production ration ‖ ≃**garantie** f (bei Maschinen) / performance guarantee, guarantee of performance ‖ ≃**garantie** (bei Verträgen) (Masch) / performance bond, fulfilment bond, execution bond ‖ ≃**getriebe** n (ein Fluidgetriebe zur Leistungsübertragung) (Masch) / power transmission ‖ ≃**gewicht** n (Eltech) / weight coefficient* ‖ ≃**gewicht** (z.B. eines Dampfkessels) (Masch) / unit weight* ‖ ≃**gewicht** (des Motors - in kg/kW) (V-Mot) / specific weight, power/weight ratio ‖ ≃**gewinn** m (der Antenne) (Radio) / gain* n, antenna gain*, power gain ‖ ≃**gleichrichter** m (Eltech) / power rectifier ‖ ≃**gradschätzung** f (F.Org) / performance rating, rating n ‖ ≃**grenzwerte** m pl (Masch) / power ratings ‖ ≃**halbleiter** m (der eine Verlustleistung von >1 W zu verarbeiten imstande ist) (Eltronik) / power semiconductor ‖ ≃**halbwertsbreite** f (bei Antennen) (Radio) / half-power beam width * ‖ ≃**kabel** n (Eltech, Kab) / power cable, electric power cable ‖ ≃**klasse** f (For) / production class ‖ ≃**knick** m / sudden drop in efficiency ‖ ≃**kondensator** m (Parallelkondensator zum Verbessern des Leistungsfaktors) (Eltech) / power capacitor ‖ ≃**kreis** m (Regeln) / power circuit ‖ ≃**kurve** f (bei Maschinen) (Masch) / performance curve ‖ ≃**leitungen** f pl (Eltech) / load leads* ‖ ≃**lohn** m (der vom Arbeitsergebnis abhängig ist) (F.Org) / pay by results ‖ ≃**lohnarbeit** f (F.Org) / piece-work n, job-work n ‖ ≃**lohnsatz** m (F.Org) / piece-rate ‖ ≃**lohnsystem** n (F.Org) / incentive system of wages ‖ ≃**lücke** f (Leistungsgefälle) / performance gap ‖ ≃**masse** f (V-Mot) / specific weight, power/weight ratio
**Leistungsmerkmal** n (Eltech) / figure of merit* ‖ ≃ (Fernm) / feature n, service feature, performance feature, facility n ‖ ≃ (über die reine Kommunikation hinausgehende betriebliche Eigenschaft eines Fernmeldenetzes) (Fernm) / user facility ‖ ≃ (Masch) / performance characteristic ‖ **verbindungsabhängiges** ≃ (Fernsp) / connection-dependent service feature ‖ **wahlfreies** ≃ (Fernm) / optional facility ‖ ≃**anforderung** f (Fernm) / facility request ‖ **ungültige** ≃**anforderung** (Netzmeldung) (Fernm) / invalid facility request, IFR
**Leistungsmesser** m (Eltech) / wattmeter* (WM) n ‖ ≃ (Masch) / dynamometer* n, brake dynamometer ‖ **elektrischer** ≃ (für Netzwechselstrom) (Eltech) / electric meter ‖ **elektrodynamischer** ≃ (Eltech) / dynamometer wattmeter*, electrodynamic wattmeter ‖ ≃ m **in Aron-Schaltung** (Eltech) / Aron meter ‖ ≃ **mit Hilfswicklung** (Eltech) / compensated wattmeter*
**Leistungs•messung** f / power measurement ‖ ≃**pegel** m / power level ‖ ≃**prüfstand** m (Eltech) / dynamometer* n, dynamo n ‖ ≃**prüfung** f (Masch) / performance test ‖ ≃**ration** f (Landw) / production ration ‖ ≃**reaktor** m (Nukl) / power reactor* ‖ ≃**regelstab** m (Nukl) / power control rod*, control rod (for power control) ‖ ≃**regelung** f (Regeln) / output regulation* ‖ ≃**regelung** (Regeln) / power control ‖ ≃**regler** m (Regeln) / power controller, power regulator ‖ ≃**relais** n (Eltech) / power relay* ‖ ≃**reserve** f (eines Generators) (Eltech) / spinning reserve ‖ ≃**reserve** (Masch) / power reserve ‖ ≃**röhre** f (Eltronik) / output valve*, power valve ‖ **kontrollierter** ≃**rückgang** (EDV) / graceful degradation ‖ ≃**schalter** m (VDE 0660, T 101) (Eltech) / circuit-breaker* n, power circuit-breaker, power switch ‖ **ölloser** ≃**schalter** (Eltech) / oilless circuit-breaker* ‖ **ölarmer** ≃**schalter** (Eltech) / oil-poor circuit-breaker*, low-oil-content breaker ‖ ≃**schalter** m **mit kombinierter Druckluft- und Ölstrahlwirkung** (Eltech) / pneumo-oil switch* ‖ ≃**schalter mit Kurzschlußfortschaltung** (Eltech) / auto-reclose circuit-breaker* ‖ ≃**schalter mit magnetischer Bogenlöschung** (Eltech) / deionization circuit breaker ‖ ≃**schild** n (Masch) / rating plate ‖ ≃**schild** s. auch Typenschild ‖ ≃**schub** m (Masch) / performance boost ‖ ≃**schutz** m (Eltech) / power protection ‖ ~**schwach** adj (Masch) / low-power attr, low-powered adj ‖ ≃**schwankung** f (Masch) / power fluctuation ‖ ≃**sicherung** f (Eltech) / power fuse ‖ ≃**spektrum** n (z.B. eines Signals oder beim Rauschen) (Akus) / power spectrum ‖ ~**stark** adj (effizient) / efficient adj ‖ ~**stark** (Kraftmaschine) (Masch) / powerful adj, high-powered adj, high-power attr ‖ ~**starker Düsenkraftstoff** (Lufft) / zip fuel ‖ ≃**stärke** f (Masch) / efficacy n, efficiency* n, capability n ‖ ≃**stufe** f (Masch) / power stage ‖ ~**symmetrischer Übertrager** (Akus) / reciprocal transducer ‖ ≃**transformator** m (Eltech) / power transformer* ‖ ≃**transformator für ultrahohe Spannungen** (1000 - 2000 kV) (Eltech) / ultrahigh-voltage transformer, uhv transformer ‖ ≃**transistor** m

# Leiterabstand

(Eltronik) / power transistor* ‖ ≃**überprüfung** f / efficiency scrutiny ‖ ≃**überschuß** m (Masch) / power reserve ‖ ≃**übertragungskoeffizient** m (DIN 1320) (Akus) / power-conversion coefficient ‖ ≃**umfang** f / scope of work, workload n ‖ ≃**vergleich** m (Masch) / performance comparison ‖ ≃**verlust** m (Eltech) / power loss* ‖ ≃**verlust** (Masch) / loss of efficiency, power loss ‖ ≃**vermögen** n (Mech) / power* n ‖ **azimutale** ≃**verschiebung** (eines Reaktors) (Nukl) / power tilt ‖ ≃**verstärker** m (Eltech, Radio) / power amplifier* (PA), power unit* ‖ ≃**verstärkung** f (Eltronik) / amplification n, gain n ‖ ≃**verstärkung** (Eltronik, Fernm) / power gain* ‖ ≃**verteilung** f (Masch) / power distribution ‖ ≃**verzeichnis** n (Bau, HuT) / bill of quantities (GB)* ‖ ≃**zahl** f / coefficient of performance, COP ‖ ≃**zahl** (Maß zur Beurteilung des Klopfverhaltens von Brennstoffen für KTW) (Kftst, Lufft) / performance number, PN ‖ ≃**ziffer** f / coefficient of performance, COP ‖ ≃**zulage** f (F.Org) / incentive bonus
**Leit -** (Eltech) / conducting adj, conductive adj ‖ ≃**apparat** m (stillstehende Bauelemente einer Verdichter- oder Turbinenstufe) (Kfz, Lufft) / stator* n ‖ ≃**art** f (Umwelt) / index species ‖ ≃**backe** f (der Gewindestrehleinrichtung) (Masch) / follower n ‖ ≃**band** n **für Nachsynchronisation nach dem Rhythmografieverfahren** (Film) / lip-sync band ‖ ≃**blech** n (zur Führung der Strömung) (Masch) / baffle* n, baffle plate, deflector n, deflector plate ‖ ≃**blech am Flugzeugrumpf vor dem Triebwerkseinlaß** (Lufft) / inlet ramp ‖ ≃**bündel** n (Bot, For) / fibrovascular bundle*, vascular bundle, vascular strand ‖ ≃**bündelkambium** n (Bot, For) / fascicular cambium ‖ ≃**damm** m (geschütteter Damm am Ufer eines Flusses, der die Strömung leitet) (Wasserb) / training wall, guide wall ‖ ≃**draht** m (z.B. für Flurfördersysteme) / guide wire ‖ **ohne strömungslenkende** ≃ **oder Störeinbauten** (Prallflächen, Leitbleche usw.) (Masch) / unbaffled adj ‖ ≃**einrichtung** f (der Gasturbine) (Masch) / baffle* n, baffle plate, deflector n, deflector plate ‖ ≃**einrichtung** (Masch) / guide n ‖ ≃**elastomer** n / semiconducting rubber ‖ ≃**elektrolyt** m (Galv) / basic electrolyte, conducting salt, supporting electrolyte
**leiten** v / lead v (li:d)* ‖ ~ / direct v ‖ ~ (Elektrizität, Wärme) (Phys) / conduct v ‖ **in Rohrleitung** ~ / pipe v
**leitend** adj (Eltech) / conducting adj, conductive adj ‖ ~**er Angestellter** (F.Org) / executive officer, executive n ‖ ~**e Brücke** (bei den Anodensegmenten des Vielschlitzmagnetrons) (Eltronik) / anode strap*, strap n ‖ ~**es Gas** (Plasma Phys) / conductive gas ‖ ~**es Material** (Eltech) / conducting material, conductor material ‖ ~**e Schicht** (Eltech) / conducting layer, conductor layer ‖ ~**es Teil** (Eltech) / conducting part ‖ ~**e Verbindung** (Stromübergang) (Eltech) / ohmic contact (resistive contact between two conductors), conductive connection ‖ ~**er Werkstoff** (Eltech) / conducting material, conductor material
**Leitentladung** f (bei der Blitzentladung) (Geophys) / leader n
**Leiter** m (DIN 40108) (Eltech) / conductor* n, wire n ‖ **bewegbarer** ≃ (Eltech) / flexible conductor ‖ **bündelverseilter** ≃ (Kab) / rope-lay strand ‖ **dielektrischer** ≃ (Eltech) / dielectric guide* ‖ **eindrähtiger** ≃ (Eltech) / solid conductor, single-wire conductor ‖ **elektrischer** ≃ (Elektr) / electric conductor ‖ **elektrolytischer** ≃ (Chem) / ionic conductor, electrolytic conductor ‖ **freier** ≃ (Eltech) / isolated conductor, ignored conductor ‖ **gebündelter** ≃ (Eltech) / bundled conductor, bundled wire ‖ **idealer** ≃ (Elektr) / ideal conductor, perfect conductor ‖ **konzentrischer** ≃ (Eltech) / concentric conductor, concentric-lay conductor ‖ **mäanderförmiger** ≃ (Eltronik) / flat square spiral coil, FSSC ‖ **massiver** ≃ (Eltech) / solid conductor, single-wire conductor ‖ **massiver** ≃ (Eltech) / solid wire, solid conductor ‖ **mitschwingender** ≃ (Eltech) / equifrequent conductor ‖ **optischer** ≃ (Opt) / optical conductor ‖ **organischer** ≃ (z.B. Bleiphthalozyanin) (Elektr) / organic electrical conductor*, organic conductor ‖ **umflochtener** ≃ (Eltech) / braided conductor, braided wire ‖ **verdichteter** ≃ (verseilter Leiter mit verkleinerten Zwischenräumen zwischen den Einzeldrähten) (Kab) / compacted conductor ‖ **versenkter** ≃ (Eltech) / flush conductor ‖ **zusammengesetzter** ≃ (z.B. Stahl-Alu) (Eltech) / composite conductor* ‖ ≃ m **aus konzentrisch verseilten Seillagen** (Eltech) / concentric conductor, concentric-lay conductor ‖ ≃ **der Fangarbeiten** (Erdöl) / fisherman n (pl. -men) ‖ ~ **I. Ordnung** (Chem, Elektr) / electronic conductor ‖ ≃ m **II. Ordnung** (Chem) / ionic conductor*, electrolytic conductor ‖ ≃ **Informationsverarbeitung** (EDV) / chief information officer, CIO ‖ ≃ **mit schwebendem Potential** (Eltech) / isolated conductor, ignored conductor ‖ ≃ **zweiter Klasse** (Chem) / ionic conductor*, electrolytic conductor
**Leiter** f / ladder n ‖ ≃ (mit hölzernen Leiterbäumen) (Bau, Zimm) / pole ladder ‖ ≃ (Bau, Zimm) s. auch Stufenleiter ‖ **Betriebskapazität zwischen zwei ≃n bei freiem Potential aller übrigen** (Eltech) / plenary capacitance (capacitance between two conductors) ‖ **mehrteilige** ≃ (Bau, Zimm) / sectional ladder ‖ ≃ f **mit Rückenschutz** (Bau, Zimm) / ladder with safety cage
**Leiter•abstand** m (zwischen den direkt benachbarten Kanten zweier Leiter eines Leiterbildes in einer Lage einer Leiterplatte) (Eltronik) /

707

**Leiteraufbau**

conductor spacing ‖ ~**aufbau** m (Eltech) / conductor design ‖ ~**bahn** f (auf einem Substrat) (Eltech) / conducting path ‖ ~**bahn** (auf der Leiterplatte) (Eltronik) / track n (on a complex backplane), conductor n, conductor track, conducting path, conductor pattern, wiring track ‖ ~**bahn** (Kupfer als elektrisch leitfähiges Material) (Eltronik) / copper n ‖ ~**bahnseite** f (einer Leiterplatte) (Eltronik) / wiring side ‖ ~**baum** m (Bau, Zimm) / stile n, pole n, ladder beam ‖ ~**beschläge** m pl (Bau, Zimm) / ladder fittings ‖ ~**bild** n (Eltech) / conductive pattern ‖ ~**bild** (konkrete Verdrahtung) (Eltech) / wiring pattern, wire pattern ‖ ~**bild** (Eltronik) / pattern n ‖ ~**bock** m (des Baggers) (HuT) / ladder hoist gantry ‖ ~**bruch** m (Eltech) / conductor break ‖ ~**bruchschutzrelais** n (Eltech) / open-phase protection relay ‖ ~**bündel** n (Eltech) / bunched conductor, bundled conductor (US) ‖ ~**ebene** f (auf einer Leiterplatte oder einer gedruckten Schaltung) (Eltronik) / conductor plane

**leitergebundene Welle** (Elektr, Fernm) / guided wave*

**Leiter•gerüst** n (Bau) / ladder scaffold ‖ ~**hocker** m / step-stool n ‖ ~**holm** m (Bau, Zimm) / stile n, pole n, ladder beam ‖ ~**karte** f (Eltronik) / printed circuit board (PCB*), printed board, pc board (single- or double-sided) ‖ ~**kühlung** f (Eltech) / conductor cooling ‖ ~**motor** m (Eltech) / single-sided linear motor, single-sided LIM, SLIM

**Leiterplatte** f (DIN 40804) (Eltronik) / printed circuit board (PCB*), printed board, pc board (single- or double-sided) ‖ **auf der** ~ (Eltronik) / on-board attr ‖ **außerhalb der** ~ (Eltronik) / off-board attr ‖ **bestückte** ~ (auf der die elektrischen und mechanischen Bauteile und gegebenenfalls weitere Leiterplatten montiert und bei der alle Fabrikationsgänge, wie Löten, Schutzlackierungen usw. abgeschlossen sind) (Eltronik) / assembled printed circuit board, printed-circuit assembly, printed-board assembly (pba) ‖ **direkte Montage auf der** ~ (Eltronik) / chip-on-board assembly (COB) ‖ **doppeltkaschierte** ~ (Eltronik) / two-sided printed circuit board, double-face printed circuit board ‖ **durchkontaktierte** ~ (mit Durchverbindungen) (Eltronik) / blank board ‖ **flexible** ~ (mit biegsamem Basismaterial in Folienform als flächenhafter Verdrahtungsträger mit räumlicher Anordnung) (Eltronik) / flexible printed circuit board, flexible PC board ‖ ~ **f für Rückverdrahtung** (Eltronik) / backplane n ‖ ~ **mit eingepreßtem Leiterbild** (Eltronik) / flush board ‖ ~ **mit freiem Ausläufer** (Eltronik) / flying-tail printed circuit board ‖ ~ **mit tiefgelegten Leiterzügen** (Eltronik) / flush board

**Leiterplatten•entwurf** m (Eltronik) / printed circuit layout ‖ ~**siebdruckautomat** m (Eltronik) / circuitboard screen printer

**Leiter•polymer** n (Hochpolymer, dessen Strukturformel dem Bild einer Sprossenleiter ähnelt - z.B. Black Orlon der Fa. Du Pont de Nemours) (Chem) / ladder polymer ‖ ~**querschnitt** m / conduction cross section ‖ ~**rahmen** m (Kfz) / ladder frame ‖ ~**rohr** n (Kupfer) (Eltech) / bus pipe, bus tube ‖ ~**schicht** f (Eltech) / conducting layer, conductor layer ‖ ~**seil** n (Eltech) / stranded conductor ‖ ~**seil** (Freileitung) (Eltech, Fernm) / suspension strand, messenger-cable strand ‖ **verschlossenes** ~**seil** (Eltech) / locked-coil conductor* ‖ ~**sequenz** f (Gen) / leader sequence ‖ ~**spannung** f (Eltech) / voltage between lines* (in a single- or three-phase system), voltage of the system*, voltage between phases*, line voltage* ‖ ~**sprosse** f (Bau) / rime n, rung n, stave n ‖ [**runde**] ~**sprosse** (Bau) / round* n ‖ [**runde**] ~**sprosse** (Bau) / rung ‖ ~**tafel** f (Math) / alignment chart*, nomographic chart ‖ ~**werkstoff** m (Eltech) / conducting material, conductor material ‖ ~**zug** m (einer gedruckten Schaltung) (Eltronik) / track n (on a complex backplane), conductor n, conductor track, conducting path, conductor pattern, wiring track ‖ ~**zugbild** n (Eltronik) / track pattern, conductor pattern ‖ **aus Drähten verlegtes** ~**zugbild** (Multiwiretechnik) (Eltronik) / wire pattern ‖ ~**zugwachstum** n (Eltronik) / outgrowth n

**Leitfaden** m (kurzgefaßte Darstellung) / manual n

**leitfähig** adj (Eltech) / conducting adj, conductive adj ‖ **berührbares** ~**es Teil** (von Betriebsmitteln) (Eltech) / exposed conductive part ‖ ~**e Blende** (zum Abschirmen von Kanten) (Galv) / current thief (in anodizing), current robber ‖ ~**er Compound** (Kab) / semiconducting compound ‖ ~**er Kanal** (beim Durchschlag im Isolierstoff) (Eltech) / breakdown channel ‖ ~**er Kompound** (Kab) / semiconducting compound ‖ ~**e Mischung** (Mischung auf der Basis von Plastomeren oder Elastomeren, die durch Zusatz von Ruß, Graphit oder anderen leitfähigen Stoffen leitfähig wird) (Kab) / semiconducting compound ‖ ~**es Teil** (Eltech) / conductive part ‖ ~**e Tinte** (EDV) / electrographic ink

**Leitfähigkeit** f (spezifische elektrische oder Wärme-) (Phys) / conductivity* n ‖ **anisotrope** ~ (Phys) / anisotropic conductivity* ‖ **asymmetrische** ~ (Eltronik) / unilateral conductance ‖ **elektrische** ~ (in S m$_{-1}$) (Elektr) / electrical conductivity*, conductivity n ‖ **elektronenbeschußinduzierte** ~ (Eltronik) / electron-bombardment-induced conductivity, EBIC ‖ **elektronische** ~ (Plasma Phys) / electron conduction ‖ **hydraulische** ~ (DIN 4049) (HuT, Hyd) / permeability* n ‖ **intrinsische** ~ (Eltronik) / intrinsic conductivity ‖ **lichtelektrische** ~ (Eltronik) / photoconductivity* n ‖ **magnetische** ~ (Mag) / magnetoconductivity n, magnetic conductivity ‖ **molare** ~ (der Leitfähigkeitsbetrag eines Mols Elektrolyt) (Chem, Elektr) / molar conductivity* ‖ **spezifische elektrische** ~ (Elektr) / specific conductivity ‖ **thermische** ~ (Wärm) / thermal conductivity*, K-value n, heat conductivity

**Leitfähigkeits•hygrometer** n (das die Änderung der elektrischen Leitfähigkeit eines Elektrolyten durch Absorption von Wasserdampf mißt) (Meteor) / electrolytic hygrometer ‖ ~**meßgerät** n (Eltech) / conductometer n, conductivity meter ‖ ~**modulation** f (in einem Halbleiterelement nach DIN 41852) (Eltronik) / conductivity modulation* ‖ ~**titration** f (Chem) / conductometric titration ‖ ~**verbesserer** (Anstr) / conductivity promoter ‖ ~**wasser** n (extrem reines, mehrmals destilliertes Wasser) (Chem) / conductivity water

**Leit•fernrohr** n (ein meist kleineres Fernrohr, das parallel mit dem Hauptrohr verbunden ist und zur exakten Nachführung dient) (Astr) / guiding telescope ‖ ~**fläche** f (Luftf) / tail surface ‖ ~**fossil** n (Bergb, Geol) / index fossil*, guide fossil, type fossil, zone fossil, key fossil* ‖ ~**frequenz** f (Eltech) / pilot frequency ‖ ~**frequenzgeber** m (Eltech) / pilot frequency generator ‖ ~**funkstelle** f (Fernm) / directing station ‖ ~**gang** m (Bergb, Geol) / leader n (of the load) ‖ **erzfreier** ~**gang** (Bergb, Geol) / indicator vein* ‖ ~**gerade** f (Math) / directrix* n (pl. directrices) ‖ ~**geschiebe** n (dessen Herkunftsort infolge seiner besonders typischen Zusammensetzung rekonstruierbar ist) (Geol) / indicator boulder ‖ ~**gewebe** n (zur Leitung des Wassers mit den darin gelösten Nährstoffen) (For) / vascular tissue ‖ ~**gitter** n (z.B. bei Kompressoren) (Masch) / guide vanes ‖ ~**horizont** m (ein stratigrafischer Bezugshorizont) (Geol) / marker horizon*, marker bed, key horizon, key bed ‖ ~**horizont** (Luftf) / horizon and director indicator, HDI ‖ ~**impuls** m (Fernm) / master pulse ‖ ~**insel** f (HuT, Kfz) / refuge n (GB), safety island (US), street refuge ‖ ~**insel** (Verkehrsteiler) (HuT, Kfz) / channelizing island ‖ ~**ion** n (bei der Isotachophorese) (Chem) / leading ion ‖ ~**isotop** (Kernphys) / isotopic tracer, isotopic indicator, isotopic label, isotope tag ‖ ~**isotopenmethode** f (Chem, Med) / tracer method ‖ ~**kabel** n (Nav) / leader cable ‖ ~**kasse** f (in dem Kassenverbundsystem) (EDV) / master cash box ‖ ~**kegel** m (Kfz) / cone n, traffic cone ‖ ~**kleber** m (zum Kontaktieren bei elektrisch leitenden Verbindungen durch Kleben) (Eltronik) / conducting adhesive ‖ ~**klebstoff** m (aus Kunstharzen mit elektrisch leitenden Zusatzstoffen) (Eltronik) / conducting adhesive ‖ ~**kreis** n (um einen der beiden Brennpunkte einer Ellipse oder Hyperbel) (Math) / orthoptic circle*, director circle*, directrix circle (for the parabola) ‖ ~**kupfer** n (Eltech) / high-conductivity copper* ‖ ~**kursbalken** m (Luftf, Nav) / course deviation bar ‖ ~**kurve** (ein Formspeicher) (Masch) / template* n ‖ ~**kurve** (Math) / directrix* n (pl. directrices) ‖ ~**lack** m (zum Leitendmachen nichtmetallischer Grundwerkstoffe) (Anstr, Eltech) / conducting paint, electrically conductive varnish ‖ ~**lineal** n (zum Drehen von Kegeln) (Masch) / template* n ‖ ~**linie** f (Kfz) / lane line, centre line ‖ ~**linie** (Math) / directrix* n (pl. directrices) ‖ **punktierte** ~**linie** (als Fahrbahnmarkierung) (HuT) / dotted line ‖ ~**linie f am Fahrbahnrand** (als Fahrbahnmarkierung) (HuT) / side-of-pavement line ‖ ~**lochung** f (EDV) / designation punch, control hole, function hole, control punch ‖ ~**organismen** m pl (Formen niederer Lebewesen, die als Indikatoren für eine bestimmte Gewässergüte herangezogen werden) (Wasserb) / indicator organisms ‖ ~**patrone** f (Gewindestrehlen) (Masch) / master screw, chasing leader ‖ ~**pflanze** f (Bot, Geol) / indicator plant (that grows exclusively or preferentially on soil rich in a given metal or other element), indicator* n, soil plant ‖ ~**pflock** m (im Straßenbau) (HuT) / delineator n ‖ ~**planke** (Kfz) / crash barrier (GB), guard rail (US) ‖ ~**plankenversuch** m (Kfz) / crash-barrier test ‖ ~**punkt m der Larmor-Präzession** (Eltronik) / guiding centre ‖ ~**rad** n (Kfz, Luftf) / stator* n ‖ ~**rad** (des Druckmittelgetriebes) (Masch) / reactor n, stator n ‖ ~**radfreilauf** m (Kfz) / stator-roller clutch, reactor one-way clutch ‖ ~**rechner** m (EDV) / master computer ‖ ~**rohr** n (ein meist kleineres Fernrohr, das parallel mit dem Hauptrohr verbunden ist und zur exakten Nachführung dient) (Astr) / guiding telescope ‖ ~**rohrtour f für die Verbindung Bohrinsel/Meeresboden** (Erdöl) / riser n ‖ ~**rolle** f (Masch) / guide pulley, guide roller ‖ ~**rolle** (Schw) / line tracer, template tracer ‖ ~**salz** n (Alkalisalz, das die Leitfähigkeit des Bades erhöht und die Dissoziation der Metallsalze beeinflußt) (Galv) / basic electrolyte, conducting salt, supporting electrolyte ‖ ~**schaufel** f (Kfz, Luftf) / stator blade*, stator vane ‖ ~**schaufelkranz** m (Kfz, Luftf) / stator* n ‖ ~**schaufelkranz** (bei Verdichtern) (Masch) / blade ring ‖ ~**schaufeln** f pl (einer Turbine) (Luftf, Masch) / guide-vanes* pl, stationary blades ‖ ~**schaufelträger** m (Masch) / guide-vane carrier ‖ ~**schaufelverstellung** f (Masch) / guide-vane adjustment ‖ ~**scheibe** f (Masch) / guide pulley*, idler pulley* ‖ ~**schicht** f (Eltech) / conducting layer, conductor layer n ‖ ~**schicht** (auf der Oberfläche nichtmetallischer Substrate) (Eltech, Eltronik) / conducting layer ‖ ~**schicht** (ein stratigrafischer

Bezugshorizont) (Geol) / marker horizon*, marker bed, key horizon, key bed ‖ ~**schicht** (Geol) / index bed ‖ ~**schicht** (zur Steuerung des elektrischen Feldes der Isolierhülle und zur Vermeidung von Hohlräumen an deren Grenzen) (Kab) / screen n ‖ ~**schiene** f (zusätzlich angeordnete Schiene in Gleisbogen) (Bahn) / guard rail*, check rail*, guide rail*, rail guard*, safety rail* ‖ ~**schiene** (Masch) / guide bar* ‖ ~**sender** m (Radio) / master station* ‖ ~**spindel** f (der Drehmaschine - zum Antrieb des Gewindezuges) (Masch) / lead screw, guide screw, leading screw ‖ ~**spindeldrehmaschine** f (Masch) / screw-cutting lathe* ‖ ~**sprache** f (in einem Wörterbuch) / source language ‖ ~**stand** m / control room, control station ‖ ~**stange** f (Masch) / guide bar*, slide bar*, motion bar* ‖ ~**station** f / control room, control station ‖ ~**station** (DIN 44302) (EDV) / control station, control terminal ‖ ~**station** (Nav) / master station ‖ ~**stelle** f (Regeln) / control centre ‖ ~**stelle des Such- und Rettungsdienstes** (Luftf) / search and rescue coordination centre, rescue coordination centre, SAR centre, RCC ‖ ~**steuerung** f (Funktion der Fernbetriebseinheit) (EDV) / primary control ‖ ~**steuerung** (beim bitorientierten synchronen Übertragungssteuerungsverfahren) (Fernm) / primary n, primary control ‖ ~**stich** m (beim Walzen) (Hütt) / leader pass, leading pass

**Leitstrahl** m (ein Funkstrahl) (Luftf, Nav) / guide beam, guiding beam, equisignal line ‖ **frontseitiger** ~ / front beam ‖ **rückseitiger** ~ (Luftf, Radio) / back beam ‖ ~**rückwärtiger** ~ (Luftf, Nav) / back beam ‖ ~**funkfeuer** n (das mit funktechnischen Mitteln Signale erzeugt, die auf einer Referenzlinie oder einer Referenzfläche einen Leitstrahl bilden und dadurch eine gute Orientierungshilfe sind) (Nav) / radio range* ‖ ~**lenkung** f (eines Flugkörpers) (Radio) / beam riding ‖ **außerhalb des** ~**s bzw. Peilstrahls** (Luftf, Nav) / off-beam attr

**Leit**~**strang** m (der Replikationsgabel) (Gen) / leading strand ‖ ~**substanz** f (Chem) / lead compound ‖ ~**technik** f (Regeln) / measuring and control technology, process measuring and control technology, instrumentation and control, I & C ‖ ~**trommel** f (der Dreschmaschine) (Landw) / beater n

**Leitung** f (von Elektrizität oder Wärme) / conduction n ‖ ~ / lead n (li:d) ‖ ~ **(ein Kommunikationskanal zwischen 2 Vermittlungseinrichtungsreihen derselben Vermittlungsstelle oder zwischen 2 Vermittlungsstellen** (EDV, Fernsp) / trunk line*, trunk circuit*, intermode link, link* n ‖ ~ f (elektrische - als Anlage) (Eltech) / feeder* n, incoming feeder*, supply line, lead* n (li:d), supply line ‖ ~ (Fernm) / line ‖ ~**n abgeschirmte** ~ (Eltech) / shielded line*, screened line ‖ **abgeschirmte symmetrische** ~ (Eltech) / shielded pair* ‖ **abgestimmte** ~ (z.B. Lecher-Leitung) (Fernm) / resonant line* ‖ **dielektrische** ~ (Fernm) / diline n, dielectric waveguide ‖ **digitale** ~ (Fernm) / digital line ‖ **durchgehende elektrische** ~ (Bahn) / bus-line* n ‖ **eingebettete** ~ (Eltech) / embedded conduit ‖ **eingelassene** ~ (Eltech) / embedded conduit* ‖ **festgeschaltete** ~ (EDV, Fernm) / dedicated line (leased or privately owned), non-switched line ‖ **flexible** ~ (Kab) / flexible cable*, flexible wire ‖ **gemeinsame** ~ (Eltech) / common n ‖ **geschlossene** ~ (für Flüssigkeiten) / close conduit ‖ **gleichförmige** ~ (Fernm) / uniform line* ‖ **internationale** ~ (Fernm) / international line ‖ **körperliche** ~ (Eltech) / physical line ‖ **künstliche** ~ (Fernm) / artificial line*, simulated line* ‖ **metallische** ~ (Fernm) / metallic conduction* ‖ **n-** ~ (Eltronik) / excess conduction*, n-type conduction ‖ **physische** ~ (Eltech) / physical line ‖ **private** ~ (Fernm) / private line ‖ **private** ~ (Fernm) ‖ **symmetrische** ~ (die aus zwei Adern besteht, deren anliegende Spannung immer gleich groß und entgegengesetzt ist) (Fernm) / balanced line ‖ **überlastete** ~ (Fernsp) / congested line ‖ **unendlich lange** ~ (Eltech) / infinite line* ‖ **ungerichtet betriebene** ~ (Fernm) / both-way trunk ‖ **verlustfreie** ~ (Fernm) / dissipationless line*, lossless line*, ideal line, zero-loss line ‖ **verzerrungsfreie** ~ (Elektr) / distortionless line* ‖ **zeitweise vermietete** ~ (Fernsp) / part-time leased circuit (line) ‖ ~ **I. Ordnung** (Chem, Elektr) / electron conduction* ‖ ~ **II. Ordnung** (Chem) / ionic conduction*, ion conduction ‖ ~ **in Rohren** / piping n ‖ ~ **zur Grobevakuierung** (Vakuumt) / roughing line

**Leitungs**~**abgleich** m (Fernm) / line balance ‖ ~**abschluß** m (Eltech) / line termination ‖ ~**abschnitt** m (Eltech) / line section ‖ ~**abschnitt** (Fernm) / link n, circuit section ‖ ~**adresse des Zubringers** (EDV) / line-address of the offering port, offering-port line address ‖ ~**anpassungsteil** n (EDV) / line adapter ‖ ~**ausfall** m (Eltech) / line outage ‖ ~**auswahl** f (Fernm) / line selection ‖ ~**band** n (in dem Energiebändermodell) (Eltronik, Phys) / conduction band* ‖ ~**bandkante** f (das absolute energetische Minimum der Leitungsbänder) (Eltronik, Phys) / conduction band edge ‖ ~**bauteil** n (Eltech) / conduit* n ‖ ~**belag** (DIN 1311) (Eltech) / line constant, circuit constant ‖ ~**belegung** f (Fernm) / line load ‖ ~**belegung** (Fernm) / line seizure ‖ ~**bruch** m (Eltech) / line break, cable break ‖ ~**bündel** n (Eltech) / group of circuits ‖ ~**bündel** (in der Vermittlungstechnik) (Fernsp) / trunk group, group of trunks ‖ ~**draht** m (Eltech) / conducting wire ‖ ~**durchschalter** m (Fernsp) /

line-concentrator n ‖ ~**einführung** f (Eltech) / bush ‖ ~**elektron** n (in Metallen) (Chem, Eltronik) / conduction electron* ‖ ~**elektronen-Spinresonanz** f (Phys) / conduction electron spin resonance ‖ ~**endgerät** n (Fernsp) / line-termination unit, line-terminating equipment, LTE ‖ ~**entzerrer** m (Fernm) / line equalizer* ‖ ~**entzerrung** f (Fernm) / line equalization ‖ ~**feld** n (bei Schaltanlagen) (Eltech) / feeder panel* ‖ ~**feld** (Eltech) / line section ‖ ~**führung** f (Eltech) / wiring n ‖ ~**führung** (als Bauteil) (Eltech) / conduit* n ‖ ~**gebühr** f (Fernm) / line charge

**leitungsgebunden**•**e Nachrichtenübertragung** (Fernm) / wire-bound communication ‖ **~e Störung** (Eltech) / mains interference, mains-borne interference ‖ **~e Welle** (Elektr, Fernm) / guided wave*
**leitungs**•**geführte Welle** (Elektr, Fernm) / guided wave* ‖ **Verminderung der Übertragungsgüte durch** ~**geräusche** (Fernm) / noise transmission impairment, NTI ‖ ~**gleichung** f (Elektr) / line equation ‖ ~**graben** m (HuT) / utility trench ‖ ~**impedanz** f (Fernm) / line impedance* ‖ ~**kabel** n (Eltech, Kab) / cable n ‖ ~**kanal** m (Eltech) / duct n ‖ ~**kanal** (Eltech) / raceway n, electric raceway ‖ ~**kennung** f (Fernm) / circuit identification ‖ **isolierte** ~**klemme** (Eltech) / insulated clip* ‖ ~**knoten** m (Fernm) / line-concentrator n ‖ ~**kode** m (zur unmittelbaren Übertragung digitaler Signale auf Leitungen) (Fernm) / line code ‖ ~**konstante** f (Eltech) / line constant, circuit constant ‖ ~**konzentrator** m (Fernsp) / line-concentrator n ‖ ~**kreuzung** f (am Gestänge) (Eltech) / transposition* n ‖ ~**loch** n (Eltronik) / conduction hole*

**leitungsloser Chipträger** (Eltronik) / leadless chip carrier (LCC)
**Leitungs**•**mast** m (Eltech) / pole* n, transmission-line tower ‖ ~**nachbildung** f (Fernm) / artificial line*, simulated line* ‖ ~**nachbildung** (Fernm) / balancing network, line balance ‖ ~**nachbildung** (Teleg) / duplex balance*, line balance* ‖ **interne** ~**nummer** (Fernm) / internal line number, ILN ‖ **verdrilltes** ~**paar** (EDV, Eltronik) / twisted pair ‖ ~**parameter** m (Eltech) / line parameter ‖ ~**programm** n (EDV) / line program ‖ ~**prüfer** m (Spannungsprüfer) (Eltech) / circuit tester ‖ ~**prüfer** (Eltech) / mains tester ‖ ~**prüfung** f (Eltech) / circuit testing ‖ ~**pumpstation** f (Erdöl) / pipeline pump station ‖ ~**rauschen** n (Eltech) / circuit noise* ‖ ~**rauschen** (Fernsp) / line noise* ‖ ~**resonator** m (Fernm) / waveguide resonator ‖ ~**rohr** n (HuT, Kab) / conduit* n, electric conduit ‖ ~**rohr** (Masch) / pipe* n, tube n ‖ ~**rohr-Biegezange** f (Fernm) / hickey n, hicky n ‖ ~**roller** m (DIN 57620) (Eltech) / cable reel, cord reel ‖ ~**sammelschiene** f (Eltech) / feeder bus-bar* ‖ ~**schalter** m (Fernm) / line switch ‖ ~**schlitz** m (Bau) / chase* n ‖ ~**schnittstelle** f (Fernm) / line interface ‖ ~**schnur** f (Fernsp) / cord n ‖ ~**schutzdrossel** f (Eltech) / line choking coil*, screening protector* ‖ ~**schutzrohr** n (Eltech) / plain conduit*, wiring tube ‖ ~**schutzschalter** (Eltech) / cut-out* n, miniature circuit breaker, automatic cut-out* ‖ ~**schutzsicherung** f (Eltech) / screw plug fuse, plug-type fuse ‖ ~**schwingkreis** m (Fernm) / resonant line* ‖ ~**strom** m (Eltronik) / conduction current* ‖ ~**sucher** m (Fernsp) / line switch* ‖ ~**suchverfahren** n **mit fester Ausgangsstellung** (Nullstellung) (Fernm) / homing method ‖ ~**symmetrie** f (Fernm) / line balance ‖ ~**system** n (Eltech) / line system ‖ ~**system** (Fernsp) / bus system ‖ ~**system** (Verbindungsschläuche, -rohre und Fittings) (Kfz) / plumbing n ‖ **isolierter** ~**träger** (Eltech) / insulated hook* ‖ ~**treiber** m (Eltronik) / line driver ‖ ~**tunnelbau** m (HuT) / microtunnelling n

**Leitungsverlegung** f (Eltech) / wiring n
**Leitungs**•**verluste** m pl (Sanitär) / waste n ‖ ~**verlust** m (Wasserb) / conveyance loss
**leitungsvermittelt** adj (Fernm) / line-switched adj, circuit-switched adj ‖ **~es öffentliches Datennetz** (EDV, Fernm) / circuit-switched public data network

**Leitungs**•**vermittlung** f (Fernm) / line switching, circuit switching, circuit switch ‖ ~**verstärker** m (Fernm) / line amplifier* ‖ ~**verstärker** (Fernm) s. auch Repeater ‖ ~**verteiler** m (Fernsp) / distribution frame* ‖ ~**verzerrung** f (Fernm) / line distortion* ‖ ~**wahl** f (Fernm) / line selection ‖ ~**wähler** m (Fernsp) / final selector* ‖ ~**wasser** n / main water, tap-water n, piped water ‖ ~**welle** f (Eltech) / TEM wave, transverse electromagnetic wave ‖ ~**zugangsverfahren** n (EDV) / link access procedure (LAP) ‖ ~**zustand** m (Fernm) / line condition, line status ‖ ~**zweig** m (Fernm) / leg* n

**Leit**•**verbindung** f (Chem) / lead compound ‖ ~**vermerk** m (EDV) / routing indicator, routing character ‖ ~**vermittlungsstelle** f (Fernm) / routing centre ‖ ~**vorrichtung** f (Kfz, Luftf) / stator* n ‖ ~**warte** f (in Kraftwerken) / control room, control station

**Leitweg** m (einer Meldung) (EDV, Fernm) / route n, routing n ‖ **erster** ~ (Fernm) / primary route ‖ **virtueller** ~ (EDV) / virtual route, VR ‖ **zweiter** ~ (Fernm) / secondary route, second-choice route ‖ ~**kode** m (EDV, Fernm) / routing code ‖ ~**lenkung** f (Fernm) / routing n, RT ‖ ~**lenkung** (Fernsp) / alternate routing, route advance (US) ‖ ~**liste** f (Luftf) / routing list ‖ ~**steuerstelle** f (Fernm) / routing centre ‖ ~**vermerk** m (EDV) / routing indicator, routing character ‖

**Leitwegzuordnung**

~**zuordnung** f (EDV, Fernm) / route selection, routing n, path selection

**Leit•werk** (DIN 44300) (EDV) / control unit* ‖ ~**werk** n (Luftf) / empennage* n, tail-unit* n (complete) ‖ ~**werk** (Wasserb) / training wall ‖ **beiklappbares** ~**werk** (Luftf, Mil) / folding fins ‖ ~**werksträger** m (Luftf) / tail boom* ‖ **magnetisches** ~**wert** (Elektr) / permeance* n, magnetic conductance ‖ **elektrischer** ~**wert** (in Siemens) (Elektr) / conductance* n ‖ **thermischer** ~**wert** (Phys) / thermal conductance ‖ ~**wert** m **der Elektrodenverkopp(e)lung** (Eltronik) / interelectrode transconductance ‖ ~**wertmesser** m (Eltech) / conductometer n, conductivity meter ‖ ~**wertparameter** m (Kenngröße bei der Vierpolersatzschaltbilddarstellung von Transistoren) (Eltronik) / Y-parameter* ‖ ~**zahl** f (das Produkt aus der Blendenzahl und der Entfernung zwischen Objekt und Lichtquelle - die Lichtleistung eines Blitzlichtgerätes kennzeichnende Hilfszahl) (Foto) / guide number, flash guide number ‖ ~**zentrale** f (zur Sicherstellung oder Unterstützung einer günstigen Abwicklung des Verkehrsablaufs) (Kfz) / traffic control centre

**Lektin** n (Bot) / lectin n
**Lektor** m (im Verlag) / editor n, publisher's reader
**Lemberg-Probe** f (Geol) / Lemberg's stain test*
**Lemberg-Reagens** n (wäßrige Lösung des Blauholzextrakts + Aluminiumchlorid) (Chem, Geol) / Lemberg solution (which produces a violet stain on calcite but leaves dolomite unchanged)
**Lemma** n (pl. -ta) (Stichwort in einem Wörterbuch) / lemma n (pl. lemmata or lemmas), entry n ‖ ~ (pl. -ta) (Math) / lemma* n (pl. lemmata or lemmas) ‖ **Schwarzsches** ~ (ein grundlegender Satz der Funktionentheorie - nach H.A. Schwarz, 1843-1921) (Math) / Schwarz's lemma ‖ ~ n **von Borel-Cantelli** (nach E. Borel, 1871 - 1956) (Math) / Borel-Cantelli lemma ‖ ~ **von Kuratowski-Zorn** (Math) / Zorn's lemma ‖ ~ **von Uryson** (nach P.S. Uryson, 1898-1924) (Math) / Uryson lemma
**Lemniskate** f (eine spezielle Cassinische Kurve) (Math) / lemniscate n, lemniscate of Bernoulli* ‖ **Bernoullische** ~ (Math) / lemniscate n, lemniscate of Bernoulli* ‖ ~ f **von Gerono** (eine Cassinische Kurve) (Math) / lemniscate of Gerono
**Lemoine-Punkt** m (in dem sich der drei Symmedianen eines Dreiecks schneiden) (Math) / Lemoine point
**Lemongrasöl** n (von Cymbopogon-Arten - westindisches oder ostindisches) (Chem) / lemon grass oil, oil of lemon grass
**Lenacil** n (ein Herbizid) (Bot, Chem) / lenacil n
**Lenard-Effekt** m (Phys) / Lenard effect
**Lenard-Röhre** f (Eltronik) / Lenard tube
**Lenard-Strahlen** m pl (Strahlen schneller Elektronen - nach P.E.A. Lenard, 1862-1947) (Eltronik) / Lenard rays
**Lendenwirbelstütze** f (variable) (Kfz) / lumbar support
**Lenk•achse** f (Bahn) / radial axle ‖ ~**achse** (Kfz) / steering axle
**lenkbar** adj (Luftf) / navigable adj ‖ ~ (z.B. Tochtergefechtskopf) (Mil) / targetable adj ‖ **einzeln** ~ (z.B. Tochtergefechtskopf) (Mil) / independently targetable ‖ ~**e Achse** (Kfz) / steered axle, steerable axle
**Lenk•bombe** f (Mil) / guided bomb, homing bomb, smart bomb ‖ **zu hohe** ~**elastizität** (Kfz) / steering looseness
**lenken** v (Verkehr) / funnel v (guide or channel through) ‖ ~ / direct v ‖ ~ / pilot v ‖ ~ (Kfz) / drive v, steer v
**Lenker** m (Fahrrad, Motorrad) / handlebar n ‖ ~ (am schreitenden Ausbau) (Bergb) / guide bar, spacer bar ‖ ~ (Radaufhängung) (Kfz) / suspension link, link n ‖ ~**berechtigung** f (A) (Kfz) / driving licence, driver's licence, driver's license (US)
**Lenk•fähigkeit** f (Kfz) / steerability n, steering control ‖ ~**flugkörper** m (Mil) / guided missile* ‖ ~**gehäuse** n (DIN 70023) (Kfz) / steering-box* n
**Lenkgeometrie** f (Kfz) / steering geometry ‖ ~ **mit Lenkrollradius gleich Null** (Kfz) / centre-point steering ‖ ~ **mit negativem Lenkrollradius** (Kfz) / negative offset steering ‖ ~ **mit positivem Lenkrollradius** (Kfz) / positive offset steering
**Lenk•gestänge** n (Kfz) / steering linkage ‖ ~**gestell** n (Bahn) / pony truck, bissel truck ‖ ~**getriebe** f (DIN 70023) (Kfz) / steering gear, steering box ‖ ~**hebel** m (Kfz) / steering lever, steering arm* ‖ ~**hebelanschlag** m (Kfz) / steering-arm stop ‖ ~**kraft** f (Kfz) / steering force
**Lenkrad** n (Kfz) / steering wheel ‖ **verstellbares** ~ (Kfz) / tilt steering wheel ‖ ~**abzieher** m (ein Kfz-Spezialwerkzeug) (Kfz) / steering-wheel puller ‖ ~**hülle** f (Kfz) / steering-wheel cover ‖ ~**schaltung** f (Kfz) / column shift, steering-column shift ‖ ~**schloß** n (Rohrverbindung des Lenkrads mit dem Pedal) (Kfz) / steering wheel to pedal lock ‖ ~**schloß** (Kfz) / steering lock, antitheft wheel locking ‖ ~**seite** f (links bei Rechtsverkehr und umgekehrt) (Kfz) / offside* n ‖ ~**umdrehung** f (Kfz) / steering-wheel revolution

**Lenk•ritzel** n (bei der Zahnstangenlenkung) (Kfz) / steering pinion ‖ ~**rolle** f (des Flurförderzeugs) (Masch) / castor n, caster n ‖ ~**rolle** (des Bandförderers) (Masch) / guide pulley, guide roller
**Lenkroll•halbmesser** m (Kfz) / scrub radius, steering roll radius, kingpin offset, offset n ‖ ~**radius** m (Kfz) / scrub radius, steering roll radius, kingpin offset, offset n ‖ **Lenkgeometrie mit negativem** ~**radius** (Kfz) / negative offset steering ‖ **Lenkgeometrie mit positivem** ~**radius** (Kfz) / positive offset steering ‖ **Lenkgeometrie mit** ~**radius gleich Null** (Kfz) / centre-point steering
**Lenk•säule** f (DIN 70023) (Kfz) / steering-column n ‖ ~**säule mit Faltelementen** (Kfz) / collapsible steering-column, energy-absorbing steering column, Japanese-lantern-type steering-column ‖ ~**säule mit Pralltopf** (eine Sicherheitslenksäule) (Kfz) / collapsible steering-column, energy-absorbing steering column, Japanese-lantern-type steering-column ‖ ~**schloß** n (Lenkungsverriegelung) (Kfz) / steering lock, antitheft wheel locking ‖ ~**schubstange** f (Kfz) / drag link*, steering rod* ‖ ~**spindel** f (Kfz) / steering spindle ‖ ~**stange** f (Kfz) / drag link*, steering rod* ‖ ~**stockhebel** m (DIN 70023) (Kfz) / drop arm*, pitman arm ‖ ~**stocklenkung** f (mit dreiteiliger Spurstange) (Kfz) / pitman-arm steering ‖ ~**trapez** n (Kfz) / Ackermann steering gear, Ackermann linkage
**Lenkung** f (Vorrichtung) / steering system ‖ ~ (als Anlage) (Kfz) / steering assembly ‖ ~ (Masch, Mil) / guidance* n ‖ **autonome** ~ (Luftf) / preset guidance* ‖ **vollkommen selbsthemmende** ~ (Kfz) / irreversible steering*
**Lenkungs•dämpfer** m / steering damper ‖ ~**flattern** n (Kfz) / wheel shudder, shimmy* n, wheel judder ‖ ~**geometrie** f (Kfz) / steering geometry ‖ ~**spiel** n (Kfz) / steering free play ‖ **zu großes** ~**spiel** (Kfz) / excessive steering free play ‖ ~**spiel am Lenkrad** (Kfz) / free play in the steering wheel ‖ ~**stöße** m pl (Kfz) / steering kickback
**Lenkunterstützung, geschwindigkeitsabhängige** ~ (Kfz) / speed-related variable steering assistance, speed-regulated steering assistance
**Lenk•waffe** f (Mil) / guided weapon* ‖ ~**waffenkreuzer** m (Mil, Schiff) / guided-missile cruiser, missile cruiser ‖ ~**welle** f (DIN 70023) (Kfz) / steering shaft, steering gear shaft ‖ ~**winkel** m (Kfz) / steering angle ‖ ~**zeit** f (zwischen zwei aufeinanderfolgenden Ruhezeiten) (Kfz) / driving period ‖ ~**zwischenhebel** m (Kfz) / idler arm
**Lennard-Jones-Potential** n (das sowohl für Anziehungs- als auch für Abstoßungskräfte ein Potenzgesetz annimmt - nach Sir J.E. Lennard-Jones, 1894-1954) (Chem) / Lennard-Jones potential*, rocker yard, six-twelve potential*, 6-12 potential*
**Lenthionin** n (1,2,3,5,6-Pentathiepan) (Chem) / lenthionin n
**lentikulär** adj (Min) / lenticular* adj, lenslike adj
**Lentikulariswolke** f (Meteor) / lenticularis n (pl. -res), lenticular cloud
**lentisch** adj (Wasser) (Umwelt) / lentic* adj
**Lentizelle** f (Rindenpore) (For) / lenticel n
**Lentz-Steuerung** f (Masch) / Lentz valve gear*
**Lenz•brunnen** m (Schiff) / bilge well ‖ ~**brunnen** (zylindrischer) (Schiff) / drain hat, bilge hat ‖ ~**hahn** m (Schiff) / bilge cock ‖ ~**pumpe** f (Schiff) / bilge pump* ‖ ~**-Runge-Vektor** m (Phys) / Runge vector
**Lenzsch•es Gesetz** (von H.F.E. Lenz, 1804-1865, aufgestellt) (Eltech) / Lenz's law* ‖ ~**e Regel** (von H.F.E. Lenz, 1804-1865, aufgestellt) (Eltech) / Lenz's law* ‖ ~**er Vektor** (Phys) / Runge vector
**Lenztank** m (Schiff) / drain tank, waste-water tank, drainage tank
**Leonardsteuerung** f (von Drehzahl und Drehrichtung von Gleichstrommotoren durch einen Leonardumformer - nach W. Leonard, 1861-1915) (Eltech) / Ward-Leonard control*
**leonisch•er Faden** (Tex) / metallized filament, metallized thread ‖ ~**er Faden** s. auch Lahn ‖ ~**es Gespinst** (aus leonischen Fäden) (Tex) / leonine spun
**LEP** (Kernphys) / large electron positron collider, LEP
**Lepidin** n (ein Methylchinolin) (Chem) / lepidin n (4-methylquinoline)
**lepidoblastisch** adj (Gefüge von metamorphen Gesteinen) (Geol) / lepidoblastic adj
**Lepidokrokit** m (Eisenoxidhydroxid) (Min) / lepidocrocite* n, ruby mica
**Lepidolith** m (ein Lithionglimmer) (Min) / lepidolite* n
**Lepidomelan** m (magnesiumarmer, sehr eisenreicher Glimmer) (Min) / lepidomelane* n
**Lepidopteran** n (antibakteriell wirkendes Peptid) (Biochem) / lepidopteran n
**Leporello•bruchfalz** m (Buchb) / accordion n (US), concertina fold*, fanfold n, accordion fold ‖ ~**bruchfalzung** f (Buchb) / accordion folding, concertina folding ‖ ~**endlospapier** n (EDV, Pap) / fanfold paper, continuous fanfold stock, Z-fold paper ‖ ~**falz** m (Buchb) / accordion n (US), concertina fold*, fanfold n, accordion fold ‖ ~**falzung** f (Buchb) / accordion folding, concertina folding ‖ ~**papier** n (EDV, Pap) / fanfold paper, continuous fanfold stock, Z-fold paper
**Leptin** n (Biochem) / leptin n
**Leptino** n (Kernphys) / leptino n

**Leptit** *m* (feinkörniger präkambrischer Gneis) (Geol) / leptite* *n*
**Leptochlorit** *m* (mit > + 4 % $Fe_2O_3$) (Min) / oxidized chlorite
**leptokurtisch • e Verteilung** (Stats) / leptokurtic distribution, peaked distribution ‖ **~e Verteilungskurve** (Math, Stats) / leptokurtic curve, leptokurtosis *n*
**Leptom** *n* (der Siebteil des Leitbündels ohne mechanische Elemente) (Bot, For) / leptom* *n*, leptome* *n*
**Lepton** *n* (ein Fermion) (Kernphys) / lepton* *n* ‖ **p-~** (Kernphys) / plepton *n* ‖ **s-~** (Kernphys) / slepton *n* ‖ **schweres ~** (Kernphys) / heavy lepton
**Leptonenära** *f* (in der Bigbang-Kosmologie) (Astr) / lepton era
**Leptonenzahl** *f* (Kernphys) / lepton number*, lepton charge
**Lepton-Flavour** *m n* (Kernphys) / lepton flavour
**Lepton-Hadron-Symmetrie** *f* (Kernphys) / lepton-hadron symmetry
**leptonisch** *adj* (Kernphys) / leptonic *adj* ‖ **~e Ladung** (ladungsartige Quantenzahl der Elementarteilchen) (Kernphys) / lepton number*, lepton charge ‖ **~er Zerfall** (Kernphys) / leptonic decay
**Leptospirenerkrankung** *f* (Landw, Med) / leptospirosis *n*
**Leptospireninfektion** *f* (Landw, Med) / leptospirosis *n*
**Leptospirose** *f* (weltweit verbreitete Infektionskrankheit, die durch parasitäre Serotypen der Gattung Leptospira hervorgerufen wird) (Landw, Med) / leptospirosis *n*
**Lern • computer** *m* (EDV) / didactic computer ‖ **~einheit** *f* (EDV, KI) / frame *n*
**Lernen, begriffliches ~** (KI) / concept learning, conceptual learning ‖ **deskriptives ~** (KI) / descriptive learning ‖ **entdeckendes ~** (Gegensatz zu: geleitetes Lernen) (KI) / discovery learning ‖ **erklärungsgestütztes ~** (KI) / explanation-based learning ‖ **geleistetes ~** (KI) / guided learning ‖ **induktives ~** (bei dem durch Deduktion aus spezifischen Fakten und Regeln in allgemeiner Form gültige neue Fakten und Regeln abgeleitet werden) (KI) / inductive learning ‖ **inkrementelles ~** (bei dem Informationen, die für einen Bereich gelernt wurden, so modifiziert werden, daß sie als neue Fakten in einem erweiterten Bereich zur Verfügung stehen) (KI) / incremental learning ‖ **maschinelles ~** (EDV) / machine learning, ML ‖ **programmiertes ~** (Psychol) / programmed learning* ‖ **rechnergestütztes ~** (EDV) / computer-aided instruction, computer-assisted instruction*, CAI ‖ **wiederholendes ~** (direktes Abspeichern ohne Ableitung algemeingültiger Fakten und Regeln) (KI) / rote learning ‖ **~ *n* an Beispielen** (KI) / learning by examples ‖ **~ durch Berufstätigkeit** (KI) / learning on the job ‖ **~ durch Beschreiben** (KI) / descriptive learning ‖ **~ durch Tun** (selbständiges Handeln) (KI) / learning by doing ‖ **~ von Begriffen** (KI) / concept learning, conceptual learning
**lernend • er Automat** (der das Verhalten des Gesamtsystems und seine Anpassung an die Umgebung durch Lernen verbessern kann) (EDV) / learning machine ‖ **~es System** (das nach Aufnahme von Informationen sein Verhalten zur Umwelt verbessert) (EDV, KI) / learning system
**lernfähig** *adj* (EDV) / adaptive *adj*, learning *adj* ‖ **~e Maschine** (EDV) / learning machine ‖ **~es System** (EDV, KI) / learning system
**Lern • matrix** *f* (EDV) / learning matrix ‖ **~programm** *n* (EDV) / tutorial *n*, computer-based tutorial, CBT ‖ **~rechner** *m* (EDV) / didactic computer ‖ **~stichproben** *f pl* (für die Mustererkennung) (EDV, KI) / learning samples, learning set*, training set ‖ **~stützräder** *n pl* (bei einem Kinderfahrrad) / training wheels ‖ **~system** *n* (EDV, KI) / learning system ‖ **~theorie** *f* (EDV, KI) / theory of learning ‖ **~umgebung** *f* (EDV, KI) / learning environment
**lesbar** *adj* (Instr) / readable *adj*, legible *adj* ‖ **für den Menschen ~** (EDV) / human-readable *adj* ‖ **maschinell ~** (EDV) / machine-readable *adj* (capable of being read by an input device), machine-sensible *adj*, machinable *adj*
**Lesbarkeit** *f* / readability *n*, legibility *n*
**Lese • arbeit** *f* **von Hand** (Aufber) / hand picking* ‖ **~band** *n* (Aufber, Bergb) / picking belt*, picking conveyor, inspection belt ‖ **~brille** *f* (Opt) / reading glasses ‖ **~daten** *pl* (EDV) / read data ‖ **~draht** *m* (eines Kernspeichers) (EDV) / sense wire ‖ **~-Einfüllgerät** *n* (ein Lesegerät mit Schneideeinrichtung für Filmrollen und Eintastvorrichtung für die zurechtgeschnittenen Filmstreifen) (Film, Foto) / reader-filler *n* ‖ **~einrichtung** *f* (EDV) / reader *n* ‖ **~exemplar** *n* (Druck) / reading copy ‖ **~fehler** *m* (EDV) / read error ‖ **~fehler** (eines OCR-Lesegeräts) (EDV) / scanning error ‖ **~gerät** *n* (zur Vergrößerung von beschrifteten Mikrofilmen) / reader *n* ‖ **~geschwindigkeit** *f* (EDV) / reading rate, read rate, reading speed* ‖ **~gut** *n* (Trauben) (Nahr) / crush *n* (US) ‖ **~gutaufbesserung** *f* (A) (Nahr) / chaptalization *n* ‖ **~kopf** *m* (Mag) / read head, reading head, play-back head ‖ **optischer ~kopf** (EDV) / optical head ‖ **~-Kopiergerät** *n* (ein Gerät, das die Funktion eines Lesegeräts mit der Vergrößerungsgeräts für Kopien vereinigt) / reader-printer *n* ‖ **~lampe** *f* (Kfz) / reading lamp, reading light ‖ **~leistung** *f* (EDV) / reading rate, read rate, reading speed* ‖ **~leitung** *f* (eines Kernspeichers) (EDV) / sense wire ‖ **~leuchte** *f* (Kfz) / reading lamp, reading light

**lesen** *v* / read *v*, read out *v*, read off *v* ‖ **~** (Aufber) / pick *v*, sort *v*, wale *v* (GB), cull *v* ‖ **nochmals ~** / reread *v* ‖ **~ *n*** / reading* *n*, read-out *v* ‖ **~** (Aufber) / picking *n*, sorting *n*, waling *n* (GB), culling *n* ‖ **~** (von Schrift) (EDV) / reading* *n* ‖ **~** s. auch Abfühlen und Abtasten ‖ **gestreutes ~** (EDV) / scatter reading ‖ **gleichzeitiges ~ und Schreiben** (EDV) / simultaneous read-while-write ‖ **löschendes ~** (EDV) / destructive read-out*, destructive read-out operation, destructive read operation, DRO, DR ‖ **nichtlöschendes ~** (EDV) / non-destructive readout*, NDRO, non-destructive read operation ‖ **~ *n* der Magnetschrift** (Druck, EDV) / magnetic character reading* ‖ **~ von optischen Markierungen** (automatisches) (EDV) / optical mark reading, OMR
**Lese • pistole** *f* (EDV) / hand-held (bar-code, etc.) reader, read pistol, data pen, wand *n* ‖ **~programm** *n* (EDV) / input program, read-in program ‖ **~prüfung** *f* **während des Schreibens** (EDV) / read-while-write check
**Leser** *m* (für maschinenlesbare Schrift) (EDV) / reader *n* ‖ **optischer ~** (EDV) / optical reader ‖ **stationärer ~** (für Strichkode) (EDV) / stationary EAN scanner
**Lese • rahmen** *m* (Biol, Gen) / reading frame* ‖ **offenes ~raster** (Biol) / open reading frame (ORF) ‖ **~rastermutation** *f* (Gen) / frameshift mutation
**leserlich** *adj* / readable *adj*, legible *adj*
**Leserlichkeit** *f* / readability *n*, legibility *n*
**Lese • -Rückvergrößerungsgerät** *n* (für Mikrofilm) / reader/reproducer *n* ‖ **~-Schreib-Kopf** *m* (EDV) / read/write head ‖ **~-Schreib-Operation** *f* (EDV) / read/write operation ‖ **~-Schreib-Speicher** *m* (EDV) / read/write memory (RWM) (esp. read/write RAM) ‖ **~-Schreib-Zyklus** *m* (EDV) / read/write cycle ‖ **~station** *f* (EDV) / reading station* ‖ **~stein** *m* (in und auf dem Boden befindliche Gesteinstrümmer, die keine unmittelbare Verbindung mehr mit dem Anstehenden haben) (Geol) / float ore, float* *n*, floater *n*, float mineral ‖ **~steuerung** *f* (EDV) / read control ‖ **~stift** *m* (EDV) / hand-held (bar-code, etc.) reader, read pistol, data pen, wand *n* ‖ **~tisch** *m* (Aufber, Bergb) / picking table ‖ **~verstärker** *m* (z.B. einer Magnetbandeinheit) (EDV) / read amplifier ‖ **~verstärker** *m* / sense amplifier ‖ **~verstehen** *n* (des Textes) (KI) / reading comprehension ‖ **~zeichen** *n* (Druck) / bookmark *n*, marker *n* ‖ **~zeit** *f* (EDV) / read time ‖ **~zugriff** *m* (EDV) / read access ‖ **~zyklus** *m* (EDV) / read cycle
**Lessing-Ring** *m* (ein Keramik-Füllkörper) (Chem Verf) / Lessing ring
**lessiviert** *adj* (Geol, Landw) / lessivated *adj*
**Lessivierung** *f* (des Bodens) (Bot, Geol, Landw) / lessivage* *n*
**LE-Stufe** *f* / light-fastness standard
**Lesung** *f* / reading* *n*, read-out *n*
**LET** (Kernphys) / linear energy transfer*, LET*
**letal** *adj* (Biol) / lethal* *adj* ‖ **~e Dose** (Med) / lethal dose, LD
**Letaldosis** *f* (Med) / lethal dose, LD ‖ **mittlere ~** (Med) / $LD_{50}$*, mean lethal dose*, median lethal dose, lethal dose 50, MLD*
**Letalität** *f* (Anzahl der Todesfälle in der definierten Zeiteinheit) (Med, Stats) / lethality *n*
**Letalzeit, mittlere ~** (die Zeit, in der 50% der Lebewesen als Folge einer bestimmten Energiedosis sterben) (Kernphys) / median lethal time, MLT
**Lethargie** *f* (natürlicher Logarithmus des Verhältnisses einer Bezugsenergie zur Momentanenergie eines Neutrons - DIN 25401, T 2) (Kernphys) / lethargy *n* (of neutrons)*
**Letovicit** *m* (ein wasserfreies Sulfat mit sehr großen Kationen) (Min) / letovicite *n*
**Letten** *m* (Sammelbezeichnung für unreine, deutlich geschichtete Tone) (Geol) / clay* *n*, loam* *n* (slaty) ‖ **harter Lehm oder ~** (Bergb) / clod *n* ‖ **~besteg** (Bergb) / gouge* *n*, pug *n* ‖ **~boden** *m* (Geol, Landw) / pelosol *n* ‖ **~grube** *f* / clay pit, loam pit
**Letter** *f* (pl. -n) (Einzelbuchstabensatz) (Typog) / movable type*, type* *n*
**Letternholz** *n* (aus Piratinera guianensis Aubl.) (For) / snake-wood* *n*, leopardwood* *n*, letterwood* *n*
**Letternmetall** *n* (DIN 1728) (Hütt) / type-metal* *n*
**Letterset** *n* (von einer Hochdruckform über einen Gummizylinder auf das Papier) (Druck) / letterset printing*, dry offset*, indirect letterpress, driography*
**Lettner** *m* (eine Abschlußmauer in mittelalterlichen Kirchen) (Arch) / rood-screen *n*, jubé *n*
**Lettsomit** *m* (Min) / cyanotrichite *n*
**letzt • es Bit** (EDV) / final bit ‖ **~e Eintragung** (in einem Protokoll) (EDV) / tail *n* ‖ **~es Element** (Math) / greatest element ‖ **~e Linie** (zum Nachweis eines Elementes in einem Gemisch) (Spektr) / sensitive line, residual line, ultimate line, raie ultime ‖ **~e Meldung** (Typog) / fudge* *n* ‖ **~e Stufe** (eines Treppenlaufs) (Bau) / last step, landing step, end step ‖ **~e Stufe** (einer Reaktion) (Chem Verf) / compßleting step ‖ **~er Wetterbericht** (Lufft, Meteor) / actuals *pl*

Letztverbraucher

**Letztverbraucher** *m* / ultimate consumer, end consumer, final consumer
**Letztweg** *m* (Fernm) / last-choice route, final route
**Leu** (Biochem, Nahr) / L-leucine *n*, Leu
**LEÜ** (Kernphys) / linear energy transfer*, LET*
**Leucht•anzeige** *f* (EDV) / lighted display, illuminated display ‖ **eingelassenes ~band** (in der Leuchtdecke) (Licht) / troffer *n* ‖ **~decke** *f* (Bau) / luminous ceiling ‖ **~dichte** *f* (die fotometrisch bewertete Strahldichte, Einheit: cd/m² - DIN 5031, T 3) (Licht) / luminance* *n* ‖ **~dichtefaktor** *m* (Licht) / luminosity factor* ‖ **~dichtenormal** *n* (Licht) / luminance standard ‖ **~dichtenumfang** *m* (Foto) / subject contrast (luminance range of the subject matter) ‖ **~dichtepyrometer** *n* (ein Teilstrahlungspyrometer) (Wärm) / disappearing-filament pyrometer* ‖ **~dichtesignal** *n* (TV) / luminance signal*, Y signal* ‖ **~dichteverteilung** *f* (Licht) / luminance distribution ‖ **~diode** *f* (Eltronik) / light-emitting diode*, LED*, electroluminescent diode, luminescent diode ‖ **organische ~diode** (Eltronik) / organic light-emitting device, OLED ‖ **~diodenanzeige** *f* (EDV) / LED display ‖ **~draht** *m* (Eltech, Licht) / filament* *n* (incandescent) ‖ **~druckfarbe** *f* (Druck) / luminescent ink
**Leuchte** *f* (Bezeichnung in Verdrahtungsplänen) (Eltech) / lite *n* (US) ‖ **~** (ein Gerät zur Aufnahme und zum Betrieb künstlicher Lichtquellen - DIN 5039) (Licht) / lighting fixture, luminaire* *n*, electric-light fitting, light fixture ‖ **versenkte ~** (Licht) / recessed fitting, flush-mounted fitting, recessed luminaire (US) ‖ **wasserdichte ~** (Eltech) / watertight fitting*
**Leucht•einheit** *f* (hinten) (Kfz) / rear-lamp cluster ‖ **~einheit** (vorne) (Kfz) / headlight assembly ‖ **~elektron** *n* (ein einsames /Valenz/Elektron, besonders bei Alkalimetallen) (Chem) / optical electron, luminous electron
**Leuchten** *f pl* **mit hartem Licht** (Film) / hards* *pl* ‖ **~ausschnitt** *m* (für Einbauleuchten) (Kfz) / lamp aperture ‖ **~band** *n* (bei der Deckenbeleuchtung) (Licht) / troffer *n*
**leuchtend** *adj* / luminous *adj* ‖ **~** (Farbe) / luminous *adj*, brilliant *adj* ‖ **~** (Min) / splendent *adj*, lustrous *adj* ‖ **~e Druckwelle** (Mil) / luminous blast wave ‖ **~e Nachtwolken** (in rund 65 bis 95 km Höhe) (Meteor) / noctilucent clouds*, NLC ‖ **~er Punkt** / luminous point ‖ **~ rotgelb** / tango *attr*, tangerine *adj* (a deep orange-red colour), vermilion *adj* ‖ **~es Stahlblau** / electric blue ‖ **~e Streifen** (bei elektrischer Entladung) (Eltronik) / striae *pl*
**leuchtendrot** *adj* / bright-red *adj*
**Leuchten•klemme** *f* (Eltech) / lamp-wire connector ‖ **~schale** *f* (Licht) / lighting bowl ‖ **~schirm** *m* (Eltech) / lampshade *n*, shade *n*
**Leucht•faden** *m* (Eltech) / streamer *n*, streamering *n* ‖ **~faden** (Eltech, Licht) / filament* *n* (incandescent) ‖ **~farbe** *f* (mit Leuchtstoffen vermischter Anstrichstoff) (Anstr) / luminous paint* ‖ **nachleuchtende ~farbe** (die aus Zink- oder Erdalkalisulfiden besteht) (Anstr) / luminous sulphide ‖ **phosphoreszierende ~farbe** (Anstr) / luminous sulphide ‖ **~farbstoff** *m* (Anstr, Druck) / fluorescent dye ‖ **~feuer** *n* (Luftf) / light beacon, aeronautical light, beacon* *n*, light *n* ‖ **~feuer** (Schiff, Wasserb) / beacon* *n*, light *n* ‖ **~feuererkennung** *f* (Blink-, Funkelfeuer usw.) / light identification ‖ **~feuerverzeichnis** *n* (Schiff) / light list ‖ **~flamme** *f* / luminous flame, yellow flame (US) ‖ **~flamme** s. auch Diffusionsflamme ‖ **~flammenbrenner** *m* / diffusion flame burner ‖ **~fleck** *m* (auf dem Schirm der Oszillografenröhre) (Eltronik) / spot* *n*, light spot ‖ **~fleckübershtrahlung** *f* **durch Bildschirmübersteuerung** (Radar) / blooming* *n* ‖ **~glocke** *f* (Eltech) / globe *n* ‖ **~körper** *m* (Licht) / flare *n* ‖ **~kraft** *f* (in W/s) (Astr, Licht) / luminosity* *n* ‖ **~melder** *m* (z.B. auf dem Schaltpult) (Eltech) / signal lamp, signal light ‖ **~munition** *f* / illuminants *pl*, illuminating projectiles, star shells ‖ **~nukleon** *n* (Kernphys) / luminous nucleon ‖ **~öl** *n* (früher in Petroleumlampen verwendetes Erdölprodukt) (Erdöl) / lamp oil ‖ **~petroleum** *n* (Erdöl) / lamp oil ‖ **~pigment** *n* (DIN 16515, T 1 und DIN 55944 - selbstleuchtend, nachleuchtend oder fluoreszierend) (Anstr) / luminescent pigment, luminous pigment ‖ **~pilz** *m* (z.B. auf der Verkehrsinsel) / button light ‖ **~pistole** *f* (zum Verschießen von Leuchtmunition) (Mil) / Very pistol, pyrotechnic pistol, flare gun, flare pistol, signal pistol (US) ‖ **~platte** *f* (Eltech, Licht) / electroluminescent (light) panel, electroluminescent lamp, persistron *n*, light panel, luminescent panel, electroluminescent source ( a panel lamp) ‖ **~punkt** *m* (Eltronik) / spot* *n*, light spot ‖ **~rahmensucher** *m* (Foto) / bright-line viewfinder* ‖ **~rakete** *f* (Luftf, Mil) / rocket flare, flare *n* ‖ **~röhre** *f* (rohrförmige Entladungslampe mit höherer Wechselspannung) (Eltech) / fluorescent-mercury lamp (an electric-discharge lamp having a high-pressure mercury arc in an arc tube), cold-cathode luminous tube ‖ **~satzmischung** *f* (pyrotechnische Munition) / illuminant composition ‖ **~säule** *f* (Straßenbau) (Eltech, HuT) / illuminated bollard ‖ **~schaltbild** *n* (Eltech) / illuminated diagram* ‖ **~schicht** *f* (der Bildröhre) (Eltronik) / phosphor* *n* ‖ **~schirm** *m* (Eltronik) / fluorescent screen* ‖ **~schirm für die Röntgenoskopie** (Radiol) / fluoroscope* *n* ‖

**~schirmfotografie** *f* (Radiol) / fluorography* *n*, photofluorography *n* ‖ **~signal** *n* (Warnung vor herannahenden Zügen) (Bahn) / fusee *n* ‖ **~signal** (Luftf, Mil) / rocket flare, flare *n* ‖ **~skale** *f* / illuminated scale, luminous scale ‖ **~spur** *f* / luminous trace, light trace ‖ **~spurgeschoß** *n* (in dessen Boden sich ein Leuchtsatz befindet, dessen Abbrennen die Flugbahn sichtbar macht) (Mil) / tracer shell, tracer *n* ‖ **~stift** *m* (Eltronik) / light pen*, light pencil, light gun, selector pen
**Leuchtstoff** *m* (Chem, Licht, Phys) / luminophore* *n* ‖ **~lampe** *f* (DIN 49862) (Eltech) / fluorescent lamp*, fluorescent strip light ‖ **röhrenförmige ~lampe** (Eltech) / tubular fluorescent lamp ‖ **~lampe** *f* **mit Glühelektroden** (Eltech) / preheat fluorescent lamp ‖ **~lampe mit Kaltelektroden** (Eltech) / instant-start fluorescent lamp ‖ **~punkt** *m* (Farbbildröhre) (TV) / phosphor dot ‖ **~punkt-Dreier** *m* (Farbbildröhre) (TV) / phosphor dot triad ‖ **~röhre** *f* (Eltech) / fluorescent lamp*, fluorescent strip light
**Leucht•strich** *m* (Eltronik) / light bar ‖ **~tafel** *f* / luminous board, illuminated screen ‖ **~taste** *f* / illuminated push-button, light-up push-button ‖ **~tisch** *m* (ein Montagetisch) (Druck) / light table*, light box, shiner* *n*, shining-up table, mounting table ‖ **~turm** *m* (ein Schiffahrtszeichen nach DIN 4054) (Schiff) / lighthouse *n* ‖ **~turmanlage** *f* (Schiff) / light station (a group of buildings including a lighthouse) ‖ **~turmröhre** *f* (für die Hochfrequenztechnik) (Eltronik) / lighthouse tube*, disk-seal valve, disk-seal tube (US)* ‖ **~weiteneinstellung** *f* (Kfz) / headlight levelling ‖ **~weitenregulierung** *f* (Kfz) / headlight levelling ‖ **~ziffer** *f* / luminous figure *n* ‖ **~zifferblatt** *n* (Instr) / luminous dial
**Leucin** *n* (Biochem, Nahr) / L-leucine *n*, Leu
**Leucin-Reißverschluß** *m* (Gen) / leucine zipper
**Leucit** *m* (Min) / leucite* *n*, white garnet, Vesuvian garnet, amphigene *n*
**Leucitoeder** *n* (Vierundzwanzigflächner mit Deltoiden als Begrenzungsflächen) (Krist, Math) / leucitohedron *n* (pl. -hedrons or -hedra)
**Leuckart-Reaktion** *f* (reduktive Alkylaminierung von Carbonylverbindungen in Gegenwart von Ameisensäure) (Chem) / Leuckart-Wallach reaction ‖ **~** (Spaltung aromatischer Xanthogensäureester mit alkoholischer Kalilauge zu Thiophenolen) (Chem) / Leuckart reaction
**Leuckart-Wallach-Reaktion** *f* (Chem) / Leuckart-Wallach reaction
**Leucovorin** *n* (Chem) / folinic acid, citrovorum factor
**Leukindigo** *m* (Chem) / indigo white, leucoindigo *n*
**Leukobase** *f* (Reduktionsprodukt der Triarylmethanfarbstoffe) (Chem) / leuco-base* *n*
**Leukoindigo** *m* (Chem) / indigo white, leucoindigo *n*
**leukokrat** *adj* (Gesteine, bei denen helle Bestandteile vorherrschen) (Geol) / leucocratic* *adj*
**Leukometer** *n* (Gerät zur fotoelektrischen Messung des Reflexionsgrades weißer oder heller Objekte, zur Ermittlung des Weißgrades beim Porzellan und der Transparenz des Papiers) / leucometer *n*
**Leukoplast** *m* (fotosynthetisch inaktives, farbloses Chromatophor) (Bot) / leucoplast* *n*
**Leukopterin** *n* (Pigmentstoff des Kohlweißlings) (Chem) / leucopterin *n*
**Leukosaphir** *m* (Min) / white sapphire*, white corundum*
**Leukotriene** *n pl* (hormonartig wirkende Peroxidationsprodukte) (Biochem, Med) / leukotrienes* *pl*
**Leukoverbindung** *f* (Reaktionsprodukt von Küpenfarbstoffen) (Chem) / leuco-compound* *n*
**Leukozyt** *m* (Physiol) / leucocyte *n*, leukocyte *n*
**Leunasalpeter** *m* (Chem, Landw) / ammonium nitrate sulphate
**Leurocristin** *n* (Pharm) / vincristine* *n*, leurocristine *n*
**Leuzin, L-~** (eine essentielle Aminosäure) (Biochem, Nahr) / L-leucine *n*, Leu
**Leuzin-Reißverschluß** *m* (Gen) / leucine zipper
**Leuzit** *m* (Kaliumalumodisilikat) (Min) / leucite* *n*, white garnet, Vesuvian garnet, amphigene *n*
**Leuzito•eder** *n* (Krist, Math) / leucitohedron *n* pl. -hedrons or -hedra ‖ **~phyr** *m* (Geol) / leucitophyre* *n*
**Levallorphan** *n* (ein Antidot bei Morphinvergiftungen) (Pharm) / levallorphan *n*
**Levamisol** *n* (ein Anthelmintikum und Immunstimulans) (Pharm) / levamisole *n*
**levantieren** *v* (Leder) / board *v*, grain *v*, pommel *v* ‖ **~** *n* (des Narbenbildes) (Leder) / boarding *n*, graining *n*, pommelling *n*
**levantiertes Saffianleder** (Leder) / Levant *n*, Levant-grained goatskin
**Levantine** *f* (dichtes Gewebe aus Chemiefasern in Köperbindung, besonders für Steppdeckenbezüge, als Futter- und Kleiderstoff) (Tex) / levantine *n*
**Levantinerschwamm** *m* (feiner becherförmiger Schwamm) / Turkey cup sponge, Turkey cup, Levant sponge, Levantine sponge
**Level** *m* / level* *n* ‖ **~** (Spielebene mit ansteigendem Schwierigkeitsgrad, besonders bei Computerspielen) (EDV) / level *n*

**Levelling-off-Polymerisationsgrad** *m* (Chem) / levelling-off degree of polymerization (LODP)
**Leviathan** *m* (alte Bezeichnung für große Wollwaschmaschinen) (Tex) / leviathan washer
**Levi-Civita-Parallelverschiebung** *f* (nach T. Levi-Civita, 1873 - 1941) (Math) / Levi-Civita parallel displacement
**Levi-Civita-Tensor** *m* (Math) / Levi-Civita symbol, alternating tensor
**Leviermaschine** *f* (Web) / reading-in machine
**Levitron** *n* (Nukl) / levitron* *n*
**Levopropoxyphen** *n* / levopropoxyphene *n*
**Levorphanol** *n* (ein synthetisch zugängliches Morphinanderivat - verkehrsfähig, aber nicht verschreibungsfähig) (Pharm) / levorphanol *n*
**Levyn** *m* (ein Mineral der Chabasit-Gruppe - Kalziumdialumotrisilikat mit typischer Käfigstruktur) (Min) / levyne* *n*, levynite* *n*
**Lévy-Verteilung** *f* (Stats) / Lévy distribution
**Lewis-Base** *f* (die Elektronenpaare zur Verfügung stellt - nach dem amerikanischen Physikochemiker G.N. Lewis, 1875-1946) (Chem) / Lewis base*
**Lewis-Bohrer** *m* (Zimm) / Lewis bit
**Lewisit** *n* (2-Chlorvinylarsindichlorid) (Chem) / lewisite* *n*
**Lewis-Säure** *f* (Chem) / Lewis acid*
**Lewis-saures Zentrum** (Chem) / Lewis acid site
**Lewis-Zahl** *f* (das Verhältnis von Temperaturleitzahl zum Diffusionskoeffizienten) (Phys) / Lewis number, Le
**lexikalisch • e Analyse** (EDV) / lexical analysis*, scanning *n* ǁ **~er Analysierer** (EDV) / lexical analyser, lexical analyzer (US) ǁ **~e Bindung** (KI) / lexical binding ǁ **~e Einheit** (EDV) / lexical unit, lexical token
**lexikografisch** *adj* (EDV) / lexicographical *adj*, lexicographic *adj* ǁ **~** (Ordnung von Vektoren) (Math) / lexicographical *adj* ǁ **~e Ordnung** (Math) / lexicographic order, dictionary order
**Lezithin** *n* (ein Glycerinphosphatid) (Biochem, Nahr) / lecithin* *n*
**Lezithinase** *f* (Biochem) / lecithinase *n*
**LF** (Glas) / light flint, LF
**LFC-Spülung** *f* (Erdöl) / LFC mud
**LFEB** (Chem, Phys) / linear free enthalpy relation, linear free energy relation, LFE relation
**LFG** (Eltech) / pilot frequency generator
**LFSE** (Chem) / ligand-field stabilization energy (LFSE)
**Lfv.** (Schiff) / light list
**LF-Verfahren** *n* (mit der Beheizung der Schmelze unter atmosphärischem Druck) (Hütt) / ladle-furnace process
**lg** *n* (Eltech) / varnished fabric, coated fabric
**LGB** (Mil) / laser-guided bomb
**L-Glied** *n* (Fernm) / L-network* *n* ǁ **~** (ein Frequenzfilter) (Fernm) / L-section* *n*
**L-Glutamin** *n* (Chem) / glutamine* *n*, Gln*
**LH** (Biochem) / interstitial cell-stimulating hormone*, lutropin *n*, luteinizing hormone*, ICSH*, LH ǁ **~** (For) / hardwood* *n*, wood of deciduous trees, broad-leaved timber, deciduous timber, porous wood, wood of broad-leaved trees, broadleaf timber
**LHD-Technik** *f* (Arbeitsverfahren, bei dem gummibereifte Dieselschaufellader Haufwerk an einer Stelle aufnehmen und laden, über eine bestimmte Strecke bis zur Abwurfstelle fördern und dort in einen Bunker oder in ein Rolloch abwerfen) (Bergb) / loading-hauling-dumping technique, load-haul-dump technology
**Lherzolith** *m* (Varietät von Peridot) (Geol) / lherzolite* *n*
**LHKW** (Chem) / volatile halogenated hydrocarbons
**L-Horizont** *m* (dem Boden aufliegende Schicht aus abgestorbenen Pflanzenteilen) (Landw) / L-horizon *n*
**L'Hospitalsche Regel** (für die Bestimmung von Grenzwerten unbestimmter Ausdrücke) (Math) / L'Hospital's rule* (for evaluating indeterminate forms)
**Li** (Chem) / lithium* *n*
**Libanonzeder** *f* (Cedrus libani A. Rich.) (For) / cedar of Lebanon, Lebanon cedar
**Libbey-Owens-Verfahren** *n* (ein altes Waagerechtziehverfahren) (Glas) / Colburn sheet process, Colburn process, Libbey-Owens-Ford sheet process
**Libelle** *f* (ein Glasgefäß nach DIN 18718) (Verm) / vial* *n*
**Libellenblasen-Bewegung** *f* (Verm) / run* *n*
**Libellennivellier** *n* (Verm) / bubble level
**Libellenprüfer** *m* (Verm) / level trier*, bubble trier*
**Liberin** *n* (ein Neurohormon) (Biochem) / releasing hormone
**Liberty** *m* (Kleider- und Futtersatin) (Tex) / drap-de-soie *n*
**Libethenit** *m* (Kupfer(II)-hydroxidorthophosphat) (Min) / libethenite* *n*
**Libilibi** *pl* (Leder) / libi-dibi *n* (pl. -dibis), divi-divi *n* (pl. -divis)
**Library** *f* (EDV) / library* *n*

**Libration** *f* (scheinbare Schwankung des Mondes) (Astr) / libration(s)* *n(pl)* ǁ **physische ~** (Astr) / physical libration ǁ **~ *f* in** (selenografischer) **Breite** (Astr) / libration in latitude* ǁ **~ in** (selenografischer) **Länge** (Astr) / libration in longitude*
**Libriformfaser** *f* (For) / libriform fibre
**Licansäure** *f* (Anstr, Chem) / licanic acid, conepic acid
**Lichen** *m* (Bot) / lichen* *n*
**Lichenin** *n* (Bot, Chem) / lichenin *n*
**licht** *adj* ǁ **~** *adj* ǁ **~** (Bestand) (For) / free-stocked *adj*, open *adj* ǁ **~** (For) / sparse *adj* ǁ **~er Durchmesser des Schornsteinzuges** (Bau) / flueway *n* ǁ **~es Fahlerz** (Min) / tennantite* *n* ǁ **~e Höhe** (HuT, Masch) / headway *n*, headroom *n* ǁ **~e Höhe** (Masch) / daylight* *n* ǁ **~es Maß** (Masch) / rough opening width ǁ **~es Rotgültig** (Min) / proustite* *n*, light red silver ore*, ruby silver ore*, light ruby silver ore ǁ **~es Rotgültigerz** (Min) / proustite* *n*, light red silver ore*, ruby silver ore*, light ruby silver ore ǁ **~e Schrift** (deren Bild nur aus den Konturen besteht) (EDV, Typog) / outline letters*, open letters, outline type, outlined characters, outline font ǁ **~e Weite** (bei rundem Querschnitt) (Masch) / inside diameter, ID, internal diameter ǁ **~e Weite** (beim rechteckigen Querschnitt) (Masch) / clear width
**Licht** *n* (sichtbare Strahlung, Anteil des sichtbaren Lichts an der Gesamtstrahlung - DIN 5039) (Licht) / light* *n*, luminosity factor* ǁ **aktinisches ~** / actinic light ǁ **Anteil des sichtbaren ~s an der Gesamtstrahlung** (Licht) / luminosity factor* ǁ **aschgraues ~** (auf der dunklen Seite der Venus) (Astr) / ashen light* ǁ **auffallendes ~** (Licht) / incident light ǁ **blendendes ~** (Licht) / glare* *n* ǁ **diffuses ~** (Licht, Opt) / diffused light ǁ **Drummondsches ~** / limelight* *n*, calcium light ǁ **durchfallendes polarisiertes ~** (Licht) / transmitted polarized light ǁ **einfarbiges ~** (Phys) / monochromatic light*, homogeneous light ǁ **gedämpftes ~** (Licht) / subdued light, dimmed light ǁ **gelbes ~** (der Verkehrsampel) (Kfz) / amber *n* ǁ **gewöhnliches ~** (Licht) / ordinary light ǁ **inkohärentes ~** (ohne einheitlichen Zusammenhang mit Wellenzügen verschiedener Form, Frequenz und Richtung) (Licht) / incoherent light ǁ **kohärentes ~** (Licht) / coherent light ǁ **künstliches ~** (Licht) / artificial light ǁ **mit ~ versorgen** (Licht) / light *v* ǁ **moduliertes ~** (Licht) / modulated light ǁ **monochromatisches ~** (das nur aus Wellenzügen einer bestimmten Wellenlänge besteht) (Phys) / monochromatic light*, homogeneous light* ǁ **natürliches ~** (Licht) / natural light ǁ **polarisiertes ~** (Licht) / polarized light ǁ **sichtbares ~** (Licht) / visible light (light radiation) ǁ **superstrahlendes ~** (intensiver Lichtblitz sehr kurzer Impulsdauer / etwa 2 ns/, der durch einen mit schnellen Elektronen gepumpten Laserprozeß in Halbleiterstoffen erzeugt wird - in der Hochgeschwindigkeitsfotografie) (Foto) / superradiant light ǁ **unbehindert sichtbares ~** (Luftf) / unobstructed light ǁ **unpolarisiertes ~** (Licht) / ordinary light ǁ **vagabundierendes ~** (Foto) / flare* *n*, flare light ǁ **weißes ~** (alle Wellenlängen) (Licht, Phys) / white light*, white radiation* ǁ **wirksames ~** / actinic light ǁ **wirksames ~** (Licht) / light ǁ **~ aus!** (Anweisung an die Beleuchter) (Film) / Save the arcs!, Save the lights! ǁ **~ *n* des Rückfahrscheinwerfers** (Kfz) / reversing light, back-up light (US) ǁ **~ machen** (Licht) / light *v*
**Licht • -** (Biol, Ozean) / photic *adj* ǁ **~abfall** *m* (Licht) / light loss ǁ **~ablenker** *m* (akustooptischer, digitaler, elektrischer, mechanischer) (Licht, Opt) / light-beam deflector ǁ **~ablenkung** *f* (Licht, Opt) / light deflection ǁ **~ablenkung** (in Gravitationsfeldern) (Phys) / light deflection ǁ **~absorbierend** *adj* (Licht) / light-absorbing *adj* ǁ **~absorption** *f* (Licht) / light absorption ǁ **~allergie** *f* (Med) / photoallergy *n* ǁ **~alterung** *f* (Licht) / light ageing ǁ **~äquivalent** *n* (Licht) / equivalent of light ǁ **mechanisches ~äquivalent** (energetisches) **~äquivalent** (spektrale Augenempfindlichkeit) (Licht) / mechanical equivalent of light* ǁ **~architektur** *f* (Arch) / light architecture
**lichtarm** *adj* (Ozean) / dysphotic *adj*
**Lichtart** *f* (DIN 5031, T 8 und DIN 5033, T 7) (Licht) / illuminant *n*
**lichtartiger Vektor** (Vierervektor mit dem Betrag Null) (Math, Phys) / null vector
**Licht • atmung** *f* (Biochem, Bot) / photorespiration* *n* ǁ **~ausbeute** *f* (Lumen pro Watt - DIN 1301, T 2) (Licht, TV) / light efficiency*, luminous efficiency* ǁ **~ausbreitung** *f* (Licht) / propagation of light*, light propagation ǁ **~ausrüstung** *f* (Film) / lighting equipment ǁ **~aussendend** *adj* (Bot, Zool) / photogenic* *adj*, light-emitting *adj*, light-producing *adj* ǁ **~ausstrahlend** *adj* (Bot, Zool) / photogenic* *adj*, light-emitting *adj*, light-producing *adj* ǁ **spektrale spezifische ~ausstrahlung** (Chem, Opt) / spectral radiance* ǁ **spezifische ~ausstrahlung** (Dichte des von einer Fläche abgegebenen Lichtstromes auf die strahlende Fläche - lm/m² - DIN 5031, T 3) (Licht) / luminous exitance ǁ **~austrittsöffnung** *f* (des Scheinwerfers nach DIN 14644) (Kfz) / rim aperture ǁ **~band** *n* (für das Lichtbandbreitenverfahren) (Film, Licht) / Christmas-tree pattern, optical pattern ǁ **~band** (eine bauliche Zusammenfassung mehrerer Leuchten, so daß der optische Eindruck einer fortlaufenden Linie oder eines Bandes entsteht) (Licht) / luminous row, luminous beam ǁ

**Lichtbandbreitenverfahren**

~**bandbreitenverfahren** *n* (in der Lichttontechnik) (Film) / Christmas-tree pattern method ‖ ~**beständig** *adj* / light-resistant *adj* ‖ ~**beständigkeit** *f* (keine oder nur geringe Änderung der mechanischen Eigenschaften durch Lichteinwirkung) (WP) / light stability, light resistance ‖ ~**beständigkeit** (WP) s. auch Lichtechtheit ‖ ~**bestimmer** *m* / grader *n*, timer *n* ‖ ~**bestimmte Kopie** (Film) / timed print ‖ ~**bestimmung** *f* (im Labor) (Film, Foto) / timing *n* ‖ ~**betätigt** *adj* (Schalter) (Eltech) / light-activated *adj* ‖ ~**beugung** *f* (Licht, Opt) / diffraction* *n* ‖ ~**blau** *adj* / light-blue *adj* ‖ ~**blende** *f* (einstellbare - an Scheinwerfern, um die Lichtstrahlen zu lenken und zu begrenzen) (Film, Foto) / barn doors ‖ ~**blitz** *m* (Licht) / flash *n*, light flash ‖ ~**blitzentladungslampe** *f* (eine Gasentladungslichtquelle) (Eltronik) / flash-tube *n*, electronic flash lamp (GB) ‖ ~**blitzstroboskop** *n* (Opt) / stroboscopic lamp, strobe lamp, flash-lamp *n*

**Lichtbogen** *m* (Eltech) / arc* *n*, electric arc ‖ **abgeschnittener** ~ (Eltech) / chopped arc ‖ **einen** ~ **bilden** (Eltech) / arc *v* ‖ **gasumhüllter** ~ / shielded arc ‖ **nackter** ~ (Eltech) / open arc ‖ **plasmaloser** ~ (Eltech) / plasma-free arc ‖ **ruhig brennender** ~ (Eltech) / silent arc ‖ **tönender** ~ (Eltech) / Duddell arc, singing arc ‖ ~ *m* **mit wassergekühlter Festelektrode** (Hütt) / non-consumable vacuum arc ‖ ~ **zwischen Metallelektroden** (Eltech) / metallic arc, metal arc

**Lichtbogen • abfall** *m* (Eltech) / arc drop ‖ ~**abriß** *m* (Eltech) / chopping *n*, arc brake ‖ ~**abtragen** *n* (ein fertigungstechnisches Verfahren) (Masch) / electric-arc erosion ‖ ~**anschweißen** *n* (Schw) / arc stud welding, arc stud welding ‖ ~**aureole** *f* (äußere Leuchterscheinung eines Lichtbogens) (Eltech) / aureole* *n* ‖ ~**automatenschweißen** *n* (Schw) / automatic arc welding* ‖ ~**beständigkeit** *f* (Eltech) / arc stability ‖ ~**bildung** *f* (Eltech) / arcing *n* ‖ ~**dauer** *f* (vom Zünden bis zum Erlöschen des Lichtbogens) (Eltech) / arcing time, arc duration* ‖ ~**-Druckluft-Fugen** *n* (HuT) / arc-air gouging ‖ ~**durchschlag** *n* (Eltech) / breakdown *n* (the electrical arc occurring between the electrodes and through the equipment) ‖ ~**erodieren** *n* (Masch) / electric-arc erosion ‖ ~**erosion** *f* (Masch) / electric-arc erosion ‖ ~**erwärmung** *f* (Eltech) / arc heating, electric-arc heating ‖ ~**festigkeit** *f* (Eltech) / arc resistance ‖ ~**führung** *f* (in der Lichtbogenlöschkammer) (Eltech) / arc runner ‖ ~**fußpunkt** *m* (Schw) / tool-centre point (TCP) ‖ ~**generator** *m* / arc converter ‖ ~**gleichrichter** *m* (Eltech) / arc rectifier ‖ ~**handschweißen** *n* (DIN 1910, T 2) (Schw) / manual arc welding, hand arc welding ‖ ~**heizung** *f* (Eltech) / arc heating, electric-arc heating ‖ ~**hülle** *f* (äußere Leuchterscheinung eines Lichtbogens) (Eltech) / aureole* *n* ‖ ~**inertschweißen** *n* (Schw) / inert-gas-shielded arc welding, shielded-arc welding, inert-gas welding ‖ ~**kammer** *f* (Eltech) / arcing chamber ‖ ~**kennlinie** *f* (das Verhältnis der Lichtbogenspannung zu Lichtbogenstrom) (Eltech) / characteristic of the arc, arc characteristic ‖ ~**kern** *m* (Eltech, Film) / core* *n*, arc core ‖ ~**kohle** *f* (Eltech) / arc-lamp carbon* ‖ ~**krater** *m* (Eltech, Schw) / arc crater* ‖ ~**lampe** *f* (Eltech, Licht) / arc lamp* ‖ ~**leistung** *f* (Schw) / arc power, arc wattage, power of the arc ‖ ~**löschkammer** *f* (Eltech) / arc chute (US), arc-extinguishing chamber, quenching chamber, explosion pot* ‖ ~**löschvorrichtung** *f* (bei einem Schaltlichtbogen) (Eltech) / arc control device* ‖ ~**löten** *n* / arc brazing ‖ ~**mittelpunkt** *m* (Schw) / tool-centre point (TCP) ‖ ~**ofen** *m* (Eltech, Hütt) / arc furnace*, electric-arc furnace* ‖ **direkter** ~**ofen** (das Schmelzgut wirkt als Elektrode des Lichtbogens) (Eltech) / direct-arc furnace* ‖ **indirekter** ~**ofen** (das Schmelzgut wird nur durch die strahlende Wärme des Lichtbogens erhitzt) (Eltech) / indirect-arc furnace* ‖ ~**ofen als Luftvorwärmer** *m* (in einem Windkanal) (Luftf) / air-arc furnace ‖ ~**ofen** *m* **mit direkter Beheizung** (das Schmelzgut wirkt als Elektrode des Lichtbogens) (Eltech) / direct-arc furnace* ‖ ~**ofen mit indirekter Beheizung** (Eltech) / indirect-arc furnace* ‖ ~**ofen mit Schwenkdeckel** (Hütt) / swing-roof arc furnace ‖ ~**plasma** *n* (Schw) / arc plasma ‖ ~**plasmabrenner** *m* (Schw) / plasma arc torch ‖ ~**plasmaschweißen** *n* (Schw) / arc plasma welding ‖ ~**preßschweißen** *n* (z.B. Cyc-Arc-Verfahren oder Nelson-Verfahren) (Schw) / arc pressure welding ‖ ~**punkten** *n* (Schw) / arc-spot welding ‖ ~**punktschweißen** *n* (Schw) / arc-spot welding ‖ ~**raum** *m* (Eltech) / arc space ‖ ~**regelung** *f* (Regelung des Abschmelzvorgangs von Zusatzwerkstoff beim mechanisierten und teilautomatisierten Lichtbogenschweißen) (Schw) / arc control ‖ ~**säule** *f* (Schw) / arc column ‖ ~**schmelzen** *n* (Hütt) / electric-arc melting ‖ ~**schmelzofen** *m* (Eltech, Hütt) / arc furnace*, electric-arc furnace* ‖ ~**schmelzschweißen** *n* (Schw) / fusion arc welding ‖ ~**schneiden** *n* (Masch) / arc cutting ‖ ~**schutzarmatur** *f* (Eltech) / arcing horn, protective horn ‖ ~**schutzgasschweißen** *n* **unter CO₂** (Schw) / carbon-dioxide welding*, CO₂-welding *n* ‖ ~**schutzhorn** *n* (Eltech) / arcing horn, protective horn ‖ ~**schutzring** *m* (Eltech) / arcing ring*

**Lichtbogenschweißen** *n* (Schw) / arc welding*, electric-arc welding* ‖ **atomares** ~ (Schw) / atomic hydrogen welding, atomic hydrogen arc welding ‖ **offenes** ~ (Schw) / open-arc welding ‖ ~ *n* **mit Seelenelektroden** (Schw) / flux-cored arc welding ‖ ~ **nach**

**Slawjanow** (der Lichtbogen brennt zwischen dem als abschmelzende Elektrode verwendeten Zusatzwerkstoff und dem Werkstück, wodurch ein gleichmäßiges Schmelzen beider erreicht wird) (Schw) / Slavianoff process ‖ ~ **unter Schutzgas** (Schw) / inert-gas-shielded arc welding, shielded-arc welding, inert-gas welding

**Lichtbogen • schweißer** *m* (Facharbeiter) (Schw) / arc welder ‖ ~**schweißmaschine** *f* (Schw) / arc welder ‖ ~**schwingung** *f* / arc oscillation ‖ ~**spannung** *f* (Eltech) / arc voltage* (the total voltage across an electric arc) ‖ ~**spannung** (Eltech) / arcing voltage* (below which a current cannot be maintained between two electrodes) ‖ ~**spannung** (Eltech) / arc-stream voltage* (voltage drop along the arc stream) ‖ ~**spannung** (Schw) / arc voltage, voltage across the arc ‖ ~**spannungsabfall** *m* (Eltech) / arc drop ‖ ~**spektrum** *n* (Licht) / electric spectrum ‖ ~**spleiß** *m* (zweier LWL) (Fernm) / arc splice ‖ ~**spritzen** *n* (ein thermisches Spritzverfahren) (Anstr) / arc spraying*, arc-metal spraying ‖ ~**spritzpistole** *f* (Anstr) / electric spray gun, electric-arc gun ‖ ~**stabilisierung** *f* (Sammelbegriff für alle Maßnahmen und Vorgänge zur Gewährleistung einer gleichmäßigen, schwankungsfreien Lichtbogensäule) (Schw) / arc stabilization ‖ ~**stabilität** *f* (Eltech, Schw) / arc stability ‖ ~**strahlungsofen** *m* (Eltech) / indirect-arc furnace* ‖ ~**umschmelzen** *n* (Hütt) / electric-arc remelting ‖ ~**verluste** *m pl* (Eltech) / arc-drop losses ‖ ~**widerstand** *m* (Eltech) / arc resistance

**licht • brechend** *adj* (Licht) / refractive *adj*, refracting *adj*, refringent* *adj* ‖ ~**brechung** *f* (Licht, Opt) / refraction of light ‖ ~**brechungskörper** *m* (Licht) / refractor* *n* ‖ ~**brechungsvermögen** *n* (Phys) / refringence *n* ‖ ~**chlorierung** *f* (eine Art Fotohalogenierung) (Chem) / photochemical chlorination, photochlorination *n* ‖ ~**decke** *f* (Bau) / luminous ceiling ‖ ~**dicht** *adj* (Verpackung) / light-resistant *adj* ‖ ~**dicht** (Licht) / light-tight *adj* ‖ ~**dicht** s. auch opak ‖ ~**diffusor** *m* (Film, Opt, TV) / diffusor *n*, diffuser* *n* ‖ ~**dosierung** *f* (Licht) / light metering ‖ ~**druck** *m* (ein veraltetes Druckverfahren, das auf der Lichtempfindlichkeit von Chromiumsalzen in Verbindung mit organischen Kolloiden beruht) (Druck) / photogelatin process ‖ ~**druck** (Licht, Phys) / light pressure ‖ ~**druck** (Druck) s. auch Collotype-Verfahren ‖ ~**druckgelatine** *f* (Druck) / photogelatin *n*, photographic gelatin

**lichtdurchlässig** *adj* (Opt) / translucent* *adj*, translucid *adj* ‖ ~**e Fläche** (Bau) / sight size

**Lichtdurchlässigkeit** *f* (Licht, Opt) / transmission *n* ‖ ~ (von Mineralien) (Min) / pellucidity *n* ‖ ~ (Opt) / translucency *n*, translucence *n*

**Lichte** *f* (Öffnung) (Bau) / light* *n*, lite *n* (US)

**lichtecht** *adj* (Verpackung) / light-resistant *adj* ‖ ~ / fast to light* ‖ ~ (Anstr) / fade-resistant *adj* ‖ ~**e Holzbeize** (Tischl) / non-fade stain

**Licht • echtheit** *f* (Maß für die Farbechtheit von Färbungen unter Lichteinwirkung) / light-fastness* *n*, fastness to light ‖ ~**echtheitsmaßstab** *m* / light-fastness scale ‖ ~**echtheitsstufe** *f* / light-fastness standard ‖ ~**effekt** *m* (Licht) / luminous effect, light effect ‖ ~**effekt** (Licht) s. auch Lichterscheinung ‖ ~**einfall** *m* (Kennzeichnung der Richtung, aus der das Licht einfällt) (Licht) / light incidence, incidence of light ‖ ~**einkopplung** *f* (Opt) / light injection ‖ **durch** ~**einwirkung zersetzen** / photolyse *v*, photolyze *v* (US)

**lichtelektrisch** *adj* (Eltronik) / photoelectric *adj*, photoconductive *adj* ‖ ~**e Anregung** (eines Atoms oder Moleküls durch Absorption von Lichtquanten) (Phys) / photoexcitation *n* ‖ ~**e Austrittsarbeit** (bei der Fotoemission) (Eltronik) / photoelectric work function* ‖ ~**er Effekt** (Eltronik, Phys) / photoelectric effect* ‖ ~**es Fotometer** (Licht) / photoelectric photometer* ‖ ~**e Fotometrie** (Astr, Licht, Phys) / photoelectric photometry* ‖ ~**e Leitfähigkeit** (Eltronik) / photoconductivity* *n* ‖ ~**positiv** *adj* / light-positive *adj* ‖ ~**e Quantenausbeute** (Eltronik) / photoelectric yield* ‖ ~**e Schwelle** (Eltronik) / photoelectric threshold* ‖ ~**er Strom** (Eltronik) / photocurrent* *n*, photoelectric current ‖ ~**e Zelle** (Eltronik) / photoelectric tube, photoelectric cell* (PEC), photosensitive tube, photocell* *n*, phototube* *n*, cell* *n*

**Lichtelement** *n* (Bau) / light element (glazed or plastic)

**lichtemittierend** *adj* (Bot, Zool) / photogenic* *adj*, light-emitting *adj*, light-producing *adj* ‖ ~**e Diode mit Oberflächenemission** (Eltronik) / surface-emitting LED, Burrus LED, front-emitting LED

**lichtempfindlich** *adj* (Foto, Licht) / photosensitive* *adj*, sensitive to light, light-sensitive *adj* ‖ ~ (Glas) / photochromic* *adj*, photosensitive* *adj* ‖ ~**es Glas** (für Farbbilder) (Foto) / polychromatic glass ‖ ~ **machen** (fotochemisch) (Chem, Foto, Licht) / photosensitize *v* ‖ ~**e Oberfläche** (Foto) / photosensitive surface, photosurface *n* ‖ ~**e Schicht** (Suspension der lichtempfindlichen Silberhalogenidkristalle) (Foto) / emulsion* *n*, photographic emulsion ‖ ~**e Seite** (Film, Foto) / emulsion side, light-sensitive side, coating side

**Lichtempfindlichkeit** f (in A/lm) (Elektr, Licht) / luminous sensitivity*, photosensitivity n, sensitivity to light, light sensitivity ‖ ~ (der Fotomaterialien) (Foto) / speed n ‖ **die ~ steigern** (fotochemisch) (Chem, Foto, Licht) / photosensitize v

**lichten** vt (For) / thin vt ‖ ~ v (Anker) (Schiff) / trip v, heave up v, weigh v, lift up v, raise v, lift v ‖ ~ n **des Ankers** (Schiff) / weighing anchor

**Lichtenberg-Legierung** f (50% Bi, 30% Pb, 20% Sn) / Lichtenberg's metal, Onion's metal

**Lichtenbergsche Figur** f (auf der Isolier- oder Fotoplatte - nach G.Ch. Lichtenberg, 1742-1799) (Eltech) / Lichtenberg figure*, dust figure*

**Lichtenergie** f (Licht) / light energy, luminous energy

**Lichter•führung** f (Kennzeichnung durch Positionslichter) (Luftf, Schiff) / carrying of lights, setting of (navigation) lights, positions of the navigation lights ‖ **~partie** f (Druck) / highlight area

**Licht•erscheinung** f (Opt) / optical phenomenon ‖ **~erzeugend** adj (Bot, Zool) / photogenic* adj, light-emitting adj, light-producing adj ‖ **~falle** f (für nachts fliegende Schadinsekten) / light trap ‖ **~farbe** f (Licht) / colour of light ‖ **~filter** n (Foto, Opt) / light filter*, optical filter ‖ **intensiver ~fleck** (in den Elektronenstrahlröhren) (Eltronik) / womp n ‖ **~fluß** m (Opt) / light flux* ‖ **~fortpflanzung** f (Licht) / propagation of light*, light propagation ‖ **~führung** f (Film) / direction of lighting ‖ **~gaden** m (Arch) / clerestory* n ‖ **~gerbung** f (des Kolloids, das mit Dichromat sensibilisiert wurde) (Foto) / hardening n (with bichromate) ‖ **~geschmack** m (Bier, Milch) (Nahr) / sunlight flavour, light-induced flavour, light-struck flavour ‖ **~geschwindigkeit** f (Licht, Phys) / velocity of light*, speed of light ‖ **~geschwindigkeit im Vakuum** (299792458 ms⁻¹) (Phys) / speed of light in vacuum, velocity of light in vacuo, electromagnetic constant ‖ **~gestaltung** f (Licht) / lighting design ‖ **~gesteuert** adj / light-controlled adj ‖ **~gilbung** (als Zustand) (Licht, Opt) / yellowing on exposure to light ‖ **~gilbung** (als Zustand) (Licht, Opt) / yellowness on exposure to light ‖ **~gitterrost** m (als Bodenbelag) (Bau) / open-grid flooring, open-mesh flooring ‖ **~gleichung** f (Phys) / light equation ‖ **~griffel** m (Eltronik) / light pen*, light pencil, light gun, selector pen ‖ **~hahn** m (magnetischer, dynamischer - ein Oszillografensystem des Lichttons) (Film) / light valve* ‖ **dynamischer ~hahn** (im Longitudinal- und Transversalverfahren) (Film) / string galvanometer* ‖ **~härtung** f (Verminderung der Quellfähigkeit und Löslichkeit der Kopierschicht durch Lichteinwirkung) (Foto) / light-hardening n ‖ **~härtung** f (des Kolloids, das mit Dichromat sensibilisiert wurde) (Foto) / hardening n (with bichromate)

**Lichthof** m (Bau) / light well, light* n ‖ **~** (zentraler, durch alle Stockwerke gehender Raum mit Oberlichtverglasung) (Bau) / glass-roofed well ‖ **~** (Foto) / halo n (pl. haloes or halos) ‖ **~bildung** f (Eltronik, Foto) / halation* n ‖ **~freie Platte** (Foto) / antihalo plate ‖ **~schutz** n (Unterdrückung des Lichthofes) (Foto) / antihalation* n

**Licht•hupe** f (straßenverkehrsrechtlich zugelassenes Warenzeichen) (Kfz) / headlamp flasher, flasher n, headlight flasher, passing light (lever) (US) ‖ **~impuls** m / light pulse, optical pulse ‖ **austreffende ~intensität** (Licht) / transmitted intensity ‖ **einfallende ~intensität** (Licht) / incident intensity ‖ **~jahr** n (inkohärente, alte Einheit der Länge in der Astrophysik = 0,3068 pc = 9,460528.10¹² km) (Astr) / light-year n ‖ **~kabel** n (Eltech) / lighting cable, electric lighting cable ‖ **~karte** f (für die Korrektur während des Kopiervorgangs) (Film) / grading card (timing card), printer card ‖ **~kasten** m (Film) / light box ‖ **~kegel** m (Licht) / light cone ‖ **~kegel** (in Minkowski-Raum) (Phys) / light cone ‖ **~kette** f (aus mehreren an einer gemeinsamen Leitung aufgereihten Fassungen) (Eltech, Licht) / light chain ‖ **~knopf** m (EDV) / virtual push button, light button ‖ **~koagulation** f (Med) / photocoagulation n ‖ **~kollimator** m (Opt) / light collimator ‖ **~koppler** m (Eltronik) / optocoupler n, optical coupling device, optical coupler, optical link, fibre-optic link ‖ **~kronig** adj (For) / thin-crowned adj ‖ **~kuppel** f (Glas- oder Kunstharzkuppel) (Arch, Bau) / monitor n, monitor roof ‖ **asymmetrische ~kuppel** (Bau) / double-pitch skylight* ‖ **~kuppel** f s. auch Laterndachen, Obergaden und Oberlicht ‖ **~kurve** f (grafische Darstellung der scheinbaren Helligkeit außerirdischer Objekte) (Astr) / light-curve* n ‖ **~leiste** f (Eltech, Licht) / fixed-track strip (with fixtures) ‖ **~leistung** f (einer Lichtquelle) (Licht) / luminous efficiency*, luminous efficacy ‖ **~leitend** adj (Licht, Opt) / light-conducting adj ‖ **~leiter** m (optisches Element, das aus einer Lichtleitfaser oder einem Faserbündel besteht und an den Enden optisch bearbeitet ist - DIN 58140, T 1) (Opt) / optical conductor ‖ **~leiterbündel** n (Opt) / light pipe ‖ **~leiterübertragungstechnik** f (mit Hilfe von Lichtleitern) (Fernm) / optical-fibre communication, optical communication ‖ **~leitfaser** f (DIN 58140, T 1) (Opt) / light-conducting fibre, light guide, single discrete optical fibre ‖ **~leitkabel** n (Med) / fibre-optic light pipe, fibre-optic light cable ‖ **~leitkabel** (DIN 58140, T 1) (Opt) / optical-fibre cable, optical cable ‖ **~leitkegel** n (konischer Lichtleitstab nach DIN 58140, T 1) (Opt) / optical taper, conical fibre, taper n ‖ **~leitstab** m (starrer Lichtleiter nach DIN 58140, T 1) (Opt) / light-conducting rod, rigid fibre rod ‖ **~leitung** f (Lichtnetz) (Eltech) / lighting mains, public lighting network ‖ **~leitung** (Licht, Phys) / guidance of light ‖ **~liebend** adj (Biol, Umwelt) / luciphilous adj, heliophile adj, heliophilous adj, photophilic adj, photophilous* adj ‖ **~mangel** m / lack of light ‖ **~markengalvanometer** n (Eltech) / spot galvanometer ‖ **~maschine** f (Kfz) / generator n ‖ **~maschine** (ein Gleichstromgenerator) (Kfz) / dynamo* n ‖ **~maß** n (Masch) / rough opening width ‖ **~mast** m (Licht) / lighting column, light post, lamp pole ‖ **~-Materie-Wechselwirkung** f (Phys) / light-matter interaction ‖ **~maximum** n (Licht) / light maximum ‖ **~meidend** adj (Biol, Umwelt) / lucifugous adj, heliophobous adj, heliphobic adj, photophobic adj ‖ **~menge** f (das Produkt aus Lichtstrom und Zeit; SI-Einheit Lumensekunde - DIN 5031, T 3) (Licht) / quantity of light*, amount of light ‖ **~messung** f (Bestimmung des vom Objekt aus auftreffenden Lichtes - bei den Belichtungsmessern) (Foto) / incident-light reading ‖ **~messung bei Arbeitsblende** (Foto) / stopped-down metering ‖ **~messung bei Offenblende** (Foto) / full-aperture metering ‖ **~mikroskop** n (Mikros) / optical microscope ‖ **~minimum** n (Licht) / light minimum ‖ **~modulation** f (TV) / light modulation ‖ **~modulator** m (Film) / light valve* ‖ **~nachrichtenübertragung** f (Fernm) / light communication ‖ **~netz** n (Eltech) / lighting mains, public lighting network ‖ **~nußöl** n (von Samen der Aleurites moluccana (L.) Willd.) / lumbang oil, candlenut oil, kekune oil, kukui oil ‖ **~öffnung** f (Bau) / light* n, lite n (US) ‖ **~optik** f (Opt) / light optics ‖ **~optisch** adj (Opt) / photooptical adj ‖ **optische Lithografie** (Eltronik) / light-optical lithography ‖ **~orgel** f (ein elektronisches Effektgerät) (Film, Licht) / lighting console, lighting control ‖ **~pause** f (als Ergebnis) (Druck) / tracing* n ‖ **~pausleinen** n (Foto, Tex) / sensitized cloth ‖ **~pausverfahren** n (entweder trocken, wie z.B. Ozalid-Verfahren, oder naß) (Druck) / diazo process*, diazo* n, dyeline* n, white print, diazotypy n ‖ **~punkt** n (in der Rasterfotografie) (Druck) / highlight dot ‖ **~punkt** (Eltronik) / spot* n, light spot ‖ **wandernder ~punkt** (Eltronik) / flying spot ‖ **~punktabtaster** m (Eltronik, TV) / flying-spot scanner* ‖ **~quant** n (Kernphys) / photon* n, light quant[um]* ‖ **~quantenhypothese** f (Phys) / hypothesis of light quanta

**Lichtquelle** f (Licht, Opt) / light source, source of light ‖ **ausgedehnte ~** (Licht, Opt) / extended light source ‖ **flächenhafte ~** (Licht, Opt) / extended light source ‖ **gerichtete ~** / directional-light emitter, directional-light source ‖ **kohärente ~** (Licht, Opt) / coherent light source ‖ **punktförmige ~** (Licht, Opt) / point source of light ‖ **~ f erster Ordnung** (Licht) / primary light source, self-luminous object, self-luminous substance ‖ **~ zweiter Ordnung** (Licht) / secondary-light source

**Licht•rampe** f (Bühnenbeleuchtung) (Licht) / footlights pl ‖ **~raster** m (bei Leuchten) (Eltech) / louver n, louvre n, spill shield ‖ **~raum** m (des Gewölbes) (Arch) / lunette* ‖ **~raum** (Bahn, Kfz) / clearance n ‖ **~raumbegrenzung** f (die Umgrenzungslinie über den Gleisen oder über der Fahrbahn) / clearance universal gauge ‖ **~raumprofil** n (eine Vorrichtung über den Gleisen oder über der Fahrbahn) / clearance universal gauge ‖ **~reaktion** f (Chem) / photochemical reaction, photoreaction n ‖ **~reaktion** (bei der Fotosynthese) (Chem) / light reaction* ‖ **~regie** f (der künstlerische Einsatz von Licht) (Licht) / lighting design ‖ **~reiz** m (Biol, Physiol) / light stimulus n ‖ **~reklame** f / light advertising, luminous advertising ‖ **~relais** n (Eltronik) / photoelectric relay, photorelay n ‖ **~relais** (Fernm) / light relay* ‖ **~rezeptor** n (Sinneszelle für Licht) (Physiol) / photoreceptor n ‖ **~rufsystem** n / luminous call system ‖ **~ruftechnik** f (DIN 57834) / luminous call system ‖ **~sammelkomplex** m (Chem) / antenna complex ‖ **~sättigung** f (bei Pflanzen) (Bot) / light saturation ‖ **~satz** m (Typog) / photosetting* n, photocomposition* n, filmsetting* n, phototypesetting* n ‖ **~säule** f (ein Halo in Form einer vertikalen weißen Säule über und unter Sonne) (Astr, Meteor) / sun pillar*, light pillar ‖ **~schacht** m (Bau) / light well, light* n ‖ **~schacht** (der Spiegelreflexkamera) (Foto) / hood n, focusing hood ‖ **[vorgelagerter] ~schacht** (mit einem Abdeckrost oder Pflaster-Glasbausteinen (Oberlichtsteinen)) (Bau) / pavement light* ‖ **[überwölbter] ~schacht** (Bau) / vault light* ‖ **~schaden** m (Leder) / damage by exposure to light ‖ **~schaltende Anordnung** (steuerbare Lichtschleuse, bei der die Eigenschaft optomagnetischer Materialien auf der Grundlage des Faraday-Effekts genutzt wird) (Licht) / light-switching array, LISA ‖ **~schalter** m (Übertragungsglied in einem Lichtweg) (Eltech) / light switch ‖ **~schalter** (Kfz) / lighting switch ‖ **~schaltung** f (Eltech) / lighting circuit ‖ **~scheu** adj (Biol, Umwelt) / lucifugous adj, heliophobous adj, heliphobic adj, photophobic adj ‖ **~schlag** m (Zwischennutzung) (For) / secondary felling, intermediate felling ‖ **~schlag** (For) s. auch Lichtungsbetrieb ‖ **~schleuse** f (Film) / light valve* ‖ **~schleuse** (zum sicheren Abschirmen der Tanks oder der Teile der Entwicklungsmaschine oder als lichtsicherer Verkehrsweg zwischen

**lichtschluckend**

Hell- und Dunkelräumen in Kopieranstalten) (Foto) / light-trap* n ‖ ~**schluckend** adj (Licht) / light-absorbing adj
**Lichtschnitt** m (Schnitt der Oberfläche mit einer Lichtebene) (Opt) / light section ‖ ~**interferometrie** f / light-profile interferometry ‖ ~**meßgerät** n (optisches Prüfgerät zur Ermittlung von Oberflächenkenngrößen) / light-section measuring device ‖ ~**mikroskop** n (Mikros) / light-section microscope ‖ ~**verfahren** n (ein Oberflächenprüfverfahren nach DIN 50948) (WP) / light intersection method, light-slit method
**Licht•schock** m (Med) / photoshock n ‖ ~**schranke** f (auf eine Fotozelle fallender Lichtstrahl) (Eltronik) / light barrier, security beam, photoelectric beam
**Lichtschutz** m (Einrichtung) / light shield, light occluder ‖ ~ (Schutz gegen zu starke Einwirkung von Licht, bes. Sonnenlicht) (Nahr) / light protection ‖ ~**faktor** m (Chem, Med) / protection factor (against sunburn) ‖ ~**mittel** n / light stabilizer, ultraviolet absorber, UV absorber ‖ ~**papier** n (Foto) / black paper
**licht•schwach** adj (Licht) / low-luminosity attr ‖ ~**schwach** (Ozean) / dysphotic adj ‖ ~**schwächung** f (Licht) / light attenuation ‖ ~**sender** m (eine Lichtquelle, die gerichtetes Licht ausstrahlt) / directional-light emitter, directional-light source ‖ ~**sensor** m (der sich zum Lichtmessen eignet) (Licht) / light sensor ‖ ~**sensor** (Licht) s. auch Lichtdetektor ‖ ~**signal** n (Bahn) / colour-light signal ‖ ~**signal** (Licht) / light signal ‖ ~**signal** (fußgängerbetätigtes) **an Fußgängerüberwegen** (HuT, Kfz) / pedestrian-crossing light, Belisha beacon (GB), beacon n ‖ ~**signalanlage** f (Kfz) / traffic light(s), traffic signal, lights pl, road traffic signal system ‖ **transportable** ~**signalanlage** (Kfz) / temporary traffic lights, temporary traffic signals ‖ ~**spalt** m (z.B. in der Jalousie) (Bau) / chink n ‖ ~**spalt** (beim Lichtton) (Film) / scanning slit*, slit* n ‖ ~**spaltprüfung** f (der Ebenheit der Flächen) (Masch) / daylight test ‖ ~**speicherung** f / light storage ‖ ~**spektrum** n (Licht, Opt, Spektr) / optical spectrum* ‖ ~**spindel** f (offene Spindel einer Wendeltreppe) (Bau) / open newel, hollow newel* ‖ ~**spur** f (Akus, Film) / optical track*, optical sound track ‖ ~**spurgeschoß** n (Mil) / tracer shell, tracer n ‖ ~**stark** adj (Objektiv) (Foto, Opt) / fast* adj ‖ ~**stärke** f (größtes Öffnungsverhältnis eines Kameraobjektivs) (Foto, Opt) / speed* n ‖ ~**stärke** (einer Lichtquelle, eines Bildes) (Licht) / brightness n ‖ ~**stärke** (in cd gemessen - nach DIN 5031, T 3) (Licht) / luminous intensity* ‖ ~**stärke** (eines Teleskops) (Opt) / light-gathering power ‖ ~**stellwarte** f / lighting console ‖ ~**steuergerät** n (Film) / modulator n ‖ ~**steuerorgan** n (in der Lichttontechnik) (Film) / modulator n ‖ ~**stift** m (Eltronik) / light pen*, light pencil, light gun, selector pen
**Lichtstrahl** m (Licht, Opt) / light ray, luminous ray, light beam ‖ ~**ablenkeinheit** f (Licht, Opt) / light-beam deflector ‖ ~**ablenker** m (Licht, Opt) / light-beam deflector ‖ ~**deflektor** m (Licht, Opt) / light-beam deflector
**Lichtstrahlengang** m (Licht, Opt) / path of light rays
**Lichtstrahl•oszillograf** m (Elektr) / light-beam oscillograph, moving-coil oscillograph ‖ ~**schreibmaschine** f / light-spot-operated typewriter, LOT n (for disabled persons) ‖ ~**schweißen** n (Fügeverfahren mit gebündelten Infrarotstrahlen zur Erzeugung der Schweißwärme) / infrared welding
**Lichtstreudetektor** m (Licht) / light-scattering detector
**lichtstreuend** adj (Licht) / light-diffusing adj ‖ ~**er Körper** (Licht, Opt) / diffuser n
**Licht•streuung** f (Licht) / light scattering, LS ‖ **eierwabenförmiger** ~**streuvorsatz** m / eggcrate diffuser ‖ ~**strom** m (von einer Lichtquelle in verschiedenen Richtungen ausgestrahlte Leistung - in lm gemessen - DIN 5031, T 3) (Licht) / luminous flux*, light flux* ‖ ~**stromkreis** m (Eltech) / lighting circuit ‖ ~**strommeßgerät** n (Licht) / lumenmeter* n ‖ ~**technik** f (Licht) / lighting engineering ‖ ~**teiler** m (zur spektralen Aufteilung des einfallenden Lichtes auf die einzelnen Aufnahmekanäle - DIN 5031, T 3) (TV) / colour splitter ‖ ~**theorie** f (Licht, Phys) / theory of light
**Lichtton** (Akus, Film) / optical sound*, photographic sound* ‖ **Nullkopie** f **ohne** ~ (Film) / black track print ‖ ~**aufzeichnung** f (Akus, Film) / optical sound recording, optical recording ‖ ~**kopie** f (Film) / married print* ‖ ~**spalt** m (Akus) / recording split ‖ ~**spur** f (Akus, Film) / optical track*, optical sound track ‖ ~**streifen** m (beim Intensitäts-, Longitudinal- und Transversalverfahren) (Akus, Film) / squeeze write* ‖ ~**verfahren** n (Akus, Film) / optical sound recording, optical recording
**Licht•transistor** m (Eltronik) / optotransistor n, optical transistor ‖ ~**transmissionsgrad** m (DIN 58140) (Licht) / luminous transmittance
**lichtundurchlässig** adj (Foto, Opt) / opaque* adj, light-proof adj ‖ ~ **machen** (Opt) / opaque v
**Lichtundurchlässigkeit** f (Kehrwert des Durchlassgrades) (Foto, Licht) / opacity* n, light-proofness n
**lichtunechte Farbe** (z.B. bei Jeans-Artikeln) / fading colour

**lichtunempfindlich** adj (Foto, Licht) / insensitive to light, light-insensitive adj
**Lichtung** f (For) / clearing n, opening n (US), glade n
**Lichtungsbetrieb** m (die Ausnutzung des Lichtungswachstums im verbleibenden Bestand) (For) / accretion felling
**Lichtungshieb** m (Zwischennutzung) (For) / secondary felling, intermediate felling
**Licht•vektor** m (Licht) / light vector ‖ ~**ventil** n (Fernm) / light relay* ‖ ~**ventil** (elektrooptisches Element oder elektrooptische Baugruppe, die je nach ihrem Schaltzustand mehr oder weniger Licht passieren lassen) (Opt) / light valve ‖ ~**verfolgung** f (für ein kontinuierliches Zeichnen von Konturen auf dem Bildschirm) (EDV) / pen tracking ‖ ~**vergilbung** f (Licht, Opt) / yellowness on exposure to light ‖ ~**verhältnisse** n pl (Film, Foto) / light conditions ‖ ~**verlust** m (Licht) / light loss ‖ ~**verschmutzung** f (künstliche Aufhellung des Nachthimmels in Ortschaften, die sich bei visuellen und fotografischen Beobachtungen störend bemerkbar macht) (Astr) / light pollution ‖ ~**verstärker** m / light amplifier ‖ ~**verstärkung** f (bei Lasern) (Eltronik) / gain n ‖ ~**verteilungskörper** m (Endpunkte sämtlicher Lichtstärkevektoren) (Licht) / light distribution solid, solid of light distribution ‖ ~**verteilungskurve** f (welche die Abhängigkeit der Lichtstärke einer Lichtquelle von der Ausstrahlungsrichtung angibt) (Licht) / light distribution curve* ‖ ~**wanne** f (Film, Licht) / boat n, lighting trough ‖ ~**wanne** (Zimm) / outer string*, face string (US) ‖ ~**warner** m (meist Summer oder Warnmelodie) (Kfz) / lights-on reminder, headlights reminder ‖ ~**warnsummer** m (Kfz) / lights-on buzzer ‖ ~**warnsummer** (Kfz) s. auch Warnmelodie ‖ ~**weg** m (in einem optischen System) (Opt) / optical path, ray path, path of rays ‖ **kleinster** ~**weg** (Opt) / minimum optical path ‖ ~**weg** m **durch die Faseroptik** (Opt) / optical-fibre path ‖ ~**weite** f (der Brücke) (HuT, Wasserb) / clear opening ‖ ~**weite** (Masch) / inside diameter, ID, internal diameter ‖ ~**welle** f (Licht) / light-wave n
**Lichtwellenleiter** m (Fernm, Opt) / optical waveguide, OWG ‖ ~ (Opt) / optical-fibre cable, optical cable ‖ ~-**Brecheinrichtung** f (Fernm) / fibre-cutting tool, fibre cutter ‖ ~-**Endeinrichtung** f / fibre-optic terminus, fiberoptic terminus (US) ‖ ~**kabel** n (Opt) / optical-fibre cable, optical cable ‖ ~**kommunikation** f (Fernm, Opt) / fibre-optic communications, FOC ‖ ~-**Übertragungssystem** n (Fernm, Opt) / fibre-optic transmission system, FOTS
**Licht•wendigkeit** f (der Pflanzen) (Bot) / heliotropism* n ‖ ~**werbung** f / light advertising, luminous advertising ‖ ~**wert** m (Zahlenwert zur Festlegung der von einer bestimmten Verschlußzeit-Blenden-Kombination an fotografischen Kameras durchgelassenen Lichtmenge) (Foto) / exposure value* (EV) ‖ ~**wuchsbetrieb** m (For) / accretion felling ‖ ~**wurflampe** f (Bogen-, Xenonhochdruck-, Glüh- oder Impulslampe) (Eltech, Film, Foto) / projection lamp*, projection-type lamp ‖ ~**zeichen** n / light signal, luminous signal ‖ ~**zeichenanlage** f (Bahn) / traffic signal ‖ ~**zeichenanlage** (Kfz) / traffic light(s), traffic signal, lights pl, road traffic signal system ‖ ~**zeicheneinrichtung** f (Eltronik) / light plotter ‖ ~**zeichenmaschine** f (Eltronik) / light plotter ‖ ~**zeiger** m (bei Diavorführungen) / pointer torch ‖ ~**zeiger** (auf einem Datendisplay) (EDV) / cursor* n ‖ ~**zeigerwaage** f (Masch) / projection balance ‖ ~**zeit** f (Astr) / light time ‖ ~**zelt** n (Foto) / light dome ‖ ~**zentrum** n (einer Lichtquelle) (Licht) / light centre ‖ ~**zündung** f (bei Thyristoren) (Eltronik) / light activation
**licken** v (Werkstücke aus Gold, Silber, Kupfer, Zinn, Zink, Blei und Messing glätten) / burnish v
**Licker** m (Leder) / fat liquor*
**Lickern** n (Leder) / fat-liquoring n
**LiCl-Hygrometer** (Meteor) / LiCl hygrometer
**Lidar** m n (Gerät zur Sondierung der Atmosphäre mittels Impulslasers) (Meteor) / lidar* n
**Lido** m (pl. -s oder Lidi) (Geog, Geol) / lido n
**Lidocain** n (internationaler Freiname für ein Lokalanästhetikum und Antiarrhythmikum) (Med) / lidocaine n, lignocaine n
**Lidodeck** n (Schiff) / Lido deck
**LID-System** n (Gerät zur optimalen Faserjustierung vor dem Spleißen) / local injection and detection system, LID system
**Lie-Algebra** f (nach S. Lie, 1842-1899) (Math) / Lie algebra*
**Liebenow-Schaltung** f (Eltech) / Greinacher circuit, Delon rectifier, Latour circuit
**Liebenscher Iodoformtest** (nach F. Lieben, 1890 - 1966) (Chem) / Lieben's iodoform test
**Liebermannsche Phenolreaktion** (nach C.T. Liebermann, 1842-1914) (Chem) / Liebermann test for phenols*
**Liebermann-Storch-Reaktion** f (ein unspezifischer Farbtest auf Harze) (Pap) / Liebermann-Storch test*
**Liebigit** f (radioaktives Verwitterungsprodukt in Uranerzen) (Min) / liebigite n

**Liebig-Kühler** *m* (eine alte Kühlerform, 1771 von Weigel entwickelt) (Chem) / Liebig condenser*
**Liebigscher Kühler** (nach J.v. Liebig, 1803-1873) (Chem) / Liebig condenser*
**lieblich** *adj* (Wein) (Nahr) / suave *adj*
**Liebstöckelöl** *n* / lovage oil, levisticum oil
**Liebstockwurzelöl** *n* / lovage oil, levisticum oil
**Lieferant** *m* / supplier *n*, vendor *n* ‖ ~ **schlüsselfertiger Systeme** (EDV) / turnkey-system supplier
**Lieferanten • beurteilung** *f* **nach dem Kauf** (EDV) / vendor rating ‖ ~ **vor dem Kauf** (EDV) / vendor appraisal ‖ ~**eingang** *m* (Bau) / service entrance ‖ ~**risiko** *n* (DIN 55350, T 31) / producer's risk, seller's risk
**Lieferauftrag** *m* (bei Ausschreibungen) / supply contract
**lieferbar** *adj* (in Farbe) / available *adj* (in colour) ‖ **auf Wunsch** ~ / optionally available ‖ ~ **zum 31.12. 2002** / for delivery by 2002-12-31
**Liefer • bedingungen** *f pl* / terms of delivery, delivery conditions ‖ **technische** ~**bedingungen** (Masch) / specifications *pl*, specs ‖ ~**einheit** *f* / unit *n* ‖ ~**firma** *f* / supplier *n*, vendor *n* ‖ ~**form** *f* / form of delivery, deliverable form ‖ ~**frequenz** *f* / frequence of delivery ‖ ~**frist** *f* / delivery time, term of (or for) delivery, delivery deadline ‖ ~**gewicht** *n* / delivery weight ‖ ~**grad** *m* (V-Mot) / volumetric efficiency* ‖ ~**häufigkeit** *f* / frequence of delivery ‖ ~**kettenmanagement** *n* (Chem) / supply-chain management, SCM ‖ **effektive** ~**menge** (bei Verdichtern) (Masch) / free air delivery, f.a.d.
**liefern** *v* / supply *v*
**Liefer • partie** *f* / shipment lot ‖ ~**preis** *m* / delivery price, delivered price ‖ ~**probe** *f* / shipping sample ‖ ~**qualität** *f* / delivery quality ‖ ~**schein** *m* (die schriftliche Anweisung des Wareneigentümers an den Lagerhalter zur Auslieferung von Waren an den im Lieferschein Bezeichneten) / delivery order, d/o, delivery slip ‖ ~**tag** *m* / delivery date ‖ ~**termin** *m* / delivery date ‖ ~**umfang** *m* / scope of supply, scope of delivery ‖ **serienmäßiger** ~**umfang** (z.B. bei Autos) / standard features
**Lieferung** *f* (einmalige) / consignment *n* ‖ ~ / delivery *n* ‖ ~ (von Waren) / shipment *n*, consignment *n* (shipment of consigned goods) ‖ ~ / supply *n*, supplying *n* ‖ ~ (Druck) / instalment *n*, part *n* ‖ **kostenlose** ~ / delivery free of charge ‖ **kurzfristige** ~ / delivery on a short-term basis (DUT) ‖ **sofortige** ~ / immediate delivery ‖ ~ *f* **auf Abruf** / delivery on call ‖ ~ **in Teilmengen** / split delivery
**Lieferungsbedingungen** *f pl* / terms of delivery, delivery conditions
**Lieferungswerk** *n* (in mehreren Teillieferungen) (Druck) / serial *n*, serial work, part-work *n*
**Liefer • unwucht** *f* (der Schleifscheibe bei Auslieferung an den Kunden) (Masch) / supply unbalance ‖ ~**vertrag** *m* / supply contract ‖ ~**verzug** *m* / delay in delivery ‖ ~**viskosität** *f* (eines lösungsmittelhaltigen Beschichtungsstoffs) (Anstr) / viscosity on delivery, package viscosity ‖ ~**wagen** *m* (Kastenfahrzeug, Kofferwagen) (Kfz) / van *n*, delivery van, wagon *n*, medium van ‖ ~**wagen** (im allgemeinen) (Kfz) / delivery truck (US) ‖ ~**wagen für den Nahverkehr** (Kfz) / short-run delivery truck ‖ ~**wagen mit offener Ladefläche** (Kfz) / pick-up *n*, light lorry ‖ ~**walzen** *f pl* (Spinn) / draw-rolls ‖ ~**werk** *n* (zum Abziehen des zu zwirnenden Garnes vom Ablaufgatter der Zwirnmaschine und zur Weiterführung des gesammelten Fadenverbandes an die Spindeln) (Spinn) / delivery device ‖ ~**zustand** *m* / condition on delivery ‖ ~**zustand** (bei der Ablieferung) / as-delivered condition ‖ ~**zustand** (bei der Anlieferung) / as-received condition
**Liege • falz** *m* (Klemp) / welt* *n*, seam* *n* ‖ ~**geld** (für Überschreitung der Lade- bzw. Löschzeit) (Schiff) / demurrage *n*
**liegen** *v* (unter etwas) / underlie *v* ‖ ~ (im Hafen, vor Anker, vor Reede) (Schiff) / lie *v* ‖ **auf freiem Potential** ~ (Eltech, Eltronik) / float *v*
**liegenbleiben** *v* (Kfz) / stall *v*, run down *v*, break down *v*
**liegend** *adj* (Bergb, Geol) / underlying *adj* ‖ ~ (Masch) / horizontal *adj*, lying *adj* ‖ ~**e Acht** (eine Kunstflugfigur) (Luftf) / horizontal eight ‖ ~**er Falz** (Klemp) / welt* *n*, seam* *n* ‖ ~**er Kessel** (Masch) / horizontal boiler *n* ‖ ~**e Maschine** (Masch) / horizontal engine* ‖ ~**er Motor** (mit horizontaler Achse der Zylinder) (Masch) / horizontal engine* ‖ ~**e Seite eines Gangs** (Bergb) / ledger *n* ‖ ~**es Trockenholz** (For) / down timber
**Liegende, Sprung ins** ~ (Bergb, Geol) / downthrown fault
**Liegendes** *n* (die unter dem Flöz anstehenden Gebirgsschichten) (Bergb) / footwall* *n* ‖ ~ (unter einer Bezugsschicht lagernde Gesteinsschicht) (Geol) / footwall* *n*, bedrock* *n*, bottom *n*
**Liegendfläche** *f* (einer Sedimentschicht) (Geol) / sole *n*
**Liegendscholle** *f* (bei Verwerfungen) (Geol) / downthrow block
**Liegendwasser** *n* (Erdöl) / bottom water
**Liege • platz** *m* (Bahn) / couchette *n* ‖ ~**platz** (im Hafen zwecks Be-/Entladung) (Schiff) / berth *n*, moorings *pl* ‖ ~**sitz** *m* (Kfz) / reclining seat ‖ ~**tag** *m* (ein Tag, an dem ein Schiff im Hafen liegt) (Schiff) / lie day, lay day ‖ ~**wagen** *m* (Bahn) / couchette coach ‖ ~**zeit** *f* (des Mörtels) (Bau) / curing time, maturing time ‖ ~**zeit** (Bestandteil

**Lignocerylalkohol**

der Fertigungsdurchlaufzeit, in der weder Bearbeitungs- noch Transportoperationen erfolgen) (F.Org) / waiting time
**Liénard-Wiechert-Potential** *n* (Lösung der Maxwellschen Gleichungen für eine beliebig bewegte Punktladung - nach A. Liénard, 1869-1959, und E. Wiechert, 1861-1928) (Phys) / Liénard-Wiechert potential
**Lie-Ring** *m* (nach S. Lie, 1842-1899) (Math) / Lie algebra*
**Lierne** *f* (nichttragende Zwischenrippe in spätgotischen Gewölben) (Arch) / lierne rib
**Liesch • e Algebra** (nach S. Lie, 1842-1899) (Math) / Lie algebra* ‖ ~**e Gruppe** (eine topologische Gruppe) (Math) / Lie group ‖ ~**e Superalgebra** (Math) / Lie superalgebra
**Liesegang-Ringe** *m pl* (die auf rhythmische Fällungsreaktionen in Gallerten zurückzuführen sind und z.B. als Maserung von Achaten vorkommen) (Chem) / Liesegang rings*, Liesegang banding
**Liesegangsche Ringe** (nach R.E. Liesegang, 1869-1947) (Chem) / Liesegang rings*, Liesegang banding
**Lievrit** *m* (Min) / ilvaite* *n*, yenite *n*
**LIF** (Phys) / laser-induced fluorescence, LIF
**Life-Support-System** *n* (in einer zum Leben nicht geeigneten Umgebung) (Raumf) / life-support system
**Lifetime-Schmierung** *f* (bei Zweitaktmotoren von der Mischungsschmierung unabhängige Schmierung, z.B. der Kurbelwellenlager) (Kfz) / lifetime lubrication, for-life-lubrication
**Life-Zero** *f* (wenn der Meßanfang nicht der Signalwert Null ist) (Instr) / life zero
**LIFO-Prinzip** *n* (zur Ermittlung der Anschaffungs- oder Herstellungskosten von gleichartigen Gegenständen des Vorratsvermögens zum Zwecke der Bewertung - auch ein Wartesystem in der DV) / last in, first out* *n*, LIFO principle
**LIFO-Speicher** *m* (EDV) / LIFO stack*
**Lift** *m* (Masch) / elevator *n* (US)*, lift *n* (GB)*
**Liftachse** *f* (Kfz) / lift axle
**Lift-dumper** *m* (auf der Tragflügeloberseite angebrachte großflächige Spreizklappe) (Luftf) / lift-dumper *n*, ground spoiler
**liften** *v* (Masch) / lift *v*, raise *v*, uplift *v* ‖ ~ (schwere Gegenstände anheben) (Schiff) / lift *v* ‖ ~ *v* (Masch) / lift *v*, lifting *n* ‖ ~ **mit Druckluft** (Erdöl) / airlift process
**Liftgas** *n* (Erdöl) / lift gas
**Liftleitung** *f* (Erdöl) / lift line
**Liftslab-Verfahren** *n* (Bau) / lift-slab construction
**Ligand** *m* (Atome, Ionen, Radikale oder Moleküle, die in einer Komplexverbindung um das Zentralatom bzw. Zentralion in geometrisch regelmäßiger Anordnung gruppiert sind) (Chem) / ligand* *n* ‖ **mehrzähniger** ~ (Chem) / multidentate ligand, polydentate ligand* ‖ **polydentaler** ~ (Chem) / multidentate ligand, polydentate ligand* ‖ **sechszähniger** ~ (Chem) / hexadentate ligand, sexadentate ligand ‖ **zweizähniger** ~ (Chem) / bidentate ligand
**Ligandenaustausch** *m* (Chem) / ligand exchange
**Ligandenfeldstabilisierungsenergie (LFSE)** *f* (Chem) / ligand-field stabilization energy (LFSE)
**Ligandenfeldtheorie** *f* (in der Quantenchemie) (Chem, Phys) / ligand-field theory*, crystal-field theory
**Ligase** *f* (eine Hauptklasse der Enzyme) (Biochem) / ligase* *n*
**Ligatoratom** *n* (bei mehratomigen Liganden) (Chem) / ligand atom
**Ligatur** *f* (für Schliffverbindungen) (Chem) / joint clamp (for ground-glass joints) ‖ ~ (zwei oder mehrere auf einer Drucktype oder einer Setzmaschinenmatrize vereinigte Buchstaben) (Typog) / ligature* *n*, tied letters*, joined letters, quaint character
**Li-gedrifteter Silizium-Halbleiterdetektor** (Kernphys) / lithium-drifted silicon (semiconductor) detector
**Light-Expanded-Clay-Aggregat** *n* (Handelsbezeichnung für Blähtonmaterial) (Bau, HuT) / light-expanded-clay aggregate
**Lightpen** *m* (Eltronik) / light pen*, light pencil, light gun, selector pen
**Light-pipe** *f* (Opt) / light pipe
**Lignan** *n* (phenolischer Holz- oder Pflanzenextraktstoff) (Chem) / lignan *n*
**Lignifizierung** *f* (Bot, For) / lignification* *n*
**lignikol** *adj* (Bot, Zool) / lignicole* *adj*, lignicolous* *adj*
**Lignin** *n* (Chem, For) / lignin* *n* ‖ **restliches** ~ (Bot) / residual lignin, lignin residues ‖ ~ **entfernen** / delignify *v* ‖ ~ **herauslösen** (aus) / delignify *v* ‖ ~**-Lignin-Bindung** *f* (For) / lignin-lignin bond ‖ ~**(auf)lösend** *adj* (Chem, For) / lignolytic *adj*, ligninolytic *adj* ‖ ~**reste** *m pl* / residual lignin, lignin residues ‖ ~**sulfonat** *n* (Chem, Pap) / lignosulphonate *n* ‖ ~**sulfonsäure** *f* (Chem) / lignosulphonic acid
**Lignit** *m* (Bergb, Geol) / lignite* *n*
**lignivor** *adj* (For) / xylophagous* *adj*, lignivorous* *adj*, hylophagous* *adj*, wood-eating *adj*
**Lignocellulose** *f* (Chem, For) / lignocellulose* *n*
**Lignocerinsäure** *f* (Chem) / tetracosanoic acid, ligoceric acid ‖ ~ (n-Tetrakosansäure) (Chem) / lignoceric acid
**Lignocerylalkohol** *m* (ein Wachsalkohol) (Chem) / lignoceryl alcohol

717

**Lignosulfonat**

**Lignosulfonat** n (Chem, Pap) / lignosulphonate n
**Lignozellulose** f (eine Verbindung von Lignin, Polynose und Zellulose) (Chem, For) / lignocellulose* n
**Lignozerinsäure** f (Chem) / tetracosanoic acid, lignoceric acid
**Lignozerylalkohol** m (Chem) / lignoceryl alcohol
**Ligroin** n (leichte Kohlenwasserstofffraktion, Kp. 90 - 120° C - in den USA 20-135° C) (Chem) / ligroin* n, ligroine n
**Likansäure** f (der Hauptbestandteil des Oiticica-Öls) (Anstr, Chem) / licanic acid, conepic acid
**Likelihood** f (wahrscheinlichkeitsähnliches Maß) (Stats) / likelihood n
**lila** adj / lilac adj
**Li-li-Schiff** n (Schiff) / lift-on-lift-off ship
**lim** (Math) / limit* n, lim* ‖ ~ **inf** (Math) / limit inferior, lower limit ‖ ~ **sup** (Math) / limit superior, upper limit
**Lima** f (Kfz) / generator n
**Limabohnen** f pl (Bot, Nahr) / Rangoon beans, Madagascar beans, Lima beans, butter beans
**Limanküste** f (mit senkrecht zur Küste verlaufenden Strandseen - meistens am Schwarzen oder Kaspischen Meer) (Geog) / liman coast
**Limba** n (aus Terminalia superba Engl. et Diels) (For) / limba n
**Limbric** m (merzerisiertes feinfädiges leinwandbindiges Gewebe, bestehend aus links- und rechtsgedrehten Macogarnen) (Tex) / limbric* n
**Limburgit** m (glasführender Nephelinbasalt) (Geol) / limburgite* n
**Limbus** m (pl. Limbi) (Verm) / limb* n, horizontal circle*, lower plate
**Limen** n (pl. -mina) (Med, Physiol) / limen n
**Limerickspitze** f (Tex) / Limerick lace, chain lace
**Limes** m (pl. Limes) (ein Grundbegriff der Analysis) (Math) / limit* n, lim* ‖ **linksseitiger** ≙ (Math) / limit on the left, left-hand limit ‖ **oberer** ≙ (Math) / limit superior, upper limit ‖ **rechtsseitiger** ≙ (Math) / limit on the right, right-hand limit ‖ **unterer** ≙ (Math) / limit inferior, lower limit ‖ **vager** ≙ (Math) / vague limit ‖ ≙ m **inferior** (Math) / limit inferior, lower limit ‖ ≙ **superior** (Math) / limit superior, upper limit
**Limettöl** n (etherisches Öl aus Citrus aurantiifolia oder Citrus latifolia Tanaka - destilliertes oder gepreßtes) / lime oil
**limikol** adj (Zool) / limicolous* adj
**Limit** n (nach oben oder unten festgelegte Grenze) / limit n
**Limiter** m (zur Kassettenaussteuerung) (Akus) / limiter n ‖ ≙ (Plasma Phys) / limiter* n, plasma limiter
**limitieren** v / delimit v, limit v
**limitierender Faktor** (Bot, Umwelt) / limiting factor*
**Limitierung** f / limitation n
**Limitierungsverfahren, Euler-Knoppsches** ≙ (Math) / Euler limitation method
**Limnigraf** m (Wasserb) / level recorder, water stage recorder, stage recorder
**limnisch** adj (Umwelt) / limnetic adj, limnic adj, lacustrine* adj, lacustral adj, lacustrian adj ‖ ~**e Ablagerungen** (in Süßwasserseen) (Geol) / lacustrine deposits, lacustrine sediments
**Limnologie** f (Biol) / limnology n ‖ ≙ (Lehre von den oberirdischen Binnengewässern) (Geol) / limnology* n
**limnologisch** adj / limnological adj
**Limnoplankton** n (im Süßwasser) (Umwelt) / limnoplankton n
**Limonen** n (z.B. D-, L- oder DL-Limonen) (Anstr, Chem) / limonene* n ‖ **D-**≙ (in Kümmel-, Zitronen- und Pomeranzenschalenöl) (Chem) / d-limonene n
**Limonin** n (Chem, Nahr) / limonin n
**Limonit** m (Min) / liminite* n, brown haematite*
**Limousine** f (Kfz) / sedan n (US), saloon n (GB), saloon car (GB), limousine n, limo n, town car (US) ‖ **dreitürige** ≙ (Kfz) / two-door hatchback
**Linac** n (Nukl) / linear accelerator*, linac n, lineac n, linear particle accelerator
**Linaloeöl** n (etherisches Öl verschiedener Bursera-Arten) / linaloe wood oil, lignaloe oil ‖ **Mexikanisches** ≙ (aus Bursera penicillata (Sessé et Moç. ex DC.) Engl.) (Chem) / Mexican linaloe oil
**Linalool** n (Hauptbestandteil des Linaloeöls) (Chem) / linalool n
**Linalylacetat** n (Chem) / linalyl acetate
**Linalylazetat** n (Chem) / linalyl acetate
**Linamarin** n (Chem) / linamarin n
**Linarit** m (lasurblaues, glasglänzendes, muschlig brechendes Oxidationsmineral auf Pb-Cu-Lagerstätten) (Min) / linarite* n
**Lincolner Tuch** (Tex) / Lincoln green
**Lincolngrün** n (eine Tuchfarbe) (Tex) / Lincoln green
**Lincolnscher Index** (Formel zur Errechnung der Populationsdichte nach Wiederfang markierter Individuen) (Umwelt) / Lincoln index*
**Lincrusta** f (Bau) / lincrusta n
**Lindan** n (Insektizid - γ-Hexachlorzyklohexan) (Chem) / lindane n
**Linde** f (Tilia L.) (For) / lime* n, lime tree, linden n ‖ **Amerikanische** ≙ (meistens Tilia americana) (For) / basswood* n, American lime, American basswood

**Lindelöf-Raum** m (Math) / Lindelof space, Lindelöf space
**Lindelöfsches Prinzip** (nach E.L. Lindelöf, 1870-1946) (Math) / Lindelöf's principle
**Lindemann-Fenster** n (an Röntgenröhren - nach F.A. Lindemann, Viscount Cherwell, 1886-1957) (Radiol) / Lindemann window
**Lindemann-Glas** n (ein Lithium-Beryllium-Boratglas in Lindemann-Fenstern, das noch sehr weiche Röntgenstrahlen austreten läßt) (Radiol) / Lindemann glass
**Lindemann-Hinshelwood-Mechanismus** m (zur Behandlung unimolekularer Reaktionen) (Chem) / Lindemann-Hinshelwood mechanism (theory)
**Lindenbast** m (For, Landw) / bast* n, liber n
**Lindenholz** n (For) / basswood n, lime n (esp. from Tilia americana)
**Lindenmayer-System** n (mit der Vorschrift, daß stets über die ganze Breite des Wortes mögliche Ersetzungen parallel vorzunehmen sind) (EDV) / L-system n, Lindenmayer system, parallel rewriting system
**Linde-Verfahren** n **zur Luftverflüssigung** (nach C.v. Linde, 1842-1934) (Phys) / Linde process*, Linde liquefaction process
**Lindgrün** n / lime-green n, tilleul n, tilleul-green n
**Lindlar-Katalysator** m (ein Hydrierungskatalysator aus mit Blei vergiftetem Palladium) (Chem Verf) / Lindlar catalyst
**Lineal** n / ruler n, rule n ‖ ≙ (eingeblendetes auf dem Bildschirm) (EDV) / ruler n ‖ ≙ (zur Konstruktion von geometrischen Figuren) (Math) / straight edge
**Lineament** n (Geol) / geosuture n, lineament* n
**linear** adj (ungewinkelt, geradlinig) / linear adj ‖ ~ (Skale) / uniform adj (scale)*, linear adj ‖ ~ (Frequenzgang) (Eltech) / flat adj ‖ ~ (Eltech) / linear* adj, lin ‖ ~ (Abbildung, Gleichung, Graf) (Math) / linear* adj ‖ ~**e Abbildung** (Math) / linear transformation*, linear mapping ‖ ~ **abhängig** (System, Menge) (Math) / linearly dependent* ‖ ~**e Abhängigkeit** (Math) / linear dependence ‖ ~**es ABS** (Chem) / linear alkyl benzene sulphonate (LAS) ‖ ~**er Absorptionskoeffizient** (Phys) / linear absorption coefficient* ‖ ~**e Algebra** (Math) / linear algebra ‖ ~**es Alkylbenzolsulfonat** (ein Aniontensid) (Chem) / linear alkyl benzene sulphonate (LAS) ‖ ~ **ansteigende oder veränderliche Variable** (Eltech) / ramp n ‖ ~ **ansteigende Spannung** (Eltech) / ramp voltage* ‖ ~**er Anstiegsvorgang** (Eltech) / ramp n ‖ ~**er Asynchronmotor** (Eltech) / linear induction motor, LIM ‖ ~**es Auflösungsvermögen** (Opt) / linear resolving power ‖ ~**er Ausdehnungskoeffizient** (Phys) / linear expansivity, coefficient of linear expansion ‖ ~ **beschränkter Automat** (restriktive Turing-Maschine) (EDV) / linear-bounded automaton (LBA) ‖ ~**e Beziehung** (Math) / linear relationship ‖ ~**es Bremsvermögen** (Kernphys) / linear stopping power* ‖ ~**e Differentialgleichung** (Math) / linear differential equation ‖ ~**e Differentialgleichung mit konstanten Koeffizienten** (Math) / linear differential equation with constant coefficients ‖ ~**e Dispersion** (Spektr) / linear dispersion ‖ ~**er Doppler-Effekt** (Phys) / Doppler effect of the first order, linear Doppler effect ‖ ~ **elastisch** (Mech) / linear elastic ‖ ~**es Elastizitätsgesetz** (DIN 13316) (Phys) / Hooke's law* ‖ ~**es elektrisches Mehrtor** (DIN 4899) (Eltech) / linear electric multiport ‖ ~**er elektrooptischer Effekt** (Eltech) / Pockels' effect* ‖ ~**e Energieübertragung** (Kernphys) / linear energy transfer*, LET ‖ ~**es Energieübertragungsvermögen** (Größe zur Beschreibung der lokalen Energieübertragung) (Kernphys) / linear energy transfer*, LET ‖ ~**e Extrapolation** (Math) / linear extrapolation ‖ ~**e Exzentrizität** (Math) / linear eccentricity, focus-to-centre distance, eccentricity n ‖ ~**e Feder** (Masch) / linear spring ‖ ~**e Formelschreibweise** (Chem) / linear-formula method ‖ ~**e Freie-Enthalpie-Beziehung** (z.B. in Hammett- und Taft-Gleichung) (Chem, Phys) / linear free enthalpy relation, linear free energy relation, LFE relation ‖ ~**es Funktional** (Math) / linear functional ‖ ~ **geordnete Gruppe** (Math) / simply ordered group ‖ ~ **geordnete Menge** (Math) / linearly ordered set, chain n ‖ ~**e gewöhnliche Differentialgleichung** (Math) / linear differential equation ‖ ~**es Gitter** (Krist) / one-dimensional lattice ‖ ~**er Gleichrichter** (Fernm) / linear detector*, linear rectifier* ‖ ~**e Gleichung** (in der alle Gleichungsvariablen in der ersten Potenz auftreten und nicht miteinander multipliziert werden) (Math) / linear equation, equation of the first degree, simple equation ‖ ~**es Gleichungssystem** (Math) / system of linear equations ‖ ~**e Grammatik** (wenn alle Produktionen linear sind) (EDV) / linear grammar ‖ ~**e Gruppe** (Math) / linear group ‖ ~**er Hallsensor** (Eltronik) / linear-output Hall-effect transducer, LOHET ‖ ~**er Induktionsmotor** (Eltech) / linear induction motor, LIM ‖ ~**e Integralgleichung** (Math) / linear integral equation ‖ ~**e Interpolation** (Math) / linear interpolation ‖ ~**e Längenänderung** (z.B. Dehnung) (Masch) / linear strain ‖ ~**e Liste** (eine Datenstruktur) (EDV) / linear list ‖ ~**es Modell** (Stats) / linear model ‖ ~**e Modulation** (Radio) / linear modulation* ‖ ~**es Moment** (Mech) / static momentum ‖ ~**es Nebensprechen** (Fernsp) / intelligible

crosstalk, uninverted crosstalk ‖ **~es Netzwerk** (Elektr) / linear network* ‖ **~er Operator** (Math) / linear operator ‖ **~e Optik** (Opt) / linear optics ‖ **~e Optimierung** (wenn die Zielfunktion und die zugehörigen Gleichungen linear sind) (Math) / linear programming* ‖ **~e Polarisation** (Chem) / linear polarization, plane polarization ‖ **~ polarisiert** (DIN 5483, T 3) (Opt) / plane-polarized adj, linearly polarized ‖ **~es Polymer** (Chem) / linear polymer ‖ **~e Programmierung** (Ableiten der Aufgabenstellung bei linearer Optimierung) (EDV) / linear programming* (LP) ‖ **~er Raum** (Math) / vector space*, linear space ‖ **~e Regelung** (wenn der Regelkreis ausschließlich aus linearen Übertragungsgliedern aufgebaut ist) (Regeln) / linear control ‖ **~e Resolution** (eine Beweisstrategie) (KI) / linear resolution ‖ **~es Schloß** (bei Strickmaschinen) (Tex) / linear cam ‖ **~e Schrumpfung** / linear shrinkage, LS ‖ **~e Schwingung** (Mech) / linear vibration ‖ **~e Schwingung** (Phys) / linear oscillation ‖ **~e Sprache** (die durch eine lineare Grammatik erzeugt werden kann) (EDV) / linear language ‖ **~er Stark-Effekt** (Phys) / linear Stark effect ‖ **~er Synchronmotor** (Eltech) / linear synchronous motor (LSM) ‖ **~e Transformation** (Math) / linear transformation*, linear mapping ‖ **~ unabhängiges System** (Math) / linearly independent system ‖ **~e Ungleichung** (Math) / linear inequality ‖ **~ veränderlicher Widerstand** (Eltech) / linear taper ‖ **~er Verstärker** (Radio) / linear amplifier* ‖ **~ verstellbarer Differentialtransformator** (Eltech) / linear variable differential transformer, LVDT ‖ **~e Verzerrung** (Fernm) / curvilinear distortion*, linear distortion* ‖ **~e Verzerrung infolge Frequenzganges der Leitung** (Fernm) / line distortion* ‖ **~es Warteverfahren** (Luftf) / linear holding ‖ **~er Widerstand** (Eltech) / linear resistor*, ohmic resistor* ‖ **~e Zeitablenkung** (Eltronik) / linear sweep ‖ **~e zeitinvariantes System** / linear time-invariant system ‖ **~es Zweitor** (Elektr) / linear two-port

**Linear•-** (Eltech) / linear* adj, lin ‖ **~abtrag** m (als Maß der Korrosion) (Masch) / penetration n ‖ **~abtragung** f (als Maß der Korrosion) (Masch) / penetration n ‖ **~antenne** f (deren Grundform ein gestreckter gerader, dünner Leiter ist) (Radio) / linear antenna ‖ **serifenbetonte ~-Antiqua** (Typog) / slab serif*, Egyptian* n ‖ **~antrieb** m (zur Erzeugung einer Längsbewegung) (Masch) / linear drive ‖ **~bereich** m / linear dynamic range (of a detector), LDR ‖ **~beschleuniger** m (ein Teilchenbeschleuniger) (Nukl) / linear accelerator*, linac n, lineac n, linear particle accelerator ‖ **magnetischer ~beschleuniger** (Nukl) / magnetic linear accelerator, MAGLAC ‖ **~beschleuniger** m **für überschwere Ionen** (Nukl) / superhilac n, superheavy ion linear accelerator ‖ **~beschleunigergetriebener Reaktor** (Nukl) / linear accelerator-driven reactor, LADR ‖ **~-Collider** m (Kernphys) / linear collider ‖ **~dispersion** f (Spektr) / linear dispersion ‖ **~-elastische Bruchmechanik** (WP) / linear-elastic fracture mechanics, LEFM ‖ **~form** f (Math) / linear form ‖ **~geschwindigkeit** f (Phys) / linear velocity ‖ **~interpolation** f (bei der als Approximationsfunktion eine Geradengleichung benutzt wird) (Math) / linear interpolation

**linearisieren** v (Math) / linearize v
**Linearisierung** f (nichtlinearer Gleichungssysteme) (Math) / linearization n
**Linearität** f / linearity* n
**Linearitäts•bereich** m / linear dynamic range (of a detector), LDR ‖ **~fehler** m / linearity error ‖ **~regelung** f (Eltronik) / linearity control*
**Linear•kolloid** n (Chem) / linear colloid ‖ **~kombination** f (Math) / linear combination ‖ **~maßstab** m / linear scale ‖ **~molekül** n (Chem) / threadlike molecule, linear molecule
**Linearmotor** m (für Linearbewegungen - im Unterschied zu den rotierenden elektrischen Maschinen) (Eltech) / linear motor* ‖ **doppelseitiger ~** (Eltech) / double-sided linear motor, double-sided LIM, DLIM ‖ **einseitiger ~** (Eltech) / single-sided linear motor, single-sided LIM, SLIM ‖ **hydraulischer ~** (Masch) / linear hydraulic motor, hydraulic linear motor, hydrocylinder n ‖ **schwingender ~** (Eltech) / linear oscillating motor, LOM
**Linear•protein** n (Biochem) / fibrous protein ‖ **~sensor** m (mit eindimensionaler Anordnung mehrerer Einzelsensoren des gleichen Typs) / linear sensor ‖ **~strahler** m (Radio) / linear antenna ‖ **~streckung** f (der Textur) (Geol) / lineation* ‖ **~verschiebeeinheit** f (bei Profilwellen) (Kfz) / linear plunging unit ‖ **~verzerrung** f (Fernm) / curvilinear distortion*, linear distortion* ‖ **~-viskoelastisch** adj (Stoff nach DIN 13 343) (Phys) / linear viscoelastic ‖ **~wischanlage** f / linear wipe, linear wiper system ‖ **~wischer** m / linear wipe, linear wiper system
**Lineation** f (Geol) / lineation* n
**Lineatur** f (Linierung in Schulheften) (Pap) / linage n, lineage n, ruling n
**Line-Entwicklungsmaschine** f (Druck, Foto) / line processor
**Liner** m / lining paper, liner n (a lining paper) ‖ **~** (perforierter) (Erdöl) / preperforated liner ‖ **~** (Rohrtour, welche nicht von der Absetzstufe bis zu Tage reicht) (Erdöl) / liner n ‖ **~** (Luftf) / airliner, liner n ‖ **~** (Linienschiff) (Schiff) / liner n
**Lineweaver-Burk-Auswertung** f (Biochem) / Lineweaver-Burk plot
**Linguistik** f / linguistics n
**linguistisch•e Datenbank** (EDV) / linguistic data bank (LDB) ‖ **~e Datenverarbeitung** (EDV) / computational linguistics, computer linguistics ‖ **~e Informationswissenschaft** (EDV) / information linguistics, linguistic information science
**Linie** f (in Zeichnungen nach DIN 15, T 1) / line n ‖ **~** / line n ‖ **~** (Bahn) / line n, railway line, railroad line ‖ **~** (die zweite Übertragungsebene einer GGA-Anlage) (Fernm) / line n, link n ‖ **~** (Kfz, Luftf, Masch, Math, Radiol, Schiff) / line n ‖ **~** (Landw, Zool) / strain n ‖ **~** (Setzmaterial aus Messing, Zink oder Blei) (Typog) / rule* n ‖ **~** ( = 2,2558 mm) (Uhr) / ligne* n, line* n ‖ **ausgezogene ~** / solid line ‖ **doppelte ~** (bei der eine Linie stärker ist als die andere) (Druck) / Scotch rule ‖ **durchgezogene ~** (auf der Fahrbahn) (Kfz) / continuous line ‖ **elastische ~** (Mech) / elastic curve, deflexion curve, deflection curve ‖ **englische ~** (Typog) / French dash, swelled rule*, plain swelled rule, Bodoni rule* ‖ **feine ~** (Typog) / hair-line rule ‖ **Fraunhofersche ~n** (Astr) / Fraunhofer lines* ‖ **gebrochene ~** / broken line ‖ **geodätische ~** (Verm) / geodesic* n, geodetic line, geodesic line, geodetic n ‖ **gepfeilte ~** (im Signalflußbild) / arrowed line ‖ **gerissene ~** (Geog) / broken line ‖ **geschlossene ~** (Math) / circuit n ‖ **gestrichelte ~** / broken line ‖ **gestrichelte ~** (Füllzeichen zwischen Tabstops) (EDV) / dashed leader ‖ **gestrichelte ~ mit Richtungspfeil(en)** / arrowed broken line ‖ **in einer ~** (ausgerichtet) / in-line attr ‖ **isometrische ~** (Geophys) / isopycnic n, isopycnal n ‖ **kürzeste ~** (Math) / shortest n, shortest line ‖ **letzte ~** (zum Nachweis eines Elementes in einem Gemisch) (Spektr) / sensitive line, residual line, ultimate line, raie ultime ‖ **nicht ~ halten** (eine Zeichenfeder) / ride v ‖ **perforierte ~** (Druck) / perforation line ‖ **punktierte ~** (im allgemeinen) / dotted line ‖ **punktierte ~** (in Inhaltsverzeichnissen, Tabellen) (Druck) / leader* n, leaders pl, dot leaders ‖ **punktierte ~** (für das Datum) (Typog) / dateline n ‖ **spirische ~** (Math) / spiric line, spiric curve ‖ **Stokessche ~n** (Raman-Linien mit niedrigerer Frequenz) (Spektr) / Stokes' lines* ‖ **strichpunktierte ~** / dot-dash line, dash-dot line ‖ **stürzende ~n** (im Objekt senkrechte Linien, die auf dem Bild perspektivisch wiedergegeben werden) (Foto) / converging verticals ‖ **tektonische ~** (Geol) / line of displacement ‖ **tellurische ~n** (Spektrallinien oder -banden, die beim Durchgang des Lichts durch die Erdatmosphäre dem Sonnen-, Stern- bzw. Planetenspektrum aufgeprägt werden) (Astr) / telluric lines* ‖ **unterbrochene ~** (eine Straßenmarkierung) (HuT, Kfz) / broken line ‖ **verbotene ~** (im Spektrum auftretende Linie geringer Intensität, die verbotenem Übergang entspricht) (Astr, Spektr) / forbidden line* (inverse Stark effect) ‖ **verdeckte ~** (EDV) / hidden line ‖ **weiße ~** (spezielle Einrichtung bei hydroakustischen Anlagen der Fischortung zur Sichtbarmachung nicht allzu dichter Fischschwärme über dem Grund) (Ozean) / white line ‖ **~ f der gleichen prozentualen Niederschlagsmengen** (Meteor) / isopercental n ‖ **~ gleicher Bewölkung** (Meteor) / isoneph n f pl **gleicher Flutzeiten** (Ozean) / cotidal lines ‖ **~ f gleicher Konzentration** (Chem) / isoconcentrate n, equiconcentration line, line of equal concentration ‖ **~ konstanten Volumens** (Geophys) / isopycnic n, isopycnal n
**Linien•absorption** f (Phys) / selective absorption* ‖ **~absorptionsspektrum** n (Spektr) / line absorption spectrum ‖ **~abstand** m (z.B. in einer Tabelle) (Druck) / ruling distance ‖ **~adressierbarer Speicher mit wahlfreiem Zugriff** (EDV) / line-addressable RAM (LARAM) ‖ **~agent** m (natürliche oder juristische Person, die die Interessen des Linienreeders vertritt) (Schiff) / liner agent ‖ **~arten** f pl (in einer Tabelle dargestellt) / alphabet of lines ‖ **~aufspaltung** f (bei Spektrallinien) (Spektr) / line splitting, splitting of a spectral line ‖ **~ausbildung** f (bei Spektrallinien) (Spektr) / line shape ‖ **~berührung** f (zweier Maschinenelemente) (Masch) / line contact ‖ **~blitz** m (Meteor) / forked lightning*, sheet lightning ‖ **~bö** f (Meteor) / line squall* ‖ **~breite** f (DIN 15, T 1) (Spektr) / line weight, line width ‖ **natürliche ~breite** (einer Absorptions- oder Emissionslinie) (Spektr) / natural line width ‖ **~defekt** m (Krist) / line defect*, linear defect, one-dimensional defect (of a crystal lattice) ‖ **~diagramm** n (Math) / line graph, line chart ‖ **~dichte** f (Spektr) / linear density, lines density ‖ **~dienst** m (kleinste selbständige Organisationseinheit der Linienschiffahrt) (Schiff) / liner service ‖ **~druckmaschine** f (mit Messingscheibchen, Rollen oder Federn) (Druck) / ruling machine ‖ **~einfassung** f (Typog) / box-in* n, rule border*, frame n ‖ **~element** n (EDV) / line element ‖ **~element** (Math) / differential of arc, element of length ‖ **Robertson-Walkersches ~element** (Astr) / Robertson-Walker solution ‖ **~fahrt** f (Ozean, Schiff) / liner shipping, liner trade ‖ **~fehler** m (Krist) / line defect*, linear defect, one-dimensional defect (of a crystal lattice) ‖ **~flug** m (Luftf) / scheduled flight ‖ **~flugverkehr** m (Luftf) / scheduled air service(s) ‖

**Linienflugzeug**

~**flugzeug** n (Luftf) / airliner, liner n ‖ ~**form** f (Formtoleranz nach DIN 7184, T 1) (Masch) / line profile ‖ ~**form** (Spektr) / line shape ‖ ~**formanalyse** f (Spektr) / line-shape analysis ‖ ~**förmige Zugbeeinflussung** (Bahn) / continuous train-control system ‖ ~**führung** f (Art des Zeichnens) / line-work n ‖ ~**führung** (einer Straße - im Aufriß, im Grundriß) (HuT) / alignment n (vertical, horizontal) ‖ ~**führung** (konkrete Trasse) (HuT) / route n ‖ ~**grafik** f (EDV) / coordinate graphics, line graphics ‖ ~**halbbreite** f (einer Spektrallinie) (Spektr) / half-width of a line ‖ ~**integral** n (Math) / line integral*, circulatory integral* ‖ ~**karte** f (Kart) / line map ‖ ~**kongruenz** f (Math) / congruence of lines ‖ ~**koordinaten** f pl (Math) / line coordinates*, Plücker coordinates ‖ ~**kraft** f (Mech) / line force ‖ ~**lampe** f (Eltech) / tubular lamp ‖ ~**leiter** m (Bahn) / track conductor ‖ ~**luftverkehr** m (Luftf) / scheduled air service(s) ‖ ~**netz** n (Fernm) / multidrop network ‖ ~**paar** n (Spektr) / line pair ‖ ~**papier** n (Tex) / cartridge paper, squared paper, ruled paper ‖ ~**profil** n (der Spektrallinie) (Spektr) / line profile* ‖ ~**raster** m (Druck) / single-line screen, line screen ‖ ~**raster** (Kart) / ruling n ‖ einfacher ~**raster** (Kart) / single ruling ‖ ~**reiches Spektrum** (Spektr) / crowded spectrum* ‖ ~**riß** m (zeichnerische Darstellung der Schiffsform in vier Projektionsebenen) (Schiff) / ship's lines, lines drawing, lines plan ‖ ~**ruftaste** f (Fernsp) / line call button ‖ ~**schiff** n (im Liniendienst eingesetzt) (Schiff) / liner n ‖ ~**schiffahrt** f (eine Betriebsform der Seeschiffahrt) (Ozean, Schiff) / liner shipping, liner trade ‖ ~**schnittverfahren** n (in der quantitativen Bildanalyse) / intercept method* ‖ ~**schraffur** f / single hatching, single ruling ‖ ~**schreiber** m (ein Meßschreiber mit kontinuierlicher Registrierung) (Instr) / strip-chart recorder ‖ ~**sensor** m (optoelektronischer Sensor, mit dem die Strahlungsverteilung entlang einer Gerade erfaßt werden kann) / line sensor ‖ ~**spektrum** n (ein diskontinuierliches Spektrum, z.B. nach DIN 13320) (Akus, Spektr) / line spectrum* ‖ ~**stärke** f (Spektr) / line weight, line width ‖ ~**strahler** m (der Spektrallinie aussendet - DIN 5031, T 8) (Spektr) / line source, line emitter ‖ ~**strahlung** f (Radio) / line radiation ‖ ~**sucher** m (Fernsp) / line switch* ‖ ~**tiefdruck** m (ein Kupferdruckverfahren) (Druck) / line gravure printing ‖ ~**vektor** m (Phys) / line vector ‖ ~**verbreiterung** f (Spektr) / line broadening* ‖ ~**verkehr** m (regelmäßiger, insbesondere fahrplanmäßiger Verkehr auf einer Verkehrslinie) / regular service(s) ‖ ~**verkehr** (Luftf) / scheduled service(s) ‖ ~**verschiebung** f (Spektr) / line shift, line adjustment ‖ ~**verschmälerung** f (Spektr) / line narrowing ‖ ~**verwaschungsfunktion** f (Astr) / line-spread function ‖ ~**wählanlage** f (Fernsp) / house telephone system* ‖ ~**wähler** m (Fernsp) / final selector* ‖ ~**zugbeeinflussung** f (Bahn) / continuous train-control system

**Linier•apparat** m (Anstr) / lining tool ‖ ~**einrichtung** f (der Schreibmaschine) / ruling notch

**linieren** v (Anstr) / line v ‖ ~ (Druck) / rule v ‖ ~ (dünne Zierlinien auf der Karosserie) (Kfz) / stripe v ‖ ~ (Schulhefte) (Pap) / line v, rule v ‖ ~ (Kfz) s. auch Pinstriping ‖ ~ n (Druck) / ruling n ‖ ~ **mit der Liniermaschine** (die mit Messingscheibchen verschiedener Strichdicken arbeitet) (Druck) / disk ruling* ‖ ~ **mit der Liniermaschine** (die mit Federn arbeitet) (Druck) / pen ruling*

**Liniergerät** n (zum Auftrag dünner Zierlinien auf der Karosserie) (Kfz) / striping wheel, pinstriping tool, striper n

**Liniermaschine** f (Druck) / ruling machine

**Linierung** f (Anstr) / lining n ‖ ~ (Druck) / ruling n ‖ ~ (Druck) / ruling* n ‖ ~ (Pap) / linage n, lineage n, ruling n

**liniieren** v (Anstr) / line v ‖ ~ (Druck) / rule v ‖ ~ (Pap) / line v, rule v ‖ ~ n (Druck) / ruling n

**Liniierung** f (Anstr) / lining n ‖ ~ (Druck) / ruling* n

**Liniment** n (flüssige oder feste Einreibung) (Pharm) / liniment n

**Linimentum** n **Calcariae** (Leinöl und Kalkwasser zu gleichen Teilen) (Pharm) / lime liniment, carron oil

**link•e Abteilung** (Math) / left derivative ‖ ~**e Buchseite** (mit gerader Seitenzahl) (Druck, Typog) / verso* n, even-numbered page, left-hand page, reverso n ‖ ~**e Masche** (Tex) / purl stitch, reverse stitch, reverse loop ‖ ~**er Nebenfluß** (Geol) / left-bank tributary ‖ ~**e Nebenklasse** (Math) / left coset ‖ ~**e Seite** (eines Holzkörpers) (For) / external face, external side ‖ ~**e Seite** (Kfz) / nearside adj (left-hand driving), LH side ‖ ~**e Seite** (Kfz) / offside adj (right-hand driving) ‖ ~**e Seite** (der Regelfolge von Bedingungselementen) (KI) / left-hand side, LHS ‖ ~**e Seite** (einer Gleichung) (Math) / left-hand side ‖ ~**e Seite** (des Stoffes) (Tex) / wrong side, reverse side, back n, reverse n ‖ ~**e Tür** (Kfz) / nearside door (left-hand driving - GB) ‖ ~ m (in der Merrifield-Technik) (Chem) / link n ‖ ~ (Refernz innerhalb eines Hyperdokumentes für ein anderes Dokument oder einen anderen Bereich im World Wide Web) (EDV) / link n

**Linkage Editor** m (EDV) / linkage editor, link editor, linker* n

**Linkehandregel** f (Elektr) / left-hand rule*, Fleming's left-hand rule

**Linken, dynamisches** ~ (das Exportieren von DLL-Funktionen und ihr Import in Programme) (EDV) / dynamic linking

**Linker** m (kurzer synthetischer DNA-Doppelstrang) (Biochem) / linker n ‖ ~ (Molekül oder Molekülgruppe, die bei Synthese zum Verknüpfen größerer Fragmente herangezogen werden) (Chem) / linker n ‖ ~ (EDV) / linkage editor, link editor, linker* n

**Linke-Skale** f (Farbtafeln zur Bestimmung des Himmelblaus - nach F. Linke, 1878-1944) (Meteor) / blue-sky scale, Linke scale

**Link-Kopplung** f (Fernm) / line coupling*, link coupling*

**Linkrusta** f (strapazierfähiger Wandbelag aus starkem Spezialpapier mit aufgewalzter und mit Mustern geprägter Linoleummasse; "unechte" L. ist abwaschbare Papiertapete, mitunter mit pigmentierten Kunststoffen kaschiert) (Bau) / lincrusta n

**links•- und rechtsbündig** adj (Typog) / full-flush attr ‖ **nach ~ aufgehende Tür** (Bau) / left-hand door ‖ **nach ~ geneigt** (Buchstabe) (Typog) / backslant attr ‖ **nach ~ ziehen** (ein Pkw) (Kfz) / pull to the left, wander to the left ‖ **von ~ nach rechts** (arbeitend, lesend) / left-to-right attr, LR ‖ ~ **assoziiert** (Math) / left-associated adj ‖ ~ **aufschlagende Tür** (Bau) / left-hand door ‖ ~ **polarisierte Welle** (Eltronik) / left hand(ed) polarized wave ‖ ~ **überholen** (Kfz) / overtake on the left ‖ ~ **zirkular polarisierte Welle** (Eltronik) / left-hand(ed) polarized wave

**Links•-** (linke Fahrzeugseite) (Kfz) / nearside adj (left-hand driving), LH side ‖ ~**-** (linke Fahrzeugseite) (Kfz) / offside adj (right-hand driving) ‖ ~**abbiegen** n (Kfz) / left-turning traffic ‖ ~**abbiegestreifen** m (HuT, Kfz) / left-turn lane ‖ ~**assoziiert** (Math) / left-associated adj ‖ ~**bündig** (EDV) / left justified, left aligned, left-hand justified ‖ ~**bündig** (Typog) / flush-left adj, banked adj (to the left) ‖ ~**- und rechtsbündig ausgerichtet** (Blocksatz) (Typog) / flush left and right ‖ ~**drall** m (Kab) / left-hand twist ‖ ~**drall** (bei schraubenverzahnten Fräsern) (Masch) / left helix, left-hand(ed) helix ‖ ~**drehen** n (des Windes) (Luftf, Meteor) / backing* n

**linksdrehend** adj / counterclockwise adj adv (US), ccw (US), anticlockwise adj adv (GB) ‖ ~ (Chem, Opt) / laevorotatory* adj, laevogyric adj, laevogyratory adj, levorotatory adj (US) ‖ ~ (Geol) / sinistral adj ‖ ~**er Kristall** (Eltronik) / left-handed crystal, L.H. crystal ‖ ~**e Säure** (Chem) / laevorotatory acid ‖ ~**e Weinsäure** (Chem) / laevotartaric acid

**linkseindeutig** adj (Math) / left-unique adj

**linkserblicher Ring** (Math) / left hereditary ring

**Linksflanke** f (DIN 3960) (Masch) / left-hand tooth flank

**linksgängig** adj (Gewinde, Fräser) (Masch) / left-handed adj, left-hand attr, LH ‖ ~**e Luftschraube** (Luftf) / left-hand airscrew, left-hand propeller* ‖ ~**e Schraubenlinie** (Math) / sinistrorse helix ‖ ~**e Wicklung** (Eltech) / left-handed winding

**linksgerichtet** adj / left-pointing adj

**Linksgewindeschraube** f (Masch) / left-handed screw, left-hand screw

**Linksgratköper** m (Web) / S-twill n, left-hand twill, right-to-left twill, left twill

**linkshändig** adj / left-handed adj ‖ ~ (Geol) / sinistral adj ‖ ~**e Blattverschiebung** (Geol) / sinistral fault*, left-lateral fault, left-lateral slip fault ‖ ~**e Tür** (Bau) / left-hand door

**Links•imprägnierkalander** m (Tex) / backfilling mangle ‖ ~**invers** adj (Math) / left inverse ‖ ~**kurve** f (Kfz) / left turn, lefthand turn ‖ ~**lauf** m (z.B. bei einem Bohrer) (Masch) / reverse action ‖ ~**läufiger Carnotscher Kreisprozeß** (Phys) / reverse Carnot cycle ‖ ~**lineare Grammatik** (wenn alle Produktionen linkslinear sind) (EDV) / left-linear grammar ‖ ~**links-Gewebe** n (Tex) / purl fabrics*, pearl fabrics ‖ ~**links-Maschine** f (Tex) / purl machine, links-links machine ‖ ~**/Links-Nadel** f (Tex) / double-hook needle, double-head needle ‖ ~**-links-Ware** f (Tex) / purl fabrics*, pearl fabrics ‖ ~**masche** f (Tex) / purl stitch, reverse stitch, reverse loop ‖ ~**motor** m (Luftf) / left-handed engine* ‖ ~**nebenklasse** f (Math) / left coset ‖ ~**pfeil** m (Druck, EDV) / left arrow, leftward arrow, left-direction arrow ‖ ~**quarz** m (Min) / left-handed quartz ‖ ~**regulär** adj (Math) / left-regular adj ‖ ~**säure** f (Chem) / laevorotatory acid ‖ ~**schlag** m (Kab) / left-hand twist ‖ ~**schloß** n (Bau) / left-hand lock ‖ ~**schneidend** adj (Fräser) (Masch) / left-handed adj ‖ ~**schraube** f (Masch) / left-handed screw, left-hand screw ‖ ~**schraube** (Math) / left helix, left-hand(ed) helix, left-hand screw ‖ ~**schützen** m (DIN 64685) (Web) / left-eye shuttle

**linksseitig•e Ableitung** (Math) / left derivative, left-hand derivative ‖ ~**er beschwerter Stoff** (Tex) / backed cloth, backed fabric ‖ ~**er Grenzwert** (Math) / limit on the left, left-hand limit ‖ ~**er Limes** (Math) / limit on the left, left-hand limit ‖ ~**e Nebenklasse** (Math) / left coset

**links•sinnig** adj (Geol) / sinistral adj ‖ ~**strickerei** f (Tex) / purl n ‖ ~**tür** f (Bau) / left-hand door ‖ ~**verkehr** m (Kfz) / left-hand traffic ‖ ~**verschiebung** f (EDV) / left shift ‖ ~**verwerfung** f (Geol) / sinistral fault*, left-lateral fault, left-lateral slip fault ‖ ~**weiche** f (einfache) (Bahn) / left-hand turnout ‖ ~**weinsäure** f (Chem) / laevotartaric acid ‖ ~**weisend** adj / left-pointing adj ‖ ~**wendend** adj (Pflug) (Landw) / left-handed adj

**Link•system** *n* (jeder Dateieintarg enthält die Adresse seines Nachfolgers) (EDV) / link system ‖ ⁓**system** (EDV, Fernm) / link system (array of switching matrices intermeshed by intermediate links, suited for conjugate selection) ‖ ⁓**trainer** *m* (ein alter Simulator zum Üben des Instrumentenfluges und der Schlechtwetter-Landeverfahren am Boden - nach E.A. Link, 1904-1981) (Luftf) / Link trainer ‖ ⁓**trainer** *s.* auch Flugtrainer ‖ ⁓**virus** *m* (der sich in ausführbare Dateien kopiert) (EDV) / link virus ‖ ⁓**-Virus** *m* (EDV) / link virus

**Lin-log-Empfänger** *m* (Radio) / lin-log receiver*

**Linneit** *m* (ein Kobaltnickelkies) (Min) / linnaeite *n*, linneite *n*, cobalt pyrites

**Linnésches System** (der binären Nomenklatur, nach C. von Linné, 1707 - 1778) (Biol) / Linnaean system*, Linnean system*

**Linoleat** *n* (Salz und Ester der Linolsäure) (Chem) / linoleate *n*

**Linolensäure** *f* (mehrfach ungesättigte essentielle Fettsäure) (Biochem) / linolenic acid

**Linoleum** *n* (ein Fußbodenbelag) / linoleum* *n*, lino *n* (pl. linos) ‖ ⁓**druck** *m* (Druck) / lino printing ‖ ⁓**pappe** *f* / linoleum lining ‖ ⁓**unterlage** *f* (Jute) / linoleum base, linoleum back cloth ‖ ⁓**zement** *m* / linoleum cement

**Linolsäure** *f* (mehrfach ungesättigte essentielle Fettsäure) (Biochem) / linoleic acid*

**Linolschnitt** *m* (Hochdruckform, in Linoleum geschnitten) (Druck) / linocut* *n*

**Linon** *m* (feinfädiges, leinwandbindiges Baumwoll-Flachgewebe) (Tex) / lawn* *n*, linon *n*

**Linotype** *f* (eine alte Zeilensetzmaschine der Mergenthaler Linotype Corp; in Deutschland: Linotype GmbH, Berlin und Frankfurt) (Typog) / Linotype composing machine*, linotype *n*

**Linoxyn** *n* (Oxidations- und Polymerisationsprodukt des Leinöls) (Chem) / linoxyn* *n*

**Linse** *f* (die die aus dem Hornstrahler austretende kugelförmige Wellenfront in eine ebene Wellenfront verwandelt) (Eltronik) / lens* *n*, lense *n* ‖ ⁓ (Foto, Opt, Physiol) / lens* *n* ‖ ⁓ (beidseitig auskeilender Gesteinskörper) (Geol) / lens *n* ‖ ⁓ (des Linsenkopfs) (Masch) / oval portion, raised portion ‖ ⁓ (Schw) / nugget* *n* ‖ **akustische** ⁓ (Anordnung zur Streuung der Schallwellen bei höheren Tonfrequenzen) (Akus) / acoustic lens* **aufgekittete** ⁓ (auf den Linsentragkörper) (Opt) / blocked lens ‖ **bitorische** ⁓ (Opt) / bitoric lens ‖ **dicke** ⁓ (Opt) / thick lens* ‖ **dielektrische** ⁓ (Eltech) / dielectric lens* ‖ **dünne** ⁓ (Opt) / thin lens ‖ **elektromagnetische** ⁓ (Eltronik) / electromagnetic lens* ‖ **elektrostatische** ⁓ (der Elektronenkanone) (Eltronik) / electrostatic lens* ‖ **elektrostatische** ⁓ (bei der die Außenelektroden das gleiche Potential haben) (Eltronik) / unipotential electrostatic lens ‖ **farbkorrigierte** ⁓ (Opt) / colour-corrected lens* ‖ **gekittete** ⁓ (Opt) / cemented lens ‖ **magnetische** ⁓ (Eltronik) / magnetic lens* ‖ **optischer Mittelpunkt einer** ⁓ (Opt) / optical centre of a lens* ‖ **sphärische** ⁓ (Opt) / spherical lens ‖ ⁓ *f* **mit gekreuzten Platten** (Radio) / slatted lens*, egg-box lens* ‖ ⁓ **mit Sammelwirkung** (Opt) / convergent lens*, collecting lens*, converging lens ‖ ⁓ **zur Bildaufrichtung** (Foto, Opt) / erector* *n*

**Linsen•achse** *f* (Opt) / lens (optical) axis ‖ ⁓**antenne** *f* (Eltronik) / lens antenna* ‖ ⁓**aufsichtsucher** *m* (Foto) / brilliant viewfinder* ‖ ⁓**berechnung** *f* (Opt) / lens design ‖ ⁓**durchmesser** *m* (Schw) / nugget diameter ‖ ⁓**fassung** *f* (Foto) / lens mount*, lens mounting ‖ ⁓**fernrohr** *n* (Astr) / refracting telescope*, refractor ‖ ⁓**formel** *f* (Zusammenhang zwischen den Krümmungsradien, der Dicke und der Brechzahl einer Linse einerseits und der Brennweite sowie der Lage der Hauptpunkte usw. andererseits) (Licht, Math) / lens formula*, lens equation ‖ ⁓**formel von Gullstrand** (nach A. Gullstrand, 1862-1930) (Opt) / Gullstrand formula

**linsenförmig** *adj* (Min) / lenticular* *adj*, lenslike *adj* ‖ ⁓**e Radarantenne** (Mil, Radar) / rotodome *n* ‖ ⁓**e Wolke** (Meteor) / lenticularis *n* (pl. -res), lenticular cloud

**Linsen•gang** *m* (Geol) / lenticular vein ‖ ⁓**gefüge** *n* (Geol) / phacoidal structure* ‖ ⁓**gleichung** *f* (Licht, Math) / lens formula*, lens equation ‖ ⁓**kopf** *m* **mit Hemmung** (einer Schraube) (Masch) / binding head ‖ ⁓**körper** *m* / block *n*, grinding block ‖ ⁓**kuppe** *f* (Masch) / blunt start* ‖ ⁓**kuppe** (der Stellschraube, des Gewindestifts) (Masch) / oval point, rounded end, round point (US) ‖ ⁓**lagerstätte** *f* (im Bereich fossiler Flußläufe) (Geol) / shoestrings *n pl* ‖ ⁓**papier** *n* (zum Reinigen von Objektiven) (Opt, Pap) / lens tissue ‖ ⁓**pressling** *m* (Opt) / lens blank, blank *n*, pressing *n* ‖ ⁓**rohling** *m* (Opt) / lens blank, blank *n*, pressing *n* ‖ ⁓**schicht** *f* (Geol) / lenticle* *n* ‖ ⁓**schirm** *m* (TV) / flag* *n*, french flag ‖ ⁓**schleifen** *n* (Glas, Opt) / lens grinding* ‖ ⁓**schraube** *f* (DIN 85) (Masch) / oval-head screw ‖ ⁓**senkkopf** *m* (einer Linsensenkschraube) (Masch) / raised countersunk head ‖ ⁓**senkkopf** (eines Niets) (Masch) / round-top countersunk head ‖ ⁓**senkschraube** *f* (DIN 88 und 91) (Masch) / raised countersunk head screw ‖ ⁓**system** *n* (Opt) / lens system ‖ ⁓**träger** *m* (HuT) / lenticular girder ‖ ⁓**tragkörper** *m* (Opt) / block *n*, grinding block ‖ ⁓**zylinderschraube** *f* (Masch) / fillister-head screw*

**Linsey-Woolsey** *m* (Kette: Baumwolle oder Leinen, Schuß: minderwertige Wolle) (Tex) / linsey *n*, linsey-woolsey *n*

**Lint** *m* (einseitig gerauhtes, saugfähiges, schmiegsames Baumwollgewebe für Krankenhauszwecke - als Borlint mit Borwasser getränkt) (Med) / lint* *n* ‖ ⁓ (Tex) / lint cotton

**Lintbaumwolle** *f* (Tex) / lint cotton

**L-Integral** *n* (Math) / Lebesgue integral*

**Linters** *pl* (kurze Baumwollfasern) (Tex) / linters* *pl*, cotton linters*

**Linting** *n* (Druck, Pap) / fluffing* *n*, dusting *n*, linting *n*

**Lintwolle** *f* (Tex) / lint cotton

**Linuron** *n* (ein Harnstoffderivat als Unkrautbekämpfungsmittel, z.B. "Afalon" von Hoechst oder "Lorox" von Du Pont) (Chem, Landw) / linuron *n*

**Linz-Donawitz-Stahl** *m* (Hütt) / L.D. steel

**Linz-Donawitz-Verfahren** *n* (Hütt) / Linz-Donawitz process, L.D. process

**Liouville•-Gleichung** *f* (Bewegungsgleichung für die statistische Verteilungsfunktion - nach J. Liouville, 1809-1882) (Mech, Stats) / Liouville equation ‖ ⁓**-Neumann-Reihe** *f* (Math) / Liouville-Neumann series, Neumann series

**Liouvillesch•er Satz** (in der Funktionentheorie) (Math) / Liouville's theorem* ‖ ⁓**e Zahl** (Math) / Liouville number

**Lip** (Biochem) / lipoic acid, thioctic acid

**Liparit** *m* (Geol) / rhyolite* *n*, liparite* *n*

**Lipase** *f* (fettspaltendes Enzym) (Biochem) / lipase* *n*

**Lipid** *n* (Oberbegriff für eigentliche Fette und fettähnliche Stoffe) (Biochem) / lipid* *n*, lipide *n* ‖ **verseifbares** ⁓ (Biochem) / saponifiable lipid ‖ ⁓**antioxidans** *n* (Biochem) / lipid antioxidant ‖ ~**blutspiegelsenkender Arzneistoff** (Pharm) / lipid-lowering substance, antihyperlipidaemic drug ‖ ⁓**doppelschicht** *f* (Biochem) / bilayer lipid membrane, BLM, lipid bilayer ‖ ⁓**peroxidation** *f* (Biochem) / lipid peroxidation ‖ ⁓**senker** *m* (Pharm) / lipid-lowering substance, antihyperlipidaemic drug

**Lipo•chrom** *n* (fettlöslicher Naturfarbstoff) (Chem) / lipochrome* *n* (pigment of butter fat) ‖ ⁓**fuscin** *n* (Physiol) / lipofuscin *n*, age pigment, wear and tear pigment ‖ ⁓**fuszin** *n* (Alterspigment) (Physiol) / lipofuscin *n*, age pigment, wear and tear pigment ‖ ⁓**gel** *n* (Chem) / lipogel *n*, oleogel *n* ‖ ⁓**genese** *f* (als Gegensatz zu Lipolyse) (Physiol) / lipogenesis *n*

**Lipoid** *n* (fettähnliche, lebenswichtige organische Substanz) (Biochem) / lipoid* *n*

**Lipolyse** *f* (Physiol) / lipolysis *n*

**lipolytisch** *adj* (Physiol) / lipolytic *adj*

**Liponamid** *n* (Säureamid) (Chem) / liponamide *n*

**Liponsäure, α-**⁓ (Biochem) / lipoic acid, thioctic acid ‖ **β-**⁓ (ein Koenzym oder prosthetische Gruppe) (Biochem) / lipoic acid, thioctic acid

**Lipooligosaccharide** *n pl* (Chem) / lipooligosaccharides *n pl*

**lipophil** *adj* (Physiol) / lipophilic *adj*, lipophile *adj*

**lipophob** *adj* / lipophobic *adj*

**Lipopolysaccharid** *n* (aus Lipiden und Polysacchariden) (Chem) / lipopolysaccharide* (LPS) *n*

**Lipoprotein** *n* (Konjugat aus Lipiden und Proteinen) (Biochem) / lipoprotein* *n* ‖ ⁓ **mit geringer Dichte** (Biochem) / low-density lipoprotein (LDL) ‖ ⁓ **mit hoher Dichte** (Biochem) / high-density lipoprotein (HDL) ‖ ⁓ **mit sehr geringer Dichte** (Biochem) / very-low-density lipoprotein (VLDL) ‖ ⁓ **mit sehr hoher Dichte** (Biochem) / very high density lipoprotein (VHDL)

**Liposom** *n* (Biochem) / liposome *n*

**lipotropes Hormon** (Biochem) / lipotropin *n*, lipolytic hormone, lipotropic hormone, LPH

**Lipotropin** *n* (ein Polypeptidhormon aus dem Hypophysenvorderlappen) (Biochem) / lipotropin *n*, lipolytic hormone, lipotropic hormone, LPH

**Lipowitzsches Metall** (50% Bi, 26,7% Pb, 13,3% Sn und 10% Cd) (Hütt) / Lipowitz's metal, Lipowitz's fusible alloy

**Lipoxidase** *f* (Biochem) / lipoxygenase *n*

**Lipoxygenase** *f* (Biochem) / lipoxygenase *n*

**Lippe** *f* (Dichtung) (Masch) / lip *n* ‖ ⁓ (einstellbare - in der Siebpartie der Papiermaschine) (Pap) / lip *n* ‖ ⁓ (zum Führen von Festmacherleinen) (Schiff) / fairboard groove

**Lippen•bohrer** *m* (For) / lip auger ‖ ⁓**dichtung** *f* (Masch) / lip seal* ‖ ⁓**mikrofon** *n* (Akus) / lip microphone* ‖ ~**synchron** *adj* (Film) / lip-synchronized *adj*, lip-sync* *adj*, lip-synch *adj*

**Lippmann-Potential** *n* (nach G. Lippmann, 1845-1921) (Elektr) / zero-charge potential

**Lips** (EDV) / logical inferences per second (LIPS)

**Lipschitz-Bedingung** *f* (nach R. Lipschitz, 1832-1903) (Math) / Lipschitz condition

**Lipschitz-Konstante**

**Lipschitz-Konstante** f (Math) / Lipschitz constant, constant in the condition of Lipschitz
**Liptinit** m (Bergb, Min) / exinite* n, liptinite n
**Liptobiolith** m (organogenes Gestein) (Geol) / liptobiolith n
**Liq.** (Med, Pharm) / liquor n (pl. -es)
**Liquation** f (Aufspaltung eines Schmelzflusses in mehrere Schmelzen) (Geol) / liquation n
**Liquefaktion** f (Chem, Phys) / liquefaction* n
**Liquid-Crystal-Polymer-Pigment** n (Anstr) / liquid-crystal-polymer pigment, LCP pigment
**Liquidentmischung** f (Geol) / liquation n
**Liquidphase** f (Phys) / liquid* n, liquid phase
**Liquiduskurve** f (Kurvenzug, der in binären Systemen diejenigen Temperaturpunkte verbindet, bei denen ein Stoffgemisch vollständig geschmolzen ist) (Chem, Hütt) / liquidus* n, liquidus curve
**Liquiduslinie** f (Chem, Hütt) / liquidus* n, liquidus curve
**Liquidus-Liquidus-Chromatografie** f (Chem) / liquid-liquid chromatography (LLC)
**Liquidus-Solidus-Chromatografie** f (Chem) / liquid-solid chromatography (LSC)
**liquokristallin** adj (Chem, Krist) / mesomorphous* adj, mesomorphic adj, mesomorph adj
**Liquor** m (pl. -es) (Med, Pharm) / liquor n (pl. -es) || ~ **Ammonii caustici spirituosus** (Pharm) / spirit of ammonia || ~ **Finish** n (stromlos arbeitendes Metallabscheidungsverfahren, bei dem in 30 - 120 s bei Raumtemperatur ein Bronzeniederschlag erzielt wird) (Galv) / liquor-finish process
**Lirokonit** m (Min) / liroconite n
**LISA** f (Licht) / light-switching array, LISA
**Lisene** f (schwach vortretende, vertikale Mauerverstärkung ohne Basis und Kapitell zur Gliederung von Fassaden) (Arch) / pilaster strip*, piedroit* n, lesene n
**L-Isoleuzin** n (Biochem) / isoleucine* n, Ile*
**LISP** n (höhere Programmiersprache zur Behandlung nichtnumerischer Probleme) (EDV) / list processing language, LISP* (language)
**Lissajous-Figur** f (Überlagerung zweier Schwingungen - nach J. Lissajous, 1822-1880) (Math, Phys) / Lissajous' figure*, Lissajous' curve*
**Lissamingrün** n (Nahr) / green n S
**Lisseuse** f (zum Waschen von Kammzügen) (Tex) / backwasher n
**Lissieren** n (Tex) / backwashing n
**Liste** f / schedule n || ~ / list n || ~ (amtliche) / register n || ~ (Listenstruktur) (EDV) / list* n || ~ (Cobol) (EDV) / report n || ~ (ausgedruckte) (EDV) / print-out* n, printer output || ~ (spezieller S-Ausdruck mit dem Atom NIL als Kennzeichen für das Listenende) (KI) / list n || **eine** ~ **aufstellen** / list v, draw up a list, make out a list || **gekettete** ~ (EDV) / chained list, linked list || **leere** ~ (EDV) / empty list, null list || **lineare** ~ (eine Datenstruktur) (EDV) / linear list || **verknüpfte** ~ (EDV) / chained list, linked list || ~ f **der Ausgangsverantwortlichkeit** (Luftf) / routing list
**listen** v (EDV) / list* v
**Listenbildformular** n (EDV) / printer spacing chart
**Listener** m (Funktionseinheit in einem Busnetz) (EDV) / listener n
**Listenerprogramm** n (EDV) / listener n
**Listen•feld** n (EDV) / list box || **hierarchisches** ~**feld** (Windows 95) (EDV) / tree-view control || ~**feld** n **für Dateinamen** (EDV) / file list box || ~**gesteuert** adj (EDV) / list-directed adj || ~**holz** n (For) / dimension stock (BS 565)* || ~**kapitel** n (COBOL) (EDV) / report section || ~**mäßig erfassen** (EDV) / list* v || ~**matte** f (Betonstahlmatte, die der Konstrukteur je nach Bedarf und Notwendigkeit nach den Vorschriften der Herstellerfirma selbst konstruieren kann) (HuT) / standard (customer) mat || ~**preis** m / list price, book price || ~**programmgenerator (LPG)** m (EDV) / report program generator (RPG), list program generator || ~**struktur** f (EDV) / list structure || ~**verarbeitung** f (EDV) / list processing (LISP) || ~**verarbeitungs-Programmiersprache** f (EDV) / list processing language, LISP* (language) || ~**ware** f (For) / dimension stock (BS 565)*
**Listgang** m (EDV) / list cycle
**Listing** n m (Programm- oder Rechnerausdruck) (EDV) / listing n, list printing
**Listing-Qualität** f (bei einem Zeilendrucker) (EDV) / listing quality
**Listprogrammgenerator** m (EDV) / report program generator (RPG), list program generator
**listrisch** adj (Geol) / listric adj || ~**e Fläche** (eine tektonische Bewegungsfläche) (Geol) / listric surface
**Liter** m n (1 dm$^3$) / litre* n, liter n (US)
**Literal** n (Operand an Adreßposition) (EDV) / literal n, literal operand || ~ (in der Logik, Konstante in einem Programm) (EDV) / literal n
**Literalbereich** m (EDV) / literal pool

**Literarbeit** f (Masch) / mean effective pressure*, mep, mean pressure, mp
**Litergewicht** n (bei Gasen, in g/L) (Phys) / litre weight
**Literleistung** f (Kfz, Masch, V-Mot) / volumetric efficiency
**Litermasse** f / litre weight, litre mass
**Lithargit** m (natürliche Bleiglätte) (Min) / lithargite n, litharge* n
**Lithargyrum** n (ein Kunstprodukt - PbO) (Anstr, Chem) / litharge* n || ~ s. auch Bleiglätte
**Lithergol** n (ein Raketentreibstoff) (Raumf) / lithergol n || ~ (Raumf) s. auch Hybridtreibstoff
**Lithifikation** f (Geol) / lithification* n
**Lithiierung** f (Einführung von Lithium in organische Verbindungen) (Chem) / lithiation n
**Lithionglimmer** m (Min) / lithia mica* n || ~ (Min) s. auch Lepidolith und Zinnwaldit
**Lithionit** m (Min) / lepidolite* n
**Lithiophilit** m (Min) / lithiophilite* n
**Lithium (Li)** n (Chem) / lithium* n || ~**alanat** n (Chem) / lithium aluminium hydride*, LAH, lithium tetrahydroaluminate(III), lithium alanate || ~**aluminiumhydrid** n (Chem) / lithium aluminium hydride*, LAH, lithium tetrahydroaluminate(III), lithium alanate || ~**aluminiumsilikat** n (negative Wärmeausdehnung) (Chem) / lithium aluminium silicate || ~**amid** n (Chem) / lithium amide || ~**amid** n (Chem) / lithium amide, lithamide n || ~**batterie** f (Eltech) / lithium battery || ~**boranat** n (Chem) / lithium boranate, lithium borohydride || ~**borat** n (Chem) / lithium tetraborate || ~**borhydrid** n (Chem) / lithium boranate, lithium borohydride || ~**bromid** n (LiBr - auch für klimatechnische Anlagen) (Chem) / lithium bromide || ~**carbonat** n (Chem, Keram, Med) / lithium carbonate* || ~**chlorid** n (Chem) / lithium chloride || ~**chloridhygrometer** n (Meteor) / LiCl hygrometer || ~**chloridzelle** f (Eltech) / lithium chloride cell || ~**citrat** n (Chem) / lithium citrate || ~**deuterid** n (LiD) (Chem, Nukl) / lithium deuteride (an essential component of hydrogen bombs) || ~**eisenglimmer** n (Min) / zinnwaldite* n (a mineral of the mica group) || ~**element** n (ein Primärelement) (Eltech) / lithium cell || ~**fett** n / lithium grease, lithium soap grease || ~**fluorid** n (Chem, Keram, Schw) / lithium fluoride || ~**gedrifteter Silizium-Halbleiterdetektor** (Kernphys) / lithium-drifted silicon (semiconductor) detector || ~**hydrid** n (Chem) / lithium hydride* || ~**hydrogenkarbonat** n (Chem) / lithium bicarbonate, lithium hydrogencarbonate || ~**hydroxid** n (Chem) / lithium hydroxide* || ~**iodat** n (auch als Modulatorkristalle in Lasern) (Chem) / lithium iodate || ~**iodid** n (Chem) / lithium iodide || ~**iodidkristall** m (Kernphys) / lithium-iodide crystal || ~**-Ionen-Akkumulator** m (EDV, Eltech) / lithium-ion storage battery, LSB, lithium-ion battery || ~**karbonat** n (Chem, Keram, Med) / lithium carbonate* || ~**niobat** n (LiNbO$_3$ - auch als Modulatorkristalle in Lasern) (Chem, Eltronik) / lithium niobate || ~**nitrid** n (Chem) / lithium nitride || ~**oxid** n (Chem) / lithium oxide*, lithia*:n. || ~**perchlorat** n (Chem, Raumf) / lithium perchlorate || ~**präparat** n (Pharm) / lithium preparation || ~**-Schwefel-Akkumulator** m (Eltech) / lithium-sulphur battery || ~**-Schwefel-Batterie** f (Eltech) / lithium-sulphur battery || ~**seifenfett** n (ein Schmierfett) (Eltech) / lithium grease, lithium soap grease || ~**stearat** n (Schmierfett, Kunststoffstabilisator) (Chem) / lithium stearate || ~**stern** m (Astr) / lithium star, Li star || ~**sulfat** n (Chem) / lithium sulphate || ~**tetraborat** n (Chem) / lithium tetraborate || ~**tetrahydroaluminat** n (Chem) / lithium aluminium hydride*, LAH, lithium tetrahydroaluminate(III), lithium alanate || ~**triethylborhydrid** n (Chem) / lithium triethyl boron hydride || ~**wasser** n (ein Mineralwasser) (Med) / lithia water || ~**zitrat** n (Chem) / lithium citrate
**Litho** n (als Kunstblatt) (Druck) / lithograph n
**Lithobiontik** f (ein Grenzgebiet zwischen Geologie und Mikrobiologie) (Geol, Hütt) / lithobiontics n
**Lithocholsäure** f (eine Gallensäure) (Physiol) / lithocholic acid
**Lithofazies** f (Gesamtheit der anorganogenen Charakteristika eines Gesteins) (Geol) / lithofacies n
**Lithogenese** n (Lehre von der Entstehung der Gesteine) (Geol) / lithogenesis (pl. -geneses), lithogenese n, lithogeny n
**Lithogeochemie** f (Geol) / lithogeochemistry n
**Lithografenpapier** n (Pap) / lithographic paper*, litho paper, lithograph paper
**Lithografie** f (als Drucktechnik und Kunstblatt) (Druck) / lithography* n, litho* n || ~ (als Kunstdruckerzeugnis) (Druck) / lithograph n || ~ (Eltronik) / lithography n || **lichtoptische** ~ (Eltronik) / light-optical lithography
**Lithografiepapier** n (Pap) / lithographic paper*, litho paper, lithograph paper
**lithografieren** v (Druck) / lithograph v
**Lithografiestein** m (der beste kommt aus Solnhofen, Mittelfranken) (Druck, Geol) / lithographic stone*, lithographic limestone

**lithografisch** *adj* (Druck) / lithographic *adj* ‖ ~**e Kreide** (Druck) / lithographic crayon
**Lithoklase** *f* (Trennfuge im Gestein) (Geol) / joint* *n*, lithoclase *n*
**Lithologie** *f* (Geol) / lithology* *n*
**lithologisch** *adj* (Geol) / lithologic *adj*, lithological *adj*, lithic *adj* ‖ ~**e Karte** (Geol) / lithological map
**lithomorph** *adj* (Boden) / lithomorphic *adj*
**lithophil** *adj* (Element - z.B. K, Na, Ca, Mg) (Geol) / oxyphile* *adj*, lithophile* *adj*
**Lithopon** *n* (ein ungiftiges, lichtechtes Weißpigment) (Anstr) / lithopone *n*, Charlton white, Griffith's white, zinc baryta white, Orr's white
**Lithopone** *f* (ein Gemisch von Barium- und Zinksulfid) (ein ungiftiges, lichtechtes Weißpigment) (Anstr) / lithopone *n*, Charlton white, Griffith's white, zinc baryta white, Orr's white
**Lithosiderit** *m* (Stein-Eisen-Meteorit, bei dem Meteoreisen den Silikatanteil überwiegt) (Astr) / lithosiderite *n*
**Lithosol** *m* (Geol) / lithosol *n*
**Lithosphäre** *f* (äußere Erdschale) (Geol) / lithosphere* *n*, sclerosphere *n*
**Lithosphärenplatte** *f* (Geol) / lithospheric plate
**lithosphärisch** *adj* (Geol) / lithospheric *adj*, sclerospheric *adj*
**Lithostein** *m* (Druck, Geol) / lithographic stone*, lithographic limestone
**Lithostratigrafie** *f* (Alterseinstufung von Gesteinen aufgrund petrografischer Merkmale) (Geol) / lithostratigraphy *n*
**lithostratigrafisch, aufgefingerte** (verzahnte) ~**e Einheit** / lithosome *n*, intertongued lithofacies ‖ ~**e Einheit** (Geol) / lithostratigraphic unit, rock-stratigraphic unit, rock unit
**Lithotyp** *m* (z.B. der Kohle) (Geol) / lithotype *n*, microlithotype *n*
**litoral • e Aufschüttungsterrasse** (Geol) / wave-built terrace ‖ ~ *n* (Bot, Geog, Zool) / littoral zone*, littoral* *n* ‖ ~**sediment** *n* (Geol) / littoral deposits* ‖ ~**seife** *f* (Bergb) / beach placer ‖ ~**zone** *f* (Bot, Geog, Zool) / littoral zone*, littoral* *n*
**Little Gastrin** *n* (aus 17 Aminosäureresten) (Biochem) / little gastrin
**Little-Endian-Byteordnung** *f* (EDV) / Little Endian *n*, LE
**Littleton-Punkt** *m* (Glas) / Littleton softening point, 7.6 temperature
**Littleway-Verfahren** *n* (der Schuhfabrikation) / staple-side lasting
**Littrow-Aufstellung** *f* (eine Autokollimationsanordnung des Monochromators) (Opt) / Littrow mounting*
**Littrow-Prismenspektrograf** *m* (Spektr) / Littrow prism spectrograph*
**Littrowsche Gitteraufstellung** (Opt) / Littrow grating mounting*
**Lituus** *m* (Pl. Litui) (eine ebene Kurve, die wie eine altrömische Trompete gestaltet ist) (Math) / lituus *n*
**Litze** *f* (biegsame Leitung aus dünnen Einzeldrähten) (Eltech) / litz wire*, litzendraht wire*, litz *n* ‖ ~ (auch in der Seilerei) (Eltech) / strand* *n*, wire strand *n* ‖ ~ (Einfassung oder Besatz) (Tex) / braid *n* ‖ ~ (Web) / heald* *n*, heddle* *n*
**Litzen • auge** *n* (Web) / mail *n*, heald mail ‖ ~**besatz** *m* (Tex) / piping *n*, edging *n*, braid* *n* ‖ ~**draht** *m* (Eltech) / litz wire*, litzendraht wire*, litz *n* ‖ ~**einziehhäkchen** *n* (Web) / heald hook ‖ ~**einziehhaken** *m* (Web) / heald hook ‖ ~**schlagmaschine** *f* / wire-stranding machine ‖ ~**schnur** *f* (Fernsp) / cord *n* ‖ ~**spitze** *f* (Dentelle Renaissance) (Tex) / point lace
**Litzow-Kurve** (eine Summenkurve zur Erreichung der günstigsten Korngrößenzusammenstellung bzw. einer günstigen Packungsdichte von Schamottemassen) / Litzow curve
**live** *adj* (Radio, TV) / live* *adj* ‖ ~**-Elektronik** *f* (jede Art der akustischen Realisation von Musik, bei der den verwendeten elektronischen Übertragungs-, Steuer- und Effektgeräten ein substantieller Anteil am Klangerlebnis zukommt) (Eltronik) / live electronics ‖ ~**-Insert** *n* (TV) / live insert* ‖ ~**sendung** *f* (Radio, TV) / live broadcast ‖ ~**ware** *f* (EDV) / liveware *n*, computer personnel, peopleware *n* ‖ ~**-Zero** *n* *f* (wenn der Signalbereich den Wert Null nicht enthält) (Fernm) / live zero ‖ ~**-Zero-Prinzip** *n* (bei Meßumformern - wenn der Signalbereich den Wert Null nicht enthält) (Fernm) / live-zero principle
**Livingstonit** *m* (Min) / livingstonite *n*
**Lizardit** *m* (ein Serpentinmineral) (Min) / lizardite* *n*
**lizensierte Software** (EDV) / licensed software
**Lizenz** *f* / licence *n* ‖ ~ (im Urheber- und Patentrecht) / licence *n*, license *n* (US) ‖ **ausschließliche** ~ (die dem Lizenznehmer das Recht zur alleinigen Nutzung gibt) / exclusive licence ‖ **einfache** ~ (die dem Lizenznehmer das Recht zur Nutzung neben anderen gibt) / non-exclusive licence, bare licence, plain licence, simple licence ‖ ~ **erteilen** / licence *v*, license *v*, licence out *v*, grant a licence ‖ ~ **nehmen** / license in *v*, licence in *v*, take a licence ‖ ~**abteilung** *f* (eines Verlags) / foreign rights (department) ‖ ~**abteilung** *f* department ‖ ~**austausch** *m* (gegenseitige Lizenzerteilung) / cross-licensing *n* ‖ ~**geber** *m* / licenser *n*, licensor *n* ‖ ~**gebühr** *f* / royalty *n*
**lizenzieren** *v* / licence *v*, license *v*, licence out *v*, grant a licence

**Lizenz • nehmer** *m* / licensee *n* ‖ ~**programm** *n* (für das eine Lizenzgebühr bezahlt werden muß) (EDV) / licence program ‖ ~**verfahren** *n* / licensing procedure ‖ ~**vermittler** *m* / licence broker ‖ ~**vertrag** *m* / licence agreement
**Lj** (Astr) / light-year* *n*
**Ljapunow-Funktion** *f* (abstrahierte und verallgemeinerte Energiefunktion für Systeme höherer Ordnung - nach A.M. Ljapunow, 1857-1918) (Math) / Lyapunow function, Liapunov function
**Ljapunow-Stabilität** *f* (DIN 19229) / Lyapunov stability, Liapunov stability
**Ljungström-Luftvorwärmer** *m* (ein Regenerativvorwärmer der für die Dampfkesselfeuerung benötigten Verbrennungsluft) (Masch) / Ljungstrom regenerative air heater*
**Ljungström-Turbine** *f* (eine Gegenlauf-Dampfturbine mit zwei in entgegengesetztem Drehsinn umlaufenden Rädern ohne feststehende Leitschaufeln in ihrem radialen Teil - nach F. und B. Ljungström, 1875-1964 bzw. 1872-1948) (Masch) / Ljungstrom turbine
**LK** (EDV) / punched card* (a card punched with hole patterns), punchcard *n* (a card in which hole patterns can be punched) ‖ ~ (Masch) / hole circle
**L-Kalander** *m* (Chem Verf) / L-type of calender
**L-Kolbenring** *m* (V-Mot) / Dykes ring
**L-Kopf** *m* (Zylinderkopf mit stehender Ventilanordnung - heute veraltet) (V-Mot) / L-head* *n*
**L-Korona** *f* (Astr) / L corona
**L-Küken** *n* (Masch) / L-ported plug
**Lkw** (Kfz) / lorry *n* (GB), truck *n* (US), motortruck *n* (US)
**LKW** (Kfz) / lorry *n* (GB), truck *n* (US), motortruck *n* (US)
**LKW-Fahrer** *m* (Kfz) / lorry-driver *n*, teamster *n* (US), trucker *n* (US), truck driver (US)
**LKW-Kran** *m* (Masch) / truck-crane *n*, truck-mounted crane, autotruck crane
**LKW-Ladung** *f* (Kfz) / truckload *n* ‖ **kleiner als eine** ~ / less-than-truck load (US), LTL
**LKW-Pooling** *n* (Kfz) / lorry pooling, truck pooling (US)
**LL** (Masch) / free fit, class 2 fit
**L$_L$** (Schiff) / length between perpendiculars*, L.B.P.
**L-Lampe** *f* (Eltech) / fluorescent lamp*, fluorescent strip light
**LLDPE** (Chem, Plast) / linear low-density polyethylene, LLDPE
**L-Leuzin** *n* (eine essentielle Aminosäure) (Biochem, Nahr) / L-leucine *n*, Leu
**LLIFO-Methode** *f* (zur Ermittlung der Anschaffungs- oder Herstellungskosten von gleichartigen Gegenständen des Vorratsvermögens zum Zwecke der Bewertung - auch ein Wartesystem in der DV) / last in, first out *v*, LIFO principle
**Lloyds Reagens** (besonders gereinigte Bleicherde (Chem Verf) / Lloyd's reagent ‖ ~ **Schiffsregister** (älteste Klassifikationsgesellschaft, Sitz: London) (Schiff) / Lloyd's Register of Shipping
**Lloydscher Spiegel** (Opt) / Lloyd's mirror*
**L/L-Ware** *f* (eine Maschenware) (Tex) / purl fabrics*, pearl fabrics
**L-Lysin** *n* (Biochem, Nahr) / lysine* (Lys) *n*
**lm** (Licht) / lumen *n*, lm*
**LM** (Fernm) / feature *n*, service feature, performance feature, facility *n*
**LMF** (Bot, Chem) / leaf-movement factor ‖ ~ (Spektr) / Lamb-Mössbauer factor
**LM-Felge** *f* (Kfz) / mag *adj*, alloy *n*
**lm.h** (Licht) / lumen-hour* *n*
**L(+)-Milchsäure** *f* (Chem) / sarcolactic acid
**LM-Rad** *n* (Kfz) / alloy wheel, mag wheel, alloy road wheel
**lm.s** (SI-Einheit der Lichtmenge) (Licht) / lumen-second *n*
**L/M-Verhältnis** *n* (Kernphys) / L/M ratio
**lm/W** (Einheit der Lichtausbeute und des fotometrischen Strahlungsäquivalents) (Licht) / lumen per watt
**ln** (Math) / natural logarithm, ln, hyperbolic logarithm*, Napierian logarithm
**L$_N$** (quantitatives Maß für die Stärke der Schallempfindung nach DIN 45630, T 1) (Akus) / loudness level*, acoustic intensity level
**Ln** (OZ 58 - 71) (Chem) / lanthanide series*, lanthanum series
**L$_{OA}$** (Schiff) / length overall*, overall length, LOA
**Load** *n* (ein altes internationales Holzmaß) (Schiff) / load *n* ‖ ~ **on top** (das verschmutzte Ballast- und Tankwaschwasser wird in einem Tank gesammelt) (Schiff) / load on top
**Load-and-go-Betrieb** *m* (EDV) / load-and-go *n*
**Loadboard** *m* (eine Leiterplatte, die beim Test von integrierten Schaltungen als Verbindungsglied zwischen dem Testhead des Testautomaten und dem Testobjekt dient) (Eltronik) / load board, performance board
**Load-sensing-System** *n* (eines Baggers) (HuT, Masch) / load-sensing system ‖ ~ (Masch, Mech) / load-sensing system

**LOAEL-Wert**

**LOAEL-Wert** *m* (Chem, Med) / lowest-observed-adverse-effect level, LOAEL
**Lobatschewskische Geometrie** (nach N.I. Lobatschewski, 1792-1856) (Math) / Lobachevski geometry, Bolyai geometry, hyperbolic geometry*
**Lobeliaalkaloide** *n pl* (Piperidinalkaloide) (Chem, Pharm) / lobelia alkaloids
**Lobelin** *n* (Hauptalkaloid einiger Lobelien-Arten - Analeptikum und Tabakentwöhnungsmittel) (Chem, Pharm) / lobeline* *n*
**Lobelinhydrochlorid** *n* (Chem, Pharm) / lobeline hydrochloride
**Lobelinum hydrochloricum** (Chem, Pharm) / lobeline hydrochloride
**Lobry-de-Bruyn-van-Ekenstein-Umlagerung** *f* (Isomerisierung der Monosaccharide) (Chem) / Lobry de Bruyn-Ekenstein transformation
**Lobus** *m* (pl. Lobi) (Geol, Med) / lobe *n*
**Loch** *n* (Öffnung) / opening *n*, pocket *n*, perforation *n* ‖ ~ / hole *n* ‖ ~ (bei der Korrosion) / pit *n* ‖ ~ (Arch) / aperture *n* ‖ ~ (DIN 41852) (Eltronik) / hole* *n*, defect electron, electron hole, negative-ion vacancy* ‖ ~ (im Reifen) (Kfz) / puncture *n* ‖ **durchgalvanisiertes** ~ (bei gedruckten Schaltungen) (Eltronik) / plated-through hole, through-plated hole, through-metallized hole ‖ **durchgehendes** ~ (Masch) / through-hole *n*, clearance hole, clear hole ‖ **durchkontaktiertes** ~ (durch welches Leiter auf beiden Seiten einer Leiterplatte oder Leiter innerhalb der Leiterschichten einer Mehrlagenschaltung elektrisch miteinander verbunden sind) (Eltronik) / plated-through hole, through-plated hole, through-metallized hole ‖ **durchmetallisiertes** ~ (Eltronik) / plated-through hole, through-plated hole, through-metallized hole ‖ **in die obere Lagerfläche des Werksteins eingearbeitetes** ~ (für den kleinen Wolf) / lewis hole ‖ **kleine Löcher** (Pap) / pin-holes* *pl* ‖ **koronales** ~ (in der Sonnenkorona) (Astr) / coronal hole ‖ **"Loch"** *n* **in Beschleunigung** (Kfz) / flat spot*, hesitation *n*, sag *n* ‖ **Löcher** (Tex) / pin-holes *pl*, cat eyes, duck eyes, cross stitches, fish eyes, spread stitches ‖ **nadelgroße Löcher** / pinholes *pl*, needle-sized holes ‖ **nichtmetallisiertes** ~ (Eltronik) / bare hole ‖ **Schwarzes** ~ (infolge Gravitationskollapses) (Astr) / black hole*, collapsar *n* ‖ **unplattiertes** ~ (bei Leiterplatten) (Eltronik) / plain hole ‖ **vorgegossenes** ~ (Gieß, Masch) / cored hole*, cast hole* ‖ **Weißes** ~ (Zeitumkehr von Schwarzem Loch) (Astr) / white hole ‖ ~ (Öffnung) **für den Splint** (Masch) / cotter-pin hole, cotter slot ‖ ~ **in der Amboßbahn** (für den Abschrot) (Masch) / hardy hole, hardie hole ‖ ~ **zum Einstecken der Hilfswerkzeuge** (Masch) / hardy hole, hardie hole
**Loch•abstand** *m* (der Perforation) (Film, Foto) / pitch* *n*, perforation pitch ‖ **~abstand** (Masch) / hole (centre) distance ‖ **~band** *n* (zur Steuerung von Druckern) (EDV) / control tape, paper tape loop, carriage tape, printer carriage tape ‖ **~band** (aus Kunststoff - zur Steuerung von Schreibautomaten) (EDV) / plastic tape
**lochbandlose numerische Steuerung** (Masch) / tapeless numerical control
**Loch•beitel** *m* (Tischl, Zimm) / mortise chisel ‖ **~bild** *n* (der Richtbank) (Kfz) / hole pattern ‖ **~bildung** *f* (bei der Herstellung nahtloser Rohre) (Hütt) / piercing* *n* ‖ **~bildungpotential** *n* (Hütt) / pitting potential ‖ **~blech** *n* / perforated plate ‖ **~blende** *f* (bei Katodenstrahlröhren) (Eltronik) / anode aperture ‖ **~blende** (Foto) / pin-hole diaphragm ‖ **~boden** *m* (ein Rohrboden) (Masch) / tube-sheet *n*, tube plate ‖ **~brennen** (Spektr) / spectral hole burning ‖ **~butzen** *m* (technologisch bedingter Werkstückabfall bei der Herstellung durchgehender Öffnungen in Schmiedestücken durch Lochen) / core *n* (of a workpiece), slug *n* ‖ **~diopter** *n* (Foto, Opt) / peep-sight *n* ‖ **~dorn** (beim Rohrziehen) / plug *n*, piercer *n* ‖ **~dorn** (beim Rohrwalzen) (Hütt) / piercing mandrel ‖ **~durchmesser** *m* (Masch) / diameter of the hole ‖ **~düse** *f* (bei Dieselmotoren) (Kfz) / orifice nozzle ‖ **~eisen** *n* (Werkz) / hollow punch
**lochen** *v* (zur Lüftung) / vent *v* ‖ ~ / perforate *v*, pierce *v*, hole *v* ‖ ~ (manuell) (EDV) / keypunch *v*, punch *v* ‖ ~ (Hütt) / pierce *v*, punch *v* ‖ ~ *n* (EDV) / keypunching, punching *n* ‖ ~ (das herausgeschnittene Teil = Abfall) (Hütt) / piercing *n*, punching *n* ‖ ~ (bei der Herstellung nahtloser Rohre) (Hütt) / piercing* *n* ‖ ~ **einer Kartenspalte auf sämtlichen Lochpositionen** (EDV) / lacing *n*, lace punching
**Locher** *m* (EDV) / punch operator (male) ‖ ~ (ein Handwerkzeug) (Masch) / punch* *n* ‖ ~ **für Korrekturen von Hand** (EDV) / spot punch
**Löcher•beweglichkeit** *f* (die von einem elektrischen Spannungsgefälle verursachte Driftgeschwindigkeit der Defektelektronen) (Eltronik) / hole mobility* ‖ **~dichte** *f* (Eltronik) / hole density* ‖ **~falle** *f* (Eltronik) / hole trap* ‖ **~fangstelle** *f* (Eltronik) / hole trap* ‖ **~haftstelle** *f* (Eltronik) / hole trap*
**Locherin** *f* (EDV) / punch operator (female)
**Löcher•injektion** *f* (Eltronik) / hole injection* ‖ **~leitung** *f* (Eltronik) / hole conduction ‖ **~strom** *m* (Eltronik) / hole current* ‖ **Diracsche ~theorie** (Kernphys) / Dirac hole theory

**Locher-Zahnstange** *f* (liegende Stufenstange für Steilneigung - ein Zahnradbahnsystem) (Bahn) / locker rack
**Loch•fäule** *f* (For) / pecky dry rot, peckiness *n*, pocket (dry) rot, white pocket rot ‖ **~feld** *n* (EDV) / field* *n*, card field ‖ **~filter** *n* (Radio) / notch filter
**Lochfraß** *m* (Oberflächenzerrüttung nach DIN 50900) (Galv, Hütt) / pitting* *n* ‖ **nadelstichartiger** ~ (Galv) / pinpoint corrosion, pinhole corrosion ‖ **auslösendes Medium** (Hütt) / pitter *n* ‖ **~angriff** *m* (Galv, Hütt) / pitting attack ‖ **~faktor** *m* (Verhältnis von größter Eindringtiefe zu mittlerem Abtrag) (Hütt) / pitting factor* ‖ **~potential** *n* (Hütt) / pitting potential ‖ **~stelle** *f* (Galv, Hütt) / pitting-corrosion site
**Loch•hammer** *m* (eine Bohrausrüstung) / down-the-hole hammer drill, downhole hammer drill ‖ **~kamera** *f* (Phys) / camera obscura*, pin-hole camera
**Lochkarte (LK)** *f* (EDV) / punched card* (a card punched with hole patterns), punchcard *n* (a card in which hole patterns can be punched) ‖ ~ (= 1 Satz) (EDV) / unit record (UR)
**Lochkarten•doppler** *m* (EDV) / card reproducer, reproducer *n*, reproducing punch, card reproducing punch ‖ **~feld** *n* (EDV) / field* *n*, card field ‖ **~fenster** *n* (Ausstanzung in einer Lochkarte, die ein Mikrofilmstück aufnehmen soll) / aperture card window ‖ **~gesteuert** *adj* (EDV) / card-controlled *adj* ‖ **~leser** *n* / punched-card reader, card reader ‖ **~mischer** *m* (EDV) / collator *n*, interpolator* *n* ‖ **~prüfer** *m* (EDV) / punched-card verifier ‖ **~stanzer** *m* (EDV) / card punch, punch *n*, PCH ‖ **~zuführung** *f* (EDV) / card feed ‖ **~zuführungseinrichtung** *f* (EDV) / card feed
**Loch•kegel** *m* (Masch) / plug with (tapped) holes ‖ **~korrosion** *f* (Lokalkorrosion, bei welcher der elektrolytische Metallabtrag nur an kleinen Oberflächenbereichen abläuft und Lochfraß erzeugt) (Hütt) / pitting corrosion ‖ **~kranz** *m* (bei alten Fernsprechapparaten) (Fernsp) / finger plate, dial finger plate, dial wind-up plate ‖ **~kreis** *m* (der Radscheibe oder des Radsterns) (Kfz) / pitch circle (of bolt holes) ‖ **~kreis** (Masch) / hole circle ‖ **~kreissäge** *f* (Werkz) / hole saw ‖ **~leibungsdruck** *m* (die Spannung, die an einer Bolzen- oder Nagelverbindung in dem Tragteil durch das Verbindungselement bei der Krafteinleitung auftritt) (Masch) / pressure on the face of a hole ‖ **~leibungspressung** *f* (Masch) / pressure on the face of a hole ‖ **~maske** *f* (dünnes Blechsieb hinter dem Schirm der Farbbildröhre) (TV) / shadow mask ‖ **~maskenröhre** *f* (mit dreieckigem Strahlsystem - heute veraltet) (TV) / shadow-mask tube*, dot matrix tube, matrix tube, aperture-mask tube ‖ **~muster** *n* (Informationsstruktur auf der Bildplatte) (EDV) / pit *n* ‖ **~nadelbarre** *f* (der Kettenwirkmaschine) (Tex) / guide bar ‖ **~naht** *f* (Schw) / plug weld ‖ **~pfeifer** *m* (Bergb) / blow* *n*
**Lochplatte** *f* / perforated plate ‖ ~ (eine Akustikplatte) (Akus) / perforated panel ‖ ~ (EDV) / aperture plate ‖ ~ (bei der Gefäßenddurchbrechung) (For) / perforation plate ‖ ~ (Masch) / swage block, cavity block ‖ ~ **zur Aufnahme der Segerkegel** (Keram) / plaque *n*
**Loch•plattengleichrichter** *m* (Strömungsgleichrichter in Form einer mit vielen Bohrungen versehenen Platte, die senkrecht zur Strömung in den Rohrquerschnitt eingebracht wird, aber auch die Kombination mehrerer Platten) (Phys) / Sprenkle straightener ‖ **~plattierung** *f* (Eltronik) / in-hole plating ‖ **~presse** *f* (Masch) / perforating press*, piercing press ‖ **~pressen** *n* (bei Herstellung nahtloser Stahlrohre) (Hütt) / punching *n* ‖ **~pressen** (bei NE-Metallen) (Masch) / impact extrusion ‖ **~probe** (Hütt) / punching test ‖ **~prüfer** *m* (EDV) / punched-card verifier ‖ **~punktschweißen** *n* (Schw) / plug welding* ‖ **~rotor** *m* (Phys) / rotary barker, ring-type barker ‖ **~säge** *f* (Tischl, Werkz) / padsaw*, keyhole saw* ‖ **~schablone** *f* / template* *n* ‖ **~scheibenrad** *n* (Kfz) / disk wheel with holes ‖ **~schere** *f* (eine Blechschere) (Werkz) / hole-cutting snips ‖ **~schweißen** (Schw) / plug welding* ‖ **~sieb** *n* (Lochblech) (Aufber) / punched screen* ‖ **~spalte** *f* (EDV) / card column ‖ **~spur** *f* (EDV) / channel *n* ‖ **~stanzer** *m* (für nichtmetallische Werkstoffe) (Masch) / hollow punch* ‖ **~stein** *n* (Bau) / perforated brick ‖ **~stein** (der Pfanne) (Gieß) / seating block ‖ **~stelle** *f* (EDV) / punch position, punching position ‖ **~stickerei** *f* (z.B. Madeira-Stickerei) (Tex) / broderie anglaise
**Lochstreifen** *m* (DIN 66001) (EDV) / punched paper tape*, paper tape*, punch tape ‖ ~ (ungestanzt) (EDV) / virgin paper tape ‖ ~ (angelochter) (EDV) / chadless tape ‖ ~ (durchgelochter) (EDV) / chad tape ‖ ~ (Teleg) / perforated tape ‖ ~ **für de NC-Steuerung** (Masch) / numerical tape ‖ ~ **für die numerische Steuerung** (Masch) / numerical tape ‖ ~ **in Rolle** (EDV) / coil *n* ‖ ~ **mit vorgezogenen Transportlochungen** (EDV) / advance-feed tape ‖ ~ **mit zentrierten Transportlochungen** (EDV) / centre-feed tape ‖ **~abfallbehälter** *m* (EDV) / chad trap, chad waste box ‖ **~doppler** *m* (EDV) / reperforator *n*, paper tape reproducer ‖ **~-Ein-Ausgabe-Steuerung** *f* (EDV) / paper tape I/O controller ‖ **~empfänger** *m* (Teleg) / reperforator *n*,

receiving perforator ‖ ~gesteuerter Satz (Druck, EDV) / tape composition ‖ ~karte f (DIN 31631) (EDV) / margin-punched card, edge-punched card ‖ ~leser m (EDV) / paper tape reader, tape reader* ‖ ~lose numerische Steuerung (Masch) / tapeless numerical control ‖ ~sender m (Teleg) / tape transmitter ‖ ~spannkontakt m (Fernm) / taut tape contact ‖ ~vorschub m (EDV, Teleg) / tape feed ‖ ~-Vorschubeinrichtung f (EDV) / paper tape drive, tape feed (device)

**Lochtaster** m (Instr) / inside callipers*, internal callipers
**Lochung** f / perforation n ‖ ~ (mit dem Lochstempel) / dinking n ‖ **falsche** ~ (EDV) / mispunching n ‖ **numerische** ~ (EDV) / numeric punching
**Lochungszone** f (untere oder obere) (EDV) / curtate* n
**Loch•versuch** m (Pap) / penetration test, piercing test ‖ ~versuch (ein mechanisch-technologischer Warmversuch zur Ermittlung der Lochfestigkeit) (WP) / punching test ‖ ~ **mit** ~**verzierung versehen** (Tex) / pounce v ‖ ~walzwerk n (Hütt) / piercing mill, piercer n ‖ ~wand f (bei durchkontaktierten Leiterplatten) (Eltronik) / hole wall ‖ ~wandung f / wall face ‖ ~werkzeug n (ein Handwerkzeug) (Masch) / punch* n ‖ ~zange f (EDV) / spot punch ‖ ~zange (ein Kfz-Spezialwerkzeug) (Kfz) / hole punch ‖ ~zange (Leder) / tube punch ‖ ~ziegel m (Hochlochziegel) (Bau) / perforated brick* ‖ ~ziegel (mit etwa 20% Lochungen) (Bau) / cellular brick ‖ ~zirkel m (Instr) / inside callipers*, internal callipers
**Lock** m (externer, interner) (Spektr) / lock n
**Lockalloy** n (Legierung mit etwa 62% Be und 38% Al) (Hütt, Raumf) / Lockalloy n
**Lockangebot** n (in den Geschäften) / loss-leader n, bait n
**Locke** f (eines Langspans) (Masch) / curl n
**locken** v (in der Kernresonanzspektroskopie) (Spektr) / lock v
**Lockenspan** m (in Form einer Korkenzieherlocke) (Masch) / helical chip type B
**locker** adj / slack adj ‖ ~ (Oxidschicht) / fluffy adj ‖ ~ (Hangendes) (Bergb) / spongy adj ‖ ~ (Geol) / incoherent adj, loose adj ‖ ~ (HuT) / unconsolidated adj ‖ ~ (Garn) (Tex) / lofty adj, open adj ‖ ~ (Gewebe im allgemeinen) (Tex) / flimsy adj, sleazy adj ‖ ~ eingestellt (Gewebe) (Web) / loosely constructed, loosely woven ‖ ~es Gebirge (Geol) / loose ground ‖ ~ geschlagen (Tau) / soft-laid adj ‖ ~es Gestein (Bau, Geol, HuT) / unconsolidated rock, loose rock ‖ ~es Gewebe (Tex) / scrim* ‖ ~es Gewebe (im allgemeinen) (Tex) / open fabric, open weave, loosely woven fabric, loosely constructed fabric ‖ ~e Leiste (Web) / slack selvedge, baggy selvedge, loose selvedge, wavy selvedge, stringy selvedge ‖ ~ werden / loosen vi
**Lockergestein** n (Bau, Geol, HuT) / unconsolidated rock, loose rock
**Lockerheit** f (Spinn) / loft n (of yarn)
**lockern** v / loosen vt ‖ ~ (Sicherheitsgurt) (Kfz) / add slack, slack v, slacken v ‖ ~ (Teig) (Nahr) / leaven v, aerate v
**Lockerschnee** m (Meteor) / powder snow
**Lockersyrosem** m (Geol, Landw) / regosol n
**Lockerungs•keil** m **für Schalungen** (HuT) / releasing key* ‖ ~mittel n (meistens Kalium- oder Natriumhydrogenkarbonat) (Nahr) / leavening agent, saleratus n (US), aerating agent, blowing agent, leaven n, raising agent ‖ ~punkt m (Grenzzustand, den der Übergang von der ruhenden Partikelschüttung in den Zustand der Wirbelschicht kennzeichnet) (Chem Verf) / minimum fluidization ‖ ~schießen n (um das Gestänge freizubekommen) (Erdöl) / bump-shooting n
**Lock-in-Verstärker** m (der eine bessere Aufzeichnung stark verrauschter Meßsignale ermöglicht) (Eltronik, Fernm) / lock-in amplifier*
**Lockmittel** n (Chem) / attractant n, insect attractant
**Lock-out-Schaltung** f (EDV) / inhibit circuit, lock-out circuit
**Locksignal** n (Spektr) / lock signal
**Lockstoff** m (Chem) / attractant n, insect attractant
**Lockvogelangebot** n / loss-leader n, bait n
**LOC-Laser** m (ein Mehrfach-Heterostruktur-Laser) (Phys) / large optical cavities laser, LOC laser
**LOCMOS-Technik** f (ein Isolationsverfahren für integrierte komplementäre MOS-Schaltungen) (Eltronik) / locally oxidized CMOS technology, LOCMOS technology
**Locus typicus** n (pl. Loci typici) (Geol) / type locality (the place at which a stratotype is situated and from which it ordinarily derives its name), type site
**Lodar** n (Impulspeilanlage für Loran) (Nav, Radar) / lodar n, lorad n
**Loden** m (ungewalktes Streichgarngewebe in einfacher Tuch- oder Köperbindung, meistens Halb- oder Reinwolle) (Tex) / loden* n, loden cloth
**Lodenstoff** m (Tex) / loden* n, loden cloth
**Lofar** n (Nav, Schiff) / lofar n (low-frequency acquisition and ranging)
**Löffel** m (ein Laborgerät) (Chem) / spoon n ‖ ~ (des Löffelbaggers) (HuT) / bucket n (of a crowd shovel)*, shovel n (US), dipper n ‖ ~bagger m (ein Naßbagger) (HuT) / dipper dredger, shovel dredger, dipper dredge, dipper shovel, dipper-bucket dredger ‖ ~bagger (HuT) / power shovel*, mechanical shovel ‖ ~bohrer m (Zimm) / spoon bit ‖ ~egge f (zur Auflockerung von verschlammten Böden) (Landw) / Canadian harrow, chisel-toothed harrow, scuffler n ‖ ~mütze f (Glas) / scull* n ‖ ~radsämaschine f (Landw) / cup-feed drill ‖ ~stiel m (des Baggers) (HuT) / handle of a dipper shovel, dipper arm, dipper stick, shovel arm (US) ‖ ~tiefbagger m (HuT) / backhoe excavator, backacter n, drag shovel, hoe n, pull-shovel n, backhoe n
**Löffler-Kessel** m (ein Kessel mit mittelbarer Dampferzeugung) (Masch) / Löffler boiler*
**Loft** m (Dachboden als Wohnraum) (Arch) / loft m
**Lofting** n (Form einer Schornsteinabluftfahne bei Ausbreitung in neutraler vertikaler Temperaturschichtung oberhalb einer Bodeninversion - der einseitig aufsteigende Verlauf ist für die Schadstoffverteilung günstig; es sind lokal bedingte thermische Ursachen vorhanden) (Umwelt) / lofting n
**log y,x-Papier** n (eine logarithmische Ordinatenskale und eine lineare Abszissenskale) (Pap) / semi-logarithmic cross-section paper, semi-log cross section paper
**Log** n (Erdöl) / log* n ‖ ~ (Meßgerät zur Bestimmung der Geschwindigkeit) (Schiff) / log* n, nautical log* ‖ **hydrodynamisches** ~ (Schiff) / hydrodynamical log ‖ **hydrodynamisches** ~ s. auch Stevenlog ‖ **hydromechanisches** ~ (Schiff) / hydromechanical log ‖ **hydromechanisches** ~ (Schiff) s. auch Patentlog ‖ **optisches** ~ (Schiff) / optical log
**Loganin** n (der Bitterstoff des Bitterklees, ein Iridoid) (Chem) / loganin n
**Logarithmenpapier** n (ein Funktionspapier) (Pap) / logarithmic (coordinate) paper, log paper
**Logarithmentafeln** f pl (für die Zehnerlogarithmen) (Math) / logarithmic tables
**logarithmisch** adj (Math) / logarithmic adj ‖ ~e **Ableitung** (Math) / logarithmic derivative ‖ ~e **Antenne** (Radio) / logarithmic antenna ‖ ~e **Darstellung** / logarithmic chart ‖ ~es **Dekrement** (zur Messung der Dämpfung) (Phys) / logarithmic decrement, log-dec* ‖ ~e **Differentiation** (Math) / logarithmic derivation ‖ ~e **Formänderung** (Mech) / degree of deformation, logarithmic deformation ‖ ~e **Funktion** (Math) / logarithmic function* ‖ ~e **Gleichung** (Math) / logarithmic equation ‖ ~e **Größe** (DIN 5493, T 1) (Math) / logarithmic quantity ‖ ~er **Mittelwert der Temperaturunterschiede** (Chem Verf) / logarithmic mean temperature difference*, LMDT ‖ ~e **normale Verteilung** (DIN 55350, T 22) (Stats) / lognormal distribution, logarithmic normal distribution ‖ ~e **Normalverteilung** (DIN 55350, T 22) (Stats) / lognormal distribution, logarithmic normal distribution ‖ ~es **Papier** (ein mathematisches Papier) (Pap) / logarithmic (coordinate) paper, log paper ‖ ~e **Reihe** (Math) / logarithmic series ‖ ~e **Singularität** (Math) / logarithmic branch point, logarithmic singularity ‖ ~e **Skale** (Instr, Math) / logarithmic scale ‖ ~e **Spirale** (bei der der Radiusvektor mit der Tangente in einem Kurvenpunkt einen konstanten Winkel bildet) (Math) / equiangular spiral*, logarithmic spiral* ‖ ~er **Trichter** (ein Lautsprechergehäuse) (Akus) / exponential horn* ‖ ~er **Verstärker** (dessen Ausgangsgröße immer proportional zum Logarithmus der jeweiligen Eingangsgröße ist) (Akus) / logarithmic amplifier* ‖ ~-**periodische Antenne** (Radio) / log-periodic antenna, LP antenna
**Logarithmus** m (pl. -rithmen) (Math) / logarithm* n, log* n ‖ **binäres** ~ (DIN 5493, T 1) (Math) / binary logarithm ‖ **dekadischer** ~ (DIN 5493, T 1) (Math) / Briggs logarithm*, common logarithm*, Briggsian logarithm ‖ **dualer** ~ (Math) / binary logarithm ‖ **gemeinsamer** ~ (Math) / Briggs logarithm*, common logarithm*, Briggsian logarithm ‖ **iterierter** ~ (Math) / iterated logarithm ‖ **natürlicher** ~ (DIN 5493, T 1) (Math) / natural logarithm, ln, hyperbolic logarithm*, Napierian logarithm* ‖ **negativer** ~ (Math) / cologarithm* n, colog n ‖ ~ **naturalis** m (Math) / natural logarithm, ln, hyperbolic logarithm*, Napierian logarithm* ‖ ~ **zur Basis 2** (Math) / binary logarithm ‖ ~ **zur Basis 2** (Math) / binary logarithm ‖ ~**funktion** f (Math) / logarithmic function*
**Logatom** n (zur Messung der Silbenverständlichkeit) (Akus, Fernm) / logatom* n
**Logbuch** n (Luftf) / logbook n, log n ‖ ~ (zur Aufzeichnung des getätigten Funkverkehrs) (Radio) / logbook n ‖ ~ (nach 520 HGB) (Schiff) / logbook n, log n ‖ **Eintragung f in das** ~ / logging n ‖ **in das** ~ **eintragen** / log v
**Logbuchstabe** m (Schiff) / log numeral
**Logge** f (Schiff) / log n
**loggen** v (Schiffsgeschwindigkeit mit dem Log messen) (Schiff) / log v
**Logger** m (zur Erzeugung logarithmischer Ausgangssignale) (Fernm) / logger* n ‖ ~ (ein Fischereifahrzeug) (Schiff) / lugger n
**Loggia** f (pl. Loggien) (Arch) / loggia* n ‖ ~ (mit einer Türfensterkombination) (Arch, Bau) / internal dormer

## Logging

**Logging** *n* (EDV) / logging *n* ‖ ~ (Aufzeichnen der Veränderungen eines Datenbestandes) (EDV) / logging *n*
**Logik** *f* (eine Grundwissenschaft) / logic* *n* ‖ ~ (Schaltkreisfamilie) (EDV, Regeln) / logic* *n* ‖ **aristotelische** ~ (nach Aristoteles, 384-322 v.Chr.) / Aristotelian logic ‖ **binäre** ~ / binary logic, two-valued logic ‖ **chronologische** ~ / temporal logic ‖ **deontische** ~ / deontic logic ‖ **dezentrales System mit zentraler** ~ (EDV) / shared logic system ‖ **dreiwertige** ~ (KI) / three-valued logic ‖ **emittergekoppelte** ~ (Eltronik) / emitter-coupled logic, ECL, current-mode logic, CML ‖ **feste** ~ (EDV) / hard-wired logic* ‖ **festverdrahtete** ~ (bei der der Signalfluß immer gleich ist) (EDV) / hard-wired logic* ‖ **formale** ~ (die von den inhaltlichen Bedeutungen der Benennungen und der Urteile absieht) (KI, Math) / formal logic ‖ **gemischte** ~ (negative + positive) (EDV) / mixed logic ‖ **gesättigte** ~ (digitale Logikschaltungen mit Bipolartransistoren, deren Arbeitspunkte bei Ansteuerung mit L-Pegel im Sperrbereich und bei Ansteuerung mit H-Pegel im Sättigungsbereich liegen) (Eltronik) / saturated logic ‖ **klassische** ~ (nach Aristoteles, 384-322 v.Chr.) / Aristotelian logic ‖ **klassische** ~ (KI) / classical logic, standard logic, conventional logic ‖ **leistungsarme** ~ (Variante der Dioden-Transistor-Logik, bei der der Basisvorwiderstand des Transistors durch ein oder zwei Offsetdioden ersetzt wird) (Eltronik) / low-level logic, LLL ‖ **mathematische** ~ (Math) / mathematical logic*, symbolic logic* ‖ **negative** ~ (dem positiveren der beiden Spannungspegel wird boolesch "0" zugeordnet) (EDV) / negative-going logic, negative logic, complementary logic ‖ **nicht monotone** ~ (zweiwertige Logik mit nichtmonoton wachsender gültiger Aussagenmenge) / non-monotonic logic ‖ **positive** ~ (Schaltkreis, bei dem eine höhere positive Spannung /oder Strom/ dem 1-Zustand, eine weniger hohe positive Spannung dem 0-Zustand entspricht) (EDV) / positive logic, positive-going logic ‖ **programmierte** ~ (EDV) / programmed logic ‖ **quaternäre** ~ (eine mehrwertige Logik) / quaternary logic, four-state logic ‖ **selbstabgleichende** ~ **höchster Integrationsstufe** (Eltronik) / self-aligned superintegration logic (S²L) ‖ **stör- und zerstörungssichere** ~ **(SZL)** (EDV) / noise-and-destroy immune logic ‖ **substratgespeiste** ~ (integrierte Injektionslogik) (Eltronik) / substrate-fed logic (SFL) ‖ **synchrone** ~ / synchronous logic ‖ **temporale** ~ / temporal logic ‖ **ungesättigte** ~ (digitale Logikschaltungen, die mit Ansteuerungen mit H-Pegel nicht in den Sättigungsbereich gelangen können) (Eltronik) / unsaturated logic ‖ **unscharfe** ~ (Regeln) / fuzzy logic ‖ **variable** ~ (bei der ein Programm die Art und Reihenfolge der Verknüpfungen bestimmt) (EDV) / variable logic ‖ **verdrahtete** ~ (EDV) / wired logic ‖ **verteilte** ~ (EDV) / distributed logic ‖ **zweiwertige** ~ / binary logic, two-valued logic ‖ ~ *f* **des Silbentrennprogramms** (EDV) / hyphenation logic ‖ ~ **mit hoher Schaltschwelle** (EDV) / high-threshold logic (HTL) ‖ ~ **mit hoher Schwellwertspannung** (EDV) / high-threshold logic (HTL) ‖ ~ **mit vier Zuständen** (eine mehrwertige Logik) / quaternary logic, four-state logic
**Logik•analysator** *m* (ein Testgerät zur Feststellung logischer Zustände in komplizierten Schaltkreisen) (Eltronik) / logic analyser, logic analyzer ‖ ~**analyse** *f* (KI) / logic analysis, LA ‖ ~**basierter Repräsentationsformalismus** (KI) / logic-based representation formalism ‖ ~**bauelement** *n* (EDV) / logical unit*, logic device ‖ ~**baustein** *m* (EDV) / logical unit*, logic device ‖ ~**befehl** *m* (EDV) / logic instruction ‖ **programmierbarer** ~**block** (Eltronik) / configurable logic block, CLB ‖ ~**bombe** *f* (im Datennetz) (EDV) / logical bomb, bomb *n* ‖ ~**chip** *m* (EDV) / logic chip ‖ ~**familien** *f pl* (Digitalschaltungen, die verschiedene logische Funktionen ausführen, jedoch die gleiche Schaltungstechnik verwenden) (EDV) / logic families ‖ **anwenderprogrammierbares** ~**feld** (EDV) / field-programmable logic array (FPLA) ‖ ~**gesamtdarstellung** *f* (EDV) / overall logic diagram ‖ ~**kalkül** *m* (z.B. Aussagen- oder Prädikatenkalkül) / logical calculus ‖ ~**kanal** *m* (EDV, Eltronik) / logic channel ‖ ~**karte** *f* (EDV, Eltronik) / logic card, printed-circuit card ‖ ~**orientierte Programmiersprache** (EDV) / logic-oriented programming language ‖ ~**pegel** *m* (einer von zwei möglichen Werten, den ein digitales Signal einnehmen kann) (EDV) / logic level ‖ ~**prüfgerät** *n* (EDV) / logic tester ‖ ~**schaltung** *f* (EDV) / logic circuit ‖ **volltransistorierte** ~**schaltung** (EDV) / solid-state logic circuit ‖ **unverdrahtete, aus Standardzellen bestehende** ~**schaltungen** (Eltronik) / uncommitted logic array, ULA ‖ ~**simulation** *f* (Simulationsverfahren zu Entwurf und Überprüfung der logischen Funktionen eines digitalen Systems oder eines Funktionsblocks) (EDV, Eltronik) / logic simulation ‖ ~**tester** *m* (EDV) / logic tester ‖ ~**treiber** *m* (EDV) / logic driver
**Login** *n* (EDV) / log-in *n*, log-on *n*
**logisch** *adj* / logical *adj*, logic *adj* ‖ **nicht gebundene** ~**e Anordnung** (Eltronik) / uncommitted logic array, ULA ‖ ~**e abgehängte Station** (EDV) / intercepted station ‖ ~**e Addition** (EDV) / logical addition, logical add ‖ ~**e Analyse** (KI) / logic analysis, LA ‖ ~**er Aufbau** (EDV) / logical design*, logic design ‖ ~**e Aussage** (KI) / logic proposition ‖ ~**er Befehl** (EDV) / logic instruction ‖ ~**e Bombe** (die zu einem bestimmten Zeitpunkt Schäden anrichtet) (EDV) / logical bomb, bomb *n* ‖ ~**e Datenstation** (die von allen Hardwarefunktionen entkoppelt ist) (EDV) / high-level terminal, virtual terminal, VT ‖ ~**e Ebene** (EDV) / logical level, logic level ‖ ~**er Fehler** (KI) / logic error, logical error*, error in logic ‖ ~**es Flußdiagramm** (EDV) / logic flowchart, logical flowchart, logic chart ‖ ~**e Formatierung** (EDV) / logical formatting ‖ ~**e Funktion** (EDV, Math) / logic function ‖ ~**e Grenze** (Fernm) / logical boundary ‖ ~**er Hub** (Breite des verbotenen Bereichs zwischen den Logikpegeln) / logic gap ‖ ~**e Inferenz** (KI) / logical inference ‖ ~**e Instruktion** (EDV) / logic instruction ‖ ~**er Kanal** (EDV) / logical channel ‖ ~**e Konfiguration** (Eltronik) / logic configuration ‖ ~**es Konzept** (EDV) / logical design*, logic design ‖ ~**e Konzeption** (EDV) / logical design*, logic design ‖ ~**es Modul** (EDV) / logic module ‖ ~**es Netz** (endlich digitaler digital-arbeitender Automat, der durch Verknüpfung von endlich vielen Bauelementen konstruiert ist) (EDV) / logic network ‖ ~**e Operationen** (EDV, Math) / logical operations*, logic operations ‖ ~**e Programmierung** (EDV) / logic programming ‖ ~**er Satz** (im COBOL) (EDV) / logical record, record *n*, RCD ‖ ~**e Schaltung** (EDV) / logic circuit ‖ ~**e Schaltungen** (EDV) / logic network ‖ ~**es Schließen** (KI, Math) / deduction *n* ‖ ~**e Schlußfolgerung** (Ableitung von Aussagen von anderen Aussagen - in der Regellogik) (KI) / conclusion *n*, consequent *n* ‖ ~**er Schluß** (KI, Math) / deduction *n* ‖ ~**e Schlußfolgerung** (KI) / logical inference ‖ ~**e Struktur** (EDV) / logical design, logic design ‖ ~**es Symbol** / logical symbol*, logical sign (for Boolean functions), logic symbol ‖ ~**e Verknüpfungen** (EDV, Math) / logical operations*, logic operations ‖ ~**es Verschieben** (EDV) / logical shift*, logic shift ‖ ~**e Verschiebung** (EDV) / logical shift*, logic shift ‖ ~**es Zeichen** / logical symbol*, logical sign (for Boolean functions), logic symbol ‖ ~**er Zustand** / logic state
**Logistik** *f* (auch bei den Warenverteilungsprozessen) / logistics *n* ‖ ~**orientiert** *adj* (z.B. in CIM-Konzept) / logistics-oriented *adj*
**logistisch** *adj* (Kurve, Trend, Verteilung) / logistic *adj* ‖ ~**e Kurve** (in der Populationsökologie) (Biol) / logistic curve ‖ ~**e Unterstützung** / logistic support
**Log•leine** *f* (Ozean) / log-line *n* ‖ ~**normalverteilung** *f* (DIN 55350, T 22) (Stats) / lognormal distribution, logarithmic normal distribution
**Logo** *m n* (pl. -s) (grafisches Symbol für ein Unternehmen, meist verbunden mit einer besonderen Firmenfarbe und Schrifttype) / logo *n* (pl. logos), logotype* *n*, company emblem, company signature
**LOGO** *n* (Programmiersprache für Ausbildungs- und Unterrichtszwecke) (EDV) / LOGO* *n*
**Logo** *n* (pl. -s) (Typog) / logotype* *n*, logo *n* (pl. logos)
**Logoff** *n* (EDV) / log-off *n*, log-out *n*
**Logon** *n* (EDV) / log-in *n*, log-on *n*
**Logotype** *f* (Type, die aus mehreren Buchstaben oder ganzen Silben besteht, um das Setzen zu beschleunigen) (Typog) / logotype* *n*, logo *n* (pl. logos)
**Logwasher** *m* (Gerät zum Läutern von Erz) (Aufber) / log washer*
**lohbraun** *adj* / tan *adj*, tawny *adj*, tan-coloured *adj*
**Lohe** *f* (zerkleinerte Gerbrinde) (Leder) / ground bark, ground tan-bark
**Loheisen** *n* (zum Lohschälen des Holzes - Dauner, Sächsisches, Thüringer) (For, Leder) / tanbark iron
**lohen** *v* (in der Lohzeit) / bark in period of sap flow *v* ‖ ~ *n* / barking in period of sap flow
**LOHET** (Eltronik) / linear-output Hall-effect transducer, LOHET
**loh•farben** *adj* / tan *adj*, tawny *adj*, tan-coloured *adj* ‖ ~**gerben** *v* (nur Infinitiv und Partizip) (Leder) / bark *v* ‖ ~**gerberei** *f* (ein Handwerksbetrieb) (Leder) / tannery *n*, tan-yard *n* ‖ ~**gerberei** (Leder) / bark tannage, bark tanning ‖ ~**messer** *m* (Leder) / barkometer *n*, barktrometer *n* ‖ ~**mühle** *f* / bark mill
**Lohn** *m* (F.Org) / pay *n*, wage *n*, wages *pl* ‖ ~**abbau** *m* / wage cut, reduction of wages ‖ ~**arbeit** *f* (z.B. Zulieferer oder Heimarbeit) (F.Org) / outwork *n* ‖ ~**arbeitsrechenzentrum** *n* (EDV) / job shop computer centre ‖ ~**buchhalter** *m* / wages clerk, payroll clerk (US) ‖ ~**disziplin** *f* / wage restraint ‖ ~**drift** *f* (die Differenz von Effektiv- und Tariflohnentwicklung) / wage drift (with a wage gap) ‖ ~**erhöhung** *f* (F.Org) / raise *n*, wage increase ‖ ~**fabrikation** *f* (F.Org) / outwork *n* ‖ ~**färberei** *f* (Tex) / commission dyeing ‖ ~**fliegerei** *f* (Luftf) / commercial flying ‖ ~**forderung** *f* (F.Org) / pay-claim *n*, wage-claim *n* ‖ ~**satz** *m* (F.Org) / wage rate ‖ ~**stopp** *m* / wage freeze ‖ ~**system** *n* (F.Org) / wage plan ‖ ~**system mit materiellem Anreiz** (F.Org) / incentive system of wages ‖ ~**veredelung** *f* / making up work from materials supplied ‖ ~**veredler** *m* (Tex) / processing jobber ‖ ~**zahlungsform** *f* (F.Org) / method of payment ‖ ~**zuschlag** *m* / extra pay
**loh•schälen** *v* (nur Infinitiv oder Partizip) / bark in period of sap flow *v* ‖ ~**schälung** *f* (bei der Gewinnung von Gerbrinden) / barking in period of sap flow ‖ ~**schwamm** *m* (ein holzzerstörender Porling) (For) / white-pore fungus, mine fungus

**LOI** (Chem, Phys) / limiting oxygen index
**Loite** f (For) / chute n, shoot n, slide n, slip n, runway n
**LOI-Wert** m (Meß- bzw. Prüfwert, der das Brennverhalten von Textilien unter definierter Sauerstoffeinwirkung charakterisiert) (Tex) / limiting oxygen index, LOI
**Lok** f (Bahn) / locomotive* n, loco n (GB), engine* n
**lokal** adj (Math, Phys) / local adj ‖ **Betriebsprotokoll** n **des ~en Netzes** (EDV) / LAN performance protocol, local-area-network performance protocol ‖ **~er Abbruchfehler** (Math) / local truncation error, local discretization error ‖ **~e Anziehung** (Phys) / local attraction* ‖ **~ begrenzter Befall** (durch Schädlinge) (For, Landw) / spot infestation ‖ **~es Feld** (Chem, Phys) / local field ‖ **~e Gruppe** (Astr) / local group of galaxies* ‖ **~e Kodeoptimierung** (EDV) / peephole optimization, local optimization ‖ **~es Maximum** (Math) / local maximum (a value of a variable greater than any values close to it) ‖ **~es Minimum** (Math) / local minimum ‖ **~e Nebelgruppe** (Gruppe von Sternsystemen, die mit dem Milchstraßensystem eine lokale Verdichtung bilden) (Astr) / local group of galaxies* ‖ **~es Netz** (Fernsp) / local exchange network, local network ‖ **~es Netzwerk** (EDV) / local area network* (LAN) ‖ **~es Niveau** (Eltronik) / local level ‖ **~es optisches Netz** / local optical network, LON ‖ **~e Oxidation** (Eltronik) / local oxidation ‖ **~es Potential** / local potential ‖ **~ Radio- oder Fernsehwerbung** (Radio, TV) / spot advertising ‖ **~es Rechnernetz** (EDV, Fernm) / local computer network ‖ **~e Schichtlücke** (Geol) / want n, nip n ‖ **~e Schleife** (Fernm) / local loop, home loop ‖ **~er Taktgeber** (EDV) / slave clock ‖ **~er Tastaturbetrieb** (EDV) / local keyboard operation ‖ **~e Variable** (EDV) / local variable* ‖ **~e Wechselwirkung** (Kernphys) / point interaction ‖ **~ zusammenhängender topologischer Raum** (Math) / locally connected topological space ‖ **~er Zustand** (eines Automaten) (EDV) / local state
**Lokal** n / premises pl ‖ **~-** (Math, Phys) / local adj ‖ **-analyse** f (Chem) / local analysis, point analysis ‖ **-anästhetikum** n (Mittel zur örtlichen Betäubung) (Pharm) / local anaesthetic, local anesthetic (US), topical anaesthetic, local n ‖ **-bahn** f (Bahn) / railway n (local), road n (US), railroad n (local) (US) ‖ **-betrieb** m (EDV) / local mode ‖ **-dosis** f (Radiol) / local dose ‖ **-element** n (sehr kleines Korrosionselement - DIN 50900, T 2) (Galv) / local cell, local-corrosion cell, local-action cell, microcell n ‖ **-elementkorrosion** f (Masch) / local-action corrosion ‖ **-elementtheorie** f (des Kornzerfalls) / noble carbide theory
**Lokalisation** f / localization* n, location n ‖ **~** (eines Hörereignisses nach DIN 1320) (Akus) / localization
**lokalisieren** v / localize v, locate v
**Lokalisierer** m (EDV) / locator n
**lokalisierte Bindung** (Chem) / localized bond
**Lokalisierung** f / localization* n, location n ‖ **~** (die Übersetzung eines Programms und seiner Dokumentation in eine andere Sprache einschließlich von Anpassungen an kulturelle Gepflogenheiten der Zielregion) (EDV) / localization n
**Lokalisierungskriterium** n (Chem) / localization criterion
**Lokal•korrosion** f (Galv) / localized corrosion, local corrosion ‖ **-sender** m (Radio) / local broadcasting station, local channel (station), regional transmitter ‖ **-tarif** m (im Fluggastverkehr) (Luftf) / local fare
**Lokant** m (ein Hilfsmittel in Form von Zahlen oder Buchstaben zur örtlichen Festlegung von Atomen und Bindungen in einem Molekül) (Chem) / locant n
**Lokao** n (ein Farblack aus den Rhamnus-Arten) / locao n, Chinese green, lokao n
**Lokation** f (Bohrloch; Stelle, wo gebohrt wird) (Erdöl) / location f
**Lokationsparameter** m (Stats) / location parameter, position parameter, parameter of position
**Lokomotivantrieb** m **mit Doppelmotor, Hohlachse und Zwischenfedern** (Bahn) / geared-quill drive
**Lokomotive** f (Bahn) / locomotive* n, loco n (GB), engine* n ‖ **dieselelektrische ~** (Bahn) / diesel-electric locomotive*, electro-diesel locomotive* ‖ **dieselhydraulische ~** (Bahn) / diesel-hydraulic locomotive* ‖ **elektrische ~** (Bahn, Eltech) / electric locomotive* ‖ **ferngesteuerte ~** (Bahn) / slave locomotive ‖ **feuerlose ~** (Bahn) / steam-storage locomotive, fireless locomotive, fireless engine ‖ **turboelektrische ~** (Bahn) / turbine-electric locomotive ‖ **~** f **mit Dieselmotor** (Bahn) / diesel locomotive* ‖ **~ mit Reibungs- und Zahnstangenantrieb** (Bahn) / rack-rail locomotive, rail locomotive
**Lokomotiv•führer** m (Bahn) / engine-driver n, engineer n (US) ‖ **-kastengerippe** n (Bahn) / locomotive framing, locomotive body frame ‖ **-kessel** m (Masch) / locomotive boiler* ‖ **-leerfahrt** f (Bahn) / light-engine running ‖ **-magnet** m (Bahn) / locomotive inductor, locomotive magnet ‖ **-reparaturwerk** n (Bahn) / back shop ‖ **-rundschuppen** m (Bahn) / roundhouse n (US) ‖ **-schuppen** m (Bahn) / engine shed, engine house, locomotive shed ‖ **-zug** m (Bahn) / light engine

**Loktalsockel** m (ein 5- bis 8poliger Röhrensockel) (Eltronik) / loktal base*, octal base
**Lokzug** m (Bahn) / light engine
**Löllingit** m (Arseneisen) (Min) / löllingite* n, loellingite* n
**Lomer-Versetzung** f (ein Versetzungstyp) (Krist) / Lomer dislocation
**LON** n (EDV) / local operating network, LON
**Londoner Smog** (Konzentration und teilweise Oxidation des Schwefeldioxids zu Schwefeltrioxid und Schwefelsäure) (Umwelt) / London smog
**London-Kräfte** f pl (Dispersionskräfte nach Fritz London, 1900-1954) (Kernphys) / London forces*, London dispersion forces, dispersion forces*
**London-Krumpf** m (Tex) / London-shrunk n
**Londonsch•e Eindringtiefe** (Eltronik) / London penetration depth ‖ **-er Parameter** (in der Theorie der Supraleitfähigkeit) (Eltronik) / London penetration depth
**London-shrunk** n (ein spezielles Dekatierverfahren auf Maschinen mit durchlöcherten Trommeln, die den Dampfdurchtritt auf die Ware ermöglichen) (Tex) / London-shrunk n
**Long-Boom-Satellit** m (Raumf) / long-boom satellite
**Longifolen** (ein weit verbreitetes Pflanzen-Sesquiterpen) (Chem) / longifolene n
**longitudinal** adj / longitudinal adj ‖ **~e Masse** (Masseveränderlichkeit) (Phys) / longitudinal mass ‖ **~e Relaxation** (Kernphys, Mag) / spin-lattice relaxation, longitudinal relaxation ‖ **~e Welle** (DIN 1311, T 4) (Phys) / longitudinal wave*
**Longitudinal•prüfung** f (EDV) / longitudinal redundancy check (LRC), longitudinal check, block check ‖ **-schwingung** f (Mech) / longitudinal vibration ‖ **~- bzw. Transversalverfahren** n (Lichtton) (Akus) / variable-area recording ‖ **-welle** f (Phys) / longitudinal wave*
**Longleaf-pine** f (eine nordamerikanische Kieferart) (For) / longleaf pine, long-leaved pine, Southern pine
**Long-Leasing** n (mit einer durchschnittlichen Vertragsdauer von zehn Jahren und mehr) / long-term lease
**Long-line-Effekt** m (bei einem Oszillator) (Bau, Zimm) / long-line effect*
**Long-Range-Kopplung** f (Spektr) / long-range coupling
**Longton** f (eine veraltete Masseneinheit = 2240 lb) (Bergb, Schiff) / long ton*, ltn, gross ton
**Lontaropalme** f (Borassus flabellifer L.) (For) / palmyra n
**Lontaropalmenfaser** f / palmyra fibre
**Look** m (Tex) / look n
**Look-ahead** n (EDV) / look-ahead n
**Look-Through-Cache** m (EDV) / look-through cache
**Loom-Winder** m (Web) / loom winder
**Loop** m (EDV) / program loop ‖ **~** (Math) / loop n ‖ **~** (geschlossener Kreislauf in einem Kernreaktor) (Nukl) / loop n ‖ **heißer ~** (wenn der Kreislauf durch den Reaktorbereich geht) (Nukl) / hot loop, active loop ‖ **kalter ~** (wenn es sich um einen Test außerhalb des Reaktors handelt) (Nukl) / cold loop ‖ **-antenne** f (Radio) / frame antenna*, loop antenna*, loop n, coil antenna* ‖ **-garn** n (Effektzwirn mit Schleifencharakter) (Spinn) / loop yarn*
**Looping** m (eine Kunstflugfigur) (Luftf) / loop* n, looping n ‖ **~ aus dem Rückenflug** (Luftf) / inverted loop*, outside loop*
**Loparit** m (ein Perowskit mit bis 34% Ce und 10% Nb) (Min) / loparite* n
**Lophophorin** n (giftiges Lophophora-Alkaloid) (Chem, Pharm) / lophophorine n
**Lopolith** m (Pluton von schüssel- bis trichterartiger Form) (Geol) / lopolith n
**Lorac-System** n (Nav, Radar) / loran-C n, Lorac n, Cytac n, lorac n (long-range accuracy radar system)
**Loran, [Standard-]~** (ein Hyperbel-Navigationsverfahren hoher Genauigkeit zur Weitbereichsnavigation) (Nav, Radar) / loran n (long-range navigation) ‖ **~ C** n (Unterschiede gegenüber dem Standard-Loran: Verringerung der Frequenz auf 100 kHz, Vergrößerung des Abstandes Hauptstation-Nebenstation bis zu 2800 km) (Nav, Radar) / loran-C n, Lorac n, Cytac n, lorac n (long-range accuracy radar system)
**Lorbeerbaum** m (Laurus L.) (For) / laurel n
**Lorbeerkernfett** n / bayberry wax, bayberry tallow, laurel wax, myrtle wax, myrica tallow
**Lorbeerkirsche, Portugiesische ~** (Prunus lusitanica L.) (For) / Portugal laurel
**Lorbeeröl** n / sweet bay oil, volatile laurel oil, bay laurel oil
**Lorbeerwachs** n / bayberry wax, bayberry tallow, laurel wax, myrtle wax, myrica tallow
**Lorbeerwald** m (ein subtropischer Regenwald) (For) / laurel forest, laurisilva n
**Lordosenstütze** (zur Sitzformanpassung) (Kfz) / lumbar support
**Lore** f (HuT) / bogie* n, trolley n, bogie truck*

**Lorentz-Drift**

**Lorentz•-Drift** f (nach H. A. Lorentz, 1853-1928) (Eltronik) / transversal sweep-out ‖ ≈**-Eichung** f (wichtigste Eichung der elektrodynamischen Potentiale) (Phys) / Lorentz gauging ‖ ≈**-Gas** n (als Modell für kinetische Berechnungen gewähltes Gasgemisch) (Elektr) / Lorentz gas ‖ ≈**-Gruppe** f (von Transformationen) (Math) / Lorentz group ‖ **homogene** ≈**-Gruppe** (Math) / homogeneous Lorentz group ‖ **inhomogene** ≈**-Gruppe** (Math) / Poincaré group, inhomogeneous Lorentz group ‖ ≈**-invariante Mechanik** (Mech) / Lorentz-invariant mechanics ‖ ≈**-Invarianz** f (unter Lorentz-Transformationen) (Phys) / Lorentz invariance ‖ ≈**-Kontraktion** f (Phys) / Lorentz contraction*, FitzGerald-Lorentz contraction*, Lorentz-FitzGerald contraction* ‖ ≈**-Kraft** f (magnetische Kraft auf eine sich mit der Geschwindigkeit v im Magnetfeld B bewegende Ladung q) (Phys) / Lorentz force*, force on a moving charge* ‖ ≈**-Lorenz-Gleichung** f (dielektrische Polarisation) (Phys) / Lorentz-Lorenz equation* ‖ ≈**-Profil** n (Spektr) / Lorentzian line, Lorentzian profile ‖ ≈**-Transformation** f (Umrechnungsbeziehung zwischen den Raum- und Zeitkoordinaten zweier gleichförmig zueinander bewegter physikalischer Bezugssysteme) (Phys) / Lorentz transformation* ‖ ≈**-Verbreiterung** f (der Spektrallinie nach dem Zusammenstoß mit einem fremdartigen Atom) (Spektr) / Lorentz broadening

**Lorenz•-Konstante** f (nach L.V. Lorenz, 1829-1891) (die Proportionalitätskonstante im Wiedemann-Franzschen Gesetz) (Wärm) / Lorenz number ‖ ≈**-Kurve** f (welche die Konzentration einer wirtschaftlichen Einheit relativ zu einer anderen charakterisiert) (Stats) / Lorenz curve

**Lorenzsches Gesetz** (Wärm) / Wiedemann-Franz law, Lorenz relation, Wiedemann-Franz ratio (the quotient of the thermal conductivity by the electric conductivity), Wiedemann, Franz and Lorenz'law

**Lorenz-Zahl** f (die Proportionalitätskonstante im Wiedemann-Franzschen Gesetz) (Wärm) / Lorenz number

**Lorikal-Gerbung** f (mit Fettalkoholsulfaten) (Leder) / Lorikal tanning

**Lorin-Rohr** n (Luftf) / athodyd n, ramjet* n, aerothermodynamic duct, ramjet engine, Lorin duct, flying stovepipe

**Lorin-Triebwerk** n (Luftf) / athodyd n, ramjet* n, aerothermodynamic duct, ramjet engine, Lorin duct, flying stovepipe

**LOS** (Chem) / lipooligosaccharides n pl

**Los** n (For) / parcel* n ‖ ≈ (Anteil oder Mehrfaches einer durch Bedarfsermittlung festgelegten Menge, aus der ein Fertigungsauftrag entsteht) (F.Org) / lot n, batch n, run n

**Los-Angeles-Smog** m (Umwelt) / photochemical smog, Los Angeles smog

**lösbar** adj (Boden) / diggable adj ‖ ~ (Verbindung) (Masch) / detachable adj, separable adj ‖ ~ (Math) / soluble adj, resolvable adj, solvable adj ‖ ~**e Gleichungen** (Math) / consistent equations*, compatible equations* ‖ ~**es Gleichungssystem** (Math) / consistent equations*, compatible equations*

**losbinden** v / untie vt, unfasten vt

**Losblattstuhl** m (Web) / loose-reed loom

**Losbrechen** n (Zustand einer Maschine in dem Augenblick, in dem sie vom Stillstand aus beginnt sich zu drehen - DIN 42005) (Masch) / breakaway n

**Losbrechmoment** n (des Stoßdämpfers) (Kfz) / initial friction, starting friction

**Lösch•anlage** f (Kokerei) / quenching plant ‖ ≈**bank** f (ein Trog aus Holz oder Stahlblech zum Löschen des Kalks) (Bau) / slaking box

**löschbar** adj (Akus, EDV) / erasable adj ‖ ~**es PROM** (zwar umprogrammierbar, aber nicht beliebig oft) (EDV) / erasable PROM, read-mostly memory, erasable programmable ROM, electrically alterable ROM, erasable programmable read-only memory*, EPROM*, RMM

**Lösch•becken** n (Bau) / slaking basin ‖ ≈**blechkammer** f (eine Lichtbogenlöschkammer) (Eltech) / metal plate chamber ‖ ≈**boje** f (weit vom Ufer entfernte in großer Wassertiefe verankerte Spezialboje, die Schlauchanschlüsse zur Ladungsübergabe hat) (Schiff) / offshore buoy ‖ ≈**boot** n (Schiff) / fire-boat n ‖ ≈**drossel** f (Eltech) / arc-suppression coil*, arc suppressor*, Petersen coil*, Petersen earth coil, earthing reactor, arcing-ground suppressor*

**Lösche** f (Bergb) / slack n

**Löscheinrichtung** f (z.B. zur Lichtbogenlöschung) (Eltech) / quench* n

**löschen** v (Feuer, Licht) / put out v, extinguish v ‖ ~ (Patent) / cancel v ‖ ~ (mittels Gleichstromsättigung) (Akus) / wash out v, wipe-out v ‖ ~ (Aufber, Eltech, Nukl) / quench v ‖ ~ (Kalk) (Bau) / slake v, slack v ‖ ~ (Druck) / kill* v, delete v ‖ ~ (eine Eintragung in der Datenbank) (EDV) / cancel (CNCL) v (information), delete (DEL) v, CNL, erase v ‖ ~ (DIN 9757) (EDV) / clear* v, erase* v, purge v ‖ ~ (Schiff) / discharge v, unload v/i ‖ ~ (Koks) / quench ‖ **naß** ~ / quench wet, quench by water ‖ **teilweise** ~ (Schiff) / lighten v ‖ ≈ n / extinction n, extinguishing n ‖ ≈ (Aufber, Eltech, Nukl) / quenching* n ‖ ≈ (von Kalk) (Bau) / slaking* n, slacking n ‖ ≈ (EDV) / cancellation n, deletion n ‖ ≈ (DIN 9757) (EDV) / clearing n, erasure n ‖ ≈

**Bezugszahl** (EDV) / Set indicator off, SETOF ‖ ≈ n **der laufenden Zeile** (EDV) / current-line deletion ‖ ≈ **einer Zeile** (EDV) / line deletion ‖ ≈ **mittels Gleichstromsättigung** (Akus) / wash-out n, wipe-out n ‖ ≈ **von Daten auf temporär belegten Speichermedien** (EDV) / sanitation n, sanitizing n, scrubbing n

**löschendes Lesen** (EDV) / destructive read-out*, destructive read-out operation, destructive read operation, DRO, DR

**Löscher** m (Chem, Spektr) / quencher n

**Lösch•fahrzeug** n / appliance n (GB), fire-engine n ‖ ≈**funkenstrecke** f (Eltech) / quenched spark gap* ‖ **kaskadische** ≈**funktion** / cascading deletes (feature of procedural RI to delete all child records if a parent record is deleted) ‖ ≈**grube** f (Bau) / limepit n, slaking pit ‖ ≈**hafen** m (Schiff) / port of discharge, port of unloading ‖ ≈**kalk** m (Kalziumhydroxid) (Bau) / slaked lime, hydrated lime*, hydralime n, hydrate of lime* ‖ ≈**kammer** f (zur räumlichen Begrenzung und Löschung von Schaltlöschbogen) (Eltech) / arc chute (US), arc-extinguishing chamber, quenching chamber, explosion pot* ‖ ≈**kondensator** m (Eltech) / surge-absorbing capacitor ‖ ≈**kopf** m (des Magnettongerätes) (Akus, Mag) / erase head*, erasing head ‖ ≈**kopf** (Schiff) / discharging pier head ‖ ≈**lasche** f (Akus, Mag) / break-out lug

**Loschmidt-Konstante** f (nach J. Loschmidt, 1821-1895) (= (2,68763 +- '10) · $10^{25}$ m$^{-3}$) (Phys) / Loschmidt number*, Loschmidt's constant

**Lösch•mittel** n / extinguishing agent ‖ ≈**mittel** (für Sicherungen) (Eltech) / arc-extinguishing medium (of a fuse) ‖ **festes** ≈**mittel** (sehr oft NaCl + NaHCO$_3$) / dry chemical (for fire fighting), dry powder ‖ ≈**papier** n (Pap) / blotting-paper* n ‖ ≈**pulver** n (sehr oft NaCl + NaHCO$_3$) / dry chemical (for fire fighting), dry powder* ‖ ≈**rohr** n (Eltech) / expulsion arrester, expulsion-type arrester ‖ ≈**rohr** (Eltronik) / protector n, protector tube, muffler n (US) ‖ ≈**rohrableiter** m (Eltech) / expulsion arrester, expulsion-type arrester ‖ ≈**rohrsicherung** f (Eltech) / expulsion fuse* ‖ ≈**schaum** m (emulsionartiges Löschmittel, das aus Wasser, Gas- oder Luftbläschen und einem Schaumstabilisator besteht) / fire foam* ‖ ≈**schlauch** m / fire hose ‖ ≈**schutzlasche** f (Film) / erasure-prevention tab ‖ ≈**spannung** f (am Ableiter) (Eltronik) / extinction voltage*, extinction potential* ‖ ≈**spule** f (Eltech) / blow-out coil* ‖ ≈**taste** f (EDV) / erase key ‖ ≈**trog** m (Gieß) / bosh n

**Löschung** f (des Feuers) / extinction n, extinguishing n ‖ ≈ (Aufber, Eltech, Nukl) / quenching* n

**Löschungshafen** m (Schiff) / port of discharge, port of unloading

**Lösch•wagen** m (des Verkokungsofens) / coke-quenching car, quencher car, quenching car ‖ ≈**wasser** n / water for fire-fighting purposes, fire-extinguishing water ‖ ≈**wasserentnahmestelle** f (abhängige, unabhängige, erschöpfliche, unerschöpfliche) / water-supply point (suitable for the drawing of water for fire-fighting purposes) ‖ ≈**wasserteich** m (Wasserb) / fire pond ‖ **unabhängige** ≈**wasserversorgung** (Wasserb) / non-piped water supply ‖ **abhängige** ≈**wasserversorgung** (Wasserb) / piped-water supply ‖ ≈**zeichen** n (EDV) / cancel character, CAN, erase character, delete character, DEL, rub-out character ‖ ≈**zeit** f (bei Geigerzählern) (Nukl) / quench time*

**lose** adj / slack adj ‖ ~ (Geol) / incoherent adj, loose adj ‖ ~ (Narben) (Leder) / pipy adj, pipey adj, empty adj ‖ ~**r Ast** (For) / loose knot, dead knot ‖ ~**r Ast** (For) s. auch Schwarzast ‖ ~ **aufschütten** (HuT) / bulk v ‖ ~ **Bandlage** (Mag) / slackening of the tape ‖ ~ **Erzstücke** (an der Erdoberfläche) (Geol) / float ore, float* n, floater n, float mineral ‖ ~**r Flansch** (Masch) / loose flange, slip-on flange ‖ ~**s Gewebe** (Tex) / open fabric, open weave, loosely woven fabric ‖ ~ **gewickelte Rolle** (Druck, Pap) / slack roll ‖ ~ **Glaswolle** (nach dem Schleuderverfahren hergestelltes Material aus Glasfasern) (Glas) / loose wool, short fibre, glass wadding ‖ ~**r Grobzuschlagstoff** (HuT) / open-graded aggregate ‖ ~ (unterkritische) **Kopplung** (Eltech) / loose coupling*, weak coupling* ‖ ~ **Ladung** (Schiff) / break bulk, break-bulk cargo ‖ ~ **Milch** (Nahr) / bulk milk ‖ ~ **Riemenscheibe** (Masch, Mech) / loose pulley* ‖ ~ **Rolle** (des Flaschenzugs) (Masch, Mech) / loose pulley, idler pulley, floating pulley (US) ‖ ~**s Schleifmittel** (Masch) / loose abrasive ‖ ~ **Teil** (Gieß) / loose piece* ‖ ~ **Verkettung** (bei Transferstraßen) (F.Org, Masch) / loose interlinking ‖ ~ **Verlegung** / loose laying ‖ ~ **Wärmeisolierschüttung** (Bau) / granular-fill insulation ‖ ~ **werden** / loosen vi

**Lose** f (eines Kabels) (Kab) / slack n ‖ ~ (Masch) / backlash* n, play* n, free play, lash n (US)

**Losearbeit** f **in der Kohle** / coal getting

**Loseblatt•-** (Buchb) / loose-leaf attr ‖ ≈**ordner** m (Buchb) / loose-leaf binder

**Löse•fähigkeit** f (Chem) / dissolving capacity, solvent power, solubilizing power, dissolving power, solvency n ‖ ≈**fraktionierung** f (Chem Verf) / extraction fractionation

**Los, optimale** ≈**größe** (F.Org) / optimal lot size

**Lösemittel** n (Chem) / solvent* (solv) n ‖ **mittelflüchtiges** ≈ (DIN 53170) (Chem) / medium-volatile solvent ‖ **nichtwäßriges** ≈ (Chem) / non-aqueous solvent* ‖ **organisches** ≈ (Chem) / organic solvent ‖

**technisches ~** (Chem) / technical-grade solvent ‖ **wäßriges ~** (Chem) / aqueous solvent ‖ **~entfettung** f (Anstr, Chem) / solvent degreasing ‖ **~frei** adj / solvent-free adj, solventless adj ‖ **~gemisch** (Anstr, Chem) / solvent mixture, mixed solvent ‖ **~kombination** f (Chem) / solvent combination ‖ **~löslicher Farbstoff** (Tex) / solvent-soluble dyestuff ‖ **~rückgewinnung** f (Chem Verf) / solvent recovery ‖ **~rückstand** m (Chem) / solvent residue ‖ **~vergiftung** f (Chem, Med) / poisoning by solvents

**lösen** v / untie vt, unfasten vt ‖ ~ / loosen vt ‖ ~ (eine Klebeverbindung) / disbond vt, cleave v (a bond) ‖ ~ (ein HHO) / unclamp v ‖ ~ (Bremse) (Bahn, Kfz, Masch) / release v ‖ ~ (Kohle) (Bergb) / break down v, cut v, dig v, hew v ‖ ~ (z.B. festsitzende Schliffpaare) (Chem, Glas) / loose v ‖ ~ (feste Stoffe oder Gase in einer Flüssigkeit zergehen lassen) (Chem, Phys) / dissolve v, bring into solution ‖ ~ (Masch) / disengage v, throw out v ‖ **sich ~** / loosen vi ‖ **sich ~** (eine Klebeverbindung) / disbond vi ‖ **sich ~** (Naht) / come open v ‖ **sich schalenförmig ~** (Gestein aus dem Streckenstoß) (Bergb) / slab v ‖ ~ n (Chem, Phys) / dissolution* n ‖ ~ (Geol) / parting n ‖ ~ (einer Differentialgleichung) (Math) / solution n, solving n, integration n ‖ ~ **der Schrauben** (Bergb) / back-off* n ‖ ~ **von Schichten** / ply separation

**Löser** m (Chem) / solvent* (solv) n ‖ ~ (ein Rührwerk zum Aufschluß bzw. Mischen von bildsamen Rohstoffen, Massekuchen, Glasuren usw.) (Keram) / mixer n, stirrer n

**Losetransport** m (von Schüttgütern) / bulk conveying

**Löse•vermittler** m (Chem) / solubilizer n, solutizer n, solvent assistant, solution assisant ‖ **~vermögen** n (eines Lösungsmittels) (Chem) / dissolving capacity, solvent power, solubilizing power, dissolving power, solvency n ‖ **~walzwerk** n (Hütt) / bar loosening reeler ‖ **~wärme** f (Chem) / heat of solution* ‖ **~zeit** f (z.B. bei einem Schraubstock) (Werkz) / release time

**Los•flansch** m (Masch) / loose flange, slip-on flange ‖ **~füller** m (bei festen Losgrößen) (F.Org) / float n ‖ **~größe** f (nach kapazitiv und/oder wirtschaftlichen Gesichtspunkten ermittelte Menge an Material oder Erzeugnissen, die zu beschaffen oder zu produzieren sind) (F.Org) / lot size, batch size ‖ **kleine ~größe** (F.Org) / short run ‖ **~größenoptimierung** f (F.Org) / lot-size optimization ‖ **~hieb** m (For) / severance felling ‖ **~holz** n (bei Fenstern feststehender, waagrecht durchlaufender Riegel zwischen oberen und unteren Flügeln) (Tischl) / transom* n, sash bar* ‖ **~kitten** v (Linsen) (Opt) / deblock v ‖ **~klopfeisen** (Gieß) / rapping iron ‖ **~klopfen** v (Modell) (Gieß) / rap v ‖ **~klopfen** f (des Modells) (Gieß) / rapping* n ‖ **~kuppeln** v (Masch) / disengage v, throw out v ‖ **~lassen** v (Taste) / release v

**löslich** adj (Chem) / soluble adj, solvabel adj ‖ **in organischen Lösungsmitteln** (Chem) / organosoluble adj ‖ **leicht ~** (Chem) / readily soluble ‖ **nicht in Wasser ~** (Chem) / water-insoluble adj ‖ **schwach ~** (Chem) / sparingly soluble, slightly soluble ‖ **schwer ~** (Chem) / sparingly soluble ‖ **~er Antigen-Antikörper-Komplex** (Biochem) / soluble complex* ‖ **~es Gestein** (Geol) / soluble rock ‖ **~ in Lösungen mit demgleichen pH-Wert** (Chem) / isodisperse* adj ‖ **~es Öl** (Chem) / soluble oil ‖ **~e Stärke** (Chem) / soluble starch

**Löslichkeit** f (Chem) / solubility* n ‖ **gegenseitige ~** (Chem) / mutual solubility ‖ **~ f im festen Zustand** (Chem, Phys) / solid solubility*

**Löslichkeits•gleichgewicht** n (Chem) / solubility equilibrium ‖ **~koeffizient** m (Maß für die Löslichkeit eines Gases in einer Flüssigkeit) (Chem, Phys) / solubility coefficient ‖ **~kurve** f (Chem) / solubility curve* ‖ **~linie** f (Hütt, Phys) / solvus n, solvus line ‖ **~parameter** m (Chem) / solubility parameter ‖ **~produkt (L)** n (ein Spezialfall des Ionenprodukts) (Chem) / solubility product* ‖ **~verhalten** n (Chem, Phys) / solubility behaviour ‖ **~verminderung** f (durch Anwesenheit eines Elektrolyten mit gleicher Ionenart) (Chem) / common ion effect

**losmachen** v / loosen vt ‖ **sich ~** / loosen vi

**losnarbig** adj (Leder) / pipy adj, pipey adj, empty adj

**Los•rad** n (des Schaltmuffengetriebes) (Kfz) / idler n, idler gear ‖ **~reißung** f (eines Stückes Boden) (Geol) / avulsion n

**Löss** m (Geol) / loess* n, löss* n

**Löß** m (gelbes bis gelbgraues, poröses, zerreibliches, äolisches Staubsediment) (Geol) / loess* n, löss* n ‖ **~bildung** f (Geol) / loessification n

**Los•scheibe** f (Masch, Mech) / loose pulley* ‖ **~schlageisen** n (Gieß) / rapping iron ‖ **~schlagen** v (Modell) (Gieß) / rap v ‖ **~schlagen** n (des Modells) (Gieß) / rapping* n ‖ **~schrauben** v (Hütt) / quench ageing ‖ **~schrauben** n (Bergb) / back-off* n

**Lossen-Abbau** m (nach W.C. Lossen, 1838 - 1906) (Chem) / Lossen degradation

**Löß•kindel** n (bizarre Kalkkonkretion in tieferen Teilen des Lößprofils) (Geol) / loess kindchen, loess doll ‖ **~männchen** n (Geol) / loess kindchen, loess doll ‖ **~puppe** f (Geol) / loess kindchen, loess doll

**Los•teilung** f / lot splitting ‖ **~turbine** f (Luftft) / free turbine* ‖ **~umfang** m (F.Org) / lot size, batch size

**Lösung** f (von Malz) (Brau) / modification n ‖ ~ (Chem) / solution* n ‖ ~ (Tätigkeit) (Chem, Phys) / dissolution* n ‖ ~ (Masch) / disengagement n, disconnection n, release n ‖ ~ (einer Gleichung) (Math) / solution n, root n ‖ **0,1ⁿ-~** (Chem) / decinormal solution ‖ **alkalische ~** (Chem) / alkaline solution* ‖ **allgemeine ~** (bei den Differentialgleichungen) (Math) / complete primitive*, general integral*, general solution*, primitive n ‖ **analytische ~** (in der technischen Mechanik) (Mech) / analytical solution ‖ **atmende ~** (pulsierende Zweisolitonenlösung) (Phys) / breather solution ‖ **binäre ~** (Chem) / binary solution ‖ **Clericische ~** (Mischung von Thalliummalonat und Thalliumformiat) (Chem) / clerici solution, Clerici solution ‖ **echte ~** (Chem) / true solution ‖ **eingeschleppte ~** (bei der elektrolytischen Abscheidung) (Eltech) / drag-in n ‖ **einnormale ~** (Chem) / normal solution*, N solution (containing one gram equivalent per litre) ‖ **Fehlingsche ~** (Kupfersulfat- oder -tartratlösung) (nach H. v. Fehling, 1811-1885) (Chem) / Fehling's solution*, Fehling's reagent ‖ **feste ~** (Mischkristalle oder Legierungen) (Chem, Phys) / solid solution*, SS, crystalline solution ‖ **ganzzahlige ~** (Math) / integer solution ‖ **gesättigte ~** (Chem) / saturated solution* ‖ **grafische ~** (Math) / graphic solution ‖ **Hainesche ~** (zum Nachweis von Zuckern) (Chem) / Haine reagent ‖ **Hayemsche ~** (nach G. Hayem, 1841-1933) (Chem) / Hayem's solution ‖ **ideale ~** (Chem) / ideal solution ‖ **interstitielle ~** (eine Klasse von festen Lösungen bzw. Mischkristallen) (Chem) / interstitial solution ‖ **molale ~** (Chem) / molal solution ‖ **molare ~** (Chem) / molar solution, M solution ‖ **Müllers ~** (ein Fixiermittel) (Mikros) / Müller's fluid ‖ **1-n-~** (Chem) / normal solution*, N solution (containing one gram equivalent per litre) ‖ **neutrale ~** (mit pH 7) (Chem) / neutral solution* ‖ **nichtwäßrige ~** (Chem) / non-aqueous solution ‖ **Preglsche ~** (nach F. Pregl, 1869-1930) (Chem) / Pregl's solution ‖ **reale ~** (Chem) / non-ideal solution ‖ **Sargents ~** (Galv) / Sargent bath ‖ **saure ~** (Chem) / acid solution* ‖ **singuläre ~** (eines Differentialgleichungssystems) (Math) / singular solution* ‖ **strenge ~** (Chem) / exact solution ‖ **triviale ~** (Math) / trivial solution ‖ **übersättigte ~** (Chem) / supersaturated solution ‖ **übersaure ~** (wenn a_H größer ist als 1) (Chem) / superacid solution* ‖ **ungesättigte ~** (Chem) / non-saturated solution ‖ **verdünnte ~** (Chem) / dilution n ‖ **volumetrische ~** (Chem) / volumetric solution (VS)* ‖ **wäßrige ~** (Chem) / aqueous solution ‖ **wäßrige ~ des Waschmittels** (Tex) / washing liquor ‖ **Webstersche ~** (hochbrechende Einbettungsflüssigkeit) (Min) / Webster solution ‖ **wertstoffhaltige ~** (Aufber, Chem Verf) / pregnant solution ‖ **zehntelnormale ~** (Chem) / decinormal solution ‖ **zeichnerische ~** (Math) / graphic solution ‖ **zulässige ~** (Math) / feasible solution ‖ **~ f der zugehörigen homogenen Differentialgleichung** (Math) / complementary function*

**Lösungs•abbau** m (Bergb) / solution mining* ‖ **~anode** f / soluble anode ‖ **~baum** m (Lösungsgraf mit Baumstruktur) (EDV) / solution tree ‖ **~benzin** (ein Verschlütter nach DIN 51630) (Anstr) / mineral spirits, petroleum spirit (GB), mineral solvent ‖ **~chemie** f (Chem) / solution chemistry ‖ **~druck** m (Chem) / solution pressure ‖ **~elektrode** f (in einem Elektrolyten) / soluble anode ‖ **~enthalpie** f (Chem) / enthalpy of solution ‖ **~fest abgepackte Entwicklungssubstanz** (Foto) / dry developer ‖ **~formel** f (Math) / solution formula ‖ **~fraktionierung** f (Chem Verf) / extraction fractionation ‖ **~glühen** n (Beseitigung von Ausscheidungen) (Hütt) / solution heat treatment*, solution treatment, solution annealing ‖ **~graf** m (vom Startknoten bis zum Endknoten) (EDV) / solution graph ‖ **~hilfsmittel** n (Chem) / solvent assistant, solvent auxiliary ‖ **~hohlraum** m (Geol) / solution cavity ‖ **~keramik** f (dünne Silikatschutzschichten) / solution ceramics (a metal-salt solution applied to a surface which is converted to a ceramic or glassy coating when a flame is sprayed over the coated surface or the solution is sprayed on a hot surface, or both) ‖ **~konzentration** f (Brau, Chem) / solution strength ‖ **~kristallisation** f (aus Lösungen) (Chem) / crystallization from solution ‖ **~kurve** f (Math) / integral curve, solution curve ‖ **~matrix** f (Math) / solution matrix ‖ **~menge** f (Math) / set of solutions

**Lösungsmittel** n (DIN 53945) (Anstr) / solvent* n ‖ ~ (beim Laugen) (Aufber) / barren n ‖ ~ (Chem) / solvent* (solv) n ‖ **deuteriertes ~** (Spektr) / deuterated solvent ‖ **dipolares ~** (Chem) / dipolar solvent ‖ **fluorhaltiges ~** / fluorinated solvent ‖ **gemischtes ~** (Anstr, Chem) / solvent mixture, mixed solvent ‖ **hochsiedendes ~** (Chem) / high-boiling solvent, high boiler ‖ **in organischen ~n löslich** (Chem) / organosoluble adj ‖ **inaktives ~** (Anstr, Chem) / non-solvent n ‖ **mit ~ verdünnt** (Anstr) / solvent-thinned adj ‖ **polares ~** (Chem) / polar solvent ‖ **protonisches ~** (Chem) / protonic solvent* ‖ **selektiv wirkendes ~** (Chem) / selective solvent ‖ **technisches (industrielles) ~** (Chem) / commercial solvent (of an average or inferior quality) ‖ **~ f mit großer Elutionsstärke** (Chem) / strong eluting solvent ‖ **~ n mit starker Elutionskraft** (Chem) / strong eluting solvent

**lösungsmittel • abhängig** *adj* (Chem) / solvent-dependent *adj* ‖
~**abstoßend** *adj* (Chem) / lyophobic *adj* (solvent-repelling) ‖
~**anziehend** *adj* (Chem) / lyophilic *adj* (solvent-attracting) ‖
~**beständig** *adj* (Chem) / resistant to solvents, fast to solvents ‖
~**beständigkeit** *f* (Chem) / solvent resistance ‖ ~**dämpfe** *m pl* (Chem, Med) / solvent vapours ‖ ~**echtheit** *f* (DIN 54023) (Chem) / fastness to solvents, solvent fastness, resistance to solvents ‖
~**entasphaltierung** *f* (Erdöl) / solvent deasphalting, solvent deresining ‖ ~**entfettung** *f* (Anstr, Chem) / solvent degreasing ‖
~**entparaffinierung** *f* (Erdöl) / solvent dewaxing ‖ ~**extraktion** *f* (Chem Verf) / liquid-liquid extraction*, solvent extraction ‖ ~**frei** *adj* / solvent-free *adj*, solventless *adj* ‖ ~**freie Lacke** (Anstr) / solventless coatings* ‖ ~**front** *f* (in der Chromatografie) (Chem) / solvent front, mobile phase front ‖ ~**gemisch** *n* (Anstr, Chem) / solvent mixture, mixed solvent ‖ ~**gerbung** *f* (Leder) / solvent tanning ‖ ~**käfig** *m* (Chem) / solvent cage ‖ ~**kleben** *v* (Chem) / solvent bonding, solvent cementing ‖ ~**klebstoff** *m* (DIN 16920) (Anstr) / solution adhesive, solvent adhesive, solvent-based adhesive ‖ ~**kombination** *f* (Chem) / solvent combination ‖ ~**raffinat** *n* (Chem) / solvate *n* ‖ ~**raffination** *f* (Erdöl) / solvent refining ‖ ~**rückgewinnung** *f* (Chem Verf) / solvent recovery ‖ ~**stärke** *f* (Chem) / solvent strength ‖ **am schwersten flüchtige Bestandteile bei der** ~**verdunstung** (Chem) / tails *pl* ‖
~**verfahren** *n* (Tex) / solvent processing* ‖ ~**vergiftung** *f* (Chem, Med) / poisoning by solvents ‖ ~**verschiebung** *f* (Spektr) / solvent shift
**Lösungs • -NMR-Spektroskopie** *f* (Spektr) / solution NMR spectroscopy, solution-state NMR ‖ ~**petroleum** *n* (DIN 51636) (Chem) / solvent kerosin ‖ ~**pfad** *m* (KI) / solution path ‖ ~**phase** *f* (Chem, Phys) / solution phase ‖ ~**polymerisation** *f* (Chem) / solvent polymerization, solution polymerization ‖ ~**raum** *m* (Math) / solution space ‖ ~**spektrum** *n* (Chem) / solution spectrum ‖
~**spinnverfahren** *n* (Spinn) / solution spinning ‖ **kritische** ~**temperatur** (Chem) / critical solution temperature*, (upper) consolute temperature, upper critical solution temperature ‖
~**tension** *f* (Chem) / solution pressure ‖ ~**vermittler** *m* (Chem) / solubilizer *n*, solutizer *n*, solvent assistant, solution assisant ‖
~**vermögen** *n* (Chem) / dissolving power, solvency *n* ‖ ~**wärme** *f* (Chem) / heat of solution* ‖ ~**weg** *m* (bei Problemen) (KI) / solution path
**loswickeln** *v* / reel off *v*, unreel *v*, uncoil *v*, unwind *v*, pay off *v*
**Lot** *n* (Schnur + Senkblei) (Bau) / mason's level, plummet level ‖ ~ (Metallegierungen oder Metalle, die zum Löten benutzt werden - DIN 8505) (Hütt) / solder* *n* ‖ ~ (Math) / perpendicular *n* ‖ ~ (Gerät zum Messen der Wassertiefe) (Schiff) / sounder *n*, sounding device ‖ ~ (Schiff, Verm) / lead *n* (led)*, sounding lead, sounding weight, plummet *n* ‖ **außer** ~ (Bau, Verm) / out-of-plumb *attr*, off plumb ‖ **hinteres** ~ (Schiff) / after perpendicular ‖ **vorderes** ~ (Schiff) / forward perpendicular, F.P. ‖ **zwischen den** ~**en** (Schiff) / between perpendiculars*, BP*
**Lot • abweichung** *f* (Bau, Verm) / deflection of the plumb bob line ‖
~**abweichung** *f* (Geol) / hade *n*, hading *n* ‖ ~**abweichung** *f* (Komplementärwinkel des Fallwinkels) (Geol) / hade *n* (the complement of the dip)
**Lötanschluß** *m* (die durch Löten hergestellt worden ist) (Eltronik, Klemp, Masch) / soldered joint, S.J., soldered connexion, soldered connection
**Lotauftrag- und -einebnungsverfahren** *n* (Eltronik) / solder-coater-levelling process, SCL process
**Löt • auge** *n* (Eltronik) / land *n*, pad *n*, soldering tag ‖ ~**augenloch** *n* (Eltronik) / landed hole ‖ ~**augenloses Loch** (Eltronik) / landless hole ‖
~**augenlose Schaltung** (Eltronik) / mini-pad circuit ‖ ~**augenmuster** *n* (auf gedruckten Schaltungen) (Eltech) / land pattern
**Löt • ausbreitungsprüfung** *f* (Eltronik, Klemp) / solder spread test ‖
~**ausbreitungstest** *m* (Lötbarkeitsprüfung) (Eltronik, Klemp) / solder spread test
**Lötbad** *n* (Klemp) / molten solder, solder bath
**Lotband** *n* (Masch) / strip solder
**lötbar** *adj* (Eltronik, Klemp, Masch) / solderable *adj*
**Lötbarkeit** *f* (DIN 8514, T 1) (Eltronik, Klemp, Masch) / solderability *n*
**Lotbenetzung** *f* (Klemp) / solder wetting
**lötbereite Lötpistole** (Eltronik, Klemp, Masch) / instant heat gun
**Löt • beständigkeit** *f* / solder resistance ‖ ~**blase** *f* (Eltronik, Klemp, Masch) / solder void
**Lotblei** *n* (Bau, Verm) / plumb-bob* *n*, plummet* *n*, plumb *n*
**Löt • bruch** *m* (als Endphase der Lötbrüchigkeit) (Hütt) / soldering fracture ‖ ~**brüchigkeit** *f* (Hütt, Schw) / liquid-metal embrittlement, LME, solder embrittlement ‖ ~**brüchigkeit durch Quecksilber** / mercury cracking ‖ ~**brückenbildung** *f* (Eltronik, Klemp, Masch) / solder bridging ‖ ~**brunnen** *m* (Kab) / jointing box, jointing chamber ‖ ~**draht** *m* / solder wire, soldering wire
**Lot • draht** *m* (der Lotmaschine) (Schiff) / sounding wire ‖ ~**ebene** *f* (Math) / perpendicular plane
**Löteignung** *f* (Eltronik, Klemp, Masch) / solderability *n*

**loten** *v* (mit dem Lotblei) (Bau) / plumb *v*, plumb down *v* ‖ ~ *n* (mit dem Lotblei) (Bau) / plumbing* *n* (down) ‖ ~ (Ozean) / sounding *n*
**Löten, bleifreies** ~ (Eltronik) / lead-free soldering ‖ ~ *v* (Eltronik, Klemp, Masch) / solder *v* ‖ **sich (gut)** ~ **lassen** (Klemp, Masch) / solder *vi* ‖ ~ *n* (DIN 8505) (Eltronik, Klemp, Masch) / soldering* *n* ‖ ~ (Klemp, Masch) s. auch Hartlöten und Weichlöten ‖ **durch** ~ **umschaltbar** (Eltronik) / solder-strappable *adj* ‖ ~ *n* **mit dem Lötkolben** (Klemp, Masch) / iron soldering, heated-bit soldering ‖ ~ **mit Schweißbrenner** (Klemp, Masch) / torch brazing*
**Lotfaden** *m* / plumbline* *n*, plummet *n*
**Löt • fahne** *f* (Eltech) / lug* *n*, soldering lug ‖ ~**fehler** *m* (DIN 8515, T 1) / soldering defect ‖ ~**fett** *n* (Klemp, Masch) / soldering paste, soldering grease ‖ **mit** ~**fett getränktes Kissen** (Tuch) (Klemp, Masch) / mole *n* ‖
~**fläche** *f* (Eltronik) / solder pad, footprint *n*
**Lotfolie** *f* / brazing alloy foil
**lötfrei** *adj* / solderless *adj* ‖ ~**e Anschlußtechnik (IDC)** (Eltronik) / insulation displacement connexion (IDC) ‖ ~**e Verbindung** (Eltronik) / solderless joint
**Lot • gerade** *f* (Bau, HuT) / plumb* *n* ‖ ~**gerade** (Math) / perpendicular *n*
**Lötglas** *n* (leichtschmelzendes, zum Löten geeignetes Glas) (Glas) / solder glass, glass solder
**Lötigkeit** *f* (Hütt) / fineness of silver
**Lotio** *f* (pl. -nes) (Pharm) / lotion *n*
**Lotion** *f* (Anreibung, Suspension oder Lösung von Arzneistoffen, die zur äußerlichen Anwendung dient) (Pharm) / lotion *n*
**lotisch** *adj* (stark bewegte Gewässer, Sturzbäche bewohnend) (Geol, Umwelt) / torrenticole *adj*, lotic *adj* ‖ ~ (Wasser) (Umwelt) / lotic *adj*
**Löt • kolben** *m* (Klemp) / soldering-iron* *n*, soldering-bit *n*, soldering copper ‖ ~**kontakt** *m* (Eltech) / solder contact, solder bond
**Lot • körper** *m* (beim Tiefseelot) (Ozean) / sinker *n* ‖ ~**körper** (des Handlots) (Ozean, Schiff) / lead-weight *n*
**Löt • lampe** *f* (Klemp) / blowlamp *n*, blowtorch *n* (US) ‖ ~**lappen** *m* (Klemp) / wiping cloth, pad *n*, mole *n*
**Lot • leine** *f* (Bau, Verm) / sounding line*, lead line ‖ **Markierung auf der** ~**leine** (Schiff) / mark *n*
**Lötleiste** *f* (Eltech) / tag block*
**lötlos • e Verbindung** (Eltronik) / solderless joint ‖ ~ **verdrahten** (Eltronik) / wrap *v*
**Lotlücke** *f* (beim Löten) (Eltronik, Masch) / skip *n*, non-wetted joint
**Löt • maschine** *f* / soldering machine ‖ ~**maske** *f* (Eltronik) / solder mask, solder resist ‖ **aufstreichbare** ~**masse** (Masch) / solder paint* ‖
~**metall** *n* (Hütt) / solder* *n* ‖ ~**mittelrückfluß** *m* / solder reflow ‖
~**mittelrückstände entfernen** (Eltronik) / deflux *v* ‖ ~**mittelschleuder** *f* (zur Entfernung von überschüssigem Lot) (Eltronik) / solder slinger ‖ ~**muffe** *f* (Kab, Klemp) / wiping gland ‖ ~**naht** *f* (Klemp, Masch) / soldered seam, soldering seam ‖ ~**tragbarer** ~**ofen** (Eltronik) / devil *n* ‖
~**öse** *f* (Eltronik) / soldering eye, soldering eyelet, eylet *n* ‖ ~**öse mit flachem Flansch** (Eltronik) / flat-flanged eyelet ‖ ~**öse mit trichterförmigem Flansch** (Eltronik) / funnel-flanged eyelet ‖
~**ösenleisten** *f pl* (Fernsp) / trunk frame terminal assembly* ‖ ~**pad** *n* (Anschlußfläche, speziell beim Verlöten oberflächenmontierter Bauteile, die häufig mit Bleizinn oder anderen Schutzschichten zum Erhalt der Lötfähigkeit versehen ist) (Eltronik) / land *n*, pad *n*, solder pad, soldering pad, terminal pad ‖ ~**paste** *f* (Klemp, Masch) / soldering paste, soldering grease ‖ ~**pastille** *f* (Eltronik) / solder preform, preform *n* ‖ ~**pistole** *f* / heat gun, soldering-gun *n* ‖ **lötbereite** ~**pistole** (Eltronik, Klemp, Masch) / instant heat gun ‖ ~**plattieren** *n* (Eltech, Hütt) / close plating* ‖ ~**pulver** *n* / solder powder ‖ ~**punkt** *m* / soldering point
**Lotpunkt** *m* (in einem Dreieck) (Math) / orthopole *n*
**lotrecht** *adj* (Bau, HuT) / plumb* *attr* ‖ ~**e Lage** (Bau, HuT) / plumbness *n* ‖ ~**e Richtung** (Bau, HuT) / plumbness *n* ‖ ~**e Schalbohlen** (mit Keilen gesichert, mit waagerechten Gurthölzern und Steifen abgestützt) (HuT) / poling boards* ‖ ~**starter** *m* (Luftf) / VTOL* *n*, VTOL plane, VTOL aircraft, vertical take-off and landing aircraft
**Löt • roboter** *m* / soldering robot ‖ ~**rohr** *n* (Chem) / blowpipe *n*, blowing-iron *n* ‖ ~**rohranalyse** *f* (Chem) / blowpipe (reaction) analysis ‖ ~**rohrprobierkunde** *f* (Chem) / blowpipe (reaction) analysis ‖ ~**schale** *f* (Klemp) / soldering pot ‖ ~**schleuder** *f* (Eltronik) / solder slinger
**Lotschnur** *f* / plumbline* *n*, plummet *n*
**Lötschweißen** *n* (Schw) / braze welding, weld brazing
**Lotse** *m* (Schiff) / pilot *n*, maritime pilot ‖ **empfangender** ~ (Luftf) / receiving controller ‖ **sendender** ~ (Luftf) / sending controller
**Lötseite** *f* (der Leiterplatte) (Eltronik) / bottom side, solder side, opposite side
**lotsen** *v* (Schiff) / pilot *v* ‖ ~**boot** *n* (Schiff) / pilot launch, pilot boat ‖
~**flagge** *f* (Schiff) / pilot flag ‖ ~**funk** *m* (Schiff) / pilot radio service ‖
~**gebühr** *f* (Schiff) / pilotage *n* ‖ ~**kunde** *f* (Schiff) / pilotage *n* ‖
~**treppe** *f* (Schiff) / pilot's ladder, storm ladder ‖ ~**tuch** *n* (Tex) / pilot-cloth *n* ‖ ~**wesen** *n* (Schiff) / pilotage *n*

**Löt•spalt** m (zwischen den zu lötenden Teilen) (Klemp) / close joint ‖ ⁓**spitze** f (Klemp) / soldering tip, soldering-iron tip
**Lot•spritzer** m (Eltronik, Klemp) / solder splatter, solder splash, blub of melted solder ‖ ⁓**stange** f (für flache Gewässer) (Ozean) / sounding rod, sounding stick
**Löt•stein** m (Masch) / soldering stone ‖ ⁓**stelle** f (Eltronik, Klemp, Masch) / soldered joint, S.J. ‖ ⁓**stelle** (bei Thermoelementen) (Masch) / junction n ‖ **kalte** ⁓**stelle** (Eltronik) / cold junction ‖ **heiße** ⁓**stelle** (Eltronik, Masch) / hot junction ‖ **kalte** ⁓**stelle** (ein Lötfehler) (Masch) / dry joint*, dry solder joint ‖ ~**stellenfreies Vielfach** (Eltronik) / solderless multiple ‖ ⁓**stift** m / soldering pin
**Lotstock** m (Ozean) / sounding rod, sounding stick
**Löt•stoppmaske** f (die die Leiterbahnen vor Korrosion und elektrischen Kurzschlüssen schützt) (Eltronik) / solder resist mask ‖ ⁓**streifenverbinder** m (Eltech) / tag block* ‖ ⁓**tablette** f (Eltronik) / solder preform, preform n ‖ ⁓**temperatur** f (Eltronik, Klemp, Masch) / soldering temperature
**Lotung** f (mit dem Lotblei) (Bau) / plumbing* n (down) ‖ ⁓ (Messen der Wassertiefe) (Ozean) / sounding n
**Lötung** f (Eltronik, Klemp, Masch) / soldering* n ‖ **aus der** ⁓ **gehen** (Eltronik, Klemp) / unsolder vi
**Lotusabbildung** f (Kart) / lotus projection
**Lötverbindung** f (die durch Löten hergestellt worden ist) (Eltronik, Klemp, Masch) / soldered joint, S.J., soldered connexion, soldered connection ‖ **[ineinander verspitzte]** ⁓ / taft joint*, finger-wiped joint ‖ ⁓ **abgeschrägter Enden** (Eltech) / scarfed joint*
**Lot•vorsprung** m (Lotbrückenbildung) (Eltronik) / solder projection ‖ ⁓**waage** f (Zimm) / carpenter's level, plumb and level (US)
**Löt•wasser** n (Klemp, Masch) / soldering fluid, soldering water, soldering solution, killed spirits of salts ‖ ⁓**zinn** n / solder tin
**Loughlinit** m (weiße seidige Fasern - dem Sepiolith nahe verwandt) (Min) / loughlinite* n
**Lounge** f (Bau, Luftf) / lounge n
**Love-Welle** f (eine Oberflächen-Erdbebenwelle, nach A.E.H. Love, 1863-1940, benannt) (Geophys) / Love wave, Q-wave n
**Lovibondsches Tintometer** (ein Farbmeßgerät) (Chem) / Lovibond tintometer*
**low** (Stellung des Wählhebels im automatischen Getriebe) (Kfz) / L ‖ ⁓**band-Verfahren** n (ein Signalaufbereitungsverfahren für Videobandgeräte) (Radiol) / low-band system ‖ ⁓**cost-Matrixdrucker** m (EDV) / low-cost matrix printer ‖ ⁓**-cycle-Versuch** m (WP) / low-cycle fatigue test
**Löweit** m (Natriummagnesiumsulfat) (Min) / löweite* n
**Löwenherzgewinde** n (mit Flankenwinkel 53° 8' - in der feinmechanischen und in der optischen Industrie) (Masch) / Lowenhertz thread, Delisle thread
**Löwenzahnwurzel** f (aus Taraxacum officinale Wiggers) (Pharm) / taraxacum n
**Low-expansion-Glas** n (ein Fotomaskenglas für hohe Qualitätsansprüche) (Glas) / low-expansion glass
**Lowitz-Bogen** m (eine Haloerscheinung - ein seitlicher Berührungsbogen) (Meteor) / Lowitz arc
**Low•-level-Formatierung** f (EDV) / low-level formatting ‖ ⁓**-level-Strahlung** f (Radiol) / low-level ionizing radiation ‖ ⁓**-profile-Harz** n (schwundarm härtendes Harz) (Plast) / low-profile resin ‖ ⁓**rider** m (extrem tiefergelegtes Fahrzeug im Custom-Look, das nur minimale Bodenfreiheit aufweist) (Kfz) / low rider
**Lowry-Methode** f (zur quantitativen Bestimmung von Proteinen und Enzymen) (Biochem) / Lowry method
**Low•-shrink-Harz** n (das beim Aushärtungsprozeß hinsichtlich Schwundarmut den Low-profile-Harzen unterlegen ist, diese jedoch, was die Einfärbbarkeit angeht, übertrifft) (Plast) / low-shrink resin ‖ ⁓**-Solids-Lack** m (mit geringem Festkörpergehalt) (Anstr) / low-solids paint ‖ ⁓**-spin-Komplex** m (in der Koordinationslehre) (Chem) / low-spin complex, inner orbital complex ‖ ⁓**-Velocity-Zone** f (Geol) / low-velocity zone
**loxodrom** adj / loxodromic adj, loxodromical adj ‖ **~er Weg** (Luftf, Nav, Schiff) / rhumb-line route, rhumb-line course, Mercator course
**Loxodrome** f (Linie auf der Kugel oder auf dem Ellipsoid, die alle Meridiane unter dem gleichen Winkel schneidet) (Nav) / rhumb-line* n, loxodrome n, line of constant bearing, isoazimuthal line, rhumb n
**Loxodromenkurs** m **über Grund** (Luftf, Nav) / rhumb-line course
**loxodromisch** adj / loxodromic adj, loxodromical adj
**LP** (Akus) / long-playing record, LP record, long play
**Lp** (Eltech, Pap) / lacquered paper, varnished paper
**LP-Beton** m (HuT) / air-entrained concrete
**LPCVD-Prozeß** m (eine Schichtabscheidung aus der Gasphase) (Galv) / low-pressure CVD
**LPDTL** (Eltronik) / low-power diode-transistor logic (LPDTL)
**L-Pegel** m (bei Verwendung binärer Signale, das Signal mit der niedrigsten Spannung) (Eltronik) / low level, L level

**LPG** (EDV) / report program generator (RPG), list program generator
**LPH** (Biochem) / lipotropin n, lipolytic hormone, lipotropic hormone, LPH
**LP-Harz** n (Plast) / low-profile resin
**λ-Plättchen** n (ein Phasenplättchen) (Min) / sensitive tint plate*, red I plate, full-wave plate, lambda plate
**λ/2-Plättchen** n (Opt) / half-wave plate*
**λ/4-Plättchen** n (Opt) / quarter-wave plate*
**LP-Mittel** n (Bau) / air-entraining agent*, air-entraining admixture, AEA
**L_{pp}** (Schiff) / length between perpendiculars*, L.B.P.
**L-Profil** n (Hütt) / L section
**LPS** (Chem) / lipopolysaccharide* (LPS) n
**LPS-Verfahren** n (Auftragen von metallischen oder nichtmetallischen Schichten durch thermische Spritzverfahren) / low-pressure spraying, LPS
**λ-Punkt** m (Chem, Phys) / lambda point* ‖ ~ (2,186 K) (Phys) / lambda point*
**LP-Zusatzstoff** m (DIN 1045) (Bau) / air-entraining agent*, air-entraining admixture, AEA
**Lr** (Chem) / lawrencium* n
**LR(k)-Grammatik** f (eine kontextfreie Grammatik, bei der die Entscheidung über die zielgerichtete Anwendbarkeit einer Regel nur von den bereits verarbeiteten und k folgenden Kontextzeichen abhängt) (EDV) / LR grammar
**L-Ring** m (eine Kolbenringbauart) (V-Mot) / Dykes ring, Dykes-section ring, L-section ring
**LS** (Akus) / airborne sound ‖ ~ (Eltech) / circuit-breaker* n, power circuit-breaker, power switch ‖ ~ (HuT) / loading shovel ‖ ~ (Masch) / running fit*, medium fit, class 3 fit
**LSA-Diode** f (eine Abart der Gunn-Diode mit begrenzter Raumladungsausbildung) (Eltronik) / limited space-charge accumulation diode, LSA-diode n
**L-Schale** f (ein Schalenmodell der Magnetosphäre) (Geophys) / L-shell n, drift shell ‖ ~ (Kernphys) / L-shell* n
**L-Schaltung** f (Fernm) / L-network* n
**LSD** (Suchtmittel, ein Psychosomimetikum) (Chem, Pharm) / lysergic acid diethylamide*, LSD*, LSD-25
**L-Serie** f (Spektrallinien) (Kernphys, Spektr) / L-series n
**LSF** (Chem, Med) / protection factor (against sunburn)
**Lsg.** (Chem) / solution* n
**LS-Getriebe** n (Kfz) / powershift transmission
**LS-Harz** n (Plast) / low-shrink resin
**LSI-Schaltung** f (eine monolithische Halbleiterschaltung mit hohem Integrationsgrad - über 100000 Bauelemente auf einem Halbleiterplättchen) (Eltronik) / large-scale integrated circuit, LSI
**LS-Kopplung** f (ein Grenzfall der Drehimpulskopplung) (Kernphys) / Russell-Saunders coupling*, l-s coupling*
**LS-Lack** m (mit geringem Festkörpergehalt) (Anstr) / low-solids paint
**LSM** (Akus) / airborne-sound insulation margin
**LS-Sicherung** f (Eltech) / screw plug fuse, plug-type fuse
**L-Stellung** f (eine Gang wird nicht mit geschaltet - im automatischen Getriebe) (Kfz) / low n, L
**L-Strahlung** f (eine charakteristische Röntgenstrahlung) (Radiol) / L-radiation n
**L-Stück** n (Klemp, Masch) / ell* n, elbow* n ‖ ~ **mit einem Außengewinde** (Klemp, Masch) / service ell*
**LT** (an allen Orten gleicher geografischer Länge - EN 28601) (Astr) / local time*, LT ‖ ~ (Biochem, Med) / leukotrienes* pl ‖ ~ (Eltronik) / line driver
**LTH** (Laktationshormon des Hypophysenvorderlappens) (Biochem, Physiol) / prolactin* n, luteotrophic hormone*, luteotrophin* n, lactogenic hormone, lactotropin*
**L-Threonin** n (Biochem) / threonine* n, Thr
**LTI-System** n / linear time-invariant system
**LTO** n (das im LPCVD-Ofen hergestellte $SiO_2$) / low-temperature oxide
**LTP** (Pflanze, die nur dann zur Blüte kommt bzw. mit anderen charakteristischen Morphosen reagiert, wenn die tägliche Beleuchtungsdauer eine artspezifisch festgelegte Minimalzeit, die sogenannte kritische Tageslänge, überschreitet) (Bot) / long-day plant*
**L-Tyrosin** n (Biochem) / tyrosine* n, Tyr*
**Lu** (Chem) / lutetium* n
**L.ü.a.** (Schiff) / length overall*, overall length, LOA
**Lübecker Hut** (aufgestellt während der Straßenarbeiten und bei Umleitungen) (Kfz) / cone n, traffic cone
**Lubrizität** f (das Verhältnis der totalen dynamischen Viskosität zur differentiellen dynamischen Viskosität) / lubricity n
**Luciferase** f (Biochem) / luciferase* n
**Luciferine** n pl (Biochem) / luciferins* pl

**Lücke**

**Lücke** f / gap n, spread n ‖ ≈ (Bau) / break n ‖ ≈ (im Bestand) (For) / blank n ‖ ≈ (stratigrafische) (Geol) / stratigraphical break*, stratigraphic break, gap n ‖ ≈ (unbesetzter Gitterplatz) (Subtraktionsbaufehler) (Kernphys, Krist) / vacancy* n, lattice vacancy ‖ ≈ (bei rationalen Funktionen) (Math) / gap n ‖ **seismische** ≈ (Geophys) / seismic gap ‖ **semantische** ≈ (EDV) / semantic gap ‖ ≈ f **im Stand der Technik** / technological gap ‖ ≈ **im System** (im Datenschutz) (EDV) / loop-hole n

**Lücken•atom** n (bei Additionsbaufehlern) (Krist) / interstitial atom, interstitial n ‖ ≈**ausbesserung** f (bei Kulturen) (Landw) / filling n ‖ ≈**fräser** m (DIN 1824) (Masch) / gap cutter, gash cutter (US) ‖ ≈**füller-Radar** m n (Radar) / gap-filler radar, gap filler* ‖ ≈**füllung** f (Kab) / filler n, cable filler ‖ ≈**karbid** n (Chem) / interstitial carbide

**lückenlos•es Gleis** (Bahn) / running line, jointless track ‖ **~verschweißtes Gleis** (Bahn) / track welded without a gap

**Lücken•satz** m (Math) / gap theorem ‖ ≈**schließung** f (Bau) / in-fill building ‖ ≈**winkel** m (in der Verzahnung) (Masch) / gash angle ‖ ≈**zeit** f (bei magnetischen Trägern) (EDV) / blackout time ‖ ≈**ziffer** f (EDV) / gap digit

**Lüderssch•e Linien** f pl (Hütt) / flow lines*, Lüders' lines*, Lüders' bands, stretcher strains, Hartmann lines, Piobert lines ‖ ≈**es Theorem** (fundamentales Theorem der Quantenfeldtheorie) (Phys) / CPT theorem

**Ludolfsche Zahl** (eine transzendente irrationale Konstante - nach Ludolph van Ceulen, 1540-1610) (Math) / pi*

**Ludwig-Gleichung** f (zur Beschreibung der wahren Spannungs-Dehnungs-Kurve von metallischen Werkstoffen, insbesondere von Stählen) (WP) / Ludwig equation

**Ludwig-Soret-Effekt** m (Phys) / Soret effect*

**Luffa** f / loofah n, vegetable sponge (loofah)

**Luffaschwamm** m (meistens aus Luffa cylindrica (L.) M. Roem.).) / loofah n, vegetable sponge (loofah)

**Luft** f (Geophys) / air n ‖ ≈ (Masch) / backlash* n, play* n, free play, lash n (US) ‖ **an der** ≈ **verhängen** / air v, give an airing ‖ **angesaugte** ≈ (Masch) / sucked-in air ‖ **flüssige** ≈ (die in den Dewargefäßen oder Tanks aufbewahrt wird) / liquid air ‖ **frische** ≈ / fresh air ‖ **in der** ≈ **schwebend** / airborne adj ‖ **klimatisierte** ≈ / conditioned air ‖ **maritime** ≈ (Meteor) / maritime air ‖ **ruhige** ≈ (Luftf) / still air ‖ **schwerer als** ≈ (Luftfahrzeug) (Luftf) / heavier-than-air* adj ‖ **sekundäre** ≈ / secondary air ‖ **staubhaltige** ≈ (F.Org, Med) / dust-laden air ‖ **staubige** ≈ (F.Org, Med) / dust-laden air ‖ **überschüssige** ≈ (Masch) / excess air*, air excess ‖ **unbewegte** ≈ (Meteor) / calm air ‖ ≈ **auffüllen** (Kfz) / air v ‖ ≈ **ausstreichen** (aus dem Papierstapel) (Druck, Pap) / smooth out v ‖ ≈ **für Airlift** (Erdöl) / lift air

**Luft•-** (Elektr) / air-cored adj ‖ ≈**-** (Geophys) / aerial adj, atmospheric adj ‖ ≈**abfuhrkanal** m (Gieß) / air gate*, out-gate* n ‖ ≈**abführungskanal** m (Gieß) / air gate*, out-gate* n ‖ ≈**abschluß** m / exclusion of air ‖ **unter** ≈**abschluß** / out of contact with air, in the absence of air ‖ **unter** ≈**abschluß härtender Einkomponentenkleber** / anaerobic adhesive ‖ **unter** ≈**abschluß verbrennen** / burn with restricted air ‖ ≈**abschreckung** f (in einem Luftstrom) (Hütt) / air quenching ‖ ≈**abzug** m / air drain ‖ ≈**akrobatik** f (Luftf) / aerobatics n, acrobatics n (US), stunt flying ‖ ≈**analysator** m (meistens als Grubengasanalysator eingesetzt) (Chem) / Haldane apparatus* ‖ ≈**analyse** f (Umwelt) / air analysis, analysis of the atmosphere ‖ ≈**anfeuchtung** f / air moistening ‖ ≈**ansaugrohr** n / air-intake pipe ‖ ≈**ansaugschlauch** m / air-intake hose ‖ ≈**äquivalent** adj (Stoff) (Kernphys, Radiol) / air-equivalent adj ‖ ≈**äquivalent** n (Kernphys, Radiol) / air equivalent* ‖ ≈**arm** adj / air-deficient adj ‖ **~atmendes Triebwerk** (z.B. Kolben-, Gasturbinen- und Strahltriebwerk) (Luftf) / air-breathing engine, air-breather n ‖ ≈**aufbereitung** f (Bergb) / pneumatic cleaning, pneumatic concentration ‖ ≈**aufklärung** f (Mil) / aerial reconnaissance ‖ ≈**aufnahme** f (einzelnes Luftbild) (Foto, Verm) / aerial photograph, air photograph, aerial photo, air photo, aerial view ‖ ≈**aufnahmesystem** n (in Fahrzeugen mit Sekundärluftzufuhr - gegen das Vergaserknallen) (V-Mot) / air-gulp system ‖ ≈**auslaß** m (Klemp) / air escape* ‖ **einfacher, nicht einstellbarer** ≈**auslaß** (z.B. ein Gitter) (Bau) / register n ‖ ≈**austausch** m (Luftzirkulation durch die flächenmäßig offenen Textilien und durch die Kleidungsöffnungen) (Tex) / air exchange ‖ ≈**austauschvermögen** n (Tex) / breathability n ‖ ≈**austritt** m (Klemp) / air escape* ‖ ≈**austrittsdüse** f (Kfz) / air outlet ‖ ≈**bad** n (ein Heizbad - nach Babo oder Junghans) (Chem) / air bath ‖ ≈**bahn** f (Meteor) / trajectory ‖ ≈**bauschtexturierung** f (Spinn) / air-bulk texturing ‖ ≈**bedarf** m (z.B. zur Verbrennung von Heizstoffen) / air requirement, required amount of air ‖ ≈**befeuchter** m (Bau) / humidifier n ‖ ≈**befeuchtung** f / air moistening ‖ ≈**behandlung** f (z.B. Be- und Entfeuchtung) / air treatment ‖ ≈**beobachtung** f / air observation ‖ ≈**bereifung** f (Kfz) / pneumatic tyres ‖ ≈**beruhigungskammer** f (Masch) / plenum n (pl. -s or plena) ‖ ≈**betankung** f (Luftf) / in-flight refuelling, flight refuelling, aerial refuelling, mid-air refuelling ‖ **~betrieben** adj / air-operated adj, pneumatic* adj, air-powered adj, compressed-air attr ‖ ≈**bewegung** f (Meteor) / air movement

**Luftbild** n (Foto, Verm) / aerial photograph, air photograph, aerial photo, air photo, aerial view ‖ ≈**aufnahme** f (Foto, Verm) / aerial photography, aerophotography n ‖ ≈**aufnahmekammer** f (Foto, Verm) / aerial camera, aerocamera n ‖ ≈**auswertung** f (Verm) / air-photo interpretation ‖ ≈**fotografie** f (Foto, Verm) / aerial photography, aerophotography n ‖ ≈**geologie** f (Geol) / photogeology n ‖ ≈**kamera** f (Foto, Verm) / aerial camera, aerocamera n ‖ ≈**kammer** f (z.B. Reihenmeßkammer) (Foto, Verm) / aerial camera, aerocamera n ‖ ≈**karte** f (Kart, Verm) / photomap n ‖ ≈**meßkammer** f (Verm) / aerial mapping camera ‖ ≈**messung** f (Verm) / aerial surveying*, aerial survey, air surveying ‖ ≈**mosaik** n (Zusammenstellung der Aufnahmen einer Reihenmeßkammer) (Verm) / mosaic n, print lay-down (US) ‖ ≈**plan** m (Verm) / photomap n ‖ ≈**skizze** f (Zusammenstellung der Aufnahmen einer Reihenmeßkammer) (Verm) / mosaic n, print lay-down (US) ‖ ≈**umzeichner** m (Verm) / sketchmaster n ‖ ≈**vergleichsnavigation** f (Luftf, Mil) / automatic terrain recognition and navigation, ATRAN ‖ ≈**vermessung** f (Verm) / aerial survey, aerial surveying, air surveying*

**Luft•bläschen** n / air bubble ‖ ≈**blase** f / air bubble ‖ ≈**blase** (im Putz) (Bau) / blub* n ‖ ≈**blase** (Foto, Opt) / air bell* ‖ ≈**blase** (in einer Leitung) (Masch) / airlock n ‖ ≈**blasenviskosimeter** n (z.B. nach Gardner) / bubbling viscosimeter, bubble viscosimeter ‖ ≈**blastexturierung** f (Spinn) / air-jet crimping, air-jet process, air-jet texturing*, air texturing ‖ ≈**bremse** f (Saugluft- oder Druckluftbremse) (Masch) / air brake* ‖ ≈**bremse** f (Luftf) / aerodynamic brake, air brake*, speed brake ‖ ≈**brücke** f (Luftf) / airlift n ‖ ≈**bürste** f (Pap) / air knife, air jet, air squeegee ‖ ≈**bürstenstreichverfahren** n (Pap) / air-knife coating

**luftbürtige Krankheit** (Med) / airborne disease

**Luft•chemie** f (Chem) / air chemistry, chemistry of the air ‖ ≈**dämpfung** f (z.B. bei Feinwaagen) / air-damping n ‖ ≈**datenrechner** m (Luftf) / air data system*, ADS*, air data computer

**luftdicht** adj / airtight adj, staunch adj ‖ **~er Verschluß** / hermetically tight sealing

**Luft•dichte** f (Phys) / air density ‖ ≈**dichtemesser** m (Phys) / aerometer n ‖ ≈**dielektrikum** n (Elektr) / air dielectric ‖ ≈**dosis** f (Radiol) / air dose* ‖ ≈**drossel** f (ohne Eisenkern) (Eltech) / air-core reactor, air-cored choke

**Luftdruck** m (im Druckluftleitungen) (Masch) / air pressure ‖ ≈ (DIN 1358) (Meteor) / barometric pressure*, atmospheric pressure*, air pressure ‖ **auf Meeresniveau reduzierter** ≈ (Meteor) / sea-level pressure* ‖ **zu hoher** ≈ (Kfz) / overinflation n ‖ **zu niedriger** ≈ (der Reifen) (Kfz) / underinflation n ‖ ≈ **verlieren** (Reifen) (Kfz) / deflate vi ‖ ≈**gefälle** n (Meteor) / barometric gradient, pressure gradient ‖ ≈**gradient** m (das Gefälle des Luftdrucks pro Längeneinheit) (Meteor) / pressure gradient* ‖ ≈**höhenmesser** m (Verm) / aneroid altimeter, pressure altimeter, barometric altimeter ‖ ≈**kern** m (Gieß) / Williams core ‖ ≈**krankheit** f (Med) / dysbarism n ‖ ≈**prüfer** m (Kfz) / tyre-gauge n ‖ ≈**seitentrichter** m (eine wirksame Steigerform) (Gieß) / Williams riser ‖ ≈**speiser** m (Gieß) / atmospheric feeder, atmospheric riser ‖ ≈**tendenz** f (meistens in den letzten drei Stunden) (Meteor) / barometric tendency* ‖ ≈**texturierung** f (Spinn) / air-jet crimping, air-jet process, air-jet texturing*, air texturing

**luft•durchlässig** adj / air-permeable adj ‖ ≈**durchlässigkeit** f / air permeability n ‖ ≈**durchschlagsstrecke** f (Eltech) / sparking distance in air ‖ ≈**düse** f (der Spritzpistole) (Anstr) / air cap* ‖ ≈**düsenbauschung** f (Spinn) / air texturing, air-bulk texturing ‖ ≈**düsenbauschverfahren** n (Spinn) / air-jet texturing, air-bulk texturing ‖ **~düsengebauschtes Garn** (Spinn) / jet-textured yarn*, ari-jet textured yarn ‖ ≈**düsenstuhl** m (Web) / air-jet loom, air-jet weaving machine ‖ **~düsentexturiertes Garn** (Spinn) / jet-textured yarn*, ari-jet textured yarn ‖ ≈**düsentexturierung** f (ein Bauschverfahren) (Spinn) / air-jet crimping, air-jet process, air-jet texturing*, air texturing ‖ ≈**düsenweben** n (Web) / air-jet weaving ‖ ≈**düsenwebmaschine** f (Web) / air-jet loom, air-jet weaving machine ‖ ≈**einblasestelle** f (ein Mammutpumpe) (Masch) / air-delivery end (of the air-lift pump) ‖ ≈**einlaß** m (Luftf) / air-intake duct, inlet duct, air intake* ‖ ≈**einlaßhahn** m (Masch) / air-inlet cock ‖ ≈**einlaufkanal** m (Luftf) / air-intake duct, inlet duct, air intake* ‖ ≈**einschluß** m (über 1 mm) / trapped air, inclusion of air, entrapped air ‖ ≈**einschluß** (unter 1 mm) / entrained air ‖ ≈**einschluß** (in einer Leitung) (Masch) / airlock n ‖ ≈**eintrittsjalousien** f / air inlet louvres ‖ ≈**eintrittsleitwände** f pl (am Lufteintritt von Querstromkühltürmen) / air inlet louvres ‖ ≈**elektrizität** f (Elektr, Meteor) / atmospheric electricity* ‖ ≈**embolie** f (HuT, Luftf) / aeroembolism* n

**lüften** v (Masch) / aerate v, vent* v, ventilate v

**Lüfter** m (mit einem Druckverhältnis 1:1 je Stufe) (Masch) / fan* n, ventilating fan ‖ **~ mit verschiebbarer Schlitzplatte** (Bau) / hit-and-miss ventilator* ‖ **~antriebsriemen** m (Kfz) / fan belt
**Lufterhitzer** m / air heater*
**Lüfterkopf** m (bei der natürlichen Lüftung) (Luftf) / ventilating cowl
**lufterleichterte Spülung** (Erdöl) / aerated mud
**Lüfter·nabe** f (Masch) / fan hub ‖ **~ring** m (V-Mot) / shroud n ‖ **~schaufel** f (Masch) / fan blade, flade n
**Luftfahrerschein** m (Luftf) / pilot licence, pilot certificate ‖ **~ für Berufsflugzeugführer** (II. Klasse) (Luftf) / commercial pilot's licence, CPL* ‖ **~ für Hubschrauberführer** (Luftf) / helicopter pilot licence ‖ **~ für Linienflugzeugführer** (Luftf) / air transport pilot licence, air traffic pilot licence ‖ **~ für Privatflugzeugführer** (Luftf) / private pilot licence
**Luftfahrt** f (Luftf) / aeronautics* n
**Luft- und Raumfahrt(technik)** f (Raumf) / aerospace engineering, aeronautical and astronautical engineering
**Luftfahrt, allgemeine ~** (Luftf) / general aviation* ‖ **gewerbliche ~** (Luftf) / commercial aviation ‖ **~bodenfeuer** n (Luftf) / aeronautical ground light ‖ **~elektronik** f (Eltronik, Luftf) / avionics* n, aeronautical electronics ‖ **~industrie** f (Luftf) / aircraft industry ‖ **~karte** f (Luftf, Mil) / air chart, aeronautical chart, air-navigation chart ‖ **~leuchtfeuer** n (Luftf) / light beacon, aeronautical light, beacon* n, light n ‖ **~medizin** f (Med) / aviation medicine ‖ **~technik** f (Luftf) / aeronautical engineering* ‖ **~weltkarte** f (Luftf) / World Aeronautical Chart
**Luftfahrzeug** n (jeder Art) (Luftf) / aircraft* n (pl. aircraft), air vehicle, a/c ‖ **bewegungsunfähiges ~** (Luftf) / disabled aircraft ‖ **gasgetragenes ~** (Luftf) / aerostat* n, lighter-than-air aircraft ‖ **gefährliche Begegnung zwischen ~en** (Luftf) / airmiss n, near collision, near miss ‖ **gestreckte Version eines ~s** (Luftf) / stretched aircraft ‖ **schwer zu ortendes ~** (mit nachrichtendienstlichem Auftrag) (Luftf, Mil) / clandestine aircraft ‖ **vom Kurs signifikant abgewichenes ~** (Luftf) / strayed aircraft ‖ **zweimotoriges ~** (Luftf) / twin n, twin-engine aircraft ‖ **~ n für Aufklärungszwecke** (kleines, wendiges) (Mil) / scout n ‖ **~ in Not** (Luftf) / aircraft in distress ‖ **~ leichter als Luft** (Luftf) / aerostat* n, lighter-than-air aircraft ‖ **~ mit einem PTL-Triebwerk** (Luftf) / turboprop* n, turboprop aircraft ‖ **~ mit einem TL-Triebwerk** (Luftf) / turbojet* n, turbojet aircraft ‖ **~ mit einem Turbinen-Staustrahl-Triebwerk** (Luftf) / turboramjet* n ‖ **~ mit Spornrad** (Luftf) / taildragger n ‖ **~ schwerer als Luft** (Luftf) / aerodyne n (heavier-than-air craft)* ‖ **~ und Raumfahrzeug** (z.B. ein Raumtransporter) (Raumf) / aerospace vehicle
**Luftfahrzeug·bug** m / aircraft nose ‖ **~flotte** f (Luftf) / fleet n ‖ **~führer** m (Luftf) / pilot n ‖ **verantwortlicher ~führer** (Luftf) / pilot-in-command (PIC) n
**luftfahrzeuggestützt** adj (z.B. ein Marschflugkörper) (Mil) / air-launched adj ‖ **~er ballistischer Flugkörper** (Mil) / air-launched ballistic missile, ALBM ‖ **~er Marschflugkörper** (Mil) / air-launched cruise missile, ALCM ‖ **~er Seezielflugkörper** (Mil) / air-launched antiship missile
**Luftfahrzeug·halter** m (Luftf) / operator n ‖ **~heck** n (Luftf) / aircraft tail ‖ **~kommandant** m (Luftf) / pilot-in-command (PIC) n ‖ **~prüfingenieur** n (Luftf) / licensed aircraft engineer*, ground engineer* ‖ **~vollelektronische ~steuerung** (Luftf) / flying by wire, flight by wire, fly-by-wire* n ‖ **~technik** f (Luftf) / aircraft engineering ‖ **~unfall** m **mit Überlebensmöglichkeit** (Luftf) / survivable aircraft accident
**Luft·feder** f (Kfz) / air-spring assembly ‖ **hydraulisch regulierbare ~feder** (Kfz) / Hydragas spring (a trade mark) ‖ **~federung** f (Kfz) / air-suspension system ‖ **~fest** adj / fast to air ‖ **~feuchte** f (im Freien) / air humidity, humidity of the air, air moisture, atmospheric humidity, atmospheric moisture, air dampness ‖ **~feuchtigkeit** f (im Freien) / air humidity, humidity of the air, air moisture, atmospheric humidity, atmospheric moisture, air dampness ‖ **relative ~feuchtigkeit** (Meteor) / relative humidity*, RH, r.h. ‖ **~Film-Spurfahrzeug** n (ein fahrbahnabhängiges Bodeneffektgerät, wie z.B. Aérotrain oder Levapad) / air-film train ‖ **~filmsystem** n (des statischen Bodeneffektgeräts) / air-film system
**Luftfilter** n / air cleaner*, air filter* ‖ **thermostatgeregeltes ~** (Kfz) / thermal air cleaner, thermac n, thermostatic air cleaner, thermac n, thermostatic air cleaner, TAC ‖ **~ n mit Ansaugtemperaturregelung** (zur Abgastentwicklung) (Kfz) / thermal air cleaner, thermac n, thermostatic air cleaner, TAC ‖ **~einsatz** m (Kfz) / air-filter element ‖ **~element** n (Kfz) / air-filter element
**Luft·flimmern** n (Geophys, Meteor) / terrestrial scintillation, atmospheric boil, atmospheric shimmer, optical haze ‖ **~fracht** f (Luftf) / air-freight n ‖ **~frachtbriefgebühr** f (Luftf) / air waybill tax ‖ **~frachthof** m (Luftf) / cargo terminal (building) ‖ **~frei** adj / air-free adj ‖ **vertikale ~fuge** (For) / chimney n ‖ **~fühler** m / air sensor ‖ **~führung** f (im Raum) (Bau) / room air distribution ‖ **~führung**

**Motorlüfter** (V-Mot) / shroud n ‖ **~führungseinrichtung** f (Eltech) / air guide ‖ **~führungsschild** m (Eltech) / air shield ‖ **~führungssystem** n (Masch) / air-duct system ‖ **~funkenstrecke** f (Kfz) / spark air gap ‖ **~gang** m (bei der Appretur) (Tex) / skying n ‖ **~gas** n (Chem Verf, Kfst) / producer gas
**luftgefüllt** adj / air-filled adj ‖ **~ (pneumatische Konstruktion)** (Bau) / air-inflated adj ‖ **~er Kondensator** (direkte Luftkühlung) (Masch) / air-cooled condenser
**Luftgehalt** m (Bau) / air content
**luftgekühlt·er Kondensator** (Masch) / air-cooled condenser ‖ **~e Maschine** (Eltech) / air-cooled machine* ‖ **~er Motor** (V-Mot) / air-cooled engine* ‖ **~er Wärmeaustauscher** (Masch, Wärm) / air-fin heat exchanger
**luft·gesättigt** adj / air-saturated adj ‖ **~geschränk** n (Brenner) (Masch) / air register ‖ **~geschwindigkeitsmessung** f **mit Hilfe von Rauchfahnen** (Phys) / smoke technique ‖ **~gespeister Tragflügel** (Schiff) / air-fed hydrofoil
**luftgestützt** adj (Trägerflugzeug) / airborne adj ‖ **~ (pneumatische Konstruktion)** (HuT) / air-supported adj
**luftgetrocknet** adj / air dry*, a.d. ‖ **~ (Pap, Zimm) / loft-dried adj ‖ **~e Rohhaut** (Leder) / flint hide ‖ **~er Sheetkautschuk** / air-dried sheet
**Luft·gitter** n (Bau, Sanitär) / air register, air grating, register* n, grille n ‖ **~hammer** m (Oberdruckhammer, bei dem der Bär durch Druckluft bewegt wird, die im Hammer selbst erzeugt wird) (Masch) / pneumatic hammer ‖ **~härtender Stahl** (Hütt) / air-hardening steel* ‖ **~härter** m (Hütt) / air-hardening steel* ‖ **~haube** f (Kfz) / air scoop ‖ **~haus** n (zusammenfassende Bezeichnung für Traglufthallen und Schlauchstützkonstruktionen) (Bau) / air house ‖ **~heizgerät** n (mit Ventilator und Wärmeerzeuger) (Masch) / unit heater* ‖ **~heizung** f (Bau) / hot-air heating, warm-air heating ‖ **motorunabhängige ~heizung** (Kfz) / parking heating system ‖ **~heizungsanlage** f (Bau) / hot-air heater* ‖ **~herd** m (Aufber) / air-float table*, air table* ‖ **~hoheit** f (Luftf) / air sovereignty ‖ **~hülle** f (der Erde) (Geophys) / atmosphere n, Earth's atmosphere, aerosphere n ‖ **~hutze** f (welche die über die Haube streichende Luft direkt in den Motorraum leitet) (Kfz) / air scoop ‖ **~hutze** (Kfz) / air scoop
**Luftigkeit** f (des Leders) (Leder) / light-density feel
**Luft·ionisation** f (Strahlung) (Geophys) / air ionization ‖ **~ionisationskammer** f (wandlose) (Nukl) / free-air ionization chamber, wall-less ionization chamber* ‖ **~isolation** f (Eltech) / air insulation ‖ **~isolierte Station** (Eltech) / air-insulated substation ‖ **~isolierung** f (Eltech) / air insulation ‖ **~kabel** n (Kab) / aerial cable*, overhead cable ‖ **~kabeltragseil** n (Eltech) / bearer cable*, messenger wire*, messenger cable ‖ **~kalk** m (der an freier Luft allmählich erstarrt - Kalziumoxid) (Bau) / non-hydraulic lime, air-hardening lime, air-slaked lime ‖ **~kammer** f (bei Zweibettkatalysatoren) (Kfz) / mixing chamber, midbed n, air plenum ‖ **~kampfmanöver** n (Luftf) / air-combat manoeuvre ‖ **~kanal** m / air duct*, airflow duct, air passage ‖ **~kanone** f (Geol) / air gun ‖ **~kasten** m (der Raum zwischen Windlauf und Spritzwand, in dessen Bereich sich die Ansaugteile für die Luftzufuhr zum Fahrgastraum befinden) (Kfz) / cowl plenum chamber, plenum chamber ‖ **~keim** m / airborne microorganism ‖ **~kerma** f (Kernphys) / air kerma ‖ **~kern** m (Speiser) (Gieß) / Washburn core, knock-off feeder core, breaker core ‖ **~kern** (atmosphärischer Speiser) (Gieß) / pencil core
**Luftkissen** n / air cushion ‖ **~fahrzeug** n (Luftf) / ground-effect vehicle, air-cushion vehicle, ACV*, ground-effect machine, surface-effect vehicle, hovercraft n ‖ **~fahrzeug** (nicht voll flugfähiges Schwebefahrzeug) (Luftf) / hydroskimmer n ‖ **~ über der Wasserfläche schwebendes] ~fahrzeug** (Schiff) / hovership* n ‖ **~palette** f / air pallet, hover-pallet n, air-cushion pallet ‖ **~schiff** n (Schiff) / surface-effect ship, hovercraft n, SES, cushion craft ‖ **~transportrinne** f / aeroglide n ‖ **~zug** m / hovercraft train (a train that travels on a cushion of air), hovertrain n
**Luft·klappe** f (Kfz) / damper n, air damper ‖ **~klappe** (V-Mot) / choke* n, strangler n ‖ **~kochung** f (von Fleisch und Fleischerzeugnissen) (Nahr) / air cooking ‖ **~kompressor** m (Masch) / air compressor* ‖ **~kondensator** m (Eltech) / air capacitor* ‖ **~kontamination** f (Umwelt) / air pollution, atmospheric pollution, atmospheric contamination, air contamination ‖ **~korrekturdüse** f (des Vergasers) (V-Mot) / air correction jet ‖ **~korridor** m (Luftf) / air corridor, corridor* n ‖ **~korrosion** f (Galv) / atmospheric corrosion ‖ **~-Kraftstoff-Gemisch** n (V-Mot) / air-fuel mixture, A/F mixture ‖ **~-Kraftstoff-Verhältnis** n (V-Mot) / air-fuel ratio* ‖ **~krankheit** f (eine Kinetose) (Med) / air sickness ‖ **~krankheit** s. auch Höhenkrankheit ‖ **geschlossener ~kreislauf** / closed-air circuit ‖ **~kreuzung** f (Eltech) / overhead crossing* ‖ **~kühler** n (Phys) / air cooler* ‖ **~kühlung** f (Masch) / air cooling* ‖ **~lager** n (Masch) / air bearing
**luftleer** adj / airless adj, void of air ‖ **~ (evakuiert) (Vakuumt) / evacuated adj, exhausted adj ‖ **~e Metalldose(n)** (des

**luftleer**

Aneroidbarometers) (Instr) / vacuum chamber unit ‖ **~er Raum** (Phys) / free space
**Luft•leitblech** *n* (Eltech) / air baffle ‖ **~leiteinrichtung** *f* (z.B. Luftleitblech, Luftkanal) (Eltech) / air guide ‖ **~leitung** *f* (DIN 1320) (Akus) / air conduction* ‖ **~leitung** (Masch) / air line ‖ **~leuchten** *n* (Astr) / airglow* *n* ‖ **~leuchten am Tage** (Geophys) / dayglow *n* ‖ **~leuchten des Nachthimmels** (Geophys) / nightglow *n* ‖ **~linie** *f* (als kürzeste Entfernung) / beeline *n* (as the crow flies) ‖ **~loch** *n* (falsche Bezeichnung für eine nach unten gerichtete Vertikalwindbö) / air pocket*, air-hole *n* ‖ **~loch** (Masch) / vent* *n*, air-port *n*, vent hole, vent opening ‖ **statisches ~loch** (Luftf) / static vent*
**luftlos** *adj* / airless *adj*, void of air ‖ **~e Einspritzung** (bei einer kompressorlosen Dieselmaschine) (V-Mot) / airless injection*, solid injection*
**Luft•-Luft-Flugkörper** *m* (Mil) / air-to-air missile, AAM ‖ **~-Luft-Wärmepumpe** *f* / air-air heat pump ‖ **~mangel** *m* (in dem Kraftstoff/Sauerstoff-Gemisch) (V-Mot) / oxygen deficiency ‖ **~masse** *f* (Meteor) / air mass* ‖ **~meile** *f* (1852 m - heute obsolet) (Luftf) / air mile, aeronautical mile ‖ **~menge** *f* / air volume ‖ **kritische ~menge** (Hütt) / critical air blast, CAB ‖ **theoretische ~menge** (für die Verbrennung) (Masch) / stoichiometric air, theoretical air ‖ **~messer** *m* (zum Entfernen von überflüssiger Feuchtigkeit oder von überschüssiger Farbe) (Pap) / air knife, air jet, air squeegee ‖ **~meßstation** *f* (ein Gerät) (Umwelt) / air monitor* ‖ **~mikrometer** *n* (der Spritzpistole) (Anstr) / air micrometer ‖ **~mörtel** *m* (Bau) / air-setting mortar, non-hydraulic mortar ‖ **~nadel** *f* (Gieß) / vent wire*, wire riddle, piercer *n* ‖ **~nahunterstützung** *f* (Mil) / close air support ‖ **~nut** *f* (des Rotors) (Eltech) / air flute ‖ **~oxidation** *f* (Chem) / air oxidation, atmospheric oxidation, oxidation by air ‖ **~patentieren** *n* (ein Durchlaufpatentieren nach DIN 17014, T 1) (Hütt) / air patenting ‖ **~pfeife** *f* (Gieß) / whistler *n* ‖ **~pinsel** *m* (Druck) / air brush*, aerograph *n* ‖ **~-Plasma-Schneidanlage** *f* / air-plasma cutting unit ‖ **~polster** *n* / air cushion ‖ **~pore** *f* / air void ‖ **~porenbeton** *m* (konstruktiver - für den Straßenbau) (HuT) / air-entrained concrete ‖ **~porenbildner** *m* (Stoff, der in dem Frischbeton eine große Anzahl von kleiner Luftporen einführt) (Bau) / air-entraining agent*, air-entraining admixture, AEA ‖ **~porenbildung** *f* (im Frischbeton) / air entraining ‖ **~porengehalt** *m* (Gesamtmenge der verbleibenden Luft) (Bau) / air content ‖ **~porenzusatzstoff** *m* (Bau) / air-entraining agent*, air-entraining admixture, AEA ‖ **~post** *f* (Luftf) / air mail ‖ **~postleichtbrief** *m* (Luftf) / aerogramme *n*, aerogram *n*, air letter ‖ **~presser** *m* (Masch) / air compressor* ‖ **~pulser** *m* (Energiequelle für die Reflexionsseismik auf See) (Geol) / air gun ‖ **~pumpe** *f* (Masch) / air pump* ‖ **~rakel** *f* (Pap) / air knife, air jet, air squeegee ‖ **~rakel** (zur Beschichtung) (Tex) / skying doctor, air doctor ‖ **~rakelstreichverfahren** *n* (DIN 6730) (Pap) / air-knife coating ‖ **~raum** *m* (eines Staates) / airspace* *n* ‖ **kontrollierter ~raum** (Luftf) / controlled airspace* ‖ **~raum oberhalb der Flüssigkeit** (im Behälter) (Chem) / headspace* *n* ‖ **vorgeschobene ~raumüberwachung** (Luftf, Mil) / forewarn air control ‖ **~regulierungsring** *m* (des Bunsenbrenners) (Chem) / regulating sleeve ‖ **~reibung** *f* (Eltech) / windage* *n* ‖ **~reibungsverlust** *m* (Eltech) / windage loss* ‖ **~- und Lagerreibungsverluste** *m pl* (Eltech) / friction and windage loss* *n* ‖ **~reifen** *m* (Kfz) / pneumatic tyre, tyre *n*, tire *n* (US) ‖ **~reifen** *m pl* (Kfz) / pneumatic tyres ‖ **~reifen** *m* **mit Schlauch** (Kfz) / tube-type tyre ‖ **~reinhalteplan** *m* (nach dem Bundesimmissionsschutzgesetz) (Umwelt) / air-clean plan ‖ **~reinhaltung** *f* (als systematische Tätigkeit) (Umwelt) / air quality management ‖ **~reinhaltung** (Umwelt) / maintenance of air purity ‖ **~reinheitsanalyse** *f* (Umwelt) / air-quality analysis, air-pollution analysis ‖ **~reiniger** *m* / air cleaner*, air filter* ‖ **~reinigung** *f* / air purification, air cleaning ‖ **~rinnensystem** *n* (abgewandeltes Luftkissensystem) / aeroglide system ‖ **~sack** *n* (passives Rückhaltesystem) (Kfz) / air bag ‖ **~sammler** *m* (V-Mot) / intake plenum, plenum *n*, plenum chamber ‖ **~sauerstoff** *m* (Chem, Umwelt) / atmospheric oxygen ‖ **~sauerstoffelement** *n* (DIN 40853) (Eltech) / air cell (a gas cell in which depolarization is accomplished by atmospheric oxygen) ‖ **~säule** *f* / air column ‖ **~schacht** *m* (Bergb, HuT) / air shaft* ‖ **~schacht** (beim Trocknen) (For) / chimney *n* ‖ **~schadstoff** *m* (Umwelt) / air pollutant, atmospheric pollutant ‖ **~schall** *m* (DIN 1320) (Akus) / airborne sound ‖ **~schallbrücke** *f* (wo sich Spalten und Risse gebildet haben oder wo sich nicht abgedichtete Zwischenräume befinden) (Akus, Bau) / airborne-sound bridge ‖ **~schallschutzmaß** *n* (ein Diagramm, in dem man den Verlauf der Schalldämmkurve mit dem Verlauf der Bewertungskurve nach DIN 52210 vergleicht) (Akus) / airborne-sound insulation margin ‖ **~schalltechnik** *f* (Akus) / aeroacoustics* *n* ‖ **~schalter** *m* (Eltech) / air break*, air break switch, air circuit-breaker, air-break circuit breaker ‖ **ausgedehnter ~schauer** (Geophys) / Auger shower, extensive (cosmic) shower,

extensive air shower, extended (cosmic) shower ‖ **~schaum** *m* (als Löschmittel) / air-foam, mechanical foam ‖ **~schaumlöscher** *m* / air-foam extinguisher ‖ **~schicht** *f* (z.B. in einem zweischaligen Mauerwerk) (Bau) / air gap, gap *n* ‖ **stabile ~schichtung** (Meteor) / stable air ‖ **~schiff** *n* (Luftf) / airship* *n* (BS 185), dirigible* *n* ‖ **kleines, unstarres ~schiff** (mit über 42000 m³) (Luftf) / blimp* *n* ‖ **unstarres ~schiff** (z.B. nach A.v. Parseval, 1861-1942) (Luftf) / non-rigid airship ‖ **halbstarres ~schiff** (z.B. nach Basenach) (Luftf) / semirigid airship* ‖ **~schiffer** *m* (Luftf) / aeronaut *n* ‖ **~schifferei** *f* (Luftf) / aerostation* *n* ‖ **~-Schiff-Flugkörper** *m* (Mil) / air-to-ship missile ‖ **~schleier** *m* (Gebläsestrom der Luftschleieranlage - z.B. in Kaufhäusern) / hot-air curtain, air curtain ‖ **~schleieranlage** *f* / air-curtain installation, air-curtain plant ‖ **~schleuse** (Bau, HuT) / air-sluice *n* (für Material) (HuT) / materials lock ‖ **~schleuse** (für Personen) (HuT) / man lock, medical lock ‖ **~schleuse** (des Senkkastens) (HuT) / airlock* *n* ‖ **~schleuse** (Raumf) / airlock module ‖ **~schlitz** *n* (Eltech) / ventilating duct, ventiduct *n* ‖ **~schlitz** (Masch) / louver *n*, louvre *n* ‖ **mit ~schlitzen** / vented *adj* ‖ **~schmierung** *f* / gas-film lubrication, gas lubrication ‖ **~schnittstelle** *f* (Fernsp, Radio) / radio interface, air interface
**Luftschraube** *f* (Luftf) / propeller* *n*, aircraft propeller, airscrew* *n*, screw *n* ‖ **gegenläufige ~n** (nichtgleichachsige - als symmetrische Einheiten auf beiden Seiten des Flugzeugs) (Luftf) / handed propellers ‖ **linksgängige ~** (Luftf) / left-hand airscrew, left-hand propeller* ‖ **rechtsgängige ~** (Luftf) / right-hand airscrew, right-hand propeller ‖ **schwenkbare ~** (bei den Senkrechtstartern) (Luftf) / swivelling propeller* ‖ **sechsflügelige ~** (Luftf) / six-bladed propeller ‖ **untersetzte ~** (Luftf) / geared-down propeller ‖ **vierflügelige ~** (Luftf) / four-bladed propeller ‖ **vom Luftstrom getriebene, mitdrehende ~** (Luftf) / windmilling propeller ‖ **~ in Bremsstellung** (Luftf) / braking airscrew ‖ **~ in Segelstellung** (Luftf) / feathering airscrew, feathering propeller*
**Luftschrauben•blatt** *n* (Luftf) / propeller blade ‖ **~drehzahl** *f* (Luftf) / propeller speed ‖ **~haube** (Luftf) / spinner* *n* ‖ **~kreisfläche** *f* (Luftf) / disk area*, propeller area ‖ **~nabe** *f* (Luftf) / hub *n*, boss *n*, propeller hub ‖ **~regler** *m* (Luftf) / propeller governor ‖ **~schritt** *m* (Luftf) / pitch* *n*, screw pitch ‖ **~schub** *m* (Luftf) / airscrew-thrust *n*, propeller thrust ‖ **~strahl** *m* (Luftf) / propeller wash, prop blast, propwash *n* (US), slipstream* *n*, propeller blast, backwash *n* ‖ **~zugkraft** *f* (Luftf) / airscrew-thrust *n*, propeller thrust
**Luft•schreiber** *m* (in der Reproduktionstechnik) (Druck) / air brush*, aerograph *n* ‖ **~schütz** *n* (bei der der Schaltlichtbogen zwischen Schaltstücken in Luft gezogen und gelöscht wird) (Eltech) / air-break contactor ‖ **~schütz mit Überlastschutz** (Eltech) / gate-end box ‖ **~schutzbunker** *m* (Mil) / air-raid shelter, bomb shelter, bomb-proof shelter ‖ **~schutzraum** *m* (Mil) / air-raid shelter, bomb shelter, bomb-proof shelter ‖ **~segmentierung** *f* (bei der Durchluftanalyse) / air segmentation ‖ **~seilbahn** *f* (zur Beförderung von Einzellasten, Schüttgütern und auch Personen) / aerial ropeway*, aerial tramway (US), overhead ropeway, aerial cableway ‖ **~seite** *f* (der Staumauer) (Wasserb) / air side, downstream side, downstream face, downstream end, air-side face ‖ **~seitiger Dammfuß** (Wasserb) / downstream toe ‖ **~selbstkühlung** *f* (Eltech) / air-air cooling, self-cooling by natural circulation of air (Eltech) ‖ **~sensor** *m* / air sensor ‖ **~setzmaschine** *f* / air jig*, pneumatic jig ‖ **~setzmaschine** (nach Hooper) (Aufber) / Hooper jig ‖ **~spalt** *m* (Unterbrechung in einem magnetischen Kreis) (Eltech, Mag) / air gap*, gap* *n* ‖ **~spalt** (des Zündimpulsgebers) (V-Mot) / air gap ‖ **mit ~spalt** / gapped *adj* ‖ **~spalt** *m* **im Eisenkreis** (Eltech, Mag) / magnetic gap ‖ **~spaltgerade** *f* (Tangente an den linearen Anfangsteil der Leerlaufkennlinie) (Eltech) / airline* *n* ‖ **~spaltinduktion** *f* (Eltech) / air-gap induction, air-gap magnetizing force ‖ **~speicher** *m* (Dieselmotor) (V-Mot) / air cell*, air chamber ‖ **~speichermotor** *m* (V-Mot) / air-cell diesel engine ‖ **~spiegelung** *f* (nach unten) (Meteor) / looming* *n*, inferior mirage ‖ **~spiegelung** (eine atmosphärische Erscheinung) (Meteor) / mirage* *n* ‖ **~spiegelung** (nach oben) (Meteor) / superior mirage ‖ **~spiel** *n* (in Trommel- und Scheibenbremsen) (Kfz) / air gap, clearance *n* ‖ **~spiel** (in der Reibungskupplung) (Kfz) / air space ‖ **~spieß** *m* (Gieß) / vent wire*, wire riddle, piercer *n* ‖ **~spießen** (Gieß) / venting* *n* ‖ **~spitze** *f* (Tex) / burnt-out lace ‖ **~sport** *m* / airsport *n* ‖ **~spule** *f* (eine selbsttragende Spule ohne Spulenkörper) (Eltech) / air coil ‖ **~standort-Anzeiger** *m* (Luftf) / air-position indicator*, API ‖ **~start** *m* (Luftf) / air start ‖ **~startgerät** *n* (Luftf) / air start unit ‖ **~staubmeßgerät** *n* (Umwelt) / airborne dust measuring instrument ‖ **~stechen** *n* (Gieß) / venting* *n* ‖ **~stecher** *n* (Gieß) / vent wire*, wire riddle, piercer *n* ‖ **~stein** *m* (an der Luft getrockneter Mauerstein) (Bau) / air-dried brick, sun-dried brick ‖ **~stelle** *f* (Plast) / dry spot ‖ **~stickstoff** *m* (Chem) / atmospheric nitrogen ‖ **~stickstoffbindung** *f* (Bakteriol) / fixation of nitrogen*, nitrogen fixation*, dinitrogen fixation ‖ **~strahlsauger** *m* (Masch) / air ejector* ‖ **intermittierendes ~strahltriebwerk** (Luftf) / pulse-jet* *n*, pulsating jet engine, aeropulse *n*, intermittent jet*, intermittent

duct ‖ **~straße** f (Luftf) / airway* n (an air route provided with ground organization) ‖ **~strecke** f (der kürzeste als Fadenmaß gemessene Weg in Luft, auf dem ein Stromübergang eintreten kann) (Eltech) / clearance n (in air) ‖ **~strecke** (die kürzeste, als Fadenmaß gemessene Strecke in Luft zwischen zwei Bezugspunkten) (Eltech) / air gap* ‖ **~strecke** (die kürzeste Entfernung zwischen zwei leitenden Teilen mit unterschiedlichem Potential in Luft) (Eltech) / sparking distance in air

**Luftstrom** m / airstream n, stream of air ‖ **aufsteigender ~ bei Aufwind** (Luftf) / thermal current ‖ **~, der in mehreren Richtungen abströmt** (Sanitär) / spreading jet ‖ **~, der** m **nur in eine Richtung abströmt** (meistens senkrecht zum Luftauslaß) (Sanitär) / confined jet ‖ **~gefrieren** n / jet freezing, air-jet freezing ‖ **~länge** f **im Raum** (Klimaanlage) (Sanitär) / throw n ‖ **~mahlanlage** f (Masch) / air-swept grinding plant ‖ **~schalter** m (Eltech) / air-blast switch*, air-blast circuit breaker* ‖ **~sichtung** f (Aufber) / air classification, pneumatic separation, air separation, air floating, air sweeping, pneumatic classification ‖ **~texturieren** n (Spinn) / air-jet crimping, air-jet process, air-jet texturing*, air texturing

**Luft • strömung** f / draught* n, draft n (US) ‖ **~strömung** / airflow n ‖ **~strömungsgeschwindigkeit** f / airflow velocity ‖ **~stützpunkt** m (Mil) / airbase n, air station (GB), station n (GB) ‖ **~tanken** n (Luftf) / in-flight refuelling, flight refuelling, aerial refuelling, mid-air refuelling ‖ **~tanker** m (Luftf) / flight refuelling tanker, tanker n ‖ **~tasche** f (in der Saugleitung) (Masch) / air pocket ‖ **mit ~taschen** (eine Saugleitung) / air-bound adj ‖ **~taxi** n (Luftf) / air taxi ‖ **~temperatur** f / air temperature ‖ **~transport** m (Luftf) / aerial transportation, air transportation ‖ **~transport mit Kran- oder Transporthubschraubern** (Luftf) / sling transport ‖ **~trichter** m (V-Mot) / carburetter venturi, carburettor throat ‖ **~trichter** (des Vergasers) (Kfz, Luftf) s. auch Drosselklappe ‖ **~trocken** adj / air dry*, a.d. ‖ **~trocknen** v (nur Infinitiv und Partizip) / dry in the open air ‖ **~trocknen** n / air drying ‖ **~trocknend** adj (Anstr) / air-drying adj ‖ **~trockner** m / air drier ‖ **~trocknung** f / air drying ‖ **~trocknung** (For) / natural seasoning, air seasoning, air drying ‖ **~trocknung** (von Rohhäuten) (Leder) / flint drying ‖ **~trocknungsanlage** f / air-drying plant ‖ **~tüchtig** adj (Flugzeug) (Luftf) / airworthy* adj ‖ **~tüchtigkeitsausweis** m (Luftf) / Certificate of Airworthiness*, C of A*, Approved Type Certificate* (US) ‖ **~tüchtigkeitszeugnis** n (Luftf) / Certificate of Airworthiness*, C of A*, Approved Type Certificate* (US) ‖ **~tür** f / air-curtain installation, air-curtain plant ‖ **~überlegenheitsjäger** m (Luftf) / air superiority fighter* ‖ **~überschuß** m (Masch) / excess air*, air excess ‖ **~überschuß** (V-Mot) / leanness n ‖ **~überwachung** f (Luftf) / air surveillance ‖ **~überwachung** (Prüfung und Messung möglicher Luftverschmutzungen) (Umwelt) / air pollution control, air contamination control, air monitoring ‖ **~überwachung** (Umwelt) s. auch Luftreinhaltung ‖ **~überwachungsgerät** m (Luftf) / flight instrument ‖ **~überwachungsgerät** (zur Messung der Luftverschmutzung) (Umwelt) / air-contamination monitor, air-contamination meter ‖ **~überwachungsgerät** (zur Messung der Radioaktivität) (Umwelt) / air-activity monitor ‖ **~umlauf** m / air circulation ‖ **~umwälzung** f / air circulation ‖ **~- und Raumfahrtmedizin** f (Med) / aerospace medicine, space medicine ‖ **~undurchlässigkeit** f (Pap) / air resistance

**Lüftung** f (Masch) / aeration n, venting n, airing n, ventilation n ‖ **~** (des Werkzeugs) (Plast) / breathing n (of the mould) ‖ **natürliche ~** / natural ventilation

**Lüftungs • anlage** f (Eltech) / ventilating plant* ‖ **~becken** n (Sanitär) / activated-sludge tank, aeration tank, aerator n, reactor n, bio-aerator n ‖ **~flügel** m (in Fenstern oder Fenstertüren) (Bau) / ventlight n, night vent, vent n ‖ **~gerät** m (Bergb) / air-mover n, air-driver n ‖ **~gitter** n (Bau, Sanitär) / air register, air grating, register* n, grille n ‖ **~leitung** f (Verlängerung der Falleitung oder Anschlußleitung zur Schmutzwasser von der höchstgelegenen Anschlußstelle eines Entwässerungsgegenstandes bis über Dach) (Sanitär) / vent stack* ‖ **~öffnung** f (in der Dachdecke) (Bau) / stack vent ‖ **~öffnung** (Eltech) / port n ‖ **~öffnung** (Masch) / vent n, air-port n, vent hole, vent opening ‖ **~schacht** m (bei der freien Lüftung) (Bau) / air flue* ‖ **~schlitz** m (im allgemeinen - auch bei dem Rad) / ventilation slot ‖ **~stein** n / air-brick* n, ventilation brick ‖ **~system** n (auch beim Belebungsverfahren) (Sanitär) / aeration system ‖ **~teil** m (des Fensters) (Bau) / louvre panel, louvered panel (US) ‖ **~verlust** m (Eltech) / windage loss ‖ **~ziegel** n / air-brick* n, ventilation brick ‖ **~zug** m (Bowdenzug der Lüftungsklappe) (Kfz) / vent control cable

**luft • unterstützter Stoßdämpfer** (Kfz) / air shock absorber, air-assisted shock absorber ‖ **~verbrennungsverfahren** f **nach Birkeland-Eyde** (Chem Verf) / Birkeland-Eyde process ‖ **~verdrängung** f (Luftf) / displacement n ‖ **~verfilzungsverfahren** n (Bildung von Faservliesen bei der Herstellung von Faserplatten) (For) / air felting, air felting process ‖ **~verflüssiger** m (Phys) / air liquefier* ‖ **~verflüssigung** f (Phys) / air liquefaction ‖ **~verflüssigungsmaschine** f (Phys) / air liquefier* ‖ **~verfrachtung** f (der Schadstoffe) (Umwelt) / transmission n ‖ **~verhältnis** n (bei Feuerungen) / excess-air ratio ‖ **~verhältnis** (Quotient aus zugeführter Luftmenge und zur vollständigen Verbrennung theoretisch erforderlicher Luftmenge) (V-Mot) / air ratio ‖ **~verkehr** m (Luftf) / air traffic ‖ **~verkehr** (ein Teil der kommerziellen Luftfahrt) (Luftf) / air transport, air transportation ‖ **~verkehr zu festen Zeiten** (Shuttle) **ohne Vorausbuchung** (Luftf) / walk-on air-service, walk-on service ‖ **~verkehrsgesellschaft** f (Luftf) / airline n ‖ **~verkehrsgesellschaft** s. auch Carrier ‖ **~verkehrslinie** f (Luftf) / airline n ‖ **~verkehrstechnik** f / air transport engineering ‖ **~verschmutzung** f (Umwelt) / air pollution, atmospheric pollution, atmospheric contamination, air contamination ‖ **~verschmutzung durch den Kraftfahrzeugbetrieb** (Kfz, Umwelt) / automotive pollution ‖ **~verteilergehäuse** n (als Teil des Fahrzeuglüftungssystems) (Kfz) / plenum n (pl. -s or plena) ‖ **~verteilergehäuse mit Gebläse** (Kfz) / plenum blower assembly* ‖ **~verteilerkasten** m (als Teil des Fahrzeuglüftungssystems) (Kfz) / plenum n (pl. -s or plena) ‖ **~verunreinigung** f (Umwelt) / air pollution, atmospheric pollution, atmospheric contamination, air contamination ‖ **aus Rauch und Staub bestehende ~verunreinigung** (Umwelt) / smust n ‖ **~vorwärmer** m (um die Abgasleitung) (Luftf) / heating muff* ‖ **~vorwärmer** (Masch) / air preheater*, air heater ‖ **~waffeneinsatzverband** m (Mil) / air task force ‖ **~waffenstützpunkt** m (Mil) / airbase n, air station (GB), station n (GB) ‖ **~wand** f (einer Ionisationskammer) (Nukl) / air wall* ‖ **~wändekammer** f (eine Ionisationskammer) (Nukl) / air-wall ionization chamber, air-equivalent ionization chamber ‖ **~-Wasserstoff-Flamme** f / air-hydrogen flame ‖ **auf dem ~wege transportiert** (Luftf) / airborne adj ‖ **~weiche** f (Eltech) / trolley-frog n ‖ **~werbung** f / aerial advertising ‖ **~wertrechner** m (Luftf) / air data system*, ADS*, air data computer ‖ **~widerstand** m (Pap) / air resistance ‖ **~widerstand** (im allgemeinen) (Phys) / drag n, air drag, aerodynamic drag ‖ **~widerstand** (eines erdnahem Verlauf der Bahn oder eines Bahnteils des künstlichen Erdsatelliten) (Raumf) / air drag*, drag* n, aerodynamic drag, aerodynamic resistance ‖ **~widerstandsbeiwert** m (Kfz, Luftf) / drag coefficient, coefficient of drag ‖ **~widerstandsbremse** f (Luftf) / aerodynamic brake, air brake*, speed brake ‖ **~wirbel** m (Meteor) / whirlwind n ‖ **~-Zahn-Koeffizient** m (Eltech) / extension coefficient ‖ **~zerlegung** f (Chem Verf) / air separation ‖ **~zerlegungsanlage** f (Chem Verf) / air separation unit ‖ **~zerstäubendes Spritzen** (Anstr) / air volume spraying*, spattering n ‖ **~ziegel** m (Bau) / air-dried brick, sun-dried brick ‖ **~ziegel** (ungebrannter Ziegel mit Strohzusatz) (Bau) / cob* n ‖ **~ziehkissen** n (Hütt, Masch) / air cushion ‖ **~zirkulation** f / air circulation ‖ **~zufuhr** f / air supply ‖ **mit mangelhafter ~zufuhr** / air-deficient adj ‖ **~zufuhrkanal** m (der Spritzpistole) (Anstr) / air cap* ‖ **~zuführung** f / air supply ‖ **~zug** m / draught* n, draft n (US) ‖ **natürlicher ~zug** (Masch) / natural draught* ‖ **~zumischbohrung** f (im Vergaser) (Kfz) / air-bleed passage ‖ **~zutritt** m / access of air, air access

**Lugger** m (Schiff) / lugger n
**Luggin-Haber-Kapillare** f / Haber-Luggin capillary, Luggin-Haber capillary, Luggin-Haber probe, Luggin probe
**Lugol-Lösung** f (eine Iod-Kaliumiodid-Lösung nach J.G.A. Lugol, 1786-1851) (Chem) / Lugol's solution
**Lukarne** f (ein Dacherker bzw. ein Zwerchhaus) (Arch) / lucarne n ‖ **~** s. auch Dachfenster
**Luke** f (Raumf) / hatch n ‖ **~** (verschließbare Öffnung im Deck zum Betreten und Beladen der darunterliegenden Räume) (Schiff) / hatchway* n, ship's hatch, hatch n
**Luken • deckel** m (Schiff) / hatch cover, hatchway cover ‖ **~kumming** m (Schiff) / hatch coaming, coaming n ‖ **~schiebebalken** m (Schiff) / hatch beam ‖ **~schnäpper** m (Schiff) / hatchway catch ‖ **~süll** m n (Schiff) / hatch coaming*, coaming n ‖ **~viz** m (Steuervize für eine einzelne Luke) (Schiff) / hatch foreman, hatch boss (US) ‖ **~vize** m (Schiff) / hatch foreman, hatch boss (US)
**lukrativ** adj / profitable adj, lucrative adj
**Lumachelle** f (ein Schill-Kalk) (Geol) / lumachella* n
**Lumbangöl** n (von Samen der Aleurites moluccana (L.) Willd.) / lumbang oil, candlenut oil, kekune oil, kukui oil
**Lumbecken** n (fadenlose Klebebindung nach E. Lumbeck, 1886 - 1979) (Buchb) / threadless (perfect) binding
**Lumbeck-Verfahren** n (Buchb) / threadless (perfect) binding
**Lumen** n (pl. - oder -mina) (Bot, For, Med) / lumen* n (pl. lumina) ‖ **~** (pl. - oder -mina) (abgeleitete SI-Einheit des Lichtstroms = cd. sr) (Licht) / lumen n, lm* ‖ **~ pro Watt** (Einheit der Lichtausbeute und des fotometrischen Strahlungsäquivalents) (Licht) / lumen per watt
**Lumenmeter** n (Licht) / lumenmeter* n
**Lumensekunde** f (SI-Einheit der Lichtmenge) (Licht) / lumen-second n
**Lumenstunde** f (Licht) / lumen-hour* n

**Lumen/Watt**

**Lumen/Watt** $n$ (Einheit der Lichtausbeute und des fotometrischen Strahlungsäquivalents) (Licht) / lumen per watt
**Luminanz** $f$ (TV) / luminance $n$
**Luminanzkanal** $m$ (TV) / luminance channel*
**Luminanzsignal** $n$ (TV) / luminance signal*, Y signal*
**lumineszent** adj (Licht) / luminescent adj
**Lumineszenz** $f$ (Emission von Licht nach vorangegangener Anregung durch Energieabsorption) (Licht) / luminescence* $n$ ‖ ⁓**aktivator** $m$ (Phys) / luminogen $n$ ‖ ⁓**anzeige** $f$ (Eltronik) / electroluminescent display ‖ ⁓**diode** $f$ (Eltronik) / light-emitting diode*, LED*, electroluminescent diode, luminescent diode ‖ ⁓**erregend** adj (Phys) / luminogen adj ‖ ⁓**mikroskop** $n$ (Mikros) / fluorescence microscope ‖ ⁓**mikroskopie** $f$ (Mikros) / fluorescence microscopy* ‖ ⁓**pigment** $n$ (Anstr) / luminescent pigment, luminous pigment ‖ ⁓**platte** $f$ (Eltech, Licht) / electroluminescent (light) panel, electroluminescent lamp, persistron $n$, light panel, luminescent panel, electroluminescent source ( a panel lamp) ‖ ⁓**spektroskopie** $f$ (Spektr) / luminescence spectroscopy ‖ ⁓**zentren** $n$ $pl$ (Licht) / luminescent centres*
**lumineszieren** $v$ (Licht) / luminesce $v$
**lumineszierend** adj (Licht) / luminescent adj
**luminogen** adj (Phys) / luminogen adj ‖ ⁓ $n$ (Phys) / luminogen $n$
**Luminol** $n$ (5-Amino-2,3-dihydro-1,4-phthalazindion - zum Nachweis von Blut) (Chem) / luminol $n$
**Luminophor** $m$ (Chem, Licht, Phys) / luminophore* $n$
**Lümmel** $m$ (drehbarer Bolzen am unteren Ende des Ladebaums - DIN 82042) (Schiff) / gooseneck pin
**Lümmellager** $n$ (Schiff) / bearing for derrick goosenecks
**Lummer-Brodhun-Fotometer** $n$ (Licht) / Lummer-Brodhun photometer*
**Lummer-Brodhun-Würfel** $m$ (nach E. Brodhun, 1860-1938) (Licht) / Lummer-Brodhun cube
**Lummer-Gehrcke-Platte** $f$ (nach O. Lummer, 1860-1925, und E.J. Gehrcke, 1878-1960) (Phys) / Lummer-Gehrcke interferometer*, Lummer-Gehrcke plate
**LUMO** (Chem) / lowest-energy unoccupied molecular orbital (LUMO)
**Lumpen** $m$ / rag $n$ ‖ ⁓**entstäuber** $m$ (Spinn) / dust willow, dust willey, dusting willey, shake willey, shaker $n$ ‖ ⁓**holländer** $m$ (Spinn) / rag breaker ‖ ⁓**klopfer** $m$ (zum Entstauben) (Spinn) / dust willow, dust willey, dusting willey, shake willey, shaker $n$ ‖ ⁓**klopfer** (für Spinnstoffaufbereitung nach DIN 64161) (Spinn) / rag beater ‖ ⁓**kocher** $m$ (Pap, Tex) / rag boiler ‖ ⁓**papier** $n$ (Pap) / all-rag paper, rag paper ‖ ⁓**reinigung** $f$ (Tex) / thrashing $n$, dusting $n$, rag thrashing ‖ ⁓**reißer** $m$ (Spinn) / rag devil, rag shredder, rag-tearing machine ‖ ⁓**schmälzmaschine** $f$ (Spinn) / rag oiler ‖ ⁓**schneider** $m$ (Pap) / rag cutter, rag chopper ‖ ⁓**teppich** $m$ (Tex) / list carpet ‖ ⁓**wolf** $m$ (Spinn) / rag devil, rag shredder, rag-tearing machine
**lunar** adj (Astr) / lunar adj
**Lunargeologie** $f$ (die sich mit dem Aufbau des Mondes befaßt) (Geol) / lunar geology
**Lunation** $f$ (Ablauf der Mondphasen, z.B. von Vollmond zu Vollmond) (Astr) / lunation* $n$
**Lüneberg-Linse** $f$ (für dreidimensionales Abtastverfahren) (Radar) / Luneberg lens, Luneburg lens
**Lünette** $f$ (halbkreisförmiges Bogenfeld über Türen und Fenstern) (Arch) / lunette* $n$ ‖ ⁓ (ortsfeste) (Bauteil zur Abstützung eines langen Werkstücks) (Masch) / stationary support, back-rest* $n$, back-stay* $n$, steady* $n$, steady rest, steady-rest follower ‖ **mitlaufende** ⁓ (Masch) / follow-rest* $n$, travelling steady
**Lungenerkrankung** $f$ (als Berufskrankheit) (Med) / work-related lung disorder
**Lungenmilzbrand** $m$ (eine Form von Milzbrand - eine Berufskrankheit) (Med) / wool-sorters' disease*
**Lunge-Reagens** $n$ (Nachweisreagens für Nitrit und Nitrat nach G. Lunge, 1839-1923) (Chem) / Lunge reagent
**lunisolar** adj (Astr) / lunisolar adj
**Lunker** $m$ (ein Gußfehler) (Gieß) / shrinkage cavity, shrink hole ‖ ⁓ (Außenlunker am Blockkopf) (Hütt) / contraction cavity*, shrinkage cavity, sink-hole $n$ ‖ **offener** ⁓ (Makrolunker) (Gieß) / pipe $n$ ‖ **unverschweißter** ⁓ (Gieß) / seam* $n$
**Lunkerbildung** $f$ (Volumendefizit nach dem Erstarren) (Gieß) / shrinkage $n$, contraction $n$, cavitation $n$, shrinkage-cavity formation ‖ ⁓ (Mittellinienlunker) (Gieß) / piping $n$
**Lunkern** $n$ (Gieß) / shrinkage $n$, contraction* $n$, cavitation $n$, shrinkage-cavity formation ‖ ⁓ (Mittellinienlunker) (Gieß) / piping $n$
**Lunkerpulver** $n$ (Gieß) / antipipe powder
**Lunkerung** $f$ (Gieß) / shrinkage $n$, contraction* $n$, cavitation $n$, shrinkage-cavity formation ‖ ⁓ (Gieß) / piping $n$
**lunkerverhütend** adj (Gieß) / antipiping adj
**lunkrig** adj (Gieß) / unsound* adj ‖ ⁓ (Gieß) / blown adj
**Lunte** $f$ (Spinn) / slubbing* $n$, card sliver, carded sliver, sliver* $n$, fibre band
**Lunula** $f$ **Hippokratis** (Math) / Hippocrates lune

**Lupe** $f$ (Opt) / magnifier $n$, magnifying glass, hand-glass magnifier ‖ ⁓ **eines Digitalisiertabletts** (EDV) / digitizing puck
**Lupenicon** $n$ (EDV) / magnify icon (user interface)
**Lupenikon** $n$ (EDV) / magnify icon (user interface)
**lupenrein** adj (Diamant) / flawless adj (internally), if
**Lupeose** $f$ (Chem) / stachyose* $n$
**Lupinenalkaloid** $n$ (aus der Gruppe der Chinolizidinalkaloide) (Biochem) / lupin(e) alkaloid
**Lupinenmehl** $n$ (aus Lupinus L.) / lupin(e) flour
**Lupinin** $n$ (das am einfachsten gebaute Lupinenalkaloid) (Chem) / lupinine* $n$
**Luppe** $f$ (Hütt) / ball $n$ ‖ ⁓ (Herstellung von nahtlosen Stahlrohren) (Hütt) / pierced billet, hollow blank, tube blank ‖ ⁓ (Hütt) / puddled ball*
**Luppenbildung** $f$ (Hütt) / balling* $n$
**Luppenfeuer** $n$ (Hütt) / bloomery $n$
**Lupulin** $n$ / lupulin $n$, hop flour ‖ $\alpha$-⁓**säure** (Brau) / humulone $n$, alpha resin, $\alpha$-lupulinic acid
**Lupulon** $n$ (Brau) / lupulone $n$, $\beta$-lupulinic acid
**Lurex** $n$ (nicht oxidierende Metallfolie auf Basis Aluminium, die in feine Streifen geschnitten und verzwirnt wird) (Tex) / Lurex $n$
**Lurgi-Druckvergasung** $f$ (in Festbettdruckvergasungsverfahren) (Kftst) / Lurgi process*, Lurgi coal gasification process
**Lurgi-Ruhrgas-Verfahren** $n$ (zur Ölschieferaufarbeitung) (Erdöl) / Lurgi-Ruhrgas process
**Lurgi-Sandcracker** $m$ (zur thermischen Spaltung des Erdöls) (Erdöl) / Lurgi sandcracker
**Lurgi-Verfahren** $n$ (mit Sauerstoff und Dampf unter einem Druck von 20 bis 30 at bei Anwendung eines Drehrostes) (Kftst) / Lurgi process*, Lurgi coal gasification process
**Lusamba** $n$ (For, Tischl) / avodiré $n$
**Lusinscher Satz** (Math) / Lusin's theorem
**Lüster** $m$ (Oberflächeneffekt eines Anstriches oder Druckes) (Anstr, Druck) / lustre* $n$ ‖ ⁓ (Eltech) / lustre $n$ ‖ ⁓ (z.B. Brianchon-) (Keram) / lustre $n$ ‖ ⁓ (tuchbindiger Stoff aus Baumwollkette und stark verzwirntem Mohär- oder Alpaka-Kammgarn im Schuß) (Tex) / lustre $n$ (GB) ‖ **Arabischer** ⁓ (ein Transformationslüster) (Keram) / Arabian lustre
**Lüsterglasur** $f$ (schillernde, irisierende Glasur auf der Basis leichtflüssiger Alkali-Blei-Bor-Silikate, die mit Cu-, Ag- oder Bi-Salzen versetzt sind) (Keram) / lustre glaze
**Lüsterklemme** $f$ (zum ortsfesten Anschluß von Leuchten an festverlegte Leitungen) (Eltech) / lamp-wire connector
**Lüstrieren** $n$ (Tex) / lustring $n$
**Lüstriermittel** $n$ (Tex) / lustring agent
**lüstriertes Garn** (Spinn) / polished yarn, iron yarn, glacé yarn, glacé thread, lustred yarn, glazed yarn
**Lüstrierung** $f$ (Tex) / lustring $n$
**Lutein** $n$ (Dihydroxyderivat des $\alpha$-Karotins - E 161 b) (Chem, Nahr) / lutein $n$, luteol $n$, xanthophyll* $n$
**Luteinisierungshormon** $n$ (Biochem) / interstitial cell-stimulating hormone*, lutropin $n$, luteinizing hormone*, ICSH*, LH
**Luteolin** $n$ (ein Flavonfarbstoff) (Chem) / luteolin $n$
**luteomammotropes Hormon** (Laktationshormon des Hypophysenvorderlappens) (Biochem, Physiol) / prolactin* $n$, luteotrophic hormone*, luteotrophin* $n$, lactogenic hormone, lactotropin $n$
**luteotropes Hormon** (Laktationshormon des Hypophysenvorderlappens) (Biochem, Physiol) / prolactin* $n$, luteotrophic hormone*, luteotrophin* $n$, lactogenic hormone, lactotropin $n$
**Lutetium (Lu)** $n$ (Chem) / lutetium* $n$
**Lutidin** $n$ (Dimethylpyridin) (Chem) / lutidine* $n$
**Lutit** $m$ (klastische Karbonatsedimente bzw. Sedimentteile mit Korngrößen von 0,0004-0,004 mm) (Geol) / lutite* $n$, lutyte $n$
**lutro** / air dry*, a.d.
**Lutropin** $n$ (Biochem) / interstitial cell-stimulating hormone*, lutropin $n$, luteinizing hormone*, ICSH*, LH
**Lutte** $f$ (Bergb) / duct* $n$, vent tube, ventilation pipe ‖ **biegsame** ⁓ (Bergb) / flexible duct ‖ **flexible** ⁓ (z.B. aus Kunststoff) (Bergb) / flexible duct
**Luttenleitung** $f$ (Bergb) / ducting $n$ (blowing or exhaust ventilation)
**Luttenlüfter** $m$ (zur Druckerzeugung für die saugende oder blasende Sonderbewetterung) (Bergb) / duct fan
**Luttenstrang** $m$ (Bergb) / ducting $n$ (blowing or exhaust ventilation)
**Lutter** $m$ (Nahr) / singlings $pl$, brouillis $pl$
**Lutterkolonne** $f$ (Rektifikationskolonne für Luttergewinnung) (Chem Verf, Nahr) / rectifying column
**Luttersäule** $f$ (Chem Verf, Nahr) / rectifying column
**Luv-** / windward adj
**Luv** $f$ (Schiff) / weather side, windward $n$
**luven** $v$ (Schiff) / luff $v$ ‖ ⁓ (das Schiff nach Luv drehen) (Schiff) / luff $v$

**Luvküste** f (Schiff) / weather shore, windward shore
**Luvo** m (Masch) / air preheater*, air heater
**Luvseite** f (dem Wind zugewandte Seite) (Schiff) / weather side, windward ‖ **an der ~** (eines Schiffs) **liegend** (Schiff) / weatherly adj
**luvwärts** adv (Schiff) / windward adv
**Luvwinkel** m (Winkel zwischen der Flugzeuglängsachse und dem Kartenkurs, um den vorgehalten werden muß, damit die Abdrift bei Windeinfluß ausgeglichen wird) (Luftf, Nav) / wind correction angle, drift correction angle
**Lux** n (abgeleitete SI-Einheit der Beleuchtungsstärke = $lm/m^2$) (Licht) / lux* n (pl. - or -es), metre-candle* n
**Luxemburg-Effekt** m (Störung einer Übertragung im Mittelwellenbereich) (Radio) / Luxemburg effect*
**Luxmeter** n (Beleuchtungsstärkemesser) (Instr) / luxmeter n, illuminometer n (US) ‖ ~ (Licht, Opt) / illuminometer n
**Luxon** n (Teilchen ohne Ruhemasse, das sich stets mit Lichtgeschwindigkeit bewegt) (Kernphys) / luxon n
**Luxullianit** m (Turmalingranit) (Geol) / luxullianite n
**Luxus •-** / fancy adj, de luxe* ‖ **in ~ausführung** / fancy adj, de luxe* ‖ **~seife** f (mit bis zu 5% Parfümölen) / soap de luxe
**LU-Zerlegung** f (EDV, Math) / LU decomposition
**Luzerne** f (Medicago sativa L.) (Bot, Landw) / alfalfa n, lucerne n
**Luziferase** f (zu den Oxidoreduktasen gehörendes Enzym) (Biochem) / luciferase* n
**Luziferine** n pl (Substrate der von Luciferasen katalysierten Biolumineszenzreaktionen) (Biochem) / luciferins* pl
**Luzonit** m (gelblichrosastahlgraues Fahlerz) (Min) / luzonite n ‖ ~ s. auch Enargit
**LV** / Laservision* n
**L-Valin** n (eine essentielle Aminosäure) (Biochem) / valine* (Val) n, Val*n
**L-Verteilung** f (Stats) / Lévy distribution
**LW** (Foto) / exposure value* (EV)
**LWC-Papier** n (holzhaltiges Papier mit leichtem beidseitigem Pigmentstrich) (Pap) / lightweight coated paper
**l-Weinsäure** f (Chem) / laevotartaric acid
**L-Welle** f (Eltech) / TEM wave, transverse electromagnetic wave ‖ ~ (Geophys) / L-wave n (a type of seismic body wave)
**LWL** (Fernm, Opt) / optical waveguide, OWG ‖ ~ (Opt) / optical-fibre cable, optical cable ‖ **~-Absorber** m (DIN VDE 0888, T 1) (Opt) / optical fibre absorber ‖ **~-Klebspleiß** m (Fernm) / glue splice ‖ **~-Schmelzspleiß** m / fusion splice ‖ **~-Sensor** m (Opt) / optical-waveguide sensor ‖ **~-Spleißverbindung** f (Fernm) / arc splice ‖ **flexible ~-Übertragung mit Kapazitätsreserve** (Fernm) / optical line with service capacity
**LWR** (Nukl) / light-water (nuclear) reactor*, LWR*
**lx** (abgeleitete SI-Einheit der Beleuchtungsstärke = $lm/m^2$) (Licht) / lux* n (pl. - or -es), metre-candle* n
**ly** (Astr) / light-year* n
**Lyase** f (eine Hauptklasse der Enzyme) (Biochem) / lyase n
**Lycopin** n (tief gelbroter, dem Karotin isomerer Farbstoff, z.B. in Tomaten oder Hagebutten E 160 d) (Biochem, Nahr) / lycopene n
**Lycopodium** n (Gieß, Pharm) / lycopodium n
**Lycorin** n (ein Amaryllidaceen-Alkaloid) (Pharm) / lycorine n
**Lyctidae, Insektenfamilien Bostrychidae und ~** (Zool) / powder-post borers
**Lyddane-Sachs-Teller-Beziehung** f (eine für Ionengitter gültige Relation) (Phys) / Lyddane-Sachs-Teller relation
**Lydit** m (Geol) / lydite* n, Lydian stone*, touchstone* n
**Lykopin** n (Biochem, Nahr) / lycopene n
**Lyman-Geister** m pl (Gittergeister bei Gitterspektrografen) (Spektr) / Lyman ghosts
**Lyman-Serie** f (im Termschema des Wasserstoffatoms - nach T. Lyman, 1874-1954) (Phys) / Lyman series*
**Lymphocyt** m (pl. -en) (Med) / lymphocyte* n
**Lymphozyt** m (pl. -en) (Med) / lymphocyte* n
**Lynch-Maschine** f (eine Blas-Blas-Maschine) (Glas) / Lynch machine
**Lynden-Bell-Statistik** f (nach dem amerikanischen Astrophysiker D. Lynden-Bell, geb. 1935) (Astr) / Lynden-Bell statistics
**Lyogel** n (Chem) / lyogel n
**Lyolyse** f (Chem) / lyolysis* n (pl. lyolyses), solvolysis* n (pl. solvolyses)
**Lyolysis** f (Chem) / lyolysis* n (pl. lyolyses), solvolysis* n (pl. solvolyses)
**lyolytisch** adj (Chem) / lyolytic adj, solvolytic adj
**lyophil** adj (Chem) / lyophilic adj (solvent-attracting) ‖ **~es Kolloid** (Chem) / lyophilic colloid* ‖ **~es Sol** (Chem) / lyophilic sol
**Lyophilisation** f / freeze-drying* n (a process whereby the material is frozen, a vacuum applied, and the water and low-boiling compounds removed by sublimation), freeze concentration, lyophilisation n, sublimation from the frozen state, dehydrofreezing n
**lyophob** adj (Chem) / lyophobic adj (solvent-repelling) ‖ **~es Kolloid** (Chem) / lyophobic colloid* ‖ **~es Sol** (Chem) / lyophobic sol

**Lyosorption** f (Adsorption von Molekülen des Lösungsmittels durch feste Oberflächen) (Chem) / lyosorption* n
**Lyot-Filter** n (Monochromatlichtfilter mit spektral sehr schmalem Transmissionsbereich - nach B. Lyot, 1897-1952) (Astr) / Lyot filter*
**lyotrop** adj (Polymer, Flüssigkristall) (Chem, Phys) / lyotropic* adj ‖ **~e Ionenreihe** (Chem) / Hofmeister series*, lyotrophic series*
**Lyot-Teilung** f / Lyot division, French division
**Lyra** f (eines Rohrkompensators) / horseshoe bend (in an expansion joint)
**Lyrabogen** m / horseshoe bend (in an expansion joint)
**Lys** (Biochem, Nahr) / lysine* (Lys) n
**Lysalbinsäure** f (Chem, Pharm) / lysalbinic acid
**Lyse** f (Chem) / lysis* n (pl. lyses) ‖ **der ~ unterziehen** (Chem) / lyse* vt
**Lysergsäure** f (Grundkörper des LSD und einer Gruppe der Ergotalkaloide) (Chem) / lysergic acid
**Lysergsäurediethylamid (LSD)** n (Suchtmittel, ein Psychosomimetikum) (Chem, Pharm) / lysergic acid diethylamide*, LSD*, LSD-25
**Lysholm-Lader** m (V-Mot) / Lysholm supercharger
**Lysholm-Raster** m (Radiol) / stationary grid, Lysholm grid
**Lysholm-Verdichter** m (zweiwelliger) (Masch) / rotary screw compressor, screw compressor, screw-type compressor, helical-screw compressor, helical compressor
**lysieren** v (Chem) / lyse v, lyze v
**lysierend** adj (Chem) / lytic adj
**lysigen** adj (Gang) (For) / lysigenous adj
**Lysimeter** n (Apparatur zur Bestimmung der versickernden Wassermenge und der Verdunstung) / lysimeter n
**Lysin (Lys)** n (eine essentielle Aminosäure) (Biochem, Nahr) / lysine* (Lys) n ‖ ~ (ein Ambozeptor) (Biol) / lysin* n
**Lysinoalanin** n (unerwünschtes Folgeprodukt bei der Erhitzung von proteinreichen Lebensmitteln) (Chem, Nahr) / lysinoalanine n
**Lysis** f (Chem) / lysis* n (pl. lyses)
**lysogen** adj (Bakteriol) / lysogenic adj
**Lysogenie** f (Bakteriol) / lysogeny n
**Lysogenisierung** f (Bakteriol) / lysogenization n, lysogeny n
**Lysol** n (Liq. Cresoli saponatus - ein Desinfektionsmittel) (Chem) / Lysol* n, lysol n
**Lysosom** n (pl. -somen) (Zyt) / lysosome n
**Lysozym** n (bakteriolytisches Enzym) (Biochem) / lysozyme* n, muramidase n
**lytisch** adj (Chem) / lytic adj
**LZ** (For) / current annual increment
**LZB** (Bahn) / continuous train-control system
**L-Zement** m (Bau, HuT) / slow-setting cement
**L-Zucker** m (Nahr) / left-handed sugar
**L-Zweitor** n (Fernm) / L-network* n

# M

**M** (nach DIN-ISO 1629 ein Gruppenbuchstabe für Kautschuke mit einer gesättigten Kette von Polymethylentyp) (Chem Verf) / M
**M** (Einheit für den $10^6$fachen Kehrwert der Farbtemperatur) (Foto) / mired value, mired* $n$
**M** (Luftf, Raumf) / Mach number*, Mach $n$
**Ma** (Luftf, Raumf) / Mach number*, Mach $n$
**MAAH** (Chem) / methacrylic anhydride
**Mäander** $m$ (fortlaufendes Ornament mit rechtwinkliger Richtungsänderung) (Arch) / fret $n$, Greek fret ‖ $\sim$ (Geol, Wasserb) / meander* $n$ ‖ **eingesenkter** $\sim$ (Geol) / entrenched meander, intrenched meander, incised meander*, valley meander ‖ **freier** $\sim$ (Geol, Wasserb) / river meander ‖ $\sim$**bildung** $f$ (Geol, Wasserb) / meandering $n$ ‖ $\sim$**bogen** $m$ (Geol, Wasserb) / meander bend ‖ $\sim$**durchbruch** $m$ (Geol, Wasserb) / meander cut, meander cut-off ‖ $\sim$**förmiger Leiter** (Eltronik) / flat square spiral coil, FSSC ‖ $\sim$**gürtel** $m$ (Geol) / meander belt ‖ $\sim$**hals** $m$ (Geol, Wasserb) / meander neck, neck
**mäandern** $v$ (Geol, Wasserb) / meander $v$
**Mäander·schlinge** $f$ (Geol, Wasserb) / meander bend ‖ $\sim$**struktur** $f$ (z.B. bei Elektroden von Oberflächenwellen-Bauelementen) / comb structure, meander structure
**mäandrieren** $v$ (Geol, Wasserb) / meander $v$
**Maar** $n$ (selbständige vulkanische Bildung von trichter- bis schüsselförmiger Gestalt, eingetieft in Untergrund) (Geol) / maar* $n$
**MAC** (TV) / MAC* $n$, multiplexed analogue components*
**MacAdam-Ellipse** $f$ (Opt) / Mac Adam's ellipse
**Macaluso-Corbino-Effekt** $m$ (ein magnetooptischer Effekt) (Opt) / Macaluso-Corbino effect
**Macassar-Ebenholz** $n$ (For) / Macassar ebony
**Maccaluba** $f$ (bei Girgenti) (Geol) / mud volcano*, salse $n$, macaluba $n$
**Maceral** $n$ (inhomogener Gefügebestandteil der Kohle) (Bergb, Min) / maceral* $n$
**Mach** $n$ (ein Betriebssystem) (EDV) / Mach $n$
**Machart** $f$ (Masch) / make $n$, version $n$, build $n$ ‖ $\sim$ (des Seils) (Masch) / construction $n$
**Machete** $f$ / bush knife, machete $n$
**Mach-Kegel** $m$ (Luftf) / Mach cone*
**Machmeter** $n$ (ein Gerät, das die Machzahl eines Luftfahrzeugs anzeigt) (Luftf) / machmeter* $n$
**Machsch·er Kegel** (kegelförmiger Raum hinter der Störquelle) (Luftf) / Mach cone* ‖ $\sim$**e Linie** (Machsche Welle in ebener Strömung) (Phys) / Mach line ‖ $\sim$**es Prinzip** (globale Äquivalenz zwischen Trägheitskräften und Gravitation) (Phys) / Mach's principle* ‖ $\sim$**e Welle** (Phys) / Mach wave ‖ $\sim$**er Winkel** (der halbe Öffnungswinkel des Machschen Kegels und der Machschen Linien) (Luftf) / Mach angle* ‖ $\sim$**e Zahl** (Luftf, Raumf) / Mach number*, Mach $n$
**Macht** $f$ / power $n$ ‖ $\sim$ **des Tests** (die Wahrscheinlichkeit, beim Testen einer Hypothese einen Fehler 2. Art zu vermeiden) (Stats) / power function
**Machtfunktion** $f$ (Stats) / power function
**mächtig** $adj$ (Bergb, Geol, Meteor) / thick $adj$ ‖ **~er werden** (Geol) / thicken $vi$
**Mächtigkeit** $f$ (bankrechter Abstand zwischen den Grenzflächen einer Schicht) (Bergb, Geol) / thickness $n$ ‖ $\sim$ (einer Menge) (Math) / cardinality $n$, power $n$ ‖ $\sim$ (von Wolken) (Meteor) / thickness $n$ ‖ **an** $\sim$ **verlieren** (Geol) / thin $vi$ ‖ **an** $\sim$ **zunehmen** (Geol) / thicken $vi$ ‖ $\sim$ $f$ **des Kontinuums** (Math) / power of the continuum
**Mächtigkeitsverringerung** $f$ (Geol, HuT) / convergence $n$
**Mach·-Trimmeinrichtung** $f$ (Luftf) / Mach trim system ‖ $\sim$**-Zahl** $f$ (Luftf, Raumf) / Mach number*, Mach $n$
**Machzahl** $f$ (nach E.Mach, 1838-1916 benannt) (Luftf, Raumf) / Mach number*, Mach $n$ ‖ **kritische** $\sim$ (Zuström-Machzahl, bei der auf der Oberfläche umströmter Körper gerade Schallgeschwindigkeit auftritt) (Luftf) / critical Mach number* ‖ **örtliche** $\sim$ (Luftf) / local Mach number* ‖ $\sim$**haltung** $f$ (Luftf) / Mach hold, Mach lock ‖ $\sim$**messer** $m$ (Luftf) / machmeter* $n$
**Mach-Zehnder-Interferometer** $n$ (nach L.A.Zehnder, 1854-1949) (Opt) / Mach-Zehnder interferometer, Mach refractometer
**Macis·blüte** $f$ (Chem, Nahr, Pharm) / mace $n$ ‖ $\sim$**öl** $n$ (aus dem Muskatnußsamenmantel) (Nahr) / mace oil
**Mackie-Linie** $f$ (ein Kanteneffekt) (Foto) / Mackie line

**Mackie-Webmaschine** $f$ (schützenlose Webmaschine für grobe Gewebe, besonders Jute, Sisal, Glasbändchen usw.) (Web) / Onemack loom
**Mackintosh** $m$ (durch eine Kunststoff- oder Gummischicht wasserdicht gemachtes Gewebe) (Tex) / mackintosh $n$, mack $n$, mac $n$ ‖ $\sim$**-Sonde** $f$ (zur Bodenuntersuchung) (HuT) / Mackintosh probe
**Maclaurin-Entwicklung** $f$ (nach C.Maclaurin, 1698-1746) (Math) / Maclaurin's series*, Maclaurin expansion
**Maclaurinsch·e Reihe** (für die Umgebung der Stelle x = 0 entwickelte Taylor-Reihe) (Math) / Maclaurin's series*, Maclaurin expansion ‖ $\sim$**er Satz** (Math) / Maclaurin's theorem ‖ $\sim$**e Trisektrix** (Math) / Maclaurin's trisectrix, trisectrix of Maclaurin
**Macleod-Gleichung** $f$ (für die Oberflächenspannung - nach J.J.R. Macleod, 1876-1935) (Chem, Phys) / Macleod's equation*
**Maclurin** $n$ (Chem, Leder) / maclurin $n$
**Macramé** $n$ (Tex) / macramé $n$
**Macrocode** $m$ (EDV) / macrocode* $n$
**Macula lutea** $f$ (Gelber Fleck der Netzhaut) (Opt) / yellow spot*
**Madagaskar·-Immergrün** $n$ (aus dem Catharanthus-roseus-Alkaloide gewonnen werden) (Bot, Pharm) / Madagascar periwinkle ‖ $\sim$**-Kopal** $m$ (aus Trachylobium verrucosum (Gaertn.) Oliv.) / Zanzibar gum, Zanzibar copal, animé $n$
**Madapolam** $m$ (weich appretiertes, feinfädiges, dichtes Baumwoll- oder Zellwollgewebe in Leinwandbindung) (Tex) / madapolam $n$
**Maddrellsches Salz** (ein Natriumpolyphosphat) (Chem) / Maddrell salt
**Madeira·lochstickerei** $f$ (Tex) / Madeira embroidery ‖ $\sim$**stickerei** $f$ (eine Art Lochstickerei) (Tex) / Madeira embroidery ‖ $\sim$**-Topas** $m$ (ein durch Erhitzen gelbbraun bis braunrot gewordener Amethyst) (Min) / occidental topaz, Spanish topaz*, Madeira topaz*
**Madelung-Konstante** $f$ (nach E. Madelung, 1881-1972) (Krist) / Madelung's constant*
**Madenschraube** $f$ (Masch) / setscrew $n$ (US), grub screw*
**Madiaöl** $n$ (das fette Öl der Samen der Madia sativa Molina - Schmier- und Brennöl, Öl zur Seifenfabrikation) / madia oil
**Madienöl** $n$ / madia oil
**Madistor** $m$ (aus Germanium hergestellte Halbleiterdiode) (Eltronik) / madistor $n$
**Madras** $m$ (Tex) / Madras muslin ‖ $\sim$**musselin** $m$ (Tex) / Madras muslin
**MADT** $m$ (Eltronik) / microalloy diffused transistor, MADT
**MAD-Transistor** $m$ (Eltronik) / microalloy diffused transistor, MADT
**mafisch** $adj$ (Bezeichnung für dunkelgefärbte Minerale) (Geol) / mafic* $adj$
**mag.** (Astr) / magnitude* $n$, stellar magnitude*, star magnitude*
**Magainin** $n$ (Antibiotikum tierischen Ursprungs) (Pharm) / magainine $n$
**Magazin** $n$ (DIN 15580) (Film) / cartridge* $n$ ‖ $\sim$ (des Diaprojektors) (Foto) / magazine $n$ ‖ $\sim$ (für Arbeitsgegenstände, Werkzeuge oder Hilfsstoffe) (Masch) / magazine $n$ ‖ $\sim$ (eines Schleifers) (Pap) / magazine $n$ (of a grinder) ‖ $\sim$ (der alten Zeilensetz- und -gießmaschinen) (Typog) / magazine $n$ ‖ $\sim$**anleger** $m$ (Druck) / hopper feeder, copy feeder ‖ $\sim$**bau** $m$ (Bergb) / shrinkage stoping, back stoping (US) ‖ $\sim$**schleifer** $m$ (ein Holzschleifer) (Pap) / magazine grinder
**Magellansche Wolken** (zwei irreguläre Sternsysteme am Südhimmel; Begleiter des Milchstraßensystems) (Astr) / Magellanic Clouds*
**Magenstein** $m$ (Geol) / stomach stone, gastrolith $n$, gizzard stone
**Magenta** $n$ (Fuchsin - eine Normfarbe) / magenta* $n$
**mager** $adj$ (Beton, Kalk) / poor $adj$ ‖ $\sim$ (Boden) / thin $adj$ ‖ $\sim$ (Anstr) / short-oil* $attr$ ‖ $\sim$ (Nahr) / lean $adj$ ‖ $\sim$ (Nahr) / fat-reduced $adj$ ‖ **~er Beton** (mit geringem Zementgehalt, z.B. für Sauberkeitsschichten) (Bau) / lean concrete, weak concrete, lean-mix concrete ‖ **~es Gas** (mit niedrigem spezifischem Brennwert) (Kftst) / lean gas ‖ **~es Gemisch** (V-Mot) / lean mixture, weak mixture, poor mixture, lean fuel mixture ‖ **~er Kalk** (mit 10-20% Beimengungen des rohen Kalksteins) / lean lime ‖ **~er Mörtel** (Bau) / lean mortar ‖ **~er Öllack** (mit < 40 % Öl) (Anstr) / short-oil varnish* ‖ **~er Sand** (Gieß) / weak sand ‖ **~e Schrift** (Typog) / light face* ‖ **~e Teilmenge** (Math) / meager subset ‖ **~er** (unplastischer) **Ton** (Geol, Keram) / short clay, lean clay (a clay of low plasticity and poor green strength)
**Mager·beton** $m$ (mit geringem Zementgehalt, z.B. für Sauberkeitsschichten) (Bau) / lean concrete, weak concrete, lean-mix concrete ‖ $\sim$**erz** $n$ (Bergb) / lean ore*, low-grade ore ‖ $\sim$**kalk** $m$ (Bau) / poor lime, lean lime ‖ $\sim$**kohle** $f$ (Steinkohle mit 6-14 % flüchtigen Bestandteilen) (Bergb) / anthracite coal (4-10 %)* ‖ $\sim$**kohle** (10-14% an Flüchtigem) (Bergb) / Welsh dry steam coal (GB) (containing between 9 and 19,5% volatile matter), low-volatile steam coal ‖ $\sim$**milch** $f$ (Nahr) / skimmed milk, skim milk, separated milk ‖ $\sim$**milchpulver** $n$ (Nahr) / skimmed-milk powder ‖ $\sim$**mörtel** $m$ (Bau) / lean mortar ‖ $\sim$**motor** $m$ (Ottomotor, der mit einem sehr mageren Kraftstoff-Luft-Gemisch arbeitet) (V-Mot) / lean-mix engine ‖ $\sim$**sand** $m$ (Gieß) / weak sand ‖ $\sim$**ton** $m$ (Geol, Keram) / short clay, lean clay (a clay of low plasticity and poor green strength)

**Magerungs•mittel** *n* (für fetten Sand) (Gieß) / leaning material ‖ ⁓**mittel** (unbildsamer Rohstoff, der bildsamen Rohstoffen zugesetzt wird, um deren Schwindung herabzusetzen) (Keram) / shortening material, opening material ‖ ⁓**mittel** (Ziegelmehl oder zerkleinerte Schamotte) (Keram) / grog* *n*
**Mager•weide** *f* (Landw) / rough grazing ‖ ⁓**wiese** *f* (Landw) / meadow of one cut
**Maggikrautöl** *n* (aus der Wurzel von Levisticum officinale W.D.J. Koch) / lovage oil, levisticum oil
**Maghemit** *m* (magnetisches, durch Oxidation von Magnetit entstandenes γ-Fe$_2$O$_3$) (Min) / maghemite* *n*
**Magic spot** *m* (Biochem) / guanosine tetraphosphate
**magisch•es Auge** (alte Abstimmanzeigeröhre) (Radio) / electric eye*, magic eye* ‖ ⁓**e Nukleonenzahlen** (Kernphys) / magic numbers* ‖ ⁓**es Quadrat** (Math) / magic square ‖ ⁓**e Säure** (eine Supersäure) (Chem) / magic acid ‖ ⁓**es T** (Fernm, Radar) / magic-T *n*, magic tee*, hybrid tee*, hybrid-T* *n*, hybrid T-junction ‖ ⁓**es T-Glied** (ein spezielles Hohlleiterbauteil, das eine kombinierte Serien- und Parallelverzweigung darstellt) (Fernm, Radar) / magic-T *n*, magic tee*, hybrid tee*, hybrid-T* *n*, hybrid T-junction ‖ ⁓**e Zahlen** (die Protonen- oder Neutronenzahlen 2, 8, 20, 28, 50, 82 und 126; Kerne mit diesen Nukleonenzahlen sind besonders stabil) (Kernphys) / magic numbers*
**MAGLAC** *m* (Nukl) / magnetic linear accelerator, MAGLAC
**Magma** *n* (pl. Magmen) (Geol) / magma* *n* (pl. magmata or magmas) ‖ **primäres** ⁓ (Geol) / primary magma
**magmatisch** *adj* (Geol) / magmatic *adj* ‖ ⁓**e Aufstemmung** (mechanische Raumschaffung bei magmatischer Intrusion) (Geol) / magmatic stoping ‖ ⁓**e Differentiation** (Geol) / magmatic differentiation ‖ ⁓**e Erzlagerstätte** (Bergb, Geol) / magmatic ore deposit ‖ ⁓**es Gestein** (Geol) / eruptive rock*, extrusive rock*, igneous rock* ‖ ⁓**er Zyklus** (Geol) / igneous cycle, magmatic cycle
**Magmatismus** *m* (die das Magma betreffenden Vorgänge) (Geol) / magmatism *n*
**Magmatit** *m* (Geol) / eruptive rock*, extrusive rock*, igneous rock*
**Magmazone** *f* (mit nach der Tiefe zunehmendem Fe-Gehalt) (Geol) / magmosphere *n*, pyrosphere *n*
**Magnalium** *n* (Legierung aus Magnesium und Aluminium) (Hütt) / Magnalium *n*
**Magnesia** *f* (MgO) (Chem, Min) / magnesia* *n* (magnesium oxide), bitter-earth ⁓ **gebrannte** ⁓ (Chem) / magnesia usta, calcined magnesia, caustic magnesia ‖ ⁓ **alba** *f* (künstlich hergestelltes Magnesiumhydroxidkarbonat-5-Wasser) (Pharm) / magnesia alba (basic magnesia carbonate), magnesia white ‖ ⁓ **carbonica** (künstlich hergestelltes Magnesiumhydroxidkarbonat-5-Wasser) (Pharm) / magnesia alba (basic magnesia carbonate), magnesia white ‖ ⁓ **usta** (Chem) / magnesia usta, calcined magnesia, caustic magnesia ‖ ⁓**binder** *m* (Bau) / Sorel's cement*, magnesia cement*, magnesium oxychloride cement ‖ ⁓**estrich** *m* (DIN 272) (Bau) / magnesite flooring*, magnesium oxychloride flooring ‖ ⁓**glas** *n* (elektrotechnisches Glas mit Magnesiumoxid) (Eltronik, Glas) / magnesia glass* ‖ ⁓**haltig** *adj* / magnesian *adj* ‖ ⁓**härte** *f* / magnesia hardness ‖ ⁓**kalk** *m* (mit 5-40 % MgO) (Bau) / magnesian lime ‖ ⁓**milch** *f* (Aufschwemmung von Magnesiumhydroxid in Wasser) (Pharm) / milk of magnesia, cream of magnesia, magnesia magma ‖ ⁓**mischung** *f* (Chem) / magnesia mixture* ‖ ⁓**mixtur** *f* (eine Magnesiumammoniumchloridlösung zum Nachweis und zur Bestimmung der Phosphorsäure sowie zur quantitativen Ausfällung von Arsen) (Chem) / magnesia mixture* ‖ ⁓**mörtel** *m* (Bau) / Sorel's cement*, magnesia cement*, magnesium oxychloride cement ‖ ⁓**stäbchen** *n pl* (aus gesintertem Magnesiumoxid - für die qualitative Elementaranalyse) (Chem) / magnesia bacilli ‖ ⁓**stein** *m* (Hütt) / magnesite brick, magnesia brick ‖ ⁓**tongranat** *m* (Min) / pyrope* *n*, pyrope garnet ‖ ⁓**treiben** *n* (Volumenvergrößerung von Beton durch Hydratation von freiem MgO) (Bau, HuT) / magnesia due to magnesia ‖ ⁓**verfahren** *n* (Gewinnung des Kaliumkarbonats) (Chem Verf) / Engel-Precht process ‖ ⁓**weiß** *n* (Gemisch von Gips oder Bariumsulfat mit Magnesia) (Anstr) / magnesia white ‖ ⁓**weiß** (künstlich hergestelltes Magnesiumhydroxidkarbonat-5-Wasser) (Pharm) / magnesia alba (basic magnesia carbonate), magnesia white ‖ ⁓**zement** *m* (Bau) / Sorel's cement*, magnesia cement*, magnesium oxychloride cement
**Magnesio•chromit** *m* (ein Chromitspinell) (Min) / magnesiochromite *n* ‖ ⁓**ferrit** *m* (Min) / magnesioferrite *n*, magnoferrite *n* ‖ ⁓**spinell** *m* (Magnesiumaluminat) (Min) / magnesian spinel*
**Magnesit** *m* (Magnesiumkarbonat) (Min) / magnesite* *n* ‖ ⁓**binder** *m* (DIN 273) (Bau) / Sorel's cement*, magnesia cement*, magnesium oxychloride cement ‖ ⁓**binder für Steinholz** (Bau) / magnesium oxychloride cement* ‖ ⁓**-Chromerz-Stein** *m* / magnesite-chrome brick ‖ ⁓**stein** *m* (auf der Basis von Sintermagnesia hergestellter basischer feuerfester Stein) (Hütt) / magnesite brick, magnesia brick

**Magnesium (Mg)** *n* (Chem) / magnesium* *n* ‖ ⁓**acetat** *n* (Tetrahydrat) (Chem) / magnesium acetate ‖ ⁓**acetylid** *n* (Chem) / magnesium carbide ‖ ⁓**ammoniumphosphat** *n* (Chem) / magnesium ammonium phosphate ‖ ⁓**anode** *f* (eine Schutzanode für den Korrosionsschutz) (Galv) / magnesium anode ‖ ⁓**azetat** *n* (Chem) / magnesium acetate ‖ ⁓**azetylid** *n* (Chem) / magnesium carbide ‖ ⁓**bromid** *n* (Chem) / magnesium bromide ‖ ⁓**bronze** *f* (DIN 17 666) (Hütt) / magnesium bronze ‖ ⁓**carbid** *n* (Chem) / magnesium carbide ‖ ⁓**carbonat** *n* (Chem) / magnesium carbonate* ‖ ⁓**chlorid** *n* (Chem) / magnesium chloride ‖ ⁓**chloridlösung** *f* (DIN 273, T 2) (Chem) / magnesium-chloride solution ‖ ⁓**citrat** *n* (Chem, Nahr) / magnesium citrate ‖ ⁓**dihydrogenphosphat** *n* (primäres Magnesiumphosphat) (Chem) / magnesium dihydrogenphosphate, primary magnesium phosphate, magnesium tetrahydrogenphosphate ‖ ⁓**diphosphat** *n* (Chem) / magnesium diphosphate, magnesium pyrophosphate ‖ ⁓**düngemittel** *n* (Landw) / magnesium fertilizer ‖ ⁓**dünger** *m* (Landw) / magnesium fertilizer ‖ ⁓**ethanolat** *n* (Chem) / magnesium ethoxide ‖ ⁓**ethoxid** *n* (Chem) / magnesium ethoxide ‖ ⁓**ethylat** *n* (Chem) / magnesium ethoxide ‖ ⁓**fackel** *f* / magnesium torch ‖ ⁓**fett** *n* (mit Magnesiumhydroxid verseiftes Spezialfett) / magnesium-base grease ‖ ⁓**fluat** *n* (Chem) / magnesium hexafluorosilicate, magnesium fluate, magnesium silicofluoride ‖ ⁓**fluorid** *n* (Chem) / magnesium fluoride ‖ ⁓**haltig** *adj* / magnesian *adj* ‖ ⁓**härte** *f* (eine Art Wasserhärte) / magnesia hardness ‖ ⁓**hexafluorosilicat** *n* (Chem) / magnesium hexafluorosilicate, magnesium fluate, magnesium silicofluoride ‖ ⁓**hexafluorosilikat** *n* (Chem) / magnesium hexafluorosilicate, magnesium fluate, magnesium silicofluoride ‖ ⁓**hydrid** *n* (MgH$_2$) (Chem) / magnesium hydride ‖ ⁓**hydrogencarbonat** *n* (Chem) / magnesium hydrogencarbonate, magnesium bicarbonate ‖ ⁓**hydrogenkarbonat** *n* (Chem) / magnesium hydrogencarbonate, magnesium bicarbonate ‖ ⁓**hydrogenphosphat** (sekundäres Magnesiumphosphat) (Chem) / magnesium hydrogenphosphate, secondary magnesium phosphate ‖ ⁓**hydroxid** (Mg(OH)$_2$) (Chem) / magnesium hydroxide ‖ ⁓**hydroxid** *n* (Chem) / magnesium hydroxide ‖ ⁓**ionen** *n pl* (Erdalkalien im Wasser) / magnesia hardness ‖ ⁓**karbid** *n* (Chem) / magnesium carbide ‖ ⁓**karbonat** *n* (Chem) / magnesium carbonate* ‖ ⁓**legierung** *f* (Hütt) / magnesium alloy ‖ ⁓**methanolat** *n* (Chem) / magnesium methoxide ‖ ⁓**methoxid** *n* (Chem) / magnesium methoxide ‖ ⁓**methylat** *n* (Chem) / magnesium methoxide ‖ ⁓**oxid** *n* (zur Steigerung der Entspannbarkeit und der Entglasungsfestigkeit) (Chem, Glas) / magnesium oxide* ‖ ⁓**perchlorat** *n* (Chem) / magnesium perchlorate ‖ ⁓**peroxid** *n* (Chem, Pharm, Tex) / magnesium peroxide ‖ ⁓**platte** *f* **für das Dow-Einstufen-Ätzverfahren** (Druck) / Dow-etch plate* ‖ ⁓**pyrophosphat** *n* (Chem) / magnesium diphosphate, magnesium pyrophosphate ‖ ⁓**silicat** *n* (Chem) / magnesium silicate ‖ ⁓**silikat** *n* (Chem) / magnesium silicate ‖ ⁓**sulfat** *n* (Chem) / magnesium sulphate ‖ ⁓**wasserstoff** *m* (MgH$_2$) (Chem) / magnesium hydride ‖ ⁓**zitrat** *n* (Chem, Nahr) / magnesium citrate
**Magneson** *n* (Reagens auf Magnesium) (Chem) / magneson* *n*
**Magnesyn** *n* (Eltech) / magnesyn *n* ‖ ⁓**gerät** *n* (Eltech) / magnesyn *n*
**Magnet** *m* (Mag) / magnet* *n* ‖ ⁓- (Mag) / magnetic* *adj* ‖ **eisenloser** ⁓ (Eltech) / solenoid magnet ‖ **keramischer** ⁓ / ceramic magnet ‖ **permanenter** ⁓ (Eltech) / permanent magnet, PM ‖ **supraleitender** ⁓ (aus harten Supraleitern) (Eltronik) / superconducting magnet* ‖ ⁓ *m* **mit konzentrischen Polen** (Eltech) / homopolar magnet* ‖ ⁓ **mit unterteiltem Eisenkern** (Eltech) / laminated magnet*
**Magnet•abscheider** *m* (Aufber, Phys) / magnetic separator*, magnetic grader ‖ ⁓**abscheidung** *f* (Aufber) / magnetic separation ‖ ⁓**achse** *f* (Mag) / magnetic axis* ‖ ⁓**anker** *m* (beim Fahrraddynamo) (Eltech) / armature *n* ‖ ⁓**arc-Schweißen** *n* (Schw) / magnetarc soldering* ‖ ⁓**aufzeichnung** *f* (Akus) / magnetic recording
**Magnetband** *n* (Akus, EDV, Mag) / magnetic tape*, mag tape ‖ ⁓ **für Digitalaufzeichnung** (Akus, EDV, Mag) / digital magnetic tape, digital audiotape, DAT ‖ ⁓**abzug** *m* (Akus, EDV) / tape edit ‖ ⁓**archiv** *n* (Akus, EDV, Mag) / magnetic tape library, tape library ‖ ⁓**archivar** *m* (EDV) / magnetic tape librarian, tape librarian ‖ ⁓**aufbereitung** *f* (Akus, Mag) / tape editing ‖ ⁓**aufzeichnung** *f* (Akus) / magnetic recording* ‖ ⁓**-Austauschformat** *n* **für terminologische/lexikografische Daten** (DIN 2341) (EDV) / format for terminological/lexicographical data interchange on magnetic tape ‖ ⁓**-Beschriftungsgerät** *n* (EDV) / key-to-tape unit* ‖ ⁓**bibliothek** *f* (Akus, EDV, Mag) / magnetic tape library, tape library ‖ ⁓**-Cartridge** *f* (EDV) / magnetic tape cartridge, tape cartridge, data cartridge ‖ ⁓**einheit** *f* (innerhalb von Speichersystemen) (EDV) / magnetic tape unit (MTU), tape unit, tape station ‖ ⁓**-Erfassungsgerät** *n* (EDV) / key-to-tape unit* ‖ ⁓**etikett** *n* (EDV) / tape label ‖ ⁓**format** *n* (EDV) / tape format *n* ‖ ⁓**gerät** *n* (DIN 66010) (Akus) / magnetic tape recorder, magnetic tape device, (magnetic) tape deck ‖ ⁓**gesteuert** *adj* / magnetic-tape-controlled *adj* ‖ ⁓**gesteuertes Stanzen von Lochkarten** (EDV) / magnetic-tape-fed

**Magnetbandkassette**

card punching ‖ ⁓**kassette** f (DIN 66235) (EDV) / digital cassette, magnetic tape cassette ‖ ⁓**kassettenlaufwerk** n (EDV) / cartridge drive ‖ ⁓**laufwerk** n (DIN 66010) (EDV, Mag) / magnetic tape drive, tape drive*, tape transport mechanism ‖ ⁓**leser** m (EDV) / magnetic tape reader* ‖ ⁓**maschine** f (Akus, Eltronik) / tape unit ‖ ⁓**positionierung** f (EDV) / tape positioning ‖ ⁓**rolle** f (DIN 66029) (Akus, Mag) / tape reel ‖ ⁓**schlupf** m (EDV) / magnetic tape slippage, tape slippage ‖ ⁓**speicher** m (EDV) / magnetic tape memory, tape memory, magnetic tape storage ‖ ⁓**-Startroutine** f (EDV) / tape bootstrap routine ‖ ⁓**verwaltung** f (EDV) / tape management
**Magnet • beschriftung** f (Daten werden als Magnetisierungsflecken auf das Band aufgebracht, nach dem Muster eines Streifenlochers) (Mag) / magnetic lettering ‖ ⁓**bespurung** f (Film) / magnetic striping ‖ ⁓**bildband** n (Film, TV) / videotape n, VT, video n ‖ ⁓**blase** f (zylinderförmige Domäne) (Phys) / magnetic bubble* ‖ ⁓**blasenspeicher** m (EDV) / magnetic bubble memory*, MBM, bubble store*, bubble memory ‖ ⁓**bremse** f (Eltech) / solenoid brake* ‖ ⁓**bremser** n (Eltech) / magnetic braking* ‖ ⁓**diode** f (Eltronik) / madistor n ‖ ⁓**domäne** f (Phys) / magnetic bubble* ‖ ⁓**domänenspeicher** m (EDV) / magnetic bubble memory*, MBM, bubble store*, bubble memory ‖ ⁓**draht** m (Akus, Eltech) / magnetic wire*, magnet wire ‖ ⁓**drahtspeicher** m (EDV) / plated-wire memory, magnetic-wire memory ‖ ⁓**druck** m (Druck, EDV) / magnetic printing* ‖ ⁓**eisenerz** n (ein Ferritspinell) (Min) / magnetite* n, magnetic iron-ore*, magnetic oxide of iron* ‖ ⁓**eisenerz** (natürlicher Magnet) (Min) / lodestone* n, natural magnet*, loadstone* n, Hercules stone ‖ ⁓**eisenstein** m (ein Ferritspinell) (Min) / magnetite* n, magnetic iron-ore*, magnetic oxide of iron* ‖ ⁓**falle** f (eine Magnetfeldanordnung) (Plasma Phys) / magnetic trap* ‖ ⁓**farbe** f (Druck, EDV) / magnetic ink*, magnetized ink ‖ ⁓**federrelais** n (Eltech) / magnetic-spring relay
**Magnetfeld** n (Mag) / magnetic field* ‖ **äußeres** ⁓ (Mag) / applied magnetic field ‖ **eingefrorenes** ⁓ (das mit einem idealleitenden dissipationsfreien Plasma in magnetohydrodynamischer Näherung vollständig mitgeführt wird) (Plasma Phys) / frozen-in field ‖ **poloidales** ⁓ (Nukl) / poloidal field* ‖ ⁓**abhängiger Widerstand** (Eltech) / magnetic-field dependent resistor, MDR, Magnetoresistor n ‖ ⁓**-Fahrtechnik** f (modernste Verkehrstechnik) / magnetic levitation* (technology), maglev n ‖ ⁓**glühen** n (Hütt) / magnetic annealing* ‖ ⁓**messer** m (Eltech) / flux gate ‖ ⁓**regler** m (Regeln) / field regulator ‖ ⁓**röhre** f (z.B. Magnetron) (Eltronik) / crossed-field tube ‖ ⁓**schweif** m (der Magnetosphäre) (Geophys) / magnetotail n ‖ ⁓**sensor** m / magnetic-field sensor
**Magnet • film** m (EDV, Film) / magnetic film* ‖ ⁓**filter** n (Sanitär) / magnetic filter ‖ ⁓**fleck** m (z.B. auf einem Dünnschichtspeicher) / magnetic spot ‖ ⁓**fluß** m (Mag) / magnetic flux* ‖ ⁓**-Flüssigkeitskupplung** f / magnetic fluid clutch ‖ ⁓**formverfahren** n (Gieß) / magnet moulding process ‖ ⁓**futter** n (Masch) / magnetic chuck* ‖ ⁓**gestell** n (Eltech) / magnet frame ‖ ⁓**greifer** m (eines IR) (Masch) / magnetic gripper ‖ ⁓**griffel** m (pl. -li or -uses) (EDV) / stylus n ‖ ⁓**hafttafel** f / magnetic board ‖ ⁓**halterung** f (Plasma Phys) / magnetic confinement ‖ ⁓**-Hochspannungs-Kondensatorzündung** f (Kfz) / magneto capacitor-discharge ignition
**Magnetik** f (ein Teilgebiet der Geophysik) (Geophys) / magnetics n
**Magnetikum** n (pl. -tika) (Eltech) / magnetic material, magnetic n, magnetic substance
**Magnetinduktor** m (Eltech) / magneto generator*
**magnetisch** adj (Mag) / magnetic* adj ‖ ⁓**e Ablenkvorrichtung** (Phys) / divertor n ‖ ⁓**e Abschirmung** (Eltech) / magnetic shield*, magnetic screen* ‖ ⁓**e Abschirmung** (als Tätigkeit) (Eltech) / magnetic shielding ‖ ⁓**e Abstützung** (Eltech) / magnetic suspension* ‖ ⁓**e Abweichung** (Verm) / magnetic declination*, magnetic deviation*, magnetic variation, declination* n ‖ ⁓**e Achse** (Mag) / magnetic axis* ‖ ⁓**aktives Plasma** (Plasma Phys) / magnetoplasma n, magnetic plasma ‖ ⁓**er Analogspeicher** (EDV) / magnetic analogue memory ‖ ⁓**e Anisotropie** (Mag) / magnetic anisotropy ‖ ⁓**e Anomalie** (im Hauptfeld) (Geol, Mag) / magnetic anomaly* ‖ ⁓**e Anziehung** (Mag) / magnetic attraction ‖ ⁓**er Äquator** (Verbindungslinie um den Erdball durch alle Orte, an denen die Inklination des erdmagnetischen Vektors gleich Null ist) (Geog, Geophys) / magnetic equator* ‖ ⁓**e Aufbereitung** (Trennung aufgrund unterschiedlicher magnetischer Eigenschaften) (Aufber) / magnetic separation ‖ ⁓**e Aufzeichnung** (Akus) / magnetic recording* ‖ ⁓**e Aufzeichnung** (von Binärdaten) (EDV) / magnetic encoding ‖ ⁓**es Aufzeichnungsmaterial** (Akus) / magnetic recording medium ‖ ⁓**er Azimut** (Luftf, Nav) / magnetic bearing*, aberrational bearing ‖ ⁓**es Bahnmoment** (Kernphys) / orbital (magnetic) moment ‖ ⁓**e Beschichtung** (Mag) / magnetic coating ‖ ⁓**e Beschriftung** (Mag) / magnetic lettering ‖ ⁓**e Bild- und Tonaufzeichnung mit der Ampex-Maschine** (TV) / Ampex n, Ampex recording ‖ ⁓**e Bildaufzeichnung** (Film, TV) / videotape recording* ‖ ⁓**e Bildresonanz** (Med) / magnetic image resonance, MIR ‖ ⁓**er Blasenspeicher** (EDV) / magnetic bubble memory*, MBM, bubble store*, bubble memory ‖ ⁓**e Blasung** (Eltech) / magnetic blowout* ‖ ⁓**e Blaswirkung** (Eltech) / magnetic blowout* ‖ ⁓**es Blatt** / magnetic double layer ‖ ⁓**e Bogenbeeinflussung** (Eltech) / magnetic blowout* ‖ ⁓**e Bremsung** (Eltech) / magnetic braking* ‖ ⁓**e Dämpfung** (Phys) / magnetic damping ‖ ⁓**e Deklination** (Verm) / magnetic declination*, magnetic deviation*, magnetic variation, declination* n ‖ ⁓**er Digitalspeicher** (EDV) / magnetic digital memory ‖ ⁓**es Dipolmoment** (DIN 1324, T 1) (Mag) / magnetic dipole moment* ‖ ⁓**e Domäne** (Mag) / magnetic domain* ‖ ⁓**e Doppelbrechung** (z.B. beim Majorana-Effekt) (Licht, Mag) / magnetic double refraction ‖ ⁓**e Doppelschicht** / magnetic double layer ‖ ⁓**e Drehung** (der Polarisationsebene) (Licht, Mag) / Faraday effect*, Faraday rotation, magnetic rotation ‖ ⁓**e Drehung** (Faraday-Effekt) (Phys) / magnetic rotation* ‖ ⁓**es Drehvermögen** (Licht, Mag) / Faraday effect*, Faraday rotation, magnetic rotation ‖ ⁓**er Druck** (die abstoßende Wirkung zwischen parallelen magnetischen Kraftlinien) (Mag, Plasma Phys) / magnetic pressure* ‖ ⁓**e Druckfarbe** (Druck, EDV) / magnetic ink*, magnetized ink ‖ ⁓**e Einheit** (Elektr, Mag) / magnetic unit* ‖ ⁓**er Einheitspol** (Mag) / unit magnetic pole ‖ ⁓**er Einschluß** (eines heißen Plasmas) (Plasma Phys) / magnetic confinement ‖ ⁓**e Elektronenlinse** (Eltronik) / magnetic electron lens ‖ ⁓**er Elementarbereich** (Mag) / magnetic domain* ‖ ⁓**e Elemente** (alle Größen des Erdmagnetismus, die das Erdmagnetfeld an einem Ort bestimmen) (Geophys) / magnetic elements ‖ ⁓**e Empfindlichkeit** (Mag) / magnetic sensitivity ‖ ⁓**e Energie** (Eltech) / magnetic energy* ‖ ⁓**er Entpolarisierungsfaktor** (Elektr) / demagnetization factor*, demagnetizing factor ‖ ⁓**e Erregung** (Eltech) / magnetic-field intensity*, magnetic-field strength*, magnetic intensity*, magnetizing force* ‖ ⁓**es Erz** (Min) / lodestone* n, natural magnet*, loadstone* n, Hercules stone ‖ ⁓**e Exploration** (der Erdöllagerstätten - angewandte Magnetik) (Geophys) / magnetic prospecting* ‖ ⁓**e Falle** (Plasma Phys) / magnetic trap* ‖ ⁓**es Feld** (ein Raumgebiet, in dem jedem Punkt eine magnetische Feldstärke zugeordnet ist) (Mag) / magnetic field* ‖ ⁓**e Feldenergie** (Eltech) / magnetic energy* ‖ ⁓**e Feldkonstante** (Mag) / permeability of free space, magnetic constant, permeability of vacuum, space permeability ‖ ⁓**e Feldlinie** / magnetic line of force ‖ ⁓**e Feldstärke** (Einheit: Ampere je Meter, DIN 1304 und 1324, T 1) (Eltech) / magnetic-field intensity*, magnetic-field strength*, magnetic intensity*, magnetizing force* ‖ ⁓**e Ferrite** (Eltech) / magnetic ferrites* ‖ ⁓**e Flasche** (eine Magnetfeldanordnung, in der Hochtemperaturplasmen für längere Zeit zusammengehalten werden können) (Plasma Phys) / magnetic bottle* ‖ ⁓**er Fluß** (Einheit: Weber, DIN 1304 und 1324, T 1) (Mag) / magnetic flux* ‖ ⁓**e Flußdichte** (DIN 1324, T 1) (Einheit: Tesla) (Eltech) / magnetic induction*, magnetic flux density*, electromagnetic induction, magnetic displacement* ‖ ⁓**e Flüssigkeit** (eine kolloidale, besonders stabilisierte Suspension magnetischer Partikel) / magnetic fluid, ferrohydrodynamic fluid ‖ ⁓**es Flußquant** (Mag) / magnetic flux quantum ‖ ⁓**er Geber** (Mag) / magnetic pickup ‖ ⁓**er Granat** (epitaktisch aufgebrachte Einkristallschicht in Magnetblasenspeichern) (EDV) / magnetic garnet ‖ ⁓**e Grobabstimmung** (Radio) / spade tuning* ‖ ⁓**e Halterung** (eines heißen Plasmas) (Plasma Phys) / magnetic confinement ‖ ⁓ **hart** ($H_c$ > 10 A/cm) (Eltech) / magnetically hard ‖ ⁓ **harter Werkstoff** (Eltech) / hard magnetic material, hard ferromagnetic material ‖ ⁓**e Hysterese** (in einem ferro- oder ferrimagnetischen Stoff) (Eltech) / magnetic hysteresis* ‖ ⁓**e Induktion** (Einheit: Tesla) (Eltech) / magnetic induction*, magnetic flux density*, electromagnetic induction, magnetic displacement* ‖ ⁓**e Induktionsfluß** (Mag) / magnetic flux* ‖ ⁓**e Interferenz** / magnetic interference ‖ ⁓ **isolierte Stelle** (Eltech) / magnetic discontinuity* ‖ ⁓**er Käfig** (Plasma Phys) / magnetic trap* ‖ ⁓**es Kalorimeter** (Phys) / magnetic calorimeter ‖ ⁓**es Kernmoment** (Kernphys) / nuclear magnetic moment* ‖ ⁓**e Kernresonanz** (eine Methode der Hochfrequenzspektroskopie) (Kernphys) / nuclear magnetic resonance*, magnetic nuclear resonance, nuclear paramagnetic resonance*, NMR*, n.m.r. ‖ ⁓**e Kernresonanz** (Spektr) / nuclear magnetic resonance, NMR ‖ ⁓**e Kernresonanzspektroskopie** (Spektr) / nuclear magnetic resonance spectroscopy, NMR spectroscopy ‖ ⁓**e Klebkraft** (Mag) / magnetic adhesion ‖ ⁓**e Kompression** (Zusammenpressung und Verdichtung eines Plasmas durch magnetische Kräfte) (Plasma Phys) / magnetic compression ‖ ⁓**e Kopplung** (Eltech) / magnetic coupling* ‖ ⁓**e Kopplung** (Eltronik) / inductance coupling*, inductive coupling ‖ ⁓**e Kraft** (Mag) / magnetic force ‖ ⁓**e Kraftlinienstreuung** (Mag) / flux leakage ‖ ⁓**er Kreis** (eine in sich geschlossene Anordnung zur weitgehenden Führung und Bündelung des magnetischen Flusses mit dem Ziel, eine hohe magnetische Flußdichte zu erreichen) (Mag) / magnetic circuit* ‖ ⁓**e Kreiswelle** (Mag) / circular magnetic wave ‖ ⁓**e Kühlung** (Phys) / adiabatic demagnetization*, Giauque-Debye method ‖ ⁓**e Kupplung** (Eltech) / magnetic clutch*, electromagnetic

clutch* ‖ ~er **Kurs** (Luftf, Nav) / magnetic track ‖ ~e **Längsaufzeichnung** (Akus) / longitudinal magnetic recording ‖ ~er **Lautsprecher** (Akus) / inductor loudspeaker*, electromagnetic loudspeaker* ‖ ~e **Legierung** (Hütt, Mag) / magnetic alloy*, magnet alloy ‖ ~e **Leitfähigkeit** (Mag) / magnetoconductivity $n$, magnetic conductivity ‖ ~er **Leitwert** (Elektr) / permeance* $n$, magnetic conductance ‖ ~er **Linearbeschleuniger** (Nukl) / magnetic linear accelerator, MAGLAC ‖ ~e **Linse** (Eltronik) / magnetic lens* ‖ ~er **Meridian** (Nav) / magnetic meridian ‖ ~es **Mikrofon** (Akus) / variable-reluctance microphone, magnetic microphone* ‖ ~es **Moment** (DIN 1325) (Mag) / magnetic moment*, moment of a magnet* ‖ ~es **Moment des Elektrons** (Kernphys) / electron magnetic moment ‖ ~e **Monopol** (ein hypothetisches Teilchen) (Kernphys) / magnetic monopole*, Dirac monopole ‖ ~e **Nachwirkung** (Eltech) / anomalous magnetization* ‖ ~e **Nachwirkung** (Eltech) / magnetic creeping* ‖ ~e **Nachwirkung** (das gegenüber einer Feldänderung verspätete Einstellen eines Gleichgewichts der Magnetisierung) (Eltech) / magnetic relaxation, magnetic aftereffect, magnetic lag ‖ ~e **Nachwirkung** (Eltech) / magnetic fatigue ‖ ~er **Nebenschluß** (Eltech) / magnetic shunt* ‖ **neutraler Zustand** (eines magnetischen Stoffes) (Mag) / neutral magnetic state ‖ ~e **Neutronenstreuung** (Wechselwirkung des magnetischen Momentes des Neutrons mit den atomaren magnetischen Momenten) (Kernphys) / magnetic neutron scattering ‖ ~er **Nutverschlußkeil** (Eltech) / magnetic slot-wedge* ‖ ~e **Oberflächenwelle** (Radar) / magnetic surface wave*, MSW* ‖ ~e **optische Rotationsdispersion** (Spektr) / magnetooptical rotatory dispersion, MORD ‖ ~er **Pol** (Eltech) / magnetic pole* ‖ ~er **Pol** (Geophys) / magnetic dip pole ‖ ~e **Polarisation** (DIN 1324, T 1) (Mag) / polarization $n$, magnetic polarization*, magnetic dipole moment per unit volume ‖ ~e **Polstärke** (magnetostatische Größe, die der elektrischen Ladung in der Elektrostatik entspricht) (Elektr) / magnetic pole strength ‖ ~es **Polymer** (mit ferromagnetischen Eigenschaften) (Chem, Mag) / magnetic polymer ‖ ~es **Potential** (Phys) / magnetic potential* ‖ ~e (Erdöl)**Prospektion** (der Erdöllagerstätten - angewandte Magnetik) (Geophys) / magnetic prospecting* ‖ ~e **Protonenresonanz** (Kernphys) / proton magnetic resonance, PMR ‖ ~es **Pumpen** (die Energiezufuhr an ein Plasma durch periodische Änderung des stabilisierenden Magnetfeldes) (Phys) / magnetic pumping* ‖ ~e **Quantenzahl** (Phys) / magnetic quantum number* ‖ ~e **Queraufzeichnung** (Akus, Mag) / perpendicular magnetic recording ‖ ~e **Randspannung** (DIN 1325) (Elektr) / magnetic potential difference along a closed path, line integral of magnetic field strength along a closed path ‖ ~es **Rauschen** (Eltronik) / magnetic noise ‖ ~e **Resonanz** (Kernphys) / magnetic resonance ‖ ~e **Rißprüfung** (DIN 4113) (WP) / magnetic crack detection, Magna-Flux $n$, magnetic flaw detection, magnetic powder test, magnetic-particle inspection*, magnetic inspection, magnetic-particle method (of non-destructive testing) ‖ ~e **Rißprüfung** (ein Streuflußverfahren mit Ölaufschwemmung des Eisenoxidpulvers) (WP) / wet slurry technique, wet testing method ‖ ~er **Rückschluß** (Eltech) / magnetic yoke ‖ ~es **Rührwerk** (Chem Verf) / magnetic stirrer ‖ ~e **Sättigung** (Mag) / magnetic saturation* ‖ ~e **Schale** (Eltech) / magnetic shell* ‖ ~er **Schirm** (Eltech) / magnetic shield*, magnetic screen* ‖ ~e **Schirmwirkung** (Eltech) / magnetic shielding ‖ ~er **Schutz** (durch hochpermeable Stoffe) (Eltech) / magnetic shield*, magnetic screen* ‖ ~e **Schwebeführung** (modernste Verkehrstechnik) / magnetic levitation* (technology), maglev $n$ ‖ ~er **Selbstunterbrecher** (Eltech) / electrical hammer break ‖ ~es **Sensorelement** (Mag) / magnetic pickup ‖ ~e **Sortierung** (Aufber) / magnetic separation ‖ ~e **Spannung** (DIN 1324, T 1) (Elektr) / line integral of the magnetic field strength ‖ ~er **Spannungsmesser** (Eltech) / magnetic potentiometer* ‖ ~er **Speicher** (EDV) / magnetic memory*, magnetic storage ‖ ~es **Speicher#element** (EDV) / magnetic cell ‖ ~e **Speicherzelle** (EDV) / magnetic cell ‖ ~es **Spektrum** (Phys) / magnetic spectrum ‖ ~er **Spiegel** (eine Magnetfeldanordnung, in der Hochtemperaturplasmen für längere Zeit zusammengehalten werden können) (Plasma Phys) / magnetic mirror* ‖ ~es **Spinmoment** (magnetisches Dipolmoment von Elementarteilchen, das mit deren Spindrehimpuls gekoppelt ist) (Kernphys) / spin magnetic moment ‖ ~e **Steifigkeit** (Nukl) / magnetic rigidity* ‖ ~er **Stern** (mit starkem Magnetfeld) (Astr) / magnetic star ‖ ~e **Sterne** (Astr) / magnetic variables* ‖ ~es **Steuerelement** (Eltech) / magnetic controller* ‖ ~e **Störung** (Eltech) / magnetic interference ‖ ~es **Streufeld** (Mag) / flux leakage field ‖ ~e **Streuung** (Eltech) / magnetic leakage ‖ ~er **Sturm** (durch Sonneneruptionen verursacht) (Meteor) / magnetic storm*, geomagnetic storm ‖ ~e **Suszeptibilität** (Mag) (der Quotient des Betrages der Magnetisierungsstärke zum Betrag der magnetischen Feldstärke, DIN 1325) (Eltech) / magnetic susceptibility* ‖ ~e **Tagesvariation** (Geophys) / magnetic diurnal variation ‖ ~es **Thermometer** (für Temperaturen unter 1 K) (Phys) / magnetic thermometer ‖ ~e **Tonaufzeichnung** (Akus) / magnetic recording* ‖ ~es **Tor** (Plasma Phys) / magnetic gate ‖ ~e **Umlaufspannung** (Elektr) / magnetic potential difference along a closed path, line integral of magnetic field strength along a closed path ‖ ~e **Umwandlung** (z.B. bei der Curie-Temperatur) / magnetic transformation ‖ ~e **Unruhe** (unregelmäßige Schwankungen des Erdmagnetfeldes) (Geophys) / magnetic variations* ‖ ~es **Vektorpotential** (DIN 1324, T 1) (Mag) / magnetic vector potential ‖ ~es **Verfahren** (zur Schichtdickenmessung nach DIN EN 2178) (Anstr) / magnetic method ‖ ~e **Verluste** (durch ein zeitlich verändertes Magnetfeld in Wärme umgewandelte Energie) (Eltech) / magnetic losses ‖ ~er **Verstärker** (Akus) / magnetic amplifier*, magamp $n$ ‖ ~e **Vorspannung** (Akus, Eltronik) / magnetic bias*, biasing $n$ ‖ ~e **Waage** (Chem, Eltech) / magnetic balance* ‖ **weich** ($H_c$ < 10 A/cm) (Eltech) / magnetically soft ‖ ~ **weich** (Eltech) / soft-iron $attr$ ‖ **weicher Werkstoff** (Eltech) / soft magnetic material, soft ferromagnetic material ‖ ~er **Werkstoff** (Eltech) / magnetic material, magnetic $n$, magnetic substance ‖ ~er **Widerstand** (DIN 1304) (Eltech, Mag) / reluctance* $n$, magnetic reluctance, magnetic resistance ‖ ~e **Widerstandsänderung** (Eltech, Mag) / magnetoresistance* $n$, magnetoresistive effect ‖ ~e **Wirbellinie** (in einem Supraleiter 2. Art) (Phys) / quantized magnetic flux line ‖ ~e **Zeichenerkennung** (DIN 66226) (EDV) / magnetic ink character recognition* (MICR), magnetic character recognition (MCR) ‖ ~e **Zirkulardichroismus** (Chem) / magnetic circular dichroism (MCD)

**Magnetisch Nord** $m$ (Mag, Verm) / Magnetic North* ‖ ⁓ **Süd** $m$ (Mag, Verm) / Magnetic South*

**magnetisierbar** $adj$ (Eltech, Mag) / magnetizable $adj$ ‖ ~er **Streifen** (EDV) / magnetic stripe, magnetic strip ‖ ~e **Tinte** (Druck, EDV) / magnetic ink*, magnetized ink

**magnetisieren** $v$ (Eltech, Mag) / magnetize $v$, magnetise $v$ ‖ ⁓ $n$ (das Erzeugen einer dauernden magnetischen Feldstärke in einem Körper aus ferromagnetischem Stoff) (Eltech, Mag) / magnetization* $n$

**magnetisierendes Rösten** (Hütt) / magnetizing roast*

**Magnetisierung** $f$ (Magnetisierungsstärke nach DIN 1325) (Eltech, Mag) / magnetization $n$ ‖ **natürliche** ⁓ (DIN 1358) (Geophys) / natural remanent magnetization, NRM ‖ **remanente** ⁓ (Eltech, Mag) / residual magnetization* ‖ **remanente** ⁓ (festgelegt durch sedimentäre Korneinregelung) (Geol) / depositional remanent magnetization, depositional magnetization ‖ **spontane** ⁓ (die in Ferro- und Ferrimagnetika ohne Einwirkung eines Magnetfeldes innerhalb der Weissschen Bezirke existierende Magnetisierung) (Eltech, Mag) / spontaneous magnetization ‖ **transversale** ⁓ (Eltech) / lamellar magnetization*

**Magnetisierungs•kurve** $f$ (Eltech) / magnetization curve*, B/H curve* ‖ ⁓**schleife** $f$ (Eltech) / magnetization curve*, B/H curve* ‖ ⁓**spule** $f$ (Eltech) / magnetizing coil*, magnet coil*, field coil* ‖ ⁓**strom** $m$ (Eltech) / magnetizing current* ‖ ⁓**umkehr** $f$ (Änderung der Magnetisierung einer zunächst in einer Richtung gesättigten Probe in die entgegengesetzte Richtung) (Mag) / magnetic reversal* ‖ ⁓**zustand** $m$ (Mag) / magnetic state

**Magnetismus** $m$ (physikalische Erscheinung) (Mag) / magnetism $n$ ‖ ⁓ (Lehre vom magnetischen Feld und vom Verhalten der Materie im magnetischen Feld) (Mag) / magnetism* $n$, magnetics $n$ ‖ **permanenter** ⁓ (Phys) / permanent magnetism ‖ **temporärer** ⁓ (Phys) / temporary magnetism ‖ ⁓ $m$ **mit Spiralstruktur** (Mag) / helimagnetism $n$

**Magnetit** $m$ (ein Ferritspinell) (Min) / magnetite* $n$, magnetic iron-ore*, magnetic oxide of iron*

**Magnet•joch** $n$ (Eltech) / magnetic yoke, magnet yoke*, yoke $n$ ‖ ⁓**joch** (Eltech) s. auch Ablenkspule ‖ ⁓**karte** $f$ (mit einem als Datenträger dienenden Streifen magnetisierbaren Materials) (EDV) / magnetic card ‖ ⁓**kartendatei** $f$ (EDV) / magnetic card file ‖ ⁓**kartenleser** $m$ (EDV) / magnetic card reader ‖ ⁓**kartenspeicher** $m$ (EDV) / magnetic card storage, magnetic card memory ‖ ⁓**kern** $m$ (Schaltungsanordnung, bei dem eine elektrische Leistung mit Hilfe von sättigbaren Drosseln gesteuert wird) (Mag) / magnet core*, magnetic core* ‖ ⁓**kernspeicher** $m$ (EDV) / core memory, magnetic core memory, core store* ‖ ⁓**kernspeicher** (EDV) / ferrite-core memory* ‖ ⁓**kies** $m$ (Min) / pyrrhotite* $n$, magnetic pyrites*, pyrhotine* $n$ ‖ ⁓**kompaß** $m$ (Meßgerät zur Richtungsbestimmung unter Ausnutzung des Magnetfeldes der Erde) (Nav) / magnetic compass ‖ **kreiselgestützter** ⁓**kompaß** (Luftf) / gyromagnetic compass* ‖ ⁓**kontakt** $m$ (Eltech) / magnetic contact ‖ ⁓**kontokarte** $f$ (EDV) / magnetic ledger card, magnetic-stripe account card ‖ ⁓**kopf** $m$ (DIN 66010) (Akus, EDV, Mag) / magnetic head* ‖ **fliegender** ⁓**kopf** (EDV) / flying head ‖ **schwimmender** ⁓**kopf** (des Magnettrommelspeichers, der bei der schnellen Trommelrotation auf einer Luftschicht "schwimmt") (EDV) / flying head ‖ ⁓**kopfspalt** $m$ (Akus, EDV, Mag) / head gap ‖ ⁓**kraftwiderstandsschweißen** $n$ (Schw) / magnetic force resistance welding ‖ ⁓**kran** $m$ / magnet crane

**Magnetkreis**

‖ ≈**kreis** *m* (Mag) / magnetic circuit* ‖ ≈**kupplung** *f* (Eltech) / magnetic clutch*, electromagnetic clutch* ‖ ≈**kurs** *m* (Luftf, Nav) / magnetic track ‖ ≈**legierung** *f* (Hütt, Mag) / magnetic alloy*, magnet alloy ‖ ≈**linse** *f* (Eltronik) / magnetic lens* ‖ ≈**lüfterbremse** *f* (Eltech) / solenoid brake* ‖ ≈**modulator** *m* (Eltech) / magnetic modulator* ‖ ≈**motor** *m* (Sonderform des permanent erregten Synchronmotors mit Außenpolläufer) (Eltech) / permanent-magnetic motor ‖ ≈**nadel** *f* / magnetic needle ‖ **freibewegliche** ≈**nadel** (im Inklinatorium) (Mag, Verm) / dip needle*, dipping needle*
**Magnetoabsorption** *f* (optische Absorption an Halbleitern mit einem äußeren Magnetfeld) (Eltronik, Opt) / magnetoabsorption *n*
**magnetoakustisch** *adj* / magnetoacoustic *adj* ‖ ~**er Effekt** (das Auftreten von Oszillationen der Ultraschallabsorption und der Ultraschallgeschwindigkeit in Metallen als Funktion eines homogenen Magnetfeldes) (Phys) / magnetoacoustic effect ‖ ~**e Welle** (Phys) / magnetoacoustic wave, magnetosonic wave
**Magneto•chemie** *f* (Teilgebiet der physikalischen Chemie, in dem die magnetischen Eigenschaften der Stoffe zur Klärung von Strukturfragen ausgenutzt werden) (Chem) / magnetochemistry* *n* ‖ ≈**dynamik** *f* (die Lehre von den zeitlich veränderlichen magnetischen Feldern) (Mag) / magnetodynamics *n* ‖ ~**dynamisch** *adj* (Mag) / magnetodynamic *adj* ‖ ~**elastisch** *adj* (Effekt) (Phys) / magnetoelastic *adj* ‖ ~**elektrisch** *adj* (Elektr) / magnetoelectric* *adj* ‖ ~**elektrischer Effekt** / magnetoelectric effect ‖ ~**elektrischer Generator** (Eltech) / magnetoelectric generator ‖ ≈**elektronik** *f* (ein Teilbereich der Festkörperelektronik) (Eltronik) / magnetoelectronics *n* ‖ ≈**gasdynamik** *f* (Magnetohydrodynamik von Gasen) (Phys) / magnetogas dynamics, MGD, magnetogasdynamics *n* ‖ ≈**graf** *m* (den Zeeman-Effekt ausnutzende Anordnung zur Bestimmung des Magnetfeldes von Sternen oder der Sonne) (Astr) / magnetograph *n* ‖ ≈**grafie** *f* (Desktop-Publishing) (Druck, EDV) / magnetography *n* ‖ ≈**gramm** *n* (Aufzeichnung eines Magnetografen) (Astr) / magnetogram *n* ‖ ~**gyrisches Verhältnis** (Kernphys) / gyromagnetic ratio*, gyromagnetic coefficient, magnetogyric ratio ‖ ≈**hydrodynamik** *f* (Phys) / magnetohydrodynamics* *n*, hydromagnetics *n*, MHD*
**magnetohydrodynamisch** *adj* (Phys) / magnetohydrodynamic *adj*, hydromagnetic* *adj*, magnetohydrodynamic *adj*, hydromagnetic* *adj* ‖ ~**er Generator** (zur direkten Umwandlung der dem Plasma innewohnenden thermischen Energie in elektrische Energie) (Plasma Phys) / magnetohydrodynamic generator*, magnetoplasmadynamic generator*, MHD generator*, MPD generator* ‖ ~**e Instabilität** (Plasma Phys) / gross instability, magnetohydrodynamic instability, MHD instability, hydromagnetic instability ‖ ~**e Kanalströmung** (Kernphys) / Hartmann flow ‖ ~**es Lager** (Masch) / magnetohydrodynamic bearing, MHD bearing ‖ ~**e Welle** (in einem Plasma, auf das ein Magnet einwirkt) (Plasma Phys) / magnetohydrodynamic wave
**magneto•ionisch** *adj* (Phys) / magnetoionic* *adj* ‖ ~**ionische Theorie** (der Ausbreitung elektromagnetischer Wellen in einem teilweise ionisierten Gas bei Anwesenheit eines konstanten äußeren Magnetfeldes) (Phys) / magnetoionic theory ‖ ~**kalorisch** *adj* / magnetocaloric *adj* ‖ ~**kalorischer Effekt** (die Temperaturänderungen bei rein magnetischen Zustandsänderungen) (Mag, Wärm) / magnetocaloric effect* ‖ ≈**kardiografie** *f* (Med) / magnetocardiography *n* ‖ ~**mechanischer Effekt** (gyromagnetischer Effekt, magnetoelastischer Effekt) / magnetomechanical effect ‖ ~**mechanischer Effekt** (Phys) / gyromagnetic effect*, magnetomechanical effect ‖ ~**mechanischer Faktor** (Kernphys) / gyromagnetic ratio*, gyromagnetic coefficient, magnetogyric ratio ‖ ~**mechanisches Verhältnis** (Kehrwert des gyromagnetischen Verhältnisses) (Kernphys) / magnetomechanical ratio ‖ ≈**meter** *n* (zur Messung der Vektorenelemente magnetischer Felder und zur Prüfung von Materialeigenschaften) (Geophys) / magnetometer* *n* ‖ **nukleares** ≈**meter** (Geophys) / nuclear magnetometer ‖ ~**metrisch** *adj* (Geophys) / magnetometric *adj* ‖ ~**motorische Kraft** (entlang einer geschlossenen Linie) (Phys) / magnetomotive force*, m.m.f.*
**Magneton** *n* (theoretische Einheit des magnetischen Momentes) (Elektr, Kernphys) / magneton* *n*
**Magnetooptik** *f* (Einfluß magnetischer Felder auf elektromagnetische Wellen bei ihrer Emission, Absorption und Ausbreitung in Medien) (Opt) / magnetooptics *n*
**magnetooptisch** *adj* (Opt) / magnetooptical *adj*, magnetooptic *adj* ‖ ~**er Effekt** (Opt) / magnetooptical effect* ‖ ~**er Kerr-Effekt** (Opt) / magnetooptic Kerr effect, Kerr magnetooptical effect, magnetooptical Kerr effect ‖ ~**e Platte** (EDV) / magnetooptical disk, MOD ‖ ~**e Rotationsdispersion** (Opt) / magneto-optical rotatory dispersion, MORD ‖ ~**er Speicher** (EDV) / magnetooptical memory
**Magneto•pause** *f* (obere Begrenzung der Mesosphäre) (Geophys) / magnetopause *n* ‖ ≈**phon** *n* (der Fa. AEG-Telefunken) (Akus) / magnetophone* *n*, magnetic recorder ‖ ≈**plasma** *n* (Plasma Phys) / magnetoplasma *n*, magnetic plasma ‖ ≈**plasmadynamik** *f* (Magnetohydrodynamik von Plasmen) (Phys) / magnetoplasmadynamics *n* ‖ ≈**plumbit** *m* (Min) / magnetoplumbite *n* ‖ ≈**pyrit** *m* (Min) / pyrrhotite* *n*, magnetic pyrites*, pyrhotine* *n* ‖ ≈**resistenz** *f* (Eltech, Mag) / magnetoresistance* *n*, magnetoresistive effect ‖ ≈**resistor** *m* (Eltech) / magnetic-field dependent resistor, MDR, Magnetoresistor *n* ‖ ≈**rotation** *f* (Licht, Mag) / Faraday effect*, Faraday rotation, magnetic rotation ‖ ≈**schallwelle** *f* (Kernphys) / magnetoacoustic wave, magnetosonic wave ‖ ≈**sheath** *f* (stark turbulentes Übergangsgebiet vom Sonnenwind zur Magnetosphäre zwischen Bow Shock und Magnetopause) (Geophys) / magnetosheath *n* ‖ ≈**sphäre** *f* (geomagnetische Kavitation) (Geophys) / magnetosphere* *n* ‖ ~**sphärisch** *adj* (Geophys) / magnetospheric *adj* ‖ ~**sphärisches Plasma** (Geophys) / magnetospheric plasma ‖ ~**sphärischer Substurm** (Geophys) / magnetospheric substorm ‖ ≈**stabilität** *f* (Mag) / magnetic stability* ‖ ≈**statik** *f* (die Lehre von den zeitlich konstanten magnetischen Feldern) (Mag) / magnetostatics* *n* ‖ ~**statisch** *adj* (Mag) / magnetostatic *adj* ‖ ~**statische Abschirmung** (als Tätigkeit) (Mag) / magnetostatic shielding ‖ ~**statisches Feld** (Mag) / magnetostatic field ‖ ~**statische Schirmwirkung** (Mag) / magnetostatic shielding ‖ ≈**stratigrafie** *f* (Geol) / magnetostratigraphy *n* ‖ ≈**striktion** *f* (Änderung der geometrischen Abmessungen eines Körpers unter dem Einfluß von Magnetisierungsänderungen) (Mag) / magnetostriction* *n* ‖ ≈**striktionsschwinger** *m* (Eltech) / magnetostriction transducer*, magnetostrictor* *n* ‖ ≈**striktionssender** *m* (Akus) / magnetostriction oscillator * ‖ ≈**striktionswandler** *m* (Eltech) / magnetostriction transducer*, magnetostrictor* *n*
**magnetostriktiv** *adj* (Mag) / magnetostrictive *adj* ‖ ~**er Lautsprecher** (Akus) / magnetostriction loudspeaker* ‖ ~**es Mikrofon** (Akus) / magnetostriction microphone* ‖ ~**er Oszillator** (Eltronik) / magnetostrictive oscillator ‖ ~**er Schallgeber** (Akus) / magnetostriction oscillator ‖ ~**er Schwinger** (für die Ultraschallerzeugung) (Eltech) / magnetostriction transducer*, magnetostrictor* *n* ‖ ~**e Verlängerung** (Eltech) / magnetic elongation* ‖ ~**er Werkstoff** (WP) / magnetostrictive material
**Magneto•taxis** *f* (pl.: -taxen) (die Orientierung von Organismen nach dem Magnetfeld der Erde) (Biol) / magnetotaxis *n* ‖ ≈**tellurik** *f* (Geophys) / magnetotellurics *n* ‖ ~**tellurisch** *adj* (Geophys) / magnetotelluric *adj*, M-T ‖ ≈**widerstand** *m* (als Bauteil) (Eltech) / magnetic-field dependent resistor, MDR, Magnetoresistor *n*
**Magnet•pendel** *n* (Eltech) / magnetic pendulum* ‖ ≈**pigment** *n* (zur Herstellung von magnetischen Informationsträgern) (EDV) / magnetic pigment ‖ ≈**platte** *f* (DIN 31631, T 2) (EDV) / magnetic disk* ‖ **metallisches Substrat der** ≈**platte** (EDV) / platter *n* ‖ ≈**platten-Beschriftungsgerät** *n* (EDV) / key-to-disk unit* ‖ ≈**platteneinheit** *f* (EDV) / disk unit ‖ ≈**platten-Erfassungsgerät** *n* (EDV) / key-to-disk unit* ‖ ≈**plattenkassette** *f* (EDV) / disk cartridge, magnetic-disk cartridge ‖ ≈**plattenlaufwerk** *n* (EDV) / disk drive ‖ ≈**plattenspeicher** *m* (EDV) / magnetic-disk memory*, magnetic-disk storage, disk storage, disk memory ‖ ≈**plattenstapel** *m* (EDV) / disk pack*, DP, stack of disks ‖ ≈**pol** *m* (Eltech) / magnetic pole* ‖ ≈**pulver** *n* / magnetic powder ‖ ≈**pulverkupplung** *f* (DIN 42005) (Masch) / magnetic particle clutch*, powder clutch, magnetic powder clutch ‖ ≈**pulverprüfung** *f* (WP) / magnetic crack detection, Magna-Flux *n*, magnetic flaw detection, magnetic powder test, magnetic-particle inspection*, magnetic inspection, magnetic-particle method (of non-destructive testing) ‖ ≈**pulververfahren** *n* (zerstörungsfreie Werkstoffprüfung ferromagnetischer Materialien) (WP) / magnetic crack detection, Magna-Flux *n*, magnetic flaw detection, magnetic powder test, magnetic-particle inspection*, magnetic inspection, magnetic-particle method (of non-destructive testing) ‖ ≈**regler** *m* (Eltech) / magnetic controller* ‖ ≈**resistor** *m* (Eltech) / magnetic-field dependent resistor, MDR, Magnetoresistor *n* ‖ ≈**resonanzspektroskopie** *f* (Chem) / magnetic resonance spectroscopy (MRS)
**Magnetron** (eine Magnetfeldröhre) (Eltronik) / magnetron* *n* ‖ **abstimmbares** ≈ (Eltronik) / tunable magnetron* ‖ **durchstimmbares** ≈ (Eltronik) / tunable magnetron* ‖ ≈ *n* **mit Kreissektorresonatoren** (Eltronik) / vane-anode magnetron ‖ ≈**betriebsarten** *f pl* (Eltronik) / magnetron modes* ‖ ≈**stromverstimmung** *f* (Eltronik) / magnetron pushing ‖ ≈**vakuummeter** *n* (Eltronik) / magnetron vacuum gauge, redhead vacuum gauge ‖ ≈**verstärker** *m* (Eltronik) / magnetron amplifier*
**Magnet•rührer** *m* (Chem Verf) / magnetic stirrer ‖ ≈**schalter** *m* (Eltech) / solenoid-operated switch* ‖ ≈**scheider** *m* (eine Aufbereitungsmaschine zur Sortierung von Mineralgemischen nach ihren magnetischen Eigenschaften) (Aufber, Phys) / magnetic separator*, magnetic grader ‖ ≈**scheidung** *f* (Aufber) / magnetic separation ‖ ≈**schichtdatenträger** *m* (EDV) / volume *n*, data volume ‖ ≈**schichtspeicher** *m* (EDV) / magnetic-film memory*, thin-film

memory* (a magnetic memory), magnetic layer storage, magnetic-film store, film store ‖ ⁓**schloß** n (Bergb, Tischl) / magnetic lock ‖ ⁓**schlüsselsatz** m (Kfz, Werkz) / ignition spanner set, ignition wrench set ‖ ⁓**schlußstück** n (Mag) / keeper* n, keep* n ‖ ⁓**schranke** f (Eltronik) / Hall-effect switch, vane switch ‖ ⁓**schrift** f (EDV) / magnetic ink font ‖ ⁓**schriftbeleg** m (EDV) / magnetic-ink document ‖ ⁓**schriftzeichen** n (EDV) / magnetic character ‖ ⁓**schriftzeichenerkennung** f (EDV) / magnetic ink character recognition* (MICR), magnetic character recognition (MCR) ‖ ⁓**schwebefahrzeug** n (z.B. Transrapid 06 der Firmen MBB, Krauss-Maffei und Thyssen-Henschel) / magnetic-levitation vehicle, maglev vehicle ‖ ⁓**schwebetechnik** f (modernste Verkehrstechnik) / magnetic levitation* (technology), maglev n ‖ ⁓**separator** m (Aufber, Phys) / magnetic separator*, magnetic grader ‖ ⁓**sonde** f (Eltech, Luftf) / flux gate*, flux valve ‖ ⁓**spannfutter** n (Masch) / magnetic chuck* ‖ ⁓**speicher** m (Datenspeicher mit magnetischem Material als Datenträger, das gegenüber einem feststehenden Magnetkopf bewegt wird) (EDV) / magnetic memory*, magnetic storage ‖ ⁓**spektrometer** n (Spektr) / magnetic spectrometer* ‖ ⁓**spule** f (Eltech) / solenoid* n ‖ ⁓**spur** f (Akus, Film) / magnetic track*, stripe* n, magnetic sound track ‖ ⁓**stahl** m (Hütt) / magnet steel* n ‖ ⁓**stern** m (mit starkem Magnetfeld) (Astr) / magnetic star ‖ ⁓**streifen** m (EDV) / magnetic stripe, magnetic strip ‖ ⁓**streifenkarte** f (EDV) / magnetic strip card ‖ ⁓**streifenspeicher** m (EDV) / cartridge memory, magnetic-stripe storage, magnetic-stripe memory ‖ ⁓**sturm** m (Meteor) / magnetic storm*, geomagnetic storm ‖ ⁓**summer** m (Eltech, Fernm) / buzzer* n ‖ ⁓**tinte** f (Druck, EDV) / magnetic ink*, magnetized ink ‖ ⁓**tintenbeschriftung** f (Mag) / magnetic lettering

**Magneton** m (Akus) / magnetic sound ‖ ⁓**band** n (Akus, EDV, Mag) / magnetic tape*, mag tape ‖ ⁓**gerät** n (Akus) / magnetophone* n, magnetic recorder ‖ ⁓**laufwerk** n (am Tonfilmprojektor) (Film) / penthouse n ‖ ⁓**Lichtton-Kopie** f (Film) / magoptical print, mag-opt* n ‖ ⁓**spur** f (Akus, Film) / magnetic track*, stripe* n, magnetic sound track ‖ ⁓**träger** m (Akus) / magnetic recording medium ‖ ⁓**verfahren** n (der Schallaufzeichnung) (Akus) / magnetic recording*

**Magnet•tor** n (Plasma Phys) / magnetic gate ‖ ⁓**trommelscheider** m (Aufber) / magnetic drum separator, drum-type magnetic separator ‖ ⁓**trommelspeicher** m (EDV) / magnetic drum*, magnetic drum storage, magnetic drum memory ‖ ⁓**umformung** f (Masch) / magnetic forming ‖ ⁓**ventil** n (Eltech, Kfz) / solenoid-operated valve, solenoid valve, electrovalve n ‖ ⁓**verschluß** m (Bergb, Tischl) / magnetic lock ‖ ⁓**verstärker** m (Akus) / magnetic amplifier*, magamp* n ‖ ⁓**waage** f (Chem, Eltech) / magnetic balance* ‖ ⁓**werkstoff** m (weich- oder hartmagnetisch) (Eltech) / magnetic material, magnetic n, magnetic substance ‖ ⁓**wicklung** f (Eltech) / solenoid winding ‖ ⁓**zündanlage** f (Eltech, Kfz) / magneto system ‖ ⁓**zünder** m (eigengelagerter) (Eltech, Kfz) / magneto* n, mag, ignition magneto ‖ ⁓**zündung** f (Kfz) / magneto ignition*

**Magnistor** m (ein Magnetfühler, bei dem Effekte magnetischer Felder auf injizierte Halbleiter ausgenutzt werden) (Eltronik) / Magnistor* n ‖
**Magnitude** f (die die Stärke eines Erdbebens charakterisiert) (Geophys) / magnitude n, earthquake magnitude*
**Magnitudenskale** f (Einstufung des Erdbebens nach Größenklassen - nach Ch.F. Richter, 1900-1985) (Geophys) / Richter scale
**Magnitudo** f (pl. -dines) (Astr) / magnitude* n, stellar magnitude*, star magnitude*
**Magnoferrit** m (Min) / magnesioferrite n, magnoferrite n
**Magnon** n (quantisierte Spinwelle) (Phys) / magnon n
**Magnox** n (Magnesiumlegierung für Brennstabhüllen) (Nukl) / Magnox* n ‖ ⁓**-Reaktor** m (Nukl) / Magnox reactor
**Magnus•-Effekt** m (bei unsymmetrischer Umströmung - nach H.G. Magnus, 1802-1870) (Phys) / Magnus effect* ‖ ⁓**-Salz** n (Tetraamminplatin(II)-tetrachloroplatinat(II)) (Chem) / Magnus' green salt, Magnus' salt
**MagOptical-Kopie** f (Film) / magoptical print, mag-opt* n
**MAG-Schweißen** n (ein Metallschutzgasverfahren) (Schw) / MAG welding, metal active gas welding
**Maguey-Faser** f (aus der Agave cantala (Haw.) Roxb.) (Tex) / maguey n, Cebu maguey, Manila maguey, cantala n
**MAG-Verfahren** n (Schw) / MAG welding, metal active gas welding
**Mäh** m (Landw) / finger n
**Mahagoni, Afrikanisches** ⁓ (meistens aus Khaya ivorensis A. Chev.) (For) / African mahogany*, khaya n ‖ **Westindisches** ⁓ (For) / West Indian mahogany, Cuban mahogany*, Spanish mahogany, Dominican mahogany, Madeira wood, West Indies ‖ ⁓**holz** n (im allgemeinen) (For) / mahogany ‖ ⁓**holz** n (Westindisches - aus Swietenia mahagoni (L.) Jacq.) (For) / West Indian mahogany, Cuban mahogany*, Spanish mahogany, Dominican mahogany, Madeira wood, West Indies ‖ ⁓**säuren** f pl (ölösliche Petroleumsulfonate) (Chem) / mahogany acids

**Mäh•balken** m (Landw) / cutter bar ‖ ⁓**balkenfinger** m (Landw) / knife finger ‖ ⁓**binder** m (meistens Zapfwellenbinder) (Landw) / reaper and binder, reaper-binder n
**Mahd** f (der Wiese) (Landw) / cut n
**Mäh•dreschen** n (Landw) / combine harvesting, combining n ‖ ⁓**drescher** m (Landw) / harvester-thresher* n, combine n, combine harvester ‖ ⁓**drusch** m (Landw) / combine harvesting, combining n
**mähen** v (Landw) / mow v
**Mäher** m (Landw) / mower n
**Mäh•häcksler** m (Feldhäcksler mit einem Schneidwerk) (Landw) / cutter forage harvester, direct-cutting forage harvester ‖ ⁓**kurbelstange** f (Landw) / pitman n (pl. pitmans)
**Mahlansatz** m (Masch) / mill feed
**Mahlbarkeit** f (Aufber) / grindability* n
**Mahlbarkeits•versuch** m **von Kohle** (ein ASTM-Laborversuch im Hardgrove-Apparat) / Hardgrove machine grindability test for coal ‖ ⁓**zahl** f (Keram) / grindability index (a numerical indication of the ease with which a material can be ground)
**mahlen** v / mill v ‖ ⁓ (Räder) (Kfz) / skid v, slip v ‖ **wieder** ⁓ / regrind v ‖ ⁓ **auf Staubfeinheit** / pulverize v, powder v, pulverise v (GB), reduce to powder ‖ ⁓ n (Aufber, Bergb) / milling* n, crushing n, grinding* n ‖ ⁓ (Nahr) / milling n ‖ ⁓ (Pap) / beating n, stock beating
**Mahl•feinheit** f / fineness of grind, grinding fineness ‖ ⁓**gang** m (als Vorrichtung) / buhr mill*, buhrstone mill, burr mill* ‖ ⁓**gang** (im allgemeinen) / milling cycle ‖ ⁓**gang** (bei der Malzschrotung) (Brau) / passage n ‖ ⁓**grad** m (bei der Zerfaserung der Hackschnitzel) (Pap) / freeness n, wetness n, slowness n ‖ ⁓**gut** n (das zu mahlende Material) / material to be ground, material being ground, grinding stock ‖ ⁓**gut** (Anstr) / mill base ‖ ⁓**gut** (in der Müllerei) (Landw, Nahr) / grist n ‖ ⁓**gut** (zur Mahlung im Holländer) (Pap) / furnish n, pulp furnish ‖ ⁓**hilfe** f / grinding aid ‖ ⁓**kork** m / cork powder ‖ ⁓**körper** m / grinding medium*, grinding body ‖ ⁓**müllerei** f (Nahr) / milling n, flour-milling n ‖ ⁓**sand** m (Schiff) / quicksand n ‖ ⁓**stein** n / millstone n, grindstone n, buhrstone n, burstone n, burrstone n ‖ ⁓**trocknung** f (Chem Verf) / mill drying, attritor drying, grinder drying
**Mahlung, selektive** ⁓ (Aufber) / differential grinding*
**Mahlwalze** f (des Holländers) (Pap) / beater roll*
**Mäh•maschine** f (Landw) / mower n ‖ ⁓**werk** n (Landw) / mower n, header n
**Maihak-Kurve** f (Druck-Weg-Kurve während des Einspritzvorgangs beim Spritzgießen härtbarer Formmassen) (Plast) / Maihak curve
**Mail, persönliche** ⁓ (EDV) / personal mail ‖ ⁓**-Adresse** f (EDV) / e-mail address, mail address
**Mailbox** f (elektronischer Briefkasten) (EDV) / mailbox n ‖ ⁓ (Anrufbeantworter für Handies) (Fernsp) / mailbox n ‖ ⁓**-Programm** n (EDV) / Bulletin Board System, BBS, BBS program ‖ ⁓**virus** m (EDV) / mailbox virus
**Mail•-Bridge** f (Spezialform eines Mail-Gateways) (EDV) / mail bridge ‖ ⁓**-Exchanger** m (Vermittlungsrechner, der E-Mails empfangen und versenden kann) (EDV) / mail exchanger, MX ‖ ⁓**-Exploder** m (EDV) / mail exploder (part of an electronic mail delivery system which allows a mesage to be delivered to a list of addresses) ‖ ⁓**-Gateway** n (System, das den Transport von E-Mail zwischen heterogenen Netzen ermöglicht) (EDV) / mail gateway ‖ ⁓**gram** n (Dienst zur elektronischen Briefübertragung in den USA) (EDV) / mailgram n ‖ ⁓**-Host** m (EDV) / mail host
**Mailing** n (Versand /von Werbematerialien/ mit der Post) / mailing n
**Mailing-Liste** f (EDV) / mailing list (a list of email addresses, used by a mail exploder, to forward messages to groups or people)
**Maillard-Reaktion** f (Denaturierungsreaktion zwischen reduzierenden Zuckern und Aminosäuren - nach L.C. Maillard, 1878-1936) / Maillard reaction
**Maillart-Bogen** m (bei den Bogenbrücken - nach Robert Maillart, 1872-1940) / Maillart arch
**Mailleuse** f (Tex) / sinker wheel, looping wheel, loop wheel
**Maillon** n (Mittelohr der Litze) (Web) / mail n, heald mail
**Mail•merge** n (Mischen von Daten mit Serienbriefen) (EDV) / mailmerge n ‖ ⁓**-Sitzung** f (EDV) / mail session ‖ ⁓**-Slot** m (der die Nachrichtenübertragung von einem oder mehreren Clients zu einem Server ermöglicht) (EDV) / mail slot ‖ ⁓**-Verteiler** m (EDV) / mail exploder (part of an electronic mail delivery system which allows a mesage to be delivered to a list of addresses)
**Mainardi-Codazzische Gleichungen** (zwei Integrabilitätsbedingungen für das Umkehrproblem der Flächentheorie - nach G. Mainardi, 1800 - 1879, und D. Codazzi, 1824 - 1873) (Math) / Gauss-Codazzi equations, Codazzi's equations, Mainardi-Codazzi equations
**Mainframe** m (EDV) / mainframe* n, mainframe computer, large computer
**Mainframe-Computer** m (EDV) / mainframe* n, mainframe computer, large computer
**Mainframer** m / mainframer n (person involved in programming, selling, or maintaining mainframes)

**Maintenance** *f* (von Systemen) (EDV) / maintenance *n*
**Mainzer Fluß** (Chem, Glas) / strass* *n*, rhinestone *n*, paste *n*
**Mais** *m* (Zea L.) (Bot, Landw) / maize* *n*, corn* *n* (US), Turkey corn (US), Indian corn (US)
**Maisbrand** *m* (Landw) / maize smut, smut *n*, corn smut (US), boil smut
**Maisch•apparat** *m* (Brau) / masher *n* ‖ ~**bottich** *m* (Brau) / mashing tub, mash-tub *n*, mash-tun *n*, tun *n*
**Maische** *f* (Brau, Nahr) / mash *n* ‖ **süße** ~ (Nahr) / sweet mash ‖ ~**bereiter** *m* (Brau) / masher *n* ‖ ~**kessel** *m* (Brau) / mash-tun* *n* ‖ ~**kochkessel** *m* (Brau) / mash-tun* *n* ‖ ~**kühler** *m* (Brau) / mash cooler
**maischen** *v* (Brau) / mash *v* ‖ ~ *n* (Brau) / mashing *n*
**Maischepfanne** *f* (Brau) / mash-tun* *n*
**Maischverfahren** *n* (Brau) / mashing *n*
**Mais•drescher** *m* (Landw) / maize thresher, corn thresher (US) ‖ ~**gelb** *n* / maize yellow ‖ ~**häcksler** *m* (Landw) / forage maize harvester ‖ ~**keimöl** *n* (Nahr) / corn oil (US)*, maize oil* ‖ ~**kolbenköpfmaschine** *f* (Landw) / picker-husker *n* ‖ ~**kolbenquetschmühle** *f* (Landw) / corn mill (US) ‖ ~**mehl** *n* (Nahr) / maize flour, meal *n* (US) ‖ ~**öl** *n* (Nahr) / corn oil (US)*, maize oil*
**Maisonette** *f* (Arch, Bau) / maisonette* *n*, duplex apartment (US), duplex *n*
**Maisonnette** *f* (zweistöckige Wohnung in einem Haus) (Arch, Bau) / maisonette* *n*, duplex apartment (US), duplex *n*
**Mais•quellwasser** *n* (Chem Verf) / corn steep liquor (US) ‖ ~**rebler** *m* (Landw) / maize sheller, corn sheller (US) ‖ ~**silage** *f* (Landw) / maize silage, corn silage (US) ‖ ~**stärke** *f* (Nahr) / maize starch, corn starch (US) ‖ ~**zünsler** *m* (Ostrinia nubilalis Hübn. - Schädling, dessen Raupe in dicken Stengeln von Mais, Hirse, Baumwolle und Dahlien frißt) (Landw) / European corn borer
**Majolika** *f* (nach der Insel Mallorca benannte Töpferware) (Keram) / majolica *n*, maiolica *n*
**Major** (Math) *m* / antecedent* *n*
**Majorana-Effekt** *m* (ein magnetooptischer Effekt - nach Qu. Majorana, 1871-1952) / Majorana effect
**Majorana-Kraft** *f* (eine Austauschwechselwirkung - nach E. Majorana, 1906-1938) (Kernphys) / Majorana force
**Majoranöl** *n* / marjoram oil, sweet marjoram oil, calamanthia oil
**Majorante** *f* (Reihen, uneigentliche Integrale) (Math) / upper bound, majorant *n* ‖ **strikte** ~ (Math) / strict majorant
**Majorantenkriterium** *n* (ein Konvergenzkriterium für Reihen) (Math) / majorant criterion, comparison test ‖ ~ (bei Funktionenreihen) (Math) / M-test of Weierstrass for uniform convergence*, Weierstrass' test for uniform convergence*, Weierstrass' M test
**majorisieren** *v* (eine Reihe) (Math) / majorize *v* ‖ ~ (Math) / contain *v* (subobjects)
**Majorität** *f* / majority *n*
**Majoritäts•emitter** *m* (Eltronik) / majority emitter* *n* ‖ ~**funktion** (bei Schaltwerken und -netzen) (Eltech) / majority function ‖ ~**glied** *n* (EDV) / majority element ‖ ~**ladungsträger** *m* (Eltronik) / majority carrier* *n* ‖ ~**träger** *m* (DIN 41852) (Eltronik) / majority carrier*
**MAK** (Med) / maximum allowable concentration, MAC
**Makadam** *m n* (Streu-, Misch- und Tränkmakadam - nach J.L. Mac Adam, 1757-1836) (HuT) / macadam *n* ‖ **mörtelverfüllter** ~ (HuT) / grouted macadam
**Makadamdecke** *f* (HuT) / macadam pavement
**Makadamianuß** *f* (Bot) / macadamia nut, Queensland nut
**makadamisieren** *v* (HuT) / macadamize *v*
**Makassar-Ebenholz** *n* (aus Diospyros celebica Bakh.) (For) / Macassar ebony
**Makassar-Ebenholzbaum** *m* (For) / Macassar ebony, macassar *n*
**Makassaröl** *n* (aus Schleichera trijuga Willd.) / macassar oil
**Makeln** *n* (abwechselnde Gesprächsführung auf zwei oder mehr Leitungen, auf denen gleichzeitig Verbindungen bestehen - ein Leistungsmerkmal) (Fernsp) / broker's call, brokerage *n*
**Makette** *f* (Modell) / model *n* ‖ ~ / dummy *n*
**Make-up-Gas** *n* (Chem Verf) / make-up gas
**Make-up-Spiegel** *m* (Kfz) / vanity mirror ‖ ~ **in der Sonnenblende** (Kfz) / sun visor vanity mirror
**Makler** *m* / broker *n*
**Mäkler** *m* (HuT) / leader(s) *n (pl)*, lead *n* (li:d)
**Mako** *f m n* (Tex) / maco cotton
**Makobaumwolle** *f* (frühere Bezeichnung für eine langstapelige, gelblichweiße ägyptische Baumwollsorte, die vor vielen Jahren durch neue Sorten ersetzt worden ist) (Tex) / maco cotton
**Makoré** *n* (Handelsbezeichnung für ein fein strukturiertes, rötliches bis dunkelrotbraunes Holz der Tieghemella heckelii Pierre) (For) / makore *n*, cherry mahogany
**Makramee** *f* (eine Knüpftechnik) (Tex) / macramé *n*
**Makro** *m n* (EDV) / macro *n*, macro call ‖ ~**achse** *f* (Krist) / macroaxis* *n* ‖ ~**analyse** *f* (Grammethode - von etwa 0,2 bis rund 10 g) (Chem) / macroanalysis *n* ‖ ~**analytisch** *adj* (Chem) / macroanalytic *adj*, macroanalytical *adj* ‖ ~**assembler** *m* (EDV) / macroassembler *n*, macroassembly program ‖ ~**ätzung** *f* / macroetching *n* ‖ ~**aufnahme** *f* (Film) / tight close-up, T.C.U. ‖ ~**aufnahme** (Foto) / macrograph* *n* ‖ ~**aufruf** *m* (bei der Programmierung in Assembler-Sprache eine Anweisung, die eine Gruppe von vorgegebenen Anweisungen, sogenannte Makrodefinitionen, erzeugt) (EDV) / macro *n*, macro call ‖ ~**beben** *n* (Geol) / macroseism *n* ‖ ~**befehl** *m* (EDV) / macroinstruction* *n*, macro* *n* ‖ ~**bibliothek** *f* (EDV) / macrolibrary *n* ‖ ~**biegung** *f* (DIN 57888, T 1) (bei Lichtwellenleitern) (Fernm, Opt) / macrobending *n*
**makrobrownsche Bewegung** (Phys) / macrobrownian motion
**Makro•chemie** *f* (Chem) / macrochemistry *n* ‖ ~**chemisch** *adj* (Chem) / macrochemical *adj* ‖ ~**cyclen** *m pl* (Chem) / macrocyclic compounds, macrocycles* *pl* ‖ ~**cyclisch** *adj* (Chem) / macrocyclic *adj* ‖ ~**definition** *f* (EDV) / macro definition ‖ ~**doma** *n* (pl. Makrodomen) (Krist) / macrodome *n* ‖ ~**elemente** *n pl* (Umwelt) / macronutrients* *pl* ‖ ~**entscheidung** *f* (KI) / macrodecision *n* ‖ ~**erklärung** *f* (EDV) / macro definition ‖ ~**ersetzung** *f* (EDV) / macrogeneration *n*, macroexpansion *n* ‖ ~**evolution** *f* (Biol, Gen) / macroevolution *n* ‖ ~**expansion** *f* (EDV) / macrogeneration *n*, macroexpansion *n* ‖ ~**faser** *f* (des Lichtwellenleiterkabels) / jumbo fibre, macrofibre *n* ‖ ~**fauna** *f* (Biol, Landw, Umwelt) / macrofauna *n* ‖ ~**fotografie** *f* (Foto) / macrophotography* *n* ‖ ~**fraktografie** *f* (Hütt, WP) / macrofractography *n* ‖ ~**gefüge** *n* (Geol, Hütt) / macrostructure *n* ‖ ~**generator** *m* (EDV) / macrogenerator *n*, macro-generating program ‖ ~**generierer** *m* (EDV) / macrogenerator *n*, macro-generating program ‖ ~**globulin** *n* (Biochem) / macroglobulin* *n* ‖ ~**initiator** *m* (Chem) / macroinitiator *n* ‖ ~**instabilität** *f* (Plasma Phys) / macroinstability *n*, gross instability ‖ ~**instruktion** *f* (EDV) / macroinstruction* *n*, macro* *n* ‖ ~**ion** *n* (Chem, Phys) / macroion *n*
**makrokanonisch** *adj* (Phys) / macrocanonical *adj* ‖ **~e Gesamtheit** (Phys) / macrocanonical assembly, macrocanonical ensemble
**Makro•kinetik** *f* (Chem) / macrokinetics *n* ‖ ~**klima** *n* (Meteor, Umwelt) / macroclimate *n* ‖ ~**kode** *n* (EDV) / macrocode* *n* ‖ ~**kontext** *m* / macrocontext *n* ‖ ~**korrosionselement** *n* (bei Kontaktkorrosion) (Galv) / galvanic couple, macrocell *n*, macrocouple *n*, macrogalvanic cell ‖ ~**kristallin** *adj* (Krist) / macrocrystalline *adj* ‖ ~**krümmung** *f* (bei Lichtwellenleitern) (Fernm, Opt) / macrobending *n* ‖ ~**lid** *n* (Naturstoff mit einem Laktonring, der mehr als zehn Atome im Ring aufweist) (Chem) / macrolide *n* ‖ ~**lidantibiotika** *n pl* (Pharm) / macrolide antibiotics ‖ ~**lunker** *m* (Gieß) / macroshrinkage *n*
**Makromer** *n* (Chem) / macromer *n*, macromolecular monomer
**Makro•meteorologie** *f* (Meteor) / macrometeorology *n* ‖ ~**modell** *n* (ein Simulationsmodell) / macromodel *n* ‖ ~**molekül** *n* (Chem) / macromolecule* *n*, large molecule, giant molecule
**makromolekular** *adj* (Chem) / macromolecular *adj*, giant-molecular *adj* ‖ **~e Chemie** (Chem) / polymer chemistry, macromolecular chemistry
**Makro•monomer** *n* (Chem) / macromer *n*, macromolecular monomer ‖ ~**morphologie** *f* (der Bruchfläche) (WP) / macromorphology *n* ‖ ~**nährstoffe** *m pl* (Umwelt) / macronutrients* *pl* ‖ ~**name** *m* (EDV) / macroname *n* ‖ ~**objektiv** *n* (Opt) / macrolens* *n* ‖ ~**operation** *f* (EDV) / macro-operation *n* ‖ ~**phage** *m* (großer Phagozyt) (Med) / macrophage* *n* ‖ ~**physik** *f* (derjenige Teil der Physik, der sich mit den mehr oder weniger groben, unmittelbar wahrnehmbaren Körpern befaßt) (Phys) / macrophysics *n* ‖ ~**physikalisch** *adj* (Phys) / macrophysical *adj* ‖ ~**polycyclen** *m pl* (nach Lehn) (Chem) / macropolycycles* *pl* ‖ ~**pore** *f* (eine Feinpore, größer 50 nm) / macropore *n* ‖ ~**porenfreier Zement** (Bau, HuT) / macro-defect-free cement, MDFC ‖ ~**potential** *n* (das durch Raumladungen in einem Festkörper bestimmt wird) (Elektr) / macropotential *n* ‖ ~**programmierung** *f* (EDV) / macroprogramming *n* ‖ ~**prototypanweisung** *f* (EDV) / macroprototype statement ‖ ~**prozessor** *m* (EDV) / macroprocessor *n* ‖ ~**radikal** *n* (Chem) / macroradical *n* ‖ ~**rheologie** *f* (DIN 1342, T 1) (Phys) / macrorheology *n* ‖ ~**-Scale** *m* (Größenordnung atmosphärischer Phänomene) (Meteor) / macroscale *n* ‖ ~**schliff** *m* (Hütt) / macrosection *n* ‖ ~**seigerung** *f* (Gieß) / macrosegregation *n*, major segregation ‖ ~**seismik** *f* (Geol) / macroseism *n* ‖ ~**seismisch** *adj* (Geol) / macroseismic *adj*
**makroskopisch** *adj* (Geol, Min) / megascopic* *adj* ‖ ~ (Opt) / macroscopic* *adj* ‖ **~e Aufnahme** (Foto) / macrograph* *n* ‖ **~e Instabilität** (Plasma Phys) / macroinstability *n*, gross instability ‖ **~ sichtbarer Einschluß** / macroinclusion *n*
**Makro•sprache** *f* (EDV) / macrolanguage *n* ‖ ~**streufähigkeit** *f* (Fähigkeit eines Elektrolyten, die Schichtdicke an verschiedenen Stellen der Katode den galvanisch abgeschiedenen Niederschlag zu beeinflussen) (Galv) / macrothrowing power (of a plating solution) ‖ ~**streukraft** *f* (Galv) / macrothrowing power (of a plating solution) ‖ ~**streuvermögen** *n* (Galv) / macrothrowing power (of a plating solution) ‖ ~**struktur** *f* (Geol, Hütt) / macrostructure* *n* ‖ ~**substitution** *f* (EDV) / macrogeneration *n*, macroexpansion *n* ‖ ~**thesaurus** *m* (pl. -ren oder -ri) / macrothesaurus (pl. -auri) *n* ‖

~**übersetzer** *m* (EDV) / macroprocessor *n* ‖ ~**umgebung** *f* (Umwelt) / macro-environment ‖ ~**umwandler** *m* (EDV) / macrogenerator *n*, macro-generating program ‖ ~**umwandlung** *f* (EDV) / macrogeneration *n*, macroexpansion *n* ‖ ~**verformung** *f* (im Makrobereich) / macrodeformation *n* ‖ ~**zustand** *m* (in der statistischen Mechanik) (Phys) / macrostate *n*, macroscopic state* ‖ ~**zyklen** *m pl* (Chem) / macrocyclic compounds, macrocycles* *pl*
**makrozyklisch** *adj* (Chem) / macrocyclic *adj* ‖ ~**e Verbindungen** (Chem) / macrocyclic compounds, macrocycles* *pl*
**Maksutow-Teleskop** *n* (Opt) / meniscus telescope*, Maksutov telescope*, Maksutov-Schmidt telescope, meniscus-Schmidt telescope
**Makulatur** *f* (Grundpapier beim Tapezieren) (Bau) / lining paper ‖ ~ (Fehldrucke, Fehlbogen, die beim Druck oder durch Beschädigung entstanden sind) (Druck) / spoilage* *n*, spoils* *pl*, misprints *pl* ‖ ~**bogen** *m* (Druck) / waste sheet, spoiled sheet ‖ ~**papier** *n* (als Packung) (Pap) / waste paper, waste sheet
**MAK-Wert** *m* (Med) / maximum allowable concentration, MAC
**Malabar-Arrowroot** *n* (Nahr) / tikor *n*, curcuma starch
**Malabarkino** *n* (Kinoharz von Pterocarpus marsupium Roxb.) / Malabar kino
**Malabartalg** *m* (aus Vateria indica L.) / malabar tallow, piney tallow
**Malabsorption** *f* (Nahr, Physiol) / malabsorption *n*
**Malachit** *m* (Kupfer(II)-dihydroxidkarbonat) (Min) / malachite* *n*, green carbonate of copper*
**Malachitgrün** *n* (wasserlöslicher grüner Triacrylmethanfarbstoff) / malachite green*, mineral green, Hungarian green, Olympian green
**Malakolith** *m* (trüber gesteinsbildender Diopsid meist auf Kontaktlagerstätten) (Min) / salite* *n*, sahlite* *n*
**Malakon** *m* (isotropisierter Zirkon) (Min) / malacon* *n*, malacone *n*, malakon *n*
**Malariabekämpfungsmittel** *n* (Pharm) / antimalarial *n*, antipaludian *n*
**Malariamittel** *n* (Pharm) / antimalarial *n*, antipaludian *n*
**Malat** *n* (Salz oder Ester der Äpfelsäure) (Chem) / malate *n*
**Malatdehydrogenase** *f* (eine am Citronensäurezyklus beteiligte Oxidoreduktase) (Biochem) / malic dehydrogenase, MDH, malic enzyme
**Malatenzym** *n* (Biochem) / malic enzyme
**Malathion** *n* (ein Phosphorsäureester-Insektizid und Akarizid) (Chem) / malathion* *n*
**Malayischer Kampfer** (aus Dryanops aromatica Gaertn.) / Borneo camphor*, Malayan camphor, Sumatra camphor
**MALDI** *f* (bei der die Probe in "kondensierter" Phase vorliegt) (Spektr) / MALDI *n*
**Maldigestion** *f* (Nahr, Physiol) / maldigestion *n*
**Maleat** *n* (Salz oder Ester der Maleinsäure) (Chem) / maleate *n*
**Maledivische Nuß** / Seychelles nut, cocodemer *n*, double coconut
**Maleinat** *n* (Chem) / maleate *n*
**Maleinatharz** *n* (Alkydharz mit Maleinsäure als Säurekomponente) (Anstr, Plast) / maleic resin, maleate resin
**maleinisiertes Öl** (ein trocknendes Öl) (Anstr) / maleinized oil
**Malein•säure** *f* (Chem) / maleic acid* ‖ ~**säureanhydrid (MSA)** *n* (zur Herstellung von Harzen auf Polyesterbasis und von Lackrohstoffen) (Chem) / maleic anhydride* ‖ ~**säureester** *m* (Chem) / maleic acid ester ‖ ~**säurehydrazid** *n* (Chem) / maleic hydrazide, MH ‖ ~**säurehydrazid (MH)** *n* (Chem) / maleic hydrazide* ‖ ~**Wert** *m* (eine Kenngröße bei trocknenden Ölen) (Anstr) / maleic value
**malen** *v* (Anstr, Bau) / paint *v* ‖ ~ (Schiff) / paint *v* ‖ ~ *n* (Anstr, Bau) / painting *n* ‖ ~ **mit Engobe in noch feuchten engobierten Untergrund** (eine Dekorationsmethode) (Keram) / trailing *n*
**Maler** *m* (Anstr) / painter *n*, decorator *n* ‖ ~**band** *n* (z.B. Tesa-Krepp) (Anstr, Bau) / masking tape
**Malerei, monochrome** ~ (EDV) / tint drawing, camaieu *n* ‖ **monochrome** ~ s. auch Grisaille
**Maler•gold** *n* (Goldbronze) (Anstr) / shell gold ‖ ~**lack** *m* (Anstr) / architectural paint, paint for buildings ‖ ~**leim** *m* (Bau) / painter's size ‖ ~**leinwand** *f* (Tex) / canvas *n*, painter's canvas ‖ ~**leinwand** (für Ölgemälde) (Tex) / artist's canvas ‖ ~**leiter** *f* / step-ladder *n*, steps *pl*, pair of steps ‖ ~**perspektive** *f* / central perspective (with a vertical projection plane) ‖ ~**pinsel** *m* / painter's brush ‖ ~**rolle** *f* (Anstr) / roller* *n* ‖ ~**spachtel** *m* (Anstr) / stripping knife
**Malettorinde** *f* (gerbstoffreiche Rinde - meistens von Eucalyptus occidentalis Endl.) (Leder) / mallet bark
**Malettrinde** *f* (Leder) / mallet bark
**Malfatti-Aufgabe** *f* (in ein Dreieck drei sich berührende Kreise zu legen; nach G. Malfatti, 1731-1807) (Math) / Malfatti problem
**maligne** *adj* (Med) / malignant* *adj* ‖ ~ (Med) s. auch perniziös
**Malignit** *m* (Nephelinsyenit) (Geol) / malignite* *n*
**Malines** *pl* (Tex) / malines *n*, Malines lace(s)
**Mall** *n* (Schablone oder Modell für Schiffsteile) (Schiff) / mould *n*
**Mallardit** *m* (Min) / mallardite *n*

**Mallboden** *m* (hallenförmiger Raum auf Werften, auf dessen Fußboden der Linienriß im Maßstab 1 : 1 aufgetragen wird) (Schiff) / mould loft
**Malleinen** *n* (zum Bespannen von Dekorationsteilen) (Tex) / artist's canvas
**Mallotoxin** *n* (aus Mallotus philippensis (Lam.) Müll. Arg.) (Chem) / rottlerin *n*
**Mallungen** *f pl* (Meteor) / doldrums* *pl*
**malnehmen** *v* (Math) / multiply *v*
**Malnutrition** *f* (Nahr) / malnutrition *n*, malnourishment *n*
**Malonamidnitril** *n* (Chem) / cyanoacetamide *n*, malonamide nitrile
**Malonat** *n* (Salz oder Ester der Malonsäure) (Chem) / malonate *n*
**Malon•dialdehyd** *m* (Chem) / malonic dialdehyde, propanedial *n* ‖ ~**dinitril** *n* (Chem) / malononitrile *n* ‖ ~**ester** *m* (Chem) / malonic ester, diethyl malonate
**Malononitril** *n* (Chem) / malononitrile *n*
**Malonsäure** *f* (Chem) / malonic acid (methanedicarboxylic acid)*, propanedioic acid* ‖ ~**diethylester** *m* (Chem) / malonic ester, diethyl malonate ‖ ~**dinitril** *n* (Chem) / malononitrile *n* ‖ ~**isopropylidenester** *m* (Chem) / Meldrum's acid ‖ ~**mononitril** *n* (Chem) / cyanoethanoic acid, malonic (acid) mononitrile, cyanoacetic acid
**Malonyl** *n* (Radikal der Malonsäure) (Chem) / malonyl *n*
**Malotte-Legierung** *f* (46,1% Bi, 34,2% Sn und 19,7% Pb) (Hütt) / Malotte's metal
**Mal•papier** *n* (Pap) / painting paper ‖ ~**stock** *m* (des Schriftenmalers) (Anstr) / mahlstick* *n*, maulstick* *n*
**Maltase** *f* (in Bierhefe enthaltene Hydrolase) (Biochem, Chem) / maltase *n*
**Maltechnik** *f* (EDV) / painting *n*
**Maltene** *n pl* (Erdöl) / malthenes* *pl*
**Malter-Effekt** *m* (Aufbau hoher elektrischer Spannungen durch Sekundärelektronenemission) (Eltronik) / Malter effect
**Malteserkreuz** *n* (bestehend aus Nuten und Sperrschuhen) (Film) / Maltese cross*
**Malteserkreuzgetriebe** *n* (ein Sperrgetriebe) (Film) / Geneva movement*, Maltese cross mechanism
**Malthusianismus** *m* (Lehre von Thomas R. Malthus, 1766-1834, über das Bevölkerungswachstum) (Umwelt) / Malthusianism *n*
**Maltit** *m* (Zuckeralkohol der Maltose - als Diabetikerzucker benutzt) (Chem, Nahr) / maltitol *n*
**Maltitol** *n* (Chem, Nahr) / maltitol *n*
**Maltobiose** *f* (Chem) / maltose* *n*, malt-sugar* *n*, maltobiose* *n*
**Maltodextrin** *n* (Nahr) / maltodextrin *n*
**Maltol** *n* (ein Pyron-Derivat, das z.B. beim Backen von Brot gebildet wird; auch als Geschmacksverstärker) (Chem, Nahr) / maltol *n*, larixinic acid
**Maltose** *f* (Chem) / maltose* *n*, malt-sugar* *n*, maltobiose* *n*
**Maltosezahl** *f* (Nahr) / maltose figure
**Malusscher Satz** (nach E. L. Malus, 1775-1812) (Opt) / Malus' law of rays, Malus' theorem, Malus law*, law of Malus
**Malutensilien** *f pl* (Funktionen des Grafikprogramms) (EDV) / painting tools
**Malvaliasäure** *f* (Chem) / malvalic acid
**malvenfarbig** *adj* / mauve *adj* (of a pale purple colour)
**Malvidinchlorid** *n* (Chem) / malvidin chloride
**Malz** *n* (bis zu einem bestimmten Grad gekeimtes, danach gedarrtes Getreide, bes. Gerste) (Brau) / malt *n* ‖ **dunkles** ~ (Brau) / dark malt ‖ **geschrotetes** ~ (Brau) / grist *n* ‖ **helles** ~ (Brau) / pale malt ‖ **zu** ~ **werden** (Brau) / malt *vi* ‖ ~ **ausbreiten** (Brau) / couch *v* ‖ ~**ausbreiten** *n* (Brau) / couching *n* ‖ ~**bereitung** *f* (Brau) / malting* *n* ‖ ~**darre** *f* (Brau) / malt kiln
**Malzeichen** *n* (Math) / multiplication sign
**malzen** *v* (aus Getreide Malz herstellen) / malt *v*
**mälzen** *v* (aus Getreide Malz herstellen) / malt *v* ‖ ~ *n* (Brau) / malting* *n*
**Mälzer** *m* (Brau) / maltster *n*, malster *n*, maltman *n* (pl. maltmen)
**Mälzerei** *f* (Brau) / malt-house *n*, malting *n*
**Malz•essig** *m* (Nahr) / malt vinegar ‖ ~**extrakt** *m* (aus Gerstenmalz) (Nahr, Pharm) / malt extract ‖ ~**fabrik** *f* (Brau) / malt-house *n*, malting *n* ‖ ~**getränk** *n* (z.B. Bier) (Nahr) / malt beverage ‖ ~**keim** *m* (Brau, Nahr) / malt culm ‖ ~**keime** *m pl* (Brau) / culms* *pl* ‖ ~**milchgetränk** *n* (Nahr) / malted milk, malt *n* (US) ‖ ~**mühle** *f* (Brau, Nahr) / malt mill ‖ ~**poliermaschine** *f* (Brau) / malt polisher ‖ ~**schrot** *m n* (Brau) / grist *n* ‖ ~**tenne** *f* (Brau) / malt-floor *n*, floor *n*
**Mälzung** *f* (Brau) / malting* *n*
**Mälzungsschwund** *m* (durch die Atmungstätigkeit des Keimes und den Putzkeimabfall - bis zu 20%) (Brau) / malting loss
**Malz•whisky** *m* (Nahr) / malt whisky, malt whiskey (US) ‖ ~**zucker** *m* (Chem) / maltose* *n*, malt-sugar* *n*, maltobiose* *n*
**m-Aminobenzolsäure** *f* (Chem) / metanilic acid*

**Mammahormon** n (Laktationshormon des Hypophysenvorderlappens) (Biochem, Physiol) / prolactin* n, luteotrophic hormone*, luteotrophin* n, lactogenic hormone, lactotropin n

**Mammatokumulus** m (Kumulus mit sackartigen Ausbuchtungen) (Meteor) / mammato-cumulus n, festoon cloud

**Mammiapfel** m (Mammea americana L.) (For) / mammee n

**Mammotropin** n (Laktationshormon des Hypophysenvorderlappens) (Biochem, Physiol) / prolactin* n, luteotrophic hormone*, luteotrophin* n, lactogenic hormone, lactotropin n

**Mammutbaum** m (Sequioadendron giganteum (Lindl.) Buchholz - die einzige Art einer Gattung der Sumpfzypressengewächse) (For) / big tree, mammoth tree, giant sequioa ‖ ≈ (Eibennadliger) (Sequoia Endl.) (For) / redwood* n, sequoia* n ‖ ≈ (Sequoiadendron Buchholz sp. - als Gattung) (For) / wellingtonia n ‖ **Eibennadliger** ≈ (Sequoia sempervirens (D. Don) Endl.) (For) / redwood* n, California redwood, coast redwood

**Mammutpumpe** f (Druckluftheber) (Hyd) / airlift pump*, mammoth pump

**Mammutsendung** f (meistens zugunsten von Wohlfahrtsorganisationen) (TV) / telethon n (to paise money for a charity)

**Man** (Chem) / mannose* n

**MAN** (EDV, Fernm) / Metropolitan Area Network, MAN

**MaN** (Mag, Verm) / Magnetic North*

**Management** n (F.Org) / management n ‖ **unteres** ≈ (F.Org) / lower management, junior management ‖ ≈ n **auf höchster Unternehmensebene** (F.Org) / corporate management, corporate top management ‖ ≈ **mit DV-Unterstützung** (EDV) / computer-assisted management ‖ ≈**-Buyin** n (F.Org) / buy-in, management buy-in, MBI ‖ ≈**-Buyout** n (F.Org) / buyout n, management buyout, MBO ‖ ≈**ebene** f (Fernm) / management plane ‖ ≈**informationssystem (MIS)** n (EDV) / management information system (MIS) ‖ ≈**informationssystem** n **für die Entscheidungsvorbereitung** (EDV) / decision-support system (DSS)

**Manchester** m (Tex) / Genoa cord*, Manchester velvet, tabby-back corduroy ‖ ≈**becken** (Sanitär) / hurd tank ‖ ≈**braun** n (Mikros) / vesuvin n ‖ ≈**codierung** f (EDV) / Manchester encoding (a binary encoding technique in which each bit period is divided in half by a transition whose direction determines the value of the bit) ‖ ≈**gelb** n (Chem) / martius yellow*, Manchester yellow* ‖ ≈**kodierung** f (EDV) / Manchester encoding (a binary encoding technique in which each bit period is divided in half by a transition whose direction determines the value of the bit) ‖ ≈**samt** m (Tex) / Genoa cord*, Manchester velvet, tabby-back corduroy ‖ ≈**stoff** m (ein breitgerippter Kordsamt) (Tex) / Genoa cord*, Manchester velvet, tabby-back corduroy

**Manchon** m (Pap) / endless woven felt, jacket n, couch jacket

**Mandarinenöl** n (Nahr) / mandarin oil, mandarine oil

**Mandarinenschalenöl** n (Nahr) / mandarin oil, mandarine oil

**Mandel** f (kleine Geode) (Geol) / amygdale* n, amygdule* n

**Mandelat** n (Salz oder Ester der Mandelsäure) (Chem) / mandelate n

**Mandelbaum, Indischer** ≈ (For, Leder) / Malabar almond, country almond, Indian almond, tropical almond, olive bark tree

**Mandelbrot-Menge** f (nach B. Mandelbrot, geb. 1924) (Math) / Mandelbrot set

**Mandel•öl** n (aus den Samen des Mandelbaumes) / almond oil* ‖ **Indisches** ≈**öl** / Java almond oil, Malabar almond oil, Indian almond oil ‖ ≈**säure** f (Chem) / mandelic acid* ‖ ≈**säurenitril** n (Chem) / mandelic acid nitrile, mandelonitrile n ‖ ≈**säurenitril-Gentiobiosid** n (Chem) / amygdalin* n

**Mandelštam-Darstellung** f (analytische Matrix-Theorie nach L.I. Mandelštam, 1879-1944) (Kernphys) / Mandelstam representation

**Mandelstein** m (vulkanisches oder subvulkanisches Gestein mit zahlreichen Blasenhohlräumen) (Geol) / amygdaloid n ‖ ≈**textur** f (Geol) / amygdaloid texture

**Mandschurisch•e Birke** (Betula platyphylla Sukaczev) (For) / Japanese white birch ‖ ≈**e Esche** (For) / Japanese ash

**Maneb** n (Mangansalz der Ethylen-bis-Dithiokarbamidsäure - ein Fungizid) (Chem) / maneb n

**Manebacher Gesetz** n (Krist) / Manebach law, Manebach twin law

**Mangabeirakautschuk** m (aus Hancornia speciosa Gomez) / mangabeira rubber

**Mangan (Mn)** n (Chem) / manganese* n ‖ ≈**-** (Chem) / manganic adj ‖ ≈**(III)-** (Chem) / manganic adj ‖ ≈**-** (Chem) / manganous adj ‖ ≈**(II)-** (Chem) / manganous adj ‖ ≈**(II)-acetat** (Anstr, Chem, Leder, Tex) / manganese(II) ethanoate, manganese(II) acetate ‖ ≈**at(VII)** n (Chem) / permanganate* n, manganate(VII) n

**Manganat(IV)** n (Chem) / manganate(IV) n, manganite n

**Mangan•(II)-azetat** n (Anstr, Chem, Leder, Tex) / manganese(II) ethanoate, manganese(II) acetate ‖ ≈**bister** m n (Anstr) / manganese brown, bister n, manganese bister ‖ ≈**blau** n (Anstr) / manganese blue ‖ ≈**blende** f (Min) / alabandite* n, manganblende* n ‖ ≈**braun** n (Anstr) / manganese brown, bister n, manganese bister ‖ ≈**bronze** f (Cu-Mn-Legierung mit maximal 15% Mn) (Eltech, Hütt) / manganese bronze* ‖ ≈**(II)-carbonat** n (Chem) / manganese(II) carbonate ‖ ≈**(II)-chlorid** (meistens Tetrahydrat) (Chem) / manganese(II) chloride ‖ ≈**dioxid** n (Chem) / manganese dioxide*, manganese(IV) oxide* ‖ **~führend** adj / manganiferous adj ‖ ≈**grün** n (Bariummanganat(VI)) (Anstr) / manganese green ‖ ≈**grün** (Anstr) / manganese green, Cassel green

**manganhaltig** adj / manganiferous adj ‖ **~es Enzym** (Biochem) / manganese enzyme

**Mangan•hartstahl** m (mit metastabilem Austenitgefüge) (Hütt) / Hadfield's manganese steel ‖ ≈**heptoxid** n (Chem) / manganese heptoxide*, manganese (VII) oxide*

**Mangani-** (Chem) / manganic adj

**manganieren** v (die Randschicht anreichern) (Hütt) / manganise v, manganize v

**Manganin** n (Widerstandslegierung mit 12%-14% Mn, 3%-5% Ni, Rest Kupfer) (Eltech, Hütt) / manganin* n

**Manganit** m (Mangan(III)-hydroxid) (Min) / manganite* n

**Mangan•(II)-karbonat** n (Chem) / manganese(II) carbonate ‖ ≈**kiesel** m (Min) / rhodonite* n ‖ ≈**knollen** f pl (mariner Erzbergbau) (Geol, Ozean) / manganese nodules* ‖ ≈**legierung** f (Hütt) / manganese alloy* ‖ ≈**linoleat** n (ein wichtiger Trockenstoff) (Anstr, Chem) / manganese linoleate ‖ ≈**naphthenat** n (Chem) / manganese naphthenate

**Mangano-** (Chem) / manganous adj

**Manganolangbeinit** m (am Vesuv entdecktes, mit Langbeinit isotypes Mineral) (Min) / manganolangbeinite n

**Manganomelan** m (aus kolloidalen Lösungen ausgeschiedenes Mangandioxidmineral) (Min) / manganomelane n

**Manganometrie** f (Chem) / manganometry n

**Manganophyllit** m (Abart von Biotit) (Min) / manganophyllite* n

**Manganose** f (Vergiftung durch Aufnahme von manganhaltigen Stäuben und Dämpfen) (Chem, Med) / manganosis n

**Mangansit** m (Min) / manganosite* n

**Mangan•(IV)-oxid** n (Chem) / manganese dioxide*, manganese(IV) oxide* ‖ ≈**(VII)-oxid** (Chem) / manganese heptoxide*, manganese (VII) oxide* ‖ ≈**(II,IV)-oxid** (in der Natur als Hausmannit) (Chem) / mangano-manganic oxide*, manganese(II, III) oxide*, red manganese oxide ‖ ≈**(II)-oxid** (Chem) / manganous oxide*, manganese(II) oxide* ‖ ≈**(III)-oxid** (Chem) / dimanganese trioxide, manganic oxide, manganese sesquioxide, manganese(III) oxide ‖ ≈**phosphat** n (im allgemeinen) (Chem) / manganese phosphate ‖ ≈**protein** n (Biochem) / manganese protein ‖ ≈**säure** f ($H_2MnO_4$) (eine Oxosäure) (Chem) / manganic acid ‖ ≈**(VII)-säure** f (Chem) / permanganic acid*, manganic(VII) acid* ‖ ≈**schaum** n (Min) / wad* n, bog manganese* ‖ ≈**schwarz** n (als billiges Farbpigment verwendetes Mangandioxid) / manganese black ‖ ≈**siliziumstahl** m (Hütt) / silico-manganese steel* ‖ ≈**spat** n (Mangan(II)-karbonat) (Min) / rhodochrosite* n, manganese spar*, dialogite* n ‖ ≈**stahl** n (ein verschleißfester Stahl mit 6-15 % Mn) (Hütt) / manganese steel* ‖ ≈**(III)-sulfat** n ($Mn_2(SO_4)_3$) (Chem) / manganese(III) sulphate ‖ ≈**(II)-sulfat** ($MnSO_4$) (Chem) / manganous sulphate, manganese(II) sulphate ‖ ≈**violett** n (Anstr) / manganese violet, Nuremberg violet, Burgundy violet, mineral violet, permanent violet ‖ ≈**vitriol** n (Min) / mallardite n

**Mange** f (Tex) / mangle* n

**Mangel** m (an) / lack n (of) ‖ ≈ / shortage n ‖ ≈ (For) / imperfection n, defect m ‖ ≈ f (für Leinen und Halbleinen) (Tex) / calender* n, calander n (US) ‖ ≈ (eine Bügel- und Trocknungsvorrichtung für Flachteilewäsche) (Tex) / flatwork ironer, flatwork ironing machine ‖ ≈ (Tex) / mangle* n ‖ **verborgener** ≈ (der gelieferten Ware nach Paragr. 377 des Handelsgesetzbuches) / latent defect, hidden flaw ‖ **versteckter** ≈ (der gelieferten Ware nach Paragr. 377 des Handelsgesetzbuches) / latent defect, hidden flaw ‖ ≈ m **an Nährstoffen** (Landw) / starvation n ‖ ≈**erkrankung** f (Med) / deficiency disease*

**mangelhaft** adj / defective adj, faulty adj, imperfect adj ‖ **~es Durchschweißen** (Schw) / incomplete fusion ‖ **~e Haftung** (an Voranstrich oder Untergrund) (Anstr, Bau) / bond failure, lack of adhesion, failure to adhere (to), adhesion failure ‖ **~er Schutz** / underprotection n

**Mangel•halbleiter** m (Eltronik) / p-type semiconductor* ‖ ≈**krankheit** f (Med) / deficiency disease* ‖ ≈**krankheit** s. auch Avitaminose ‖ ≈**leitung** f (Eltronik) / hole conduction ‖ ≈**mutant** m (Gen) / auxotrophic mutant, auxotroph mutant, defect mutant

**mangeln** v (Wäsche) (Tex) / mangle v

**mangelnd•e Haftfestigkeit** (bis zum Abplatzen) (Anstr, Bau) / bond failure, lack of adhesion, failure to adhere (to), adhesion failure ‖ **~es Haftvermögen** (Anstr, Bau) / bond failure, lack of adhesion, failure to adhere (to), adhesion failure ‖ **~e Selektivität**

(Eigenschaft des Systems) (Radio) / flat tuning* ‖ ~e **Trennschärfe** (Radio) / flat tuning*
**Mängel•rüge** f / complaint n, claim n ‖ ²**rüge** / notice of defect in quality
**Mangel•schmierung** f (Masch) / starved lubrication ‖ ²**wäsche** f (Tex) / flatwork n
**Mangin-Spiegel** m (Opt) / Mangin mirror
**Manglebaum** m (Rhizophora mangle L.) (Bot, For, Leder) / mangrove n
**Manglerinde** f / mangrove bark, red-mangrove bark
**Mangold** m (Beta vulgaris L. - mit verschiedenen Unterarten) (Landw) / mangel n, mangel-wurzel n, mangold n
**Mangrove•baum** m (Rhizophora sp.) (Bot, For, Leder) / mangrove n ‖ ²**rinde** f (aus der Rhizophora mangle L.) / mangrove bark, red-mangrove bark ‖ ²**rindenextrakt** m n (Leder) / cutch n, mangrove n ‖ ²**sumpf** m (Geog) / mangrove swamp
**Manierismus** m (eine Stilrichtung zwischen Renaissance und Barock) (Arch) / mannerism* n, proto-baroque* n
**Manifest** n (vom Agenten oder Makler im Auftrage des Reeders ausgestelltes Ladungsdokument) (Schiff) / manifest n
**Manifestationszeit** f (zwischen Giftberührung und dem ersten Auftreten eindeutiger Schädigung) (Umwelt) / manifestation time
**Manifold** n (Rohrleitungen mit Schiebern) (Erdöl) / manifold n
**Manifold-Ventil** n (Rückschlagventil in dem Rohrleitungssystem eines Tankers) (Erdöl) / manifold valve
**Manihot** m (Manihot Mill. sp.) (Bot) / manihot n ‖ ² s. auch Maniok
**Manila•Elemi** f (natürliches Harz des Canarium luzonicum) / Manila elemi ‖ ²**faser** f (Bot, Tex) / abaca n, Manila hemp, Davao hemp, manila* n ‖ ²**hanffaser** f (Faserbündel aus den Blattscheiden der Musa textilis) (Bot, Tex) / abaca n, Manila hemp, Davao hemp, manila* n ‖ ²**kopal** m (Harz des Dammarabaumes - Agathis philippinensis Warb.) / Manila resin, Manila copal, manila n ‖ ²**öl** n (aus den Samen von Canarium luzonicum Miq.) / oil of elemi ‖ ²**-Padouk** n (Holz des Pterocarpus indicus Willd.) (For) / amboyna n, Manila padouk ‖ ²**papier** n (Pap) / Manila n, manila n, Manila paper ‖ ²**papier** (Pap) s. auch Tauenpapier ‖ ²**papierimitation** f (Pap) / bogus manila ‖ ²**seil** n (DIN 83252) / Manila rope
**Maniok** m (Manihot esculenta Crantz) (Bot) / cassava* n, manioc n, tapioca plant, manioca n
**Maniokmehl** n (Nahr) / tapioca n, manioc n
**Maniperm** n (820, 860 - ein Magnetwerkstoff) (Eltech, Mag) / cera magnet
**Manipulation** f (eine Nebenleistung, wie z.B. Umpacken, Wiegen, Signieren usw.) (Schiff) / handling n ‖ **direkte** ² (EDV) / direct manipulation ‖ **gegen unbefugte** ² (Verstellung) **geschützt** / tamper-proof adj (made so that it cannot be interfered with or changed) ‖ **genetische** ² (Gen) / genetic manipulation, genetic engineering*, gene manipulation, recombinant DNA technology
**Manipulationsfläche** f (zur Handhabung materieller Objekte) / handling area ‖ ² **der Tankstelle** (vor dem Kiosk) / forecourt n
**Manipulationssprache** f (EDV) / manipulation language ‖ **grafische** ² (zur Behandlung dreidimensionaler Körper) (EDV) / graphics manipulating language (GML)
**Manipulator** m (eine Vorrichtung, mit deren Hilfe mechanische Arbeiten an schwer oder nicht normalen Reichweite liegenden Gegenständen oder hinter Strahlenschutz ausgeführt werden können) (Masch, Nukl) / manipulator* n ‖ ² (Schw) / welding manipulator*, welding positioner, positioner n
**manipulieren** v (eine Lebensmittelpackung) (Nahr) / tamper v, interfere v
**manipulierender Virus** (EDV) / manipulation virus
**Maniu** n (Holz des Dacrydium Lamb.) (For) / maniu n
**Mänle-Reaktion** f (Farbreaktion zum Nachweis von Lignin) / Mänle reaction
**Man-Machine-Mix** m (Meteor) / man-machine mix
**Mann, alter** ² (verlassener, abgesperrter, versetzter oder zu Bruch gewordener Grubenbau oder -raum) (Bergb) / gob* n, goaf* n, old workings, self-fill n (US)
**Manna** f (Ausscheidungsprodukt der Mannaesche oder der Mannaflechte) / manna* n
**Mannaesche** f (For) / flowering ash, manna ash
**Mannan** n (eine Polyose, die aus Mannoseeinheiten aufgebaut ist) (Chem) / mannan* n, mannosan* n
**Mannazucker** m (Chem, Nahr) / mannitol* n, mannite n
**Männchen** n (eine Kunstflugfigur) (Luftf) / tail slide*, whip stall
**Mannesmann-Verfahren** n (ein Schrägwalzverfahren zur Herstellung nahtloser Rohre, nach den Erfindern, den Gebrüdern M. Mannesmann (1857-1915), und R. Mannesmann (1856-1922) benannt) (Hütt) / Mannesmann process*
**Mannich-Reaktion** f (eine Aminoalkylierung von Karbonylverbindungen und anderen CH-aciden Verbindungen durch Kondensation - nach C.F.U. Mannich, 1877-1947) (Chem) / Mannich reaction, Mannich condensation reaction

**Mannigfaltigkeit** f (Math) / manifold* n ‖ **algebraische** ² (Math) / algebraic variety, algebraic manifold ‖ **differenzierbare** ² (Math) / differentiable manifold ‖ **geodätische** ² (Math) / geodesic manifold ‖ ² f **der Dimension n** (Math) / n-manifold n
**Mannit** n (E 421 - ein Alditol) (Chem, Nahr) / mannitol* n, mannite n
**Mannitol** n (ein optisch aktiver, sechswertiger, süß schmeckender Alkohol) (Chem, Nahr) / mannitol* n, mannite n
**Mannjahr** n (F.Org) / man-year n
**Mannloch** n (Masch) / manhole n, manhead n, access hole, access opening, access port
**Mannlochversteifung** f (kreisförmige) (Masch) / manhole ring
**Mannose** (**Man**) f (zu den Aldosen gehörende Hexose) (Chem) / mannose* n
**Mannschaft** f / crew n
**Mannschafts•fahrung** f (Bergb) / man-riding* n, winding of persons, men-riding n, travelling n ‖ ²**grad** m (Schiff) / rating n ‖ ²**person** f (Schiff) / rating n ‖ ²**transportwagen** m (Mil) / armoured troop carrier ‖ ²**unterkunft** f (Erdöl) / crew quarters ‖ ²**wagen** m (Bahn) / crew car, guard's van
**Mannstunde** f (F.Org) / man-hour n
**Mannuronsäure** f (Chem) / mannuronic acid
**Mann-Whitney-Test** m (ein Signifikanztest) (Stats) / Mann-Whitney U-test, Wilcoxon-Mann-Whitney test, U test
**Manometer** n (Phys) / manometer* n ‖ **piezoelektrisches** ² (Phys) / piezoelectric manometer
**Manometerdruck** m (statischer Druck in einem geschlossenen Raum gegenüber der Umgebung) (Phys) / gauge pressure*, pressure above atmospheric, overpressure n
**manometrisch** adj (Phys) / manometric adj
**Manool** n (ein bizyklisches Diterpen) (Chem) / manool n
**Manostat** m (zum Konstanthalten von Druck) (Phys) / manostat* n
**Manöver** n (Luftf, Schiff) / manoeuvre n, maneuver(US) n
**Manöverlaststeuerung** f (Luftf) / manoeuvre-load control
**Manövrierbarkeit, energetische** ² (Luftf, Mil) / energetic manoeuvrability
**manövrierfähig** adj / manoeuvrable adj ‖ ~ (Schiff) / under command, under control ‖ ~**es Antiradarfahrzeug** (für die militärische Raumfahrt) (Mil) / manoeuvrable antiradar vehicle, MARV
**Manövrier•fähigkeit** f (Nav) / manoeuvrability n, manoeuvring ability ‖ ²**hilfe** f (Schiff) / manoeuvring aid ‖ ²**kennwerte** m pl (Schiff) / manoeuvring parameters ‖ ²**rechner** m (Luftf) / manoeuvre computer ‖ ~**unfähig** adj (Schiff) / not under command, N.U.C., not under control
**Mansarddach** n (Bau) / mansard roof*, French roof*, curb-roof* n, knee roof*
**Mansarde** f (in der Stoffdruckerei eine mit Heißluft beheizte Vorrichtung zum Trocknen bedruckter Gewebe) (Tex) / hot-air chamber, hot-air drying chamber
**Mansardendach** n (Bau) / mansard roof*, French roof*, curb-roof* n, knee roof*
**Mansardentrockner** m (DIN 64990) (Tex) / hot-air chamber, hot-air drying chamber
**Mansardgiebeldach** n (Bau) / mansard roof* (gabled) (GB), gambrel roof* (US)
**Mansardwalmdach** n (Bau) / mansard roof
**Manschette** f (Eltech) / V-ring* n ‖ ² (Masch) / packing n, collar n
**Manschetten•dichtung** f (Masch) / U-packing n ‖ ²**dichtung** (Masch) / packing* n, collar n ‖ ²**packung** f (Masch) / moulded packing ‖ ²**rohr** n (für die Injektionstechnik) (HuT) / tube à manchette
**Mantel** m (Eltech, Kab) / sheath* n, jacket n ‖ ² (Geol, Hütt) / mantle* n ‖ ² (Kab) / sheath n ‖ ² (des Rohrbündelapparats) (Masch) / shell n ‖ ² (Masch) / jacket* n, shroud n, skirt n ‖ ² (z.B. Kegelmantel) (Math) / nappe* n, shell n ‖ ² (Math) / lateral surface, circumferential surface ‖ ² (eines Kernmantelfadens) (Tex) / skin n ‖ **glatter** ² (ein Metallmantel ohne Wellung oder Rifflung) (Kab) / smooth sheath ‖ **unterer** ² (Geol) / lower mantle ‖ ²**diapir** m (Geol) / plume n ‖ ²**draht** m (Kab) / sheathed wire ‖ ²**drehung** f (Spinn) / surface twist ‖ ²**druckkabel** n (Kab) / self-contained pressure cable ‖ ²**elektrode** f (Schw) / covered electrode*, coated electrode ‖ ²**fläche** f (Math) / nappe* n, shell n ‖ ²**fläche** (eines Polyeders) (Math) / lateral area ‖ ²**fläche** (eines Kegels, eines Zylinders) (Math) / lateral surface, circumferential surface ‖ ²**glas** n (in der Faseroptik) (Eltronik, Opt) / cladding glass ‖ ²**heizung** f / jacket heating ‖ ²**hülse** f (Rauchrohr, Ofenrohr) (Bau) / thimble n ‖ ²**hülse** (der Bügelmeßschraube) (Masch) / thimble n ‖ ²**kabel** n (Kab) / sheathed cable ‖ ²**kasten** m (HuT) / open caisson ‖ ²**-Kern-Bikomponentenfasern** f pl (umeinander eingesponnen) (Mantel-Kern-Fasern) (Spinn) / centric cover-core bicomponent fibres, skin-core bicomponent fibres ‖ ²**-Kern-Faser** f (Viskosefaser, bei der die Außenhaut [ = Mantel] eine höhere Faserdichte aufweist als die Innenschicht [ = Kern]) (Tex) / sheath/core fibre, core/sheath fibre, centric cover-core fibre ‖ ²**linie** f (die auf dem Mantel liegenden Abschnitte der

**Mantellinie**

Erzeugenden) (Math) / generator* *n*, generatrix *n* (pl. -trices) ‖ ⁓**linie** (eines Kolbens) (V-Mot) / periphery *n* ‖ **~lose Faser** (Eltronik) / uncladded fibre ‖ ⁓**magnet** *m* (Mag) / iron-clad magnet, encased magnet ‖ ⁓**mischung** *f* (Kab) / sheathing compound ‖ ⁓**mode** *m* (Faseroptik) (Eltronik) / cladding mode ‖ ⁓**modeabstreifer** *m* (ein Werkzeug zum Entfernen von Mantelmoden) (Eltronik) / cladding-mode stripper, mode stripper ‖ ⁓**pfahl** *m* (HuT) / cased pile ‖ ⁓**platte** *f* (des Akkumulators) (Eltech) / covered plate ‖ ⁓**propeller** *m* (Luftf) / ducted propeller, shrouded propeller ‖ **~raumseitiges Medium** (bei Rohrbündelapparaten) (Masch) / shell-side medium ‖ ⁓**reibung** *f* (des Pfahls) (HuT) / pile friction, skin friction, side friction (of a foundation pile) ‖ ⁓**ring** *m* (Luftf) / shroud ring ‖ ⁓**rohr** *n* (ein nahtloses Stahlrohr für Versorgungsleitungen) (HuT, Masch) / jacket pipe, jacketed pipe, jacket tube ‖ ⁓**rohr** (der Steuersäule, feststehend) (Kfz) / outer steering column, steering-column jacket ‖ ⁓**rolle** *f* (des Rollgangs) (Hütt) / hollow roller ‖ ⁓**schuß** *m* (des Kessels) (Masch) / shell course, shell strake ‖ ⁓**schuß** (Nukl) / shell course, course *n*, shell section, shell ring ‖ ⁓**sprengstoff** *m* / sheathed explosive ‖ ⁓**strom** *m* (Kab) / sheath current* ‖ ⁓**stromstrahltriebwerk** *n* (Luftf) / ducted fan*, ducted-fan engine ‖ ⁓**stromverhältnis** *n* (Massenstromverhältnis des kalten und des warmen Luftstroms bei Zweistromturbinenluftstrahltriebwerken) (Luftf) / by-pass ratio* ‖ ⁓**thermoelement** *n* (Eltech) / sheathed thermoelement ‖ ⁓**transformator** *m* (bei dem nur ein Schenkel mit Ober- und Unterspannungswicklung bewickelt ist, und der magnetische Fluß sich auf zwei Rückschlußjoche aufteilt) (Eltech) / shell-type transformer* ‖ ⁓**triebwerk** *n* (die Zusatzluft durchströmt einen besonderen Niederdruckverdichter) (Luftf) / turbofan* *n*, fan-jet *n*, by-pass turbojet* ‖ ⁓**verluste** *n pl* (Eltech) / can loss (electric losses in a can used to protect electric components from the environment) ‖ ⁓**wirbelstrom** *m* (Kab) / sheath eddies*

**Mantisse** *f* (in der Gleitpunktrechnung DIN 44300) (EDV) / fixed-point part (in floating-point representation), significand *n*, mantissa *n* ‖ ⁓ (die hinter dem Komma eines Logarithmus stehenden Ziffern) (Math) / mantissa* *n*, fractional part

**Mantleplume** *m* (Geol) / plume *n*

**Mantoux-Reaktion** *f* (intrakutane Tuberkulinreaktion) (Med) / Mantoux test*

**manuell** *adj* (Masch) / hand-operated *adj*, actuated by hand, worked by hand, manual *adj*, manually operated ‖ **~e Arbeit** (F.Org) / manual labour, handwork *n* ‖ **~e Arbeit** (der Bedienungsperson) **bei laufendem** (produzierendem) **Betriebsmittel** (F.Org) / inside work, fill-up work, internal work ‖ **~e Eingabe** (über eine Tastatur) (EDV) / keyboard entry, keyboard input, keyboarding ‖ **~e Eingabe** (von Hand) (EDV) / manual input, clerical input ‖ **~e Fertigkeit** / manual skill ‖ **~e Geschicklichkeit** / manual skill ‖ **~ programmierbar** (EDV) / key-stroke programmable ‖ **~e Schmierung** (Masch) / hand greasing, hand lubrication ‖ **~es Schweißen** (Schw) / hand welding, manual welding ‖ **~es Unterschneiden** (EDV, Typog) / spot kerning, manual kerning ‖ **~ zuschaltbarer Allradantrieb** (Kfz) / manually selectable four-wheel drive ‖ **~e Zuschaltung des Allradantriebs** (Kfz) / manual four-wheel drive selection

**Manuelstil** *m* (z.B. Batalha oder Belém) (Arch) / Manueline style

**Manuskript** *n* (Druck) / copy *n* ‖ **siehe** ⁓ (eine Satzanweisung) (Druck) / follow copy! ‖ ⁓**aufbereitung** *f* (Typog) / marking-up *n* ‖ ⁓**auszeichnung** *f* (Typog) / marking-up* ‖ ⁓**berechnung** *f* (Druck) / copy fitting ‖ **elektronische** ⁓**erstellung** (EDV, Eltronik) / creation of electronic manuscripts ‖ ⁓**halter** *m* (Typog) / copyholder* *n*, manuscript holder, paper holder

**MAO** (ein Enzym) (Biochem) / monoamine oxidase*, MAO ‖ ⁓ (Chem) / methylaluminoxane *n*

**MAO-Hemmer** *m* (Pharm) / monoamine-oxidase inhibitor*

**MAOI** (Pharm) / monoamine-oxidase inhibitor*

**MAO-Inhibitor** *m* (Pharm) / monoamine-oxidase inhibitor*

**Mappe** *f* / folder *n* (for filing purposes) ‖ ⁓ (zum Aufbewahren loser Blätter, wie z.B. Karten oder Zeichnungen) / portfolio *n* (pl. -s) ‖ ⁓ **mit Presseinformationen** / press kit, press-book *n*

**Mappeur** *m* (A) (Kart) / projectionist *n*, cartographer *n*, map-maker *n*

**Mapping-Problem** *n* (EDV) / mapping problem

**Mapping-ROM** *n* (ein Kodeumsetzer, der durch einen ROM-Speicher verwirklicht wird) (EDV) / mapping ROM

**Marabutseide** *f* (hartgedrehter Seidenzwirn) (Tex) / marabout silk

**Maraging** *n* (Aushärten von Martensit) (Hütt) / maraging* *n*

**Maraging-Stahl** *m* (hochfeste Legierung mit 18-23% Ni) (Hütt) / maraging steel

**Marangoni-Effekt** *m* (der die Stabilität von Grenzflächen und anderen dünnen Schichten gegen Deformationen beschreibt) (Chem Verf, Phys) / Marangoni effect

**Marantastärke** *f* (die Stärke der Knolle der Maranta arundinacea L.) / arrowroot* *n*

**Marathonprüfung** *f* (EDV) / marathon test

**Marathontest** *m* (bei Disketten) (EDV) / marathon test

**Maratti-Maschine** *f* (eine rundgebaute Milanese-Kettenwirkmaschine) (Web) / maratti knitting loom

**Marbel** *f* (zur Plattenkörnung) (Druck) / graining marble, graining ball ‖ ⁓ *m f n* (Glas) / marver* *n*

**Märbel** *f* (zur Plattenkörnung) (Druck) / graining marble, graining ball

**marbeln** *v* (Glas) / marver *v*, shape *v*, block *v*

**Marblewood** *n* (Handelsbezeichnung für echtes Ebenholz) (For) / marblewood* *n*

**Marcfortin** *n* (ein Indolalkaloid) (Chem, Nahr) / marcfortine *n*

**Marconi-Antenne** *f* (Radio) / Marconi-Franklin antenna, Franklin antenna, Marconi-Franklin beam array*

**Marconi-Franklin-Antenne** *f* (eine vertikale Langdrahtantenne nach G. Marchese Marconi, 1874-1937, und B. Franklin, 1706-1790) (Radio) / Marconi-Franklin antenna, Franklin antenna, Marconi-Franklin beam array*

**Marcus-Theorie** *f* **der Elektronenübertragungsreaktionen** (nach R.A. Marcus, geb. 1923) (Chem) / Marcus theory of electron-transfer reactions

**Marder-Abwehranlage** *f* (Kfz) / marten repeller

**Marder-Schutzgerät** *n* (Kfz) / marten repeller

**Marekanit** *m* (Geol) / marekanite* *n*

**Marengo** *m* (Fasermischung von etwa 95% schwarzen und 5% weißen Wollfasern) (Tex) / marengo *n*

**Mareograf** *m* (selbstregistrierender Flutmesser) (Ozean, Schiff) / marigraph *n*

**Mareogramm** *n* (Ozean, Schiff) / marigram* *n*

**Marformverfahren** *n* (ein Gummikissen-Tiefziehverfahren) (Masch) / Marform process*

**Margarine** *f* (Nahr) / margarine* *n*, oleomargarine *n* (US)

**Margarinsäure** *f* (n-Heptadekansäure) (Chem) / margaric acid*

**Margarit** *m* (ein Sprödglimmer) (Min) / margarite* *n*

**Marge** *f* (z.B. zwischen An- und Verkaufspreisen) / margin *n*

**marginal** *adj* (Randbucht) (Ozean) / marginal ‖ **~e Strahlzelle** (For) / marginal ray cell

**Marginal-check** *m* (bei der vorbeugenden Wartung) / marginal check, MC, marginal test, marginal testing*

**Marginalglosse** *f* (Typog) / side-note* *n*, marginal note

**Marginalie** *f* (Typog) / side-note* *n*, marginal note

**Marginalverteilung** *f* (Stats) / marginal distribution

**Margo** *m* (Randzone des Torus) (For) / margo *n*

**Margosaöl** *n* / neem oil, margosa oil, nim oil

**Margules-Formel** *f* (die Bedingungen für die Neigung einer Grenzfläche zwischen zwei im Gleichgewicht nebeneinanderliegenden Luftmassen in Abhängigkeit von Temperatur- und Windverteilung) (Meteor) / Margules equatio, Witte-Margules equation

**Maria** *n pl* (die größten Oberflächenformationen des Erdmondes) (Astr) / maria *pl* (sg. mare), mares *pl* (sg. mare)

**Marialith** *m* (Natron-Skapolith) (Min) / marialite* *n*

**Mariankagras** *n* (Pennisetum purpureum Schum.) (Bot) / napier grass, elephant grass

**Marienglas** *n* (Spalttafel von Gips) (Min) / selenite* *n*, spectacle stone ‖ ⁓ (Min) s. auch Selenit

**Marihuana** *n* (ein Rauschmittel) (Pharm) / marihuana* *n*, marijuana *n*

**Marikultur** *f* (Einrichtungen zur Zucht von Meeresorganismen in großem Maßstab) (Landw, Ozean) / mariculture *n*

**Marikulturanlage** *f* / oceanic farm, marine farm

**marin** *adj* (Geol) / marine *adj* ‖ **~e Aquakultur** (Einrichtungen zur Zucht von Meeresorganismen in großem Maßstab) (Landw, Ozean) / mariculture *n* ‖ **~er Bergbau** (Bergb) / sea-bed mining, ocean mining, marine mining ‖ **~er Bewuchs** / marine growth, marine fouling ‖ **~e Biologie** (ein Teilgebiet der Hydrobiologie) (Biol) / marine biology ‖ **~e Erosion** (Geol) / marine erosion* ‖ **~er Erzbergbau** (Bergb) / sea-bed ore mining, marine ore mining ‖ **~e Geologie** (Geol) / marine geology, sea geology, geological oceanography, submarine geology ‖ **~es Klima** (Meteor) / marine climate, maritime climate, oceanic climate, ocean climate ‖ **~e Lagerstätte** (Geol) / marine deposit ‖ **~e Naturstoffe** / marine natural products ‖ **~es Sediment** (Geol) / marine deposit*, marine sediment ‖ **~e Seife** (Bergb) / beach placer ‖ **~e Stufe** (Geol) / marine stage ‖ **~e Umwelt** (Ozean, Umwelt) / marine environment

**Marina** *f* (pl. -s) (Jacht- und/oder Motorboothafen) (Schiff) / marina *n*

**Marinade** *f* (saurer Aufguß oder flüssige Zubereitung mit Kräutern, Würzen und Gewürzen und Essig) (Nahr) / marinade *n* (liquid in which meat or fish is steeped to tenderize and flavour it before cooking)

**Marine•barometer** *n* (Schiff) / weather glass ‖ **~blau** *adj* / navy-blue *adj*, navy *adj*, marine-blue *adj*, purple-navy *adj* ‖ ⁓**-Dieselöl** *n* (Kftst) / marine diesel fuel, marine diesel oil ‖ ⁓**kohle** *f* / navigation-coal *n* ‖ ⁓**leim** *m* (zum Abdichten von Schiffsplanken aus Holz) / marine glue* ‖ ⁓**messing** *n* (Hütt) / naval brass*, naval bronze ‖ ⁓**schweißer** *m* (Schw) / navy welder, navy weldor

**marinieren** v (Nahr) / marinate v, marinade v
**Marinleim** m / marine glue*
**Marino-Verfahren** n (Schiff) / marinizing n
**maritim** adj / maritime adj || **~e Beschichtung** (Anstr) / maritime coating || **~es Klima** (Meteor) / marine climate, maritime climate, oceanic climate, ocean climate || **~e Luft** (Meteor) / maritime air || **~e Polarluft** (Meteor) / polar maritime air
**Maritimität** f (Meteor, Umwelt) / oceanity n, oceanicity n
**Mark** f (Kennzustand des Fernschreibsignals, der dem Ruhezustand oder der Stoppolarität entspricht) (Fernm) / mark* n || n (im Zentrum des Holzstammes) (For) / pith* n, medulla* n || ~ (Nahr) / pulp* n || **das ~** (des Zuckerrohrs) **entfernen** (Nahr) / pith v, depth v
**markant** adj / pronounced adj
**Markarian-Galaxie** f (mit außergewöhnlich starker Strahlung im blauen und ultravioletten Spektralbereich und mit sehr hellen, nahezu sternförmigen Kernen) (Astr) / Markarian galaxy
**Markasit** m (Eisendisulfid) (Min) / marcasite* n, white iron pyrites*
**Marke** f (des Bogenanlegers) (Druck) / lay* n, lay mark*, lay gauge, lay guide || ~ (Druck, Film) / mark* n || ~ (symbolischer Name für eine Adresse in einem Programm) (EDV) / label n || ~ (z.B. Abschnittsmarke, Bandmarke, Gruppenmarke) (EDV) / marker n, mark n || ~ (EDV) / flag* n, mark n || ~ (Film) / cue mark* || ~ (Spur in Sedimenten) (Geol) / mark n || ~ (Radar) / marker* n || ~ (des Handlots - farbige Läppchen oder gelochte Lederlappen) (Schiff) / mark n || **wandernde ~** / floating mark || **weiße ~n** (in billiger und einfacher Verpackung ohne Markennamen) / no-name products, no-names pl, generic products (US)
**Marken• -** / brand attr, branded adj || **~artikel** m / proprietary article, branded article, patent article, trademarked article || **~bewußtsein** n / brand conciousness || **~bezeichnung** f / proprietary name, proprietary term || **~butter** f (mit Gütezeichen) (Nahr) / best butter (legally defined first-grade proprietary article) || **~byte** n (zur Markierung bei Disketten und Platten) (EDV) / label byte || **~gebunden** adj / brand attr, branded adj || **nicht ~gebunden** / off-brand attr || **~gesetz** n (vom 25.10. 1994 - zum rechtlichen Schutz von Marken) / trademark law || **~medikament** n (Pharm) / proprietary preparation, brand-name drug || **~persönlichkeit** f / brand personality || **~piraterie** f / brand piracy || **~register** n (beim Patentamt geführtes Register für Marken und sonstige nach dem Markengesetz geschützten Zeichen) / register of trademarks || **~schmiermittel** n / branded lubricant || **~schutz** m / trademark protection || **geschütztes ~zeichen** / registered trademark, trademark n
**Marker** m (zur Identifizierung eines Lebewesens, einer Substanz oder eines Zustandes) / marker n || ~ (Luftf) / marker* n, marker beacon*, MB || **genetischer ~** (Gen) / genetic marker (that indicates the pressure of particular genes)
**Markerorganismus** m (Bakteriol, Nahr) / marker organism
**Marketerie** f (eine Art Intarsia) (Tischl) / marquetry n, marqueterie n
**Marketeriesäge** f (Tischl) / fretsaw* n, coping saw*, scroll saw
**Marketing** n (Absatzpolitik oder Vermarktung) / marketing n
**Marketingstrategie** f / marketing strategy
**Markeur** m (Landw) / marker n
**Markfleck** m (ein Holzfehler, meistens durch Larvengänge verursacht) (For) / pith-ray fleck, pith fleck, medullary spot
**Markhaltigkeit** f (von Fasern) (Tex) / medullation n
**Markholz** n (For) / heart centre, core wood
**Mark-Houwink-Beziehung** f (Beziehung zwischen Staudinger-Index und Molmasse von Polymeren) (Plast) / Mark-Houwink equation
**Mark-Houwink-Gleichung** f (Plast) / Mark-Houwink equation
**markieren** v (mit Tinte) / ink v || ~ / mark v || ~ (mit radioaktiven Atomen) (Chem) / radiolabel v || ~ (Chem, Kernphys) / label v, tag v || ~ (Narben betonen) (Leder) / accentuate v || ~ n (Chem, Kernphys) / labelling n, tagging n
**markierender Stift** / marking pen
**Markierer** m (eine vermittlungstechnische Steuereinrichtung) (Fernm) / marker* n
**Markiererfeder** f (des Kreuzschienenwählers) (Fernsp) / selecting finger
**Markierersystem** n (Fernm) / marker system*
**Markier• filz** m (Pap) / ribbing felt, marking felt || **~hammer** m (For) / marking hammer || **~impuls** m (Radar) / strobe pulse, strobe marker*, strobe n || **~kreis** m (Radar) / distance mark* || **~stab** m (Verm) / arrow* n || **~stift** m / marking pen
**markiert• es Atom** (Kernphys) / tracer atom*, label atom, labelled atom*, tagged atom || **~er Bereich** (DIN 66254) (EDV) / eligible area || **~e Verbindung** (Chem) / labelled compound, tagged compound
**Markierung** f (mit Tinte) / inking n || ~ (Chem, Kernphys) / labelling n, tagging n || ~ (mit radioaktiven Atomen) (Chem, Kernphys) / radiolabelling n, radiolabel n || ~ (Film) / cue mark* || ~ (Radar) / marker* n || **dendritische ~en** (Geol) / dendritic markings* || **~f auf der Lotleine** (Schiff) / mark n || ~ **für das Geradehalten der Flächen**

(Luftf) / wing bar || **~ für Parkverbot** (Kfz) / yellow lines (GB) || **~ im Text** / text marker || **~ mit typisierender Information** (KI) / tagging n
**Markierungs• abfühlen** n (EDV) / mark reading, mark scanning || **~abtasten** n (der Bleistiftzeichen auf den Lochkarten - heute nicht mehr benutzt) (EDV) / mark sensing || **~abtasten** (EDV) / mark reading, mark scanning || **~beleg** m (optische Abtastung) (EDV) / mark scanning document || **~beleg** (mit Strichmarkierungen versehener Beleg) (EDV) / mark sheet, mark page || **~bogen** m (EDV) / mark sheet, mark page || **~boje** f (Mil, Schiff) / dan n, dan buoy || **~cursor** m (EDV) / selection cursor || **~element** n (Chem, Kernphys) / tracer element* || **~farbe** f **für den Straßenverkehr** (mit Rutilpigment) (Anstr) / road-line composition*, road-line paint*, road paint, traffic paint || **~feuer** n (Luftf) / marker* n, marker beacon*, MB || **~funkfeuer** (Luftf) / marker* n, marker beacon*, MB || **~gen** n (das für eine bestimmte Substanz kodiert) (Gen) / marker gene || **~impuls** m (EDV, Fernm) / marker pulse* || **~kreide** f / keel n || **~lesen** n (EDV) / mark reading, mark scanning || **optisches ~lesen** (EDV) / optical mark reading, OMR || **~leser** m (EDV) / mark sense reader* || **~leuchte** f (seitliche) (Kfz) / side marker (light) || **~linie** f / score n || **~lochkarte** f (EDV) / mark sense card (carrying marks made with some conductive material to be sensed electrically) || **~nägel** m pl (HuT) / road studs*, studs pl, buttons pl || **~nagel** m (heute meistens aus Kunststoff) (HuT) / stud n, button n || **~reaktion** f (Chem, Spektr) / marker reaction || **~relaxation** f (EDV) / relaxation labelling || **~stift** m / marker n || **~stoff** m (bei Durchflußmessungen) (Hyd) / tracer n, indicator n || **~zeichen** n (in einer Liste) / bullet n (a mark used to distinguish items in a list)
**märkischer Verband** (Bau) / monk bond, Yorkshire bond, flying bond
**Markise** f (Bau) / marquise* n, awning n, blind n (GB), sun-blind n
**Markisette** f (Tex) / marquisette n
**Markkanal** m (z.B. der Baumwolle) (Bot, Tex) / medulla* n
**marknahes Holz** (For) / heart centre
**Mark-only-Betrieb** m (Fernschreibsignalübertragung mit nur einer Kennfrequenz) (Fernm) / mark-only operation
**Markör** m (Landw) / marker n
**Markow• -Algorithmus** m (EDV) / Markov algorithm || **~-Grammatik** f (EDV) / Markov grammar || **~-Kette** f (nach A.A. Markow, 1856-1922) (Math) / Markov chain || **~-Modell** n (KI) / Markov model
**Markownikoffsche Regel** (nach W.W. Markownikoff, 1838-1904) (Chem) / Markovnikoff rule, Markovnikov rule, Markownikoff's rule
**Markownikow-Regel** f (Chem) / Markovnikoff rule, Markovnikov rule, Markownikoff's rule
**Markownikowsche Regel** (Chem) / Markovnikoff rule, Markovnikov rule, Markownikoff's rule
**Markow• -Prozeß** m (Stats) / Markov process, Markoff process || **Nicht-~-Prozeß** (Stats) / non-Markov process
**Markowsch, semi-~er Prozeß** (Stats) / semi-Markov process || **~e Eigenschaft** (Stats) / Markov property || **~e Kette** (im Markowschen Prozeß) (Math) / Markov chain || **~er Prozeß** (ein stochastischer Prozeß ohne Nachwirkung) (Stats) / Markov process, Markoff process || **~e Quelle** (eine diskrete Quelle) (EDV) / Markov source
**Mark• riß** m (For) / heart shake (BS 565)*, heart crack, rift crack, heart check || **~rissig** adj (Holz) (For) / heart-shaken adj, quaggy adj || **~rissigkeit** f (Holz) / quagginess* n || **~röhre** f (For) / pith* n, medulla* n || **~scheide** f (Bergb, Verm) / boundary n, property line || **~scheidekunde** f (Bergb, Verm) / mine surveying, underground surveying || **~scheidekunst** f (Bergb, Verm) / mine surveying, underground surveying || **~scheiden** n (Bergb, Verm) / dialling* n, dialing n (US) || **~scheider** m (akademischer Vermessungsingenieur, der eine zusätzliche staatliche Ausbildung und Konzession erhalten hat) (Bergb, Verm) / mine surveyor, dialler n, mine viewer, dialer n (US) || **~scheiderei** f (untertägige Vermessung) (Bergb, Verm) / mine surveying, underground surveying || **~scheiderkompaß** m (Bergb, Verm) / dial* n, mining dial* || **~scheidesicherheitspfeiler** m (Bergb) / barrier pillar* || **~scheidewesen** n (Bergb, Verm) / mine surveying, underground surveying || **~scheidezug** m (Bergb, Verm) / dialling*, n, dialing n (US) || **~strahl** m (For) / pith ray*, medullary ray*, ray n || **~strahlenparenchym** n (For) / ray parenchyma || **~strahltracheide** f (For) / ray tracheid*
**Markt** m / market n || **auf dem ~ verkaufen oder handeln** / market v || **auf den ~ bringen** / market v || **überseeischer ~** / overseas market || **~anteil** m / market share || **~fähig** adj / marketable adj, trafficable adj || **~forschung** f / market research, marketing research || **~früchte** f pl (Landw) / cash crop || **~führer** m / market leader || **~gängig** adj / marketable adj, trafficable adj || **~gemüse** n (angebaut für den Markt) (Landw) / truck n (US) || **~gemüseanbau** m (Landw) / truck farming (US), trucking n (US), market gardening, truck gardening (US) || **~kommunikation** f (EDV) / market communication || **~korbanalyse** f (die Ermittlung der Pestizidrückstände im durchschnittlichen Nahrungsbedarf eines Menschen) (Nahr) / market basket analysis || **~lücke** f / gap in the market, market niche ||

**Marktnische**
~**nische** f / gap in the market, market niche ‖ ~**preis** m / market price ‖ ~**sättigung** f / market saturation, market satiation ‖ ~**wert** m / market value ‖ ~**zeitwert** m / advertising value, current value
**Markush-Formel** f (in Tabellen, besonders in Patenten) (Chem) / formula of Markush
**Markverlagerung** f (eine Abweichung der Markröhre von der Mitte des Blockquerschnittes) (For) / wandering heart (pith)
**Marmatit** m (eisenreiche Zinkblende) (Min) / marmatite n
**Marmor** m (technische Handelsbezeichnung für polier- und schleiffähige Kalksteine mit kristallinem Charakter) (Bau, Geol) / commercial marble, orthomarble n ‖ ~ (Geol) / marble* n ‖ **bunter** ~ (Bau, Geol) / fancy marble ‖ **carrarischer** ~ (Bau, Geol) / Carrara marble, carrara n (a general name for the marbles quarried near Carrara, Italy) ‖ **karrarischer** ~ (Bau, Geol) / Carrara marble, carrara n (a general name for the marbles quarried near Carrara, Italy) ‖ **parischer** ~ (von der Kykladen-Insel Paros) (Geol) / Parian marble ‖ **pentelischer** ~ (von dem Berg Pentelikon nordöstlich von Athen) (Geol) / Pentelic marble
**Marmor•bruch** m / marble quarry ‖ ~**furnier** n (Arch) / marble veneer ‖ ~**gips** m (mit härtenden Stoffen getränkter Gips) (Bau) / Keene's cement*, marble gypsum ‖ ~**gips** (mit Marmormehlzusatz) (Bau) / marmoratum* n, marmoretum* n ‖ ~**handsäge** f (Werkz) / grub saw*
**marmorieren** v (mit einem der Struktur des Marmors ähnlichen Muster versehen) / marbleize v, marble v ‖ ~ n (Anstr) / marbling n ‖ ~ (von Buchschnitten und Leder) (Buchb) / marbling* n
**marmoriert** adj / mottled adj ‖ ~**er Buchschnitt** (Buchb) / marbled edge ‖ ~**e Härtung** (Hütt) / colour case hardening ‖ ~**es Papier** (Pap) / marble paper, marbled paper ‖ ~**e Ware** (Keram) / agateware n
**Marmorisierung** f (Rekristallisation zu Marmor) (Geol) / marmorization* n, marmarosis n (pl. -oses)
**Marmor•malerei** f (Anstr) / marbling n ‖ ~**mehl** n / marble dust, marble flour, pulverized marble ‖ ~**papier** n (Pap) / marble paper, marbled paper ‖ ~**papier** (billiges) (Pap) / scratted paper ‖ ~**platte** f (Bau) / marble slab ‖ ~**sägeblatt** n (Bau) / stone-saw* n ‖ ~**sägemaschine** f (Bau) / stone-saw n ‖ ~**schnitt** m (Buchb) / marbled edge ‖ ~**steinbruch** m / marble quarry ‖ ~**zement** m (Bau) / Keene's cement*, marble gypsum ‖ ~**zement** (Bau) / marmoratum* n, marmoretum* n
**Marocain** m, n (Tex) / marocain n, crepe marocain
**Marok** m (ganz aus Chemiefasergarnen) (Tex) / marocain n, crepe marocain
**Marokkoleder** n (Leder) / morocco n, maroquin n, Morocco leather
**maron** adj / maroon attr, marroon attr
**maronenbraun** adj / maroon attr, marroon attr
**Maroquin** m n (feines, genarbtes Ziegenleder) (Leder) / morocco n, maroquin n, Morocco leather ‖ **minderwertiger sumachgegerbter** ~ (aus Nigeria) (Buchb) / oasis goat ‖ ~ **écrasé** n (Leder) / crushed morocco
**Marqueterie** f (Verzierung von Möbeln, die dem Kernholz angeleimt wird) (Tischl) / marquetry n, marqueterie n
**Marquisette** f m (feinfädiges Drehergewebe für Gardinen) (Tex) / marquisette n
**Mars** m (vierter Planet des Sonnensystems) (Astr) / Mars* n ‖ ~ m f (Mastplattform als Abschluß des Untermastes) (Schiff) / top n
**Marsch** f (vor Küsten angeschwemmter fruchtbarer Boden) (Geol) / marsh n, marshland n, marshlands pl
**Marschflug** m **im hohen Unterschallbereich** (Mil) / cruise at high subsonic speed ‖ ~**höhe** f (Mil) / cruise altitude, cruising height ‖ ~**körper** m (ein Lenkflugkörper, der seinen Auftrieb von aerodynamischen Flächen erhält und während des gesamten Marschfluges von einem luftatmenden Triebwerk mit konstanter Geschwindigkeit angetrieben wird - mit konventionellem oder nuklearem Gefechtskopf) (Mil) / cruise missile n ‖ **luftfahrzeuggestützter** ~**körper** (Mil) / air-launched cruise missile, ALCM ‖ **seegestützter** ~**körper** (Mil) / sea-launched cruise missile, SLCM ‖ **mit atomarem Gefechtskopf ausrüstbarer** ~**körper** (Mil) / nuclear-capable cruise missile n ‖ ~**körperträger** m (Mil) / cruise missile carrier
**Marsch•kompaß** m (Opt) / field compass ‖ ~**phasenlenkung** f (Mil) / midcourse guidance ‖ ~**stiefel** m / wellington n, wellington boot ‖ ~**triebwerk** n (Luftf) / sustainer n, sustainer engine
**Marseiller Seife** (aus Oliven- oder Baumwollsamenöl) (Tex) / Marseilles soap
**Marsforscher** m (Astr, Geol, Raumf) / areologist n
**Marsgelb** n (ein Eisenoxidpigment) / Mars yellow
**Marsgeografie** f (Astr, Geog) / areography n
**Marsgeologie** f (Geol) / areology n
**Marshsche Probe** (zum Nachweis geringster Mengen von Arsen) (Chem) / Marsh test, Marsh-Berzelius test, Marsh's test (for arsenic)
**Marsh-Test** m (nach J. Marsh, 1790-1846) (Chem) / Marsh test, Marsh-Berzelius test, Marsh's test (for arsenic)
**Marslandung** f (Raumf) / Mars landing

**Marspigment** n (ein Eisenoxidpigment - z.B. Marsgelb, -grün, oder -rot) (Chem) / mars pigment
**Marsrot** n / Mars red
**Marssonde** f (z.B. Mariner, Mars, Viking oder Pathfinder) (Raumf) / Mars probe
**Martensit** m (metastabiles Umwandlungsprodukt des Austenits, das bei schneller Abkühlung entsteht und eine große Härtesteigerung beim Stahl bewirkt - nach A. Martens, 1850-1914) (Hütt) / martensite* n ‖ **strukturloser** ~ (Hütt) / hardenite n
**martensitaushärtbar•er Stahl** (Hütt) / high-strength, low-carbon (iron-nickel) alloy in which a martensitic structure is formed on cooling ‖ ~**er Stahl** s. auch Maraging-Stahl
**Martensitaushärten** n (Hütt) / maraging* n
**martensitaushärtender Stahl** (Hütt) / maraging steel
**Martensitbereich** m (Hütt) / martensite range
**martensitisch** adj (Hütt) / martensitic adj ‖ ~**er Stahl** (Hütt) / martensitic steel
**Martensitumwandlung** f (Hütt) / martensitic transformation
**Martenssches Spiegelgerät** (ein Feindehnungsmesser) / mirror extensometer
**Martin-Faktor** m (zur Bestimmung des Nettoretentionsvolumens in der Gaschromatografie) (Chem) / Martin factor
**Martingal** n (ein spezieller stochastischer Prozeß) (Stats) / martingale n
**Martinroheisen** n (Hütt) / open-hearth pig iron
**Martinsholz** n (For) / Brazil n, Pernambuco wood, Lima wood, Brazil wood
**Martinshorn** n (Kfz) / two-tone horn
**Martinstahl** m (Hütt) / open-hearth steel
**Martit** m (zu Hämatit pseudomorphisiertes Magneteisenerz) (Min) / martite* n
**Martiusgelb** n (Chem) / martius yellow*, Manchester yellow*
**MARV-Technik, ballistischer Flugkörper mit** ~ (Mil) / manoeuvrable antiradar vehicle, MARV
**Marxgenerator** m (Radiol) / Marx generator
**Marxscher Stoßspannungsgenerator** (Radiol) / Marx generator
**MAS** (Luftf) / aerodynamic mean chord, AMC, mean aerodynamic chord, MAC
**MaS** (Mag, Verm) / Magnetic South*
**Mascagnin** m (Min) / mascagnite n
**Mascagnit** m (ein wasserfreies Sulfat mit sehr großen Kationen) (Min) / mascagnite n
**Mascaret** m (in Flußmündungen aufwärts wandernde Welle) / mascaret n ‖ ~ s. auch Bore
**Masche** f (des Siebes) / mesh n (of a sieve) ‖ ~ (Schleife, die keine weiteren Schleifen enthält) (Eltech, Fernm) / mesh n ‖ ~ (ein Weg in einem Netzwerk) (Fernm) / mesh* n, loop* n ‖ ~ (der Maschenreihe nach DIN ISO 7839) (Tex) / loop n, stitch n ‖ **linke** ~ (Tex) / purl stitch, reverse stitch, reverse loop ‖ ~**n bilden** (stricken oder wirken) (Tex) / knit v
**maschen•bildende Maschine** (Wirk- und Strickmaschine nach DIN ISO 7839) (Tex) / knitting machine* n ‖ ~**bildung** f (DIN ISO 7839) (Tex) / looping n, loop formation ‖ ~**dichte** f (bei Maschenwaren) (Tex) / stitch density* n ‖ ~**draht** m (als Putzträger) (Bau) / lath n, lathing* n ‖ ~**draht** (Hütt) / chain-link fabric ‖ ~**drahtzaun** m (Bau) / chain link fence n ‖ ~**fangen** n (Tex) / tucking n ‖ ~**fest** adj (Tex) / ladderproof adj, non-laddering adj, runproof adj ‖ ~**festmittel** n (Tex) / ladderproofing agent ‖ ~**methode** f (Eltech) / mesh method ‖ ~**netz** n (eine Netzart) (Fernm) / mesh network*, meshed network ‖ ~**rad** n (bei der französischen Rundkulierwirkmaschine) (Tex) / sinker wheel, looping wheel, loop wheel ‖ ~**regel** f (eine der Kirchhoffschen Regeln - DIN 5489) (Eltech) / Kirchhoff's voltage law (voltage distribution in a closed circuit) ‖ ~**reihe** f (waagrecht) (Tex) / course* n, row n ‖ ~**satz** m (Eltech) / Kirchhoff's voltage law (voltage distribution in a closed circuit) ‖ ~**schaltung** f (Eltech) / mesh connection* ‖ ~**sieb** n (Drahtsieb nach DIN 4188) / mesh (wire) screen ‖ ~**stäbchen** (senkrecht) (Tex) / wale* n (knitting) ‖ ~**strom** m (Elektr) / mesh current ‖ ~**strommethode** f (zur einfachen Berechnung linearer Netzwerke) (Eltech) / mesh method ‖ ~**übertragungsmuster** n (Tex) / transfer pattern, transfer stitch pattern, transfer design ‖ ~**ware** f (Tex) / knits pl, knitwear* n, hosiery n (GB)* ‖ ~**waren** f pl (Tex) / knitted fabrics, knit fabrics, jersey goods, jersey fabrics* ‖ ~**weite** f (des Harzgrundgerüsts) (Chem) / porosity n ‖ ~**zahl** f (Anzahl der Siebmaschen je Zoll linear) / sieve mesh number*, mesh n
**Mascheronische Konstante** (nach L. Mascheroni, 1750-1800) (Math) / Euler's constant*, Mascheroni's constant
**Maschikulis** m pl (zwischen den Konsolen des vorkragenden Wehrganges) (Arch) / machicolations* pl
**Maschine** f (Masch, Phys) / machine* n ‖ ~**n** f pl (Masch) / machinery n ‖ **belüftete** ~ (Eltech) / ventilated machine ‖ **dichtgekapselte** ~ (Eltech) / sealed machine ‖ **doppeltwirkende** ~ (bei der der Kolben abwechselnd von der einen und der anderen Seite durch ein

Arbeitsmedium angetrieben wird) (Masch) / double-acting engine* ‖ **einfache ~** (z.B. Hebel, Wellenrad, schiefe Ebene usw.) (Phys) / simple machine ‖ **einfachwirkende ~** (bei dem nur die Oberseite des Kolbens von den Verbrennungsgasen beaufschlagt wird) (Masch) / single-acting engine* ‖ **elektrische ~** (Eltech) / electric machine*, electrical machine ‖ **geschlossene selbstkühlende ~** (Eltech) / enclosed self-cooled machine* ‖ **informationsverarbeitende ~** (EDV) / information processor, information-processing machine ‖ **interpretative ~** (EDV) / interpretative machine ‖ **lernfähige ~** (EDV) / learning machine ‖ **luftgekühlte ~** (Eltech) / air-cooled machine* ‖ **moderne ~n** / modern-day machinery ‖ **neu mit der ~** (ab)schreiben / retype v ‖ **numerisch gesteuerte ~** (Masch) / numerically controlled machine, NC machine ‖ **oberflächenbelüftet e ~** (geschlossene Maschine mit Außenlüfter und Frischluftzuführung) (Eltech) / totally enclosed fan-cooled machine ‖ **offene ~** (Eltech) / open machine ‖ **rotierende elektrische ~** (Eltech) / rotating electric machine ‖ **schlagartig arbeitende ~** (Masch) / impactor n, impacter n ‖ **schnell umrüstbare ~** (Masch) / quick-changeover machine ‖ **selbstbelüftete ~** (Eltech) / non-ventilated machine ‖ **selbsterregte ~** (Eltech) / self-excited machine ‖ **selbstgekühlte ~** (Eltech) / non-ventilated machine ‖ **selbsttätige ~** (Masch) / self-contained machine ‖ **sequentielle ~** (EDV) / sequential machine ‖ **stehende ~** (Masch) / vertical-shaft machine ‖ **textverstehende ~** (EDV, KI) / text-understanding machine ‖ **umlaufende ~n** (Eltech) / rotating machinery ‖ **virtuelle ~** (eine scheinbar vorhandene Datenverarbeitungsanlage) (EDV) / virtual machine (VM) ‖ **wasserdichte ~** (Eltech) / watertight machine ‖ **zeichenverarbeitende ~** (EDV) / character-handling machine ‖ **zünddurchschlagsichere ~** (Bergb, Eltech) / dust-ignition-proof machine ‖ **zweifonturige ~** (Tex) / two-section machine ‖ **~ f für die Lederherstellung** (Leder) / leather-working machine ‖ **~ für Luftkanalanschluß** (Eltech) / duct-ventilated machine ‖ **~ mit abgestuftem Luftspalt** (Eltech) / graded-gap machine ‖ **~ mit Eigenerregung** (Eltech) / direct-coupled exciter* ‖ **~ mit Fremdbelüftung** (Eltech) / externally ventilated machine ‖ **~ mit mechanischer Kraftverstärkung** (z.B. ein Hebelwerk) (Masch) / transformer* n, mechanical transformer* ‖ **~ mit Reihenschlußerregung** (Eltech) / series-wound machine ‖ **~ mit senkrechter Welle** (Masch) / vertical-shaft machine ‖ **~ mit vergossener Wicklung** (Eltech) / encapsulated machine ‖ **~ nach Kundenwunsch** (Masch) / custom-made machine, custom-built machine ‖ **~ zum Abziehen der Bodenpflanzendecke** (HuT, Landw) / stripper n

**maschinegeschrieben** adj / typewritten adj

**maschinell** adj (Masch) / mechanical adj, by machine ‖ **~es Denken** (KI) / machine thinking ‖ **~e Einrichtung** (Masch) / machinery ‖ **~e Entrostung** (DIN 55928, T 4) (Anstr) / power-tool cleaning ‖ **~e Intelligenz** (KI) / artificial intelligence*, machine intelligence, AI* ‖ **~es Lernen** (EDV) / machine learning, ML ‖ **~ lesbar** (EDV) / machine-readable adj (capable of being read by an input device), machine-sensible adj, machinable adj ‖ **~es Putzen** (Bau) / mechanical plastering ‖ **~e reihenweise Bestückung** (gedruckter Schaltungen) (Eltronik) / in-line assembly* ‖ **~es Sehen** (KI, KI) / machine vision, computer vision ‖ **~es Sehen** (KI) / computational vision, computer vision, machine vision ‖ **~e Sprachübersetzung** (die Maschine übersetzt allein) (EDV) / fully automatic translation, machine translation (of languages), computer translation, MT ‖ **~er Stampfer** (Gerät zum Verdichten von Bodenmassen) (HuT) / power rammer ‖ **~er Vorschub** (Masch) / power feed*

**Maschinen·** - (Masch) / mechanical adj, by machine ‖ **~abhängig** adj / machine-dependent adj ‖ **~abzug** m (der vor Beginn des Fortdrucks mit der Druckmaschine angefertigt wird, welche die Auflage drucken soll) (Druck) / machine proof*, press proof* ‖ **~adresse** f (EDV) / absolute address*, actual address, machine address, specific address ‖ **~aggregat** n (Masch) / aggregate of machines, set of machines, machine unit ‖ **~akustik** f (Akus, Masch) / acoustics in mechanical engineering, machine acoustics ‖ **~angespritzter Mörtel** (Bau) / pneumatically applied mortar, machine-applied mortar ‖ **~antrieb** m (Masch) / machine drive ‖ **~aufstellung** f (Tätigkeit) / machine installation ‖ **~ausfall** m (Masch) / machine breakdown, machine failure ‖ **~bau** m (Masch) / mechanical engineering* ‖ **~bau** (als konkreter Zweig der Industrie) (Masch) / machinery-producing industry ‖ **allgemeiner ~bau** (Masch) / general engineering ‖ **~bauer** m (Masch) / engineer* n, engine builder, mechanician n ‖ **~baustahl** m (Hütt) / machine steel, engineering steel, machinery steel ‖ **~bedienelemente** n pl (Masch) / machine controls ‖ **~bediener** m (Masch) / machine operator ‖ **~befehl** m (EDV) / machine instruction*, machine-code instruction* ‖ **endgültiger ~befehl** (EDV) / absolute instruction ‖ **~belastung** f (Masch) / machine loading ‖ **~belegung** f (Masch) / machine loading ‖ **~bütte** f (Pap) / machine chest ‖ **~bütten** n (mit der Rundsiebmaschine hergestellten) (Pap) / mould-made paper, cylinder paper, vat paper (GB), imitation handmade ‖ **~code** m (EDV) / machine code* ‖ **~daten** pl (Masch) / machine specifications ‖ **~element** n (Masch) / machine element, machine part ‖ **~entrindung** f (For) / machine barking ‖ **~fehler** m (EDV) / machine error, machine malfunction, hardware fault ‖ **weicher ~fehler** (EDV) / soft machine check ‖ **~fehler, den** m **man entdecken kann, wenn die Maschine eingeschaltet ist** / cold fault ‖ **~fenster** n (der Ziehmaschine) (Glas) / pigeon hole, sight hole ‖ **~fließreihe** f (F.Org, Masch) / production line ‖ **~formen** n (Gieß) / machine moulding* ‖ **~formguß** m (Gieß) / machine-mould casting ‖ **~fundament** n (das die Lasten auf den tragfähigen Boden überträgt) (Masch) / engine bed ‖ **~geräusch** n (Akus) / machine noise, machinery noise

**maschinengeschrieben** adj / typewritten adj ‖ **~es Schriftstück** / typescript n ‖ **~er Text** / typescript n

**maschinen·gestrichenes Papier** (DIN 6730) (Pap) / machine-coated paper, MC paper, process-coated paper ‖ **~gestützte Übersetzung** (die Maschine übersetzt mindestens teilweise, der Mensch greift ein) / human-aided machine translation, HAMT ‖ **~gewehr** n (Mil) / machine gun ‖ **~gewindebohrer** m (DIN 371) (Masch) / machine-working tap, machine tap ‖ **~glatt** adj (geleimt und einmal kalandert) (Pap) / machine-finish[ed]*, MF*, mill-finish[ed] ‖ **hohe ~glätte** (Pap) / high machine finish ‖ **schwache ~glätte** (Pap) / low machine finish*, low mill finish* ‖ **~glättwerk** n (Pap) / calenders pl, calender section ‖ **~gleichung** f (EDV) / machine equation ‖ **~grube** f (Masch) / engine pit* ‖ **~grundreibahle** f **mit gekürztem Schneidenteil** (Masch) / rose reamer ‖ **~guß** m (Gieß) / machine casting ‖ **~halle** f (Masch) / machine shop ‖ **~hammer** m (Werkzeugmaschine zum spanlosen Umformen von Werkstücken) (Masch) / power hammer* ‖ **~haus** n (des Kraftwerks) (Eltech) / powerhouse n ‖ **~heftung** f (Buchb) / French sewing*, machine-sewing n ‖ **~holzpappe** f (DIN 6730) (Pap) / mechanical woodpulp board ‖ **~instruktion** f (EDV) / machine instruction*, machine-code instruction* ‖ **~kode** m (EDV) (Verschlüsselung von Arbeitsprogrammen entsprechend dem Kodeschlüssel eines speziellen Mikroprozessors) (EDV) / machine code* ‖ **~koordinaten** f pl (Masch) / machine coordinates ‖ **~kopfschraube** f (d => + 3/8 inches) (Masch) / machine screw ‖ **~kühlwagen** m (Kfz) / refrigerated lorry, reefer n (US) ‖ **~lack** m (Anstr) / machine paint ‖ **~lackierung** f (Beschichtung von Werkstücken im Bereich des Maschinenbaus mit Maschinenlacken) (Anstr) / machine painting, machine coating ‖ **wiederholter ~lauf** (EDV) / rerun* n ‖ **ungleichmäßiger ~lauf** (Masch) / interference n ‖ **~laufrichtung** f (Pap) / machine direction*, grain n, long direction, grain direction ‖ **~laufzeit** f (F.Org) / machine time, machine-controlled time: independent machine time ‖ **~lesbar** adj (EDV) / machine-readable adj (capable of being read by an input device), machine-sensible adj, machinable adj ‖ **~lochkarte** f (EDV) / machine-operated punched card ‖ **~melken** n (Landw) / machine milking ‖ **~nietung** f (elektrischer, hydraulischer oder Druckluftantrieb) (Masch) / machine riveting* ‖ **~nullpunkt** m (der Werkzeugmaschine) (Masch) / machine reference point ‖ **~öl** n (Masch) / machine oil, machinery oil ‖ **leichtes ~öl** (Chem, Erdöl, Masch) / light machine oil, LMO ‖ **~operation** f (EDV) / computer operation, machine operation

**maschinenorientierte Programmiersprache** (DIN 44300) (EDV) / computer-oriented language (COL), low-level language* (LLL), machine-oriented language (MOL), MOL

**Maschinen·park** m (eines Betriebs) / available machines, available equipment ‖ **moderner ~park** / modern-day machinery ‖ **~park** (eines Betriebs) s. auch Park ‖ **~pistole** f (Mil) / sub-machine-gun n ‖ **eine Art ~pistole** (nach J.T. Thompson) (Mil) / tommy-gun n, Thompson submachine gun ‖ **~plattform** f (auf Ständern, auf Ständern) (Masch) / entablature* n ‖ **~programm** n (ein Programm in einer Maschinensprache nach DIN 44300, T 1) (EDV) / machine program, object program*, target program ‖ **~programmkode** m (EDV) / object code ‖ **~putz** m (Bau) / machine-applied plaster ‖ **~putzen** n (Bau) / machine application of plaster, projection plastering ‖ **~rahmen** m (auf Ständern) (Masch) / entablature* n ‖ **~rand** m (Pap) / mill edge ‖ **~raum** m (eines Rechenzentrums) (EDV) / computer room, machine room (of a computer centre) ‖ **~raum** (Schiff) / engine room ‖ **~reibahle** f (DIN 208, DIN 212) (Masch) / machine reamer, chucking reamer (US), straight shank reamer ‖ **~revision** f (anhand des Revisionsbogens) (Druck) / machine revise*, press revise, final proof ‖ **~richtung** f (DIN 6730) (Pap) / machine direction*, grain n, long direction, grain direction ‖ **~saal** m (Druck) / machine-room ‖ **~säge** f / power saw ‖ **~satz** m (Masch) / aggregate of machines, set of machines, machine unit ‖ **~satz im Wasserkraftwerk** (Eltech) / hydroelectric generating set*, hydroelectric generator ‖ **~schleifen** n (Masch) / machine grinding ‖ **~schlosser** m / fitter* n, machine fitter, machinist n (US), mechanic n ‖ **~schraube** f (d größer/gleich 3/8 inches) (Masch) / machine screw ‖ **~schreiben** v (nur Infinitiv und Partizip) / typewrite v, operate a typewriter ‖ **~schreiben** n (DIN 5008) / typewriting n ‖ **~schutz** m

**Maschinenschweißbrenner**

(Eltech) / machine protection ‖ ~**schweißbrenner** *m* (Schw) / machine flame cutter, automatic flame cutter ‖ ~**schweißung** *f* (Schw) / automatic welding ‖ ~**sender** *m* (Fernm) / automatic transmitter, autotransmitter *n* ‖ ~**sieb** *n* (bei Langsiebmaschinen) (Pap) / fourdrinier wire, fourdrinier wire part, fourdrinier table, fourdrinier former ‖ ~**spannstock** *m* (Masch) / machine vice, vice chuck ‖ ~**spitze** *f* (z.B. Barmer Spitze, Ätzspitze usw.) (Tex) / machine-made lace ‖ ~**sprache** *f* (eine maschinenorientierte Programmiersprache nach DIN 44300) (EDV) / machine language* (ML) ‖ **einheitliche** ~**sprache** (EDV) / common language* ‖ ~**stall** *m* (an beiden Strebenden) (Bergb) / cutter stall, buttock *n* ‖ **numerische** ~**steuerung** (Masch) / numerical control*, NC, N/C, numeric control ‖ ~**stricken** *v* (Tex) / machine-knit *v* ‖ ~**stundensatz** *m* (F.Org) / costs per machine hour ‖ ~**sturz** *m* (Glas) / loss of sheet, loss of machine, ribbon loss ‖ ~**teil** *m* (der die benötigte Geräteausstattung beschreibt) (EDV) / environment division (COBOL) ‖ ~**teil** *n* (Masch) / machine element, machine part ‖ ~**teppich** *m* (Tex) / machine-knotted carpet ‖ ~**tisch** *m* (Masch) / machine table ‖ ~**übersetzung** *f* (die Maschine übersetzt allein) (EDV) / fully automatic translation, machine translation (of languages), computer translation, MT ‖ ~**unabhängig** *adj* / machine-independent *adj* ‖ ~**unterstützte Programmierung** (EDV) / automatic programming* ‖ ~**unterstützte Sprachübersetzung** (EDV) / machine-aided translation (MAT) ‖ ~**verstärker** *m* (Eltech) / rotary amplifier*, rotating amplifier* ‖ ~**wählersystem** *n* (Fernsp) / power-driven system ‖ ~**wart** *m* (bei stillgelegten und ausrangierten Maschinen) (Masch) / hostler *n* (US) ‖ ~**waschbar** *adj* (Tex) / machine-washable* *adj* ‖ ~**wäsche** *f* (Tex) / machine wash ‖ ~**werkhalle** *f* (Masch) / machine shop ‖ ~**wesen** *n* (Masch) / engineering *n* ‖ ~**wirken** *v* (Tex) / machine-knit *v* ‖ ~**wort** *n* (DIN 44300) (EDV) / machine word*, computer word ‖ ~**wörterbuch** *n* (EDV) / automatic dictionary, machine dictionary ‖ ~**zeit** *f* (EDV) / machine time, computer time ‖ ~**zeit** *f* (F.Org) / machine time, machine-controlled time: independent machine time ‖ **beeinflußbare** ~**zeit** (F.Org) / controlled machine time ‖ ~**zyklus** *m* (EDV) / machine cycle, MC
**maschinestricken** *v* (Tex) / machine-knit *v*
**Maschinist** *m* / engineer* *n*, mechanic *n*, engine-man *n*
**maschinstricken** *v* (A) (nur Infinitiv oder Partizip Perfekt) (Tex) / machine-knit *v*
**maschinwirken** *v* (A) (nur Infinitiv oder Partizip Perfekt) (Tex) / machine-knit *v*
**Mascon** *n* (abweichende Massekonzentration unter einigen Mondmaria) (Astr) / mascon* *n*
**Maser** *m* (ein rauscharmer Verstärker für kleine Leistungen im Mikrowellenbereich) (Phys) / maser* *n* ‖ ~**furnier** *n* (For) / figured veneer, curl veneer ‖ ~**holz** *n* (Holzart mit Neigung zu Maserwuchs) (For) / figured wood
**maserieren** *v* (Anstr) / grain *v*, mottle *v* ‖ ~ *n* (des Holzes mit Lasurfarben) (Anstr) / graining* *n*, mottling *n*
**maserig** *adj* (For) / veined *adj*, figured *adj*
**Maserknolle** *f* (Knospenwucherung als Maserholz zur Herstellung von Furnieren) (For) / burr* *n*, bur *n*, burl *n* (US), burl figure
**masern** *v* (Holz mit Lasurfarben) (Anstr) / grain *v*, mottle *v* ‖ ~ *n* (des Holzes mit Lasurfarben) (Anstr) / graining* *n*, mottling *n*
**Maser•relaxation** *f* (Phys) / maser relaxation* *n* ‖ ~**textur** *f* (For) / figure *n*, grain* *n*
**Maserung** *f* (Texturzeichnung des Holzes) (For) / figure *n*, grain* *n* ‖ **geriegelte** ~ (For) / fiddle-back figure, ripple grain, fiddle-back *n* ‖ **gleichmäßige** ~ (For) / even grain
**Maserungs•gerät** *n* (Plexiglas, Zelluloid) (Anstr) / graining horn, veining horn ‖ ~**kamm** *m* (oft mit Schächterleinen überspannt) (Anstr) / comb* *n*, graining comb
**Maserwerkzeug** *n* (z.B. Stahl- und Gummikämme, Schläger usw.) (Anstr) / mottler* *n*, grainer *n*
**MASFET** *m* (ein MISFET mit $Al_2O_3$ als Isoliermaterial zwischen Torelektrode und Halbleitermaterial) (Eltronik) / metal-alumina-silicon FET
**Maskaron** *m* (Menschen- oder Fratzengesicht als Ornament) (Arch) / mascaron *n*
**Maske** *f* (Flipflop bei Programmunterbrechungen) (EDV) / mask *n* ‖ ~ (auf dem Bildschirm dargestelltes Schema zur Anzeige und Eingabe von Daten - nach DIN 66233, T 1) (EDV) / mask *n* ‖ ~ (Cobol) (EDV) / picture *n* ‖ ~ (Abdeckung in einem Herstellungsverfahren für Halbleiter) (Eltronik) / mask* *n* ‖ ~ (der Kamera) (Film, TV) / mask* *n* ‖ ~ (aus Papier, lichtundurchlässigen Metallfolien oder Filmen zum Abdecken bestimmter Teile eines Negativs oder Diapositivs während des Belichtens oder Kopierens) (Foto) / frisket *n* ‖ ~ (ein Korrekturbild, das in Verbindung mit dem Originalbild desselben Objekts verwendet wird, aber in seiner Helligkeitsverteilung dem Original entgegengesetzt ist) (Foto) / mask* *n* ‖ ~ (Radar) / hood *n* ‖ **fotoabbildbare** ~ (Eltronik) / photoimageable mask

**Maskelynit** *m* (Min) / maskelynite* *n*
**Masken•ausschnitt** *m* (auf der zu ätzenden Fläche) (Eltronik, Foto) / mask cut-out ‖ ~**bit** *n* (EDV) / mask bit ‖ ~**folge** *f* (EDV) / mask sequence ‖ ~**form** *f* (Gieß) / shell mould ‖ ~**formsand** *m* (Gieß) / shell sand ‖ ~**formverfahren** *n* (Gieß) / shell moulding ‖ ~**gesteuerte Dialogführung** (EDV) / mask-based user guidance ‖ ~**kern** *m* (Gieß) / shell core ‖ ~**ornament** *n* (Arch) / mascaron *n* ‖ ~**programmierbarer Festwertspeicher** (EDV) / mask-programmable read-only memory ‖ ~**programmierter Festwertspeicher** (DIN 44476, T 1) (EDV) / mask-programmed ROM, mask-programmed read-only memory ‖ ~**programmierung** *f* (für Festwertspeicher) (EDV) / mask programming ‖ ~**register** *n* (EDV) / mask register ‖ ~**röhre** *f* (TV) / shadow-mask tube*, dot matrix tube, matrix tube, aperture-mask tube ‖ ~**-ROM** *n* (EDV) / mask-programmed ROM, mask-programmed read-only memory ‖ ~**sand** *m* (Gieß) / shell sand ‖ ~**technik** *f* (Dialogform eines interaktiven DV-Systems) (EDV) / form filling ‖ ~**technik** (beim Kopieren - um die schwarzen Ränder zu verhindern) (Foto) / edge erasing ‖ ~**verfahren** *n* (fotomechanisches Korrekturverfahren) (Druck) / colour masking*
**maskierbare Unterbrechung** (auf Softwareanweisung von der CPU ignorierbares Unterbrechungssignal) / maskable interrupt
**maskieren** *v* (Akus) / mask *v* ‖ ~ (Anstr, Film, Foto, TV) / mask *v* ‖ ~ (Chem) / mask *v* ‖ ~ (Chem) / sequester *v* ‖ ~ (Druck) / mask *v*, stop out *v*
**Maskierer** *m* (Schall, der die Wahrnehmung eines anderen Schalles verdeckt oder in der Lautheit drosselt - DIN 1320) (Akus) / masker *n*
**maskierte Brühe** (Leder) / masked liquor
**Maskierung** *f* (Chem) / masking *n* ‖ ~ (Chem) / sequestration *n* ‖ ~ (Druck) / masking *n*, stop-out *n* ‖ ~ (z.B. eines Maschinenwortes) (EDV) / masking* *n*, filtering *n* ‖ **Zerfall** *m* **der** ~ (bei der Chromgerbung) (Leder) / breakdown of the masking
**Maskierungsmittel** *n* (Chem) / masking agent ‖ ~ (lösliche Komplexe bildende Metallkomplexierungsmittel) (Chem) / sequestering agent*, sequestrant *n*
**MAS-Methode** *f* (Spektr) / magic-angle spinning, MAS, magic-angle rotation, MAR
**Masonit** *n* (eine alte Holzfaserplatte) (For, Tischl) / Masonite *n*
**Masonite-Faserplatte** *f* (nach dem Dampfexplosionsverfahren hergestellt) (For, Tischl) / Masonite *n*
**Maß** *n* (Maßverkörperung) / measure *n* ‖ ~ (Einheit, mit der etwas gemessen werden kann) / measuring unit, unit of measurement ‖ ~ (Wert der physikalischen Größe "Länge" - DIN 7182, T 1) (Phys) / dimension* *n* ‖ **absolutstetiges** ~ (Stats) / absolutely continuous measure ‖ **auf** ~ (individuell) **geschnittenes Holz** (For) / dimension goods, dimension stock, dimension timber, dimension lumber ‖ **auf** ~ **bearbeiten** / size *v* ‖ **äußeres** ~ (nach Carathéodory) (Math) / outer measure ‖ **Carathéodorysches** ~ (Math) / outer measure ‖ **fehlendes** ~ (in technischen Zeichnungen) (Masch) / unlisted dimension ‖ **induktives** ~ (ein Softwaremaß) (EDV) / inductive measure ‖ **invariantes** ~ (Math) / invariant measure ‖ **lichtes** ~ (Masch) / rough opening width ‖ **nach** ~ **angefertigt** / custom-made *adj* (US), custom-built *adj*, custom *attr*, customized *adj* ‖ **nach** ~ **angefertigt** (Tex) / tailor-made *adj*, made-to-measure *adj*, made-to-order *adj* ‖ **nach** ~ **arbeiten** / tailor *v* ‖ **Radonsches** ~ (nach J.K. Radon, 1887-1956) (Math) / Radon's measure ‖ ~ *n* an **Sicherheitsvorkehrungen** (bei Containment) (Nukl) / level *n* of containment ‖ ~ **für die Ermächtigung der Geschlechter** (in den Berichten der Vereinten Nationen über die menschliche Entwicklung) / gender empowerment measure, GEM ‖ ~ **nehmen** / take measurements ‖ ~**e zur Beschreibung der zentralen Tendenz** *n pl* (Stats) / measures of central tendency
**Maß-** / custom-made *adj* (US), custom-built *adj*, custom *attr*, customized *adj*
**Maß-** / dimensional *adj*
**Maß, mit negativer** ~**abweichung** (Schnittholz) (For) / scant-size *attr*, scant-measure *attr*, scant *adj*
**Massai-Tee** *m* (Nahr) / rooibos tea
**Maß•analyse** *f* (Chem) / volumetric analysis*, titrimetry *n* ‖ **elektrometrische** ~**analyse** (ein Teilbereich der Elektroanalyse) (Chem) / electrometry *n* ‖ ~**analytisch** *adj* (Chem) / volumetric *adj*, titrimetric *adj* ‖ ~**änderung** *f* / dimensional change ‖ ~**angabe** *f* (Längenmaß) (Phys) / dimension* *n* ‖ ~**anzug** *m* (Tex) / made-to-measure suit, tailor-made suit, bespoke suit
**Massaranduba** *n* (Holz der Manilkara elata (Allemann ex Miq.) Monach.) (For) / massaranduba *n* ‖ ~ (For) s. auch Bulletwood
**Maß•band** *n* (bedrucktes Meßband in Stahl- oder Kunststoffgehäuse) (Bau) / builder's tape, tape* *n*, measuring tape*, tape-measure *n* ‖ ~**beständig** *adj* (dimensionsstabil) / dimensionally stable ‖ ~**beständigkeit** *f* / dimensional stability* ‖ ~**bild** *n* (nach DIN 199) (Masch) / dimension diagram ‖ ~**buchstabe** *m* (DIN 406, T 2) / letter for dimension(ing)

**Masse** f (Eltech) / earth n, ground n (US) ‖ ~ (Keram) / body n ‖ ~ (DIN 1305) (Phys) / mass* n ‖ ~ (das Ergebnis einer Wägung nach DIN 1305) (Phys) / weight* n ‖ ~ (Plast) / melt n ‖ ~ (Radio) / frame n ‖ **aktive** ~ (Chem) / active mass* ‖ **aktive** ~ (bei Batterien) (Eltech) / active materials (the materials of the plates that react chemically to produce electric energy when the cell discharges and that are restored to their original composition, in the charged condition, by oxidation and reduction processes produced by the charging current) ‖ **akustische** ~ (Akus) / acoustical mass*, acoustic inertance ‖ **äquivalentbezogene** ~ (Chem) / equivalent weight*, combining weight*, chemical equivalent ‖ **Bestimmung von** ~ **n** (Phys) / massing n ‖ **effektive** ~ (eine Rechengröße, die sich aus der Bandstruktur ergibt) (Eltronik) / effective mass* ‖ **eingeprägte** ~ (Phys) / rest mass* ‖ **flächenbezogene** ~ (DIN 6730) (Pap) / basis weight, substance* n, grammage n, G.S.M. ‖ **flächenbezogene** ~ (Phys) / surface density ‖ **flächenbezogene** ~ (Phys) / mass per unit area, weight per unit area ‖ **invariante** ~ (Phys) / invariant mass ‖ **keramische** ~ (Keram) / ceramic body, ceramic paste ‖ **kritische** ~ (eines spaltbaren Stoffes) (Nukl) / critical mass, crit* n, critical size ‖ **leistungsbezogene** ~ (Bahn, Kfz) / power-to-mass ratio ‖ **longitudinale** ~ (Masseveränderlichkeit) (Phys) / longitudinal mass ‖ **mineralische** ~ (als Streichmasse oder Füllstoff) (Pap) / paper clay ‖ **mit** ~ **Null** (Phys) / massless adj ‖ **molare** ~ (DIN 32625) (Chem) / molar mass ‖ **oszillierende** ~ (Mech) / oscillating mass ‖ **plastische** ~ (Keram) / plastic body ‖ **reduzierte** ~ (im Zweikörperproblem) (Phys) / reduced mass* ‖ **relativistische** ~ (Phys) / relativistic mass ‖ **rotierende** ~ (Mech) / rotating mass ‖ **schwere** ~ (Phys) / gravitational mass, heavy mass ‖ **sichere** ~ / safe mass ‖ **tote** ~ (Kfz) / dead weight ‖ **träge** ~ (Mech) / inertial mass ‖ **transversale** ~ (Masseveränderlichkeit) (Phys) / transversal mass ‖ **ungefederte** ~ (Kfz) / unsprung mass ‖ **wäßrige** ~ **aus Waschrohstoffen, Polyphosphaten und weiteren Substanzen** (bei der Herstellung von Waschpulvern) (Chem Verf) / slurry n ‖ **wirksame** ~ (Elektr) / active material* ‖ **wirksame** ~ (bei Batterien) (Eltech) / active materials (the materials of the plates that react chemically to produce electric energy when the cell discharges and that are restored to their original composition, in the charged condition, by oxidation and reduction processes produced by the charging current) ‖ ~ f **der größten Teilchen** (Chem, Phys) / weight of the largest particles, W.L.P. ‖ ~ **des feuchten Stoffes** / wet weight

**Masse·anschluß** m (Eltech) / earthing n, grounding n (US), connection to earth ‖ **~anteil** m (Phys) / mass fraction ‖ **~-auf-Masse** f (eine Pinselrelieftechnik) (Keram) / pâte-sur-pâte n (a technique for the decoration of ceramic ware) ‖ **~ballen** (Keram) / clot n, blank n, slug n ‖ **~defekt** (die Differenz zwischen der Summe der Ruhemassen sämtlicher Nukleonen eines Atomkerns und der tatsächlichen Kernmasse) (Kernphys) / mass defect*, mass decrement* ‖ **~-Deplacement** n (Masse der vom eingetauchten Schiffskörper verdrängten Wassermenge) (Wasserb) / displacement* n ‖ **~druck** m (DIN 24450) (Plast) / melt pressure ‖ **~einheit** f (atomphysikalische, technische) (Phys) / mass unit* ‖ **atomare ~einheit** (der zwölfte Teil der Masse eines Atoms des Nuklids ¹²C) (Kernphys) / (unified) atomic mass unit* ‖ **~elektrode** f (der Zündkerze) (Kfz) / earth electrode, ground(ed) electrode (US), side electrode ‖ **~-Energie-Äquivalenz** f (Phys) / mass-energy equivalence ‖ **~färbung** f (von Chemiefasern) (Tex) / spin dyeing, dope dyeing, solution dyeing, mass dyeing (US), jet dyeing* ‖ **~fluß** m (Phys) / mass flow ‖ **~gefüllt** adj (Eltech) / compound-filled adj ‖ **~geleimtes Papier** (Pap) / engine-sized paper* ‖ **~-Helligkeit-Beziehung** f (Abhängigkeit der absoluten Helligkeit der Sterne von ihrer Masse) (Astr) / mass-luminosity law* ‖ **~imprägnierte Papierisolierung** (Eltech) / mass-impregnated paper insulation

**Maß·einheit** f / measuring unit, unit of measurement ‖ **~eintragung** f (DIN 406) (Masch) / dimensioning n

**Masse·kabel** n (der Batterie) (Kfz) / ground cable, negative (battery) cable ‖ **~kabel** (Schw) / work lead, ground lead, welding ground ‖ **~kern** m (DIN 41281) (Eltech) / dust core*, iron dust core*, powder core*

**Massel** f (Gieß) / bob n, blind riser ‖ ~ (Produkt des Masselgusses in Kokillen) (Hütt) / pig* n ‖ ~ (große) (Hütt) / sow n ‖ ~ (kleine) (Hütt) / piglet n

**Masse-Ladung-Verhältnis** n (Spektr) / mass-to-charge ratio

**Massel·bett** n (Hütt) / casting bed, pig bed* ‖ **~brecher** m (Hütt) / pig breaker

**Masseleimung** f (Pap) / engine sizing

**Masseleisen** n (Hütt) / pig iron*

**Masse·leitung** f (Kfz) / earth cable ‖ **~leitung** (Schw) / work lead, ground lead, welding ground ‖ **~-Leuchtkraft-Beziehung** f (Astr) / mass-luminosity law*

**Massel·form** f (Hütt) / pig mould ‖ **~gießband** n (Hütt) / pig casting conveyor, ingot casting conveyor ‖ **~gießmaschine** f (Hütt) / pig casting machine ‖ **~graben** m (Hütt) / sow n, sow channel, iron trough, iron channel ‖ **~grabeneisen** n (Hütt) / sow n, sow iron ‖ **~kran** m (Hütt) / pig-bed crane

**masselos** adj (Phys) / massless adj

**Massemultipol** m (Phys) / mass multipole

**Massen·absorption** f (Phys) / mass absorption ‖ **~absorptionskoeffizient** m (Phys) / mass absorption coefficient* ‖ **~analysator** m (Spektr) / mass analyser, mass analyzer ‖ **~anteil** m (eines Stoffes in % nach DIN 1310) (Phys) / mass fraction ‖ **~ausgleich** m (HuT) / balanced earthworks ‖ **~ausgleich** (ein Ruderausgleich) (Luftt) / mass balance* ‖ **~bedeckung** f (in kg/m²) (Phys) / surface density ‖ **~behaftetes Feld** (Phys) / massive field ‖ **~belag** m (in kg/m) (Phys) / linear density, linear mass ‖ **~belegung** f (Quotient aus der Masse und der Fläche in kg/m²) (Phys) / mass per unit area, weight per unit area ‖ **~beton** (für Bauteile mit Dicken über etwa 1 m - mit Zuschlagstoffen von über 150 mm Korngröße) (HuT) / mass concrete*, bulk concrete* ‖ **~bewegung** f (unter dem Einfluß der Schwerkraft auf geneigten Hängen) (Geophys) / mass movement ‖ **~bezogene Größe** (DIN 1345) (Phys) / specific quantity ‖ **kleinformatiges ~blatt** (Druck) / tabloid newspaper* ‖ **~bonden** n (Eltronik) / mass bonding ‖ **~bremsvermögen** n (Kernphys) / mass stopping power* ‖ **totales ~bremsvermögen** (Kernphys) / total mass stopping power ‖ **~bruch** m (Phys) / mass fraction ‖ **~chromatografie** f (Chem) / mass chromatography ‖ **~chromatogramm** n (Chem) / mass chromatogram ‖ **~daten** pl (EDV) / mass data ‖ **~defekt** m (DIN 1304) (Kernphys) / mass defect*, mass decrement* ‖ **~detektor** m (Phys) / mass detector, mass-sensitive detector ‖ **~dichte** f (Masse je Volumeneinheit) (Phys) / density* n, specific weight, weight density ‖ **druckbezogene ~dichte** (Phys) / unitary mass density ‖ **~dipol** m (Eltronik) / mass dipole ‖ **~durchfluß** m (im quantitativen Sinne) / mass rate of flow, mass flow rate ‖ **~durchfluß** (als Vorgang) (Phys) / mass flow ‖ **~durchsatz** m (des Verdichters des Gasturbinentriebwerks) (Luftt) / air mass flow* ‖ **~durchsatz** (Phys) / mass flow ‖ **~durchsatzmesser** m / mass flow rate meter ‖ **~effekt** m (Hütt) / mass effect ‖ **~effekt** (bei der Bindung von Nukleonen zu einem Atomkern) (Kernphys) / packing effect, mass effect ‖ **~effekt** (Umwelt, Zool) / crowding effect ‖ **~einheit** f (Kilogramm einschließlich seiner dezimalen Vielfachen und Teile) (Phys) / unit of mass ‖ **~empfang** m (durch einen unbegrenzten Personenkreis - wie beim Rundfunk) (Fernm) / general reception ‖ **~ermittlung** f (Bau, HuT) / taking-off* n, quantity takeoff (US), quantity survey(ing) ‖ **~erzeugung** f (eine Fertigungsart) (F.Org) / mass production ‖ **~fertigung** f (eine Fertigungsart) (F.Org) / mass production ‖ **~fluß** m (beim Entladen aus Behältern) (Masch) / plug flow ‖ **~fluß** (Phys) / mass flow ‖ **~flußdetektor** m (Phys) / mass detector, mass-sensitive detector ‖ **~formel** f (Kernphys) / mass formula ‖ **~galvanisieren** n (auf Gestellen) (Galv) / rack plating ‖ **~gebirge** n (Geol) / massif n ‖ **~gestein** n (Geol) / eruptive rock*, extrusive rock*, igneous rock* ‖ **~gut** n (Schiff) / bulk cargo ‖ **~gutförderer** m (Masch) / en-masse conveyor, bulk-goods conveyor ‖ **~gutfrachter** m (für schüttfähige Massengüter) (Schiff) / bulk carrier ‖ **~karambolage** f (Kfz) / shunt n (a motor accident, especially a collision of vehicles travelling one close behind the other) ‖ **~karambolage** (meistens nach einem Auffahrunfall) (Kfz) / pile-up n ‖ **~koeffizient** m (der Reaktivität) (Nukl) / danger coefficient*, mass coefficient (of reactivity) ‖ **~kommunikation** f (Fernm) / mass communication ‖ **~kommunikationsmittel** n pl / mass media ‖ **~kontaktierung** f (Eltronik) / mass bonding ‖ **~konzentration** f (DIN 1310) (Chem) / mass per unit volume, mass concentration ‖ **~kraft** f (Phys) / inertial force (effective force) ‖ **~kraftabscheider** m / centrifugal separator ‖ **~kultur** f (Fermentationsverfahren mit hoher Zelldichte) (Chem Verf) / mass culture ‖ **~kunststoff** m (Plast) / commodity resin, bulk resin

**massenloser Schalter** (Eltech) / ferreed switch

**Massen·löten** n (Eltronik) / mass soldering ‖ **~matrix** f (Mech) / mass matrix ‖ **~medien** n pl (auf große Massen einwirkende Kommunikationsmittel wie Presse, Hörfunk und Fernsehen) / mass media ‖ **~mittel** n (Gewichtsmittel des Molekulargewichts) (Chem) / weight-average molecular weight ‖ **~mittelpunkt** m (DIN 13317) (Luftt, Phys) / centre of mass*, centre of inertia, centroid n, mass centre ‖ **~mittelpunkt** (Luftt, Phys) s. auch Schwerpunkt ‖ **~mittelpunktsystem** n (Phys) / centre-of-mass coordinate system, centre-of-gravity system, centre-of-momentum coordinate system, centre-of-mass system ‖ **~moment** n (Phys) / moment of a mass ‖ **~peak** m (im Massenspektrum) (Spektr) / parent peak* ‖ **~probe** f (Aufber) / bulk sample* ‖ **~produktion** f (eine Fertigungsart) (F.Org) / mass production ‖ **bewegter ~punkt** (Phys) / moving mass point ‖ **~resonanzen** f pl (Kernphys) / mass resonances ‖ **~schwerebewegung** f (Geophys) / mass movement ‖ **~selektiver Detektor** (Chem) / ion-trap detector ‖ **~separator** m (Nukl, Phys) / mass separator ‖ **~speicher** m (EDV) / mass storage ‖ **~speicher** (peripheres Speichermedium mit großer Kapazität) (EDV) / mass storage, mass memory ‖ **~speicher** (für große Daten- oder Instruktionsmengen) (EDV) / bulk memory,

**Massenspektralanalyse**

bulk storage ‖ ⁓**spektralanalyse** f (Spektr) / mass spectrometric analysis, MSA ‖ ⁓**spektrograf** m (Gerät zur Analyse eines Ionenstrahles auf Bestandteile verschiedener Masse und zur genauen Massebestimmung) (Spektr) / mass spectrograph* ‖ ⁓**spektrogramm** n (Spektr) / mass spectrogram ‖ ⁓**spektrometer** n (Spektr) / mass spectrometer* ‖ **doppelt fokussierendes** ⁓**spektrometer** (Spektr) / double-focusing spectrometer ‖ ⁓**spektrometer** n **mit trochoidalen Ionenbahnen** (Nukl, Spektr) / trochoidal mass analyser*, cycloidal mass spectrometer ‖ ⁓**spektrometrie** f (mit Registrierung in einem Ionenstrom) (Spektr) / mass spectrometry ‖ ⁓**spektrometrie mit Elektronenstoßionenquelle** (Spektr) / electron-impact mass spectroscopy ‖ ⁓**spektroskopie** f (mit Registrierung auf einer Fotoplatte) (Spektr) / mass spectroscopy ‖ ⁓**spektrum** n (Spektr) / mass spectrum* ‖ ⁓**sprengung** f (Bergb) / mass shooting ‖ ⁓**stahl** m (Hütt) / general-purpose steel, steel of tonnage grade, tonnage steel, steel for general structural purposes ‖ ⁓**strahler** m (Eltronik) / mass radiator ‖ ⁓**strang** m (endloser, der aus einem Tonschneider austritt) (Keram) / slug n ‖ ⁓**strom** m (durchgeflossene Masse durch Zeit - DIN 5485) (Phys) / mass flow ‖ ⁓**szene** f (Film) / crowd scene ‖ ⁓**tierhaltung** f (Landw) / large-scale livestock farming ‖ ⁓**trägheitsabscheider** m (zur Trockenentstaubung) / inertial separator ‖ ⁓**transfer** m (Chem Verf) / mass transfer* ‖ ⁓**transfer des Triftstroms** (Ozean) / Ekman transport ‖ ⁓**transferkoeffizient** m (Chem Verf) / mass-transfer coefficient ‖ ⁓**transportkurve** f (HuT) / mass-haul curve* ‖ ⁓**trenner** m (Nukl, Phys) / mass separator ‖ ⁓**trennung** f (Nukl, Phys) / mass separation ‖ ⁓**überschuß** m (die Differenz aus der relativen Atommasse und der geradzahligen Massenzahl eines Kerns - nach DIN 1304) (Kernphys) / mass excess* ‖ ⁓**umschaltung** f (Eltech) / bulk changeover, large-scale changeover ‖ ⁓**verhältnis** n (z.B. zwischen Abflug- und Leermasse) (Lufft, Raumf) / mass ratio* ‖ ⁓**verhältnis** (DIN 1310) (Phys) / mass ratio ‖ ⁓**verlustrate** f / mass-loss rate, weight-loss rate ‖ ⁓**verteilung** f / mass distribution ‖ ⁓**verteilungsplan** m (HuT) / mass-haul curve* ‖ ⁓**vorgabe** f (Gesteinsvolumen bei den Sprengarbeiten) (Bergb) / burden* n ‖ ⁓**wechsel** m (Biol, Umwelt) / gradation n ‖ ⁓**wirkungsgesetz (MWG)** n (Chem) / law of mass action*, Guldberg and Waage's law*, law of Guldberg and Waage*, mass action law* ‖ ⁓**wirkungskonstante** f (Chem) / equilibrium constant*, mass action constant ‖ ⁓**zahl** f (DIN 1304) (Kernphys) / mass number*, nuclear number*, nucleon number*

**Masse•platte** f (in Bleiakkumulatoren) (Eltech) / pasted plate*, Faure plate ‖ ⁓**polymerisation** f (Chem) / bulk polymerization, mass polymerization ‖ ⁓**prozent** n / percentage by weight, weight percent, wt % ‖ ⁓**punkt** m (Phys) / mass point, material point, particle n ‖ ⁓**reduzierungsbohrung** f (Masch) / lightening hole ‖ ⁓**renormierung** f (in der Quantenfeldtheorie) (Phys) / mass renormalization ‖ ⁓**rückleitung** f (Eltech) / earth return, ground return (US) ‖ **mit** ⁓**schluß** (Eltech) / earthed adj, grounded adj ‖ ⁓**strang** m (Keram) / clay column, slug n ‖ ⁓**verbindung** f (Erdanschluß) (Eltech) / earth connection, ground connection ‖ ⁓**verbindung** (auf Fahrzeugmasse) (Kfz) / frame connexion ‖ ⁓**verbindung lösen** (Eltech) / unearth v, unground v ‖ ⁓**verlust** m (Phys) / mass loss, weight loss ‖ ⁓**versatz** m (Keram) / batch n (a quantity of raw materials blended together for subsequent processing) ‖ ⁓**widerstand** m (Eltech) / composite resistor*, composition resistor

**Masseysche Formel** (Kernphys) / Massey formula

**Massey-Verfahren** n (ein Streichverfahren) (Pap) / Massey coating

**Masse•zahl** f (Zahl der in einem Atomkern enthaltenen Nukleonen) (Kernphys) / mass number*, nuclear number*, nucleon number* ‖ ⁓**zunahme** f (Phys) / gain in weight, weight increase, increase in weight, mass increase

**Maß•füllmaschine** f / volume filler ‖ ⁓**funktion** f **im Sinne von Carathéodory** (Math) / outer measure

**maßgebend** adj / primordial adj ‖ ~**er Grenzwert des Neigungsverhältnisses** (Bahn) / ruling gradient*, limiting gradient* ‖ ~**e Neigung** (Bahn) / ruling down-gradient, limiting down-gradient, ruling-down grade ‖ ~**e Steigung** (Bahn) / ruling up-gradient, limiting up-gradient, ruling-up grade

**maßgenau** adj / true to size, true to dimensions

**maßgerecht** adj / true to size, true to dimensions ‖ ~ **behauenes Ziegelstück** (Bau) / clip n

**maßgeschneidert** adj / customized adj ‖ ~ (individuell angefertigt) / custom-made adj (US), custom-built adj, custom attr, customized adj ‖ ~ (Tex) / tailor-made adj, made-to-measure adj, made-to-order adj

**Maßgewinn** m (beim Flächenleder) (Leder) / area gain

**maßgleich** adj / of equal measure

**maßhaltig** adj / true to size, true to dimensions ‖ ~ / dimensionally stable ‖ ~ (Gewebe) (Tex) / stable adj

**Maßhaltigkeit** f / dimensional stability* ‖ ~ (Tex) / stability n

**Maßhilfslinie** f (DIN 406, T 2) (Masch) / extension line, projection line, leader n

**Maßholder** m (Acer campestre L.) (For) / field maple

**Massicot** m (gelbes Pulver aus Blei(II)-oxid) / massicot* n (the mineral form of lead monoxide), lead ochre

**massieren** v / mass v ‖ ~ (Stiche) (Tex) / bunch v

**Massieu-Funktion** f (eine thermodynamische Funktion) (Phys) / Massieu function (minus the quotient of the Helmholtz function and the temperature T)

**massig** adj / lumpy adj ‖ ~**es Gestein** (Geol) / massive rock

**mäßig** adj (Preis) / moderate adj, modest adj ‖ ~ (Wärme) / gentle adj ‖ ~ / moderate adj ‖ ~**e bewegte See** (ein Seezustand) (Schiff) / moderate sea ‖ ~**e Brise** (nach der Beaufort-Skala) (Meteor, Ozean) / moderate breeze ‖ ~ **raffiniertes Schmieröl oder Verfahrensöl** (Erdöl) / pale oil ‖ ~ **resistent** (nach DIN 68364) (For) / moderately resistant

**mäßigen** v / temper v

**massiv** adj / solid adj, massive adj, massy adj ‖ ~**er Balken** (Bau, HuT) / solid beam ‖ ~**es Dreieck** (nach DIN 7184,T 1) / solid triangle ‖ ~**es Feld** (Phys) / massive field ‖ ~**es Gold** / solid gold ‖ ~**er Leiter** (Eltech) / solid conductor, single-wire conductor ‖ ~**er Leiter** (Eltech) / solid wire, solid conductor

**Massiv** n (Geol) / massif n ‖ ⁓**bau** m (Bauart, bei der als Bauhauptstoffe Beton, Stahlbeton, Natursteine, Mauerziegel und Kalksandsteine verwendet werden) (Bau) / solid construction ‖ ⁓**decke** f (monolithische) (Bau) / plate floor ‖ ⁓**decke** (z.B. Gewölbe, Decke mit Stahlbetontragwerk - keine Holz- oder Stahldecke) (Bau, HuT) / solid floor* ‖ ⁓**draht** m (eine Lieferform des Zusatzwerkstoffs) (Schw) / solid wire, solid filler rod ‖ ⁓**drahtelektrode** f (Schw) / solid-wire electrode ‖ ⁓**holz** n (For, Tischl) / solid wood ‖ ⁓**käfig** m (des Lagers) (Masch) / solid cage ‖ ⁓**leiter** n (Eltech) / solid conductor, single-wire conductor ‖ ⁓**messing** n (Hütt) / solid brass

**massiv-parallele Verarbeitung** / massive-parallel processing, MPP

**Massiv•pol** m (Eltech) / solid pole* ‖ ⁓**prägen** n (Masch) / massive coining ‖ ⁓**schale** f (eines Lagers) (Masch) / solid liner ‖ ⁓**stab** m / massive bar ‖ ⁓**umformen** n (z.B. Gesenkschmieden oder Prägen) (Masch) / solid forming, massive working ‖ ⁓**umformung** f (der Rohlinge oder Halbzeuge) (Masch) / solid forming, massive working

**Maß•kanal** m (HuT, Wasserb) / control flume, control n ‖ ⁓**kennzeichnung** f (DIN 406, T 2) / marking of dimensions ‖ ⁓**kette** f (von Einzelmaßen) / incremental dimensions ‖ ⁓**kolben** m (Chem) / volumetric flask, graduated flask, measuring flask ‖ ⁓**kontrolle** f (Masch, WP) / dimensional inspection, dimensional testing ‖ ~**kontrollieren** v (nur Infinitiv und Partizip Perfekt) / inspect for dimensional stability, gauge v ‖ ⁓**linie** f (DIN 406) (Masch) / dimension line ‖ ⁓**linie mit Maßpfeil** (Masch) / arrow leader ‖ ⁓**lösung** f (bei der Titration) (Chem) / standard solution*

**Maßnahme, konstruktive** ⁓ / design measure ‖ **motorinterne** ⁓ (Kfz) / engine modification ‖ ⁓ f **des Operators** (EDV) / action n ‖ ⁓ **(n)** f pl **gegen feindliche Störungen** (im Rahmen der elektronischen Kampfführung) (Mil, Radio) / antijamming n ‖ ⁓ n f pl **zur Nämlichkeitssicherung** (im Zollverkehr) / identification measures

**Maß•ordnung** f (Arch) / modular system, modular coordination ‖ ~**ordnungsgerechtes System** (Bau) / open system ‖ ⁓**pfeil** m (DIN 406, T 2) / arrow head ‖ ~**prägen** v (nur Infinitiv und Partizip) (Masch) / size v ‖ ⁓**prägen** v (wenn die Wirkflächen der Werkzeuge eben sind und einander auf genaues Maß genähert werden) (Masch) / sizing n ‖ ⁓**raum** m (Math) / measure space ‖ ~**schneidern** v / customize v

**Maßstab** m (meistens Strichmaßstab) / ruler n ‖ ⁓ (Verhältnismaßstab) (Kart) / scale n ‖ ⁓ (Verhältnis von Strecken) (Math) / scale n ‖ **gleicher** ⁓ **für Längen und Höhen** (Verm) / natural scale* ‖ **grafischer** ⁓ (Kart) / graphic scale ‖ **großtechnischer** ⁓ (F.Org) / commercial scale, industrial scale ‖ **im vergrößerten** ⁓ / scaled up adj ‖ **im verkleinerten** ⁓ / scaled down adj ‖ **in vergrößertem** ⁓ / scaled up adj ‖ **in verkleinertem** ⁓ / scaled down adj ‖ **metrischer** ⁓ (Kart) / decimal scale ‖ **numerischer** ⁓ (Kart) / representative fraction, natural scale, fractional scale, numerical scale, RF ‖ **verkleinerter** ⁓ / reduced scale ‖ ⁓ m 1 : 1 / full scale

**Maßstab•änderung** f (Instr) / scaling n ‖ ⁓**-Fuchsschwanz** m (mit längs des Rückens aufgetragener Maßeinteilung) / rule saw ‖ ⁓**genauigkeit** f (Masch) / accuracy n ‖ ~**gerecht** adj / scaled adj ‖ **nicht** ~**gerecht** / not to scale, out of scale, NTS

**maßstäblich** adj / scaled adj ‖ **nicht** ~ / not to scale, out of scale, NTS* ‖ ~**es Modell** / scale model ‖ ~**e Zeichnung** (Masch) / scale drawing

**Maßstabraster** m (EDV, Eltronik) / graticule n, grating n

**maßstabsgerecht** adj / scaled adj ‖ ~**e Änderung** / scaling n ‖ ~**e Vergrößerung** / scaling-up n, upsizing n ‖ ~**e Verkleinerung** / scaling-down n, downsizing n

**maßstabsgetreu** adj (verkleinern, vergrößern) (Druck) / in pro, in proportion ‖ ~**es Modell** / scale model

**Maßstabs•leiste** f / scale bar ‖ ~leiste (Kart) / linear scale, bar scale (US) ‖ ~**modell** n / scale model ‖ ~**treue** f / scale preservation ‖ ~**vergrößerung** f (z.B. Größenverhältnis Produktions- - Pilotanlage) / scale-up n
**Maßstab•transformation** f (Math) / scale transformation ‖ ~**verzerrung** f / scale error
**Maß•synthese** f / dimensional synthesis ‖ ~**system** n (Einheitensystem) / system of units ‖ **absolutes** ~**system** (das bis 1954 galt) / absolute system (of units) ‖ ~**tensor** m (Math) / metric tensor ‖ ~**toleranz** f (im allgemeinen) (Masch) / dimensional tolerance ‖ ~**toleranz** (DIN 7184, T 1) (Masch) / error of size, tolerance of size ‖ ~**verkörperung** f (DIN 1319, T 2 und DIN 2257, T 1) (Masch) / standard* n ‖ ~**walzwerk** n (Hütt) / sizing mill ‖ ~**werk** n (aus geometrischen Figuren bestehendes Ornament gotischer Bauwerke zur Füllung von Fensterbögen und zur Gliederung von Wandflächen) (Arch) / tracery n ‖ **negatives** ~**werk** (Lochformen wie z.B. in Chartres oder Limburg/Lahn) (Arch) / plate tracery ‖ **englisches** ~**werk** (mit ausschließlicher Verwendung von Stabwerk) (Arch) / bar tracery* ‖ ~**werk** n (Arch) s. auch Nase und Paß ‖ ~**werkrose** f (ein Rundfenster) (Arch) / rose-window* n, marigold window*, rose n ‖ ~**wertmodell** n / measure process ‖ ~**wertprozeß** m (ein Bestandteil des Modells für funktionale Eingabegeräte) / measure process ‖ **inkrementale** ~**wertverarbeitung** (EDV, Masch) / incremental processing ‖ ~**zahl** f (z.B. Fertigungszeichnungen) (Masch) / dimension n, dimension specification ‖ ~**zeichnung** f (Masch) / dimensioned drawing, dimension drawing ‖ ~**zugabe** f / dimensional allowance ‖ ~**zylinder** m (Chem) / measuring cylinder, volumetric cylinder, graduated cylinder
**Mast** f (Fruchtertrag von Eiche und Buche) (Bot) / mast* n
**Mast** m (Eltech, Masch, Schiff) / mast* n ‖ ~ f (Landw) / fattening n ‖ **[selbsttragender]** ~ / pylon* n ‖ **freistehender** ~ (ohne Abspannseile) (HuT) / free-standing mast ‖ **getränkter** ~ (For) / treated pole ‖ **imprägnierter** ~ (For) / treated pole ‖ **selbstschwingender** ~ (Radio) / tower radiator ‖ ~**abstand** m (einer Freileitung) (Eltech) / span* n (the distance between two transmission-line towers), opening n, open width ‖ ~**anker** m / mast anchor, pole anchor, guy n (US) ‖ ~**antenne** f (Radio) / mast antenna ‖ ~**antenne** (Gittermast) (Radio) / tower antenna ‖ ~**baum** m (Eltech, Masch, Schiff) / mast* n
**mästen** v (Landw) / fatten vt ‖ ~ n (Landw) / fattening n
**Mastendmasse** f (Landw) / finished weight
**Mastenkran** m (Masch) / derrick* n, derricking jib crane ‖ **leichter** ~ (Masch) / whip-crane n, Dutch wheel crane
**Master•arm** m (bei dem Master-Slave-Manipulator) (Masch) / master arm ‖ ~**band** n (Akus, EDV) / master tape ‖ ~**batch** (Chem Verf) / master batch ‖ ~**-Boot-Record** m (EDV) / master boot record, MBR
**Masterdung** f (Eltech) / pole earthing, tower earthing, pole grounding (US), tower grounding (US)
**Masterfolie** f (Akus) / lacquer original, lacquer master
**Mastering** n (erste Fertigungsstufe bei Compact Disks) (Akus, EDV) / mastering n ‖ **erneutes** ~ (Akus, EDV) / remastering n
**Master•kopie** f (Film) / master positive ‖ ~**platte** f (EDV) / master disc ‖ ~**positiv** n (Film) / master positive ‖ ~**-slave-Flipflop** n (ein taktgesteuertes Flipflop, bei dem der "Master" bei ansteigender Taktflanke die Information einliest und der "Slave" bei abfallender Taktflanke diese Information übernimmt) (Eltronik) / master-slave flip-flop ‖ ~**-slave-Manipulator** m (System von zwei Manipulatoren, bei dem die vom Bediener eingeleiteten Bewegungen von einem entfernt vom Steuermanipulator aufgestellten Manipulator direkt und synchron ausgeführt werden) / master-slave manipulator ‖ ~**-slave-Prinzip** n (in Systemhierarchien) (Regeln) / master-slave principle ‖ ~**-Slave-Prüfung** f (Referenzprüfling und der eigentliche Prüfling) / master-slave test ‖ ~**-slave-Rechnersystem** n (EDV) / master/slave computer system ‖ ~**-slave-System** n (in der Robotik) / master/slave system ‖ ~**-slice-Technik** f (in der Monochiptechnik) (Eltronik) / master-slice technology ‖ ~**strang** m (der DNS-Doppelhelix) (Gen) / codogenic strand
**Mast•falte** f (Leder) / fat crease, fat wrinkle ‖ ~**feld** n (einer Freileitung) (Eltech) / span* n (the distance between two transmission-line towers), opening n, open width ‖ ~**gründung** f (Eltech) / footing* n
**Mastikation** f (mechanischer Abbauprozeß des rohen Naturkautschuks) (Chem Verf) / mastication n
**Mastikator** m (schwerer Innenmischer mit Knetschaufeln) (Chem Verf) / masticator* n
**Mastix** m (ein schwach gelb gefärbtes Harz von Pistacia lentiscus L.) (Chem, For) / mastic* n, mastiche n ‖ ~ (ein Gemisch aus Asphalt und Goudron für Straßenbelag) (HuT) / mastic asphalt*
**mastizieren** v (Chem Verf) / masticate v ‖ ~ n (Chem Verf) / mastication n

**Mast•kalbfell** n (von mit Milch aufgezogenen Tieren, über 7 kg Grüngewicht) (Leder) / veal skin, veal n ‖ ~**kran** m (Schiff) / sheerlegs pl
**MAS-Transistor** m (Eltronik) / MAS transistor, MAS
**Mast•schalter** m (Eltech) / pole top switch* ‖ ~**strahler** m (Radio) / tower radiator ‖ ~**vieh** n (Landw) / feeder cattle, stocker n, fatstock n, store cattle, store stock ‖ ~**werk** n (Schiff) / masting n ‖ ~**zellendegranulierendes Peptid** (Biochem) / mast-cell degranulating peptide
**Masut** n (hochsiedender Rückstand bei der Destillation von russischem Erdöl) (Kftst) / mazut n, mazout n, masut n
**Matadero-Häute** f pl (argentinische Rindshäute) (Leder) / matadero hides
**Match** n (Vergleichsoperation, bei der die Übereinstimmung zweier Datenstrukturen bezüglich bestimmter Matchregeln überprüft wird) (EDV) / matching n, match n
**Matchen** n (KI) / matching n (for recognition purposes)
**Matching** n (EDV) / matching n, match n ‖ ~ (KI) / matching n (for recognition purposes)
**Matelassé** m (pikeeähnliches Steppgewebe mit einer reliefartigen Musterung, die durch einen in dem Innern des Gewebes liegenden Füllschuß hervorgerufen wird) (Tex) / matelassé n
**Mater** f (zum Herstellen von Stereos) (Druck) / matrix* n (pl. matrices or matrixes), mat* n
**MATER** n (EDV) / format for terminological/lexicographical data interchange on magnetic tape
**Material** n (Sammelbegriff für Rohstoffe, Werkstoffe, Halbzeuge, Hilfsstoffe, Betriebsstoffe, Teile und Gruppen, die zur Fertigung erforderlich sind) / material n ‖ ~ (z.B. Kupferbarren) (Hütt) / stock n ‖ **fotografisches** ~ (Platten, Filme und Papiere) (Foto) / photographic materials, photographic material ‖ **mit Gasblasen verstärktes** ~ / bubble-reinforced material ‖ **nicht nachgewiesenes** ~ (die Differenz zwischen dem realen Bestand und dem Buchbestand an Kernmaterial) (Nukl) / material unaccounted for, NUF ‖ **rißüberbrückendes** ~ (Gaze, Glasfaserstoff, Draht) (Bau) / mesh n (for patching holes in plaster) ‖ **rollendes** ~ (Bahn) / plant* n, rolling-stock* n ‖ ~ n **für** (chemische) **Trennprozesse** (Chem) / separation medium
**Material•anforderungsschein** m / materials requisition card ‖ **ohne** ~**anklammerung** (automatische Durchlauf-Entwicklungsmaschine) (Foto) / clip-free adj ‖ ~**ausgabeschein** m / materials issue card, material supply bill ‖ ~**ausnutzung** f / materials utilization ‖ ~**ausstoßer** m (z.B. an Pressen) (Masch) / ejector* n ‖ ~**bedarf** m (F.Org) / required material ‖ ~**behandlungsreaktor** m (ein Bestrahlungsreaktor) (Nukl) / materials-processing reactor ‖ ~**bereitsteller** m (an der Montagelinie) (Masch) / line-filler n ‖ ~**bestand** m (Nukl) / inventory* n ‖ ~**bezugsschein** m / materials issue card, material supply bill ‖ ~**bilanz** f (Chem, Nukl) / material balance ‖ ~**bilanzzone** f (Nukl) / material balance zone ‖ ~**buckling** n (Kernphys) / material buckling ‖ ~**datenerfassung** f / materials-data gathering ‖ ~**dispersion** f (die Wellenlängenabhängigkeit des Stoffes nach DIN 57888, T 1) / material dispersion ‖ **verbrauchsgesteuerte** ~**disposition** (F.Org) / material planning by order-point technique ‖ ~**einsatz** m (Nukl) / inventory* n ‖ ~**entnahmeschein** m / materials issue card, material supply bill ‖ ~**fehler** m / defect of material, defect in material ‖ ~**fluß** m (Weg des Materials vom Wareneingang durch die Fertigung bis zum Versand) (F.Org) / flow of materials, material(s) flow ‖ ~**flußsteuerung** f / materials flow control ‖ ~**gatter** n (Spinn, Tex) / creel* n ‖ ~**gleichung** f (eine rheologische Zustandsgleichung) (Phys) / constitutive equation ‖ ~**handhabung** f (Masch) / materials handling* ‖ ~**-Handling** n (Masch) / materials handling*
**Materialisation** f (nach der Einsteinschen Gleichung $E = mc^2$) (Phys) / materialization* n
**Material•karte** f / materials issue card, material supply bill ‖ ~**kennwerte** m pl (WP) / material characteristics, performace characteristics of material ‖ ~**konstante** f (WP) / material constant, matter constant ‖ ~**kosten** pl (F.Org) / material costs ‖ ~**lager** n / materials stock, magazine n ‖ ~**liste** f / bill of materials, BOM ‖ ~**prüfreaktor** m (ein Forschungsreaktor) (Nukl) / materials testing reactor*, MTR ‖ ~**prüfung** f (WP) / testing of materials, materials testing ‖ ~**punkt** m (Phys) / mass point, material point, particle n ‖ ~**reste** m pl **nach dem Plattenschneiden** (Akus) / swarf n, chip n ‖ ~**rückgewinnung** f (WP) / materials recycling ‖ ~**schleuse** f (HuT) / material(s) lock* ‖ ~**schleuse** (Nukl) / equipment hatch ‖ ~**speicher** m (Plast) / accumulator n ‖ ~**stau** m (in der Nähmaschine) (Tex) / bunching n, bunching-up n
**Materialtransport** m (innerbetrieblicher) / materials handling ‖ ~ (Wasserb) / sediment transport ‖ **flurfreier** ~ / overhead materials handling ‖ ~ m **entlang der Küste** (Schwemmstoffe) (Ozean) / littoral drift ‖ ~ **schräg zur Küste** (Schwemmstoffe) (Geol, Ozean) /

longshore drift*, littoral drift ‖ ⁓ **vom Einschnitt zum Auftrag** (HuT) / teaming *n*
**Material•übertragung** *f* (während des Reibvorganges) / transfer of material ‖ ⁓**umformung** *f* / material deforming ‖ ⁓**wanderung** *f* (Eltech) / contact material migration ‖ ⁓**wirtschaft** *f* (als Tätigkeitsbereich im Betrieb) / material procurement and stores, materials management ‖ ⁓**zusteller** *m* (Bergb) / tool nipper
**Materie** *f* (Phys) / matter* *n* ‖ **dunkle** ⁓ (unsichtbare, nichtleuchtende oder strahlungsabsorbierende kosmische Materie, die sich nur durch ihre Gravitationswirkung bemerkbar macht) (Astr) / dark matter ‖ **interplanetae** ⁓ (zwischen Sonne und Planeten) (Astr) / interplanetary matter* ‖ **interstellare** ⁓ (die den Raum zwischen den Sternen unregelmäßig erfüllende diffus verteilte Materie sehr geringer Dichte) (Astr) / interstellar matter, interstellar medium* ‖ **kosmische** ⁓ (Astr) / cosmic matter ‖ **partikulare** ⁓ (Phys) / particulate matter
**Materie•ära** *f* (in der Big-Bang-Kosmologie) (Astr) / matter era ‖ ⁓**feld** *n* (Phys) / matter field ‖ ⁓**fluß** *m* (Phys) / mass flow
**materiell** *adj* / material *adj* ‖ ⁓ s. auch physisch ‖ ⁓**e Flußdichtewölbung** (Kernphys) / material buckling ‖ ⁓**er Punkt** (Phys) / mass point, material point, particle *n* ‖ ⁓**e Ressourcen** / material resources ‖ ⁓**e Schwächung** (die Abnahme einer Strahlungsgröße beim Durchgang von Strahlung durch Materie) (Phys) / attenuation* *n* ‖ ⁓**es Teilchen** (Phys) / material particle ‖ ⁓**e Vermögensgegenstände** (als Bilanzposten) / tangible assets, tangibles *pl* ‖ ⁓**e Wirtschaftsgüter** (als Bilanzposten) / tangible assets, tangibles *pl*
**Materiewelle** *f* (Phys) / matter wave, de Broglie wave
**Materiewellenfeld** *n* (Phys) / matter field
**Maternpappe** *f* (Pap, Typog) / flong* *n*, stereotype dry mat, mat *n*
**Mathematik** *f* (Math) / mathematics* *n*, math *n*, math *n* (US) ‖ **angewandte** ⁓ (Math) / applied mathematics*, applicable mathematics ‖ **diskrete** ⁓ (Math) / discrete mathematics ‖ **höhere** ⁓ (als Gegensatz zur Elementarmathematik) (Math) / higher mathematics ‖ **kombinatorische** ⁓ (Math) / combinatorics *n*, combinatorial analysis, combinatorial theory ‖ **konstruktive** ⁓ (Math) / constructive mathematics ‖ **neue** ⁓ (Math) / new maths, new math ‖ **numerische** ⁓ (Math) / numerical mathematics ‖ **reine** (theoretische) ⁓ (Math) / pure mathematics
**Mathematik-Chip** *m* (EDV) / extended math chip, EMC
**mathematisch** *adj* (Math) / mathematical *adj*, mathematic *adj* ‖ ⁓**e Biologie** (Biol) / mathematical biology ‖ ⁓**e Geologie** (Geol) / mathematical geology ‖ ⁓**e Größe** (Math) / mathematical quantity ‖ ⁓**e Logik** (Math) / mathematical logic*, symbolic logic* ‖ ⁓**es Modell** (Math) / mathematical model, mathematic model ‖ ⁓**es Objekt** (z.B. Koordinaten) (Math) / mathematical entity ‖ ⁓**es Papier** (z.B. Millimeter-, Polarkoordinaten- und Logarithmenpapier) (Pap) / graph paper ‖ ⁓**es Pendel** (Phys) / simple pendulum ‖ ⁓**e Programmierung** (Optimierung) (Math) / mathematical programming ‖ ⁓**e Prüfung** / mathematical check(ing) ‖ ⁓**er Satz** (Satz von mathematischem Text) (Typog) / mathematical setting ‖ ⁓**er Satz** (Typog) s. auch Formelsatz ‖ ⁓**e Semantik** (EDV, KI) / denotational semantics, functional semantics ‖ ⁓**e Statistik** (DIN 13 303, T 2) (Stats) / mathematical statistics ‖ ⁓**e Stichprobe** (Stats) / random sample ‖ ⁓**es Symbol** (Math) / mathematical symbol, math symbol ‖ ⁓**es Teilchen** (Kernphys) / mathematical particle, bare particle
**Mathematisierung** *f* / mathematization *n*
**Matildit** *m* (ein Silberbismutglanz, unterhalb 210° , hexagonal bzw. orthorhombisch) (Min) / matildite *n*
**Matlockit** *m* (ein Oxyhalogenid) (Min) / matlockite *n*
**Matratzenverwitterung** *f* (Geol) / spheroidal weathering, spherical weathering
**Matricarin** *n* (ein Proazulen) (Chem) / matricin *n*
**Matricin** *n* (Chem) / matricin *n*
**Matrikariakampfer** *m* (linksdrehende Form des Kampfers) (Chem) / matricaria camphor, laevorotatory camphor
**Matrix** *f* (des Harzes bei Ionenaustauschern) (Chem Verf) / matrix *n* (pl. matrices or matrixes) ‖ ⁓ (z.B. in Fortran oder Algol) (EDV) / array* *n* (an arrangement of items of data each identified by a key or subscript) ‖ ⁓ (Proteingerüst des Zellkerns mit Funktionen bei der Organisation des Chromatins) (Gen) / matrix *n* (pl. matrices or matrixes) ‖ ⁓ (Geol) / groundmass* *n*, matrix *n* (pl. matrices or matrixes) ‖ ⁓ (Hütt) / matrix *n* (pl. matrices or matrixes) ‖ ⁓ (der Phasenanteil eines keramischen Werkstoffes, in den die anderen Phasen eingebettet sind) (Keram, Pulv) / matrix* *n* (pl. matrices or matrixes), groundmass *n* ‖ ⁓ (DIN 5486) (Math) / matrix* *n* (pl. matrices or matrixes) ‖ ⁓ (pl. -izes oder -izen) (z.B. Wasser) (Nahr) / matrix *n* ‖ ⁓ (Hüll- und Begleitmaterial in der Spektroskopie) (Spektr) / matrix *n* (pl. matrices or matrixes) ‖ ⁓ (TV) / matrix* *n* (pl. matrices or matrixes) ‖ ⁓ (der jungen Zellwand) (Zyt) / matrix *n* ‖ **adjungierte** ⁓ (Math) / adjoint of a matrix, adjugate of a matrix ‖ **definierende** ⁓ (Math) / sandwich matrix ‖ **dünnbesetzte** ⁓ (Math) / sparse matrix ‖ **einreihige** ⁓ (Math) / row matrix, single-row matrix ‖ **einspaltige** ⁓ (Math) / column vector*, column matrix (a matrix with exactly one column) ‖ **einzeilige** ⁓ (Math) / row matrix, single-row matrix ‖ **erweiterte** ⁓ (Math) / augmented matrix ‖ **extrazelluläre** ⁓ (Zyt) / extracellular matrix ‖ **gekippte** ⁓ (Math) / transpose *n* of a matrix* (by interchanging the rows and columns), conjugate matrix* ‖ **gespiegelte** ⁓ (Math) / transpose *n* of a matrix (by interchanging the rows and columns), conjugate matrix* ‖ **hermitesche** ⁓ (DIN 5486) (Math) / Hermitian matrix ‖ **inverse** ⁓ (DIN 5486) (Math) / inverse of a matrix*, inverse matrix ‖ **invertierbare** ⁓ (Math) / invertible matrix, non-singular matrix ‖ **Jacobische** ⁓ (Math) / functional matrix ‖ **Jordansche** ⁓ (Math, Phys) / Jordan matrix ‖ **nichtsinguläre** ⁓ (Math) / invertible matrix, non-singular matrix ‖ **orthogonale** ⁓ (DIN 5486) (Math) / orthogonal matrix* ‖ **positiv definite** ⁓ (Math) / positive definite matrix ‖ **quadratische** ⁓ (Math) / square matrix, quadratic matrix ‖ **rechtsassoziierte** ⁓ (Math) / right associate (of a matrix) ‖ **reziproke** ⁓ (DIN 5486) (Math) / inverse of a matrix*, inverse matrix ‖ **schiefsymmetrische** ⁓ (Math) / skew-symmetric matrix, antisymmetric matrix ‖ **singuläre** ⁓ (quadratische Matrix, deren Determinante den Wert null hat) (Math) / singular matrix ‖ **skalare** ⁓ (Math) / scalar matrix* ‖ **symmetrische** ⁓ (DIN 5486) (Math) / symmetrical matrix, symmetric matrix ‖ **transponierte** ⁓ (Math) / transpose *n* of a matrix* (by interchanging the rows and columns), conjugate matrix* ‖ **unimodulare** ⁓ (eine quadratische Matrix) (Math) / unimodular matrix ‖ **unitäre** ⁓ (Math) / unitary matrix ‖ **zweireihige** ⁓ (Math) / double-row matrix ‖ ⁓ *f* **benachbarter Knoten** (für Grafen) (EDV) / adjacency matrix, connectivity matrix, reachability matrix ‖ ⁓ **mit überwiegender Hauptdiagonale** (Math) / Hadamard matrix
**matrix•artige Phosphorsäurezelle** *f* (eine Brennstoffzelle) / matrix-type phosphoric acid cell ‖ ⁓**darstellung** *f* (der Quantenmechanik) (Phys) / Heisenberg picture, Heisenberg representation ‖ ⁓**drucker** *m* (EDV) / matrix printer, dot matrix printer, wire printer, mosaic printer ‖ ⁓**effekt** *m* (bei den spektroskopischen Bestimmungsverfahren) (Chem) / matrix effect ‖ ⁓**-Fibrillen-Bikomponentenfaser** *f* (wobei die Trägerschicht fibrilläre Einschlüsse der zweiten Komponente erhält) (Spinn) / matrix fibril bicomponent fibre ‖ ⁓**-Fibrillen-Bikomponentenfasern** *f pl* (Spinn) / bicomponent bigeneric fibres, biconstituent fibres ‖ ⁓**form** *f* (Math) / matrix form ‖ ⁓**gestalt** *f* (Math) / matrix form ‖ ⁓**inversion** *f* (Math) / matrix inversion ‖ ⁓**multiplikation** *f* (Math) / multiplication of matrices ‖ ⁓**norm** *f* (Math) / matrix norm ‖ ⁓**polymerisation** *f* (z.B. die Merrifield-Technik) (Chem) / matrix polymerization ‖ ⁓**programm** *n* (Chem) / matrix program ‖ ⁓**schalter** *m* (EDV, Eltronik) / matrix switch ‖ ⁓**schaltung** *f* (eine integrierte Schaltung, bei der die Elemente in Form einer Matrix angeordnet sind) (Eltronik, TV) / matrix circuit ‖ ⁓**speicher** *m* (DIN 66 001) (EDV) / matrix storage, coordinate storage, matrix memory, MXM ‖ ⁓**spiel** *n* (ein endliches Nullsummenspiel mit zwei Spielern) (Math) / matrix game (an example of a zero-sum game), rectangular game ‖ ⁓**stromkreis** *m* (Eltronik, TV) / matrix circuit ‖ ⁓**unterstützte Laser-Desorption/-Ionisation** (Spektr) / MALDI *n*
**Matrize** *f* (z.B. eine Wachsmatrize im Schablonendruck) / stencil* *n* ‖ ⁓ (Akus) / matrix *n* (pl. matrices or matrixes) ‖ ⁓ (ein Makromolekül, das die Struktur eines anderen Makromoleküls bestimmt) (Biochem) / template *n* ‖ ⁓ (Druck) / mould* *n* ‖ ⁓ (EDV, Masch) / matrix *n* (pl. matrices or matrixes) ‖ ⁓ (der Teil des Werkzeugs, der die Außenform des Werkstücks bestimmt) (Masch) / die* *n*, female die, bottom die ‖ ⁓ (Masch) / female die ‖ ⁓ (beim Warmformen) (Plast) / female mould, negative mould ‖ ⁓ (zum Spritzgießen) (Plast) / cavity plate, female mould ‖ ⁓ (Plast, Pulv) / mould *n* ‖ ⁓ (Pulv) / die body ‖ **geteilte** ⁓ (Pulv) / segment die, split die ‖ **konische** ⁓ (beim Drahtziehen) (Hütt) / conical die ‖ **stochastische** ⁓ (Stats) / stochastic matrix ‖ ⁓ *f* **mit erhabenen Konturen** (bei der Schallplattenherstellung) (Akus) / master* *n* ‖ ⁓ **mit Rillen** (für die Schallplattenherstellung) (Akus) / mould *n*
**Matrizen•algebra** *f* (DIN 5486) (Math) / matrix algebra ‖ ⁓**auskleidung** *f* (Pulv) / die insert ‖ ⁓**darstellung** *f* (Math) / matrix representation ‖ ⁓**fräsen** *n* (Herstellen der Innenform einer Matrize) (Masch) / die sinking ‖ ⁓**gleitmittel** *n* (Pulv) / die lubricant ‖ ⁓**inversion** *f* (Math) / matrix inversion ‖ ⁓**körper** *m* (Pulv) / die body ‖ ⁓**mechanik** *f* (von W.Heisenberg, M.Born und P.Jordan) (Phys) / matrix mechanics ‖ ⁓**name** *m* (Chem) / replacement name ‖ ⁓**papier** *n* (Pap) / stencil paper ‖ ⁓**pappe** *f* (Pap, Typog) / flong* *n*, stereotype dry mat, mat *n* ‖ ⁓**polymerisation** *f* (Chem) / template polymerization, matrix polymerization ‖ ⁓**rahmen** *m* (Typog) / die case*, matrix case ‖ ⁓**reaktion** *f* (Chem) / template reaction ‖ ⁓**rechnung** *f* (Math) / matrix calculus ‖ ⁓**stahl** *m* (Hütt) / die steel ‖ ⁓**umkehrung** *f* (Math) / matrix inversion ‖ ⁓**verfahren** *n* (beim Umformen von Blechen) (Masch) / female-mould process
**Matrizierung** *f* (TV) / matrixing* *n*

**Matroid** n (ein System von Teilmengen einer endlichen Menge) (Math) / matroid n

**Matsch** m (Straßenmatsch, Schneematsch) (Kfz, Meteor) / slush n

**matschig** adj / muddy adj, slushy adj (snow) ‖ ~ / pulpy adj, mushy adj, squashy adj

**matt** adj (Farbton) / matte* adj, dead adj, flat adj, dull adj, matt* adj, mat adj ‖ ~ / lustreless adj, lacklustre adj, matt adj, mat adj, dull adj, dead adj ‖ ~ (Ton, Farbe) / faint adj ‖ ~ adj (Lack) (Anstr) / flat adj, matt adj ‖ ~ (Stelle der Glasur) (Keram) / chalky adj, chalked adj (on porcelain-enamelled surfaces and glazes) ‖ ~es Aussehen (Anstr, Keram) / dullness n ‖ ~e Glasur (Kristallausscheidungen - ein Glasurfehler) (Keram) / matt glaze, dull glaze ‖ ~e Glätte mit **Eierschalenglanz** (Pap) / eggshell finish* ‖ ~e Oberflächenschicht (z.B. elektrochemische) (Galv) / dull finish, mat finish, matte finish ‖ ~e Stellen (Keram) / matt glaze, dull glaze ‖ ~e Wetter n pl (bei denen der für die Atmung erforderliche Sauerstoffgehalt unter dem Normalwert von 21 Vol.-% liegt) (Bergb) / foul air, dead air

**Matt·appretur** f (Tex) / dull finish ‖ ~ätzen n (wenn der Flußsäure Fluoride zugesetzt werden) (Glas) / acid frosting, frosting n ‖ mit ~ätzgravur ohne Struktur (Glas) / white-acid embossed ‖ ~ätzung f (Glas) / acid frosting, frosting n

**Mattauch-Herzog-Geometrie** f (Spektr) / Mattauch-Herzog design geometry

**Mattauch-Regel** f (nach J. Mattauch, 1895-1976) (Kernphys) / Mattauch rule, isobaric law

**matt·blau** adj / pale-blue adj ‖ ~braunkohle f (Bergb) / dull brown coal ‖ ~brenne f (für Kupfer und Kupferlegierungen) (Galv) / matt dip ‖ ~brennen n (Kupfer und Kupferlegierungen) (Galv) / matt dipping

**Matte** f (Bau, Kfz, Luftf, Plast, Tex) / mat n ‖ **mikrobielle** ~ (Biofilm) (Umwelt) / microbial mat ‖ **nachbehandelte** ~ **für Preßzwecke** (Plast) / texturized mat ‖ **rauhhaarige** ~ (Tex) / rug n ‖ ~ **f aus Schneideabfällen** / utility mat

**Matten·bindung** f (eine Leinwandbindung) (Web) / hopsack weave*, matt weave, basket weave, Celtic weave ‖ ~holz n (zum Abfangen herabfallenden Gesteins) (Bergb, For) / mat timber, flooring timber ‖ ~pressen n (Plast) / mat moulding

**Matteucci-Effekt** m (tordiert man einen ferromagnetischen Draht in einem Magnetfeld, so ändert sich seine Magnetisierung) (Mag) / Matteucci effect

**Matt·glanz** m / dull gloss, dull lustre ‖ ~glanz (Pap) / dull finish, matte finish ‖ ~glänzend adj / dull-bright adj ‖ ~glas n (Foto) / ground-glass focussing screen, ground-glass screen, matt screen ‖ ~glas (meistens sandgestrahlt) (Glas) / frosted glass ‖ ~glas (mattgeätztes) (Glas) / acid-etched frosted glass ‖ ~glaslampe f (Licht) / frosted lamp* ‖ ~glasur f (Keram) / matt glaze, dull glaze ‖ ~golden adj / flat-gold attr, pale-gold attr

**Mattheit** f (Anstr, Keram) / dullness n ‖ ~ (einer Oberflächen-Chromschicht) (Anstr) / frostiness n

**Matthiassche Regel** (für Supraleiter) (Chem, Phys) / Matthias rule, valence-electron rule

**Matthiessen-Regel** f (Bestimmung des gesamten spezifischen Widerstands nach A. Matthiessen, 1831-1870) (Eltronik) / Matthiessen hypothesis*, Matthiessen rule

**mattieren** v (Anstr) / flat v, mat v, dull v ‖ ~ (Kolben, Lampe) (Licht) / frost v ‖ ~ (Tex) / delustre v (GB), deluster v (US) ‖ ~ n (galvanisches) (Galv) / matt dipping

**mattiert** adj / lustreless adj, lacklustre adj, matt adj, mat adj, dull adj, dead adj ‖ ~er Kolben (Licht) / frosted lamp* ‖ ~e Lampe (Licht) / frosted lamp*

**Mattierung** f (Anstr) / flatting n, matting n, dulling n ‖ ~ (Glas) / acid frosting, frosting n ‖ ~ (Tex) / delustering n

**Mattierungslösung** f (für Kupfer und Kupferlegierungen) (Galv) / matt dip

**Mattierungsmittel** n (das ein mattes Auftrocknen des Anstriches bewirkt) (Anstr) / flatting agent ‖ ~ (Tex) / delustrant* n

**Matt·kohle** f (Durit) (Bergb) / dull coal ‖ ~lack m (matt auftrocknender Lack) (Anstr, Foto) / flat varnish ‖ ~lackierung f (Anstr) / flat finish*, dead finish* ‖ ~lackierung mit **Eierschalenglanz** (Anstr) / eggshell flat ‖ ~lacküberzug m (Anstr) / flat finish*, dead finish* ‖ ~poliert adj (Fläche, z.B. durch feines Schleifen oder Bürsten) / matt adj ‖ ~satinage f (Pap) / English finish, E.F. ‖ ~scheibe f (Foto) / ground-glass focussing screen, ground-glass screen, matt screen ‖ ~schleifen n / dull grinding ‖ ~schliff m (der Sandkörner) (Geol) / frosting n ‖ ~schwarz adj / dull-black adj ‖ ~werden n (Anstr) / loss of gloss ‖ ~werden (Glanzverlust) (Anstr) / bloom n

**Maturadiamant** m (geschliffener farbloser wasserheller Zirkon) (Min) / Matura diamond*

**maturation-promoting factor** (Biochem) / maturation-promoting factor (MPF)

**Maturität** f (Geol) / maturity* n

**Mauer** f (Bau) / wall n ‖ **freistehende** ~ (z.B. eine Einfriedungsmauer) (Bau) / free wall (standing by itself) ‖ ~abdeckung f (Bau) / cope n, coping* n (of a wall), capping n ‖ **schräge** ~abdeckung (Bau) / feather-edged coping*, splayed coping* ‖ ~absatz m (ein Dickenverhältnis) (Bau) / offset* n, set-off n ‖ ~anker m (bei Schalenmauern) (Bau) / wall tie*, tie iron ‖ ~anstrichfarbe f (Anstr, Bau) / masonry paint ‖ ~ausbau m (im Schacht) (Bergb, HuT) / ginging n ‖ ~befestigung f (Bau) / wall fastening ‖ ~bogen m (Bau) / masonry arch ‖ ~damm m (Wasserb) / masonry dam ‖ ~deckel m (Bau) / cope n, coping* n (of a wall), capping n ‖ ~dicke f (Bau) / wall thickness, thickness of a wall ‖ ~dickenminderung f (Bau) / wall thinning ‖ ~dickenzuwachs m (Bau) / wall thickening ‖ ~dübel m (Bau) / wall plug ‖ ~durchbruchbohrer m (Bau) / masonry drill ‖ ~durchführung f (Bau, Eltech) / wall bushing, lead-in n ‖ ~ecke f (Bau) / quoin* n ‖ **spitzwinklige** ~ecke (Bau) / squint quoin* (SQ) ‖ ~eckengestaltung f (Bau) / quoining n (design of a quoin of a wall or building) ‖ ~fraß m (Salzausblühung) (Bau) / efflorescence* n (calcium nitrate) ‖ ~fundament n (Bau) / wall footing ‖ ~fuß m (der unterste Teil der Mauer, meistens auf dem Fundament aufsitzend) (Bau) / bottom of the wall, wall bottom ‖ ~fuß (Stützmauer beim Abteufen eines Schachtes) (Bergb) / supporting wall ‖ ~haupt n (Bau) / face of the wall ‖ ~kappe f (Bau) / cope n, coping* n (of a wall), capping n ‖ ~krone f (Bau, Wasserb) / top of a wall ‖ **treppenartig abgemauerte** ~ **oder Dammkrone** (Bau) / tumbling-in* n ‖ ~kronenüberfall m (Wasserb) / rollway n ‖ ~latte f (in der älteren Dachkonstruktion) (Bau) / wall plate* ‖ ~mantel m (Arch) / mantle n ‖ ~mörtel m (DIN 1053, T 1) (Bau) / brick mortar, masonry mortar

**mauern** v (Bau) / brick v, wall v, brick up v ‖ ~ n (Bau) / setting n, bricklaying n, bricking n ‖ ~ (Bau) / walling n

**Mauer·öffnung** f (Arch) / fenestra* n (pl. fenestrae) ‖ ~öffnung (Fenster-, Tür-, Tor-) (Bau) / wall opening ‖ ~rücksprung m (hinter die Flucht) (Bau) / break* n ‖ ~salpeter m (Kalziumnitrat) (Bau) / efflorescence* n (calcium nitrate) ‖ ~salz m (Kalksalpeter) (Bau) / efflorescence* n (calcium nitrate) ‖ ~sand m (Bau) / sand for mortar (BS 4721), mortar sand (aggregate) ‖ **äußere** ~schale (Arch) / mantle n ‖ ~schicht f **über der Gründung** (die erste) (Bau) / earth table, ground table, grass table ‖ ~schließe f (Bau) / wall tie*, tie iron ‖ ~schlitz m (für Unterputzleitungen) (Bau) / chase* n ‖ ~schnur f (Bau) / line* n, string n, builder's line ‖ ~sohle f (Bau) / bottom of the wall, wall bottom ‖ ~stärke f (Bau) / wall thickness, thickness of a wall ‖ ~stein m (als Baumaß) (Bau) / masonry unit ‖ ~stein (der auf kalten Wegen hergestellt wurde) (Bau, Keram) / brick* n, building brick, block n (US) ‖ ~stein mit erhöhter Druckfestigkeit (für Tragwände) (Bau) / load-bearing brick ‖ **vorgefertigtes** ~steinelement m (Bau) / prefabricated masonry panel ‖ ~steinverband m (Bau) / bond* n, brick bond ‖ **amerikanischer** ~steinverband (Bau) / English garden-wall bond*, common bond (US), American bond*, Scotch bond*

**Mauerung** f (Bau) / walling n ‖ ~ (des Ofens) (Hütt) / setting n, bricking n

**Mauer·verband** m (Bau) / bond* n, brick bond ‖ ~vollziegel m (Bau) / solid brick ‖ ~vorsprung m (vor die Flucht) (Bau) / break* n ‖ **horizontaler** ~vorsprung (Bau) / table n, tablet n

**Mauerwerk** n (DIN 1053 und 4172) (Bau) / masonry n ‖ **bewehrtes** ~ (Bau) / reinforced-brick masonry, RBM ‖ **zweischaliges** ~ (mit Luftschicht) (Bau) / hollow wall(ing)*, cavity wall* ‖ ~ n **aus Betonsteinen** (Bau) / concrete masonry ‖ ~ **aus Bruch- und Feldsteinen** (mit eingesetzten kleinen lagerhaften Steinen) (Bau) / rag-work* n ‖ ~ **aus natürlichen Steinen** (Bau) / rubble walling ‖ ~ **aus Quadersteinen** (Bau) / regular-coursed ashlar work, ashlar masonry

**Mauer·werkbogen** m (Arch) / masonry arch ‖ ~werksbau m (DIN 1053) (Bau) / masonry construction ‖ **die unterste** ~werkschicht (Bau) / base course* ‖ ~werksschaden m (Bau) / spoiled masonry ‖ ~werksschale f (eines zweischaligen Mauerwerks) (Bau) / withe n (one leaf of a cavity wall or hollow wall), wythe n, tier n (US), leaf n

**Mauerwerk·stein** m (als Baumaß) (Bau) / masonry unit ‖ ~(s)verband m (Bau) / bond* n, brick bond ‖ ~zement m (Bau) / masonry cement* ‖ ~ziegel m (Bau, Keram) / brick* n, building brick, block n (US)

**Mauerziegel** m (DIN 105) (Bau, Keram) / brick* n, building brick, block n (US) ‖ **deformierter** ~ (Bau) / shipper n ‖ ~verband m (Bau) / bond* n, brick bond

**Mauken** n (in Mauk- oder Massekellern) (Keram) / souring n, ageing n

**Maul** n (Arbeitsöffnung bei verdeckten Häfen) (Glas) / pot mouth ‖ ~ (eines Backenbrechers) (Masch) / mouth n ‖ ~ (Werkz) / escapement n

**Maulbeerbaum** m (Morus L.) (For) / mulberry n ‖ **Roter** ~ (Morus rubra L.) (For) / red mulberry

**Maulbeerfeigenbaum** m (Ficus sycomorus L.) (For) / sycomore n, sycomore fig, mulberry fig

**Maulbeerseide** f (eine Raupenseide) (Tex) / silk n (produced by silkworms)

**Maulbeerseidenspinner** *m* (Bombyx mori) (Tex, Zool) / Bombyx mori, silk moth
**Mäule-Reaktion** *f* (zum Nachweis von Lignin) (Chem) / Mäule reaction
**Mäule-Test** *m* (Chem) / Mäule reaction
**Maul-Gelenkschlüssel** *m* (Werkz) / combination flex-head wrench, combination end/socket wrench, flex-head combination wrench
**Maulschlüssel** *m* (Werkz) / face spanner, open spanner, open-ended spanner, open-end wrench (US) ‖ **einseitiger** ~ (Werkz) / single open-end spanner, single open-end wrench
**Maulweite** *f* (Felgenmaß) (Kfz) / rim width, flange-to-flange width ‖ ~ (Masch) / spanner opening, wrench opening (US) ‖ ~ **der Felge** (Kfz) / rim width (nominal)
**Maulwurf** *m* (Tunnelbohrgerät) (HuT) / mole *n* ‖ ~**dränmaschine** (Landw) / mole drainer, mole plough ‖ ~**dränung** *f* (einfache Hohlgänge im Boden, die mit dem Maulwurfpflug gezogen werden) (Landw) / mole drainage, moling *n* ‖ ~**farben** *adj* (Tex) / taupe *adj*, mole-grey *adj* ‖ ~**pflug** *m* (mit dem die Hohlgänge für die Maulwurfdränung gezogen werden) (Landw) / mole drainer, mole plough
**maulwurfsgrau** *adj* (Tex) / taupe *adj*, mole-grey *adj*
**Maunder-Diagramm** *n* (Astr) / butterfly diagram*, Maunder diagram*
**Maupertuissches Prinzip** (der kleinsten Wirkung nach P.L.M. de Maupertuis, 1698-1759) (Mech) / Maupertuis' principle (of least action)
**Maurer** *m* (Naturstein) (Bau) / mason *n*, walling mason, waller *n*, fixer *n* ‖ ~ (künstliche Steine) (Bau) / bricklayer *n*, brick mason (US), brickie *n* ‖ ~**arbeit** *f* (Bau) / masonry *n* ‖ ~**hammer** *m* (DIN 5108) (Bau) / bricklayer's hammer*, scutch* *n*, scotch* *n*, scutcher *n*, brick-axe* *n*, axe* *n* ‖ ~**handwerk** *n* (Bau) / masonry *n* ‖ ~**kelle** *f* (Bau) / brick trowel, bricklayer's trowel ‖ ~**polier** *m* (Bau) / foreman bricklayer
**Maureske** *f* (eine Arabeske) (Arch) / Moresque *n*
**maurisch** *adj* (Arch) / Moresque *adj* ‖ ~**er Bogen** (runder oder spitzer) (Arch) / horseshoe arch, Moorish arch
**Mauritiusfaser** *f* (Tex) / Mauritius hemp, mauritius *n*, fique *n*
**Mauritiushanf** *m* (Blattfaser der Furcraea foetida (L.) Haw.) (Tex) / Mauritius hemp, mauritius *n*, fique *n*
**Maus** *f* (ein Lokalisierer, der auf einer Oberfläche bewegt wird, um eine Position einzugeben) (EDV) / mouse* *n* (pl. mice) ‖ ~ (Verdickung von Tauen mit Kabelgarn oder Schiemannsgarn) (Schiff) / wooling *n* ‖ **optomechanische** ~ (mit einer aus dem Gehäuse hervorstehenden Rollkugel) (EDV) / optomechanical mouse ‖ ~ *f* **mit mehreren Knöpfen** (EDV) / multibutton mouse ‖ ~**ball** *m* (EDV) / mouse ball ‖ ~**-Driver** *m* (EDV) / mouse driver
**Mäusegeruch** *m* / mousy odour
**Mäuseklavier** *n* (EDV) / switch *n* (small device having a row of switches, used on adapter cards to control settings) ‖ ~ (EDV) / dipswitch *n*
**Mäuseln** *n* (Mäusegeschmack des Weines) (Nahr) / mousy off-flavour, mousiness *n*, mousy smell
**Mauseloch** *n* (ein senkrecht gesetztes Rohrstück an der Vorderseite des Drehtisches, in das die nächste Bohrstange, welche auf den Bohrstrang aufgesetzt werden soll, abgestellt wird) (Erdöl) / mouse hole
**Mäuselton** *m* (des Weines) (Nahr) / mousy off-flavour, mousiness *n*, mousy smell
**Mausereignis** *n* (EDV) / mouse event
**Mausevent** *m* *n* (EDV) / mouse event
**Mäusezähnchen** *n* (Tex) / picot *n*
**mausfarben** *adj* (EDV) / mouse-grey *adj*, mouse-coloured *adj*, mouse-dun *adj*
**mausfarbig** *adj* (EDV) / mouse-grey *adj*, mouse-coloured *adj*, mouse-dun *adj*
**mausgesteuert** *adj* (EDV) / mouse-controlled *adj*, mouse-driven *adj* ‖ ~**er Cursor** (EDV) / mouse-controlled cursor
**mausgrau** *adj* (EDV) / mouse-grey *adj*, mouse-coloured *adj*, mouse-dun *adj*
**Mausing** *n* (Schiff) / mousing *n*
**Maus·klick** *m* (EDV) / mouse click ‖ ~**matte** *f* (EDV) / mouse pad
**m-aus-n-Kode** *m* / m out of n code
**maus·orientiert** *adj* (EDV) / mouse-oriented *adj* ‖ ~**pad** *n* (EDV) / mouse pad ‖ ~**sensitive Fläche** (der Benutzerschnittstelle) (EDV) / mouse-sensitive area ‖ ~**software** *f* (EDV) / mouse software ‖ ~**steuerung** *f* (EDV) / mouse control ‖ ~**tablett** *n* (EDV) / mouse pad ‖ ~**taste** *f* (EDV) / mouse button ‖ ~**treiber** *m* (EDV) / mouse driver ‖ ~**unterlage** *f* (EDV) / mouse pad ‖ ~**unterstützung** *f* (EDV) / mouse support (of programs, the ability to accept the mouse as an alternative input device) ‖ ~**unterstützung** (EDV) / mouse support (of programs, the ability to accept the mouse as an alternative input device) ‖ ~**unterstützung** (EDV) / mouse support ‖ ~**zeiger** *m* (EDV) / mouse pointer ‖ ~**zeiger als Fragezeichen** / question-mark pointer ‖ ~**zeiger in Fragezeichenform** / question-mark pointer
**Maut** *f* (auf österreichischen Autobahnen) (Kfz) / toll *n*, pike *n* ‖ ~**straße** *f* (A) (Kfz) / toll-road *n*, turnpike *n* (US), pike *n*, tpk ‖ ~**strecke** *f* (A) (Kfz) / toll-road *n*, turnpike *n* (US), pike *n*, tpk

**mauve** *adj* / mauve *adj* (of a pale purple colour) ‖ ~ *n* (basischer Azinfarbstoff - heute ohne Bedeutung) (Chem) / mauveine*
**Mauvein** *n* (basischer Azinfarbstoff - heute ohne Bedeutung) (Chem) / mauveine* *n* ‖ **Perkinsches** ~ (Chem) / Perkin's mauve*, Perkin's violet, Perkin's purple
**MAVAR** (Fernm) / parametric amplifier*, reactance amplifier, mavar *n*, MAVAR *n*, paramp* *n*
**Mavica** *f* (Film) / magnetic video camera
**MAW** (Nukl) / medium-activity waste, medium-level radioactive waste, intermediate-level waste*
**Maxicomputer** *m* (EDV) / mainframe* *n*, mainframe computer, large computer
**maximal** *adj* / maximal *adj* ‖ ~**e Arbeitsplatzkonzentration** (Med) / threshold limit value, TLV ‖ ~**e Arbeitsplatzkonzentration** (Med) / maximum allowable concentration, MAC ‖ ~**er Baum** (Math) / maximal tree, maximal tree subgraph, skeleton *n* ‖ ~**e Böschungsneigung** (HuT) / critical slope ‖ ~**e Burstlänge** (Fernm) / maximum burst rate ‖ ~**es Element** (Mengenlehre) (Math) / maximal member ‖ ~**e Emissionskonzentration** (Umwelt) / maximum emission concentration ‖ ~**e Empfindlichkeit** (des Meßgerätes) (Instr) / peak response ‖ ~ **flaches Filter** (Eltronik) / Butterworth filter*, maximally flat filter ‖ ~ **geebnet** (Radio) / maximally flat* ‖ ~**es Ideal** (Math) / maximal ideal ‖ ~**e Kette** (Math) / maximal chain ‖ ~**e Koerzitivfeldstärke** (Mag) / coercivity* *n* ‖ ~**e Lastaufnahme** (Bau, HuT) / maximum load ‖ ~**es Platzangebot** (Bahn) / crush capacity ‖ ~**e Schwebeflughöhe** (bei Hubschraubern) (Luftf) / hovering ceiling ‖ ~**e statische Reibungskraft** (Phys) / maximum static-friction force ‖ ~**e Tragkraft** (Masch) / lifting capacity ‖ ~**e Traglast** (des Kranes) (Masch) / lifting capacity ‖ ~**e Wellenlänge** (Phys) / maximum wavelength ‖ ~ **zulässige Äquivalentdosis** (Radiol) / maximum permissible concentration, permissible dose*, tolerance dose, MPD* ‖ ~ **zulässige Ganzkörperbelastung** (Radiol) / total body burden* ‖ ~ **zulässige (Schadstoff)Konzentration** (Umwelt) / maximum Emissionsgrenzwert) (Umwelt) / maximum permissible concentration*, maximum permissible level* ‖ ~ **zulässige Strahlendosis für Knochen** (Patienten, Personal) (Radiol) / bone tolerance dose*
**Maximal·** / maximal *adj* ‖ ~**belastung** *f* (Eltech) / maximum demand* ‖ ~**dosis** *f* (Pharm) / maximum dose, maximal dose ‖ ~**druck** *m* / maximum pressure
**Maximale** *f* (in der Variationsrechnung) (Stats) / maximal *n*
**Maximal·entfernung** *f* (größte meßbare Zielentfernung) (Radar) / maximum range ‖ ~**flußproblem** *n* (Grundaufgabe der Grafentheorie) (EDV) / maximal-flow problem ‖ ~**gewicht** *n* / maximum weight ‖ ~**hochwasser** *n* (Wasserb) / maximum flood ‖ ~**niederschlag** *m* (Meteor) / maximum precipitation ‖ ~**relais** *n* (Eltech) / maximum relay ‖ ~**stromrelais** *n* (Eltech) / overcurrent relay*, overload relay* ‖ ~**tarif** *m* (ein Strombezugstarif, der neben dem Arbeitspreis noch eine Leistungsgebühr für die innerhalb eines bestimmten Zeitraumes aufgetretene Höchstlast beansprucht) (Eltech) / maximum-demand tariff*, contract-demand tariff* ‖ ~**valenz** *f* (Chem) / maximum valence ‖ ~**wert** *m* / maximal value, maximum value* ‖ ~**wertauswahl** *f* (Reaktorschutzsystem) (Nukl) / auctioneering *n*
**maximieren** *v* / maximize *v* ‖ ~ *n* (Math) / maximizing *n*, maximization *n*
**Maximierung** *f* (Math) / maximizing *n*, maximization *n*
**Maximum** *n* / maximum *n* (pl. maxima or maximums) ‖ ~ (ein Extremwert) (Math) / maximum *n* (pl. maxima or maximums), max ‖ **lokales** ~ (Math) / local maximum (a value of a variable greater than any values close to it) ‖ **polarografisches** ~ (Chem, Eltech) / polarographic maximum ‖ ~ bzw. **Minimum** (eines meteorologischen Elements) (Meteor) / extreme *n* ‖ ~ **des Eisvorstoßes** (bei Gletschern) (Geol) / glacial maximum, glaciation limit
**Maximum·anzeige** *f* / maximum reading ‖ ~**anzeiger** *m* (Eltech) / maximum-demand indicator* ‖ ~**funktion** *f* (Math) / maximum function, max function ‖ ~**-Likelihood-Methode** *f* (zur Gewinnung von Punktschätzungen) (Stats) / maximum likelihood method ‖ ~**-Material-Bedingung** *f* (ein Symbol im Toleranzrahmen nach DIN 7184, T 1) (Masch) / maximum-material condition ‖ ~**-Minimum-Thermometer** *n* (Meteor) / maximum and minimum thermometer* ‖ ~**prinzip** *n* (für holomorphe Funktionen) (Math) / principle of the maximum ‖ ~**siedepunkt** *m* (Phys) / maximum boiling point ‖ ~**zähler** *m* (ein Elektroenergieverbrauchszähler) (Eltech) / maximum-demand meter
**Maxipresse** *f* (Masch) / crank forging press
**Maxterm** *m* (Darstellung einer Schaltfunktion als Disjunktion von Variablen, wobei jede davon entweder bejaht oder negiert wird) (EDV) / maxterm *n*, standard sum term
**Maxwell·-Boltzmannsches Geschwindigkeitsverteilungsgesetz** (nach J.C. Maxwell, 1831-1879, und L. Boltzmann, 1844-1906) (Phys) / Maxwell-Boltzmann distribution law* ‖ ~**-Boltzmann-Statistik** *f*

(Phys) / Boltzmann statistics, Maxwell-Boltzmann statistics ‖ ~**brücke** f (Eltech) / Maxwell bridge* ‖ ~**-Gas** n (das aus Maxwellschen Molekülen besteht) (Phys) / Maxwellian gas
**Maxwellsch•es Beobachtungssystem** (Opt) / Maxwellian viewing system* ‖ ~**e Beziehung** (Zusammenhang zwischen dem Brechungsindex, der relativen Permeabilität und der relativen Dielektrizitätskonstanten eines Mediums) (Phys) / Maxwell relationship ‖ ~**e Brückenschaltung** (eine Induktivitätsmeßbrücke) (Eltech) / Maxwell bridge* ‖ ~**er Dämon** (falsche gedankliche Konstruktion von Maxwell) (Chem) / Maxwell's demon* ‖ ~**e Flüssigkeit** (in der Rheologie) (Phys) / Maxwell liquid, Maxwell body ‖ ~**e Geschwindigkeitsverteilung** (Phys) / Maxwellian distribution ‖ ~**e Geschwindigkeitsfunktion** (Phys) / Maxwellian distribution ‖ ~**es Geschwindigkeitsverteilungsgesetz** (Phys) / Maxwell-Boltzmann distribution law* ‖ ~**e Korkenzieherregel** (Elektr) / corkscrew rule ‖ ~**er Körper** (in der Rheologie) (Phys) / Maxwell liquid, Maxwell body ‖ ~**e Relation** (Zusammenhang zwischen dem Brechungsindex, der relativen Permeabilität und der relativen Dielektrizitätskonstanten eines Mediums) (Phys) / Maxwell relationship ‖ ~**e Schraubenregel** (Elektr) / screw rule
**Maxwell•-Verteilung** f (Phys) / Maxwellian distribution ‖ ~**-Wien-Brücke** f (Eltech) / Maxwell bridge*
**Mayday** n (im internationalen Sprechfunkverkehr verwendetes Kennwort für den Notfall) (Fernm) / mayday* n (radiotelephone distress signal)
**Mayers Reagens** (für Alkaloide) (Chem) / Mayer's reagent
**May-Grünwald-Färbung** f (Mikros) / May-Grünwald stain, Jenner's stain
**Mayo-Feinköper** m (Tex) / Mayo twill
**Mayo-Gleichung** f (mit der man die Wirkung aller kettenübertragender Spezies in einem Reaktionssystem auf den Polymerisationsgrad ermittelt) (Chem) / Mayo equetion
**MAZ** f (Film, TV) / videotape recording* ‖ ~ **läuft** (Antwort des MAZ-Technikers auf "MAZ ab!") (Film) / tape is on speed
**Mazametwolle** f (aus der Haut geschlachteter Tiere gelöste Wolle) (Tex) / skin wool*, slipe wool, plucked wool, pulled wool, Mazamet wool
**mazarinblau** adj (hellblau mit leichtem Rotstich) / mazarine adj ‖ ~ n (z.B. Fondblau der Porzellanfabrik in Chelsea) / Mazarine blue, mazarine blue (with approximately 50% cobalt oxide)
**Mazedonische Kiefer** (For) / Macedonian pine, Balkan pine
**mazen** v (TV) / videotape v
**Mazeral** n (inhomogener Gefügebestandteil der Kohle) (Bergb, Min) / maceral* n
**Mazeralgruppe** f (z.B. Huminit, Inertinit, Liptinit, Vitrinit usw.) (Bergb, Min) / maceral group
**Mazerat** n (Extrakt oder Zellaufschluß) (Pharm) / maceration n
**Mazeration** f (Nahr) / maceration n ‖ ~ (Pharm) / maceration n
**mazerieren** v (Nahr) / macerate v ‖ ~ (Nahr, Pharm) / macerate v ‖ ~ n (Nahr) / maceration n
**Mazerierung** f (Nahr) / maceration n
**Maze-Zählrohr** n (wenn sich die Anode im Innern des Rohres und die Katode außen auf der Glaswand befindet) (Kernphys) / external-cathode Geiger-Müller counter
**MAZ-Gerät** n (Film, TV) / videotape recorder (VTR), video* n
**Mazisblüte** f (Chem, Nahr, Pharm) / mace n
**Mazisöl** n (Nahr) / mace oil
**MB** (Bau) / mixed (hydraulic) binder
**Mb** (der rote Farbstoff der Muskeln) (Biochem) / myoglobin* n
**MBAS** (methylenblauaktive Substanz) (Chem) / MBAS
**MBE-Prozeß** m (zur Herstellung planarer Strukturen) (Eltronik) / MBE process, molecular-beam epitaxial process
**MBI** (F.Org) / buy-in n, management buy-in, MBI
**Mbit** n (EDV) / megabit* n
**MBL-Schweißen** n (bei dem der Lichtbogen von einem Magnetfeld entlang des Verlaufes der Schweißnaht bewegt wird) (Schw) / magnetically-moved-arc welding process
**MBO** (F.Org) / buyout n, management buyout, MBO
**MB-Öl** n (ein Motorenöl) (Kfz) / multigrade oil
**M'bonda** n (For) / niové n
**MBP** (Biol, Landw) / growth regulator* ‖ ~ (Bot, Chem, Landw) / plant growth regulator, plant growth substance
**MBR** (EDV) / master boot record, MBR
**MB-Säule** f (Chem) / micropack column, packed microbore column, PMB column, microcolumn n, micropacked column
**MBT** (Chem) / mercaptobenzothiazol n, MBT
**MBV-Verfahren** n (zur chemischen Oxidation von Aluminium) (Chem Verf) / modified Bauer-Vogel process, MBV process
**Mbyte** n (EDV) / megabyte (MB) n, Mbyte n
**mc** / moisture content, percentage of moisture, moisture on the "as is" basis
**µC** (EDV) / microcomputer* n, micro n

**MC** / moisture content, percentage of moisture, moisture on the "as is" basis ‖ ~ (Chem) / methyl cellulose* (MC) ‖ ~ (EDV) / microcomputer* n, micro n
**MCA** (32-bit-Busarchitektur von IBM) (EDV) / microchannel architecture, MCA
**McCabe-Thiele-Diagramm** n (das der Ermittlung der theoretischen Bodenzahl für die Trennung eines Gemisches mittels Treppendiagramm im y/x-Schaubild dient) (Chem Verf) / McCabe-Thiele diagram*
**McClure-Metrik** f (EDV) / McClure metric
**McConnell-Robertson-Gleichung** f (für Chelatkomplexe der Lanthaniden) (Spektr) / McConnell-Robertson equation
**MCD** (Chem) / magnetic circular dichroism (MCD)
**MCD-Peptid** n (im Bienengift) (Biochem) / mast-cell degranulating peptide
**MCI** (KI) / man-machine interaction
**MCK** (KI) / man-machine communication
**McKay-Schuhe** m pl (Leder) / McKay footwear, Blake (sewn) shoes
**McKea-Verschluß** m (ein Gichtverschluß) (Hütt) / McKea top
**Mc-Lafferty-Umlagerung** f (Chem) / Mc Lafferty rearrangement
**McLeod-Manometer** n (Chem) / McLeod gauge*, Macleod gauge, Mcleod gauge
**McLeod-Vakuummeter** n (nach H. McLeod, 1841-1923) (Chem) / McLeod gauge*, Macleod gauge, Mcleod gauge
**MCM-Katalysator** m (Chem) / MCM catalyst (multicomponent metal-oxide)
**MCPA** (Nachauflaufherbizid mit selektiver Wirkung aus der Gruppe der Phenoxykarbonsäuren) (Chem, Landw) / MCPA* (2-methyl-4-chlorophenoxyacetic acid), MCP*, methoxone* n
**MCPB** (Nachauflaufherbizid mit selektiver Wirkung aus der Gruppe der Phenoxykarbonsäuren) (Chem, Landw) / MCPB* (4-(4-chloro-2-methylphenoxy)-butyric acid)
**McPherson-Federbein** n (Kfz) / McPherson strut, Macpherson strut*
**McPherson-Federbein-Vorderachse** f (Kfz) / McPherson front suspension (with a McPherson strut), Macpherson strut suspension*
**McReynolds-Konstante** f (für die Beurteilung und Einteilung stationärer Phasen in der Gaschromatografie) (Chem) / McReynolds constant
**MCRW-Laser** m (Phys) / metal-clad ridge waveguide laser, MCRW laser
**MCS** (Gen) / polylinker n, multiple cloning site, mcs
**MCSCF-Verfahren** n (in der Quantenchemie) (Chem) / multiconfiguration-consistent field process
**MC-Software** f (EDV) / micro-software n, microcomputer-based software
**MC-Spezialkleister** m (für Tapeten) / methyl cellulose paste
**MCVD-Verfahren** n (Abscheidung aus der Gasphase - auch zur Herstellung des Faseroptikglases) / modified chemical vapour deposition, inside vapour phase oxidation
**MD** (Chem) / molecular dynamics (a branch of physical chemistry)
**Md** (Chem) / mendelevium* n
**MD** (Pharm) / maximum dose, maximal dose ‖ ~ (Stats) / mean difference
**M-Darstellung** f (Radar) / M display* n
**MDD-System** n (mit Wirkstoffen gefüllte Mikrokammern) (Pharm) / microsealed drug delivery system
**MDF-Platte** f (Tischl) / medium-density fibreboard
**MDF-Zement** m (Bau, HuT) / macro-defect-free cement, MDFC
**MDI** (Chem) / methylene diisocyanate (MDI)
**MDMA** n (ein Amphetaminderivat) / Ecstasy n, MDMA
**MDT** (EDV) / small business systems, office computers (as opposed to general-purpose computers)
**MEA** (ein Aminoalkohol) (Chem) / monoethanolamine n
**Mealy-Automat** m (EDV) / Mealy machine
**Mealy-Maschine** f (im sequentielles System) (EDV) / Mealy machine
**MeB** (eine Weiterentwicklung einfacher computergestützter Methodensammlungen) (EDV) / method bank
**Mecarbam** n (ein Insektizid und Akarizid der Murphy Chem.) (Chem, Landw) / Mecarbam n
**Mechanik** f (Mech) / mechanics* n ‖ **analytische** ~ (Mech) / analytic mechanics ‖ **klassische** ~ (Mech) / non-quantum mechanics, classical mechanics, non-quantized mechanics, Newtonian mechanics ‖ **Lorentz-invariante** ~ (Mech) / Lorentz-invariant mechanics ‖ **Newtonsche** ~ (Mech) / non-quantum mechanics, classical mechanics, non-quantized mechanics, Newtonian mechanics ‖ **nichtrelativistische** ~ (Phys) / non-relativistic mechanics ‖ **relativistische** ~ (Phys) / relativistic mechanics ‖ **statistische** ~ (Phys) / statistical mechanics* ‖ **technische** ~ (Mech) / engineering mechanics ‖ ~ **der deformierbaren Medien** (ohne Berücksichtigung ihrer Mikrostruktur) (Mech) / continuum mechanics ‖ ~ **der Kontinua** (Mech) / continuum mechanics ‖ ~ **der Massepunkte** (Mech) / mass point mechanics, point mechanics ‖ ~ **der sich**

**berührenden Körper** (Mech) / contact mechanics ‖ ~ **der starren Körper** (Mech) / rigid-body mechanics, mechanics of rigid bodies ‖ ~ **des Bruchvorgangs** (Mech, WP) / fracture mechanics ‖ ~ **des Kraftfahrzeugs** (Kfz) / automotive mechanics ‖ ~ **fester Körper** (Mech) / mechanics of solids, solids mechanics ‖ ~ **starrer Körper** (DIN 13317) / rigid-body mechanics, mechanics of rigid bodies ‖ ~ **von festen Körpern** (Mech) / rigid-body mechanics, mechanics of rigid bodies
**Mechaniker** *m* / engineer *n*, mechanic *n* ‖ ~ **in der Werkstatt** / shopman *n* (US) (pl. -men)
**Mechanikerdrehmaschine** *f* (Masch) / toolmakers' lathe
**mechanisch** *adj* (Masch) / mechanical *adj*, by machine ‖ ~ (Masch, Mech) / mechanical *adj* ‖ ~ **anisotrop** (Körper nach DIN 13 316) (Mech) / mechanically anisotropic ‖ ~**e Appretur** (Tex) / mechanical finishing* ‖ ~**e Arbeit** (DIN 13 317) (Mech) / mechanical work ‖ ~**e Ausrüstung** (Tex) / mechanical finishing* ‖ ~**e Bearbeitung** (mechanische Technologie) (Hütt, Masch) / mechanical working* ‖ ~**e Bremse** (Masch) / mechanically operated brake ‖ ~**er Bruch** (WP) / mechanical rupture, mechanical fracture ‖ ~**er Drehzahlregler** (Regeln) / mechanical governor, flyweight governor, centrifugal governor, ballhead governor, flyball governor, pendulum governor*, governor *n*, spring-loaded (mechanical) governor* ‖ ~**er Drucker** (EDV) / impact printer* ‖ ~**e Eigenschaft** (WP) / mechanical property ‖ ~**e Energie** (DIN 13 317) (Phys) / mechanical energy ‖ ~**e Entrindung** (mit Maschinen) (For) / machine barking ‖ ~**es Ersatzsystem** (bei der Berechnung von Maschinenschwingungen) / mechanical equivalent system ‖ ~**es Filter** (Eltronik, Fernm, Film) / mechanical filter* ‖ ~ **gebundenes Wasser** (Keram) / mechanical water (usually added to a body or slip to produce plasticity or workability, and which is removed by evaporation during drying or the early stages of firing), uncombined water, free water ‖ ~**es Getriebe** (handgeschaltet) (Kfz) / manual transmission, manual gearbox ‖ ~**er Gleichlauf** (Eltech) / ganging* *n* ‖ ~**er Gleichrichter** (Eltech) / mechanical rectifier ‖ ~**e Heftung** (Buchb) / French sewing*, machine-sewing *n* ‖ ~**er Höhenmesser** (Verm) / aneroid altimeter, pressure altimeter, barometric altimeter ‖ ~**er Holzschliff** (nach dem Asplund-Defibrator-Verfahren gewonnen) (Pap) / asplund *n* ‖ ~**e Hysteresis** (Mech) / mechanical hysteresis ‖ ~**e Impedanz** (Quotient aus den komplexen Amplituden von Schalldruck und Schallfluß nach DIN 1320) (Akus) / mechanical impedance ‖ ~**e Impedanz** (das Verhältnis zwischen Kraft und Geschwindigkeit eines Systems) (Mech) / mechanical impedance* ‖ ~**er Integrator** (mit Kugeln und Walzen oder mit einem Reibradgetriebe) (Math) / mechanical integrator ‖ ~**e kinetische Vakuumpumpe** (Vakuumt) / drag pump ‖ ~**er Kraftverstärker** (Eltech) / servo link* *n* ‖ ~**e Kraftverstärkung** (Kraftvergrößerung durch mechanische Mittel) (Mech) / mechanical advantage*, MA, purchase *n* ‖ ~**e Kupplung** (von Kondensatoren) (Eltech) / ganging* *n* ‖ ~**es (energetisches) Lichtäquivalent** (spektrale Augenempfindlichkeit) (Licht) / mechanical equivalent of light* ‖ ~**e Ölsperre** (Tätigkeit) (Umwelt) / mechanical containment ‖ ~**es Plattieren** (Galv) / mechanical plating* ‖ ~**e Presse** (eine weggebundene Presse, bei der die rotierende Antriebsbewegung eines Elektromotors über ein mechanisches Getriebe in die hin- und hergehende Bewegung eines Pressenstößels umgewandelt wird) (Masch) / mechanical press ‖ ~**er Prozeß zur Abtrennung suspendierter Bestandteile** (Abwasserbehandlung) (Sanitär, Umwelt) / primary treatment, mechanical process ‖ ~**es Prüfverfahren** (WP) / mechanical (materials) testing ‖ ~**er Rührer** (Chem Verf, Masch) / impeller agitator ‖ ~**er Schaum** (als Löschmittel) / air-foam *n*, mechanical foam ‖ ~**er Schwimmbagger** (Eimer-, Löffel- oder Greiferbagger) (HuT, Wasserb) / mechanical dredge ‖ ~**e Schwingung** (Mech) / mechanical vibration ‖ ~**er Souffleur** (Film, TV) / autocue *n* ‖ ~**er Souffleur** (Film, TV) s. auch Teleprompter ‖ ~**e Spannung** (DIN 1301, T 2) (Mech) / stress* *n* ‖ ~**er Spleiß** *m* (zweier Fasern des LWL) (Licht) / mechanical splice ‖ ~**e Technologie** (ursprünglich als Gegensatz zur chemischen Technologie) (Hütt, Masch) / mechanical (process) technology ‖ ~**e Technologie im Hüttenwesen** (Hütt) / mechanical metallurgy ‖ ~**er Verband** (mit Bewehrung) (HuT) / mechanical bond ‖ ~**e Verfahrenstechnik** (Masch) / mechanical process engineering ‖ ~**er Verschleiß** / mechanical wear (removal of surface material due to mechanical action such as abrasion) ‖ ~**e Verwitterung** (Geol) / mechanical weathering, physical weathering ‖ ~**es Wärmeäquivalent** (1842 von Robert v. Mayer entdeckt) (Wärm) / Joule's equivalent*, mechanical equivalent of heat* ‖ ~**e Werkstatt** (Masch) / machine shop ‖ ~**e Winde** (Masch) / power hoist ‖ ~**er Wirkungsgrad** (DIN 1940) (Masch) / mechanical efficiency* ‖ ~**es Zeichengerät** (mit Tuschestift oder Kugelschreibermine) (EDV) / pen plotter, pen-on-paper plotter ‖ ~**e Zwillingsbildung** (Krist) / mechanical twinning
**mechanisch•-chemischer Verschleiß** / mechanochemical wear ‖ ~**-elektrisch** *adj* / electromechanical *adj*, mechanoelectrical *adj* ‖ ~**e (Werkstoff)Prüfung** (WP) / mechanical (materials) testing ‖ ~**-technologische Untersuchung** (des Materials) (WP) / mechanical (materials) testing ‖ ~**-technologische Werkstoffprüfung** (WP) / mechanical (materials) testing
**mechanisieren** *v* (von einem manuellen auf einen maschinellen oder einen mit Hilfe technischer Geräte betriebenen Ablauf umstellen) (F.Org) / mechanize *v*, mechanise *v*
**mechanisierter Ausbau** (Bergb) / powered supports*
**Mechanisierung** *f* (Schaffung und Anwendung technischer Mittel mit dem Ziel, Arbeitsoperationen oder -funktionen des Menschen zu erleichtern und insbesondere menschliche Arbeitskraft durch andere Energieformen zu ersetzen - Einsatzfeld sind vor allem arbeitsintensive und eintönige Prozesse) / mechanization *n* ‖ ~ **der Landwirtschaft** (im allgemeinen) (Landw) / farm mechanization ‖ ~ **des Strebbaus** (Bergb) / face mechanization ‖ ~ **eines landwirtschaftlichen Betriebes** (Landw) / farm mechanization
**Mechanismus** *m* (Ablauf, Wirkungsweise) / mechanism *n* ‖ ~ (technisches Gebilde, Komplex von Teilen einer Maschine, eines Geräts, einer Einrichtung) (Masch) / mechanism *n*, motion *n* ‖ ~ (Kette mit einem Glied, das als Gestell gewählt wird) (Mech) / mechanism *n* ‖ ~ (Tex) / motion *n* ‖ **geordneter** ~ (bei Mehrsubstratreaktionen) (Biochem) / ordered mechanism
**Mechanochemie** *f* (Zweig der physikalischen Chemie, der sich mit den chemischen Veränderungen von Stoffen infolge Einwirkung von mechanischer Energie befaßt) (Chem) / mechanochemistry *n*
**mechanochemisch** *adj* (Chem) / mechanochemical *adj*
**mechanokalorischer Effekt** (die Umkehrung des thermomechanischen Effekts) (Phys) / mechanocaloric effect
**Mechanolumineszenz** *f* (Phys) / mechanoluminescence *n*
**Mechanotronik** *f* (Eltronik) / mechanotronics *n*
**Mechatronik** *f* (Symbiose von Maschinenwesen und Elektronik durch Rechnerintegration) (Eltronik, Masch) / mechatronics *n*
**Mechelner Spitze(n)** (Tex) / malines *n*, Malines lace(s)
**Mechlorethamin** *n* (Chem, Med) / mechlorethamine *n*, chlormethin *n*
**Medialtest** *m* (Stats) / medial test
**Median** *m* (mittlerer Teilchendurchmesser nach DIN 66 160) / median *n* ‖ ~ (Knoten eines Grafen) (EDV, Math) / median *n* ‖ ~ (der Fläche) (Math) / median centre ‖ ~ (eine mit der Verteilung einer Zufallsgröße zusammenhängende Meßzahl) (Math, Stats) / median* *n*
**Mediane** *f* (eine Dreieckstransversale) (Math) / median *n* ‖ ~ (in einem Tetraeder) (Math) / median *n*
**Medianebene** *f* (Bezugsebene, die zur Beschreibung von Eigenschaften des Gehörs benutzt wird - DIN 1320) (Akus, Med) / median plane
**Mediantest** *m* (Signifikanztest zur Prüfung der Hypothese, daß der Median einer vorliegenden Grundgesamtheit gleich einer vorgegebenen Zahl ist) (Stats) / median test
**Medianwert** *m* (Math, Stats) / median* *n*
**Mediaplanung** *f* (deren Ziel ist es, die richtigen Personen mit der ausreichenden Anzahl Werbeanstöße zu kontaktieren, zum rechten Zeitpunkt, bei geringsten Kosten) / media planning
**Mediathek** *f* / media resources centre, resources centre, media library
**Mediäval** *f* (z.B. Garamond oder Palatino) (Typog) / old face*, old style (US)*
**Mediävalziffern** *f pl* (die meistens für den Satz von astronomischen und nautischen Werken sowie für Logarithmentafeln eingesetzt werden) (Typog) / hanging figures*, old style figures*, non-lining figures
**Medicagensäure** *f* (Bot, Chem) / medicagenic acid
**Medien, neue** ~ (neu entstandene Kommunikationsmittel zur Individual- und Massenkommunikation) (Akus, EDV, Eltronik) / new media ‖ ~**abhängige Schnittstelle** (EDV) / medium-dependent interface, media-dependent interface ‖ ~**forschung** *f* / media studies ‖ ~**landschaft** *f* (Fernm) / media landscape, media environment ‖ ~**neutral** *adj* (Daten) (EDV) / media-independent *adj*, medium-independent *adj* ‖ ~**plan** *m* / media plan ‖ ~**zugangskontrolle** *f* (Teilebene der Sicherungsebene des ISO-Referenzmodells) (EDV, Fernm) / media-access control, MAC
**Medikament** *n* (Pharm) / remedy *n*, medicament *n*, medicine *n* (if internally taken) ‖ ~, **dessen Name unter Warenzeichenschutz steht** (Pharm) / proprietary preparation, brand-name drug ‖ **verschreibungspflichtiges** ~ (Pharm) / ethical drug, ethical preparation, ethical medicine, prescription drug
**Medikamentenmißbrauch** *m* (Pharm) / drug abuse
**Medikation** *f* (Pharm) / medication *n*
**Medina-Quarzit** *m* (mit etwa 97,8% $SiO_2$) (Min) / medina quartzite
**Mediogarn** *n* (Spinn) / medio twist, medio yarn ‖ ~ (mittelhart gedrehtes Baumwollgarn - feiner als Mulegarn) (Spinn) / medio twist, medio yarn
**Mediothek** *f* (mit auditiven, audiovisuellen und visuellen Materialien und Aufzeichnungen) / media resources centre, resources centre, media library

**Mediotwist** *m* (halbhart gedrehtes Baumwollgarn) (Spinn) / medio twist, medio yarn
**Medium** *n* (Träger) / medium *n* (pl. media or mediums) ‖ ~ (eines der Massenmedien) / medium *n* (pl. media) ‖ ~ (Chem, Med) / agent *n* ‖ ~ (EDV) / storage medium ‖ **aggressives** ~ (Galv) / corrodent *n*, corrosive *n*, corrosive agent, corroding agent ‖ **aktives** ~ (für Laser) (Phys) / laser medium, lasing medium, active laser medium, lasing material, active medium (for lasers) ‖ **erodierendes** (bewegtes) ~ / erosive *n*, eroding medium ‖ **erodierfähiges** ~ / erodible *n* ‖ **gestaltloses** ~ (Phys) / fluid* *n*, fl ‖ **homogenes** ~ / homogeneous medium ‖ **mantelraumseitiges** ~ (bei Rohrbündelapparaten) (Masch) / shell-side medium ‖ **optisches** ~ (Opt) / optical medium ‖ **rohrraumseitiges** ~ (bei Rohrbündelapparaten) (Masch) / tube-side medium
**mediumabhängige Schnittstelle** (EDV) / medium-dependent interface, media-independent interface
**Medium-Power-Satellit** *m* (TV) / medium-power satellite
**Medium-Solids-Lack** *m* (Anstr) / medium-solids paint
**Mediumtemperatur** *f* (Temperatur des zu steuernden Mediums) (Instr) / medium temperature
**Medium-Thermalruß** *m* (Chem Verf) / medium thermal black, MT black
**mediumunabhängig** *adj* (EDV) / media-independent *adj*, medium-independent *adj*
**Medizin, forensische** ~ (Med) / forensic medicine*, legal medicine* ‖ **gerichtliche** ~ (Med) / forensic medicine*, legal medicine* ‖ **physikalische** ~ (Med) / physiotherapy* *n*, physical therapy (US), physiatrics *n* (US)
**medizinal** *adj* (Med) / medicinal *adj*
**Medizinal-** (Med) / medicinal *adj*
**Medizinalgeschmack** *m* (Nahr) / chemical flavour, pharmaceutical flavour, pharmaceutical taste
**Medizinflasche** *f* (Glas, Pharm) / vial *n*, medicine bottle
**medizinisch** *adj* / medical *adj* ‖ ~ (Med) / medicinal *adj* ‖ ~**e Chemie** (klinische + physiologische Chemie) (Chem, Med) / medicinal chemistry ‖ ~**e Elektronik** (Eltronik) / medical electronics ‖ ~**e Geologie** (Einfluß der geologischen Elemente und Prozesse auf die Gesundheit der Menschen) (Geol) / medical geology, regional pathology ‖ ~**e Physik** (z.B. Laseranwendung, Sonografie, Thermografie, Kalorimetrie, Neutronentherapie, Elektronenspinresonanz usw.) (Med, Phys) / health physics, medical physics ‖ ~**e Seife** (mit Phenol) (Pharm) / carbolic soap, carbolic *n* ‖ ~**e Seife** (Pharm) / medical soap ‖ ~**e Software** (EDV) / medical software ‖ ~**e Technik** (als Fach) (Med) / medical engineering ‖ ~**e Textilien** (Tex) / medical textiles ‖ ~**er Wein** (vinum medicatum) (Pharm) / medicinal wine
**Medizin•-Software** *f* (EDV) / medical software ‖ ~**technik** *f* (Med) / biomedical engineering, medical technology ‖ ~**technik** (Med) / medical engineering
**Meer•[es]-** (Geog, Ozean) / marine *adj*, sea *attr* ‖ ~ *n* (Geog, Ozean) / sea* *n* ‖ **epikontinentales** ~ (Ozean) / epicontinental sea, epeiric sea ‖ **offenes** ~ (Ozean, Schiff) / open sea, high sea ‖ **transgredierendes** ~ (Geol) / transgressing sea ‖ **unmittelbar am** ~ **gelegener Teil einer Stadt** / sea front ‖ **vom** ~ **kommend** (stammend) (Ozean) / seaborne *adj*
**Meer•eiche** *f* (Halidrys siliquosa /L./ Lyngb.) (Bot) / sea oak ‖ ~**eis** *n* (Ozean) / sea ice ‖ ~**enge** *f* (Ozean) / sound *n* (a narrow stretch of water), strait(s) *n pl*
**Meeres•ablagerung** *f* (Geol) / marine deposit*, marine sediment ‖ **tief eindringender** (fjordähnlicher) ~**arm** (Geol) / ria* *n* ‖ ~**atmosphäre** *f* (marines Klima nach DIN EN ISO 12 944-2) (Galv, Meteor) / marine atmosphere, sea atmosphere ‖ ~**becken** *n* (Ozean) / sea basin ‖ **sublitoraler** ~**bereich** (etwa 0 - 180 m Wassertiefe) (Geol, Ozean) / neritic zone* ‖ ~**bergbau** *m* (Bergb) / sea-bed mining, ocean mining, marine mining ‖ ~**biologie** *f* (Biol) / marine biology ‖ ~**boden** *m* (Geol) / sea-floor *n*, sea-bottom *n*, ocean floor, sea-bed *n*, floor *n* ‖ ~**bodenausbreitung** *f* (am Mittelatlantischen Rücken) (Geol, Ozean) / sea-floor spreading*, ocean-floor spreading ‖ ~**bodenschätze** *m pl* (mineralische) (Bergb, Geol, Min) / maritime mineral resources ‖ ~**bodensperrvertrag** *m* (Mil, Ozean) / treaty on denuclearization of the ocean floor ‖ ~**bodenspreizung** *f* (Geol, Ozean) / sea-floor spreading*, ocean-floor spreading ‖ ~**bohrung** *f* **in Küstennähe** (zur Erkundung und Nutzung von Erdgas- und Erdöllagerstätten) (Erdöl) / offshore-drilling *n* ‖ ~**brandung** *f* (Ozean) / surf *n*, breakers *pl* ‖ ~**bucht** *f* (Geog, Ozean) / bay *n*
**meeresbürtig** *adj* (Ozean) / seaborne *adj* ‖ ~**e Verschmutzung** (Umwelt) / sea-based pollution
**Meeres•chemie** *f* (Chem) / chemical oceanography, marine chemistry ‖ ~**echo** *n* (Radar) / sea echo, sea return ‖ ~**energie** *f* (der im Meer vorhandene Energieinhalt - Wärme, Wellen, Strömungen) (Ozean) / sea energy, sea power, ocean energy, marine energy ‖ ~**flora** *f* (Bot, Ozean) / marine flora ‖ ~**forschung** *f* (Geol, Ozean) / oceanography *n*, oceanology *n* ‖ ~**geologie** *f* (Geol, Ozean) / marine geology, sea geology,

geological oceanography, submarine geology ‖ ~**geräuschschall** *m* (DIN 1320) (Akus) / sea noise ‖ ~**grund** *m* (Geol) / sea-floor *n*, sea-bottom *n*, ocean floor, sea-bed, floor *n* ‖ ~**höhe** *f* (Verm) / sea level*, SL ‖ ~**kies** *m* (Geol, Ozean) / shingle *n* ‖ ~**kokosnuß** *f* (Frucht der Palme Lodoicea maldivica (J.F. Gmel.) Pers.) / Seychelles nut, cocodemer *n*, double coconut ‖ ~**kunde** *f* (Geol, Ozean) / oceanography *n*, oceanology *n* ‖ ~**kundlich** *adj* (Geol, Ozean) / oceanographic *adj* ‖ ~**leuchten** *n* (Ozean) / marine phosphorescence ‖ ~**luft** *f* (Meteor) / maritime air ‖ **polare** ~**luft** (Meteor) / polar maritime air ‖ ~**nebel** *m* (Meteor, Schiff) / sea fog ‖ **auf** ~**niveau reduzierter Luftdruck** (Meteor) / sea-level pressure* ‖ ~**pflanzenwelt** *f* (Bot, Ozean) / marine flora ‖ ~**pilz** *m* (Bot, Ozean) / marine fungus ‖ ~**schätze** *m pl* (Bergb, Geol, Umwelt) / maritime resources ‖ **mineralische** ~**schätze** (Bergb, Geol, Min) / maritime mineral resources ‖ ~**sediment** *n* (Geol) / marine deposit*, marine sediment ‖ ~**spiegel** *m* (physikalisches Meeresniveau) (Ozean, Verm) / sea level ‖ ~**sregression** *f* (Geol) / regression *n* ‖ ~**straße** *f* (zwischen zwei Meeren oder Meeresteilen) (Ozean) / sound *n* (a narrow stretch of water), strait(s) *n pl* ‖ ~**strömung** *f* (Oberflächen- und Tiefwasser-) (Ozean) / ocean current, marine current ‖ ~**strömungsenergie** *f* (Ozean) / ocean-current energy ‖ ~**technik** *f* / ocean engineering ‖ ~**terrasse** *f* (Geol) / marine terrace, sea terrace ‖ ~**tiere** *n pl* (Nahr) / seafood *n* ‖ ~**ufer** *n* (Ozean) / seashore *n* ‖ ~**umwelt** *f* (Ozean, Umwelt) / marine environment ‖ ~**verschmutzung** *f* (Ozean, Umwelt) / marine pollution ‖ ~**versenkung** *f* (Umwelt) / ocean dumping, ocean disposal, dumping at sea ‖ ~**verunreinigung** *f* (Ozean, Umwelt) / marine pollution ‖ ~**wärmeenergie** *f* (Ozean) / ocean thermal energy ‖ ~**welle** *f* (Ozean) / sea wave, marine wave ‖ **seismische** ~**welle** (Geophys, Ozean) / seismic sea wave, tidal wave (produced by seaquake, hurricane, or strong wind) ‖ ~**wellenkraftwerk** *n* (das die hydrodynamische Energie der Meereswellen zur Elektrizitätserzeugung nutzt) (Eltech) / wave power station, wave energy plant ‖ ~**wellenkraftwerk** (Eltech, Ozean) / wave-power station, wave energy plant ‖ ~**wetterkunde** *f* (Meteor) / marine meteorology, maritime meteorology ‖ ~**wissenschaften** *f pl* (Ozeanologie, maritime Meteorologie, Meeresgeologie usw.) / marine sciences ‖ ~**zustand** *m* (Meteor, Ozean) / sea state, state of sea, sea conditions
**meer•grün** *adj* / sea-green *adj* ‖ ~**grün** s. auch seladongrün ‖ ~**leuchten** *n* (Ozean) / marine phosphorescence ‖ ~**rettichperoxidase** *f* (ein Marker-Enzym) (Biochem) / horseradish peroxidase*, HRP* ‖ ~**rettich-POD** *f* (Biochem) / horseradish peroxidase*, HRP* ‖ ~**salz** *n* / sea salt ‖ ~**schaum** *m* (ein wasserhaltiges Magnesiumsilikat) (Min) / meerschaum* *n*, sepiolite* *n*, sea-foam *n* ‖ ~**schweinsöl** *n* / porpoise oil ‖ ~**versenkung** *f* **radioaktiver Abfälle** (Ozean) / sea disposal of radioactive waste ‖ ~**wasser** *n* (Ozean) / sea-water *n*, ocean water ‖ ~**wasserbau** *m* (Ozean, Wasserb) / marine construction ‖ ~**wasserechtheit** *f* (DIN 54007) (Tex) / sea-water fastness ‖ ~**wasserentsalzung** *f* / sea-water desalination, sea-water desalting ‖ ~**wasserkorrosion** *f* (Ozean) / marine corrosion, sea-water corrosion ‖ ~**wasserschädlinge** *m pl* (For, Zool) / marine borers
**Meerwein-Ponndorf-Verley-Reduktion** *f* (von Aldehyden zu primären Alkoholen oder von Ketonen zu sekundären Alkoholen mit Aluminiumisopropylat in Toluen- oder Benzenlösung) (Chem) / Meerwein-Ponndorf reduction
**Meerwein-Reaktion** *f* (nach H.L. Meerwein, 1879-1965) (Chem) / Meerwein reaction
**M-Effekt** *m* (Chem) / mesomeric effect, resonance effect
**Megabit** *n* ($10^6$ Bits) (EDV) / megabit* *n*
**Megabit-Speicher** *m* (EDV) / megabit memory
**Megabyte** *n* ($10^6$ Bytes) (EDV) / megabyte (MB) *n*, Mbyte *n*
**Megaelektronvolt** *n* (DIN 1301, T 1) (Eltech) / megaelectronvolt* *n*, million electronvolt* *n*, MeV*
**Megaflop** *m* (EDV) / megaflop *n*
**Megaflopleistung** *f* (von Supercomputern) (EDV) / megaflop power
**Megafon** *n* (Akus) / megaphone* *n*, bullhorn *n* (US)
**Megahertz** *n* (EDV, Fernm) / megahertz* *n*, megacycles per second*
**Megalopolis** *f* (z.B. die Stadtregion zwischen Boston und Washington) (Arch) / megalopolis *n*, megapolis *n*
**Megaohm** *n* (Elektr) / megohm *n*
**Megaohmmeter** *n* (Eltech) / megohmmeter* *n*, megger *n*
**Megaphon, elektroakustisches** ~ (mit Mikrofon, Transistorverstärker mit Batterien und Druckkammerlautsprecher) (Akus) / loud-hailer* *n*
**Megarep** *n* (nicht mehr zugelassene Dosiseinheit) (Radiol) / megarep *n*
**megaskopisch** *adj* (Geol, Min) / megascopic* *adj*
**Megatonne** *f* ( = 1,000.000 tons TNT) (Kernphys) / megaton* *n*, MT
**Megatonnenwert** *m* (der Kernwaffen) (Mil) / megatonnage *n* ‖ **äquivalenter** ~ (Mil) / equivalent megatonnage, EMT
**Megatote** *pl* (eine Million Tote - in Darstellungen der möglichen Opfer eines zukünftigen Krieges) (Mil) / megadeath *n*

**Megavolttherapie** f (Med, Radiol) / supervoltage therapy, megavoltage therapy
**Megawatt** n (Leistung der Kernkraftwerke) (Nukl) / megawatt electric
**Megawattag** m (Maßeinheit für die Energiemenge, die je Tonne Kernbrennstoff im Reaktor nutzbar freigesetzt wird) (Nukl) / megawatt-day n, megawatt-day per tonne*, MWd tonne*
**Megger** m (Eltech) / megohmmeter* n, megger n
**Mehl** n / flour* n || ≈ / powder* n || ≈ (feines) (Nahr) / flour n, farina n || **backfertiges** ≈ (Nahr) / self-raising flour, self-rising flour (US) || **feines** ≈ (Nahr) / farina n || **gealtertes** ≈ (Nahr) / aged flour, matured flour || **mit** ≈ **bestreuen** (Nahr) / flour v || **zu** ≈ **vermahlen** / flour vt
**mehl•artig** adj / mealy adj || ≈**banane** f (Nahr) / plantain n || ≈**behandlung** f (Nahr) / flour treatment || ≈**binder** m (Gieß) / flour binder, cereal binder
**Mehlen** n (der Druckfarben - eine Fehlerscheinung im Auflagendruck) (Druck) / chalking* n
**Mehlersche Integralstellung** (der Kegelfunktionen) (Math) / Mehler's integral
**mehlig** adj (Konsistenz) / mealy adj || ≈ (Geschmack) (Nahr) / mealy adj
**Mehl•käfer** m (Gewöhnlicher - Tenebrio molitor L.) (Nahr) / meal-beetle n || ≈**korn** n (Feinstkorn in Beton, bestehend aus Zement, Betonzuschlag bis 0,125 mm und ggf. Betonzusatzstoffen) (Bau, HuT) / finest grain || ≈**milbe** f (Acarus siro - eine Vorratsmilbe) (Landw) / grain mite, flour mite || ≈**papier** n (feinstes Schleifpapier) (Pap) / flour glass-paper || ≈**sand** m (Nahr) / flour sand || ≈**sieb** n (Nahr) / bolting sieve, bolter n, bolt n || **helle** ≈**sorte** (Nahr) / high-grade flour || ≈**staubexplosion** f / flour-dust explosion
**Mehltau** m (durch Mehltaupilze hervorgerufene Pflanzenkrankheit) (Bot) / mildew* n || **Echter** ≈ (durch Erysiphales-Pilze hervorgerufen) (Bot) / powdery mildew* || **Falscher** ≈ (Bot) / downy mildew*
**Mehl•verbesserungsmittel** n (Nahr) / flour improver || ≈**wurm** m (die Larve des Gewöhnlichen Mehlkäfers) (Nahr) / meal-worm n, miller n || ≈**wurmfaktor** n (Biochem) / carnitine n, vitamin $B_T$
**Mehr•abschnittsrichtfunksystem** n (Radio) / multirelay transmission system || ≈**achsanhänger** m (Landw) / multiaxle trailer || ≈**achsensteuerung** f (eine numerische Steuerung) (Masch) / multiaxis control
**mehrachsig** adj / multiaxial adj || ~**e Beanspruchung** (des Bauteils) (Mech) / multiaxial stress
**Mehr•adreß-** (EDV) / multiple-address attr, multiaddress attr || ≈**adreßbefehl** m (EDV) / multiple-address instruction, multiaddress instruction || ≈**adreßmaschine** f (EDV) / multiple-address machine, multiaddress machine
**mehradrig** adj (DIN 57272) (Kab) / multiwire attr || ~**es Kabel** (Kab) / multicore cable
**Mehr•amtsverbindung** f (Fernm) / multioffice exchange || ≈**arbeit** f / extra work || ≈**arbeiten** f pl (F.Org) / excess work || ≈**arbeitsstellenbedienung** f (Masch) / multiple machine work || ≈**armroboter** m (ein Industrieroboter) (Masch) / multi-arm robot || ~**atomig** adj / polyatomic adj || ≈**ausbeute** f (For) / overrun n (e.g. of sawnwood) || ≈**ausbruch** m (der über den für den Streckenausbau erforderlichen Ausbruch hinausgeht) (HuT) / overbreak* n, overbreakage n || ~**bahniges Weben** (Web) / multiwidth weaving || ≈**bahnofen** m (Keram) / multipassage kiln (consisting of more than one tunnel or passage for the concurrent firing of ware) || ≈**balkenrührer** m / multiple-paddle mixer with baffles, paddle mixer with multiple beams and baffles || ~**bändig** adj (Buchb) / polytomous adj || ≈**band-Turingmaschine** f (EDV) / multitape Turing machine || ~**basige Säure** (die mehrere Protone abgeben kann) (Chem) / polybasic acid*, polyacid n, polyprotic acid || ≈**befehlkarte** f (EDV) / multi-instruction card || ≈**benutzbar** adj / shareable adj, sharable adj || ≈**benutzersystem** n (EDV) / multi-user system || ≈**benutzer-Systembedingungen** f pl (EDV) / multi-user environment || ≈**bereichsinstrument** n (Eltech, Eltronik) / multimeter n, multirange (measuring) instrument, multipurpose meter, volt-ohm-milliammeter* (VOM) || ≈**bereichskerze** f (V-Mot) / multirange spark plug || ≈**bereichsöl** m (DIN 51511) (Kfz) / multigrade oil || ≈**bereichszündkerze** f (V-Mot) / multirange spark plug || ≈**blattfeder** f (Kfz) / multileaf spring || ≈**blattkreissägemaschine** f (For) / multiblade circular sawing machine || ~**blättrige automatische Besäum- und Lattenkreissäge** (For) / trimmer n || ≈**buchstabenletter** f (Typog) / logotype* n, logo n (pl. logos) || ≈**dateiangabe** f (EDV) / multiplefile option, multi-file option
**mehrdeutig** adj (KI, Math) / many-valued adj, multivalued adj
**Mehrdeutigkeit** f (Ambiguität) (KI, Regeln) / ambiguity n || ≈ (Math) / many-valuedness n, multivaluedness n || **semantische** ≈ (KI) / semantic ambiguity || **strukturelle** ≈ / structural ambiguity
**Mehrdeutigkeitsfunktion** f (Math, Radar) / ambiguity function
**Mehrdienste-Endgerät** n (EDV) / multiservice terminal

**mehrdimensional** adj / multidimensional adj || ~**e Analyse** (Stats) / multivariate analysis*, MVA || ~**es Signal** (Fernm) / multiple signal || ~**e Turingmaschine** (EDV) / multidimensional Turing machine || ~**e Turingmaschine** (EDV) / multidimensional Turing machine || ~**e Zufallsgröße** (Stats) / random vector
**Mehrdrahtantenne** f (Radio) / multiwire antenna*, multiple-wire antenna
**mehrdrähtig•er Leiter** (wobei die Drähte nicht gegeneinander isoliert sind) (Eltech) / stranded conductor*, stranded wire || ~**er Rundleiter** (Kab) / stranded circular conductor, circular stranded conductor || ~**er Sektorleiter** (Eltech) / stranded shaped conductor
**Mehr•drahtleitung** f (Eltech) / multiwire line, multiple line || ≈**druckdampfturbine** f (Masch) / mixed-pressure turbine* || ≈**ebenensprache** f (EDV) / multilevel language || ≈**ebenenverdrahtung** f (Eltronik) / multilayer n || ≈**elektrodenröhre** f (Eltronik) / multielectrode valve (GB)*, multielectrode tube (US), multigrid valve (GB), multigrid tube (US) || ≈**elektronenatom** n (Kernphys) / multielectron atom || ≈**elektronensystem** n (Kernphys) / multielectron system || ≈**elementiger Ellipsenbogen** (Bau, Verm) / false ellipse* || ≈**emittertransistor** m (Eltronik) / multiemitter transistor || ≈**etagenantenne** f (Radio) / stacked antenna || ≈**etagenpresse** f (Masch) / multi-daylight press, daylight press, multi-platen press (US), platen press (US) || ≈**etagenröstofen** m (Hütt) / multiple-hearth furnace*, Wedge furnace
**mehrfach** adj / multiple adj || ~ **abgestimmte Antenne** (Radio) / multiple-tuned antenna* || ~**e Absorption** (Phys) / multiple absorption || ~ **analoge Bauelemente (MAC)** (TV) / MAC* n, multiplexed analogue components* || ~ **benannte Zahl** (Math) / compound number || ~ **besetzte Welle** (Masch) / shaft with multiple engagement || ~**e Bindung** (Chem) / multiple bond || ~**er Bruch** (Masch, WP) / multiple fracture || ~ **chlorieren** (Chem) / polychlorinate v || ~ **ethyliert** (Chem) / polyethylated adj || ~**er (singulärer) Flächenpunkt** (Math) / multiple point*, singular point* || ~ **gebeizt** (Blech) (Hütt) / full-pickled adj || ~ **geladen** (Ion) / multicharged adj || ~ **halogenieren** (Chem) / polyhalogenate v || ~**es Integral** (Math) / multiple integral || ~ **legierter Stahl** (Hütt) / complex steel, complex alloy steel || ~**e Nullstelle** (einer Gleichung) (Math) / repeated root, multiple root || ~ **primitiv** (Math) / multiply primitive v || ~**e programmierbar** (EDV) / reprogrammable adj || ~**e Programmierung** (EDV) / reprogramming n || ~**er Punkt** (Math) / multiple point || ~**e Radpaarung** (Masch) / gear train || ~**e Reflexion** (bei der Funkverbindung) (Radio) / multihop n, multiple hop || ~**e Regression** (Math, Stats) / multiple regression || ~**er Schwinger** (Phys) / vibrating system with several degrees of freedom, multi-degree-of-freedom vibrator || ~**er Sprung** (Radio) / multihop n, multiple hop || ~**er Tau-Gefrier-Prozeß** (Geol) / multigelation n || ~**e Totalreflexion** (Opt) / multiple internal reflection, MIR || ~ **ungesättigte Fettsäure** (Chem) / polythenoid fatty acid, polyunsaturated fatty acid || ~ **wirkende Expansionsmaschine** (Masch) / multiple-expansion engine* || ~**e Wurzel** (Math) / repeated root, multiple root || ~ **zusammenhängender Bereich** (Math) / multiply connected domain*, multiply connected region || ~ **zusammenhängendes Gebiet** (Math) / multiply connected domain*, multiply connected region || ~**er Zwischenraum** (Druck, EDV) / multiple space (MS)
**Mehrfach•-** / multiple adj || ≈**absorption** f (Phys) / multiple absorption || ≈**abzüge** m pl (Foto) / quantity prints || ≈**anregung** f (Kernphys) / multiple excitation || ≈**anruf** m (Radio) / multiple call || ≈**anschluß** m (Fernsp) / multiplex link, multiaccess line || ≈**antenne** f (Radio) / spaced antennas, spaced antennae* || ≈**antwort** f (bei Befragung einer Datenbank) (EDV) / multiple answer || ≈**auslegung** f (Masch) / redundant design || ≈**ausschlag** m (z.B. bei einem Typenhebeldrucker) / multistrike n || ≈**bandsägemaschine** f (For) / multiple-band sawing machine || ≈**barrierensystem** n (beim Betrieb der Entsorgungseinrichtungen) (Nukl) / multibarrier system || ≈**bau** m (je Jahr und Fläche) (Landw) / multiple cropping || ≈**belichtung** f (Foto) / multiple exposure || ≈**benennungen** f pl (bei Auswahlfragen) / multiple replies || ≈**benutzersystem** n (EDV) / time-sharing system, multiaccess system || ≈**beschichtung** f (Anstr) / overcoating n, multiple coating || ≈**beschichtung** (Foto, Opt) / multicoating n, MC, multilayer coating || ≈**betätigung** f (der Tasten) (EDV) / roll-over n || ≈**-Betonform** f (Bau, HuT) / gang mould* || ≈**bild** n (Film) / composite shot, split frame, split shot || ≈**bildung** f (Kernphys) / plural production, multiple production || ≈**bindung** f (Chem) / multiple bond || ≈**-Containment** n (Nukl) / multibarrier containment || ≈**deklaration** f (EDV) / multiple declarations || ≈**diode** f (mehrere Halbleiterdioden in einem gemeinsamen Gehäuse) (Eltronik) / multiple diode || ≈**drahtziehmaschine** f (Hütt) / multiple wire drawing machine || ≈**düse** f (Spinn) / multiple-jet assembly || ≈**echo** n (einfach wiederholte Echos eines Schalls) (Akus) / multiple echo* || ≈**einfang** m (Kernphys) / multiple capture || ≈**elektrode** f (an der mehrere Elektrodenreaktionen ablaufen) / mixed electrode,

multiple electrode, polyelectrode n ‖ ~**elektronenanregung** f (Kernphys) / multiple excitation ‖ ~**emittertransistor** m (Eltronik) / multiemitter transistor ‖ ~**empfang** m (Radio) / diversity reception* ‖ **mit** ~**empfangsunterdrückung** (TV) / antighost attr ‖ ~**entwicklung** f (in der Dünnschichtchromatografie) (Chem) / multiple developments ‖ ~**erregung** f (Eltech) / multiple excitation ‖ ~**erzeugung** f (Kernphys) / plural production, multiple production ‖ ~**-Expansionsdampfmaschine** f (Masch) / multiple-expansion engine* ‖ ~**feld** n (Fernm) / multiple field ‖ ~**-Festkondensator** m (Eltech) / capacitor bank ‖ ~**filter** n / compound filter ‖ ~**-Flugkörperabwehrsystem** n (in der Tiefe gestaffeltes Flugkörperabwehrsystem) (Mil) / layered missile defence system ‖ ~**form** f (Plast) / multiple mould ‖ ~**funktionsadditiv** n (Zusatz, der gleichzeitig verschiedene Eigenschaften eines Schmierstoffes verbessert) / multifunctional additive ‖ ~**garn** n (Spinn) / plied yarn, folded yarn*, ply yarn, formed yarn ‖ ~**gebührenerfassung** f (Fernsp) / repetitive metering ‖ ~**gekrümmte Schale** (Arch) / multiply curved shell ‖ ~**genauigkeit** f (bei der Darstellung und Berechnung einer Zahl) (EDV) / multiple precision ‖ ~**greifer** m (Greifer mit mehreren parallel angeordneten und nur gleichzeitig bewegbaren Greiferbacken) (Masch) / multiple gripper ‖ ~**infektion** f (EDV) / multiple infection ‖ ~**integral** n (Math) / multiple integral ‖ ~**kamera** f (eine Kombination von Meßkammern für Luftbildwesen) (Verm) / multiple camera ‖ ~**kante** f (in der Grafentheorie) / multiple edge ‖ ~**keilriemenscheibe** f (Masch) / multigroove V-belt sheave ‖ ~**koinzidenz** f (Kernphys) / multiple coincidence ‖ ~**kondensator** m (Fernm) / ganged capacitor, gang capacitor ‖ ~**korrelation** f (Stats) / multiple correlation ‖ ~**leitung** f (Eltech) / multiwire line, multiple line ‖ ~**leseeinrichtung** f (EDV) / multireading feature ‖ ~**modulation** f (in der Trägerfrequenztechnik) (Fernm) / multiple modulation* ‖ ~**nebenstellenanlage** f (Fernsp) / multi-PBX n ‖ ~**nebenwiderstand** m (z.B. bei Galvanometern) (Eltech) / Ayrton shunt, universal shunt ‖ ~**nocken** m (Masch) / multilobe cam ‖ ~**nutzen-Druckwerkzeug** n (bei gedruckten Schaltungen) (Eltronik) / multiple-image production master ‖ ~**nutzung** f (Aufteilung der Übertragungskapazität einer Linie auf eine Anzahl von Endstellen, z.B. durch Multiplex) (Fernm) / multiple access, multiaccess ‖ ~**optik** f (Foto) / multiple optics ‖ ~**packung** f / multipack n, multiple-unit pack, multiple-unit package, multiple-package unit, bundle n ‖ ~**prisma** n (partiell geschliffene Vorsatzlinse, die mehrfache Wiedergabe eines Motivs in einer einzigen Aufnahme ermöglicht) (Foto) / multiplying prism ‖ ~**produktion** f (Kernphys) / plural production, multiple production ‖ ~**programmierung** f (verzahnte Ausführung von zwei oder mehreren Programmen durch eine Zentraleinheit) (EDV) / multiprogramming* n, multirunning n ‖ ~**prozeß** m (Kernphys) / plural process, plural reaction ‖ ~**punkt** m (z.B. Doppelpunkt) (Math) / multiple point ‖ ~**punktschreiber** m / multipoint recorder ‖ ~**punktschweißen** n (Schw) / multiple-electrode spot welding ‖ ~**räumen** n (gleichzeitiges Räumen von mehreren Werkstücken mit mehreren Werkzeugen auf einer Räummaschine) (Masch) / multiple broaching ‖ ~**reaktion** f (Kernphys) / plural process, plural reaction ‖ ~**reflexion** f (einfach wiederholte Echos eines Schalls) (Akus) / multiple echo* ‖ ~**reflexion** f (wiederholte Reflexion und Brechung eines Lichtstrahls an alternierenden Schichten semitransparenter Medien mit unterschiedlichen Brechzahlen) (Opt) / multiple reflection, repeated reflection ‖ ~**regelung** f (Regeln) / multivariable control system, multidimensional control system, multivariate control system, multiparameter control ‖ ~**röhre** f (mit mehreren Röhrensystemen und passiven Bauelementen zur Beschaltung) (Eltronik) / multiple-unit tube (US) (examples: double diode, double triode, triode-heptode), multiple tube (US), multiple valve ‖ ~**ruf** m (Radio) / multiple call ‖ ~**rufnummer** f (die zur gezielten Anwahl von Geräten am Mehrgeräteanschluß dient) (Fernsp) / multiple subscriber number, MSN ‖ ~**schicht** f / multilayer n ‖ ~**schreiber** m / multitrack recorder ‖ ~**-Sicherheitseinschluß** m (Nukl) / multibarrier containment ‖ ~**spaltung** f (Kernphys) / iterated fission ‖ ~**spannungssteuerung** f (Regeln) / multivoltage control ‖ ~**speiseleitung** f (Eltech) / parallel feeder ‖ ~**stecker** m (Eltech) / multiple plug, socket-outlet adapter, multiple (cavity) connector, multiway plug ‖ ~**steckverbinder** m (Eltech) / multiple plug, socket-outlet adapter, multiple (cavity) connector, multiway plug ‖ ~**stern** m (gravitativ mit anderen Sternen gebunden) (Astr) / multiple star*, multiple n ‖ ~**sternmotor** m (Luftf) / multirow radial engine* ‖ ~**steuereinheit** f (EDV) / cluster controller ‖ ~**steuerung** f (Bahn, Eltech) / multiple-unit control* ‖ ~**streuung** f (Kernphys, Opt) / multiple scattering, plural scattering ‖ ~**substitution** f (Chem) / polysubstitution n ‖ ~**turbine** f (Masch) / multistage turbine* ‖ ~**-Übermittlungsabschnitt** m (Fernm) / multi-link n ‖ ~**umlaufbahn-Bombardierungssystem** n ("Weltraumbombe") (Mil) / multiple orbital bombardment system, MOBS ‖ ~**verdampfer** m (Chem Verf) / multiple-effect evaporator ‖ ~**verdampfung** f (Chem Verf) / multiple-effect evaporation* ‖ ~**verglasung** f (keine Isolierverglasung) (Bau) / multiglazing n ‖ ~**verkehr** m (gleichzeitige Übertragung mehrerer Nachrichten in demselben Kanal) (Fernm) / multiplex transmission*, multiplex* n, multiplex mode ‖ ~**vernetzung** f (Chem) / polyfunctional cross-linkage ‖ ~**verstrebung** f (Bau) / multiple-strut bracing ‖ ~**verwendungsteil** n (Masch) / multiple-usage part ‖ ~**wendelpotentiometer** n (Eltech) / Helipot* n, helical track potentiometer, multiturn potential divider, helical potentiometer, multiturn helical-wound potentiometer ‖ ~**werkzeug** n (Masch) / gang die ‖ ~**werkzeug** (Plast) / gang mould, multicavity mould ‖ ~**zählung** f (Fernsp) / multimetering n ‖ ~**zerfall** m (Kernphys) / multiple decay, multiple disintegration*, branching n ‖ ~**zielerzeugung** f (Eloka) (Eltronik, Mil) / spoofing n, spoofing traffic, spoof jamming

**Mehrfachzugriff** m (gleichzeitig von mehreren Terminals aus) (EDV) / concurrent access ‖ ~ (EDV) / multiple access*, multiaccess* n ‖ **zeitüberlappter** ~ (Fernm) / time-division multiple access* (TDMA) ‖ ~ m **mit Kollisionserkennung** (EDV) / carrier sense multiple access with collision detection (CSMA/CD) ‖ ~ **mit Trägererkennung** (EDV) / carrier sense multiple access, CSMA ‖ ~ **mit Trägerkennung** (EDV) / carrier sense multiple access, CSMA

**Mehrfachzugriffs•netz** n (EDV) / multi-access network ‖ ~**protokoll** n (EDV) / multi-access protocol ‖ ~**system** n (EDV) / multiple-access system, multiaccess system

**Mehrfach•zuleitung** f (Eltech) / multiple feeder* ‖ ~**zwirn** m (Spinn) / plied yarn, folded yarn*, ply yarn, formed yarn

**Mehr•fadenlampe** f (Eltech) / multifilament lamp* ‖ ~**fädiges Garn** (Spinn) / plied yarn, folded yarn*, ply yarn, formed yarn

**Mehrfamilienhaus** n (Bau) / multifamily dwelling ‖ ~ **mit Eigentumswohnungen** (Bau) / condominium n (US), condo n (US)

**Mehrfarben•druck** m (Druck) / colour printing, multicolour printing ‖ ~**effektanstrichstoff** m (unterschiedlich gefärbte Pigmentanreibungen in unverträglicher Form, so daß sich beim Spritzen die Partikeln nicht vermischen) (Anstr) / multicoloured paint*, multifleck paint, flecked paint ‖ ~**filter** n (Foto, Opt) / multicolour filter ‖ ~**muster** n (Tex) / multicolour pattern ‖ ~**plotter** m (EDV) / multicolour plotter, multicolor plotter (US)

**mehrfarbig** adj / polychromatic adj, multicolour attr ‖ ~ / coloured adj, many-coloured adj, variocoloured adj, particoloured adj ‖ ~**es Kammgarn** (Spinn) / marl yarn*, mouliné yarn, mottle yarn*, mottled yarn

**Mehr•farbigkeit** f (eine kristalloptische Erscheinung) (Krist, Min) / pleochroism* n, polychroism n ‖ ~**faserkabel** n (LWL-Kabel, das mehr als zwei LWL enthält) / multifilament cable, multifibre cable ‖ ~**feld-** (Arch, Bau) / multibay attr, multispan attr ‖ ~**felderig** adj (Arch, Bau) / multibay attr, multispan attr ‖ ~**feldertafel** f (Stats) / contingency table* ‖ ~**feldrig** adj (Arch, Bau) / multibay attr, multispan attr ‖ ~**feldträger** m (Bau, Masch) / continuous beam*, continuous girder* ‖ ~**fensterbildschirm** m (EDV) / multiwindow screen, windowed screen ‖ ~**fenstertechnik** f (bei der gleichzeitig mehrere Fenster aus verschiedenen Dateien auf dem Bildschirm sichtbar gemacht und bearbeitet werden können) (EDV) / multiple windowing, multiwindow technique, multiwindowing n ‖ ~**fingergreifer** m (bei den IR) (Masch) / multifinger gripper ‖ ~**flächenlager** n (Radialsegmentlager, in dem zwei oder mehr Keilspalten in Umfangsrichtung durch spezielle Formgebung der Gleitfläche entstehen) (Masch) / lobed bearing ‖ ~**flächenlager** (Masch) / multipad bearing ‖ ~**flutig** adj (Pumpe) (Masch) / multisuction attr, multi-inlet attr, multientry attr ‖ ~**fotonenionisation** f (Phys) / multiphoton ionization ‖ ~**fotonenlaserspektroskopie** f (Spektr) / multiphoton laser spectroscopy ‖ ~**fotonenspektroskopie** f (Spektr) / multiphoton spectroscopy ‖ ~**frequenzbetrieb** m (Radar) / frequency diversity ‖ ~**frequenzrufgenerator** m (Fernsp) / multifrequency ringing generator, MF ringing generator ‖ ~**frequenzsignalgabe** f (Fernm) / multifrequency signalling* ‖ ~**frequenzverfahren** n (Fernsp) / dual-tone multifrequency dialling (signalling), DTMF (signalling) ‖ ~**gangbohrer** m (Werkz) / multispeed drill

**mehrgängig•es Gewinde** (Masch) / multistart thread*, multiple thread ‖ ~**es Potentiometer** (Eltech) / Helipot* n, helical track potentiometer, multiturn potential divider, helical potentiometer, multiturn helical-wound potentiometer ‖ ~**e Schnecke** (Masch) / multistart worm* ‖ ~**e Schraube** (Masch) / multiple-threaded screw*

**Mehr•gangspotentiometer** n (Eltech) / Helipot* n, helical track potentiometer, multiturn potential divider, helical potentiometer, multiturn helical-wound potentiometer ‖ ~**gehäuseturbine** f (Masch) / multicylinder turbine ‖ ~**geräteanschluß** m (Variante des Basisanschlusses im ISDN für den parallelen Anschluß mehrerer Geräte) (Fernsp) / multiple-device port ‖ ~**gerätekonfiguration** f (EDV) / multiple-device configuration, multi-device configuration

**mehrgeschossiger Bau** (mit mehreren Nutzebenen) (Bau) / multistorey building

**Mehrgitterröhre**

**Mehr•gitterröhre** f (die außer dem Steuergitter noch weitere Gitter enthält) (Eltronik) / multielectrode valve (GB) / multielectrode tube (US), multigrid valve (GB), multigrid tube (US) ‖
≃**gleitflächenlager** n pl (Masch) / lobed and multipad plain bearings
**mehrgliederig** adj (Masch) / multilink attr
**mehrgliedrig** adj (aus mehreren Sektionen bestehend) / multisection attr ‖ ~ (Getriebe) (Masch) / multilink attr ‖ **~er Ausdruck** (EDV) / multiterm expression ‖ **~e Gleichung** (Math) / polynomial equation ‖ **~es Objektiv** (Opt) / compound lens ‖ **~es optisches System** (Opt) / lens system
**Mehr•gratkörper** m (eine erweiterte Köpergrundbindung) (Web) / stitched twill, combined twill ‖ ≃**größenregelung** f (Regeln) / multivariable control system, multidimensional control system, multivariate control system, multiparameter control ‖ ≃**gruppentheorie** f (Nukl) / multigroup theory*
**Mehrheit** f / majority n
**Mehrheits•entscheidungslogik** f (EDV) / majority-voting logic circuit ‖ ≃**glied** n (EDV) / majority element ‖ ≃**organ** n (im Majoritätssystem) / voter n
**Mehr•horizontbohrung** f (Erdöl) / multicompletion well, multiple-completion well ‖ ≃**impulsschweißen** n (Schw) / multiple-impulse welding, pulsation welding ‖ ≃**instruktionskarte** f (EDV) / multi-instruction card ‖ ≃**jahresspeicher** m (Wasserb) / carry-over storage
**mehrjährig•es Eis** (Geol) / multiyear ice ‖ ~ **genutztes Zuckerrohr** (Landw) / ratoon cane
**Mehrkammer•eindicker** m (Chem Verf) / compartment thickener ‖ ≃**grube** f (Sanitär) / multicompartment septic tank ‖ ≃**klystron** n (Eltronik) / multicavity klystron ‖ ≃**-Labyrinthdichtung** f (Masch) / multiported labyrinth ‖ ≃**mühle** f / multichamber mill ‖ ≃**verbundrohrmühle** f / compartment mill
**Mehrkanal•-** (Fernm) / multichannel* attr ‖ ≃**durchschubofen** m (Keram) / multipassage kiln (consisting of more than one tunnel or passage for the concurrent firing of ware)
**mehrkanalig** adj (Fernm) / multichannel* attr
**Mehrkanal•kamera** f (Foto, Raumf, Verm) / multispectral camera, multiband camera ‖ ≃**modem** m n (ein Datenübertragungsgerät) (EDV) / multiport modem ‖ ≃**oszillograf** m (Eltronik) / multichannel oscillograph ‖ ≃**register** n (EDV) / multiport register ‖ ≃**system** n (Fernm) / multichannel system
**Mehr•kantprofil** n / polygon profile ‖ ≃**kern-** (Biol) / polynucleate* adj, multinucleate* adj, polynuclear adj, multinuclear adj
**mehrkernig** adj (Biol) / polynucleate* adj, multinucleate* adj, polynuclear adj, multinuclear adj ‖ **~e Verbindung** (Chem) / polynuclear compound
**Mehr•keulenradar** m n (Radar) / stacked-beam radar ‖ ≃**keulenradargerät** n (Radar) / stacked-beam radar ‖ ≃**kolbenpumpe** f (DIN 24271) (Masch) / multipiston pump
**Mehrkomponenten•fasern** f pl (Spinn) / multicomponent fibres ‖ ≃**kleber** m (Chem) / multicomponent adhesive, multiple-component adhesive, mixed adhesive ‖ ≃**klebstoff** m (aus mehreren getrennt aufzubewahrenden Komponenten, die vor der Verarbeitung zu mischen sind oder im Vorstreichverfahren verarbeitet werden) (Chem) / multicomponent adhesive, multiple-component adhesive, mixed adhesive ‖ ≃**lack** m (z.B. PUR-Lack oder EP-Lack) (Anstr) / multicomponent varnish ‖ ≃**legierung** f (Hütt) / complex alloy ‖ ≃**reaktion** f (Chem) / multicomponent reaction ‖ ≃**-Spritzgießverfahren** n (Plast) / coinjection moulding, multicomponent injection moulding ‖ ≃**system** n / polycomponent system, multicomponent system ‖ ≃**treibstoff** m (Raumf) / multipropellant* n ‖ ≃**waage** f / batch scale, charging scale
**Mehr•koordinatenmanipulator** m (Masch) / multicoordinate manipulator ‖ ≃**koordinatenmeßgerät** n (Instr) / multicoordinate measuring instrument ‖ ≃**kornabrichter** m (Masch) / multipoint truer ‖ ≃**körperproblem** n (Phys) / n-body problem, many-body problem ‖ ≃**körperverdampfung** f (Chem Verf) / multistage flash evaporation, MSE ‖ ≃**kosten** pl / added costs ‖ ≃**kränzige Turbine** (Masch) / multirow turbine ‖ ≃**kreisklystron** n (Eltronik) / multicavity klystron
**Mehrlagen•-** / multilayer attr, multilayered adj, multi-ply attr (plywood) ‖ ≃**behälter** m (aus mehreren Blechlagen) / multilayer vessel ‖ ≃**karton** m (Pap) / combination board ‖ ≃**leiterplatte** f (Eltronik) / multilayer board, multilayer printed circuit board ‖ ≃**naht** f (Schw) / multilayer weld, multipass weld, multirun weld, multiple-pass weld ‖ ≃**papier** n (Pap) / multi-ply paper ‖ ≃**-Printplatte** f (Eltronik) / multilayer board, multilayer printed circuit board ‖ ≃**sack** m (Pap) / multiwall sack ‖ ≃**schweißen** n (Schw) / multilayer welding, multipass welding, multirun welding ‖ ≃**verdrahtung** f (Eltronik) / multilayer n ‖ ≃**-Verdrahtungsplatte** f (Eltronik) / multilayer board, multilayer printed circuit board ‖ ≃**wicklung** f (Eltech) / multilayer winding*
**mehrlagig** adj / multilayer attr, multilayered adj, multi-ply attr (plywood) ‖ ~ **gegautschter Karton** (Pap) / combination board ‖ ~

**geschweißte Naht** / multiple-pass weld ‖ **~e Schweißnaht** (Schw) / multilayer weld, multipass weld, multirun weld, multiple-pass weld
**mehr•läufig** adj (Treppe) (Bau) / multiple-flight attr ‖ ≃**laufregelung** f (Regeln) / multispeed control ‖ ≃**laufregler** m (Regeln) / multispeed controller ‖ ≃**leiterantenne** f (Radio) / multiwire antenna*, multiple-wire antenna ‖ ≃**leiterbauweise** f (Eltech) / multiwire technology ‖ ≃**leiterkabel** n (Kab) / multicore cable ‖ ≃**leitungsschmieranlage** f (Masch) / multiline lubrication system ‖ ≃**lenkerachse** f (Kfz) / multilink suspension ‖ **dreidimensional wirkende** ≃**lenkerachse** (Kfz) / three-dimensional multilink suspension
**Mehrling** m (Kristall) (Krist) / polycrystal n
**Mehr•lochdüse** f (V-Mot) / multijet nozzle, multihole nozzle ‖ ≃**lochkanal** m (Kab) / multiple duct* ‖ ≃**mantelkabel** n (Kab) / S.L.-type cable ‖ ≃**maschinenbedienung** f (Masch) / multiple machine work ‖ ≃**maschinenbeschickung** f (Masch) / multimachine loading, multimachine feeding ‖ ≃**maschinensystem** n (Masch) / multi-machine system ‖ ≃**meißeldrehmaschine** f (Masch) / multiple-tool lathe*, multitool lathe ‖ ≃**meißelhalter** m (Masch) / turret* n, gang-type toolholder ‖ ≃**metallplatte** f (Lithografie) (Druck) / multimetal plate ‖ ≃**modenfaser** f (Faser, deren Kernabmessungen wesentlich größer als die Lichtwellenlänge sind und in der somit eine Vielzahl unterschiedlicher Wellentypen ausbreitungsfähig ist) (Fernm) / multimode fibre ‖ ≃**motorenantrieb** m (Masch) / multimotor drive, multiengine drive ‖ ≃**motorig** adj (Masch) / multi-engined adj, multi-engine attr ‖ ≃**nährstoffdünger** m (Landw) / mixed fertilizer, multinutrient fertilizer, compound fertilizer ‖ ≃**niveaulaser** m / multilevel laser ‖ ≃**normen-CD-ROM-Laufwerk** n (EDV) / multistandard CD-ROM drive ‖ ≃**normenempfang** m (TV) / multistandard reception ‖ ≃**normenfernsehapparat** m (TV) / multistandard television set ‖ ≃**personenspiel** n (EDV, KI) / multiperson game ‖ **~pfadig** adj (Galv) / multiple-lane attr, multiple-file attr
**Mehrphasen•-** (Eltech) / polyphase* attr, multiphase attr ‖ ≃**induktionsmotor** m (Eltech) / polyphase induction motor ‖ ≃**kernwaffe** f (Mil) / multiphase nuclear weapon ‖ ≃**maschine** f (die Mehrphasenstrom erzeugt oder verwendet) (Eltech) / polyphase machine ‖ ≃**motor** m (Eltech) / polyphase motor* ‖ ≃**stromkreis** m (Eltech) / polyphase circuit ‖ ≃**strömung** f (Chem Verf, Phys) / multiphase fluid flow ‖ ≃**system** n (Chem) / multiphase system
**mehrphasig** adj (meistens dreiphasig) (Eltech) / polyphase* attr, multiphase attr ‖ **~e Legierung** (Hütt) / heterogeneous alloy, multiphase alloy ‖ **~e Mischung** (Chem) / multiphased mixture, multiphase mixture ‖ **~er Sinusvorgang** (DIN 5483, T 1) (Phys) / polyphase sinusoidal phenomenon ‖ **~er Stromkreis** (DIN 40 110) (Elektr) / polyphase circuit ‖ **~es System** (Chem) / multiphase system
**Mehr•platzsystem** n (EDV) / multistation system, multiposition system ‖ ≃**platzsystem** s. auch Mehrbenutzersystem ‖ ≃**pol** m (System mit mehreren Klemmen nach DIN 4899) (Eltech) / multipole n ‖ **~polig** adj / multipolar adj ‖ **~polig** (Stecker) (Eltech) / multipin attr, multicontact attr ‖ **~profilige Schleifscheibe** (Masch) / multiedge wheel, multirib wheel ‖ ≃**profilschleifscheibe** f (Masch) / multiedge wheel, multirib wheel ‖ ≃**programmbetrieb** m (ein Betriebssystem) (EDV) / multiprogramming* n, multirunning n ‖ ≃**prozeßbetrieb** m (EDV) / multitasking n (under a single program identity) ‖ ≃**prozessor** m (ein digitales Rechensystem - DIN 44300) (EDV) / multiprocessor* n ‖ ≃**prozessorbetrieb** m (EDV) / multiprocessing n, multiprocessor system, multiprocessing system ‖ ≃**prozessorsystem** n (Verarbeitung einer oder mehrerer Aufgaben durch mindestens zwei Prozessoren, die auf einen gemeinsamen Hauptspeicher zugreifen - nach DIN 44300) (EDV) / multiprocessing n, multiprocessor system, multiprocessing system ‖ ≃**punktanschluß** m (Fernsp) / multipoint connection ‖ ≃**punktregelung** f (Regeln) / multiposition control ‖ ≃**punktschaltung** f (Fernm) / multipoint circuit, multidrop circuit ‖ ≃**punktverbindung** f (mit mehr als zwei Endpunkten) (Fernm) / multipoint connection ‖ ≃**rechnersystem** n (ein digitales Rechensystem, bei dem eine gemeinsame Funktionseinheit zwei oder mehr Zentraleinheiten steuert, von denen jede über mindestens einen Prozessor allein verfügt - DIN 44300) (EDV) / multicomputer system ‖ ≃**reihen-** / multirow attr ‖ **~reihig** adj / multirow attr ‖ **~reihig** (Tüpfelung) (For) / multiseriate adj ‖ ≃**satellitenverbindung** f (Fernm) / multisatellite link ‖ ≃**schalengreifer** m (als Lastaufnahmemittel bei Greiferkranen und Greifbaggern) (HuT) / orange-peel bucket, grapple (a special-purpose tined grab that works on the principle of the orange peel)
**Mehrscheiben•bremse** f (Kfz, Luftf) / multiple-disk brake, multidisk brake ‖ ≃**-Isolierverglasung** f (Bau) / multiglazing n (with a pre-assembled, sealed insulating-glass unit) ‖ ≃**kupplung** f (Masch) / multiple-disk clutch*, multidisk clutch ‖ ≃**sicherheitsglas** n (Glas) / laminated (safety) glass* ‖ ≃**-Wärmedämmverglasung** f (Bau) / multiglazing n (with a pre-assembled, sealed insulating-glass unit)

**Mehrschicht(en)-** / multilayer *attr*, multilayered *adj*, multi-ply *attr* (plywood)
**Mehrschichten • adsorption** *f* (Phys) / multilayer adsorption ‖ ~**belag** *m* (Galv) / multilayer coating ‖ ~**-Cache-Speicherung** *f* (EDV) / multilevel caching ‖ ~**extrusion** *f* (Plast) / coextrusion *n*, multilayer extrusion ‖ ~**fasern** *f pl* (Spinn) / multicomponent fibres ‖ ~**film** *m* (in der Farbfotografie) (Foto) / multilayer film* ‖ ~**perzeptron** *n* (KI) / multilayer perceptron ‖ ~**sicherheitsglas** *n* (Glas) / laminated (safety) glass* ‖ ~**wicklung** *f* (Eltech) / multilayer winding
**Mehrschicht • flachriemen** *m* / multiple flat belt ‖ ~**folie** *f* (Plast) / multilayer film, composite film
**mehrschichtig** *adj* / multilayer *attr*, multilayered *adj*, multi-ply *attr* (plywood) ‖ ~**e Spanplatte** (For, Tischl) / multilayer particle board
**Mehrschicht • lack** *m* (CN-Lack, der in mehreren Schichten als Grund- und Decklack aufgetragen wird) (Anstr) / multicoating varnish, multilayer varnish ‖ ~**lagerschale** *f* (Masch) / multilayer bearing liner ‖ ~**schaltung** *f* (Eltronik) / multilayer circuit ‖ ~**schaltung** (in der Sandwich-Technik) (Eltronik) / sandwich circuit ‖ ~**vergütung** *f* (Foto, Opt) / multicoating *n*, MC, multilayer coating ‖ ~**zelle** *f* (eine Solarzelle, in der mehrere Halbleiter hintereinander angeordnet sind) / multilayer solar cell, multiband-gap solar cell
**Mehr • schleifenregelung** *f* (Regeln) / multiloop control ‖ ~**schlittendrehmaschine** *f* (Masch) / multislide lathe ‖ ~**schneckenextruder** *m* (Plast) / multi-screw extruder
**mehrschneidig** *adj* (Masch) / multitoothed *adj* ‖ ~ (Werkzeug) (Masch) / multipoint *attr*
**Mehr • schraubenschiff** *n* (Schiff) / multiple-propeller vessel, multipropeller ship ‖ ~**schriftenleser** *m* (EDV) / multifont reader, omnifont reader ‖ ~**schrittalgorithmus** *m* (EDV) / multistep algorithm
**mehrschützig • e Arbeitsweise** (Web) / multishuttle operation ‖ ~**er Webautomat** (Web) / multipiece automatic loom
**Mehr • seilförderung** *f* (Fördereinrichtung in seigeren Schächten, bei der die von der Fördermaschine erzeugte Bewegung durch mehrere Förderseile auf den Förderkorb übertragen wird) (Bergb) / multirope hoisting, multirope winding ‖ ~**seitenfräsmaschine** *f* (For) / shaping machine, shaper
**mehrseitig** *adj* / multilateral *adj* ‖ ~ (Druck) / multiple-page *attr* ‖ ~**es streckenmessendes Verfahren** (elektronisches, z.B. Trilateration) (Eltronik, Verm) / multilateration *n*
**Mehr • sequenzrechner** *m* (EDV) / multisequential system ‖ ~**sequenzsystem** *n* (EDV) / multisequential system ‖ ~**spaltendruck** *m* (Druck) / multicolumn printing
**mehrspaltig • er Druck** (Druck) / multicolumn printing ‖ ~**er Rubrikkopf** (Druck, EDV) / straddle *n* ‖ ~**er Rubriktitel** (Druck, EDV) / straddle *n* ‖ ~**er Tabellenkopf** (Druck, EDV) / straddle *n* ‖ ~**e Überschrift** (Druck, EDV) / straddle *n*
**Mehrspiegelteleskop** *n* (mit mehreren Spiegeln auf einer gemeinsamen Montierung) (Astr, Opt) / multimirror telescope, MMT
**Mehrspindel • -Automatendrehmaschine** *f* (Masch) / multispindle automatic machine * ‖ ~**bohrmaschine** *f* (zum Bohren von Werkstücken mit mehreren Werkzeugen gleichzeitig) (Masch) / multiple-spindle drilling machine*, multiple boring machine ‖ ~**drehautomat** *m* (Masch) / multispindle automatic machine*
**mehr • spindlige Bohrmaschine** (Masch) / multiple-spindle drilling machine*, multiple boring machine ‖ ~**sprachendruck** *m* (Druck) / multilingual printing ‖ ~**sprachig** *adj* / multilingual *adj* ‖ ~**spulendatei** *f* (EDV) / multireel file ‖ ~**spulig** *adj* (EDV, Eltech) / multireel *attr* ‖ ~**spuraufzeichnung** *f* (Akus) / multitrack recording ‖ ~**spurig** *adj* (Eltronik) / multitrack *attr* ‖ ~**spurig** (Straße) (HuT, Kfz) / multilane *attr* ‖ ~**stärken-** (Opt) / multifocal *adj* ‖ ~**stärkenglas** *n* (in der Augenoptik) (Opt) / multifocal lens ‖ ~**stärkenteil** *n* (einer Brille) (Opt) / multifocal segment ‖ ~**stellenarbeit** *f* (Masch) / multiple machine work ‖ ~**stellenprüfanlage** *f* / multiposition testing equipment ‖ ~**stellenregelung** *f* (Regeln) / multiposition control ‖ ~**stellenschweißanlage** *f* (Schw) / multiple-operator welding-unit*
**mehrstellig** *adj* (Math) / multidigit *adj* ‖ ~**es Signal** (Fernm) / multiple signal
**Mehrstempelpresse** *f* (Masch) / multiple-die press, progressive press (GB), transfer press (US)
**mehrstöckig** *adj* (Haus) (Bau) / multi-storey *adj* ‖ ~**er Autotransportwagen** (Bahn) / rack car ‖ ~**es Hängehaus** (Arch) / suspended multistorey block ‖ ~**es Wohnhaus ohne Personenaufzug** (Bau) / walk-up *n* (US), walk-up apartment house
**Mehrstoff • bronze** *f* (Hütt) / composition bronze ‖ ~**lager** *n* (Masch) / multiple-component bearing ‖ ~**legierung** *f* (Hütt) / complex alloy ‖ ~**motor** *m* (meistens als Dieselmotor mit erhöhtem Verdichtungsverhältnis) (Kfz) / multifuel engine ‖ ~**preßling** *m* (Pulv) / compound compact ‖ ~**system** *n* / polycomponent system, multicomponent system
**Mehrstrahl • elektronenröhre** *f* (Eltronik) / multigun cathode-ray tube ‖ ~**interferometrie** *f* / multiple-beam interferometry ‖ ~**katodenoszillograf** *m* (Eltronik) / multitrace oscilloscope ‖ ~**röhre** *f* (Eltronik) / multigun cathode-ray tube
**mehr • strängige Wicklung** (Eltech) / multistrand winding ‖ ~**straßig** *adj* (Langautomat) (Galv) / multiple-lane *attr*, multiple-file *attr* ‖ ~**strömig** *adj* (Masch) / multisuction *attr*, multi-inlet *attr*, multientry *attr* ‖ ~**strossensprengung** *f* (auf einmal oder in sehr kurzen Abständen) (Bergb) / multibench blasting ‖ ~**stückpackung** *f* / multipack *n*, multiple-unit pack, multiple-unit package, multiple-package unit, bundle *n*
**Mehrstufen • -** / multistage * *attr* ‖ ~**äscher** *m* (Leder) / step-up lime liquor ‖ ~**fräser** *m* (Masch) / multiple-step milling ‖ ~**gesenk** *n* (Hütt, Masch) / progressive die, multistage die block ‖ ~**kegel** *m* (Masch) / stepped tapered plug ‖ ~**modulation** *f* (Radio) / multilevel modulation ‖ ~**presse** *f* (Masch) / multistage press ‖ ~**rakete** *f* (Raumf) / multistage vehicle, multistage rocket, staging vehicle, step rocket, multistep rocket ‖ ~**-Rührreaktor** *m* (Chem Verf) / multistage stirred tank ‖ ~**schnecke** *f* (Plast) / multistage extruder ‖ ~**schnecke für Extruder mit Entgasung** (Plast) / multistage extrusion screw, devolatilizing type ‖ ~**turbine** *f* (Masch) / multistage turbine* ‖ ~**verdampfer** *m* (zur Senkung des Heizdampfbedarfs bei der Eindampfung wäßriger Lösungen) (Chem Verf) / multiple-effect evaporator ‖ ~**verdampferanlage** *f* (Chem Verf) / multiple-effect evaporator ‖ ~**verdampfung** *f* (Chem Verf) / multistage flash evaporation, MSE ‖ ~**verdampfung** (Chem Verf) / multiple-effect evaporation* ‖ ~**verdichter** *m* (Luftt, Masch) / multistage compressor* ‖ ~**verflüssiger** *m* (Chem Verf) / cascade liquefier ‖ ~**verstärkung** *f* (Eltronik) / multistage amplification
**mehrstufig** *adj* / multistage* *attr* ‖ ~**er Abwasserteich** (Sanitär) / multiple pond ‖ ~**e** *f* **Entspannungsverdampfung** (des salzhaltigen Wassers) (Chem Verf) / multistage flash evaporation, MSE ‖ ~**e Expansion** (Masch) / compounding* *n* ‖ ~**er Kompressor** (Luftt, Masch) / multistage compressor* ‖ ~**es Netzwerk** (Fernm) / multistage network ‖ ~**e Pumpe** (Masch) / multistage pump ‖ ~**e Rakete** (Raumf) / multistage vehicle, multistage rocket, staging vehicle, step rocket, multistep rocket ‖ ~**e Riemenscheibe** (Masch) / stepped pulley, step-cone pulley, stepped-cone pulley, step pulley ‖ ~**e Scheibe** (Masch) s. auch Kegelscheibe ‖ ~**e Turbine** (Masch) / multistage turbine* ‖ ~**es Undo** (Funktion in Anwenderprogrammen, die es erlaubt, Eingaben oder Kommandos /auch globale Änderungen / in mehrfachen Stufen rückgängig zu machen) (EDV) / multilevel undo ‖ ~**er Verdichter** (Luftt, Masch) / multistage compressor* ‖ ~**er Zwirn** (DIN 60900) (Spinn) / plied yarn, cabled yarn, cable yarn, doubled yarn
**Mehr • substratreaktion** *f* (Biochem) / multisubstrate reaction ‖ ~**teilchenreaktion** *f* (Kernphys) / multiple-particle reaction, many-particle reaction
**mehrteilig** *adj* / sectional *adj* ‖ ~ (Buchb) / polytomous *adj* ‖ ~**e Druckgießform** (Gieß) / multipart die ‖ ~**es Fenster** (bestehend aus festen und Schiebeelementen) (Bau) / combination window ‖ ~**er Kolbenring** (V-Mot) / multipiece ring ‖ ~**e Leiter** (Bau, Zimm) / sectional ladder ‖ ~**es Preßwerkzeug** (Plast) / split-mould *n*, split-cavity mould ‖ ~**es Werkzeug** (Plast) / split-mould *n*, split-cavity mould ‖ ~**es zerlegbares Modell** (Gieß) / loose pattern ‖ ~**e Zugeinheit** (Bahn) / multiple-unit train*
**Mehr • tonfärbung** *f* / multishade dyeing ‖ ~**tor** *n* (System mit mehreren Toren nach DIN 4899) (Eltronik) / multiport *n* ‖ **lineares elektrisches** ~**tor** (DIN 4899) (Eltech) / linear electric multiport ‖ ~**toriges Koppelelement** (Eltronik) / multiport coupling device ‖ ~**ventiltechnik** *f* (V-Mot) / multivalve technology ‖ ~**verdrahtungsverfahren** *n* (Eltronik) / multiwire technique ‖ ~**vergaseranlage** *f* (Kfz) / multiple carburettors ‖ ~**walzenwalzwerk** *n* (Hütt) / cluster mill*
**Mehrweg-** (Fernm) / multipath *attr*
**Mehrwege • -** (wiederverwendbar) / reusable *adj* ‖ ~**-** (Fernm) / multipath *attr* ‖ ~**armatur** *f* (Masch) / multiway valve, multiport valve ‖ ~**ausbreitung** *f* (bei Sendern) (Fernm) / multipath propagation
**Mehrwegecho** *n* (Radar) / multipath echo
**Mehrwege • empfang** *m* (Fernm) / multipath reception* ‖ ~**führung** *f* (Fernm) / multiple routing ‖ ~**hahn** *m* (Luftt) / selector valve* ‖ ~**lautsprechersystem** *n* (Akus) / multiway loudspeaker system ‖ ~**palette** *f* / reusable pallet ‖ ~**verpackung** *f* (für den mehrmaligen Gebrauch) / returnable package, reusable package, multiway package
**Mehrwegflasche** *f* (Gegensatz zu: Einwegflasche) / multitrip bottle
**mehrwegig** *adj* (Fernm) / multipath *attr*
**Mehrweg • übertragung** *f* (Fernm) / multipath transmission ‖ ~**verpackung** *f* / returnable package, reusable package, multiway package
**mehr • wellig** *adj* (Masch) / multishaft *attr* ‖ **informationeller** ~**wert** (EDV) / value-added information ‖ ~**wertdienst** *m* (Zusatz zu den Telekommunikationsdiensten) (Fernm) / value-added service, VAS ‖ ~**wertdienstnetz** *n* (EDV, Fernm) / value-added network, VAN

765

**mehrwertig**

**mehrwertig** adj (Logik - die mit mehr als zwei Wahrheitswerten arbeitet) / many-valued adj, multivalued adj, multiple-valued adj, non-binary adj || ~ (Chem) / multivalent adj, polyvalent* adj, polyadic adj, polyad adj || **~e Menge** (Math) / fuzzy set || **~e Säure** (Chem) / polybasic acid*, polyacid n, polyprotic acid
**Mehrwertigkeit** f (Chem) / multivalency n, polyvalency n
**Mehr•wertnetz(werk)** n (Fernm, Fernsp) / value-added network (VAN) || **~wicklungstransformator** m (Eltech) / multiwinding transformer || **~wortbefehl** m (EDV) / multiword instruction || **~zahnig** adj (Masch) / multitoothed adj || **~zähniger Ligand** (Chem) / multidentate ligand, polydentate ligand* || **~zeilig** adj (Druck) / multiline adj || **~zentrenbindung** f (Chem) / multicentred bonding*, multicentric bonding || **~zentrenreaktion** f (eine konzertierte Reaktion) (Chem) / multicentred reaction, multicentre reaction || **~zinkengabel** f (des Gabelstaplers) (Masch) / multiprong attachment, multiple forks || **~zonenreaktor** m (Nukl) / multizone reactor || **~zügiger Kanal** (Kab) / multiple duct* || **~zugkessel** m (Masch) / multipass boiler
**Mehrzweck•** - / multi-purpose attr., multiple-function attr, polyfunctional adj || **~fahrzeug** n / multi-purpose vehicle, utility vehicle, MPV || **~frachter** m (Schiff) / all-freight ship || **~frachtschiff** n (Schiff) / all-freight ship || **~funkdienst** m (Fernm) / multicommunications service || **~funktionsgeber** m / arbitrary function generator, general-purpose function generator || **~-Kampfflugzeug** n (Luftf) / multi-role combat aircraft, M.R.C.A. || **~meßgerät** n (Eltech, Eltronik) / multimeter n, multirange (measuring) instrument, multipurpose meter, volt-ohm-milliammeter* (VOM) || **~reifen** m (Kfz) / town-and-country tyre, all-surface tyre || **~tanker** m / multi-purpose tanker
**Mehrzylindermaschine** f (Masch) / multi-cylinder engine, multi-cylinder machine
**Meile** f (eine veraltende Längeneinheit) / mile* n || **geografische ~** (1852,2 m, in den Vereinigten Staaten = 1855,3 m) / geographical mile*
**Meilen•fahrt** f (bei der Abnahmeprobefahrt) (Schiff) / measured mile trip || **~länge** f / mileage n, milage n || **~zahl** f / mileage n, milage n
**Meiler•ofen** m (Bau, Keram) / clamp* n, clamp kiln (e.g. Bull's kiln), scove kiln || **Schwedischer ~teer** (Chem Verf) / Stockholm tar, Stockholm pine tar
**Meiose** f (Kernteilung, bei der die Chromosomenzahl auf die Hälfte reduziert wird) (Zyt) / meiosis* n (pl. -ses), reduction division
**Meiosis** f (pl. -sen) (Kernteilung, bei der die Chromosomenzahl auf die Hälfte reduziert wird) (Zyt) / meiosis* n (pl. -ses), reduction division
**Meiranöl** n (etherisches Öl aus Origanum majorana L.) / marjoram oil, sweet marjoram oil, calamanthia oil
**Meisenheimer-Komplex** m (nach J. Meisenheimer, 1876-1934) (Chem) / Meisenheimer complex
**Meißel** m (Masch, Tischl, Werkz) / chisel* n || **~** (Dreh-, Hobel-) (Masch, Werkz) / tool n || **~** (Bergb) s. Bohrmeißel und Schrämmeißel || **gebogener ~** (Masch) / cranked tool || **gekröpfter ~** (Masch) / swan-necked tool || **~ m für hartes Gestein** (Bergb) / rock-bit n (for hard formations), hard-formation bit || **~ mit Schlagkopfsicherung** (Werkz) / chisel with non-spread safety head || **~ zum Entgraten** (Werkz) / chipping chisel* || **~halter** m (ein Werkzeugspanner) (Masch) / tool-holder n, tool-post n || **~halt** (Zimm) / adze block* || **~halterklappe** f (zur Aufnahme des Hobel- bzw. Stoßwerkzeuges) (Masch) / clapper* n, clapper-type tool box, tool clapper || **~halterschlitten** m (Masch) / tool carrier slide || **~klappe** f (Masch) / clapper* n, clapper-type tool box, tool clapper || **~klappenträger** m (Masch) / clapper box*
**meißeln** v (Masch) / chisel v || **~** n (DIN 8589, T 9) (Masch) / chiselling n
**Meißel•schlitten** m (der Hobelmaschine) (Masch) / tool-holder slide || **~schneide** f (Bergb) / bit n, bit edge || **~zahn** m (Erdöl) / bit tooth
**Meißener Porzellan** n (aus der Meißener Porzellanmanufaktur - mit der Schwertermarke) (Keram) / meissen n, Meissen china, Meissen ware
**Meißner-Ochsenfeld-Effekt** m (nach F.W. Meißner, 1882-1974, und R. Ochsenfeld, 1901- ) (Phys) / Meissner effect*, Meissner-Ochsenfeld effect, flux jumping
**Meißner-Oszillator** m (heute veraltet) (Eltronik) / Meissner oscillator
**Meißner-Schaltung** f (nach A. Meißner, 1883-1958) (Radio) / Meissner circuit
**Meistbegünstigungsklausel** f (beschränkte und unbeschränkte - im internationalen Handel) / most-favoured-nation clause
**Meister** m (rechtlich geschützter Titel) / master n (registered) || **~** (Funktionstitel) (F.Org) / foreman n (pl. foremen) || **~** (in der manuellen Glasverarbeitung) (Glas) / gaffer n || **~** (Masch) / hob* n (for die sinking) || **~ im Drucksaal** (Druck) / foreman n (pl. foremen) || **~quartier** n (ein längsgeteilter Ziegelstein) (Bau) / soap brick n (a brick modified so that the width is one-half the standard dimension) || **~schalter** m (ein Hilfsstromschalter mit einem Steuerknüppel als Bedienteil) (Eltech) / joystick n || **~schalter** (Eltech) / master-switch* n || **~stück** n (Masch) / master* n
**Meitnerium** n (Element 109) (Chem) / meitnerium n, Mt
**Mejonit** m (Kalkskapolith) (Min) / meionite* n
**MEKC** (Chem) / micellar electrokinetic chromatography, MEKC
**Méker-Brenner** m (ein verbesserter Bunsenbrenner, der mit einem durchlöcherten Nickelrost abschließt) (Chem) / Meker burner*, Meker blast burner
**Mekkabalsam** m (eingetrockneter Milchsaft des Balsamstrauches) (Chem) / balm of Gilead, Mecca balsam, opobalsam n
**Mekkabalsambaum** m (For) / balm of Gilead
**Mekonsäure** f (Chem) / meconic acid
**MEK-Wert** m (Umwelt) / maximum emission concentration
**mel** (Hinweiswort bei der Angabe von Tonhöheempfindungen) (Akus) / mel* n || **~** n (Hinweiswort bei der Angabe von Tonhöheempfindungen) (Akus) / mel* n
**Melakonit** m (Min) / tenorite* n
**Melaleukaöl** n / melaleuca oil (a medicinal oil)
**Melamin** n (1,3,5-Triazin-2,4,6-triamin) (Chem) / melamine n || **~cyanurat** n (Chem) / melamine cyanurate || **~-Formaldehyd-Harz** n (DIN 7728, T 1) (Plast) / melamine-formaldehyde resin, MF resin*, melamine-formaldehyde methanal resin* || **~harz** n (Plast) / melamine resin || **~harzgetränkte Deckschicht** (z.B. bei Resopalplatten, die als Arbeitsflächen dienen können) (Plast) / melamine veneer || **~-Phenol-Formaldehyd-Harz** n (Plast) / melamine phenol formaldehyde resin || **~zyanurat** n (ein Brandschutzmittel) (Chem) / melamine cyanurate
**Mélange** f (Geol) / melange* n
**Melange** f (Spinn) / melange* n, blend n, melange yarn, blended yarn, mixture yarn
**Melangeeffekt** m (durch gleichmäßige Mischung von in mehreren Farbtönen eingefärbten Fasern) (Tex) / marl effect, melange effect, heather effect
**Melangegarn** n (Spinn) / melange* n, blend n, melange yarn, blended yarn, mixture yarn
**Melangegewebe** n (Tex) / blended fabric, union fabric*, mixture n
**Melangeur** m (z.B. bei Schokoladenherstellung) / melangeur n
**melangieren** v (Tex) / mix v || **~** n (verschiedenartiger Fasern vor dem Verspinnen) (Tex) / mixing* n
**Melanin** n (natürlicher dunkler Farbstoff bei Menschen und Tieren) (Biochem) / melanin* n
**Melanit** m (schwarzer, undurchsichtiger Kalk-Eisen-Granat mit Titangehalt) (Min) / melanite* n || **~** (Min) s. auch Schorlomit
**melanokrat** (Gesteine, bei denen dunkle Bestandteile vorherrschen) (Geol) / melanocratic* adj
**Melanophorenhormon** n (Biochem) / melanotropin n, melanocyte-stimulating hormone, MSH, intermedin n
**melanotropes Hormon** (Biochem) / melanotropin n, melanocyte-stimulating hormone, MSH, intermedin n
**Melanotropin** n (Antagonist des Melatonins) (Biochem) / melanotropin n, melanocyte-stimulating hormone, MSH, intermedin n
**melanozytenstimulierendes Hormon** (Biochem) / melanotropin n, melanocyte-stimulating hormone, MSH, intermedin n
**Melanterit** n (Min) / melanterite* n, copperas* n
**Melaphyr** m (ein basaltisches Gestein) (Geol) / melaphyre n
**Melapi** n (For) / white lauán
**Melasse** f (aus Zuckerrohr oder Zuckerrüben) (Nahr) / molasses pl, treacle n, backstrap n || **~** (Nahr, Pharm) / molasses* n, treacle n, black treacle
**Melassesirup** m (Nahr, Pharm) / molasses* n, treacle n, black treacle
**Melatonin** n (Hormon der Epiphyse) (Biochem) / melatonin n, MCH
**Melawis** n (For) / ramin n (a light hardwood), melawis n
**Melde•anruf** m (Fernsp) / service call || **~bestand** m (bei dessen Erreichen eine Beschaffung zu veranlassen ist) (F.Org) / reorder point, order point || **~bit** n (Fernsp) / signalling bit || **~gerät** n (z.B. Flammenmelder) (Bau) / detector n, automatic call point || **~lampe** f (Eltech) / pilot lamp || **~leitung** f (EDV, Eltech) / signal line || **~leitung** (Fernsp) / control circuit || **~leuchte** f (Eltech) / pilot light, pilot lamp, indicator lamp
**melden** v (Fernm) / signal v, signalize v, signalise v (GB) || **über Blattschreiber** (EDV) / type out v || **~** n (Einschalten der gerufenen Endstelle) (Fernsp) / answering n
**melde•pflichtig** adj (Med) / notifiable adj || **~punkt** m (Luftf) / reporting point
**Melder** m (zur Signalisierung von Betriebszuständen) (z.B. Flammenmelder) (Bau) / detector n, automatic call point
**Melde•relais** n (Eltech) / indicator relay || **~relais** (ein Schaltrelais) (Eltech) / signal relay, alarm relay || **~schalter** m (zur Steuerung des Betriebs einer Schaltanlage einschließlich der Melde- und elektrischen Verriegelungsvorgänge) (Eltech) / auxiliary switch, control switch || **~stromkreis** m (Fernm) / signal circuit || **~tableau** n (Instr) / annunciator n || **~zeit** f (Luftf) / check-in time

**Meldrumsäure** f (2,2-Dimethyl-1,3-dioxan-4,6-dion) (Chem) / Meldrum's acid
**Meldung** f (ein Tätigkeitsbericht) / report n (classified, declassified) ‖ ⁓ (Lufft) / message n ‖ ⁓ (Datensatz von einem vorhandenem Ziel als Ergebnis einer Zielentscheidung und einer Ortung) (Radar) / plot n ‖ **letzte** ⁓ (Typog) / fudge* n
**Meldungsschlußzeichen** n (Fernm) / end-of-message signal
**Meldungsschnittstelle** f (EDV) / message interface
**Melibiose** f (ein Bestandteil der Raffinose) (Chem) / melibiose* n
**Meliergarn** n (Spinn) / melange* n, blend n, melange yarn, blended yarn, mixture yarn
**meliert** adj (Pap) / cheviot attr ‖ **~es Garn** (Spinn) / melange* n, blend n, melange yarn, blended yarn, mixture yarn ‖ **~es Papier** (das etwa 1% Fasern enthält, deren Farbe oder Farbintensität sich vom größeren Anteil des Papiers unterscheidet) (Pap) / granite paper ‖ **~es Roheisen** (mit grauen Flecken auf weißer Bruchfläche) (Hütt) / mottled iron*
**Melierwolf** m (Tex) / blending feeder
**Melilith** m (honiggelbes bis braunes Silikat, zur Skapolithgruppe gehörend) (Min) / melilite* n
**Melioration** f (Landw) / soil improvement, soil amelioration, amelioration n, land improvement ‖ **durch Be- und Entwässerungsanlagen** (Landw) / improvement (of the soil) by irrigation and ground drainage
**Meliorationslanze** f (für flüssige Düngemittel) (Landw) / amelioration injector
**meliorieren** v (Landw) / improve v, ameliorate v
**Melissenöl** n (etherisches Öl aus den Blättern der Zitronenmelisse = Melissa officinalis L.) (Pharm) / melissa oil
**Melissinsäure** f (Chem) / melissic acid, triacontanoic acid
**Melissylalkohol** m (Chem) / melissyl alcohol, myricyl alcohol, 1-hentriacontanol n
**Melitose** f (Chem) / raffinose* n, melitose n, melitriose* n
**Melitriose** f (Chem) / raffinose* n, melitose n, melitriose* n
**Melittin** n (ein Polypeptidamid im Bienengift) (Chem) / melittin n
**Melk•anlage** f (Landw) / milking plant ‖ **⁓karussell** n (Landw) / rotary milking parlour, rotary milker, rotary parlour ‖ **⁓maschine** f (z.B. ein Pulspumpenmelker) (Landw) / milking machine ‖ **⁓sonde** f (Erdöl) / stripper n, stripper well ‖ **⁓stand** m (Landw) / milking parlour, parlour n
**Mellin-Transformation** (in der Funktionentheorie) (Math) / Mellin transformation, Mellin's transformation
**Mellit** m (Min) / mellite n
**Mellithsäure** f (Chem) / mellitic acid*, benzene-hexacarboxylic acid
**Melodie** f (Akus) / tune n
**Melodiefanfare** f (Kfz) / musical (trumpet) horn
**Melonit** m (NiTe$_2$) (Min) / melonite n
**mel-skalierter Cepstralkoeffizient** (bei der Merkmalextraktion für die Spracherkennung) (EDV, KI) / mel-scaled cepstral coefficient
**Meltau** m (Zool) / honey dew*
**Meltback-Transistor** m (Eltronik) / meltback transistor*
**Meltback-Verfahren** n (Eltronik) / meltback technology, meltback technique
**Meltdown** m (Nukl) / meltdown n
**Melton** n (weicher Kammgarnstoff in Köperbindung mit leicht verfilzter Oberfläche) (Tex) / melton* n ‖ **wasserdichter** ⁓ (Tex) / box cloth*
**Meltonausrüstung** f (Tex) / melton finish
**Membran** f (der Golay-Zelle) / flexible mirror ‖ ⁓ (Akus) / diaphragm* n ‖ ⁓ (des elektrodynamischen Lautsprechers) (Akus) / pressure unit* ‖ ⁓ (Masch) / membrane n, diaphragm n ‖ **biologische** ⁓ (zwischen innerem und äußerem Milieu der Zelle sowie zwischen Zellstrukturen) (Zyt) / biological membrane ‖ **flüssige** ⁓ (organische Phase bei der Flüssig-Membran- Extraktion) (Chem Verf) / liquid membrane
**membran•aktiver Werkstoff** (ein Mikrobizid) (Sanitär) / membrane-active compound ‖ **⁓antrieb** m (Regeln) / diaphragm drive ‖ **⁓bioreaktor** m (Biochem) / membrane reactor, membrane filter bioreactor
**Membrane** f (Akus) / diaphragm* n ‖ ⁓ (Masch) / membrane n, diaphragm n ‖ **asymmetrische** ⁓ / asymmetric membrane ‖ **halbdurchlässige** ⁓ (Chem Verf) / semipermeable membrane* ‖ **haptogene** ⁓ (ein Grenzflächenfilm aus hochmolekularen Emulgatoren) (Chem) / haptogenic membrane ‖ **permeable** ⁓ (Chem Verf) / permeable membrane ‖ **symmetrische** ⁓ / symmetric membrane, symmetric diaphragm
**Membran•elektrode** f (Chem) / membrane electrode ‖ **⁓enzym** n (Biochem) / membrane enzyme ‖ **⁓feder** f / diaphragm spring ‖ **⁓feder** (Masch) / diaphragm spring ‖ **⁓federmanometer** n (Masch) / diaphragm gauge ‖ **⁓filter** n (Chem Verf) / membrane filter*, molecular filter*, controlled pore filter ‖ **⁓filtration** f (Chem Verf) / membrane filtration ‖ **⁓gleichgewicht** n (das isotherme Gleichgewicht zwischen zwei Lösungen, die durch eine semipermiable Membran voneinander getrennt sind) (Chem) / membrane equilibrium ‖ **⁓gleichnis** n (Phys) / membrane analogy, soap-bubble analogy ‖ **⁓kolbensetzmaschine** f (Aufber) / diaphragm jig ‖ **⁓kompressor** m (Masch) / diaphragm compressor ‖ **⁓kupplung** f (Masch) / diaphragm coupling ‖ **⁓permeation** f (bei der Pervaporation) (Chem Verf) / membrane permeation ‖ **⁓potential** n (Potentialdifferenz zwischen Membranseiten) (Biol) / membrane potential, transmembrane potential ‖ **⁓potential** (Physiol) / resting potential ‖ **⁓protein** n (Biochem) / membrane protein ‖ **⁓pumpe** f (Masch) / diaphragm pump* ‖ **⁓schale** f (Bau, HuT) / membrane shell ‖ **⁓schalter** m (zur Niveaustandmessung) / diaphragm-box level detector ‖ **gassensitive ⁓sonde** (Chem) / gas-sensing membrane probe ‖ **⁓spannung** f (z.B. bei dünnwandigen Bauelementen) (Mech) / membrane stress ‖ **⁓suppressor** m (Chem) / membrane suppressor ‖ **⁓transportprotein** n (Biochem) / membrane carrier protein ‖ **⁓ventil** n (Kfz) / reed valve, blade-type valve, leaf valve ‖ **⁓ventil** (Absperrarmatur mit einer Membran als Absperrkörper) (Masch) / diaphragm valve ‖ **⁓verdichter** m (ein Hubkolbenverdichter) (Masch) / diaphragm compressor ‖ **⁓wand** f (des Dampferzeugers, die aus glatten Rohren mit zwischengelegten Flacheisen zusammengeschweißt ist) (Masch) / membrane wall ‖ **⁓zelle** f (für die Membranverfahren der Chloralkalielektrolyse) (Chem Verf) / membrane cell
**Memistor** m (Zelle mit Metallsalzelektrolyt, durch den ein Widerstandsdraht läuft) (Eltech) / memistor n
**Memory** f n (der automatische Stopp eines vorher eingestellten Zählwerks zwecks Wiederholung einer bestimmten Stelle des Bandes - Kassettentechnik) / memory n ‖ ⁓ n (EDV) / storage* n, memory* n, store* n, storage device ‖ **⁓ Management** (EDV) / memory management ‖ **⁓-Effekt** m (Verbleiben von Restaktivität) (Kernphys, Plast) / memory effect ‖ **⁓-Funktion** f (Meßwertspeicherung) / memory function ‖ **⁓legierung** f (Hütt) / shape-memory alloy, memory metal, memory alloy ‖ **⁓-Mapping** f (Zuordnung bestimmter Bereiche des Hauptspeichers) (EDV) / memory mapping ‖ **⁓-Metall** (52-57% Ni, einige % Co, Rest Ti) (Hütt) / shape-memory alloy, memory metal, memory alloy ‖ **⁓polymer** n (Chem) / memory polymer ‖ **⁓-Stop-Taste** f (mit der man eine vorgegebene Bandstelle rasch finden kann) (Akus, Eltronik) / memory stop ‖ **⁓-tube** f (Eltronik) / memory tube, storage tube*, storage cathode-ray tube, store* n, storage CRT ‖ **⁓-Verbundwerkstoff** m (WP) / shape-memory composite
**Menachinon** n (Biochem) / menaquinone n
**Menazon** n (ein Insektizid, dessen Wirkstoff von der Biologischen Bundesanstalt für Land- und Forstwirtschaft nicht anerkannt wird) (Chem) / menazon n
**Mendelejew-Tabelle** (streng der Klassifizierung nach dem Atomgewicht folgend) (Chem) / Mendeleev's table
**Mendelevium (Md)** n (Chem) / mendelevium* n
**Mendel-Population** f (Biol) / population* n
**Mendelsch•e Gesetze** (Biol) / Mendel's laws* ‖ **⁓e Regeln** (nach dem Augustiner-Abt G.J. Mendel /1822-1884/ benannt) (Biol) / Mendel's laws*
**Mendozit** m (Min) / mendozite n
**Meneleaosscher Satz** (Math) / Menelaus' theorem
**Menga-Menga** n (For) / niové n
**Menge** f (als allgemeine Mengenangabe) / quantity n, quantum n (pl. quanta)* ‖ ⁓ (DIN 5473) (Math) / set* n ‖ **abgeleitete** ⁓ (Math) / derived set ‖ **abgemessene** ⁓ / portion n ‖ **abgeschlossene** ⁓ (Math) / closed set* ‖ **abzählbare** ⁓ (die sich umkehrbar eindeutig auf die Menge der natürlichen Zahlen abbilden läßt) (Math) / countable set*, denumerable set*, enumerable set*, numerable set* ‖ **akzeptierbare** ⁓ (EDV, Math) / semi-calculable set, acceptable set ‖ **allgemeinrekursiv aufzählbare** ⁓ (Math) / recursively enumerable set ‖ **bikompakte** ⁓ (Math) / bicompact set ‖ **der ⁓ nach** / quantitative adj, quant, quantitive adj ‖ **dichte** ⁓ (Math) / everywhere dense set, dense set* ‖ **dünne** ⁓ (Math) / thin set ‖ **einelementige** ⁓ (Math) / one-element set, singleton n ‖ **eingewogene** ⁓ / weighed-in quantity, initial weight ‖ **endliche** ⁓ (Math) / finite set ‖ **entscheidbare** ⁓ (Math) / recursive set ‖ **fast abgeschlossene** ⁓ (Math) / almost closed set ‖ **freie** ⁓ (Math) / linearly independent set ‖ **gelieferte** ⁓ (F.Org) / quantity delivered ‖ **geordnete** ⁓ (Math) / ordered set ‖ **gleiche** ⁓ (Math) / identical set, equal set, coincidence set ‖ **gleichmächtige ⁓n** (A ~ B) (Math) / equipotent sets, equivalent sets, sets of equal cardinality ‖ **gleichzahlige ⁓n** (Math) / equipotent sets, equivalent sets, sets of equal cardinality ‖ **halbgeordnete** ⁓ (Math) / partially ordered set, poset n ‖ **induktive** ⁓ (Math) / inductive set ‖ **isomorphe** ⁓ (Math) / isomorphic set ‖ **kompakte** ⁓ (in der Topologie) (Math) / compact set* ‖ **konvexe** ⁓ (Math) / convex set ‖ **Lebesgue-meßbare** ⁓ (Stats) / Lebesgue measurable set ‖ **leere** ⁓ (DIN 5473) (Math) / empty set, void set, null set, set of measure zero ‖ **linear geordnete** ⁓ (Math) / linearly ordered set, chain n ‖ **mehrwertige** ⁓ (Math) / fuzzy

## Menge

set ‖ **nicht leere** ~ (Math) / non-void set, non-empty set ‖ **nichtabzählbare unendliche** ~ (Math) / non-denumerable set, uncountable set ‖ **nirgends dichte** ~ (Math) / nowhere dense set ‖ **offene** ~ (wenn es zu jedem ihrer Punkte eine Umgebung gibt, die auch zu ihr gehört) (Math) / open set* ‖ **parakonvexe** ~ (Math) / paraconvex set ‖ **partiell entscheidbare** ~ (Math) / partially decidable set ‖ **präkompakte** ~ (Math) / precompact set, totally bounded set ‖ **punkthafte** ~ (Math) / totally disconnected set, pointlike set ‖ **quadrierbare** ~ (Math) / squarable set ‖ **quasigerichtete** ~ (nach oben) (Math) / quasi-directed set ‖ **reflexiv quasigeordnete** ~ (Math) / pre-ordered set ‖ **reguläre** ~ (auf dem Gebiet der Automatentheorie und der formalen Sprache) (EDV, KI) / regular language, rational language, regular event ‖ **rekursive** ~ (Math) / recursive set ‖ **rekursiv aufzählbare** ~ (Math) / partially decidable set ‖ **rekursiv aufzählbare** ~ (Math) / recursively enumerable set ‖ **strukturierte** ~ (Math) / structured set ‖ **teilweise geordnete** ~ (Math) / partially ordered set, poset $n$ ‖ **total geordnete** ~ (Math) / linearly ordered set, chain $n$ ‖ **total unzusammenhängende** ~ (Math) / totally disconnected set, pointlike set ‖ **totalbeschränkte** ~ (Math) / precompact set, totally bounded set ‖ **überabzählbare** ~ (Math) / non-denumerable set, uncountable set ‖ **überlappende ~n** (Math) / overlapping sets ‖ **überlaufende** ~ (beim Füllen) / spillage $n$ ‖ **unendliche** ~ (Math) / infinite set* ‖ **ungeordnete** ~ (Math) / plain set, unordered set ‖ **unscharfe** ~ (Math) / fuzzy set ‖ **unterlieferte** ~ / quantity short ‖ **unwirksame** ~ (von Herbizidrückständen) (Landw) / no-effect level ‖ **vorgeordnete** ~ (Math) / pre-ordered set ‖ **wohlgeordnete** ~ (Math) / well-ordered set* ‖ **wohlordnende** ~ (Math) / well-ordering set ‖ ~ $f$ **in** (von) **Fässern** / barrelage $n$ ‖ **mit innerem Verknüpfungsgesetz** (Math) / set with an internal composition law ‖ ~ **von n Elementen** (Math) / n-tuple set
**Mengen•abweichung** $f$ / quantity variance ‖ **~algebra** $f$ (Math) / set algebra, algebra of sets ‖ **~berechnung** $f$ (Bau, HuT) / taking-off* $n$, quantity takeoff (US), quantity survey(ing) ‖ **~bilanz** $f$ (z.B. für eine Verfahrensstufe) (Chem Verf) / mass balance ‖ **~differenz** $f$ (Math) / set difference ‖ **~dosierung** $f$ / quantity dosage, volume dosage ‖ **~durchsatz** $m$ / volumetric flow, flow $n$ ‖ **~element** $n$ (Chem) / macroelement $n$ ‖ **~ermittlung** $f$ (Bau, HuT) / taking-off* $n$, quantity takeoff (US), quantity survey(ing) ‖ **~fluß** $m$ / volumetric flow, flow $n$ ‖ **~komprehension** $f$ / set comprehension ‖ **Borelscher ~körper** (Math) / field of Borel set, Borel field ‖ **~lehre** $f$ (Math) / set theory ‖ **~probe** $f$ (Aufber) / bulk sample* ‖ **~produkt** $n$ (Math) / Cartesian product, Cartesian set ‖ **~rabatt** $f$ / volume discount, quantity discount ‖ **~regler** $m$ (Phys, Wasserb) / flow-control valve, flow regulator, flow-rate controller ‖ **~strom** $m$ (Volumenstrom mal Dichte) (Phys) / mass flow ‖ **~strommesser** $m$ (Instr) / flowmeter $n$
**mengentheoretisch** adj (Math) / set-theoretic adj ‖ **~e Topologie** (Math) / set topology
**Mengen•übersichts-Stückliste** $f$ (F.Org) / quantity list (with quantity data of the individual components of the product) ‖ **~variable** $f$ (in PASCAL) (EDV) / letter $n$ ‖ **~verhältnis** $n$ (Math) / ratio $n$
**Menggetreide** $n$ (Landw) / mixed cereals
**Mengkorn** $n$ (Landw) / mixed cereals
**Menhadenöl** $n$ (ein Fischkörperöl von der Brevoortia tyrannus Latrobe) (Anstr, Chem) / menhaden oil, pogy oil
**Menhadentran** $m$ (Anstr, Chem) / menhaden oil, pogy oil
**Menilit** $m$ (graue oder schwarze Knollen und Lagen aus Opal) (Min) / menilite* $n$, liver opal*
**Meniskografie** $f$ (Messung der Lötbarkeit) (Eltronik) / meniscus test
**Meniskus** $m$ (pl. -ken) (z.B. zwischen Gießgut und Form) (Gieß) / meniscus $n$ (pl. -sci) ‖ ~ (pl. -ken) (mit einer konvexen und einer konkaven Fläche) (Opt) / meniscus $n$ (pl. -sci), meniscus lens* ‖ ~ (pl. -ken) (die gekrümmte Oberfläche einer Flüssigkeit in einem vertikalen Rohr) (Phys) / meniscus* $n$ (pl. -sci) ‖ **sammelnder** ~ (Opt) / converging meniscus, positive meniscus ‖ **zerstreuender** ~ (Opt) / diverging meniscus, negative meniscus ‖ **~linse** $f$ (mit einer konvexen und einer konkaven Fläche) (Opt) / meniscus $n$ (pl. -sci), meniscus lens* ‖ **~spiegelteleskop** $n$ (nach D.D. Maksutow, 1896 - 1964) (Opt) / meniscus telescope*, Maksutov telescope*, Maksutov-Schmidt telescope, meniscus-Schmidt telescope ‖ **~teleskop** $n$ (Opt) / meniscus telescope*, Maksutov telescope*, Maksutov-Schmidt telescope, meniscus-Schmidt telescope ‖ **~test** $m$ (Messung der Lötbarkeit) (Eltronik) / meniscus test
**Mennige** $f$ (rote Modifikation nach DIN 55916 - Korrosionsschutz) (Anstr, Chem, Glas) / red lead (oxide)*, minium $n$, glassmaker's lead ‖ **mit ~ anstreichen** (Anstr) / miniate $v$
**Mennigedichtungskitt** $m$ (für Leitungen) (Klemp) / grommet $n$, grommet* $n$
**mennigrot** adj / miniaceous adj
**Mensa** $f$ (pl. -s oder -sen) (Platte eines Altars) (Arch) / mensa $n$ (pl. -s or -e) ‖ ~ **Domini** (Altarplatte) (Arch) / mensa $n$ (pl. -s or -e)
**Mensch•-Computer-Interaktion** $f$ (KI) / man-machine interaction ‖ **~-Computer-Kommunikation** $f$ (KI) / man-machine communication ‖ **~-Computer-Schnittstelle** $f$ (KI) / man-machine interface, MM, human interface
**Menschenansammlungen, bauordnungsrechtliche und bautechnische Maßnahmen zur Gefahrenabwehr bei** ~ (z.B. in Theatern, Sportanlagen usw.) (Bau) / crowd safety
**Menschenverstand, gesunder** ~ (KI) / common sense
**menschlich•er Fehler** / mistake $n$, human error ‖ **~e Fehlleistung** / mistake $n$, human error ‖ **~es Wachstumshormon** (Biochem) / human growth hormone, HGH
**Mensch•-Maschine-Dialog** $m$ (KI) / man-machine dialogue ‖ **~-Maschine-Interaktion** $f$ (KI) / man-machine interaction ‖ **~-Maschine-Kommunikation** $f$ (KI) / man-machine communication ‖ **~-Maschine-Schnittstelle** $f$ (bei der Mensch-Maschine-Kommunikation) (KI) / man-machine interface, MM, human interface ‖ **~-Maschine-Sprache** $f$ (KI) / man-machine language, MML ‖ **~-Technik-Verbund-System** $n$ (EDV) / joint man-machine system, JMM system
**Mensel** $f$ (pl. -n) (Verm) / plane table*
**Mensul** $f$ (pl. -n) (Verm) / plane table*
**Mensur** $f$ (Chem) / measuring cylinder, volumetric cylinder, graduated cylinder
**mensurabel** adj / measurable adj
**Mensurabilität** $f$ / measurability $n$
**mentale Darstellung** (KI) / mental representation
**Mentha** $f$ **piperita pallescens Camus** (Bot) / white mint ‖ ~ **piperita piperita** (Bot) / black mint
**Menthen** $n$ (Chem) / menthene $n$
**Menthol** $n$ (aus dem etherischen Öl der Pfefferminze) (Chem) / menthol* $n$, peppermint camphor, mint camphor
**mentholhaltig** adj (Nahr, Pharm) / mentholated adj
**Menthon** $n$ (p-Menthan-3-on) (Chem) / menthone $n$
**Menü** $n$ (eine Liste von Kommandos oder Darstellungselementen, die auf dem Bildschirm erscheint und es dem Benutzer erlaubt, seine nächste Aktion zu markieren) (EDV) / menu* $n$ ‖ **dynamisches** ~ (KI) / dynamic menu ‖ **geschachteltes** ~ (EDV) / nested menu ‖ **gestaffeltes** ~ (EDV) / cascading menu ‖ **kaskadierendes** ~ (EDV) / cascading menu
**Menü•anzeige** $f$ (EDV) / display menu ‖ **~auswahl** $f$ (EDV) / menu selection ‖ **~balken** $m$ (EDV) / menu bar, action bar ‖ **~baum** $m$ (EDV) / menu tree ‖ **~design** $n$ (EDV) / menu design ‖ **~dialog** $m$ (EDV) / menu-driven dialogue ‖ **~eintrag** $m$ (EDV) / menu item, menu option ‖ **~element** $n$ (EDV) / menu item, menu title ‖ **~fenster** $n$ (EDV) / menu window ‖ **~geführt** adj (EDV) / menu-driven adj (system, approach) ‖ **~gestaltung** $f$ (EDV) / menu design ‖ **~gesteuert** adj (EDV) / menu-driven adj (system, approach) ‖ **~leiste** $f$ (ein Schriftbalken, der dem Benutzer eine Auswahlmöglichkeit von Funktionen anzeigt) (EDV) / menu bar, action bar ‖ **~manager** $m$ (EDV) / menu manager ‖ **~oberfläche** $f$ (EDV) / menu interface ‖ **~option** $f$ (EDV) / menu item, menu option ‖ **~prozessor** $m$ (EDV) / menu processor ‖ **~punkt** $m$ (EDV) / menu item, menu option ‖ **~software** $f$ (EDV) / menu software ‖ **~speicher** $m$ (EDV) / menu memory ‖ **~sprache** $f$ (EDV) / menu language ‖ **~steuerung** $f$ (EDV) / menu control ‖ **~tablett** $n$ (ein Eingabegerät, bei dem mit einem Stift ein entsprechendes Menü angetippt wird) (EDV) / menu tablet ‖ **~technik** $f$ (EDV) / menu logic, menu technique ‖ **~text** $m$ (EDV) / menu text ‖ **~unterstützung** $f$ (EDV) / menu support ‖ **~wahl** $f$ (EDV) / menu selection
**Meprobamat** $n$ (ein Biscarbamidsäureester eines zweiwertigen Alkohols - der erste Tranquilizer) (Med) / meprobamate* $n$
**mer-** (ein Strukturpräfix bei oktaedrischen Koordinationsverbindungen) (Chem) / mer-
**Mer** $n$ (kleinste strukturelle Einheit von Polymeren) (Chem) / mer $n$
**Meranti** $n$ (gefragtes Konstruktionsholz, besonders für Fenster - Shorea spp.) (For) / meranti* $n$ ‖ **Dunkelrotes** ~ (Shorea spp.) (For) / Dark red meranti (a light hardwood), Dark red seraya, nemesu $n$ ‖ **Gelbes** ~ (Shorea spp.) (For) / Yellow meranti (a light hardwood), Yellow seraya (Shorea fagnetiana) ‖ **Hellrotes** ~ (For) / Light Red Meranti ‖ **Weißes** ~ (Shorea spp.) (For) / white meranti
**Merawan** $n$ (Holz aus Hopea spp.) (For) / merawan $n$ (a heavy heartwood), giam $n$
**Merbau** $n$ (Intsia bijuga (Colebr.) Kuntze) (For) / merbau $n$
**Mercalli-Sieberg-Skala** $f$ (Geol) / Mercalli scale*
**Mercalli-Skala** $f$ (12-stufige Skala nach dem italienischen Vulkanologen G. Mercalli, 1850-1914) (Geol) / Mercalli scale* ‖ ~ (Geol) s. auch Richter-Skala
**Mercaptal** $n$ (Chem) / mercaptal $n$
**Mercaptan** $n$ (Chem) / thiol $n$, mercaptan* $n$, thio-alcohol* $n$
**Mercaptan-Härter** $m$ (für die Kalthärtung von Epoxidharzen) (Anstr) / mercaptan hardener, mercaptan epoxy curing agent
**Mercapto•benzothiazol** $n$ (Chem) / mercaptobenzothiazol $n$, MBT ‖ **~bernsteinsäure** $f$ (Chem) / thiomalic acid, mercaptosuccinic acid ‖ **~butandisäure** $f$ (Chem) / thiomalic acid, mercaptosuccinic acid ‖

≃**essigsäure** *f* (Chem) / thioglycolic acid*, mercaptoethanoic acid, mercaptoacetic acid ‖ ≃**ethanol** *n* (Chem) / mercaptoethanol *n*
**Mercaptol** *n* (ein Thioacetal) (Chem) / mercaptol *n*
**Mercast-Verfahren** *n* (mit Modellen aus gefrorenem Quecksilber) (Gieß) / mercasting *n*
**Mercatorabbildung** *f* (konforme normalachsige Zylinderabbildung, nach G. Mercator, 1512-1594) (Geog) / Mercator's projection*, Mercator map projection ‖ **Universale Transversale** ≃ (konforme transversale Zylinderabbildung des Internationalen Erdellipsoids in 60 Meridianstreifensystemen) (Kart) / Universal Transversal Mercator Projection, UTM projection
**Mercator-Bonnesche Kegelabbildung** (Kart) / Bonne's projection*, Bonne projection
**Mercatorentwurf** *m* (Geog) / Mercator's projection*, Mercator map projection
**Mercatorprojektion** *f* (Geog) / Mercator's projection*, Mercator map projection
**Mercerie** *f* (S) (kleinere Bedarfsartikel für die Schneiderei) (Tex) / smallwares *pl*, haberdashery *n*, findings *pl* (US), novelties *pl*, notions *pl* (US)
**Mercerisation** *f* (Tex) / mercerization* *n*
**mercerisieren** *v* (Tex) / mercerize *v*, causticize *v*, mercerise *v*
**Mercerisierhilfsmittel** *n* (Tex) / mercerizing assistant, mercerization auxiliary
**Mercerisierung** *f* (Tex) / mercerization* *n*
**Merchandising** *n* (Produktgestaltung + Warenbarbietung) / merchandising *n*
**Mercurierung** *f* (Chem) / mercuration *n*, mercurization *n*
**Mercurimetrie** *f* (Chem) / mercurimetry *n*
**Mercurometrie** *f* (Chem) / mercurometry *n*
**Mergel** *m* (Sedimentgestein mit bestimmtem Mischungsverhältnis von Kalk und Ton: z.B. Mergelton (bis 15% Kalk), mergeliger Ton (bis 5% Kalk) usw.) (Geol) / marl* *n*
**Mergel-** (Geol) / marly *adj*, marlaceous *adj*
**mergelartig** *adj* (Geol) / marly *adj*, marlaceous *adj*
**Mergelgrube** *f* (Geol) / marlpit *n*
**mergelig** *adj* (Geol) / marly *adj*, marlaceous *adj* ‖ ~**er Ton** (Geol) / mudstone* *n*
**Mergelkalk** *m* (mit 15 - 20% Kalk) (Geol) / marly lime
**Mergeln** *n* (des Bodens) (Landw) / marling *n*
**Mergel•stein** *m* (Geol) / marlstone *n* ‖ ≃**ton** *m* (Geol) / gault clay
**mergen** *v* (EDV) / merge* *v*, mesh *v*
**Merging** *n* (das Verschmelzen von Feldlinien im Schweif der Magnetosphäre) (Phys) / merging *n*
**merichinoides System** (als Farbträger) (Chem) / meriquinoid system
**Merichinon** *n* (Chem) / semiquinone *n*
**Meridian** *m* (der größte Kreis am Himmelsgewölbe) (Astr) / meridian* *n*, celestial meridian, meridian of longitude* ‖ ≃ (geometrischer Ort aller Oberflächenpunkte mit konstanter geografischer Länge) (Geog, Verm) / meridian *n*, meridian line ‖ **magnetischer** ≃ (Nav) / magnetic meridian ‖ ≃ *m* **von Greenwich** (internationaler Nullmeridian) (Kart) / meridian of Greenwich, Greenwich meridian ‖ ≃**bereich** *m* (Math) / meridian section ‖ ≃**durchgang** *m* (Astr) / meridian passage* (of a star), meridian transit ‖ ≃**ebene** *f* (Math) / meridian plane ‖ ≃**konvergenz** *f* (Kart) / convergence of meridians ‖ ≃**kreis** *m* (ein astronomisches Winkelmeßinstrument) (Astr) / meridian circle*, transit circle* ‖ ≃**linie** *f* (Geog, Verm) / meridian *n*, meridian line ‖ ≃**schnitt** *m* (Math) / meridian section ‖ ≃**streifen** *m* (Kart) / longitude zone
**meridional** *adj* (Geophys) / meridional *adj* ‖ ~ (Opt) / meridional *adj*
**Meridionalschnitt** *m* (Opt) / meridional section
**Meridionalstrahl** *m* (Opt) / meridional ray
**Merino** *m* (feines, weiches Kammgarngewebe oder -gestrick) (Tex) / merino *n* ‖ ≃ (pl. -s) (Tex, Zool) / merino *n*, merino sheep
**Merinoschaf** *n* (Hausschafrasse mit sehr feiner, gekräuselter, elastischer Wolle) (Tex, Zool) / merino *n*, merino sheep
**Merinowolle** *f* (vom Merinoschaf) (Tex) / merino wool*, merino *n*
**merismitisch** *adj* (Geol) / merismitic *adj*
**Meristem** *n* (Bot) / meristem* *n*
**Meristemkultur** *f* (Bot) / shoot-tip culture*, meristem culture*, meristem-tip culture
**Meristemzüchtung** *f* (Bot) / shoot-tip culture*, meristem culture*, meristem-tip culture
**meritorische Güter** (bei denen der Staat in das Marktgeschehen eingreift - z.B. Alkohol, Benzin, Tabakwaren) / merit goods
**Merkantildruck** *m* (Herstellung von Geschäftsdrucksachen, Behördenformularen usw. (Druck) / jobbing work*, jobbing printing
**Merkaptal** *n* (ein Thioacetal) (Chem) / mercaptal *n*
**Merkaptan** *n* (Chem) / thiol *n*, mercaptan* *n*, thio-alcohol* *n*
**Merkaptan-Härter** *m* (Anstr) / mercaptan hardener, mercaptan epoxy curing agent
**merkaptanreiches Benzin** (Erdöl) / sour gasoline

**Merkapto•benzothiazol** *n* (Chem) / mercaptobenzothiazol *n*, MBT ‖ ≃**bernsteinsäure** *f* (Chem) / thiomalic acid, mercaptosuccinic acid ‖ ≃**butandisäure** *f* (Chem) / thiomalic acid, mercaptosuccinic acid ‖ ≃**essigsäure** *f* (Chem) / thioglycolic acid*, mercaptoethanoic acid, mercaptoacetic acid ‖ ≃**gruppe** *f* (Chem) / sulphydryl group, mercapto group, thiol group
**Merkaptol** *n* (ein Thioacetal) (Chem) / mercaptol *n*
**Merkblatt** *n* / Code of (good) practice*, CP
**Merkel-Zahl** *f* (Kennzahl zur Beschreibung des Leistungsverhaltens von Kühltürmen) / Merkel coefficient
**Merker** *m* (EDV) / flag* *n*, mark *n*
**Merkkopf** *m* (TV) / cue head
**merkliches Spiel** (Kennzeichen bei Montage) (Masch) / noticeable clearance
**Merkmal** *n* (der Erfindung) / element *n* (of the invention) ‖ ≃ (EDV) / sentinel* *n*, sentinel flag, flag* *n* ‖ ≃ (der Konstruktion) (Masch) / feature *n*, characteristic feature ‖ (**Ausstattungs-, Leistungs-**)≃ / feature *n* ‖ **zusätzliches** ≃ (einer Maschine) / subsidiary feature
**Merkmalsverteilung** *f* (Stats) / distribution of variables
**Merkur** *m* (erster Planet des Sonnensystems) (Astr) / Mercury* *n*
**Merkuri-** (Chem) / mercuric *adj*
**Merkurialismus** *m* (chronische Quecksilbervergiftung) (Med) / mercurialism *n*, chronic mercury poisoning
**Merkurierung** *f* (Einführung von Hg in organische Verbindungen) (Chem) / mercuration *n*, mercurization *n*
**Merkurimetrie** *f* (Titration mit Quecksilber(II)-nitratlösung) (Chem) / mercurimetry *n*
**Merkuro-** (Chem) / mercurous *adj*
**Merkurometrie** *f* (Titration mit Quecksilber(I)-nitratlösung) (Chem) / mercurometry *n*
**Merocyanin** *n* (ein Polymethinfarbstoff) (Chem, Foto, Tex) / merocyanine *n*
**meroedrisch** *adj* (Krist) / merohedral *adj*
**meromorph** *adj* (Funktion) (Math) / meromorphic* *adj* ‖ ~**er Teil** (Math) / principal part*
**Meroplankton** *n* (Umwelt) / meroplankton* *n*
**merosymmetrisch** *adj* (Krist) / merosymmetric *adj*
**Merotop** *n* (Umwelt) / merotope *n*
**Meroxen** *n* (eisenarme Abart des Biotits) (Min) / meroxene* *n*
**Merox-Prozeß** *n* (ein Verfahren zum Süßen von Benzin) (Erdöl) / Merox process
**Merozyanin** *n* (Chem, Foto, Tex) / merocyanine *n*
**Merrifield-Synthese** *f* (eine Peptid-Synthese) (Chem) / Merrifield technique, Merrifield synthesis, solid-phase peptide synthesis
**Merrifield-Technik** *f* (eine Form der Festphasentechnik nach R.B. Merrifield, geb. 1921) (Chem) / Merrifield technique, Merrifield synthesis, solid-phase peptide synthesis
**Merrifield-Verfahren** *n* (Chem) / Merrifield technique, Merrifield synthesis, solid-phase peptide synthesis
**Mersenne-Primzahl** *f* (nach M. Mersenne, 1588-1648) (Math) / Mersenne's prime
**Mersennesche Primzahl** (Math) / Mersenne's prime
**Mersenne-Zahl** *f* (Math) / Mersenne's prime
**Mertenstanne** *f* (Tsuga mertensiana (Bong.) Carrière) (For) / mountain hemlock, black hemlock
**Merthiolat** *n* (Warenzeichen eines Germizids und Fungizids) (Chem, Landw) / Merthiolate *n*
**Merzerisation** *f* (Tex) / mercerization* *n*
**merzerisierecht** *adj* (Tex) / fast to mercerizing
**merzerisieren** *v* (Tex) / mercerize *v*, causticize *v*, mercerise *v* ‖ **kettenloses** ≃ (Tex) / chainless mercerization
**Merzerisierhilfsmittel** *n* (Tex) / mercerizing assistant, mercerization auxiliary
**Merzerisierung** *n* (ein Verfahren der Textilveredlung nach J. Mercer, 1791-1866) (Tex) / mercerization* *n* ‖ **spannungslose** ≃ (zur Erzielung eines Stretch-Effekts bei Baumwollgeweben) (Tex) / slack mercerization, mercerizing without tension
**MES** (EDV) / microcomputer development system (MDS)
**Mesa** *f* (in der Mesatechnik nach DIN 41852) (Eltronik) / mesa* *n*
**Mesaconsäure** *f* (Chem) / mesaconic acid, methyl fumaric acid, trans-methylbutenedioic acid
**Mesadiode** *f* (eine pn-Diode mit besonders kleiner Sperrschichtfläche) (Eltronik) / mesa diode
**Mesastruktur** *f* (in der Mesatechnik) (Eltronik) / mesa configuration, mesa structure
**Mesatechnik** *f* (DIN 41852) (EDV) / mesa construction, mesa technology
**Mesatransistor** *m* (mittels Mesatechnik geätzter diffusionslegierter Bipolartransistor - DIN 41855) (Eltronik) / mesa transistor*
**Mescalin** *n* (ein Halluzinogen aus den Schnapsknöpfen der Lophophora williamsii - 3,4,5-Trimethoxyphenylethylamin) (Chem, Pharm) / mescaline* *n*, mescalin *n*

**Meseta**

**Meseta** f (pl. Meseten) (Geol) / meseta n
**MES-Feldeffekttransistor** m (Eltronik) / MESFET n (metal-semiconductor-FET), metal-semiconductor field-effect transistor
**MESFET-Transistor** m (mit einem Metall-Halbleiter-Übergang) (Eltronik) / MESFET n (metal-semiconductor-FET), metal-semiconductor field-effect transistor
**Mesh-Zahl** f (Anzahl der Siebmaschen je Zoll linear) / sieve mesh number*, mesh n
**Mesiallinie** f (Fernm) / mesial line
**mesisches Atom** (Kernphys) / mesic atom*, mesonic atom, mesoatom n
**Mesitinspat** m (Min) / mesitite n, mesitine n, mesitine spar
**Mesitit** m (Min) / mesitite n, mesitine n, mesitine spar
**Mesitylen** n (1,3,5-Trimethylbenzol) (Chem) / mesitylene* n
**Mesityloxid** n (ein aliphatisches, ungesättigtes Keton - 4-Methyl-pent-3-en-2-on) (Chem) / mesityl oxide*
**Meskalin** n (ein Halluzinogen aus den Schnapsknöpfen der Lophophora williamsii - 2-(3,4,5-Trimethoxyphenyl)ethylamin) (Chem, Pharm) / mescaline* n, mescalin n ‖ ≃ (Chem, Pharm) s. auch Lophophorin
**Mesobilirubin** n (ein Abbauprodukt der Gallenfarbstoffe) (Physiol) / mesobilirubin n
**mesochrones Netz** (EDV) / mesochronous network
**mesodesmische Kristallstruktur** (Krist) / mesodesmic structure
**Mesofauna** f (Biol, Landw, Umwelt) / mesofauna n
**meso-Form** f (Chem) / meso form
**mesogen** adj (Chem) / mesogenic adj, mesogen adj ‖ ~e **Gruppe** (die in einem bestimmten Temperaturbereich eine Mesophase bildet) / mesogenic group
**mesohalin** adj (Brackwasser) / mesohaline adj
**mesoionisch** adj (Verbindung) (Chem) / meso-ionic adj
**Mesokolloid** n (Kettengliederzahl 500 bis etwa 2500) (Chem) / mesocolloid* n
**mesokristallin** adj (zwischen 0,20 und 0,75 mm) (Geol) / mesocrystalline adj
**mesokurtisch • e Verteilung** (Stats) / mesokurtic distribution ‖ ~e **Verteilungskurve** (Stats) / mesokurtic curve, mesokurtosis n
**mesomer • er Effekt** (Chem) / mesomeric effect, resonance effect ‖ ~e **Grenzstruktur** (Spektr) / resonance structure ‖ ~er **Substituenteneffekt** (Chem) / mesomeric effect, resonance effect
**Mesomerie** f (Chem) / mesomerism* n, resonance n (in molecules)*
**Mesomerieeffekt** m (Chem) / mesomeric effect, resonance effect
**Mesomerieenergie** f (Chem) / resonance energy, mesomeric energy
**mesomeriefrei** adj (Chem) / resonance-free adj
**Mesometeorologie** f (Meteor) / mesometeorology n
**Mesomolekül** n (Kernphys) / mesic molecule
**mesomorph** adj (Chem, Krist) / mesomorphous* adj, mesomorphic adj, mesomorph adj ‖ ~e **Phase** (Krist) / mesophase n
**Meson** n (ein Hadron) (Kernphys) / meson* n ‖ **charmantes** ≃ (Kernphys) / charming meson ‖ **isovektorielles** ≃ (Kernphys) / isovector meson, isovectorial meson ‖ **neutrales** ≃ (Kernphys) / neutretto n
**Mesonen • atom** n (Atom, in dem ein Elektron der innersten Schale gegen ein negativ geladenes Meson ausgetauscht ist) (Kernphys) / mesic atom*, mesonic atom, mesoatom n ‖ ≃**ausbeute** f (Kernphys) / meson yield ‖ ≃**fabrik** f (ein Beschleuniger) (Kernphys) / meson factory (meson-producing accelerator) ‖ ≃**feld** n (Kernphys) / meson field* ‖ ≃**garbe** f (Kernphys) / meson shower n ‖ ≃**physik** f (Kernphys) / meson physics ‖ ≃**resonanzen** f pl (Kernphys) / meson resonances ‖ ≃**singulett** n (Kernphys) / mesonic singlet ‖ ≃**spektroskopie** f (Spektr) / meson spectroscopy
**mesonisch** adj (Kernphys) / mesonic adj, mesic adj ‖ ~es **Atom** (Kernphys) / mesic atom*, mesonic atom, mesoatom n
**Meson • -Meson-Effekt** m (Kernphys) / meson-meson interaction, meson-meson effect ‖ ≃**-Meson-Wechselwirkung** f (Kernphys) / meson-meson interaction, meson-meson effect ‖ ≃**molekül** n (Kernphys) / mesic molecule
**Mesopause** f (oberste Schicht der Mesosphäre) (Geophys, Meteor) / mesopause* n
**Mesoperiodat** n (Chem) / mesoperiodate n
**Mesophase** f (Übergangsphase bei flüssigen Kristallen) (Krist) / mesophase n
**mesophil** adj (mit Wachstumsoptimum bei mittleren Temperaturen und mittlerem Feuchtigkeitsgehalt der Luft) (Biol) / mesophilic* adj
**Mesophyll** n (des Blattes) (Bot) / mesophyll n
**Mesoplankton** n (Plankton aus mehr als 182 m Tiefe) (Biol) / mesoplankton* n
**Mesopore** f (eine Feinpore, 2 - 50 nm) / mesopore n
**Mesoprobe** f (Probenmasse 0,1 bis 0,01 g) (Chem) / meso sample
**Meso-Scale** m (der Bereich mittlerer Größenordnung atmosphärischer Phänomene) (Meteor) / mesoscale n
**Mesosiderit** m (durch Schockwirkung erzeugter seltener Siderolith) / mesosiderite n

**Mesosphäre** f (der unterste Teil des oberen Erdmantels) (Geol) / mesosphere n ‖ ≃ (ein Teil der Erdatmosphäre oberhalb der Stratopause) (Geophys, Meteor) / mesosphere* n
**mesothermal** adj (wäßriges Transportmedium in Erzlagerstätten - 250 bis 150° C) (Geol) / mesothermal adj
**mesotroph** adj (mit mittlerem oder geringem Gehalt an Pflanzennährstoffen) (Umwelt) / mesotrophic adj
**Mesoxalsäure** f (Chem) / mesoxalic acid, oxomalonic acid, ketomalonic acid
**Mesozone** f (Tiefenstufe der Metamorphose) (Geol) / mesozone n
**Mesquitebaum** m (Prosopis juliflora (Sw.) DC. - der Stamm liefert Mesquite- oder Sonoragummi) (For) / mesquite n, mesquit n
**Mesquitegummi** n (aus Prosopis juliflora (Sw.) DC.) / mesquite gum
**Meß • abweichung** f (Verfälschung eines Meßergebnisses) / error in measurement ‖ **festgestellte systematische** ≃**abweichung** (Instr) / bias error ‖ ≃**achse** f / measuring axis ‖ ≃**ader** f (Kab) / pilot wire ‖ ≃**ader** (im Druckkabel) (Kab) / pressure wire
**Message** f (Nachricht oder Information) (EDV) / message* n
**Message-Handling-System** n (das direkte Kommunikation zwischen den Partnern ermöglicht) (EDV) / message-handling system, MHS
**Message-Zentrum** n (in dem eingehende Anrufe z.B. vom Sekretariat oder dem Vermittlungsplatz per PC notiert und dem abwesenden Empfänger als elektronische Rückrufliste elektronisch zugeschickt werden) (Fernm) / message centre
**Meß • anker** m (ein Gebirgsanker) (Bergb) / stratum marker bolt ‖ ≃**anlage** f (zusammengefasste, meistens aus einer Vielzahl von verschiedenen Meßgeräten bestehende meßtechnische Ausrüstung) / measuring installation ‖ ≃**anordnung** f (Zusammenstellung von Meßgeräten und Hilfsmitteln zur Durchführung einer bestimmten Meßaufgabe) / measuring arrangement, measuring set-up ‖ ≃**antenne** f (Radio) / test aerial, test antenna ‖ ≃**anweisung** f (die die einzuhaltenden Bedingungen und den Ablauf des Meßvorgangs festlegt - DIN 2257, T 1) / measuring instruction ‖ ≃**apparat** m (Instr) / measuring instrument*, gauge* n, instrument* n, meter* n ‖ ≃**balgenzähler** m (Gasmessung) / dry-type gas meter, diaphragm meter, dry gas meter ‖ ≃**band** n (bedrucktes Meßband in Stahl- oder Kunststoffgehäuse) (Bau) / builder's tape, tape* n, measuring tape*, tape-measure n ‖ ≃**band** (geeichtes - zur Tankpeilung) (Erdöl) / gauge line, gauge tape
**meßbar** adj / measurable adj ‖ ~e **Funktion** (Stats) / measurable function ‖ ~e **Transformation** / measurable transformation
**Meßbarkeit** f (Aussage darüber, ob ein Phänomen mit Hilfe der Meßtechnik quantitativ erfaßbar ist) / measurability n
**Meßbarkeitsgrenze** f / measurability limit
**Meß • basis** f (Verm) / baseline* n ‖ ≃**becher** m (Nahr) / measuring jug ‖ ≃**bedingungen** f pl / measurement conditions ‖ ≃**behälter** m pl **aus Glas** (Chem, Glas) / volumetric glassware ‖ ≃**behälter** m **für Volumenbestimmung** / volumetric tank ‖ ≃**bereich** m / test range ‖ ≃**bereich** (wie lang eine angeschlossene LWL-Strecke höchstens sein kann, um in einem Rückstreumeßgerät vollständig dargestellt werden zu können) (Fernm) / distance range ‖ ≃**bereich** (Teil des Anzeigebereichs nach DIN 1319, T 2 und DIN 2257, T 2) (Instr) / effective range*, measuring range, range n, measurement range ‖ **auf einen höheren** ≃**bereich umschalten** (ein Mehrbereichsinstrument) / uprange v ‖ **auf einen kleineren** (niedrigeren) ≃**bereich umschalten** (ein Mehrbereichsinstrument) (Instr) / downrange v ‖ ≃**bereichsendwert** m (Instr) / accuracy rating, rating n ‖ ≃**bereichsschalter** m (bei den Meßgeräten) (Instr) / range selector ‖ ≃**bild** n (Verm) / photograph n ‖ ≃**bildkamera** f (Foto, Verm) / mapping camera, photogrammetric camera ‖ ≃**blende** f (zur Mengenmessung nach dem Wirkdruckprinzip) (in eine Rohrleitung fest eingebaute Scheibe mit kreisrunder Durchflußöffnung von unverändertem Durchmesser - zur Messung des Durchsatzes nach dem Wirkdruckverfahren) (Hyd, Masch) / orifice gauge*, orifice plate, orifice meter ‖ ≃**blende** (des Meßwehrs) (Wasserb) / notch plate, notch n ‖ **trapezförmige** ≃**blende** (des Cipolletti-Meßwehrs) (Wasserb) / trapezoidal notch ‖ ≃**bolzen** m (der Meßuhr) (Masch) / plunger n ‖ ≃**bolzen** (der Bügelmeßschraube) (Masch) / spindle n ‖ ≃**brief** m (Schiff) / calibration certificate ‖ ≃**brücke** f (Eltech) / bridge* n (in a measurement system) ‖ ≃**daten übertragen** / telemeter v ‖ ≃**datenschreiber** m (Instr) / pen recorder, inking register, graphic instrument ‖ ≃**diagonale** f (einer Brückenschaltung) (Eltech) / galvanometer arm ‖ ≃**dorn** m (zylindrischer Meßkörper mit Griff) (Masch) / plug gauge* ‖ ≃**draht** m (einer Brückenschaltung) (Eltech) / slide wire ‖ ≃**draht** (Kab) / pilot wire ‖ ≃**düse** f (bei Wirkdruck-Durchflußmessern) / flow nozzle (flow measurement), measuring nozzle ‖ ≃**düse in Parabelform** (Masch) / parabolic nozzle*, German nozzle ‖ ≃**dynamik** f (bei Meßsystemen) / dynamics n (of a measuring system)
**Messe** f (große, meistens internationale Warenausstellung) / fair n ‖ ≃ (Speise- und Aufenthaltsraum) (Schiff) / mess n

**Meß•ebene** f / measuring plane ‖ ˜**einrichtung** f (DIN 1319, T 2) / measuring facility, measuring device ‖ ˜**einsatz** m (Testspitze für Meßbolzen, die eingeschraubt sind) / gauge insert, gauge slide (screwed on) ‖ ˜**elektrode** f (die so aufgebaut ist, daß sie ein elektrisches Potential ausbildet, das den chemischen Zustand des mit ihr in Berührung stehenden Elektrolyten möglichst eindeutig kennzeichnet) (Chem) / measuring electrode ‖ ˜**empfänger** m (Radio) / test receiver ‖ ˜**empfindlichkeit** f / measurement sensitivity
**messen** v (DIN 1319, T 1) / measure v, meter v ‖ ~ / take measurements ‖ ~ (einen Tank) (Erdöl) / gauge v ‖ ~ (im Bohrloch) (Erdöl) / log v ‖ **mit Bandmaß** ~ (Bau, Verm) / tape v ‖ **neu** ~ / remeasure v ‖ ~ n (DIN 1319, T 1) / measurement n, mensuration n, measuring n, metering n, gauging n ‖ ~ **im Vakuum** / vacuum measurement ‖ ~ **in metrischen Einheiten** / metric practice
**messende Prüfung** (in der statistischen Qualitätskontrolle) (EDV, Fernm, Stats) / variables inspection, inspection by variables
**Messenger-Ribonukleinsäure** f (Biochem) / m-RNA* n, messenger RNA*, template RNA
**Messenger-RNS** f (Biochem) / m-RNA* n, messenger RNA*, template RNA
**Messer** m (Eltech, Instr, Masch) / integrating meter*, meter* n, integrating instrument ‖ ~ n (Schneidkante) (HuT) / cutting edge ‖ ˜ (des Messerkopfes) (Masch) / tooth* n (pl. teeth), blade n (US) ‖ ˜ (Werkz) / knife* n ‖ ˜**aufnahmeschlitz** m (bei Fräsern) (Masch) / body slot ‖ ˜**auftrag** m / knife application ‖ ˜**balken** m (des Mähdreschers) (Landw) / cutter bar ‖ ˜**balken** (der Heckenschere) (Landw) / blade n ‖ ˜**block** m (für Küchenmesser) (Nahr) / knife stand ‖ ˜**egge** f (Landw) / scarifier n ‖ ˜**entrinder** n (Pap) / knife barker ‖ ˜**entrindungsmaschine** f (Pap) / knife barker ‖ ˜**falzmaschine** f (mit Falzmessern oder Schwertern) (Buchb) / knife folder ‖ ˜**feile** f (Masch) / knife file, knife-edge file, engineers' file ‖ ˜**furnier** n (das durch blattweises Abmessern gewonnen wurde) (For) / sliced veneer, knife-cut veneer, flat-cut veneer ‖ ˜**furnierblock** m (bei Messerfurnieren) (For) / flitch n ‖ ˜**garnierung** f (Pap) / filling n, tackle n
**Meß•ergebnis** n (DIN 1319, T 3 und DIN 2257, T 1) (Instr) / result of measurement, measuring result ‖ ˜**ergebnisleitung** f **zur Anzeige** (Instr) / read-out line
**Messer•kasten** m (der Jacquardmaschine) (Web) / griffe box ‖ ˜**kontakt** m (Eltech) / knife contact, blade contact ‖ ˜**kopf** m (der Mähmaschine) (Landw) / knife head ‖ ˜**kopf** (Masch) / tool head ‖ ˜**kopf** (zum Fräsen) (Masch) / cutter head, milling head ‖ ˜**kopf** (Masch) / inserted tooth cutter*, inserted blade cutter (US) ‖ ˜**kopfspanner** m (For) / cutter-block chipper ‖ ˜**korb** m (der Jacquardmaschine) (Web) / griffe n ‖ ˜**korbzerspaner** m (For) / knife-ring flaker, ring-type cutter-block chipper ‖ ˜**leiste** f (ein Mehrfachstecker) (Eltech) / male multipoint connector, male connector, multiple plug, blade connector, standoff-pin male connector ‖ ˜**linienangriff** m (Schw) / knife-line attack, KNA, knife-line corrosion ‖ ˜**linienkorrosion** f (Schw) / knife-line attack, KNA, knife-line corrosion ‖ ˜**maschine** f (For, Tischl) / slicer n, veneer slicer, veneer slicing machine
**messern** v (For) / slice v ‖ ~ n (For) / slicing n
**Messer, federnde** ˜**rakel** (Pap) / trailing blade ‖ ˜**rest** m (eines Messerfurnierblocks) (For) / veneer core ‖ ˜**ringzerspaner** m (For) / knife-ring flaker, ring-type cutter-block chipper ‖ ˜**schälmaschine** f (Pap) / knife barker ‖ ˜**schalter** m (Eltech) / knife-switch* n ‖ ˜**schalter** (einfacher) (Eltech) / slow-break switch* ‖ ˜**schärfer** m (Werkz) / knife sharpener ‖ ˜**scheibe** f (Masch) / knife disk ‖ ˜**scheibentrinder** m (For) / disk barker ‖ ˜**scheibentrindungsmaschine** f (For) / disk barker ‖ ˜**scheibenzerspaner** m (For) / disk flaker ‖ ˜**schiene** f (Schneidteil eines Abwälzfräsers) (Masch) / hob-blade insert ‖ ˜**schienenfräser** m (Wälzfräser mit eingesetzten Zahnstollen) (Masch) / inserted blade hob ‖ ˜**schleifmaschine** f (For) / knife grinder ‖ ˜**schmied** m / cutler n ‖ ˜**schneide** f (Masch) / knife edge* n ‖ ˜**schnittkorrosion** f (meistens an Hartlötverbindungen) (Schw) / knife-line attack, KNA, knife-line corrosion ‖ ˜**sech** n (Landw) / knife coulter ‖ ˜**spachtelmasse** f (Anstr) / knifing filler ‖ ˜**stahl** m (Hütt) / cutlery steel ‖ ˜**stecker** m (Eltech) / knife plug ‖ ˜**trommel** f (Masch) / knife drum ‖ ˜**walze** f (Masch) / knife drum ‖ ˜**welle** f (rotierendes Werkzeug der Abricht-, Dicken- sowie anderer Fräs- und Zerspanungsmaschinen) (For) / cutter block ‖ ˜**welle** (der Zerspannungsmaschinen) (For) / cutter-block* n ‖ ˜**wellenspaner** m (For) / cutter-block chipper ‖ ˜**wellenzerspaner** m (For) / cutter-block chipper ‖ ˜**zeiger** m (mit einer vertikal lzur Skalenebene stehenden Lamelle am Zeigerende) (Instr) / knife pointer, knife-edge pointer ‖ ˜**zylinder** m (der Hochdruck-Rollenrotationsmaschine) (Druck) / cutting cylinder*
**Meß•faden** m (eines Flüssigkeitsausdehnungsthermometers) (Chem, Phys) / stem n ‖ ˜**fahrt** f (Bahn) / test run ‖ ˜**fehler** m (DIN 1319, T 3) / error in measurement ‖ ˜**fehler des Staudruckmessers** (Luftf) / position error* ‖ ˜**flächenschalldruckpegel** m (DIN 1320) (Akus) / surface sound pressure level ‖ ˜**flasche** f (Chem) / volumetric flask, graduated flask, measuring flask ‖ ˜**flasche mit Stopfen** (Chem) / volumetric flask with ground-glass stopper, graduated flask with ground-glass stopper ‖ ˜**flug** m (Luftf) / calibration flight ‖ ˜**flügel** m (des Durchflußmessers) (Instr) / impeller n ‖ ˜**flügel des Woltman-Zählers** / Woltman's sail wheel ‖ ˜**folge** f / measurement sequence ‖ ˜**fühler** m (Eltech, Regeln) / pick-off n, pick-up n, primary detector ‖ ˜**fühler** (Eltech, Regeln) s. auch Sensor ‖ ˜**fühler m des Blockierreglers** (Kfz) / skid-sensor n ‖ ˜**gas** n (der dem Analysengerät zugeführte Teil des zu untersuchenden Betriebsgases) / measuring gas ‖ ˜**gefäß** f (Meßzylinder oder Meßflasche) (Chem) / graduated vessel*, graduate* n ‖ ˜**gefäße n pl aus Glas** / graduated glassware ‖ ˜**gefäße aus Glas** (Chem, Glas) / volumetric glassware ‖ ˜**gegenstand** m / measured object ‖ ˜**gehilfe** m (Verm) / rodman* n, staffman* n ‖ ˜**genauigkeit** f / measuring accuracy ‖ ˜**geometrie** f (Spektr) / measuring geometry ‖ ˜**gerät** n (DIN 1319, T 3) (Instr) / measuring instrument*, gauge* n, instrument* n, meter* n ‖ ˜**gerät** n ‖ **[integrierendes] gerät** / meter* n ‖ **frequenzunabhängiges** ˜**gerät** (für Gleich- und Wechselstrom) (Eltech) / transfer instrument* ‖ **tragbares** ˜**gerät** (Eltech, Instr) / portable instrument* ‖ **pneumatisches** ˜**gerät** (Instr) / pneumatic gauge ‖ ˜**geräte n pl der Kerntechnik** (Instr, Nukl) / nuclear instrumentation ‖ ˜**gerät n für direkte Anzeige** (Instr) / direct-reading instrument* ‖ ˜**gerät für Härtemeßverfahren nach Rockwell** (WP) / Rockwell tester ‖ ˜**gerät mit Gleichrichter** (Eltech) / rectifying instrument, rectifier instrument* ‖ ˜**gerät zur Standschubmessung** (Luftf) / statimeter n ‖ **nukleare** ˜**geräte** (Instr, Nukl) / nuclear instrumentation ‖ ˜**gerätedrift** f (DIN 1319, T 1) / drift n ‖ ˜**geräteverstärker** m (im Meßgerät integrierter Meßverstärker) / meter amplifier ‖ ˜**glas** n (als Sammelbegriff) / graduated glassware ‖ ˜**glas** (Meßzylinder oder Meßflasche) (Chem) / graduated vessel*, graduate* n ‖ ˜**glas** f / graduated glassware ‖ ˜**gleichrichter** m (eines Gleichrichtermeßinstruments) (Eltech) / measuring rectifier ‖ ˜**glied** n (Instr) / measuring unit ‖ ˜**größe** f (DIN 1319, T 1 und DIN 2257, T 1) / measurand n, measured quantity, quantity being measured, measured variable ‖ **einzelne** ˜**größe** (DIN 1319, T 3) / single measurand ‖ ˜**größenaufnehmer** m (Teil eines Meßsystems der dazu dient, die Meßgröße aufzunehmen) (Eltech, Regeln) / pick-off n, pick-up n, primary detector ‖ ˜**größenfühler** m (Regeln) / sensor* n, probe n, measuring sensor, sensing element ‖ **piezoelektrischer** ˜**größenwandler** (Eltronik) / piezoelectric transducer, PZT
**Messier-Katalog** m (nach Ch. Messier, 1730-1817) (Astr) / Messier's catalogue
**Meßimpuls** m (von Kollisionswarnsystemen abgestrahlt) (Eltronik, Luftf) / strobe* n
**Messing** n (Kupfer-Zink-Legierung nach DIN 17660 - für die technische Verwendung mindestens 50% Cu) (Hütt) / brass* n, brs ‖ ˜ **65** (Hütt) / high brass* ‖ ˜ **70** (Hütt) / deep-drawing brass ‖ **ß-**˜ (Hütt) / beta brass* ‖ **seewasserbeständiges** ˜ (Hütt) / naval brass*, naval bronze ‖ ˜ n **Me 70** (Hütt) / cartridge brass (70% Cu + 30% Zn)*
**Messing•** / brazen adj, brassy adj, brass attr ‖ ˜**beschlag** m (Tischl) / brass fitting ‖ ˜**blech** n (Hütt) / sheet brass ‖ ˜**dorn** m (Werkz) / brass punch, brass bar punch ‖ ˜**drahtbürste** f (Werkz) / brass-wire brush ‖ ˜**druckguß** m (Gieß) / brass die casting
**messingen** adj / brazen adj, brassy adj, brass attr
**messing•farben** adj / brass-coloured adj ‖ ˜**fieber** n (kennzeichnende, aber harmlose Berufskrankheit) (Med) / brass chill, brass-founder's ague ‖ ˜**gelb** adj / brazen yellow ‖ ˜**guß** n (zinkreiche Sorte von Messing, gegossene Kupfer-Zink-Legierung) (Hütt) / yellow metal, yellow brass ‖ ˜**knetlegierung** f (Hütt) / malleable brass ‖ ˜**linie** f (DIN 16507) (Typog) / brass rule* ‖ ˜**reißnadel** f (z.B. zum Anreißen von Schwarzblechen) / brass scriber
**Meßinstrument** n (Instr) / measuring instrument*, gauge* n, instrument* n, meter* n ‖ ˜**summierendes** (Eltech) / summation instrument* n ‖ ˜ n **mit Nullpunkt in der Skalenmitte** (Eltech) / centre-zero instrument* ‖ ˜ **mit projizierter Skala** (Instr) / projected-scale instrument* ‖ ˜ **mit Schwerkraftrückstellung** (Eltech) / gravity-controlled instrument* ‖ ˜ **mit unterdrücktem Nullpunkt** (Eltech) / suppressed-zero instrument*, set-up instrument*, set-up-scale instrument*, set-up-zero instrument*, inferred-zero instrument*, step-up instrument*
**Meß•kammer** f (mit genau kalibrierter Brennweite und Rahmenmarken als geometrischen Bezugselementen) (Fernm, Verm) / metric camera ‖ ˜**kammer** (Foto, Verm) / mapping camera, photogrammetric camera ‖ **Flugzeug oder Raumstation als Träger von** ˜**kammern oder Fernerkundungsgeräten** (Foto, Verm) / platform n ‖ ˜**kanal** m (mit speziell definiertem Abflußquerschnitt) (Wasserb) / measuring flume, rating flume ‖ ˜**kapillare** f (eines Thermometers) (Chem, Phys) / stem n ‖ ˜**kasten** m (Bau, HuT) / gauge

**Meßkette**

box*, batch box*, gauging box ‖ ~**kette** f (eine Folge von Messungen) / measurement sequence ‖ ~**kette** (heute nicht mehr gebraucht) (Verm) / measuring chain*, surveyor's chain ‖ ~**kluppe** f (For) / tree calliper ‖ ~**koffer** m / measurement kit ‖ ~**kolben** m (Stehkolben mit langem, engem Hals, auf dem etwa auf der Mittte ein Eichstrich angebracht ist) (Chem) / volumetric flask, graduated flask, measuring flask ‖ ~**kopf** m (Masch) / sensing head ‖ ~**kraft** f (DIN 2257, T 1) / measuring force ‖ ~**kunde** f / metrics n ‖ ~**labor** n / measuring laboratory ‖ ~**laboratorium** n / measuring laboratory ‖ ~**länge** f (Länge zwischen den Meßmarken einer Probe - DIN 50145) / gauge length ‖ ~**lanze** f (Hütt) / sublance f ‖ ~**latte** f (fürs Anreißen der Auftrittsbreite) (Bau) / going rod* ‖ ~**latte** (fürs Anreißen der Stufen an der Wange) (Bau) / storey rod*, story pole, gauge rod ‖ ~**latte** (Meßstab mit verschiedenfarbigen Teilungsstrichen und Marken) (Verm) / surveyor's staff, staff ‖ ~**leitung** f (Fernm) / S-wire n ‖ ~**lineal** n / tram gauge

**Meßling** m / object of measurement

**Meß•linie** f (Radar) / strobe line ‖ ~**löffel** m (Chem) / measuring spoon ‖ ~**lötstelle** f / measuring junction ‖ ~**luke** f (des Erdöltanks) (Erdöl) / dip hatch ‖ ~**lupe** f (mit einem Maßstab am Fuß des Lupenträgers) (Opt) / measuring magnifier ‖ ~**magnetband** n (Akus, Eltronik) / instrumentation tape ‖ ~**marke** f (zur Anzeige des Meßwertes auf einer Skale) / pointer n ‖ ~**marke** (Radar) / strobe marker ‖ ~**marke** (eines Stereokartiergeräts) (Verm) / floating mark ‖ ~**marke** (Verm) / collimation mark, fiducial mark ‖ ~**maschine** f / measuring machine ‖ ~**methode** f (DIN 1319, T 1) / method of measurement, measuring method ‖ ~**mikrofon** n (Aufnehmer zur meßtechnischen Erfassung von Schallwellen) (Akus) / measuring microphone ‖ ~**mikroskop** n (Opt) / measuring microscope ‖ ~**motor** m (ein Integrierglied) (Eltech) / integrating motor* ‖ ~**nebenwiderstand** m (Eltech) / instrument shunt* ‖ ~**netz** n (Umwelt) / monitoring network ‖ ~**objekt** n (physisches System oder Teil eines solchen /Maschine, Apparat, Bauteil etc./, von welchem bestimmte Eigenschaften durch Messung ermittelt werden sollen - DIN 1319, T 1) / object of measurement ‖ ~**okular** n (Mikros) / micrometer eyepiece* ‖ ~**organ** n (Instr) / measuring unit ‖ ~**ort** m (direkte, indirekte Messung) / measuring spot ‖ ~**ort** (Stelle am Meßobjekt, an der die Meßgröße erfaßt wird) / sensing point ‖ ~**pipette** f (Chem) / measuring pipette ‖ ~**platte** f (Akus) / test record* ‖ ~**plattform** f (Ozean) / oceanographic platform ‖ ~**platz** m (Fernsp) / test station ‖ ~**potentiometer** n (Eltech) / vernier potentiometer* ‖ ~**prinzip** n (die bei der Realisierung einer Meßmethode benutzten physikalischen und/oder chemischen Vorgänge - DIN 1319, T 1) / measuring principle, principle of measurement ‖ ~**prisma** n (Opt) / measuring prism ‖ ~**protokoll** n (dokumentarische Fixierung der Meßergebnisse) / measuring record ‖ ~**pumpe** f (eichbare Pumpe) / metering pump ‖ ~**punkt** m (grafische Darstellung eines Meßwertes in einem Diagramm) / measuring point, measurement point ‖ ~**punkt** (Prüfpunkt) / test point ‖ ~**puppe** f (Kfz) / dummy n, manikin n (US), mannikin n (US) ‖ ~**rad** n (Kart) / opismeter n, rotameter n ‖ ~**rad** (Verm) / perambulator* n, measuring wheel*, odometer* n, viameter* n, ambulator n ‖ ~**rädchen** n (Kart) / opismeter n, rotameter n ‖ ~**rahmen** m (für Zuschläge) (Bau) / measuring frame* ‖ ~**raum** m (ein Teil des Prüfraums) / measurement room * ‖ ~**reihe** f (Reihe von Meßwerten) / series of measurements, measurement series, series of readings ‖ ~**reihe zur Ermittlung der Frequenzabhängigkeit** (Fernm) / frequency run ‖ ~**relais** n (Eltech) / measuring relay ‖ ~**ring** m (Masch) / ring gauge*, female gauge* n ‖ ~**rinne** f (Wasserb) / measuring flume, rating flume ‖ ~**rinne nach Parshall** (zur Durchflußmessung) (Wasserb) / Parshall measuring flume ‖ ~**schaltung** f (Eltech) / meter circuit ‖ ~**schieber** m (ein Längenmeßgerät nach DIN 862) (Instr) / vernier calliper (slide-type calliper with vernier scale), vernier micrometer ‖ ~**schieber mit Meßuhr** (Instr) / dial calliper ‖ ~**schlitten** m (zur Vermessung der Karosserie) (Kfz) / measuring slide ‖ ~**schnabel** m (der Schieblehre) (Instr) / measuring jaws pl ‖ ~**schraube** f (DIN 863) (Instr) / micrometer gauge*, screw micrometer*, machinist's outside calliper with micrometer reading, micrometer calliper ‖ ~**schreiber** m (des Prozeßrechners) (ein Ausgabegerät) (EDV) / logger n, logging printer ‖ ~**schreiber** (Instr) / pen recorder, inking register, graphic instrument ‖ ~**sender** m (Nav) / target transmitter ‖ ~**sender** (ein Hochfrequenzgenerator mit einstellbarer Frequenz hoher Stabilität und großem Abstimmbereich) (Radio) / signal generator*, standard signal generator*, test oscillator ‖ ~**shunt** m (Eltech) / instrument shunt* ‖ ~**signal** n (das zwischen den Geräten einer Meßeinrichtung ausgetauschte Signal) / measuring signal ‖ ~**signal** (Signal, dessen Informationsgehalt demjenigen der Meßgröße entspricht - DIN 40146, T 3) / measured signal ‖ ~**signalverarbeitung** f / measured-signal processing ‖ ~**signalzuführung** f (Regeln) / forcing n ‖ ~**sonde** f / sensing probe ‖ ~**spanne** f (die Differenz zwischen Endwert und Anfangswert des Meßbereiches - DIN 2257, T 1) / measuring span ‖ ~**spindel** f (der Bügelmeßschraube) (Masch) / spindle n ‖ ~**stab** m (Stab) / ruler n ‖ ~**station** f (ortsfeste oder bewegliche) / base end measurement station ‖ ~**station** (Wasserb) / gauging station ‖ ~**station** (Werkz) / gauging station ‖ ~**stelle** f / measuring point ‖ ~**stelle** (eine Schweißstelle des Thermoelements) / measuring junction ‖ ~**stellennetz** n (Umwelt) / monitoring network ‖ ~**stellenumschalter** m (Fernm) / multiplexer n ‖ ~**strahlengang** m (im Zweistrahl-Spektralfotometer) (Spektr) / sample path-length ‖ ~**strategie** f / measuring strategy ‖ ~**strecke** f (z.B. bei Geschwindigkeitsrekorden) (Kfz) / trap n ‖ ~**strecke** (z.B. in einem Windkanal) (Luftf) / test section, tunnel working section, working section ‖ **ballistische** ~**strecke** (Mil) / ballistic range ‖ ~**strom** m (Eltech) / measurement current, measuring current ‖ ~**sucher** m (Foto) / coupled rangefinder* ‖ ~**system** n (Meßobjekt + Meßeinrichtung + Umgebung) / measurement system, metering system ‖ ~**system für die Kettfadendichte** (Web) / sett system ‖ ~**technik** f (digitale, elektrische, elektronische usw. - DIN 1319, T 1) / measurement engineering ‖ **optische** ~**technik** / optical metrology ‖ ~, **Steuerungs- und Regeltechnik** f (Regeln) / measuring and control technology, process measuring and control technology, instrumentation and control, I & C

**meßtechnisch** adj / metrological adj ‖ ~**es Problem** / metrology-related problem

**Meß•teil** m (einer technischen Einrichtung) (Instr) / measuring unit ‖ ~**theorie** f (wissenschaftliche Grundlage der Meßtechnik) / measurement theory ‖ ~**tisch** m (ein altes Gerät für topografische Aufnahmen nach DIN 18718) (Verm) / plane table* ‖ ~**tischaufnahme** f (Verm) / plane-tabling n, plane-table survey, radiation n ‖ ~**toleranz** f / measurement tolerance ‖ ~**trupp** m (Bergb) / survey party ‖ ~**überfall** m (Wasserb) / measuring weir, tumbling bay*, weir n, weir flowmeter ‖ ~**uhr** f (DIN 878) (Masch) / clock gauge*, dial gauge*, dial indicator, dial test indicator, clock indicator ‖ ~**umsetzer** m (Teil der Meßeinrichtung, der der Umformung von Meßsignalen dient, von denen Eingangs- oder Ausgangssignal oder beide digital sind und der eine separierbare Gruppe darstellt) / converter n

**Messung** f (DIN 1319, T 1) / measurement n, mensuration n, measuring n, metering n, gauging n ‖ ~ (im Bohrloch) (Bergb, Erdöl) / logging n, well logging, borehole logging, drillhole logging ‖ ~ (Verm) / sight* n ‖ ~ **[Fern]~ der Wärmebelastung** (der Gewässer) / thermography n ‖ **akustische** ~ (Akus) / acoustic measuring, acoustic measuring ‖ **direkte** ~ / direct measurement ‖ **indirekte** ~ / indirect measurement ‖ ~ **f der ebenen Winkel in Graden** (Math) / sexagesimal measure of angles ‖ ~ **der Einschaltquote** (TV) / television audience measurement, TAM ‖ ~ **der Radioaktivität in Bohrlöchern** (Erdöl) / radioactive logging ‖ ~ **durch Kondensatorentladung** (Eltech) / loss of charge method* ‖ ~ **elektrischer Größen** (Eltech) / electrical measurement ‖ ~ **mechanischer Schwingungen** (Mech) / vibration measurement ‖ ~ **nach einer Skale** (Instr) / scaling n

**Meß•unsicherheit** f (ein quantitatives Maß nach DIN 1319, T 3) (Instr, Math) / accuracy n ‖ ~**unsicherheit** (ein Kennwert nach DIN 1319, T 3) (Instr, Math) / uncertainty of measurement ‖ ~**verfahren** n (DIN 1319, T 1) / measurement procedure, measuring procedure ‖ **direktes** ~**verfahren** (DIN 1319, T 1) / direct measurement ‖ **ballistisches** ~**verfahren** (ein Gleichfeld-Meßverfahren) (Eltech) / ballistic method* ‖ ~**verstärker** m (in der elektrischen Meßtechnik) (Eltronik) / measuring amplifier ‖ ~**wagen** m (Eisenbahnfahrzeug der Versuchsämter mit Meß-, Prüf- und Registriereinrichtungen) (Bahn) / dynamometer car, research car ‖ ~**wagen** (Geophys) / recording truck ‖ ~**walze** f (Pap) / metering roll ‖ ~**wandler** m (ein Spezialtransformator) (Eltech) / instrument transformer* ‖ ~**wandler** (der eine Meßgröße in eine andere umwandelt - z.B. bei der Fernübertragung) (Eltech) / measuring transmitter, transducer n ‖ ~**wandler** (Eltech) s. auch Spannungswandler und Stromwandler ‖ ~**wandler mit Hilfsenergie** (Eltech) / non-self-generating transducer ‖ ~**wandler ohne Hilfsenergie** (Eltech) / self-generating transducer ‖ ~**warte** f (zentrale) / central control room, control centre ‖ ~**warte** (Masch) / monitoring station ‖ ~**wehr** n (zur Messung des Wasserabflusses) (Wasserb) / measuring weir, tumbling bay*, weir n, weir flowmeter ‖ ~**dreieckiges** ~**wehr** (Wasserb) / vee-notch weir, V-notch weir, triangular-notch weir ‖ ~**wehr** n **nach Sutro** (Durchfluß ist proportional zur Überfallhöhe) (Wasserb) / Sutro weir ‖ ~**werk** n (durch das ein von einem Meßwert abhängiges Drehmoment oder eine davon abhängige Bewegung erzeugt oder ausgeführt wird) (Instr) / measurement mechanism, measuring mechanism, measuring element ‖ ~**werkaufhängung** f (reibungsarme Lagerung des drehbaren Teils eines Meßwerks) (Instr) / movement suspension ‖ ~**werkzeug** n (Werkz) / measuring tool

**Meßwert** m (der am Meßgerät abgelesene Wert nach DIN 1319, T 2 und DIN 2257, T 1) (Instr) / measured value ‖ ~ (Radiol) / response n ‖

⁓**anzeige** *f* (Instr) / gauge *n* (control element showing e.g. the percentage of completion in form of dials, scales, etc.) ‖ ⁓**erfassung** *f* / measurement data logging, data acquisition ‖ **analoge** ⁓**erfassung** / analogue data logging ‖ ⁓**folge** *f* / series of measurements, measurement series, series of readings ‖ ⁓**geber** *m* (Eltech, Regeln) / pick-off *n*, pick-up *n*, primary detector ‖ **dualkodierter** ⁓**geber** (EDV) / binary encoder ‖ ⁓**reihe** *f* / series of measurements, measurement series, series of readings ‖ ⁓**schreiber** *m* (GUI-Objekt, das auf einem sich bewegenden Papierstreifen mit einem oder mehreren Stiften aktuelle Meßwerte anzeigt; die Aufzeichnungen lassen sich dabei per Rollbalken vor- und zurückdrehen) / histograph *n* ‖ ⁓**umformer** *m* (Regeln) / transmitter *n* ‖ ⁓**verstärker** *m* (Film) / booster *n*
**Meß, technisches** ⁓**wesen** / engineering metrology ‖ **gesetzliches** ⁓**wesen** / legal metrology ‖ ⁓**zahl** *f* (Stats) / statistic *n* (a fact or piece of data) ‖ ⁓**zeiger** *m* (Masch) / clock gauge*, dial gauge*, dial indicator, dial test indicator, clock indicator ‖ ⁓**zeit** *f* (zur Ermittlung eines einzelnen Meßwertes benötigte Zeitdauer) / measuring time ‖ ⁓**zeug** *n* (Werkz) / measuring tool ‖ ⁓**ziffer** *f* (Stats) / statistic *n* (a fact or piece of data) ‖ ⁓**zylinder** *m* (Chem) / measuring cylinder, volumetric cylinder, graduated cylinder
**Mesyl** *n* (Chem) / mesyl *n*, methane sulphonyl group, methylsulphonyl *n*
**Mesylchlorid** *n* (Chem) / methanesulphonyl chloride
**Met** (Biochem) / methionine* *n*, Met*
**metabelsch** *adj* (Gruppe) (Math) / metabelian *adj*
**Metabentonit** *m* (Ton von Illittyp) (Geol) / potassium bentonite, metabentonite *n*, K-bentonite *n*
**metabolisch** *adj* (Biol) / metabolic *adj* ‖ **~e Aktivierung** (biologische Umwandlung von Stoffen zu Substanzen höherer Aktivität) (Biol) / bioactivation *n*, biological activation
**metabolisieren** *v* (Biol) / metabolize *v*
**Metabolismus** *m* (eine moderne japanische urbanistische Theorie) (Arch) / metabolism *n* ‖ ⁓ (Biol) / metabolism* *n*
**Metabolit** *m* (pl. -en) (Biol) / metabolite* *n*
**Meta•borsäure** *f* ($HBO_2$) (Chem) / metaboric acid*, dioxoboric acid, polydioxoboric(III) acid ‖ ⁓**chromasie** *f* (eine der Solvatochromie verwandte Erscheinung) (Chem) / metachromasia *n*, metachromatism *n* ‖ ⁓**chromatisch** *adj* (Mikros) / metachromatic *adj* ‖ ⁓**chromfarbstoff** *m* / metachrome dyestuff ‖ ⁓**cinnabarit** (Min) / metacinnabarit *n* ‖ ⁓**datei** *f* (mit einem systemunabhängigen Inhalt und Format) (EDV) / metafile *n* ‖ **daten** *pl* (Daten über Daten) (EDV) / meta data *n* ‖ ⁓**dyne** *f* (eine Querfeldmaschine mit Zwischenbürstensatz, die als Umformer konstanten Strom liefert) (Eltech) / metadyne* *n* ‖ ⁓**file** *n* (EDV) / metafile *n* ‖ ⁓**form** *f* (Chem) / meta form ‖ ⁓**galaxis** *f* (hypothetisches System, dem viele Sternsysteme, unter anderem auch das Milchstraßensystem, angehören) (Astr) / metagalaxy *n* ‖ ⁓**germanat** *n* (Chem) / metagermanate *n* ‖ **harmonisches Dreieck** (Math) / metaharmonic triangle ‖ ⁓**inferenz** *f* (EDV) / metainference *n* ‖ ⁓**kieselsäure** *f* (Chem) / metasilicic acid
**Metaldehyd** *m* (tetramere Form des Azetaldehyds) (Chem) / metaldehyde* *n*, meta-aldehyde* *n*, ethanal tetramer
**Metalimnion** *n* (zwischen Eulimnion und Hypolimnion) (Umwelt) / metalimnion *n* (pl. -mnia), discontinuity layer
**Metall** *n* (als chemisches Element, seine Legierungen und intermetallische Verbindungen) (Chem) / metal *n* ‖ ⁓ (Hütt, Masch, WP) / metal *n* ‖ **edles** ⁓ (in der Spannungsreihe) (Chem, Eltech) / noble metal*, royal metal ‖ **frisch** (aus den Erzen) **erschmolzenes** ⁓ (kein Umschmelzmetall) (Hütt) / primary metal* ‖ **gediegenes** ⁓ (Min) / native metal (a metallic native element) ‖ **gediegen vorkommende** ⁓**e** (Bergb) / metallics *pl* ‖ **gepulvertes** ⁓ (Pulv) / powder metal ‖ **hartes** ⁓ (z.B. Wolfram, Tantal usw.) (Hütt) / hard metal* ‖ **hochreines** ⁓ (z.B. mit fünf Neunern) (Hütt) / high-purity metal ‖ **organisches** ⁓ (Salz von Polymeren aus aromatischen, heteroaromatischen oder ungesättigten Bausteinen) (Chem) / organic metal ‖ **organisches** ⁓ (als Leiter - z.B. TTF) (Eltech) / organic electrical metal ‖ **pulverisiertes** ⁓ (Pulv) / metal powder, powdered metal ‖ **pyrophores** ⁓ (ein Pyrophor) (Hütt) / pyrophoric metal*, pyrophoric alloy ‖ **pyrophores** ⁓ (Hütt) ‖ **reaktives** ⁓ (z.B. Ti, Zr und V) (Chem) / reactive metal ‖ **refraktäres** ⁓ (z.B. W, Mo, Ta, Nb und Hf) (Chem) / refractory metal* ‖ **Sammelname für bisher selten verarbeitete** ⁓**e** (Chem, Hütt) / exotic metals ‖ **synthetisches** ⁓ / synthetic metal, synmetal *n* ‖ **unedles** ⁓ (Chem) / base metal*, common metal ‖ **unterschiedliche** ⁓**e** (z.B. bei einer Kontaktkorrosion) (Galv) / dissimilar metals ‖ **verschiedene** ⁓**e** (Galv) / dissimilar metals ‖ ⁓**vorbeschichtetes** ⁓ (meistens Stahl) / precoated metal ‖ ⁓ *n* **als Kontaktwerkstoff** (Eltech) / contact metal* ‖ ⁓ **2. Art** (Chem) / metalloid* *n*, semi-metal* *n* ‖ ⁓ **auf Metall** (Reibung) (Masch, Phys) / metal against metal ‖ ⁓ **der Seltenerden** (Chem) / rare earth elements* (RE) ‖ ⁓ *n* **erster Schmelzung** (Hütt) / primary metal* ‖ ⁓ **zweiter Schmelzung** (Hütt) / secondary metal*, remelt metal

**Metall•-** / metallic *adj* ‖ ⁓**abfall** *m* (Hütt) / scrap metal ‖ ⁓**abnahme** *f* (Masch) / metal removal ‖ **außenstromloses** ⁓**abscheiden aus wäßrigen Lösungen** (DIN 50902) (Galv) / electroless plating, electroless deposition, chemical deposition ‖ ⁓**abscheidung** *f* (abgeschiedene Schicht) (Galv) / metal deposit ‖ ⁓**abscheidung** (Vorgang) (Galv) / metal deposition, deposition of metals ‖ **chemische** ⁓**abscheidung** (Galv) / electroless plating, electroless deposition, chemical deposition ‖ ⁓**acetylacetonat** *n* (Metall-2,4-pentandionat) (Chem) / metal acetylacetonate
**Metallack** *m* (Anstr) / metallic paint
**Metall•-Aktivgas-Schweißen** *n* (DIN 1910, T 4) (Schw) / MAG welding, metal active gas welding ‖ ⁓**-Alkoxid** *n* (Chem) / alcoholate *n* (formed by the reaction of an alcochol with an alkali metal), alkoxide *n* ‖ ⁓**alkyl** *n* (Chem) / metal alkyl ‖ ⁓**-Alloy-Band** *n* / metal-alloy tape ‖ ⁓**amalgam** *n* (Chem) / metal amalgam ‖ ⁓**amid** *n* (z.B. $MNH_2$) (Chem) / metal amide ‖ ⁓**analyse** *f* (Hütt) / ore assaying, ore analysis, assaying *n* ‖ ⁓**anode** *f* (Eltronik) / metallic anode ‖ ⁓**anstrichfarbe** *f* (Anstr) / metallic paint
**metallartig•er Glanz** (Min) / submetallic lustre, submetallic sheen ‖ **~es Hydrid** (Chem) / metallic hydride ‖ **~es Nitrid** (z.B. VN, CrN) (Chem) / metallic nitride, transition-metal nitride
**Metall•atom** *n* (Chem) / metal atom ‖ ⁓**ätzen** *n* (Galv) / metal etching ‖ **elektrochemisches** ⁓**ätzen** (Galv) / electrochemical etching ‖ ⁓**ätzung** *f* (Galv) / metal etching ‖ ⁓**aufdampfen** *n* / vapour-phase metal coating ‖ ⁓**-auf-Glas-Fotomaske** *f* (Eltronik) / metal-on-glass photomask ‖ ⁓**ausdehnungsthermometer** *n* / solid expansion thermometer ‖ ⁓**azetylacetonat** *n* (Metallchelat mit dem Enolat-Anion von 2,4-Pentandion als Ligand) (Chem) / metal acetylacetonate ‖ ⁓**bad** *n* (Hütt) / metal bath ‖ ⁓**badfärben** *n* (Tex) / molten-metal dyeing ‖ ⁓**badfärbung** *f* (Tex) / molten-metal dyeing ‖ ⁓**badtauchen** *n* (Galv) / metal-bath dipping ‖ ⁓**balg** *m* (Masch) / metal bellows ‖ ⁓**band** *n* (für den Metallbanddrucker) (EDV) / band *n*, belt *n*. ‖ ⁓**bändchen** *n* (des magnetischen Lichthahns) (Film) / string* *n* (in a light-valve), vibrator *n* ‖ ⁓**banddrucker** *m* (EDV) / band printer, belt printer ‖ ⁓**bandeignung** *f* (der Vollstereokombination) (Akus) / metal-tape compatibility (of a stereo/cassette receiver) ‖ ⁓**bearbeitung** *f* (Masch) / metal working ‖ **elektrolytische** ⁓**bearbeitung** (Masch) / electrolytic machining*, electrochemical machining*, ECM* ‖ ⁓**bearbeitungsöl** *n* (Masch) / oil for processing metals, metal-working oil ‖ ⁓**bearbeitungsöl** s. auch Schneidöl ‖ ⁓**bedampfen** *n* / vapour-phase metal coating ‖ ⁓**bergbau** *m* (Bergb) / metal mining ‖ ⁓**beschattung** *f* (Mikros) / metal shadowing ‖ ⁓**bindung** *f* (Chem) / metallic bond* ‖ ⁓**blank** *adj* (Reinigungsgrad beim Strahlen) / bright blast ‖ ⁓**blech** *n* (Hütt) / sheet metal ‖ ⁓**brenne** *f* / acid dip (for pickling brass) ‖ ⁓**bronze** *f* (Anstr) / metallic paint ‖ ⁓**bügel** *m* (des Rollwerkzeuges) (Anstr) / wire cage ‖ ⁓**bügelsäge** *f* (Werkz) / hack-saw* ‖ ⁓**bürste** *f* / metal brush ‖ ⁓**carbid** *n* (Chem) / metal carbide ‖ ⁓**carbonyl** *n* (eine Koordinationsverbindung von bestimmten Metallen der Nebengruppen des Periodensystems mit Kohlenmonoxid) (Chem) / metal carbonyl ‖ ⁓**chelat** *n* (die Koordinationsverbindung der Metalle) (Chem) / metal chelate ‖ ⁓**cluster** *m* (Chem) / metal cluster compound ‖ ⁓**dachbelag** *m* (Bau) / flexible-metal roofing, metallic roofing ‖ ⁓**dachdeckung** *f* (Bau) / flexible-metal roofing, metallic roofing ‖ ⁓**dachdeckung** (Stahlblech) (Bau) / sheeting *n*, iron roofing ‖ ⁓**dachhaut** *f* (Bau) / flexible-metal roofing, metallic roofing ‖ ⁓**dachkehle** *f* (Klempn) / metal valley* ‖ ⁓**dampffieber** *n* (kennzeichnende, aber harmlose Berufskrankheit) (Med) / metal-fume fever, metal ague, spelter shakes, Monday fever ‖ ⁓**dampffieber** (Med) s. auch Messingfieber ‖ ⁓**dampflampe** *f* (z.B. Quecksilber- oder Alkalidampflampe) (Eltronik) / metal-vapour lamp ‖ ⁓**deaktivator** *m* / metal deactivator ‖ ⁓**deckung** *f* (Bau) / sheeting *n*, iron roofing ‖ ⁓**detektor** *m* (Masch) / metal detector*, metal locator ‖ ⁓**diffusionsverfahren** *n* (Hütt) / diffusion metallization, diffusion coating, impregnation *n* ‖ ⁓**-DMS** *m* / wire strain gauge ‖ ⁓**drahtlampe** *f* (Eltech) / metal-filament lamp* ‖ ⁓**drücken** *f* (Masch) / spinning lathe, lathe *n* ‖ ⁓**drücken** *n* (zum Herstellen von meist rotationssymmetrischen Hohlkörpern mit zylindrischer oder komplexer Mantellinie) (Masch) / metal spinning*, spinning* *n* ‖ ⁓**drücken von Hand** (Masch) / conventional spinning, manual spinning ‖ ⁓**dübel** *m* (für Dübelverbindungen im Holzbau) (For) / connector* *n*, timber connector* ‖ ⁓**effektlack** *m* (Anstr) / metallic paint ‖ ⁓**effektlackierung** *f* (Anstr) / metallic finish ‖ ⁓**effektpigment** *n* (schuppenförmige Buntmetall- oder gefärbte Aluminiumteilchen nach DIN 55945) (Anstr) / metallic pigment, metal-effect pigment ‖ **aufschwimmendes** ⁓**effektpigment** (Anstr) / leafing pigment
**Metalleichtbau** *m* (Bau) / lightweight-metal construction
**Metall•einfassung** *f* (eines Pinsels) (Anstr) / ferrule *n* ‖ ⁓**einschluß** *m* (z.B. im Holz) / metal inclusion ‖ ⁓**einschluß** (Pap) / metal inlay ‖ ⁓**elektrode** *f* (Eltech, Schw) / metal electrode* ‖

**Metallelektroden-Oberseitenanschluß**

~**elektroden-Oberseitenanschluß** *m* (bei integrierten Schaltungen) (Eltronik) / metal electrode face bonding (melf)
**metallen** *adj* / metallic *adj*
**Metall•entfettung** *f* (Anstr, Masch) / metal degreasing ‖ ~**enzym** *n* (ein Metallprotein) (Biochem) / metalloenzyme *n* ‖ ~**ermüdung** *f* (WP) / metal fatigue, fatigue of metals* ‖ ~**erz** *n* (Bergb, Geol) / metal *n*, metal-bearing ore ‖ ~**faden** *m* (z.B. Leucht- od. Glühdraht) (Eltech) / metal filament* ‖ ~**faden** (leonischer, metallisierter usw.) (Tex) / metal thread ‖ ~**fadenlampe** *f* (Eltech) / metal-filament lamp* ‖ ~**faltenbalg** *m* (zur Spindelabdichtung) (Masch) / metal bellows ‖ ~**färben** *n* (z.B. Brünieren) (Hütt) / metal colouring ‖ ~**färbung** *f* (Hütt) / metal colouring ‖ ~**färbung im galvanischen Verfahren** (Galv) / metallochromy *n* ‖ ~**faser** *f* (DIN 60001, T 1) / metal fibre, metallic fibre, metallic *n* ‖ ~**faß** *n* (walzenförmiger Behälter) (Masch) / drum *n* ‖ ~**feder** *f* (Masch) / metal spring ‖ ~**filter** *n* / metal filter ‖ ~**fluoreszenzindikator** *m* (Chem) / metal fluorescent indicator ‖ ~**folie** *f* (z.B. Schlagmetall, Franzgold) / metal foil
**metallführend** *adj* (Bergb) / metalliferous *adj*, ore-bearing *adj*, metal-bearing *adj* ‖ **nicht ~** (Bergb) / oreless *adj*, non-ore *attr*
**metallführende Sole** (Aufber, Bergb) / metalliferous brine
**Metall•garn** *n* (Tex) / metallic yarn, metal yarn, metallic *n* ‖ ~**-Gate** *n* (bei MOS-Transistoren) (Eltronik) / metal gate ‖ ~**gaze** *f* / metal gauze ‖ ~**gehalt** *m* (im allgemeinen) / metal content, metallic content ‖ ~**gehalt** (von Erzen) (Hütt) / assay *n* ‖ **durchschnittlicher** ~**gehalt** (eines Erzes) (Bergb) / tenor *n* ‖ **höheren** ~**gehalt vortäuschen** (Bergb) / salt *v*
**metallgekapselt** *adj* (Eltech) / metal-enclosed *adj*, metal-cased *adj*, metal-clad *adj*, iron-clad *adj* ‖ ~**e Station** (Eltech) / metal-clad substation
**Metall•gerüstbauer** *m* (Bau) / rigger *n* ‖ ~**geschmack** *m* (Nahr) / metallic taste, metallic flavour ‖ ~**geschottet** *adj* (Schaltanlage) (Eltech) / metal-clad *adj* ‖ ~**gewebe** *n* / metal fabric ‖ ~**gewebe** (für Siebdruckmasken) (Eltronik) / screen *n* ‖ ~**gewinnung** *f* (ein Teil der Metallurgie) (Hütt) / extraction metallurgy*, extractive metallurgy ‖ ~**gießerei** *f* (Gieß) / non-ferrous foundry ‖ ~**gitter** *n* (z.B. Kupfer) (Krist) / metallic lattice ‖ ~**glanz** *m* (Min) / metallic lustre* ‖ ~**glas** *n* (Glas) / amorphous metal*, glassy metal, metglass *n*, glassy alloy, metallic glass ‖ ~**-Glas-Kombination** *f* / metal-glass combination ‖ ~**-Graphit-Bürste** *f* (Eltech) / metal-graphite brush, metallized brush ‖ ~**-Gummi-Bindung** *f* (mit Zwischenlagen aus Messing, Kautschukhydrochlorid, Isozyanaten usw.) / rubber-to-metal bond ‖ ~**-Halbleiter-Kontakt** *m* (Eltronik) / Schottky barrier contact ‖ ~**halogenid** *n* (Chem) / metallic halide ‖ ~**halogenlampe** *f* (Eltech) / metal-halide lamp*, MH lamp*
**metallhaltig** *adj* / metalliferous *adj* ‖ ~**e Bürste** (Eltech) / metal-graphite brush, metallized brush ‖ ~**es Mineral** (Min) / ore mineral, metalliferous mineral, metal mineral
**Metall•holz** *n* (mit Blechen bewehrtes Lagenholz) (For, Tischl) / plymetal *n*, armoured plywood, armour-ply *n* ‖ ~**holz** (mit leichtschmelzbaren Metallen oder Legierungen getränkt) (For, Tischl) / metallized wood ‖ ~**holz** (mit Metallverstärkung meistens in der Mittellage) (For, Tischl) / metal-reinforced wood ‖ ~**hydrid** *n* (Chem) / metal hydride
**Metallichtbogen** *m* (Eltech) / metallic arc, metal arc ‖ ~**handschweißen** *n* (Schw) / manual metal-arc welding ‖ ~**schweißen** *n* (Schw) / Slavianoff welding, Slavianoff process, metal-arc welding ‖ ~**schweißen n mit Fülldrahtelektrode** (Schw) / metal-arc welding with filler-wire electrode ‖ ~**schweißen n mit umhüllter Elektrode** (Schw) / shielded-inert-gas-metal-arc process ‖ ~**schweißen von Hand** (Schw) / manual metal-arc welding ‖ ~**schweißung** *f* (DIN 1910, T 2) (Schw) / metal-arc welding*
**Metallic-Lack** *m* (Anstr) / metallic paint
**Metallic-Lackierung** *f* (Anstr) / metallic finish
**Metallidieren** *n* (elektrolytisches Diffusionsverfahren, das bei höherer Temperatur arbeitet) (Galv) / metalliding *n*
**Metallierung** *f* (Darstellung von metallorganischen Verbindungen durch Substitution von organischen Verbindungen am Kohlenstoffatom durch Metalle) (Chem) / metallation *n*
**Metall•indikator** *m* (ein organischer Komplexbildner) (Chem) / metallochromic indicator, complexometric indicator, metallochrome indicator, metal indicator ‖ ~**industrie** *f* (hüttenmäßige Gewinnung von Metallen aus Erzen und Sekundärrohstoffen) (Hütt) / metallurgy* *n* ‖ ~**-Inertgas-Schweißen** *n* (DIN 1910, T 4) (Schw) / M.I.G. welding, gas metal-arc welding, GMAW, MIG welding, GMA welding, gas-shielded metal-arc welding, inert-gas shielded metal-arc welding, gas-shielded consumable metal-arc welding, metal inert-gas welding*, MIG* ‖ ~**-Ion** *n* (Chem, Phys) / metal ion
**Metallisation** *f* (Geol) / metallization *n*, mineralization *n*
**Metallisator** *m* / metal-spraying pistol
**metallisch** *adj* / metallic *adj* ‖ ~**es Arsen** (Chem) / grey arsenic ‖ ~**er Bedachungsstoff** (Bau) / flexible-metal roofing, metallic roofing ‖ ~**e Berührung** (Eltech) / metal-to-metal contact ‖ ~**e Bindung** (eine chemische Bindung) (Chem) / metallic bond* ‖ ~ **blank** (Reinigungsgrad beim Strahlen) / bright blast ‖ ~**es Blei** (Chem, Hütt) / blue lead* ‖ ~**e Brücke** (Eltech) / metallic bridge ‖ ~**e Dichtung** (bei Armaturen) (Masch) / metallic seating, metal-to-metal seat facing ‖ ~**e Gase** (die bei hohen Drücken metallische Eigenschaften aufweisen) (Phys) / metallic gases ‖ ~**es Glas** (metallischer Werkstoff) (Glas) / amorphous metal*, glassy metal, metglass *n*, glassy alloy, metallic glass ‖ ~**e intermediäre Phase** (Chem, Hütt) / intermetallic compound*, intermediate constituent*, intermetallic *n*, intermetallic phase, intermediate phase, electron compound ‖ ~**er Kreis** (Stromkreise und Leitungen, bei denen die Erde nicht als Rückleiter benutzt wird) (Fernm) / metallic circuit* ‖ ~**es Kupfer** (Chem, Hütt) / metallic copper ‖ ~**e Leitung** (Elektr) / metallic conduction* ‖ ~**es Pigment** (Anstr) / metallic pigment ‖ ~**er Schadstoff** (Umwelt) / polluting metal ‖ ~**er Schneidstoff** (Hütt) / cutting tool metal ‖ ~**e Schutzschicht** (Galv) / metallic coating ‖ ~**es Strahlmittel** / metallic abrasive ‖ ~**es Substrat der Magnetplatte** (EDV) / platter *n* ‖ ~**er Überzug** (Galv) / metallic coating ‖ ~**e Unterkonstruktion** (ein Teil der Dacheindeckung) (Bau) / grillage *n* ‖ ~**e Unterlage** (beim Emaillieren) / base metal ‖ ~**es Verstärken** (chemisches oder elektrochemisches Auftragen von Metall auf das ganze Leiterbild oder auf Teile davon) (Eltronik) / plating *n* ‖ ~**er Werkstoff** (Hütt, Masch, WP) / metal *n* ‖ ~**e** (Schutz- oder Zier-)**Oberflächenschicht** (Galv) / metallic coating
**metallisierbar** *adj* (Farbstoff) (Tex) / metallizable *adj*
**Metallisieren** *n* (Beschichten von nichtmetallischen Werkstoffen mit dünnen Metallschichten) / metallization* *n*
**metallisiert•er Farbstoff** (Tex) / premetallized dyestuff ‖ ~**es Garn** (Spinn) / metallized yarn*, metal-coated yarn ‖ ~**es Loch** (Eltronik) / plated-through hole, through-plated hole, through-metallized hole ‖ ~**es Papier für H-Kabel** (Pap) / H-paper *n* ‖ ~**e Stoffe** (Tex) / metallized fabrics ‖ ~**es Textilgarn** (Spinn) / metallized yarn*, metal-coated yarn
**Metallisierung** *f* / metallization* *n*
**Metallisolator** *m* (Eltronik, Fernm) / metal insulator*
**Metall•-Isolator-Halbleiter** *m* (Eltronik) / metal-insulator semiconductor, MIS ‖ ~**-Isolator-Metall-Element** *n* / metal-insulator-metal element, MIM element ‖ **größeninduzierter** ~**-Isolator-Übergang** (Eltronik) / size-induced metal-insulator transition (SIMIT) ‖ ~**kantenschoner** *m* (Bau) / metal angle bead ‖ ~**karbid** *n* (Chem) / metal carbide ‖ ~**karbonyl** *n* (Chem) / metal carbonyl ‖ ~**karde** *f* (Spinn) / metal teasel
**metallkaschiert** *adj* / metal-clad *adj* ‖ ~**es Papier** (Pap) / metal-foil paper *n*
**Metall•katalysator** *m* (Kfz) / metal catalyst ‖ ~**keramik** *f* (Herstellung von Werkstoffen, Halbzeugen und Fertigwaren auf der Basis von Metallpulvern nach keramischer Technologie - DIN 30900) (Pulv) / powder metallurgy* (PM*) ‖ ~**keramikteil** *n* (Pulv) / powder metallurgy part, P/M part ‖ ~**keramisches Teil** (Pulv) / powder metallurgy part, P/M part ‖ ~**kern** *m* / metal core ‖ ~**kleben** *n* (zweier Fügeteile von denen mindestens eins Metall ist) / metal bonding ‖ ~**klebstoff** *m* / metal-bonding adhesive, metal adhesive ‖ ~**kohlebürste** *f* (des Stromwenders) (Eltech) / compound brush* ‖ ~**komplex** *m* (Chem) / metal complex ‖ ~**komplexfarbstoff** (MKF) *m* (ein Metallchelat) (Foto, Tex) / metal-complex dyestuff, metallic complex dyestuff, metallized dyestuff ‖ ~**könig** *m* (ein Metallklumpen, der sich beim Schmelzen und Reduzieren von Erzen unter der Schlacke absondert) (Hütt) / regulus *n* (pl. reguli or reguluses), prill* *n* ‖ ~**korrosion** *f* (Galv) / metallic corrosion ‖ **elektrochemische** ~**korrosion** (Galv) / electrochemical corrosion, electrolytic corrosion* ‖ ~**kratze** *f* (Spinn) / metal teasel ‖ ~**kunde** *f* (Lehre vom Aufbau, den Eigenschaften und den Verarbeitungsmöglichkeiten der Metalle und ihrer Legierungen - ein Teilgebiet der Werkstoffkunde) / metal science ‖ ~**kunde** (physikalisch und hüttenmännisch orientiert) (Hütt) / physical metallurgy ‖ ~**kurzwaren** *f pl* / metal haberdashery (GB) ‖ ~**mantel** *m* (Kab) / metallic sheath, metal sheath, sheath *n* (US) ‖ ~**-Metall-Bindung** *f* (Chem) / metal-metal bond ‖ ~**mikroskop** *n* (Mikroskop für Auflicht mit mikrofotografischer Einrichtung) (Mikros) / metallurgical microscope, metallograph *n*, metallographic microscope ‖ ~**modell** *n* (auch für den Maskenguß) (Gieß) / metal pattern* ‖ ~**monolith** *m* (bei Metallkatalysatoren) (Kfz) / metal monolith, metallic *n*, metallic support ‖ ~**netz** *n* (feines) / metal gauze ‖ ~**niederschlag** *m* (Galv) / metal deposit ‖ ~**nitrid** *n* (Chem) / metal nitride ‖ ~**oberfläche** *f* / metal surface ‖ ~**oberflächenbehandlung** *f* / metal surface treatment
**Metallocene** *n pl* (Gruppenname für Bis-(η-cyclopentadienyl)-metall-Komplexe) (Chem) / metallocenes *pl*
**Metallochromie** *f* (Galv) / metallochromy *n*

**Metallochromindikator** *m* (in der Komplexometrie) (Chem) / metallochromic indicator, complexometric indicator, metallochrome indicator, metal indicator
**Metallogenese** *f* (ein Teilgebiet der Minerogenie, das sich mit der Bildung und Entwicklung von Erzlagerstätten befaßt) (Geol) / metallogeny *n*
**metallogenetisch** *adj* (Geol) / metallogenic *adj*, metallogenetic *adj*, metallogenetical *adj* ‖ **~e Provinz** (Bereich, dessen Metallogenese auf gleichzeitige und durch den gleichen Grundvorgang gesteuerte Bildungsvorgänge zurückgeführt werden kann) (Geol) / metallogenic province, metallogenetic province
**Metallogie** *f* / metal science
**Metallograf** *m* (physikalisch-technische Sonderkraft, die sich mit Metallografie beschäftigt) (Hütt) / metallographer *n*
**Metallografie** *f* (Teilgebiet der Metallkunde, das sich mit der Untersuchung des Makro- und Mikrogefüges von Metallen und Legierungen anhand von Metallschliffen befaßt) (Hütt) / metallography* *n* ‖ **quantitative ~** (Bildanalyse) (Hütt) / quantitative metallography
**metallografisch** *adj* / metallographic *adj*
**metalloides Gitter** (Krist) / metalloid lattice
**Metalloid** *n* (Halbmetall oder Nichtmetall) (Chem, Hütt) / metalloid *n*
**Metallometrie** *f* (geochemische Methode der Metallbestimmung) / metallometry *n*
**Metalloporphyrin** *n* (Biochem) / metalloporphyrin *n*
**Metalloprotein** *n* (Biochem) / metalloprotein *n*
**metallorganisch • e Chemie** (Chem) / metalloorganic chemistry ‖ **~es Polymer** (Chem) / organometallic polymer ‖ **~e Verbindungen** (Chem) / organometallic compounds, organo-metallic compounds*, metallo-organic compounds*
**Metallorganyle** *n pl* (Chem) / organometallic compounds, organo-metallic compounds*, metallo-organic compounds*
**Metallothermie** *f* (Aluminothermie + Silikothermie) (Hütt) / metallothermic process
**Metallothionein** *n* (metall- und schwefelhaltiges metallbindendes mikrobielles Protein) (Biochem) / metallothionein *n*
**Metall • oxid** *n* (Chem) / metal oxide ‖ **~oxid-Glimmer-Pigment** *n* (Anstr) / mica metal-oxide pigment ‖ **~oxidhalbleiter (MOS)** *m* (Eltronik) / MOS* *n*, metal-oxide semiconductor* *n* ‖ **~oxidtransistor** *m* (ein Hetero-Feldeffekttransistor mit einer isolierenden Metalloxidschicht; MOST) (Eltronik) / metal-oxide semiconductor transistor*, MOS transistor, MOSFET* *n* ‖ **~** (metal-oxide-semiconductor FET) ‖ **~packung** *f* (für Kolbenmaschinen) (Masch) / metallic packing* ‖ **~papier** *n* (z.B. Gold-, Silber- oder Bronzepapier) (Pap) / metallic paper, foil paper, metal-foil paper ‖ **~papierdrucker** *m* (EDV) / electrosensitive printer ‖ **~papierkondensator** *m* (Eltech) / metallized-paper capacitor ‖ **zusammengeschmolzene ~partikeln** (Abfall bei spanabhebender Bearbeitung) (Masch) / smear metal* ‖ **~physik** *f* (Spezialdisziplin der Festkörperphysik) (Phys) / metal physics, physics of metals ‖ **~pigment** *n* (feinteiliges, meist blättchenförmiges metallisches Pigment, das als Pulver oder Pigmentpaste in den Handel kommt) (Anstr) / metallic pigment ‖ **~pigmentband** *n* / metal-pigment band ‖ **pigmentierter Anstrichstoff** (Anstr) / metallic paint ‖ **~pigmentkassette** *f* / metal-pigment cassette ‖ **~plattiert** *adj* / metal-clad *adj* ‖ **~porphyrin** *n* (ein Porphyrinkomplex, bei dem Metall an die Stelle der beiden zentralen Wasserstoffatome des Porphyrinringes tritt) (Biochem) / metalloporphyrin *n* ‖ **~porzellan** *n* (Keram) / metallized porcelain *n* ‖ **~protein** *n* (mit Metallionen in ionischer oder koordinativer Bindung) (Biochem) / metalloprotein *n* ‖ **~pulver** *n* (Anstr) / metallic pigment, metal-effect pigment ‖ **~pulver** (Pulv) / metal powder, powdered metal ‖ **nachreduziertes ~pulver** (Pulv) / reduced metal powder ‖ **~pulverbrennschneiden** *n* / metal-powder flame cutting ‖ **~pulverpresse** *f* / metal-powder moulding press ‖ **~pulverschmelzschneiden** *n* (thermisches Abtragen) / metal-powder fusion cutting ‖ **~putzträger** *m* (Bau) / metal lathing* (BS 1369) ‖ **~radiografie** *f* (Hütt) / radiometallography *n* ‖ **~regletten** *f pl* (Typog) / clumps* *pl* ‖ **~reinigung** *f* (z.B. Strahlverfahren, Entfetten usw.) / metal cleaning ‖ **~ring** *m* (Klemp) / sleeve piece*, thimble* *n* ‖ **~säge** *f* (eine Handsäge) (Werkz) / hack-saw* *n* ‖ **~salz** *n* (Chem) / metal salt ‖ **mit ~salz beladene Lauge** (im Laugeverfahren der Naßmetallurgie) (Aufber) / pregnant solution*, royals* *pl*, pregs* *pl* ‖ **~salz** *n* **der niedrigsten Oxidationsstufe des Kations** (Chem) / protosalt *n* ‖ **~salzbeize** *f* (zum Nachbeizen) (For) / metal-salt stain ‖ **~sand** *m* (Gieß) / grit *n* ‖ **~scheibengasdichtung** *f* (Fernm) / metal-plate air-seal gasket ‖ **~schichtholz** *n* (Verbundwerkstoff, der aus wechselweise geschichteten Metallfolien und Furnieren besteht) (For, Kfz) / metal-faced plywood ‖ **~schichtwiderstand** *m* (DIN 44061) (Eltech) / metal-film resistor*, metallic-film resistor* ‖ **~schiene** *f* (sich periodisch bewegende) (von deren Oberfläche der Kanalruß abgekratzt oder abgesaugt wird) (Chem Verf) / channel *n* ‖ **~-Schlacken-Reaktion** *f* (Hütt) / metal-slag reaction ‖ **~schlauch** *m* / flexible metal tube ‖ **~schleiferlunge** *f* (Med) / grinder's rot* ‖ **~schliff** *m* (Prüfling zur metallografischen, insbesondere mikroskopischen Untersuchung) / metallographic specimen (polished section) ‖ **~schlitzsäge** *f* / metal slitting saw, metal slotting saw ‖ **~schmelze** *f* (Hütt) / metal melt, molten metal, liquid metal ‖ **~schmelzenangriff** *m* (Galv) / liquid-metal attack ‖ **~schonendes Papier** (DIN 6730) (Pap) / antitarnish paper, non-tarnish paper ‖ **~schutz** *m* (gegen Korrosion, Abrieb usw.) / metal protection, metal preservation ‖ **~schutzgasschweißen** *n* (Schw) / M.I.G. welding, gas metal-arc welding, GMAW, MIG welding, GMA welding, gas-shielded metal-arc welding, inert-gas shielded metal-arc welding, gas-shielded consumable metal-arc welding, metal inert-gas welding*, MIG* ‖ **hauchdünne ~schutzschicht** (Eltech, Hütt) / flash *n*, flash plate ‖ **~schweißen** *n* (Schw) / welding of metals ‖ **~seelenkohle** *f* (Eltech) / metal-cored carbon* ‖ **~seife** *f* (Chem) / metallic soap ‖ **hochschmelzendes ~silizid** (Chem) / refractory metal silicide ‖ **~sonde** *f* (Masch) / metal detector*, metal locator ‖ **~spritzen** *n* (ein thermisches Spritzverfahren) / metal spraying*, spraying* *n*, thermal metal spraying, metallization *n*, metallizing* *n* ‖ **~spritzen** (mit einem elektrischen Lichtbogen als Wärmequelle) (Anstr) / arc spraying*, arc-metal spraying ‖ **~spritzer** *m* (Schw) / metal spray, spatter of molten metal ‖ **~spritzpistole** *f* / metal-spraying pistol ‖ **~spritzverfahren** *n* / metal spraying*, spraying* *n*, thermal metal spraying, metallization *n*, metallizing* *n* ‖ **~spürgerät** *n* (Masch) / metal detector*, metal locator ‖ **~stange** *f* (als Auffangeinrichtung der Blitzschutzanlage) (Eltech) / elevation rod ‖ **~staubbildung** *f* (Med) / metal dusting ‖ **~stickgarn** *n* (Tex) / embroidery metal yarn ‖ **~substrat** *n* (Chem) / metal substrate ‖ **~sucher** *m* (Masch) / metal detector*, metal locator ‖ **~suchgerät** *n* (Masch) / metal detector*, metal locator ‖ **~system** *n* (Hütt) / alloy system ‖ **~träger** *m* (bei Metallkatalysatoren) (Kfz) / metal monolith, metalit *n*, metallic support ‖ **~-Transfer-Folie** *f* (z.B. für Lederwaren) / metallic transfer foil, metallized transfer film ‖ **~treibriemen** *m* (Kfz) / steel thrust belt ‖ **~tropfen** *m* (Schw) / metal droplet, metal drop ‖ **~tuch** *n* (Metallgewebe) / metal fabric ‖ **~tuch** (feines) / metal gauze ‖ **~tuch** (aus Webedrähten - wenn sich die Drähte rechtwinklig kreuzen) / wire cloth ‖ **~überzug** *m* (Galv) / metallic coating ‖ **mit ~überzug** (Galv) / metal-coated *adj* ‖ **~umkleidet** *adj* (Schaltanlage) (Eltech) / cubicle *attr* ‖ **~umsponnen** *adj* (Kab) / metal-braided *adj*
**Metallurgie** *f* (Hütt) / metallurgy* *n* ‖ **~** (als praktische Disziplin) (Hütt) / metallurgical engineering ‖ **~** (als wissenschaftliche Disziplin) (Hütt) / metallurgy* *n* ‖ **extraktive ~** (Hütt) / extraction metallurgy*, extractive metallurgy ‖ **~** *f* **der Metallgewinnungsverfahren** (Hütt) / process metallurgy*, production metallurgy ‖ **~ der Verflüchtigungsprozesse** (Hütt) / vapometallurgy *n*
**metallurgisch** *adj* (Hütt) / metallurgical *adj*, metallurgic *adj* ‖ **~e Chemie** (Chem, Hütt) / metallurgical chemistry ‖ **~er Koks** (Hütt, Kfstst) / metallurgical coke ‖ **~er Ofen** (Hütt) / metallurgical furnace ‖ **~e Verfahrenstechnik, Metallgewinnung und Metallscheidung** *f* (Hütt) / process metallurgy, production metallurgy
**Metall • verarbeitung** *f* (als gewerblicher Zweig) (Masch) / metal-processing industry ‖ **~verkleidet** *adj* / metal-clad *adj* ‖ **~verteilungsverhältnis** *n* / metal distribution ratio ‖ **~vorbehandlung** *f* / metal pretreatment ‖ **~waren** *f pl* (Masch) / metalware *n*, hardware *n*, ironmongery *n*, ironwork *n* ‖ **~werkstoff mit Gedächtnis** (Hütt) / shape-memory alloy, memory metal, memory alloy ‖ **~whiskerverstärkter Kunststoff** (Plast) / metal-whisker reinforced plastic ‖ **~zierbeschlag** *m* (Bau) / metal trim*
**Metall-Marking** *n* (ein Oberflächentest) (Anstr) / metal marking
**Meta • logik** *f* (Theorie der Logikkalküle) (KI) / metalogic *n* ‖ **~logisch** *adj* (KI) / metalogical *adj* ‖ **~magnetismus** *m* (Mag) / metamagnetism *n* ‖ **~mathematik** *f* (Untersuchungen über mathematische Theorien, in denen die Mathematik selbst zum Gegenstand der Betrachtung wird) (Math) / metamathematics *n* ‖ **~mathematisch** *adj* (Math) / metamathematical *adj*
**metamer** *adj* (Chem) / metameric *adj* ‖ **~e Farben** (Licht) / metameric colours, metamers *pl* ‖ **~** *n* (Chem) / metamer *n*
**Metameres** *n* (Chem) / metamer *n*
**Metamerie** *f* (Chem, Phys) / metamerism *n*
**Meta • metall** *n* (tiefschmelzendes Schwermetall, dessen Kristallgitter eine etwas geringere Symmetrie aufweist - Be, Zn, Cd, Hg, In, Tl und Pb) (Chem) / metametal *n* ‖ **~metasprache** *f* (EDV) / metametalanguage *n*
**metamikt** *adj* (Min) / metamict* *adj*
**Metamiktisierung** *f* (Min, Nukl) / metamictization *n*
**metamorph** *adj* (Geol) / metamorphic *adj* ‖ **~e Differentiation** (Geol) / metamorphic differentiation ‖ **~e Fazies** (Geol) / metamorphic facies*, mineral facies ‖ **~e Gesteine** (Geol) / metamorphic rocks

**Metamorphite**

**Metamorphite** *m pl* (Geol) / metamorphic rocks
**Metamorphose** *f* (Bot, Zool) / metamorphosis *n* (pl.: -oses) ‖ ~ (Geol) / metamorphism* *n* ‖ **hydrothermale** ~ (Geol) / hydrothermal metamorphism* ‖ **kaustische** ~ (Geol) / pyrometamorphism *n* ‖ **kinetische** ~ (Geol) / dynamic metamorphism*, dynamometamorphism *n*, kinetic metamorphism ‖ **progressive** ~ (voranschreitende, nicht umkehrbare Metamorphose) (Geol) / progressive metamorphism* ‖ **retrograde** ~ (Geol) / retrogressive metamorphism*, retrograde metamorphism*, diaphthoresis *n*
**Metanilgelb** *n* / metanil yellow
**Metanilsäure** *f* (Chem) / metanilic acid*
**Meta•phase** *f* (eine charakteristische Phase der Mitose) (Biol) / metaphase *n* ‖ ~**phasenplatte** *f* (Gen) / equatorial plate* ‖ ~**phosphat** *n* (Salz und/oder Ester der Metaphosphorsäure) (Chem) / metaphosphate *n* ‖ ~**phosphorsäure** *f* (HPO$_3$)$_n$ (Chem) / metaphosphoric acid* glacial phosphoric acid* ‖ ~**plumbat(IV)** *n* (Chem) / metaplumbate *n* ‖ ~**raminol** *n* (ein Vasopressor) (Pharm) / metaraminol* *n*
**METAR-Code** *m* (für die Flugwettermeldung) (Luftf, Meteor) / METAR code
**Meta•regel** *f* (Wissen über Strategien und Strategienauswahl) (KI) / metarule *n* ‖ ~**sequoia** *f* (For) / dawn redwood ‖ ~**silikat** *n* (Chem) / metasilicate *n*, bisilicate *n*
**Metasom** *n* (Geol, Min) / metasome *n*
**metasomatische Lagerstätte** (Bergb) / replacement deposit
**Metasomatose** *f* (Verdrängung und Substitution) (Geol) / metasomatism* *n*, replacement* *n*
**Metasprache** *f* (Sprache, in der über eine andere Sprache gesprochen wird) (EDV) / metalanguage *n*
**metastabil** *adj* (Phys) / metastable *adj* ‖ ~**es Gleichgewicht** (Phys) / metastable equilibrium ‖ ~**es Ion** (Chem) / metastable ion ‖ ~**er Zustand** (Phys) / metastable state* ‖ ~**er Zustand** (Phys) s. auch Überhitzung und Unterkühlung
**meta•ständig** *adj* (Chem) / meta* *adj* ‖ ~**stellung** *f* (Chem) / meta position ‖ **in** ~**stellung** (Chem) / meta* *adj* ‖ ~**these-** (Chem) / metathetical *adj* ‖ ~**these** *f* (Chem) / double decomposition*, metathesis *n* (pl. metatheses) ‖ ~**thesepolymerisation** *f* (eine Ringöffnungspolymerisation) (Chem) / metathesis polymerization ‖ ~**thesis** *f* (Chem) / double decomposition*, metathesis *n* (pl. metatheses) ‖ ~**thetisch** *adj* (Chem) / metathetical *adj* ‖ ~**vanadat** *n* (Chem) / metavanadate *n* ‖ ~**wissen** *n* (Kontrollwissen über die richtige Anwendung von Wissensfragmenten) (KI) / metaknowledge *n* ‖ ~**xylem** *n* (das später gebildete Primärxylem mit getüpfelten trachealen Elementen) (Bot, For) / metaxylem* *n* ‖ ~**-Xylol** *n* (Chem) / meta-xylene *n* ‖ ~**zeichen** *n* (anderes als alphanumerisches Zeichen mit einer besonderen Bedeutung für die Shell oder das System) (KI) / metacharacter *n*
**metazentrisch** *adj* (Schiff) / metacentric* *adj* ‖ ~**e Höhe** (der Abstand des Metazentrums von dem Massenmittelpunkt, projiziert auf die Auftriebsrichtung) (Schiff) / metacentric height*
**Meta•zentrum** *n* (Längen-, Breiten-) (Phys, Schiff) / metacentre* *n*, metacenter *n* (US) ‖ ~**zentrumshöhe** *f* (Schiff) / metacentric height* ‖ ~**zinnabarit** *m* (Min) / metacinnabarit *n* ‖ ~**zinnsäure** *f* (SnO$_2$·H$_2$O) (Chem) / stannic(IV) acid* ‖ ~**zyklische Gruppe** (Math) / soluble group, solvable group
**Meteor** *m n* (die beim Eindringen eines Meteoriten in die Erdatmosphäre hervorgerufene Leuchterscheinung: hellere Meteore = Feuerkugeln, Meteore mit schwacher Helligkeit = Sternschnuppen) (Astr) / meteor* *n* ‖ **sporadischer** ~ (Astr) / sporadic meteor ‖ ~**bahn** *f* (Astr) / trajectory *n* ‖ ~**biologie** *f* (Meteor) / biometeorology* ‖ ~**eisen** *n* (Astr) / meteoric iron
**Meteorit** *m* (i.e.S. - die zur Erdoberfläche fallenden Reststücke der extraterrestrischen Festkörper) (Astr) / meteorite* *n* ‖ ~ (i.w.S. - alle Kleinkörper, die sich durch das Sonnensystem bewegen) (Astr) / meteoroid *n*
**Meteoriten•aufschlag** *m* (Geol, Raumf) / meteorite impact, impact *n* ‖ ~**einschlag** *m* (Geol, Raumf) / meteorite impact, impact *n* ‖ ~**krater** *m* (eine Aufschlagstelle) (Geol) / meteorite crater, meteor crater* ‖ ~**schauer** *m* (in der Erdatmosphäre) (Astr) / meteoric shower* ‖ ~**schlag** *m* (Geol, Raumf) / meteorite impact, impact *n*
**meteoritisch** *adj* (Meteor) / meteoritic *adj* ‖ ~**es Eisen** (Astr) / meteoric iron
**Meteor•krater** *m* (Geol) / meteorite crater, meteor crater* ‖ ~**leuchten** *n* (Astr) / meteor* *n*
**Meteorograf** *m* (Vorläufer der Radiosonde) (Meteor) / meteorograph *n*
**Meteorogramm** *n* (Schreibstreifen des Meteorografen) (Meteor) / meteorogram *n*
**Meteorologe** *m* (Meteor) / meteorologist *n*
**Meteorologie** *f* (Meteor) / meteorology* *n* ‖ **synoptische** ~ (Meteor) / synoptic meteorology* ‖ **theoretische** ~ (Meteor) / dynamic meteorology, dynamical meteorology

**meteorologisch** *adj* (Meteor) / meteorological *adj* ‖ ~**er Dienst** (Meteor) / weather service, WS ‖ ~**e Elemente** (Elemente des Wetters, die untereinander durch Beziehungen und Gesetzmäßigkeiten verknüpft sind) (Meteor) / meteorological elements ‖ ~**e Optik** (Opt) / atmospheric optics, meteorological optics ‖ ~**e Rakete** (Meteor) / meteorological rocket ‖ ~**er Satellit** (Meteor) / meteorological satellite*, weather satellite, met satellite ‖ ~**e Sichtweite** (Schiff) / meteorological visibility ‖ ~**e Station** (Meteor) / weather station, meteorological station ‖ ~**e Zentrale** (innerhalb des globalen Datenverarbeitungssystems der Weltwetterwacht) (Meteor) / meteorological centre
**Meteoropathie** *f* (Med, Meteor) / meteorosensitivity *n*, sensitivity to weather
**Meteorotropismus** *m* (durch die Witterung bedingter krankhafter Zustand bzw. Auslösung von Krankheiten durch Wettervorgänge) (Med, Meteor) / meteorotropism *n*
**Meteor•schild** *m* (Raumf) / meteor bumper ‖ ~**schweif** *m* (Meteor) / meteor trail ‖ ~**spur** *f* (Astr) / trajectory *n* ‖ ~**stein** *m* (Astr) / aerolite* *n*, stony meteorite*, meteoric stone, meteorolite *n* ‖ ~**strom** *m* (Astr) / meteor stream*
**Meter** *n m* (SI-Basiseinheit der Länge) / metre* *n*, meter *n* (US)* ‖ **geodynamisches** ~ (Geophys) / dynamic metre ‖ **geopotentielles** ~ (Meteor) / geopotential metre ‖ **laufender** ~ / running metre ‖ ~ **durch Sekundenquadrat** *n m* / metre per second squared ‖ ~**brücke** *f* (eine Schleifdrahtmeßbrücke) (Eltech) / metre bridge* ‖ ~**holz** *n* (For) / cordwood *n* ‖ ~**footage** *f* (Bergb) / footage *n* ‖ ~**ware** *f* (Tex) / yard goods (US), goods sold by metres, yardage goods, yardage *n*, metrage *n* ‖ ~**welle** *f* (30-300 MHz) (Radio) / metric wave ‖ ~**zentner** *m* (100 kg) / quintal* *n*, metric centner, double centner, q
**Methacrolein** *n* (Chem) / methacrolein *n*, methacrylaldehyde *n*
**Methacrylaldehyd** *m* (Chem) / methacrolein *n*, methacrylaldehyde *n*
**Methacrylat** *n* (zur Herstellung von Kunststoffen) (Chem) / methyl acrylate, methyl propenoate
**Methacrylatharze** *n pl* (DIN 16 945) (Plast) / methacrylate resins
**Methacrylsäure** *f* (Chem) / methacrylic acid, 2-methylpropenoic acid ‖ ~**anhydrid** *n* (Chem) / methacrylic anhydride ‖ ~**ester** *m* (zur Herstellung von Kunststoffen) (Chem) / methyl acrylate, methyl propenoate ‖ ~**furfurylester** *m* (Chem) / furfuryl methacrylate ‖ ~**glycidylester** *m* (Chem) / glycidyl methacrylate ‖ ~**methylester** *m* (Chem) / methyl methacrylate, MAA
**Methadon** *n* (internationaler Freiname des Polamidonwirkstoffs - ein synthetisches Morphinomimetikum) (Pharm) / methadone* *n*
**Methakrolein** *n* (Chem) / methacrolein *n*, methacrylaldehyde *n*
**Methakrylaldehyd** *m* (Chem) / methacrolein *n*, methacrylaldehyde *n*
**Methakrylat** *n* (zur Herstellung von Kunststoffen) (Chem) / methyl acrylate, methyl propenoate
**Methakrylatharze** *n pl* (Plast) / methacrylate resins
**Methakrylsäure** *f* (Chem) / methacrylic acid, 2-methylpropenoic acid ‖ ~**anhydrid** *n* (Chem) / methacrylic anhydride ‖ ~**methylester** *m* (Chem) / methyl methacrylate, MAA
**Methallylacetat** *n* (Chem, Glas) / methallyl acetate
**Methallylazetat** *n* (Chem, Glas) / methallyl acetate
**Methallylchlorid** *n* (3-Chor-2-methyl-1-propen) (Chem) / methallyl chloride
**Methamidophos** *n* (ein Insektizid und Akarizid) / methamidophos *n*
**Methämoglobin** *n* (Oxidationsprodukt des Hämoglobins) (Biochem) / methaemoglobin* *n*, methemoglobin *n* (US)
**Methämoglobinämie** *f* (Med) / methaemoglobinaemia *n* ‖ ~ (Med) s. auch Blausucht
**Methan** *n* (Kohlenwasserstoff der Alkanreihe) (Chem) / methane* *n* ‖ ~ **abgebend** (Teil eines Grubengebäudes) (Bergb) / hot *adj*
**Methanal** *n* (Chem) / formaldehyde* *n*, methanal* *n*, formic aldehyde
**Methanarsonsäure** *f* (Chem) / methanearsonic acid, MAA
**Methanat** *n* (Chem) / formate* *n*, methanoate* *n*
**Methan•bakterien** *f pl* (im Faulschlamm, in Kläranlagen, im Pansen der Wiederkäuer) (Bakteriol) / methanogenic bacteria, methane-producers *pl* ‖ ~**desorption** *f* (Methanabgabe von Steinkohlenflözen nach der Entspannung der Kohle, zeitlich und mengenmäßig begrenzt) (Bergb) / methane desorption ‖ ~**erzeugung** *f* (z.B. die Gasbildungsphase bei der anaeroben Gärung) / methanogenesis *n* (pl. -geneses) ‖ ~**gärung** *f* (Biochem) / methane fermentation, methane digestion ‖ ~**gas** *n* (Chem) / methane* *n* ‖ ~**gasbildung** *f* / methanogenesis *n* (pl. -geneses) ‖ ~**gasexplosion** *f* (Bergb) / firedamp explosion, blast *n*, blow-up *n*
**Methanisierung** *f* (Herstellung von Methan aus Kohlenmonoxid und Wasserstoff) (Chem Verf) / methanation
**Methanogenese** *f* / methanogenesis *n* (pl. -geneses)
**Methanol** *n* (Chem) / methyl alcohol*, methanol* *n* ‖ **mit** ~ **denaturieren** (Chem, Nahr) / methylate *v* ‖ **mit** ~ **vergällen** (Chem, Nahr) / methylate *v* ‖ ~**molchung** *f* (der Rohrleitung) / methanol swabbing

**Methanolyse** f (Solvolyse mit Methanol als Alkohol) (Chem Verf) / methanolysis n
**Methanometer** n (zum Nachweis und zur Bestimmung von Methan) / methanometer n
**Methanproduktion, mikrobielle** ~ (Chem Verf) / bacterial methanogenesis
**Methan•reformierung** f (Umkehrung der Methanisierung) (Chem Verf) / methane reforming ‖ **~säure** f (Chem, Nahr) / formic acid*, methanoic acid* ‖ **~spürgerät** n (Bergb) / methane detector ‖ **~sulfonsäure** f (Chem) / methanesulphonic acid, methylsulphonic acid ‖ **~sulfonyl** n (ein Säurerest) (Chem) / mesyl n, methane sulphonyl group, methylsulphonyl n ‖ **~sulfonylchlorid** n (Chem) / methanesulphonyl chloride ‖ **~tanker** m (ein Flüssiggastanker) (Schiff) / methane carrier ‖ **~zahl** f (für gasförmige Kraftstoffe) (Kftst) / methane number
**MetHb** (Biochem) / methaemoglobin* n, methemoglobin n (US)
**Methenamin** n (Chem, For, Med) / hexamethylenetetramine* n, hexamine* n, methenamine n, urotropine* n, cystamine n
**Methid** n (Chem) / methide n
**Methidathion** n (ein Insektizid und Akarizid) / methidathion n
**Methine** n pl (eine Kohlenwasserstoffgruppe) (Chem) / methines* pl, methine group, methenyls pl
**Methinfarbstoffe** m pl (Chem) / methine dyes*, methine dyestuffs
**Methingruppe** f (eine Kohlenwasserstoffgruppe) (Chem) / methines* pl, methine group, methenyls pl
**Methionin** n (essentielle proteinogene Aminosäure) (Biochem) / methionine* n, Met*
**Methode** f / technique n, procedure n, process n, technic n ‖ **~** / method n ‖ **absolute ~** (in der Analytik) (Chem) / absolute method ‖ **grafische ~** (z.B. zur Lösung von Gleichungen) (HuT, Math) / graphical method* ‖ **numerische ~** (Math) / numerical method ‖ **~** f **der elektrischen Bilder** (Elektr) / reflection n ‖ **~ der finiten Elemente** (Math) / finite-element method, finite-element analysis, FEA ‖ **~ der gleitenden Mittel** (Math, Stats) / moving average method ‖ **~ der Halbreihenmittelwerte** (Stats) / semiaverage method ‖ **~ der kleinsten Quadrate** (Grundlage für die Ausgleichsrechnung - DIN 1319, T 4) (Math) / least-squares method, method of least squares ‖ **~ der maximalen Stichprobenwahrscheinlichkeit** (Stats) / maximum likelihood method ‖ **~ der Molekülzustände** (ein Näherungsverfahren zur Beschreibung der molekularen Bindungsverhältnisse) (Chem) / molecular orbital method ‖ **~ der partiellen kleinsten Abweichungsquadrate** (Stats) / PLS method, partial least squares process ‖ **~ der wandernden Grenzflächen** (Chem) / moving-boundary method ‖ **~ des doppelten Sprungabstands** (bei der Ultraschallprüfung) (WP) / quadruple traverse technique ‖ **~ des einfachen Sprungabstands** (bei der Ultraschallprüfung) (WP) / double traverse technique ‖ **~ des gleitenden Durchschnitts** (Math, Stats) / moving average method ‖ **~ des halben Sprungabstands** (bei der Ultraschallprüfung) (WP) / single-traverse technique, direct scanning ‖ **~ des kritischen Weges** (eine Netzplantechnik) / critical path method, CPM* ‖ **~ des selbstkonsistenten Feldes** (Chem) / SCF method, ScF method, self-consistent-field method ‖ **~ des steilsten Abstiegs** (ein Abstiegsverfahren) (Math) / steepest descent method, method of steepest descents, saddle point method ‖ **~ des systematischen Probierens** (KI) / trial-and-error method ‖ **~ des 1 1/2fachen Sprungabstands** (bei der Ultraschallprüfung) (WP) / triple traverse technique ‖ **~ von Feather** (Kernphys) / Feather analysis* ‖ **~ von Rayleigh-Ritz** (eine Finite-Elemente-Methode) (Math) / Rayleigh-Ritz method
**Methodenbank** f (EDV) / method bank
**methodisch** adj / methodical adj, systematic adj
**Methoxatin** n (Biochem) / pyrroloquinoline quinone
**Methoxy•anilin** n (Chem) / anisidine* n, methoxyaniline n ‖ **~benzol** n (Chem) / anisole* n, methyl phenyl ether, methoxybenzene n, phenyl methyl ether* ‖ **~chlor** n (Common name für das Insektizid $C_{16}H_{15}Cl_3O_2$) (Chem) / methoxychlor* n, methoxy-DDT*, DMDT* ‖ **2-~ethanol** (Anstr, Chem) / ethylene glycol ethyl ether, 2-methoxyethanol n ‖ **~fluran** n (internationaler Freiname für ein Inhalationsanästhetikum) (Med) / methoxyflurane n ‖ **~gruppe** f (Chem) / methoxy group
**Methoxylgruppe** f (Chem) / methoxyl group
**Methoxymethan** n (Chem) / methoxymethane n, dimethyl ether
**Methyl** n (Chem) / methyl group*, methyl radical, methyl n ‖ **~abietat** n (Anstr, Chem) / methyl abietate ‖ **~acetat** n (Chem) / methyl acetate, methyl ethanoate ‖ **~acetophenon** n (Chem) / methyl acetophenone (used in perfumery) ‖ **~akrylat** n (zur Herstellung von Kunststoffen) (Chem) / methyl acrylate, methyl propenoate
**Methylal** n (Chem) / Methylal* n, methylformal n, dimethoxymethane n
**Methyl•alkohol** m (Chem) / methyl alcohol*, methanol* n ‖ **~alumoxan** n (Chem) / methylaluminoxane n ‖ **~amin** (Chem) / methylamine* n, aminomethane n ‖ **N-~anilin** (außer in organischer Synthese auch als Klopfbremse benutzt) (Chem, V-Mot) / monomethylaniline* (MMA) n ‖ **~anthranilat** n (2-Aminobenzoesäuremethylester) (Chem) / methyl anthranilate (artificial neroli oil) ‖ **~azetat** n (Chem) / methyl acetate, methyl ethanoate ‖ **~azetophenon** n (Chem) / methyl acetophenone (used in perfumery) ‖ **~behenat** n (Chem) / methyl behenate, methyl docosanoate ‖ **~benzol** n (Chem) / toluene* n, methylbenzene* n, tol., toluol* n ‖ **~benzylbromid** n (Chem) / α-bromoxylene, xylyl bromide ‖ **~bernsteinsäure** f (Chem) / methylsuccinic acid, pyrotartaric acid ‖ **~blau** n (ein Triarylmethanfarbstoff) (Chem) / methyl blue ‖ **~brenzkatechin** n (Chem) / creosol n ‖ **~bromid** n (ein Kühl-, Lösch- und Methylierungsmittel sowie ein Nematizid) (Chem) / methyl bromide*, bromomethane n ‖ **~butandisäure** f (Chem) / methylsuccinic acid, pyrotartaric acid ‖ **~butanol** n (Chem) / methylbutanol n ‖ **3-~butanol-(1)** (Chem) / isoamyl alcohol, isobutyl carbinol, isopentyl alcohol ‖ **~butendisäure** f (Chem) / citraconic acid, cis-methylbutendioic acid, methylmaleic acid ‖ **~butinol** n (2-Methyl-3-butin-2-ol) (Keram, Pharm) / methylbutynol n (2-Methyl-3-butyn-2-ol) ‖ **3-~buttersäure** (Chem, Pharm) / isovaleric acid, 3-methylbutanoic acid ‖ **~cellulose** f (Chem) / methyl cellulose* (MC) ‖ **~chavicol** n (Chem) / estragole n, esdragol n, chavicol methyl ether, methyl chavicol ‖ **~chlorid** n (Chem) / methyl chloride*, chloromethane n ‖ **~chlorsilan** n (technische Bezeichnung) (Chem) / methylchlorosilane n ‖ **~cyclohexan** n (Chem) / methylcyclohexane n ‖ **~cyclohexanol** (Chem) / methylcyclohexanol (IV)* n, hexahydrocresol* n, methylhexalin n, sextol* n ‖ **~cyclohexanon** n (Chem) / methylcyclohexanone n ‖ **~cyclopentan** n (Chem) / methyl cyclopentane ‖ **~derivat** n (Chem) / methyl derivative ‖ **~diglykol** n (Chem) / methyldiglycol n ‖ **~dithiomethan** n (Chem) / dimethyl disulphide ‖ **~dopa** n (ein Antihypertensivum) (Pharm) / methyldopa* n
**Methylen** n (Chem) / methylene* n, methene* n, methylene group ‖ **~bernsteinsäure** f (Chem) / itaconic acid, methylenesuccinic acid ‖ **~blau** n (basischer Farbstoff der Thiazinreihe) (Chem) / methylene blue (Basic Blue 9)* ‖ **~blauaktive Substanz** (Chem) / MBAS ‖ **~bromid** n (Chem) / dibromomethane n, methylene bromide ‖ **~brücke** f (Chem) / methylene bridge n ‖ **~chlorid** n (Chem) / dichloromethane* n, methylene chloride* ‖ **4,4'-~diphenylisozyanat (MDI)** (Chem) / methylene diisocyanate (MDI) ‖ **~gruppe** f (Chem) / methylene* n, methene* n, methylene group ‖ **~iodid** n (Chem) / di-iodomethane n, methylene iodide*
**Methyl•ester** m (Chem) / methyl ester ‖ **~ether** m (Chem) / methoxymethane n, dimethyl ether ‖ **~ethylketon** n (Chem) / methyl ethyl ketone* (MEK) ‖ **~fluorosulfat** n (Chem) / methyl fluorosulphate, methyl fluorosulphonate ‖ **~formiat** n (Chem) / methyl formate ‖ **~fuchsin** n (Chem) / fuchsin* n, solferino n ‖ **~fumarsäure** f (Chem) / mesaconic acid, methyl fumaric acid, trans-methylbutenedioic acid ‖ **~gallat** n (Chem) / methyl gallate ‖ **~glykol** (Anstr, Chem) / ethylene glycol ethyl ether, 2-methoxyethanol n ‖ **~glykol** (ein technisches Lösungsmittel) (Chem) / propylene glycol*, methyl glycol, propan-1,2-diol* n ‖ **~glyoxal** n (Trivialname für 2-Oxopropanal) (Chem) / pyruvic aldehyde, pyruvaldehyde n, methylglyoxal n ‖ **~grün** n (ein wasserlöslicher Triphenymethanfarbstoff) (Mikros) / methyl green n ‖ **~gruppe** f (Chem) / methyl group*, methyl radical, methyl n ‖ **~idingruppe** f (eine Kohlenwasserstoffgruppe) (Chem) / methines* pl, methine group, methenyls pl
**methylieren** v (Methylgruppe/n/ einführen) (Chem) / methylate v
**Methylierung** f (Einführung der Methylgruppe(n) in organische Verbindungen) (Chem) / methylation* n ‖ **erschöpfende ~** (nach v. Hofmann) (Chem) / exhaustive methylation*
**Methyl•iodid** n (Chem) / methyl iodide*, iodomethane n ‖ **~isobutylketon** n (Chem) / methyl isobutyl ketone, hexone n, MIBK, 4-methyl-2-pentanone n ‖ **~isocyanat (MIC)** (Chem) / methyl isocyanate ‖ **~isothiocyanat** n (Chem) / methyl isothiocyanate, methyl mustard oil ‖ **~isothiozyanat** n (Chem) / methyl isothiocyanate, methyl mustard oil ‖ **~jasmonat** n (Chem) / methyl jasmonate ‖ **~kautschuk** n (erster synthetischer Kautschuk) (Chem Verf) / methyl-rubber* n ‖ **~lactat** n (Anstr, Chem) / methyl lactate ‖ **~laktat** n (Anstr, Chem) / methyl lactate ‖ **~lithium** n (Chem) / methyllithium n ‖ **~maleinsäure** f (Chem) / citraconic acid, cis-methylbutenedioic acid, methylmaleic acid ‖ **~methacrylat** n (Grundbaustein für Polymethylmethacrylat) (Chem) / methyl methacrylate, MAA ‖ **~methakrylat (MMA)** (Chem) / methyl methacrylate, MAA ‖ **~naphthaline** n pl (Chem, Erdöl) / methylnaphthalenes pl ‖ **2-~-1,4-naphthochinon** (Sammelbezeichnung für Verbindungen mit Vitamin-K-Aktivität) (Biochem) / menaquinone n ‖ **~-2-naphthylketon** n (Chem) / methylnaphthyl ketone, orange ketone
**Methylol** n (Chem) / methylol group*, hydroxy methyl group
**Methyl•orange** n (ein Azofarbstoff) (Chem) / helianthine* n, methyl orange* n ‖ **~oxiran** n (Anstr, Chem) / propylene oxide, methyloxirane

**4-Methyl-2-pentanon**

*n*, 1,2-epoxypropane *n* ‖ **4-⁓-2-pentanon** (Chem) / methyl isobutyl ketone, hexone *n*, MIBK, 4-methyl-2-pentanone *n* ‖ **⁓phenol** *n* (Chem) / cresol* *n*, methylphenol *n*, hydroxytoluene* *n* ‖ **⁓phenylether** *m* (Chem) / anisole* *n*, methyl phenyl ether, methoxybenzene *n*, phenyl methyl ether* ‖ **⁓phenylketon** *n* (Anstr, Chem, Pharm) / acetophenone* *n*, phenylthanone* *n*, methyl phenyl ketone ‖ **⁓phenylsilikonöl** *n* / methyl phenyl silicone oil ‖ **⁓pikrylnitramin** *n* (Chem) / tetryl* *n* ‖ **2-⁓-propensäure** (Chem) / methacrylic acid, 2-methylpropenoic acid ‖ **2-⁓-propionsäure** (Chem) / isobutyric acid, dimethacetic acid, 2-methylpropanoic acid ‖ **⁓pyridin** *n* (Chem) / picoline* *n*, methyl pyridine ‖ **⁓pyrrolidon** *n* (Chem) / N-methyl-2-pyrrolidone *n* ‖ **⁓quecksilber** *n* (eine quecksilberorganische Verbindung) (Chem) / methyl mercury ‖ **⁓radikal** *n* (Chem) / methyl group*, methyl radical, methyl *n* ‖ **5-⁓resorzin** (die Muttersubstanz des Orseille- und Lackmusfarbstoffes) (Chem) / orcinol *n*, orcin *n* ‖ **⁓rot** *n* (ein Azofarbstoff) (Chem) / methyl red *n* ‖ **⁓salicylat** *n* (künstliches Gaultheriaöl) (Chem) / methyl salicylate* ‖ **⁓salizylat** *n* (künstliches Gaultheriaöl) (Chem) / methyl salicylate* ‖ **⁓senföl** *n* (Chem) / methyl isothiocyanate, methyl mustard oil ‖ **⁓siliconkautschuk** *m* (Chem Verf) / methyl silicone rubber ‖ **⁓silikonkautschuk** *m* (Chem Verf) / methyl silicone rubber ‖ **⁓silikonöl** *n* / methyl silicone oil ‖ **ar-⁓styrol** (Chem) / vinyltoluene *n*, methyl styrene ‖ **⁓sulfat** *n* (saurer Schwefelsäureester) (Chem) / methyl sulphate* ‖ **⁓sulfonylmethan** *n* (Chem) / dimethyl sulphoxide (DMSO) ‖ **⁓tertiärbutylether (MTBE)** *m* (Chem, Kftst, Kfz) / methyl-tert-butyl-ether (MTBE) *n* ‖ **⁓transferase** *f* (Biochem) / transmethylase *n* ‖ **⁓vinylbenzol** *n* (Chem) / vinyltoluene *n*, methyl styrene ‖ **⁓violett** *n* (Gemisch von Hydrochloriden verschiedener Triarylmethanfarbstoffe) (Mikros, Pharm) / methyl violet (Basic Violet 1)* ‖ **⁓zellulose (MC)** *f* (wasserlöslicher Zelluloseether) (Chem) / methyl cellulose* (MC) ‖ **⁓zyklohexan** *n* (ein Lösungsmittel) (Chem) / methylcyclohexane *n* ‖ **⁓zyklohexanol** *n* (Chem) / methylcyclohexanol (IV)* *n*, hexahydrocresol* *n*, methylhexalin *n*, sextol* *n* ‖ **⁓zyklohexanon** *n* (ein sich vom Methylzyklohexan ableitendes Keton - ein Lösungsmittel) (Chem) / methylcyclohexanone *n* ‖ **⁓zyklopentan** *n* (Chem) / methyl cyclopentane

**Metol** *n* (Warenzeichen der Agfa-Gevaert für 4-(Methylamino)phenolsulfat) (Foto) / metol* *n*

**metonischer Zyklus** (235 Mondmonate) (Astr) / Metonic cycle*

**Me-too-Produkt** *n* (sich nur unwesentlich von einem Konkurrenzprodukt unterscheidendes neues Erzeugnis eines Unternehmens, das sich durch die Imitation mit möglichst geringen Kosten und geringem Risiko am Erfolg des imitierten Produkts beteiligen will - allerdings können mit solchen Produkten auch Verstöße gegen Patente, Warenzeichen oder Geschmacksmuster sowie Markenpiraterie verbunden sein) / me-too product

**Metope** *f* (viereckige Reliefplatte unter der Traufrinne dorischer Tempel) (Arch) / metope* *n*

**Metopenrelief** *n* (Arch) / metope* *n*

**Metrage** *f* (Tex) / yard goods (US), goods sold by metres, yardage goods, yardage *n*, metrage *n*

**Metra-Potential-Methode** *f* (eine Netzplantechnik für deterministische Vorgänge) / Metra Potential Method

**Metrifizierung** *f* / metrication *n*

**Metrik** *f* (eine Funktion) (Math) / metric* *n* ‖ **⁓** (der Zusammenhang zwischen den Abständen je zweier Punkte und deren Koordinaten in einem Raum, besonders in der vierdimensionalen Raum-Zeit) (Phys) / metric *n*

**metrisch** *adj* / metric *adj* ‖ **~e Fundamentalform** (in der Differentialgeometrie) (Math) / metric fundamental form, metric form ‖ **~er Fundamentaltensor** (Math) / fundamental metric tensor* ‖ **~es Gewinde** (DIN 13, 14) (Masch) / metric (screw) thread* ‖ **~es ISO-Gewinde** (DIN 13) (Masch) / ISO metric screw thread ‖ **~es ISO-Trapezgewinde** (DIN 103 und 263) (Masch) / ISO metric trapezoidal screw thread ‖ **~es Karat** / metric carat*, MC* ‖ **~es kegeliges Feingewinde** (DIN 8507, T 1) (Masch) / metric taper fine thread ‖ **~er Maßstab** (Kart) / decimal scale ‖ **~es MJ-Gewinde** (Masch) / metric screw thread MJ profile ‖ **~e Nummer** (Spinn) / metric count ‖ **~er Raum** (eine Menge, auf der eine Metrik definiert ist) (Math) / metric space* ‖ **~er Raum** (Math) / complete metric space* ‖ **~es Sägengewinde** (DIN 513) (Masch) / metric buttress thread ‖ **~es System** (das von der Längeneinheit Meter ausgeht und bei dem die Einheiten dezimal geteilt werden) / metric system* ‖ **~er Tensor** (Math) / fundamental metric tensor* ‖ **~ vollständiger Raum** (Math) / complete metric space*

**metrisierbar** *adj* (Math) / metrizable *adj* ‖ **~er Raum** (ein topologischer Raum) (Math) / metrizable space

**Metrisierbarkeit** *f* (Math) / metrizability *n*

**Metro-Highway-Durchschnittsverbrauch** *m* (der etwa zwischen dem "Verbrauch im Stadtverkehr" und dem "Verbrauch bei 90 km/h" liegt) (Kfz) / M-H fuel economy

**Metrologie** *f* (Meßkunde + Meßtechnik + Meßwesen) / metrology* *n*

**Metronidazol** *n* (ein Nitroimidazolderivat) (Pharm) / metronidazole* *n*

**Metropolisierung** *f* (Überkonzentration der Bevölkerung in den Millionenstädten der Dritten Welt) (Arch) / metropolization *n*

**Metropolitan Area Network** *n* (regionales Netz) (EDV, Fernm) / Metropolitan Area Network, MAN

**Mettage** *f* (beim Bleisatz) (Typog) / make-up* *n*, upmake* *n*

**Metteur** *m* (Druck) / make-up man

**Meusnierscher Satz** (Math) / Meusnier's theorem

**MeV** (Eltech) / megaelectronvolt* *n*, million electronvolt* *n*, MeV*

**Mevalonsäure** *f* (Ausgangsprodukt der Biosynthese der Terpene) (Chem) / mevalonic acid*, MVA

**Mevinphos** *n* (ein Insektizid und Akarizid) / mevinphos *n*

**mexikanisch•es Skammoniaharz** (aus den Wurzeln einer mexikanischen Prunkwinde) (Pharm) / ipomoea resin ‖ **~es Holzöl** (Chem) / Mexican linaloe oil ‖ **~es Linaloeöl** (aus Bursera penicillata (Sessé et Moç. ex DC.) Engl.) (Chem) / Mexican linaloe oil

**MEZ** / Central European Time, C.E.T.

**Mezkalin** *n* (ein Halluzinogen aus den Schnapsknöpfen der Lophophora williamsii - 3,4,5-Trimethoxyphenylethylamin) (Chem, Pharm) / mescaline* *n*, mescalin *n*

**Mezzamajolika** *f* (Keram) / mezza majolica

**Mezzanin** *n* (ein niedriges Halb- oder Zwischengeschoß überm Erdgeschoß oder unterm Dach) (Arch, Bau) / mezzanine* *n*, entresol* *n*

**Mezzaningeschoß** *n* (Arch, Bau) / mezzanine* *n*, entresol* *n*

**Mezzotinto** *n* (pl. Mezzotintos oder Mezzotinti) (Druck) / mezzotint* *n*

$\mu F$ (Eltech) / microfarad* *n*

**Mf** (Chem) / meitnerium *n*, Mf

**MF** (Foto) / microfiche* *n*, fiche *n* ‖ **⁓** (Foto) / microfilm* *n* ‖ **⁓** (Opt) / multifocal *adj* ‖ **⁓** (Plast) / melamine-formaldehyde resin, MF resin* ‖ **⁓** / melamine-formaldehyde methanal resin* ‖ **⁓** (Radio) / medium frequency* (MF)

**MFB-Box** *f* (Akus) / motional-feedback loudspeaker

**MFB-Lautsprecher** *m* (Akus) / motional-feedback loudspeaker

**MFC** (Fernm) / multifrequency code, MF code, MFC

**MFDT** (F.Org, Masch) / mean-failure-detection time, MFDT

**M/F-Fasertyp** *m* (Fibrillen in eine Matrix eingesponnen) (Tex) / matrix fibril bicomponent fibre

**MF-Härten** *n* (Hütt) / medium-frequency hardening

**MF-Harz** *n* (DIN 7735, T 2) (Plast) / melamine-formaldehyde resin, MF resin* / melamine-formaldehyde methanal resin*

**MF-II-Tastatur** *f* (102 Tasten, 12 Funktionstasten oben) (EDV) / MF2 keyboard

**MFK** (Mil) / cruise missile

**MFK-Träger** *m* (Mil) / cruise missile carrier

**M-Fläche** *f* (Geophys) / Mohorovičić discontinuity, Moho *n*

**MFLOPS** *pl* (Millionen Gleitkommaoperationen pro Sekunde) (EDV) / MFLOPS *pl* (million floating-point operations per second), megaflops *pl*

**MFN** (Fernsp, Radio) / mobile radio network

**MFQ** (Chem Verf) / fluorosilicone rubber

**MF-Scheinwerfer** *m* (Kfz) / MF headlight, multifocal headlight

**MFT** (Anstr) / minimum film-forming temperature

**MFV** (Fernsp) / dual-tone multifrequency dialling (signalling), DTMF (signalling)

**MG** (Akus) / magnetic tape recorder, magnetic tape device, (magnetic) tape deck

**Mg** (Chem) / magnesium* *n*

**MG** (Mil) / machine gun

**MGD** (Phys) / magnetogas dynamics, MGD, magnetogasdynamics *n*

**Mg-Dünger** *m* (Landw) / magnesium fertilizer

**m'gl** (Pap) / machine-finish[ed]*, MF*, mill-finish[ed]

**M-Glas** *n* (berylliumhaltiges Glas mit hohem E-Modul) (Glas) / M glass

**MGZ** / Greenwich Mean Time*, G.M.T.*, Greenwich Civil Time, Greenwich time, Universal Time*, zebra time, zulu time*, UT

**MH** (Chem) / maleic hydrazide*

**MHD** (Nahr) / date of minimum shelf life ‖ **⁓** (Phys) / magnetohydrodynamics* *n*, hydromagnetics *n*, MHD* ‖ **⁓-Generator** *m* (Plasma Phys) / magnetohydrodynamic generator*, magnetoplasmadynamic generator*, MHD generator*, MPD generator* ‖ **⁓-Instabilität** *f* (Plasma Phys) / gross instability, magnetohydrodynamic instability, MHD instability, hydromagnetic instability ‖ **⁓-Lager** *n* (Masch) / magnetohydrodynamic bearing, MHD bearing ‖ **⁓-Triebwerk** *n* (Beschleunigung von Entladungsplasmen durch die Lorentz-Kraft) / hydromagnetic propulsion ‖ **⁓-Wandler** *m* (Plasma Phys) / magnetohydrodynamic generator*, magnetoplasmadynamic generator*, MHD generator*,

MPD generator* ‖ ≃-Welle f (Plasma Phys) / magnetohydrodynamic wave
MHKZ (Kfz) / magneto capacitor-discharge ignition
MHO-Verfahren n (für Vakuumentzinkung von Reinschaum im Induktionsofen) (Hütt) / Metallurgie Hoboken-Overpelt's process, MHO process
MHS (EDV) / message-handling system, MHS
MHS-Teilschicht f (untere - in dem Nachrichtenübermittlungssystem) (Fernm) / message-transfer layer, MT layer
M-H-Verbrauch m (Kfz) / M-H fuel economy
MHz (EDV, Fernm) / megahertz* n, megacycles per second*
MI (kognitive Informatik) (KI) / artificial intelligence*, machine intelligence, AI*
Mianserin n (ein Antidepressivum und Antiallergikum) (Pharm) / mianserin* n
Miargyrit m (Min) / miargyrite n
miarolithisch adj (Geol) / miarolitic* adj
MIBK (Chem) / methyl isobutyl ketone, hexone n, MIBK, 4-methyl-2-pentanone n
MIC (Chem) / methyl isocyanate
Micell n (Bot, Chem) / micelle* n
micellar adj (Bot, Chem) / micellar adj
Micellbildungskonzentration, kritische ≃ (Chem) / critical micellization concentration
Micelle f (Bot, Chem) / micelle* n ‖ inverse ≃ (Chem) / inverted micelle, inverse micelle
Micellkolloid m (Chem) / association colloid, micellar colloid
Michael-Addition f (Chem) / Michael reaction
Michaelis-Arbusow-Reaktion f (Chem) / Michaelis-Arbusov reaction, Arbusov reaction, Arbusov rearrangement
Michaelis-Konstante f (kinetische Konstante in der Michaelis-Menten-Gleichung - nach L. Michaelis, 1875-1949) (Biochem) / Michaelis constant
Michaelis-Menten-Gleichung f (Biochem) / Michaelis-Menten equation
Michael-Reaktion f (nach A. Michael, 1853-1942) (Chem) / Michael reaction
Michel-Lévy-Kompensator m (Opt) / quartz-wedge compensator, Michel-Lévy compensator
Michell-Turbine f (eine Gleichdruck-Wasserturbine) (Masch) / Michell turbine, Banki turbine, direct-flow turbine
Michelson-Gitter n (ein Beugungsgitter) (Opt) / echelon grating*, echelon n
Michelson-Interferometer n (nach A.A. Michelson, 1851-1931) (Opt) / Michelson interferometer*
Michelson-Versuch m (historisch experimentelle Grundlage der speziellen Relativitätstheorie) (Phys) / Michelson-Morley experiment*
Michler-Keton n (Chem) / Michler's ketone (tetramethyldiaminobenzophenone)
Michlers Keton (Zwischenprodukt für Farbstoffsynthesen - nach W. Michler, 1846-1889) (Chem) / Michler's ketone (tetramethyldiaminobenzophenone)
Mickey n (ein Bewegungsschrittmaß einer Maus) (EDV) / mickey n
Mickymausprogramm n (leichtes Einarbeitungsprogramm für Anfänger) (EDV) / mickey-mouse program
Microbodies pl (Cytosomen) (Zyt) / microbodies* pl
Microbore-Säule f (Chem) / micropack column, packed microbore column, PMB column, microcolumn n, micropacked column
Microburst m (eine Fallbö mit geringem Durchmesser) (Luftf, Meteor) / microburst n
Microcomputer-Software f (EDV) / micro-software n, microcomputer-based software
Microcontroller m (ein Programmschaltwerk, wobei das Steuerprogramm in einem PROM gespeichert ist) (EDV) / microcontroller n
Microcontrolling n (EDV) / microcontrolling n
Microfiche n m (Foto) / microfiche* n, fiche n
Micrograin-Nickel n (Nickel-Abscheidung mit mikrokörniger Struktur aus einem normalen Sulfatelektrolyten ohne organische Zusätze) (Galv) / micrograin nickel
Microlensing n (bei Gravitationslinsen) (Astr) / microlensing n
Micromesh- (Tex) / micromesh adj
Micromesh-Sieb n (Tex) / micromesh sieve
Micronaire-Wert m (Kennzahl für die Faserfeinheit von Baumwolle und Wolle nach dem Luftstrom-Prüfverfahren - DIN 53941) (Tex) / Micronaire value
Micronizer m (Spiralstrahlmühle) / Micronizer n
Micronizer-Mühle f / Micronizer n
Micropackaging n (Fertigungsverfahren, bei dem mehrere Chips auf eine Mehrschicht-Keramikunterlage aufgebracht werden) (Eltronik) / micropackaging n

Micropack-Säule f (eine Trennkapillare von 0,5 bis 1 mm Innendurchmesser, das mit sehr feinkörniger Trennsäulenfüllung versehen ist) (Chem) / micropack column, packed microbore column, PMB column, microcolumn n, micropacked column
Microstrain m (meistens eine Dehnung von $10^{-6}$) (Mech) / microstrain n
MIC-Technik f (Radio) / microwave integrated circuit technology
Middle-Phase f (bei lyotropen flüssigen Kristallen) (Phys) / middle phase
Middleware f (Hilfsmittel bei inkompatiblen Anlagen, z.B. Emulator oder Konvertierungsprogramm) (EDV) / middleware n (system software tailored to a particular user's need)
Midicomputer m (EDV) / midicomputer, midi n
MIDI-Datei f (EDV) / MIDI file
Midirechner m (EDV) / midicomputer, midi n
MIDI-Schnittstelle f (EDV) / musical-instrument digital interface
MIDI-Sequencer m (EDV) / MIDI sequencer
MIDI-Sequenzer m (EDV) / MIDI sequencer
Midland-Ross-Verfahren n (ein Direktreduktionsverfahren) (Hütt) / Midland-Ross process
Midrex-Verfahren n (zur kontinuierlichen Direktreduktion von pelletierten Eisenoxiden oder Stückerzen zu Eisenschwamm) (Hütt) / Midrex process
Midsplitverfahren n (in der Breitbandtechnik) (Fernm) / midsplit process
Mie-Effekt m (nach G.Mie, 1868-1957) (Licht) / Mie scattering
Mie-Streuung f (DIN 1349, T 2) (Licht) / Mie scattering ‖ ≃ (Licht) s. auch Rayleigh-Streuung
Mietdauer f (bei Leasing-Verträgen) / term of lease
Miete f (Landw) / stack n ‖ ≃ (eine abgedeckte Grube, in der Feldfrüchte zum Schutz gegen Frost aufbewahrt werden) (Landw) / pit n
mieten v / rent v, hire v
Mietgebühr f / rental n
Mie-Theorie f (der Streuung elektromagnetischer Strahlung) (Phys) / Mie theory
Miet•kauf m (der vertraglich den Kauf des Mietgegenstandes durch den Mieter nach Vertragsende oder früher vorsieht) / hire purchase ‖ ≃-leitung f (EDV, Fernm) / leased line, private line, LL, private wire (circuit), leased circuit, rented circuit, rented line ‖ digitale ≃-leitung (Fernm) / digital leased circuit
Mietskaserne f (Bau) / tenement n, tenement house n, tenement block
Miet•wagen m (Kfz) / rented car, hire car, rental n (US) ‖ ≃wohnung f (Bau) / rented flat, apartment n (US)
Migma n (Geol) / migma n (mobile, or potentially mobile, mixture of solid rock material and magma, the magma having been injected into or melted out of the rock material)
Migmatit m (ein grobgemengtes Gestein) (Geol) / migmatite* n
Migration f (von Erdöl oder Erdgas) / migration n ‖ ≃ (Chem, EDV, Kernphys, Umwelt) / migration* n, wandering n ‖ ≃ (des Mäanders) (Geol) / wandering n
migrationsecht adj (Chem, Tex) / fast to migration
Migrationsfläche f (Kernphys) / migration area*
Migrationslänge f (in der Neutronendiffusionstheorie) (Kernphys) / migration length
migrieren v (Chem, Kernphys, Umwelt) / migrate v
MIG-Schweißen n (Schw) / M.I.G. welding, gas metal-arc welding, GMAW, MIG welding, GMA welding, gas-shielded metal-arc welding, inert-gas shielded metal-arc welding, gas-shielded consumable metal-arc welding, metal inert-gas welding*, MIG*
Mika m f (Eltech, Min) / mica* n
Mikanit n (ein Isolierwerkstoff aus Spalt- oder Feinglimmer und Bindemittel) (Eltech) / micanite* n
Mikapapier n (Eltech) / satin paper, mica paper
Mika-Pigment n (Anstr) / mica metal-oxide pigment
Mikrat n (sehr stark verkleinerte Wiedergabe eines Schriftstücks) (Foto, Mikros) / micrate n
Mikrinit m (ein Mazeral) (Bergb, Min) / micrinite n
Mikrit m (Kalkschlammsediment mit Korngrößen von 0,05 mm oder kleiner) (Geol) / micrite n
Mikro•abmessung f / microsize n ‖ ≃adreßregister n (EDV) / microaddress register n ‖ ≃akustik f (sich überschneidendes Teilgebiet der Mikroelektronik und Akustoelektronik, das sich akustoelektronischer Prinzipien unter Verwenden mikroelektronischer Strukturen bedient) (Akus, Eltronik) / microacoustics n ‖ ≃analyse f (Chem) / microanalysis* n ‖ ~analytisch adj (Chem) / microanalytic adj, microanalytical adj ‖ ≃architektur f (Eltronik) / microarchitecture n ‖ ≃assembler m (EDV) / microassembler n, MASM ‖ ≃assistent m (Akus) / boom operator (GB) ‖ ≃ätzung f / microetching n ‖ ≃aufnahme f (die nur mit optischen Hilfsmitteln gelesen werden kann) (Foto, Mikros) / micrograph n, photomicrograph n, microphotograph n, microfilm* n ‖ ≃aufzeichnung f / microcopying n ‖ ≃autoradiogramm n

**Mikroball**

(Kernphys) / microautoradiograph n ‖ ⁓**ball** m (Kügelchen aus Kunststoff oder Glas zum Flüssigkeitsabschluß an der Oberfläche von Lösungsmitteln, Treibstoffen und dgl.) (Chem Verf) / microballoon n ‖ ⁓**bar** n (Phys) / microbar* n, barye* n ‖ ⁓**baustein** m (Eltronik) / microassembly n

**Mikrobe** f (Bakteriol) / microbe* n ‖ ⁓ (Bakteriol) s. auch Mikroorganismus

**Mikro•bearbeitung** f (Masch) / micromachining n ‖ ⁓**beben** n (Geol) / microseism n ‖ ⁓**befehl** m (die Ausführung einer Mikroinstruktion besteht in der Ausführung von Pikoprogrammen oder Nanoprogrammen zur Durchführung der in der Mikroinstruktion enthaltenen Mikrooperationen) (EDV) / microinstruction n ‖ ⁓**befehlsvorrat** m (EDV) / set of microinstructions

**Mikroben•-** (Bakteriol) / microbial adj, microbic adj ‖ ⁓**befall** m (Bakteriol) / microbial attack

**Mikro•bereich** m (die Oberflächenschicht der Reibpartner) / region of adhesive bonding ‖ ⁓**bestimmung** f (Chem) / microdetermination n ‖ ⁓**bewegungsstudium** n (eine für die Arbeitsgestaltung verwendete Analysenmethodik) (F.Org) / micromotion study ‖ ⁓**biegeverlust** m (bei Lichtleitfasern) (Fernm, Opt) / microbending loss ‖ ⁓**biegung** f (bei Lichtwellenleitern) (Fernm, Opt) / microbending n ‖ ⁓**biegungssensor** m / microbending sensor

**mikrobiell** adj (durch Mikroben hervorgerufen) (Bakteriol) / microbial adj, microbic adj ‖ **nicht** ~ / non-microbial adj ‖ ~**es Insektizid** (Chem, Landw, Umwelt) / microbial insecticide ‖ ~**e Korrosion** (unter Mitwirkung von Mikroorganismen) / microbial corrosion, microbiological corrosion, microbial-induced corrosion, MIC ‖ ~**e Matte** (Biofilm) (Umwelt) / microbial mat ‖ ~**e Methanproduktion** (Chem Verf) / bacterial methanogenesis ‖ ~**er Rasen** (Sanitär) / biological slime, fixed biological film, microbial mat ‖ ~**er Rasen** (Umwelt) / microbial mat ‖ ~**es Rennet** (Labaustauschstoff) (Chem, Nahr) / microbial rennet ‖ ~**er Sensor** / microbial sensor

**Mikro•bild** n (Foto, Mikros) / micrograph n, photomicrograph n, microphotograph n, microfilm* n ‖ ⁓**biologie** f (Biol) / microbiology n

**mikrobiologisch** adj (Biol) / microbiological adj ‖ ~**e Korrosion** / microbial corrosion, microbiological corrosion, microbial-induced corrosion, MIC

**Mikrobiosensor** m / microbiosensor n

**mikrobizid** adj (Mikroben abtötend) (Bakteriol) / microbicide adj, microbicidal adj, antimicrobial adj ‖ ~**es Mittel** / microbicide n ‖ ⁓ n / microbicide n

**Mikro•bodies** pl (Zyt) / microbodies* pl ‖ ⁓**bohren** n (mit der Lasertechnik) / microdrilling n ‖ ⁓**bombe** f (für den Bombenaufschluß) (Chem) / microbomb n ‖ ⁓**boot** n (Chem) / microboat n ‖ ⁓**brenner** m (Chem) / microburner n, microtorch n ‖ ~**brownsche Bewegung** (Phys) / microbrownian motion ‖ ⁓**brücke** f (ein Josephson-Element) (Phys) / microbridge n ‖ ⁓**bürette** f (Chem) / microburette n, microburet n (US) ‖ ⁓**bus** n (Kfz) / microbus n ‖ ⁓**chemie** f (Mikroanalyse + präparative Prozesse, die mit kleinsten Substanzmengen durchgeführt werden) (Chem) / microchemistry* n ‖ ~**chemisch** (Chem) / microchemical adj ‖ ⁓**chip** n (EDV, Eltronik) / microchip n ‖ ⁓**chromatografie** f (Chem) / microchromatography n ‖ ⁓**cluster** m (bei der Kondensation) (Chem) / microcluster n ‖ ⁓**code** n (EDV) / microcode* n ‖ ⁓**computer** (μC, MC) m (EDV) / microcomputer* n, micro n ‖ ⁓**computerbausatz** m (EDV) / microcomputer kit ‖ ⁓**computerentwicklungssystem (MES)** n (EDV) / microcomputer development system (MDS) ‖ ⁓**controller** m (EDV) / microcontroller n ‖ ⁓**deformation** f (im Mikrobereich) (WP) / microdeformation n ‖ ⁓**densitometer** n (Instr) / microdensitometer* n ‖ ⁓**destillation** f (Chem) / microdestillation n ‖ ⁓**diskette** f (Diskette mit 3 1/2 Zoll Durchmesser) (EDV) / microfloppy n, microfloppy disk, microdisk n ‖ ~**diskontinuierlich** adj (Überzug mit Unterbrechungen im Mikrobereich - mikrorissig oder mikroporös) (Galv) / microdiscontinuous adj ‖ ~**dispers** adj (Anstr, Chem) / microdisperse adj ‖ ⁓**dokumentation** f / microcopying n ‖ ⁓**dosierspritze** f (Chem) / microlitre syringe, microsyringe n ‖ ~**duktile Rißausbreitung** (WP) / microductile crack propagation n ‖ ⁓**eigenspannung** f (Mech) / microstrain n, microstress n ‖ ⁓**elektrode** f (zur Messung von Potentialen in zellulärem Bereich) / microelectrode n ‖ ⁓**elektronik** f (DIN 41857) (Eltronik) / microelectronics* n ‖ ⁓**elektronik der extremen Miniaturisierung** (Eltronik) / microminiature electronics ‖ ⁓**elektronikglas** n (Glas) / microelectronic(s) glass ‖ ⁓**elektronik-Kompatibilität** f (Eltronik) / microelectronics compatibility ‖ ~**elektronisch** adj (Eltronik) / microelectronic adj ‖ ⁓**elektrophorese** f (Chem, Phys) / microelectrophoresis n (pl. -reses) ‖ ⁓**element** n (Baustein) (Eltronik) / microelement n ‖ ⁓**element** m (bei dem Mikrobewegungsstudium) (F.Org) / microelement n ‖ ⁓**elemente** n pl (Umwelt) / micronutrients* pl ‖ ⁓**emulsion** f (Chem, Phys) / microemulsion n ‖ ⁓**entmischung** f (Gieß) / microsegregation n ‖ ⁓**entscheidung** f (KI) / microdecision n ‖ ⁓**evolution** f (Biol, Gen) / microevolution n ‖ ⁓**farad** n (Eltech) / microfarad* n ‖ ⁓**farbstoff** m (Mikros) / stain n ‖ ⁓**faser** f / microfibre n ‖ ⁓**fauna** f (Biol, Landw, Umwelt) / microfauna n ‖ ⁓**fazies** f (Gesamtheit der in Gesteinsdünnschliffen typisierbaren paläontologischen und sedimentpetrografischen Merkmale) (Geol) / microfacies n ‖ ⁓**fehler** m / microflaw n, microdefect n ‖ ⁓**feld** n (Plasma Phys) / microfield n ‖ ~**felsitisch** adj (Geol) / microfelsitic* adj

**Mikrofiche** n m (DIN 19060) (Foto) / microfiche* n, fiche n ‖ ⁓**-Rückvergrößerungsgerät** n (Druck, EDV, Foto) / microfilm printer, microfiche printer

**Mikrofilm** m (ein Speichermedium nach DIN 19060) (Foto) / microfilm* n ‖ **direkte Übernahme von Ausgabedaten auf** ⁓ / computer output on microfilm*, COM* ‖ ⁓**ausgabe** f (EDV) / microfilm output ‖ ⁓**betrachtungsgerät** n (Foto, Opt) / microfilm reader ‖ ⁓**blatt** n (ein Mikroplanfilm, der - reihen- oder kolonnenweise angeordnet - mehrere Mikrokopien aufweist) (Foto) / microfiche* n, fiche n ‖ ⁓**durchlaufkamera** f (Foto) / flow camera, rotary camera ‖ ⁓**karte** f (Mikrobilder auf opakem Papier, die in ähnlicher Art wie bei Mikrofiche angeordnet sind) (Foto) / microcard n, microfilm card ‖ ⁓**lesegerät** n (Foto, Opt) / microfilm reader ‖ ⁓**leselupe** f (Foto, Opt) / microfilm reading glass ‖ ⁓**lochkarte** f (DIN 19060) (Foto, Opt) / microfilm aperture card, micro-opaque n, aperture card ‖ ⁓**plotter** m (elektronisches Zeichengerät, bei dem die grafische Darstellung von einer Katodenstrahlröhre auf Mikrofilm projiziert wird) (EDV) / microfilm plotter ‖ ⁓**-Rückvergrößerungsgerät** n (Druck, EDV, Foto) / microfilm printer, microfiche printer ‖ ⁓**strip** m (Mikrofilme im Sechserstreifen) (Foto) / microfilm strip

**Mikro•filtration** f / microfiltration n ‖ ⁓**filtrierung** f / microfiltration n ‖ ⁓**floppy** f (EDV) / microfloppy n, microfloppy disk, microdisk n ‖ ⁓**flora** f (Bot, Landw) / microflora n ‖ ~**fluidale Struktur** (Geol) / rhyotaxitic structure

**Mikrofon** n (DIN 1320, 45500, 45590, 45591) (Akus, Physiol, Umwelt) / microphone* n, mike n ‖ **bewegliches** ⁓ (Akus) / following microphone ‖ **drahtloses** ⁓ (Akus, Radio) / wireless microphone, radiomicrophone* ‖ **dynamisches** ⁓ (Akus) / electrodynamic microphone*, moving-coil microphone*, moving-conductor microphone*, dynamic microphone ‖ **elektrodynamisches** ⁓ (ein Mikrofon, das im Prinzip die Umkehrung eines dynamischen Lautsprechers ist) (Akus) / electrodynamic microphone*, moving-coil microphone*, moving-conductor microphone*, dynamic microphone ‖ **elektrostatisches** ⁓ (Akus) / capacitor microphone*, electrostatic microphone* ‖ **freifeldentzerrtes** ⁓ (Akus) / free-field microphone ‖ **freifeldlineares** ⁓ (Akus) / free-field microphone ‖ **Frequenzkurve** f **eines** ⁓**s unter Berücksichtigung der Reflexions- und Interferenzeinflüsse** (Akus) / reverberation response curve* ‖ **hallfeldlineares** ⁓ (Akus) / random-incidence microphone ‖ **kabelloses** ⁓ (Akus, Radio) / wireless microphone, radiomicrophone* ‖ **keramisches** ⁓ (Akus) / ceramic microphone ‖ **kleiner** ⁓**galgen** (Akus) / lazy arm ‖ **magnetisches** ⁓ (Akus) / variable-reluctance microphone, magnetic microphone* ‖ **magnetostriktives** ⁓ (Akus) / magnetostriction microphone* ‖ **piezoelektrisches** ⁓ (Akus) / crystal microphone*, piezoelectric microphone* ‖ **piezokeramisches** ⁓ (Akus) / piezoceramic microphone ‖ **symmetrischer** ⁓**eingang** (Akus) / balance microphone input ‖ **ungerichtetes** ⁓ (Akus) / non-directional microphone*, astatic microphone, omnidirectional microphone*, polydirectional microphone ‖ **zweiseitig gerichtetes** ⁓ (Akus) / bidirectional microphone*, bilateral microphone ‖ ⁓ n **für diffusen Schalleinfall** (Akus) / random-incidence microphone ‖ ⁓ **für Einsatz im Freien** (Akus) / outdoor microphone ‖ ⁓ **mit Achtercharakteristik** (Akus) / bidirectional microphone*, bilateral microphone ‖ ⁓ **mit Kugelcharakteristik** (Akus) / non-directional microphone*, astatic microphone, omnidirectional microphone*, polydirectional microphone ‖ ⁓ **mit Parabolreflektor** (Akus) / parabolic microphone* ‖ ⁓ **mit Richtwirkung** (Akus) / directional microphone*

**Mikrofon•abschaltetaste** f (Akus, Fernsp) / microphone disconnect button ‖ ⁓**anschluß** m (Akus) / microphone cennection, microphone connexion ‖ ⁓**assistent** m (Akus) / boom operator (GB) ‖ ⁓**aufhängung** f (Akus) / microphone suspension ‖ ⁓**aufnahme** f (Akus) / microphone recording ‖ ⁓**ausleger** m (bei der Tonkamera) (Akus) / microphone boom ‖ ⁓**buchse** f (Akus) / microphone jack, microphone socket ‖ ⁓**eichung** f (Akus) / microphone calibration ‖ ⁓**empfindlichkeits-Wahlschalter** m (Akus) / microphone selectivity selector ‖ ⁓**galgen** m (Akus, Film, TV) / microphone boom, boom n ‖ ⁓**gehäuse** n (Akus) / microphone housing ‖ ⁓**geräusch** n (Akus) / microphone noise

**Mikrofonie** f (Kling-, Heul- oder Brummtöne an empfindlichen Verstärkern, hervorgerufen durch mechanische Erschütterungen, die durch vom Lautsprecher abgestrahlte Schallwellen verursacht werden) (Akus) / microphonic noise*, microphonicity* n, microphonics n, microphonism n, microphonic effect

**Mikrofon•kabel** n (Akus) / microphone cable ‖ ~**paar** n (Akus) / microphone pair ‖ ~**stativ** n (Akus) / microphone stand, microphone tripod ‖ ~**taste** f (Akus) / microphone button, microphone key ‖ ~**übertrager** m (Akus) / microphone transformer ‖ ~**verstärker** m (Akus) / microphone amplifier ‖ ~**vorverstärker** m (Akus) / microphone preamplifier ‖ ~**windschutz** m (Akus) / wind bag*
**Mikro•form** f (Material jeder Art und Größe, auf dem Mikrobilder enthalten sind) (Foto) / microform n ‖ ~**form** (Foto, Mikros) / micrograph n, photomicrograph n, microphotograph n, microfilm* n ‖ direkte Übernahme von Ausgabedaten auf ~**formen** (EDV) / computer output on microforms ‖ ~**fossil** n (dessen Untersuchung stärkere Vergrößerung verlangt) (Geol) / microfossil* n ‖ ~**fotografie** f (Foto) / photomicrography n, microphotography n ‖ ~**fotografie** (einzelne Aufnahme) (Foto, Mikros) / micrograph n, photomicrograph n, microphotograph n, microfilm* n ‖ ~**fotokopie** f / microcopy n ‖ ~**fotometer** n (Instr) / densitometer* n, micropotometer n ‖ ~**fraktografie** f (Mikrountersuchung von Bruchflächen mit dem Rasterelektronenmikroskop) (Hütt, WP) / microfractography n, scanning electron fractography, electron fractography ‖ ~**furnier** n (eine Art von Rundschälfurnieren - 0,08 bis 0,1 mm dick, auf Spezialpapier kaschiert) (For) / microveneer n ‖ ~**gefüge** n (Geol, Hütt) / microstructure* n ‖ ~**gel** n (stabile Dispersion vernetzter Harzpartikel) (Chem) / microgel n ‖ ~**genauigkeit** f (Masch) / microaccuracy n ‖ ~**geologie** f (Geol) / microgeology n ‖ ~**globulin** n (Biochem) / microglobulin n
**Mikrografie** f (DIN 19060) / micrographics n
**mikrografisch** adj / micrographic adj ‖ ~**e Aufzeichnung** (Mag) / micrographic recording
**Mikro•gramm** n ($10^{-9}$ kg) (Phys) / microgramme* n, gamma* n, microgram* n ‖ ~**granit** m (Geol) / microgranite* n ‖ ~**härte** f (Maßzahl für die Härte einzelner sehr kleiner Bereiche) (WP) / microhardness n ‖ ~**härteprüfer** m (z.B. Microcharacter) (WP) / micropenetration tester, microindentation hardness tester, microhardness tester (e.g. Eberbach) ‖ ~**härteprüfgerät** n (WP) / micropenetration tester, microindentation hardness tester, microhardness tester (e.g. Eberbach) ‖ ~**heterogenität** f / microheterogeneity n ‖ ~**hohlkugel** f / micro hollow sphere, microsphere n ‖ ~**hohlperle** f (Chem Verf) / microballoon n ‖ ~**hydrierung** f (in der organischen Analytik) (Chem) / microhydrogenation n ‖ ~**instabilität** f (Plasma Phys) / microinstability n, kinetic instability ‖ ~**instruktion** f (EDV) / microinstruction n ‖ ~**instruktionsformat** n (EDV) / microinstruction format ‖ ~**interferometer** n (ein Oberflächenmeßgerät - Kombination von Interferometer und Mikroskop) (Mikros) / interference microscope*, microinterferometer n ‖ ~**ion** n (Chem, Eltronik) / microion n ‖ ~**kanal** m (bei Personalcomputern) (EDV) / microchannel n ‖ ~**kanalplatte** f (ein Bildverstärker) (Astr, Eltronik) / microchannel plate, MCP
**mikrokanonisch** adj (Phys) / microcanonical adj ‖ ~**e Gesamtheit** (in der Gibbsschen Statistik) (Phys) / microcanonical assembly*, microcanonical ensemble
**Mikro•kapsel** f / microcapsule n ‖ ~**karte** f (Foto) / microcard n, microfilm card ‖ ~**kassette** f (Foto) / microcassette n ‖ ~**kausalität** f (Phys) / microcausality n ‖ ~**kinetik** f (Untersuchung des zeitlichen Ablaufs chemischer Elementarreaktionen zur Feststellung oder Abschätzung der Geschwindigkeitskonstanten aus den Moleküldaten der Reaktionspartner) (Chem) / microkinetics n ‖ ~**klima** n (Meteor, Umwelt) / microclimate* n ‖ ~**klin** m (Kaliumaluminiumsilikat) (Min) / microcline* n ‖ ~**klinalbit** m (Min) / anorthoclase* n, anorthose n, soda microcline n ‖ ~**kode** m (EDV) / microcode* n ‖ ~**komponente** f / microcomponent n ‖ ~**kondensator** m (Eltech) / microcapacitor n ‖ ~**kontakt** m (beim Adhäsionsverschleiß) (Masch) / junction n ‖ ~**kontext** m / microcontext n ‖ ~**kopie** f (fotografisch verkleinerte Kopie einer Vorlage, die nur mit optischen Hilfsmitteln gelesen werden kann - DIN 19060) / microcopy n ‖ ~**kopieren** n (DIN 19060) / microcopying n ‖ ~**korrosionselement** n (Galv) / local cell, local-corrosion cell, local-action cell, microcell n ‖ ~**kristall** m (Krist) / microcrystal n
**mikrokristallin** adj (Krist) / microcrystalline adj ‖ ~**es Wachs** (ein Erdölwachs) / microwax n, microcrystalline wax ‖ ~**e Zellulose** (als Füllstoff in Backwaren) (Nahr) / microcrystalline cellulose
**Mikro•krümmung** f (DIN 57888, T 1) (Fernm, Opt) / microbending n ‖ ~**kugellinse** f (in Lichtwellenleitern) / hemispherical microlens ‖ ~**laufwerk** n (EDV) / microdrive n
**mikrolegiert•er Stahl** (Hütt) / micro-alloyed steel ‖ ~**er Stahl** (Hütt) / high-strength low-alloy steel, HSLA steel
**Mikro•legierung** f (Hütt) / microalloy n ‖ ~**legierungstechnik** f (Eltronik, Hütt) / microalloy technique ‖ ~**literspritze** f (Chem) / microlitre syringe, microsyringe n

**Mikrolith** m (sehr kleine Kristallindividuen in vulkanischen Gläsern) (Geol, Krist) / microlite* n ‖ ~ (ein Tantalmineral der Pyrochlorgruppe)) (Min) / microlite n
**Mikro•lithografie** f (Druck, Eltronik) / microlithography n ‖ ~**lithotype** f (Maceralvergesellschaftung) (Bergb) / microlithotype n ‖ ~**loch** n (Eltronik) / microhole n
**Mikrolog** n (für geoelektrische Bohrlochmessungen verwendetes Verfahren, bei dem durch Widerstandsmessungen im Abstand weniger Zentimeter von der Bohrlochwand die Gesteinsporosität und andere Feinstrukturen des Gesteins erfaßt werden können) (Erdöl) / Microlog n (trade name for a well log)
**Mikro•logik** f (Eltronik) / micrologic n ‖ ~**lunker** m (Gieß) / shrinkage pore ‖ ~**magnetismus** m (Mag) / micromagnetism n ‖ ~**manipulator** m (Gerät zur Ausführung von Feinstbewegungen) (Biol, Mikros) / micromanipulator* n ‖ **Arbeitstechnik** f **mit dem** ~**manipulator** (Biol, Mikros) / micromanipulation n ‖ ~**mann** m (Akus) / boom operator (GB) ‖ ~**manometer** n (Phys) / micromanometer n ‖ ~**maschensieb** n / micromesh sieve ‖ ~**mechanik** f (Bau von mikroskopisch kleinen Geräten) / micromechanics n ‖ ~**meteorit** m (Staubpartikel aus dem Weltraum) (Astr, Raumf) / micrometeorite* n ‖ ~**meteoritenschutzschild** m (Raumf) / bumper screen ‖ ~**meteoritensensor** m (Raumf) / micrometeorite sensor n ‖ ~**meteorologie** f (der bodennahen Regionen) (Meteor) / micrometeorology n
**Mikrometer** m n ($10^{-6}$ m) / micrometre* n, micron* n ‖ ~ n (des Meßmikroskops) (Instr) / micrometer n ‖ ~**okular** n (Mikros) / micrometer eyepiece* ‖ ~**schraube** f (Instr) / micrometer gauge*, screw micrometer*, machinist's outside calliper with micrometer reading, micrometer calliper ‖ ~**schraube zur Feineinstellung des Höhenkreises** (am Theodolit oder Tachymeter) (Verm) / gradienter n ‖ ~**theodolit** m (Verm) / micrometer theodolite*
**Mikro•methode** f (ein laborchemisches Analyseverfahren) (Chem) / micromethod n, microtechnique n ‖ ~**methode von Rast** (Molmassenbestimmung mit Campher als Lösungsmittel) (Chem) / Rast method ‖ ~**miniaturbau** m (Bau von mikroskopisch kleinen Geräten) / micromechanics n ‖ ~**miniaturisierung** f (bis zu > 50 nm) (Eltronik) / microminiaturization n ‖ ~**modell** n (ein Simulationsmodell) / micromodel n ‖ ~**modul** n (Eltronik) / micromodule* n ‖ ~**modultechnik** f (Eltronik) / micromodule technology n ‖ ~**molekular** adj (Chem) / micromolecular adj ‖ ~**momentschalter** m (Eltech) / sensitive switch ‖ ~**morphes Material** (bei dem jedes Körperteilchen als infinitesimaler kleiner starrer Körper, aber auch einen Drehimpuls haben kann, statt als materieller Punkt angesehen wird) (WP) / micromorphic material ‖ ~**morphologie** f (der Bruchfläche) (Masch) / micromorphology n ‖ ~**nährstoffe** m pl (Umwelt) / micronutrients* pl ‖ ~**nebel** m (zum Schmieren) / microfog n
**mikronisieren** v / micronize v
**mikronisiert•es Titandioxid** (Anstr) / ultra-fine titanium dioxide ‖ ~**es Wachs** / micronized wax
**Mikronisierung** f (feinstes Vermahlen) / micronizing n
**Mikro•operation** f (EDV) / micro-operation n ‖ ~**organismus** m (z.B. Bakterien, Protozoen, Hefen usw.) (Biol) / micro-organism n ‖ ~**paraffin** n / microwax n, microcrystalline wax ‖ ~**perforation** f (EDV, Pap) / microperforation n ‖ ~**perthit** m (Orthoklas mit orientierten Albitspindeln) (Geol) / microperthite* n ‖ ~**pfahl** m (bei Unterfangungsmaßnahmen) (HuT) / jacked pile ‖ ~**phage** m (Med) / microphage* n ‖ ~**phasenseparation** f (Chem) / microphase separation ‖ ~**phasentrennung** f (Chem) / microphase separation ‖ ~**phyrisch** adj (Geol) / microphyric* adj ‖ ~**physik** f (Physik der Elementarteilchen, der Atome und Moleküle, die im wesentlichen auf der Quantentheorie beruht) (Phys) / microphysics n ‖ ~**physikalisch** adj (Phys) / microphysical adj ‖ ~**pipette** f (Chem) / micropipette n, micropipet n (US) ‖ ~**planfilm** n (DIN 19054) (Foto) / microfiche* n, fiche n ‖ ~**plasma** n (Eltronik, Plasma Phys) / microplasma n ‖ ~**plättchen** n (aus Halbleitermaterial) (Eltronik) / die* n (pl. dice) ‖ ~**pollution** f (Sanität, Umwelt) / micropollution n ‖ ~**pores Holz** (For) / diffuse-porous wood* ‖ ~**pore** f (eine Feinpore bis 2 nm) / micropore n ‖ ~**porenkoaleszenz** f (WP) / microvoid coalescence, MVC ‖ ~**poröses Harz** (Chem) / resin of low porosity ‖ ~**prisma** n (Foto, Opt) / microprism* n ‖ ~**programm** n (EDV) / microprogram* n ‖ ~**programmierbar** adj (EDV) / microprogrammable adj ‖ ~**programmierbarer Rechner** (EDV) / microprogrammable computer ‖ ~**programmieren** v (nur Infinitiv und Partizip) (EDV) / microprogram v ‖ ~**programmierspracheninterpreter** m (EDV) / microprogramming-language interpreter n ‖ ~**programmspeicher** m (EDV) / microprogram memory, control and read-only memory, CROM, control read-only memory ‖ ~**prozessor** m (MP) (EDV) / microprocessor* (MPU) n, microprocessing unit, micro n ‖ ~**prozessorgesteuert** adj (EDV) / microprocessor-controlled adj ‖

**Mikroprozessorsteuerung**

~**prozessorsteuerung** f (EDV) / microcontrolling n ‖ ~**pulsation** f (geomagnetische) (Geophys) / micropulsation n ‖ ~**radioautogramm** n (Kernphys) / microautoradiograph n ‖ ~**radiografie** f (Röntgendarstellung von sehr dünnen Objekten) (Radiol) / microradiography* n ‖ ~**radiometer** n (Akus, Phys) / microradiometer n, radiomicrometer n ‖ ~**rauhigkeit** f (einer metallischen Schutzschicht) (Galv) / stardusting n ‖ ~**rauhigkeit** (Masch) / microroughness n ‖ ~**reaktor** m (zur Pyrolyse) (Chem Verf) / microreactor n ‖ ~**rechner** m (EDV) / microcomputer* n, micro n ‖ ~**rheologie** f (DIN 1342, T 1) (Phys) / microrheology n ‖ ~**rille** f (raumsparende Plattenrille) (Akus) / microgroove n ‖ ~**rillenplatte** f (Akus) / microgroove record* n ‖ ~**riß** m (Galv, WP) / microcrack n (that is invisible to the unaided eye) ‖ ~**riß** (Riß im mikroskopischen Bereich) (Hütt) / microfissure n, microcrack n ‖ ~**rissebildung** f (Galv, WP) / microcracking n ‖ ~**roboter** m / microrobot n ‖ ~**röntgenbilderzeugung** f (Radiol) / microradiography* n ‖ ~**röntgenfotografie** f (ein Verfahren der Röntgenstrahlmikroskopie) (Radiol) / microradiography* n ‖ ~**röntgenografie** f (Radiol) / microradiography* n ‖ ~**routine** f (Folge von Mikroprogrammschritten) (EDV) / microroutine n ‖ ~**säule** f (Chem) / micropack column, packed microbore column, PMB column, microcolumn n, micropacked column ‖ ~**säulen-Flüssigkeitschromatografie** f (Chem) / microcolumn liquid chromatography ‖ ~-**Scale** m (der kleinräumige Größenbereich atmosphärischer Phänomene) (Meteor) / microscale n ‖ ~**schall** m (Phys) / microwave sound, hypersonic disturbance, hypersound* n ‖ ~**schalter** m (Eltech) / microgap switch*, microswitch* n
**Mikroschaltung** f (DIN 41848, T 1) (Eltronik) / microcircuit n, microminiature circuit ‖ **integrierte** ~ (DIN 41848, T 1) (Eltronik) / integrated microcircuit ‖ **monolithische integrierte** ~ (Eltronik) / monolithic integrated circuit* ‖ **zusammengesetzte** ~ (Eltronik) / microassembly n ‖ ~ **mit keramischem Substrat** (Eltronik) / ceramic-based microcircuit
**Mikro•schaum** m (Plast, Tex) / microfoam n ‖ ~**schliffbild** n (Hütt) / micrograph n ‖ ~**schweißen** (ein Mikrofügeverfahren) (Schw) / microwelding n ‖ ~**schweißen mit Laser** (Schw) / laser microwelding ‖ ~**schwerkraft** f (Raumf) / microgravity* n ‖ ~**seigerung** n (Gieß) / microsegregation n ‖ ~**seismik** f (Geol) / microseism n ‖ ~**seismisch** adj (Geol) / microseismic adj ‖ ~**sekunde** f / microsecond n ‖ ~**sensor** m (Eltronik) / microsensor n ‖ ~**sieb** n (für die Trink- und Brauchwasseraufbereitung) (Sanitär) / microstrainer n, microsieve n
**Mikroskop** n (Mikros) / microscope* n ‖ **akustisches** ~ (mit Eindringtiefen bis 10 mm unter die Oberfläche) (Mikros, WP) / ultrasonic microscope, acoustic microscope ‖ **einfaches** ~ (Mikros) / simple microscope ‖ **umgekehrtes** ~ (das Objektiv befindet sich unter dem Objekttisch) (Mikros) / inverted microscope ‖ **zusammengesetztes** ~ (Mikros) / compound microscope* ‖ ~ n **mit Geradtubus** (Mikros) / straight-tube microscope ‖ ~ **mit hundertfacher Vergrößerung** (Mikros) / times-hundred microscope ‖ ~ **mit Monokulartubus** (Mikros) / monocular microscope
**Mikroskop•**- (sich auf das Mikroskop beziehend) (Mikros) / microscopical adj ‖ ~**fotometrie** f / microscope photometry ‖ ~**gesichtsfeld** n (Mikros) / microscope field of view
**Mikroskopie** f (Mikros) / microscopy n ‖ ~ (als Lehre) (Mikros) / micrology n ‖ **akustische** ~ (Mikros, WP) / acoustical microscopy ‖ **digitale** ~ (Mikros) / digital microscopy ‖ **mineralogische** ~ (im reflektierten Licht) (Min) / ore microscopy, minerography n, mineralography n ‖ ~ f **mit Radionukliden** (Mikros) / radioactive ion microscopy, RIM ‖ ~ **mittels rekonstruierter Wellenfronten** (Mikros) / Gabor method, Gabor technique
**Mikroskopierlampe** f (Mikros) / microlamp n
**Mikroskopierleuchte** f (Mikros) / substage n, substage illuminator, microscope illuminator
**mikroskopisch** (Mikros) / microscopic adj, microscopical adj ‖ ~**e Aufnahme** (Foto, Mikros) / micrograph n, photomicrograph n, microphotograph n, microfilm* n ‖ ~ **klein** (Mikros) / microscopic adj, microscopical adj ‖ ~**e Reversibilität** (Chem) / microscopic reversibility ‖ ~**er Riß** (Hütt) / microfissure n, microcrack n ‖ ~**er Schnitt** (Mikros) / microsection* n, microscopic section ‖ ~ **sichtbarer Einschluß** (Mikros) / microinclusion n ‖ ~**e Technik** (Mikros) / microscopic technique, microtechnic n, microtechnique n ‖ ~**e Theorie der Supraleitfähigkeit** (z.B. die BCS-Theorie) (Phys) / microscopic theory of superconductivity ‖ ~**e Untersuchung** (Mikros) / microscopic examination
**Mikroskoptisch** m (Mikros) / microscope stage, stage n, specimen stage
**Mikro•solifluktion** f (im Bereich des Frostbodens) (Geol) / cryoturbation n ‖ ~**sonde** f (Hütt) / microprobe n ‖ ~**spalte** f (EDV) / microcolumn n ‖ ~**spannung** f (Masch) / microscopic stress*, microstress n ‖ ~**speicher** m (EDV) / micromemory n ‖ ~**spektralfotometer** n (Phys) / microspectrophotometer n ‖ ~**spektralokular** n (Spektr) / microspectroscope n ‖ ~**spektrofotometer** n (Phys) / microspectrophotometer n ‖ ~**spektroskop** n (Spektr) / microspectroscope n ‖ ~**sphärulitisch** adj (Geol) / microspherulitic* adj ‖ ~**spritze** f (Chem) / microlitre syringe, microsyringe n ‖ ~**spur** f (Chem) / microtrace n ‖ ~**spurenanalyse** f ($10_{-4}$ - $10_{-7}$ ppm) (Chem) / microtrace analysis ‖ ~**steuerbaustein** m (EDV) / microcontroller n ‖ ~**streifenleiter** n (Eltronik) / microstrip* n, microstrip line ‖ ~**streifenleitung** f (Eltronik) / microstrip* n, microstrip line ‖ ~**streufähigkeit** f (Galv) / microthrowing power (of a plating solution) ‖ ~**streukraft** f (Galv) / microthrowing power (of a plating solution) ‖ ~**streuvermögen** n (Galv) / microthrowing power (of a plating solution) ‖ ~**strip** m (eine Streifenleitung) (Eltronik) / microstrip* n, microstrip line ‖ ~**strip** (Streifen von Einzelbildern eines zerschnittenen Mikrofilms) (Foto) / microstrip n ‖ ~**strip-Antenne** f (Radio) / microstrip antenna ‖ ~**strip-Leitung** f (Eltronik) / microstrip* n, microstrip line ‖ ~**struktur** f (Geol, Hütt) / microstructure* n ‖ ~**strukturtechnik** f (Bau von mikroskopisch kleinen Geräten) / micromechanics n ‖ ~**strukturtechnik** (Mikros) / microscopic technique, microtechnic n, microtechnique n
**Mikrosyn** n (Eltech) / microsyn* n
**Mikro•synchronisation** f (Eltronik) / microsynchronization n ‖ ~**system** n (EDV, Eltronik) / microsystem* n ‖ ~**technik** f (Bau von mikroskopisch kleinen Geräten) / micromechanics n ‖ ~**technik** (Mikros) / microscopic technique, microtechnic n, microtechnique n ‖ ~**technologie** f / microtechnology n ‖ ~**tektonik** f (tektonische Spuren im mikroskopischen Größenbereich) (Geol) / microtectonics n ‖ ~**tektonik** (Geol) s. auch Petrotektonik
**Mikrothek** f (als Sammlung von Mikrofilmen oder als Behälter dafür) (Film) / microlibrary n
**Mikro•thesaurus** m (EDV) / microthesaurus n (pl. -auri) ‖ ~**tiefenstreuung** f (Galv) / microthrowing power (of a plating solution) ‖ ~**tom** m n (For, Mikros) / microtome* n ‖ ~**tommesser** n (For, Mikros) / microtome blade ‖ ~**ton** m (Intervall, das kleiner als ein Halbton ist) (Akus) / microtone n
**Mikrotron** n (ein Kreisbeschleuniger für relativistische Elektronen) (Nukl) / microtron n
**Mikro•tröpfchen** n (z.B. der Quecksilberelektrode) (Chem) / microdroplet n ‖ ~**tubulus** m (pl. -li) (Med) / microtubule* n ‖ ~**umgebung** f (Umwelt) / micro-environment n ‖ ~**verbrennung** f (Biol) / microincineration* n ‖ ~**verfilmen** v (nur Infinitiv und Partizip Perfekt) / microfilm v ‖ ~**verfilmung** f / microfilming n ‖ ~**verkapselung** f (Chem, Nahr, Pharm) / microencapsulation n ‖ ~**verkapselung** (bei karbonfreien selbstdurchschreibenden Papieren) (Pap) / microencapsulation* n ‖ ~**verkapselung** (Pap) s. auch Nanoverkapselung ‖ ~**verunreinigung** f (Sanitär, Umwelt) / micropollution n ‖ ~**organische** ~**verunreinigungen** (Chem, Sanitär, Umwelt) / trace organics ‖ ~**waage** f (die maximal bis etwa 40-50 g belastet werden darf und auf der man noch Gewichtsdifferenzen von $10^{-6}$ g ablesen kann) (Chem) / microbalance n ‖ ~**wachs** n / microwax n, microcrystalline wax
**Mikrowellen** f pl (1 mm - 30 cm) (Radio) / microwaves* pl ‖ ~**angeregtes Plasma** (Plasma Phys) / microwave-excited plasma, MEP ‖ ~**antenne** f (Radio) / microwave antenna ‖ ~**astronomie** f (ein Teilgebiet der Radioastronomie) (Astr) / microwave astronomy ‖ ~**behandlung** f (Med) / microwave therapy ‖ ~**diathermie** f (Med) / microwave therapy ‖ ~**diode** f (Tunnel-, Schottky- oder z.B. Gunn-Diode) (Eltronik) / microwave diode ‖ ~**erwärmung** f (ein Arbeitsverfahren der dielektrischen Erwärmung - elektrische Erwärmung im Mikrowellenfeld, dessen Energie bei der Ausrichtung natürlicher polarer Moleküle im dielektrischen Stoff in Wärmeenergie umgewandelt wird) (Eltech) / microwave heating* n ‖ ~**fest** adj (Packung) / microwav(e)able adj, ovenable in the microwave ‖ ~**festes Verpackungsmaterial** / microwave packaging materials ‖ ~**funkstrecke** f (Radio) / microwave radio link ‖ ~**geeignete Lebensmittel** (Nahr) / micro-ready foods, microwave foods ‖ ~**gerät** n (Eltech) / microwave cooker ‖ ~**gerät für Großküchen** (Eltech) / commercial microwave oven ‖ ~**herd** m (Eltech) / microwave cooker ‖ ~**herd für Großküchen** (Eltech) / commercial microwave oven ‖ ~**Hintergrundstrahlung** f (Arno Penzias und Robert Wilson) (Astr) / background radiation* n ‖ ~**induziertes Plasma** (Plasma Phys) / microwave-induced plasma, MIP, microwave plasma n ‖ ~**kochgerät** n (Eltech) / microwave cooker ‖ ~-**Landeführungssystem** n (Luftf) / microwave landing system, MLS ‖ ~**landesystem** n (Luftf) / microwave landing system, MLS ‖ ~**ofen** m (Hütt) / microwave oven ‖ ~**optik** f (Opt) / microwave optics ‖ ~**oszillator** m (ein Oszillator für ungedämpfte, vorwiegend sinusförmige Schwingungen mit Höchstfrequenzen) (Eltech) / microwave oscillator ‖ ~**plasma** n (Plasma Phys) / microwave-induced plasma, MIP, microwave plasma n ‖ ~**radiometer** n (Eltronik) / microwave radiometer n ‖ ~**relais** n (Eltronik) / microwave relay n ‖ ~**resonator** m (Fernm) / microwave resonator* ‖ ~**röhre** f (für Frequenzen, bei denen die Laufzeit nicht mehr klein gegen die Schwingung ist) (Eltronik) / microwave valve, microwave tube ‖ ~**schall** m (Phys) / microwave sound, hypersonic disturbance, hypersound* n ‖

**monolithische integrierte ~schaltung** (Eltronik) / monolithic microwave integrated circuit (MMIC) ∥ **~spektrometer** n (Spektr) / microwave spectrometer* ∥ **~spektroskopie** f (ein Teilgebiet der Hochfrequenzspektroskopie) (Spektr) / microwave spectroscopy ∥ **~spektrum** n (Spektr) / microwave spectrum* ∥ **~strecke** f (Fernm) / microwave link ∥ **~streifenleiter** m (Eltronik) / microstrip* n, microstrip line ∥ **~streifenleitung** f (Eltronik) / microstrip* n, microstrip line ∥ **~technik** f (Eltech) / microwave technique, microwave engineering ∥ **~therapie** f (eine Form der Elektrotherapie) (Med) / microwave therapy ∥ **~transistor** m (ein Transistor als Mikrowellenhalbleiterelemnt) (Eltronik) / microwave transistor ∥ **~verstärker** m (Eltronik) / microwave amplifier
**Mikro•wellung** f (Geol) / crenulation n ∥ **~zeile** f (EDV) / microline n ∥ **~zerspanung** f (ein mechanischer Verschleißprozeß) (Masch) / abrasive wear ∥ **~zinkenverbindung** f (Keilzinkenverbindung, bei der die Zinkenlänge 7,5 mm oder kleiner ist) (Tischl) / micro finger joint ∥ **~zinkenverbindung** (Tischl) s. auch Minizinkenverbindung ∥ **~zustand** m (in der statistischen Physik) (Phys) / microstate n, microscopic state*
**Mikrurgie** f (Technik der operativen Behandlung einzelner Mikroorganismen) (Biol) / micrurgy n
**Milanese** m (maschenfeste Kettenwirkware für feine Damenunterwäsche) (Tex) / milanese fabric* ∥ **~-Wirkmaschine** f (Kettenwirkmaschine, die eine Atlaslegung ohne Umkehrreihe herstellt) (Tex) / Milanese (knitting) loom, Milanese machine
**Milankovićsche Strahlungskurve** (nach M. Milanković, 1879 - 1958) (Geophys) / Milankovitch curve
**Milarit** m (ein Silikat) (Min) / milarite* n
**milbentötendes Mittel** (Chem, Landw) / acaricide n (used to kill mites and ticks), miticide n, miticidal agent
**Milch** f / milk n ∥ **~** (Suspension verschiedener Oxide oder von Stärke) (Chem) / milk n ∥ **aus aufgelöstem Milchpulver erhaltene ~** (Nahr) / reconstituted milk, reconstituted powdered milk ∥ **entrahmte ~** (mit maximal 0,3% Fett) (Nahr) / skimmed milk, skim milk, separated milk ∥ **haltbare ~** (Nahr) / ultra heat treated milk, UHT milk, long-life milk ∥ **kondensierte ~** (ungezuckert) (Nahr) / evaporated milk ∥ **kondensierte ~** (gezuckert) (Nahr) / condensed milk ∥ **lose ~** (Nahr) / bulk milk ∥ **Nachweis** m **von Formaldehyd in ~ nach Hehner** (Nahr) / Hehner's test* ∥ **rekombinierte ~** (aus einzelnen Bestandteilen) (Nahr) / recombined milk ∥ **rote ~** (ein Milchfehler) (Nahr) / red milk ∥ **saure ~** (verdorbene) (Nahr) / sour milk
**milch•artig** adj / milky adj ∥ **~eiweiß** n (Biochem, Nahr) / milk protein, lactoprotein n ∥ **aufgeschlossenes ~eiweiß** (nach der deutschen Fleisch-Ordnung) (Chem, Nahr, Plast) / caseinate n ∥ **~erzeugnisse** n pl (Nahr) / dairy products, milk products ∥ **durch Mikroorganismen gereifte ~erzeugnisse** (Nahr) / cultured dairy products ∥ **~fett** n (Nahr) / milk fat, butterfat n ∥ **~führend** adj (Biol, Landw) / lactiferous* adj, milk-producing adj ∥ **~glas** n (trübes, das Licht gleichmäßig verteilendes, undurchsichtiges Glas) (Glas) / milk glass ∥ **~halbfetterzeugnis** n (Nahr) / medium-fat dairy product
**milchig** adj / milky adj ∥ **~ matt** / milky adj
**Milchigkeit** f / milkiness n
**Milch•imitat** n (Nahr) / milk imitation product ∥ **~kühler** m (Nahr) / milk cooler
**milchlässig** adj (Butter) (Nahr) / milky adj
**Milch•opal** m (ein durch Wasserverlust trüb gewordener Edelopal, der durch Wasseraufnahme vorübergehend durchscheinend und farbenspielend wird) (Min) / hydrophane* n ∥ **~phosphatase** f (Nahr) / milk phosphatase ∥ **~produkte** n pl (Nahr) / dairy products, milk products ∥ **~protein** n (Biochem, Nahr) / milk protein, lactoprotein n ∥ **~pulver** n (Nahr) / dry milk, milk powder, powdered milk ∥ **aus aufgelöstem ~pulver erhaltene Milch** (Nahr) / reconstituted milk, reconstituted powdered milk ∥ **~quarz** m (mit Flüssigkeits- oder Gaseinschlüssen) (Min) / milky quartz, greasy quartz ∥ **~reich** adj / milky adj ∥ **~saft** m (Latex) (Bot) / latex* n (pl. latexes or latices) ∥ **~sammelstelle** f (Nahr) / milk-collecting centre, milk-collecting depot
**Milchsäure** f (2-Hydroxypropionsäure - E 270) (Chem) / lactic acid*, milk acid, alpha-hydroxypropionic acid, 2-hydroxypropanoic acid, 2-hydroxypropionic acid ∥ **~bakterien** pl (Bakteriol) / lactic acid bacteria ∥ **~butylester** m (Anstr, Chem) / butyl lactate ∥ **~ethylester** m (Anstr, Chem) / ethyl lactate ∥ **~fermentation** f (Biochem) / lactic fermentation ∥ **~gärung** f (Biochem) / lactic fermentation ∥ **~methylester** m (Anstr, Chem) / methyl lactate
**Milch•schläuche** m pl (Nahr) / milk tubing ∥ **~schleuder** f (Landw, Nahr) / cream separator ∥ **~serum** n (das von Caseinen befreite Milchplasma) (Nahr) / milk serum ∥ **~stein** m (in den Anlagen entstehende Beläge) (Nahr) / milk deposit ∥ **~straße** f (Hauptachse des Milchstraßensystems) (Astr) / Galaxy* n, Milky Way* ∥ **~straßensystem** n (dessen Teil die Milchstraße ist) (Astr) / Milky Way system ∥ **~treibendes Mittel** (Pharm) / galactagogue* n, galactagog* n ∥ **~unverträglichkeit** f (Med, Nahr) / milk intolerance n ∥ **~verarbeitung** f (Nahr) / milk processing ∥ **~verwertung** f (industrielle) (Nahr) / dairy industry, dairy products industry ∥ **~vieh** n (Landw) / dairy cattle ∥ **~viehhaltung** f (Landw) / dairy farming, dairying n ∥ **~wärmebehandlung** f (Nahr) / heat treatment of milk ∥ **~weiß** adj / milk-white adj ∥ **~werk** n (Nahr) / dairy n ∥ **~wirtschaft** f (als Tätigkeit) (Landw) / dairy farming, dairying n ∥ **~wirtschaft** (als Industriezweig) (Nahr) / dairy industry, dairy products industry ∥ **~zentrifuge** f (Landw, Nahr) / cream separator ∥ **~zucker** m (Saccharum lactis) (Chem) / milk-sugar* n, lactose* n, lactobiose* n
**mild** adj (wirkend) / mild adj ∥ **~** (Klima) / temperate adj ∥ **~** (Wein) (Nahr) / suave adj ∥ **~er Griff** (Leder) / mellow handle
**mildern** v / temper v
**Milderung** f (Färberei) (Tex) / tempering n
**Milieu** n / environment* n, medium* n (pl. media or mediums)
**Militär•chemie** f (Chem) / military chemistry, defence chemistry ∥ **~flughafen** m (Mil) / airbase n, air station (GB), station n (GB) ∥ **~flugzeug** n (Luftf) / military aircraft ∥ **~geologie** f (Geol) / military geology
**militärisch•e Altlast** (Mil, Umwelt) / environmental legacy ∥ **~es Potential** (Mil) / military capability ∥ **~e Rakete** (Mil) / rocket n, rocket ammunition ∥ **~er Satellit** (z.B. ein Inspektionssatellit, ein Orbitaljäger usw.) (Mil) / military satellite ∥ **~er Schutzbereich** (nach 1, Abs. 2 des Schutzbereichsgesetzes) (Mil) / restricted area
**Militarisierung** f (des Weltraums) (Mil) / weaponization n (of outer space)
**Militär•perspektive** f (Kart) / isometric view ∥ **~potential** n (Mil) / military capability
**Milled-wood-Lignin** n (Chem, For) / milled-wood lignin, MWL
**Millefioriglas** n (Glas) / millefiori glass*
**Millefleurs** n (eine Streumusterung) (Keram, Tex) / millefleurs n
**Millefleurs-Stickerei** f (Tex) / lazy daisy stitch
**millen** v (verklebte Faserbündel durch trockenes Walken im Millfaß auflockern, um Narbenstruktur und Weichheit zu verbessern) (Leder) / dry-drum v ∥ **~** (Leder weich machen) (Leder) / mill v
**Miller•-Effekt** m (Veränderung der Eingangsimpedanz eines Verstärkers infolge parasitärer Kapazität zwischen Eingang und Ausgang; Erhöhung der Gitter-Katoden-Kapazität durch Rückwirkung über Gitter-Anoden-Kapazität) (Eltronik) / Miller effect* ∥ **~-Indizes** m pl (Krist) / Miller indices*, crystal indices*, rational indices, indices of crystal faces* ∥ **~-Integrator** m (zur Umformung ankommender Impulse in korrekte Sägezahnimpulse sowie zur Erzielung genau definierter Verzögerungszeiten) (Eltronik) / bootstrap integrator, Miller generator, Miller time-base
**Millerit** m (Nickel(II)-sulfid) (Min) / millerite* n, capillary pyrite*, hair pyrites, nickel pyrites
**Miller-Kapazität** f (zwischen dem Eingang und dem Ausgang eines Verstärkers, die den Miller-Effekt bewirkt) (Eltronik) / Miller capacitance
**Millersche Indizes** (reziproke, ganzzahlige Werte der Abschnitte einer Kristallfläche in der kristallografischen Achsenkreuz - nach W.H. Miller, 1801-1880) (Krist) / Miller indices*, crystal indices*, rational indices, indices of crystal faces*
**Millfestigkeit** f (Leder) / dry-drumming resistance
**Milliamperemeter** n / milliammeter* n
**Milliarde** f / billion* n (in European countries, including UK)
**Millibar** n (inkohärente Einheit des Druckes = 100 Pa = $10^2$ N/m$^2$) (Phys) / millibar* n
**Milli-k** n (Reaktivität) (Nukl) / millikay n, milli-k n
**Millikan-Versuch** m (nach R.A. Millikan, 1868 - 1953) (Kernphys) / Millikan oil-drop experiment
**Milliken-Leiter** m (Kab) / Milliken conductor
**Milliliter** m n / millilitre* n, ml*
**Millimeter** m n / millimetre* n ∥ **~ Quecksilbersäule** (nicht mehr zugelassene Einheit des Druckes = 133,322 Pa) / millimetre of mercury, mm Hg ∥ **~folie** f (ein Hilfsmittel bei der Montage) (Druck) / graph foil ∥ **~papier** n (ein mathematisches Papier) (Pap) / graph paper with millimeter squares, millimeter paper ∥ **~weise Bewegung** (Masch) / inching* n ∥ **~welle** f (30-300 GHz) (Radio) / millimetre wave, millimetric wave ∥ **~wellen** f pl (Radio) / dwarf waves ∥ **integrierte ~wellenschaltung** (30 bis 300 GHz) (Eltronik) / millimetre-wave MIC (MIMIC, M$^3$IC)
**Millinile** n (Nukl) / millinile n
**Millionen Befehle pro Sekunde (MIPS)** (EDV) / million instructions per second* (MIPS) ∥ **~ Operationen pro Sekunde (MOPS)** (EDV) / million operations per second (MOPS)
**Millipore-Filter** n (ein Membranfilter) (Chem) / Millipore filter*
**Milliradiant** n (Math) / milliradian* n
**Millisekunde** f / millisecond n, ms
**Millisekundenverzögerung** f (bei Sprengarbeiten) (Bergb) / millisecond delay
**Milli-Vorsatz für $10^{-3}$** (Kurzzeichen m) / milli-*
**Millnarben** m (Leder) / dry-drumming grain pattern

## Millons

**Millons Reagens** (zum Nachweis von tyrosinhaltigen Eiweißstoffen - nach dem französischen Pharmazeuten A.N.E. Millon, 1812-1867) (Chem) / Millon's reagent
**Millonsche Reaktion** (auf Eiweißstoffe) (Chem) / Millon's reaction*
**Miloriblau** n (ein Berliner Blau) / Milori blue (highest quality Prussian blue)
**Milorigrün** n (Berliner Blau + Chromgelb) / Milori green
**Milostärke** f (aus Mohrenhirse) / milo starch
**Milzbrand** m (Med) / anthrax* n
**MIMD** (möglichst viele Befehle arbeiten simultan an möglichst vielen Datenelementen) (EDV) / MIMD*, multiple instruction stream, multiple data stream
**MIME** (EDV) / Multipurpose Internet Mail Extensions, MIME
**MIM-Element** n / metal-insulator-metal element, MIM element
**Mimetesit** m (Min) / mimetite* n, mimetesite n
**mimetisch** adj (z.B. Zwilling) (Krist) / mimetic adj || ~e Kristalle (Zwillingsbildungen von Kristallen, die eine höhere Symmetrie vortäuschen als die Kristallart zukommt) (Krist) / mimetic crystals || ~er Zwilling (scheinbar höhersymmetrische Zwillingsstöcke) (Krist) / mimetic twin
**Mimikry** f (Zool) / mimicry* n
**Mimosenextrakt** m n (ein Vegetabilgerbstoff) (Leder) / mimosa extract
**Mimosengummi** n (Gummi arabicum, Gummi acaciae) (Bot, Chem) / gum arabic*, acacia gum*, arabic gum, gum acacia
**Mimosenrinde** f (aus verschiedenen Akazienarten - z.B. Acacia catechu (L.f.) Willd., Acacia karroo Hayne oder Acacia mearnsii De Wild.) (Leder) / wattle bark
**min** (DIN 1301, T 1) / minute* n, min
**Minamata-Krankheit** f (durch methylquecksilberhaltige Abwässer und Schlamm hervorgerufen) (Med, Umwelt) / Minamata disease
**Minar** n (pl. -e) (Arch) / minaret* n
**Minarett** n (pl. -e oder -s) (Arch) / minaret* n
**Mindererrag** m / shortfall n
**Minderfinger** m (in der Strickerei und Wirkerei) (Tex) / picker n
**Mindergewicht** n / underweight n, short weight, deficiency in weight, shortage in weight
**mindergewichtig** adj / underweight attr
**mindergiftig** adj (Stoff) / mildly hazardous (toxic)
**Minderheit** f / minority n
**mindern** v / reduce v, abate v, cut v || ~ (Tex) / fashion v, narrow v
**Minderung** f (Herabsetzung) / reduction n, abatement n || ~ (der Betriebswerte) (Eltech) / derating* n || ~ der Arbeitsleistung / degradation of performance
**Minderungsbeiwert** (ein Beiwert im Stahlbau, der bei einteiligen Druckstäben veränderlicher Breite, aber gleich bleibender Querschnittsform das maximale Trägheitsmoment auf ein ideelles Trägheitsmoment herabmindert) (Mech) / reduction coefficient
**Minderungskurve** f (Luftf) / significant turn
**minderwertig** adj (Kohle) / immature adj, low-rank attr || ~ / low-grade attr, substandard attr, low-quality attr, poor-quality attr || ~ / off-grade attr || ~ / shoddy adj (badly made or done) || ~es Erz (Bergb) / lean ore*, low-grade ore || ~es Erz (mit zu hohem Bergegehalt) (Bergb) / halvans pl || ~e Hautteile (Flämen, Klauen, Kopf) (Leder) / offal n || ~es Holz (Kisten- oder Brennholz) (For) / low-rate timber, brack n, wrack n || ~e Kohle am Schichtkopf (Bergb) / crop coal || ~e pyritische Kohle (Bergb) / grizzle n || ~e Qualität / inferior quality || ~es Seidengarn (aus Strusen) (Spinn) / floss n || ~er sumachgegerbter Maroquin (aus Nigeria) (Buchb) / oasis goat
**Mindest•abnahmeverpflichtung** f (Vertrag, bei dem sich der Käufer verpflichtet, eine Mindestmenge /Gas/ zu einem bestimmten Preis zu übernehmen oder Zahlungen an den Lieferanten zu leisten, auch wenn er das Produkt /Gas/ nicht übernimmt) / take or pay || ~abstand m (von zwei Maschinen) / minimum clearance || ~anforderungen f pl (an das Einleiten von Abwasser) (Sanitär, Umwelt) / minimum requirements || ~aufenthaltsdauer f (z.B. von Verkehrsmitteln) / minimum stay || ~bestand m (in der Lagerhaltung) (F.Org) / minimum stock || ~bewehrung f (DIN 4227, T 1) (HuT) / minimum reinforcement || ~dosis f (Pharm) / minimum dose, minimal dose || ~druck m / minimum pressure || ~durchsatzmenge f in % (Chem Verf) / turn-down ratio || ~filmbildetemperatur f (bei Dispersionsfarben) (Anstr) / minimum film-forming temperature || ~fluggeschwindigkeit f (Luftf) / minimum flying speed* || ~fluggeschwindigkeit bei (mit) gewahrter Steuerbarkeit (Luftf) / minimum control speed (in free air) || ~flughöhe f (Luftf) / minimum flight altitude || ~geschwindigkeit f (bei der ein Luftfahrzeug im Horizontalflug gehalten werden kann) (Luftf) / minimum flying speed* || ~geschwindigkeit (Masch) / minimum speed || ~geschwindigkeit (in Abwasserkanälen) (Sanitär) / self-cleaning velocity || vorgeschriebene ~geschwindigkeit (Kfz) / prescribed minimum speed || ~geschwindigkeit f für einen gleichmäßigen Flug (Luftf) / minimum steady flight speed || ~geschwindigkeit im steuerbaren Flug (Luftf) / minimum control speed (in free air) || ~gewicht n / minimum weight || ~haltbarkeitsdatum n (kein Verfallsdatum) (Nahr) / date of minimum shelf life || ~konfiguration f (EDV) / minimum configuration, minimum system || ~kontext m / microcontext n || ~konzentration f (Chem, Nahr) / threshold concentration || ~last f / minimum load || ~leistung f (Masch) / minimum output || auf das ~maß herabsetzen (Math) / minimize v || ~masse f / minimum weight || ~reisehöhe f (Luftf) / minimum en-route altitude, MEA || ~rücklaufverhältnis n (Chem Verf) / minimum reflux ratio || ~sicherheitsabstand m (Radar) / nearest approach || ~sicherheitshöhe f (Luftf) / minimum safe height, minimum safe altitude, MSA || ~streckgrenze f (der vom Hersteller eines Produktes oder Werkstoffes gewährleistete und meistens mittels zerstörender Prüfung stichprobenweise nachgewiesene Mindestwert der Streckgrenze) (WP) / specified minimum yield strength || ~wasserstand m / minimum water level || ~wert m (Math) / minimal value, minimum value || ~zähnezahl f (bei Zahnrädern) (Masch) / minimum number of teeth || ~zündenergie f (in mJ) / minimum ignition energy
**Mine** f / lead n (led), pencil lead || ~ (Bergb) / mine* n || ~ (in lebenden Pflanzen durch Insekten, meist deren Larven, ausgefressener Hohlraum) (Bot, For) / gallery n, tunnel n || ~ (ein Sprengkörper) (Mil) / mine n
**Minen•kammer** f (Bergb, HuT) / coyote hole, gopher hole || ~leger m (Mil, Schiff) / minelayer n || ~räumboot n (Mil, Schiff) / minesweeper n || ~räumen n (Mil) / minesweeping n, mine clearance || ~suchboot n (Mil, Schiff) / minesweeper n || ferngelenktes ~suchboot (Mil, Schiff) / drone mine-sweeper || ~sucher m (Mil, Schiff) / minesweeper n || ~suchgerät n (Mil) / mine-detector*
**Mineral** n (pl. -e od. -ien) (Min) / mineral* n || akzessorisches ~ (Geol, Min) / accessory mineral* || aus zwei ~ien bestehend (Geol) / bimineralic adj || ~ien, die unter Staatsregal fallen (Geol) / reserved minerals || energetisch nutzbares ~ / energy mineral || festes ~ (im Gegensatz zu flüssigem Mineral) (Min) / hard mineral || flüssiges ~ (im Gegensatz zu festem Mineral) (Min) / liquid mineral || gesteinsbildende ~e (in den Gesteinen der Erdoberfläche und der oberen Erdkruste besonders häufig auftretende Minerale, vor allem Quarz) (Geol) / rock-forming minerals*, rock minerals || metallhaltiges ~ / ore mineral, metalliferous mineral, metal mineral || nicht bergbaufreie ~ien (bei denen das Gewinnungsrecht dem Staat vorbehalten ist) (Geol) / reserved minerals || primäres ~ (Min) / primary mineral || sekundäres ~ (Min) / secondary mineral* || Steuerung f der Oberflächeneigenschaften der ~ien durch Zusätze von Schäumern, Sammlern und regelnden Schwimmitteln (Aufber) / conditioning* n || typomorphes ~ (Geol) / index mineral*, typomorphic mineral, symptomatic mineral
**Mineral Rubber** m / mineral rubber
**Mineral•**- / mineral adj || ~ader f (Bergb, Geol) / lode* n, mineral vein*, metal vein, metalliferous vein, ore vein || ~aufbereitung f (Aufber) / mineral processing*, beneficiation* n, mineral dressing* || ~bestand m (eines Gesteins) (Geol) / mineral assemblage || modaler ~bestand (Geol) / mode n || normativer ~bestand (Min) / standard mineral, normative mineral, normative composition* || ~bildend adj / mineral-forming adj, mineralizing adj || ~bildner m (Geol, Min) / mineralizer n || ~bister m n (Anstr) / manganese brown, bister n, manganese bister || ~blau n (mit Schwerspat gestreckt) (Anstr) / Brunswick blue || ~boden m (Landw) / mineral soil || ~chemie f (ein Teilgebiet von Geochemie und Mineralogie) (Chem, Min) / mineral chemistry || ~düngemittel n (Landw) / inorganic fertilizer, chemical fertilizer, mineral (inorganic) fertilizer || ~dünger m (Landw) / inorganic fertilizer, chemical fertilizer, mineral (inorganic) fertilizer || ~düngerstreuer m (Landw) / fertilizer distributor, fertilizer spreader || ~einsprenglung m (Min) / mineral inclusion || ~farbe f (in wäßriger Dispersion oder Lösung als Anstrichmittel verwendetes anorganisches Bindemittel) (Anstr) / mineral paint (with an inorganic binder) || ~farbe (mit wäßriger Kaliwasserglaslösung als Bindemittel) (Anstr) / silicate water paint, silicate paint || ~faser f / mineral fibre || künstliche ~faser / man-made mineral fibre, MMMF || ~fett n (z.B. Vaseline) / mineral fat || ~feuerrot n (Anstr) / scarlet chrome || ~futter n (ein Ergänzungsfuttermittel für Haus- und Nutztiere) (Landw) / mineral feed || ~gerbung f (z.B. Chromgerbung) (Leder) / mineral tanning
**Mineralisation** f (Geol, Min) / mineralization n
**Mineralisator** m (magmatogenes Gas od. magmatogener Dampf) (Geol, Min) / mineralizer n
**mineralisch** adj / mineral adj || ~e Baustoffe (die nicht Holz, Holzwerkstoffe, Kunststoffe und Metalle sind) (Bau) / mineral building materials || ~es Bindemittel (DIN 18555) (Bau) / mineral binder || ~er Brennstoff (Kftst) / fossil fuel, mineral fuel || ~er Dünger (Landw) / inorganic fertilizer, chemical fertilizer, mineral (inorganic) fertilizer || ~e Faser (aus Schmelzen natürlicher Gesteine) / mineral fibre || ~ gebunden (Spanplatte) (For, Tischl) /

mineral-bonded *adj* ‖ ~e **Gerbung** (Leder) / mineral tanning ‖ ~es **Glas** (Geol) / natural glass* ‖ ~e **Masse** (als Streichmasse oder Füllstoff) (Pap) / paper clay ‖ ~e **Meeresschätze** (Bergb, Geol, Min) / maritime mineral resources ‖ ~es **Öl** (durch Raffination aus Rohöl gewonnen) (Erdöl) / petroleum oil (refined from crude petroleum) ‖ ~es **Öl** (Erdöl, Geol) / mineral oil (consisting of a mixture of hydrocarbons either naturally occurring or obtained by treatment of materials of mineral origin) ‖ ~e **Stoffe für die Bestreuung der Dachpappe** (Bau) / roofing granules (slag, slate, rock, tile, porcelain) ‖ ~**Streichmasse** (Pap) / coating clay ‖ ~e **Strich** (vor der Veredelung) (Pap) / coating clay ‖ ~er **Übergemengteil** (Geol, Min) / accessory mineral* ‖ ~es **Wachs** (z.B. Montanwachs) / mineral wax
**Mineralisierer** *m* (z.B. Bakterien oder Pilze) (Bot) / mineralizer *n*
**Mineralisierung** *f* (Abbau organischer in anorganische Stoffe durch Mikroorganismen) (Bot, Umwelt) / mineralization* *n* ‖ ~ (Geol, Min) / mineralization *n*
**mineralisoliert** *adj* / mineral-insulated *adj*, MI ‖ ~es **kupferüberzogenes Kabel** (Kab) / mineral-insulated copper-covered cable, MICC cable
**Mineral•kautschuk** *m* / mineral rubber ‖ ~**kohle** *f* (Bergb) / coal* *n* ‖ ~**kunde** *f* (Min) / mineralogy* *n* ‖ ~**lagerstätte** *f* (Geol) / mineral deposit*
**Mineralocorticoid** *n* (Biochem) / mineralocorticoid *n*
**Mineraloge** *m* (Min) / mineralogist *n*
**Mineralogie** *f* (Min) / mineralogy* *n*
**mineralogisch** *adj* (Min) / mineralogical *adj* ‖ ~e **Mikroskopie** (im reflektierten Licht) (Min) / ore microscopy, mineragraphy *n*, mineralography *n*
**Mineralokortikoid** *n* (ein Nebennierenrindenhormon) (Biochem) / mineralocorticoid *n*
**Mineralöl** *n* (aus Erdöl, aus Kohle) (Bergb) / mineral oil* *n* ‖ ~ (als Schmierstoff) (Erdöl) / petroleum lubricant ‖ ~ (aus Erdöl) (Erdöl) / petroleum oil (refined from crude petroleum) ‖ ~ s. auch Erdöl ‖ ~**basische Flüssigkeit** (für die Fluidik) / petroleum-based fluid, mineral-oil base fluid ‖ ~**erzeugnis** *n* (Erdöl) / petrochemical* *n*, petroleum chemical, petroleum product ‖ ~**raffinerie** *f* (Erdöl) / petroleum plant, oil refinery, mineral-oil refinery ‖ ~**steuer** *f* (Erdöl) / excise duty on mineral oils ‖ ~**verarbeitung** (Erdöl) / crude-oil processing, petroleum refining, mineral-oil processing ‖ ~**wirtschaft** *f* (Erdöl) / petroleum industry, oil industry
**Mineral•pech** *n* (Min) / mineral pitch ‖ ~**pigment** *n* (anorganisches natürliches Pigment) (Anstr) / earth colour*, mineral pigment, earth pigment ‖ ~**pigment** (anorganisches künstliches Pigment) (Anstr) / inorganic synthetic pigment, mineral colour ‖ ~**pulverschneiden** *n* (thermisches Abtragen) / mineral powder cutting (flame and fusion cutting) ‖ ~**quelle** *f* (Wasserb) / spring *n* of mineral water, mineral spring, spa *n* ‖ ~**reich** *n* (Min) / mineral kingdom ‖ ~**salz** *n* (Nahr) / mineral salt ‖ ~**salzquelle** *f* / salt spring ‖ ~**säure** *f* (Chem) / mineral acid, inorganic acid ‖ ~**schwarz** *n* (ein Schieferton, als Pigment verwendet) (Anstr, Bergb) / mineral black, slate black ‖ ~**seife** *f* (zum Reinigen und als Scheuermittel) (Nahr) / sand-soap ‖ ~**stoff** *m* (meistens Makronährelemente) (Bot) / mineral nutrient* *n* ‖ ~**stoff** (entweder Makro- oder Mikronährelement) (Landw) / mineral element ‖ ~**stoffe** *m pl* (Nahr) / minerals *pl* ‖ ~**stoff** *m* (anorganischer Bestandteil der Lebensmittel) (Nahr) / mineral nutrient ‖ ~**stoff** (Nahr) s. auch Mineralsalz und Nährelement ‖ ~**stofffrei** *adj* / mineral-matter free, mmf, mm free ‖ **einbettende** ~**substanz** (Geol) / paste *n* ‖ **sehr dünnes** ~**trum** (Geol) / thread *n* ‖ ~**trümchen** *n* (Geol) / leader *n* ‖ ~**violett** *n* (Anstr) / manganese violet, Nuremberg violet, Burgundy violet, mineral violet, permanent violet ‖ ~**vorkommen** *n* (Geol) / mineral deposit* ‖ ~**wachs** *n* (das aus fossilen Pflanzenresten gewonnen wird) / mineral wax ‖ ~**wasser** *n* (nach der Mineral- und Tafelwasserverordnung) (Geol, Nahr) / mineral water ‖ ~**wolle** *f* (Gesteinsfasern zur Schall- und Wärmedämmung) (Bau, Min) / rock-wool* *n*, mineral wool*, silicate cotton
**minerogen** *adj* (Geol) / minerogenic *adj*
**Minerogenie** *f* (Bildung und Entwicklung von Lagerstätten) (Geol) / minerogeny *n*
**Minette** *f* (zu den Lamprophyren gehörendes dunkelgraues Ganggestein) (Geol) / minette* *n* ‖ ~ (oolithisches Eisenerz aus Lothringen und Luxemburg) (Geol, Min) / minette* *n*
**Mineur** *m* (Bergb) / fireman* *n*, shot-firer* *n*, shooter *n*, blaster *n*
**Miniaturdarstellung** *f* (EDV) / thumbnailing *n*
**Miniaturgestell** *n* (Masch) / minirack *n*
**miniaturisieren** *v* (Eltronik) / miniaturise *v*, miniaturize *v*
**miniaturisierte Streifenleitung** (Eltronik) / microstrip* *n*, microstrip line
**Miniaturisierung** *f* (Eltronik) / miniaturization *n*
**Miniaturkamera** *f* (Foto) / ultraminiature camera, subminiature camera

**Mini•bagger** *m* (bis etwa 3 t) (HuT) / miniexcavator *n* ‖ ~**bus** *m* (Kfz) / minibus *n* ‖ ~**computer** *m* (EDV) / minicomputer* *n*, mini *n* ‖ ~**diskette** *f* (EDV) / minifloppy *n*, mini floppy disk, minidisk *n*
**minieren** *v* (Insektenlarven) (Bot, For) / bore *v*, tunnel *v*, burrow *v*
**Mini•-Gastrin** *n* (aus 13 Aminosäureresten) (Biochem) / minigastrin *n* ‖ ~**kernsprengkörper** *m* (Mil) / mininuke *n* ‖ ~**lager** *n* (Masch) / minibearing *n*
**Minilite-Felge** *f* (Kfz) / Minilite *n* (an alloy wheel)
**minimal** *adj* / minimal *adj* ‖ ~**er Automat** (reduzierter endlicher Automat) (EDV) / minimal machine ‖ ~**e lineare Sprache** (EDV) / minimal linear language ‖ ~**e Wellenlänge** (Phys) / minimum wavelength*
**Minimal•-** / minimal *adj* ‖ ~**biotop** *n* (z.B. eine Wasserlache im sonst trockenen Gelände) (Umwelt) / merotope *n* ‖ ~**bodenbearbeitung** *f* (Landw) / minimum tillage ‖ ~**druck** *m* / minimum pressure ‖ ~**entfernung** *f* (kleinste meßbare Zielentfernung) (Radar) / minimum range ‖ ~**fläche** *f* (die unter allen Flächen mit gleicher Randkurve die kleinste Oberfläche hat) (Math) / minimal surface ‖ ~**fluidisation** *f* (Chem Verf) / minimum fluidization ‖ ~**gerade** *f* (Math) / isotropic line, minimum line ‖ ~**gewicht** *n* / minimum weight ‖ ~**konfiguration** *f* (EDV) / minimum configuration, minimum system ‖ ~**pendel** *n* (Phys) / compensated pendulum* ‖ ~**pendel** (Uhr) / compensation pendulum ‖ ~**phasensystem** *n* (Eltech, Regeln) / minimum-phase system ‖ ~**polynom** *n* (Math) / minimal polynomial ‖ ~**relais** *n* (Eltech) / minimum relay ‖ **Thomsonscher** ~**satz** (Phys) / Kelvin's minimum-energy theorem ‖ ~**umtastungsmodulation** *f* (Fernm) / minimal shift keying, MSK
**Minimax•prinzip** *n* (KI, Math) / min-max theorem, minimax *n* ‖ ~**satz** *m* (Hauptsatz der Spieltheorie, von J.v. Neumann formuliert) (KI, Math) / min-max theorem, minimax *n* ‖ ~**verfahren** *n* (Suchtechnik zur Bewertung von Spielgrafen) (KI) / minimax method, minimax strategy
**Minimeter** *n* (ein altes Präzisionsmeßgerät) (Masch) / minimeter *n*
**minimieren** *v* (Math) / minimize *v* ‖ ~ *n* (Math) / minimizing *n*, minimization *n*
**Minimierung** *f* (Bestimmung einer zulässigen Lösung eines Optimierungsproblems mit kleinstem Wert der Zielfunktion) (Math) / minimizing *n*, minimization *n*
**minimisieren** *v* (Math) / minimize *v*
**Minimisierung** *f* (Math) / minimizing *n*, minimization *n*
**Minimum** *n* (ein Extremwert) (Math) / minimum *n* (pl. minima or minimums), min ‖ **abgelesenes** ~ / minimum reading ‖ **akustisches** ~ (Luftf) / aural null ‖ **lokales** ~ (Math) / local minimum ‖ **Maximum** *n* bzw. ~ (eines meteorologischen Elements) (Meteor) / extreme *n* ‖ ~ **separabile** (Auflösungsvermögen des Auges) (Opt) / minimum separable
**Minimum•anzeige** *f* / minimum reading ‖ ~**bereich** *m* (einer Kurve) (Math) / valley *n*, trough *n* ‖ ~**breite** *f* (Radio) / swing *n* ‖ ~**funktion** *f* (Math) / minimum function, min function ‖ ~**gesetz** *n* (ein Wirkungsgesetz der Umweltfaktoren - die Entwicklung eines Lebewesens oder einer Pflanze hängt hauptsächlich von dem Faktor ab, der für diese Entwicklung den ungünstigsten Zustand darstellt) (Umwelt) / Liebig's law of the minimum ‖ ~**ionisation** *f* (Phys) / minimum ionization* ‖ ~**ionisierung** *f* (Phys) / minimum ionization* ‖ ~**leiter** *m* (z.B. Au, Ag) / minimum conductor ‖ ~**prinzip** *n* (für holomorphe Funktionen) (Math) / principle of the minimum ‖ ~**siedepunkt** *m* (Chem, Phys) / minimum boiling point ‖ ~**stoffe** *m pl* (im Meerwasser gelöste Stoffe in geringer Verteilung) (Ozean) / minimum substances ‖ ~**system** *n* (EDV) / minimum configuration, minimum system ‖ ~**thermometer** *n* (mit dem der tiefste Wert der Temperatur zwischen zwei Ablesungen bestimmt werden kann) / minimum thermometer
**Mini•rail** *n* (eine in verkleinertem Maßstab gebaute Sattelbahn nach dem Alwegprinzip zur Personenbeförderung) / minirail *n* ‖ ~**rechner** *m* (EDV) / minicomputer* *n*, mini *n* ‖ ~**rechner-Peripheriegerät** *n* (EDV) / miniperipheral *n* ‖ ~**rührer** *m* (Chem Verf) / ministirrer *n* ‖ ~**shaker** *m* (ein Laborschüttler zur Züchtung von mikrobiologischen Kulturen oder zur Durchmischung von chemischen Reagenzien) (Chem) / minishaker *n* ‖ ~**stahlwerk** *n* (mit einer begrenzten Produktion, meist unter einer Million Tonnen je Jahr, und einer Beschränkung auf wenige Produkte) (Hütt) / mini steel mill ‖ ~**van** *m* (Mehrzweckauto auf Pkw-Basis) (Kfz) / minivan *n* ‖ ~**wagen** *m* (Kfz) / subcompact car, subcompact *n* ‖ ~**zinkenverbindung** *f* (Keilzinkenverbindung, bei der die Zinkenlänge 10 mm oder kleiner ist) (Tischl) / mini finger joint
**Minkowski-Raum** *m* (Math, Phys) / Minkowski universe, Minkowski world, Minkowski space-time
**Minkowskische Ungleichung** (Math) / Minkowski's inequality*
**Minkowski-Symbol** *n* (metrischer Fundamentaltensor des Minkowski-Raumes) (Math, Phys) / Minkowski metric

**Minkowski-Welt**

**Minkowski-Welt** f (nach H. Minkowski, 1864-1909) (Math, Phys) / Minkowski universe, Minkowski world, Minkowski space-time
**Minnesotait** m (ein Talk) (Min) / minnesotaite* n
**Minor** m (Math) / minor* n, minor determinant
**Minorante** f (Reihen, uneigentliche Integrale) (Math) / lower bound, minorant n ‖ **strikte** ~ (Math) / strict minorant
**Minorantenkriterium** n (ein Konvergenzkriterium für Reihen) (Math) / minorant criterion
**minorisieren** v (eine Reihe) (Math) / minorize v
**Minorität** f / minority n
**Minoritätenprogramm** n (rassisch oder ethnisch aufoktroyiert) (Radio, TV) / minority program ‖ ~ (nicht rassisch oder ethnisch beschränkt) (Radio, TV) / narrowcasting n
**Minoritätsladungsträger** m (Eltronik) / minority carrier*
**Minoritätsträger** m (DIN 41852) (Eltronik) / minority carrier*
**Minterm** m (Darstellung einer Schaltfunktion als Konjunktion von Variablen, wobei jede davon entweder bejaht oder negiert wird) (EDV) / minterm n, standard product term
**Mintrop-Welle** f (nach L. Mintrop, 1880-1956) (Bergb, Geol) / head wave
**Minuend** m (pl. -en) (Zahl, von der der Subtrahend abgezogen wird) (Math) / minuend* n
**Minus•bestand** m (For) / minus stand ‖ **~draht** m (Eltech) / negative conductor, negative wire ‖ **~glas** n (in der Augenoptik) (Opt) / divergent lens*, diverging lens
**Minuskel** f (Typog) / minuscule* n
**Minus•klemme** f (Eltech) / negative terminal ‖ **~leiter** m (Eltech) / negative conductor, negative wire ‖ **~platte** f (der Batterie) (Eltech) / negative plate* ‖ **~pol** m (der Batterie) (Eltech) / negative terminal ‖ **~pol** (der Batterie) (Eltech) / negative terminal ‖ **~polung** f (Schw) / straight polarity ‖ **~temperatur** f (unter dem Gefrierpunkt) (Phys) / subzero temperature ‖ **~zeichen** n (Rechenzeichen für die Subtraktion, negatives Vorzeichen für Zahlen) (Math) / minus sign, negative sign
**Minute** f (Einheit der Zeit) / minute* n, min ‖ ~ (Zeiteinheit zur Angabe eines Zeitpunktes, z.B. 5$^h$ 10$^{min}$) / minute* n ‖ ~ (der sechzigste Teil des unteren Säulendurchmessers) (Arch) / minute* n ‖ ~ (Einheit des ebenen Winkels nach DIN 1315, Zeichen ') (Math) / minute* n
**Minutenring** m (Masch, V-Mot) / taper-faced (rectangular) ring, tapered compression ring
**Minutentrieb** m (Uhr) / minute pinion*
**Minutenzeichen** n (ein Einheitenzeichen = ') / minute mark
**Minzöl** n (mit hohem Mentholgehalt) / Japanese peppermint oil
**Miogeosynklinale** f (Geol) / miogeosyncline n
**MIP** (EDV) / microprocessor* (MPU) n, microprocessing unit, micro n ‖ ~ (Plasma Phys) / microwave-induced plasma, MIP, microwave plasma
**MIPA** (Chem) / isopropanolamine n
**Mipolam** n (Mischpolymerisat aus Vinylchlorid und Akrylaten) (Plast) / Mipolam n
**MIPS** (EDV) / million instructions per second* (MIPS)
**MIR** (Phys) / middle infrared, MIR, intermediate infrared
**Mirabilit** m (Glaubersalz) (Min) / mirabilite* n
**Mira-Sterne** m pl (eine Gruppe von Veränderlichen) (Astr) / Mira Stars*
**Mirbanessenz** f (Chem) / oil of mirbane, mirbane oil
**Mirbanöl** n (Nitrobenzol) (Chem) / oil of mirbane, mirbane oil
**MIRD-5-Phantom** n (Radiol) / Snyder-Fisher phantom, MIRD-5 phantom
**Mire** f (Opt) / test pattern
**Mired** n (Einheit für den 10$^6$fachen Kehrwert der Farbtemperatur) (Foto) / mired value, mired* n
**MIRV** (Mil) / multiple independently targeted (or targetable) re-entry vehicle (type of missile), MIRV
**MIRV-Technik, ballistischer Flugkörper mit** ~ (Mil) / multiple independently targeted or targetable) re-entry vehicle (type of missile), MIRV
**MIS** (EDV) / management information system (MIS) ‖ ~ (Eltronik) / metal-insulator semiconductor, MIS
**Misch•absetzer** m (Chem Verf) / mixer-settler* n ‖ **~anilinpunkt** m (bei zu hohem Aromatengehalt) (Chem, Erdöl) / mixed aniline point ‖ **~anlage** f (Akus) / reecording system ‖ **~anlage** (HuT) / mix plant, mixing plant ‖ **diskontinuierliche ~anlage** (HuT) / batch plant ‖ **kontinuierlich arbeitende ~anlage** (HuT) / continuous mix plant ‖ **~anlagenbelag** m (HuT) / plant-mix pavement ‖ **~bande** f (in Spektren mehratomiger Moleküle) (Phys, Spektr) / bastard band, hybrid band
**mischbar** adj / miscible adj ‖ ~ (Farbstoff) (Tex) / compatible adj ‖ **nicht** ~ / non-miscible adj, immiscible adj ‖ **nicht mit Wasser** ~ (Chem) / water-immiscible adj
**Mischbarkeit** f (Chem) / miscibility* n ‖ **beschränkte** ~ (Chem) / limited miscibility, incomplete miscibility, partial miscibility ‖

**unbeschränkte** ~ / miscibility in all proportions, total miscibility, complete miscibility
**Misch•batterie** f (eine Auslauf- oder Durchlaufarmatur) (Klemp) / mixing tap, mixing faucet (US), mixing valve, combination tape assembly, mixer n ‖ **~bauweise** f (Bau) / composite construction ‖ **~belag** m (HuT) / plant-mix pavement ‖ **~belebungsbecken** n (Sanitär) / well-mixed reactor, complete-mix reactor ‖ **~betrieb** m (eine Betriebsart bei bitorientierten Steuerungsverfahren) (EDV) / asynchronous balanced mode, ABS ‖ **~bett** n (bei den Ionenaustauschern) (Chem) / mixed bed ‖ **~bett** (Hütt) / mixing bank, mixed bed ‖ **~bettaustauscher** m (Chem Verf) / mixed-bed exchanger ‖ **~bettharz** n (Chem Verf) / mixed-bed resin ‖ **~bild-Entfernungsmesser** m (Foto) / coincidence range-finder ‖ **~binder** m (DIN 4207) (Bau) / mixed (hydraulic) binder ‖ **~bindung** f (zwischen den verschiedenen Bindungszuständen in einem Kristallgitter) (Krist) / mixed bond ‖ **~bruch** m / cohesion-adhesion failure ‖ **~dampfturbine** f (Masch) / binary vapour-engine* ‖ **~dämpfung** f (bei Mischdioden) (Eltronik) / conversion loss ‖ **~decke** f (HuT) / plant-mix pavement ‖ **~diagramm** n (für Viskositätsbestimmung von Mischungen) (Chem Verf, Phys) / blending chart, viscosity chart ‖ **~diode** f (Halbleiterdiode, die für die Umsetzung der Frequenz einer Schwingung in eine andere Frequenz vorgesehen ist) (Eltronik) / mixer diode ‖ **~dünger** m (Landw) / mixed fertilizer (dry-blended), compound fertilizer (with mechanical mixing) ‖ **~dünger** s. auch Mehrnährstoffdünger ‖ **~düse** f / mixing nozzle ‖ **~düse** (im Vergaser) (Kfz) / emulsion tube ‖ **~düse** (Brennermund) (Wärm) / inspirator* n ‖ **~elektrode** f (DIN 50900) / mixed electrode, multiple electrode, polyelectrode n
**mischen** v / mix v ‖ ~ (Farben, verschiedene Schriftarten) / intermix v ‖ ~ (nach Rezeptur) (Chem Verf) / compound v ‖ ~ (EDV) / merge* v, mesh v ‖ ~ (z.B. verschiedene Öle) (Erdöl, Nahr) / blend v ‖ ~ (Tee, Kaffee, Tabak) (Nahr) / blend v ‖ ~ n (Tätigkeit) / mixing* n ‖ ~ (DIN 66001) (EDV) / merging n, meshing n ‖ ~ (mit gleichzeitigem Trennen) (EDV) / collating n ‖ ~ (von verschiedenen Ölen) (Erdöl) / blending n ‖ ~ (von Tee, Kaffee, Tabak) (Nahr) / blending n ‖ **absatzweises** ~ (in Behältern) (Erdöl) / off-line blending ‖ ~ n **ohne Folgeadreßfeld** (EDV) / stripped merge ‖ ~ **von Bildern** (auf dem Bildschirm) (EDV) / image merging
**Mischer** m (der das Mischpult bedient) (Akus, Eltronik) / mixer* n ‖ ~ (Chem Verf, Masch) / mixer n, blender n ‖ ~ (Eltronik, Radio) / mixer* n, first detector ‖ ~ (im Hochofenwerk) (Hütt) / mixer n, hot-metal mixer, pig iron mixer, iron mixer ‖ ~ (von Schmelzen) (Hütt) / hot-metal mixer ‖ **diskontinuierlicher** ~ (Masch) / batch mixer ‖ **kontinuierlicher** ~ / continuous mixer ‖ **statischer** ~ (Chem Verf) / static mixer ‖ ~ m **mit Z-Schaufel** (Chem Verf) / z-blade mixer, sigma-type mixer, Baker-Perkins mixer, Werner-Pfleiderer mixer
**Mischer•-Abscheider** m (Chem Verf) / mixer-settler* n ‖ **~fahrzeug** m (Beton) (Bau, HuT) / truck mixer, transit mixer, agitating truck, agitating lorry, agitator n
**Misch•ether** m (Chem) / mixed ether ‖ **~fahrzeug** n (Beton) (Bau, HuT) / truck mixer, transit mixer, agitating truck, agitating lorry, agitator n ‖ **~farbe** f (aus zwei Primärfarben) / binary colour ‖ **~farbe** (Opt) / mixed colour ‖ **~farbe** (Tex) / broken colour, blended colour ‖ **~farben** f pl / secondary colours* ‖ **~faserfärbung** f (Tex) / union dyeing ‖ **~flügel** m (Masch) / mixing blade, agitator blade ‖ **~frequenz** f (Fernm) / mixed frequency, combination frequency ‖ **~fruchtanbau** m (Landw) / intercropping n, interplanting n ‖ **~funktionelle Oxygenase** (Biochem) / mixed oxylase ‖ **~garn** n (Spinn) / melange* n, blend n, melange yarn, blended yarn, mixture yarn ‖ **~gas** n (Gemisch aus Kohlengas mit 10 bis 40% Wassergas) / mixed gas ‖ **~gas** (für das Schutzgasschweißen) (Schw) / argon/carbon dioxide gas ‖ **~gasfluten** (zur Steigerung des Entölungsgrades von Erdöllagerstätten) (Erdöl) / mixed-gas flooding ‖ **~gaslaser** m (Phys) / mixed-gas laser ‖ **~gatter** n (EDV) / inclusive-OR operation, disjunction n, EITHER-OR operation, OR-operation n, logical add ‖ **~gerät** n (für das Baumischverfahren) (HuT) / pulverizing mixer ‖ **~gerbstoff** m (Leder) / mixed complex tanning material ‖ **~gespinst** n (Spinn) / blended spun yarn, mixture thread, blend* n ‖ **~gestein** n (ein grobgemengtes Gestein) (Geol) / migmatite* n ‖ **~gewebe** n (Tex) / blended fabric, union fabric*, mixture n ‖ **~gewebefärbung** f (Tex) / union dyeing ‖ **~glied** n (TV) / combiner n ‖ **~größe** f (Elektr) / pulsating quantity ‖ **~heptode** f (eine Elektronenröhre mit Katode, Anode, zwei Steuergittern, zwei Schirmgittern und einem Bremsgitter) (Eltronik) / pentagrid n, heptode n ‖ **~höhen** f pl (TV) / mixed highs* ‖ **~indikator** m (Chem) / mixed indicator ‖ **~kalorimeter** n (Phys) / water calorimeter ‖ **~kammer** f (der Klimaanlage) / mixing chamber ‖ **~kammer** (bei Zweibettkatalysatoren) (Kfz) / mixing chamber, midbed n, air plenum ‖ **~kammerbrenner** m (Chem) / mixing-chamber burner, expansion-chamber burner ‖ **~kanalisation** f (der Stadtentwässerung) (Sanitär) / combined system* ‖ **~kollergang** m (Keram) / muller mixer (a heavy roller or wheel, usually of metal,

mounted in a heavy pan for mixing, grinding, and tempering), muller n ‖ ~komplexgerbstoff m (Leder) / mixed complex tanning material ‖ ~kondensator m (der feinverteiltes Kühlwasser in den Dampf einspritzt) (Masch) / jet condenser*, injection condenser*, direct-contact condenser, contact condenser ‖ ~konzentratflotation f (Aufber) / bulk flotation* ‖ ~kraftstoff m (Kftst, Kfz) / hybrid fuel ‖ ~kreis m (Eltronik) / mixer circuit ‖ ~kristall m (eine Anordnung von Bausteinen/Atomen, Ionen, Molekülen/, die zwei oder mehr Komponenten entstammen, mit einer Struktur, welche sich aus der Kristallstruktur einer der Komponenten ableitet) (Krist) / mixed crystal* ‖ anomaler ~kristall (Krist) / adsorption mixed crystal ‖ interstitieller ~kristall (Krist) / interstitial mixed crystal, interstitial solid solution ‖ ~kristallisation f (Krist) / mixed crystallization ‖ ~kristallschicht f (Hütt) / intermetallic alloy zone ‖ ~kristallseigerung f (Gieß) / solid-solution segregation, solute segregation ‖ ~kugeln f pl (in einer Lackdose) (Anstr) / agitator beads ‖ ~kultur f (Landw) / intercropping n (growing a crop among plants of a different kind, usually in the space between rows), polyculture n (the simultaneous cultivation of several crops) ‖ ~lack m (Anstr) / mixing varnish ‖ ~lichtlampe f (Eltech) / blended lamp ‖ ~lösungsvermittlung f (Chem, Phys) / cosolvency n ‖ ~luftheizung f (Kfz) / air-blending heating ‖ ~luftwasserheber m (Hyd) / airlift pump*, mammoth pump ‖ ~makadam m n (HuT) / coated macadam ‖ ~maschine f (Chem Verf, Masch) / mixer n, blender n ‖ ~metall n (Legierung aus Metallen der seltenen Erden) (Hütt) / misch metal* ‖ ~mode-Dokument n (Faksimile) (Teleg) / mixed-mode document, MM document ‖ ~oxid n (Chem) / mixed oxide ‖ ~oxidbrennstoff m (Nukl) / mixed-oxide fuel, MOX ‖ ~phase f (ein homogenes Mehrstoffsystem nach DIN 1310) (Chem) / mixed phase ‖ ~phasenpigment n (Pigment, das aus /einphasigen/ Mischkristallen besteht - DIN 55943) (Anstr) / complex inorganic colour pigment ‖ ~polymerisat n (nicht zu verwechseln mit Kopolymer) (Chem) / mixed polymer ‖ ~probe f (in der Analytik) (Chem) / blended bulk sample ‖ ~probe (eine Anzahl mehrerer Stichproben für die Wasseruntersuchung) (Sanitär) / composite sample ‖ ~programm n (EDV) / merging routine, merge program ‖ ~puls m (Spektr) / mixing pulse ‖ ~pult n (Tonmischeinrichtung) (Akus, Eltronik) / mixer* n, mixing console, mixing desk, audio mixer, mixer console, mixer control panel ‖ ~punkt m (Fernm) / mixing point ‖ ~reibung f (Reibung, bei der Festkörperreibung bzw. Grenzreibung und Flüssigkeits- bzw. Gasreibung sich überlagern, so daß die Belastung partiell von Festkörperkontakten und partiell von einem tragenden Film aufgenommen wird) (Masch, Phys) / mixed friction ‖ ~reihe f (Kristallisationsreihe für verschiedene Magmentypen) (Geol) / reaction series*, Bowen's reaction series ‖ ~rohr n (Kfz) / emulsion tube ‖ ~rohr (Schw) / mixing tube, mixing head ‖ ~röhre f (die aus zwei oder mehr ihr zugeführten Gitterwechselspannungen unterschiedlicher Frequenz Anodenwechselströme anderer Frequenz erzeugt) (Eltronik) / mixer valve ‖ ~röhre (Fernm) / frequency changer* ‖ ~salz n (Chem) / mixed salt ‖ ~salz (Chem) / mixed salt ‖ ~säure f (Chem) / mixed acid, nitrating acid ‖ ~schmelzpunkt m (Chem) / mixed melting point* ‖ ~schmierung f (Masch) / semifluid lubrication, mixed lubrication ‖ ~schnecke f (Masch) / screw mixer ‖ ~sortieren n (EDV) / merge sort, merged sort ‖ ~sortierung f (EDV) / merge sort, merged sort ‖ ~spannung f (periodische Spannung mit einem Mittelwert ungleich Null) (Elektr) / pulsating voltage ‖ ~spektrum n (Spektr) / mixed spectrum ‖ ~spektrumreaktor m (mit sehr unterschiedlichen Neutronenspektren in einzelnen Teilen der Spaltzone) (Nukl) / mixed-spectrum reactor ‖ ~strahlung f (Phys) / mixed radiation, complex radiation ‖ ~strecke f (Rinne mit Einbauten zur Erzeugung starker Turbulenz, um eine gute Durchmischung verschiedener Abwasserströme zu erreichen) (Sanitär) / mixing conduit ‖ ~strom m (Wechselstrom, der eine zusätzliche Gleichkomponente enthält) (Elektr) / pulsating d.c. current ‖ ~strom (hinter einem Stromrichter) (Eltech) / ripple current ‖ ~stromverfahren n (eine Art von Chemietexturierung) (Spinn) / mixed-stream spinning ‖ ~stufe f (Eltronik, Radio) / mixer* n, first detector ‖ ~stufe (bei einem Superhet) (Radio) / frequency-changing stage ‖ ~stufe (beim Kabelfernsehen) (TV) / combiner n ‖ selbstschwingende ~stufe (Fernm) / frequency changer* ‖ ~summe f (EDV) / hash total (summation for checking purposes of one or more corresponding fields of a file that would ordinarily not be summed) ‖ ~system n (in der Autoreparaturlackierung) (Anstr, Kfz) / mixing system ‖ ~system (der Stadtentwässerung) (Sanitär) / combined system* ‖ ~-Trenn-Behälter m (Chem Verf) / mixer-settler n ‖ ~trichter m / mixing funnel ‖ ~triebwerk n (Luftf) / compound engine, turbo-compound n ‖ ~trockner n / drier-blender n

Mischung f (Tätigkeit) / mixing* n ‖ ~ / mixture n, mix n ‖ ~ (Akus) / dubbing* n ‖ ~ (Chem Verf) / compound n ‖ ~ (vor der Vulkanisation Chem Verf) / stock n ‖ ~ (von Bildern) (EDV) / compositing n ‖ ~ (Nahr) / blend n ‖ azeotrope ~ (Chem) / azeotropic mixture*, azeotrope n, constant-boiling mixture* ‖ ~, **bei der der Naturfaseranteil überwiegt** (z.B. 70/30 Bw/PE) (Tex) / natural blend ‖ **ideale** ~ (Chem) / ideal mixture ‖ **leitfähige** ~ (Mischung auf der Basis von Plastomeren oder Elastomeren, die durch Zusatz von Ruß, Graphit oder anderen leitfähigen Stoffen leitfähig wird) (Kab) / semiconducting compound ‖ **mehrphasige** ~ (Chem) / multiphased mixture, multiphase mixture ‖ **nicht ideale** ~ (Chem) / real mixture ‖ **optische** ~ (Physiol) / optical mixing ‖ **vollkommene** ~ / perfect mix ‖ ~ f (physikalische) **verschiedener Polymere** (Chem) / polyblend n, polymer blend ‖ ~ **aus Aufschichtung** (Tex) / stack mixing

Mischungs•enthalpie f (Phys) / enthalpy of mixing, mixing enthalpy ‖ ~kalorimeter n (Phys) / water calorimeter ‖ ~länge f (bei der Strömung) / mixing length ‖ ~lücke f (derjenige Bereich der Zusammensetzung eines Mehrstoffsystems mit begrenzter Mischbarkeit, in dem sich keine homogene Mischung ausbildet) (Chem) / miscibility gap*, immiscibility gap ‖ ~methode f (Chem, Phys) / method of mixtures ‖ ~regel f (Chem) / mixing rule ‖ ~schmierung f (bei Zweitaktmotoren) (V-Mot) / petroil lubrication ‖ ~verhältnis n (im allgemeinen) / mixing ratio ‖ ~verhältnis (beim Verdünnen) (Chem) / ratio of dilution ‖ ~verhältnis (von Mischdüngern) (Landw) / formula n ‖ ~verhältnis (Nahr) / blend level ‖ ~verhältnis **Luft/Kraftstoff** (V-Mot) / air-fuel ratio* ‖ ~wärme f (Phys) / heat of mixing, mixing heat

Misch•valenz f (Chem) / mixed valence ‖ ~ventil n (Stellventil, das zwei eingehende Stoff- oder Energieströme vermischt) / mixing valve ‖ ~verfahren n (der Stadtentwässerung) (Sanitär) / combined system* ‖ ~wald n (der sich aus mehreren Holzarten zusammensetzt) (For) / mixed forest ‖ ~walze f / mixing roll ‖ ~walzwerk n (Chem Verf, Plast) / roll mill, mixing rolls ‖ ~ware f (Tex) / blended fabric, union fabric*, mixed fabric ‖ ~wasser n (gemeinsam abgeleitetes Schmutz- und Regenwasser und gegebenenfalls auch Fremdwasser - DIN 4045) (Sanitär) / combined sewage, combined water ‖ ~wasserkanal m (Sanitär) / combined sewer, dual-purpose sewer ‖ ~weiß n (Anstr) / off-white n ‖ ~wertigkeit f (Chem) / mixed valence ‖ ~wolf m (Tex) / blending feeder ‖ ~wolke f (aus Wassertröpfchen und Eiskristallen bestehend) (Meteor) / mixed cloud

**MISD-Organisation** f (EDV) / multiple-instruction-stream-single-data-stream organization, MISD organization

**Miserikordie** f (die an der Unterseite der Klappsitze des Chorgestühls angebrachte Stütze zum Anlehnen im Stehen bei längeren liturgischen Handlungen) (Arch) / misericord n

**Misesche Fließbedingung** (Mech, WP) / Mises' yield criterion

**MISFET** m (ein Galliumarsenid-Feldeffekttransistor) (Eltronik) / metal-insulator semiconductor field-effect transistor, MISFET n

**MISFET-Transistor** m (Eltronik) / metal-insulator semiconductor field-effect transistor, MISFET n

**Mißbildung** f (des Kristalls) (Krist) / malformation n

**Mißbrauch** m (z.B. von Arzneimitteln) (Pharm) / misuse n

**mißbrauchssicher** adj / tamper-proof adj (made so that it cannot be interfered with or changed)

**Mißernte** f (Landw) / crop failure, bad crops

**mißfarben** adj / off-colour attr

**mißfarbig** adj / miscoloured adj, discoloured adj ‖ ~ (Tex) / off-shade attr

**Mißfärbung** f (Glas) / discolouration n, discoloration n

**mißgeformt** adj (Baum) (For) / misshaped adj

**mißgriffsicher** adj / foolproof adj

**Missile** n (Mil) / cruise missile

**Missing-Dots** pl (nicht vollständig oder überhaupt nicht ausdruckende Rasternäpfchen auf Tiefdruckerzeugnissen, die sich als farbfreie Stellen darstellen) (Druck) / missing dots, snowflakes pl

**Missing-mass-Problem** n (Astr, Kernphys) / missing-mass problem

**Mission** f (Raumf) / mission* n

**Missionsspezialist** m (in den Raumtransportern) (Raumf) / mission specialist*

**MIS-Solarzelle** f (Eltronik) / metal-insulator semiconductor solar cell, MIS solar cell

**Miß•pickel** m (Min) / arsenopyrite* n, mispickel* n, arsenical pyrites* ‖ ~ton (Akus) / discord n

**mißweisend** adj (Peilung, Steuerkurs) (Nav, Verm) / magnetic* adj ‖ **~er Kurs** (über Grund) (Luftf, Nav) / magnetic track ‖ **~er Kurs** (Winkel zwischen der magnetischen Nordrichtung und der Kiellinie) (Nav, Schiff) / magnetic course ‖ **~e Peilung** (Luftf, Nav) / magnetic bearing*, aberrational bearing ‖ **~er Peilwinkel** (Luftf, Nav) / magnetic bearing*, aberrational bearing ‖ **~er Steuerkurs** (Luftf, Verm) / magnetic heading

**Miß•weisung** f (Winkel zwischen Magnetisch-Nord und Geografisch-Nord; Linien gleicher Mißweisung heißen Isogonen) (Verm) / magnetic declination*, magnetic deviation*, magnetic

**Mißweisungskarte** variation, declination* n ‖ ⁓**weisungskarte** f (Geophys) / magnetic map* ‖ ⁓**wuchs** m (For) / anomalous growth
**Mist** m (Landw) / manure n, dung n, muck n, farmyard manure ‖ ⁓**beet** n (Landw) / hotbed n, manure hotbed ‖ ⁓**beize** f (Tex) / dung vat
**Mistbiene** f (Sanitär) / drone fly
**MIS-Technik** f (Eltronik) / metal-insulator semiconductor technology, MIS technology
**Mistelbefall** m (For) / mistletoe attack
**Mist•jauche** f (Landw) / liquid manure, dung water ‖ ⁓**racking** n (Fehlabtastung der Videospur durch den Videokopf) (Eltronik) / mistracking n
**MIS-Varaktordiode** f (Eltronik) / MIS varactor diode, hybrid varactor
**Miszella** f (beladenes Extraktionsmittel) (Chem) / miscella n
**Mitarbeiter** m **des Kundendienstes** / serviceman n ‖ ⁓ **des Störungsdienstes** (Eltech) / troubleshooter n
**Mitausscheidung** f (Hütt) / cosegregation n
**mitbenutzbar** adj / shareable adj, sharable adj
**mitbenutzen** v (EDV) / share v
**Mitbenutzung** f (EDV) / sharing n
**mitbewegtes Koordinatensystem** (Opt) / moving coordinate system, moving coordinate system
**Mitcompoundierung** f (Eltech) / cumulative compounding
**mitdruckender Ausschluß** (der Spieße verursacht) (Typog) / rising space*
**miteinander verbundene Fahrzeuge** (Kfz) / combination n (of vehicles) ‖ ~ (fingerartig) **verflochten sein** / interdigitate v ‖ ~ **verschlingen** / tangle v ‖ ~ **verzahnt** (Kristalle) (Krist) / intercrystallized adj
**mitfahrendes Kind** (Kfz) / child passenger
**Mitfällung** f (z.B. bei Lithoponherstellung) (Anstr) / colour-striking n ‖ [**induzierte**] ⁓ (Chem) / coprecipitation* n
**mitführen** v / entrain* v, carry off v
**Mitführungskoeffizient** m (Mech, Opt) / drag coefficient
**Mitgänger•**- m (Maschine, die vom Benutzer geführt oder bewegt wird) / pedestrian-controlled adj ‖ ⁓**-Flurförderzeug** m (Masch) / walk-along truck, walkie n
**mitgeführt•er Brennstoff** (Raumf) / fuel uplift ‖ ~**e Treibstoffmenge** (Raumf) / tankage n
**mitgehen** v (z.B. ein Setzstock) (Masch) / follow v
**mitgehend** adj / pedestrian adj ‖ ~**er Setzstock** (Masch) / follow-rest* n, travelling steady
**mitgerissen•er Staub** / dust carry-over, fugitive dust ‖ ~**es Wasser** (in Dampferzeugern) (Masch) / priming water (entrained with the steam)
**mitgeschleppter Fehler** (EDV) / inherited error*, inherited error
**Mitglied** n **einer Arbeiterkolonne** / ganger n
**Mithöreinrichtung** f **bei Tonbandgeräten** (zum Suchen einer bestimmten Bandstelle im schnellen Vorlauf) (Akus) / cue n
**mithören** v (Fernm) / monitor v ‖ ~ (Radio) / listen in v ‖ ⁓ n (Fernm) / monitoring* n ‖ ⁓ (ein Leistungsmerkmal) (Fernsp) / monitoring n
**Mithörer** m (Funktionseinheit in einem Busnetz) (EDV) / listener n
**Mithör•gerät** n (Fernm) / monitor* n ‖ ⁓**klinke** f (Fernsp) / monitoring jack, listening jack ‖ ⁓**kontrolle** f (Fernm) / monitoring* n ‖ ⁓**schalter** m (Fernm, Fernsp) / monitoring key, listen-in key, monitoring button ‖ ⁓**schwelle** f (Hörschwelle eines bestimmten Schalles in Gegenwart eines Maskierers - DIN 1320) (Akus) / masked threshold
**Mitisgrün** n (Chem) / Schweinfurt green, emerald green*, Paris green*, Neuwieder green
**Mitizid** n (Chem, Landw) / acaricide n (used to kill mites and ticks), miticide n, miticidal agent
**Mitkopplung** f (Rückkopplung, bei der das Ausgangssignal ohne Vorzeichenumkehr auf den Eingang zurückgeführt wird und auf sich selbst verstärkend wird) (Fernm, Radio) / positive feedback*, direct feedback, regenerative feedback, reaction* n, regeneration, feedforward n
**Mitlauf** m (Frequenzen) (Fernm) / pulling n ‖ ⁓**effekt** m (bei Bipolartransistoren die Schwankung der Sperrschichttemperatur) (Eltronik) / pulling effect
**mitlaufen** v (Masch) / follow v
**mitlaufend** adj / on-line* attr ‖ ~ (Spitze) (Masch) / live adj, revolving adj ‖ ~ (Lünette) (Masch) / travelling adj ‖ ~**er Generator** (Eltech) / locked generator ‖ ~**e Lünette** (Masch) / follow-rest* n, travelling steady ‖ ~**e Reitstockspitze** (Masch) / live centre* ‖ ~**e Reserve** (Eltech) / spinning reserve ‖ ~**er Setzstock** (Masch) / follow-rest* n, travelling steady ‖ ~**e Spitze** (Masch) / live centre*, revolving centre*, running centre ‖ ~**e Trenneinrichtung** (Hütt) / flying cut-off machine ‖ ~**e Verarbeitung** (EDV) / demand processing, immediate processing, in-line processing
**Mitläufer** m (Gewebebahn als Zwischenlage beim Aufrollen von kalandrierten Platten usw.) (Chem Verf) / runner n, leader n ‖ ⁓ (Stückfärberei, Druckerei, Kalander) (Tex) / undercloth n, back cloth ‖ ⁓**abdruck** m (Tex) / blanket mark

**Mitläuferpapier** n (DIN 6730) (Pap) / interleaving paper, interleave paper
**Mitläuferwalze** f (Druck) / idler* n, idling roller*
**Mitlauf•filter** n (Raumf) / tracking filter ‖ ⁓**säge** f (Hütt) / flying saw ‖ ⁓**wähler** m (Fernsp) / repeating selector* ‖ ⁓**werk** n (Fernsp) / repeating selector*
**Mitlaut** m (Akus) / consonant n
**Mitlese•druck** m (bei Fernschreibern) (Fernm) / local record ‖ ⁓**kopie** f (Fernm) / local record
**Mitnahme** f (Fernm) / locking n, lock-in* n, pull-in n ‖ ⁓ **durch Keil** (Masch) / key drive ‖ ⁓**fläche** f (am Schaft eines Innenräumwerkzeuges nach DIN 1417) (Masch) / carrier face (on the shank of an internal broaching tool) ‖ ⁓**möbel** n pl (Tischl) / knockdown furniture, KD furniture ‖ ⁓**oszillator** m (Radio) / locked oscillator* ‖ ⁓**preis** m / take-away price ‖ ⁓**schaltung** f (Schutz) (Eltech) / intertripping connexion, intertripping scheme, transfer trip scheme
**Mitnehmen, zum** ⁓ (Essen) (Nahr) / take-away adj, take-out adj (US)
**Mitnehmer** m (bei der Azeotropdestillation) (Chem Verf) / entrainer* n ‖ ⁓ (der Furnierschälmaschine) (For) / dog n, driving dog ‖ ⁓ (an einer Welle) (Masch) / tang n ‖ ⁓ (Sperrklinke) (Masch) / catch n ‖ ⁓ (Masch) / carrier* n, lathe-carrier* n, lathe dog* ‖ ⁓ (des Zylinderschafts des Bohrers) (Masch) / tang n ‖ ⁓ (Masch) / dog n ‖ ⁓ (Masch) / flight n ‖ **selbstspannender** ⁓ (Masch) / self-actuating work driver ‖ ⁓**bolzen** m (in Galvanisierautomaten) (Galv) / flight bar ‖ ⁓**lappen** m (Masch) / tail n ‖ ⁓**nut** f (zwischen Fräserwelle und Fräser) (Masch) / keyway n ‖ ⁓**platte** f **mit Spannschlitzen** (Masch) / driving chuck ‖ ⁓**scheibe** f (Masch) / driver plate*, driving plate*, catch plate* ‖ ⁓**spitze** f (Masch) / drive centre ‖ ⁓**stange** f (auch zum Abführen des Bohrkleins) (Bergb, Erdöl) / kelly* n, Kelly joint ‖ ⁓**stangeneinsatz** m (Erdöl) / kelly bushing* ‖ ⁓**stangenhahn** m (Bergb, Erdöl) / Kelly cock, Kelly safety valve ‖ ⁓**stein** m (am Frässpindelkopf mit Steilkegel nach DIN 2079) (Masch) / driving key
**Mitochondrien** n pl (im Zellplasma) (Zyt) / mitochondria* pl (sg. mitochondrion)
**mitogen** adj (eine Mitose hervorrufend) (Zyt) / mitogenic adj
**Mitose** f (ein Kernteilungsmechanismus) (Zyt) / mitosis* n (pl. mitoses)
**Mitosegift** n (Zyt) / mitotic poison, antimitotic n, antimitotic agent, mitosis inhibitor
**Mitosehemmer** m (Zyt) / mitotic poison, antimitotic n, antimitotic agent, mitosis inhibitor
**Mitosehemmstoff** m (Zyt) / mitotic poison, antimitotic n, antimitotic agent, mitosis inhibitor
**Mitragyna-Alkaloide** n pl (aus der Gattung Mitragyna) (Pharm) / mitragyna alkaloids
**Mitral-Verfahren** n (Kaltverschweißungsverfahren zur Verzinkung von kleinen Massenteilen) (Galv) / peen plating
**Mitreaktanz** f (Elektr) / positive-sequence reactance
**mitreißen** v / entrain* v, carry off v ‖ ⁓ n (von Wassertröpfchen) (Chem Verf, Masch) / priming* n ‖ ⁓ **von festhaftendem Material** (Masch) / galling n
**Mitscherlichsche Regel** (eine veraltete Mischkristall-Regel nach E. Mitscherlich, 1794-1863) (Chem) / Mitscherlich's law of isomorphism*, law of isomorphism*
**Mitscherlichzellstoff** m (nach A. Mitscherlich, 1836-1918) (Pap) / Mitscherlich pulp
**mitschleppen** v / entrain* v, carry off v
**Mitschnitt** m (Akus, Film, TV) / live recording ‖ **Herstellung** f **eines** ⁓**s** (auf einem Tonband) (Mag) / transcription n
**Mitschreiben** n (Akus, Radio) / transcription* n
**Mitschwenk** m (Film, TV) / following shot, follow shot
**mitschwingen** v (Phys) / covibrate v, resonate v
**mitschwingend** adj (Phys) / resonant adj ‖ ~**er Leiter** (Eltech) / equifrequent conductor
**Mitschwingung** f (Mech) / resonance vibration, sympathetic vibration, sympathetic oscillation, covibration n
**Mit•sprecheinrichtung** f (Fernsp) / call-participation device ‖ ⁓**sprechen** n (gegenseitige Beeinflussung ungleichartiger Sprechwege) (Fernsp) / side-to-phantom crosstalk ‖ ⁓**sprechkopplung** f (Fernsp) / phantom-to-size unbalance
**Mitstrom** m (ein Meeres- oder Gezeitenstrom, der in Richtung des Schiffskurses setzt) (Schiff) / fair tide
**Mittag** m (Tageszeit) (Astr) / noon* n ‖ **mittlerer** ⁓ (12 Uhr wahrer bzw. mittlerer Ortssonnenzeit) (Astr) / mean noon ‖ **wahrer** ⁓ (bei dem tatsächlichen Durchgang der Sonne) (Astr) / mean noon* ‖ **wahrer** ⁓ (der tatsächliche Durchgang der Sonne durch den Meridian) (Astr) / apparent noon
**Mittag-Lefflersches Theorem** (in der Theorie der Partialbrüche - nach G. Mittag-Leffler, 1846-1927) (Math) / Mittag-Leffler's theorem
**Mitte** f (Math) / centre* n (GB), center(US) n ‖ ⁓ (**eines Intervalls**) (Math) / midpoint n ‖ **auf die** ⁓ **zentrierte Nebenüberschrift** (Typog) / crosshead* n, centre head ‖ **sich in der** ⁓ **nach oben krümmen** / hog

*v*, camber *v* ‖ **sich in der ⁓ nach unten krümmen** (Kiellängsachse) (Schiff) / sag *v* ‖ **⁓ f der Ausleuchtzone** (bei Satellitensignalen) (Fernm) / boresight point
**Mitteilung** *f* / message* *n* ‖ **⁓** (ein Tätigkeitsbericht) / report *n* (classified, declassified) ‖ **persönliche ⁓** (EDV) / personal mail ‖ **physikalische ⁓** (EDV, Fernm) / physical message ‖ **⁓ f über den Bautenstand** (Erreichung des Fertigungsstandes der einzelnen im Zahlungsplan enthaltenen Positionen) (Bau) / progress report, building certificate*
**Mitteilungs•fluß** *m* (Fernm) / message flow ‖ **⁓satz** *m* (erster Satz eines MATER-Austauschbandes, der eine Reihe von Angaben enthält, die für die Verarbeitung des Austauschbandes benötigt werden - DIN 2341) (EDV) / information record ‖ **⁓speicherung** *f* (Fernm) / message storage ‖ **⁓transfer** *m* (Fernm) / message transfer, MT ‖ **⁓übermittlung** *f* (Fernm) / message handling, messaging *n* ‖ **⁓übermittlungssystem** *n* (Fernm) / message-handling system, MHS
**Mittel** *n* / medium *n* (pl. media or mediums) ‖ **⁓** (Math, Stats) / average* *n*, mean* *n*, avg ‖ **⁓** (Pharm) / remedy *n*, medicament *n*, medicine *n* (if internally taken) ‖ **⁓ [wirksames]** (Chem, Med) / agent *n* ‖ **arithmetisches ⁓** (Math, Stats) / arithmetic mean*, arithmetic average, AA ‖ **autoregressiver Prozeß der gleitenden ⁓** (Stats) / autoregressive moving average process ‖ **geometrisches ⁓** (von 9 und 4 = 6) (Math, Stats) / geometric mean* ‖ **gewichtetes ⁓** (Math) / weighted mean, weighted average ‖ **gewogenes ⁓** (Math) / weighted mean, weighted average ‖ **gleitendes ⁓** (Stats) / moving average ‖ **harmonisches ⁓** (Math) / harmonic mean* ‖ **harntreibendes ⁓** (Pharm) / diuretic* *n* ‖ **korrodierendes ⁓** (Galv) / corrodent *n*, corrosive *n*, corrosive agent, corroding agent ‖ **optisches ⁓** (Stoff, der vom Licht durchlaufen wird und mit ihm in Wechselwirkung tritt) (Opt) / optical medium ‖ **oxidierendes ⁓** (Chem) / oxidizing agent*, oxidant *n*, oxidizer* *n* ‖ **quadratisches ⁓** (Stats) / root mean square*, quadratic mean, rms*, r.m.s., root-sum square ‖ **statistisches ⁓** (Stats) / statistical average ‖ **⁓ gegen Fadenwurmbefall** (Chem, Landw) / nematicide *n*, nematocide *n* ‖ **⁓ n gegen Fadenwürmer** (Chem, Landw) / nematicide *n*, nematocide *n* ‖ **⁓ gegen Festfressen** (Masch) / antiseize agent ‖ **⁓ gegen Verfärbung von Holzteilen** (Verpackung, Fördermittel) (For) / stain protector ‖ **⁓ zur Steuerung biologischer Prozesse** (Biol, Landw) / growth regulator* ‖ **⁓ zur Steuerung biologischer Prozesse** (Bot, Chem, Landw) / plant growth regulator, plant growth substance ‖ **⁓ zur Veränderung (Beeinflussung) des Griffes** (Leder, Tex) / handle modifier ‖ **⁓ zur Verhinderung des (unerwünschten) Spritzens** (Nahr) / antispattering agent
**Mittel•-** / medium-size attr, medium-sized *adj* ‖ **⁓abgriff** *m* (Eltech) / centre tap, CT ‖ **⁓achsensatz** *m* (Druck) / axial setting ‖ **~aktiver Abfall** (Nukl) / medium-activity waste, medium-level radioactive waste, intermediate-level waste* ‖ **⁓aktiv-Waste** *m* (Nukl) / medium-activity waste, medium-level radioactive waste, intermediate-level waste* ‖ **⁓anzapfung** *f* (Eltech) / centre tap, CT ‖ **⁓armlehne** *f* **hinten** (meist ausklappbar) (Kfz) / rear centre armrest
**mittelbar** *adj* / indirect *adj* ‖ **⁓adressierter Operand** (EDV) / indirect operand ‖ **~e Arbeiten** (im Zusammenhang mit einem Fertigungsverfahren) (F.Org) / ancillary work ‖ **~e Auswirkung** (meistens negative) / knock-on effect ‖ **~e Funktion** (Math) / composite function ‖ **~e Heizung** (Wärm) / indirect heating*, indirect firing ‖ **~e Regelung** (Regeln) / indirect control
**Mittel•bereichs-Rundsichtradaranlage** *f* (mit einer Reichweite über 300 km) (Radar) / surveillance radar equipment, SRE ‖ **~blasige Belüftung** (Sanitär) / medium-bubble aeration ‖ **⁓blech** *n* (Stahlblech zwischen 3 mm und 4,75 mm) (Hütt) / medium-sized sheet ‖ **⁓block** *m* (Holzausformung) (For) / middle log, middle cut ‖ **⁓brechen** *n* (Masch) / secondary crushing ‖ **⁓breite** *f* (arithmetisches Mittel der Breiten zweier Orte) (Nav) / mean latitude ‖ **⁓decker** *m* (Flugzeug, bei dem die Tragflügel in mittlerer Höhe am Rumpf befestigt sind oder durch den Rumpf hindurchgehen) (Lufft) / mid-wing monoplane* ‖ **indizierter ⁓druck** (Kfz, Masch) / brake mean effective pressure*, B.M.E.P.*, BMEP ‖ **⁓druckchromatografie** *f* (Chem) / medium-pressure liquid chromatography, MPLC ‖ **⁓druckkraftwerk** *n* (mit 15 bis 50 m Fallhöhe) (Wasserb) / middle-head power plant ‖ **⁓ebene** *f* (Math) / middle plain ‖ **⁓elektrode** *f* (der Zündkerze) (Kfz) / central electrode, centre electrode ‖ **⁓europäische Zeit** / Central European Time, C.E.T. ‖ **⁓feld** *n* (z.B. eines Gewölbes) (Bau) / centre bay ‖ **⁓feldverdichter** *m* (DIN 64050) (Tex) / middle condenser ‖ **~flüchtig** *adj* (Chem) / semivolatile *adj*, medium-volatile *adj* ‖ **~flüchtiges Lösemittel** (DIN 53170) (Chem) / medium-volatile solvent ‖ **⁓flügel** *m* (Lufft) / centre section* ‖ **~flüssig** *adj* / medium-body attr, medium-bodied *adj* ‖ **⁓fraktion** *f* (Chem Verf) / heart *n*, heart cut ‖ **⁓frequenz** *f* (Hektometerwellenbereich) (Radio) / medium frequency* (MF) ‖ **⁓frequenzerwärmung** *f* (eine Art Induktionserwärmung) (Hütt) / medium-frequency heating ‖ **⁓frequenzhärten** *n* (Hütt) / medium-frequency hardening ‖ **⁓frequenzinduktionsofen** *m* (zwischen 50 Hz und 10 kHz) (ein Schmelzofen) (Eltech, Hütt) / high-frequency induction furnace*, high-frequency furnace ‖ **⁓fries** *m* (ein Querfries der Rahmentür) (Tischl) / lock rail*, cross rail ‖ **⁓frist-** (Meteor) / medium-range attr ‖ **~fristig** *adj* (5-7 Tage - Wettervorhersage) (Meteor) / medium-range attr ‖ **⁓gas** *n* (mit mittlerem spezifischem Brennwert) / medium-CV gas
**mittelgroß** *adj* / medium-size attr, medium-sized *adj* ‖ **~es Erosionstal** (Geol) / ravine *n* ‖ **~e Windumwandlungsanlage** / medium-size wind conversion system, MECS
**Mittel•grund** *m* (Untiefe, die ein Fahrwasser in 2 benutzbare Arme teilt, die sich hinter dem Mittelgrund wieder treffen) (Schiff, Wasserb) / middle ground ‖ **⁓gut** *n* (das verwertbare und nicht verwertbare Bestandteile in verwachsener Form enthält und in dieser Zusammensetzung abgesetzt wird) (Aufber) / middlings pl
**mittelhart** *adj* / half-hard *adj*, medium-hard *adj* ‖ **~e Holzfaserplatte** (DIN 68754) (Bau, Tischl) / medium-density hardboard
**Mittel•hieb** *m* (Masch) / bastard cut* ‖ **~ hohe Wolken** (etwa 2400 bis 5300 m) (Lufft, Meteor) / medium clouds, CM, middle clouds ‖ **⁓holm** *m* (hinter der Vordertür) (Kfz) / B-pillar *n*, centre pillar, lock pillar ‖ **⁓hub-Sicherheitsventil** *n* (Masch) / medium-lift safety valve ‖ **~kaloriges Gas** / medium-CV gas ‖ **⁓kasten** *m* (Gieß) / cheek *n* ‖ **~kettig** *adj* (Chem) / medium-chain attr ‖ **⁓klassewagen** *m* (Kfz) / mid-size car, intermediate *n* ‖ **⁓kohle** *f* (10-30 mm, DIN 22005) (Bergb) / grains pl ‖ **⁓konsole** *f* (Kfz) / centre console ‖ **⁓kontakt** *m* (Eltech) / centre contact, base contact ‖ **⁓lage** *f* (mit dem gleichen Faserverlauf - bei Sperrholz, Verbundplatten usw.) (For, Tischl) / core *n* ‖ **⁓lage** (mit dem kreuzweisen Faserverlauf - bei Sperrholz, Verbundplatten usw.) (For, Tischl) / crossband *n* ‖ **⁓lage** (DIN 1912) (Schw) / inner pass, stripper *n* ‖ **⁓lage** (Schw) / between-beds *n* ‖ **⁓lagen** *f pl* (bei Sperrholz, Verbundplatten usw.) (For, Tischl) / centre *n* ‖ **⁓lamelle** *f* (For) / middle lamella ‖ **⁓länge** *f* (die Größe der Kleinbuchstaben, die keine Ober- und Unterlängen haben) (Typog) / x-height *n*, z-height *n* ‖ **⁓last** *f* (Bau, HuT) / medium load ‖ **⁓last** (Eltech) / intermediate load ‖ **⁓lastkapazität** *f* (eines Kraftwerks) (Eltech) / intermediate-load-range capacity ‖ **⁓lastkraftwerk** *n* (meistens als Steinkohlekraftwerk) (Eltech) / intermediate-load plant (power station) ‖ **⁓leiste** *f* (Web) / centre selvedge, centre selvage, inside selvedge ‖ **⁓leiter** *m* (Eltech) / central conductor ‖ **⁓leiter** (des Koaxialkabels) (Kab) / internal conductor*, inner conductor* *n* ‖ **⁓leiterwirkung** *f* (Galv) / bipolar action, bipolarity *n*
**Mittellinie** *f* (eines Profils) (Lufft) / skeleton line, profile mean line, mean camber line ‖ **⁓** (der Startbahn) (Lufft) / centre line ‖ **⁓** (Math) / line of centres, centre line, c.l. ‖ **⁓** (eine Dreieckstransversale) (Math) / median *n* ‖ **⁓** (im Trapez) (Math) / median *n*
**Mittel•linienlunker** *m* (Gieß) / shrinkage pipe, centre-line cavity ‖ **~mäßig fester Ziegel** (Bau) / semi-engineering brick ‖ **⁓moräne** *f* (Geol) / medial moraine ‖ **⁓motor** *m* (Kfz) / mid-engine *n* ‖ **⁓motorauto** *n* (Kfz) / mid-engine car
**mitteln** *v* (Math, Stats) / average *v* ‖ **⁓ n von Signalen** (Fernm) / signal averaging
**Mittel•öl** *n* (Chem Verf) / carbolic oil*, middle oil* ‖ **⁓öl-Alkydharz** *n* / middle-oil alkyd (resin) ‖ **~öliges Alkydharz** / middle-oil alkyd (resin)
**mittelozeanisch•er Rücken** (Geol, Ozean) / mid-ocean ridge, median ridge, mid-oceanic ridge, ridge *n*, mid-ocean rise ‖ **~e Schwelle** (Geol, Ozean) / mid-ocean ridge, median ridge, mid-oceanic ridge, ridge *n*, mid-ocean rise
**Mittel•pech** *n* (Erweichungspunkt um 70 °C) / medium pitch, briquet pitch ‖ **⁓pfette** *f* (die durch Stuhlsäule gestützt ist) (Bau, Zimm) / middle purlin
**Mittelpunkt** *m* (Math) / centre* *n* (GB), center(US) *n* ‖ **⁓** (Math) / midpoint *n*, median point ‖ **optischer ⁓** (Opt) / optical centre ‖ **versetzter ⁓** (Masch) / offset centre ‖ **⁓ der Inversion** (Math) / centre of inversion ‖ **⁓ des Inkreises** (Math) / incentre *n* ‖ **⁓abstand** *m* / centre-to-centre distance, centre-to-centre spacing ‖ **⁓anzapfung** *f* (Eltech) / midpoint tap ‖ **⁓leiter** *m* (Eltech) / neutral conductor*, middle conductor*, middle wire*, neutral wire*, neutral* *n*
**Mittelpunkts•kegelschnitt** *m* (Math) / central conic ‖ **⁓quadrik** *f* (Math) / central quadric ‖ **⁓transformator** *m* (Eltech) / static balancer* ‖ **⁓winkel** *m* (Math) / central angle* (angle subtended by the arc at the centre), angle at centre
**mittel•radioaktiver Abfall** (Nukl) / medium-activity waste, medium-level radioactive waste, intermediate-level waste* ‖ **⁓rammträger** *m* (beim waagerechten Verbau) (Bau) / king pile* ‖ **⁓rohrrahmen** *m* (Kfz) / central-tube frame ‖ **⁓rostfeld** *n* (Masch, Wärm) / middle section of grate ‖ **⁓schaltung** *f* (Kfz) / floor-type gear shift, floor-type shifting (US), floor-board shifting (US), central gear change, stick shift (US) ‖ **⁓schiene** *f* (eine Stromschiene) (Bahn) / middle rail, central rail ‖ **⁓schiff** *n* (Arch) / nave* *n* ‖ **⁓schifter** *m* (beim Walmdach) (Zimm) / crown rafter ‖ **~schlächtiges Wasserrad**

**Mittelschluff**
(Wasserb) / breast (water) wheel, breast-wheel n || ~**schluff** m (0,02 - 0,006 mm) (Geol) / medium silt || ~**schneider** m (Masch) / second tap*, intermediate tap

**mittelschnell • es Neutron** (Kernphys) / intermediate neutron* || **~er Reaktor** (bei dem die Spaltungen vorwiegend von mittelschnellen Neutronen ausgelöst werden - DIN 25402) (Nukl) / intermediate reactor*

**mittel • schnellaufend** adj (Motor) / medium-speed attr || **~schweres Gewinderohr** (DIN 2440) (Hütt) / medium-weight threaded tube || ~**senkrechte** f (einer Strecke) (Math) / mean perpendicular, mid-perpendicular n || ~**senkrechte** (eine Dreieckstransversale) (Math) / apothem n || ~**sorte** f (der Waren) / middlings pl || ~**spalt** m (mittlere Schicht beim Spalten von schweren Häuten) (Leder) / middle split || ~**spannung** f (Eltech) / medium voltage (250-650 V)* || ~**spannung** (bei dem Dauerschwingversuch) (Hütt, Masch) / mean stress* || ~**spannungsnetz** n (Eltech) / medium-high-voltage system || ~**spannungswicklung** f (Eltech) / intermediate-voltage winding || ~**stahlstraße** f (Hütt) / medium-section mill || ~**stahlwalzwerk** n (Hütt) / medium-section mill || ~**stamm** m (For) / middle log, middle cut || **~ständig** adj (z.B. C-Atom einer Kette) (Chem) / centrally located || ~**stapelige Baumwolle** (mit einem Handelsstapel zwischen 22 und 29 mm) (Tex) / medium cotton || ~**steg** m (Buchb, Druck) / back margin, inner margin || ~**steg** s. auch Bundsteg || ~**strecke** f (Luftf) / medium range || ~**streckenrakete** f (bis etwa 6000 km) (Mil) / intermediate-range ballistic missile, I.R.B.M., IRBM, medium-range ballistic missile, MRBM || ~**streifen** m (zwischen zwei Richtungsfahrbahnen) (der Autobahn) (HuT, Kfz) / central reservation, central reserve, mall (chiefly Upstate New York), median strip (US), median n (US) || ~**streifenbepflanzung** f (HuT) / central reserve planting, median planting (US) || ~**stück** n / waist n, neck n || ~**stück** (For) / middle log, middle cut || ~**teil** n (eingeschnürter) / waist n, neck n || ~**temperaturpyrolyse** (MTP) f (Erdöl) / steam cracking || **~tief gefärbtes Garn** (Spinn) / intermediate-shade dyed yarn || **~ton** m (Druck) / mid-tone n, middle tone || ~**töner** m (Akus) / mid-range loudspeaker, mid-range speaker, squawker n || ~**tonlautsprecher** m (Akus) / mid-range loudspeaker, mid-range speaker, squawker n || **~träge** adj (Schmelzeinsatz) (Eltech) / semi time-lag attr, middle-blow attr || ~**träger** m (auf den die Antennenelemente einer Richtstrahlantenne befestigt sind) (Radio) / boom n || ~**trägerrahmen** m (Kfz) / central-tube frame (with a fork at both ends and central cross members) || **~trübes Glas** (Glas) / opalescent glass

**Mittelungsrechner** m (EDV) / averaging computer, averager n

**Mittel • welle** f (bei Wellpappen - Riffelteilung etwa 6,3-7,9 mm) (Pap) / C-flute n || ~**wellen** f pl (200 - 1000 m) (Radio) / medium waves*

**Mittelwert** m (Math, Stats) / average* n, mean* n, avg || **~e** m pl (Stats) / measures of central tendency || **arithmetischer ~** (der Fläche) (Math) / mean centre || **den ~ bilden** (Math, Stats) / average v || **korrigierter ~** (Math) / corrected mean, modified mean || **quadratischer ~** (Phys) / r.m.s. value*, RMS value, effective value*, root-mean-square value* || ~ m **der Grundgesamtheit** (Stats) / population mean || ~**analyse** f (Math) / mean-value analysis, MVA || **~bildender Rechner** (EDV) / averaging computer, averager n || ~**bildung** f (Stats) / averaging n || ~**messer** m (Nukl) / count ratemeter* || ~**satz** m (z.B. Satz von Rolle) (Math) / mean-value theorem, law of the mean || **einfacher ~satz** (der Differentialrechnung) (Math) / mean-value theorem, first law of the mean, first mean value theorem || **erster ~satz** (der Differentialrechnung) (Math) / mean-value theorem, first law of the mean, first mean value theorem || **Gaußscher ~satz** (Math) / Gauss' mean-value theorem, Gaussian mean-value theorem

**Mittel • wolle** f (Tex) / crossbred n || ~**zapfen** m (Masch) / centrepin n, centring pin || ~**zerkleinerung** f (Zwischenzerkleinerung) (Masch) / secondary crushing || ~**-Zweck-Analyse** f (KI) / means-ends analysis

**Mitten • abstand** m (DIN 43601) / centre-to-centre distance, centre-to-centre spacing || ~**betonte Belichtungsmessung** (Foto) / centre-weighted measurement || ~**durchmesser** m (For) / half-height diameter || ~**elektrode** f (Kfz) / central electrode, centre electrode || ~**frequenz** f (Fernm) / centre frequency* || ~**kontakt** m (Eltech) / centre contact, base contact || ~**kreis** m (des Schneckenrads) (Masch) / reference circle (GB) || ~**linie** f (Math) / line of centres, centre line, c.l. || ~**punkt** m (Math) / midpoint n, median point || **quadratischer ~rauhwert** (Masch) / root-mean-square height || **(arithmetischer) ~rauhwert** (Masch) / average roughness value, arithmetical average height (US), centre-line average height, CLA height, AA height || ~**stärke** f (des Baumstamms) (For) / half-height diameter || ~**versatz** m (spezieller Fall der Außenmittigkeit) (Masch) / mismatch n || ~**verschiebung** f (Radar) / decent(e)ring n || ~**winkel** m (am Kreis) (Math) / central angle* (angle subtended by the arc at the centre), angle at centre

**Mitternachtssonne** f (Astr) / midnight sun

**mittig** adj / in-centre attr, on-centre attr, centric adj, centrical adj || ~ / concentric adj || **~ angerissene Zugprobe** (WP) / centre-cracked tensile specimen, CCT specimen || **~e Ausrichtung** (Masch) / centring* n, centering* n (US) || **~ gedrückter Stab** (Mech) / axially loaded (compression) member || **~ gespeist** (z.B. ein Folienblaskopf) (Plast) / central-fed adj || **~ gespeister Folienblaskopf** (Plast) / central-fed film blowing head || **~ richten** (Masch) / centre v, center v (US)

**Mittigkeit** f (zentrale Anordnung) / centrality n || **~** / concentricity n

**Mittigkeitsausschlag** m (Masch) / total indicator reading, TIR

**mittler • e aerodynamische Sehne** (Luftf) / aerodynamic mean chord, AMC, mean aerodynamic chord, MAC || **~e Anomalie** (Astr) / mean anomaly || **~er Ausfallabstand** (Masch) / mean time between failures, MTBF* || **~er Bainit** (Hütt) / intermediate bainite || **~e Betriebsdauer** (Masch) / mean time to failure, MTTF || **~er Dachpfosten** (Kfz) / B-pillar n, centre pillar, lock pillar || **~e Datentechnik (MDT)** (EDV) / small business systems, office computers (as opposed to general-purpose computers) || **~e Differenz** (Stats) / mean difference || **~e Durchlaßverlustleistung** (DIN 41781) (Eltronik) / mean conducting state power loss || **~e Faserlänge** / mean fibre length || **~e Festigkeit** (WP) / medium strength || **~e Flügeltiefe** (Luftf) / standard mean chord* (SMC) || **~e Fraktion** (Chem Verf) / middle fraction || **~e freie Weglänge** (Kernphys) / mean free path* || **~e Frequenz** (Fernm) / centre frequency* || **~e für Ausfallerkennung benötigte Zeit** (F.Org, Masch) / mean-failure-detection time, MFDT || **~e geometrische Flügeltiefe** (Luftf) / mean chord*, mean geometric chord || **~er Gradient** (Foto) / gradation n || **~e Greenwicher Zeit** / Greenwich Mean Time*, G.M.T.*, Greenwich Civil Time, Greenwich time, Universal Time*, zebra time, zulu time*, UT || **~er indizierter Druck** (reduziert auf Brems-PS) (Kfz, Masch) / brake mean effective pressure*, B.M.E.P.*, BMEP* || **~er Informationsbelag** (einer Nachrichtenquelle) (Fernm) / mean information content per character, average information content per character || **~er Informationsfluß** (einer Nachrichtenquelle) (Fernm) / average information rate per time || **~er Informationsgehalt** (DIN 44301) / mean information content || **~es Infrarot** (Phys) / middle infrared, MIR, intermediate infrared || **~e Integrationsdichte** (Eltronik) / medium-scale integration*, MSI* || **~er Integrationsgrad** (Eltronik) / medium-scale integration*, MSI* || **~es IR** (DIN 5031, T 7) (Phys) / middle infrared, MIR, intermediate infrared || **~e Korngröße** (Pulv) / particle mean size* || **~e Krümmung** (einer Fläche) (Math) / mean curvature || **~e Lebensdauer** (die Verweilzeit im angeregten Zustand) (Kernphys, Stats) / mean life* || **~e Lebensdauer** (bei nicht gewarteten Systemen) (Masch) / mean time to failure, MTTF || **~e Lebenszeit der Neutronengeneration** (Kernphys) / generation time*, neutron generation time || **~e Letaldosis** (Med) / $LD_{50}$*, mean lethal dose*, median lethal dose, lethal dose 50, MLD* || **~e Letalzeit** (Zeit, in der 50% der Lebewesen als Folge einer bestimmten Energiedosis sterben) (Kernphys) / median lethal time, MLT || **~er Mittag** (bei dem Durchgang der mittleren Sonne) (Astr) / mean noon* || **~er Nutzdruck** (Masch) / mean effective pressure, mep, mean pressure, mp || **~er Ort** (Astr) / mean place* || **~e Ortszeit** (Astr) / local mean time, LMT || **~e Position** (Astr) / mean place* || **~e Proportionale** (gleiches Innenglied einer stetigen Proportion) (Math) / mean proportional || **~e quadratische Abweichung** (Stats) / variance* n, dispersion* n, spread n, scatter n, straggling n || **~er quadratischer Fehler** (des Mittelwertes) (Math) / mean-square(d) error*, standard error || **~e Qualität** / fair quality, average quality, medium quality, middling quality || **~e Rauhtiefe** (DIN 4762) (Masch) / peak-to-mean-line height, levelling depth, envelope average depth (a surface parameter) || **~e Reichweite** (Teilchenstrahlung) (Kernphys) / mean range || **~e Reichweite** (Luftf, Radar) / medium range || **~e Reparaturdauer** / mean time to repair, MTTR || **~es senkrechtes Konstruktionselement** (eines Fachwerks) (Zimm) / filling post* || **~er Siedepunkt** (Phys) / mid-boiling point || **~e Sonne** (die sich gleichförmig auf dem Himmelsäquator bewegt) (Astr) / mean sun* || **~e Sonnenzeit** (Astr) / mean solar time*, civil time, MST || **~e Spannung** (Eltech) / average voltage || **~e Sternzeit** (Astr) / mean sidereal time || **~e Stetigkeit** (Math) / mean continuity || **~er Störungsabstand** (Quotient aus der Summe der Betriebszeiten eines Gerätes zur Gesamtzahl seiner Störungen über einen bestimmten Zeitraum) / mean time between malfunctions, MTBM || **~e störungsfreie Zeit** (Bauteilzuverlässigkeit als Funktion der Zeit) / mean time between failures, MTBF* || **~e Stoßzeit** (Phys) / mean free time* || **~e Technik** (keine Spitzentechnik, kein Handwerk) / intermediate technology || **~er Tiefgang** (Schiff) / mean draught* || **~er Transinformationsgehalt** (EDV) / average transinformation content || **~es Ultraviolett** (DIN 5031, T 7) (Phys) / middle ultraviolet || **~er Wasserstand** (Ozean) / mean sea level || **~er Wasserstand** (Wasserb) / mean water level || **~er Wechselstromwert** (Elektr) / average current* || **~e Zeit bis zum ersten Ausfall** / mean time to

first failure, MTTFF ‖ ~e **Zeit zwischen zwei Stößen** (Phys) / mean free time* ‖ ~e **Zone** (z.B. der Linse) / middle zone ‖ ~e **Zwischenstufe** (Hütt) / intermediate bainite
**Mittlers Grün** (Chem) / Guignet's green, Guinea green, viridian green
**mittragende Breite** (von Deckstägern) (Schiff) / load-bearing width
**Mitverbunderregung** f (Eltech) / cumulative compound excitation
**Mitwirkung** f (z.B. des Menschen in automatisierten Prozessen) (F.Org) / involvement n ‖ **unter ~ des Feldes** (Phys) / field-assisted adj ‖ ~ f **des Menschen** (Regeln) / human involvement
**Mitziehen** n (Fernm) / locking n, lock-in* n, pull-in n
**Mix** m (EDV) / instruction mix ‖ ~ (EDV) / instruction mix, mix n
**Mixed Hardware** f (von verschiedenen Herstellern) (EDV) / mixed hardware
**Mixed-in-Plant-Verfahren** n (HuT) / mixed-in-plant n, plant-mix n (mixed-in-plant)
**Mixed-layer-Minerale** n pl (Mineralgruppe, die in einem Kristall über eine unregelmäßige Wechsellagerung verschiedener Schichtpakete verfügt) (Min) / mixed-layer clay minerals
**mixen** v (Nahr) / concoct v
**Mixer** m (ein Küchengerät) / liquidiser n (GB), liquidizer n, blender n (US) ‖ ~ (der das Mischpult bedient) (Akus, Eltronik) / mixer* n
**Mixer-Settler-Extraktor** m (Chem Verf) / mixer-settler* n
**Mixgerät** n / liquidiser n (GB), liquidizer n, blender n (US)
**Mixtion** f / oil gold size, gold size
**Mixtur** f (flüssige Arzneimischung) (Pharm) / mixture n
**Mixtura** f (pl. -ae) (Pharm) / mixture n
**Mizell** n (Bot, Chem) / micelle* n
**mizellar** adj (Bot, Chem) / micellar adj ‖ ~e **elektrokinetische Chromatografie** (Chem) / micellar electrokinetic chromatography, MEKC
**Mizelle** f (Bot, Chem) / micelle* n
**Mizellkolloid** n (Chem) / association colloid, micellar colloid
**Mizzonit** m (der gewöhnlichste Skapolith) (Min) / mizzonite* n
**MK-933** (Pharm) / ivermectin n
**MKC-Kondensator** m (Eltech) / polycarbonate capacitor
**MKD** (Krist) / monocrystalline diamond
**MKF** (Foto, Tex) / metal-complex dyestuff, metallic complex dyestuff, metallized dyestuff
**MKK-System** n (ein zweidimensionales Klassifikationssystem für Sternspektren) (Astr) / MKK system
**MKP-Kondensator** m (Eltech) / polypropylene capacitor
**MKS** (For) / chain-saw n, power chain-saw, motor chain-saw
**MKSA-System** n / Giorgi system*, MKSA*
**MKT-Kondensator** m (Eltech) / polyester capacitor
**ml** / millilitre* n, ml*
**m-Lösung** f (Chem) / molar solution, M solution
**MLS** (Lufft) / microwave landing system, MLS
**μm** (10⁻⁶ m) / micrometre* n, micron* n
**MMA** (Chem) / methyl methacrylate, MAA
**MMA-Stück** n (Masch) / double-socket tee with flanged branch
**MMB** (Masch) / multiple machine work
**MMBB-Stück** n (ein Formstück) (Masch) / all-socket cross
**MMB-Stück** n (Masch) / all-socket tee
**mmHg** (DIN 1301, T 3) (nicht mehr zugelassene Einheit des Druckes = 133,322 Pa) / millimetre of mercury, mm Hg
**MMK** (entlang einer geschlossenen Linie) (Phys) / magnetomotive force*, m.m.f.*
**MMK-Stück** n 45 (Masch) / double-socket 1/8 bend ‖ ~ 22 (Masch) / double-socket 1/16 bend ‖ ~ 11 (Masch) / double-socket 1/32 bend
**MMQ-Stück** n (Masch) / double-socket 1/4 bend
**MMR-Stück** n (Masch) / double-socket taper
**MM-Technik** f (Eltronik) / micromodule technology
**MMX** (EDV) / multimedia extensions, MMX
**MMX-Befehl** m (EDV) / MMX instruction
**Mn** (Chem) / manganese* n
**MNDO-Verfahren** n (Chem) / MNDO method
**mnemonischer Kode** (ein Buchstabenkode) / mnemonic code
**mnemotechnischer Kode** / mnemonic code
**MNOS-Technologie** f (Eltronik) / MNOS technology, metal-nitride-oxide semiconductor technology
**M/N-Verhältnis** n (Kernphys) / yield per ion pair, M/N ratio
**Mo** (Chem) / molybdenum* n
**MO** (ein Elektronenzustand) (Chem) / molecular orbital*
**Mo** (die Haare von Angoraziegen) (Tex) / mohair* n
**Mob** m (ein freiprogrammierbares Objekt in hochauflösender Grafik) (EDV) / sprite n, shape n, mob n
**Mobbing** n (Schikanierung am Arbeitsplatz) / mobbing n
**Möbel** n pl (Bau, Tischl) / furniture n ‖ ~ **für industriellen Gebrauch** / contract furniture, industrial furniture ‖ ~**bau** m (Tischl) / furniture-making n, furniture manufacture, cabinet-making n ‖ ~**beize** f (Tischl) / wood stain, stain n ‖ ~**beschlag** m (Tischl) / furniture fittings ‖ ~**beschläge** m pl (Tischl) / furniture fittings ‖

~**bezugsstoff** m (z.B. Möbelrips oder -plüsch) (Tex) / furniture covering ‖ ~**feder** f (Tischl) / furniture spring ‖ ~**fertigung** f (Tischl) / furniture-making n, furniture manufacture, cabinet-making n ‖ ~**fuß** m (Tischl) / furniture foot, furniture leg ‖ ~**griff** m / furniture handle ‖ ~**lack** m (Anstr) / varnish for furniture(s) ‖ ~**leder** n (Leder) / leather for upholstery, upholstery leather ‖ ~**öl** n (Tischl) / furniture oil ‖ ~**platte** f (zur Herstellung von Korpusmöbeln, für Tischplatten und für Innenausbau) (For, Tischl) / furniture board, furniture panel ‖ ~**plüsch** m (Tex) / furniture plush ‖ ~**rolle** f (Masch) / castor n, caster n ‖ ~**samt** m (Tex) / upholstery velvet ‖ ~**schild** n / furniture escutcheon ‖ ~**schloß** n (Tischl) / furniture lock ‖ ~**schreiner** m (Tischl) / joiner n, cabinet-maker m ‖ ~**schreinerei** f (Fertigung) (Tischl) / furniture-making n, furniture manufacture, cabinet-making n ‖ ~**spanplatte** f (überwiegend aus Schneidspänen) (Tischl) / furniture-grade particle board ‖ ~**stoff** m (Polster- und Bezugsstoff) (Tex) / furniture fabric ‖ ~**stück** n / piece of furniture ‖ ~**tischler** m (Tischl) / joiner n, cabinet-maker m ‖ ~**velours** m (Tex) / upholstery pile fabric ‖ ~**wagen** m (ein Speditionsauto) (Kfz) / removal van*, furniture van, furniture truck (US), moving van (US), pantechnicon n (GB)
**mobil** adj / mobile adj, moving adj, movable adj ‖ ~ s. auch tragbar ‖ ~**es Bohrgerät** (HuT) / truck-mounted drilling rig, truck rig ‖ ~**er Funkdienst** (Fernsp, Radio) / mobile radio service, mobile communication system ‖ ~**es Funknetz** (Fernsp, Radio) / mobile radio network ‖ ~**e Phase** (in der Chromatografie) (Chem) / mobile phase* ‖ ~**er Reaktor** (Nukl) / transportable reactor, mobile reactor, package reactor ‖ ~**e Richtfunkstation** (Radio) / mobile microwave station ‖ ~**er Speicher** (Masch) / mobile magazine (parts and tools) ‖ ~**es Telefon** (Fernsp) / mobile telephone, mobile phone, mobile n
**Mobil • anwenderteil** m (Fernm) / mobile application part, MAP ‖ ~**bagger** m (selbstfahrende Arbeitsmaschine bis 30 t Dienstgewicht) (HuT, Kfz) / self-propelled excavator, mobile excavator ‖ ~**funk** m (Fernsp, Radio) / mobile radio service, mobile communication system ‖ **privater** ~**funk** (für bewegliche Landfunkdienste) (Radio) / private mobile radio, PMR ‖ **digitaler** ~**funk** (Radio) / digital mobile radio ‖ **internationale** ~**gerätekennung** (Fernsp) / international mobile station equipment identity, IMEI ‖ ~**heim** n (Kfz) / mobile home, holiday caravan ‖ ~**heim** (Kfz) s. auch Wohnmobil
**Mobilisation** f (bei der Metamorphose und Ultrametamorphose) (Geol) / mobilization n
**Mobilität** f (z.B. technologische) / mobility n ‖ ~ (Quotient aus Permeabilität und Viskosität) (Phys) / mobility n
**Mobil • kommunikationsnetz** n (Fernm) / public land mobile network, PLMN ‖ ~**kran** m (ohne eigenen Antrieb fahrbar) (HuT, Kfz) / mobile crane ‖ ~**-MTG-Verfahren** n (Kftst) / methanol to gasoline process, MTG process, Mobil-Oil process ‖ ~**netz** n (Fernsp) / mobile network ‖ ~**-Oil-Verfahren** n (Kftst) / methanol to gasoline process, MTG process, Mobil-Oil process ‖ ~**speicher** m (beweglicher Werkstück- oder Werkzeugspeicher) (Masch) / mobile magazine (parts and tools) ‖ ~**station** f (Fernm) / mobile station ‖ **internationale** ~**teilnehmerkennung** (bei Mobiltelefonen) (Fernsp) / international mobile subscriber identity, IMSI ‖ ~**telefon** n (Fernsp) / mobile telephone, mobile phone, mobile n
**Möbius • -Aromatizität** f (Chem) / anti-aromaticity n, anti-Hückel system, Möbius system, Möbius aromaticity ‖ ~**-Band** n (Math) / Möbius strip*, Möbius band ‖ ~**-Kreisverwandtschaft** f (Math) / bilinear transformation, Möbius transformation, linear fractional transformation, bilinear transformation ‖ ~**-Molekül** n (Chem) / Möbius molecule ‖ ~**-Prozeß** m (elektrolytisches Verfahren zur Silberraffination) (Hütt) / Moebius process*
**Möbiussch • es Band** (eine nichtorientierbare und einseitige Fläche) (Math) / Möbius strip*, Möbius band ‖ ~**e Fläche** (nach A.F. Möbius, 1790-1868) (Math) / Möbius strip*, Möbius band ‖ ~**e Umkehrformel** (Math) / Möbius inversion formula
**Möbius • -Transformation** f (Math) / bilinear transformation*, Möbius transformation, linear fractional transformation, bilinear transformation ‖ ~**-Verfahren** n (zur Gewinnung des Elektrolytsilbers) (Hütt) / Moebius process*
**möblieren** v / furnish v
**Möblierung** f (der Straßen) (HuT) / furniture n
**Mocayaöl** n (aus der Fruchtpulpe und den Kernen der Palme Acrocomia sclerocarpa Mart.) / mocaya oil
**Mocha** n (samtartiges geschliffenes Glacéleder aus Lamm- oder Zickelfellen der nordafrikanischen Schwarzkopfschafe) (Leder) / mocha n (suede)
**Mochaleder** n (samtartiges geschliffenes Glacéleder aus Lamm- oder Zickelfellen der nordafrikanischen Schwarzkopfschafe) (Leder) / mocha n (suede)
**MOCVD-Prozeß** m (eine Schichtabscheidung aus der Gasphase) (Galv) / metal-organic CVD
**MOD** (EDV) / magnetooptical disk, MOD
**Modacrylfaser** f (Spinn) / modacrylic fibre*

**Modakrylfaser**

**Modakrylfaser** f (Spinn) / modacrylic fibre*
**modal** adj / modal adj ‖ ~**e Analyse** (der Schwingungen) (Phys) / modal analysis ‖ ~**e Dämpfung** (in der Schwingungslehre) (Mech) / modal damping ‖ ~**er Mineralbestand** (Geol) / mode n ‖ ~**er Operator** (KI) / modal operator ‖ ~**er Parameter** (in der Schwingungslehre) (Mech) / modal parameter
**Modalfaser** f (hochnaßfeste Viskosespezialfaser mit hohem Polymerisationsgrad) (Spinn) / modal fibre*
**Modalitätenlogik** f (Erweiterung der klassischen Logik um die Begriffe der Möglichkeit und der Notwendigkeit) (KI) / modal logic
**Modal•logik** f (Logik der Modalitäten) (KI) / modal logic ‖ ~**operator** m (Möglichkeit und Notwendigkeit in der Modallogik) (KI) / modal operator ‖ ~**wert** m (Dichtemittel) (Stats) / mode* n, modal value*
**Mode** f (Tex) / fashion n
**Mode** m (Menge aller Eigenschaften einer Datengruppe) (EDV) / mode n ‖ ~ m f (EDV, Eltech) / mode* n, mode of operation, operating mode ‖ ~ (Eltronik, Fernm, Phys) / mode* n, mode of vibration, mode of oscillation ‖ **ausbreitungsfähiger** ~ (in den Multimodefasern) / mode of propagation, propagation mode ‖ **geführter** ~ (Faseroptik) (Eltronik) / bound mode, guided mode, trapped mode* ‖ **nichtausbreitungsfähiger** ~ (Fernm) / evanescent mode* ‖ **transversal-elektromagnetischer** ~ (Wellenleiter) (Fernm) / transverse electromagnetic mode, TEM mode ‖ **transversal-magnetischer** ~ (Wellenleiter) (Fernm) / transverse magnetic mode, TM mode ‖ **ungeführter** ~ (Eltronik) / unbound mode, unguided mode ‖ ~ m **höherer Ordnung** (Fernm, Phys) / high-order mode ‖ ~ **niedrigerer Ordnung** (Fernm, Phys) / low-order mode
**Modeartikel** m pl (vielgekaufte Artikel) (Tex) / novelties n pl, fashionable novelties
**Model** m (der halbe untere Säulendurchmesser als Einheit für die Maßverhältnisse der Säulenordnung) (Arch) / module* n ‖ ~ (For) / cant n
**Modeldruck** m (Tex) / block-printing n, hand-block printing, hand printing
**Modell** n (für zukünftige Projekte) / blueprint n ‖ ~ / design n, configuration n, model n, pattern n ‖ ~ (z.B. einer Anlage) / mock-up n ‖ ~ / model n, pattern* n ‖ ~ (DIN 1511) (Gieß) / pattern* n ‖ ~ (in allen Stadien) (Keram) / mould n ‖ ~ (Keram) / original model ‖ ~ (z.B. beim Kopierfräsen) (Masch) / copy n ‖ ~ (beim Metalldrücken) (Masch) / chuck n ‖ ~ (Math) / model n ‖ **auf einem** ~ **basierend** (KI) / model-based adj ‖ **deterministisches** ~ (Stats) / deterministic model ‖ **digitales** ~ / digital model ‖ **dreidimensionales** ~ / three-dimensional model ‖ **dynamisches** ~ / dynamic model ‖ **99er** ~ (Kfz) / model 1999, model year 1999 ‖ **geteiltes** (zweiteiliges) ~ (Gieß) / split pattern, sectional pattern ‖ **getrenntes** ~ (Gieß) / split pattern, sectional pattern ‖ **hydraulisches** ~ (Wasserb) / hydraulic model ‖ **infologisches** ~ (EDV, KI, Math) / infological model ‖ **kognitives** ~ (KI) / cognitive model ‖ **kombiniertes** ~ (Kernphys) / collective model* (of the nucleus), unified model* (of the nucleus) ‖ **lineares** ~ (Stats) / linear model ‖ **maßstäbliches** ~ / scale model ‖ **maßstabsgetreues** ~ / scale model ‖ **mathematisches** ~ (Math) / mathematical model, mathematic model ‖ **mehrteiliges zerlegbares** ~ (Gieß) / loose pattern ‖ **numerisches** ~ / numerical model ‖ **operationales** ~ / operational model ‖ **optisches** ~ (des Atomkerns) (Kernphys) / optical model of a nucleus, cloudy crystal ball model ‖ **Peierlssches** ~ (ein Versetzungsmodell) (Krist) / Peierls-Nabarro model ‖ **probabilistisches** ~ (KI) / probabilistic model ‖ **rechnerinternes** ~ (EDV) / machine model ‖ **relationales** ~ (EDV, KI) / relational model ‖ **rheologisches** ~ (z.B. Kelvin-, Voigt-, Prandtl- oder Bingham-Modell nach DIN 1342, T 1) (Phys) / rheological model ‖ **statistisches** ~ (ein Kernmodell) (Kernphys) / Fermi gas model, statistical model ‖ **statistisches** ~ (Stats) / statistical model ‖ **stochastisches** ~ (bei dem die Variablen nicht streng deterministisch durch mathematisch-physikalische Gesetzmäßigkeiten verbunden sind) (Meteor) / stochastic model ‖ **ungeteiltes** ~ (Gieß) / one-piece pattern, single-piece pattern ‖ **vergasbares** ~ (beim Vollformgießen) (Gieß) / heat-disposable pattern ‖ **verlorenes** ~ (nur einmal verwendbares Modell, das in der Gießform verbleibt und beim bzw. von dem Gießen zerstört wird) (Gieß) / disposable pattern, consumable pattern ‖ **verzogenes** ~ (Gieß) / distorted pattern ‖ **zweiseitiges** ~ (Gieß) / match-plate pattern ‖ ~ n **aus gefrorenem Quecksilber** (für das Mercast-Verfahren) (Gieß) / frozen mercury pattern ‖ ~ **des Atomkerns** (Kernphys) / nuclear model* ‖ ~ **für Windkanalversuche** (Luftf) / wind tunnel model (WTM) ‖ ~ **mit Anschnittsystem** (in einem Teil) (Gieß) / gated pattern ‖ ~ **mit starker** (fester) **Kopplung** (Kernphys) / tight binding model*, strong coupling model ‖ ~ **mit unabhängigen Teilchen** (Kernphys) / one-particle model of a nucleus*, single-particle model of a nucleus, independent particle model (of a nucleus) ‖ ~ **unabhängiger Teilchen** (zusammenfassende Bezeichnung für eine Gruppe von Näherungsverfahren zur Berechnung der Wellenfunktionen und Energieeigenwerte der Grundzustände der Atomhülle und des Atomkerns) (Kernphys) / one-particle model of a nucleus*, single-particle model of a nucleus, independent particle model (of a nucleus) ‖ ~ **ziehen** (Gieß) / draw v, withdraw v, lift off v
**Modell•aufspanntisch** m (z.B. einer Kopierfräsmaschine) (Masch) / copyholder table, pattern table ‖ ~**ausheben** n (aus der Form) (Gieß) / drawing of patterns*, lifting of patterns* ‖ ~**ausheber** m (Gieß) / draw spike ‖ ~**ausschmelzverfahren** n (Gieß) / precision moulding ‖ ~**basiertes System** (kombiniertes analytisches und heuristisches System) (KI) / model-based system ‖ ~**bau** m (Gieß) / pattern-making n ‖ ~**bauer** m (Gieß) / pattern-maker n ‖ ~**bausatz** m / model kit ‖ ~**becken** n (im wasserbaulichen Versuchswesen) (Wasserb) / experimental basin, experimental water-shed ‖ ~**beschädigung** f (Gieß) / defacement n ‖ ~**daten** pl (EDV) / model data ‖ ~**datenbank** f (EDV) / model-based database ‖ ~**flugzeug** n (nicht flugfähige verkleinerte maßstabsgerechte Nachbildung eines Flugzeugs) (Luftf) / scale model ‖ ~**formstoff** m (beim Investmentguß) (Gieß) / investment compound ‖ ~**fräsmaschine** f (für den Modell-, Formen- und Kernkastenbau) (Gieß, Tischl) / pattern milling and recessing machine ‖ ~**gesteuert** adj (KI) / model-driven adj ‖ ~**gestützt** adj (KI) / model-based adj ‖ ~**getreu** adj / true to pattern ‖ ~**gips** m / gypsum moulding plaster, casting plaster ‖ ~**herstellung** f (Gieß) / pattern-making n ‖ **numerisch gesteuerte** ~**herstellung** (Gieß) / numerically controlled pattern-making, NC pattern-making
**Modellieren** n / modelling n, modeling n (US) ‖ **geometrisches** ~ (EDV) / solid modelling, geometric modelling
**Modellierung** f / modelling n, modeling n (US) ‖ **infologische** ~ (EDV, KI, Math) / infology n, systemeering n ‖ **kognitive** ~ (KI) / cognitive modelling ‖ **numerische** ~ / numerical modelling
**Modell•jahr** n (z.B. 2001) (Kfz) / model year, MY ‖ **ab** ~**jahr 2002** / starting with model year 2002 ‖ ~**kennfarbe** f (DIN 1511) (Gieß) / pattern identification colour ‖ ~**pflege** f (Verbesserungen an Konstruktion und Ausstattung eines Fahrzeugmodells im Laufe des Produktlebenszyklus) (Kfz) / model improvement ‖ ~**platte** f (entweder doppelseitig oder getrennt für Ober- und Unterkasten) (Gieß) / pattern plate, plate n ‖ ~**platte** (ohne aufgesetztes Modell) (Gieß) / follow board ‖ **zweiseitige** ~**platte** (Gieß) / turnover board*, rollover-board n ‖ **doppelseitige** ~**platte** (Gieß) / turnover board*, rollover-board n ‖ ~**polymer** n (maßgeschneidertes, molekular einheitliches) (Chem) / model polymer, tailor-made polymer ‖ ~**potential** n (ein Potential in der Festkörperphysik, das anstelle der tiefen Potentialtrichter des Kristallpotentials einen nur schwach variablen Verlauf zeigt, aber dieselben Streueigenschaften wie das Kristallpotential hat) (Phys) / model potential ‖ ~**rechner** m (EDV) / model computer ‖ ~**regeln** f pl (die aus der Ähnlichkeitstheorie folgenden Regeln zur Übertragung der Versuchsergebnisse vom Modell auf die Großausführung) / model rules ‖ ~**sand** m (Gieß) / facing sand* ‖ ~**satz** m / model kit ‖ ~**schleppversuch** m (im Tank) (Schiff) / towing tank test, tank towing test, ship-model towing test (trial) ‖ ~**schreinerei** f (Gieß, Tischl) / wood-pattern shop ‖ ~**schwarzsand** m (Gieß) / facing sand* ‖ ~**seite** f (Druck, EDV) / page dummy ‖ ~**spitze** f (Gieß) / draw spike ‖ ~**teilung** f (Gieß) / mould joint ‖ ~**theorie** f / model theory, theory of models ‖ ~**tischlerei** f (Gieß, Tischl) / wood-pattern shop ‖ ~**traube** f (Modellkombination aus einer Vielzahl von kleinen verlorenen Modellen) (Gieß) / cluster n, tree n ‖ ~**verfahren** n **für Regelung** (Regeln) / feedforward n ‖ ~**versuch** m / model experiment, model test ‖ ~**werkstatt** f (Gieß) / pattern-shop n, pattern-room n ‖ ~**zustand** m / model state
**modeln** v (Eltronik, Fernm, Radio) / modulate v
**Modelocking** n (in der Lasertechnik) (Phys) / mode-locking n
**Modelschnitt** m (For) / prismatic cut, double cut
**Modelung** f (Verstärker) (Eltronik, Fernm, Radio) / modulation* n
**Modem** m n (Modulations- und Demodulationsgerät) (Fernm) / modem* n ‖ ~ **mit veränderbarer Frequenz** / variable-frequency modem, VFM
**Moden•abstreifer** m (wenn ein Glasfaserkabel z.B. gespleißt werden muß) (Eltronik) / cladding-mode stripper, mode stripper ‖ **differentielle** ~**dämpfung** (optische Kommunikationstechnik) (Fernm) / differential mode attenuation ‖ ~**dispersion** f (die durch Überlagerung von Moden mit verschiedener Laufzeit hervorgerufene Signalverzerrung in einem Lichtwellenleiter DIN 5788, T 1) (Fernm) / multimode dispersion, optical multimode dispersion, mode dispersion*, modal dispersion ‖ ~**filter** n (Fernm) / mode filter ‖ ~**kopplung** f (bei Lasern eingesetzte Technik) (Phys) / mode-locking n ‖ **stationäre** ~**leistungsverteilung** (DIN 57888, T 1) (Fernm) / equilibrium mode distribution ‖ ~**mischer** m (bei LWL) (Fernm) / mode scrambler ‖ ~**rauschen** n (Störeffekt in Multimodefasern) (Fernm) / modal noise, speckle noise ‖ ~**scrambler** m (Fernm) / mode scrambler ‖ ~**sprung** m (Fernm) / mode jump*, mode skip ‖ ~**volumen** n (ein Produkt aus Querschnittsfläche und Raumwinkel, das in einem LWL für die

Lichtausbreitung zur Verfügung steht) (Fernm) / mode volume ‖ ~**wandler** *m* (Fernm) / mode converter, mode transducer, mode transformer ‖ ~**wandlung** *f* (Fernm) / mode conversion

**Moder** *m* (Fäulnis, Verwesung) / mould* *n* ‖ ~ (eine lockere Humusform) (Landw) / moder humus, moder* *n*

**Moderation** *f* (Kernphys) / moderation* *n*

**Moderationsverhältnis** *n* (Kernphys) / moderating ratio*

**Moderator** *m* (ein Stoff, der Neutronen hoher Energie durch elastische Stöße auf geringe Energie abbremst - DIN 25401, T 2) (Kernphys) / moderator* *n* ‖ ~ (Radio, TV) / presenter *n*, anchorman *n* (pl. -men), linkman *n* (pl. -men) ‖ **wasserstoffhaltiger** ~ (Nukl) / hydrogenous moderator ‖ ~**schnellablaß** *m* (Nukl) / dump *n*, fast draining ‖ ~**steuerung** *f* (Nukl) / moderator control* ‖ ~**trimmung** *f* (Nukl) / moderator control*

**Moderfäule** *f* (besondere Form der Holzzerstörung durch Pilze) (For) / soft rot

**Moderfäulebefall** *m* (For) / soft-rot attack

**Moderholz** *n* (For) / mouldy wood

**moderieren** *v* (Kernphys) / moderate *v*

**Moderierung** *f* (Kernphys) / moderation* *n*

**moderig** *adj* / mouldy *adj*, mildewy *adj*

**Moderigkeit** *f* / mouldiness *n*

**modern** *v* / moulder *v*, go mouldy *v*, putrefy *v*, molder *v* (US) ‖ ~ *adj* (Formgebung) / streamlined *adj* ‖ ~**e Maschinen** / modern-day machinery ‖ ~**er Maschinenpark** / modern-day machinery ‖ ~**e Technik** / advanced technology, ad-tech *n*, AT

**Modernisierung** *f* / modernization *n*

**Modewaren** *f pl* (Tex) / fancy goods, millinery *n*, millinery articles

**Modifier** *m* (Spinn) / modifier *n*

**Modifikation** *f* / modification *n* ‖ ~ (Krist) / modification *n* ‖ **allotrope** ~ (Min) / allotrope *n*, allotropic form

**Modifikationsbit** *n* (EDV) / modifier bit

**Modifikationseintrag** *m* (EDV) / modification entry

**Modifikationsmittel** *n* / modifier* *n*

**Modifikator** *m* (in problemorientierten Programmiersprachen zur maschinellen Programmierung von NC-Maschinen) (EDV, Masch) / modifier *n* ‖ ~ (Zusatzmittel zur Spinnlösungen und -schmelzen zur Modifizierung der Eigenschaften eines Spinnerzeugnisses) (Spinn) / modifier *n*

**modifizieren** *v* / alter *v*, modify *v*, change *v* ‖ ~ (Spinn) / texture *v*, texturize *v* ‖ ~ *n* (Spinn) / texturing *n*, texturizing *n*

**Modifizierfaktor** *m* (EDV) / modifier* *n*

**modifiziert • e Akrylfaser** (Spinn) / modacrylic fibre* ‖ ~**es Bauer-Vogel-Verfahren** (Chem Verf) / modified Bauer-Vogel process, MBV process ‖ ~**es Harz** / modified resin ‖ ~**es Holz** (mit modifizierten Eigenschaften) (For) / modified wood, improved wood ‖ ~**es Protein** (Nahr) / modified protein ‖ ~**e Stärke** (ein Umwandlungsprodukt der Stärke - E 1401-1402) (Nahr) / modified starch ‖ ~**e Uniontown-Methode** (zur Ermittlung der Straßenoktanzahl) (Kftst) / modified Uniontown method

**Modifizierung, chemische** *f* (Chem) / chemical modification

**Modillion** *m* (pl. -s) (Arch) / modillion *n*

**modisch** *adj* (Tex) / tonish *adj*, fashionable *adj*, stylish *adj*, tony *adj* (US), trendy *adj*

**modrig** *adj* / mouldy *adj*, mildewy *adj* ‖ ~ (For) / dozy *adj*, putrid *adj*, doze *adj*

**Modrigkeit** *f* / mouldiness *n*

**Modul** *m* (pl. -n) (Arch) / module* *n* ‖ ~ (pl. -n) (Chem Verf) / modulus *n* ‖ ~ *n* (pl. Module) (EDV) / module *n* ‖ ~ (pl. Module) (Baustein mit bestimmter Funktion) (EDV, Eltronik, Mech) / module* *n* ‖ ~ *m* (pl. -n) (Teilkreisdurchmesser dividiert durch die Zähnezahl - Grundmaß in der Zahnradgeometrie) (Masch) / module* *n* ‖ ~ (pl. -n) (eine Materialkonstante, wie z.B. Elastizitätsmodul) (Masch) / modulus* *n* ‖ ~ (pl. -n) (Math) / modulus of a complex number ‖ ~ (Kehrwert einer Komplianz nach DIN 1342, T 1) (Phys) / modulus *n* ‖ ~ (pl. -n) (z.B. Lunar Excursion Module) (Raumf) / module* *n* ‖ **Artinscher** ~ (nach E. Artin, 1898-1962) (Math) / Artinian module ‖ **einfacher** ~ (Math) / simple module ‖ **endlich erzeugter** ~ (Math) / finitely generated module ‖ **komplexer** ~ (DIN 13 343) (Phys) / complex module ‖ **logisches** ~ (EDV) / logic module ‖ **treuer** ~ (Math) / faithful module ‖ **Youngscher** ~ (ein E-Modul) (Phys) / Young's modulus* ‖ ~ *m* **endlichen Typs** (Math) / finitely generated module ‖ ~ **über einem Ring** (Math) / ring module, R-module *n*

**modular** *adj* (Eltronik) / modular *adj*, unitized *adj* ‖ ~**er Aufbau** / modular design*, modular construction ‖ ~**e Bauweise** (Bau) / open system ‖ ~**e Programmierung** (bei der ein Programm in logisch abgeschlossene Funktionen mit klar definierten Schnittstellen aufgeteilt wird) (EDV) / modular programming* ‖ ~**er Verband** (Math) / modular lattice

**Modularität** *f* (die Auswechslung eines Bausteins hat keinen oder nur geringen Einfluß auf die anderen Bausteine des Systems) (EDV) / modularity *n* (of the software)

**Modularmühle** *f* (eine Rührwerksmühle, die aufgrund ihrer technischen Konzeption wahlweise parallel oder hintereinander geschaltet werden kann - z.B. eine Multikammermühle) / modular mill

**Modularsystem** *n* (Eltronik) / modular system

**Modulation** *f* (Eltronik, Fernm, Radio) / modulation* *n* ‖ **kodierte** ~ (Fernm) / coded modulation ‖ **lineare** ~ (Radio) / linear modulation* ‖ **pulsüberlagerte** ~ (Fernm) / on-pulse modulation ‖ **subtraktive** ~ (Radio) / downward modulation* ‖ **verzerrungsfreie** ~ (Radio) / linear modulation* ‖ ~ *f* **durch sinusförmige Verschiebung der Frequenz** (Fernm) / sinusoidal frequency shift keying, SFSK ‖ ~ **mit der Stimmgabelfrequenz** (Fernm) / fork-tone modulation ‖ ~ **nach Harbich, Pungs und Gerth** (Fernm) / controlled-carrier modulation ‖ ~ **vor der Verstärkerstufe** (Radio) / low-level modulation*, low-power modulation*

**Modulations • analyse** *f* (Radio) / modulation analysis ‖ ~**anode** *f* (Fernm) / modulating anode

**modulationsdotiert • er Feldeffekttransistor** (Eltronik) / modulation-doped field-effect transistor (MODFET) ‖ ~**er Fotoleitungsdetektor** (der durch Ausnutzung der hohen Beweglichkeit eines zweidimensionalen Elektronengases ein großes Verstärkungsbandbreitenprodukt erreicht) (Eltronik) / modulation-doped photoconductive detector

**Modulations • fähigkeit** *f* (Fernm) / modulation capability* ‖ ~**frequenz** *f* (Radio) / modulation frequency* ‖ ~**frequenz** (Spektr) / modulation frequency ‖ ~**funktion** *f* (Radio) / modulating function ‖ ~**grad** *m* (Fernm) / depth of modulation*, modulation depth*, modulation factor, percentage modulation* ‖ ~**hüllkurve** *f* (Fernm) / modulation envelope ‖ ~**index** *m* (bei einem sinusförmig frequenzmodulierten Signal das Verhältnis des Frequenzhubes zu maximaler Modulationsinhaltsfrequenz) (Radio) / modulation index* ‖ ~**klirrfaktor** *m* (Radio) / modulation distortion* ‖ ~**multiplizierer** *m* (ein analoger Multiplizierer) (EDV) / modulation-type multiplier ‖ ~**produkt** *n* (Radio) / modulated signal ‖ ~**schwingung** *f* (Fernm) / modulating oscillations ‖ ~**signal** *n* (Radio) / modulating signal ‖ ~**spektroskopie** *f* (Spektr) / modulation spectroscopy ‖ ~**strom** *m* (Radio) / modulating current ‖ ~**stufe** *f* (Fernm) / modulated amplifier*, modulated stage* ‖ ~**träger** *m* (bei der Modulation) (Fernm, Radio) / carrier* *n* ‖ ~**transferfunktion** *f* (Foto, Opt) / modulation transfer function, MTF* ‖ ~**übertragung** *f* (Fähigkeit eines Objektivs oder Filmmaterials, Helldunkelkontraste entsprechend ihrer räumlichen Verteilung abzubilden) (Foto, Opt) / modulation transfer ‖ ~**übertragung** (von einem Träger auf einen anderen) (Radio, TV) / remodulation* *n* ‖ ~**übertragungsfunktion** *f* (Realteil der optischen Übertragungsfunktion - der Imaginärteil ist die Phasenübertragungsfunktion) (Foto, Opt) / modulation transfer function, MTF* ‖ ~**verstärker** *m* (ein Meßverstärker zur Vervielfachung kleiner Gleichspannungen) (Fernm) / modulation amplifier ‖ ~**verzerrung** *f* (Radio) / modulation distortion* ‖ ~**wandler** *m* (Fernm) / discriminator* *n*

**Modulator** *m* (DIN 40146, T 1) (Fernm, Radio) / modulator* *n* ‖ ~ (im Automatikgetriebe) (Kfz) / modulator *n* ‖ **elektrooptischer** ~ (für Gütemodulation) / electrooptic modulator, e-o modulator ‖ ~**kette** *f* (Fernm) / modulator chain ‖ ~**kristall** *m* (als Lichtmodulator verwendeter, optisch anisotroper Kristall) (Eltronik) / modulator crystal ‖ ~**röhre** *f* (Radio) / modulator valve

**Modul • aufbau** *m* / modular design, modular construction ‖ ~**bauweise** *f* / modular design*, modular construction ‖ **in** ~**bauweise** (Eltronik) / modular* *adj*, unitized *adj* ‖ ~**bibliothek** *f* (EDV) / relocatable library, module library ‖ ~**fräser** *m* (ein Zahnformfräser) (Masch) / module-milling cutter

**Modulierbarkeit** *f* (Fernm) / modulation capability*

**modulieren** *v* (Eltronik, Fernm, Radio) / modulate *v*

**modulierend • e Schwingung** (Fernm) / modulating oscillations ‖ ~**es Signal** (Radio) / modulating signal

**moduliert • es Licht** (Licht) / modulated light ‖ ~**er Puls** (DIN 5483, T 1) (Fernm) / modulated pulse train ‖ ~**es Signal** (Radio) / modulated signal ‖ ~**e Welle** (Radio) / modulated wave*

**Modulo-N-Kontrolle** *f* (EDV) / modulo N check, residue check, mod-N check

**Modulo-N-Prüfung** *f* (EDV) / modulo N check, residue check, mod-N check

**Modulor** *m* (Modulordnung von Le Corbusier) (Arch) / modulor *n*

**Modul • ordnung** *f* (DIN 18100) (Arch) / modular system, modular coordination ‖ ~**ordnung** s. auch Modulor ‖ ~**roboter** *m* (Masch) / module robot ‖ ~**-Steckbaugruppe** *f* (EDV, Eltronik) / plug-in module, plug-in unit*, pluggable module ‖ ~**system** *n* (in dem mehrere Gerätefunktionen nach einem gemeinsamen Prinzip ausgeführt sind) (Eltronik) / modular system ‖ ~**test** *m* (bei der Software-Entwicklung) (EDV) / module test

**Modus** *m* (pl. Modi) (EDV, Eltech) / mode* *n*, mode of operation, operating mode ‖ ~ (pl. Modi) (Eltronik, Fernm, Phys) / mode* *n*,

**Modus**

**mode of vibration, mode of oscillation** ‖ ~ (der quantitative Mineralbestand der Gesteine, ausgedrückt in Vol.-%) (Geol) / **mode** *n* ‖ ~ (pl. Modi) (Stats) / mode* *n*, modal value* ‖ **privilegierter** ~ (EDV) / privileged mode ‖ ~ *m* **mit automatischem Zeilenwechsel** (EDV) / wrap *n*, wrap mode ‖ ~ **ohne automatischen Zeilenwechsel** (EDV) / non-wrap mode
**Moduszahl** *f* (des Klystrons) (Eltronik) / mode number*
**Moellon** *n* (beim Abwelken gewonnenes Fett) (Leder) / degras *n*, moellen *n*, moellon degras, moellon *n*
**Mofette** *f* (kühle, vulkanogene $CO_2$-Exhalation) (Geol) / mofette* *n*
**Mögel-Dellinger-Effekt** *m* (exzessive Dämpfung der Funkwellen im Kurzwellenbereich als Auswirkung des Sonneneruptionseffekts) (Geophys, Radio) / Dellinger fade-out*, Dellinger effect, radio fade-out ‖ ~ (Geophys, Radio) s. auch Sonneneruptionseffekt
**Mogelpackung** *f* / bluff package, dummy package, deceptive package
**Mogensen Sizer** *m* (ein Siebkasten mit mehreren untereinander angeordneten Siebflächen, die mit von oben nach unten zunehmender Neigung fest eingebaut sind) / Mogensen sizer
**möglich•es Erz** (Bergb) / extension ore* ‖ **~es Harz** (bei der Prüfung der Zunahme des Abdampfrückstandes nach künstlicher Alterung in der Wärme unter Sauerstoffdruck) / potential gum, ultimate gum ‖ **~er Käufer** / prospective customer
**Möglichkeit** *f* **der Spannungs•wahl** (aus 2 Spannungen - Angabe an den Geräten) (Eltech) / dual voltage ‖ ~ **des Hineingreifens in den Gefahrenbereich** / accessibility to the hazardous area
**Möglichkeitsstudie** *f* / opportunity study
**Mohair** *m* (Tex) / mohair* ‖ ~ *m* (Stoff, dem die glanzreiche weiße und feine Wolle der Angoraziege beigemischt ist) (Web) / mohair *n*
**Mohairplüsch** *m* (Tex) / mohair plush
**Mohairvelours** *n* (Leder) / shaggy suede
**Mohär** *m* (Tex) / mohair* ‖ ~ (Kleider- oder Mantelstoff) (Web) / mohair *n*
**Mohärwolle** *f* (Tex) / mohair* *n*
**Mohavit** *m* (ein Soroborat) (Min) / tincalconite *n*, mohavite *n*
**Mohn** *m* (Papaver L.) (Bot, Pharm) / poppy *n*
**Mohnöl** *n* (fettes Öl der Mohnsamen) (Anstr, Nahr) / poppy-seed oil, poppy oil
**Mohnsäure** *f* (Chem) / meconic acid
**Moho** *f* (nach A. Mohorovičić, 1857-1936) (Geophys) / Mohorovičić discontinuity, Moho *n*
**Mohorovičić-Diskontinuität** *f* (eine Unstetigkeitsfläche der Erde) (Geophys) / Mohorovičić discontinuity, Moho *n*
**Mohrenhirse** *f* (Nahr) / sorghum *n*
**Möhrensamenöl** *n* (Chem, Nahr) / carrot-seed oil
**Mohrsch•e Bruchlinie** (Mech) / Mohr's envelope, rupture envelope, rupture line ‖ **~e Hüllkurve** (Mech) / Mohr's envelope, rupture envelope, rupture line ‖ **~er Kreis** (Mech) / Mohr's circle (for stress) ‖ **~es Salz** (Ammoniumeisen(II)-sulfat-6-Wasser) (Chem) / Mohr's salt* ‖ **~er Spannungskreis** (grafische Darstellung des Spannungszustandes an einem Materialpunkt - nach O. Mohr, 1835-1918) (Mech) / Mohr's circle (for stress) ‖ **~es Verfahren** (Mech) / Maxwell-Mohr method, unit-load method, dummy-load method ‖ **~e Waage** (zur Bestimmung der Dichte von Flüssigkeiten nach C.F. Mohr, 1806-1879) (Phys) / Mohr balance*, Westphal balance
**Mohr•-Spannungskreis** *m* (Mech) / Mohr's circle (for stress) ‖ **~-Westphalsche Waage** (Phys) / Mohr balance*, Westphal balance
**Mohsit** *m* (Min) / mohsite *n*
**Mohssch, erweiterte ~e Härteskala** (Min) / modified Mohs' scale of hardness ‖ **~e Härteskala** (nach dem deutschen Mineralogen Friedrich Mohs, 1773-1839) (Min) / Mohs' scale of hardness*
**Moiré** *m* (störendes regelmäßiges Muster in mehrfarbigen Bildern, die durch Überlagerung mehrerer Raster wiedergegeben sind) (Druck) / moiré *n*, moiré pattern* ‖ ~ (Foto) / moiré effect* ‖ ~ (Gewebe mit mattschimmerndem geflammtem Muster) (Tex) / moiré *n*, moire *n* ‖ ~ (Überlagerungsstörung des Bildes) (TV) / moiré *n* ‖ **~effekt** *m* (Foto) / moiré effect* ‖ **~kalander** *m* (DIN 64990) (Tex) / moiré calender ‖ **~methode** *f* (Mech) / moiré technique (of strain analysis), moiré method ‖ **~-Muster** *n* (DIN 16528) (Druck) / moiré *n*, moiré pattern* ‖ **~seide** *f* (Tex) / watered silk ‖ **~streifen** *m* (Opt) / moiré fringe* ‖ **~verfahren** *n* (in der Spannungsoptik) (Mech) / moiré technique (of strain analysis), moiré method
**moirieren** *v* (Tex) / moiré *v* ‖ ~ (Web) / water *v*
**Moistureset-Druckfarbe** *f* (eine Buchdruckfarbe) (Chem, Druck) / moistureset ink
**Moisturizer** *m* (Stoffe oder Stoffgemische, die kosmetischen Mitteln die Eigenschaft verleihen, nach leichtem Einmassieren in die Haut den Feuchtigkeitsgehalt der Hornschicht zu erhöhen , z.B. Argininpyroglutamat oder Chondroitinsulfat) (Chem) / moisturizer *n*
**Moivre-Lehrsatz** *m* (Math) / De Moivre's theorem*
**Moivresch•e Formel** (für die Potenz einer komplexen Zahl) (Math) / De Moivre's theorem* ‖ **~er Satz** (nach A. de Moivre, 1667-1754) (Math) / De Moivre's theorem*

**Mokett** *m* (ein Möbelbezugsstoff) (Tex) / moquette* *n*
**Mokick** *n* (Kleinkraftrad) (Kfz) / light motor cycle (with a kick-starter)
**Mokkastein** *m* (ein Chalzedon) (Min) / mocha *n*, mocha stone* ‖ ~ (Min) s. auch Moosachat
**Mol** *n* (Basiseinheit der Stoffmenge nach DIN 1301, T 1) (Chem) / mole* *n*, mol*
**Mol-%** (Chem) / mole percent
**molal•e Lösung** (Chem) / molal solution ‖ **~e Siedepunktserhöhung** (Chem, Phys) / ebullioscopic constant, molecular elevation of boiling-point*, molal boiling-point elevation constant
**Molalität** *f* (DIN 1310 und 32625) (Chem) / molality* *n*, molal concentration
**molar** *adj* (Chem) / molar *adj*, molecular* *adj* ‖ **~er Absorptionskoeffizient** (Chem) / molar absorbance*, molar absorption coefficient, molar absorptivity, molar extinction coefficient ‖ **~e Depression** (Phys) / cryoscopic constant, freezing-point depression constant, molecular depression of freezing point ‖ **~e Gaskonstante** (Phys) / molar gas constant, universal gas constant ‖ **~e Gefrierpunktserniedrigung** (Phys) / cryoscopic constant, freezing-point depression constant, molecular depression of freezing point ‖ **~e Leitfähigkeit** (der Leitfähigkeitsbetrag eines Mols Elektrolyt) (Chem, Elektr) / molar conductivity* ‖ **~e Lösung** (Chem) / molar solution, M solution ‖ **~e Masse** (DIN 32625) (Chem) / molar mass ‖ **~e Polarisation** (Elektr) / molecular polarization, molar polarization ‖ **~e Umwandlungswärme** (Chem, Phys) / molar latent heat ‖ **~e Verdampfungsenthalpie** (Phys) / enthalpy of evaporation ‖ **~e Wärmekapazität** (in $JK^{-1}\ mol^{-1}$) / molar heat capacity*, molar heat*, molecular heat*
**Molar-** (Chem) / molar *adj*, molecular* *adj*
**Molarität** *f* (Chem) / molarity* *n*, amount-of-mass concentration, amount-of-substance concentration, molar concentration ‖ **effektive** ~ (mit der Dimension einer Konzentration) (Chem) / effective molarity
**Molarpolarisation** *f* (Elektr) / molecular polarization, molar polarization
**Molasse** *f* (eine abgelagerte Schichtenfolge) (Geol) / molasse* *n*
**MO-LCAO-Methode** *f* (Chem) / LCAO method
**Molch** *m* (Reinigungs-, Reparatur-, Trenn- und Prüfmolch) (Masch) / pig *n* ‖ **~aufgabestation** *f* (Masch) / pig-launching trap
**molchbar** *adj* (Rohr) (Masch) / piggable *adj*, negotiable by pigs
**Molch•durchschleusung** *f* (Masch) / pig trapping ‖ **~empfangsstation** *f* (Masch) / pig-receiving trap
**Molchen** (Masch) / pigging *n*
**Molch•kugel** *f* (die bei sonst nicht molchbaren Leitungen eingesetzt wird) / sphere pig ‖ **~schleuse** *f* (Masch) / pig trap (launching or receiving), scraper trap ‖ **~station** *f* (Masch) / pig trap (launching or receiving), scraper trap
**Moldavit** *m* (ein Tektit) (Min) / moldavite* *n*, water-chrysolite *n*, bottle-stone *n*, pseudochrysolite *n*, vltavite *n*
**Mole** *f* (eine besondere Form des Leitdamms) (Wasserb) / mole* *n*, groyne *n*, groin *n* (US)
**Molecular Modelling** *n* (Chem) / molecular modelling
**Molekel** *f* *n* (Chem) / molecule* *n*
**Molekül** *n* (Chem) / molecule* ‖ **achirales** ~ (Chem) / achiral molecule ‖ **chirales** ~ (Chem) / chiral molecule ‖ **interstellares** ~ (Astr, Chem) / interstellar molecule* ‖ **kugelförmiges** ~ (in der Molekülspektroskopie) (Spektr) / spherical rotor ‖ **nicht polares** ~ (Chem) / non-polar molecule ‖ **nichtstarres** ~ (Chem) / non-rigid molecule ‖ **polares** ~ (Phys) / dipole molecule* ‖ **unpolares** ~ (Chem) / non-polar molecule ‖ **verzweigtes** ~ (Chem) / branched molecule ‖ **zweiatomiges** ~ (Chem) / diatomic molecule ‖ **zylindersymmetrisches** ~ (in der Molekülspektroskopie) (Spektr) / symmetric rotor ‖ ~ *n* **aus gleichen Atomen oder Atomgruppen** (Chem) / homonuclear molecule ‖ ~ **aus verschiedenartigen Atomen oder Atomgruppen** (Chem) / heteronuclear molecule
**Molekül•-** (Chem) / molecular* *adj* ‖ **~absorption** *f* (Chem) / molecular absorption ‖ **~anion** *n* (Chem, Spektr) / molecular anion
**molekular** *adj* (Chem) / molecular* *adj* ‖ **~e Aktivität** (katalytische Konstante) (Biochem) / turnover number, molecular activity ‖ **~es Charmonium** (Kernphys) / molecular charmonium, charmonium molecule ‖ **~e Drehung** (Chem) / molecular rotation* ‖ **~e Elektronik** (Eltronik) / molecular electronics*, mole-electronics *n*, molectronics *n* ‖ **~e Erkennung** (Chem) / molecular recognition ‖ **~e Fotonik** (Chem) / molecular photonics* ‖ **~e Funktionseinheit** (Chem, EDV, Med) / molecular device ‖ **~es Gebilde** (Chem) / molecular entity ‖ **~e Ionik** (Biol, Chem, EDV) / molecular ionics ‖ **~es Objekt** (Chem) / molecular entity ‖ **~es Orbital** (Chem) / molecular orbital* ‖ **~e Ordnung** (Chem) / molecular order ‖ **~er Schalter** (Chem) / aus der Molekularelektronik (Chem, Eltronik) / molecular switch
**Molekular•-** (Chem) / molecular* *adj* ‖ **~akustik** *f* (in der Molekülphysik) (Phys) / molecular acoustics ‖ **~bewegung** *f* (Phys) /

molecular movement || **~biologie** f (angewandte Chemie einiger makromolekularer Naturstoffe, besonders der Nukleinsäure und der Proteine) (Biol, Chem) / molecular biology* || **~biologische Technik** (Biol) / biomolecular engineering || **~destillation** f (Chem, Vakuum) / molecular distillation* || **~destillierapparat** m (Chem, Vakuum) / molecular still || **~diffusion** f (Chem) / molecular diffusion || **~dipol** m (Phys) / molecular dipole || **~dispers** adj (Chem) / molecularly disperse || **~drehung** f (Chem) / molecular rotation* || **~druckvakuummeter** n (Vakuum) / Knudsen gauge, Knudsen pressure gauge, Knudsen vacuum gauge || **~dynamik** f (Chem) / molecular dynamics (a branch of physical chemistry) || **Computersimulation der ~dynamik** (Chem, EDV) / molecular-dynamics simulation || **~dynamische Theorie** (Chem) / molecular-dynamic theory || **~elektronik** f (Eltronik) / molecular electronics*, mole-electronics n, molectronics n || **~feld** n (Weisssche Theorie des Ferromagnetismus) (Mag) / Weiss molecular field || **~formel** f (Chem) / molecular formula* || **~genetik** f (Gen) / molecular genetics* || **~geschwindigkeit** f (Chem) / molecular speed || **~gewichtsverteilung** f (Chem) / molecular weight distribution

**Molekularität** f (der Reaktion) (Chem) / molecularity n, reaction molecularity

**Molekular • kräfte** f pl (Chem, Phys) / intermolecular forces* || **~luftpumpe** f (Molekulargewicht) (Vakuum) / molecular drag pump || **~luftpumpe nach Gaede** (W.Gaede, 1878-1945) (Vakuum) / Gaede molecular pump || **~masse** f (Molekulargewicht) (Chem) / relative molecular mass*, molecular weight*, mol wt || **~physik** f (Phys) / molecular physics || **~pumpe** f (eine mechanische kinetische Vakuumpumpe) (Vakuum) / molecular drag pump || **~refraktion** f (Chem, Opt) / molecular refraction*, molar refraction || **~rotation** f (Chem) / molecular rotation* || **~sieb** n (Zeolith und poröses Glas - anorganische Polymere) (Chem) / molecular sieve*, Linde sieve* || **~siebchromatografie** f (Chem) / gel permeation chromatography, liquid-exclusion chromatography, exclusion chromatography, gel-filtration chromatography, size-exclusion chromatography*, gel filtration, molecular-sieve chromatography, molecular exclusion chromatography || **~spektroskopie** f (Spektr) / molecular spectroscopy || **~strahl** m (Phys) / molecular beam*, molecular ray || **~strahlepitaxie** f (die auf dem Prinzip beruht, daß man im Ultrahochvakuum ein Material durch Erhitzen verdampft) (Eltronik) / molecular beam epitaxy (MBE) || **~strömung** f (Chem Verf) / molecular streaming, molecular flow || **freie ~strömung** (Vakuum) / free-molecule flow || **~verbindung** f (Chem) / molecular compound

**Molekül • assoziation** f (ein Sonderfall der Assoziation) (Chem) / molecular association*, association n || **~bindung** f (Chem, Krist) / molecular bond, molecular bonding || **~bruchstück** n (z.B. bei der Heterolyse) (Chem) / molecular fragment || **~design** n (Chem) / molecular design || **~durchmesser** m (Chem) / molecular diameter || **~dynamik** f (Chem) / molecular dynamics (a branch of physical chemistry) || **~entwicklung** f (gezielte) (Chem) / molecular modelling || **~formel** f (Chem) / molecular formula* || **~gerüst-Stammverbindung** f (Chem) / parent hydride, molecular-skeleton parent compound || **~gitter** n (z.B. Naphthalin) (Chem, Krist) / molecular lattice || **~ion** n (Chem) / molecular ion || **~ion** (das Fragmentionen liefert) (Chem) / parent ion || **~kation** n (Chem, Spektr) / molecular cation || **~kolloid** n (Chem) / molecular colloid || **~komplex** m (Chem) / molecular complex || **~(gas)laser** m (Chem, Phys) / molecular (gas) laser || **~masse** f (relative) (Chem) / relative molecular mass*, molecular weight*, mol wt || **~modell** n (Vorstellung vom räumlichen Bau eines Moleküls) (Chem) / molecular model* || **~orbital** n (Chem) / molecular orbital* || **höchstes besetztes ~orbital (HOMO)** (Chem) / highest-energy occupied molecular orbital (HOMO), highest occupied molecular orbital || **niedrigstes unbesetztes ~orbital (LUMO)** (Chem) / lowest-energy unoccupied molecular orbital (LUMO) || **~orbital n nach Hückel** (Chem) / Hückel molecular orbital || **~orbitalmethode** f (Chem) / molecular orbital method || **~phasenraum** m (Phys) / molecule phase space || **~physik** f (Phys) / molecular physics || **~rumpf** m (Chem) / molecular trunk || **~schwingung(en)** f (pl) / molecular vibration || **~sieb** n (Chem) / molecular sieve*, Linde sieve* || **~spektroskopie** f (Spektr) / molecular spectroscopy || **~spektrum** n (Spektr) / molecular spectrum || **~strahl** m (Phys) / molecular beam*, molecular ray || **~strahlresonanz** f (eine Methode der Hochfrequenzspektroskopie nach I.I. Rabi, 1898-1988) (Kernphys) / Rabi method, molecular-beam resonance || **~struktur** f (Chem) / molecular structure* || **~uhr** f / atomic clock* || **~verbindung** f (Chem) / molecular compound

**Molenbruch** m (eine Zusammensetzungsgröße) (Chem) / mole fraction*, amount-of-substance fraction || **~** (ein altes Maß für das Mischungsverhältnis in Mischphasen) (Chem) / molar fraction

**Moler** n (eine Pozzolanerde aus Dänemark) (Geol) / moler* n

**Molererde** f (eine Abart der Kieselgur, die oft vulkanische Asche enthält) (Geol) / moler* n

**Moleskin** m n (schwerer Stoff für Berufskleidung aus Baumwolle) (Tex) / moleskin* n || **~** (Tex) s. auch Pilot und Taschenatlas

**Moletronik** f (Eltronik) / molecular electronics*, mole-electronics n, molectronics n

**Molette** f (Druck, Pap, Tex) / grooved roller || **~** (der Nähmaschine) (Tex) / cam n || **~** (für den Textildruck) (Tex) / raised-pattern cylinder

**Molette-Wasserzeichen** n (ein unechtes Wasserzeichen - DIN 6730) (Pap) / impressed watermark, rubber mark, rubber-stamp mark

**Molettieren** n (Masch) / roll embossing

**Molinat** n (selektives Herbizid gegen Ungräser im Reisbau) / molinate n

**Molino** m (A) (Tex) / grey cotton cloth, nettle cloth

**Molisch-Reaktion** f (zum Nachweis von Kohlehydraten oder Zucker in Lösungen - nach dem österreichischen Botaniker H. Molisch, 1856-1937) (Biochem) / Molisch test, alpha-naphthol test

**Molke** f (Nahr) / whey n

**Molkehefe** f (als Nebenprodukt der Käseherstellung) (Landw, Nahr) / feed yeast from whey

**Molken** m (Nahr) / whey n || **~eiweiß** n (Biochem, Nahr) / whey protein || **~erzeugnis** n (Nahr) / whey product || **~protein** n (Biochem, Nahr) / whey protein || **~pulver** n (Nahr) / whey powder, powdered whey || **~rahm** m (Nahr) / whey cream || **~sahne** f (Nahr) / whey cream || **~säure** f (Uracil-6-carbonsäure - die Muttersubstanz der Pyrimidine) (Biochem) / orotic acid

**Molkerei** f (Nahr) / dairy n || **~einrichtung** f / dairy equipment || **~produkte** n pl (Nahr) / dairy products, milk products || **~wesen** n (Nahr) / dairy industry, dairy products industry

**Möller** m (Beschickungsmenge bei intermittierender Beschickung des Hochofens) (Hütt) / charge* n, burden n, stock n || **~anlage** f (Hütt) / stockhouse n, burden plant || **~gebäude** n (Hütt) / stockhouse n, burden plant || **~sonde** f (Hütt) / stock rod

**Møller-Streuung** f (Kernphys) / electron-electron scattering*, Møller scattering

**Mollier-Diagramm** n (Diagramm für Zustandsänderungen, bei denen die Enthalpie H als eine Koordinate dient - nach R. Mollier, 1863-1935) (Chem Verf) / Mollier diagram*, Mollier chart

**Mollier-Diagramm** n **für feuchte Luft** / Mollier chart for humid air

**Mollisol** m (Geol) / mollisol n || **~** (Boden der amerikanischen Bodensystematik mit mächtigem, organisch geprägtem Horizontprofil, z.B. Tschernosem) (Landw) / mollisol n

**Molluskizid** n (Chem, Ozean) / molluscicide n

**Mollweide-Formeln** f pl (in der ebenen Trigonometrie - nach K.B. Mollweide, 1774-1825) (Math) / Mollweide's analogies, Mollweide formulae, Mollweide check formulas || **~** (in der sphärischen Trigonometrie) (Math) / Delambre's analogies

**Mollweidesch • er flächentreuer kartografischer Entwurf** (Kart) / Mollweide projection || **~e Formeln** (Math) / Mollweide's analogies, Mollweide formulae, Mollweide check formulas || **~e Projektion** (Kart) / Mollweide projection

**Mol • masse** f (Chem) / molar mass || **~massenbestimmung** f **nach Rast** (Chem) / Rast method || **~massenverteilung** f (Chem) / molecular weight distribution

**Molo** m (pl. Moli) (A) (Wasserb) / mole* n, groyne n, groin n (US)

**Mol • polarisation** f (Elektr) / molecular polarization, molar polarization || **~prozent** n (Chem) / mole percent || **~refraktion** f (die bei Frequenzen des sichtbaren Lichts gemessene Molpolarisation) (Chem, Opt) / molecular refraction*, molar refraction || **~rotation** f (Produkt aus spezifischer Drehung einer Substanz und ihrer Molmasse) (Chem) / molecular rotation*

**Molton** m (Tex) / mollitan n, molleton n

**Molukken-Zuckerpalme** f (Arenga pinnata (Wurmb) Merr.) (For) / sugar palm

**Mol • volumen** n (Chem) / molar volume*, molecular volume* || **~wärme** f / molar heat capacity*, molar heat*, molecular heat* || **~wärme** (molare spezifische Wärmekapazität) (Chem) / molal specific heat capacity*, volumetric heat*

**Molybdän (Mo)** n (Chem) / molybdenum* n || **~blau** n (zusammenfassende Bezeichnung für leuchtendblaue Molybdänmischoxide) (Anstr, Chem) / molybdenum blue* || **~carbid** n (Chem) / molybdenum carbide || **~disilicide** n (Chem, Hütt) / molybdenum disilicide || **~disilizid** n ($MoSi_2$) (Chem, Hütt) / molybdenum disilicide || **~disulfid** n (Chem) / molybdenum disulphide, molybdic sulphide || **~disulfid als Schmiermittel** (Masch) / molybdenum disulphide lubricant, moly n || **~enzym** n (Biochem) / molybdoenzyme n || **~glanz** m (Min) / molybdenite* n || **~haltiger schwarzer Anstrichstoff** (für Zink und Zinklegierungen) (Anstr) / moly-black n

**Molybdänit** m (Min) / molybdenite* n

**Molybdän • karbid** n (MoC oder $Mo_2C$) (Chem) / molybdenum carbide || **~legierung** f (Hütt) / molybdenum alloy || **~ocker** m (Min) / molybdite n, molybdic ochre, molybdine n || **~orange** n (mit etwa

**Molybdänose**

5% Bleimolybdat) (Anstr) / molybdate orange, molybdated orange, molybdenum orange
**Molybdänose** f (Vergiftung der Wiederkäuer durch abnorm hohen Gehalt der Weidepflanzen an Molybdän) (Landw) / molybdenosis* n (pl. -oses), teart n, peat scours
**Molybdän • (VI)-oxid** n (Chem) / molybdenum(VI) oxide hydrate, molybdenum trioxide, molybdic oxide ‖ ⁓**(VI)-oxid-Hydrat** (Chem) / molybdenum(VI) oxide hydrate, molybdic acid* ‖ ⁓**säure** f (MoO₃ x H₂O) (Chem) / molybdenum(VI) oxide hydrate, molybdic acid* ‖ ⁓**sesquioxid** n (Mo₂O₃) (Chem) / molybdenum sesquioxide ‖ ⁓**silicid** n (Chem, Hütt) / molybdenum silicide ‖ ⁓**silizid** n (Chem, Hütt) / molybdenum silicide ‖ ⁓**stahl** m (Legierung des Eisens mit Molybdän) (Hütt) / molybdenum steel ‖ ⁓**(IV)-sulfid** n (MoS₂) (Chem) / molybdenum disulphide, molybdic sulphide ‖ ⁓**trioxid** n (MoO₃) (Chem) / molybdenum(VI) oxide hydrate, molybdenum trioxide, molybdic oxide ‖ ⁓**-Wolfram-Elektrode** f (Chem) / molybdenum-tungsten electrode
**Molybdat** n (VI) (Chem) / molybdate(VI)* n
**Molybdatophosphorsäure** f (Chem) / phosphomolybdic acid, PMA
**Molybdatorange** n (mit etwa 5% Bleimolybdat) (Anstr) / molybdate orange, molybdated orange, molybdenum orange
**Molybdatpigment** n (ein Mischkristallpigment - entweder ein Weißpigment oder Molybdatrot) (Anstr) / molybdate pigment
**Molybdatrot** n (Anstr) / scarlet chrome ‖ ⁓ (mit etwa 20% Bleimolybdat) (Anstr) / molybdate red, American vermilion
**Molybdit** m (Min) / molybdite* n, molybdic ochre, molybdine n
**Molzahl** f (Chem) / amount of mass, amount of substance, chemical amount, mole number
**Moment** m (Augenblick) / moment n ‖ ⁓ n (Math, Phys, Stats) / moment* n ‖ ⁓ (Betrag des Drehmoments in Newtonmetern) (Phys) / moment of (a) force ‖ **anomales magnetisches** ⁓ (Mag) / anomalous magnetic moment ‖ **elektrisches** ⁓ (Elektr) / electric moment* ‖ **elektromagnetisches** ⁓ (DIN 1325) / electromagnetic moment ‖ **empirisches** ⁓ (Stats) / empirical moment ‖ **erstes** ⁓ (Stats) / first moment ‖ **faktorielles** ⁓ (Math) / factorial moment ‖ **magnetisches** ⁓ (DIN 1325) (Mag) / magnetic moment*, moment of a magnet* ‖ **magnetisches** ⁓ **des Elektrons** (Kernphys) / electron magnetic moment ‖ **orbitalmagnetisches** ⁓ (Kernphys) / orbital (magnetic) moment ‖ **statisches** ⁓ (Mech) / static momentum ‖ **synchronisierendes** ⁓ (Eltech) / synchronizing torque* ‖ **zweites** ⁓ (Stats) / second moment ‖ ⁓ n **der Kraft** (DIN 13317) (Phys) / moment of (a) force ‖ ⁓ **erster Ordnung** (Mech) / static momentum ‖ ⁓ **M eines Kräftepaars** (Phys) / moment of a couple
**momentan** adj / instantaneous adj, momentary adj ‖ ~**e Auslenkung** (der momentane Wert der schwingenden Größe) (Phys) / displacement n ‖ ~**e Bahn** (Kernphys) / instantaneous orbit ‖ ~**es Bild** (EDV) / display image ‖ ~**e Überspannung** (Eltech) / transient* n, voltage transient
**Momentan • bahn** f (Kernphys) / instantaneous orbit ‖ **ideale** ⁓**bahn** (Kernphys) / ideal instantaneous orbit ‖ ⁓**beschleunigung** f (Phys) / instantaneous acceleration ‖ ⁓**geschwindigkeit** f (Phys) / instantaneous velocity ‖ ⁓**geschwindigkeit** (z.B. des Grundwassers) (Wasserb) / actual velocity, effective velocity ‖ ⁓**kreis** m (Kernphys) / instantaneous orbit ‖ ⁓**pol** m (Mech) / instantaneous centre* (of rotation), virtual centre, momentary centre ‖ ⁓**wert** m (Phys) / instantaneous value* ‖ ⁓**zentrum** n (Mech) / instantaneous centre* (of rotation), virtual centre, momentary centre
**Momentaufnahme** f (EDV) / snapshot dump ‖ ⁓ (Foto) / snapshot* n
**Momenten • ausgleich** m (HuT) / moment distribution* ‖ ⁓**ausgleich** (HuT) / moment distribution method ‖ ⁓**ausgleichsverfahren nach Cross** (H.Cross, 1885-1959) (HuT) / Hardy-Cross method, Cross (moment distribution) method, moment distribution method II ‖ ⁓**fläche** f (zwischen der Momentenlinie und der Trägerachse) (Mech) / area of moments, moment area ‖ ⁓**flächenverfahren** n (HuT) / area-moment method* ‖ ~**getreue Übersetzung** (DIN 868) (Masch) / true-torque ratio ‖ ⁓**problem** n (Math) / problem of moments ‖ ⁓**satz** m (Math, Mech) / Varignon's theorem ‖ ⁓**satz** (Mech) / momentum theorem, theorem of moments
**moment • erzeugende Funktion** (Stats) / moment-generating function ‖ ⁓**gleichung** f (Phys) / momentum equation ‖ ⁓**linie** f (Mech) / moment diagram ‖ ⁓**schalter** m (Eltech) / quick-break switch*, high-speed circuit-breaker* ‖ ⁓**schweißen** n (Schw) / shot welding ‖ ⁓**unterbrechung** f (Eltech) / quick break, power interrupt ‖ ⁓**zünder** m (Sprengzünder, bei dem die Initialladung unmittelbar beim Entflammen der Zündpille detoniert) (Bergb) / instantaneous fuse*
**MO-Methode** f (Chem) / molecular orbital method
**monadisch** adj (Operation) (EDV) / unary adj, monadic adj
**Monadnock** m (Geol) / monadnock n, torso mountain, residual n ‖ ⁓ (sehr großer) (Geol) / unaka n
**Monastralfarbstoff** m (ein synthetischer Farbstoff) (Chem, Tex) / phthalocyanine dyestuff

**Monat** m (Astr) / month* n ‖ **drakonitischer** ⁓ (die Zeit bis zur Rückkehr zum gleichen Bahnknoten) (Astr) / nodical month, draconitic month ‖ **siderischer** ⁓ (= 27,32166 d) (Astr) / sidereal month* ‖ **synodischer** ⁓ (von Neumond zu Neumond = 29,53 d) (Astr) / synodic month*, lunar month* ‖ **tropischer** ⁓ (die Zeit zwischen zwei aufeinanderfolgenden Durchgängen des Mondes durch den Stundenkreis des Frühlingspunktes) (Astr) / tropical month*
**monaural** adj (DIN 1320) (Akus) / monaural* adj
**Monazit** m (ein Phosphat von Metallen der seltenen Erden) (Min) / monazite* n
**Monazitsand** m (Min) / monazite sand
**Mönch** m (für die Mönch- und Nonnendeckung) (Bau) / overtile n, imbrex n ‖ ⁓ (zu fett gedruckter Bogen mit höherem Schwärzungsgrad) (Druck) / monk* n
**Mönch- und- Nonnendeckung** f (spanische Version) (Arch) / Spanish tiling, mission tiling (US) ‖ ⁓ **und Nonnendeckung** (römische Version) (Arch) / Italian tiling
**Monchiquit** m (ein Ganggestein) (Geol) / monchiquite* n
**Mönchziegel** m (für die Mönch- und Nonnendeckung) (Bau) / overtile n, imbrex n
**Mond** m (jeder Himmelskörper, der einen Planeten umkreist) (Astr) / moon n ‖ ⁓ (Astr) / satellite* n, natural satellite ‖ ⁓ (der die Erde umkreisende Himmelskörper, am 21.7.1969 zum ersten Mal von Neil Armstrong betreten) (Astr, Raumf) / Moon* n ‖ **blauer** ⁓ (Astr) / blue moon ‖ **den** ⁓ **umkreisend** (Astr, Raumf) / circumlunar adj ‖ **um den** ⁓ **herumführend** (Astr, Raumf) / circumlunar adj
**Mond •** ⁓ (Astr) / lunar adj ‖ ⁓**auto** n (Raumf) / lunar roving vehicle, moon-buggy n ‖ ⁓**beben** n (Geol) / moonquake n ‖ ⁓**bohnen** f pl (aus dem Phaseolus lunatus L.) (Bot, Nahr) / Rangoon beans, Madagascar beans, Lima beans, butter beans
**Möndchen** n (Math) / lune* n, gore n, spherical lune ‖ ⁓ **des Hippokrates** (über der Kathete eines rechtwinkligen Dreiecks) (Math) / Hippocrates lune
**Mond • fähre** f (Raumf) / lunar excursion module, lem, L.E.M., lunar module, LM ‖ ⁓**fahrzeug** n (zum Befahren des Mondes) (Raumf) / lunar roving vehicle, moon-buggy n ‖ ⁓**ferne** f (mondfernster Punkt einer Mondsatellitenbahn - bei den auf dem Mond gestarteten Satelliten) (Astr, Raumf) / apolune n, aposelene n, apocynthion n (pl. -thions or -thia) ‖ ⁓**finsternis** f (Astr) / lunar eclipse ‖ ⁓**flutintervall** n (Ozean) / lunitidal interval* ‖ ⁓**-Gas** n (zur Ammoniakgewinnung eingesetztes, bei der Vergasung eines festen Brennstoffs entstehendes Gasgemisch) (Chem Verf) / Mond gas* ‖ ⁓**gestein** n (Geol) / lunar rock ‖ ⁓**glas** n (Flachglas, das durch Blasen einer Hohlkugel und Ausschleudern zu einer Scheibe von 16 bis 20 cm Durchmesser hergestellt wurde) (Glas) / soda-lime(-silica) glass ‖ ⁓**karte** f (Karte des Erdmondes) (Kart) / lunar map ‖ ⁓**landeeinheit** f (Raumf) / lunar excursion module, lem, L.E.M., lunar module, LM ‖ ⁓**landefähre** f (Raumf) / lunar excursion module, lem, L.E.M., lunar module, LM ‖ ⁓**landegerät** n (Raumf) / lunar excursion module, lem, L.E.M., lunar module, LM ‖ ⁓**landung** f (Raumf) / landing on the Moon, Moon-landing n, lunar landing ‖ ⁓**mineralogie** f (Min) / lunar mineralogy
**mondnah** adj (Astr, Raumf) / near-lunar adj ‖ ~**er Raum** (Astr, Raumf) / near-lunar space
**Mondnähe** f (Astr, Raumf) / perilune n, pericynthion n
**Mond-Niederdruckkarbonylverfahren** n (zur Gewinnung von Nickel) (Hütt) / Mond process*
**Mondphasen** f pl (Astr) / phases of the Moon
**Mond-Prozeß** m (zur Gewinnung von Nickel) (Hütt) / Mond process*
**Mond • regenbogen** m (Meteor, Phys) / moon-bow n, lunar rainbow ‖ ⁓**regolith** m (Astr, Geol) / lunar regolith, lunar soil ‖ ⁓**rille** f (Astr) / rille* n ‖ ⁓**ring** m (durch Frosteinwirkung, durch Pilze) (For) / moon ring ‖ ⁓**säge** f (For) / bellied cross-cut saw
**Mondscher Nickelprozeß** n (nach L. Mond, 1839-1909) (zur Gewinnung von Nickel) (Hütt) / Mond process*
**Mondseite, die von der Erde abgekehrte** ⁓ (Astr) / hidden side of the Moon
**Mondstein** m (ein leicht milchig getrübter Kalifeldspat) (Min) / moonstone* n ‖ ⁓ s. auch Adular
**Mond-Verfahren** n (zur Gewinnung von Nickel) (Hütt) / Mond process*
**Mondviertel** n (Astr) / quarter* n (the phase of the Moon at quadrature)
**Monel** n (eine warmfeste, korrosionsbeständige Nickellegierung mit etwa 67% Ni, 2% Fe, 2 bis 4% Al, 1% Mn und Rest Cu) (Hütt) / Monel metal*, Monel n
**Monelmetall** n (eine warmfeste, korrosionsbeständige Nickellegierung mit etwa 67% Ni, 2% Fe, 2 bis 4% Al, 1% Mn und Rest Cu) (Hütt) / Monel metal*, Monel n
**Monergol** n (Einstoffsystem, z.B. Wasserstoffperoxid oder Hydrazin) (Raumf) / monergol n

**Mongescher Satz** (Math) / Monge's theorem
**Moniereisen** n (Betonstahl) (Hütt) / Monier steel
**Monierstahl** m (nach J. Monier, 1823-1906) (Hütt) / Monier steel
**Monierzange** f (DIN 5242) (Werkz) / tower pincers for cutting wire netting, mechanics' nippers
**Moniker** m (EDV) / moniker n (singular name for an embedded object or a group of embedded objects)
**Monitor** m (ein schwenkbares Gewinnungsgerät) (Bergb) / monitor* n, giant* n, hydraulic giant, hydraulic monitor ‖ ~ (zur laufenden Überwachung und Kontrolle von Datenverarbeitungssystemen) (EDV) / monitor n ‖ ~ (ein Kontrollbildschirm) (EDV) / monitor n ‖ ~ (Programm mit diagnostischen Funktionen) (EDV) / monitor* n, monitoring program, monitor program ‖ ~ (Luftf, Radar) / monitor* n ‖ ~ (Radio) / monitoring receiver*, check receiver* n ‖ ~ (ein Überwachungsgerät für ionisierende Strahlung) (Radiol) / monitor* n ‖ ~ (ein Gerät oder eine Einrichtung zur Kontrolle oder Beobachtung der Funktion einer komplexen Anlage) (Regeln) / monitor* n ‖ ~ (für Regie-, Kontroll- und Meßaufgaben) (TV) / monitor n ‖ ~**diode** f (Fotodiode zur Messung und Steuerung der optischen Leistung eines Halbleiterleiters) (Eltronik) / monitor diode
**Monitoring** n (des Verkehrs) (Kfz) / traffic count, traffic monitoring ‖ ~ (Umweltbeobachtung) (Umwelt) / monitoring n
**Monitoring-Test** m (zur Überprüfung des Einhaltens der Auflagen) (Umwelt) / monitoring test
**Monitor-kabel** n (EDV) / display-unit signal cable ‖ ~**lautsprecher** m (Film) / monitoring loudspeaker, listening box ‖ ~**linie** f (bei INDOR-Experimenten) (Spektr) / monitor line ‖ ~**programm** n (EDV) / monitor* n, monitoring program, monitor program ‖ ~**signalkabel** n (EDV) / display-unit signal cable
**Monkman-Grant-Beziehung** f (Kennzeichnung der Festigkeit warmfester Werkstoffe unter Bedingungen des Kriechversuchs) (WP) / Monkman-Grant relation
**Mono•acetin** n (Chem) / glycerol monoacetate, monoacetin n ‖ ~**alphabetische Substitution** (EDV) / monoalphabetic substitution ‖ ~**amin** n (natürlich vorkommendes Alkyl- oder Aralkylamin mit einer Aminogruppe) (Chem) / monoamine n ‖ ~**aminoxidase** f (Biochem) / monoamine oxidase*, MAO ‖ ~**anhydrosorbit** n (Chem) / sorbitan n ‖ ~**atomar** adj / monatomic adj ‖ ~**azetin** n (Chem) / glycerol monoacetate, monoacetin n ‖ ~**azofarbstoffe** m pl (Tex) / monoazo dyes, monoazo dyestuffs ‖ ~**bad** n (eine Lösung, die Entwicklung und Fixierung einer fotografischen Schicht in einem Arbeitsgang ermöglicht) (Foto) / monobath* n ‖ ~**badverfahren** n (Foto) / wet-process development ‖ ~**blockwelle** f (Kfz) / monobloc shaft ‖ ~**brommethan** n (ein Kühl-, Lösch- und Methylierungsmittel sowie ein Nematizid) (Chem) / methyl bromide*, bromomethane n ‖ ~**carbonsäure** f (Chem) / monocarboxylic acid ‖ ~**chip-Computer** m (EDV) / single-chip computer ‖ ~**chip-Technik** f (Verfahren der Mikroelektronik zur Großintegration von Schaltkreisen auf einem einzelnen Chip) (Eltronik) / monochip technology ‖ ~**chloressigsäure** f (Chem) / chloroacetic acid ‖ ~**chlorethan** n (der Ethylester der Chlorwasserstoffsäure) (Chem) / ethyl chloride, monochloroethane n, chloroethane n ‖ ~**chlormethan** n (Chem) / methyl chloride*, chloromethane n ‖ ~**chord** n (Akus) / monochord* n

**monochrom** adj (Opt) / monochromatic* adj, monochrome adj ‖ ~**er Grafikadapter** (EDV) / monochrome graphics adapter ‖ ~**e Malerei** (EDV) / tint drawing, camaieu n ‖ ~**e Malerei** s. auch Grisaille ‖ ~**er Mosaikeffekt** (TV) / tile* n
**Mono•chromasie** f (Opt) / monochromaticity n ‖ ~**chromatfilter** n (zur Aussonderung eines kleinen Spektralbereichs) (Foto) / narrow-cut filter* ‖ ~**chromatfilter** (Foto) / monochromatic filter*
**monochromatisch** adj (DIN 5031,T 8) (Opt) / monochromatic* adj, monochrome adj ‖ ~**er Abbildungsfehler** (Opt) / geometrical aberration* ‖ ~**es Licht** (das nur aus Wellenzügen einer bestimmten Wellenlänge besteht) (Phys) / monochromatic light*, homogeneous light* ‖ ~**e Strahlung** (DIN 5031, T 8) (Phys) / monochromatic radiation*, homogeneous radiation*, monoenergic radiation*
**Mono•chromator** m (eine Vorrichtung zur Auswahl von Teilchen nach ihrer Energie oder von Wellen nach ihrer Frequenz) (Phys) / monochromator* n ‖ **polarisierender** ~**chromator** (Astr) / polarizing monochromator* ‖ ~**chrom-Grafikterminal** n (EDV) / monochrome graphics terminal ‖ ~**chrommonitor** m (EDV) / monochrome monitor ‖ ~**cyklisches Terpen** (Chem) / monocyclic terpene ‖ ~**dispers** adj (Chem) / monodisperse adj ‖ ~**dromiesatz** m (Math) / monodromy theorem, principle of monodromy ‖ ~**energetisch** adj (Phys) / monoenergic adj, monoenergetic adj ‖ ~**ethanolamin** (Chem) / monoethanolamine n
**monofil** adj (aus einem Elementarfaden bestehend) (Tex) / monofilament attr ‖ ~**e Seide** (aus nur einem Elementarfaden) (Plast, Tex) / monofilament* n, monofilament yarn, monofil yarn ‖ ~ n (Plast, Tex) / monofilament* n, monofilament yarn, monofil yarn
**Monofilament** n (Plast, Tex) / monofilament* n, monofilament yarn, monofil yarn ‖ ~**garn** n (Plast, Tex) / monofilament* n, monofilament yarn, monofil yarn
**Mono•filgarn** n (Plast, Tex) / monofilament* n, monofilament yarn, monofil yarn ‖ ~**flop** n (Flipflop, das nur eine stabile Lage hat) (Eltronik) / monostable multivibrator, one-shot multivibrator, single-shot multivibrator, single shot, univibrator* n, Kipp relay, monostable flipflop ‖ ~**fluorid** n (Chem) / monofluoride n ‖ ~**frequently-used-Algorithmus** m (EDV) / monofrequently used algorithm ‖ ~**funktional** adj / monofunctional adj ‖ ~**gas** n (ein Schutzgas für die Wärmebehandlung) (Hütt) / monogas n
**monogen** adj (durch nur ein Gen bestimmt) (Gen) / monogenic adj (involving or controlled by a single gene) ‖ ~ (Geol) / monogenetic adj (e.g. volcano built up by a single eruption or gravel composed of a single type of rock) ‖ ~ (Math) / monogenic adj ‖ ~**e analytische Funktion** (Math) / monogenic function*
**monogenetisch** adj (Gen) / monogenetic* adj
**Mono•german** n (GeH$_4$) (Chem) / monogermane n ‖ ~**glycerid** n (Chem) / monoglyceride n ‖ ~**glyzerid** n (Chem) / monoglyceride n ‖ ~**granular** adj / monogranular adj ‖ ~**hierarchisch** adj (z.B. Baumstruktur) / monohierarchic adj ‖ ~**hydrat** n (Chem) / monohydrate n ‖ **rhombisches** ~**hydrat** (Na$_2$CO$_3$ · H$_2$O) (Chem) / metahydrate sodium carbonate
**Monoid** n (Math) / monoid* n, semigroup* n
**Mono•iodmethan** n (Chem) / methyl iodide*, iodomethane n ‖ ~**kaliumoxalat** n (Chem) / potassium hydrogenoxalate, monopotassium oxalate ‖ ~**kalziumphosphat** n (Chem) / calcium dihydrogen-phosphate, primary calcium phosphate ‖ ~**karbonsäure** f (mit einer Karboxygruppe) (Chem) / monocarboxylic acid
**Monokel** n (unkorrigierte Linse) (Foto) / monocle n ‖ ~**lupe** f (Opt) / monocle magnifier, loupe n
**Monokieselsäure** f (Chem) / orthosilicic acid*
**monoklin** adj (Krist) / monoclinic adj ‖ ~**er Amphibol** (Min) / monoclinic amphibole ‖ ~**e Pyroxene** (Min) / clinopyroxenes* pl ‖ ~**es System** (Kristallsystem - nach DIN 13316) (Krist) / monoclinic system*, monosymmetric system*, oblique system*
**monoklinal** adj (Geol) / monoclinal adj, monoclinic adj
**Monoklinalfalte** f (Geol) / flexure n, monocline* n, flexure fold, flexure folding, true folding
**monoklonal** adj (Biol) / monoclonal adj
**monokristallin** adj (Krist) / single-crystal attr, monocrystalline adj ‖ ~**er Diamant** (Krist) / monocrystalline diamond ‖ ~**e Faser** / monocrystalline fibre
**monokular** adj (Opt) / monocular adj
**Monokultur** f (wenn nur eine Nutzpflanze angebaut wird, wie z.B. in der Plantagenwirtschaft) (Landw) / monoculture* n
**Monolage** f (Chem) / monomolecular layer*, monolayer* n, monomolecular film, unimolecular film, unimolecular layer*
**Monolith** m (Säule aus einem Steinblock) (Bau) / monolith* n ‖ **keramischer** ~ (ein Wabenkörper) (V-Mot) / ceramic monolith, ceramic honeycomb
**monolithisch** adj / monolithic* adj ‖ ~**es Filter** (Fernsp) / monolithic filter (a device used to separate telephone communications sent simultaneously over the transmission line, consisting of a series of electrodes vacuum-deposited on a crystal plate so that the plated sections are resonant with ultrasonic sound waves, and the effect of the device is similar to that of an electric filter) ‖ ~**e integrierte Mikroschaltung** (Eltronik) / monolithic integrated circuit* ‖ ~**e integrierte Mikrowellenschaltung** (Eltronik) / monolithic microwave integrated circuit (MMIC) ‖ ~**e integrierte Schaltung** (Eltronik) / monolithic integrated circuit* ‖ ~**er Mikrocomputer** (EDV) / single-chip microcomputer ‖ ~**e Schaltung** (Eltronik) / solid circuit, solid-state circuit
**Monolithkatalysator** m (als Gegensatz zum Schüttgutkatalysator) (Kfz) / monolithic catalyst, monolith catalyst
**Monom** n (Math) / monomial n, monomial expression, one-term expression
**Monom-** (Math) / monomial adj
**monomer** adj (Chem) / monomeric adj ‖ ~ n (niedermolekularer Baustein, aus dem ein Polymer aufgebaut ist) (Chem) / monomer* n
**Monomercasting** n (Plast) / monomer casting
**Monomeres** n (Chem) / monomer* n
**monometallisch** adj / monometallic adj
**Monomethylhydrazin** n (ein Raketentreibstoff) (Raumf) / monomethylhydrazine n, MMH
**monomikt** adj (Geol) / monomictic adj (lake or clastic sedimentary rock)
**monomineralisch** adj (Geol) / monomineralic adj ‖ ~**e Gesteine** (aus einer einzigen Mineralart) (Geol) / monomineralic rocks*
**monomisch** adj (Math) / monomial adj
**Monomode•-Faser** f (Fernm) / monomode fibre*, single-mode fibre ‖ ~**-Laser** m (Phys) / monomode laser, single-mode laser, unimodal

laser ‖ ⁓-**Lichtwellenleiter** m (Fernm) / monomode fibre*, single-mode fibre
**monomolekular** adj (Chem) / monomolecular adj, unimolecular adj ‖ ⁓**e Reaktion** (eine Elementarreaktion) (Chem) / monomolecular reaction* ‖ ⁓**e Schicht** (Chem) / monomolecular layer*, monolayer* n, monomolecular film, unimolecular film, unimolecular layer*
**Monomolekularfilm** m (Chem) / monomolecular layer*, monolayer* n, monomolecular film, unimolecular film, unimolecular layer*
**monomorph** adj (Biol) / monomorphic* adj, monomorphous adj ‖ ⁓ (Math) / monomorphic adj, categorical adj
**Mono•morphismus** m (Math) / monomorphism ‖ ⁓**natriumglutamat** n (Chem, Nahr) / monosodium glutamate*, MSG ‖ ⁓**nuklear** adj (Biol) / uninucleate* adj, mononuclear adj ‖ ⁓**nukleär** adj (mit einem einfachen/nicht gelappten oder geteilten/ Zellkern) (Zyt) / mononuclear* adj ‖ ⁓**nuklidisches Element** (Chem, Kernphys) / pure element, monoisotopic element, anisotopic element ‖ ⁓**oxygenase** f (Biochem) / hydroxylase n ‖ ⁓**pack** n (ein Film mit drei farbempfindlichen Emulsionsschichten auf einer einzigen Unterlage - für das subtraktive Farbverfahren) (Foto) / monopack* n, integral tripack*
**monophag** adj (Schädling) (Bot, For) / monophagous adj
**monophon** adj (einzeltönig) (Akus) / monophonic adj
**Monophonie** f (DIN 1320) (Akus) / monophony n
**monophonisch** adj (als Gegensatz zu stereophonisch) (Akus) / monophonic* adj, mono* adj
**Mono•phosphat** n (Chem) / phosphate(V)* n, orthophosphate n ‖ ⁓**photo** f (eine veraltete Fotosetzmaschine der Monotype Corp.) (Druck) / Monophoto* n ‖ ⁓-**Plattenspieler** m (Akus) / mono record player
**Monopol** m (isolierte elektrische Elementarladung) (Eltech, Mag, Radio) / monopole* n ‖ **magnetischer** ⁓ (ein hypothetisches Teilchen) (Kernphys) / magnetic monopole*, Dirac monopole ‖ **topologischer** ⁓ (in nichtabelschen Eichfeldtheorien) (Kernphys) / topological monopole
**Monopolantenne** f (Radio) / monopole antenna
**Monopolkonfiguration** f (Kernphys) / monopole configuration
**Monoprozessorbetrieb** m (EDV) / monoprocessor mode
**Monopteros** m (pl. -pteren) (von einem Säulenkranz umgebener offener Rundbau) (Arch) / monopteron n (pl. -ptera), monopteros n (pl. -ptera)
**Monopuls** m (Radar) / monopulse* n ‖ ⁓**antenne** f (mit mindestens zwei Ausgängen) (Radar) / monopulse antenna ‖ ⁓**radar** m n (Radar) / monopulse radar
**Monorail** f (pl. -s) (HuT) / monorail* n
**Mono•saccharid** n (Grundbaustein der Oligo- und Polysaccharide) (Chem) / monosaccharide* n, monose n, simple sugar ‖ ⁓**sacharid** n (Chem) / monosaccharide* n, monose n, simple sugar ‖ ⁓**schicht** f (von der Dicke einer Atom- bzw. Moleküllage) (Chem) / monomolecular layer*, monolayer* n, monomolecular film, unimolecular film, unimolecular layer* ‖ ⁓**schichtenpolymerisation** f (Chem) / monolayer polymerization ‖ ⁓**silan** n (das einfachste Silan = SiH₄) (Chem) / monosilane n
**monosom** adj (Biochem) / monosomic adj
**Monospacing-Schrift** f (in der Textverarbeitung) (EDV, Typog) / monospaced font, fixed-pitch font, monopitch font
**monostabil** adj (Eltronik, Fernm) / monostable* adj, one-shot attr ‖ ⁓**e Kippstufe** (Eltronik) / monostable multivibrator, one-shot multivibrator, single-shot multivibrator, single shot, univibrator* n, Kipp relay, monostable flipflop ‖ ⁓**er Multivibrator** (Eltronik) / monostable multivibrator, one-shot multivibrator, single-shot multivibrator, single shot, univibrator* n, Kipp relay, monostable flipflop ‖ ⁓**e Schaltung** (Eltronik) / monostable circuit, single-shot circuit ‖ ⁓**e Triggerschaltung** (Eltronik) / single-shot trigger circuit, single-trip trigger circuit
**Mono•substitution** f (Chem) / monosubstitution n ‖ ⁓**sulfitzellstoff** m (Pap) / monosulphite pulp ‖ ⁓**sulfonsäure** f (Chem) / monosulphonic acid ‖ ⁓**tektikum** n (Hütt) / monotectic n
**monotektisch** adj (Hütt) / monotectic adj ‖ ⁓**e (Übergangs)Reaktion** (Hütt) / monotectic reaction
**monoterminal** adj (Oxidation) (Biochem) / monoterminal adj
**Monoterpen** n (azyklisches, monozyklisches, bizyklisches - Dimerisierungsprodukt des Isoprens) (Chem) / monoterpene n
**monoterpenoid** adj (Chem) / monoterpenoid adj
**Monothioethylenglykol** n (Chem) / mercaptoethanol n
**monotisch** adj (diejenige Art der Schalldarbietung, bei der der Schall nur auf eines der beiden Ohren gelangt - DIN 1320) (Akus) / monotic adj
**monoton** adj (Folge, Funktion) (Math) / monotonic* adj ‖ **nicht ⁓es Schließen** (KI) / non-monotonic reasoning ‖ ⁓**e Abbildung** (Math) / isotone mapping, isotonic mapping, order homomorphism, monotone mapping ‖ ⁓ **fallende Funktion** (Math) / decreasing function, monotonic decreasing function ‖ ⁓**e Funktion** (Math) /

monotonic function ‖ ⁓ **nicht wachsende Funktion** (Math) / decreasing function, monotonic decreasing function ‖ ⁓ **wachsende Funktion** (Math) / increasing function, monotonic non-decreasing function
**Monotonie** f (Math) / monotony n, monotonicity n
**Monotoniegesetz** n (der Addition, der Multiplikation) (Math) / monotony law, law of monotony
**Monotoniekriterium** n (Math) / monotony criterion
**Monotop** n (Umwelt) / ecotope n
**Monotreibstoff** m (ein Raketentreibstoff, der als Einstoffsystem angewendet durch feste oder flüssige Katalysatoren zur exothermen Reaktion angeregt wird) (Raumf) / monopropellant* n, monofuel n
**Monotron** n (ein Härteprüfgerät) (Hütt) / Monotron n ‖ ⁓ (ein Gerät der Güttinger-Satz-Automation) (Typog) / Monotron n ‖ ⁓-**Härteprüfgerät** n (Hütt) / Monotron n ‖ ⁓-**Härteprüfverfahren** n (ein veraltetes amerikanisches dynamisches Härteprüfverfahren) (Hütt) / Monotron method
**monotrop** adj (nur in einer Richtung umwandelbar) (Chem, Min) / monotropic* adj
**Monotropie** f (einseitige Umwandelbarkeit einer Modifikation in eine andere) (Chem, Min) / monotropy n
**Monotype** f (Typog) / Monotype* n, mono n ‖ ⁓-**Setz- und -Gießmaschine** f (der Fa. Monotype Corp. Ltd., Salfords, Surrey) (Typog) / Monotype* n, mono n
**mono•valent** adj (Chem) / monovalent* adj, univalent* adj ‖ ⁓**variabel** adj (Zielfunktion) / monovariable adj ‖ ⁓**vinylazetylen** n (Chem) / vinyl acetylene, monovinyl acetylene, but-1-en-3-yne n ‖ ⁓**wasserstoff** m (Chem) / active hydrogen*, atomic hydrogen*, monohydrogen n
**Monoxid** n (Chem) / monoxide n
**monozyklisches Terpen** (Chem) / monocyclic terpene
**Monozyt** m (pl. -en) (großer mononukleärer Leukozyt mit einem leicht eingebuchteten Kern) (Med) / monocyte* n
**Monroe-Tiegel** m (Chem) / Monroe crucible, Neubauer crucible
**Mons** m (pl. -tes) (Berg auf Mond oder Mars) (Astr) / mons n (pl. -tes)
**Monsantobild** n (Tex) / Monsanto standard (test of crease resistance = 5 grades)
**Monsantoprozeß** m (Herstellung von Adipodinitril durch Hydrodimerisierung von Acrylnitril) (Chem Verf) / Monsanto process
**Monsels Salz** (basisches Eisen(III)-sulfat) (Chem, Med, Tex) / Monsel's salt
**Monsun** m (Luftströmung großer Ausdehnung mit halbjährlichem Richtungswechsel in den Tropen) (Meteor) / monsoon* n
**Monsunwald** m (überwiegend regengrüner tropischer Wald) (For, Umwelt) / monsoon forest
**Montage** f (Astr) / mounting n ‖ ⁓ (Druck) / stripping* n ‖ ⁓ (Film) / assembly n, assemble edit* n ‖ ⁓ (Film, Foto) / montage* n ‖ ⁓ (Masch) / assembly n, fitting* n, assembling n ‖ ⁓ (am Aufstellungsort) (Masch) / erection* n, rigging n ‖ ⁓ (Masch) / installation n ‖ ⁓ (im Freien, beim Kunden) (Masch) / field erection ‖ ⁓ (einer Hochantenne) (Radio) / rigging n ‖ ⁓ (Masch) / mounting n ‖ **automatische** ⁓ (Masch) / automatic assembly, mechanized assembly ‖ **gleitende** ⁓ (Masch) / moving assembly (not stationary) ‖ **stationäre** ⁓ (Masch) / stationary assembly ‖ ⁓ f **von Hand** (Masch) / hand assembly
**Montage•abdeckfolie** f (Druck) / montage masking foil ‖ ⁓**abschnitt** m (in der Fertigungshalle) (F.Org) / assembly bay ‖ ⁓**abteilung** f (Masch) / fitting shop*, assembly shop, assembly room, erecting shop*, assembly hall ‖ ⁓**anleitung** f (Masch) / fitting instruction(s), assembly instruction(s) ‖ ⁓**anweisung** f (Masch) / fitting instruction(s), assembly instruction(s) ‖ ⁓**arbeiter** m (am Aufstellungsort) (Masch) / erector n, rigger n ‖ ⁓**bauweise** f (ohne Mörtel) (Bau) / dry construction* ‖ ⁓**bauweise** (Bau) / prefabricated building*, manufactured building, precut building, packaged building ‖ ⁓**bereich** m (Masch) / fitting shop*, assembly shop, assembly room, erecting shop*, assembly hall ‖ ⁓**betrieb** m (Masch) / assembler n ‖ ⁓**boden** m (doppelter Boden im Maschinenraum eines Rechenzentrums, zum Verlegen von Kabeln usw., in dem man sich bei der Montage bewegen kann) (Bau, EDV) / raised floor ‖ ⁓**bühne** f / erection platform ‖ ⁓**fertig** adj (Masch) / ready to assemble ‖ ⁓**fertigteil** n (Bau) / prefabricated section, prefabricated part ‖ ⁓**fläche** f (Raumf) / pallet n ‖ ⁓**gerät** n (Masch) / assembly machine ‖ **fahrbares** ⁓**gestell** (Masch) / dolly n ‖ ⁓**gruppe** f (aus mindestens zwei Bauelementen) (die durch Fügen von mindestens zwei Bauelementen entstanden ist) (Eltronik, Masch) / assembly n, package n, unit n, assy ‖ ⁓**gruppe** (Masch) / subassembly* n ‖ ⁓**halle** f (Masch) / fitting shop*, assembly shop, assembly room, erecting shop*, assembly hall ‖ ⁓**hebel** m (Kfz, Werkz) / tyre lever, tyre iron ‖ ⁓**höhe** f / assembly height ‖ ⁓**industrieroboter** m (Masch) / assembly robot ‖ ⁓**kennzeichnung** f (Masch) / assembly mark ‖ ⁓**klebfolie** f (für Ingenieurholzbau und Möbel) / assembly adhesive ‖ ⁓**klebstoff** m / structural adhesive (a bonding agent) ‖ ⁓**kran** m (Masch) / erecting crane, placing crane ‖ ⁓**leicht** adj (Masch) / easy to install, easy to

mount ‖ ⁓**leuchte** f / inspection lamp ‖ ⁓**loch** n (DIN 40804) (Masch) / mounting hole ‖ ⁓**marke** f (Masch) / assembly mark ‖ ⁓**markierung** f (Delle) / dimple n (Masch) / hardware n ‖ ⁓**naht** f (Schw) / site weld, field weld ‖ ⁓**niet** m (Masch) / field rivet*, site rivet* ‖ ⁓**platte** f (Typog) / flat n ‖ ⁓**platz** m (Luftf) / dock n ‖ ⁓**roboter** m (Masch) / assembly robot ‖ ⁓**rollbrett** n (Kfz) / creeper n, mechanic's creeper ‖ ⁓**roller** m (Kfz) / creeper n, mechanic's creeper ‖ ⁓**satz** m / assembly kit ‖ ⁓**satz** (die durch Fügen von mindestens zwei Bauelementen entstanden ist) (Eltronik, Masch) / assembly n, package n, unit n, assy ‖ ⁓**schaltplan** m (Eltech) / installation wiring diagram ‖ ⁓**schraube** f (Masch) / temporary bolt ‖ ⁓**schweißung** f (Schw) / site welding, field welding ‖ ⁓**stand** m / assembly station ‖ ⁓**station** f / assembly station ‖ ⁓**stoß** m (Schw) / field joint ‖ ⁓**straße** f (meistens ein Fließband) (Masch) / assembly line ‖ ⁓**tisch** m (Druck) / register table, lining-up table

**Montage- und Standtisch** m (Druck) / register table, lining-up table
**Montage•turm** m (Raumf) / gantry* n ‖ ⁓**verspannung** f (z.B. bei Kardanwellen) (Kfz) / mounting distortion ‖ ⁓**werkstatt** f (Masch) / fitting shop*, assembly shop, assembly room, erecting shop*, assembly hall ‖ ⁓**zange** f (mit verstellbarem Drehpunkt) (Masch, Werkz) / mechanic's pliers ‖ ⁓**zange** (mit langen Schenkeln) (Masch, Werkz) / slip-joint pliers, water-pump pliers
**Montags-Dienstags-Mittwochs-Landung** f (Luftf) / ballooning n
**Montansalpeter** m (Chem, Landw) / ammonium nitrate sulphate
**Montansäure** f (als Schmiermittel) (Chem) / montanic acid, octacosanoic acid
**Montanwachs** n (ein fossiles Pflanzenwachs aus bitumenreicher Braunkohle) (Chem) / montane wax, lignite wax
**Montasit** m (ein Anthophyllit aus Transvaal) (Min) / montasite* n
**Monte-Carlo-Methode** f (rechnerisch-experimentelles Nachspielen realer Vorgänge durch Zufallsprozesse) (Stats) / Monte Carlo method*, Monte Carlo simulation
**Montejus** n (für Säuren) (Chem Verf) / acid blowcase, acid egg* ‖ ⁓ (Nahr) / montejus n
**Monteur** m (Schlosser) / fitter* n, machine fitter, machinist n (US), mechanic n ‖ ⁓ / engineer n, mechanic n ‖ ⁓ (in der Fabrikhalle) (Masch) / assembler n ‖ ⁓ (Masch) / erector n, rigger n
**Monteurköper** m (Tex) / dungaree* n
**Monticellit** m (ein Nesosilikat der Olivin-Norbergit-Familie, das auch in Magnesiterzeugnissen und in basischen Konverterschlacken anzutreffen ist) (Min) / monticellite* n
**Montiereisen** n (Kfz, Werkz) / tyre lever, tyre iron
**montieren** v (das Fernrohr) (Astr) / mount v ‖ ⁓ (Reifen) (Kfz) / install v, mount v ‖ ⁓ (Masch) / assemble v ‖ ⁓ (am Aufstellungsort) (Masch) / erect v, rig v ‖ ⁓ (Masch) / install v, instal v ‖ ⁓ / mount v ‖ ⁓ **automatisches** ⁓ / automatic assembly, mechanized assembly
**Montierhebel** m (Kfz, Werkz) / tyre lever, tyre iron
**montiert an der Wand** (Bau) / wall-mounted adj, wall-hung adj ‖ ⁓**e Vorlageform** (Typog) / flat n
**Montierung** f (des Fernrohrs - z.B. englische, deutsche) (Astr) / mounting n ‖ **äquatoriale** ⁓ (des Fernrohrs) (Astr) / equatorial mounting ‖ **horizontale** ⁓ (des Fernrohrs) (Astr) / azimutal mounting ‖ **parallaktische** ⁓ (des Fernrohrs) (Astr) / equatorial mounting
**Montmorillonit** m (Aluminiumdihydrogentetrasilikat - ein Dreischicht-Tonmineral) (Min) / montmorillonite* n
**Montmorillonit-(Saponit)-Gruppe** f (Min) / montmorillonite group
**Monuron** n (ein Harnstoffherbizid, als Fotosynthesehemmer zur Unkrautvertilgung auf Wegen und Plätzen eingesetzt) (Chem) / monuron (CMU) n
**Monzonit** m (ein Tiefengestein) (Geol) / monzonite* n, syenodiorite* n
**Mooney** f (Maßzahl für die Plastizität von Kautschuk oder Gummimischungen - nach M. Mooney, 1893-1966) (Chem) / Mooney unit (100° = 8,30 Nm)
**Mooney-Einheit** f (Maßzahl für die Plastizität von Kautschuk oder Gummimischungen - nach M. Mooney, 1893-1966) (Chem) / Mooney unit (100° = 8,30 Nm)
**Mooney-Grad** m (Maßzahl für die Plastizität von Kautschuk oder Gummimischungen - nach M. Mooney, 1893-1966) (Chem) / Mooney unit (100° = 8,30 Nm)
**Mooney-Viskosimeter** n / Mooney viscometer, shearing-disk viscometer
**Moon-Pool** m (eine Öffnung in der Arbeitsbühne bei Off-shore-Bohrungen) (Erdöl) / moon pool
**moon-washed** adj (stellenweise gebleicht) (Tex) / moon-washed adj (denim)
**Moor** n (organischer Naßboden - Lagerstätte von Torf und ihre Vegetationsdecke) (Geol) / fen* n, bog* n, moor* n (US), swamp n, moorland* n, marsh n ‖ ⁓**boden** m / bog soil, boggy soil ‖ ⁓**eiche** f (Eichenholz, das über Jahrhunderte im Moor oder Wasser lag - hochwertiges Furnierholz) (For) / bog-oak n
**Moore-Lampe** f (Eltech) / Moore lamp*

**Moore-Maschine** f (ein sequentielles System) (EDV) / Moore machine
**Moore-Smith-Folge** f (Verallgemeinerung des Folgebegriffs derart, daß auch andersartige Elemente - also nicht nur natürliche Zahlen - als Indizes dienen können) (Math) / Moore-Smith sequence, Moore-Smith family
**Moore-Smith-Konvergenz** f (Math) / Moore-Smith convergence
**moorig** adj (Geol) / moorish adj, moory adj
**Mooring** f (Schiff) / mooring n ‖ ⁓**winde** f (automatische Verhol- und Festmacherwinde) (Schiff) / mooring winch
**Moor•land** n (Geol, Umwelt) / bogland n ‖ ~**liebend** adj (Bot) / uliginose* adj, uliginous* adj ‖ ⁓**regeneration** f (Umwelt) / peatland reclamation ‖ ⁓**rekultivierung** f (Umwelt) / peatland reclamation ‖ ⁓**sprengung** f (um einen tragfähigen Untergrund zu schaffen) (HuT) / bog blasting
**Moos** n (Bot) / moss* n ‖ ⁓ (Moor) (Geol) / fen* n, bog* n, moor* n (US), swamp n, moorland* n, marsh n ‖ **Chinesisches** ⁓ (gewaschene, gebleichte und getrocknete Rotalgen) (Bot) / Chinese moss ‖ ⁓**achat** m (faseriges Quarzaggregat) (Min) / moss agate* ‖ ⁓**gold** n (Hütt) / cake of gold, sponge gold ‖ ⁓**grün** n ‖ ⁓**gummi** n (Schaumstoff mit geschlossenen Mikrozellen auf der Basis von Natur- und Synthesekautschuk) / microcellular rubber, expanded rubber ‖ ⁓**gummi** s. auch Schwammgummi ‖ ⁓**jaspis** m (Min) / moss agate* ‖ ⁓**krepp** m (ein Seidenkreppgewebe) (Tex) / moss crêpe, mossy crêpe ‖ ⁓**pflanzen** f pl (eine Abteilung) (Bot) / Bryophyta* pl ‖ ⁓**stärke** f (Bot, Chem) / lichenin n
**Mop** m / mop n
**Moped** n (Kleinkraftrad) (Kfz) / moped n
**Mopöl** n / mop oil
**Mopp** m / mop n
**Moppöl** n (staubbindendes leichtes Mineralöldestillat mit Zusätzen von Fetten, fetten Ölen, Farben und Parfüms für Fußboden- und Möbelpflege) / mop oil
**MOPS** (EDV) / million operations per second (MOPS)
**Mor** m (For, Umwelt) / mor* n
**"moralischer" Verschleiß** (durch technische oder wirtschaftliche Überholung) / obsolescence n
**Moräne** f (Gesteinsschutt, der vom Gletscher mitgeführt und zur Ablagerung gebracht wird) (Geol) / moraine* n
**Moränen-** (Geol) / morainic adj, morainic adj
**Moränenablagerung** f (Geol) / morainal deposit
**Morasterz** n (Min) / bog iron ore*, morass ore, meadow ore
**morastig** adj (Geol) / marshy adj, swampy adj ‖ ~**er Grund** (Geol, Umwelt) / bog n, slough n, swamp n, morass n, marsh n
**Morbidität** f (Verhältnis der in einer Population an einer bestimmten Krankheit Erkrankten zur Zahl der Gesunden) (Med, Stats) / morbidity* n (a sickness ratio)
**MORD** (Spektr) / magnetooptical rotatory dispersion, MORD
**Mordellsche Vermutung** (nach J.L. Mordell, 1888-1972, von G. Faltings 1983 bewiesen) (Math) / Mordell's conjecture
**Mordenit** m (Min) / mordenite* n
**Mordent** m n (ein Gemisch aus Wachs, Talg und Terpentin, das bei der Mordentvergoldung gebraucht wird) (Anstr) / mordant* n, japanners' gold-size, Japan gold-size
**Moreen** m (ein Baumwollstoff) (Tex) / moreen n
**Morenosit** f (Min) / nickel vitriol, morenosite n
**Morfamquat** n (eine giftige Bipyridiniumverbindung, die als Herbizid eingesetzt wird) (Chem, Landw) / Morfamquat n
**Morgan-Einheit** f (nach Th.H. Morgan, 1866-1945) (Gen) / map unit
**Morganit** m (Min) / morganite* n
**Morgansche Gesetze** (Math) / De Morgan's laws, De Morgan's rules
**Morgan-Schaltung** f (eine Löschschaltung zur Einzellöschung von Thyristoren in selbstgeführten Stromrichtern) (Eltronik) / Morgan connexion
**Morgansche, De** ⁓ **Formeln** (nach A. De Morgan, 1806-1871) (Math) / De Morgan's laws, De Morgan's rules ‖ **de** ⁓ **Regeln** (für die Komplementbildung) (Math) / De Morgan's laws, De Morgan's rules
**Morgendämmerung** f (Astr) / morning twilight ‖ **bürgerliche** ⁓ (Astr) / morning civil twilight
**Morgenländisch•e Platane** (For) / buttonwood* n, sycamore* n, American planetree, buttonball tree, button tree ‖ ⁓**e Platane** (Platanus orientalis L.) (For) / Oriental plane, chinar n, chenar n
**Morgenpunkt** m (Astr) / east point
**Morin** n (ein Flavonfarbstoff - gewonnen aus den Morus-Arten oder aus der Chlorophora tinctoria (L.)) (Chem) / morin n
**Moringaöl** n / ben oil, behen oil
**Moringerbsäure** f (Chem, Leder) / maclurin n
**Morion** m (besonders dunkler, fast schwarzer Rauchquarz) (Min) / morion* n
**Morleyscher Satz** (nach F. Morley, 1860 - 1937) (Math) / Morley's theorem
**Moroxit** m (blaugrüner Apatit) (Min) / moroxite n

**Morphaktin**

**Morphaktine** *n pl* (Herbizide und Wachstumsregulatoren auf der Basis von 9-Hydroxyfluoren-9-carbonsäure) (Bot, Chem, Landw) / morphactins* *pl*
**morphen** *v* (bei der elektronischen Bilddatenverarbeitung) (EDV) / morph *v*
**Morphin** *n* (Pharm) / morphine* *n*
**Morphinalkaloide** *n pl* (bekannteste Klasse der Isochinolinalkaloide) (Pharm) / morphine alkaloids
**Morphing** *n* (EDV) / morphing *n* (shape-changing via digital techniques, e.g. interpolating sequences between two images)
**Morphium** *n* (Pharm) / morphine* *n*
**Morphismus** *m* (Abbildung zwischen strukturierten Mengen, die die Struktur erhält) (Math) / morphism *n*
**Morphium** *n* (ein Opiumalkaloid) (Pharm) / morphine* *n*
**Morpholin** *n* (1,4-Oxazinan) (Chem) / morpholine* *n*
**Morpholin-Fungizid** *n* (z.B. Dodemorph, Fenpropimorph und Tridemorph) (Chem, Landw) / morpholine fungicide
**Morphologie** *f* (Bot, Geol, Zool) / morphology* *n* ‖ ⁓ (Aufbau kristalliner Materialien) (Eltronik) / morphology *n*
**morphologisch** *adj* (Bot, Geol, Zool) / morphological *adj*, morphologic *adj*
**Morphometrie** *f* (Methode zur Erfassung der äußeren Gestalt von Bestandteilen klastischer Gesteine) (Geol) / morphometry *n*
**Morphotropie** *f* (Krist) / morphotropy *n*
**morsch** *adj* / rotten *adj*, decayed *adj* ‖ **~ werden** (For) / rot *v*, crumble *v*
**Morse•alphabet** *n* (ein altes Telegrafenalphabet nach S.F.B. Morse, 1791-1872) (Teleg) / Morse code*, Morse *n*, Morse alphabet ‖ **⁓-Gleichung** *f* (zur Darstellung der Morse-Kurve) (Phys) / Morse equation* ‖ **⁓kegel** *m* (ein Werkzeugkegel zur Befestigung von Werkzeugen in Werkzeugmaschinen - nach DIN 228) (Masch) / Morse taper* ‖ **⁓-Kurve** *f* (Spektr) / Morse curve
**morsen** *v* (Teleg) / Morse *v*
**Morse•-Potential** *n* (Chem) / Morse potential ‖ **⁓punkt** *m* (Teleg) / dot *n*
**Mörser** *m* (Chem) / mortar* *n*
**Mörserkeule** *f* (Chem) / pestle* *n*
**Morse•-Schnelltelegraf** *m* (Teleg) / Wheatstone automatic system ‖ **⁓strich** *m* (Teleg) / dash *n*, Morse.dash, dah *n* ‖ **⁓taste** *f* (Radio, Teleg) / Morse key*, cw key, telegraph key ‖ **⁓zeichen** *n* (Teleg) / Morse signal
**Mortalität** *f* / fatality rate
**Mörtel** *m* (ein Bindebaustoff) (Bau, HüT) / mortar* *n*, masonry mortar ‖ **dünnflüssiger ⁓** (Bau) / larry *n*, grout *n* ‖ **fetter ⁓** (mit hohem Bindemittelanteil) (Bau) / fat mortar ‖ **feuerfester ⁓** (keramisch bindender) (Bau, Hütt) / refractory mortar, refractory grout ‖ **hydraulischer ⁓** (Bau) / hydraulic mortar* ‖ **magerer ⁓** (Bau) / lean mortar ‖ **maschinenangespritzer ⁓** (Bau) / pneumatically applied mortar, machine-applied mortar ‖ **⁓aufstreichen** *n* (Bau) / buttering* *n* ‖ **⁓bett** *n* (Bau) / mortar bed ‖ **⁓bett** (im Mauerverband) (Bau, HüT) / layer* *n* ‖ **⁓brett** *n* (Bau) / hawk* *n*, mortar-board *n* ‖ **⁓brett** (Mörtelmischtisch) (Bau) / spot board*, ligger *n*, gauge board, spot *n* ‖ **⁓brücke** *f* (Bau) / mortar bridge ‖ **⁓fuge** *f* (Bau) / joint *n*, abreuvoir *n* ‖ **⁓gefüge** *n* (Geol) / mortar structure*, murbruk texture ‖ **⁓gips** *m* (Bau) / hardwall plaster ‖ **⁓haue** *f* (Bau) / larry *n*, rake* *n*, mortar beater ‖ **⁓kollergang** *m* (Bau) / pan-mill mixer* ‖ **⁓krücke** *f* (Bau) / larry *n*, rake* *n*, mortar beater ‖ **⁓lage** *f* (Bau) / mortar bed ‖ **⁓mischer** *m* (Bau) / mortar mixer, mortar mill* ‖ **⁓mischmaschine** *f* (Bau) / mortar mixer, mortar mill* ‖ **⁓mischspaten** *m* (Bau) / larry *n*, rake* *n*, mortar beater ‖ **ausgelaufenes ⁓nest** (Bau) / curtain *n* ‖ **⁓prüfung** *f* (DIN 18555) (Bau) / mortar test ‖ **⁓pumpe** *f* (Bau) / mortar pump ‖ **⁓rührer** *m* (Bau) / larry *n*, rake* *n*, mortar beater ‖ **⁓sand** *m* (Bau) / sand for mortar (BS 4721), mortar sand (aggregate) ‖ **⁓scheibe** *f* (Bau, HüT) / layer* *n* ‖ **⁓schicht** *f* (im Mauerverband) (Bau, HüT) / layer* *n* ‖ **⁓struktur** *f* (bei der einzelne mineralische Gemengteile in einer Trümmergrundmasse eingebettet sind) (Geol) / mortar structure*, murbruk texture ‖ **~verfüllter Makadam** (HüT) / grouted macadam ‖ **⁓verstrich** *m* (der waagerechten Schieferplattenfugen) (Bau) / torching* *n* ‖ **⁓zusatzmittel** *n* (Bau) / mortar admixture
**MOS** (Eltronik) / MOS* *n*, metal-oxide semiconductor* ‖ **⁓ im Submikrometerbereich** (Eltronik) / submicron MOS
**Mosaik** *n* (Verzierung von Mauern und Fußböden) (Bau) / mosaic* *n* ‖ **⁓** (Bau) / Roman mosaic* ‖ **⁓** (Zusammenstellung der Aufnahmen einer Reihenmeßkammer) (Verm) / mosaic *n*, print lay-down (US) ‖ **~artige Musterung** / tessellation *n* ‖ **⁓block** *n* (im Einkristall) (Krist) / mosaic bloc ‖ **⁓blockgrenze** *f* (die Zwischenräume sind durch zusätzliche Netzebenen aufgefüllt) (Krist) / small-angle (grain) boundary ‖ **⁓druck** *m* (Tex) / mosaic print, orbis print (US) ‖ **⁓drucker** *m* (EDV) / matrix printer, dot matrix printer, wire printer, mosaic printer ‖ **monochromer ⁓effekt** (TV) / tile* *n* ‖ **⁓einband** *m* (Buchb) / mosaic binding, inlaid binding ‖ **⁓farbkern** *m* (For) / mosaic heartwood ‖ **⁓fußboden** *m* (Bau) / tessellated pavement*, Roman mosaic*, mosaic* *n* (floor) ‖ **⁓gen** *n* (Gen) / split gene* ‖ **⁓gold** *n* (eine alte Messingsorte - Zinn(IV)-sulfid) (Hütt) / ormolu* *n*, mosaic gold* ‖ **⁓grafik** *f* (EDV) / mosaic graphics ‖ **⁓krankheit** *f* (von verschiedenen Kulturpflanzen) (Bot, Landw) / mosaic disease ‖ **⁓kristall** *m* (eine besondere Form der Kristallbaufehler) (Krist) / mosaic crystal *n* ‖ **⁓pflaster** *n* (unregelmäßiges - aus Bruchstücken) (Bau) / crazy paving ‖ **⁓platte** *f* (Fliese) (Bau) / mosaic tile ‖ **⁓schicht** *f* (lichtempfindliche Schicht auf alten Bildaufnahmeröhren) (TV) / mosaic* *n*, mosaic layer, photomosaic* *n* ‖ **⁓stein** *m* (für römische Mosaiken) (Arch) / tessera* *n* (pl. tesserae), tessella *n* (pl. tessellae) ‖ **⁓struktur** *f* (mit Mosaikblöcken) (Chem, Krist) / mosaic* *n* ‖ **⁓zeichen** *n* (ein aus den Elementen des Rasters zusammengesetztes Schriftzeichen) / mosaic character
**Moschus** *m* (natürlicher, künstlicher) (Chem) / musk *n* ‖ **⁓ Baur** (künstlicher Moschus) (Chem) / Baur musk, musk Baur ‖ **⁓keton** *n* (Chem) / musk ketone ‖ **⁓körner** *n pl* (aus Abelmoschus moschatus Medik.) / musk seed, ambrette *n*, amber seed ‖ **⁓körneröl** *n* (aus Abelmoschus moschatus Medik.) / ambrette-seed oil, ambrette *n*
**Moseley-Gerade** *f* (Chem) / Moseley line
**Moseleysches Gesetz** (Verschiebung der Frequenzen der Röntgenlinien - nach H.G. Moseley, 1887-1915) (Kernphys) / Moseley's law*
**MOSFET** *m* (ein Hetero-Feldeffekttransistor mit einer isolierenden Metalloxidschicht); MOST (Eltronik) / metal-oxide semiconductor transistor*, MOS transistor, MOSFET* *m* (metal-oxide-semiconductor FET) ‖ **komplementärer ⁓** (mit geringer Verlustleistung, hoher Störsicherheit und Eignung zur Miniaturisierung in Großschaltkreisen) (Eltronik) / complementary-metal-oxide semiconductor, CMOS
**MOSFET-Transistor** *m* (ein Hetero-Feldeffekttransistor mit einer isolierenden Metalloxidschicht); MOST (Eltronik) / metal-oxide semiconductor transistor*, MOS transistor, MOSFET* *m* (metal-oxide-semiconductor FET)
**MOS-Kompatibilität** *f* (Eltronik) / MOS compatibility
**Mößbauer•-Effekt** *m* (nach R. Mößbauer, geb. 1929) (Kernphys) / Mössbauer effect*, recoil-free gamma-ray resonance absorption ‖ **⁓-Quelle** *f* (Kernphys) / Mössbauer source ‖ **⁓-Spektroskopie** *f* (Messungen der Resonanzabsorption monochromatischer γ-Strahlung durch Kerne von in Festkörpern eingebauten Atomen in Abhängigkeit von der γ-Frequenz) (Spektr) / Mössbauer spectroscopy, Mössbauer-effect spectroscopy
**Most** *m* (aus frischen Weintrauben) (Nahr) / stum *n*, must *n*
**MOS•-Technik** *f* (eine unipolare Halbleitertechnologie) (Eltronik) / MOS technology ‖ **⁓-Technologie** *f* (Eltronik) / MOS technology ‖ **⁓-Transistor** *m* (ein Hetero-Feldeffekttransistor mit einer isolierenden Metalloxidschicht); MOST (Eltronik) / metal-oxide semiconductor transistor*, MOS transistor, MOSFET* *m* (metal-oxide-semiconductor FET) ‖ **⁓-Transistor mit schwebendem Gate-Anschluß, in den die Ladungsträger durch den Lawineneffekt gelangen** (Eltronik) / floating-gate avalanche-injection metal-oxide semiconductor transistor (FAMOST)
**Mostwaage** *f* (nach F. Öchsle, 1774-1852) (Nahr) / must gauge, mustmeter *n*
**MOT** (Astr) / local mean time, LMT
**Motel** *n* (pl. -s) (an großen Autostraßen) / motel *n*, motor court, motor lodge ‖ **⁓** (pl. -s) (großes, im Stadtgebiet) / motor inn, motor hotel
**Motherboard** *n* (Eltronik) / motherboard *n*, system-board *n*, platter *n*
**Motional-Feedback-Lautsprecher** *m* (Akus) / motional-feedback loudspeaker
**Motional-Feedback-System** *n* (bei aktiven Lautsprechern) (Akus) / motional-feedback system
**Motiv** *n* (Anstr, Tex) / motif *n*
**Motivationsforschung** *f* / motivation research (MR)
**Motivkontrast** *m* (als objektive, meßbare Größe) (Foto) / luminance range
**motoelektrischer Effekt** (Phys) / motoelectric effect
**Motor** *m* (Eltech, Masch) / motor* *n* ‖ **⁓** (Verbrennungsmotor) (V-Mot) / engine* (internal-combustion) ‖ **⁓** (Masch) s. auch Antriebsmaschine und Triebwerk ‖ **[völlig] geschlossener ⁓** (Eltech) / totally enclosed motor ‖ **angeflanschter ⁓** (Masch) / flanged motor, flange-mounted motor ‖ **belüfteter ⁓** (Eltech) / ventilated motor ‖ **doppeltwirkender ⁓** (Masch) / double-acting engine* ‖ **drehfreudiger ⁓** (Kfz) / eager-to-rev engine, free-revving machine ‖ **drehzahlgeregelter ⁓** (Eltech, Regeln) / variable-speed motor*, adjustable-speed motor ‖ **drehzahlumschaltbarer ⁓** (Eltech) / change-speed motor* ‖ **drehzahlumschaltbarer ⁓** (Eltech) / multispeed motor ‖ **drehzahlumschaltbarer ⁓ mit regelbarer Drehzahl** / adjustable-speed motor ‖ **drehzahlverändlicher ⁓** (Eltech) / variable-speed motor*, adjustable-speed motor ‖ **durch ⁓ angetrieben** (Masch) / motor-driven *adj*, motored *adj*, engine-driven *adj* ‖ **elektrischer ⁓** (Eltech) / electric motor*, electromotor *n* ‖ **"erstickender" ⁓** (Eltech) / stalled motor ‖ **festgebremster ⁓** (Eltech) / locked motor ‖ **fremdbelüfteter ⁓** (Eltech) / forced-ventilated motor ‖ **gegen Berührung geschützter ⁓** (Eltech) / screen-protected

motor*, guarded motor ‖ **gekapselter** ~ (Masch) / enclosed motor ‖ **getriebeloser** ~ (Eltech) / gearless motor* ‖ **hängender** ~ (Luftf) / inverted engine* ‖ **hochkomprimierter** ~ (V-Mot) / high-compression engine, supercompression engine ‖ **hochverdichteter** ~ (V-Mot) / high-compression engine, supercompression engine ‖ **keramischer** ~ (V-Mot) / ceramic engine ‖ **kompensierter** ~ (Eltech) / compensated motor ‖ **kritischer** ~ (Luftf) / critical engine ‖ **liegender** ~ (mit horizontaler Achse der Zylinder) (Masch) / horizontal engine* ‖ **luftgekühlter** ~ (V-Mot) / air-cooled engine* ‖ **obengesteuerter** ~ (DIN 1940) (V-Mot) / overhead-valve engine, I-head engine, valve-in-head engine, OHV engine ‖ **ohc-** ~ (V-Mot) / ovrhead camshaft engine, OHC engine ‖ **ohv-** ~ (V-Mot) / overhead-valve engine, I-head engine, valve-in-head engine, OHV engine ‖ **ortsbeweglicher** ~ (Masch) / portable engine* ‖ **ortsfester** ~ (V-Mot) / stationary engine ‖ **polumschaltbarer** ~ (Drehstromsynchronmotor mit Kurzschlußläufer, der zwei getrennte Ständerwicklungen mit unterschiedlicher Polpaarzahl hat) (Eltech) / change-pole motor*, pole-changing motor ‖ **quadratischer** ~ (wenn das Verhältnis zwischen Hub und Bohrung 1 ist) (V-Mot) / square engine ‖ **quer eingebauter** ~ (Kfz) / transverse engine ‖ **schlitzgesteuerter** ~ (V-Mot) / piston-valve engine, piston-controlled engine, piston-port engine ‖ **selbstsynchronisierender** ~ **für Fernanzeige** (Eltech) / selsyn motor ‖ **spannungsumschaltbarer** ~ (Eltech) / multivoltage motor ‖ **stationärer** ~ (V-Mot) / stationary engine ‖ **stehender** ~ (DIN 1940) (V-Mot) / vertical engine* ‖ **überflutbarer** ~ (Eltech) / submersible motor ‖ **umweltfreundlicher** ~ (Kfz, Masch) / "clean" engine ‖ **wassergekühlter** ~ (Eltech) / water-cooled motor* ‖ **wassergekühlter** ~ (Kfz) / water-cooled engine* ‖ ~ **für direkten Antrieb** (Eltech) / gearless motor* ‖ ~ **in Gondel** (Luftf) / podded engine ‖ ~ **mit Anlaßdrossel** (Eltech) / reactor-start motor ‖ ~ **mit Berührungsschutz** (Eltech) / screen-protected motor*, guarded motor ‖ ~ **mit Doppelschlußwicklung** (Eltech) / compound-wound motor ‖ ~ **mit (kontinuierlicher) Drehzahlregelung** (Eltech) / multispeed motor ‖ ~ **mit Drosselanlasser** (Eltech) / reactor-start motor ‖ ~ **mit Eigenbelüftung** (Eltech) / self-ventilated motor ‖ ~ **mit einer obenliegenden Nockenwelle** (Direktantrieb hängender Ventile durch eine im Zylinderkopf gelagerte Nockenwelle) (V-Mot) / single-overhead-camshaft engine, SOHC engine ‖ ~ **mit einigen Pferdestärken** (Eltech) / integral horse power motor, i.h.p. motor, IHP motor ‖ ~ **mit F-Kopf** (Kfz) / F-head engine ‖ ~ *f* **mit Fremdbelüftung** (Eltech) / forced-ventilated motor ‖ ~ *m* **mit gleichbleibender Drehzahl** (Eltech) / constant-speed motor ‖ ~ **mit halbhoher Nockenwelle** (V-Mot) / HC engine, high-camshaft engine ‖ ~ **mit hängenden Zylindern** (Luftf) / inverted engine* ‖ ~ **mit hochgesetzter Nockenwelle** (V-Mot) / HC engine, high-camshaft engine ‖ ~ **mit hoher Kompression** (V-Mot) / high-compression engine, supercompression engine ‖ ~ **mit Keramikisolation** (Eltech) / ceramic motor ‖ ~ **mit Kompensationswicklung** (Eltech) / compensated motor ‖ ~ **mit Kondensatoranlauf** (Eltech) / capacitor-start motor ‖ ~ **mit konstantem Drehmoment** (Eltech) / constant-torque motor ‖ ~ **mit mehreren Drehzahlstufen** (Eltech) / change-pole motor* ‖ ~ **mit obenliegender Nockenwelle** (V-Mot) / ovrhead camshaft engine, OHC engine ‖ ~ **mit quadratischem Hubverhältnis** (V-Mot) / square engine ‖ ~ **mit Reihenschlußverhalten** (Eltech) / series-characteristic motor*, inverse-speed motor* ‖ ~ **mit stehenden Zylindern** (V-Mot) / vertical engine* ‖ ~ **mit Turbolader** (Kfz, V-Mot) / turbocharged engine, turboengine *n* ‖ ~ **mit übereinander angeordneten Ventilen** (Kfz) / F-head engine ‖ ~ **mit Untersetzungsgetriebe** (Eltech) / back geared motor ‖ ~ **mit unveränderlicher Drehzahl** (Eltech) / constant-speed motor ‖ ~ **mit vermindertem Schadstoffausstoß** (V-Mot) / emission-controlled engine ‖ ~ **mit Widerstandsanlasser** (Eltech) / resistance-start motor, resistor-start motor ‖ ~ **mit zwei obenliegenden Nockenwellen** (Kfz) / double-overhead-camshaft engine, DOHC engine, twin-cam engine ‖ ~ **ohne Auflandung** (Luftf) / atmospheric engine ‖ ~ **ohne ausgeprägte Pole** (Eltech) / smooth-core motor ‖ ~ **Vehicle Safety Standard** (amerikanische Norm zur Bestimmung des Brennverhaltens von Werkstoffen, die bei der Innenausstattung von Kraftfahrzeugen verwendet werden) (Kfz, WP) / Motor Vehicle Safety Standard, MYSS ‖ **Motor•-** (mechanisch, maschinell) (Masch) / mechanical *adj*, by machine ‖ ~**anlasser** *m* (Eltech) / motor starter*, starter *n* ‖ ~**antrieb** *m* (Eltech, Masch) / motor drive ‖ **mit** ~**antrieb** (Masch) / motor-driven *adj*, motored *adj*, engine-driven *adj* ‖ ~**aufhängung** *f* (Befestigungspunkte) (Kfz) / engine mount, engine support ‖ ~**aufhängung** (z.B. Gummilager) (Kfz) / engine mounting(s) ‖ **hintere** ~**aufhängung** (Kfz) / rear engine mount ‖ ~**ausfall** *m* (bei einem mehrmotorigen Flugzeug) (Luftf) / engine-out *n* ‖ ~**benzin** *n* (mit 91 bis 93 ROZ-Wert) (Luftf, V-Mot) / mogas* *n* (motor gasoline) ‖ ~**betätigtes Tastenwerk** (in der Fernschreibtechnik) (Fernm) / motorized keyboard ‖ ~**betrieb** *m* (der elektrischen Maschine) (Eltech) / motor operation, motoring *n* ‖ ~**block** *m* (V-Mot) / engine block, cylinder block, block *n* ‖ ~**-Boating** *n* (unerwünschter Rückkopplungseffekt bei mehrstufigen Verstärkern) (Radio) / motor-boating* *n* ‖ ~**boot** *n* (Schiff) / motor boat, power boat ‖ ~**bremse** *f* (Ausnutzung der bremsenden Wirkung des Motors beim Herunterschalten in einen niedrigeren Gang) (Kfz) / engine braking effect, engine brake ‖ ~**bremse** (DIN 70012) (bei der die Auspuffstrom durch eine Drosselklappe gestaut wird) (Kfz) / exhaust brake ‖ ~**bremse** s. auch Bremsdynamometer ‖ ~**defekt** *m* (V-Mot) / engine trouble, motor defect, engine damage ‖ ~**diagnosegerät** *n* (ein Horchgerät) (V-Mot) / stethoscope *n* ‖ ~**diagnosestecker** *m* (Kfz) / engine diagnostic connector ‖ ~**drachen** *m* (hängegleiterartige Konstruktion mit Steuerbügel) (Luftf) / trike *n* (a kind of ultralight aircraft) ‖ ~**drehzahl** *f* (V-Mot) / engine speed, rpm **Motoren•geräusch** *n* (V-Mot) / engine noise ‖ ~**lärm** *m* (V-Mot) / engine noise ‖ ~**öl** *n* (Kurbelgehäuseöl) (Kfz) / crankcase oil ‖ ~**öl** (im allgemeinen) (Masch, V-Mot) / engine oil, motor oil ‖ **legiertes** ~**öl** (V-Mot) / premium motor oil **Motor•fahrrad** *n* (Kfz) / moped *n* ‖ ~**flug** *m* (ein Teil der Flugbahn eines ballistischen Körpers) (Luftf, Mil) / powered flight, propelled flight ‖ ~**generator** *m* (ein Umformer) (Eltech) / motor generator (a converter)*, genemotor *n* ‖ ~**generator** (ein Maschinensatz) (Eltech, Masch) / motor-generator set, MG set ‖ **synchroner** ~**generator** (Eltech) / synchronous converter ‖ ~**geräusch** *n* (V-Mot) / engine noise ‖ ~**gestell** *n* (V-Mot) / engine frame ‖ ~**getriebe** *adj* (Masch) / motor-driven *adj*, motored *adj*, engine-driven *adj* ‖ ~**getriebene Presse** (Masch) / power press ‖ ~**gondel** *f* (Luftf) / engine pod* ‖ ~**grader** *m* (ein Straßenhobel) (HuT) / motor grader, autopatrol *n* (US) ‖ ~**haube** *f* (Kfz) / bonnet* *n*, vehicle bonnet, hood *n* (US) ‖ ~**haube** (z.B. NACA-Haube) (Luftf) / cowling* *n*, cowl *n* ‖ ~**haubenstütze** *f* (Kfz) / support rod, hood prop (US), bonnet-top stay, hood stay (US) ‖ ~**home** *n* (Kfz) / motorhome *n* (US) ‖ ~**interne Maßnahme** (Kfz) / engine modification **motorisch angetrieben** (Masch) / motor-driven *adj*, motored *adj*, engine-driven *adj* ‖ ~**er (Stell)Antrieb** (Regeln) / motor operator ‖ ~**betrieben** (Masch) / motor-driven *adj*, motored *adj*, engine-driven *adj* ‖ ~**er Schrauber** (Masch) / power wrench **motorisieren** *v* (mit einem Motor ausstatten) (Masch) / motorize *v* ‖ ~ (mit einem Motor antreiben) (Masch) / power *v* **Motorisierung** *f* (Masch) / motorization *n* **Motor•kamera** *f* (Film, Foto) / motorized camera ‖ ~**kamera mit einem Zeitintervallschalter** (Film, Foto) / continuous camera ‖ ~**kennummer** *f* (Kfz) / engine type and identification number, EIN ‖ ~**kettensäge** *f* (For) / chain-saw *n*, power chain-saw, motor chain-saw ‖ ~**kipperkarre** *f* (HuT) / power barrow (pedestrian-controlled dumper) ‖ ~**konsole** *f* (Kfz) / engine bracket ‖ ~**kraftstoff** *m* (Kftst, Kfz) / fuel *n* ‖ ~**kühlmittel** *n* (V-Mot) / engine coolant ‖ ~**leistung** *f* (Nennleistung) (Masch) / motor rating ‖ ~**leistung** (unter den jeweiligen Betriebsbedingungen) (Masch, V-Mot) / engine performance, motor performance ‖ ~**leistung** (Ausgangsleistung) (Masch, V-Mot) / engine output, motor output **motorloses Gleitflugzeug** (Luftf) / non-powered aircraft **Motor•nennleistung** *f* (Masch) / motor rating ‖ ~**nummer** *f* (eingeprägte) (Kfz) / engine type and identification number, EIN ‖ ~**-Oktanzahl** *f* (Kftst) / motor octane number, MON ‖ ~**öl** *n* (Masch, V-Mot) / engine oil, motor oil ‖ ~**ordnung** *f* (Wiederholung der Schwingungsform in Abhängigkeit von der Motordrehzahl) (V-Mot) / shaft order ‖ ~**panne** *f* (V-Mot) / engine trouble, motor defect, engine damage ‖ ~**prüfstand** *m* (Masch) / bench dynamometer ‖ ~**pumpe** *f* / motor pump ‖ ~**raum** *m* (in dem sich der Motor befindet) (Kfz) / engine compartment, engine bay ‖ ~**roller** *m* (Kfz) / motor scooter, scooter *n* ‖ ~**säge** *f* / mechanical saw, power saw ‖ ~**säge** / power saw, machine saw ‖ ~**saugrohr** *n* (V-Mot) / induction manifold*, intake manifold, inlet manifold* ‖ ~**schaden** *m* (V-Mot) / engine trouble, motor defect, engine damage ‖ ~**schaden** (Totalschaden) (V-Mot) / engine damage ‖ **bei** ~**schäden** (V-Mot) / if the motor is defective ‖ ~**schalter** *m* (Eltech) / motor switch ‖ ~**schaltkasten** *m* (Kfz) / control box ‖ ~**schiff** *n* (mit Verbrennungsmotoren angetriebenes Schiff) (Schiff) / motor ship, M.S., motor vessel, MV ‖ ~**schlepper** *m* (Kfz) / tractor *n* ‖ ~**schlitten** *m* (Kfz) / snowmobile *n*, skimobile *n*, snow machine ‖ ~**schmierung** *f* (Kfz) / engine lubrication ‖ ~**schürfmaschine** *f* (HuT) / self-propelled scraper ‖ ~**schürfwagen** *m* (HuT) / self-propelled scraper ‖ ~**schutz** *m* (Eltech) / motor protection ‖ ~**schutzschalter** *m* (Eltech) / motor circuit-breaker, protective motor switch ‖ ~**scraper** *m* (eine Kombination aus Lade- und Transportfahrzeug) (HuT) / self-propelled scraper ‖ ~**segler** *m* (Kombination aus Segel- und Motorflugzeug) (Luftf) / power-driven glider, power glider, powered glider ‖ ~**seitige Maßnahme** (Kfz) / engine modification ‖ ~**sense** *f* (für den Rasen) (Landw) / line trimmer ‖ ~**spritze** *f* (eine Feuerspritze) / motor pump ‖ ~**starter** *m* (Eltech) / motor starter*,

**Motorstarter**

starter *n* ‖ ~starter mit Motorantrieb / motor-operated starter ‖
~steller *m* (Regeln) / motor operator ‖ ~steuerung *f* (Kfz, Masch) /
valve timing, valve control ‖ ~temperaturfühler *m* (Kfz) /
engine-temperature sensor ‖ ~träger *m* (Kfz) / engine mounting ‖
~tragplatte *f* (Masch) / engine bedplate ‖ ~überhöhung *f* (bei
Fahrmotoren elektrischer Triebfahrzeuge) (Eltech) / elevated
position of the motor ‖ ~überholung *f* (Masch) / engine overhaul ‖
~überlastungsschutz *m* (Eltech) / motor overload protection ‖
~überspannungsschutz *m* (Eltech) / motor overvoltage protection ‖
~überstromschutz *m* (Eltech) / motor overcurrent protection ‖
~unabhängige Luftheizung (Kfz) / parking heating system ‖ ~ventil
*n* (Masch) / motorized valve ‖ halboffener ~verdichter (Masch) /
canned rotor motor-compressor ‖ ~werkzeug *n* (Werkz) / power tool
‖ ~zähler *m* (ein Elektrizitätszähler mit Motormeßwerk) (Eltech) /
motor meter* ‖ ~zylinder *m* (Masch) / engine cylinder*

**Motte** *f* (für eine Hochmottenburg) (Arch) / motte* *n* ‖ ~
(Kleinschmetterling, der als Textil-, Pflanzen- oder Vorratsschädling
von Bedeutung ist) (Zool) / moth *n* ‖ **von ~n zerfressen** (Tex) /
moth-eaten *n*

**mottenecht** *adj* (Tex) / mothproof *adj*, moth-resistant *adj*, antimoth *attr*
**Motten•echtausrüstung** *f* (Tex) / mothproofing *n*, mothproof finishing
‖ ~fraß *m* (Tex) / moth damage ‖ ~geschädigt *adj* (Tex) / moth-eaten
*adj* ‖ ~hexe *f* (Chem) / hexachloroethane *n*, carbon trichloride,
perchloroethane *n*, hexachlorethane *n* ‖ ~loch *n* (Tex) / moth hole ‖
~raupe *f* (Tex, Zool) / moth grub ‖ ~schutzappretur *f* (Tex) /
mothproofing *n*, mothproof finishing ‖ ~schutzmittel *n* (Tex) /
mothproofing agent, moth repellent, antimoth product ‖ ~sicher
*adj* (Tex) / mothproof *adj*, moth-resistant *adj*, antimoth *attr* ‖
~zerfressen *adj* (Tex) / moth-eaten *adj*

**Mottled-Garn** *n* (Spinn) / marl yarn*, mouliné yarn, mottle yarn*, mottled yarn
**Mottramit** *m* (örtlich wichtiges Vanadiumerz) (Min) / mottramite* *n*
**Mottsch•e Streuformel** (Phys) / Mott's scattering formula ‖ ~e
**Streuung** (Phys) / Mott scattering
**Mott-Streuung** *f* (nach Sir N.F. Mott, 1905-1996) (Phys) / Mott
scattering ‖ ~ (Phys) s. auch Rutherford-Streuung
**Motze** *f* (Glas) / marver* *n*
**motzen** *v* (Kübel in einer Motze) (Glas) / marver *v*, shape *v*, block *v*
**Mouliné** *m* (Tex) / thrown silk, nett silk, net silk, mouliné twist ‖ ~garn
(gesprenkeltes *n* (Spinn) / marl yarn*, mouliné yarn, mottle yarn*,
mottled yarn ‖ ~garn (Tex) / thrown silk, nett silk, net silk, mouliné
twist ‖ ~zwirn *m* (Tex) / thrown silk, nett silk, net silk, mouliné twist
**Moulinierapparat** *m* (Spinn) / throwing frame
**moulinieren** *v* (Spinn) / throw *v*
**Moulinierseide** *f* (Tex) / thrown silk, nett silk, net silk, mouliné twist
**Moulinierzwirnmaschine** *f* (Spinn) / throwing frame
**mounten** *v* (z.B. eine CD) (EDV) / mount *v*
**Mouse** *f* (EDV) / mouse* *n* (pl. mice) ‖ ~klick *m* (EDV) / mouse click ‖
~pad *n* (EDV) / mouse pad ‖ ~-Port *m* (EDV) / mouse port ‖
~-Software *f* (EDV) / mouse software
**Mousse de chêne** *f* (Harz der Pflaumenflechte - Evernia prunastri L.
Ach. - zur Herstellung von Extrakten für die Parfümerie- und
Seifenindustrie) (Bot) / oakmoss resin, mousse de chêne
**Mousseline** *m* (ein buntbedrucktes Gewebe in Leinwandbindung)
(Tex) / muslin* *n*, mousseline *n*
**moussieren** *v* (Getränk) (Nahr) / sparkle *v* (wine and similar drinks),
effervesce *v* (give off bubbles) ‖ ~ *n* / effervescence* *n*, sparkling *n*
**moussierend** *adj* (Wein) (Nahr) / gassy *adj*
**Mova** *n* (1-Buten-3-in) (Chem) / vinyl acetylene, monovinyl acetylene,
but-1-en-3-yne *n*
**Move-out** *n* (in der angewandten Seismik) (Geol) / moveout *n* ‖
**normales** ~ (in der angewandten Seismik) (Geol) / normal moveout
**Moving-Belt-Interface** *n* (bei der Moving-Belt-Methode - mit
rotierendem Endlosband oder Draht) (Spektr) / moving-belt
interface
**Moving-Boundary-Elektrophorese** *f* (Chem) / moving-boundary
electrophoresis
**Movingui** *n* (Distemonanthus benthamianus Baill.) (For) / movingui *n*,
ayan *n*
**Moviola** *f* (ein Schneidetisch) (Film) / Moviola *n*
**Mowrahbutter** *f* (das Samenfett der Mahuafrucht) (Nahr) / mowrah
butter, mowrah oil, mahua butter, illipe butter, mowa fat, illepé fat,
mora fat
**MOZ** (DIN 51600) (Kftst) / motor octane number, MON
**MP** *f* (Punktsteuerung, bei dem besonders viele Punkte gespeichert
werden können) (Regeln) / multipoint control, MPC, multipoint *n*,
MP
**MPD** (Phys) / magnetoplasmadynamics *n*
**MPF** (Plast) / melamine phenol formaldehyde resin
**MP-Kondensator** *m* (DIN 41180 - 41190) (Eltech) / metallized-paper
capacitor
**MPLC** (Chem) / medium-pressure liquid chromatography, MPLC

**Mp-Leiter** *m* (Eltech) / neutral conductor*, middle conductor*, middle
wire*, neutral wire*, neutral* *n*
**MPM** / Metra Potential Method
**MP-Software** *f* (EDV) / mathematical programming software
**M.P.-Verfahren** *n* (ein Beschichtungsverfahren für Massengut) (Galv) /
mechanical plating*
**MPX** (DIN 44300) (EDV, Fernm) / multiplexer (MUX) *n*, multiplexor* *n*
**MPX-Filter** *n* (Akus) / mpx filter
**MQ** (DIN ISO 1629) (Chem Verf) / methyl silicone rubber
**mR** (Holzmessung) (For) / overbark *attr*
**μ-Raum** *m* (sechsdimensionaler Raum zur Beschreibung von
Vielteilchensystemen) (Phys) / mu space
**MRCA-Flugzeug** *n* (Luftf) / multi-role combat aircraft, M.R.C.A.
**MR-CI** *f* (wichtiges Verfahren der Quantenchemie) (Chem) /
multireference configuration interaction, MR-CI
**Mrep** (nicht mehr zugelassene Dosiseinheit) (Radiol) / megarep *n*
**MRI** (Med) / magnetic resonance imaging, NMR imaging, MRI,
zeugmatography *n*
**MRL** *f* (Konzentration einer Substanz, bei der 95% der Spezies eines
Ökosystems geschützt sind) (Umwelt) / maximum permissible risk
level, MRL
**m-RNS** *f* (Biochem) / m-RNA* *n*, messenger RNA*, template RNA
**MRP-Konverter** *n* (zur sekundärmetallurgischen Behandlung des
Rohstahls) (Hütt) / MRP converter, metal-refining-process converter
**MR-System** *n* (ein Ordnungssystem für Farben - eine moderne
Anpassung des alten Munsell-Systems) (Phys) / Munsell renotation
system, MR system
**m/s-, 2200-~Flußdichte** (Kernphys) / 2200 metres per second flux
**MS** (Schiff) / motor ship, M.S., motor vessel, MV ‖ ~ (Spektr) / mixed
spectrum ‖ ~ (Spektr) / mass spectrometry ‖ ~ (Spektr) / mass
spectroscopy ‖ ~ **Windows** *n* (EDV) / Microsoft Windows *n*
(Microsoft), MS Windows *n*
**MSA** (zur Herstellung von Harzen auf Polyesterbasis und von
Lackrohstoffen) (Chem) / maleic anhydride*
**M-Schale** *f* (Kernphys) / M-shell* *n*
**μ-Schwefel** *m* (Chem) / amorphous sulphur*
**MS-DOS** (von der Microsoft Corporation entwickeltes
Betriebssystem) (EDV) / MS-DOS *n*
**MSF-Verdampfung** *f* (Chem Verf, Phys) / multistage flash evaporation
**MSG** (Glas) / laminated (safety) glass* ‖ ~ (Schw) / M.I.G. welding, gas
metal-arc welding, GMAW, MIG welding, GMA welding,
gas-shielded metal-arc welding, inert-gas shielded metal-arc
welding, gas-shielded consumable metal-arc welding, metal
inert-gas welding*, MIG*
**MSH** (Biochem) / melanotropin *n*, melanocyte-stimulating hormone,
MSH, intermedin *n*
**MSK** (Fernm) / minimal shift keying, MSK ‖ ~ **64** *f*
(Medwedew-Sponheuer-Kárník) (Geol) / MSK scale
**MSK-Intensitätsskale** *f* (Medwedew-Sponheuer-Kárník) (Geol) / MSK
scale
**MS-Lack** *m* (mit Festkörpergehalt von ca. 50 - 65%) (Anstr) /
medium-solids paint
**MSMPR-Kristallisator** *m* (ein kontinuierlicher Kristallisator) (Krist) /
MSMPR crystallizer
**MS/MS-System** *n* (Spektr) / tandem mass spectrometer
**MSP** (Chem, Eltech) / multisweep polarography
**M+S-Reifen** *n* (der in Matsch und frischem oder schmelzendem
Schnee bessere Fahreigenschaften gewährleisten kann als ein
normaler Reifen) (Kfz) / mud-'n'-snow tyre, snow tyre,
mud-and-snow tyre, M+S tyre, winter tyre
**MSR-Technik** *f* (Regeln) / measuring and control technology, process
measuring and control technology, instrumentation and control, I &
C
**m-ständig** *adj* (Chem) / meta* *adj*
**M-Stern** *m* (Astr) / M star
**M-Strahlung** *f* (eine charakteristische Röntgenstrahlung) (Radiol) / M
radiation
**MS-Wicklung** *f* (eines Mehrwicklungstransformators) (Eltech) /
intermediate-voltage winding
**mSZ** (Astr) / mean solar time*, civil time, MST
**Mt** (Chem) / meitnerium *n*, Mt
**MT** (= 1,000.000 tons TNT) (Kernphys) / megaton* *n*, MT
**MTBE** (Chem, Kftst, Kfz) / methyl-tert-butyl-ether (MTBE) *n*
**MTBF-Zeitwert** *m* (bei gewarteten Systemen) / mean time between
failures, MTBF*
**μ-Teilchen** *n* (schweres Elektron) (Kernphys) / muon* *n*, mu-meson* *n*
**MTF** / metal fibre, metallic fibre, metallic *n* ‖ ~ (Foto, Opt) / modulation
transfer function, MTF*
**MTG-Verfahren** *n* (bei dem Methanol bei etwa 200° bis 400° C an
speziellen Molekularsiebkatalysatoren in Kohlenwasserstoffe
umgewandelt wird) (Kftst) / methanol to gasoline process, MTG
process, Mobil-Oil process

**MThw** (Ozean, Wasserb) / higher high water, H.H.W.
**MTI-Gerät** n (Radargerät, das nur bewegliche Ziele anzeigt und feste mittels einer geeigneten Speicherschaltung heraussiebt und unterdrückt) (Radar) / moving-target indicator*, MTI*
**MTP** (Erdöl) / steam cracking
**MTTFF** / mean time to first failure, MTTFF
**MTTF-Zeitwert** m (bei nicht gewarteten Systemen) (Masch) / mean time to failure, MTTF
**MTTR-Zeitwert** m / mean time to repair, MTTR
**MTV-System** n (EDV) / joint man-machine system, JMM system
**M-Typ-Röhre** f (Eltronik) / crossed-field tube*, M-type microwave tube
**Mucilago** f (Bot, Chem, Pharm) / mucilage* n
**Mucin** n (Chem) / mucin* n
**Mucinsäure** f (Chem) / mucic acid*, saccharolactic acid, tetrahydroxyadipic acid
**Mucoid** n (Biochem) / mucoprotein* n, mucoid n
**Muconsäure** f (2,4-Hexadiendisäure) (Chem) / muconic acid n
**Mucopolysaccharid** n (hochmolekulares Polysaccharid von physiologischer Bedeutung) (Biochem) / glycosaminoglycan n, mucopolysaccharide n
**Mucoprotein** n (ein Glykoprotein) (Biochem) / mucoprotein* n, mucoid n
**Mud Acid** f (Erdöl) / mud acid*
**Mudd** m (ein Ostsee-Sediment, marines Äquivalent der Gyttja) (Ozean) / mud n
**Mudde** f (Geol) / limnetic sediment (gyttja + sapropel)
**Mudstone** m (Kalk mit bis 10% Partikeln) (Geol) / mudstone n
**MÜF** (Foto, Opt) / modulation transfer function, MTF*
**Muffe** f (ein Maschinenelement in Hohlzylinderform) (Eltech, Masch) / plain coupler*, sleeve* n, connector n, coupling sleeve ‖ ≈ (eine Verbindungsgarnitur) (Kab) / joint* n, coupler n ‖ ≈ (aufgeweitetes Rohrende) (Klemp, Masch) / socket* n, bell* n (US), hub* n (US), faucet* n ‖ ≈ (Vorwärm-, Glüh-) (Schw) / wraparound n
**Muffel** f (abgeschlossenes, vor unmittelbarer Einwirkung der Feuergase geschütztes Gefäß in den Muffelöfen) (Hütt, Keram) / muffle n, retort n
**Muffelfarbe** f (Keram) / overglaze colour, enamel colour
**Muffelofen** m (Tunnel- oder Kammerofen - ein Industrieofen mit indirekter Beheizung) / muffle furnace*, muffle kiln
**Muffen•bauwerk** n (Kab) / cable pit, cable jointing chamber, cable jointing manhole, cable vault ‖ ≈**bunker** m (Kab) / cable pit, cable jointing chamber, cable jointing manhole, cable vault ‖ ≈**druckrohr** n (Klemp, Masch) / socket-and-spigot pressure pipe ‖ ≈**gehäuse** n (Kab) / joint box, casing of a joint ‖ ≈**hahn** m (Masch) / screwed plug valve, screwed cock, plug valve with screwed ends ‖ ≈**kupplung** f (eine starre Kupplung) (Masch) / muff coupling, butt coupling, box coupling ‖ ≈**kupplung** (Masch) / sleeve coupling ‖ ≈**rohr** n (Klemp, Masch) / socket-and-spigot pipe, bell-and-spigot pipe (US) ‖ ≈**stemmverbindung** f mit Blei und Hanf (Klemp) / lead joint ‖ ≈**stück** n mit **Muffenabzweig** (Klemp, Masch) / all-socket tee ‖ ≈**verbindung** f (Rohrverbindung) (HuT, Klemp, Masch) / spigot-and-socket joint, bell-and-spigot joint (US)*, socket joint ‖ ≈**verbindung** (Masch) / sleeve joint
**muffig** adj / dank adj, damp adj
**Muffin-tin-Potential** n (ein vereinfachtes Kristallpotential) (Krist) / muffin-tin potential
**Mugearit** m (Trachybasalt) (Geol) / mugearite* n
**Mühldamm** m (Wasserb) / mill-dam* n
**Mühle** f (Gebäude, Betrieb und Zerkleinerungsmaschine) / mill* n
**Mühlennachprodukte** n pl (Nahr) / offals pl
**Mühlenzusatz** m (bei der Weiterverarbeitung der Fritte durch Mahlen) / mill addition
**Mühl•gerinne** n (Wasserb) / mill race*, leat n (GB), mill stream ‖ ≈**kanal** m (Wasserb) / mill race*, leat n (GB), mill stream ‖ ≈**rad** n (Masch) / mill-wheel* n ‖ ≈**rinne** f (Wasserb) / mill race*, leat n (GB), mill stream ‖ ≈**sägefeile** f (eine Flachstumpf-Schärffeile) (For, Werkz) / mill file ‖ ≈**stein** m / millstone n, grindstone n, buhrstone n, burstone n, burrstone n ‖ ≈**wehr** n (Wasserb) / mill-dam* n
**MUK** (For) / autracon n
**Mukarnas** f (Arch) / stalactited work, stalactite work
**Mukulkleder** n (Hirsch, Elch oder Robbe - formaldehyd- oder alaungegerbt) (Leder) / mukluk leather, muckluck leather
**Mukochlorsäure** f (Chem) / mucochloric acid, dichloroaldehydoacrylic acid
**Mukoid** n (Biochem) / mucoprotein* n, mucoid n
**Mukoitinschwefelsäure** f (ein hochmolekulares Mukopolysaccharid) (Chem) / mucoitinsulphuric acid
**Mukonsäure** f (Chem) / muconic acid
**Mukoprotein** n (Biochem) / mucoprotein* n, mucoid n
**mukös** adj (Med) / mucous* adj
**Mukulungu** n (Holz der Autranella congolensis A. Chev.) (For) / autracon n

**Mulch** m (organische Isolierschicht auf dem Acker- oder Gartenboden) (Bot, Landw) / mulch* n
**Mulchbalken** m (Landw) / mulching bar
**mulchen** v (Landw) / mulch v
**Mulchfolie** f (Landw) / mulch film
**Mulde** f / trough n ‖ ≈ (flache Hohlform) (Geol) / basin* n ‖ ≈ (Geol) / syncline* n ‖ ≈ (tektonische) (Geol) / trough n ‖ ≈ (in der Oberfläche) (Masch) / crater n
**Muldem** m (EDV, Fernm) / multiplexer-demultiplexer n, muldem n, muldex n
**Mulden•achse** f (Geol) / synclinal axis ‖ ≈**artig** adj (Geol) / synclinal adj ‖ ≈**becken** n (Geol) / canoe fold, synclinal closure ‖ ≈**biegung** f (Geol) / synclinal turn, trough curve ‖ ≈**flügel** m (Geol) / synclinal limb, trough limb ‖ ≈**förderband** n (Masch) / troughed-belt conveyor ‖ ≈**förmig** adj / shallow adj, troughed adj ‖ ≈**fraß** m (Korrosionserscheinung, die sich in der Bildung von Vertiefungen manifestiert, deren Durchmesser wesentlich größer ist als deren Tiefe - DIN 50900, T 1) (Galv, Masch) / shallow-pit corrosion, shallow pit formation, wide pitting ‖ ≈**gebiet** n (Geol) / trough area ‖ ≈**gewölbe** n (Arch) / trough vault ‖ ≈**gurtbandförderer** m (Masch) / troughed belt conveyor*, trough conveyor ‖ ≈**kern** m (Geol) / core of syncline ‖ ≈**kipper** m (Bahn) / side-tipping waggon ‖ ≈**kipper** (HuT) / through-tipping waggon, V-dump car (US), skip lorry ‖ ≈**kipper** (Kfz) / dumper* n, dumping truck, dump truck (US) ‖ ≈**gleisloser** ≈**kipper** (HuT) / side-dumping truck ‖ ≈**kippwagen** m (Bahn) / side-tipping waggon ‖ ≈**kippwagen** (HuT) / through-tipping waggon, V-dump car (US), skip lorry ‖ ≈**korrosion** f (mit örtlich unterschiedlicher Abtragungsrate) (Galv, Masch) / shallow-pit corrosion, shallow pit formation, wide pitting ‖ ≈**quelle** f (Geol) / synclinal spring ‖ ≈**schenkel** m (Geol) / synclinal limb, trough limb ‖ ≈**schubkarre** f (Bau) / wheelbarrow n ‖ ≈**tal** n (Geol) / trough valley, synclinal valley ‖ ≈**trockner** n (Plast) / trough drier ‖ ≈**verwerfung** f (For) / cupping n, cup n, transverse warping ‖ ≈**verwerfung** (Geol) / trough fault* n ‖ ≈**warenspeicher** m (Tex) / J-box n, J-tube n
**Muldex** m (EDV, Fernm) / multiplexer-demultiplexer n, muldem n, muldex n
**Muldung** f (z.B. beim Trocknen) (For) / cupping n, cup n, transverse warping ‖ ≈ (eines Förderbandes) (Masch) / troughing n
**Muletwist** m (in loser Drehung) (Spinn) / mule yarn
**Mule-Zwirnmaschine** f (Spinn) / twiner mule, mule doubler
**Mulinee** m (Tex) / thrown silk, nett silk, net silk, mouliné twist
**mulinieren** v (filierte Grègefäden zu Organsin verzwirnen) (Spinn) / throw v
**Mull** m (ein aus Resten üppiger Vegetation gebildeter Humus) (For) / mull* n ‖ ≈ (dünnes, weitmaschiges Baumwollgewebe) (Tex) / mull n, butter muslin, tiffany n, cheesecloth* n, gauze* n
**Müll** m (Abfall, meistens fester) (Umwelt) / refuse n, garbage n, offal n, waste n ‖ ≈**abfuhr** f (Sanitär, Umwelt) / refuse collection ‖ ≈**abladeplatz** m (Umwelt) / refuse dump, dump* n, tip n (GB)*, landfill n (US), disposal site, waste site, dumping area, disposal facility ‖ ≈**ablagerung** f (Umwelt) / dumping n, tipping n (GB), disposal n ‖ ≈**abwurfanlage** f (Bau, Sanitär, Umwelt) / Garchey sink ‖ ≈**abwurfschacht** m (der Müllabwurfanlage) (Bau, Sanitär, Umwelt) / refuse chute, rubbish chute ‖ ≈**arbeiter** m (Umwelt) / dustman n, garbage collector (US), garbageman n (US) ‖ ≈**behälter** m (Umwelt) / refuse container ‖ ≈**beseitigung** f (Umwelt) / refuse disposal, garbage disposal ‖ ≈**container** m (Bau, HuT) / refuse skip, skip n ‖ ≈**deponie** f (Umwelt) / refuse dump, dump* n, tip n (GB)*, landfill n (US), disposal site, waste site, dumping area, disposal facility ‖ ≈**eimer** m (DIN 6628) (Umwelt) / dustbin n (GB), garbage can (US), trash can (US)
**Mullenprüfer** m (der den Berstwiderstand des Papiers testet) (Pap) / Mullen tester, Mullen instrument*
**Müller** m / miller n
**Müllerei** f (Nahr) / milling n, flour-milling n
**Müllereiabfall** m (Nahr) / mill offal
**Müllereimaschine** f (Nahr) / milling plant
**Müllergaze** f (Tex) / bolting-silk n
**Müller-Lyer-Täuschung** f (Opt) / Müller-Lyer illusion
**Müllers Lösung** (ein Fixiermittel) (Mikros) / Müller's fluid
**Müll•fahrzeug** n (Sanitär, Umwelt) / refuse-collection vehicle ‖ ≈**fahrzeug** (mit Verdichtungsvorrichtung) (Sanitär, Umwelt) / compactor truck n ‖ ≈**gefäß** n (Umwelt) / dustbin n (GB), garbage can (US), trash can (US) ‖ ≈**großbehälter** m (Umwelt) / bulk refuse container ‖ ≈**grube** f (Umwelt) / refuse dump, dump* n, tip n (GB)*, landfill n (US), disposal site, waste site, dumping area, disposal facility
**Mulliken-Terme** m pl (nach R.S. Mulliken, 1896-1986) (Chem, Phys) / Mulliken symbols
**Mullion-Struktur** f (in Sandstein- oder Kalkbänken) (Geol) / mullion structure*, rodding structure

**Mullit**

**Mullit** *m* (Aluminiumsilikat - Ausgangsstoff z.B. für Corhart-Steine) (Keram, Min) / mullite* *n* ‖ **feuerfeste ~erzeugnisse** (Keram) / mullite refractories (in which mullite is the predominant crystalline phase) ‖ **~porzellan** *n* (Keram) / mullite porcelain (with mullite as the essential crystalline phase) ‖ **~stein** *m* (z.B. Corhart- oder Monofraxstein - für erhöhte thermische und chemische Beanspruchung) (Keram) / mullite brick ‖ **~weißware** *f* (Keram) / mullite whiteware

**Müll•kraftwerk** *n* (in dem kommunaler oder industrieller Müll als Brennstoff dient) (Umwelt) / destructor station* ‖ **~kübel** *m* (Bau, HuT) / refuse skip, skip *n* ‖ **~mann** *m* (pl. Müllmänner) (Umwelt) / dustman *n*, binman *n* ‖ **~notstand** *m* (Sanitär, Umwelt) / waste emergency situation ‖ **~preßanlage** *f* (Masch, Umwelt) / compactor *n* ‖ **~sack** *m* (Umwelt) / dustbin bag ‖ **~sammelstelle** *f* (der Müllabwurfanlage - im Keller) (Bau, Sanitär, Umwelt) / waste collection pit ‖ **~schlucker** *m* (Bau, Sanitär, Umwelt) / Garchey sink ‖ **~tonne** *f* (DIN 6629) (Umwelt) / dustbin *n* (GB), garbage can (US), trash can (US) ‖ **~tourismus** *m* (Sanitär, Umwelt) / trasnportation (export and import) of illegal waste, waste tourism, traffic in illegal waste ‖ **~verbrennung** *f* (Sanitär, Umwelt) / refuse incineration ‖ **~verbrennungsanlage** *f* (Umwelt) / refuse incineration plant, destructor plant ‖ **~verbrennungsofen** *m* (Umwelt) / destructor *n*, incinerator *n*, refuse incinerator ‖ **~verträglichkeit** *f* (Umwelt) / tolerance to garbage ‖ **~wagen** *m* (Umwelt) / dustcart *n* (GB), garbage truck (US) ‖ **~wagen mit einer Verdichtungsanlage** (Umwelt) / packer *n* ‖ **~werker** *m* (Umwelt) / dustman *n*, garbage collector (US), garbageman *n* (US) ‖ **~wolf** *m* / refuse grinder, rubbish grinder (US), garbage disintegrator, garbage grinder ‖ **~zerkleinerer** *m* / refuse grinder, rubbish grinder (US), garbage disintegrator, garbage grinder

**Mulm** *m* (Landw) / mould *n*

**mulmiges Erz** (Bergb) / dust ore

"**Multi**" *m* / multinational *n*, multinational corporation

**Multi•-** / multi- ‖ **~alkalikatode** *f* **mit erhöhter Rotempfindlichkeit** (Eltronik) / extended-red multialkali (ERMA) ‖ **~blockpolymer** *n* (ein Blockopolymer) (Chem) / multiblock polymer ‖ **~burst** *m* (ein Prüfsignal für die TV-Übertragung) (TV) / multiburst signal ‖ **~carriersystem** *n* (z.B. Schüttgut/Öl oder Erz/Schüttgut usw.) (Schiff) / multicarrier system ‖ **~casting** *n* (gleichzeitige Benachrichtigung einer Gruppe oder Klasse von Teilnehmern eines Netzwerkes mit einer Nachricht) (EDV, Fernm) / multicasting *n* ‖ **~chip-Technik** *f* (in der Mikroelektronik) (Eltronik) / multichip technology ‖ **~coating** *n* (auf optisch wirksame Flächen aufgedampfte reflexionsmindernde Schichten mit verschiedenen Brechzahlen) (Foto, Opt) / multicoating *n*, MC, multilayer coating ‖ **~color-Lack** *m* (Anstr) / multicoloured paint*, multifleck paint, flecked paint ‖ **~computersystem** *n* (EDV) / multicomputer system ‖ **~dimensional** *adj* / multidimensional *adj* ‖ **~elementanalyse** *f* (Chem, Umwelt) / multielement analysis ‖ **~emitter** *m* (Eltronik) / multiemitter transistor ‖ **~emittertransistor** *m* (Eltronik) / multiemitter transistor ‖ **~emittertransistor** (Eingangsstufe der TTL-Logik) (Eltronik) / multiemitter transistor ‖ **~energieunternehmen** *n* (das in der Beschaffung, Aufbereitung und Umwandlung sowie im Handel mit verschiedenen Energieträgern tätig ist) / multi-energy corporation ‖ **~enzymkomplex** *m* (ein heteropolymeres Protein, das aus einer geordneten Assoziation verschiedener Enzyme besteht) (Biochem) / multienzyme complex ‖ **~enzymsystem** *n* (Biochem) / enzyme complex ‖ **~ergol** *n* (z.B. Di- oder Triergol) (Raumf) / multiergol *n*

**multifil** *adj* (Spinn) / multifilament *attr*, multiple-thread *attr* ‖ **~** *n* (Spinn) / multifilament (yarn) ‖ **~garn** *n* (Spinn) / multifilament (yarn)

**multi•fokal** *adj* (Opt) / multifocal *adj* ‖ **~fokallinse** *f* (Foto) / multifocal lens ‖ **~fokusscheinwerfer** *m* (Kfz) / MF headlight, multifocal headlight

**Multifont•lesen** *n* (von mehreren Schriftarten) (EDV) / multifont reading ‖ **~leser** *m* (für mehrere Schriftarten) (EDV) / multifont reader, omnifont reader

**multi•form** *adj* / multiform *adj* ‖ **~fotonenlaserspektroskopie** *f* (Spektr) / multiphoton laser spectroscopy ‖ **~fotonenspektroskopie** *f* (Spektr) / multiphoton spectroscopy ‖ **resonanzverstärkte ~fotonenspektroskopie** (Spektr) / resonance-enhanced multiphoton ionization spectroscopy, REMPI spectroscopy ‖ **~frequenzkode** *m* (Fernm) / multifrequency code, MF code, MFC ‖ **~frequenzwahlverfahren** *n* (Fernsp) / dual-tone multifrequency dialling (signalling), DTMF (signalling)

**multifunktional•es Display** / multifunctional display, multifunction display, MFD ‖ **~es Endgerät** *n* (EDV) / multifunction terminal, multifunctional terminal

**Multi•funktionalität** *f* (des Bodens) / multifunctionality *n* ‖ **~funktionsanzeige** *f* / multifunctional display, multifunction display, MFD ‖ **~funktionsanzeige** / multifunctional display, multifunction display, MFD ‖ **~funktionsdrucker** *m* (EDV) / multifunction printer (laser printer with scanning, faxing, and convenience copying functionality), hydra printer ‖ **~funktionskarte** *f* (EDV) / multifunction card ‖ **~funktionsterminal** *n* (EDV) / multifunction terminal, multifunctional terminal ‖ **~graf** *m* (mit Mehrfachkanten) / multigraph *n* ‖ **~gruppendiffusionstheorie** *f* (Kernphys) / multigroup diffusion theory ‖ **~kammermühle** *f* (eine Modularmühle) / multichamber mill

**Multiklon** *m* (viele parallel geschaltete Kleinzyklone, die sich in einer geschlossenen Einheit befinden) / multicyclone *n*

**multiklonal** *adj* (Gen) / multiclonal *adj*

**Multiknüppel-Strangguß** *m* (Elektronenstrahlschmelzen) (Hütt) / multi-barstick casting

**multilateral** *adj* / multilateral *adj* ‖ **~** (Biol) / polysymmetrical *adj*, actinomorphic* *adj*, star-shaped* *adj* ‖ **~e Symmetrie** (Biol) / radial symmetry*

**Multi•layer-Leiterplatte** *f* (Eltronik) / multilayer board, multilayer printed circuit board ‖ **~layer-Platte** *f* (Eltronik) / multilayer board, multilayer printed circuit board ‖ **~leaving** *n* (in der Kommunikation die Übertragung /normalerweise über Bisync-Einrichtungen und Protokolle/ von einer variablen Anzahl von Datenströmen zwischen Benutzergeräten und einem Rechner) (EDV) / multileaving *n* ‖ **~leaving-Einrichtung** *f* (eine Programmierunterstützung, die die Übertragung von Jobs, Daten, Nachrichten und Bedienerbefehlen von einer Zentraleinheit zu einer anderen über BSC-Leitungen ermöglicht) (EDV) / multileaving facility

**multilineare Algebra** (Math) / multilinear algebra

**multilingual** *adj* / multilingual *adj*

**Multilistkette** *f* (EDV) / multilist *n*

**multilobal** *adj* (Tex) / multilobal *adj*

**Multi-Master-System** *n* (EDV) / multi-master system (network control can be shared by several master stations)

**Multimedia** *n* (rechnergestützte Medienanwendungen, in die digitalisierte Bilder, Daten und Töne integriert werden, so daß sie gleichzeitig verfügbar sind) (EDV) / multimedia *n* ‖ **~aufrüstsatz** *m* (EDV) / multimedia upgrade kit ‖ **~-Extensions** *pl* (Weiterentwicklung des Pentium-Prozessors) (EDV) / multimedia extensions, MMX ‖ **~-Heimarbeitsplatz** *m* (EDV) / multimedia home workstation ‖ **~kommunikation** *f* (EDV) / multimedia communication ‖ **~kommunikation** (in Sprache, Text und/oder Bild) (Fernm) / multimedia communication(s)

**multimedial** *adj* (EDV) / multimedia *attr* ‖ **~e Kommunikation** (Fernm) / multimedia communication(s) ‖ **~es System** (EDV) / multimedia system

**Multimedia•station** *f* (EDV) / multimedia workstation, multimedia station ‖ **~system** *n* (EDV) / multimedia system ‖ **~tauglich** *adj* (EDV) / multimedia-capable *adj* ‖ **~umgebung** *f* (EDV) / multimedia environment ‖ **~-Workstation** *f* (EDV) / multimedia workstation, multimedia station

**Multimerisation** *f* (Chem) / multimerization *n*

**Multimeter** *n* (Eltech, Eltronik) / multimeter *n*, multirange (measuring) instrument, multipurpose meter, volt-ohm-milliammeter* (VOM) ‖ **digitales ~** (Eltronik) / digital multimeter

**Multi•mikroprozessorsystem** *n* (eine Recheneinheit, welche aus einer Anzahl von Mikroprozessoren besteht, die gleichzeitig an der Durchführung der auszuführenden Rechenoperationen arbeiten können) (EDV) / multimicroprocessor system ‖ **~modal** *adj* (Verteilung) (Math) / multimodal *adj* ‖ **~modefaser** *f* (Fernm) / multimode fibre ‖ **~mode-Lichtwellenleiter** *m* (Fernm) / multimode fibre ‖ **~modenbetrieb** *m* (bei Lasern) (Phys) / multimode operation ‖ **~modenfaser** *f* (für die Faseroptik) (Fernm) / multimode fibre ‖ **~moden-LWL** *m* (Fernm) / multimode fibre ‖ **~mode-Wellenleiter** *m* (Fernm) / multimode waveguide ‖ **~molekulare Schicht** (Chem) / multimolecular layer, multilayer *n*, multimolecular film ‖ **~molekularfilm** *m* (Chem) / multimolecular layer, multilayer *n*, multimolecular film ‖ **~momentaufnahme** *f* (F.Org) / activity sampling, work sampling ‖ **~momentmethode** *f* (F.Org) / activity sampling, work sampling ‖ **~momentverfahren** *n* (ein Verfahren der Arbeitszeitermittlung) (F.Org) / activity sampling, work sampling ‖ **~nationaler Konzern** / multinational *n*, multinational corporation ‖ **~nomialverteilung** *f* (eine Verallgemeinerung der Binomialverteilung) (Math) / multinomial distribution, polynomial distribution ‖ **~pack** *n m* / multipack *n*, multiple-unit pack, multiple-unit package, multiple-package unit, bundle *n*

**multipel** *adj* / multiple *adj* ‖ **multiple Emulsion** (ein vielfach verwendetes Emulsionssystem) (Chem) / multiple emulsion ‖ **multiple Klonierungsstelle** (Gen) / polylinker *n*, multiple cloning site, mcs ‖ **multiple Korrelation** (Stats) / multiple correlation ‖ **multiple Regression** (Math, Stats) / multiple regression ‖ **multiple Struktur** (mit algebraischen, topologischen und

Ordnungseigenschaften, z.B. der Körper der reellen Zahlen) (Math) / multiple structure

**Multi•phonon-Rekombination** *f* (Eltronik) / multiphonon recombination ‖ ⁓**playbacktechnik** *f* (Akus) / rerecording* *n*

**Multiple-choice-Verfahren** *n* (Fragen mit einer vorgegebenen Auswahl von Antworten) / multiple-choice process

**Multiple-Optik** *f* (Kombination mehrerer gleicher Objektive, die in der Objektivebene montiert und funktionell aufeinander abgestimmt sind) (Foto) / multiple optics

**Multiplett** *n* (Gruppe von Spektrallinien + Gruppe von Energieniveaus oder Termen) (Phys) / multiplet* *n*

**Multiplexbetrieb** *m* (DIN 44302) (gleichzeitige Übertragung mehrerer Nachrichten in demselben Kanal) (Fernm) / multiplex transmission*, multiplex* *n*, multiplex mode

**Multiplexen** *n* (Unterteilen eines Übertragungskanals in mehrere Kanäle) (EDV, Fernm) / multiplexing *n* ‖ ⁓ (gleichzeitige Übertragung mehrerer Nachrichten in demselben Kanal) (Fernm) / multiplex transmission*, multiplex* *n*, multiplex mode

**Multiplexer (MPX)** *m* (DIN 44300) (EDV, Fernm) / multiplexer (MUX) *n*, multiplexor* *n* ‖ ⁓ (DIN 40146, T 1) (Fernm) / multiplexer *n* ‖ **statistischer** ⁓ (Multiplexer für die optimale Zuteilung des Übertragungsweges) (Fernm) / statistical multiplexer, statistical multiplexor, statmux ‖ ⁓**-Demultiplexer** *m* (EDV, Fernm) / multiplexer-demultiplexer *n*

**multiplexierende Steuerung** (Fernm) / multiplexing control

**Multiplexing** *n* (gleichzeitige Übertragung mehrerer Nachrichten in demselben Kanal) (Fernm) / multiplex transmission*, multiplex* *n*, multiplex mode

**Multiplex•kanal** *m* (EDV, Fernm) / multiplex channel, multiplexer channel ‖ ⁓**karton** *m* (Pap) / multilayer board, MLB ‖ ⁓**leitung** *f* (Eltronik, Fernm) / highway *n* ‖ ⁓**pappe** *f* (Pap) / multilayer board, MLB ‖ ⁓**rate** *f* (bei Multiplexansteuerung einer Anzeige) (Eltronik) / multiplex rate ‖ ⁓**system** *n* (gleichzeitige Übertragung mehrerer Nachrichten in demselben Kanal) (Fernm) / multiplex transmission*, multiplex* *n*, multiplex mode ‖ ⁓**verfahren** *n* (gleichzeitige Übertragung mehrerer Nachrichten in demselben Kanal) (Fernm) / multiplex transmission*, multiplex* *n*, multiplex mode ‖ ⁓**verkehr** *m* (gleichzeitige Übertragung mehrerer Nachrichten in demselben Kanal) (Fernm) / multiplex transmission*, multiplex* *n*, multiplex mode ‖ ⁓**verkehr mit Mehrfachzugriff im ausgedehnten Spektrum** (Fernm) / spread-spectrum multiple access, SSMA ‖ ⁓**vorteil** *m* (Spektr) / Fellgett's advantage

**Multiplier** *m* (Eltronik) / multiplier* *n*, secondary emission multiplier

**Multiplikand** *m* (die zu multiplizierende Zahl) (Math) / multiplicand* *n*

**Multiplikation** *f* (Kernphys) / multiplication* *n* ‖ ⁓ (Math) / multiplication* *n* ‖ **kreuzweise** ⁓ (Math) / cross multiplication ‖ **skalare** ⁓ (Math) / scalar multiplication ‖ ⁓ *f* **über Kreuz** (Math) / cross multiplication ‖ ⁓ **von Gleitkommazahlen** (Math) / multiplication of floating-point numbers ‖ ⁓ **von links nach rechts** (Math) / premultiplication *n*, left multiplication ‖ ⁓ **von rechts** (nach links) (Math) / postmultiplication *n*, right multiplication

**Multiplikations•faktor** *m* [effektiver] (Neutronenvermehrung) (Kernphys) / multiplication constant*, multiplication factor, reproduction constant* ‖ ⁓**faktor bei unendlich ausgedehntem Medium** (Phys) / infinite medium multiplication factor ‖ ⁓**konstante** *f* (Verm) / multiplying constant* ‖ ⁓**punkt** *m* (Fernm) / multiplication point ‖ ⁓**satz** *m* (Stats) / multiplication principle (in probability) ‖ ⁓**stelle** *f* (Fernm) / multiplication point ‖ ⁓**tafel** *f* (Math) / multiplication table, Cayley (multiplication) table ‖ ⁓**zeichen** *n* (Math) / multiplication sign

**multiplikativ** *adj* (Math) / multiplicative *adj*, multiplying *adj*

**Multiplikativität** *f* (Math) / multiplicativity *n*

**Multiplikator** *m* (EDV) / multiplier *n*, multiplication unit ‖ ⁓ (beim Druckguß) (Gieß) / intensifier *n* ‖ ⁓ (der hydraulischen Presse) (Masch) / booster *n*, pressure intensifier ‖ ⁓ (Zahl, mit der eine andere multipliziert wird) (Math) / multiplier* ‖ **Lagrangesche** ⁓**en** (Math) / Lagrangian multipliers, undetermined multipliers ‖ ⁓**analyse** *f* (EDV) / multiplier analysis

**Multipliziereinrichtung** *f* (EDV) / multiplier *n*, multiplication unit

**multiplizieren** *v* (Math) / multiply *v*

**Multiplizierer** *m* (EDV) / multiplier *n*, multiplication unit

**Multiplizierglied** *n* (EDV) / multiplier *n*, multiplication unit

**Multiplizierschaltung** *f* (EDV, Eltronik) / multiplier circuit, multiplying circuit

**Multiplizierwerk** *n* (EDV) / multiplier *n*, multiplication unit

**Multiplizität** *f* (Math) / multiplicity *n* ‖ ⁓ (Phys) / multiplicity *n* ‖ ⁓ (Anzahl der zu einem Multiplett gehörenden Spektrallinien) (Spektr) / multiplicity *n*

**Multipoint-Schaltung** *f* (Fernm) / multipoint circuit, multidrop circuit

**Multipoint-Verbindung** *f* (Fernm) / multipoint connection

**Multipol** *m* (räumlich symmetrische Anordnung von ungleichnamigen Punktladungen gleicher Größe mit verschwindendem Abstand zwischen den Ladungen) (Elektr) / multipole *n*

**multipolar** *adj* / multipolar *adj*

**Multipolmoment** *n* (Phys) / multipole moment*

**Multipolstrahlung** *f* (Elektr, Mag) / multipole radiation

**Multi•polymerisat** *n* (Chem) / mixed polymer ‖ ⁓**portspeicher** *m* (EDV) / multiport memory, multiport RAM ‖ ⁓**prismaverfahren** *n* (bei der digitalen Positionswerterfassung) (Masch) / multiprismatic operation system ‖ ⁓**processing** *n* (EDV) / multiprocessing *n*, multiprocessor system, multiprocessing system ‖ **symmetrisches** ⁓**processing** (Multiprocessing-Modus, bei dem Betriebssystem und Anwendungen je nach Bedarf auf einem oder mehreren Prozessoren ablaufen können) (EDV) / symmetrical multiprocessing, SMP ‖ ⁓**programmbetrieb** *m* (EDV) / multiprogramming* *n*, multirunning *n* ‖ ⁓**programming** *n* (EDV) / multiprogramming* *n*, multirunning *n* ‖ ⁓**programming-Gewinnfaktor** *m* (EDV) / multiprogramming gain factor ‖ ⁓**programmverarbeitung** *f* (EDV) / multiprogramming* *n*, multirunning *n* ‖ ⁓**projektchip** *m* (EDV) / multiproject chip ‖ ⁓**protokoll-Router** *m* (EDV) / multiprotocol router ‖ ⁓**prozessor** *m* (EDV) / multiprocessor* *n* ‖ ⁓**prozessorsystem** *n* (bei dem mehrere Mikroprozessoren zusammenarbeiten) (EDV) / multiprocessing *n*, multiprocessor system, multiprocessing system ‖ ⁓**punktsteuerung** *f* (Regeln) / multipoint control, MPC, multipoint *n*, MP

**Multipurpose Internet Mail Extensions** *pl* (RFC-Standard 1521 zur Übermittlung von Sounddaten, Video und Bildern über SMTP) (EDV) / Multipurpose Internet Mail Extensions, MIME

**Multipurpose-Tanker** *m* (mit variablem Druck und variabler Temperatur) / multi-purpose tanker

**Multi-Quantum-Well-Avalanche-Fotodiode** *f* (Eltronik) / multi-quantum-well-avalanche diode

**Multiread-CD-ROM-Laufwerk** *n* (EDV) / multistandard CD-ROM drive

**multi•resistent** *adj* (Bakterie) / multiresistant *adj* ‖ ⁓**rotation** *f* (Chem) / mutarotation* *n*, multirotation *n* ‖ ⁓**sensor** *m* (Mehrfachsensor bzw. Anordnung mehrerer gleichartiger Sensoren, die gleichzeitig mehr als eine nichtelektrische Größe aus der Umwelt aufnehmen und in äquivalente elektrische Signale wandeln können) / multisensor *n* ‖ ⁓**soft-Roboter** *m* / multi-soft robot

**Multispektral•abtaster** *m* (Spektr, Verm) / multispectral scanner, M.S.S. ‖ ⁓**fotografie** *f* (Foto) / multiband photography ‖ ⁓**kamera** *f* (Foto, Raumf, Verm) / multispectral camera, multiband camera ‖ ⁓**kammer** *f* (Foto, Raumf, Verm) / multispectral camera, multiband camera ‖ ⁓**projektor** *m* (Foto) / additive colour viewer ‖ ⁓**scanner** *m* (ein Bildaufnahmegerät) (Spektr, Verm) / multispectral scanner, M.S.S.

**multi•stabil** *adj* (dynamisches System) (Phys) / multistable *adj* ‖ ⁓**statisches Radar** (mit mehreren örtlich getrennten Sende- und/oder Empfangsantennen) (Radar) / multistatic radar ‖ ⁓**strangguß** *m* (Hütt) / multi-barstick casting ‖ ⁓**sweep-Polarografie** *f* (Chem, Eltech) / multisweep polarography ‖ ⁓**tasking** *n* (gleichzeitiges Abarbeiten mehrerer Tasks in einer DVA) (EDV) / multitasking *n* (under a single program identity) ‖ **zeitgesteuertes** ⁓**tasking** (EDV) / time-sharing *n*, time-sliced multitasking ‖ ⁓**tasking-Betriebssystem** *n* (EDV) / multitasking operating system ‖ ⁓**tasking-Fähigkeit** *f* (EDV) / multitasking capability

**Multithread** *n* (EDV) / multithread *n* (used on a program which can have more than one logical path executed simultaneously)

**Multiton** *m* (ein Tongenerator) (Akus) / multitone* *n*

**Multi-User-System** *n* (EDV) / multi-user system

**Multi-Utility-Unternehmen** *n* (das verschiedene Versorgungsleistungen aus einer Hand anbietet) / multi-utility corporation

**multivariabel** *adj* (Zielfunktion) (Math) / multivariable *adj*

**multivariat** *adj* (Schätzverfahren) (Stats) / multivariate *adj* ‖ ⁓**e Statistik** (Methoden zur statistischen Analyse mehrdimensionaler Grundgesamtheiten anhand vektorwertiger Stichproben aus diesen Grundgesamtheiten) (Stats) / multivariate statistics

**Multi•vektor** *m* (Phys) / multivector *n*, alternating tensor ‖ ⁓**vendor-Architektur** *f* (Systemkonfiguration aus Komponenten von mehreren bzw. vielen Lieferanten) (EDV) / multivendor architecture ‖ ⁓**vendor-Konfiguration** *f* (Vernetzung von Systemen unterschiedlicher Hersteller) (EDV) / multivendor configuration ‖ ⁓**vendor-Networking** *n* (Networking zwischen Anlagen verschiedener Hersteller) (Fernm) / multivendor networking

**Multivibrator** *m* (ein Oszillator mit nichtsinusförmigem Ausgangssignal) (Fernm) / multivibrator* *n* ‖ ⁓ (Fernm) s. auch Kippschaltung ‖ **astabiler** ⁓ (Flipflop, das keine stabile Lage hat) (Fernm) / relaxation oscillator* ‖ **astabiler** ⁓ (Fernm) / astable multivibrator, free-running multivibrator ‖ **bistabiler** ⁓ (Eltronik) / bistable multivibrator* ‖ ⁓ *m* **mit einer** (einzigen) **Gleichgewichtslage** (Eltronik) / monostable multivibrator, one-shot

## Multivibrator

multivibrator, single-shot multivibrator, single shot, univibrator* n, Kipp relay, monostable flipflop ‖ ~ **mit zwei Gleichgewichtslagen** (Eltronik) / bistable multivibrator*
**Multiwire-Kleber** m (Eltronik) / multiwire adhesive
**Multiwire-Montage, eingepreßte** ~ (Eltronik) / padded multiwire assembly
**Multiwire-Technik** f (numerisch gesteuerte Verdrahtung gedruckter Leiterplatten) (Eltronik) / multiwire technique
**multi•zellulär** adj / multicellular* adj ‖ **~zellularelektrometer** n (Eltech) / multicellular voltmeter*, multiple electrometer, multiple voltmeter ‖ **~zellularvoltmeter** n (Eltech) / multicellular voltmeter*, multiple electrometer, multiple voltmeter ‖ **~zyklon** m (viele parallel geschaltete Kleinzyklone, die sich in einer geschlossenen Einheit befinden) / multicyclone n ‖ **~zyklonabscheider** m (viele parallel geschaltete Kleinzyklone, die sich in einer geschlossenen Einheit befinden) / multicyclone n
**Mumetall** n (ein weichmagnetischer Werkstoff) (Hütt) / Mumetal* n
**Mümetall** n (74-77% Ni, 5% Cu, 3-4% Mo oder 1,5-2% Cr, Rest Fe) (Hütt) / Mumetal* n
**Münchner Rauhputz** (Bau) / harling n, wet dash, roughcast n
**Mund•blasen** n (Glas) / mouth-blowing n ‖ **~blasverfahren** n (Glas) / mouth-blowing n
**münden** v (Fluß) / debouch v
**mundgeblasenes Glas** (Glas) / free-blown glass, hand-blown glass, off-hand glass
**mündlich** adj / oral adj ‖ **~er Flugbericht** (Luftf) / meteorological debriefing, met debriefing ‖ **~e Wetterberatung** (Luftf) / meteorological briefing, met briefing ‖ **~e Wetterberatung vor dem Fluge** (Luftf) / preflight briefing
**Mund•loch** n (der Eingang eines Stollens) (Bergb) / mouth n ‖ **~loch** (Masch) / orifice n ‖ **~simulator** m (künstlicher Mund nach DIN 1320) (Akus) / mouth simulator
**Mundstück** n / mouthpiece n ‖ ~ (eines Schlauchs) / nosepiece n ‖ ~ (Teil der Düse, der die äußere Umrißlinie des Erzeugnisses formt - DIN 25450) (Plast) / die n ‖ ~ (Schw) / nozzle* n
**Mündung** f (eines Flusses) / mouth n ‖ ~ (der Eingang eines Stollens) (Bergb) / mouth n ‖ ~ (der Flasche) (Glas) / finish n ‖ ~ (Masch) / orifice n ‖ ~ (Mil) / muzzle n ‖ ~ (des Abwasserkanals) (Sanitär) / outfall* n
**Mündungs•bär** m (Hütt) / skull n (in a converter), mouth scull, bug n (at the converter mouth) ‖ **~barre** f (Geol) / coastal bar, bar n (across the mouth), mouth bar ‖ **~form** f (Glas) / neck ring, neck-mould n ‖ **~geschwindigkeit** f (Mil) / muzzle velocity ‖ **~trichter** m (Geog) / delta* n
**Mungo** m (aus gewalkten Wollstoffen gerissene Reißwolle) (Tex) / mungo* n
**Muninga** n (Holz des Pterocarpus angolensis DC.) (For) / kiaat n, muninga n
**Munition** f (Mil) / ammunition n ‖ **intelligente** ~ (die das Ziel selbst findet) (Mil) / intelligent ammunition, smart munition ‖ **uranhaltige** ~ (Mil) / DU ammunition, depleted-uranium ammunition
**Munroe-Tiegel** m (mit Schwammfilter aus Platin) (Chem) / Munroe crucible
**Munsell-Farbsystem** n (vom amerikanischen Kunstmaler A.H. Munsell, 1858-1918, aufgestellt) / Munsell color system*, Munsell colour system
**Munsell-Renotation-System** n (Phys) / Munsell renotation system, MR system
**Munsell-Skala** f (im Munsell-Farbsystem) (Opt) / Munsell scale*
**Munsell-System** n (vom amerikanischen Kunstmaler A.H. Munsell, 1858-1918, aufgestellt) / Munsell color system*, Munsell colour system
**Münster** n m (Arch) / cathedral n
**Muntz-Metall** n (eine schmiedbare Kupfer-Zink-Legierung mit 40% Zn - nach G.F. Muntz, 1794-1857) (Hütt) / Muntz metal*, malleable brass
**Münz•-** (nach dem Einwurf der Münze(n) benutzbar) / coin-operated adj ‖ **~automat** m (Masch) / slot-machine n, coin machine n ‖ **~behälter** m (z.B. des Münzfernsprechers) (Fernsp) / coin box, coin-collector* n ‖ **~betätigt** adj / coin-operated adj
**münzen** v / mint v, strike v
**Münz•feinsilber** n (900 fein) (Hütt) / coin silver ‖ **~fernsprechapparat** m (Fernsp) / coin-box telephone, prepayment coin-box telephone ‖ **~fernsprecher** m (öffentlicher) (Fernsp) / public pay phone, pay telephone, pay station (US)* ‖ **~fernsprecher** (Fernsp) / coin-box telephone, prepayment coin-box telephone ‖ **~gaszähler** m / prepayment (gas) meter, slot (gas) meter ‖ **~gold** n (eine Goldlegierung) / coin gold ‖ **~legierung** f (75% Cu + 25% Ni) / coinage metal (for "silver" coins) ‖ **~metall** n (im allgemeinen) / coinage metal ‖ **~metall** (mit 95% Cu + 4% Sn + 1% Zn) / coinage metal (for "copper" coins) ‖ **~platte** f / planchet n ‖ **~prägung** f / coinage n, coining n, minting n ‖ **~presse** f / coin press ‖ **~sortiermaschine** f / coin-sorting machine ‖ **~verpackungsmaschine** f / coin-wrapping machine ‖ **~verpackungspapier** n (Pap) / coin wrap ‖ **~wickelpapier** n (Pap) / coin wrap ‖ **~zähler** m (Eltech) / prepayment meter ‖ **~zähler** (Fernsp) / slot meter ‖ **belastungsabhängiger ~zähler** (Eltech) / load-rate prepayment meter* ‖ **~zählmaschine** f / coin-counting machine
**Müon** n (schweres Elektron) (Kernphys) / muon* n, mu-meson* n
**Müonenatom** n (in dem ein Elektron der innersten Schale gegen ein negatives Müon ausgetauscht ist) (Kernphys) / muonic atom
**Müonium** n (Kernphys) / muonium n
**Muqarnas** f (zellenartige architektonische Glieder der islamischen Baukunst) (Arch) / stalactited work, stalactite work
**Mur** (Biochem) / muramic acid*
**Muramidase** f (ein zu den Hydrolasen gehörendes Enzym) (Biochem) / lysozyme* n, muramidase n
**Muraminsäure** f (Biochem) / muramic acid*
**Murano-Glas** n (Glas) / Venetian glass
**mürbe** adj / friable* adj, crumbly adj, frangible adj ‖ ~ / tender adj ‖ ~ (Putz) (Bau) / crumbling adj ‖ ~ (Malz) (Brau) / mellow adj ‖ ~ (Nahr) / short adj ‖ ~ (Fleisch) (Nahr) / tender adj
**Mürbmacher** m (pflanzliches proteolytisches Enzym, das nach dem Einspritzen das Fleisch schneller zum Reifen bringt) (Nahr) / tenderizer n
**Murbruch** m (Geol) / mudflow* n
**Murdochs kartografische Abbildung** (Kart) / Murdoch's projection
**Mure** f (Geol) / mudflow* n
**Murein** n (ein Glykoprotein, die Stützsubstanz der Bakterienzellwand) (Biochem) / murein n, peptidoglycan n
**Murexid** n (das Ammoniumsalz der Purpursäure) (Chem) / murexide* n
**Murexidprobe** f (Harnsäurenachweis, z.B. Urica-quant) (Chem) / murexide test
**Murexidreaktion** f (Chem) / murexide reaction
**Murgang** m (Geol) / mudflow* n
**muriatisches Wasser** (ein Mineralwasser) (Med) / muriated water
**Muring** f (Schiff) / mooring n
**Muringboje** f (Erdöl, Schiff) / mooring buoy
**Murmeln** n (Akus) / mutter n, babbling n, mumbling n, ~ (Akus) / purling n
**Murmeltieröl** n / fat of the marmot
**Murraykiefer** f (Pinus contorta var. murrayana (Balf.) Engelm.) (For) / Murray pine
**Murrayschleife** f (Kabelfehlerortsmessung) (Kab) / Murray loop
**Murrayschleifenmessung** f (Eltech) / Murray loop test
**Murumurufett** n (das Kernfett der Sternnußpalme - Astrocaryum murumuru Mart.) / murumuru oil, murumuru fat
**Mus** n (Nahr) / mash n, mush n, pulp n ‖ **zu ~ zubereiten** (Nahr) / mush v (reduce a substance to a soft, wet, pulpy mass)
**Musa-Antenne** f (eine Anordnung von Rhombusantennen mit schwenkbarer Hauptkeule) (Radio) / multiple-unit steerable antenna, MUSA*
**Musafaser** f (Bot, Tex) / abaca n, Manila hemp, Davao hemp, manila* n
**Musanga** m (For) / umbrella tree
**Muscarin** n (der wichtigste Inhaltsstoff des Fliegenpilzes) (Chem) / muscarine n
**Muschel** f (Ozean, Zool) / shell n ‖ **~-** / conchoidal adj, conchoid adj ‖ **~antenne** f (eine Reflektorantenne, die einen unsymmetrischen Ausschnitt aus einem Rotationsparaboloid als Reflektor benutzt) (Radio) / shell antenna, shell-type antenna ‖ **~bruch** m (Geol, Min) / conchoidal fracture ‖ **~gold** n (pulverisiertes Gold mit Gummiarabikum als Bindemittel) (Anstr) / shell gold
**muschelig** adj (Geol) / shelly adj, conchoidal adj ‖ **~er Bruch** (Geol, Min) / conchoidal fracture
**Muschel•kalk** m (Geol) / coquina* n, shell-limestone n ‖ **~kalk** (eine Triasabteilung) (Geol) / Muschelkalk* n ‖ **~linie** f (Math) / conchoid* n ‖ **~rosa** n / shell-pink n ‖ **~sandstein** n (Geol) / shelly sandstone ‖ **~saum** m (Tex) / scalloped hem, scallop seam ‖ **~schieber** m (Masch) / plain slide valve, D-valve n ‖ **~seide** f (Faserbart der im Mittelmeer verbreiteten Steckmuschel) (Tex) / shell silk, byssus n ‖ **~werk** n (Arch) / rocaille n (typical of grottos and fountains)
**Muscimol** n (giftiger Inhaltsstoff aus dem Fliegenpilz) (Chem) / muscimol n
**Muscon** n (3-Methylcyclopentadecanon) (Chem) / muscone n, muskone n
**Muser** m (Landw) / masher n
**Mushroom-Test** m (Tex) / Mushroom Apparel Flammability Test (MAFT)
**Musik, elektronische** ~ (Eltronik) / electrosonic music*, electrophonic music*, electronic music* ‖ ~ f **aus der Konserve** (aufgezeichnete)

(Akus) / canned music ‖ ~ **in Wartestellung** (Fernsp) / music on hold ‖ ~**akustik** f (Akus) / musical acoustics
**musikalische Werbung** f / **jingle** n (a short slogan or tune)
**Musik•band** n (Film) / music track ‖ ~**belastbarkeit** f (des Lautsprechers) (Akus) / music power ‖ ~**berieselung** f (aus den Lautsprechern) (Akus) / canned music, piped music, furniture music ‖ ~**bespielt** adj (Tonträger) (Akus) / music-loaded adj ‖ ~**box** f (Akus) / jukebox n ‖ ~**chip** m (Akus, Eltronik) / melody chip, music chip ‖ ~**einspielung** f (Fernsp) / music on hold ‖ ~**instrument** n (Akus) / musical instrument ‖ ~**kassette** f (Akus) / music cassette n, musicassette n, MC ‖ ~**leistung** f (die Ausgangsleistung eines Verstärkers) (Akus) / music (signal) power ‖ ~**notendruck** m (Druck) / music printing ‖ ~**truhe** f (Eltronik) / radiogram (GB), radiogramophone n
**Musing** n (Sicherung eines offenen Hakens gegen Herausrutschen) (Schiff) / mousing n
**Musivgold** n (eine alte Messingsorte - Zinn(IV)-sulfid) (Hütt) / ormolu* n, mosaic gold*
**Muskarin** n (Chem) / muscarine n
**Muskatellersalbeiöl** n (ein Parfümrohstoff aus Salvia sclarea L.) / clary sage oil
**Muskatnußöl** n (aus Myristica fragrans Houtt.) (Nahr) / nutmeg oil, myristica oil
**Muskatöl** n (etherisches) (Nahr) / mace oil
**Muskelkraftflug** m (Luftf) / human-powered flight
**Muskelkraftflugzeug** n (Luftf) / human-powered aircraft, aviette n, man-powered aircraft
**Muskimol** n (Chem) / muscimol n
**Muskon** n (ein farbloser, angenehm riechender Sekretinhaltsstoff aus dem Moschusbeutel der männlichen Moschustiere) (Chem) / muscone n, muskone n
**Muskovit** n (eine Kaliglimmer-Art) (Min) / muscovite* n, Muscovy glass*, white mica, moscovite n
**Musselin** m (Tex) / muslin* n, mousseline n ‖ **reinseidener** ~ (Tex) / mousseline-de-soie n
**Musselinglas** n (ein durchscheinendes Mattglas) (Glas) / muslin glass
**Mußfeld** n (Nutzdatenfeld, das unbedingt ausgefüllt werden muß) (EDV) / mandatory field
**Mustardgas** n (Bis(2-chlorethyl)sulfid - ein Gelbkreuzkampfmittel) (Mil) / mustard gas*
**Muster** n (kleine Warenprobe, an der man die Beschaffenheit und die Gestaltung des Ganzen erkennen kann) / sample n ‖ ~ (Dessin) / design n ‖ ~ / model n, pattern* n ‖ ~ (Anstr, Tex) / motif n ‖ ~ (Eingabedaten für Mustererkennung) (KI) / pattern n ‖ ~ (Masch) / master n ‖ ~ (Tex) / pattern n, figure n ‖ **durchstochenes** ~ (Tex) / pricked pattern ‖ **erhabenes** ~ (Tex) / relief pattern, relief design, raised pattern ‖ **flächenfüllendes ornamentales** ~ **auf der Oberfläche des Mauerwerks** (z.B. Sgraffito) (Arch) / diaper-work* n ‖ **kostenloses** ~ / give-away sample ‖ **mit einem** ~ **versehen** / pattern v ‖ **mit eingewebtem** ~ (Gewebe) (Web) / inwrought adj ‖ **rhombisches** ~ (Tex) / Argyle n, argyll n ‖ **semantisches** ~ (KI) / semantic template ‖ **unverkäufliches** ~ / sample not for sale ‖ ~ **mit gleich großen Karos** (Tex) / set check design ‖ ~ **ohne** (Handels)**Wert** / sample without commercial value
**Muster•abschnitt** m (Tex) / swatch* n ‖ ~**analyse** f / pattern analysis ‖ ~**berechtigung** f (Luftf) / type rating ‖ **landwirtschaftlicher** ~**betrieb** (Landw) / pilot farm, model farm ‖ ~**beutelklammer** f / wire clamp ‖ ~**bildung** f / patterning n ‖ ~**buch** n (für Schriften, Farben) (EDV) / swatchbook n ‖ ~**erkennung** f (KI) / pattern recognition ‖ ~**erkennung** (bei IR) (Masch) / pattern recognition
**mustergesteuert** adj (KI) / pattern-directed adj, pattern-controlled adj ‖ ~ **Aktivierung** (Aufruf eines Theorems) (KI) / pattern-directed matching
**Muster•gut** n (Landw) / pilot farm, model farm ‖ ~**haus** n (Bau) / show house, display house, open house (US) ‖ ~**karte** f (die der musterbildenden Elemente steuert) (Tex) / pattern card ‖ ~**koffer** m (z.B. eines Vertreters) / sample case ‖ ~**kollektion** f / sample collection, set of samples ‖ ~**konformität** f / exact match with sample ‖ ~**kopie** f (Tageskopie des ungeschnittenen Films) (Film) / dailies* pl, daily n, rushes* pl ‖ ~**lager** n / sample room ‖ ~**nehmen** n (durch wiederholtes Teilen und Mischen) (Aufber, Hütt) / heap sampling* ‖ ~**papier** n (Pap, Tex) / pattern paper, X paper ‖ ~**patent** n / design patent ‖ ~**presser** m (Tex) / tuck presser (wheel) ‖ ~**preßrad** n (Tex) / tuck presser (wheel) ‖ ~**prüfung** f (Luftf) / type test ‖ ~**prüfung für den Weltraumeinsatz** (von Bauteilen und Geräten) (Raumf) / qualification test* ‖ ~**roller** m (Anstr) / pattern roller ‖ ~**schaben** n (Masch) / frosting n, flaking n ‖ ~**seite** f (Druck) / specimen page ‖ ~**seite** (Druck, EDV) / page dummy ‖ ~**stopper** m (Tex) / selector n ‖ ~**streifen** n (Pap) / swatch n ‖ ~**stück** n (z.B. beim Kopierfräsen) (Masch) / copy n ‖ ~**stück** (Bezugsstück) (Masch) / master* n
**Musterung** f (von Beugungsdiagrammen) / patternness n ‖ **mosaikartige** ~ / tessellation n

**Muster•vergleich** m (EDV, KI) / pattern matching ‖ ~**vergleichsalgorithmus** m (KI) / pattern-matching algorithm ‖ ~**vergleichsprogramm** n (EDV, KI) / pattern matcher ‖ ~**vorführung** f (Film) / rushes viewing, dailies viewing ‖ ~**walze** f (Anstr) / pattern roller ‖ ~**wohnung** f / show flat (GB) ‖ ~**zeichnung** f (Tex) / pattern n ‖ ~**zulassungsschein** m (Luftf) / type certificate
**Mustin** n (Chem) / mustine* n
**mutagen** adj (Mutationen bewirkend) (Chem, Gen) / mutagenic adj ‖ ~ n (Chem, Gen) / mutagen* n
**Mutagenese** f (Gen) / mutagenesis n (pl. -geneses) ‖ **gerichtete** ~ (Gen) / oriented mutagenesis
**Mutagenität** f (Gen) / mutagenicity n
**Mutant** m (pl. -en) (Gen) / mutant* n ‖ **auxotropher** ~ (Gen) / auxotrophic mutant, auxotroph mutant, defect mutant
**Mutante** f (Gen) / mutant* n ‖ ~ (Tier oder Pflanze als Ergebnis einer spontanen Mutation) (Gen) / sport n
**Mutarotation** f (Chem) / mutarotation* n, multirotation n
**Mutase** f (Biochem) / mutase n
**Mutation** f (eines Virus) (EDV) / mutation n ‖ ~ (Veränderung der Nucleinsäure eines Organismus, die dessen genetische Informationen trägt) (Gen) / mutation* n
**Muten** n (Antrag an die Bergbehörde auf Verleihung eines Grubenfeldes - nach dem Allgemeinen Berggesetz für die preußischen Staaten vom 24.6.1865) (Bergb) / claim n
**Muting** n (Unterdrückung der Störgeräusche und der schwachen Sender im UKW-Bereich) (Radio) / muting* n, desensitizing n
**Mutter** f (pl. Muttern) (Originalmatrize mit Rillen bei der Schallplattenherstellung) (Akus) / number 1 mould, mother* n, metal positive ‖ ~ (pl. Muttern) (mechanisches Verbindungselement) (Masch) / nut* n ‖ **gerändelte** ~ (Masch) / knurled nut ‖ **selbstschneidende** ~ (Masch) / die nut* ‖ **selbstsichernde** ~ (DIN 980) (Masch) / self-locking nut ‖ ~ f **mit Linksgewinde** (Masch) / left-hand nut ‖ ~ **mit Rechtsgewinde** (Masch) / right-hand nut
**Mutter•atom** n (Kernphys) / parent atom ‖ ~**band** n (Akus, EDV) / master tape ‖ ~**baum** m (For) / parent tree, mother tree ‖ ~**blech** n (Hütt) / starting sheet* ‖ ~**blechanode** f (Galv) / stripper anode ‖ ~**boden** m (Bau, HuT, Landw) / topsoil n ‖ ~**bodenauftrag** m (nach Beendigung der Bauarbeiten) (HuT) / resoiling n, soiling n ‖ ~**bramme** f (stranggegossene) (Hütt) / strand-cast slab ‖ ~**disc** f / mother disk, mother disc ‖ ~**disk** f (CD-ROM) / mother disk, mother disc ‖ ~**element** n (Kernphys) / mother element ‖ ~**erde** f (Ackerkrume und der A-Horizont) (Bau, HuT, Landw) / topsoil n ‖ ~**farben** f pl (Rot, Gelb, Blau oder Purpur, Gelb und Zyan) / primary pigments ‖ ~**farben** (Phys) / primary additive colours*, fundamental colours* ‖ ~**flugzeug** n (ein Huckepackflugzeug) (Luftf) / parent n (carrier of parasite) ‖ ~**form** f (Gieß) / bolster n ‖ ~**generator** m (ein Impulsgenerator zur Erzeugung der Grundfrequenz) (Phys) / master generator ‖ ~**gestein** n (Erdöl, Geol) / parent rock ‖ ~**gestein** (Geol) / mother rock ‖ ~**gestein** (für primäre Gesteinsbitumen) (Geol) / source rock, mother rock ‖ ~**gewinde** n (Masch) / internal screw-thread*, internal thread, female thread*, B-thread n (US) ‖ ~**gewindebohrer** m (DIN 356) (Masch) / nut tap ‖ ~**harz** n / galbanum n ‖ ~**ion** n (Spektr) / parent ion, precursor ion, progenitor ion ‖ ~**kern** m (ein radioaktiver Kern, der einem bestimmten Kern in einer Zerfallskette vorangeht) (Kernphys) / precursor n, parent nucleus ‖ ~**kompaß** m (Schiff) / master compass ‖ ~**korn** n (Bot, Pharm) / ergot n ‖ ~**korn** (Hütt) / parent grain ‖ **mit** ~**korn befallen** (vergiftet) (Landw) / ergotized adj ‖ ~**kornalkaloid** n (Chem, Med) / ergot alkaloid, ergot n ‖ ~**korninfiziert** adj (Landw) / ergotized adj ‖ ~**kornzucker** m (Bakteriol, Chem) / trehalose n ‖ ~**kristall** m (Krist) / mother crystal ‖ ~**lauge** f (nach dem Auskristallisieren aus Lösungen) (Chem) / mother liquor* ‖ **restliche** ~**lauge** (bei der Speisesalzgewinnung aus Meerwasser) (Chem Verf) / bittern* n ‖ ~**leiterplatte** f (Eltronik) / motherboard n, system-board n, platter n ‖ ~**magma** n (Geol) / parental magma, parent magma ‖ ~**maske** f (von der bei der Herstellung integrierter Schaltungen Arbeitsmasken abgeleitet werden) (Eltronik) / master mask, master n ‖ ~**milch** f (Nahr) / mother's milk ‖ **der Zusammensetzung der** ~**milch angeglichene Säuglingsmilch** (Nahr) / humanized milk ‖ ~**modell** n (Gieß) / grand master pattern, basic master pattern ‖ ~**modell** (Negativmodell) (Gieß) / female pattern ‖ ~**modell** (Keram) / jack n, case mould (the model from which working moulds are made)
**Muttern•anziehmaschine** f (Masch) / nut runner* ‖ ~**gewindeschneidmaschine** f (zur Herstellung von Außengewinde) (Masch) / nut-threading machine ‖ ~**schlüssel** m (Masch, Werkz) / spanner n (GB)*, wrench n ‖ ~**sprenger** m (zum Aufbrechen von festsitzenden oder überdrehten Muttern) (Masch) / nut splitter, nut cracker n ‖ ~**starter** m (Werkz) / nut starter
**Mutter•nuklid** n (Kernphys) / parent nuclide ‖ ~**öl** n (Erdöl) / mother oil ‖ ~**oszillator** m (Eltronik) / master oscillator ‖ ~**pflanze** f (Bot, Gen) / ortet n, parent plant ‖ ~**platte** f (Akus) / number 1 mould, mother* n,

**Mutterprofil**

metal positive ‖ ⁓**profil** *n* (der Mutterreihe - beim Walzen) (Hütt) / original section ‖ ⁓**schiff** *n* (Astr, Raumf) / orbiter *n* ‖ ⁓**schloß** *n* (längsgeteilte Mutter der Leit- und Zugspindeldrehmaschine) (Masch) / clasp nut*, lead-screw nut ‖ ⁓**schloßhebel** *m* (Masch) / half-nut lever ‖ ⁓**sender** *m* (Radio) / master station* ‖ ⁓**stecker** *m* (Eltech) / female connector ‖ ⁓**substanz** *f* / parent substance, mother substance ‖ ⁓**substanz** (in der radioaktiven Familie, z.B. $238_U$ oder $235_U$) (Kernphys) / parent* *n* ‖ ⁓**uhr** *f* (eine Normaluhr) (Eltech) / master clock*, driving clock ‖ ⁓**vermittlungsstelle** *f* (Fernsp) / master exchange ‖ ⁓**wolle** *f* (DIN 60004) (Tex) / ewe's wool ‖ ⁓**zelle** *f* (Zyt) / mother cell*
**Mutulus** *m* (pl. Mutuli) (Arch) / mutule *n*
**Mutung** *f* (formelles Gesuch an die Bergbehörde um Verleihung des Bergwerkseigentums) (Bergb) / claim *n*
**mutwillige, geschützt gegen ~ Zerstörung** / vandal-safe *adj* ‖ **Schutzmaßnahme** *f* **gegen ~ Zerstörung** / antivandalism measure
**MUX** (Fernm) / multiplexer *n*
**Muzilago** *f* (Bot, Chem, Pharm) / mucilage* *n*
**Muzin** *n* (ein Glykoprotein) (Chem) / mucin* *n*
**Muzinsäure** *f* (Chem) / mucic acid*, saccharolactic acid, tetrahydroxyadipic acid
**MV** (Kernphys) / crocodile *n*
**MVA** (Chem) / mevalonic acid*, MVA ‖ ⁓ (Umwelt) / refuse incineration plant, destructor plant
**MVI** (Plast) / melt-volume index, MVI
**MVP-Siliconelastomer** *n* (Plast) / MVP silicone rubber, methyl-vinyl-silicone rubber
**MVSS** (Kfz, WP) / Motor Vehicle Safety Standard, MVSS
**MW** (Wasserb) / mean water level
**MWd/t** (Nukl) / megawatt-day *n*, megawatt-day per tonne*, MWd tonne*
**m-Wert** *m* (alte Bezeichnung für die im Wasser vorhandenen Mengen an Laugen, Karbonaten und Hydrogenkarbonaten, sowie bei Entkarbonisierungsanlagen ein Maß für den Kalkzusatz) / M-value *n*, M-alkalinity, alkalinity (M-acidity) to methyl orange, A(acidity)
**MWG** (Chem) / law of mass action*, Guldberg and Waage's law*, law of Guldberg and Waage*, mass action law*
**mwK** (Nav, Schiff) / magnetic course
**MWK** (DIN 7728, T 2) (Plast) / metal-whisker reinforced plastic
**MW-Lignin** *n* (Chem, For) / milled-wood lignin, MWL
**MW-Spektroskopie** *f* (Spektr) / microwave spectroscopy
**MX** (EDV) / mail exchanger, MX
**Mycophenolsäure** *f* (NSC 129185) (Pharm) / mycophenolic acid
**Mycose** *f* (Bakteriol, Chem) / trehalose *n*
**Mycotoxin** *n* (toxisches Stoffwechselprodukt niederer Pilze) (Biochem, Bot) / mycotoxin* *n*
**Myiase** *f* (Landw, Zool) / myiasis* (pl myiases) *n*
**Myiasis** *f* (pl. -ases) (Landw, Zool) / myiasis* (pl myiases) *n*
**Mykophenolsäure** *f* (Pharm) / mycophenolic acid
**Mykorrhiza** *f* (pl. -zen) (Symbiose zwischen der Wurzeln von höheren Pflanzen und Pilzen) (Bot, For) / mycorrhiza *n* (pl. -ae)
**Mykosterin** *n* (Chem) / mycosterol *n*
**Mykotoxin** *n* (Biochem, Bot) / mycotoxin* *n*
**Mylar** *n* (ein Polyesterfaserstoff auf der Basis des Polyethylenglykolterephthalats - Du Pont de Nemours) (Plast) / Mylar *n* (US)*
**Mylonit** *m* (feinkörniges Gesteinszerreibsel) (Geol) / mylonite* *n*
**mylonitisch** *adj* (Geol) / mylonitic *adj*
**Mylonitisierung** *f* (Entstehung von Mylonit) (Geol) / mylonitization* *n*, mylonization *n*
**My-minus-Meson** *n* (Elektron) (Kernphys) / muon minus, negative muon
**Myoglobin** *n* (der rote Farbstoff der Muskeln) (Biochem) / myoglobin* *n*
**Myohämoglobin** *n* (der rote Farbstoff der Muskeln) (Biochem) / myoglobin* *n*
*myo*-**Inosithexaphosphat** *n* (Chem) / phytic acid*
**Myon** *n* (schweres Elektron) (Kernphys) / muon* *n*, mu-meson* *n* ‖ **negatives** ⁓ (Kernphys) / muon minus, negative muon ‖ **positives** ⁓ (Kernphys) / antimuon *n*, muon plus, positive muon
**myonisch** *adj* (Kernphys) / muonic *adj*
**Myonium** *n* (ein exotisches Atom) (Kernphys) / muonium *n*
**Myonneutrino** *n* (Kernphys) / muon neutrino
**Myon-Spin-Rotation** *f* (Spektr) / muon spin rotation
**Myopie** *f* (Med, Opt) / myopia* *n*, near-sightedness *n*, short-sightedness* *n*, short sight
**Myosin** *n* (ein Proteinbaustein der kontraktilen Muskelfaser) (Biochem) / myosin* *n*
**My-plus-Meson** *n* (Kernphys) / antimuon *n*, muon plus, positive muon
**Myraum** *m* (sechsdimensionaler Raum zur Beschreibung von Vielteilchensystemen) (Phys) / mu space
**Myrcen** *n* (Chem) / myrcene *n*
**Myriameterwellen** *f pl* (3-30 kHz) (Radio) / myriametric waves*

**Myricatalg** *m* / bayberry wax, bayberry tallow, laurel wax, myrtle wax, myrica tallow
**Myricawachs** *n* / bayberry wax, bayberry tallow, laurel wax, myrtle wax, myrica tallow
**Myricylalkohol** *m* (Chem) / melissyl alcohol, myricyl alcohol, 1-hentriacontanol *n*
**myriotisch** *adj* (Phys) / myriotic *adj*
**Myristat** *n* (Myristinsäureester und Salz der Myristinsäure) (Chem) / myristate *n*
**Myristinsäure** *f* (als Glyzerinester in Muskatbutter, Milchfett und Kokosfett, als Zetylester in Walrat und Wollfett) (Chem) / myristic acid*, tetradecanoic acid*
**Myrizylalkohol** *m* (farbloser Wachsalkohol) (Chem) / melissyl alcohol, myricyl alcohol, 1-hentriacontanol *n*
**Myrmekit** *m* (ein Reaktionsgefüge) (Min) / myrmekite* *n*
**Myrobalane** *f* (Gerbfrucht mehrerer Terminalia-Arten mit 20-50% Pyrogallol-Gerbstoff) (Bot, Leder) / myrobalan *n*, myrobalan nut ‖ ⁓ (aus Terminalia bellirica (Gaertn.) Roxb.) (Bot, Leder) / nut of bahera, belleric myrobalan
**Myrosinase** *f* (eine Hydrolase) (Biochem) / myrosinase *n*, thioglucoside glucohydrolase
**Myrre** *n* / myrrh *n*
**Myrrhe** *f* (ein Gummiharz) / myrrh *n*
**Myrrhenharz** *n* (Baumharz aus verschiedenen Commiphora-Arten) / myrrh *n*
**Myrtenöl** *n* (etherisches Öl aus der Myrtus communis L. = Brautmyrte) / myrtle oil
**Myrtenwachs** *n* / bayberry wax, bayberry tallow, laurel wax, myrtle wax, myrica tallow
**Myrzen** *n* (Chem) / myrcene *n*
**My-Teilchen** *n* (schweres Elektron) (Kernphys) / muon* *n*, mu-meson* *n*
**Mytilotoxin** *n* (Chem, Nahr) / saxitoxin *n*
**$M_y$-Wert** *m* / blackness value
**Myzel** *n* (pl. Myzelien) (Bot) / mycelium *n* (pl. mycelia)
**Myzelium** *n* (pl. Myzelien) (Bot) / mycelium *n* (pl. mycelia)
**mZ** (Astr) / mean sidereal time ‖ ⁓ (Kftst) / methane number
**MZE** (DIN 14 011, T 1) / minimum ignition energy
**M-Zentrum** *n* (ein Aggregatzentrum) (Eltronik, Krist) / M-centre *n*
**M-Z-Interferometer** *n* (Opt) / Mach-Zehnder interferometer, Mach refractometer

# N

**n!** (Math) / factorial n*
**n Fakultät** f (Produkt aller natürlichen Zahlen von 1 bis zu einer ganzen positiven Zahl n) (Math) / factorial n*
**n. n.** / undetectable adj ‖ **St. n** (die Zeitrechnung nach dem Gregorianischen Kalender) (Astr) / New Style*, NS*
**N** (Chem) / nitrogen* n
**N₂** (Chem) / dinitrogen n
**N** (nach DIN-ISO 1629 ein Gruppenbuchstabe für Kautschuke mit Stickstoff in der Polymerkette) (Chem Verf) / N
**N** (DIN 1304) (Kernphys) / neutron number*
**N** (abgeleitete SI-Einheit der Kraft nach DIN 1301) (Phys) / newton* n
**Na** (Chem) / sodium* n
**NA** (Opt) / numerical aperture*, NA*
**NAA** (Chem) / neutron-activation analysis
**Nabalglas** n (ein Dreikomponentenglas) (Glas) / nabal glass
**Nabam** n (Dinatrium-[N,N'-ethylen-bis(dithiocarbamat)]) (Chem) / nabam n
**Nabarro-Herring-Kriechen** n (Kornformenänderung durch Volumendiffusion) (WP) / Nabarro-Herring creep
**Nabe** f / hub n, nave n
**Nabel • eisen** n (Glas) / punty* n, gathering iron, puntee* n, pontie* n, pontil* n, rod n ‖ **~ punkt** n (bei Krümmungen) (Math) / umbilical point*, umbilicus n (pl. -es or lici) ‖ **~punktlinie** f (Math) / umbilical n, umbilical line ‖ **~schweinleder** n (Leder) / peccary leather, peccary n ‖ **~steckverbinder** m (z.B. bei Raketen) (Eltronik) / umbilical connector
**Naben • deckel** m (Kfz) / hub-cap n ‖ **~kappe** f (Kfz) / hub-cap n ‖ **~stück** n (bei festen Propellern) (Lufft) / boss n ‖ **~träger** m (Kfz) / hub assembly
**Nabla** n (Math) / del* n, del operator, nabla* n
**Nablaoperator** m (ein Differentialoperator) (Math) / del* n, del operator, nabla* n
**Nablavektor** m (in der Vektoranalysis) (Math) / del* n, del operator, nabla* n
**nach außen einfallend** (Geol) / outward dipping ‖ **~ Bedarf** / when required, as required, if required, according to requirements ‖ **~ der Größe sortieren** / size v, sort according to size ‖ **~ rechts ziehen** (ein Pkw) (Kfz) / pull to the right, wander to the right ‖ **~ vorn geneigter Schrägstrich** (EDV) / backslash n
**Nach • ablenkung** f (Eltronik, TV) / postdeflection n ‖ **~ahmung** f / imitation* n ‖ **~altern** v / afterage v ‖ **~appretur** f (Tex) / final finish, postfinish n
**Nacharbeit** f / rework n ‖ **~** (maschinelle) (Masch) / remachining n
**nacharbeiten** v / rework v ‖ **~** (maschinell) (Masch) / remachine v ‖ **~** (Elektrode) (Schw) / dress v ‖ **~** (Ventile) (V-Mot) / reface v ‖ **~** (Zylinder) (V-Mot) / reface v ‖ **~** (der Elektrode) (Schw) / dressing n ‖ **~ der unrundgelaufenen Zylinderbohrung** (Ausbohren oder Honen) (V-Mot) / cylinder refinishing
**Nach • arbeitung** f (Masch) / rework n ‖ **~äschern** v (Leder) / relime v ‖ **~ätzen** v (Druck, Tex) / re-etch v ‖ **~aufbereitung** f (Aufber) / reconcentration* n, retreating n ‖ **~auflaufbehandlung** f (Einbringen von Herbiziden in den Boden nach dem Keimen der Kulturpflanzensamen) (Umwelt) / postemergence treatment ‖ **~auflaufherbizid** n (Umwelt) / postemergence herbicide ‖ **~aufnahme** f (nachträgliche Neuaufnahme ungenügend vorhandenen Filmmaterials) (Film) / retake v ‖ **~auftragnehmer** m / subcontractor n ‖ **~auslaß** m (bei dem Auslaßventil) (V-Mot) / exhaust valve lag
**Nachbar, unterer ~** (in einer geordneten Menge) (Math) / immediate predecessor ‖ **~atom** n (Kernphys) / adjacent atom, neighbouring atom ‖ **~bebauung** f (als Sammelbegriff) (Bau) / adjacent buildings ‖ **~bereich** m / adjacent region ‖ **~bohrung** f (Erdöl) / offset well* n ‖ **~datei** f (EDV) / contiguous file ‖ **~effekt** m (Wechselwirkung zwischen benachbarten Partien stark unterschiedlicher Belichtung) (Foto) / adjacency effect ‖ **~feld** n (bei Brücken) (HuT) / neighbouring opening ‖ **~gebäude** n (Bau) / neighbouring building, adjacent building ‖ **~gestein** n (Geol) / adjoining rock ‖ **~gruppeneffekt** m (ein Proximitätseffekt) (Chem) / neighbouring-group effect ‖ **~gruppenmechanismus** m (Chem) / neighbouring-group participation ‖ **~kanal** m (Fernm) / adjacent channel* n ‖ **~kanalkopplung** f (Radio) / adjacent-channel selection ‖ **~kanalselektion** f (Radio) / adjacent-channel selection ‖ **~platz** m (Krist) / neighbouring site ‖ **~schaft** f (Math) / neighbourhood* n ‖ **~schaftseffekt** m (Elektr) / proximity effect ‖ **~wand** f (auf der gemeinsamen Grenze zweier Grundstücke) (Bau) / party wall, partition wall, parting wall, common wall (US) ‖ **~wort** n (EDV) / neighbouring word

**Nach • baukultur** f (Landw) / replacement crop ‖ **~bearbeitung** f / aftertreatment n, aftertreating n, secondary treatment, subsequent treatment ‖ **~bearbeitung** (Masch) / dressing n ‖ **redaktionelle ~bearbeitung** (z.B. des rechnerübersetzten Texts) (EDV) / post-editing n ‖ **~beben** n (beim Erdbeben) (Geol) / aftershock n ‖ **~bedingung** f (eine Bedingung, die nach Eintreten eines Ereignisses erfüllt werden muß) (EDV) / postcondition n
**nachbehandeln** v (nacharbeiten) / rework v ‖ **~** / re-treat v
**nachbehandelte Matte für Preßzwecke** (Plast) / texturized mat
**Nachbehandlung** f / aftertreatment n, aftertreating n, secondary treatment, subsequent treatment ‖ **~** / rework n ‖ **~** (von Pigmenten) (Anstr) / coating n ‖ **~** (des Betons) (HuT) / curing* n, maturing n ‖ **~** (des Abwassers) (Sanitär) / secondary waste-water treatment ‖ **~** s. auch Endbehandlung
**Nachbehandlungs • film** m (auf jungem Beton durch vollflächiges Ansprühen des Nachbehandlungsmittels) (HuT) / curing membrane ‖ **~mittel** n (flüssiger Stoff, der nach dem gleichmäßigen, möglichst maschinellen Aufsprühen auf der noch mattfeuchte Betonoberfläche einen Nachbehandlungsfilm bildet) (Bau, HuT) / curing compound (a liquid sealant sprayed on the surface of fresh concrete as protection against loss of moisture)
**nach • beizen** v (For) / restain v ‖ **~beizen** (um den nach einer vorangegangenen Behandlung entstandenen Belag entfernen) (Galv) / desmut v ‖ **~belichtung** f (Foto) / postexposure n ‖ **~bereich** m (Math) / codomain n, range n (of a function) ‖ **~bereiter** m (EDV) / terminator n ‖ **~beschleunigung** f (der Elektronen in einer Elektronenstrahlröhre) (Eltronik) / postdeflection acceleration*, PDA, postacceleration n ‖ **~beschleunigung** (Phys) / postacceleration n ‖ **~beschleunigungselektrode** f (Eltronik) / intensifier electrode*, postaccelerating electrode ‖ **~bessern** v (nacharbeiten) / rework v ‖ **~bessern** / mend v ‖ **~besserung** f (Nacharbeit) / rework n ‖ **~besserung** / mending n ‖ **~besserungspflanzung** f (Landw) / interplanting n ‖ **~bestellen** v / reorder v ‖ **~bestimmung** f (Chem) / redetermination n ‖ **~bestrahlung** f (Nukl) / postirradiation n, afterirradiation n ‖ **~biegen** v (die Zündkerzenelektrode) (V-Mot) / regap v, reset the gap
**Nachbild** n (Fernm) / terminal balance ‖ **~** (Opt) / after-image* n (in colour complementary to the stimulus) ‖ **~** (Opt) / recurrent vision* (when the source of illumination is suddenly removed) ‖ **~** (TV) / sticking picture ‖ **negativer ~** (Sukzessivkontrast) (Opt) / negative after-image* n ‖ **positives ~** (Nachempfindung) (Opt) / positive after-image*
**nach • bilden** v (analog) / simulate v ‖ **~bildfehlerdämpfung** f (Fernm) / terminal balance return loss
**Nachbildung** f (Fernm) / mock-up n ‖ **~** / copy n ‖ **~** (von Isotopen) (Chem) / recovery n ‖ **~ der Luftschnittstelle** (passive, leitergebundene, um im Prüffeld oder Labor reproduzierbare Verhältnisse simulieren zu können) (Fernm) / air interface adapter, AIAD
**Nachblasen** n (beim Windfrischen) (Hütt) / afterblow* n
**nachbohren** v (nochmalig bohren) (Masch) / rebore v ‖ **~** n (Masch) / finish boring ‖ **~** (nochmaliges Bohren) (Masch) / reboring n
**Nach • brand** m (Keram) / refiring n ‖ **~brechanlage** f (Aufber) / secondary crushing plant ‖ **~brechen** n (Bergb) / barring down n ‖ **~brechen** (Masch) / secondary crushing ‖ **~brechendes Gestein** (nach einem Gebirgsschlag) (Bergb) / afterburst* n ‖ **~brechendes Hangendes** (Bergb) / following dirt*, clod n, falling n, following stone ‖ **~brecher** m (Masch) / secondary crusher ‖ **~breite** (Leerraum rechts des Zeichens) (EDV, Typog) / right blank ‖ **~brennen** v (Keram) / refire v ‖ **~brennen** n (Keram) / refiring n ‖ **~brennen** s. auch Nachverbrennung ‖ **~brenner** m (für Zusatzschub bei TL) (Lufft) / afterburner n, reheater n (GB) ‖ **~brennkammer** f (eines TL-Triebwerks) (Lufft) / augmentor* n ‖ **~brennkammer** (Masch) / secondary combustion chamber ‖ **~brennkammer** (Lufft) s. auch Nachbrenner ‖ **~bruch** m (Bergb) / barring down ‖ **~chloren** (Wasser) (Sanitär) / postchlorinate v ‖ **~chlorieren** v (Chem) / postchlorinate f ‖ **~chromieren** v (Leder) / rechrome v ‖ **~chromierung** f (Tex) / back-chroming n, top-chroming n, after-chroming n ‖ **~dieseln** n (V-Mot) / dieseling n, afterrunning n, run-on n ‖ **~dosieren** (Nachfüllen) / make-up n ‖ **~drehen** v (Film) / retake v ‖ **~drehen** (Masch) / re-turn v ‖ **~drehmaschine** f (Masch) / second-operation lathe, finishing lathe ‖ **~drehung** f (Spinn) / aftertwist n, additional twist ‖ **~druck** m (unveränderte Neuauflage) (Druck) / reimpression n, reprint n, reissue n ‖ **~druck** (beim Druckguß) (Gieß) / squeezing n ‖ **~druck** s. auch Faksimilenachdruck ‖ **~drucken** v (Druck) / reprint v ‖ **~drucken** (unerlaubt) (Druck) / pirate v ‖ **~drucken** (eines Fehlers wegen) (Druck) / cancel v ‖ **~drücken** v (im Gesenk) (Masch) / after-press v ‖

**nachdrücken**

**nachdüngen**

**~düngen** v (Landw) / refertilize v ‖ **~dunkeln** v (For, Galv, Tex) / darken v ‖ **~eichen** v / recalibrate v
**nacheilend** adj (Eltech) / lagging adj ‖ **~er Leistungsfaktor** (Eltech) / lagging power factor, reactive power factor ‖ **~e Phase** (Eltech) / lagging phase* ‖ **~er Strom** (Eltech) / lagging current*
**Nacheilung** f (Druck) / insufficient feed* ‖ **~** (Eltech) / lag* n
**Nach•eilungswinkel** m (Eltech, Fernm) / angle of lag*, lag angle ‖ **~einander bei mehreren Operationen aufrufbar** (bei Multiprogrammverarbeitung) (EDV) / serially reusable ‖ **~einanderfolge** f (Biol) / succession* n ‖ **~einanderfolgend** adj / successive adj, succeeding adj ‖ **~einlaß** m (bei dem Einlaßventil) (V-Mot) / inlet valve lag ‖ **~eiszeit** f (Geol) / Holocene* n, Recent n ‖ **~entflammung** f (V-Mot) / post-ignition n ‖ **~entfleischen** v (Leder) / reflesh v ‖ **~entladung** f (Eltronik) / re-ignition n ‖ **~entrinden** n (For) / second-stage barking ‖ **~entrindung** f (For) / second-stage barking ‖ **~entwickeln** v (Foto) / redevelop v ‖ **~entwicklung** f (Foto) / redevelopment n ‖ **~entzerrung** f (ein zur Preemphasis komplementärer Vorgang am Ausgang eines Übertragungssystems) (Akus) / de-emphasis* n, postemphasis n ‖ **~erhärten** v (beim Beton nach dem 28. Tag) (HuT) / afterharden v, mature v ‖ **~erkennungslogik** f / postrecognition logic ‖ **~erntebehandlung** f (z.B. mit Azol-Fungiziden) (Landw, Nahr) / post-harvest treatment ‖ **~erntetrocknung** f (Landw) / post-harvest drying ‖ **~fall** m (Gesteinsanteil, der unplanmäßig aus dem Strebhangenden oder der Streckenwanderung in den Grubenraum fällt) (Bergb) / following dirt*, clod n, falling n, following stone ‖ **~fallen** v (vom Gebirge) (Bergb) / cave in v, come down v ‖ **~fallen** (im Bohrloch) (Bergb) / slough v ‖ **~fällen** v (Chem) / postprecipitate v ‖ **~fallpacken** m (Bergb) / following dirt*, clod n, falling n, following stone ‖ **~fällung** f (Chem) / postprecipitation n ‖ **~färben** v (fehlerhaft gefärbte Stückware) (Tex) / cobble v ‖ **~färben** (Tex) / top v, cross-dye v, top-dye v, overdye v ‖ **~färben** n (einer Komponente in Faserstoffmischungen) (Tex) / cross-dyeing* n, topping n, top-dyeing n, overdyeing n ‖ **~färben fehlerhaft gefärbter Stückware** (Tex) / cobbling n ‖ **~färbung** f (einer Komponente in Faserstoffmischungen) (Tex) / cross-dyeing* n, topping n, top-dyeing n, overdyeing n ‖ **~faßinterview** n (Stats) / callback n ‖ **~faßwerbung** f / reminder advertising, follow-up advertising, name advertising ‖ **~fetten** v / regrease v ‖ **~fließeffekt** m (von flüssigem Material) (Gieß) / feeding effect ‖ **~folgefluß** m (Geol) / subsequent river, subsequent stream, strike stream, longitudinal stream ‖ **~folgefunktion** f (EDV) / successor function ‖ **~folgen** v / follow v ‖ **~folgend** adj / subsequent adj ‖ **~folgend** consecutive adj ‖ **~folgender Stich** (beim Walzen) (Hütt) / consecutive pass ‖ **~folgeprogramm** n (EDV) / successor program ‖ **~folger** m (in einem Baum) (EDV) / descendant n, successor n ‖ **~folgestrom** (Eltech) / follow current
**Nachform•drehen** n (eine Verfahrensvariante des Formdrehens) (Masch) / copy turning ‖ **~drehmaschine** f (Masch) / copying lathe, contouring lathe, duplicating lathe ‖ **~drehmeißel** m (Werkz) / copying tool, tracer tool ‖ **~einrichtung** f (Werkz) / duplicator n, copying attachment, duplicating attachment
**nachformen** v (bei anschließender Nachbearbeitung) / postform v ‖ **~** (kopieren) (Masch) / copy v, duplicate v ‖ **~dreiachsiges** (Masch) / triple-axis tracing ‖ **einachsiges ~** (wenn die Bewegung des Nachformschlittens nur in einer Achse gesteuert wird) (Masch) / single-axis tracing ‖ **zweiachsiges ~** (Masch) / double-axis tracing
**Nachform•fräsen** n (Masch) / copy milling, profile milling, tracer milling (US) ‖ **~fräsmaschine** f (Masch) / copy-milling machine, tracer milling machine (US) ‖ **~fühler** m (Masch) / copying tracer ‖ **~hobeln** n (Masch) / contour planing, copy planing ‖ **~maschine** f (Masch) / copying machine, duplicator n, copier n ‖ **~schablone** f (ein Formspeicher) (Masch) / template* n ‖ **~schleifen** n (Masch) / profile grinding*, profiling* n, form grinding* ‖ **~schlitten** m (Masch) / tracing slide ‖ **~steuerung** f (bei der die Werkzeugbewegung von einer Leitkurve oder -fläche gesteuert wird) (Masch) / tracer control, duplicator control, contouring control ‖ **~stift** m (Masch) / follower n ‖ **~stoßen** n (Stoßvorgang, bei dem die Form des Bezugsstückes /z.B. Leitkurve, Schablone/ mittels Nachformeinrichtung selbsttätig auf das Werkstück übertragen wird) (Masch) / copy shaping ‖ **~support** m (Masch) / tracing slide ‖ **~werkzeug** n (Masch) / form tool*
**nach•forschen** v / examinate v, investigate v ‖ **~forschung** f / investigation n (of, into) ‖ **~forschung** / examination n, investigation n ‖ **stürmische ~frage** / rush n (a sudden strong demand for a commodity) ‖ **~frageüberhang** m / excess demand ‖ **~fugen** v (profiliertes, mit Spachtelmasse) (Bau) / tuck pointing*
**Nachführ•kreuz** n (EDV) / tracking cross ‖ **~regelung** f (eines IR) (Masch) / master-and-slave control ‖ **~steuerung** f (Masch) / tracer control, duplicator control, contouring control ‖ **~symbol** n (in der grafischen Datenverarbeitung) (EDV) / tracking symbol ‖ **~system** n (Astr, Raumf) / tracking system

**Nachführung** f (Astr, EDV, Regeln) / tracking n ‖ **außeraxiale ~** (Teil der Ausrüstung von Amateurastrofotografen, der die Verwendung eines teuren Leitrohrs entbehrlich macht) (Astr) / off-axis tracking, off-axis guiding ‖ **automatische ~** (Zielverfolgung) (Radar) / automatic tracking* ‖ **automatische** (lichtelektrische) **Korrektion der bei der ~ auftretenden Restfehler** (Astr) / autoguiding n ‖ **siderische ~** (Astr) / tracking n
**Nachführungs•steuerung** f (Regeln) / slaved control, slaved tracking ‖ **~system** n (Astr, Raumf) / tracking system
**Nachfüllbehälter** m (wiederverwendbare Verpackung) / refillable container
**nachfüllen** v / refill v, replenish v ‖ **~** (das destillierte Wasser in die Batterie) (Eltech) / top up v ‖ **~** (Kfz) / fill up v, gas up v (US) ‖ **~** (Brennstoff) (Nukl) / reload v ‖ **~** n ‖ **~** (des destillierten Wassers in die Batterie) (Eltech) / topping-up n
**Nach•füllmaterial** n / make-up n ‖ **~füllösung** f (eines Entwicklers) (Foto) / replenisher n ‖ **~gärung** f (des Jungbiers) (Brau) / secondary fermentation ‖ **~gärung** (Nahr) / refermentation n, afterfermentation n, secondary fermentation ‖ **~geben** v (z.B. Baugrund) / yield v, subside v ‖ **~geben** / give way, back away ‖ **~geben** n (der Preise) / drop n, fall n ‖ **~gebend** adj / expandable adj ‖ **~geführtes Führungslicht** (Film) / travelling key ‖ **~gemacht** adj / dummy adj ‖ **~gemachte Lebensmittel** (Nahr) / imitated foods ‖ **~gerben** v (Leder) / retan v, fill v ‖ **~geschaltet** adj (in einem Fertigungszyklus) (Masch) / downstream attr ‖ **~geschaltete Verfahrensstufe** (Chem Verf) / downstream process stage ‖ **~geschmack** m (Nahr) / aftertaste n ‖ **~geschnittenes Holz** (For) / resawn lumber ‖ **~geschnittener Reifen** (Kfz) / retread n (cut fresh tread)
**nachgewiesen•es Erz** (Bergb) / proved ore, proven ore ‖ **~e Erzvorräte** (Bergb) / proved ore, proven ore ‖ **~e Reserven** (Bergb, Erdöl) / proved reserves*, proven reserves (US), identified reserves ‖ **~e Vorräte** (Bergb, Erdöl) / proved reserves*, proven reserves (US), identified reserves
**nachgiebig** adj / flexible adj ‖ **~** (Baugrund) (HuT) / yielding adj ‖ **~er Ausbau** (Bergb) / yielding support, flexible support ‖ **~e Konstruktion** (Erdöl) / compliant structure ‖ **~er Stempel** (Bergb) / yielding prop*
**Nachgiebigkeit** f / flexibility n ‖ **~** (der Nadel) (Akus) / compliance n ‖ **~** (des Leders) (Leder) / run n ‖ **~** (Kompliianz) (Phys) / compliance* n
**nachgießen** v / refill v, replenish v ‖ **~** (Eltech) / top up v ‖ **~** n (des destillierten Wassers in die Batterie) (Eltech) / topping-up n
**Nach•glimmen** n (nach Feuereinwirkung) / afterglow n ‖ **~nicht ~glimmend** (Brennstoff) (Kftst) / smoulder-proof adj ‖ **~glühen** n (nach Feuereinwirkung) / afterglow n ‖ **~glühen** (Eltronik, TV) / persistence* n, afterglow* n ‖ **~glühen** (Zündkerzen) (V-Mot) / postheating n ‖ **~gravieren** v (Masch) / resink v, recut v, re-dress v ‖ **~hacker** m (eine Zerkleinerungsmaschine) (For) / rechipper n
**Nachhall** m (durch die Reflexion von Schallwellen nach DIN 1320) (Akus) / reverberation n (Akus) s. auch Echo ‖ **künstlicher ~** (Akus) / artificial echo, synthetic reverberation ‖ **mit ~** (Akus) / reverberant adj, live* adj
**Nachhallen** n (Akus) / reverberation n
**Nachhall•erzeugung** f (Akus) / reverberation n ‖ **~gerät** n (Akus) / reverberator n ‖ **~raum** m (Akus) / reverberation chamber*, echo chamber*, live room*, reverberation room, echo studio* ‖ **~studio** n (Akus) / reverberation chamber*, echo chamber*, live room*, reverberation room, echo studio* ‖ **~zeit** f (in der, nach Abschalten der Schallquelle, die Lautstärke am Schallempfänger um 60 dB abgesunken ist) (Akus) / reverberation time (of an enclosure)*, reverberation period
**nachhaltig•e Energieversorgung** / sustainable energy supply ‖ **~e Entwicklung** (Artikel 20a des Grundgesetzes) (Umwelt) / sustainable development ‖ **~e Nutzung** / sustained use ‖ **~ zukunftsverträgliche Entwicklung** (Art. 20a des Grundgesetzes) (Umwelt) / sustainable development ‖ **~ zukunftsverträgliche Entwicklung** (Umwelt) / sustainable development
**nach•härten** v (Plast) / postbake v, afterbake v, postcure v ‖ **~heizen bei abgestellter Energiequelle** (z.B. bei den Heizplatten) (Phys) / coasting of temperature* ‖ **~hieb** m (Zwischennutzung) (For) / secondary felling, intermediate felling ‖ **~hinken** n (des Höhenmessers) (Luftf) / backlash error ‖ **~hinken der Drehzahl bei Öffnung der Drosselklappe** (V-Mot) / hunting* n ‖ **~hinkend** adj / lagging adj ‖ **~industrielle Gesellschaft** (eine Dienstleistungsgesellschaft nach D. Bell) / postindustrial society ‖ **~justieren** v (Masch) / readjust v, reset v ‖ **~kämmen** n (Spinn) / double combing ‖ **~kegel** m (das aus der Zukunft eines Ereignisses darstellende Teil des Lichtkegels im Minkowski-Raum) (Phys) / future interior of light cone ‖ **~klärbecken** n (das nach dem Tropfkörper und dem Belebtschlammbecken angeordnet wird) (Umwelt) / final tank (for secondary sedimentation), final

sedimentation tank ‖ ~**klassierung** f (Aufber) / secondary screening ‖ ~**kleben** n (bleibende Klebrigkeit des abgebundenen Lackfilms) (Anstr) / aftertack* n, residual tack ‖ ~**komme** m (in einem binären Baum) / child n, offspring n ‖ ~**kristallisation** f (Krist) / aftercrystallization n ‖ ~**kritisch** adj (Nukl) / postcritical adj ‖ ~**kühlpumpe** f (Nukl) / afterheat removal pump, residual heat removal pump, RHR pump ‖ ~**kühlung** f (Nukl, V-Mot) / aftercooling n ‖ ~**kupferungsfarbstoff** m (Tex) / aftercoppering dye(stuff) ‖ ~**ladbare Schrift** (EDV) / downloadable font, soft font ‖ ~**ladedruckstoß** m (Kfz) / plugging pulse
**nachladen** v (EDV, Masch) / reload v ‖ ~ (Akkumulator) (Eltech) / recharge v ‖ ~ (Zweitaktmotoren) (Kfz) / supercharge v ‖ ~ (Nukl) / refuel v ‖ ~ (Nukl) / reload v
**Nach·ladephase** f / reload phase ‖ ~**ladeverfahren** n (in der Radionuklidtherapie) (Radiol) / afterloading n ‖ ~**ladung** f **von Brennstoff** (Nukl) / fuel reloading, reloading n, fuel make-up
**nachlassen** v (schlaff werden) / relax v ‖ ~ (locker werden) / slacken v, loosen v, become slack ‖ ~ n (der Werbewirkung) / decay effect, wear-out n ‖ ~ **der Bremswirkung** (infolge schlechter Wärmeabfuhr) (Kfz) / fading* n, brake-fade* n
**nachlassend·e Batterie** (Eltech) / dying battery ‖ ~**e Wirkung** (der Werbung) / decay effect, wear-out n
**Nachlaßvorrichtung** f (Bergb) / temper screw, slipper-out winding gear
**Nachlauf** m (bei der Destillation) (Chem Verf) / tails pl, tailings pl, last cut ‖ ~ (des bewegbaren Schaltstücks) (Eltech) / overtravel n ‖ ~ (Winkel zwischen der Achse des Achsschenkelbolzens und einer Senkrechten durch die Radmitte) (Kfz) / castor n, caster n, axle-pin rake ‖ ~ (positiv) (Kfz) / positive castor, positive caster ‖ ~ (Luftf) / wake* n, wash n ‖ ~ (Gebiet verminderter Strömungsenergie hinter Körpern) (Phys) / wake n ‖ ~**achse** f (Kfz) / trailing axle ‖ ~**bohrung** f (im Hauptzylinder) (Kfz) / replenishing port, master-cylinder inlet port, breather port ‖ ~**effekt** m (Kfz) / caster effect, caster action*, trailing action* ‖ ~**eigenschaften** f pl (eines Anhängers) (Kfz) / towability n
**Nachlaufen** n (V-Mot) / dieseling n, afterrunning n, run-on n
**nachlaufende Achse** (Bahn) / trailing axle*
**Nachläufer** m (des Langholztransporters) (For) / rear bed, rear bunk ‖ ~ (beim Erdbeben) (Geol) / trailer n ‖ ~ (ein Abschleppgerät, das die Vorderachse eines fahruntüchtigen Fahrzeugs mit angehobener Hinterachse stützt) (Kfz) / dolly n
**Nachlauf·filter** n (Eltronik) / tracking filter ‖ ~**herbizid** n (Umwelt) / postemergence herbicide ‖ ~**mechanismus** m (Regeln) / follow-up mechanism ‖ ~**potentiometer** n (Eltech) / follow-up potentiometer, slave potentiometer ‖ ~**regler** m (Eltech, Regeln) / follower n ‖ ~**steuerung** f (Radar) / aided tracking ‖ ~**steuerungssystem** n (Astr, Raumf) / tracking system ‖ ~**strecke** f (Abstand zwischen Reifenaufstandfläche und Schnittpunkt der Lenkachse mit der Fahrbahnoberfläche, parallel zur Längsachse gemessen) (Kfz) / trail n (mechanical), caster offset ‖ ~**turbulenz** f (Luftf) / wake turbulence ‖ ~**überwachung** f (bei Pressen) (Masch) / follow-up monitoring ‖ ~**versatz** m (Kfz) / trail n (mechanical), caster offset
**Nach·leuchtdauer** f (Eltronik, TV) / persistence n ‖ ~**leuchten** (Astr) / afterglow n ‖ ~**leuchten** (Eltronik, TV) / persistence* n, afterglow* n ‖ ~**leuchtendes Bild** (Eltronik) / image burn, retained image ‖ ~**leuchtende Farbe** (eine Leuchtfarbe) (Anstr) / phosphorescent paint ‖ ~**leuchtende Leuchtfarbe** (die aus Zink- oder Erdalkalisulfiden besteht) (Anstr) / luminous sulphide ‖ ~**liegezeit** f (Schiff) / time of demurrage ‖ ~**linksschweißen** n (Schw) / forehand welding*, left-hand welding, leftward welding, forward welding ‖ ~**löten** v / resolder v ‖ ~**mahd** f (Landw) / aftermath, second-cut hay, rowen n (US), fog n ‖ ~**mahlen** v / regrind v ‖ ~**mattieren** v (Stückware) (Tex) / matt subsequently ‖ ~**mehl** n (Nahr) / toppings pl ‖ ~**mühlenöl** n (ein minderwertiges Olivenöl) / olive-residue oil ‖ ~**mühlenöl** (ein minderwertiges Olivenöl, mit Schwefelkohlenstoff extrahiert) / sulphur oil ‖ ~**nebeln** n (der Übergänge bei Teillackierungen) (Anstr) / fading n (of the edges) ‖ ~**ölen** v / relubricate v ‖ ~**passivierung** f (Galv) / after-passivation n ‖ ~**pflanzen** (For, Landw) / replacement n, replanting n ‖ ~**pflanzung** f (For, Landw) / replacement n, replanting n ‖ ~**polymerisation** f (Chem) / postpolymerization n ‖ ~**prägen** v (Masch) / size v ‖ ~**prägen** n (Masch) / sizing n ‖ ~**pressen** v (vorgeformte Teile, meist Ziegelsteine) (Keram) / repress v ‖ ~**pressen** (bei Sinterprozessen) (Pulv) / repress v ‖ ~**produktzucker** m (bei der Zuckerherstellung) (Nahr) / low-grade sugar ‖ ~**prüfen** v (auf etwas) / check v (for) ‖ ~**prüflauf** m (bei punktueller Verbesserung der Konstruktion, die sich jedoch anderswo nachteilig auswirken kann) (Luftf) / penalty run ‖ ~**prüfung** f / check n, inspection n ‖ ~**-Putz-Installation** f (ein Gesamt von Installationsobjekten) (Bau) / second fixings ‖ ~**rangige Verarbeitung** (EDV) / background processing, backgrounding n, low-priority processing, BGP ‖ ~**räumer** m (Erdöl) / hollow reamer ‖ ~**rechnen** v / recalculate v ‖ ~**rechner** m (der einem Hauptrechner nachgeschaltet ist) (EDV) / backend computer ‖ ~**rechtsschweißen** n

(Schw) / backhand welding*, right-hand welding, backward welding, rightward welding ‖ ~**redaktion** f (z.B. des rechnerübersetzten Texts) (EDV) / post-editing n ‖ ~**reduziertes Metallpulver** (Pulv) / reduced metal powder ‖ ~**regeln** v (Masch) / readjust v, reset v ‖ ~**regulieren** v (Masch) / readjust v, reset v ‖ ~**reifung** f (einer Emulsion) (Foto) / after-ripening n ‖ ~**reinigen** v (Getreide) (Landw) / reclean v ‖ ~**reißen** v (Bergb) / rip v ‖ ~**reißen** n (Bergb) / ripping n ‖ ~**reißhauer** m (Bergb) / ripper n
**Nachricht** f / message* n ‖ **nichtzustellbare** ~ (Fernm) / non-deliverable message ‖ **physikalische** ~ (EDV, Fernm) / physical message ‖ ~ f **für Luftfahrer** (Luftf) / notice to airmen, NOTAM
**nachrichten** v (Bahn, HuT, Verm) / realign v ‖ ~ (Masch) / readjust v, reset v ‖ ~ n (der Strecke) (Bahn, HuT) / realignment n
**Nachrichten·abfragebetrieb** m (Fernm) / delivery n, direct trunking ‖ ~**abschluß** m (Fernm) / message trailer ‖ ~**anfangskriterium** n (Fernm) / start-of-message signal, SOM signal ‖ ~**anfangszeichen** n (Fernm) / start-of-message signal, SOM signal ‖ ~**beginn** n (Fernm) / start of message, SOM ‖ ~**behandlung** f (Fernm) / message handling ‖ ~**block** m (Fernm) / message block ‖ ~**datenbank** f (EDV) / messaging database ‖ ~**ende** n (EDV) / end of message (EOM) ‖ ~**endekriterium** n (Fernm) / end-of-message signal, EOM signal ‖ ~**event** m n (Fernm) / message event ‖ ~**fahrzeug** n (Fernm) / communications van ‖ ~**formatierung** f (EDV) / message formatting ‖ ~**kabel** n (Fernm) / communications cable, telecommunications cable ‖ ~**kanal** m (EDV, Fernm) / channel* n, transmission channel, communication channel ‖ **benachbarter** ~**kanal** (Fernm) / adjacent channel* ‖ ~**kopf** m (Fernm) / message header, header n ‖ ~**länge** f (Fernm) / message length ‖ ~**mengendosierung** f (Fernm) / pacing n ‖ ~**netz** n (Fernm) / communication network, communication transmission network, telecommunications network ‖ ~**quelle** f (DIN 44301, DIN 40146, T 1) (Fernm) / message source, communications source ‖ **stationäre** ~**quelle** (Fernm) / stationary message source, stationary information source ‖ ~**satellit** m (Fernm) / communications satellite*, communications satellite ‖ **schweigender** ("toter") ~**satellit** (Fernm, Radio, Raumf) / dark satellite ‖ ~**schlußzeichen** n (Fernm) / end-of-message signal, EOM signal ‖ ~**senke** f (Fernm) / message designation ‖ ~**server** m (EDV) / message server ‖ ~**sinke** f (DIN 40146, T 1) (Fernm) / message designation ‖ ~**-Speichervermittlung** f (EDV) / store-and-forward switching, message switching ‖ ~**sprecher** m (Radio, TV) / newsreader n, newscaster n ‖ ~**technik** f (Fernm) / communication(s) engineering, signal engineering (US), telecommunications pl, communication technology ‖ **optische** ~**technik** (als Anlage) (Fernm) / optical communications, OC ‖ **optische** ~**technik** (mit LWL als Übertragungsmedium) (mit Hilfe von Lichtleitern) (Fernm) / optical-fibre communication, optical communication ‖ ~**technische Nutzlast** (Fernm) / telecommunications payload ‖ ~**übermittlung** f (Fernm) / message transmission ‖ ~**übermittlungssystem** n (EDV) / message-handling system, MHS
**Nachrichtenübertragung** f (DIN 40146, T 1) (Fernm) / message transmission ‖ **digitale** ~ (Fernm) / digital telecommunication ‖ **drahtlose** ~ (Fernm) / wireless communication ‖ **leitungsgebundene** ~ (Fernm) / wire-bound communication ‖ **optische** ~ (als Prozeß) (Fernm) / light-wave communications ‖ **optische** ~ (mit Hilfe von Lichtleitern) (Fernm) / optical-fibre communication, optical communication ‖ ~ f **im Weltraum** (Fernm) / space (radio)communication
**Nachrichten·verarbeitungstheorie** f (EDV) / information-processing theory ‖ ~**verbindung** f (Fernm) / telecommunications link ‖ ~**verkehr** m (Fernm) / communication n ‖ ~**verkehrstheorie** f (Fernm) / traffic theory ‖ ~**vermittlung** f (Fernm) / message switching ‖ ~**vorsatz** m (Fernm) / message header, header n ‖ ~**weiterleitung** f (EDV) / message passing
**nach·röten** v (Lachte zur Harzgewinnung) (For) / freshen v ‖ ~**rufen** v (Fernsp) / rering v ‖ ~**rüsten** v / retrofit v, backfit v ‖ ~**rüstmöglichkeit** f (TV) / possibility for later adaptation ‖ ~**rüstsatz** m (EDV) / add-on kit ‖ ~**rüstsatz** (Kfz, Masch) / retrofit kit ‖ ~**rüstteil** n / retrofit item ‖ ~**rüstung** f (Kfz) / retrofitting n, backfitting n, retrofit n ‖ ~**rüstung nur im Werk** (EDV, Masch) / retrofitting at plant only ‖ ~**rüstungswartung** f (EDV) / deferred maintenance (i.e., maintenance which is designed to correct an existing fault, which does not necessarily prevent continued operation of the system) ‖ ~**rutschen** v **der Erdmassen** (in die Baugrube) (Bau, HuT) / collapse of soil ‖ ~**saatbehandlung** f (Landw) / postsowing treatment ‖ ~**säen** v (HuT, Krist) / reseed v ‖ ~**säen** (Landw) / resow v, replant v, reseed v ‖ ~**satz** m (EDV) / trailer record ‖ ~**satzadresse** f (EDV) / trailer address ‖ ~**säule** f (in der Gaschromatografie) (Chem) / postcolumn n ‖ ~**säulenderivatisierung** f (in der Ionenchromatografie) (Chem) / postcolumn derivatization ‖ ~**schaben** v (Masch) / shave v ‖ ~**schaben** n (Masch) / shaving n ‖ ~**schalldämpfer** m (Kfz, V-Mot) / rear silencer, rear muffler (US) ‖ ~**schalten** v (eine Anlage einer anderen) / top vt

**nachschärfen**

**nachschärfen** v (Masch) / regrind v ‖ ~ (Masch) / sharpen v, resharpen v
**nachschlagen** v (in einem Fachbuch) / consult v ‖ ~ (Masch) / coin v ‖ ~ (nachprägen) (Masch) / size v ‖ ≃ n (Masch) / forming to size, restriking for sizing ‖ ≃ (Masch) / coining* n ‖ ≃ (Masch) / sizing n
**nachschleifen** v (Masch) / regrind v ‖ ~ (Schneide) (Masch) / reset v ‖ ~ (verschlissene Zähne nachbearbeiten) (Masch) / sharpen v, resharpen v
**Nach•schliffwinkel** m (DIN 8000) (Masch) / sharpening angle ‖ ≃**schmelztransistor** m (Eltronik) / meltback transistor*
**nachschmieren** v (mit Fett) / regrease v ‖ ~ / relubricate v
**Nachschneidemeißel** m (Erdöl) / reamer n, belling tool
**nachschneiden** v (die Lauffläche bei Reifen) (Kfz) / cut fresh tread (a kind of recapping), regroove v, retread v ‖ ~ (Masch) / shave v ‖ ~ (Gewinde) (Masch) / rethread v ‖ ≃ n (Masch) / shaving n ‖ ≃ **von Gewinden** (Masch) / rethreading n
**Nachschneider** m (in der Tiefbohrtechnik) (Erdöl) / reamer n, belling tool ‖ ≃ (bei Blechbearbeitung) (Masch) / shaving tool, shaving die ‖ ≃ (Masch) / master tap* (a substandard screw-tap)
**Nach•schneidzahn** m (bei Sägen) (For) / finishing tooth ‖ ≃**schnitt** m (von Rundholz) (For) / secondary breakdown, resaw n, secondary cutting ‖ ≃**schnittgatter** n (For) / finishing frame saw, frame resaw ‖ ≃**schnittsäge** f (For) / slab saw, resaw n ‖ ~**schrumpfen** v (Tex) / reshrink v ‖ ≃**schwaden** m pl (Bergb) / fumes pl, aftergases pl, choke-damp* n, black damp* ‖ **wurzelseitiges** ≃**schweißen** (Schw) / backing run (on the root side), sealing run (on the root side) ‖ ≃**schwinden** n / afterchrinkage n, aftercontraction n ‖ ≃**schwinden** (zusätzliche Schrumpfung feuerfester Baustoffe bei Gebrauchstemperatur) (Keram) / aftercontraction n (as a percentage of the original length), reshrinkage n ‖ ≃**schwindung** f / afterchrinkage n, aftercontraction n ‖ ≃**schwinger** m (ein elektrischer Ausschwingvorgang) (Elektr) / baseline overshoot ‖ ≃**schwingzeit** f (Radar) / ring time ‖ ≃**sehen** n (fachliches) (Buchb) / inspection n ‖ ≃**seifen** (Tex) / after-soaping n, soap aftertreatment, resoaping n ‖ ≃**senkung** f (HuT) / secondary settling ‖ ~**setzen** v (eine neue Gravur an Stelle einer verschlissenen in einen Gesenkblock einarbeiten) (Masch) / resink v, recut v, re-dress v ‖ ~**setzen** (Tex) / replenish v, feed up v, regenerate v ‖ ≃**setzstein** m (der bei Hängestützgewölben von SM-Öfen in dafür vorgesehene Furchen eingebaut wird, um den verschleißenden Stein zu ersetzen) (Keram) / replacement brick, hot-repair brick ‖ ≃**sintern** (Hütt) / resintering n ‖ ≃**spann** m (DIN 66223, T 3) (EDV) / trailer n ‖ ≃**spann** (Film) / end credits, end titles ‖ ≃**spann** (Film) / trailer n ‖ ≃**spanneinrichtung** f (Masch) / tensioning device, tensioner n ‖ ≃**spannung** f (neben der sogenannten Lastspannung im Material auftretende Spannung) (Mech) / internal stress*, residual stress, locked-up stress ‖ ≃**spannvorrichtung** f (Masch) / tensioning device, tensioner n ‖ ~**speisen** v (Gieß) / feed v (hot metal) ‖ **speisen** (den Kessel) (Masch) / top up v ‖ ≃**speisesystemturbine** f (Nukl) / reactor-core inventory control turbine, RCIC turbine ‖ ≃**speisung** f (des Kessels) (Masch) / make-up feed, topping-up n ‖ ≃**spinnabfall** m (Spinn) / hard waste* ‖ ~**spülen** v / rerinse v, rinse v, after-rinse v ‖ ≃**spur** f (Kfz) / toe-out n ‖ ≃**spurwinkel** m (Kfz) / toe-out angle
**nächst•e Seite** (Buchb, Druck) / overleaf n ‖ ~**e Zeile** (Druck) / following line
**nachstampfen, mit Fingern** ~ (Sand in der Form) (Gieß) / tuck v
**Nach•startanhebung** f (eine Anreicherungsphase) (Kfz) / after-start enrichment ‖ ≃**stauchen** v (Sägezahn) (For) / reswage v ‖ ~**stauchen** (Schw) / re-upset v ‖ ~**stellbare Reibahle** (Masch) / expanding reamer*
**Nachstelleiste** f (Masch) / gib* n
**nachstellen** v (Farben verschiedener Materialien angleichen) (Anstr) / match v ‖ ~ (Instr) / adjust v ‖ ~ (Lager) (Masch) / take up v ‖ ~ (Masch) / readjust v, reset v
**Nachstell•regler** m (Regeln) / integral-action controller, integral controller, integral-mode controller ‖ ≃**ritzel** n (für Trommelbremsen) (Kfz) / star wheel
**Nachstellung** f (Masch) / readjustment n ‖ **automatische** ≃ (Kfz) / self-adjustment n
**Nach•stellzeitgeber** m (Eltech) / reset timer ‖ ~**steuern** v (Ziel verfolgen) / follow up v, track v ‖ ~**stimmen** v (Radio) / retune v ‖ ≃**stimmung** f (Radio) / retuning n ‖ ~**störatmosphäre** f (Nukl) / post-accident atmosphere ‖ ≃**strom** m (Luftf) / wake* n, wash n ‖ ≃**strom** (Phys) / wake n ‖ ≃**strömung** f (Luftf) / wake* n, wash n ‖ **turbulente** ≃**strömung** (Luftf) / wake turbulence ‖ ≃**sumachierung** f (Leder) / sumach retannage ‖ ≃**synchronisation** f (des Primärtons im Studio) (Film) / postsynchronization n, post-sync n
**Nacht, amerikanische** ≃ (Eindruck einer Nachtaufnahme bei einer am Tag gedrehten Szene) (Film) / day for night, night effect ‖ ≃**abfragestation** f (EDV) / night-answer station ‖ ≃**abgabe** f (des Gases) / night load, night sendout (US)
**nachtanken** v (Kftst) / refuel v, fuel vi, tank v

**Nacht•arbeit** f / night work ‖ ≃**blindheit** f (Med) / night blindness*, nyctalopia n
**nachteeren** v / retar v
**Nacht•effekt** m (Film) / day for night, night effect ‖ ≃**effekt** (Beeinflussung des Funkverkehrs durch Absinken der die Radiowellen reflektierenden Ionosphärenschichten bei Einbruch der Dämmerung) (Radio) / night effect
**Nach•teil** m / demerit n ‖ ~**teilig** adj (Auswirkung) / adverse adj ‖ ~**teilig beeinflussen** / impair v
**Nacht•flug** m (Luftf) / night flight ‖ ≃**frost** m (infolge nächtlicher Ausstrahlung) (Landw, Meteor) / night frost ‖ ≃**glas** n (Fernrohr mit großer Dämmerungsleistung) (Opt) / night-glass n ‖ ≃**haube** f (mit kleinen Fenstern versehene Haube frei stehender Kompasse) (Schiff) / nighthood n ‖ ≃**haus** n (Schiff) / nighthood n ‖ ≃**himmelslicht** n (Geophys) / nightglow n ‖ ≃**konzentration** f (Fernm) / restricted night service
**nächtliche Himmelsstrahlung** (Geophys) / nightglow n
**nachtragender Nonius** (dessen Teilung weiter geteilt ist als die Hauptskale) (Verm) / direct vernier*
**nachträglich** adj / additional adj, extra attr ‖ ~**e Änderung** (Nachrüstung) / retrofitting n, backfitting n, retrofit n ‖ ~**e Aushubarbeiten** (HuT) / back cutting ‖ ~**e Druckheraufsetzung** / pressure uprating ‖ ~ **einbauen** / retrofit v ‖ ~**e Formung** (von Schichtstoffen) (Plast) / postforming n ‖ ~**e Gasentwicklung** (Glas) / reboiling n ‖ ~ **umrüsten** / retrofit v, backfit v ‖ ~**e Umrüstung** / retrofitting n, backfitting n, retrofit n ‖ ~**es Vertonen** (Film) / postsynchronization* n, post-sync n
**Nachtragsmessung** f (nachträgliche markscheiderische Messung zum Ergänzen des Grubenbildes nach dem neuesten Stand des Grubenbetriebes) (Bergb) / additional survey (to bring up the survey data to date)
**Nachtransformation** f (automatische Korrektur von Konturlinien, Bemaßung, Schraffur usw.) / post-transformation n
**Nacht•reichweite** f (Luftf) / night range ‖ ≃**rettungslicht** n (selbstzündendes Licht, das mit einer Leine am Rettungslicht befestigt ist und bei Dunkelheit dessen Position anzeigt) (Schiff) / lifebuoy light ‖ ≃**riegel** m (des Türschlosses) (Tischl) / night latch*, night bolt
**nach•triggern** v (Eltronik) / retrigger v ‖ ≃**trocknung** f (For) / second seasoning
**Nacht•schicht** f (Bergb) / dying shift*, graveyard shift*, night shift ‖ ≃**schicht** (F.Org) / night shift ‖ ≃**sehen** n (Sehen bei Nacht nach DIN 5031, T 3) (Opt) / night vision ‖ ≃**sehfähigkeit** f (Opt) / night vision ‖ ≃**sehgerät** n (Mil) / night-vision device ‖ ≃**sichtfernsehen** n (Luftf) / low-light television*, low-light level TV, LLLTV ‖ ≃**sichtgerät** n (Mil) / night-vision device ‖ ≃**stromspeicherheizung** f (Eltech) / night-current storage heating, night storage heating ‖ ≃**stromwärmespeicherung** f (heute kaum mehr gebraucht) (Eltech) / off-peak electric thermal storage ‖ ≃**tarif** m (in den Zeiten geringer Netzbelastung) (Eltech) / off-peak tariff ‖ ≃**tarif** (Fernm) / night-time rate, overnight rate ‖ **verbilligter** ≃**tarif** (Fernsp) / reduced night-time rate ‖ **leuchtende** ≃**wolken** (in rund 65 bis 95 km Höhe) (Meteor) / noctilucent clouds*, NLC
**Nach•unternehmer** m / subcontractor n ‖ ≃**verbrennung** f / postcombustion n ‖ ≃**verbrennung** (z.B. der Kohlenwasserstoffe oder des Kohlenmonoxids - bei TL) (Luftf, V-Mot) / afterburning* n, reheat* n ‖ **thermische** ≃**verbrennung** (ein Abluftreinigungsverfahren) (Umwelt) / thermic incineration ‖ ≃**verbrennungssystem** n (Luftf) / afterburner* n, reheater n ‖ ≃**verbrennungssystem Pulsair** (Kfz) / Pulsair injection reaction system, Pulsair system ‖ ≃**verdichtung** f (beim Eloxieren) (Galv) / sealing n (of anodic coatings) ‖ ≃**verfugen** n (Bau) / repoint v ‖ ≃**verstärkungsfrequenz** f (Radio) / supersonic frequency* ‖ ≃**vertonen** n (nachträgliche Aufzeichnung von Ton) (Film) / postsynchronization* n, post-sync n ‖ ≃**vertonen** (musikalische Aufnahmen, die nach den Bildaufnahmen hergestellt werden) (Film) / postscoring* n, audio dubbing ‖ ≃**vulkanisation** f (bei längerer Lagerung) / aftercure n ‖ ≃**wachsen** n (irreversible Ausdehnung feuerfester Stoffe beim Gebrauch) (Keram) / afterexpansion n ‖ ≃**wachsen** (als percentage of the original length) / afterexpansion n (as a percentage of the original length) ‖ ~**wachsende Rohstoffe** (überwiegend pflanzliche) (Bot, Umwelt) / regrowing raw products, renewable raw materials ‖ ≃**wahl** f (Fernsp) / suffix dialling, subsequent dialling, postdialling n ‖ ≃**wahlbereichsdienst** m (Fernm) / extended-area service, EAS ‖ ≃**walzen** (Hütt) / rerolling n ‖ ≃**walzen** (mit geringer Formänderung) (Hütt) / skin passing, skin-pass rolling ‖ ≃**walzen** (um die Fließfiguren zu vermeiden) (Hütt) / temper rolling ‖ ≃**walzwerk** n (Hütt) / temper mill, temper rolling mill ‖ ≃**wärme** f (Nukl) / afterheat* n, residual heat, decay heat*, shut-down heat ‖ ≃**wärmeabfuhr** f (Abkühlung) / afterheat removal, residual heat removal ‖ ≃**wärmeabfuhrsystem** n (Nukl) / afterheat removal system, residual heat removal system ‖ ~**wärmen** v (Hartkäse) (Nahr) / scald v ‖ ≃**wärmen** n (Schw) /

**Nadeltonverfahren**

postheating* n ‖ ~**wärmofen** m (Hütt) / tempering furnace, reheating furnace* ‖ ~**wäsche** f / second washing, rewashing n ‖ ~**wäsche** (Aufber) / recleaning n ‖ ~**waschen** v / rewash v ‖ ~**waschen** (nachaufbereiten) (Aufber) / reclean v

**Nachweis** m (eines Elements oder einer Verbindung) (Chem) / detection n, discovery n ‖ ~ (Galv) / determination n ‖ ~ (Schw) / qualification test

**nachweisbar** adj (Chem) / detectable adj, traceable adj, discoverable adj ‖ ~ (Math) / provable adj ‖ **nicht** ~ / undetectable adj

**nachweisen** v / determine v, detect v ‖ ~ (Math) / prove v, demonstrate v

**Nachweis • gerät** n (Kernphys, Radiol) / detector* n, radiation detector, particle detector ‖ ~**grenze** f (bei Analysen die kleinste Stoffkonzentration, die noch statistisch gesichert erfaßt werden kann) (Chem) / detection limit, limit of detection, LOD ‖ ~**linie** f (Spektr) / sensitive line, residual line, ultimate line, raie ultime ‖ ~**pflicht** f (nach dem Chemikaliengesetz) (Chem) / accountability n ‖ ~**reaktion** f (Chem) / test reaction ‖ ~**-Retrieval** n (Form des Retrievals, bei der durch den Suchvorgang Dokumentbeschreibungen selektriert werden) (EDV) / reference retrieval

**Nachwickel • -Filmzahntrommel** f (eines Laufbildwerfers) (Film) / take-up sprocket, holdback sprocket ‖ ~**rolle** f (Film) / take-off sprocket wheel*

**nachwiegen** v / reweigh v

**Nachwirkung** f / after-effect n ‖ **dielektrische** ~ (Eltech) / dielectric relaxation* ‖ **magnetische** ~ (Eltech) / magnetic fatigue ‖ **Richtersche** ~ (Eltech) / Richter lag, Richter residual induction ‖ **schädliche** ~ / consequential damage, damaging after-effects ‖ ~ f **nach dem Wegfall des Reizes** (in den Sinnesorganen) (Physiol) / aftersensation n

**Nach • wirkungsbild** n (ein Bildfehler, der durch eine unbeabsichtigte, länger als eine Abtastperiode dauernde oder bleibende Veränderung einer fotoelektronischen Schicht oder Speicherschicht oder eines Bildschirmes durch das Auftreffen von Fotonen oder Elektronen entsteht) (Eltronik) / retained image ‖ ~**wirkzeit** f (Echosperre) (Akus) / holding time ‖ ~**wirkzeit** (Fernm) / hang-over* n ‖ ~**würze** f (Brau) / afterwort ‖ ~**zerfallswärme** f (der verzögerte Anteil der bei der Kernspaltung freiwerdenden Gesamtenergie, die sich auf einen prompten und einen verzögerten Anteil verteilt) (Nukl) / afterheat* n, residual heat, decay heat*, shut-down heat

**nachziehen** v (mit Tinte oder Tusche) / ink v, ink in v ‖ ~ (Schärfe) (Film) / rack v (focus), throw v ‖ ~ (Muttern) (Masch) / retighten v ‖ ~ n (Teleg, TV) / tailing n

**Nach • ziehfahne** f (TV) / streaking* n, smear n, flare n, hang-over n, trailing n ‖ ~**zwirnen** v (Spinn) / redouble v

**NACK-Angriff** m (eine nachgiebige asynchrone Systemunterbrechung, die das System einem Angriff gegenüber schutzlos machen kann) (EDV) / asynchronous attack, NACK attack

**Nacken • leder** n (Masch) / neck guard, neck flap ‖ ~**schutz** m (Masch) / neck guard, neck flap ‖ ~**stütze** f (Kfz) / headrest n, head restraint, head support

**nackt** adj (Auge) / naked adj, unaided adj ‖ ~ (schwach, unvollständig oder gar nicht solvatisiert oder komplexiert) (Chem, Phys) / naked adj ‖ ~ (Brennstoffelement) (Nukl) / uncanned adj ‖ ~ (Schweißdraht, Elektrode) (Schw) / bare adj ‖ ~**es Brennelement** (Nukl) / uncanned fuel element ‖ ~**e Dachunterseite** (Bau) / open roof* ‖ ~**e Elektrode** (Schw) / bare electrode ‖ ~**er Karst** (Geol) / naked karst ‖ ~**er Lichtbogen** (Eltech) / open arc ‖ ~**er Reaktor** (Nukl) / bare reactor, naked reactor ‖ ~**es Teilchen** (Kernphys) / mathematical particle, bare particle

**Nacktsamer** pl (Bot) / Gymnospermae* pl, gymnosperms* pl

**nacktsamig • e Pflanzen** (Bot) / Gymnospermae* pl, gymnosperms* pl ‖ ~**e** (Abteilung der Samenpflanzen) (Bot) / Gymnospermae* pl, gymnosperms* pl

**NAD** (Biochem) / nicotinamide adenine dinucleotide* (NAD) ‖ ~ (Chem) / non-aqueous dispersion, NAD

**Nadel** f (eines Plattenspielers) (Akus) / reproducing stylus, phonograph needle, needle* n, stylus* n ‖ ~ (ein Wälzelement) (Masch) / needle roller ‖ ~ (Min) / spicule n ‖ ~ (Tex, Wasserb) / needle* n ‖ **kalte** ~ (Druck) / dry-point n ‖ **mit** ~ **besetzen** (Masch) / needle v, pin v ‖ ~**abweichung** f (Winkel zwischen Magnetisch-Nord und Gitter-Nord) (Luftf, Nav) / grivation n, grid variation ‖ ~**artig** adj / acicular* adj, needle-like adj, needle-shaped adj, aciculate adj ‖ ~**auflagekraft** f (beim Plattenspieler) (Akus) / stylus pressure, stylus force ‖ ~**ausreißwiderstand** m / needle tear resistance ‖ ~**ausschlag** m (bei Nähmaschinen) (Tex) / bight n ‖ ~**barre** f (Tex) / needle bar ‖ ~**baum** m (bei Wirk- und Strickmaschinen) (Tex) / needle beam ‖ ~**baumholz** n (For) / softwood n, coniferous wood, coniferous timber ‖ ~**bett** n (Halterung der Nadeln) (Tex) / needle bed ‖ ~**blasen** n (Plast) / needle blowing n ‖ ~**brett** n (zur Führung von Nadeln in den Schaft- und Jacquardmaschinen) (Web) / needle board ‖ ~**drucker** m (EDV) / stylus printer, wire printer ‖ ~**düse** f (einer Pelton-Wasserturbine) (Masch, Wasserb) / needle nozzle ‖ ~**düse** (Kraftstoffdüse für Vergaser, deren wirksamer Querschnitt durch eine konische Nadel regulierbar ist) (V-Mot) / needle jet ‖ ~**einheit** f (des Plattenspielers) (Akus) / moving armature ‖ ~**einschießen** n (Plast) / needle blowing ‖ ~**eis** n (nadelförmige Eiskristalle der obersten Bodenschicht) (Geol, Meteor) / needle ice, acicular ice, fibrous ice, satin ice ‖ ~**eisenerz** n (α-Goethit) (Min) / goethite* n ‖ ~**erwärmung** f (Tex) / needle heating ‖ ~**feile** f (Masch) / needle file ‖ ~**feine Löcher** (Pap) / pin-holes* pl ‖ ~**fertig** (Ware) (Tex) / ready for making-up, ready for sewing, ready for stitching ‖ ~**filz** m (DIN 61205) (Tex) / needlefelt n, needled felt, needle-bonded fabric ‖ ~**filzfliese** f (Tex) / needlefelt tile ‖ ~**florteppich** m (Tex) / tufted carpet* ‖ ~**flortextilien** pl (Tex) / tufting goods, tufted fabrics ‖ ~**florware** f (Tex) / tufting goods, tufted fabrics ‖ ~**förmig** adj / acicular* adj, needle-like adj, needle-shaped adj, aciculate adj ‖ ~**funktion** f (eine Stoßfunktion) (Regeln) / needle function ‖ ~**gerät** n (ein Prüfgerät nach L. Vicat, 1786-1861) (HuT) / Vicat needle* ‖ ~**geräusch** n (bei alten Plattenspielern) (Akus) / needle chatter*, needle scratch*, surface noise* ‖ ~**große Löcher** / pinholes pl, needle-sized holes ‖ ~**halter** m (des Zirkels) / needle holder ‖ ~**heber** m (Web) / raising cam ‖ ~**hochstellung** f (Tex) / needle-up position

**Nadelholz** n (For) / softwood n, coniferous wood, coniferous timber ‖ **harzreiches** ~ (For) / lightwood* n ‖ **harzreiches** ~ (For) s. auch verkientes Holz ‖ **Nadelhölzer** pl (Bot) / Coniferales pl, conifers pl, Coniferae* pl ‖ ~**-Dimensionsware** (For) / cut stock ‖ ~**sulfatzellstoff** m (For, Pap) / bleached kraft pulp of needle-leaf tree, N-BKP ‖ ~**sulfitzellstoff** m (For, Pap) / bleached sulphite pulp of needle-leaf tree, N-BSP ‖ ~**zellstoff** m (For, Pap) / softwood pulp, pulp of needle-leaf tree(s)

**nadelig** adj (Habitus) (Krist) / acicular* adj ‖ ~**e Kristalle von Epsomit** (Min) / hair salt

**Nadel • impuls** m (sporadischer) (Eltronik) / glitch n ‖ ~**impuls** (Eltronik) / needle pulse, pip pulse, spike n ‖ ~**kanal** m (Tex) / trick n ‖ ~**karte** f (mit Prüfspitzen zur Kontaktierung eines Chips auf einer Halbleiterscheibe) (Eltronik) / probe card ‖ ~**kegel** m (ein Drosselkegel) (Masch) / needle plug ‖ ~**koks** m (ein Petroleumkoks) / needle coke ‖ ~**kopf** m / needle head ‖ ~**kristall** m (Chem, Krist) / whisker* n, crystal whisker ‖ ~**kühlung** f (bei Nähmaschinen) (Tex) / needle cooling ‖ ~**lager** n (ein Rollenlager nach DIN 617 und 618) (Masch) / needle roller bearing*, needle bearing ‖ ~**lehre** f (Tex) / needle gauge ‖ ~**leiste** f (Tex) / needle bar ‖ ~**löcher** n pl / pinholes pl, needle-sized holes ‖ ~**mullit** m (idiomorpher) (Hütt, Keram) / mullite needle, secondary mullite

**nadeln** v / needle v

**Nadel • nachgiebigkeit** f (Akus) / compliance n ‖ ~**öler** m (Masch) / needle lubricator* ‖ ~**papier** n (ein Rostschutzpapier nach DIN 6730) (Pap) / needle paper* ‖ **gleitende** ~**platte** (für die Sliding-Needle-Technik) (Tex) / sliding needle plate ‖ ~**problem** n **von Buffon** (nach G.L. Leclerc Graf von Buffon, 1707-1788) (Math) / Buffon's needle problem ‖ ~**quarz** m (Quarz mit feinen metallisch glänzenden braunen Einschlüssen von Rutil) (Min) / needle stone*, rutilated quartz* ‖ ~**rinne** f (Tex) / trick n ‖ ~**rips** m (Tex) / epinglé n ‖ ~**rundholz** n (For) / round softwood ‖ ~**schiene** f (Tex) / needle bar ‖ ~**schloß** n (Tex) / lifting cam, needle lock ‖ ~**schloß** (Web) / tappet n ‖ ~**schmierapparat** m (Masch) / needle lubricator* ‖ ~**segment** n / needle half-lap, needle segment ‖ ~**span** m (Masch) / needle chip ‖ ~**spitze** f / needle point ‖ ~**spitze** (eine Stickerei, die nur mit Nadel und Faden hergestellt wird) (Tex) / needle-lace n, needle-point n, needle-point lace, points pl, tape lace, point lace ‖ ~**splintholz** n (For) / coniferous sapwood ‖ ~**stab** m (Spinn, Tex) / faller n, gill n ‖ ~**stabstrecke** f (für die Kammgarnspinnerei) (Spinn) / gillbox n, pin drafter (US) ‖ ~**stange** f (der Nähmaschine) (Tex) / needle bar ‖ ~**stangenhub** m (bei Nähmaschinen) (Tex) / needle bar stroke ‖ ~**stärke** f (Tex) / needle thickness, needle gauge ‖ ~**stein** m (Quarz mit feinen metallisch glänzenden braunen Einschlüssen von Rutil) (Min) / needle stone*, rutilated quartz* ‖ ~**stiche** m (Pap) / pin-holes* pl ‖ ~**stichartiger Lochfraß** (Galv) / pinpoint corrosion, pinhole corrosion ‖ ~**stiche** m pl (mangelhafte Pigment-Bindemittel-Benetzung und Untergrundbenetzung sowie Wirbelströme bei der Lösemittelverdunstung) (Anstr) / pinholing* n ‖ ~**stiche** (Tex) / pin-holes* pl, cat eyes, duck eyes, cross stitches, fish eyes, spread stitches ‖ ~**stichigkeit** f (meistens bei strengflüssigen Glasuren) (Keram) / pinholes pl, pinholing n ‖ ~**stichigkeit der trockenemaillierten Erzeugnisse** (Keram) / nitty enamel, nits pl (in dry-process porcelain-enamels) ‖ ~**stichkorrosion** f (Galv) / pinpoint corrosion, pinhole corrosion ‖ ~**stichpore** f (Gieß, Keram) / pinhole n ‖ ~**strecke** f (Spinn) / gillbox n, pin drafter (US) ‖ ~**streifen** (Gewebe mit klassischem Dessin und Musterungsart) (Tex) / pinstripe n (a very narrow stripe in cloth) ‖ ~**streifen** (Fehler) (Tex) / needle lines ‖ ~**stuhl** m (Web) / needle loom ‖ ~**tonabnehmer** m (Akus) / needle pick-up* ‖ ~**tonverfahren** n (eine veraltete

**Nadelträger**

Schallaufzeichnung) (Akus) / mechanical recording ‖ ~träger m (Akus) / moving armature ‖ ~transport m (Vorschubart bei Nähmaschinen) (Tex) / needle transport ‖ ~ventil n (z.B. bei Dieselmotoren) (Kfz) / needle valve* ‖ ~wald m (For) / coniferous forest ‖ ~walze f (Spinn) / porcupine roller ‖ ~walze (benadelter Baum) (Web) / needle beam ‖ ~walzen-Nitschelstrecke f (für das französische Vorbereitungsverfahren) (Spinn) / apron frame, rubbing drawer, rubbing frame ‖ ~ware f (Tex) / needled fabric ‖ ~wehr n (Wasserb) / needle weir ‖ ~zunge f (Tex) / needle latch
**Nadir** m (Astr) / nadir* n
**Na-D-Linien** f pl (Spektr) / D-lines* pl (of sodium), sodium D-lines
**NADP** (Biochem) / nicotinamide adenine dinucleotide phosphate* (NADP)
**Nagasbaum** m (Mesua ferrea L.) (For) / ironwood n
**Nagasbaumholz** n (For) / Ceylon ironwood*
**Nagekäfer** m pl (For) / anobiidae pl
**Nagel** m (Masch) / nail n ‖ **geschmiedeter** ~ (Masch) / wire nail ‖ **geschnittener** ~ (aus Blechstreifen oder Bandstahl) (Masch) / cut nail ‖ **handgeschmiedeter** ~ (ein stählernes Verbindungsmittel) (Zimm) / wrought nail, rose nail ‖ **Nägel** (HuT) / road studs*, studs pl, buttons pl ‖ **nicht rostender** ~ (Zimm) / non-corroding nail ‖ **schmiedeeiserner** ~ (ein stählernes Verbindungsmittel) (Zimm) / wrought nail, rose nail ‖ **verzinkter** ~ (Zimm) / galvanized nail, zinc nail ‖ **zementierter** ~ (der mit Lösungen von Kolophonium in Spiritus behandelt wird) / cement-coated nail
**Nagel • abstand** m (Zimm) / nail spacing, spacing of nails ‖ ~ast m (kleiner Ast, langgestreckt nagelförmig angeschnitten) (For) / nail knot ‖ ~auszieher m (Zimm) / pry bar, nail puller, wrecking bar ‖ ~ausziehwiderstand m (Zimm) / withdrawal resistance of the nail(s)
**nagelbar** adj / nailable adj ‖ ~er Beton (HuT) / nailing concrete (lightweight saw-dust concrete)
**Nagelbarkeit** f / nail-holding property, nailability n
**Nagel • bettadapter** m (für den Anschluß von Leiterplatten an eine Prüfeinrichtung) (Eltronik) / bed of nails ‖ ~bild n (ein Schema zur Ausführung von genagelten Verbindungen) (Zimm) / nailing diagram, nailing pattern ‖ ~binder m (Zimm) / nailed timber truss ‖ ~block m (Bau) / slip* n ‖ ~block (Bau) / wood brick*, timber brick*, fixing brick, fixing block, anchoring block, nailing block ‖ ~bohrer m (mit Ringgriff) (Zimm) / gimlet n, wimble n, auger n ‖ ~draht m (Hütt) / nail wire ‖ ~eisen n (Zimm) / pry bar, nail puller, wrecking bar
**nagelfest** adj / nail-holding adj ‖ ~ (kratzfest) / scratch-resistant adj, scratch-proof adj, mar-resistant adj, non-marring adj, scuff-resistant adj ‖ ~e Farbe (Druck) / scratch-proof ink, scratch-resistant ink
**Nagelfestigkeit** f (WP) / scratch-resistance n, mar-resistance n, scratch hardness, resistance to scratching
**Nagel • fluh** f (verfestigte Schotter) (Geol) / Nagelfluh n ‖ ~haltevermögen n (Zimm) / withdrawal resistance of the nail(s) ‖ ~härte f (wenn der getrocknete Film nach Kratzen mit scharfer Fingernagelkante keinerlei Spuren aufweist) (Anstr) / nail hardness ‖ ~klaue f (des Hammers) (Werkz) / claw* n, nail claw ‖ ~kopf m (Verzierung mit Diamantierung, hauptsächlich in der romanischen Ornamentik) (Arch) / nailhead n ‖ ~kopf (Masch) / nailhead n ‖ ~kopfbonden n (Eltronik) / nailhead bonding, ball-point bonding ‖ ~kopfkontaktierung f (eine Art Thermokompressionsschweißen) (Eltronik) / nailhead bonding, ball-point bonding ‖ ~kopfversenker m (Tischl, Zimm) / nail punch*, nail set* ‖ ~lack m (farbloser, billiger, leichtfließender Lack) (Tischl) / nail polish, nail enamel (US) ‖ **eingelassene** ~leiste (Bau) / pallet* n, pallet slip, fixing fillet*, fixing slip, pad* n, slip* n ‖ ~loch n (Zimm) / nail hole ‖ ~maschine f (Zimm) / nailing machine
**nageln** v / nail v ‖ ~ n / nailing n ‖ ~ (schlagartige Geräusche im Dieselmotor bei großem Zündverzug) (V-Mot) / diesel knock*, diesel rattle
**Nagel • schaft** m (Masch) / nail shaft ‖ ~schraube f (Masch) / screw nail*, drive screw, drivenail* n ‖ ~setzer m (Tischl, Zimm) / nail punch*, nail set* ‖ **umgeschlagene** ~spitze (Zimm) / clenched point, clinched point ‖ ~treiber m (Tischl, Zimm) / nail punch*, nail set*
**Nagelung** f / nailing n ‖ **einreihige** ~ (Zimm) / single nailing ‖ **verdeckte** ~ (Zimm) / blind nailing, secret nailing, concealed nailing ‖ ~ f **mit Umschlagen** (Zimm) / clench nailing*, clinch nailing*
**Nagel • verbindung** f (Zimm) / nail fastening, nail joint, nailed joint ‖ ~zieher m (Zimm) / pry bar, nail puller, wrecking bar
**Nagetiersperre** f (HuT) / rodent barrier
**Na-Graphit-Reaktor** m (Nukl) / sodium-graphite reactor
**Nagyagit** m (Min) / nagyagite n, black tellurium, tellurium glance
**nah** adj (Ultraviolett, Infrarot) / near adj ‖ ~ (Aufnahme) (Foto) / close-up adj ‖ ~es Infrarot (IR - A + IR - B) (Phys) / near infrared, NIR ‖ ~er Infrarotbereich (DIN 5031, T 7) (Phys) / near infrared, NIR ‖ ~es Ultraviolett (320-400 nm) (Phys) / near ultraviolet, black light ‖ ~er UV-Bereich (Phys) / near ultraviolet, black light
**Näh • arbeit** f (Tex) / sewing n, stitching n ‖ ~arbeit (Tex) / needlework n
**Nah • auflösung** f (Radar) / near resolution ‖ ~aufnahme f (Foto) / close-up* n, tight shot ‖ **doppelte** ~aufnahme (Film) / two-shot n, twin-shot n ‖ **knappe** ~aufnahme (Film) / tight close-up, T.C.U. ‖ ~bereich m (nach den Kollisionsverhütungsregeln) (Schiff) / close quarter area ‖ ~bereichsradar m n (Radar) / short-range radar ‖ ~bereichsradargerät n (Radar) / short-range radar ‖ ~besprechungsmikrofon n (das insbesondere für den Gebrauch in unmittelbarer Nähe des Mundes des Benutzers bestimmt ist - DIN 1320) (Akus) / closely-talking microphone ‖ ~brille f (z.B. bei der Presbyopie) (Opt) / reading glasses ‖ ~echodämpfung f (bei Wetterradaranlagen) (Luftf, Radar) / sensitivity time control, STC ‖ ~echodämpfung (Radar) / anticlutter* n, anticlutter gain control ‖ ~einstellung f (des Fotoobjektivs) (Foto) / close focusing ‖ ~empfangsbereich m (Radio) / service area*
**nähen** v (einen Riemen) (Masch) / sew v ‖ ~ (Tex) / sew v, stitch v ‖ ~ n (Tex) / sewing n, stitching n ‖ **überlapptes** ~ (Tex) / lapseaming n
**nahentstört** adj / short-rangenoise suppressed
**Näherei** f (Tex) / sewing n, stitching n
**Näherin** f (Tex) / seamstress n
**Näherung** f (Math) / approximation n ‖ **Bornsche** ~ (Kernphys) / Born approximation ‖ **Nernstsche** ~ (für Gasreaktionen) (Wärm) / Nernst approximation formula ‖ **quasiklassische** ~ (Lösung der eindimensionalen Schrödinger-Gleichung - nach G. Wentzel, 1898-1978, H.A. Kramers, 1894-1952, und L. Brillouin, 1889-1969) (Phys) / Wentzel-Kramers-Brillouin method, W.K.B. approximation, WKB method, Wentzel-Kramers-Brillouin-Jeffreys approximation ‖ **quasistationäre** ~ (Phys) / steady-state approximation ‖ **semiklassische** ~ (Chem) / semi-classical approximation ‖ **spiegelbildliche** ~ (Math) / mirror-image-like approximation ‖ **Ulichsche** ~ (Näherungsgleichung zur thermodynamischen Berechnung der Massenwirkungskonstanten - nach H. Ulich, 1895 - 1945) (Wärm) / Ulich's approximation formula
**Näherungs • bruch** m (Math) / convergent n (of a continued fraction)* ‖ ~initiator m (Eltronik) / proximity sensor ‖ ~leuchten f pl (Luftf) / approach lights* pl, approach lighting system ‖ ~rechnung f (Math) / approximation calculus ‖ ~schalter m (induktiver, kapazitiver, optoelektronischer, Ultraschall-) (Eltech) / proximity switch ‖ ~sensor m / proximity sensor ‖ ~verfahren (bewußte und systematische Anwendung von Trial and error) (KI) / trial-and-error method
**näherungsweises Schließen** (KI) / approximate reasoning
**Näherungswert** m (Math) / approximate value
**nahezu vollständig** / near-complete adj ‖ ~-Dauerstörung f (Radio) / semicontinuous noise
**Nähfaden** m (Tex) / sewing thread
**Nahfeld** n (räumlicher Bereich zwischen Strahlungsquelle und ihrem Fernfeld) (Akus, Elektr, Phys) / near radiation field, near field* ‖ ~ (Radio) / Fresnel region*, near zone ‖ ~modenanpassung f (Eltronik) / near-field mode matching ‖ ~sensor m (berührungsloser optischer Sensor, bei dem die Wechselwirkung des elektromagnetischen Feldes in geringer Entfernung zum Objekt erfolgt) / near-field sensor
**Näh • fuß** m (Tex) / presser foot ‖ ~garn n (Tex) / sewing thread ‖ ~garnitur f (Tex) / sewing set ‖ ~gewirk n (Tex) / stitch-bonded fabric
**Nah • infrarot-Spektroskopie** f (Spektr) / near-infrared spectroscopy, NIR spectroscopy ‖ ~kontrollbezirk m (Luftf) / terminal control area, TCA, terminal area ‖ ~kontrollbezirksradar m n (Luftf, Radar) / terminal area surveillance radar, TAR ‖ ~linse f (Foto) / close-up lens
**Näh • maschine** f (Tex) / sewing-machine n ‖ **zweifädige** ~maschine (Tex) / two-thread sewing machine ‖ **rotierender** ~maschinengreifer (Tex) / rotating shuttle, rotary shuttle ‖ ~maschinenzwirn m (Tex) / machine twist
**Nah • nebensprechen** n (zwischen zwei Fernsprechstromkreisen) (Fernsp) / near-end cross-talk*, NEXT ‖ ~ordnung f (bei Mischkristallen, bei festen Lösungen) (Krist) / short-range order ‖ ~ordnungsparameter m (Krist) / short-range order parameter ‖ ~peilung f (Radar) / short-path bearing ‖ ~punkt m (des Auges) (Opt) / near point* (of the eye), punctum proximum
**Nähr • -** (Nahr) / nourishing adj, nutrient* adj, nutritive* adj, nutritious adj ‖ ~boden m (Bakteriol) / solid nutrient medium ‖ ~bodeninokulation f (Bakteriol) / streaking n ‖ ~element n (entweder Makro- oder Mikronährelement) (Landw) / mineral element
**nährend** adj (Nahr) / nourishing adj, nutrient* adj, nutritive* adj, nutritious adj
**Nährgewebe** n (Bot) / endosperm* n
**nahrhaft** adj (Nahr) / nourishing adj, nutrient* adj, nutritive* adj, nutritious adj
**Nähr • hefe** f (Nahr) / food yeast ‖ ~lösung f (für Hydrokulturen) (Bot) / nutrient solution* ‖ ~lösungsfilm m (Landw) / nutrient film ‖ ~medium n (zur Kultivierung von Mikroorganismen und Kulturen) (Bakteriol) / nutrient medium, culture medium ‖ **festes** ~medium (Bakteriol) / solid nutrient medium

**Nähroboter** *m* (Tex) / sewing robot
**Nährsalz** *n* (Nahr) / mineral salt
**Nährstoff** *m* (Nahr) / nutrient* *n*, nutritive *n* || **mit höchstem ⁓angebot** (Umwelt) / polytrophic *adj* || **~arm** *adj* (Umwelt) / oligotrophic* *adj* || **⁓freisetzung** *f* (z.B. durch Zersetzung organischer Substanzen) (Umwelt) / release of nutrients || **~reich** *adj* (Umwelt) / eutrophic* *adj*
**Nahrungs•...** (Nahr) / alimentary* *adj*, food *attr* || **⁓aufnahme** *f* (Nahr, Pharm) / ingestion* *n* || **⁓kette** *f* (Nahr, Umwelt) / food-chain* *n*, trophic chain || **⁓mangel** *m* (Med, Nahr) / food shortage
**Nahrungsmittel, Zerkleinerer von ⁓abfällen** (Nahr) / food waste disposer || **⁓allergie** *f* (Med, Nahr) / food allergy* || **⁓fasern** *f pl* (Faserstoffe in Nahrungsmitteln) (Nahr) / dietary fibres || **⁓industrie** *f* (Nahr) / food industry, food-manufacturing industry || **⁓vergiftung** *f* (Med, Nahr) / food poisoning* || **Folie für ⁓verpackung** (extrem dünne - in GB meistens aus Saran) (Plast) / cling foil
**Nahrungs•netz** *n* (Nahrungsbeziehungen zwischen den produzierenden, konsumierenden und reduzierenden Organismen) (Nahr, Umwelt) / food web *n*, food cycle || **⁓pflanze** *f* (Bot, Nahr) / food plant || **⁓pyramide** *f* (ökologische Pyramide) (Nahr, Umwelt) / food pyramid || **⁓wert** *m* (Nahr) / food value, nutritive value
**Nährwert** *m* (der Gehalt an verwertbaren Nährstoffen) (Nahr) / food value, nutritive value || **ohne ⁓** (Nahr) / innutritious *adj* || **⁓kennzeichnung** *f* (Nahr) / nutritional labelling || **⁓tabelle** *f* (Nahr) / food composition table || **⁓verbesserung** *f* (z.B. Anreicherung, Vitaminierung) (Nahr) / fortification *n*
**Nahschwund** *m* (der in der Überlappungszone von Boden- und Raumwelle entsteht) (Radio) / proximity fading, near fading, local fading || **⁓zone** *f* (Radio) / fading area*
**Nähseide** *f* (Zwirn aus Haspel- oder Schappeseide) (Spinn) / sewing silk, twist silk
**Naht** *f* (Masch, Schw, Tex) / seam *n* || **blinde ⁓** (Tex) / blind stitch || **eingehaltene ⁓** (Tex) / gathered seam || **einlagige ⁓** (Schw) / single-pass weld, single-layer weld || **einlagige ⁓** (Schw) / single-pass weld, single-layer weld || **einlagig geschweißte ⁓** (Schw) / single-pass weld, single-layer weld || **französische ⁓** (Tex) / French seam || **kurvenförmige ⁓** (Schw) / curvilinear weld seam || **mehrlagige ⁓** / multiple-pass weld || **mehrlagig geschweißte ⁓** (Schw) / multiple-pass weld || **ringsum geschweißte ⁓** (Schw) / all-round weld || **saubergemachte ⁓** (Tex) / fell seam, monk's seam, flat-fell seam, felled seam || **schmale und tiefe ⁓** (beim Elektronenstrahlschweißen) (Schw) / dagger weld || **überhöhte ⁓** (mit konvex gewölbter Fläche) (Schw) / convex fillet weld, reinforced seam, weld with reinforcement, camber weld || **überwendliche ⁓** (Tex) / serged seam, overcast seam, overlock seam || **unterbrochene ⁓** (Schw) / intermittent weld
**Naht•abdichtung** *f* (Schw) / seam sealing || **⁓abdichtungsmasse** *f* (meistens eine PVC-Masse) (Schw) / seam sealant, seam sealer || **⁓abstand** *m* (Reihenabstand von mehrreihigen Punktnähten) (Schw) / seam spacing || **⁓anfang** *m* (Schw) / start of weld || **⁓aufbau** *m* (Lagenaufbau) (Schw) / weld build-up || **⁓ausreibmaschine** (Leder) / seam-rubbing machine || **⁓breite** *f* (auf der Oberfläche einer Stumpf- oder Stirnnaht) (Schw) / seam width || **⁓dichtung** *f* **durch Verstemmen** (Bau, Masch) / caulking* *n*, calking* *n* || **⁓dicke** *f* (diejenige Dicke einer Schweißnaht, die zur Festigkeitsberechnung von Schweißverbindungen verwendet wird) (Schw) / throat thickness (actual)
**Nahteil** *m* (des Mehrstärkenbrillenglases) (Opt) / near portion, reading segment, reading field, reading area
**Naht•einbrandkerbe** *f* (Schw) / undercutting *n* || **⁓ende** *n* (Schw) / end of seam || **⁓festigkeit** *f* (Tex) / seam resistance, seam efficiency || **⁓fläche** *f* (in der Schwarzdecke) (HuT) / joint area || **⁓form** *f* (bei Klebeverbindungen) / form of joint || **⁓form** (Schw) / form of weld || **⁓fuge** *f* (Schw) / weld groove || **⁓führungssensor** *m* (optisch-elektronischer Sensor zur Schweißnahtverfolgung) (Schw) / seam-guidance sensor || **⁓führungssensor** (Schw) s. auch Schweißsensor || **⁓höhe** *f* (Schw) / throat thickness (actual)
**nahtlos** *adj* (Tex) / no-seam *attr*, seamless *adj* || **~es Rohr** (Hütt) / seamless tube* || **~er Verbau** (mit Bohlen) (HuT) / close timbering*
**Naht•meßlehre** *f* (Schw) / weld gauge, weld gage (US) || **⁓profil** *n* (Schw) / weld profile || **⁓roller** *m* (tonnenförmiger, für die Tapezierarbeiten) (Bau) / joint roller || **[konischer] ⁓roller** (Bau) / seam roller || **⁓schenkel** *m* (bei einer Kehlnaht) (Schw) / leg *n* || **⁓schenkellänge** *f* (bei gleichschenkliger Naht) (Schw) / size of seam, size of weld || **⁓scheuerfestigkeit** *f* (Tex) / seam abrasive resistance || **⁓schiebefestigkeit** *f* (von Geweben) (Tex) / antislip properties (of the seams in fabrics) || **⁓schlupf** *m* (Tex) / seam slippage || **⁓schweißen** *n* (eine Art Widerstandspreßschweißen) (Schw) / seam welding* || **⁓seide** *f* (Med) / surgical silk || **⁓toleranz** *f* (Tex) / seam allowance || **⁓überhöhung** *f* (zwischen der höchsten Stelle der Oberfläche einer Schweißnaht und der oberen Einbrandgrenze im Schweißteil) (Schw) / reinforcement of weld, ridge *n*, weld reinforcement || **⁓verriegelung** *f* (Tex) / back tacking || **⁓verschiebung** *f* (Tex) / seam slippage || **⁓wurzel** *f* (Schw) / root of the weld*, weld root || **⁓zugabe** *f* (Tex) / seam allowance

**Nahübersprechen** *n* (Fernsp) / near-end cross-talk*, NEXT
**Nahverkehr** *m* / short-distance traffic, local service || **⁓** (Güterverkehr über kurze Entfernung) / short haul || **⁓** (Fernm) / short-haul traffic
**Nahverkehrs•bereich** *m* (Lufft) / terminal control area, TCA, terminal area || **⁓bereichsradar** *m n* (Lufft, Radar) / terminal area surveillance radar, TAR || **⁓linie** *f* (Bahn) / short line (US) || **⁓zug** *m* (Bahn) / commuter train, local train, stopping train, suburban train || **⁓zug** (in die Stadt) (Bahn) / up train || **⁓zug** (aus der Stadt in die Umgebung) (Bahn) / down train
**Nähwirkstoff** *m* (textiles Flächengebilde, das durch Einbinden von Fäden in ein flächiges Grundmaterial entsteht) (Tex) / stitch-bonded fabric
**Nah•wirkung** *f* (Phys) / proximity effect || **⁓wirkungskräfte** *f pl* (z.B. Wigner-, Majorana-, Heisenberg- und Bartlettkraft) (Kernphys) / short-range forces*
**Näh•wirkverfahren** *n* (z.B. Arachne, Malimo, Malipol, Maliwatt) (Tex) / stitch bonding || **⁓wulst** *m* (des Reißverschlusses) (Tex) / bead *n* || **⁓zeug** *n* (Tex) / findings *pl* (US) (small articles and tools used in making garments and shoes) || **⁓zwirn** *m* (Tex) / sewing thread
**NaI-Kristall** *m* (Radiol) / sodium iodide scintillation crystal*, thallium-activated sodium iodide detector, NaI crystal
**Nailheadbonden** *n* (ein Drahtbondverfahren) (Eltronik) / nailhead bonding, ball-point bonding
**Nainsook** *m* (ein feinfädiger ostindischer Baumwollmusselin) (Tex) / nainsook *n*
**naive Dimension** (Kernphys) / canonical dimension, naive dimension
**NaK** (Hütt) / NaK* *n*, NaK-alloy *n*, sodium-potassium alloy
**Nakaratfarbe** *f* (helles Orangenrot) / nacarat *n*
**NaK-gekühlter Reaktor** (Nukl) / NaK-cooled reactor
**NaK-Legierung** *f* (Hütt) / NaK* *n*, NaK-alloy *n*, sodium-potassium alloy
**Nakrit** *n* (ein Mineral der Kaolingruppe) (Min) / nacrite* *n*
**NAL** (Fernsp) / extension line
**Nalidixinsäure** *f* (Pharm) / nalidixic acid
**Name** *m* / name *n* || **⁓** (z.B. eines Produkts) / designation *n* || **⁓** (Fortran, Cobol) (EDV) / name *n* || **⁓** (Algol) (EDV) / identifier *n* || **angenommener ⁓** (Fernm) / purported name || **falscher ⁓** / misnomer *n* || **halbsystematischer ⁓** (in der chemischen Nomenklatur) (Chem) / semi-systematic name, semi-trivial name || **qualifizierter ⁓** (EDV) / qualified name || **radikofunktionaler ⁓** (Chem) / radicofunctional name, radical name || **relativer herausgehobener ⁓** (in einem Verzeichnis) (Fernm) / relative distinguished name, RDN || **systematischer ⁓** (Gegensatz: Trivialname) (Chem) / systematic name (that consists of selected syllables, letters, numbers and graphic symbols expressing the structure at a constitutional and configurational level) || **vollständiger ⁓** / full name || **zusammengesetzter ⁓** (Chem) / conjunctive name, conjunction name
**Namen•definitionseintrag** *m* (EDV) / name-definition entry || **⁓eintrag** *m* (EDV) / name entry || **⁓erweiterung** *f* (bei der Dateienspeicherung) (EDV) / extension *n* || **⁓feld** *n* (EDV, Fernm) / name field
**namenloses Flöz** (Bergb) / rider* *n*, rib *n*
**Namenregister** *n* (wenn nur Ortsnamen angeführt) (Geog) / gazetteer *n*
**Namens•auflösung** *f* (ein Übermittlungsereignis) (Fernm) / name resolution || **⁓aufruf** *m* (Fernm) / call by name || **⁓autorität** *f* (Fernm) / naming authority || **⁓behörde** *f* (Fernm) / naming authority || **⁓feldadresse** *f* (EDV) / name fields address || **⁓konflikt** *m* (EDV) / name clash || **schwacher ⁓konflikt** (EDV) / weak name clash || **⁓reaktion** *f* (z.B. Beilstein-Probe) (Chem) / name reaction || **⁓schild** *n* / name plate || **⁓verantwortlicher** *m* (Fernm) / naming authority
**Namen•taste** *f* (EDV) / name key || **⁓taster** *m* (Fernsp) / repertory dialler || **[geografisches] ⁓verzeichnis** (wenn nur Ortsnamen angeführt) (Geog) / gazetteer *n*
**Naming-Domain** *f* (eine organisatorische Instanz, die berechtigt ist, innerhalb ihres Verantwortungsbereichs Namen zu vergeben) (EDV) / naming domain
**Nämlichkeit** *f* (der Ware bei der Zollabfertigung) / identification *n*
**Nämlichkeitsbescheinigung** *f* (im Zollverkehr) / certificate of identification
**Nämlichkeitssicherung, Maßnahmen zur ⁓** (im Zollverkehr) / identification measures
**n-Amylchlorid** *n* (Chem) / pentyl chloride, amyl chloride
**NAND•-Funktion** *f* (EDV) / Sheffer function (joint denial), NAND operation, non-conjunction *n* || **⁓-Gate** *n* (Torschaltung, bei der das Ausgangssignal mit umgekehrter Polarität erscheint, wenn alle Eingänge mit positiven Impulsen beaufschlagt werden) (EDV) / NAND gate*, Sheffer stroke gate, alternative denial gate, dispersion gate || **⁓-Glied** *n* (binäres Elementarglied) (EDV) / NAND element
**Nandutispitze** *f* (Tex) / Teneriffe lace
**NAND-Verknüpfung** *f* (EDV) / Sheffer function (joint denial), NAND operation, non-conjunction *n*

**Nanismus** *m* (Biol) / nanism* *n*, dwarfism* *n*
**Nanking** *m* (dichtgeschlagenes Baumwollgewebe für Inlette bzw. Einschüttestoffe) (Tex) / nankeen *n*
**Nankinggelb** *n* (z.B. für die Khakifärberei) (Tex) / iron buff
**Nannoplankton** *n* (das aus besonders kleinen Organismen besteht) (Umwelt) / nannoplankton *n*, nanoplankton* *n*
**Nano•-** (Vorsatz für $10^{-9}$, Zeichen n) / nano*-ǁ **~architektur** *f* (die den Mikroprogrammierspracheninterpreter definiert) (EDV) / nanoarchitecture *n* ǁ **~elektronik** *f* (die mit den begrifflich kleinsten Bauteilen arbeitet) (Eltronik, Med) / nanoelectronics *n* ǁ **~kapsel** *f* (Med) / nanocapsule *f* ǁ **~meter** *n* ($10^{-9}$) (DIN 8589, T 3) / nanometre *n*, millimicron* *n*, nanon *n* ǁ **~partikel** *n* (in der Nanotechnologie) / nanoparticle *n* ǁ **~phase** *f* (Chem) / nanophase *n* ǁ **~phasenmaterialien** *n pl* (bei denen die Korndurchmesser unter 100 nm liegen) / nanophase materials ǁ **~programm** *n* (EDV) / nanoprogram *n* ǁ **~programmiersprache** *f* (EDV) / nanoprogramming language ǁ **~programmierung** *f* (EDV) / nanoprogramming *n* ǁ **~roboter** *m* / nanorobot *n* ǁ **~röhre** *f* (ein- und mehrlagige Kohlenstoffröhre mit kugeligen Anschlüssen) (Chem) / nanotube *n* ǁ **~sekunde** *f* / nanosecond *n* ǁ **unterhalb des ~sekundenbereichs** / subnanosecond *attr* ǁ **~sekundenchemie** *f* (Chem) / nanosecond chemistry ǁ **~spur** *f* (im Bereich $_{-7}$ bis $10_{-10}$ ppm) (Chem) / nanotrace *n* ǁ **~technologie** *f* (die mit Molekülstrukturen von Nanometerausmaß arbeitet) (Chem, Med, WP) / nanotechnology *n* ǁ **~tube** *f* (Chem) / nanotube *n* ǁ **~verkapselung** *f* (Chem, Nahr, Pharm) / nanoencapsulation *n* ǁ **~verkapselung** (bei karbonfreien, selbstdurchschreibenden Papieren) (Pap) / nanoencapsulation *n*
**Nansen-Schöpfer** *m* (nach F. Nansen, 1861-1930) (Ozean) / Nansen bottle, Nansen-Petterson water-bottle, reversing water-bottle, Petterson-Nansen water bottle
**Naos** (pl Naoi) *m* (Arch) / naos (pl naoi) *n*, cella *n* (pl. -ae)
**NAP** (Schädlingsbekämpfungsmittel, das nicht nur zum Pflanzenschutz verwendet wird, sondern auch oder nur zur Verhinderung der Biodeterioration) (Landw, Umwelt) / non-agricultural pesticide, NAP
**Napalm** *n* (Verdickungsmittel für Brandbomben) (Chem, Mil) / napalm* *n*
**Napf** *m* / bowl *n* ǁ **~** (Hohlkörper mit Boden, der durch Tiefziehen entstanden ist) (Hütt) / cup *n*, drawn cup
**Näpfchen** *n* (im Tiefdruck) (Typog) / cell *n*
**Näpfchenziehversuch** *m* (WP) / cupping test
**Napfließpressen** *n* (Masch) / can extrusion (GB), cup extrusion (US)
**Napftiefziehversuch** *m* (WP) / cupping test
**Naphtha** *n f* (eine schwere Benzinfraktion) (Erdöl) / naphtha *n*
**Naphthacen** *n* (Chem) / naphthacene *n* ǁ **~** (Chem) s. auch Rubren
**Naphthalin** *n* (Chem) / naphthalene* *n*, naphthalin *n*, tar camphor ǁ **~carbonsäure** *f* (Chem) / naphthalene-carboxylic acid
**1-Naphthalinessigsäure** *f* (Chem) / naphthaleneacetic acid, NAA, 1-naphthylacetic acid
**Naphthalin, 1-~essigsäure** (Chem) / naphthaleneacetic acid, NAA, 1-naphthylacetic acid ǁ **~gelb** *n* (ein Naphtholfarbstoff) (Chem) / martius yellow*, Manchester yellow* ǁ **~karbonsäure** *f* (Chem) / naphthalene-carboxylic acid ǁ **~sulfonsäure** *f* (Chem) / naphthalene-sulphonic acid
**Naphthalsäure** *f* (eine Naphthalinkarbonsäure) (Chem) / naphthalic acid
**Naphtharson** *n* (Chem) / thorin *n*
**Naphthasüßung** *f* (Erdöl) / naphtha sweetening
**Naphthenate** *n pl* (Salze der Naphthensäuren - auch als Trockenstoffe in der Anstrichtechnik) (Anstr, Chem) / naphthenates* *pl*
**Naphthenöl** *n* (Erdöl) / naphthenic oil
**Naphthensäuren** *f pl* (die aus Baku-Erdöl gewonnen werden) (Chem) / naphthenic acids
**Naphthionsäure** *f* (4-Amino-naphthalin-1-sulfonsäure) (Chem) / naphthionic acid*
**Naphthochinone** *n pl* (zur Gruppe der Chinone gehörende Derivate des Naphthalins) (Chem) / naphthoquinones *n*, naphthaquinones *pl*
**Naphthoesäuren** *f pl* (eine Art Naphthalinkarbonsäuren) (Chem) / naphthoic acids*
**Naphthol•e** *n* (Chem) / naphthols* *pl* ǁ **~ AS** (Kupplungskomponente bei Naphthol-AS-Farbstoffen) (Chem) / naphthol AS ǁ **~farbstoffe** *m pl* (Entwicklungsfarbstoffe, die als Azofarbstoffe auf der Textilfaser durch Kupplungsreaktionen zwischen den Naphtholkupplungskomponenten und den diazotierten Echtbasen bzw. Echtsalzen entstehen) (Chem, Tex) / naphthol dyes ǁ **~grün** *n* (ein Nitrosofarbstoff) (Chem) / naphthol green ǁ **~rot S** *n* (roter Azofarbstoff - als Lebensmittelfarbstoff in den Vereinigten Staaten verboten - E 123) (Chem) / amaranth *n*, acid red 27 ǁ **~sulfonsäure** *f* (Hydroxynaphthalin(di,tri)sulfonsäure) (Chem) / naphtholsulphonic acid
**Naphthyl•amine** *n pl* (Chem) / naphthylamines* *pl* ǁ **~aminsulfonsäure** *f* (z.B. Brönner- oder Cleve-Säure) (Chem) / naphthylaminesulphonic acid ǁ **1-~essigsäure** (Chem) / naphthaleneacetic acid, NAA, 1-naphthylacetic acid ǁ **~gruppe** *f* (Chem) / naphthyl group, naphthyl *n* ǁ **~rest** *m* (Chem) / naphthyl group, naphthyl *n*
**Napiersch•e Analogien** (nach J. Napier, Lord of Merchiston, 1550-1617) (Math) / Napier's analogies* ǁ **~e Regel** (Math) / Napier's rule
**Nappa** *n* (pflanzlich übersetztes Glacéleder) (Leder) / napa *n*, nappa *n*
**Nappaleder** *n* (feines und weiches chromiertes Bekleidungs-, Täschner- und Galanterieleder) (Leder) / napa *n*, nappa *n*
**Narbe** *f* (als Oberflächenfehler) / scar ǁ **~** (der Blütenpflanzen) (Bot) / stigma *n* ǁ **~** (Geol) / root scar ǁ **~** (ein Gußfehler beim Gießen von Grünsandformen) (Gieß) / buckle* *n*, scab *n*, peel *n* ǁ **eine ~ bilden** / scar over *v*, scar *vi*
**narben** *v* (Pap) / grain *v* ǁ **~** *n* (bei der Herstellung von Kunstleder oder auf einem beschichteten Gewebe) (Leder) / pebbling *n*, embossing *n*, pebble graining ǁ **~** *m* (Leder) / grain *n* ǁ **anliegender ~** (Leder) / tight grain ǁ **blinder ~** (Leder) / blind grain ǁ **den ~ spalten** (meistens bei Mochaledern) (Leder) / frize *v*, frizz *v* ǁ **fester ~** (Leder) / tight grain ǁ **gepreßter ~** (an Rinds- und Kalbsledern) (Leder) / Scotch grain ǁ **geschliffener ~** (Leder) / corrected grain ǁ **korrigierter ~** (bei Narbenschäden oder bei unansehnlich gewordenen Narbenbildern) (Leder) / corrected grain ǁ **künstlicher ~** (Leder) / corrected grain ǁ **rinnender ~** (Leder) / running grain, run grain ǁ **wilder ~** (Leder) / spoiled grain ǁ **~ abstoßen** (Leder) / degrain *v* ǁ **~ abziehen** (Leder) / degrain *v* ǁ **auf Narben stapeln** (Leder) / stack grain-to-grain
**Narben•bild** *n* (natürliches oder künstliches) (Leder) / grain *n* ǁ **durch Krispeln herausgearbeitetes natürliches ~bild pflanzlicher Leder** (Leder) / willow grain ǁ **~brüchigkeit** *f* (ein Narbenschaden) (Leder) / grain cracking ǁ **~fäden** *f* (des Maises) (Landw) / silk *n* ǁ **~festigkeit** *f* (Leder) / tightness of grain ǁ **~formende Arbeit** (im weitesten Sinne) (Leder) / graining *n* ǁ **~gewebe** *n* (Med) / scar tissue ǁ **~korrosion** *f* (Galv) / uneven local corrosion, wide pitting (in an early stage) ǁ **~krepp** *m* (Tex) / bark crepe, tree-bark crepe ǁ **~kuppe** *f* (Leder) / tip *n* (raised part of the grain) ǁ **~leder** *n* (im allgemeinen) (Leder) / grain-leather *n* ǁ **~leder** (durch Narbenpressen erzielter Effekt) (Leder) / shagreen *n* ǁ **~leder** (Chagrinleder) (Rindsleder) (Leder) / bag hide ǁ **~pressen** (Leder) / pebbling *n*, embossing *n*, pebble graining ǁ **~ring** *m* (For) / callus ring ǁ **~seite** *f* (die vom Körper abgewandte Seite der Haut) (Leder) / bloom side, hair side ǁ **~spalt** *m* (Leder) / grain split, top grain (US) ǁ **~spalten** *n* (meistens bei Mochaledern) (Leder) / frizing *n*, frizzing *n* ǁ **~zug** *m* (Leder) / drawn grain
**narbig•e Korrosion** (Galv) / uneven local corrosion, wide pitting (in an early stage) ǁ **~e Oberfläche** (nach der fehlerhaften Oberflächenbehandlung) (Glas) / short finish
**Narcein** *n* (ein Alkaloid des Opiums) (Chem, Med) / narceine *n*
**Narcotinum** *n* (Alkaloid des Opiums) (Pharm) / narcotine* *n*, noscapine *n*
**nardenisiertes etherisches Öl** (Chem) / nardenized essential oil
**Nardenöl** *n* / spike lavender oil, spike oil, Spanish lavender oil, Spanish spike oil
**Naringin** *n* (Bitterstoff aus unreifen Früchten, Blüten und Rinden des Grapefruit-Baumes) (Chem, Pharm) / naringin *n*, aurantiin *n*
**Narkosemittel** *n* (Chem, Pharm) / narcotic* *n*
**Narkotikum** *n* (pl. -tika) (Chem, Pharm) / narcotic* *n*
**Narkotin** *n* (Alkaloid des Opiums) (Pharm) / narcotine* *n*, noscapine *n*
**narkotisch** *adj* (Pharm) / narcotic* *adj*
**narrensicher** *adj* (Bedienung, Montage) / foolproof *adj*
**Narrowing** *n* (bei der Arbeit mit Termersetzungssystemen) (KI) / narrowing *n*
**Narrow-Range** *n* (Produkt, das sich durch eine eingeengte Homologenverteilung auszeichnet) (Chem) / narrow range
**Narrow-range-Ethoxylat** *n* (Chem) / narrow-range ethoxylate, NRE
**Narthex** *m* (pl. Narthizes) (Arch) / narthex *n*, galilee *n*
**Narzein** *n* (Chem, Med) / narceine *n*
**Narzissenöl** *n* (meistens aus Narcissus jonquilla L.) / jonquil oil, narcissus oil
**NASA** *f* (zivile US-Luft- und Raumfahrtbehörde mit dem Hauptbüro in Washington, D.C.) (Raumf) / National Aeronautics and Space Administration*, NASA*
**Nase•n** *f pl* (bei ungleichmäßiger Verteilung von Anstrichmitteln an senkrechten Flächen) (Anstr) / curtains *pl*, sags *pl*, runs *pl* ǁ **~** *f* (im gotischen Maßwerk) (Arch) / cusp *n* ǁ **~** (Vorsprung an einem Dachziegel, der sich gegen die Dachlatte legt und den Ziegel am Abgleiten hindert) (Bau) / nib *n*, cog *n*, stub* *n* ǁ **~** (des Rumpfs, des Tragflügels) (Luftf) / nose *n* ǁ **~** (Masch) / lobe *n* ǁ **~** (Masch) / nose *n*, lug *n* ǁ **~** (des Hobels) (Tischl, Zimm) / handle *n* ǁ **~ der Hammerschraube** (Masch) / square neck ǁ **~hohlkeil** *m* (DIN 6889) (Masch) / gib-head saddle taper key
**Nasen•keil** *m* (DIN 6887) (Masch) / gib* *n*, gib-headed key*, gib-head key ǁ **~keil** (Masch) / fox-wedge *n*, nose key ǁ **~klammer** *f* (Typog) /

brace* n ‖ ⁓klappe f (Luftf) / leading-edge flap* ‖ ⁓kolben m (für Zweitaktmotoren) (Kfz) / deflector piston ‖ ⁓-Rachen-Reizstoff m (Chem) / sternutator n, irritant smoke ‖ ⁓ring m (Verdichtungsring mit Ölabstreifwirkung) (V-Mot) / stepped scraper ring, grooved compression ring ‖ ⁓spalt m (eine Auftriebshilfe) (Luftf) / nose slot ‖ ⁓steg m (der Brille) (Opt) / bridge n, nose bridge, nosepiece n ‖ ⁓stein m (Glas) / plate block ‖ ⁓trommel f (Spinn) / opening cylinder ‖ ⁓winkel m (bei Nasenringen) (V-Mot) / Napier angle

**NaS-Hochenergiebatterie** f (Eltech) / sodium-sulphur-battery, sodium-sulfur-battery (US)

**naß** adj / wet adj ‖ **nasses Abstrahlen** (Gieß) / hydroblasting n, hydraulic blasting*, hydroblast cleaning, wet blasting, wet blast cleaning ‖ **naß auf naß spritzen** (Anstr) / spray wet ‖ **naß aufbereitbar** adj / washable adj ‖ **nasser Aufschluß** (zur Gewinnung von Aluminiumoxid aus Bauxit) (Chem Verf) / Bayer process* (of alumina extraction) ‖ **nasser Dampf** (Masch) / wet steam* ‖ **nasse Deposition** (wenn die Spurenstoffe sich im Wasserdampf der Luft lösen und mit dem Niederschlag ausgewaschen werden) (Meteor, Umwelt) / wet deposition* ‖ **naß drehen** (Masch) / wet-turn v ‖ **nasses Erdgas** (> + 50g/m³ kondensierbare Kohlenwasserstoffe) (V-Mot) / wet (natural) gas ‖ **nasser Fallout** (Meteor, Umwelt) / wet fallout, wet deposit ‖ **nasses Feinstmahlen** (Aufber) / sliming n ‖ **nasser Fleck** (Bau) / damp patch ‖ **nasses Furnier** (For) / green veneer ‖ **nasses Furnierband** (For) / green veneer ‖ **nasser Gaszähler** / wet-type gas meter, wet gas meter ‖ **naß in naß spritzen** (Anstr) / spray wet ‖ **nasse Karbonisation** (Tex) / wet carbonizing ‖ **nasses Karbonisieren** (Tex) / wet carbonizing ‖ **nasse** (elektrochemische) **Korrosion** (bei Anwendung eines Elektrolyten) (Galv) / wet (electrochemical) corrosion ‖ **nasse Kritikalität** (mit Kühlmittel) (Nukl) / wet criticality ‖ **nasse Laufbuchse** (V-Mot) / wet liner, wet cylinder sleeve ‖ **naß löschen** (Koks) / quench wet, quench by water ‖ **naß machen** / wet v, moisten vt, humidify v, dampen v, moisturize v ‖ **nasser Neuschnee** (Meteor) / clog snow ‖ **nasse Probe** (Chem, Hütt) / wet assay* ‖ **nasser Schnee** (Meteor) / wet snow ‖ **nasses Veraschen** (Chem Verf) / wet ashing ‖ **nasses Verfahren** (ein veraltetes Aufnahmeverfahren in der Reproduktionsfotografie) (Druck) / iodized collodion process ‖ **nasse Zelle** (Chem, Eltech) / wet cell* ‖ **nasse Zündkerze** (V-Mot) / full-soaked spark plug ‖ **nasse Zylinderlaufbuchse** (V-Mot) / wet liner, wet cylinder sleeve

**Naß•abscheider** m (Hütt) / water-spray separator ‖ ⁓**appretur** f (Tex) / wet finishing, wet processing, damp finishing ‖ ⁓**appretur** s. auch Vorappretur ‖ ⁓**asche** / wet ash ‖ ⁓**ätzen** n (zur Reinigung von Halbleiterscheiben) (Eltronik) / wet etching ‖ ⁓**aufbereitung** f (mit erheblichen Zusätzen von Feuchtigkeit) (Keram) / wet process, wet mixing, slip process, wet mix ‖ ⁓**auf-Naß-Verfahren** n (eine Art Spritzlackierung) (Anstr) / wet-on-wet system of paint application, wet-on-wet coating ‖ ⁓**auftrag** m / wet application ‖ ⁓**bagger** m (HuT, Schiff) / dredger n, dredge* n ‖ ⁓**baggerladeraum** m (HuT) / hopper n, hold n ‖ ⁓**baggern** v (HuT, Schiff) / dredge v ‖ ⁓**baggern** n (HuT, Schiff) / dredging* n ‖ ⁓**behandlung** f (z.B. Chloren oder Bleichen) (Tex) / wet chemicking ‖ ⁓**beize** f (Landw) / liquid dressing, liquid (seed) treatment, wet dressing ‖ ⁓**beizung** f (eine Saatgutbeizung) (Landw) / liquid dressing, liquid (seed) treatment, wet dressing ‖ ⁓**beständigkeit** f / moisture resistance ‖ ⁓**bohren** n (Gesteinsbohren mit Staubbindung durch Wasser) (Bergb) / wet drilling ‖ ⁓**chemisches Ätzen** (Eltronik) / wet chemical etching ‖ ⁓**dampf** m (Masch) / wet steam* ‖ ⁓**dämpfer** m (Tex) / wet steam ager ‖ ⁓**dekatieren** n (mit heißem Wasser) (Tex) / wet decatizing (GB), wet decating (US), potting n ‖ ⁓**dekatur** f (Tex) / wet decatizing (GB), wet decating (US), potting n ‖ ⁓**dekaturechtheit** f (Tex) / fastness to potting ‖ ⁓**detachiermittel** n (Tex) / liquid stain remover, wet stain removal agent ‖ ⁓**dichte** f (des Bodens) (HuT) / wet density ‖ ⁓**dienst** m (bei der Brikettierung) (Bergb, Chem Verf) / wet preparation, wet service

**Nässe, Ableitung des Stromes durch** ⁓ (Eltech) / weather-contact n ‖ **überfrierende** ⁓ (Kfz, Meteor) / black ice, ground ice ‖ ⁓**eigenschaften** f pl (Kfz) / grip (and adhesion) in the wet ‖ ⁓**empfindlich** adj / moisture-sensitive adj, sensitive to moisture ‖ ⁓**haftung** f (der Reifen) (Kfz) / grip (and adhesion) in the wet

**Naß•elektrofilter** n / wet precipitator ‖ ⁓**elektrolytkondensator** m (Eltech) / wet electrolytic capacitor* ‖ ⁓**element** n (Chem, Eltech) / wet cell* ‖ ⁓**emaillierung** f / wet enamelling, wet-process enamelling

**nässen** v / wet v, moisten vt, humidify v, dampen v, moisturize v

**nässender Nebel** (Meteor) / wet fog

**Naß•entrindung** f (For) / wet barking ‖ ⁓**entschwefelung** f (Chem Verf, Umwelt) / wet desulphurization ‖ ⁓**entstaubung** f (unter Anwendung von Wasser) / wet dedusting ‖ ⁓**fäule** f (durch Naßfäuleerreger) (Bau, For, Landw) / wet rot

**Naßfeinstmahlen** n (Aufber) / sliming n

**naßfest** adj / water-resistant adj, water-resisting adj ‖ ~**es Papier** (Pap) / wet-strength paper*, wet-strong paper

**Naßfestigkeit** f (Pap) / wet strength ‖ ⁓ (Tex) / wet strength, strength in the wet state

**Naß•festmittel** n / wet-strength agent ‖ ⁓**film** m (der frisch aufgetragene Anstrich) (Anstr) / wet film ‖ ⁓**filter** n (im allgemeinen) / wet filter, wetted filter ‖ ⁓**filter** (ein Elektrofilter) / wet precipitator, wet electrofilter, wet electrostatic filter ‖ ⁓**filz** m (Pap) / wet felt ‖ ⁓**förderung** f (Bergb) / hydraulic transport*, hydraulic conveying ‖ ⁓**gas** n / wet (natural) gas ‖ ~**gemahlen** adj / wet-ground adj ‖ ⁓**gespinst** n (Spinn) / wet-spun yarn ‖ ⁓**gewicht** f / weight in wet state ‖ ⁓**guß** m (Gieß) / green sand casting* ‖ ⁓**gußsand** m (feuchter Formsand) (Gieß) / green sand* ‖ ⁓**gußsandform** f (Gieß) / green-sand mould ‖ ⁓**haftfestigkeit** f / wet adhesion (resistance)

**Naß-in-Naß-** (Druck) (Druck) / wet-on-wet* adj ‖ ⁓-**Technik** f (eine Art Spritzlackierung) (Anstr) / wet-on-wet system of paint application, wet-on-wet coating

**Nassi-Shneiderman-Diagramm** n (zur grafischen Beschreibung von Algorithmen oder Programmen) (EDV) / structure chart, structured chart, structogram n

**naß•kalt** adj / dank adj, damp adj ‖ ⁓**karbonisation** f (der Wolle) (Tex) / wet carbonizing ‖ ⁓**kern** m (For) / wetwood* n, water-core n ‖ ⁓**kern** m (bei bestimmten Früchten und Rüben) (Landw) / water-core n ‖ ⁓**klassierer** m (Aufber) / hydrosizer n ‖ ⁓**kleben** n (Film) / cement splicing ‖ ⁓**klebung** f (des Sperrholzes - heute nicht mehr verwendet) (For) / wet cementation ‖ ⁓**knitterechtheit** f (Tex) / wet wrinkle fastness, wet crease fastness ‖ ⁓**konservierung** f (des Dampferzeugers) (Masch) / wet preservation ‖ ⁓**kopierer** m / wet copier ‖ ⁓**kopierfenster** n (Film) / wet gate ‖ ⁓**kork** m / wet cork ‖ ⁓**korrosion** f (Galv) / wet (electrochemical) corrosion ‖ ⁓**korrosion** (z.B. in Auspuffanlagen) (Kfz) / cold-condensate corrosion ‖ ⁓**kühlturm** m / evaporative cooling tower, wet cooling tower, wet-type cooling tower ‖ ⁓**kupplung** f (im Ölbad) (Kfz) / wet clutch, oil-immersed clutch ‖ ⁓**lack** m (Anstr) / wet lacquer, liquid paint ‖ ⁓**lackierung** f (Anstr) / wet coating ‖ ⁓**lagerung** f / wet storage ‖ ⁓**läufer** m (Eltech) / wet-rotor motor ‖ ⁓**läufermotor** m (Eltech) / wet-rotor motor ‖ ⁓**leistung** f (eines Flugtriebwerks - mit Wasser-Methanol-Einspritzung) (Luftf) / wet power, wet rating ‖ ⁓**löscher** m (ein Handfeuerlöscher) / water extinguisher ‖ ⁓**luftfilter** n (Kfz) / wet air filter ‖ ⁓**machen** n / wetting n, damping n, moistening n ‖ ⁓**mahlen** n (Aufber) / wet-grinding n, wet-milling n ‖ ⁓**mater** f (Druck) / wet flong* ‖ ⁓**mechanisch aufbereitbar** (Aufber) / washable adj ‖ ~**mechanische Aufbereitung** (Aufber) / wet cleaning, washing n ‖ ⁓**metallurgie** f (Sektor der Metallurgie, der sich mit der Gewinnung von Metallsalzen, bzw. Metallen, durch Aufschluß der Erze mit Hilfe wäßriger Lösungen befaßt) (Hütt) / hydrometallurgy* n ‖ ⁓**mischer** m (Keram) / tempering pan (a mechanical, pan-type mixer in which clays and bodies are blended with water to working consistencies) ‖ ⁓**mühle** f / wet-grinding mill, wet mill ‖ ⁓**offsetdruck** m (Druck) / wet offset printing ‖ ⁓**partie** f (einer Langsiebpapiermaschine) (Pap) / wet end*, wet section ‖ ⁓**partie** (einer Langsiebpapiermaschine) (Pap) s. auch Siebpartie ‖ ⁓**pökeln** n (von Fleisch mit einer Kochsalz und Salpeter enthaltenden Beize) (Nahr) / wet salting, brining n, brine curing ‖ ⁓**pökelung** f (Nahr) / wet salting, brining n, brine curing ‖ ⁓**presse** f (Pap) / wet press ‖ ⁓**preßeinrichtung für Ferritmagnete** / ferrite magnet wet press ‖ ⁓**preßverfahren** n (Glas) / press moulding ‖ ⁓**preßziegel** m (bildsame, rieselfähige Preßmasse) (Keram) / soft-mud brick ‖ ⁓**preßziegel** (krümelige bis granulierte Preßmasse) (Keram) / stiff-mud brick ‖ ⁓**probe** f (Chem, Hütt) / wet assay* ‖ ⁓**prüfspannung** f (Eltech) / wet test voltage ‖ ⁓**putzen** n (von Gußstücken) (Gieß) / hydroblasting n, hydraulic blasting*, hydroblast cleaning, wet blasting, wet blast cleaning ‖ ⁓**raffination** f (Erdöl) / wet refining ‖ ⁓**raum** m (Eltech) / wet location ‖ ⁓**reibechtheit** f (von Drucken und Färbungen) (Tex) / wet rub fastness ‖ ⁓**reinigung** f (Tex) / wet cleaning ‖ ⁓**rühren** n (Keram) / blunge n (the agitation or blending of ceramic materials in a mechanical or hand-operated mixer, usually to suspend the materials in water or other liquid), blungeing n ‖ ⁓**sandstrahlen** n (Gieß) / hydroblasting n, hydraulic blasting*, hydroblast cleaning, wet blasting, wet blast cleaning ‖ ⁓-**und Trockensauger** m / wet/dry vacuum ‖ ⁓**schichtdicke** f (Anstr) / wet-film thickness ‖ ⁓**schleifen** n (mit Wasser, Öl, Petroleum, Testbenzin usw.) (Anstr) / wet rubbing down ‖ ⁓**schleifen** (mit angefeuchtetem Schleifpapier) (Masch) / wet sanding, water sanding ‖ ⁓**schleifpapier** n (Masch) / wet sanding paper, wet and dry sanding paper ‖ ⁓**schliff** m (Masch) / wet sanding, water sanding ‖ ⁓**schnee** m (abgelagerter Schnee mit einem hohen Anteil an flüssigem Wasser) (Meteor) / wet snow ‖ ⁓**sektion** f (eines Hybridkühlturms) / wet section ‖ ⁓**sieben** n (DIN 66 160) / wet sieving ‖ ⁓**span** m / wet chip ‖ ⁓**spinnen** n (Plast, Spinn) / wet spinning* ‖ ⁓**spinnverfahren** n (Plast, Spinn) / wet spinning* ‖ ⁓**spritzen** n (Anstr) / wet spraying ‖ ⁓**stäuben** n (Verfahren im Pflanzenschutz, bei dem die Haftfestigkeit und die Regenbeständigkeit durch gleichzeitiges

**Naßsteigleitung**

Ausbringen einer geringen Wassermenge erhöht werden) (Chem) / wet dusting ‖ ≃**steigleitung** f (bei Feuerlöschanlagen) (Bau) / wet standpipe ‖ ≃**strahlen** n (Gieß) / hydroblasting n, hydraulic blasting*, hydroblast cleaning, wet blasting, wet blast cleaning ‖ ≃**sumpfschmierung** f (V-Mot) / wet-sump lubrication ‖ ≃**tauchanzug** m (der das unmittelbare Vorbeifließen des Wassers am Körper verhindert und Wärmeverlust durch Konvektion vermeiden soll) / wet suit ‖ ≃**teil** m / wet section ‖ ≃**toner** m (Druck) / wet toner ‖ ≃**trommelmühle** f (Keram) / wet tumbling mill, wet grinder ‖ ≃**verbesserung** f (Anreicherung des Traubenmostes) (Nahr) / liquid chaptalisation (GB), liquid chaptalization (US) ‖ ≃**verbrennung** f (von organischen Abwasserinhaltsstoffen) (Sanitär) / Zimmermann process ‖ ≃**verfahren** n (bei Zementherstellung) / wet process, wet method ‖ ≃**verfahren** n (bei der Herstellung von Faserplatten) (For) / wet process ‖ ≃**verfilzungsverfahren** n (bei der Herstellung von Faserplatten) (For) / wet felting ‖ ≃**verrühren** n (Keram) / blunge n (the agitation or blending of ceramic materials in a mechanical or hand-operated mixer, usually to suspend the materials in water or other liquid), blunging n ‖ ≃**versponnen** adj (Plast, Spinn) / wet-spun adj ‖ ≃**verzinkung** f (Feuerverzinkung als Stückverzinkung) (Galv) / wet galvanizing ‖ ≃**vlies** n (Tex) / wet-laid non-wovens ‖ ≃**wäsche** f (Tex) / wet cleaning ‖ ≃**wickelverfahren** n (Plast) / wet winding ‖ ≃**zelle** f (Bau) / bathroom building-block module ‖ ≃**zerkleinerung** f (Masch) / wet crushing ‖ ≃**ziehen** n (Hütt) / wet drawing ‖ ≃**zuckerung** f (Nahr) / liquid chaptalisation (GB), liquid chaptalization (US) ‖ ≃**zug** m (Hütt) / wet drawing ‖ ≃**zugfestigkeit** f / wet tensile strength ‖ ≃**zustand** m (des Lackes - zwischen Beginn der Herstellung und beendeter Applikation) (Anstr) / wet phase

**Nastie** f (durch einen Reiz ausgelöste Bewegung festgewachsener Pflanzen, wobei die Richtung des Reizes für die Richtung der Bewegung unerheblich ist) (Bot) / nasty* n, nastic movement*

**nastische Bewegung** (Turgor- und Wachstumsbewegung) (Bot) / nasty* n, nastic movement*

**naszierend** adj (Chem) / nascent adj ‖ ~**er Wasserstoff** (besonders reaktionsfähig) (Chem) / nascent hydrogen

**nat** / natural information unit

**Natalität** f (mittlere Geburtenrate pro Weibchen) (Umwelt) / natality* n, natality rate, birth rate

**Natamycin** n (ein Makrolidantibiotikum und Konservierungsstoff - E 235) (Nahr, Pharm) / natamycin n, pimaricin n

**national•e Buchführung** (quantitative Erfassung und Darstellung der ökonomischen Transaktionen in einer Volkswirtschaft) / national accounting, overall accounting ‖ ~**e Ortskennzahl** (Fernm) / national destination code, NDC

**Nationalitäts•kennzeichen** n / nationality mark ‖ ≃**schild** n (Kfz) / nationality plate ‖ ≃**zeichen** n (z.B. D für die Bundesrepublik Deutschland) / nationality mark

**Nationalpark** m (z.B. Bayerischer Wald od. Nordfriesisches Wattenmeer) (Umwelt) / national park

**nativ** adj (im ursprünglichen Zustand) / native adj ‖ ~**e Faser** (Tex) / natural fibre ‖ ~**es Olivenöl** (das ohne weiteres zum Verzehr geeignet ist) (Nahr) / virgin (olive) oil, sublime olive oil ‖ ~**e Stärke** (Nahr) / native starch ‖ ≃**aufnahme** f (Med) / X-ray diagnostic photograph without any contrast media

**Nativlignin** n (ein dem Protolignin in der verholzten pflanzlichen Zellwand weitgehend ähnliches Lignin, das unter sehr schonenden Bedingungen gewonnen wird) (Chem, For) / native lignin, Brauns lignin, BL

**Natrit** m (als Ausblühung des Bodens, aus den Natronseen) (Min) / natron* n

**Natrium (Na)** n (Chem) / sodium* n ‖ **radioaktives** ≃ (Chem) / radiosodium n ‖ ≃**abietat** n (Chem) / sodium abietate ‖ ≃**acetat** n (Chem) / sodium acetate, sodium ethanoate ‖ ≃**acetylid** n (Chem) / sodium acetylide ‖ ≃**adipat** n (Chem) / sodium adipate ‖ ≃**alaun** n (Min) / sodium alum, soda alum ‖ ≃**alginat** n (Anstr, Chem, Nahr) / sodium alginate, alginic-acid sodium salt ‖ ≃**alkoholat** n (Chem) / sodium alkoxide, sodium alcoholate ‖ ≃**alkoxid** n (Verbindung, in der formal der Wasserstoff einer alkoholischen OH-Gruppierung durch Natrium ersetzt ist) (Chem) / sodium alkoxide, sodium alcoholate ‖ ≃**aluminat** n (DIN 19601) (Chem) / sodium aluminate* ‖ ≃**aluminiumchlorhydroxylactat** n (Chem) / sodium aluminium chlorhydroxylactate ‖ ≃**aluminiumchlorhydroxylaktat** n (Chem) / sodium aluminium chlorhydroxylactate ‖ ≃**aluminiumsilikat** n (Chem) / sodium aluminosilicate, sodium silicoaluminate ‖ ≃**aluminiumsulfat** n (Chem) / aluminium sodium sulphate, SAS, sodium aluminium sulphate ‖ ≃**alumosilikat** n (Chem) / sodium aluminosilicate, sodium silicoaluminate ‖ ≃**amalgam** n / sodium amalgam ‖ ≃**amid** n (Chem) / sodium amide, sodamide* n ‖ ≃**ammoniumhydrogenphosphat-4-Wasser** n (Chem) / ammonium sodium hydrogen orthophosphate, microcosmic salt*, sodium ammonium hydrogen phosphate ‖ ≃**analysiergerät** n (Chem) / sodium analyzer ‖ ≃**anthranilat** n (Chem) / sodium anthranilate ‖ ≃**antimonat** n (Chem) / sodium antimonate, antimony sodiate ‖ ≃**arsenat(III)** n (Chem) / sodium arsenite ‖ ≃**arsenit** n (Chem) / sodium arsenite ‖ ≃**ascorbat** n (E 301) (Chem, Nahr, Pharm) / sodium ascorbate ‖ ≃**askorbat** n (Chem, Nahr, Pharm) / sodium ascorbate ‖ ≃**austauscher** m (ein Ionenaustauscher) (Chem) / sodium exchanger ‖ ≃**azetat** n (Chem) / sodium acetate, sodium ethanoate ‖ ≃**azetylid** n (Chem) / sodium acetylide ‖ ≃**azid** n ($NaN_3$) (Chem, Kfz, Pharm) / sodium azide ‖ ≃**bentonit** n (Geol) / sodium bentonite, Wyoming bentonite ‖ ≃**benzoat** n (E 211) (Chem, Nahr, Pharm) / sodium benzoate, sodium benzenecarboxylate, benzoate of soda ‖ ≃**bisulfat** n (Chem) / sodium hydrogen sulphate, sodium bisulphate ‖ ≃**boranat** n ($NaBH_4$) (Chem) / sodium tetrahydridoborate, sodium borohydride, sodium hydridoborate ‖ ≃**borhydrid** n (Chem) / sodium tetrahydridoborate, sodium borohydride, sodium hydridoborate ‖ ≃**boroalumoglas** n (Glas) / nabal glass ‖ ≃**borphosphat** n / abopon n (a viscous, liquid sodium borophosphate complex used in porcelain enamels and glazes as a suspension agent and binder) ‖ ≃**bromat** n (Chem) / sodium bromate ‖ ≃**bromid** n (Chem) / sodium bromide ‖ ≃**carbonat** n (Chem) / sodium carbonate ‖ ≃**carbonat-Peroxohydrat** n (Chem) / sodium percarbonate ‖ ≃**carboxymethylcellulose** f (Chem) / sodium carboxymethylcellulose ‖ ≃**cellulosexanthogenat** n (Chem, Plast) / sodium cellulose xanthate ‖ ≃**chlorat** n (ein Totalherbizid) (Chem) / sodium chlorate(V) ‖ ≃**chlorid** n (Kochsalz) (Chem) / sodium chloride* ‖ ≃**chloridgitter** n (Krist) / rock-salt lattice, sodium-chloride lattice ‖ ≃**chlorit** n (Chem) / sodium chlorite ‖ ≃**citrat** n (Chem, Pharm) / sodium citrate ‖ ≃**cyanid** n (Chem) / sodium cyanide* ‖ ≃**cyclamat** n (Chem) / sodium cyclamate*, cyclamate sodium ‖ ≃**dampfhochdrucklampe** f (eine Gasentladungslichtquelle) (Eltech) / high-pressure sodium vapour lamp ‖ ≃**dampflampe** f (eine Gasentladungslichtquelle) (Eltech) / sodium vapour lamp* ‖ ≃**dampfniederdrucklampe** f (eine Gasentladungslichtquelle) (Eltech) / low-pressure sodium vapour lamp ‖ ≃**dichromat(VI)** n (Chem) / sodium dichromate, sodium acid chromate ‖ ≃**dihydrogenphosphat** n (Chem) / sodium dihydrogenphosphate(V), sodium dihydrogenorthophosphate ‖ ≃**dioxid** n (Chem) / sodium dioxide ‖ ≃**disulfit** n (Chem) / sodium metabisulphite ‖ ≃**dithionit** n ($Na_2S_2O_4$) (Chem) / sodium dithionite, sodium hydrosulphite ‖ ≃**diuranat** n (Chem) / sodium diuranate ‖ ≃**-D-Linien** f pl (Spektr) / D-lines* pl (of sodium), sodium D-lines ‖ ≃**dodecawolframatophosphat** n (Chem) / sodium 12-tungstophosphate, sodium phosphotungstate ‖ ≃**dodecylsulfat** n (Biol, Chem, Tex) / sodium lauryl sulphate, sodium dodecyl sulphate* (SDS), dodecyl sodium sulphate ‖ ≃**dodekawolframatophosphat** n (Chem) / sodium tungstophosphate, sodium phosphotungstate ‖ ~**empfindlich** adj / sodium-sensitive adj ‖ ≃**ethoxid** n ($NaOC_2H_5$) (Chem) / sodium ethoxide, sodium ethylate ‖ ≃**ethylat** n (Chem) / sodium ethoxide, sodium ethylate ‖ ≃**ethylxanthat** n (Chem) / sodium ethylxanthate ‖ ≃**feuer** n (Anflugfeuer) (Luftf) / sodium light ‖ ≃**fluoracetat** n (Chem) / sodium fluoroacetate ‖ ≃**fluorazetat** n (Chem) / sodium fluoroacetate ‖ ≃**fluorid** n (Chem) / sodium fluoride ‖ ≃**fluoroaluminat** n (Chem) / sodium hexafluoroaluminate ‖ ≃**folat** n (Chem) / sodium folate, folic-acid sodium salt ‖ ≃**formiat** n (Chem) / sodium formate ‖ ~**gefülltes Ventil** (V-Mot) / sodium-cooled exhaust valve ‖ ≃**gehalt** m (des Bodens) (Chem, Landw) / sodicity n

**natriumgekühlt** adj / soidum-cooled adj ‖ ~**es Auslaßventil** (V-Mot) / sodium-cooled exhaust valve ‖ ~**er Reaktor** (Nukl) / sodium-cooled reactor*

**Natrium•glutamat** n (Mononatriumsalz der L-Glutaminsäure, das als Geschmacksverstärker eingesetzt wird) (Chem, Nahr) / monosodium glutamate*, MSG ‖ ≃**gold(III)-chlorid** n (Glas, Keram) / gold sodium chloride (used in the decoration of glass and ceramics) ‖ ≃**-Graphit-Reaktor** m (Nukl) / sodium-graphite reactor ‖ ≃**halogenid** n (Chem) / sodium halide

**Natriumhexa•cyanoferrat(III)** n (Chem) / sodium hexacyanoferrate(III), sodium ferricyanide ‖ ≃**cyanoferrat(II)** (Chem) / sodium hexacyanoferrate(II), sodium ferrocyanide ‖ ≃**fluoroaluminat** n (Chem) / sodium hexafluoroaluminate ‖ ≃**fluorosilicat** n (Chem) / sodium fluosilicate, sodium hexafluorosilicate, sodium silicofluoride ‖ ≃**fluorosilikat** n (Chem) / sodium fluosilicate, sodium fluorosilicate, sodium silicofluoride ‖ ≃**hydroxostannat** n (IV) (Chem) / sodium hexahydroxostannate, sodium stannate, preparing salt ‖ ≃**metaphosphat** n (Chem) / sodium hexametaphosphate ‖ ≃**oxoperiodat** n (Chem) / sodium paraperiodate ‖ ≃**zyanoferrat(III)** n (Chem) / sodium hexacyanoferrate(III), sodium ferricyanide ‖ ≃**zyanoferrat(II)** (Chem) / sodium hexacyanoferrate(II), sodium ferrocyanide

**Natrium•hochdrucklampe** f (Eltech) / high-pressure sodium vapour lamp ‖ ≃**hydrid** n (NaH) (Chem) / sodium hydride ‖ ≃**hydrodisulfit** n (Chem) / sodium dithionite, sodium hydrosulphite

**Natriumhydrogen•carbonat** n (Chem) / sodium hydrogen carbonate, sodium bicarbonate, bicarbonate of soda, soda n, acidic sodium carbonate ‖ ≃**fluorid** n (Chem) / sodium bifluoride, sodium acid fluoride ‖ ~**karbonat** *n* (Chem) / sodium hydrogen carbonate, sodium bicarbonate, bicarbonate of soda, soda *n*, sodium acid carbonate ‖ ~**orthophosphat** *n* (Chem) / disodium hydrogen phosphate(V), disodium orthophosphate ‖ ~**sulfat** *n* (NaHSO$_4$) (Chem) / sodium hydrogen sulphate, sodium bisulphate **atrium•hydrosulfit** *n* (Chem) / sodium dithionite, sodium hydrosulphite ‖ ~**hydroxid** *n* (Chem) / sodium hydroxide* ‖ ~**hydroxid** (Chem) s. auch Ätznatron ‖ ~**hyperoxid** (NaO$^2$) (Chem) / sodium dioxide ‖ ~**hypochlorit** *n* (Chem) / sodium hypochlorite ‖ ~**hypophosphit** *n* (Chem, Galv) / sodium phosphinate ‖ ~**iodat** *n* (Chem) / sodium iodate ‖ ~**iodid** *n* (Chem) / sodium iodide ‖ ~**iodidkristall** *m* (mit Thallium aktivierter anorganischer Szintillator) (Radiol) / sodium iodide scintillation crystal*, thallium-activated sodium iodide detector, NaI crystal ‖ ~**-Kalium-Legierung** *f* (Hütt) / NaK* *n*, NaK-alloy *n*, sodium-potassium alloy ‖ ~**-Kalium-Pumpe** *f* (Biochem, Physiol) / potassium-sodium pump, sodium-potassium pump, sodium pump ‖ ~**kaltfalle** *f* (Nukl) / sodium cold trap ‖ ~**karbonat** *n* (Chem) / sodium carbonate ‖ ~**karbonat-Dekahydrat** *n* (Kristallsoda) (Chem) / sodium carbonate decahydrate, sal soda ‖ ~**karboxymethylzellulose** *f* (Chem) / sodium carboxymethylcellulose ‖ ~**kreislauf** *m* (Nukl) / sodium loop ‖ ~**kühlfalle** *f* (Nukl) / sodium cold trap ‖ ~**lactat** *n* (Chem, Med) / sodium lactate ‖ ~**laktat** *n* (Chem, Med) / sodium lactate ‖ ~**laurylsulfat** *n* (Biol, Chem, Tex) / sodium lauryl sulphate, sodium dodecyl sulphate* (SDS), dodecyl sodium sulphate ‖ ~**laurylsulfoacetat** *n* (Chem) / sodium lauryl sulphoacetate ‖ ~**laurylsulfoazetat** *n* (Chem) / sodium lauryl sulphoacetate ‖ ~**legierung** *f* (Hütt) / sodium alloy ‖ ~**licht** *n* / sodium light ‖ ~**metaborat** *n* (Chem) / sodium metaborate ‖ ~**metagermanat** *n* (Chem, Glas) / sodium metagermanate ‖ ~**metaphosphatperle** *f* (zum Nachweis bestimmter Metalle) (Chem) / sodium phosphate bead ‖ ~**metasilikat** *n* (Chem) / sodium metasilicate ‖ ~**metavanadat** *n* (Chem) / sodium metavanadate ‖ ~**methanolat** *n* (Chem) / sodium methoxide, sodium methylate ‖ ~**methoxid** *n* (Chem) / sodium methoxide, sodium methylate ‖ ~**methylat** *n* (Chem) / sodium methoxide, sodium methylate ‖ ~**molybdat(VI)** *n* (Chem) / sodium molybdate ‖ ~**monochromat** *n* (Chem) / sodium chromate(VI) ‖ ~**monofluorophosphat** *n* (Chem) / sodium monofluorophosphate ‖ ~**monosulfid** *n* (Chem) / sodium sulphide, sodium sulphuret ‖ ~**monovanadat** *n* (Chem) / sodium metavanadate ‖ ~**monoxid** *n* (Na$_2$O) (Chem) / sodium monoxide, sodium oxide ‖ ~**morrhuat** *n* (internationaler Freiname für die Na-Salze der Fettsäuren des Leberöls vom Kabeljau) (Chem) / sodium morrhuate ‖ ~**niederdrucklampe** *f* (Eltech) / low-pressure sodium vapour lamp ‖ ~**niobat** *n* (Chem) / sodium niobate ‖ ~**nitrat** *n* (Chem) / sodium nitrate* ‖ ~**nitrit** *n* (Chem) / sodium nitrite ‖ ~**oleat** *n* (Chem, Med, Tex) / sodium oleate ‖ **sekundäres** ~**orthophosphat** *n* (Chem) / disodium hydrogen phosphate(V), disodium orthophosphate ‖ ~**oxalat** *n* (Chem) / sodium oxalate ‖ ~**oxid** *n* (Chem) / sodium monoxide, sodium oxide ‖ ~**paraperiodat** *n* (Chem) / sodium paraperiodate ‖ ~**pentachlorphenolat** *n* (Chem, For, Landw) / sodium pentachlorphenate ‖ ~**pentacyanonitrosylferrat(III)** *n* (Chem) / sodium nitroprusside, sodium pentacyanonitrosylferrate(III), disodium pentacyanonitrosylferrate(III) ‖ ~**perborat** (entweder NaBO$_2$ . H$_2$O$_2$ . 3H$_2$O oder Na$_2$B$_4$O$_7$ . H$_2$O$_2$ . 9H$_2$O) (Chem) / sodium perborate ‖ ~**percarbonat** *n* (Chem) / sodium percarbonate ‖ ~**perchlorat** *n* (Chem) / sodium perchlorate ‖ ~**periodat** *n* (Chem) / sodium periodate ‖ ~**perkarbonat** *n* (Chem) / sodium percarbonate ‖ ~**peroxid** *n* (Na$_2$O$_2$) (Chem) / sodium peroxide ‖ ~**peroxodisulfat** *n* (Chem, Med) / sodium peroxodisulphate, sodium persulphate ‖ ~**persulfat** *n* (als Handelsbezeichnung) (Chem, Med) / sodium peroxodisulphate, sodium persulphate ‖ ~**phenolat** *n* (Chem) / sodium phenate, sodium carbolate, sodium phenolate ‖ ~**phosphat** *n* (Chem) / sodium phosphate ‖ **primäres** ~**phosphat** *n* (Chem) / sodium dihydrogen phosphate(V), sodium dihydrogenorthophosphate ‖ ~**phosphinat** *n* (Reduktionsmittel beim stromlosen Vernickeln) (Chem, Galv) / sodium phosphinate ‖ ~**plumbitverfahren** *n* (Erdöl) / sodium plumbite process ‖ ~**polysulfid** *n* (Natriumderivat der Sulfane) (Chem) / sodium polysulphide ‖ ~**polywolframat** *n* (Chem) / sodium polytungstate ‖ ~**presse** *f* (Chem) / sodium-wire press ‖ ~**propionat** *n* (E 281) (Chem, Nahr) / sodium propionate ‖ ~**pumpe** *f* (Biochem, Physiol) / potassium-sodium pump, sodium-potassium pump, sodium pump ‖ ~**pyrophosphat** *n* (Chem, Nahr) / sodium pyrophosphate, tetrasodium pyrophosphate, TSPP ‖ ~**pyrosulfit** *n* (Chem) / sodium metabisulphite ‖ ~**salicylat** *n* (Chem, Pharm) / sodium salicylate ‖ ~**salizylat** *n* (Chem, Pharm) / sodium salicylate ‖ ~**salz** *n* **der Kokosfettsäuren** (Chem) / sodium cocoate ‖ ~**salz der Talgfettsäuren** (Chem) / sodium tallowate ‖ ~**schlupf** *m* (bei Ionenaustauschern) (Chem Verf) / sodium leakage ‖ ~**-Schwefel-Akkumulator** *m* (Eltech) / sodium-sulphur-battery, sodium-sulfur-battery (US) ‖ ~**-Schwefel-Batterie** *f* (Eltech) / sodium-sulphur-battery, sodium-sulfur-battery (US) ‖ ~**seife** *f* (Chem) / sodium soap ‖ ~**sesquisilicat** *n* (Chem) / sodium sesquisilicate ‖ ~**sesquisilikat** *n* (Chem) / sodium sesquisilicate ‖ ~**silicat** *n* (Chem) / sodium silicate, silicate of soda ‖ ~**silicofluorid** *n* (Chem) / sodium fluosilicate, sodium fluorosilicate, sodium silicofluoride ‖ ~**silikat** *n* (Chem) / sodium silicate, silicate of soda ‖ ~**silikofluorid** *n* (Chem) / sodium fluosilicate, sodium fluorosilicate, sodium silicofluoride ‖ ~**stearat** *n* (Chem) / sodium stearate ‖ ~**succinat** *n* (Chem, Pharm) / sodium succinate ‖ ~**sukzinat** *n* (Chem, Pharm) / sodium succinate ‖ ~**sulfat** *n* (Chem) / sodium sulphate ‖ **technisches** ~**sulfat** (Chem) / salt cake ‖ **primäres** ~**sulfat** (Chem) / sodium hydrogen sulphate, sodium bisulphate ‖ **saures** ~**sulfat** (Chem) / sodium hydrogen sulphate, sodium bisulphate ‖ ~**sulfid** *n* (Na$_2$S) (Chem) / sodium sulphide, sodium sulphuret ‖ ~**sulfit** *n* (E 221) (Chem, Nahr) / sodium sulphite ‖ ~**superoxid** *n* (Chem) / sodium peroxide ‖ ~**tartrat** *n* (zugelassen auch als Lebensmittelzusatzstoff - E 335) (Chem, Nahr) / sodium tartrate, disodium tartrate, sal tartar ‖ ~**tetraborat** *n* (Chem) / sodium tetraborate ‖ ~**tetraborat-Dekahydrat** *n* (Borax) (Chem) / disodium tetraborate-10-water, sodium tetraborate decahydrate ‖ ~**tetrahydridoborat** *n* (Chem) / sodium tetrahydridoborate, sodium borohydride, sodium hydridoborate ‖ ~**thiocyanat** *n* (Chem) / sodium thiocyanate, sodium sulphocyanate ‖ ~**thioglykolat** *n* (Chem) / sodium thioglycolate ‖ ~**thioglykolat** *n* (Chem) / sodium thioglycolate ‖ ~**thiosulfat** *n* (Chem) / sodium thiosulphate*, sodium subsulphite ‖ ~**thiozyanat** *n* (Chem) / sodium thiocyanate, sodium sulphocyanate ‖ ~**trichloroacetat** *n* (Chem) / sodium trichloroacetate, sodium TCA ‖ ~**trichloroazetat** *n* (Chem) / sodium trichloroacetate, sodium TCA ‖ ~**triphosphat** *n* (Chem) / sodium tripolyphosphate (STPP), pentasodium triphosphate ‖ ~**tripolyphosphat** *n* (Chem) / sodium tripolyphosphate (STPP), pentasodium triphosphate ‖ ~**wasserglas** *n* (Chem Verf) / sodium silicate, soda water glass ‖ ~**wolframat** *n* (Chem) / sodium tungstate, sodium wolframate ‖ ~**xanthat** *n* (Chem) / sodium xanthate, sodium xanthogenate ‖ ~**xanthogenat** *n* (Chem) / sodium xanthate, sodium xanthogenate ‖ ~**zellulosexanthogenat** *n* (Chem, Plast) / sodium cellulose xanthate ‖ ~**zitrat** *n* (Chem, Pharm) / sodium citrate ‖ ~**zyanid** *n* (Chem) / sodium cyanide* ‖ ~**zyklamat** *n* (ein Zuckeraustauschstoff) (Chem) / sodium cyclamate*, cyclamate sodium

**natriuretisch** *adj* (Peptid) (Physiol) / natriuretic *adj*
**Natrojarosit** *m* (Min) / natrojarosite* *n*
**Natrolith** *m* (ein Faserzeolith) (Min) / natrolite* *n*
**Natron** *n* (als Ausblühung des Bodens, aus den Natronseen) (Min) / natron* *n* ‖ ~ (Chem) s. auch Natrium und Natriumhydrogenkarbonat ‖ ~**alaun** *m* (Min) / sodium alum, soda alum ‖ ~**feldspat** *m* (z.B. Albit) (Min) / soda felspar, sodium felspar, Na felspar ‖ ~**hornblende** *f* (z.B. Arfvedsonit, Riebeckit) (Min) / soda hornblende ‖ ~**kalk** *m* (Ätznatron-Ätzkalk-Gemisch) (Chem) / soda lime ‖ ~**kalkglas** *n* (Glas) / soda-lime glass ‖ ~**-Kalk-Kieselsäureglas** *n* (Glas) / soda-lime-silica glass* ‖ ~**lauge** *f* (technisch reines Natriumhydroxid in wäßriger Lösung mit 50 Gew.-% NaO - DIN 19616, T 2) (Chem Verf) / caustic lye of soda, caustic-soda solution (sodium-hydroxide solution) ‖ ~**rückgewinnung** *f* (Pap) / soda recovery* ‖ ~**salpeter** *m* (Chem, Min) / nitratine* *n*, soda nitre*, soda niter (US), Peru saltpetre ‖ ~**salpeter** s. auch Chilesalpeter ‖ ~**see** *m* (mit NaCl und Na$_2$SO$_4$) (Geol) / soda lake*, alkali lake ‖ ~**verfahren** *n* (Pap) / soda pulping process ‖ ~**wasserglas** *n* (aus dem Schmelzfluß erstarrtes glasiges wasserlösliches Natriumsilicat) (Chem Verf) / sodium silicate, soda water glass ‖ **mit** ~**wasserglas geleimt** (Pap) / silicate-sized *adj* ‖ ~**weinstein** *m* (Chem) / potassium-sodium tartrate ‖ ~**zellstoff** *m* (der durch Kochen pflanzlicher Rohstoffe mit Natronlauge erhalten wird) (Pap) / soda pulp ‖ ~**zellstoffkocher** *m* (Pap) / soda digester
**Natté** *m* (nattébindiges Gewebe) (Web) / natte *n* ‖ ~ (eine Ableitung von der Panamabindung) (Web) / natte *n*
**Nattébindung** *f* (Web) / natte *n*
**Natur-** / natural *adj*
**Natur** *f* (Biol) / nature *n*
**natura, in ~** / in kind
**Natural Yellow 2** (Chem) / luteolin *n*
**Natur•asphalt** *m* (z.B. Asphaltit, Asphaltgestein, Seeasphalt, Asphaltschiefer usw.) (Geol, Min) / native asphalt, natural asphalt ‖ ~**asphalt aus dem Asphaltsee** (Pitch Lake) **in Trinidad** (Geol, Min) / lake pitch
**naturbelassen** *adj* (Nahr) / unrefined *adj* ‖ **~e Lebensmittel** (Nahr) / food in its unrefined state
**Natur•bims** *m* (Geol) / pumice* *n*, pumice stone *n*, pumicite *n* ‖ ~**bleiche** *f* (Tex) / grassing *n*, lawn bleaching, grass bleaching ‖ ~**brücke** *f* (über ein Erosionstal) (Geol) / natural bridge ‖ ~**darm** *m* (Nahr) / gut *n*, natural casing
**natureller Schnitt** (Buchb) / trimmed edge*
**Natur•energieträger** *m* (Kftst) / natural fuel ‖ ~**farbe** *f* (Chem) / natural dye, natural dyestuff ‖ **~farben** *adj* / natural-coloured *adj* ‖ **~farben**

**Naturfarbstoff**

(Tex) / grey* adj, unbleached adj, greige* adj ‖ ⁓**farbstoff** m (Chem) / natural dye, natural dyestuff ‖ **vegetabilischer** ⁓**farbstoff** / vegetable dye, vegetable dyestuff ‖ ⁓**faser** f (als Gegensatz zu Chemiefasern - DIN 60001, T 1) (Tex) / natural fibre ‖ ⁓**faserverbundwerkstoff** m / natural-fibre-based composite ‖ ⁓**formsand** m (Gieß) / natural sand, natural moulding sand ‖ ⁓**gas** n (Geol) / natural gas* ‖ ⁓**gasentschwefelung** f / natural-gas sweetening ‖ ⁓**gebleicht** adj (Pap, Tex) / grass-bleached* adj ‖ ⁓**gegebene** (Funk)**Störung** (Radio) / natural noise ‖ ⁓**gemäß** adj / natural adj ‖ ⁓**gesetz** n (Erfahrungssatz der Naturwissenschaft, der als absolut gesichert angesehen wird - lex naturae) / law of nature, natural law ‖ ⁓**glas** n (Geol) / natural glass* ‖ ⁓**glimmer** m (Bergb, Eltech) / natural mica ‖ **zerkleinerter und mit Bindemitteln verpreßter** ⁓**glimmer**(**Mikanit, Mikafolium**) (Eltech) / micafolium* n ‖ ⁓**güter** n pl (z.B. Wasser, Luft, Tiere, Pflanzen, Bodenschätze) (Umwelt) / natural resources ‖ ⁓**hafen** n (ohne künstliche Ausbauten benutzbarer Anker- und Anlegeplatz) (Schiff) / natural harbour ‖ ⁓**harz** n (pflanzlicher oder tierischer Herkunft) / natural resin ‖ ⁓**harz** (Sekret von Bäumen) (For) / natural resin, pitch n ‖ ⁓**harzlack** m (DIN 55 945) (Anstr) / natural-resin paint ‖ ⁓**identisch** adj (Aromastoff - dem natürlichen Aromastoff chemisch gleich) (Nahr) / nature-identical adj ‖ ⁓**kante** f (des Walzprodukts) (Hütt) / mill edge ‖ ⁓**katastrophe** f (Umwelt) / natural disaster, natural catastrophe ‖ ⁓**kautschuk** m (DIN ISO 1629) (Chem Verf) / natural rubber, NR ‖ ⁓**kautschuk** (der in Krümelform hergestellt und zu kompakten Ballen gepreßt wird) (Chem Verf) / comminuted rubber ‖ ⁓**koks** m (minderwertiger) / cinder coal ‖ ⁓**koks** (durch Kontaktmetamorphose in Kohlelagerstätten gebildete koksähnliche poröse Masse) (Geol) / natural coke*, blind coal, carbonite n, cokeite n, finger coal ‖ ⁓**konstante** f (Phys) / natural constant, physical constant ‖ **universelle** ⁓**konstante** (Phys) / universal constant, fundamental constant ‖ ⁓**kork** m / natural cork ‖ ⁓**korrosionsversuch** m (Galv) / atmospheric exposure test, weathering test, outdoor exposure test ‖ ⁓**korund** m (Min) / natural corundum ‖ ⁓**kunstdruckpapier** n (Pap) / imitation art paper ‖ ⁓**lack** m (Anstr) / natural paint ‖ ⁓**landschaft** f (von Menschen nicht oder nur unwesentlich beeinflußte Landschaft) (Umwelt) / natural landscape, virgin landscape

**natürlich** adj / natural adj ‖ ⁓ (Farbe) / natural adj, life-like adj ‖ ⁓**es Absorptionsmaß** (der natürliche Logarithmus des Kehrwertes des spektralen Reintransmissionsgrades) (Opt) / internal transmission density (to the base e) ‖ ⁓**es Altern** (Hütt) / natural age hardening, natural ageing (at room temperature), natural aging ‖ ⁓**er Antikörper** (Med) / natural antibody* ‖ ⁓**er Aromastoff** (Nahr) / natural flavouring ‖ ⁓**e Auslese** (Biol) / natural selection* ‖ ⁓**e Beleuchtung** (Licht) / daylighting n, natural lighting ‖ ⁓**er Betonzuschlag** (nicht aufbereiteter) (Bau, HuT) / bank-run gravel, bank gravel, run-of-bank gravel ‖ ⁓ **bewegtes Kühlmittel** (Eltech) / naturally circulated coolant ‖ ⁓**e Bewitterung** / outdoor exposure, outdoor weathering, atmospheric weathering ‖ ⁓**er Böschungswinkel** (HuT) / angle of repose*, natural slope*, angle of rest ‖ ⁓**er Brennstoff** (z.B. Kohle, Erdgas) (Kftst) / primary fuel ‖ ⁓**e Dauerhaftigkeit** (von Holz) (For) / natural durability ‖ ⁓**er Durchstich** (HuT, Wasserb) / avulsive cut-off ‖ ⁓**er Farbstoff** (Chem) / natural dye, natural dyestuff ‖ ⁓**e Faser** (Tex) / natural fibre ‖ ⁓**er Felshohlraum** (Bergb, Geol) / cavern n, cavity n ‖ ⁓**e Feuchtigkeit** (der Kohle) (Bergb) / bed moisture ‖ ⁓**er Feuchtigkeitsfaktor** (bei kosmetischen Pflegemitteln) / natural moisture factor, NMF ‖ ⁓**e Flotierbarkeit** (Aufber) / inherent floatability* ‖ ⁓**e Frequenz** (Fernm, Phys) / natural frequency*, fundamental frequency, resonance frequency ‖ ⁓ **glänzend** (ungeschliffener Edelstein) (Min) / naif adj ‖ ⁓**es Glas** (Geol) / natural glass* ‖ ⁓**e Gleichung** (in der Kurventheorie) (Math) / intrinsic equation*, natural equation ‖ ⁓**e Größe** (Maßstab 1:1) / full scale ‖ ⁓**e Größe** (Istgröße) / actual size, full size, natural size ‖ ⁓**er Grundpegel** (der ionisiernden Strahlung) (Radiol) / natural background level, natural radiation level ‖ ⁓**es Harz** / natural resin ‖ ⁓**e Hilfsquellen** (Umwelt) / natural resources ‖ ⁓**e Holztrocknung** (For) / natural seasoning, air seasoning, air drying ‖ ⁓**er Horizont** (Astr) / visible horizon*, apparent horizon*, sensible horizon* ‖ ⁓**e Informationseinheit** (DIN 5493, T 1) / natural information unit ‖ ⁓**es Isotop** (Kernphys) / natural isotope ‖ ⁓**e Isotope des Urans** (238, 235 und 234) (Chem) / natural uranium* ‖ ⁓**e Klassifikation** (auf der abgestuften Ähnlichkeit der Organismen aufbauende) (Bot) / natural classification* ‖ ⁓**e Konvektion** (wenn die Ursache der Bewegung Dichteunterschiede sind, die aus Temperaturunterschieden resultieren) (Phys) / natural convection ‖ ⁓**e Kühlung** / natural cooling ‖ ⁓**es Licht** (Licht) / natural light ‖ ⁓**e Linienbreite** (einer Absorptions- oder Emissionslinie) (Spektr) / natural line width ‖ ⁓**er Logarithmus** (DIN 5493, T 1) (Math) / natural logarithm, ln, hyperbolic logarithm*, Napierian logarithm* ‖ ⁓**e Lüftung** / natural ventilation ‖ ⁓**er Luftzug** (Masch) / natural draught* ‖ ⁓**e Magnetisierung** (DIN 1358) (Geophys) / natural remanent magnetization, NRM ‖ ⁓**er Oxidfilm** (Chem) / natural-oxide film, native-oxide skin ‖ ⁓**e Oxidhaut** (auf Aluminiumteilen) (Chem) / natural-oxide film, native-oxide skin ‖ ⁓**e Parität** (Kernphys) / natural parity ‖ ⁓**es Pigment** (z.B. Eisenrot, Auripigment) (Anstr) / natural pigment ‖ ⁓**es Polymer** (Chem) / natural polymer ‖ ⁓**e Radioaktivität** (die Radioaktivität der in der Natur vorkommenden Nuklide) (Kernphys) / natural radioactivity* ‖ ⁓**e Ressourcen** (Umwelt) / natural resources ‖ ⁓**e Röste** (Oberbegriff für Fluß-, Teich- und Rasenröste) (Tex) / biological retting, natural retting ‖ ⁓**es Schleifmittel** (z.B. Diamant, Schmirgel oder Granat) natural abrasive ‖ ⁓**e Setzung** (des Bodens) (HuT) / consolidation* n ‖ ⁓**e Sprache** (historisch gewachsene Sprache, z.B. Deutsch oder Englisch) / natural language* ‖ ⁓**er Stein** (Bau, HuT) / natural stone ‖ ⁓**e Strahlenexposition** (Kernphys, Radiol) / natural background*, background radiation ‖ ⁓**e Strahlung** (die Gesamtheit der ionisierenden Strahlung, die ohne Zufuhr radioaktiver Stoffe oder sonstige Veränderungen durch den Menschen an der Erdoberfläche anzutreffen ist) (Kernphys, Radiol) / natural background*, background radiation ‖ ⁓**e Trocknung** (For) / natural (air) seasoning, air drying ‖ ⁓**e Umwelt** (Umwelt) / natural environment ‖ ⁓**e Vegetationsdecke** (Umwelt) / natural vegetation ‖ ⁓ **vorkommendes Pigment** (Anstr) / natural pigment ‖ ⁓**er Wassergehalt** (der Kohle) (Bergb) / bed moisture ‖ ⁓**er Wassergehalt** (des Bodens) (Geol, Landw) / field moisture capacity, field capacity* ‖ ⁓**e Wasserstraße** (Wasserb) / natural waterway ‖ ⁓**es Weideland** (Landw) / rough grazing ‖ ⁓**e Zahl** (DIN 5473) (Math) / natural number*, positive integer ‖ ⁓**er Zerfall** (Kernphys) / natural decay, natural disintegration ‖ ⁓**er Zug** (Masch) / natural draught*

**natürlich · sprachige Generierung** (Erzeugung von Sätzen in natürlicher Sprache aus der semantischen Repräsentation in einem sprachverstehenden System) (EDV) / natural-language generation ‖ ⁓**sprachliches Interface** / natural-language interface, NLI, NL interface ‖ ⁓**sprachliche Schnittstelle** / natural-language interface, NLI, NL interface ‖ ⁓**sprachliches Zugangssystem** / natural-language interface, NLI, NL interface

**Natur · modell** n (Gieß) / natural pattern, solid (shell) pattern ‖ ⁓**papier** n (das sich nicht für Halbtonvorlagen eignet) (Druck, Pap) / uncoated paper, uncoated stock ‖ **satiniertes** ⁓**papier** (ein Illustrationsdruckpapier) (Pap) / imitation art paper ‖ ⁓**park** m (ein großräumiges Landschafts- bzw. Naturschutzgebiet, das sich besonders für die Erholung und den Fremdenverkehr eignet) (Umwelt) / national park, nature park ‖ ⁓**produkt** n (Chem, Nahr) / natural product, natural substance ‖ ⁓**reichtümer** m pl (Umwelt) / natural resources ‖ ⁓**reichtümer des Meeres** (Bergb, Geol, Umwelt) / maritime resources ‖ ⁓**reis** m (gereinigter, ausgelesener) (Nahr) / brown rice, husked rice, hulled rice ‖ ⁓**reservat** n (Umwelt) / nature reserve ‖ ⁓**reserven** f pl (Umwelt) / natural resources ‖ ⁓**sand** m (ein natürliches Gesteinsgemisch der Korngrößen 0,09 bis 2 mm) (Gieß) / natural sand, natural moulding sand ‖ ⁓**schnitt** m (Buchb) / trimmed edge* ‖ ⁓**schutz** m (Umwelt) / nature conservation, conservation* n, nature preservation ‖ **Beauftragter für** ⁓**schutz und Landschaftspflege** (Umwelt) / commissioner for nature conservation and landscape management ‖ ⁓**schützer** m (Umwelt) / conservationist n ‖ ⁓**schützer** s. auch Ökologe und Umweltschützer ‖ ⁓**schutzgebiet** n (Umwelt) / nature reserve ‖ ⁓**schutzpark** m (ein großräumiges Landschafts- bzw. Naturschutzgebiet, das sich besonders für die Erholung und den Fremdenverkehr eignet) (Umwelt) / national park, nature park ‖ ⁓**seide** f (Tex) / pure silk, natural silk

**Naturstein** m (Bau, HuT) / natural stone ‖ **rohbehauener** ⁓ (Bau) / rough ashlar* ‖ ⁓**imitation** f (Bau) / French stuc* ‖ ⁓**konservierung** f (Bau) / conservation of natural stones ‖ ⁓**mauerwerk** n (Bau) / ashlar n, ashlar masonry ‖ ⁓**mauerwerk aus mit dem Bossier- oder Schrothammer bekantetem Naturstein** (Bau) / axed work* ‖ ⁓**säge** f (Werkz) / grub saw* ‖ ⁓**verblendung** f (mit grobbehauenen Steinen) (Bau) / bastard ashlar, bastard masonry

**Naturstoff** m (Chem, Nahr) / natural product, natural substance ‖ **abgewandelter** ⁓ (ein Derivat der Zellulose) (der der Umformung nichtelektrischer Meßgrößen in elektrische Widerstände dient) (Eltronik) / resistance pick-up, resistive pick-up ‖ **marine** ⁓**e** / marine natural products ‖ **organischer** ⁓ / organic natural product ‖ ⁓**chemie** f (Chem) / natural products chemistry (the chemistry of compounds synthesized by living organisms), chemistry of natural products ‖ ⁓**extrakt** m n (Chem) / natural-product extract ‖ ⁓**-Screening** n (systematisches Durchtesten von Naturstoffen) (Chem) / screening of natural products

**Natur · umlauf** m (in Verdampfern, die nach dem Thermosiphonprinzip arbeiten) (Chem Verf) / natural circulation ‖ ⁓**umlaufdampferzeuger** m (Masch) / natural circulation boiler ‖ ⁓**umlaufkessel** m (Masch) / natural circulation boiler ‖ ⁓**uran** n (Chem) / natural uranium* ‖ ⁓**uranblock** m (als Brennstoff) (Nukl) / natural-uranium slug ‖ ⁓**uranreaktor** m (ein thermischer Reaktor, der mit natürlichem Uran als Kernbrennstoff betrieben wird) (Nukl)

/ natural-uranium reactor* ‖ ⁓weide f (größere) (Landw) / range n, rangeland n, grazing n (natural) ‖ ~weiß adj / naturally white
aturwissenschaft f (im Sinne von Windelband-Rickert) / science* n, natural science, physical science, nomothetic science ‖ exakte ⁓ / exact science
aturwissenschaftler m / natural scientist, physical scientist
aturwissenschaftlich adj / physical adj ‖ ~ / scientific adj
latur•zugkühlturm m / natural-draught cooling tower ‖ im ⁓zustand / natural adj
laumannit m (ein Ag-Sulfid) (Min) / naumannite n
lautik f (Schiffahrtskunde) (Schiff) / navigation* n, marine navigation
autisch adj (Schiff) / nautical adj ‖ ⁓es Dämmerung (Astr) / nautical twilight* ‖ ⁓es Dreieck (Nav) / navigational triangle ‖ ~e Karte (Kart, Ozean) / nautical chart, marine chart, marine map ‖ ~e Tafeln (für die Lösung von Aufgaben der Navigation und der Nautik) (Schiff) / nautical tables
Naval Stores pl (Anstr, Chem) / naval stores
Navalisieren n (eine Korrosionsschutzmaßnahme gegen Seewasser) (Schiff) / marinizing n
Navier-Stokes-Gleichungen f pl (Bewegungsgleichungen einer isotropen zähen Flüssigkeit - nach C.L.M.H. Navier, 1785-1836, und Sir G.G. Stokes, 1819-1903) (Phys) / Navier-Stokes equations
Navigation f (beim Online-Publishing) (EDV) / navigation n ‖ ⁓ (EDV) / navigation n ‖ ⁓ (z.B. terrestrische oder astronomische) (Nav) / navigation* n, nav ‖ ⁓ (Schiff) / navigation* n (marine) ‖ astronomische ⁓ (Nav) / celestial navigation, astrogation n, astronavigation n, stellar guidance ‖ barometrische ⁓ (Luftf, Nav) / pressure-pattern flying* ‖ strategische ⁓ (Nav) / strategic navigation ‖ taktische ⁓ (Mil) / tactical navigation ‖ terrestrische ⁓ (mit Hilfe von Ortungsverfahren, die auf visueller Beobachtung von terrestrischen Objekten beruht) (Nav) / terrestrial navigation, pilotage n, visual navigation
Navigations•- (Nav) / navigational adj ‖ ⁓arbeitskarte f (Nav) / plotting sheet, plotting chart ‖ ⁓besteck n (Nav) / navigation plotting equipment, navigational plotting equipment ‖ ⁓boje f (Schiff) / navigation buoy ‖ ⁓fehler m (Nav) / navigational error ‖ ⁓hilfe f (außerhalb des Flugzeugs) (Luftf) / aid to navigation ‖ ⁓hilfe f (innerhalb des Flugzeugs) (Luftf) / navigational aid, navaid n ‖ bodenunabhängige ⁓hilfe (Luftf, Nav) / self-contained aid ‖ ⁓karte f (Kart) / navigation chart ‖ ⁓karte f (für Luft- und Schiffahrt) (Luftf, Schiff) / chart n ‖ ⁓koordinaten f pl (Nav) / navigation coordinates ‖ ⁓lampen f pl (Luftf) / navigation lights*, running lights ‖ ⁓leuchten f pl (Luftf) / navigation lights*, running lights ‖ ⁓lichter n pl (Luftf) / navigation lights*, running lights ‖ ⁓offizier m (Mil, Nav) / navigator n ‖ ⁓radar m n (Nav, Radar) / navigational radar ‖ ⁓rechner m (EDV, Luftf) / position-and-homing indicator ‖ ⁓rechner (Nav) / navigation computer ‖ ⁓satellit m (unbemannter künstlicher Erdsatellit, der während seines Umlaufs als Ortungsmarke für die See- und Luftnavigation dient) (Nav) / navigational satellite ‖ ⁓system n (Radio) / navigational system* ‖ ⁓tafel f (Luftf, Nav) / plotting board ‖ ⁓tisch m (Luftf, Nav) / plotting table
Navigator m (Mil, Nav) / navigator n
navigieren v (EDV, Nav) / navigate v ‖ ⁓ n (EDV) / navigation n ‖ ⁓ (in Datenbanksystemen) (EDV) / navigation n
Nb (Chem) / niobium* n
NB (eine Betriebsart einer elektrischen Maschine) (Eltech) / rating* n ‖ ⁓ (Eltech) / mains operation, line operation
NBC-RIM-Verfahren n (bei dem Polyamid-Polypropylenglycol-Blockcopolymere entstehen) (Chem Verf) / nylon-block-copolymer-reaction injection moulding
NBD-Chlorid n (4-Chlor-7-nitro-2,1,3-benzoxadiazol - auch zur Dopingkontrolle verwendet) (Chem) / NBD chloride
NBR (Plast) / nitrile rubber, acrylonitrile-butadiene rubber, NBR, nitrile-butadiene rubber, NR, nitrile-based rubber
N-Bromsuccinimid n (Chem) / N-bromosuccinimide n
NBS (ein Bromierungsreagens) (Chem) / N-bromosuccinimide n
NC (Chem) / nitrocellulose* n, cellulose nitrate
NC-Lack m (Anstr) / nitrocellulose lacquer, nitrocellulose material, cellulose n
NCM (Masch) / numerically controlled machine, NC machine
NC-Maschine f (Masch) / numerically controlled machine, NC machine
NC-Postprozessor m (DIN 66257) (EDV) / postprocessor n
NC-Programm n (Masch) / NC program
NC-Prozessor m (DIN 66257) (EDV) / NC processor, general-purpose processor
NCR-Papier n (Pap) / carbonless copy paper, NCR (= no carbon required)*, non-carbon paper, NCP
NC-Rundschleifmaschine f (Masch) / NC cylindrical grinding machine
NC-Technik f (Masch) / NC technology
Nd (Chem) / neodymium* n
ND (Glas) / nominal thickness ‖ ⁓ (Masch) / nominal pressure, pressure norm, PN

N-Darstellung f (Radar) / N-display* n
ND-Brenner m (Masch, Schw) / low-pressure torch
NDDO-Näherung f (bei der Berechnung von Zweizentren-Elektronenwechselwirkungsintegralen) (Chem) / NDDO approximation
NDES (Nukl) / nuclear steam supply system, NSSS
ND-Filter n (Foto) / neutral-density filter*, neutral filter, non-selective filter
NDGA (EDV, Nahr) / nordihydroguaiaretic acid, NDGA
Ndiloöl n (aus Calophyllum inophyllum L.) / poon oil
n-dimensional adj (Math) / n-dimensional adj ‖ ~e Mannigfaltigkeit (Math) / n-manifold n
NDIR (Spektr) / non-dispersive infrared spectroscopy, NDIR spectroscopy, non-dispersive IR spectroscopy
NDIR-Verfahren n (ein fotometrisches Gasmeßverfahren) (Spektr) / NDIR process
ND-Kompressor m (Luftf) / low-pressure compressor*, LP compressor*
ND-Plasmatechnik f (Anstr) / low-pressure plasma technology
NDT-Technik f (WP) / non-destructive testing*, NDT*, non-destructive examination, NDE
Nd-YAG-Laser m (ein Halbleiterlaser) / Nd-YAG-laser n
Ne (Chem) / neon* n
Neapelgelb n (Bleiantimonat(V)) (Anstr, Glas, Keram) / Naples yellow, antimony yellow, Mérimée's yellow
near-line adj (gesicherte Daten, auf die nach einer kurzen Anlaufzeit wie auf Online-Daten zugegriffen werden kann) (EDV) / near-line attr
Near-Zeiger m (EDV) / near pointer
"Neat"-Phase f (bei lyotropen flüssigen Kristallen) (Phys) / neat phase
Nebel m (Anstr, Druck) / mist* n ‖ ⁓ (planetarischer) (Astr) / nebula* n (pl. nebulae or nebulas) ‖ ⁓ (dichter) (Meteor) / fog* n ‖ diffuser ⁓ außergalaktischer ⁓ (Astr) / extragalactic nebula ‖ diffuser ⁓ (galaktischer Nebel von unregelmäßiger Form aus interstellarer Materie) (Astr) / diffuse nebula (pl. nebulae), irregular nebula (pl. nebulae) extragalaktischer ⁓ (Astr) / extragalactic nebula* ‖ galaktischer ⁓ (Astr) / galactic nebula ‖ in ⁓ gehüllt (Meteor) / fogbound adj ‖ planetarischer ⁓ (leuchtender Gasnebel von meist relativ regelmäßiger Form) (Astr) / planetary nebula* ‖ trockener ⁓ (Meteor) / dry fog
Nebel•- (Meteor) / nebular adj ‖ ⁓auflösung f (thermisches Verfahren zur Sichtverbesserung an den Start- und an den Landebahnen) (Luftf) / fog dissipation, fog dispersal ‖ ⁓bank f (Zusammenballung von Nebel) (Meteor) / fog patch, fog bank ‖ ⁓beseitigung f (Luftf) / fog dissipation, fog dispersal ‖ ~blau adj / fog-blue adj ‖ ⁓bogen m (ein weißer Regenbogen) (Meteor) / fogbow* n ‖ ⁓boje f (Luftf, Schiff) / smoke buoy ‖ ⁓detektor m (ein Sichtweitensensor) (Luftf) / smog detector ‖ ⁓fahne f (eines Kühlturms) (Masch) / vapour plume, plume n ‖ ⁓frostschaden m (For, Landw) / rime break ‖ ⁓gerät n (Landw) / mist sprayer, mist blower ‖ ~grau adj / mist-grey adj ‖ lokale ⁓gruppe (Gruppe von Sternsystemen, die mit dem Milchstraßensystem eine lokale Verdichtung bilden) (Astr) / local group of galaxies* ‖ ⁓horn n (Schiff) / foghorn n ‖ ⁓horn (Schiff) s. auch Typhon
nebelig adj / foggy adj, misty adj
Nebel•isolator m (Fremdschichtisolator) (Eltech) / fog-type insulator* ‖ ⁓kammer f (z.B. Wilsonsche) (Kernphys) / cloud chamber*, fog chamber ‖ kontinuierliche ⁓kammer (Kernphys) / diffusion cloud chamber ‖ Wilsonsche ⁓kammer (nach Ch.T.R. Wilson, 1869-1959) (Kernphys) / Wilson chamber*, Wilson cloud chamber ‖ ⁓kammer f mit veränderlichem Volumen (Kernphys) / volume-defined cloud chamber ‖ ⁓kammerspur f (Kernphys) / track n, cloud track, fog track ‖ ⁓mittel n (z.B. für Film und Theater) (Chem) / fogging agent
Nebeln n (Landw) / fog application ‖ ⁓ der Druckfarbe (Druck) / ink misting*
Nebel•nässen n (Meteor) / wet fog ‖ ⁓niederschlag m (Meteor) / fog precipitation, fog drip ‖ ⁓prüfung f (bei Isolatoren) (Eltech) / fog test ‖ ⁓scheinwerfer m (Kfz) / fog headlamp, fog-lamps n, fog lights, adverse-weather lamp ‖ ⁓schlußleuchte f (Kfz) / fog warning lamp, rear fog-lamp ‖ ⁓schwaden m (durch Unterschiede im Feuchtigkeitsgehalt der Luft entstehender Nebel) (Meteor) / fog band ‖ ⁓signal n (vorgeschriebenes Schallsignal der Schiffe bei Nebel) (Schiff) / fog-signal n, detonator n ‖ ⁓spur f (Kernphys) / track n, cloud track, fog track ‖ ⁓strahlrohr n / diffuser spray nozzle ‖ ⁓streifen m (Meteor) / fog band ‖ ⁓traufe f (Form des abgesetzten Niederschlags) (Meteor) / wet fog ‖ ⁓verfahren n (in der Schädlingsbekämpfung) (Chem, Landw) / fogging n, atomizing n ‖ ⁓wald m (tropischer Regenwald der oberen montanen Stufe, reich an Baumfarnen, lorbeerblättrigen Bäumen und tropischen Epiphyten) (For) / cloud forest ‖ ⁓wald (hygrophile Vegetationsformation der feuchten Tropen) (For, Geog) / fog forest ‖ ⁓warnung f / fog warning

**Neben·achse** *f* (der Ellipse) (Math) / minor axis (of an ellipse)* ‖ ⁓**achse** (der Hyperbel) (Math) / conjugate axis of hyperbola* ‖ ⁓**alkaloid** *n* (Pharm) / companion alkaloid ‖ ⁓**anlage** *f* / ancillary facility ‖ ⁓**anlagen** *f pl* (des Bahnhofs) (Bahn) / station premises ‖ ⁓**anschluß** *m* (Fernsp) / extension* *n*, ext. ‖ ⁓**anschlußleitung** *f* (Fernsp) / extension line **inselformender** ⁓**arm** (bei Mäandern) (Geog, Wasserb) / anabranch *n* ‖ ⁓**ausfall** *m* (der die Fähigkeit einer verhältnismäßig komplexen Einheit zur Erfüllung der vorgesehenen Funktion beeinträchtigt) (Masch) / minor failure ‖ ⁓**aussendung** *f* (von Funksendern) (Radio) / spurious radiation, spurious emission ‖ ⁓**bahn** *f* (Bahn) / secondary railway ‖ ⁓**bedienungsplatz** *m* (EDV) / subconsole *n* ‖ ⁓**bedingung** *f* (Math) / constraint *n* ‖ ⁓**berufliche Arbeit** (an Abenden und in der freien Zeit) / moonlighting *n* ‖ ⁓**betriebszone** *f* (F.Org) / service area ‖ ⁓**bild** *n* (Licht) / ghost image* ‖ ⁓**bogen** *m* (Arch) / subarch *n* ‖ ⁓**effekt** *m* (im allgemeinen) / side effect, by-effect *n* ‖ ⁓**effekt** / spurious effect
**nebeneinander anordnen** (Fenster) (EDV) / tile *v* ‖ ⁓ **bestehen** (z.B. zwei Phasen) / coexist *v* ‖ ⁓ **geschaltet** (Eltech) / in parallel* ‖ ⁓**liegende Zylinder** (Masch) / side-by-side cylinders ‖ ⁓**schalten** *n* (Eltech) / parallelling *n*, parallel connection, shunting *n*, paralleling *n* (US)
**Neben·ergebnis** *n* / spill-over *n* (impact) ‖ ⁓**erwerbslandwirt** *m* (Landw) / part-time farmer ‖ ⁓**erzeugnis** *n* / by-product *n* ‖ ⁓**fehler** *m* / minor defect, minor nonconformance ‖ ⁓**fenster** *n* (EDV) / secondary window ‖ **durch Funkenflug verursachtes** ⁓**feuer** / spot fire ‖ ⁓**fluß** *m* (Geog, Geol) / affluent *n*, tributary *n*, tributary stream ‖ **linker** ⁓**fluß** (Geol) / left-bank tributary ‖ **rechter** ⁓**fluß** (Geol) / right-bank tributary ‖ ⁓**freifläche** *f* (des Spiralbohrers) (Masch) / minor flank (US), flank *n* (GB) ‖ ⁓**frequenz** *f* (Fernm) / secondary frequency ‖ ⁓**gebäude** *n* (Bau) / annex(e) *n* ‖ ⁓**gebäude** (Bau) / outbuilding *n* ‖ ⁓**gebäude** (Landw) / outhouse *n* (a shed or barn) ‖ ⁓**gebäude** (Luftf) / satellite *n* ‖ ⁓**gestein** *n* (Geol) / country rock*, wall-rock *n*, wall rock *n*, host rock* ‖ ⁓**gesteinsumwandlung** *f* (Geol) / wall-rock alteration ‖ ⁓**gleis** *n* (zum Rangieren oder dem vorübergehenden Freimachen der Hauptstrecke) (Bahn) / sidetrack *n*, siding *n* ‖ ⁓**gleis** (bei Fabrikanschluß) (Bahn) / spur *n* (short branch track leading from the main track, and connected with it, at one end only) ‖ ⁓**gruppe** *f* (im Periodensystem, z.B. Cu, Ag und Au in Gruppe I) (Chem) / subgroup *n*, auxiliary group ‖ ⁓**keule** *f* (Fernm, Radar, Radio) / sidelobe* *n*, minor lobe, side lobe
**Nebenklasse** *f* (Math) / coset* *n* ‖ **linke** ⁓ (Math) / left coset ‖ **linksseitige** ⁓ (Math) / left coset ‖ **rechte** ⁓ (Math) / right coset ‖ **rechtsseitige** ⁓ (Math) / right coset
**Neben·kluft** *f* (Geol) / subjoint *n* ‖ ⁓**kondensat** *n* (Nukl) / moisture separator drains ‖ ⁓**konsole** *f* (EDV) / companion keyboard ‖ ⁓**krater** *m* (Geol) / secondary crater *n* ‖ ⁓**kreis** *m* (Kreis auf der Kugel, der nicht Großkreis ist) (Math) / small circle* ‖ ⁓**lappen** *m* (bei Sendeantennen) (Fernm, Radar, Radio) / sidelobe* *n*, minor lobe, side lobe ‖ ⁓**läufer** *m* (Masch) / female rotor ‖ ⁓**läufig** *adj* (zwei Ereignisse, Aktionen oder Prozesse) / concurrent *adj* ‖ ⁓**läufige Prozesse** (EDV) / concurrent processes ‖ ⁓**lautsprecher** *m* (Akus) / extension loudspeaker ‖ ⁓**leistungen** *f pl* (im Seehafen) (Schiff) / complementary services ‖ ⁓**leitung** *f* (z.B. in Turbinentriebwerken) (Bau, Wasserb) / bypass* *n*, diversion *n* ‖ ⁓**leitung** (Fernm) / line *n*, link *n* ‖ ⁓**metall** *n* (Bergb) / accessory metal ‖ ⁓**mondhalo** *m* (Astr) / paraselene *n* (pl. paraselenae), mock moon* ‖ ⁓**nierenrindenhormon** *n* (Biochem) / corticosteroid* *n*, hormone of the adrenal cortex, adrenocortical hormone, corticoid *n*, adrenal cortex hormone ‖ ⁓**piste** *f* (Luftf) / subsidiary runway ‖ ⁓**pleuel** *m* (Kfz, Masch) / slave con-rod ‖ ⁓**pleuelstangen** *f pl* (Luftf) / articulated connecting rods, link rods ‖ ⁓**produkt** *n* / by-product *n* ‖ ⁓**produkt** (eines neuen technischen Verfahrens) / spin-off *n* ‖ **chemisches** ⁓**produkt** (Chem Verf) / off-stream chemical ‖ ⁓**programm** *n* (EDV) / side program, subordinate program, secondary program ‖ ⁓**quantenzahl** *f* (Phys) / orbital quantum number*, azimuthal quantum number, secondary quantum number, angular momentum quantum number ‖ ⁓**reaktion** *f* (eine Simultanreaktion) (Chem) / side reaction, secondary reaction ‖ ⁓**regenbogen** *m* (dessen Radius etwa 51° ist) (Meteor, Phys) / secondary bow*, secondary rainbow ‖ ⁓**saison** *f* / off-season *n* ‖ ⁓**saison** (für Charterflüge) (Luftf) / shoulder season ‖ ⁓**säule** *f* **im mehrsäuligen Hängewerk** (Zimm) / princess post, side post ‖ ⁓**schiff** *n* (Arch) / aisle* *n* ‖ ⁓**schleife** *f* (des magnetischen Blasenspeichers) (EDV) / minor loop ‖ ⁓**schließen** *v* (Eltech) / shunt *v*
**Nebenschluß** *m* (Eltech) / shunt* *n* ‖ ⁓ (Kriechfunke) (V-Mot) / flashover *n* ‖ **im** ⁓ **schalten** (Eltech) / shunt *v* ‖ **induktiver** ⁓ (Eltech) / inductive shunt ‖ **kapazitiver** ⁓ (Eltech) / capacitive shunt ‖ **magnetischer** ⁓ (Eltech) / magnetic shunt* ‖ **ohmscher** ⁓ (Eltech) / resistive shunt, ohmic shunt ‖ ⁓**auslösung** *f* (Eltech) / shunt trip*, shunt release ‖ ⁓**charakteristik** *f* (Eltech) / shunt characteristic* ‖ ⁓**dämpfungswiderstand** *m* (Eltech) / diverter* *n* ‖ ⁓**drossel** *f* (Eltech) / shunt reactor, compensating reactor

**Nebenschlüssel** *m* (Kfz) / valet key (for valet parking), secondary key
**nebenschluß·erregt** *adj* (Eltech) / shunt-excited *adj* ‖ ⁓**feld** *n* (Eltech) / shunt field* ‖ ⁓**generator** *m* (Eltech) / shunt generator ‖ ⁓**klemme** *f* (Eltech) / shunt terminal ‖ ⁓**leitung** *f* (Eltech) / shunt line ‖ ⁓**maschine** *f* (Eltech) / shunt-wound machine, shunt machine ‖ ⁓**motor** *m* (Eltech) / shunt motor* ‖ ⁓**-Phasenkompensator** *m* (Eltech) / susceptor phase advancer* ‖ ⁓**relais** *n* (Eltech) / shunt relay ‖ ⁓**relais** (bei bestimmten Schutzarten) (Eltech) / diverter relay* ‖ ⁓**spule** *f* (Elektr) / shunt coil ‖ ⁓**steller** *m* (Eltech) / shunt-field rheostat* ‖ ⁓**stromkreis** *m* (Eltech) / shunt circuit*, parallel circuit* ‖ ⁓**verhalten** *n* (Eltech) / shunt characteristic* ‖ **mit** ⁓**wicklung** (Eltech) / shunt-wound *adj* ‖ ⁓**widerstand** *m* (als Größe) (Elektr) / shunt* *n*, parallel resistance ‖ ⁓**widerstand** (als Bauelement) (Eltech) / shunt resistor ‖ ⁓**windung** *f* (Eltech) / shunt winding*
**Neben·schneide** *f* (jede Schneide, die keine Hauptschneide ist) (Masch) / minor cutting edge ‖ ⁓**sender** *m* (Luftf, Nav) / slave *n*, slave station ‖ ⁓**serie** *f* (Spektrum) (Spektr) / subordinate series ‖ **diffuse** ⁓**serie** (in Atomspektren) (Phys) / diffuse series* ‖ ⁓**sonne** *f* (eine Art des Halos) (Astr) / mock sun*, parhelion* *n* (pl. parhelia), sun dog ‖ ⁓**sonnenhalo** *m* (Astr) / mock sun*, parhelion* *n* (pl. parhelia), sun dog ‖ ⁓**spannung** *f* (Mech) / secondary stress* ‖ ⁓**speiseleitung** *f* (Eltech) / subfeeder *n* ‖ ⁓**sprechabstand** *m* (Fernm) / signal-to-crosstalk ratio* ‖ ⁓**sprechdämpfung** *f* (Fernm, Radio) / crosstalk attenuation, crosstalk damping ‖ ⁓**sprechen** *n* (Fernsp) / crosstalk ‖ ⁓**nichtlineares** ⁓**sprechen** (Fernsp) / cross-modulation *n* ‖ **verständliches** ⁓**sprechen** (Fernsp) / intelligible crosstalk, uninverted crosstalk ‖ **unverständliches** ⁓**sprechen** (Fernsp) / unintelligible crosstalk, inverted crosstalk ‖ ⁓**sprechfrei** *adj* (Fernsp) / crosstalk free ‖ ⁓**sprechkopplung** *f* (ein Maß für die gegenseitige Beeinflussung der Leitungskreise - Mit- oder Übersprechkopplung) (Fernsp) / crosstalk coupling ‖ ⁓**station** *f* (Luftf, Nav) / slave *n*, slave station
**Nebenstelle** *f* (Fernsp) / extension* *n*, ext. ‖ **bevorrechtigte** ⁓ (Fernsp) / priority extension ‖ **halbamtsberechtigte** ⁓ (Fernsp) / partially restricted extension, semi-restricted extension ‖ **nicht amtsberechtigte** ⁓ (Fernsp) / fully restricted extension ‖ **vollamtsberechtigte** ⁓ (Fernsp) / non-restricted extension ‖ **warten auf Freiwerden der** ⁓ (Fernsp) / wait for extension to become free
**Nebenstellen·anlage** *f* (Fernsp) / private branch exchange* (PBX*) ‖ **digitale** ⁓**anlage** (Fernsp) / private digital exchange, PDX ‖ ⁓**anlage** *f* **für Handbetrieb** (Fernsp) / private manual branch exchange*, PMBX* ‖ ⁓**leitung** *f* (Fernsp) / extension line ‖ ⁓**zentrale** *f* (Fernsp) / private branch exchange* (PBX*)
**Neben·strahlungskeule** *f* (Fernm, Radar, Radio) / sidelobe* *n*, minor lobe, side lobe ‖ ⁓**straße** *f* / by-street *n*, side street ‖ ⁓**straße** (Kfz) / minor road ‖ ⁓**strecke** *f* (Bahn) / branch line ‖ **großer** ⁓**strom** (z.B. bei den Propfan-Triebwerken) (Luftf) / ultrahigh by-pass ‖ ⁓**stromverhältnis** *n* (Massenstromverhältnis des kalten und des warmen Luftstroms bei Zweistromturbinenluftstrahltriebwerken) (Luftf) / by-pass ratio* ‖ ⁓**ton** (Akus) / overtone* *n* ‖ ⁓**ton** (Fernsp) / side tone* ‖ ⁓**turm** *m* (eine Hilfskolonne) (Erdöl) / stripper *n* (side) ‖ **auf die Mitte zentrierte** ⁓**überschrift** (Typog) / crosshead* *n*, centre head ‖ ⁓**uhr** *f* (der Zentraluhranlage) / slave clock ‖ ⁓**valenz** *f* (Chem) / secondary valency, auxiliary valency ‖ ⁓**valenzbindung** *f* (Chem) / secondary-valency bond ‖ ⁓**viererkopplung** *f* (Kab) / quad-to-quad coupling ‖ ⁓**vorschubbewegung** *f* (Vorschubbewegung, die nicht in Richtung des Hauptarbeitsfortschritts erfolgt) (Masch) / transverse feed (motion) ‖ ⁓**weg** *m* / side road ‖ ⁓**weg** (Akus) / flanking path ‖ ⁓**wegübertragung** *f* (Luftschallübertragung nach DIN 1320 und DIN 52217) (Akus) / flanking transmission, bypass transmission ‖ ⁓**welle** *f* (Masch) / auxiliary (drive) shaft ‖ ⁓**welle** (Masch) s. auch Vorgelegewelle ‖ ⁓**widerstand** *m* (als Größe) (Elektr) / shunt* *n*, parallel resistance ‖ ⁓**widerstand** (Bauelement) (Eltech) / shunt resistor ‖ ⁓**winkel** *m* (an zwei sich schneidenden Geraden) (Math) / adjacent (supplementary) angle ‖ ⁓**winkel** (des Vieleckswinkels) (Math, Verm) / salient angle* ‖ ⁓**wirkung** *f* (im allgemeinen) / side effect, by-effect *n* ‖ ⁓**wirkung** / spurious effect ‖ ⁓**wirkung** (Pharm) / side effect, side reaction ‖ ⁓**zipfel** *m* (Fernm, Radar, Radio) / sidelobe* *n*, minor lobe, side lobe ‖ ⁓**zyklus** *m* (EDV) / secondary cycle
**Neber-Umlagerung** *f* (Chem) / Neber rearrangement
**Nebler** *m* (Landw) / mist sprayer, mist blower
**neblig** *adj* / foggy *adj*, misty *adj*
**Nebligwerden** *n* (der Oberfläche einer Beschichtung) (Anstr) / blooming* *n* (of hard gloss paints or enamel and varnish films), haziness *n*, hazing *n*
**Nebular-** (Meteor) / nebular *adj*
**Nebularhypothese** *f* (von Laplace - Kosmogonie des Sonnensystems) (Astr) / nebular hypothesis*
**nebulitisch** *adj* (Textur) (Geol) / nebulitic *adj*
**n-Eck** *n* (Math) / polygon* *n*

**Neck** *m* (stielartige Durchschlagsröhrenfüllung eines Vulkans) (Geol) / volcanic plug, plug* *n*, volcanic neck*, neck* *n*
**Neefscher Hammer** (Eltech) / electrical hammer break
**Néel-Punkt** *m* (nach L.E.F. Néel, 1904-2000) (Mag) / Néel temperature*, Néel point
**Néel-Temperatur** *f* (bei der die antiferromagnetische Ordnung der atomaren magnetischen Momente zerstört wird) (Mag) / Néel temperature*, Néel point
**Néel-Wand** *f* (zwischen Weiss-Bezirken in dünnen magnetischen Schichten) (Mag) / Néel wall
**Neemöl** *n* (das fette Öl der Samen von Melia azadirachta A. Juss.) / neem oil, margosa oil, nim oil
**Neerstrom** *m* (in Buchten und zwischen anderen Hindernissen) (Ozean) / back eddy
**Neese-Verfahren** *n* (Schw) / Neese process, flat-bar electrode welding
**Nef-Reaktionen** *f pl* (Chem) / Nef reactions
**Negation** *f* (eine Aussageverbindung nach DIN 5474) / negation *n*
**Negationsglied** *n* (Schaltungsanordnung zur Realisierung der Negation) (EDV) / negater* *n*, negator *n*, inverter* *n*, negation element, NOT element, NOT gate
**Negationsschaltung** *f* (EDV) / NOT circuit
**negativ** *adj* (Element der Gruppe) (Math) / additive inverse ‖ ~ (Math, Phys) / negative* *adj* ‖ **optisch einachsig ~** (Krist) / negative* *adj* ‖ **~e absolute Temperatur** (die in thermodynamischen Systemen mit begrenztem Energiespektrum auftreten kann) (Phys) / negative temperature ‖ **~e Adsorption** (Chem) / negative adsorption ‖ **~e Beschleunigung** (Phys) / deceleration* *n*, negative acceleration ‖ **~e Beschleunigungskraft** (in Richtung Fuß-Kopf) (Luftf, Raumf) / negative g*, minus g* ‖ **~es Biegemoment** (Mech) / hogging moment, negative moment, support moment ‖ **~e Bildschirmdarstellung** (EDV) / inverse display, inverse video, reverse display, reverse video ‖ **~e Blaupause** (Druck) / negative blueprint, white-line print ‖ **~e Boostermaschine** (Eltech) / sucking booster* ‖ **~es Buckling** (Kernphys, Mag) / laplacian *n*, negative of buckling ‖ **~ definit** (Math) / negative definite ‖ **~er differentieller Widerstandsbereich** (beim Thyristor) (Eltronik) / negative-differential-resistance region ‖ **~e Elektrizität** (Elektr) / negative electricity* ‖ **~e Elektrode** (Eltech) / negative electrode* ‖ **~e Elektrode** (der Batterie) (Eltech) / negative plate* ‖ **~e Entropie** (EDV) / negative entropy, negentropy *n* ‖ **~e Flanke** (Eltronik, Fernm) / negative slope, negative-going slope, downward slope ‖ **~e Form** (Plast) / female mould, negative mould ‖ **~es Glimmlicht** (ein Erscheinungsbild der Glimmentladung) (Eltronik) / negative glow* ‖ **~e Höhe** (Verm) / angle of depression*, depression angle, descending vertical angle, plunge angle* ‖ **~e Impedanz** (Eltronik) / negative impedance ‖ **~er Katalysator** (Chem) / anticatalyst *n*, negative catalyst, stabilizer* *n* ‖ **~e Katalyse** (Chem) / anticatalysis *n* (pl. anticatalyses), negative catalysis* ‖ **~e Klemme** (der Batterie) (Eltech) / negative terminal ‖ **~e Klemme** (Eltech) / negative terminal ‖ **~er Knotenpunkt** (Opt) / antinodal point, negative nodal point ‖ **~e Kohle** (Eltech) / negative carbon* ‖ **~e Korrelation** (Stats) / negative correlation ‖ **~er Kristall** (Eltronik) / negative crystal* ‖ **~e Ladung** (Elektr) / negative charge ‖ **~er Logarithmus** (Math) / cologarithm* *n*, colog *n* ‖ **~e Logik** (dem positiveren der beiden Spannungspegel wird boolesch "0" zugeordnet) (EDV) / negative-going logic, negative logic, complementary logic ‖ **~es Maßwerk** (Lochformen wie z.B. in Chartres oder Limburg/Lahn) (Arch) / plate tracery ‖ **~ moduliertes Videosignal** (TV) / negative video signal* ‖ **~es Myon** (Kernphys) / muon minus, negative muon ‖ **~er Nachbild** (Sukzessivkontrast) (Opt) / negative after-image* ‖ **~e Parität** (Kernphys) / uneven parity, odd parity ‖ **~e Pfeilung** (Luftf) / forward sweep* ‖ **~e Platte** (Eltech) / negative plate* ‖ **~er Pol** (der Batterie) (Eltech) / negative terminal ‖ **~e Quittung** (Fernm) / negative acknowledge(ment), NAK ‖ **~er Regulator** (ein Warenabzugsgetriebe) (Web) / negative take-up motion ‖ **~e Rückführung** (Regeln) / degenerative feedback, negative feedback*, reverse coupling, degeneration *n* ‖ **~e Rückkopplung** (Fernm, Radio) / degenerative feedback, negative feedback*, reverse coupling, degeneration *n* ‖ **~e Rückmeldung** (ein CCITT-Steuerzeichen für Datenübertragung) (Fernm) / negative acknowledge(ment), NAK ‖ **~e Schiefe** (Stats) / negative skew, negative skewness ‖ **~er Spanwinkel** (Masch) / negative rake, positive rake (US) ‖ **~er Sperrstrom** (bei Zweirichtungsthyristoren) (Eltronik) / negative off-state current ‖ **~e Staffelung** (bei der der obere Flügel hinter dem unteren liegt) (Luftf) / negative stagger* ‖ **~e Strandverschiebung** (Zurückweichen des Meeres) (Geol) / regression *n* ‖ **~e Tastwelle** (Fernm) / spacing wave*, back wave* ‖ **~e Temperatur** (Phys) / negative temperature ‖ **~er Temperaturgradient** (Meteor) / temperature lapse rate* ‖ **~e Thixotropie** (Zunahme der Scherviskosität bei zunehmender Beanspruchung) (Phys) / rheopexy *n*, negative thixotropy, antithixotropy *n* ‖ **~e Verwindung** (Luftf) / wash-out* *n* ‖ **~e Verzeichnung** (Opt) / barrel distortion*, negative distortion ‖ **~e Vorspannung** (Eltronik) / negative bias* ‖ **~es Werkzeug** (Plast) / female mould, negative mould ‖ **~er Widerstand** (Eltronik) / negative resistance* ‖ **~er Wirkleitwert** (Radio) / negative conductance ‖ **~e Zahl** (eine reelle Zahl, die kleiner als 0 ist) (Math) / negative number ‖ **~es Zeichen** (Math) / minus sign, negative sign

**Negativ** *n* (Foto) / negative* *n* ‖ **~druck** *m* (Druck) / white-out lettering* ‖ **~entwickler** *m* (Foto) / negative developer, reversal developer ‖ **~farbfilm** *m* (für Papierkopien) (Foto) / negative colour film* ‖ **~färbung** *f* (Mikros) / negative staining* ‖ **~film** *m* (für Papierkopien) (Foto) / negative colour film* ‖ **~form** *f* (Plast) / female mould, negative mould ‖ **~kopie** *f* (Foto) / negative copy ‖ **~leitungsverstärker** *m* (Fernsp) / negative-impedance repeater, E-type repeater, negative-impedance amplifier ‖ **~modell** *n* (Gieß) / female pattern ‖ **~modulation** *f* (TV) / negative modulation* (that form of modulation in which an increase in brightness corresponds to a decrease in transmitted power), downward modulation* ‖ **~resistbild** *n* (Eltronik) / negative resist image ‖ **~retusche** *f* (auf Filmnegativen und Negativkopien) (Foto) / negative retouching ‖ **~-Rohfilmmaterial** *n* (Film) / negative film stock, negative raw stock ‖ **~schnitt** *m* (Film) / negative cutting ‖ **~schrift** *f* (Druck) / white on black, inversed type, reversed type ‖ **~schrift** (invertierte Darstellung) (Druck, EDV) / reverse print, reverse type ‖ **~verstärker** *m* (der auf der negativen effektiven Masse von Festkörpern beruht) (Eltronik) / negative effective mass amplifier ‖ **~widerstandsdiode** *f* (Eltronik) / negative-resistance diode ‖ **~wort** *n* (EDV) / stop word

**Negaton** *n* (Kernphys) / electron* *n*, negaton *n*, negatron *n*
**Negator** *m* (Schaltungsanordnung zur Realisierung der Negation) (EDV) / negater* *n*, negator *n*, inverter* *n*, negation element, NOT gate
**Negatron** *n* (eine Röhre mit fallender Kennlinie) (Eltronik) / negatron *n* ‖ **~** (Kernphys) / electron* *n*, negaton *n*, negatron *n*
**Negentropie** *f* (EDV) / negative entropy, negentropy *n* ‖ **~** s. auch mittlerer Informationsgehalt
**"Neger"** *m* (Film) / gobo* *n*, nigger *n*
**negieren** *v* / negate *v*
**NEGIT** (Eltronik) / negative-impedance transistor (NEGIT)
**Negro-head** *n* (Chem Verf) / negro-head *n*
**Nehmerzylinder** *m* (bei der hydraulischen Kupplungsbetätigung) (Kfz) / slave cylinder
**Nehrung** *f* (bei einem Haff oder einer Lagune - z.B. die Kurische Nehrung, zwischen Samland und Memel) (Geog, Geol) / nehrung *n*, spit *n*, barrier beach
**Nehrungsinsel** *f* (Geog, Geol) / lido *n*
**neig- und schwenkbarer Bildschirm** (EDV) / tilt/swivel screen, tilt-and-swivel screen
**neigbar** *adj* / tiltable *adj*, tilting *adj* ‖ **~er Bildschirm** (EDV) / tiltable screen, tilt screen ‖ **~e Presse** (Masch) / inclinable press ‖ **~e Sägewelle** (z.B. der Tisch-Kreissägemaschine) (For) / tilting arbour
**Neigekopf** *m* (Film, Foto) / tilt head, tilting head, tilt-top *n* ‖ **mit Flüssigkeit gebremster ~** (Film) / fluid head
**neigen** *v* / tilt *vi* (in a lateral direction) / ~ / incline *v* ‖ **~ / slope** *vt* ‖ **sich ~ / slope** *vi* ‖ **um die Querachse ~** (Bahn, Kfz, Luftf) / pitch *v* ‖ **~** *n* / tilt *n*, tilting *n*
**Neiger** *m* (Film, Foto) / tilt head, tilting head, tilt-top *n*
**Neigung** *f* / slope *n*, fall *n*, gradient *n*, inclination *n*, incline *n*, grade *n* (US) ‖ **~** / angularity *n* ‖ **~ (zu)** / tendency *n* (to) ‖ **~ (ein Bahnelement)** (Astr) / inclination *n* ‖ **~ (z.B. der Dachfläche)** (Bau) / current *n* ‖ **~ (Erdöl)** / drift* *n*, deviation *n*, side track ‖ **maßgebende ~** (Bahn) / ruling down-gradient, limiting down-gradient, ruling-down grade ‖ **mit geringer ~** (Dach) (Bau) / low-pitched *adj*, flat *adj* ‖ **~ schädliche** (Bahn) / excessive gradient ‖ **steile ~** (der Dammkrone) (Wasserb) / batter *n* ‖ **unschädliche ~** (Bahn) / easy gradient ‖ **~** *f* **der Betoneinbettung** (HuT) / benching *n* ‖ **~ der Rückenlehne** (Kfz) / angle of the seat-back, seat-back angle ‖ **~ der Tafel-Geraden** (Chem) / Tafel slope ‖ **~ des Bildschirms** (EDV) / screen inclination

**Neigungs•anzeiger** *m* (Bahn) / gradient post ‖ **~drehweg** *m* (bei den IR) / pitch travel ‖ **~fehler** *m* (Foto) / tilt error ‖ **~grenze** *f* (Bahn) / ruling gradient*, limiting gradient* ‖ **~korngrenze** *f* (bei der die Drehachse in der Korngrenzenfläche liegt) (Krist) / tilt (grain) boundary ‖ **~korrektur** *f* (bei der Entfernungsmessung) (Verm) / slope correction* ‖ **~messer** *m* (Geol, Verm) / clinometer* *n*, inclinometer *n*, dip meter, batter level* ‖ **~messer** (Luftf) / inclinometer *n* ‖ **~sensor** *m* (bei dem die Winkelstellung, d.h. der Neigungswinkel eines Körpers, zur Positionserfassung ausgenutzt wird) / tilt sensor ‖ **~stütze** *f* (eines Laufwerks) (Mag) / inclination post ‖ **~wechsel** *m* (Bahn) / change of gradient ‖ **~wechselanzeiger** *m* (Bahn) / gradient post* ‖ **~winkel** *m* / angle of inclination, rake* *n* ‖ **~winkel** (z.B. des Gesenks) (Masch) / draught angle ‖ **~winkel** (des Bugspriets) (Schiff) / steeve *n* ‖ **~winkel der Schraubenlinie** (Math) / helix angle ‖ **~winkel des Schloßkanals** (Tex) / cam angle ‖ **~winkel zweier Ebenen** (Math) / dihedral angle*

**Neigungswinkelmesser**
**⁓winkelmesser** m (Geol, Verm) / clinometer* n, inclinometer n, dip meter, batter level*
**n-Eikosansäure** f (Chem) / eicosanoic acid, arachic acid, arachidic acid
**Neilsche Parabel** (nach W. Neil, 1637-1670) (Math) / Neil's parabola, semicubical parabola
**Nekrose** f (Absterben) (Biol) / necrosis* (pl necroses) n
**nekrotisch** adj (abgestorben, brandig) (Biol) / necrotic* adj
**Nekton** n (Organismen mit starker Eigenbewegung, die das Pelagial bewohnen) (Ozean, Umwelt) / nekton* n, necton* n
**NE-Legierung** f (Hütt) / non-ferrous alloy*
**N-Elektron** n (Kernphys) / N-electron n
**nelkenbraun** adj (Min) / clove-brown adj
**Nelkenknospenöl** n / clove-buds oil
**Nelkenöl** n / clove(s) oil*, oil of cloves*, caryophyllus oil
**Nells kartografische Abbildung** (Kart) / Nell's projection
**Nelson-Verfahren** n (eine Art Lichtbogenpreßschweißen) (Schw) / Nelson process
**nematisch** adj (Ordnungszustand in flüssigen Kristallen) (Phys) / nematic* adj ‖ **~e Sichtanzeige** (EDV, Eltronik) / nematic display
**Nematizid** n (Chem, Landw) / nematicide n, nematocide n
**nematoblastisch** adj (Geol) / nematoblastic adj
**Nematozid** n (Mittel gegen Nematoden) (Chem, Landw) / nematicide n, nematocide n
**Nemesu** n (Holz der Shorea pauciflora King) (For) / nemesu n (a dark red meranti)
**NE-Metall** n (DIN 1700) (Hütt) / non-ferrous metal
**NE-Metallurgie** f (Hütt) / non-ferrous metallurgy
**NEMP** (Kernphys, Mil) / nuclear electromagnetic pulse, NEMP, electromagnetic pulse, EMP
**Nenn•-** / nominal adj ‖ **⁓-** / rated adj ‖ **⁓anstieg** m (bei Stoßspannungswellen) (Eltech) / nominal steepness ‖ **⁓aufnahme** f (Eltech) / rated input ‖ **⁓ausbruchsquerschnitt** m (im Tunnelbau) (HuT) / neat lines, net lines ‖ **⁓ausschaltleistung** f (Eltech) / rated breaking-capacity* ‖ **⁓betrieb** m (Eltech) / rating* n ‖ **⁓bürde** f (Eltech) / rated impedance* ‖ **⁓daten** pl (Eltech) / rating* n ‖ **⁓dauerleistung** f (Eltech) / continuous rating* ‖ **⁓dicke** f (Glas) / nominal thickness ‖ **⁓drehzahl** f (Masch, V-Mot) / rated speed ‖ **⁓druck** m (in der Rohrleitung) (Masch) / pressure rating, PR ‖ **⁓druck** m (Masch) / nominal pressure, pressure norm, PN ‖ **⁓durchmesser** m (Masch) / nominal diameter
**Nenner** m (eines Bruchs, einer Übertragungsfunktion) (Math) / denominator* n ‖ **kleinster gemeinsamer ⁓** (Math) / least common denominator, lowest common denominator, L.C.D., common denominator
**Nenn•erregerstrom** m (Erregerstrom der Synchronmaschinen bei Nennspannung, Nennstrom, Nennleistungsfaktor und Nennfrequenz) (Eltech) / rated-excitation current ‖ **⁓frequenz** f (Eltech) / rated frequency, nominal frequency ‖ **⁓höhe** f (bei einem Kolbentriebwerk) (Luftf) / rated altitude* ‖ **⁓impedanz** f (Eltech) / rated impedance* ‖ **⁓inhalt** m (Eltech) / rated capacity ‖ **⁓kraft** f (Mech) / nominal force ‖ **⁓kraftweg** m (bei der Auslegung von weggebundenen Pressen) (Masch) / rated force path ‖ **⁓kurzzeitbetrieb** m (DIN 42005) (Eltech) / short-time rating* ‖ **⁓länge** f / nominal length ‖ **⁓last** f (Eltech, Masch, Mech) / rated load, nominal load ‖ **⁓last** (eines Fahrzeugs) (Kfz) / nominal load, nominal capacity
**Nennleistung** f (eines Elektromotors) (Eltech) / service capacity* ‖ **⁓** (auch einer Akkumulatorenbatterie) (Masch) / rated capacity*, rating* n, capacity rating ‖ **⁓** (Masch) / power rating, rated power ‖ **⁓** (eines Reaktors) (Nukl) / rated power ‖ **mit einer ⁓ von** / rated at ‖ **⁓** f **bei Aussetzbetrieb** (Eltech) / intermittent rating* ‖ **⁓ bei periodischem Aussetzbetrieb** (Eltech) / periodic rating ‖ **⁓ für Abreißzündung** (Eltech, Kfz) / ignition rating*
**Nennleistungs•faktor** m (Eltech) / rated power factor, rated p.f. ‖ **⁓höhe** f (Luftf) / rated altitude*
**Nenn•maß** n (DIN 7182, T 1) / nominal size, basic size, nominal dimension ‖ **⁓meßbereich** m (eines Meßinstruments) (Instr) / rating n ‖ **⁓schmelzstrom** m (Eltech) / rated blowing-current* ‖ **⁓spannung** f (Eltech) / rated voltage, design voltage ‖ **⁓spannung** (Eltech) / voltage rating ‖ **⁓spannung** (Mech) / nominal stress ‖ **⁓strom** m (eines Motors) (Eltech) / rated current, nominal current
**Nennung** f (des Erfinders in Patentsachen) / designation n
**Nenn•weite** f (bei Erdölarmaturen) (Erdöl) / bore size ‖ **⁓weite** (Masch) / nominal diameter, diameter norm, DN ‖ **⁓wert** m (ein geeigneter Wert einer Größe zur Bezeichnung oder Identifizierung eines Elements, einer Gruppe oder einer Einrichtung nach DIN 40200) / nominal value, rated value ‖ **⁓wert** (Eltech) / rating* n ‖ **elektrischer ⁓wert** (Elektr) / electrical rating ‖ **dem ⁓wert entsprechend** / rated adj ‖ **⁓wirkungsgrad** m (Eltech) / declared efficiency*
**Neo•abietinsäure** f (Chem) / neoabietic acid ‖ **⁓darwinismus** m (Mutations-Selektionstheorie) (Biol) / neo-Darwinism* n

**Neodym (Nd)** n (Chem) / neodymium* n ‖ **⁓glas** n (z.B. Neophanglas) (Glas) / neodymium glass ‖ **⁓glaslaser** m (Phys) / neodymium glass laser ‖ **⁓laser** m / neodymium laser ‖ **⁓oxid** n (Chem) / neodymium oxide
**Neo•hesperidin-Dihydrochalkon** n (ein hochintensiver Süßstoff nach E 959) (Nahr) / neohesperidin dihydrochalcone, NHDC ‖ **⁓hexan** n (2,2-Dimethylbutan) (Chem, Kftst) / neohexane n ‖ **⁓klassizismus** n (Arch) / Neo-Classicism* n ‖ **~klassizistisch** adj (Architektur im Sinne der Gebrüder Robert / 1728-1792 / und James - /Adam / 1732-1794/) (Arch) / Adam attr ‖ **⁓mycin** n (Antibiotikum aus Streptomyces fradiae) (Pharm) / neomycin* n
**Neon (Ne)** n (Chem) / neon* n ‖ **⁓gasanzeigeröhre** f (Eltronik) / neon indicator tube
**Neonicotin** n (Chem, Landw) / anabasine n
**Neon•lampe** f (eine Gasentladungslichtquelle mit Neonfüllung) (Eltech) / neon lamp, neon glow lamp, neon n ‖ **⁓röhre** f (Eltech) / neon tube, neon n, neon discharge tube
**Neo•pentan** n (2,2-Dimethylpropan) (Chem) / neopentane n ‖ **⁓pentyl** n (2,2-Dimethypropyl-) (Chem) / neopentyl n ‖ **⁓phanglas** n (Blendschutzglas mit Neodymoxid) (Glas) / neophane glass (used in automobile windshields, sunglasses, etc.)
**Neopren** n (durch Polymerisation von Chloropren hergestelltes Elastomer) (Plast) / Neoprene* n
**Neo•stigmin** n (z.B. "Neoeserin") (Pharm) / neostigmine n ‖ **⁓tektonik** f (Tektonik der jüngsten Erdgeschichte) (Geol) / neotectonics n
**Neper** n (ein veraltetes Dämpfungs- bzw. Verstärkungsmaß, 1 Np = 8,686 dB - DIN 5493) (Akus, Fernm) / neper* n ‖ **⁓-Logarithmus** m (mit der Eulerschen Zahl e als Basis) (Math) / natural logarithm, ln, hyperbolic logarithm*, Napierian logarithm*
**Nepersch•e Analogien** (Math) / Napier's analogies* ‖ **e Regel** (Math) / Napier's rule
**NEPH-Analyse** f (Meteor) / nephanalysis n
**nephelauxetischer Effekt** (in der Koordinationslehre) (Chem) / nephelauxetic effect
**Nephelin** m (ein Feldspatsilikat) (Min) / nepheline* n, nephelite* n
**Nephelinit** m (ein Ergußgestein mit Nephelinvormacht) (Geol) / nephelinite* n
**Nephelinsyenit** m (Geol) / nepheline-syenite* n
**Nephelo•meter** n (Opt) / nephelometer n ‖ **⁓metrie** f (wenn die Intensität des austretenden Lichts unter einem bestimmten Winkel zur optischen Achse gemessen wird) (Chem, Opt) / nephelometric analysis*, nephelometry n
**Nephograf** m (Meteor) / nephograph* n
**Nephoskop** n (Gerät zur Bestimmung der Zugrichtung bzw. Zuggeschwindigkeit von Wolken) (Meteor) / nephoscope* n
**Nephrit** m (Beilstein, Nierenstein) (Min) / nephrite* n ‖ **⁓ aus Neuseeland** (in Schmuckstein) (Min) / New Zealand greenstone*
**Nephroide** f (Math) / nephroid n
**nephrotoxisch** adj (Chem, Med) / nephrotoxic adj
**Neptun** n (achter Planet des Sonnensystems) (Astr) / Neptune* n
**Neptunium (Np)** n (Chem) / neptunium* n ‖ **⁓reihe** f (Kernphys) / neptunium series*, neptunium decay series ‖ **⁓-Zerfallsreihe** f (Chem) / neptunium decay series ‖ **⁓-Zerfallsreihe** (Kernphys) / neptunium series*, neptunium decay series
**Neral** n (Chem) / neral n, citral b
**NERFET-Transistor** m (ein Feldeffekttransistor) (Eltronik) / negative differential resistance field-effect transistor, NERFET
**Neriolin** n (Chem) / oleandrin n
**neritische Zone** (etwa 0 - 180 m Wassertiefe) (Geol, Ozean) / neritic zone*
**Nernst•-Brenner** m (Licht) / Nernst lamp*, Nernst glower ‖ **⁓-Effekt** (Phys) / Ettingshausen-Nernst effect ‖ **⁓-Effekt** (Bezeichnung für verschiedene galvano- und thermomagnetische Effekte) (Phys) / Nernst effect* ‖ **⁓lampe** f (ZrO₂ + Y₂O₃) (Licht) / Nernst lamp*, Nernst glower ‖ **⁓-Masse** f (Keram) / Nernst body (a ceramic body consisting essentially of zirconia, thoria, and yttria, plus small additions of the rare-earth oxides; employed as a resistor in laboratory-sized, high-temperature furnaces) ‖ **⁓-Regel** f (Phys) / Nernst-Thomson rule
**Nernstsch, Verhalten gemäß der ⁓en Gleichung** (Chem, Phys) / Nernst behaviour, Nernstian response ‖ **⁓e Diffusionsschicht** (Chem) / Nernst diffusion layer ‖ **⁓e Gleichung** (nach W. Nernst, 1864-1941) (Chem, Elektr) / Nernst equation ‖ **⁓e Näherung** (für Gasreaktionen) (Wärm) / Nernst approximation formula ‖ **⁓es Vakuumkalorimeter** (Phys) / Nernst-Lindemann calorimeter ‖ **⁓er Verteilungssatz** (Chem) / Nernst's distribution law* ‖ **⁓er Wärmesatz** (3. Hauptsatz der Thermodynamik) (Phys) / Nernst heat theorem*, third law of thermodynamics, Nernst-Simon statement ‖ **⁓es Wärmetheorem** (Phys) / Nernst heat theorem*, third law of thermodynamics, Nernst-Simon statement
**Nernst•-Stab** m (Licht) / Nernst lamp*, Nernst glower ‖ **⁓-Stift** m (Licht) / Nernst lamp*, Nernst glower ‖ **⁓-Thomson-Regel** f (nach

der die Lösungsmittel die elektrolytische Dissoziation von Elektrolyten um so mehr fördern, je größer ihre Permittivität ist) (Phys) / Nernst-Thomson rule

**erol** *n* (ein Basisstoff für die Parfümerie) (Chem) / nerol *n*

**erolidol** *n* (der mit Farnesol isomere Sesquiterpenalkohol) (Chem, Pharm) / nerolidol *n*

**eroliöl** *n* (von Citrus aurantium L. ssp. aurantium) (Chem) / neroli oil, neroli *n*, oil of neroli

**erv** *m* (des Kautschuks) (Chem Verf) / nerve *n*, snap *n* ‖ ˜ (Med) / nerve* *n*

**ervatur** *f* (Bot) / nervation* *n*, nervature* *n*, venation* *n*, veining *n*

**erven•faser** *f* (Med) / nerve fibre* ‖ ˜**gas** *n* (ein chemisches Kampfmittel) (Chem, Mil) / nerve gas* ‖ ˜**gift** *n* (Substanz, die nach Resorption in der Haut oder Schleimhaut oder nach Inhalation vorwiegend in das Zentralnervensystem eindringt und schädigend wirkt) (Med, Mil) / nerve poison ‖ ˜**gift** s. auch Neurotoxin ‖ ˜**gift** (Mil) s. auch Neurotoxin ‖ ˜**kampfstoff** *m* (nervenschädigendes chemisches Kampfmittel) (Chem, Med, Mil) / nerve agent ‖ ~**schädigend** *adj* (Biochem) / neurotoxic *adj* ‖ **zentrales** ˜**system** (Med) / central nervous system, CNS ‖ **peripheres** ˜**system** (Med) / peripheral nervous system, PNS ‖ ˜**wachstumsfaktor** *m* (Physiol) / nerve growth factor, NGF

**ervig** *adj* (Tex) / crisp *adj*, full *adj*, solid *adj*

**ervon** *n* (ein Zerebrosid) (Chem, Physiol) / nervone *n*

**ervonsäure** *f* (Biochem) / selacholeic acid ‖ ˜ (15-Tetracosensäure) (Chem) / nervonic acid

**erz, Sibirischer** ˜ (Leder, Zool) / kolinsky *n* (pl. -ies), kolinski *n*

**erzöl** *n* (aus dem dorsalen Fett des Zuchtnerzes) (Chem) / mink oil

**esistor** *m* (Eltronik) / nesistor *n*

**Nesmejanow-Reaktion** *f* (zur Metallisierung von aromatischen Verbindungen - nach A.N. Nesmejanow, 1899-1980) (Chem) / Nesmeyanov reaction, Nesmejanow reaction

**Nesosilicat** *n* (z.B. Gemeiner Olivin) (Min) / nesosilicate* *n*, island silicate

**Nesosilikat** *n* (z.B. Gemeiner Olivin) (Min) / nesosilicate* *n*, island silicate

**Nesquehonit** *m* (ein monoklines wasserhaltiges Magnesiumkarbonat der Nesquehonit-Anthrazitgrube bei Lansford, Pa.) (Min) / nesquehonite *n*

**Nessel** *m* (pl. Nessel) (Sammelbegriff für glatte, leinwandbindige Rohgewebe aus einfachen Baumwollgarnen in verschiedener Fadendichte und Feinheit - z.B. Cretonne, Renforcé, Kattun oder Batist) (Tex) / grey cotton cloth, nettle cloth ‖ ˜**faser** *f* (Tex) / nettle fibre ‖ ˜**fieber** *n* (Med) / urticaria* *n*, hives* *pl*, nettlerash *n* ‖ ˜**garn** *n* (Tex) / nettle yarn ‖ ˜**gift** *n* (Chem) / nettle poison ‖ ˜**sucht** *f* (Med) / urticaria* *n*, hives* *pl*, nettlerash *n*

**Neßler, mit** ˜**s Reagens versetzen** (Chem) / nesslerize *v*

**Neßlers Reagens** (zum Nachweis von Ammoniakspuren in Flüssigkeiten - nach J. Neßler, 1827-1905) (Chem) / Nessler's solution*, Nessler's reagent

**Neßler-Verfahren** *n* (manuelle Methode der Immissionsmessung von Ammoniak) (Chem, Umwelt) / Nessler method

**Neßler-Zylinder** *m* (in der visuellen Kolorimetrie) / Nessler tube

**NEST** *f* (EDV) / Novell Embedded System Technology, NEST

**Nest** *n* (kleinere unregelmäßig geformte Gesteins- oder Mineralmasse in fremder Umgebung) (Geol) / nest *n*, pocket *n* ‖ ˜ (ein Webfehler, der durch Reißen und Klammern von Kettfäden entsteht) (Web) / skip *n*, tangle *n* ‖ ˜**bildung** *f* (Web) / skip formation, tangle formation, bore formation

**Nester•bildung** *f* (Webfehler, der durch Reißen und Klammern von Kettfäden entsteht) (Web) / skip formation, tangle formation, bore formation ‖ ~**weises Ausbringen** (Landw) / spot application

**Nest•fertigung** *f* (F.Org) / group technology ‖ ˜**säge** *f* (eine Tischlersteifsäge mit austauschbaren Blättern) / nest of saws

**nestweise Applikation** (z.B. von Pestiziden) (Landw) / spot application

**Netikette** *f* (geschriebene und ungeschriebene Verhaltensregeln im Internet, bei Mailboxen oder Informationsservices) (EDV) / netiquette *n*

**netto** *adj* ‖ *adj* ‖ ˜- / net *adj* ‖ ˜**betrag** *m* / net amount ‖ ˜**-Brutto-Beschickungsverhältnis** *n* (Hütt) / net-to-gross furnace load ‖ ˜**-Brutto-Ofenbelastung** *f* (bei der Beschickung) (Hütt) / net-to-gross furnace load ‖ ˜**fallhöhe** *f* (Wasserb) / net head ‖ ˜**förderung** *f* (Bergb) / payload *n* ‖ ˜**höhe** *f* (Lufft) / net height ‖ ˜**informationsgehalt** *m* (EDV) / net information content ‖ ˜**kapazität** *f* (in formatiertem Zustand) (EDV) / formatted capacity ‖ ˜**-Leasing** *n* / flat-rate lease, net lease, walkaway lease ‖ ˜**lohn** *m* (F.Org) / take-home pay, net pay ‖ ˜**masse** *f* / net mass, net weight ‖ ˜**rauminhalt** *m* (Schiff) / net register tonnage*, net tonnage*, NT ‖ ˜**raumzahl** *f* (Schiff) / net register tonnage*, net tonnage*, NT ‖ ˜**registertonnengehalt** *m* (in Nettoregistertonnen gemessen)

(Schiff) / net register tonnage*, net tonnage*, NT ‖ ˜**reichweite** *f* (ohne Duplizierungen - z.B. eines Werbemediums) / reach *n* ‖ ˜**retentionszeit** *f* (Chem) / adjusted retention time ‖ ˜**strom** *m* (Eltech) / net current ‖ ˜**transport** *m* (Nukl) / net transport* ‖ ˜**wirkungsgrad** *m* (Masch) / net efficiency

**NET-Verfahren** *n* (Normaldruck, erhöhte Temperatur) (Tex) / NET process

**Netware** *f* (ein Netzwerkbetriebssystem für lokale Netzwerke) (EDV) / NetWare *n* (Novell)

**Network** *n* (ein Rundfunkverbundsystem - z.B. Columbia Broadcasting System Inc. oder National Broadcasting Company) (Fernm) / network *n* ‖ ˜ **Service Protocol** (DEC-Protokoll mit Funktionen zum Auf- und Abbau von Verbindungen, zum Routing, zur Fluß- und Fehlerkontrolle) (EDV, Fernm) / Network Service Protocol, NSP

**Networking** *n* (Fernm) / networking *n*

**Netz** *n* (maschiges Gebilde, Schutzvorrichtung, Straßen- und Eisenbahn-, Strom- und Funk-) / net* *n* ‖ ˜ (Katalysator bei Ostwald-Verfahren) (Chem Verf) / screen *n* ‖ ˜ (mit dem ein Objekt beim FEM überzogen wird) (EDV) / mesh *n* ‖ ˜ (Eltech, Fernm) / network* *n* ‖ ˜ (eines Körpers oder Polyeders) (Math) / development *n* ‖ ˜ (von Kurven oder Flächen) (Math) / net *n* ‖ ˜ (Tex) / net *n*, netting *n* ‖ ˜ (Verm) / grid* *n* ‖ **ans** ˜ **legen** (Eltech) / energize *v*, energise *v* (GB) ‖ **baumförmig ausgelegtes** ˜ (Eltech) / tree network ‖ **betriebseigenes** ˜ (Nebenstellenanlagen + DV-Netz + lokales Netz) (EDV) / in-house network ‖ **betriebsinternes** ˜ (EDV) / corporate network, company-operated and -maintained network, COAM ‖ **differenzierendes** ˜ (Eltech) / differentiating network ‖ **elektrisches** ˜ (DIN 13 322) (Eltech) / electric network (an aggregation of interconnected conductors consisting of feeders, mains, and services) ‖ **geodätisches** ˜ (Verm) / geodetic network ‖ **heterogenes** ˜ (mit mehreren unterschiedlichen Protokollen und Netzbetriebssystemen) (EDV) / heterogeneous network ‖ **hierarchisches** ˜ (EDV) / hierarchical network ‖ **intelligentes** ˜ (Fernm) / intelligent network ‖ **internationales** (globales) ˜ (EDV) / global-area network, GAN ‖ **isoliertes** ˜ (Eltech) / ungrounded system (US) ‖ **künstliches neuronales** ˜ (KI) / artificial neural net(work), ANN ‖ **landesweites** ˜ (EDV, Fernm) / wide-area network (WAN) ‖ **logisches** ˜ (endlich digitaler digital-arbeitender Automat, der durch Verknüpfung von endlich vielen Bauelementen konstruiert ist) (EDV) / logic network ‖ **lokales** ˜ (Fernsp) / local exchange network, local network ‖ **lokales optisches** ˜ / local optical network, LON ‖ **mesochrones** ˜ (EDV) / mesochronous network ‖ **neuronales** ˜ (EDV) / neural network, neural net ‖ **nichthierarchisches** ˜ (EDV) / non-hierarchical network ‖ **offenes** ˜ (Eltech) / open network ‖ **öffentliches** ˜ (EDV) / public network ‖ **oligarchisches** ˜ (Fernm) / oligarchic network ‖ **passives optisches** ˜ (Fernm) / passive optical network ‖ **plesiochrones** ˜ (Digitalnetz ohne Synchronisierung) (EDV) / plesiochronous network ‖ **Realisierung** *f* **des lokalen** ˜**es** (EDV) / LAN implementation ‖ **Schmidtsches** ˜ (Geol, Krist) / Schmidt projection, Schmidt net (a coordinate system used to plot a Schmidt projection) ‖ **semantisches** ˜ (KI) / semantic network, semantic net ‖ **serienparalleles** ˜ (Eltech) / series-parallel network ‖ **synchrones optisches** ˜ (Fernm) / synchronous optical network, SONET ‖ **vermitteltes** ˜ (auf Wählleitung bei Ausfall der Standleitung) (Fernm) / switched network ‖ **Wulffsches** ˜ (Geog, Krist) / stereographic net, Wulff net, stereo net ‖ **zwangssynchronisiertes** ˜ (EDV) / despotic (synchronized) network ‖ ˜ *n* **für Kommunikationsgemeinschaft(en)** (Fernm) / corporate network ‖ **I. Ordnung** (Verm) / base net ‖ ˜ **im Netz** (ein nach innen geschlossenes, von außen zugängliches Netzwerk) (Fernm) / encapsulated network ‖ ˜ **mit Busstruktur** (EDV) / bus-type network, bus network ‖ ˜ **mit Erde als Rückleitung** (Eltech) / earth-return system ‖ ˜ **mit erweiterten Übertragungsmöglichkeiten** (Fernm) / value-added network, VAN (value-added network) ‖ ˜ **mit geerdetem Sternpunkt** (Eltech) / earthed neutral system ‖ ˜ **mit isoliertem Netzpunkt** (Eltech) / ungrounded system (US) ‖ ˜ **mit mehreren Knoten** (Eltech) / multinode network ‖ ˜ **mit Steinschüttung** (Maschendrahtkäfig mit Steinfüllung) (HuT, Wasserb) / gabion* *n*, pannier *n* ‖ ˜ **von Beobachtungsbodenstationen** (Raumf) / fence *n* ‖ ˜ **von Seismografen** (Geol) / array *n*

**Netz•abdeckung** *f* (z.B. bei Handys) (Fernsp) / network coverage ‖ ~**abhängig** *adj* (Eltech, Fernm) / network-dependent *adj* ‖ ˜**abschluß** *m* (bei Installationen) (Fernm) / master socket ‖ ˜**abschluß** (Funktionsgruppe, die dem Benutzer die Funktionen der Benutzer/Netzschnittstelle bereitstellt) (Fernm) / network termination, NT ‖ ˜**abschluß** (als Punkt) (Fernm) / network termination point, NTP ‖ ~**abwärts** *adv* (Fernm) / downstream *adv* ‖ ˜**aderbildung** *f* (Anstr) / checking *n*, crazing *n* ‖ ˜**administrator** *m* (EDV) / network administrator (person responsible for network

**Netzadresse**

management), network manager ‖ ~**adresse** f (eine Art Telefonnummer für Rechner in TCP/IP-Netzen) (EDV) / internet address, internet number ‖ ~**adresse** (32-Bit lange Adresse, in der Form wie 121.100.01.44, eine Art Telefonnummer für Rechner in TCP/IP-Netzen) (EDV) / internet address ‖ ~**anschluß** m (im allgemeinen) (Eltech, Fernm) / mains connection, power connection ‖ ~**anschluß** (Schnittstelle) (Fernm) / network interface ‖ ~**anschlußempfänger** m (Radio) / mains receiver ‖ ~**anschlußgerät** n (Eltech) / power-pack* n, power unit, power supply unit ‖ ~**anschlußteil** m (Eltech) / power-pack* n, power unit, power supply unit ‖ ~**antenne** f (Radio) / mains antenna ‖ ~**artig** adj / netlike adj ‖ ~**aufwärts** adv (Fernm) / upstream adv ‖ ~**ausfall** m (Eltech) / power failure, power fail, mains failure, power outage (US) ‖ **Wiederherstellung** f **der normalen Verhältnisse nach dem** ~**ausfall** (Eltech) / power-fail recovery ‖ ~**ausfallrestart** m (Eltech) / power-fail restart, mains-failure restart ‖ ~**ausfallschaltung** f (Fernm) / mains-failure operation ‖ **mit** ~**ausfallschutz** (Eltech) / power-fail-safe adj ‖ ~**auswahl** f (Fernm) / dial-out n
**netzbar** adj (Chem, Phys) / wettable adj
**Netzbarkeit** f (Chem, Phys) / wettability* n
**Netz•bau** m (Eltech) / network construction, power-supply-system construction ‖ ~**berechnung** f (im Rahmen der Netzplanung) (Eltech) / network calculation, network synthesis ‖ ~**bereitstellung** f (Fernm) / network services ‖ ~**betreiber** m (ISDN) (EDV) / network provider ‖ ~**betreiber** (Eltech) / network operator, network provider ‖ ~**betreiber** (der das Netz für die Btx-Übertragung und die Rechner für die Btx-Informationsspeicherung zur Verfügung stellt - in der Bundesrepublik Deutschland: Telekom) (Fernm) / carrier n, common carrier ‖ ~**betrieb** m (EDV, Eltech) / network operation ‖ ~**betrieb** (Eltech) / mains operation, line operation ‖ **mit** ~**betrieb** (Eltech) / mains-operated adj, line-operated adj ‖ ~**betrieben** adj (Eltech) / mains-operated adj, line-operated adj ‖ ~**betriebssystem** n (EDV) / network operating system, NOS ‖ ~**betriebssystem** (EDV) / network operating system, NOS ‖ ~**betriebszentrum** n (EDV, Fernm) / Network Operating Centre (any centre tasked with the operational aspects of a production network), NOC ‖ ~**bewehrung** f (Zusatzbewehrung, die zur Verhinderung von Schwindrissen dient) (Bau, HuT) / wire-mesh reinforcement ‖ ~**bewehrung** (Bau, HuT) s. auch Rißbewehrung ‖ ~**bezogener Transitverzug** (Fernm) / network transit delay ‖ ~**bildung** f (auf der Oberfläche) / reticulation n ‖ ~**bildung** (unerwünschtes Pigmentausschwimmen auf der Oberfläche von Lacken und Kunstfilmen) (Anstr) / stringing n ‖ ~**bildung** (Stoffdruck) (Tex) / stringing n ‖ ~**brumm** m (Fernm) / mains hum, power hum ‖ ~**diagramm** n (eine grafische Darstellung eines Petri-Netzes) (EDV) / net diagram ‖ ~**dienst** m (Fernm) / network service ‖ ~**dose** f (Eltech) / mains socket, power socket ‖ ~**drossel** f (Eltech) / power filter ‖ ~**drucker** m (EDV) / network printer ‖ ~**ebene** f (Einrichtungen mit gleicher Rangordnung, die sich durch eine bestimmte Reihenfolge im Verbindungsaufbau ergibt) (Fernsp) / network level ‖ ~**ebene** (die durch drei Gitterpunkte, die nicht in einer Geraden liegen, festgelegt ist) (Krist) / lattice plane, net plane, atomic plane*, crystal plane ‖ ~**ebenenabstand** m (Krist) / lattice distance, lattice spacing ‖ ~**egge** f (Landw) / chain harrow, flexible harrow ‖ ~**eigen** adj (Fernm) / on-net attr ‖ ~**eigene Fernmeldestelle** (Fernm) / on-net station ‖ ~**einwahl** f (Fernm) / dial-in n ‖ ~**empfänger** m (Radio) / mains receiver
**Netzen** n (Chem, Phys) / wetting n
**netzend, nicht** ~**e Flüssigkeit** (Chem, Phys) / non-wetting fluid, non-wetting liquid
**Netz•ende** n (Fernm) / network termination, NT ‖ ~**entkopplungsmaß** n (Radio) / mains decoupling factor ‖ ~**entwurf** m (Geog, Kart) / projection* n, map projection ‖ ~**erweiterung** f (Fernm) / network extension ‖ ~**fähigkeit** f (Chem) / wetting ability ‖ ~**fehler** m (Eltech) / network fault ‖ ~**filter** n (Eltech, Fernm) / mains filter, line filter ‖ ~**form** f (z.B. TN-S) (EDV) / net configuration
**netzförmig** adj / netlike adj ‖ ~**e Gefügeausbildung** (Hütt, Masch) / network structure* ‖ ~**e Haarrisse** (Galv) / mud-cracking n
**netzfremd** adj (Fernm) / off-net attr ‖ ~**e Fernmeldestelle** (Fernm) / off-net station
**Netz•frequenz** f (GB: 50 Hz, US: 60 Hz, Aero: 400 Hz) (Eltech) / mains frequency*, supply frequency*, system frequency, power frequency* ‖ ~**frequenz-Induktionsrinnenofen** m (Hütt) / mains frequency channel induction furnace ‖ ~**frequenzschwankungen** f pl (Eltech, Fernm) / fluctuations of the mains frequency ‖ ~**führung** f (Eltech) / line commutation ‖ ~**führung** (Fernm) / network management, net management ‖ ~**gefüge** n (Hütt) / net structure ‖ ~**geführter Wechselrichter** (Eltech) / line-commutated inverter ‖ ~**generator** m **für ein Netz finiter Elemente** (EDV) / mesh generator ‖ ~**generiert** adj (Fehler) (Fernm) / network-introduced adj ‖ ~**gerät** n (Eltech) / power-pack* n, power unit, power supply unit ‖ ~**gespeist** adj (Eltech) / mains-operated adj, line-operated adj ‖ ~**gewölbe** n (Arch) / net vaulting, net vault, diamond vault ‖ ~**gleichrichter** m (Eltech) /

power rectifier ‖ ~**grund** m (Tex) / filet ground* ‖ ~**güte** f (in öffentlichen Datennetzen) (EDV) / quality of service ‖ ~**haut** f (Op Zool) / retina* n (pl. retinae or retinas) ‖ ~**hautbeleuchtung** f (Opt) retinal illumination* ‖ ~**hautbild** n (Opt) / retinal image ‖ ~**interne Takt** (Fernm) / internal-network clock, internal-network timing ‖ ~**kabel** n (Eltech) / power cord ‖ ~**kennung** f (Fernm) / network identification code ‖ ~**kennzahl** f (Fernm) / network code number ‖ ~**knoten** m (im öffentlichen Telekommunikationsnetz) (Fernm) / node n, network node ‖ ~**knotenpunkt** m (Fernm) / node n, network node ‖ ~**knotenrechner** m (EDV) / remote communication computer, remote front-end processor ‖ ~**knüpfmaschine** f (Tex) / netting machine, net tying machine ‖ ~**konfiguration** f (EDV) / net configuration ‖ ~**konstante** f (Eltech) / network constant ‖ ~**kontrolleuchte** f (Eltech) / power-on light ‖ ~**kontrollsprache** f (EDV) / network control language ‖ ~**kontrollzentrum** n (Fernm) / network control centre, NCC ‖ ~**kopp(e)lung** f (Stromverteilungsnetz) (Eltech) / interconnexion n (GB), interconnection n ‖ ~**kraft** f (Chem, Phys) / wetting power, wetting ability ‖ ~**kurzschluß** m (Eltech) / system short circuit ‖ ~**ladegerät** (Eltech) / line charger ‖ ~**ladeleistung** f (Eltech) / line-charging capacity ‖ ~**laufwerk** n (EDV) / network drive ‖ ~**leitung** f (Eltech) / mains power line, mains lead ‖ ~**management** n (Fernm) / network management, net management ‖ ~**mantelelektrode** f (eine Lieferform des Zusatzwerkstoffes) (Schw) / wire-gauze electrode, continuous covered electrode ‖ ~**mantelschweißen** n (Schw) / Fusarc welding, covered-coil electrode welding ‖ ~**meldung** f (Fernm) / network message ‖ ~**merkmal** n (Fernm) / network identification utility, network utility ‖ ~**merkmalsfeld** n (das die Netzmerkmale für die Übermittlung aufnimmt) (Fernm) / network utility field ‖ ~**mittel** n (Chem) / wetting agent*, wetter n ‖ **das Eindringen von Flüssigkeiten erleichterndes** ~**mittel** (Chem) / introfier n ‖ **Herabsetzen der Grenzflächenspannung durch ein** ~**mittel** (um das Eindringen von Flüssigkeiten zu erleichtern) (Chem) / introfaction n ‖ ~**modell** n (Eltech) / network analog ‖ ~**nachbildung** f (Eltech) / artificial mains network, network analogue ‖ ~**-Netz-Schnittstelle** f (Fernm) / internetwork interface ‖ ~**nomogramm** n / concurrency nomogram ‖ ~**öl** n (Chem) / wetting oil ‖ ~**parallelbetrieb** m (Eltech) / network parallel operation ‖ ~**parameter** m (Fernm) / network parameter ‖ ~**plan** m (DIN 40719) (F.Org) / network diagram ‖ ~**plantechnik** f (z.B. PERT, CPM, MPM) (F.Org) / critical path planning* ‖ ~**planung** f (Eltech) / network planning ‖ ~**polymer** n (Chem) / network polymer*, cross-link polymer, cross-linked polymer ‖ ~**punkt** m (Verm) / station* n ‖ ~**regelung** f (Aufrechterhaltung der Stabilität eines elektrischen Versorgungsnetzes unter Konstanthaltung von Spannung und Frequenz durch Frequenzregelung, Leistungsregelung oder durch beide Regelungen gleichzeitig) (Eltech) / mains control, load-frequency control ‖ ~**riegel** m (Querriegel bei Stangengerüsten) (Bau) / putlog* n, putlock n ‖ ~**risse** m pl (Anstr) / checking* n, crazing n ‖ ~**rückspeisung** f (Eltech) / current regeneration, current recuperation ‖ ~**rückwirkung** f (z.B. eines Stromrichters auf das speisende Netz) (Eltech) / network reaction ‖ ~**schalter** m (Eltech) / mains switch, power switch, power switchgear ‖ ~**schalter** (Eltech) / line switch ‖ ~**schnittstelle** f (Fernm) / network interface ‖ ~**schnittstelleneinheit** f (Fernm) / network interface unit, NIU ‖ ~**schnur** f (Eltech) / line cord, A.C. extension cord ‖ ~**schutz** m (zum Schutze eines elektrischen Versorgungsnetzes) (Eltech) / mains protection, power protection ‖ ~**schwefel** m (Chem) / colloidal sulphur ‖ ~**server** m (EDV) / net server ‖ ~**sicherheit** f (Eltech) / network security ‖ ~**spannung** f (Eltech) / mains voltage, supply voltage*, line voltage ‖ ~**speisegerät** n (Eltech) / mains unit ‖ ~**speiser** m (Energiequelle) (Eltech) / network feeder ‖ ~**stabilität** f (Eltech, Fernm) / network stability ‖ ~**stecker** m (Eltech) / mains plug, power plug ‖ ~**steuersprache** f (EDV) / network control language ‖ ~**steuerung** f (EDV) / network control (NC) ‖ ~**stoff** m (Tex) / cellular* n ‖ ~**störfestigkeit** f (als allgemeine Eigenschaft) (Eltech) / mains-interference immunity ‖ ~**störfestigkeit** (als konkreter Faktor) (Eltech) / mains-interference immunity, mains-interference immunity factor, mains interference ratio ‖ ~**störung** f (Eltech) / mains interference, mains-borne interference ‖ ~**strom** m (Eltech) / mains current, line current ‖ ~**struktur** f (netzförmiges Oberflächengebilde) / reticulation n ‖ ~**struktur** (EDV, Fernm) / network topology, network structure ‖ ~**stützhülle** f (bei Verpackungen) (Nahr) / net overwrap, net sleeve ‖ ~**synchronisation** f (Fernm) / network timing, network synchronization ‖ ~**synchronisation** (TV) / locking n, mains hold ‖ ~**synchronisierung** f (TV) / locking n, mains hold ‖ ~**tafel** f / concurrency nomogram ‖ ~**takt** m (EDV) / network clock pulse, network timing pulse ‖ ~**taktgesteuert** adj (EDV) / clocked to the network ‖ ~**teil** n (ein Teil eines elektrischen Netzes, der für die Berechnung ausgewählt wird, um mit vermindertem Rechenaufwand bestimmte Eigenschaften des Netzes beurteilen zu können) (Eltech) / power-pack* n, power unit, power supply unit ‖ **eingebautes ~teil** (Radio) / self-contained power supply ‖ **~teilnehmer** m (EDV) / network user ‖ **~theorie** f (EDV) / net theory, network theory ‖ **~topologie** f (z.B. Ring-, Stern-, Baum- usw.) (EDV, Fernm) / network topology, network structure ‖ **~träger** m (bei Videotextsystemen) (Fernm) / carrier n, common carrier ‖ **~transformator** m (zur Kopplung von elektrischen Übertragungs- und Verteilungsnetzen unterschiedlicher Spannungsebenen) (Eltech) / mains transformer* ‖ **~tuch** n (Tex) / scrim* n ‖ **~übergang** m (Fernm) / network interworking ‖ **~überlastung** f (Fernm) / network congestion, NC ‖ **~unabhängig** adj (Eltech, Fernm) / network-independent adj ‖ **~verbraucher** m (Eltech) / load* n ‖ **~verbund** m (organisatorische Einheit = UCPTE) (Eltech) / interconnexion n (GB), interconnection n ‖ **~vermögen** n (Chem) / wetting ability ‖ **~verriegelung** f (TV) / mains locking ‖ **~verwaltung** f (Fernm) / network management, net management ‖ **~wartung** f (Eltech, Fernm) / network maintenance ‖ **~weite Erreichbarkeit** (beim Mobilfunk) (Fernsp) / anywhere call pickup

**Netzwerk** n (mehrere, elektrisch miteinander verbundene Stromkreise) (Eltech, Fernm) / network* n ‖ **aktives ~** (Fernm) / active network ‖ **drahtloses lokales ~** (EDV) / wireless local-area network, wireless LAN, WLAN ‖ **dreipoliges ~** (Eltech) / three-terminal network ‖ **geschlossenes ~** (Elektr) / connected network ‖ **gleichwertiges ~** (Eltech) / equivalent circuit*, equivalent network ‖ **integrierendes ~** (Regeln) / integrating circuit*, integrating network*, integrating element ‖ **interpenetrierende polymere ~e (IPN)** (Chem) / interpenetrating polymeric networks ‖ **lineares ~** (Elektr) / linear network* ‖ **lokales ~** (EDV) / local area network* (LAN) ‖ **mehrstufiges ~** (Fernm) / multistage network ‖ **neuronales ~ (NN)** (EDV) / neural network, neural net ‖ **nichtlineares ~** (Elektr) / non-linear network* ‖ **passives ~** (Fernm) / passive network* ‖ **polymeres ~** (Chem) / polymeric network ‖ **symmetrisches ~** (Eltech) / symmetrical network* ‖ **symmetrisches ~ aus Einzelbauteilen** (Eltech) / symmetrical lumped network ‖ **umgekehrte ~e** (Eltech) / inverse networks* ‖ **unsymmetrisches ~** (Eltech) / unbalanced network* ‖ **verlustloses ~** (Fernm) / non-dissipative network*

**Netzwerk•analysator** m (EDV) / network calculator*, network analyser*, network analyzer (US) ‖ **~analysator** (Eltech) / circuit analyser ‖ **~analyse** f (Eltech) / network analysis* ‖ **~architektur** f (EDV, Eltech) / network architecture ‖ **~betriebssystem** n (EDV) / network operating system, NOS ‖ **~bildner** m (Glas) / network former ‖ **~dienst** m (z.B. Teilnehmerdienst der Telekom) (Fernm) / network service ‖ **~ebene** f (die den Informationsfluß zwischen den verschiedenen Komponenten eines Netzwerks regelt) (EDV) / network layer ‖ **~fähig** adj (EDV, Fernm) / networkable adj ‖ **~fähigkeit** f (EDV, Fernm) / networking capability, networkability n ‖ **~kenngröße** f (Elektr) / network parameter ‖ **~knoten** n (Fernm) / node n, network node ‖ **~kuppel** m (Arch) / network dome, network cupola ‖ **~management** n (die Fähigkeit des Netzwerks, die Ressourcen des Netzes für den Benutzer zu organisieren und zu koordinieren) (Fernm) / network management, net management ‖ **~managementsystem** n / network management system, NMS ‖ **~manager** m / network management system, NMS ‖ **~manager** (EDV) / network administrator (person responsible for network management), network manager ‖ **~nachbildung** f (Eltech) / network analog ‖ **~parameter** m (Elektr) / network parameter ‖ **~planung** f (F.Org) / critical path planning* ‖ **~pol** m (Elektr) / terminal* n ‖ **~-Rechengerät** n (EDV) / network calculator*, network analyser*, network analyzer (US) ‖ **~schicht** f (Schicht 3 im ISO-Referenzmodell) (EDV) / network layer ‖ **~steuerung** f (EDV) / network control (NC) ‖ **~synthese** f (Eltech) / network synthesis* ‖ **offenes ~system** (EDV) / open systems interconnection (OSI) ‖ **~topologie** f (Struktur eines Netzes) (EDV, Fernm) / network topology, network structure ‖ **~umgebung** f (EDV) / network neighbourhood ‖ **~umleitung** f (EDV) / network redirection ‖ **~umwandlung** f (bei der Spannungen und Ströme nicht beinflußt werden) (Elektr) / network conversion ‖ **~version** f (eines Buches) (EDV) / network version ‖ **~virus** m (EDV) / network virus n ‖ **~wandler** m (Element, das als Oxid das Netzwerk der glasbildenden Oxide sprengt) (Glas) / network modifier ‖ **~zubringer** m (bei Zusammenfassung mehrerer Mikrocomputer zu einem lokalen Netz als Zugang dienender Server) (EDV) / network server ‖ **~zustand** m (Fernm) / network status

**Netz•winde** f (Schiff) / net-drum winch ‖ **~wischer** m (Eltech) / quick break, power interrupt ‖ **~freier ~zugang** (Fernsp) / open network provision ‖ **~zusammenbruch** m (Eltech) / network collapse ‖ **~zusammenführung** f (Eltech) / network convergence

**neu** adj / new ‖ **~ appretieren** (Tex) / reproof v ‖ **~ ausschießen** (Typog) / reimpose v ‖ **~ benennen** / rename v ‖ **~ beschicken** (Nukl) / refuel v ‖ **~ besohlen** v (Schuhe) / resole v ‖ **~ beziehen** (Polstermöbel) (Tex) / re-cover v ‖ **~ bilden** / reconstitute v ‖ **~ binden** (Buchb) / rebind v ‖ **~ bunkern** (Schiff) / recoal v ‖ **~ einfetten** / regrease v ‖ **~ einstellen** (Masch) / readjust v, reset v ‖ **~e Einstellung** (Nachstellung) (Masch) / readjustment n ‖ **~ fällen** (Chem) / reprecipitate v ‖ **~ formulieren** (einen Text) / reformulate v, reword v, restate v, rework v ‖ **~ gruppieren** / regroup v ‖ **~ imprägnieren** (Tex) / reproof v ‖ **~ kitten** (Linsen) (Opt) / recement v ‖ **~e Kohle aufnehmen** (Schiff) / recoal v ‖ **~ konfigurieren** v / reconfigure v ‖ **~er Kupplungsbelag** (Kfz) / relining n (of the clutch), refacing n ‖ **~ lackieren** (Anstr) / repaint v, refinish v ‖ **~e Mathematik** (Math) / new maths, new math ‖ **~e Mathematik** (erstmalig in der BRD in den "Nürnberger Lehrplänen" 1965 festgelegt) (Math) / new math, new mathematics ‖ **~e Medien** (neu entstandene Kommunikationsmittel zur Individual- und Massenkommunikation) (Akus, EDV, Eltronik) / new media ‖ **~ messen** / remeasure v ‖ **~ mit der Maschine (ab)schreiben** / retype v ‖ **~ numerieren** / renumber v ‖ **~e Offshore-Bohrung** (im alten Bohrloch) (Erdöl) / re-entry n (re-establishment of contact with the well's bore hole in offshore waters, after having moved off location) ‖ **~e Packung einlegen** (Masch) / repack v ‖ **~ polstern** (Tex) / reupholster v ‖ **~ positionieren** (EDV) / reposition v ‖ **~ schreiben** (auf der Schreibmaschine) / overtype v ‖ **~er Seitenumbruch** (Druck, EDV) / repagination n ‖ **~ setzen** (Typog) / reset v ‖ **~e Sicherung einsetzen** (Eltech) / re-fuse v ‖ **~ sortieren** / re-sort v ‖ **~ speichern** (EDV) / re-store v ‖ **~er Stern** (Astr) / nova* n (pl. novas or novae), new star* ‖ **~er Stil** (Astr) / New Style*, NS* ‖ **~ streichen** (Anstr, Bau) / repaint v, redecorate v (with paint) ‖ **~ tapezieren** (Bau) / repaper v, redecorate v (with wallpapers) ‖ **~ trassieren** (Bahn, HuT, Verm) / realignment n ‖ **~ verknüpfen** (EDV) / relink v ‖ **~ verlegen** (Leitungen) (Eltech, HuT) / install v, reinstall v ‖ **~ verlegen** (HuT) / re-lay v ‖ **~ vermessen** / remeasure v ‖ **~ verschließen** / reclose v ‖ **~ verschließen** (Kunststoffbeutel) (Plast) / reseal v ‖ **~ wasserdicht ausrüsten** (Tex) / reproof v ‖ **~e Zeile** (Zeilenumschaltung bei der Schreibmaschine) (Druck, EDV) / new line, NL

**Neu** (ein Aminozucker) (Biochem) / neuraminic acid

**Neu•anschaffungen** f pl / recent accessions, new accessions ‖ **~artig** adj (Hütt) / exotic adj ‖ **~aufbau** m (Bau) / reconstruction n, rebuilding n ‖ **~auflage** f (Druck) / new edition ‖ **~auflage** (meistens mit Änderungen) (Druck) / re-edition n, reissue n, reprint n (with alterations) ‖ **~auskleidung** f (Hütt) / fresh lining, relining n ‖ **~ausrichtung** f (der Strecke) (Bahn, HuT) / realignment n ‖ **~ausrüstung** f / re-equipment n ‖ **~austenitisierung** f (Hütt) / reaustenitization n ‖ **~bauer-Tiegel** m (Platintiegel mit porösem Boden) (Chem) / Monroe crucible, Neubauer crucible ‖ **~bemessung** f eines zerstörten Vermessungspunktes (Verm) / referencing n ‖ **~beschotterung** f (der Straße) (HuT) / remetalling n ‖ **~bestimmung** f / redetermination n ‖ **~bestimmung** (Biochem, Hütt) / reassay n ‖ **~bewertung** f / revaluation n

**Neuburg•er Kieselerde** (feinmehliges, weißes Mineralgemenge aus 85 - 90% Quarz und Kaolinit) / Neuburg chalk ‖ **~er Kreide** / Neuburg chalk ‖ **~er Weiß** / Neuburg chalk

**Neudl** (EDV) / Neudl n (a language for describing and implementing neural networks)

**Neu•druck** m (unveränderte Neuauflage) (Druck) / reimpression n, reprint n, reissue n ‖ **~emaillierung** f / re-enamelling n, reglassing n ‖ **~erfassung** f (EDV) / re-entering n ‖ **~färben** n **fehlerhaft gefärbter Stückware** (Tex) / cobbling n ‖ **~gelb** n (Anstr) / lead chrome, chrome yellow, Leipzig yellow, chrome n ‖ **~generierung** f (einer Datei) (EDV) / regeneration* n ‖ **~gestaltung** f **eines Absatzes** (Druck, EDV) / paragraph reforming ‖ **~gewürzöl** n (A) (das etherische Öl aus den Samen der Pimenta dioica (L.) Merr.) (Nahr) / pimento oil, pimenta oil, allspice oil ‖ **~gotik** f (Kunstrichtung des 18. und 19. Jahrhunderts) (Arch) / Gothic Revival* ‖ **~grad** m (der 100ste Teil des rechten Winkels - nach DIN 1301, T 1 und 1315) / gon n, grade n ‖ **~grün** n (wasserlöslicher grüner Triacrylmethanfarbstoff) / malachite green*, mineral green, Hungarian green, Olympian green

**Neuheit** f (der Erfindung) / novelty n

**Neu•konstruktion** f (als Basis für eventuelle Anpassungs- bzw. Variantenkonstruktionen) (Masch) / basic design ‖ **~kritikalität** f (Nukl) / recriticality n ‖ **~kurve** f (DIN 1325) (Mag) / rise path (of the magnetization force), normal induction curve

**Neuland** n (neu zur wirtschaftlichen Nutzung gewonnen) (Landw) / virgin soil ‖ **aufgespültes ~** (Wasserb) / innings* pl ‖ **~ n aus dem Wattenmeer** (Wasserb) / innings* pl ‖ **~gewinnung** f (aus dem Wattenmeer, durch Trockenlegung) (Landw) / land reclamation, reclaiming n, land accretion, reclamation n ‖ **~gewinnung** (Landw) / reclamation n, cultivation n

**Neulieferung** f (nochmalige Lieferung der gleichen Ware) / replacement n

**Neumann•-Funktion** f (Math) / Bessel function of the second kind*, Neumann function ‖ **~-Koppsche Regel** (Phys) / Neumann-Kopp rule, Kopp's rule, Kopp and Neumann's law

**Neumannsch**

**Neumannsch•e Architektur** (der ersten vier Rechnergenerationen - nach Johann Baron v. Neumann, 1903-1957) (EDV) / Neumann architecture, von-Neumann architecture ‖ **~e Linien** (eine Art Zwillingslamellierung bei mechanischer Beanspruchung von α-Eisen - nach J.G. Neumann, 1813-1882) (Hütt, Krist) / Neumann lamellae*, Neumann bands, Neumann lines ‖ **~er Minimaxsatz** (KI, Math) / min-max theorem, minimax n ‖ **~e Potentialfunktion** (elliptische Differentialgleichung - nach C.G. Neumann, 1832-1925, benannt) (Math) / Neumann function n ‖ **~es Problem** (Randwertaufgabe zweiter Art für die Poissonsche Differentialgleichung) (Math) / Neumann (boundary) problem ‖ **~e Randbedingung** (Math) / Neumann's boundary condition
**Neumond** m (Astr) / new moon*
**Neuneck** n (Math) / nonagon* n, enneagon* n
**Neuner** m (Einheit der chemischen Reinheit von Metallen und Gasen, z.B. 99,999% = fünf Neuner) (Chem, Hütt) / niner n
**Neunerkomplement** n (EDV) / nine's complement, nines complement, complement on nine
**Neunersprung** m (EDV) / standing-on-nines carry
**Neunpunktekreis** m (durch die Seitenmitten, die Höhenfußpunkte und die Mitten der oberen Höhenabschnitte - nach K.W. Feuerbach, 1800-1834) (Math) / nine-point circle (of a triangle)*
**Neunziger Silberauflage** (Galv) / silver plate of 90 g per 1 dozen of teaspoons and forks
**neu•ordnen** v / rearrange v ‖ **~ordnung** f / rearrangement n ‖ **~paginierung** f (Druck, EDV) / repagination n ‖ **~planung** f (im Siedlungsbau) (Arch) / redevelopment n ‖ **~pressung** f (Publizieren auf CD-ROM) (EDV) / repressing n
**neural** adj (einen Nerv, die Nerven betreffend, vom Nervensystem ausgehend) (Med) / neural* adj
**Neuraminsäure** f (Biochem) / neuraminic acid
**Neurasterung** f (Druck) / rescreening n
**Neurin** n (Vinyltrimethylammoniumhydroxid - ein Leichengift) (Chem) / neurine* n
**Neuristor** m (Element zur Nachbildung von Neuroneneigenschaften) (Eltronik) / neuristor n
**Neuro•bionik** f / neurobionics n ‖ **~chemie** f (Chemismus der Nervenfunktionen) (Biochem) / neurochemistry n ‖ **~chip** m (EDV, KI) / neural chip ‖ **~computer** m (der nach dem Vorbild neuronaler Netze im Gehirn aufgebaut werden soll) (EDV) / sixth-generation computer, SGC, neurocomputer n
**neurogen** adj (Med) / neurogenic* adj
**Neuro•hormon** n (Biochem) / neurohormone n ‖ **~kinin** n P (Biochem) / pain-producing substance, PPS ‖ **~kybernetik** f / neurocybernetics n ‖ **~leptikum** n (ein Psychotherapeutikum) (Pharm) / neuroleptic n (a major tranquillizer)
**Neuron** n (pl. -e oder -en) (Med, Physiol) / neuron* n, neurone* n
**neuronal** adj (EDV, Med) / neuronal adj, neuronic adj ‖ **~e Datenverarbeitung** (EDV) / neural computing ‖ **~es Netz** (EDV) / neural network, neural net ‖ **~es Netzwerk (NN)** (EDV) / neural network, neural net
**Neuronenrechner** m (EDV) / sixth-generation computer, SGC, neurocomputer n
**Neuro•peptid** n (z.B. Endorphin) (Biochem) / neuropeptide n ‖ **~plegikum** n (Pharm) / neuroleptic n (a major tranquillizer) ‖ **~sekretorisches Hormon** (Biochem) / neurohormone n
**Neurot** n / scarlet red, Biebrich red, Biebrich scarlet
**Neuro•tensin** n (Physiol) / neurotensin n ‖ **~toxin** n (nervenschädigende Substanz) (Biochem) / neurotoxin n ‖ **~toxisch** adj (Biochem) / neurotoxic adj ‖ **~transmitter** m (Nerventrägerstoff) (Physiol) / neurotransmitter n, transmitter n ‖ **~tropika** n pl (Medikamente, die durch Steigerung der zerebralen Durchblutung und des Gehirnstoffwechsels zentrale Funktionen aktivieren) (Pharm) / nootropics pl
**Neusämischgerbung** f (ein Kombinationsgerbverfahren - schwache Formaldehydvorbehandlung +Trangerbung) (Leder) / combination chamois tannage
**Neu•sand** m (Gieß) / fresh sand, new sand ‖ **~schnee** m (Meteor) / fresh-fallen snow, fresh snow ‖ **nasser ~schnee** (Meteor) / clog snow
**Neuseeland, aus Australien und ~ stammende Wollsorten** (Tex) / Australian wools
**Neuseeländer Flachs** (Phormium tenax J.R. Forst. et G. Forst) (Bot) / flax-lily n, New Zealand flax, phormium n, native flax
**Neusilber** n (silberähnliche Kupfer-Nickel-Zink-Legierung - früher als Alpaka, Argentan, Packfong, Chinasilber, Nickelmessing und Kunstsilber bekannt) (Hütt) / German silver*, nickel brass, nickel silver*, albata n ‖ **elektrochemisch hergestellte ~schicht** (Galv) / electroplated nickel silver, EPNS
**Neustart** m (EDV) / recovery n ‖ **~** (Reboot) (EDV) / reboot n ‖ **~** (EDV) / restart n, program restart

**Neuston** n (Lebensgemeinschaft von sich nicht aktiv bewegenden Organismen auf der Ober- oder der Unterseite des Oberflächenhäutchens von Gewässern) (Umwelt) / neuston n
**neustonisch** adj (Umwelt) / neustonic adj
**Neusüdwales-Arrowroot** n (Nahr) / achira starch, tous-les-mois n
**neutral** adj / neutral adj ‖ **spannungsfreie ~e Faser** (die nach dem Biegen keine Längenänderung aufweist) (Masch, Mech) / neutral axis*, neutral fibre, neutral line ‖ **~e Achse** (Masch, Mech) / neutral axis*, neutral fibre, neutral line ‖ **~es Carbonat** (Chem) / neutral carbonate, secondary carbonate ‖ **~e Ebene** (Mech) / neutral surface*, neutral plane ‖ **~es Element** (Math) / neutral element*, identity element* ‖ **~es Färbeverfahren** (mit neutralen Farbstoffen) (Biochem, Mikros) / neutral staining ‖ **~er feuerfester Stoff** (auf $Cr_2O_3$-Basis) (Hütt) / neutral refractory ‖ **~e Fläche** (Mech) / neutral surface, surface of no strain ‖ **~e Flamme** (Schw) / neutral flame* ‖ **~es Flußmittel** (Hütt, Masch) / neutral flux* ‖ **~es Karbonat** (Chem) / neutral carbonate, secondary carbonate ‖ **~es Kurvenfahrverhalten** (Kfz) / neutral cornering ‖ **~e Lösung** (mit pH 7) (Chem) / neutral solution* ‖ **~es Meson** (Kernphys) / neutretto n ‖ **~er Punkt** (in dem die Himmelslichtpolarisation ein Minimum aufweist) (Geophys) / neutral point ‖ **~er Punkt** (beim Biegen) (Masch, Mech) / neutral point* ‖ **~ reagierend** (Chem) / neutral-reacting adj ‖ **~es Relais** (Fernm) / non-polarized relay*, neutral relay (US)* ‖ **~es Salz** (Chem) / normal salt*, neutral salt ‖ **~e Schicht** (in der Biegetheorie) (Mech) / neutral layer ‖ **~e Schlacke** (Hütt) / neutral slag ‖ **~e Seife** (Chem) / neutral soap ‖ **~e Ströme** (bei der schwachen Wechselwirkung) (Kernphys) / neutral currents ‖ **~es (ungeladenes) Teilchen** (Kernphys) / neutral particle, neutral n ‖ **~er zeitartiger Strom** (Phys) / neutral timelike current ‖ **~e Zone** (Eltech) / neutral zone*, neutral axis*, NA*
**Neutral•-** / neutral adj ‖ **~es** n (Kernphys) / neutral particle, neutral n ‖ **~base** f (Chem) / neutral base ‖ **im ~bereich liegende Reaktion** (Chem) / circumneutral reaction ‖ **~fett** n (ausschließlich aus Triglyzeriden bestehend, das weder saure noch basische Aktivität zeigt) / neutral fat ‖ **~filter** n (Foto) / neutral-density filter*, neutral filter, non-selective filter ‖ **~glas** n (Glas, Masch, Pharm) / neutral glass
**Neutralisation** f (Chem, Eltech) / neutralization* n ‖ **~** (Kompensation des Einflusses der Rückwirkung des Ausganges eines verstärkenden Bauelementes auf dessen Eingang) (Eltronik) / neutralization n
**Neutralisations•analyse** f (Chem) / acid-base titration, neutralization analysis ‖ **~analyse** (Chem) / acid-base titration, neutralization analysis ‖ **~gerbstoff** m (Leder) / tanning material with neutralizing effect ‖ **~indikator** m (Chem) / pH indicator, acid-base indicator ‖ **~kondensator** m (Eltech) / neutralizing capacitor ‖ **~mittel** n (Chem) / neutralizer n, neutralizing agent ‖ **~reaktion** f (Chem) / neutralization reaction ‖ **~schlamm** m (Galv, Sanitär) / neutralization sludge ‖ **~titration** f (Chem) / acid-base titration, neutralization analysis ‖ **~vorgang** m (Chem) / neutralization reaction ‖ **~wärme** f (Chem) / heat of neutralization, neutralization heat ‖ **~zahl** f (in der Schmierstoffanalyse) (Nz) (Chem, Erdöl) / neutralization number, neutralization index, neutralization value
**neutralisieren** v (Chem, Eltech) / neutralize v ‖ **~** n (Chem, Eltech) / neutralization* n
**Neutralisierung** f (Chem, Eltech) / neutralization* n ‖ **~** (Eltronik, Fernm) / neutralization* n
**Neutralisierungsspannung** f (Fernm) / neutralizing voltage*
**Neutralität** f (Chem) / neutrality n
**Neutral•keil** m (wenn beide Keile aus Neutralglas sind) (Opt, Phys) / neutral wedge filter*, grey wedge, wedge filter, grey-scale wedge, gray step wedge (US), tone wedge set, optical wedge ‖ **~leiter** m (Eltech) / neutral conductor*, middle conductor*, middle wire*, neutral wire*, neutral* n ‖ **~öle** n pl (Erdöl) / neutrals pl ‖ **~öl** n (säurefreies Mineralöl mit Viskosität von 70 bis 2000 Saybolt-Sekunden bei 100 °F) (Erdöl) / neutral oil ‖ **~punkt** m (bei der Neutralisation) (Chem) / neutral point, point of neutrality ‖ **~punkt** (aerodynamischer Fokus des Flügelprofils) (Luftf) / aerodynamic centre* ‖ **~punkt** (Längs- und Staudruckstabilität) (Luftf) / neutral point ‖ **~punkt** (Punkt, an dem der Betrag des magnetischen Feldes verschwindet) (Mag) / neutral point* ‖ **~punkt** (beim Biegen) (Masch, Mech) / neutral point* ‖ **~reaktion** f (Chem) / neutral reaction ‖ **~reiniger** m / neutral cleaning agent, neutral cleanser ‖ **~rot** n (ein Phenazinfarbstoff) (Chem) / toluylene red, neutral red ‖ **~salz** n (Chem) / normal salt, neutral salt ‖ **~sulfit-Verfahren** n (Halbzellstoff-Herstellung); Neutralsulfit - halbchemisches Aufschlußverfahren (Pap) / neutral sulphite semichemical process (pulping) ‖ **~teilcheneinschuß** m (Plasma Phys) / neutral injection*
**Neutrassierung** f (Bahn, HuT) / realignment n
**Neutretto** n (Kernphys) / neutretto n
**Neutrino** n (stabiles Elementarteilchen aus der Familie der Leptonen) (Kernphys) / neutrino* n ‖ **~astronomie** f (Astr) / neutrino astronomy* ‖ **Weylsche ~gleichung** (Kernphys) / Weyl's equation, two-component

equation of the neutrino ‖ **~horn** *n* (zur Fokussierung von Neutrinostrahlen) (Nukl) / neutrino horn ‖ **~oszillation** *f* (Kernphys) / neutrino oscillation ‖ **~strahlung** *f* (Nukl) / neutrino radiation ‖ **~teleskop** *n* (für die Neutrinoastronomie) (Astr) / neutrino telescope ‖ **~thermometer** *n* (Nukl) / neutrino thermometer

**Neutrodynkondensator** *m* (Eltech) / neutralizing capacitor

**Neutron** *n* (Kernphys) / neutron* *n* ‖ **abgestreiftes ~** (Kernphys) / stripped neutron ‖ **die Neutronenvermehrung auslösendes ~** (Kernphys) / multiplication neutron ‖ **epithermisches ~** (Kernphys) / epithermal neutron* ‖ **jungfräuliche ~en** (Kernphys) / virgin neutrons* ‖ **kaltes ~** (Kernphys) / cold neutron ‖ **langsames ~** (dessen kinetische Energie einen bestimmten Wert unterschreitet) (Kernphys) / slow neutron* ‖ **mittelschnelles ~** (Kernphys) / intermediate neutron* ‖ **prompte ~en** (die unmittelbar bei der Kernspaltung entstehen) (Kernphys) / prompt neutrons* ‖ **reflektiertes ~** (Kernphys) / reflected neutron ‖ **relativistisches ~** (Kernphys) / relativistic neutron ‖ **schnelles ~** (Kernphys) / fast neutron* ‖ **thermisches ~** (Kernphys) / thermal neutron* ‖ **ultrakaltes ~** (Nukl) / ultracold neutron ‖ **verzögerte ~en** (diejenigen Neutronen, die nicht unmittelbar bei der Kernspaltung entstehen) (Nukl) / delayed neutrons*

**Neutronen•abschirmfolie** *f* (Nukl) / curtain *n* ‖ **~abschirmung** *f* (Maßnahme und Vorrichtung zur Abschwächung und Absorption von Neutronenstrahlung) (Nukl) / neutron shielding ‖ **~absorber** *m* (z.B. Bor, Hafnium und Kadmium) (Kernphys) / neutron absorber ‖ **~absorption** *f* (Oberbegriff für alle Prozesse, die zum Verschwinden von freien Neutronen führen) (Kernphys) / neutron absorption ‖ **~absorption** s. auch Neutroneneinfang ‖ **~absorptionsquerschnitt** *m* (der Wirkungsquerschnitt für Neutronenabsorption nach DIN 25401) (Kernphys) / neutron absorption cross-section ‖ **~aktivierungsanalyse (NAA)** *f* (Chem) / neutron-activation analysis ‖ **~alter** *n* (Kernphys) / Fermi age*, neutron age* ‖ **~ausbeute** *f* (je Spaltung, *ν* - je Absorption, *η*) (Kernphys) / neutron yield ‖ **~ausfluß** *m* (Neutronenverlust in der Reaktortheorie) (Nukl) / leakage *n* ‖ **~austrittsverlust** *m* (Kernphys) / neutron leakage* ‖ **~beschuß** *m* (Nukl) / neutron bombardment ‖ **~besetzung** *f* (in einem Reaktor) (Nukl) / neutron population ‖ **~besetzungszahl** *f* (Nukl) / neutron population ‖ **~bestrahlung** *f* (Kernphys) / neutron irradiation ‖ **~beugung** *f* (Interferenz von Neutronenstrahlen) (Kernphys) / neutron diffraction* ‖ **~beugungsbild** *n* (Kernphys) / neutron diffraction pattern, neutronogram *n* ‖ **~bilanz** *f* (Nukl) / neutron balance* ‖ **~bildung** *f* (Nukl) / neutron production, neutron generation ‖ **~bindungsenergie** *f* (Kernphys) / neutron-binding energy ‖ **~Bohrlochmessung** *f* (Bergb) / neutron logging* ‖ **~bombe** *f* (eine Sonderwaffe nur mit Strahlwirkung) (Mil) / neutron bomb, neutron radiation weapon, enhanced radiation weapon, N-bomb ‖ **reduzierte ~breite** (Kernphys) / reduced width, reduced neutron width ‖ **~bremsung** *f* (durch Energieabgabe an Atomkerne bei Stößen mit den Atomkernen eines Moderators) (Kernphys) / moderation* *n* ‖ **~bremsung** (bei Stoßprozessen) (Kernphys) / neutron slowing-down ‖ **~bremsung auf thermische Geschwindigkeit** (Nukl) / thermalization* *n* ‖ **~bremsvermögen** *n* (Lethargiezuwachs) (Nukl) / slowing-down power* ‖ **~chopper** *m* (Nukl) / neutron chopper ‖ **~detektor** *m* (zum Nachweis von Neutronen) (Kernphys) / neutron detector ‖ **~dichte** *f* (Kernphys) / neutron density ‖ **~dichte** (in einem Reaktor) (Nukl) / neutron population ‖ **~diffraktion** *f* (Kernphys) / neutron diffraction* ‖ **~diffraktometer** *n* (Nukl) / neutron diffractometer ‖ **~diffusion** *f* (Kernphys) / neutron diffusion* ‖ **~dosimetrie** *f* (DIN 6802, T 1) (Nukl, Radiol) / neutron dosimetry ‖ **~dosis** *f* (Kernphys) / neutron dose ‖ **~dosismessung** *f* (Nukl, Radiol) / neutron dosimetry ‖ **~dotiertes Silizium** (ein Halbleitermaterial) (Eltronik) / neutron-doped silicon, NDS ‖ **~einfang** *m* (der Strahlungseinfang von Neutronen) (Kernphys) / neutron capture ‖ **~einfangsquerschnitt** *m* (Kernphys) / neutron-capture cross section ‖ **~emissionsrate** *f* (Kernphys) / neutron emission rate ‖ **~energie** *f* (Kernphys) / neutron energy* ‖ **~erzeuger** *m* (Nukl) / neutron producer, neutron generator ‖ **~erzeugung** *n* (als Vorgang) (Nukl) / neutron production, neutron generation ‖ **~fluß** *m* (Neutronendichte mal Neutronengeschwindigkeit) (Kernphys) / neutron flux*, neutron fluence rate, neutron flux density ‖ **schneller ~fluß** (Kernphys) / fast flux ‖ **~flußdichte** *f* (Kernphys) / neutron flux*, neutron fluence rate, neutron flux density ‖ **~flußkippen** *n* (Nukl) / flux tilting, neutron flux tilting ‖ **~-Gamma-Log** *n* (Bergb, Erdöl) / neutron gamma log ‖ **~gas** *n* (Neutronengesamtheit bei der Neutronendiffusion) (Kernphys) / neutron gas ‖ **~generation** *f* (im Neutronenzyklus) (Nukl) / neutron generation ‖ **~generator** *m* (Nukl) / neutron producer, neutron generator ‖ **~geschwindigkeit** *f* (Kernphys) / neutron speed ‖ **~geschwindigkeitsselektor** *m* (Nukl) / neutron velocity selector* ‖ **~gift** *n* (ein Stoff, der infolge seines hohen Absorptionsquerschnitts für Neutronen die Reaktivität eines Reaktors herabsetzt, wie z.B. $^{135}$Xe) (Nukl) / nuclear poison, reactor poison, poison* *n*, neutron poison*, killer* *n* ‖ **~härtung** *f* (Kernphys) / neutron hardening* ‖ **~havariedosimetrie** *f* (Nukl, Radiol) / neutron accident dosimetry, neutron emergency dosimetry ‖ **~impuls** *m* (Nukl) / neutron burst ‖ **~kanone** *f* (Nukl) / neutron gun* ‖ **~kinetik** *f* (Kernphys) / neutron kinetics ‖ **~kleinwinkelstreuung** *f* (Kernphys) / small-angle neutron scattering, SANS ‖ **~kollimator** *m* (Kernphys) / neutron collimator ‖ **~log** *n* (bei der Erkundung von Lagerstätten) (Bergb) / neutron log ‖ **~multiplikation** *f* (Kernphys) / neutron multiplication ‖ **~nachweis** *m* (Nukl) / neutron detection* ‖ **~-Neutronen-Bohrlochmessung** *f* (Bergb, Erdöl) / neutron-neutron logging ‖ **~ökonomie** *f* (Nukl) / neutron economy ‖ **~optik** *f* (Opt) / neutron optics ‖ **~physik** *f* (Phys) / neutron physics, neutronics *n* ‖ **~polarisation** *f* (Kernphys) / neutron polarization ‖ **~quelle** *f* (ein Gerät oder Material, das Neutronen emittiert oder emittieren kann) (Nukl) / neutron source*, source of neutrons ‖ **~querschnitt** *m* (Kernphys) / neutron cross section ‖ **thermischer ~querschnitt** (Kernphys) / thermal cross section* ‖ **~radiografie** *f* (Radiol) / neutron radiography* ‖ **~reaktion** *f* (Kernphys) / neutron reaction ‖ **~reflektor** *m* (Nukl) / reflector *n*, neutron reflector ‖ **~resonanz** *f* (Kernphys) / neutron resonance ‖ **~schauer** *m* (Kernphys) / neutron shower ‖ **~schirm** *m* (Nukl) / neutron shield ‖ **~selektor** *m* (Nukl) / neutron velocity selector* ‖ **~sonde** *f* (bei Erkundung von Lagerstätten) (Bergb) / neutron probe ‖ **~spektrometer** *n* (Spektr) / neutron spectrometer ‖ **dreiachsiges ~spektrometer** (Spektr) / triple-axis neutron spectrometer* ‖ **~spektrometrie** *f* (Bestimmung der Intensitätsverteilung der Neutronen in einer Neutronenstrahlung bezüglich der Energie der Neutronen) (Spektr) / neutron spectrometry ‖ **~spektroskopie** *f* (Spektr) / neutron spectroscopy ‖ **~spektrum** *n* (Spektr) / neutron spectrum ‖ **~stern** *m* (ein als sehr wahrscheinlich existierend angesehener Stern, der im wesentlichen aus Neutronen besteht) (Astr) / neutron star* ‖ **~strahl** *m* (Kernphys) / neutron ray ‖ **~strahlenbündel** *n* (Kernphys) / neutron beam ‖ **~strahlreaktor** *m* (ein Forschungsreaktor, der vorwiegend zur Erzeugung externer Neutronenstrahlenbündel dient) (Nukl) / beam reactor ‖ **~strahlung** *f* (eine indirekt ionisierende Strahlung) (Kernphys) / neutron radiation ‖ **~strahlunterbrecher** *m* (Nukl) / neutron chopper ‖ **~streuung** *f* (Kernphys) / neutron scattering, NS ‖ **elastische ~streuung** (Kernphys) / elastic neutron scattering, ENS ‖ **unelastische ~streuung** (am Einzelkern oder an Substanzen) (Kernphys) / inelastic neutron scattering, INS ‖ **magnetische ~streuung** (Wechselwirkung des magnetischen Momentes des Neutrons mit den atomaren magnetischen Momenten) (Kernphys) / magnetic neutron scattering ‖ **~strom** *m* (Kernphys) / neutron current ‖ **~temperatur** *f* (Kernphys) / neutron temperature ‖ **~therapie** *f* (Anwendung schneller Neutronen zu Heilzwecken) (Radiol) / neutron therapy ‖ **~thermalisierung** *f* (das Einstellen des thermischen Gleichgewichts zwischen Neutronen und ihrer Umgebung) (Nukl) / thermalization* *n* ‖ **~transmutationsdotierung** *f* (Eltronik) / neutron transmutation doping ‖ **~transportquerschnitt** *m* (Kernphys) / neutron transport cross-section ‖ **~transporttheorie** *f* (Beschreibung des räumlichen und zeitlichen Verhaltens eines Neutronenfeldes bei Berücksichtigung der Änderungen der Neutronendichte) (Kernphys) / neutron transport theory ‖ **~überschuß** *m* (die Differenz zwischen den Anzahlen der Neutronen und Protonen im Atomkern) (Kernphys) / neutron excess*, isotopic number* *n*, difference number* ‖ **~umwandlungsdotierung** *f* (Eltronik) / neutron transmutation doping ‖ **~verdampfung** *f* (Prozeß, bei dem die überschüssige Energie eines stark angeregten Atomkerns durch die Emission eines oder mehrerer Neutronen abgegeben wird) (Kernphys) / neutron evaporation ‖ **~vergiftung** *f* (unerwünschte Neutronenabsorption des Reaktors) (Nukl) / neutron poisoning ‖ **~verlust** *m* (durch Leckage) (Kernphys) / neutron leakage* ‖ **~vermehrung** *f* (Kernphys) / neutron multiplication ‖ **~waffe** *f* (Mil) / neutron weapon ‖ **~zahl** *f* (DIN 1304) (Kernphys) / neutron number* ‖ **~zähler** *m* (Kernphys) / neutron counter ‖ **~zählrohr** *n* (Kernphys) / neutron counter ‖ **~zählrohrteleskop** *n* (Nukl) / neutron pile, Simpson's pile ‖ **~zerhacker** *m* (Nukl) / neutron chopper ‖ **~zyklus** *m* (Nukl) / neutron cycle

**Neutronik** *f* (Phys) / neutron physics, neutronics *n*

**Neutronogramm** *n* (Kernphys) / neutron diffraction pattern, neutronogram *n*

**Neutron-Proton-Streuung** *f* (Kernphys) / neutron-proton scattering

**neutrophil** *adj* (Farbstoff) (Chem, Med, Mikros, Physiol) / neutrophil* *adj*, neutrophile *adj*, neutrophilic *adj*

**Neu•umbruch** *m* (Druck, EDV) / repagination *n* ‖ **~verdrahtung** *f* (Eltech) / rewiring *n* ‖ **~verfilmung** *f* (eines älteren Spielfilmstoffs) (Film) / remake *n* ‖ **~verkittung** *f* (mit Balsamkitt) (Opt) / rebalsaming *n* ‖ **~verlegung** *f* (von Leitungen) (HuT) / installation *n*, reinstallation *n* ‖ **~versuch** *m* (beim Besetztzustand) (Fernsp) / reattempt *n* ‖ **~verteilung** *f* / redistribution *n* ‖ **~viktoriagrün** *n*

**Neuwagen**

(oxalsaures Salz von Malachitgrün) / New Victoria green ‖ ≃**wagen** *m* (Kfz) / new car ‖ ≃**wahl** *f* (Fernm) / rerouting *n*
**Neuwied•er Blau** (durch Fällung von Kupfersulfatlösung mit Natronlauge erhaltenes Kupferhydroxid) (Chem) / Bremen blue, Neuwied blue, Peligot's blue, water blue ‖ ≃**er Grün** *n* (Kupfer(II)-azetatarsenat(III)) (Chem) / Schweinfurt green, emerald green*, Paris green*, Neuwieder green
**Neu•zündung** *f* (der Schaltstrecke bei Schaltern) (Eltech, Eltronik) / reignition *n*, restriking *n* ‖ ≃**zustand** *m* (Mag) / neutral state*, virgin state* ‖ ≃**zustellung** *f* (des Schmelzofens) (Hütt) / fresh lining, relining *n*
**Nevile-Winther-Säure** *f* (4-Hydroxy-naphthalin-1-sulfonsäure) (Chem) / Nevile and Winther's acid
**Newjanskit** *m* (Min) / osmiridium* *n*
**New-Jersey-Verfahren** *n* (Zinkgewinnung in stehenden Muffeln) (Hütt) / New Jersey retort process, vertical retort process
**Newman-Keuls-Test** *m* (Stats) / Newman-Keuls test (a test for assessing the significance of differences between all possible pairs of different sets of observations, with a fixed error rate for the whole set of comparisons)
**Newman-Projektion** *f* (in der Konformationsanalyse) (Chem) / Newman projection
**News** *n* (Konferenzsystem des UUCP-Netzes) (EDV, Fernm) / News *n*
**Newsgroup** *f* (EDV) / newsgroup *n* (a group of Internet users who exchange e-mail messages on a topic of mutual interest) ‖ ≃ (EDV) / newsgroup *n* (similar to forums on online services or bulletin boards)
**Newsgruppe** *f* (EDV) / newsgroup *n* (similar to forums on online services or bulletin boards)
**Newsletter** *m* (Nachricht per E-Mail) (EDV) / newsletter *n*
**Newton** *n* (abgeleitete SI-Einheit der Kraft nach DIN 1301) (Phys) / newton* *n* ‖ ≃**-Abkühlungsgesetz** *n* (Phys) / Newton's law of cooling* ‖ ≃**-Cotes-Formel** *f* (eine Integrationsformel, bei der die Lage der Stützstellen äquidistant ist) (Math) / Newton-Cotes formula ‖ ≃**-Fokus** *m* (eines Spiegelteleskops mit parabolischem Hauptspiegel) (Opt) / primary focus ‖ ≃**-Legierung** *f* (Hütt) / Newton's alloy, Newton's metal ‖ ≃**-Metall** *n* (ein Schnellot mit Schmelzpunkt um 103 °C = 50% Bi, 31% Pb und 19% Sn) (Hütt) / Newton's alloy, Newton's metal
**Newtonmeter** *n* (Joule) (Phys) / newton metre (of energy) ‖ ≃ (SI-Einheit des Drehmoments) (Phys) / newton metre, newton metre of torque
**Newton•-Näherungsverfahren** *n* (Math) / Newton's method, Newton-Raphson method ‖ ≃**-Raphson-Algorithmus** *m* (Math) / Newton-Raphson algorithm
**Newtonsch, eindimensionale Strömung zäher** ≃**er Flüssigkeit** (Phys) / one-dimensional flow of viscous Newtonian fluid ‖ ≃**e Abkühlungsgesetz** (Phys) / Newton's law of cooling* ‖ ≃**e Axiome** (von Sir I. Newton, 1643-1727, aufgestellte drei Grundgesetze der Mechanik) (Phys) / Newton's laws of motion* ‖ ≃**e Bewegungsgleichung** (das zweite Newtonsche Axiom - Lex secunda) (Phys) / Newton's equation of motion, Newton's second law of motion ‖ ≃**e Flüssigkeit** (deren Viskosität vom Spannungs- bzw. Deformationszustand unabhängig ist - DIN 1342, T 1) (Phys) / Newtonian fluid, Newtonian liquid ‖ ≃**e Gesetze** (Phys) / Newton's laws of motion* ‖ ≃**es Gravitationsgesetz** (Phys) / law of universal gravitation, Newton's law of gravitation ‖ ≃**e Interpolationsformel mit absteigenden Differenzen** (Math) / Gregory-Newton forward formula, Newton's interpolation formula with forward differences, Gregory-Newton forward difference formula ‖ ≃**e Mechanik** (Mech) / non-quantum mechanics, classical mechanics, non-quantized mechanics, Newtonian mechanics ‖ ≃**e Ringe** (eine Interferenzerscheinung) (Licht) / Newton's rings* ‖ ≃**es Spiegelteleskop** (Astr) / Newtonian telescope* ‖ ≃**e Verteilung** (Stats) / binomial distribution*, Bernoulli's distribution, Bernoulli distribution ‖ ≃**e 3/8-Regel** (Math) / three-eights rule*
**Newton•-Spiegel** *m* (Opt) / Newtonian-type mirror ‖ ≃**-Teleskop** *n* (Opt) / Newtonian-type mirror ‖ ≃**-Verfahren** *n* (Math) / Newton's method, Newton-Raphson method ‖ ≃**-Zahl** *f* (Leistungseintrag) (Phys) / power number
**Neymansche Stichprobenaufteilung** (nach J. Neyman, 1894-1981) (Stats) / Neyman allocation
**NF** (DIN 60001, T 4) (Bot) / flax-lily *n*, New Zealand flax, phormium *n*, native flax
**Nf** (ein Frequenzbereich) (Radio) / low frequency* (LF)
**NF** (ein Frequenzbereich) (Radio) / low frequency* (LF)
**nfA** (Anstr) / non-volatile matter, solids content
**NF-Drossel** *f* (zur Glättung von gleichgerichteten Wechselströmen) (Fernm) / power filter
**NfL** (Luftf) / notice to airmen, NOTAM
**NF-Leistungsverstärker** *m* (Fernm) / low-frequency power amplifier
**N-förmige Druckwelle** (Phys) / N-wave *n*

**N-frei** *adj* / nitrogen-free *adj*
**NF-Schweißen** *n* (Schw) / low-frequency welding
**NF-Spektrum** *n* (Akus) / audible spectrum, audio spectrum, audio-frequency spectrum
**NF-Transistor** *m* (zur Verarbeitung niederfrequenter Signale) (Eltronik) / low-frequency transistor
**NF-Trocknung** *f* / low-frequency drying
**NF-Verstärker** *m* (Fernm) / low-frequency amplifier*
**NF-Vorverstärker** *m* (Fernm) / low-frequency preamplifier
**Nfz** / industrial vehicle, commercial vehicle
**NG** (Chem) / detection limit, limit of detection, LOD
**Ngai-Kampfer** *m* (l-Borneol) (Chem) / ngai camphor
**N₂-gekühlter Reaktor** (Nukl) / nitrogen-cooled reactor
**NGR** (Nukl) / sodium-graphite reactor
**NH₃-Abtrieb** *m* (Chem Verf, Sanitär) / ammonia stripping
**n-Halbleiter** *m* (Eltronik) / n-type semiconductor*
**NHDC** (Nahr) / neohesperidin dihydrochalcone, NHDC
**n-Heptanal** *n* (Chem) / oenanthal *n*, heptan-1-al *n*
**n-Heptyladehyd** *m* (Chem) / oenanthal *n*, heptan-1-al *n*
**NH₃-Wasser** *n* (Chem Verf) / gas liquor*, ammonia water, ammonia liquor, ammoniacal liquor
**Ni** (Chem) / nickel* *n*
**Niacin** (Chem) / niacin* *n*
**Niacinamid** *n* (Antipellagra-Vitamin) (Pharm) / nicotinic-acid amide, niacinamide *n*, pellagra-preventing factor, PP-factor *n*
**Niagaraspindel** *f* (Spinn) / ring spindle, ring and traveller, ring and runner, ring spinning machine spindle
**Niangon** *n* (Holz der Tarrietia utilis Sprague oder Tarrietia densiflora Aubrév. & Normand) (For) / nyankom *n*, niangon *n*, wishmore *n*
**Niauliöl** *n* (aus Melaleuca viridiflora Sol. ex Gaertn.) / niaouli oil
**Niazin** (Chem) / niacin* *n*
**Niazinamid** *n* (Antipellagra-Vitamin) (Pharm) / nicotinic-acid amide, niacinamide *n*, pellagra-preventing factor, PP-factor *n*
**Nibbeln** *n* (Blech) (Masch) / nibbling* *n*
**Nibble** *n* (die Hälfte eines Bytes) (EDV) / nibble *n* ‖ ≃ (EDV) / half-byte *n*, nibble *n*
**Nibbler** *m* (Werkz) / nibbler *n*, Monodex-type cutter
**Niccolit** *m* (Min) / niccolite* *n*, copper nickel*, nickeline *n*, kupfernickel* *n*, arsenical nickel
**nichamtsberechtigt** *adj* (Fernsp) / fully restricted
**Nichols-Diagramm** *n* (Regeln) / Nichols chart, Nichols diagram
**Nichrom** *n* (eine Ni-Cr-Legierung der Driver-Harris Org.) / Nichrome* *n*
**nicht abgebranntes Uran** (Nukl) / unburned uranium ‖ ~ **abschaltbare Bezüge** (Gaslieferung) (Kftst) / firm gas, firm service (gas supply) (US) ‖ ~ **adaptives Filter** (Radar) / non-adaptive filter ‖ ~ **adiabatisch** / non-adiabatic *adj* ‖ ~ **adressierbarer Hilfsspeicher** (EDV) / bump storage, bump *n* ‖ ~ **algebraische Funktion** (Math) / non-algebraic function ‖ ~ **algorithmisch** (EDV) / non-algorithmic *adj* ‖ ~ **amalgierbares Erz** (Aufber) / refractory ore* ‖ ~ **amtsberechtigte Nebenstelle** *f* (Fernsp) / fully restricted extension ‖ ~ **anwendbar** (Regel) / inapplicable *adj* ‖ ~ **archimedische Bewertung** (eines Körpers) (Math) / non-Archimedean valuation ‖ ~ **ausgelaufen** (Gieß) / short-run *attr* ‖ ~ **ausgezähltes Gefügediagramm** (Geol) / point diagram (a fabric diagram in which poles representing lineations, normals to fabric planes, or crystallographic directions have been plotted), scatter diagram ‖ ~ **automatisch** / non-automatic *adj* ‖ ~ **belastet**, unladen *adj*, unloaded *adj* ‖ ~ **belüfteter Raum** (Bau) / unventilated room ‖ ~ **benetzende Flüssigkeit** (Chem, Phys) / non-wetting fluid, non-wetting liquid ‖ ~ **berechenbar** (EDV) / non-algorithmic *adj* ‖ ~ **beschaltet** (Fernm) / vacant *adj* ‖ ~ **besetzt** (Schalter) / unmanned *adj* ‖ ~ **datenbezogene Operation** (EDV) / non-data operation ‖ ~ **deterministisch** / non-deterministic *adj* ‖ ~ **deterministischer Automat** (EDV, Math) / non-deterministic FSA ‖ ~ **deterministischer Kellerautomat** (EDV, Math) / non-deterministic PDA ‖ ~ **dispersiv** / non-dispersive *adj* ‖ ~ **eben** (Math) / non-planar *adj* ‖ ~ **einstellbare Verzögerung** (eines Schaltgliedes) (Eltech) / fixed delay ‖ ~ **entkohlend geglühter Temperguß** (DIN 1692) (Hütt) / black-heart malleable cast iron, black malleable iron ‖ ~ **entlüfteter Raum** (Bau) / unventilated room ‖ ~ **entzundert** (Hütt) / black *adj* ‖ ~ **erfolgreiche Verbindung** (Fernsp) / call failure ‖ ~ **erosionsfähig** (Geol, Landw) / erosion-resistant *adj*, non-erodible *adj* ‖ ~ **erregte Stellung** (Eltech) / de-energized position ‖ ~ **erreichbar** (Fernsp) / non-available *adj*, not obtainable ‖ ~ **erwartungstreue Schätzung** (Stats) / biased estimator ‖ ~ **eßbar** (aus geschmacklichen Gründen) (Nahr) / non-eatable *adj* ‖ ~ **euklidisch** (Math) / non-Euclidean *adj*, noneuclidean *adj* (US) ‖ ~ **fahrtüchtig** (Kfz) / unroadworthy *adj* ‖ ~ **fertig** / unfinished *adj* ‖ ~ **filzend** (Tex) / non-felting *adj* ‖ ~ **fluchtend** (Bau, HuT) / out-of-alignment *attr*, misaligned *adj* ‖ ~ **flüchtiges RAM** (EDV) / non-volatile random-access memory, NOVRAM, NVRAM ‖ ~ **gelenkig** (Knoten - im Trägersystem) (Mech) / rigid *adj* ‖ ~ **gezündet**

(Eltronik) / unfired* adj ‖ ~ **gut ausgebacken** (Brot) (Nahr) / sodden adj ‖ ~ **härtend** (Hütt) / non-hardening adj ‖ ~ **ideale Mischung** (Chem) / real mixture ‖ ~ **in Wasser löslich** (Chem) / water-insoluble adj ‖ ~ **inertiales Bezugssystem** (Mech) / non-inertial frame of reference ‖ ~ **inhärent** / non-inherent adj ‖ ~ **integrabless System** (Mech) / non-integrable system ‖ ~ **invertierender Verstärker** (Eltronik) / non-inverting amplifier ‖ ~ **ionisierende Strahlung** (Phys) / non-ionizing radiation ‖ ~ **isotoper Tracer** (Kernphys) / non-isotopic tracer ‖ ~ **klaffender Riß** (bei Rundholz und Furnieren) (For) / tight split ‖ ~ **klassierter Sand** (Aufber, Gieß) / raw sand ‖ ~ **kommutativ** (Math) / non-commutative adj ‖ ~ **kondensierbar** (Gas) / non-condensable adj ‖ ~ **kontinuierlich arbeitende Mischanlage** (HuT) / batch plant ‖ ~ **kontrollierbarer Ölspringer** (Erdöl) / wild well, blowing well ‖ ~ **kritisch** (Fehler) / non-critical adj ‖ ~ **kumulative Doppelbindung** (Chem) / non-cumulative double bond ‖ ~ **leere Menge** (Math) / non-void set, non-empty set ‖ ~ **leuchtende Flamme** / non-luminous flame ‖ ~ **linear** adj / non-linear* adj ‖ ~ **mikrobiell** / non-microbial adj ‖ ~ **mischbar** / non-miscible adj, immiscible adj ‖ ~ **monotone Logik** (zweiwertige Logik mit nichtmonoton wachsender gültiger Aussagenmenge) / non-monotonic logic ‖ ~ **monotones Schließen** (KI) / non-monotonic reasoning ‖ ~ **nachdunkelndes Glas** (Glas) / non-browning glass ‖ ~ **nachgewiesenes Material** (die Differenz zwischen dem realen Bestand und dem Buchbestand an Kernmaterial) (Nukl) / material unaccounted for, NUF ‖ ~ **negative Zahl** (Stats) / non-negative number ‖ ~ **netzende Flüssigkeit** (Chem, Phys) / non-wetting fluid, non-wetting liquid ‖ ~ **normgerecht** / non-standard attr ‖ ~ **parallel** / non-parallel adj, out-of-parallel attr ‖ ~ **periodisch** (Bewegung des mechanischen Systems) (Mech) / irregular adj ‖ ~ **planar** (Math) / non-planar adj ‖ ~ **polar** adj (Phys) / apolar adj, non-polar adj ‖ ~ **polarer Kristall** (Krist) / non-polar crystal ‖ ~ **polares Molekül** (Chem) / non-polar molecule ‖ ~ **polarisiertes Relais** (Fernm) / non-polarized relay*, neutral relay (US)* ‖ ~ **programmierbare Datenstation** (EDV) / dumb terminal ‖ ~ **radiogenes Blei** (Geol) / common lead, ordinary lead ‖ ~ **reaktionsfähig** (Chem) / unreactive adj ‖ ~ **registergenau** (Druck) / out of register ‖ ~ **registerhaltig** (Druck) / out of register ‖ ~ **rein** / impure adj ‖ ~ **relevant** / non-relevant adj ‖ ~ **rostend** (Hütt) / stainless adj ‖ ~ **rostender Nagel** (Zimm) / non-corroding nail ‖ ~ **scharf** (Abbildung, Einstellung) (Foto, Opt) / out of focus ‖ ~ **schmelzend** / non-melting adj ‖ ~ **schwenkbar** / non-swivelling adj, non-swinging adj ‖ ~ **schwingend** (Phys) / non-oscillating adj ‖ ~ **senkrecht** (Bau, Verm) / out-of-plumb attr, off plumb ‖ ~ **singulär** (Math) / non-singular adj ‖ ~ **sinusförmig** / non-sinusoidal adj ‖ ~ **sinusförmige Welle** (Eltech) / distorted wave* ‖ ~ **sortiert** / unsorted adj ‖ ~ **stabil** (Bau, Mech) / deficient* adj, unstable* adj ‖ ~ **stabile Schaltung** (Radio) / astable circuit*, free-running circuit* ‖ ~ **standardisiert** / non-standard attr ‖ ~ **standfest** (Bergb) / caving adj, unstable adj ‖ ~ **standfestes Gestein** (Bergb, HuT) / heavy ground* ‖ ~ **stationär** (Wärmeleitung) / instationary adj, non-stationary adj ‖ ~ **statisches Feld** (wenn zeitliche Änderungen auftreten) (Phys) / alternating field ‖ ~ **stöchiometrisch** (Chem) / non-stoichiometric adj ‖ ~ **terminaler Knoten** (KI) / non-terminal node ‖ ~ **umkehrbar** / irreversible adj ‖ ~ adj **umsponnen** (Tex) / bare adj ‖ ~ **unifiziertes Stückgut** (Schiff) / break bulk, break-bulk cargo ‖ ~ **unterkellert** (Bau) / basementless adj ‖ ~ **verbunkerte Flugkörperstellung** (Mil) / soft missile base ‖ ~ **vereisend** / iceproof adj ‖ ~ **verfügbar** / unavailable adj, unavbl ‖ ~ **verkehrssicher** (Kfz) / unroadworthy adj ‖ ~ **verlagerter Kurzschluß** (Eltech) / symmetrical short-circuit* ‖ ~ **vermittelt** adj (Fernm) / not switched adj, non switched ‖ ~ **verschreibungspflichtig** (Pharm) / non-prescription attr, over-the-counter attr ‖ ~ **verschwindende Schwebungen** (Fernm) / interminable beats ‖ ~ **verseifbar** (Chem) / non-saponifiable adj, unsaponifiable adj ‖ ~ **verwandte Individuen kreuzen** (Biol, Landw) / outbreed n ‖ ~ **verwittertes Gestein** (Geol) / fresh rock ‖ ~ **verzinkt** (Galv) / ungalvanized adj ‖ ~ **wettbewerbsfähig** / uncompetitive adj ‖ ~ **winkelrecht** / out-of-square attr ‖ ~ **wissenschaftlich** / unscientific adj ‖ ~ **zugänglich** / inaccessible adj ‖ ~ **belasten!** (Luftf) / no step ‖ ~ **betreten!** (Aufschrift auf der Tragfläche) (Luftf) / no step ‖ ~ **kanten!** (Aufschrift auf der Kiste) / do not tip ‖ ~ **stürzen!** (Aufschrift auf der Kiste) / do not drop ‖ ~ **umlegen!** (Aufschrift auf der Kiste) / keep upright

**nichtabelsche Eichfeldtheorie** (Phys) / non-Abelian gauge theory, non-abelian gauge theory
**nichtabschmelzende Elektrode** (Schw) / non-consumable electrode
**nichtabsorbierend** adj / non-absorbent adj, non-absorbing adj
**nichtabzählbar unendliche Menge** (Math) / non-denumerable set, uncountable set
**nichtadditiviertes Öl** (Eltech) / uninhibited oil (mineral transformer oil to which no synthetic oxidation inhibitor has been added)
**nichtadiabatische Wechselwirkung** (Kernphys) / non-adiabatic interaction
**nichtadressierter Operand** (EDV) / immediate operand, no-address operand
**Nichtähnlichkeit** f (Math) / dissimilarity n
**Nichtanerkennung** f (bei einer Authentifizierungsprozedur) (EDV, Fernm) / repudiation n
**nichtangeregt** adj (Kernphys) / unexcited* adj, non excited
**nichtangetriebenes Rad** (Kfz) / trailing wheel
**Nichtanliegerstaat** m (Geog) / non-littoral state
**Nichtanrainerstaat** m (Geog) / non-littoral state
**nichtanziehender Unterputz** (Bau) / short-working plaster
**Nichtäquivalenz** f (Math) / non-equivalence n
**nichtarchimedisch** adj (Math) / non-Archimedean adj
**nichtaromatisch** adj (Chem) / non-aromatic adj
**nichtassoziativ** adj (Math) / non-associative adj
**nichtatomarer Gefechtskopf** (Mil) / non-nuclear warhead
**nichtaufgehender Teil** (Math) / non-aliquot part (of a number)
**nichtausbreitungsfähiger Mode** (Fernm) / evanescent mode*
**nichtausfliegbar•e Kraftstoffmenge** (Luftf) / unusable fuel ‖ ~e **Treibstoffmenge** (Luftf) / unusable fuel
**nichtaushärtbar** adj (Legierung) (Hütt) / non age-hardenable adj
**nichtautomatisch** adj / non-automatic adj ‖ ~e **Kamera** (bei der keine Bedienungsfunktionen automatisiert sind) (Foto) / manual camera
**nichtautorisiert** adj / illicit adj, unauthorized adj ‖ ~er **Empfänger** (EDV) / illicit receiver ‖ ~er **Zugriff** (EDV) / unauthorized access
**nichtbackend** adj (Kohle) / non-caking adj, non-binding adj, non-baking adj, non-coking adj, non-agglomerating adj
**nichtbedingt** adj (Wegsuche) (Fernsp) / unconditional adj
**Nichtbefolgung** f / non-compliance n (with), non-observance n, contravention n
**nichtbegehbar** adj (HuT) / non-man-size attr
**nichtbehebbar** adj (Fehler) / fatal adj
**nichtbehördliche Abfertigung** (Luftf) / handling n
**nichtbeladen** adj (Kfz) / empty adj, unladen adj, unloaded adj
**nichtbenetzend** adj (Chem) / non-wetting adj
**nichtbenetzt** adj (Kontakt) (Eltech) / dry adj
**nichtbenutzbare Schnittstelle** (EDV) / inaccessible interface
**nichtbenzoide aromatische Verbindungen** (z.B. Azulen) (Chem) / non-benzenoid aromatics
**nichtbewegt** adj / stationary adj
**nichtbewehrtes Kabel** (Kab) / unarmoured cable*
**Nichtbilddaten** pl (EDV) / non-image data
**nichtbinär** adj (EDV, Math) / non-binary adj
**nichtbindend** adj (Chem) / non-bonding adj ‖ ~es **Orbital** (n-Orbital) (Chem, Phys) / non-bonding orbital
**nichtbindig** adj (Boden) (HuT, Landw) / non-cohesive adj, cohesionless adj, frictional adj, crumbly adj
**nichtblendend** adj (Opt) / glare-free adj, non-glare attr, non-reflecting adj, antiglare adj
**nichtbrennbar** adj (DIN 1402) / non-flammable adj, non-inflammable adj
**Nichtcarbonathärte** f (durch Kalzium- und Magnesiumsulfate verursacht) (Chem) / permanent hardness*, non-carbonate hardness (of water)
**nichtdaltonide Verbindung** (Chem) / berthollide n, Berthollide compound, nonstoichiometric compound*
**nichtdekodierbarer Operationsteil** (EDV) / operation code trap
**Nichtdiagonalelement** n (Math) / non-diagonal element, off-diagonal element
**nichtdispersiv•e Infrarotabsorption** (ein Analyseverfahren zur Bestimmung von gasförmigen Bestandteilen in Kraftfahrzeugabgasen) (Kfz, Umwelt) / non-dispersive infrared absorption ‖ ~er **Infrarotanalysator** (Spektr) / NDIR analyser (GB), non-dispersive infrared analyzer ‖ ~es **Infrarotverfahren** (Spektr) / NDIR process ‖ ~e **IR-Absorption** (Kfz, Umwelt) / non-dispersive infrared absorption ‖ ~e **IR-Spektroskopie** (Spektr) / non-dispersive infrared spectroscopy, NDIR spectroscopy, non-dispersive IR spectroscopy
**nichtdruckend** adj (EDV) / non-printing adj, non-print attr
**Nichtedelmetall** n (Chem) / base metal*, common metal
**nichteingeschalteter Zustand** (Eltech) / off-state n
**Nichteinhaltung** f (z.B. der Parität) / violation n, non-conservation n ‖ ~ / non-compliance n (with), non-observance n, contravention n ‖ ~ **der Wartungsvorschriften** / maintenance procedure violation
**nichteinziehbares Fahrwerk** (Luftf) / fixed landing gear, fixed undercarriage
**Nichteisen•metall** n (Hütt) / non-ferrous metal ‖ ~**metallgießerei** f (Gieß) / non-ferrous foundry ‖ ~**metallurgie** (Hütt) / non-ferrous metallurgy
**Nichteiweißstoff** m (Biochem) / non-protein n
**nichtelektrisch** adj (Elektr) / anelectric* adj, non-electric adj
**Nichtelektrolyt** m (Chem, Eltech, Galv) / non-electrolyte n
**Nichtempfang** m (Fernm) / non-receipt n

## Nichtempfangsübergabe

**Nichtempfangsübergabe** f (Fernm) / non-delivery n
**Nicht-Endknoten** m (KI) / non-terminal node
**nichtenergetische Kohleveredlung** (Chem Verf) / non-energetic coal refining
**nichtentartet•es Gas** (Phys) / non-degenerate gas* ‖ ~**er Kegelschnitt** (Math) / regular conic section, non-degenerate conic
**Nichtentartung** f (Phys) / non-degeneracy n
**nichtentflammbar** adj / non-flammable adj, non-inflammable adj
**nichtentwässerter Versuch** (HuT) / undrained shear test, quick test, undrained test
**nichtenzymatische Bräunung** (Maillard-Reaktion) (Nahr) / non-enzymatic browning
**Nichterhaltung** f / violation n, non-conservation n ‖ ~ **der Parität** (Kernphys) / parity violation, parity non-conservation
**Nichterz** n (Bergb, Min) / non-metallic mineral, non-metalliferous mineral ‖ ~**lagerstätten** f pl (Bergb) / non-metallics pl, non-metallic deposits ‖ ~**mineral** n (Bergb, Min) / non-metallic mineral, non-metalliferous mineral
**nichteuklidisch** adj (Geometrie) (Math) / non-Euclidean adj, noneuclidean adj (US) ‖ ~**e Geometrie** (Math) / non-Euclidean geometry, noneuclidean geometry
**nichtextrahierbarer Rückstand** (von Pestiziden) (Umwelt) / non-extractable residue, bound residue
**nichtfaradaysch** adj (Chem, Phys) / nonfaradaic adj
**nichtfarbig** adj / colourless adj, achromic adj, achromous adj
**Nichtfasergehalt** m (einer Baumwollpartie) (Tex) / non-lint content
**nichtfasernd** adj (Tex) / non-linting adj ‖ ~ (Tuch) (Tex) / lint-free adj, lon-linting adj
**Nichtfernsprechdienst** m (EDV, Fernm) / non-voice service
**Nichtfluchten** n (Bau, Masch) / misalignment n, error of alignment, alignment angle error
**nichtflüchtig** adj (Chem, EDV) / non-volatile* adj ‖ ~**er Anteil** (Anstr) / non-volatile matter, solids content ‖ ~**er Speicher** (EDV) / non-volatile memory*, non-volatile storage ‖ ~**er Stoff** (Chem) / non-volatile matter, NVM*
**Nichtflüchtiges** n (Chem) / non-volatile matter, NVM*
**nichtformatiert** adj (EDV) / unformatted adj, non-formatted adj, free-format attr
**nichtfündige Bohrung** (Erdöl) / duster n (a completely dry hole), dry hole, dry well
**Nicht-Funktion** f (EDV) / NOT function
**nichtganzzahlig** adj (Math) / non-integral adj, non-integer adj
**nichtgebundener Rückstand** (Umwelt) / extractable residue
**nichtgeführter Mode** (Faseroptik) (Eltronik) / unbound mode, unguided mode
**nichtgenormt** (z.B. Container) / odd adj, non-standard attr
**nichtgenügendes Polen** (Hütt) / underpoling n
**nichtgeostrophischer Wind** (Meteor) / ageostrophic wind
**Nichtgerbstoff** m (die bei der Gerbstoffanalyse vom Kollagen nicht gebundenen Substanzen) (Leder) / non-tannin n
**nichtgesammelte Produktion** (beim Rollendruck) (Druck) / straight-run* n, straight-run production
**nichtgeschützte** (freie) **Bezeichnung** (Pharm) / generic name, non-proprietary name, common name ‖ ~**es Ufer** (Wasserb) / raw bank (a river or other bank in its natural state or where the protective surface has been eroded or stripped off)
**nichtgetaktete Werkstückweitergabe** (F.Org) / non-synchronous transfer
**nichtgewerbliche Landung** (Luftf) / non-traffic stop, stop for non-traffic purposes
**nichtgleichachsige gegenläufige Propeller** (Luftf) / handed propellers
**Nicht•gleichgewicht** n (Mech) / non-equilibrium n ‖ ~**gleichgewichtsplasma** n (Plasma Phys) / non-equilibrium plasma ‖ ~**gleichgewichtsprozeß** m (Phys) / non-equilibrium process
**nichtgleitfähige Versetzung** (Krist) / sessile dislocation
**NICHT-Glied** n (Schaltungsanordnung zur Realisierung der Negation) (EDV) / negater* n, negator n, inverter* n, negation element, NOT element, NOT gate
**Nichthäm-Eisenprotein** n (Biochem) / non-haem iron protein, NHI protein, nonheme iron protein (US)
**nichthierarchisches Netz** (EDV) / non-hierarchical network
**nichtholonomes System** (ein mechanisches System) (Mech) / non-holonomic system
**nicht•-Hookesch** adj / non-Hookean adj ‖ ~**huminstoffe** m pl (in der Bodenkunde) (Landw) / non-humic compounds
**nichtidealer Supraleiter 2. Art** (Elektr) / type II superconductor*, hard superconductor
**nichtig, für ~ erklären** / invalidate v
**Nichtigkeit** f (des Patents) / invalidity n, nullity n
**Nichtigkeitserklärung** f (des Patents) / invalidation n
**nichtintelligent•es Terminal** (EDV) / dumb terminal ‖ ~**es Terminal** (EDV) / dumb terminal

**nichtionisch** adj / non-ionic adj ‖ ~**e Tenside** (Chem, Tex) / non-ionic detergents*
**nichtionisierende Strahlung** (Phys) / non-ionizing radiation
**nichtionogen** adj / non-ionic adj
**nichtisothermisches Plasma** (Plasma Phys) / non-isothermal plasma
**Nichtkarbonathärte** f (durch Kalzium- und Magnesiumsulfate verursacht) (Chem) / permanent hardness*, non-carbonate hardness (of water)
**Nichtkarbonationen** n pl **der Erdalkalien** (durch Kalzium- und Magnesiumsulfate verursacht) (Chem) / permanent hardness*, non-carbonate hardness (of water)
**nichtklastisch, Verhältnis klastisch zu ~** (Geol) / clastic ratio, detrital ratio
**nichtkompensiertes Plasma** (Plasma Phys) / non-compensated plasma
**nichtkompetitiv•e Hemmung** (Biochem) / uncompetitive inhibition, incompetitive inhibition, non-competitive enzyme inhibition ‖ ~**e Hemmung** (Biochem) / non-competitive inhibition
**nichtkonjugierte Diene** (Chem) / non-conjugated dienes
**nichtkornorientiert** adj (Elektroblech nach DIN 46400) (Eltech) / non-oriented adj
**Nichtkorreliertheit** f (Math, Stats) / absence of correlation, non-correlation n, alienation n
**nicht•kristallin** adj (Krist) / amorphous* adj, non-crystalline* adj ‖ ~**kristallisch** (Krist) / amorphous* adj, non-crystalline* adj
**nichtkristallografische Gleitung** (Krist) / banal slip
**nichtlateinisches Alphabet** (EDV, Typog) / non-Roman alphabet
**Nichtleiter** m (Elektr) / dielectric* n, non-conductor n ‖ ~ (Elektr) s. auch Isolator
**nichtleptonischer Zerfall** (Kernphys) / non-leptonic decay
**Nichtleugnung** f (z.B. der Empfangs- oder Sendeübergabe) (EDV, Fernm) / non-repudiation n
**Nichtlieferung** f / non-delivery n
**nichtlinear** adj / non-linear* adj ‖ ~**es Nebensprechen** (Fernsp) / cross-modulation n ‖ ~**es Netzwerk** (Eltech) / non-linear network* ‖ ~**e Optik** (EDV, Eltronik, Opt) / non-linear optics ‖ ~**e Optik** (Erscheinungen und Effekte bei Einstrahlung hoher Intensitäten) (Opt) / non-linear optics ‖ ~**e Optimierung** (Math) / non-linear programming ‖ ~**er optischer Effekt** (Opt) / non-linear optical effect, NLO effect ‖ ~**e Programmierung** (EDV) / non-linear programming ‖ ~**es Schloß** (bei Strickmaschinen) (Tex) / non-linear cam ‖ ~**e Schwingungen** (nach Bogoljubow) (Phys) / non-linear vibration(s) ‖ ~**e Ungleichung** (Math) / non-linear inequality ‖ ~**er Verstärker** (Radio) / non-linear amplifier ‖ ~**e Verzerrung** (Fernm) / non-linear distortion* ‖ ~**er Widerstand** (Eltech) / non-linear resistor*
**Nicht•linearität** f / non-linearity* n ‖ ~**lokalisierte Bindung** (Bindung in einem Molekül, dessen Struktur nicht durch eine einzige Valenzstrichformel dargestellt werden kann, sondern durch Überlagerung von zwei oder mehreren Grenzstrukturen beschrieben werden muß) (Chem) / non-localized bond, delocalized bond
**nichtlösbar** adj (mechanisch) (Masch) / permanent adj ‖ ~ (Math) / insoluble adj, unsolvable adj
**nichtlöschendes Lesen** (EDV) / non-destructive readout*, NDRO, non-destructive read operation
**Nichtlöser** m (der im Unterschied zum echten Lösungsmittel einen Rohstoff nicht allein zu lösen vermag) (Anstr, Chem) / non-solvent n
**nichtlösliche Substanz** (Chem) / insoluble matter, insoluble n
**nichtmagnetisch** adj (Mag) / non-magnetic adj
**nichtmagnetisierbarer Stahl** (ein Sonderstahl) (Hütt) / non-magnetizable steel
**Nicht-Markow-Prozeß** m (Stats) / non-Markov process
**nichtmaskierbare Unterbrechung** (Unterbrechung mit höchster Priorität) (EDV) / non-maskable interrupt (NMI)
**nichtmechanisch•er Drucker** (Eltech) / non-impact printer ‖ ~**es Druckverfahren** (EDV) / non-impact printing
**nichtmessendes Relais** (ein Schaltrelais) (Eltech) / non-metering relay
**Nichtmetall** n (Chem, Hütt) / non-metal* n ‖ **mit Metallen Legierungen bildendes** ~ (z.B. Kohlenstoff oder Stickstoff) (Hütt) / metalloid n
**nichtmetallisch** adj (Chem, Hütt) / non-metallic adj ‖ ~**es Arsen** (monotrope Modifikation von Arsen) (Chem) / yellow arsenic ‖ ~**er Einschluß** (Hütt) / non-metallic inclusion* ‖ ~**er Einschluß** (Hütt) / solid non-metallic impurity, sonim n ‖ ~**es Isolierrohr** (Eltech) / flexible non-metallic tubing, loom n ‖ ~**e Schutzschicht** / non-metallic coating ‖ ~**er Überzug** (eine Schutzschicht, wie z.B. Email, Anstrich usw.) / non-metallic coating
**nichtmetallisiertes Loch** (Eltronik) / bare hole
**Nichtmethankohlenwasserstoff** m (Chem) / non-methane hydrocarbon, NMHC
**Nichtmischbarkeit** f (Chem) / immiscibility* n
**nicht-Neumannsche Architektur** (von Rechnern - nach Johann v. Neumann, 1903 - 1957) (EDV) / non-von-Neumann architecture

**nicht-Newtonsche Flüssigkeit** (deren Viskosität vom Spannungs- bzw. Deformationszustand abhängig ist - DIN 1342l, T 1) (Phys) / non-Newtonian liquid*, non-Newtonian fluid
**Nichtnormgröße** *f* (Pap) / bastard size*
**nichtnumerisch** *adj* (EDV) / non-numerical *adj*, non-numeric *adj* ‖ ~**es Zeichen** (EDV, Math) / non-numeric character
**NICHT/ODER-Glied** *n* (EDV) / NOR element*, NOR gate*, joint denial, inclusive NOR gate, negative OR-gate
**nichtöffentlich•er beweglicher** (mobiler) **Landfunk** (Radio) / private mobile radio, PMR ‖ ~**es Fernsehen** (TV) / closed-circuit television
**nichtöffnende Falte** (Tex) / mock pleat
**nicht•ohmisch** *adj* (Elektr) / non-ohmic* *adj* ‖ ~**ohmsch** *adj* (Elektr) / non-ohmic* *adj*
**NICHT-Operation** *f* (EDV) / negation *n*
**nichtoptische Hilfe** (Luftf) / non-visual aid
**nichtoxidierend** *adj* (Chem) / non-oxidizing *adj*
**nichtpaketorientierte DEE** (EDV) / non-packet-mode DTE
**nichtparametrischer Test** (Stats) / distribution-free method*, non-parametric method
**Nichtpasser** *m* (Anstr) / misregister *n*
**nichtperiodisch** *adj* / aperiodic* *adj*, non-periodic *adj* ‖ ~**e Steigungssteuerung** (bei Rotorflugzeugen) (Luftf) / collective pitch control*, collective *n*, simultaneous pitch control
**nichtpermanent** *adj* (EDV) / volatile* *adj*
**nichtperturbativ** *adj* (Vakuum) / non-perturbative *adj*
**nichtpigmentäres Titandioxid** (Anstr) / ultra-fine titanium dioxide
**nichtplanmäßig** *adj* (Luftf) / non-scheduled *adj*, nonsked *adj* (US) ‖ ~**er Flug** (Luftf) / non-scheduled flight, nonsked flight (US)
**nichtplastisch** *adj* / non-plastic *adj*, NP
**Nichtprimzahl** *f* (Math) / composite number
**nichtprogrammierbare Datenstation** (EDV) / dumb terminal
**nichtprogrammiert•er Sprung** (EDV) / trapping* *n*, trap *n* ‖ ~**er Stopp** (in einer Schleife) (EDV) / hang-up *n*, unexpected halt, hang *n*
**nichtprozedurale Sprache** (EDV) / non-procedural language, descriptive language
**Nichtquantenmechanik** *f* (Mech) / non-quantum mechanics, classical mechanics, non-quantized mechanics, Newtonian mechanics
**nichtquantisch** *adj* / classical* *adj*, non-quantized *adj* (US)*, non-quantum *attr*
**nichtrandomisierter Test** (Stats) / non-randomized test
**nichtrastender Schalter** (Fernm) / non-locking key*
**nichtreaktionsfähig** *adj* (Chem) / unreactive *adj*
**nichtreduzierend** *adj* (Chem) / non-reducing *adj* ‖ ~**er Zucker** (Chem) / non-reducing sugar
**nichtregenerierbar** *adj* (Energiequelle) / non-renewable *adj*, hard *adj*
**nichtrelativistisch** *adj* (Phys) / non-relativistic* *adj* ‖ ~**e Mechanik** (Phys) / non-relativistic mechanics
**Nichtrelevanz** *f* (der Daten) (EDV) / non-relevance *n*
**Nichtrenormierungstheorem** *n* (Phys) / non-renormalization theorem
**nichtresistent** *adj* (nach DIN 68364) (For) / non-resistant *adj*
**Nichtrest, quadratischer** ~ (mod p) (Math) / quadratic non-residue (of p)
**nichtreziprok** *adj* (Math) / non-reciprocal *adj* ‖ ~**er Phasenschieber** (Eltronik, Radar) / waveguide phase shifter
**nichtriechend** *adj* / inodorous *adj*, non-odorous *adj*, odourless *adj*, scentless *adj*
**nichtrostend** *adj* / rustproof *adj*, rust-resistant *adj* ‖ ~**er Stahl** (eine Sammelbezeichnung) (Hütt) / stainless steel* ‖ ~**er Stahl mit Borzusatz** (Hütt) / boronated stainless steel
**nichtrotierendes Schweißgerät** (Schw) / static welding machine
**nichtrückbildbare Verschiebung der Hörschwelle** (durch hohe Lärmpegel verursacht) (Akus, Med) / permanent threshold shift*, PTS*
**nichtsaugend** *adj* / non-absorbent *adj*, non-absorbing *adj*
**nichtschaltbare Kupplung** (Masch) / fast coupling*, rigid coupling, permanent coupling
**NICHT-Schaltung** *f* (EDV) / NOT circuit
**Nichtschaltverwendung** *f* (Eltech) / non-switching use
**nichtschmelzende Elektrode** (Schw) / non-consumable electrode
**nichtschreibende Taste** (die keine Veränderung der aktuellen Schreibposition bewirkt) (EDV) / non-printing key, control key
**nichtschrumpfend** *adj* (Tex) / shrinkproof *adj*, shrink-resistant *adj*, non-shrinking *adj*, non-shrinkable *adj*
**nichtschwarz•er Körper** (Phys) / non-black body ‖ ~**e Strahlung** (Phys) / radiation of non-black surfaces, selective radiation
**nichtseifenverdicktes Schmierfett** (Masch) / non-soap grease
**nichtselbständiger Filmbildner** (der im Harz oder Öl des selbständigen Filmbildners durch Koaleszenz gebunden ist) (Anstr) / coalescent *n*
**Nichtselbstleuchter** *m* (eine Lichtquelle) (Licht) / secondary radiator (a non-self-luminous body)

**Nickel(II)-Amidosulfat**

**nichtselbsttätige Druckluftbremse** / direct-acting brake (US), through brake, straight air brake (US)
**nichtselektiv** *adj* / non-selective *adj*
**nichtseltsam** *adj* (Kernphys) / non-strange *adj*
**nichtsinguläre Matrix** (Math) / invertible matrix, non-singular matrix
**nichtspektrale Farbe** (Licht) / non-spectral colour*
**nichtsphärisch** *adj* (Math, Opt) / non-spherical *adj*, aspheric *adj*, aspherical *adj*
**Nichtsprachdienst** *m* (EDV, Fernm) / non-voice service
**nichtsprachliche Kommunikation** (EDV) / non-voice communication
**nichtstaatlicher Erdölförderanteil** (meistens in einem fremden Förderland, das die Bohrungen konzessioniert hat) (Erdöl) / equity crude
**nichtstarr•e Decke** (HuT) / flexible pavement ‖ ~**es Molekül** (Chem) / non-rigid molecule ‖ ~**e Schachtführung** (Bergb) / flexible guide
**nichtstationär•er Satellit** (Raumf) / non-stationary satellite ‖ ~**e Strömung** (Phys) / unsteady flow
**nichtstaubend** *adj* / dust-free *adj*, dustless *adj*
**nichtsteigende Spindel** (Masch) / non-rising stem
**nichtstöchiometrische Verbindung** (deren Zusammensetzung der Stöchiometrie nicht gehorcht) (Chem) / berthollide, Berthollide compound, nonstoichiometric compound*
**Nichtstrommeteor** *m* (Astr) / sporadic meteor
**nichtsymmetrisch** *adj* / asymmetric *adj*, asymmetrical* *adj*, unsymmetrical *adj*, dissymmetrical* *adj*, nonsymmetrical* *adj*
**nichtsynchroner Satellit** (Raumf) / non-stationary satellite
**nichtsystematisch** *adj* (z.B. Name) / non-systematic *adj*
**nichtsystemisch** *adj* (Pflanzenschutzmittel) (Chem) / non-systemic *adj*
**nichttechnisches fliegendes Personal** (Luftf) / non-technical flight personnel, flight attendants, cabin attendants
**nichtteilbarer Reißverschluß** (Tex) / non-separable zipper
**nichtterminal** *adj* (z.B. Zeichen) (EDV) / non-terminal *adj* ‖ ~**es Zeichen** (EDV) / non-terminal *n*
**Nichttextmaterial** *n* (Druck, EDV) / non-text material
**nichtthermische Abtragung** (bei der Laserbearbeitung) / ablation *n*
**nichttragende Wand** (Bau) / non-load-bearing wall, non-bearing wall*, self-supporting wall (US)
**nichttrivial** *adj* (Math) / non-trivial *adj*
**nichttrocknend** *adj* / non-drying *adj* ‖ ~**es Öl** (ein fettes Öl wie Kokosöl, Palmkernöl usw. - IZ < 100) (Anstr) / non-drying oil, permanent oil
**Nichtübereinstimmung** *f* (z.B. mit den Qualitätsvorschriften) / nonconformity *n*, failure to conform (to)
**Nichtübergabe** *f* (Fernm) / non-delivery *n*
**nichtumhüllte Elektrode** (Schw) / bare electrode*
**nichtumkehrbar** *adj* / irreversible *adj* ‖ ~**e Elektrode** (Chem) / irreversible electrode ‖ ~**e Reaktion** (Chem) / irreversible reaction*
**Nichtumkehrbarkeit** *f* / irreversibility* *n*
**nicht•unterscheidbar** *adj* / indistinguishable *adj* ‖ ~**unterscheidbarkeit** *f* (Kernphys) / undistinguishability *n*
**nichtverfügbar** *adj* / unavailable *adj*, unavbl ‖ ~**e** (System)**Zeit** (EDV) / unavailable time
**nichtvergilbend** *adj* / non-yellowing *adj*
**nichtverschwindend** *adj* (Math) / non-vanishing *adj*
**nichtverstellbare Pumpe** (Masch) / constant-delivery pump (a displacement pump), constant-displacement pump
**nichtverwachsener Ast** (For) / loose knot, dead knot
**nichtverwertbar** *adj* (Nahrungsbestandteil) (Nahr) / unavailable *adj*
**Nichtvorhandensein** *n* / lack *n* (of)
**nichtwäßrig** *adj* (Chem) / anhydrous* *adj*, non-aqueous *adj*, free from water ‖ ~**es Lösemittel** (Chem) / non-aqueous solvent* ‖ ~**e Lösung** (Chem) / non-aqueous solution ‖ ~**es Lösungsmittel** (Chem) / non-aqueous solvent*
**nichtweiße Wolle** (Tex) / black wool
**Nichtweiterverbreitung** *f* (von Kernwaffen) (Mil) / non-proliferation ‖ ~ (von Kernwaffen) s. auch Kernwaffensperrvertrag
**nichtwiederverwendbarer Raumfahrzeugträger** (Raumf) / expendable launch vehicle*
**nichtzentral** *adj* (Stats) / non-central *adj* ‖ ~**er Stoß** (Mech) / eccentric impact ‖ ~**e Verteilung** (Stats) / non-central distribution
**nichtzentrosymmetrisch** *adj* (Biol, Gen, Krist) / acentric* *adj*
**Nichtzucker** *m* (Chem) / non-sugar *n* ~**stoff** *m* (Chem) / non-sugar *n*
**nichtzulässig** *adj* (EDV) / illegal *adj*, forbidden *adj* ‖ ~**e Kodekombination** (EDV) / forbidden (code) combination
**nichtzündender Gitterstrom** (Eltronik) / gate non-trigger current
**nichtzusammenhängender Graf** (EDV) / unconnected graph
**nichtzustellbare Nachricht** (Fernm) / non-deliverable message
**Nick•achse** *f* (Bahn, Kfz, Luftf) / pitch axis ‖ ~**bewegung** *f* (Bahn, Kfz, Luftf) / pitch *n*, pitching* *n* ‖ ~**dämpfer** (Luftf) / pitch damper
**Nickel (Ni)** *n* (Chem) / nickel* *n* ‖ **im Tauchverfahren abgeschiedenes** ~ (Galv) / displacement nickel ‖ ~**acetat** *n* (Chem) / nickel acetate ‖ ~**(II)-Amidosulfat** *n* (Chem, Galv) / nickel(II) sulphamate ‖

**Nickel(II)-ammoniumsulfat**

~**(II)-ammoniumsulfat** (Doppel-Nickelsalz) (Chem, Galv) / nickel(II) ammonium sulphate ‖ ~**anode** f (Galv) / nickel anode ‖ ~**arsenid** n (Chem, Krist, Min) / nickel arsenide ‖ ~**azetat** n (für galvanische Lösungen und als Beize in der Baumwollfärberei) (Chem) / nickel acetate ‖ ~**bad** n (vor dem Emaillieren) / nickel dip ‖ ~**bad** (Galv) / nickel (plating) bath (solution) ‖ ~**blüte** f (Min) / annabergite* n, nickel bloom*, nickel ochre ‖ ~**borid** n (Chem, Galv) / nickel boride ‖ ~**(II)-bromid** n (Chem) / nickel(II) bromide ‖ ~**bronze** f (eine Cu-Ni-Sn-Legierung nach DIN 17664) (Hütt) / nickel bronze ‖ ~**-Cadmium-Batterie** f (Eltech) / cadmium-nickel storage battery, nickel-cadmium accumulator*, nicad battery ‖ ~**(II)-chlorid** n (Chem) / nickel(II) chloride ‖ ~**dimethylglyoxim** n (Chem) / nickel dimethylglyoxime ‖ ~**dip** m / nickel dip ‖ ~**-Eisen-Akkumulator** m (ein alkalischer Akkumulator) (Eltech) / nickel-iron-alkaline accumulator*, iron-nickel accumulator*, iron-nickel storage battery, Ni-Fe accumulator*, Edison accumulator*, storage battery of iron-nickel type, nickel-iron battery ‖ ~**-Eisen-Batterie** f (Eltech) / nickel-iron-alkaline accumulator*, iron-nickel accumulator*, iron-nickel storage battery, Ni-Fe accumulator*, Edison accumulator*, storage battery of iron-nickel type, nickel-iron battery ‖ ~**elektrolyt** m (Galv) / nickel (plating) bath (solution) ‖ ~**folie** f (z.B. für Solarkollektoren) / nickel foil ‖ ~**galvano** n (Druck) / nickel electro* ‖ ~**glanz** m (teils Gersdorffit, teils Ullmannit) (Min) / nickel glance ‖ ~**(III)-hydroxid** n (Chem) / nickel(III) hydroxide, nickelic hydroxide

**Nickelin** m (Min) / niccolite* n, copper nickel*, nickeline n, kupfernickel* n, arsenical nickel

**Nickel•Kadmium-Akkumulator** m (ein alkalischer Akkumulator) (Eltech) / cadmium-nickel storage battery, nickel-cadmium accumulator*, nicad battery ‖ ~**legierung** f (z.B. NiCr, NiFe, NiMn) (Hütt) / nickel alloy* ‖ ~**magnetkies** m (Min) / nickeliferous pyrite ‖ ~**magnetkies** s. auch Kupferkies, Pentlandit und Pyrrhotin ‖ ~**-Metallhydrid-Akkumulator** m (der heute am weitesten verbreitete alkalische Akkutyp) (Eltech) / nickel-metal-hydride battery ‖ ~**monoxid** n (Chem) / nickel(II) oxide, nickelous oxide, nickel monoxide

**Nickelocen** n (ein Metallocen) (Chem) / nickelocene n

**nickel•organische Verbindung** (Chem) / organonickel compound ‖ ~**(IV)-oxid** n (Chem) / nickel sesquioxide, nickelic oxide ‖ ~**(II)-oxid** (Chem) / nickel(II) oxide, nickelous oxide, nickel monoxide ‖ ~**(III)-oxid** n (Chem) / nickel(III) oxide, dinickel trioxide ‖ ~**peroxid** n (Chem) / nickel peroxide ‖ ~**pigment** n (z.B. Nickeltitangelb) (Anstr) / nickel pigment ‖ ~**plattiert** adj (Galv) / nickel-clad adj ‖ ~**pyrit** n (ein intermediäres Verwitterungsprodukt von Pentlandit) (Min) / bravoite n, nicopyrite n ‖ ~**rutilgelb** n (Lichtgelb 8 G) / nickel-titanium yellow, nickel rutile yellow ‖ ~**salz** n (Chem, Galv) / nickel salt ‖ **dünne** ~**schicht** (unter dem Email) (Galv) / nickel flash ‖ **mit einer dünnen** ~**schicht versehen** (Galv) / nickel-flash v ‖ ~**-Seal-Verfahren** n (zur Abscheidung von Nickelschichten) (Galv) / Nickel-Seal process, Dur-Nickel process (US) ‖ ~**sesquioxid** n (Chem) / nickel sesquioxide, nickelic oxide ‖ ~**skutterudit** n (Min) / chloanthite* n, cloanthite* n, white nickel* ‖ ~**stahl** m (Hütt) / nickel steel* ‖ ~**stahlelektrode** f (Hütt) / nickel-steel electrode ‖ ~**stein** m (Hütt) / nickel matte ‖ ~**(II)-sulfamat** n (Nickelsalz der Sulfaminsäure - Bestandteil der Nickelsulfamatbäder in der Galvanoformung) (Chem, Galv) / nickel(II) sulphamate ‖ ~**(II)-sulfat** (Einfachnickelsalz) (Chem, Galv) / nickel(II) sulphate ‖ ~**(II)-sulfatheptahydrat** (Min) / nickel vitriol, morenosite n ‖ ~**sulfid** n (Chem) / nickel sulphide ‖ ~**tauchbad** n (Galv) / nickel dip ‖ ~**tetracarbonyl** n (Chem) / nickel carbonyl*, nickel tetracarbonyl ‖ ~**tetrakarbonyl** n (Chem) / nickel carbonyl*, nickel tetracarbonyl ‖ ~**titangelb** n (ein hellgelbes Mischphasenpigment mit hervorragenden Echtheitseigenschaften) / nickel-titanium yellow, nickel rutile yellow ‖ ~**vitriol** n (Min) / nickel vitriol, morenosite n ‖ ~**-Zink-Akkumulator** m (Eltech) / nickel-zinc storage battery ‖ ~**zwischenschicht** f (z.B. beim System Cu-Ni-Cr) (Galv) / nickel underlayer, nickel undercoating

**nicken** v (Bahn, Kfz, Luftf) / pitch v ‖ ~ n (Bahn, Kfz, Luftf) / pitch* n, pitching* n

**Nick•lagesteuerung** f (Luftf) / fuselage pitch pointing ‖ ~**moment** n (Bahn, Kfz, Luftf) / pitching moment* ‖ ~**name** m (für Chatrooms) (EDV) / nickname n ‖ ~**regler** m (Luftf) / pitch damper ‖ ~**schwingung** f (der Gruppe als Ganzes in Ebene senkrecht zur Gruppenebene - IR-Spektrometrie) (Spektr) / wagging n, wagging vibration, wag vibration ‖ ~**stabilität** f (Luftf) / longitudinal stability* ‖ ~**steuerflächen** f pl (Querruder) (Luftf) / longitudinal controls ‖ ~**translation** f (Gen) / nick translation ‖ ~**trimmregler** m (Luftf) / pitch trim compensator ‖ ~**winkel** m (Luftf) / angle of pitch

**Niclad** n (nickelplattiertes Stahlblech) (Hütt) / Niclad* n

**Nicod-Wahrheitsfunktion** f (EDV) / NOR operation, rejection n, dagger operation, nondisjunction n, Peirce function

**Nicol** n (Opt) / Nicol prism*, nicol n

**Nicolsches Prisma** (Opt) / Nicol prism*, nicol n

**Nicotin** n (das Hauptalkaloid des Tabaks und anderer Nicotiniana-Arten) (Chem) / nicotine* n

**Nicotinamid** n (Antipellagra-Vitamin) (Pharm) / nicotinic-acid amide, niacinamide n, pellagra-preventing factor, PP-factor n ‖ ~**-Adenin-Dinucleotid** n (Biochem) / nicotinamide adenine dinucleotide* (NAD) ‖ ~**-Adenin-Dinucleotidphosphat** n (Biochem) / nicotinamide adenine dinucleotide phosphate* (NADP) ‖ ~**-Adenin-Dinukleotid** n (Biochem) / nicotinamide adenine dinucleotide* (NAD) ‖ ~**-Adenin-Dinukleotidphosphat** n (Biochem) / nicotinamide adenine dinucleotide phosphate* (NADP)

**Nicotinat** n (Ester und Salz der Nikotinsäure) (Chem) / nicotinate n

**Nicotin•fleck** m (Tex) / nicotine stain ‖ ~**frei** adj / nicotine-free adj, nicotineless adj ‖ ~**säure** f (Pyridin-3-carbonsäure) (Chem) / nicotinic acid* ‖ ~**säurebenzylester** m (Chem) / benzyl nicotinate

**nido-** (ein Präfix bei Boranen) (Chem) / nido-

**nie, fast ~** (Math) / nearly never (a fuzzy quantor)

**Niedelrips** m (Tex) / haircord* n

**nieder•er Kohlenwasserstoff** (Chem, Erdöl) / light hydrocarbon ‖ ~**er Viskositätsgrad** (Phys) / low viscosity index, L.V.I.

**niederblasen** v (in Vorformen) (Glas) / blow down v ‖ ~ (einen Hochofen) (Hütt) / blow out v ‖ ~ n (in Vorformen) (Glas) / blow-down n, settle blow ‖ ~ (eines Hochofens) (Hütt) / blowing-out* n

**niederbordiger Wagen** (Bahn) / low-sided open waggon, low-side gondola (US), lowry* n

**Niederbordwagen** m (1,14 m) (Bahn) / low-sided open waggon, low-side gondola (US), lowry* n

**niederbringen** v (For) / bring down v ‖ ~ n (Bergb) / sinking* n ‖ ~ **des Vorderschachts** (Bergb) / foreshaft sinking

**Niederdruck•brenner** m (Masch, Schw) / low-pressure torch ‖ ~**-Dampfheizung** f (Bau) / vapour heating ‖ ~**einspritzung** f (Kfz) / indirect injection

**niederdrücken** v (Masch) / depress v, press down

**Niederdruck•gießen** n (Gieß) / low-pressure die casting ‖ ~**-Gußverfahren** n (Gieß) / low-pressure die casting ‖ ~**kessel** m (für die Gaszentralheizung) (Bau) / low-pressure furnace ‖ ~**-Kokillenguß** m (meistens für die Automobilindustrie) (Gieß) / low-pressure die casting ‖ ~**kompressor** m (der erste von mindestens 2 hintereinander angeordneten Verdichtern) (Luftf) / low-pressure compressor*, LP compressor* ‖ ~**kraftwerk** n (bis etwa 15 m Fallhöhe) (Wasserb) / low-head power plant ‖ ~**-PE** n (Chem, Plast) / low-pressure process polyethylene, low-pressure polyethylene ‖ ~**plasma** n (Plasma Phys) / glow-discharge plasma, low-pressure plasma ‖ ~**plasmatechnik** f (von etwa 0,1 bis 1 mbar) (Anstr) / low-pressure plasma technology ‖ ~**polyethylen** n (Chem, Plast) / low-pressure process polyethylene, low-pressure polyethylene ‖ ~**preßverfahren** n (Plast) / low-pressure moulding method ‖ ~**pumpe** f (Masch) / low-pressure pump ‖ ~**reifen** m (kleiner) (Luftf) / doughnut n ‖ ~**schäumen** n (Verschäumen von Kunststoffen) (Plast) / low-pressure foaming ‖ ~**seite** f (der Klimaanlage) / low side ‖ ~**spritzen** n (Anstr) / air volume spraying*, spattering n ‖ ~**-Spritzverfahren** n (Anstr) / air volume spraying*, spattering n ‖ ~**turbine** f (letzte Turbine bei Hintereinanderschaltung von 2 oder 3 Turbinen) (Luftf) / low-pressure turbine*, LP turbine* ‖ ~**verdichter** m (Luftf) / low-pressure compressor*, LP compressor* ‖ ~**verdichter** (in einem Manteltriebwerk) (Luftf) / fan n ‖ ~**vorlage** f (Schw) / low-pressure hydraulic backpressure valve, low-pressure flashback valve ‖ ~**wasservorlage** f (Schw) / low-pressure hydraulic backpressure valve, low-pressure flashback valve ‖ ~**zylinder** m (der Mehrfachexpansionsdampfmaschine) (Masch) / low-pressure cylinder*

**nieder•energetisch** adj / low-energy attr ‖ ~**flurwagen** m (für den Huckepackverkehr) (Bahn) / piggyback car n (a flatcar designed to accomodate containers or highway truck trailers) ‖ ~**flußreaktor** m (Nukl) / low-flux reactor n ‖ ~**frequenter Dauerschwingversuch** (WP) / low-cycle fatigue test

**Niederfrequenz (NF; Nf)** f (ein Frequenzbereich) (Radio) / low frequency* (LF) ‖ ~**induktionsofen** m (Eltech, Hütt) / low-frequency induction furnace ‖ ~**ofen** m (Eltech, Hütt) / low-frequency induction furnace ‖ ~**schweißen** n (Schw) / low-frequency welding ‖ ~**spektrum** n (Akus) / audible spectrum, audio spectrum, audio-frequency spectrum ‖ ~**trocknung** f (eine Art Elektrowärmetrocknung) / low-frequency drying ‖ ~**verstärker** m (Eltronik) / audio amplifier, audio-frequency amplifier ‖ ~**verstärker** (Fernm) / low-frequency amplifier*

**Nieder•führung** f (der Antenne) (Radio) / download n ‖ ~**fußnadel** f (Tex) / low-butt needle, short-butt needle, short-shanked needle, short-heel needle ‖ ~**gang** m (des Kolbens) (Masch) / descent n ‖ ~**gang** (Treppe von einem Deck zum anderen Deck) (Schiff) / companionway n (a set of steps leading from a ship's deck down to a

cabin or lower deck) ‖ ~gehen v (Luftf) / descend v ‖ ~haltekraft f (mit der der Niederhalter zu belasten ist) (Masch) / blank-holder force ‖ ~halten v (einen Buchblock) (Buchb) / smash v, nip v, crush v ‖ ~halten n (des Buchblocks) (Buchb) / smashing* n, nipping* n, crushing* n ‖ ~halter m (Hütt) / blank holder, hold-down plate ‖ ~hub-Sicherheitsventil n (Masch) / low-lift safety valve ‖ ~hubwagen m (als Plattformhubwagen) (Masch) / low-lift platform truck, low-lift elevating platform truck ‖ ~hubwagen (als Gabelhubwagen) (Masch) / low-lift pallet truck ‖ ~kaloriges Gas (mit niedrigem spezifischem Brennwert) (Kftst) / lean gas ‖ ~leistungsreaktor m (Nukl) / low-power reactor ‖ ~liegen n (von Halmfrüchten) / lodging n (of a crop) ‖ ~molekular adj (Chem) / low-molecular adj ‖ ~moor n (Geol) / low moor ‖ ~ohmig adj (Eltech) / low-resistance attr ‖ ~quarz m (< 573 °C) (Min) / low-quartz n, alpha quartz ‖ ~querschnittreifen m (Kfz) / low-section tyre, low-profile tyre ‖ ~reißen v (Gebäude) (Bau, HuT) / demolish v, take down v, pull down v, knock down v, raze v ‖ ~reißung f (Bau, HuT) / demolition n, pulling down, taking down, razing n
**Niederschlag** m (Bodensatz) / sediment n, subsidence n, precipitate n, deposit* n, lees pl, foots pl ‖ ~ (chemischer) (Chem) / precipitate (ppt, ppte) n ‖ ~ (z.B. von Staubpartikeln) (Umwelt) / fall n ‖ ~ s. auch Abscheiden und Präzipitat ‖ **[fallenden]** (Meteor) / precipitation n ‖ abflußwirksamer ~ (Wasserb) / direct run-off ‖ abgesetzter ~ (Form des Niederschlags in flüssigem oder festem Zustand, die unmittelbar an der Erdoberfläche, an Pflanzen oder Gegenständen entsteht, wenn diese kälter als die umgebende Luft sind - DIN 4049, T 101) (Meteor) / direct precipitation ‖ angebrannter ~ (bei der elektrochemischen Metallabscheidung) (Galv) / burnt deposit* ‖ einen ~ bilden vi, subside v, deposit vi ‖ gefallener ~ (DIN 4049, T 101) (Meteor) / precipitation* n ‖ glatter und dichter ~ (Galv) / smooth compact deposit ‖ katodischer (Kalk-, Magnesium-) ~ (Schiff) / cathodic chalk ‖ konvektiver ~ (Meteor) / convectional rain ‖ orografischer ~ (Meteor) / orographic rain*, orographic precipitation ‖ radioaktiver ~ (der auf den Explosionsort zurückfällt) (Mil, Nukl, Umwelt) / fallback n ‖ radioaktiver ~ (der außerhalb des Explosionsorts niedergeht) (Mil, Nukl, Umwelt) / fallout* n, atomic fallout, radioactive fallout ‖ reguliner ~ (bei der elektrochemischen Metallabscheidung) (Galv) / reguline deposit* ‖ saurer ~ (Umwelt) / acid deposition, acid precipitation ‖ vorgefällter ~ (Nukl) / preformed precipitate ‖ vorgeformter ~ (Nukl) / preformed precipitate ‖ ~ m auf der Windschattenseite (Meteor) / spill-over n
**niederschlagbar** adj (Wasser) (Meteor) / precipitable* adj
**niederschlagen** v (Chem, Sanitär, Wasserb) / settle vt, precipitate v ‖ ~ n (Abscheiden) / sedimentation* n, precipitation* n
**Niederschlags•echo** n (Radar) / precipitation echo ‖ ~elektrizität f (Elektr, Geophys) / precipitation electricity ‖ ~elektrode f (des Elektrofilters) (Eltech) / passive electrode*, collecting electrode* ‖ ~elektrode (Galv) / precipitating electrode ‖ künstliche ~erzeugung (Meteor) / rainmaking* n ‖ ~feld n (Meteor, Sanitär) / precipitation area f ‖ ~gebiet n (DIN 4045) (Meteor, Wasserb) / precipitation area n ‖ äquivalente ~höhe (etwa 10%) (Meteor) / water equivalent (of snow) ‖ jährliche ~höhe (DIN 4045) (Meteor, Wasserb) / annual precipitation ‖ ~intensität f (Meteor) / precipitation intensity ‖ ~karte f (Meteor) / hyetograph n ‖ ~menge f (Meteor) / precipitation n, amount of precipitation ‖ ~messer m (Meteor) / rain gauge*, precipitation gauge, pluviometer n, ombrometer n, udometer n ‖ ~sammler m (ein Niederschlagsmesser in entlegenen Gebieten, der in bestimmten Zeitabständen abgelesen wird - meistens mit einem Nipher-Ring) (Meteor) / totalizer n, totalizator n, deposit gauge ‖ ~schreiber m (Meteor) / recording rain gauge, pluviograph n, hyetograph* n, rain recorder ‖ ~station f (Meteor) / precipitation station n ‖ ~störung f (Radio) / precipitation static interference ‖ ~summenkurve f (Wasserb) / precipitation mass curve ‖ ~überschuß m (Meteor) / precipitation excess ‖ ~wasser n (Regen- und Schmelzwasser in der Kanalisation) (Meteor, Sanitär) / storm water ‖ ~wasser (Wasserb) / natural water ‖ ~wasser der Atmosphäre (Meteor) / atmospheric water, meteoric water ‖ ~wasserkanal m (Kanalisationsrohr) (Sanitär) / storm-water sewer, storm sewer, storm drain
**niederschmelzen** v / melt down vt, melt vt, fuse v ‖ ~ n (des Kerns) (Nukl) / meltdown n
**Niederspannung** f (bis 250 V) (Eltech, Eltronik, Radio) / low tension* n, L. T., low-voltage* n, LV ‖ ~-Schaltgerätekombination f (Eltech) / low-voltage switchgear and control-gear assembly
**Niederspannungs•elektrophorese** f (Chem) / low-voltage electrophoresis f ‖ ~netz n (Eltech) / low-voltage system n ‖ ~schaltgerät n (DIN 57 638) (Eltech) / low-voltage switchgear, fuse-switch unit ‖ ~sicherung f (Eltech) / low-voltage fuse ‖ ~zündung f (V-Mot) / low-tension ignition*

**Niedertemperatur•anlassen** n (Hütt) / blueing* n ‖ ~entgasung f (unter Luftabschluß) (Kftst) / low-temperature carbonization*, low-temperature distillation, LTC
**Nieder•tor** n (Wasserb) / tailgate* n ‖ ~touriges Wuchten (Masch, Mech) / low-speed balancing ‖ ~vakuumröhre f (Eltronik) / soft valve, soft tube (US), gassy tube (US) ‖ ~wald m (For) / coppice forest, low forest, sprout forest ‖ ~waldbetrieb m (For) / coppice management, sprout forest management ‖ ~werfen v (For) / bring down v ‖ ~wertiges Bit (EDV) / low-order bit
**niedrig** adj (Raum) (Bau) / low-ceilinged adj ‖ ~ belastbares Vlies (Tex) / light-duty non-wovens ‖ ~ brechend adj (Glas, Opt) / low-refractive-index attr, light* adj ‖ ~er (Erd)Damm zum Schutz der Bewässerungsfläche (Wasserb) / soil-saving dyke ‖ ~er (Erd)Damm zur Verhinderung der Bodenauswaschung (Wasserb) / soil-saving dam ‖ ~ energetisch / low-energy attr ‖ ~e Hutmutter (Masch) / cap nut*, box nut* ‖ ~e Kettdichte (Tex) / low warp* ‖ ~er Kraftstoffverbrauch (Kfz) / good mileage (US) ‖ ~e Säurefestigkeit (Chem) / poor resistance to acids ‖ ~e Sechskantmutter (Masch) / hexagon thin nut ‖ ~e Spaltschärfe (Erdöl) / low-severity cracking ‖ ~er stellen (z.B. Heizung) / turn down v ‖ ~ übersetzt (mit niedriger Übersetzung) (Masch) / low-gear attr ‖ ~ verbleit (Kftst) / low-leaded adj ‖ ~ verbleiter Ottokraftstoff (Kftst, Kfz) / low-lead petrol, low-lead gasoline (US)
**niedrig•aschehaltig** adj (Chem, Kftst) / low-ash attr ‖ ~auflösende Grafik (EDV) / low-resolution graphics* ‖ ~brechend adj (Opt) / low-refractive-index attr, low-index attr ‖ ~fliegender Überschallflugkörper (Mil) / supersonic low-altitude missile, SLAM ‖ ~gekohltes Gußeisen (Hütt) / semisteel* n ‖ ~gekohlte Kohle (Bergb) / low-rank coal ‖ ~gekohlter Stahl (bis 0,25%C) (Hütt) / low-carbon steel* ‖ ~indizierte Kristallfläche (bei der Spaltung) (Krist) / plane with lowest indexes ‖ ~lastwechselermüdung f (WP) / low-cycle fatigue, LCF ‖ ~legierter Stahl (Legierungselementgehalt bis 5 Gew.-%) (Hütt) / low-alloy steel ‖ ~oktanig adj (Kftst) / low-octane attr ‖ ~paarig adj (Kabel) / small-sized adj, small-capacity attr, small make-up attr ‖ ~radioaktiver Abfall (Nukl) / low-activity waste, low-level radioactive waste, low-level waste* ‖ ~sauerstoffhaltig adj (Chem) / low-oxygen attr, poor in oxygen ‖ ~schmelzendes Glas (mit Se, As, Tl, oder S - Schmelzpunkt zwischen 127 und 350° C) (Glas) / low-melting glass ‖ ~schmelzende Legierung (Hütt) / low-melting-point alloy*, fusible alloy*, low-melting alloy, low-melting-point fusible alloy
**niedrigsiedend** adj / low-boiling adj ‖ ~e Fraktion (Chem Verf) / low-boiling fraction ‖ ~e Fraktion bei der Gewinnung des Holzterpentinöls (Chem Verf) / wood spirit of turpentine ‖ ~er Kohlenwasserstoff (Chem, Erdöl) / light hydrocarbon
**Niedrig•sieder** m (Lösungsmittel mit einem Siedepunkt unter 100°) (Chem) / low-boiling solvent, low-boiler n ‖ ~spannungsbruch m (WP) / low-stress fracture ‖ ~spielermüdung f (WP) / low-cycle fatigue, LCF
**niedrigst•er Integrationsgrad** (etwa 10000 Bauelemente auf einem Halbleiterplättchen) (Eltronik) / single-scale integration (SSI), small-scale integration* ‖ ~er Ordnungsbegriff (EDV) / minor control field ‖ ~es unbesetztes Molekülorbital (LUMO) (Chem) / lowest-energy unoccupied molecular orbital (LUMO) ‖ ~e verfügbare Flugfläche (Luftf) / lowest vacant flight level
**niedrigstwertig•es Bit** (bei einer Dual- bzw. Binärzahl) (EDV) / lowest-order bit, least significant bit (LSB) ‖ ~e Stelle (Math) / rightmost position ‖ ~e Ziffer (Math) / rightmost position
**niedrig•verstärkend** adj (Akus) / low-gain attr ‖ ~wasser n (Wasserb) / low water, L.W. ‖ ~wasserlinie f (Verm) / low-water line, low-tide line
**Niefrostboden** m (unter dem Dauerfrostboden) (Geol) / subgelisol n, never frozen soil
**niellieren** v / niello v
**Niello** n (pl. -s, -lli oder -llen) (Hütt) / niello* n (pl. nielli or niellos), Tula work
**Nielloarbeit** f (Gold- und Silberschmiedekunst) (Hütt) / niello* n (pl. nielli or niellos), Tula work
**Nielsbohrium** n (Chem) / hahnium n, unnilpentium (Unp) n, nielsbohrium n
**Nielsen-Panel** n (mit dem Warenbewegungen vom Handel zum Endverbraucher gemessen werden - nach A.Ch. Nielsen, 1897-1980) / Nielsen panel
**Nieren•charakteristik** f (bei Schallwandlern) (Akus) / cardioid diagram ‖ ~eisenerz n (Min) / kidney (iron) ore* ‖ ~fett n (Nahr) / suet n ‖ ~förmig adj / reniform* adj, kidney-shaped adj ‖ ~förmiger Drehkondensator (Eltech) / square-law capacitor* ‖ ~kurve f (Math) / nephroid n ‖ ~mikrofon n (Akus) / cardioid microphone ‖ ~plattenkondensator m (Eltech) / square-law capacitor* ‖ ~schädigend adj (giftige Substanz) (Chem, Med) / nephrotoxic adj ‖ ~stein m (eine Art Nephrit) (Min) / kidney stone*
**nierig** adj / reniform* adj, kidney-shaped adj
**Nieseln** n (Meteor) / drizzle n ‖ gefrierendes ~ (Meteor) / freezing drizzle

**Niesholz**

**Niesholz** n (Pteroxylon utile) (For) / sneezewood* n
**Niesmittel** n (Chem) / sternutator n, irritant smoke
**Niesreizstoff** m (Chem) / sternutator n
**Niet** m (Masch) / rivet* n ‖ **auf der Baustelle zu schlagender ~** (Masch) / field rivet*, site rivet* ‖ **~abstand** m (Masch) / rivet pitch ‖ **~beanspruchung** f (Masch) / rivet strain, strain of the rivet ‖ **~bolzen** m (Masch) / clinch bolt, clinched bolt ‖ **~docke** f (Masch) / screw dolly ‖ **~döpper** m (Masch) / snap* n, rivet snap, rivet header ‖ **~druck** m (Masch) / riveting pressure
**nieten** v (Masch) / rivet v ‖ **überlappt ~** (Masch) / lap-rivet v ‖ **~döpper** m (Masch) / snap* n, rivet snap, rivet header ‖ **~kleidung** f (deren Nähte an einigen Stellen durch Nieten verstärkt sind) (Tex) / riveted clothing ‖ **~klemmlänge** f (Masch) / rivet grip, grip n ‖ **~quetscher** m (Masch, Werkz) / rivet chisel ‖ **~zieher** m (zum Einziehen der Niete und Zusammenziehen der Teile) (Masch) / rivet set(ter)
**Niet·geräusch** n (Akus) / riveting noise ‖ **~hammer** m (Masch) / rivet hammer, riveting hammer ‖ **Abbau von ~konstruktionen** (Bau) / unbuttoning n ‖ **Demontage** f **von ~konstruktionen** (Bau) / unbuttoning n ‖ **~kopf** m (Masch) / rivet head ‖ **~loch** n (Masch) / rivet hole ‖ **~lochreibahle** f (DIN 311) (Masch) / rivet-hole reamer, tapered structural reamer (US) ‖ **~lochschweißen** n (Schw) / plug welding* ‖ **~lochsenker** m (DIN 1863) (Masch) / rivet countersink, ship plate countersink (US) ‖ **~maschine** f (Masch) / riveter n, riveting machine* ‖ **~meißel** m (Masch) / rivet chisel ‖ **~mutter** f (Masch) / rivet nut ‖ **~presse** f (Masch) / riveter n, riveting machine* ‖ **~quetscher** m (Masch) / rivet chisel ‖ **~reihe** f (als ideale Linie) (Masch) / gauge line ‖ **~reihe** (als konkretes Gebilde) (Masch) / row of rivets ‖ **~reihenabstand** m (Masch) / transverse pitch (of a riveted joint), back pitch ‖ **~schaft** m (Masch) / rivet body, rivet shank ‖ **~schweißen** n (Schw) / rivet welding ‖ **~sprenger** m (Masch) / rivet chisel ‖ **~stahl** m (Hütt) / rivet steel ‖ **~stift** m (DIN 7341) (Masch) / rivet pin
**Nietung** f (Stelle) (Masch) / riveted joint*, rivet joint, riveting joint ‖ **~** (Tätigkeit) (Masch) / rivet fastening, riveting n ‖ **hydraulische ~** (Masch) / hydraulic riveting ‖ **~** f **im Stahlbau** (HuT) / structural riveting, riveting of steel-framed structures
**Niet·verbindung** f (Masch) / riveted joint*, rivet joint, riveting joint ‖ **~verbindung** (Tätigkeit) (Masch) / rivet fastening, riveting n ‖ **zweischnittige ~verbindung** (Masch) / double-shear riveting joint ‖ **einschnittige ~verbindung** (Masch) / single-shear riveting joint ‖ **~winde** f (Masch) / screw dolly ‖ **~zange** f (mit der die Niete aus dem Feuer geholt werden) (Masch) / blacksmith's tongs for rivets ‖ **~zieher** m (Masch) / rivet set(ter) ‖ **~zwinge** f (Masch) / riveting clamp
**Nife** n (Geol) / siderosphere n (central iron core of the earth) ‖ **~** (Geol) / siderosphere n (central iron core of the earth)
**NiFe-Akkumulator** m (Eltech) / nickel-iron-alkaline accumulator*, iron-nickel accumulator*, iron-nickel storage battery, Ni-Fe accumulator*, Edison accumulator*, storage battery of iron-nickel type, nickel-iron battery
**Nigericin** n (Chem, Pharm) / nigericin n
**Nigeröl** n / niger-seed oil, ramtilla oil, ramtil oil
**Nigerose** f (im Honig, Reversionsprodukt der Glukose bei Säureeinwirkung) (Chem) / nigerose n
**Nigger** n (Faserflocke als Noppe) (Tex) / nigger n
**Niggliit** m (PtSn) (Min) / niggliite n
**Niggli-Wert** m (zur Deutung von Analysen der magmatischen Gesteine - nach P. Niggli, 1888-1953) (Min) / Niggli value
**Nigrin** n (schwarze Varietät des Rutils) (Min) / nigrine n
**Nigrosin** n (ein schwarzer oder grauer Azinfarbstoff) (Chem) / nigrosine* n
**NIH-Verschiebung** f (eine Umlagerung) (Chem) / NIH shift
**Nikaragua-Mahagoni** n (For) / Honduras mahogany, baywood* n, Tabasco mahogany
**Nikol** n (nach W. Nicol, 1768-1851) (Opt) / Nicol prism*, nicol n
**Nikotin** n (Chem) / nicotine* n
**Nikotinat** n (Chem) / nicotinate n
**Nikotin·fleck** m (Tex) / nicotine stain ‖ **~frei** adj / nicotine-free adj, nicotineless adj ‖ **~intoxikation** f (Pharm) / nicotinism n, nicotine poisoning
**Nikotinismus** m (Pharm) / nicotinism n, nicotine poisoning
**Nikotin·säure** f (Chem) / nicotinic acid* ‖ **~säureamid** n (Antipellagra-Vitamin) (Pharm) / nicotinic-acid amide, niacinamide n, pellagra-preventing factor, PP-factor n ‖ **~vergiftung** f (Pharm) / nicotinism n, nicotine poisoning
**Nil-ductility-transition-Temperatur** f (Hütt, WP) / brittleness transition temperature, NDT temperature, TNDT, nil-ductility transition temperature
**Nile** n (Nukl) / nile* n
**nilgrün** adj / Nile-green adj, eau-de-Nil attr
**nilpotent** adj (Math) / nilpotent adj
**Nimbostratus** m (pl. -strati) (Meteor) / nimbus n (pl. nimbuses or nimbi), nimbostratus* n (pl. nimbostrati), nimbostratus cloud, Ns*

**NiMH-Akkumulator** m (Eltech) / nickel-metal-hydride battery
**Nimöl** n / neem oil, margosa oil, nim oil
**Nimonic** n (eine hochwarmfeste und zunderbeständige Legierung - Marke der Inco Alloys Int.) (Hütt) / nimonic* n
**Ninhydrin** n (1,2,3-Indantrion-Hydrat) (Chem) / ninhydrin* n
**Ninhydrin-Reagens** n (zum Nachweis von Aminosäuren) (Chem) / ninhydrin reagent
**Niob (Nb)** n (Chem) / niobium* n
**Niobat** n (Salz von Säuren mit fünfwertigem Niob im Molekül) (Chem) / niobate n
**Niob·borid** n ($NbB_2$) (Chem) / niobium boride ‖ **~carbid** n (NbC) (Chem) / niobium carbide
**Niobeöl** n (Benzoesäuremethylester) (Chem) / niobe oil
**Niob(V)-fluorid** n (Chem) / niobium pentafluoride
**niobieren** v (die Randschicht eines Werkstücks aus Stahl mit Niob durch thermochemische Behandlung anreichern) (Hütt) / niobize v
**Niobit** m (Nb-reichstes Glied der Columbit-Reihe) (Min) / niobite* n
**Niobium** n (Chem) / niobium* n
**Niob·karbid** n (Chem) / niobium carbide ‖ **~nitrit** n (Chem) / niobium nitrite ‖ **~pentafluorid** n (Chem) / niobium pentafluoride ‖ **~(V)-pentoxid** n (Chem) / niobium pentoxide ‖ **~stabilisiert** adj / niobium-stabilized adj ‖ **~zinn** n ($Nb_3Sn$) (Chem) / niobium tin
**Niotenside** n pl (Chem, Tex) / non-ionic detergents*
**Niové** n (Muskatholz der Staudtia stipitata Warb. oder Staudtia kamerunensis Warb. - Ausstattungsholz für Parkett) (For) / niové n
**Nipher-Ring** m (an Niederschlagssammlern) (Meteor) / Nipher shield
**nipi-Bauelement** n (Eltronik) / nipi-device n, np-device n
**Nippel** m (Gewinderohrstück zum Verschrauben von Rohrenden, zur Speichenspannung bei Fahrrädern, zur Radiatorverbindung und als Öffnungsverschluß von Schmierstellen) (Klemp, Masch) / nipple* n ‖ **~ mit Gewinden an beiden Enden** (Klemp, Masch) / shoulder nipple*, barrel nipple*
**Nippflut** f (Astr, Ozean, Schiff) / neap tide*
**Nipptide** f (Astr, Ozean, Schiff) / neap tide*
**Ni-Resist** n (eine Nickelgußlegierung) (Hütt) / Ni-resist* n ‖ **~-Gußeisen** n (Hütt) / Ni-resist* n
**nirgends dicht** (Math) / nowhere dense ‖ **~ dichte Menge** (Math) / nowhere dense set
**nirgendsdicht** adj (Menge) (Math) / nowhere dense ‖ **~e Menge** (Math) / nowhere dense set
**NIR-Spektroskopie** f (Spektr) / near-infrared spectroscopy, NIR spectroscopy
**Nische** f (Arch, Umwelt) / niche n ‖ **~** (Bau) / recess n ‖ **ökologische ~** (Bereich innerhalb eines Biotops, der einer Pflanzen- oder Tierart mit spezifischen Lebensansprüchen die Einnischung ermöglicht) (Umwelt) / niche* n, ecological niche*
**N-ISDN** n (Fernm) / narrowband ISDN
**Nisin** n (ein Konservierungsstoff aus Milchsäurebakterien) (Nahr, Pharm) / nisin n
**Nisse** f (Läuseei) (Bot, Med) / nit n (the egg or young form of a louse) ‖ **~** (Faserknötchen bei Baumwollgespinsten) (Spinn) / nep* n (defect)
**Ni-Strike** m (Verfahren zum Vornickeln) / Ni-strike n
**Nit** n (= 1,44 Bit) (EDV) / nit n ‖ **~** (alte Einheit der Leuchtdichte = $cd/m^2$, nach DIN 1301, T 3) (Licht) / nit* n
**Nitinol** n (eine Nickel-Titan-Legierung des amerikanischen Naval Ordnance Laboratory) (Hütt) / Nitinol n
**Nitogenin** n (Chem) / diosgenin n
**Nitralloystahl** m (ein Nitrierstahl) (Hütt) / Nitralloy* n
**Nitramid** n (Chem) / nitramide n
**Nitramin** n (Chem) / nitramine* n
**Nitranilin** n (Chem) / nitroaniline* n, nitraniline n
**Nitrat** n (Chem) / nitrate* n ‖ **~** (Sauerstoffsalz mit O in 3er-Koordination) (Min) / nitrate mineral ‖ **anorganisches ~** (Chem) / inorganic nitrate ‖ **organisches ~** (Chem) / organic nitrate ‖ **~atmung** f (Biol) / denitrification* n ‖ **~auswaschung** f (Landw, Sanitär) / leaching-out of nitrogen, nitrate leaching ‖ **~auswaschung** (Verlagerung von Nitrat aus dem durchwurzelten Boden mit dem Sickerwasser) (Landw, Sanitär) / nitrate leaching ‖ **~bakterien** f pl (autotrophe Bakterien der Gattung Nitrobacter) (Bakteriol) / nitrate bacteria ‖ **~bildner** m pl (autotrophe Bakterien der Gattung Nitrobacter) (Bakteriol) / nitrate bacteria ‖ **~dünger** m (z.B. Natriumnitrat) (Landw) / nitrate n ‖ **~elimination** f (Chem, Sanitär) / nitrate removal ‖ **~eliminierung** f (Chem, Sanitär) / nitrate removal ‖ **~entfernung** f (Chem, Sanitär) / nitrate removal ‖ **~gehalt** m (Chem) / nitrate content, nitrate level ‖ **~pflanze** f (Bot) / nitrophilous plant* ‖ **~radikal** n (Chem) / nitrate radical ‖ **~stickstoff** m (Chem) / nitrate nitrogen ‖ **~zellulose** f (Chem) / nitrocellulose* n, cellulose nitrate
**Nitrazepam** n (ein Hypnotikum) (Pharm) / nitrazepam* n
**Nitrazingelb** n / nitrazine yellow
**Nitren** n (Chem) / nitrene group, nitrene n (a molecular fragment)
**Nitrid** n (Verbindung aus Stickstoff und einem Metall oder Halbmetall) (Chem) / nitride* n ‖ **kovalentes ~** (Chem) / covalent

nitride ‖ **metallartiges** ~ (z.B. VN, CrN) (Chem) / metallic nitride, transition-metal nitride ‖ **salzartiges** ~ (z.B. Li₃N) (Chem) / ionic nitride ‖ ~ *n* **der hochschmelzenden Metalle** (Chem) / nitride of high-melting metals ‖ ~ **nichtmetallischer Art** (Chem) / non-metallic nitride

**Nitrid•bildner** *m* (Chem) / nitride former, nitride-forming element ‖ **~haltige Schicht** (eine Randschicht aus metallischen, insbesondere Eisenwerkstoffen) (Hütt) / nitrided case, nitrided layer

**Nitridierstahl** *m* (zum Nitrieren geeignet) (Hütt) / nitriding steel

**nitridischer Kernbrennstoff** (Nukl) / nitride nuclear fuel

**Nitrid•magnet** *m* (pulverförmiges Samarium und Eisen, unter einer Stickstoffatmosphäre gesintert) (Eltech) / nitride magnet ‖ **~schicht** *f* (Hütt) / nitrided case, nitrided layer

**Nitrierapparat** *m* (Chem Verf) / nitrator *n*

**Nitrieren** *n* (Einführung einer Nitrogruppe) (Chem) / nitration* *n* ‖ ~ (DIN 17014, T 1) (Hütt) / nitriding* *n*, nitrogen case-hardening* ‖ **isothermes** ~ (bei gleichbleibender Temperatur und gleichbleibender Haltezeit) (Hütt) / isothermal nitriding

**Nitrierer** *m* (Chem Verf) / nitrator *n*

**Nitrier•gefäß** *n* (Chem Verf) / nitrator *n* ‖ **~gehärteter Stahl** (Hütt) / nitrided steel ‖ **~härtung** *f* (Hütt) / nitriding* *n*, nitrogen case-hardening* ‖ **~krepp** *m* (Pap) / nitrated paper ‖ **~kreppapier** *n* (Pap) / nitrated paper ‖ **~säure** *f* (Chem) / mixed acid, nitrating acid ‖ **~schicht** *f* (Hütt) / nitrided case, nitrided layer ‖ **~stahl** *m* (ein Vergütungsstahl nach DIN 17211) (Hütt) / nitriding steel

**nitrierter Stahl** (Hütt) / nitrided steel

**Nitrierung** *f* (Chem) / nitration* *n*

**Nitrifikanten** *m pl* (nitrifizierende Bakterien) (Sammelname für Nitrit-&und Nitratbakterien) (Bakteriol) / Nitrobacteriaceae* *pl*, nitrifying bacteria*

**Nitrifikation** *f* (Oxidation von Ammoniak durch autotrophe Bakterien) (Bakteriol) / nitrification* *n*

**Nitrifikations•bakterien** *f pl* (Sammelname für Nitrit-&und Nitratbakterien) (Bakteriol) / Nitrobacteriaceae* *pl*, nitrifying bacteria* ‖ **~hemmer** *m* (Chem, Landw, Sanitär) / nitrificide *n*, nitrification inhibitor ‖ **~hemmstoff** *m* (Chem, Landw, Sanitär) / nitrificide *n*, nitrification inhibitor ‖ **~inhibitor** *m* (Chem, Landw, Sanitär) / nitrificide *n*, nitrification inhibitor

**Nitrifizid** *n* (Chem, Landw, Sanitär) / nitrificide *n*, nitrification inhibitor

**nitrifizieren** *v* (in Nitrat umwandeln) (Chem, Landw) / nitrify *v*

**nitrifizierende Bakterien** (Sammelname für Nitrit-&und Nitratbakterien) (Bakteriol) / Nitrobacteriaceae* *pl*, nitrifying bacteria*

**Nitrifizierung** *f* (eine Art mikrobielle Oxidation) (Bakteriol) / nitrification* *n*

**Nitril** *n* (Chem) / nitrile* *n* ‖ **~faser** *f* / nitrile fibre ‖ **~kautschuk** *m* (ein Synthesekautschuk) (Plast) / nitrile rubber, acrylonitrile-butadiene rubber, NBR, nitrile-butadiene rubber, NR, nitrile-based rubber

**Nitrilo•acetat** *n* (Chem) / nitriloacetate (NTA) *n* ‖ **~azetat (NTA)** *n* (ein wichtiger Phosphataustauschstoff in den Waschmitteln) (Chem) / nitriloacetate (NTA) *n* ‖ **~triessigsäure (NTE)** *f* (eine zu den Komplexonen gehörende Verbindung) (Chem) / nitrilo-triacetic acid, NTA

**Nitriloxid** *n* (Chem) / nitrile oxide

**Nitrit** *n* (Chem) / nitrite* *n*, nitrate(III)* ‖ **~bakterien** *f pl* (autotrophe Bakterien der Gattung Nitrosomonas) (Bakteriol) / nitrite bacteria*, nitrite-forming bacteria, nitrosobacteria *pl*, nitrous bacteria ‖ **~bildner** *m pl* (autotrophe Bakterien der Gattung Nitrosomonas) (Bakteriol) / nitrite bacteria*, nitrite-forming bacteria, nitrosobacteria *pl*, nitrous bacteria ‖ **~pökelsalz** *m* (E 250) (Nahr) / nitrite pickling salt ‖ **~reduktase** *f* (Biochem) / nitrite reductase ‖ **~stickstoff** *m* (Chem) / nitrite nitrogen ‖ **~vergiftung** *f* (Chem, Med) / intoxication by nitrites

**Nitro•alkan** *n* (nitrierter aliphatischer Kohlenwasserstoff) (Chem) / nitroalkane *n*, nitroparaffin *n* ‖ **~amin** *n* (Chem) / nitramine* *n* ‖ **~anilin** *n* (Chem) / nitroaniline* *n*, nitraniline *n* ‖ **~anilinrot** *n* (Anstr, Chem) / para red, paranitraniline red, nitraniline red ‖ **~bakterien** *f pl* (Sammelname für Nitrit-&und Nitratbakterien) (Bakteriol) / Nitrobacteriaceae* *pl*, nitrifying bacteria* ‖ **~benzaldehyd** *m* (Chem) / nitrobenzaldehyde *n* ‖ **~benzoesäure** *f* (Chem) / nitrobenzoic acid ‖ **~benzol** *n* (die einfachste aromatische Nitroverbindung) (Chem) / nitrobenzene* *n* ‖ **~biphenyl** *n* (Chem) / nitrobiphenyl *n* ‖ **~carburieren** (Hütt) / nitrocarburizing *n* ‖ **~cellulose** *f* (Chem) / nitrocellulose* *n*, cellulose nitrate ‖ **~chlorbenzole** *n pl* (Chem) / nitrochlorobenzenes *n pl* ‖ **~chloroform** *n* (Chem) / trichloronitromethane *n*, chloropicrin *n*, nitrotrichloromethane *n*, nitrochloroform *n*

**Nitrode** *f* (Siliziumdiode mit Siliziumnitrid als Passivierungsschicht) (Eltronik) / nitrode *n*

**Nitro•ethan** *n* (ein einfacher Vertreter der Nitroalkane) (Chem) / nitroethane *n* ‖ **~farbstoff** *m* (gelber bis orangefarbener synthetischer Farbstoff mit Nitrogruppen als Chromophor) (Tex) / nitro-dye *n*, nitro dyestuff ‖ **~ferroin** *n* (Chem) / nitroferroin *n* ‖ **~gelatine** *f* (mit 92-94% Nitroglyzerin) / blasting gelatin ‖ **~genase** *f* (das Stickstoff fixierende Multienzymsystem bei Lebewesen) (Biochem) / nitrogenase* *n* ‖ **~glycerol** *n* (Chem) / glycerol trinitrate, nitroglycerine* *n*, glyceryl trinitrate, nitroglycerin *n*, NG ‖ **~glykol** *n* (Chem) / ethylene dinitrate, ethylene glycoldinitrate, glycoldinitrate *n*, ethylene nitrate ‖ **~glyzerin** *n* (Chem) / glycerol trinitrate, nitroglycerine* *n*, glyceryl trinitrate, nitroglycerin *n*, NG ‖ **~glyzerin für die Schießarbeiten** (Erdöl) / soup *n* ‖ **~glyzerinsprengstoff** *m* (Chem) / nitro explosive ‖ **~gruppe** *f* (-NO₂) (Chem) / nitro group ‖ **~guanidin** *n* (Chem) / nitroguanidine *n* ‖ **~harnstoff** *m* (Chem) / nitrourea *n* ‖ **~imidazol** *n* (Chem) / nitroimidazole *n* ‖ **~jektion** *f* (von flüssigem Ammoniak als Düngemittel) (Landw) / nitrojection *n* ‖ **~kalit** *m* (Chem, Min) / nitre* *n*, saltpetre* *n*, niter *n* (US)* ‖ **~kalzit** *m* (Chem, Min) / nitrocalcite *n*, kalksaltpetre *n*, lime saltpetre ‖ **~karburieren** (Nitrieren mit zusätzlicher Kohlenstoffdiffusion in die Randschicht) (Hütt) / nitrocarburizing *n* ‖ **~kobaltat(III)** *n* (Chem) / cobaltonitrite *n* ‖ **~kombilack** *m* (Anstr, Kfz) / nitrocellulose combination paint (lacquer) ‖ **~kombinationslack** *m* (Anstr, Kfz) / nitrocellulose combination paint (lacquer) ‖ **~lack** *m* (Anstr) / cellulose nitrate lacquer, nitrocellulose material, cellulose *n* ‖ **~lignin** *n* (durch Nitrierung mit 5-8%iger Salpetersäure bei 40-45 °C aus Hydrolysenlignin erzeugtes Produkt) (For) / nitrolignin *n*

**Nitrolsäure** *f* (Chem) / nitrolic acid

**Nitro•meter** *n* (Chem) / nitrometer *n*, azotometer *n* ‖ **~methan** *n* (der einfachste Vertreter der Nitroalkane) (Chem, Kfz) / nitromethane* *n*, nitro *n* ‖ **~moschus** *m* (Chem) / nitro musk ‖ **~moschus-Verbindung** *f* (Chem) / nitro-musk compound

**Nitron** *n* (N-Oxid von Schiffschen Basen) (Chem) / nitron *n*

**Nitro•naphthalin** *n* (Nitrierungsprodukt des Naphthalins) (Chem) / nitronaphthalene *n* ‖ **~natrit** *n* (NaNO₃) (Chem, Min) / nitratine* *n*, soda nitre*, soda niter (US), Peru saltpetre

**Nitroniumion** *n* (Chem) / nitryl ion, nitronium ion

**Nitro•paraffin** *n* (Chem) / nitroalkane *n*, nitroparaffin *n* ‖ **~penta** (Sprengstoff) (Chem) / pentaerythritol tetranitrate* (PETN) ‖ **~phenol** *n* (Derivat des Benzols) (Chem) / nitrophenol *n* ‖ **~phile Pflanze** (eine bodenanzeigende Pflanze) (Bot) / nitrophilous plant* ‖ **~phosphat** *n* (unspezifische Sammelbezeichnung für NP- und NPK-Düngemittel) (Landw) / nitric phosphate ‖ **~phyten** *m pl* (Bot) / nitrophytes *pl* ‖ **~propan** *n* (Chem) / nitropropane *n* ‖ **~propionsäure** *f* (ein toxischer Metabolit von Leguminosen, der auch von Pilzen der Gattungen Penicillium und Aspergillus produziert wird) (Biochem) / 3-nitropropionic acid ‖ **~prussiat** *n* (Chem) / nitroprusside* *n*, nitrosoferricyanide* *n*, nitroprussiate *n* ‖ **~prussid** *n* (Chem) / nitroprusside* *n*, nitrosoferricyanide* *n*, nitroprussiate *n* ‖ **~prussidnatrium** *n* (Chem) / sodium nitroprusside, sodium pentacyanonitrosylferrate(III), disodium pentacyanonitrosylferrate(III)

**nitros•es Gas** (Oxidverbindung des Stickstoffs) (Chem) / nitrogen oxide ‖ **~e Gase** (Gemisch aus Luft und Stickstoffoxiden) (Kfz) / nitrous gases, nitrous fumes

**Nitro•samin** *n* (Chem, Nahr) / nitrosamine *n* ‖ **~Schießmethode** *f* (zur Bohrlochstimulation) (Erdöl) / nitro-shooting process

**nitrosieren** *v* (in eine organische Verbindung) (Chem) / nitrosate *v*, nitrozate *v*

**Nitrosierung** *f* (Chem) / nitrosation *n*, nitrozation *n*

**Nitroso•benzol** *n* (Chem) / nitrosobenzene *n* ‖ **~farbstoff** *m* (mit Nitrosogruppe als Chromophor) (Chem, Tex) / nitroso-dye* *n*, nitroso dyestuff ‖ **eine ~gruppe einführen** (in eine organische Verbindung) (Chem) / nitrosate *v*, nitrozate *v* ‖ **N-~-N-methylharnstoff** (Chem) / nitrosomethylurea *n* ‖ **~phenol** *n* (Chem) / nitrosophenol *n* ‖ **~verbindungen** *f pl* (Chem) / nitroso compounds*

**Nitro•spachtel** *m* (auf Zellulosebasis) (Anstr) / cellulose putty, cellulose stopper ‖ **~sprengstoff** *m* (Chem) / nitro explosive ‖ **~stärke** *f* (ein Sprengstoff) (Chem) / starch nitrate, nitrostarch *n*

**Nitrosyl** *n* (die Atomgruppierung NO) (Chem) / nitrosyl *n* ‖ **~chlorid** *n* (NOCl) (Chem) / nitrosyl chloride ‖ **~hydrid** *n* (Chem) / nitrosyl hydride ‖ **~hydrogensulfat** *n* (Bleikammerkristalle) (Chem) / nitrosonium hydrogen sulphate, nitrososulphuric acid*, nitrosulphuric acid, nitrosulphonic acid ‖ **~ion** *n* (Chem) / nitrosyl ion ‖ **~schwefelsäure** *f* (Chem) / nitrosonium hydrogen sulphate, nitrososulphuric acid*, nitrosulphuric acid, nitrosulphonic acid ‖ **~wasserstoff** *m* (Chem) / nitrosyl hydride

**Nitro•toluol** *n* (ein strukturisomeres Mononitroderivat des Toluols) (Chem) / nitrotoluene* *n* ‖ **~verbindungen** *f pl* (organische Verbindungen, die die einwertige Nitrogruppe an einem C- oder N-Atom gebunden enthalten) (Chem) / nitro compounds, nitro derivatives* ‖ **primäre ~verbindungen** (Chem) / primary nitro-compounds* ‖ **sekundäre ~verbindungen** (Chem) / secondary nitro-compounds* ‖ **~verdünnung** *f* (zum Verdünnen bzw. Lösen

**Nitroxid**
  von Nitrozellulose- bzw. Nitrokombinationslacken) (Anstr) / nitrocellulose diluent
**Nitroxid** *n* (ein Nitrosylradikal) (Chem) / nitroxide *n*
**Nitroxylol** *n* (Chem) / nitroxylene *n*
**Nitroxylradikal** *n* (Chem) / nitroxyl radical
**Nitro•zellulose** *f* (Chem) / nitrocellulose* *n*, cellulose nitrate || ⁓**zelluloselack** *m* (Anstr) / cellulose nitrate lacquer, nitrocellulose material, cellulose *n*
**Nitryl•amid** *n* (Chem) / nitramide *n* || ⁓**chlorid** *n* (Chem) / nitryl chloride || ⁓**halogenid** *n* (Chem) / nitryl halide (NO₂X) || ⁓**ion** *n* (Chem) / nitryl ion, nitronium ion
**Nitschel•hose** *f* (Spinn) / rubber leather, rubbing leather || ⁓**hose für die Streichgarnspinnerei** (DIN 64119) (Spinn) / sleeve for carded yarn carding machine || ⁓**leder** *n* (Spinn) / rubbing apron leather
**nitscheln** *v* (Spinn) / rub *v* || ⁓ *n* (Spinn) / rubbing *n*
**Nitschel•strecke** *f* (Spinn) / apron frame, rubbing drawer, rubbing frame || ⁓**werk** *n* (Spinn) / rubbing leathers, condenser leathers, rotafrotteur *n*, rubbing section
**Nitschler** *m* (Spinn) / rubbing leathers, condenser leathers, rotafrotteur *n*, rubbing section
**nival** *adj* (Geol, Meteor) / nival *adj*
**Nivation** *f* (Geol, Geophys) / nivation *n*, snow patch erosion
**Niveau** *n* / level* *n* || ⁓ (Nukl, Phys) / level* *n* || **auf** ⁓ **hochpumpen** (Kfz) / pump *v* to level, level *v* (by pumping) || **lokales** ⁓ (Eltronik) / local level || **örtliches** ⁓ (Eltronik) / local level || **trophisches** ⁓ (Biol) / trophic level*, tropic *adj* || **Übergang** *m* **von einem tieferen** (energieärmeren) **auf ein höheres** (energiereicheres) ⁓ (Phys) / upward transition || **Übergang von einem höheren** (energiereicheren) **auf ein tieferes** (energieärmeres) ⁓ (Phys) / downward transition
**Niveau•anzeiger** *m* (Masch) / level indicator || ⁓**birne** *f* (der alten Gaspipetten) (Chem) / levelling bulb* || ⁓**fläche** *f* (Phys) / equipotential surface* || ⁓**flasche** *f* (Chem) / levelling bottle || ⁓**gleiche Terrassen** (beiderseits des Flusses) (Geol) / paired terraces, matched terraces || ⁓**kugel** *f* (Chem) / levelling bulb* || ⁓**schema** *n* (Kernphys) / term diagram* || ⁓**sensor** *m* (ein Füllstandssensor) / level sensor || ⁓**spanne** *f* (zwischen Effektiv- und Ecklohn) / wage gap || ⁓**wächter** *m* (Grenzsignalgeber für Füllstand) / level monitoring device || ⁓**wächter** s. auch Niveausensor
**Nivellement** *n* (Verm) / levelling* *n*, differential levelling
**Nivellier** *n* (DIN 18718) (Verm) / level* *n* || **automatisches** ⁓ (Verm) / autoset level, automatic level || **automatisches** ⁓ (Verm) / self-levelling level || **automatisches** ⁓ *n* **mit Reiterfernrohr** (Verm) / wye theodolite*, Y theodolite*
**nivellieren** *v* (HuT) / level *v*, plane *v*, grade *v*, flat *v*, planish *v*, skim *v* || ⁓ (Verm) / level *v* || ⁓ *n* (Verm) / levelling* *n*, differential levelling
**Nivellier•gerät** *n* (Verm) / level* *n* || ⁓**instrument** *n* **mit Kippschraube** (und Libelle) (Verm) / tilting level || ⁓**latte** *f* (mit Strich- oder Felderteilung) (Verm) / levelling staff*, staff* *n*, rod *n* (US), level rod (US), levelling rod || ⁓**latte für Fernablesung** (vom Vermessenden aus) (Verm) / self-reading staff || ⁓**masse** *f* (Bau) / levelling stuff || ⁓**meßlatte** *f* **mit Ableseschieber** (Verm) / target rod*, target staff || ⁓**pflock** *m* (Verm) / grade peg*, gradient peg* || ⁓**schraube** *f* (Instr) / levelling screw || ⁓**tafel** *f* (Verm) / sighting board || ⁓**ung** *f* (Verm) / levelling* *n*, differential levelling || ⁓**zeichen** *n* (Verm) / level mark
**Nivometer** *n* (Meteor) / snow-gauge *n*
**Nixie-Röhre** *f* (eine zifferanzeigende Röhre) (Eltronik) / Nixie tube
**NK** (Chem Verf) / natural rubber, NR || ⁓ (Chem Verf) / operating capacity
**N₂-Kammer** *f* (bei der Durchlauffeuerverzinkung) / N₂ gas room
**N-Kanal•-Metalloxid-Halbleiter** *m* (Eltronik) / n-channel metal-oxide semiconductor (NMOS) || ⁓**-MOS** *m* (Unipolartransistor mit N-leitendem Kanal) (Eltronik) / n-channel metal-oxide semiconductor (NMOS) || ⁓**-MOS-Technik** *f* (Eltronik) / n-channel metal-oxide semiconductor technology, NMOS technology || ⁓**-Technik** *f* (Eltronik) / n-channel metal-oxide semiconductor technology, NMOS technology
**n-Kaprinsäure** *f* (Chem) / capric acid*, n-decanoic acid*
**n-Kapronsäure** *f* (Chem) / caproic acid*, n-hexanoic acid*, hexylic acid
**NKB** (Umwelt) / final tank (for secondary sedimentation), final sedimentation tank
**NKH** (durch Kalzium- und Magnesiumsulfate verursacht) (Chem) / permanent hardness*, non-carbonate hardness (of water)
**N-Komponente** *f* (der kosmischen Strahlung) (Kernphys) / nuclear-active component, N-component *n*
**n-Körperproblem** *n* (Phys) / n-body problem, many-body problem
**NKP** (Biochem) / pain-producing substance, PPS
**NKR** (EDV) / remote communication computer, remote front-end processor
**N-Kurve** *f* (Lärmbewertungskurve nach ISO) / noise rating curve
**NKZ** (Fernm) / network control centre, NCC
**n-Leitung** *f* (Eltronik) / excess conduction*, n-type conduction

**NLO-Effekt** *m* (Opt) / non-linear optical effect, NLO effect
**N-Lost** *m* (chemischer Kampfstoff) (Tris(2-chlorethyl)-amin; Trichlormethin) (Chem, Mil) / nitrogen mustard
**n-Lösung** *f* (Chem) / normal solution*, N solution (containing one gram equivalent per litre)
**NL-Schweißen** *n* (Schw) / forehand welding*, left-hand welding, leftward welding, forward welding
**NLT-Verstärker** *m* (Fernsp) / negative-impedance repeater, E-type repeater, negative-impedance amplifier
**Nm** (Spinn) / metric count
**N-Minimum** *n* (Biochem) / protein minimum
**NMOS-Technik** *f* (MOS-Technik mit N-Kanal) (Eltronik) / n-channel metal-oxide semiconductor technology, NMOS technology
**NMP** (Chem) / N-methyl-2-pyrrolidone *n*
**NMR** (Kernphys) / nuclear magnetic resonance*, magnetic nuclear resonance, nuclear paramagnetic resonance*, NMR*, n.m.r. || ⁓**-Absorption** *f* (Keram) / NMR absorption || ⁓**-Bildgebung** *f* (Med) / magnetic resonance imaging, NMR imaging, MRI, zeugmatography *n* || ⁓**-Mikroskopie** *f* (Mikros) / magnetic-resonance microscopy || ⁓**-Spektroskopie** *f* (Spektr) / nuclear magnetic resonance spectroscopy, NMR spectroscopy || **zweidimensionale** ⁓**-Spektroskopie** (Spektr) / two-dimensional NMR spectroscopy, 2D NMR spectroscopy, two-D NMR spectroscopy || ⁓**-Spektrum** *n* (Spektr) / NMR spectrum || ⁓**-Tomografie** *f* (Med) / magnetic resonance imaging, NMR imaging, MRI, zeugmatography *n*
**NMS** / network management system, NMS
**NN** (EDV) / neural network, neural net
**N.N.** (Kart) / mean sea level*, datum* *n*
**NN** (z.B. der Amsterdamer oder der Kronstädter Pegel) (Kart) / mean sea level*, datum* *n*
**NNTP-Protokoll** *n* (EDV) / network news transfer protocol, NNTP
**nn-Übergang** *m* (Eltronik) / n-n junction*, n-n boundary
**n₀** (Phys) / Loschmidt number*, Loschmidt's constant
**No** (Chem) / nobelium* *n* || ⁓ **effect level** *m* (Umwelt) / no-effect level || ⁓ **fail** (Konstruktionsprinzip, bei dem bestimmte Elemente mit einem so hohen Sicherheitsfaktor ausgelegt sind, daß ein Ausfall praktisch unmöglich ist) / no-fail principle
**NO-Abgasempfindlichkeit** *f* (bei gefärbten Textilien) (Tex) / gas-fading *n*
**No-bake-Verfahren** *n* (der Form- und Kernherstellung unter Verwendung kalthärtender Formstoffbinder, bei dem die Verfestigung des Formstoffs ohne Wärmezufuhr erfolgt) (Gieß) / no-bake process
**Nobelium (No)** *n* (Chem) / nobelium* *n*
**nochmalig•e Belichtung** (Foto) / re-exposure *n* || ~**e Bestimmung** / redetermination *n* || ~**e Bestimmung** (Biochem, Hütt) / reassay *n* || ~**e Bestimmung** (Chem) / redetermination *n* || ~**e Destillation** (Chem) / redistillation *n*, rerunning *n* || ~**es Sintern** (Hütt) / resintering *n* || ~ **übertragen** (Fernm) / retransmit *v*
**nochmals destillieren** (Chem) / redistil *v*, rerun *v* || ~ **lesen** / reread *v* || ~ **senden** (Radio) / rebroadcast *v*
**Nocirezeptor** *m* (Med) / nociceptor *n*
**Nociteptor** *m* (Med) / nociceptor *n*
**Nocken** (auf der Manteloberfläche der Brechwalzen) (Aufber) / lifter* *n*, rib* *n* || ⁓ (mechanisches Steuerelement in Form einer Kurvenscheibe) (Masch) / cam* *n* || **herzförmiger** ⁓ (Masch) / heart cam || ⁓ **mit** ⁓**antrieb** (Masch) / cam-operated *adj* || ⁓**betätigt** *adj* (Masch) / cam-operated *adj* || ⁓**erhebung** *f* (Masch) / cam lobe || ⁓**form** *f* (Masch) / cam profile*, cam shape, cam contour || ⁓**höcker** *m* (Masch) / cam lobe || ⁓**hub** *m* (Masch) / cam lift || ⁓**kontakt** *m* (Eltech) / cam contact || ⁓**kontur** *f* (Masch) / cam profile*, cam shape, cam contour || ⁓**radsämaschine** *f* (Landw) / spur drill || ⁓**rolle** *f* (V-Mot) / cam roller || ⁓**schalter** *m* (z.B. als Befehlsschalter) (Eltech) / cam switch, cam limit switch || ⁓**scheibe** *f* (Masch) / plate cam*, disk cam || ⁓**stab** *m* (HuT) / indented bar || ⁓**steuerung** *f* (beim Überfahren eines Stößels wird eine Schaltfunktion mechanischer, elektrischer, hydraulischer oder pneumatischer Art ausgelöst) (Masch) / cam control || **wegabhängige** ⁓**steuerung** (Masch) / continuous-path cam-type control || ⁓**steuerung** *f* (Masch) s. auch Kurvensteuerung || ⁓**vorsprung** *m* (Masch) / cam lobe || ⁓**welle** *f* (Masch, V-Mot) / camshaft* *n* || ⁓**obenliegende welle** (V-Mot) / overhead camshaft*, OHC || ⁓**wellenantrieb** *m* (V-Mot) / camshaft drive || ⁓**wellendrehmaschine** *f* (Masch) / camshaft lathe || ⁓**wellengehäuse** *n* (bei DOHC-Motoren) (V-Mot) / camshaft housing, camshaft chamber || ⁓**wellenkettenrad** *n* (auf der Nockenwelle - Kettenantrieb) (V-Mot) / camshaft sprocket, cam sprocket || ⁓**wellenrad** *n* (am vorderen Ende der Nockenwelle) / cam wheel
**Noctovision** *n* (ein infrarotempfindliches Fernsehsystem) (TV) / Noctovision* *n*
**nodal** *adj* / nodal *adj*
**nodös** *adj* / nodular *adj*
**Nodulus** *m* (pl. -duli) (Med) / nodule *n*

**Nodus** *m* (pl. Nodi) (Bot) / node* *n* ‖ ⁓ (pl. Nodi) (Med) / nodus *n* (pl. nodi)
**NOE** (Kernphys) / nuclear Overhauser effect, NOE
**No-effect-Konzentration** *f* (die gerade noch wirkungslos ist) (Umwelt) / no-effect concentration (NEC), no-observed-effect level (NOEL), no-observable-effect level
**NO-Effekt** *m* (Kernphys) / nuclear Overhauser effect, NOE
**NOEL** *n* (Umwelt) / no-effect concentration (NEC), no-observed-effect level (NOEL), no-observable-effect level
**NOE-NMR-Spektroskopie, 2D-**⁓ (Spektr) / nuclear Overhauser enhanced spectroscopy, NOESY
**NOESY-Spektroskopie** *f* (Spektr) / nuclear Overhauser enhanced spectroscopy, NOESY
**Noether-Ring** *m* (ein kommutativer Ring - nach Amalie E. Noether, 1882-1935) (Math) / Noetherian ring
**Noir-Réduit** *n* (Blauholzextrakt) (Tex) / noir réduit
**n-Oktan**, [meistens] ~ (Chem) / octane* (oct) *n*
**Nomag** *n* (nichtmagnetisches Gußeisen mit 10-12% Ni und 5% Mn) (Hütt) / Nomag* *n*
**Nomenklatur** *f* (der Chemie, der Botanik, der Zoologie usw.) / nomenclature *n* ‖ **binäre** ⁓ (Biol) / binomial system (of scientific nomenclature by genus and species), binominal nomenclature*, binominal nomenclature* ‖ **binominale** ⁓ (Biol) / binomial system (of scientific nomenclature by genus and species), binominal nomenclature*, binominal nomenclature* ‖ **ternäre** ⁓ (Biol) / ternary nomenclature
**nominal** *adj* / nominal *adj* ‖ ⁓- / nominal *adj* ‖ ⁓**leistung** *f* (Masch) / rated capacity*, rating* *n*, capacity rating
**nominell** *adj* / nominal *adj* ‖ **~e Betriebsdauer** (F.Org, Masch) / design life
**No-Mix-Klebstoff** *m* / separate-application adhesive
**Nomo•grafie** *f* (Darstellung funktionaler Beziehungen zwischen mehreren Variablen mit zeichnerischen Mitteln) (Math) / nomography *n*, graphics *n* ‖ ⁓**gramm** *n* (Netztafel, Fluchtlinientafel, Funktionsleiter) (Math) / nomogram* *n*, nomograph* *n* ‖ **~thetische Wissenschaft** (im Sinne von Windelband-Rickert) / science* *n*, natural science, physical science, nomothetic science
**Nonadecan** *n* (Chem) / nonadecane *n*
**Nonadekan** *n* (Chem) / nonadecane *n*
**Nonagon** *n* (Math) / nonagon* *n*, enneagon* *n*
**No-name-Produkte** *n pl* (in billiger und einfacher Verpackung ohne Markennamen) / no-name products, no-names *pl*, generic products (US)
**Nonan** *n* (Kohlenwasserstoff der Alkanreihe) (Chem) / nonane* *n*
**Nonanal** *n* (Chem) / nonanal *n*
**Nonan•disäure** *f* (Chem) / azelaic acid*, nonanedioic acid, lepargylic acid ‖ ⁓**-1-ol** *n* (ein einwertiger Alkohol) (Chem) / nonyl alcohol
**Nonanol** *n* (Chem) / nonyl alcohol
**Nonansäure** *f* (Chem) / pelargonic acid*, nonan-1-oic acid*
**Non•-Aqueous-Dispersion** *f* (Polymerdispersion auf nichtwäßriger Basis) (Chem) / non-aqueous dispersion, NAD ‖ ⁓**-Bronze-Blau** (ein Eisenblaupigment) (Chem) / Turnbull's blue ‖ ⁓**-food-Artikel** *m pl* (die in einem Supermarkt außerhalb des Lebensmittelbereiches geführten Artikel, wie Kleintextilien, Haushaltsgeräte, Reinigungsmittel, Kosmetika usw.) / non-food items ‖ ⁓**-impact-Printer** *m* (EDV) / non-impact printer
**Nonionics** *pl* (Chem, Tex) / non-ionic detergents*
**Nonius** *m* (eine Ablesehilfe nach P. Nunes, 1492-1577) (Instr) / vernier* *n*, Vernier scale ‖ **nachtragender** ⁓ (dessen Teilung weiter geteilt ist als die Hauptskale) (Verm) / direct vernier* ‖ **vortragender** ⁓ (Verm) / retrograde vernier* ‖ ⁓**-Struktur** *f* (Krist) / vernier phase, vernier structure ‖ ⁓**wert (Now)** *m* (die Änderung des Wertes der Meßgröße, die eine Änderung der Anzeige um einen Skalenteil der Nonius-Teilung bewirkt - DIN 2257, T 1) / vernier interval
**Non-Leafing-Pigment** *n* (ein Aluminiumpigment, das vom Bindemittel vollständig benetzt wird) (Anstr) / non-leafing pigment
**Nonne** *f* (für die Mönch-Nonnendeckung) (Bau) / undertile *n*, tegula *n* (pl tegulae) ‖ ⁓ (Lymantria monacha L. - ein bedeutender Nadelwaldschädling) (For) / nun moth
**Nonnenziegel** *m* (für die Mönch-Nonnendeckung) (Bau) / undertile *n*, tegula *n* (pl tegulae)
**Nonose** *f* (ein Monosaccharid) (Chem) / nonose* *n*
**Nonpareille** *f* (veraltete Bezeichnung für einen Schriftgrad von sechs typografischen Punkten) (Druck) / nonpareil* *n*
**non•persistent** *adj* (Protokoll) (EDV) / non-persistent *adj* ‖ ⁓**-print-Medien** *pl* (Eltronik) / non-print media, electronic media ‖ ⁓**proliferation** *f* (Mil) / non-proliferation *n* ‖ ⁓**-Repudiation** *f* (Authentisierung von Datenströmen) (EDV, Fernm) / non-repudiation *n*
**Nonsense-Mutation** *f* (ein Nucleotidtriplett wird so verändert, daß es gar keine Aminosäure mehr repräsentiert) (Gen) / nonsense mutation*

**Non-standard-Analysis** *f* (nach A. Robinson) (Math) / non-standard analysis
**Nonstop•eindruck** *m* (Druck) / on-the-run imprinting ‖ ⁓**flug** *m* (Ohnehaltflug) (Luftf) / non-stop flight ‖ ⁓**schleuse** *f* (ohne Zeitverlust) / nonstop lock
**Nontronit** *m* (wasserhaltiges Eisensilikat) (Min) / nontronite* *n*
**Non-Voice-Dienst** *m* (EDV, Fernm) / non-voice service
**Nonwovens** *n pl* (Vliesstoffe nach DIN 61210, Nähwirk- bzw. Vlieswirkstoffe nach DIN 61211, Nadelfilze, Tufted fabrics) (Tex) / non-woven fabrics*, formed fabrics (US)
**Non-woven-Filter** *n* / non-woven filter
**Nonyl•aldehyd** *m* (Chem) / nonanal *n* ‖ ⁓**phenol** *n* (Chem) / nonylphenol *n*
**No-observed-adverse-effect-Level** *m* (höchste Dosis oder Konzentration eines Stoffes, die ohne schädliche Wirkung bleibt) (Chem, Med) / no-observed-adverse-effect level, no-adverse-effect level, NOAEL, NOEL
**Noogenetik** *f* (Wissenschaft von der Lenkung der Beziehungen zwischen der menschlichen Gesellschaft und der Natur) (Gen) / noogenetics *n*
**Noosphäre** *f* (Bereich der Erde, der mit der Entwicklung der menschlichen Gesellschaft aus der Biosphäre hervorgeht und von der bewußten menschlichen Tätigkeit erfaßt und gestaltet wird) (Umwelt) / noosphere *n*
**Nootkaton** *n* (ein Sesquiterpen) (Chem, For, Nahr) / nootkatone *n*
**Nootropika** *n pl* (Pharm) / nootropics *pl*
**NOP** (EDV) / no operation (NOP, NO OP)
**NOP-Befehl** *m* (EDV) / do-nothing instruction, no-op instruction, skip instruction, pass instruction, blank instruction
**Noppe** *f* (erwünschter Effekt bei Noppengarnen und Noppenzwirnen) (Spinn) / slub* *n*, nub *n*, knop *n*, knob *n*, burl *n* ‖ ⁓ (Faseranhäufung, Knötchen, Knoten) (Web) / nep *n* (defect) ‖ ⁓ **aus Faserflocken** (Tex) / nigger *n* ‖ ⁓ **des Schnittpolteppichs** (Tex) / tuft *n*
**noppen** *v* (z.B. eine Gummiunterlage) / nub *v* ‖ ⁓ (Noppen entfernen) (Web) / pick *v*, burl *v*, pinch *v*, cull *v*, nep *v* ‖ ⁓ (Entfernung von Noppen) (Web) / picking* *n*, burling *n*, pinching *n*, culling *n*, nepping *n* ‖ ⁓**-Effektgarn** (Tex) / knop yarn*, slub yarn, neppy yarn, slubby yarn ‖ ⁓**färben** (Tex) / burl dyeing, speck-dyeing ‖ ⁓**garn** (Tex) / knop yarn*, slub yarn, neppy yarn, slubby yarn ‖ **buntes** ⁓**garn** (Tex) / knickerbocker* *n*, knickerbocker yarn, nepp yarn, knicker yarn ‖ ⁓**garn mit leuchtenden Farbfleckchen** (Tex) / knickerbocker* *n*, knickerbocker yarn, nepp yarn, knicker yarn ‖ ⁓**verankerung** *f* (bei Nadelflorteppichen) (Tex) / tuft anchorage
**Noppzange** *f* (Tex) / burling-irons *pl*
**Noradrenalin** *n* (Levarterenol) (Chem, Pharm) / noradrenaline* *n*, norepinephrine* *n*, NA
**Norator** *m* (ein theoretisches Zweipolelement in der Netzwerkanalyse) (Eltronik) / norator *n*
**Norbergit** *m* (ein Mineral der Norbergitgruppe - ein Silikat) (Min) / norbergite* *n*
**Norbixin** *n* (E 160b) (Nahr) / norbixin *n*
**Norbornadien** *n* (Chem) / norbornadiene *n*
**Norbornan** *n* (Chem) / norbornane *n*
**Norbornen** *n* (Chem) / norbornene *n*
**Nordamerikanische Platane** (Platanus occidentalis L.) (For) / buttonwood* *n*, sycamore* *n*, American planetree, buttonball tree, button tree
**Nordamerikanischer Zürgelbaum** (Celtis occidentalis L.) (For) / hackberry *n*, common hackberry
**Nordhäuser Vitriolöl** (rauchende Schwefelsäure) (Chem) / Nordhausen acid
**Nordihydroguajaretsäure** *f* (EDV, Nahr) / nordihydroguaiaretic acid, NDGA
**nordisches Holz** (Schnitt- und Rundholz aus Rußland, Schweden, Norwegen und Finnland, insbesondere Fichte, Kiefer und Birke, z.T. auch als Furnier und Sperrholz gehandelt) (For) / northern timber
**nordischblau** *adj* / peasant blue
**Nördlicher Polarkreis** (Geog) / Arctic Circle
**Nordlicht** *n* (ein Polarlicht) (Geophys) / aurora borealis, northern lights
**Nordmannstanne** *f* (Abies nordmanniana (Steven) Spach) (For) / Caucasian fir, Nordmann fir
**Nord•ostpassat** *m* (auf der Nordhalbkugel) (Meteor) / northeast trade ‖ ⁓**pol** *m* (eines Magneten) (Mag) / north-seeking pole, north pole* ‖ ⁓**polarsequenz** *f* (329 Sterne als Standards für vergleichende Helligkeitsmessungen) (Astr) / polar sequence* ‖ ⁓**polsequenz** *f* (Astr) / polar sequence* ‖ ⁓**seegas** *n* (Geol) / North Sea gas ‖ ⁓**stern** *m* (Astr, Verm) / Polaris* *n*, polestar* *n* ‖ ⁓**polsequenz** *f* (Astr) / polar sequence* ‖ ⁓**seegas** *n* (Geol) / North Sea gas ‖ ⁓**stern** *m* (Astr, Verm) / Polaris* *n*, polestar* *n* ‖ ⁓**strandit** *m* (eine Modifikation des Al(OH)₃) (Min) / nordstrandite *n* ‖ ⁓**-Süd-Achse** *f* (Verm) / north-south axis ‖ ⁓**westeckenregel** *f* (zur Bestimmung einer zulässigen Ausgangsbasislösung des Transportproblems) (KI) / northwest corner rule

**Norephedrin** *n* (Pharm) / norephedrine *n*
**Norepinephrin** *n* (Levarterenol) (Chem, Pharm) / noradrenaline* *n*, norepinephrine* *n*, NA
**Norgesalpeter** *m* (technisch hergestelltes Calciumnitrat) (Chem Verf) / Norge nitre
**NOR-Glied** *n* (EDV) / NOR element*, NOR gate*, joint denial, inclusive NOR gate, negative OR-gate
**Nori** *n* (Sammelname für Lebensmittel, die in Ost- und Südostasien aus kultivierten Rotalgen [Porphyra] bereitet werden) (Nahr) / amanori *n*, nori *n*
**Norit** *m* (Varietät von Gabbro) (Geol) / norite* *n*
**Norleucin** *n* (Biochem) / norleucine *n*
**Norleuzin** *n* (2-Aminohexansäure) (Biochem) / norleucine *n*
**Norm** *f* / norm* *n* ‖ ~ / standard *attr*, unitized *adj*, standardized *adj* ‖ ~ *f* (z.B. DIN-Norm, DIN 820, T 21) / standard* *n* (specification + Code of practice) ‖ ~ / normative *adj* ‖ ~ *f* (Druck) / designation marks* *pl* ‖ ~ (Geol, Min) / norm *n* (the theoretical mineral composition of a rock expressed in terms of normative mineral molecules) ‖ ~ (eines Vektors) (Math, Phys) / magnitude *n* ‖ ~ **einer Matrix** (Math) / matrix norm
**normal** *adj* / normal* *adj*, nor ‖ ~ (gewöhnlich) / plain *adj* ‖ ~ (Kartennetzentwurf) (Kart) / polar *adj* ‖ **~er Algorithmus** (EDV) / Markov algorithm ‖ **~e Betriebsbedingungen** / normal operating conditions ‖ **~es Carbonat** (Chem) / neutral carbonate, secondary carbonate ‖ **~es Erstarren** (eine Methode der fraktionierten Kristallisation) (Krist) / progressive freezing ‖ **~e Größe** (Tex) / regular size ‖ **~ harte Faserplatte** (Bau, Tischl) / standard hardboard ‖ **~es Karbonat** (Chem) / neutral carbonate, secondary carbonate ‖ **~ konisch** (Block) (Gieß) / small-end-up *attr* ‖ **~e Kopplung** (ein Grenzfall der Drehimpulskopplung) (Kernphys) / Russell-Saunders coupling*, l-s coupling* ‖ **~e Lage** / normal position ‖ **~e Lagerung** (Lage) / normal position ‖ **~e Leerlaufdrehzahl** (Kfz) / kerb idle, curb idle speed (normal idle speed on a warm engine) ‖ **~es Move-out** (in der angewandten Seismik) (Geol) / normal moveout ‖ **~e Polung** (Lichtbogenschweißen) (Schw) / straight polarity ‖ **~e Radioatmosphäre** (Radio) / standard radio atmosphere* ‖ **~es Salz** (Chem) / normal salt*, neutral salt ‖ **~es Superphosphat** (mit 16-22% $P_2O_5$) (Landw) / single superphosphate ‖ **~er Zeeman-Effekt** (Phys, Spektr) / normal Zeeman effect ‖ ~ - / normal* *adj*, nor ‖ ~ (Benzin) (Kftst, Kfz) / regular petrol, unleaded petrol (GB), low-premium-grade petrol, regular-grade gasoline (US), 2-star fuel, 2-star petrol ‖ ~ (das bei den obersten Behörden der Länder bereitgehalten wird) (Masch) / primary standard*, standard* *n*
**Normal•-a'** *n* (440 Hz) (Akus) / concert pitch* (standard tuning frequency) ‖ **~achtfilm** *n* (Film) / double 8, cine 8, regular 8, standard 8 ‖ **~affinität** *f* (Math) / orthogonal affinity ‖ **~atmosphäre** *f* (Phys) / International Standard Atmosphere*, ISA* ‖ **~ausbreitung** *f* (Radio) / standard propagation* ‖ **~ausführung** *f* / conventional design ‖ **~bedingungen** *f pl* (Phys) / standard conditions, standardized conditions (of temperature and pressure), standard temperature and pressure*, STP*, s.t.p.*, normal conditions ‖ **physikalische ~bedingungen** (0 °C und 101325 Pa) (Chem, Phys) / normal temperature and pressure*, NTP*, ntp, standard temperature and pressure ‖ **~benzin** (als Fällungsmittel) (Chem) / precipitation naphtha ‖ **~benzin** (verbleites Benzin - in Deutschland nicht mehr erhältlich) (Kftst, Kfz) / regular petrol, unleaded petrol (GB), low-premium-grade petrol, regular-grade gasoline (US), 2-star fuel, 2-star petrol ‖ **~beobachter** *m* (ein theoretischer farbmetrischer Beobachter, dessen Empfindlichkeitssensoren den von der CIE festgelegten Normspektralwertfunktionen etsprechen - DIN 5033, T 1) (Licht, Opt) / standard observer, standard CIE observer ‖ **~beschleunigung** *f* (senkrecht zur Bahntangente) (Phys) / normal acceleration ‖ **~brechung** *f* (Radio) / standard refraction* ‖ **~brennweitiges Objektiv** (Foto, Opt) / normal-focal-length lens ‖ **~druck** *m* (eine der Normalbedingungen) (Chem) / normal pressure* ‖ **~druckdestillation** *f* (Erdöl) / topping *n* ‖ **~durchmesser** *m* (Masch) / standard diameter
**Normale** *f* (Flächennormale, Kurvennormale) (Math) / normal* *n*
**Normal•ebene** *f* (Math) / normal plane ‖ **~elektrode** *f* (Chem) / reference electrode*, RE ‖ **~element** *n* (galvanisches Element mit hochkonstanter elektrischer Spannung) (nach E. Weston, 1850-1936) (Elektr) / Weston standard cadmium cell*, standard Weston cadmium cell, Weston standard cell, Weston normal cell, standard cell*, cadmium cell*
**Normalen•ellipsoid** *n* (in der Kristalloptik) (Krist) / index ellipsoid, indicatrix *n* (pl. indicatrices), optical indicatrix, reciprocal ellipsoid, ellipsoid of wave normals ‖ **~fläche** *f* (Krist) / normal surface
**Normal•fallbeschleunigung** *f* (Phys) / standard acceleration of gravity, standard acceleration of free fall ‖ **~farbwerte** *m pl* (Opt, Tex, TV) / tristimulus values* ‖ **~filmformat** *n* (Film) / standard size ‖ **~filmkamera** *f* (Film) / standard-size motion picture camera ‖ **~filter** *n* (Film, Foto) / standard filter ‖ **~flankenspiel** *n* (als Verzahnungsgröße) (Masch) / normal backlash ‖ **~form** *f* (in der Logik) / normal form ‖ **~form** (einer algebraischen Gleichung) (Math) / standard form, normal form ‖ **~frequenz** *f* (Eltech) / standard frequency* ‖ **~frequenz** (Fernm) / normal frequency* ‖ **~frequenzgenerator** *m* (Eltech) / standard frequency generator ‖ **~frequenzgenerator** (mit Frequenzsynthese) (Schaltung zur Erzeugung von Schwingungen sehr hoher Frequenzkonstanz und sehr geringen Oberwellen- und Nebenwellengehaltes) (Eltech, Eltronik) / synthesizer *n*, frequency synthesizer ‖ **~funktion** *f* (Math) / normal function ‖ **~generator** *m* (Eltech) / standard frequency generator ‖ **~generator** (Fernm) / 1-milliwatt generator ‖ **~glühen** *v* (Hütt) / normalize *v* ‖ **~glühen** *n* (ein Warmbehandlungsverfahren nach DIN 17014, T 1) (Hütt) / normalizing* *n*, normalizing heat treatment ‖ **~größe** *f* / standard size ‖ **~harte Faserplatte** (Bau, Tischl) / standard hardboard ‖ **~höhe** *f* (Verm) / standard datum ‖ **~isator** *m* (Math) / normalizer *n*
**normalisieren** *v* / standardize *v* ‖ ~ (Hütt) / normalize *v* ‖ ~ *n* (Hütt) / normalizing* *n*, normalizing heat treatment
**Normalisierungstransformation** *f* (die Rand und Inneres eines Fensters in Weltkoordinaten am Rand und Inneres dieses Darstellungsfeldes in normalisierten Koordinaten abbildet) (EDV) / viewing transformation, window/viewport transformation
**Normalität** *f* (eine Zusammensetzungsgröße) (Chem) / normality* *n*
**Normal•kalomel(1)elektrode** *f* (Chem, Eltech) / normal calomel electrode* ‖ **~klima** *n* (DIN 50014 und 53802) (WP) / standard (reference) atmosphere* (for testing) ‖ **~kondensator** *m* (Eltech) / standard capacitor ‖ **~konisch** (Gieß) / small-end-up *attr* ‖ **~koordinaten** *f pl* (bei harmonischen Eigenschwingungen) (Phys) / normal coordinates ‖ **~kraft** *f* (Normalkomponente der eingeprägten Kraft) (Phys) / normal force ‖ **~lampe** *f* (Eltech, Licht) / general-lighting service lamp, GLS lamp, general service (electric) lamp ‖ **~lehre** *f* (Masch) / master gauge ‖ **~leistung** *f* (F.Org) / standard performance ‖ **~leitung** *f* (Eltech) / normal conduction ‖ **~lichtquelle** *f* (Licht) / standard light source, standardized light source ‖ **~lösung** *f* (Maßlösung) (Chem) / normal solution*, N solution (containing one gram equivalent per litre) ‖ **~mikrofon** (Fernm) / standard microphone ‖ **~null** *n* (physikalisch definierte Bezugsfläche für Höhenangaben) (Kart) / mean sea level*, datum* *n* ‖ **~null** (mittlerer Wasserspiegel in Newlyn, Cornwall) (Kart) / Ordnance datum* (GB), OD ‖ **~objektiv** *n* (mit einem maximal genutzten Bildwinkel zwischen 40° und 55°) (Foto) / normal lens, all-round lens, standard lens ‖ **~öl** *n* / regular oil, normal oil ‖ **~ottokraftstoff** *m* (Kftst, Kfz) / regular petrol, unleaded petrol (GB), low-premium-grade petrol, regular-grade gasoline (US), 2-star petrol ‖ **~papier** *n* (ohne jegliche Nachbehandlung) (Pap) / plain paper ‖ **~papier** (z.B. für Kopierer) (Pap) / ordinary paper, normal paper, plain paper ‖ **~papierkopierer** *m* / plain-paper copier ‖ **systemtechnisch ansteuerbarer ~papierkopierer** / system-controllable plain-paper copier ‖ **~potential** *n* (wenn sich die Elektrode im Normzustand befindet) (Chem) / standard electrode potential*, standard half-cell potential, normal electrode potential* ‖ **~probe** *f* / standard sample ‖ **~produkt** *n* (Phys) / normal product ‖ **~profil** *n* (HuT) / standard clearance ‖ **~projektion** *f* (bei senkrechter Parallelprojektion) (Math) / projection* *n* ‖ **~prüfkopf** *m* (Materialprüfung mit Ultraschall) (WP) / normal probe ‖ **~reihe** *f* (Math) / normal series ‖ **~riß** *m* (bei senkrechter Parallelprojektion) (Math) / projection* *n* ‖ **~rohfilm** *n* (Film) / standard film stock ‖ **~salz** *n* (Chem) / normal salt*, neutral salt ‖ **~schmiedestück** *n* (Hütt) / commercial tolerance forging ‖ **~schnitt** *m* (Math) / normal section* ‖ **~schriftlinie** *f* (Typog) / baseline* *n* ‖ **~schwere** *f* (Geophys) / standard gravity ‖ **~schwingung** *f* (Phys) / normal mode (of vibration) ‖ **~sehweite** *f* (Opt) / least distance of distinct vision* ‖ **~sichtigkeit** *f* (Opt) / emmetropia* *n* ‖ **~späne** *m pl* **für Spanplattendeckschichten** (die in Hammer- und Schlagkreuzmühlen weniger intensiv nachzerkleinert werden) (For) / fines *pl* ‖ **~spannung** *f* (Eltech) / standard voltage, normal voltage ‖ **~spannung** (senkrecht zu einer Fläche wirkende) (auf die Größe eines Flächenelements bezogen) (Mech) / normal stress, unit press ‖ **~spannung** (DIN 13316) (Mech) / direct stress* (by a load whose resultant passes through the centre of gravity of the section) ‖ **~spannungshypothese** *f* (eine Festigkeitshypothese - wenn mit einem Trennbruch senkrecht zur Hauptzugspannung zu rechnen ist) (Mech) / maximum principal stress criterion ‖ **~spur** *f* (Spurweite für Eisenbahngleise mit einem Abstand der beiden Fahrschienen von 1435 mm) (Bahn) / standard gauge* ‖ **~stab** *m* 1 (Chem Verf) / dumbbell specimen, dumbbell *n* ‖ **~stark** *adj* (alkoholische Flüssigkeit) (Chem, Nahr) / proof *adj* ‖ **~starkes alkoholisches Getränk** (mit 57,10 Vol.-%) (Chem, Nahr) / proof spirit ‖ **~stein** *m* (Bau, Keram) / standard brick ‖ **~teiler** *m* (Math) / normal subgroup*, invariant subgroup*, self-conjugate subgroup* ‖ **~temperatur** *f* (Phys) / standard temperature (ST) ‖ **~ton** *m* (Akus) / reference tone, reftone *n* ‖ **~uhr** *f* (Uhr) / regulator clock ‖ **~verteilte Größe** (Stats) /

Gaussian variable, Gaussian quantity ‖ ~**verteilung** f (DIN 1319, T 1) (Stats) / normal distribution*, Gaussian distribution* ‖ **zweidimensionale** ~**verteilung** (Stats) / bivariate normal distribution ‖ **logarithmische** ~**verteilung** (DIN 55350, T 22) (Stats) / lognormal distribution, logarithmic normal distribution ‖ **normierte und zentrierte** ~**verteilung** (Stats) / standard normal distribution*, standardized normal distribution ‖ **standardisierte** ~**verteilung** (Stats) / standard normal distribution*, standardized normal distribution ‖ ~**verteilungskurve** f (Stats) / normal distribution curve, Gaussian curve, normal curve ‖ ~**wasserstoffelektrode** f (Chem) / normal hydrogen electrode, NHE, standard hydrogen electrode, SHE ‖ ~**weiß** n / white standard ‖ ~**widerstand** m (Eigenschaft) (Eltech) / standard resistance ‖ ~**widerstand** (ein Bauteil) (Eltech) / standard resistor ‖ ~**zeit** f (die für ein bestimmtes Gebiet geltende Einheitszeit) (Astr) / standard time*, ST ‖ ~**ziffern** f pl (die die Linie halten) (Typog) / lining figures*, ranging figures* ‖ ~**zuschlag** (schwerer - DIN 4226) (Bau) / heavyweight aggregate
**normativ** adj / normative adj ‖ ~**er Mineralbestand** (Min) / standard mineral, normative mineral, normative composition*
**Norm • atmosphäre** f (Phys) / International Standard Atmosphere*, ISA* ‖ ~**atmosphäre** (WP) / standard (reference) atmosphere* (for testing) ‖ ~**band** n (Akus, EDV) / master tape ‖ ~**bezugsband** n (Film) / test strip ‖ ~**bezugslage** f (z.B. bei Schaltgeräten) (Eltech) / standard reference position ‖ ~**brand** m (Brandbelastung entsprechend DIN 4102, T 2) (Bau) / standard fire ‖ ~**dichte** f (Dichte eines Gases im Normzustand - DIN 1306) (Phys) / standard density ‖ ~**druck** m (101325 Pa) (Phys) / standard pressure ‖ ~**druckfarbe** f (ISO 2845 und 2846) (Druck) / standard ink
**normen** v (z.B. DIN oder BSI) / standardize v ‖ ~**ingenieur** m / standards engineer ‖ ~**konformität** f / standard conformity
**Normentwurf** m / draft standard
**Normenwandler** m (z.B. 525/60 in 625/50) (TV) / standards converter*, television system converter
**Norm • farben** f pl (Gelb, Magenta, Zyan) / standard colours ‖ ~**farbwerte** m pl (in der Farbvalenzmetrik) (Opt, Tex, TV) / tristimulus values* ‖ ~**farbwertanteil** m (Licht, TV) / chromaticity coordinate ‖ ~**farbwertkoordinate** f (Licht, TV) / chromaticity coordinate ‖ ~**festigkeit** f (WP) / standard strength ‖ ~**gerecht** adj / conforming to standard specifications, complying with standards ‖ **nicht ~gerecht** / non-standard attr ‖ ~**größe** f / standard size
**normieren** v (Vektoren oder Funktionen) (Math) / normalize v ‖ ~ (einen Raum oder eine Algebra) (Math) / norm v
**normiert • e Frequenz** (ein dimensionloser Parameter bei Stufenfasern) / normalized frequency ‖ ~**e Funktion** (Math) / normalized function ‖ ~**er linearer Raum** (ein Vektorraum, auf dem eine Norm existiert) (Math) / normed linear space, normed vector space ‖ ~**es Orthogonalsystem** (Math) / orthonormal system ‖ ~**e Programmierung** (EDV) / standard programming ‖ ~**er Raum** (ein metrischer Raum) (Math) / normed space ‖ ~**e und zentrierte Normalverteilung** (Stats) / standard normal distribution*, standardized normal distribution ‖ ~**es Unterprogramm (NUP)** (EDV) / standard subroutine ‖ ~**er Vektorraum** (Math) / normed linear space, normed vector space
**Norm • Kalkzementmörtel** m (nach Vorschrift gemischt) (Bau) / gauged mortar* ‖ ~**kegel** m (nach DIN 2080) (Masch) / standard taper ‖ ~**klima** n (für den Betrieb einer Maschine) (Masch) / standard operating environment ‖ ~**klima** (WP) / standard (reference) atmosphere* (for testing) ‖ ~**kosten** pl (Standardkosten als Vorgabe) / scheduled costs, standard costs ‖ ~**kupfer** n (Eltech) / copper standard ‖ ~**lichtart** f (DIN 5031, T 8) (Licht) / standard illuminant ‖ ~**lichtart A** (DIN 5031, T 8) (Licht) / standard illuminant A ‖ ~**lichtart B** (DIN 5031, T 8) (Licht) / standard illuminant B ‖ ~**lichtquelle** f (Licht) / standard light source, standardized light source ‖ ~**logik** f / deontic logic ‖ ~**maß** n (DIN 3) / standard dimension ‖ ~**maßzahlen** f pl (Opt, Tex, TV) / tristimulus values* ‖ ~**mineral** n (Min) / standard mineral, normative mineral, normative composition* ‖ ~**motor** m (Eltech) / standard-dimensioned motor ‖ ~**probekörper** m (WP) / standard test specimen ‖ ~**Probenplatte** f (DIN EN ISO 1514) (Anstr) / standard test panel ‖ **chemische** ~**pumpe** (DIN 24256) (Chem Verf) / standard chemical pump ‖ ~**sand** m (Bau, Gieß, Hütt) / standard sand, graded standard sand ‖ ~**schallquelle** f (Akus) / standard sound source, standardized sound source, normalized sound source ‖ ~**schliff** m (Chem, Glas) / standard ground ‖ ~**schliffverbindung** f (Chem, Glas) / standard ground joint ‖ ~**schnittstelle** f (EDV) / standard interface ‖ ~**schrift** f (DIN 6776) (Typog) / standard lettering ‖ **schräge** ~**schrift** (Typog) / sloping-style standard lettering ‖ ~**sehweite** f (Opt) / least distance of distinct vision* ‖ ~**spektralwert** m (in der Farbvalenzmetrik) (Licht) / trichromatic coefficient ‖ ~**spektralwerte** m pl (im CIE-System) (Licht) / CIE distribution coefficients, CIE spectral tristimulus values* ‖ ~**spektralwertfunktion** f (Opt) / colour-matching function (of the CIE standard observer) ‖ ~**stecker**

m (Eltech) / standard plug ‖ **vielpoliger** ~**stecker** (Eltech) / standard multipin plug ‖ ~**steckverbindung** f (Eltech) / standardized plug connection ‖ ~**steife** f (bei der Prüfung des Erstarrungsverhaltens des Zements) (Bau) / standard setting ‖ ~**stimmton** m (nach DIN 1320) (440 Hz) (Akus) / concert pitch* (standard tuning frequency) ‖ ~**teil** n (Masch) / standard part ‖ ~**temperatur** f (Phys) / standard temperature (ST)
**Normung** f (z.B. DIN, ASTM, BSI, ISO, CEN, CENELEC, AFNOR) / standardization n
**Norm • volumen** n (DIN 1343) (Phys) / standard volume, normal volume ‖ ~**wandler** m (TV) / standards converter*, television system converter ‖ ~**zahlen** f pl (Glieder einer dezimalgeometrischen Normzahlreihe - DIN 323, T 1) (Masch, Math) / preferred numbers*, preferred values* ‖ ~**zahlreihe** f (Masch, Math) / series of preferred numbers ‖ **dezimalgeometrische** ~**zahlreihe** (Masch, Math) / decimal-geometric series of preferred numbers, Renard series ‖ ~**zement** m (z.B. nach DIN 1164) (HuT) / standard cement ‖ ~**ziegelmaß** n (Bau) / brick gauge ‖ ~**zustand** m (vereinbarter Bezugszustand nach DIN 1343) (Phys) / standard conditions, standardized conditions (of temperature and pressure), standard temperature and pressure*, STP*, s.t.p.*, normal conditions ‖ ~**zustand im Labor** (Temperatur, Druck, Feuchtigkeit usw.) (Chem) / standard laboratory atmosphere (SLA) ‖ ~**zwischenfrequenz** f (Radio) / standard intermediate frequency
**Nornicotin** n (Chem) / nornicotine n
**Nornikotin** n (Chem) / nornicotine n
**Nörpelung** f (Glas) / stippled finish
**Norrish-Reaktion** f (nach Sir R.G.W. Norrish, 1897-1978) (Chem) / Norrish reaction
**NOR • -Schaltglied** n (EDV) / NOR element*, NOR gate*, joint denial, inclusive NOR gate, negative OR-gate ‖ ~**-Schaltung** f (EDV) / NOR circuit
**Northern-Blotting** n (eine Analogiebildung zu Southern-Blotting) (Gen) / northern blotting, northern blot, northern blot test
**Northern-Transfer** m (Gen) / northern blotting, northern blot, northern blot test
**Norton • -Faktor** m (gibt an, wie schnell ein Personalcomputer im Vergleich zu einem Original-IBM-XT-Computer ist) (EDV) / Norton factor ‖ ~**-Getriebe** n (Teil des Vorschub- und Gewindegetriebes an Leit- und Zugspindeldrehmaschinen) (Masch) / screw-cutting gearbox of Norton type, screw-cutting gears (a gearbox), Norton-type mechanism ‖ ~**-Härteskale** f (für Schleifmittel oder Schleifscheiben) / Norton scale
**Nortonscher Satz** (von der Ersatzstromquelle) (Eltech) / Norton's theorem*
**Norton • -Skale** f / Norton scale ‖ ~**-Transformation** f (eine Vierpoläquivalenz) (Eltech) / Norton transformation ‖ ~**-Verfahren** n (für kurze und mittellange Werkstücke - bei Rundschleifmaschinen) (Masch) / Norton process ‖ ~**-Verstärker** m (ein einfacher Operationsverstärker, der die Differenz von Strömen verstärkt) (EDV) / Norton amplifier
**NOR-Verknüpfung** f (DIN 44300, T 5) (EDV) / NOR operation, rejection n, dagger operation, nondisjunction n, Peirce function
**Norwich-Verfahren** n (zur Abwassereinigung durch Flockung mittels eines Aluminiumsilikatsols) (Sanitär) / Norwich process
**NOS** (EDV) / network operating system, NOS
**Noscapin** n (Alkaloid des Opiums) (Pharm) / narcotine* n, noscapine n
**Nosean** m (ein Tektosilikat der Sodalith-Reihe) (Min) / nosean* n, noselite* n
**Nose-in-System** n (Aufstellungsart von Verkehrsflugzeugen an den Fluggast-Abfertigungsanlagen) (Luftf) / nose-in system
**Not • abblasen** n **von Dampf** (meistens störfallbedingt) (Nukl) / emergency steam dump ‖ ~**abschaltung** f (zur Verhinderung oder Begrenzung einer gefährlichen Situation) (Nukl) / scram* n, emergency shutdown*
**Notation** f (EDV) / notation n ‖ **klammerfreie** ~ (z.B. polnische Notation nach Lukasiewicz) (EDV) / parenthesis-free notation ‖ **reine** ~ (in der nur Buchstaben oder nur Ziffern zugelassen sind) (EDV) / pure notation ‖ **technische** ~ (Exponentialdarstellung, bei der der Exponent gleich oder kleiner ein Vielfaches von + * 3 ist) / engineering units ‖ **umgekehrte polnische** ~ (EDV) / postfix notation, suffix notation, reverse Polish notation, RPN
**Notationssystem** n (Elemente und Prinzipiengesamt der Notationen) (EDV) / notation system, notational system
**Not • ausgang** m (zusätzlicher Ausgang zur Selbstrettung von Menschen im Brand- oder Panikfall) (Bau) / emergency exit, fire exit ‖ ~**ausrüstung** f (Luftf) / survival equipment, emergency equipment, survival kit ‖ ~**ausschalter** m (Eltech) / emergency switch*, panic button ‖ ~**ausschaltung** f (Eltech) / emergency cut-out ‖ ~**ausstieg** m (aus einem Raum - z.B. Falltür mit Steigeisen - zur Selbstrettung von Menschen im Brandfall) (Bau) / emergency exit, escape hatch ‖ ~**auswurf** m (über den man die Schublade im spannungslosen

**Notbehelf**

Zustand öffnen kann) (EDV) / emergency eject ‖ ~**behelf** *m* / makeshift *n*, stopgap *n* ‖ ~**beleuchtung** *f* (ein Teil der Sicherheitsbeleuchtung) (Eltech, Licht) / emergency lighting ‖ ~**betrieb** *m* (Eltech) / operation under emergency conditions, emergency operation ‖ ~**bremse** *f* (im Fahrstuhl) (Eltech) / emergency stop*, safety switch* ‖ ~**bremse** (Masch) / emergency brake ‖ ~**bremsung** *f* (Kfz) / panic stop ‖ ~**brennschluß** *m* (Raumf) / emergency cut-off
**Notchfilter** *n* (Radio) / notch filter
**Note** *f* (Geruchs-, Geschmacks-) (Nahr) / note *n*
**Notebook-PC** *m* (EDV) / notebook personal computer, notebook PC
**Notempfänger** *m* (Schiff) / reserve radio receiver
**Noten•druck** *m* (Druck) / music printing ‖ ~**papier** *n* (Pap) / music paper ‖ ~**schreibpapier** *n* (Pap) / music manuscript paper ‖ ~**sortiermaschine** *f* / banknote sorting machine ‖ ~**stich** *m* (Methode zur Herstellung von Druckformen für den Druck von Musikalien) (Druck) / music engraving
**Not•fahrtrum** *m* (mit Leitern) (Bergb) / footway* *n* ‖ ~**fall** *m* / emergency ‖ **nur für** ~**fälle** / emergency use only ‖ ~**fallmaßnahmen** *f pl* / accident management ‖ ~**fallschutzmaßnahmen** *f pl* (z.B. in einem Kraftwerk) / accident management ‖ ~**flugmanöver** *n* (Luftf) / emergency flight manoeuvre ‖ ~**frequenz** *f* (international festgelegte Frequenz für Notfälle) (Radio) / distress frequency
**NOT-Funktion** *f* (EDV) / NOT function
**not•geschlachtetes Vieh** (Landw) / deadstock *n* ‖ ~**hafen** *m* (Schiff) / harbour of refuge ‖ ~**haltebucht** *f* (Kfz) / emergency lay-by ‖ ~**ierung** *f* (EDV) / notation *n*
**Notiz•block** *m* (besonders schneller zusätzlicher Kern- oder Halbleiterspeicher, der speziell zur Aufnahme von Registerinhalten dient und damit die Zugriffszeiten verkürzt) (EDV) / scratch-pad memory, scratch pad*, note pad *n*, notepad memory ‖ ~**blockspeicher** *m* (besonders schneller zusätzlicher Kern- oder Halbleiterspeicher, der speziell zur Aufnahme von Registerinhalten dient und damit die Zugriffszeiten verkürzt) (EDV) / scratch-pad memory, scratch pad*, note pad *n*, notepad memory ‖ **elektronisches** ~**buch** (EDV) / electronic notebook ‖ ~**bücherpapier** *n* (Pap) / tablet paper ‖ ~**buchpapier** *n* (Pap) / tablet paper
**Not•kühlsystem** *n* (Nukl) / emergency-cooling system ‖ **zusätzliches** ~**kühlsystem** (Nukl) / special emergency heat removal system, SEHR system ‖ ~**kühlsystem** *n* **für den Reaktorkern** (Nukl) / emergency core-cooling system, ECCS ‖ ~**lage** *f* / emergency *n* ‖ ~**landegelände** *n* (Luftf) / emergency landing ground ‖ ~**landung** *f* (Luftf) / emergency landing, forced landing ‖ ~**lauf** *m* (Eltech) / operation under emergency conditions, emergency operation ‖ ~**laufeigenschaft** *f* (bei Lagern) (Masch) / antiseizure property, emergency-running property, antifrictional property ‖ ~**laufeigenschaften** *f pl* (von Reifen) (Kfz) / run-flat properties, run-flat potential ‖ ~**laufschmierung** *f* (Masch) / emergency lubrication ‖ ~**leiter** *f* (Bau) / fixed fire-escape ‖ ~**lenzeinrichtung** *f* (Schiff) / emergency bilge pumping equipment ‖ ~**lenzsauger** *m* (Schiff) / emergency bilge pumping equipment ‖ ~**rad** *n* (mit eingeschränkter Verwendbarkeit) (Kfz) / spare wheel (for temporary use), temporal spare wheel ‖ ~**rad** (platzsparendes) (Kfz) / compact spare tyre ‖ ~**ruf** *m* (Fernm) / emergency call ‖ ~**ruf** (Einrichtung) (Fernsp) / emergency telephone, emergency phone ‖ ~**rufmelder** *m* (Fernsp) / emergency telephone, emergency phone ‖ ~**rufnummer** *f* (Fernsp, Kfz) / emergency number ‖ ~**rufsäule** *f* (an der Autobahn) (Fernsp, Kfz) / emergency roadside telephone ‖ ~**rufsender** *m* (Fernm) / emergency transmitter ‖ ~**rutsche** *f* (Luftf) / chute *n*, escape chute (inflatable) ‖ ~**schalter** *m* (im Fahrstuhl) (Eltech) / emergency stop*, safety switch* ‖ ~**schaltung** *f* (Fernm) / emergency connexion ‖ ~**signal** *n* (Fernm) / distress signal ‖ ~**sitz** *m* (Kfz) / spare seat, rumble seat (US) ‖ ~**standsarbeiten** *f pl* / relief work(s) ‖ ~**standsgebiet** *n* / depressed area ‖ ~**steife** *f* (Bau) / needle* *n* ‖ ~**steifen aufstellen** (Bau) / needle *v* ‖ ~**stopp** *m* (plötzliches Stoppen der Hauptmaschine ggf. mit der Order, rückwärts zu arbeiten) (Schiff) / crash stop ‖ ~**stromaggregat** *n* (Eltech) / standby generator, emergency generator ‖ ~**strombatterie** *f* (für den Pufferbetrieb) (Eltech) / floating battery ‖ ~**stromgenerator** *m* (Eltech) / standby generator, emergency generator ‖ ~**stromnetzwerk** *n* **für Theater** (Eltech) / theatre main ‖ ~**stromschalter** *m* (Eltech) / hospital switch* ‖ **elektrisches** ~**stromsystem** (Eltech) / emergency electrical installation ‖ ~**treppe** *f* (Bau) / fire-escape stair, escape stair ‖ ~**verschluß** *m* (Wasserb) / emergency closure ‖ ~**wasser** *n* (Chem Verf) / emergency water ‖ ~**wasserung** *f* (Luftf) / ditching* *n* (emergency alighting on water)
**notwendige und hinreichende Bedingung** / necessary and sufficient condition
**Not•zeichen** *n* (Fernm) / distress signal ‖ ~**zonegge** *f* (Landw) / star-wheel harrow ‖ ~**zufahrtsweg** *m* / emergency access
**Nougat** *m n* (Nahr) / nougat *n*

**Noumeait** *m* (Min) / garnierite*, noumeite *n*
**Nova** *f* (pl. Novae oder Novä) (Astr) / nova* *n* (pl. novas or novae), new star* ‖ **wiederkehrende** ~ (Astr) / recurrent nova*
**Nováčekit** *m* (nach R. Nováček, 1905-1942) (Min) / novačekite *n*
**Novaculit** *m* (Geol) / novaculite* *n*
**Novel Food** (Nahr) / novel food
**Novel-Food** *n* (Nahr) / designer food
**Novo•biocin** *n* (ein aus Kulturen von Streptomyces-Arten isoliertes Antibiotikum) (Pharm) / novobiocin *n* ‖ ~**cain** *f* (Procainhydrochlorid) (Chem) / Novocaine *n* (hydrochloride of procaine)*, novocaine *n* ‖ ~**lackharz** (Phenolkörper : Formaldehyd = 5 : 4 und Mineralsäure als Katalysator) (Chem) / novolak *n*, novolac *n*
**Novolak** *m* (Phenolkörper : Formaldehyd = 5 : 4 und Mineralsäure als Katalysator) (Chem) / novolak *n*, novolac *n*
**Novula** *f* (pl. Novulae) (Astr) / recurrent nova*
**Now** (die Änderung des Wertes der Meßgröße, die eine Änderung der Anzeige um einen Skalenteil der Nonius-Teilung bewirkt - DIN 2257, T 1) / vernier interval
**Nowcasting** *n* (kurzfristige Wettervorhersage) (Meteor) / nowcasting *n*
**Nowell Embedded System Technology** *f* (EDV) / Novell Embedded System Technology, NEST
**Noxe** *f* (Pharm) / noxious substance
**Noy** *n* (eine alte Einheit der subjektiven Lärmempfindung) (Akus) / noy* *n*
**Noyer-Paste** *f* (Mikros) / Noyer's paste
**Np** (ein veraltetes Dämpfungs- bzw. Verstärkungsmaß, 1 Np = 8,686 dB - DIN 5493) (Akus, Fernm) / neper* *n* ‖ ~ (Chem) / neptunium* *n*
**NP** (Nukl) / nuclear process heat ‖ ~ (ein großräumiges Landschafts- bzw. Naturschutzgebiet, das sich besonders für die Erholung und den Fremdenverkehr eignet) (Umwelt) / national park, nature park
**NPG-Tanker** *m* (Erdöl, Schiff) / natural petroleum gas tanker, NPG tanker
**npin-Transistor** *m* (Eltronik) / n-p-i-n transistor*
**npn-Transistor** *m* (ein Bipolartransistor) (Eltronik) / n-p-n transistor*
**N-Produkt** *n* (Phys) / normal product
**NPS** (Nahr) / nitrite pickling salt
**NPSH-Wert** *m* (Kenngröße zur Quantifizierung der Kavitationsempfindlichkeit einer Kreiselpumpe) (Masch) / net positive suction head, NPSH
**NPT** (F.Org) / critical path planning*
**NPU-Wert** *m* (zur Charakterisierung der ernährungsphysiologischen Wertigkeit eines Proteins) (Nahr) / net protein utilization, NPU
**NQR-Spektroskopie** *f* (Spektr) / nuclear quadrupole resonance spectroscopy, NQR spectroscopy
**N-Quelle** *f* (Chem) / nitrogen source
**NR** (DIN ISO 1629) / isoprene rubber, IR
**N.R.** (Chem) / narrow range
**NR** (Chem Verf) / natural rubber, NR
**NRE** (Chem) / narrow-range ethoxylate, NRE
**NR-Kurve** *f* (Akus) / noise-rating curve
**nroff** (EDV) / troff *n*, nroff *n*, UNIX formatter
**NR-Schweißen** *n* (Schw) / backhand welding*, right-hand welding, backward welding, rightward welding
**NRZ** (Schiff) / net register tonnage*, net tonnage*, NT ‖ ~**/C-Schreibverfahren** *n* (Eltronik) / non-return-to-zero change recording (NRZ/C) ‖ ~**-Kode** *m* (ein Leitungskode) (Fernm) / non-return-to-zero code, NRZ code ‖ ~**/M-Schreibverfahren** *n* (EDV) / non-return-to-zero mark recording, NRZ 1, NRZ/M ‖ ~**-Schreibverfahren** *n* (ein binäres Schreibverfahren - ohne Rückkehr zu Null) (EDV) / non-return-to-zero method, non-return-to-zero recording ‖ ~**-Signal** *n* (ein Kodesignal aus rechteckigen Elementarimpulsen, deren Impulsdauer gleich der Dauer der Rasterperiode ist) (Eltronik) / non-return-to-zero signal ‖ ~**-Verfahren** *n* (ein binäres Schreibverfahren - ohne Rückkehr zu Null) (EDV) / non-return-to-zero method, non-return-to-zero recording
**ns** / nanosecond *n* ‖ ~ (Chem) / hahnium *n*, unnilpentium (Unp) *n*, nielsbohrium *n* ‖ ~ (Meteor) / nimbus *n* (pl. nimbuses or nimbi), nimbostratus* *n* (pl. nimbostrati), nimbostratus cloud, Ns*
**NS** (Chem, Glas) / standard ground ‖ ~ (EDV) / net server
**N-Schale** *f* (Kernphys) / N-shell* *n*
**N-Schirm** *m* (Radar) / N scope
**NSG** (Eltech) / mains unit ‖ ~ (Umwelt) / nature reserve
**NSP** (EDV, Fernm) / Network Service Protocol, NSP
**NSSC-Verfahren** *n* (Halbzellstoff-Herstellung); Neutralsulfit - halbchemisches Aufschlußverfahren (Pap) / neutral sulphite semichemical process (pulping)
**NSS-Turbine** *f* (Nukl) / reactor-core inventory control turbine, RCIC turbine
**n-stellig** *adj* (Math) / n-ary *adj*

N-Stellung f (des Wählhebels im automatischen Getriebe) (Kfz) / neutral n
N-Stück n (Klemp) / rest bend*, duckfoot bend* ‖ ≈ (Masch) / double-flanged 1/4 duck foot bend
NT (Chem, Tex) / non-ionic detergents* ‖ ≈ (EDV) / network clock pulse, network timing pulse ‖ ≈ (ein Oligopeptid) (Physiol) / neurotensin n
NTA (ein wichtiger Phosphataustauschstoff in den Waschmitteln) (Chem) / nitriloacetate (NTA) n
NTC-Widerstand m (herstellergebundene Bezeichnung für einen Heißleiter) (Eltronik) / NTC resistor
n-te(r,s) adj (Math) / nth adj
NTE (eine zu den Komplexonen gehörende Verbindung) (Chem) / nitrilo-triacetic acid, NTA
n-Tor n (Eltronik) / multiport n
n-Tupel n (geordnete Menge von Elementen) (Math) / n-tuple n, n-tuplet n
Nu' (Phys) / Nusselt number for mass transfer, Sherwood number (US)
Nu (dimensionslose Kennzahl zur Beschreibung des Wärmeüberganges zwischen festen Körpern und Flüssigkeiten bzw. Gasen - nach E.K.W. Nußelt /1882-1957/) (Wärm) / Nusselt number*, Biot number
Nuance f (eine kleine Farbabstufung) / shade n ‖ gedeckte ≈ (Tex) / muted shade ‖ ≈ f der Weißtönung (Anstr) / shade of white
Nuancen•palette f (Tex) / range of shades ‖ ≈skala (Tex) / range of shades
nuancieren v (Anstr, Tex) / shade* v, tint v
Nuancierfarbe f (Tex) / topping colour
Nuanciersalz n (Tex) / shading salt
Nuancierung f (Anstr, Tex) / shading n, tinting* n
Nubuk n (chromgegerbtes Kalb- oder Rindleder mit samtiger Oberfläche) (Leder) / nubuck n (leather) ‖ ≈leder n (chromgegerbtes Kalb- oder Rindleder mit samtiger Oberfläche) (Leder) / nubuck n (leather)
Nuclease f (Biochem) / nuclease* n
Nucleinsäure f (Biochem) / nucleic acid*
nucleofuge Gruppe (Chem) / leaving group, nucleofuge n
Nucleolus m (pl. -li oder -olen) (Zyt) / nucleolus* n (pl. nucleoli)
Nucleon n (Kernphys) / nucleon* n
nucleophil adj (Chem) / nucleophilic adj ‖ ~es Agens (Chem) / nucleophilic reagent*, nucleophile n
Nucleoprotein n (Biochem) / nucleoprotein n, nuclein n
Nucleosidantibiotikum n (Pharm) / nucleoside antibiotic
Nucleosidase f (Biochem) / nucleosidase n
Nucleostoff m / nucleic material
Nucleotid n (Biochem) / nucleotide* n
Nucleotidsequenz f (Biochem) / nucleotide sequence
Nuclid n (Kernphys) / nuclide* n
Nuf-Matte f (Glas, Tex) / NUF mat, non-woven unidirectional fibreglass mat
Nugat m n (Nahr) / nougat n
Nugget n (in der Natur vorkommendes Klümpchen gediegenes Metall) (Bergb, Geol) / nugget n
Nu-Iron-Verfahren f (eine Varietät des H-Iron-Verfahrens) (Hütt) / Nu-iron process
Nujol n (ein hochreines flüssiges Paraffin) (Chem) / Nujol* n
nuklear adj (Chem) / nuclear adj ‖ ~er Antrieb (Raumf) / nuclear propulsion* ‖ ~er Brennstoff (Nukl) / nuclear fuel*, fission fuel, nuclear reactor fuel, reactor fuel, fuel* n ‖ ~er Dampferzeuger (Nukl) / nuclear boiler, nuclear-reactor boiler ‖ ~e Dampferzeugungsanlage (Nukl) / nuclear steam supply system, NSSS ‖ ~es Dampferzeugungssystem (Nukl) / nuclear steam supply system, NSSS ‖ ~e Demokratie (physikalische Teilchen sind die einzige Lösung des Selbstkonsistenzproblems und bedingen sich daher wechselseitig in ihren Eigenschaften) (Kernphys) / nuclear democracy ‖ ~er elektromagnetischer Puls (bei exosphärischen Kernwaffenexplosionen) (Kernphys, Mil) / nuclear electromagnetic pulse, NEMP, electromagnetic pulse, EMP ‖ ~es Entsorgungszentrum (Nukl) / spent fuel element disposal centre, radioactive waste-disposal site, integrated nuclear waste-disposal centre ‖ ~es Feuerballmodell (Kernphys) / nuclear fireball model, firestreak model ‖ ~e Gefährdung (Nukl) / nuclear hazard, nuclear risk ‖ ~e Kettenreaktion (Kernphys) / nuclear chain reaction ‖ ~e Magnetometer (Geophys) / nuclear magnetometer ‖ ~e Meßgeräte (Instr, Nukl) / nuclear instrumentation ‖ ~es Potential (Mil) / nuclear capability ‖ ~e Prozeßwärme (Nukl) / nuclear process heat ‖ ~e Qualität (für die Anwendung in der Kerntechnik) (Nukl) / nuclear grade ‖ ~es Risiko (Nukl) / nuclear hazard, nuclear risk ‖ ~e Sicherheit (Nukl) / nuclear safety ‖ ~e Sicherheitsklasse (Nukl) / fissile class ‖ ~er Sprengkörper (Mil) / fission bomb* ‖ ~e Stromerzeugung (Eltech, Nukl) / nuclear electricity generation ‖ ~e Transmutation (Kernphys) / atomic transmutation*, nuclear transmutation ‖ ~es Triebwerk (Mil, Raumf) / nuclear power plant ‖ ~e Vergeltung (Mil) / nuclear retaliation

Nuklear•antrieb m (Raumf) / nuclear propulsion* ‖ ≈chemie f (Chem) / nuclear chemistry* ‖ ≈elektronik f (Eltronik) / nuclear electronics ‖ ≈geologie f (Geol) / nuclear geology ‖ ≈industrie f (Nukl) / nuclear industry ‖ ≈medizin f (eine Fachrichtung der Radiologie) (Radiol) / nuclear medicine* ‖ ≈park m (Anlagen für friedliche Nutzung der Kernenergie) (Nukl) / nuplex n (a complex of nuclear power plants) ‖ ≈pharmakon n (pl. -ka) (Pharm) / radiopharmaceutical n ‖ ≈qualität f (Nukl) / nuclear grade ‖ ≈recht n / nuclear law, atomic energy law ‖ ≈reinheit f (von Kernbrenn- und Kernwerkstoffen) (Chem, Nukl) / nuclear purity ‖ ≈waffe f (bei der die für die Explosion notwendige Energie durch Kernreaktionen freigesetzt wird) (Mil) / nuclear weapon, nuke n, atomic weapon
Nuklease f (zu den Phosphoesterasen gehörendes Enzym) (Biochem) / nuclease* n
Nukleierung f (Krist) / nucleation n ‖ ≈ (Plast) / nucleation n
Nukleierungsmittel n (Krist) / nucleation agent, nucleating agent*
Nuklein•säure f (hochpolymeres Polynukleotid) (Biochem) / nucleic acid* ‖ ≈säure-Sequenzanalyse f (Biochem) / nucleic acid sequence analysis
Nukleogenese f (Astr) / nucleosynthesis* (pl -theses) n, nucleogenesis n (pl. -geneses)
Nukleole f (Zyt) / nucleolus* n (pl. nucleoli)
Nukleolenbildungsort m (Gen) / nucleolar organizer
Nukleolus m (pl. -li oder -olen) (Zyt) / nucleolus* n (pl. nucleoli) ‖ ≈-Organisator-Region f (Gen) / nucleolar organizer
nukleolytisches Enzym (Biochem) / nuclease* n
Nukleon n (ein Proton oder ein Neutron als Baustein eines Kerns) (Kernphys) / nucleon* n
Nukleonenzahl f (Kernphys) / mass number*, nuclear number*, nucleon number*
Nukleonik f (Nukl) / nucleonics* n
Nukleonium n (gebundener Zustand aus einem Proton und einem Antiproton) (Kernphys) / protonium n
Nukleon-Nukleon-Kräfte f pl (z.B. Wigner-, Majorana-, Heisenberg- und Bartlettkraft) (Kernphys) / short-range forces*
nukleo•phil adj (Chem) / nucleophilic adj ‖ ~philes Reagens (Chem) / nucleophilic reagent*, nucleophile n ‖ ~phile Substitution (Chem) / nucleophilic substitution ‖ ≈plasma (Biol) / nucleoplasm* n, nuclear sap*, karyolymph ‖ ≈protein n (Biochem) / nucleoprotein n, nuclein n ‖ ≈sid n (Ribosid bzw. Desoxyribosid der in den Nukleinsäuren enthaltenen Basen) (Biochem) / nucleoside* n ‖ ≈sidantibiotikum n (Pharm) / nucleoside antibiotic ‖ ≈sidase f (Biochem) / nucleosidase n ‖ ≈stoff m / nucleic material ‖ ≈synthese f (Astr) / nucleosynthesis* (pl -theses) n, nucleogenesis n (pl. -geneses)
Nukleotid n (Phosphorsäuremonoester der Nukleoside) (Biochem) / nucleotide* n
Nukleus m (pl. -lei) (Zyt) / nucleus* n (pl. nuclei), cell nucleus
Nuklid n (eine Atomart, die durch die Anzahl der Protonen und Neutronen im Kern charakterisiert ist) (Kernphys) / nuclide* n ‖ abgeschirmtes ≈ (Kernphys) / shielded nuclide* n ‖ radioaktives ≈ (Kernphys) / radionuclide* n, radioactive nuclide ‖ ≈karte f (Darstellung aller experimentell nachgewiesenen Nuklide) (Chem) / chart of the nuclides ‖ ≈masse f (Kernphys) / nuclide mass, nuclidic mass
null, unter ~ Grad (Temperatur) (Phys) / subzero adj
Null f (Math) / zero* n (pl. zeros or zeroes), nought n, cipher n, cypher n, null n ‖ ≈ (Math) / zero element n, null element, additive identity, zero n ‖ auf ≈ justieren (Instr, Masch) / zeroize v ‖ auf ≈ stellen (Instr, Masch) / zeroize v ‖ führende ≈ (EDV) / high-order zero, left-hand zero ‖ führende ≈ (COBOL) (EDV) / leading zero ‖ mit ≈en auffüllen (EDV) / zerofill v, zeroize v, pad with zeros ‖ von ≈ verschieden / non-zero attr ‖ ≈ werden (Math) / vanish v
Null•abgleich m (Brücke) (Eltech) / null balance, null balancing, zero balance, zero balancing ‖ ≈ablesung f (Instr) / zero reading ‖ ≈adreßbefehl m (EDV) / zero-address instruction ‖ ≈adresse f (EDV) / null address, zero address ‖ ≈anschluß m (Eltech) / neutral lead ‖ ≈anzeige f (EDV) / flag n ‖ ≈anzeigegerät n (Eltech) / null indicator*, null detector ‖ ≈ator (Element aus einem idealisierten Zweipol-Element) (Eltech) / nullator ‖ ≈auftrieb (Luftf) / zero lift ‖ ≈auftriebslinie (Luftf) / zero-lift line ‖ ≈auslöser m (Eltech) / no-voltage release* ‖ ≈ausschalter m (Eltech) / no-voltage release* ‖ ≈bit n (EDV) / zero bit ‖ ≈bodenbearbeitung f (Landw) / zero-tillage n (the process of fertilizing by which a narrow slit is cut in the soil and seed and fertilizers are sown directly without further seedbed preparation), direct drilling ‖ ≈byte n (Taktinformationen bei Disketten) (EDV) / null byte ‖ ≈dimensionaler Fehler (Eltronik, Krist) / point defect* ‖ ≈durchgang m (Wellenauswertung) (Wasserb) / zero crossing ‖ ≈effekt m (bei Strahlungsmeßgeräten) (Kernphys, Radiol) / background effect (of a radiation meter) ‖ ≈-Eins-Gesetz n (Stats) / zero-one law ‖ ≈einstellung f (Instr, Masch) / zero setting, zero adjustment, zeroizing n ‖ ≈-Eins-Verteilung f (eine Binomialverteilung mit n = 1) (Stats) / zero-one distribution ‖

**Nullelektrode**

~**elektrode** f (Chem) / null electrode* ‖ ~**element** n (wenn die Verknüpfung eine Addition ist) (Math) / neutral element*, identity element* ‖ ~**element** (einer halbgeordneten Menge) (Math) / smallest element, least element ‖ ~**element** (in einem Körper oder Ring das neutrale Element bezüglich der Addition) (Math) / zero element n, null element, additive identity, zero ‖ ~**element** (eines Vektorraumes) (Math, Phys) / null vector ‖ ~**emission** f (völlige Beseitigung einer Umweltbelastung) (Umwelt) / zero emission ‖ ~**emission-Auto** n (z.B. mit Wasserstoffantrieb) (Kfz) / zero-emission car

**nullen** v (in Netzen mit Nullung als Schutzmaßnahme) (Eltech) / neutralize v ‖ ~ (Instr, Masch) / zeroize v ‖ ~ n (Eltech) / neutralization n

**Nullenergiebilanz** f (Nukl) / breakeven* n

**Nullen • unterdrückung** f (EDV) / zero suppression*, zero elimination ‖ ~**zirkel** m (zum Zeichnen von Kreisen sehr kleiner Durchmesser) / drop-bow compasses pl, spring bows*, bow compasses*, bows* pl ‖ ~**zirkel mit Einsatz für Blei** (Instr) / bows pencil ‖ ~**zirkel mit Einsatz für Tusche** (Instr) / bows pen

**Null • feld-NMR-Spektroskopie** f (Spektr) / zero-field NMR spectroscopy ‖ ~**flag** f (EDV) / zero flag, Z flag ‖ ~**folge** f (eine Zahlenfolge, die gegen die Zahl 0 konvergiert) (Math) / null sequence ‖ ~**frequenz** f (Eltech) / zero frequency*, z.f.* ‖ ~**gas** n (beimengungsfreies Prüfgas) / pure gas ‖ ~**gradgrenze** f (Meteor) / frost line, freezing level, freezing line ‖ ~**hypothese** f (ein Signifikanztest) (Stats) / null hypothesis ‖ ~**indikator** m (Eltech) / null indicator*, null detector ‖ ~**instrument** n (ein elektrisches Meßgerät, das positive und negative Werte anzeigen kann und den Nullpunkt in der Skalenmitte hat) (Eltech) / zero instrument ‖ ~**ität** f (Math) / nullity n ‖ ~**kegel** m (Luftf) / cone of silence ‖ ~**komponente** f (Eltech) / zero phase-sequence component* ‖ ~**kopie** f (Film) / check-print n ‖ ~**kopie** (Film) s. auch Erstkopie ‖ ~**kopie ohne Lichtton** (Film) / black track print ‖ ~**ladungspotential** n (das Potential einer Elektrode, deren Doppelschicht keine Überschußladungen enthält, gegenüber einer Bezugselektrode) (Elektr) / zero-charge potential ‖ ~**lage** f / zero position ‖ ~**last** f (Mech) / zero load ‖ ~**leistungsreaktor** m (Versuchsreaktor, der zu dem Zweck konstruiert und bei so niedriger Leistung betrieben wird, daß kein Kühlsystem erforderlich ist) (Nukl) / zero-power reactor*, zero-energy reactor* ‖ ~**leiter** m (im 3- oder 4-Phasen-Netz) (Eltech) / fourth wire* ‖ ~**leiter** (in Netzen mit Nullung als Schutzmaßnahme) (Eltech) / neutral conductor*, neutral wire*, neutral* n ‖ ~**leiter** (Eltech) s. auch Neutralleiter und PEN-Leiter ‖ ~**linie** f (Geophys) / agonic line* ‖ ~**linie** (der bildlichen Darstellung der Toleranzfelder nach DIN 7182, T 1) (Masch) / zero line ‖ ~**linie** (eine gedachte Linie, auf welche die Abmaße bezogen sind) (Masch) / datum line, reference line, gauge line ‖ ~**linie** (Mech) / zero line ‖ ~**linie** s. auch neutrale Achse ‖ ~**liste** f (n = 0) (EDV) / empty list, null list ‖ ~**maß** n (Math) / measure zero ‖ ~**matrix** f (deren Elemente sämtlich null sind) (Math) / null matrix, zero matrix ‖ ~**menge** f (Menge vom Maß Null) (Math) / empty set, void set, null set, set of measure zero ‖ ~**meridian** m (von Greenwich) (Kart) / prime meridian ‖ ~**meridian** (Kart) / zero meridian ‖ ~**methode** f (eine Meßmethode, bei der eine Kompensation der Wirkung einer Meßgröße durch die Wirkung einer anderen bekannten Größe das Ziel ist) (Eltech) / zero method*, null method*, balance method ‖ ~**modem** m n (ein intelligentes Kabel zwischen Modem und Rechner) (EDV) / null modem ‖ ~**nummer** f (vor der ersten Nummer erscheinendes kostenloses Testexemplar einer Zeitschrift oder einer Zeitung) / pilot issue, dummy copy ‖ ~**operation** f (DIN 19 239) (NOP) (EDV) / no operation (NOP, NO OP) ‖ ~**operationsbefehl** m (EDV) / do-nothing instruction, no-op instruction, skip instruction, pass instruction, blank instruction

**Nullor** m (eine idealisierte Vierpolkonfiguration) (Eltech) / nullor n

**Null • pegel** m (Fernm) / zero level* ‖ ~**phasenwinkel** m (DIN 1311, T 1) (Phys) / zero-phase angle ‖ ~**potential** n (Elektr) / zero-charge potential ‖ ~**potential** (Eltech) / earth potential*, zero potential*

**Nullpunkt** m / zero point ‖ ~ (Eltech) / neutral point, star point*, neutral* n, wye point ‖ ~ (der Kernwaffendetonation) (Geol) / epicentre* ‖ ~ (der Skale) (Instr) / zero point ‖ ~ (Math) / origin* n ‖ ~ (Mil, Nukl) / ground zero, GZ, surface ground zero ‖ ~ **absoluter** ~ (-273,16 ° C) (Phys) / absolute zero* ‖ **selbsteinstellender** ~ (Instr) / self-adjusting zero **selbstregulierender** ~ (Instr) / self-adjusting zero ‖ **unterdrückter** ~ (der Skale) (Instr) / suppressed zero ‖ ~ m **der Werkzeugmaschine** (Masch) / machine reference point ‖ ~ **in der Mitte der Skale** (Instr) / zero centre

**Nullpunkt • abweichung** f (bei Meßgeräten) (Instr) / zero drift, zero error* ‖ ~**abweichung** s. auch Nullpunktfehler und Teilungsfehler ‖ ~**einsteller** m (Instr, Masch) / zero setter, zero adjuster ‖ ~**einstellvorrichtung** f (Instr, Masch) / zero setter, zero adjuster ‖ ~**energie** f (Phys) / zero-point energy, energy of absolute zero ‖ ~**entropie** f (Phys) / zero-point entropy* ‖ ~**fehler** m (EDV) / balance error ‖ ~**fehler eines Multiplizierers** (Abweichung der Ausgangsgröße eines Multiplizierers, wenn mindestens eine Eingangsgröße Null ist) (EDV) / zero error of a multiplier ‖ ~**konstanz** f / zero-point stability, zero-point constancy ‖ ~**korrektur** f (des mechanischen oder elektrischen Nullpunktes) (Instr, Masch) / zero correction, zeroing n ‖ ~**rücker** m (Instr, Masch) / zero setter, zero adjuster

**Nullpunktsenergie** f (die Energieportion eines Systems am absoluter Nullpunkt der Temperatur) (Phys) / zero-point energy, energy of absolute zero

**nullpunkt • sicher** adj (Fernm, Instr) / zero-stable adj ‖ ~**sicherheit** f (Fernm, Instr) / zero stability* ‖ ~**stabil** adj (Fernm, Instr) / zero-stable adj ‖ ~**stabilität** f (Fernm, Instr) / zero stability* ‖ ~**steller** m (Instr, Masch) / zero setter, zero adjuster ‖ ~**transformation** f / zero transformation ‖ ~**unterdrückung** f (Instr) / zero-point suppression ‖ ~**verschiebung** f (Instr) / zero shift, zero offset ‖ ~**verschiebungsfehler** m (Instr) / zero-shift error ‖ ~**volumen** n (Phys) / zero-point volume

**Null • rad** n (bei dem die Bezugslinie des Bezugsprofils den Teilkreis berührt - keine Profilverschiebung) (Masch) / unmodified gear ‖ ~**rate** f (Kernphys, Radiol) / background* n, background counts ‖ ~**raum** m (Math) / null-space n ‖ ~**reaktanz** f (das Verhältnis der induktiven Komponente der an der Drehstromwicklung liegenden Nullspannung zum Nullstrom) (Eltech) / zero-sequence reactance ‖ ~**reaktanz** (Kenngröße einer Synchronmaschine) (Eltech) / synchronous reactance* ‖ ~**reißlänge** f (Reißlänge bei Einspannlänge Null) (Pap) / zero-span breaking length ‖ ~**rekurrenter Zustand** (Stats) / null-recurrent state ‖ ~**ring** m (der nur aus einem einzigen Element besteht) (Math) / null ring ‖ ~**rückstellung** f (Instr) / re-zeroing n ‖ ~**schubsteigung** f (Luftf) / zero-thrust pitch ‖ ~**schubsteigungsstellung** f (Luftf) / zero-thrust pitch ‖ ~**schwebung** f (Fernm) / zero beat ‖ ~**schwere** f (Phys, Raumf) / weightlessness* n, zero-g* n, zero gravity ‖ ~**seitenadressierung** f (EDV) / zero-page addressing ‖ ~**serie** f (vor Beginn der Anlaufserie) (F.Org) / pilot lot ‖ ~**serienflugzeug** n (Luftf) / preproduction aircraft (US) ‖ ~**spannung** f (Eltech) / zero voltage, no-voltage n ‖ ~**spannungsauslöser** m (Eltech) / no-voltage release* ‖ ~**spiel** n (Masch) / zero lash ‖ ~**stab** m (in einem Dreiecksverband der Fachwerkstab, der keine Belastung trägt) (Mech) / zero member ‖ ~**start** m (Luftf) / zero-length launching, Zell n ‖ ~**stelle** f (einer Funktion, eines Polynoms) (Math) / zero* n (pl. zeros or zeroes), null n ‖ **mehrfache** ~**stelle** (einer Gleichung) (Math) / repeated root, multiple root ‖ ~**stellen** v (nur Infinitiv oder Partizip) (Instr, Masch) / zeroize v ‖ ~**stellensatz** m (Math) / Bolzano's theorem ‖ ~**stellung** f (EDV) / reset* n, unset n ‖ ~**stellung** (Einstellung auf Null) (Instr, Masch) / zero setting, zero adjustment, zeroizing n ‖ ~**stellung** (Lage) (Masch) / neutral position ‖ ~**stellungsfehler** m (Instr, Masch) / zero-setting error ‖ ~**strich** m (Instr) / zero mark ‖ ~**strom** m (Eltech) / zero current ‖ ~**summenspiel** n (in der mathematischen Spieltheorie - nach Johann Baron von Neumann) (EDV) / zero-sum game

**nullt • er Hauptsatz der Thermodynamik** (Phys) / zeroth law of thermodynamics ‖ ~**er Schall** (Phys) / zeroth sound

**Null • tarifverkehr** m / fare-free transport ‖ ~**teiler** m (Math) / divisor of zero, zero-divisor n

**Nullung** f (nach VDE 0100) (Eltech) / multiple protective earthing ‖ ~ (in der Schaltanlagentechnik) (Eltech) / neutralization n ‖ ~ s. auch TN-Netz

**Null • unterdrückung** f (EDV) / zero suppression*, zero elimination ‖ ~**vektor** m (das neutrale Element eines Vektorraumes) (Math, Phys) / null vector ‖ ~**vektor** (Vierervektor mit dem Betrag Null) (Math, Phys) / null vector ‖ **vom** ~**vektor verschiedener Vektor** (Math, Phys) / non-zero vector ‖ ~**verformbarkeitsbereich** m (Hütt) / zero ductility range ‖ ~**verschiebung** f (EDV) / zero shift, zero offset ‖ ~**wachstum** n (Stats, Umwelt) / zero growth, ZG ‖ ~**wachstum der Bevölkerung** (Stats) / zero population growth, ZPG ‖ ~**wachstumsrate** f **bei der Bevölkerung** (Stats) / zero population growth, ZPG ‖ ~**wertig** adj (Chem) / zero-valent* adj, nonvalent* adj ‖ ~**widerstand** m (das Verhältnis der Wirkkomponente der an der Drehstromwicklung liegenden Nullspannung zum Nullstrom) (Eltech) / zero-sequence resistance ‖ ~**winkel** m (Math) / zero angle ‖ ~**zeichen** n (EDV) / null character ‖ ~**zweig** m (Spektr) / zero branch

**Numerierapparat** m (Druck) / numbering stamp
**numerierbar** adj / numerable adj
**numerieren** v / number v ‖ **neu** ~ / renumber v
**Numerier • schlägel** m (For) / numbering hammer ‖ ~**schlägel** (For) / marking hammer ‖ ~**stempel** m (Druck) / numbering stamp
**Numerierung** f (Kennzeichnung mit Nummernfolgen) (Fernsp) / numbering n ‖ ~ (im allgemeinen) (Math) / numbering n, numeration n ‖ **fortlaufende** ~ / numbering n, continuous numbering
**Numerierungsbereich** m (Fernsp) / numbering area

**umerierungsplan** *m* (Fernsp) / numbering plan
**umerik** *f* (Masch) / numerical control*, NC, N/C, numeric control ‖ ~ (Math) / numerical computation ‖ ~**anzeige** *f* (EDV) / digital display, numeric display ‖ ~**maschine** *f* (Masch) / numerically controlled machine, NC machine ‖ ~**rechner** *m* (Masch) / numerical control computer
**umerisch** *adj* (DIN 44300) (EDV, Math) / numeric *adj*, numerical *adj* ‖ ~ (EDV, Math) s. auch digital ‖ **direkte ~e Steuerung** (numerische Steuerung online mit übergeordnetem Prozeßrechner) (EDV) / direct numerical control, DNC ‖ **~e Analyse** (Berechnung der Feldverteilung eines meteorologischen Elements aus den unregelmäßig verteilten, zum Teil auch lückenhaften synoptischen Beobachtungen eines Termins mit Hilfe eines speziellen Rechenprogramms) (EDV, Meteor) / objective analysis* ‖ **~e Analysis** (Math) / numerical analysis* ‖ **~e Anzeige** (EDV) / digital display, numeric display ‖ **~e Apertur** (das Produkt aus dem Brechungsindex und der Apertur) (Opt) / numerical aperture*, NA* ‖ **~e Apertur der Einkopplung** (bei LWL-Systemen) (Fernm) / launch numerical aperture, LNA ‖ **~e Aufgabe** (Math) / numerical problem ‖ **~er Code** / numerical code, numeric code ‖ **~er Coprozessor** (EDV) / numeric coprocessor, numeric data processor, NDP ‖ **~e Daten** (EDV) / numeric data, numerical data ‖ **~e Differentiation** (Math) / numerical differentiation ‖ **~e Direktsteuerung** (numerische Steuerung online mit übergeordnetem Prozeßrechner) (EDV) / direct numerical control, DNC ‖ **~e Exzentrizität** (Math) / eccentricity *n*, numerical eccentricity ‖ **~es Filter** (Fernm) / digital filter ‖ **~e Funktion** (Math) / numerical function ‖ **~ gesteuerte Maschine** (Masch) / numerically controlled machine, NC machine ‖ **~ gesteuerte Modellherstellung** (Gieß) / numerically controlled pattern-making, NC pattern-making ‖ **~e Gleichung** (Math) / numerical equation ‖ **~e Integration** (ein Verfahren, bei dem der Wert eines bestimmten Integrals näherungsweise ermittelt wird) (Math) / numerical integration, numerical quadrature ‖ **~er Kode** / numerical code, numeric code ‖ **~er Koprozessor** (EDV) / numeric coprocessor, numeric data processor, NDP ‖ **~e Lochung** (EDV) / numerical punching ‖ **~e Maschinensteuerung** (Masch) / numerical control*, NC, N/C, numeric control ‖ **~er Maßstab** (Kart) / representative fraction, natural scale, fractional scale, numerical scale, RF ‖ **~e Mathematik** (Math) / numerical mathematics ‖ **~e Methode** (Math) / numerical method ‖ **~es Modell** / numerical model ‖ **~e Modellierung** / numerical modelling ‖ **~es Rechnen** (Math) / numerical computation ‖ **~e Simulation** (Math) / numerical simulation ‖ **~e Stabilität** / numerical stability ‖ **~e Steuerung** (Masch) / numerical control*, NC, N/C, numeric control ‖ **~e Tastatur** (DIN 9757) (EDV) / numeric keyboard ‖ **~er Tastenblock** (EDV) / numeric keypad ‖ **~e Taxonomie** (Biol) / numerical taxonomy ‖ **~es Verfahren** (Math) / numerical method ‖ **~er Wert** (Math) / numerical value ‖ **~e Wettervorhersage** (Meteor) / numerical forecasting* ‖ **~es Wort** (EDV) / numerical word, numeric word ‖ **~es Zeichen** (EDV, Math) / numeric character ‖ **~e Zeichnung** / numerical drawing
**Numerus** *m* (pl. Numeri) (Math) / antilogarithm* *n*, antilog *n*
**Nummer** *f* (Math) / number *f*, ‖ ~ (Tex) / size *n* ‖ **falsche** ~ (Fernsp) / wrong number ‖ **fortlaufende** ~ (Math) / serial number, consecutive number ‖ **metrische** ~ (Spinn) / metric count ‖ ~ *f* **des logischen Blocks** (EDV) / logical-block number ‖ ~**-besetzt-Kennzeichen** *n* (Fernm) / number-busy signal
**nummerisch** *adj* (EDV, Math) / numeric *adj*, numerical *adj*
**nummern** *v* / number *v*
**Nummern•drucker** *m* (Druck) / numbering stamp ‖ ~**feld** *n* (Karte) (EDV) / sequence field ‖ ~**plan** *m* / number plan ‖ ~**schalter** *m* (Fernsp) / dial* *n*, rotary dial ‖ ~**schalterwahl** *f* (Fernsp) / dial pulsing ‖ ~**scheibe** *f* (Fernsp) / dial* *n*, rotary dial ‖ ~**schild** *n* (Kfz) / license plate (US), number-plate *n* (GB), tag *n* (US) ‖ ~**schildbeleuchtung** *f* (Kfz) / number-plate light, license light (US) ‖ ~**schildleuchte** *f* (hinten) (Kfz) / rear number plate lamp ‖ ~**zeichen** *n* (Symbol: #) (Druck, EDV) / hash *n*
**Nummulitenkalk** *m* (Geol) / nummulitic limestone
**Nunatak** *m* (pl. Nunatakr oder Nunataks) (hohe Bergspitze im Inlandeis) (Geol) / nunatak* *n*
**Nunkirchener Lapis** (Min) / German lapis*
**NUP** (EDV) / standard subroutine
**Nupharalkaloide** *n pl* (Alkaloide, die in Arten der Gattung Nuphar vorkommen) (Pharm) / nuphar alkaloids
**Nuplex** *m* (Anlagen für friedliche Nutzung der Kernenergie) (Nukl) / nuplex *n* (a complex of nuclear power plants)
" **nur allein waschen** " (Aufschrift auf Pflegeetikett) (Tex) / wash by itself, wash separately
**Nur für Anlieger!** (Kfz) / access only!
**Nur•-einmal-Band** *n* (zur Erzeugung des kryptographischen Schlüssels, das nur einmal innerhalb einer Verschlüsselung benutzt wird) (Fernm) / one-time tape ‖ ~**flügelflugzeug** *n* (Luftfahrzeug, bei dem die Baugruppen Rumpf und Leitwerk in der üblichen Form fehlen) (Luftf) / tailless aircraft*, flying wing, flying-wing aircraft ‖ ~**-Lese-Speicher** *m* (EDV) / read-only memory, ROM*, fixed store, permanent storage, permanent store*
**Nürnberger Rot** (stark mit Ton verunreinigtes Eisen(III)-oxid) (Anstr, Min) / reddle* *n*, red ochre, red ocher (US), raddle *n*, ruddle *n* ‖ ~ **Violett** (Anstr) / manganese violet, Nuremberg violet, Burgundy violet, mineral violet, permanent violet
**Nur•-Spin-Formel** *f* (van-Vlecksche Formel) (Kernphys) / spin-only formula ‖ ~**-Ton-Empfänger** *m* (Radio) / beeper *n*, pager *n*, bleeper *n*
**Nuß IV** *f* (10-18 mm-Steinkohle) (Bergb) / singles *pl* (1 to 1/2 in.)* ‖ ~ (eine Schließfrucht) (Bot, Nahr) / nut* *n* ‖ ~ (beim Kettenrad) (Masch) / whelp *n* ‖ ~ (Web) / little pulley ‖ ~ (Steckschlüsseleinsatz) (Werkz) / socket *n* ‖ [etwa] ~ **V** (6-10 mm - Steinkohle) (Bergb) / peas *pl* (1/2 to 1/4 in.)* ‖ [etwa] ~ **II** (30 - 50 mm - Steinkohle) (Bergb) / doubles *pl* (2 to 1 in.)* ‖ [etwa] ~ **III** (18-30 mm-Steinkohle) (10-18 mm-Steinkohle) (Bergb) / singles *pl* (1 to 1/2 in.)* ‖ [etwa] ~ **I** (50 - 80 m -Steinkohle) (Bergb) / trebles *pl* (3 to 2 in.)* ‖ ~ **I** (50-80mm-Steinkohle) (Bergb) / cobbles *pl* (4 to 2 in.)
**Nuß•band** *n* (für Möbel) (Tischl) / paumelle *n*, acorn-hinge *n* ‖ ~**baum** *m* (im allgemeinen - Juglans L.) (For) / nut-tree *n* ‖ ~**baumbeize** *f* (körnige bis feinkörnige Handelsform) (For) / walnut crystals, walnut stain ‖ ~**baumkörnerbeize** *f* (aus Erdfarbe hergestelltes, billiges Färbemittel zur Erzeugung von nußbraunen Holzfärbungen) (For) / walnut crystals, walnut stain ‖ ~**braun** *adj* / nut-brown *adj* ‖ ~**braun** *n* (Pigment aus Buchenholzruß) (Anstr) / bistre* *n*, bister *n* (US)
**Nüßchen** *n* (bei Strickmaschinen) (Tex) / feeder *n*
**Nußeibe, Kalifornische** ~ (Torreya californica Torr.) (For) / California nutmeg tree, California torreya
**Nußelt-Zahl** *f* (zweiter Art) (Phys) / Nusselt number for mass transfer, Sherwood number (US) ‖ ~ (dimensionslose Kennzahl zur Beschreibung der Wärmeübergangs zwischen festen Körpern und Flüssigkeiten bzw. Gasen - nach E.K.W. Nußelt /1882-1957/) (Wärm) / Nusselt number*, Biot number ‖ ~ **der Stoffübertragung** (DIN 5491) (Phys) / Nusselt number for mass transfer, Sherwood number (US)
**Nuß•kern** *m* (Nahr) / kernel *n* ‖ ~**öl** *n* (Haselnuß- und Walnußöl) (Anstr, Nahr) / nut-oil *n*
**Nußtragende Stinkeibe** (Torreya nucifera (L.) Siebold et Zucc.) (For) / stinking nutmeg
**Nut** *f* (des Fasses) / croze *n* ‖ ~ (Bau) / reglet *n* ‖ ~ (für Wicklungen) (Eltech) / slot* *n* ‖ ~ (For) / ploughed groove ‖ ~ (am Bohrerkörper - DIN 1412) (Masch) / flute *n* ‖ ~ (Masch) / groove *n*, slot *n* ‖ ~ (als Gewindeende der Schraube) (Masch) / scrape *n* ‖ ~ (Tischl) / dado *n* ‖ **geschlossene** ~ (Eltech) / closed slot*, tunnelling slot, tunnel slot* ‖ **geschrägte** ~ (Eltech) / skewed slot* ‖ **halbgeschlossene** ~ (Eltech) / half-closed slot*, semi-closed slot* ‖ **halboffene** ~ (Eltech) / half-closed slot*, semi-closed slot* ‖ **offene** ~ (Eltech) / open slot* ‖ **schraubenförmige** ~ (Werkz) / helical flute
**Nutanker** *m* (Eltech) / slotted armature
**Nutation** *f* (Astr, Radar) / nutation* *n*
**Nutationsfeld** *n* (Radar) / nutation field*
**Nut•ausgang** *m* (Eltech) / slot end ‖ ~**auskleidung** *f* (Eltech) / slot lining ‖ ~**austritt** *m* (Eltech) / slot end ‖ ~**beilage** *f* (Eltech) / slot packing, slot filler
**nuten** *v* / slot *v* ‖ ~ (For) / groove *v*, furrow *v* ‖ ~ (For) / dado *v*, rabbet *v*, rebate *v* ‖ ~ *n* (For) / grooving *n*, furrowing *n* ‖ ~ (in Brettern) **ausarbeiten** (For) / groove *v* ‖ ~ *n* **und Spunden** (Zimm) / matching *n*, match-boarding *n* ‖ ~**auslauf** *m* (z.B. bei einem Bohrer) (Masch) / flute run-out ‖ ~**bartschlüssel** *m* (eine Sonderform des Buntbartschlüssels) / grooved-bit key ‖ ~**extruder** *m* (Plast) / extruder with grooved brush ‖ ~**fenster** *n* (Eltech) / slot opening ‖ ~**fräsen** *n* (Masch) / slot milling, keyway milling ‖ ~**harmonische** *f* (Eltech, Phys) / slot harmonic ‖ ~**keil** *m* (Masch) / sunk key* ‖ ~**loser Anker** (eines Turbogenerators) (Masch) / smooth-core armature, smooth-core rotor* ‖ ~**meißel** *m* (DIN 4981) (Masch) / slotting tool* ‖ ~**oberwelle** *f* (Eltech, Phys) / slot harmonic ‖ ~**-Schaftfräser** *m* (Masch) / end mill (US)*, slotting end mill cutter, slot mill ‖ ~**-Scheibenfräser** *m* (DIN 1890) (Masch) / slotting side and face cutter, peripheral milling cutter (US) ‖ ~**schlitz** *m* (Eltech) / slot opening ‖ ~**schritt** *m* (Eltech) / slot pitch ‖ ~**stoßen** *n* (Masch) / keyway slotting ‖ ~**teil** *m* (der mit Haupt- und Nebenschneiden versehene Teil eines Bohrers) (Werkz) / body *n* ‖ ~**-Zahn-Verhältnis** *n* (Eltech) / tooth ratio* ‖ ~**ziehen** *n* (mit einem Ziehmesser) (Masch) / keyway broaching
**Nut•- und Federfräsmaschine** *f* (For) / tonguing-and-grooving machine ‖ ~**-Feder-Verbindung** *f* (mit angestoßener Feder) (Tischl, Zimm) / tongue-and-groove joint*, tongued and grooved joint ‖ ~**-Feder-Verbindung** (mit eingeschobener Feder) (Zimm) / tongued joint ‖ ~**- und Federverbindung** *f* (eine Breitenverbindung mit gemeinsamer Feder) (Tischl) / ploughed-and-tongued joint*, feather joint*, feathered joint ‖ ~**fräser** *m* (Tischl) / grooving cutter, groover

**Nutfüllfaktor**

*n*, slotting cutter ‖ ~**füllfaktor** *m* (Kupferquerschnitt geteilt durch Nutquerschnitt nach DIN 40121) (Eltech) / slot space factor ‖ ~**füllstück** *n* (Eltech) / slot packing, slot filler ‖ **~geschlagene Steinoberfläche** (Bau) / tooled finish ‖ ~**grund** *m* (Eltech) / slot bottom, slot base ‖ ~**hülse** *f* (Eltech) / slot cell
**nutierende Antenne** (Radar) / nutating antenna
**Nut・isolierung** *f* (Eltech) / slot insulation ‖ ~**kreissägeblatt** *n* (Zimm) / grooving saw* ‖ ~**kurvenscheibe** *f* (im Kurvengetriebe) (Masch) / positive motion disk cam ‖ ~**kurvenzylinder** *m* (Masch) / cylindrical cam ‖ ~**leiste** *f* (Tischl) / grooved strip ‖ ~**leitwert** *m* (Eltech) / slot permeance* ‖ ~**mutter** *f* (DIN 1804 und DIN ISO 1891) (Masch) / slotted round nut for sickle or hook spanner, groove nut ‖ ~**-Nut-Verbindung** *f* (Zimm) / tongued joint ‖ ~**oberwellen** *f pl* (Eltech) / slot ripple*, tooth ripple* ‖ ~**raumtladung** *f* (Eltech) / slot discharge ‖ ~**raumtladungsmesser** *m* (Eltech) / slot-discharge analyser, slot-discharge analyzer (US) ‖ ~**ringmanschette** *f* (lederne) (Masch) / cup leather*, U-packing *n*, U-leather *n*, ram leather ‖ ~**ringmanschette** (V-Mot) / grooved sleeve ‖ ~**ringprofil** *n* (eine Profildichtung) (Masch) / reglet-type gasket
**Nutrition** *f* (Med) / nutrition *n*
**Nut(kreis)säge** *f* (Zimm) / grooving saw*
**Nutsche** *f* (Chem Verf) / Nutsch filter ‖ ~ (Chem Verf) s. auch Büchner-Trichter
**nutschen** *v* (Chem) / filter (off) by suction, filter under suction ‖ ~**filter** *n* (entweder Vakuum- oder Drucknutsche) (Chem Verf) / Nutsch filter
**Nut・schlitz** *m* (Eltech) / slot opening ‖ ~**schrägungsfaktor** *m* (Eltech) / slot skewing factor ‖ ~**schritt** *m* (bei der Wicklung elektrischer Maschinen) (Eltech) / coil pitch, coil span*, span of the coils ‖ ~**streuung** *f* (Eltech) / slot leakage* ‖ ~**teilung** *f* (Eltech) / slot pitch* ‖ ~**thermometer** *n* (das die Wicklungstemperatur überwacht) (Eltech) / slot thermometer, embedded thermometer (in a slot) ‖ ~**tiefe** *f* (Eltech) / slot depth ‖ ~**-und-Feder-Verbindung** *f* (Tischl, Zimm) / tongue-and-groove joint*, tongued and grooved joint ‖ **abgesetzte** ~**verbindung** (Tischl) / stopped housing ‖ ~**verbindung** *m* **mit Feder** (Zimm) / tongued and trenched joint ‖ ~**verschlußkeil** *m* (Eltech) / slot wedge* ‖ **magnetischer** ~**verschlußkeil** (Eltech) / magnetic slot-wedge* ‖ ~**wellen** *f pl* (Eltech) / slot ripple*, tooth ripple*
**Nutz・** / effective *adj* ‖ ~**anhänger** *m* (Kfz) / utility trailer ‖ **geleistete** ~**arbeit** (einer Maschine) (Phys) / work output ‖ ~**aussendung** *f* (von Funksendern) (Radio) / wanted emission ‖ ~**band** *n* (Fernm) / wanted band
**nutzbar** *adj* / effective *adj* ‖ **gemeinsam** ~ / shareable *adj*, sharable *adj* ‖ ~**e Dynamik** (DIN 40146, T 2) (Akus) / useful dynamic range ‖ ~**e Höhe** (Luftf) / usable height ‖ ~**e Kapazität** (eines Ionenaustauschers) (**NK**) (Chem Verf) / operating capacity ‖ ~**e Kernenergie** (Nukl) / nuclear power* ‖ ~**es Mineral** (Bergb) / economic mineral ‖ ~**er Porenraum** (Landw) / drainage effective porosity, drainage pore space (storage capacity) ‖ ~**e Siebbreite** (einer Papiermaschine) (Pap) / machine deckle ‖ ~**e Volumenkapazität** (eines Ionenaustauschers) (**NVK**) (Chem Verf) / operating volume capacity ‖ ~**e Wärme** (Phys) / available heat ‖ ~**e Zeit** / available time ‖ ~**e Zeit** (des Systems) / up-time *n*, operable time
**Nutzbarmachung** *f* / exploitation *n*
**Nutz・bremsung** *f* (Bremsen mit Energierückspeisung in der elektrischen Antriebstechnik) (Eltech) / regenerative breaking ‖ ~**brenndauer** *f* (Eltech) / useful life*, usable life ‖ ~**datenfeld** *n* (EDV) / user data field ‖ ~**dauerfestigkeit** *f* (WP) / fatigue strength (depending on one-step fatigue load) ‖ ~**er mittlerer** ~**druck** (Masch) / mean effective pressure*, mep, mean pressure, mp ‖ ~**effekt** *m* (Kennzahl für die Lichtstromeffektivität der Strahlung) (Eltech) / efficiency *n* ‖ **visueller** ~**effekt** (einer zusammengesetzten Strahlung) (Phys) / luminous efficiency (of complex radiation)
**nutzen** *v* / use *v*
**Nutzenergie** *f* (die beim Energiebenutzer zur Verfügung steht und Ziel seiner Nutzung ist) / available energy, useful energy
**Nutzer** *m* / user *n* ‖ ~ (der in einer Befragung angibt, daß er ein bestimmtes Medium nutzt) / user *n*
**nutzerbezogene Zurechnung von Straßenbenutzungskosten** (Kfz) / road pricing
**Nutz・fahrzeug** *n* / industrial vehicle, commercial vehicle ‖ ~**fallhöhe** *f* (bei Wasserkraftwerken) (Eltech) / effective head ‖ ~**feld** *n* (Eltech) / useful field ‖ ~**feldstärke** *f* **des Signals** (Akus) / signal strength ‖ ~**feuer** *n* (das auf eine Feuerstätte beschränkt ist und genutzt und überwacht wird) / utility fire ‖ ~**fläche** *f* (Bau) / utilization area ‖ **gewerbliche** ~**fläche** (Bau) / commercial area ‖ ~**flächenüberschreitung** *f* (TV) / overscanning* *n* ‖ ~**fluß** *m* (Eltech) / working flux* ‖ ~**höhe** *f* (Betondeckung) (HuT) / effective depth* ‖ ~**holz** *n* (For) / timber of commercial value, wood of commercial value, merchantable wood, lumber *n* (US) ‖ **starkes** ~**holz** (For) / heavy timber (timber of all sizes over 75mm and over 150mm in width) ‖ ~**holzbaum** *m* (For) / timber-tree *n* ‖ ~**hub** *m* (V-Mot) /

effective stroke ‖ ~**insekt** *n* / beneficial insect, useful insect ‖ ~**kanalverkehr** *m* (EDV, Fernm) / payload traffic ‖ ~**klotz** *m* (für die Befestigung von Tischplatten) (Tischl) / button *n* (for fixing tabletops) ‖ ~**ladefaktor** *m* (bei Transportflugzeugen) (Luftf) / load factor*
**Nutzlast** *f* (Nutzsignalteil des PCM-Rahmens) (Fernm) / payload *n* ‖ ~ (Luftf, Raumf) / payload* *n*, PL ‖ **nachrichtentechnische** ~ (Fernm) / telecommunications payload ‖ ~ *f* **eines ballistischen Flugkörpers** (Raumf) / throw-weight *n* ‖ ~**bucht** *f* (z.B. des Raumtransporters) (Raumf) / cargo bay ‖ ~**integration** *f* **für Weltraumeinsatz** (nach allen Kontrollprüfungen) (Raumf) / payload integration* ‖ ~**kapazität** *f* (einer Rakete) (Raumf) / payload capability ‖ ~**startmasse** *f* (einer Rakete) (Raumf) / upweight *n*
**Nutzlebensdauer** *f* / useful life, usable life ‖ ~ (einer Glühlampe) (Eltech) / useful life*, usable life
**Nutz-/Leermasse-Verhältnis** *n* / payload-to-tare ratio
**Nutz・leistung** *f* / efficiency* *n* ‖ ~**leistung** (einer Zelle oder Batterie) (Eltech) / service output ‖ ~**leistung** (des Verbrennungsmotors nach DIN 1940) (Masch) / brake horsepower*, brake power, bhp, BHP* ‖ ~**leistungsturbine** *f* (die mit der Welle des Gaserzeugers nicht mechanisch gekoppelt ist) (Luftf) / free turbine* ‖ ~**leistungswirkungsgrad** *m* (Luftf) / net efficiency
**nützlich** *adj* / useful *adj* ‖ ~ (z.B. Käfer) / beneficial *adj*, useful *adj*
**nutz・loser Zierat** (Arch) / gingerbread *n* (fancy decoration) ‖ ~**masse** *f* (Luftf, Raumf) / payload* *n*, PL ‖ ~**massenspezialist** *m* (in den Raumtransportern) (Raumf) / payload specialist* ‖ ~**meßbereich** *m* (Instr) / effective range*, measuring range, range *n*, measurement range ‖ ~**pegel** *m* (Akus) / useful level ‖ ~**pflanze** *f* (die von Menschen für Nahrungs-, Genuß-, Heil- und technische Zwecke sowie zur Fütterung seiner Haus- und Nutztiere genutzt wird) (Bot, Landw) / useful plant ‖ ~**porosität** *f* (Landw) / drainage effective porosity, drainage pore space (storage capacity) ‖ ~**raum** *m* (Bau) / utility room ‖ ~**schall** *m* (Akus) / useful sound ‖ ~**schicht** *f* (des Fußbodens) (Bau) / overlay *n* ‖ ~**signal** *n* (Fernm, Radio) / useful signal ‖ ~**strahl** *m* (Opt) / usable beam, useful beam ‖ ~**strahlenkegel** *m* (Radiol) / usable beam, useful beam
**Nutzung** *f* / use *n* ‖ ~ (Nutzungsart) (Bau) / occupancy *n* ‖ ~ (For) / logging *n*, tree felling, lumbering *n* (US), felling *n* ‖ **erlaubte** ~ (urheberrechtlich geschützter Werke) / fair use ‖ **gemeinsame** ~ / joint use ‖ **gemeinsame** ~ (EDV) / sharing *n* ‖ **gemeinschaftliche** ~ **von Dateien** (EDV) / file sharing ‖ **industrielle** ~ **des Weltraums** (Raumf) / space industrialization ‖ **nachhaltige** ~ / sustained use ‖ **thermische** ~ (DIN 25401) (Kernphys) / thermal utilization factor*
**Nutzungs・beschränkung** *f* (Grundstück) (Bau) / restriction of use ‖ ~**dauer** *f* / service life ‖ ~**gebiet** *n* (Fernm, Radio) / service area*, area *n*, coverage area, served area ‖ ~**gebühr** *f* / royalty *n* ‖ ~**grad** *m* / degree of utilization, usage rate ‖ ~**grad** (der Feder) (Masch) / energy storage, efficiency factor ‖ ~**grad** (als Prozentsatz) (Masch) / utilization factor, utilization coefficient, coefficient of utilization ‖ ~**konkurrenz** *f* (intra- oder intertemporale) / competition of benefits ‖ ~**satz** *m* (For) / felling ratio ‖ ~**vermögen** *n* (eines Werkzeugs) (Masch, Werkz) / total tool life, tool working life, working life of a tool ‖ ~**vermögen** (eines Schneidwerkzeugs) (Masch, Werkz) / cutting-edge life ‖ ~**zeit** *f* **der Maschine** (Masch) / machine time, operating time
**Nutz・wärme** *f* (Phys) / available heat ‖ ~**wasser** *n* / industrial water, service water ‖ ~**wasservorrat** *m* **im Boden** (Landw) / available moisture capacity, A.M.C., available soil water ‖ ~**widerstand** *m* (Eltech) / useful resistance
**Nuvistor** *m* (eine Elektronenröhre sehr kleiner Abmessungen, mit hochevakuiertem Metallkolben) (Eltronik) / Nuvistor* *n*
**Nux** *f* **vomica** (reifer Same des Strychninbaums) (Pharm) / nux vomica*, dog button, strychnos seed
**n-Valeriansäure** *f* (Chem) / n-valeric acid*, n-pentanoic acid*
**n-Verfahren** *n* (in der Stahlbetontheorie) (HuT) / elastic design
**N(0,1)-Verteilung** *f* (Stats) / standard normal distribution*, standardized normal distribution
**NVK** (Chem Verf) / operating volume capacity
**NW** (Eltech) / line-commutated inverter ‖ ~ (Masch) / nominal diameter, diameter norm, DN
**n-wertig** *adj* (Math) / n-valued *adj*
**NW-Säure** *f* (Chem) / Nevile and Winther's acid
**NW-Zement** *m* (mit niedriger Hydratationswärme) (HuT) / low-hydration-heat cement
**Nyktalopie** *f* (Med) / night blindness*, nyctalopia *n*
**Nylanders Reagens** (eine Lösung von Kaliumnatriumtartrat und Bismutoxidnitrat in 80%iger Natronlauge zum Nachweis von Traubenzucker - nach C.W.G. Nylander, 1835-1907) (Chem) / Nylander solution*, Nylander reagent
**Nylon** *n* (Gattungsbezeichnung für synthetisches, faserbildendes Polyamid aus Hexamethylendiamin und Adipinsäure) (Plast) / nylon* *n* ‖ ~ **6** (bei Nylonfasern auf Laktambasis gibt die Zahl die

Anzahl der C-Atome des Grundmoleküls an; 6 = Kaprolaktam) (Plast) / nylon 6 ‖ ≃-**farbband** *n* / nylon ribbon ‖ ≃-**hammer** *m* (ein Schonhammer) (Werkz) / nylon hammer

**Nyquist•-Diagramm** *n* (Stabilitätsanalyse) (Fernm) / Nyquist diagram* ‖ ≃-**Flanke** *f* (Begrenzung des Frequenzbandes im Bereich der Trägerfrequenz bei der Restseitenbandübertragung) (TV) / Nyquist slope ‖ ≃-**Frequenz** *f* (Kehrwert des Küpfmüller-Nyquist-Intervalls) (Fernm) / Nyquist rate*, Nyquist limit* ‖ ≃-**Intervall** *n* (nach H. Nyquist, 1889 - 1976) (Fernm) / Nyquist interval ‖ ≃-**Kriterium** *n* (Stabilitätskriterium für einen Regelkreis) (Fernm, Regeln) / Nyquist criterion*, Nyquist stability theorem, Nyquist stability criterion ‖ ≃-**Rate** *f* (halbe Abtastfrequenz) (Fernm) / Nyquist rate*, Nyquist limit* ‖ ≃-**Rauschen** *n* (Eltronik) / thermal noise*, Johnson noise*, output noise*, resistance noise*, thermal agitation noise

**Nystagmus, Ohmscher** ≃ (eine Berufskrankheit) (Med) / miner's nystagmus

**Nystatin** *n* (ein Makrolidantibiotikum) (Pharm) / nystatin* *n*, fungicidin *n*

**Nytril** *n* (Tex) / nytril *n* ‖ ≃-**faser** *f* (Synthesefaser aus alternierend aufgebauten Kopolymeren von Vinylidendinitril und Vinylazetat) (Tex) / nytril *n*

**Nz** (Chem, Erdöl) / neutralization number, neutralization index, neutralization value

**N-Zentrum** *n* (ein Aggregatzentrum) (Eltronik, Krist) / N-centre *n*

**n-Zone** *f* (in der die Donatoren und damit die Elektronen als freibewegliche Ladungsträger vorherrschen) (Eltronik) / n-zone *n*

# O

**O** (nach DIN-ISO 1629 ein Gruppenbuchstabe für Kautschuke mit Sauerstoff in der Polymerkette) / O
**O** (Chem) / oxygen* $n$
**O$_2$** (Chem) / dioxygen $n$
**O$_3$** (Trisauerstoff) (Chem) / ozone* $n$
**Oakes-Maschine** $f$ (zum kontinuierlichen Aufschäumen von Latex) (Chem Verf) / Oakes frother
**O-Antigen** $n$ (thermostabiles Antigen der Bakterienzellwand) (Med) / O antigen*
**OAS** (Spektr) / photoacoustic spectroscopy (PAS)
**OB** (bei jeder Teilnehmersprechstelle) (Fernsp) / local battery, L.B.
**Obang** $n$ (For) / afrormosia* $n$, kokrodua $n$
**Obaöl** $n$ (Nahr) / wild mango oil, dika oil
**OBC-Schiff** $n$ (Frachtschiff zur wahlweisen Beförderung von Erz, Schüttgut und Containerladungen) (Schiff) / ore-bulk-container-ship, OBC carrier
**OBDM** (Fernm) / objective reference system test station
**Obduktion** $f$ (wenn die kontinentale Kruste unter die ozeanische abtaucht) (Geol) / obduction* $n$
**Obeche** $n$ (For) / obeche* $n$, wawa* $n$, African whitewood*, arere $n$
**Obelisk** $m$ (Arch) / obelisk* $n$ ‖ ~ (ein Prismatoid) (Math) / obelisk $n$
**oben** (Aufschrift auf der Kiste) / this side up ‖ ~**antrieb** $m$ (z.B. für Rührbehälter) (Masch) / top drive ‖ ~**dreher** $m$ (ein Turmdrehkran, dessen Ausleger mit Hilfe eines Drehkranzes und einer Glockenkonstruktion auf der Spitze des Turmes drehbar angeordnet ist) (Masch) / top-revolving crane ‖ ~**entnahmefräse** $f$ (Landw) / top unloader ‖ ~**entnahmevorrichtung** $f$ (im Hochsilo) (Landw) / top unloader ‖ ~**gesteuerter Motor** (DIN 1940) (V-Mot) / overhead-valve engine, I-head engine, valve-in-head engine, OHV engine ‖ ~**gesteuertes Ventil** (V-Mot) / overhead valve*, OHV ‖ ~**liegende Fahrbahn** (einer Brücke) (HuT) / upper deck ‖ ~**liegende Nockenwelle** (V-Mot) / overhead camshaft*, OHC ‖ ~**ohne-Container** $m$ / tilt-top container ‖ ~**schmieröl** $n$ (Masch) / top oil ‖ ~**türschließer** $m$ (Bau) / overhead door-closing mechanism
**ober • e Abbaustrecke** (Bergb) / top gate, head gate ‖ ~**es Abmaß** (algebraische Differenz zwischen Größtmaß und Nennmaß) (Masch) / upper deviation, allowance above nominal size, permissible allowance up ‖ ~**er Adressenbereich** (EDV) / high-order memory locations ‖ ~**er Anrampungsknick** (HuT) / ramp-slope breakover (point) ‖ ~**e Atmosphäre** (in etwa die warme Schicht der Stratosphäre) (Astr, Geophys) / upper atmosphere*, upper air ‖ ~**er Bainit** (Hütt) / upper bainite ‖ ~**e Begrenzungsleuchte** (bei LKWs) (Kfz) / clearance marker lamp ‖ ~**e Belastungsgrenze** (einer Rektifiziersäule) (Chem Verf) / flooding point ‖ ~**er Bereich** (eines binären Signals nach DIN 41859, T 1) (EDV, Instr) / high range ‖ ~**e Blechseite** (beim Umformen) (Masch) / punch side, smooth side ‖ ~**er Drehzahlbereich** (Kfz) / top end (of rpm range) ‖ ~**e Dreiecksmatrix** (eine quadratische Matrix, bei der alle oberhalb der Hauptdiagonalen stehende Elemente Null sind) (Math) / upper triangular matrix ‖ ~**er Durchgang** (Astr) / upper culmination*, upper transit ‖ ~**e Ende** / head-end $n$, head $n$ ‖ ~**es Ende** (top $n$) ‖ ~**er Entspannungspunkt** (ein Viskositätsfixpunkt) (Glas) / annealing point, AP ‖ ~**e Entspannungstemperatur** (Glas) / annealing point, AP ‖ ~**e Erdatmosphäre** (Astr, Geophys) / upper atmosphere*, upper air ‖ ~**er Erdmantel** (Geol) / upper mantle ‖ ~**e Fläche** / top $n$ ‖ ~**e Fließgrenze** (oberhalb deren eine Verformung mit großer Geschwindigkeit auftritt) (WP) / upper yield point ‖ ~**er Flügel** (bei Doppeldeckern) (Luftf) / upper wing ‖ ~**es Fluginformationsgebiet** (in dem Fluginformations- und Alarmdienst ausgeübt werden) (Luftf) / upper flight-information region, UIR, upper information region ‖ ~**e Glocke** (Hütt) / top bell, blast-furnace top bell ‖ ~**e Grenze** (Math) / greatest upper bound, supremum $n$ (pl. -s or suprema), g.u.b. ‖ ~**e Grenze** (Math) / least upper bound, supremum $n$ (pl. suprema or suprememuns) ‖ ~**e Haltung** (Gewässerstrecke oberhalb einer Staustufe oder Schleuse) (Wasserb) / head-bay* $n$, forebay $n$ ‖ ~**e Häufungsgrenze** (Math) / limit superior, upper limit ‖ ~**es Integral** (Math) / upper integral ‖ ~**es Kaptaband** (Buchb) / headband* $n$ ‖ ~**e Konjunktion** (Astr) / superior conjunction ‖ ~**e Kulmination** (Astr) / upper culmination*, upper transit ‖ ~**er Kulminationspunkt** (Astr) / upper culmination*, upper transit ‖ ~**er Lagerkörper** (HuT) / saddle* $n$ ‖ ~**er Limes** (Math) / limit superior, upper limit ‖ ~**e Planeten** (Mars bis Pluto) (Astr) / superior planets ‖ ~**es Quartil** (Stats) / upper quartile ‖ ~**(st)e Schicht** (Bau) / top-coat $n$, topping $n$ ‖ ~**es Schleusentor** (Wasserb) / head-gate $n$, crown-gate $n$ ‖ ~**e Schranke** (einer beschränkten Funktion, einer Punktmenge) (Math) / upper bound* ‖ ~**er Schützenschlag** (Web) / overpick $n$ ‖ ~**es Seitenband** (Radio) / upper sideband ‖ ~**es Speicherbecken** (eines Pumpspeicherwerks) (Wasserb) / lower reservoir ‖ ~**er Strand** (Geol) berme $n$, berm $n$ ‖ ~**es Strebende** (Bergb) / face head ‖ ~**e Takelage** (Schiff) / top hamper* ‖ ~**er Teil des Flözes** (Bergb) / head* $n$ ‖ ~**er Totpunkt** (V-Mot) / top dead centre*, TDC ‖ ~**e Tragrolle** (des Bandförderers) (Masch) / carrying idler ‖ ~**er Trum** (als konstruktiver Teil des Bandförderers) (Masch) / upper strand, carrying strand, tight strand, tight side ‖ ~**e und untere Platte** (Masch) / platen $n$ ‖ ~**e Verankerungsschiene** (Gieß) / box bar ‖ ~**e Wandsockelleiste** (Bau) / dado rail $n$, surbase $n$, dado capping* ‖ ~**er Wertebereich** (EDV, Instr) / high range ‖ ~**e Zwischenstufe** (Hütt) / upper bainite ‖ ~**e Zwischenstufe** (dem Perlit ähnliche) (Hütt) / upper bainite

**ober • additive Funktion** (Maßfunktion) (Math) / superadditive function*, superadditive set function ‖ ~**antrieb** $m$ (der Presse) (Masch) / overdrive $n$ ‖ ~**bank** $f$ (eines Flözes) (Bergb) / top coal, top layer, top leaf ‖ ~**bär** $m$ (beim Gegenschlaghammer) (Masch) / ram $n$, upper ram

**Oberbau** $m$ (Gesamtheit aller Teile des Oberofens einer Wanne oberhalb des Wannenbassins, z.B. Seitenwände, Stirnwände, Gewölbe, Zwischengewölbe, Vorbauten) (Glas) / superstructure $n$ ‖ ~ (HuT) / permanent way* ‖ ~ (HuT, Masch) / deck $n$, superstructure $n$ ‖ ~ (ein Teil der Straßenbefestigung - Tragschichten und Decke) (HuT) / superstructure* $n$ ‖ ~ **von Baubahnen** (für zeitweilige Benutzung) (HuT) / temporary way* ‖ ~**leiter** $m$ (Bau) / contract manager ‖ ~**meßwagen** $m$ (Bahn) / permanent-way dynamometer car ‖ ~**schicht** $f$ (HuT) / surfacing course

**Ober • becken** $n$ (des Pumpspeicherwerkes) (Eltech, Wasserb) / high-level reservoir, upper reservoir ‖ ~**beheizung** $f$ (Masch) / top firing ‖ ~**bekleidung** $f$ (Tex) / outwear $n$, outer garments, overclothes pl, outer wear ‖ ~**bereich** $m$ (z.B. der Laplace-Transformation) (Fernm, Math) / time domain ‖ ~**bereich** (Math) / original space, superior space ‖ ~**blech** $n$ (bei der Überlappungsschweißung) (Schw) / top sheet ‖ ~**boden** $m$ (DIN 18300) (Bau, HuT, Landw) / topsoil $n$ ‖ ~**boden** (Geol, Landw) / A horizon, horizon A ‖ ~**bohrmeister** $m$ (Erdöl) / toolpusher* $n$ (field supervision of drilling operations) ‖ ~**dach** $n$ (Bau) / shelter ‖ ~**dampf** $m$ (Masch) / top steam ‖ ~**dampfhammer** $m$ (Masch) / double-acting steam hammer ‖ ~**deck** $n$ (Palette) / top deck ‖ ~**deck** (ein Freiborddeck) (Schiff) / upper deck* ‖ ~**druckdampfhammer** $m$ (Masch) / double-acting steam hammer ‖ ~**druckhammer** $m$ (bei dem der Bär durch einen Kolben beschleunigt wird, der durch Druckluft, Dampf oder eine Flüssigkeit beaufschlagt ist) (Masch) / double-acting hammer ‖ ~**druckpresse** $f$ (eine hydraulische Presse) (Masch) / downstroke press*

**Obere-Grenze-Funktion** $f$ (eingebaute) (EDV) / hbound function (builtin)

**ober • erdig** adj (Bergb) / aboveground attr, surface attr, superficial adj ‖ ~**fach** $n$ (Web) / top shed, upper shed

**Oberfläche** $f$ (im allgemeinen, technische - nach DIN 4760) / surface $n$ ‖ ~ (z.B. Oberkante Fußboden) / top surface, upper surface ‖ ~ (die Grenzfläche zwischen einer Flüssigkeit und einem Gas nach DIN 13 310) (Phys) / interface liquid-gas ‖ ~ s. auch Grenzfläche ‖ **aufgerauhte** ~ (Substrat) (Eltronik) / high-area surface ‖ **befestigte** ~ (zum Parken) (Kfz) / hardstanding $n$, hardstand $n$ (US) ‖ **benetzte** ~ (Anstr, Chem, Phys) / wetted surface ‖ **beschreibbare** ~ (EDV) / recordable surface, recording surface ‖ **dichte, geschlossene** ~ (einer Faserstoffbahn) (Pap) / close formation, closed formation ‖ **die** ~ **behandeln** (Masch) / surface $v$ ‖ **die** ~ (einer vorhandenen Fahrbahndecke) **erneuern** (HuT) / resurface $v$ ‖ **die Ebenheit der** ~ **wiederherstellen** (Masch) / resurface $v$ ‖ **freie** ~ (des Grundwassers) (Geol) / free surface ‖ **freie** ~ (in Behältern od. in Laderäumen) (Schiff) / free surface* ‖ **gekrümmte** ~ (Phys) / curved surface ‖ **geometrisch-ideale** ~ (DIN 4760) (Masch) / nominal surface ‖ **geriffelte** ~ / ribbed surface ‖ **glatte** ~ / smooth surface ‖ **graue** ~ (Glas) / short finish ‖ **halbglänzende** ~ (Pap) / English finish, E.F. ‖ **ideal-geometrische** ~ (Masch) / nominal surface ‖ **klebrige** ~ (ein Spachtelfehler) (Anstr, Kfz) / surface tack ‖ **kräftefreie** ~ (WP) / force-free surface ‖ **kräftegebundene** ~ (WP) / force-bearing surface ‖ **lichtempfindliche** ~ (Foto, Licht) / photosensitive surface, photosurface $n$ ‖ **mit roher** ~ (Bruchstein) (Bau) / quarry-faced* adj, quarry-pitched* adj, quarry-dressed adj ‖ **rauhe** ~ / rough surface ‖ **rauhe** ~ (ein Anstrichfehler) (Anstr) / dry spray ‖ **samtartige** ~ (Leder) / velvet-like nap ‖ **saugende** ~ (Anstr) / hot surface (BS 2015), absorbent surface, suction surface ‖ **spezifische** ~ (einer dispersen Phase nach DIN 66160) (Chem) / specific surface area ‖ **spezifische** ~ (Pulv) / specific surface* ‖ **technische** ~ / engineering surface ‖ **vollkommen glatte** ~ / perfectly smooth surface ‖ ~ $f$ **eines Torus** (Math) / toroidal surface

**Oberflächen • -** / superficial *adj*, surficial *adj*, surface *attr* ‖ **⁓ -** (Bergb) / aboveground *attr*, surface *attr*, superficial *adj* ‖ **Zeichnungsangaben für ⁓** (Masch) / surface-roughness data for drawings ‖ **⁓abfluß** *m* (Abschwemmung) (Wasserb) / surface run-off, overland run-off, immediate run-off ‖ **⁓ablagerung** *f* (Geol) / superficial deposit*, surficial deposit, surface deposit ‖ **⁓ableitung** *f* (Eltech) / surface leakage* ‖ **⁓abrieb** *m* / surface abrasion ‖ **⁓abschluß** *m* (dünne Splitt-, Sand- oder Kiesschicht auf Straßen) (HuT) / blinding *n* (to fill the voids in a road wearing course) ‖ **⁓abtrag** *m* (Masch, WP) / surface removal ‖ **⁓abtragung** *f* (Masch, WP) / surface removal ‖ **⁓abtragung** (Raumf) / surface ablation, ablation *n* ‖ **⁓aktiv** *adj* (Chem, Phys) / surface-active *adj* ‖ **⁓aktives Pulver** (Chem, Phys) / wettable powder ‖ **⁓aktiver Stoff** (DIN 53908) (Chem, Phys) / surface-active agent, surfactant* *n*, surface-active detergent, tenside *n*, surface-tension depressant* ‖ **⁓aktivität** *f* (z.B. bei Aktivkohle, Kieselgel und den Bleicherden) (Chem, Phys) / surface activity* ‖ **⁓analyse** *f* (z.B. AES, LEED oder RHEED) (Chem, Phys) / surface analysis ‖ **⁓analytik** *f* (Chem, Phys) / surface analysis ‖ **⁓angriff** *m* (des korrodierenden Mediums) (Galv) / surface attack ‖ **⁓anriß** *m* (WP) / surface flaw ‖ **⁓appretur** *f* (Tex) / face finish ‖ **⁓atom** *n* (Chem, Kernphys) / surface atom ‖ **⁓ätzen** *n* / surface etching ‖ **⁓aufbautechnik** *f* (Eltronik) / surface mount technology, SMT ‖ **⁓ausführung** *f* (Masch) / finish *n*, surface finish ‖ **⁓barriere** *f* (Eltronik) / surface barrier*, barrier *n* ‖ **⁓bauteil** *n* (Eltronik) / surface-mounted device ‖ **⁓bearbeitung** *f* (steinmetzmäßige) **der** (Natur)**Steine** (Bau) / dressing* *n* ‖ **⁓behälter** *m* / above-ground storage tank ‖
**Oberflächenbehandlung** *f* (im allgemeinen) / surface treatment, surface treating, surfacing *n* ‖ **⁓** (mit einem bituminösen Bindemittel oder mit bituminösen Schlämmen) (HuT) / surface sealing, surface treatment ‖ **chemische ⁓** (Chem Verf) / chemical surface treatment ‖ **doppelte ⁓** (HuT) / double-surface treatment ‖ **einfache ⁓** (HuT) / single-surface treatment ‖ **⁓** *f* **mit dem Stockhammer** (oder Krönel) (Bau) / scabbling* *n*, bush-hammering* *n*, scappling* ‖ **⁓ mit Sand** (HuT) / sand sealing
**Oberflächen • behandlungsmittel** *n* (Nahr) / surface-treatment agent ‖ **⁓belegung** *f* (bei der Adsorption) (Phys) / surface coverage ‖ **⁓belüfter** *m* (Gerät, das beim Belebungsverfahren Sauerstoff durch Erzeugung starker Turbulenz an der Beckenoberfläche und durch Versprühen von Abwasser in die Luft einträgt) (Sanitär) / surface aerator ‖ **⁓belüftete Maschine** (geschlossene Maschine mit Außenlüfter und Frischluftzuführung) (Eltech) / totally enclosed fan-cooled machine ‖ **⁓belüftung** *f* (in der Abwasserbehandlung) (Sanitär) / surface aeration ‖ **⁓belüftungsbecken** *n* (in der Abwasserbehandlung) (Sanitär) / surface-aeration tank ‖ **⁓bereich** *m* / surface region **sehr starke ⁓beschädigung** (teilweise verschweißte Freßstellen) (Masch) / galling *n* ‖ **⁓beschaffenheit** *f* (DIN ISO 1302) (Masch) / finish *n*, surface finish ‖ **⁓beschaffenheit** (im allgemeinen) (WP) / surface condition, surface quality ‖ **⁓beschichtung** *f* / surface coating ‖ **⁓bestrahlung** *f* (Radiol) / surface irradiation* ‖ **⁓bezirk** *m* / surface region ‖ **⁓bild** *n* (Foto) / surface image ‖ **⁓blase** *f* (ein Glasfehler) (Glas) / skin blister ‖ **⁓-Blasenschleier** *m* (Glas) / feather *n* ‖ **⁓charakter** *m* (DIN 4671) (Masch) / topographic character of the surface ‖ **⁓chemie** *f* (Chem) / surface chemistry ‖ **⁓defekt** *m* (Stufen, Löcher) (Krist) / surface defect, two-dimensional crystal lattice defect ‖ **⁓dichte** *f* / surface density* ‖ **⁓dichte der Ladung** (Eltech) / surface-charge density ‖ **⁓diffusion** *f* (Phys) / surface diffusion ‖ **⁓dränung** *f* (Landw) / surface drainage ‖ **⁓druck** *m* (Chem) / surface pressure* ‖ **⁓duct** *m* (Radio) / surface duct, ground-based duct, surface-based duct ‖ **⁓dukt** *m* (Radio) / surface duct, ground-based duct, surface-based duct ‖ **⁓effekt** *m* (Phys) / surface effect ‖ **⁓einebnung** *f* **durch Frostwirkung** (Geol) / cryoplanation *n* ‖ **⁓einfluß** *m* (WP) / surface effect ‖ **⁓elektrode** *f* (Med) / surface electrode ‖ **⁓energie** *f* (Phys) / surface energy* ‖ **freie ⁓energie** (bei Festkörpern) (Phys) / surface energy* ‖ **⁓entkohlung** *f* (Hütt) / surface decarburization, skin decarburization ‖ **⁓entwickler** *m* (Foto) / surface developer ‖ **⁓ermüdung** *f* (WP) / surface fatigue ‖ **⁓erscheinung** *f* (Phys) / surface phenomenon ‖ **⁓farbe** *f* (Licht, Opt) / object colour, surface colour ‖ **⁓färbung** *f* **im Kalander** (Pap) / stuffing *n*
**Oberflächenfehler** *m* (keine mechanische Beschädigung) (Glas, Keram) / stain *n* ‖ **⁓** (Krist) / surface defect, two-dimensional crystal lattice defect ‖ **⁓** (WP) / surface defect, surface flaw, skin defect ‖ **Probe mit ⁓** (WP) / surface flaw specimen ‖ **⁓** *m* **durch Gleitmittel** (Plast) / lubricant bloom
**Oberflächen • feinstruktur** *f* (die Rauheit einer technisch hergestellten Oberfläche, wie sie sich beim Betrachten darstellt) (Masch) / surface texture ‖ **⁓feinwalzen** *n* (Masch) / burnishing *n* ‖ **⁓feldeffekttransistor** *m* (Eltronik) / insulated-gate field-effect transistor, IGFET ‖ **⁓feldeffekttransistor** (Eltronik) / surface field-effect transistor (SFET) ‖ **⁓festigkeit** *f* (Pap) / surface bonding strength ‖ **⁓festigkeit** (im allgemeinen) (Pap) / surface strength* ‖ **⁓feuchte** *f* (Bergb) / free moisture (in coal), surface moisture ‖ **⁓feuchtigkeit** *f* (Bergb) / free moisture (in coal), surface moisture ‖ **⁓film** *m* **auf der Anode** (Galv) / anode film, anodic film ‖ **⁓filter** *n* (Chem, Phys) / surface filter ‖ **⁓filtration** *f* (wenn die Teilchen auf der Oberfläche des Filtermittels als zusammenhängender Filterkuchen abgesetzt werden) (Chem, Phys) / surface filtration ‖ **⁓finish** *n* (Masch) / finish *n*, surface finish ‖ **⁓form** *f* (Geog) / landform *n* ‖ **⁓gefärbt** *adj* (Pap) / surface-coloured *adj*, surface-dyed *adj* ‖ **⁓geologie** *f* (Geol) / surface geology ‖ **⁓geometrie** *f* (Masch) / surface geometry ‖ **⁓gestalt** *f* / topographic character of a surface ‖ **⁓gestein** *n* (Geol) / exogenetic rock ‖ **⁓gesteine** *n pl* (Geol) / extrusive rocks*, volcanics *pl*, volcanic rocks, vulcanites* *pl*, effusive rocks, extrusives *pl* ‖ **⁓gesteuerter Transistor** (Steuerung der Oberflächenrekombination und damit des Stromverstärkungsfaktors mittels Feldeffekt) (Eltronik) / surface-controlled transistor (SCT), surface-charge transistor ‖ **⁓getrocknet** *adj* (Form) (Gieß) / skin-dried *adj* ‖ **⁓glanz** *m* / surface gloss, surface lustre ‖ **⁓glanz** (z.B. nach den Polierarbeiten) (Masch) / glaze *n* ‖ **⁓gleitfähigkeit** *f* (der Fasern) (Tex) / surface slidability ‖ **⁓güte** *f* (nach der Bearbeitung) (Masch) / finish *n*, surface finish ‖ **⁓güte** (Schw) / weld finish ‖ **⁓güte** (meistens ohne Bearbeitung) (WP) / surface condition, surface quality ‖ **⁓gütezeichen** *n* (Masch) / surface quality symbol, surface quality conventional sign ‖ **⁓hämmerung** *f* (Masch) / hammer peening ‖ **⁓härte** *f* (WP) / surface hardness ‖ **⁓härten** *n* (Hütt) / surface hardening*, case hardening, face hardening, skin hardening ‖ **⁓härtung** *f* (Hütt) / surface hardening*, case hardening, face hardening, skin hardening ‖ **⁓integral** *n* (Math) / surface integral ‖ **⁓ionisation** *f* (Eltronik) / contact ionization* ‖ **⁓ionisation** (Eltronik) / Langmuir effect ‖ **⁓ionisation** (Kernphys) / surface ionization ‖ **⁓ionisierung** *f* (Kernphys) / surface ionization ‖ **⁓katalyse** *f* (Chem) / heterogeneous catalysis, surface catalysis, contact catalysis ‖ **⁓kondensator** *m* (Masch) / surface condenser* ‖ **⁓konzentration** *f* / surface concentration ‖ **⁓kraft** *f* (die nicht im Inneren wirkt) (Mech) / surface force ‖ **⁓kühlung** *f* (bei der das Kühlmittel entlang den - meist durch Kühlrippen vergrößerten - Gehäuseoberfläche geführt wird) (Eltech) / surface cooling, surface ventilation ‖ **⁓kultur** *f* (Bakteriol) / surface culture ‖ **⁓ladung** *f* (Eltech) / surface charge* ‖ **⁓ladungsdichte** *f* (Eltech) / surface-charge density ‖ **⁓ladungstransistor** *m* (Eltronik) / surface-controlled transistor (SCT), surface-charge transistor ‖ **⁓-Ladungsverschiebeschaltung** *f* (Ladungsverschiebeschaltung in MOS-Technik) (Eltronik) / surface-charge-coupled device, SCCD, surface-channel charge-coupled device ‖ **⁓lebensdauer** *f* (Eltronik) / surface lifetime* ‖ **⁓legieren** *n* (Hütt) / surface alloying ‖ **⁓leimung** *f* (im allgemeinen) (Pap) / surface sizing ‖ **⁓leimung** (Pap) / tub-sizing* *n* ‖ **⁓leitfähigkeit** *f* (Phys) / surface conductivity* ‖ **⁓leitschicht** *f* (Radio) / surface duct, ground-based duct, surface-based duct ‖ **⁓leitvermögen** *n* (Phys) / surface conductivity* ‖ **⁓matte** *f* (Glas, Tex) / overlay *n* ‖ **⁓meßgerät** *n* (Masch) / surface meter ‖ **⁓montage** *f* (Eltronik, Masch) / surface mounting ‖ **⁓montagetechnik** *f* (Aufsetztechnik) (Eltronik) / surface mount technology, SMT
**oberflächennah** *adj* / near the surface, near-surface *attr* ‖ **⁓er Bereich** / subsurface *n* ‖ **⁓e Lagerstätte** (Geol) / superficial deposit*, surficial deposit, surface deposit ‖ **⁓e Zone** / subsurface *n*
**Oberflächennähe, in ⁓** / near the surface, near-surface *attr*
**Oberflächen • niveau** *n* (Chem) / surface level ‖ **⁓orientierung** *f* (Phys) / surface orientation ‖ **⁓passivierung** *f* (Galv) / passivating *n*, passivating treatment, passivation *n* ‖ **⁓passivierungstechnik** *f* (Eltronik) / planar process* ‖ **⁓physik** *f* (ein Spezialgebiet der Festkörperphysik) (Phys) / surface physics ‖ **⁓porös** *adj* / superficially porous ‖ **⁓potential** *n* (Phys) / surface potential ‖ **⁓potentialschwelle** *f* (Eltronik) / surface barrier*, barrier *n* ‖ **⁓prüfkopf** *m* (Materialprüfung mit Ultraschall) (WP) / surface probe, surface-type probe ‖ **⁓prüfung** *f* (Masch, WP) / surface inspection ‖ **⁓rauheit** *f* (DIN 4762) (Masch) / surface roughness ‖ **⁓reaktor** *m* (ein Bioreaktor) (Chem Verf) / surface reactor ‖ **⁓reibung** *f* (Luftf, Phys) / skin friction*, surface drag, surface friction, surface traction ‖ **⁓reinigung** *f* / surface cleaning ‖ **⁓rekombinationsgeschwindigkeit** *f* (Eltronik) / surface recombination velocity* ‖ **⁓rektifikator** *m* (Chem Verf) / wetted column
**Oberflächenriß** *m* (Bau) / surface crack ‖ **⁓** (For) / surface check ‖ **⁓** (Gieß) / seam* *n* ‖ **⁓** (Gieß) / surface crack, skin crack ‖ **⁓** (am Hals einer Glasflasche) (Glas) / smear *n* ‖ **⁓** (Masch) / surface crack
**Oberflächen • rückhaltung** *f* (des Regenwassers) (HuT, Landw) / surface detention, surface storage ‖ **⁓rückstand** *m* (von Bioziden) (Umwelt) / extra-surface residue ‖ **⁓rüttler** *m* (ein Verdichtungsgerät nach DIN 4235) (HuT) / surface vibrator
**Oberflächenschicht** *f* (im allgemeinen) / surface layer ‖ **⁓** (einsatzgehärtete) (Hütt) / case* *n* ‖ **⁓** (Hütt) / skin *n* ‖ **⁓** (der Piste) (Luftf) / surface course, surfacing *n* ‖ **⁓ die abtragen** (abdrehen) (Masch) / desurface *v* ‖ **⁓ matte** (z.B. elektrochemische) (Galv) / dull finish, mat finish, matte finish
**Oberflächen • schießen** *n* (in der Sprengseismik) (Geophys) / air shooting* ‖ **⁓schutz** *m* (Galv) / surface protection ‖ **⁓schutzschicht** *f*

**Oberflächenschwimmer**

(Anstr, Galv) / protective coating ‖ ~**schwimmer** m (Wasserb) / surface float ‖ ~**spannung** f (bei Flüssigkeiten, Gasen und Festkörpern in der Grenzfläche - DIN 13310) (Phys) / surface tension*, surface tensity, ST, ST ‖ ~**spannungsvermindernd** adj (Phys) / surface-tension-depressing adj ‖ ~**sperrschicht** f (Eltronik) / surface barrier*, barrier n ‖ ~**sperrschichtzähler** m (zum Nachweis oder zur Messung der Strahlung) (Nukl) / semiconductor detector, junction detector, semiconductor radiation detector*, solid-state detector, nuclear semiconductor detector ‖ ~**spiegel** m (mit reflektierender Vorderfläche) (Opt) / front-surface mirror, surface mirror, first-surface mirror ‖ ~**spiel** n (Tiegelofenschmelze) (Gieß) / break n ‖ ~**sprung** m (am Flaschenhals) (Glas) / smear n ‖ ~**strahler** m (Phys) / surface emitter ‖ ~**strom** m (Phys) / surface current ‖ ~**struktur** f (eines Papierbildes) (Foto) / texture* n ‖ ~**struktur** f (Masch) / surface texture ‖ ~**technik** f (Oberflächenschutz + Oberflächenveredelung) (Galv) / surface engineering ‖ ~**term** m (Chem) / surface level ‖ **verschwommene** ~**textur** (Keram) / fuzzy texture (an indistinct or fuzzy-appearing imperfection occurring on porcelain-enamelled ware due to the presence of minute closed and broken bubbles, dimples, and the like, on the surface) ‖ ~**therapie** f (mit ionisierender Strahlung, deren Dosisleistung in den ersten Millimetern Gewebetiefe auf wenige Prozent der Oberflächendosisleistung reduziert ist) (Radiol) / superficial radiation therapy* ‖ ~**trocken** adj (DIN EN ISO 1517) (Anstr) / surface-dry adj ‖ ~**trocknung** f (der Form) (Gieß) / skin drying ‖ ~**überzug** m / surface coating ‖ ~**überzug** m (Anstr) / surface dressing (a wearing surface) ‖ ~**unebenheit** f (Masch, Mech) / asperity* n ‖ ~**unruhe** f (auf hochglänzenden Oberflächen beschichteter Spanplatten in schräg einfallendem Licht sichtbare Verzerrungen von Spiegelbildern, die durch kleinste Unebenheiten verursacht werden) (For) / telegraphing n ‖ ~**unruhe** (die ihren Ursprung in den inneren Schichten eines Schichtstoffs hat) (WP) / telegraphing n, photographing n ‖ ~**verbindung** f (Chem) / surface compound ‖ ~**verbrennung** f (Oxidation) (Wärm) / surface combustion* ‖ ~**verdichter** m (HuT) / surface compactor ‖ ~**verdunstung** f (Phys) / surface evaporation ‖ ~**veredlung** f (Tex) / face finish ‖ ~**verfestigung** f (der Textilverbundstoffe) (Tex) / surface bonding ‖ ~**vergütung** f (Foto, Opt) / surface coating ‖ ~**verkehr** m (Bergb) / above-surface handling ‖ ~**verunreinigung** f / surface contamination ‖ ~**viskosität** f / surface viscosity ‖ ~**vorbehandlung** f (Anstr) / surface pretreatment ‖ ~**vorbereitung** f (Anstr) / surface pretreatment ‖ ~**wanderung** f (Krist) / surface migration ‖ ~**wasser** n (Bergb) / free moisture (in coal), surface moisture ‖ ~**wasser** (DIN 4046) (Geol, Hyd) / surface-water n ‖ **Wirkungen** f pl **des fließenden** ~**wassers** (Geol) / fluviation ‖ ~**wechselwirkung** f (Kernphys) / direct interaction* ‖ ~**welle** f (Geol, Phys) / surface wave* ‖ ~**welle** (eine Erdbebenwelle) (Geophys) / L-wave n (a type of seismic body wave) ‖ ~**welle** (Radio) / surface wave* ‖ **akustische** ~**welle** (Akus, Radar) / acoustic surface wave, surface acoustic wave*, SAW* ‖ **magnetische** ~**welle** (Radar) / magnetic surface wave*, MSW* ‖ **akustisches** ~**wellenbauelement** (Fernm) / SAW device, surface-acoustic-wave device ‖ **akustoelektrischer** ~**wellenwandler** (Akus, Eltronik) / interdigital transducer, IDT ‖ ~**widerstand** m (bei Isolierstoffen) (Eltech) / surface resistance ‖ ~**widerstand** m (Lufft, Phys) / surface friction drag*, frictional drag, skin drag ‖ **spezifischer** ~**widerstand** (Phys) / surface resistivity* ‖ ~**zeichnung** f (Muster der Bearbeitungsspuren) (Masch) / lay n ‖ ~**zerrüttung** f (z.B. Grübchenbildung) (Masch) / rolling-contact fatigue ‖ ~**zündung** f / surface ignition ‖ ~**zustand** m (für Elektronen im Energiebändermodell an der Halbleiteroberfläche) (Eltronik) / surface state ‖ ~**zustand** (WP) / surface condition, surface quality ‖ ~**zustandsdichte** f (Eltronik) / surface-state density
**oberflächiges Verseifen** (Tex) / surface saponification
**oberflächlich** adj / superficial adj, surficial adj, surface attr ‖ ~**e Rißbildung** (Anstr) / checking* n, crazing n ‖ ~**es Verseifen** (Tex) / surface saponification
**Ober•flammenfeuerung** f (Wärm) / overfiring n ‖ ~**flammenführung** f (Wärm) / overfiring n ‖ ~**flammofen** m (ein Hafenofen) (Glas) / top-flame furnace ‖ ~**fleck** m (des Schuhabsatzes) / top lift, top piece ‖ ~**flurbunker** m / overhead hopper ‖ ~**fräse** f (Fräsmaschine für die Holzbearbeitung, deren Spindel oberhalb des Werkstücks gelagert ist und mit Schaftfräsern das Holz von oben bearbeitet) (Tischl, Zimm) / router* n, routing machine, top spindle moulder, recessing and shaping machine ‖ ~**fräser** m (Tischl, Zimm) / router cutter, routing tool ‖ ~**fräsmaschine** f (Tischl, Zimm) / router* n, routing machine, top spindle moulder, recessing and shaping machine ‖ ~**fräswerkzeug** n (Tischl, Zimm) / router cutter, routing tool ‖ ~**gaden** m (Arch) / clerestory* ‖ ~**gaden** (Arch) s. auch Lichtkuppel und Oberlicht ‖ ~**gadenfenster** n (Hochschiffenster) (Arch) / clerestory window ‖ ~**gärige Hefe** (Brau) / top yeast*, top-fermenting yeast ‖ ~**garn** n (der Nähmaschine) (Tex) / needle thread ‖ ~**garn** (Web) / upper yarn ‖ ~**gärung** f (Brau) / top fermentation ‖ ~**geschoß** n (Bau) / upper floor, upper storey ‖ ~**gesenk** n (am Hammerbär, am Pressenstößel) (Masch) / upper die, top die ‖ ~**gesims** n (Arch, Bau) / cornice* n ‖ ~**graben** m (des Kraftwerks) (Wasserb) / head race* ‖ ~**grenze** f (einer Wolke) (Meteor) / top n ‖ ~**grenze** (Mil) / ceiling n ‖ **partielle** ~**grenze** (Mil) / subceiling n ‖ ~**gruppe** f (Math) / supergroup n ‖ ~**gurt** m (des Fachwerkträgers) (Arch, HuT) / top chord, top boom, upper chord ‖ ~**haar** n (eines Pelzes) (Leder, Tex) / guard hair
**oberhalb der Hauptdiagonale** (Element einer quadratischen Matrix) (Math) / off-diagonal adj
**Ober•haupt** n (der Schiffsschleuse) (Wasserb) / upstream end ‖ **bewegliches** ~**haupt** (Masch) / cross-head n ‖ ~**haut** f (Leder, Tex) / epidermis* n ‖ ~**hefe** f (die bei 15-20 °C gärt) (Brau) / top yeast*, top-fermenting yeast ‖ ~**hefen** f pl (Brau) / top yeast*, top-fermenting yeast ‖ ~**hieb** m (der Feile) (Masch) / second cut
**oberirdisch** adj (Bergb) / aboveground attr, surface attr, superficial adj ‖ ~**er Abfluß** (auf Bodenoberfläche - die Gesamtmenge) (Wasserb) / surface run-off, overland run-off, immediate run-off ‖ ~**er Abfluß** (prozentual zur Niederschlagsmenge) (Wasserb) / impermeability factor, run-off coefficient, coefficient of imperviousness (US) ‖ ~**er Behälter** / above-ground storage tank ‖ ~**er Teil** (einer Pflanze) (Bot) / top n
**Oberkante** f (die Kante selbst) (Bau, HuT) / top edge, upper edge ‖ ~ (Fläche) (Bau, HuT) / top level ‖ ~ (Buchb) / top edge ‖ ~ **Kellerdecke** (Bau) / level of cellar (basement) floor
**Ober•kasten** m (Gieß) / cope* n, top box ‖ ~**kasten-Formteil** n (Oberteil einer verlorenen Kastenform) (Gieß) / cope* n, top box ‖ ~**klasse** f / superclass n ‖ ~**körper** m (Math) / overfield n, extension field ‖ ~**länge** f (bei Buchstaben) (EDV, Typog) / ascender n ‖ ~**lastig** adj (Schiff) / top-heavy adj ‖ ~**lauf** m (der Teil des Flußlaufs, welcher der Quelle am nächsten liegt) (Geog, Wasserb) / headwaters pl, headwater n, upper reaches ‖ ~**lauf** (Geog, Wasserb) s. auch Oberwasser ‖ ~**leder** n (Leder) / upper leather, shoe upper leather ‖ ~**leitung** f (Fahrleitung bei Eisen- und Straßenbahnen, bei Obussen) (Bahn, Eltech) / overhead-contact system* ‖ ~**leitung** (Eltech) / overhead transmission line*, open-wire line, transmission line* ‖ ~**leitungskreuzung** f (bei Eisen- und Straßenbahnen, bei Obussen) (Eltech) / overhead crossing* ‖ ~**leitungsomnibus** m (leitungsgebundenes Elektrostraßenfahrzeug) (Kfz) / trolleybus n (GB)*, trackless trolley (US), trolley n ‖ ~**leitungssystem** n (Eltech) / trolley system* ‖ ~**leitungsweiche** f (Eltech) / trolley-frog n ‖ ~**lenker** m (ein Teil des Dreipunktanbaus) (Landw) / upper link, top link ‖ ~**licht** n (Arch, Bau) / roof-light n, skylight n, lantern* n ‖ ~**licht** (oberhalb der normalen Fensters) (Bau) / fanlight n, transom window ‖ ~**licht** (begehbares - bei Glasdächern) (Bau) / flooring light n ‖ ~**licht** (ein sphärischer, schalenförmiger Scheinwerfer mit einer einzigen Lampe - ohne vorgesetzte Linsen) (Film, Foto) / scoop n, ellipsoidal floodlight ‖ ~**licht** (von oben einfallendes Tageslicht) (Licht) / light from above ‖ ~**licht mit Entlüftungsflügeln** (Arch, Zimm) / femerell* n ‖ ~**lichtaufbau** m (z.B. auf südafrikanischen Eisenbahnwagen) (Bahn) / clerestory n ‖ ~**lichtstein** m (für Pflastereinbau) (Glas, HuT) / pavement light* ‖ ~**material** n (Oberteil eines Schuhes) / upper n
**Obermayersches Reagens** (zum Indicannachweis im Harn durch Spaltung und Oxidation des entstehenden Indoxyls zu Indigo) (Chem) / Obermayer's reagent
**Ober•menge** f (Math) / including set, superset n, comprehending set ‖ ~**messer** n (der Schere) (Hütt, Werkz) / upper blade ‖ ~**ofen** m (Gesamtheit aller Teile eines Glasschmelzofens, die sich üblicherweise oberhalb des Hüttenflurs befinden) (Glas) / superstructure n ‖ ~**putz** m (Bau) / setting coat*, fining coat*, finishing coat*, skim coat, skimming coat*, set n, white coat*, finish n ‖ ~**rand** m (Web) / welt* n ‖ ~**riemchenkäfig** m **des Streckwerkes** (Spinn) / cradle n ‖ ~**s** n (Nahr) / cream n ‖ ~**schalig** adj (Waage) / top-loading adj ‖ ~**schalige Einschalenwaage** (Chem) / single-pan top-loading balance ‖ ~**schenkelauflage** f (des Sitzes) (Kfz) / thigh support ‖ ~**schicht** f (Bau) / top-coat n, topping n ‖ ~**schlächtiger Farbkasten** (Druck) / overshot duct*, overshot ink fountain* ‖ ~**schlächtiges Wasserrad** (Wasserb) / overshot wheel* ‖ ~**schlag** m (heute restlos veraltet) (Web) / overpick n ‖ ~**schläger** m (Web) / overpick loom ‖ ~**schlagwebstuhl** m (mit oberem Schützenschlag) (Web) / overpick loom ‖ ~**schlitten** m (Masch) / compound rest, compound slide, compound slide rest* ‖ ~**schlitten** (der Hobelmaschine) (Masch) / top slide ‖ ~**schnitt** m (Buchb) / top edge, top n, head n ‖ ~**schrank** m (ein Einrichtungsteil der Küche) / wall cupboard, wall cabinet (US) ‖ ~**schwelle** f (einer Fachwerkwand) (Zimm) / summer n, summer-tree n, wall plate*, headpiece n ‖ ~**schwellige Werbung** (die im Gegensatz zur unterschwelligen Werbung an die bewußte Wahrnehmung der Umworbenen gerichtet ist) / supraliminal advertising ‖ **harmonische** ~**schwingung** (Phys) / harmonic* n, harmonic oscillation, harmonic wave* ‖ **zweite** ~**schwingung** (Phys) / third harmonic ‖ **den** ~**schwingungen**

entsprechendes Glied der Fourier-Reihe (Math) / harmonic component*, harmonic* *n* ‖ ~**schwingungsbande** *f* (Akus) / overtone band ‖ ~**schwingungsgehalt** *m* (Fernm, Radio) / klirrfaktor *n*, non-linear distortion factor* ‖ ~**seilapparat** *m* (Masch) / overtype coupler ‖ ~**seite** *f* (der Leiterplatte) (Eltronik) / component(s) side ‖ ~**seite** (des Flügels) (Luftf) / upper surface ‖ ~**seite** (eines Papiers nach DIN 6730) (Pap) / felt side, right side, top side, upper side ‖ ~**seite** (Tex) / face *n*, right side, fabric face, good side ‖ ~**seitenkontaktierung** *f* (Eltronik) / face bonding ‖ ~**sieb** *n* (des Dreschwerks) (Landw) / chaffer *n*, chaffer sieve ‖ ~**sieb** (z.B. bei der Inverform-Maschine) (Pap) / top wire ‖ ~**spannungswicklung** *f* (Eltech) / high-voltage winding, higher-voltage winding

**oberst • es Ende** / head-end *n*, head *n* ‖ **~e Lage** (beim Kaschieren) / overlay *n* ‖ **~e Lage** (Plast) / overlay *n* ‖ **~e Scheibe** (im Abbau) (Bergb) / top slice ‖ **~e Schichten** (Ablagerungen - eines Deltas) (Geol) / topset beds*

**Ober • ständer** *m* (For) / hold-over *n*, reserve tree, remnant tree, veteran tree ‖ ~**ständig** *adj* (Bot) / superior* *adj* ‖ ~**stärke** *f* (Zopfdurchmesser) (For) / top-end diameter, top diameter, small-end diameter ‖ ~**steiger** *m* (dem ein bis drei Fahrsteiger unterstehen) (Bergb) / deputy overman, chief-mining captain ‖ ~**stempel** *m* (der Pulverpresse) (Pulv) / upper punch ‖ ~**stoff** *m* (Tex) / shell (contrast to lining), shelf fabric ‖ ~**stoff** (im allgemeinen) (Tex) / outer fabric ‖ ~**stoff** (z.B. bei Windjacken) (Tex) / outer shell ‖ **zweistufige ~stufe** (eine Komponente des US-Raumtransportersystems) (Raumf) / inertial upper stage, IUS ‖ ~**summe** *f* (beim Integrieren) (Math) / upper sum ‖ ~**teil** *n* (oberes Ende) / top ‖ ~**teil** (ärmelloses) (Tex) / top *n*

**Oberth-Kurve** *f* (Raumf) / synergy curve, synergic curve

**Ober • titel** *m* (Druck) / main title ‖ ~**ton** *m* (ein Teilton, der Schwingungszahlen hat, die n-mal so groß sind wie die Frequenz des Grundtons; wichtig für die Klangfarbe) (Akus) / overtone* *n* ‖ ~**tor** *n* (Wasserb) / head-gate *n*, crown-gate* *n* ‖ ~**transport** *m* (bei Nähmaschinen - eine Nähgutvorschubart, bei der die Vorschubbewegung auf der Nähgutoberseite eingeleitet wird) (Tex) / top feed ‖ ~**trikotagen (OT)** *f pl* (Tex) / knitted sets ‖ ~**tuch** *n* (Druck) / top blanket* ‖ ~**tuch** (Pap) / top felt, overfelt ‖ **geripptes ~tuch** (Pap) / ribbing felt, marking felt ‖ **~- und Unterlängen** *f pl* (bei den Buchstaben des kleinen Alphabets) (EDV, Typog) / extenders* *pl* ‖ ~**wagen** *m* (bei einem Bagger) (HuT, Masch) / deck *n*, superstructure *n* ‖ ~**wagen** (bei Kranen) (Masch) / superstructure *n* ‖ **schwenkbarer ~wagen** (des Baggers) (HuT, Masch) / turntable *n* ‖ ~**walze** *f* (z.B. eines Walzgerüsts) (Hütt) / top roll, upper roll ‖ ~**ware** (Web) / top web, top cloth ‖ ~**wasser** *n* (Gewässerstrecke oberhalb einer Staustufe oder Schleuse) (Wasserb) / head-bay* *n*, forebay *n* ‖ ~**wasser** (Wasserb) / upper water, headwater *n* ‖ ~**wasseranstrichfarbe** *f* (Anstr, Schiff) / topsides paint ‖ ~**wasserseitig** *adj* (Wasserb) / upstream *attr* ‖ ~**welle** *f* (Phys) / harmonic* *n*, harmonic oscillation, harmonic wave*

**Oberwellen • anteil** *m* (Eltech) / percent ripple ‖ ~**erregte Antenne** (Radio) / harmonic antenna* ‖ ~**erregung** *f* (Radio) / harmonic excitation*, harmonic drive* ‖ ~**erzeuger** *m* (Phys) / harmonic generator* ‖ ~**filter** *n* (Tiefpaßfilter zwischen Senderausgang und Antenne) (Radio) / harmonic filter*, harmonic suppressor* ‖ ~**gehalt** *m* (Phys) / harmonic content ‖ ~**generator** *m* (Phys) / harmonic generator* ‖ ~**sieb** *n* (Radio) / harmonic filter*, harmonic suppressor* ‖ ~**spektrum** *n* (Phys) / harmonic series* ‖ ~**sperre** *f* (Radio) / harmonic filter*, harmonic suppressor* ‖ ~**sperrfilter** *n* (Radio) / harmonic filter*, harmonic suppressor* ‖ ~**störung** *f* (Radio) / harmonic interference*

**Ober • werk** *n* (Schiff) / upper works, dead works ‖ ~**werksbau** *m* (Abbau oberhalb einer Hauptsohle /meist Wettersohle/, bei dem keine Verbindung zu einer höheren Sohle besteht und die Wetter über einen besonderen Wetterweg zu dieser Sohle zurückgeführt werden) (Bergb) / rise working ‖ ~**werkzeug** *n* (Masch) / male die ‖ ~**wind** *m* (Hütt) / top blast, top blowing, overblast *n* ‖ ~**windfrischen** *n* (Hütt) / top blowing, top blasting, surface blowing ‖ ~**zange** *f* (der Kämmmaschine) (Spinn) / nipper knife ‖ ~**zügiger Ofen** (Keram) / up-draught kiln, updraft kiln

**Obidoximchlorid** *n* (ein Antidot bei Organophosphatvergiftungen) (Chem, Med) / obidoxime chloride

**Object Linking & Embedding** *n* (EDV) / object linking & embedding, OLE ‖ ~ **Management Group** *f* (internationale, herstellerübergreifende Organisation, die sich um Standardisierung der objektorientierten Verarbeitung in Netzwerken kümmert) (EDV) / Object Management Group, OMG ‖ ~ **Request Broker** *m* (Kommunikationsmodell im OMG-Interaktionsmodell, das transparenten Zugriff im Netz auf Objektmethoden bietet) (EDV) / Object Request Broker, ORB

**Objekt** *n* (bei einer Klassifikation) / subject *n* ‖ ~ (zur Repräsentation von Wissen) (KI) / object *n* ‖ ~ (Mikros) / specimen *n*, object *n* ‖ ~ (Opt) / object *n* ‖ **am lebenden ~** (Biol) / in vivo* ‖ **blaustrahlendes ~** (Astr) / blazar* *n*, BL Lacertae, BL Lac ‖ **fliegendes ~ unbekannter Herkunft** (Astr) / unidentified flying object* (UFO), flying saucer ‖ **instantiiertes ~** (KI) / instantiated object ‖ **mathematisches ~** (z.B. Koordinaten) (Math) / mathematical entity ‖ **molekulares ~** (Chem) / molecular entity ‖ **physikalische ~e außerhalb des Systems** (Astr) / surroundings *pl* (the rest of the universe) ‖ ~ *n* **der realen Welt** (KI) / real-world object

**Objekt • analyse** *f* (EDV, KI) / object analysis ‖ ~**bereich** *m* **des Erfindungsschutzes** / scope of patentable subject matters ‖ ~**ebene** *f* (Mikros) / specimen plane ‖ ~**ebene** (eine Kardinalfläche) (Opt) / object plane ‖ ~**erkennung** *f* (EDV, KI) / object recognition ‖ ~**fläche** *f* (eine Kardinalfläche) (Opt) / object plane ‖ ~**glas** *n* (Mikros) / specimen slide, slide *n*, microscope glide ‖ ~**halter** *m* (Mikros) / specimen holder ‖ ~**identifikation** *f* (EDV, KI) / object identification

**objektiv** *adj* / objective *adj* ‖ **~e Analyse** (EDV, Meteor) / objective analysis* ‖ **~er Bezugsdämpfungsmeßplatz** (Fernm) / objective reference system test station ‖ **~es Fotometer** (Licht) / physical photometer ‖ **~er Geräuschmesser** (Lautstärkemeßgerät mit gehörrichtiger Anzeige spitzenhaltiger Geräusche) (Akus) / objective noise meter*

**Objektiv** *n* (DIN 19060) (Opt) / objective* *n* (lens), object-glass *n* ‖ ~ (Opt) / compound lens ‖ **dreiteiliges ~** (Opt) / triplet *n*, triplet lens ‖ **einfaches ~** (das aus einer einzigen Linse besteht) (Opt) / simple-lens objective, simplet *n*, singlet *n*, single-lens objective ‖ **einlinsiges ~** (Opt) / simple-lens objective, simplet *n*, singlet *n*, single-lens objective ‖ **entspiegeltes ~** (Film, Foto) / coated lens* ‖ **fotografisches ~** (Foto) / photographic lens, photographic objective, photolens *n* ‖ **in das ~ fallen** (Foto) / strike into the lens ‖ **mehrgliedriges ~** (Opt) / compound lens ‖ **normalbrennweitiges ~** (Foto, Opt) / normal-focal-length lens ‖ **pankratisches ~** (Film, Foto) / zoom lens*, variable-focus lens*, varifocal lens*, zoom *n*, pancratic lens ‖ **reflexgemindertes ~** (Film, Foto) / coated lens* ‖ **symmetrisches ~** (Opt) / symmetrical lens ‖ **vergütetes ~** (Film, Foto) / coated lens* ‖ **verkittetes zweiteiliges ~** (Opt) / cemented doublet ‖ **viellinsiges ~** (Foto, Opt) / multielement lens, multicomponent lens ‖ **zweiteiliges ~** (Foto, Opt) / doublet* *n*, doublet lens ‖ ~ **langer Brennweite** (dessen Brennweite die vorgesehene Diagonale der Bildgröße merklich überschreitet) (mit einem genutzten Bildwinkel kleiner als 20°) (Foto) / telephoto lens*, true telephoto lens, telephotographic lens, long lens, telephoto *n*

**Objektiv • abdeckung** *f* (TV) / flag* *n*, french flag* ‖ ~**anschluß** *m* (Foto) / lens mount*, lens mounting ‖ ~**berechnung** *f* (Opt) / lens design ‖ ~**blende** *f* (Opt) / lens stop ‖ ~**brett** *n* (Foto, Opt) / lens panel ‖ **schwenkbares ~brett** (Foto) / swing front ‖ ~**deckel** *m* (Foto) / lens cap*, front-lens cap, objective cap ‖ ~**fassung** *f* (Opt) / lens mount, objective mount ‖ ~**glied** *n* (Opt) / element* *n*, lens element ‖ ~**ierung** *f* (eines Vorgangs oder eines Zustands) (Phys) / objectivization *n* ‖ ~**lichtstärke** *f* (Opt) / lens speed ‖ ~**öffnung** *f* (Opt) / objective aperture, lens aperture ‖ ~**pinsel** *m* (Foto) / lens brush ‖ ~**prisma** *n* (vor das Objektiv des Teleskops gesetztes Glasprisma, das das punktförmige fokale Bild der Sterne zu Spektren auszieht) (Astr) / objective prism* ‖ ~**revolver** *m* (Film, TV) / cine turret, lens turret ‖ ~**revolver** (eine Objektivwechselvorrichtung) (des Mikroskops) (Mikros) / revolving nosepiece *n* ‖ ~**standarte** *f* (Foto, Opt) / lens panel ‖ ~**tubus** *m* (Foto) / lens barrel* ‖ ~**vorsatz** *m* (Film, Foto) / lens attachment, lens adapter ‖ ~**wechsler** *m* (Mikros) / revolving nosepiece *n*

**Objekt • kammer** *f* (des Elektronenmikroskops) (Mikros) / specimen chamber ‖ ~**klammer** *f* (Mikros) / spring lever, spring clamp, spring clip ‖ ~**klasse** *f* (die gleichartige Objekte umfaßt) (EDV, KI) / entity set, object class ‖ ~**kode** *m* (EDV) / object code ‖ ~**kontrast** *m* (Foto) / subject contrast (luminance range of the subject matter) ‖ ~**kontrast** (Foto, Opt) / object contrast ‖ ~**menge** *f* **mit bekannter Klassenzugehörigkeit** (Math) / sample *n* ‖ ~**meßplatte** *f* (Mikros) / stage micrometer disk ‖ ~**messung** *f* (Bestimmung der mittleren Objektleuchtdichte - bei den Belichtungsmessern) (Foto) / reflected-light reading ‖ ~**mikrometer** *n* (Mikros) / stage micrometer* ‖ ~**orientiert** *adj* (EDV) / object-oriented *adj* ‖ ~**programm** *n* (EDV) / object program ‖ ~**programm** (das vom Compiler übersetzte Quellenprogramm) (EDV) / machine program, object program*, target program ‖ ~**punkt** *m* (Opt) / object point ‖ ~**raum** *m* (Opt) / object space ‖ ~**rechner** *m* (Opt) / object computer, object machine ‖ ~**schleuse** *f* (im Elektronenmikroskop) (Mikros) / specimen-insertion airlock *n*, object sluice ‖ ~**schutz** *m* (im allgemeinen) / physical protection ‖ ~**schutz** (z.B. vor Anschlägen) / plant security, site security ‖ ~**schutzleuchte** *f* (HuT) / security luminaire, security lighting fixture ‖ ~**seite** *f* (Opt) / object side ‖ **~seitige Brennebene** (Opt) / front focal plane ‖ **~seitige Brennweite** (Opt) / front focal length, FFL ‖ ~**sprache** *f* (als Gegenstand der Metasprache) / object language ‖ ~**strahl** *m* (Opt) / object ray ‖ ~**teppich** *m* (Tex) / contract carpet, commercial carpet (US) ‖ ~**tisch** *m* (Mikros) / microscope stage, stage *n*, specimen stage ‖ ~**träger** *m*

**Objekttyp**
(Mikros) / specimen slide, slide *n*, microscope glide ‖ ⁓**typ** *m* (der eine Objektklasse durch eine Menge von Attributen und/oder Operationen, die auf der gleichen Objektklasse definiert sind, typisiert) (EDV, KI) / entity type ‖ ⁓**umfang** *m* (Foto) / luminance range ‖ ⁓**variable** *f* (EDV, KI, Math) / object variable, individual variable ‖ ⁓**weite** *f* (Opt) / object distance ‖ ⁓**welle** *f* (in der Holografie) / object wave

**obligatorisch** *adj* / mandatory *adj* ‖ ⁓**e Bohrung** (Erdöl) / obligatory drilling

**Obliquität** *f* / obliquity *n*, slant *n*, obliqueness *n*

**oblong** *adj* / oblong *adj*, elongated *adj*

**Oblongformat** *n* (ein altes Fotoformat) (Foto) / oblong size

**OBM-Verfahren** *n* (ein Sauerstoffdurchblasverfahren) (Hütt) / oxygen-bottom Maximilianshütte process

**OBO-Schiff** *n* (ein Massengutschiff) (Schiff) / oil-bulk-ore carrier, OBO carrier

**Ob-Protein** *n* (Biochem) / leptin *n*

**obsequent • er Fluß** (der in einer Schichtstufenlandschaft entgegen der Schichtneigung fließt) (Geol) / obsequent stream, obsequent river ‖ ~**er Fluß** (Geol) s. auch Folgefluß und Nachfolgefluß

**Observable** *f* (beobachtbare physikalische Größe, wie Energie, Impuls, Parität usw.) (Phys) / observable *n* ‖ **kommensurable** ⁓ (ein Paar von Observablen, für das keine Unschärferelation gilt, d.h., das prinzipiell gleichzeitig genau gemessen werden kann) (Phys) / commensurable observables

**Observation** *f* (Psychol) / observation *n*

**Observatorium** *n* (pl. -rien) (z.B. Stern- oder Wetterwarte) / observatory *n* ‖ ⁓ **für Hochenergieastronomie** (Astr) / high-energy astronomy observatory, HEAO

**observieren** *v* (Psychol) / observe *v*

**Obsidian** *m* (junges Glas) (Geol) / obsidian* *n* (volcanic glass) ‖ **Edler** ⁓ (Geol) / marekanite* *n*

**Obsoleszenz** *f* (der Produkte in der Absatzwirtschaft) / obsolescence *n*

**Obst • anlage** *f* (Landw) / orchard *n* ‖ **Heizvorrichtung für** ⁓**anlagen** (Landw) / orchard heater ‖ ⁓**banane** *f* (Nahr) / banana *n* ‖ ⁓**bauer** *m* (Landw) / fruiter *n* (GB), fruit farmer, fruit grower ‖ ⁓**baum** *m* (For, Landw) / fruiter *n* ‖ ⁓**bauschlepper** *m* (Landw) / orchard tractor ‖ ⁓**fliege** *f* (Familie Drosophilidae) (Gen, Nahr, Zool) / vinegar fly, fruit fly ‖ ⁓**gelee** *n* (aus linear kolloidalen Pektinen von Früchten) (Nahr) / fruit jelly ‖ ⁓**kern** *m* (Apfel, Birne, Orange) (Nahr) / pip *n* ‖ ⁓**konserve** *f* (Nahr) / preserve *n* (preserved fruit) ‖ ⁓**kunde** *f* (Landw, Nahr) / pomology *n* ‖ ⁓**plantage** *f* (Landw) / orchard *n* ‖ ⁓**preßsaft** *m* (Nahr) / fruit juice ‖ ⁓**züchter** *m* (Landw) / fruiter *n* (GB), fruit farmer, fruit grower

**Obus** *m* (Kfz) / trolleybus *n* (GB)*, trackless trolley (US), trolley *n* ‖ ⁓**fahrleitungsdraht** *m* (Eltech, Kfz) / overhead trolley wire

**OC** (Stats) / operating characteristic curve, OC curve, operating characteristic, operation characteristic

**Occhiarbeit** *f* (Tex) / tatting *n*

**Occur-check** *m* (Überprüfung, ob nicht ein Teil einer Datenstruktur auf die gesamte Datenstruktur verweist) (EDV, KI) / occur check

**Ocean-dumping** *n* (Ausbringung von Abfallstoffen mit Spezialschiffen auf dem Meer) (Umwelt) / ocean dumping, ocean disposal, dumping at sea

**Ocean-Floor-Spreading** *n* (Geol, Ozean) / sea-floor spreading*, ocean-floor spreading

**Ochratoxin** *n* (Mycotoxin von Schimmelpilzen) (Chem) / ochratoxin *n*

**Ochre Codon** *n* (Gen) / ochre codon

**Ochsen • auge** *n* (eine Fensterform) (Arch) / bull's eye ‖ ⁓**auge** (kreisförmiges od. ovales Fenster) (Bau) / eye* *n*, ox-eye* *n*, œil-de-bœuf window ‖ ⁓**blutglasur** *f* (Keram) / sang de bœuf *n* ‖ ⁓**galle** *f* (Fel tauri) / ox-gall *n* ‖ ⁓**gallenseife** *f* (Chem) / ox-gall soap ‖ ⁓**haut** *f* (Leder) / ox-hide *n*, steer hide ‖ ⁓**kopf** *m* (Math) / deltoid *n*

**Öchsle** *n* (Nahr) / degree Oechsle ‖ ⁓**grad** *m* (Einheit für das spezifische Gewicht des Mostes) (Nahr) / degree Oechsle ‖ ⁓**waage** *f* (nach F. Öchsle, 1774-1852) (Nahr) / must gauge, mustmeter *n*

**Ocimen** *n* (ungesättigtes acyclisches Monoterpen) (Chem) / ocimene *n*

**Ocker** *n* (ein Verwitterungsprodukt von Eisenerzen, auch natürliches Eisenoxidpigment) (Min) / ochre *n*, ocher *n* ‖ **gelber** ⁓ (Anstr) / yellow ochre, Oxford chrome ‖ **rote** ⁓**erde** (stark mit Ton verunreinigtes Eisen(III)-oxid) (Anstr, Min) / reddle* *n*, red ochre, red ocher (US), raddle *n*, ruddle *n*

**OC-Kurve** *f* (die über die Eignung des dem Stichprobenplan zugrunde gelegten Testes und die Prüfschärfe des Stichprobenplanes entscheidet) (Stats) / operating characteristic curve, OC curve, operating characteristic, operation characteristic

**OC/load** *n* (auf die $BSB_5$-Belastung des Abwassers bezogenes Sauerstoffeintragsvermögen - DIN 4045) (Umwelt) / OC load

**Ocotea-Öl** *n* / ocotea cymbarum oil, ocotea oil

**Ocrat-Verfahren** *n* (bei dem Betonfertigteile im Vakuum oder unter Druck mit gasförmigen $SiF_4$ behandelt werden) (Bau, HuT) / ocratation *n*

**OCR • -Beleg** *m* (EDV) / OCR document ‖ ⁓**-Karbonfarbband** *n* (EDV) / OCR carbon ribbon ‖ ⁓**-Nachkodierer** *m* (EDV) / OCR postcoder ⁓**-Schrift** *f* (EDV) / OCR font ‖ ⁓**-Vorkodierer** *m* (EDV) / OCR precoder

**oct** (ein Frequenzmeßintervall, dessen Frequenzverhältnis 2 ist - DIN 13320) (Fernm) / octave* *n*

**OCT** (EDV, Math) / octal *adj*

**Octa • decanol** *n* (Chem) / stearyl alcohol, 1-octadecanol *n*, octadecyl alcohol ‖ ⁓**decansäure** *f* (Chem) / stearic acid*, octadecanoic acid ‖ ⁓**decansäureamid** *n* (Chem, Erdöl) / stearic acid amide, stearamide *n* ‖ ⁓**decansäurechlorid** *n* (Chem) / stearoyl chloride ‖ ⁓**decylalkohol** *m* (Chem) / stearyl alcohol, 1-octadecanol *n*, octadecyl alcohol ‖ ⁓**decylisocyanat** *n* (Chem) / octadecyl isocyanate ‖ ⁓**decylsilan** *n* (Chem) / octadecylsilane *n*, ODS

**Octalcodierer** *m* (EDV) / octal encoder

**Octaldecodierer** *m* (EDV) / octal decoder

**Octan** *n* (Kohlenwasserstoff der Alkanreihe) (Chem) / octane* (oct) *n*

**Octanal** *n* (Chem) / octanal *n*, octyl aldehyde

**Octandisäure** *f* (Chem) / suberic acid, octanedioic acid

**Octanoat** *n* (Chem) / octanoate *n*

**Octanol** *n* (aliphatischer, gesättigter, einwertiger Alkohol der Oktane mit der allgemeinen Formel $C_8H_{17}OH$) (Chem) / octyl alcohol*, capryl alcohol*

**Octanzahl** *f* (eine Kennzahl für die Klopffestigkeit von flüssigen Kraftstoffen) (Kftst) / octane number*, ON

**Octen** *n* (Chem) / octene *n*, octylene *n*

**Octyl • alkohol** *m* (aliphatischer, gesättigter, einwertiger Alkohol der Oktane mit der allgemeinen Formel $C_8H_{17}OH$) (Chem) / octyl alcohol*, capryl alcohol* ‖ ⁓**decylphthalat** *n* (Chem) / octyldecyl phthalate

**ODA** (EDV) / Office Document Architecture, ODA

**Oddo-Harkinssche Regel** (Geol) / Oddo-Harkins rule

**Odds** *pl* (in der Kontingenztabellenanalyse) (Stats) / odds* *pl*

**öde** *adj* (verlassen) / deserted *adj* ‖ ~ (Landschaft) / bleak *adj*

**ODER, ausschließendes** ⁓ (EDV, Regeln) / antivalence *n*, exclusive OR, anticoincidence *n*, non-equivalence *n*, EXOR, XOR ‖ **einschließendes** ⁓ (EDV, Regeln) / inclusive OR, alteration *n* ‖ ⁓**-Funktion** *f* (mit einschließendem ODER) (EDV) / inclusive-OR operation, disjunction *n*, EITHER-OR operation, OR-operation *n*, logical add ‖ ⁓**-Glied** *n* (EDV) / OR element, OR gate*, mix gate ‖ ⁓**-Glied** (gemäß der einschließenden ODER-Funktion) (EDV) / inclusive-OR element ‖ ⁓**-Schaltung** *f* (EDV) / OR circuit, mixer *n* ‖ ⁓**-Schaltung** (EDV) / inclusive-OR circuit ‖ ⁓**-Verknüpfung** *f* (DIN 44300) (EDV) / inclusive-OR operation, disjunction *n*, EITHER-OR operation, OR-operation *n*, logical add ‖ ⁓**-Verknüpfung** (mit dem einschließenden ODER) (EDV, Math) / disjunction *n*

**ODL** (Radiol) / ambient-dose rate

**Ödland** *n* (Landw) / wasteland *n* ‖ ⁓ (Landw) / fallow *n*, fallow land, wasteland *n*, old field

**ODMR-Spektroskopie** *f* (ein spektroskopisches Verfahren, das die Wechselwirkung zwischen den ungepaarten Elektronen eines Moleküls im Triplettzustand und einem magnetischen Feld untersucht) (Spektr) / ODMR spectroscopy

**Ödometer** *n* (HuT) / consolidation press, oedometer *n*, consolidometer *n*, odometer *n*

**Odontolith** *m* (die von Urwelttieren ausgefällten Knochen und Zähne) (Min) / bone turquoise*, odontolite* *n*

**Odorans** *n* (pl. -anzien oder -antia) (Chem) / odorant *n*

**Odorieranlage** *f* (für Gase) (Chem Verf) / odorizer *n*

**odorieren** *v* (Chem Verf) / odorize *v* ‖ ⁓ *n* (von giftigen Gasen) (Chem Verf) / odorization *n*

**Odoriermittel** *n* (Chem) / odorant *n*

**Odorierung** *f* (von giftigen Gasen) (Chem Verf) / odorization *n*

**Odorimetrie** *f* (Chem, Med, Umwelt) / odorimetry* *n*, olfactometry* *n*

**Odorisator** *m* (Chem Verf) / odorizer *n*

**odorisieren** *v* (Chem Verf) / odorize *v*

**Odorisierung** *f* (von giftigen Gasen) (Chem Verf) / odorization *n*

**Odorisierungsmittel** *n* (Chem) / odorant *n*

**ODP** (DIN 7732) (Chem) / octyldecyl phthalate ‖ ⁓ (Geophys, Umwelt) / ozone-depletion potential, ODP

**Oe** (Elektr) / oersted* *n*

**Oeillet-Verfahren** *n* (Tiefziehen direkt vom Band für kleine Hülsen und Näpfe) (Hütt) / oeillet process, eyelet process

**o-Elektron** *n* (Kernphys) / o-electron* *n*

**OEM** (EDV, Masch) / original equipment manufacturer* (US), OEM ‖ ⁓**-Hersteller** *m* (von Geräten, die in andere Systeme eingebaut werden) (EDV, Masch) / OEM*, original equipment manufacturer* ‖ ⁓**-Kunde** *m* (EDV, Masch) / OEM customer

**OE-Rotor** *m* (Spinn) / open-end rotor

**OE-Rotorspinnen** *n* (Spinn) / rotor spinning*

**Oersted** *n* (nicht mehr zugelassene Einheit der magnetischen Feldstärke nach H.Ch. Oersted, 1777-1851) (Elektr) / oersted* *n*

**Oertz-Ruder** *n* (Schiff) / partially balanced rudder
**OES** (Spektr) / atomic emission spectroscopy, AES
**OE-Spinnen** *n* (Turbinenspinnverfahren) (Spinn) / open-end spinning*, OE spinning, break spinning*
**OE-Spinnverfahren** *n* (Turbinenspinnverfahren) (Spinn) / open-end spinning*, OE spinning, break spinning*
**Ofen** *m* (für Heiz- und Kochzwecke) (Bau, Wärm) / stove *n* ‖ ~ (Hütt, Masch) / furnace *n*, oven-type furnace*, industrial kiln ‖ ~ (als Quelle der Molekülstrahlen) (Phys) / oven chamber ‖ **außenbeheizter** ~ / externally heated furnace ‖ **halbgemuffelter** ~ (Keram) / semimuffle-type furnace*, semimuffle furnace ‖ **in einem** ~ **trocknen** (Anstr) / stove *v*, bake *v* (US) ‖ **induktionsbeheizter** ~ (Eltech) / induction furnace* ‖ **kippbarer** ~ / tilting furnace ‖ **kontinuierlich arbeitender** ~ / continuous furnace*, continuous kiln ‖ **kontinuierlich beschickter** ~ / continuous furnace*, continuous kiln ‖ **metallurgischer** ~ (Hütt) / metallurgical furnace ‖ **oberzügiger** ~ (Keram) / up-draught kiln, updraft kiln ‖ **rotierender** ~ (Keram) / rotary kiln ‖ **unterzügiger** ~ (Keram) / down-draught kiln, downdraft kiln ‖ ~ *m* **für durchlaufenden Betrieb** / continuous furnace*, continuous kiln ‖ ~ **mit konstantem Temperaturgefälle** / thermal gradient furnace, Rosenhain furnace ‖ ~ **mit satzweiser Beschickung** / batch furnace*, periodic furnace
**Ofen·abwärme** *f* / furnace waste heat, kiln waste heat ‖ ~**alterung** *f* (z.B. in einem Zellenofen) (Chem Verf) / oven ageing, oven aging ‖ ~**ansatz** *m* (Hütt) / accretion *n* ‖ ~**anschlußwert** *m* (Eltech) / furnace wattage, kiln wattage ‖ ~**anwuchs** *m* (Hütt) / accretion *n* ‖ ~**atmosphäre** *f* (oxidierende, reduzierende, inerte) (Wärm) / furnace atmosphere*, kiln atmosphere ‖ ~**auskleidung** *f* (meistens mehrschichtige) (Hütt) / furnace lining* ‖ ~**bär** *m* (durch verfestigte Schlacke hervorgerufene Verstopfung in Hochöfen) (Hütt) / skull *n*, bear *n*, sow *n*, salamander *n*, shadrach *n* ‖ ~**batterie** *f* / furnace battery ‖ ~**decke** *f* (Hütt) / furnace arch, furnace crown, furnace roof ‖ ~**durchsatz** *m* / furnace throughput ‖ ~**einhausung** *f* (Hütt) / furnace enclosure ‖ ~**engobe** *f* (Keram) / kiln wash (a coating, usually consisting of refractory clay and silica, applied to the surface of kilns and kiln furniture to protect them from volatile glazes or glaze drops from ware being fired) ‖ ~**fallend** *adj* (Branntkalk) (Bau) / run-of-kiln *attr* ‖ ~**futter** *n* (Hütt) / furnace lining* ‖ ~**gang** *m* (Prozeß und Zeitraum) (Hütt) / furnace campaign, run of a furnace ‖ ~**gefäß** *n* / furnace vessel ‖ ~**gefäß** (z.B. eines Elektroreduktionsofens) (Hütt) / shell *n*, furnace shell ‖ ~**gesäß** *n* (Glas) / siege* *n*, seat *n*, bench *n* ‖ ~**getrocknet** *adj* / oven-dry *adj*, kiln-dry *adj* ‖ ~**gewölbe** *n* (Hütt) / furnace arch, furnace crown, furnace roof ‖ ~**griff** *m* (Bau) / oven handle ‖ ~**härtend** *adj* (Anstr) / oven-curable *adj* ‖ ~**hartlöten** *n* (Hütt) / furnace brazing* ‖ ~**hartlöten im Vakuum** (Hütt, Vakuumt) / furnace vacuum brazing ‖ ~**kachel** *f* (zur Verkleidung von Öfen) (Keram) / Dutch tile ‖ ~**kampagne** *f* (Hütt) / furnace campaign, run of a furnace ‖ ~**löten** (Hütt) / furnace soldering ‖ ~**mantel** *m* (Hütt) / furnace shell *n* ‖ ~**mauerung** *f* / furnace setting ‖ ~**panzer** *m* (Hütt) / buck plate(s)* ‖ ~**periskop** *n* (optische Sonde) (Glas) / periscope *n* ‖ ~**raumtemperatur** *f* (Hütt) / furnace-chamber temperature ‖ ~**regelung** *f* / furnace control ‖ ~**reihe** *f* / furnace battery ‖ ~**reise** *f* (Hütt) / furnace campaign, run of a furnace ‖ ~**rohr** *n* (Bau) / stove-pipe *n* ‖ ~**rollgang** *m* (Hütt) / furnace table ‖ ~**rost** *m* (Masch, Wärm) / furnace grate ‖ ~**ruß** *m* (Chem Verf) / furnace black ‖ **schnellspritzbarer** ~**ruß** / fast-extruding furnace black, FEF ‖ ~**sau** *f* (durch verfestigte Schlacke hervorgerufene Verstopfung in Hochöfen) (Hütt) / skull *n*, bear *n*, sow *n*, salamander *n*, shadrach *n* ‖ ~**schacht** *m* / furnace shaft ‖ ~**scherben** *f pl* (Glas) / rock cullet ‖ ~**setzer** *m* (Arbeiter) (Keram) / setter *n* (the operator placing ware in a kiln) ‖ ~**sohle** *f* (bei einem Schmelzofen) (Hütt) / furnace bottom, furnace seat ‖ ~**sohle** (Keram) / kiln floor ‖ ~**sumpf** *m* / furnace sump ‖ ~**transformator** *m* (zur Versorgung eines Lichtbogenofens) (Eltech) / furnace transformer, arc-furnace transformer ‖ ~**trocken** *adj* / oven-dry *adj*, kiln-dry *adj* ‖ ~**trocknend** *adj* / stoving *adj*, baking *adj* (US) ‖ ~**trocknender Lack** (Anstr) / baking varnish (US), baking enamel (US), stoving enamel (GB), stoving material, stoving finish, stove-enamel *n*, baking finish ‖ ~**trocknung** *f* (im allgemeinen) / oven drying, kiln drying ‖ ~**trocknung** (unter 82 °C) (Anstr) / force drying* ‖ ~**trocknung** (Anstr, Keram) / stoving* *n*, baking *n* (US) ‖ ~**tür** *f* (Hütt) / fire door* ‖ **gemauerte** ~**tür** (Hütt) / wicket *n* (a temporay refractory door in a furnace) ‖ **zumauerbare** ~**tür** (Hütt) / wicket *n* (a temporay refractory door in a furnace) ‖ ~**verfahren** *n* (Chem Verf) / furnace process ‖ ~**wagen** *m* (Keram) / kiln car (a movable carriage or truck with one or more platforms on which ware is placed for transport through a kiln) ‖ ~**wand** *f* / furnace wall ‖ ~**werkstoff** *m* / furnace material, kiln material ‖ ~**zug** *m* / flue *n* (of the furnace, kiln) ‖ ~**zustellung** *f* (Hütt) / furnace lining*
**Off, im** ~ **(i.O.)** (TV) / out of vision (OOV)

**Off-axis-Nachführung** *f* (Teil der Ausrüstung von Amateurastrofotografen, der die Verwendung eines teuren Leitrohrs entbehrlich macht) (Astr) / off-axis tracking, off-axis guiding
**offen** *adj* (Feuer, Licht) / naked *adj* ‖ ~ / open *adj* ‖ ~ / exposed *adj* ‖ ~ / obvious *adj* ‖ ~ (System) (EDV) / open *adj* ‖ ~ (Leitung, Kontakt) (Eltech) / open-circuited *adj*, open-circuit *attr* ‖ ~ (Garn) (Tex) / lofty *adj*, open *adj* ‖ **erst** ~**es Wasser** (Klausel im Holzhandel) (For) / first open water, f.o.w. ‖ ~**e Abbildung** (eine Abbildung eines topologischen Raumes in einen topologischen Raum, wobei das Bild jeder offenen Menge eine offene Menge ist) (Math) / open map ‖ ~**er Anker** (Eltech) / open-coil armature ‖ ~**e Antiklinale** (Geol) / nose *n* ‖ ~**es Auge** (Bau) / open newel, hollow newel* ‖ ~**er Ausbau** (Bergb) / open timbering ‖ ~**es Auto** (Kfz) / cabriolet *n*, cabrio *n*, convertible *n*, soft-roof convertible (US), drophead *n* (GB), drop-top *n* (GB) ‖ ~**e Baugrube** (Bau, HuT) / open cut ‖ ~**e Bauweise** (eine Tunnelbauweise) (HuT) / open cut ‖ ~**e Bauweise** (einer Untergrundbahn, eines Tunnels) (HuT) / cut-and-cover* *n* ‖ ~**er Belag** (des Schleifpapiers mit Bestreuungsmittel) / open coat ‖ ~**es Bohrloch** (Erdöl) / open hole ‖ ~**er Brennstoffkreislauf** (Nukl) / open fuel cycle ‖ ~**e Bundglühung** (Hütt) / open-coil annealing ‖ ~**er Container** (mit fehlender Dachkonstruktion - für den Transport von nässeunempfindlichen Gütern) (Schiff) / open-top container ‖ ~**e Dachkehle** (mit Dachrinne) (Bau) / open valley ‖ ~**e Destillation** (Chem Verf) / differential distillation ‖ ~**e Dreieckschaltung** (Eltech) / V-connection* ‖ ~**e delta connection*** ‖ ~**e Falte** (Geol) / open fold ‖ ~**er Faulbehälter** (Faulbehälter unter Verzicht auf Faulgasgewinnung und Beheizung - DIN 4045) (Sanitär) / open digester *n* ‖ ~**e Feldscheune** (Landw) / Dutch barn ‖ ~**es Feuer** (Bau) / open fire ‖ ~**e Flamme** / open flame, naked flame ‖ ~**er Flammpunktprüfer nach Cleveland** (zur Bestimmung des Flamm- und Brennpunktes gemäß ASTM D 92 bzw. IP 36) / Cleveland open-cup tester, Cleveland open-cup apparatus ‖ ~**e Form** (Gieß) / open mould ‖ ~**e Fuge** (For) / open joint ‖ ~**e Gallierung** (Web) / open tie-up ‖ ~**e Gasturbinenanlage** (Masch) / open gas-turbine system ‖ ~**es Geleucht** (Bergb) / naked light, open light ‖ ~**e Gerinne** (Hyd, Wärm) / open channel ‖ ~**es Gesenk** (Masch) / open die ‖ ~**es Gewebe** (Tex) / open fabric, open weave, loosely woven fabric ‖ ~**es Gitter** (Eltronik) / floating grid, free-floating grid ‖ ~**er Grubenbrand** (Ursache: Fremdzündung) (Bergb) / open fire, blazing fire ‖ ~**er Güterwagen** (Bahn) / gondola *n* (US), open goods waggon, open waggon, open-top car, open goods car ‖ ~**er Güterwagen mit klappbaren Stirnwänden** (Bahn) / drop-end gondola ‖ ~**er Hafen** (Glas) / open pot ‖ ~**er Heißwasserspeicher** / expansion boiler ‖ ~**er Herdguß** (in nicht abgedeckten Herdformen) (Gieß) / open-sand casting ‖ ~**es Intervall** (Math) / open interval* ‖ ~**es Kaliber** (Hütt) / open pass ‖ ~**er Kanal** (Hyd, Wärm) / open channel ‖ ~**er Kanal** (eine Einrichtung in Kabelfernsehnetzen) (TV) / public channel ‖ ~**e Kantenfolge** (in einem Grafen) / open walk ‖ ~**er Kern** (ohne äußeren Eisenschluß) (Eltech) / open core ‖ ~**e Kette** (Chem) / open chain ‖ ~**e Klasse** (bei Segelflugmeisterschaften) (Luftf) / open class ‖ ~**er Kollektor** (Eltronik) / open collector ‖ ~**e Kommunikation** (Kommunikationsmöglichkeit eines jeden an ein Fernmeldenetz angeschlossenen Gerätes mit jedem anderen - DIN ISO 7498) (EDV) / open systems interconnection (OSI) ‖ ~**es Kommunikationssystem** (gemäß ISO-Referenzmodell) (Fernm) / open-system architecture ‖ ~**e Kreisscheibe** (Math) / area of the circle, circular area, circle *n* (area), disk *n* ‖ ~**e Kugel** (Math) / open ball ‖ ~**er Kühlturm** / atmospheric cooling tower ‖ ~**es LAN** (EDV) / open LAN ‖ ~**es Leseraster** (Biol) / open reading frame (ORF) ‖ ~**er Lichtbogen** (Eltech) / open arc ‖ ~**es Lichtbogen-Schmelzschweißen mit Kohleelektroden** (Schw) / Benardos welding, Benardos process, carbon-arc welding* ‖ ~**es Lichtbogen-Schmelzschweißen mit Metallelektroden** (Schw) / Slavianoff welding, Slavianoff process, metal-arc welding ‖ ~**es Lichtbogenschweißen** (Schw) / open-arc welding ‖ ~**er Lunker** (Makrolunker) (Gieß) / pipe *n* ‖ ~**e Maschine** (Eltech) / open machine ‖ ~**es Meer** (Ozean, Schiff) / open sea, high sea ‖ ~**e Menge** (wenn es zu jedem ihrer Punkte eine Umgebung gibt, die auch zu ihr gehört) (Math) / open set* ‖ ~**es Netz** (Eltech) / open network ‖ ~**es Netzwerksystem** (EDV) / open systems interconnection (OSI) ‖ ~**e Nut** (Eltech) / open slot ‖ ~**er Polygonzug** (Verm) / open traverse* ‖ ~**e Pore** (For, Pulv) / open pore* ‖ ~**e Prozeßkopplung** (DIN 66201) (EDV) / on-line open loop (interfacing) ‖ ~**e Reede** (Schiff) / open roadstead ‖ ~**er Riemenantrieb** (bei dem sich die beiden Riemenstränge nicht kreuzen) (Masch) / open-belt drive ‖ ~**es Riemengetriebe** (Masch) / open-belt drive ‖ ~**er Ringschlüssel** (zum Betätigen von Überwurfmuttern und Schrauben an Rohrleitungen) (Werkz) / flare nut wrench, line wrench ‖ ~**er Riß** (For) / open split ‖ ~**e Schicht des Bestreuungsmittels** (auf dem Schleifpapier) / open coat ‖ ~**es Schiff** (ein Stückgut- oder Schüttgutfrachtschiff) (Schiff) / all-hatch ship, open ship ‖ ~**er**

**offen**

**Schlüssel** (bei Verschlüsselung von Daten) (EDV) / public key ‖ **~er Schnellieferwagen** (Kfz) / pick-up n, light lorry ‖ **~e See** (Ozean, Schiff) / open sea, high sea ‖ **~e** (= rechte) **Seite** (bei Furnieren) (For) / loose side ‖ **~er Senkkasten** (HuT) / open caisson ‖ **~e Sicherung** (Eltech) / open-wire fuse, open fuse ‖ **~e Siebfläche** (Aufber) / open area, open screening area ‖ **~er Speiser** (Gieß) / open feeder, open riser ‖ **~e Spitzwinkelzahnung** (bei Sägen) (For) / skip teeth ‖ **~e Stellung** (Eltech) / open position ‖ **~er Sternhaufen** (z.B. Plejaden) (Astr) / open cluster*, galactic cluster* ‖ **~e Streuung** (beim Schleifpapier) / open coat(ing), open grain ‖ **~er Stromkreis** (Eltech) / open circuit*, OC ‖ **~es System** (Online-Prozeßkopplung, bei der die Datenübertragung allein in einer Richtung automatisch erfolgt) (EDV) / open-loop system ‖ **~es** (= ausbaufähiges) **System** (EDV) / open-ended system, OES ‖ **~es System** (das seinen Zustand in ständigem Energie- und Materieaustausch mit der Umgebung stationär beibehält) (Phys) / open system ‖ **~es System** (Phys, Regeln) / open system ‖ **~er Tiegel** (eines Flammpunktgeräts) / open cup ‖ **~er Tiegel nach Cleveland** / Cleveland open-cup tester, Cleveland open-cup apparatus ‖ **~es Unterprogramm** (das zwar nur einmal programmiert, aber in anderen Programmfolgen so oft eingesetzt werden kann, wie es nötig ist) (EDV) / open subroutine*, direct insert subroutine ‖ **~e Veranda** (Bau) / stoop* n, stoep* n ‖ **~es Vereisungsnetz** (Luftf) / gapped ice guard ‖ **~ vergossener Stahl** (Hütt) / open-poured steel ‖ **~e volle Öse** (z.B. bei Zugfedern) (Masch) / open full loop ‖ **~e Walzstraße** (Hütt) / looping mill, in-line mill ‖ **~es Walzwerk** (Hütt) / looping mill, in-line mill ‖ **~er Wasserkanal** (Luftf) / water channel* ‖ **~er Wasserlauf** (Hyd, Wärm) / open channel ‖ **~e Wicklungsnut** (Eltech) / open slot* ‖ **~er Windkanal** (ohne Luftrückführung) (Luftf) / Eiffel wind tunnel* ‖ **~er Windkanal** (ohne Luftrückführung) (Luftf) / open-jet wind tunnel*, non-return-flow wind tunnel* ‖ **~e Wirkungskette** (Regeln) / open loop ‖ **~er Wirkungskreis** (Regeln) / open loop ‖ **~e Zeichenfolge** (EDV) / open string ‖ **~er Zweisitzer** (Kfz) / roadster n
**offenbar** adj (Mangel) / obvious adj
**Offen·barung** f (der Erfindung) / disclosure n ‖ **~bleiben** (Kontakt - ein Fehler) (Eltech) / hangup vi ‖ **~bleibender Relaiskontakt** (Eltech) / hang-up n ‖ **⁓blende** f (Foto) / full aperture* ‖ **⁓blendenmessung** f (Foto) / full-aperture metering ‖ **⁓end-Rotorspinnen** n (Spinn) / rotor spinning* ‖ **⁓endspinnen** n (Turbinenspinnverfahren) (Spinn) / open-end spinning*, OE spinning, break spinning* ‖ **⁓fach** n (Web) / open shed ‖ **⁓fachjacquardmaschine** f (Web) / open-shed Jacquard machine ‖ **⁓fachmaschine** f (Web) / open-shed machine ‖ **⁓fachschaftmaschine** f (Web) / open-shed cam dobby ‖ **⁓fahren** n (mit offenem Verdeck) (Kfz) / top-down driving, driving with the top down, topless driving ‖ **~halten** v (Druckbild) (Druck) / keep open v ‖ **⁓heit** f (eines Systems) / open-endedness n ‖ **⁓heit** (Spinn) / loft n (of yarn) ‖ **⁓kettig** adj (Chem) / open-chain attr ‖ **⁓kundige Vorbenutzung** (im Patentrecht) / public prior use ‖ **⁓legung** f (von Daten) (EDV) / disclosure n ‖ **unbeabsichtigte ⁓legung** (von Daten) (EDV) / accidental disclosure ‖ **⁓legungsschrift** f (im Patentwesen) / specification laid open to inspection (A-publication) ‖ **~maschig** adj (Tex) / open-mesh attr ‖ **⁓scheune** f (wetterseitig geschlossene - für Heu) (Landw) / Dutch barn
**offensichtlich** adj / obvious adj
**offen·stehen** v / gape v ‖ **⁓stellung** f (in der die vorgesehene Luftstrecke zwischen geöffneten Schaltstücken im Hauptstromkreis des Leistungsschalters sichergestellt ist) (Eltech) / open position ‖ **⁓stellung** (Masch) / passing position
**öffentlich** adj / public adj (with no access restrictions) ‖ **~e Arbeiten** (die die öffentliche Hand vergibt und finanziert) (HuT) / public works ‖ **~e Ausschreibung** (bei der Vergabe von Aufträgen der öffentlichen Hand - die Interessenten werden aufgefordert, fristgerechte Angebote einzureichen) / open tender ‖ **~e Bauten** (HuT) / public works ‖ **~ bekannter Schlüssel** (bei Verschlüsselung von Daten) (EDV) / public key ‖ **~e Beleuchtung** (Licht) / public lighting ‖ **~er beweglicher** (mobiler) **Landfunk** (Radio) / public-access mobile radio, PAMR ‖ **~e Datenbank** (EDV) / public data bank ‖ **~es Datennetz** (EDV) / public data network (PDN) ‖ **~es Datenübermittlungsnetz** (EDV) / public data network (PDN) ‖ **~er Dienst** / civil service ‖ **~e Fernsprechstelle** (Fernsp) / public pay phone, pay telephone, pay station (US)* ‖ **~es Interesse** / public interest ‖ **~es Netz** (EDV) / public network ‖ **~es Paketvermittlungsnetz** (EDV) / public packet switching network (PPSN) ‖ **~er Personennahverkehr** (Bahn, Kfz) / local public transport, mass transport, mass transit, mass transportation ‖ **~er Personennahverkehr** (nur in der Stadt) (Bahn, Kfz) / urban mass transit, urban mass transportation ‖ **~er Schlüssel** (bei Verschlüsselung von Daten) (EDV) / public key ‖ **~er Sektor** (der staatliche Sektor im Rahmen der volkswirtschaftlichen Gesamtrechnung) / public sector ‖ **~e Toilette** / public toilet, comfort station (US) ‖ **~er Verkehr** (Bahn, Kfz) / local public transport, mass transport, mass transit, mass transportation ‖ **~er**

**Versorgungsbetrieb** (meistens ein unselbständiger Regiebetrieb) / public utility ‖ **~es Versorgungsunternehmen** (meistens ein unselbständiger Regiebetrieb) / public utility
**offenzelliger Schaumstoff** (z.B. Schwammgummi) (Plast) / open-cell foamed plastic
**offerieren** v / offer v
**Offerte** f / offer n
**Off-Flavour** m (negative Geruchs- und/oder Geschmacksabweichungen) (Nahr) / off-flavour n, foreign flavour, off-odour n, taint n
**Office** f (S) (Bau) / pantry n ‖ **⁓ Document Architecture** (erweitert die Regulierungen von X.400 vor allem um Grafik und um die Steuercodes für Formatierungen) (EDV) / Office Document Architecture, ODA
**Officebanking** f (Abwicklung von Bankgeschäften durch Fimenkunden vom Unternehmen aus - eine Art Telebanking) / office banking
**Officepaket** n (Kombipackung der wichtigsten Programme für Büroarbeiten) (EDV) / office package
**Officepublishing** n (Druck, EDV) / office publishing
**Offizin** f (Druckerei) (Druck) / press n
**offizinal** adj (Pharm) / officinal* adj, official* adj
**offizinell** adj (Arzneimittel) (Pharm) / officinal* adj, official* adj ‖ **~e Rinde** (Pharm) / medicinal bark
**Offkommentar** m (Film, TV) / voice-over n
**Off-label-Deal** n (Reduzierung des Preises gegenüber dem auf Packung oder Etikett angegebenen) / off-label deal
**Offline·...** (EDV) / off-line* attr ‖ **⁓-Betrieb** m (EDV) / off-line processing ‖ **⁓-Editieren** (Druck, EDV) / off-line editing* ‖ **⁓-Peripherie** f (EDV) / off-line peripheral equipment
**öffnen** v (entriegeln) / unlock v, unlatch v, release v ‖ **~ / open** v ‖ **~** (ein Fenster) (EDV) / open v ‖ **hier ~ !** (Aufschrift auf der Kiste) / open this end, open here ‖ **sich ~** (Tür, Fenster) / open vi ‖ **~ n** (Masch, Tex) / opening* n ‖ **abwechselndes Schließen und ⁓** (einer Eruptivsonde - um den Gasdruck zu erhöhen) (Erdöl) / stop-cocking n ‖ **~ n des Sägeschnitts um das Einklemmen des Sägeblatts zu vermeiden** (For) / wedging n ‖ **⁓ nach außen** (z.B. des Fensters) (Bau) / outward opening ‖ **⁓ nach innen** (z.B. des Fensters) (Bau) / inward opening
**öffnend, nach außen ~** (Fensterflügel) (Bau) / outward-opening adj, opening out (window) ‖ **nach innen ~** (Fensterflügel) (Bau) / inward-opening adj, opening in (window)
**Öffner** m (Eltech) / normally closed contact, NCC ‖ **⁓** (Tex) / opener n ‖ **⁓abfall** m (Tex) / opener waste
**Öffnung** f (Arch) / aperture n ‖ **⁓** (Bau) / break n ‖ **⁓** (in der Plattenhülle einer Diskette) (EDV) / drive access opening (in the jacket) ‖ **⁓** (Eltech) / window* n ‖ **⁓** (Foto, Opt) / aperture* n, optical aperture* n ‖ **⁓** (zwischen zwei Pfeilern einer Brücke) (HuT) / span* n ‖ **⁓ des Fallschirms** (Luftf) / deployment n ‖ **⁓** (Masch) / port n ‖ **⁓** (Radar, Radio, Radiol) / aperture* n ‖ **freie ⁓** (Opt) / objective aperture, lens aperture ‖ **kleine ⁓** / orifice n ‖ **kreisförmige ⁓** (Opt) / round aperture, circular aperture ‖ **relative ⁓** (Foto, Opt) / aperture ratio, relative aperture, speed* n ‖ **scharfkantige ⁓** (Foto, Opt) / sharp-edged orifice ‖ **verzögerte ⁓** (Luftf) / delayed opening* (of a parachute) ‖ **volle ⁓** (Foto) / full aperture* ‖ **wirksame ⁓** (des Objektivs) (Foto) / effective aperture ‖ **⁓ f des Dampfzylinders** (Masch) / cylinder port ‖ **⁓ für Lese-Schreib-Zugriff** (EDV) / access hole ‖ **⁓ im Scheitel der Kappe** (Fallschirm) (Luftf) / vent* n ‖ **⁓ in dem Zugstück** (des Reißverschlusses) (Tex) / thong hole ‖ **⁓ zur Rohrreinigung** (mittels Stangen) (Bau) / rodding eye*
**Öffnungs·blende** f (Foto, Opt) / aperture stop, stop n ‖ **⁓druck** m (Masch) / opening pressure ‖ **⁓fehler** m (ein Abbildungsfehler, der bei voller Öffnung eines Objektivs oder astronomischen Spiegels wirksam wird, z.B. Koma oder sphärische Aberration) (Opt) / aperture distortion* ‖ **⁓fläche** f (Radar, Radio, Radiol) / aperture* n ‖ **effektive ⁓fläche** (bei den Strömungsberechnungen) / effective area of an orifice ‖ **⁓funke** m (V-Mot) / contact-breaking spark, breaking spark ‖ **⁓kontakt** m (Eltech) / normally closed contact, NCC ‖ **⁓kraft** f (bei Kontakten) (Eltech) / opening force ‖ **⁓spalt** m / aperture slot ‖ **⁓verhältnis** n (Verhältnis des Durchmessers der Eintrittspupille zur Brennweite des Systems; Kehrwert der Blendenzahl) (Foto, Opt) / aperture ratio, relative aperture, speed* n
**Öffnungswinkel** m (der halbe Scheitelwinkel des Kegels, innerhalb dessen die in einen Lichtwellenleiter eingekoppelte Energie gleich einem spezifizierten Bruchteil der gesamten in einen Lichtwellenleiter eingekoppelten Energie ist) (Fernm) / acceptance angle, collection angle ‖ **⁓** (Steuerdiagramm) (Kfz) / angle of opening ‖ **⁓** (Sturz + Spreizung) (Kfz) / included angle, combined angle ‖ **⁓** (Opt) / angular aperture* ‖ **⁓** (der Antenne) (Radio) / apex angle ‖ **effektiver ⁓** (DIN 58140) / effective acceptance angle ‖ **halber ⁓** (DIN 58140) / acceptance one-half angle ‖ **⁓ m der**

**Schweißfuge** (Schw) / included angle of the welding groove ‖ ≃ **des Strahls** (Eltronik) / beam angle, beam width
**Öffnungs•zahl** f (Foto, Opt) / aperture ratio, relative aperture, speed* n ‖ ≃**zahl** (der Kehrwert der relativen Öffnung nach DIN 4521) (Foto, Opt) / f-number* n, aperture number*, focal ratio, f-stop n, stop-number n ‖ ≃**zeit** (Eltech) / opening time ‖ ≃**zeit** (F.Org) / business hours, office hours
**Off-Resonanz-Entkopplung** f (eine Entkopplungstechnik bei der Aufnahme von $^{13}$C-NMR-Spektren) (Spektr) / off-resonance decoupling, partial decoupling
**Offroader** m (Kfz) / off-road vehicle, off-roader n, all-terrain car, all-terrain vehicle, ATV, rough-terrain vehicle
**Offroadfahrzeug** n (Kfz) / off-road vehicle, off-roader n, all-terrain car, all-terrain vehicle, ATV, rough-terrain vehicle
**Offroad-LKW** m (Kfz) / off-highway truck (US)
**Offset** m (Druck) / offset printing*, offset process, offset n ‖ ≃ (unerwünschte Änderung einer elektrischen Größe gegenüber ihrem Bezugswert am Ausgang eines Verstärkers oder eines steuerbaren Bauelements bei Eingangssignal Null) (Eltronik) / offset n ‖ ≃**betrieb** m (Fernm) / carrier offset ‖ ≃**betrieb** (TV) / offset operation ‖ ≃**-crash** m (heute meistens mit 40° Überdeckung) (Kfz) / offset crash ‖ ≃**diode** f (die zur Verschiebung des Gleichspannungspotentials dient) (Eltronik) / offset diode ‖ ≃**-Doppel-Scheibenegge** f (Landw) / offset disk harrow ‖ ≃**druck** (ein Flachdruck) (Druck) / offset printing*, offset process, offset n ‖ **wasserloser** ≃**druck** (Druck) / driography n ‖ **filmloser** ≃**druck** (Druck) / electrostatic printing ‖ ≃**druck** m **mit Lichtsatz** (Druck) / photo-offset n ‖ ≃**drucker** m (Druck) / offset printer ‖ ≃**druckmaschine** f (Druck) / offset printing machine, offset press ‖ ≃**folie** f / direct image offset master ‖ ≃**-Gravurverfahren** n (ein Streichverfahren der Kunststofftechnik) (Plast) / offset gravure coating ‖ ≃**-Line** f (bei Bestimmung der Rißeinleitungswerte) (WP) / offset line ‖ ≃**lithografie** f (Druck) / offset lithography, fine-art offset lithography, lithographic offset, offset litho ‖ ≃**maschine** f (Druck) / offset printing machine, offset press ‖ ≃**montage** f (Druck) / flat n ‖ ≃**papier** n (Pap) / offset paper, offset book paper ‖ ≃**parabolspiegel** m (TV) / offset parabolic reflector ‖ ≃**-policy** f (eine Kompensationsregelung der US-amerikanischen Luftreinhaltepolitik) (Umwelt) / offset policy ‖ ≃**presse** f (Druck) / offset printing machine, offset press ‖ ≃**presse** (von der Trockenpartie) (Pap) / smoothing press ‖ ≃**retusche** f (Druck) / photolithography n ‖ ≃**spannung** f (bei Operationsverstärkern) (Eltronik) / offset voltage ‖ ≃**steuerung** f (des Kugelkäfigs des Kugellagers) (Kfz) / offset control ‖ ≃**walzenauftragen** n (Plast) / offset gravure coating ‖ ≃**walzenauftragmaschine** f (bei dem Offset-Gravurverfahren) (Plast) / offset gravure coater, print coater ‖ ≃**zeitungsrotation** f (Druck) / newspaper offset rotary
**Offshore•-Bauwerk** n (in offener See ortsfest errichtet) (Erdöl) / offshore structure ‖ ≃**-Blowout** m (Erdöl) / offshore blowout ‖ ≃**-Bohren** n (im Schelfgebiet) (Erdöl) / offshore-drilling n ‖ ≃**-Bohrung** f (Erdöl) / offshore-drilling n ‖ **neue** ≃**-Bohrung** (im alten Bohrloch) (Erdöl) / re-entry n (re-establishment of contact with the well's bore hole in offshore waters, after having moved off location) ‖ ≃**-Bohrung** f **in großen Wassertiefen** (Erdöl) / deep-water production technology ‖ ≃**-Exploration** f (Erdöl) / offshore exploration ‖ ≃**-Loading** n (Be- und Entladen großer Tankschiffe an Bojen oder Dalbengruppen in tiefen Wasser vor der Küste) (Schiff) / offshore-loading n ‖ ≃**-Pipeline** f (Erdöl) / offshore pipeline ‖ ≃**-Plattform** f (Erdöl) / offshore platform ‖ ≃**-Shuttle** m (Erdöl) / offshore shuttle ‖ ≃**-Stahl** m (für Offshore-Konstruktionen) (Erdöl, Hütt) / offshore steel
**Offsite-Behandlung** f (des kontaminierten Standorts) (HuT) / offsite-treatment
**Offstimme** f (Film) / voice off
**OFHC-Kupfer** n (Eltech, Hütt) / oxygen-free high-conductivity copper*, OFHC*
**O-Flipflop** n (Eltronik) / JR flip-flop
**Ogdoeder** n (Krist) / ogdohedron (pl -drons or -dra) n
**Ogee-Flügel** m (Überschall) (Luftf) / ogee wing*, ogive n, ogee n, Gothic delta (wing whose basic triangular shape is modified to resemble Gothic window)
**O-Gestell** n (eine Baugruppe der Presse) (Masch) / ring frame, O-frame n, O-type frame
**ogival** adj / ogival adj, ogee-shaped adj ‖ ~**er Flügel** (Luftf) / ogee wing*, ogive n, ogee n, Gothic delta (wing whose basic triangular shape is modified to resemble Gothic window)
**Ogivalflügel** m (Luftf) / ogee wing*, ogive n, ogee n, Gothic delta (wing whose basic triangular shape is modified to resemble Gothic window)
**Ogive** f (auf der Gletscheroberfläche) (Geol) / ogive n, dirt band, Forbes band, Alaskan band ‖ **Galtonsche** ≃ (Math, Stats) / Galtonian curve, Galton ogive

**Ogoue** n (For) / nyankom n, niangon n, wishmore n
**ohc-Motor** m (V-Mot) / ovrhead camshaft engine, OHC engine
**OHC-Motor** m (V-Mot) / ovrhead camshaft engine, OHC engine
**OH-Gruppe** f (Chem) / hydroxyl* n, OH group, hydroxy group
**Ohm** n (abgeleitete SI-Einheit des elektrischen Widerstands - nach G.S. Ohm, 1789-1854) (Elektr) / ohm* n ‖ **thermisches** ≃ (Phys) / thermal ohm*
**Öhmd** n (Landw) / aftermath n, second-cut hay, rowen n (US), fog n
**Ohm-Helmholtzsches Gesetz** (Akus) / Ohm's law of hearing*
**ohmisch** adj (Eltech) / ohmic* adj
**Ohmmeter** n (Einheit des spezifischen elektrischen Widerstandes) (Elektr) / ohm-metre* n ‖ ≃ (in Ohm geeichter Widerstandsmesser) (Eltech) / ohmmeter n
**ohmsch** adj (Eltech) / ohmic* adj ‖ ~**er** (sperrschichtfreier) **Kontakt** (Eltech) / ohmic contact* ‖ ~**er Abschlußwiderstand** (Eltech) / ohmic terminating resistance ‖ ~**e Belastung** (Eltech) / non-reactive load*, non-inductive load* ‖ ~**er Geber** (passiver Meßumformer, wie z.B. ein Dehnungsmeßstreifen) / resistive sensor ‖ ~**es Gesetz** (das Ohr zerlegt jedes Tongemisch in einfache Töne) (Akus) / Ohm's law of hearing* ‖ ~**es Gesetz** (Elektr) / Ohm's law* ‖ ~**e Heizung** / ohmic heating ‖ ~**e Kopplung** (Eltech) / resistance coupling*, resistive coupling, RC ‖ ~**e Last** (Eltech) / resistive load* ‖ ~**er Nebenschluß** (Eltech) / resistive shunt, ohmic shunt ‖ ~**er Potentialabfall** (in der Phasengrenzschicht einer Elektrode) (Eltech) / ohmic overvoltage ‖ ~**er Spannungsabfall** (Eltech) / I.R. drop*, resistance voltage drop ‖ ~**er Verlust** (Eltech) / ohmic loss*, wattful loss*, ohmic dissipation, resistance loss ‖ ~**er Widerstand** (Elektr) / d.c. resistance*, ohmic resistance*, true (ohmic) resistance* ‖ ~**er Widerstand** (im Widerstandsofen) (Eltech) / resistor* ‖ ~**er Widerstand des Mitsystems** (Eltech) / positive-sequence resistance ‖ ~**er Zweig** (Eltech) / resistive branch ‖ ~**er Nystagmus** (eine Berufskrankheit) (Med) / miner's nystagmus
**Ohmwert** m (Eltech) / ohmage n, ohmic value
**Ohne-Folie-Film** m (ein Röntgenfilm) (Radiol) / non-screen-type film, direct-type film
**ohnmachtssichere Rettungsweste** / life-jacket effective for unconscious persons
**Ohr** n (Akus, Med) / ear* n ‖ ≃ (des Gewölbes) (Arch) / lunette* n ‖ ≃ (Masch) / eye* n, ear* n, eyelet n, lug* n ‖ ≃**-** (Akus) / aural adj ‖ **elektronisches** ≃ (Med) / bioear n ‖ **mit einem** ≃ (Akus) / monaural* adj ‖ **zum** ≃ **gehörig** (Akus) / aural adj
**Öhr** n (Masch) / eye* n, ear* n, eyelet n, lug* n
**OH-Radikal** n (Chem) / hydroxyl radical
**Ohrempfindlichkeitskurve** f (Akus) / ear-response characteristic
**ohrenzerreißend** adj (Akus) / ear-splitting adj
**Ohr•hörer** m (TV) / earphone* n ‖ ≃**impedanz** f (Akus) / aural impedance ‖ ≃**kurvenfilter** n (Akus) / frequency-weighting network ‖ ≃**muschel** f (des Kopfhörers) (Akus) / ear muff*, ear pad ‖ ≃**pfropfen** m (Akus, Med) / ear-plug n, ear-protection plug ‖ ≃**simulator** m (DIN 1320) (Akus) / ear simulator ‖ ≃**stöpsel** m (Akus, Med) / ear-plug n, ear-protection plug
**ohv-Motor** m (V-Mot) / overhead-valve engine, I-head engine, valve-in-head engine, OHV engine
**OHV-Motor** m (V-Mot) / overhead-valve engine, I-head engine, valve-in-head engine, OHV engine
**OHZ** (Chem) / hydroxyl number, hydroxyl value
**OH-Zahl (OHZ)** f (Chem) / hydroxyl number, hydroxyl value
**Oidium** n (Nebenfruchtform der Echten Mehltaupilze) (Bot) / oidium* n (pl. oidia)
**Oildag** n (Schmiermittel auf der Basis von Graphitsuspensionen in Öl) / oildag n
**Oilostatic-Kabel** n (Hochdruckölkabel im Stahlrohr) (Kab) / Oilostatic cable*
**OIPM** / Organisation Internationale des Poids et Mesures
**Oiticikaöl** n (von Licania rigida Benth.) (Anstr) / oiticica oil (a drying oil), licanic oil
**OK** (Bau, HuT) / top edge, upper edge ‖ ≃ (Bau, HuT) / top level
**Okadainsäure** f (Phytoxin II) (Chem) / okadaic acid
**Okara** n (Rückstand aus der Sojaextraktion, der als Fermentationszusatz verwendet wird) (Chem) / okara n
**Okazaki-Fragment** n (nach R. Okazaki, 1930 - 1975) (Gen) / Okazaki fragment
**OKD** (Bau) / level of cellar (basement) floor
**OK-Elektrode** f (umhüllte Elektrode nach O. Kjellberg) (Schw) / OK electrode
**Okkiarbeit** f (Tex) / tatting n
**okkludierte Front** (im Reifestadium eines Tiefdruckgebietes) (Meteor) / occlusion* n, occluded front
**Okklusion** f (Absorption bzw. Lösung von Gasen durch feste Körper) (Chem, Phys) / occlusion* n ‖ ≃ (die Vereinigung einer Kaltfront mit einer Warmfront) (Meteor) / occlusion* n, occluded front

**Okkultation**

**Okkultation** f (bei Bedeckungsveränderlichen - wenn der größere Stern vor dem kleineren steht) (Astr) / occultation* n
**Oklo-Phänomen** n (bei Uranerzen aus Oklo/Gabun) (Nukl) / Oklo phenomenon
**Öko•audit** m n (Umwelt) / environmental audit (a systematic, documented verification process of objectively obtaining and evaluating audit evidence to determine whether specified environmental activities or management systems conform with audit criteria) ‖ **~bilanz** f (Umwelt) / ecological balance ‖ **~chemie** f (Chem, Umwelt) / environmental chemistry, ecological chemistry ‖ **~dumping** n (indirekte Subventionierung eines Produkts durch niedrigere Umweltschutzstandards im Herstellerland) / green dumping ‖ **~faktor** m (Umwelt) / environmental factor, ecofactor n ‖ **~geografisch** adj (Geog, Umwelt) / ecogeographic adj, ecogeographical adj ‖ **~katastrophe** f (Umwelt) / ecocatastrophe n, ecodoom n, ecological disaster ‖ **~klima** n (Umwelt) / ecoclimate* n
**Okoko** n (For) / eyong n, okoko n
**Okola** n (For) / douka n, okola n
**Ökologe** m (Umwelt) / ecologist n
**Ökologie** f (Umwelt) / ecology* n, bionomics n ‖ **~** (angewandte - als Wissenschaft) (Umwelt) / environmental science ‖ **chemische ~** (Chem, Umwelt) / chemical ecology ‖ **pflanzliche ~** (Beziehung zwischen Pflanzen und Umwelt) (Bot) / plant ecology, phytoecology n
**ökologisch** adj (Umwelt) / ecological adj, bionomic adj, ecologic adj ‖ **~e Amplitude** (Wirkungsbreite eines Umweltfaktors für eine Art) (Umwelt) / ecological amplitude ‖ **~e Belastbarkeit** (Umwelt) / environmental capacity ‖ **~e Chemie** (Chem, Umwelt) / environmental chemistry, ecological chemistry ‖ **~e Effizienz** (Umwelt) / ecological efficiency ‖ **~er Faktor** (Umwelt) / environmental factor, ecofactor n ‖ **~e Fazies** (Geol) / ecologic facies, environmental facies ‖ **~e Forschung** (Umwelt) / environmental research ‖ **~es Gleichgewicht** (Umwelt) / ecological balance, ecological equilibrium ‖ **~er Landbau** (Landw) / organic farming (method) ‖ **~e Nische** (Bereich innerhalb eines Biotops, der einer Pflanzen- oder Tierart mit spezifischen Lebensansprüchen die Einnischung ermöglicht) (Umwelt) / niche* n, ecological niche* ‖ **~e Potenz** (Reaktionsbreite einer Art gegenüber einem Umweltfaktor) (Umwelt) / ecological potency, range of tolerance ‖ **~e Steuer** (Umwelt) / environmental tax ‖ **~e Toleranz** (Umwelt) / ecological potency, range of tolerance ‖ **~e Toxikologie** (Umwelt) / ecotoxicology n ‖ **~e Valenz** (Umwelt) / ecological valency ‖ **~e Wertigkeit** (Umwelt) / ecological valency ‖ **~er Wirkungsgrad** (Umwelt) / ecological efficiency
**Ökomarketing** n (Vermarktung von Produkten oder Dienstleistungen unter ökologischen Aspekten) / ecological marketing
**Ökomon** n (Chem, Physiol, Zool) / allelochemical n (a semiochemical), ecomone n
**Ökonometrie** f (Stats) / econometrics* n
**ökonomische Geologie** (Geol) / economic geology*
**Öko•sphäre** f (Biol) / biosphere* n, ecosphere n, physiological atmosphere ‖ **~steuer** f (Umwelt) / environmental tax ‖ **~system** n (funktionelle Einheit von Lebewesen und ihrer Umwelt) (Umwelt) / ecosystem* n, ecological system ‖ **~systemmodellierung** f (Umwelt) / ecosystem modelling ‖ **~top** n (Umwelt) / ecotope n ‖ **~top** (Umwelt) s. auch Biotop ‖ **~toxikologie** f (Umwelt) / ecotoxicology n ‖ **~toxizität** f (Umwelt) / ecotoxicity n ‖ **~typ** m (Umwelt) / ecotype n ‖ **~typus** m (pl. -typen) (Umwelt) / ecotype n
**Okoumé** n (aus Aucoumea klaineana Pierre) (For) / gaboon* n, gaboon mahogany
**ökozid** adj (Umwelt) / ecocidal adj
**Okrat-Verfahren** n (Bau, HuT) / ocration n
**oktadekagonal** adj (Math) / octadecagonal adj
**Oktadezylisozyanat** n (Chem) / octadecyl isocyanate
**Oktadezylsilan** n / octadecylsilane n, ODS
**Oktaeder** n (Krist, Math, Min) / octahedron* n (pl. octahedra or -s) ‖ **~lücke** f (in kubischen Gittern) (Krist) / octahedral site
**oktaedrisch** adj (Krist, Math, Min) / octahedral adj
**Oktaedrit** n (Meteor, Min) / octahedrite* n, octaedrite n
**Oktagon** n (Math) / octagon n, 8-gon n
**oktagonal** adj (Math) / octagonal adj, octangular adj
**Oktahydrat** n (Chem) / octahydrate n
**Oktakosansäure** f (Chem) / montanic acid, octacosanoic acid
**oktal** adj (EDV, Math) / octal adj ‖ **~es Zahlensystem** (EDV, Math) / octal number system, octal numeration system, octal system ‖ **~dekodierer** m (EDV) / octal decoder ‖ **~kodierer** m (EDV) / octal encoder ‖ **~schreibweise** f (EDV, Math) / octal notation* ‖ **~sockel** m (ein 5- bis 8poliger Röhrensockel) (Eltronik) / loktal base*, octal base ‖ **~system** n (ein Zahlensystem) (EDV, Math) / octal number system, octal numeration system, octal system ‖ **~zahl** f (EDV, Math) / octal number ‖ **~ziffer** f (mit der Basis 8) (EDV, Math) / octal digit
**Oktan** n (Chem) / octane* (oct) n
**Oktanal** n (Chem) / octanal n, octyl aldehyde

**Oktan•anpassung** f (durch Klopfsensoren) (Kftst) / octane adapter ‖ **~disäure** f (Chem) / suberic acid, octanedioic acid
**Oktanoat** n (Chem) / octanoate n
**Oktanol** n (aliphatischer, gesättigter, einwertiger Alkohol der Oktane mit der allgemeinen Formel $C_8H_{17}OH$) (Chem) / octyl alcohol*, capryl alcohol*
**Oktansäure** f (Chem) / caprylic acid*, n-octanoic acid* ‖ **~ethylester** m (Chem) / ethyl caprylate, ethyl octanoate
**Oktant** m (pl. -en) (Achtelkreis) (Chem, Math) / octant n ‖ **~** (pl. -en) (ein Winkelmeßgerät) (Schiff, Verm) / octant n
**Oktantenregel** f (Zusammenhang zwischen der Molekülgeometrie und dem Vorzeichen des Cottoneffekts) (Chem) / octant rule
**Oktanzahl** f (DIN 51600) (eine Kennzahl für die Klopffestigkeit von flüssigen Kraftstoffen) (Kftst) / octane number*, ON ‖ **Einteilung des Ottokraftstoffs nach der ~** (5 Sterne = 100, 4 Sterne = 97, 3 Sterne = 94, 2 Sterne = 90) (Kftst) / star classification (GB) ‖ **mit hoher ~** (hochklopffest) (Kftst) / high-octane attr ‖ **~** f **nach der Motor-Methode** (ein Maß für die Klopffestigkeit) (Kftst) / motor octane number, MON ‖ **~ nach der Research-Methode** (ein Maß für die Klopffestigkeit) (Kftst) / research octane number, RON ‖ **~bedarf** m (Kftst) / octane requirement
**OK-Taste** f (z.B. bei der Fernbedienung) (TV) / OK key
**Oktastylos** n (Arch) / octastyle* n
**oktavalent** adj (Chem) / octavalent* adj
**Oktav•band** n (Fernm) / octave band ‖ **~bandanalysator** m (Akus) / octave-band analyzer ‖ **~bandfilter** n (Fernm) / octave filter*, octave-band filter
**Oktave** f (Akus) / octave* n ‖ **~** (Fernm) / octave* n
**Oktavfilter** n (Bandfilter, dessen Grenzfrequenzen im Verhältnis 1:2 stehen) (Fernm) / octave filter*, octave-band filter
**Okten** n (Chem) / octene n, octylene n
**Oktett** n (Chem, Kernphys) / octet* n, octette n ‖ **~** (EDV) / octet n, eight-bit byte ‖ **~formel** f (eine mesomere Grenzformel, bei der alle beteiligten Atome ein Elektronenoktett in der Valenzschale besitzen und die deshalb einen großen Beitrag zur Beschreibung des Moleküls liefert) (Chem) / octet formula ‖ **~modell** n (Kernphys) / octet model, eightfold way model ‖ **~prinzip** n (Chem, Kernphys) / octet rule ‖ **~regel** f (das Bestreben, eine Edelgaskonfiguration einzunehmen) (Chem) / octet rule ‖ **~theorie** f (Chem, Kernphys) / octet rule
**Oktode** f (Eltronik) / octode* n
**Oktogon** n (Math) / octagon n, 8-gon n
**oktogonal** adj (Math) / octagonal adj, octangular adj
**Oktoidenverzahnung** f (DIN 3971) (Masch) / octoid teeth, octoidal tooth profile
**oktolobal** adj (Querschnitt bei Profilfasern) (Tex) / octalobal adj
**oktonär** adj (EDV, Math) / octonary adj
**Oktupol** m (ein Multipol) (Phys) / octupole n
**Oktylalkohol** m (aliphatischer, gesättigter, einwertiger Alkohol der Oktane mit der allgemeinen Formel $C_8H_{17}OH$) (Chem) / octyl alcohol*, capryl alcohol*
**Oktyldezylphthalat** n (Chem) / octyldecyl phthalate
**Okubawachs** n / ucuuba butter, ucuuba tallow, ucuuba oil
**Okular** n (das augenseitige Linsensystem) (Opt) / eyepiece* n, ocular n ‖ **das vom ~ vergrößerte virtuelle Bild des reellen Zwischenbildes** (Mikros) / secondary image ‖ **Gaußsches ~** (ein Autokollimationsokular nach C.F. Gauß, 1777-1855) (Opt) / Gauss eyepiece* ‖ **gebrochenes ~** (Verm) / diagonal eyepiece* ‖ **Huygenssches ~** (Opt) / Huygens' eyepiece*, negative eyepiece ‖ **Kellnersches ~** (Opt) / Kellner eyepiece ‖ **schräges ~** (Opt) / inclined eyepiece ‖ **~** n **mit erweitertem Gesichtsfeld** (Opt) / wide-field eyepiece ‖ **~ nach Plößl** (Opt) / Ploessl eyepiece ‖ **~ nach Steinheil** (monozentrisches Okular aus einer dreifach verkitteten Linse) (Astr) / Steinheil lens
**Okular•blende** f (Opt) / eyepiece diaphragm ‖ **~meßplatte** f (Mikros) / eyepiece micrometer disk ‖ **~mikrometer** n (zur Längenmessung mit Hilfe des Mikroskops) (Mikros) / eyepiece micrometer, ocular micrometer ‖ **umstülpbare ~muschel** (Opt) / fold-down rubber eyecup, fold-back rubber eyecup, roll-away rubber eyecup ‖ **~prisma** n (Opt) / prismatic eyepiece ‖ **~strichplatte** f (Mikros) / eyepiece graticule*
**Okulation** f (Landw) / bud grafting, budding n
**Okulieren** n (Landw) / bud grafting, budding n
**okulogyrale Täuschung** (Raumf) / oculogyral illusion
**Okumé** n (aus Aucoumea klaineana Pierre) (For) / gaboon* n, gaboon mahogany
**okzidentalischer Türkis** (künstlich blaugefärbtes fossiles Elfenbein) (Min) / bone turquoise*, odontolite*
**Öl** n (Erdöl, Schmieröl, Heizöl, Speiseöl, pflanzliches, tierisches, etherisches usw.) / oil* n ‖ **~** (als Ladung in Tankern) (Schiff) / bulk oil, oil in bulk ‖ **absolutes ~** (aus dem "konkreten" Öl gewonnen) (Chem) / absolute n ‖ **abtropfendes ~** (z.B. auf Parkplätzen) (Kfz) / oil

droppings ‖ **additiviertes** ⁓ (Erdöl) / additive oil, additive-treated oil, fortified oil ‖ **an Flüssiggasen reiches** ⁓ (Erdöl) / rich oil ‖ **arzneiliches** ⁓ (Pharm) / medicinal oil ‖ **bleicherdraffiniertes** ⁓ (Erdöl) / contacted oil ‖ **bromiertes** ⁓ (mit Brom umgesetztes etherisches Öl) (Nahr) / brominated oil, weighting oil ‖ **compoundiertes** ⁓ / compound oil, compounded oil, blend oil ‖ **dunkles** ⁓ (für untergeordnete Schmierzwecke nach DIN 51505) / black oil ‖ **durch Erhitzung eingedicktes** ⁓ / heat-bodied oil ‖ **entgastes** ⁓ (Erdöl) / dead oil* ‖ **etherisches** ⁓ (Chem) / essential oil*, volatile oil, ethereal oil ‖ **faktisiertes** ⁓ (Chem Verf) / factice n ‖ **fettes** ⁓ (Glycerinester von zum Teil ungesättigten Fettsäuren pflanzlicher oder tierischer Herkunft) (Chem) / fatty oil ‖ **gasleeres** ⁓ (Erdöl) / dead oil ‖ **geblasenes** ⁓ (Chem) / blown oil* ‖ **gefiltertes** ⁓ / filtered oil ‖ **geschwefeltes** ⁓ (mit Schwefelsäure behandelt) / sulphurized oil, vulcanized oil ‖ **halbtrocknendes** ⁓ (ein fettes Öl wie Sojaöl, Sonnenblumenöl usw. - IZ 100 bis 170) (Anstr) / semi-drying oil ‖ **inhibiertes** ⁓ (Eltech) / inhibited oil* (mineral transformer oil to which a synthetic oxidation inhibitor has been added) ‖ **kaltgepreßtes** ⁓ (Nahr) / cold-drawn oil, cold-pressed oil ‖ **"konkretes"** ⁓ (Parfümerie-Rohstoff, den man durch mehrfache Extraktion frischer Blüten gewinnt) / concrete n ‖ **legiertes** ⁓ (mit Wirkstoffen) / doped oil ‖ **leichte** ⁓**e** (Chem, Erdöl) / light oils* ‖ **lösliches** ⁓ (Chem) / soluble oil ‖ **maleinisiertes** ⁓ (ein trocknendes Öl) (Anstr) / maleinized oil ‖ **mineralisches** ⁓ (durch Raffination aus Rohöl gewonnen) (Erdöl) / petroleum oil (refined from crude petroleum) ‖ **mineralisches** ⁓ (Erdöl, Geol) / mineral oil (consisting of a mixture of hydrocarbons either naturally occurring or obtained by treatment of materials of mineral origin) ‖ **nardenisiertes etherisches** ⁓ (Chem) / nardenized essential oil ‖ **nichtadditiviertes** ⁓ (Eltech) / uninhibited oil (mineral transformer oil to which no synthetic oxidation inhibitor has been added) ‖ **nichttrocknendes** ⁓ (ein fettes Öl wie Kokosöl, Palmkernöl usw. - IZ < 100) (Anstr) / non-drying oil, permanent oil ‖ **pflanzliches** ⁓ (Chem, Nahr) / vegetable oil* ‖ **saures** ⁓ / acid oil ‖ **staubbindendes** ⁓ / dust-binding oil, dust-laying oil, antidusting oil, dust oil ‖ **sulfatiertes** ⁓ / sulphated oil ‖ **sulfoniertes** ⁓ / sulphonated oil ‖ **synthetisches** ⁓ (Chem Verf) / synthetic oil ‖ **synthetisches erukareiches** ⁓ / Lorenzo's oil ‖ **technisches** ⁓ / industrial oil ‖ **trocknendes** ⁓ (ein fettes Öl mit IZ > 170) (Anstr) / drying oil* ‖ **übergelaufenes** ⁓ / spilled oil ‖ **unter** (Eltech) / oil-break* attr, oil attr, oil-immersed adj ‖ ⁓ **n der H-Reihe** / high-viscosity oil ‖ ⁓ **der L-Reihe** / low-viscosity oil ‖ ⁓ **für hohe Beanspruchung** / heavy-duty oil, HD oil ‖ ⁓ **für Kraftfahrzeuggetriebe** (Kfz) / automotive gear oil ‖ ⁓ **für medizinische Zwecke** (Pharm) / medicinal oil ‖ ⁓ **in situ** (Gesamtvolumen in der Lagerstätte) (Erdöl) / oil in place, O.I.P, oil in hole, OIH ‖ ⁓ **mit Hemmstoff** (Eltech) / inhibited oil* (mineral transformer oil to which a synthetic oxidation inhibitor has been added) ‖ ⁓ **mit Oxidationshemmer** (Eltech) / inhibited oil* (mineral transformer oil to which a synthetic oxidation inhibitor has been added) ‖ ⁓ **mit Wirkstoffzusätzen** (Erdöl) / additive oil, additive-treated oil, fortified oil ‖ ⁓ **ohne Wirkstoffe** (Eltech) / uninhibited oil (mineral transformer oil to which no synthetic oxidation inhibitor has been added) ‖ ⁓ **ohne Wirkstoffzusätze** (Eltech) / uninhibited oil (mineral transformer oil to which no synthetic oxidation inhibitor has been added) ‖ ⁓ **zur Tierdesinfektion** (Landw) / dip oil

**Öl •** - (Same) / oleiferous adj ‖ ⁓ ... (Eltech) / oil-break* attr, oil attr, oil-immersed adj ‖ ⁓**abdichtung** f / oil seal ‖ ⁓**ablaß** m (Kfz, V-Mot) / oil drain ‖ ⁓**ablaßschraube** f (Kfz) / oil-drain plug, screw plug ‖ ⁓**ablaßwanne** f (Kfz, V-Mot) / drain pan, oil-drain pan ‖ ⁓**ablenkblech** n (Kfz) / oil deflector ‖ ⁓**abreibung** f (Anstr) / grinding in oil ‖ ⁓**abscheider** m (Masch, Sanitär, Umwelt) / oil separator ‖ ⁓**abschöpfgerät** n (zur Unfallbekämpfung) (Schiff, Umwelt) / skimmer ‖ ⁓**abschrecken** (Hütt) / oil quench*, oil quenching ‖ ⁓**abschreckung** f (Hütt) / oil quench*, oil quenching ‖ ⁓**absorption** f (Chem) / oil absorption* ‖ ⁓**abstoßend** adj / oil-repellent adj, oleophobic adj ‖ ⁓**abstreifring** m (unterster Kolbenring, der das Eindringen des Öls in den Verdichtungsraum verhindert) (V-Mot) / oil ring*, oil scraper ring, scraper ring*, oil-control ring* ‖ ⁓**abstreifring mit Schlauchfeder** (V-Mot) / coil-spring-loaded oil control ring ‖ ⁓**abweisblech** n (Kfz) / oil slinger ‖ ⁓**abweisend** adj / oil-repellent adj, oleophobic adj ‖ ⁓**additiv** n (Erdöl) / oil additive ‖ ⁓**alterung** f / oil ageing ‖ **spektrometrische** ⁓**analyse** (Spektr) / spectrometric oil analysis, SOA ‖ ⁓**anzeichen** n pl (Erdöl, Geol) / oil show(s) (e.g. in the cuttings returning to surface) ‖ ⁓**anziehend** adj / oleophilic adj ‖ ⁓**äquivalent** n (für die Berechnung des Energiebedarfs) / oil equivalent ‖ ⁓**aräometer** n (Phys) / oil aräometer, oleometer n ‖ ⁓**arm** adj (Anstr) / short-oil attr ‖ ⁓**armer Leistungsschalter** (Eltech) / oil-poor circuit-breaker*, low-oil-content breaker ‖ ⁓**asche** f / fuel ash ‖ ⁓**aschenkorrosion** f / fuel-ash corrosion, oil-ash corrosion ‖ ⁓**auffangschale** f (Masch, Umwelt) / oil-pan n ‖ ⁓**auffangwanne** f (Masch, Umwelt) / oil-pan n ‖ ⁓**auffangwannenbeschichtung** f (Anstr) / oil-pan coating, coating of oil pan ‖ ⁓**aufschlämmung** f / oil suspension ‖ ⁓**ausbiß** m (Erdöl) / seepage n ‖ ⁓**ausdehnungsgefäß** n (Eltech) / oil conservator ‖ ⁓**ausgleichsgefäß** n (Ölkabel) (Eltech) / oil conservator ‖ ⁓**austritt** m (Geol) / oil seepage ‖ ⁓**austritt** (unerwünschter) (Masch) / oil leak, oil leakage ‖ ⁓**austrittsbohrung** f (Masch) / oil outlet port ‖ ⁓**bad** n (ein Heizbad) (Chem) / oil bath ‖ **in** ⁓**bad getaucht** (Eltech) / oil-immersed* adj ‖ ⁓**badkupplung** f (Kfz) / wet clutch, oil-immersed clutch ‖ **auf** ⁓**basis** / oil-based adj ‖ ⁓**baum** m (meistens Olea europaea L.) (For) / olive* n, olive-tree n, evergreen olive tree ‖ ⁓**bedarf** m (zur Paste) (Anstr) / oil absorption* ‖ ⁓**begleitgas** n (Erdöl) / associated gas, petroleum gas ‖ ⁓**behälter** m / oil reservoir, oil tank ‖ **flexibler langgestreckter** ⁓**behälter** / flexible (oil) container ‖ ~**beheizt** adj / oil-fired adj ‖ ⁓**beize** f (z.B. Türkischrotöl) (Tex) / oil mordant, oily mordant ‖ ⁓**beize** (eine Holzbeize zur Färbung von Bautischlerarbeiten) (Tischl) / oil stain, oil wood stain

**Olberssches Paradoxon** (nach W. Olbers, 1758-1840) (Astr) / Olbers' paradox*

**öl • beständig** adj / fast to oil, oil-proof adj, oil-resistant adj, resistant to oils ‖ ⁓**beständigkeit** f / fastness to oils, resistance to oils ‖ ⁓**bindemittel** n (Umwelt) / sorbent n (oleophilic material), oleophilic material ‖ ⁓**binder** m (der bei Ölschäden eingesetzt wird - nichtbrennbar) (Umwelt) / sorbent n (oleophilic material), oleophilic material ‖ ⁓**bogen** m (Druck) / tympan sheet, tympan n ‖ ⁓**bohrinsel** f (Erdöl) / oil rig ‖ ⁓**bohrung** f (Masch) / oil-hole n ‖ ⁓**brenner** m (bei Ölfeuerungen) (Kftst) / oil-burner n ‖ ⁓**brenner mit Dampfzerstäubung** (Masch) / steam-atomizing oil-burner ‖ ⁓**chemie** f (Chem) / oleochemistry n

**Oldham-Kupplung** f (Masch) / Oldham coupling*, double slider coupling

**öl • dicht** adj / impermeable to oil, oil-tight adj, oilproof adj ‖ ⁓**dichtemesser** m / acrometer n ‖ ⁓**dichtung** f (DIN 42005) / oil seal ‖ ⁓**dienstschlüssel** m (im allgemeinen) (Kfz, Werkz) / drain-plug wrench, drain-plug spanner ‖ ⁓**dienstschlüssel** (für Ablaßschrauben mit Innenantrieb) (Kfz, Werkz) / drain-plug key ‖ ⁓**diffusionspumpe** f (nach Gaede) (Vakuumt) / oil diffusion pump ‖ ⁓**docht** m / oil wick

**Öldruck** m / oil pressure ‖ ⁓- / hydraulic* adj, fluid-power attr ‖ ⁓**anzeiger** m (Instr) / oil-pressure gauge ‖ ⁓**bremse** f (Kfz) / hydraulic brake* ‖ ⁓**kontrolleuchte** f (Kfz) / oil-pressure warning light ‖ ⁓**messer** m (Instr) / oil-pressure gauge ‖ ⁓**schalter** m (Instr) / oil-pressure switch ‖ ⁓**warnleuchte** f (Kfz) / oil-pressure warning light

**Oldtimer** m (Kfz) / vintage car, classic car

**Öldunst** m / oil mist

**OLE** (EDV) / object linking & embedding, OLE

**Oleamid** n (Biochem) / oleamide n, oleic amide

**Olean** (Biochem) / olean n

**Oleanan** n (Chem, Erdöl) / oleanane n

**Oleandomycin** n (ein Makrolidantibiotikum) (Pharm) / oleandomycin n

**Oleandomyzin** n (Pharm) / oleandomycin n

**Oleandrin** n (giftiges Glykosid aus den Blättern des Nerium oleander L.) (Chem) / oleandrin n

**Oleanolsäure** f (eine einfach ungesättigte Karbonsäure aus der Gruppe der pentazyklischen Triterpene) (Chem) / oleanoic acid

**Oleat** n (ölsaures Metallsalz - E 470) (Chem, Nahr) / oleate n

**Oleatenkarte** f (Kart) / overlay n

**Olefin • e** n pl (Chem) / alkenes* pl, olefins* pl, ethylenic hydrocarbons ‖ ⁓**faser** f (Tex) / olefin fibre

**Olein** n (technische Ölsäure) (Chem) / olein* n

**Öleinfüllstutzen** m (Kfz) / oil filler neck, oil filler nozzle

**Oleinsäure** f (Chem) / oleic acid*, octadec-9-enoic acid

**Ölemulsion** f / oil emulsion

**ölen** v / oil v ‖ ⁓ n (Vorbehandeln der Fasern) (Spinn) / oiling* n, greasing n, lubricating n

**Oleo • chemie** f (Chem) / oleochemistry n ‖ ⁓**gel** n (Chem) / lipogel n, oleogel n ‖ ⁓**margarin** n (flüssige Fraktion des Rindertalgs) (Nahr) / oleomargarine n ‖ ⁓**meter** n (Phys) / oil areometer, oleometer n ‖ ~**phil** adj (fette Stoffe, z.B. Druckfarben, gut annehmend) / oleophilic adj ‖ ~**philes Kolloid** (Chem) / oleophilic colloid ‖ ⁓**phob** adj / oil-repellent adj, oleophobic adj ‖ ~**phobes Kolloid** (Chem) / oleophobic colloid ‖ ⁓**phobie** f / oil-repellency n ‖ ⁓**phobierung** f (Tex) / oleophobizing n ‖ ⁓**resin** (Resinoid und Extraktionskonzentrat von Gewürzen) (Chem, Nahr) / oleo-resin* n ‖ ⁓**resinat** n (Chem) / balsam n, balm n

**Öler** m (Gerät nach DIN 3410) (Masch) / oiler n

**Oleum** n (Chem) / fuming sulphuric acid*, oleum* n (pl. oleums), Nordhausen sulphuric acid ‖ ⁓ **Amomi seu Pimentae** (Nahr) / pimento oil, pimenta oil, allspice oil ‖ ⁓ **Anethi** / dill oil, American dillweed oil, anethum oil ‖ ⁓ **Cacao** (Nahr) / cocoa butter, cacao butter, theobroma oil ‖ ⁓ **Calami aethereum** (das etherische Öl des

**Oleum**

Rhizoms des Acorus calamus L.) / oil of calamus ‖ ⁓ **camphoratum** (Pharm) / camphorated oil ‖ ⁓ **Chamomillae** (Pharm) / camomile oil, chamomile oil ‖ ⁓ **Cinae aethereum** (aus Artemisia cina O. Berg) (Pharm) / wormseed oil (of the Levant wormwood), Baltimore oil ‖ ⁓ **Cocos** / coconut oil* ‖ ⁓ **Coriandri** (Nahr, Pharm) / coriander oil, oil of coriander ‖ ⁓ **Crotonis** (vom Krotonölbaum = Croton tiglium L.) / croton oil ‖ ⁓ **Cubebae** (Pharm) / oil of cubeb, cubeb oil ‖ ⁓ **Geranii** / oil of rose geranium, geranium oil, pelargonium oil ‖ ⁓ **Jecoris Aselli** (Pharm) / cod-liver oil*, CLO ‖ ⁓ **Jecoris Hippoglossi** (Pharm) / halibut-liver oil ‖ ⁓ **Juniperi baccarum** (Nahr, Pharm) / oil of juniper berries, juniper oil, juniper-berry oil ‖ ⁓ **Juniperi e ligno** (Pharm) / juniper wood oil ‖ ⁓ **medicatum** (Pharm) / medicinal oil ‖ ⁓ **Menthae piperitae** (Chem, Pharm) / oil of peppermint, peppermint oil ‖ ⁓ **Myristicae expressum** (Nahr) / nutmeg oil, myristica oil ‖ ⁓ **Olivarum e semine** (Pharm) / olive kernel oil ‖ ⁓ **Rosae** (aethereum) / attar of roses*, otto of rose, otto de rose* ‖ ⁓ **Rutae** (Pharm) / rue oil ‖ ⁓ **Salviae** (aus Salvia officinalis L.) (Pharm) / oil of sage, sage oil, salvia oil ‖ ⁓ **Santali spicati** (aus Santalum spicatum L.) / Australian sandalwood oil, sandalwood oil ‖ ⁓ **Tauripedum** (Pharm) / neat's foot oil, hoof oil ‖ ⁓ **Terebinthinae** / oil of turpentine*, turps n, turpentine n ‖ ⁓ **Vini** (Chem, Nahr) / oenanthic ether

**Ölextraktion** f (Chem Verf) / oil extraction
**Oleylalkohol** m (Chem) / oleyl alcohol
**Oleyloleat** n (Chem) / oleyl oleate
**Olfaktometer** n (Physiol) / olfactometer n
**Olfaktometrie** f (quantitative Prüfung des Geruchssinns) (Chem, Med, Umwelt) / odorimetry* n, olfactometry* n
**olfaktorischer Sinn** (Physiol) / olfaction n, sense of smell, olfactory sense
**Olfaktus** m (Physiol) / olfaction n, sense of smell, olfactory sense
**Öl • falle** f an einer Verwerfung (Erdöl, Geol) / fault trap ‖ ⁓**fänger** m (Eltech) / oil catcher ‖ ⁓**fangschale** f (Masch, Umwelt) / oil-pan n ‖ ⁓**fangwanne** f (Kfz, V-Mot) / drain pan, oil-drain pan ‖ ⁓**farbe** f (Anstrichstoff, dessen Bindemittel vornehmlich aus trocknenden pflanzlichen Ölen besteht) (Anstr) / oil paint*, oil colour ‖ ⁓**federbein** n (Luftf) / oleo* n, oleo leg* n ‖ ⁓**feld** n (Erdöl) / oilfield n ‖ ⁓**feldwasser** n (Erdöl, Geol) / edge water* ‖ ⁓**feuerung** f (Bau) / oil-fired heating, oil firing ‖ **mit** ⁓**feuerung** / oil-fired adj ‖ ⁓**film** m / oil film

**Ölfilter** n (Kfz, Masch) / oil filter ‖ ⁓**abdeckung** f (Kfz) / oil-filter cover ‖ ⁓**anschlußflansch** m (Kfz) / oil-filter mounting pedestal ‖ ⁓**bandschlüssel** m (Kfz) / oil-filter strap wrench, strap filter wrench ‖ ⁓**deckel** m (Kfz) / oil-filter cover ‖ ⁓**einsatz** m (Papier oder Gewebe) (Kfz) / oil-filter cartridge ‖ ⁓**flansch** m (Kfz) / oil-filter mounting pedestal ‖ ⁓**gehäuse** n (zur Aufnahme eines Ölfiltereinsatzes) (Kfz) / oil-filter housing ‖ ⁓**gehäuse** (Blechhülle einer Ölfilterpatrone) (Kfz) / oil-filter body, oil-filter can ‖ ⁓**patrone** f (außen am Motor befestigt und komplett mit Filtergehäuse) (Kfz) / oil-filter cartridge ‖ ⁓**schlüssel** m (Kfz) / oil-filter wrench, filter wrench

**Öl • firnis** m (Anstr) / boiled oil* ‖ ⁓**flamme** f / oil flame ‖ ⁓**fleck** m / oil stain, oil-spot n, stain of oil, patch of oil, oil mark ‖ ⁓**flutlager** n (Masch) / flood-lubricated bearing ‖ ⁓**flutschmierung** f (Masch) / flood lubrication ‖ ⁓**freier Kompressor** (Masch) / oil-free compressor, dry-piston compressor, non-lubricated compressor, oilless compressor ‖ ⁓**freier Verdichter** (ein Hubkolbenverdichter) (Masch) / oil-free compressor, dry-piston compressor, non-lubricated compressor, oilless compressor ‖ ⁓**Furnaceruß** m (Chem Verf) / furnace black ‖ ⁓**gas** n (Chem) / oilgas* n, oil gas ‖ ⁓**gas** (für Luftschiffe) (Luftf) / blau gas ‖ ⁓**-Gas-Trennanlage** f (Erdöl) / oil-gas separator, oil-gas separation plant, gas-oil separator ‖ ⁓**gehalt** m / oil content ‖ ⁓**gehärtet** adj (Hütt) / oil-tempered adj ‖ ⁓**gekühlt** adj / oil-cooled* adj ‖ ⁓**gestreckter Kautschuk** (Chem Verf) / oil-extended rubber ‖ ⁓**getränktes Papier** (Kab, Pap) / oil-impregnated paper ‖ ⁓**grün** (Anstr) / chrome green, lead chrome green ‖ ⁓**hafen** m (Schiff) / oil port ‖ ⁓**hahn** m / oil cock ‖ ⁓**härten** (Hütt) / oil hardening* ‖ ⁓**härtender Stahl** (Hütt) / oil-hardening steel* ‖ ⁓**härter** m (Hütt) / oil-hardening steel* ‖ ⁓**härtung** f (Nahr) / hydrogenation of fats and oils ‖ ⁓**harz-** (Anstr) / oleoresinous* adj ‖ ⁓**harzhaltig** adj / oleoresinous adj ‖ ⁓**haut** f (leichte, dünne Regenmantelseide mit Öl- oder Kunststoffimprägnierung) (Tex) / oilskin n, slicker n ‖ ⁓**heizung** f (Bau) / oil-fired heating, oil firing ‖ ⁓**holz** n (durch Imprägnierung mit Mineralölen vergütetes Holz, z.B. für selbstschmierende Lager) (For) / oil-impregnated wood ‖ ⁓**horizont** m (Erdöl) / oil horizon ‖ ⁓**hydraulisch** adj / elaulic adj, oil-hydraulic adj

**Olibanum** n (Gummiharz von Boswellia-Arten) / frankincense n, olibanum n, incense n, gum thus, gum olibanum
**Ölidentifizierung** f (zur Bekämpfung unerlaubter Öleinleitungen in die hohe See) (Umwelt) / oil identification
**Oliensis-Spot-Test** m (ein Maß für die Verträglichkeit eines Destillationsbitumens mit einem Oxidationsbitumen) / oliensis spot test

**ölig** adj (Oberfläche) / oily adj
**oligarchisches Netz** (Fernm) / oligarchic network
**Öligkeit** f / oiliness n
**Oligo • dynamie** f (Chem, Med) / oligodynamic action ‖ ⁓**dynamische Wirkung** (keimtötende Wirkung eines Schwermetalls oder einer Schwermetallverbindung) (Chem, Med) / oligodynamic action ‖ ⁓**halin** adj (Brackwasser) / oligohaline adj ‖ ⁓**klas** m (ein zur Gruppe der Plagioklase gehöriger Kalk-Natron-Feldspat) (Min) / oligoclase* n ‖ ⁓**mer** adj (Chem) / oligomeric adj ‖ ⁓**mer** (Chem) / oligomer n ‖ ⁓**merie** f (Chem) / oligomer n ‖ ⁓**merisation** f (Chem) / oligomerization n ‖ ⁓**merisieren** v (Chem) / oligomerize v ‖ ⁓**nucleotid** n (Biochem) / oligonucleotide n, oligo n (pl.: -s) ‖ ⁓**nukleotid** n (Biochem) / oligonucleotide n, oligo n (pl.: -s) ‖ ⁓**peptide** n pl (mit weniger als 10 Aminosäureresten) (Biochem) / oligopeptides* pl ‖ ⁓**phenyl** n (oligomeres Polyphenylen) (Chem) / oligophenyl n ‖ ⁓**saccharide** n pl (unter Wasseraustritt zu Oligomeren zusammengelagerte Monosaccharide) (Chem) / oligosaccharides* pl, compound sugars ‖ ⁓**saccharine** n pl (Oligosaccharide, die das Wachstum, die Entwicklung und auch Abwehrreaktionen bei Pflanzen regeln) (Bot, Chem) / oligosaccharines pl ‖ ⁓**sacharide** n pl (Chem) / oligosaccharides* pl, compound sugars ‖ ⁓**troph** adj (arm an Nährstoffen) (Umwelt) / oligotrophic* adj

**Öl • immersionsobjektiv** n (Mikros) / oil-immersion objective* ‖ ⁓**-in-Wasser-Emulsion (Ö/W)** f (Chem, Pharm) / oil-in-water emulsion, O/W emulsion ‖ ⁓**isoliert** adj (Eltech) / oil-insulated* adj
**Olistholith** m (exotischer Block in Olisthostromen) (Geol) / olistolith n
**Olisthostrom** n (Sedimentkörper mit chaotischem Gefüge, der aus einem der Schwerkraft folgenden Schlammfluß entstanden ist) (Geol) / olistostrome* n
**oliv** adj / olive adj (dull yellowish green)
**Olive** f (Fenstergriff) (Bau) / olive-shaped handle, olive-button n, olive n ‖ ⁓ (eine Steinfrucht) (Bot, Nahr) / olive* n ‖ ⁓ (ein Glasrohr, das zwei Schläuche verbindet) (Chem) / hose coupling, hose connector (a tapered glass tube) ‖ ⁓ (Ansatzstück zur Befestigung bzw. Verbindung von Schläuchen) (Chem) / olive n
**Oliven • baum** m (meistens Olea europaea L.) (For) / olive* n, olive-tree n, evergreen olive tree ‖ ⁓**blatt** n (Folium Oleae) (Pharm) / olive leaf ‖ ⁓**farben** adj / olive adj (dull yellowish green) ‖ ⁓**farben** (Stoff für amerikanische Uniformen) (Tex) / olive-drab adj ‖ ⁓**farbig** adj / olive adj (dull yellowish green)
**Olivenit** m (Kupfer(II)-hydroxidarsenat(V)) (Min) / olivenite* n ‖ ⁓ (holzartig faseriger) (Min) / wooden copper
**Oliven • kernöl** n (Pharm) / olive kernel oil ‖ ⁓**öl** n (Chem, Nahr) / olive oil*, Florence oil, lucca oil ‖ ⁓**natives** ⁓**öl** (das ohne weiteres zum Verzehr geeignet ist) (Nahr) / virgin (olive) oil, sublime olive oil ‖ ⁓**restöl** n / olive-residue oil ‖ ⁓**tresteröl** n / olive-residue oil
**Oliver-Filter** n (Aufber) / oliver filter*
**Oliv • esche** f (Handelsname für Eschenholz, das infolge Falschkernbildung eine unregelmäßig wellige und streifige Textur aufweist) (For) / olive ash ‖ ⁓**grün** adj / olive-green adj
**Olivin** m (Min) / olivine* n ‖ **Edler** ⁓ (Min) / peridot* n (the gem variety of olivine) ‖ ⁓**sand** m (Gieß) / olivine sand
**Olivstich** m (des Vegetabilleders) (Leder) / olive tinge
**Öl • kabel** n (Kab) / oil-filled cable* n ‖ ⁓**kammer** f / oil chamber ‖ ⁓**kanal** m (z.B. am Zylinderkopf) (Kfz) / oil passage, oil duct ‖ ⁓**kanal** (der Kurbelwelle) (Masch) / oil-hole n ‖ ⁓**kanalbohrer** m (zum Bohren von Öllöchern in Kurbelwellen) (Masch) / crankshaft drill ‖ ⁓**kännchen** n (Masch) / squirt can ‖ ⁓**kanne** f / oilcan n, oiler n ‖ ⁓**katastrophe** f (Ozean, Umwelt) / oil-spill disaster, oil disaster, oil catastrophe, oil spill ‖ ⁓**kautschuk** m (Chem Verf) / factice n ‖ ⁓**kaverne** f (zur Aufnahme des Erdöls und dessen Verarbeitungsprodukten) (Erdöl) / oil cavern ‖ ⁓**keil** m (Mech) / oil wedge, lubrication wedge ‖ ⁓**kessel** m (Masch) / oil-fired boiler ‖ ⁓**kitt** m **mit trocknenden Ölen** (verknetete Schlämmkreide) / oil putty ‖ ⁓**kochprobe** f / oil boiling test ‖ ⁓**kohle** f (fester, kohleartiger, verschleißfördernder Schmierölrückstand im Verbrennungsraum) (V-Mot) / fouling* n, oily coating, carbon n ‖ ⁓**kohleablagerung** f (bei zu fett eingestellten Motoren) (V-Mot) / carbon build-up, carbon deposit, carbon residue ‖ ⁓**kohlerückstand** m (V-Mot) / carbon build-up, carbon deposit, carbon residue n ‖ ⁓**kondensator** m (Eltech) / oil capacitor ‖ ⁓**kraftwerk** n (Dampfkraftwerk zur Nutzung der Primärenergieart Öl) / oil-fired power station ‖ ⁓**kreide** f (in Farbstift) / oil crayon ‖ ⁓**kreislauf** m (Masch) / oil circulation ‖ ⁓**kuchen** m (die Rückstände der pflanzlichen fetten Öle) (Landw) / oilcake n, oil-seed residue, mill cake ‖ ⁓**kuchenbrecher** m (Landw) / oilcake crusher ‖ ⁓**kuchenmehl** n (Landw) / oil-meal n ‖ ⁓**kühler** m (ein Bauteil der Motorschmierung) (V-Mot) / oil cooler* n ‖ ⁓**kühlung** f / oil cooling ‖ ⁓**lache** f (Schiff, Umwelt) / oil slick, oil spill ‖ ⁓**lack** m (Anstr) / oil varnish*, oleoresinous varnish

**Ollard-Test** *m* (zur Prüfung der Haftfestigkeit metallischer Überzüge) (Galv) / Ollard adhesion test
**Öl•lein** *m* / linseed *n* (the flax plant, especially when grown for linseed oil) ‖ ~**leinen** *n* (als Isolierstoff) (Eltech) / empire cloth* ‖ ~**leitung** *f* (Kfz) / oilway *n*, oil gallery ‖ ~**liefernd** *adj* oleiferous *adj* ‖ ~**loch** *n* (Masch) / oil-hole *n* ‖ ~**loser Leistungsschalter** (Eltech) / oilless circuit-breaker* ‖ ~**löslich** *adj* / oil-soluble *adj* ‖ ~**lösliches Harz** (Anstr) / oil-soluble resin ‖ ~**lösliches Holzschutzmittel** (For) / oil-soluble wood preservative ‖ ~**-Luft-Federbein** *n* (Luftf) / oleo-pneumatic strut*, oleo-pneumatic shock strut ‖ ~**malpapier** *n* (Pap) / oil-painting paper ‖ ~**manometer** *n* (Phys) / oil-pressure gauge ‖ ~**meßstab** *m* (Kfz) / dipstick*, oil dipstick ‖ ~**meßstabführungsrohr** *n* (am Motorblock oder Getriebe, in dem der Meßstab steckt) (Kfz) / dipstick tube ‖ ~**meßstabrohr** *n* (Kfz) / dipstick tube ‖ ~**modifiziertes Harz** (Anstr) / oil-modified resin ‖ ~**mühle** *f* / oil-mill *n* ‖ ~**napf** *m* / oil cup ‖ ~**-Naturharz-** (Anstr) / oleoresinous* *adj* ‖ ~**nebel** *m* / oil mist ‖ ~**nebelanlage** *f* (eine Schmieranlage) (Masch) / lubricating mist generator, aerosol lubricator ‖ ~**nebelgerät** *n* (Masch) / lubricating mist generator, aerosol lubricator ‖ ~**nebelschmierung** *f* (Masch) / oil-mist lubrication, oil-fog lubrication ‖ ~**nut** *f* (Masch) / oil groove ‖ ~**nut** (Masch) s. auch Schmiernut
**Olonvogo** *n* (Holz der Fagara macrophylla Engl. oder Fagara tessmannii Engl.) (For) / olonvogo *n*, African satinwood, bongo *n*
**Öl•oxidation** *f* (Chem) / oil oxidation ‖ ~**palme** *f* (besonders Elaeis guineensis) (For) / oil palm ‖ ~**palme** (Elaeis guineensis Jacq. - eine westafrikanische Fiederpalme) (For) / African oil palm ‖ ~**papier** *n* (DIN 6730) (Eltech, Pap) / oiled paper*, oil-paper *n* ‖ **mit** ~**papier ausgeschlagen** / lined with oil-paper ‖ ~**papierkondensator** *m* (Eltech) / oiled-paper capacitor ‖ ~**paste** *f* (Anstr) / oil paste ‖ ~**peilstab** *m* (Kfz) / dipstick* *n*, oil dipstick ‖ ~**pest** *f* (z.B. bei Tankerunfällen) (Ozean, Umwelt) / oil pollution ‖ ~**pflanze** *f* (Kulturpflanze, deren Samen oder Früchte fette Öle liefern) (Bot, Landw) / oil-plant *n*, oil-bearing plant ‖ ~**pier** *f* (Erdöl, Schiff) / fuel wharf, petroleum wharf ‖ ~**plastizierter Kautschuk** (Chem Verf) / oil-extended rubber ‖ ~**polster** *n* (bei der Schmierkissenschmierung) (Masch) / oil pad ‖ ~**porenfüller** *m* (For) / oil-bound paste grain filler ‖ ~**pumpe** *f* (die normalerweise in der Ölwanne sitzt und unten am Kurbelgehäuse befestigt ist) (V-Mot) / oil pump* ‖ ~**pumpengehäuse** *n* (V-Mot) / oil-pump body ‖ ~**pumpstativ** *n* (Film, TV) / hydraulic stand, hydraulic tripod ‖ **eruptive** ~**quelle** (Erdöl) / wild well, blowing well ‖ ~**raffinerie** *f* (Erdöl) / petroleum plant, oil refinery, mineral-oil refinery ‖ ~**rauke** *f* (Eruca . sativa Mill.) (Bot, Landw) / garden rocket, salad rocket, rocket *n*, rugola *n*, rucola *n*, arugula *n* ‖ ~**reaktives Harz** (künstliches Harz, das sich mit fetten Ölen unter Wärmeeinwirkung chemisch umsetzt) (Anstr) / oil-reactive resin ‖ ~**ring** *m* (Masch) / oiling ring ‖ ~**rot** *n* (Bisazofarbstoff für Elektrophorese, Mikroskopie und Fettfärbung) / oil red ‖ ~**rückgewinnung** *f* / oil reclaiming, oil re-refining ‖ ~**rücklaufleitung** *f* (Masch) / oil-return line ‖ ~**saat** *f* (Bot) / oil-seed *n*, oleaginous seed ‖ ~**sammler** *m* (Masch) / save-oil *n* ‖ ~**sammler** s. auch Ölabscheider ‖ ~**sand** *m* (im allgemeinen) (Geol) / oil sand(s) (containing petroleum or impregnated with hydrocarbons), petroleum tar sand ‖ ~**sand** (in der kanadischen Provinz Alberta) (Geol) / Athabasca tar sand ‖ ~**sandkern** *m* (Gieß) / oil-sand core ‖ ~**säule** *f* (in der Lagerstätte) (Erdöl) / oil column ‖ ~**säure** *f* (Chem) / oleic acid*, octadec-9-enoic acid ‖ **technische** ~**säure** (70 %) (Chem) / red oil (with different commercial grades)
**Ölsäure•amid** *n* (Biochem) / oleamide *n*, oleic amide ‖ **mit hohem** ~**gehalt** (Sonnenblume) (Bot, Landw) / high-oleic form ‖ ~**glycerinester** *m* (Chem) / triolein* *n* ‖ ~**glyzerinester** *m* (Chem) / triolein* *n* ‖ ~**oleylester** *m* (Chem) / oleyl oleate
**Öl•schaden** *m* (z.B. bei Tankerunfällen) (Ozean, Umwelt) / oil pollution ‖ ~**schale** *f* / oil cup ‖ ~**schalter** *m* (Eltech) / oil switch*, oil circuit-breaker ‖ ~**schiefer** *m* (aus Faulschlamm entstandenes, relativ bitumenreiches Sedimentgestein) (Geol) / oil-shale* *n*, kerogen shale, pyroschist *n*, bituminous shale*, petroleum shale, petroshale *n* ‖ ~**schieferaufarbeitung** *f* (zu synthetischem Öl) (Erdöl) / oil-shale processing ‖ ~**schieferzement** *m* (mit 10 bis 35 Gew.-% Ölschieferabbrand) (Bau, HuT) / Portland pozzolana (shale) cement (with about 20% of shale) ‖ ~**schlamm** *m* (Gemenge von Öl mit artfremden Verunreinigungen) (V-Mot) / oil sludge, oil mud, pasty sediment of oil ‖ ~**schlängel** *n* (Umwelt) / oil boom (inflated), oil-containment boom, boom *n* ‖ ~**schlitzring** *m* (Kfz) / slotted oil control ring ‖ ~**schmierung** *f* (Masch) / oil lubrication ‖ ~**schwarz** *n* (ein Schieferton, als Pigment verwendet) (Anstr, Bergb) / mineral black, slate black ‖ ~**schwimmdichtung** *f* (Masch) / floating ring oil seal ‖ ~**seide** *f* (Tex) / oilsilk *n*, oiled silk ‖ ~**seidenband** *n* (Kab) / oiled-silk tape ‖ ~**senkwaage** *f* (Phys) / oil areometer, oleometer *n*
**Olsen-Tiefungsversuch** *m* (Hütt, WP) / Olsen ductility test*

**Öl•separator** *m* / oil separator, deoiler *n*, oil trap ‖ ~**sicherung** *f* (Eltech) / oil-quenched fuse* ‖ ~**sieb** *n* (am Saugrüssel der Ölpumpe) / pick-up screen, oil strainer, oil screen ‖ ~**sikkativ** *n* (DIN 55945) (Anstr) / oil drier ‖ ~**spachtel** (Spachtelmasse auf Ölbasis) (Anstr) / oil filler, Japan filler ‖ ~**spalt** *m* (im Lager) (Masch) / oil clearance (of the bearing), bearing oil clearance ‖ ~**sperre** *f* (pneumatische oder mechanische Absperreinrichtung zur Verhinderung der Verbreitung von schwimmenden Ölen) (Umwelt) / oil retention device ‖ **flexible** ~**sperre** (z.B. eine Schlauchsperre) (Umwelt) / oil boom (inflated), oil-containment boom, boom *n* ‖ **mechanische** ~**sperre** (Tätigkeit) (Umwelt) / mechanical containment ‖ ~**spindel** *f* (Phys) / oil areometer, oleometer *n* ‖ ~**spülung** *f* (Erdöl) / oil-based mud*, weighted-oil-base mud ‖ ~**spuren** *f pl* (Erdöl, Geol) / oil show(s) (e.g. in the cuttings returning to surface) ‖ ~**standsanzeiger** *m* (Kfz) / oil-level indicator ‖ ~**standskontrolle** *f* (Kfz, Masch) / oil-level check ‖ ~**stein** *m* (Masch) / oilstone* *n* ‖ ~**stein** s. auch Schleifstein ‖ ~**stoßdämpfer** *m* (Kfz) / oil shock absorber ‖ ~**strahlschalter** *m* (Eltech) / impulse circuit-breaker*, orthojector circuit-breaker ‖ ~**strömungsschalter** *m* (Eltech) / oil-blast circuit-breaker* ‖ ~**sumpf** *m* (tiefste Stelle im Kurbelgehäuse bzw. Ölwanne von Viertaktmotoren) (Kfz) / oil pan *n*, oil sump*, sump *n* ‖ ~**suspension** *f* / oil suspension ‖ ~**tank** *m* / oil reservoir, oil tank ‖ ~**tanker** *m* (Schiff) / oil tanker*, crude carrier, crude-carrying vessel, oiler *n* ‖ ~**tasche** *f* (eine Schmiermitteltasche) (Masch) / oil pocket ‖ ~**tasche am Lagerbund** (Masch) / flange oil pocket ‖ ~**teer** *m* (der bei der thermischen Zersetzung von Mineralölen zu Ölgas und bei der Herstellung von Wassergas entsteht) (Chem Verf) / oil tar ‖ ~**teilchen** *n pl* (im Zustand einer stabilen Dispersion) / free-fog *n* ‖ ~**temperatur** *f* / oil temperature ‖ ~**teppich** *m* (auf dem Meer) (Schiff, Umwelt) / oil slick, oil spill
**OLTP** (EDV) / online transaction processing, OLTP
**Öl•transformator** *m* (dessen Kern und Wicklungen sich in Öl befinden) (Eltech) / oil-immersed transformer ‖ ~**trog** *m* (Masch) / save-oil *n* ‖ ~**tropfapparat** *m* (Masch) / drip-feed lubricator*, drop-feed oiler *n* ‖ ~**tröpfchenversuch** *m* (Kernphys) / Millikan oil-drop experiment
**OLTS-System** *n* (für optische Signalübertragung) (Fernm) / optical line with service capacity
**Öl•tuch** *n* (Tex) / waxcloth *n*, American cloth, oilcloth* *n*, waxed cloth ‖ ~**umlauffilter** *n* (Masch) / circulating-oil filter ‖ ~**umlaufschmierung** *f* (Masch) / circulating-oil lubrication, oil-circuit lubrication ‖ ~**umspült** *adj* (Eltech) / oil-immersed* *adj* ‖ ~**unfallbekämpfung** *f* (Umwelt) / oil-spill control, spill control ‖ ~**unfallbekämpfungsmaßnahme** *f* (Umwelt) / spill response ‖ ~**unfallbekämpfungsschiff** *n* (Schiff, Umwelt) / oil-pollution fighter ‖ ~**unlösliche Sulfonsäuren** (Chem) / green acids ‖ ~**verbrauch** *m* (Kfz) / oil consumption ‖ ~**verdünnung** *f* (z.B. durch Kondensate und Siedeschwänze des Kraftstoffs) (Kfz) / oil dilution ‖ ~**vergasung** *f* (Erdöl) / oil gasification ‖ ~**vergoldung** *f* (Anstr) / oil-gilding *n* ‖ ~**verschmutzung** *f* (z.B. bei Tankerunfällen) (Ozean, Umwelt) / oil pollution ‖ ~**verseuchung** *f* (z.B. bei Tankerunfällen) (Ozean, Umwelt) / oil pollution ‖ ~**versprühung** *f* (zum Schmieren) (Masch) / spray lubrication ‖ ~**viskosität** *f* / oil viscosity ‖ ~**wanne** *f* (DIN 6260) (Kfz) / oil pan *n*, oil sump*, sump *n* ‖ ~**-Wasser-Grenzfläche** *f* (Erdöl) / oil-water interface ‖ ~**-Wasser-Kontakt** *m* (Erdöl) / oil-water interface ‖ ~**wechsel** *m* (Kfz) / oil change ‖ **beim** ~**wechsel anfallender Altschmierstoff** / Schmalblättrige ~**weide** (Elaeagnus angustifolia L.) (For) / oleaster *n*, Russian olive ‖ ~**weiß** (Anstr) / lithopone in oil ‖ ~**weißpaste** *f* (Anstr) / lithopone in oil ‖ ~**wetzstein** *m* (Masch) / oilstone* *n* ‖ ~**wolf** *m* (Spinn) / oiling willow ‖ ~**wurst** *f* / flexible (oil) container ‖ ~**zahl** *f* (DIN 53199) (Anstr) / oil absorption* ‖ ~**zelle** *f* (des Holzstrahl- oder Längsparenchyms mit abgerundeten Ecken - ölhaltig) (For) / oil cell ‖ ~**zerstäuber** *m* (auswechselbar - in den gemauerten Brenner eingesetzt) (Glas) / atomizer *n*, injector *n* ‖ ~**zeug** *n* (Arbeitsbekleidung der Seeleute bei schlechtem Wetter) (Tex) / oilskin *n*, oilskins *pl* ‖ ~**zusatz** *m* (Erdöl) / oil additive
**Ω m** *m* (DIN 1301, T 2) (Elektr) / ohm-metre* *n*
**Ombilikale** *f* (Math) / umbilical *n*, umbilical line
**Ombré** *m* (Gewebe mit schattierender Farbstellung) (Tex) / ombré* *n*
**Ombrédruck** *m* (Tex) / ombré printing, rainbowing *n*, rainbow printing, shadow printing
**Ombrégewebe** *n* (Gewebe mit schattierender Farbstellung) (Tex) / ombré* *n*
**ombrogen** *adj* (Moor, dessen Pflanzen ihren Wasserbedarf aus dem Niederschlag decken können) (Geol, Umwelt) / ombrogenous* *adj*
**Ombrograf** *m* (Meteor) / recording rain gauge, pluviograph *n*, hyetograph* *n*, rain recorder
**Ombrometer** *n* (Meteor) / rain gauge*, precipitation gauge, pluviometer *n*, ombrometer *n*, udometer *n*
**Omega•gleichung** *f* (die eine Beziehung zwischen den Vertikalbewegungen und anderen Größen des Strom- und

**Omega-Hyperon**

Temperaturfeldes angibt und die Berechnung der Vertikalbewegung ermöglicht) (Meteor) / omega equation ‖ ⁓-**Hyperon** n (ein Baryon) (Kernphys) / omega-minus particle* n, omega hyperon, hyperon Ω ‖ ⁓-**Navigationssystem** n (ein weltweites Funkortungssystem) (Nav) / Omega* n ‖ ⁓**schiene** f (nach DIN 46277) (Masch) / omega rail ‖ ⁓**tron** n (ein Laufzeitmassenspektrometer) (Spektr) / omegatron n ‖ ⁓**verfahren** n (zur Bemessung der Knickstäbe nach DIN 4114) (Mech) / Omega method ‖ ⁓**verfahren** (Nav) / Omega* n
**Omethoat** n (systemisches Insektizid und Akarizid mit Kontakt- und Fraßgiftwirkung mit breitem Wirkungsspektrum) / omethoate n, omethioate n
**OMG** (EDV) / Object Management Group, OMG
**Ommochrome** n pl (Phenoxazinfarbstoffe) (Chem) / ommochromes pl
**Omnibus** m (Kfz) / bus n, motor bus, motor-coach n
**Omnifont-Zeichenerkennung, optische** ⁓ (EDV) / omnifont OCR
**Omnitron** n (ein Synchrotron) (Nukl) / omnitron n
**Omorikafichte** f (For) / Serbian spruce
**Omphacit** m (lichtgrüner Pyroxen) (Geol) / omphacite* n
**ÖN** / Österreichisches Normungsinstitut
**ON** (Fernsp) / local exchange network, local network
**Önanth•aldehyd** m (Chem) / oenanthal n, heptan-1-al n ‖ ⁓**ether** m (Chem, Nahr) / oenanthic ether ‖ ⁓**säure** f (Chem) / oenanthic acid, n-heptanoic acid
**Onboard-Diagnosesystem** n (Kfz) / on-board diagnostic system, self-diagnostic system
**Onboard-Processing** n (von Signalen bei Nachrichtensatelliten) (Fernm) / on-board processing
**On-column-Injektion** f (Chem) / on-column injection
**On-Demand-Druck** m (EDV) / on-demand printing
**On-Demand-Printing** n (EDV) / on-demand printing
**On-Demand-Publishing** n (z.B. von Dokumenten aus einer Datenbank) (EDV) / on-demand publishing, publishing on demand
**Ondoskop** n (Eltronik) / ondoscope* n
**One-Chip-Mikroprozessor** m (EDV) / single-chip microprocessor, one-chip microprocessor
**Onemack-Loom** n (Web) / Onemack loom
**Onionskin** n (Pap) / onion-skin paper*, onion skin
**Onium•ion** n (ein Kation) (Chem) / onium ion ‖ ⁓**verbindung** f (z.B. Ammoniumnitrat) (Chem) / onium compound
**onkodynamischer Druck** (Chem) / colloidal osmotic pressure, oncotic pressure
**onkogen** adj (Med) / oncogenous adj, oncogenic* adj, oncogenetic adj
**Onkoid** n (unregelmäßige, meist rundliche Karbonatkomponente des Onkoliths - 0,05 mm bis über 100 mm) (Geol) / oncolite n
**Onkolith** m (Sedimentgestein aus Onkoiden - mit Durchmesser von 0,05 mm bis etwa 100 mm) (Geol) / oncolite n
**onkotischer Druck** (Chem) / colloidal osmotic pressure, oncotic pressure
**Online•-...** (EDV) / on-line* attr ‖ ⁓-**Analyse** f (Chem) / on-line analysis ‖ ⁓-**Bearbeitung** f (EDV) / on-line processing* ‖ ⁓-**closed-loop-Kopplung** f (EDV) / online closed loop (interfacing) ‖ ⁓-**Datenbank** f (EDV) / on-line database ‖ ⁓-**Dienst** m (EDV) / online service ‖ ⁓-**Dokumentation** f (EDV) / on-line documentation ‖ ⁓-**Editieren** n (EDV) / on-line editing* ‖ ⁓-**Erklärung** f (KI) / mid-run explanation, online explanation ‖ ⁓-**Hilfe** f (EDV) / on-line help ‖ ⁓-**Host** m (EDV) / on-line host ‖ ⁓-**Kontoführung** f (EDV) / on-line account handling ‖ ⁓-**Korrektur** f (EDV) / on-line correction ‖ ⁓-**Lackierung** f (bei der die Kunststoffteile zusammen mit der metallischen Karosserie lackiert werden) (Anstr, Kfz) / on-line coating ‖ ⁓-**Messung** f (Messung der Prozeßgrößen währen des Prozesses) / on-line measurement ‖ ⁓-**open-loop-Kopplung** f (EDV) / on-line open loop (interfacing) ‖ ⁓-**Parsing** f (EDV) / on-line parsing ‖ ⁓-**Peripherie** f (EDV) / online peripheral equipment ‖ ⁓-**Publishing** n (Druck, EDV) / online publishing ‖ ⁓-**Recherche** f (EDV) / on-line search ‖ ⁓-**Transaktionsverarbeitung** f (EDV) / online transaction processing, OLTP ‖ ⁓-**Zeitung** f (EDV) / on-line newspaper
**Önologie** f (Lehre vom Weinbau und der kellertechnischen Behandlung des Weines) (Nahr) / oenology n
**önologisch** adj (Nahr) / oenological adj
**Önometer** n (Meßinstrument zur Bestimmung des Alkoholgehalts des Weins) (Nahr) / oenometer n, vinometer n
**Onsager-Relation** f (nach L. Onsager, 1903-1976) (Nukl) / Onsager relation
**Onsagersche Reziprozitätsbeziehungen** (in der Thermodynamik irreversibler Prozesse) (Wärm) / Onsager reciprocal relations
**Onshore-Bohrarbeiten** f pl (Erdöl) / onshore operations
**Onshore-Exploration** f (Erdöl) / onshore exploration
**Onsite-Behandlung** f (des kontaminierten Standorts) (HuT) / on-site treatment
**Onsite-Verarbeitung** f (ohne Benutzung von Datenübertragungseinrichtungen) (EDV) / on-site processing

**Onstimme** f (Film) / voice in
**Ontogenese** f (Biol) / ontogeny* n, ontogenesis* n (pl. -geneses)
**Ontogenie** f (Biol) / ontogeny* n, ontogenesis* n (pl. -geneses)
**Onyx** m (Silizium(IV)-oxid, gestreifter Achat) (Min) / onyx* n ‖ **schwarzer** ⁓ (künstlich gefärbter Achat) (Min) / black onyx ‖ ⁓**marmor** m (gestreifter zartfarbiger alabasterartiger Kalksinter) (Min) / Mexican onyx*, Gibraltar stone, onyx marble*, Algerian onyx*, Oriental alabaster*
**Ooid** n (ein kugelförmiger Körper aus Kalk, FeOOH oder anderen Stoffen) (Geol) / oölith* n
**Oolith** m (aus zahlreichen Ooiden zusammengesetztes Gestein) (Geol) / oölite* n, oolite n, eggstone n ‖ ⁓ (Geol) s. auch Pisolith
**oolithisch** adj (Geol) / oölithic adj
**Oortsche Wolke** (nach J.H. Oort, 1900-1992) (Astr) / Oort's cloud
**OO-Schiff** n (Schiff) / ore-oil carrier
**Opacimeter** n (Anstr) / opacimeter n
**opak** adj (Foto, Opt) / opaque* adj, light-proof adj ‖ ⁓**es Glas** (Glas) / opaque glass ‖ ⁓**glas** n (in der Masse stark eingetrübtes, nicht durchscheinendes Glas) (Glas) / opaque glass ‖ ⁓**glasur** f (Keram) / opaque (ceramic) glaze
**Opal•-** / opaline adj, opaloid adj ‖ ⁓ m (Silizium(IV)-oxid als Gel) (Min) / opal* n ‖ **Schwarzer** ⁓ (Min) / black opal* ‖ ~**artig** adj / opaline adj, opaloid adj ‖ ⁓**batist** m (milchig trüber Batist) (Tex) / opal n
**opaleszente Trübung** (opalartiges Schillern der Luft) (Meteor) / opacity n
**Opaleszenz** f (opalartiges Schillern von trüben Medien) (Chem, Min) / opalescence* n ‖ **kritische** ⁓ (extrem starkes Anwachsen der Lichtstreuung in Dämpfen und Flüssigkeiten in der Nähe des kritischen Punktes) (Phys) / critical opalescence ‖ ⁓**glas** n (Glas) / opalescent glass
**opaleszieren** v / opalesce v, opalize v ‖ ⁓ n (Chem, Min) / opalescence* n
**Opalglas** n (weißes oder in der Masse schwach getrübtes durchscheinendes Glas) (Glas) / opal glass*, white glass*
**Opalinglas** n (Glas) / opaline n
**opalisieren** v / opalesce v, opalize v ‖ ⁓ n (Farbenspiel des Opals) (Min) / opalescence* n, opalizing n, opaline iridescence
**Opallampe** f (Glas, Licht) / opal lamp
**Opäum** n (im Scheitel einer Kuppel) (Arch) / eye* n
**Opazimeter** n (zur Absorptionsmessung) (Anstr) / opacimeter n
**Opazität** f (Kehrwert des Durchlassgrades) (Foto, Licht) / opacity* n, light-proofness n ‖ ⁓ (Papierprüfung) (Pap) / opacity n ‖ ⁓ (Undurchsichtigkeit von flächenförmigen Textilien) (Tex) / opacity n
**OP-Code** m (ein Kode zur Darstellung des Operationsteils von Befehlswörtern) (EDV) / operation code, OP code, opcode*
**Open Loop** m (EDV) / open-loop system ‖ ⁓ **Shop** / open shop ‖ ⁓-**Collector** m (integrierte Digitalschaltung mit offenem Kollektor) (Eltronik) / open collector ‖ ⁓-**Collector-Ausgang** m (Eltronik) / open-collector output ‖ ⁓-**Collector-Gatter** n (EDV) / open-collector gate ‖ ⁓-**end-Spinnerei** f (Turbinenspinnverfahren) (Spinn) / open-end spinning*, OE spinning, break spinning ‖ ⁓-**loop-Gain** n (Radio) / open-loop gain ‖ ⁓-**Routine** f (EDV) / open routine ‖ ⁓-**shop-Betrieb** m (bei dem im Gegensatz zum Closed-shop der einzelne Benutzer selbst an der Anlage arbeiten kann) (EDV) / open shop, hands-on operation ‖ ⁓-**Top-Container** m / tilt-top container ‖ ⁓-**Top-Container** (der oben offen ist) / open-top container
**Operand** m (pl. -en) (die zur Definition von Daten mit einem Befehlsnamen eingegebene Information mit der der Befehlsprozessor arbeitet, und zur Steuerung der Ausführung des Befehlsprozessors) (EDV) / operand* n ‖ ⁓ (pl. -en) (Math) / operand* n ‖ **indirekt adressierter** ⁓ (EDV) / indirect operand ‖ **nichtadressierter** ⁓ (EDV) / immediate operand, no-address operand ‖ ⁓ m **fester Länge** (EDV) / fixed-length operand ‖ ⁓ **im Adreßteil** (EDV) / immediate operand, no-address operand
**Operanden•adresse** f (EDV) / operand address ‖ ⁓**teil** m (in der Befehlsstruktur - DIN 44300) (EDV) / operand part, operand section
**Operateur** m (EDV) / operator* n ‖ ⁓ (Film) / projectionist n ‖ ⁓ (Person, die die Master-Slave-Manipulatoren bedient oder IR durch "Vorführen" programmiert) (Masch) / operator n ‖ ⁓**peripherie** f (Geräte für die Bedienung eines Digitalrechners) (EDV) / operator interface
**Operating** n (EDV, Masch) / attendance n, operation* n, service n, manipulation n ‖ ⁓-**Leasing** n / operating lease, service lease
**Operation** f (Sinnbild in Programmablaufplänen) (EDV) / box n ‖ ⁓ (EDV, Math) / operation* n ‖ ⁓ (F.Org) / operation* n, work cycle* ‖ **arithmetische** ⁓ (EDV, Math) / arithmetical operation* ‖ **binäre algebraische** ⁓ (Math) / binary operation, dyadic operation ‖ **gleichnamige** ⁓**en** / like operations ‖ **inverse** ⁓ (Math) / inverse n, inverse operation ‖ **iterative** ⁓ (EDV) / iterative operation ‖ **logische** ⁓**en** (EDV, Math) / logical operations*, logic operations ‖ **nacheinander bei mehreren** ⁓**en aufrufbar** (bei Multiprogrammverarbeitung) (EDV) / serially reusable ‖ **nicht**

**datenbezogene ~** (EDV) / non-data operation ‖ **organisatorische ~** (die den Ablauf eines Programms erleichtert, ohne direkt beteiligt zu sein) (EDV) / red-tape operation, housekeeping* *n*, housekeeping operation, overhead operation ‖ **reguläre ~** (Komplexprodukt, Vereinigung und Iteration) (EDV, KI) / regular operation ‖ **vollständige ~** (EDV) / complete operation ‖ **~en** *f pl* **auf Mengen** (Math) / operations on sets ‖ **~en über Mengen** (Math) / operations on sets ‖ **~** *f* **von Hand** (z.B. Formularwechsel, Bandwechsel) (EDV) / manual operation

**operational** *adj* (EDV, KI) / operational *adj* ‖ **~e Analyse** (EDV) / operational analysis ‖ **~es Modell** / operational model ‖ **~e Semantik** (EDV) / operational semantics

**operationelle Analyse** (EDV) / operational analysis

**Operations • charakteristik** *f* (Stats) / operating characteristic curve, OC curve, operating characteristic, operation characteristic ‖ **~code** *m* (ein Kode zur Darstellung des Operationsteils von Befehlswörtern) (EDV) / operation code, OP code, opcode *n* ‖ **~forschung** *f* (zweckmäßiges Vorbereiten, Durchführen, Kontrollieren und Einschätzen von Entscheidungen mit Hilfe von mathematischen Methoden) / operations research (US), OR, operational research* (GB), system research ‖ **~kode** *m* (ein Kode zur Darstellung des Operationsteils von Befehlswörtern) (EDV) / operation code, OP code, opcode *n* ‖ **~register** *n* (EDV) / operation register, OPR ‖ **~-Research** *n* *f* (zweckmäßiges Vorbereiten, Durchführen, Kontrollieren und Einschätzen von Entscheidungen mit Hilfe von mathematischen Methoden) / operations research (US), OR, operational research* (GB), system research ‖ **~symbol** *n* (Math) / operator* *n*, operational symbol ‖ **~teil** *m* (in der Befehlsstruktur - DIN 44300) (EDV) / operation part ‖ **nichtdekodierbarer ~teil** (EDV) / operation code trap ‖ **~verstärker** *m* (ein linearer Gleichspannungsverstärker mit einem hohen negativen Verstärkungsfaktor und einem großen Übertragungsbereich) (Eltronik) / operational amplifier*, computing amplifier, op amp ‖ **~verstärker, bei dem durch Veränderung der Eingangsdifferenzstufe über einen zusätzlichen Eingang die Vorwärtssteilheit eingestellt werden kann** (Eltronik) / operational transductance amplifier, OTA ‖ **~vorrat** *m* (DIN 44 300) (EDV) / operation set ‖ **~zeichen** *n* (Math) / operator* *n*, operational symbol ‖ **~zeit** *f* (EDV) / operation time ‖ **~zeit** *f* (eines Befehls); Befehlausführungszeit;f. (EDV) / execution time, instruction time ‖ **~zyklus** *m* (EDV) / machine cycle, MC

**operativ** *adj* / operational *adj* (staff) ‖ **~** (EDV, KI) / operational *adj*

**Operator** *m* (EDV) / operator* *n* ‖ **~** (der für das An- und Abschalten der Funktion der Strukturgene verantwortlich ist) (Gen) / operator* *n*, operator gene ‖ **~** (Math) / operator* *n*, operational symbol ‖ **arithmetischer ~** (EDV, Math) / arithmetic operator* ‖ **d'Alembert-~** (Math) / d'Alembertian *n* ‖ **fast algebraischer ~** (Math) / almost algebraic operator ‖ **hermitescher ~** (selbstadjungierter linearer Operator eines Hilbert-Raumes) (Math) / Hermitian operator ‖ **linearer ~** (Math) / linear operator ‖ **modaler ~** (KI) / modal operator ‖ **quantenmechanischer ~** (Phys) / quantum-mechanical operator ‖ **vollständiger linearer ~** (Math) / completely continuous linear operator ‖ **zusammengesetzter ~** (Phys) / composite operator ‖ **~befehl** *m* (eine über die Konsole eingegebene Anweisung an das Steuerprogramm) (EDV) / operator command

**Operatoren • gleichung** *f* (Math) / operator equation ‖ **~kalkül** *m n* (Math) / operational calculus, operational analysis ‖ **~rangfolge** *f* (EDV) / operator precedence ‖ **~rechnung** *f* (Math) / operational calculus, operational analysis

**Operator • fehler** *m* (EDV) / bust *n* ‖ **~gen** (Gen) / operator* *n*, operator gene ‖ **~meldung** *f* (EDV) / operator message

**Operment** *n* (Anstr) / orpiment yellow, Montpellier yellow, mineral yellow

**Opernglas** *n* (Opt) / opera glasses

**Operon** *n* (eine als genetische Steuerungseinheit funktionierende Gruppe engbenachbarter Gene) (Gen) / operon* *n*

**Opferanode** *f* (katodischer Korrosionsschutz aus unedlen Metallen) (Galv) / sacrificial anode*, reactive anode* ‖ **pulvrige Überreste der ~** (Schiff) / cathodic chalk*

**Ophicalcit** *m* (Geol) / ophicalcite* *n* (a marble containing serpentine), forsterite-marble* *n*

**Ophikalzit** *m* (ein mit Serpentinstreifen durchzogener Marmor) (Geol) / ophicalcite* *n* (a marble containing serpentine), forsterite-marble* *n*

**Ophiolith** *m* (submarines basisches bis ultrabasisches Eruptivgestein) (Geol) / ophiolite* *n*

**Ophiotoxin** *n* (Pharm) / snake venom

**Ophit** *m* (ein Serpentin) (Min) / ophite *n*

**ophitische Struktur** (basischer Ergußsteine) (Geol) / ophitic texture*, diabasic texture

**ophthalmologisch** *adj* (Med, Opt) / ophthalmological *adj* ‖ **~e Optik** (die sich von der medizinischen Seite her mit den Vorgängen im menschlichen Sehorgan befaßt) (Opt) / ophthalmological optics

**Ophthalmoskop** *n* (Med) / ophthalmoscope* *n*

**Opiat** *n* (Opium oder dessen Derivate enthaltendes Arzneimittel) (Pharm) / opiate *n*

**Opine** *n pl* (Pflanzenkrebs erregende Stoffe) (Chem, Landw) / opines* *pl*

**opioides Peptid** (Physiol) / opioid peptide

**Opioidpeptid** *n* (Physiol) / opioid peptide

**Opiopeptid** *n* (Physiol) / opioid peptide

**OPI-Schnittstelle** *f* (in der elektronischen Druckvorstufe) (EDV) / open prepress interface, OPI

**Opisthodomos** *m* (pl. -moi) (im griechischen Tempel) (Arch) / opisthodomos *n*

**Opium** *n* (der eingetrocknete Milchsaft der Früchte von Papaver somniferum L. - DAB 10) (Pharm) / opium* *n* ‖ **~alkaloid** *n* (wie z.B. Morphin, Kodein usw.) (Chem) / opium alkaloid ‖ **~säure** *f* (Chem) / meconic acid

**OP-Kautschuk** *m* (Chem Verf) / oil-extended polymer

**OP-Kode** *m* (ein Kode zur Darstellung des Operationsteils von Befehlswörtern) (EDV) / operation code, OP code, opcode *n*

**ÖPNV** (Bahn, Kfz) / local public transport, mass transport, mass transit, mass transportation

**Opopanax** *m* (Gummiharz von Commiphora-Arten und vom Opopanax chironium (L.) W.D.J. Koch) (Pharm) / opopanax *n*, opoponax *n*

**Opoponax** *m* (Pharm) / opopanax *n*, opoponax *n*

**OPP** (Chem) / oriented polypropylene, OPP

**Oppenauer-Oxidation** *f* (Chem) / Oppenauer oxidation, Oppenauer reaction

**Oppenauer-Reaktion** *f* (zur Dehydrierung von sekundären Alkoholen zu Ketonen mit Hilfe von Karbonylverbindungen) (Chem) / Oppenauer oxidation, Oppenauer reaction

**Oppenheimer-Phillips-Prozeß** *m* (eine Strippingreaktion) (Kernphys) / Oppenheimer-Phillips process*, Oppenheimer-Phillips reaction, O.P. process*

**opponierend • e Tüpfelung** (For) / opposite pitting ‖ **~e Tüpfelung** (For) / opposite pitting

**Opportunistic Routing** *n* (EDV) / opportunistic routing (electronic mail)

**Opposition** *f* (eine Konstellation) (Astr) / opposition* *n*

**O-Presse** *f* (für Längsnahtrohre) (Schw) / O-ing press

**OPS** (Chem) / oriented polystyrene, OPS

**Opsin** *n* (Biochem) / opsin *n*

**Opsonin** *n* (ein Alexin im Blutserum) (Biochem) / opsonin* *n*

**Opsonisierung** *f* (von Bakterien) / opsonization *n*

**Optical Disc** *f* (EDV) / digital optical disk, optical disk ‖ **~ Disk** (EDV) / digital optical disk, optical disk

**Optik** *f* (physikalische, biologische) (Opt) / optics* *n* ‖ **~** (eines Geräts) (Opt) / lens system ‖ **~** (Gesamtheit der bei einer optischen Abbildung wirksamen Elemente) (Opt) / optics *n*, optical train, optical system ‖ **~** (einer Ware) (Tex) / look *n* ‖ **adaptive ~** (mit Rechnereinsatz bei Spiegelsystemen) (Astr, Opt) / adaptive optics ‖ **aktive ~** (Astr, Opt) / active optics ‖ **atmosphärische ~** (die das Verhalten des Lichts in der Atmosphäre beschreibt) (Opt) / atmospheric optics, meteorological optics ‖ **digitale ~** (Opt) / digital optics ‖ **geometrische ~** (Opt) / geometrical optics* ‖ **integrierte ~** (Aufbau mikrooptischer Elemente in Planartechnik) (Opt) / integrated optics, IO ‖ **kohärente ~** (Opt) / coherent optics ‖ **lineare ~** (Opt) / linear optics ‖ **nichtlineare ~** (EDV, Eltronik, Opt) / non-linear optics ‖ **nichtlineare ~** (Erscheinungen und Effekte bei Einstrahlung hoher Intensitäten) (Opt) / non-linear optics ‖ **ophthalmologische ~** (die sich von der medizinischen Seite her mit den Vorgängen im menschlichen Sehorgan befaßt) (Opt) / ophthalmological optics ‖ **physikalische ~** (klassische Optik + Quantenoptik) (Opt) / physical optics* ‖ **physiologische ~** (die die physiologischen und physikalischen Gesetzmäßigkeiten des Sehens behandelt - DIN 5340) (Opt) / physiological optics ‖ **Schmidtsche ~** (nach B. Schmidt, 1879-1935) (Astr, Opt) / Schmidt optical system*, Schmidt optics, Schmidt mirror system, Schmidt system, Schmidt camera

**Optikberechnung** *f* (Opt) / optics design

**Optiker** *m* (Opt) / optician *n*

**Optik • kitt** *m* (Opt) / optical cement, cement *n* ‖ **Vorzeichenregeln für das ~rechnen nach DIN 1335** (Opt) / Cartesian sign convention ‖ **~rechnung** *f* (Opt) / optics design ‖ **~teil** *n* (Opt) / optical element

**Optikus** *m* (pl. -tizi) (Physiol) / optic nerve

**optimal** *adj* / optimal *adj*, optimum *attr* ‖ **~e Losgröße** (F.Org) / optimal lot size ‖ **~es Programm** (EDV) / minimum-access program*, optimized program, optimally coded program ‖ **~e Programmierung** (EDV) / optimum programming, minimum-access programming, minimum-delay programming ‖ **~e Regelung** (Regeln)

**optimal**

/ optimal control, optimum control ‖ ~e **Trennschärfe** (Fernm) / skirt selectivity ‖ ~er **Wassergehalt** (beim Proctor-Versuch) (HuT) / optimum moisture content
**Optimal•filter** n (bei bestmöglicher Anpassung des Empfängers an die Sendesignalform) (Fernm) / matched filter* ‖ ~**gewinn** m (der Antenne) (Radio) / superdirectivity n
**Optimalitätsprinzip** n (Regeln) / principle of optimality ‖ ~ (Stats) / Bellman's principle of optimality
**Optimal•kode** m (EDV) / optimum code ‖ ~**programm** n (EDV) / minimum-access program*, optimized program, optimally coded program ‖ ~**werteregelung** f (Regeln) / optimal control, optimum control ‖ ~**wertkreis** m (Eltronik) / optimalizer n, optimizer m ‖ ~**wertregler** m (Regeln) / optimizing controller ‖ ~**wertsteuerung** f (Regeln) / feedforward n
**Optimeter** n (ein mechanisch-optisches Feinmeßwerkzeug) (Opt) / optimeter n
**optimieren** v / optimise v (GB), optimize v, optimalize v
**optimierend•er Kompilierer** (EDV) / optimizing compiler ‖ ~e **Regelung** (Regeln) / optimal control, optimum control ‖ ~**er Regler** (Regeln) / optimizing controller
**Optimierer, kostenbasierender** ~ (EDV) / cost-based optimizer
**Optimier•regelung** f (Regeln) / adaptive control optimization, ACO ‖ ~**regler** n (Regeln) / optimizing controller
**optimiertes Design** / optimized design
**Optimierung** f / optimization n, optimalization n ‖ **diskrete** ~ (ganzzahlige Optimierung) (EDV, Math) / discrete optimization ‖ **dynamische** ~ (Math) / dynamic programming ‖ **ganzzahlige** ~ (EDV) / integer programming ‖ **konvexe** ~ (EDV) / convex programming ‖ **lineare** ~ (wenn die Zielfunktion und die zugehörigen Gleichungen linear sind) (Math) / linear programming* ‖ **nichtlineare** ~ (Math) / non-linear programming ‖ **stochastische dynamische** ~ (nach R. Bellman) (Stats) / stochastic dynamic programming ‖ ~ f **mit Nebenbedingungen** (Math) / constrained optimization
**Optimierungskriterium** n / optimization criterion
**optimistische Dauer** (einer Aktivität in dem Netzwerkverfahren) / optimistic time
**Optimum** n (pl. Optima) / optimum n (pl. optima or -s)
**Option** f / option n
**optional** adj / optional adj ‖ ~**es Feld** (bei einer Datenbank) (EDV) / optional field
**optionell** adj / optional adj
**Options•feld** n (EDV) / check box ‖ ~**schaltfläche** f (die eine Option repräsentiert) (EDV) / option box ‖ ~**zeit** f (Radio, TV) / option time
**optisch** adj (Opt) / optical adj ‖ ~ (Opt, Physiol) / optic* adj, visual adj ‖ ~e **Omnifont-Zeichenerkennung** (EDV) / omnifont OCR ‖ ~e **Abbildung** (Opt) / optical image ‖ ~**er Abdriftmesser** (Luftf) / drift sight* ‖ ~e **Abstimmung** (Radio) / visual tuning ‖ ~e **Abtasteinrichtung** (Opt) / optical scanner ‖ ~**es Abtastsystem** (Opt) / optical scanning system ‖ ~e **Achse** (in der Kristalloptik) (Krist) / optic axis* ‖ ~e **Achse** (die Symmetrieachse abbildender optischer Systeme) (Opt) / optic axis*, optical axis, principal axis* ‖ ~e **Achse** (des Auges) (Physiol) / optic axis ‖ ~**er Achsenwinkel** (Krist) / optic-axial angle* ‖ ~**es Elektron** (Chem) / optical electron, luminous electron ‖ ~ **aktives Polymer** (Chem) / optically active polymer ‖ ~e **Aktivität** (Fähigkeit, die Polarisationsebene zu drehen) (Chem, Phys) / optical activity*, rotary polarization ‖ ~e **Anomalie** (Chem, Opt) / optical anomaly (the phenomenon in which an organic compound has a molar refraction which does not agree with the value calculated from the equivalents of atoms and other structural units composing it) ‖ ~**ansprechendes Design** / visually appealing design ‖ ~**er Antipode** (Chem) / enantiomer n, optical isomer, antimer n, optical antipode ‖ ~ **anwendbarer Kunststoff** (Chem, Opt) / optical plastic ‖ ~**es Anzeichnen** (Ersatz für Schnurbodenarbeit) (Schiff) / optical marking ‖ ~e **Anzeigeeinheit** (EDV) / display n (unit), video display (unit)*, VDU*, display device, display terminal, video terminal, visual display terminal, visual display unit* ‖ ~e **Astronomie** (Astr) / optical astronomy ‖ ~**er Aufheller** (Tex) / fluorescent whitening agent* (FWA), brightener n, fluorescent brightener*, optical bleach*, optical white*, optical brightener*, colourless dye, white dye, brightening agent* ‖ ~e **Aufzeichnung** (Ergebnis) / visual record, optical record ‖ ~e **Aufzeichnung** (Opt) / optical recording ‖ ~e **Ausbeute** (einer Reaktion) (Chem) / optical yield ‖ ~e **Bahnverfolgung** (Raumf) / optical tracking ‖ ~e **Bank** (Opt) / optical bench* ‖ ~**er Belegleser** (EDV) / optical document reader, videoscan document sorter ‖ ~e **Berechnung** (Opt) / optical computing ‖ ~**es Bild** (Opt) / optical image ‖ ~e **Bildplatte** (EDV, Opt) / optical disk, optical videodisk, OVD, optical disc, video long-play disk, VLP disk, OD ‖ ~e **Bistabilität** (bei Halbleiterkristallen) (Phys) / optical bistability ‖ ~**er Computer** (EDV) / optical computer ‖ ~**es Datenerfassungssystem** (EDV) / optical data-entry system ‖ ~e **Datenübertragungsanlage** (EDV) / optical data link, ODL ‖ ~e **Datenverarbeitung** (EDV) / optical data processing, optical processing and computing ‖ ~e **Dichte** (für Schwarzweißschichten) (Foto, Opt) / optical density, transmission density, OD ‖ ~e **Diode** (Opt) / optical diode ‖ ~**er Direktzugriffsspeicher** (EDV) / erasable optical memory, erasable DRAW memory n, erasable direct-read-after-write memory, E-DRAWM, optical RAM, O-RAM n ‖ ~e **Dissoziation** (Chem) / photodissociation* n ‖ ~**er Dopplereffekt** (Phys) / optical Doppler effect, Doppler effect in optics ‖ ~e **Drehung** (Chem, Opt) / optical rotation* ‖ ~**es Drehvermögen** (Chem, Phys) / optical activity*, rotary polarization ‖ ~ **eben** (Opt) / optically flat ‖ ~e **Effekte** (Film) / opticals* pl, optical effects ‖ ~e **Eigenschaften** (Opt) / optical properties, optical effects ‖ ~ **einachsig negativ** (Krist) / negative* adj ‖ ~ **einachsig positiv** (Krist) / positive adj ‖ ~ **einachsiger Kristall** (Min) / uniaxial crystal* ‖ ~**es Element** (z.B. Linse, Prisma) (Opt) / optic n ‖ ~e **Emissionsspektroskopie mit Glimmlampenanregung** (Spektr) / glow-discharge optical spectroscopy, GDOS ‖ ~**er Empfänger** (Baugruppe zum Umwandeln optischer Signale in elektrische Signale) (Opt) / optical receiver ‖ ~e **Faser** (Opt) / optical fibre (a long, thin thread of fused silica, or other transparent substance, used to transmit light) ‖ ~**es Faserbündel** (Fernm) / optical-fibre bundle ‖ ~**es Fenster** (derjenige Wellenlängen- bzw. Frequenzbereich des Spektrums der elektromagnetischen Wellenstrahlung, in dem das Absorptionsminimum des bestrahlten Materials liegt) (Astr, Opt, Spektr) / optical window ‖ ~e **Filmleseeinheit** (EDV) / film optical scanning device, FOSDIC ‖ ~e **Fläche** (brechende oder reflektierende Fläche von optischen Bauelementen) (Opt) / optical surface ‖ ~**es Flintglas** (Glas) / optical flint*, optical flint glass ‖ ~**er Fühlhebel** (Opt) / optical lever* ‖ ~**er Gangunterschied** (Opt) / optical path difference, OPD, retardation n, difference in path ‖ ~**es Gerät** (Instr) / optical instrument, optic n ‖ ~ **gezündeter Thyristor** (Eltronik) / light-activated silicon-controlled rectifier, LASCR, photothyristor n ‖ ~**es Gitter** (Phys) / grating* n, diffraction grating*, optical grating* ‖ ~**es Glas** (zur Herstellung von Linsen und Spiegeln - mit bestimmten Lichtbrechungs- und Lichtzerstreuungseigenschaften) (Glas) / optical glass* ‖ ~**es Glied** (Opt) / optical element ‖ ~**es Goniometer** (Krist) / reflecting goniometer, optical goniometer ‖ ~e **Hilfe** (Opt) / visual aid ‖ ~ **inaktiver Quarz** (Geol) / racemic quartz ‖ ~e **Indexfläche** (Krist) / index ellipsoid, indicatrix n (pl. indicatrices), optical indicatrix, reciprocal ellipsoid, ellipsoid of wave normals ‖ ~**er Indikator** (zur Feststellung des Druckverlaufs in den Zylindern) (Kfz) / optical indicator* ‖ ~e **Informationsverarbeitung** (EDV) / optical data processing, optical processing and computing ‖ ~**es Instrument** (Instr) / optical instrument, optic n ‖ ~**es Isomer** (Chem) / enantiomer n, optical isomer, antimer n, optical antipode ‖ ~**er Kalkspat** (Min, Opt) / optical calcite (usually Iceland spar) ‖ ~e **Kamerafahrt** (Film) / zooming n ‖ ~**es Kernmodell** (Kernphys) / optical model of a nucleus*, cloudy crystal ball model ‖ ~e **Kohärenz** (Opt) / optical coherence ‖ ~e **Kommunikationstechnik** (Fernm) / light-wave communications ‖ ~**er Kompensator** / optical compensator ‖ ~e **Konstante** (z.B. Brechungsindex) (Opt) / optical constant* ‖ ~e **Kontrolle** (WP) / visual inspection, sight check, visual examination ‖ ~**es Kopieren** (Film) / optical printing* ‖ ~**es Kopierverfahren** (Film) / optical printing ‖ ~**er Kreisteiltisch** (meistens als Zusatzgerät für Koordinatenbohrmaschinen) (Masch) / optical rotary table ‖ ~**er Kristall** (Opt) / optical crystal (any natural or synthetic crystal that is used in infrared and ultraviolet optics and for its piezoelectric effects) ‖ ~**er Leiter** (Opt) / optical conductor ‖ ~**er Lesekopf** (EDV) / optical head ‖ ~**er Leser** (EDV) / optical reader ‖ ~**es Log** (Schiff) / optical log ‖ ~**es Markierungslesen** (EDV) / optical mark reading, OMR ‖ ~**er Maser** (= Laser) (Phys) / optical maser* ‖ ~**es Medium** (Opt) / optical medium ‖ ~e **Meßtechnik** / optical metrology ‖ ~**es Mischen** (Physiol) / optical mixing ‖ ~e **Mischung** (Physiol) / optical mixing ‖ ~**es Mittel** (Stoff, der vom Licht durchlaufen wird und mit ihm in Wechselwirkung tritt) (Opt) / optical medium ‖ ~**er Mittelpunkt** (Opt) / optical centre ‖ ~**er Mittelpunkt einer Linse** (Opt) / optical centre of a lens* ‖ ~**es Modell** (des Atomkerns) (Kernphys) / optical model of a nucleus*, cloudy crystal ball model ‖ ~e **Nachrichtentechnik** (als Anlage) (Fernm) / optical communications, OC ‖ ~e **Nachrichtentechnik** (mit LWL als Übertragungsmedium) (mit Hilfe von Lichtleitern) (Fernm) / optical-fibre communication, optical communication ‖ ~e **Nachrichtenübertragung** (als Prozeß) (Fernm) / light-wave communications ‖ ~e **Nachrichtenübertragung** (mit Hilfe von Lichtleitern) (Fernm) / optical-fibre communication, optical communication ‖ ~ **negativer Kristall** (Opt) / negative crystal* ‖ ~e **Ortsfrequenzanalyse** / optical spatial frequency analysis ‖ ~ **parametrische Schwingung** (Opt) / optical parametric oscillation ‖ ~**er parametrischer Oszillator** (Eltronik) / optical parametric oscillator (OPO) ‖ ~**er parametrischer Oszillator** (Opt) / optical parametric amplifier ‖ ~**er parametrischer Verstärker** (Opt) / optical

parametric amplifier ‖ ~es **Phänomen** (Opt) / optical phenomenon ‖ ~e **Pinzette** (mit Laserstrahlen) / optical tweezers ‖ ~ **plan** (Opt) / optically flat ‖ ~e **Platte** (EDV) / digital optical disk, optical disk ‖ ~e **Platte** (EDV, Opt) / optical disk, optical videodisk, OVD, optical disc, video long-play disk, VLP disk, OD ‖ ~ **positiver Kristall** (Opt) / positive crystal ‖ ~ **programmierbarer Festwertspeicher** (Eltronik) / optical PROM, WORM memory ‖ ~es **PROM** (Eltronik) / optical PROM, WORM memory ‖ ~es **Pumpen** (Änderung der Besetzungsverteilung der Energieniveaus von Atomen und Ionen eines Systems durch Einstrahlung von Licht) (Eltronik) / optical pumping* ‖ ~es **Pyrometer** (das auf dem Vergleich der Helligkeit und/oder der Farbe des anvisierten Körpers mit der Helligkeit und/oder Farbe eines Vergleichskörpers beruht) (Phys, Wärm) / optical pyrometer* ‖ ~es **Radar** (Radar) / colidar n, coherent light detecting and ranging, ladar n, laser radar ‖ ~es **RAM** (EDV) / erasable optical memory, erasable DRAW memory n, erasable direct-read-after-write memory, E-DRAWM, optical RAM, O-RAM n ‖ ~es **Rastermikroskop** (Mikros) / laser scan microscope ‖ ~er **Rechner** (EDV) / optical computer ‖ ~e **Reichweite** (von Leuchttürmen und Leuchtfeuern) (Licht, Schiff) / luminous range (the distance at which a marine light may be seen in clear weather, expressed in nautical miles) ‖ ~e **Reichweite** (Radio) / optical range* ‖ ~e **Reinheit** (Kriterium der Wirksamkeit der Trennung eines Razemats) (Chem) / optical purity, enantiomeric excess ‖ ~er **Resonator** / optical resonator, optical cavity ‖ ~e **Rotationsdispersion** (Opt, Spektr) / optical rota(to)ry dispersion*, ORD ‖ ~e **Schranken** (Astr) / optical limits ‖ ~er **Sender** (Baugruppe zum Umwandeln elektrischer Signale in optische Signale) (Opt) / optical transmitter ‖ ~er **Sensor** (bei den IR) (Masch) / optical sensor ‖ ~es **Signal** (Opt) / optical signal, visual signal ‖ ~er **Speicher** (EDV) / optical memory, optical storage ‖ ~e **Speicherplatte** (mit Laserstrahlenaufzeichnung) (EDV) / digital optical disk, optical disk ‖ ~e **Speicherplatte** (z.Z. mit etwa 30 Terabits) (EDV, Opt) / optical disk, optical videodisk, OVD, optical disc, video long-play disk, VLP disk, OD ‖ ~er **Spektralbereich** (Spektr) / optical spectral region ‖ ~er **Spektrumanalysator** (Opt, Spektr) / optical spectrum analyzer, OSA ‖ ~e **Strahlung** (DIN 5031, T 7) (Opt) / optical radiation ‖ ~e **Streckenmessung** (mit der Basislatte) (Verm) / subtense technique ‖ ~es **System** (Gesamtheit der bei einer optischen Abbildung wirksamen Elemente) (Opt) / optics n, optical train, optical system ‖ ~e **Täuschung** (Opt) / optical illusion, geometrical illusion ‖ ~e **Technik** (Opt) / optical engineering ‖ ~e **Temperaturskale** (mit Schmelztemperatur von Gold als Bezugspunkt) (Opt) / optical temperature scale ‖ ~er **Transistor** (Eltronik) / optotransistor n, optical transistor ‖ ~e **Übertragungsfunktion** (eine Gütefunktion für die bilderzeugenden Eigenschaften eines optischen Systems) (Opt) / optical transfer function*, OTF ‖ ~es **Übertragungssystem** (Opt) / relay optical system ‖ ~e **Verbindung** (Fernm, Opt) / line-of-sight link ‖ ~e **Verkratzung** (Film) / optical scratch ‖ ~er **Vielkanalanalysator** (ein Fotodetektor) (Opt) / optical multichannel analyzer, OMA ‖ ~er **Vielkanalanalysator** (ein Fotodetektor) (Opt, Spektr) / optical multichannel analyser, OMA ‖ ~e **Vielkanalanalyse** (bilderfassender Nachweis) (Opt) / optical multichannel analysis ‖ ~es **Vorzeichen** (+ = rechtsdrehend) (Min, Opt) / optic sign* ‖ ~e **Wegdifferenz** (Opt, Spektr) / optical-path difference, OPD, optical retardation ‖ ~e **Weglänge** (das Produkt aus der Brechzahl und der vom Licht in dem betreffenden Medium durchlaufenen Strecke) (Licht, Opt) / optical path*, optical distance* ‖ ~e **Weglänge** (Licht, Opt) s. auch Lichtweg ‖ ~er **Wellenleiter** (Fernm, Opt) / optical waveguide, OWG ‖ ~ **wirksame Fläche** (Opt) / optical surface ‖ ~ **wirksamer Stoff** (Opt) / optical material ‖ ~e **Wirkung** (Opt) / dioptric power, focal power ‖ ~es **Zeichen** (Opt) / visible signal, visual signal ‖ ~e **Zeichenerkennung** (EDV) / optical character recognition*, O.C.R., OCR* ‖ ~e **Zeichengebung** (Licht- und Flaggensignale, Rauchzeichen) (Opt) / optical communication, visual communication ‖ ~ **zweiachsiger Kristall** (Min) / biaxial crystal ‖ ~er **Zweig** (Krist) / optic branch*

**optische Emissionsspektroskopie** (Spektr) / atomic emission spectroscopy, AES

**optisch•elektrischer Wandler** / photoconverter n, photoelectric transducer ‖ ~-**elektronische Bauelemente** (Phys) / optical-electronic devices* ‖ ~-**mechanisch** adj / optical-mechanical adj

**OPTLC** (Chem) / overpressure thin-layer chromatography, forced-flow TLC, OPTLC

**OPTLC-Technik** f (Chem) / overpressure thin-layer chromatography, forced-flow TLC, OPTLC

**opto•akustische Spektroskopie** (Spektr) / photoacoustic spectroscopy (PAS) ‖ ~**chemischer Sensor** (chemischer Sensor, dessen Nachweisverfahren auf optischer Wechselwirkung beruht) (Chem, Opt) / optochemical sensor

**Optode** f (optischer Sensor) (Opt) / optode n

**optoelektrischer Wandler** (Eltronik) / optical receiver
**optoelektronisch** adj (Eltronik) / optoelectronic adj, OE ‖ ~es **Bauelement, das logische Verknüpfungen und optisch lesbare Speicherung erlaubt** (auf der Basis des Pockels-Effektes) (Eltronik) / Pockels' read-out optical modulator, PROM ‖ ~e **integrierte Schaltung** (Eltronik) / optoelectronic integrated circuit, OEIC ‖ ~es **Koppelelement** (Eltronik) / optocoupler n, optical coupling device, optical coupler, optical link, fibre-optic link ‖ ~er **Sender** (z.B. Lumineszenzdiode oder Laserdiode) (Eltronik) / optoelectronic emitter ‖ ~er **Sensor** (Strahlungssensor, der Strahlung im ultravioletten Bereich, im sichtbaren Bereich bzw. im infraroten Bereich des elektromagnetischen Spektrums erfaßt und in elektrische Signale wandelt) / optoelectronic sensor

**optogalvanisch** adj / optogalvanic adj ‖ ~er **Effekt** (ein fotoelektrischer Effekt in einer Gasentladung) (Phys) / optogalvanic effect ‖ ~e **Spektroskopie** (Spektr) / optogalvanic spectroscopy

**Optokoppler** m (Kombination aus einer lichtemittierenden Halbleiterdiode und einer Halbleiterfotodiode im Abstand von einigen Millimetern - DIN 41855, T 2) (Eltronik) / optocoupler n, optical coupling device, optical coupler, optical link, fibre-optic link ‖ ~ **mit Fototransistoren in Darlington-Schaltung** (als verstärkenden Empfängerbauelementen) (Eltronik) / photodarlington n

**optomechanisch** adj / optical-mechanical adj ‖ ~e **Maus** (mit einer aus dem Gehäuse hervorstehenden Rollkugel) (EDV) / optomechanical mouse

**Opto•meter** n (Med, Opt) / optometer n ‖ ~**metrie** f (Messung der Sehschärfe, i.e.S. dann Bestimmung des Nah- und des Fernpunktes) (Med, Opt) / optometry ‖ ~**metrist** m (Opt) / optometrist n ‖ ~**phon** n (Gerät, das Licht in Lautänderungen umwandelt) (Eltronik) / optophone* n ‖ ~**sensor** n / optoelectronic sensor ‖ ~**thyristor** m (Eltronik) / light-activated silicon-controlled rectifier, LASCR, photothyristor n ‖ ~**transistor** m (ein optoelektronisches Halbleiterbauelement, bei dem das signaltragende Medium das Licht ist) (Eltronik) / optotransistor n, optical transistor ‖ ~**typ** m (Med, Opt) / optotype n ‖ ~**voltaischer Effekt** (Phys) / optogalvanic effect

**Optronik** f (militärische Anwendung der Optoelektronik) (Eltronik, Mil) / optronics n

**Opus** n (pl. Opera) (Sammelbezeichnung für altrömische Arbeitstechniken) (Arch) / opus n (pl. opera)

**OP-Verstärker** m (ein linearer Gleichspannungsverstärker mit einem hohen negativen Verstärkungsfaktor und einem großen Übertragungsbereich) (Eltronik) / operational amplifier*, computing amplifier, op amp

**o.R.** (For) / underbark attr, inside bark attr

**OR** (zweckmäßiges Vorbereiten, Durchführen, Kontrollieren und Einschätzen von Entscheidungen mit Hilfe von mathematischen Methoden) / operations research (US), OR, operational research* (GB), system research

**O/R-Adresse** f (EDV) / originator-recipient address, O/R address

**oral** adj (verabreichbar, wirksam) (Pharm) / oral* adj, per os

**orange** adj / orange attr, orange-coloured adj, orangy adj, orangey adj ‖ ~ **Book** n (EDV) / Orange Book (describing the technical details on blank media and CD-WO recording) ‖ ~ **III** (Chem) / helianthine* n, methyl orange*

**Orangeat** n (kandierte Schalen der Pomeranzen oder der Orangen) (Nahr) / candied orange peel

**orange•farben** adj / orange attr, orange-coloured adj, orangy adj, orangey adj ‖ ~**farbig** adj / orange attr, orange-coloured adj, orangy adj, orangey adj ‖ ~**filter** n (Foto) / orange filter ‖ ~**mennige** f (Blei(II,IV)-oxid) (Chem) / orange lead*, orange mineral

**Orangen•blütenöl** n (von Citrus sinensis (L.) Osbeck oder Citrus aurantium L.) / orange-blossom oil, orange-flower oil, oil of orange blossoms ‖ ~**blütenöl** s. auch Neroliöl ‖ ~**blütenwasser** n (Pharm) / orange-flower water ‖ ~**farben** adj / orange attr, orange-coloured adj, orangy adj, orangey adj ‖ ~**farbig** adj / orange attr, orange-coloured adj, orangy adj, orangey adj ‖ ~**holz** n (For) / orangewood n ‖ ~**öl** n / orange oil ‖ ~**öl** (aus süßen Orangen) / sweet orange oil ‖ ~**schaleneffekt** m (Anstr) / orange-peel* n, orange-peeling n, alligator skin, pebbling n ‖ ~**schalenöl** n (aus bitteren Orangen) / bitter orange oil, Seville orange oil ‖ ~**schalenöl** / orange oil ‖ ~**schalenöl** (aus süßen Orangen) / sweet orange oil ‖ ~**spektrometer** n (Nukl) / orange-type spectrometer ‖ ~**wasserabsolue** n (zum Aromatisieren von Lebensmitteln) (Chem, Nahr) / orange-flower water absolute

**Orangeschellack** m (ein wertvoller indischer Eingeborenen-Schellack) (Anstr) / orange shellac

**Orangit** m (ein orange bis gelb durchscheinender Thorit) (Min) / orangite n

**Orans** m (pl. Oranten) (Arch) / orant n, orante n, orans n (pl. orantes)

**Orant** m (pl.Oranten) (Arch) / orant n, orante n, orans n (pl. orantes)

**ORB**

**ORB** (EDV) / Object Request Broker, ORB
**Orbiforme** f (z.B. ein Reuleaux-Dreieck) (Math) / curve of constant breadth, orbiform curve ‖ ~ (Math) / orbiform n, orbiform curve (of constant breadth)
**Orbit** m (pl. -s) (Astr, Kernphys, Luftf, Raumf) / orbit* n ‖ ~ (Math) / orbit n, transitivity class ‖ **erdnaher** ~ (Raumf) / near-earth orbit (a circumterrestrial orbit)
**orbital** adj (Chem, Phys, Raumf) / orbital adj ‖ ~ n (pl. -e) (ein Elektronenzustand bei der quantenmechanischen Analyse des Atom- und Molekülbaus) (Phys) / orbital* n ‖ **antibindendes** ~ ($\pi$- oder $\sigma$-Orbital) (Kernphys) / antibonding orbital* ‖ **bindendes** ~ ($\sigma$- oder $\pi$-Orbital) (Phys) / bonding orbital ‖ **molekulares** ~ (Chem) / molecular orbital* ‖ **nichtbindendes** ~ (n-Orbital) (Chem, Phys) / non-bonding orbital ‖ **virtuelles** ~ (Phys) / virtual orbital ‖ ~**bewegung** f (Mech) / orbital motion ‖ ~**elektron** n (Gegensatz: Leitungselektron) (Kernphys) / orbital electron, planetary electron, extranuclear electron ‖ ~**energie** f (Chem, Kernphys) / orbital energy ‖ ~**gruppe** f (im Periodensystem) (Chem) / block n ‖ ~**komplex** m (eine aus einer Raumstation und angekoppelten /un/bemannten Zubringer- bzw. Frachtraumkörpern bestehende, die Erde umkreisende, zeitweilig oder ständig bemannte Kombination) (Raumf) / orbiting complex, orbital complex ‖ ~**magnetisches Moment** (Kernphys) / orbital (magnetic) moment ‖ ~**manöversystem** n (z.B. des Raumtransporters) (Raumf) / orbital manoeuvring subsystem, OMS ‖ ~**moment** n (Kernphys) / orbital (magnetic) moment ‖ ~**parität** f (Kernphys) / orbital parity ‖ ~**radius** m (Maximum der Radialverteilung des betreffenden Orbitals) (Kernphys) / orbital radius ‖ ~**rakete** f (eine Interkontinentalrakete) (Mil) / orbital missile, orbital rocket ‖ ~**station** f (ständiger Stützpunkt für die Raumfahrt außerhalb der Hochatmosphäre) (Raumf) / space station*, orbital station, orbital base ‖ ~**symmetrie** f (Kernphys) / orbital symmetry
**Orbiter** m (der in einem Orbit einen Planeten umkreist und Sonden zum Planeten aussendet) (Astr, Raumf) / orbiter n ‖ ~ (derjenige Teil eines Raumflugsystems /z.B. eines Raumtransporters/, der in einen Orbit gebracht wird) (Raumf) / orbiter n
**Orbittheorie** f (Kernphys) / orbit theory
**Orcein** n (Chem) / orcein n ‖ ~**färbung** f (Mikros) / orcein stain*
**Orchilla** f (ein bläulichroter bis violetter Naturfarbstoff, aus verschiedenen Arten der Färberflechte gewonnen) (Bot, Chem) / orseille n, archil n, orchil n, orselle n
**Orcin** n (die Muttersubstanz des Orseille- und Lackmusfarbstoffes) (Chem) / orcinol n, orcin n
**Orcinol** n (die Muttersubstanz des Orseille- und Lackmusfarbstoffes) (Chem) / orcinol n, orcin n
**ORC-Prozeß** m (Dampfkraftprozeß zur Erzeugung von mechanischer oder elektrischer Energie) / organic Rankine cycle
**Ord** (Chem) / orotidine n, Ord
**ORD** (Opt, Spektr) / optical rota(to)ry dispersion*, ORD
**ordentlicher Strahl** (der in optisch anisotropen Medien auftretende Strahl, der das Brechungsgesetz befolgt) (Licht, Opt) / ordinary ray*, O ray
**Orderlagerschein** m (in Form des durch Indossament übertragbaren Orderpapiers) / warehouse warrant, negotiable warehouse receipt (US)
**Orderpapier** n (im Sinne des Paragr. 363 des Handelsgesetzbuches) / order paper
**Ordinalzahl** f (Math) / ordinal number*, ordinal n
**Ordinärbraun** n (Tex) / ordinary brown
**Ordinate** f (parallel zur Ordinatenachse abgemessener Linienabschnitt in kartesischen Koordinaten) (Math) / ordinate* n
**Ordinaten•achse** f (der Gaußschen Zahlenebene, auf der die rein imaginären Zahlen abgetragen werden) (Math) / imaginary axis*, y-axis n, axis of imaginaries ‖ ~**achse** (Math) / axis of ordinates, y-axis* n
**ordinieren** v (Pharm) / prescribe v
**ordnen** v / order v ‖ ~ n (Math) / ordering n ‖ **alphabetisches** ~ (DIN 5007) / alphabetical ordering, alphabetical arrangement
**Ordner** m (Mappe) / binder n ‖ ~ (EDV) / file n ‖ ~ (der etwa einem Dateiverzeichnis entspricht) (EDV) / folder m ‖ ~ **für das Loseblattwerk** (Buchb) / loose-leaf binder
**Ordnung** f / order n ‖ ~ (in der Systematik) (Biol) / order* n ‖ ~ (der Reflexion - nach der Braggschen Gleichung) (Krist) / order n ‖ ~ (natürliche Zahl zur Kennzeichnung der Stufe innerhalb einer Klassifikation) (Math) / order n ‖ ~ (linearly ordered set, chain n ‖ ~ (einer Funktion, einer Matrix, einer Gruppe, eines Gruppenelements) (Math) / order* n ‖ ~ (einer Flüssigkeit, einer Resonanz, von Interferenzstreifen usw.) (Phys) / order n ‖ **alles in** ~ (Raumf) / all systems go ‖ **fünfter** ~ (Math) / quintic adj ‖ **höhere** ~ (Bot, Zool) / superorder n ‖ **laterale** ~ (Chem) / lateral order n ‖ **lexikografische** ~ (Math) / lexicographic order, dictionary order ‖ **molekulare** ~ (Chem) / molecular order ‖ **nicht entartete Fläche** **zweiter** ~ (Math) / conicoid n, proper quadric ‖ **pseudoerste** ~ (Mech) / pseudo-first order ‖ **sechster** ~ (Math) / sextic adj ‖ **spektrale** ~ (Spektr) / spectral order ‖ **tuskische** ~ (eine Säulenordnung) (Arch) / Tuscan order ‖ **vierter** ~ (Math) / biquadratic adj, quartic adj ‖ **zeilenweise** ~ (EDV) / row-major order ‖ ~ f **nach ersten Differenzstellen** (Math) / lexicographic order, dictionary order
**Ordnungs•begriff** m (um Beziehungen zwischen Objekten und Gegenständen der abstrakten und realen Welt herzustellen) (EDV) / defining argument ‖ ~**begriff** (EDV) / key n ‖ **niedrigster** ~**begriff** (EDV) / minor control field ‖ ~**begriff** m (EDV) s. auch Schlüssel ‖ ~**bereich** m (Ordnungsdomäne der Legierung) (Hütt) / ordering domain ‖ ~**diagramm** n (Math) / Hasse diagram ‖ ~**finite Gruppe** (wenn jedes der Elemente eine endliche Ordnung hat) (Math) / periodic group ‖ **nicht ~gemäß** / improper adj, invalid adj ‖ ~**grad** m (Math) / degree of order ‖ ~**homomorphismus** m (Math) / isotone mapping, isotonic mapping, order homomorphism, monotone mapping ‖ ~**parameter** m (z.B. bei Phasenumwandlungen) (Phys) / order parameter ‖ ~**relation** f (Math) / order relation, ordering relation ‖ ~**sprache** f (in der Ausgangslemmata geordnet sind) / source language ‖ ~**statistik** f (Stats) / order statistics ‖ ~**struktur** f (die von Ordnungsrelationen definiert wird) (Math) / ordered structure, order structure ‖ ~**topologie** f (Math) / order topology ‖ ~**treu** adj (Relation) (Math) / order-reserving adj ‖ ~**typ** m (Math) / ordinal type, order type ‖ ~**typus** m (pl. -typen) (Math) / ordinal type, order type ‖ ~**umwandlung** f (bei Mischkristallen) / ordering transition ‖ ~**zahl** f (im Periodensystem der Elemente) (Chem) / atomic number*, proton number, nuclear-charge number ‖ ~**zahl** (Math) / ordinal number, ordinal n ‖ **effektive** ~**zahl** (Chem) / effective atomic number*
**Ordnung•-Unordnung-Übergang** m (Hütt, Krist) / order-disorder transformation*, order-disorder transition ‖ ~**-Unordnung-Umwandlung** f (Hütt, Krist) / order-disorder transformation*, order-disorder transition
**Ore-Bulk-Container-Schiff** n (Schiff) / ore-bulk-container-ship, OBC carrier
**Ore-bulk-oil-Schiff** n (ein Massengutschiff) (Schiff) / oil-bulk-ore carrier, OBO carrier
**Oregonerle** f (For) / red alder, Oregon alder
**Oregonit** m (isotyp mit Heazlewoodit) (Min) / oregonite n
**Oregonkiefer** f (For) / Douglas fir*, British Columbian pine*, Columbian pine, false hemlock*, Oregon pine*, red fir, red pine*, Douglas spruce
**orektisch** adj (Pharm) / orectic adj
**Orexigen** n (Eßlust fördernde Substanz) (Pharm) / orexigen n
**ORG** (EDV) / executive program* ‖ ~ (EDV) / originate mode (modem status where autoanswer is disabled), ORG
**Organ** n (Biol) / organ* n ‖ **bewegliches** ~ (des Meßwerkes) (Eltech) / moving element ‖ **kritisches** ~ (in der Toxikologie) (Chem, Med) / critical organ ‖ ~**bank** (pl -en) f (Med) / organ bank
**Organdin** m (A) (Tex) / organdie* n, organdy n (US)
**Organdosis** f (die Energiedosis, die in den einzelnen Organen des menschlichen Körpers auftritt) (Radiol) / organ dose
**Organdy** m (ein Baumwollbatist) (Tex) / organdie* n, organdy n (US)
**Organell** n (Zellbestandteil mit relativ selbständiger Funktion und bestimmter Struktur) (Zyt) / organell* n
**Organelle** f (Zyt) / organelle* n
**Organigramm** n (F.Org) / organizational chart
**Organiker** m (Chem) / organic chemist
**Organisation** f / organisation n (GB), organization n ‖ ~ **für wirtschaftliche Zusammenarbeit und Entwicklung** (1960 als Rechtsnachfolgerin der OEEC gegründet, Sitz: Paris) / Organization for Economic Cooperation and Development, OECD
**Organisations•anweisung** f (EDV) / organizational instruction, housekeeping instruction ‖ ~**befehl** m (EDV) / organizational instruction, housekeeping instruction ‖ ~**gerecht** adj / organization-tailored adj ‖ ~**gestaltung** f / organization design ‖ ~**plan** m (F.Org) / organizational chart ‖ ~**programm** n (EDV) / executive program* ‖ ~**programmaufruf** m (EDV) / supervisor call (SVC) ‖ ~**struktur** f / organization structure, organization pattern
**organisatorisch•er Befehl** (EDV) / organizational instruction, housekeeping instruction ‖ ~**e Operation** (die den Ablauf eines Programms erleichtert, ohne direkt beteiligt zu sein) (EDV) / red-tape operation, housekeeping* n, housekeeping operation, overhead operation
**organisch** adj (Biol, Chem, Med) / organic adj, org ‖ **flüchtige/verdunstbare** ~**e Bestandteile** (Chem) / volatile organic compounds ‖ ~**e Analyse** (Chem) / organic analysis ‖ ~**er Anstrichstoff** (der vornehmlich aus Kohlenstoff, Wasserstoff und Sauerstoff besteht und Bindemittelcharakter hat) (Anstr) / organic coating ‖ ~**e Architektur** (Arch) / organic architecture ‖ ~**e Base** (Chem) / organic base ‖ ~**e Beschichtung** (aus organischen hochpolymeren Stoffen) / organic coating ‖ ~**er Binder** (Gieß, Keram)

864

/ organic binder ‖ ~e **Chemie** (Chem) / organic chemistry* ‖ ~e **Chemikalie, die persistent ist** (in Wasser, Böden und Luft) (Chem, Umwelt) / persistent organic pollutant, POP ‖ ~er **Chemiker** (Chem) / organic chemist ‖ ~es **Chlorinsektizid** (z.B. DDT, Lindan oder Chlordan) (Chem, Landw) / organochlorine insecticide ‖ ~er **Clausius-Rankine-Prozeß** / organic Rankine cycle ‖ ~er **Dampf** (Chem) / organic vapour ‖ ~es (wirtschaftseigenes) **Düngemittel** (Stallmist, Jauche, Kompost, Gülle usw.) (Landw) / manure n, natural manure ‖ ~er **Dünger** (ein Handelsdünger) (Landw) / organic fertilizer ‖ ~e **Fotochemie** (Chem) / organic photochemistry ‖ ~ **gebundener Schwefel** (in Vulkanisationsbeschleunigern und organischen Füllstoffen) (Chem Verf) / organically combined sulphur ‖ ~ **gebundenes Tritium** (Biol, Chem) / organic-bound tritium ‖ ~ **gekühlter Reaktor** (mit einer organischen Flüssigkeit als Kühlmittel betriebener Reaktor) (Nukl) / organic-cooled reactor ‖ ~es **Glas** (durchsichtiges Kunstharz aus Polymethakrylsäure und Polystyrol) (Plast) / organic glass, transparent thermoplastic, acrylic glass ‖ ~er **Halbleiter** (ein amorpher Halbleiter) (Eltronik) / organic semiconductor ‖ ~e **Halogenverbindung** (Chem) / organohalide n ‖ ~es **Ion** (Chem) / organic ion ‖ ~er **Kohlenstoff** (Chem) / organic carbon ‖ ~es **Kunstglas** (Plast) / organic glass, transparent thermoplastic, acrylic glass ‖ ~er **Leiter** (z.B. Bleiphthalozyanin) (Elektr) / organic electrical conductor*, organic conductor ‖ ~e **Leuchtdiode** (Eltronik) / organic light-emitting device, OLED ‖ ~es **Lösemittel** (Chem) / organic solvent ‖ ~es **Lösungsmittel** (Chem) / organic solvent ‖ ~es **Metall** (Salz von Polymeren aus aromatischen, heteroaromatischen oder ungesättigten Bausteinen) (Chem) / organic metal ‖ ~es **Metall** (als Leiter - z.B. TTF) (Eltech) / organic electrical metal ‖ ~e **Mikroverunreinigungen** (Chem, Sanitär, Umwelt) / trace organics ‖ ~ **moderierter Reaktor** (Nukl) / organic-moderated reactor ‖ ~er **Naturstoff** / organic natural product ‖ ~es **Nitrat** (Chem) / organic nitrate ‖ ~e **Oberflächenverschmutzung** (von Brennelementen) (Nukl) / fouling n ‖ ~es **Phosphorinsektizid** (z.B. Fenthion oder Parathion) (Chem, Landw) / organophosphorus insecticide ‖ ~es **Pigment** (Anstr) / organic pigment ‖ ~er **Reaktor** (Nukl) / organic reactor ‖ ~e **Säure** (Chem) / organic acid ‖ ~er **Schluff** (HuT) / organic silt ‖ ~er **Sensor** (Sensor, der zur Aufnahme der Meßgröße im Elementarsensor anstelle anorganischer Werkstoffe vorwiegend organische Materialien verwendet) / organic sensor ‖ ~es **Silan** (Chem) / organosilane n ‖ ~e **Substanz führender Ton** (Geol, Keram) / organoclay n ‖ ~es **Sulfid** (R-S-R') (Chem) / thio-ether* n, sulphide n ‖ ~er **Supraleiter** (bestimmte Ladungsübertragungskomplexe des Tetramethyltetraselenafulvalins mit AsP$_5$ und ClO$_4$) (Elektr) / organic superconductor ‖ ~e **Synthese** (Chem) / organic synthesis ‖ ~e **Verbindung** (Chem) / organic compound ‖ ~e **Verwitterung** (Geol) / organic weathering
**organisieren** v / organise v (GB), organize v
**organisierte Fasern** (die aus verschiedenen Schichten bestehen) (Tex) / organized fibres
**Organismus** m (Biol) / organism* n ‖ **am lebenden** ~ (Biol) / in vivo*
**Organo·chemiker** m (Chem) / organic chemist ‖ ~**chlorsilan** n (eine siliciumorganische Verbindung) (Chem) / organochlorosilane n ‖ ~**eisenverbindungen** f pl (Chem) / organoiron compounds ‖ ~**elementverbindung** f (Chem) / organo-element compound, elemento-organic compound, elementorganic compound ‖ ~**funktionell** adj (Chem) / organofunctional adj ‖ ~**gel** n (Chem) / organogel n ‖ ~**gen** adj / organogenic adj ‖ ~**genes Sediment** (Geol) / biogenic deposit, biogenous deposit, biolith n, biogenous sediment, biological deposit ‖ ~**gramm** n (F.Org) / organizational chart ‖ ~**halogenverbindung** f (Chem) / organohalide n ‖ ~**leptisch** adj (sinnlich wahrnehmbar) (Nahr) / organoleptic* adj ‖ ~**leptische Prüfung** (zur Beurteilung sensorischer Merkmale von Lebensmitteln - Aussehen, Klarheit, Geruch, Geschmack, DIN 10956) (Nahr) / organoleptic estimation, organoleptic test, sensory analysis, sensory evaluation, tasting n ‖ ~**metallische Verbindungen** (bei denen ein Metallatom direkt an ein Kohlenstoffatom gebunden ist) (Chem) / organometallic compounds, organo-metallic compounds*, metallo-organic compounds* ‖ ~**metallverbindungen** f pl (Chem) / organometallic compounds, organo-metallic compounds*, metallo-organic compounds* ‖ ~**mineralischer Komplex** (Landw) / organoclay complex ‖ ~**phosphor** m (Radiol) / organic phosphor* ‖ ~**phosphorinsektizid** n (Chem, Landw) / organophosphorus insecticide ‖ ~**phosphorverbindung** f (Chem) / organophosphorus compound ‖ ~**quecksilberverbindungen** f pl (Chem) / organomercury compounds, organomercury derivatives, organic derivatives of mercury, organomercurial compounds ‖ ~**silan** n (eine siliciumorganische Verbindung) (Chem) / organosilane n ‖ ~**silanol** n (eine siliciumorganische Verbindung) (Chem) / organosilanol n ‖ ~**siliciumchemie** f (Chem) / organosilicon chemistry ‖ ~**silikon** n (Chem) / organosilicone* n ‖ ~**siliziumchemie** f (Chem) / organosilicon chemistry ‖ ~**siloxan** n (eine makromolekulare, siliziumorganische Verbindung) (Chem) /

silicone* n, polyorganosiloxane n, polysiloxane* n ‖ ~**sol** n (ein Plastisol) (Chem, Plast) / organosol* n ‖ ~**solv-Aufschluß** m (Zellstofferzeugung) (For) / organosolve pulping ‖ ~**solv-Lignin** n (Bot) / organosolve lignin ‖ ~**solv-Verfahren** n (For) / organosolve pulping ‖ ~**therapie** f (Pharm) / organotherapy n ‖ ~**zinnverbindungen** f pl (Chem) / organotin compounds
**Organsin** m n (stark gedrehter Zwirn aus Grègefäden) (Tex) / organzine n
**Organtin** m (A) (ein Glasbatist) (Tex) / organdie* n, organdy n (US)
**Organza** m (hauchzartes, transparentes Gewebe aus Natur- oder Chemieseide) (Tex) / organza n
**Organzin** n (Kettgarn bei Seidengeweben) (Tex) / organzine n
**ORG-Aufruf** m (EDV) / ORG call, supervisor call
**Orgel·ausbau** m (Bergb) / breakrow n, row of breaker props ‖ ~**-Diagramm** n (Energieniveaudiagramm für Koordinationsverbindungen) (Chem) / Orgel diagram
**Orgware** f (Arbeitssysteme für die Analyse und Organisation) (EDV) / orgware n
**ori** (Gen) / replication origin, origin of replication, origin n
**Orientalisch·er Alabaster** (Min) / Mexican onyx*, Gibraltar stone, onyx marble*, Algerian onyx*, Oriental alabaster* ‖ ~**er Amethyst** (ein Schmuckstein aus der Gruppe der Korunde) (Min) / Oriental amethyst*, false amethyst* ‖ ~**e Schabe** f (Blatta orientalis L.) (Med, Nahr) / Oriental cockroach, Asiatic cockroach, Oriental roach ‖ ~**er Smaragd** (violetter Schmuckstein aus der Gruppe der Korunde) (Min) / Oriental emerald* ‖ ~**er Topas** (ein gelber Korund) (Min) / Oriental topaz*, Indian topaz*
**Orientblau** n / Oriental blue
**orientierbar** adj (Fläche) (Math) / orientable adj
**orientieren** v / orient v, orientate v
**orientiert** adj (Krist) / oriented adj, orientated adj, sensed adj ‖ ~ **gestreute Platte** (anisotrope) (For, Tischl) / oriented structural board, OSB ‖ ~**er Graf** / oriented graph ‖ ~**es Polymer** (Chem) / oriented polymer ‖ ~**es Polypropylen** (Chem) / oriented polypropylene, OPP ‖ ~**es Polystyrol** (Chem) / oriented polystyrene, OPS ‖ ~**er (gerichteter) Raum** (Math) / oriented space n ‖ ~**es Wachstum** (Krist) / oriented growth ‖ ~**er Winkel** (mit Anfangs- und Endschenkel) (Math) / directed angle ‖ ~**er Winkel mit negativem Drehsinn** (Math) / negative angle ‖ ~**er Winkel mit positivem Drehsinn** (Math) / positive angle
**Orientierung** f (Ausrichtung einer Bauachse) (Arch) / orientation n ‖ ~ (Chem, Hütt, Krist, Math, Verm) / orientation* n ‖ ~ (Kernphys) / alignment* n, alinement n ‖ ~ (Krist) / orientation n ‖ **bevorzugte** ~ (der Kristallite eines vielkristallinen Werkstoffs) (Geol, Hütt, Krist, WP) / preferred orientation* ‖ **regellose** ~ (Krist) / random orientation ‖ ~ f ‖ (Krist) / X-cut ‖ ~ II (Krist) / Y-cut n
**Orientierungs·abweichung** f / misorientation n ‖ ~**bohrung** f (Erdöl) / appraisal well* ‖ ~**dreieck** n (Krist) / orientation triangle ‖ ~**düse** f (Raumf) / orientation-system nozzle ‖ ~**faktor** m (bei Einlagerungsgefügen) (WP) / orientation factor ‖ ~**kräfte** f pl (nach W.H. Keesom, 1876-1956) (Kernphys) / Keesom forces, orientation forces ‖ ~**laufkompaß** m / orienteering compass ‖ ~**polarisation** f (Eltronik, Phys) / orientation polarization, dipole polarization ‖ ~**preis** m / marker price ‖ ~**quantenzahl** f (Phys) / magnetic quantum number* ‖ ~**umkehrend** adj (Math) / orientation-reversing adj
**Orientteppich** m (Läufer) (Tex) / Oriental rug ‖ ~ (Tex) / Oriental carpet
**Origanumöl** n / origanum oil, origan oil
**Origin** m (Gen) / replication origin, origin of replication, origin n
**Original** n (DIN 19060) / original n ‖ ~ (bei einer Abbildung) (Math) / counterimage n (of a mapping) ‖ **[maschinengeschriebenes]** ~ / top copy ‖ ~**ausgabe** f (Druck) / first edition, original edition ‖ ~**band** n (Film) / master tape ‖ ~**beleg** m (EDV) / source document, original document ‖ ~**bereich** m (Fernm, Math) / time domain ‖ ~**daten** pl (die auf einem Originalbeleg enthalten sind) (EDV) / source data ‖ ~**dokument** n (EDV) / source document, original document ‖ ~**druckvorlage** f (Eltronik) / original production master (1:1 scale pattern which is used to produce one ore more printed boards within the accuracy specified on the master drawing), master pattern, production master ‖ ~**ersatzteil** n / genuine part ‖ ~**fassung** f (Film) / original version ‖ ~**fotoschablone** f (Eltronik) / master photomask ‖ ~**funktion** f (Math) / original function, original n ‖ ~**gitter** n (Opt) / master grating ‖ ~**größe** f / actual size, full size, natural size ‖ ~**halter** m (Typog) / copyholder* n, manuscript holder, paper holder ‖ ~**menge** f (Menge aller Urbilder einer Abbildung) (Math) / full inverse image, inverse-image set ‖ ~**negativ** n (Film) / master negative ‖ ~**packung** f / original packing, original pack ‖ ~**platte** f (für die Schallaufzeichnung) (Akus) / blank* n ‖ ~**punkt** m (Math) / counterimage n (of a mapping) ‖ ~**raum** m (Math) / original space, superior space n ‖ ~**rohstoff** m (ohne Zusätze) / virgin material ‖ ~**sendung** f (Radio, TV) / live broadcast ‖ ~**teil** n / genuine part ‖ ~**teil aus Altbeständen** (Kfz) / new-old-stock part, NOS part ‖ ~**ton**

**Originaltonträger**

*m* (Film) / original sound ‖ ⁓**tonträger** *m* (Akus) / master-record *n* ‖ ⁓**verpackung** *f* / original packing, original pack ‖ ⁓**vorlage** *f* (für Druckoriginale) (Eltronik) / master drawing, master artwork ‖ ⁓**zeichnung** *f* / master drawing
**Originate-Modus** *m* (EDV) / originate mode (modem status where autoanswer is disabled), ORG
**Origo** *f* (pl. Origines) (Math) / origin* *n*
**O-Ring** *m* (DIN 3770) (Masch) / O-ring* *n*, o-ring *n*, toroidal sealing ring
**O-Ring-Dichtung** *f* (Masch) / O-ring gasket, O-ring stem sealing
**Orizaba-Harz** *n* (Pharm) / ipomoea resin
**orkanartiger Sturm** (Meteor) / violent storm
**Orlean** *m* (Farbstoff aus dem Orleansstrauch = Bixa orellana L. - mit bis zu 30% Bixin) (Chem, Nahr) / annatto *n*, roucou *n*, urucú *n* ‖ ⁓ (Rohkonzentrat von Annatto als Lebensmittelfarbstoff - E 160b) (Nahr) / annatto *n*
**Orleans** *m* (ein leinwandbindiges Halbwollgewebe) (Tex) / orleans *n* ‖ ⁓ (Tex) s. auch Lüster
**Orlopdeck** *n* (ein aus einer Raumbalkenlage mit seitlichen Laufplanken entstandenes Zwischendeck in größeren Räumen) (Schiff) / orlop deck*, fourth deck
**Ormosil** *n* (organisch modifiziertes Silikat) (Chem) / ormosil *n*
**Orn** (nichtessentielle Aminosäure) (Biochem) / ornithine* *n*, orn
**Ornament** *n* (Verzierung und schmückendes Beiwerk an Bauwerken, Flächen und Gegenständen) (Arch) / enrichment* *n*, ornament *n*
**ornamental** *adj* / ornamental *adj*
**Ornament•gehänge** *n* (z.B. Girlande) (Bau) / pendant* *n* ‖ ⁓**glas** *n* (ein Gußglas) (Glas) / figured glass, patterned glass ‖ **spezielles** ⁓**glas** (Glas) / peloton glass ‖ ⁓**walze** *f* (Anstr) / pattern roller
**Ornithin** *n* (2,5-Diaminopentansäure) (Biochem) / ornithine* *n*, orn ‖ ⁓**zyklus** *m* (Biochem, Physiol) / ornithine cycle, urea cycle*, Krebs-Henseleit cycle
**Ornithopter** *m* (Luftf) / ornithopter* *n*
**Oro** *f* (Uracil-6-carbonsäure - die Muttersubstanz der Pyrimidine) (Biochem) / orotic acid
**orogen** *adj* (Geol) / orogenic *adj*, orogenetic *adj* ‖ ⁓ *n* (geschlossene, deutlich umgrenzbare Faltengebirgseinheit) (Geol) / orogen *n*
**Orogenese** *f* (Gebirgsbildung) (Geol) / orogenesis* *n* (pl. -neses), orogeny* *n* (pl. -nies), mountain building, orogenics *n*, tectogenesis *n* (pl. -neses)
**orogenetisch** *adj* (Geol) / orogenic *adj*, orogenetic *adj* ‖ **~er Gürtel** (Geol) / orogenic belt*
**Orogengürtel** *m* (Geol) / orogenic belt*
**Orografie** *f* (rein beschreibende Gebirgskunde) (Geol) / orography *n*
**orografisch** *adj* (Geol) / orographic *adj*, orographical *adj* ‖ **~er Niederschlag** (Meteor) / orographic rain*, orographic precipitation ‖ **~er Regen** (Meteor) / orographic rain*, orographic precipitation ‖ **~e Wolke** (z.B. Föhn oder "rauchender Berg") (Meteor) / orographic cloud
**Oropion** *n* (eine montmorillonitreiche Erde) (Min) / mountain soap
**Orotat** *n* (Salz und Ester der Orotsäure) (Chem) / orotate *n*
**Orotidin** *n* (Nukleosid der Orotsäure) (Chem) / orotidine *n*, Ord
**Orotsäure** *f* (Uracil-6-carbonsäure - die Muttersubstanz der Pyrimidine) (Biochem) / orotic acid
**Orowan•-Mechanismus** *m* (Verfestigungswirkung durch nicht schneidbare Teilchen infolge Umgehung der Versetzungen) (Krist) / Orowan mechanism ‖ ⁓**-Spannung** *f* (erforderliche Schubspannung zur Versetzungsbewegung um nicht schneidbare Teilchen) (Krist) / Orowan critical stress
**Orpiment** *n* (giftige Mischbildung aus $As_2O_3$ und $As_2S_3$) (Anstr) / orpiment yellow, Montpellier yellow, mineral yellow
**ORS** *n* (ein Gemisch, das lebendbedrohliche Austrocknungszustände bei Kleinkindern vor allem in Entwicklungsländern beheben soll) (Chem) / oral rehydration salt
**Orsat•-Apparat** *m* (zur volumetrischen Gasanalyse) (Chem) / Orsat apparatus, Orsat *n*, Orsat analyzer, Orsat gas analysis apparatus ‖ ⁓**-Gerät** *n* (zur volumetrischen Gasanalyse) (Chem) / Orsat apparatus, Orsat *n*, Orsat analyzer, Orsat gas analysis apparatus
**Orseille** *n* (ein bläulichroter bis violetter Naturfarbstoff, aus verschiedenen Arten der Färberflechte gewonnen) (Bot, Chem) / orseille *n*, archil *n*, orchil *n*, orselle *n*
**Orsellinsäure** *f* (2,4-Dihydroxy-6-methylbenzoesäure) (Chem) / orsellinic acid
**Ort** *n* (pl. Örter) (Bergb) / stope* *n* ‖ ⁓ (pl. Örter) (Stelle im Bergwerk mit einem bergbautechnischen Zweck) (Bergb) / working place, end *n*, workplace *n* ‖ ⁓ (pl. Örter) (Bereich einer Strecke, in dem die Auffahrung erfolgt) (Bergb) / heading *n* ‖ ⁓ (pl. Örter) (Teilsohle in der stark geneigten und steilen Lagerung) (Bergb) / sublevel *n* ‖ **an und Stelle** (HuT) / in situ *adv* ‖ **an** ⁓ **und Stelle entstanden** (Geol, Umwelt) / autochthonous* *adj* ‖ **geometrischer** ⁓ (Gesamtheit aller Punkte, die eine bestimmte Eigenschaft besitzen) (Math) / locus *n* (pl. loci), geometric locus ‖ **mittlerer** ⁓ (Astr) / mean place* ‖ **vor und Stelle** (HuT) / in situ *adv* ‖ ⁓ *m* **hoher Strahlungsdichte** (Radiol) / high spot*
**Ort•-** (HuT) / in situ *adv* ‖ ⁓**balken** *m* (Bau) / beam touching the wall ‖ ⁓**beton** *m* (der Baustellen- und Transportbeton, der als Frischbeton in die endgültige Lage eingebracht wird) (Bau, HuT) / in situ concrete, job-placed concrete ‖ ⁓**betonpfahl** *m* (Bau, HuT) / cast-in-situ concrete pile*, in situ pile, moulded-in-place concrete pile*
**Orten** *n* **mit MAD-Geräten** (z.B. von Ubooten) (Luftf) / magnetic airborne detection, MAD ‖ ⁓ **mit Magnetometern** (z.B. von Ubooten) (Luftf) / magnetic airborne detection, MAD
**Ortgang** *m* (bei Sattel- und Pultdächern) (Bau) / barge board *n*, verge board, gable board ‖ ⁓ **mit Dachüberstand** (Bau) / projecting verge ‖ ⁓ **ohne Dachüberstand** (Bau) / flush verge ‖ ⁓**stein** *m* (Bau) / verge tile*, barge tile ‖ ⁓**steine** *m pl* (Bau) / barge-course* *n*, verge course
**Ort•gangziegel** *m* (Bau) / verge tile*, barge tile ‖ ⁓**gangziegel** *m pl* (Bau) / barge-course* *n*, verge course ‖ ⁓**gesims** *n* (S) (Bau) / barge board *n*, verge board, gable board
**Orthikon** *n* (eine veraltete Bildaufnahmeröhre) (TV) / orthicon* *n*
**Orthit** *m* (Min) / allanite* *n*, orthite* *n*, cerine *n*
**Ortho•ameisensäuretriethylester** *m* (Chem) / triethylorthoformate *n*, orthoformic ester, triethoxymethane *n* ‖ ⁓**aufnahme** *f* (bezüglich perspektivischer und Neigungsverzerrungen korrigierte Satelliten- oder Luftbildaufnahme mit kartengemäßer orthografischer Geometrie) (Verm) / orthophotograph *n* ‖ **~bare Dichte** (das arithmetische Mittel der Dichten und ihres gesättigten Dampfes) (Phys) / orthobaric density ‖ ⁓**carbonat** *n* (Chem) / orthocarbonate *n* ‖ ⁓**chem** (Geol) / orthochem *n* ‖ **~chromatisch** *adj* (Emulsion, Sensibilisierung) (Foto) / orthochromatic *adj*, ortho* *adj* ‖ ⁓**chromatisch** (Foto) s. auch panchromatisch ‖ **~chromatisches Filter** (ein Farbfilter) (Foto) / orthochromatic filter ‖ ⁓**diagrafie** *f* (Radiol) / orthodiagraphy *n* ‖ **röntgendiagnostisches Gerät für die** ⁓**diagrafie** (zur Aufzeichnung der wahren Größe eines Organs) (Radiol) / orthodiagraph* *n* ‖ ⁓**diaskopie** *f* (Radiol) / orthodiagraphy *n* ‖ ⁓**dolomit** *m* (Geol) / orthodolomite *n*, primary dolomite ‖ ⁓**doma** *n* (pl. Orthodomen) (Krist) / orthodome *n* ‖ **~drom** *adj* (Schiff) / orthodromic *adj* ‖ **~drome Distanz** (zwischen zwei Punkten eines Großkreises der Erdkugel) (Verm) / great-circle distance ‖ **~dromer Weg** (Luftf, Schiff) / great-circle route, great-circle course ‖ ⁓**drome** *f* (Math) / great circle* ‖ ⁓**drome** (Math) / orthodrome *n* ‖ **~dromische Abbildung** (Kart) / orthodromic projection ‖ **~dynamisch** *adj* / orthodynamic *adj* ‖ **~effekt** *m* (ein bei aromatischen elektrophilen Substitutionen an disubstituierten Benzolderivaten beobachtbarer Effekt) (Chem) / ortho-effect *n* ‖ ⁓**ester** *m* (Sammelname für Alkyl- und Arylester der frei nicht bekannten Orthokarbonsäuren) (Chem) / ortho-ester *n* ‖ ⁓**ferrosilit** *n* (ein orthorhombischer Pyroxen) (Min) / orthoferrosilite* *n* ‖ ⁓**flow-Anlage** *f* (Erdöl) / Orthoflow plant, Orthoflow unit ‖ ⁓**form** *f* (Chem) / ortho form ‖ ⁓**forming** *n* (Erdöl) / orthoforming *n* ‖ ⁓**foto** *n* (bezüglich perspektivischer und Neigungsverzerrungen korrigierte Satelliten- oder Luftbildaufnahme mit kartengemäßer orthografischer Geometrie) (Verm) / orthophotograph *n* ‖ ⁓**genese** *f* (Biol, Geol) / orthogenesis *n* (pl. -ses) ‖ ⁓**geosynklinale** *f* (Geol) / orthogeosyncline *n*, primary geosyncline ‖ ⁓**geotropismus** *m* (Einstellung der Pflanzenorgane in Richtung auf den Erdmittelpunkt) (Bot) / orthogeotropism *n* ‖ ⁓**germanat** *n* (Chem) / orthogermanate *n* ‖ ⁓**gestein** *n* (Geol) / orthorock *n* (derived from an igneous rock) ‖ ⁓**gneis** *m* (ein Orthogestein) (Geol) / orthogneiss* *n*
**Orthogon** *n* (Math) / rectangle* *n*
**orthogonal** *adj* (rechtwinklig zueinander, senkrecht aufeinander) (Math) / orthogonal *adj*, perpendicular *adj* ‖ **~e Chemie** (Chem) / orthogonal chemistry ‖ **~e Funktion** (Math) / orthogonal function* *n* ‖ **~e Gruppe** (Math) / orthogonal group ‖ **~es Koordinatensystem** (DIN 4895) (Math) / orthogonal system ‖ **~es lateinisches Quadrat** (Math) / orthogonal Latin square, orthogonal square, Graeco-Latin square ‖ **~e Matrix** (DIN 5486) (Math) / orthogonal matrix* ‖ **~e Parallelprojektion** (wenn die Projektionsstrahlen die Bildebene senkrecht schneiden) (Masch) / orthographic projection*, orthogonal projection ‖ **~e Regression** (Stats) / orthogonal regression ‖ **~e Transformation** (die durch eine orthogonale Matrix vermittelte Transformation) (Math) / orthogonal transformation, orthogonal mapping ‖ **~e Vektoren** (wenn sie senkrecht aufeinander stehen) (Math) / orthogonal vectors* ‖ **~e Zerlegung** (Math) / orthogonal decomposition
**Orthogonal•affinität** *f* (Math) / orthogonal affinity ‖ **~-anisotrope Platte** (ein Flächentragwerk) (Bau) / orthotropic plate ‖ ⁓**entwicklung** *f* (Math) / orthogonal expansion
**Orthogonalisierung** *f* (Math) / orthogonalization *n*
**Orthogonalität** *f* (Math) / orthogonality *n*, perpendicularity *n*
**Orthogonal•polynome** *n pl* (Math) / orthogonal polynomials ‖ ⁓**projektion** *f* (Masch) / orthographic projection*, orthogonal

projection ‖ ⁓**schnitt** *m* (Masch) / orthogonal cutting* ‖ ⁓**system** *n* (Math) / orthogonal system ‖ **normiertes** ⁓**system** (Math) / orthonormal system ‖ ⁓**system** *n* **von Polynomen** (Math) / orthogonal polynomials ‖ ⁓**zerlegung** *f* (Math) / orthogonal decomposition
**Orthografie•korrekturprogramm** *n* (EDV) / spelling corrector ‖ ⁓**programm** *n* (EDV) / spelling checker, spellchecker *n*, word spellchecker ‖ ⁓**überprüfung** *f* (EDV) / spelling check
**orthografisch•e Abbildung** (Kart) / orthographic projection* ‖ ⁓**e Projektion** (Kart) / orthographic projection*
**Ortho•helium** *n* (mit parallelen Spins der beiden Hüllenelektronen) (Chem) / orthohelium *n* ‖ ⁓**karbonat** *m* (Chem) / orthocarbonate *n* ‖ ⁓**kieselsäure** *f* (Chem) / orthosilicic acid* ‖ ⁓**kinetisch** *adj* (Chem) / orthokinetic *adj* ‖ ⁓**kinetische Flockung** (Chem) / orthokinetic aggregation ‖ ⁓**klas** *m* (wichtigster Kalifeldspat) (Min) / orthoclase* *n* ‖ ⁓**klasporphyr** *m* (ein Ergußgestein) (Geol) / orthophyre* *n* ‖ ⁓**magmatisch** *adj* (Geol) / orthotectic *adj*, orthomagmatic *adj* ‖ ⁓**magmatische Lagerstätte** (Geol) / orthomagmatic deposit, orthotectic deposit ‖ ⁓**normal** *adj* (Math) / orthonormal *adj* ‖ ⁓**normalbasis** *f* (vollständiges Orthonormalsystem) (Math) / orthonormal basis ‖ ⁓**normalsystem** *n* (Math) / orthonormal system ‖ ⁓**normierte Koordinaten** (Math) / Cartesian coordinates*, rectangular coordinates, rectangular axes* ‖ ⁓**normiertes System** (Math) / orthonormal system ‖ **Schmidtsches** ⁓**normierungsverfahren** (nach E. Schmidt, 1876 - 1959) (Math) / Gram-Schmidt orthogonalization process ‖ ⁓**pädischer Sitz** (Kfz) / power (enthusiast) seat ‖ ⁓**-Para-Isomerie** *f* (Chem) / ortho-para isomerism ‖ ⁓**-Phenylendiamin** *n* (zu Farbstoffsynthesen und als Feinkornentwickler) (Foto) / ortho-phenylene diamine ‖ ⁓**phosphat** *n* (Chem) / phosphate(V)* *n*, orthophosphate *n* ‖ ⁓**phosphorsäure** *f* (Chem) / orthophosphoric acid*, phosphoric(V) acid*, tetraoxophosphoric(V) acid* ‖ ⁓**-Phthaldialdehyd** *m* (ein Fluoreszenfarbstoff) (Chem) / ortho-phthaldialdehyde *n* ‖ ⁓**phyr** *m* (ein Ergußgestein) (Geol) / orthophyre* *n* ‖ ⁓**phyrisch** *adj* (Geol) / orthophyric* *adj* ‖ ⁓**pinakoid** *n* (Krist) / orthopinacoid *n*, front pinacoid ‖ ⁓**pol** *m* (Math) / orthopole *n* ‖ ⁓**positronium** *n* (Kernphys) / ortho positronium ‖ ⁓**pyroxen** *m* (Min) / orthopyroxene* *n* ‖ ⁓**rhombischer Pyroxen** (Min) / orthopyroxene* *n* ‖ ⁓**säure** *f* (Chem) / ortho acid ‖ ⁓**silicat** *n* (Chem) / orthosilicate *n*, tetraoxosilicate *n* ‖ ⁓**silikat** *n* (Chem) / orthosilicate *n*, tetraoxosilicate *n* ‖ ⁓**skopisch** *adj* (Opt) / orthoscopic *adj* ‖ ⁓**ständig** *adj* (Chem) / ortho* *adj* ‖ ⁓**-Stellung** *f* (Chem) / ortho position ‖ ⁓**stellung** *f* (Chem) / ortho position ‖ ⁓**stellung in** (Chem) / ortho* *adj* ‖ ⁓**tektisch** *adj* (Geol) / orthotectic *adj*, orthomagmatic *adj* ‖ ⁓**tektische Lagerstätte** (Geol) / orthomagmatic deposit, orthotectic deposit ‖ ⁓**tellursäure** *f* (Chem) / telluric acid, orthotelluric acid, hydrogen tellurate, hexaoxotelluric acid ‖ ⁓**trop** *adj* / orthotropic *adj* ‖ ⁓**trope Platte** (ein Flächentragwerk) (Bau) / orthotropic plate ‖ ⁓**tropie** *f* (orthogonale Anisotropie = die Stoffeigenschaften werden vollständig durch die Angabe der entsprechenden Materialkonstanten für zwei zueinander senkrechte Richtungen gekennzeichnet) (Phys) / orthotropy* *n* ‖ ⁓**vanadat** *n* (V) ((3 : 1)-Vanadat (V)) (Chem) / orthovanadate *n* ‖ ⁓**-Wasserstoff** *m* (Chem) / orthohydrogen* *n* ‖ ⁓**wasserstoff** *m* (Chem) / orthohydrogen* *n* ‖ ⁓**-Xylol** *n* (Chem) / ortho-xylene *n* (US) ‖ ⁓**zentrum** *n* (Math) / orthocentre* *n*, orthocenter *n* (US)

**örtlich•e Anschlußnummer** (Fernsp) / local number ‖ ⁓**e Bauvorschrift** (die sich auf die äußere Gestaltung baulicher Anlagen, auf Anlagen der Außenwerbung in schutzbedürftigen Ortsteilen, auf die Festlegung von Grundstücksgrößen und deren Nutzung und Gebäudeabstände bezieht) (Bau) / local building regulation(s) ‖ ⁓**e Begrenzung** / localization* *n*, location *n* ‖ ⁓**e Beschleunigung** (Mech) / local acceleration ‖ ⁓ **bestimmen** / localize *v*, locate *v* ‖ ⁓**e Bestimmung** / localization* *n*, location *n* ‖ ⁓**e Erwärmung** / localized heating, local heating ‖ ⁓**e Fallbeschleunigung** (Phys) / local acceleration of free fall ‖ ⁓**er Flug** (Luftf) / local flight ‖ ⁓ **gezielte Oxidation** (Eltronik) / local oxidation ‖ ⁓**e Korrosion** (Galv) / localized corrosion, local corrosion ‖ ⁓**e Lage** (Bau) / site *n* ‖ ⁓**e Machzahl** (Luftf) / local Mach number* ‖ ⁓**es Niveau** (Elt) / local level ‖ ⁓**er Regen** (Meteor) / point rainfall ‖ ⁓ **überhitzte Stelle** / hot spot* ‖ ⁓**e Überhitzung** / local overheating

**Orton-Kegel** *m* (der im keramischen Brand bei bestimmter Temperatur fällt - nach E. Orton, 1863-1932; Normal = 1263°, Labor = 1300°) (Keram) / Orton cone

**Orton-Umlagerung** *f* (Chem) / Orton rearrangement

**Ort•pfahl** *m* (Ortrammpfahl, Ortbohrpfahl) (Bau, HuT) / cast-in-situ concrete pile*, in situ pile, moulded-in-place concrete pile* ‖ ⁓**pfahlgründung** *f* **mit Simplex-Pfählen** (HuT) / Simplex piling* ‖ ⁓**quader** *m* (verstärkendes Endglied einer Mauer) (Bau) / quoin* *n* ‖ ⁓**rammpfahl nach Raymond** (aus mehreren Teilen) (HuT) / Raymond concrete pile

**Orts•amt** *n* (Fernsp) / local exchange ‖ ⁓**batterie** *f* (bei jeder Teilnehmersprechstelle) (Fernsp) / local battery, L.B. ‖ ⁓**beben** *n* (Geol) / local earthquake ‖ ⁓**bereich** *m* (Fernm) / local area ‖ ⁓**bestimmung** *f* / localization* *n*, location *n* ‖ ⁓**bestimmung** (von Substituenten) (Chem) / orientation* *n* ‖ ⁓**beweglich** *adj* / mobile *adj*, portable *adj* ‖ ⁓**beweglich** (Nukl) / packaged* *adj* ‖ ⁓**beweglicher Motor** (Masch) / portable engine* ‖ ⁓**beweglicher Roboter** (Masch) / mobile robot ‖ ⁓**bewetterung** *f* (Bergb) / face-airing* *n*, flushing* *n* ‖ ⁓**brust** *f* (in söhligen und geneigten Grubenbauen) (Bergb) / breast* *n* ‖ ⁓**cheit** *n* (Landw) / swingletree *n* ‖ ⁓**darstellung** *f* (Phys) / position representation, Schrödinger representation ‖ ⁓**dosis** *f* (Radiol) / ambient dose ‖ ⁓**dosisleistung** *f* (Radiol) / ambient-dose rate ‖ ⁓**eigen** *adj* (Geol, Umwelt) / autochthonous* *adj* ‖ ⁓**-faktor** *m* (Normalschwere am jeweiligen Ort, z.B. in 45° Breite = 980, 619050 cm/s$_2$) (Geophys) / standard gravity ‖ ⁓**-Fern-Schalter** *m* (Regeln) / local-remote switch

**ortsfest** *adj* / stationary *adj* ‖ ⁓ (Lünette) (Masch) / stationary *adj*, fixed *adj* ‖ ⁓**e Front** (Meteor) / stationary front ‖ ⁓**er Funkdienst** (Radio) / fixed radio service ‖ ⁓**er Kabelkran** (HuT) / fixed cableway ‖ ⁓**er Motor** (V-Mot) / stationary engine ‖ ⁓**e Plattform** (bei Offshore-Bohrung) (Erdöl) / fixed drilling platform ‖ ⁓**er Roboter** (Masch) / stationary robot ‖ ⁓**es Signal** (Bahn) / fixed signal

**orts•fremdes Gestein** (Geol) / exotic rock ‖ ⁓**frequenz** *f* (der Kehrwert einer räumlichen Periodenlänge) (Opt) / spatial frequency ‖ **optische** ⁓**frequenzanalyse** / optical spatial frequency analysis ‖ ⁓**gebühr** *f* (Fernsp) / local rate, local call fee ‖ ⁓**gebunden** *adj* / stationary *adj* ‖ ⁓**gespräch** *n* (Fernsp) / local call (within the local-service area), intraoffice call ‖ ⁓**gespräch** (Fernsp) / city call, Euromessage *n* ‖ ⁓**höhe** *f* (in der nichtmullischen Gleichung für stationäre inkompressible Strömung) (Phys) / potential head, position head, elevation head ‖ ⁓**kabel** *n* (Fernsp) / local cable ‖ **nationale** ⁓**kennzahl** (Fernm) / national destination code, NDC ‖ ⁓**kurve** *f* (Eltech) / root locus* *n* ‖ ⁓**kurve** (Math) / locus *n* (pl. loci), geometric locus ‖ ⁓**kurve des Frequenzgangs** (Fernm) / Nyquist diagram* ‖ ⁓**kurvenanalyse** *f* (Regeln) / root-locus analysis ‖ ⁓**lagedarstellung** *f* (Kart) / cartographic representation of position by means of point symbols ‖ ⁓**lagekartenzeichen** *n* (Kart) / point symbol ‖ ⁓**linie** *f* (eine Linie, auf der alle Punkte mit einer gewissen Eigenschaft liegen, z.B. die Winkelhalbierende und die Mittelsenkrechte) (Math) / point curve ‖ ⁓**mißweisung** *f* (Luftf, Verm) / variation* *n*, magnetic variation ‖ **wahrer** ⁓**mittag** (nach der Sonne) (Astr) / local apparent noon, LAN ‖ ⁓**netz** *n* (kleinste selbständige Einheit im Aufbau und in der Abgrenzung des öffentlichen Fernsprechnetzes) (Fernsp) / local exchange network, local network ‖ ⁓**netzkennzahl** *f* (Fernsp) / area code, area code number ‖ ⁓**planung** *f* (langzeitige) (Arch) / city planning (US), community planning ‖ ⁓**raum** *m* (ein Phasenraum) (Phys) / position space, configuration space ‖ ⁓**sender** *m* (Radio) / local transmitter ‖ ⁓**sender** (Radio) / local broadcasting station, local channel (station), regional transmitter ‖ ⁓**stoß** *m* (Bergb) / coal face, face* *n*, end* *n*, free end, breast* *n* ‖ ⁓**stoß in massiver Kohle** (Bergb) / fast* *n* ‖ ⁓**tafel** *f* (Kfz) / place identification sign

**Ortstein** (Bau) / quoin* *n* ‖ ⁓ (steinhart verfestigter oberer Teil des B-Horizonts) (Geol) / hard pan* ‖ ⁓ (mit hohem Prozentanteil von Eisenhydraten) (Geol) / iron pan*

**Orts•üblichkeit** *f* (nach 906 des Bürgerlichen Gestzbuches) (Sanitär, Umwelt) / local practice ‖ ⁓**vektor** *m* (ein gebundener Vektor in einem euklidischen Vektorraum, dessen Anfangspunkt mit dem Koordinatenursprung zusammenfällt) (Mech) / position vector, radius vector (pl. radius vectors or radii vectors) ‖ ⁓**veränderlich** *adj* / travelling *adj*, locomotive *adj* ‖ ⁓**veränderlich** *adj*, **mobile** *adj*, **portable** *adj* ‖ ⁓**verbindungsleitung** *f* (Fernsp) / local junction circuit*, junction circuit* ‖ ⁓**verkehr** *m* / local traffic ‖ ⁓**vermittlung** *f* (Fernsp) / local exchange ‖ ⁓**vermittlungsstelle** *f* (Fernsp) / local exchange*, local central office* ‖ **digitale** ⁓**vermittlungsstelle** (Fernm) / digital local switching facility ‖ ⁓**zeit** *f* (an allen Orten gleicher geografischer Länge - EN 28601) (Astr) / local time*, LT ‖ **mittlere** ⁓**zeit** (Astr) / local mean time, LMT

**Ortung** *f* (Nav, Radio) / position-finding* *n*, position-fixing *n*, location *n*, locating *n* ‖ ⁓ (Radar) / detection *n*, acquisition *n*

**Ortungsschwelle** *f* (Radar) / location threshold

**Orujoöl** *n* / sulphur oil

**Orzein** *n* (farbgebendes Prinzip verschiedener Flechtenfarbstoffe) (Chem) / orcein* *n* ‖ ⁓**färbung** *f* (eine Elastikafärbung) (Mikros) / orcein stain*

**Orzin** *n* (die Muttersubstanz des Orseille- und Lackmusfarbstoffes) (Chem) / orcinol *n*, orcin *n*

**Os** (Chem) / osmium* *n*

**Os** *m n* (pl. Oser) (in Gebieten ehemaliger Vereisung als eisenbahndammartig langgestreckte, wallartige, schmale Rücken ausgebildete Formen, die schwach gewunden verlaufen und auch seitliche Äste ausbilden können) (Geol) / esker* *n*, os *n* (pl. osar), asar *n*, serpent kame

**Osagedorn** *m* (Maclura pomifera (Raf.) C.K. Schneid.) (For) / Osage orange

**Osazon**

**Osazon** *n* (Reaktionsprodukt, das bei der Einwirkung von Phenylhydrazin auf reduzierende Kohlehydrate entsteht) (Chem) / osazone* *n*
**OSB** (For, Tischl) / oriented structural board, OSB
**Osbourning** *n* / Osbourning *n* (announcing the next product before you are ready to ship it in order to sell the obsolete current product)
**OSCAR** *m* (Amateurfunk-Satellit) (Radio) / OSCAR *n*, orbiting satellite carrying amateur radio
**O-Schale** *f* (Kernphys) / O-shell* *n*
**Öse** *f* (Masch) / eye* *n*, ear* *n*, eyelet *n*, lug* *n* ‖ ⁓ (z.B. bei Zugfedern) (Masch) / loop *n* ‖ **offene volle** ⁓ (z.B. bei Zugfedern) (Masch) / open full loop
**Oseen-Strömung** *f* (eine Art Kugelumströmung) (Phys) / Oseen's flow
**Ösen • bandaufkleb- und Beschneidmaschine** *f* (eine Schuhmaschine) / eyelet-tape cementing and cutting machine ‖ ⁓**einsetzmaschine** *f* (Leder, Tex) / eyeletting machine ‖ ⁓**maschine** *f* (Leder, Tex) / eyeletting machine ‖ ⁓**rips** *m* (Tex) / epinglé *n* ‖ ⁓**schraube** *f* (Masch) / eye screw ‖ ⁓**zange** *f* (Werkz) / eyelet pliers
**OSI** (EDV) / open systems interconnection (OSI) ‖ ⁓**-Schichtenmodell** *n* (Rechnerverbundmodell mit sieben Funktionsschichten) (EDV, Fernm) / ISO/OSI reference model, OSI reference model, layer model
**Oskulation** *f* (bei Kurven zweiter Ordnung) (Math) / osculation* *n*
**Oskulations • ebene** *f* (Math) / osculating plane* *n* ‖ ⁓**kreis** *m* (Math) / circle of curvature*, osculating circle*
**Osmat(VI)** *n* (Salz der hypothetischen Osmiumsäure) (Chem) / osmate(VI) *n*
**Osmiridium** *n* (bis 24% Os) (Min) / osmiridium* *n*
**Osmium (Os)** *n* (Chem) / osmium* *n* ‖ **höherwertigem** ⁓ **entsprechend** (Chem) / osmic *adj* ‖ **niederwertigem** ⁓ **entsprechend** (Chem) / osmous *adj*, osmious *adj* ‖ ⁓**borid** *n* (OsB$_2$ oder OsB$_5$) (Chem, Keram) / osmium boride ‖ ⁓**(VIII)-oxid** *n* (Chem) / osmium(VIII) oxide*, osmic acid anhydride, osmium tetroxide, osmic acid*
**"Osmiumsäure"** *f* (Chem) / osmium(VIII) oxide*, osmic acid anhydride, osmium tetroxide, osmic acid*
**Osmium • silizid** *n* (Chem, Keram) / osmium silicide ‖ ⁓**tetroxid** (Chem) / osmium(VIII) oxide*, osmic acid anhydride, osmium tetroxide, osmic acid*
**Osmolalität** *f* (Chem) / osmolality *n*
**Osmolarität** *f* (osmotische Konzentration) (Chem) / osmolarity *n*
**Osmo • lyse** *f* (Einengen von Lösungen durch Dialyse gegen eine Lösung mit hohem osmotischen Druck) (Chem) / osmolysis *n* (pl. -lyses) ‖ ⁓**meter** *n* (Gerät zur Messung des osmotischen Druckes sowie zur Darstellung der Osmose von Lösungen von Chem) / osmometer* *n* ‖ ⁓**metrie** *f* (Verfahren zur Bestimmung der relativen Molekülmasse einer Substanz durch Messung des osmotischen Drucks ihrer Lösung) (Chem) / osmometry *n*
**Osmondit** *m* (Hütt) / osmondite *n*
**osmo • phil** *adj* / osmotolerant *adj*, osmophilic *adj* ‖ ⁓**phor** *m* (Molekül, das vom Riechorgan wahrgenommen wird) (Chem) / osmophore *n* ‖ ⁓**regulation** *f* (das Einhalten eines bestimmten osmotischen Drucks in den Zell- oder Körperflüssigkeiten von Organismen) (Biol) / osmoregulation* *n*
**Osmose** *f* (Biol, Chem, Phys) / osmosis* *n* (pl. osmoses) ‖ **umgekehrte** ⁓ (Chem) / hyperfiltration *n*, reverse osmosis, RO ‖ ⁓**kaolin** *n* *m* (der nach einem elektrophoretischen Verfahren gereinigt wurde) (Keram) / osmosis-purified kaolin ‖ ⁓**verfahren** *n* (Tränkung des weißgeschnitzten saftfrischen Holzes) (For) / diffusion process, diffusion method
**osmotisch** *adj* / osmotic *adj* ‖ ⁓**er Druck** (Chem) / osmotic pressure* ‖ ⁓**er Koeffizient** (ein Korrekturfaktor, der das Verhältnis des real gemessenen osmotischen Druckes zum idealen osmotischen Druck angibt) (Chem) / osmotic coefficient* ‖ ⁓**e Konzentration** (Chem) / osmolarity *n* ‖ ⁓**er Wert** (Bot) / osmotic potential*, solute potential*
**osmotolerant** *adj* (Hefe) / osmotolerant *adj*, osmophilic *adj*
**Oson** *n* (Chem) / osone *n*
**Ossana-Kreis** *m* (eine genaue Form des Kreisdiagramms der Dreiphasen-Asynchronmaschine) (Eltech) / Ossana's circle diagram
**Ossberger-Turbine** *f* (Masch) / Michell turbine, Banki turbine, direct-flow turbine ‖ ⁓ (Weiterentwicklung der Bankiturbine) (Masch) / Ossberger turbine
**Ossein** *n* (Bindegewebsleim der Wirbeltierknochen, bestehend aus Kollagen - zur Herstellung von Leimen und Gelatine) (Biochem) / ossein *n*
**Ossifikation** *f* (Geol, Med, Zool) / ossification* *n*
**Ost • afrikanischer Kopal** / Zanzibar gum, Zanzibar copal, animé ‖ ⁓**afrikanischer Padouk** (For) / kiaat *n*, muninga *n*
**o-ständig** *adj* (Chem) / ortho* *adj*
**o-Stellung** *f* (Chem) / ortho position
**Ostindisch • es Arrowroot** (aus Curcuma angustifolia Roxb.) (Nahr) / tikor *n*, curcuma starch ‖ ⁓**es Geraniumöl** (aus Cymbopogon martinii (Roxb.) J.F. Watson) / palmarosa oil, oil of palmarosa, oil of East Indian geranium, rusa oil, Indian grass oil ‖ ⁓**er Hanf** (Crotalaria juncea L.); Sunn (DIN 60001, T 1); SN (Bot, Tex) / Bengal hemp, janapan *n*, sunn hemp, madras *n*, Bombay hemp, sunn *n* ‖ ⁓**es Leder** (vegetabilisch vorgegerbte Häute und Felle Indiens) (Leder) / East-India leather ‖ ⁓**er Palisander** (meistens Dalbergia sissoo Roxb. ex DC.) (For) / shisham tree, shisham *n* ‖ ⁓**er Palisander** (For) / East Indian rosewood, blackwood *n*, Indian rosewood ‖ ⁓**es Rosenbaumholz** (For) / East Indian rosewood, blackwood *n*, Indian rosewood ‖ ⁓**es Sandelholzöl** (aus Santalum album L.) (For) / East Indian sandalwood oil, white-sandalwood oil, santal oil ‖ ⁓**es Satinholz** (von dem Rautengewächs Chloroxylon swietenia DC.) (For) / East Indian satinwood*, satinwood* *n*, Ceylon satinwood*, Sri Lanka satinwood
**Ostpunkt** *m* (Astr) / east point
**Östradiol** *n* (ein Follikelhormon) (Physiol) / oestradiol* *n*, estradiol* *n*
**Östriol** *n* (ein Follikelhormon) (Physiol) / oestriol* *n*, estriol *n*
**östrogen** *adj* (Physiol) / oestrogenic *adj*, estrogenic *adj* (US) ‖ ⁓ *n* (Physiol) / oestrogen* *n*, estrogen* *n*, estrin *n*
**Östron** *n* (ein Follikelhormon) (Physiol) / oestrone *n*, estrone *n*, estrin *n*
**O-Stück** *n* (Masch) / double-flanged 1/4 bend
**Ostung** *f* (Ausrichtung der Bauachse einer Kirche nach Osten) (Arch) / east-west orientation
**Ostwald • -Kurve** *f* (DIN 1342, T 1) / Ostwald curve ‖ ⁓**-Reifung** *f* (nach C.W.W. Ostwald, 1883-1943) (Chem, Foto) / Ostwald ripening* ‖ ⁓**sche Stufenregel** (eine thermodynamische Regel) (Phys) / Ostwald's rule, Ostwald rule, rule of intermediate reactions (stages), Ostwald step rule
**Ostwaldsches Verdünnungsgesetz** (nach W. Ostwald, 1853-1932) (Chem) / Ostwald's dilution law*, dilution law*
**Ostwald • -Verfahren** *n* (großtechnische Gewinnung von Salpetersäure) (Chem Verf) / Ostwald process ‖ ⁓**-Viskosimeter** *n* (nach W. Ostwald, 1853-1932) (Phys) / Ostwald viscometer ‖ ⁓**-Volmer-Regel** *f* (nach M. Volmer, 1885-1965) (Phys) / Ostwald-Volmer rule
**Ost • -West-Asymmetrie** *f* (Geophys) / east-west asymmetry ‖ ⁓**-West-Effekt** *m* (kosmische Strahlung) (Geophys) / east-west asymmetry ‖ ⁓**wind** *m* (Meteor) / easterly *n*, easterly wind
**OS-Wicklung** *f* (mit der höchsten Nennspannung) (Eltech) / high-voltage winding, higher-voltage winding
**Oszillation** *f* (Phys) / oscillation* *n*
**Oszillations • pumpe** *f* (Vakuumt) / reciprocating pump ‖ ⁓**vakuumpumpe** *f* (Vakuumt) / reciprocating pump
**Oszillator** *m* (Eltronik, Phys, Radio) / oscillator* *n* ‖ **anharmonischer** ⁓ (Eltronik, Phys) / anharmonic oscillator ‖ **doppeltresonanter optischer parametrischer** ⁓ (Eltronik) / double-resonant optical parametric oscillator, DRO ‖ **einfachresonanter optischer parametrischer** ⁓ (Eltronik) / single-resonant optical parametric oscillator (SRO) ‖ **elektronengekoppelter** ⁓ (Eltronik) / electron-coupled oscillator ‖ **frequenzvariabler** ⁓ (zur Empfänger- und Senderverstimmung) (Eltronik) / variable-frequency oscillator, VFO ‖ **gekoppelter** ⁓ (Eltronik) / coupled oscillator ‖ **geschwindigkeitsmodulierter** ⁓ (Eltronik, Fernm) / velocity-modulated oscillator ‖ **harmonischer** ⁓ (Eltronik, Phys) / harmonic oscillator, sinusoidal oscillator ‖ **Hertzscher** ⁓ (Eltech) / Hertzian dipole*, Hertzian doublet*, Hertzian oscillator*, Hertz oscillator ‖ **magnetostriktiver** ⁓ (Eltronik) / magnetostrictive oscillator ‖ **optischer parametrischer** ⁓ (Opt) / optical parametric amplifier ‖ **phasenstarr synchronisierter** ⁓ (Radar) / coherent oscillator*, COHO ‖ **selbsterregter** ⁓ (Radio) / self-excited oscillator ‖ **spannungsgesteuerter** ⁓ (Eltronik) / voltage-controlled oscillator* (VCO) ‖ **synthetisierter** ⁓ (Eltronik, Radio) / variable-frequency mixer (VFM), variable-frequency oscillator (VFO) ‖ ⁓ *m* **mit Elektronenübertragung** (Eltronik) / transferred-electron oscillator ‖ ⁓ **mit rückgekoppeltem** (Transistor) **Verstärker** (Eltronik) / reaction oscillator ‖ ⁓ **mit Wien-Brücke** (Eltronik) / Wien-bridge oscillator*
**oszillatorisch** *adj* (Eltech, Phys) / oscillatory *adj* ‖ ⁓**e** (periodische) **Entladung** (eines Kondensators) (Eltech) / oscillatory discharge*
**Oszillator • potential** *n* (potentielle Energie eines harmonischen Oszillators) (Phys) / oscillator potential ‖ ⁓**schwingkreis** *m* (Fernm) / tank circuit* ‖ ⁓**stärke** *f* (in der quantenmechanischen Dispersionstheorie) (Phys) / oscillator strength, f-value *n*, Ladenburg f value ‖ ⁓**störspannung** *f* (Radio) / reradiation* *n*
**oszillieren** *v* / oscillate *v* ‖ ⁓ / oscillate *v* ‖ ⁓ *n* / oscillating *n* ‖ ⁓ (um die Nenndrehzahl) (Eltech, Masch) / cycling* *n*, hunting* *n*, oscillation *n*
**oszillierend** *adj* (Eltech, Phys) / oscillatory *adj* ‖ ⁓**e Folge** (deren Glieder abwechselnd größer und kleiner als eine Konstante sind) (Math) / oscillating sequence ‖ ⁓**e Masse** (Mech) / oscillating mass ‖ ⁓**e Reaktion** (eine mehrfach wiederholte Hin- und Rückreaktion) (Chem) / oscillating reaction ‖ ⁓**e Reihe** (Math) / oscillating series* ‖ ⁓**er Ventilator** / oscillating fan ‖ ⁓**e Walze** (Druck) / oscillating roller ‖ ⁓**es Werkzeug** (z.B. eine Karosseriesäge) (Masch) / oscillating tool ‖ ⁓**er Zähler** (Eltech) / oscillating meter

**Oszillo‧graf** m (ein Gerät zum Beobachten und Aufzeichnen des zeitlichen Verlaufs von elektrischen Schwingungen) (Eltronik) / oscillograph* n || ~**grafisch** adj (Eltronik) / oscillographic adj || ~**grafische Polarografie mit Wechselstrom** (Chem, Eltech) / multisweep polarography || ~**gramm** n (das aufgezeichnete Bild des Oszillografen) (Eltronik) / oscillogram* n || ~**gramm aller Zylinder ineinandergeschrieben** (Kfz) / superimposed pattern || ~**metrie** f (ein Verfahren der Elektroanalyse) (Chem) / oscillometry n || ~**metrisches Indikationsverfahren** (Chem) / oscillometry n || ~**polarografie** f (ein Spezialfall der Chronopotentiometrie) (Chem) / oscillopolarography n, oscillographic polarography

**Oszilloskop** n (ein Gerät zum Beobachten des zeitlichen Verlaufs von elektrischen Schwingungen) (Eltronik) / oscilloscope* n, scope* n || ~**röhre** f (Eltronik) / oscilloscope tube || ~**röhre** (Eltronik) s. auch Katodenstrahlröhre

**OT** (Biochem) / oxytocin* n || ~ (Tex) / knitted sets || ~ (V-Mot) / top dead centre*, TDC || **vor** ~ (V-Mot) / btdc, BTDC

**Otavit** m (Min) / otavite n

**OTC-Produkt** n (Pharm) / over-the-counter drug, OTC drug, OTC pharmaceutical

**OTEC-Kraftwerk** n (welches die Tatsache nutzt, daß die Sonne die Oberfläche des Meeres z.T. bis zu 30 °C aufheizt, während in tieferen Schichten die Temperatur des Wassers nur wenige Grad oberhalb des Nullpunktes liegt) / ocean thermal energy conversion station

**OT-Markierung** f (V-Mot) / top-dead-centre mark, TDC mark

**O-Ton** m (Film) / original sound

**Ototutu** n (For) / danta n, kotibé n

**otro** / oven-dry adj, kiln-dry adj

**Otterplüsch** m (Tex) / otter plush

**Ottogasmotor** m (V-Mot) / LPG-operated spark-ignition engine

**Ottokraftstoff** m (Kftst) / petrol n (GB)*, gasoline* n (US), gas* n (US), motor spirit (GB)* || ~ (DIN EN 228) (Kftst) / Otto-engine fuel || **bleiarmer** ~ (Kftst, Kfz) / low-lead petrol, low-lead gasoline (US) || **Einteilung** f **des** ~**s nach der Oktanzahl** (5 Sterne = 100, 4 Sterne = 97, 3 Sterne = 94, 2 Sterne = 90) (Kftst) / star classification (GB) || **niedrig verbleiter** ~ (Kftst, Kfz) / low-lead petrol, low-lead gasoline (US) || ~ m **mit niedrigem Bleigehalt** (Kftst, Kfz) / low-lead petrol, low-lead gasoline (US)

**Ottoman** m (Rips) (Tex) / ottoman rib, ottoman n

**Otto‧motor** m (DIN 1940) (V-Mot) / Otto engine, Otto-cycle engine, spark-ignition engine, SI engine || ~**motor** (V-Mot) s. auch Benzinmotor || ~**prozeß** m (ein Kreisprozeß) (V-Mot) / Otto cycle* || ~**verfahren** (Gleichraumverfahren bei Verbrennungsmotoren - nach N.A. Otto, 1832-1891) (V-Mot) / Otto cycle*

**Ottrelith** m (ein Sprödglimmer mit viel Mn) (Min) / ottrelite* n || ~ (Min) s. auch Chloritoid

**Ouabain** n (ein Strophanthusglykosid) (Pharm) / ouabain n, strophanthin-G n, G-strophanthin n

**OUR** (Biochem) / oxygen-uptake rate, OUR

**Outband-Zeichengabe** f (außerhalb des Sprachbandes) (Fernm) / outband signalling

**Outboard** m (Schiff) / outboard engine, outboard motor

**Outdoor‧-Auslegeware** f (Tex) / outdoor (fitted) carpeting || ~**-Kleidung** f (eine Art Überbekleidung) (Tex) / outdoor clothes || ~**-Smogkammer** f (Umwelt) / outdoor smog chamber || ~**-Teppichware** f (die für den Einsatz außerhalb des Raumes geeignet ist, z.B. auf Balkonen und Terrassen) (Tex) / outdoor (fitted) carpeting || ~**textilien** pl (Tex) / outdoor textiles, open-air textiles

**Outer-Orbital-Komplex** m (Chem) / high-spin complex

**Outer-Space-Forschung** f (Raumf) / outer-space research, outer-space exploration

**Out‧fit** n (Kleidung) (Tex) / outfit n || ~**let-Center** n / factory outlet || ~**line-Schrift** f (EDV, Typog) / outline letters*, open letters, outline type, outlined characters, outline font || ~**-of-kilter-Algorithmus** m (auf der Theorie der Dualität in der linearen Programmierung basierender Algorithmus zur Lösung des Kreisflußproblems minimaler Kosten) (EDV) / out-of-kilter algorithm

**Outokumpu-Autogenschmelzverfahren** n (im Schwebeschmelzofen) / Outokumpu process

**Output** m n (EDV) / output* n || ~ (Ausgangsgröße eines Systems) (EDV, Phys) / output n, response* n || ~ (Ausgangsbuchse bei Film-, Ton- und Videogeräten) (Film) / output* n || ~ (Masch) / output* n, outturn n, produce n, production n (figure), production run, make n || ~ (in der Produktionstheorie) (Masch) / output n || ~**meter** n (Eltronik) / output meter n

**Outroute** f (VSAT-Dienst) (Fernm) / outroute n

**Outsider** m (Schiff) / outsider n

**Outslot-Zeichengabe** f (außerhalb des Zeitschlitzes des Sprachkanals) (Fernm) / outslot signalling

**Outsourcing** n / outsourcing n

**O/U-Verhältnis** n (Nukl) / oxygen uranium ratio

**Ouvrée** f (gezwirnte Rohseide) (Tex) / ouvrée n

**oval** adj / oval adj || ~**er Ast** (For) / oval knot || ~**er Kolben** (V-Mot) / oval piston*, oblong piston || ~ n (eine geschlossene konvexe Kurve) (Math) / oval || **kartesische** ~**e** (Math) / Cartesian ovals*

**Ovalbumin** n (Hauptprotein des Eierklars) (Biochem) / ovalbumin* n, egg albumin, albumen

**Oval‧drehen** n (Masch) / oval turning || ~**drehmaschine** f (Masch) / oval-turning lathe || ~**faulbehälter** m (Sanitär) / egg-shaped sewer* || ~**handfaust** f (Kfz, Werkz) / dome dolly || ~**ität** f (Math) / ovality n || ~**kaliber** n (Hütt) / oval pass || ~**kolben** m (V-Mot) / oval piston*, oblong piston || ~**lager** n (Zitronenform) (Masch) / eccentric-wall bearing || ~**narben** m (Leder) / oat grain

**ovaloid** adj / ovoid adj, egg-shaped adj, oviform adj, ovoidal adj || ~ n (Math) / ovaloid n

**Oval‧radzähler** m (ein Durchflußzähler, der nach dem Verdrängungsprinzip arbeitet) (Masch) / lobed impeller counter || ~**radzähler** (ein Volumenmesser) (Wasserb) / oval-disk meter, oval-wheel meter || ~**schieber** m (Masch) / oval-body valve || ~**stich** m (Hütt) / oval pass || ~**zirkel** m (zum Zeichnen von Ellipsen) / oval compasses

**OVD-Verfahren** n (zur Herstellung von Faseroptikglas) (Glas) / outside vapour deposition, OVD process

**Overachievement** n (sehr gutes Abschneiden in einem bestimmten Leistungsbereich) (F.Org) / overachievement n

**Overall** m (Tex) / overall(s) n(pl), coverall(s) n(pl) (US) || ~**baumwollstoff** m (Tex) / dungaree* n

**Over‧axle-Pipe** n (im Abgassystem) (Kfz) / kick-up pipe, overaxle pipe || ~**clocking** n (EDV) / overclocking n || ~**drive** (Kfz) / overdrive* n || ~**flow** m (EDV) / overflow n (arithmetic) (that portion of a numeric word expressing the result of an arithmetic operation by which its word length exceeds the word length provided for the number representation) || ~**flow** (EDV) / overflow* n || ~**flow** (Überströmen von kaltem arktischem Bodenwasser in die Tiefen des Nordatlantischen Ozeans) (Ozean) / overflow n || ~**framing** n (bei der Röntgenkinematografie) (Radiol) / overframing n

**Overhauser-Effekt** m (bei einer speziellen Doppelresonanzmethode der Hochfrequenzspektroskopie) (Kernphys) / Overhauser effect || **genereller** ~ (Kernphys) / general Overhauser effect

**Over‧head** n (EDV) / overhead n (reserve bits) || ~**head** (alle Informationen, die zusätzlich zu den Nutzdaten übertragen werden) (Fernm) / overhead n || ~**headfolie** f / overhead transparency || ~**headprojektor** m / overhead projector* || ~**heads** pl (Gemeinkosten) / on-costs* pl, overhead expenses*, overheads pl, loading* n, overhead costs, establishment charges*

**Overlapping** n (während ein Operand aus dem Arbeitsspeicher geholt wird, wird bereits der nächste Befehl gelesen) (EDV) / overlapping n

**Overlay** n (Verfahren, durch das lange Programme in Segmente aufgeteilt werden, um Speicherraum im Arbeitsspeicher zu sparen) (EDV) / overlay n || ~ (transparenter aushärtender Kunstharzfilm - z.B. zur Erhöhung der Abriebfestigkeit) (Plast) / overlay n || ~**-Board** m (Eltronik) / overlay card, overlay board || ~**-Datei** (EDV) / overlay file || ~**-Karte** f (für das Mischen von Videobild und Computerbild) (Eltronik) / overlay card, overlay board || ~**-Lackierung** f (eine Effektlackierung) (Anstr) / overlay painting, overlay coating || ~**-Netz** n (Fernm) / overlay net || ~**-Papier** n (auf dekorativen Schichtpreßstoffen) (Pap) / overlay paper || ~**-Segment** n (EDV) / overlay module, overlay segment || ~**-Transistor** m (mit mehreren Emitterzonen, die parallelgeschaltet sind - DIN 41855) (Eltronik) / overlay transistor || ~**-Trickmischung** f (beim elektronischen Schnitt) (Film) / self-keyed insertion, overlay n

**Over‧lock-Nähmaschine** f (Tex) / overlock machine || ~**ride** m (in NC-Steuerungen) (Masch) / override n || ~**ride-Schalter** m (z.B. bei einer IR-Steuerung) (Masch) / override switch || ~**ride-Schalter** (zur Korrektur von programmierten Vorschubwerten und Drehzahlen durch den Bediener - bei NC-Steuerungen) (Masch) / override switch || ~**sampling** n (Mehrfachabtastung des pulskodemodulierten Signals bei der Wiedergabe einer Tonbearbeitung bei einem CD-Player durch Anwendung einer um den Faktor 2 oder 4 erhöhten Abtastrate) (Akus, Eltronik) / oversampling n || ~**shot** m n (ein Fanggerät) (Erdöl) / overshoot tool*, fishing tool* || ~**sized** adj (größer als tatsächlich nötig) (Tex) / oversized adj || ~**spill** n (Einstrahlen von Programmen über politische Grenzen) (Radio, TV) / overspill n || ~**spray** m n (Anstr) / overspray n, overspray loss, spray-dust loss || ~**-the-counter-Arzneimittel** n (apotheken-, aber nicht rezeptpflichtiges Medikament) (Pharm) / over-the-counter drug, OTC drug, OTC pharmaceutical

**Ovizid** n (eiabtötendes Schädlingsbekämpfungsmittel) (Chem) / ovicide n

**OVMS** (Fernsp) / local exchange*, local central office*

**ovoid** adj / ovoid adj, egg-shaped adj, oviform adj, ovoidal adj

**ovoidisch** adj / ovoid adj, egg-shaped adj, oviform adj, ovoidal adj

**Ovonic-Speicher** m (EDV) / ovonic store, ovonic memory

**Ovonik**

**Ovonik** f (Schaltelemente aus amorphem Halbleitermaterial, meist passend dotiertem Glas) (Eltronik) / Ovonics n
**Ovonik-Speicher** m (EDV) / ovonic store, ovonic memory
**Ovotransferrin** n (Biochem) / conalbumin n
**OVPO-Verfahren** n (zur Herstellung von Vorformen durch Glasabscheidung auf der Außenseite eines rotierenden Stabes) (Glas) / outside vapour-phase oxidation, OVPO process
**OVSt** (Fernsp) / local exchange*, local central office*
**Ovulationshemmer** m (Pharm) / antifertility agent, ovulation inhibitor, anovulant n, contraceptive n
**Ö/W** (Chem, Pharm) / oil-in-water emulsion, O/W emulsion
**O-Wagen** m (Bahn) / gondola n (US), open goods waggon, open waggon, open-top car, open goods car
**Owen-Brücke** f (eine Induktivitätsmeßbrücke) (Eltech) / Owen bridge*
**Owens-Verfahren** n (ein Saug-Blas-Verfahren zur maschinellen Herstellung von Hohlglas nach M.J. Owens, 1859-1923) (Glas) / Owens process
**Owner-Draw-Version** f (von einem Standard-Steuerelement abgeleitetes, nicht modifiziertes Steuerelement) (EDV) / owner draw version
**Oxadiazol** n (Chem) / oxadiazole n
**Oxal** • **aldehyd** m (Chem, Foto) / glyoxal* n, ethane-1,2-dial* n, biformyl n ‖ ≃**aldehydsäure** f (die einfachste Oxokarbonsäure) (Chem) / glyoxalic acid*, glyoxylic acid*, oxoethanoic acid ‖ ≃**amid** n (Chem, Landw) / oxamide* n, ethandiamide* n
**Oxalat** n (Salz der Oxalsäure bzw. Oxalsäureester) (Chem) / oxalate* n, ethandioate* n
**Oxalatieren** n (Herstellen einer Schicht, die im wesentlichen aus Oxalaten besteht, durch Behandeln von Metallen mit sauren, oxalathaltigen Lösungen - DIN 50902) / oxalate coating
**Oxalatschmiermittel** n / oxalate lubricant
**Oxalessigsäure** f (Chem) / oxalacetic acid, oxosuccinic acid, oxaloacetic acid
**Oxalieren** n / oxalate coating
**Oxalit** m (Min) / humboldtine n, oxalite n
**Oxalsäure** f (Chem) / oxalic acid*, ethanedioic acid ‖ ≃**diamid** n (Chem, Landw) / oxamide* n, ethandiamide* n ‖ ≃**dichlorid** n (Chem) / oxalyl chloride ‖ ≃**diethylester** m (Chem) / diethyl oxalate ‖ ≃**ester** m (Chem) / oxalic-acid ester ‖ ≃**test** m (Chem) / electrolytic oxalic acid etch test (for intergranular corrosion), Streicher test
**Oxalursäure** f (Ethandisäuremonoureid) (Chem) / oxaluric acid
**Oxalylchlorid** n (Chem) / oxalyl chloride
**Oxalylharnstoff** m (Chem) / parabanic acid
**Oxamid** n (ein Depotdünger) (Chem, Landw) / oxamide* n, ethandiamide* n
**Oxanthren** n (Chem) / dibenzodioxin n
**Oxazin** n (heterozyklische Verbindung, die außer Stickstoff noch Sauerstoff im Ring enthält) (Chem) / oxazine n ‖ ≃**farbstoffe** m pl (Derivate des Phenoxazins) (Chem) / oxazine dyestuffs, oxazine pigments
**Oxazole** n pl (zweifach ungesättigte fünfgliedrige heterozyklische Verbindungen, die je ein O- und ein N-Atom in 1,3-Stellung zueinander enthalten) (Chem) / oxazoles pl
**Oxazolidin** n (Chem, Pharm) / oxazolidine n
**Oxepine** n pl (dreifach ungesättigte siebengliedrige Ringverbindungen mit einem O-Atom) (Chem) / oxepines pl
**Oxetane** n pl (gesättigte viergliedrige, ein O-Atom enthaltende Ringverbindungen) (Chem) / oxetanes pl
**Oxethylat** n (Chem) / ethoxylate n
**Oxethylierung** f (ein Spezialfall der Hydroalkylierung) (Chem) / ethoxylation n
**Oxford** n (buntgewebter Baumwollstoff in Leinwandbindung für Herrenhemden) (Tex) / Oxford shirting*, oxford n, Oxford cloth ‖ ≃-**Schuh** m (Tex) / oxford n, Oxford shoe
**Oxibiose** f (das Leben in Gegenwart von Sauerstoff) (Biol) / aerobiosis (pl -bioses) n
**Oxid** n (Chem) / oxide* n ‖ ≃ (als Klasse der systematischen Mineralogie, meistens ein Fe- oder Mn-Oxid) (Min) / oxidate n ‖ ≃ (Min) / oxide mineral ‖ **abgestuftes** ≃ (unterschiedlich dicke Silizium(II)-oxidschichten auf einem Substrat) (Eltronik) / stepped oxide ‖ **amphoteres** ≃ (Chem) / intermediate oxide, amphoteric oxide ‖ **basisches** ≃ (Chem) / basic oxide ‖ **färbendes** ≃ (Glas, Keram) / colour oxide (an oxide of a metal which is used to colour glass, glazes, porcelain enamels, ceramic bodies, and other products) ‖ **gemischtes** ≃ (Chem) / mixed oxide ‖ **saures** ≃ (das mit Wasser unter Bildung von Säuren reagiert) (Chem) / acidic oxide, acid oxide ‖ **Zürcher** ≃ (mit hoher Sprungtemperatur) (Chem) / Zurich oxide ‖ ≃ n **der höheren Oxidationsstufe** (Chem) / higher oxide ‖ ≃ **der niedrigen Oxidationsstufe** (Chem) / lower oxide ‖ ≃ **der niedrigsten Oxidationsstufe** (Chem) / protoxide n ‖ ≃ e n pl **der seltenen Rohstoffe** (z.B. Mo, Se usw.) (Glas) / conditional glass formers
**oxidabel** adj (Chem) / oxidizable adj

**Oxidans** n (pl. -anzien) (Chem) / oxidizing agent*, oxidant n, oxidizer* n
**Oxidase** f (oxidierendes Ferment) (Bot, Zool) / oxidase* n, oxidation enzyme
**Oxidation** f (Chem) / oxidation* n ‖ **anodische** ≃ (Galv) / anodic oxidation*, electrolytic oxidation ‖ **katastrophale** ≃ (eine von einem bestimmten Punkt an extrem rasch verlaufende Oxidation) (Chem) / catastrophic oxidation ‖ **katastrophale** ≃ (Verzunderung hitzebeständiger Stähle mit ungewöhnlich hoher Zundergeschwindigkeit, meistens als Folge der Entstehung flüssiger Korrosionsprodukte) (Galv, Hütt) / catastrophic oxidation ‖ **lokale** ≃ (Eltronik) / local oxidation ‖ **partielle** ≃ (vergasende Oxidation von Kohlenwasserstoffen mit einer Sauerstoffmenge, die zur vollständigen Verbrennung zu Kohlendioxid und Wasser nicht ausreicht) (Chem) / partial oxidation ‖ **selektive** ≃ (bevorzugte Oxidation bestimmter Gefüge- oder Legierungsbestandteile eines metallischen Werkstoffes) (Hütt) / selective oxidation ‖ **zur** ≃ **fähig** (Chem) / oxidizable adj ‖ ≃ f **durch Luftsauerstoff** (Chem) / air oxidation, atmospheric oxidation, oxidation by air
**Oxidations** • **bad** n (Chem) / oxidizing bath ‖ ≃**beständigkeit** f (Chem) / oxidation resistance, resistance to oxidation ‖ ≃**bitumen** n (mit Luftsauerstoff zur Verbesserung der plastischen und elastischen Eigenschaften behandelt - DIN 55946) / blown bitumen, blown asphalt (a mineral rubber), oxidized bitumen ‖ ≃**bleiche** f (Pap) / bleaching by oxidation, oxidation bleaching, oxidizing bleaching ‖ ≃**erz** n (Min) / oxide mineral ‖ ≃**fähig** adj (Chem) / oxidizable adj ‖ ≃**farbstoff** m (Tex) / oxidation dyestuff ‖ ≃**flamme** f (Chem) / oxidizing flame* (in blowpiping) ‖ ≃**graben** m (Belebungsgraben mit Langzeitbelebung, jedoch ohne getrennte Nachklärung - DIN 4045) (Sanitär) / oxidation ditch ‖ ≃**inhibitor** m (Chem) / antioxidant* n, oxidation inhibitor, antioxygen n ‖ ≃**katalysator** m (chemische Funktionseinheit) (Chem, Kfz) / oxidation catalyst, oxidizing catalyst ‖ ≃**katalysator** (Kfz) / two-way catalytic converter, HC/CO oxidizing converter, conventional oxidation catalytic converter, oxidizing converter ‖ ≃**mittel** n (Chem) / oxidizing agent*, oxidant n, oxidizer* n ‖ ≃**potential** n (Chem, Phys) / oxidation potential ‖ ≃**produkt** n (Chem) / oxidation product ‖ ≃**stufe** f (elektrische Ladung, die ein Atom in einem Molekül besäße, wenn dieses aus lauter Ionen aufgebaut wäre - eine vorzeichenbehaftete Kenngröße) (Chem) / oxidation number*, oxidation state ‖ ≃**teich** m (zur Reinigung biologisch abbaubarer Abwässer durch fotosynthetische Sauerstoffproduktion und Filtertätigkeit bestimmter Wassertiere) (Sanitär, Umwelt) / oxidation pond, sewage oxidation pond ‖ ≃**verfärbung** f (ein Trocknungsfehler) (For) / oxidative stain ‖ ≃**verhinderer** m (Chem) / antioxidant* n, oxidation inhibitor, antioxygen n ‖ ≃**verlust** m (Chem) / oxidation loss(es) ‖ ≃**verschleiß** m (Masch) / oxidative wear ‖ ≃**wert** m (elektrische Ladung, die ein Atom in einem Molekül besäße, wenn dieses aus lauter Ionen aufgebaut wäre - eine vorzeichenbehaftete Kenngröße) (Chem) / oxidation number*, oxidation state ‖ ≃**zahl** f (elektrische Ladung, die ein Atom in einem Molekül besäße, wenn dieses aus lauter Ionen aufgebaut wäre - eine vorzeichenbehaftete Kenngröße) (Chem) / oxidation number*, oxidation state ‖ ≃**zone** f (die oxidativen Verwitterungsprozessen ausgesetzt ist - bei Erzlagerstätten) (Geol) / oxidized zone, zone of weathering* ‖ ≃**zustand** m (elektrische Ladung, die ein Atom in einem Molekül besäße, wenn dieses aus lauter Ionen aufgebaut wäre - eine vorzeichenbehaftete Kenngröße) (Chem) / oxidation number*, oxidation state
**oxidativ** adj (Chem) / oxidative adj, oxidational adj ‖ ~**e Ammonolyse** (von Lignin) (Chem) / oxidative ammonolysis ‖ ~**e Dehydrierung** (Chem) / oxidative dehydrogenation ‖ ~**e Dekarboxylierung** (Biochem) / oxidative decarboxylation* ‖ ~**e Phosphorylierung** (Biochem) / oxidative phosphorylation* ‖ ~**er Streß** (der lebenden Zelle) (Biochem) / oxidative stress, oxidant stress ‖ ~**e Trocknung** (der Anstrichstoffe) (Anstr) / drying by oxidation (of oil content) ‖ ~**e Vernetzung** (Anstr, Chem) / oxidative cross-linking
**Oxidativäscher** m (mit Natriumchlorit) (Leder) / oxidative liming liquor
**Oxidator** m (bei Raketentreibstoffen) (Luftf, Raumf) / oxidizer* n, oxidant* n ‖ ≃**strahl** m (Luftf, Raumf) / oxidizer jet
**Oxid** • **belag** m (dünner - z.B. an der Oberfläche von Metallen) (Hütt) / oxide skin, oxide film ‖ ≃**bildung** f (Chem) / oxide formation ‖ ≃**chlorid** n (Chem) / oxychloride n
**Oxide masking** n (Überziehen einer Halbleiterfläche mit Oxidmaterial, um das Eindringen von Dotierungsatomen in den Halbleiter zu verhindern) (Eltronik) / oxide masking
**Oxideinschluß** m (Gieß) / oxide inclusion, oxide-type inclusion
**Oxide-masking-Verfahren** n (Überziehen einer Halbleiterfläche mit Oxidmaterial, um das Eindringen von Dotierungsatomen in den Halbleiter zu verhindern) (Eltronik) / oxide masking

**Oxid·faser** f (Tex) / oxide fibre ‖ **⁓fenster** n (Eltronik) / oxide window ‖ **⁓film** m (Hütt) / oxide skin, oxide film ‖ **natürlicher ⁓film** (Chem) / natural-oxide film, native-oxide skin ‖ **⁓halbleiter** m (Eltronik) / oxide semiconductor ‖ **⁓halogenid** n (z.B. Phosphorchloridoxid) (Chem) / oxide halide, oxyhalide n ‖ **⁓haltig** adj (Chem) / oxidic adj ‖ **⁓haut** f (Hütt) / oxide skin, oxide film ‖ **natürliche ⁓haut** (auf Aluminiumteilen) (Chem) / natural-oxide film, native-oxide skin ‖ **⁓hydrat** n (ein Aquoxid) (Chem) / hydrated oxide

**oxidierbar** adj (Chem) / oxidizable adj

**oxidieren** v (Chem) / oxidize v ‖ **⁓** vi (Chem, Hütt) / oxidize vi

**oxidierend·e Atmosphäre** (Hütt, Keram) / oxidizing atmosphere ‖ **⁓es Bleichmittel** (Tex) / oxidizing bleaching agent, oxidizing bleach ‖ **⁓e Brennatmosphäre** (Keram) / oxidizing atmosphere (in which an oxidation reaction takes place) ‖ **⁓e Flamme** (Chem) / oxidizing flame* (in blowpiping) ‖ **⁓es Glühen** (Hütt) / flame annealing ‖ **⁓es Mittel** (Chem) / oxidizing agent*, oxidant n, oxidizer* n ‖ **⁓es Rösten** (Hütt) / oxidizing roast*, oxidizing roasting n ‖ **⁓e Röstung** (Hütt) / oxidizing roast*, oxidizing roasting ‖ **⁓e Säure** (Chem) / oxidizing acid ‖ **⁓e Vakuumbehandlung** (Hütt) / vacuum oxidation, vacuum oxidizing

**oxidiert·es Öl** (ein Dicköl) (Chem) / blown oil* ‖ **⁓es Sojaöl** (Nahr) / thermally oxidized soya-bean oil

**Oxidierung** f (Chem) / oxidation* n

**Oxidimetrie** f (Chem) / redox titration, oxidimetry n

**oxidisch** adj (Oxid enthaltend) (Chem) / oxidic adj ‖ **⁓es anorganisches Glas** (Glas) / inorganic oxide glass ‖ **⁓er Brennstoff** (Nukl) / oxide fuel, oxidic nuclear fuel ‖ **⁓e Deckschicht** (spontan entstanden) / oxide coat(ing) ‖ **⁓er Kernbrennstoff** (Nukl) / oxide fuel, oxidic nuclear fuel ‖ **⁓e Schutzschicht** / oxide coat(ing) ‖ **⁓e Umhüllung** (heute bedeutungslos) (Schw) / iron oxide covering, iron oxide coating

**Oxid·isolation** f (Eltronik) / oxide isolation* ‖ **⁓isolierte CMOS-Technik** (Eltronik) / locally oxidized CMOS technology, LOCMOS technology

**Oxidized Rubber** m (Chem Verf) / oxidized rubber, Rubbone n

**Oxid·katode** f (mit einer Erdalkalioxidschichtbedeckung des Grundmetalls) (Eltronik) / dull-emitter cathode* ‖ **⁓katode** (im allgemeinen) (Eltronik) / oxide-coated cathode*, oxide cathode ‖ **⁓keim** m / oxide nucleus ‖ **⁓keramik** f (Zweig der Keramik, der sich insbesondere mit der Herstellung von Werkstoffen auf der Basis von schwer schmelzenden Oxiden, von Schwermetalloxiden, der Mehrstoffsysteme, der Systeme mit Schwermetalloxiden usw. beschäftigt) (Keram) / oxide ceramics, pure-oxide refractories ‖ **⁓keramisch** adj (Keram) / oxide-ceramic adj ‖ **⁓maskierung** f (Überziehen einer Halbleiterfläche mit Oxidmaterial, um das Eindringen von Dotierungsatomen in den Halbleiter zu verhindern) (Eltronik) / oxide masking

**Oxidoreduktase** f (eine Hauptklasse der Fermente) (Biochem) / oxidoreductase n

**Oxid·partikel** n f (für die Beschichtung von Magnetbändern) (Mag) / oxide particle n ‖ **⁓passivierungsschicht** f (Eltronik) / oxide passivation layer ‖ **⁓salz** n (Chem) / oxide salt, oxysalt n ‖ **⁓schicht** f / oxide coat(ing) ‖ **⁓schicht** (hauchdünne) (Hütt) / oxide skin, oxide film ‖ **Ausbildung schützender ⁓schichten in rasch bewegtem, sauerstoffreichem Wasser** (Chem) / oxygen effect ‖ **⁓schlacke** f (Hütt) / oxidic slag ‖ **⁓schutzschicht** f (künstlich erzeugt oder verstärkt) / oxide coat(ing) ‖ **⁓silicat** n (Chem) / subsilicate n ‖ **⁓silikat** n (Chem) / subsilicate n ‖ **⁓wallisolation** f (für die Isolation der einzelnen Strukturen einer integrierten Schaltung - z.B. LOCMOS, LOCOS, PLANOX oder SATO) (Eltronik) / local oxidation ‖ **⁓wiederherstellung** f (Eltronik) / oxide regrowth

**Oxim** n (eine Isonitrosoverbindung, die u.a. als Hautverhinderungs- und Stabilisierungsmittel für oxidativ trocknende Anstrichstoffe dient) (Anstr, Chem) / oxime* n ‖ **⁓-Linker** m (Chem) / oxime linker

**Oxin** n (8-Hydroxychinolin - Muttersubstanz von Antiseptika und Antimykotika) (Chem) / oxine* n

**Oxiranmethanol** n (Chem) / glycidol n

**Oxisol** m (Geol, Landw) / latosol n, oxisol n, ferralitic soil, lateritic soil

**Oxo·-** (Bezeichnung für das doppelt gebundene Sauerstoffatom in systematischen Namen von Ketonen, seltener von Aldehyden) (Chem) / oxo-* ‖ **⁓alkohol** m (der bei der Oxosynthese gewonnen wird) (Chem) / oxo alcohol ‖ **⁓arsensäure** f (Chem) / oxoarsenic acid ‖ **⁓bernsteinsäure** f (Chem) / oxalacetic acid, oxosuccinic acid, oxoacetic acid ‖ **⁓butandisäure** f (Chem) / oxalacetic acid, oxosuccinic acid, acetoacetic acid, 3-oxobutanoic acid ‖ **3-⁓butansäure** f (Chem) / diacetic acid, acetoacetic acid, 3-oxobutanoic acid ‖ **⁓buttersäure** f (Chem) / oxobutyric acid ‖ **⁓carbonsäure** f (Chem) / oxocarboxylic acid ‖ **⁓-Cyclo-Tautomerie** f (Chem) / oxo-cyclo-tautomerism n ‖ **⁓essigsäure** f (die einfachste Oxokarbonsäure) (Chem) / glyoxalic acid*, glyoxylic acid*, oxoethanoic acid ‖ **⁓ester** m (der außer der Estergruppe eine Karbonylgruppe enthält) (Chem) / oxo ester, keto ester ‖ **⁓ethansäure** f (die einfachste Oxokarbonsäure) (Chem) / glyoxalic acid*, glyoxylic acid*, oxoethanoic acid ‖ **⁓ferrat** n (Chem) / oxoferrate n ‖ **⁓fettsäure** f (Chem, Nahr) / oxo fatty acid ‖ **⁓glutarat** n (Chem) / oxoglutarate n, ketoglutarate n ‖ **⁓glutarsäure** f (Chem) / oxoglutaric acid, ketoglutaric acid ‖ **⁓gruppe** f (Chem) / carbonyl group ‖ **⁓karbonsäure** f (Chem) / oxocarboxylic acid ‖ **⁓kohlenstoff** m (Chem) / oxocarbon n

**Oxolan** n (Chem) / tetrahydrofuran* n, tetramethylene oxide*, THF

**Oxomalonsäure** f (Chem) / mesoxalic acid, oxomalonic acid, ketomalonic acid

**Oxonium** n (das Ion H$_3$O$^+$) (Chem) / oxonium n ‖ **⁓-Ion** n (Wasser-Cluster-Ion) (Chem) / oxonium ion, hydronium ion*, hydroxonium ion* ‖ **⁓salz** n (mit Oxonium als Kation) (Chem) / oxonium salt*

**Oxo·pentandisäure** f (Chem) / oxoglutaric acid, ketoglutaric acid ‖ **⁓säure** f (mit koordinativ gebundenem Sauerstoff) (Chem) / oxoacid n, oxyacid n, oxygen acid ‖ **⁓säure des Phosphors** (Chem) / phosphorus oxyacid ‖ **⁓säure des Tellurs** (Chem) / tellurium oxoacid ‖ **⁓synthese** f (Chem) / oxo process, hydroformylation n, oxo reaction, oxo synthesis ‖ **⁓verbindungen** f pl (Chem) / oxo compounds ‖ **⁓-Zyklo-Tautomerie** f (Chem) / oxo-cyclo-tautomerism n

**Oxy·arc-Brennschneiden** n (Masch) / oxy-arc cutting, arc-oxygen cutting ‖ **⁓azofarbstoffe** m pl (Chem) / oxy-azo dyes ‖ **⁓benzon** n (ein Sonnenschutzmittel) (Chem) / oxybenzone n ‖ **⁓biose** f (Biol) / aerobiosis (pl -bioses) n ‖ **⁓bismethan** n (Chem) / methoxymethane n, dimethyl ether ‖ **⁓cellulose** f (Chem) / oxycellulose* n, oxidized cellulose ‖ **⁓-Chicago-Säure** f (1-Naphthol-4,8-disulfonsäure) (Chem) / Schoellkopf's acid ‖ **⁓chlorierung** f (Chlorierung von organischen Verbindungen in Gegenwart O$_2$) (Chem) / oxychlorination n ‖ **⁓d** n (Chem) ‖ **⁓dation** f (Chem) / oxidation* n ‖ **⁓dehydrierung** f (Chem) / oxidative dehydrogenation ‖ **⁓demeton-methyl** n (Kurzbezeichnung für Demeton-S-methylsulfoxid) (Chem) / oxydemeton methyl ‖ **⁓dierung** f (Chem) / oxidation* n ‖ **⁓diessigsäure** f (Chem, Plast) / oxydiethanoic acid (2,2-diacetic acid), diglycolic acid, oxydiacetic acid ‖ **⁓diethansäure** f (Chem, Plast) / oxydiethanoic acid (2,2-diacetic acid), diglycolic acid, oxydiacetic acid

**Oxygen** n (Chem) / oxygen* n ‖ **⁓ walk** m (eine Umlagerungsreaktion) (Chem) / oxygen walk

**Oxygenase** f (ein Enzym, entweder Mono- oder Dioxygenase) (Biochem) / oxygenase n ‖ **mischfunktionelle ⁓** (Biochem) / hydroxylase n

**Oxygen·blaslanze** f (Hütt, Masch, Schw) / oxygen lance, oxygen-blowing lance, thermic lance (with a jet of oxygen) ‖ **⁓-Boden-Maximilianshütte-Verfahren** n (ein Sauerstoffdurchblaseverfahren) (Hütt) / oxygen-bottom Maximilianshütte process

**oxygenieren** v (Chem) / oxygenate v, oxygenize v

**oxygeniert** adj (Chem, Hütt) / oxygenated adj, oxygen-enriched adj

**Oxygenierung** f (Chem, Hütt) / oxygenation n, oxygen enrichment

**Oxygen·indikator** m (in Sauerstoffhandmeßgerät) (Bergb) / oxygen indicator n ‖ **⁓metallurgie** f (Hütt) / oxygen metallurgy ‖ **⁓stahl** m (Hütt) / oxygen steel

**Oxy·hämoglobin** n (HbO$_2$) (Chem, Zool) / oxyhaemoglobin* n, oxyhemoglobin (US) ‖ **⁓mercurierung** f (gleichzeitige Einführung eines Sauerstoff- und Quecksilberrestes in eine organische Verbindung) (Chem) / oxymercurization n ‖ **⁓prolin** n (eine wichtige Eiweißaminosäure) (Biochem) / oxyproline n, hydroxyproline* n ‖ **⁓säure** f (Chem) s. Hydroxycarbonsäure und Oxosäure ‖ **⁓stearin** n (E 479) (Nahr) / thermally oxidized soya-bean oil ‖ **⁓tetracyclin** n (Pharm) / oxytetracycline* n ‖ **⁓tetrazyklin** n (Hydroxyderivat des Tetracyclins) (Pharm) / oxytetracycline* n ‖ **⁓tocin** n (Biochem) / oxytocin* n ‖ **⁓tozin** n (Biochem) / oxytocin* n ‖ **⁓zellulose** f (oxidierte Zellulose) (Chem) / oxycellulose* n, oxidized cellulose

**OZ** n (an allen Orten gleicher geografischer Länge - EN 28601) (Astr) / local time*, LT ‖ **⁓** (im Periodensystem der Elemente) (Chem) / atomic number*, proton number, nuclear-charge number ‖ **⁓** (eine Kennzahl für die Klopffestigkeit von flüssigen Kraftstoffen) (Kftst) / octane number*, ON

**Ozalid·papier** n (Pap) / dyeline paper* ‖ **⁓verfahren** n (Handelsname für ein altes Trockenlichtpausverfahren mit NH$_3$) / Ozalid process

**Ozean** m (Geog)

**Ozeanarium** n (pl. -rien) (Anlage mit großen Meerwasseraquarien) / oceanarium n (pl. -ums or -naria)

**ozeanisch** adj (Ozean) / oceanic adj ‖ **⁓es Klima** (Meteor) / marine climate, maritime climate, oceanic climate, ocean climate ‖ **⁓e Kruste** (Geol, Ozean) / oceanic crust

**Ozeanit** m (ein basisches Ergußstein mit hohem Olivingehalt) (Geol) / oceanite n

**Ozeanität** f (Meteor, Umwelt) / oceanity n, oceanicity n

**Ozeanografie**

**Ozeano•grafie** *f* (Geol, Ozean) / oceanography *n*, oceanology *n* ‖ **~grafisch** *adj* (Geol, Ozean) / oceanographic *adj* ‖ **⁓logie** *f* (Geol, Ozean) / oceanography *n*, oceanology *n*

**Ozean•rücken** *m* (Geol, Ozean) / mid-ocean ridge, median ridge, mid-oceanic ridge, ridge *n*, mid-ocean rise ‖ **⁓station** *f* (quadratisches Seegebiet mit einer Seitenlänge von 210 sm, dessen Mitte der festgelegte Mittelpunkt ist und dessen Achsen nach rechtweisend Nord/Süd und Ost/West zeigen) (Ozean) / ocean station ‖ **⁓stationsschiff** *n* (Schiff) / ocean station vessel, OSV ‖ **⁓tief** *n* (Geol, Ozean) / deep *n*, ocean deep ‖ **im ⁓wasser lebend** (Biol, Ozean) / halobiotic* *adj*

**Ozellartextur** *f* (Geol) / ocellar texture

**Ozokerit** *m* (Min) / ozocerite* *n*, earth wax, native paraffin, ozokerite* *n*, ader wax

**Ozon** (O₃) *m, n* (Trisauerstoff) (Chem) / ozone* *n* ‖ **⁓abbau** *m* (Geophys, Umwelt) / ozone degradation, ozone depletion ‖ **⁓-Abbaupotential** *n* (Geophys, Umwelt) / ozone-depletion potential, ODP ‖ **⁓anlage** *f* (Chem) / ozonizer* *n*, ozone generator, ozonator *n*

**Ozonator** *m* (Chem) / ozonizer* *n*, ozone generator, ozonator *n*

**Ozon•ausdünnung** *f* (Geophys, Umwelt) / ozone depletion ‖ **~beständig** *adj* / ozone-resistant *adj* ‖ **⁓bestimmung** *f* (Geophys, Umwelt) / ozone determination

**Ozoneur** *m* (Chem) / ozonizer* *n*, ozone generator, ozonator *n*

**ozon•fest** *adj* / ozone-resistant *adj* ‖ **~freundlich** *adj* (Aufschrift auf der Spraydose) (Umwelt) / no ozone pollution ‖ **⁓gehalt** *m* (Chem, Umwelt) / ozonity *n* ‖ **⁓generator** *m* (Chem) / ozonizer* *n*, ozone generator, ozonator *n*

**Ozonid** *n* (Chem) / ozonide* *n*

**Ozonierung** *f* (Chem) / ozonizing *n*, ozonization *n*

**Ozonisator, Siemensscher ⁓** (aus zwei konzentrisch angeordneten, mit elektrisch leitenden Belägen versehenen Röhren) (Chem) / Siemens' ozone tube*

**Ozonisierung** *f* (Chem) / ozonizing *n*, ozonization *n*

**Ozon•konzentration** *f* (Geophys, Umwelt) / ozone concentration ‖ **⁓loch** *n* (ausgedehnte Zerstörung der Ozonosphäre) (Geophys, Umwelt) / ozone hole, hole in the ozone layer ‖ **antarktisches ⁓loch** (Geophys, Umwelt) / Antarctic ozone hole

**Ozono•lyse** *f* (Spaltung von Alkenen durch Ozonisierung) (Chem) / ozonolysis *n* (pl. ozonolyses) ‖ **⁓sphäre** *f* (durch höheren Ozongehalt gekennzeichnete Schicht der Erdatmosphäre) (Geophys) / ozone layer, ozonosphere *n*, ozone shield

**Ozon•papier** *n* (ein Reagenzpapier) (Chem, Pap) / ozone paper ‖ **⁓riß** *m* (Masch) / ozone crack ‖ **⁓rißbildung** *f* (WP) / ozone cracking, weather cracking ‖ **⁓-Schädigungszahl** *f* (Geophys, Umwelt) / ozone-depletion potential, ODP ‖ **⁓schicht** *f* (Geophys) / ozone layer, ozonosphere *n*, ozone shield ‖ **⁓schutzmittel** *n* (Chem Verf, Plast) / antiozonant *n* ‖ **⁓spaltung** *f* (Spaltung von Alkenen durch Ozonisierung) (Chem) / ozonolysis *n* (pl. ozonolyses)

**Ozonung** *f* (Entkeimung der Luft oder des Wassers) (Chem) / ozonizing *n*, ozonization *n*

**Ozon•verteilung** *f* **in großer Höhe** (Geophys, Umwelt) / high-altitude ozone distribution ‖ **⁓(schicht)zerstörung** *f* (Geophys, Umwelt) / ozone degradation, ozone depletion

**OZ-Teil** *n* (Masch) / part without drawing, part not represented

**OZV** (Chem) / organotin compounds

# P

π (eine transzendente irrationale Konstante - nach Ludolph van Ceulen, 1540-1610) (Math) / pi*
**p** (Typog) / point* *n*
**p,v-Diagramm** *n* (ein Zustandsdiagramm) (Phys) / pressure-volume diagram, p-v diagram
**P** / peta-
**P** (Chem) / parachor* *n*
**P** (Chem) / phosphorus* *n*
**p.a.** (Chem) / analytical reagent grade, reagent grade
**Pa** (Chem) / protactinium* *n* ‖ ~ (abgeleitete SI-Einheit des Druckes = 1 Nm$^{-2}$) (Phys) / pascal* *n*
**PA** (Chem) / polyamide* (PA) *n*
**paarer Graf** (Math) / bipartite graph
**Paar** *n* / couple* *n*, pair *n*, pr. ‖ **geordnetes** ~ (ein Tupel aus zwei Komponenten) (Math) / ordered pair ‖ **geschirmtes** ~ (das aus einem Paar über dem ein statischer Schirm mit Beidraht aufgebracht ist, besteht) (Fernm, Kab) / shielded pair ‖ **ungeordnetes** ~ (Math) / plain pair, unordered pair ‖ **~e bilden** / pair *v*
**Paar•bildung** *f* / pairing* *n* ‖ **~bildung** (DIN 41852) (Kernphys) / pair production*, pair creation ‖ **innere ~bildung** (Kernphys) / internal pair production* ‖ **~bildungseffekt** *m* (Kernphys) / pair production*, pair creation ‖ **~bildungsenergie** *f* (Kernphys) / pairing energy* ‖ **~bildungsnäherung** *f* (Kernphys) / pairing approximation
**Paarbindung** *f* (Eltronik) / pair binding
**paaren** *v* / pair *v* ‖ ~ (Masch) / mate *v* ‖ ~ *v* (von Einzelteilen) (Masch) / mating *n* ‖ **in ~ anordnen** / pair *v*
**Paarerzeugung** *f* (Kernphys) / pair production*, pair creation
**paarig anordnen** / pair *v* ‖ **~ verseiltes Kabel** (Fernm, Kab) / paired cable *n*, twin cable*, cable with pair formation
**Paarigkeit** *f* / gemination *n* ‖ ~ (der Zeilen) (TV) / pairing* *n*, twinning* *n*
**Paarigstehen** *n* (der Zeilen) (TV) / pairing* *n*, twinning* *n*
**Paar•konversion** *f* (Kernphys) / pair conversion ‖ **~see** *m* (Kernphys) / quark-antiquark sea, pair sea
**Paarung** *f* / pairing* *n* ‖ ~ (Masch) / mating *n*
**Paarungs•energie** *f* (Kernphys) / pairing energy* ‖ **~lehre** *f* (Masch) / go, not-go gauge*, go and no-go gauge ‖ **~maße** *n pl* (DIN 7182) (Masch) / mating dimensions, fitting dimensions, companion dimensions, interrelated dimensions
**Paar•vernichtung** *f* (Kernphys) / annihilation* *n*, pair annihilation ‖ **~verseilmaschine** *f* (Kab) / pair-stranding machine, pair-twisting machine ‖ **~verseiltes Kabel** (Fernm, Kab) / paired cable*, twin cable*, cable with pair formation ‖ **~verseilte Leitung** (Kab) / pair *n* ‖ **~verzahnung** *f* (Masch) / toothing pair ‖ **~weise anordnen** / pair *v* ‖ **~weise Anordnung** / pairing* *n* ‖ **~weiser Austausch** (EDV) / exchange sort ‖ **~weise Diagonalaussteifung** (von Deckenträgern) (Bau) / herring-bone strutting, cross bridging ‖ **~weise disjunkt** (Math) / pairwise disjoint, mutually disjoint ‖ **~weise eingebaute und vorgespannte Lager** (Masch) / bearings prestressed and installed in pairs ‖ **~weise verdrillt** (Kab) / twisted in pairs ‖ **~zerstrahlung** *f* (Umkehrprozeß der Paarbildung) (Kernphys) / annihilation* *n*, pair annihilation
**Paasche-Index** *m* (nach H. Paasche, 1851-1922) (Stats) / Paasche index ‖ ~ s. auch Laspeyres-Index
**PAB** *f* (Chem) / para-aminobenzoic acid, PABA
**PABA** (Chem) / para-aminobenzoic acid, PABA
**P-Abweichung** *f* (Regeln) / droop *n* (the offset resulting from a no-load to full-load change or other specified limits)
**Pacecar** *n* (pl.: -s) (Leitfahrzeug mit Gelblicht bei Formel-1-Rennen) (Kfz) / pace car, safety car
**Pacemaker** *m* (Med) / pacemaker* *m*
**Pachuca-Tank** *m* (Laugenbehälter mit Luftrührung) (Aufber) / Pachuca tank*
**Pacific Converter** *m* (Spinnbandverfahren) (Tex) / Pacific converter
**Pacing** *n* (ein Verfahren, bei dem die Datenfernverarbeitungs-Zugriffsmethode die Rate des Datenempfangs steuert) (EDV) / pacing *n*
**Pack** *m* / pack *n*, package *n*, packet *n*, bundle *n* ‖ ~ (Spinn) / package* *n*, yarn package ‖ ~ (Einheit bei der Apparatfärbung) (Tex) / pack *n*
**Packaged Unit** *f* (komplette, in Bausteintechnik hergestellte Funktionseinheit) (Masch) / packaged unit, package *n*
**Packbock** *m* / packaging table, packing table

**Packed-hole-Garnitur** *f* (Erdöl) / packed-hole assembly*, bottom-hole assembly*, packed-hole drill strings
**Pack•einheit** *f* / unit *n* ‖ **~eis(feld)** *n* (zusammen- und übereinandergeschobene Treibeisschollen) (Ozean) / pack *n*, pack ice, ice pack ‖ **~eis** *n* (loses, treibendes) (Ozean) / rubble ice, rubble *n*
**packen** *v* / pack *v* ‖ ~ (EDV) / pack *v* ‖ ~ *m* / pack *n*, package *n*, packet *n*, bundle *n* ‖ ~ *n* / packing *n* ‖ ~ (EDV) / packing *n*
**Packer** *m* (zur Abdichtung von Bohrungen - meist hydraulisch setzbar) (Erdöl) / packer *n* ‖ ~ (für die Injektionstechnik) (HuT) / packer *n* ‖ ~ (des Mähbinders) (Landw) / packer *n* ‖ ~ (Leder) / packer *n* (hide from meatpacking houses)
**Packet-Switching-System** *n* (EDV, Fernm) / packet-switching system, packet-switching technology, message-switching system, packet-switching technology, PSS
**Pack•färben** *n* (Apparatfärbung, bei der im Pack gefärbt wird) (Tex) / package dyeing* ‖ **~film** *m* (heute vom Planfilm verdrängt) (Foto) / pack *n*, film pack*
**Packfong** *n* (dem Neusilber ähnliche Legierung) (Hütt) / packfong *n*
**Pack•gut** *n* (verpacktes Gut) / packaged goods, package products ‖ **~gut** (zu verpackendes Gut) / goods *pl* to be packaged, products *pl* to be packaged ‖ **~hahn** *m* (Masch) / packed cock ‖ **~lage** *f* (unter Fußböden) (Bau) / hard core ‖ **~lage** (Schüttpacklage) (der Fahrbahnkonstruktion) (HuT) / bottoming* *n* ‖ **~lage** (Setzpacklage) (HuT) / stone pitching, pitching *n*, penning *n*, soling *n* ‖ **~leinwand** *f* (Tex) / packcloth *n* ‖ **~liste** *f* / packing list ‖ **~material** *n*, (in der Packlage, z.B. Packsteine, Ziegelbruch, Hochofenschlacke usw.) (Bau) / hard core ‖ **~papier** *n* (Pap) / packing paper, wrapping paper ‖ **~presse** *f* (Buchb) / bundler *n*, bundle press ‖ **~seidenpapier** *n* (Pap) / wrapping tissue ‖ **~stoff** *m* / packaging material, pack *n* ‖ **~stone** *m* (Karbonatgestein mit selbststabstützendem Korngerüst und geringem Matrixanteil) (Geol) / packstone *n* ‖ **~stück** *n* / package *n* ‖ **~system** *n* (Apparatfärbung, bei der im Pack gefärbt wird) (Tex) / package dyeing* ‖ **~tisch** *m* / packaging table, packing table
**Packung** *f* (abgepackte Menge) / package *n*, pack *n* ‖ ~ (Ergebnis der Vereinigung von Packgut und Verpackung) / package *n*, pack *n* ‖ ~ (einer Chemikalie) (Chem) / cartridge *n* ‖ ~ (Kolonneneinbauteil) (Chem Verf) / packing *n* ‖ ~ (EDV) / packing *n* ‖ ~ (Krist) / packing *n* ‖ ~ (bei Stopfbuchsen) (Masch) / packing* *n* (stuffing box)* ‖ **neue ~ einlegen** (Masch) / repack *v*
**Packungs•anteil** *m* (Massenüberschuß je Nukleon) (Kernphys) / packing fraction* ‖ **~banderole** *f* / package band, tape *n* ‖ **~beilage** *f* / information inside the packing ‖ **~beilage** (Pharm) / package insert ‖ **~dichte** *f* (Eltronik) / packing density, components density ‖ **~dichte** (Verhältnis von Schüttdichte zur Kornrohdichte eines Haufwerks) (HuT) / packing density ‖ **~dichte** (Anteil des von Atommodellen in der Elementarzelle eingenommenen Raums) (Krist) / packing density ‖ **~dichte** (das Verhältnis des Volumens einer ferromagnetischen Komponente zum Gesamtvolumen in mehrphasigen Stoffen) (Mag) / packing density ‖ **~effekt** *m* (Kernphys) / packing effect, mass effect ‖ **~einleger** *m* / information inside the packing ‖ **~größe** *f* (einer Chemikalie) (Chem) / cartridge *n* ‖ **~stopfbuchse** *f* (Masch) / packing gland
**Pack•wagen** *m* (Bahn) / luggage van, baggage car (US), van *n* ‖ **~werk** *n* (Lagen aus Faschinen, Steinen, Erde und Kies zur Herstellung von Buhnen und Leitwerken in Flüssen und an den Küsten) (Wasserb) / hurdle work, wattle work (which encourages silting or discourages scour) ‖ **~werk** (Wasserb) s. auch Sinkstück ‖ **~zwirn** *m* (Spinn) / pack thread
**Pad** *n* (bei Datenfernübertragung - Zeichen, die vor und nach der eigentlichen Information gesendet werden) (EDV) / fill character, filler *n*, padding character, pad *n*, pad character ‖ ~ (EDV) / mouse pad
**pädagogisches Spielzeug** / educational toy
**Padauk** *n* (korallenrote, dunkelgestreifte, harte und schwere Konstruktionshölzer der Flügelfruchtbaum-Gattung Pterocarpus) (For) / padauk *n*, padouk *n*
**Paddel** *n* (Glas) / paddle *n* ‖ **~brett** *n* (im Haspel) (Leder) / paddle *n* ‖ **~maschine** *f* (DIN 64990) (Tex) / paddle dyeing machine ‖ **~rührer** *m* (Chem Verf) / paddle mixer, paddle agitator
**Paddingkondensator** *m* (Eltech) / pad* *n*, padder *n*, padding capacitor
**Paddle** *n* (Handsteuergerät) (EDV) / paddle *n*, games paddle* ‖ ~ (Fernm) / paddle *n*
**Paddlefärbemaschine** *f* (DIN 64990) (Tex) / paddle dyeing machine
**Paddy-Reis** *m* (noch bespelzt) (Nahr) / paddy rice (rice before threshing or in the husk), paddy *n*, rice in the husk
**Padé-Approximation** *f* (Math) / Padé approximation
**PAD-Einrichtung** *f* (EDV) / packet assembler/disassembler (PAD)
**Padé-Näherung** *f* (Math) / Padé approximation
**Padé-Tafel** *f* (für die Approximation mit rationalen Funktionen) (Math) / Padé table
**Padimate** *n* **O** (Chem) / octyl dimethyl PABA, Escalol 507, Padimate O

873

**p-adisch**

**p-adisch • e Bewertung** (Math) / p-adic valuation ‖ **~e Zahl** (von K. Hensel) (Math) / p-adic number
**Pad-Jig-Verfahren** n (Tex) / pad-jig method
**Padouk** n (korallenrote, dunkelgestreifte, harte und schwere Konstruktionshölzer der Flügelfruchtbaum-Gattung Pterocarpus) (For) / padauk n, padouk n ‖ **Afrikanisches ~** (For) / barwood n, African padauk n ‖ **Ostafrikanischer ~** (For) / kiaat n, muninga n
**Padova-Bianchische Identität** (Math) / Bianchi identity
**Pad • -Polieren** n (Glas) / pad polishing ‖ **~-Roll-Verfahren** n (halbkontinuierliches Verfahren zum Entschlichten, Bleichen und Färben) (Tex) / pad-roll process ‖ **~-Steam-Anlage** f (für kontinuierliche Färbeprozesse) (Tex) / pad steam machine
**Padu** n (korallenrote, dunkelgestreifte, harte und schwere Konstruktionshölzer der Flügelfruchtbaum-Gattung Pterocarpus) (For) / padauk n, padouk n
**PAEK** (Plast) / polyether ketone
**PAF** (ein Lipid, das Blutplättchen aktiviert) (Biochem) / platelet-activating factor*, PAF* ‖ **~** (For) / barwood n, African padauk
**Page** f (EDV) / page n
**Page-Modus** m (EDV) / page mode
**Pager** m (beim Funkrufdienst) (Radio) / beeper n, pager n, bleeper n
**Paging** n (EDV) / paging n
**Paging-Technik** f (ein Realspeicherzuweisungsverfahren) (EDV) / paging* n, paging technique
**Paginieren** n (das fortlaufende Nummerieren von Seiten, Spalten oder Blättern) (Typog) / pagination* n, page numbering, paging* n
**Paginiermaschine** f (Druck) / paging machine
**Pagodendach** n (mit eingezogenem Mittelteil und höheren Seitenpartien) (Kfz) / pagoda roof
**Pagodenstein** m (eine Abart des Pyrophyllits) (Min) / agalmatolite* n, pagodite* n, lardite n, figure stone
**Pagodit** m (eine Abart des Pyrophyllits) (Min) / agalmatolite* n, pagodite* n, lardite n, figure stone
**PAH** (Mil) / antitank helicopter
**PAH-Emissionen** f pl (eine Sammelbezeichnung) (Kfz, Umwelt) / PAH emissions
**Pahoehoe-Lava** f (Geol) / ropy lava*, corded lava, pahoehoe n
**PAHR-Phase** f (Nukl) / post-accident heat removal phase, PAHR phase
**PAI** (Chem) / polyamideimide n
**paille** adj / straw-coloured adj
**Paillette** f (Tex) / spangle n
**Paint • box** f (EDV, Film) / paint box ‖ **~modus** m (ein Modus, der pixeladressierbare Grafikmöglichkeiten bietet) (EDV) / paint mode ‖ **~-Nachricht** f (EDV) / paint message ‖ **~-Programm** n (EDV) / paint program, painting program
**Paisanit** m (Geol) / paisanite* n
**Paisley-Muster** n (zarte, verstreute Blumenmuster nach Art von Porzellandekors im Biedermeierstil - nach dem Ort Paisley in Schottland) (Tex) / Paisley pattern
**Paisley-Musterung** f (eine Flächenmusterung, die durch indische bzw. Kaschmirmuster, bei denen vielfach das meist farben- und formenreich gemusterte tropfenförmige Palmenwedelmotiv die Grundlage bildet, gekennzeichnet ist) (Tex) / Paisley pattern
**PAK** (Chem) / polycyclic aromatic hydrocarbon, PAH, polynuclear aromatic hydrocarbon
**Paket** n (z.B. Schlechtwetterpaket bei den Kraftfahrzeugen) / kit n, package n ‖ **~** (von Programmen) (EDV) / package n ‖ **~** (für die Paketvermittlung) (EDV, Fernm) / data packet, packet* n ‖ **~** (z.B. Schrott) (Hütt) / faggot n, fagot n (US), pile n, bale n, bundle n ‖ **im ~ verkaufen** (EDV) / bundle v ‖ **~abschluß** n (EDV) / packet trailer ‖ **~brennschneiden** n (Schw) / stack cutting ‖ **~faktor** m (Eltech) / lamination factor, stacking factor, space factor ‖ **~feder** f (Kfz) / multileaf spring ‖ **vollständige ~folge** (EDV) / complete packet sequence
**Paketier • anlage** f (Hütt) / piling and bundling machine ‖ **~einrichtung** f (EDV) / packet assembler
**paketieren** v (EDV) / packet v ‖ **~** (Schrott) (Hütt) / bale v, briquet v, faggot v, pile v, bundle v ‖ **~** n (von Blechen) (Hütt) / piling n ‖ **~** (von Schrott) (Hütt) / piling and forging, briquetting n, baling n
**Paketierer** m (EDV) / packet assembler
**Paketierer/Depaketierer** m (EDV) / packet assembler/disassembler (PAD)
**Paketier • maschine** f (Hütt) / piling and bundling machine ‖ **~presse** f (zum Verdichten von metallischen Spänen und Blechschrott zu Formblocken) (Hütt) / baling press
**paketierter Schrott** (Hütt) / baled scrap, bundled scrap
**Paketierung** f (Umwandlung von Zeichenfolgen in Datenpakete) (EDV, Fernm) / packet assembling, packet assembly
**Paketisierung** f (EDV, Fernm) / packet assembling, packet assembly
**Paket • kessel** m (Masch) / package boiler ‖ **~länge** f (EDV, Fernm) / packet length ‖ **~länge in Bits** (EDV, Fernm) / packet length in bits

(PLB) ‖ **~methode** f (zum Studium der Vertikalbewegungen in der Atmosphäre) (Meteor) / parcel method ‖ **~möbel** n pl (die so zerlegbar sind, daß sie als Paket verschickt und gehandelt werden können) / knockdown furniture, KD furniture ‖ **~netz** n (EDV) / packet net ‖ **~orientierte Datenendeinrichtung** (EDV) / packet-mode terminal ‖ **~reihung** f (EDV, Fernm) / packet sequencing ‖ **~sägen** n (in einer gemeinsamen Einspannung) (For) / billet sawing ‖ **~schere** f (für Furniere) (For) / veneer guillotine, veneer pack edge shears ‖ **~schnitt** m (Schw) / stack cutting ‖ **~schrott** m (Hütt) / baled scrap, bundled scrap ‖ **~stahl** m (Hütt) / merchant iron*, shear steel ‖ **~system** n (ein Rückführungssystem) (EDV) / batch system ‖ **~typkennzeichen** n (Fernm) / packet-type identifier ‖ **~verkehr** m (EDV, Fernm) / packet-switching system, packet-switching technology, message-switching system, packet-switching technology, PSS ‖ **öffentliches ~vermittlungsnetz** (EDV) / public packet switching network (PPSN) ‖ **~vermittlungsprotokoll** n (EDV, Fernm) / packet-exchange protocol ‖ **~vermittlungssystem** n (zwischen zwei Netzstationen) (EDV, Fernm) / packet-switching system, packet-switching technology, message-switching system, packet-switching technology, PSS ‖ **~vermittlungstechnik** f (EDV, Fernm) / packet-switching system, packet-switching technology, message-switching system, packet-switching technology, PSS ‖ **~walzen** (von Blechen) (Hütt) / pack rolling ‖ **~weise verschachtelt** (EDV) / packet-interleaved adj
**Pakowolle** f (Wolle des Schafkamels Alpaka) (Tex) / alpaca* n
**Palagonit** m (Geol) / palagonite* n
**Paläo • biologie** f (Geol) / palaeobiology n ‖ **~botanik** f (Wissenschaft von den fossilen Pflanzen) (Geol) / palaeobotany* n ‖ **~geografie** f (Geol) / palaeogeography* n ‖ **~klimatisch** adj (Geol) / palaeoclimatic adj, paleoclimatic adj (US) ‖ **~klimatologie** f (Geol) / palaeoclimatology* n ‖ **~magnetismus** m (Geol) / palaeomagnetism* n
**Paläontologie** f (Untersuchung der vorzeitlichen Tier- und Pflanzenwelt) (Geol) / palaeontology* n
**Paläozoologie** f (Wissenschaft von den fossilen Tieren) (Geol, Zool) / palaeozoology* n
**Palatinit** m (ein Markenname für Isomalt) (Nahr) / isomalt n
**Pale crêpe** m (roher Naturkautschuk) / pale crepe
**Palette** f (Untersatz für Stückgut und gestapeltes Gut, der einen leichten Transport mit Gabelstaplern ermöglicht - mit oder ohne Aufbau) (Druck, For) / pallet* n ‖ **~** (Auswahl von Farben) (EDV) / palette n (of colours), colour palette ‖ **~** (z.B. des Spacelabs) (Raumf) / pallet n ‖ **~** (am Anker) (Uhr) / pallet* n ‖ **umkehrbare ~** / reversible pallet ‖ **verlorene ~** / one-way pallet, expendable pallet
**Paletten • aufsetzrahmen** m / pallet collar ‖ **~brett** n / pallet board ‖ **~hubwagen** m (Masch) / pallet truck*, pallet lift truck ‖ **~los** adj (Stapeln) / palletless adj ‖ **~messer** n (wird benutzt, um Tubenölfarbe zu verteilen oder zu vermischen) (Anstr) / palette knife ‖ **~pool** m (Abkommen zum gegenseitigen Austausch von Paletten) / pallet pool ‖ **~speichersystem** n / pallet storage system ‖ **~stauung** f (die maximale Umschlagsleistungen und eine gute Verbandsfestigkeit gewährleistet) (Schiff) / pallet stowage ‖ **~wagen** m (Luftf) / pallet dolly
**Palettieranlage** f / palletizer n, pallet-loading station
**palettieren** v (Ladungen) / palletize v
**Palettiermaschine** f / palletizer n, pallet-loading station
**palettisierbar** adj / palletizable adj
**PAL-Farbfernsehsystem** n (von Prof. W. Bruch erfunden) (TV) / PAL*, PAL Colour System (phase alternation by line)
**Palier** m (für Maurerarbeiten) (Bau) / foreman bricklayer
**Palimpsestgefüge** n (Geol) / palimpsest n, palimpsest structure
**Palimpseststruktur** f (der Erdkruste) (Geol) / palimpsest n, palimpsest structure
**Palindrom** n (ein DNS-Abschnitt) (Gen) / palindrome n
**palingen** adj (Geol) / palingenetic adj, palingenic adj
**Palingenese** f (Neubildung von meist granitischen Magmen aus festen Gesteinen durch Aufschmelzung) (Geol) / palingenesis* n (pl. -geneses)
**Palisaden • block** m (langförmiger Bassinstein für Wannenöfen) (Glas) / soldier block ‖ **~stein** m (Glas) / soldier block ‖ **~zaun** m (Bau) / palisade n
**Palisander, Ostindischer ~** (meistens Dalbergia sissoo Roxb. ex DC.) (For) / shisham tree, shisham n ‖ **Ostindischer ~** (For) / East Indian rosewood, blackwood n, Indian rosewood ‖ **~holz** n (For) s. Ostindisches Rosenbaumholz, Rio-Palisander und Rosenholz
**Palissandre** m **Asie** (For) / East Indian rosewood, blackwood n, Indian rosewood ‖ **~ Brésil** (aus Dalbergia nigra (Vell.) Allemann ex Benth.) (For) / Brazilian rosewood, Bahia rosewood, jacaranda n, rio rosewood
**Pall** n m (Sperrklinke an einer Winde bzw. am Spill, um den Rückwärtslauf zu verhindern) / pawl n ‖ **~** (Gesamtheit des Stapelholzes) (Schiff) / block n

**Palladianismus** m (nach A. Palladio, 1508-1580) (Arch) / palladianism n
**palladinieren** v (Galv) / palladinize v
**Palladio-Motiv** n (im Prinzip von S. Serlio entwickelt) (Arch) / Palladian motif, Serlian motif
**Palladium (Pd)** n (Chem) / palladium* n ‖ ⁓(IV)- (Chem) / palladic adj ‖ ⁓(II)- (Chem) / palladous adj, palladious adj ‖ ⁓(II)-acetat n (Chem) / palladium(II) acetate ‖ ⁓asbest m (Chem) / palladinized asbestos* ‖ ⁓(II)-azetat n (Chem) / palladium(II) acetate ‖ ⁓(II)-chlorid (Chem) / palladium(II) chloride, palladium bichloride, palladium dichloride ‖ ⁓diiodid n (Chem) / palladium(II) iodide, palladious iodide ‖ ⁓(II)-iodid n (Chem) / palladium(II) iodide, palladious iodide ‖ ⁓mohr n (bei höchstem Verteilungsgrad von Palladium) (Chem) / palladium black ‖ ⁓(II)-oxid n (Chem) / palladium(II) oxide ‖ ⁓schwamm m (fein verteiltes Palladium) / palladium sponge ‖ ⁓schwarz n (Chem) / palladium black
**Pallasit** m (ein Stein-Eisen-Meteorit mit Olivineinschlüssen) (Min) / pallasite* n
**Pallholz** n (Schiff) / block n
**Palliativ** n (Linderungsmittel) (Med, Pharm) / palliative* n
**Palliativmittel** n (Linderungsmittel) (Med, Pharm) / palliative* n
**Palliativum** n (pl. Palliativa) (Linderungsmittel) (Med, Pharm) / palliative* n
**Palloidverzahnung** f (Masch) / Palloid teeth
**Pall-Ringe** m pl (Füllkörper einer Rektifiziersäule) (Chem Verf) / Pall rings
**Pallung** f (Ladungssicherung für Stückgut) (Schiff) / pawling n
**Palmarosaöl** n / palmarosa oil, oil of palmarosa, oil of East Indian geranium, rusa oil, Indian grass oil
**Palmen•gewölbe** n (Arch) / fan vaulting*, fan vault ‖ ⁓holz n (For) / porcupine wood, palm wood
**Palmer** m (eine Breitstreckvorrichtung des Filzkalanders) (Tex) / palmer n ‖ ⁓ausbreiter m (DIN 64990) (eine Breitstreckvorrichtung des Filzkalanders) (Tex) / palmer n
**Palmette** f (ein Ornament) (Arch) / palmette n
**Palmettofaser** f (aus Chamaerops humilis L.) / palmetto fibre
**Palm•fett** n (von der Elaeis guineensis Jacq.) (Chem) / palm oil*, palm butter, palm grease ‖ ⁓holz n (For) / porcupine wood, palm wood
**Palmitat** n (Salz oder Ester der Palmitinsäure) (Chem) / palmitate n, hexacanoate n
**Palmitin** n (Glyzerinester der Palmitinsäure) (Chem) / palmitin* n ‖ ⁓säure f (n-Hexadecansäure) (Chem) / palmitic acid*, hexadecanoic acid, cetylic acid ‖ ⁓säurecetylester m (Chem) / cetyl palmitate ‖ ⁓säureglycerinester m (Chem) / tripalmitin n, glycerol tripalmitate ‖ ⁓säureglyzerinester m (Chem) / tripalmitin n, glycerol tripalmitate
**Palmitoleinsäure** f (Chem) / palmitoleic acid
**Palmitylalkohol** m (ein Wachsalkohol) (Hexadecan-1-ol) (Chem) / cetyl alcohol*
**Palm•kernfett** n (aus den Samen der Elaeis guineensis Jacq.) (Chem) / palm-kernel oil* ‖ ⁓kernöl n (aus den Samen der Elaeis guineensis Jacq.) (Chem) / palm-kernel oil* ‖ ⁓öl n (von der Elaeis guineensis Jacq.) (Chem) / palm oil*, palm butter, palm grease ‖ ⁓top m (den man aufgrund seiner geringen Größe in einer Hand halten kann) (EDV) / hand-held computer (HHC), palmtop n, hand-held n
**Palmyra•faser** f (aus Borassus flabellifer L.) / palmyra fibre ‖ ⁓holz n (For) / porcupine wood, palm wood ‖ ⁓palme f (For) / palmyra n ‖ ⁓palmenfaser f / palmyra fibre
**Palmzucker** n (Nahr) / palm sugar
**Pals** m (pl. -en) (hohe Frostaufwölbung mit einem Torfmantel) (Geol) / palsa n (pl. palsen)
**Palsa** f (pl. -en) (Geol) / palsa n (pl. palsen)
**Palustrinsäure** f (Chem) / palustric acid
**Palygorskit** m (feinkörnige Masse, die durch die Wasseraustauschmöglichkeit Walkerdeeigenschaften hat - ein vorzügliches Adsorptionsmittel) (Min) / attapulgite n, palygorskite* n
**Palynologie** f (Biol, Geol) / palynology* n, pollen analysis
**palynologisch** adj (Biol, Geol) / palynological adj, palynologic adj
**Palytoxin** n (einer der giftigsten Naturstoffe) (Biochem) / palytoxin n
**PAM** (Chem) / pralidoxime (PAM) n
**PAM-Motor** m (Eltech) / pole-amplitude-modulated motor
**Pamoasäure** f (Chem) / embonic acid, pamoic acid
**Pamoat** n (Chem) / embonate n, pamoate n
**Pampelmuse** f (Frucht der Citrus maxima (Burm.) Merr.) (Bot, Nahr) / pomelo n, pummelo n, shaddock n
**Pampelmusenöl** n / oil of shaddock, pomelo oil
**PAN** (Chem) / polyacrylonitrile n, PAN, PACN ‖ ⁓ (Chem, Umwelt) / peroxyacetyl nitrate, PAN ‖ ⁓ (Plast) / polyacrylonitrile fibres, PAN fibres*
**Panama•bindung** f (eine Leinwandbindung) (Web) / hopsack weave*, matt weave, basket weave, Celtic weave ‖ ⁓palme f (eine Kolbenpalme - Carludovica palmata Ruiz and Pav.) (For) / Panama hat

palm tree ‖ ⁓rinde f (von Quillaja saponaria Molina) / soapbark n, murillo bark
**panchromatisch** adj (Foto) / panchromatic* adj, pan* ‖ ~es Zwischenpositiv vom Farbnegativ (Film) / pan master from colour
**Pancreatin** n (Biochem) / pancreatin n
**pancreatisch** adj (Biochem) / pancreatic adj
**Pandanuspalme** f (Pandanus tectorius Parkinson ex Du Roi) (For) / textile screw pine, lauhala n
**pandiagonales magisches Quadrat** (Math) / pandiagonal magic square
**Paneel** n (größere Leiterplatte) (Eltronik) / printed-circuit backwiring panel ‖ ⁓ (meistens furnierte Spanplatte zur Decken- und Wandvertäfelung) (For, Tischl) / panel n
**Paneelierung** f (Wandbekleidung aus einzelnen Feldern) (Bau) / fielded work, panelling n ‖ ⁓ (For) s. auch Täfelung
**Panel** n (Eltronik) / panel* n ‖ ⁓ (eine Erhebungsart bei einem repräsentativen und gleichbleibenden Kreis von Auskunftspersonen, der periodisch oder fortlaufend zum gleichen Thema befragt wird) (Stats) / panel n ‖ ⁓befragung f (Stats) / panel survey
**Panellöö**l n (Pharm) / olive kernel oil
**Panel•montage** f (Eltronik) / panel mounting* ‖ ⁓umfrage f (Stats) / panel survey ‖ ⁓untersuchung f (Stats) / panel survey
**Pangeometrie** f (Math) / absolute geometry*, pangeometry n, intrinsic geometry
**Panhardstab** m (bei der De-Dion-Achse, bei der starren Hinterachse - nach R. Panhard, 1841-1908) (Kfz) / Panhard rod, track bar, anti-sway bar
**Paniermehl** n (Nahr) / bread crumbs, breading n (US)
**Panik•schloß** n (Bau) / panic exit device, panic lock ‖ ⁓sicherung f (der Brandschutztür) (Bau) / panic bolt* ‖ ⁓verschluß m (ein Türverschluss, bei dem sich die Flügel einer zweiflügeligen Tür mittels Schwenkriegel gleichzeitig öffnen lassen) (Bau) / panic exit device, panic lock ‖ ⁓winkel m (Neigungswinkel eines Schiffes durch einseitige Belastung, bei dem unter Passagieren eine Beunruhigung auftritt, etwa 12°) (Schiff) / panic angle
**pankratisch** adj (System, dessen Brennweite sich durch Verschieben einzelner Linsen oder Linsengruppen kontinuierlich verändern läßt) (Opt) / pancratic adj ‖ ~es Objektiv (Film, Foto) / zoom lens*, variable-focus lens*, varifocal lens*, zoom n, pancratic lens
**Pankreastatin** n (Biochem) / pancreastatin n
**Pankreatin** n (ein Enzymgemisch aus dem Säugetier-Pankreas) (Biochem) / pancreatin n
**pankreatisch** adj (die Bauchspeicheldrüse betreffend) (Biochem) / pancreatic adj ‖ ~es Polypeptid (Biochem) / pancreatic polypeptide
**Pankreatopeptidase** f E (Biochem) / elastase n
**Pankreomyzin** n (Biochem) / cholecystokinin n
**Panne** f (Kfz) / breakdown n, trouble n ‖ ⁓ (Kfz) s. auch Reifenpanne
**Panné** m (Tex) / panne velvet, panne n
**Pannen•dienst** m (Kfz) / breakdown service ‖ ⁓koffer m (Kfz) / breakdown kit, emergency tool kit ‖ ~sicherer Reifen (Kfz) / puncture-proof tyre ‖ ⁓spray m (für Reifenpannen) (Kfz) / emergency tyre inflator, instant spare
**Pannésamt** m (Tex) / panne velvet, panne n
**Panning** n (eine Zellisoliermethode in der Immunologie) (Med, Zyt) / panning n
**Pano** m (Bewegung der Kamera) (Film, TV) / pan* (of a motion-picture or television camera), panoramic motion, panning n, pano n
**Panorama** n (pl. -men) / panorama n ‖ ⁓- / panoramic adj ‖ ⁓aufnahme f (eine Übersichtsaufnahme) (Film, TV) / pan shot ‖ ⁓drehung f (Bewegung der Kamera) (Film, TV) / pan* n (of a motion-picture or television camera), panoramic motion, panning n, pano n ‖ ⁓empfänger m (Sichtgerät für die Belegung von Frequenzbändern) (Radio) / panoramic receiver* ‖ ⁓fensterband n (Arch) / wraparound windows ‖ ⁓fernrohr n (Opt) / panoramic telescope ‖ ⁓gerät n (Radar) / plan-position indicator*, PPI* ‖ ⁓kamera f (meistens mit während der Belichtung horizontal schwenkendem Weitwinkelobjektiv für Panoramaaufnahmen) (Film, TV) / panoramic camera* ‖ ⁓kopf m (Film, TV) / pan head ‖ ⁓kopf mit Neiger (Film, TV) / pan-and-tilt head* ‖ ⁓scheibe f (Kfz) / wraparound windscreen, panoramic windscreen ‖ ⁓schwenk m (pl. -s) (ein Horizontalschwenk, der einen sehr großen Bereich abschwenkt) (Bewegung der Kamera) (Film, TV) / pan* (of a motion-picture or television camera), panoramic motion, panning n, pano n ‖ ⁓spiegel m (Kfz) / convex mirror ‖ ⁓straße f (Kfz) / scenic road ‖ ⁓- und Neigekopf m (Film, TV) / pan-and-tilt head* ‖ ⁓weg m (Kfz) / scenic road ‖ ⁓zeichnung f / panoramic drawing
**panoramieren** v (Film) / pan v ‖ ⁓ (Bewegung der Kamera) (Film, TV) / pan* (of a motion-picture or television camera), panoramic motion, panning n, pano n
**panoramisch** adj / panoramic adj
**Panose** f (Chem) / panose n

**panschen** *v* (Wein, Milch, Bier) (Nahr) / adulterate *v* ‖ ~ (Wein) (Nahr) / water *v*, water down *v*
**Panterin** *n* (Chem) / muscimol *n*
**Panting** *n* (Zittern eines Schiffs beim Stampfen in grober See) (Schiff) / panting* *n*
**Pantograf** *m* (nach den Parallelogrammgesetzen arbeitendes Gerät zum mechanischen Übertragen, Vergrößern oder Verkleinern von Zeichnungen) (Masch) / pantograph* *n*
**Pantograf-Nachformfräsmaschine** *f* (Masch) / pantograph milling machine, engraving milling machine
**Pantonefarben** *f pl* (in der elektronischen Druckvorstufe) (EDV) / Pantone colours
**Pantothensäure** *f* (gehört zur Vitamin-$B_2$-Gruppe) (Chem) / pantothenic acid*
**pantschen** *v* (Nahr) / adulterate *v* ‖ ~ (Wein) (Nahr) / water *v*, water down *v*
**Panzer** *m* / armour *n*, armor *n* (US) ‖ ~**abwehrflugkörper** *m* (Mil) / antitank missile ‖ ~**abwehrhubschrauber** *m* (Mil) / antitank helicopter ‖ ~**abwehrlenkwaffe** *f* (Mil) / antitank guided weapon, ATGW ‖ ~**brechend** *adj* (Waffe) (Mil) / armour-piercing *adj* ‖ ~**holz** *n* (ein Markenzeichen) (For, Tischl) / plymetal, armoured plywood, armour-ply *n* ‖ ~**kabel** *n* (Kab) / armoured cable, BX cable (US) ‖ ~**kiefer** *f* (Pinus heldreichii H. Christ) (For) / whitebark pine, Balkan pine ‖ ~**landungsboot** *n* (Mil) / tank landing craft
**panzern** *v* (z.B. Fahrzeug) (Kfz) / armour-plate *v*
**Panzer•platte** *f* (bei Batterien) (Eltech) / iron-clad plate ‖ ~**platte** (DIN 40729) (Hütt) / armour plate* ‖ ~**schlauch** *m* / armoured hose ‖ **[drehbarer]** ~**turm** (Mil) / turret *n* ‖ ~**zelle** *f* (Eltech) / heavy-duty battery, HD-battery *n*
**Päoninchlorid** *n* (Chem, Nahr) / peonin chloride
**Papageiengrün** *n* (im allgemeinen) / parrot's green ‖ ~ (lichtechtes Mischpigment aus Zinkgelb und Berliner Blau - heute ohne Bedeutung) (Anstr) / zinc green, zinc fast green ‖ ~ s. auch Schweinfurter Grün
**Papain** *n* (aus dem Milchsaft des Melonenbaumes gewonnene Proteinase) (Biochem) / papain* *n*, papayotin *n*
**Papainase** *f* (ein eiweißspaltendes Enzym) (Biochem) / papainase *n*
**Papanicolaou-Abstrich** *m* (Med) / smear test*, Papanicolaou test
**Papanicolaous Farblösung** (nach G.N. Papanicolaou, 1883-1962) (Med, Mikros) / Papanicolaou's stain
**Papanicolaou-Test** *m* (Karzinomdiagnostik nach G.N. Papanicolaou, 1883-1962) (Med) / smear test*, Papanicolaou test
**Papaveralkaloide** *n pl* (Chem, Pharm) / papaveraceae alkaloids, papaver alkaloids, poppy alkaloids
**Papaverin** *n* (ein Alkaloid vom Benzylisochinoltyp) (Chem, Pharm) / papaverine* *n*
**Papayapeptidase** *f* (Biochem) / papain* *n*, papayotin *n*
**Papayotin** *n* (Biochem) / papain* *n*, papayotin *n*
**Paper** *n* (pl. -s) (schriftliche Unterlage bei wissenschaftlichen Tagungen) / paper *n*
**Paperback** *n* (eine leichtkartonierte Broschur) (Buchb) / paperback *n*
**Papier** *n* (Pap) / paper* *n* ‖ **absolut trockenes** ~ (Pap) / bone-dry paper*, oven-dry paper* ‖ **aschefreies** ~ **für quantitative Analysen** (Chem) / ashless quantitative-grade paper ‖ **beladenes** ~ (in der Flüssigkeitschromatografie) (Chem) / loaded paper ‖ **chemisch modifiziertes** ~ (Chem) / chemically modified paper ‖ **chromatografisches** ~ (Chem, Pap) / chromatographic paper ‖ ~**, das** *n* **man mit Bleistift gut beschreiben kann** (Pap) / lead-pencil paper ‖ **doppeltlogarithmisches** ~ (den Abständen der einzelnen Geraden liegt eine logarithmische Teilung zugrunde) (Pap) / loglog paper ‖ **einlagiges** ~ (EDV) / single-ply paper, one-part (form) paper ‖ **einseitig farbiges** ~ (ein Buntpapier) (Pap) / split-coloured paper ‖ **etherfestes** ~ (Pap) / ether-proof paper ‖ **fettdichtes** ~ (Pap) / greaseproof paper* ‖ **fotografisches** ~ (DIN 4506) (Foto) / photo paper, photographic paper ‖ **fotolithografisches** ~ (Pap) / photolitho paper ‖ **gaufriertes** ~ (Pap) / embossed paper* ‖ **gekörntes** ~ (Pap) / grained paper ‖ **genarbtes** ~ (Maserpapier, Lederpapier) (Pap) / grained paper ‖ **geprägtes** ~ (Pap) / embossed paper* ‖ **gespritztes** ~ (ein Buntpapier) (Pap) / sprinkled paper ‖ **gestrichenes** ~ (z.B. Kunstdruck- und Chromopapier) (Pap) / coated paper, surface(d) paper, enamel paper, enamelled paper ‖ **getöntes** ~ (Pap) / tinted paper ‖ **glänzende Fehlerstelle im gefertigten** ~ (Glimmerpartikeln) (Pap) / shiners* *pl* ‖ **gleichseitiges** ~ (entweder zusammengegautscht oder auf einer Doppelsiebpartie gefertigt) (Pap) / twin-wire paper ‖ **grafisches** ~ (Pap) / graphic(al) paper ‖ **gummiertes** ~ (Pap) / gummed paper* ‖ **gußgestrichenes** ~ (Pap) / cast-coated paper ‖ **hadernhaltiges** ~ (mit mindestens 10% Hadern oder Baumwollfasern) (Pap) / rag-content paper* ‖ **handgeschöpftes** ~ (Pap) / handmade paper*, deckle-edge paper, vat paper (US) ‖ **hochdehnbares** ~ (Pap) / extensible paper, expandable paper, stretchable paper ‖ **hochgeleimtes** ~ (Pap) / hard-sized paper ‖ **hochglänzendes** ~ (Pap) / high-gloss paper ‖ **hochsatiniertes** ~ (Pap) / supercalendered paper* ‖ **holzfreies** ~ (Pap) / wood-free paper ‖ **holzhaltiges** ~ (Pap) / wood-pulp paper, wood-containing paper ‖ **in** ~ **einschlagen** (Pap) / paper *v* ‖ **in** ~ **einwickeln** (Pap) / paper *v* ‖ **in der Maschine gestrichenes** ~ (Pap) / machine-coated paper, MC paper, process-coated paper ‖ **insektenfestes** ~ (DIN 6730) (Pap) / insect-resistant paper, insect-repellent paper ‖ **kalandriertes** ~ (Pap) / calendered paper* ‖ **kariertes** ~ (Pap) / squared paper ‖ **kaschiertes** ~ (Pap) / laminated paper* ‖ **lackiertes** ~ (Eltech, Pap) / lacquered paper, varnished paper ‖ **langsam laufendes** ~ (in der Flüssigkeitschromatografie) (Chem) / slow paper ‖ **logarithmisches** ~ (ein mathematisches Papier) (Pap) / logarithmic (coordinate) paper, log paper ‖ **marmoriertes** ~ (Pap) / marble paper, marbled paper ‖ **maschinengestrichenes** ~ (DIN 6730) (Pap) / machine-coated paper, MC paper, process-coated paper ‖ **massegeleimtes** ~ (Pap) / engine-sized paper* ‖ **mathematisches** ~ (z.B. Millimeter-, Polarkoordinaten- und Logarithmenpapier) (Pap) / graph paper ‖ **meliertes** ~ (das etwa 1% Fasern enthält, deren Farbe oder Farbintensität sich vom größeren Anteil des Papiers unterscheidet) (Pap) / granite paper ‖ **metallschonendes** ~ (DIN 6730) (Pap) / antitarnish paper, non-tarnish paper ‖ **mit** ~ **auslegen** (Pap) / paper *v* ‖ **mit** ~ **bekleben** / paper *v* ‖ **mit** ~ **kaschieren** / paper *v* ‖ **mit Asphalt zu imprägnierendes** ~ (Pap) / asphalting paper ‖ **mit Kieselgur imprägniertes** ~ (Chem) / kieselguhr paper ‖ **naßfestes** ~ (Pap) / wet-strength paper*, wet-strong paper ‖ **ölgetränktes** ~ (Kab, Pap) / oil-impregnated paper ‖ **paraffiniertes** ~ (Pap) / paraffin paper ‖ **rostschützendes** ~ (Pap) / antirust paper, acid-free paper, anticorrosive paper ‖ **satiniertes** ~ (Pap) / calendered paper* ‖ **säurefreies** ~ (absolut säurefrei oder mit nur einem sehr begrenzten Säuregehalt - DIN 6730) (Pap) / acid-free paper ‖ **schaumgestrichenes** ~ (gestrichenes Papier, dessen Streichschicht Hohlräume aufweist, die, durch winzig kleine Luftbläschen verursacht, absichtlich in die Streichfarbe eingearbeitet worden sind - DIN 6730) (Pap) / bubble-coated paper ‖ **schnellaufendes** ~ (in der Flüssigkeitschromatografie) (Chem) / fast paper ‖ **selbstdurchschreibendes** ~ (Pap) / carbonless copy paper, NCR (= no carbon required)*, non-carbon paper, NCP ‖ **selbstklebendes** ~ (Pap) / adhesive paper, self-adhesive paper ‖ **stark holzhaltiges** ~ (Pap) / wood paper ‖ **steingeglättetes** ~ (z.B. mit dem Achatstein) (Pap) / flint *n*, flint-glazed paper ‖ **synthetisches** ~ (Pap) / synthetic paper* ‖ **ungeleimtes** ~ (Pap) / unsized paper ‖ **ungeleimtes und ungefülltes** ~ (Pap) / waterleaf *n*, waterleaf paper ‖ **ungestrichenes** ~ (ohne Oberflächenbeschichtung) (Druck, Pap) / uncoated paper, uncoated stock ‖ **unliniertes** ~ (Pap) / plain paper ‖ **urkundenechtes** ~ (DIN 6730) (Pap) / document paper ‖ **urkundenfähiges** ~ (DIN 6730) (Pap) / document paper ‖ **verfälschungshemmendes** ~ (DIN 6730) (Pap) / antifalsification paper, paper incorporating protection against falsification ‖ **verfälschungssicheres** ~ (Pap) / antifalsification paper, paper incorporating protection against falsification ‖ **verstärktes** ~ (Gewebe, Metall) (Pap) / reinforced paper ‖ **vierlagiges** ~ (EDV) / four-part paper, four-part form ‖ **wachskaschiertes** ~ (Pap) / wax-laminated duplex paper ‖ **wasserabweisendes** ~ (DIN 6370) (Pap) / water-repellent paper ‖ **wasserdichtes** ~ (Pap) / waterproof paper* ‖ **welliges** ~ (Pap) / wavy paper* ‖ **mit wolkiger Durchsicht** (Pap) / wove paper*, wire-wove paper ‖ ~ **2. Wahl** / retree *n* ‖ ~ **zum Schutz gegen Trübung** (glänzender Metalloberflächen) (Pap) / antitarnish paper, non-tarnish paper
**Papier•** - (Geschmack des Weins, der durch die Berührung von Wein mit nicht ausreichend gewässerten Filterschichten verursacht wird) (Nahr) / papery *adj* ‖ ~**abfall** *m* (Druck) / paper waste ‖ ~**alarm** *m* (EDV) / end-of-paper warning, paper-out alarm ‖ ~**anlage** *f* (der Schreibmaschine) / paper guide ‖ ~**auffang** *m* (EDV) / delivery board ‖ ~**auflage** *f* (der Schreibmaschine) / paper rest ‖ ~**ausgabe** *f* (EDV) / hard copy* (HC), permanent copy ‖ ~**auslauf** *m* (EDV) / paper ejection ‖ ~**ausstoß** *m* (EDV) / paper ejection ‖ ~**auswurf** *m* (Aufschrift) (EDV) / paper out ‖ ~**bahn** *f* (Pap) / web* *n*, paper web ‖ **durchhängende** ~**bahn** (Druck) / slack sheet* ‖ **automatische** ~**bahn-Anklebevorrichtung** (Druck) / autopaster* *n*, flying paster*, automatic reel change* ‖ ~**band** *n* (auch zum Messen) / paper tape ‖ ~**bandfilter** *n* / paper-ribbon filter, wound-ribbon paper filter ‖ ~**beschichtung** *f* (Pap) / paper coating ‖ ~**birke** *f* (Betula papyrifera Marshall) (For) / paper birch, white birch, canoe birch, paperback

birch ‖ ~**blatt** *n* (Pap) / paper sheet ‖ ~**blattschüttelmaschine** *f* (EDV) / aligner *n* ‖ ~**-Blei-Kabel** *n* (Kab) / lead-covered cable, lead-sheathed cable, lead cable, LC cable ‖ ~**bogen** *m* (Druck) / broadsheet\* *n*, paper sheet ‖ ~**brei** *m* (meistens aus Hadern) (Pap) / whole stuff, stock *n*, papermaking stock, stuff *n*, paper stock ‖ ~**bremse** *f* (Druck) / web brake ‖ ~**bremse** (EDV) / paper brake ‖ ~**chemie** *f* (Chem) / paper chemistry ‖ ~**chromatografie** (PC) *f* (Chem) / paper chromatography\* (PC), filter-paper chromatography ‖ **horizontale** ~**chromatografie** (Chem) / horizontal chromatography ‖ **aufsteigende** ~**chromatografie** (Chem) / ascending paper chromatography ‖ **absteigende** ~**chromatografie** (Chem) / descending paper chromatography ‖ ~**chromatografisch** *adj* (Chem) / paper-chromatographic *adj* ‖ ~**chromatogramm** *n* (Chem) / paper chromatogram ‖ ~**dicke** *f* (Pap) / paper calliper, paper thickness ‖ ~**dickenmesser** *m* (Pap) / paper gauge ‖ ~**durchlauf** *m* (durch die Maschine) (Masch) / paper transport ‖ ~**einlauf** *m* (EDV) / paper feed ‖ ~**einzug** *m* (Aufschrift) (EDV) / paper in ‖ ~**elektrophorese** *f* (Chem, Phys) / paper electrophoresis ‖ ~**endeanzeige** *f* (EDV) / paper-empty indicator ‖ ~**endesensor** *m* (EDV) / paper-end sensor ‖ ~**-Endformat** *n* **nach DIN 476** (Pap) / size of A-sheets ‖ ~**entwickler** *m* (Foto) / paper developer ‖ ~**fabrik** *f* (Pap) / paper-mill *n*, paper factory ‖ ~**fäden** *m pl* (Tex) / paper yarn, craft yarn ‖ ~**faktor** *m* (ein Juvenilhormon aus Abies balsamea) (Biochem) / juvabione *n*, paper factor ‖ ~**farbe** *f* (Druck, EDV) / paper colour ‖ ~**faserstoff** *m* (Pap) / paper stock, stock *n*, raw paper-making material ‖ ~**filter** *n* (Chem, Pap) / paper filter ‖ ~**format** *n* (Pap) / paper size\* ‖ ~**führung** *f* (der Schreibmaschine) / paper guide ‖ ~**füllstoff** *m* (Pap) / filler\* *n*, loading\* *n*, loading material ‖ ~**garn** *n* (Tex) / paper yarn, craft yarn ‖ ~**geschmack** *m* (Nahr) / papery flavour ‖ ~**gewebe** *n* (aus Papiergarnen gewebt) (Tex) / paper cloth ‖ ~**gewicht** *n* (absolut) (Pap) / weight of paper ‖ ~**griff** *m* (Tex) / papery handle ‖ ~**haftmasseisolierung** *f* (Eltech) / mass-impregnated non-draining insulation ‖ ~**halter** *m* (der Schreibmaschine) / paper holder ‖ ~**halter** (des Druckers) (EDV) / paper bail ‖ ~**harter Taft** (Tex) / paper taffeta ‖ ~**herstellung** *f* (Pap) / papermaking *n* ‖ ~**holz** *n* (ein Industrieholz für mechanisches und chemisches Aufschlußverfahren) (For, Pap) / pulpwood *n*, paper wood ‖ ~**isoliert** *adj* (Eltech) / paper-insulated *adj* ‖ ~**isolierung** *f* (mit zäh- oder dünnflüssigem Öl getränkt) (Eltech) / paper insulation ‖ **masseimprägnierte** ~**isolierung** (Eltech) / mass-impregnated paper insulation ‖ **vollgetränkte** ~**isolierung** (Eltech) / mass-impregnated paper insulation ‖ ~**kante** *f* (Pap) / paper edge ‖ ~**knäuel** *n* (Druck) / jam-up *n* ‖ ~**knautscher** *m* (Druck) / jam-up *n* ‖ ~**kohle** *f* (Geol) / paper shale, dysodile *n* ‖ ~**kondensator** *m* (Eltech) / paper capacitor\* ‖ ~**kondensator** (Eltech) s. auch Metallpapierkondensator ‖ ~**konditionieranlage** *f* (Pap) / paper-conditioning plant ‖ ~**kopie** *f* (EDV) / hard copy\* (HC), permanent copy ‖ ~**korb** *m* / waste-paper basket, wastebasket *n* (US) ‖ ~**korb** (EDV) / trash can ‖ ~**laminat** *n* / paper laminate ‖ ~**lauf** *m* (Masch) / paper transport ‖ ~**lehre** *f* / paper gauge ‖ ~**leimung** *f* (Pap) / paper sizing ‖ ~**leitblech** *n* (EDV) / paper deflector, paper-deflecting plate ‖ ~**lose Ablage** (EDV) / paper-free filing system ‖ ~**loses Büro** (EDV) / paperless office, electronic office, paper-free office ‖ ~**lösen** *n* (auf der Schreibmaschine) / paper release ‖ ~**-Luftraumkabel** *n* (Kab) / dry-core cable\*, air-core cable ‖ ~**maché** *n* (Papiermasse mit Leim- oder Kleisterzusatz) (Pap) / papier mâché ‖ ~**macher** *m* (Beruf) (Pap) / paper maker ‖ ~**maschine** *f* (Pap) / paper machine ‖ ~**maschinenfilz** *m* (Pap) / felt\* *n*, papermaker's felt ‖ ~**maschinensieb** *n* (Pap) / foudrinier wire, fourdrinier wire part, fourdrinier table, fourdrinier former ‖ ~**masse** *f* (meistens aus Hadern) (Pap) / whole stuff, stock *n*, papermaking stock, stuff *n*, paper stock ‖ ~**massefänger** *m* (Pap) / pulp-saver *n*, saveall\* *n* ‖ ~**-Masse-Isolierung** *f* (imprägnierte Papierisolierung, bei der die Papierbänder nach dem Bewickeln imprägniert werden) (Eltech) / mass-impregnated paper insulation ‖ ~**maulbeerbaum** *m* (Broussonetia papyrifera (L.)Vent.) (For) / paper mulberry, kozo *n* ‖ ~**mühle** *f* (Pap) / paper-mill *n*, paper factory ‖ ~**reißschalter** *m* (Druck) / web break detector\*, detector finger\* ‖ ~**rest** *m* (Druck) / paper waste ‖ ~**riemenscheibe** *f* (Masch) / paper pulley ‖ ~**rohstoff** *m* (Pap) / paper stock, stock *n*, raw paper-making material ‖ ~**rohstoffe** *m pl* (Pap) / furnish\* ‖ ~**rolle** *f* (Pap) / reel *n*, roll *n* ‖ ~**rollentransport** *m* (Druck) / reel transportation ‖ ~**rollentransportwagen** *m* (Druck) / reel bogie\*, reel truck\*, dolly truck\* ‖ ~**rüttler** *m* (EDV) / aligner *n* ‖ ~**saal** *m* (Packung und Ausrüstung) (Pap) / salle *n*, finishing house ‖ ~**sack** *m* (DIN ISO 6590, T 1) (Pap) / paper bag ‖ ~**sackleim** *m* / paper bag glue ‖ ~**scheibenfilter** *n* (Chem, Pap) / paper-plate filter, paper-washer filter ‖ ~**schlempe** *f* (Bau) / paper pulp ‖ ~**schneidemaschine** *f* (Buchb, Druck) / paper cutter, guillotine *n* ‖ ~**schneider** *m* (Buchb, Druck) / paper cutter, guillotine *n* ‖ ~**schnipsel** *m* (Druck) / macerated paper ‖ ~**schnitzel** *n pl* (Druck, Pap) / trim, trim waste, trimmings *pl* ‖ ~**schnitzel** *n pl* (Pap) / macerated paper ‖ ~**stapel** *m* (Druck, Pap) /

sheet pile, paper stack ‖ ~**stau** *m* (DIN 32742, T 4) (EDV) / paper jam, jam *n* ‖ ~**staub** *m* (Druck, Pap) / fluff\* *n*, lint *n*, paper dust ‖ ~**stoff** *m* (For, Pap) / pulp\* *n* ‖ ~**stoff** (fertiger) (meistens aus Hadern) (Pap) / whole stuff, stock *n*, papermaking stock, stuff *n*, paper stock ‖ **schmieriger** ~**stoff** (Pap) / greasy pulp, dead-beaten pulp ‖ ~**stoff** *m* **aus Holzschliff und Altpapier** (zur Herstellung besonders reißfester Papiersorten) (Pap) / jute *n* ‖ ~**streifen** *m* (im allgemeinen) / paper strip ‖ ~**stuck** *m* (Pap) / carton pierre ‖ ~**stütze** *f* (der Schreibmaschine) / paper support ‖ ~**tapete** *f* (Bau, Pap) / wallpaper *n*, wallcovering *n* (US), paper hangings ‖ ~**textilien** *pl* (meistens Wirkwaren aus Papiergarnen - z.B. Pextil-Jersey) (Pap, Tex) / paper textiles ‖ ~**traktor** *m* (EDV) / forms tractor ‖ ~**transport** *m* (EDV) / paper feed, paper advance, paper transport, paper movement, paper motion, paper drive ‖ **schneller** ~**transport** (EDV) / paper throw, paper slew (US), paper skip ‖ ~**transport** *m* **über Reibrollen** (EDV) / friction feed\* ‖ ~**transportfehler** *m* (Papierstau) (EDV) / paper jam, jam *n* ‖ ~**vlies** *n* (der Papiermaschine) (Pap) / web\* *n*, paper web ‖ ~**vlies** (ein Spezialpapier) (Pap) / paper fibre sheet ‖ ~**volumen** *n* (Verhältnis der absoluten Papierdicke zum Quadratmetergewicht, in den USA = Anzahl der Buchblockblätter per Inch) (Pap) / bulk\* *n* ‖ ~**voralarm** *m* (EDV) / low-paper warning, low-order warning, paper-supply-low alarm ‖ ~**vorschub** *m* (DIN 32742, T 4) (EDV) / paper feed, paper advance, paper transport, paper movement, paper motion, paper drive ‖ **schneller** ~**vorschub** (EDV) / paper throw, paper slew (US), paper skip ‖ ~**vorschubeinrichtung** *f* (EDV) / paper-advance mechanism, paper-feed facility ‖ ~**vorschubgeschwindigkeit** *f* (EDV) / paper-feed speed ‖ ~**waben** *f pl* (im Stützstoff) (Pap) / paper honeycombs ‖ ~**waren** *f pl* (Pap) / stationery *n* ‖ ~**waren für den persönlichen Schriftverkehr** (Pap) / personal stationery ‖ ~**wolf** *m* (Pap) / document shredder, document-destroying machine, paper shredder ‖ ~**wolle** *f* (Pap) / paper wool ‖ ~**zellstoff** *m* (Pap) / paper pulp ‖ ~**zieh- und Ablagevorrichtung** *f* (EDV) / powered forms stacker ‖ ~**zufuhr** *f* (EDV) / paper feed ‖ ~**zuführung** *f* (EDV) / paper feed ‖ ~**zuführung von der Rückseite** (bei Druckern) (EDV) / rear feed ‖ ~**zugspannung** *f* (in der Papiermaschine) (Pap) / paper tension

**papillar** *adj* (Med) / papillary *adj*
**papillär** *adj* (Med) / papillary *adj*
**Papillarschicht** *f* (der Lederhaut - die Narbenschicht am fertigen Leder) (Leder) / papillary layer
**papillenförmig** *adj* / papilliform *adj*, papillate *adj*
**papilliform** *adj* / papilliform *adj*, papillate *adj*
**Papintopf** *m* (fest schließendes Gefäß zum Erwärmen von Flüssigkeiten über deren Siedepunkt hinaus - nach D. Papin, 1647-1712) / Papin's digester
**Papp•band** *m* (Buchb) / paper-covered book ‖ ~**brandsohle** *f* / leather board insole ‖ ~**buchdecke** *f* (Buchb) / millboard *n*
**Pappe** *f* (über 225 g/m²) (Pap) / paperboard *n*, board\* *n*, cardboard *n*, pulpboard\* *n* ‖ ~**gehärtete** ~ (Pap) / hardboard *n*, glazed millboard ‖ **kaschierte** ~ (Pap) / pasteboard\* *n*
**Pappeindeckung** *f* (mehrschichtige, geklebte) **mit Rollenmaterial** (Bau) / built-up roof
**Pappel** *f* (Populus L.) (For) / poplar\* *n* ‖ **Großzähnige** ~ (For) / bigtooth aspen ‖ ~ *f* "**Balm-of-Gilead**" (Populus gileadensis Rouleau) (For) / balm of Gilead, balsam poplar ‖ **Kleiner** ~**bock** (ein Bockkäfer) (For) / small poplar borer (longicorn - Saperda populnea), small poplar longhorn beetle
**pappen** *v* / paste *v* ‖ ~**fabrik** *f* (Pap) / board mill ‖ ~**nase** *f* (bei Pappdächern) (Bau) / fishmouth *n* ‖ ~**schere** *f* (Papier- und Pappenschneidemaschine mit fest stehendem Unter- und beweglichem Obermesser) / cardboard cutter, cardboard shears
**Papp•karton** *m* (Pap) / carton *n*, fibreboard case, carton board\* ‖ ~**maché** *n* (Papiermasse mit Leim- oder Kleisterzusatz) (Pap) / papier mâché ‖ ~**nagel** *m* (Bau) / clout nail\*, felt nail, clout *n*
**Pappossche Regeln** (Math) / Pappus' theorems\*, Guldin's theorems\*
**Papp•schablone** *f* (für Reparaturen) (Kfz) / cardboard template, cardboard pattern ‖ ~**schachtel** *f* (Pap) / carton *n*, fibreboard case, carton board\* ‖ ~**schere** *f* / cardboard cutter, cardboard shears ‖ ~**schnee** *m* (Meteor) / sticky snow, clog snow
**Pappus•-Pascal-Satz** *m* (Math) / Pappus' theorem\*, theorem of Pappus (for a degenerate conic section) ‖ ~**-Satz** *m* (Math) / Pappus' theorem\*
**Pappussche Regeln** (Math) / Pappus' theorems\*, Guldin's theorems\*
**p.a.-Präparat** *n* (Chem) / analytical reagent\* (AR\*)
**Papyrolin** *n* (mit Baumwoll- oder Chemiefasergewebe) (Pap) / cloth-lined paper
**Papyrussäule** *f* (altägyptische Säule, die nach dem Vorbild der Papyruspflanze ausgebildet wurde) (Arch) / papyrus column
**PAR** (Luftf) / precision-approach radar\*, PAR\*
**Para•acetaldehyd** *n* (Chem, Pharm) / paraldehyde\* *n*, paracetaldehyde *n*, ethanal trimer ‖ ~**-Aminobenzoesäure** *f* (Chem) / para-aminobenzoic acid, PABA ‖ ~**-Aminophenol** *n* (eine

**Paraaminophenol**

Entwicklungssubstanz, z.B. unter dem Namen Rodinal) (Foto) / para(4)-aminophenol n || ~**aminophenol** n (eine Entwicklungssubstanz, z.B. unter dem Namen Rodinal) (Foto) / para(4)-aminophenol n || ~**-Aminosalicylsäure** f (Pharm) / para(4)-aminosalicylic acid*, PAS*
**Parabansäure** f (Chem) / parabanic acid
**Parabel** f (einer der Kegelschnitte) (Math) / parabola* n || **einbeschriebene** ~ (Math) / inparabola n, inscribed parabola || **Neilsche** ~ (nach W. Neil, 1637-1670) (Math) / Neil's parabola, semicubical parabola
**Parabel** • - (Math) / parabolic adj || ~**achse** f (Math) / axis of the parabola || ~**bogen** m (dessen Form wie eine umgekehrte Kettenlinie aussieht) (Arch) / parabolic arch || ~**faser** f (eine Lichtleitfaser) / parabolic-index fibre || ~**feder** f (eine Blattfeder) (Kfz) / parabolic spring, taper-leaf spring || ~**flug** m (Flugmanöver, bei dem kurzzeitig der Zustand der Schwerelosigkeit mit großer Annäherung oder absolut erreicht werden kann) (Raumf) / parabolic flight* || ~**gleichung** f (Math) / vertex equation of a parabola || ~**multiplizierer** m (EDV) / quarter-squares multiplier (an analogue multiplier) || ~**segment** n (Math) / parabolic segment
**Parabiose** f (Biol, Umwelt) / carposis n, parabiosis n
**Parabolantenne** f (die einfachste Form eines Aperturstrahlers) (Radio) / parabolic antenna
**parabolisch** adj (Math) / parabolic adj || ~**e Differentialgleichung** (Math) / parabolic differential equation, parabolic partial differential equation || ~**er Facettenspiegel** (der Reflektor wird aus einem Mosaik zahlreichen wabenförmiger Spiegelelemente zusammengesetzt) (Astr) / segmented-mirror telescope || ~**er Flächenpunkt** (Math) / parabolic point on a surface* || ~**e Geschwindigkeit** (Astr, Raumf) / escape velocity*, parabolic velocity*, velocity of escape || ~**er Kegel** (ein Drosselkegel) (Masch) / parabolic disk || ~**er Punkt** (bei Krümmungen) (Math) / parabolic point || ~**er Punkt auf einer Fläche** (Math) / parabolic point on a surface* || ~**er Spiegel** (ein Hohlspiegel) (Opt) / parabolic mirror*, paraboloidal reflector || ~**e Spirale** (Math) / parabolic spiral*, Fermat's spiral* || ~**er Typus der partiellen Differentialgleichung** (Math) / parabolic differential equation, parabolic partial differential equation || ~**e Wachstumsrate** (die den parabolischen Verlauf bei großen Oxiddicken bestimmt) / parabolic thickening rate || ~**es Wehr** (zur Messung des Wasserstandes) (Wasserb) / parabolic weir || ~**e Zeilensignale** (ein Fehler) (TV) / line bend || ~**er Zylinder** (Math) / parabolic cylinder
**Parabol•kegel** m (Masch) / parabolic plug || ~**meißel** m (Bergb) / wedge bit, wedging bit, bull-nose bit, wedge reaming bit
**Paraboloid** n (elliptisches, hyperbolisches) (Math) / paraboloid* n || **abgeschnittenes** ~ (Radio) / truncated paraboloid (of an antenna) || **elliptisches** ~ (Math) / elliptic paraboloid || **hyperbolisches** ~ (Math) / hyperbolic paraboloid* || ~**kollektor** m (ein Sonnenkollektor) / paraboloidal collector
**Parabol•reflektor** m (des Kfz-Scheinwerfers) (Kfz) / parabolic reflector || ~**reflektor** (einer Parabolantenne) (Radio) / parabolic reflector*, parabolic dish, dish* n, bowl n, paraboloidal reflector || ~**spiegel** m (ein Hohlspiegel) (Opt) / parabolic mirror*, paraboloidal reflector || ~**spiegel** (einer Parabolantenne) (Radio) / parabolic reflector*, parabolic dish, dish* n, bowl n, paraboloidal reflector || ~**spiegelantenne** f (mit einem Paraboloid als Reflektor) (Radio) / parabolic antenna || ~**zylinder-Antenne** f (eine Mikrowellenantenne) (Radio) / cheese antenna (a reflector antenna having a cylindrical reflector enclosed by two parallel conducting plates perpendicular to the cylinder, spaced more than one wavelength apart), cheese aerial, pillbox antenna
**Para•braunerde** f (Geol) / para-brown earth || ~**butlerit** m (Grubenbrandsulfat aus Jerome, Arizona) (Min) / parabutlerite n || ~**cetamol** n (antipyretisch und schwach analgetisch wirkendes 4-Hydroxyacetanilid) (Pharm) / paracetamol* n || ~**chor** m n (Performanzgrenzwert) (P) (Chem) / parachor* n || ~**chronologie** f (Geol) / parachronology n || ~**cyclophan** n (Chem) / paracyclophane n || ~**dichlorbenzol** n (Chem) / paradichlorobenzene n, 1,4-dichlorobenzene n
**Paradies** n (Vorhof vor dem Narthex einer Basilika) (Arch) / parvis n, parvise n
**Para•digma** n (pl. -gmen oder -ta) (einer wissenschaftlichen Disziplin; lexikalisches; syntaktisches; Muster einer Deklinations- oder Konjugationsklasse) / paradigm n || **kognitives** ~**digma** (KI) / cognitive paradigm || ~**doxa** n pl **des Zenon** (des Älteren aus Elea, um 490 v. Chr. bis etwa 430 v. Chr.) (Math) / Zeno's paradoxes* || **heterologische** ~**doxie** (KI, Math) / Grelling's paradox || ~**doxon** n (z.B. hydrostatisches) (Phys) / paradox n || **d'Alembert-**~**doxon** / d'Alembert's paradox || **hydrodynamisches** ~**doxon** (Phys) / hydrodynamic paradox || **hydrostatisches** ~**doxon** (Phys) / hydrostatic paradox
**Paradoxon, Bertrandsches** ~ (Math) / Bertrand's paradox

**para•elektrisch** adj / paraelectric adj || ~**elektrische Polarisation** (Eltronik, Phys) / orientation polarization, dipole polarization
**Paraffin•** - / paraffinic adj || ~ n (Chem) / paraffin* n || **dickflüssiges** ~ (Nahr, Pharm) / paraffin oil, white mineral oil, paraffinum liquidum, liquid petrolatum, kerosine n, liquid paraffin*, medicinal white oil, medicinal paraffin oil || **halbraffiniertes** ~ (Chem) / semi-refined paraffin || ~**basisches Rohöl** (Erdöl) / paraffin-base crude || ~**basisöl** n (Erdöl) / paraffin-base crude || ~**destillat** n (Chem Verf) / paraffin distillate || ~**einbettung** f (Mikros) / paraffin embedding || ~**emulsion** f (Pap) / wax emulsion || ~**gatsch** m (der beim Entparaffinieren entsteht) / slack wax || ~**gehalt** m (Erdöl) / paraffinicity n
**paraffinieren** v (mit Paraffin behandeln, beschichten, tränken usw.) / paraffin v || ~ (Druck) / wax v
**Paraffiniermaschine** f (Druck) / waxing machine
**paraffiniert•es Garn** (Spinn) / waxed yarn || ~**es Papier** (Pap) / paraffin paper
**Paraffinimprägnierung** f (Tex) / paraffin impregnation
**paraffinisch** adj / paraffinic adj
**Paraffin•leimung** f (Pap) / paraffin-wax sizing || ~**öl** n (als Überzugsmittel für Zitrusfrüchte) (Nahr) / paraffin oil || ~**öl** (Nahr, Pharm) / paraffin oil, white mineral oil, paraffinum liquidum, liquid petrolatum, kerosine n, liquid paraffin*, medicinal white oil, medicinal paraffin oil || ~**ölnebel** m / paraffin-oil mist || ~**papier** n (Pap) / paraffin paper || ~**schuppen** f pl / paraffin scales, scale wax || ~**sulfonat** n (Chem) / alkyl sulphonate || ~**tränkung** f (Tex) / paraffin impregnation
**Paraffinum** n **liquidum** (Nahr, Pharm) / paraffin oil, white mineral oil, paraffinum liquidum, liquid petrolatum, kerosine n, liquid paraffin*, medicinal white oil, medicinal paraffin oil
**Paraffinwachs** n (Chem) / paraffin wax*
**Para•flow** m n (Handelsname für einen Stockpunkterniedriger für paraffinbasische Schmieröle) / Paraflow n || ~**foil** m (Luftf) / parafoil n || ~**-Form** f (Chem) / para form || ~**formaldehyd** m (ein Polymerengemisch des Formaldehyds) (Chem) / paraformaldehyde* n, paraform n, trioxymethylene n, paramethanal n || ~**fuchsin** n (Chem, Foto, Mikros, Pharm) / parafuchsine n || ~**genese** f (die auf dem Bildungsvorgang beruhende gesetzmäßige Vergesellschaftung von Mineralen in Lagerstätten und Gesteinen) (Geol) / paragenesis n (pl. -geneses) || ~**genesis** n (pl. -geneses) (Geol) / paragenesis n (pl. -geneses) || ~**genetisch** adj (Min) / paragenetic adj || ~**gestein** n (Geol) / para rock (derived from a sedimentary rock) || ~**gleiter** m (Luftf) / flex-wing* n, paraglider n || ~**gleiter** (Luftf) s. auch Rogalloflügel || ~**gliding** n (Luftf) / paragliding n || ~**gneis** m (ein Paragestein) (Geol) / paragneiss* n || ~**gonit** m (ein Natronglimmer) (Min) / paragonite* n || ~**graf** m (Druck) / paragraph n || ~**grafenzeichen** n (Druck) / paragraph n || ~**graph** m (Druck, EDV, Typog) / paragraph n, PAR
**Paraguay-Spitze** f (Tex) / Teneriffe lace
**Para•gummi** m / Pará rubber, Hevea rubber || ~**gutta** f (Kab) / paragutta n || ~**helium** n (Chem) / parahelium n || ~**kasein** n (Chem) / casein* n (GB), paracasein n (US) || ~**kautschuk** n / Pará rubber, Hevea rubber || ~**kautschukbaum** m (Hevea brasiliensis (Willd. ex A. Juss.) Müll. Arg.) (For) / Pará rubber tree, rubber-tree n || ~**klase** f (Lithoklase mit Verschiebungsbetrag) (Geol) / slip n || ~**kompakter Raum** (Math) / paracompact space || ~**konvexe Menge** (Math) / paraconvex set || ~**kristall** n (Übergang zwischen dem idealen Kristall und dem amorphen Festkörper) (Krist) / paracrystal n
**Paraldehyd** m (trimere Form des Azetaldehyds) (Chem, Pharm) / paraldehyde* n, paracetaldehyde n, ethanal trimer
**paralisch** adj (Bergb, Geol) / paralic adj
**parallaktisch** adj (Astr, Opt) / parallactic adj || ~**e Montierung** (des Fernrohrs) (Astr) / equatorial mounting || ~**er Winkel** (im nautischen Dreieck) / angle of parallax, parallactic angle || ~**er Winkel** (Astr) / parallactic angle* || ~**er Winkel** (Foto) / angular parallax
**Parallaxe** f (Astr, Opt) / parallax* n || **jährliche** ~ (Astr) / annual parallax*, heliocentric parallax* || **säkulare** ~ (Astr) / secular parallax || **spektroskopische** ~ (Astr) / spectroscopic parallax* || **stereoskopische** ~ (Opt) / absolute parallax, stereoscopic parallax, absolute stereoscopic parallax || **tägliche** ~ (Astr) / diurnal parallax*, geocentric parallax* || ~**n ausgleichender Spiegel** (an Meßgeräten) (Instr) / antiparallax mirror*
**Parallaxen•ausgleich** m (Film, Foto) / parallax compensation, parallax correction, rack-over n || ~**fehler** m (die unterschiedliche Perspektive und der unterschiedliche Bildausschnitt von Sucherbild und fotografischem Bild) (Foto, Opt) / parallax error || ~**frei** adj (Astr, Opt) / parallax-free adj || ~**sekunde** f (Astr) / parsec* n, parallax second || ~**winkel** m (Astr) / parallactic angle*
**parallel** adj (Eltech) / in parallel* || ~ (Eltech, Math) / parallel* adj || **fast** ~ (Math) / subparallel adj || **nicht** ~ / non-parallel adj, out-of-parallel attr || ~ **anordnen** / parallel v, parallelize v || ~**er Anschluß** (EDV) / parallel port || ~**er Betrieb** (EDV, Eltech) / parallel operation || ~ **geschaltet** (Eltech) / in parallel* || ~ **geschalteter Kondensator** (Eltech) / parallel capacitor || ~ **gespultes Garn** (Spinn) /

parallel-wound yarn ‖ ~es Kräftesystem (Mech) / parallel force system ‖ ~er Port (EDV) / parallel port ‖ ~ schalten (Eltech) / shunt v ‖ ~ schalten v (Eltech) / parallel v, shunt v ‖ ~e Schnittstelle (bei der die Daten bitweise übertragen werden) (EDV) / parallel interface, bit-parallel interface ‖ ~es Simultanfräsen (Masch) / abreast milling ‖ ~er Spin (Spektr) / parallel spin ‖ ~e T-Schaltungen (Eltech) / parallel-T network*, twin-T network* ‖ ~e Übertragung (Fernm) / parallel transmission, parallel transfer ‖ ~e Ventile (Kfz) / parallel valves ‖ ~e Verarbeitung (EDV) / parallel processing*, parallel running, simultaneous processing ‖ ~er Zugriff (EDV) / simultaneous access, parallel access

**Parallel•-Abkürzkreissägemaschine** f (For) / radial saw, radial-arm saw ‖ ~**addierer** m (EDV) / parallel adder ‖ ~**addierwerk** n (EDV) / parallel adder ‖ ~**anzeige** f (EDV) / parallel display, slave monitor ‖ ~**arbeit** f (EDV) / parallel processing*, parallel running, simultaneous processing ‖ ~**bande** f (IR-Spektroskopie) (Spektr) / parallel band ‖ ~**bearbeitung** f **der verschiedenen Befehlsphasen** (bei Großrechnern) (EDV) / pipelining* n, pipeline processing ‖ ~**betrieb** m (DIN 40729) (EDV, Eltech) / parallel operation ‖ ~**bewegung** f (Mech) / parallel movement, parallel motion ‖ ~**bezeichnung** f (EDV) / alias n ‖ ~**bruchfalzung** f (Buchb) / parallel folding* ‖ ~**drahtleitung** f (Eltech) / twin lead, twin wire, two-wire line, parallel wire line ‖ ~**drahtleitung** (Radio) / twin feeder* ‖ ~**drahtschweißung** f (teilautomatisches Lichtbogenschmelzschweißen mit zwei abschmelzenden Schweißelektroden, denen über eine gemeinsame Kontaktdüse, die sie in paralleler Anordnung zueinander durchlaufen, der Schweißstrom zugeführt wird) (Schw) / parallel welding ‖ ~**drossel** f (Eltech) / shunt reactor, compensating reactor ‖ ~**drucker** m (EDV) / line printer* (LP), line-at-a-time printer

**Parallele** f (Math) / parallel* n

**Paralleleinbruch** m (bei Sprengarbeiten) (Bergb) / parallel cut, Coromant cut, burn cut, burned cut

**Parallelen•axiom** n (in der euklidischen Geometrie) (Math) / parallel axiom ‖ **euklidisches** ~**axiom** (in der ptolemäischen Form) (Math) / Playfair axiom, Playfair's axiom

**Parallel•endmaß** n (ein Längenmaß-Normal nach DIN 861) (Masch) / block gauge*, slip gauge*, size block, precision block gauge, end gauge*, precision gage block (US) ‖ ~**endmaß nach Johansson** (Masch) / Johansson block, Jo block

**Parallelenpostulat** n (Math) / parallel axiom

**Parallel•epiped** n (schiefes Prisma, dessen Grundfläche ein Parallelogramm ist) (Math) / parallelepiped* n, parallelopiped n ‖ **rhombisches** ~**epiped(on)** (Krist, Math) / rhombohedron* n (pl. -hedra or -hedrons), rhomb n ‖ **Fresnelsches** ~**epiped** (Opt) / Fresnel rhomb ‖ ~**epipedon** n (pl. Parallelepipeda od. Parallelepipeden) (schiefes Prisma, dessen Grundfläche ein Parallelogramm ist) (Math) / parallelepiped* n, parallelopiped n ‖ ~**fachwerkträger** m (Bau) / horizontal truss ‖ ~**falte** f (Geol) / parallel fold, concentric fold ‖ ~**faser** f (For) / parallel grain ‖ ~**faserige Asbestmasse** / spelk n ‖ ~**filtermethode** f (eine Methode zur Sprachanalyse, bei der das zu untersuchende Frequenzspektrum gleichzeitig einer Vielzahl parallelgeschalteter Bandpaßfilter angeboten wird) (Eltronik) / parallel-filter method ‖ ~**flach** n (schiefes Prisma, dessen Grundfläche ein Parallelogramm ist) (Math) / parallelepiped* n, parallelopiped n ‖ ~**flächner** m (schiefes Prisma, dessen Grundfläche ein Parallelogramm ist) (Math) / parallelepiped* n, parallelopiped n ‖ ~**führung** f (Masch) / parallel motion*, parallel guide ‖ ~**funkenstrecke** f (Eltech) / discharger* ‖ ~**garn** n (Spinn) / parallel-wound yarn ‖ ~**geschalteter Stromkreis** (Eltech) / shunt circuit*, parallel circuit* ‖ ~**greifer** m (Masch) / parallel gripper ‖ ~**gurtig** adj (Binder) (Zimm) / parallel-chord attr ‖ ~**heizung** f (Eltech) / glueline* n

**parallelisieren** v (EDV, Stats) / parallelize v ‖ ~ (Einzelfaden vor dem Spinnen) (Spinn) / parallel v, parallelize v

**Parallelisierung** f (Verfahren zur Kontrolle bekannter Störvariablen) (Stats) / parallelization n

**Parallelismus** m / parallelism n

**Parallelität** f (auch nach DIN 7184, T 1) / parallelism n ‖ ~ **der Wanddicke** (Masch) / wall-thickness parallelism

**Parallel•klemme** f (Masch) / draw tongs, Dutch tongs ‖ ~**klinke** f (Fernsp) / branch jack* ‖ ~**kondensator** m (der im Nebenschluß zu einem Betriebsmittel liegt) (Eltech) / parallel capacitor ‖ ~**kreis** m (Astr, Geog, Verm) m, parallel of latitude* ‖ ~**kreis** f (Eltech) / shunt circuit*, parallel circuit* ‖ ~**kurven** f pl (zwei Kurven, deren Tangenten im ganzen Kurvenverlauf in einander entsprechenden Berührungspunkten parallel sind und denselben Abstand voneinander haben) (Math) / parallel curves ‖ ~**lauf** m (des alten und des neuen Systems) (EDV) / parallel run, parallel running, parallel system test ‖ ~**lineal** n (Instr) / parallel ruler*, parallel rule ‖ ~**manipulator** m ("magische Hände") (System von zwei Manipulatoren, bei dem die vom Bediener eingeleiteten Bewegungen von einem entfernt vom Steuermanipulator aufgestellten Manipulator direkt und synchron ausgeführt werden) / master-slave manipulator ‖ ~**matte** f (Glas, Tex) / parallel mat ‖ ~**modem** m n (EDV) / parallel modem ‖ ~**nietung** f (Masch) / chain riveting ‖ ~**nut** f (Eltech) / parallel slot*

**Parallelogramm** n (ein Viereck, in dem jeweils gegenüberliegende Seiten auf zueinander parallelen Geraden liegen) (Math) / parallelogram n ‖ **Sandersches** ~ (optische Täuschung) (Opt) / Sander's parallelogram ‖ ~ n **der Geschwindigkeiten** (Bewegung) (Phys) / parallelogram of velocities ‖ ~ **der Kräfte** (Math, Mech) / parallelogram of forces* ‖ ~**führung** f (der Zeichenmaschine) / parallel motion*, parallel-motion device ‖ ~**führung** (Masch) / parallelogram linkage ‖ ~**gestänge** n (der Zeichenmaschine) / parallel four-bar linkage ‖ ~**gleichung** f (Math) / parallelogram identity (in a unitary space) ‖ ~**regel** f (Math, Phys) / parallelogram rule for addition of vectors*, parallelogram law ‖ ~**satz** m (Math) / parallelogram identity (in a unitary space) ‖ ~**satz** (Vektoren) (Math, Phys) / parallelogram rule for addition of vectors*, parallelogram law ‖ ~**täuschung** f (Opt) / Sander's illusion ‖ ~**verzerrung** f (Eltronik) / parallelogram distortion

**Parallelotop** n m (Verallgemeinerung der Begriffe Parallelogramm und Parallelepiped im n-dimensionalen Raum) (Math) / parallelotope n

**Parallel•perspektive** f (wenn das Projektionszentrum ein uneigentlicher Punkt ist - DIN 6) (Masch) / parallel perspective, one-point perspective ‖ ~**platten-Ionisationskammer** f (Kernphys) / plate counter, parallel-plate chamber*, parallel-plate counter ‖ ~**plattenkondensator** m (Eltech) / plate capacitor, parallel-plate capacitor* ‖ ~**plattenschieber** m (Masch) / parallel slide valve ‖ ~**plattenzähler** m (ein gasgefülltes Zählrohr) (Kernphys) / plate counter, parallel-plate chamber*, parallel-plate counter ‖ ~**probe** f (WP) / duplicate specimen, replicate specimen ‖ ~**programmierung** f (EDV) / parallel programming

**Parallelprojektion** f (Geog) / orthographic projection* ‖ ~ (Math) / parallel projection ‖ **orthogonale** ~ (wenn die Projektionsstrahlen die Bildebene senkrecht schneiden) (Masch) / orthographic projection*, orthogonal projection ‖ **schiefe** ~ (Math) / oblique projection, skew projection ‖ **schräge** ~ (Math) / oblique projection, skew projection

**Parallel•pumpstation** f (in Mineralölfernleitungen) (Erdöl) / parallel pump station ‖ ~**reaktion** f (Chem) / parallel reaction, concurrent reaction ‖ ~**rechenwerk** n (EDV) / parallel arithmetic unit* ‖ ~**rechner** m (bei der die Verarbeitung aller Stellen gleichzeitig erfolgt) (EDV) / simultaneous computer, parallel computer ‖ ~**reihenschaltung** f (Eltech) / parallel-series connection ‖ ~**reißer** m (Masch, Zimm) / scribing block*, marking gauge*, surface gauge* ‖ ~**reißer** (für Einstemmbänder) (Tischl) / butt hinge ‖ ~**resonanz** f (Eltech) / parallel resonance*, current resonance, antiresonance n, shunt resonance*, tunance* n, voltage resonance ‖ ~**resonanzkreis** m (Eltech) / parallel resonance circuit, parallel resonant circuit, antiresonant circuit ‖ ~**röhrenmodulation** f (mit Parallelröhre) (Eltronik) / Heising modulation*, anode choke modulation, constant-current modulation* ‖ ~**schaben** n (mit Vorschub in Richtung Werkradachse) (Masch) / axial-feed shaving ‖ ~**schalten** n (DIN 42005) (Eltech) / paralleling n, parallel connection, shunting n, paralleling n (US) ‖ ~**schalter** m (Eltech) / parallel switch ‖ ~**schaltung** f (Eltech) / paralleling n, parallel connection, shunting n, paralleling n (US) ‖ **in** ~**schaltung** (Eltech) / in parallel* ‖ ~**schere** f (deren bewegliches Messer beim Schneiden sich parallel zu sich selbst bewegt und mit konstantem Winkel schneidet) (eine Blechtafelschere) (Masch) / guillotine n ‖ ~**schichten** f pl (Geol) / conformable strata (an unbroken sequence of strata in which the layers are formed one above the other in parallel order by uninterrupted deposition) ‖ ~**schieber** m (Masch) / parallel slide valve ‖ ~**schieferung** f (Geol) / bedding cleavage ‖ ~**schlüssel** m (EDV) / parallel key ‖ ~**schnittstelle** f (EDV) / parallel interface, bit-parallel interface ‖ ~**schraubstock** m (Masch) / parallel-jaw vice ‖ ~**schwingkreis** m (Eltech) / parallel resonance circuit, parallel resonant circuit, antiresonant circuit ‖ ~**schwingkreis** (der zur Sperrung bestimmter Oberwellenfrequenzen dient) (Eltech) / rejector circuit*, rejector ‖ ~**serienumsetzer (PSU)** m (DIN 44300) (EDV) / dynamicizer n, parallel-to-serial converter, serializer n, parallel-serial converter ‖ ~**serienumsetzer** m s. auch Serienparallelumsetzer ‖ ~**serienwandler** m (DIN 44300) (EDV) / dynamicizer n, parallel-to-serial converter, serializer n, parallel-serial converter ‖ ~**speicher** m (EDV) / parallel store, parallel memory, parallel storage ‖ ~**speisung** f (Eltech) / parallel feed, parafeed n, shunt feed ‖ ~**spule** f (Eltech) / bridging coil ‖ ~**stichleitung** f (Antennen) (Radio) / shunt stub ‖ ~**strombrenner** m (Kftst) / direct burner ‖ ~**stromkreis** m (Eltech) / shunt circuit*, parallel circuit* ‖ ~**strömung** f (Luftf, Phys) / parallel flow, parallel stream ‖ ~**suchverfahren** n (mit mehreren Sucheinheiten) (Luftf) /

**Parallelsuchverfahren**

parallel sweep search ‖ ⁓**suchverfahren** (mit einer Sucheinheit) (Luftf) / parallel track search ‖ ⁓**system** n (das aus einer Grundeinheit und Reserveeinheiten besteht) (F.Org) / parallel system ‖ ⁓**tonmodem** m n (EDV) / parallel modem ‖ ⁓**träger** m **mit Dreiecksverband** (Bau, Masch) / Warren girder*, half-lattice girder*, Warren truss ‖ ⁓**trimmung** f (eine Methode der Trimmklappenbetätigung) (Luftf) / parallel trimming ‖ ⁓**-Twin** n (V-Mot) / parallel twin ‖ ⁓**übergabe** f (DIN 44302) (EDV) / parallel transmission ‖ ⁓**übertrag** m (EDV) / carry look ahead, look ahead ‖ ⁓**übertragung** f (Fernm) / parallel transmission, parallel transfer ‖ ⁓**verarbeitung** f (EDV) / parallel processing*, parallel running, simultaneous processing ‖ ⁓**verschiebung** f (Math) / parallel displacement, translation n ‖ ⁓**verwerfung** f (Geol) / translational fault, translatory fault ‖ ⁓**vlies** n (Tex) / parallel-laid nonwoven fabric, parallel nonwoven ‖ ⁓**werk** n (ein Längswerk) (Wasserb) / training wall ‖ ⁓**wicklung** f (der gemeinsame Teil der Wicklungen eines Spartransformators) (Eltech) / common winding ‖ ⁓**widerstand** m (Elektr) / shunt* n, parallel resistance ‖ ⁓**widerstand** (Eltech) / shunt resistor ‖ ⁓**zuführung** f (Einrichtung) (Eltech) / parallel feeder ‖ ⁓**zugriff** m (EDV) / simultaneous access, parallel access ‖ ⁓**zweigschutz** m (Eltech) / split-conductor protection*
**Para•magenta** (Chem, Foto, Mikros, Pharm) / parafuchsine n ‖ ⁓**magnetikum** n (pl. -tika) (Eltech) / paramagnetic material, paramagnet n
**paramagnetisch** adj (Eltech, Phys) / paramagnetic adj ‖ **~es Atom** (dessen Hülle ein permanentes magnetisches Dipolmoment aufweist, das sich aus den magnetischen Momenten der Elektronenspins und den von ihrer Bewegung herrührenden zusammensetzt) (Kernphys) / paramagnetic atom ‖ **~e Drehung der Polarisationsebene** (Phys) / magneto-optic rotation* ‖ **~e Elektronenresonanz** (Spektr) / electron paramagnetic resonance*, E.P.R., electron-spin resonance*, ESR* ‖ **~e Kernresonanz** (Kernphys) / nuclear magnetic resonance*, magnetic nuclear resonance, nuclear paramagnetic resonance*, NMR*, n.m.r. ‖ **~es Material** (dessen magnetische Permeabilität größer als 1 ist) (Eltech) / paramagnetic material, paramagnet n ‖ **~e Relaxation** (Gesamtheit der Wechselwirkungsprozesse, die die Kinetik der Magnetisierung der Probe bei Untersuchungen der paramagnetischen Elektronenresonanz und der magnetischen Kernresonanz entscheidend mitbestimmen) (Phys) / paramagnetic relaxation ‖ **~e Resonanz** (Spektr) / paramagnetic resonance, PMR ‖ **~e Resonanzspektroskopie** (Spektr) / EPR spectroscopy, ESR spectroscopy ‖ **~er Werkstoff** (Eltech) / paramagnetic material, paramagnet n
**Paramagnetismus** m (Eltech, Phys) / paramagnetism* n ‖ **Van-Vleckscher** ⁓ (nach J.H. Van Vleck, 1899-1980) (Mag) / Van Vleck paramagnetism ‖ ⁓ m **des Atomkerns** (Kernphys) / nuclear paramagnetism
**Parameter** m (eine Variable, die einen konstanten Wert für eine spezifizierte Anwendung erhält und die diese Anwendung bezeichnet - DIN 5485) / parameter n ‖ ⁓ (Fernm) / parameter* n ‖ ⁓ (ein Achsenabschnitt) (Krist) / parameter* n ‖ ⁓ (rechnerische Annahme) (Math) / rating n ‖ ⁓ (Länge 2p einer Kegelschnittsehne, die parallel zur Leitlinie durch einen Brennpunkt des Kegelschnitts verläuft) (Math) / latus rectum (pl. latera recta), parameter n ‖ ⁓ (eine bei Funktionen neben den eigentlichen Variablen auftretende Hilfsvariable) (Math, Stats) / parameter* n ‖ ⁓ (DIN 5485) (Phys) / parameter n ‖ ⁓ (Stats) / parameter* n **aktueller** ⁓ (der zur Übergabe von Werten an dem aufzurufenden Programm an ein Programm verwendet wird) (EDV) / actual parameter, argument* n, actual argument ‖ **chromatografischer** ⁓ (z.B. Durchbruchszeit oder Peakhöhe) (Chem) / chromatographic parameter ‖ **fehlender** ⁓ (EDV) / null parameter ‖ **formaler** ⁓ (Fortran) (EDV) / dummy argument ‖ **formaler** ⁓ (Algol) (EDV) / formal parameter ‖ **konzentrierte** ⁓ (Eltronik) / lumped parameters* ‖ **modaler** ⁓ (in der Schwingungslehre) (Mech) / modal parameter ‖ **programmerzeugter** ⁓ (EDV) / dynamic parameter, program-generated parameter ‖ **statistischer** ⁓ (Stats) / statistic parameter ‖ **störender** ⁓ (Stats) / deranging parameter, nuisance parameter ‖ **verteilte** ⁓ (bei Systemen mit nicht konzentrierten Gliedern) (Phys) / distributed constants* ‖ **vorbesetzter** ⁓ (EDV) / preset parameter ‖ **vorgegebener** ⁓ (EDV) / preset parameter ‖ ⁓ m **der Grundgesamtheit** (Stats) / population parameter ‖ ⁓ m pl **eines** (abgegrenzten) **Bauelements** (Eltronik) / lumped parameters* ‖ ⁓ m **eines Unterprogramms** (EDV) / subroutine parameter
**Parameter•behandlung** f (EDV) / parameter passing ‖ ⁓**bereich** m (EDV) / parameter area ‖ ⁓**beschreibung** f / parameter description ‖ ⁓**darstellung** f (Math) / parametric representation, parametric form ‖ ⁓**definitionsmodul** n (EDV) / parameter definition module ‖ ⁓**eingabe** f / parameter input ‖ ⁓**fehler** m (EDV) / parameter error ‖ **~freier Test** (z.B. Kolmogorow-Smirnow-Test) (Stats) / distribution-free method*, non-parametric method ‖ ⁓**gleichung** f (Ebenengleichung, Geradengleichung, Kurvengleichung) (Math) / parametric equation* ‖ ⁓**karte** f (EDV) / parameter card, control card ‖ ⁓**konverter** m (Eltech) / parametric converter ‖ ⁓**protokollierung** f (EDV) / parameter listing, parameter logging ‖ ⁓**test** m (zur Prüfung einer Hypothese über unbekannte Parameter einer vorliegenden, dem Typ nach bekannten Wahrscheinlichkeitsverteilung, der diese Kenntnis über den Verteilungstyp wesentlich benutzt) (Stats) / parameter test, parametric test ‖ ⁓**vektor** m (mehrere Parameter) (Math) / parameter vector ‖ ⁓**wort** n (EDV) / parameter word ‖ ⁓**zuordnung** (EDV) / parameter association
**parametrieren** v / parametrize v
**Parametrierung** f / parametrization n
**parametrisch** adj / parametric adj ‖ **~e Erregung** (Anregung eines dynamischen Systems durch periodische Änderung einer oder mehrerer physikalischer Größen zu erzwungenen Schwingungen) (Phys) / parametric excitation ‖ **~es Programmieren** (EDV) / parametric programming ‖ **~e Programmierung** (EDV) / parametric programming ‖ **~e Repräsentation** (bei der Synthese gesprochener Sprache) / parametric representation ‖ **~e Resonanz** (Fernm) / parametric resonance* ‖ **~er Verstärker** (Fernm) / parametric amplifier*, reactance amplifier, mavar n, MAVAR n, paramp* n
**parametrisieren** v (ein System) / parametrize v
**Parametrisierung** f (eines Systems) / parametrization n
**Para•metron** n (digitales Schaltelement mit parametrischer Anregung) (Eltronik) / parametron* n ‖ ⁓**milchsäure** f (Chem) / sarcolactic acid
**Páramo** m (subnivale Stufe feuchter Tropengebirge /z.B. Anden/ mit Tussockgräsern, Rosetten- und Polsterpflanzen sowie Wollkerzengewächsen) (Umwelt) / paramo n
**Para•modulation** f (ein Interferenzverfahren, das auch Termgleichungen berücksichtigt) (KI) / paramodulation n ‖ ⁓**-Molekül** n (Chem) / para molecule ‖ ⁓**molekül** n (Chem) / para molecule ‖ ⁓**molybdat** n (Chem) / paramolybdate n ‖ ⁓**morph** adj (Krist, Min) / paramorphic adj ‖ ⁓**morphin** n (ein Opiumalkaloid) (Pharm) / thebaine n, paramorphine n ‖ ⁓**morphose** f (eine Form der Pseudomorphose) (Krist, Min) / paramorphism n ‖ ⁓**myosin** n (Biochem) / paramyosin n ‖ ⁓**nitranilinrot** n (Anstr, Chem) / para red, paranitraniline red, nitraniline red
**Paranußöl** n / para nut oil, Brazil nut oil
**Para•phasenverstärker** m (Fernm) / paraphase amplifier*, see-saw amplifier* ‖ ⁓**-Phenylendiamin** n (ein Zwischenprodukt der Farbstoffindustrie, seine Dialkylderivate dienen als Entwickler in der Farbfotografie) (Foto) / para(4)-phenylene diamine* ‖ ⁓**phrasengenerierung** f (KI) / paraphrase generation ‖ ⁓**phrasierung** f (bei Sätzen mit verschiedener Oberflächenstruktur, aber gleicher Tiefenstruktur) (KI) / paraphrasing n ‖ ⁓**positronium** n (Kernphys) / parapositronium n ‖ ⁓**protein** n (entarteter Eiweißkörper im Blut) (Biochem) / paraprotein* n ‖ ⁓**quat** n (eine giftige Bipyridiniumverbindung, die als Herbizid eingesetzt wird) (Chem, Landw) / paraquat* n ‖ ⁓**rendzina** f (flachgründiger Bodentyp mit A-C-Profil auf karbonatisch-silikatischen Gesteinen) (Landw) / pararendzina n ‖ ⁓**rosanilin** n (Chem) / pararosaniline* n ‖ ⁓**rot** n (Anstr, Chem) / para red, paranitraniline red, nitraniline red ‖ ⁓**sheet-Fallschirm** m (Luftf) / parasheet* n
**Parasit** m (Biol, Umwelt) / parasite* n
**parasitär** adj / parasitic adj, parasitical adj ‖ **~er Einfang** (eine unerwünschte Absorption von Neutronen) (Kernphys) / parasitic capture* ‖ **~er Kegel** (Geol) / parasite cone, parasitic cone ‖ **~e Kopplung** (Phys) / stray coupling ‖ **~e Schwingung** (Elektr, Phys) / spurious oscillation*, parasitic oscillation* ‖ **~e Zählereignisse** (Nukl) / spurious counts*, spurious pulses*
**Parasitenbefall** m (Biol) / parasitic infestation, parasitization n
**parasitentötendes Arzneimittel** (Pharm) / parasiticide n, parasiticidal agent
**parasitisch** adj / parasitic adj, parasitical adj
**Parasitismus** m (Biol, Umwelt) / parasitism n
**Parasitizid** n (Pharm) / parasiticide n, parasiticidal agent
**Parasitologie** f (Wissenschaft von Schmarotzern bei Mensch, Tier oder Pflanze) (Biol, Med) / parasitology* n
**parasitotropes Arzneimittel** (Pharm) / parasiticide n, parasiticidal agent
**Parasolier** m (Musanga smithii R.Br.) (For) / umbrella tree
**para•ständig** adj (Chem) / para* adj ‖ ⁓**statistik** f (Stats) / parastatistics n ‖ **~-Stellung** f (Chem) / para position ‖ **in ~-Stellung** (Chem) / para* adj ‖ ⁓**stellung** f (Chem) / para position ‖ ⁓**sympatholytisch** adj (Pharm) / anticholinergic adj ‖ ⁓**sympathomimetisch** adj (Pharm) / parasympathomimetic adj, cholinergic adj ‖ ⁓**tacamit** m (Min) / paratacamite n, atelite n ‖ ⁓**thion** n (ein Insektizid) (Chem) / parathion* n
**Parathormon** n (Biochem) / parathyroid hormone, PTH, parathormone* n

**para•thyrin** *n* (Biochem) / parathyroid hormone, PTH, parathormone* *n* ‖ ~**thyroidhormon** *n* (Biochem) / parathyroid hormone, PTH, parathormone* *n* ‖ ~**tracheal** *adj* (Parenchym) (For) / paratracheal *adj* ‖ ~**-Wasserstoff** *m* (Chem) / parahydrogen* *n* ‖ ~**wasserstoff** *m* (eine Konfiguration eines Wasserstoffmoleküls) (Chem) / parahydrogen* *n* ‖ ~**-Weinsäure** *f* (Chem) / racemic acid*, uvic acid, the racemic form of the tartaric acid ‖ ~**wolframat** *n* (Chem) / paratungstate *n* ‖ ~**wollastonit** *m* (ein monokliner Wollastonit) (Min) / parawollastonite *n*

**paraxial** *adj* (Strahl, Gebiet) (Foto, Opt) / paraxial* *adj* ‖ ~**er Bildpunkt** (Opt) / Gauss image point ‖ ~**er Brennpunkt** (Opt) / paraxial focus* ‖ ~**es Gebiet** (Bereich des fadenförmigen Raumes) (Opt) / Gaussian region, paraxial region

**para•-Xylol** *n* (Chem) / para-xylene *n* ‖ ~**zentrisch** *adj* / paracentric *adj* ‖ ~**zyklophan** *n* (Chem) / paracyclophane *n*

**parboiled** *adj* (Nahr) / parboiled *adj*

**Parboiled-Reis** *m* (Nahr) / parboiled rice

**Parboiling-Prozeß** *m* (der einen im Nährwert verbesserten Reis liefert) (Nahr) / parboiling process

**Pardune** *f* (Radio) / guy* *n*, guy rope

**Pardunenisolator** *m* (der die Pardune mehrfach unterteilt) (Radio) / guy insulator

**parelektrisch** *adj* (Material) / paraelectric *adj* ‖ ~**e Polarisation** (Elektr) / paraelectric polarization

**Parenchym** *n* (Biol) / parenchyma* *n* ‖ **apotracheales** ~ (For) / apotracheal (wood) parenchyma

**parenchymatös** *adj* (Biol) / parenchymatous *adj*, parenchymal *adj*

**Parenchymzelle** *f* (Bot, For) / parenchyma cell, storage cell

**Parentalgeneration** *f* (Gen) / parental generation

**Pareto-Verteilung** *f* (der Einkommen, nach V. Pareto, 1848-1923) (Stats) / Pareto's law, Pareto distribution, 20-80-rule

**parfümieren** *v* / fragrance *v*, perfume *v* ‖ ~ *n* (z.B. der Mineralölprodukte, die zum Einsatz im Haushalt bestimmt sind) / perfuming *n*

**Pargasit** *m* (gemeine dunkelgrüne Hornblende) (Min) / pargasite* *n*

**Parhelium** *n* (mit antiparallelen Spins der beiden Hüllenelektronen) (Chem) / parahelium *n*

**Parian** *n* (unglasiertes Porzellan von marmorartigem Aussehen) (Keram) / Parian *n*, parian ware ‖ ~**gips** (Bau) / Parian cement*, Par C*, parian cement (to which borax is added) ‖ ~**zement** (Bau) / Parian cement*, Par C*, parian cement (to which borax is added)

**Paris•er Blau** (Anstr) / Berlin blue, Prussian blue, iron blue, ferrocyanide blue, Chinese blue, bronze blue ‖ ~**er Gelb** (eine Malerfarbe) (Anstr) / lead chrome, chrome yellow, Leipzig yellow, chrome ‖ ~**er Grün** (Chem) / Schweinfurt green, emerald green*, Paris green*, Neuwieder green ‖ ~**er Rot** / colcothar *n*, red iron oxide, Prague red ‖ ~**er Schwarz** (aus Knochenkohle) / Paris black ‖ ~**er Weiß** (feingemahlene Kreide) (Anstr) / Paris white, Spanish white ‖ ~**er Wolf** (zweiteiliger - zum Versetzen der Werksteine) (Bau) / two-prong lewis

**parischer Marmor** (von der Kykladen-Insel Paros) (Geol) / Parian marble

**Pariser-Parr-Popple-Methode** *f* (Chem) / PPP method

**Paris•-Gleichung** *f* (zur Ermittlung des Rißfortschritts pro Lastspiel bei Schwingbeanspruchung) (WP) / Paris equation ‖ ~**grün** *n* (ein Mikroskopierfarbstoff) (Mikros) / methyl green

**Parität** *f* (EDV) / parity *n* ‖ ~ (positive, negative) (Kernphys) / parity* *n*, space-reflection symmetry* ‖ ~ (der geraden oder der ungeraden Zahlen) (Math) / parity* *n* ‖ **gerade** ~ (Kernphys) / even parity*, positive parity ‖ **innere** ~ (Phys) / intrinsic parity ‖ **kombinierte** ~ (Phys) / CP parity ‖ **mit fehlerhafter** ~ (Kernphys) / out-of-parity attr. ‖ **natürliche** ~ (Kernphys) / natural parity ‖ **ungerade** ~ (Kernphys) / uneven parity, odd parity ‖ **unnatürliche** ~ (Kernphys) / unnatural parity ‖ **vertikale** ~ (Parität eines Zeichens nach Ergänzung durch ein Prüfbit, im Gegensatz zur Block- oder Längsparität) (EDV) / vertical parity

**paritätisch** *adj* (Konfiguration) (EDV) / peer-to-peer *attr*

**Paritäts•bit** *n* (DIN 44302) (EDV) / parity bit* ‖ ~**bit** (EDV) s. auch Prüfbit ‖ ~**erhaltung** *f* (Kernphys) / conservation of parity, parity conservation ‖ ~**erzeuger** *m* (EDV) / parity bit generator ‖ ~**fehler** *m* (EDV) / parity error, bad parity ‖ ~**generator** *m* (EDV) / parity bit generator ‖ ~**kontrolle** *f* (EDV) / parity check*, odd-even check*, even-odd check ‖ **ungeradzahlige** ~**kontrolle** (EDV) / odd-parity check ‖ **geradzahlige** ~**kontrolle** (EDV) / even-parity check ‖ ~**operation** *f* (Kernphys) / parity operation ‖ ~**prüfspur** *f* (EDV) / parity test track ‖ ~**prüfung** *f* (DIN 44302) (EDV) / parity check*, odd-even check*, even-odd check ‖ ~**sicherung** *f* (EDV) / parity check protection ‖ ~**transformation** *f* (EDV) / parity transformation ‖ ~**transformation** (Phys) / space inversion, inversion *n* ‖ ~**überwachung** *f* (EDV) / parity control ‖ ~**vergleicher** *m* (EDV) / parity bit comparator ‖ ~**verletzung** *f* (Kernphys) / parity violation, parity non-conservation ‖ ~**ziffer** *f* (EDV) / parity digit

**Parity•bit** *n* (EDV) / parity bit* ‖ ~**kontrolle** *f* (EDV) / parity check*, odd-even check*, even-odd check ‖ ~**simulator** *m* (ein Netzmodell) (Eltech) / parity simulator

**Park** *m* (Gesamtheit der Fahrzeuge) (Kfz) / park *n*, fleet *n*, rolling stock (US) ‖ ~ (Parkanlage, auch Natur-) (Umwelt) / park *n* ‖ ~**-and-ride-System** *n* (Individualverkehr + öffentlicher Nahverkehr) / park-and-ride system ‖ ~**bahn** *f* (von der aus z.B. eine Raumsonde gestartet werden kann) (Raumf) / parking orbit* ‖ **erdnahe** ~**bahn** (Raumf) / earth parking orbit, EPO ‖ ~**bucht** *f* (z.B. für Omnibusse) (Kfz) / parking berth ‖ ~**deck** *n* (HuT, Kfz) / parking deck

**parken** *v* (den Kopf) (Akus, EDV) / park *v* ‖ ~ (ein Einzelblatt aus dem Endlospapier in Drucker gesondert bearbeiten; Schreib/Lese-Köpfe beim Transport von Festplatten) (EDV) / park *v* ‖ ~ (HuT, Kfz) / park *v* ‖ ~ *n* (Paragr. 12 der StVO) (HuT, Kfz) / parking *n* ‖ **schräges** ~ (Kfz) / angle parking, diagonal parking ‖ ~ *n* **auf Stellplätzen** (nicht auf der Straße) (Kfz) / off-street parking ‖ ~ **in der zweiten Reihe** (Kfz) / double parking ‖ ~ **mit der Parkscheibe** (Kfz) / disk parking

**Parkerisieren** *n* (Phosphatieren) (Galv) / parkerizing *n*, Parkerizing *n*

**Parkern** *n* (Überziehen des Stahls mit einer Phosphatschutzschicht - nach dem Erfinder benannt) (Galv) / parkerizing *n*, Parkerizing *n*

**Parkesieren** *n* (Silbergewinnung aus silberhaltigen Bleimetallen - nach A. Parkes, 1813-1890) (Galv) / Parkes process

**Parkes•-Prozeß** *m* (Chem Verf) / Parkes process ‖ ~**-Prozeß** (Silbergewinnung aus silberhaltigen Bleimetallen - nach A. Parkes, 1813-1890) (Galv) / Parkes process ‖ ~**-Verfahren** *n* (Silbergewinnung aus silberhaltigen Bleimetallen - nach A. Parkes, 1813-1890) (Galv) / Parkes process

**Parkett** *n* (Holzfußboden aus Stäben, Riemen und Tafeln nach DIN 280) (Bau) / parquet* *n* ‖ ~ **legen** (Bau) / parquet *v* ‖ ~ **verlegen** (Bau) / parquet *v*

**Parkettafel** *f* (Verlegeeinheit mit Mustern oder Zeichnungen aus verschiedenen Hölzern) (For) / parquet panel

**Parkettboden** *m* (Bau) / parquet floor

**Parkette** *f* (A) (Bau) / parquet strip, parquet stave

**Parkett•element** *n* (längliches) (Bau) / parquet tile ‖ ~**fußboden** *m* (Bau) / parquet floor ‖ ~**fußboden legen** (Bau) / parquet *v* ‖ ~**-Gelbkiefer** *m* (For) / pitch pine*, Northern pitch pine

**parkettieren** *v* (Bau) / parquet *v*

**Parkettierung** *f* (Math) / tessellation *n*, tiling *n*, tesselation *n*

**Parkett•kiefer** *f* (For) / pitch pine*, Northern pitch pine ‖ ~**lamelle** *f* (Bau) / finger *n* ‖ ~**leger** *m* (Bau) / parquet-floor layer, hardwood-strip flooring layer ‖ ~**maschine** *f* (zur Herstellung von Parkettstäben und -federn) (For) / parquet machine ‖ ~**platte** *f* (quadratische) (Bau) / parquet square ‖ ~**polymer** *n* (planare Struktur aus identischen zyklischen und heterozyklischen Einheiten) (Chem) / parquet-type polymer, parquet polymer ‖ ~**riemen** (DIN 280, T 3) (Bau) / parquet strip, parquet stave ‖ ~**rohfries** *m* (For) / raw parquet block ‖ ~**rohstab** *m* (For) / raw parquet block ‖ ~**stab** *m* (DIN 280, T 1) (Bau) / parquet strip, parquet stave ‖ ~**versiegelung** *f* (Anstr) / parquetry sealing ‖ ~**versiegelungslack** *m* (Anstr) / parquet sealing lacquer

**Park•fläche** *f* (für mehrere Fahrzeuge) (HuT, Kfz) / parking lot *n*, parking-place *n*, park *n*, car park, parking area, lot *n* ‖ ~**fläche** (des Flughafens) (Luftf) / parking apron *n*, hardstand *n* (US), hardstanding *n* ‖ ~**gebühr** *f* (Kfz) / parking fee ‖ ~**gelände** *n* (eine Verkehrsanlage zur Aufnahme des ruhenden Verkehrs) (HuT, Kfz) / parking lot *n*, parking-place *n*, park *n*, car park, parking *n*, parking area, lot *n* ‖ ~**haus** *n* (mehrgeschossiges) (HuT, Kfz) / multistorey car park (GB), parkade *n* (Canada) ‖ **elektronische** ~**hilfe** (Kfz) / parking-distance control ‖ ~**kralle** *f* / wheel clamp, clamp *n*, boot *n* (US), park clamp, Denver boot (US) ‖ ~**leuchte** *f* (die Baueinheit) (Kfz) / parking light, parking lamp ‖ ~**licht** *n* (das Licht) (Kfz) / parking light ‖ ~**lücke** *f* (Kfz) / parking space (between two cars)

**Parkometer** *n* (ein Münzautomat mit optischer Anzeige) (Kfz) / parking meter *n*

**Park•orbit** *m* (Raumf) / parking orbit* ‖ ~**orbitalbahn** *f* (Raumf) / parking orbit*

**Parkplatz** *m* (für ein Auto) (HuT, Kfz) / parking space, parking stall (US) ‖ ~ (mit Einparkservice) (HuT, Kfz) / valet parking ‖ ~ (HuT, Kfz) / parking lot *n*, parking-place *n*, park *n*, car park, parking *n*, parking area, lot *n* ‖ ~ (für einen PKW) (Kfz) / parking space, parking stall ‖ ~**angebot** *n* (Parkfläche) (Kfz) / parking space, parking area

**Park•riegel** *m* (Kfz) / wheel clamp, clamp *n*, boot *n* (US), park clamp, Denver boot (US) ‖ ~**scheibe** *f* (für Parkzonen mit begrenzter Parkdauer) (Kfz) / parking disk, park time disk ‖ ~**schranke** *f* (Kfz) / parking barrier ‖ ~**sperre** *f* (bei Automatikgetriebe) (Kfz) / parking lock, PL ‖ ~**stand** *m* (Kfz) / parking space, parking stall ‖ ~**streifen** *m* (Kfz) / lay-by *n*, parking lane ‖ ~**uhr** *f* (ein Münzautomat mit optischer Anzeige) (Kfz) / parking meter *n* ‖ ~**umlaufbahn** *f* (Raumf) /

**Parkverbot**

parking orbit* ‖ ⁓**verbot** n (ein Verkehrszeichen) (Kfz) / parking prohibited, no parking ‖ ⁓**way** m (Kfz) / parkway n (US), pkwy ‖ ⁓**zeituhr** f (ein Münzautomat mit optischer Anzeige) (Kfz) / parking meter n

**parm** / parameter n

**Paromomycin** n (ein Aminoglycosidantibiotikum) (Pharm) / paromomycin n

**Paroxysmus** (pl -men) m (heftige Steigerung des geologischen, insbesondere des vulkanischen Geschehens) (Geol) / paroxysme n, paroxysmal eruption

**PAR-Radar** m n (Radar) / perimeter acquisition radar, PAR

**Parr-Bombe** f (zum Bombenaufschluß) (Chem) / Parr bomb (for combustion with peroxide)

**Parry•-Bogen** m (leicht zur Sonne konkav gekrümmter Bogen dicht oberhalb des Berührungsbogens zum 22°-Ring - nach Sir W.E. Parry, 1790 - 1855) (Astr) / Parry arc ‖ ⁓**-Gichtverschluß** m (Hütt) / Parry-type cup and cone, bell and hopper ‖ ⁓**-Glocke** m (des Hochofens) (Hütt) / Parry-type cup and cone, bell and hopper

**Parryscher Trichter** (ein Gichtverschluß) (Hütt) / Parry-type cup and cone, bell and hopper

**Parry-Trichter** m (Hütt) / Parry-type cup and cone, bell and hopper

**Pars** f (pl. Partes) (Einheit der antiken Formenlehre) (Arch) / minute* n

**Parsec** n (eine alte Einheit der Länge für Entfernungsangaben bei Fixsternen) (Astr) / parsec* n, parallax second

**parsen** v (EDV) / parse v

**Parser** m (ein Programm, das eine syntaktische Analyse durchführt) (EDV) / parser n, syntax analyser ‖ **semantischer** ⁓ (EDV) / semantic parser

**Parsevalluftschiff** n (z.B. nach A.v. Parseval, 1861-1942) (Luftf) / non-rigid airship

**Parsevalsche Gleichung** (nach M.A. Parseval-Deschenes, 1755-1836) / Parseval's equation, completeness relation

**Parsimonitätsprinzip** n (KI) / minimum-cost strategy

**Parsing** n (automatische Syntaxanalyse) (EDV) / parsing* n ‖ ⁓ **mit erweiterter Grammatik** (EDV) / parsing with extended grammar ‖ ⁓**ableitungsbaum** m (EDV) / parsing derivation tree ‖ ⁓**baum** m (EDV) / parse tree

**Parsons-Turbine** f (eine Überdruckturbine nach Sir Ch.A. Parsons, 1854-1931) (Masch) / Parsons steam turbine*

**Part** n (genormte Einheit zur Aufnahme von Prints und Geräten) (Eltronik) / part n

**Parterre** n (pl. -s) (Bau) / ground floor, first floor (US)

**Partial•-** / partial adj ‖ ⁓**breite** f (Anteil der Gesamtbreite einer Resonanz des Wirkungsquerschnittes, der zu einem speziellen Kanal einer Kernreaktion gehört) (Kernphys) / partial width ‖ ⁓**bruch** m (bei Partialbruchzerlegung) (Math) / partial fraction ‖ ⁓**bruchschaltung** f (Eltronik) / partial-fraction arrangement ‖ ⁓**bruchzerlegung** f (Math) / partial-fraction decomposition ‖ ⁓**dichte** f (DIN 1310) (Chem, Phys) / mass per unit volume, mass concentration ‖ ⁓**druck** m (in einem Gemisch von Gasen oder Dämpfen der von einer Komponente ausgeübte Druck) (Chem, Phys) / partial pressure* ‖ ⁓**hydrolyse** f (Chem) / partial hydrolysis ‖ ⁓**korrelation** f (Stats) / partial correlation ‖ ⁓**-least-squares-Verfahren** n (ein spezielles Kalibrationsverfahren bei der analytischen Messung) (Chem) / partial-least-squares technique, PLS technique ‖ ⁓**-least-squares-Verfahren** (Stats) / PLS method, partial least squares process ‖ ⁓**ordnung** f (Math) / partial ordering, partial order, partition ordering ‖ ⁓**oxidation** f (Chem) / partial oxidation ‖ ⁓**produkt** n (Math) / partial product ‖ ⁓**schwingung** f (Phys) / partial oscillation ‖ ⁓**struktur** f (Chem) / partial structure ‖ ⁓**summe** f (Math) / partial sum, subsum n, subtotal n ‖ ⁓**synthese** f (Chem) / partial synthesis ‖ ⁓**ton** m (ein Oberton) (Akus) / partial* n, partial tone ‖ ⁓**turbine** f (Masch) / partial-admission turbine ‖ ⁓**valenz** f (Chem) / partial valency, partial valence ‖ ⁓**versetzung** (z.B. Shockleysche) (Krist) / partial dislocation

**Partie** f (A) / gang n ‖ ⁓ / lot n, parcel n, batch n ‖ ⁓ (einmalige Realisierung eines Spiels) / game n (individual) ‖ ⁓ (Warenmenge) / job lot ‖ ⁓ (Tex) / lot n, batch n, run n ‖ ⁓ (von Fasern) (Tex) / merge n

**partiell** adj / partial adj ‖ ⁓**er** (galvanischer) **Überzug** (Galv) / parcel plating* ‖ ⁓ **abgeschirmt** (Eltech) / partially shielded ‖ ⁓**e Ableitung** (Math) / partial derivative, partial differential coefficient* ‖ ⁓**es Differential** (Math) / partial differential ‖ ⁓**e Differentialgleichung** (Math) / partial differential equation ‖ ⁓**er Differentialquotient** (Math) / partial derivative, partial differential coefficient* ‖ ⁓**e Differentiation** (Math) / partial differentiation ‖ ⁓**e Dispersion** (Chem) / partial dispersion ‖ ⁓**er Druck** (Chem, Phys) / partial pressure* ‖ ⁓ **entscheidbare Menge** (Math) / partially decidable set ‖ ⁓ **erhaltener Axialvektorstrom** (Kernphys) / oartially conserved axial current, PCAC ‖ ⁓**e Finsternis** (Astr) / partial eclipse ‖ ⁓**e Höchstgrenze** (z.B. bei strategischen Offensivwaffen) (Mil) /

subceiling n ‖ ⁓**e Hydrierung** (bei Fetthärtung) (Nahr) / partial hydrogenation ‖ ⁓**e Hydrolyse** (Chem) / partial hydrolysis ‖ ⁓**e Integration** (Math) / integration by parts ‖ ⁓ **invertierte Datei** (EDV) / partially inverted file ‖ ⁓**e Kondensation** (Chem) / dephlegmation n, partial condensation ‖ ⁓**e molare Größe** (Rechengröße zur vollständigen Beschreibung der thermodynamischen Eigenschaften realer Mischungen) (Chem, Phys) / partial molar quantity ‖ ⁓**e Obergrenze** (Mil) / subceiling n ‖ ⁓**e Oxidation** (vergasende Oxidation von Kohlenwasserstoffen mit einer Sauerstoffmenge, die zur vollständigen Verbrennung zu Kohlendioxid und Wasser nicht ausreicht) (Chem) / partial oxidation ‖ ⁓ **rekursiv** (Math) / partially recursive ‖ ⁓**e Vorspannung** (Glas) / temnisation n (GB), temnization n

**Partikel** n f / particle* n, corpuscle n ‖ **beschichtete** ⁓ (mit pyrolytisch abgeschiedenem Kohlenstoff) (Nukl) / coated particle ‖ **verkohlte** ⁓ (des Ablationsschildes) (Raumf) / char n ‖ ⁓**abstand** m / interparticle spacing, interparticle distance ‖ ⁓**anzahl** f / particle number ‖ ⁓**emissionen** f pl (Kfz) / particulate emissions ‖ ⁓**filter** n (ein Atemfilter Materie mit verschiedenen Partikelfilterklassen nach DIN 3181) / particulate filter ‖ ⁓**form** f (kugelig, nadelig, plättchenförmig - DIN 66160) / particle shape ‖ ⁓**geometrie** f (charakteristische geometrische Merkmale von Partikeln der Spanplatten) (For) / particle geometry ‖ ⁓**größe** f / particle size* ‖ ⁓**größenverteilung** f / particle-size distribution ‖ ⁓**morphologie** f (Form und äußere Gestalt von Partikeln) (For) / particle morphology ‖ ⁓**niederschlag** m (eine meßbare Größe der Luftverschmutzung) (Umwelt) / particle fall ‖ ⁓**orientierung** f (bei Spänen) (For) / particle alignment ‖ ⁓**schaumstoff** m (z.B. expandierbares Polystyrol) (Plast) / particle foam ‖ ⁓**strahlwaffe** f (Mil) / particle-beam weapon ‖ ⁓**verbundstoff** m (Masch) / particle composite material ‖ ⁓**zahl** f (Kernphys) s. auch Gluon und Quark

**partikulär** adj (Math) / particular adj ‖ ⁓**es Integral** (einer Differentialgleichung) (Math) / particular integral*

**partikulare Materie** (Phys) / particulate matter

**Partikularisator** m (Math) / existential quantifier, existential operator, particular quantifier

**Partikularisierung** f (Umwandlung einer allgemeinen in eine partikuläre Aussage) (Math) / particularization n, existential generalization

**Partisan** m (Druck) / hickie* n

**Partition** f (ein Teil des Adreßbereiches des virtuellen Speichers, der für die Ausführung von Problemprogrammen zur Verfügung steht) (EDV) / partition n ‖ ⁓ (einer natürlichen Zahl) (Math) / partition n (of a positive integer) ‖ **erweiterte** ⁓ (EDV) / extended partition ‖ ⁓ f **einer Menge** (in Teilmengen) (Math) / partition of a set

**partitionieren** v (EDV) / partition v

**Partitioning** n (Unterteilung eines großen Blockes in mehrere kleinere Subblöcke) (EDV) / partitioning n

**partizipativ** adj / participative adj

**Partner** m **in einem Wechselwirkungs•prozeß** (Phys) / interactant n ‖ ⁓**instanz** f (EDV, Fernm) / peer entity ‖ ⁓**modell** n (KI) / user model (in an ICAI system) ‖ ⁓**-Set** n m (im Stil und Mustercharakter zusammenpasssende Kleidungsstücke für die Dame und den Herrn) (Tex) / partner set ‖ ⁓**-zu-Partner** (EDV, Fernm) / peer-to-peer

**Parton** n (ein Elementarteilchen in dem Partonmodell) (Kernphys) / parton n ‖ ⁓ (Kernphys) s. auch Gluon und Quark

**Partonmodell** n (nach R.P. Feynman) (Kernphys) / parton model

**Partwork** n (Druck) / serial n, serial work, part-work n

**Partyline** f (eine vieladrige Daten-Sammelschiene) (EDV) / party line, party wire, party-line bus ‖ ⁓**-Bus** m (EDV) / party line, party wire, party-line bus

**Parvalbumin** n (Biochem) / parvalbumin n

**Parvis** n (Arch, Bau) / parvis n (in front of a cathedral or church)

**Parylene** n pl (thermoplastische Polymere) (Chem, Eltech) / parylenes pl

**Parzelle, [Kataster]** ⁓ (Bau, Verm) / lot n, plot n, parcel n (of land), building plot, plat n (US)

**Parzellenkarte** f (mit Grundstückskarte) (Bau, Kart, Landw) / cadastral map, plat n (US)

**Parzellierung** f (eines neuen Baugebiets) (Bau) / subdivision n (US), division into lots

**PAS** (Fernm) / peripheral connection simulator ‖ ⁓ f (Pharm) / para(4)-aminosalicylic acid*, PAS* ‖ ⁓ (Spektr) / photoacoustic spectroscopy (PAS)

**PASCAL** n (problemorientierte höhere Programmiersprache nach ISO 7185) (EDV) / PASCAL*

**Pascal** n (abgeleitete SI-Einheit des Druckes = 1 Nm$^{-2}$) (Phys) / pascal* n ‖ **spezieller** ⁓**-Satz** (Math) / Pappus' theorem*, theorem of Pappus (for a degenerate conic section)

**Pascalsch•es Gesetz** (das hydrostatische Grundgesetz) (Phys) / Pascal's law ‖ ⁓**e Schnecke** (ebene algebraische Kurve 4. Ordnung) (Math) / limaçon* n, Pascal's limaçon ‖ ⁓**esDreieck** (Math) / Pascal's triangle*, binomial array

aschen • -Back-Effekt *m* (der magnetischen Aufspaltung von Spektrallinien starker Magnetfelder - nach den deutschen Physikern F. Paschen, 1865-1947, und E. Back, 1881-1959) (Spektr) / Paschen-Back effect* ‖ ≈-Gesetz *n* (Eltech) / Paschen's law*, Paschen's rule
aschensches Gesetz (nach dem die Zündspannung allein vom Produkt aus Gasdruck und Elektrodenabstand abhängt) (Eltech) / Paschen's law*, Paschen's rule
aschen-Serie *f* (im Termschema des Wasserstoffatoms) (Spektr) / Paschen series*
A-Spektroskopie *f* (Spektr) / photoacoustic spectroscopy (PAS)
aspel *f m* (Tex) / piping *n*, edging *n*, braid* *n*
aspelieren *v* (Tex) / pipe *v*, braid *v*, hem *v*
aspelmaschine *f* (Tex) / piping machine, welt machine, braiding machine
aspeln *v* (Tex) / pipe *v*, braid *v*, hem *v*
aspel • naht *f* (Tex) / welt seam, welted seam ‖ ≈streifen *m* (Tex) / piping strip
aß *m* (Kreisteil zwischen den Nasen des gotischen Maßwerkes) (Arch) / lobe *n* ‖ ≈ (ein Bergübergang) (Geog) / pass *n*, col *n*
assage *f* (durch ein Dispergiergerät) (Anstr, Chem Verf) / pass *n*, passage *n* ‖ ≈ (eine Ladenstraße, die durch einen Häuserkomplex führt) (Arch) / arcade *n* ‖ ≈ (Durchgang zwischen Höfen oder zwischen bzw. unter Bauwerken, der mit Läden ausgestattet sein kann) (Arch) / passage *n* ‖ ≈ (Astr) / transit* *n*, meridian transit ‖ ≈ (bei zwei Projektoren im Bildwerferraum) (Film) / changeover* *n* (Schiff) / pass *n*, passage *n* ‖ ≈ (enge Durchfahrt) (Schiff) / passage *n* ‖ ≈ (auf der Strecke und Vorspinnmaschine) (Spinn) / run *n* ‖ ≈ (in der Jiggerfärberei) (Tex) / run *n* ‖ ≈ (beim Färben) (Tex) / cycle *n*, passage *n*, turn *n* ‖ ≈ (Arch) s. auch Fußgängerstraße ‖ ≈**instrument** *n* (Astr) / astronomical transit instrument, transit instrument
assagier *m* / passenger *n* ‖ ≈ (Luftf) / passenger *n*, pax* ‖ **zahlender** ≈ (Luftf) / revenue passenger ‖ **zur Abfahrtzeit nicht erschienener** ≈ (der Fluggast bezahlt bei einer nicht rechtzeitigen Platzannullierung eine No-show-Gebühr) (Luftf) / no-show *n* ‖ ≈**betreuung** *f* (Luftf) / passenger service ‖ ≈**kilometer** *m* (Bahn) / passenger-kilometre *n* ‖ ≈**service** *n m* (Luftf) / passenger service
aßarbeit *f* (Masch) / fitting* *n*
assat *m* (Meteor) / trade wind*, trade *n* ‖ ≈**cumulus** *m* (Meteor) / trade-wind cumulus, trade cumulus ‖ ≈**inversion** *f* (Meteor) / trade-wind inversion ‖ ≈**kumulus** *m* (Meteor) / trade-wind cumulus, trade cumulus ‖ ≈**wind** *m* (Meteor) / trade wind*, trade *n* ‖ ≈**wüste** *f* (Geog, Geol) / trade-wind desert
aß • -Dehn-Schraube *f* (Masch) / fitting bolt with reduced shank ‖ ≈**differenz** *f* (Abweichung vom genauen Übereinander- od. Nebeneinanderdruck zusammengehörender Formteile und aller Druckelemente) (Druck) / register difference, misregister *n*
assé *adj* (Wein) (Nahr) / dead *adj*
asse *f* (an den Schultern oder an der Hüfte angesetztes Stück Stoff) (Tex) / yoke *n*
assen *v* (zu etwas) / tie in *v* (with) ‖ ≈ (Masch) / fit *v* ‖ ≈ (zu - bei Co-ordinates) (Tex) / co-ordinate *v* ‖ ≈ *n* (Masch) / fitting* *n*
assend *adj* / fit *adj*, suitable *adj* ‖ ≈ **machen** / tailor *v*
assepartoutkarton *m* (Pap) / photomount board, picture-mat board
assepoil *m* (pl. -s) (Tex) / piping *n*, edging *n*, braid* *n*
asser *m* (kongruentes Übereinanderstimmen der einzelnen Farbauszüge beim Mehrfarbendruck) (beim Druck mehrerer Formen auf die gleiche Papierseite) (Druck, Foto) / register* *n*, register mark
asserdifferenz *f* (Druck) / register difference, misregister *n* ‖ **mit** ≈ (Druck) / out of register
asserini-Reaktion *f* (Chem) / Passerini reaction
assermarke *f* (Kart) / corner mark, tick *n*, registration tick, corner tick, register mark
aß • feder *f* (Mitnehmerverbindung ohne Anzug) (Masch) / feather *n*, parallel key ‖ **flache rundstirnige** ≈**feder** (Masch) / Pratt and Whitney key ‖ ≈**fläche** *f* (Masch) / fitting surface, mating surface ‖ **bearbeitete** ≈**fläche** (Masch) / facing *n* ‖ ≈**flächenkorrosion** *f* (mechanisch-chemischer Verschleißprozeß) / fretting corrosion*, chafing corrosion, friction oxidation, false brinelling ‖ ≈**form** *f* (Tex) / fit *n* ‖ **mit voller** ≈**form** (Maschenware) (Tex) / fully fashioned*, full-fashioned *adj* ‖ ≈**form geben** (Tex) / fashion *v* ‖ ~**genau** *adj* (ein Anbauteil) / custom-fit *adj* ‖ ~**genau** (auf Paßform gearbeitet) / custom-tailored *adj* ‖ **nicht** ~**genau** (Druck) / out of register ‖ ≈**genauigkeit** *f* (beim Druck mehrerer Formen auf die gleiche Papierseite) (Druck, Foto) / register* *n*, register mark ‖ ~**gerecht machen** (Masch) / fay *v*
passierbar *adj* (Straße, Fluß) / passable *adj*, negotiable *adj*
passieren *vt* (durch ein Sieb streichen) (Nahr) / pass *vt* ‖ ~ *v* (Kette automatisch einziehen) (Web) / draw in *v*
Passier • maschine *f* (Nahr) / passing machine, pulping machine, straining machine ‖ ≈**sieb** *n* (Nahr) / strainer *n*

Passimeter *n* (ein Feinmeßgerät) / passimeter *n*
passiv *adj* / passive *adj* ‖ ~**e Antenne** (Radio) / parasitic antenna*, passive antenna, secondary radiator, passive aerial ‖ ~**es Bauelement** (ohne Verstärker- und/oder Gleichrichtereigenschaften) (Eltronik) / passive device, passive element, passive component ‖ ~**er Bus** (Fernm) / short passive bus, one-way passive bus ‖ ~**e elektronische Gegenmaßnahmen** (Mil) / passive electronic countermeasures ‖ ~**er Erddruck** (HuT) / passive earth pressure, passive resistance ‖ ~**e Faser** (die das auf sie von einer äußeren Quelle einfallende Licht leitet) (Opt) / passive fibre ‖ ~**es Filter** (das nur aus passiven Elementen aufgebaut ist) (Eltronik) / passive filter ‖ ~**er Flugabschnitt** (Raumf) / free-flight trajectory, free-flight path ‖ ~**e grafische Datenverarbeitung** (d.h. Ausgabe grafischer Darstellungen) (EDV) / passive graphics ‖ ~**er Kommunikationssatellit** (Fernm) / passive communications satellite, passive satellite* ‖ ~**e Komponente** (z.B. Widerstand, Kapazität, Induktivität) (Eltronik) / passive device, passive element, passive component ‖ ~**e Korrosion** (Galv) / passivity* *n* ‖ ~**er Korrosionsschutz** (Trennung des Korrosionsmediums vom zu schützenden Werkstoff mit Hilfe von Schutzschichten) (Galv) / corrosion protection by coating(s) ‖ ~**es Netzwerk** (Fernm) / passive network* ‖ ~**es optisches Netz** (Fernm) / passive optical network ‖ ~**es Rückhaltesystem** (Kfz) / passive restraint system ‖ ~**er Sammler** (ohne Energiezufuhr) (Umwelt) / passive sampler ‖ ~**es Schaltelement** (ohmscher Widerstand, Induktivität usw.) (Eltech) / passive element, passive *n* ‖ ~**e Sicherheit** (Kfz) / passive safety ‖ ~**e Störung** (EloKa) (Mil) / passive jamming ‖ ~**er Strahler** (Radio) / parasitic antenna*, passive antenna, secondary radiator, passive aerial ‖ ~**er Wandler** (Fernm, Regeln) / passive transducer ‖ ~**er Zustand** (einer Metalloberfläche) (Galv) / passivity* *n*
**Passiva, Aktiva und** ≈ / assets and liabilities
Passivation *f* (Galv) / passivating *n*, passivating treatment, passivation *n*
Passivator *m* (für Metalle - z.B. Chromate oder Phosphate) (Galv) / passivator *n*, metal passivator ‖ ≈ (Galv) s. auch Inhibitor
passivieren *v* (Metalloberflächen) (Galv) / passivate* *v*
Passivierung *f* (Ausbildung eines elektrochemischen Zustandes, in dem bestimmte Metalle nahezu beständig gegenüber chemischen Angriffen sind) (Galv) / passivating *n*, passivating treatment, passivation *n*
Passivierungs • glas *n* (Eltronik, Glas) / passivation glass ‖ ≈**mittel** *n* (Galv) / passivator *n*, metal passivator ‖ ≈**potential** *n* (kritisches Potential, bei dessen Überschreiten die Passivität eintritt) (Galv) / passivation potential ‖ ≈**strom** *m* (Summenstrom, der für den Übergang vom aktiven in den passiven Zustand des Werkstoffes notwendig ist - DIN 50900) / passivation current
Passivität *f* (z.B. einiger unedler Metalle - DIN 50900, T 2) (Galv) / passivity* *n*
passivitäts • begünstigend *adj* / promoting passivity ‖ ~**fördernd** *adj* / promoting passivity ‖ ~**steigernd** *adj* / promoting passivity
Passiv • kraft *f* (Projektion der Zerspankraft auf eine Senkrechte zur Arbeitsebene - DIN 6584) (Masch) / component of the resultant cutting force measured in a plane perpendicular to the working plane ‖ ≈**matrixdisplay** *n* (Film) / passive-matrix colour display, DSTN display, dual-scan colour display ‖ ≈**matrix-Farbbildschirm** *m* (Film) / passive-matrix colour display, DSTN display, dual-scan colour display ‖ ≈**radar** *m n* (Radar) / passive radar* ‖ ≈**schicht** *f* / passive layer, passive film ‖ ≈**sonar** *n* (DIN 1320) (Akus) / passive sonar
Paß • kerbstift *m* (DIN 1472) (Masch) / grooved pin (close-tolerance) ‖ ≈**kreuz** *n* (für Mehrfarbendrucke) (Druck) / colour register* ‖ ≈**marke** *f* (um beim Druck den Passer zu erzielen) (Druck) / register mark* ‖ ≈**maß** *n* (ein Nennmaß, das mit einem ISO-Kurzzeichen oder mit Abmaßen versehen ist) (Masch) / tolerance size ‖ ≈**punkt** *m* (Foto, Verm) / control point ‖ ≈**schaft** *m* (der Schraube; Schaftdurchmesser mit Paßsitz) (Masch) / increased shank ‖ ≈**scheibe** *f* (Masch) / shim* *n* ‖ ≈**schiene** *f* (Bahn) / temporary rail ‖ ≈**schraube** *f* (mit Paßschaft) (Masch) / dowel screw, body-fit screw, body-fit bolt, fit bolt ‖ ≈**stift** *m* (Masch) / dowel *n*, steady pin*, alignment pin, locating pin ‖ **mit** ≈**stift verbinden** (Masch) / dowel *v*, pin *v* ‖ ≈**stift** *m* **zum Nieten** (Masch) / drift-pin *n* ‖ ≈**stück** *n* (Bahn) / temporary rail ‖ ≈**stück** (Chem) / adapter *n* (an accessory appliance), adaptor *n* ‖ ≈**stück** (Masch) / mating part, matching piece ‖ ≈**system** *n* (systematische Reihe von Passungen nach DIN 7182, T 1) (Masch) / fit system ‖ ≈**teil** *n* (mit einer oder mehreren Paßflächen nach DIN 7182, T 1) (Masch) / mating part, matching piece
PASS-Test *m* (ein Korrosionsprüfverfahren für Lacküberzüge) (Anstr) / PASS test, paint-adhesion-on-scribed-surfaces test
Paßtoleranz *f* (Summe der Toleranzen von Welle und Bohrung nach DIN 7182, T 1) (Masch) / fit tolerance, tolerance of the fit ‖ ≈**feld** *n* (Masch) / fit tolerance zone

**Passung**

**Passung** f (bei Karosserieteilen) (Kfz) / fit n ‖ ~ (Türen, Hauben) (Kfz) / alignment n ‖ ~ (die Beziehung zwischen den Toleranzfeldern zu paarender Teile - DIN 7182, T 1) (Masch) / fit* n
**Passungs•fläche** f (Masch) / mating surface ‖ ~**rost** m (an Paßflächen von Eisenwerkstoffen durch Reibkorrosion entstandener Rost) (Masch) / fretting rust, cocoa n (a fretting corrosion) ‖ ~**system** n (Masch) / fit system
**Password** n (EDV) / password* n
**Paßwort** n (für die Authentifikation von Subjekten eines sicheren Rechensystems) (EDV) / password* n ‖ ~**generator** m (EDV) / password generator
**Pastafarbe** f (die ohne Zusatz von Verdünnungs- oder Streichmitteln direkt aus der Tube verarbeitet werden kann) (Anstr) / paste paint
**Pastaware** f (Nahr) / pasta n, paste n, alimentary paste
**Paste** f / paste n ‖ ~ (hochkonzentrierte Suspension in einem salbenartigen Vehikel) (Pharm) / paste n ‖ ~ (P|ast) / paste* n ‖ ~**faden** m (Eltech) / pasted filament*
**Pastellfarbe** f (Farbton, der durch Ausmischung von Buntpigmenten mit Weißpigmenten erreicht wird) / pastel colour
**pasten•artig** adj / pasty adj, paste-like adj ‖ ~**aufkohlen** n (Hütt) / paste carburizing ‖ ~**extrusion** f (Plast) / paste extrusion ‖ ~**förmig** adj / pasty adj, paste-like adj ‖ ~**gießen** n (Plast) / slush moulding*, hollow casting, slush casting ‖ ~**mischer** m / paste mixer, paste mill
**Pasteur** (Nahr) / pasteurizer n
**Pasteur-Effekt** m (Hemmung der Glykolyse) (Biochem) / Pasteur effect
**Pasteurisation** f (nach L. Pasteur, 1822-1895) (Med, Nahr) / pasteurization* n
**Pasteurisierapparat** m (Nahr) / pasteurizer n
**pasteurisieren** v (Med, Nahr) / pasteurize v
**Pasteurisierung** f (Med, Nahr) / pasteurization* n
**pastierte Platte** (in Bleiakkumulatoren) (Eltech) / pasted plate*, Faure plate
**Pastille** f (Eltronik) / pellet n
**Pastingtrocknung** f (Leder) / pasting n, pasting process
**Pastingverfahren** n (zur Erzielung einer glatten Oberfläche) (Leder) / pasting n, pasting process
**pastos** adj / pasty adj, paste-like adj
**pastös** adj / pasty adj, paste-like adj ‖ **zu einer ~en Masse verarbeiten** / paste vt
**Patatin** n (Glykoprotein aus Kartoffelknollen) (Chem) / patatin n
**Patch** n (EDV) / patch n ‖ ~ (EDV) / patch n ‖ ~**-Clamp-Technik** f (zur Untersuchung der Leitfähigkeit von biologischen Membranen) (Biol) / patch clamp technique ‖ ~**-Karte** f (EDV) / patch card, REP card
**Patchworkteppich** m (Tex) / patchwork carpet, rag carpet
**Patent** n (durch einen Verwaltungsakt verliehene absolute Rechte an einer patentierten Erfindung) / patent n, utility patent ‖ **Antrag** m **auf Erteilung eines Europäischen ~s** / request for granting a European patent ‖ **internationales** ~ / international patent ‖ ~ **angemeldet** / patent pending ‖ ~**amt** n / patent office ‖ **Europäisches** ~**amt** (München) / European Patent Office, EPO ‖ ~**anker** m (z.B. Hall- oder Grusonanker) (Schiff) / stockless anchor*, patent anchor ‖ ~**anmelder** m / applicant for a patent ‖ ~**anmeldung** f / application for a patent ‖ **europäische** ~**anmeldung** / European patent application ‖ ~**anspruch** m / claim n ‖ ~**anwalt** m (zugelassener Vertreter) / patent agent (GB), professional representative, patent attorney (US) ‖ ~**berührung** f / unauthorized claim of patent rights, arrogation of a patent (or patent application) ‖ ~**beschreibung** f / patent specification, specification* n ‖ ~**blau** n (blauer wasserlöslicher Triarylmethanfarbstoff - E 131) (Nahr) / patent blue ‖ ~**datenbank** f (EDV) / patent database ‖ ~**dokumentation** f / patent documentation ‖ ~**fähig** adj (Erfindung) / patentable adj ‖ ~**gelb** n / Cassel's yellow*, mineral yellow, Turner's yellow, Verona yellow
**patentierbar** adj (Erfindung) / patentable adj
**Patentierbarkeit, Ausnahme von der** ~ / exception to patentability
**patentieren** v (eine Erfindung) / patent v ‖ ~ (Draht oder Band) (Hütt) / patent v ‖ ~ (Wärmebehandlung von Draht oder Band aus C-Stählen nach DIN 17014, T 1) (Hütt) / patenting n
**patentiert-gezogener Draht** (Hütt) / patented drawn wire
**Patent•information** f / patent information ‖ ~**inhaber** m / patentee n, proprietor of the patent, patent owner ‖ ~**kali** n (Landw) / potash magnesia ‖ **Internationale** ~**klassifikation** / International Patent Classification ‖ ~**lizenz** f / patent licence ‖ ~**log** (Schiff) / patent log*, taffrail log ‖ ~**mehl** n (Nahr) / patent flour ‖ ~**prozeß** m / patent suit ‖ ~**rand** m (Ränderware) (Tex) / welt* n ‖ ~**recht** n / patent law ‖ ~**rechtlich geschützt** / protected by a patent ‖ ~**rechtlich schützbarer Gegenstand eines Patents** / proprietary advantage ‖ ~**register** n / register of patents ‖ **Europäisches** ~**register** / Register of European Patents ‖ ~**rolle** f / register of patents ‖ ~**schrift** f / printed patent specification (C-publication) ‖ ~**streitsachen** f pl / patent litigations ‖ ~**verletzung** f / patent infringement ‖ ~**vertreter** m (der nicht die vollen Rechte eines patent attorney hat) / patent agent (US) ‖ ~**würdig** adj (Erfindung) patentable adj ‖ ~**zeichnung** f (DIN 199, T 1) / patent drawing ‖ ~**zusammenarbeitsvertrag** m / Patent Cooperation Treaty, PCT
**Patera** (pl -ae) f (architektonisches Glied in Form einer altrömische Opferschale, meistens mit Akanthus- oder Rosenblättern geschmückt) (Arch) / patera* n (pl. -ae)
**Paternò-Büchi-Reaktion** f (nach E. Paternò, 1847-1935, und J. Büch 1903-1986) (Chem) / Paternò-Büchi reaction
**Paternoster** m (ein alter Personenumlaufaufzug - in Deutschland nich mehr zugelassen) (Masch) / paternoster* n ‖ ~**aufzug** m (ein alter Personenumlaufaufzug - in Deutschland nicht mehr zugelassen) (Masch) / paternoster* n
**Pâte-sur-Pâte** (Keram) / pâte-sur-pâte n (a technique for the decoration of ceramic ware)
**Path-Integral-Quantisierung** f (Phys) / path-integral quantization
**Pathobiochemie** f (Biochem) / pathobiochemistry f
**pathogen** adj (Med) / pathogenic adj, pathogenous adj, pathogenetic adj ‖ ~**er Keim** (Med) / pathogen n (a bacterium, virus, or other micro-organism that can cause disease)
**pathologisch** adj (Math, Med) / pathological* adj, pathologic adj
**Pathotoxin** n (Bot) / pathotoxin n
**Patientenüberwachung** f (Med, Regeln) / patient monitoring
**Patina** f (natürliche - im wesentlichen basisches Kupfer(II)-karbonat (Chem) / patina* n, verde antico* ‖ **mit** ~ / patinated adj
**patinieren** v (Möbel) (Tischl) / antique v, patinate v
**Patinierung** f (von selbst ablaufend) / patina formation
**Patio** m (pl. -ios) (Wohnhof eines spanischen Hauses) (Arch) / patio n
**Patrize** f (Druck) / punch* n ‖ ~ (Masch) / male die ‖ ~ (zum Tiefziehen (Plast) / plug n
**Patrizenverfahren** n (beim Umformen von Blechen) (Masch) / male-mould process
**Patrone** f (für den Füllhalter) / cartridge n ‖ ~ (z.B. in Atemschutzgeräten) / canister n, cannister n ‖ ~ (Eltech, Mil) / cartridge n ‖ ~ (DIN 15580) (Film) / cartridge* n ‖ ~ (auf Patronen- oder Punktpapier) (Tex) / pattern n, design n
**Patronen•filter** n / cartridge filter, cartridge-type filter ‖ ~**filter** / tube filter, tubular filter, candle filter ‖ ~**hülse** f (bei Handfeuerwaffen) (Mil) / cartridge case, cartridge n, cartouche n ‖ ~**hülse** (bei kleineren Geschützen) (Mil) / shell n ‖ ~**hülsenmessing** n (Hütt) / cartridge brass (70% Cu + 30% Zn)* ‖ ~**hülsenpapier** n (Mil, Pap) cartridge paper*, ammunition paper ‖ ~**papier** n (Mil, Pap) / cartridge paper*, ammunition paper ‖ ~**papier** (Pap, Tex) / pattern paper, X paper ‖ ~**papier** (Tex) / cartridge paper, squared paper, ruled paper ‖ ~**sicherung** f / cartridge fuse, enclosed fuse (US)*
**patronieren** v (Web) / draft v ‖ ~ n (Web) / draft n, drawing-in* n, drafting n
**Patronit** m (ein Vanadiummineral) (Min) / patronite n
**Patschen** n (V-Mot) / blowing back, blowback* n
**Patschuliöl** n (aus Pogostemon cablin (Blanco) Benth.) / patchouli oil, oil of patchouli
**Patte** f (Taschenklappe oder Taschenbesatz) (Tex) / flap n (of a pocket) ‖ **ebene** ~ (Bau, Mech) / flat plate
**Pattentasche** f (Tex) / panelled pocket, flap pocket ‖ **schräge** ~ (Tex) / hacking pocket
**Pattern•matcher** m (der die linke Seite einer Produktionsregel bearbeitet) (EDV, KI) / pattern matcher ‖ ~**matching** n (EDV, KI) / pattern matching ‖ ~**rate** f (mit der die Prüfpatterns an den Prüfling angelegt werden) (Eltronik) / pattern rate ‖ ~**recognition** f (EDV) / pattern recognition* (PR)
**Patterson•-Funktion** f (Faltung der Dichtefunktion des Streuvermögens mit sich selbst) (Phys) / Patterson function ‖ ~**-Methode** f (Krist) / Patterson-Harker method, Patterson method ‖ ~**-Projektion** f (Phys) / Patterson projection ‖ ~**-Raum** m (Krist, Stats) / vector space ‖ ~**-Reihe** f (bei der Bestimmung der Atomverteilung) (Krist) / Patterson series ‖ ~**-Synthese** f (bei der direkten Atomparameterbestimmung) (Krist) / Patterson synthesis
**Pattinson-Bleiweiß** n (Bleihydroxidchlorid) (Chem) / Pattinson's white lead*, Pattinson white
**Pattinsonieren** n (ein heute nicht mehr praktiziertes Verfahren zur Gewinnung von Silber aus silberhaltigem Werkblei - nach H.L. Pattinson, 1796-1858) (Hütt) / Pattinson process
**Pattinson•-Prozeß** m (Hütt) / Pattinson process ‖ ~**-Verfahren** n (Herstellung von reinem Magnesiumoxid) (Chem Verf) / Pattinson process ‖ ~**-Verfahren** (Hütt) / Pattinson process
**Patulin** n (Stoffwechselprodukt verschiedener Schimmelpilze, z.B. in braunfaulem Obst) (Chem, Nahr, Pharm) / patulin n
**Paul-Falle** f (nach W. Paul, 1913-1993) (Phys) / Paul trap
**Pauli-Matrizen** f pl (Kernphys) / Pauli spin matrices, spin matrices
**Paulingsche Regeln** (für Strukturen, in denen Anionen komplex auftreten - nach L.C. Pauling, 1901-1994) (Phys) / Pauling rules

**auli·-Paramagnetismus** *m* (Paramagnetismus der Metalle, soweit er vom Spin der Leitungselektronen herrührt) (Phys) / free-electron paramagnetism, Pauli paramagnetism ‖ **⁓-Prinzip** *n* (Kernphys) / Pauli exclusion principle*, exclusion principle*, Pauli's principle
**aulische Spinmatrizen** (Kernphys) / Pauli spin matrices, spin matrices
**auli-Verbot** *n* (nach W. Pauli, 1900-1958) (Kernphys) / Pauli exclusion principle*, exclusion principle*, Pauli's principle
**aulsche Ionenfalle** (eine Quadrupolanordnung von Elektronen) (Phys) / Paul trap
**aul-Würth-Verschluß** *m* (zwei parallele Schleusen mit Drehschurre) (Hütt) / Wurth top
**auly-Reaktion** (eine Eiweiß-Nachweisreaktion) (Biochem) / Pauly reaction
**ausbeutel** *m* (mit feingesiebter Holzkohle, Graphit, Ruß, Bimsmehl bzw. Kreide gefüllter Leinenbeutel, der zum Übertragen einer Zeichnung auf einen zu bemalenden oder zu beschriftenden Untergrund dient) (Anstr, Masch) / pounce bag
**auschale Überfluggenehmigung** (Luftf) / blanket overflight clearance
**auschal·analyse** *f* (zur Bestimmung der Bestandteile von Lebensmitteln) (Nahr) / proximate analysis ‖ **⁓gebühr** *f* / flat fee, flat charge ‖ **⁓honorar** *n* / flat fee ‖ **⁓preis** *m* (Kfz, Schiff) / flat fare ‖ **⁓reise** *f* (mit einem Reiseunternehmen) / package *n*, package tour ‖ **⁓summe** *f* / lump sum ‖ **⁓tarif** *m* (Eltech) / flat-rate tariff*
**⁓-Ausdruck** *m* / meaningful formula, well-formed formula (wff)
**ause** *f* (Akus, EDV) / pause *n* ‖ **⁓** (als Ergebnis) (Druck) / tracing* *n* ‖ **⁓** (in der Sendung) (Radio, TV) / intermission *n*, dead air ‖ **⁓** (z.B. im Morsealphabet) (Teleg) / space* *n* ‖ **⁓ vor Wahlwiederholung** (Fernsp) / redial pause ‖ **⁓ zwischen Impulsen** (Fernm) / quiescent period*
**ausen·bild** *n* (Träger) (TV) / interlude slide, interval slide ‖ **⁓bild** (TV) / interval caption ‖ **⁓block** *m* (Fernm) / silence *n* ‖ **⁓lose Überblendung** (in einem Stehbildwerfer) (Foto) / cross-fade *n*, fade-over *n* ‖ **⁓welle** *f* (Fernm) / spacing wave*, back wave* ‖ **⁓zeichen** *n* (Radio, TV) / station-identification signal, interval signal
**Pause/Standbild-Taste** *f* (Film) / pause/still button
**aus·fähig** *adj* / traceable *adj* ‖ **⁓fähigkeit** *f* (von Zeichnungen) (Druck) / printability *n* ‖ **⁓leinen** *n* / tracing cloth, tracing linen ‖ **⁓papier** *n* (zum Übertragen des Entwurfs oder der Vorlage auf den Maluntergrund) (Anstr, Masch) / pouncing paper ‖ **⁓papier** (Pap) / tracing-paper *n* ‖ **⁓rädchen** *n* (zum Durchstechen einer Pause) / tracing wheel ‖ **⁓zeichner** *m* / tracer *n* (male)
**Pavillon** *m* (Arch) / pavilion* *n* ‖ **⁓dach** *n* (Arch) / pavilion roof
**Pavinalkaloide** *n pl* (Untergruppe der Isochinolinalkaloide aus Papaver-Arten) (Chem) / pavine alkaloids
**Pawlatschenhaus** *n* (A) (Arch) / block of flats with access balconies, apartment house with access balconies (US), balcony-access block
**Payload** *n* (Nutzinformation) (Fernm) / payload *n*
**Paynesgrau** *n* (grauschwarzes Pigment für die Kunstmalerei) / Payne's gray (US)
**paynesieren** *v* (imprägnieren nach Payne) (For) / paynize *v*
**Pay-TV** *f* (TV) / pay-television *n*, pay-as-you-view* *n*, pay TV*, subscription television*, toll television*, see-fee television, pay-per-view TV
**Pazifisch·e Edeltanne** (Abies procera Rehder) (For) / noble fir ‖ **⁓e Eibe** (Taxus brevifolia Nutt.) (For) / Pacific yew, Western yew ‖ **⁓er Küstentyp** (Geol) / Pacific-type coastline
**PB** / trial run, test run, dummy run
**Pb** (Chem) / lead *n* (led)*
**PB** (Chem) / polyblend *n* ‖ **⁓** (Chem) / polybutadiene* *n* ‖ **⁓** (Chem) / polybutene* *n*, polybutylene *n*, PIB* ‖ **⁓** (Chem) / polyblend *n*, polymer blend ‖ **⁓** (Fernm) / peripheral bus
**PBB** (Chem) / polybrominated biphenyl (PBB)
**PBC-Vektor** *m* (innerhalb eines Kristallgitters) (Krist) / periodic bond chain vector
**Pb-Folie** *f* / lead foil
**PBI** (Chem) / polybenzimidazole *n*
**π-Bindung** *f* (als Gegensatz zur Sigma-Bindung) (Chem)* / pi bond, pi bonding
**Pb-Mantel** *m* (Kab) / lead sheath
**3PB-Probe** *f* (WP) / Charpy three-point bend specimen, three-point bend (load) specimen
**PB-Prozeß** *m* (Glas) / press-and-blow process
**PBS** (EDV) / disk operating system* (DOS)
**PbSnTe-Laser** *m* (ein Halbleiterlaser) (Phys) / PbSnTe-laser *n*
**PB-Toxin** *n* (aus dem Dinoflagellaten Ptychodiscus brevis) (Chem, Umwelt) / PB toxin
**PBTP** (Plast) / polybutylene terephthalate, PBTP
**pc** (Astr) / parsec* *n*, parallax second
**PC** (Chem) / paper chromatography* (PC), filter-paper chromatography ‖ **⁓** (EDV) / personal computer*, PC* ‖ **⁓** (DIN 7728) (Plast) / polycarbonate* *n*
**PCA-Effekt** *m* (Radio) / polar cap absorption, PCA effect

**PCB** (in Deutschland nur in geschlossenen Systemen benutzt) (Chem) / polychlorinated biphenyl (PCB)
**PCCD** (polychloriertes Dibenzodioxin) (Chem) / PCDD
**PCDF** (polychloriertes Dibenzofuran) (Chem) / PCDF
**PCE** (Hütt) / Portevin-LeChatelier effect
**PC-Ersatzteil** *n* (EDV) / spare PC part
**PC-Glas** *n* (das beim Erstarren plastischer Kristalle entsteht) (Glas) / PC glass
**PCI** (EDV) / peripheral component interconnect (Intel local bus architecture), PCI
**PC-Invarianz** *f* (Kernphys) / CP invariance
**PCM** / physical connection management, PCM ‖ **⁓** (Chem) / trichloromethane sulphenyl chloride ‖ **⁓** (Fernm) / pulse-code modulation* (PCM*)
**PCMCIA-Karte** *f* (für Digitalkameras) (EDV) / PCMCIA card (Personal computer memory card international association)
**PCNB** (Chem) / quintozene* *n*, PCNB*
**PCP** (Chem) / polychloroprene* (PCP) *n* ‖ **⁓** (als Holzkonservierungsmittel heute nicht mehr zugelassen) (Chem, For) / pentachlorophenol* (PCP) *n* ‖ **⁓** (Chem, Pharm) / phencyclidine *n* (angel dust), PCP
**PC-Papier** *n* (Foto, Nahr) / polyethylene-coated paper
**PCR** (Biochem) / polymerase chain reaction, PCR
**PCS-Faser** *f* (Eltronik, Opt) / plastic-clad silica fibre, PCS fibre
**PCT** (Chem) / polychlorinated terphenyl
**PCTA** (Chem) / polychlorinated thianthrene, PCTA
**PCTFE** (DIN 7728) (Plast) / polytrifluorochloroethylene* *n*, PTFCE*, polychlorotrifluoroethylene *n*, PCTFE
**PCT-Theorem** *n* (fundamentales Theorem der Quantenfeldtheorie) (Phys) / CPT theorem
**p-Cumarylalkohol** *m* (z.B. im Lignin) (Chem) / coumaryl alcohol
**PCV** (Chem) / polyvinyl carbazole
**PC-Verbinder** *m* (EDV) / PC connector
**PCV-Ventil** *n* (ein Rückschlagventil in Systemen zur Kurbelgehäusezwangsent- und -belüftung) (Kfz) / PCV valve, positive crankcase ventilation valve
**Pd** (Chem) / palladium* *n*
**PD** (Spektr) / plasma desorption, PD
**PDA** (EDV) / Personal Digital Assistant, PDA
**P-Darstellung** *f* (Anzeige der Meßwerte für Richtung und Entfernung in Polarkoordinaten) (Radar) / P display*
**PDE** (Biochem) / phosphodiesterase *n*
**PDH** (Fernm) / plesiochronous digital hierarchy
**PDL-Sprache** *f* (EDV) / page description language* (PDL)
**PDM** (Fernm) / pulse-duration modulation, PD modulation, PDM / pulse-width modulation*, pulse-length modulation
**Pd-Mohr** *n* (Chem) / palladium black
**PDMS** (Spektr) / plasma-desorption mass spectrometry, PDMS
**PD-Regler** *m* (Regeln) / proportional-derivative controller, PD controller
**PD-Software** *f* (die in der Regel nicht gegen Kopieren geschützt ist und frei getauscht werden kann) (EDV) / public-domain software, PD software
**PDS-Software** *f* (EDV) / portable-document software
**P-Dünger** *m* (Landw) / phosphorus fertilizer, phosphate fertilizer
**PDV** (EDV) / process data processing, PDP
**PDV-Bus** *m* (DIN 19241) (EDV) / process dataway
**PD-Verhalten** *n* (Regeln) / PD action, proportional-derivative action
**PE** (Chem, Plast) / polyethylene* *n*, PE, polyethene* *n*, Alkathene* *n* ‖ **⁓** (EDV) / process I/O unit ‖ **⁓** (Eltronik) / plasma etching (PE)
**P.E.** (Pharm) / European Pharmacopoeia
**Pe** (DIN 1341) (Phys) / Péclet number ‖ **⁓** (Phys) / Bodenstein number
**PE weich** (Chem, Plast) / low-density polyethylene, LDPE
**Peak** *m* (pl.: -s) (Chem) / peak *n* ‖ **⁓** (in einem Chromatogramm) (Chem) / peak *n* ‖ **⁓** (Geol) / peak *n* ‖ **⁓** (Masch) / microprominence *n*, peak *n*, prominence *n*, hill *n*, promontory* *n*, protuberance *n*, tit *n* ‖ **⁓** (in Diagrammen oder grafischen Aufzeichnungen - meistens bei Verteilungskurven) (Math, Stats) / peak *n* ‖ **⁓** (Radiol) / peak *n* ‖ **⁓ mit Fronting** (Chem) / fronting peak, leading peak ‖ **⁓breite** *f* (Chem) / peak width ‖ **⁓detektor** *m* / peak finder, peak separator ‖ **⁓fläche** *f* (bei der quantitativen Analyse in der Gaschromatografie) (Chem) / peak area ‖ **⁓höhe** *f* (als chromatografischer Parameter) (Chem) / peak height
**Peaking** *n* (Kantenverstärkung) (Film) / peaking *n*
**Peak·leading** *n* (Chem) / fronting *n*, leading *n*, bearding *n* ‖ **⁓matching** *n* (Spektr) / peak matching ‖ **⁓shaving-Anlage** *f* (eine Erdgasverflüssigungsanlage) (Erdöl) / peak-shaving facility, peak-load shaving facility ‖ **⁓verbreiterung** *f* (z.B. durch Streudiffusion) (Chem) / peak broadening ‖ **⁓vergleich** *m* (Spektr) / peak matching ‖ **⁓verzerrung** *f* (z.B. durch Überlastung) (Chem) / peak distortion

**Peano-Kurve** f (flächenfüllende stetige Kurve) (Math) / Peano's curve, Peano curve

**Peanosches Axiomensystem** (fünf Axiome, aus denen sich die Eigenschaften der natürlichen Zahlen ableiten lassen - nach dem italienischen Mathematiker G. Peano, 1858-1932) (Math) / Peano's postulates, Peano's axiom system

**PEARL** n (eine Programmiersprache zur Lösung von Aufgaben im Realzeitbetrieb nach DIN 66253) (EDV) / PEARL n, Process and Experiment Automation Real Time Language

**Pearsonsch•e Verteilung** (nach K. Pearson, 1857-1936) (Stats) / Pearson distribution ‖ ~e **Verteilung** (Stats) s. auch Betaverteilung und Gammaverteilung

**Pearson-Symbol** n (zur Klassifizierung von Kristallstrukturen) (Krist) / Pearson symbol

**Peau-de-soie** f (Tex) / peau-de-soie n

**Pebble** n (Wärm) / pebble n

**Pebble-Heater** m (Chem) / pebble heater

**Pebble-Mühle** f (Aufber, Masch) / pebble mill*

**PE-C** (DIN 7728, T 1) (Chem, Plast) / chlorinated polyethylene, CPE

**Peccaryleder** n (Leder) / peccary leather, peccary n

**Pech** n (DIN 55946, T 1) / pitch* n ‖ ~ (von verschiedenen Pinus-Arten) (Chem, For) / pine pitch ‖ **Kanadisches** ~ (meist von Tsuga canadensis (L.) Carrière) / Canada pitch, hemlock pitch ‖ **voller** ~ / pitchy adj

**Pechan-Prisma** n (ein Umkehrprisma) (Opt) / Pechan prism

**pech•artig** adj / pitchy adj ‖ ~**artiger Glanz** (Min) / resinous lustre ‖ ~**asphaltbeton** m (HuT) / pitch bitumen asphalt ‖ ~**bitumen** n / tar asphalt ‖ ~**blende** f (kollomorphes Uranpecherz - meistens Uran(IV)-oxid) (Min) / pitchblende*, nasturan n, ~**brennerei** f (For) / pitch distillery ‖ ~**bund** m **des Webblattes** (Web) / pitch binding of reed ‖ ~**destillation** f (Chem Verf, For) / pitch distillation ‖ ~**draht** m (zum Nähen von Schuhen) / shoemaker's thread, pitched thread, waxed thread, cobbler's thread ‖ ~**entfernung** f / depitching n ‖ ~**faden** m (ein mit Schusterpech eingeriebener Handnähfaden) / shoemaker's thread, pitched thread, waxed thread, cobbler's thread ‖ ~**fleck** m / pitch stain ‖ ~**gebunden** adj (Brikett) / pitch-bonded adj, pitch-bound adj ‖ ~**geschmack** m (Nahr) / pitchy taste

**pechig** adj / pitchy adj

**Pech•kiefer** f (Pinus rigida Mill.) (For) / pitch pine*, Northern pitch pine ‖ ~**kohle** f (glänzendschwarze, tertiäre Hartbraunkohle) (Geol) / bituminous pitch, pitch coal ‖ ~**Kohlenstoff-Faser** f (Tex) / pitch-carbon fibre ‖ ~**koks** m (der durch Erhitzen von Steinkohlenteerpech unter Luftabschluß gewonnen wird) / pitch coke, tar coke ‖ ~**larse** f (For) / resin seam ‖ ~**mann-Reaktion** f (nach H. von Pechmann, 1850 - 1902) (Chem) / Pechmann reaction ‖ ~**nasenkranz** m (Arch) / machicolations* pl ‖ ~**papier** n (Bau, Pap) / tar paper ‖ ~**politur** f / pitch polishing ‖ ~**riß** m (For) / resin seam ‖ ~**schwarz** adj / pitch-black adj, pitch-dark adj ‖ ~**schwarz** s. auch tiefschwarz ‖ ~**spitze** f (Verunreinigung auf textilem Material, die auf Pech zur Kennzeichnung von Schafen zurückzuführen ist) (Tex) / tarry tip, pitch tip, pitch mark ‖ ~**stein** m (altes Glas mit über 4% Wasser) (Geol) / pitchstone* n, fluolite n ‖ **rotes** ~**uran** (Min) / uranium ochre, gummite n

**Péclet-Zahl** f (Verhältnis von konvektiver Wärme zu geleiteter Wärme in Strömungen - nach J.C.E. Péclet, 1793-1857) (DIN 1341) (Phys) / Péclet number ‖ ~ **der Stoffübertragung** (Phys) / Bodenstein number

**Peculiar-Stern** m (dessen Spektrum Besonderheiten aufweist) (Astr) / peculiar star

**PECVD-Prozeß** m (Eltronik) / plasma-enhanced CVD, PECVD, plasma-enhanced chemical vapour deposition

**PECVD-Verfahren** n (bei integrierten Schaltungen das Abscheiden von Isolierschichten aus einem Plasma unter Wärmeeinwirkung) (Eltronik) / plasma-enhanced CVD, PECVD, plasma-enhanced chemical vapour deposition

**Ped** n (das kleinste natürliche Aggregat von Bodenteilchen) (Geol, Landw) / ped n

**Pedal** n (Kfz) / foot pedal n, pedal n (a foot-operated lever or control) ‖ ~ (Masch) / treadle n ‖ ~**gefühl** n (Kfz) / pedal feel(ing) ‖ ~**kraft** f (Kfz) / pedal force ‖ ~**leerweg** m (Weg eines Pedals von der Ruhestellung bis zu dem Punkt, an dem die Bremse/Kupplung anspricht) (Kfz) / pedal free play ‖ ~**pulsieren** n (bei aktivem ABS) (Kfz) / pedal pulsation ‖ ~**restweg** m (der Abstand zwischen Pedal und Bodenblech, wenn das Pedal voll durchgetreten ist) (Kfz) / pedal clearance ‖ ~**weg** m (Kfz) / pedal travel

**Peddigrohr** n (aus Rotangpalmen) / rattan centre, rattan core ‖ ~ s. auch Rotangpalme

**Pedersen-Leitfähigkeit** f (elektrische Leitfähigkeit von Plasmen senkrecht zum Magnetfeld in Richtung des angelegten elektrischen Feldes) (Plasma Phys) / Pedersen conductivity

**pediale Klasse** (ohne jedes Symmetrieelement) (Krist) / pedial class

**Pedigree** n (pl. -s) (Stammbaum in der Pflanzen- und Tierzucht) (Biol, Landw) / pedigree n

**Pediment** n (am Rande arider oder semiarider Gebirge) (Geol) / pediment* n, rock pediment

**Pedion** n (pl. Pedien) (einflächige Kristallform) (Krist) / pedion* n

**Pedipulator** m (Schreitvorrichtung) / pedipulator n

**Pedipulatorsystem** n (bei Schreitrobotern) / pedipulator system

**Pedo•biologie** f (Biol, Landw) / soil biology, pedobiology n ‖ ~**genese** (Geol) / soil genesis, pedogenesis n (pl. -geneses), soil formation ‖ ~**genetisch** adj (Geol) / pedogenetic adj, pedogenic adj, soil-forming adj ‖ ~**logie** f (HuT, Landw) / pedology* n, soil science ‖ ~**logisch** adj (HuT, Landw) / pedological adj ‖ ~**meter** n (uhrähnlicher Schrittzähler) (Verm) / pedometer* n, odograph* n

**Pedon** n (kleinster einheitlicher Bodenkörper) (Geol, Landw) / pedon

**Pedo•sphäre** f (der oberste Bereich der festen Erdrinde) (Geol, Landw) / pedosphere n ‖ ~**top** m (eine Fläche, die überwiegend von einer Bodenform eingenommen wird) / pedotope n

**PEE** (Chem) / polyphenylene ether, polyoxyphenylene n, polyaryl ether

**PEEK** (Plast) / polyetheretherketon n, PEEK

**Peeltest** m (Versuch zur Messung der Haftfestigkeit nach DIN 53 494) (Anstr, Eltech) / peel test

**Peenplating** n (Galv) / peen plating, mechanical plating

**Peer-Entities** f pl (im ISO-Referenzmodell) (EDV, Fernm) / peer entities

**Peer-to-Peer-Netz** n (das ohne Server auskommt, in dem jeder Rechner Server- und Clientaufgaben übernehmen kann) (EDV, Fernm) / peer-to-peer network

**PEG** (Chem) / polyethylene glycol, PEG

**Pegel** m (Angabe von Strom-, Spannungs-, Schall- oder Leistungsverhältnissen im logarithmischen Maß - DIN 5493) (Akus, Fernm) / level* n ‖ ~ (Gerät zum Messen des Wasserstandes am Fluß) (Wasserb) / gauge* n, river gauge, gage n ‖ ~ **bei abgeschlossener Leitung** (Fernsp) / terminated level* ‖ ~**addition** f (Akus) / addition of sound levels, level addition ‖ ~**differenz** f (Phys) level difference ‖ ~**funkenstrecke** f (Funkenstrecke in Luft) (Eltech) / protector gap ‖ ~**häufigkeitsverteilung** f (Akus) / level distribution ‖ ~**höhe** f (Wasserb) / gauge height ‖ ~**lautstärke** f (DIN 1320) (Akus) / loudness level ‖ ~**meßeinrichtung** f (Fernm) / level measuring set*, LMS* ‖ ~**messer** m (ein Verstärkervoltmeter) (Akus, Fernm) / level meter, level indicator ‖ ~**messer** (Fernm) / transmission measuring set* ‖ ~**meßgerät** n (Fernm) / level measuring set*, LMS* ‖ ~**null** n (Wasserb) / gauge datum, gauge zero ‖ ~**nullpunkt** m (Wasserb) / gauge datum, gauge zero ‖ ~**schacht** m (ein offener Schacht, der mit dem Gerinne verbunden ist) (Wasserb) / gauge well ‖ ~**schreiber** m (Fernm) / hypsograph n ‖ ~**schreiber** (Wasserb) / level recorder, water stage recorder, stage recorder ‖ ~**stab** m (Kfz) / dipstick* n, oil dipstick ‖ ~**stand** n / level* n, filling level, fill level ‖ ~**standanzeiger** m (Masch) / level indicator ‖ ~**station** f (Wasserb) / gauging station ‖ ~**stelle** f (eine an einem offenen Gerinne ausgewählte Stelle für systematische Beobachtungen des Wasserstandes und/oder des Abflusses) (Wasserb) / gauging station ‖ ~**uhr** f (Wasserb) / float gauge, float recorder, float-operated gauge ‖ ~**umsetzung** f (Eltech) / level conversion ‖ ~**verschiebungsstufe** f (Eltronik) / level shift stage (IC design)

**Pegmatit** m (grobkörniges Ganggestein, das aus wäßrigen Magmarestströmungen auskristallisiert ist) (Geol) / pegmatite* n

**Pegmatitisierung** f (Geol) / pegmatitization n

**Pegmatitsand** m (Geol) / pegmatite sand

**Pehameter** n (Chem) / pH meter*

**PE-HD** (Chem) / high-density polyethylene, HDPE

**Peierlssches Modell** (ein Versetzungsmodell) (Krist) / Peierls-Nabarro model

**Peierls-Spannung** f (die zur Bewegung einer Versetzung in einem sonst störungsfreien Kristall notwendige mechanische Schubspannung - nach R.E. Peierls, 1907-1995) (Krist) / Peierls stress

**Peigneur** m (Spinn) / doffer* n

**peignieren** v (Spinn) / comb* v ‖ ~ n (Spinn) / combing n

**peignierte Baumwolle** (Spinn) / combed cotton

**Peil•antenne** f (Fernm, Radar, Radio) / direction-finding antenna, direction-finder antenna ‖ ~**aufsatz** m (ein Navigationsgerät, das auf einen Kompaß aufgesetzt wird) (Schiff) / bearing circle ‖ ~**deck** n (oberer Abschluß des Brückenaufbaus) (Schiff) / compass platform, compass bridge, compass flat, navigation bridge

**peilen** v (einen Tank) (Erdöl) / gauge v ‖ ~ (Nav, Radar, Radio) / bear v, take a bearing, fix the direction, find the direction ‖ ~ (mit Peilstange oder Echolot) (Schiff) / sound v

**Peiler** m (Nav, Radar, Radio) / direction-finder* (DF)

**Peil•fehler** m (Nav, Radar) / error in bearing ‖ **viertelkreisiger** ~**fehler** (Nav, Radar) / quadrantal error ‖ ~**gerät** n (Nav, Radar, Radio) / direction-finder* (DF) n ‖ **automatisches** ~**gerät** (Luftf) / automatic direction-finder, ADF ‖ ~**platte** f (fest angebrachte Platte an Boden eines Tanks als Fixpunkt für Tankeichung und Tankpeilung) / datum plate ‖ ~**rahmen** m (Luftf, Nav, Radio) / loop antenna ‖ ~**scheibe** f (zur Winkelmessung) (Schiff) / pelorus n ‖ ~**stab** m (als Einparkhilfe) (Kfz) / guide rod ‖ ~**stab** (für Motor- oder

Getriebeölstand) (Kfz) / dipstick\* n, oil dipstick ‖ ⁓stab (auch für Tankmessungen) (Wasserb) / gauge rod, gauging rod, gauging pole ‖ ⁓standort m (Nav, Radar) / fix n ‖ ⁓stange f (Wasserb) / gauge rod, gauging rod, gauging pole ‖ ⁓stock m (markierter Holzstab zur Messung der Wassertiefe bis etwa 4 m, wobei die Länge des Peilstocks bis zu 6 m beträgt) (Schiff) / sounding rod, sounding pole ‖ ⁓strich m (mechanisches Peillineal) (Radar, Schiff) / cursor n

**Peilung** f (Nav, Radar, Radio) / bearing n, direction finding ‖ ⁓ (mit Peilstange oder Echolot) (Schiff) / sounding n ‖ **mißweisende** ⁓ (Luftf, Nav) / magnetic bearing\*, aberrational bearing ‖ **rechtweisende** ⁓ (Nav) / true bearing ‖ **rückwärtige** ⁓ (Luftf, Radio) / back bearing

**Peil•winkel** m (einer Peilung); Seitenwinkel;m. (Radar, Radio) / bearing\* n ‖ ⁓ziel n (Radar, Radio) / bearing target, bearing object

**Peirce•Funktion** f (weder-noch - nach Ch.S. Peirce, 1839-1914) (EDV) / NOR operation, rejection n, dagger operation, nondisjunction n, Peirce function ‖ ⁓-Pfeil m (Funktionssymbol für die NOR-Verknüpfung) (EDV) / Peirce arrow ‖ ⁓-Smith-Konverter m (für die Kupfergewinnung) (Hütt) / Peirce-Smith converter

**PE-Isolierung** f (Eltech) / polyethylene insulation, PE insulation

**Peitschen** n (der Antriebswelle) (Kfz) / whirling n, whipping n ‖ ⁓antenne f (Radio) / whip antenna, fishpole antenna ‖ ⁓effekt m (ein Schleudertrauma) (Kfz) / whiplash\* n, whiplash injury ‖ ⁓hiebsyndrom n (ein Schleudertrauma) (Kfz) / whiplash\* n, whiplash injury ‖ ⁓lampe f (Licht) / lantern on a swan-necked column, lantern on a column with a swan-neck bracket (with a side or top entry) ‖ ⁓leuchte f (Licht) / lantern on a swan-necked column, lantern on a column with a swan-neck bracket (with a side or top entry) ‖ ⁓schlagsyndrom n (ein Schleudertrauma) (Kfz) / whiplash\* n, whiplash injury

**Pekannußbaum** m (Carya illinoiensis (Wangenh.) K. Koch) (For) / pecan n, Illinois nut

**Pekarileder** n (Leder) / peccary leather, peccary n

**Pektase** f (Biochem) / pectase n

**Pektat** n (Salz oder Ester der Pektinsäure) (Chem) / pectate n

**Pektin** n (E 440) (Biochem, Nahr) / pectin\* n ‖ **hoch verestertes** ⁓ (Biochem) / high-ester pectin ‖ ⁓abbauend adj (Biochem) / pectinolytic adj, pectolytic adj

**Pektinase** f (Biochem) / pectinase n

**Pektinat** n (Salz der Pektine) (Biochem) / pectinate n

**Pektin•chemie** f (Biochem) / pectine chemistry ‖ ⁓esterase f (ein zu den Karbonsäureesterasen gehörendes Ferment, das hochspezifisch das Pektin in Pektinsäure und Methanol spaltet) (Biochem) / pectase n

**pektinolytisch** adj (Biochem) / pectinolytic adj, pectolytic adj

**Pektin•pulver** n (Nahr) / solid pectin ‖ ⁓säure f (Poly-D-galacturonsäure) (Biochem) / pectic acid ‖ ⁓spaltend adj (Biochem) / pectinolytic adj, pectolytic adj ‖ ⁓stoff m (pflanzliches Heteropolysaccharid) (Biochem) / pectic substance ‖ ⁓substanz f (Biochem) / pectic substance

**Pektisation** f (Chem) / pectization n

**pektisch** adj (Biochem) / pectic adj ‖ ⁓es Enzym (zu den Polyasen gehörendes Enzym) (Biochem) / pectic enzyme

**Pekto•lipase** f (Biochem) / pectase n ‖ ⁓lith m (Kalziumnatriumhydrogentrisilikat) (Min) / pectolite\* n ‖ ⁓lytisch adj (Biochem) / pectinolytic adj, pectolytic adj

**Pektose** f (Biochem, Bot) / pectose\* n

**Pektozellulose** f (Biochem) / pectocellulose n

**pekuliare Bewegung** (Astr) / peculiar motion

**Pekuliarbewegung** f (Astr) / peculiar motion

**Pel** n (EDV) / pixel\* n, picture element

**pelagial** adj (im freien Meer- und Seewasser lebend) (Zool) / pelagic\* adj ‖ ⁓ n (Region des freien Wassers in Gewässern /einschließlich des Meeres/, die in horizontale Schichten gegliedert wird) (Ozean) / pelagic region

**pelagisch** adj (Sediment) (Geol) / pelagic adj ‖ ⁓ (im freien Meer- und Seewasser lebend) (Zool) / pelagic\* adj ‖ ⁓e Ablagerungen (Geol) / deep-sea deposits\*, pelagic deposits ‖ ⁓e Region (Tiefsee) (Ozean) / pelagic region ‖ ⁓e Sedimente (Geol) / deep-sea deposits\*, pelagic deposits

**Pelagosit** m (eine Karbonatablagerung) (Geol) / pelagosite n

**Pelargonaldehyd** m (Chem) / nonanal n

**Pelargonat** n (Salz und Ester der Pelargonsäure) (Chem) / pelargonate n

**Pelargonidin** n (ein Aglykon der Anthozyane - E 163) (Chem, Nahr) / pelargonidin n ‖ ⁓chlorid n (Chem, Nahr) / pelargonidin n

**Pelargonin** n (Chem) / pelargonin n

**Pelargoniumöl** n (meistens aus der Rosenpelargonie - Pelargonium graveolens L'Hérit. ex Ait.) / oil of rose geranium, geranium oil, pelargonium oil

**Pelargonsäure** f (Chem) / pelargonic acid\*, nonan-1-oic acid\*

**Pelawachs** n / Chinese wax, Chinese insect wax, insect wax, pela n

**PE-LD** (Chem, Plast) / low-density polyethylene, LDPE

**Peléetätigkeit** f (Ausbruch von Glutwolken) (Geol) / Pelean eruption\*, Peléean eruption

**PE-Leiter** m (Eltech) / protective (earthed) conductor

**p-Elektron** n (in der p-Schale) (Kernphys) / p-electron n, p electron

**p-Elemente** n pl (Chem) / p-block elements

**Peles Haar** (hawaiische Bezeichnung für feine vulkanische Glasfäden) (Geol) / Pelé's hair\*, capillary ejecta, filiform lapilli, Pele's hair

**Pelite** m pl (Tongesteine) (Geol) / pelites pl, argillaceous rocks\*

**pelitisch** adj (klastisch <0,02 mm) (Geol) / pelitic adj

**Pelle** f (der Wurst) / skin n

**pellen** v (Nahr) / skin v, peel v

**Pellet** n (unregelmäßiger Rundkörper ohne internes Richtungsgefüge) (unregelmäßiger Rundkörper ohne internes Richtungsgefüge) (Geol) / pellet n ‖ ⁓ (ein Preßling oder ein Granulat) (Hütt, Nukl) / pellet n

**pelletieren** v (Aufber, Chem Verf, Hütt) / pelletize v, pellet v, ball v, ball up v ‖ ⁓ n (Aufber, Chem Verf, Hütt) / pelletization\* n, balling n

**Pelletierin** n (giftiges Alkaloid in Wurzel und Rinde des Granatapfelbaumes) (Chem, Pharm) / pelletierine n

**pelletiertes Futter** (Landw) / pelleted feed

**Pelletierteller** m (Hütt) / pelletizing disk, disk pelletizer

**Pelletiertrommel** f (Hütt) / pelletizing drum, balling drum, drum pelletizer

**pelletisieren** v (Aufber, Chem Verf, Hütt) / pelletize v, pellet v, ball v, ball up v ‖ ⁓ n (Aufber, Chem Verf, Hütt) / pelletization\* n, balling n

**Pelletizer** m (Chem Verf, Hütt) / pelletizer n

**Pelletpresse** f / pellet mill, pelleter n ‖ ⁓ (Landw) / cuber n, cubing machine

**Pelletron** n (ein Beschleuniger) (Nukl) / pelletron electrostatic accelerator

**Pell-Gleichung** f (eine diophantische Gleichung - nach J. Pell, 1610-1685) (Math) / Pell's equation, Pellian equation

**Pellicle** n (ein Zellulosenitrathäutchen zum Schutz von Reticles) (Eltronik) / pellicle n

**Pellicularionenaustauscher** m (Chem) / pellicular ion-exchange resin

**Pellikularionenaustauscher** m (Chem) / pellicular ion-exchange resin

**Pellikularwasserzone** f (Geol, HuT) / pellicular zone

**Pellin-Broca-Prisma** n (ein Prismensystem mit konstanter Ablenkung: aus zwei 30°-Prismen und einem totalreflektierenden 45°-Prisma) (Opt) / Pellin-Broca prism\*

**Pellistor** m (ein Gassensor aus einem Sintermaterial mit integrierter Heizung und Temperaturmessung) (Eltronik) / pellistor n

**pellitisch** adj (Geol, Keram) / argillaceous adj, clayey adj

**Pellotin** n (ein Anhaloniumalkaloid aus Lopophora williamsii (Lem. ex Salm-Dyck) J.M. Coult) (Pharm) / pellotine n

**Pelluzidität** f (Min) / pellucidity n

**Pelogarn** n (Spinn) / poil silk, single silk, pelo silk, pel silk

**Peloid** n (Geol, Med) / peloid n

**Peloseidengarn** n (Kernfäden für Gold- und Silbergespinste) (Spinn) / poil silk, single silk, pelo silk, pel silk

**Pelosol** m (Geol, Landw) / pelosol n

**Pelseide** f (Spinn) / poil silk, single silk, pelo silk, pel silk

**Peltier•-Effekt** m (in einem Leiterkreis aus zwei verschiedenen Metallen wird beim Fließen eines elektrischen Stromes an den Lötstellen Wärme erzeugt oder vernichtet) (Eltech) / Peltier effect\* ‖ **innerer** ⁓-Effekt (Phys) / Bridgman effect ‖ ⁓-Koeffizient m (nach J.Ch.A. Peltier, 1785-1845) (Eltech) / Peltier coefficient\*, Peltier e.m.f. ‖ ⁓-Kühlelement n (Phys) / thermoelectric cooling device ‖ ⁓-Kühlung f (Phys) / thermoelectric cooling\*, Peltier cooling ‖ ⁓-Wärme f (beim Peltier-Effekt) (Eltech, Phys) / Peltier heat

**Pelton•-Rad** n (Laufrad der Pelton-Turbine) (Masch) / Pelton wheel\*, Pelton runner, Pelton water wheel ‖ ⁓-Turbine f (eine Wasserturbine nach L.A. Pelton, 1829-1908) (Masch) / Pelton-type hydraulic turbine, Pelton turbine ‖ ⁓-Wasserturbine f (Masch) / Pelton-type hydraulic turbine, Pelton turbine

**Pelz** m (Kaninchen, Fuchs, Biber, Nerz usw.) (Leder) / pelt n ‖ ⁓ (mehrere Florschichten nach DIN 60021) (Spinn) / fleece n, lap\* n ‖ ⁓ (ein Kleidungsstück aus Tierfellen) (Tex) / fur n

**pelzen** v (Tex) / shag vt

**Pelz•fell** n (für Rauchwaren) (Leder) / hair-on leather ‖ ⁓imitation f (Tex) / fake fur ‖ ⁓krempel f (Spinn) / intermediate card, second breaker (card) ‖ ⁓nähmaschine f (Leder, Tex) / fur-sewing machine ‖ ⁓reinigung f (Tex) / fur cleaning ‖ ⁓samt m (Tex) / worsted velvet ‖ ⁓stoff m (Tex) / fleecy fabric\* ‖ ⁓tier n (Leder, Zool) / fur-bearing animal, fur bearer, furred animal ‖ **(leichtere) Felle weiblicher** ⁓tiere (Leder) / females pl ‖ **(schwere) Felle männlicher** ⁓tiere (Leder) / males pl ‖ ⁓tierzucht f (auf Farmen) (Leder, Zool) / fur farming ‖ ⁓ware f (Leder) / furs pl ‖ ⁓werk n (Leder) / furs pl ‖ ⁓wickelapparat m (Tex) / batt-making machine ‖ ⁓wolle f (Tex) / pelt wool

**PEM-Effekt** m (Eltronik) / photomagnetoelectric effect\*, photoelectromagnetic effect\*

## Pen

**Pen** *m* (des Pencomputers) (EDV) / pen *n*
**Penalty-Abschätzung** *f* (Stats) / penalty estimation
**Penalty-Funktion** *f* (Eltronik) / penalty function
**Pen-based Computing** *n* (EDV) / pen-based computing
**Penbook** *n* (EDV) / pen-based PC, penbook *n*, penpad *n*
**Penbook-PC** *m* (EDV) / pen-based PC, penbook *n*, penpad *n*
**Pencil slide** (in Silberchlorid- und Silberbromidkristallen) (Krist) / pencil slide, pensil gliding
**Pencomputer** *m* (tragbarer tastaturloser Rechner, der sich nur per Stift bedienen läßt) (EDV) / pen-based computer, pen computer
**Pendant** *n* (Masch) / counterpart *n*
**Pendel** *n* (ein um eine Gleichgewichtslage schwingender mechanischer Körper) (Phys, Uhr) / pendulum* *n* ‖ **ballistisches** ~ (Phys) / ballistic pendulum* ‖ **Foucaultsches** ~ (nach L. Foucault, 1819-1868) (Astr) / Foucault's pendulum*, gyropendulum *n* ‖ **gyroskopisches** ~ (Astr) / Foucault's pendulum*, gyropendulum *n* ‖ **konisches** ~ (Phys) / conical pendulum ‖ **mathematisches** ~ (Phys) / simple pendulum ‖ **physikalisches** ~ (Phys) / physical pendulum, actual physical pendulum, compound pendulum* ‖ **Waltenhofensches** ~ (eine experimentelle Anordnung, die in anschaulicher Weise die Wirkung von Wirbelströmen zeigt - nach A.v. Waltenhofen, 1828-1914) (Phys) / Waltenhofen's pendulum
**Pendel•achse** *f* (eine alte Bauart der Hinterachse) (Kfz) / swing-axle *n*, single-wishbone-type swing-axle ‖ ~**antrieb** *m* (Masch) / pendulum drive ‖ ~**aufhängung** *f* (Phys) / pendulum suspension ‖ ~**berstwand** *f* (Bergb) / pop-out panel ‖ ~**bestrahlung** *f* (Radiol) / pendulum therapy ‖ ~**bewegung** *f* (Masch) / reciprocating motion ‖ ~**bewegung** (der Schweißelektrode) (Schw) / oscillating motion ‖ ~**dämpfungsprüfung** *f* (das meistgenutzte Verfahren zur Bestimmung von Härte einer Lackschicht) (Anstr) / pendulum damping test ‖ ~**fräsen** *n* (ein Walzfräsen) (Masch) / pendulum milling, reciprocal milling (US) ‖ ~**frequenz** *f* (Fernm) / quench frequency* ‖ ~**frequenzerzeuger** *m* (Fernm) / quenching oscillator* ‖ ~**frequenzgenerator** *m* (Fernm) / quenching oscillator* ‖ ~**funktion** *f* (steuerbare Funktion bei einem Schweißroboter) (Schw) / weave function ‖ ~**gabel** *f* (für Motorräder) (Kfz) / sprung fork ‖ ~**garnitur** *f* (Erdöl) / hung drill strings ‖ ~**gelenk** *n* (HuT) / pendulum joint ‖ ~**generator** *m* (Masch) / cradle dynamometer ‖ ~**gewicht** *n* (des Zentrifugalreglers) (Regeln) / flyball *n* (of a Watt's conical pendulum governor) (US), rotating weight (of a Watt's conical pendulum governor), centrifugal-mechanism weight, governor weight ‖ ~**gewicht** (Uhr) / pendulum bob* ‖ ~**gleichung** *f* (die Bewegungsgleichung des Massepunktes für ein ebenes mathematisches Pendel) (Phys) / pendulum equation ‖ ~**halter** *m* (Masch) / floating bush ‖ **Charpyscher** ~**hammer** (WP) / Charpy pendulum machine (the hammer strikes the specimen on its notched side at a specified distance above the notch) ‖ ~**härteprüfer** *m* (z.B. nach König - DIN 53157) (WP) / pendulum hardness tester ‖ ~**klappe** *f* (Masch) / flap-valve* ‖ ~**kreissäge** *f* (For) / pendulum saw, swing saw ‖ ~**kugel** *f* (Uhr) / pendulum bob* ‖ ~**kugellager** *n* (DIN 630) (Masch) / self-aligning ballbearing* ‖ ~**lage** *f* (Schw) / weave pass ‖ ~**lager** *n* (ein Wälzlager, dessen Innenringe praktisch reibungsfrei um eine beliebige, die Wellenmittellinie schneidende Achse schwenken können) (Masch) / self-aligning bearing ‖ **korrespondierende** ~**länge** (Phys) / equivalent length of pendulum ‖ **reduzierte** ~**länge** (Phys) / equivalent length of pendulum ‖ ~**leuchte** *f* (Licht) / pendant fitting, suspended luminaire (US), pendant* *n*, hanging lamp, hanger *n* ‖ ~**manometer** *n* (Einrichtung zur Kraftmessung durch Neigungspendel bei Werkstoffprüfmaschinen mit hydraulischem Antrieb) (Phys) / pendulum manometer ‖ ~**maschine** *f* (Eltech) / dynamometer* *n*, dynamo *n* ‖ ~**meißelhalter** *m* (Masch) / floating holder ‖ ~**moment** *n* (bei umrichtergespeisten Drehstrom-Kurzschlußläufer-Motoren) (Eltech) / oscillating torque, pulsating torque ‖ ~**mühle** *f* (eine Fliehkraftmühle) / ring-roller mill, pendulum roller mill
**pendeln** *v* (Schiff) / ply *v* (vessel or vehicle) ‖ ~ *n* (um die Nenndrehzahl) (Eltech, Masch) / cycling* *n*, hunting* *n*, oscillation *n* ‖ ~ (eines Oszillators) (Fernm) / squegging *n* ‖ ~ (Schw) / weaving *n* (with the electrode)
**pendelndes Angleichen** (Meßverfahren zur Lautstärkeermittlung) (Akus) / method of tracking
**Pendel•oszillator** *m* (Fernm) / squegging oscillator, self-quenching oscillator ‖ ~**oszillator** (des Superhets) (Fernm) / quenching oscillator* ‖ ~**reibahle** *f* (im Werkzeughalter pendelnd aufgehängte Reibahle) (Masch) / floating reamer ‖ ~**roboter** *m* / pendular robot ‖ ~**rollenlager** *n* (DIN 635, T 2) (Masch) / self-aligning radial roller bearing ‖ ~**rückkopplung** *f* (Radio) / superregeneration* *n*, superreaction *n* ‖ ~**rückkopplungsempfänger** *m* (Radio) / superregenerative receiver* ‖ ~**rutsche** *f* / tipping trough ‖ ~**säge** *f* (eine veraltete Warmsäge) (Hütt) / pendulum saw ‖ ~**sattelbremse** *f* (Kfz) / hinged-calliper disk brake ‖ ~**schere** *f* (zum Zerteilen von Walzgut während seiner Längsbewegung) (Hütt) / flying shears ‖

~**schere** (Masch) / pendulum shears ‖ ~**schlagwerk** *n* (zur Durchführung des Kerbschlagbiegeversuchs nach DIN 51222) (WP) / pendulum impact testing machine ‖ ~**schleifen** *n* (Masch) / pendulum grinding, swing grinding ‖ ~**schwingenbrecher** *m* (Masch) / Blake crusher*, Blake-type jaw crusher, double-toggle jaw crusher ‖ ~**schwingung** *f* (Eltech) / phase swinging* ‖ ~**seilbahn** *f* (HuT) / jig-back *n*, to-and-fro aerial ropeway, reversible tramway ‖ ~**signa**... *n* (Bahn) / wig-wag* *n* ‖ ~**sperre** *f* (bei Schutzrelais) (Eltech) / surge guard ‖ ~**stange** *f* (Uhr) / pendulum rod* ‖ ~**stütze** *f* (der Verladebrücke) / pendulum tower, pendulum support ‖ ~**stütze** (mit gelenkiger Kopf- und Fußausbildung) (HuT) / hinged column ‖ ~**tür** *f* (Bau) / swing door, café-style door, double-action door, swinging door (US), double-acting door ‖ ~**türband** *n* (Tischl) / Bommer-type helical hinge, double-acting hinge
**Pendelung** *f* (des Meßwertes) (Eltech, Masch) / cycling* *n*, hunting* *n*, oscillation *n*
**Pendel•verkehr** *m* (zwischen zwei Orten) (Bahn, Kfz, Schiff) / shuttle service, shuttle traffic ‖ **im** ~**verkehr eingesetztes Verkehrsmittel** (Bahn, Kfz, Schiff) / shuttle *n* ‖ **im** ~**verkehr fahren** (Bahn, Kfz, Schiff) / shuttle *v* ‖ ~**wagen** *m* (bei der Pendelförderung) (Bergb) / shuttle ca... ‖ ~**walzwerk** *n* (Hütt) / pendulum mill ‖ ~**zähler** *m* (Eltech) / oscillating meter ‖ ~**zug** *m* (Bahn) / rail shuttle ‖ ~**zwischenstück** *n* (Uhr) / crutch* *n*
**Pendentif** *n* (der Übergang von polygonalen Grundrissen zur Rundung der Kuppelgrundrisses) (Arch) / pendentive* *n*, panache*
**Pendler** *m* (der von seinem Arbeits- oder Ausbildungsort nach Hause fahren muß) / commuter *n*
**Peneplain** *f* (ebene oder flachwellige Abtragungsfläche, die schräggestellte oder gefaltete Gesteinsschichten kappt) (Geol) / peneplain* *n*, peneplane *n*, base-levelled plain
**peneseismisch** *adj* (Geol) / peneseismic *adj*
**Penetrameter** *n* (Radiol) / penetrameter *n*
**Penetranz** *f* (Güte der Bewertungsfunktion) (KI) / penetrancy *n*
**Penetration** *f* (Eindringen des Anstrichstoffes in die Poren des Untergrunds) (Anstr) / penetration *n* ‖ ~ (von Form- oder Kernsanden - ein Gußfehler) (Gieß) / penetration *n*, metal penetration ‖ ~ (Weichheitsgrad eines Fettes) (Masch) / penetration *n* ‖ ~ (Eindringen in die erste Hautschicht) (Pharm) / penetration *n* ‖ ~ (das Maß für die Widerstandsfähigkeit eines Stoffes oder Konsistenz) (WP) / penetration* *n* ‖ ~ **im Anlieferungszustand** (eines Schmierfettes) / undisturbed penetration
**Penetrations•index** *m* (von Bitumen) / penetration index ‖ ~**öl** *n* (Sprühöl, rostlösend und mit hohem Kriechvermögen) / penetrating oil, penetration oil ‖ ~**preispolitik** *f* (bei der Einführung neuer Produkte) / penetration pricing ‖ ~**verbesserer** *m* (Chem) / penetrant* *n* ‖ ~**zwillinge** *m pl* (Min) / interpenetration twins*, penetration twins*
**Penetrator** *m* (ein Netzmittel, das die Benetzung der Leder und die Eindringtiefe der Anilinfarbstoffe steuert) (Leder) / penetrating aid
**penetrieren** *v* (Anstr, Chem, Gieß, Leder, Masch) / penetrate *v* ‖ ~ *n* (Eindringen des Anstrichstoffes in die Poren des Untergrunds) (Anstr) / penetration *n*
**Penetrier•mittel** *n* (Chem) / penetrant* *n* ‖ ~**öl** *n* / penetrating oil, penetration oil ‖ ~**verfahren** (mit Farbstoffen) (WP) / dye penetration method, dye-penetrant method, dye-penetrant testing
**Penetrometer** *n* (Radiol) / penetrometer* *n*
**Penetronschirm** *m* (Eltronik, Radar) / penetron colour display
**Penex-Verfahren** *n* (ein Isomerisierungsverfahren für $C_5/C_6$-Paraffine) (Chem Verf) / Penex process
**Penicillin** *n* (Pharm) / penicillin* *n* ‖ ~ **G** (Pharm) / benzyl penicillin*, penicillin G, penicillin II (US)
**Penicillinase** *f* (ß-Lactamase) (Pharm) / penicillinase *n*
**penicillinempfindlich** *adj* (Pharm) / penicillin-sensitive *adj*, sensitive to penicillin
**Peninsula** *f* (pl. -ln) (Geog) / peninsula *n*, pen.
**PENIS** (eine Spezialmethode der NMR-Spektroskopie) (Spektr) / PENIS *n* (proton-enhanced nuclear-induction spectroscopy)
**Penitentes** *pl* (Geol) / penitent ice, penitent snow, nieve penitente
**Penizillin** *n* (Sammelname für von verschiedenen Schimmelpilzen erzeugte Antibiotika) (Pharm) / penicillin* ‖ ~ **G** (Pharm) / benzyl penicillin*, penicillin G, penicillin II (US)
**Penizillinase** *f* (Pharm) / penicillinase *n*
**penizillinempfindlich** *adj* (Pharm) / penicillin-sensitive *adj*, sensitive to penicillin
**PEN-Leiter** *m* (ein geerdeter Leiter, der zugleich die Funktionen des Schutz- und des Neutralleiters erfüllt) (Eltech) / PEN conductor, earthed neutral conductor
**Pennin** *m* (ein Chlorit) (Min) / pennine* *n*, penninite* *n*
**Penning•-Effekt** *m* (bei Gasentladungen - nach F.M. Penning, 1894-1953) (Eltronik, Kernphys) / Penning effect ‖ ~**-Falle** *f* (Phys) / Penning trap ‖ ~**-Ionisation** *f* (eine Stoßionisation beim Penning-Effekt) (Eltronik, Kernphys) / Penning ionization ‖ ~**-Pumpe** *f*

(Vakuumt) / sputter-ion pump ‖ ~-**Vakuummeter** n (ein Kaltkatoden-Ionisationsvakuummeter) (Eltronik) / Penning ionization gauge, Philip's (ionization) gauge, pig n, PIG
**penninisch** adj (Geol) / Penninic adj
**pennyroyalöl** n (aus der Hedeoma pulegioides (L.) Pers.) / pennyroyal oil (US), hedeoma oil, American pennyroyal oil
**penorientierter Rechner** (EDV) / pen-oriented computer
**penpad** n (EDV) / pen-based PC, penbook n, penpad n
**penpad-PC** m (EDV) / pen-based PC, penbook n, penpad n
**pensionsweide, Vieh oder Jungvieh gegen Entgelt in** ~ **nehmen** (Landw) / agist v
**Pensky-Martens-Flammpunktprüfung** f (im geschlossenen Apparat - DIN 22719) (Chem) / Pensky-Martens test*
**penta•** / penta- ‖ ~- / (Bestimmungswort von Zusammensetzungen mit der Bedeutung "fünf") / penta- ‖ ~**boran** n ($B_5H_9$ oder $B_5H_{11}$) (Chem) / pentaborane n ‖ ~**chlorethan** n (Chem) / pentachloroethane n, pentalin n ‖ ~**chlorid** n (Chem) / pentachloride n ‖ ~**chlornitrobenzen** n (Chem) / pentachloronitrobenzene (PCNB) n ‖ ~**chlornitrobenzol** n (Chem) s. auch Quintozen ‖ ~**chlorphenol (PCP)** n (als Holzkonservierungsmittel heute nicht mehr zugelassen) (Chem, For) / pentachlorophenol* (PCP) n ‖ ~**chlorphenolnatrium** n (Chem, For) / sodium pentachlorophenate ‖ ~**cosan** n (Chem) / pentacosane n (a water-insoluble hydrocarbon derived from beeswax) ‖ ~**cyanoferrat** n (Chem) / prussiate n, prussate n, pentacyanoferrate n
**pentade** f (Zeitabschnitt von 5 Tagen, Folge von fünf Binärziffern) / pentad* n ‖ **Penta•decan** n (Chem) / pentadecane n ‖ ~**decanolid** n (ein Duftstoff - wertvoller Fixateur in der Feinparfümerie) (Chem) / pentadecanolide n ‖ ~**dekan** n (Chem) / pentadecane n ‖ ~**dien** n (Chem) / pentadiene n ‖ ~**edrisch** adj / pentahedral adj ‖ ~**erythrit** n (vierwertiger Alkohol, der zur Herstellung von Kunstharzen und Sprengstoffen benutzt wird) (Chem) / pentaerythritol* n ‖ ~**erythrit-Tetranitrat (PETN)** n (Sprengstoff) (Chem) / pentaerythritol tetranitrate* (PETN) ‖ ~**erythrol** n (vierwertiger Alkohol, der zur Herstellung von Kunstharzen und Sprengstoffen benutzt wird) (Chem) / pentaerythritol* n ‖ ~**gon** n (Math) / pentagon* n ‖ ~**gonal** adj (Math) / pentagonal adj ‖ ~**gondodekaeder** n (ein von zwölf kongruenten Fünfecken begrenztes Dodekaeder) (Krist, Math, Min) / pentagonal dodecahedron*, pyritohedron n ‖ ~**gonikositetraeder** n (ein von vierundzwanzig kongruenten Fünfecken begrenztes Ikositetraeder) (Krist, Math, Min) / pentagonal icositetrahedron ‖ ~**gonprisma** n (ein Umlenkprisma mit konstanter Ablenkung, dessen Hauptschnitt ein Fünfeck ist) (Foto) / pentaprism* n, pentagonal prism ‖ ~**gonprisma** (Foto) s. auch Dachkantprisma ‖ ~**gramm** n (regelmäßiger Fünfzackiger Stern) (Math) / pentagram n ‖ ~**harz** n (Esterharz mit Pentaerythrit) (Chem) / penta resin ‖ ~**hydrat** n (Chem) / pentahydrate n ‖ ~**hydrit** m (Min) / pentahydrite n ‖ ~**len** n (Chem) / pentalene n ‖ ~**methylen** n (Chem) / cyclopentane* n, pentamethylene* n ‖ ~**methylendiamin** n (Chem) / pentamethylene-diamine* n, cadaverine* n (1,5-diaminopentane) ‖ ~**methylenglykol** n (Chem) / pentamethylene glycol*, pentan-1,5-diol* n
**Pentan** n (Kohlenwasserstoff der Alkanreihe) (Chem) / pentane* n
**Pentanal** n (Chem) / valeraldehyde n, pentanal n
**Pentanatriumtriphosphat** n (ein alter, heute nicht mehr benutzter Waschmittelinhaltsstoff) (Chem) / sodium tripolyphosphate (STPP), pentasodium triphosphate
**Pentandial, 1,5-**~ (Chem) / glutaraldehyde* n, glutaric dialdehyde
**Pentandiamin, 1,5-**~ (Chem) / pentamethylene-diamine* n, cadaverine* n (1,5-diaminopentane)
**Pentandiol, 1,5-**~ (Chem) / pentamethylene glycol*, pentan-1,5-diol* n
**Pentandisäure** f (Chem) / glutaric acid, pentanedioic acid
**Pentanol** n (Chem) / pentanol* n, pentyl alcohol, amyl alcohol (normal)*
**Pentansäure** f (Chem) / n-valeric acid*, n-pentanoic acid*
**Penta•prisma** n (ein Umlenkprisma mit konstanter Ablenkung, dessen Hauptschnitt ein Fünfeck ist) (Foto) / pentaprism* n, pentagonal prism ‖ ~**thionsäure** f (eine Polythionsäure) (Chem) / pentathionic acid ‖ ~**valent** adj (Chem) / pentavalent* adj, quinquevalent adj ‖ ~**zyanoferrat** n (Chem) / prussiate n, prussate n, pentacyanoferrate n
**pentelischer Marmor** (von dem Berg Pentelikon nordöstlich von Athen) (Geol) / Pentelic marble
**Penten** n (Chem) / pentene n, amylene n (2-methyl-2-butene)
**Penthaus** n (Arch) / penthouse* n
**Penthouse** n (pl. Penthouses) (Luxuswohnung mit Dachgarten auf dem Flachdach eines Hochhauses) (Arch) / penthouse* n
**Pentitol** n (ein fünfwertiges Polyol) / pentitol n
**Pentium** m (ein Mikroprozessor - jetzt Pentium 4) (EDV) / Pentium n (Intel CPU chip)
**Pentlandit** m (Min) / pentlandite* n

**Pentode** f (Dreigitterröhre: Steuergitter, Schirmgitter, Bremsgitter) (Eltronik) / pentode valve*, pentode n
**Pentop** m (EDV) / pentop n (a pen-based laptop)
**Pentosan** n (aus Pentosen aufgebautes Polysaccharid) (Chem) / pentosan* n
**Pentose** f (Monosaccharid mit fünf Sauerstoffatomen) (Chem) / pentose* n ‖ ~**phosphatzyklus** m (Biochem) / pentose phosphate pathway, hexose monophosphate shunt, pentose shunt*
**Pentoxid** n (Chem) / pentoxide n
**Pentoxoperiodat** n (Chem) / mesoperiodate n
**Pentrit** n (Sprengstoff) (Chem) / pentaerythritol tetranitrate* (PETN)
**Pentyl** n (eine Atomgruppierung) (Chem) / pentyl radical, pentyl group ‖ ~**acetat** n (Chem) / pentyl acetate, banana oil, amyl acetate* ‖ ~**alkohol** m (Chem) / pentanol* n, pentyl alcohol, amyl alcohol (normal)* ‖ ~**chlorid** n (Chem) / pentyl chloride, amyl chloride
**Penumbra** f (halbdunkler Saum des dunklen Kerns eines Sonnenflecks) (Astr) / penumbra* n (pl. penumbras or penumbrae)
**Peonin** (Chem, Nahr) / peonin chloride
**PEOX** (Chem) / polyethylene oxide, PEOX
**PEP** (bei $C_4$-Pflanzen) (Bot, Chem) / phosphoenolpyruvate* n, PEP
**Pepita** m n (zweifarbige kleine Karomusterung als klassisches Dessin) (Tex) / hound's tooth, hound's-tooth check
**Peplopause** f (die Obergrenze der Grundschicht der Atmosphäre, die oft durch eine Inversion gebildet wird) (Geophys) / peplopause n
**Peplosphäre** f (Geophys) / lowest layer of the troposphere
**Pepperlignin** n (Chem, For) / dioxan lignin
**Pepsin** n (proteolytisches Verdauungsenzym des Magensaftes) (Biochem, Nahr, Zool) / pepsin* n
**Pepsinogen** n (ein Zymogen) (Biochem) / pepsinogen n
**PEP-Technik** f (Eltronik) / planar epitaxial technique, PEP technique
**Peptid** n (Biochem) / peptide* n ‖ **gastrininhibierendes** ~ (Biochem) / gastric inhibitory polypeptide ‖ **mastzellendegranulierendes** ~ (Biochem) / mast-cell degranulating peptide ‖ **opioides** ~ (Physiol) / opioid peptide
**Peptidase** f (eine Protease) (Biochem) / peptidase* n
**Peptid•bibliothek** f (Biochem) / peptide library ‖ ~**bindung** f (die Bindung -CO-NH- zwischen den Aminosäurekomponenten in Peptiden und Proteinen) (Biochem) / peptide bond*, peptide linkage ‖ ~**fingerprint** n (Gen) / peptide fingerprint, peptide map ‖ ~**hormon** n (Biochem) / peptide hormone ‖ ~**hydrolase** f (Biochem) / protease* n ‖ ~**kartierung** f (Biochem) / peptide mapping ‖ ~**kette** f (Biochem) / polypeptide chain, peptide chain ‖ **schwere** ~**kette** (Bestandteil der Antikörper) (Biochem) / heavy chain*, H chain* ‖ **leichte** ~**kette** (Bestandteil der Antikörper) (Biochem) / light chain*, chain n, B chain ‖ ~**muster** n / peptide fingerprint, peptide map
**Peptidoglykan** n (Biochem) / murein n, peptidoglycan n
**Peptidoglykan** n (z.B. Murein) (Biochem) / peptidoglycan n
**Peptidomimetikum** n (pl.: -ika) (peptidähnliche Substanz) (Biochem) / peptidomimetic n
**Peptid•sequenzer** m (ein Gerät zur automatischen Sequenzanalyse von Proteinen und Peptiden) (Biochem) / peptide sequencer ‖ ~**synthese** f (Biochem) / peptide synthesis ‖ ~**synthesizer** m (Biochem) / peptide synthesizer
**Peptisation** f (Gel-Sol-Umwandlung) (Chem) / peptization* n
**Peptisator** m (Chem Verf) / peptizer n, peptizing agent, set-up agent, setting-up agent, deflocculant n ‖ ~ (Keram) / peptizer n, peptizing agent
**peptisch** adj / peptic adj
**Peptisiermittel** n (Chem Verf) / peptizer n, peptizing agent, set-up agent, setting-up agent, deflocculant n
**Peptisierung** f (Gel-Sol-Umwandlung) (Chem) / peptization* n
**Peptolid** n (Chem) / depsipeptide n
**Pepton** n (ein hochmolekulares Spaltprodukt aus Eiweißstoffen) (Chem) / peptone n
**per os** (Pharm) / oral* adj, per os
**Per** (Chem) / tetrachloroethene* n, tetrachloroethylene n, perchloroethylene* n, perchloroethene* n
**Per•borat** n (Chem) / peroxoborate n, perborate n ‖ ~**bromat** n (Chem) / perbromate n, bromate(VII) n ‖ ~**carbamid** n (Harnstoff-Wasserstoff-Additionsverbindung) (Chem) / percarbamide n ‖ ~**chlorat** n (Salz der Perchlorsäure) (Chem) / chlorate(VII)* n, perchlorate* n ‖ ~**chlorbenzen** n (Chem) / hexachlorobenzene n, HCB ‖ ~**chlorethan** n (Chem) / hexachloroethane n, carbon trichloride, perchloroethane n, hexachloroethane n ‖ ~**chlorethen** n (Chem) / tetrachloroethene* n, tetrachloroethylene n, perchloroethylene* n, perchloroethene* n ‖ ~**chlorethylen** n (Chem) / tetrachloroethene* n, tetrachloroethylene n, perchloroethylene* n, perchloroethene* n ‖ ~**chlormethylmercaptan** n (Chem) / trichloromethane sulphenyl chloride ‖ ~**chlorsäure** f (Chem) / chloric(VII) acid*, perchloric acid* ‖ ~**chlorylfluorid** n (Chem) / perchloryl fluoride

**Perco•-HF-Alkylierung** f (mit Flußsäure bei niedrigen Temperaturen) (Chem Verf) / Perco HF alkylation ‖ ~-**Kupfersüßung** f (mit Kupfersulfat und Natriumchlorid) (Chem Verf) / Perco copper sweetening
**perenne Tjäle** (Geol) / permafrost* n, permanently frozen ground, pergelisol n, perennially frozen ground
**Perenne** f (Bot) / perennial* n
**perennierend•e** (ständig laufende) **Quelle** (Wasserb) / perennial spring ‖ **~er Fluß** (Geol, Hyd) / perennial stream, permanent stream, perennial river ‖ **~e Pflanze** (Bot) / perennial* n
**Peressigsäure** f (Chem) / peracetic acid, peroxyacetic acid
**perfekt** adj (Menge) / perfect adj ‖ **~e Gruppe** (Math) / perfect group ‖ **~e Zahl** (Math) / perfect number*
**Perfektionierung** f / perfection n
**Perfektkautschuk** m (ein Spezialkautschuk) (Chem Verf) / superior processing rubber
**Perfektor** m (Druck) / perfector* n
**Perfluor•-Alkoxy-Polymere** n pl (Chem) / perfluoroalkoxy polymers ‖ ~-**ethen** n ($CF_2=CF_2$) (Chem) / tetrafluoroethylene n, TFE
**perfluorierte Verbindung** (Chem) / perfluorinated compound
**Perfluorkerosin** n (Chem) / perfluorkerosene n, PFK
**Perfo-Klebebindung** f (Buchb) / notch binding
**Perforation** f / perforation n ‖ ~ n (Film, Foto) / perforation n, sprocket hole*, feed-hole n ‖ **ausgezackte** ~ (Film) / picked perforation ‖ **eingerissene** ~ (Film) / torn perforation
**Perforations•geräusch** n (Film) / sprocket noise*, sprocket hum ‖ ~**linie** f (Druck) / perforation line ‖ ~**loch** n (Film, Foto) / perforation n, sprocket hole, feed-hole n ‖ ~**lochabstand** m (Film, Foto) / pitch* n, perforation pitch ‖ ~**nummer** f (Film) / edge number*, footage number ‖ ~**schritt** m (Film, Foto) / pitch* n, perforation pitch ‖ ~**teilung** f (Film, Foto) / pitch* n, perforation pitch
**Perforator** m (zur Flüssig-Flüssig-Extraktion) (Chem Verf) / perforator n ‖ ~**methode** f (Prüfmethode zur Freisetzung des Formaldehyds aus festen Werkstoffen) (For) / perforator method ‖ ~**schreibkraft** f (EDV) / perforator typist
**perforieren** v / perforate v, pierce v, hole v ‖ ~ n (eine Komplettierungsarbeit) (Erdöl) / perforating* n
**Perforierpresse** f (Masch) / perforating press*, piercing press
**perforiert** adj (Film) / perforated adj, sprocketed adj ‖ **~e Karte** (EDV) / stub card, ticket n, scored card, Kimball tag* ‖ **~e Linie** (Druck) / perforation line ‖ **~es Rohr** (Erdöl) / preperforated liner ‖ **~es Spülrohr** (Bergb) / sparge pipe, sparger n
**Perforierung** f / perforation n
**Perforin** n (Biochem) / perforin n
**Performability** f (EDV) / performability n
**Performance** f (in MOp/s gemessen) (EDV) / performance n ‖ **~board** m (Eltronik) / load board, performance board
**performant** adj (leistungsfähig) (EDV) / performant adj
**Pergament** n / vellum* n, parchment n ‖ **vegetabilisches** ~ (Pap) / vegetable parchment* ‖ **feine ~artige Oberfläche** (Pap) / kid finish ‖ ~**ersatz** m (Butterbrotpapier) (Pap) / imitation parchment* ‖ ~**ersatz** (Pap) / parchment n, parchment paper
**Pergamentierung** f (Pap) / parchmentizing* n
**Pergament•karton** m (Pap) / parchment board ‖ **[echtes]** ~**papier** (Pap) / parchment n, parchment paper
**Pergamin** n (durchsichtiges Papier) (Pap) / glassine* n, transparent parchment, glazed grease-proof paper, glassine paper
**Pergamyn** n (Pap) / glassine* n, transparent parchment, glazed grease-proof paper, glassine paper
**Pergelisol** n (Geol) / permafrost* n, permanently frozen ground, pergelisol n, perennially frozen ground
**Pergola** f (pl. Pergolen) (eine Laube aus Pfeilern oder Säulen, die eine offene Holzdecke mit Rankengewächsen tragen) (Arch, Bau) / pergola n
**Perhapsatron** n (Anlage zur Durchführung von Versuchen zur Kernverschmelzung) (Kernphys) / perhapsatron n
**perhydrieren** v (Chem) / perhydrogenate v
**Perhydrol** n (30%ige säurefreie Wasserstoffperoxidlösung) (Chem) / Perhydrol* n
**Periapside** f (der Punkt der elliptischen Bahn eines Himmelskörpers, in dem dieser dem in einem der Brennpunkte stehenden Hauptkörper am nächsten ist) (Astr) / periapsis point
**Periastron** n (pl. -stren) (bei Doppelsternbahnen der dem Hauptstern nächstgelegene Bahnpunkt des masseärmeren Begleitsterns) (Astr) / periastron* n
**Periastrum** n (pl. -stren) (Astr) / periastron* n
**pericyclisch** adj (Chem) / pericyclic adj ‖ **~e Reaktion** (Chem) / pericyclic reaction
**Periderm** n (Korkkambium + Kork + Phelloderm) (Bot) / periderm* n
**Peridot** m (Handelsbezeichnung für Schmucksteinvarietäten des Olivins) (Min) / peridot* n (the gem variety of olivine)
**Peridotit** m (ultrabasisches Tiefengestein) (Geol) / peridotite* n

**Peri•gäum** n (pl. Perigäen) (Astr, Raumf) / perigee* n ‖ **~glazial** adj (Raum, der die ständig von Schnee oder Eis bedeckten Gebiete umrandet) (Geol) / periglacial adj ‖ **~gonblatt** n (Bot) / tepal* n ‖ ~**hel** n (Astr) / perihelion* n (pl. -helia or -helions) ‖ ~**heldrehung** (Astr) / perihelion shift ‖ ~**karp** n (Frucht) (Bot) / pericarp* n ‖ **~kinetisch** adj (Flockung) / perikinetic adj ‖ **~kinetische Flockung** (Chem) / perikinetic aggregation ‖ ~**klas** m (Magnesiumoxid) (Min) periclase* n ‖ ~**klaskorn** n (meist rundlich) / periclase grain ‖ ~**klin** m (ein Plagioklas) (Min) / pericline* n ‖ **~klinal** adj (z.B. Flanken eines Kegelberges oder die Schichten eines Stratovulkans) (Geol) / quaquaversal adj, periclinal adj ‖ **~klinales Einfallen** (Geol) / centroclinal dip ‖ **~klinale Faltenstruktur** (Geol) / quaquaversal structure ‖ **~kondensiertes System** (Chem) / pericondensed system **~kontinentaler Schelf** (Erdöl, Geol) / outer continental shelf, OCS
**Perilla•aldehydoxim** n (ein aus verschiedenen tropischen Pflanzen gewonnenes Süßungsmittel) (Chem) / perillaaldehyde oxime ‖ ~**öl** (von Perilla frutescens (L.) Britton - nicht für Weißlacke geeignet) (Anstr, Nahr) / perilla oil*
**Perillartin** n (ein aus verschiedenen tropischen Pflanzen gewonnene Süßungsmittel) (Chem) / perillaaldehyde oxime
**Peri•lun** n (Astr, Raumf) / perilune n, pericynthion n ‖ ~**meter** n (Gerät zur Untersuchung und Ausmessung des Gesichtsfeldes) (Opt) / perimeter* n ‖ ~**metralbebauung** f (Bau) / perimetral pattern ‖ ~**midin** n (ein kondensierter Heterozyklus) (Chem) / perimidine n ‖ ~**morphose** f (Krist) / perimorphism n
**Period-** (Chem) / periodic adj (syllabification: per-i-o-dic)
**Periodat** n (Ortho-, Meta-) (Chem) / periodate* n, iodate(VII) n ‖ ~**lignin** (For) / periodate lignin, Purves lignin
**Periode** f (kleinstes Intervall der unabhängigen Veränderlichen, nach dem sich ein periodischer Vorgang wiederholt - DIN 5031, T 8) / period n, periodic time n ‖ ~ n, time segment n ‖ ~ (Schwingungs-, Umlauf-) (Akus, Elektr, Phys) / cycle n ‖ ~ (Astr) / period of revolution*, period n ‖ ~ (im Periodensystem) (Chem) / period* n (horizontal row) ‖ ~ (als chronologischer Abschnitt) (Geol) / period* n ‖ ~ (Ziffern, die nach dem Komma eines unendlichen Dezimalbruchs erscheinen; der Funktion) (Math) / period* n ‖ ~ (eines periodischen Dezimalbruchs) (Math) / recurring decimal n, repeating decimal n ‖ ~ (Meteor) / spell n, period n ‖ **Chandlersche** ~ (die Umlaufperiode der Rotationsachse der Erde um deren geometrische Achse - nach S.C. Chandler, 1846-1913) (Geophys) / Chandler period ‖ **kurze** ~ (im Periodensystem der Elemente) (Chem) / short period, small period ‖ **lange** ~ (im Periodensystem der Elemente) (Chem) / long period ‖ **spannungslose** ~ (Eltech) / off-load period ‖ ~ f **der Schwingung** (Phys) / time of vibration, vibration period, oscillation period
**Perioden•bereich** m (in dem die Reaktor-Zeitkonstante von größerer Wichtigkeit für Reaktorsteuerung und -regelung als die Reaktorleistung ist) (Nukl) / period range* ‖ ~**dauer** f (Phys) / time of vibration, vibration period, oscillation period ‖ ~**frequenz** f (Kehrwert der Periodendauer) (Elektr, Eltech, Phys) / frequency* n, periodicity* n ‖ ~**gesetz** n (der Elemente) (Chem) / periodic law* ‖ ~**gleichung** f (Eltech) / equation of periods ‖ ~**-Helligkeits-Beziehung** f (Astr) / period-luminosity law*, period-luminosity relation ‖ ~**-Leuchtkraft-Beziehung** (des Veränderlichen-Typs der Cepheiden) (Astr) / period-luminosity law*, period-luminosity relation ‖ ~**meßbereich** m (Nukl) / period range ‖ ~**messer** m (Nukl) / period meter ‖ ~**meßgerät** n (Nukl) / period meter* ‖ ~**system** n (der Elemente nach D.I. Mendelejew und J. L. Meyer) (Chem) / periodic system, periodic table ‖ **~system der chemischen Elemente** (Chem) / periodic system of chemical elements ‖ **~system der Elemente nach D.I. Mendelejew (1834-1907)** / Mendeleev's table* ‖ ~**tafel** f (der Elemente) (Chem) / periodic table ‖ ~**wandler** m (eine Wechselstrommaschine) (Eltech) / frequency changer*, frequency transformer*, conversion mixer*, converter* n ‖ ~**zahl** f (Elektr) / periodicity* n ‖ ~**zahl** (Elektr) s. auch Frequenz
**Periodik** f / periodicity* n
**periodisch** adj / periodic adj (pe-ri-od-ic), repetitive adj, periodical adj ‖ **bedingt** ~ (Mech) / quasi-periodic adj ‖ **nicht** ~ (Bewegung des mechanischen Systems) (Mech) / irregular adj ‖ **~e** (periodisch schüttende) **Quelle** (Wasserb) / periodic spring ‖ **~ arbeitend** (Industrieofen, z.B. Kammerofen, Tiefofen) / periodic adj (pe-ri-od-ic), batch attr, intermittent adj ‖ **~ arbeitender Brennofen** (Keram) / intermittent kiln ‖ **~ arbeitender (Industrie)Ofen** (z.B. Kammerofen) / batch furnace*, periodic furnace ‖ **~es Auftreten** / periodicity* n ‖ **~ betätigen** (zyklisieren) / cycle v ‖ **~e Bewegung** (Mech) / periodic motion ‖ **~er Bindungskettenvektor** (Krist) / periodic bond chain vector ‖ **~e Blattverstellung** (Anstellwinkeländerung - bei Rotorflugzeugen) (Luftf) / cyclic pitch control*, azimuth control ‖ **~er Charakter** / periodicity* n ‖ **~e Dämpfung** (Fernm, Phys) / underdamping* n, periodic damping* ‖ **~er Dezimalbruch** (Math) / recurring decimal*, periodical decimal, repeating decimal*, repeater* n, circulation decimal ‖ **~er Fluß**

(Geol) / intermittent stream ‖ ~e **Funktion** (Math) / periodic function* ‖ ~**es Gesetz** (der Elemente) (Chem) / periodic law* ‖ ~e **Größe** (Phys) / periodic quantity ‖ ~e **Gruppe** (wenn jedes der Elemente eine endliche Ordnung hat) (Math) / periodic group ‖ ~e **Instabilität** (eines Oszillators) (Fernm) / squegging n ‖ ~e **Korrektur** (Regeln) / sampling action ‖ ~er **Mischer** (Masch) / batch mixer ‖ ~er **Prozeß** (Masch) / batch process* ‖ ~e **Schmierung** (Masch) / periodical lubrication, intermittent lubrication ‖ ~e **Schwankung** (Stats) / periodic variation, periodic fluctuation ‖ ~e **Schwingung** (DIN 5483, T 1) (Phys) / periodic vibration, periodic oscillation ‖ ~es **Signal** (DIN 40 146, T 3) (Fernm) / periodic signal ‖ ~e **Störungen** (Astr) / periodic perturbations ‖ ~er **Strom** (Fernm) / periodic current* ‖ ~es **System** (Chem) / periodic system*, periodic table ‖ ~e **Welle** (Phys) / periodic wave ‖ ~ **wiederkehren** / cycle v
**Periodizität** f / periodicity* n ‖ ≈ **der Breitenschwankung** (Geophys) / Chandler period
**Periodogramm** n (einer Zeitreihe) (Stats) / periodogram n
**Periodsäure** f (Meta-, Ortho-) (Chem) / periodic acid*, iodic(VII) acid ‖ ≈-**Schiff-Reaktion** f (Biochem) / periodic-acid Schiff, PAS, priodic-acid Schiff reaction
**peripher** adj (EDV) / peripheral* adj ‖ **kleine** ~e **Einheit** (EDV) / small peripheral unit (SPU) ‖ ~e **Ausstattung** (Anlagen, die eine einfache Verbindung zur zentralen Recheneinheit haben) (EDV) / peripheral equipment ‖ ~e **Einheit** (EDV) / peripheral* n, peripheral unit, peripheral device* ‖ ~es **Gerät** (das unter der Kontrolle der Zentraleinheit eines Digitalrechners betrieben werden kann) (EDV) / peripheral* n, peripheral unit, peripheral device* ‖ ~es **Leitwerk** (EDV) / peripheral control unit (PCU) ‖ ~es **Nervensystem** (Med) / peripheral nervous system, PNS ‖ ~er **Prozessor** (der die Peripherie steuert) (EDV) / input/output processor*, peripheral processor, IOP*, I/O-Processor n ‖ ~er **Schnittstellenadapter** (parallele Busschnittstelle zur Ansteuerung von Peripheriegeräten) (EDV) / peripheral interface adapter (PIA) ‖ ~er **Speicher** (DIN 44300) (EDV) / auxiliary memory, backing store*, backing storage ‖ ~es **Steuersystem** (EDV) / peripheral control unit (PCU) ‖ ~er **Treiber** (EDV) / peripheral driver
**Peripheral Component Interconnect** n (EDV) / peripheral component interconnect (Intel local bus architecture), PCI
**Peripherie** f (Gesamtheit der nicht zum eigentlichen Rechner gehörenden Geräte einer Rechenanlage) (EDV) / peripheral equipment, periphery n, peripherals pl ‖ ≈ (die geschlossene Begrenzungslinie einer ebenen Fläche) (Math) / periphery n ‖ **humane** ≈ (EDV) / human peripheral
**Peripherie**•~ / peripheral* adj ‖ ~**anschluß** m (EDV) / peripheral adapter, peripheral adaptor ‖ ≈-**Anschlußeinheit** f (EDV) / peripheral adapter, peripheral adaptor ‖ ≈-**Anschlußeinheit für Diskettenlaufwerke** (EDV) / peripheral adapter for diskette drives ‖ ≈**anschlußsimulator** m (Fernm) / peripheral connection simulator ‖ ≈**bus** m (Fernm) / peripheral bus ‖ ≈-**Erweiterungssystem** n (EDV) / peripheral expansion system ‖ ≈**gerät** n (EDV) / peripheral* n, peripheral unit, peripheral device* ‖ **mit einheitlichem Satzformat arbeitendes** ≈**gerät** (EDV) / unit-record device ‖ ≈**schnittstelle** f (EDV) / peripheral interface ‖ **dediziertes** ≈**system** (EDV) / dedicated peripheral-equipment system ‖ ≈**winkel** m (dessen Scheitelpunkt ein Punkt eines Kreises ist und dessen Schenkel Sekanten des Kreises sind) (Math) / angle at the circumference, periphery angle, inscribed angle (of a circle)
**Peripherin** n (Biochem) / peripherin n
**periplasmatisch** adj (Biochem) / periplasmic adj
**Peripteraltempel** m (Arch) / peripteral temple
**Peripteros** m (pl. - oder -pteren) (Tempel mit einem umlaufenden Säulengang) (Arch) / peripteral temple
**periselektiv** adj (Cycloaddition) (Chem) / periselective adj
**Peri**•**selen** n (Astr, Raumf) / perilune n, pericynthion n ‖ ≈**selenum** n (Astr, Raumf) / perilune n, pericynthion n
**Periskop** n (Mil, Opt) / submarine periscope, periscope n ‖ ≈ (ein Objektiv von H.A. Steinheil) (Opt) / periscope n ‖ ≈ (ein ausfahrbares, drehbares Fernrohr, mit dem man das Gesichtsfeld oberhalb des eigenen Standortes beobachten kann) (Opt) / periscope* n
**peristaltische Pumpe** (bei der ein sich drehender Kolben einen in einem speziell geformten Bett liegenden Schlauch fortlaufend zusammendrückt und dadurch die im Schlauch stehende Flüssigkeit weiter fördert) (Masch) / peristaltic pump*
**Peristerit** m (Natriumalumotrisilikat) (Min) / peristerite* n
**Peri**•**styl** n (pl. -e) (Säulenhof, Säulenumgang) (Arch) / peristyle* n ‖ ≈**stylium** n (pl. -ien) (Säulenhof, Säulenumgang) (Arch) / peristyle* n
**Peritektikale** f (Hütt) / peritectic line
**Peritektikum** n (bei gewissen Legierungen) (Hütt) / peritectic n
**peritektisch** adj (Hütt) / peritectic adj ‖ ~e **Erstarrung** (Gieß) / peritectic solidification ‖ ~es **Gleichgewicht** (einer Schmelze) (Hütt)

/ peritectic equilibrium ‖ ~er **Punkt** (bei inkongruent schmelzenden Verbindungen) (Chem, Hütt) / transition point
**peritektoid** adj (Hütt) / peritectoid adj
**perizyklisch** adj (Chem) / pericyclic adj ‖ ~e **Reaktion** (konzentrierte Reaktion der organischen Chemie) (Chem) / pericyclic reaction
**Perkal** m (ein Baumwollgewebe) (Tex) / percale n
**Perkalin** n (stark appretiertes Baumwollgewebe für Bucheinbände) (Buchb, Tex) / percaline n
**Perkin-Reaktion** f (Synthese α,β-ungesättigter Carbonsäuren nach Sir W.H. Perkin, 1838-1907) (Chem) / Perkin's synthesis*, Perkin reaction
**Perkins Mauve** (Chem) / Perkin's mauve*, Perkin's violet, Perkin's purple
**Perkinsches Mauvein** (Chem) / Perkin's mauve*, Perkin's violet, Perkin's purple
**Perkinviolett** n (Chem) / Perkin's mauve*, Perkin's violet, Perkin's purple
**Perkolat** n (Produkt einer Perkolation) (Chem Verf) / percolate n
**Perkolation** f (kontinuierliches Herauslösen eines Inhaltsstoffes aus mehr oder weniger zerkleinertem Material mit Hilfe von langsam durchfließenden Lösungsmitteln) (Chem Verf) / percolation n ‖ ≈ (Chem Verf) / percolation n ‖ ≈ (Versickerung des Niederschlagswassers bis zum Grund- oder Stauwasser) (Landw, Wasserb) / percolation n ‖ ≈ s. auch Versickerung
**Perkolationspunkt** m (kritischer Volumenanteil für den Übergang von z.B. Dispersionsgefüge zu Netzgefüge) (Phys) / point of percolation
**Perkolator** m (Chem Verf) / percolator n
**perkolieren** v / percolate v, strain v ‖ ≈ (Chem Verf, Landw) / percolate v ‖ ≈ (Pharm) / strain v, colate v ‖ ≈ n (ein kontinuierliches Extraktionsverfahren) (Chem Verf) / percolation n ‖ ≈ (Pharm) / straining n, colation n
**Perkow-Reaktion** f (Chem) / Perkow reaction
**Perkussions**•**schweißen** n (eine Weiterentwicklung des Kaltpreßschweißens) (Schw) / resistance percussive welding*, percussive welding* ‖ ≈**zentrum** n (Mech) / centre of percussion* ‖ ≈**zündhütchen** n (Chem) / percussion cap
**Perl**•**arbeit** f (Schmuck, Verzierungen an Kleidern, Gebrauchsgegenständen und Möbeln) / beadwork n ‖ ≈**asche** f (Kaliumkarbonat) (Chem) / pearl ash ‖ ≈**diabas** m (Geol) / variolite n
**Perle** f / pearl* n ‖ ≈ (z.B. Phosphorsalzperle) (Chem) / bead n ‖ ≈**n** f pl (Fehler in Glasfaserprodukten) (Glas) / slug n ‖ ≈ f (Glas) / bead n ‖ **vorbegaste** ≈ (Plast) / pregassed bead
**Perleffektlack** m (Anstr) / pearlescent paint
**perlen** v (Wasser auf einer Wachsschicht) / bead v ‖ ~ / bubble vi ‖ ~ (Druckfarbe) (Druck) / marble v ‖ ~ (Tiefdruckfarbe) (Druck) / mottle v ‖ ~ (moussieren) (Nahr) / sparkle v (wine and similar drinks), effervesce v (give off bubbles) ‖ ≈ n (Anstr) / cissing* n (when a coat of paint, varnish or water colour refuses to form a continuous film, recedes from the surface, collects in beads and leaves the surface partially exposed), cessing n ‖ ≈ (Tief- und Flexodruck) (Druck) / crawling n ‖ ≈**essenz** f (eine zelluloselackgebundene Paste) (Anstr) / pearl essence ‖ ≈**reibmühle** f (Mahlhilfskörper: Quarzperlen, Aluminiumoxid- oder Stahlkugeln) (Masch) / bead mill ‖ ≈**thermistor** m (Eltronik) / bead thermistor
**Perl**•**essenz** f (eine zelluloselackgebundene Paste) (Anstr) / pearl essence ‖ ≈**fang** m (Tex) / half cardigan ‖ ≈**feuer** n (Eltech) / brush sparking ‖ ≈**garn** n (Zwirn, zum Sticken oder Häkeln) (Spinn) / bead yarn, pearl cotton ‖ ≈**glanzpigment** n (das aus farblosen, transparenten und hochlichtbrechenden Blättchen besteht) (Anstr) / nacreous pigment, pearlescent pigment ‖ ≈**glanzpigment** (Anstr) s. auch Perlmattpigment ‖ ≈**glas** n (Glas) / bubbled glass ‖ ≈**glimmer** n (Min) / margarite* n ‖ ≈**graupen** f pl (besonders kleine, runde, feinste Graupen) (Nahr) / pearl barley
**Perlit** m (obsidianartiges Gestein mit Perlitstruktur - ein extrem leichtes Zuschlagmaterial) (Geol) / perlite* n, pearlite n ‖ ≈ (lamellares Aggregat aus Ferrit und Zementit mit perlmutterartigem Glanz, das bei Abkühlung kohlenstoffhaltiger Stähle entsteht) (Hütt) / pearlite* n ‖ ≈**eingeformter** ≈ (Hütt) / granular pearlite*, globular pearlite*, divorced pearlite ‖ ≈**eisen** n (Hütt) / pearlitic iron* ‖ ≈**gefüge** n (Geol) / perlitic structure* ‖ ≈**glühen** n (Hütt) / pearlitizing n
**perlitisch** adj (Geol) / perlitic adj ‖ ~e **Textur** (Geol) / perlitic structure*
**Perlitisieren** n (Glühung zur Perlitbildung) (Hütt) / pearlitizing n
**Perlit**•**kolonie** f (Hütt) / pearlite colony ‖ ≈**nase** f (Hütt) / pearlite nose
**Perl**•**kies** m (Bau, HuT) / pea gravel, pea shingle ‖ ≈**leim** m (eine Handelsform des Glutinleims) / pearl glue ‖ ≈**mühle** f (Masch) / bead mill
**Perlmutt** n (Zool) / nacre* n, mother-of-pearl* ‖ ≈- / nacreous* adj, pearly adj
**Perlmutter** f (Zool) / nacre* n, mother-of-pearl* ‖ ≈- / nacreous* adj, pearly adj ‖ ~**ähnlich** adj / nacreous* adj, pearly adj ‖ ~**artig** adj /

**Perlmuttereffektlack**

nacreous* *adj*, pearly *adj* ‖ ⁓**effektlack** *m* (Anstr) / pearlescent paint ‖ ⁓**glanz** *m* (Min) / nacreous lustre, pearly lustre ‖ **mit** ⁓**glanz** / nacreous* *adj*, pearly *adj* ‖ ⁓**glänzend** *adj* / nacreous* *adj*, pearly *adj* ‖ ⁓**papier** *n* (Pap) / mother-of-pearl paper, iridescent paper ‖ ⁓**wolke** *f* (vorwiegend in höheren Breiten, 20 bis 30 km hoch) (Meteor) / nacreous cloud*, mother-of-pearl cloud

**Perlmutt•opal** *m* (ein Schmuckstein) (Min) / cacholong *n* ‖ ⁓**papier** *n* (Pap) / mother-of-pearl paper, iridescent paper ‖ ⁓**pigment** *n* (DIN 55943) (Anstr) / pearlescent pigment

**Perl•pigment** *n* (ein Glanzpigment) (Anstr) / nacreous pigment, pearlescent pigment ‖ ⁓**polymerisation** *f* (Chem) / bead polymerization, suspension polymerization, pearl polymerization, granular polymerization ‖ ⁓**ruß** *m* (eine Lieferform für Industrieruße) (Anstr) / beaded pigment black ‖ ⁓**schnurblitz** *m* (Meteor) / bead lightning ‖ ⁓**schnurphänomen** *n* (Astr) / Baily's beads ‖ ⁓**stab** *m* (ein Astragal) (Arch) / bead *n* ‖ ⁓**stein** *m* (Geol) / perlite* *n*, pearlite *n* ‖ ⁓**stickerei** *f* (Tex) / pearl embroidery, beading *n* ‖ ⁓**wand** *f* (Film) / pearl screen ‖ ⁓**weiß** *n* (Bismutoxidnitrat - als weiße Schminke benutzt) / pearl white* ‖ ⁓**zwirn** *m* (Spinn) / bead yarn, pearl cotton

**Permafrost** *m* (dauernde Gefrornis) (Geol) / permafrost* *n*, permanently frozen ground, pergelisol *n*, perennially frozen ground

**Permalloy** *n* (Nickellegierung mit besonders weichem magnetischem Verhalten - etwa 78,5% Ni) (Hütt, Mag) / permalloy* *n*

**permanent** *adj* / permanent *adj* ‖ ⁓**er Allradantrieb** (Kfz) / full-time four-wheel drive, permanent four-wheel drive ‖ ⁓**e automatische Kontrolle der Zielverfolgung** (Radar) / track-while-scan* *n*, TWS, tracking while scanning ‖ ⁓**e Brücke** (als Gegensatz zur zerlegbaren Brücke) (HuT, Wasserb) / permanent bridge ‖ ⁓**e Datei** (EDV) / permanent file ‖ ⁓ **erregt** (Eltech) / permanently excited ‖ ⁓**er Fehler** (EDV) / permanent error, unrecoverable error, irrecoverable error (without use of recovery techniques external to the computer program or run), nontransient error ‖ ⁓ **flammhemmend** (Tex) / permanent flame-retardant, P.F.R. ‖ ⁓**es Gas** (dessen kritische Temperatur sehr nahe oberhalb des absoluten Temperaturnullpunkts liegt) (Phys) / permanent gas ‖ ⁓**e Härte** (durch Kalzium- und Magnesiumsulfate verursacht) (Chem) / permanent hardness*, non-carbonate hardness (of water) ‖ ⁓**e Inventur** / permanent inventory, continuous inventory ‖ ⁓**er Magnet** (Eltech) / permanent magnet*, PM ‖ ⁓**er Magnetismus** (Phys) / permanent magnetism ‖ ⁓**e Quelle** (Wasserb) / perennial spring

**Permanent Swap File** *n* (EDV) / permanent swap file, PSF

**Permanent•appretur** *f* (Tex) / permanent finish, durable finish ‖ ⁓**ausrüstung** *f* (Tex) / permanent finish, durable finish ‖ ⁓**erregt** *adj* (Eltech) / permanently excited ‖ ⁓**gas** *n* (Phys) / permanent gas ‖ ⁓**grün** *n* (Mischpigment aus Kadmiumsulfid bzw. Zinkchromat und Chromoxidhydratgrün) (Chem) / permanent green ‖ ⁓**kreissägeblatt** *n* (For, Werkz) / tipped circular-saw blade ‖ ⁓**magnet** *m* (Eltech) / permanent magnet*, PM ‖ ⁓**magneterregung** *f* (Eltech) / permanent-magnet excitation, permanent-field excitation ‖ ⁓**magnetisches Schweben** (in der Magnetfeld-Fahrtechnik) / levitation by permanent magnets ‖ ⁓**magnetspanner** (Magnetspanner, bei dem die Spannkraft durch Permanentmagnete erzeugt wird) / permanent magnet chuck ‖ ⁓**pigment** *n* (z.B. Permanentweiß oder Chromoxidgrün) (Anstr) / permanent pigment ‖ ⁓**-Press-Ausrüstung** *f* (Tex) / durable press*, permanent press ‖ ⁓**speicher** *m* (EDV) / non-erasable memory (paper tapes, punched cards), non-erasable storage, permanent memory (of which the contents cannot be erased during processing) ‖ ⁓**speicher** (EDV) / read-only memory, ROM*, fixed store, permanent storage, permanent store ‖ ⁓**speicher** (des Taschenrechners) (EDV) / continuous memory ‖ ⁓**steife** *f* (Tex) / wash-fast starch, permanent starch ‖ ⁓**weiß** *n* (Chem) / blanc fixe *n*, permanent white, baryta white

**Permanenz** *f* (Mag, Math, Phys) / permanence *n* ‖ ⁓**prinzip** (Math) / principle of permanence

**Permanganat** *n* (Chem) / permanganate* *n*, manganate(VII) *n* ‖ ⁓**zahl** *f* (Chem, Umwelt) / permanganate number, potassium permanganate number

**Permanganometrie** *f* (eine oxidimetrische Methode der Maßanalyse) (Chem) / manganometry *n*

**Permangansäure** *f* (Chem) / permanganic acid*, manganic(VII) acid*

**Permatron** *n* (eine Elektronenröhre) (Eltronik) / permatron* *n*

**permeabel** *adj* (Med) / pervious *adj*, permeable *adj*

**Permeabilität** *f* (HuT, Hyd) / permeability* *n* ‖ ⁓ (bei magnetischen Werkstoffen nach DIN 1324, T 2) (Mag) / permeability* *n*, magnetic permeability, absolute permeability* ‖ ⁓ (Phys) / permeability* *n* ‖ ⁓ (Schiff) / permeability *n* ‖ **differentielle** ⁓ (Eltech) / incremental permeability*

**Permeabilitäts•abstimmung** *f* (Radio) / permeability tuning*, slug tuning* ‖ ⁓**meßbrücke** *f* (Eltech) / permeability bridge* ‖ ⁓**zahl** *f* (DIN 1324, T 2) (Mag) / specific permeability*, relative permeability*

**permeable Membrane** (Chem Verf) / permeable membrane

**Permeameter** *n* (Permeabilitätsmeßgerät) (Mag) / permeameter* *n*

**Permeanz** *f* (DIN 1304) (Elektr) / permeance* *n*, magnetic conductance

**Permeat** *n* (Chem, Phys) / permeate *n*

**Permeation** *f* (Hindurchdiffundieren - durch eine Membran) (Chem, Phys) / permeation* *n* ‖ ⁓ (Wanderung eines Wirkstoffes durch mehrere Hautschichten) (Pharm) / permeation *n*

**Permeations•chromatografie** *f* (Chem) / gel permeation chromatography, liquid-exclusion chromatography, exclusion chromatography, gel-filtration chromatography, gel chromatography, size-exclusion chromatography*, gel filtration, molecular-sieve chromatography, molecular exclusion chromatography ‖ ⁓**membrane** *f* (Chem Verf) / permeable membrane

**Permethrin** *n* (ein Insektizid mit Kontakt- und Fraßgiftwirkung) (Chem, Landw) / permethrin *n*

**Perminvar** *n* (Legierung mit besonders weichem magnetischem Verhalten - 45% Ni, 25% Co) (Hütt, Mag) / Perminvar *n*

**Perminvarschleife** *f* (Eltech, Mag) / Perminvar loop

**Permissible level** *m* (Chem, Landw) / permissible (residue) level

**permissives Haltesignal** (Bahn) / stop-and-proceed signal

**Permittivität** *f* (DIN 1324, T 2) (Elektr) / permittivity* *n*, dielectric constant*, capacitivity *n* ‖ **relative** ⁓ (Elektr, Eltech) / relative permittivity* (in physical media), relative capacitivity, relative dielectric constant, SIC ‖ ⁓ **f im leeren Raum** (Elektr) / electric constant, permittivity of free space, capacitivity of free space, absolute permittivity of free space, permittivity of vacuum

**Permittivitätszahl** *f* (Elektr, Eltech) / relative permittivity* (in physical media), relative capacitivity, relative dielectric constant, SIC

**perm•selektiv** *adj* (Membrane) / permselective *adj*, selectively permeable ‖ ⁓**selektivität** *f* (einer Membran) / permselectivity *n*

**permutabel** *adj* (Math) / commutable *adj*, permutable *adj*

**Permutation** *f* (eine eindeutige Abbildung einer endlichen Menge auf sich selbst) (Math) / permutation* *n* ‖ **gerade** ⁓ (wenn die Anzahl der Inversionen einer Permutation eine gerade Zahl ist) (Math) / even permutation ‖ **ungerade** ⁓ (wenn die Anzahl der Inversionen einer Permutation eine ungerade Zahl ist) (Math) / odd permutation ‖ **zyklische** ⁓ (Math) / cyclic permutation

**Permutations•gruppe** *f* (Math) / permutation group ‖ ⁓**matrix** *f* (eine quadratische Matrix, die in jeder Zeile und in jeder Spalte genau ein Element 1 enthält, während alle übrigen Elemente null sind) (Math) / permutation matrix ‖ ⁓**netz** *n* (Verbindungsstruktur in Rechnersystemen mit parallelen Teilwerken) (EDV) / permutation network ‖ ⁓**operator** *m* (Kernphys) / exchange operator, permutation operator

**permutierbar** *adj* (Math) / commutable *adj*, permutable *adj*

**Permutit** *n* (Handelsbezeichnung für einen Ionenaustauscher) (Chem) / Permutit* *n* (a trade name)

**Pernambukholz** *n* (For) / Brazil *n*, Pernambuco wood, Lima wood, Brazil wood

**Pernitrid** *n* (Chem) / pernitride *n*

**perniziös** *adj* (Med) / pernicious *adj*

**Perowskit** *m* (Kalziummetatitanat) (Min) / perovskite* *n* ‖ ⁓**struktur** *f* (Krist) / perovskite structure

**Per•oxid** *n* (Chem) / peroxide* *n* ‖ ⁓**oxidase** *f* (eine Oxidoreduktase) (Chem) / peroxidase* *n* ‖ ⁓**oxidation** *f* (Chem) / peroxidation *n* ‖ ⁓**oxidbleiche** *f* (Tex) / peroxide bleaching ‖ ⁓**oxidieren** *v* (Chem) / peroxidize *v*, peroxidate *v* ‖ ⁓**oxidieren** *n* (Chem) / peroxidation *n* ‖ ⁓**oxidierung** *f* (Chem) / peroxidation *n* ‖ ⁓**oxidranzigkeit** *f* (Nahr) / oiliness *n*, oxidative rancidity ‖ ⁓**oxidzahl** *f* (gibt an, wieviel Milliäquivalente Sauerstoff in 1000 g Substanz enthalten sind) (Chem, Pharm) / peroxide number, peroxide value ‖ ⁓**oxisom** *n* (pl. -somen) (Zyt) / peroxisome* *n*

**Peroxo•borat** *n* (Chem) / peroxoborate *n*, perborate *n* ‖ ⁓**borsäure** *f* (Chem) / perboric acid, peroxyboric acid, peroxoboric acid ‖ ⁓**carbonat** *n* (Chem) / percarbonate *n*, peroxocarbonate *n* ‖ ⁓**chromat** *n* (Peroxochromat(V) = rotes, paramagnetisches Peroxochromat, Peroxochromat(VI) = blaues, diamagnetisches Peroxochromat) (Chem) / peroxychromate* *n*, perchromate* *n*, peroxochromate *n* ‖ ⁓**dischwefelsäure** *f* (Chem) / peroxydisulphuric acid, peroxodisulphuric acid, perdisulphuric acid ‖ ⁓**disulfat** *f* (Chem) / persulphate *n* ‖ ⁓**karbonat** *n* (Chem) / percarbonate *n*, peroxocarbonate *n* ‖ ⁓**kohlensäure** *f* (Chem) / peroxocarbonic acid, percarbonic acid ‖ ⁓**monoschwefelsäure** *f* (Chem) / permonosulphuric(VI) acid*, peroxymonosulphuric acid, peroxomonosulphuric acid, Caro's acid* ‖ ⁓**monosulfat** *n* (Chem) / peroxomonosulphate *n* ‖ ⁓**nitrit** *n* (Chem) / peroxonitrite *n*, pernitrite *n* ‖ ⁓**salpetersäure** *f* (Chem) / peroxonitric acid ‖ ⁓**salpetrige Säure** (Chem) / peroxonitrous acid ‖ ⁓**säure** *f* (Chem) / peracid* *n* ‖ ⁓**sulfat** *n* (Chem) / persulphate *n*

**Peroxy•acetylnitrat** *n* (Chem, Umwelt) / peroxyacetyl nitrate, PAN ‖ ⁓**ameisensäure** *f* (Chem) / performic acid, peroxyformic acid ‖ ⁓**azetylnitrat** *n* (eine tränenreizende Luftverunreinigung, die durch fotochemische Reaktionen beim Vorliegen von Nicht-Methan-Kohlenwasserstoffen und Stickstoffoxiden entsteht) (Chem, Umwelt) / peroxyacetyl nitrate, PAN ‖ ~**benzoesäure** f (Chem) / peroxybenzoic acid ‖ ~**essigsäure** f (Chem) / peracetic acid, peroxyacetic acid ‖ ~**ethansäure** f (Chem) / peracetic acid, peroxyacetic acid ‖ ~**ketal** n (ein geminales Peroxid) (Chem) / peroxyketal n

**Perpendikel** n (Senkrechte durch Vorder- und Hintersteven) (Schiff) / perpendicular n

**perpendikular** adj / perpendicular adj

**perpendikulär** adj / perpendicular adj

**Perpendikularstil** m (der englischen Gotik - etwa 1350-1520) (Arch) / Perpendicular style

**Perpetuum mobile** n (erster, zweiter Art) (Phys) / perpetual motion (of the first kind, of the second kind)*, perpetuum mobile

**Perphenazin** n (Neuroleptikum und Antiemetikum) (Chem, Pharm) / perphenazine n

**Perplexität** f (die die Variationsvielfalt der aufeinander folgenden Wortkombination kennzeichnet - in Systemen zum Erkennen von kontinuierlicher Sprache, z.B. Sphinx) (EDV, KI) / perplexity n

**Per•rhenat** n (Salz der Perrheniumsäure) (Chem) / perrhenate* n, rhenate(VII)* n ‖ ~**rheniumsäure** f (Chem) / rhenic(VII) acid*, perrhenic acid*, tetraoxorhenic(VII) acid ‖ ~**salz** n (Salz der Peroxosäure) (Chem) / persalt* n ‖ ~**säure** f (anorganische) (Chem) / peracid* n ‖ ~**säureester** m (Chem) / peracid ester

**Perseiden** pl (einer der beständigsten und auffälligsten jährlichen Meteorströme) (Astr) / Perseids* pl

**Persenning** f (pl. -e(n) oder -s) (leinwandbindiges Jutegewebe, doppelfädige Kette, einfacher Schuß, hauptsächlich für Säcke) (Tex) / tarpaulin n, tarp n

**Perserknoten** n (ein Teppichknoten) (Tex) / Persian knot

**Per-Server-Lizensierung** f (EDV) / per-server licensing

**Persianer** m (Tex) / Persian lamb, Persian lambskin ‖ ~**fell** n (Tex) / Persian lamb, Persian lambskin

**Persimone** f (Diospyros virginiana L.) (For) / common persimmon, American persimmon

**Persio** m (Orseille in feinen Sorten) / persis n (pl persises), persion n

**persisch•er Bogen** (Arch) / ogee arch, ogee* n, OG*, ogival arch* ‖ ~**er Knoten** (Tex) / Persian knot ‖ ~**es Insektenpulver** (Chem) / pyrethrum n, Dalmatian insect powder, Persian insect powder ‖ ~**rot** n (farbstarkes, leuchtend rot/rotbraunes Chromatpigment) / Persian red ‖ ~**rot** (grobkristallines basisches Blei(II)-chromat) (Anstr) / chrome red, Persian red, Derby red, Chinese red, Austrian cinnabar ‖ ~**rot** (Chem) / Indian red, iron saffron

**persistent** adj (Chem, Umwelt) / persistent adj ‖ ~ (Protokoll) (EDV) / persistent adj

**Persistenz** f (Beständigkeit der Abprodukte und der Biozide gegenüber chemischen und biologischen Vorgängen) (Chem, Umwelt) / persistence n, persistency n ‖ ~ n (als Zeitintervall) (Eltronik, TV) / persistence n ‖ ~ f (der klassischen Gesetze in der Quantentheorie) (Phys) / persistence n, persistency n ‖ ~ s. auch Nachwirkung ‖ ~**magnet** m (in dem ein Magnetfeld ohne weitere Stromzufuhr nach anfänglicher Induktion eines elektrischen Stromes infolge Supraleitung aufrechterhalten wird) (Nukl) / persistence magnet

**Persistor** m (ein supraleitendes Speicherelement) (EDV) / persistor n

**Person, beruflich strahlenexponierte** ~ (Radiol) / occupationally radiation-exposed person, category A worker ‖ **juristische** ~ / body corporate, legal entity, juristic person ‖ **überstrahlte** ~ (Nukl, Radiol) / person overexposed to penetrating radiation ‖ ~ f **der Kategorie A** (Radiol) / occupationally radiation-exposed person, category A worker

**Personal** n (F.Org) / workforce n, labor n (US), workpeople n, staff n, personnel n ‖ **fachlich geschultes** ~ / skilled staff ‖ **nichttechnisches fliegendes** ~ (Luftf) / non-technical flight personnel, flight attendants, cabin attendants ‖ ~ n **eines Rechenzentrums** (einer Datenverarbeitungszentrale) (EDV) / liveware n, computer personnel, peopleware n

**Personal Digital Assistent** m (Palmtop-Rechner, entwickelt von Apple) (EDV) / Personal Digital Assistant, PDA

**Personal•-** / personal adj, individual adj ‖ ~**abbau** m (F.Org) / personnel reduction, staff reduction, shake-out n, reduction of staff ‖ ~**akte** f (F.Org) / personal file ‖ ~**auswahl** f (F.Org) / selection of personnel ‖ ~**bedarf** m (F.Org) / manpower requirement ‖ ~**bestand** m (der Streitkräfte) (Mil) / strength ‖ ~**bogen** m (F.Org) / personal history form ‖ ~**computer** m (EDV) / personal computer*, PC* ‖ ~**daten** pl (EDV) / personnel records ‖ ~**informationssystem** n (EDV) / personnel information system, PIS

**Personalisierung** f (der Chipkarte) (EDV) / personalization n

**Personal•kosten** pl / labour charges, labour cost, personnel cost ‖ ~**planung** f (F.Org) / personnel planning, staff planning ‖ ~**profil** n (des Unternehmens) (F.Org) / staffing pattern ‖ ~**umbau** m (radikaler) (F.Org) / shake-up n

**Personen•-** / personal adj, individual adj ‖ ~**aufzug** m (Bau) / passenger lift ‖ **mehrstöckiges Wohnhaus ohne** ~**aufzug** (Bau) / walk-up n (US), walk-up apartment house ‖ ~**bahnhof** m (Bahn) / passenger station ‖ ~**bandförderer** m / passenger conveyor ‖ ~**beförderung** f (Bahn, Kfz) / passenger traffic, passenger transport ‖ ~**bezogen** adj (Berechtigung, Daten) (EDV) / personal adj ‖ ~**bezogene Angaben** (EDV) / personal data ‖ ~**bezogene Daten** (EDV) / personal data ‖ ~**daten** pl (EDV) / personal data ‖ ~**dosimeter** n (Kernphys, Radiol) / personal dosimeter* ‖ ~**dosis** f (Straahlungsdosis, welche eine einzelne Person erhalten hat) (Kernphys, Radiol) / personal dosis ‖ ~**fallschirm** m (Luftf) / personnel parachute ‖ ~**förderband** n (z.B. auf den Flughäfen) / passenger conveyor ‖ ~**kennzeichen (PK)** n (EDV) / personal identification mark, personal identifier ‖ ~**kennzeichnung** f (mit einem Kennzeichen, mit einer Kennnummer) (EDV) / personal identification ‖ ~**kilometer** m (Bahn) / passenger-kilometre ‖ ~**kraftwagen** m (Kfz) / passenger car ‖ **öffentlicher** ~**nahverkehr** (Bahn, Kfz) / local public transport, mass transport, mass transit, mass transportation ‖ **öffentlicher** ~**nahverkehr** (nur in der Stadt) (Bahn, Kfz) / urban mass transit, urban mass transportation ‖ ~**name** n (EDV, Fernm) / personal name ‖ ~**rufanlage** f (Fernsp) / staff paging system, staff locator system, paging system ‖ ~**rufempfänger** m (Fernsp) / pocket receiver ‖ ~**schleuse** f (Nukl) / personnel hatch, personnel access hatch ‖ ~**- und Materialstrahlenschutz** m (Radiol) / radiation protection, radioprotection n ‖ ~**-Strahlenschutzphysik** f (Radiol) / health physics* ‖ ~**überwachung** f (Nukl, Radiol) / personnel monitoring* ‖ ~**verkehr** m (Bahn, Kfz) / passenger traffic, passenger transport ‖ ~**wagen** m (Bahn) / carriage n, coach n, passenger carriage, passenger car ‖ ~**wagen** (für Mannschaftsförderung) (Bergb) / man car ‖ ~**zug** m (Bahn) / passenger train

**persönlich** adj / personal adj, individual adj ‖ ~**er (subjektiver) Fehler** (Psychol) / personal error ‖ ~**er Code** (EDV) / personal code ‖ ~**e Erdfunkstelle** (TV) / personal earth station, PES ‖ ~**e Gleichung** / personal equation ‖ ~**e Identifikationsnummer (PIN)** (Zahlenfolge, die jeder Inhaber einer Chipkarte oder einer Magnetstreifenkarteals Geheimnummer erhält) (EDV, Fernsp) / personal identification number* (PIN) ‖ ~**er Kode** (zur Sicherung gegen unberechtigte Nutzung, z.B. eines Rechnernetzes) (EDV) / personal code ‖ ~**e Mail** (EDV) / personal mail ‖ ~**e Mitteilung** (EDV) / personal mail ‖ ~**es mobiles Kommunikationsgerät** (Mobilfunknetz PCN im Bereich 1,7 - 1,9 GHz) (Fernm) / personal mobile communicator, PMC ‖ ~**es Satzsystem** (EDV) / personal composition system (PCS) ‖ ~**e Schutzausrüstung** / personal protective equipment ‖ ~**e Verteilzeit** (F.Org) / personal need allowance

**Persorption** f (Adsorption in Poren) (Chem) / persorption n

**Persoz-Reagens** n (nach J.F. Persoz, 1805-1869) (Chem, Tex) / Persoz's reagent

**perspektiv** adj / perspective adj ‖ ~**e Ähnlichkeitsabbildung** (Math) / homothety n, homothetic transformation

**Perspektiv-** / perspective adj

**Perspektive** f (Math) / perspective n ‖ ~ **mit einem Fluchtpunkt** (Math) / parallel perspective, one-point perspective ‖ ~ **mit zwei Fluchtpunkten** (Math) / angular perspective, two-point perspective

**perspektivisch** adj / perspective adj ‖ ~**e Zeichnung** / perspective drawing

**Perspektivität** f (Math) / perspectivity n

**Perspex** n (ein Polymethylmethakrylat der Firma ICI) (Plast) / Perspex* n

**Pertechnat** n (Chem) / pertechnate n, pertechnetate n

**Pertechnetat** n (Chem) / pertechnate n, pertechnetate n

**Pertechnetiumsäure** f (Chem) / pertechnetic acid

**Per•thit** m (ein Orthoklas mit Albitschnüren oder -lamellen) (Min) / perthite* n ‖ ~**thitisch** adj (Geol) / perthitic adj

**Pertinenz** f (eines Dokuments bezüglich der Suchfrage) (EDV) / relevance n ‖ ~**kontrolle** f (EDV) / pertinence check

**PERT-Methode** f (zur Planung des zeitlichen Ablaufs von aus Einzelvorgängen bestehenden Gesamtvorhaben, wenn die Dauer der Einzelvorgänge nicht genau bekannt ist - eine Netzplantechnik) (F.Org) / program evaluation and review technique, P.E.R.T. ‖ ~ (F.Org) s. auch Netzplantechnik

**Perturbation** f (Math, Phys) / perturbation n ‖ ~**en** f pl (Abweichungen der Planetenbahnen von der Kepler-Bewegung als Folge der störenden Gravitationswirkung anderer Planeten oder Himmelskörper) (Astr, Raumf) / perturbations* pl

**Peruanisches Johannisbrotkernmehl** (Nahr) / tara gum

**Perubalsam** m (aus dem Perubalsambaum - Myroxylon balsamum var. pereirae (Royle) Harms) (Chem) / balsam of Peru*, Peru balsam, Peruvian balsam, Indian balsam

**Per-Unit-System** n (bei dem alle Größen auf Bezugswerte bezogen sind) / per-unit system

**Perurinde**

**Perurinde** *f* (aus Cinchona officinalis L.) (Pharm) / calisaya bark, yellow cinchona, Peruvian bark
**Peruvianische Rinde** (aus Cinchona officinalis L.) (Pharm) / calisaya bark, yellow cinchona, Peruvian bark
**Pervaporation** *f* (ein Trennverfahren, bei dem ein Dampfgemisch, das sich über einem Gemisch von Flüssigkeiten einstellt, infolge unterschiedlicher Permeabilität einer Membran aufgetrennt wird) (Chem) / pervaporation *f*
**Perveanz** *f* (Raumladungsparameter) (Eltronik) / perveance* *n*
**Per-Verbindung** *f* (in der ein Element in der höchstmöglichen Oxidationsstufe enthalten ist) (Chem) / per-compound *n*
**Perylen** *n* (ein perikondensierter aromatischer Kohlenwasserstoff) (Chem) / perylene *n* || ~**pigment** *n* (Anstr) / perylene pigment
**Perzentil** *n* (das dem Fall q = 100 entspricht) (Stats) / percentile* *n*
**perzeptibel** *adj* (Psychol) / noticeable *adj*, perceptible *adj*, perceivable *adj*
**Perzeption** *f* (Psychol) / perception* *n*
**perzeptiv** *adj* (Psychol) / perceptual *adj*, perceptional *adj*
**Perzeptron** *n* (technisches Modell zur Nachbildung von Wahrnehmungs- und Lernprozessen) (Eltronik) / perceptron *n*
**PES** (Chem, Plast) / polyester* (PES) *n* || ~ (DIN 60001, T 1) (Chem, Plast, Tex) / polyester fibre || ~ (Spektr) / photoelectron spectroscopy* (PES)
**PESC** (Chem) / chlorosulphonated polyethylene
**PE-Scheinwerfer** *m* (mit Gasentladungslampe und Polyellipsoidreflektor) (Kfz) / PE headlight
**PE-Schrift** *f* (für Magnetschichtspeicher) (EDV, Eltronik) / phase encoding, PE, phase modulation recording, PMR
**Pesenrad** *n* (EDV) / spring belt pulley
**PES-Klebstoff** *m* (Chem) / polyester adhesive
**pessimistische Dauer** (einer Aktivität in dem Netzwerkverfahren) (F.Org) / pessimistic time
**pestizid** *adj* (Landw, Umwelt) / biocidal *adj*, pesticidal *adj* || ~ *n* (Landw, Umwelt) / biocide *n*, pesticide *n* || ~**konzentration** *f* **pro Fläche** (Landw, Umwelt) / deposit *n* || ~**rückstand** *m* (Landw, Umwelt) / biocide residue, pesticide residue
**Pestmanagement** *n* (Gesamtheit der Pflanzenschutzmaßnahmen zur Regulierung von Schaderregerpopulationen) (Landw) / pest management
**PET** (Med) / positron emission tomography, PET || ~ (DIN 7728) (Plast) / polyethylene terephthalate*
**peta-** (Vorsatz = $10^{15}$) / peta-
**Petaflops** *pl* (EDV) / PFLOPS *pl* ($10_{15}$ floating-point operations per second)
**Petalit** *m* (ein Lithiummineral) (Min) / petalite* *n*
**Petersburger Problem** *n* (ein Zufallsexperiment mit unendlich großem Erwartungswert) (Math, Stats) / St. Petersburg problem
**Petersen-Spule** *f* (Eltech) / arc-suppression coil*, arc suppressor*, Petersen coil*, Petersen earth coil, earthing reactor, arcing-ground suppressor*
**Petersilienkampfer** *m* (Pharm) / apiole *n*, parsley camphor
**Petersilienöl** *n* (das etherische Öl der Frucht von Petroselinum crispum (Mill.) Nyman ex A.W. Hill) / parsley oil
**Petinet•muster** *n* (Rechts/Links/ durchbrochen) (Tex) / knitted lace pattern, petinet pattern, lace pattern || ~**ware** *f* (Rechts/Links/durchbrochen) (Tex) / openwork* *n*, lace fabric*, lacework *n*
**Petitgrainöl** *n* (das etherische Öl der Blätter, Zweige und unreifen Früchte von verschiedenen Zitrusarten - Paraguay Bigarade) / oil of petitgrain, petitgrain oil
**PETN** (Sprengstoff) (Chem) / pentaerythritol tetranitrate* (PETN)
**PETP** (Chem) / polyethylene glycol terephthalate (PETP)
**Petrefakt** *n* (Geol) / fossil* *n*
**Petrifikation** *f* (Geol) / petrifaction* *n*, fossilization *n*
**Petrinetz** *n* (formales Modell für nichtsequentielle Systeme) (EDV) / petri net
**Petrischale** *f* (nach dem deutschen Arzt J.R. Petri, 1852-1921) (Bakteriol) / petri dish, culture dish
**Petro•chemie** *f* (Chem, Erdöl) / petrochemistry *n* (the chemistry of petroleum), petroleum chemistry || ~**chemie** (die Wissenschaft von der chemischen Zusammensetzung der Gesteine) (Chem, Geol) / petrochemistry *n* (the chemistry of rocks), lithochemistry *n* || ~**chemikalie** *f* (Erdöl) / petrochemical* *n*, petroleum chemical, petroleum product || ~**chemisch** *adj* (Erdöl) / petrochemical *adj* || ~**chemisches Harz** (Erdöl) / petroleum resin || ~**fazies** *f* (Geol) / petrographic facies, petrofacies *n* || ~**fazies** (Gesamtheit der anorganogenen Charakteristika eines Gesteins) (Geol) / lithofacies *n* || ~**genese** *f* (Entstehungsgeschichte der Gesteine) (Geol) / petrogenesis *n* (pl. -neses), petrogeny *n* || ~**genetisch** *adj* (Geol) / petrogenetic *adj* || ~**grafie** *f* (Gesteinskunde - beschreibende Seite der Petrologie) (Geol) / petrography* *n* || ~**grafisch** *adj* (gesteinskundlich) (Geol) / petrographic *adj*, petrographical *adj* || ~**grafische Provinz** (Geol) / petrographic province*, province *n*
**Petrol** *n* (S) (Erdöl) / kerosene *n*, kerosine *n*
**Petrolatum** *n* (Destillationsrückstand bei der Destillation asphaltfreier oder entasphaltierter Erdöle) (Erdöl) / petroleum jelly*, petrolatum *n*
**Petrol•chemie** *f* (Herstellung und Weiterverarbeitung der aus Erdöl und Erdgas gewonnenen organisch-chemischen Grundstoffe) (Chem, Erdöl) / petrochemistry *n* (the chemistry of petroleum), petroleum chemistry || ~**chemikalie** *f* (Produkt der Petrolchemie) (Erdöl) / petrochemical* *n*, petroleum chemical, petroleum product || ~**chemisch** *adj* (Erdöl) / petrochemical *adj* || ~**chemische Industrie** (Erdöl) / petroleum industry, oil industry
**Petrolene** *n pl* (niedermolekularer Anteil des Bitumens) (Erdöl) / malthenes* *pl*
**Petrol•ether** *m* (niedrigsiedende Benzinfraktion nach DIN 51630) (Chem) / petroleum ether, petroleum benzine, benzine *n* || ~**etherextrahierbar** *adj* (Chem) / extractable by petroleum ether
**Petroleum** *n* (Erdöl) / kerosene *n*, kerosine *n* || ~ (Erdöl) s. auch Kerosin || ~**benzin** *n* (Pharm) / surgical spirit*, benzine *n* || ~**harz** *n* (Erdöl) / petroleum resin || ~**sulfonat** *n* (Chem, Masch) / petroleum sulphonate
**Petrol•harz** *n* (Erdöl) / petroleum resin || ~**koks** *m* (der beim Kracken entsteht) (Chem Verf, Erdöl) / petroleum coke, petrocoke *n*
**Petro•logie** *f* (Erfassung der jeweils herrschenden physikalisch-chemischen Bedingungen bei der Bildung eines Gesteins) (Geol) / petrology* *n* || ~**logie magmatischer Gesteine** (Geol) / igneous petrology || ~**logisch** *adj* (Geol) / petrological *adj*, petrologic *adj*
**Petrol•pech** *n* (Erdöl) / petroleum pitch || ~**sulfonat** *n* (Chem, Masch) / petroleum sulphonate
**Petro•physik** *f* / petrophysics *n* || ~**porphyrin** *n* (Biochem, Geol) / geoporphyrin *n* || ~**protein** *n* (Biochem, Erdöl) / petroprotein *n* || ~**selinsäure** *f* (Chem) / petroselinic acid
**Pettiszahl** *f* (ein Relativzahl, die ein Maß für die Sonnenaktivität darstellt) (Astr) / Pettis number
**Petzit** *m* ($Ag_3AuTe_2$) (Min) / petzite* *n*
**Petzval•-Bedingung** *f* (für die Behebung der Bildfeldwölbung) (Opt) / Petzval condition || ~**-Coddingtonsches Gesetz** (für die Behebung der Bildfeldwölbung) (Opt) / Petzval condition || ~**-Krümmung** *f* (Opt) / Petzval curvature* || ~**-Objektiv** *n* (ein altes Porträtobjektiv nach J. Petzval, 1807-1891 - stark unsymmetrischer Aplanat) (Foto) / Petzval lens* || ~**-Summe** *f* (Opt) / Petzval sum
**PE-Wandler** *m* (der ein pneumatisches Signal in ein elektrisches Signal umwandelt) / pneumatic-electric signal
**Pewter** *m* (Kunstgußlegierungen mit Zinn als Hauptbestandteil) (Hütt) / pewter* *n*
**pF** ($10^{-12}$ Farad) (Eltech) / picofarad* *n*, puff *n* (GB), pF* || ~ (Plast) / phenolic resin*, phenolic plastic
**PFA** (DIN 7728, T 1) (Chem) / perfluoroalkoxy polymers
**Pfad** *m* (bei hierarchischen Datensystemen) (EDV) / path *n* || ~ (Zugriffsweg auf eine Datei innerhalb eines Inhaltsverzeichnisses) (EDV) / path *n* || ~ (ein gerichteter Graf, der durch einen offenen gleichgerichteten Kantenzug darstellbar ist) (Math) / path *n* || **absoluter** ~ (EDV) / absolute path || **relativer** ~ (EDV) / relative path || ~ *m* **leichter Korrosion** (Galv) / easy path of corrosion || ~**analyse** *f* (Stats) / method of path coefficients, path coefficient method, path analysis || ~**angabe** *f* (EDV) / path name || ~**finder** *m* (Lufft, Mil) / pathfinder *n* || **Feynmansches** ~**integral** (in der Quentenmechanik) (Phys) / Feynman path integral || ~**name** *m* (EDV) / pathname *n* || ~**verfolgung** *f* (ein Fehlersuchverfahren) (EDV) / path tracing
**Pfaff-Differentialform** *f* (nach J.F. Pfaff, 1765-1825) (Math) / Pfaffian form, Pfaffian differential form
**Pfaffe** (Rohr zum Überleiten der Gerbbrühe von einer Grube zur anderen) (Leder) / pump log || ~ *m* (Masch) / hob* *n* (for die sinking)
**Pfaffsche Differentialform** (Math) / Pfaffian form, Pfaffian differential form
**PFA-Format** *n* (PFA-Dateien enthalten Umrißbeschreibungen von PostScript-Fonts in hexadezimaler ASCII-Darstellung) (EDV) / PFA format, printer font ASCII format
**Pfahl** *m* (im allgemeinen) / stake *n* || ~ (im Grundbau verwendetes Konstruktionselement) (Bau, HuT) / pile *n*, pier *n* || **mit Pfählen umgeben** / pale *v*, enclose with pales || **schiefgetriebener** ~ (HuT) / batter pile, raking pile* || **schwebender** ~ (der die Last überwiegend durch die Mantelreibung am Pfahlumfang auf die umgebenden Schichten überträgt) (HuT) / friction pile* || **stehender** ~ (der die Last mit seiner Spitze auf die tragfähige Schicht überträgt) (HuT) / end-bearing pile, point-bearing pile || ~ *m* **mit Fußerweiterung** (z.B. Franki-Pfahl) (HuT) / bulb-end pile, club-foot pile, pedestal pile || ~**ausziehmaschine** *f* (zum Ausziehen von Rammgütern) (HuT) / pile-drawer *n*, pile-extractor *n* || ~**belastung** *f* (HuT) / pile load || ~**eiche** *f* (For) / post oak, box oak || ~**fuß** *m* (HuT) / pile base || ~**gründung** *f* (die Bauwerkslasten werden durch Pfähle auf tiefer

liegende tragfähige Bodenschichten übertragen) (HuT) / piled foundation ‖ **schwebende ⁓gründung** (die Pfahlköpfe werden in eine Platte einbetoniert, auf die das Bauwerk aufgesetzt wird) (HuT) / buoyant foundation ‖ **⁓joch** n (Gruppe zusammengehöriger Rammpfähle mit Längs- und Querverstrebungen zur Unterstützung eines Brückenbauwerkes oder eines Montagegerüsts) (HuT) / pile bent ‖ **⁓kopfplatte** f (HuT) / pile cap ‖ **⁓kopfschutz** m (gegen Aufsplitterung beim Rammen, z.B. Pfahlring) (HuT) / pile helmet (a cast-steel cap), cushion head (US), helmet* n, driving cap, pile cap ‖ **⁓kopfschutz** (aus Tauwerk) (HuT) / grommet n, grummet n ‖ **⁓neigung** f (HuT) / pile batter ‖ **⁓ramme** f (HuT) / piledriver* n, pile frame*, pile hammer ‖ **⁓ring** m (HuT) / driving band, pile hoop, pile ring ‖ **⁓rost** m (Fundament zur Errichtung von Molen und Kaibauwerken) (HuT) / raft n, piling n, grillage n ‖ **⁓rost** (für schwebende Pfahlgründung) (HuT) / buoyant raft ‖ **⁓rostbau** m (Fundament zur Errichtung von Molen und Kaibauwerken) (HuT) / raft n, piling n, grillage n ‖ **⁓rüttelgerät** n (HuT) / vibrating piledriver, sonic piledriver (US) ‖ **⁓schuh** m (HuT) / pile-shoe* n ‖ **⁓setzung** f (HuT) / pile settlement ‖ **⁓spitze** f (HuT) / pile toe ‖ **⁓traglast** f (HuT) / pile load ‖ **⁓treiben** n (HuT) / piling n, pile driving, piling (US) ‖ **⁓treiben mit Wasserspülung** (bei der Pfahlgründung, bei Ortbohrpfählen) (HuT) / water-jet driving*, jetting n, pile jetting ‖ **⁓wand** f (zur Befestigung der Baugrubenwände) (HuT) / pile wall ‖ **⁓wurm** m (Teredo navalis) (Zool) / shipworm n, teredo n (navalis), pile worm ‖ **⁓wurzel** f (Bot) / taproot* n ‖ **⁓zieher** m (HuT) / pile-drawer n, pile-extractor n ‖ **⁓ziehgerät** n (HuT) / pile-drawer n, pile-extractor n

**Pfandflasche** f / returnable bottle (on which a deposit is payable), deposit bottle

**Pfandsystem** n (ein ökonomisches Instrument der Umweltpolitik) (Umwelt) / deposit system

**Pfanne** f / pan n ‖ ⁓ (eine Dachziegelform) (Bau, Keram) / pantile n (S-shaped roofing tile which interlocks with the sides of adjacent tile), S-tile n ‖ ⁓ (beim Kugelschliff) (Chem) / cup n ‖ ⁓ (meist rundliche, geschlossene flache Hohlform der Erdoberfläche, besonders in Trockengebieten, mit zeitweiliger oder dauerhafter Wasserführung) (Geol) / pan n ‖ ⁓ (Gieß) / foundry ladle* f ‖ ⁓ (Hütt) / ladle n ‖ ⁓ (zur Siedesalzgewinnung) (Nahr) / grainer n (open-air flat pan), pan n ‖ **holländische** ⁓ (eine Dachziegelform) (Bau, Keram) / pantile n f S (in Form eines liegenden S) (eine Dachziegelform) (Bau, Keram) / pantile n (S-shaped roofing tile which interlocks with the sides of adjacent tile), S-tile n

**Pfannen•bär** m (Gieß) / ladle skull ‖ **⁓beheizung** f (Hütt) / ladle heating ‖ **⁓drehturm** m (Hütt) / ladle turning tower, ladle turntable ‖ **⁓entgasung** f (in der Vakuummetallurgie) (Gieß) / ladle degassing ‖ **⁓erwärmung** f (Hütt) / ladle heating ‖ **⁓mann** m (Gieß, Hütt) / ladle man ‖ **⁓metallurgie** f (Nachbehandlung des durch Frischprozesse erzeugten Stahls in der Pfanne oder in anderen nachgeschalteten Gefäßen) (Hütt) / secondary metallurgy, ladle metallurgy, secondary steel-making ‖ **⁓ofen** m (Hütt) / ladle heating furnace ‖ **⁓probe** f (Hütt) / ladled-out sample, ladle test ‖ **⁓schnauze** f (Hütt) / spout n ‖ **⁓ständer** m (Gieß) / ladle stand ‖ **⁓stein** m (Hütt) / ladle brick ‖ **⁓vorwärmung** f (Hütt) / ladle heating ‖ **⁓wagen** m (Gieß, Hütt) / ladle bogie, ladle truck, ladle carriage, ladle truck ‖ **⁓zusatz** m (Hütt) / ladle addition*

**Pfannkuch-Schutz** m (Kab) / Pfannkuch protection*
**pfaublau** adj / peacock-blue adj
**Pfauen•auge** n (Tex) / bird's eye ‖ **⁓augenmuster** n (meistens bei Herrentuchen) (Tex) / bird's eye pattern ‖ **~blau** adj / peacock-blue adj

**Pfau-Plattner-Synthese** f (ein Azulensyntheseweg) (Chem) / Pfau-Plattner synthesis

**PFB-Format** n (Format für PostScript-Fonts - PFB-Dateien enthalten die Fontdaten in Binärdarstellung) (EDV) / printer font binary format, PFB format

**pfefferminz•grün** adj / mint-green adj ‖ **⁓öl** n (ein etherisches Öl von Mentha piperita L.) (Chem, Pharm) / oil of peppermint, peppermint oil ‖ **Japanisches ⁓öl** (aus Mentha arvensis ssp. haplocalyx (Briq.) Briq.) / Japanese peppermint oil

**Pfeffer•öl** n (etherisches Öl aus Piper nigrum L.) / black pepper oil, pepper oil, red oil ‖ **~rot** adj / capsicum-red adj

**Pfeffersche Zelle** (zur quantitativen Erfassung der Osmose) (Phys) / Pfeffer cell

**Pfeffer-und-Salz-Muster** n (bei Köpergeweben) (Tex) / pepper-and-salt n, jasper n, salt-and-pepper n

**Pfeife** f (Akus) / whistle* n ‖ ⁓ **n** f pl (am Säulenschaft) (Arch) / cabled fluting ‖ **⁓n** (kleine Rundstäbe) (Arch) / reeds* pl, reeding n ‖ ⁓ f (nach der Sprengung im Gestein stehenbleibendes Bohrlochteilstücks) (Bergb) / socket n ‖ ⁓ (Geol) / pipe n, volcanic pipe ‖ ⁓ (rotierende - bei Danner oder Philipps) (Glas) / mandrel* n, rotating blowpipe, blowpipe n

**pfeifen** v (durch Rückkopplung) (Fernm, Radio) / sing v ‖ ⁓ n (Akus) / whistling n ‖ ⁓ (Geheul) (Akus) / howling n, howl* n ‖ ⁓ (durch Rückkopplung) (Fernm, Radio) / singing* n ‖ ⁓ (bei den Flüssigkeitsraketen) (Luftf) / screaming n ‖ **⁓reinigerprüfung** f (der Schwerentflammbarkeit) / pipe-cleaner test (of fire resistance) ‖ **⁓ton** m (fette, plastische Tonsorte) (Geol) / pipeclay* n

**Pfeiffer-Effekt** m (Änderung des Drehwerts) (Chem, Opt) / Pfeiffer effect

**Pfeif•neigung** f (Fernm, Radio) / propensity towards singing, tendency to sing ‖ **⁓punktverfahren** n (ein Meßverfahren) (Fernm) / singing-point method ‖ **⁓sperre** f (Fernm, Radio) / singing suppressor

**Pfeil** m / arrow n ‖ ⁓ (in gerichteten Grafen) (Math) / oriented edge ‖ **einseitiger ⁓** (der die Verschiebung eines einzelnen Elektrons anzeigt) (Chem) / fish hook ‖ ⁓ **nach oben gerichteter** (Druck, EDV) / upward-pointing arrow, upward arrow ‖ **nach unten gerichteter ⁓** (Druck, EDV) / downward-pointing arrow, downward arrow ‖ ⁓ m **nach links** (Druck, EDV) / left arrow, leftward arrow, left-direction arrow ‖ ⁓ **nach oben** (Druck, EDV) / upward-pointing arrow, upward arrow ‖ ⁓ **nach rechts** (Druck, EDV) / right arrow, rightward arrow, right-direction arrow ‖ ⁓ **nach unten** (Druck, EDV) / downward-pointing arrow, downward arrow

**Pfeil•-** (Luftf) / swept adj (aircraft wing), swept-back ‖ **⁓diagramm** n (Math) / arrow diagram

**Pfeiler** m (Arch, HuT) / pillar n, support n ‖ ⁓ (Lagerstättenteil, der das Dach für bestimmte Zeit stützen soll und nach Erfüllung dieser Aufgabe selbst abgebaut wird) (Bergb) / pillar* n, stoop n ‖ ⁓ (einer Brücke) (HuT) / bridge pier, pier n ‖ ⁓ (Arch, HuT) s. auch Stütze ‖ **langgestreckter ⁓** (dünner) (Bergb) / rance n ‖ ⁓ m **zwischen zwei Kammern** (Bergb) / rib pillar ‖ **⁓abbau** m (Bergb) / pillar extraction, pillaring n, robbing of pillars, pillar mining ‖ **⁓aufsatz** m (HuT) / pier cap, pier template ‖ **⁓bau** m (mit pfeilerartiger Bauweise in Verbindung mit Versatzbau oder Bruchbau) (Bergb) / pillar-and-stall system, pillaring n ‖ **⁓bruch** m (Bergb) / pillar burst ‖ **⁓durchhieb** m (Bergb) / junking* n ‖ **⁓durchörterung** f (Bergb) / junking* n ‖ **⁓gewölbestaumauer** f (eine aufgelöste Staumauer) (Wasserb) / multiple-dome dam, multiple-arch dam, multiple-arch-type dam ‖ **⁓haupt** m (HuT, Wasserb) / starling n, cutwater* n, pier cap ‖ **⁓kopf** m (HuT, Wasserb) / starling n, cutwater* n, pier cap ‖ **⁓kopfstaumauer** f (mit abgerundeten Köpfen) (Wasserb) / round-head buttress dam, round-head buttress dam ‖ **⁓kraftwerk** n (bei Flußkraftwerken die konsequenteste mehrteilige Wasserkraftwerksbauart für vertikalachsige Spiralturbinen) (Eltech, Wasserb) / power station in bridge pier, buttress power station ‖ **⁓kuppelstaumauer** f (eine aufgelöste Staumauer) (Wasserb) / multiple-dome dam, multiple-arch dam, multiple-arch-type dam ‖ **⁓plattenstaumauer** f (Wasserb) / flat-slab buttress dam, flat-slab deck dam, Ambursen dam ‖ **⁓schutz** m (Wasserb) / starling n ‖ **⁓stau** m (Wasserb) / backwater at (bridge) pier, backwater effect of pier ‖ **⁓staumauer** f (Wasserb) / buttress dam, hollow dam ‖ **⁓weite** f (Arch) / bay n, spacing n ‖ **⁓weite** (Arch) s. auch Interkolumnium

**Pfeil•flügel** m (Tragflügel für schnelle Flugzeuge) (Luftf) / back-swept wing, swept-back wing ‖ **⁓flügel mit schwacher positiver Pfeilung** (Luftf) / back-swept wing with semipositive sweepback, swept-back wing with semipositive sweepback ‖ **⁓flügel mit starker positiver Pfeilung** (Luftf) / back-swept wing with positive sweepback, swept-back wing with positive sweepback ‖ **⁓folge** f (in gerichteten Grafen) / oriented walk ‖ **⁓formwinkel** m (Luftf) / sweep* n ‖ **⁓gift** n (Chem) / arrow poison ‖ **⁓höhe** f (Bau, HuT) / rise* n, versed sine*, sagitta n (pl. sagittae) ‖ **⁓radverzahnung** f (Masch) / herring-bone gear*, double-helical gears* ‖ **⁓richtung** f / direction of arrow, arrow-head direction ‖ **Barnards ⁓stern** (nach E.E.Barnard, 1857-1923) (Astr) / Barnard's star* ‖ **⁓symbol** n (EDV) / arrow icon ‖ **⁓taste** f (zur Bewegung des Cursors auf dem Bildschirm) (EDV) / arrow key

**Pfeilung** f (zur Verringerung der vertikalen Anströmgeschwindigkeit) (Luftf) / sweep* n ‖ **negative ⁓** (Luftf) / forward sweep ‖ **positive ⁓** (Luftf) / sweepback ‖ **veränderliche ⁓** (Luftf) / variable sweep*, swing-wing* n, variable geometry*, VG

**Pfeil•verzahnung** f (Masch) / herring-bone teeth ‖ **⁓winkel** m (Luftf) / sweep* n

**Pferdefett** n (Chem Verf, Led, Nahr) / horse fat
**"Pferdefleisch"** n (For) / bulletwood* n, wood of the bully tree

**Pferde•futter** n (Landw) / forage n ‖ **⁓kopf** m (bei einem Pumpaggregat) (Erdöl) / horsehead ‖ **⁓schwanz** m (Geol) / horse n ‖ **⁓stärke** f (nach DIN 1301, T 3 nicht mehr zugelassene kontinentale Einheit der Leistung = 735,49875 W) (Masch) / continental horsepower, metric horsepower, cheval-vapeur* n, force de cheval, CV* n ‖ **⁓stärke** (nicht mehr zugelassene anglo-amerikanische Einheit der Leistung = 745,699 W) (Masch) / horse power*, horsepower n, HP, h.p.* ‖ **⁓transporter** m (Kfz) / horse transporter

**Pfette**

**Pfette** *f* (parallel zum First oder zur Traufe liegender Teil der Dachkonstruktion) (Bau, Zimm) / purlin* *n* ‖ ⁓ (Bau, Zimm) s. auch First-, Fuß- und Mittelpfette
**Pfetten•dach** *n* (ein Dachtragwerk) (Bau, Zimm) / double roof*, purlin roof ‖ ⁓**dachstuhl** *m* (Bau, Zimm) / double roof*, purlin roof
**PF-Harz** *n* (nach DIN 7708, T 2) (Plast) / phenolformaldehyde resin, PF resin*
*π*-**Filter** *n* (Fernm) / pi-type filter, pi-section *n*, pi-section filter*, *π*-section *n*, pi-filter *n*
**Pfirsichkernöl** *n* (Nahr) / persic oil
**PFK** (Chem) / perfluorkerosene *n*, PFK
**Pflanz•beet** *n* (Landw) / plant bed ‖ ⁓**behälter** *m* / planting box ‖ ⁓**bestand** *m* (Landw) / plantation *n*
**Pflanze** *f* (Bot) / plant* *n* ‖ **bedecktsamige** ⁓**n** (Bot) / Angiospermae *pl*, angiosperms* *pl* ‖ **bodenanzeigende** ⁓ (Bot, Geol) / indicator plant (that grows exclusively or preferentially on soil rich in a given metal or other element), indicator* *n*, soil plant ‖ **bodenzeigende** ⁓ (Bot, Geol) / indicator plant (that grows exclusively or preferentially on soil rich in a given metal or other element), indicator* *n*, soil plant ‖ **einjährige** ⁓ (Bot) / therophyte* *n* ‖ **energieliefernde** ⁓ (mit hohem Energiegehalt) (Landw) / energy plant ‖ **etherische** ⁓ (Bot) / essential-oil plant ‖ **gummiliefernde** ⁓ (Bot) / gum plant ‖ **kalkliebende** ⁓ (eine bodenanzeigende Pflanze) (Bot) / calcicolous plant, calcicole plant, calcicole* *n*, calcareous soil plant ‖ **kalkmeidende** ⁓ (Bot) / calcifuge plant, calcifugous plant ‖ **kautschukliefernde** ⁓ (jede Pflanze, die Latex liefert) (Bot) / rubber plant, gum plant ‖ **nacktsamige** ⁓**n** (Bot) / Gymnospermae* *pl*, gymnosperms* *pl* ‖ **nitrophile** ⁓ (eine bodenanzeigende Pflanze) (Bot) / nitrophilous plant* ‖ **perennierende** ⁓ (Bot) / perennial* *n* ‖ **polyzyklische** ⁓ (mehr- bis vieljährige) (Bot) / polycyclic plant ‖ **salzfliehende** ⁓ (Bot) / halophobe *n* ‖ **salzmeidende** ⁓ (Bot) / halophobe *n* ‖ **säureliebende** ⁓ (Bot) / acidophilic plant, acidophilous plant ‖ **sortenuntypische** ⁓ (z.B. in Vermehrungsbeständen) (Bot, Landw) / rogue* *n* ‖ **tagneutrale** ⁓ (Bot) / day-neutral plant* ‖ **virusfreie** ⁓ (Bot, Landw) / virus-free plant ‖ **wildlebende Tiere und** ⁓**n** (Bot, Umwelt, Zool) / wildlife *n* ‖ **winterannuelle** ⁓ (Bot) / winter annual* ‖ **wintereinjährige** ⁓ (Bot) / winter annual* ‖ **zuckerliefernde** ⁓ (Bot, Landw) / sugar plant*
**pflanzen** *v* (Landw) / plant *v* ‖ ⁓ *n* (Anbau) (Landw) / planting *n*
**Pflanzen•-** / vegetable* *adj* (dye, fat, glue, oil), plant *attr* ‖ ⁓**abtötend** *adj* (Bot, Landw, Umwelt) / phytocidal *adj* ‖ ⁓**anatomie** *f* (Bot) / plant anatomy ‖ ⁓**asche** *f* (Aufber, Bergb) / inherent ash* (in the original coal-forming vegetation) (Landw) / plant ash* ‖ ⁓**ausdünner** *m* (z.B. ein Rübenlichter) (Landw) / thinner* *n* ‖ ⁓**bau** *m* (Anbau von Kulturpflanzen) (Landw) / crop husbandry, crop farming ‖ ⁓**bauer** *m* (Landw) / planter *n* ‖ ⁓**beet** *n* (Sanitär) / emergence hydrophyte treatment system, halophyte treatment system, plant waste-water treatment works ‖ ⁓**bestand** *m* (Bot) / stand* *n* ‖ ⁓**biochemie** *f* (Biochem) / plant biochemistry ‖ ⁓**chemie** *f* (Bot, Chem) / phytochemistry* *n* ‖ ⁓**chemisch** *adj* (Bot, Chem) / phytochemical *adj* ‖ ⁓**decke** *f* (die Gesamtheit der Pflanzen, die die Erdoberfläche bzw. ein bestimmtes Gebiet mehr oder weniger geschlossen bedecken) (Bot, Umwelt) / vegetation *n*, plant cover, vegetation cover, vegetative cover, cover *n* ‖ ⁓**düngung** *f* (Landw) / plant fertilization ‖ ⁓**eiweiß** *n* (Nahr) / vegetable protein ‖ **texturiertes** ⁓**eiweiß** *n* (Nahr) / textured vegetable protein, TVP ‖ ⁓**ernährung** *f* (Bot, Landw) / plant nutrition ‖ ⁓**faser** *f* (Tex) / vegetable fibre, plant fibre ‖ ⁓**fasern** *f pl* (außer Baumwolle) **vor dem Verspinnen** (Tex) / filasse *n* ‖ ⁓**fett** *n* (Nahr) / vegetable fat ‖ ⁓**galle** *f* (Bot, For, Leder) / gallnut *n*, gall* *n*, nut-gall *n* ‖ ⁓**geografie** *f* (Bot) / phytogeography *n*, plant geography ‖ ⁓**geografisch** *adj* (Bot) / phytogeographical *adj*, phytogeografic *adj* ‖ ⁓**gerbstoff** *m* (Leder) / tannin *n*, vegetable tanning agent ‖ ⁓**gesellschaft** *f* (Bot) / society* *n* ‖ ⁓**gewebe** *n* (Bot) / plant tissue ‖ ⁓**gift** *n* (Bot, Chem) / phytotoxin* *n*, plant toxin (produced by plants) ‖ ⁓**gummi** *n* (pl. -gummen) (Bot, Chem) / gum* *n*, natural gum ‖ ⁓**hormon** *n* (förderndes, hemmendes) (Bot) / phytohormone* *n*, plant hormone ‖ ⁓**kläranlage** *f* (Kläranlage, bestehend aus einem mit ausgewählten Sumpfpflanzen besetzten Bodenkörper definierter Abmessungen) (Sanitär) / emergence hydrophyte treatment system, halophyte treatment system, plant waste-water treatment works ‖ ⁓**krankheit** *f* (Bot, Landw) / plant disease ‖ ⁓**krebs** *m* (Bot) / canker *n* ‖ ⁓**lecithin** *n* (aus Sojabohnen) (Nahr) / soybean lecithin, soya lecithin ‖ ⁓**leim** *n* (z.B. Kleister) (Landw) / vegetable glue ‖ ⁓**mark** *n* (Nahr) / pulp* *n* ‖ ⁓**nährstoff** *m* (Bot) / plant nutrient ‖ ⁓**ökologie** *f* (Beziehung zwischen Pflanzen und Umwelt) (Bot) / plant ecology, phytoecology *n* ‖ ⁓**öl** *n* (Chem, Nahr) / vegetable oil* ‖ ⁓**ölkraftstoff** *m* (ein alternativer Kraftstoff) (Kftst) / vegetable-oil fuel ‖ ⁓**patent** *n* / plant patent ‖ ⁓**pathologie** *f* (Lehre von den Pflanzenkrankheiten und ihrer Behandlung) (Bot) / phytopathology* *n*, plant pathology ‖ ⁓**physiologie** *f* (Bot) / plant physiology ‖ ⁓**reich** *n* (die Gesamtheit der pflanzlichen Organismen) (Bot) / plant kingdom, vegetable kingdom ‖ ⁓**reihe** *f* (Landw) / row *n* ‖ ⁓**reste** *m pl* (in der Schurwolle) (Tex) / shives* *pl* ‖ ⁓**schädling** *m* (Umwelt) / plant pest ‖ ⁓**schleim** *m* (Bot, Chem, Pharm) / mucilage* *n* ‖ ⁓**schutz** *m* (biologischer, integrierter) (Umwelt) / plant protection ‖ ⁓**schutz und Vorratsschutz** (vor Schadorganismen und Krankheiten) (Landw) / crop protection ‖ ⁓**schutzmittel** *n* (nach dem Pflanzenschutzgesetz vom 15.IX.1986 bzw. vom 27.VII.1971) (Landw) / agricultural biocide, crop-protection product, plant protectant, agricultural control chemical ‖ ⁓**schutzpapier** *n* (gegen die Einwirkung von Sonnenstrahlen oder Frost) (Landw) / plant-cap paper, plant-protector paper, capping paper ‖ ⁓**seide** *f* (Pflanzendaunen) (Bot, Tex) / silk cotton, cotton-silk *n* ‖ ⁓**stärke** *f* / plant starch ‖ ⁓**teile** *m pl* (in der Schmutzwolle) (Tex) / vegetable matter *n* (in raw wool) ‖ ⁓**tötend** *adj* (Bot, Landw, Umwelt) / phytocidal *adj* ‖ ⁓**vernichtend** *adj* (Bot, Landw, Umwelt) / phytocidal *adj* ‖ ⁓**wachs** *n* / vegetable wax ‖ ⁓**wachstum** *n* (Bot) / plant growth ‖ ⁓**welt** *f* (Bot) / plant kingdom, vegetable kingdom ‖ ⁓**wuchs** *m* (Bot) / plant growth ‖ ⁓**wuchsregulator** *m* (Bot, Chem, Landw) / plant growth regulator, plant growth substance ‖ ⁓**wuchsstoff** *m* (Bot, Chem) / auxin* *n* ‖ ⁓**wuchsstoff** (Bot, Chem, Landw) / plant growth regulator, plant growth substance ‖ ⁓**zelle** *f* (Bot) / plant cell ‖ ⁓**züchtung** *f* (Bot, Landw) / plant breeding ‖ **polyploide** ⁓**züchtung** (Bot, Landw) / polyploidy breeding
**Pflanzer** *m* (Besitzer einer Pflanzung in tropischen Ländern) (Landw) / planter *n* ‖ ⁓ (Landw) / grower *n*
**Pflanz•holz** *n* (Landw) / planter *n* ‖ ⁓**kamp** *m* (For) / forest nursery, nursery *n*, forest-tree nursery ‖ ⁓**kübel** *m* / planting box
**pflanzlich** *adj* / vegetable* *adj* (dye, fat, glue, oil), plant *attr* ‖ ⁓**e Droge** (Pharm) / vegetable drug ‖ ⁓**e Droge** (Pharm) s. auch Phytopharmakon ‖ ⁓**es Eiweiß** (Nahr) / vegetable protein ‖ ⁓**e Faser** (Tex) / vegetable fibre, plant fibre ‖ ⁓**es Fett** (Nahr) / vegetable fat ‖ ⁓ **gegerbtes vollnarbiges mattglänzend zugerichtetes, gekrispeltes Rindleder** (Herstellung von Handtaschen, Reisegepäck usw.) (Leder) / coach hide ‖ ⁓**e Gerbung** (mit Rinde als Gerbmittel) (Leder) / bark tannage, bark tanning, barking *n* ‖ ⁓**e Gerbung** (Leder) / vegetable tanning ‖ ⁓**es Gewebe** (Bot) / plant tissue ‖ ⁓**er Gummistoff** (Bot, Chem) / gum* *n*, natural gum ‖ ⁓**es Kinin** (Physiol) / cytokinin* *n* ‖ ⁓**er Leim** / vegetable glue ‖ ⁓**e Ökologie** (Beziehung zwischen Pflanzen und Umwelt) (Bot) / plant ecology, phytoecology *n* ‖ ⁓**es Öl** (Chem, Nahr) / vegetable oil* ‖ ⁓**es Sterol** (z.B. Sitosterol) (Chem) / phytosterol *n* ‖ ⁓**es Wachs** / vegetable wax ‖ ⁓**e Zelle** (Bot) / plant cell
**Pflanz•lochgerät** *n* (ein Handgerät) (Landw) / dibber *n*, dibble *n* ‖ ⁓**lochmaschine** *f* (Landw) / dibbler *n* ‖ ⁓**lochstern** *m* (Landw) / star-wheel dibbler ‖ ⁓**maschine** *f* (Landw) / planter *n*, planting machine ‖ ⁓**rillenzieher** *m* (Landw) / drill marker
**Pflanzung** *f* (Tätigkeit) (Landw) / planting *n* ‖ ⁓ (Bestand) (Landw) / plantation *n* ‖ ⁓ **im Fünfeckverband** (For) / quincunx planting
**Pflaster** *n* (in der geometrischen Modellierung) (EDV) / patch *n*
"**Pflaster**" *n* (das ein "Loch" im Programm stopfen kann - Schutz gegen die Hacker) (EDV) / patch *n*
**Pflaster** *n* (Geol) / pavement *n* ‖ ⁓ (Befestigungsart von Verkehrsflächen) (HuT) / pavement *n* ‖ ⁓**bettung** *f* (vorwiegend Sand) (HuT) / pavement bedding (course) ‖ ⁓**boden** *n* (Geol) / pavement *n* ‖ ⁓**decke** *f* (HuT) / block pavement, sett pavement
**Pflasterer** *m* (HuT) / paver *n*, paviour *n*, pavior *n*
**Pflastermeißel** *m* (Werkz) / clink *n*
**pflastern** *v* (HuT) / pave *v* ‖ ⁓ *n* (HuT) / paving *n*
**Pflaster•stein** *m* (Bau) / pavior* *n*, paviour *n*, paving sett ‖ ⁓**stein** (HuT) / paving block ‖ **viereckiger** ⁓**stein** (Bau) / sett* *n* ‖ ⁓**straßendecke** *f* (aus Natursteinen 75 x 250 mm) (HuT) / Belgian block pavement, Belgian pavement
**Pflasterung** *f* (Belag) (HuT) / pavement *n* ‖ ⁓ (Tätigkeit) (HuT) / paving *n*
**Pflästerung** *f* (HuT) / paving *n*
**Pflatschen** *n* (Aufbringen flüssiger Ausrüstungsmittel mittels Walzen auf dem Foulard) (Tex) / face padding, nip padding, slop padding, kiss-rolling *n*
**Pflaumenblau** *n* / plum *n*, plum-blue *n*
**pflaumenförmig** *adj* (Bot) / pruniform* *adj*
**Pflege** *f* (im allgemeinen) / care *n* ‖ ⁓ (EDV) / maintenance *n* ‖ ⁓ (Masch) / preventive maintenance, PM ‖ ⁓ **von Programmen** (EDV) / program maintenance ‖ ⁓ **von Software** (EDV) / software maintenance ‖ **gute** ⁓**eigenschaften** (z.B. Reinigungs- oder Trocknungsverhalten) (Tex) / easy-care properties ‖ ⁓**etikett** *n* (als unverlierbar angebrachtes Etikett) (Tex) / care label, permanent care label ‖ ⁓**hieb** *m* (For) / improvement felling, tending felling, tending throwing, tending falling (US) ‖ ⁓**kennzeichen** *n* (als unverlierbar angebrachtes Etikett) (Tex) / care label, permanent care label ‖ ⁓**kennzeichen** (grafisches Symbol) (Tex) / care symbol ‖ ⁓**leicht** *adj* (Tex) / easy-care* *adj*, easy to care for ‖ ⁓**leicht** (Ausrüstung - Warenzeichen der Fa. Bancroft & Sons) (Tex) / minicare *adj* ‖ ⁓**leichtausrüstung** *f* (Textilveredlung) (Tex) / easy-care finish ‖ ⁓**leichtausrüstung** (Tex) s. auch bügelfrei ‖ ⁓**leichteigenschaften** *f pl*

# Pharmakologie

(Tex) / easy-care properties, minimum-care properties ‖
≈**leichtigkeit** f (Tex) / easy-care properties, minimum-care properties
**pflegen** v (eine Datei) (EDV) / maintain v ‖ ~ (Leder, Tex) / care v ‖ ~ (Masch) / maintain v, service v
**Pflegeroboter** m (Med) / geriatric robot
**Pflege•schlepper** m (Landw) / cultivating tractor ‖ ≈**symbol** n (z.B. Bügeleisen für die Bügelbehandlung, Glätten und Pressen unter Einwirkung von Wärme) (Tex) / care symbol
**Pfleiderer** m (Chem Verf) / z-blade mixer, sigma-type mixer, Baker-Perkins mixer, Werner-Pfleiderer mixer
**Pfleidern** n (Tex) / pfleidering
**Pflicht•abgabe** f (eines Pflichtexemplars an öffentliche Bibliotheken) / copyright deposit, legal deposit ‖ ≈**bohrung** f (Erdöl) / obligatory drilling
**Pflichtenheft** n (Masch) / specification* n (book), spec, checklist n
**Pflicht•exemplar** n (für die Bibliotheken) (Druck) / depository copy, deposit copy, statutory copy, obligatory copy ‖ ≈**hinterlegung** f (eines Pflichtexemplars an öffentliche Bibliotheken) / copyright deposit, legal deposit
**Pflock** m / peg n, pin n
**PFLOPS** pl (EDV) / PFLOPS pl ($10^{15}$ floating-point operations per second)
**pflücken** v (Obst) (Landw) / pick v, gather v
**Pflücker** m (Arbeiter) (Landw) / picker n
**Pflückmaschine** f (Landw) / picker n
**Pflug** m (Landw) / plough* n, plow* n (US) ‖ ≈ **für schwere Bodenarten** (Landw) / deep-digger plough ‖ ≈**anlage** f (Landw) / heel n ‖ ≈**bagger** m (der den Boden durch eine waagerechte Schneide löst) (HuT) / plough-type elevating grader ‖ ≈**baum** m (Landw) / plough beam n, beam n, leg n, standard n (US)
**pflügen** v (Landw) / plough v, plow v (US) ‖ ≈ n (Landw) / ploughing n, plowing n (US) ‖ ≈ (der harten Oberflächenspitzen) (Masch) / ploughing wear, ploughing n, plowing n (US)
**Pflug•karren** m (Landw) / forecarriage n ‖ ≈**körper** m (Landw) / plough body, bottom n (US) ‖ **auswechselbare** ≈**körperspitze** (besonders bei Forstpflügen) / sock n ‖ ≈**rahmen** m (Landw) / plough frame ‖ ≈**säule** f (Landw) / frog n ‖ ≈**schar** n f (Landw) / ploughshare n, plowshare n (US) ‖ ≈**sohle** f (Landw) / plough-sole n ‖ ≈**stelze** f (Landw) / plough-shoe n ‖ ≈**sterz** m (Landw) / plough handle, stilt n ‖ ≈**wirkung** f (Masch) / ploughing wear, ploughing n, plowing n (US)
**PFM** (Fernm) / pulse-frequency modulation*, PF modulation
**Pforte** f (Bau) / gate* n ‖ ≈ (Senke zwischen Bergen) (Geog) / gate n, gateway n ‖ ≈ (verschließbare Öffnung in der Außenhaut) (Schiff) / port n
**Pfortenöffnung** f (Schiff) / porthole n
**Pfortluke** f (Schiff) / port n
**Pfosten** m (senkrechte Holzstütze) / post n, stake n ‖ ≈ (Bau, Zimm) / upright* n, stud* n ‖ ≈ s. auch Pfahl ‖ ≈**ramme** f (HuT) / post driver ‖ ≈**zieher** m (HuT) / post puller
**PFP** (Biochem) / perforin n
**Pfriem** m (Werkz) / awl* n ‖ **~artig** adj (Bot) / subulate* adj ‖ **~lich** adj (Bot) / subulate* adj
**Pfropf•bastard** m (Bot) / graft chimera* ‖ ≈**copolymer** n (Chem) / graft polymer
**pfropfen** v (Bot, Landw) / graft v ‖ ~ (Chem) / graft v ‖ ≈ n (Bot, Landw) / grafting n ‖ ≈ m (z.B. am Fuß von Franki-Pfählen) (HuT) / plug n ‖ ≈ (Masch) / stopper n, plug* n, end plug ‖ ≈ **in die Krone** (For, Landw) / topworking n ‖ ≈**bildung** f (und Eisenfleckigkeit - eine Krankheit der Kartoffelknollen) (Landw) / spraing n ‖ ≈**bildung** (Fehler beim Spritzgießen) (Plast) / plug-up n ‖ ≈**strömungsmessung** f (Tex) / airflow method
**Pfropfkopolymer** n (Chem) / graft polymer
**Pfröpfling** m (Bot) / scion* n, graft n, cion n (US), cutting n
**Pfropf•polymer** n (Chem) / graft polymer ‖ ≈**reis** n (Bot) / scion* n, graft n, cion n (US), cutting n
**pF-Skale** f (von R.K. Scofield eingeführte Skale für die Ermittlung der Saugspannung von Böden auf das Bodenwasser) (HuT) / pF scale
**PFT-Technik** f (in der NMR-Spektroskopie) (Spektr) / pulse Fourier transform NMR
**Pfund•Eindringkörper** m (zur Härteprüfung nach Pfund) (WP) / Pfund indenter (hemispherical quartz or sapphire indenter) ‖ ≈**-Härte** f (WP) / Pfund hardness, PH
**Pfündigkeit** f (in der klassischen Ölkopallacktechnik) (Anstr) / oil length*
**Pfund-Serie** f (im Termschema des Wasserstoffatoms - nach A.H. Pfund, 1879-1949) (Spektr) / Pfund series*
**pfuschen** v / bungle v
**PG** (Biochem, Pharm) / prostaglandin* n ‖ ≈ (ein Antioxidans für Lebensmittel) (Nahr) / propyl gallate
**PGA** (EDV) / Professional Graphics Adapter, PGA
**PGC** (Chem) / pyrolysis gas chromatography, pyrolytic gas chromatography

$\pi$-**Glied** n (Fernm) / pi-network* n
**PGP** (EDV) / Pretty Good Privacy
**p-Gruppe** f (Math) / p-group n
**ph** (Licht) / phot* n
**pH** (Chem) s. pH-Wert
**Ph. Eur.** (Pharm) / European Pharmacopoeia
**PHA** (Plast) / vinyl resin, polyvinyl resin, vinyl plastic
**Phaeophyceae** pl (Bot) / brown algae*, Phaeophyta pl, Phaeophyceae* pl
**Phage** m (Bakteriol) / bacteriophage* n, phage n ‖ **temperierter** ≈ (Gen) / temperate phage
**Phagodeterrens** n (pl. -enzien oder -entia) (Umwelt) / phagodeterrent n
**Phagostimulans** n (pl. -lanzien oder -lantia) (Umwelt) / phagostimulant n
**Phagozyt** (pl -en) m (Zyt) / phagocyte* n
**Phagozyte** f (eine Freßzelle) (Zyt) / phagocyte* n
**Phakoid** n (Geol) / phacoid n
**Phakoidgefüge** n (Geol) / phacoidal structure*
**Phakolith** m (eine Intrusionsform) (Geol) / phacolith* n ‖ ≈ (ein durch Flächenkrümmung linsenartig erscheinender Chabasit) (Min) / phacolite n
**p-Halbleiter** m (mit Defektelektronenleitung) (Eltronik) / p-type semiconductor*
**Phalloid** n (Bot) / phalloid n
**Phalloidin** (Giftstoff des Grünen Knollenblätterpilzes - ein Phallotoxin) (Chem) / phalloidin n, phalloidine n
**Phallotoxin** n (Giftstoff des Grünen und des Weißen Knollenblätterpilzes) (Chem) / phallotoxin n
**phanerokristallin** adj (Min) / phanerocrystalline* adj, phaneritic adj, coarse-grained adj ‖ **~es Gestein** (Geol) / phanerite n
**Phänoklast** m (Geol) / phenoclast n
**Phänologie** f (Wissenschaft von den Beziehungen zwischen dem Verlauf der Witterung und der Entwicklung oder dem Verhalten von Organismen im Jahresablauf) (Biol, Umwelt) / phenology* n
**phänologisch** adj (Biol, Umwelt) / phenological adj
**Phänomen** n / phenomenon n (pl. -mena) ‖ **kritisches** ≈ (Phys) / critical phenomenon n ‖ **optisches** ≈ (Opt) / optical phenomenon
**phänomenologisch** adj / phenomenological adj ‖ **~e Beschreibung** (Kernphys) / phenomenological description
**Phanotron** n (ungesteuerte Gleichrichterröhre) (Eltronik) / phanotron n
**Phänotyp** m (Gen) / phenotype* n
**phänotypisch** adj (Gen) / phenotypical adj, phenotypic adj
**Phänotypus** m pl (das genetisch determinierte Erscheinungsbild eines Organismus) (Gen) / phenotype* n
**Phantasie•-** / fancy adj ‖ ≈**bezeichnung** f (eines Erzeugnisses) / fancy name ‖ ≈**bindung** f (Web) / fancy weave ‖ ≈**druck** f (Tex) / fancy print ‖ ≈**garn** n (Spinn) / fancy yarn*, effect thread*, effect yarn, novelty yarn ‖ ≈**köper** m (Tex) / fancy twill ‖ ≈**papier** n (Pap) / fancy paper ‖ ≈**pelz** m (Tex) / fun fur ‖ **~voll** adj (Dessin) / sophisticated adj ‖ ≈**zwirn** m (Spinn) / fancy yarn*, effect thread*, effect yarn, novelty yarn
**Phantastron** n (Kippschaltung mit einmaliger Ablenkung) (Eltronik, Radar) / phantastron n
**Phantom** n (festes oder flüssiges gewebeäquivalentes Medium zur Simulation der Wechselwirkung ionisierender Strahlung in biologischen Objekten) (Biol, Radiol) / phantom material*, tissue-equivalent material*, phantom n ‖ ≈ (Wasserb) / bluff body ‖ ≈**bild** / phantom view, ghosted view ‖ ≈**bild** (Licht) / ghost image* ‖ ≈**bild** (eines Gegenstandes) (Masch, Math) / cutaway n ‖ ≈**kammer** f (eine Ionisationskammer) (Radiol) / phantom chamber ‖ ≈**kristall** m (Krist) / phantom circuit, superposed circuit ‖ ≈**leitung** f (Fernm) / phantom circuit, superposed circuit ‖ ≈**polymerization** f (Chem) / phantom polymerization ‖ ≈**roboter** m (ein Programmiergestell für die direkte Teach-in-Programmierung von Drehgelenkrobotern) / phantom robot ‖ ≈**speisung** f (Fernm) / phantom power supply ‖ ≈**stromkreis** m (Fernm) / phantom circuit, superposed circuit ‖ ≈**substanz** f (Biol, Radiol) / phantom material*, tissue-equivalent material*, phantom n
**Pharmaberater** m (Pharm) / medical representative
**Pharmako•chemie** f (Chem, Pharm) / pharmaceutical chemistry ‖ ≈**dynamik** f (Lehre von den Wirkungen der Arzneimittel und der Gifte) (Pharm) / pharmacodynamics* n ‖ **~dynamisch** adj (Pharm) / pharmacodynamic adj ‖ ≈**genetik** f (Pharm) / pharmacogenetics n ‖ **~genetisch** adj (Pharm) / pharmacogenetic adj ‖ ≈**gnosie** f (Drogenkunde) (Pharm) / pharmacognosy n, pharmaceutical biology ‖ **~gnostisch** adj (Pharm) / pharmacognostic adj ‖ ≈**kinetik** f (Lehre von der Veränderung der arzneilich wirksamen Stoffe im menschlichen oder tierischen Organismus und vom zeitlichen Ablauf dieser Veränderung) (Pharm) / pharmacokinetics n ‖ **~kinetisch** adj (Pharm) / pharmacokinetic adj ‖ ≈**lith** m (Kalziumhydrogenorthoarsenat) (Min) / pharmacolite* n ‖ ≈**logie** f

**pharmakologisch**

(Arzneimittellehre) (Pharm) / pharmacology* n ‖ ~**logisch** adj (Pharm) / pharmacological adj, pharmacologic adj ‖ ~**logisch wirksamer Stoff** (Pharm) / pharmacologically active compound (substance) ‖ ~**manie** f (Pharm) / drug abuse
**Pharmakon** n (pl. Pharmaka) (Pharm) / (medicinal) drug* n
**Pharmako•phor** m (pharmazeutisch wirksame Substanz) (Pharm) / pharmacophore n ‖ ~**pöe** f (in der Bundesrepublik Deutschland gelten heute: DAB 1997 und das Europäische Arzneibuch) (Pharm) / pharmacopoeia n ‖ ~**radiografie** f (Radiol) / pharmacoradiography n ‖ ~**siderit** m (Eisen(III)-hexahydroxidtriorthoarsenat) (Min) / pharmacosiderite* n, cube ore ‖ ~**therapie** f (Med) / pharmacotherapy n
**Pharma•präparat** n (Pharm) / pharmaceutical preparation, preparation n ‖ ~**vertreter** m (Ärztebesucher) (Pharm) / medical representative
**Pharmazeutikum** n (pl. Pharmazeutika) (Pharm) / (medicinal) drug* n
**pharmazeutisch** adj (Pharm) / pharmaceutical adj ‖ ~**e Biologie** (Pharm) / pharmacognosy n, pharmaceutical biology ‖ ~**e Chemie** (Chem, Pharm) / pharmaceutical chemistry ‖ ~**es Erzeugnis** (Pharm) / pharmaceutical preparation, preparation n ‖ ~**es Weißöl** (Nahr, Pharm) / paraffin oil, white mineral oil, paraffinum liquidum, liquid petrolatum, kerosine n, liquid paraffin*, medicinal white oil, medicinal paraffin oil
**Pharmazie** f (Pharm) / pharmacy n ‖ **galenische** ~ (Pharm) / galenic pharmacy ‖ **galenische** ~ (Pharm) s. auch Biopharmazie
**Pharming** n (Züchtung von transgenen Tieren) (Gen, Landw) / pharming n
**Phase** f (Astr, Phys) / phase* n ‖ ~ (ablauffähiges Programm) (EDV) / phase n, program phase ‖ ~ (die kleinste vollständige Einheit, auf die in der Bibliothek für Lademoduln Bezug genommen werden kann) (EDV) / phase n ‖ ~ (der augenblickliche Schwingungszustand eines periodischen Schwingungsvorgangs nach DIN 1311, T 1 und 40108) (Elektr, Phys) / phase n ‖ ~ (der Verlauf einer Strom- oder Spannungskurve in einem Strom-Zeit- oder Spannungs-Zeit-Diagramm zwischen zwei Nullgängen der Kurven) (Eltech) / phase n ‖ ~ (ein in sich homogener Körper in einem Stoffgemenge, der sich durch eine Grenzfläche von anderen Phasen unterscheidet) (Phys) / phase n ‖ **ablauffähige** ~ (EDV) / loadable phase ‖ **äußere** ~ (Chem, Phys) / dispersion medium*, dispersive medium, continuous phase, external phase ‖ **außer** ~ (Eltech, Fernm) / out of phase*, offset in phase, shifted in phase ‖ **chirale stationäre** ~ (Chem) / chiral stationary phase ‖ **cholesterische** ~ (Phys) / cholesteric phase ‖ **dampfförmige** ~ (Phys) / vapour phase ‖ **dispergierte** ~ (Chem, Phys) / dispersed phase*, internal phase, disperse phase ‖ **disperse** ~ (Chem, Phys) / dispersion medium*, dispersive medium, continuous phase, external phase ‖ **feste** ~ (Phys) / solid phase ‖ **flüssige** ~ (Phys) / liquid* n, liquid phase ‖ **flüssige mobile** ~ (Chem) / liquid mobile phase ‖ **flüssige stationäre** ~ (Chem) / liquid stationary phase, stationary liquid phase ‖ **gasförmige** ~ (Phys) / gas phase ‖ **gebundene** (stationäre) ~ (der Flüssigkeit, die durch chemische Bindung an Trägerpartikel gekoppelt ist - Chromatografie) (Chem) / bonded phase ‖ **gestopfte abgeleitete** ~ (Krist) / stuffed derivative ‖ **immobilisierte** (stationäre) ~ (der Flüssigkeit, die durch in-situ-Polymerisation an Trägerpartikel oder Gefäßwände und deren Beläge immobilisiert ist - in der Chromatografie) (Chem) / immobilized phase ‖ **in** ~ (Eltech) / in phase*, equiphase adj, equal-phase attr ‖ **in** ~ (Eltech) / in step* ‖ **intermediäre** ~ (Chem, Hütt) / intermetallic compound*, intermediate constituent*, intermetallic n, intermetallic phase, intermediate phase, electron compound ‖ **intermetallische** ~ (Chem, Hütt) / intermetallic compound*, intermediate constituent*, intermetallic n, intermetallic phase, intermediate phase, electron compound ‖ **koexistente** ~**n** (Phys) / coexisting phases ‖ **kristalline** ~ (Phys) / crystalline phase ‖ **mesomorphe** ~ (Krist) / mesophase n ‖ **mobile** ~ (in der Chromatografie) (Chem) / mobile phase* ‖ **nacheilende** ~ (Eltech) / lagging phase* ‖ **reverse** ~ (Chem, Phys) / reversed phase, RP ‖ **stationäre** ~ (in der Chromatografie) (Chem) / stationary phase* ‖ **umgekehrte** ~ (Chem, Phys) / reversed phase, RP ‖ **voreilende** ~ (Eltech) / leading phase* ‖ **wäßrige** ~ (Phys) / water phase, aqueous phase • ~ f **der langfristigen Kühlung und Rückhaltung des Brennstoffs** (Nukl) / post-accident heat removal phase, PAHR phase
**Phased-Array-Antenne** f (Radar) / phased array*, phased-array antenna
**Phase•-locked-Loop** f (Regeln) / phase-locked loop, PLL ‖ ~**-lock-Technik** f (Eltronik) / phase-lock technique
**Phasen•abgleich** m (Eltech) / phasing n ‖ ~**abhängig** adj / phase-sensitive adj ‖ ~**abstand** m (Eltech) / phase spacing ‖ ~**analyse** f (Chem) / phase analysis ‖ ~**änderung** f / phase change ‖ ~**anschnittsteuerung** f (eines Wechselstroms) (Eltronik) / phase control, phase-angle control ‖ ~**ausfall** m (Eltech) / phase failure ‖ ~**ausfallschutz** m (Eltech) / open-phase protection ‖ ~**bahn** f (Kernphys) / phase trajectory ‖ ~**bahn** f (Radio) / phase path ‖ ~**bedingung** f (bei Oszillatoren) (Phys) / phase condition ‖ ~**belag** m (Elektr) / phase coefficient, phase-change coefficient, phase constant, wavelength constant* ‖ ~**detektor** m (Radio) / phase detector ‖ ~**diagramm** n (Hütt, Phys) / constitution diagram*, equilibrium diagram*, phase diagram* ‖ ~**diagramm eines Dreistoffsystems** (Hütt, Phys) / ternary diagram*, triangular diagram ‖ ~**diagramm eines Vierstoffsystems** (Hütt, Phys) / quaternary diagram* ‖ ~**diagramm eines Zweistoffsystems** n (Hütt, Phys) / binary diagram ‖ ~**differenz** f (Eltech, Fernm) / phase difference*, difference of phase* ‖ ~**differenzmodulation** f (der Wert eines zeitdiskreten Eingangssignals wird durch eine Phasenänderung gegenüber der vorhergehenden Phasenlage dargestellt) (Fernm) / differential phase shift keying, DPSK (a modulation system) ‖ ~**diskriminator** m (ein Frequenzmodulator, dessen Wirkung auf dem frequenzabhängigen Phasengang einer Schaltung beruht) (Eltronik, Radio) / phase discriminator* ‖ **selbstbegrenzender** ~**diskriminator** (Radio, TV) / ratio detector* ‖ ~**dreher** m (EDV, Fernm) / phase shifter* ‖ ~**drehtransformator** m (Eltech) / interphase transformer ‖ ~**ebene** f (DIN 1311, T 1) (Phys) / phase plane ‖ ~**einstellung** f (Eltech) / phasing n ‖ ~**empfindlich** adj / phase-sensitive adj ‖ ~**empfindlicher Verstärker** (Eltronik, Fernm) / lock-in amplifier* ‖ ~**entzerrer** m (Fernm) / phase corrector* ‖ ~**faktor** m (Eltech, Kernphys) / phase factor ‖ ~**fokussierung** f (in Hochfrequenzteilchenbeschleunigern und Laufzeitröhren) (Eltronik) / phase focusing* ‖ ~**folge** f (Eltech, Phys) / phase sequence* ‖ ~**funktion** f (die angibt, in welcher Weise auf ein Teilchen eingestrahltes Licht gestreut und auf alle Raumrichtungen verteilt wird) (Licht) / phase function ‖ ~**gang** m (Abhängigkeit des Phasenwinkels des Frequenzganges von der Frequenz) (Regeln) / phase response ‖ ~**gang** (Regeln) s. auch Bode-Diagramm ‖ ~**geschwindigkeit** f (mit der sich der Schwingungszustand einer Welle ausbreitet) (Phys) / phase velocity*, velocity (of an equiphase surface along the wave normal) ‖ ~**gesetz** n (Phys) / Gibbs' phase rule*, phase rule*, Gibbs rule ‖ ~**gesteuert** adj (Antennenanordnung) (Radar) / phased adj ‖ ~**gesteuerte Antenne** (Radar) / phased array*, phased-array antenna ‖ ~**getastetes Radar** (Radar) / phase-coded radar* ‖ ~**gitter** n (ein Beugungsgitter) (Opt) / phase grating ‖ ~**gleich** adj (Eltech) / in phase*, equiphase adj, equal-phase attr ‖ ~**gleichgewicht** n (Nebeneinanderstehen mehrerer Phasen einer oder mehrerer Phasen) (Phys) / phase equilibrium ‖ ~**gleichheit** f (Phys) / phase coincidence, phase balance ‖ ~**grenze** f (Phys, WP) / phase boundary ‖ ~**grenzfläche** f (mit Grenzflächendiffusion) / interphase* n ‖ ~**grenzreaktion** f (Chem, Galv) / phase-boundary reaction ‖ ~**hub** m (Fernm) / phase deviation, phase swing ‖ ~**integral** n (Mech) / phase integral ‖ ~**integral** (Mech) s. auch Wirkungsvariable ‖ ~**interferometer** n (Astr, Phys) / stellar interferometer* ‖ ~**interferometer** (Opt) / Mach-Zehnder interferometer, Mach refractometer ‖ ~**inversionstemperatur** f (Phys) / phase-inversion temperature ‖ ~**inverter** m (Fernm) / phase inverter ‖ ~**jitter** m (Fernm) / phase jitter ‖ ~**kettenoszillator** m (Eltronik) / line oscillator*, phase-shift oscillator* ‖ ~**kodiertes Dauerstrichsignal** (Radar) / phase-coded CW signal ‖ ~**koeffizient** m (Phasen- oder Winkelkonstante der Fortpflanzungskonstante) (Elektr) / phase coefficient, phase-change coefficient, phase constant, wavelength constant*, phase constant ‖ ~**kohärent** adj (Spektr) / phase-coherent adj ‖ ~**kohärenz** f (Spektr) / phase coherence ‖ **statorloser** ~**kompensator** (Eltech) / expedor phase advancer* ‖ ~**kompensierter Asynchronmotor** (Eltech) / all-watt motor ‖ ~**konjugation** f (ein Prozeß der nichtlinearen Optik) (Opt) / phase conjugation ‖ ~**konstante** f (die Phase zur Zeit) (Eltech) / wavelength constant*, phase constant ‖ ~**konstante** (Phys) / zero-phase angle ‖ ~**konstanz** f (Hütt, Nukl) / phase stability ‖ ~**kontinuierlich** adj / phase-continuous adj ‖ ~**kontrastmikroskop** n (von F. Zernike, 1891-1966, entwickelt) (Mikros) / phase-contrast microscope, phase microscope ‖ ~**kontrastmikroskopie** f (Mikros) / phase-contrast microscopy* ‖ ~**kontrastverfahren** n (ein Verfahren der Mikroskopie zur Sichtbarmachung kontrastloser, aber als Phasenobjekte wirksamer mikroskopischer Objekte) (Mikros) / phase-contrast microscopy ‖ ~**kopplung** f (Phys) / mode-locking n ‖ ~**korrektor** m (Fernm) / phase corrector* ‖ ~**kurve** f (die die Schwingung im Phasenraum beschreibt - DIN 1311, T 1) (Phys) / phase curve, phase trajectory ‖ ~**laufzeit** f (DIN 40148, T 1) (Fernm) / phase delay*, phase retardation* ‖ ~**leiter** m (der Stromquellen mit Verbrauchsmitteln verbindet, abe r nicht vom Mittel- oder Sternpunkt ausgeht) (Eltech) / phase conductor (in a polyphase circuit) ‖ ~**löslichkeitsanalyse** f (Chem) / phase-solubility analysis ‖ ~**maß** n (der Imaginärteil des Übertragungs- oder Fortpflanzungsmaßes) (Eltech) / phase constant* ‖ ~**maß** (Fernm) / image phase constant* ‖ ~**messer** m (Eltech, Fernm) / phase meter*, Tuma phase meter ‖ ~**minimales System** (Eltech, Regeln) / minimum-phase system ‖ ~**minimumsystem** n (Eltech, Regeln) / minimum-phase system ‖ ~**mittelpunkt** m (bei Antennen) (Radio) / phase centre ‖ ~**modulation** f (Fernm) / phase modulation*, PM, pm ‖ **digitale** ~**modulation** (Fernm) / phase-shift keying*, PSK* (a

modulation system) ‖ ~**modulator** m (für Klangeffekte) (Akus, Eltronik) / phaser n ‖ ~**modulator** (Fernm) / phase modulator ‖ ~**modulierter Puls** (DIN 5483, T 1) (Fernm) / phase-angle modulated pulse train ‖ ~**nacheilung** f (Eltech, Fernm) / phase lag*, phase delay*, phase retardation ‖ ~**opposition** f (Elektr, Phys) / opposition n, phase opposition, opposite phase ‖ ~**plättchen** n (Mikros) / phase plate*, phase-contrast plate ‖ ~**plättchen** (z.B. Lambdaviertelplättchen) (Opt) / wave plate, retardation plate ‖ ~**platte** f (Mikros) / phase plate*, phase-contrast plate ‖ ~**problem** n (bei der Kristallstrukturanalyse) (Krist) / phase problem ‖ ~**quadratur** f (90° -Phasenverschiebung) (Eltech, Fernm) / quadrature* n, phase quadrature ‖ ~**rand** m (Regeln) / phase margin*

**Phasenraum** m (DIN 1311, T 1) (Mech) / phase space* ‖ ~**dichte** f (Mech) / partition function ‖ ~**dreieck** n (Mech) / phase-space triangle, Goldhaber triangle ‖ ~**punkt** m (Mech) / phase-space point ‖ ~**zelle** f (Phys) / phase cell, phase-space cell

**Phasen•rauschen** n (durch gerätebedingte Frequenzinstabilitäten) (Eltech) / phase noise, phase jitter ‖ ~**regel** f (Phys) / Gibbs' phase rule*, phase rule*, Gibbs rule ‖ **Gibbssche** ~**regel** (Phys) / Gibbs' phase rule*, phase rule*, Gibbs rule ‖ **Goldschmidtsche** ~**regel** (Phys) / Goldschmidt's phase rule ‖ ~**regelkreis** m (bei dem das Ausgangssignal phasenstarr einem Referenzsignal folgt) (Regeln) / phase-locked loop, PLL ‖ **automatische** ~**regelung** (TV) / automatic phase control*, APC* ‖ ~**reserve** f (eines Regelkreises) (Regeln) / phase margin* ‖ ~**resonanz** f (Resonanz bei Phasenwinkel Null im Gegensatz zur Resonanz bei größter Amplitude) (Fernm) / phase resonance*, velocity resonance* ‖ ~**schieber** m (DIN 40146, T 1) (EDV, Fernm) / phase shifter* ‖ ~**schieber** (zur Abgabe oder Aufnahme von Blindleistung) (Eltech) / phase advancer* ‖ **nichtreziproker** ~**schieber** (Eltronik, Radar) / waveguide phase shifter ‖ ~**schiebergenerator** m (Oszillatorschaltung zur Erzeugung sinusförmiger Wechselspannungen) (Eltronik) / phase-shift oscillator ‖ ~**schiebeschaltung** f (aus reellen Widerständen und Blindwiderständen) (Fernm) / phase-shifting circuit* ‖ ~**schiebetransformator** m (Eltech) / phase-shifting transformer*, phasing transformer* ‖ ~**schwingen** n (Eltech) / phase swinging* ‖ ~**schwund** m (Fernm) / phase fading ‖ ~**shifter** m (EDV, Fernm) / phase shifter* ‖ ~**sicherheit** f (gegen Selbsterregung) (Eltronik) / phase margin ‖ ~**signal** n (beim Fernkopieren) (Fernm) / phasing signal ‖ ~**spalter** m (Eltech) / phase splitter, phase-splitting circuit ‖ ~**spannung** f (Eltech) / phase voltage ‖ ~**spektrum** n (DIN 1311, T und DIN 13320) (Phys) / phase spectrum ‖ ~**sprung** m (plötzliche Änderung der Phase von fortschreitenden Wellen, z.B. bei Reflexion oder Streuung) (Phys) / phase jump ‖ ~**stabilität** f (Hütt, Nukl) / phase stability ‖ ~**starr** adj (Eltronik) / phase-locked adj ‖ ~**starr synchronisierter Oszillator** (Radar) / coherent oscillator*, COHO ‖ ~**stetigkeit** f (Eltech) / phase continuity ‖ ~**strom** m (Eltech) / phase current ‖ ~**symmetrie** f (im Drehstromsystem) (Eltech) / phase symmetry ‖ ~**synchronisiert** adj (Eltech) / phase-synchronized adj ‖ ~**wäßriges** ~**system** (Biochem) / aqueous phase system, APS ‖ ~**teiler** m (Eltech) / phase splitter, phase-splitting circuit ‖ ~**teilung** f (Eltech) / phase splitting ‖ ~**trajektorie** f (Kernphys) / phase trajectory ‖ ~**transferkatalyse (PTC)** f (Chem) / phase transfer catalysis (PTC), phase transfer chemistry ‖ ~**transformation** f (in der Feldtheorie) (Phys) / phase transformation ‖ ~**transformator** m (Eltech) / phase-shifting transformer, phasing transformer* ‖ ~**trenner** m (Eltech) / phase separator ‖ ~**trennung** f / phase separation ‖ ~**trickzeichner** m (Film) / animator n

**Phasenübergang** m (Phys) / phase transition, phase transformation ‖ **diskontinuierlicher** ~ (Phys) / discontinuous phase transition, first-order transition ‖ **kontinuierlicher** ~ (Phys) / continuous phase transition, second-order transition ‖ ~ m **erster Art** (Phys) / discontinuous phase transition, first-order transition ‖ ~ **2. Ordnung** (Phys) / continuous phase transition, second-order transition ‖ ~ **1. Ordnung** (Phys) / discontinuous phase transition, first-order transition ‖ ~ **zweiter Art** (Phys) / continuous phase transition, second-order transition

**Phasen•übertragungsfunktion** f (Argument der optischen Übertragungsfunktion) (Opt) / phase-transfer function, PTF ‖ ~**umformer** m (Kurzschlußläufermaschine mit einer Einphasen- und einer Dreiphasen-Ständerwicklung zum Umformen von Einphasen- in Dreiphasenstrom) (Eltech) / phase converter*

**Phasenumkehr** f (Chem) / phase reversal*, phase inversion ‖ ~ (Änderung der Phase einer Schwingung oder Welle um π bzw. 180°) (Fernm) / phase inversion* ‖ ~**schalter** m (Fernm) / phase inverter ‖ ~**schaltung** f (Eltech) / phase inverter circuit ‖ ~**stufe** f (Fernm) / phase inverter ‖ ~**verstärker** m (Fernm) / paraphase amplifier*, see-saw amplifier

**Phasen•umtastung** f (jedem Kennzustand eines diskreten Signals entspricht eine bestimmte Phasenlage einer Schwingung konstanter Frequenz) (Fernm) / phase-shift keying*, PSK* (a modulation system) ‖ ~**umwandlung** f (Übergang eines Stoffes von einer thermodynamischen Phase in eine andere) (Phys) / phase transition, phase transformation ‖ ~**unterschied** m (Eltech, Fernm) / phase difference*, difference of phase* ‖ ~**vektor** m (Eltech, Fernm) / phase vector (of a wave) ‖ ~**vergleich** m (Eltech) / phase comparison ‖ ~**vergleicher** m (Eltech) / synchroscope* n, synchronizer* n ‖ ~**vergleichsschutz** m (beim Schutzrelais) (Eltech) / phase-comparison protection ‖ ~**vergleichssystem** n (ein akustisches Positionierungssystem) (Erdöl) / phase-comparison system ‖ ~**verhältnis** n (mobile Phase/stationäre Phase) (Chem) / phase ratio ‖ ~**verriegelt** adj (Eltronik) / phase-locked adj ‖ ~**verschiebung** f (Differenz der Phasen zweier Wellen oder Schwingungen gleicher Frequenz) (Phys) / phase displacement, phase shift ‖ ~**verschiebungswinkel** m (DIN 1311, T 1) (Eltech, Fernm) / phase difference*, phase displacement (as an angular measure), phase shift (as an angular measure) ‖ ~**verschoben** adj (Eltech, Fernm) / out of phase*, offset in phase, shifted in phase ‖ ~**verschobener Modul** (die Komponente der Scherkraft) (Chem Verf, Mech) / loss modulus, viscous modulus, hysteretic modulus, imaginary modulus, out-of-phase modulus ‖ ~**verzerrung** f (Fernm) / phase distortion*, delay distortion ‖ ~**verzögerung** f (Eltech, Fernm) / phase lag*, phase delay*, phase retardation ‖ ~**verzögerung** (Fernm) / phase-delay distortion, delay distortion ‖ ~**vibratogenerator** m (Akus, Eltronik) / phaser n ‖ ~**volumen** n (der von der Energiehyperfläche umschlossene Teil des Phasenraumes) (Phys) / phase volume, phase-space volume ‖ ~**voreilung** f (Eltech, Fernm) / phase lead*, phase advance ‖ ~**wandeltransformator** m (Eltech) / teaser transformer ‖ ~**wechsel** m (bei Lösungen) (Chem) / phase switching ‖ ~**wicklung** f (Eltech) / phase winding ‖ ~**winkel** m (im Mittelpunkt eines Planeten zwischen dem Beobachter auf der Erde und der Sonne - gibt den dem Beobachter zugewandten beleuchteten Teil der Planetenscheibe an) (Astr) / phase angle ‖ ~**winkel** (DIN 1311) (Eltech, Fernm) / phase angle* ‖ ~**winkelmesser** m (Eltech, Fernm) / phase meter*, Tuma phase meter ‖ ~**winkelspektrum** n (Phys) / phase spectrum ‖ ~**zahlumrichter** m (Eltronik) / phase convertor ‖ ~**zeichner** m (Film) / cartoon animator ‖ ~**zeichnung** f (für einen Zeichentrickfilm) (Film) / animation cell, cell n ‖ ~**zentrum** n (Radar) / phase centre ‖ ~**zittern** n (Fernm) / phase jitter

**Phaseolin** n (Globulin aus den Bohnen) (Chem) / phaseolin n
**Phaseollin** n (Chem) / phaseolin n
**Phaseolunatin** n (Chem) / linamarin n
**Phaser** n (elektronisches Effektgerät, z.B. in der Rockmusik) (Akus, Eltronik) / phaser n
**Phasin** n (giftiger Eiweißbestandteil der Bohnen) (Chem) / phasin n
**Phasitron** n (eine zur Phasen- bzw. Frequenzmodulation verwendete quergesteuerte Elektronenstrahlröhre) (Eltronik) / phasitron* n
**Phasotron** n (Nukl) / synchrocyclotron* n, frequency-modulated cyclotron*, phasotron n, FM cyclotron
**Phasotropie** f (dynamische Isomerie des H) (Chem) / phasotropy n
**PHB** (Chem) / polyβ-hydroxybutyrate, PHB
**PHB-Ester** m pl (Ester der 4-Hydroxybenzoesäure - E 215 bis 219) (Chem, Nahr) / Parabens pl
**Phe** n (Biochem) / phenylalanine*, phe* n
**Phellandren** n (Chem) / phellandrene* n
**Phellem** n (Bot) / cork* n, phellem n
**Phelloderm** n (die vom Korkkambium nach innen gebildeten Zellen) (Bot) / phelloderm* n
**Phellogen** n (Bot) / cork cambium*, phellogen* n, cork-producing layer
**Phenacetin** n (ein altes Arzneimittel, das wegen seiner beträchtlichen Nebenwirkungen in Deutschland verboten ist) (Pharm) / phenacetin* n, acetophenetidin n
**Phenacrylatharz** n (Plast) / vinyl resin, polyvinyl resin, vinyl plastic
**Phenakit** n (Berylliumorthosilikat) (Min) / phenakite* n, phenacite n
**Phenanthren** n (ein kristallinter aromatischer kondensierter Kohlenwasserstoff) (Chem) / phenanthrene* n
**Phenat** n (Chem) / phenate* n, phenolate n, phenoxide n
**Phenazetin** n (4-Ethoxyacetanilid) (Pharm) / phenacetin* n, acetophenetidin n
**Phenazin** n (Dibenzopyrazin) (Chem) / phenazine n ‖ ~**farbstoffe** m pl (auf der Basis von Phenazin und Chinoxalin) (Tex) / azine dyes, azine dyestuffs
**Phencyclidin** n (ein altes Psychotomimetikum und Rauschmittel) (Chem, Pharm) / phencyclidine n (angel dust), PCP
**Phenethyltetrahydroisochinolin-Alkaloide** m pl (Pharm) / phenethyltetrahydroisoquinoline alkaloids
**Phenetidin** n (Pharm, Tex) / phenetidine* n, aminophenol ethyl ether, 4-ethoxyaniline n
**Phenetol** n (Chem) / phenetole n, ethoxybenzene n
**Phengit** n (ein Muscovit) (Min) / phengite* n
**Phenobarbital** n (internationale Bezeichnung für Phenylethylbarbitursäure) (Pharm) / phenobarbitone n (GB)*

**Phenol**

**Phenol** n (Chem) / phenol* n || ~**aldehyd** m (Chem) / phenol aldehyde
**Phenolase** f (Biochem) / phenolase n, tyrosinase n
**Phenolat** n (Chem) / phenate* n, phenolate n, phenoxide n || ~**lauge** f (Chem Verf, Sanitär) / phenolate lye || ~**verfahren** n (zur Entfernung von Schwefelwasserstoff aus Brenngasen) (Chem Verf) / phenolate process
**Phenol·carbonsäure** f (Chem) / hydroxybenzoic acid || ~**ether** m (z.B. Anisol oder Phenetol) (Chem) / phenolic ether, phenol ether || ~**formaldehydharz** n (Plast) / phenolformaldehyde resin, PF resin* || ~**formaldehydharz-Klebstoff** m / phenolformaldehyde-resin adhesive || ~**formaldehydkondensat** n (Plast) / phenolformaldehyde resin, PF resin* || ~**harz** n (DIN 7730 und 16916) (Plast) / phenolic resin*, phenolic plastic || ~**harzschaum** m (Plast) / phenolic foam || ~**harzschaumstoff** m (Plast) / phenolic foam
**phenolisch** adj (Chem) / phenolic adj
**phenolisieren** v (Chem) / phenolate v, phenolize v, carbolize v, carbolate v
**Phenol·karbonsäure** f (Chem) / hydroxybenzoic acid || ~**koeffizient** m (eine Vergleichszahl für die Wirkung von Desinfektionsmitteln) (Med) / phenol coefficient, Rideal-Walker coefficient || ~**lignin** n (ein Ligninderivat) (For) / phenol lignin, phenolic lignin || ~**oxidase** f (kupferhaltige Oxidase) (Biochem) / phenol oxidase, polyphenol oxidase || ~**phthalein** n (Indikator in der Alkalimetrie und Polreagenzpapier) (Chem) / phenolphthalein* n || ~**phthalol** n (Chem) / phenolphthalol n || ~**rot** n (Phenolsulfonphthalein) (Chem) / phenol red* || ~**säure** f (Chem) / phenolic acid* || ~**sulfonphthalein** n (Chem, Pharm) / phenolsulphonphthalein n || ~**sulfonsäure** f (Chem) / phenolsulphonic acid || ~**wasser** n (Sanitär) / phenol water
**Pheno·plast** m (Plast) / phenolic resin*, phenolic plastic || ~**thiazin** n (z.B. Promazin, Promethazin, Chlorpromazin, Chlorphenethazin) (Chem, Pharm) / phenothiazine n
**Phenoxazin** n (ein Oxazin) (Chem) / phenoxazine n || ~**farbstoffe** m pl (Chem) / oxazine dyestuffs, oxazine pigments
**Phenoxid** n (Chem) / phenate* n, phenolate n, phenoxide n
**Phenoxy·carbonsäure** f (Chem) / phenoxycarbolic acid || ~**essigsäure** f (Chem, Pharm) / phenoxyacetic acid || ~**harz** n (Polyether aus Bisphenol und Epichlorhydrin) (Plast) / phenoxy resin* || ~**karbonsäure** f (Chem) / phenoxycarbolic acid
**Phenyl·acetat** n (Chem) / phenyl acetate || ~**alanin** n (essentielle, vom Körper nicht aufbaubare Aminosäure) (Biochem) / phenylalanine* n, phe* n || ~**amin** n (Chem) / aniline* n, phenylamine* n, aminobenzene* n || ~**azetat** n (Chem) / phenyl acetate || ~**cyanid** n (Chem) / benzonitrile* n, phenyl cyanide
**Phenylen** n (Chem) / phenylene n || ~**diamine** n pl (Chem) / phenylenediamines* pl, diaminobenzenes pl || **para-**~**diamin** (ein Zwischenprodukt der Farbstoffindustrie, seine Dialkylderivate dienen als Entwickler in der Farbfotografie) (Foto) / para(4)-phenylene diamine* || **ortho-**~**diamin** (zu Farbstoffsynthesen und als Feinkornentwickler) (Foto) / ortho-phenylene diamine
**Phenyl·essigsäure** f (Chem) / phenylacetic acid*, phenylethanoic acid* || ~**essigsäureester** m (Chem) / phenyl acetate || ~**ethanol** n (Chem) / phenylethanol* n || ~**ether** m (Chem) / phenolic ether, phenyl ether || ~**ether** / diphenyl ether*, diphenyl oxide, phenyl ether || ~**ethylalkohol** m (2-Phenylethanol) (Chem) / phenylethanol* n || ~**ethylalkohol** (Chem) / phenylethanol* n || **2-**~**ethylamin** (biogenes Amin als Stammsubstanz der Catecholamine und vieler Halluzinogene) (Chem) / phenylethylamine n || ~**ethylamin-Alkaloide** n pl (z.B. Ephedrin, Adrenalin oder Mescalin) (Chem) / phenylethylamine alkaloids || ~**ethylbarbitursäure** f (Chem) / phenylethyl-barbituric acid || ~**ethylen** n (Chem) / styrene* n, vinylbenzene n, phenylethene* n, phenylethylene n || **N-**~**glycin** (Chem) / phenylglycine* n || ~**glykolsäure** f (Chem) / mandelic acid* || ~**hydrazin** n (Chem) / phenylhydrazine* n || ~**hydrazone** n pl (Chem) / phenylhydrazones* pl
**Phenylierung** f (Chem) / phenylation n
**Phenyl·isocyanat** n (der Phenylester der Isocyansäure) (Chem) / phenyl isocyanate, isocyanatobenzene n || ~**isothiocyanat** n (Chem) / phenyl mustard oil, phenyl isothiocyanate, phenylthiocarbonimide n, thiocarbanil n || ~**isothiozyanat** n (Chem) / phenyl mustard oil, phenyl isothiocyanate, phenylthiocarbonimide n, thiocarbanil n || ~**isozyanat** n (Chem) / phenyl isocyanate, isocyanatobenzene n || ~**magnesiumhalogenid** n (Bromid oder Chlorid als Grignard-Reagens) (Chem) / phenylmagnesium halide || ~**merkaptan** n (Chem) / thiophenol, phenyl mercaptan, phenylthiol n, mercaptobenzene n || ~**methanol** n (Chem) / benzyl alcohol*, phenylmethanol n || ~**methansulfonylfluorid** n (Chem) / phenylmethane sulphonyl fluoride || ~**methylamin** n (Chem) / benzylamine* n || ~**propanol** n (Chem) / phenylpropanol n || ~**quecksilberacetat** n (Chem) / phenylmercuric acetate, phenylmercuric ethanoate, PMAS || ~**quecksilberazetat** n (Chem) ||
phenylmercuric acetate, phenylmercuric ethanoate, PMAS || ~**quecksilberharnstoff** m (Chem) / phenylmercury urea || ~**quecksilberoleat** n (ein Schimmelverhütungsmittel) (Anstr, Chem) / phenylmercuric oleate || ~**salicylat** n (Pharm) / phenyl salicylate, salicylic acid phenyl ester, salol n || ~**salizylat** n (Pharm) / phenyl salicylate, salicylic acid phenyl ester, salol n || ~**senföl** n (Chem) / phenyl mustard oil, phenyl isothiocyanate, phenylthiocarbonimide n, thiocarbanil n || ~**silicon** n (Chem) / phenyl silicone, phenylpolysiloxane n || ~**silikon** n (Chem) / phenyl silicone, phenylpolysiloxane n || **1-**~**tetrahydroisochinolin-Alkaloide** (aus den Orchideen, z.B. Cryptostylin 1) (Chem) / 1-phenyltetrahydroisoquinoline alkaloids || ~**thiocarbamid (PTC)** n (Chem) / phenylthiourea n, phenylthiocarbamide (PTC) n || ~**thioharnstoff** n (Chem) / phenylthiourea n, phenylthiocarbamide (PTC) n || ~**thiokarbamid** n (Chem) / phenylthiourea n, phenylthiocarbamide (PTC) n
**Phenylum salicylicum** n (Pharm) / phenyl salicylate, salicylic acid phenyl ester, salol n
**Phenyl·umlagerung** f (Chem) / phenyl rearrangement || ~**zyanid** n (Chem) / benzonitrile* n, phenyl cyanide
**Pherogramm** n (Chem) / pherogram n, electropherogram n
**Pheromon** n (Stoff, welcher der chemischen Verständigung von Lebewesen untereinander dient - intraspezifisch wirkende Semiochemikalie) (Chem, Physiol) / pheromone* n || ~**falle** f (zur biologischen Schädlingsbekämpfung) (For) / pheromone trap
**Pheron** n (Biochem) / pheron n
**pH-Glasmembranelektrode** f (Chem) / pH glass-membrane electrode
**Philips·becher** m (ein konisch geformtes Becherglas, das vor allem bei viskosen Substanzen benutzt wird und ein Verspritzen von Substanz beim Kochen verhindern soll) (Chem) / philips beaker, conical beaker || ~**-Kreuzschlitz** m (Masch) / Philips drive, cross recess (Philips) || ~**-Stirling-Motor** m (Masch) / Stirling engine* || ~**-Vakuummeter** n (Eltronik) / Penning ionization gauge, Philip's (ionization) gauge, pig n, PIG
**Phillipsit** m (ein Tektosilikat) (Min) / phillipsite* n
**Phillips·-Katalysator** m (Chem Verf) / Phillips catalyst || ~**-Verfahren** n (Mitteldruckpolymerisationsverfahren für Polyethylen) (Chem Verf) / Phillips process
**Philodien** n (Chem) / dienophile n
**Phi-Meson** n (Kernphys) / phi meson, phi n
**pH·-Indikator** m (Chem) / pH indicator, acid-base indicator || ~**-Indikator** (Chem) / acid-alkali indicator, pH indicator
**Phiole** f (bauchiges Glasgefäß mit langem Hals) (Glas) / vial n
**pH-Kurve** f (Chem) / pH curve
**Phlegma** n (bei der Destillation) (Chem) / less volatile component, phlegma n
**Phlegmatisierung** f (von Explosivstoffen) (Chem) / desensitizing n
**Phlegmatisierungsmittel** n (für Explosivstoffe) (Chem) / desensitizer n
**Phlobaphen** n (Oxidationsprodukt von Gerbstoffen) (Leder) / phlobaphene n || ~**kork** m (Bot) / phlobaphene cork
**Phloem** n (äußerer Teil des Leitbündels, der der Stoffleitung dient) (Bot) / phloem n || **primäres** ~ (Bot) / primary phloem* || **sekundäres** ~ (Bot) / secondary phloem* || ~**parenchym** n (For) / phloem parenchyma
**Phlogopit** m (Magnesiaglimmer) (Min) / phlogopite* n, fluorophlogopite n, bronze mica, brown mica
**Phloroglucin** n (Benzol-1,3,5-triol) (Bot, Chem) / phloroglucinol* n
**Phloxin** n (ein Farbstoff) (Chem, Druck) / phloxine n
**pH·-Messer** m (Chem) / pH meter* || ~**gerät** n (Chem) / pH meter* || ~**-Meßkette** f (Chem) / pH-measuring cascade || ~**-Meßverstärker** m (den speziellen Anforderungen bei der pH-Messung angepaßter Meßverstärker) (Chem) / pH-measuring amplifier || ~**-Meter** n (Chem) / pH meter*
**Pholedrin** n (internationaler Freiname für eine kreislaufstimulierende und sympathikotrop wirkende Substanz) (Pharm) / pholedrine n
**Phomopsis-Krankheit** f (die vorwiegend die Douglasie und die Japanische Lärche befällt) (For) / phomopsis disease
**Phon** n (kleinstes Segment des linearen hörbaren Kontinuums mündlicher Äußerungen) (Akus) / phone n || ~ (bei Angaben des Lautstärkepegels nach DIN 1320) (Akus) / phon* n
**Phonation** f (Akus, Physiol) / phonation* n, articulation n
**Phonem** n (Grundbegriff der Phonologie) / phoneme n
**Phonetik** f (naturwissenschaftliche Lehre von Lautbildung und Analyse der sprachlichen Laute) (Akus) / phonetics* n
**phonetisch** adj (Akus) / phonetic adj || ~**e Suche** (es werden Zeichenfolgen gesucht, deren korrekte Schreibweise unbekannt ist) (EDV) / phonetic search || ~**e Transkription** (Akus) / phonetic transcription
**Phong-Shading** n (von Phong Bui Tuong entwickeltes Verfahren zur Darstellung von 3D-Szenen) (EDV) / Phong shading
**phonisches Rad** (Fernm) / phonic wheel, phonic drum

**Phono•buchse** f (Akus, Eltronik) / phono jack ‖ ~**lith** m (Geol) / phonolite* n, clink-stone* n ‖ ~**lithzement** m (ein Puzzolanzement mit etwa 20-35% getemperten Phonolith) (Bau) / phonolite cement ‖ ~**logie** f (eine Teildisziplin der Linguistik) / phonology n ‖ ~**meter** n (Gerät zur subjektiven Schall- und Lautstärkemessung) (Akus) / phonmeter* n, phonometer n ‖ ~**metrie** f (Akus) / phonometry n
**Phonon** n (quantisierte Gitterschwingung in einem Festkörper mit Teilchencharakter) (Phys) / phonon* n ‖ **transversal-optisches** ~ (Phys) / transversal optical phonon, TO phonon
**Phononengas** n (ein ideales Gas) (Phys) / phonon gas
**Phononenwelle** f (Phys) / phonon wave
**Phonon-Phonon-Wechselwirkung** f (Phys) / phonon-phonon interaction
**Phonosynthese** f (Akus) / phonosynthesis n (pl. -syntheses)
**Phorat** n (ein nicht mehr gebrauchter insektizider Wirkstoff) (Chem) / phorate n ‖ ~ (Commonname für O,O-Diethyl-S-ethylthiomethyldithiophosphat - ein systemisches und Kontaktinsektizid, Akarizid und Nematizid) (Chem, Landw) / phorate n
**Phorbol** n (ein Diterpenalkohol) (Chem) / phorbol n
**Phorbolester** m (Biochem) / phorbol ester
**Phormium** n (Bot) / flax-lily n, New Zealand flax, phormium n, native flax
**Phoronomie** f (Mech) / kinematics* n, phoronomy n
**Phosgen** n (Chem) / phosgene* n, carbonyl chloride*
**Phosgenit** m (Min) / phosgenite* n, horn lead*
**Phosphagen** n (energiereiches Guanidinium- bzw. Aminidiumphosphat) (Physiol) / phosphagen n
**Phosphan** n (Chem) / phosphorus(III) hydride, phosphine* n, phosphane n
**Phosphat** n (Salz oder Ester einer Phosphorsäure) (Chem) / phosphate* n ‖ ~ (Mitglied einer Klasse von Mineralien) (Min) / phosphate mineral, phosphate n ‖ **glasiges kondensiertes** ~ (Chem) / glassy phosphate ‖ **kondensiertes** ~ (Meta- oder Poly-) (Chem, Landw, Nahr) / condensed phosphate, thermal phosphate, calcined phosphate ‖ **primäres** ~ (Chem) / primary phosphate, dihydrogen phosphate
**Phosphatase** f (eine Esterase) (Biochem) / phosphatase* n ‖ **alkalische** ~ (z.B. die Dünndarmschleimhautphosphatase) (Biochem) / alkaline phosphatase*, AP* n ‖ **saure** ~ (z.B. die einkettige Phosphatase aus der Leber) (Biochem, Med) / acid phosphatase ‖ ~**test** n (zum Nachweis der Kurzzeiterhitzung von Milch) (Nahr) / phosphatase test
**Phosphat•beseitigung** f (Sanitär, Umwelt) / phosphate elimination, phosphate removal ‖ ~**dünger** m (Landw) / phosphorus fertilizer, phosphate fertilizer ‖ ~**elimination** f (Sanitär, Umwelt) / phosphate elimination, phosphate removal ‖ ~**eliminierung** f (Sanitär, Umwelt) / phosphate elimination, phosphate removal ‖ ~**entfernung** f (Sanitär, Umwelt) / phosphate elimination, phosphate removal ‖ ~**esterbasische Flüssigkeit** (für die Fluidik) / phosphate-ester base fluid ‖ ~**film** m (beim Phosphatieren) (Galv) / phosphate coating*, phosphate film, phosphate layer ‖ ~**frei** adj (z.B. Waschmittel) (Umwelt) / phosphate-free adj ‖ ~**gepuffert** adj (Chem) / phosphate-buffered adj ‖ ~**gerbung** f (Leder) / phosphate tannage ‖ ~**glas** n (mit $P_2O_5$ als Glasbildner) (Opt) / phosphate glass ‖ **silberaktiviertes** ~**glas** (Glas) / silver-activated phosphate glass, Yokota glass
**Phosphatid** n (ein Lipid) (Biochem) / phospholipid* n, phosphatide* n
**Phosphatidase** f (Biochem) / phospholipase* n
**Phosphatidsäure** f (Chem) / phosphatidic acid
**Phosphatidylcholin** n (Biol) / phosphatidyl choline*
**Phosphatidylethanolamin** n (ein Glycerophospholipid) (Biol) / phosphatidyl ethanolamine
**Phosphatidylinosit** n (ein Glycerophospholipid) (Biol) / phosphatidyl inositol*
**Phosphatidylserin** n (ein saures Glycerophospholipid) (Biol) / phosphatidyl serine
**Phosphatier•anlage** f (Galv) / phosphating plant, phosphating installation ‖ ~**bad** n (Galv) / phosphating bath
**phosphatieren** v (Metalloberflächen mit Phosphatierungsmitteln behandeln - DIN 50942) (Galv) / phosphate v, phosphatize v ‖ ~ n (Behandlung von Metalloberflächen mit Phosphatierungsmitteln - ein Rostschutzverfahren nach DIN 50942) (Galv) / phosphatizing n, phosphate coating (process) ‖ ~ **nach dem Parkerverfahren** (Galv) / parkerizing n, Parkerizing n
**Phosphatiermittel** n (Galv) / phosphating agent
**Phosphatierung** f (Galv) / phosphating* n, phosphatizing n, phosphate coating (process)
**Phosphatierungsanlage** f (Galv) / phosphating plant, phosphating installation
**Phosphatierungsmittel** n (Galv) / phosphating agent

**Phosphatierzone** f (Galv) / phosphate section (of a painting line), phosphating zone
**Phosphat•impfverfahren** n (Korrekturbehandlung von Speise- und Kesselwässern) (Chem Verf) / threshold treatment* ‖ ~**knolle** f (Geol) / phosphatic nodule* ‖ ~**knollen** m (Geol) / phosphatic nodule* ‖ ~**kristallisation** f / phosphate crystallization ‖ ~**lagerstätte** f (Geol) / phosphatic deposit* ‖ ~**mineral** n (Min) / phosphate mineral, phosphate n ‖ ~**puffer** m (Chem) / phosphate buffer ‖ ~**rostschutz** m (Galv) / phosphating* n, phosphatizing n, phosphate coating (process) ‖ ~**schicht** f (beim Phosphatieren) (Galv) / phosphate coating*, phosphate film, phosphate layer ‖ ~**schutzschicht** f (beim Phosphatieren) (Galv) / phosphate coating*, phosphate film, phosphate layer
**Phosphazen** n (eine ungesättigte Phosphor-Stickstoff-Verbindung mit alternierenden P-N-Atomen) (Chem) / phosphazene n
**Phosphid** n (Verbindung des Phosphors mit Metallen) (Chem) / phosphide* n
**Phosphideutektikum** n (ternäres Eutektikum, bestehend aus $Fe_3C$, $Fe_3P$ und Fe, mit einem Erstarrungspunkt von 950° C) (Hütt) / phosphide eutectic
**Phosphidnetzwerk** n (Hütt) / phosphide network
**Phosphin** n (Chem) / phosphorus(III) hydride, phosphine* n, phosphane n
**Phosphinat** n (Salz und Ester der Phosphinsäure - früher Hypophosphit) (Chem) / phosphinate n
**phosphinige Säure** (eine Säure des dreiwertigen Phosphors) (Chem) / phosphinous acid
**Phosphinit** n (Salz und Ester der phosphinigen Säure) (Chem) / phosphinite n
**Phosphin•säure** f (Chem) / hypophosphorous acid*, phosphinic acid ‖ ~**säure** (Chem) / phosphinic acid
**Phosphit** n (Chem) / phosphite* n, phosphate(III)* n
**Phospho•diester** m (Chem) / phosphodiester n ‖ ~**diesterase** f (Hydrolase, die Phosphodiester spaltet) (Biochem) / phosphodiesterase n ‖ ~**enolpyruvat** n (Biochem) / phosphoenolpyruvate* n, PEP ‖ ~**gluconatweg** m (Biochem) / pentose phosphate pathway, hexose monophosphate shunt, pentose shunt* ‖ ~**glukonatweg** m (Biochem) / pentose phosphate pathway, hexose monophosphate shunt, pentose shunt* ‖ ~**glycerid** n (Biochem) / phospholipid* n, phosphatide* n ‖ ~**glycerinsäure** f (Glycerinsäurephosphat) (Biochem) / phosphoglyceric acid (PGA) ‖ ~**glyzerinsäure** f (Biochem) / phosphoglyceric acid (PGA) ‖ ~**inosit** n (Biochem) / inositol phosphate ‖ ~**kreatin** n (Biochem) / creatine phosphate*, phosphocreatine n
**Phosphole** n pl (Sammelbezeichnung für heterocyclische Verbindungen, die einen ungesättigten Fünfring mit einem P-Heteroatom enthalten) (Chem) / phospholes pl
**Phospho•lipase** f (Biochem) / phospholipase* n ‖ ~**lipid** n (ein komplexes Lipid) (Biochem) / phospholipid* n, phosphatide* n
**Phosphonat** n (Chem) / phosphonate n
**Phosphoniumsalz** n (Chem) / phosphonium salt*
**Phosphonsäure** f (die mit der phosphorigen Säure tautomer ist) (Chem) / phosphonic acid, orthophosphorous acid
**Phospho•phyllit** m (Galv, Min) / phosphophyllite n ‖ ~**protein** n (ein zusammengesetztes Protein, das als prosthetische Gruppe anorganisches Phosphat esterartig an Serin- /seltener an Threonin-/reste gebunden enthält) (Biochem) / phosphoprotein* n
**Phosphor (P)** m (Chem) / phosphorus* n ‖ ~ (ein Stoff, der phosphoresziert) (Licht) / phosphor* n ‖ **gelber** ~ (monotrope Modifikation) (Chem) / yellow phosphorus ‖ **mit** ~ **verbinden** (Chem) / phosphorate vt ‖ **roter** ~ (eine amorphe Masse oder ein kristallines Pulver) (Chem) / red phosphorus ‖ **Schenckscher** ~ (den man durch Erhitzen des weißen Phosphors erhält) (Chem) / Schenck's phosphorus ‖ **schwarzer** ~ (monotrope Modifikation) (Chem) / black phosphorus ‖ **violetter** ~ (Chem) / violet phosphorus, Hittorf phosphorus, red-violet phosphorus ‖ **weißer** ~ (monotrope Modifikation) (Chem) / white phosphorus (WP)
**Phosphoramid** n (Chem) / phosphoric amide
**Phosphoran** n (eine phosphororganische Verbindung) (Chem) / phosphorane n
**phosphor•armes Erz** (Hütt) / low-P ore, low-phosphorus ore ‖ ~**armes Gießereiroheisen** (Hütt) / low-phosphorus pig iron ‖ **grüner** ~**bildschirm** (EDV) / green phosphor screen ‖ ~**(III)-bromid** (Chem) / phosphorus(III) bromide, phosphorus tribromide ‖ ~**(V)-bromid** (Chem) / phosphorus(V) bromide, phosphorus pentabromide ‖ ~**bronze** f (Hütt) / phosphor bronze*, phosphorus bronze ‖ ~**(III)-chlorid** (Chem) / phosphorus(III) chloride, phosphorus trichloride ‖ ~**(V)-chlorid** (Chem) / phosphorus(V) chloride, phosphorus pentachloride ‖ ~**dotiert** adj (Eltronik) / phosphorus-doped adj ‖ ~**dünger** m (Landw) / phosphorus fertilizer, phosphate fertilizer ‖ ~**düngung** f (Landw) / phosphatization n ‖ ~**eisen** n (Hütt) / ferrophosphorus n

**Phosphoreszenz** f (Postlumineszenz) (Licht) / phosphorescence* n
**Phosphoreszenzspektroskopie** f (Spektr) / phosphorimetry n
**phosphoreszieren** v (Licht) / phosphoresce v
**phosphoreszierend•e Farbe** (eine Leuchtfarbe) (Anstr) / phosphorescent paint ‖ **~e Leuchtfarbe** (Anstr) / luminous sulphide
**Phosphorgehalt** m (Chem) / phosphorus content
**phosphorige Säure** (eine hypothetische Säure, von der lediglich Triester bekannt sind) (Chem) / phosphorous acid
**Phosphorigsäure•triethylester** m (Chem) / triethyl phosphite ‖ **~triphenylester** m (Chem) / triphenyl phosphite
**Phosphorimetrie** f (Spektr) / phosphorimetry n
**Phosphorinsektizid, organisches** ~ (z.B. Fenthion oder Parathion) (Chem, Landw) / organophosphorus insecticide
**Phosphorintoxikation** f (Med) / phosphorism n, chronic phosphorus poisoning
**Phosphorismus** m (Med) / phosphorism n, chronic phosphorus poisoning
**Phosphorit** m (eine Apatit-Varietät) (Geol) / phosphorite* n, rock-phosphate* n, phosphate rock ‖ **~knolle** f (Geol) / phosphorite nodule ‖ **~knollen** m (Geol) / phosphorite nodule
**Phosphor•kupfererz** n (strahlig-faserige Aggregate in traubig-nieriger Form) (Min) / pseudomalachite* n, tagilite n ‖ **~molybdänsäure** f (Chem) / phosphomolybdic acid, PMA ‖ **~nitrid** n (Chem, Eltronik) / phosphorus nitride ‖ **~nitriddichlorid** n (Chem) / phosphorus chloronitride, phosphorus dichloride nitride, phosphonitrile dichloride
**Phosphorolyse** f (Lösung einer Bindung unter Aufnahme von Phosphorsäure) (Biochem) / phosphorolysis (pl-lyses) n
**phosphorolytisch** adj (Biochem) / phosphorolytic adj
**phosphororganische Verbindung** (Chem) / organophosphorus compound
**Phosphoroskop** n (in der Phosphorenzspektroskopie) (Spektr) / phosphoroscope n
**Phosphor•(V)-oxid** n (Chem) / phosphorus(V) oxide*, phosphorus pentoxide*, phosphoric anhydride, anhydrous phosphoric ‖ **~(IV)-oxid** (Chem) / phosphorus(IV) oxide, phosphorus tetraoxide ‖ **~(III)-oxid** (Chem) / phosphorus trioxide, phosphorus(III) oxide ‖ **~oxidtrichlorid** n (Chem) / phosphorus oxychloride*, phosphoryl chloride*, phosphorus(III) chloride oxide ‖ **~pentabromid** n (Chem) / phosphorus(V) bromide, phosphorus pentabromide ‖ **~pentachlorid** n (Chem) / phosphorus(V) chloride, phosphorus pentachloride ‖ **~pentaselenid** n (Chem) / phosphorus pentaselenide ‖ **~pentasulfid** n (Chem) / phosphorus(V) sulfide, phosphorus pentasulphide, thiophosphoric anhydride ‖ **~pentoxid** n (Chem) / phosphorus(V) oxide*, phosphorus pentoxide*, phosphoric anhydride, anhydrous phosphoric ‖ **~reich** adj / high-phosphorus, rich in phosphorus ‖ **~salz** n (Chem) / ammonium sodium hydrogen orthophosphate, microcosmic salt* ‖ **~salzperle** f (zum Nachweis bestimmter Metalle) (Chem) / microcosmic bead ‖ **~säure** f (die wichtigste Oxosäure des Phosphors) (Chem) / phosphoric acid ‖ **~säureamid** n (Chem) / phosphoric amide ‖ **~säurediester** m (Chem) / phosphodiester n ‖ **~säuredüngemittel** n (Landw) / phosphorus fertilizer, phosphate fertilizer ‖ **~säureester** m (Chem) / phosphate ester, phosphoric ester ‖ **~säureester** (als Insektizid) (Chem, Landw) / phosphoric ester insecticide ‖ **insektizider ~säureester** (Chem, Landw) / phosphoric ester insecticide ‖ **~säure-Matrix-Zelle** f / matrix-type phosphoric acid cell ‖ **~säuretributylester** m (Chem) / tributyl phosphate (TBP) ‖ **~säuretriethylester** m (Chem) / triethyl phosphate, TEP ‖ **~säuretrikresylester** m (ein Weichmacher) (Chem, Kfz, Plast) / tricresyl phosphate (TCP) ‖ **~säuretriphenylester** m (ein Weichmacher) (Chem, Plast) / triphenyl phosphate ‖ **gestreckte ~seigerungen** (Hütt) / phosphorus bending ‖ **~sesquisulfid** n (Chem) / tetraphosphorus trisulphide, phosphorus sesquisulphide ‖ **~(V)-sulfid** n (Chem) / phosphorus(V) sulfide, phosphorus pentasulphide, thiophosphoric anhydride ‖ **~tetroxid** n (Chem) / phosphorus(IV) oxide, phosphorus tetraoxide ‖ **~tribromid** n (Chem) / phosphorus(III) bromide, phosphorus tribromide ‖ **~trichlorid** n (Chem) / phosphorus(III) chloride, phosphorus trichloride ‖ **~trichloridoxid** n (Chem) / phosphorus oxychloride*, phosphoryl chloride*, phosphorus(III) chloride oxide ‖ **~trioxid** n (Chem) / phosphorus trioxide, phosphorus(III) oxide ‖ **~tripel** n (TV) / phosphor triple ‖ **~vergiftung** f (Med) / phosphorism n, chronic phosphorus poisoning ‖ **~wasserstoff** m (Chem) / phosphorus(III) hydride, phosphine* n, phosphane n ‖ **~wolframsäure** f (Chem) / phosphotungstic acid, PTA, phosphowolframic acid, heavy acid
**Phosphorylase** f (eine Glykosyltransferase) (Biochem) / phosphorylase* n
**Phosphorylchlorid** n (Chem) / phosphorus oxychloride*, phosphoryl chloride*, phosphorus(III) chloride oxide

**Phosphorylierung** f (Einführung eines Phosphatrests in ein Substrat) (Biol, Chem) / phosphorylation n ‖ **oxidative ~** (Biochem) / oxidative phosphorylation*
**Phosphorzinn** n (Vorlegierung) (Hütt) / phosphor tin, phosphorus tin
**Phosphuranylit** m (Min) / phosphuranylite n, phosphoruranylite n
**Phostrip-Verfahren** n (zur biologischen Phosphorelimination) (Sanitär) / Phostrip process
**Phosvitin** n (im Eigelb vorkommendes Glykophosphoprotein) (Biochem) / phosvitin n, phosphovitellin n
**Phoswich-Strahlendetektor** m (Nukl) / phoswich detector
**Phot** n (alte fotometrische Einheit der spezifischen Lichtausstrahlung bzw. der Beleuchtungsstärke) (Licht) / phot* n
**Photino** n (in der Supergravitation) (Kernphys) / photino n
**photischer Bereich** (gut durchlichteter Bereich in Gewässern) (Umwelt) / photic zone*, euphotic zone*
**photo-, Photo-** s. foto-, Foto-
**Photon** n (DIN 5031,T 8) (Kernphys) / photon* n, light quant[um]*
**Photostat** m (ein Fotokopiergerät) (Foto) / Photostat* n
**Phoxim** n (Chem, Landw) / phoxim n (phenylglyoxylonitriloxime 0,0-diethyl phosphorothioate)
**pH-Papier** n (Chem) / pH paper
**Phrasenstrukturgrammatik** f (nach Chomsky) (EDV) / phrase structure grammar (PSG)
**phreatisch** adj (Grundwasser führend, unter Wasser liegend, durch den Hinzutritt von Wasser gekennzeichnet) (Geol) / phreatic adj ‖ **~ser Ausbruch** (Geol) / phreatic explosion, phreatic eruption ‖ **~e Gase** (Geol) / phreatic gases* ‖ **~e Grundwasserschicht** (oberhalb der Sättigungszone) (Geol) / phreatic surface, main water-table
**phreatomagmatisch** adj (Geol) / phreatomagmatic adj
**pH-Regler** m (Chem) / pH adjuster, pH controller
**Phrenosin** n (ein Cerebrosid) (Physiol) / phrenosin n
**pH-Skale** f (Chem) / pH scale
**pH-Standard** m (Chem) / pH standard (five standard laboratory solutions available from the U.S. National Bureau of Standards, each solution having a known pH value; the standards cover pH ranges from 3.557 to 8.833), pH(S)
**Phthalamid** n (Chem) / phthalamide n
**Phthalat** n (Phthalsäureester + Salz der Phthalsäure) (Chem) / phthalate n, phthalic ester, phthalic acid ester ‖ **~harz** n (ein Alkydharz mit Phthalsäure als Säurekomponente) (Plast) / phthalate resin ‖ **~weichmacher** m (Plast) / phthalate plasticizer
**Phthalazin** n (Chem) / phthalazine n
**Phthaldialdehyd, ortho-~** (ein Fluoreszenfarbstoff) (Chem) / ortho-phthaldialdehyde n
**Phthalein** n (ein Xanthenfarbstoff) (Chem) / phthalein* n
**Phthalid** n (ein substituiertes Lacton der 2-(Hydroxymethyl)-benzoesäure) (Chem) / phthalide n
**Phthalimid** n (Chem) / phthalimide* n
**Phthalo•cyanin** n (Chem) / phthalocyanine* n ‖ **~cyaninfarbstoff** m (Chem, Tex) / phthalocyanine dyestuff ‖ **~dinitril** n (1,2-Dicyanbenzol) (Chem) / phthalonitrile* n
**Phthaloylchlorid** n (Chem) / phthaloyl chloride
**Phthalozyanin** n (Chem) / phthalocyanine* n ‖ **~blau** n (ein synthetischer, kräftig leuchtender Pigmentfarbstoff) (Chem) / copper phthalocyanine, phthalocyanine blue, Monastral blue ‖ **~farbstoff** m (Chem, Tex) / phthalocyanine dyestuff ‖ **~grün** n (ein synthetischer, kräftig leuchtender Pigmentfarbstoff) (Chem, Tex) / phthalocyanine green*, Monastral green (trade mark of ICI)
**Phthalsäure** f (Chem) / phthalic acid*, benzene-1,2-dicarboxylic acid ‖ **~anhydrid (PSA)** n (Chem) / phthalic anhydride* ‖ **~chlorid** n (Chem) / phthaloyl chloride ‖ **~diamid** n (Chem) / phthalamide n ‖ **~dibutylester** m (Chem) / dibutyl phthalate (DBP) ‖ **~diethylester** m (Chem) / diethyl phthalate ‖ **~dimethylester** m (ein Insektenrepellent) (Chem) / dimethyl phthalate* (DMP) ‖ **~dinitril** n (1,2-Dicyanbenzol) (Chem) / phthalonitrile* n
**Phugoidschwingung** f (langsame Schwingung von Hochleistungsflugzeugen um ihre Querachse) (Luftf) / phugoid oscillation*
**pH-Wert** m (das Maß für den sauren oder den basischen Charakter einer Lösung - DIN 19260) (Chem) / pH value* ‖ **von gleichem ~** (Chem) / isohydric* adj
**PHWR-Reaktor** m (Nukl) / pressurized heavy-water-moderated and cooled reactor, pressurized heavy-water reactor, PHWR
**Phycokolloid** n (aus Algeninhaltsstoffen, z.B. Agar-Agar) (Biochem) / phycocolloid n
**Phygoidbewegung** f (Luftf) / phugoid oscillation*
**phyletisch** adj (Bot) / phyletic adj
**Phyllit** m (metamorphes Gestein der Epizone mit schiefrigem Gefüge) (Min) / phyllite* n
**Phyllochinon** n (ein fettlösliches Vitamin) (Biochem) / phylloquinone n
**Phyllonit** m (phyllitähnliches, durch Diaphthorese entstandenes metamorphes Gestein) (Geog) / phyllonite n

**Phyllosilikat** *n* (z.B. Kaolinit) (Min) / phyllosilicate* *n*
**Phylloxera** *f* (pl. -ren) (Viteus vitifolii Eitch.) (Landw, Zool) / phylloxera *n* (a plant louse that is a pest of vines), vinelouse *n*
**Phylogenesis** *f* (Bot) / phylogeny* *n*, phylogenesis* *n* (pl. -geneses)
**Phylogenie** *f* (Bot) / phylogeny* *n*, phylogenesis* *n* (pl. -geneses)
**Physetölsäure** *f* (Chem) / palmitoleic acid
**Physiatrie** *f* (Med) / physiotherapy* *n*, physical therapy (US), physiatrics *n* (US)
**Physiatrik** *f* (Med) / physiotherapy* *n*, physical therapy (US), physiatrics *n* (US)
**Physical Connection Management** *n* (verwaltet die physikalische Verbindung zwischen einer FDDI-Station und ihrem Nachbarn auf dem Ring) / physical connection management, PCM
**Physik** *f* (Phys) / physics* *n* ‖ **angewandte ~** (Phys) / applied physics ‖ **chemische ~** (Chem, Phys) / chemical physics ‖ **experimentelle ~** (Phys) / experimental physics ‖ **extraterrestrische ~** (Phys) / extraterrestrial physics ‖ **medizinische ~** (z.B. Laseranwendung, Sonografie, Thermografie, Kalorimetrie, Neutronentherapie, Elektronenspinresonanz usw.) (Med, Phys) / health physics, medical physics ‖ **radiologische ~** (ein Teil der Strahlenphysik) (Phys) / radiological physics ‖ **statistische ~** (Phys) / statistical physics ‖ **theoretische ~** (Phys) / theoretical physics ‖ **~ *f* der Biosphäre** (Phys, Umwelt) / environmental physics ‖ **~ der Erdatmosphäre** (Phys) / atmospheric physics ‖ **~ der kondensierten Materie** (Phys) / condensed-matter physics ‖ **~ der Oberfläche(n)** (Phys) / surface physics
**physikalisch** *adj* (Phys) / physical *adj* ‖ **~e Adresse** (EDV) / physical address ‖ **~e Adsorption** (Phys) / physical adsorption, physisorption *n*, van der Waals' adsorption ‖ **~e Akustik** (Akus) / physical acoustics ‖ **~e Altersbestimmung** (z.B. von Mineralien, Gesteinen, Gläsern usw.) / radiometric dating, radioactive age determination, physical dating ‖ **~e Analyse** (Chem) / physical analysis ‖ **~e Anisotropie** (Phys) / physical anisotropy ‖ **~e Atmosphäre** (Phys) / International Standard Atmosphere*, ISA* ‖ **~es Aufdampfen** (Beschichtung von Teilen im Hochvakuum durch Kondensation von Dampf) (Galv) / physical vapour deposition (PVD) ‖ **~e Chemie** (Chem) / physical chemistry* ‖ **~es Containment** (Schutz durch mechanische Schranken) (Biol) / physical containment* ‖ **~er Datentransfer** (EDV) / physical message transfer ‖ **~e Ebene** (definiert die elektronischen, mechanischen und funktionellen Eigenschaften von Übertragungsleitungen) (Fernm) / physical level ‖ **~e Eigenschaft** (Phys) / physical property ‖ **~e Formatierung** (EDV) / physical formatting, low-level formatting ‖ **~es Fotometer** (Licht) / physical photometer ‖ **~e Geologie** (Geol) / physical geology ‖ **~es Gerät** (Instr) / physical instrument ‖ **~e Größe** (DIN 1313) (Phys) / physical quantity ‖ **~es Instrument** (Instr) / physical instrument ‖ **~er Kanal** / physical channel ‖ **~e Karte** (meistens eine Schulkarte) (Kart) / physical map ‖ **~e Medizin** (Med) / physiotherapy* *n*, physical therapy (US), physiatrics *n* (US) ‖ **~e Mitteilung** (EDV, Fernm) / physical message ‖ **~e Nachricht** (EDV, Fernm) / physical message ‖ **~e Normalbedingungen** (0 °C und 101325 Pa) (Chem, Phys) / normal temperature and pressure*, NTP*, ntp, standard temperature and pressure ‖ **~e Objekte außerhalb des Systems** (Astr) / surroundings *pl* (the rest of the universe) ‖ **~e Optik** (klassische Optik + Quantenoptik) (Opt) / physical optics* ‖ **~es Pendel** (Phys) / physical pendulum, actual physical pendulum, compound pendulum* ‖ **~e Prüfung** (WP) / physical testing ‖ **~e Schicht** (Schicht 1 im ISO-Referenzmodell) (EDV) / physical layer ‖ **~e Schnittstelle** (physikalische Einrichtung oder Anpassungsschaltung zur Verbindung von Bausteinen, Peripheriegeräten untereinander oder mit Rechnern oder mit Rechnern untereinander) (EDV) / physical interface ‖ **~e Stufe** (Betriebssystem) (EDV) / physical level ‖ **~e Tektonik** (Schwerkraft) (Geol) / gravity tectonics* ‖ **~e Therapie** (Med) / physiotherapy* *n*, physical therapy (US), physiatrics *n* (US) ‖ **~er Tracer** (Chem, Phys) / physical tracer ‖ **~ trocknend** (Anstr) / non-convertible *adj* ‖ **~e Trocknung** (einfaches Zusammenfließen der Bindemittelteilchen nach Verdunsten der Lösungsmittel) (Anstr) / physical drying, drying by evaporation of the solvent ‖ **~e Veränderung** (Phys) / physical change ‖ **~e Verwitterung** (Geol) / mechanical weathering, physical weathering ‖ **~e Weiterleitung erlaubt** (Fernsp) / physical forwarding allowed ‖ **~e Weiterleitung verboten** (Fernsp) / physical forwarding prohibited ‖ **~e Widerstandsfähigkeit** (Masch) / damage resistance
**physikalisch-chemisch** *adj* (Chem) / physico-chemical *adj*
**Physiker** *m* (Phys) / physicist *n*
**Physikingenieur** *m* (Phys) / physical engineer
**Physiko•chemie** *f* (Chem) / physical chemistry* ‖ **~chemisch** *adj* (Chem) / physico-chemical *adj* ‖ **~chemisches Screening** (bei der Wirkstoffsuche) (Chem) / physico-chemical screening
**Physiogeografie** *f* (Geog) / physiography* *n*, physical geography
**Physiologie** *f* (Physiol) / physiology* *n* ‖ **chemische ~** (Chem) / physiological chemistry

**physiologisch** *adj* (Physiol) / physiological* *adj*, physiologic *adj* ‖ **~e Akustik** (Akus) / physiological acoustics ‖ **~e Blendung** (Opt) / disability glare ‖ **~er Brennwert** (Nahr, Physiol) / physiological energy value, calorific value, joule value, calorie value ‖ **~e Chemie** (Chem) / physiological chemistry ‖ **~e Kochsalzlösung** (Pharm) / physiological salt solution, saline *n*, physiological sodium chloride solution, normal saline (US), normal salt solution, physiological saline ‖ **~e Optik** (die die physiologischen und physikalischen Gesetzmäßigkeiten des Sehens behandelt - DIN 5340) (Opt) / physiological optics ‖ **~e Uhr** (endogener Tagesrhythmus) (Biol) / biological clock*, internal clock
**Physiotherapie** *f* (Med) / physiotherapy* *n*, physical therapy (US), physiatrics *n* (US)
**physisch** *adj* / physical *adj* ‖ **~er Bestand** / physical stock ‖ **~e Datei** (EDV) / data set ‖ **~e Geografie** (Geog) / physiography* *n*, physical geography ‖ **~e Karte** (meistens eine Schulkarte) (Kart) / physical map ‖ **~e Leitung** (Eltech) / physical line ‖ **~e Libration** (Astr) / physical libration ‖ **~es Pendel** (Phys) / physical pendulum, actual physical pendulum, compound pendulum* ‖ **~er Satz** (Cobol) (EDV) / physical record
**Physisorption** *f* (bei der nur van-der-Waalssche Bindungskräfte wirken) (Phys) / physical adsorption, physisorption *n*, van der Waals' adsorption
**Physostigmin** *n* (Alkaloid aus den Samen von Physostigma venenosum) (Chem) / physostigmine *n*, eserine *n*
**Phytansäure** *f* (Chem) / phytanic acid
**Phytinsäure** *f* (Chem) / phytic acid*
**Phyto•alexin** *n* (ein Abwehrstoff der Pflanzen) (Biochem, Bot) / phytoalexin* *n* ‖ **~antibiotikum** *n* (Bot, Chem) / phytoncide *n* ‖ **~chemie** *f* (Biochemie der Pflanzen und Pflanzenphysiologie) (Bot, Chem) / phytochemistry* *n* ‖ **~chemisch** *adj* (Bot, Chem) / phytochemical *adj* ‖ **~chrom** *n* (Steuerpigment der Fotomorphosen) (Bot) / phytochrome* *n* ‖ **~gen** *adj* (Gestein) (Geol) / phytogenetic *adj*, phytogen *adj* ‖ **~geografie** *f* (Bot) / phytogeography *n*, plant geography ‖ **~geografisch** *adj* (Bot) / phytogeographical *adj*, phytogeografic *adj* ‖ **~hormon** *n* (förderndes, hemmendes) (Bot) / phytohormone* *n*, plant hormone
**Phytol** *n* (ein Diterpenalkohol; Bestandteil der Vitamine E und K₁) (Chem) / phytol *n*
**Phyto•masse + Zoomasse** *f* (Umwelt) / standing crop biomass ‖ **~meter** *n* (HuT) / phytometer *n*
**Phytonzid** *n* (antibiotisch wirkender Abwehrstoff) (Bot, Chem) / phytoncide *n*
**Phyto•ökologie** *f* (Beziehung zwischen Pflanzen und Umwelt) (Bot) / plant ecology, phytoecology *n* ‖ **~pathologie** *f* (Bot) / phytopathology* *n*, plant pathology* ‖ **~pharmakologie** *f* (Pharm) / phytopharmacology *n* ‖ **~pharmakon** *n* (pl. Phytopharmaka) (Pharm) / botanical *n*, drug of plant origin ‖ **~phthora-Fruchtfäule** *f* (an Erdbeeren) (Landw) / red stele ‖ **~phtora-Erkrankung** *f* (der Kartoffeln) (Bot, Landw) / crown rot ‖ **~plankton** *n* (Pflanzen) (Umwelt) / phytoplankton* *n* ‖ **~sterin** (Chem) / phytosterol *n* ‖ **~sterol** *n* (Chem) / phytosterol *n* ‖ **~toxin** *n* (phytopathogenes Toxin) (Bot, Chem) / phytotoxin* *n* ‖ **~toxin** *n* (pflanzliches Gift) (Bot, Chem) / phytotoxin* *n*, plant toxin (produced by plants) ‖ **~toxisch** *adj* (Bot, Chem) / phytotoxic *adj* ‖ **~toxizität** *f* (weitgehend konzentrationsabhängige Schädlichkeit bestimmter Stoffe für Pflanzen) (Bot, Chem, Umwelt) / phytotoxicity *n* ‖ **~zid** *adj* (Bot, Landw, Umwelt) / phytocidal *adj*
**PI** / penetration index ‖ **~** / product information ‖ **~** (Biol) / phosphatidyl inositol* ‖ **~** (Chem) / polyimide* *n*
**PIA** (EDV) / peripheral interface adapter (PIA)
**Pi-Addukt** *n* (Chem) / pi complex, π-complex *n*, pi-adduct *n*
**Piano nobile** *n* (Arch) / piano nobile*
**Pianoscharnier** *n* (Arch) / piano hinge, piano-style hinge
**Piassava** *f* (pl. Piassaven) (Faser der Parapiassava-, der Wein-, der Bahia-Piassava- und der Brennpalme) / piassava *n*
**Piassave** *f* / piassava *n*
**Piastärke** *f* (Nahr) / otaheite arrowroot, Indian arrowroot
**PIB** (Chem) / polyisobutene *n*, polyisobutylene (PIB) *n*
**Pi-Bindung** *f* (als Gegensatz zur Sigma-Bindung) (Chem) / pi bond, pi bonding
**PIC** / product of incomplete combustion, PIC ‖ **~** (Bau, HuT) / polymer-impregnated concrete, PIC
**Pica** *n* (Typog) / cicero* *n*, pica* *n* (12.8 British points)
**Pic-à-pic-Eintrag** *m* (abwechselnder Eintrag von zwei Schußfäden unterschiedlicher Farbe oder Art) (Web) / pick-and-pick* *n*
**Pic-à-pic-Stuhl** *m* (Web) / pick-and-pick loom
**Picard-Iteration** *f* (zur Lösung von Differential- und Integralgleichungen; nach E. Picard, 1856-1941) (Math) / Picard method
**Picein** *n* (Chem) / picein *n*
**Picen** *n* (Chem) / picene* *n*

**Pichapparat**

**Pichapparat** m (Brau) / pitching machine, pitcher n
**pichen** v / pitch v ‖ ⁓ n (von Fässern) (Brau) / pitching n
**Pick-and-Place-Gerät** n / pick-and-place robot, inserting robot, loading robot
**Picke** f (Werkz) / pick* n, hack-iron n
**Pickel** m (Kochsalz-Schwefelsäure-Lösung) (Leder) / pickle n, pickling solution ‖ ⁓ (Oberflächenfehler) (Plast) / pimple n ‖ ⁓ (Werkz) / pick* n, hack-iron n ‖ ⁓**bad** n (Leder) / pickle float ‖ ⁓**bildung** f (Plast) / pimpling n ‖ ⁓**blöße** f (Leder) / pickled pelt ‖ ⁓**brühe** f (Leder) / pickle n, pickling solution ‖ ⁓**falte** f (Leder) / pickle crease ‖ ⁓**flotte** f (Leder) / pickle float ‖ ⁓**gewicht** n (Leder) / pickled weight ‖ ⁓**konservierung** f (Leder) / pickle preservation ‖ ⁓**masse** f (Leder) / pickled weight
**Pickeln** n (Blöße mit einer Lösung von Säure und Kochsalz) (Leder) / pickling n
**Pickelsäure** f (Leder) / pickling acid
**Picker** m (Eingabegerät zum Identifizieren eines Darstellungselementes oder Segments, z.B. Lichtgriffel) (EDV) / pick device, pick n ‖ ⁓ (Landw) / cotton picker, cotton picking machine ‖ ⁓ (der in der Webmaschine dem Webschützen die für den Fachdurchflug oder -lauf nötige Beschleunigung weitergibt) (Web) / picker* n ‖ ⁓**elektrode** f (Schw) / picker electrode ‖ ⁓**funktion** f (steuerbare Funktion bei einem Industrieroboter) / picker function
**Pickering-Emulgator** m (Chem) / pickering emulsifier, pickering surfactant
**Pickeringit** m (ein Alaun) (Min) / pickeringite* n
**Pickering-Serie** f (von Spektrallinien des Heliums im sichtbaren Bereich; nach E.Ch. Pickering, 1846-1919) (Spektr) / Pickering series
**Picket-Luftfahrzeug** n (z.B. AWACS) (Luftf) / picket n, aerial picket aircraft
**Pickhammer** m (Gieß) / chipping hammer
**PIC-Kompression** f (EDV) / picture-image compression, PIC
**Pick-up** m (Akus) / phonograph pick-up, gramophone pick-up*, pick-up n ‖ ⁓ (Kfz) / pick-up n, light lorry ‖ ⁓ (eine Sammelvorrichtung) (Landw) / pick-up n ‖ ⁓**-Einrichtung** f (Pap) / pick-up felt ‖ ⁓**-Haspel** f (einer Halmfruchterntemaschine) (Landw) / pick-up reel, spring-tine reel ‖ ⁓**-Presse** f (Landw) / pick-up baler ‖ ⁓**-Reaktion** f (eine Kernreaktion) (Kernphys) / pick-up reaction* ‖ ⁓**-Trommel** f (eine Sammelvorrichtung) (Landw) / pick-up n
**Picoarchitektur** f (EDV) / picoarchitecture n
**Picolin** n (Methylderivat des Pyridins) (Chem) / picoline* n, methyl pyridine ‖ ⁓**säure** f (Chem) / picolinic acid
**Picon** n (Auswahlbildchen in einem Multimediaprogramm) (EDV) / picon n
**Pico•processor** m (EDV) / picoprocessor n ‖ ⁓**programm** n (EDV) / picoprogram n ‖ ⁓**programmierung** f (EDV) / picoprogramming n ‖ ⁓**sekundenspektroskopie** f (Spektr) / picosecond spectroscopy
**Picot** n (Tex) / picot n
**Picotit** m (Mineral der Spinellgruppe) (Min) / picotite* n, chrome spinel*
**PIC-Prozedur** f (zur Aus- und Einfuhr bestimmter gefährlicher Chemikalien) / PIC procedure (prior-informed consent procedure for certain hazardous chemicals and pesticides)
**Picrasma excelsa** (Sw.) **Planch.** (For) / Jamaica quassia, bitterwood n, bitter ash
**Picrotoxin** n (Chem, Pharm) / picrotoxin n
**PIC-Schaumstoff** m (Plast) / polyisocyanurate foam, PIC foam
**Pictet•-Spengler-Synthese** f (für das Isochinolinringsystem) (Chem) / Pictet-Spengler reaction ‖ ⁓**-Troutonsche Regel** (nach R.P. Pictet, 1846-1929) (Chem) / Trouton's rule* ‖ ⁓**-Verfahren** n (zur Gasverflüssigung - nach R.P. Pictet, 1846-1929) (Chem Verf) / Pictet process
**Pictografie** f (Druck) / ideographic script, pictography n
**Pictorial Deviation Indicator** m (ein Mehrzweck-Navigationsanzeiger) (Luftf) / pictorial deviation indicator, PDI
**PID** (Chem) / photoionization detector, PID
**Pidgeon-Verfahren** n (ein Retortenverfahren zur Magnesiumgewinnung) (Hütt) / Pidgeon process*
**PID•-Regler** m (Regeln) / proportional-floating-derivative controller, three-action controller, PID-controller n ‖ ⁓**-Verhalten** n (Regeln) / three-term control action, proportional-integral-derivative action
**Pied-de-poule** n (Tex) / dogstooth n, houndstooth n
**Piedestal** n (Arch) / pedestal n ‖ ⁓ (Bau) / foot-stall* n, pedestal n
**Piedmontfläche** f (vor einem Gebirge) (Geol) / piedmont n
**Piedmontgletscher** m (Geol) / piedmont glacier*
**Piedmonttreppe** f (Geol) / piedmont stairway, piedmont treppe, piedmont benchland
**Piek** f (pl. -en) (Raum vor dem Kollisionsschott und hinter dem Stopfbuchsenschott) (Schiff) / peak n
**Pi-Elektron** n (Kernphys) / pi-electron n, π-electron n
**Piemontit** m (manganhaltiger Epidot) (Min) / piemontite* n, piedmontite* n, manganese epidote*, manganepidote* n

**Piepen** n (eines Geräts) (Eltronik) / bleep n
**"Piepser"** m (Radio) / beeper n, pager n, bleeper n
**Piepsignal** n (Eltronik) / beep n, pip n, beep signal
**Piepton** m (Eltronik) / beep n, pip n, beep signal ‖ **[doppelter]** ⁓ (Fernm) / pip-pip tone*
**Pier** m f (zum Anlegen von Schiffen und zum Laden und Löschen) (Wasserb) / pier n
**Pierce•-Funktion** f (eine mehrstellige boolesche Verknüpfung) (EDV) / Pierce function ‖ ⁓**-Kanone** f (Eltronik) / Pierce gun ‖ ⁓**-Oszillator** m (ein Quarzoszillator) (Eltronik) / Pierce oscillator ‖ ⁓**-Oszillator** (Eltronik) s. auch Colpitts-Oszillator ‖ ⁓**-Schaltung** f (eine Quarzoszillatorschaltung - nach G.W. Pierce, 1872-1956) (Eltronik) / Pierce oscillator* ‖ ⁓**-Strahlerzeuger** m (Eltronik) / Pierce gun
**Piezo•aufnehmer** m (Akus) / piezoelectric pick-up* ‖ ⁓**bauelement** n (Eltronik) / piezoelectric-crystal element ‖ ⁓**chemie** f (Chem) / piezochemistry* n ‖ ⁓**chromie** f (Verfärbung durch Druck) / piezochromism n ‖ ⁓**diode** f (eine Halbleiterdiode) (Eltronik) / piezo diode ‖ ⁓**effekt** m (Elektr, Krist) / piezoelectric effect*
**piezoelektrisch** adj (Elektr, Krist) / piezoelectric adj ‖ ⁓**er Aufnehmer** (Akus) / piezoelectric pick-up* ‖ ⁓**er Effekt** (Elektr, Krist) / piezoelectric effect* ‖ ⁓**es Element** (z.B. aus Quarz) (Eltronik) / crystal* n ‖ ⁓**e Keramik** (Keram) (Keram) PZT-Keramik) (Keram) / piezoceramics n, piezoelectric ceramics ‖ ⁓**er Kristall** (Fernm) / piezoelectric crystal* ‖ ⁓**er Lautsprecher** (Akus) / crystal loudspeaker*, piezoelectric loudspeaker* ‖ ⁓**es Manometer** (Phys) / piezoelectric manometer ‖ ⁓**er Meßgrößenwandler** (Eltronik) / piezoelectric transducer, PZT ‖ ⁓**es Mikrofon** (Akus) / crystal microphone*, piezoelectric microphone* ‖ ⁓**es Polymer** (Chem) / piezopolymer n, piezoelectric polymer ‖ ⁓**er Resonator** (Eltronik, Fernm) / piezoelectric resonator*, piezo resonator ‖ ⁓**er Tonabnehmer** (bei Plattenspielern) (Akus) / crystal pick-up*, piezoelectric pick-up*
**Piezo•elektrizität** f (Elektr, Krist) / piezoelectricity* n ‖ ⁓**junktionseffekt** m (Eltronik) / piezojunction effect
**Piezokeramik** f (Keram) / piezoceramics n, piezoelectric ceramics
**piezokeramisch** adj (Keram) / piezoceramic adj ‖ ⁓**er Lautsprecher** (Akus) / piezoceramic loudspeaker ‖ ⁓**es Mikrofon** (Eltronik) / piezoceramic microphone ‖ ⁓**er Resonator** (Eltronik) / piezoceramic resonator
**Piezo•kontaktmetamorphose** f (Geol) / piezocontact metamoprhism ‖ ⁓**kristall** m (Fernm) / piezoelectric crystal* ‖ **verdrehempfindlicher** ⁓**kristall** (Eltronik) / twister n ‖ ⁓**kristallbauelement** n (Eltronik) / piezoelectric-crystal element ‖ ⁓**magnetisch** adj (Phys) / piezomagnetic adj ‖ ⁓**magnetismus** m (Phys) / piezomagnetism* n ‖ ⁓**meter** n (zur Messung des hydraulischen Gradienten) (Wasserb) / piezometer n ‖ ⁓**meterrohr** n (Wasserb) / piezometric tube / ‖ ⁓**quarz** m (Eltronik) / piezoelectric quartz ‖ ⁓**resistiv** adj / piezoresistive adj ‖ ⁓**resistiver Effekt** (Änderung des elektrischen Widerstandes durch Druck /Materialspannung/) (Eltech) / piezoresistive effect ‖ ⁓**resonator** m (Eltronik, Fernm) / piezoelectric resonator*, piezo resonator ‖ ⁓**spektroskopie** f (Untersuchung des Einflusses eines äußeren mechanischen Druckes oder Zuges auf das Absorptions- und Emissionsspektrum eines Festkörpers) (Spektr) / piezospectroscopy n ‖ ⁓**transistor** m (bipolarer Transistor aus einem Halbleitermaterial, dessen Bandstruktur und elektrische Eigenschaften stark druckabhängig sind) (Eltronik) / piezotransistor n ‖ ⁓**tropiemodul** m (Mech) / piezotropic modulus of elasticity ‖ ⁓**verfahren** n (bei Tintenstrahldruckern) (EDV) / piezo technique n ‖ ⁓**werkstoff** m (der den piezoelektrischen Effekt zeigt) (Elektr) / piezoelectric material ‖ ⁓**widerstand** m (longitudinal, transversal) (Eltronik) / piezoresistance n ‖ ⁓**widerstandseffekt** m (Eltronik) / tensoresistive effect ·
**Pi-Filter** n (Fernm) / pi-type filter, pi-section n, pi-section filter*, π-section n, pi-filter n
**PIG** (Anstr) / paint inspection gauge, PIG
**Pigeonit** m (ein dem Diopsid nahestehender Hochtemperaturpyroxen mit wenig Ca) (Min) / pigeonite* n
**PIGFET** m (Eltronik) / PIGFET n, p-channel-isolated-gate FET
**Pi-Glied** n (ein Frequenzfilter) (Fernm) / pi-type filter, pi-section n, pi-section filter*, π-section n, pi-filter n
**Pigment** n (ein in Lösungsmitteln und/oder Bindemitteln unlösliches, organisches oder anorganisches, buntes oder unbuntes Farbmittel - DIN 55943 und 55945) (Anstr, Chem) / pigment* n, dry colour ‖ ⁓ (Biol) / pigment* n ‖ **aktives** ⁓ (das mit ölhaltigen und ölmodifizierten Bindemitteln Metallseifen bilden kann) (Anstr) / active pigment, reactive pigment ‖ **aluminiumverlacktes** ⁓ (Anstr) / aluminium pigment lake ‖ **anorganisches** ⁓ (Anstr) / inorganic pigment ‖ **blaues eisenhaltiges** ⁓ / Hamburg blue ‖ **ein durch Glühen gewonnenes** ⁓ (z.B. Zinkoxid, Chromoxidgrün) (Anstr) / fume pigment ‖ **formiertes** ⁓ / predispersed pigment, pigment preparation ‖ **geflushtes** ⁓ (für Druckfarben) (Anstr, Druck) / flushed pigment, flushed colour ‖ **inaktives** ⁓ (das mit trocknenden Ölen

oder Harzen in keine chemische Reaktion tritt) (Anstr) / inert pigment, extender pigment ‖ **kalkechtes** ≈ (Anstr) / lime pigment ‖ **lasierendes** ≈ (Anstr) / transparent pigment ‖ **metallisches** ≈ (Anstr) / metallic pigment ‖ **natürliches** ≈ (z.B. Eisenrot, Auripigment) (Anstr) / natural pigment ‖ **organisches** ≈ (Anstr) / organic pigment ‖ **transparentes** ≈ (Anstr) / transparent pigment ‖ **verlacktes** ≈ (Anstr) / pigment lake ‖ **vordispergiertes** ≈ / predispersed pigment, pigment preparation ‖ ≈ *n* **für Deckanstriche** (Anstr) / topcoat pigment
**Pigmentanreibung** *f* (Anstr) / pigment grinding
**Pigmentation** *f* (Anstr, Biol) / pigmentation *n*
**pigment•bildend** *adj* (Bot, Zyt) / chromogenic *adj* ‖ ≈**druck** *m* (ein altes Edeldruckverfahren) (Foto) / carbon process* ‖ ≈**druck** (Drucken mit Pigmenten) (Tex) / pigment printing ‖ **benzinfreier** ≈**druck** (Tex) / solvent-free pigment printing, pigment printing witkout white spirits ‖ **benzinreicher** ≈**druck** (Tex) / pigment printing rich in white spirits ‖ ≈**gehalt** *m* (Verhältnis von Pigment zum Bindemittel) (Anstr) / pigment content
**pigmentieren** *v* (Anstr, Biol) / pigment *v*
**Pigmentierung** *f* (Anstr, Biol) / pigmentation *n*
**Pigment•Masterbatch** *m* / predispersed pigment, pigment preparation ‖ ≈**orientierung** *f* (bei Effektpigmenten) (Anstr) / pigment orientation ‖ ≈**papier** *n* (ein Rohpapier, das mit einer angefärbten $K_2Cr_2O_7$ enthaltenden Gelatine beschichtet ist) (für die Heliogravüre) (Druck) / carbon tissue*, carbon paper (a gelatin-coated paper), pigment paper ‖ ≈**papier** (ein Rohpapier, das mit einer angefärbten Gelatine beschichtet ist) (Druck) / pigment paper ‖ ≈**paste** *f* (Anstr) / pugging *n*, pigment paste ‖ ≈**präparation** *f* / predispersed pigment, pigment preparation ‖ ≈**ruß** *m* (feinteiliger Industrieruß, der als Schwarzpigment, als Leitfähigkeitsruß und zur UV-Stabilisierung eingesetzt wird) (Anstr) / pigment black ‖ ≈**schock** *m* (Anstr) / pigment shock (seeding) ‖ ≈**teilchen** *n* (Anstr) / pigment particle ‖ ≈**verankerung** *f* (Anstr) / pigment binding ‖ ≈**verfahren** *n* (ein historisches Edeldruckverfahren) (Foto) / pigment process ‖ ≈**verträglichkeit** *f* (Anstr) / pigment compatibility ‖ ≈**volumenkonzentration** *f* (das prozentuale Verhältnis des Volumenanteils der Pigmente und Füllstoffe eines Anstrichmittels zum Gesamtvolumen von dessen sämtlichen nichtflüchtigen Bestandteilen) (Anstr) / pigment volume concentration, P.V.C. ‖ **kritische** ≈**volumenkonzentration** (DIN EN 971-1) (Anstr) / critical pigment-volume concentration, CPVC ‖ ≈**zubereitung** *f* / predispersed pigment, pigment preparation
**Pignole** *f* (Nahr) / pine nut, piñon *n*, pinyon *n*, pine seed
**Pignolie** *f* (A) (Nahr) / pine nut, piñon *n*, pinyon *n*, pine seed
**Pik** *m* (pl.: -e oder -s) (Chem) / peak *n* ‖ ≈ (Geol) / peak *n*
**pikant** *adj* (Pharm) / savoury *adj*, savory *adj* (US), spicy *adj*, picante *adj*, pungent *adj*
**Pikee** *m n* (Tex) / piqué*  *n*
**pikieren** *v* (Landw) / prick off *v*, prick out *v*, transplant *v*, prick *v* ‖ ~ (Wattierung einarbeiten) (Tex) / blindstitch *v*, pad *v*
**Pikierstich** *m* (im allgemeinen) (Tex) / pick stitch ‖ ≈ (wenn der Faden auf einer Nähgutseite unsichtbar bleiben soll) (Tex) / blind stitch
**PI-Klebstoff** *m* / polyimide adhesive
**Piko•architektur** *f* (eine Rechnerarchitektur) (EDV) / picoarchitecture *n* ‖ ≈**farad** *f* ($10^{-12}$ Farad) (Eltech) / picofarad* *n*, puff *n* (GB), pF*
**Pikolin** *n* (Chem) / picoline* *n*, methyl pyridine
**Pi-Komplex** *m* (Chem) / pi complex, $\pi$-complex *n*, pi-adduct *n*
**Piko•programm** *n* (EDV) / picoprogram *n* ‖ ≈**programmierung** *f* (EDV) / picoprogramming *n* ‖ ≈**prozessor** *n* / picoprocessor *n* ‖ ≈**sekunde** *f* / picosecond* *n*, ps* ‖ ≈**sekundenspektroskopie** *f* (Spektr) / picosecond spectroscopy ‖ ≈**spur** *f* (in der Analytik - Bereich $10^{-12}$ bis $10^{-9}$ g) (Chem) / picotrace *n*
**Pikot** *m* (Tex) / picot *n*
**Pikotage** *f* (Verkeilung des Zwischenraumes zwischen Gebirge und Keilkranz am Fuße von Tübbingsäulen mit Flach- und Spitzkeilen aus Hartholz und in dieses eingetriebene Keile aus Stahl, um einen wasserdichten Anschluß an das Gebirge zu erhalten) (HuT) / wedge caulking, caulking *n*
**Pikotit** *m* (Min) / picotite* *n*, chrome spinel*
**Pikotransistor** *m* (Eltronik) / picotransistor *n*
**Pikramid** *n* (2,4,6-Trinitroanilin) (Chem) / picramide *n*, 2,4,6-trinitro-aniline (T.N.A.)
**Pikraminsäure** *f* (2-Amino-4,6-dinitrophenol) (Chem) / picramic acid*
**Pikrat** *n* (Chem) / picrate *n*
**Pikringelb** *n* (Chem) / picric acid*, 2,4,6-trinitrophenol* *n*
**Pikrinsäure** *f* (Chem) / picric acid*, 2,4,6-trinitrophenol* *n*
**Pikrit** *m* (dunkles ultrabasisches Ergußgestein) (Geol) / picrite* *n*
**Pikrolonsäure** *f* (Chem) / picrolonic acid
**Pikrotoxin** *n* (Chem, Pharm) / picrotoxin *n*
**Piktogramm** *n* / pictogram *n*, picture graph, pictograph *n*
**Pilaster** *m* (ein Wandpfeiler) (Arch) / pilaster* *n* (attached)
**Pilchardöl** *n* (aus Sardina pilchardus Walb.) (Nahr) / pilchard oil ‖ ≈ (aus Sardina pilchardus Walb.) (Nahr) s. auch Sardinenöl

**Pile** *n* (Stapel von gesalzenen Rohhäuten) (Leder) / pile *n* ‖ ≈ (pl. Piles) (Nukl) / nuclear reactor*, reactor* *n*, pile* *n*, NR
**Pile-up•-Fehler** *m* (Amplitudenverfälschungen durch Mehrfach-Überlagerungen der Detektorsignale) (Eltronik, Kernphys) / pile-up error ‖ ≈**-Schaltung** *f* (zur Trennung der Detektorsignale) (Eltronik, Kernphys) / pile-up suppressor ‖ ≈**-Unterdrückungsschaltung** *f* (zur Trennung der Detektorsignale) (Eltronik, Kernphys) / pile-up suppressor
**Pileus** *m* (pl. Pilei) (Meteor) / cap* *n*, pileus* *n* (pl. pilei)
**Pilger•dorn** *m* (Hütt) / pilger mandrel, pilger *n* ‖ ≈**schrittbewegung** *f* (Hütt) / pilger motion ‖ ≈**schrittschweißen** *n* (Schw) / back-step welding, step-back welding ‖ ≈**schrittschweißung** *f* (Schw) / back-step welding, step-back welding ‖ ≈**schrittverfahren** *n* (bei dem die Rohrluppen zu dünnwandigen Rohren ausgewalzt werden) (Hütt) / Pilger tube-reducing process ‖ ≈**schrittwalzen** *n* (Hütt) / Pilger tube-reducing process ‖ ≈**schrittwalzwerk** *n* (Hütt) / Pilger mill ‖ ≈**walzanlage** *f* (Hütt) / Pilger mill ‖ ≈**walze** *f* (Hütt) / Pilger roll
**pilieren** *v* (Toilettenseifen) / mill *v* ‖ ≈ *n* (der Toilettenseifen) / French milling, milling *n*
**Pilkington-Verfahren, Spiegelglasherstellung nach dem** ≈ (beidseitig geschliffenes und poliertes Glas besonderer Homogenität) (Glas) / twin-plate process*, Pilkington twin process*
**Pill•s** *pl* (herausstehende Oberflächenknötchen, die durch knäuelförmige Verschlingung oder Verdrehen von Fasern, Faserenden, Elementarfäden oder Elementarfadenenden infolge mechanischer Beanspruchung entstehen) (Tex) / pills *pl* ‖ ~**arm** *adj* (Web) / low-pill *attr*, low-pilling *s* ‖ ≈**bildung** *f* (Web) / pilling *n*, pill *n*
**Pille** *f* (Eltronik) / pellet *n* ‖ ≈ (Pharm) / pill *n* ‖ **große** ≈ (hauptsächlich für Tiere) (Pharm) / bole *n*, ball *n*, bolus *n*
**Pillen** *n* (Web) / pilling *n*, pill *n* ‖ ≈**saat** *f* (Landw) / pelleted seed*, coated seed (US) ‖ ≈**schachtelantenne** *f* (Radio) / pillbox antenna
**Pillgrad** *m* (Tex) / pilling level
**pillieren** *v* (Saatgut) (Landw) / pellet *v*, coat *v* (US)
**pilliertes Saatgut** (Landw) / pelleted seed*, coated seed (US)
**Pilling** *n* (Web) / pilling *n*, pill *n* ‖ ≈**bildung** *f* (Web) / pilling *n*, pill *n* ‖ ≈**effekt** *m* (Web) / pilling *n*, pill *n* ‖ ~**frei** *adj* (keine Faserkügelchen bildend) (Web) / non-pilling *adj* ‖ ≈**prüfung** *f* (Tex) / pilling test
**Pillneigung** *f* (eine unerwünschte Bildung von Faserkügelchen, Knötchen oder Noppen an der Oberfläche von Textilien) (Web) / pilling *n*, pill *n*
**Pillowlava** *f* (Geol) / pillow lava* (usually basaltic or andesitic), ellipsoidal lava
**Pill•resistenz** *f* (Widerstandsfähigkeit der textilen Warenoberfläche gegenüber einem durch mechanische Beanspruchungen entstehenden Pilling) (Tex) / pilling resistance ‖ ≈**test** *m* (Tex) / pilling test
**Pilocarpidin** *n* (Chem) / pilocarpidine *n*
**Pilocarpin** *n* (ein Imidazolalkaloid) (Chem) / pilocarpine *n*
**Pilokarpidin** *n* (Chem) / pilocarpidine *n*
**Pilokarpin** *n* (Hauptalkaloid der Jaborandiblätter) (Chem) / pilocarpine *n*
**Pilot** *n* (einfache Programmiersprache - z.B. für den Informatikunterricht mit Kindern) (EDV) / Pilot *n*
**Pilot** *m* (Lufft) / Pilot *n* ‖ ≈ (für Uniformen, Arbeits- und Sportkleidung - dem Moleskin ähnlich) (Tex) / pilot-cloth *n* ‖ **verantwortlicher** ≈ (Lufft) / pilot-in-command (PIC) *n* ‖ **zweiter** ≈ (Lufft) / co-pilot *n*, second pilot ‖ ≈ *m* **der Agrarluftfahrt** (Landw, Lufft) / agricultural pilot ‖ ≈**anlage** *f* (halbtechnische Versuchsanlage) (Chem Verf, Masch) / pilot plant *n*
**pilotaxitische Struktur** (Geol) / pilotaxitic texture*
**Pilot•ballon** *m* (meistens mit Radiosonden - zur Höhenwindmessung) (Meteor) / pilot balloon*, pibal *n* ‖ ≈**bohren** *n* (Bergb) / pilot drilling ‖ ≈**bohrer** *m* (vorderster Teil eines Drehbohrkopfes) (Bergb) / pilot bit ‖ ≈**bohrloch** *n* (Erdöl) / rat hole ‖ ≈**chart** *m n* (Kart, Schiff) / pilot chart
**Pilote** *f* (HuT) / driven pile
**Pilot•einspritzung** *f* (kurz vor der Haupteinspritzung) (V-Mot) / pilot injection ‖ ≈**frequenz** *f* (in der Wechselstromtelegrafie) (Teleg) / pilot frequency ‖ ≈**frequenzverfahren** *n* (Radio) / pilot-frequency recording
**pilotieren** *v* (HuT) / drive *v*, drive in *v*, pile *v*, spile *v* (US)
**Pilotis** *f* (Pfeiler oder Stützen, die ein Bauwerk tragen, das dadurch erst in Höhe des ersten Stockes beginnt, wobei das Erdgeschoß offen bleibt) (Arch) / pilotis* *n*
**Pilot•lager** *n* (der Kupplung) (Kfz) / pilot bearing ‖ ≈**licht** *n* (Film) / pilot-light *n* ‖ ≈**plan** *f* (Chem Verf, Masch) / pilot plant* *n* ‖ ≈**projekt** *n* / pilot project ‖ ≈**report** *m* (Lufft) / pilot report, pirep *n* ‖ ≈**sendung** *f* (Radio, TV) / pilot broadcast ‖ ≈**signal** *n* (Radio) / pilot tone ‖ ≈**stollen** *m* (HuT) / pilot drift ‖ ≈**stromkreis** *m* (Regeln) / pilot circuit ‖ ≈**studie** *f* (Voruntersuchung zu einem Projekt) / pilot study ‖ ≈**ton** *m* (zur synchronen Steuerung von Filmprojektor und Tonbandgerät) (Film, TV) / guide-track* *n* ‖ ≈**ton** (UKW-Stereophonie) (Radio) / pilot tone ‖ ≈**tonfrequenz** *f* (Radio) / pilot-tone frequency ‖ ≈**tonverfahren** *n*

**Pilotträger**
(hochfrequente Rundfunkübertragung) (Radio) / pilot-frequency recording ‖ ≈**träger** *m* (Fernm) / pilot carrier*
**PIL-Röhre** *f* (TV) / precision inline colour tube, precision slot matrix tube
**Pilz** *m* (Bot) / fungus (pl.: -es or fungi) (moulds, yeast, mushrooms and toadstools) ‖ **holzschädigende** ≈**e** (For) / fungi causing wood decay, fungi causing wood deterioration ‖ **holzschädigende Wirkung von** ≈**en** (For) / deterioration of wood caused by fungi ‖ **holzverfärbende** ≈**e** (meist Ascomyceten und Fungi imperfecti) (For) / wood-staining fungi, staining fungi
**pilz•abtötend** *adj* (Chem, Landw) / antifungal *adj*, fungicidal *adj*, fungitoxic *adj* ‖ ≈**amylase** *f* (Brau) / fungal amylase ‖ ≈**anfälligkeit** *f* / susceptibility to fungal degradation ‖ ≈**angriff** *m* (For) / fungal attack ‖ ≈**befall** *m* (EN 844, T 10) (For) / fungal attack ‖ **gegen** ≈**befall beständige Anstrichfarbe** (Anstr) / fungicidal paint*, paint-film fungicide ‖ ≈**befall verhindernd** (Chem, Landw) / antifungal *adj*, fungicidal *adj*, fungitoxic *adj* ‖ ≈**besiedlung** *f* (Bot) / fungal colonization ‖ ~**beständig** *adj* / resistant to fungal attack *adj*, fungus-proofed *adj* ‖ ≈**beständigkeit** *f* / resistance to fungal attack ‖ **Unempfindlichkeit gegen** ≈**bildung** / funginertness *n* ‖ ≈**brut** *f* (Bot) / spawn* *n* ‖ ≈**decke** *f* (DIN 1045) (Bau) / mushroom construction*, mushroom floor ‖ ≈**decke** (DIN 1045) (Bau) s. auch Massivdecke ‖ ≈**farbstoff** *m* (Bot) / fungus pigment ‖ ≈**fäule** *f* (For) / fungal decay ‖ ≈**fels** *m* (Geol) / pedestal rock, pedestal boulder, mushroom rock ‖ ≈**felsen** *m* (mit schmalem Fuß und breitem, hutartig ausladendem Oberteil) (Geol) / pedestal rock, pedestal boulder, mushroom rock ‖ ~**fest** *adj* / resistant to fungal attack *adj*, fungus-proofed *adj* ‖ ≈**festigkeit** *f* / resistance to fungal attack ‖ ≈**fräser** *m* (Masch) / semicircular cutter ‖ ≈**geruchsstoff** *m* (Bot, Nahr) / aroma constituent of mushrooms ‖ ~**geschützt** *adj* / fungus-proof *adj* ‖ ≈**kopf** *m* (der Pilzsäule bei Pilzdecken) / spread head (of a column), mushroom head, splayed head ‖ ≈**kopf** (als Rohrunterstützung) (HuT, Masch) / dome head
**pilzliche Holzzersetzung** (For) / fungal decay
**Pilz•maischverfahren** *n* (Stärkeverzuckerung und Vergärung ohne diastatische Fermente) (Chem) / amylo fermentation process ‖ ≈**meißel** *m* (ein Formdrehmeißel) (Masch) / button tool ‖ ~**sicher** *adj* / fungus-proof *adj* ‖ ≈**sporen** *f pl* (Bot) / fungal spores ‖ ≈**sterin** *n* (Chem) / mycosterol *n* ‖ ≈**stößel** *m* (mit leicht bombierter Auflage für die nach oben führenden Stoßstangen) (V-Mot) / mushroom tappet ‖ ~**tötend** *adj* (Chem, Landw) / antifungal *adj*, fungicidal *adj*, fungitoxic *adj* ‖ ≈**verfahren** *n* (sequentieller Aufbau von Mehrlagenleiterplatten) (Eltronik) / sequential board process ‖ ~**wachstumhemmend** *adj* (Chem) / fungistatic* *adj*
**Pima-Baumwolle** *f* (aus Arizona, Texas und Kalifornien) (Tex) / pima cotton
**Pimaricin** *n* (Nahr, Pharm) / natamycin *n*, pimaricin *n*
**Pimarsäure** *f* (Chem) / pimaric acid
**Pimelat** *n* (Salz oder Ester der Pimelinsäure) (Chem) / pimelate *n*
**Pimelinsäure** *f* (eine höhere, gesättigte Dikarbonsäure) (Chem) / pimelic acid*, heptanedioic acid
**Pimentöl** *n* (Nahr) / pimento oil, pimenta oil, allspice oil
**Pi-Meson** *n* (Kernphys) / pion* *n*, pi-meson* *n*, Yukawa particle
**Pi-Mode** *m* (Eltronik) / pi-mode* *n*
**Pi-Modus** *m* (Eltronik) / pi-mode* *n*
**Pin** *m* (EDV, Eltronik, Fernm) / pin *n*, terminal pin ‖ ≈ (Keram) / pin *n* ‖ ≈ (für die Knochennagelung) (Med) / pin *n*
**PIN** (Zahlenfolge, die jeder Inhaber einer Chipkarte oder einer Magnetstreifenkarte als Geheimnummer erhält) (EDV, Fernsp) / personal identification number* (PIN)
**Pinakel** *n* (Ziersäule, Fiale) (Arch) / pinnacle *n*
**Pinakoid** *n* (Krist) / pinacoid* *n*
**Pinakol** *n* (Tetramethylethylenglykol) (Chem) / pinacol* *n*
**Pinakolon** *n* (3,3-Dimethyl-2-butanon) (Chem) / pinacolone* *n*
**Pinakol-Pinakolon-Umlagerung** *f* (Chem) / pinacol-pinacolone rearrangement, pinacol rearrangement
**Pinan** *n* (ein Grundkörper der bizyklischen Monoterpene) (Chem) / pinane *n*
**Pinanhydroperoxid** *n* (Chem) / pinane hydroperoxide
**Pinanordnungsschema** *n* (EDV) / pin-out *n*
**Pinasse** *f* (Schiff) / launch *n*
**Pinaster** *f* (For) / maritime pine, cluster pine
**Piñastoff** *m* (Tex) / pineapple cloth, piña cloth
**Pinaverdol** *n* (der bekannteste Vertreter der Isocyane - dient vornehmlich als Sensibilisator) (Chem, Foto) / pinaverdol *n*
**Pin•belegung** *f* (EDV) / pin-out *n*, pin configuration, pin assignment, pin definition ‖ ≈**board** *n* (pl.: -s) / pinboard *n* (a board covered with cork and fixed to a wall so that messages and pictures can be pinned on to it for display)
**Pinch** *m* (ein Plasmaschlauch oder -faden) (Phys) / pinch *n* ‖ ≈**beck** *m* (ein Tombak mit 88-94% Cu und 6-12% Zn) (Hütt) / pinchbeck alloy*, pinchbeck *n* ‖ ≈**effekt** *m* (Nukl) / pinch effect* ‖ ≈**entladung** *f* (elektrische Gasentladung mit so großer Stromdichte, daß das durch den Entladungsstrom hervorgerufene Magnetfeld die positive Säule der Gasentladung schlauchartig zusammenschnürt) (Phys) / pinch discharge ‖ ≈**-off-Spannung** *f* (Eltronik) / pinch-off voltage* ‖ ≈**-Point-Methode** *f* / pinch point method ‖ ≈**widerstand** *m* (ohmscher Widerstand bei integrierten Schaltungen) (Eltronik) / pinch resistance
**Pincop** *m* (Spinn) / pin cop
**p-i-n-Diode** *f* (Eltronik) / PIN diode, p-i-n diode*
**pin-Diode** *f* (Eltronik) / PIN diode, p-i-n diode*
**PIN-Diode** *f* (eine Halbleiterdiode mit einer eigenleitenden Schicht zwischen dem pn-Übergang) (Eltronik) / PIN diode, p-i-n diode*
**Pine Oil** *n* (aus harzhaltigen Stubben und Wurzelholz) / pine oil, steam-distilled pine oil
**Pineafett** *n* / malabar tallow, piney tallow
**Pineapple-Cone** *f* (Kreuzspule mit schrägen Flanken) (Tex) / pineapple cone, bicone *n*
**Pineapple-Spule** *f* (Kreuzspule mit schrägen Flanken) (Tex) / pineapple cone, bicone *n*
**Pinelektronik** *f* (Teil der Prüfperipherie eines Prüfautomaten zum Senden und Empfangen digitaler Prüfbitmuster) (Eltronik) / pin electronics
**Pinen** *n* (bizyklisches Monoterpen) (Chem) / pinene* *n*
**Pineöl** *n* / pine oil, steam-distilled pine oil
**Pinetum** *n* (pl. -neta) (For) / pinetum *n* (pl. -neta)
**Piney Resin** *n* / piney dammar, piney resin, white dammar
**Pineytalg** *m* (aus den Butterbohnen) / malabar tallow, piney tallow
**pin•-FET-Empfänger** *m* (Eltronik) / pin-FET receiver ‖ ~**-Fotodiode** *f* (Eltronik) / p-i-n photodiode, PIN photodiode
**PIN-Fotodiode** *f* (eine Fotodiode mit vorwiegender Absorption in einer Raumladungszone innerhalb ihres pn-Übergangs) (Eltronik) / p-i-n photodiode, PIN photodiode
**Pinge** *f* (trichter- oder schüsselförmige Vertiefung im Gelände als Folge in geringer Teufe umgegangenen Bergbaus) (Bergb) / day fall, cave hole, breach *n*
**Pingo** *m* (Geol) / pingo *n*
**Pingohydrolakkolith** *m* (Geol) / soil blister, frost mound, soffosian knob
**Pingpong•blitz** *m* (z.B. gegen die Zimmerdecke) (Foto) / bounce-light *n* ‖ ≈**mechanismus** *m* (bei Mehrsubstratreaktionen) (Biochem) / ping-pong mechanism ‖ ≈**schema** *n* (bei der wechselseitigen Übertragung von hochratigen Datenpaketen) (Fernm) / time-compression multiplexing, TCM ‖ ≈**verfahren** *n* (ein Vollduplex-Zeitgetrenntlageverfahren) (Fernm) / ping-pong method
**Pinhammer** *m* (Werkz) / straight-pane hammer* (the wedge is parallel to the shaft), straight-peened hammer
**Pinheiro** *n* (For) / parana pine*, Parana pine, Brazilian pine
**Pinhole** *n* (nadelkopfgroße Fehlstelle im Druck) (Druck) / pinhole *n* ‖ ≈ (Gieß, Keram) / pinhole *n*
**Pinidin** *n* (ein Pinus-Alkaloid) (Biochem) / pinidine *n*
**Pinie** *f* (Pinus pinea L.) (For) / stone pine *n*, Italian stone pine, umbrella pine
**Pinienkern** *m* (Nahr) / pine nut, piñon *n*, pinyon *n*, pine seed
**Piniennuß** *f* (Nahr) / pine nut, piñon *n*, pinyon *n*, pine seed
**Pinit** *n* (Zwischenstadium von Cordierit) (Min) / pinite* *n*
**pink** *adj* / pink *adj* ‖ **gedämpft** ~ / dusty rose ‖ ≈ *n* (kräftiges, grelles Rosa) / pink *n*
**Pinken** *n* (Chem, Tex) / pink salt treatment
**Pinkfarbe** *f* (Keram) / pink colour
**pinkompatibel** *adj* (ein Bauelement, das Stift für Stift mit einem anderen anschlußmäßig übereinstimmt) (Eltronik) / pin-compatible *adj*
**Pinksalz** *n* (Ammoniumhexachlorostannat(IV)) (Chem) / pink salt
**Pinmap** *f* (Teil des Prüfprogramms) (EDV) / pin map
**Pinne** *f* (ein Brennhilfsmittel) (Keram) / pin *n* ‖ ≈ (Masch) / pin* *n*, pintle* *n*, gudgeon *n*, pivot *n* ‖ ≈ (waagerechter Hebel zum Bedienen des Steuerruders auf Booten) (Schiff) / tiller *n* ‖ ≈ (des Hammers) (Werkz) / peen* *n*, pane* *n*, pein* *n*, pean* *n*
**pinnen** *v* (aufnadeln) / pin on *v*
**Pinnhammer** *m* (Bau) / pick hammer, scabbling pick, scabbling hammer*
**Pinning** (Phys) / pinning *n* ‖ ≈**-Zentrum** *n* (Phys) / pinning centre
**Pinnstelle** *f* (ein Fehler in Form einer sichtbaren Berührungsstelle zwischen dem glasierten Erzeugnis /Steingut/ und dem Brennhilfsmittel; dieser Fehler entsteht während des Glattbrandes) (Keram) / pin mark
**Pinnwand** *f* / pinboard *n* (a board covered with cork and fixed to a wall so that messages and pictures can be pinned on to it for display)
**Pinocembrin** *n* (Chem, For) / pinocembrin *n*
**pinoider Tüpfel** (For) / pinoid pit

**Pinole** f (die z.B. die Reitstockspitze trägt) (Masch) / quill* n, tailstock quill ‖ ≃ (des Bohr- und Fräswerks) (Masch) / spindle sleeve ‖ ≃ (Plast) / torpedo n (pl. torpedoes)
**Pinolen•blaskopf** m (Plast) / torpedo head ‖ ≃**klemmung** f (Masch) / quill lock, sleeve lock ‖ ≃**kopf** m (zum Extrudieren) (Plast) / side-fed die ‖ ≃**vorschub** m (Masch) / quill feed, sleeve feed
**Pinosylvin** n (3,5-Stilbendiol) (Chem) / pinosylvine n
**Pinozembrin** n (im Kernholz fast aller Pinus-Arten vorkommender Flavanoid) (Chem, For) / pinocembrin n
**Pinsel** m (Anstr) / paintbrush n, brush n ‖ ≃ (für das Tampongalvanisieren) (Galv) / brush n ‖ **ohne** ≃ (Auftrag) (Anstr) / brushless adj ‖ ≃ m **zur Schablonenbeschriftung** (Anstr) / stencil brush ‖ ≃**furche** f (Anstr) / brushmark* n (a paintwork defect) ‖ ≃**galvanisieren** n (Galv) / brush plating* ‖ ≃**kasten** m (mit Flüssigkeit) (Anstr) / brush keeper ‖ ≃**lackierung** f (Anstr) / brush paint job
**pinseln** v (Anstr) / brush v
**Pinsel•putz** m (Bau) / dinging* n ‖ ≃**reiniger** m (Anstr) / brush cleaner ‖ ≃**retusche** f (Druck) / brush retouching ‖ ≃**stiel** m (Anstr) / brush handle ‖ ≃**strich** m (Anstr) / brushmark* n (a paintwork defect) ‖ ≃**tupfoberflächengestaltung** f (des Putzes) (Bau) / sparrow peck
**Pinspeicher** m (Schreib-/Lesespeicher, der bei Testern mit dynamischen Testmöglichkeiten die logischen Zustände für die einzelnen Testperioden beinhaltet) (Eltronik) / pin memory
**Pinstriping** n (schmale Zierlinien) (Kfz) / pinstriping n
**Pintsch-Gas** n (ein Ölgas) / Pintsch gas
**Pinus** f serotina (For) / pond pine
**Pinus-Alkaloide** n pl (z.B. Pinidin) (Biochem) / pinus alkaloids
**Pinzette** f / forceps* n, tweezers n pl, pincette n (a pair of tweezers) ‖ **optische** ≃ (mit Laserstrahlen) / optical tweezers
**Pinzettengreifer** m (eines IR) (Masch) / pincer gripper
**PIO-Modus** m (EDV) / programmed input/output mode
**Pion** n (Kernphys) / pion* n, pi-meson* n, Yukawa particle ‖ ≃**atom** n (Kernphys) / pionic atom
**Pionenatom** n (Kernphys) / pionic atom
**Pionier•holzart** f (For) / pioneer species* ‖ ≃**pflanze** f (Bot) / pioneer species*
**Pionium** n (Kernphys) / pionium n
**Pipe** f (Kommunikationskanal zwischen Prozessen) (EDV) / pipe n ‖ ≃ [A] (For, Masch) / tap* n, faucet n (US), tapping cock ‖ ≃ (eine vulkanische Durchschlagsröhre) (Geol) / pipe n, volcanic pipe ‖ **anonyme** ≃ (EDV) / anonymous pipe
**Pipecolinsäure** f (2-Piperidincarbonsäure) (Chem) / pipecolic acid
**"Pipe"-Diffusion** f (entlang der Versetzungen) (Krist) / pipe diffusion
**Pipe-eating-Verfahren** n (bei dem die zu sanierende Leitung mit einer ferngesteuerten Vortriebsmaschine überfahren, zerstört und abgefördert wird) (HuT) / pipe-eating process
**Pipeline** f / on-land pipeline n ‖ ≃ (eine Anordnung von Prozeßelementen, die nach dem Prinzip der Fließbandbearbeitung arbeitet) (EDV) / pipeline n ‖ ≃**computer** m (EDV) / pipeline computer ‖ ≃**leck** n (Erdöl) / pipeline leak ‖ ≃**rechner** m (EDV) / pipeline computer ‖ ≃**schaden** m (Erdöl) / pipeline damage ‖ ≃**sicherheit** f (Erdöl) / pipeline safety ‖ ≃**verarbeitung** f (EDV) / pipelining* n, pipeline processing ‖ ≃**verlegung** f (HuT) / pipelining n, pipeline laying
**Pipelining** n (EDV) / pipelining* n, pipeline processing
**Piperazin** n (Chem) / piperazine* n
**Piperidin** n (Chem) / piperidine* n, hexahydropyridine n ‖ ≃**alkaloid** n (z.B. Piperin oder Coniin) (Chem) / piperidine alkaloid ‖ ≃**carbonsäure** f (Chem) / piperidine carboxylic acid ‖ ≃**karbonsäure** f (Chem) / piperidine carboxylic acid
**Piperin** n (Hauptalkaloid des Pfeffers) (Chem) / piperine* n ‖ ≃**säure** f (Chem) / piperic acid
**Piperonal** n (Chem) / piperonal* n, heliotropin n
**Pipestill-Anlage** f (Erdöl) / pipe-still plant, tube-still plant, tube still
**Pipette** f (Chem) / pipette* n, pipet n (US)
**Pipettenmethode** f (Pulv) / pipette method*
**Pipettenständer** m (Chem) / pipette rack, pipette stand
**Pipette-Verfahren** f (Sedimentationsanalyse zur Pulvercharakteristik - DIN 66115) (Pulv) / pipette method*
**pipettieren** v (Chem) / pipette v, pipet v (US)
**Pipettierhilfe** f (Chem) / pipetting aid
**Pipe-Zeichen** n (EDV) / pipe character, pipe n
**Piping** n (Umleitung der Aus- oder Eingabe eines Programms/Befehls zu einem anderen Programm/Befehl, ohne über Peripheriegeräte zu gehen) (EDV) / piping n ‖ ≃ (Erdöl) / piping n, piping system
**Piquage** f (kleine Vertiefungen in der Oberfläche) (Glas) / impressions pl
**Piqué** m n (Tex) / piqué* n
**Piracetam** n (ein den Gehirnstoffwechsel stimulierendes Nootropikum) (Pharm) / piracetam n

**Pirani-Vakuummeter** n (ein Wärmeleitungsvakuummeter nach M. Pirani, 1880-1968) (Vakuumt) / Pirani gauge*, hot-wire gauge
**Piratenausgabe** f (Druck) / pirated edition, piratic edition
**Piratensender** m (Radio) / pirate radio station
**Piratensiedlung** f / squatter settlement
**PI-Regler** m (Regeln) / proportional-integral controller, PI controller
**Piria-Säure** f (Chem) / naphthionic acid*
**piriform** adj / pear-shaped adj, pyriform* adj, piriform adj
**Pirimicarb** n (gegen Blattläuse unter Glas) (Chem) / Pirimicarb n, pirimicarb n
**Pirssonit** m (ein wasserhaltiges Karbonat) (Min) / pirssonite n
**PIS** (EDV) / personnel information system, PIS ‖ ≃ (Eltronik) / polycrystalline silicon insulator semiconductor
**Pisangwachs** n (aus verschiedenen Musa-Arten) / pisang wax
**Pi-Schaltung** f (Fernm) / pi-network* n
**Pi-Schwingungsart** f (Eltronik) / pi-mode* n
**Pisé•bau** m (gestampfte Wände aus plastischen Massen) (Bau) / pisé n (de terre)* ‖ ≃**mauerwerk** n (gestampfte Wände aus plastischen Massen) (Bau) / pisé n (de terre)*
**Pisolith** m (aus kleinen kugelförmigen Körpern zusammengesetztes aragonithaltiges Gestein) (Geol) / pisolite* n ‖ ≃**tuff** m (der durch Regentropfen entstandene, verfestigte Staubkügelchen enthält - ein Oolith) (Geol) / pisolitic tuff (a pyroclastic deposit)
**Pistazie** f (eine Nuß) (Nahr) / pistachio n, pistachio nut
**Pistazien•grün** n / pistachio green ‖ ≃**harz** n (Chem, For) / mastic* n, mastiche n ‖ ≃**nuß** f (der Pistacia vera L.) (Nahr) / pistachio n, pistachio nut
**Pistazit** m (ein Mischungsglied der Epidot-Reihe) (Min) / pistacite* n
**Piste** f (befestigte) (Luftf) / runway n, RWY ‖ **außer Gebrauch stehende** ≃ (Luftf) / disused runway
**Pisten•abstand** m (Luftf) / separation of runways, runway separation ‖ ≃**befeuerung** f (Luftf) / runway lighting ‖ ≃**belegung** f (Luftf) / runway occupancy ‖ ≃**bezeichnung** f (Luftf) / runway designation ‖ ≃**bezeichnungs-Kennbuchstabe** m (Luftf) / runway designation letter ‖ ≃**endbefeuerung** f (Luftf) / runway-end lighting, REIL ‖ ≃**feuer** n pl (Luftf) / runway lights ‖ ≃**gerät** n (zur Bearbeitung der Skipisten) / piste roller ‖ ≃**grundlänge** f (Luftf) / runway basic length ‖ ≃**neigung** f (Luftf) / runway slope, runway gradient ‖ ≃**randfeuer** n (Luftf) / runway-edge light ‖ ≃**richtung** f (Luftf) / runway alignment ‖ ≃**schulter** f (Luftf) / runway shoulder ‖ ≃**schwelle** f (Luftf) / runway threshold*, runway end ‖ ≃**sichtweite** f (Luftf) / runway visual range*, RVR* ‖ ≃**wagen** m (Luftf) / aerodrome control van
**Pistill** n (Chem) / pestle* n
**Pistolengriff** m (Film) / pistol-grip n
**Pistonieren** n (Erdöl) / swabbing n
**Pistonphon** n (Eichgerät für akustische Geräte - DIN 1320) (Akus) / pistonphone* n
**Piszizid** n (zur Abtötung von Fischen verwendete biologisch aktive Substanz) (Chem) / piscicide n
**Pit** n (Informationseinheit in der Spur einer Digitalschallplatte mit logisch "0" als Bedeutung) (EDV) / pit n
**PIT** (Phys) / phase-inversion temperature
**Pita** f (aus verschiedenen Arten der Agave gewonnene Blattfaser) (Tex) / pita n ‖ ≃**faser** f (zur Herstellung von Säcken und Stricken) (Tex) / pita n ‖ ≃**hanf** m (Tex) / pita n
**Pitch** m n (gezielte intensive Werbekampagne) / sales pitch ‖ ≃ m / pitch n ‖ ≃ (der Abstand der Maskenlöcher bei einer Schattenmaskenröhre) (Eltronik) / pitch n ‖ ≃**pine** f (For) / pitch pine*, Northern pitch pine ‖ ≃**winkel** m (Diffusion geladener Teilchen) (Phys) / pitch angle
**Pi-Theorem** n **von Buckingham** (der wichtigste Satz der Ähnlichkeitstheorie) (Phys) / pi theorem, Buckingham's pi-theorem
**Pitot•druck** m (den ein ideales Pitot-Rohr anzeigt - bei Unterschallströmung und nicht zu kleiner Reynolds-Zahl gleich dem Gesamtdruck; bei Überschallströmung gleich dem Gesamtdruck hinter einer normalen Stoßwelle - nach H. Pitot, 1695-1771) (Luftf) / Pitot pressure ‖ ≃**-Rohr** n (Strömungssonde zur Messung des Gesamtdruckes in einem strömenden Medium) (Phys) / Pitot tube*, pitot tube ‖ **zwei in entgegengesetzter Richtung angeordnete** ≃**rohre** (Phys) / sympiezometer n
**PITT-Diode** f (Eltronik) / punch-through injection transit time diode, PITT diode
**Pitting** n (Galv, Hütt) / pitting* n ‖ ≃**-Faktor** m (Hütt) / pitting factor*
**Pittizit** m (ein Mineral der Diadochitgruppe) (Min) / pitticite n
**Pittling** m (Leder) / veal skin, veal n
**Pittsburgh-Verfahren** n (ein Flachglasziehverfahren mit Schamotteziehbalken an der Aushebestelle) (Glas) / Pittsburgh process, Pittsburgh sheet process
**Pitzer-Gleichung** f (nach K.S. Pitzer, geb. 1914) (Phys) / Pitzer equation
**Pitzer-Spannung** f (eine Torsionsbarriere) (Chem) / Pitzer tension
**Piuri** n (Naturfarbstoff aus dem Harn der mit Mangoblättern gefütterten Kühe) / Indian yellow, piuri n

**Pius** *m* (kurzes Sprengbohrloch ohne Sprengstoff zur Zertrümmerung des Kegels oder Keils beim Einbruch) (Bergb) / blank centre, centre hole
**Pivalinsäure** *f* (Chem) / pivalic acid, 2,2-dimethylpropanoic acid, trimethylacetic acid
**PI-Verhalten** *n* (Regeln) / PI action, proportional-integral action
**Pivot** *m n* (Math) / pivot *n* ‖ ~**element** *n* (Math) / pivot *n*
**Pivotierung** *f* (teilweise, vollständige) (Math) / pivot operation (in Gaussian elimination or Gauss-Jordan elimination), pivoting *n*
**Pivotschritt** *m* (Verfahren zur Durchführung einer elementaren Basistransformation) (EDV) / pivot step
**PIXE-Analyse** *f* (Spektr) / proton-induced x-ray emission analysis
**Pixel** *n* (ein einzeln adressierbares Bildelement) (EDV) / pixel* *n*, picture element ‖ ~**auflösung** *f* (EDV) / pixel resolution, pixel density, pixel depth ‖ ~**bild** *n* (EDV) / pixel image ‖ ~**dichte** *f* (EDV) / pixel resolution, pixel density, pixel depth ‖ ~**editor** *m* (ein Grafikprogramm) (EDV) / paint program, painting program ‖ ~**grafik** *f* (EDV) / bit-map graphics
**pixelieren** *v* (EDV) / pixel *v*, pixelise *v* (GB), pixelize *v*
**Pixelierung** *f* (Auflösung in Bildpunkte) (EDV) / pixelisation *n* (GB), pixelization *n*
**pixelisieren** *v* (EDV) / pixel *v*, pixelise *v* (GB), pixelize *v*
**Pixelisierung** *f* (EDV) / pixelisation *n* (GB), pixelization *n*
**pixelorientierte Grafik** (EDV) / bit-map graphics
**Pixel•raster** *n* (Aufrasterung einer Bildfläche in ein bitweise ansteuerbares und ansprechbares Punktmuster) (EDV) / bit map ‖ ~**tiefe** *f* (EDV) / pixel resolution, pixel density, pixel depth ‖ ~**verhältnis** *n* (EDV) / pixel aspect ratio
**Pizein** *n* (für luftdichte Abschlüsse, z.B. zwischen Glas und Metall) (Chem) / picein *n*
**Pizen** *n* (Chem) / picene* *n*
**PK** (EDV) / personal identification mark, personal identifier ‖ ~ (Keram) / pyrometric cone*, fusible cone, melting cone, pyrometer cone
**P-Kanal•-FET** *m* **mit isoliertem Gate** (Eltronik) / PIGFET *n*, p-channel-isolated-gate FET ‖ ~**-MOS-Technik** *f* (Eltronik) / p-channel metal-oxide semiconductor technology, PMOS technology ‖ ~**-MOS-Transistor (PMOS)** *m* (Eltronik) / p-channel MOS transistor ‖ ~**-Technik** *f* (Eltronik) / p-channel metal-oxide semiconductor technology, PMOS technology
**PKD** (ein Schneidstoff) / polycrystalline diamond
**PK-Dünger** *m* (Landw) / PK fertilizer
**Pko** *m* (Eltech) / paper capacitor*
**π-Komplex** *m* (Chem) / pi complex, π-complex *n*, pi-adduct *n*
**P-Körnungsreihe** *f* (bei Schleifpapieren) / P grit numbers
**PK-Schweißen** *n* (eine Weiterentwicklung des Kaltpreßschweißens) (Schw) / resistance percussive welding*, percussive welding*
**Pkw** *m* (Kfz) / passenger car
**PKW** *m* (Kfz) / passenger car ‖ **geländegängiger** ~ (Kfz) / land rover
**pK-Wert** *m* (Chem) / pK*, pK value*
**PKW-Lackierung** *f* (Anstr, Kfz) / car painting
**PL** (Chem, Landw) / permissible (residue) level
**PL/1** (eine höhere algorithmische Vielzweckprogrammiersprache nach ISO 6160) (EDV) / PL/1*, PL/I
**PL** (Pharm) / pyridoxal *n*
**PLA** (EDV) / programmable logic array* (PLA*), programmed logic array, programmable array logic, PAL
**Placebo** (Scheinarznei ohne pharmakologischen Wirkstoff) (Med, Pharm) / placebo* *n*
**Placer-Mine** *f* (Geol) / placer* *n*, placer deposit*, lead *n* (a surficial mineral deposit)
**Placken** *n* (Tex) / patchy dyeing
**Plafond** *m* (mit Stuckwerk und Malerei geschmückte Flachdecke) (Arch) / plafond *n* ‖ ~ (A) (Bau) / ceiling *n* ‖ ~**latte** *f* (Bau) / lath* *n*, plaster lath
**Plage** *f* (Astr) / plage* *n*
**Plagioklas** *m* (ein Vertreter der Feldspatgruppe) (Min) / plagioclase *n* ‖ ~**e** *m pl* (als Feldspatgruppe) (Min) / plagioclase feldspars* ‖ ~**-Biotit-Lamprophyr** *m* (Geol) / kersantite* *n*
**Plagioklasit** *m* (Geol) / anorthosite* *n*
**Plagioklas-Reihe** *f* (Albit, Oligoklas, Andesin, Labrador, Bytownit und Anorthit) (Min) / plagioclase feldspars*, plagioclase felspar series
**Plagionit** *m* (ein Mineral der Boulangerit-Gruppe) (Min) / plagionite *n*
**Plagiotropismus** *m* (Einstellung der Pflanzenorgane schräg zur Reizrichtung hin) (Bot) / plagiotropism* *n*
**Plaid** *n* (Überwurf oder Reisedecke) (Tex) / plaid *n*
**Plakat** *n* (Druck) / poster* *n*
**Plakate anbringen** /, poster *vt* ‖ ~ **kleben** / poster *vt*
**Plakat•effekt** *m* (Verlust an Details durch zu grobe Graustufung) (Druck, EDV) / posterizing *n* (loss of details by too coarse grey scaling) ‖ ~**farbe** *f* (ein wäßriger Anstrichstoff für Plakat-, Entwurfs- und Kulissenmalerei) (Anstr) / poster paint, poster colour, showcard color (US) ‖ ~**fläche** *f* (Bau) / hoarding *n* (GB), billboard *n* (US) ‖ ~**karte** *f* (Demonstrationskarte in Form der Wandkarte) (Kart) / poster map ‖ ~**papier** *n* (Pap) / poster paper ‖ ~**schrift** *f* (Druck) / poster type, poster lettering, lettering style ‖ ~**wand** *f* (Bau) / hoarding *n* (GB), billboard *n* (US) ‖ ~**werbung** *f* / poster advertising
**plan** *adj* / planar *adj*, plane *adj*
**Plan** *m* (wirtschaftlicher) / plan *n* ‖ ~ / draft *n* ‖ ~ (Bau) / layout *n* ‖ ~ (zeichnerische Darstellung) (Bau, Verm) / plan *n* ‖ ~ (der Tastatur) (EDV) / layout *n* ‖ **[Lage-, Bau-]** ~ / plot *n* (US) ‖ **einen** ~ **entwerfen** (zusammenstellen) / plan *v* ‖ **im** ~ (sein) / on schedule ‖ ~ *m* **im Projektstadium** / blueprint *n*
**planachromatisch** *adj* (Opt) / planachromatic *adj*
**Plananschlag** *m* (Masch) / facing (cross) stop
**planar** *adj* (Punkte bzw. Geraden, die in einer Ebene liegen) (Math) / planar *adj* ‖ **nicht** ~ (Math) / non-planar *adj* ‖ ~**e Chiralität** (Chem) / planar chirality ‖ ~**e Chromatografie** (Chem) / planar chromatography ‖ ~**er Graf** / planar graph ‖ ~**er Komplex** (Chem) / planar complex ‖ ~**e Struktur** (Eltronik) / plane-surface structure, planar structure ‖ ~**er Übergang** (Eltronik) / planar junction
**Planar•chromatografie** *f* (Oberbegriff, der alle Spielarten der Dünnschicht- und Papierchromatografie umfaßt) (Chem) / planar chromatography ‖ ~**chromatografie** (Chem) s. auch Dünnschichtchromatografie ‖ ~**diode** *f* (in Planartechnik ausgeführte Diode) (Eltronik) / planar diode* ‖ ~**-Epitaxial-technik** *f* (Eltronik) / planar epitaxial technique, PEP technique ‖ ~**fotodetektor** *m* **mit dotierter Grenzschicht** (Eltronik) / planar-doped barrier photodetector, PDB photodetector ‖ ~**komplex** *m* (in der Koordinationschemie) (Chem) / planar complex ‖ ~**netz** *n* (Eltech) / planar network ‖ ~**struktur** *f* (Eltronik) / plane-surface structure, planar structure ‖ ~**technik** *f* (für Dioden und Transistoren, insbesondere mit Silizium als Ausgangsmaterial) (Eltronik) / planar process* ‖ ~**technologie** *f* (Eltronik) / planar process* ‖ ~**transistor** *m* (Eltronik) / planar transistor*
**Plan•ausbringungsmenge** *f* / planned output ‖ ~**ausstoß** *m* / planned output ‖ ~**bearbeiten** *v* (nur Infinitiv oder Partizip) (Masch) / face *v* ‖ ~**bearbeitung** *f* (Masch) / facing* *n* ‖ ~**bewegung** *f* (beim Drehen) (Masch) / cross movement, transverse movement ‖ ~**bindung** *f* (mit Spiralen, Ringen, kammartigen Teilen - um völliges Planliegen des aufgeschlagenen Buches zu ermöglichen) (Buchb) / flat binding ‖ ~**block** *m* (Mauerstein mit planebenen Flächen, meistens aus Gas- oder Leichtbeton) (Bau) / solid block (with lightweight aggregate or foamed concrete)
**Plancherels Formel** (nach M. Plancherel, 1885 - 1967) (Math) / Plancherel formula
**Planchette** *f* (Kernphys) / planchet *n*
**Planck•-Fokker-Gleichung** *f* (Phys) / Fokker-Planck equation ‖ ~**-Konstante** *f* (Phys) / Planck's constant, quantum of action ‖ ~**-Länge** *f* (das Produkt aus Planck-Zeit und Lichtgeschwindigkeit im Vakuum) (Astr, Phys) / Planck length ‖ ~**-Masse** *f* (Kernphys) / Planck mass
**Plancksche, erste** ~ **Strahlungskonstante** (Phys) / first radiation constant ‖ **zweite** ~ **Strahlungskonstante** (Phys) / second radiation constant ‖ ~**e Elementarlänge** (Astr, Phys) / Planck length ‖ ~**e Hypothese** (1900 von M. Planck eingeführte Hypothese, wonach Emission und Absorption von Energie nur in Form von Vielfachen einer minimalen Energie erfolgen können) (Phys) / Planck's law* ‖ ~**e Konstante** (Planksches Wirkungsquantum dividiert durch $2\pi$) (Phys) / Dirac's constant, h-bar* *n*, h-line *n*, Dirac h ‖ ~**er Strahler** (Phys) / full radiator*, Planck's radiator, ideal radiator, complete radiator*, Planckian radiator ‖ ~**e Strahlungsformel** (nach M. Planck, 1858-1947) (Phys) / Planck's radiation formula ‖ ~**es Strahlungsgesetz** (der Temperaturstrahlung nach DIN 5031, T 8) (Wärm) / Planck's radiation law* ‖ ~**es Wirkungsquantum** (h = $6,62617 \cdot 10^{-34}$ Js - nach DIN 5031, T 8) (Phys) / Planck's constant, quantum of action ‖ ~**e Zustandssumme** (Phys, Stats) / partition function, zustandssumme *n*, sum over states, sum of states
**Planck-Zeit** *f* (die ersten $10^{-43}$ Sekunden nach dem Urknall) (Astr) / Planck era
**Plan•drehen** *n* (bei dem am Werkstück eine Planfläche erzeugt wird) (DIN 8589, T 1) (Masch) / face turning, surfacing *n*, facing* *n* ‖ ~**drehkopf** *m* (zum Plandrehen und Ausdrehen kurzer Werkstücke) (Masch) / surfacing head ‖ ~**drehmaschine** *f* (für die Bearbeitung meist großer und/oder sperriger Werkstücke) (Masch) / face lathe*, facing lathe ‖ ~**drehmeißel** *m* (Masch) / facing tool
**Plane** *f* (Aufber) / blanket *n* ‖ ~ (bei Lastwagen) (Kfz) / canvas cover
**planen** *v* / plan *v* ‖ ~ (den Zylinderkopf) (Kfz) / resurface *v*
**Pläner** *m* (oberkretazisches Sedimentpaket) (Geol) / arenaceous marl, cretaceous marly limestone ‖ ~**kalk** *m* (Geol) / arenaceous marl, cretaceous marly limestone
**Plane-Sweep-Verfahren** *n* (zur geometrischen Modellierung von Körpern) (EDV) / plane-sweep process

**Planet** *m* (Astr) / planet* *n* ‖ **erdähnlicher** ⁓ (Merkur, Venus, Erde, Mars) (Astr) / terrestrial planet ‖ **jupiterähnlicher** ⁓ (Astr) / Jovian planet, giant planet ‖ **jupiterartiger** ⁓ (Astr) / Jovian planet, giant planet

**Planetärerosion** *f* (jede Abart des funkenerosiven Senkens) (Masch) / planetary erosion

**planetarisch** *adj* (Astr) / planetary *adj* ‖ **~e Grenzschicht** (Meteor) / friction layer*, planetary boundary layer*, PBL, surface boundary layer ‖ **~er Nebel** (leuchtender Gasnebel von meist relativ regelmäßiger Form) (Astr) / planetary nebula* ‖ **~e Zirkulation** (Meteor) / general circulation, planetary circulation

**Planetarium** *n* (Vorrichtung zur anschaulichen Darstellung von Lage, Größe und Bewegung der Gestirne; Gebäude für diese Vorrichtung) (Astr) / planetarium* *n* (pl. planetariums or planetaria)

**Planeten, äußere** ⁓ (Jupiter bis Pluto) (Astr) / outer planets ‖ **innere** ⁓ (Merkur bis Mars) (Astr) / inner planets ‖ **obere** ⁓ (Mars bis Pluto) (Astr) / superior planets ‖ **untere** ⁓ (Merkur und Venus) (Astr) / inferior planets*

**Planeten·** - (Astr) / planetary *adj* ‖ **⁓aberration** *f* (Veränderung des Planetenortes während der Zeit, die das Licht braucht, um vom Planeten zur Erde zu gelangen) (Astr) / planetary aberration ‖ **⁓fahrzeug** *n* (für die Befahrung eines Planeten) (Raumf) / planetary rover ‖ **⁓getriebe** *n* (rotationssymmetrisches Zahnradgetriebe nach DIN 3998) (DIN 3998) (Masch) / planetary gear train, sun-and-planet gear(ing), epicyclic gear*, epicycloidal gear, planetary gear-set ‖ **zusammengesetztes ⁓getriebe** (Masch) / compound planetary gear train ‖ **⁓getriebezug** *m* (Masch) / planetary gear train, planetary train ‖ **⁓kugelmühle** *f* (Schwerkraftmühle im Fliehkraftfeld) (Masch) / planetary mill ‖ **⁓mischer** *m* (Masch) / planetary stirrer, planetary mixer ‖ **⁓präzession** *f* (der Wert von 0,12", um den sich der Frühlingspunkt verschiebt) (Astr) / planetary precession ‖ **⁓rad** *n* (DIN 3998) (DIN 3998) (Kfz, Masch) / planet gear, planet wheel ‖ **⁓radpaar** *n* (Kfz, Masch) / twin planets ‖ **⁓radträger** *m* (Kfz, Masch) / planet carrier, planetary carrier ‖ **⁓rad-Zentralausgleichsgetriebe** *n* (Kfz) / planetary gear centre differential, epicyclic centre differential ‖ **⁓rad-Zentraldifferential** *n* (Kfz) / planetary gear centre differential, epicyclic centre differential ‖ **⁓rührwerk** *n* (bei dem sich nicht nur die Hauptwelle dreht, sondern auch durch Zahnradübertragung um sich selbst drehende Rechen gleichzeitig die Hauptwelle umkreisen) (Masch) / planetary stirrer, planetary mixer ‖ **⁓schere** *f* (Hütt) / planetary shears ‖ **⁓sonde** *f* (Raumf) / planetary probe ‖ **⁓träger** *m* (Kfz, Masch) / planet carrier, planetary carrier ‖ **⁓walzwerk** *n* (Hütt) / planetary mill ‖ **⁓-Zylinder-Mischer** *m* (Chem Verf) / Pony mixer

**Planetoid** *m* (Astr) / asteroid* *n*, planetoid* *n*, minor planet*

**Planetologie** *f* (Erforschung und Deutung der Oberflächenformationen der Planeten im Sonnensystem und ihrer Satelliten) (Geol) / planetology* *n*, planetary geoscience, planetary geology

**Plan·filter** *n* (Chem Verf) / table filter ‖ **⁓fläche** *f* (Masch) / end face ‖ **⁓fläche** (Opt) / plane face ‖ **⁓fräsen** *n* (durch Umfangs- oder Stirnfräsen) (Masch) / planer milling, slab milling (US) ‖ **⁓fräsmaschine** *f* (Masch) / bed-type milling machine ‖ **⁓fräsmaschine** (Masch) / plano milling machine, planer-type milling machine (US) ‖ **⁓gang** *m* (Masch) / cross movement, transverse movement ‖ **~gesenkte Oberfläche** (z.B. Naben- oder Flanschfläche) (Masch) / spot face* ‖ **⁓gitter** *n* (Opt) / plane grating ‖ **⁓glas** *n* (zur Ebenheitsprüfung) (Masch) / optical flat ‖ **⁓glasplatte** *f* (zur Ebenheitsprüfung) (Masch) / optical flat ‖ **⁓heit** *f* / planarity *n*, planeness *n*, flatness *n* ‖ **⁓heitsprüfung** *f* (Masch, WP) / surface-evenness inspection

**Planier·bagger** *m* (HuT) / skimmer *n* ‖ **⁓eisen** *n* (mit balligem Kopf) (Kfz) / mushroom-shaped dolly, mushroom dolly

**planieren** *v* (HuT) / level* *v*, plane *v*, grade *v*, flat *v*, planish *v*, skim *v* ‖ ~ (Blech) (Hütt, Masch) / level *v*, straighten *v* ‖ ~ (Blech) (Hütt, Masch) / straighten *v* ‖ ⁓ *n* (des Blechs) (Hütt, Masch) / levelling *n*, leveling *n* (US), straightening *n*

**Planier·gerät** *n* (ein Flachbagger) (HuT) / dozer* *n* ‖ **⁓gerät** (im allgemeinen) (HuT) / site-levelling machine ‖ **⁓hammer** *m* (für Klempner und Installateure) (Klemp, Masch) / planisher* *n* (for metal surfaces), planishing hammer ‖ **⁓maschine** *f* (HuT) / site-levelling machine ‖ **⁓raupe** *f* (ein Kettengerät mit frontseitig angebrachtem Planierschild) (HuT) / bulldozer* *n* ‖ **⁓raupe** (kleine) (HuT) / calf-dozer *n* ‖ **⁓raupe mit heb- und senkbarem Schild** (HuT) / tilt-dozer *n* ‖ **⁓raupe mit Schwenkschild** (HuT) / angledozer* *n* ‖ **⁓raupe mit Winkelschild** (HuT) / angledozer* *n* ‖ **⁓schild** *m* (HuT) / blade *n*, mould-board *n* ‖ **⁓schleppe** *f* (einfache) (HuT) / drag *n*

**planierter Erdkörper** (HuT) / formation *n*, subgrade *n*, grade *n* (US)

**Planimeter** *n* (ein Flächenmeßgerät) (Math, Verm) / planimeter* *n*

**Planimetrie** *f* (Math) / plane geometry

**Planisphäre** *f* (Karte, in der die Gesamtoberfläche der Erde oder eines Weltkörpers zusammenhängend in ovaler Form, meist flächentreu dargestellt ist) (Kart) / planisphere *n*

**Planke** *f* (For, Zimm) / deal *n* (48 - 102 mm thick, 229 - 279 mm wide)*, plank *n* (48-102 mm thick, > 279 mm wide - in softwoods)

**Plan·knotenfang** *m* (Web) / flat screen ‖ **⁓konkav** *adj* (Opt) / planoconcave *adj* ‖ **⁓konvex** *adj* (Opt) / planoconvex* *adj* ‖ **⁓kosten** *pl* / plan cost(s)

**Plankton** *n* (Gesamtheit der im Wasser treibenden und schwebenden Organismen) (Ozean, Umwelt) / plankton* *n* ‖ **⁓-** (Ozean, Umwelt) / planktonic *adj* ‖ **⁓ aus den oberen Meeresschichten** (Ozean, Umwelt) / epiplankton *n*

**planktonisch** *adj* (Ozean, Umwelt) / planktonic *adj*

**Plankton·mikroskop** *n* (Mikros) / plankton microscope ‖ **⁓netz** *n* (ein Gerät der Meeresbiologie) (Biol, Ozean) / plankton net

**Plan·kurvenfutter** *n* (für Drehmaschinen) (Masch) / cam-type chuck ‖ **⁓lage** *f* / flatness *n* ‖ **⁓lauf** *m* (DIN 7184, T 1) (Masch) / axial runout ‖ **⁓laufabweichung** *f* (Masch) / axial eccentricity, axial runout ‖ **⁓laufabweichung** (Unterschied zwischen größtem und kleinstem Abstand zwischen einer Stirnseite des Fräsers und einer Normalebene zur Bohrungsachse des Fräsers) (Masch) / face eccentricity, axial runout ‖ **⁓laufgenauigkeit** *f* (Werkz) / thrust accuracy ‖ **⁓liegen** *v* (Druck, Pap) / lie flat

**planmäßig** *adj* / methodical *adj*, systematic *adj* ‖ ~ (Wartung, Meldung, Beobachtung) / scheduled *adj*, routine *attr* ‖ **~er Flug** (Luftf) / scheduled flight ‖ **~er Halt** (Luftf) / scheduled stop ‖ **~e Sprengung** (Bergb) / controlled blasting ‖ **~ vorbeugende Instandhaltung** (nach einem Zeitplan) (F.Org, Masch) / scheduled maintenance ‖ **~e Wartung** (F.Org, Masch) / scheduled maintenance

**Plano·auslage** *f* (Druck) / flat-sheet delivery ‖ **⁓auslage** (in Rollendruckmaschinen) (Druck) / open-sheet delivery ‖ **⁓bogen** *m* (planliegender, ungefalzter Druck- oder Papierbogen beliebiger Größe) (Druck) / flat (printed) sheet, unfolded sheet ‖ **in ⁓bogen** (Druck) / flat *adj*, unfolded *adj*, broad *adj*

**PLANOX-Verfahren** *n* (Isolationsverfahren für integrierte Bipolarschaltungen) (Eltronik) / plane-oxide technology, PLANOX technology

**plan·parallele Glasplatte** (Masch) / optical flat ‖ **⁓parallelplatte** *f* (zur Ebenheitsprüfung, meistens aus hochwertigem Quarzglas) (Masch) / optical flat ‖ **⁓polarisiert** *adj* (Opt) / plane-polarized *adj*, linearly polarized ‖ **⁓quadrat** *n* (eine Fläche, die in topografischen Karten durch zwei jeweils benachbarte waagerechte und senkrechte Gitterlinien begrenzt wird) (Kart, Verm) / square *n*, grid square ‖ **⁓rad** *n* (DIN 3971) (Masch) / crown gear ‖ **⁓rätter** *m* (Bergb) / griddle *n* ‖ **⁓revolverkopf** *m* (Masch) / cross-sliding turret ‖ **⁓rost** *m* (Rostfeuerung) (Masch) / horizontal grate

**Planschbecken** *n* (Bau) / paddling pool

**Plan·scheibe** *f* (der Karusselldrehmaschine) (Masch) / horizontal table ‖ **⁓scheibe** (Spannvorrichtung mit vier unabhängig voneinander bewegbaren Spannbacken, sowohl für waagerechte als auch für senkrechte Drehmaschinen) (Masch) / face plate*, face chuck*, flanged chuck ‖ **⁓scherosion** *f* (Geol) / rainsplash erosion, splash erosion ‖ **⁓schieber** *m* (Masch) / facing slide ‖ **⁓schlag** *m* (Masch) / axial eccentricity, axial runout ‖ **⁓schleifen** *n* (Masch) / surface grinding, face grinding ‖ **⁓schleifmaschine** *f* (Masch) / surface-grinding machine* ‖ **⁓schliff** *m* (Masch) / surface grinding, face grinding ‖ **⁓schliffverbindung** *f* (Chem) / plane joint, plane ground joint ‖ **⁓schlitten** *m* (der Drehmaschine) (Masch) / cross-slide* *n*, rest* *n*, compound rest*, slide rest* ‖ **⁓schneider** *m* (Vierseitenschneidemaschine) (Pap) / guillotine* *n*, face-cutting machine ‖ **⁓schnitzler** *m* (For) / chipper canter, chipper *n* ‖ **⁓schruppen** *n* (Masch) / rough facing

**Planschverlust** *m* / churning loss*

**Plan·senken** *n* (Masch) / spot facing, end-facing *n* ‖ **⁓senker** *m* (Masch) / piloted counterbore ‖ **⁓senkkopf** *m* (Masch) / facing cutter, spotfacing cutter (US) ‖ **⁓sichter** *m* (ein Plansieb) / reciprocating screen, gyratory sifter, riddling screen, gyratory screen ‖ **⁓sieb** *n* / flat screen, level screen ‖ **⁓soll** *n* / target *n* (planned) ‖ **⁓spiegel** *m* (Opt) / plane mirror ‖ **⁓spiegel des Coudé-Systems** (Astr) / coudé flat ‖ **⁓spiele** *n pl* / operational gaming, experimental gaming, planning gaming

**Plantage** *f* (landwirtschaftlicher Großbetrieb in tropischen Gegenden) / plantation *n*

**Plantagen·besitzer** *m* (Landw) / planter *n* ‖ **⁓schlepper** *m* (Landw) / narrow-track tractor

**Plantainstärke** *f* (Nahr) / plantain starch

**Plantisch** *m* (Verm) / plane table*

**Plantschbecken** *n* (Bau) / paddling pool

**Plantscherosion** *f* (Geol) / rainsplash erosion, splash erosion

**Plantschverlust** *m* / churning loss*

**Planum** *n* (Bahn) / subgrade *n*, track formation ‖ ⁓ (Grenzfläche zwischen Oberbau und Unterbau) (HuT) / formation *n*, subgrade *n*,

**Planum**

grade *n* (US) ‖ **aufgeschüttetes** ~ (HuT) / artificial subgrade ‖ **~fertiger** *m* (HuT) / formation grader, subgrade grader

**Planung** *f* (F.Org) / planning *n* ‖ **hierarchische** ~ (KI) / hierarchical planning ‖ **rechnergestützte** ~ (EDV, F.Org) / computer-aided planning, CAP ‖ **rechnergestütztes Gesamtsystem der** ~ **und Steuerung** (EDV, F.Org) / computer-aided manufacturing, CAM ‖ **städtebauliche** ~ (Arch) / town planning, urban planning

**Planungs • fehler** *m* / planning error ‖ **~grundlagen** *f pl* (für technische Konstruktionen) / layout data ‖ **~rechnung** *f* (Math) / mathematical programming ‖ **~sprache** *f* (Endbenutzersprache der 4. Generation zur Modellierung betriebswirtschaftlicher Analyse-, Planungs- und Berichtsprozesse für die Kosten- und Budgetplanung, Finanz- und Investitionsplanung, Absatz- und Marketingplanung sowie die Unternehmensgesamtplanung) (EDV) / high-level modelling language ‖ **~strategie** *f* / planning strategy

**plan • verstehendes Programm** (EDV) / plan-understanding program ‖ **~verzahnung** *f* (Masch) / crown toothing ‖ **~voll** *adj* / methodical *adj*, systematic *adj* ‖ **~welle** *f* (Phys) / plane wave* ‖ **~zeichnen** *n* (Bau) / map-making, map drawing ‖ **~zeiger** *m* (Kart) / a romer, or a rectangular scale printed in the margin of a map, for reading grid co-ordinates ‖ **~ziel** *n* / target *n* (planned)

**Plaque** *f* (pl. -s) (durchsichtige Stelle in einer auf Nähragar ausplattierten Bakterienkultur) (Bakteriol) / .x *n*

**Plasma** *n m* (eine Abart des Jaspis von lauchgrüner bis weißer Farbe, meist geflammt oder fleckig) (Min) / plasma* *n*, plasm *n* ‖ ~ *n* (Physiol) / blood plasma*, plasma* *n* ‖ ~ (Plasmazustand nach DIN 1326, T 1) (Plasma Phys) / plasma* *n* ‖ ~ (Zyt) / cytoplasm* *n* ‖ **Bereich** *m* **des eingefangenen ~s** (Astr) / trapping region*, magnetic tube* ‖ **feldfreies** ~ (Plasma Phys) / field-free plasma ‖ **gepinchtes** ~ (Plasma Phys) / self-pinched plasma ‖ **heißes** ~ (T > 10⁶ K) (Plasma Phys) / hot plasma ‖ **hochionisiertes** ~ (Plasma Phys) / highly ionized plasma ‖ **homogenes** ~ (das über größere Volumenbereiche eine nahezu konstante Ladungskonzentration besitzt) (Plasma Phys) / homogeneous plasma ‖ **im thermodynamischen Gleichgewicht befindliches** ~ (Plasma Phys) / equilibrium plasma ‖ **induktiv gekoppeltes** ~ (Atomisierungs- und Anregungsquelle in der Atomspektroskopie) (Spektr) / inductively coupled plasma, ICP ‖ **isothermisches** ~ (Plasma Phys) / isothermal plasma ‖ **kaltes** ~ (T < 10₅ K) (Plasma Phys) / cold plasma ‖ **kompensiertes** ~ (Plasma Phys) / compensated plasma ‖ **magnetisch aktives** ~ (Plasma Phys) / magnetoplasma *n*, magnetic plasma ‖ **magnetosphärisches** ~ (Geophys) / magnetospheric plasma ‖ **mikrowellenangeregtes** ~ (Plasma Phys) / microwave-excited plasma, MEP ‖ **nicht im thermodynamischen Gleichgewicht befindliches** ~ (Plasma Phys) / non-equilibrium plasma ‖ **nichtisothermisches** ~ (Plasma Phys) / non-isothermal plasma ‖ **nichtkompensiertes** ~ (Plasma Phys) / non-compensated plasma ‖ **stationäres** ~ (das sich über einen hinreichend langen Zeitraum im gleichen stabilen Zustand befindet) (Plasma Phys) / stationary plasma ‖ **stoßfreies3** ~ (Plasma Phys) / Vlasov plasma ‖ **thermisches** ~ (Plasma Phys) / thermal plasma ‖ **unkompensiertes** ~ (Plasma Phys) / non-compensated plasma ‖ **vollionisiertes** ~ (Plasma Phys) / fully ionized plasma ‖ **vollständig ionisiertes** ~ (Plasma Phys) / fully ionized plasma

**Plasma • antrieb** *m* (Raumf) / plasma propulsion ‖ **~anzeige** *f* (EDV, Eltronik) / plasma display (panel)* ‖ **~ätzen** *n* (nichtchemisches Vorbehandlungsverfahren zur Aktivierung der Oberfläche) (Eltronik) / plasma etching (PE) ‖ **~aufheizung** *f* (Nukl) / plasma heating* ‖ **~aufkohlen** *n* (Hütt) / plasma carburizing ‖ **~aufkohlung** *f* (Hütt) / plasma carburizing ‖ **~begrenzer** *m* (Plasma Phys) / limiter* *n*, plasma limiter ‖ **~behandlung** *f* (der Oberfläche) (Masch) / plasma treatment ‖ **~beschichtung** *f* / plasma deposition ‖ **~beschleuniger** *m* (Plasma Phys) / plasma accelerator ‖ **~beschleunigung** *f* (Plasma Phys) / plasma acceleration ‖ **~bildschirm** *m* (EDV) / plasma panel, gas panel, plasma display panel, gas-plasma display ‖ **~bildschirm-Terminal** *n* (EDV) / plasma video terminal

**Plasmabrenner** *m* (Einrichtung zum Schweißen, Schneiden und Schmelzen mit Hilfe eines extrem heißen Plasmastrahls) (Phys) / plasma torch* ‖ **direkter** ~ (bei dem das elektrisch leitende Werkstück als Anode geschaltet ist) (Masch, Plasma Phys) / transferred-arc plasma torch ‖ **indirekter** ~ (bei einem nicht elektrisch leitenden Werkstück) (Masch, Plasma Phys) / non-transferred arc plasma torch ‖ **indirekter** ~ s. auch Plasmapistole ‖ ~ *m* **mit nicht übertragenem Bogen** (Masch, Plasma Phys) / non-transferred arc plasma torch ‖ ~ **mit überlagertem Bogen** (Masch, Plasma Phys) / superimposed-arc plasma torch ‖ ~ **mit übertragenem Bogen** (Masch, Plasma Phys) / transferred-arc plasma torch

**Plasma • chemie** *f* (Chem) / plasma chemistry ‖ **~chromatografie** *f* (Chem) / plasma chromatography ‖ **~desorption** *f* (Spektr) / plasma desorption, PD ‖ **~desorptionsmassenspektrometrie** *f* (Spektr) / plasma-desorption mass spectrometry, PDMS ‖ **~diagnostik** *f* (Gesamtheit der Methoden, die inneren Parameter eines Plasmas zu messen) (Plasma Phys) / plasma diagnostics ‖ **~diode** *f* (ein thermionischer Wandler) / plasma diode ‖ **~display** *n* (EDV, Eltronik) / plasma display (panel)* ‖ **~druck** *m* (Plasma Phys) / plasma pressure ‖ **~dynamik** *f* (ein Teilgebiet der Plasmaphysik) (Plasma Phys) / plasma dynamics ‖ **~dynamischer Generator** (Plasma Phys) / magnetohydrodynamic generator*, magnetoplasmadynamic generator*, MHD generator*, MPD generator* ‖ **spezielle Anordnung zur ~einschließung mit Multipolmagnetfeld** (die ihren Namen daher erhielt, daß zwei komplizierte Feldspulen etwa so aussehen wie die Nähte eines Baseballs) (Plasma Phys) / baseball *n* ‖ **~energie** *f* (Plasma Phys) / plasma energy ‖ **~ersatzflüssigkeit** *f* (die bei Blutverlust verabfolgt wird) (Med, Pharm) / plasma expander, plasma substitute, expander *n* ‖ **~ersatzmittel** *n* (die bei Blutverlust verabfolgt wird) (Med, Pharm) / plasma expander, plasma substitute, expander *n* ‖ **~ersatzmittel** (Pharm, Physiol) / expander *n*, blood substitute ‖ **~ersatzstoff** *m* (Pharm, Physiol) / expander *n*, blood substitute ‖ **~erzeuger** *m* (Masch, Plasma Phys) / plasma generator ‖ **~expander** ~ (die bei Blutverlust verabfolgt wird) (Med, Pharm) / plasma expander, plasma substitute, expander *n* ‖ **~expander** (Pharm, Physiol) / expander *n*, blood substitute ‖ **~fackel** *f* (Masch, Plasma Phys) / radio-frequency induction plasma torch ‖ **~faden** *m* (Nukl) / plasma filament ‖ **~filament** *n* (Nukl) / plasma filament ‖ **~flamme** *f* (Plasma Phys) / plasma flame ‖ **~frequenz** *f* (der longitudinalen Plasmaschwingungen) (Plasma Phys) / plasma frequency, Langmuir plasma frequency ‖ **~gas** *n* (z.B. Argon) / plasma gas ‖ **~generator** *m* (Masch, Plasma Phys) / plasma generator ‖ **~gespritzt** *adj* (Galv) / plasma-sprayed *adj*, plasma-deposited *adj* ‖ **~gleichgewicht** *n* (Plasma Phys) / plasma balance ‖ **~gramm** *n* (Chem) / plasmagram *n* ‖ **~heizung** *f* (Nukl) / plasma heating* ‖ **~hüttenkunde** *f* (Hütt) / plasma metallurgy ‖ **~induziert** *adj* (Plasma Phys) / plasma-induced *adj* ‖ **~injektor** *m* / plasma injector ‖ **~instabilität** *f* (Plasma Phys) / plasma instability ‖ **~kanone** *f* (Plasmabeschleuniger) (Plasma Phys) / plasma gun ‖ **~kinin** *n* (Physiol) / plasma kinin ‖ **~kontamination** *f* (Plasma Phys) / plasma contamination ‖ **~lautsprecher** *m* (dessen Schallabstrahlung durch ein mit dem Tonsignal moduliertes, ionisiertes Plasma hervorgerufen wird) / plasma loudspeaker, plasma speaker ‖ **~lemma** *n* (bei Pflanzen) (Biol) / cellular membrane, cell membrane, plasmalemma* *n*, plasma membrane* ‖ **~lichtbogen** *m* (Eltech, Masch, Schw) / plasma arc ‖ **~lichtbogenschneiden** *n* (Schmelzschneiden mit dem Plasmalichtbogen) (Masch) / plasma-arc cutting* ‖ **~lichtbogenschweißen** *n* (zwischen einer nicht abschmelzenden Wolframelektrode und dem Werkstück) (Schw) / plasma-arc welding ‖ **~logene** *n pl* (Biochem) / plasmalogenes *pl* ‖ **~loser Lichtbogen** (Eltech) / plasma-free arc ‖ **~makroinstabilität** *f* (Plasma Phys) / plasma gross instability ‖ **~mantel** *n* (Raumf) / plasma sheath ‖ **~membran** *f* (Biol) / cellular membrane, cell membrane, plasmalemma* *n*, plasma membrane* ‖ **~metallurgie** *f* (Hütt) / plasma metallurgy ‖ **~mikroinstabilität** *f* (Plasma Phys) / plasma microinstability ‖ **~nitrieren** (Hütt) / glow-discharge nitriding, glow nitriding ‖ **~nitrierung** *f* (Hütt) / glow-discharge nitriding, glow nitriding ‖ **~ofen** *m* (Hütt) / plasma furnace ‖ **~oxidation** *f* (Herstellung von Oxiden bei niedrigen Temperaturen) (Eltronik) / plasma oxidation ‖ **~pause** *f* (Geophys) / plasmapause *n* ‖ **~physik** *f* (Teilgebiet der Physik, das sich mit dem Plasmazustand der Materie beschäftigt) (Plasma Phys) / plasma physics ‖ **~pistole** *f* (indirekter Plasmabrenner) (Anstr) / plasma gun ‖ **~polymerisation** *f* (Chem) / plasma polymerization ‖ **~potential** *n* (Plasma Phys) / plasma potential ‖ **~protein** *n* (im Blutplasma) (Biochem) / plasma protein ‖ **~pyrolyse** *f* / plasma pyrolysis ‖ **~randschicht** *f* (Plasma Phys) / plasma boundary layer ‖ **~rauschen** *n* (Mikrowellenrauschen des Plasmas) (Plasma Phys) / plasma noise ‖ **~reaktor** *m* (Nukl) / plasma reactor ‖ **~resonanz** *f* (Plasma Phys) / plasma resonance ‖ **~schicht** *f* (der Magnetosphäre) (Geophys) / plasma mantle ‖ **~schmelzofen** *m* / plasma melting furnace ‖ **~schmelzschneiden** *n* (Schmelzschneiden mit dem Plasmalichtbogen) (Masch) / plasma-arc cutting* ‖ **~schneiden** *n* (Schmelzschneiden mit dem Plasmalichtbogen) (Masch) / plasma-arc cutting* ‖ **~schweif** *m* (Astr) / gas tail, ionic tail, plasma tail ‖ **~schwingungen** *f pl* (Plasma Phys) / plasma oscillations ‖ **~spannung** *f* (Eltech) / arc-stream voltage* (voltage drop along the arc stream) ‖ **~sphäre** *f* (in der Magnetosphäre) (Geophys) / plasmasphere *n* ‖ **~spritzen** *n* (Verspritzen schwerschmelzender Stoffe mittels Plasmapistolen unter Ausnutzung der hohen Temperaturen des Plasmas) (Galv) / plasma spraying, arc plasma spraying, plasma jet spraying ‖ **~spritzgerät** *n* (Galv) / arc plasma device (for plasma spraying) ‖ **~spritzverfahren** *n* (ein thermisches Spritzen) (Galv) / plasma spraying, arc plasma spraying, plasma jet spraying ‖ **~stabilität** *f* (Plasma Phys) / plasma stability ‖ **~statistik** *f* / plasma statistics ‖ **~strahl** *m* (Masch, Plasma Phys) / plasma jet ‖ **~strahlerwärmung** *f* (Nukl) / plasma heating* ‖ **~strahlschneiden** *n* (Schmelzschneiden mit dem Plasmalichtbogen) (Masch) / plasma-arc cutting* ‖ **~strahlschweißen** *n* (der Plasmalichtbogen brennt

zwischen einer Wolframelektrode und Innenwand der Düse) (Schw) / plasma-beam welding ‖ ~**strahlspritzen** *n* (Galv) / plasma spraying, arc plasma spraying, plasma jet spraying ‖ ~**strömung** *f* (in der Zelle) (Zyt) / plasma flow ‖ ~**teilchen** *n* (Plasma Phys) / plasma particle ‖ ~**temperatur** *f* (Nukl) / plasma temperature*
**plasmatisch** *adj* (Zyt) / cytoplasmic *adj*
**Plasma•triebwerk** *n* (elektrothermisches oder MHD-Triebwerk) (Raumf) / plasma engine ‖ ~**tron** *n* (eine Ionenquelle) (Eltronik) / plasmatron *n* ‖ ~**umschmelzen** *n* (Hütt) / plasma remelting ‖ ~**vergiftung** *f* (Plasma Phys) / plasma contamination ‖ ~**wärmebehandlung** *f* (Oberbegriff für alle Verfahren der Wärmebehandlung, die mittels Plasmastrahlen durchgeführt werden) (Hütt) / plasma heat treatment ‖ ~**welle** *f* (Plasma Phys) / plasma wave ‖ ~**zelle** *f* (Biol, Zyt) / plasma cell*, plasmacyte *n* ‖ ~**zustand** *m* (4. Aggregatzustand) (Plasma Phys) / plasma state ‖ ~**zyt** (*pl* -en) *m* (Biol, Zyt) / plasma cell*, plasmacyte *n*
**Plasmid** *n* (in Bakterienplasma vorkommender Teil der DNS) (Bakteriol, Gen) / plasmid* *n*
**Plasmin** *n* (Biochem) / fibrinolysin *n*, plasmin* *n*
**Plasminogen** *n* (Biochem) / plasminogen* *n*
**Plasmodesmus** *m* (pl. -desmen) (plasmatische Brücke zwischen Pflanzenzellen) (Bot, For) / plasmodesma* *n* (pl. -ta)
**Plasmoid** *n* (ein Aggregat von Plasmateilchen) (Plasma Phys) / plasmoid* *n*
**Plasmolyse** *f* (Ablösung des Plasmas von der Zellwand) (Biol) / plasmolysis* *n* (pl. -lyses)
**plasmolytisch** *adj* (Biol) / plasmolytic *adj*
**Plasmon** *n* (Quant der Plasmaschwingung von Elektronen in Festkörpern) (Plasma Phys) / plasmon *n*
**Plast** *m* (Oberbegriff für organische Kunststoffe, die aus Polymeren bestehen) (Plast) / plastic *n*, plastic material ‖ ~- (Plast) / plastic *adj* ‖ ~**beschichtet** *adj* (Plast) / plastic-coated *adj*, polymer-coated *adj* ‖ ~**beton** *m* (Bau) / cement-rubber latex* ‖ ~**bindung** *f* (mit dem Plastkamm) (Buchb) / comb binding*
**Plasteinreaktion** *f* (Biochem) / plastein reaction
**Plaster** *m* (zusammenfassende Bezeichnung für alle Arten pyrogen entwässerter Rohgipses) / plaster *n* ‖ **wasserfreier** ~ (Estrichgips, Marmorgips) (Bau) / anhydrous gypsum plaster
**Plastic recording** *n* (Aufzeichnung und Speicherung elektrischer Signale; Fixierung von Deformationsbildern, die elektronisch auf dünnsten Schichten erzeugt werden) (Akus) / plastic recording
**Plastics** *pl* (zu Schnellreparaturen von Öfen und zur Zustellung fugenarmer Wärmeanlagen) (Keram) / plastics *pl*
**Plastide** *f* (Zyt) / plastid* *n*
**Plastifikator** *m* (Chem Verf, Plast) / plasticizer* *n*
**plastifizieren** *v* (Chem, Plast) / plastify *v*, plasticate *v*, plasticize *v*, soften *vt*, flux *v*, board *v* ‖ ~ *v* (Tex) (Formgebung von Fertigfeinstrümpfen aus Synthetics unter Einfluß von Wärme, Feuchtigkeit und Druck) (Tex) / boarding* *n*
**plastifiziertes PVC** (Plast) / plasticized PVC
**Plastifizierungsmittel** *n* (zur Verbesserung der Bildsamkeit keramischer Massen - z.B. Bentonit) (Keram) / plasticizer *n*
**Plastigage** (Kunststoffaden, mit dem das Spiel zwischen Lager und der sich in diesem Lager drehenden Welle bestimmt wird) (Masch) / Plastigage *n*
**Plastigel** *n* (kittartige PVC-Paste mit Zusatz saugfähiger oder im Weichmacher quellbarer Füllstoffe) (Plast) / plastigel *n*
**Plastigraf** *m* (Gerät zur Plastizitätsbestimmung) (Plast) / plastigraph *n*, plasticorder *n*
**Plastik** *f* (das einzelne Werk der Bildhauerkunst) (Arch) / sculpture *n*, architectural sculpture ‖ ~ (bildende Kunst) (Arch) / plastic arts ‖ **als** ~ **darstellen** (Arch) / sculpture *v*
**Plastik** *n* (Plast) / plastic *n*, plastic material ‖ ~- (Plast) / plastic *adj* ‖ ~**anstrichstoff** *m* (Anstr) / plastic paint*, texture paint
**Plastikator** *m* (Plastiziermaschine) (Chem Verf, Plast) / plasticator *n* ‖ ~ (Chem Verf, Plast) / plasticizer* *n*
**Plastik•farbe** *f* (Dispersionsfarbe in pastöser Form) (Anstr) / plastic paint* ‖ ~**faser** *f* (Plast, Tex) / plastic fibre ‖ ~**flasche** *f* (aus biegsamen Kunststoffen) (Plast) / flexible bottle ‖ ~**flasche** (weiche) / squeezy bottle ‖ ~**folie** *f* (Viskose) (Buchb) / film foil* ‖ ~**folie** (Acetat) (Buchb) / acetate foil ‖ ~**hammer** *m* (Werkz) / plastic hammer, plastic-faced hammer ‖ ~**heftung** *f* (Buchb) / plastic binding ‖ ~**kartenleser** *m* (EDV) / plastic card reader ‖ ~**metall** *n* / plastic metal ‖ ~**motor** *m* (bei dem die meisten Teile aus Kunststoff bestehen) (V-Mot) / plastic engine, all-plastic engine ‖ ~**sprengstoff** *m* / plastic explosive, high-explosive plastic ‖ ~**ummantelte Faser** (Eltronik, Opt) / plastic-clad silica fibre, PCS fibre
**Plastilin** *n* (kittartige Masse zum Modellieren) / Plasticine *n*, plasticine *n*
**Plastilina** *f* (kittartige Masse zum Modellieren) / Plasticine *n*, plasticine *n*

**plastisch** *adj* (nicht flächenhaft) / three-dimensional *adj* ‖ ~ / plastic *adj* ‖ ~ (Mech) / non-recoverable *adj*, plastic *adj* ‖ ~ (Mech, WP) / ductile *adj* ‖ ~**er Anstrichstoff** (Anstr) / plastic paint*, texture paint ‖ ~**e Baustoffe** (z.B. für den Piséebau) (Bau) / mud construction materials ‖ ~**er Bereich** (Phys) / plastic range ‖ ~**er Boden** (HuT) / plastic soil ‖ ~**e feuerfeste Masse** (Keram) / plastic refractory (a water-tempered refractory) ‖ ~**e Feuerfestmasse** (Keram) / plastic refractory (a water-tempered refractory) ‖ ~**er Fluß** (DIN 50119) (WP) / plastic flow ‖ ~**es Gehäuse** (Eltronik) / plastic package ‖ ~**e Grenzlast** (Bau) / plastic limit load ‖ ~**es Holz** (aus Holzmehl und meist Zelluloseestern, pastenartig aufgetragen) (For) / plastic wood ‖ ~**er Klebstoff** / plastic adhesive ‖ ~**er Kristall** (Krist) / plastic crystal ‖ ~**e Masse** (Keram) / plastic body ‖ ~**er Schwefel** (Chem) / plastic sulphur ‖ ~**es Sehen** (Opt, Physiol) / stereoscopic vision, binocular vision, stereopsis *n*, three-dimensional vision, stereovision *n* ‖ ~**e Spannung** (Mech) / plastic strain ‖ ~**er Stoff** (dessen rheologisches Verhalten durch eine Fließgrenze gekennzeichnet ist - DIN 1342, T 1) (Phys, WP) / plastic material ‖ ~**er Ton** (Bau, Keram) / foul clay*, plastic clay*, pure clay*, strong clay* ‖ ~**es Verfahren** (Keram) / stiff-mud process* ‖ ~**e Verformung** (Mech) / plastic deformation ‖ ~ **werden** (z.B. Metall bei Bearbeitung) / smear *vi* ‖ ~**er Zustand** (Phys) / plastic state
**Plastisol** *n* (Dispersion von Kunststoff in Weichmachern oder flüssige Kunststoffzubereitung ohne weitere Zusätze) (Chem, Plast) / plastisol *n*
**plastizieren** *v* (Chem, Plast) / plastify *v*, plasticate *v*, plasticize *v*, soften *vt*, flux *v*
**Plastiziermaschine** *f* (Chem, Plast) / plasticator *n*
**Plastizität** *f* (bei Festkörpern - DIN 1342, T 1) / plasticity* *n* ‖ ~ (bei Lockergesteinen) (Bergb) / plasticity *n*
**Plastizitäts•bereich** *m* (Phys) / plastic range ‖ ~**diagramm** *n* (z.B. nach Casagrande) (HuT) / plasticity chart ‖ ~**diagramm nach Casagrande** (zur genauen Einordnung von feinkörnigen Böden) (HuT) / Casagrande plasticity chart ‖ ~**grenze** *f* (nach Atterberg) (HuT, Landw) / plastic limit, PL ‖ ~**index** *m* (bei feinkörnigen Böden) (HuT, Landw) / plasticity index, PI ‖ ~**modul** *m* (Phys) / reduced modulus E ‖ ~**theorie** *f* (ein Teilgebiet der Kontinuumsmechanik) / theory of plasticity ‖ ~**zahl** *f* (HuT, Landw) / plasticity index, PI
**Plastlagenholz** *n* (For) / impregnated wood (with a two-component adhesive)
**Plasto•chinon** (Bot, Chem) / plastoquinone* *n* ‖ ~**ermüdung** *f* (WP) / low-cycle fatigue, LCF ‖ ~**graf** *m* (Gerät zur Plastizitätsbestimmung) (Plast) / plastigraph *n*, plasticorder *n* ‖ ~**grafie** *f* (bei Hochpolymeren) (Chem) / resinography *n* ‖ ~**mechanik** *f* (Mech) / mechanics of plasticity ‖ ~**mer** *n* (Plast) / thermoplastic* *n*, thermoplastic resin ‖ ~**meter** *n* (Apparat zur Bestimmung der viskoelastischen Eigenschaften von Stoffen sehr hoher Zähigkeit) (Instr) / plastometer *n*
**Plastoponik** *f* (Bodenverbesserung durch Zugabe von 4 bis 12 mm großen Kunststoffflocken, die Nährsalze und Spurenelemente tragen) (Landw) / plastoponics *n*
**Plast•Preßlagenholz** *n* (For) / high-density plywood, densified impregnated wood, lignified wood ‖ ~**rohr** *n* (Plast) / plastic pipe, plastic tube ‖ ~**ummantelt** *adj* (Plast) / plastic-sheathed *adj* ‖ ~**zement** *n* (Bau) / plastic cement ‖ ~**zementmörtel** *m* (Bau) / cement-rubber latex* ‖ ~**zementmörtel** s. auch Polymerbeton
**Platane** *f* (Platanus L.) (For) / plane *n*, plane tree, button-tree *n* ‖ **Ahornblättrige** ~ (Platanus hybrida Brot.) (For) / London plane*, sycamore* *n* (US), American sycamore, English plane ‖ **Morgenländische** ~ (Platanus orientalis L.) (For) / Oriental plane, chinar *n*, chenar *n* ‖ **Nordamerikanische** ~ (Platanus occidentalis L.) (For) / buttonwood* *n*, sycamore* *n*, American planetree, buttonball tree, button tree
**Platansäure** *f* (Chem, Pharm) / platanic acid ‖ ~ (Chem) s. auch Betulinsäure
**Plateau** *n* (Geol) / plateau *n* (pl. plateaus or plateaux) ‖ ~ (der Kurvenabschnitt einer Zählrohrcharakteristik mit nahezu horizontalem Verlauf) (Nukl) / plateau* *n* (pl. plateaux or plateaus) ‖ ~**basalt** *n* (mächtiger basaltischer Flächenerguß) (Geol) / plateau basalt*, flood basalt* ‖ ~**bereich** *m* (Nukl) / plateau* *n* (pl. plateaus or plateaux) ‖ ~**charakteristik** *f* (Nukl) / plateau characteristic, counting rate-voltage characteristic ‖ ~**effekt** *m* (bei der Vulkanisation) (Chem Verf) / plateau effect ‖ ~**fläche** *f* (Hochplateau) (Geol) / meseta *n* ‖ ~**gletscher** *m* (Geol) / plateau glacier ‖ ~**länge** *f* (Kernphys) / plateau length* ‖ ~**-Problem** *n* (nach J.A.F. Plateau, 1801-1883) (Math) / Plateau's problem, problem of Plateau ‖ ~**steilheit** *f* (Kernphys) / plateau slope*
**Platen-Munters-System** *n* (eine Absorptionsanlage ohne bewegliche Teile) / Platen-Munters system
**Plate-out** *n m* (Spaltproduktablagerung im Primärkreislauf) (Nukl) / plate-out *n* ‖ ~**-Effekt** *m* (Auswanderung der Pigmente und der Weichmacher) (Plast) / plate-out effect

**Platereskenstil** *m* (estilo platatersco) (Arch) / plateresque style (richly ornamented, suggesting silverware)

**Platesetter** *m* (Druck) / platesetter *n*

**Plat•format** *n* (Produkt des Platformings) (Chem Verf, Erdöl) / platformate *n* ‖ ⁓**formen** (Chem Verf, Erdöl) / platforming* *n*, Platforming *n* ‖ ⁓**former** *m* (Chem Verf, Erdöl) / platformer *n* ‖ ⁓**formieren** (Chem Verf, Erdöl) / platforming* *n*, Platforming *n* ‖ ⁓**forming** *n* (katalytische Nachbehandlung von Benzinen zur Reinigung und zur Erhöhung der Oktanzahl) (Chem Verf, Erdöl) / platforming* *n*, Platforming *n* ‖ ⁓**forming** (Shell) (Veränderung der Zusammensetzung und Struktur der im Benzin enthaltenen Kohlenwasserstoffe) (Chem Verf, Erdöl) / reforming process*, reforming *n* ‖ ⁓**forming** (Chem Verf) s. auch Reforming ‖ ⁓**forminganlage** *f* (Chem Verf, Erdöl) / platformer *n* ‖ ⁓**formingreaktor** *m* (Chem Verf, Erdöl) / platforming reactor

**Platin•-** (meistens Platin(IV)-) (Chem) / platinic *adj* ‖ ⁓**-** (meistens Platin(II)-) (Chem) / platinous *adj* ‖ ⁓ **(Pt)** *n* (Chem) / platinum* *n* ‖ **mit ⁓ beschichten** / platinize *v*, platinate *v*, platinum-plate *v* ‖ ⁓**ammin** (z.B. Magnussches Salz) (Chem) / platinammine* *n* ‖ ⁓**asbest** *m* (fein verteiltes Platin auf Asbest) (Chem) / platinized asbestos*

**Platinat** *n* (Komplexsalz mit Pt als Zentralatom) (Chem) / platinate *n*

**Platin•(II)-chlorid** *n* (Chem) / platinum dichloride, platinous chloride ‖ ⁓**(IV)-chlorid** *n* (Chem) / platinum tetrachloride*, platinum(IV) chloride* ‖ ⁓**chlorwasserstoffsäure** *f* (Chem) / hexachloroplatinic acid ‖ ⁓**dichlorid** *n* (Chem) / platinum dichloride, platinous chloride ‖ ⁓**dioxid** *n* (Chem) / platinic oxide*, platinum dioxide*, platinum(IV) oxide* ‖ ⁓**draht** *m* / platinum wire

**Platine** *f* (Kunststoffplatte mit Leiterbahnen für die Aufnahme der Bauteile) (Eltronik) / printed circuit board (PCB*), printed board, pc board (single- or double-sided) ‖ ⁓ (rechteckiges Halbzeug, welches nur auf zwei Flächen gewalzt wird und abgerundete Kanten hat) (Hütt) / flat bar, sheet bar, bar, mill bar ‖ ⁓ (Blechzuschnitt als Zwischenform, z.B. für Tiefziehen) (Masch) / blank *n* ‖ ⁓ (ein Maschenbildungswerkzeug) (Tex) / sinker* *n* ‖ ⁓ (hakenförmiges Huborgan bei Schaft- und Jacquardmaschinen) (Web) / hook *n*, lifting hook, lifter *n*, wire hook, notched bar ‖ **auf der ⁓** (Eltronik) / on-board *attr* ‖ **außerhalb der ⁓** (Eltronik) / off-board *attr* ‖ **professionelle ⁓** (Leiterplatte in bester technischer Ausführung) (Eltronik) / professional board

**Platin•elektrode** *f* / platinum electrode ‖ **rotierende ⁓elektrode** / rotating platinum electrode

**Platinen•barre** *f* (Tex) / sinker bar, lead sinker bar ‖ ⁓**boden** *m* (Jacquard) (Web) / bottom board ‖ ⁓**brett** *n* (Web) / bottom board ‖ ⁓**messer** *n* (Jacquard) (Web) / lifting knife ‖ ⁓**schachtel** *f* (Tex) / catch bar ‖ ⁓**schere** *f* (Hütt) / sheet-bar shears ‖ ⁓**schnur** *f* (bei Maschenbildungswerkzeugen) (Tex) / tail cord ‖ ⁓**schnur** (Fachbildevorrichtung) (Web) / neck twine, neck cord ‖ ⁓**streifen** *m pl* (Tex) / slurgalls *pl*, slurgalling *n* ‖ ⁓**walzwerk** *n* (Hütt) / flat-bar rolling mill, plate-bar rolling mill, sheet-bar rolling mill

**Platin•erstarrungstemperatur** *f* (= 2042 K, DIN 5031, T 8) (Phys) / platinum point ‖ ⁓**fluorid** *n* (Chem) / platinum fluoride ‖ ⁓**grau** (Anstr) / zinc grey, diamond grey, platinum grey, silver grey ‖ ⁓**haltig** *adj* / platiniferous *adj*

**platinieren** *v* (Tex) / platinize *v*, platinate *v*, platinum-plate *v*

**Platinit** *n* (Legierung aus technisch reinem Eisen mit 42 bis 46% Ni und Spuren von Kohlenstoff) (Hütt, Masch) / platinite* *n* ‖ ⁓ *m* (Pb₄Bi₃Se₂S₄) (Min) / platynite *n*, platinite *n*

**Platin•katalysator** *m* (Chem Verf) / platinum catalyst ‖ ⁓**katode** *f* / platinum cathode ‖ ⁓**metalle** *n pl* (die in der VIII. Nebengruppe des Periodensystems stehenden Elemente Ruthenium, Rhodium, Palladium, Osmium, Iridium und Platin) (Chem) / platinum metals, platinum-group metals ‖ ⁓**mohr** *m* (Chem Verf) / platinum black*, platinum Mohr ‖ ⁓**monoxid** *n* (Chem) / platinous oxide*, platinum(II) oxide, platinum monoxide

**Platinoid** *n* (Legierung mit etwa 62% Cu, 22% Zn und 15% Ni) (Hütt) / platinoid* *n*

**Platin•(IV)-oxid** *n* (Chem) / platinic oxide*, platinum dioxide*, platinum(IV) oxide* ‖ ⁓**(II)-oxid** (Chem) / platinous oxide*, platinum(II) oxide, platinum monoxide ‖ ⁓**plattiert** *adj* / platinum-clad *adj* ‖ ⁓**pulver** *n* (Chem) / platinum powder ‖ ⁓**punkt** *m* (Gleichgewichtstemperatur zwischen reinem flüssigem und festem Platin - ein sekundärer Fixpunkt der internationale Temperaturskale) (Phys) / platinum point ‖ ⁓**schiffchen** *n* (Chem) / platinum boat ‖ ⁓**schwamm** *m* (ein Platinkatalysator) (Chem Verf) / spongy platinum*, platinum sponge ‖ ⁓**schwarz** *n* (ein Platinkatalysator) (Chem Verf) / platinum black*, platinum Mohr ‖ ⁓**silizid** *n* (PtSi) (Chem, Eltronik) / platinum silicide ‖ ⁓**sol** *n* (ein Platinkatalysator) (Chem Verf) / platinum sol ‖ ⁓**tetrachlorid** *n* (Chem) / platinum tetrachloride, platinum(IV) chloride* ‖ ⁓**tiegel** *m* (Chem Verf) / platinum crucible ‖ ⁓**widerstandsthermometer** *n* / platinum resistance thermometer, Callendar's thermometer ‖ ⁓**zündkerze** *f* (V-Mot) / platinum spark plug

**platonisch** *adj* (Kohlenwasserstoff, Molekül) (Chem) / platonic *adj* ‖ ⁓**e Körper** *m pl* (Tetraeder, Würfel, Oktaeder, Dodekaeder, Ikosaeder) (Math) / regular convex solids*, regular polyhedra, platonic solids, platonic bodies

**Platschen** *n* (Akus) / swash *n*

**platt** *adj* / flat *adj*

**Plättchen** *n* / lamina* *n* (pl. laminae) ‖ ⁓ (für die Münzprägung) / planchet *n* ‖ ⁓ *n pl* (Formsteine) (Bau) / splits* *pl* ‖ ⁓ *n* (aus Halbleitermaterial) (Eltronik) / die* *n* (pl. dice) ‖ ⁓ (Schneidplättchen) (Werkz) / tip* *n*, bit* *n*, insert *n*, tool tip, tool bit, cutting tip, cutter tip ‖ ⁓**aktivierender Faktor** (Biochem) / platelet-activating factor*, PAF* ‖ ⁓**schneiden** *n* (Halbleitertechnik) (Eltronik) / dicing *n*

**Platte** *f* (kreisförmige) / disk* *n*, disc* *n* ‖ ⁓ (Tafel) / plate* *n* ‖ ⁓ (ein Flächenträger nach DIN 13 316) (Bau, Mech) / flat plate ‖ ⁓ (als Gegenstand von statischen Berechnungen) (Bau, Mech) / structural plate, plate *n* ‖ ⁓ (meistens Druckstockabformung) (Druck) / plate* *n*, printing plate ‖ ⁓ (EDV) / disk *n* ‖ ⁓ (flächiger elektrischer Leiter des Kondensators) (Eltech) / plate* *n* ‖ ⁓ (Eltronik) / panel* *n* ‖ ⁓ (Foto) / plate* *n* ‖ ⁓ (in der Plattentektonik) (Geol) / plate *n* ‖ ⁓ (der Presse) (Masch) / platen *n* ‖ ⁓ (des Plattenbandförderers) (Masch) / pan *n*, plate *n* ‖ ⁓ (eines Mehrplattenheizkörpers) (Wärm) / leaf *n* ‖ ⁓ s. auch Leiterplatte, Magnetplatte und Schallplatte ‖ **allseits gelenkig gelagerte ⁓ unter Längsspannungen** (Mech) / plate hinged on all sides under longitudinal stresses ‖ **elliptische ⁓** (Bau, Mech) / elliptical plate ‖ **fotografische ⁓** (DIN 4505) (Foto) / photoplate *n*, photographic plate ‖ **gleichmäßig belastete ⁓** (Phys) / uniformly loaded plate ‖ **längsangeströmte ebene ⁓ bei Laminarströmung** (Phys) / flat plate in laminary flow with longitudinal inflow ‖ **lichthoffreie ⁓** (Foto) / antihalo plate ‖ **magnetooptische ⁓** (EDV) / magnetooptical disk, MOD ‖ **negative ⁓** (Eltech) / negative plate* *n* ‖ **obere und untere ⁓** (Masch) / platen *n* ‖ **optische ⁓** (EDV) / digital optical disk, optical disk ‖ **orientiert gestreute ⁓** (anisotrope) (For, Tischl) / oriented structural board, OSB ‖ **orthotrope ⁓** (Flächentragwerk) (Bau) / orthotropic plate ‖ **pastierte ⁓** (in Bleiakkumulatoren) (Eltech) / pasted plate*, Faure plate ‖ **polierte ⁓** (Münze) / proof *n* ‖ **positive ⁓** (der Batterie) (Eltech) / positive plate, positive electrode ‖ **zu ⁓n verarbeiten** / slab *v* ‖ ⁓ *f* **mit durchgehendem Riß** (WP) / through-cracked plate ‖ ⁓ **mit gleichbleibender Flächendichte** (EDV, Opt) / CAD disk, constant area density disk ‖ ⁓ **mit gleichbleibender Lineargeschwindigkeit** (optische) (EDV, Opt) / CLV disk, constant linear velocity disk ‖ ⁓ **mit gleichbleibender Winkelgeschwindigkeit** (optische) (EDV, Opt) / CAV disk, constant angular velocity disk

**Plätte** *f* (leonischer Flachdraht) (Tex) / tinsel *n*

**Platten** *m* (Reifen, der keine oder kaum noch Luft hat) (Kfz) / flat *n*, blowout *n*, flat tyre

**plätten** *v* (Tex) / iron *v* ‖ ⁓ *n* (Tex) / ironing *n*

**Platten•abscheider** *m* (Chem Verf) / plate precipitator ‖ ⁓**anode** *f* (Eltronik) / plate anode, sheet anode ‖ ⁓**aufrichtbauweise** *f* (Bau) / tilt-up construction (method) ‖ ⁓**aufspannen** *n* (Druck) / plating up* ‖ ⁓**ausputzen** *n* (Druck) / picking *n* ‖ ⁓**balken** *m* (Betonbau) (HuT) / T-beam* *n*, tee beam ‖ ⁓**balkendecke** *f* (Bau) / slab and girder floor*, beam-and-slab floor ‖ ⁓**bandförderer** *m* (Masch) / apron conveyor*, slat conveyor ‖ ⁓**bandspeiser** *m* (Aufber) / apron feeder*, plate-belt feeder, plate feeder ‖ ⁓**belichter** *m* (Druck) / platesetter *n* ‖ ⁓**belichtung** *f* (Druck) / plate exposure ‖ ⁓**betriebssystem (PBS)** *n* (EDV) / disk operating system* (DOS) ‖ ⁓**block** *m* (Einheit aus positivem und negativem Plattensatz einer Zelle) (Eltech) / block of plates, element *n* ‖ ⁓**bohrwerk** *n* (Masch) / floor-plate-type horizontal boring mill, table-type machine ‖ ⁓**-Cache** *m* (EDV) / disk cache ‖ ⁓**datei** *f* (EDV) / disk file ‖ ⁓**decke** *f* (Massivdecke ohne Unterzüge) (Bau) / slab floor ‖ ⁓**diffusionstest** *m* (Pharm) / agar diffusion test ‖ ⁓**drehschieber** *m* (für die Zweitaktmotoreinlaßsteuerung) (Kfz) / rotary disk valve, rotating-disk valve ‖ ⁓**-Druckspannsystem** *n* (Druck) / compression plate lock-up* ‖ ⁓**druckversuch** *m* (Verfahren zur Ermittlung von Drucksetzungslinien, an anhand dieser die Verformbarkeit und Tragfähigkeit des Bodens bzw. des Planums zu beurteilen - DIN 18134) (HuT) / plate bearing test, plate load test ‖ ⁓**durchlaß** *m* (HuT) / slab culvert ‖ ⁓**doppelter durchlaß** (HuT) / twin slab culvert ‖ ⁓**einheit** *f* (EDV) / disk unit ‖ ⁓**einspannen** *n* (Druck) / plating up* ‖ ⁓**elektrode** *f* (Schw) / plate electrode ‖ ⁓**elektrometer** *n* (Eltech) / plate electrometer ‖ ⁓**erder** *m* (eine Erdelektrode) (Eltech) / earth plate* ‖ ⁓**fahne** *f* (Eltech) / plate-lug* *n* ‖ ⁓**fahne** (der Starterbatterie) (Kfz) / current-carrying lug ‖ ⁓**federmanometer** *n* (Masch) / diaphragm gauge ‖ ⁓**fehler** *m* (EDV) / disk error ‖ ⁓**feld** *n* (von Trägern überspannt) (Bau) / slab span ‖ ⁓**filter** *n* (Masch, Nahr) / plate filter ‖ ⁓**förmig** *adj* (Geol) / platy *adj*, tabular *adj* ‖ ⁓**förmiges Brennelement** (Nukl) / fuel plate, plate-type fuel element ‖ ⁓**förmig**

**Dachelemente** *n pl* (vorgefertigte aus leichten Materialien, mit Schall- und Wärmedämmung) (Bau) / roof decking ‖ **~förmige Holzwerkstoffe** (Holzfaserplatten + Holzspanplatten) (Tischl) / wood-based panels, wood-base fibre and particle panel materials, wood-based sheet materials ‖ **~froster** *m* (Froster, in dem das Kühlgut in unmittelbarer Berührung mit gekühlten ebenen Metallplatten eingefroren wird) / plate freezer ‖ **~führungsschnitt** *m* (Schneidwerkzeug, bei dem der Stempel im Werkzeug durch eine mit der Schnittplatte verbundene Platte geführt wird) (Masch) / guided punch ‖ **~füßchen** *n* (Ansatz am unteren Rand einer Platte der Starterbatterie, auf welchem die Platte steht) (Kfz) / bottom lug ‖ **~gefrierapparat** *m* / plate freezer ‖ **~gel** *n* (Chem) / slab gel ‖ **~gelenk** *n* (als Getriebeteil) (Masch) / planar joint ‖ **~gitter** *n* (einer Batterie nach DIN 40729) (Eltech) / plate grid ‖ **~grenze** *f* (Grenzzone zwischen zwei Platten) (Geol) / plate boundary ‖ **~grenze** (Grenze einer Platte) (Geol) / plate margin ‖ **~gründung** *f* (eine Flachgründung) (Bau) / raft foundation*, mat foundation ‖ **~heizkörper** *m* / flat radiator, heated panel ‖ **~heizkörper** (Raumheizkörper flacher Bauart, der parallel zur Aufstellwand eingebaut wird) (Bau) / panel radiator ‖ **~herstellung** *f* (Druck) / platemaking *n* ‖ **~kalk** *m* (Geol) / platy limestone ‖ **Solnhofener ~kalk** (Solnhofen, Mittelfranken) (Geol) / Solnhofen stone, Solenhofen stone* ‖ **~kamera** *f* (Foto) / plate camera ‖ **~kammer** *f* (im Elektronenmikroskop) (Mikros) / plate chamber ‖ **~kassette** *f* (EDV) / disk cartridge, magnetic-disk cartridge ‖ **~kassette** (Kamera) (Foto) / dark slide* ‖ **~klammer** *f* (ein Anschlagmittel) (Schiff) / plate clamp ‖ **~kondensator** *m* (Eltech) / plate capacitor, parallel-plate capacitor* ‖ **~laufwerk** *n* (DIN 5653) (EDV) / disk drive* ‖ **~leger** *m* (HuT) / paver *n*, paviour *n*, pavior *n* ‖ **die auf der Matrize zurückgebliebenen Teilchen der ~masse** (Akus) / pull-out *n* ‖ **~pfeilermauer** *f* (Wasserb) / flat-slab buttress dam, flat-slab deck dam, Ambursen dam ‖ **~pumpen** *n* (bei verkehrsbelasteten Deckenplatten auf durchfeuchtetem Grund) (HuT) / slab pumping ‖ **~rahmen** *m* (von Batterieplatten) (Eltech) / plate frame ‖ **~rand** *m* (Begrenzung von Druckplatten bei den Hochdruck) (Druck) / edge *n* ‖ **~rand** (bei Betonfahrbahnen) (HuT) / edge of concrete slab ‖ **~resident** *adj* (EDV) / disk-resident *adj* ‖ **~residenter Virus** (EDV) / disk-resident virus ‖ **~ruder** *n* (Schiff) / centre-plate rudder ‖ **~rüttler** *m* (ein Verdichtungsgerät) (HuT) / vibrating plate (compactor), plate vibrator ‖ **~satz** *m* (DIN 40729) (Eltech) / plate group*, plate section* ‖ **~satz** (in der Polarisationsoptik) (Licht, Opt) / pile* *n* (of plates) ‖ **doppelter ~satz** (Druck) / two set* ‖ **~scheider** *m* (Eltech) / separator *n*, diaphragm* *n* ‖ **~schieber** *m* (in einer Rohrleitung) (Masch) / double-disk valve, double-disk gate valve, parallel slide gate valve ‖ **~schleuder** *f* (Druck) / whirler* *n* ‖ **~schutzkapselung** *f* (Eltech) / flange protection* ‖ **~sektor** *m* (EDV) / disk sector ‖ **~speicher** *m* (aus mehreren Magnetplatten, die auf eine gemeinsame Achse montiert sind) (EDV) / magnetic-disk memory*, magnetic-disk storage, disk storage, disk memory ‖ **~speicher, den nur ein bestimmter Teilnehmer benutzen darf** (in einem Time-Sharing-System) (EDV) / private volume ‖ **~speicher** *m* **mit beweglichen Schreib-/Leseköpfen** (EDV) / moving-head disk ‖ **~speicherresident** *adj* (EDV) / disk-resident *adj* ‖ **~speichersteuerung** *f* (EDV) / disk controlling ‖ **~spielautomat** *m* (Akus) / jukebox *n* ‖ **~spieler** *m* (Akus) / phonograph *n* (US)*, record-player *n*, gramophone *n* (GB)* ‖ **~spieler für Monoplatten** (Akus) / mono record player ‖ **~spielerchassis** *n* (Akus) / record-player housing ‖ **~spur** *f* (EDV) / disk track ‖ **~stapel** *m* (DIN 66001) (EDV) / disk pack*, DP, stack of disks ‖ **~staumauer** *f* (Wasserb) / flat-slab buttress dam, flat-slab deck dam, Ambursen dam ‖ **~tektonik** *f* (Geol) / plate tectonics*, raft tectonics ‖ **~teller** *m* (Akus) / platter *n*, turntable* *n*, turntable platter ‖ **~träger** *m* (DIN 40729) (Akus) / plate support* ‖ **~ventil** *n* (Masch) / disk valve* ‖ **~verbinder** *m* (Eltech, Kfz) / terminal bar*, connector bar*, terminal yoke*, plate bridge, plate strap ‖ **~verdampfer** *m* (mit Kältemittelkanälen) (Masch) / plate-type evaporator ‖ **~virus** *m* (EDV) / disk-resident virus ‖ **~wand** *n* (Bau) / panel wall ‖ **~wandverkleidung** *f* (Bau) / tile hanging*, weather tiling* ‖ **~wärmeaustauscher** *m* (Masch, Nahr, Wärm) / plate heat exchanger, plate-type heat exchanger ‖ **~wärmetauscher** *m* (Masch, Nahr, Wärm) / plate heat exchanger, plate-type heat exchanger, plate exchanger* ‖ **~wärmeübertrager** *m* (Masch, Nahr, Wärm) / plate heat exchanger, plate-type heat exchanger, plate exchanger* ‖ **~wechsler** *m* (Akus) / record changer ‖ **~wehr** *n* (zur Durchflußmessung in Kanälen) (Wasserb) / plate weir ‖ **~werkstoff** *m* (auf Holzbasis) (For) / panel material, board material ‖ **~zähler** *m* (Kernphys) / plate counter, parallel-plate chamber*, parallel-plate counter ‖ **~ziegel** *m* (Bau) / crown-tile *n*, plain tile*, plane-tile* *n* ‖ **~-Zugspannsystem** *n* (Druck) / tension plate lock-up* ‖ **~zurichtung** *f* (Druck) / plate makeready ‖ **~zylinder** *m* (mit der Druckform - im Offsetdruck) (Druck) / plate cylinder*

**Plattform** *f* (Bahn) / flat waggon, flatcar *n* (US), truck *n* (GB) ‖ **~** (Bau, Masch) / platform *n* ‖ **~** (EDV) / platform *n* (hardware and OS, e.g. ready-to-run system) ‖ **~** (ein Offshore-Bauwerk) (Erdöl) / oil platform, drilling platform, production platform*, offshore drilling platform, platform *n* ‖ **~** (Modul für verschiedene Modelle eines Herstellers) (Kfz) / platform *n* ‖ **~** (Masch) / platform *n*, deck *n* ‖ **~** (für Raumflüge) (Raumf) / platform* *n* ‖ **fahrbare ~** (z.B. für Flugzeugwartung) (Lufft) / mobile dock ‖ **kreiselstabilisierte ~** (Lufft, Raumf) / inertial platform, gyroplatform *n*, gyrostabilized platform ‖ **ortsfeste ~** (bei Offshore-Bohrung) (Erdöl) / fixed drilling platform ‖ **Schuler-abgestimmte ~** (Nav, Raumf) / Schuler-tuned platform ‖ **selbsttragende ~** (HuT) / self-contained platform ‖ **stabilisierte ~** (Fernm, Raumf) / stable platform*, stabilized platform ‖ **vorgespannte schwimmende ~** (für Offshore-Bohrungen) (Erdöl) / tension-leg platform (TLP) ‖ **~** *f* **für den Bohrlochkopf** (eingerammt über dem Wasser - in der Offshore-Technik) (Erdöl) / well protector ‖ **~ mit dynamischer Positionierung** (Erdöl) / dynamically positioned platform ‖ **~ mit Spannseilen** (Erdöl) / tension-leg platform (TLP)
**Plattform~deck** *n* (Erdöl) / platform deck ‖ **~hochhubwagen** *m* **mit Gehlenkung** / high-lift pallet walkie truck ‖ **~hubwagen** *m* / platform-lift truck ‖ **~rahmen** *m* (Kfz) / platform frame ‖ **~strategie** *f* (mit fertigen Baumodulen) (Kfz) / platform strategy ‖ **~stropp** *m* (Schiff) / board sling ‖ **~wagen** *m* (lenkbarer Wagen ohne Hubeinrichtung mit Plattform als Ladefläche zum Transportieren von Gütern vorwiegend im innerbetrieblichen Transport) / platform truck ‖ **~wagen** (Bahn) / flat waggon, flatcar *n* (US), truck *n* (GB) ‖ **~wagen** (Kfz) / platform lorry, platform truck (US), flatbed truck (US) ‖ **~-Zwischendeck** *n* (Schiff) / watertight flat*
**Platt•fuß** *m* (Platten) (Kfz) / flat *n*, blowout *n*, flat tyre ‖ **~fuß** (Kfz) / tyre failure ‖ **~gatt-Heck** *n* (Schiff) / transom stern, square stern, flat stern ‖ **~hammer** *m* (Masch) / flatter* *n*
**plattieren** *v* (DIN 50 902) (Galv) / plate *v*, clad *v* (by bonding or welding) ‖ **~** (Tex) / plate *v*, plaite *v* ‖ **~** *v* (Herstellen einer gegenüber dem Grundwerkstoff korrosionsbeständigeren Schicht - nach DIN 50902) (Galv) / plating *n*, cladding *n* (by bonding or welding)*, mechanical plating ‖ **~** (Überdecken eines minderwertigen Fadenmaterials) (Tex) / plating *n*, plaiting *n* ‖ **mechanisches ~** (Galv) / mechanical plating*
**Plattier•gestrick** *n* (Maschenware) (Tex) / plated fabric ‖ **~schicht** *f* (Galv, Hütt) / cladding *n*
**plattiert, doppelseitig ~** (Galv) / double-clad *adj* ‖ **einseitig ~** (Galv) / single-clad *adj* ‖ **~es Blech** (Hütt) / clad plate ‖ **~e gedruckte Schaltung** (Eltronik) / plated printed circuit, plated circuit ‖ **~es Gewebe** (Maschenware) (Tex) / plated fabric ‖ **~er Stahl** (Hütt) / clad steel ‖ **~e Ware** (Maschenware) (Tex) / plated fabric
**Plattierüberzug** *m* (Schicht) (Galv, Hütt) / cladding *n*
**Plattierung** *f* **im Loch** (zur Herstellung von gelochten Zwischenformen für die Weiterverarbeitung zu Hülsen, Rohren und Ringen) (Eltronik) / in-hole plating
**Plattier•walzwerk** *n* (Hütt) / cladding mill ‖ **~werkstoff** *m* (Hütt) / cladding material
**plattig** *adj* (10 - 100 mm dick) (Geol) / flaggy *adj* ‖ **~** (Geol) / platy *adj*, tabular *adj* ‖ **~ spaltbares Sedimentgestein** (Geol) / flag* *n*
**Plattkäfer** *m* (im Vorratsschädling, z.B. Getreideplattkäfer oder Leistenkopfplattkäfer) (Landw) / cucujid *n*, cucujid beetle
**Plattnerit** *m* (Blei(IV)-oxid) (Min) / plattnerite *n*
**Plattstickerei** *f* (Tex) / couching *n*
**platykurtische Verteilung** (Stats) / platykurtic distribution
**Platynit** *m* (Min) / platynite *n*, platinite *n*
**Platz** *m* (Raum) / room *n* ‖ **~** (Stelle) / place *n* ‖ **~** (Bau) / site *n* ‖ **freier ~** (in einer Warteschlange) (EDV) / slot *n* ‖ **~anflugfeuer** *n* (Lufft) / locator beacon*, locator *n* ‖ **maximales ~angebot** (Bahn) / crush capacity ‖ **~bedarf** *m* / floor space (required), area requirement, footprint requirements, space required ‖ **~belader** *m* (Bergb) / spreader *n*, overburden spreader, stacker *n* ‖ **~beleuchtung** *f* (Licht) / local lighting, localized lighting ‖ **~buchung** *f* (in Verkehrsmitteln oder bei Veranstaltungen) (EDV) / seat reservation ‖ **~einflugzeichen** *n* (Lufft) / inner marker (beacon*)
**Platzelgewölbe** *n* (Arch) / Bohemian vault
**platzen** *v* / crack *v* (seam) ‖ **~** / burst *vi*, explode *v*, blow apart *v* ‖ **~ lassen** (z.B. Nähte) / split *vt* ‖ **~** *n* (des Schlauches) (Masch) / burst *n* ‖ **~ zum ~ bringen** (eine Membrane) / rupture *vt*, burst *vt*, break *vt* ‖ **~** *n* **des Brennelements** (Nukl) / fuel-element rupture
**Platzer** *m* (Web) / snag *n*, broken pick
**Platz•gruppe** *f* (Fernsp) / position group ‖ **~halter** *m* (EDV) / wildcard character, wildcard *n*, wildcard symbol ‖ **~herbeiruf** *m* (EDV) / operator recall
**platzieren** *v* (Druck) / place *v*
**Platz•kontrolle** *f* (Lufft) / aerodrome control ‖ **~kostensatz** *m* (F.Org) / machine burden unit ‖ **~lampe** *f* (Fernsp) / pilot-lamp* *n* ‖ **~marker** *m pl* (Lufft) / airport markers*, aerodrome markers* ‖ **~nahme** *f* (eines Gesteins oder Magmas) (Geol) / emplacement *n* ‖ **~nummer** *f*

**Platzpeiler**

(EDV) / location number || ⁓**peiler** m (Luftf) / homer* n (a homing aid for aircraft), homing beacon || ⁓**regen** m (heftiger, großtropfiger Niederschlag hoher Intensität) (Meteor) / pelting rain, downpour || ⁓**runde** f (meistens als Bestandteil der Landung) (Luftf) / aerodrome circuit, circuit n, traffic circuit || ⁓**runde mit Sicht** (Luftf) / visual circling || ⁓**rundenanflug** m (Luftf) / circling approach || ⁓**rundenführungsfeuer** n pl (Luftf) / circling guidance lights || ⁓**rundsichtradar** m n (Luftf, Radar) / terminal area surveillance radar, TAR || ⁓**scheibe** f (Chem Verf) / bursting disk*, rupture disk || ~**sparend** adj / space-saving adj, requiring little space, space-efficient adj || ⁓**verkehr** m (Luftf) / aerodrome traffic || ~**vermittelt** adj (Fernsp) / manually switched, operator-initiated adj, manually put-through || ~**vermittelt** (Verbindung) (Fernsp) / operator-assisted adj || ⁓**wechsel** m (nach einer Drehung) (Fernm) / rolling transposition (US) || ⁓**wechsel** (Abwandern eines Atoms/Ions von seinem regulären Platz im Gitter oder auch von seinem Zwischengitterplatz) (Krist) / interchange of sites
**plausibel** adj (EDV, KI, Phys) / plausible adj
**Plausibilität** f (EDV, KI, Phys) / plausibility n
**Plausibilitäts•bereich** m (in dem eine Größe bei störungsfreiem Arbeiten aller Funktionseinheiten eines Prozeßrechensystems und/oder eines technischen Prozesses liegt) (EDV) / plausibility range || ⁓**kontrolle** f (ob die Prozeßdaten innerhalb des Plausibilitätsbereichs liegen) (EDV) / reasonableness check, reasonableness test, plausibility check || ⁓**kontrolle** (Stats) / credibility test || ⁓**prüfung** f (ob die Prozeßdaten innerhalb des Plausibilitätsbereichs liegen) (EDV) / reasonableness check, reasonableness test, plausibility check || ⁓**schema** n (KI) / plausibility pattern
**plausibles Schließen** (KI) / plausible reasoning, plausible inference
**Playa** f (flaches Evaporationsbecken der Wüste meistens im südwestlichen Nordamerika) (Geol) / playa n || ⁓ **mit gelegentlicher Wasserführung** (Geol) / playa lake
**Playback-Steuerung** f (spezielle Realisierung der numerischen Steuerung mit einem Speicher für einen Bearbeitungszyklus) / playback control
**Playback-Technik** f (Akus) / rerecording system
**Playe** f (Geol) / playa n
**Playfair-Axiom** n (nach J. Playfair, 1748-1819) (Math) / Playfair axiom, Playfair's axiom
**Plazebo** n (Med, Pharm) / placebo* n
**Plazentahormon** n (Biochem) / placental hormone
**plazieren** v (z.B. eine Anzeige) (Druck) / place v
**PLB** (Eltronik) / configurable logic block, CLB
**PLCC-Gehäuse** n (Eltronik) / plastic leaded chip carrier package, PLCC package
**PLC-Steuerung** f (eine flexible Halbleitersteuerung, für die die Handeingabe und das Programmspeichern charakteristisch sind) (Masch) / programmable logic control
**PLD** n (digitale Schaltungen, deren logische Funktion durch den Anwender bestimmt wird) (EDV, Eltronik) / programmable logic device, PLD
**Pleiaden** n (hochkonjugierter tricyclischer Kohlenwasserstoff aus Naphthalin mit einem ankondensierten 7-Ring) (Chem) / pleiadene n
**Pleistozän** n (Geol) / Ice Age*
**pleit** m (Natriumzirkonium(IV)-trisilikat) (Min) / catapleiite n, catapleite n
**p-Leitung** f (Eltronik) / hole conduction
**Plejaden** f pl (Astr) / Pleiades* n pl
**Plenterhieb** m (For) / selection felling, selection cutting, selection system (of felling)
**Plenterwald** m (Hochwald, der aus kleinstflächigen Strukturen mit Bäumen unterschiedlichen Alters, Höhe und Dicke besteht) (For) / selection forest (an all-aged forest)
**Pleochroismus** m (eine kristalloptische Erscheinung) (Krist, Min) / pleochroism* n, polychroism n
**pleochroitisch** adj (Krist, Min) / pleochroic adj || ⁓**er Hof** (farbiger Ring oder Hof, z.B. bei Glimmer oder Flußspat) (Krist, Min) / pleochroic halo*
**Pleonast** m (ein eisenreicher dunkelgrüner bis schwarzer Spinell) (Min) / pleonaste* n, ceylonite* n, zeylanite n
**p-Lepton** n (Kernphys) / plepton n
**Plepton** n (Kernphys) / plepton n
**plesiochron** adj (Digitalsignale mit nominell gleichen Bitraten) (EDV, Fernm) / plesiochronous adj || ~**e digitale Hierarchie** (Fernm) / plesiochronous digital hierarchy || ~**es Netz** (Digitalnetz ohne Synchronisierung) (EDV) / plesiochronous network || ⁓**digitalhierarchie** f (Fernm) / plesiochronous digital hierarchy
**plesiomorph** adj (Geol) / plesiomorphic adj
**Plessy's Grün** (Chrom(III)-phosphat als Pigment in der Malerei) (Anstr) / Plessy's green

**Pleuel** m (Kfz, Masch) / connecting rod*, con rod, pitman n (US) || ⁓**anordnung** f **mit Nebenpleueln** (Luftf) / articulated assembly and rods || ⁓**auge** (unteres, großes) (Kfz) / rod big-end, connecting-rod big-end || ⁓**auge** n (oberes, kleines) (Kfz) / rod small-end, connecting-rod small-end || ⁓**buchse** f (V-Mot) / small-end bush, piston-pin bushing || ⁓**deckel** m (V-Mot) / rod cap || **kurbelwellenseitiges** ⁓**ende** (V-Mot) / big-end* n || ⁓**fuß** m (Kfz) / rod big-end, connecting-rod big-end || ⁓**fußlager** n (Kfz) / big-end bearing, connecting-rod bearing, rod bearing || ⁓**kopf** m (Kfz) / rod small-end, connecting-rod small-end || ⁓**kopflager** n (V-Mot) / small-end bearing || ⁓**lager** n (Kfz) / connecting-rod bearing, rod bearing || ⁓**prüfstand** m (V-Mot) / connecting-rod test bench || ⁓**schaft** m (V-Mot) / connecting-rod shank || ⁓**stange** f (Bauteil des Kurbeltriebwerks von Kolbenmaschinen) (Kfz, Masch) / connecting rod*, con rod, pitman n (US) || ⁓**zapfen** m (auf dem der Pleuelfuß gelagert ist) (Masch) / crank pin* || ⁓**zapfen** (V-Mot) / crank pin
**Pleuston** n (auf und in der Wasseroberfläche lebende Tier- und Pflanzenwelt) (Biol, Umwelt) / pleuston n
**Plexiglas** n (ein Akrylglas der Fa. Röhm GmbH, Darmstadt) (Plast) / Plexiglas n (analogous to Lucite; Du Pont)
**PL/I** (eine höhere algorithmische Vielzweckprogrammiersprache nach ISO 6160) (EDV) / PL/1*, PL/I
**Plicatsäure** f (Lignan des Kernholzes von Thuja-Arten) (Chem, For) / plicatic acid
**pließten** v / polish v (with a mop) || ⁓ n (Schleifen mit Leder-, Filz- oder enggesteppten Webstoffscheiben, auf denen das Schleifkorn aufgeleimt ist) (Masch) / polishing n (with a mop)
**Pließtscheibe** f / bob n
**pliesten** v / polish v (with a mop) || ⁓ n (Masch) / polishing n (with a mop)
**Plimsoll-Marke** (nach S. Plimsoll, 1824-1898) (Schiff) / freeboard mark, Plimsoll mark, plimsoll mark*
**Plinthe** f (Fußplatte unter Säule, Statue, Pfeiler) (Arch, Bau) / plinth* n
**Plinthit** m (Geol) / plinthite n
**Plissé** n (Tex) / plissé n, pleated fabric || ⁓ (Tex) / pleat n, plait n
**Plissee** n (Tex) / plissé n, pleated fabric || ⁓ (Falte in thermoplastischen, weichen fließenden textilen Flächengebilden) (Tex) / pleat n, plait n || ⁓**falte** f (Tex) / pleat n, plait n || ⁓**stoff** m (Tex) / plissé n, pleated fabric
**plissieren** v (Falten einpressen) (Tex) / pleat v || ~ (Tex) / goffer v, gauffer v, crimp v, crinkle v || ⁓ n (Tex) / goffering n, gaufering n, crimping n, crinkling n || ⁓ (Einpressen von Falten in Web- und Maschenware) (Tex) / pleating n
**Plissiermaschine** f (DIN 64990) (Tex) / pleating machine
**PLL** (nachsteuerbarer Oszillator + Vergleichsschaltung + Regelspannungsverstärker) (Regeln) / phase-locked loop*, phase-lock loop (a circuit for synchronizing a variable local oscillator with the phase of a transmitted signal)
**PL/M** (höhere Programmiersprache für Mikrocomputer, basierend auf PL/I) (EDV) / PL/M
**Plombe** f (zum Verschließen von Behältern und Räumen) / seal n
**Plombierdraht** m / sealing wire
**plombieren** v / seal v (mit einer Plombe versehen) || ⁓ n / sealing n
**Plombier•maschine** f / sealing machine || ⁓**schraube** f (Masch) / slotted capstan screw
**plombiertes Kühlsystem** (Kfz) / sealed-for-life cooling system
**Plombierzange** f / lead-sealing pliers, leading tongs
**P-Loop** m (Biochem) / P Loop
**Plößl-Okular** n (Opt) / Ploessl eyepiece
**Plot** m (das von digitalen Rechenautomaten ausgedruckte Diagramm) (EDV) / plot n || ⁓ (Auswertezeichnung) (Radar) / plot n
**Plot-Extraktor** m (Luftf, Radar) / plot extractor
**Plot-Prozessor** m (Programmbaustein der CAD/CAM-Software, der die Ausgabe von Zeichnungen auf einem Plotter steuert) (EDV) / plot processor
**Plot-Routine** f (zur Verarbeitung von Standardaufgaben) (EDV) / plot routine
**PLOT-Säule** f (für die Kapillarchromatografie) (Chem) / porous layer open tubular column, PLOT column
**plotten** v (EDV) / plot v, plot out v || ⁓ n (Tätigkeit der grafischen Ausgabeeinheit) (EDV) / plotting n
**Plotter** m (koordinatengesteuertes Aggregat zur grafischen Ausgabe von Informationen bei den digitalen Rechenanlagen) (EDV) / plotter* n, graphic plotter, data plotter || ⁓ (Gerät zur Darstellung der Eigenbewegung aus den Werten von Kurs und Geschwindigkeit und der Gegnerbewegung aus den Werten von Peilung und Abstand) (Radar, Schiff) / plotter n || **flacharbeitender** ⁓ (EDV) / flatbed plotter || ⁓**ausgabe** f (EDV) / plotter output || ⁓**drucker** m (EDV) / plotter printer || ⁓**karte** f (Meteor) / plotter map
**Plott•fläche** f (als Formatangabe) (EDV) / plotting size || ⁓**fläche** (konkrete Fläche) (EDV) / plotting surface

**Plotting** n (zeichnerische Auswertung der Radarsituation zur Bestimmung von absolutem und relativem Kurs usw.) (Radar, Schiff) / plotting* n
**Plottprogramm** n (EDV) / plotting program
**plötzlich** adj (Übergang) / abrupt adj ‖ ~**er** (lebensgefährlicher) **Druckverlust** (z.B. in der Kabine) (Luftf) / depressurization n, depressurisation m (GB) ‖ ~ **aufgebrachte Last** (Phys, WP) / impact load ‖ ~ **auftauchendes Ziel** (mitten auf dem Radarschirm) (Radar) / pop-up target ‖ ~**er Einbruch** (von Gestein oder Kohle) (Bergb) / quake n ‖ ~**er Einbruch** (Gas, Wasser) (Bergb) / sudden outburst ‖ ~**e Lastaufnahme** (des Hangenden beim Rauben der Pfeiler) (Bergb) / rush n ‖ ~**e Rohreinengung** (Fließquerschnittsverminderung) (Wasserb) / sudden contraction ‖ ~**er Temperaturwechsel** (Phys) / sudden change in temperature
**PLP** (Biochem) / pyridoxal phosphate
**PLS** (EDV) / process control system, PCS
**PL-Stuhl** m (eine Wollkämmaschine) (Tex) / French comb
**PLS-Verfahren** n (bei der analytischen Messung) (Chem) / partial-least-squares technique, PLS technique ‖ ~ (Stats) / PLS method, partial least squares process
**Plücker-Koordinaten** (nach J. Plücker, 1801-1868) (Math) / line coordinates*, Plücker coordinates
**Plückersches Konoid** (Math) / Plücker's conoid
**Plug** m (Verstopfungsvorrichtung aus Hartgummi in Erdöltiefbohrungen) (Erdöl) / plug n ‖ ~**-and-Play-Prinzip** n (einstecken und arbeiten) (EDV) / plug-and-play principle ‖ ~**-Flow-Reaktor** m (Chem Verf) / plug-flow reactor
**Plug-In** m n / Plug-in n (a DLL that allows host applications to completely integrate the functions of a Plug-in program, developed by Aldus)
**Plug-in-Chip** m (EDV) / plug-in chip
**Plumban** n (PbH$_4$) (Chem) / lead(IV) hydride, plumbane n
**Plumbat** n (Verbindung mit komplexen Anionen, in denen Blei das Zentralatom bildet) (Chem) / plumbate n ‖ ~**(II)** (Chem) / plumbite* n, plumbate(II) n
**Plumbicon** n (eine Bildaufnahmekameraröhre) (TV) / Plumbicon* n, Leddicon* n
**Plumbikon** n (eine Weiterentwicklung des Vidikons) (TV) / Plumbicon* n, Leddicon* n
**Plumbo•gummit** m (ein Gelgemenge von wasserhaltigen Al- und Pb-Phosphaten) (Min) / plumbogummite n ‖ ~**jarosit** m (ein Jarosit, dessen Alkali durch Blei ersetzt ist) (Min) / plumbojarosite n
**Plume** m (diapirartig nach oben aufdringende Schmelzmasse von Mantelmaterial) (Geol) / plume n
**Pluming** n (unerwünschter Effekt bei der Herstellung von Pulverwaschmitteln, hervorgerufen durch geringe Mengen niedermolekularer, flüchtiger Bestandteile in technischen Gemischen von Fettalkoholpolyglykolethern, die im Verlauf der Sprühtrocknung in Form feiner Aerosole freigesetzt werden und zu einer Belastung der Abluft des Sprühturms mit organischer Fracht führen) (Chem Verf) / pluming n
**Plunger** m (an Kolbenpumpen und hydraulischen Hebezeugen) (Masch) / plunger* n (the solid piston or ram of a force pump) ‖ ~ **des Tropfenspeisers** (Glas) / feeder plunger, feeder needle, needle n ‖ ~**kolben** m (Masch) / plunger* n ‖ ~**prinzip** n (bei ABS) (Kfz) / plunger principle ‖ ~**pumpe** f (Masch) / plunger pump
**plurilineare Funktion** (Math) / plurilinear function
**plurisubharmonische Funktion** (Math) / plurisubharmonic function
**Plüsch** m (mit mehr als 3 mm hoher Polschicht) (Tex) / plush* n ‖ **einschüssiger** ~ (Tex) / single-weft plush ‖ **gezogener** ~ (Tex) / uncut plush ‖ **ungeöffneter** ~ (Tex) / uncut plush ‖ **ungeschnittener** ~ (Tex) / uncut plush ‖ ~**futter** n (Tex) / plush lining ‖ ~**henkel** m (Tex) / pile loop ‖ ~**nachahmung** f (Tex) / sham plush ‖ ~**papier** n (Pap) / velour paper*, suede paper, flock paper* ‖ ~**schleife** f (Tex) / pile loop
**Plus•draht** m (Eltech) / positive conductor, positive wire ‖ ~**glas** n (in der Augenoptik) (Opt) / convergent lens*, converging lens ‖ ~**klemme** f (Eltech, Kfz) / positive terminal ‖ ~**leiter** m (Eltech) / positive conductor, positive wire ‖ ~**-Minus-Toleranz** f (Masch) / bilateral limit, bilateral tolerance* ‖ ~**platte** f (der Batterie) (Eltech) / positive plate, positive electrode ‖ ~**pol** m (der Batterie) / positive terminal ‖ ~**pol** m (der Batterie) (Eltech, Kfz) / positive terminal ‖ ~**polung** f (Schw) / reverse polarity ‖ ~**spannungsüberwacher** m (Fernsp) / positive-voltage supervisory unit ‖ ~**zeichen** n (Rechenzeichen für die Addition, positives Vorzeichen für Zahlen) (Math) / plus sign, positive sign
**Pluton** m (magmatischer Körper, der sich innerhalb der Erdrinde befindet) (Geol) / pluton n
**plutonisch** adj (Geol) / plutonic adj, abyssal* adj, plutonian adj, deep-seated adj ‖ ~**e Intrusion** (Geol) / plutonic intrusion*
**Plutonit** m (Geol) / plutonic rock, plutonite* n
**Plutonium (Pu)** n (Chem) / plutonium* n ‖ ~**carbid** n (Chem, Kernphys) / plutonium carbide ‖ ~**dioxid** n (Chem) / plutonium(IV) oxide, plutonium dioxide, plutonia n ‖ ~**erzeugender Reaktor** (Nukl) / plutonium production reactor, plutonium producer, plutonium-producing reactor ‖ ~**erzeugungsreaktor** m (Nukl) / plutonium production reactor, plutonium producer, plutonium-producing reactor ‖ ~**(IV)-fluorid** n (Chem) / plutonium(IV) fluoride, plutonium tetrafluoride ‖ ~**gutschrift** f (Nukl) / plutonium credit ‖ ~**karbid** n (Chem, Kernphys) / plutonium carbide ‖ ~**kontamination** f (Nukl) / plutonium contamination ‖ ~**kredit** m (Nukl) / plutonium credit ‖ ~**kreislauf** m (Nukl) / plutonium cycle ‖ ~**oxalat** n (Chem) / plutonium oxalate ‖ ~**(IV)-oxid** n (Chem) / plutonium(IV) oxide, plutonium dioxide, plutonia n ‖ ~**reaktor** m (dessen zuerst eingesetzter Brennstoff Plutonium ist) (Nukl) / plutonium reactor* ‖ ~**recyclierungsfaktor** m (Nukl) / plutonium recycle reactor ‖ ~**-Recycling** n (Nukl) / plutonium recycling ‖ ~**reich** adj (Nukl) / plutonium-rich adj ‖ ~**rezyklierungsreaktor** m (Nukl) / plutonium recycle reactor ‖ ~**rückführung** f (Nukl) / plutonium recycling ‖ ~**rückführungsreaktor** m (Nukl) / plutonium recycle reactor ‖ ~**rückgewinnung** f (Nukl) / plutonium recovery ‖ ~**zyklus** m (Nukl) / plutonium cycle
**pluvial** adj (durch Regen entstehend oder beeinflußt) / pluvial adj
**Pluvio•graf** m (Meteor) / recording rain gauge, pluviograph n, hyetograph* n, rain recorder ‖ ~**meter** n (Meteor) / rain gauge*, precipitation gauge, pluviometer n, ombrometer n, udometer n ‖ ~**metrischer Koeffizient** (Meteor) / pluviometric coefficient
**PLV** / price/performance ratio, value for money
**Plyrating** n (eine Zahl, die Aufschluß über die Karkassenfestigkeit des Reifens gibt) (Kfz) / ply rating, PR
**PLZ** / product life cycle, PLC, life cycle of a product
**Pm** (Chem) / promethium* n
**PM** (Fernm) / phase modulation*, PM, pm ‖ ~ (Fernm) / pulse modulation* (PM)
**PMAS** (Chem) / phenylmercuric acetate, phenylmercuric ethanoate, PMAS
**PMC-Steuerung** f (eine programmierbare Maschinen-Anpaßsteuerung) (Masch) / programmable machine control
**PMD-Technik** f (in der Dünnschichtchromatografie) (Chem) / programmed multiple development
**PME-Effekt** m (Eltronik) / photomagnetoelectric effect*, photoelectromagnetic effect*
**π-Meson** n (Kernphys) / pion* n, pi-meson* n, Yukawa particle
**PMI** (Chem) / polymethacrylimide n, PMI
**PMK** (Biochem) / proton motive force*, PMF
**PMMA** (DIN 7728) (Chem, Plast) / polymethyl methacrylate*
**PMOS** (Eltronik) / p-channel MOS transistor
**PMOS-Technik** f (MOS-Technik mit P-Kanal) (Eltronik) / p-channel metal-oxide semiconductor technology, PMOS technology
**PMP** (Chem) / polymethylpentene n
**PMR** (Kernphys) / proton magnetic resonance, PMR ‖ ~ (Spektr) / paramagnetic resonance, PMR
**PMSF** (Chem) / phenylmethane sulphonyl fluoride
**PMU-Einheit** f (ein Teil der analogen Meßeinrichtungen eines Prüfautomaten) / parameter measurement unit, PMU
**PN** (nach Lukasiewicz) (EDV) / Polish notation, Lukasiewicz notation, prefix notation ‖ ~ (Masch) / nominal pressure, pressure norm, PN
**pn-Diode** f (Eltronik) / pn-diode n
**PNEC** (vorausgesagte maximale Konzentration eines Stoffes ohne Wirkung) (Umwelt) / predicted no-effect concentration, PNEC
**Pneu•-** / rubber-tyred adj ‖ ~ m (Kfz) / pneumatic tyre, tyre n, tire n (US)
**Pneumatik** f (Anwendung von Druck- und Saugluft) / pneumatics n ‖ ~ m (Kfz) / pneumatic tyre, tyre n, tire n (US) ‖ ~**motor** m (Masch) / air engine*, air motor, compressed-air motor ‖ ~**zylinder** m / pneumatic cylinder
**pneumatisch** adj / air-operated adj, pneumatic* adj, air-powered adj, compressed-air attr ‖ ~**er Aufbruchhammer** (Masch) / pneumatic pick* ‖ ~**e Bremse** (Masch) / air brake*, pneumatic brake*, compressed-air brake ‖ ~**e Düsenwebmaschine** (Web) / air-jet loom, air-jet weaving machine ‖ ~**e Federung** (mit pneumatisch regulierbaren Luftfedern) (Kfz) / air-suspension system ‖ ~**er Förderer** (ein Stetigförderer) (Masch) / pneumatic conveyer*, air conveyer ‖ ~**e Förderrinne** / fluidizing conveyor ‖ ~**e Förderung** (Masch) / pneumatic conveying ‖ ~**es Haus** (nach F.W. Lanchester, 1868-1946) (Bau) / air house, pneumatic house ‖ ~**e Konstruktion** (Bau, HuT) / pneumatic structure, pressurized structure ‖ ~**er Kopierrahmen** (Druck) / vacuum printing frame* ‖ ~**es Meßgerät** (Instr) / pneumatic gauge ‖ ~**e Presse** (eine kraftgebundene Preßmaschine) (Masch) / pneumatic press, air press ‖ ~**es Putzaufspritzen** (Bau) / pneumatic placement (of the plaster) ‖ ~**es Rührwerk** (Chem Verf) / bubbler n ‖ ~**es Spritzlackieren** (Anstr) / compressed-air spraying, air spraying ‖ ~**e Steuerung** (Masch, Regeln)

**pneumatisch** / pneumatic control ‖ ~ **und hydraulisch** adj / pneudraulic adj ‖ ~**e Wanne** (Chem Verf) / pneumatic trough*
**pneumatogen** adj (Geol) / pneumatogenic adj ‖ ~ (Geol) s. auch pneumatolytisch
**Pneumatolyse** f (Geol) / pneumatolysis* n (pl. -lyses)
**pneumatolytisch** adj (Geol) / pneumatolytic adj
**Pneumistor** m (ein Fluidikelement) (Regeln) / pneumatic amplifier
**pneumo•hydraulisch** adj / hydropneumatic adj ‖ ~**koniose** f (eine anerkannte Berufskrankheit) (Med) / pneumomonoconiosis n (pl. pneumomonoconioses), pneumoconiosis n ‖ ~**ventrikulografie** f (Radiol) / ventriculography* n
**PN-FET** m (Eltronik) / junction field-effect transistor*, junction gate field-effect transistor, JFET*, JUGFET, PN-FET
**Pnicogene** n pl (Elemente der Stickstoff-Phosphor-Gruppe) (Chem) / pnicogens pl
**pnip-Transistor** m (Eltronik) / p-n-i-p transistor*
**PNL** (Maß für die Störwirkung von Lärm) (Akus) / perceived noise level, PNL
**PNOC** f (inerter, belästigender Staub) (Umwelt) / particulates not otherwise classified, PNOC
**Pn-P-Prinzip** n (EDV) / plug-and-play principle
**pnp-Transistor** m (ein Bipolartransistor) (Eltronik) / p-n-p transistor*
**PNS** (Med) / peripheral nervous system, PNS
**PNS-Verfahren** n (zur Herstellung von mikrorissigen Chromschichten) / post nickel strike system
**pn-Übergang** m (z.B. bei Dioden und Transistoren) (Eltronik) / p-n junction*, p-n boundary* ‖ ~ **ohne Anschlußkontakte** (Eltronik) / floating junction
**Po** (Chem) / polonium* n
**PO** (Polymerisationsprodukt von Olefinen) (Chem, Plast, Tex) / polyolefin* n, PO ‖ ~ (Chem, Tex) / polyolefin fibre, PO fibre
**POB-Technik** f (ein zur Herstellung von Hf-Transistoren angewandtes (kombiniertes) Diffusions- und Legierungsverfahren) (Eltronik) / POB-technique n
**POB-Verfahren** n (ein zur Herstellung von Hf-Transistoren angewandtes (kombiniertes) Diffusions- und Legierungsverfahren) (Eltronik) / POB-technique n
**POC** (submikroskopische Partikel aus Kohlenstoff oder Kohlenstoffverbindungen) (Sanitär, Umwelt) / POC (particulate organic carbon)
**Pochanlage** f (Aufber) / stamp battery, stamp mill, stamps pl, stamping mill
**pochen** v (Erz) (Aufber) / stamp* v, crush* v ‖ ~ n (von Erz) (Aufber) / stamping n, crushing n
**Pocherz** n (Aufber) / stamping ore, mill ore, milling ore
**pochieren** v (Nahr) / poach v
**Poch•käfer** m pl (For) / anobiidae pl ‖ ~**satz** m (Aufber) / stamp battery, stamp mill, stamps pl, stamping mill ‖ ~**schuh** m (beim Pochwerk) (Aufber) / beating shoe ‖ ~**stempel** m (Aufber) / stamp* n, gravity stamp*, California stamp* ‖ ~**welle** f (Aufber) / tumbler shaft ‖ ~**werk** n (Aufber) / stamp battery, stamp mill, stamps pl, stamping mill
**Pockels-Effekt** m (nach F.C.A. Pockels, 1865-1913) (Eltech) / Pockels' effect*
**Pockels-Zelle** f (Eltech) / Pockels' cell
**Pocken** f pl (stecknadelkopfgroße Aufwölbungen der Glasoberfläche) (Keram) / pimples pl, bloating n, blebs pl (blisters or bubble defects on the surface of pottery) ‖ ~ (Keram) s. auch Pustelbildung ‖ ~**bildung** f (Keram) / bloating n ‖ ~**hieb** n (Werkz) / rasp cut ‖ ~**narben** f pl (ein Oberflächenfehler) (Glas) / pocking n ‖ ~**stein** m (Geol) / variolite n
**Pocketbook** n (pl.: -s) (billiges Taschenbuch) / pocket book
**Pocketfilm** m (Foto) / pocket film
**Pocketing** m (leinwandbindiges Taschenfutter aus Baumwolle oder Zellwolle für Hosen) (Tex) / pocketing n
**Pocketkamera** f (Kleinstkamera) (Foto) / pocket camera (a subminiature camera)
**Pockholz** n (meistens aus Guaiacum sanctum L. od. Guaiacum officinale L.) (For) / guaiacum n, lignum vitae (pl. lignum vitaes), hollywood lignum vitae, guaiac n
**PODA** n (ein Netzzugangsverfahren) (EDV) / priority-oriented demand assignment, PODA
**Podbielniak•-Siedeanalyse** f (Labordestillation unter scharfer Fraktionierung für niedrigsiedende Kohlenwasserstofffraktionen - für analytische Zwecke) (Chem) / POD analysis, Podbielniak analysis ‖ ~**-Zentrifugalextraktor** m (Chem Verf) / Podbielniak extractor
**Podest** n m (meistens ein Geschoßpodest) (Bau) / landing n ‖ ~ (Bau, Masch) / platform n ‖ ~**pfosten** m (Bau) / newel* n, newel post (at the head or foot of a flight of stairs, supporting a handrail), rail post*, stair post
**Podium** n (pl. -ien) (Arch) / podium* n ‖ ~ (Bau) / podium n

**Podsol** m (aus silikatarmem Sand) (Landw) / podzol* n, podsol* n ‖ ~**boden** m (aus silikatarmem Sand) (Landw) / podzol* n, podsol* n
**Podsolierung** f (Landw) / podzolization n, podsolization n
**Pofel** m (minderwertige Ware) / shoddy n
**Poggendorff'sch•e Kompensationsmethode** (eine Methode zur genauen Messung der EMK galvanischer Elemente in stromlosem Zustand - nach J.Ch. Poggendorff, 1796-1877) (Chem) / Poggendorf compensation method* ‖ ~**e Täuschung** (Opt) / Poggendorff illusio
**Pogo-Effekt** m (Luftf, Raumf) / pogo effect*
**Pogsonsche Helligkeitsskale** (nach N.R. Pogson, 1829-1891) (Astr) / Pogson scale
**Pohlke-Satz** m (ein in der Ebene gezeichnetes Dreibein, bei dem nicht mehr als zwei Beine zusammenfallen, kann stets als parallelprojektives Bild von drei im Raum zueinander senkrechten Einheitsstrecken aufgefaßt werden - nach K.W. Pohlke, 1810-1876) (Math) / Pohlke's theorem
**poikilitisch** adj (Geol) / poikilitic adj, poecilitic adj ‖ ~**e Struktur** (Geol) / poikilitic texture*, poecilitic structure* ‖ ~**es Strukturbild** (Geol) / poikilitic texture*, poecilitic structure*
**poikiloblastisch** adj (ein Gefüge, bei dem das Einschließen vorhandener Gesteinsbestandteile durch die wachsenden Neubildungen zu beobachten ist) (Geol) / poikiloblastic* adj, poeciloblastic adj
**poikilotherm** adj (Physiol, Umwelt, Zool) / poikilothermal* adj, poikilothermic adj, poikilothermous adj, cold-blooded* adj
**Poincaré•-Abbildung** f (Math) / Poincaré map ‖ ~**-Gruppe** f (Math) / Poincaré group, inhomogeneous Lorentz group ‖ ~**-Kugel** f (Eltech) / Poincaré sphere ‖ ~**-Modell** n (in der hyperbolischen Geometrie) (Math) / Poincaré model
**Poincaré'sch•er Rekurrenzsatz** (Math) / Poincaré recurrence theorem ‖ ~**er Satz** (Math) / theorem of Poincaré ‖ ~**e Vermutung** (Math) / Poincaré conjecture ‖ ~**es Wiederkehrtheorem** (nach H. Poincaré, 1854-1912) (Math) / Poincaré recurrence theorem
**Poinsot•-Bewegung** f (eines starren Körpers um einen festen Punkt; nach L. Poinsot, 1777-1859) (Mech) / Poinsot motion ‖ ~**-Ellipsoid** n (Mech) / inertia ellipsoid, Poinsot ellipsoid, momental ellipsoid ‖ ~**-Konstruktion** f (Charakterisierung eines Körpers bei einer allgemeinen Drehbewegung) (Mech) / Poinsot's method
**Poinsotsches Trägheitsellipsoid** (Mech) / inertia ellipsoid, Poinsot ellipsoid, momental ellipsoid
**Point** m **of Information** (bildschirmbestückte Säule zur visuellen Information) (EDV) / point of information ‖ ~ **of Presence** (Zugangspunkt im Internet) (EDV) / Point of Presence, PoP ‖ ~ **of Sale** (EDV) / point of sale
**Pointer** m (eine Speicherzelle oder ein Zellenpaar, das eine Adresse enthält) (EDV) / pointer n ‖ ~**arithmetik** f (EDV) / pointer arithmetics ‖ ~**register** n (Register, welches auf den Arbeitsspeicher oder auch auf einen Spezialspeicher adressierenden Zugriff hat) (EDV) / pointer register
**Pointillé** n (eine Streumusterung) (Tex) / pointillé n
**Point-to-Point-Protokoll** n (für transparente IP-Verbindungen über Wählleitungen) (EDV) / Point-to-Point Protocol
**Poiseuille•-Hartmann-Strömung** f (beim Strömen von elektrisch leitfähigen Medien in einem äußeren Magnetfeld quer zur Strömungsrichtung) (Kernphys) / Hartmann flow ‖ ~**-Strömung** (nach J.-L. Poiseuille, 1799-1869) (Phys) / Poiseuille flow
**Poisson•-Gleichung** f (z.B. in der Potentialtheorie) (Math) / Poisson's equation* ‖ ~**-Gleichung** (für ideale Gase) (Phys) / Poisson relation, adiabatic equation, adiabatic gas law ‖ ~**-Integral** n (Math) / Poisson integral ‖ ~**-Klammer** f (in der analytischen Mechanik) (Mech) / Poisson bracket ‖ ~**-Prozeß** m (punktueller stochastischer Prozeß mit unabhängigen Zuwächsen) (Stats) / Poisson process, Poisson's process
**Poissonsch•es Integral** (Math) / Poisson integral ‖ ~**e Konstante** (Mech) / Poisson number (reciprocal of Poisson ratio)
**Poisson•-Verteilung** f (Verteilungsgesetz einer diskreten Zufallsgröße - nach S.D. Poisson, 1781-1840 - DIN 1319, T 3 und T 4) (Nukl, Stats) / Poisson distribution* ‖ ~**-Zahl** f ($\mu$) (Kehrwert aus der Querdehnzahl - DIN 1342, T 1 und 13316) (Mech) / Poisson number (reciprocal of Poisson ratio)
**Pökel•hilfsstoff** m (Nahr) / reddening agent, curing agent, curing ingredient ‖ ~**lake** f (zur Naßpökelung) (Nahr) / pickle n, brine n, corn n, immersion pickle, souse n
**pökeln** v (durch Beizen) (Hütt) / pickle v ‖ ~ (Nahr) / brine v, corn v (beef, ham), souse v, cure v ‖ ~ (Fleisch) (Nahr) / pickle v ‖ ~ n (Entfernung von Walzrückständen durch Beizen - meistens mit 10%iger Schwefelsäure) (Hütt) / pickling* n
**Pökel•salz** n (Nahr) / curing salt, curing powder ‖ ~**spritzmaschine** f (Nahr) / pickling injection machine
**Pol** m (Astr, Eltech, Geog, Geophys, Mag, Math) / pole* n ‖ ~ (Anschlußstelle einer Gleichspannungs- oder Gleichstromquelle) (der Batterie) (Eltech) / terminal n, post n ‖ ~ (DIN 4899) (Eltech) /

terminal *n* ‖ ≈ (eine Unstetigkeitsstelle einer Funktion) (Math) / pole *n* ‖ ≈ (Math) / pole *n* ‖ ≈ (durch Noppen oder Schlingen charakterisierte Schauseite) (Tex) / pile *n* ‖ ≈ (Eltech) s. auch Dipol und Multipol ‖ **abgeschrägter** ≈ (Eltech) / skewed pole* ‖ **ausgeprägter** ≈ (Eltech) / salient pole* ‖ **galaktischer** ≈ (des galaktischen Koordinatensystems) (Astr) / galactic pole ‖ **geblechter** ≈ (Eltech) / laminated pole* ‖ **geografischer** ≈ (Geog) / geographic pole ‖ **geomagnetischer** ≈ (Geog, Geophys) / geomagnetic pole ‖ **lamellierter** ≈ (Eltech) / laminated pole* ‖ **magnetischer** ≈ (Eltech) / magnetic pole* ‖ **magnetischer** ≈ (Geophys) / magnetic dip pole ‖ **nahe dem** ≈ **gelegen** (Geog) / subpolar *adj* ‖ **negativer** ≈ (der Batterie) (Eltech) / negative terminal ‖ **positiver** ≈ (Eltech, Kfz) / positive terminal ‖ **ungleichnamige** ≈**e** (Elektr) / opposite poles ‖ **Wiederaufrichten des** ≈**s** (Tex) / pole recovery, pole resistance ‖ **zum** ≈ / poleward(s) *adv* ‖ ≈ **e der Erde** *m pl* (Geog) / terrestrial poles* ‖ ≈ *m* **der Fußpunktfläche** (Math) / pedal point ‖ ≈ **der Unzugänglichkeit** (im Nord- und Südpolargebiet) (Geog) / pole of inaccessibility

**Pol•abspaltung** *f* (Eltronik) / removal of poles ‖ ≈**abstand** *m* (Astr) / polar distance ‖ ≈**achse** *f* (Astr) / polar axis* ‖ ≈**achse** (bei äquatorialer Montierung) (Astr, Instr) / polar axis* ‖ ≈**achse** (Mag) / magnetic axis* ‖ ≈**amplitudenmodulation** *f* (Eltech) / pole-amplitude modulation, PAM

**Polányi-Apparatur** *f* (Verformung von Einkristallen) / Polanyi machine

**Polanzeiger** *m* (Eltech) / polarity indicator

**polar** *adj* / polar *adj* ‖ **schwach** ~ (Chem) / moderately polar, slightly polar ‖ ~**e Achse** (eine Symmetrieachse) (Krist) / polar axis* ‖ ~**e Bindung** (Chem) / ionic bond*, electrostatic bond[ing]*, electrovalence* *n*, electrovalency *n*, electrovalent bond, polar bond*, heteropolar bond ‖ ~ **entsprechende Figuren** (bezogen auf einen Kegelschnitt) (Math) / polar reciprocals* ‖ ~**es Flächenmoment 2. Grades** (Phys) / second polar moment of area ‖ ~**e Flüssigkeit** / polar liquid ‖ ~**er Kristall** (Krist) / polar crystal* ‖ ~**es Lösungsmittel** (Chem) / polar solvent ‖ ~**e Meeresluft** (Meteor) / polar maritime air ‖ ~**es Molekül** (Chem) / polar molecule* ‖ ~**es Molekül** (Phys) / dipole molecule* ‖ ~**e Symmetrie** (Krist) / polar symmetry ‖ ~**er Vektor** (im Unterschied zum axialen Vektor) (Phys) / polar vector ‖ ~**e Verbindung** (Chem) / heteropolar compound, polar compound

**Polar•-...** / polar *adj* ‖ ≈**achse** *f* (die Rotationsachse der Erde) (Astr) / polar axis* ‖ ≈**achse** (in den Polarkoordinaten) (Math) / polar axis ‖ ≈**bahn** *f* (eine Satellitenbahn, deren Bahnebene um genau oder annähernd 90° gegen die Ebene des Erdäquators geneigt ist) (Raumf) / polar orbit ‖ ≈**banden** *f pl* (Meteor) / Noah's ark, polar bands ‖ ≈**darstellung** *f* (eine Darstellungsform des Frequenzganges) (Fernm) / polar plot ‖ ≈**diagramm** *n* (zur Darstellung nicht isotrop verteilter Größen in einem ebenen Polarkoordinatensystem oder zur Darstellung von Richtcharakteristiken) (Fernm, Phys) / polar diagram*, polar curve* ‖ ≈**diagramm** (für ein Profil nach O. Lilienthal) (Luftf) / polar diagram ‖ ≈**distanz** *f* (Astr) / polar distance*, codeclination *n* ‖ ≈**dreieck** *n* (Math) / polar triangle ‖ ≈**dreieck eines Kegelschnittes** (Math) / self-polar triangle*, self-conjugate triangle*

**Polare** *f* (in einem Polardiagramm nach O. Lilienthal) (Luftf) / polar *n*, polar line ‖ ≈ (eines Pols bei Kegelschnitten) (Math) / polar *n* (of a point), polar line ‖ ≈ **konische** ≈ (Math) / polar conic

**Polar•ebene** *f* (Math) / polar plane* ‖ ≈**eis** *n* (Geog) / polar ice ‖ ≈**form** *f* (Math) / polar form ‖ ≈**front** *f* (Meteor, Ozean) / polar front ‖ ≈**fronttheorie** *f* (der Zyklonenentstehung) (Meteor) / polar-front theory ‖ **extrem starke Dämpfung von Funkwellen in der Ionosphäre über den** ≈**gebieten der Erde** (Radio) / polar cap absorption, PCA effect

**Polari•meter** *n* (Chem) / polarimeter* *n* ‖ ≈**meter zur Bestimmung elliptisch polarisierten Lichtes** (Opt) / ellipsometer *n* ‖ ≈**meterrohr** *n* (Chem) / polarimeter tube ‖ ≈**meterröhrchen** *n* (Chem) / polarimeter tube ‖ ≈**metrie** *f* (Chem) / polarimetry* *n* ‖ ~**metrisch** *adj* (Chem) / polarimetric *adj*

**Polarisation** *f* (Chem) / polarization* *n* ‖ ≈ (Schwingungszustand vektorieller Wellen) (Elektr) / polarization *n* ‖ ≈ (eine Vorzugsorientierung für den Spin von Teilchen) (Kernphys) / polarization *n* ‖ ≈ (die Abweichung des Elektrodenpotentials vom Ruhepotential bei einer stromdurchflossenen Elektrode) (Phys) / polarization *n* ‖ **chemische** ≈ (Chem) / chemical polarization (based on chemical transformations) ‖ **dielektrische** ≈ (Eltech, Phys) / dielectric polarization*, induced polarization* ‖ **elektrische** ≈ (DIN 1324, T 1) (Elektr) / polarization* *n*, electric polarization* ‖ **elektrolytische** ≈ (Eltech) / electrolytic polarization* ‖ **elliptische** ≈ (Phys) / elliptical polarization* ‖ **horizontale** ≈ (horizontale Lage der elektrischen Feldlinien des elektromagnetischen Feldes) (Elektr) / horizontal polarization* ‖ **irreversible** ≈ (Eltech) / overvoltage* *n*, overpotential *n*, excess voltage* ‖ **lineare** ≈ (Chem) / linear polarization, plane polarization ‖ **magnetische** ≈ (DIN 1324, T 1) (Mag) / polarization *n*, magnetic polarization*, magnetic dipole moment per unit volume ‖ **paraelektrische** ≈ (Eltronik, Phys) / orientation polarization, dipole polarization ‖ **parelektrische** ≈ (Elektr) / paraelectric polarization ‖ **spontane** ≈ (Phys) / spontaneous polarization ‖ **vertikale** ≈ (vertikale Lage der elektrischen Feldlinien des elektromagnetischen Feldes) (Elektr) / vertical polarization* ‖ **zirkulare** ≈ (Radio) / circular polarization*

**Polarisations•büschel** *n pl* (Opt) / Haidinger brushes ‖ ≈**diversity** *f* (Empfang mit mehreren in ihrer Polarisationsebene verdrehten Antennen) (Radio) / polarity diversity*, polarization diversity ‖ ≈**dreher** *m* (Zwischenstück zwischen Rechteck-Hohlleitern, deren Querschnittsachsenrichtungen nicht übereinstimmen) (Eltronik) / twister *n* ‖ ≈**ebene** *f* (Opt) / polarization plane, plane of polarization* ‖ ≈**effekt** *m* (Phys) / polarization effect ‖ ≈**ellipse** *f* (Opt) / polarization ellipse ‖ **Cauchysches** ≈**ellipsoid** (eine einschalige Hilfsfläche) (Krist) / index ellipsoid, indicatrix *n* (pl. indicatrices), optical indicatrix, reciprocal ellipsoid, ellipsoid of wave normals ‖ ~**erhaltende Faser** (eine Einmodenfaser, bei der bei Einkopplung einer Polarisationsrichtung die Überkopplung in die andere Polarisationsrichtung einen bestimmten Wert nicht überschreitet) (Opt) / polarization-maintaining fibre ‖ ≈**faktor** *m* (Korrekturfaktor für die Intensität der unter verschiedenen Glanzwinkeln gebeugten Röntgenwellen) (Radiol) / polarization factor ‖ ≈**fehler** *m* (Peilfehler durch Raumwellen) (Radar) / polarization error* ‖ ≈**filter** *n* (Foto, Licht, Opt) / polarizing filter* ‖ ≈**folie** *f* (Foto, Licht, Opt) / Polaroid *n* (sheet)*, sheet polarizer ‖ ≈**gleichung** *f* (Math) / polarization identity ‖ ≈**grad** *m* (quantitatives Maß für die Polarisation von elektromagnetischer Strahlung und Teilchenstrahlung) (Phys) / polarization degree ‖ ≈**kurve** *f* (Chem, Phys) / polarization curve ‖ ≈**leitwert** *m* (Eltech) / polarization admittance ‖ ≈**mikroskop** *n* (Mikros) / polarizing microscope, polarized-light microscope ‖ ≈**mikroskopie** *f* (Mikros) / polarized-light microscopy ‖ ≈**modenkopplung** *f* / polarization mode coupling ‖ ≈**modulator** *m* (der für optische Signalübertragungen den Polarisationszustand einer als Träger dienenden Lichtwelle moduliert) (Fernm, Opt) / polarization modulator ‖ ≈**optik** *f* (Sammelbezeichnung für optische Bauelemente und Geräte zur Erzeugung und Untersuchung von polarisiertem Licht) (Opt) / polarization optics ‖ ≈**prisma** *n* (zur Erzeugung von linear polarisiertem Licht aus natürlichem Licht - Nicolsches Prisma, Glan-Thompson-Prisma, Rochon-Prisma, Wollaston-Prisma usw.) (Opt) / polarizing prism ‖ ≈**pyrometer** *n* (Phys) / polarizing pyrometer ‖ ≈**sättigung** *f* / polarization saturation ‖ ≈**schalter** *m* (unter Verwendung des elektrooptischen Kerr-Effekts) (Eltech) / Kerr cell*, electrooptical shutter, Kerr shutter ‖ ≈**schwund** *m* (Fernm) / polarization fading ‖ ~**selektiv** *adj* / polarization-selective *adj* ‖ ≈**spannung** *f* (Elektr) / polarization voltage, polarization potential ‖ ≈**spannungstitration** *f* (Spannungsmessung bei konstantem Strom) (Chem) / amperometric titration with two indicator electrodes ‖ ≈**spektrometer** *n* (Spektr) / polarizing spectrometer ‖ ≈**strom** *m* (in der Elektrodynamik) (Elektr) / polarization current* ‖ ≈**transfer** *m* **mit unselektiven Pulsen** (Spektr) / insensitive nuclei enhancement by polarization transfer, INEPT ‖ ≈**weiche** *f* (eine Hohlleiterverzweigung) (Fernm) / polarization filter ‖ ≈**widerstand** *m* (Chem, Galv) / polarization resistance ‖ ≈**(wirk)widerstand** *m* (Eltech) / polarization resistance ‖ ≈**winkel** *m* (Opt, Radio) / Brewster angle*, polarizing angle*, angle of polarization ‖ ≈**wirkung** *f* (Phys) / polarization effect ‖ ≈**zahl** *f* (Eltech) / polarization index ‖ ≈**zeit** *f* (z.B. eines Magnetkerns) (EDV, Mag) / setting time ‖ ≈**zustand** *m* (Licht, Opt) / polarization state

**Polarisator** *m* (eines Polarimeters) (Licht, Opt) / polarizer* *n*

**polarisierbar** *adj* (Chem) / polarizable *adj*

**Polarisierbarkeit** *f* (des Moleküls oder des Atoms) (Chem) / polarizability *n* ‖ **dielektrische** ≈ (gegenseitige, meist reversible Verschiebbarkeit von Ladungen in einem dielektrischen Werkstoff bzw. Isolator unter dem Einfluß eines elektrischen Feldes) (Elektr) / dielectric polarizability

**Polarisierbarkeitsvolumen** *n* (Chem) / polarizability volume

**polarisieren** *v* (Chem, Elektr, Opt, Phys) / polarize *v*, polarise *v*

**polarisierender Monochromator** (Astr) / polarizing monochromator*

**polarisiert, rechts zirkular** ~ (Opt) / right-circularly polarized ‖ ~**es Licht** (Licht) / polarized light ‖ ~**es Relais** (dessen Arbeitsweise von der Richtung des erregenden Stromes abhängt) (Eltech) / polarized relay*, polar relay ‖ ~**es Schreibverfahren** (EDV) / polarized return-to-zero recording ‖ ~**e Strahlung** (Phys) / polarized radiation ‖ ~**e Streustromableitung** (Galv) / polarized drainage ‖ ~**e Welle** (Opt) / polarized wave

**Polarisierung** *f* (Chem) / polarization* *n*

**Polariskop** *n* (Gerät, mit dem eine Unterscheidung zwischen teilweise oder linear polarisiertem Licht und natürlichem Licht möglich ist) (Licht, Opt) / polariscope* *n*

**Polarität**

**Polarität** f (Elektr, Mag) / polarity* n ‖ ~ (Zuordnung zwischen Punkten und Geraden in der projektiven Ebene bzw. zwischen Punkten und Ebenen im projektiven Raum) (Math) / polar reciprocation*, reciprocation* n, dualizing* n ‖ **ungleiche** ~ / opposite polarity
**Polaritäts•anzeiger** m (Eltech) / polarity indicator ‖ **~folge** f (Eltech) / polarity sequence ‖ **~kante** f (Phys) / polarity edge ‖ **~reihe** f (Anstr) / hydrophilicity scale ‖ **~umkehr** f (Eltech) / polarity reversal ‖ **~umschaltrelais** n (Eltech) / polarity-inversion relay ‖ **~wechsel** m (Eltech) / polarity reversal ‖ **~wender** m (Eltech) / pole changer, polarity reversing switch
**Polariton** n (ein Quasiteilchen im Festkörper) (Phys) / polariton n
**Polar•kappenabsorption** f (Radio) / polar-cap absorption ‖ **~kegelschnitt** m (Math) / polar conic ‖ **~klima** n (Meteor) / polar climate, arctic climate ‖ **~koordinaten** f pl (Math) / polar coordinates* ‖ **~koordinatenbemaßung** f (in der CNC-Technik) (Masch) / polar coordinate dimension(ing) ‖ **~koordinatendarstellung** f (Radar) / plan-position indicator display, all-round-view indication (display) ‖ **~koordinatenverfahren** n (z.B. Rho-Theta) (Luftf, Nav) / polar-coordinates navigation system ‖ **Nördlicher ~kreis** (Geog) / Arctic Circle ‖ **Südlicher ~kreis** (Geog) / Antarctic Circle ‖ **~kurve** f (Math) / polar curve ‖ **~licht** n (Nordlicht oder Südlicht) (Geol) / aurora* n (pl. -s or -e) ‖ **~lichtstreuung** f (Radio) / auroral scatter ‖ **~lichtzone** f (Astr) / trapping region*, magnetic tube* ‖ **~lichtzone** (Radio) / auroral zone* ‖ **~luft** f (Meteor) / polar air ‖ **kontinentale ~luft** (Meteor) / polar continental air ‖ **maritime ~luft** (Meteor) / polar maritime air
**Polarm** m (des Planimeters) (Math) / polar arm
**Polarnacht** f (Geophys, Meteor) / polar night
**Polarograf** m (Eltech) / polarograph* n
**Polarografie** f (ein Spezialfall der Voltammetrie - nach J. Heyrovský, 1890-1967) (Chem, Eltech) / polarography n, polarographic analysis ‖ **derivative ~** (Chem) / derivative polarography ‖ **inverse ~** (Chem, Eltech) / stripping polarography ‖ **oszillografische ~ mit Wechselstrom** (Chem, Eltech) / multisweep polarography ‖ **~** f **anorganischer Stoffe** (Chem, Eltech) / inorganic polarography ‖ **~ organischer Stoffe** (Chem, Eltech) / organic polarography
**polarografieren** v (Chem, Eltech) / polarograph v
**polarografisch** adj (Chem, Eltech) / polarographic adj ‖ **~es Maximum** (Chem, Eltech) / polarographic maximum ‖ **~e Stufe** (Chem, Eltech) / polarographic wave ‖ **~e Stufe einer reversiblen Teilreaktion** (Chem, Eltech) / reversible polarographic wave ‖ **~e Welle** (Chem, Eltech) / polarographic wave
**Polarogramm** n (Chem, Eltech) / polarogram n
**Polaroid•filter(folie)** n (Foto, Licht, Opt) / Polaroid n (sheet)*, sheet polarizer ‖ **~kamera** f (eine Sofortbildkamera der Polaroid Corporation, Cambridge, Mass., von Dr. E. Land / 1909-1991 / erfunden) (Foto) / Polaroid camera*, Land camera* ‖ **~-Land-Kamera** f (Foto) / Polaroid camera*, Land camera*
**Polaron** n (ein zusammengesetztes Quasiteilchen) (Phys) / polaron* n
**Polar•planimeter** n (bei dem die Leitkurve ein Kreis ist) (Masch, Verm) / polar planimeter ‖ **~plattform** f (Raumf) / polar platform ‖ **~projektion** f (Kart) / polar projection ‖ **~reziproke Figuren** (bezogen auf einen Kegelschnitt) (Math) / polar reciprocals ‖ **~reziprozität** f (Zuordnung zwischen Punkten und Geraden in der projektiven Ebene bzw. zwischen Punkten und Ebenen im projektiven Raum) (Math) / polar reciprocation, reciprocation* n, dualizing* n ‖ **~stern** m (Astr, Verm) / Polaris* n, polestar* n ‖ **~steuerung** f (Luftf) / twist and steer* ‖ **~system** n (Zuordnung zwischen Punkten und Geraden in der projektiven Ebene bzw. zwischen Punkten und Ebenen im projektiven Raum) (Math) / polar reciprocation*, reciprocation* n, dualizing* n ‖ **~tief** n (Meteor) / polar vortex, polar cyclone ‖ **~winkel** m (in der Polarkoordinatenbemaßung) (Masch) / polar angle ‖ **~wirbel** m (Meteor) / polar vortex, polar cyclone ‖ **~zyklone** f (Meteor) / polar vortex, polar cyclone
**Polausgleichsblech** n (Eltech) / pole shim
**Polavision** f (ein Sofortschmalfilmsystem der Polaroid Corporation, Cambridge, Mass.) (Film) / Polavision f
**Pol•bahn** f (Mech) / centrode n (the path traced by the instantaneous centre of a plane figure when it undergoes plane motion) ‖ **~bahntangente** f (bei der Getriebeberechnung) (Masch) / centrode tangent ‖ **~beschleunigung** f (Phys) / pole acceleration ‖ **~bewegung** f (Geophys) / Chandler wobble, polar motion, polar variation ‖ **~bewegung** (des Kreisels) (Phys) / polar motion ‖ **~bogen** m (die Breite des Polschuhs längs des Umfangs) (Eltech) / pole arc* ‖ **~bolzen** m (der Batterie) (Eltech) / terminal n, post n ‖ **~brücke** f (zur Verbindung der Platten eines Plattensatzes nach DIN 40729) (Eltech, Kfz) / terminal bar* n, connector bar*, terminal yoke*, plate bridge, plate strap
**Polder** m (eingedeichtes Land) (HuT) / polder* n
**Poldichte** f (Tex) / pile density

**Poldihammer** m (zur Schlaghärteprüfung - nach der Poldihütte in Kladno, Tschechische Republik) (Hütt) / Poldi hardness tester, Poldi hammer
**Pol•distanz** f (sphärischer Abstand eines Gestirns vom nördlichen bzw. südlichen Himmelspol auf einem Stundenkreis) (Astr) / polar distance*, codeclination n ‖ **~dreck** m (Verunreinigung beim Polen) (Hütt) / scruff n (a mixture of tin oxide and iron-tin alloy formed as dross on a moulten tin-coating bath) ‖ **~effekt** m (Zunahme der Intensität der kosmischen Strahlung mit zunehmender geomagnetischer Breite) (Geophys) / latitude effect
**Poleiöl** n (aus der Poleiminze - Mentha pulegium L.) (Chem, Pharm) / pennyroyal oil ‖ **Amerikanisches ~** (aus der Hedeoma pulegioides (L.) Pers.) / pennyroyal oil (US), hedeoma oil, American pennyroyal oil
**polen** v (verunreinigte schmelzflüssige Metalle raffinieren) (Hütt) / pole v ‖ **~** n (Raffinationsverfahren für verunreinige schmelzflüssige Metalle) (Hütt) / poling* n ‖ **nichtgenügendes ~** (Hütt) / underpoling n
**Polendplatte** f (Eltech) / pole end-plate*
**Polenske-Zahl** f (eine alte Fettkennzahl) (Chem, Nahr) / Polenske value
**Pol•faden** m (Tex) / pile thread ‖ **~faktor** m (VDE 0670, T 101) (Eltech) / first-pole-to-clear factor ‖ **~figur** f (zur quantitativen Beschreibung einer Textur) (Hütt) / pole figure ‖ **~filter** n (Foto, Licht, Opt) / polarizing filter ‖ **~fläche** f (Eltech) / pole face* ‖ **~flächenabschrägung** f (Eltech) / pole bevel*, pole-face bevel ‖ **~garn** n (Spinn) / pile yarn ‖ **~gewebe** n (Web) / pile fabric ‖ **~glocke** f (konische Kappe zum Anschluss eines Batteriekabels an einen Endpol) (Eltech) / helmet connector, helmet lug ‖ **~haftung** f (Tex) / pile anchorage ‖ **~henkel** m (Tex) / pile loop ‖ **~hodie** f (eine Raumkurve 4. Ordnung) (Mech) / polhode n ‖ **~hodiekegel** m (Mech) / body cone, polhode cone, moving axode ‖ **~höhe** f (Höhe des oberen Pols über dem wahren Horizont) (Astr, Nav) / pole height ‖ **~höhe** (Maß für das Viskositätstemperaturverhalten eines Öls) (Chem, Phys) / pole height ‖ **~horn** n (Eltech) / pole horn*, pole tip*
**Polianit** m (Lichtes Graumanganerz, $MnO_2$) (Min) / polianite n
**Polier** m (Bau) / foreman bricklayer ‖ **~bad** n / polishing bath ‖ **~band** n / polishing belt ‖ **~band** ein Schwabbelwerkzeug) (Masch, Werkz) / buffing band ‖ **~bar** adj (Terrazzo) (Bau) / buffable adj ‖ **~bar** (Bau) / polishable adj ‖ **~bock** m (Masch) / polishing lathe* ‖ **~bürste** f / polishing brush
**polieren** v / shine vt ‖ **~** (mit spritlöslichen Kunstharzen in Mischung mit Schellack oder Zellulosenitrat) (Anstr, For) / spirit off v, spirit out v ‖ **~** (Terrazzo) (Bau) / buff v ‖ **~** (Sandform) (Gieß) / sleek v ‖ **~** (Hütt) / planish v ‖ **~** (Masch) / polish v, smooth v ‖ **~** (mit Schellackpolitur) (Tischl) / French-polish v ‖ **mit Politur ~** (Tischl) / polish v ‖ **~** n (von Holz - mit spritlöslichen Kunstharzen in Mischung mit Schellack oder Zellulosenitrat) (Anstr, For) / spiriting off, spiriting out n ‖ **~** (des Schnitts) (Buchb) / burnishing* n ‖ **~** (Kugel-, Trommel-, Präge-) (Hütt) / burnishing n ‖ **~** (Masch) / polishing n, smoothing n ‖ **anodisches ~** (das Werkstück wird als Anode geschaltet und löst sich auf) (Masch) / electrolytic polishing*, anode polishing*, electropolishing* n, electrobrightening* n, anode brightening* ‖ **aufbauendes ~** (nach dem Ballenverfahren) (Tischl) / French polishing ‖ **chemisches ~** / chemical brightening, chemical polishing ‖ **elektrochemisches ~** (Masch) / electrolytic polishing*, anode polishing*, electropolishing* n, electrobrightening* n, anode brightening* ‖ **elektrolytisches ~** (Erzeugung einer mikroskopisch glatten Metalloberfläche mit Hilfe elektrochemischer Verfahren) (Masch) / electrolytic polishing*, anode polishing*, electropolishing* n, electrobrightening* n, anode brightening* ‖ **~** n **mit Pechpolitur** (Opt) / pitch polishing
**polier•fähig** adj (Bau) / buffable adj ‖ **~fähig** (im allgemeinen) (Bau) / polishable adj ‖ **~filter** n (Chem) / polishing filter ‖ **~gold** n (mit etwa 20% Goldgehalt) (Keram) / polishable gold ‖ **~grün** n (ein Chromoxid) (Hütt) / green rouge ‖ **~haken** m (Gieß) / flange sleeker ‖ **~hammer** m (ein Schlosserhammer) (Werkz) / planisher* n, planishing hammer ‖ **~hammer für Kupferschmiede** (Werkz) / coppersmith's hammer* ‖ **~kalkstein** m (Min) / rottenstone adv (a soft decomposed siliceous limestone used as a polishing material) ‖ **~knopf** m (eiförmiger) (Gieß) / egg sleeker* ‖ **~knopf** (Gieß) / sleeker* n, smoother* n, slicker* n ‖ **~lack** m (Anstr, Tischl) / polishing varnish ‖ **~läppen** n (Masch) / mop buffing, buffing n ‖ **~läppscheibe** f (Masch) / buff* n, buffing wheel, mop n, mop abrasive disk, buffing mop ‖ **~maschine** f (Masch) / polishing lathe* ‖ **~mittel** n (Paste oder Emulsion) / polishing agent ‖ **~öl** n (Anstr) / rubbing oil ‖ **~papier** n (Glas) / polishing paper ‖ **~paste** f (für die Lackbehandlung) (Anstr) / cutting compound, rubbing compound ‖ **~pech** n (Opt) / polishing pitch ‖ **~pulver** n **mit Zinndioxid als Hauptbestandteil** (Bau, Glas) / putty powder*, jeweller's putty ‖ **roter ~rand** (Glas) / red edge ‖ **~ring** m (Masch) / ring buff, buffing ring ‖ **gewellter ~ring** (Masch) / corrugated buff ‖ **~rollen** n (Masch) / roller burnishing ‖ **~rot** n (geschlämmtes Eisenoxidrot) (Caput mortuum)

/ rouge* n, English red, polishing rouge || ~rot (für Edelsteine) / jeweller's rouge || [purpurfarbenes] ~rot / crocus n, crocus martis || ~-S n (Gieß) / flange sleeker || ~schaufel f (Gieß) / trowel n || ~schaufel mit geradem Blatt (Gieß) / square-nosed trowel || ~schaufel mit rundem Blatt (Gieß) / round-nosed trowel || ~scheibe f / polishing wheel, polishing disk, polisher n || ~scheibe (Glas) / lap* n || ~scheibe aus Baumwolle (Masch) / cotton buff || ~schleifmittel n / polishing abrasive || ~spiritus m (Anstr) / polishing spirit (with 94,3-94,4 weight percent) || ~sprit m (Anstr) / polishing spirit (with 94,3-94,4 weight percent) || ~stab m (Masch) / polishing stick* || ~stahl m (zum Polieren von Werkstücken aus Gold, Silber, Kupfer, Zinn, Zink, Blei und Messing unter Zusatz von Seifenwasser oder anderem Glänzmittel) / burnisher n, steel polisher, sleeking steel || ~stange f (eines Pumpaggregats) (Erdöl) / polished rod* || ~stein m (für Marmor) (Bau) / float* n || ~stein (für Stuckmarmor) (Min) / snakestone n, Water of Ayr stone, Scotch stone || ~stich m (beim Walzen) (Hütt) / planishing pass, smoothing pass
**poliert** adj (Stein) (Bau) / glassed* adj || ~e Platte (Münze) / proof n || ~er Reis (Nahr) / polished rice
**Polier•teller** m / polishing wheel, polishing disk, polisher n || ~trommel f (in der Teile durch Reibung eine glatte Oberfläche erhalten) / polishing barrel || ~walze f (Hütt) / polishing roll, planisher n, planishing roll || ~walze (aus Ringen oder Scheiben) (Masch) / polishing roll || ~walzen m (Masch) / roller burnishing || ~walzwerk n (Hütt) / planisher* n, planishing mill, finisher n || ~wasser n (wachshaltige Emulsion mit geringsten Zusätzen feinster Schleifmittel) / polish n || ~werkzeug n (Gieß) / sleeker* n, smoother* n, slicker* n || ~werkzeug mit Schleifpapier (Glas) / paper polisher
**Poliment** n (zum Vergolden) / Armenian bole, bole armoniac
**Polish** n (zum Abpolieren und zur Pflege) (wachshaltige Emulsion mit geringsten Zusätzen feinster Schleifmittel) / polish n
**politieren** v (A) (Tischl) / polish v
**Politik** f der offenen Architektur (Arch) / open-architecture policy
**Politur** f (ein Filmbildner zur Herstellung von polierten, hochglänzenden, spiegelnden, glatten Flächen) / polish n || ~ (polierte, hochglänzende, spiegelnde, glatte Fläche) / polished face || ~ (Anstr) / finish n || mit ~ polieren (Tischl) / polish v || ~ätzen n (der Halbleiteroberflächen) (Eltronik) / polishing n || ~lack m (Anstr, Tischl) / polishing varnish
**Polizei•fahrzeug** n (Kfz) / police car || ~filter n (ein nachgeschaltetes Staubfilter) / secondary dust filter || ~funk m (Radio) / police radio
**Polje** n (pl. Poljen - ein Becken im Karstgebiet) (Geol) / polje* n, polye n
**Pol•kante** f (Eltech) / pole tip || auflaufende ~kante (Eltech) / leading pole horn*, leading pole tip* || ablaufende ~kante (Eltech) / trailing pole horn*, trailing pole tip* || ~kappe f (Astr) / polar cap || ~katupfen m (Tex) / polka dot (pattern) || ~kegel m (Mech) / body cone, polhode cone, moving axode || ~kegelschnitt m (Math) / polar conic (of a triangle or trilateral) || ~kern m (Eisen) (Eltech) / pole shank*, pole core*, pole body || ~kette f (bei Tournaiteppichen) (Tex) / frame yarn || ~kette (Web) / nap warp, pile warp || ~kettenbaum m (Web) / beam for the pile, warp for the pile || ~klemme f (Eltech) / battery terminal, battery cable terminal || ~klemmenzange f (für die Batterie) (Eltech, Werkz) / battery clamp remover || ~kopf m (der Batterie) (Eltech) / terminal n, post n || ~kurve f (nach L. Poinsot) (Mech) / polhode n || ~leine f (des Fallschirms) (Luftf) / pole line
**Pollen** m (Blütenstaub) (Bot) / pollen* n || ~analyse f (eine mikroskopische Untersuchung) (Geol) / pollen analysis* || ~filter n (z.B. in der Klimaanlage) / pollen filter || ~flugvorhersage f (Bot, Med, Umwelt) / pollen forecast || ~forschung f (Biol, Geol) / palynology*, pollen analysis || ~messung f (z.B. in Pollenfallen) (Bot, Med, Umwelt) / pollen count || ~warndienst m (Bot, Med, Umwelt) / pollen forecast
**Poller** m (im öffentlichen Straßenverkehrsraum) / bollard n || ~ (zum Festmachen von Schiffen nach DIN 4054) (Schiff) / bollard* n, snubbing-post n, guard-post n || ~ (zum Festmachen von Schiffen nach DIN 4054) s. auch Einfachpoller || ~zug m (Schiff) / bollard pull
**Pollination** f (Bot, Landw) / pollination* n
**Polling** n (EDV) / polling* n, POL || ~ (EDV) / polling n || ~liste f (EDV) / polling list, poll list, poll train
**Pollucit** m (Haupzäsiumerz) (Min) / pollucite* n, pollux n || ~ (Min) s. auch Petalit
**Pollution** f (Umwelt) / pollution* n, contamination n
**Pollux** m (Haupzäsiumerz) (Min) / pollucite* n, pollux n
**Polluzit** m (Haupzäsiumerz) (Min) / pollucite* n, pollux n
**polnah** adj (Geog) / subpolar adj
**polnisch, umgekehrte ~e Notation** (EDV) / postfix notation, suffix notation, reverse Polish notation, RPN || ~er Dreher (Tex) / double leno, double gauze, douped crossing gauze || ~e Notation f (EDV) / Polish notation, Lukasiewicz notation, prefix notation || ~er Verband (Bau) / Flemish bond*, Dutch bond* || ~er Verband (beide Sichtflächen der Mauer) (Bau) / double Flemish bond* ||

[klammerfreie] ~e Schreibweise (EDV) / Polish notation, Lukasiewicz notation, prefix notation
**Pol•noppe** f (Tex) / pile loop || ~noppe (Tex) / tuft n || ~-Nullstellen-Analyse f (Regeln) / pole-zero analysis
**poloidal** adj (Nukl) / poloidal adj || ~es Magnetfeld (Nukl) / poloidal field*
**Poloidfeld** n (Nukl) / poloidal field*
**Polonceaubinder** m (nach B.C. Polonceau, 1813-1859) (Bau) / French truss*, Belgian truss*, Fink truss*
**Polonceauträger** m (Bau) / French truss*, Belgian truss*, Fink truss*
**Polonid** n (Chem) / polonide n
**Polonium** (Po) n (Chem) / polonium* n
**Polonovski-Reaktion** f (Chem) / Polonovski reaction
**Polonowski-Reaktion** f (Chem) / Polonovski reaction
**Pol•ortskurve** f (Eltech) / root locus* || ~platine f (Web) / pile sinker, plush sinker || ~plattform f (Raumf) / polar platform
**POL-Pulver** (ein Treibladungspulver) / PWS powder, powder without solvent
**Pol•rad** n (Eltech) / rotor* n, armature* n || ~rad (der elektromagnetischen Kupplung) (Eltech) / solenoid n || ~radius m (der Erde) (Verm) / polar radius || ~radpendelung f (Eltech) / phase swinging* || ~radstern m (Eltech) / field spider* || ~radwinkel m (der Phasenverschiebungswinkel zwischen der Polradspannung einer Synchronmaschine und ihrer Klemmenspannung bzw. der Spannung eines starren Netzes oder einer weiteren Synchronmaschine) (Eltech) / rotor-displacement angle, load angle || ~reagenzpapier n (Chem) / pole-finding paper*, polarity paper (US) || ~schenkel m (bei elektrischen Maschinen) (Eltech) / pole shank* || ~schicht f (bei Poltextilien) (Tex) / pile* n || ~schicht (Tex) / pile* n || ~schleife f (Tex) / pile loop || ~schlinge f (Tex) / pile loop || ~schlinge (bei Teppichen) (Tex) / pile tuft || ~schritt m (Eltech) / pole pitch* || ~schritt (Eltech) / pole step || ~schuh m (an den Polkernen eines Elektromagneten angesetztes Eisenstück) (Eltech) / pole shoe*, pole piece || konischer ~schuh (Eltech) / tapered pole piece || ~schuhfläche f (Eltech) / pole face* || ~schuhschrägung f (Eltech) / pole bevel*, pole-face bevel || ~schwankung f (Geophys) / Chandler wobble, polar motion, polar variation || ~sequenz f (internationale) (Astr) / polar sequence || ~spitze f (Eltech) / pole horn*, pole tip* || ~spule f (Eltech) / field coil*, excitation coil || ~stand m (bei Teppichen) (Tex) / pile resilience || ~ständig adj (Kartennetzentwurf) (Kart) / polar adj || ~stärke f (Phys) / pole strength* || magnetische ~stärke (magnetostatische Größe, die der elektrischen Ladung in der Elektrostatik entspricht) (Elektr) / magnetic pole strength* || ~stelle f (in der Definitionsmenge rationaler Funktionen) (Math) / pole n
**Polster** n m (Schulter-) / cushion n || ~ n (unter der Bewehrung des Kabels) (Kab) / bedding n (a cushioning layer) || ~ (einzelnes) (Kfz) / bolster n || ~ n m (Tex) / pad n || ~abdeckkappe f (Kfz) / impact cushion || ~düse f (des Staubsaugers) / upholstery nozzle || ~füllstoff m (Tex) / upholstery stuffing || ~gewebe n (Tex) / upholstery fabric || ~gründung f (HuT) / pad foundation, pad footing || ~gummi m (Kfz) / cushion n || ~leder n (z.B. für Autos) (Leder) / leather for upholstery, upholstery leather || ~materialien n pl (Gestell, Gurte, Federung, Füllstoffe, Posamenten usw.) / upholstery n
**polstern** v (eine Unterlage) / cushion v || ~ (Möbel) (Tex) / upholster v || ~ (Tex) / stuff v, pad v, line v || neu ~ (Tex) / reupholster v
**Polster•nagel** m (Bau, Werkz) / cut nail || ~platte f (Kfz) / impact cushion || ~schmierung f (Masch) / oil-pad lubrication, pad lubrication || ~stein m (Bau, HuT) / template* n, pad-stone* n, pad n || ~stoff m (Tex) / upholstery fabric || ~tür f (Bau) / padded door
**Polsterung** f (der Unterlage, Funktion des Reifens) (HuT, Kfz) / cushioning n || ~ (z.B. der Sonnenblenden, zur passiven Sicherheit) (Kfz) / padding n || ~ (Tex) / upholstery n
**Polster•velours** m (Tex) / upholstery pile fabric || ~ware f (Tex) / upholstery n || ~watte f (Tex) / wadding n, padding n
**Pol•streuung** f (Eltech) / pole leakage || ~stück n (Eltech) / pole piece*, magnet pole* || ~teilung f (Eltech) / pole pitch* || ~teppich m (Tex) / pile carpet, pile floor covering
**Polter** n (For) / deck n || ~anlage f (Land-Rundholzlagerung) (For) / deck n || ~gerät n (für Schinken) (Nahr) / tumbler n || ~kapazität f (Lagerkapazität eines Polters) (For) / deck capacity || ~zange f (For) / logging tongs
**Pol•textilie** f (Web) / pile fabric || ~textilien pl (Tex) / pile goods || ~umkehr f (Eltech) / polarity reversal || ~umschaltbar adj (Motor, Windung) (Eltech) / pole-changing adj || ~umschaltbar, polamplitudenmodulierter Asynchronkäfigläufermotor (Eltech) / pole-amplitude-modulated motor || ~umschaltbarer Motor (Drehstromasynchronmotor mit Kurzschlußläufer, der zwei getrennte Ständerwicklunghen mit unterschiedlicher Polpaarzahl hat) (Eltech) / change-pole motor*, pole-changing motor || ~umschaltung f (Eltech) / pole changing
**Polung** f (Elektr, Mag) / polarity* n

**Polverlegung**

**Pol•verlegung** f (bei Teppichen) (Tex) / pile misalignment ||
**~verschiebung** f (sekuläre Bewegung) (Geophys) / polar wandering*,
polar migration, Chandler motion || **~wanderung** f (vermutete
Verlagerung der Rotationspole relativ zur Erdoberfläche) (Geophys)
/ polar wandering*, polar migration, Chandler motion || **~wärts** adv
/ poleward(s) adv || **~wechsel** m (Polzahl) (Eltech) / pole changing ||
**~wechselschalter** m (Eltech) / pole changer, polarity reversing switch
|| **~wechsler** m (ein Schaltgerät) (Eltech) / pole changer, polarity
reversing switch || **~wicklung** f (einzelner Pol) (Eltech) / pole winding
|| **~wicklung** (einzelner Pol) (Eltech) s. auch Erregerwicklung
**poly A-Ende** (Gen) / tailing n
**Polyacetal** n (Chem) / polyacetal n || ~ (Chem) s. auch Polyoxymethylen
**Polyacetylen** n (organische Verbindung mit zwei oder mehreren
konjugierten Kohlenstoff-Dreifachbindungen im Molekül) (Chem) /
polyacetylene n || **~batterie** f (Eltech) / polyacetylene battery
**Poly•acrylamid** n (Chem) / polyacrylamide n || **~acrylamidgel** n (Biol) /
polyacrylamide gel* || **~acrylat** n (Chem) / polyacrylate* n ||
**~acrylimid** n (Chem) / polyacrylimide n || **~acrylnitril** n (Chem) /
polyacrylonitrile n, PAN, PACN || **~acrylnitrilfasern** f pl (Plast) /
polyacrylonitrile fibres, PAN fibres* || **~acrylonitril** n (Chem) /
polyacrylonitrile n, PAN, PACN || **~acrylsäureester** m (Chem) /
polyacrylate* n
**polyad** adj (Math) / polyadic adj
**Poly•addition** f (eine der drei wichtigsten Bildungsreaktionen von
Makromolekülen) (Chem) / polyaddition n || **~addukt** n (Chem) /
addition polymer, polyadduct n, addition resin || **~adenylsäure** f
(Chem) / polyadenylic acid || **~adhäsivpapier** n (Pap) / polyadhesive
paper || **~akrylamid** n (Chem) / polyacrylamide n || **~akrylat** n (Chem)
/ polyacrylate* n || **~akrylimid** n (Chem) / polyacrylimide n ||
**~akrylnitril (PAN)** n (Chem) / polyacrylonitrile n, PAN, PACN ||
**~akrylsäureester** m (Polymer auf Basis von Estern der Akrylsäure)
(Chem) / polyacrylate* n || **~alkenamer** n (Chem) / polyalkenamer n,
polyalkenylene n || **~alkenylen** n (Chem) / polyalkenamer n,
polyalkenylene n || **~alkin** n (Chem) / polyalkyne n || **~alkin** (Chem) s.
auch Polyazetylen || **~alkohol** m (Alkohol mit mehreren OH-Gruppen
im Molekül) (Chem) / polyol n, polyalcohol n, polyhydric alcohol* ||
**~alkrylharz** n (Chem) / polyacrylate* n || **~alkylenglykol** n (Chem) /
polyalkylene glycol, polyalkylene oxide || **~allomer** n (Chem) /
polyallomer n || **~allomeres** n (Chem) / polyallomer n ||
**~alphabetische Substitution** (EDV) / polyalphabetic substitution
**Polyamid (PA)** n (DIN 7728, T 1) (Chem) / polyamide* (PA) n || **~faser**
f (Tex) / polyamide fibre || **~faserstoff** m (Tex) / polyamide fibre(s) ||
**~imid** n (Chem) / polyamideimide n || **~klebstoff** m / polyamide
adhesive || **~papier** n / polyamide paper || **~reserve** f (Tex) /
polyamide resist || **~seil** n (DIN 83330) / polyamide rope
**Poly•amond** n (Mehrling aus gleichseitigen Dreiecken) (Math) /
polyamond n || **~ampholyt** m (Chem) / polyampholyte n || **~anion** n
(der Polysäure) (Chem) / polyanion n || **~arylensulfid** n (Chem) /
polyphenylene sulphide, PPS || **~arylester** m (Chem) / polyarylester n
|| **~arylether** m (Chem) / polyphenylene ether, polyoxyphenylene n,
polyaryl ether || **~aryletherketon** n (Plast) / polyether ketone ||
**~arylsulfon** n (Chem) / polyethylene sulphone || **~asparaginsäure** f
(Chem) / polyaspartic acid || **~atomar** adj / polyatomic adj
**Pólya-Verteilung** f (nach G. Pólya, 1887-1985) (Stats) / Pólya
distribution
**Poly•azetal** n (Chem) / polyacetal n || **~azetylen** n (organische
Verbindung mit zwei oder mehreren konjugierten
Kohlenstoff-Dreifachbindungen im Molekül) (Chem) / polyacetylene
n || **~azetylenbatterie** f (Eltech) / polyacetylene battery || **~basit** n
(ein Spießglanz) (Min) / polybasite* || **~benzimidazen (PBI)** n
(Chem) / polybenzimidazole n || **~benzimidazol** n (Chem) /
polybenzimidazole n || **~benzimidazolklebstoff** m /
polybenzimidazole adhesive || **~benzol** n (höhermolekulares
Polyphenylen) (Chem, Tex) / polyphenyl n || **~blend** n m (Gemisch aus
Polyvinylchlorid mit kautschukelastischen Polymeren) (Chem) /
polyblend n || **~blend** (Chem) / polyblend n, polymer blend ||
**~bornitrid** n (ein anorganisches Polymer) (Chem) / boron nitride
polymer || **~borsäure** f (z.B. Tetraborsäure) (Chem) / polyboric acid ||
**~bromiertes Biphenyl (PBB)** (Chem) / polybrominated biphenyl
(PBB)
**Polybutadien (PB)** n (Chem) / polybutadiene* n || ~ (Plast) / butadiene
rubber || **~acrylnitril** n (Chem, Raumf) / polybutadiene acrylonitrile
(PBAN) || **~acrylsäure** f (Chem) / polybutadiene acrylic acid (PBAA)
|| **~akrylnitril** n (Chem, Raumf) / polybutadiene acrylonitrile (PBAN)
|| **~akrylsäure** f (Chem) / polybutadiene acrylic acid (PBAA)
**Poly•buten** n (ein Polyolefin) (Chem) / polybutene* n, polybutylene n,
PIB* || **~butylenterephthalat** n (Plast) / polybutylene terephthalate,
PBTP || **~carbonatkondensator** m (Eltech) / polycarbonate capacitor
|| **~carbonat (PC); n.** n (DIN 7728) (Plast) / polycarbonate* n ||
**~carbonsäure** f (Chem) / polycarboxylic acid || **~carboxylat** n
(Carboxylatgruppen enthaltendes Polymer, das als Cobuilder in
phosphatfreien Wasch- und Geschirrspülmitteln für maschinelles
Geschirrspülen eingesetzt wird) (Chem) / polycarboxylate n ||
**~chlorbiphenyl** n (Chem) / polychlorinated biphenyl (PCB) ||
**~chlorieren** v (Chem) / polychlorinate v || **~chloriertes Biphenyl**
(Chem) / polychlorinated biphenyl (PCB) || **~chloriertes Terphenyl**
(Chem) / polychlorinated terphenyl || **~chloriertes Thianthren**
(Chem) / polychlorinated thianthrene, PCTA || **~chloropren** n (Chem)
/ polychloroprene* (PCP) || **~chloroprenklebstoff** m /
polychloroprene adhesive, PCP adhesive || **~chlortrifluorethylen** n
(Plast) / polytrifluorochloroethylene* n, PTFCE*,
polychlorotrifluoroethylene n, PCTFE || **~chroismus** m (eine
kristalloptische Erscheinung) (Krist, Min) / pleochroism* n,
polychroism n || **~chrom** adj / polychromatic adj, multicolour attr ||
**~chromatisch** adj (Strahlung) (Phys) / polychromatic adj ||
**~chromatisches Glas** (Foto) / polychromatic glass || **~chromator** m
(Spektr) / multichannel spectrometer, polychromator n || **~chromie** f
(Arch, Keram) / polychromy n || **~cyanoacrylat** n (Chem) /
polycyanoacrylate n || **~cyclisch** adj (Chem) / polycyclic* adj,
polycyclical adj || **~cyclobuten** n (Chem) / cyclobutene polymer ||
**~dentaler Ligand** (Chem) / multidentate ligand, polydentate ligand*
|| **~dextrose** f (Chem, Nahr) / polydextrose n || **~dispers** adj (Chem) /
polydisperse adj, heterodisperse adj || **~dispersion** f (Chem) /
polydispersion n || **~dispersität** f (Chem) / polydispersity n (in a
polymer system) || **~dymit** m (ein Kobaltnickelkies) (Min) /
polydymite n
**Polyeder** n (ein ebenflächiger Körper) (Math) / polyhedron* n (pl.
-hedrons or -hedra) || **~-** (Math) / polyhedral adj || **halbreguläres ~**
(Math) / Archimedean solid, Archimedean polyhedron, Catalan's
solid || **konvexes ~** (wenn die Neigungswinkel benachbarter
Begrenzungsflächen im Inneren des Körpers gemessen, sämtlich
kleiner als 180° sind) (Math) / convex polyhedron || **reguläres ~**
(konvexe Polyeder) (Math) / regular convex solids*, regular
polyhedra, platonic solids, platonic bodies || **Voronojsches ~** (Krist) /
Voronoi polyhedron, Voronoy polyhedron || **~abbildung** f (Geog) /
polyhedric projection || **~ecke** f (Math) / polyhedral angle || **~gruppe**
f (z.B. die Dodekaedergruppe) (Math) / polyhedral group ||
**Eulerscher ~satz** (Math) / Euler's theorem for polyhedra
**poly•edrisch** adj (Math) / polyhedral adj || **~elektrolyt** m
(Makromoleküle mit "eingebauten" ionischen Gruppen, deren
Ladung positiv oder negativ oder neutral sein kann) (Phys) /
polyelectrolyte n || **~elektrolytisches Gel** (Chem) / polyelectrolyte
gel, polyelectrolytic gel || **~elektrolyttitration** f (Chem) /
polyelectrolyte titration || **~ellipsoid** n (bei Scheinwerfern) (Kfz) /
polyellipsoid n
**Polyene** n pl (ungesättigte aliphatische Kohlenwasserstoffe mit
mindestens drei oder mehr konjugierten Doppelbindungen im
Molekül) (Chem) / polyenes pl
**Polyen-Antibiotika** n pl (wie z.B. Flavomycin oder Nystatin) (Pharm) /
polyene antibiotics
**Polyepoxid** n (Chem) / polyepoxide n
**Polyester (PES)** m (Chem, Plast) / polyester* (PES) n || **ungesättigter ~
(UP)** (Chem) / unsaturated polyester (UP) || **~bildung** f (Chem) /
polyesterification n || **~carbonat** n (Chem) / polyester carbonate ||
**~faser** f (Chem, Plast, Tex) / polyester fibre || **~faserstoff** m (Chem,
Plast, Tex) / polyester fibre || **~glasfasermasse** f (Plast) / gunk n ||
**ungesättigtes ~harz** (Chem) / unsaturated polyester resin, UP resin ||
**~harztränkung** f (For) / polyester impregnation || **~imid** n (Chem) /
polyesterimide n || **~karbonat** n (Chem) / polyester carbonate ||
**~kautschuk** m (z.B. Paraplex-Kautschuk) (Chem Verf) / polyester
rubber || **~klebstoff** m (Chem) / polyester adhesive || **~kondensator**
m (Eltech) / polyester capacitor || **~lack** m (Anstr) / polyester coating ||
**~platte** f (Druck) / polyester-based plate || **~seil** n (DIN 83331) /
polyester rope || **~/TGIC-Pulverlack** m (Pulverlack, in dem
carboxygruppentragende Polyester mit Triglycidylisocyanurat
vernetzt wird) (Anstr) / polyester TGIC coating powder
**Polyether** m (Chem) / polyether n || **~etherketon** n (ein Thermoplast)
(Plast) / polyetheretherketon n, PEEK || **~keton** n (Plast) / polyether
ketone || **~modifiziertes Polysiloxan** (ein Lackadditiv) (Anstr) /
polyether-modified polysiloxane || **~öl** n (Plast) / polyether oil
**Polyethylen** (DIN 7728) (Chem, Plast) / polyethylene* n, PE,
polyethene* n, Alkathene* n || **chloriertes ~** (Chem, Plast) /
chlorinated polyethylene, CPE || **chlorsulfoniertes ~ (CSM)** (Chem)
/ chlorosulphonated polyethylene || **expandierter ~schaum** (Plast) /
expanded polyethylene foam || **Gattungsbezeichnung für ~** (Chem) /
polythene n (GB)* || **sulfochloriertes ~** (Chem) / chlorosulphonated
polyethylene || ~ n (mit) **hoher Dichte** (Chem, Plast) / high-density
polyethylene, HDPE || ~ (mit) **mittlerer Dichte** (Chem, Plast) /
middle-density polyethylene, MDPE || ~ (mit) **niedriger Dichte**
(Chem, Plast) / low-density polyethylene, LDPE || ~ **niedriger Dichte
mit linearer Struktur** (Chem, Plast) / linear low-density polyethylene,
LLDPE || **~folie** f (Chem, Plast) / polyethylene film, polyethylene foil ||
**~glycoldistearat** n (Chem) / polyglycol distearate, polyethylene
glycol distearate || **~glykol** n (Chem) / polyethylene glycol, PEG ||

≈**glykoldistearat** n (Chem) / polyglycol distearate, polyethylene glycol distearate ‖ ≈**glykolterephthalat (PETP)** n (Chem) / polyethylene glycol terephthalate (PETP) ‖ ≈**imin** n (Chem) / polyethyleneimine n ‖ ≈**isolierung** f (Eltech) / polyethylene insulation, PE insulation ‖ ≈**oxid** n (Polyethylenglykol mit hoher Molmasse) (Chem) / polyethylene oxide, PEOX ‖ ≈**schaum** m (Chem, Plast) / polyethylene foam ‖ ≈**schaumstoff** m (Chem, Plast) / polyethylene foam ‖ ≈**terephthalat** n (DIN 7728) (Plast) / polyethylene terephthalate* ‖ ≈**wachs** n (ein Polyolefinwachs als Mattierungsmittel) (For) / polyethylene wax

**Poly•ethyliden** n (durch Polymerisation von Diazoethan erzeugtes Polymer) (Chem) / polyethylidene n ‖ ≈**ferrocen** n (Chem) / polyferrocene n ‖ ~**fil** adj (Spinn) / multifilament attr, multiple-thread attr ‖ ≈**fil** n (Spinn) / multifilament n (yarn) ‖ ≈**filgarn** n (Spinn) / multifilament n (yarn) ‖ ≈**fluorsilicone** n pl (Plast) / polyfluorosilicones pl ‖ ≈**formaldehyd** m (ein Polyacetal) (Chem) / polyoxymethylene* n, polyformaldehyde* n ‖ ≈**formen** n (thermisches Reformieren mit Gasrückführung) (Erdöl) / polyforming n ‖ ≈**forming** n (thermisches Reformieren mit Gasrückführung) (Erdöl) / polyforming n ‖ ~**funktionell** adj / multi-purpose attr., multiple-function attr, polyfunctional adj ‖ ~**funktionelles Protein** (Biochem) / polyprotein n ‖ ~**gen** adj (heterogen in der Zusammensetzung) (Geol) / polygenous adj ‖ ~**gen** (Geol) / polygenetic adj ‖ ≈**geosynklinale** f (Geol) / polygeosyncline n ‖ ≈**germes Knäuel** (Rübensaatgut) (Landw) / polygerm cluster ‖ ≈**glucosan** n (ein Polymer der Glukose) (Chem) / glucan* n ‖ ≈**glutaminsäure** f (Chem) / polyglutamic acid ‖ ≈**glycerin** n (Chem) / polyglycerol n ‖ ≈**glycerinester** m **von Speisefettsäuren** (Nahr) / polyglycerol ester of fatty acids, polyglycerol fatty acid ester ‖ ≈**glycol** n (Chem) / polyglycol n ‖ ≈**glycoldistearat** n (Chem) / polyglycol distearate, polyethylene glycol distearate ‖ ≈**glykol** n (Chem) / polyalkylene glycol, polyalkylene oxide ‖ ≈**glykol** (im allgemeinen) (Chem) / polyglycol n ‖ ≈**glykoldistearat** n (Chem) / polyglycol distearate, polyethylene glycol distearate ‖ ≈**glykolether** m (Chem) / polyalkylene glycol, polyalkylene oxide ‖ ≈**glykolid** n (Chem) / polyglycolide n ‖ ≈**glykolsäure** f (Chem) / polyglycolide n ‖ ≈**glyzerin** n (Chem) / polyglycerol n ‖ ≈**glyzerinester** m **von Speisefettsäuren** (E 475) (Nahr) / polyglycerol ester of fatty acids, polyglycerol fatty acid ester

**Polygon** n (Strukturboden) (Geol) / polygon n ‖ ≈ (pl. -e) (Math) / polygon* n ‖ ≈~ (Math) / polygonal adj ‖ **reguläres** ≈ (Math) / regular polygon* n ‖ ≈**abbildung** f (Math) / Schwarz-Christoffel transformation, polygon mapping

**polygonal** adj (Math) / polygonal adj ‖ ≈**boden** m (Geol, Landw) / polygonal ground, polygon ground, polygonal soil, polygonboden n, cellular soil, stone polygon soil ‖ ≈**mauerwerk** n (dessen Ansichtsfläche aus polygonalen Steinen besteht) (Bau) / polygonal rubble* n ‖ ≈**zahl** f (Math) / polygonal number

**Polygon•ausbau** m (aus Stahlsegmenten oder als Polygonzimmerung in Holz) (Bergb) / polygonal support ‖ ≈**boden** m (ein Frostmusterboden in Dauerfrostgebieten) (Geol, Landw) / polygonal ground, polygon ground, polygonal soil, polygonboden n, cellular soil, stone polygon soil ‖ ≈**dach** n (Bau) / polygonal roof* ‖ ≈**drehen** n (Masch) / polygonal turning ‖ ≈**färbung** f (EDV) / polygon fill

**Polygonieren** n (Verm) / traverse* n, traverse survey, traversing n, progression n

**Polygonierung** f (Verm) / traverse* n, traverse survey, traversing n, progression n

**Polygonisation** f (Bildung von Versetzungswänden oder Korngrenzen aus gleichmäßig verteilten Versetzungen, besonders nach plastischer Biegung) (Krist) / polygonization n

**Polygon•profil** n (Masch) / K profile, spline n ‖ ≈**rost** m (Masch, Wärm) / polygonal grate ‖ ≈**schaltung** f (Eltech) / mesh connection* ‖ ≈**schleifen** n (Masch) / polygonal grinding ‖ ≈**schraffierung** f (EDV) / polygon fill ‖ ≈**spiegelverfahren** n (bei der digitalen Positionswerterfassung) (Masch) / polygon-reflecting operation system ‖ ≈**zimmerung** f (Bergb) / polygonal timbering, polygonal support

**Polygonzug** m (Linienzug für die vermessungstechnische Lageaufnahme unter Tage, bei dem die Länge der einzelnen Seiten und die Brechungswinkel zwischen diesen ermittelt werden) (Bergb, Verm) / progression n ‖ ≈ (Verm) / traverse n ‖ ≈ (Math) s. Streckenzug ‖ **geschlossener** ≈ (Verm) / closed traverse* ‖ **offener** ≈ (Verm) / open traverse*

**poly•granular** adj (z.B. Kohlenstoff) / polygranular adj ‖ ~**halin** adj (Brackwasser) / polyhaline adj ‖ ≈**halit** m (Kaliumkalziummagnesiumsulfat) (Min) / polyhalite* n ‖ ~**halogenieren** v (Chem) / polyhalogenate v ‖ ≈**harnstoff** m (Chem) / polyurea n ‖ ~**hierarchisch** adj (Struktur) / polyhierarchic adj ‖ ≈**hydrat** n (Chem) / polyhydrate n ‖ ≈**hydroxyaldehyd** m (Chem) / aldose* n ‖ ≈**hydroxybuttersäure** f (Chem) / poly(D–$\beta$-hydroxybutyrate) n, PHB ‖ ≈**imid (PI)** n (Chem) /

polyimide* n ‖ ≈**imidazopyrrolon** n (Chem) / polyimidazopyrrolone n, pyrrone n ‖ ≈**imidfolie** f (z.B. Kapton von Du Pont) (Plast) / polyimide foil ‖ ≈**imidklebstoff** m / polyimide adhesive

**Polyin** n (Chem) / polyyne n

**Poly•insertion** f (Dazwischentreten von Monomeren am Ketten-/Starter-Übergang) (Chem) / polyinsertion n ‖ ≈**insertion** (mit Ziegler-Natta-Katalysatoren) (Chem) / coordination polymerization, insertion polymerization, polyinsertion n ‖ ≈**isobuten** n (Chem) / polyisobutene n, polyisobutylene (PIB) n* ‖ ≈**isobutylen (PIB)** n (Chem) / polyisobutene n, polyisobutylene (PIB) n* ‖ ≈**isocyanatharz** n (Chem) / isocyanate resin ‖ ≈**isocyanuratschaumstoff** m (Plast) / polyisocyanurate foam, PIC foam ‖ ≈**isopren** n (natürliche und synthetische Polymere des Isoprens) (Chem) / polyisoprene n ‖ ~**isotop** adj (Chem) / polyisotopic adj ‖ ≈**isozyanuratschaumstoff** m (Plast) / polyisocyanurate foam, PIC foam ‖ ≈**karbonat** n (DIN 7728) (Plast) / polycarbonate* n ‖ ≈**karbonatkondensator** m (Eltech) / polycarbonate capacitor ‖ ≈**karbonsäure** f (Chem) / polycarboxylic acid ‖ ≈**karboxylat** n (Chem) / polycarboxylate n ‖ ≈**karpes Knäuel** (Landw) / polygerm cluster ‖ ≈**ketide** n pl (sekundäre Naturstoffe) (Chem) / polyketides pl ‖ ≈**kieselsäure** f (Chem) / polysilicic acid ‖ ~**klonal** adj (Med) / polyclonal adj ‖ ≈**kondensat** n (Chem) / condensation polymer ‖ ≈**kondensation** f (ein chemischer Reaktionstyp - eine Stufenreaktion) (Chem) / polycondensation n (a step-growth polymerization), condensation polymerization ‖ ~**konisch** adj (Geog) / polyconic adj ‖ ~**konische Abbildung** (Geog) / polyconic projection*, polyconic map projection ‖ ~**konischer Entwurf** (Geog) / polyconic projection*, polyconic map projection ‖ ~**koordiniert** adj (Chem) / polycoordinated adj ‖ ≈**kras** n (titanreiche Varietät von Euxenit) (Min) / polycrase n ‖ ≈**kristall** m (Kristall, der sich aus einer großen Zahl kleiner Kristalle zusammensetzt) (Krist) / polycrystal n ‖ ~**kristallin** adj (Krist) / polycrystalline adj ‖ ~**kristalliner Diamant** / polycrystalline diamond n ‖ ~**kristallines Silizium** (Chem) / polysilicon n, polycrystalline silicon ‖ ~**kristalliner Silizium-Isolator-Halbleiter** (Eltronik) / polycrystalline silicon insulator semiconductor ‖ ~**kristalline Faser** / polycrystalline fibre ‖ ≈**kristallmethode** f (zur Untersuchung von feinkristallinem Material mit Hilfe der Beugung von Röntgenstrahlen) (Krist, Min) / powder method*, X-ray powder method ‖ ≈**kulturteich** m (Landw) / polyculture pond ‖ ≈**lactid** n (Chem) / polylactic acid ‖ ≈**linker** m (Gen) / polylinker n, multiple cloning site, mcs

**polymer** adj (Chem) / polymeric adj ‖ ~**es Glas** (Chem, Glas) / polymeric glass, glassy polymer ‖ ~**er Kohlenwasserstoff** (Chem) / polyhydrocarbon n ‖ ~**es Netzwerk** (Chem) / polymeric network ‖ ~**es Reagens** (Chem) / polymer reagent ‖ ~**er Verbundstoff** (in dem mindestens eine Komponente ein Polymer ist) (Chem) / polymer composite, polymeric composite

**Polymer** n (eine Substanz, die aus Molekülen aufgebaut ist, die sich durch vielfache Wiederholung von konstruktiven Einheiten auszeichnen und die so groß sind, daß sich ihre Eigenschaften durch Zugabe oder Wegnahme einer oder weniger konstitutiver Einheiten nicht wesentlich ändern) (Chem) / polymer* n ‖ **anorganisches** ≈ (dessen Hauptkette nur Kohlenstoffatome enthält) (Chem) / inorganic polymer ‖ **ataktisches** ≈ (Chem) / atactic polymer ‖ **ditaktisches** ≈ (wenn der Grundbaustein der Polymerkette zwei Asymmetriezentren hat) (Chem) / ditactic polymer ‖ **dreidimensionales** ≈ (Chem) / three-dimensional polymer ‖ **elektrisch leitfähiges** ≈ (Chem, Eltech, Plast) / conductive polymer, conducting polymer ‖ **flüssigkristallines** ≈ (Chem) / liquid-crystal polymer, LC polymer, liquid-crystalline polymer (LCP) ‖ **fotoreaktives** ≈ (Chem) / photopolymer n ‖ **fotoresponsives** ≈ (Chem) / photoresponsive polymer ‖ **fotosensitives** ≈ (Chem) / photosensitive polymer ‖ **graphitisiertes** ≈ (Chem) / graphitized polymer ‖ **ionisches** ≈ (Chem) / ionic polymer ‖ **kettensteifes** ≈ (Chem) / stiff-chain polymer ‖ **lebendes** ≈ (mit Kettenwachstum) (Chem) / living polymer ‖ **lineares** ≈ (Chem) / linear polymer ‖ **magnetisches** ≈ (mit ferromagnetischen Eigenschaften) (Chem, Mag) / magnetic polymer ‖ **metallorganisches** ≈ (Chem) / organometallic polymer ‖ **natürliches** ≈ (Chem) / natural polymer ‖ **optisch aktives** ≈ (Chem) / optically active polymer ‖ **orientiertes** ≈ (Chem) / oriented polymer ‖ **piezoelektrisches** ≈ (Chem) / piezopolymer n, piezoelectric polymer ‖ **räumlich vernetztes** ≈ (Chem) / space-network polymer ‖ **reaktives** ≈ (Chem) / reactive polymer ‖ **schlafendes** ≈ (dessen Wachstumszentrum vorübergehend blockiert ist) (Chem) / sleeping polymer ‖ **spirozyklisches** ≈ (Chem) / spiran polymer ‖ **stereoreguläres** ≈ (Chem) / stereoregular polymer ‖ **stereospezifisches** ≈ (Chem) / stereospecific polymer ‖ **synthetisches** ≈ (Chem) / synthetic polymer ‖ **taktisches** ≈ (Chem) / tactic polymer ‖ **teilkristallines** ≈ (Chem) / semi-crystalline polymer ‖ **topologisches** ≈ (ein Spezialfall der Austauschreaktion) (Chem) / topological polymer ‖ **totes** ≈ (das nicht wachstumsfähig ist) (Chem) / dead polymer ‖ **Überführung** f **von Monomeren in** ≈**e** (Chem) /

**Polymer**

polymerization* n ‖ **vernetztes ~** (Chem) / network polymer*, cross-link polymer, cross-linked polymer
**Polymer•-** (Chem) / polymeric adj ‖ **~analog** adj (Chem) / polymer-analogous adj
**Polymerase** f (eine Enzymgruppe) (Biochem) / polymerase* n ‖ **~kettenreaktion** f (Biochem) / polymerase chain reaction, PCR
**Polymer•batterie** f (aus elektrisch leitenden Kunststoffen) (Eltech) / polymer battery ‖ **~benzin** n (Kftst) / polymer gasoline, polygasoline n ‖ **~beton** m (Gemisch von reaktionsfähigen Kunststoffen und trockenen Zuschlägen - mit Duromeren als Bindemitteln) (Bau, HuT) / polymer concrete, PC ‖ **~blend** n m (Chem) / polyblend n ‖ **~blend** n m (Chem) / polyblend n, polymer blend ‖ **~chemische Holzergänzung** (For, Tischl) / epoxy repair of timber ‖ **~composite** m (auf Polymeren basierender Verbundwerkstoff) (Chem) / polymer composite, polymeric composite ‖ **~compounds** pl (Chem) / polymer compounds ‖ **~dampffieber** n (Chem, Med) / polymer fume fever, Teflon shakes ‖ **~dispersion** f / latex* n (pl. latexes or latices) ‖ **~dispersion** (Chem) / polymer dispersion
**Polymeres•fieber** n (eine arbeitsbezogene Erkrankung, die bei der Arbeit mit Polytetrafluorethylen entstehen kann) (Chem, Med) / polymer fume fever, Teflon shakes ‖ **~holz** n (For, Plast) / wood-plastic composite, wood-polymer composite (material), WPC, polymer wood
**Polymeres** n (Chem) / polymer* n
**Polymer•flockungsmittel** n (Sanitär) / polymer coagulant ‖ **~flüssigkeit** f (Chem) / polymer fluid ‖ **~fluten** n (zur Steigerung des Entölungsgrades von Erdöllagerstätten) (Erdöl) / polymer flooding ‖ **~gebundene Wirkstoffe** (Pharm) / polymeric drugs ‖ **~glas** n (Chem, Glas) / polymeric glass, glassy polymer ‖ **~halbleiter** m (organischer Kunststoff, z.B. Polyacrylnitril, der nach Röntgenbestrahlung Halbleitereigenschaften aufweist) (Chem, Eltronik) / polymer semiconductor, semiconducting polymer ‖ **~holz** n (For, Plast) / wood-plastic composite, wood-polymer composite (material), WPC, polymer wood ‖ **~homolog** adj (Chem) / polymer-homologous adj ‖ **~homolog** n (Chem) / polymer homologue
**Polymerie** f (Chem) / polymerism n
**polymerimprägnierter Beton** (Bau, HuT) / polymer-impregnated concrete, PIC
**Polymerisat** n (ein Produkt, das durch Polymerisation hergestellt wurde) (Chem) / polymerizate n, polymer n
**Polymerisation** f (ein chemischer Reaktionstyp) (Chem) / chain-growth polymerization, additive polymerization ‖ **aktivierte anionische ~** (Chem) / catalyzed anionic polymerization ‖ **anionische ~** (Chem) / anionic polymerization ‖ **cyclisierende ~** (Chem) / cyclopolymerization n ‖ **elektrochemische ~** (Chem) / electrochemical polymerization ‖ **fotochemische ~** (Chem) / photopolymerization n ‖ **gitterkontrollierte ~** (Chem) / topochemical polymerization, lattice-controlled polymerization ‖ **ionische ~** (Chem) / ionic polymerization ‖ **pseudokationische ~** (Chem) / pseudocationic polymerization ‖ **quasilebende ~** (Chem) / quasiliving polymerization ‖ **radikalische ~** (Kettenpolymerisation) (Chem) / radical-chain polymerization, free-radical polymerization ‖ **radikalische ~** (Chem) / radical polymerization* ‖ **selbstinitiierende ~** (Chem) / self-initiated polymerization, purely thermally initiated polymerization ‖ **stereospezifische ~** (Chem) / stereospecific polymerization ‖ **thermische ~** (Chem) / thermal polymerization ‖ **thermisch initiierte ~** (Chem) / self-initiated polymerization, purely thermally initiated polymerization ‖ **topochemische ~** (Chem) / topochemical polymerization, lattice-controlled polymerization ‖ **zwitterionische ~** (Chem) / zwitterionic polymerization ‖ **zyklisierende ~** (z.B. von 1,6-Heptadien) (Chem) / cyclopolymerization n ‖ **~ f in der Gasphase** (Chem) / gaseous polymerization
**Polymerisations•abstoppmittel** n (Chem) / short stop ‖ **~ansatz** m (Chem Verf) / polymerization recipe ‖ **~fähig** adj (Chem) / polymerizable adj ‖ **~grad** m (Chem) / degree of polymerization (DP) ‖ **durchschnittlicher ~grad** (Chem) / average degree of polymerization ‖ **~harz** n (Chem) / polymerization resin ‖ **~klebstoff** m (der durch Polymerisation hergestellt oder gehärtet wird) (Chem) / polymerization adhesive ‖ **~produkt** n (Chem) / polymerizate n, polymer n ‖ **~spinnen** n (Chem Verf) / reaction spinning ‖ **~stopper** n (Chem) / short stop
**Polymerisieranlage** f (Chem Verf) / curing machine (for resin-finished goods)
**polymerisierbar** adj (Chem) / polymerizable adj
**Polymer•kette** f (Chem) / polymer chain ‖ **~legierung** f (ein Polyblend) (Chem) / polymer alloy ‖ **~legierung** (Chem, Plast) / blend n ‖ **~material** n (Chem, Masch) / polymer material ‖ **~matrix** f (Chem) / polymer matrix ‖ **~mischung** f (Chem) / mixture of polymers ‖ **~mischung** (Chem) s. auch Polymerblend ‖ **interprenetrierende ~netzwerke** (Chem) / interpenetrating polymeric networks ‖ **~tensid** n (Chem) / polymeric surfactant, polysoap n ‖ **~werkstoff** m (Chem, Masch) / polymer material
**poly•metallisch** adj (Bergb) / polymetallic adj ‖ **~metamorphose** f (Geol) / polymetamorphism n ‖ **~methacrylat** n (Chem) / polymethacrylate n ‖ **~methacrylimid** n (Chem) / polymethacrylimide n, PMI ‖ **~methakrylat** n (Chem) / polymethacrylate n ‖ **~methakrylimid** n (Chem) / polymethacrylimide n, PMI ‖ **~methakrylsäureester** m (Chem) / polymethacrylate n ‖ **~methinfarbstoffe** m pl (organische Farbstoffe) (Chem) / polymethine dyes, polymethine dyestuffs ‖ **~methylen** n (ein lineares Alkan) (Chem) / polymethylene n ‖ **~methylmethacrylat** n (DIN 7728) (Chem, Plast) / polymethyl methacrylate* ‖ **~methylmethakrylat (PMMA)** n (DIN 7728) (Chem, Plast) / polymethyl methacrylate* ‖ **~methylpenten** n (Poly(4-methyl-1-penten)) (Chem) / polymethylpentene n ‖ **~mikt** adj (Geol) / polymictic adj, polymict adj ‖ **~mikt** (Geol) s. auch monomikt und polygen ‖ **~milchsäure** f (Chem) / polylactic acid n ‖ **~mineralisch** adj (Geol) / polymineralic adj ‖ **~molekularität** f (Chem) / polymolecularity n ‖ **~morph** adj (Chem, Min) / polymorphic adj, polymorphous adj ‖ **~morphe Routine** (EDV) / generic routine, polymorphic routine ‖ **~morphe Umwandlung** (Hütt) / polymorphic transformation* ‖ **~morphie** f (Biol) / polymorphism n ‖ **~morphie** (Auftreten von zwei oder mehr kristallinen Phasen bei gleicher chemischer Zusammensetzung) (Krist, Min) / polymorphism* n ‖ **~morphismus** m (das regelmäßige Vorkommen unterschiedlich gestalteter Individuen) (Biol) / polymorphism n ‖ **~morphismus** (KI) / polymorphism n ‖ **~myxin** n (ein Peptidantibiotikum) (Pharm) / polymyxin n ‖ **~nitroderivat** n (Chem) / polynitro derivative
**polynom** adj (Math) / polynomial adj ‖ **~** n (Math) / polynomial* n ‖ **Bernoullisches ~** (Math) / Bernoulli's polynomial* ‖ **charakteristisches ~** (Math) / characteristic polynomial* ‖ **ganzzahliges ~** (Math) / integral polynomial ‖ **hermitesche ~e** (die der Hermiteschen Differentialgleichung genügen - nach Ch. Hermite, 1822-1901) (Math) / Hermite polynomials ‖ **homogenes ~** (Math) / quantic n, forme n, homogeneous polynomial ‖ **Hurwitzsches ~** (nach A. Hurwitz, 1859 - 1919) (Math) / Hurwitz polynomial ‖ **irreduzibles ~** (Math) / irreducible polynomial, non-factorable polynomial ‖ **Krawtschuksches ~** (Math) / Krawtchouk polynomial ‖ **primitives ~** (Math) / primitive polynomial ‖ **reduzibles ~** (Math) / reducible polynomial, factorable polynomial ‖ **separables ~** (Math) / separable polynomial ‖ **unzerlegbares ~** (nicht faktorierbares) (Math) / irreducible polynomial, non-factorable polynomial ‖ **zerlegbares ~** (Math) / reducible polynomial, factorable polynomial ‖ **~ n mit höchstem Koeffizienten Eins** (Math) / monic polynomial
**Polynom•algebra** f (EDV, Math) / polynomial algebra ‖ **~division** f (Math) / division of polynomials ‖ **~funktion** f (Math) / polynomial function
**Polynomial•bewertung** f (Math) / polynomial valuation ‖ **~verteilung** f (Math) / multinomial distribution, polynomial distribution
**polynomisch** adj (Math) / polynomial adj ‖ **~e Gleichung** (Math) / polynomial equation
**Polynom•klassifikation** f (KI) / polynomial classification ‖ **~klassifikator** m (KI) / polynomial classifier ‖ **~lösung** f (Math) / polynomial solution ‖ **~raum** m (Math) / polynomial space, PSPACE ‖ **~ring** m (Math) / polynomial ring, ring of polynomials ‖ **~teiler** m (Math) / polynomial divisor
**Poly•nose-Faserstoffe** m pl (eine Untergruppe der Modalfasern) (Plast) / polynosic fibres*, Polynosic n (trade name of a low-modulus rayon fibre) ‖ **~nosic-Fasern** f pl (eine Untergruppe der Modalfasern) (Plast) / polynosic fibres*, Polynosic n (trade name of a low-modulus rayon fibre) ‖ **~nosische Fasern** (eine Untergruppe der Modalfasern) (Plast) / polynosic fibres*, Polynosic n (trade name of a low-modulus rayon fibre) ‖ **~nucleotidkette** f (Biochem) / polynucleotide chain ‖ **~nuklear** (Biol) / polynucleate* adj, multinucleate* adj, polynuclear adj, multinuclear adj ‖ **~nukleotidkette** f (Biochem) / polynucleotide chain
**Polyol** n (Alkohol mit mehreren OH-Gruppen im Molekül) (Chem) / polyol n, polyalcohol n, polyhydric alcohol*
**Poly•olefin (PO)** n (Polymerisationsprodukt von Olefinen) (Chem, Plast, Tex) / polyolefin* n, PO ‖ **chloriertes ~olefin** (Anstr, Chem) / chlorinated polyolefin ‖ **~olefinfaser (PO)** f (Chem, Tex) / polyolefin fibre, PO fibre ‖ **~olefinwachs** n (Polyolefin mit wachsartigem Charakter) (Chem) / polyolefin wax ‖ **~omino** n (Mehrling aus Quadraten) (Math) / polyomino n ‖ **~optimierung** f (Optimierung bei mehrfacher Zielsetzung) / polyoptimization n ‖ **~organosiloxan** n (eine makromolekulare, siliziumorganische Verbindung) (Chem) / silicone* n, polyorganosiloxane n, polysiloxane* n ‖ **~oxalamid** n (Chem) / polyoxamide n ‖ **~oxamid** n (Chem) / polyoxamide n ‖ **~oxyethylensorbitanester** m (Chem, Nahr) / polysorbate n ‖ **~oxymethylen (POM)** n (Chem) / polyoxymethylene* n, polyformaldehyde* n ‖ **~oxyphenylen** n (Chem) / polyphenylene

ether, polyoxyphenylene *n*, polyaryl ether ‖ ⁓**pentenamer** *n* (Chem) / polypentenamer *n*
**Polypeptid** *n* (eiweißähnlicher Körper aus etwa 10 bis 100 Aminosäureresten) (Biochem) / polypeptide* *n* ‖ **gastrininhibierendes** ⁓ (Biochem) / gastric inhibitory polypeptide ‖ **pankreatisches** ⁓ (Biochem) / pancreatic polypeptide ‖ ⁓**hormon** *n* (Biochem) / polypeptide hormone ‖ ⁓**sequenz** *f* (Biochem) / polypeptide sequence
**Polypgreifer** *m* (als Lastaufnahmemittel bei Greiferkranen und Greifbaggern) (HuT) / orange-peel bucket, grapple (a special-purpose tined grab that works on the principle of the orange peel)
**poly•phag** *adj* (Schädling) (Bot, For) / polyphagous *adj*, multivore *adj* ‖ ⁓**phenol** *n* (Chem) / polyphenol *n* ‖ ⁓**phenoloxidase** *f* (Biochem) / phenol oxidase, polyphenol oxidase ‖ ⁓**phenyl** *n* (Chem, Tex) / polyphenyl *n* ‖ ⁓**phenylen** *n* (Chem) / polyphenylene *n* ‖ ⁓**phenylenether** *m* (Chem) / polyphenylene ether, polyoxyphenylene *n*, polyaryl ether ‖ ⁓**phenylenoxid (PPO)** *n* (Chem) / polyphenylene oxide (PPO) ‖ ⁓**phenylensulfid** *n* (Chem) / polyphenylene sulphide, PPS ‖ ⁓**phenylensulfon** *n* (Chem) / polyethylene sulphone ‖ ⁓**phenylether** *m* (auch synthetisches Schmiermittel) (Chem) / polyphenyl ether ‖ ⁓**phosphat** *n* (z.B. Grahamsalz oder Kurrolsches Salz) (Chem, Nahr) / polyphosphate *n* ‖ ⁓**phosphorsäure** *f* (Chem) / polyphosphoric acid ‖ ⁓**photischer Bereich** (gut durchlichteter Bereich in Gewässern) (Umwelt) / photic zone*, euphotic zone* ‖ ⁓**plexer** *n* (Radar) / polyplexer* *n* ‖ ⁓**ploide Pflanzenzüchtung** (Bot, Landw) / polyploidy breeding ‖ ⁓**ploidiezüchtung** *f* (Bot, Landw) / polyploidy breeding ‖ ⁓**pod** *adj* (Gelenk) (Kfz) / polypod *adj* ‖ ⁓**pragmasie** *f* (Anwendung zahlreicher Medikamente und Maßnahmen beim Einzelfall) (Pharm) / polypragmasy *n*, polypharmacy *n* ‖ ⁓**prenol** *n* (isoprenoider Alkohol) (Chem) / polyprenol *n*, polyprenyl alcohol
**Polypropylen (PP)** *n* (DIN 7728) (Chem, Plast) / polypropene *n*, polypropylene* *n*, PP ‖ **orientiertes** ⁓ (Chem) / oriented polypropylene, OPP ‖ ⁓**glykol** *n* (Chem) / polypropylene glycol ‖ ⁓**kondensator** *m* (Eltech) / polypropylene capacitor ‖ ⁓**oxid** *n* (Chem) / polypropylene glycol ‖ ⁓**seil** *n* (DIN 83329, 83332 und 83334) / polypropylene rope ‖ ⁓**wachs** *n* (ein Polyolefinwachs als Mattierungsmittel) (Chem, For) / polypropylene wax
**Poly•protein** *n* (Biochem) / polyprotein *n* ‖ ⁓**pyrrol** *n* (durch oxidative Polymerisation oder elektrochemische Polymerisation von Pyrrol hergestelltes Polymer) (Chem) / polypyrrole *n* ‖ ⁓**reaktion** *f* (Reaktion, bei der makromolekulare Stoffe gebildet werden) (Chem) / polyreaction *n* ‖ ⁓**ribosom** *n* (Biochem) / polysome *n*, polyribosome *n* ‖ ⁓**ribosomal** *adj* (Biochem) / polysomal *adj*, polyribosomal *adj* ‖ ⁓**saccharide** *n pl* (unter Wasseraustritt zu Polymeren zusammengelagerte Monosaccharide) (Chem) / polysaccharides* *pl*, glycans *pl* ‖ ⁓**sacharide** *n pl* (Chem) / polysaccharides* *pl*, glycans *pl* ‖ ⁓**saprob** *adj* (Gewässer: stark mit organischen Abfällen verschmutzt) (Umwelt) / polysaprobic *adj* ‖ ⁓**saprobier** *m* (Umwelt) / polysaprobes *pl* ‖ ⁓**saprobionten** *m pl* (Organismen, die in der am stärksten verschmutzten Zone der Gewässer leben) (Umwelt) / polysaprobs *pl* ‖ ⁓**schwefelwasserstoff** *m* (Chem) / hydrogen persulphide ‖ ⁓**silicium** *n* (Chem) / polysilicon *n*, polycrystalline silicon ‖ ⁓**silizium** *n* (Chem) / polysilicon *n*, polycrystalline silicon ‖ **polyethermodifiziertes** ⁓**siloxan** (ein Lackadditiv) (Anstr) / polyether-modified polysiloxane ‖ ⁓**solenoid** *n* (eine Sonderform des Linearmotors) (Eltech) / polysolenoid *n* ‖ ⁓**som** *n* (Biochem) / polysome *n*, polyribosome *n* ‖ ⁓**somal** *adj* (Biochem) / polysomal *adj*, polyribosomal *adj* ‖ ⁓**sorper** *n* / polysorpene *n*
**Polystyrol** *n* (meistens Hartschaum, wie z.B. Styropor, Styrofoam oder Roofmate) (Chem) / polystyrene* *n* ‖ **geschäumtes** ⁓ (Plast) / foamed polystyrene, Styrofoam *n*, expanded polystyrene ‖ **orientiertes** ⁓ (Chem) / oriented polystyrene, OPS ‖ **schäumbares** ⁓ (Plast) / expandable polystyrene, foamable polystyrene, EPS ‖ ⁓**kleber** *m* / polystyrene cement ‖ ⁓**kondensator** *m* (Eltech) / polystyrene capacitor ‖ ⁓**schaum** *m* (Plast) / foamed polystyrene, Styrofoam *n*, expanded polystyrene
**Poly•substitution** *f* (Chem) / polysubstitution *n* ‖ ⁓**sulfan** *n* (Chem) / hydrogen persulphide ‖ ⁓**sulfazen** *n* (Plast) / polysulfazene *n*
**Polysulfid** *n* (Chem) / polysulphide *n* ‖ ⁓**dichtung** *f* / polysulphide sealant ‖ ⁓**-Härter** *m* (Anstr) / mercaptan hardener, mercaptan epoxy curing agent ‖ ⁓**kautschuk** *m* (Plast) / thioplast *n*, polysulphide rubber, PR ‖ ⁓**klebstoff** *m* (Plast) / polysulphide sealant ‖ ⁓**schalung** *f* (für strukturierten Sichtbeton) (HuT) / polysulphide formwork
**Poly•sulfone** *n pl* (Hochleistungskunststoffe) (Plast) / polysulphone resins ‖ ⁓**symmetrisch** *adj* (Biol) / polysymmetrical *adj*, actinomorphic* *adj*, star-shaped* *adj* ‖ ⁓**synthetisch** *adj* (Krist) / polysynthetic *adj* ‖ ⁓**synthetische Verzwillingung** (Krist) / polysynthetic twinning, oscillatory twinning ‖ ⁓**synthetische Zwillinge** (Krist) / polysynthetic twins ‖ ⁓**technisch** *adj* (mehrere Zweige der Technik umfassend) / polytechnic *adj*, polytechnical *adj* ‖ ⁓**terephthalat** *n* (Chem) / polyterephthalate *n* ‖ ⁓**terephthalsäure** *f* (Chem) / polyterephthalic acid ‖ ⁓**terpen** *n* (Chem) / polyterpene *n* ‖ ⁓**tetrafluorethylen** *n* (z.B. Teflon, Hostaflon, Fluon, Algoflon) (Plast) / polytetrafluoroethylene* *n*, ptfe, PTFE*, polytetrafluoroethene *n* ‖ ⁓**tetrahydrofuran** *n* (Chem) / polytetrahydrofurane *n* ‖ ⁓**therm-Frachter** *m* (mit verschiedenen Lagertemperaturen) (Schiff) / polythermal cargo ship ‖ ⁓**thionat** *n* (Chem) / polythionate *n* ‖ ⁓**thionsäure** *f* (Chem) / polythionic acid ‖ ⁓**top** *adj* (unabhängig an mehreren Stellen lebend, entstanden) (Biol, Umwelt) / polytopic *adj* ‖ ⁓**triazin** *n* (Polykondensat aus Bisphenolen und Zyanurchlorid) (Chem) / polytriazine *n*, triazine polymer, triazine resin ‖ ⁓**trifluorchlorethylen** *n* (ein Fluorpolymer) (Plast) / polytrifluorochloroethylene* *n*, PTFCE*, polychlorotrifluoroethylene *n*, PCTFE ‖ ⁓**troper Prozeß** (ein reversibler thermodynamischer Prozeß) (Phys) / polytropic process ‖ ⁓**trope** *f* (Math) / polytropic curve, polytrope *n* ‖ ⁓**troph** *adj* (Umwelt) / polytrophic *adj* ‖ ⁓**tropie** *f* (Chem, Krist) / polytropy *n* ‖ ⁓**typ** *adj* (Strukturvariante) (Chem, Krist) / polytypic *adj* ‖ ⁓**type** *f* (Drucktype mit mehreren Buchstaben) (Druck) / polytype *n* ‖ ⁓**typie** *f* (bei Substanzen, die in Schichtstrukturen kristallisieren) (Krist) / polytypism *n* (a special case of polytropism)
**Polyurethan (PUR)** *n* (Chem, Plast) / polyurethane* *n*, PUR ‖ ⁓**dispersion** *f* (Plast) / polyurethane dispersion ‖ ⁓**elastomer** *n* (Plast) / polyurethane rubber ‖ ⁓**hartschaum** *m* (Plast) / polyurethane rigid foam ‖ ⁓**harzsystem** *n* (Plast) / polyurethane resin system ‖ ⁓**kautschuk** *m* (Plast) / polyurethane rubber ‖ ⁓**flüssiger ⁓kautschuk** (Plast) / casting rubber ‖ ⁓**kitt** *m* / polyurethane cement ‖ ⁓**klebstoff** *m* / polyurethane adhesive, PUR adhesive ‖ ⁓**lack** *m* (Anstr) / polyurethane lacquer (two- or one-pack system), polyurethane coating ‖ ⁓**leder** *n* (ein Lackleder) (Leder) / polyurethane leather ‖ ⁓**prepolymer** *n* (mit endständigen freien oder blockierten Isocyanatgruppen) (Chem) / polyurethane prepolymer *n* ‖ ⁓**pulverlack** *m* (Anstr) / polyurethane coating powder ‖ ⁓**schaum** *m* (Plast) / polyurethane foam ‖ ⁓**weichschaum** *m* (Plast) / polyurethane flexible foam
**poly•valent** *adj* (Chem) / multivalent *adj*, polyvalent* *adj*, polyadic *adj*, polyad *adj* ‖ ⁓**-V-Belt** *m* (Masch) / poly-V-belt *n*, multigroove V-belt, ribbed V-belt ‖ ⁓**-V-Beltscheibe** *f* (mit mehreren Rillen) (Masch) / multigroove V-belt sheave
**Polyvinyl•acetal (PVA)** *n* (Chem) / polyvinyl acetal* ‖ ⁓**acetat (PVAC)** *n* (DIN 7728) (Chem) / polyvinyl acetate*, PVA* ‖ ⁓**acetatklebstoff** *m* / polyvinyl acetate adhesive ‖ ⁓**alkohol (PVAL)** *m* (ein Thermoplast, der in Wasser löslich, in allen gebräuchlichen organischen Lösungsmitteln jedoch unlöslich ist) (Chem) / polyvinyl alcohol*, PVA* ‖ ⁓**azetal** *n* (Chem) / polyvinyl acetal* ‖ ⁓**azetat** *n* (DIN 7728) (Chem) / polyvinyl acetate*, PVA* ‖ ⁓**butyral (PVB)** *n* (Chem) / polyvinyl butyral* ‖ ⁓**carbazol (PCV; PVK)** *n* (Chem) / polyvinyl carbazole ‖ ⁓**chlorid** *n* (Plast) / polyvinyl chloride*, PVC* ‖ **chloriertes** ⁓**chlorid** (Chem) / chlorinated polyvinyl chloride, chlorinated poly, CPVC ‖ ⁓**chloridabfall** *m* (Umwelt) / PVC waste ‖ ⁓**chloridacetat** *n* (Chem) / polyvinyl chloride acetate, PVCA ‖ ⁓**chloridazetat** *n* (Chem) / polyvinyl chloride acetate, PVCA ‖ ⁓**chloridfaser** *f* (Chem) / polyvinyl chloride fibre*, PVC fibre, poly fibre* ‖ ⁓**chloridisolierung** *f* (aus einer Mischung auf Basis des PVC oder eines Copolymers) (Eltech) / polyvinyl chloride insulation, PVC insulation ‖ ⁓**chlorid/Polyvinylalkohol-Faser** *f* (z.B. Cordelan) (Plast, Tex) / polyvinyl chloride/polyvinyl alcohol fibre, PVC/PVA fibre ‖ ⁓**ester** *m* (Sammelbezeichnung für Polyvinylchlorid, Polyvinylazetat, Polyvinylpropionat usw.) (Chem, Plast) / polyvinyl ester ‖ **technischer** ⁓**ester** (als Werkstoff) (Plast, WP) / compar *n* ‖ ⁓**ether** *m* (Chem) / polyvinyl ether ‖ ⁓**ethylether** *m* (Chem) / polyvinyl ethyl ether ‖ ⁓**fluorid** *n* (Chem) / polyvinyl fluoride ‖ ⁓**formal** *n* (Plast) / polyvinyl formal* ‖ ⁓**-Formaldehydazetal** *n* (Plast) / polyvinyl formal* ‖ ⁓**harz** *n* (Plast) / polyvinyl resin
**Polyvinyliden•chlorid (PVDV)** *n* (DIN 7728) (Plast) / polyvinylidene chloride* ‖ ⁓**cyanid** *n* (Chem) / polyvinylidene cyanide ‖ ⁓**fluorid (PVDF)** *n* (Chem) / polyvinylidene fluoride (PVDF) ‖ ⁓**zyanid** *n* (Chem) / polyvinylidene cyanide
**Polyvinyl•isocyanat** *n* (Chem) / polyvinyl isocyanate ‖ ⁓**isozyanat** *n* (Chem) / polyvinyl isocyanate ‖ ⁓**karbazol** *n* (Chem) / polyvinyl carbazole ‖ ⁓**propionat** *n* (Homo- und Copolymer des Vinylpropionats) (Chem, Plast) / polyvinyl propionate ‖ ⁓**pyrrolidon** *n* (aus N-Vinylpyrrolidon hergestellter Thermoplast) (Plast) / polyvinylpyrrolidone *n*, PVP
**Polyxen** *m* (ein Platinmineral) (Min) / polyxene *n*
**Poly•zellentwurf** *m* (Eltronik) / standard cell design ‖ ⁓**zyanoakrylat** *n* (Chem) / polycyanoacrylate *n*
**polyzyklisch** *adj* (Chem) / polycyclic* *adj*, polycyclical *adj* ‖ ⁓**es Aromat** (Chem) / polycyclic aromatic hydrocarbon, PAH, polynuclear aromatic hydrocarbon ‖ ⁓**er aromatischer Kohlenwasserstoff** (z.B. Benzpyren) (Chem) / polycyclic aromatic hydrocarbon, PAH, polynuclear aromatic hydrocarbon ‖ ⁓**er aromatischer**

**polyzyklisch**

**Kohlenwasserstoff** (Chem) / polycyclic aromatic hydrocarbon, PAH, polynuclear aromatic hydrocarbon ‖ **~er Kohlenwasserstoff** (Chem) / polynuclear hydrocarbon, polycyclic hydrocarbon ‖ **~e Pflanze** (mehr- bis vieljährige) (Bot) / polycyclic plant
**Polyzyklobuten** $n$ (Chem) / cyclobutene polymer
**Polzahl** $f$ (Eltech) / number of poles
**Pölzfahrzeug** $n$ (z.B. bei Hauseinsturz) (Bau, HuT) / emergency tender
**POM** (Chem) / polyoxymethylene* $n$, polyformaldehyde* $n$ ‖ **~** $n$ (organischer Anteil der absetzbaren Stoffe) (Sanitär) / particulate organic matter, POM
**Pomeranchuksches Theorem** (Kernphys) / Pomeranchuk theorem (the theorem that if the total cross section both for scattering of a particle by a given target particle and for scattering of its antiparticle by the same target particle, approach a limit at high energies, and do so sufficiently rapidly, then these limits must be the same)
**Pomeranchuk•-Teilchen** $n$ (Kernphys) / Pomeranchuk particle ‖ **~-Trajektorie** $f$ / Pomeranchuk trajectory
**Pomerančuk•-Teilchen** $n$ (Kernphys) / pomeron $n$, Pomeranchuk particle ‖ **~-Trajektorie** $f$ (in der analytischen S-Matrix-Theorie - nach I.J. Pomerančuk, 1913-1966) / Pomeranchuk trajectory
**Pomeranzenblütenöl** $n$ (von Citrus aurantium L. ssp. aurantium) (Chem) / neroli oil, neroli $n$, oil of neroli
**Pomeranzenöl** $n$ (aus Bitterorangen) / bitter orange oil, Seville orange oil
**Pomeron** $n$ (Kernphys) / pomeron $n$, Pomeranchuk pole
**Pomilio-Verfahren** $n$ (Aufschluß von Schilf und Stroh) (Chem Verf) / soda-chlorine process
**Pommelé-Textur** $f$ (For) / pommellé $n$
**Pomologie** $f$ (Landw, Nahr) / pomology $n$
**Pompejanischrot** $n$ (ein Eisenoxidpigment von dunkelroter Farbe) / Pompeian red ‖ **~** s. auch Polierrot
**PON** (die Verbindung der zentralen Schnittstelle mit der Teilnehmerschnittstelle) (Fernm) / passive optical network
**PONA-Analyse** $f$ (Bestimmung von Paraffinen, Olefinen, Naphthenen und Aromaten in Kohlenwasserstoffgemischen) (Chem) / Paraffins Olefins Naphthenes Aromatics test method, PONA test method, PONA analysis
**Ponceau** $n$ (E 124 und E 125) (ein leuchtendes Rot wie Klatschmohn) / ponceau $n$ ‖ **~** s. auch Koschenille ‖ **~-Farbstoffe** $m$ $pl$ (scharlachrote, wasserlösliche Azo- und Disazo-Farbstoffe) (Chem) / Ponceaux* $pl$
**Poncelet-Schließungssatz** $m$ (für Kegelschnitte - nach J.V. Poncelet, 1788-1867) (Math) / Poncelet theorem (for a conic)
**Poncette** $f$ (Anstr, Masch) / pounce bag
**ponderabel** $adj$ / ponderable $adj$, weighable $adj$
**ponderomotorische Kraft** (Phys) / ponderomotive force*
**pönen** $v$ (Schiff) / paint $v$
**Pongé** $m$ (Gewebe oder chinesische wilde Seide) (Tex) / pongee $n$
**Ponor** $m$ (pl. -e) (in Karstgebieten) (Geol) / swallow hole, sinkhole $n$, swallet $n$, water sink, sink $n$, limestone sink
**Pons asinorum** (Math) / pons asinorum (the fifth proposition in the first book of Euclid: that the base angles of an isosceles triangle are equal)
**pöntern** $v$ (Schiff) / paint $v$
**Pontianak** $m$ (wilder Gummi der Dyera-Arten) / pontianak gum, jelutong* $n$, pontianak $n$
**Ponton** $m$ (ein kastenförmiger oder zylindrischer Schwimmkörper; Kahn ohne eigenen Antrieb) (HuT, Schiff) / pontoon* $n$ ‖ **[geschlossener] ~** (HuT, Wasserb) / ship caisson* ‖ **~ mit dem Schwimmkran** (Erdöl, HuT) / derrick barge, crane barge* ‖ **~abstand** $m$ (bei Pontonbrücken) (HuT) / bay $n$ ‖ **~brücke** $f$ (eine Schwimmbrücke z.B. aus faltbaren Hohlkörpern) (HuT) / pontoon bridge* ‖ **~dock** $n$ (Schiff) / pontoon dock ‖ **~karosserie** $f$ (Kfz) / all-enveloping body, straight-through side styling (of the body) ‖ **~kran** $m$ (HuT) / pontoon (floating) crane
**Pontrjaginsches Maximumprinzip** (nach L.S. Pontrjagin, 1908 -) (Math) / Pontryagin's maximum principle
**Pony-Mischer** $m$ (Chem Verf) / Pony mixer
**Ponzosche Täuschung** (Opt) / Ponzo illusion
**Ponzo-Täuschung** $f$ (Opt) / Ponzo illusion
**Pool** $m$ (Gesamtheit der bei einem Stoffwechselprozeß beteiligten Reaktionspartner) (Biochem) / pool $n$ ‖ **~** (Speicherbereich) (EDV) / pool $n$ ‖ **~** (ein Kartell höherer Ordnung) (F.Org) / pool $n$ ‖ **~** (Gesamtheit der genetischen Informationen einer Population) (Gen) / pool $n$ ‖ **~** (vereinbarter gemeinsamer Betrieb oder mehrerer Strecken durch zwei oder mehr Luftverkehrsunternehmen) (Luftf) / pool $n$ ‖ **~** (Instrument zur Kontrolle und Lenkung der für die einzelnen Mitglieder einer Schiffahrtskonferenz vertraglich festgelegten Mengen- u./od. Wertanteile am Gesamtverkehr) (Schiff) / pool $n$ ‖ **~band** $n$ (EDV) / magnetic pool tape ‖ **~palette** $f$ / interchangeable (European) pallet ‖ **~-Reaktor** $m$ (Nukl) / swimming-pool reactor*, pool reactor* ‖ **~verwaltung** $f$ (EDV) / pool management

**Poon-Öl** $n$ / poon oil
**Poop** $f$ (ein Heckaufbau) (Schiff) / poop $n$, poop deck ‖ **~deck** $n$ (Schiff) / poop deck
**Poort** $m$ (Min) / bort* $n$, boart* $n$
**POP** (Chem, Umwelt) / persistent organic pollutant, POP
**PoP** (EDV) / Point of Presence, PoP
**POP-Blindniet** $m$ (Masch) / Pop rivet*
**Popcorn** $n$ (zähe, unlösliche Polymerteilchen - eine unerwünschte Erscheinung) (Chem Verf) / popcorn $n$
**Popelin** $m$ (Tex) / poplin* $n$
**Popeline** $f$ $m$ (Tex) / poplin* $n$
**Pope-Roller** $m$ (zum Aufrollen der Papierbahn) (Pap) / Pope reel winder, Pope type reel
**Population** $f$ (Astr) / population $n$ ‖ **~** (Biol) / population* $n$ ‖ **~** (Stats) / population $n$ (total number of objects under consideration), universe $n$ ‖ **~** (Gesamtheit aller Individuen derselben Art eines Raumes) (Umwelt) / population $n$ ‖ **~ I** (die aus relativ jungen Objekten besteht, die in der Ebene des Milchstraßensystems in den Spiralarmen liegen) (Astr) / arm population, population $n$ I* ‖ **~ II** (die aus relativ alten Objekten besteht, die über die gesamte Galaxis verteilt, doch am auffälligsten in ihrem Zentrum und im äußeren Halo anzutreffen sind) (Astr) / halo population, population $n$ II* ‖ **~ III** (die entstand, als sich das Milchstraßensystem gerade bildete, die aber heute verschwunden ist) (Astr) / population $n$ III
**Populations•dichte** $f$ (Umwelt) / abundance*, abundance ratio* ‖ **~dynamik** $f$ (Gesamtheit der Veränderungen in der Struktur einer Population in bestimmten Zeitabschnitten) (Stats, Umwelt) / population dynamics ‖ **~genetik** $f$ (Gen) / population genetics ‖ **~kovarianz** $f$ (Stats) / population covariance ‖ **~momentum** $n$ (das demografische Verhältnis des errechneten hypothetischen zur gegenwärtigen Bevölkerungszahl) (Stats) / population moment ‖ **~ökologie** $f$ (Umwelt) / population ecology ‖ **~parameter** $m$ (Stats) / population parameter ‖ **~transfer** $m$ (Phys) / coherence transfer, population transfer, CT, magnetization transfer ‖ **~typen** $m$ $pl$ (Astr) / population types* ‖ **~varianz** $f$ (Stats) / population variance
**Populin** $n$ (in der Rinde von Pappeln) (Chem) / populin $n$
**Populus grandidentata Michx.** (For) / bigtooth aspen
**Pop-up•-Fenster** $n$ (das auf dem Bildschirm erscheint, und mit dessen Hilfe Menüoptionen angewählt werden können) (EDV) / pop-up window ‖ **~-Menü** $n$ (ein Bildschirmmenü, das beim Anwählen auf dem Bildschirm erscheint und weiterführende Auswahlmöglichkeiten enthält) (EDV) / pop-up menu ‖ **~-Programm** $n$ (ein speicherresidentes Programm) (EDV) / pop-up program
**POP-Werbung** $f$ / point-of-purchase advertising, POP advertising
**p-Orbital** $n$ (Aufenthaltswahrscheinlichkeitsraum für P-Elektronen) (Kernphys) / p orbital
**Porcupine-Holz** $n$ (For) / porcupine wood, palm wood
**Pore** $f$ / pore* $n$ ‖ **~** (Querschnitt eines Gefäßes oder einer Gefäßtracheide) (For) / vessel $n$, pore $n$ ‖ **~** (Pulv) / void* $n$ ‖ **~n** $f$ $pl$ (Tex) / pin-holes $pl$, cat eyes, duck eyes, cross stitches, fish eyes, spread stitches ‖ **geschlossene ~** / closed pore*, blind pore ‖ **offene ~** (For, Pulv) / open pore* ‖ **~** $f$ **in der Schweißnaht** (Schw) / weld pore, weld void
**Poren•anteil** $m$ (For) / pore space ‖ **~anteil** (Verhältnis zwischen dem Volumen der Poren und demjenigen der Körper) (Phys) / voidage* $n$, void ratio, void fraction ‖ **~beton** $m$ (ein Leichtbeton) (Bau) / cellular concrete*, porous concrete ‖ **~bildender Stoff** / pore-forming material ‖ **~bildner** $m$ / pore-forming material ‖ **~bildung** $f$ (im allgemeinen) / pore formation ‖ **~bildung** (in einer Schutzschicht) (Galv, Masch) / pinholing $n$ ‖ **~bildung** (Nukl) / pimpling* $n$, blistering $n$ ‖ **~durchmesser** $m$ / pore diameter ‖ **~formendes Protein** (Biochem) / perforin $n$ ‖ **~frei** $adj$ / non-porous $adj$, poreless $adj$, without pores ‖ **~füller** $m$ (zum Füllen von Holzporen) (Anstr) / wood filler, pore filler, grain filler ‖ **~gasspeicher** $m$ (Erdöl) / gas reservoir ‖ **~gehalt** $m$ (Anteil der Poren in 100 Volumeneinheiten) / voidage* $n$, porosity* $n$ ‖ **~gehalt** (Pap) / void fraction ‖ **~gips** $m$ / aerated gypsum ‖ **~gradientenelektrophorese** $f$ (Chem) / pore gradient electrophoresis ‖ **~größe** $f$ / pore size ‖ **~größenverteilung** $f$ / pore size distribution ‖ **~grundwasserleiter** $m$ (kiesige und sandige Ablagerungen in Flußtälern) (Geol) / pore aquifer ‖ **~gruppe** $f$ / pore pocket, cluster of pores, pore cluster ‖ **~hausschwamm** $m$ (For) / white-pore fungus, mine fungus ‖ **~körper** $m$ / porous body ‖ **~los** $adj$ / non-porous $adj$, poreless $adj$, without pores ‖ **~nest** $n$ / pore pocket, cluster of pores, pore cluster ‖ **~raum** $m$ (For) / pore space ‖ **~raum** (Geol) / pore space, porosity* $n$ ‖ **nutzbarer ~raum** (Landw) / drainage effective porosity, drainage pore space (storage capacity) ‖ **~saughöhe** $f$ (Wasserb) / pore head ‖ **~saugwasser** $n$ (eine Art von Haftwasser) (Geol, HuT) / pore water, interstitial water, interstitial fluid, connate water*, pore fluid ‖ **ruhendes ~saugwasser** (Geol) / suspended water ‖ **~schließend** $adj$ / pore-sealing $adj$ ‖ **~schwamm** $m$ (Weißer - Poria vaillantii) (For) / white-pore fungus, mine fungus

⁓**speicherung** f (von Erdgas) (Bergb, Geol) / storage in permeable rock ‖ ⁓**verhütungsmittel** n (Galv) / antipitting agent ‖ ⁓**verteilung** f / pore distribution
**Porenvolumen** n (im allgemeinen) / pore volume ‖ ⁓ (For) / pore space ‖ ⁓ (Geol) / pore space, porosity* n ‖ ⁓ (in % des Gesamtbodenvolumens) (HuT, Landw) / soil porosity ‖ ⁓ (Pap) / void fraction ‖ ⁓ (der Textilien) (Tex) / air content ‖ **relatives** ⁓ (Bau) / porosity* n ‖ **relatives** ⁓ (Verhältnis zwischen dem Volumen der Poren und demjenigen der Körper) (Phys) / voidage* n, void ratio, void fraction
**Poren•wand** f / pore wall ‖ ⁓**wasser** n (eine Art von Haftwasser) (Geol, HuT) / pore water, interstitial water, interstitial fluid, connate water*, pore fluid ‖ ⁓**wasserdruck** m (im Boden) (HuT) / pore-water pressure, pore pressure, neutral stress ‖ ⁓**zahl** f (Verhältnis zwischen dem Volumen der Poren und demjenigen der Körper) (Phys) / voidage* n, void ratio, void fraction ‖ ⁓**ziffer** f (Verhältnis zwischen dem Volumen der Poren und demjenigen der Körper) (Phys) / voidage* n, void ratio, void fraction ‖ ⁓**zwickelwasser** n (eine Art von Haftwasser) (Geol, HuT) / pore water, interstitial water, interstitial fluid, connate water*, pore fluid
**porig** adj / porous adj ‖ **~er Stoff** (mit geschlossenen Poren) (Masch) / cellular n ‖ **~e Ware** (mit geschlossenen Poren) (Masch) / cellular n ‖ **~e Ware** (Tex) / cellular fabric*
**Porigkeit** f (als Eigenschaft) / porosity* n
**Porling, Angebrannter** ⁓ (For) / scorched conk
**Poroloy** n (poröses Sintermetall) (Hütt) / Poroloy n
**Poromere** n pl ("atmende" Lederaustauschstoffe mit synthetischer Trägerbasis) (Leder, Tex) / poromerics pl, poromeric materials
**Poromerics** pl ("atmende" Lederaustauschstoffe mit synthetischer Trägerbasis) (Leder, Tex) / poromerics pl, poromeric materials
**poromerische Werkstoffe** ("atmende" Lederaustauschstoffe mit synthetischer Trägerbasis) (Leder, Tex) / poromerics pl, poromeric materials
**Porometrie** f / porosimetry n
**porös** adj / porous adj ‖ ⁓ (Hütt) / blown adj ‖ **~e, wasserhaltende und praktisch undurchlässige Gesteinsschicht** (Geol) / aquiclude n ‖ **~es Glas** (offenporiges Glas mit großer Oberfläche) (Glas) / porous glass ‖ **~e Holzfaserplatte** (DIN 68750) (Bau, Tischl) / porous fibreboard ‖ **~es selbstschmierendes) Lager** (am Sinterlager) (Masch) / porous (self-lubricating) bearing* ‖ **~e Scheidewand** (bei elektrochemischen Prozessen und beim Filtrieren) (Chem Verf) / diaphragm n ‖ **~er Stoff** (mit geschlossenen Poren) (Masch) / cellular n ‖ **~er Stoff** (Tex) / cellular fabric* ‖ **~er Tiegel** (z.B. ein Filtertiegel) (Chem) / porous crucible ‖ **~er Überzug** (bei der elektrochemischen Metallabscheidung) (Galv) / burnt deposit* ‖ **~es wasserabgebendes Gestein** (Geol) / weeping rock
**Porosimeter** (Gerät zur Messung der Porosität) (Phys) / porosimeter n
**Porosimetrie** f / porosimetry n
**Porosität** f (prozentualer Porenvolumenanteil am Gesamtvolumen des Körpers) (Gieß, Hütt) / porosity* n ‖ ⁓ (Verhältnis zwischen dem Volumen der Poren und demjenigen der Körper) (Phys) / voidage* n, void ratio, void fraction ‖ **akustisch wirksame** ⁓ (DIN 1320) (Akus, Bau) / acoustically effective porosity ‖ **geschlossene** ⁓ / sealed porosity ‖ **wirksame** ⁓ (Pulv) / effective porosity* ‖ ⁓ f **infolge mechanischer Auflockerung** (Geol) / fracture porosity
**Porositätsmesser** m (Phys) / porosimeter n
**Porotest-Papier** n (zum Nachweis von Poren in Metallüberzügen auf Eisen) (Pap) / Porotest paper
**Porpezit** m (Palladiumgold) (Min) / porpezite n
**Porphin** n (ein stickstoffhaltiges Ringsystem) (Bot, Chem) / porphin* n ‖ ⁓**farbstoff** m (ein Pyrrolfarbstoff) (Chem) / porphin* n
**Porphobilinogen** n (Biochem) / porphobilinogen n
**Porphyr** m (zusammenfassende Bezeichnung für Ergußsteine, die in einer dichten, feinkörnigen Grundmasse größere Kristalle als Einsprenglinge aufweisen) (Geol) / porphyry* n ‖ **grüner** ⁓ (Geol) / verd-antique n
**Porphyrin** n (ein Porphinderivat) (Bot, Chem) / porphyrin* n ‖ ⁓**-Biosynthese** f (Biochem) / porphyrin biosynthesis
**Porphyrinogen** n (Chem) / porphyrinogen n
**porphyrisch** adj (Geol) / porphyritic adj ‖ **~e Textur** (Geol) / porphyritic texture*
**Porphyrit** m (Geol) / porphyrite* n
**Porphyro•blast** m (Geol) / porphyroblast n, metacryst n ‖ **~blastisch** adj (wenn große Kristallneubildungen in dichter oder feinkörniger Grundmasse liegen) (Geol) / porphyroblastic adj
**Porphyroid** n (Geol) / porphyroid n
**Porphyropsin** n (ein Sehfarbstoff) (Opt, Physiol) / porphyropsin n
**Porro-Prisma** n (ein Umkehrprisma nach I. Porro, 1801-1875) (Opt) / Porro prism
**Porro-Prismensystem** n (mit Umkehrprismen) (Opt) / Porro-prism erecting system

**Port** m (Schnittstelle zwischen den internen und den externen Bussystemen) (EDV) / port n ‖ ⁓ (Ein- oder Ausgang eines Datenkanals in einem Netzwerk) (Fernm) / port n ‖ **paralleler** ⁓ (EDV) / parallel port ‖ **serieller** ⁓ (EDV) / serial port
**portabel** adj (EDV) / portable adj, transportable adj ‖ ~ (lauffähig auf dem neuen System) (EDV) / portable* adj
**Portabilität** f (EDV) / portability n
**Portable** m n (tragbares Gerät) / portable n (e.g. a portable TV)
**Portadresse** f (EDV) / port address
**Portainer** m (Masch) / portainer n, container portal crane
**Portal** n (Bau, HuT) / portal* n ‖ ⁓ (Hobelmaschine, Fräsmaschine) (Masch) / bridge n, double column, portal n ‖ ⁓ (Schw) / gantry n ‖ ⁓**bagger** m (ein Eimerkettenbagger) (Masch) / portal bucket-ladder excavator (wagons and lorries can pass under the portal) ‖ ⁓**bauweise** f (Bau) / portal design ‖ ⁓**brennschneidmaschine** f (Schw) / gantry cutting machine ‖ ⁓**dämpfer** m (Tex) / gantry ager ‖ ⁓**erntemaschine** f (Landw) / straddle harvester ‖ ⁓**fahrzeug** n (Masch) / straddle carrier, straddle carrier truck (US) ‖ ⁓**fräsmaschine** f (Masch) / portal-type milling machine ‖ ⁓**hubwagen** m (Masch) / straddle carrier, straddle truck ‖ ⁓**kran** m (auf ebenerdiger Fahrbahn fahrender Kran mit portalartigem Tragwerk) (Masch) / gantry crane, portal crane ‖ **verfahrbarer** ⁓**kran** (HuT) / traveller gantry*, travelling crane ‖ **verfahrbarer** ⁓**kran** (schwerer) (HuT) / Goliath crane ‖ ⁓**kran mit festem Ausleger** (Masch) / portal jib crane* ‖ ⁓**rahmen** m (Bau) / portal frame n, bent n (a two-dimensional frame which is self-supporting, but only within these dimensions) ‖ ⁓**regner** m (Landw) / portal irrigation system ‖ ⁓**roboter** m (IR, der sich an einem Träger über dem Arbeitsraum bewegt) / portal industrial robot ‖ ⁓**schlepper** m (Landw) / straddle-type tractor, stilt-type tractor, high-clearance tractor ‖ ⁓**schlepper** (für den Obstbau) (Landw) / straddling tree tractor, straddle-type tree tractor ‖ ⁓**stapler** m (Masch) / straddle carrier, straddle carrier truck (US) ‖ ⁓**traktor** m (im allgemeinen) (Landw) / straddle-type tractor, stilt-type tractor, high-clearance tractor ‖ ⁓**traktor** (für den Obstbau) (Landw) / straddling tree tractor, straddle-type tree tractor
**Portefeuilleleder** n (Rindsleder) (Leder) / bag hide
**Porter** m n (starkes Bier) (Brau) / porter n
**Porterweiterung** f (EDV) / port extension
**Portevin-LeChatelier-Effekt** m (ein Blockierungseffekt - nach A. Portevin, 1880-1962) (Hütt) / Portevin-LeChatelier effect
**portierbar** adj (EDV) / portable* adj ‖ ⁓**keit** f (EDV) / portability n
**portieren** v (Software von einem System auf ein anderes übertragen, und zwar so, daß sie auf dem neuen System lauffähig ist) (EDV) / port v ‖ ⁓ (von Software) (EDV) / porting n
**Portierloge** f (Arch) / lodge n
**Portier-Polonovski-Umlagerung** f (Chem) / Polonovski reaction
**Portiersloge** f (Arch) / lodge n
**Portikus** m f (pl. Portikus oder Portiken) (Arch) / portico* n (pl. porticos oder porticoes)
**Portion** f / portion n
**Portioniergerät** n / portioner n
**Portions•packung** f / portion pack, single-portion pack ‖ ⁓**verpackung** f (die Menge des Packgutes ist für den einmaligen Verbrauch bemessen) / portion pack, single-portion pack ‖ ⁓**weide** f (Landw) / rotational grazing
**Portland-Arrowroot** n (Nahr) / arum n, Portland arrowroot
**Portlandit** m (Min) / portlandite* n
**Portland•ölschieferzement** m (Bau, HuT) / Portland pozzolana (shale) cement (with about 20% of shale) ‖ ⁓**stein** m (Kalkstein von der Halbinsel Portland/Dorsetshire) (Bau) / Portland stone n ‖ ⁓**zement** m (nach DIN 1164, kein Eisenportlandzement) (Bau, HuT) / ordinary Portland cement (BS 12), ordinary cement, Portland cement*, OPC ‖ **weißer** ⁓**zement** (Bau, HuT) / white Portland cement ‖ ⁓**zementklinker** m (wesentlicher Bestandteil des Zements) (Bau) / Portland cement clinker, clinker n
**Porto** n (pl. -s oder Porti) / postage n
**Portolan** m (pl.-e) (Kart, Schiff) / portolano n, portolan n
**Portugiesische Lorbeerkirsche** (Prunus lusitanica L.) (For) / Portugal laurel
**Portulan** m (altes Handbuch mit Küstenbeschreibungen für Seeleute) (Kart, Schiff) / portolano n, portolan n
**Porus** m (pl. Pori) (Tüpfelmündung) (For) / porus n (pl. pori), pit opening, pit aperture
**Porzellan** n (nichttechnisches) (Keram) / china n, chinaware n ‖ **aus** ⁓ (hergestellt) (Keram) / porcellaneous adj ‖ **chemisches** ⁓ (Chem, Keram) / chemical porcelain ‖ **chemisches** ⁓ (Chem, Keram) ‖ **Dresdner** ⁓ (aus der Sächsischen Porzellan-Manufactur) (Keram) / Dresden china, Dresden porcelain ‖ **elektrotechnisches** ⁓ (Eltech, Keram) / electrical porcelain, electric porcelain ‖ ⁓ n **mit niedriger Ausbrenntemperatur** (Keram) / semi-china n, semi-porcelain n ‖ ⁓ **zweiter Wahl** (Keram) / reject china

**porzellanähnlich**

**porzellan•ähnlich** adj (Keram) / porcellaneous adj, porcelaneous adj ‖ **~artig** adj (Keram) / porcellaneous adj, porcelaneous adj ‖ **~auge** n (Web) / pot eye ‖ **~dreieck** n (Chem) / porcelain triangle ‖ **~email** n (Keram) / porcelain enamel ‖ **~erde** f (Geol) / kaolin* n, kaoline n ‖ **~fadenleitöse** f (Web) / pot eye ‖ **~filtertiegel** m (Chem) / porous porcelain crucible ‖ **~industrie** f (Keram) / whiteware industry ‖ **~isolator** m (Eltech) / porcelain insulator*
**Porzellanit** m (ein Kieselgestein) (Geol) / porcelainite n, porcellanite n
**Porzellan•kondensator** m (Eltech) / porcelain capacitor ‖ **~mörser** m / porcelain mortar ‖ **~öse** f (DIN 64685) (Web) / pot eye ‖ **~ring** n (Web) / pot eye ‖ **~scherben** m (Keram) / porcelain body ‖ **~tinte** f (Glas, Keram) / marking-ink n ‖ **~trichter** m / porcelain funnel ‖ **~waren** f pl (Keram) / china goods
**POS** (EDV) / point of sale
**Posamenten** n pl (textile Besatzartikel) (Tex) / dress trimmings, trimmings pl, passements n pl, passaments n pl
**Posamenterie** f (als Ware) (Tex) / passementerie n
**Posaune** f (Leitungsbauelement veränderbarer Länge) (Fernm) / trombone* n
**Position** f / position n ‖ **~** (z.B. in einem Angebot) / item n ‖ **~** (DIN 7184, T 1) (Masch) / positional tolerance, true position, TP ‖ **adressierbare ~** (in der grafischen Datenverarbeitung) (EDV) / addressable point ‖ **~en anfahren** / position v ‖ **~ f des Himmelskörpers** (die von der Astrometrie ermittelt wird) (Astr) / stellar position
**Positioner** m (Regeln) / positioner n
**Positionierbolzen** m (Eltech) / jack bolt
**positionieren** v / position v ‖ **~** (Masch) / position v ‖ **~** (ein Teil einer Ausrüstung oder das zu bearbeitende Erzeugnis an einen bestimmten vorher festgelegten Raumpunkt bewegen und danach fixieren) (Masch) / position v ‖ **~ neu** (EDV) / reposition v
**Positionier•fehler** m (Masch) / deviation n ‖ **~hilfen** f pl (mit Ausrichtung an Objekten, am Gitter, an Hilfslinien) (Führungslinien auf dem Bildschirm, in die sich grafische Darstellungen automatisch einpassen lassen) (EDV) / snap-to guides ‖ **~sensor** m (z.B. bei den IR) (Masch) / position sensor ‖ **~system** n (für die Fertigungsautomatisierung) (F.Org) / positioning system
**Positionierung** f (Bewegung des Plattenkopfes zu irgendeiner Stelle des Bildes, ohne daß dabei etwas ausgegeben wird) (EDV) / positioning n ‖ **~** (eines Textfensters) (EDV) / positioning n ‖ **~** (in der Magnetplattentechnik) (EDV) / seek n ‖ **~** (dynamische) (Erdöl) / positioning n, stationing n ‖ **~** (Masch) / location* n ‖ **~** (Einfahren des Maschinenschlittens in die definierte Stellung) (Masch) / positioning n ‖ **~** (Regeln) / position control, positional control ‖ **dynamische ~** (das Verfahren, eine schwimmende Bohranlage ohne Anker auf einer Stelle zu halten) (Erdöl) / dynamic positioning, dynamic stationing ‖ **~ f auf eine vorgegebene Soll-Position** (Masch) / preset n
**Positionierungs•geschwindigkeit** f (z.B. bei der Brennschneidmaschine) (Masch) / positioning speed ‖ **~marke** f / pointer torch ‖ **~zeit** f (in der Magnetbandtechnik) (EDV) / seek time
**Positionierzeit** f (EDV, Masch) / positioning time
**Positions•anzeige** f (EDV) / position display ‖ **~anzeiger** m (EDV) / cursor* n ‖ **~anzeigesymbol** n (EDV) / cursor* n ‖ **~astronomie** f (Astr) / positional astronomy, spherical astronomy*, astrometry* n ‖ **~darstellung** f (Kart) / cartographic representation of position by means of point symbols ‖ **~geber** m (EDV) / locator n ‖ **~geber** (der elektronischen Zündung) (Kfz) / firing-point sensor, reference-mark sensor ‖ **~geber** (Regeln) / position pick-up ‖ **~genauigkeit** f (z.B. bei Leiterplatten) (Eltronik) / placement accuracy ‖ **~kreis** m / position circle ‖ **~lichter** n pl (die die Position und Bewegungsrichtung eines Luftfahrzeugs erkennen lassen) (Luftf) / position lights ‖ **~schalter** m (Eltech) / position switch ‖ **zwangsöffnender ~schalter** (für Sicherheitsfunktionen) (Eltech) / (positional) switch with positive opening operation ‖ **~sensor** m (zur Ermittlung der Ortskoordinaten eines Gegenstandes) (Masch) / position sensor ‖ **~signatur** f (Kart) / point symbol ‖ **~steuerung** f (Regeln) / position control, positional control ‖ **~stichprobe** f (Stats) / ordered sample ‖ **~system** n (Math) / positional notation*, place value system, positional system, denominational number system* ‖ **~werterfassung** f (bei NC-Systemen) (Masch) / position data registration ‖ **~winkel** m (Astr) / position angle*
**positiv** adj (Math, Phys) / positive* adj ‖ **optisch einachsig ~** (Krist) / positive adj ‖ **~er Antrieb** (Masch) / gear driving, gear drive ‖ **~e Beschleunigungskraft** (in Richtung Kopf-Fuß) (Raumf) / positive g*, plus g ‖ **~es Biegemoment** (Mech) / sagging moment, positive moment ‖ **~e Blaupause** (Lichtpause mit blauen Linien auf weißem Hintergrund) (Druck) / positive blueprint, blue-line print ‖ **~ definit** (Math) / positive definite ‖ **~ definite Matrix** (Math) / positive definite matrix ‖ **~e Elektrizität** (Eltr) / positive electricity* ‖ **~e Elektrode** (im allgemeinen) (Eltech) / positive electrode* ‖ **~e Elektrode** (z.B.

der Leclanché-Rundzelle) (Eltech) / positive electrode* ‖ **~e Flanke** (Eltronik, Fernm) / positive slope, positive-going slope, upward slope ‖ **~e Form** (Plast) / male mould, positive mould ‖ **~ gekrümmt** / of positive curvature ‖ **~er Geotropismus** (Bot) / orthogeotropism n ‖ **~e Ionenstrahlen** (Phys) / canal rays, positive rays ‖ **~e Klemme** (Eltech) / positive terminal ‖ **~e Klemme** (Eltech, Kfz) / positive terminal ‖ **~e Kohle** (Eltech) / positive carbon ‖ **~e Korrelation** (Stats) / positive correlation ‖ **~er Kristall** (Eltronik) / positive crystal ‖ **~e Ladung** (Elektr) / positive charge ‖ **~e Logik** (Schaltkreis, bei dem eine höhere positive Spannung /oder Strom/ dem 1-Zustand, eine weniger hohe positive Spannung dem 0-Zustand entspricht) (EDV) / positive logic, positive-going logic ‖ **~ moduliertes Videosignal** (TV) / positive video signal* ‖ **~es Myon** (Kernphys) / antimuon n, muon plus, positive muon ‖ **~es Nachbild** (Nachempfindung) (Opt) / positive after-image* ‖ **~e Parität** (Kernphys) / even parity*, positive parity ‖ **~e Pfeilung** (Luftf) / sweepback* n ‖ **~e Platte** (der Batterie) (Eltech) / positive plate, positive electrode ‖ **~er Pol** / positive terminal ‖ **~er Pol** (Eltech, Kfz) / positive terminal ‖ **~es** (edles) **Potential** / noble potential ‖ **~e Quittung** (Fernm) / positive acknowledgement (ACK) ‖ **~er Regulator** (ein Warenabzugsgetriebe) (Web) / positive take-up motion ‖ **~e Rückmeldung** (ein CCITT-Steuerzeichen für Datenübertragung) (Fernm) / acknowledge n (an international transmission control code), acknowledgement n, ACK, acknowledge character ‖ **~e Rückmeldung** (Tätigkeit) (Fernm) / positive acknowledgement (ACK) ‖ **~e Säule** (bei der Gasentladung) (Eltronik, Phys) / positive column* ‖ **~e Schiefe** (Stats) / positive skew, positive skewness* ‖ **~e Sequenz** (in einem Sedimentationszyklus) (Geol) / fining-upwards cycle* ‖ **~er Spanwinkel** (Masch) / positive rake, negative rake (US) ‖ **~er Sperrstrom** (bei Zweirichtungsthyristoren) (Eltronik) / positive off-state current ‖ **~e Staffelung** (bei der der obere Flügel vor dem unteren liegt) (Luftf) / positive stagger ‖ **~e Strandverschiebung** (Geol) / transgression* n, progressive overlap, retrograding n, marine transgression, invasion ‖ **~e Verwindung** (Luftf) / wash-in* n ‖ **~es Werkzeug** (Plast) / male mould, positive mould ‖ **~e Zahl** (eine reelle Zahl, die größer als 0 ist) (Math) / positive number ‖ **~es Zeichen** (Math) / plus sign, positive sign ‖ **~e Zuleitung** (Eltech) / positive feeder* ‖ **~er Zweig** (Spektr) / R branch
**Positiv** n (Foto) / positive* n ‖ **~emulsion** f (Foto) / positive emulsion* ‖ **~entwicklung** f (Foto) / positive development, direct development ‖ **~film** m (Foto) / positive film ‖ **~form** f (Plast) / male mould, positive mould ‖ **~kopie** f (Film) / master positive ‖ **~linse** f (Opt) / convergent lens*, collecting lens*, converging lens ‖ **~modell** n (Gieß) / male pattern ‖ **~modulation** f (TV) / positive modulation (that form of modulation in which an increase in brightness corresponds to an increase in transmitted power), positive amplitude modulation* ‖ **~resistbild** n (Eltronik) / positive resist image ‖ **~retusche** f (auf Filmpositiven und Positivkopien) (Foto) / positive retouching ‖ **~-Rohfilmmaterial** n (Film) / positive film stock*, positive raw stock ‖ **~-Stuffing** n (Einfügen gekennzeichneter Leerstellen in der Stuffing-Technik) (Eltech) / positive stuffing
**Positon** (ein Antiteilchen des Elektrons) (Kernphys) / positron* n, positon n, positive electron*
**Positron** n (ein Antiteilchen des Elektrons) (Kernphys) / positron* n, positon n, positive electron*
**Positronen•emissionstomografie** f (Med) / positron emission tomography, PET ‖ **~kamera** f (Radiol) / positron camera ‖ **~konverter** m (in Elektronenbeschleunigern) (Kernphys) / positron converter ‖ **~strahler** m (Kernphys) / positron radiator ‖ **~zerfall** m (Kernphys) / positron decay, positron disintegration
**Positronik** f (Kernphys) / positronics n
**Positronium** n (gebundenes System aus einem Elektron e⁻ und einem Positron e⁺) (Kernphys) / positronium* n
**possibilistisch** adj / possibilistic adj
**Post, abgehende ~** (EDV) / outgoing mail, out-basket n ‖ **elektronische ~** (Sammelbezeichnung für schriftliche Nachrichtenübermittlung von Person zu Person bzw. von Büro zu Büro auf elektronischem Wege) (EDV, Fernm) / electronic mail*, email*, E-mail n
**Post-Algebra** f (mehrwertige Verallgemeinerungen der Algebra der Logik nach E.L. Post, 1897-1954) (EDV) / Post algebra
**Postambel** f (DIN 66010) (EDV) / postamble n
**Postament** n (Bau) / foot-stall* n, pedestal n ‖ **~** (Uhr) / seat board*
**Postanschrift** f / postal address
**postchromatografische Derivatisierung** (Chem) / postcolumn derivatization
**Post•column-Derivatisierung** f (in der Ionenchromatografie) (Chem) / postcolumn derivatization ‖ **~curing-Verfahren** n (Permanent-Press-Ausrüstung mit Endkondensation beim Konfektionär) (Tex) / postcure finish ‖ **~editing** n (US), postcure finish ‖ **~editing** n (z.B. des rechnerübersetzten Texts) (EDV) / post-editing n
**Posten** m / item n ‖ **~** (bestimmte Menge Ware gleicher Art, z.B. in der statistischen Qualitätskontrolle) / lot n, parcel n, batch n ‖ **~** (zur

Verarbeitung eingegebene Zahl nach DIN 9757) (EDV) / item *n* ‖ ⁓ (Glas) / post\* *n*, gather\* *n*, gob\* *n*, lump *n* ‖ ⁓ (Glas) s. auch Speisertropfen
**Postentgelt** *n* / postage *n*
**Poster** *m n* (Druck) / poster\* *n*
**POS-Terminal** *n* (EDV) / point-of-sale terminal\*, POS terminal\*
**Posterpapier** *n* (Pap) / poster paper
**Postfach, elektronisches** ⁓ (Leistungsmerkmal bei Nebenstellenanlagen zum Empfang und zur Speicherung von Nachrichten in natürlicher Sprache) (Fernsp) / electronic mailbox
**Post•fading** *n* (unerwünschter Bandinformationen) (Akus, Mag) / post fading ‖ ⁓**fixnotation** *f* (EDV) / postfix notation, suffix notation, reverse Polish notation, RPN ‖ ⁓**fixschreibweise** *f* (EDV) / postfix notation, suffix notation, reverse Polish notation, RPN ‖ ⁓**gebühr** *f* / postage *n*
"**Postgelb**" *n* (Chem) / cadmium yellow, aurora yellow, daffodil yellow, orient yellow
**post•glazial** *adj* (nacheiszeitlich) (Geol) / postglacial *adj* ‖ ⁓**industrielle Gesellschaft** (eine Dienstleistungsgesellschaft nach D. Bell) / postindustrial society
**Posting** *n* (Antwort auf einen Artikel in der Newsgruppe) (EDV) / posting *n*, follow-up *n*
**Post-injection-Spannung** *f* (die unmittelbar nach Abschalten eines Diodenvorwärtsstromes an der Diode besteht) (Eltronik) / post-injection voltage
**Post•kartenkarton** *m* (Pap) / postcard bristol ‖ ⁓**koordination** *f* (EDV) / post-coordination *n* ‖ ⁓**lagerung** *f* **mit Hinweis** (Fernm) / counter collection with advice ‖ ⁓**leitzahl** *f* / postcode *n*, zip code (US), Zip code (US), postal code
**Postmaster** *n* (Verwalter einer Mailbox, der für technische Probleme beim Nachrichtenaustausch zuständig ist) (EDV) / postmaster *n*
**Post-mortem•-Debugger** *m* (Debugger, der solange mitläuft, bis ein anderes Programm eine allgemeine Schutzverletzung verursacht) (EDV) / postmortem debugger ‖ ⁓**-Dump** *m* (ein nach Abschluß des Testlaufs erzeugtes Protokoll) (EDV) / postmortem dump ‖ ⁓**-Programm** *n* (ein Programm, das nach Auftreten einer Störung die vorhandenen Informationen sicherstellt, z.B. durch Ausdrucken von Register- und Speicherinhalten) (EDV) / postmortem *n* (program)\*, postmortem routine
**Post-Office-Brücke** *f* (eine Meßbrücke) (Eltech) / Post Office box\*, P.O. box\*, Post Office bridge\*
**Postpapier** *n* (Pap) / writing paper, tablet (writing) paper (US)
**Post•processor** *m* (ein Programm, das ein vorhandenes Programm zur Steuerung von Werkzeugmaschinen den Erfordernissen einer speziellen Werkzeugmaschine anpaßt) (EDV) / postprocessor *n* ‖ ⁓**prozessor** *m* (EDV) / postprocessor *n*
**Postsch•es Korrespondenzproblem** (nach E.L. Post, 1897-1954) (EDV) / Post's correspondence problem, PCP, Post's problem ‖ ⁓**es System** (das nur aus normalen Produktionen und ihren Inversen besteht) (EDV) / Post production system
**PostScript** *n* (zum Industriestandard gewordene Seitenbeschreibungssprache der Fa. Adobe) (EDV) / PostScript *n* ‖ **editierbares** ⁓ (EDV) / editable PostScript, EPscript, ePS ‖ **Encapsulated** ⁓ (ein standardisiertes Datenformat, welches den Austausch von PostScript-Bilddaten zwischen verschiedenen Anwendungsprogrammen erlaubt) (EDV) / encapsulated PostScript ‖ ⁓**-Belichter** *m* (Druck, EDV) / PostScript image setter ‖ ⁓**-Emulation** *f* (EDV) / PostScript emulation ‖ ⁓**-fähig** *adj* (EDV) / PostScript compatible ‖ ⁓**-Sprache** *f* (EDV) / PostScript *n*
**Post•sendung** *f* (als Gegensatz zu E-Mail) (EDV) / snail mail ‖ ⁓**stelle** *f* (in einem Unternehmen) / mail-room *n* ‖ ⁓**straße** *f* (EDV, Regeln) / mail-handling line ‖ ⁓**system** *n* (Fernm) / physical delivery system ‖ ⁓**taxe** *f* (S) / postage *n* ‖ ⁓**tektonisch** *adj* (Geol) / posttectonic *adj* ‖ ⁓**translational** *adj* (Modifikation) (Gen) / posttranslational *adj*
**Postulat** *n* (Math) / postulate\* *n* ‖ ⁓ (Math) s. auch Axiom ‖ **kosmologisches** ⁓ (Astr) / cosmological principle\*
**Post•verwaltung** *f* / postal administration ‖ ⁓**vulkanisch** *adj* (Geol) / postvolcanic *adj*
**Potamal** *n* (Bereich eines Fließgewässers mit überwiegender Sedimentierung) (Geol, Umwelt, Wasserb) / potamal *n*
**Potamologie** *f* (Hyd) / potamology *n*
**Potamoplankton** *n* (Plankton der fließenden Gewässer) (Umwelt) / potamoplankton *n*, rheoplankton *n*
**Potée** *f* (Caput mortuum) / rouge\* *n*, English red, polishing rouge
**Potential-** / potential *adj*
**Potential** *n* (Spannung) (Phys) / potential\* *n* ‖ **auf freiem** ⁓ **liegen** (Eltech, Eltronik) / float *v* ‖ **äußeres** ⁓ (Elektr) / Volta potential, outer potential, psi potential, Volta tension ‖ **avanciertes** ⁓ (Phys) / advanced potential ‖ **chemisches** ⁓ (die freie Enthalpie, die in einem gegebenen System unter definierten Bedingungen auf ein Mol einer Komponente entfällt - DIN 1345) (Chem) / chemical potential ‖ **elektrisches** ⁓ (DIN 1324, T 1) (Elektr) / electric potential\* ‖ **elektrochemisches** ⁓ / electrochemical potential, electrochemical tension ‖ **elektrodynamisches** ⁓ (Elektr) / electrodynamic potential ‖ **elektrokinetisches** ⁓ (Chem) / zeta potential\*, electrokinetic potential\* ‖ **elektrophoretisches** ⁓ (Chem) / Dorn effect\*, sedimentation potential\*, electrophoretic potential ‖ **Gibbssches** ⁓ (Phys) / Gibbs' function\*, Gibbs' free energy\*, free enthalpy, G ‖ **gleitendes** ⁓ (Eltronik) / floating potential\* ‖ **kinetisches** ⁓ (Mech) / Lagrangian *n*, kinetic potential, Lagrange function, Lagrangian function ‖ **lokales** ⁓ / local potential ‖ **magnetisches** ⁓ (Phys) / magnetic potential\* ‖ **militärisches** ⁓ (Mil) / military capability ‖ **nukleares** ⁓ (Mil) / nuclear capability ‖ **positives** (edles) ⁓ / noble potential ‖ **retardiertes** ⁓ (Phys) / retarded potential\* ‖ **reversibles** ⁓ (Eltech) / reversible potential ‖ **skalares** ⁓ (Phys) / scalar potential ‖ **thermodynamisches** ⁓ (Phys) / thermodynamic potential\*, thermodynamic function ‖ ⁓ *n* **der Zentralkräfte** (Mech) / central potential\*
**Potential Gum** *m* (bei der Prüfung der Zunahme des Abdampfrückstandes nach künstlicher Alterung in der Wärme unter Sauerstoffdruck) / potential gum, ultimate gum
**Potential•abfall** *m* (Elektr) / potential drop\* ‖ **rascher** ⁓**abfall** (Elektr) / potential tumble ‖ **ohmscher** ⁓**abfall** (in der Phasengrenzschicht einer Elektrode) (Eltech) / ohmic overvoltage ‖ ⁓**änderung** *f* (Elektr, Phys) / potential change ‖ ⁓**anhebung** *f* (Elektr) / potential rise, potential raise ‖ ⁓**anstieg** *m* (Elektr) / potential rise, potential raise ‖ ⁓**ausgleich** *m* (Elektr) / potential equalization ‖ ⁓**barriere** *f* (Phys) / potential barrier\*, potential hill\* ‖ ⁓**berg** *m* (Phys) / potential barrier\*, potential hill\* ‖ ⁓**bild** *n* (Elektr) / potential diagram ‖ ⁓**bildend** *adj* / potential-forming *adj* ‖ ⁓**diagramm** *n* (Elektr) / potential diagram ‖ ⁓**differenz** *f* (elektrische Spannung zwischen zwei Punkten) (Elektr) / potential difference\*, pd\* ‖ ⁓**erhöhung** *f* (Elektr) / potential rise, potential raise ‖ ⁓**feld** *n* (Elektr) / potential field ‖ ⁓**fläche** *f* (Phys) / potential-energy surface ‖ ⁓**freier Kontakt** (Eltech) / floating contact ‖ ⁓**funktion** *f* (Lösung der Laplaceschen Differentialgleichung) (Math) / harmonic function\*, potential function ‖ ⁓**gefälle** *n* (Eltech) / potential gradient\*, voltage gradient ‖ ⁓**gleichung** *f* (Math) / Laplace's differential equation, Laplace's equation\*, potential equation ‖ ⁓**gradient** *m* (relatives) (Eltech) / potential gradient\*, voltage gradient ‖ ⁓**kontrollierte Coulometrie** (Chem) / potentiostatic coulometry, coulometry at controlled potential ‖ ⁓**kurve** *f* (im Potentialdiagramm) (Elektr) / potential curve, potential-energy curve ‖ ⁓**liniennetz** *n* (Sickerströmung) (Wasserb) / flow net ‖ ⁓**messung** *f* (das Elektrodenpotential wird als Spannung zwischen der Messelektrode und der Bezugselektrode mit Hilfe eines hochohmigen Voltmeters gemessen) (Elektr) / potential measurement ‖ ⁓**mulde** *f* (ein charakteristischer Potentialverlauf) (Kernphys) / potential well\* ‖ ⁓**-pH-Diagramm** *n* (nach Pourbaix) (Elektr) / Pourbaix diagram, potential-pH-diagram *n* ‖ ⁓**plateau** *n* (Elektr) / potential plateau ‖ ⁓**regelung** *f* (Elektr, Regeln) / potential control ‖ ⁓**schwankung** *f* (Elektr) / potential variation ‖ ⁓**schwelle** *f* (Phys) / potential barrier\*, potential hill\* ‖ ⁓**sonde** *f* / potential probe ‖ ⁓**sondenverfahren** *n* (WP) / potential-probe technique ‖ ⁓**sprung** *m* (bei der potentiometrischen Titration) (Chem) / potential jump ‖ ⁓**streuung** *f* (an einem Potentialwall) (Phys) / potential scattering ‖ ⁓**-Strom-Diagramm** *n* **nach Evans** (mit Schnittpunkt der anodischen und katodischen Potentialgeraden am Korrosionspotential) / Evans diagram ‖ ⁓**strömung** *f* (bei der das Geschwindigkeitsfeld der Bedingung rot = 0 genügt) (Phys) / potential flow ‖ ⁓**strömung** (Phys) / irrotational flow, irrotational motion ‖ **zirkulationsfreie** ⁓**strömung** (Phys) / streamline motion\* ‖ ⁓**theorie** *f* (Theorie der Potentialfunktionen) (Math, Phys) / potential theory\* ‖ ⁓**topf** *m* (ein rotationssymmetrische Potentialmulde mit steilen oder auch abgeflachten Wänden) (Kernphys) / potential well\* ‖ ⁓**unterschied** *m* (elektrische Spannung zwischen zwei Punkten) (Elektr) / potential difference\*, pd\* ‖ ⁓**verschiebung** *f* (Phys) / potential shift ‖ ⁓**verteilung** *f* (Elektr) / potential distribution ‖ ⁓**verteilung** (über eine zu schützende Oberfläche) (Galv) / spread of potential ‖ ⁓**wall** *m* (Phys) / potential barrier\*, potential hill\* ‖ ⁓**wechsel** *m* (Elektr, Phys) / potential change ‖ ⁓**wirbel** *m* (Singularität in ebener inkompressibler Strömung, bei der die Flüssigkeitsteilchen eine kreisende Bewegung um den Ursprung ausführen) (Phys) / potential vortex
**potentiell** *adj* / potential *adj* ‖ ⁓**e Azidität** (in der Bodenkunde) (HuT) / reserve acidity ‖ ⁓**e Energie** (DIN 13317) (eines physikalischen Systems) (Phys) / potential energy\* ‖ ⁓**e Feuchttemperatur** (Meteor) / wet-bulb potential temperature\* ‖ ⁓**e Gum** (bei der Prüfung der Zunahme des Abdampfrückstandes nach künstlicher Alterung in der Wärme unter Sauerstoffdruck) / potential gum, ultimate gum ‖ ⁓**er Impuls** (Mech) / potential pulse ‖ ⁓**er osmotischer Druck** (Bot) / osmotic potential\*, solute potential\* ‖ ⁓**e Vorticity** (Meteor) / potential vorticity
**potentio•dynamisch** *adj* / potentiodynamic *adj*, potentiokinetic *adj* ‖ ⁓**kinetisch** *adj* / potentiodynamic *adj*, potentiokinetic *adj* ‖ ⁓**meter**

**Potentiometer**
*n* (stetig regelbarer elektrischer Widerstand) (Eltech) / potentiometer* *n*, pot* *n* ‖ **induktives ~meter** (Eltech) / inductive potentiometer ‖ **mehrgängiges ~meter** (Eltech) / Helipot* *n*, helical track potentiometer, multiturn potential divider, helical potentiometer, multiturn helical-wound potentiometer ‖ **~meterschaltung** *f* (wenn ein Potentiometer als Spannungsteiler eingesetzt wird) (Eltech) / potentiometer circuit configuration ‖ **~metrie** *f* (Chem) / potentiometry *n* ‖ **~metrisch** *adj* (Chem) / potentiometric *adj* ‖ **~metrische Coulometrie** (Chem) / potentiostatic coulometry, coulometry at controlled potential ‖ **~metrische Titration** (potentiometrische Endpunktbestimmung in der Maßanalyse) (Chem) / potentiometric titration*, electrometric titration* ‖ **~metrische Titration mit gesteuertem Strom** (Chem) / controlled-current potentiometric titration ‖ **~stat** *m* (ein elektronisches Potential-Regelgerät) (Eltronik, Masch) / potentiostat *n* ‖ **~statisch** *adj* (mit oder bei konstantem Potential) (Eltronik, Masch) / potentiostatic *adj*
**Potenz** *f* (Math) / power* *n* ‖ **dritte ~** (Math) / cube* *n* ‖ **in die vierte ~ erheben** (Math) / raise to the fourth power ‖ **ökologische ~** (Reaktionsbreite einer Art gegenüber einem Umweltfaktor) (Umwelt) / ecological potency, range of tolerance ‖ **tensorielle ~** (Math) / tensorial power ‖ **zur dritten ~ erheben** (Math) / cube *v* ‖ **zweite ~** (Math) / square *n*, square number ‖ **~filter** *n* (Eltronik) / Butterworth filter*, maximally flat filter ‖ **~flaschenzug** *m* (mit mehreren Flaschenzügen) (Masch) / lifting block with one fixed pulley only, pulley block with one fixed pulley only ‖ **~funktion** *f* (die unabhängige Variable steht in der Basis der Potenz, im Exponenten stehen nur Konstante) (Math) / power function ‖ **~gesetz** *n* (Math) / law of exponentiation, exponential law
**Potenzial** *n* (Phys) / potential* *n*
**potenziell** *adj* / potential *adj*
**potenzieren** *v* (eine Zahl in eine Potenz erheben) (Math) / raise to a power, exponentiate *v*, calculate with powers ‖ **~** *n* (Math) / raising to a power, calculation with powers, exponentiation *n*, involution* *n*
**Potenzierer** *m* (eine analoge, nichtlineare Rechenschaltung) (Eltronik) / power circuit
**Potenzierung** *f* (Math) / raising to a power, calculation with powers, exponentiation *n*, involution* *n*
**Potenz•linie** (geometrischer Ort aller Punkte gleicher Potenz bezüglich zweier Kreise) (Math) / radical axis* (of two circles) ‖ **~menge** *f* (Math) / power set ‖ **~papier** *n* (Pap) / loglog paper ‖ **~punkt** *m* (Math) / radical point (of three circles) ‖ **~rechnung** *f* (Math) / raising to a power, calculation with powers, exponentiation *n*, involution* *n* ‖ **~regel** *f* (Math) / law of exponentiation, exponential law ‖ **~reihe** *f* (eine unendliche Reihe) (Math) / power series* ‖ **~schreibweise** *f* (Darstellung der Zahlen als Produkt von Potenzen) (Math) / standard form ‖ **~skale** *f* (Math) / exponential scale
**Potetometer** *n* (zur Ermittlung von Transpiration bei Pflanzen) (Bot) / potometer *n*
**Poti** *n* (Eltech) / potentiometer* *n*, pot* *n*
**Potier•-Dreieck** *n* (Eltech) / Potier construction*, Potier diagram, Potier reactance triangle ‖ **~-Reaktanz** *f* (eine Kenngröße der Synchronmaschinen) (Eltech) / Potier reactance*
**Pot-Life** *n* (Anstr) / pot life, spreadable life, working life, usable life, useful life
**Potometer** *n* (Bot) / potometer *n*
**Pottasche** *f* (Kaliumkarbonat) (Chem) / potash* *n* ‖ **~-Alaun** *m* (Min) / potassium alum*, potash alum, kalinite *n*
**Pott-Broche-Verfahren** *n* (Herstellung von Benzin durch Kohleextraktion) (Chem Verf) / Pott-Broche process
**potten** *v* (stark dekatieren) (Tex) / pot *v* ‖ **~** *n* (starkes Dekatieren) (Tex) / potting *n*
**Pott-Hilgenstock-Verfahren** *n* (Entphenolung der Kokereiabwässer) (Chem Verf) / benzene process
**Potting** *n* (starkes Dekatieren) (Tex) / potting *n* ‖ **~echtheit** *f* (Widerstandsfähigkeit von Färbungen gegen Einwirkungen von kochendem Wasser, speziell bei Wollgeweben) (Tex) / potting fastness
**POU-Domäne** *f* (Biochem) / POU domain
**Pought** *m* (Min) / poughite* *n*
**Pourbaix-Diagramm** *n* (ein Zusatzdiagramm) (Elektr) / Pourbaix diagram, potential-pH-diagram *n*
**Pourpoint** *m* (der etwa 2 bis 5 K höher liegt als der Stockpunkt - DIN 51597) (Erdöl, Phys) / pour point*
**Pourpointerniedriger** *m* (Erdöl, Phys) / pour-point depressant, pour depressant, pour-point inhibitor
**Powder-Slush-Verfahren** *n* (Plast) / powder-slush process
**Powellit** *n* (tetragonaler Scheelit) (Min) / powellite *n*
**Power Wash** *n* (Verfahren zur Reinigung von Kunststoffteilen vor der Lackierung mit wäßrigen Reinigern in einer Mehrzonensprühreinigungsanlage) (Anstr, Plast) / power wash

**Power•-and-Free-Förderer** *m* (Masch) / power-and-free conveyor ‖ **~-Fail-Logik** *f* (die einen Ausfall der Energieversorgung schnell erkennt und daraufhin ein Signal weitergibt) (EDV) / power-fail logic ‖ **~forming** *n* (Festbettverfahren mit regenerierbaren Platinkontakten zum Reformieren von Schwerbenzin) (Chem Verf, Erdöl) / Powerforming *n* ‖ **~forming** (Veränderung der Zusammensetzung und Struktur der im Benzin enthaltenen Kohlenwasserstoffe) (Chem Verf, Erdöl) / reforming process*, reforming *n*
**Powers-Diagramm** *n* (Wasseraufnahme des Zements in Abhängigkeit von der relativen Luftfeuchtigkeit) / Powers diagram
**Powerslide** *n* (im Autorennsport) (Kfz) / power slide
**Powerzoom** *n* (mit Mikromotor zur automatischen Brennweiteneinstellung) (Film) / motor-driven zoom, power zoom
**Poynting-Robertson-Effekt** *m* (nach H.P. Robertson, 1903-1961) (Astr) / Poynting-Robertson effect*
**Poyntingsch•er Satz** (der Energiesatz der Elektrodynamik nach J.H. Poynting, 1852-1914) (Eltech, Radio) / Poynting's theorem* ‖ **~er Vektor** (Eltech) / Poynting vector*
**Poynting•-Thomson-Körper** *m* (Phys) / three-parameter solid ‖ **~-Vektor** *m* (DIN 1304) (Eltech) / Poynting vector*
**PÖZ** (Bau, HuT) / Portland pozzolana (shale) cement (with about 20% of shale)
**POZ** (Chem, Pharm) / peroxide number, peroxide value
**Pozidriv-Kreuzschlitz** *m* (eine Weiterentwicklung des gewöhnlichen Kreuzschlitzes) (Masch, Werkz) / Pozidriv *n*, cross recess (Pozidriv) ‖ **~** (Werkz) s. auch Supradriv-Kreuzschlitz
**Pozzolanerde** *f* (Geol, HuT) / pozzolana* *n*, pozzuolana* *n*, pozzolan *n*, puzzolana *n*
**Pozzuolan** *n* (Geol, HuT) / pozzolana* *n*, pozzuolana* *n*, pozzolan *n*, puzzolana *n*
**Pozzuolanerde** *f* (Geol, HuT) / pozzolana* *n*, pozzuolana* *n*, pozzolan *n*, puzzolana *n*
**Pp.** (Buchb) / paper-covered book
**PP** (Chem) / pulse polarography ‖ **~** (DIN 7728) (Chem, Plast) / polypropene *n*, polypropylene* *n*, PP
**ppb** (z.B. 1 mg. kg$^{-3}$) / parts per billion (US), ppb, parts per milliard
**Ppb.** (Buchb) / paper-covered book
**PPG** (Chem) / polypropylene glycol
**ppGpp** *n* (Biochem) / guanosine tetraphosphate
**PPI•-Abbildung** *f* (Radar) / plan-position indicator ‖ **~-Anflug** *m* (Luftf, Radar) / PPI approach ‖ **~-Anzeige** *f* (Radar) / plan-position indication ‖ **~-Gerät** *n* (Radar) / plan-position indicator*, PPI*
**ppm** (z.B. 1 mg. kg$^{-1}$) / parts per million, ppm
**PPO** (Chem) / polyphenylene oxide (PPO)
**PPP** (EDV) / Point-to-Point Protocol
**PPP-Methode** *f* (in der Quantenchemie) (Chem) / PPP method
**p-p-Reaktion** *f* (Astr, Kernphys) / proton-proton reaction, PP reaction
**p-Prozeß** *m* (Astr) / p-process *n*
**PPS** (Chem) / polyphenylene sulphide, PPS ‖ **~** (F.Org) / production planning and control, PPC
**PPSU** (Chem) / polyethylene sulphone
**ppt** (z.B. Mikrogramm/Tonne) / parts per trillion, ppt
**PPTP-Protokoll** *n* (EDV) / point-to-point tunnelling protocol, PPTP protocol, PPTP
**pp-Übergang** *m* (Eltronik) / p-p junction*
**p-$_\overline{p}$-Wechselwirkung** *f* (Kernphys) / proton-antiproton interaction, $p_p$ interaction *n*
**PP-Weg** *m* (Biochem) / pentose phosphate pathway, hexose monophosphate shunt, pentose shunt*
**PQ** (Bot, Chem) / plastoquinone* *n*
**PQQ** (Biochem) / pyrroloquinoline quinone
**p-Quark** *n* (Kernphys) / pquark *n*
**Pquark** *n* (Kernphys) / pquark *n*
**Pr** (Chem) / praseodymium* *n* ‖ **~** (ein Stoffwert, nach L. Prandtl, 1875-1953) (Chem Verf, Wärm) / Prandtl number*
**PR** (Eltronik) / piezoceramic resonator ‖ **~** (eine Zahl, die Aufschluß über die Karkassenfestigkeit des Reifens gibt) (Kfz) / ply rating, PR ‖ **~** (Plast) / thioplast *n*, polysulphide rubber, PR
**Präadaptation** *f* (eines Genotyps) (Umwelt) / preadaptation* *n*
**Präambel** *f* (DIN 66010) (EDV) / preamble *n*
**prächromatografisch** *adj* (Chem) / prechromatographic *adj*
**Prächtige Tanne** (For) / California red fir, golden fir
**Prachtkäfer** *m pl* (mit vielen Schadarten) (Zool) / buprestidae *pl*
**Präcipitin** *n* (Med, Pharm) / precipitin* *n*
**prädeterminieren** *v* / predetermine *v*, pre-establish *v*
**Prädikat** *n* (einstelliges totales) / predicate *n* ‖ **~** (Filmbewertung) (Film) / film rating, movie rating (US) ‖ **~ erster Stufe** (KI) / first-order predicate
**Prädikaten•kalkül** *m* (Math) / predicate calculus* ‖ **~logik** *f* (KI) / predicate logic ‖ **~logik erster Stufe** (wenn die Quantoren allein über den Individuenbereich auftreten) (KI) / first-order predicate

logic || ~**logischer Ausdruck** / meaningful formula, well-formed formula (wff) || ~**logische Formel** / formula of the predicate calculus || ~**lösung** f **zweiter Stufe** (mit Quantoren über Prädikatenbereichen) / second-order predicate logic || ~**umformer** m (Regel zur Herleitung des notwendigen und hinreichenden Anfangsprädikats, das gewährleistet, daß nach Ausführung einer gegebenen Aktion ein vorgegebenes Endeprädikat erreicht wird) (EDV) / predicate transformer
**Prädikator** m (EDV) / predicator n
**Prädiktabilität** f / predictability n
**Prädiktion** f / prediction n
**Prädiktionskodierung** f (eine Quellenkodierung) (EDV) / predictive coding
**Prädiktor** m (Math) / predictor n, prediction function || ~**variable** f (Math) / predictor variable, explanatory variable
**Prädissoziation** f (der Zerfall eines mehrfach angeregten, mehratomigen Moleküls in dissoziierte Bruchstücke) (Chem, Phys) / predissociation n
**prädizieren** v / predict v
**Präexpander** m (Plast) / pre-expander n (for expandable-bead moulding)
**präexponentiell** adj (z.B. Faktor in der Arrhenius-Gleichung) / pre-expontial adj || ~**er Faktor** (Chem) / frequency factor*, pre-exponential factor
**Präferenz** f (der Organismus verbleibt aktiv im Bereich eines Stimulus, einer Substanz oder sucht ihn/sie/ auf) (Umwelt) / preference n
**Präfix** n (Chem, EDV, Math) / prefix n || ~**auswertung** f (Fernm) / identification analysis, prefix analysis || ~**schreibweise** f (EDV) / Polish notation, Lukasiewicz notation, prefix notation
**präfrontal** adj (Meteor) / prefrontal adj
**Präge•ausrüstung** f (Tex) / embossed finish, embossing finish || ~**druck** m (Buchb, Druck, Pap, Plast, Tex) / embossing* n, goffering n || ~**fehler** m (bei der Musterprägung) (Glas) / roller mark || ~**folie** f (Buchb) / blocking foil* || ~**form** f (Hütt, Masch) / coining die || ~**glanz** m (einer Münze) / fleur de coin, FDC || ~**kalander** m (Pap) / embosser n, embossing calender || ~**kalander** (DIN 64990) (Tex) / moiré calender || ~**kalander** (Tex) / embossing calender, goffering calender || ~**karton** m (Pap, Typog) / flong* n, stereotype dry mat, mat n || ~**matrize** f (Hütt, Masch) / coining die
**prägen** v / stamp v || ~ (Münzen) / mint v, strike v || ~ (Buchb, Druck, Pap, Plast, Tex) / emboss v, goffer v || ~ (die Druckform in die daraufliegende Mater mit einer Prägepresse abformen - in der Stereotypie) (Druck) / mould v || ~ (durch Stempel und Gegenstempel) (Hütt, Masch) / coin v || ~ n (Abformen der Druckform in die daraufliegende Mater mit einer Prägepresse - in der Stereotypie) (Druck) / moulding n || ~ (durch Stempel und Gegenstempel) (Hütt, Masch) / coining* n || ~ (z.B. von Zeichen und Bildern) (Masch) / stamping n
**Präge•platten-Adressiermaschine** f / embossed-plate addressing machine || ~**polieren** n (Masch) / burnishing n || ~**presse** f (Buchb) / blocking press*, hot press*, stamping press, embossing press || ~**presse** (heute meistens hydraulische) (Druck) / moulding press || ~**presse** (im Kaltmassivpresse) (Masch) / stamping press, coining press || ~**richten** v (nur Infinitiv und Partizip) (Masch) / planish v, flatten v || ~**richten** n (Masch) / planishing n, flattening n || ~**stempel** m (Masch) / coining punch, embossing punch, stamp n || ~**stempel** (Masch, Plast) / hob* n || ~**teil** n (Masch) / stamping n, stamped part || ~**walzen** n (Masch) / roll embossing || ~**werkzeug** (aus Messing - zum Handprägen von Kurvenlinien) (Buchb) / gouge n || ~**werkzeug** (zum Prägen und Kalibrieren) (Hütt, Masch) / coining die
**präglazial** adj (Geol) / preglacial adj
**Pragma** n (pl. -ta) (EDV) / pragma n
**Pragmatik** f (Betrachtung der formalen Struktur der Sätze, ihrer Bedeutung und auch der individuellen Benutzer der Sprache mit ihren Beziehungen zur Bedeutung der formulierten Sätze) / pragmatics n
**pragmatisch** adj / pragmatic adj
**Prägruppenstruktur** f (Math) / presheaf structure
**Prägung** f (Buchb, Druck, Pap, Plast, Tex) / embossing* n, goffering n
**prä-Hilbert** attr (Math) / pre-Hilbert attr
**prä-Hilbertsch** adj (Math) / pre-Hilbert attr || ~**er Raum** (Math) / unitary space, Hermitian space, inner-product space
**Präionisation** f (Kernphys) / preionization n, autoionization n
**präkompakt•e Menge** (Math) / precompact set, totally bounded set || ~**er Raum** (Math) / precompact space
**Präkonditionierung** f (Vorbehandlung) / preconditioning n
**präkristallin** adj (Geol, Min) / precrystalline adj || ~**e Deformation** (Geol, Min) / precrystalline deformation
**Praktikabel** n (fest gebauter Teil einer Bühnendekoration) (Film) / rostrum n (pl. -s or -stra), parallels pl (US), riser n
**Praktikabilität** f (KI) / practicability n
**Praktikant** m / trainee n

**praktisch** adj / practical adj || **für ~e Zwecke** / utilitarian adj || ~**e Anwendbarkeit** (einer Theorie) / practicality n || ~**er Boden** (der Destillationskolonne) (Chem Verf) / actual plate || ~**e Durchführbarkeit** / practicability n || ~**e Erfahrung** / hands-on experience || ~**e Erfahrung** (des Programmierers) (EDV) / hands-on background, hands-on experience || ~**e Fließgrenze** (mit vorgegebener bleibender Dehnung in Prozenten) (WP) / yield strength || ~ **geerdet** (Eltech) / virtual-earth* attr, virtual-ground attr (US) || ~ **kreisförmig** / virtually circular || ~**e Spannungsreihe** (Chem, Elektr) / galvanic series || ~**e Übungen** (am Gerät usw.) (EDV) / hands-on training || ~**es Einheitensystem** (Phys) / practical system
**Präkursor** m (Biochem) / precursor n || ~ (Biochem, Chem) / precursor n
**Pralidoxim (PAM)** n (Chem) / pralidoxime (PAM) n
**präliminar** adj / preliminary adj
**Präliminar-** / preliminary adj
**prall** adj (fest und straff) / hard adj || ~ (Sack) / bulging adj || ~ (gespannt) / tensioned adj, taut adj || ~ (Wurst) (Nahr) / plump adj || ~**blech** n (Aufber, Masch) / baffle* n || ~**blech** (im Auspufftopf) (Kfz) / baffle n || ~**brecher** m (Aufber) / beater mill* || ~**brecher** (mit umlaufender Prallwalze oder mit umlaufenden Prallwalzen) (Masch) / impact crusher* || ~**dämpfer** m (Stoßdämpfer) (Kfz) / impact absorber || ~**fläche** f (Aufber, Masch) / baffle* n || ~**fläche** (mit möglichst geringem Strömungswiderstand) (Vakuumt) / baffle n || **mit ~flächen ausstatten** (Aufber, Masch, Vakuumt) / baffle v || ~**hang** m (an der Außenseite einer Talkrümmung) (Geol, Wasserb) / undercut slope, concave bank, concave slope, outer bank || ~**hang** (Geol, Wasserb) s. auch **Gleithang** || ~**körper** m (Kfz) / impact cushion || ~**luftschiff** n (z.B. nach A.v. Parseval, 1861-1942) (Luftf) / non-rigid airship || ~**mühle** f (For) / impact mill || ~**platte** f (des Sicherheitslenkrads) (Kfz) / crash pad || ~**platte** (Phys) / target || ~**polster** n (Airbag-Lenkrad) (Kfz) / impact cushion || ~**-Strahl-Verschleiß** m (Masch) / impact erosion, impact wear || ~**teller** m (tellerförmige Platte, die zum Zweck der Änderung der Strömungsrichtung und Strömungsenergieumwandlung vor den meist kreisförmigen Einlauföffnungen von Absetzbecken angebracht wird) (Sanitär) / dash plate || ~**tellermühle** f (For) / impact mill || ~**ufer** n (Geol, Wasserb) / undercut slope, concave bank, concave slope, outer bank || ~**verschleiß** m (Masch) / impact erosion, impact wear || ~**zerfaserer** m (For) / fiberizer n
**Prämedikation** f (Med) / premedication n
**Prämisse** f (Aussage, von der ausgegangen wird) / premise n, premiss n (GB)
**Prämissenteil** m / premise part, "if" part
**Prämuscimol** n (Chem) / ibotenic acid
**Prandtl•-Glauert-Analogie** f (nach H.B. Glauert, 1892-1934) (Luftf, Phys) / Prandtl-Glauert rule || ~**-Glauert-Regel** f (eine Ähnlichkeitsregel) (Luftf, Phys) / Prandtl-Glauert rule || ~**-Meyer-Expansion** f (bei der Prandtl-Meyer-Strömung) (Phys) / Prandtl-Meyer expansion || ~**-Meyer-Strömung** f (stetige isentrope Verdünnungsströmung um eine konvexe Ecke) (Phys) / Prandtl-Meyer flow || ~**-Mischungslänge** f (Phys) / mixing length*, Prandtl mixing length || ~**-Mischungsweg** m (eines Turbulenzballens) (Phys) / mixing length*, Prandtl mixing length || ~**-Prisma** (ein Umlenkprisma mit konstanter Ablenkung, dessen Hauptschnitt ein Fünfeck ist) (Foto) / pentaprism* n, pentagonal prism || ~**-Reuss-Modell** n (DIN 1342, T 1) (Phys) / Prandtl-Reuss model || ~**-Rohr** n (Luftf, Phys) / pressure head*, Pitot-static tube*
**Prandtlsch•e Regel** (Luftf) / Prandtl rule || ~**es Staurohr** (DIN 1946, T 1) (Luftf, Phys) / pressure head*, Pitot-static tube*
**Prandtl•schicht** f (Meteor) / surface boundary layer* || ~**-Zahl (Pr)** f (DIN 1341 und 5491) (ein Stoffwert, nach L. Prandtl, 1875-1953) (Chem Verf, Wärm) / Prandtl number*
**Pränova** f (pl.: Pränovä) (Astr) / prenova n (pl.: prenovas or prenovae)
**Pränukleation** f (Phys) / prenucleation n
**Präon** n (Kernphys) / preon n
**Präparat** n (Mikros) / specimen n, object n || **galenisches ~** (Pharm) / galenical n || ~**es radioaktives** (Pharm) / radiopharmaceutical n || ~ n **mit hohem Energiewert** (Pharm) / energizer n
**Präparation** f (Anfertigung eines Präparats von anatomisch-zoologischen Objekten durch Konservierung oder Imprägnierung mit Kunststoffen) / preparation n || ~ (eines physikalischen Systems nach einer eindeutigen Meßvorschrift) / preparation n || ~ (Behandlung mit Textilhilfsmitteln für Avivage, Schmälzen, Schlichten usw.) (Tex, Web) / dressing n, finish n, dipping n, lubrication n || ~ **galenische** (Pharm) / galenical n
**Präparations•lösung** f (für die Leimpresse) (Pap) / sizing agent || ~**mittel** n (ein Textilhilfsmittel) (Spinn, Tex, Web) / processing aid, processing agent, preparing agent || ~**öl** n (Spinn) / processing lubricant
**präparativ•e Chemie** (ein Teilgebiet der Chemie, das sich mit der Herstellung von definierten chemischen Stoffen befaßt) (Chem) / preparative chemistry || ~**e Chromatografie** (Chem) / prep-scale

**präparativ**

chromatography, preparative-scale chromatography ‖ ~e **Gaschromatografie** (Chem) / preparative-scale gas chromatography, prep-scale gas chromatography ‖ **~er Holzschnitt** (mikroskopierfähiger) (For) / wood section (preparation technique)
**präparieren** *v* (mit Textilhilfsmitteln für Avivage, Schmälzen, Schlichten usw. behandeln) (Tex) / oil *v*, lubricate *v*
**Präparier•mikroskop** *n* (Mikros, Opt) / dissecting microscope ‖ ~**salz** *n* (Na$_2$(Sn(OH)$_6$)) (Chem) / sodium hexahydroxostannate, sodium stannate, preparing salt
**präparierter Teer** (Straßenteer aus Steinkohlenteerpech durch Zurückmischen mit Teerölen) (Chem Verf) / blended tar
**Präpariertechnik** *f* (Mikros) / preparation technique
**Präpeptid** *n* (Biochem) / prepeptide *n*
**Präpolymer** *n* (meist niedrigmolekulares Makromolekül, das in weiterführenden Reaktionen zu hochmolekularem Polymer umgesetzt wird) (Chem) / prepolymer *n*
**Präprohormon** *n* (Biochem) / preprohormone *n*
**Präquark** *n* (Kernphys) / pre-quark *n*
**Präschauer** *m* (Kernphys) / pre-shower *n*
**Prasem** *m* (grobkristalline Quarzvarietät, die durch massenhaft eingeschlossenen Strahlstein lauchgrün gefärbt ist) (Min) / prase* *n*, mother of emerald*
**Präsentations•grafik** *f* (die Nachweise und Ergebnisse präsentieren) (EDV) / presentation graphics ‖ ~**schicht** *f* (Schicht 6 im ISO-Referenzmodell) (EDV) / presentation layer, PRL
**präsentieren** *v* / present *v*
**Praseodym (Pr)** *n* (Chem) / praseodymium* *n* ‖ ~**dioxid** *n* (Chem) / praseodymium(IV) oxide, praseodymium dioxide ‖ ~**(IV)-oxid** *n* (Chem) / praseodymium(IV) oxide, praseodymium dioxide
**Präserve** *f* (Nahr) / preserve *n*
**Prasinit** *m* (zu den Grünschiefern gehörendes metamorphes Gestein der Epizone) (Geol) / prasinite *n*
**Prasopal** *m* (durch Nickel grün gefärbt) (Min) / prase opal, prasopal *n*
**prasseln** *v* (Störgeräusche) (Akus) / crackle *v*, fry *v* ‖ ~ (Störgeräusche) (Akus) / fry *v* ‖ ~ (klatschen) (Akus) / patter *v*
**Präsumtion** *f* (KI, Math) / assumption *n*, presumption *n*
**Präsupposition** *f* (KI) / presupposition *n*
**prätektonisch** *adj* (Geol) / pretectonic *adj*
**Pratze** *f* (Masch) / claw *n* ‖ ~ (Abstützträger) (Masch) / outrigger *n*
**Pratzenkran** *m* (Masch) / claw crane
**präventiv** *adj* / prophylactic* *adj*, preventive *adj*
**Praxis** *f* / practice *n* ‖ ~**bezogen** *adj* / practice-oriented *adj* ‖ ~**erprobt** *adj* / proven *adj* ‖ ~**gerecht** *adj* / practice-oriented *adj* ‖ ~**gerechter landwirtschaftlicher Anbau** (Landw) / good agricultural practice ‖ ~**nah** *adj* / practical *adj*, similar to conditions encountered in practice ‖ ~**orientiert** *adj* / practice-oriented *adj*
**Prayon-Filter** *n* (eine Nutsche) (Chem Verf) / Prayon (continuous) filter, tilting-pan filter
**Präzession** *f* (Astr, Masch, Math, Phys) / precession* *n*, precessional motion ‖ ~ (bei der Einwirkung äußerer Kräfte auf den Kreisel) (Phys) / real precession, real wander ‖ ~ **der Äquinoktien** (Astr) / precession of the equinoxes*
**Präzessions•kegel** *m* (Astr) / precession cone ‖ ~**methode** *f* (Kristallstrukturanalyse von Einkristallen) (Krist) / precession method
**Präzipitat** *n* (Ausfällungssediment) (Chem) / precipitate (ppt, ppte) *n* ‖ ~ (eine restlos veraltete Bezeichnung für einige Quecksilberverbindungen) (Chem) / precipitate *n* ‖ **rotes** ~ (Quecksilber(II)-oxid) (Chem) / red precipitate
**Präzipitation** *f* (das Herabregnen von Teilchen des magnetosphärischen Plasmas in die Ionosphäre) (Geophys) / precipitation *n*
**präzipitieren** *v* (Chem) / precipitate *vt*, precipitate out *v*
**Präzipitin** *n* (Med, Pharm) / precipitin* *n*
**präzis** *adj* / precise *adj* ‖ ~**e** *adj* / precise *adj*
**präzisieren** *v* / specify *v*, make more precise
**Präzision** *f* (in der Analytik) / precision *n* (closeness of readings to one another), standard deviation ‖ ~ (DIN 55350, T 13) / precision *n* ‖ ~ **unter Wiederholbedingungen** (Chem Verf) / within-run precision ‖ ~ **von Serie zu Serie** (in der Prozeßanalyse) (Chem) / between-run precision
**Präzisions•anflugradar** *m n* (Luftf) / precision-approach radar*, PAR* ‖ ~**drillmaschine** *f* (Landw) / spacing drill, planter *n* (US) ‖ ~**feile** *f* (Werkz) / precision file ‖ ~**formteil** *n* (Plast) / precision moulding ‖ ~**gefertigtes Teil** (Masch) / high-precision part ‖ ~**gerät** *n* (Instr) / precision instrument ‖ ~**gerät für höhere Geodäsie** (Verm) / geodetic instrument ‖ ~**inlineröhre** *f* (TV) / precision inline colour tube, precision slot matrix tube ‖ ~**kühlung** *f* (Glas) / precision annealing ‖ ~**landwirtschaft** *f* (Landw) / computer-aided farming, precision farming ‖ ~**lehre** *f* (Werkz) / precision gauge ‖ ~**maschine** *f* **aus Aufbaueinheiten** (Masch) / precision modular machine tool ‖ ~**maschine in Baukastenbauweise** (Masch) / precision modular machine tool ‖ ~**messung** *f* / high-precision measurement ‖ ~**nivellement** *n* (Verm) / precise levelling* ‖ ~**rundstahl** *m* (Hütt, Masch) / silver steel ‖ ~**schleifen** *n* (Masch) / precision grinding ‖ ~**stahlrohr** *n* (mit besonders hoher Maßgenauigkeit und glatter Oberfläche) (Hütt) / precision steel tube ‖ ~**geschweißtes** ~**stahlrohr** (DIN 2393 und 2394) (Hütt) / welded precision steel tube ‖ ~**teil** *n* (Masch) / high-precision part ‖ ~**theodolit** *m* (Verm) / theodolite* *n*, engineer's transit (US), surveyor's transit ‖ ~**waage** *f* (im allgemeinen) / precision balance ‖ ~**werkzeug** *n* (Masch) / precision-engineered tool, precision tool ‖ ~**wickelverfahren** *n* (Plast) / precision winding ‖ **veränderlicher** ~**widerstand** (Gerät) (Eltech) / variable resistance*
**Prebiotika** *n pl* (unverdauliche Nahrungsmittelzusätze, die Wachstum und Selektion der Darmflora beeinflussen) (Biochem, Nahr) / prebiotics *pl*
**Precedence-Diagramming-Methode** *f* (ein Netzplanverfahren) / precedence diagramming method
**Precifilm-Gleitlager** *n* (Ausdehnungsgleitlager für Schleifmaschinenspindeln) (Masch) / Precifilm slide bearing
**Precipitation** *f* (Geophys) / precipitation *n*
**Precision** *f* (ein Effektivitätsmaß zur Bewertung von Dokumenten-Retrieval-Systemen) (EDV) / precision *n*
**Precoat•-Filter** *n* (Chem) / precoat filter ‖ ~**-Schicht** *f* (angeschwemmtes Filterhilfsmittel) (Chem) / precoat *n* ‖ ~**-Verfahren** *n* (ein Filtrationsverfahren, mit dem schwer oder nicht filtrierbare Suspensionen durch die zusätzliche Anschwemmung eines Filterhilfsmittels getrennt werden können) (Chem) / precoating *n*
**Pre•compiler** *m* (EDV) / precompiler *n* ‖ ~**cure-Technik** *f* (Permanent-Press-Ausrüstung mit Endkondensation beim Veredler) (Tex) / precuring *n*, precure finish ‖ ~**curing-Verfahren** (Tex) / precuring *n*, precure finish ‖ ~**cursor** *m* (Biochem) / precursor *n*
**Predazzit** *m* (Marmor mit Bruzit) (Geol) / predazzite *n*, brucite-marble
**Predella** *f* (pl. -s oder -llen) (Arch) / predella *n*
**Predelle** *f* (Arch) / predella *n*
**Prednisolon** *n* (1-Dehydrohydrocortison) (Pharm) / prednisolone* *n*
**Prednison** *n* (1-Dehydrocortison) (Pharm) / prednisone *n*
**Preece-Test** *m* (zur Prüfung der Gleichmäßigkeit von nach dem Schmelztauchverfahren hergestellten Zinküberzügen - 1 Gewichtsteil Kupfersulfat + 5 Gewichtsteile Wasser) (Galv) / Preece test, Preece dip test
**Pre•editing** *n* (z.B. des Ausgangstextes für eine Maschinenübersetzung) (EDV) / pre-editing *n* ‖ ~**emphasis** *f* (ein zur Nachentzerrung komplementärer Vorgang am Eingang eines Übertragungssystems) (Akus, Eltronik) / pre-emphasis* *n*, accentuation* *n* ‖ ~**expander** *n* (Plast) / pre-expander *n* (for expandable-bead moulding) ‖ ~**ferment** *n* (Nahr) / preferment *n* ‖ ~**fetching** *n* (bei der Archivierung auf optischen Platten) (EDV) / prefetching *n* ‖ ~**form** *f* (Glaskörper, der zur Faser ausgezogen wird) (Glas) / fibre preform, optical-fibre preform
**P-Regler** *m* (Regeln) / proportional controller, proportional-action controller
**Preglsche Lösung** (nach F. Pregl, 1869-1930) (Chem) / Pregl's solution
**Pregnan** *n* (der Grundkörper für Steroide mit 21 Kohlenstoffatomen) (Biochem) / pregnane *n*
**Pregnandiol** *n* (ein biologisches Abbauprodukt von Progesteron) (Biochem) / pregnanediol* *n*
**Prehnit** *m* (ein Sorosilikat) (Min) / prehnite* *n*
**Preis** *m* / price *n* ‖ **konkurrenzfähiger** ~ / competitive price ‖ **mit** ~**en versehen** / mark *v*, price *v* ‖ **subventionierter** ~ (z.B. bei Agrarprodukten) / supported price, support price ‖ ~ *m* **ab Werk** / ex-factory price, ex-works price ‖ **(stark) ermäßigter** ~ / cut price, cut rate ‖ ~ *m* **frei Grenze** / free-at-frontier price ‖ ~ **gültig (bis zum ...)** / price in effect (until)
**Preis•abschlag** *m* / price reduction, discount *n* ‖ ~**angebot** *n* (Kostenvoranschlag) / quotation *n* ‖ ~**aufdruck** *m* (Druck) / price imprint ‖ ~**aufschlag** *m* / surcharge *n*, extra charge, additional charge ‖ ~**ausschreiben** *n* / prize competition, prize contest ‖ ~**bildung** *f* / pricing *n* ‖ ~**einbruch** *m* / slump *n* (in prices) ‖ ~**eindruck** *m* (Druck) / price imprint ‖ ~**empfehlung** *f* / recommended (sales) price ‖ ~**empfindlich** *adj* / sensitive to price change(s) ‖ ~**entwicklung** *f* / price trend ‖ ~**ermäßigung** *f* / price reduction, discount *n* ‖ ~**geben** *v* (Schiff) / abandon *v* ‖ ~**gestaltung** *f* / pricing ‖ ~**günstig** *adj* / economically priced, low-priced *adj* ‖ ~**günstigster und einfachster Drucker einer Typenreihe** (EDV) / low-end printer ‖ ~**index** *m* / price index, index of prices ‖ ~**kontrolle** *f* (staatlich) / price control ‖ **wettbewerbsfähiges** ~**-/Leistungsverhältnis** / competitive price/performance ratio ‖ ~**/Leistung-Verhältnis** *n* / price/performance ratio, value for money ‖ ~**liste** *f* / price list, list of prices ‖ ~**nachlaß** *m* / price reduction, discount *n* ‖ ~**nachlaß (bei mangelhaften Waren)** / allowance *n* ‖

≈**politik** f / pricing policy, price policy ‖ ≈**schild** n / price tag ‖ ≈**schildchen** n / price tag ‖ ≈**senkung** f / price cut, reduction in prices, price reduction ‖ ≈**sturz** m / slump n (in prices) ‖ ≈**stützung** f (Eltech) / price support ‖ ≈**subventionierung** f (z.B. durch den Staat) (Eltech) / price support ‖ ≈**überwachung** f / price control ‖ ~**wert** adj / low-priced adj, good-value attr

**Prell•balken** m (Bahn) / fender beam ‖ ≈**bock** m (am Ende des Stumpfgleises) (Bahn) / buffer-stop n, stop block ‖ ≈**dauer** f (eine Komponente der Schaltzeit bei Kontakten) (Eltech, Fernm) / bounce time

**Prellen** n (kurzzeitige ungewollte Relaiskontakttrennungen) (Fernm) / contact bounce*

**prell•frei** adj (Taste) (EDV) / no-rebound adj, bounceless adj, bounce-free adj ‖ ~**frei** (Eltech) / chatterproof adj ‖ ~**frei** (Eltech, Fernm) / chatterproof adj, bounceless adj, bounce-free adj ‖ ≈**holz** n (Bau) / fender n ‖ ≈**schlag** m (wenn der Bär mit dem Obergesenk unmittelbar auf das Untergesenk aufschlägt) (Masch) / blow die-to-die (with upper and lower dies making contact) ‖ ≈**schlagkraft** f (der Presse) (Masch) / impact force ‖ ~**sicher** adj (Schalter) / chatterproof adj ‖ ~**sicher** (Kontakt) (Eltech, Fernm) / chatterproof adj, bounceless adj, bounce-free adj ‖ ≈**stein** m (Bau) / spur stone, wheel bumper

**Prellung, ausweichende** ≈ (Uhr) / resilient escapement*

**Prell•wunde** f (an Bäumen) (For) / bruise n ‖ ≈**zeit** f (Eltech, Fernm) / bounce time

**Premaster** m (CD-ROM) (EDV) / premaster n ‖ ≈**band** n (Druck, EDV) / premaster tape (CD-ROM publishing), premastered band

**Premier jus** m (Rindertalg besonders hoher Qualität) (Nahr) / premier jus

**Premiere** f (Film) / première* n, premiere n, first showing

**Premierenkino** n (in dem die Uraufführung stattfindet) (Film) / first-run house

**Premiumöl** n (V-Mot) / premium motor oil

**Premixmasse, fasrige** ≈ (Plast) / bulk moulding compound

**Premix-Pressen** n (Plast) / premix moulding (GB), compound moulding

**Premix-Preßmasse** f (Plast) / premix n, bulk moulding compound

**Prenol** (isoprenoider Alkohol) (Chem) / prenol n

**Prenylierung** f (Einführung eines Isoprenrestes) (Chem) / prenylation n

**Preon** n (Kernphys) / preon n

**Prepactbeton** m (ein Ausgußbeton) (HuT) / prepacked concrete, grouted aggregate

**Prepaktbeton** m (HuT) / prepacked concrete, grouted aggregate

**Prephensäure** f (Chem) / prephenic acid

**Pre•polymer** n (Chem) / prepolymer n ‖ ≈**preg** (DIN 16913, T 2 und 3) (Glas, Plast) / prepreg* n, sheet moulding compound ‖ ≈**rollzeit** f (bei Videorekordern) / pre-roll time

**Presbyakusis** f (Akus, Med) / presbycousis n, presbycusis n

**presbyop** adj (Med, Opt) / presbyopic adj

**Presbyopie** f (Med, Opt) / presbyopia* n

**presbyopisch** adj (Med, Opt) / presbyopic adj

**Prescaler** m (ein digitaler Frequenzteiler, der einem digitalen Frequenzmeßgerät vorgeschaltet wird) (Eltech) / pre-scaler n

**Preselection** f (TV) / preselection n

**Presenning** f (Tex) / tarpaulin n, tarp n

**Preß•arbeit** f (Masch) / pressing n ‖ ≈**bahn** f (Plast) / varnished web ‖ **zugeschnittene** ≈**bahn** (Plast) / varnished sheet ‖ ≈**bernstein** m / ambroid n, pressed amber ‖ ≈**blasmaschinen** f pl (Glas) / press-and-blow machines* ‖ ≈**-Blas-Verfahren** n (bei Weithalsgefäßen) (Glas) / press-and-blow process ‖ ≈**-Blas-Verfahren mit gepasteter Form** (Glas) / paste-mould press-and-blow process ‖ ≈**blech** n (für blechbeschickte Pressen bei Sperrholz- und Spanplattenherstellung) (For) / caul n ‖ ≈**bleikristall** n (Glas) / crystal glass with 18-24% PbO ‖ ≈**block** m (Hütt) / extrusion billet ‖ ≈**bolzen** m (beim Strangpressen) / extrusion billet ‖ ≈**deckel** m (der Handpresse) (Druck) / tympan* n ‖ ≈**diagramm** n (bei der Herstellung von Faser- und Spanplatten) (For) / pressing schedule ‖ ≈**dichte** f (Pulv) / green density, pressed density ‖ ≈**druck** m / press pressure ‖ ≈**düse** f (bei der Extrusion) / extrusion die

**Presse** f (Zeitungen und Zeitschriften sowie die Institutionen, die mit deren Herstellung im Zusammenhang stehen) (Druck) / press* n ‖ ≈ (ein Küchen/Elektrogerät) (Eltech) / ricer n (US) ‖ ≈ (Masch, Nahr) / press* n ‖ **beheizbare** ≈ (Masch, Pulv) / hot press ‖ **doppeltwirkende** ≈ (Masch) / double-action press*, double-acting press ‖ **dreifachwirkende** ≈ (Presse mit drei Stößeln, dem äußeren Stößel, dem inneren Stößel und einem weiteren Stößel, der in entgegengesetzter Richtung zu ihnen wirkt) (Masch) / triple-action press, triple-acting press ‖ **hydraulische** ≈ (eine kraftgebundene Preßmaschine) (Masch) / hydraulic press*, hydrostatic press ‖ **hydraulische** ≈ **mit Druckquelle** (Speicherantrieb) (Masch) / hydraulic press with pressure system (stored-energy drive) ‖ **hydraulische** ≈ **mit Förderstromquelle** (unmittelbarer Pumpenantrieb) (Masch) / hydraulic press with conveyor system (direct pump drive) ‖ **kontinuierliche** ≈ (zur Herstellung von Holzwerkstoffen) (For) / continuous-process press, progressive presser ‖ **landwirtschaftliche** ≈ (Landw) / baler n, baling press ‖ **mechanische** ≈ (eine weggebundene Presse, bei der die rotierende Antriebsbewegung eines Elektromotors über ein mechanisches Getriebe in die hin- und hergehende Bewegung eines Pressenstößels umgewandelt wird) (Masch) / mechanical press ‖ **mit** ≈ **fügbar** (Kennzeichen bei Montage) (Masch) / needs pressure ‖ **motorgetriebene** ≈ (Masch) / power press ‖ **neigbare** ≈ (Masch) / inclinable press ‖ **pneumatische** ≈ (eine kraftgebundene Preßmaschine) (Masch) / pneumatic press, air press ‖ ≈ f (Stanzereimaschine, Umformungsmaschine) **mit einem Lochstempel** (Masch) / punch* n ‖ ≈ **für das Marformverfahren** (mit Gummikissen) (Masch) / rubber press ‖ ≈ **mit Torgestell** (DIN 55 181) (Masch) / press with straight-sided frames

**Presse•fax** n (Faksimileübertragung von ganzen Zeitungsseiten) / press fax n ‖ ≈**information** f (z.B. der Abteilung für Öffentlichkeitsarbeit) / news release, press release ‖ ≈**mappe** f / press kit, press-book n

**pressen** v (zu Ballen) (Landw) / bale* v ‖ ≈ (Masch) / press v ‖ ~ (Plast) / mould v, mold v (US) ‖ ≈ (Tex) / press v ‖ ~ **im Gesenk** (Masch) / die-press v ‖ ≈ n (Druck) / superimposition* n ‖ ≈ (DIN 8582 und 8583) (Masch) / pressing n ‖ ≈ (Plast) / moulding* n, molding n (US) ‖ ≈ (Tex) / pressing* n ‖ **einseitiges** ≈ (Pulv) / single-action pressing ‖ **hydrostatisches** ≈ (Pulv) / hydrostatic pressing* ‖ **isostatisches** ≈ (Pulv) / isostatic pressing, isostatic compacting ‖ **kaltisostatisches** ≈ (Pulv) / cold isostatic pressing, CIP ‖ ≈ n **in halbtrockenem Zustand** (Keram) / semi-dry pressing ‖ ≈ **mit Gummisack** (Plast) / rubber-bag moulding, flexible-bag moulding, pressure-bag moulding ‖ ≈ **mit Matten** (Plast) / mat moulding ‖ ≈ **mit Premix-Pressmassen** (Plast) / premix moulding (GB), compound moulding ‖ ≈ **mit Vorformlingen** (Plast) / mould moulding

**Pressen•ausschuß** m (an den Preßschabern bei Abriß anfallender Ausschuß) (Pap) / doctor broke ‖ ≈**beschickung** f (Masch) / press loading ‖ ≈**hub** m (Weg der Stößelunterkante zwischen oberem und unterem Umkehrpunkt) (Masch) / press stroke ‖ ≈**körper** m (Rahmen) (Masch) / press frame ‖ ≈**partie** f (einer Langsiebpapiermaschine) (Pap) / press section ‖ ≈**partie** (am Ende der Papiermaschine) (Pap) / couch n ‖ ≈**roboter** m (ein Handhabungsroboter) (Masch) / press robot ‖ ≈**schleifer** m (ein Holzschleifer) (Pap) / pocket grinder ‖ ≈**sicherheitseinrichtung** f (Masch) / press safety device ‖ ≈**tisch** m (Masch) / press bed ‖ ≈**tisch** (einer Etagenpresse) (Masch) / platen n

**Presser** m (Akus) / volume compressor* ‖ ≈ (Arbeiter) (Masch) / press operator

**Presserei** f (Betrieb, Anlage) (Masch) / pressing plant ‖ ≈ (als Hallenraum) (Masch) / pressroom n

**Presserfuß** m (Tex) / presser foot

**Presseur** m (ein Gummigegendruckzylinder, der die Papierbahn an den Druckzylinder andrückt) (Druck) / impression roller, pressure roller ‖ ≈ (Tex) / pressure cylinder

**presseweiß** adj (Tabellierpapier) (EDV, Pap) / off-white adj

**Preß•fehler** m (Pulv) / press defect ‖ ≈**filz** m (Tex) / pressed felt, felt fabric ‖ ≈**fläche** f (Gieß, Plast) / projected area ‖ ≈**flyer** m (Tex) / presser flyer ‖ ≈**form** f (Masch) / pressing die, briquetting die ‖ ≈**form** (Plast, Pulv) / mould n ‖ ≈**formen** v (nur Infinitiv oder Partizip) (Pulv) / compact v ‖ ≈**formen** v (nur Infinitiv oder Partizip) (Pulv) / compact v ‖ ≈**formen** n (im allgemeinen) / press forming ‖ ≈**formen** (Pulv) / compacting n ‖ ≈**formmaschine** f (für die Maschinenformerei) (Gieß) / squeezer* n, squeezing machine ‖ ≈**futter** n (pelletiertes) (Landw) / pelleted feed ‖ ~**geschweißt** adj (Schw) / pressure-welded adj ‖ ≈**gesenk** n (Pulv) / impression die ‖ ≈**gießen** n (Gieß) / squeeze casting ‖ ≈**glanzdekatur** f (Tex) / finish decatizing with gloss through pressure, gloss decatizing (US), gloss decating (US) ‖ ≈**glas** n (z.B. Glasbausteine, Glasdachziegel) (Glas) / pressed glass ‖ ≈**grat** m (überstehender Werkstoffrand) (Chem Tex, Hütt, Plast) / flash* n, spew n, spue n ‖ ≈**grat** (Plast) / fin n (a thin, feather-edged protrusion or projection) ‖ ≈**harz** n (Plast) / moulding resin, compression-moulding resin ‖ ≈**hefe** f (Handelsform der Backhefe) (Nahr) / pressed yeast, compressed yeast ‖ ≈**holz** n (für Werkzeuggriffe und Gießereimodelle) (For, Tischl) / staypak n ‖ ≈**holz** (For, Tischl) / densified wood

**Pressionsstrecke** f (Spinn) / spiral drawing frame

**Preß•kammer** f (beim Druckguß) (Gieß) / casting chamber ‖ ≈**kohle** f (Kftst) / briquetted coal ‖ ≈**kork** m / manufactured cork, corkwood n, compressed cork, agglomerated cork ‖ ≈**kork mit Bindemittel** (Pech oder Ton) (Bau) / composition cork ‖ ≈**kork ohne Bindemittel** / pure agglomerated cork ‖ ≈**korkplatte** f (Dämmstoff) / compressed-cork slab, slab cork ‖ ≈**körper** m (Hütt, Pulv) / pressing n, briquet n, compact* n ‖ ≈**kraft** f (bei Pressen) (Masch) / press force ‖ ≈**kraft** (Plast, Pulv) / compacting force ‖ ≈**kuchen** m (die Rückstände der

pflanzlichen fetten Öle) (Landw) / oilcake n, oil-seed residue, mill cake
**Pressley-Index** m (DIN 53942) (Tex) / Pressley index
**Preßling** m (Hütt, Pulv) / pressing n, briquet n, compact* n || ~ (Opt) / optical blank || ~ (Plast) / moulding n (made by compression or transfer moulding), plastic moulding || ~ (meistens KBr - in der IR-Spektroskopie) (Spektr) / pellet n
**Preß•linse** f (Opt) / lens blank, blank n, pressing n || ~**luft** f / compressed air* || ~**luftatmer** m (Bergb) / compressed-air breathing apparatus, self-contained breathing apparatus || ~**luftgründung** f (HuT) / pneumatic-caisson foundation, compressed-air foundation work || ~**lufthammer** m (Masch) / pneumatic hammer, air hammer || ~**luftkrankheit** f (HuT, Med) / caisson disease*, screws pl || ~**luftleuchte** f (Bergb) / compressed air lamp* || ~**luftmaschinen** f pl (Masch, Werkz) / pneumatic tools*, air tools || ~**luftmikrometer** n (zur Luftmengeregulierung an der Spritzpistole) (Anstr) / air micrometer || ~**luftspannstock** m (Werkstückspanner an Werkzeugmaschinen) (Masch) / pneumatic machine vice || ~**luftwerkzeuge** n pl (Masch, Werkz) / pneumatic tools*, air tools || ~**magnet** m (Eltech, Pulv) / particle magnet, powder magnet, sintered powder magnet || ~**maschine** f (für die Maschinenformerei) (Gieß) / squeezer* n, squeezing machine || ~**maschine** (Masch, Nahr) / press* n || **arbeitsgebundene** ~**maschinen** (Masch) / hammers pl and screw presses || ~**masse** f (als Kloß in die Form eingelegte - Schallplattenherstellung) (Akus) / preform n || **pulvrige** ~**masse** (Plast) / moulding powder*, powder* n || ~**muster** n (Tex) / tucking n, tuck-stitch pattern, tuck pattern || ~**nagelung** f (Zimm) / compression nailing || ~**narben** m (Leder) / corrected grain || ~**objekt** n (Hütt, Pulv) / pressing n, briquet n, compact* n
**Pressostat** m (ein elektrisches Schaltgerät) (Eltech) / pressostat n
**Preß•partie** f (Pap) / press section || ~**passen** n (ein Fügeverfahren zur Herstellung nicht lösbarer Verbindungen) (Masch) / press fitiing || ~**passung** f (bei der das Größtmaß der Bohrung kleiner ist als das Kleinstmaß der Welle, also stets ein Übermaß vorhanden ist - DIN 7182) (Masch) / press fit* (oversize), interference fit* || ~**passung** (Masch) / driving fit* || ~**platte** f (z.B. der Furnierpresse) (For) / platen n || ~**polieren** v (nur Infinitiv und Partizip) (Masch) / burnish v || ~**polieren** (Masch) / burnishing n || ~**riß** m (bei Schichtstoffen) / pressing crack, lamination n, slip crack, pressure crack || ~**riß** / pressure check || ~**rolle** f (für Schleifscheiben) (Masch) / working crusher, crushing roller || ~**runzel** f (Glas) / chill mark || ~**saft** m (Zuckergewinnung) (Nahr) / squeezed juice || ~**schaber** m (Pap) / doctor* n || ~**scheibe** f (z.B. bei Fließpressen) (Masch) / dummy block || ~**schichtholz** n (Plast-Preßlagenholz, bei dem die Faserrichtung der Furniere parallel zueinander angeordnet ist) (For) / high-density plywood, densified impregnated wood, lignified wood || ~**schnitzel** n pl (bei der Zuckergewinnung) (Nahr) / pressed pulp || ~**schweißen** n (DIN 1910, T 2) (Schw) / pressure welding*, welding with pressure || ~**schweißen mit unterschiedlicher Energiezufuhr** (Schw) / pressure welding with different energy supplies || ~**schweißung** f (Vereinigen metallischer Werkstoffe ohne Zusatzwerkstoff unter Druck bei örtlich begrenzter Erwärmung) (Schw) / pressure welding*, welding with pressure || ~**schweißverfahren** n (Schw) / pressure welding*, welding with pressure || ~**sintern** n (Pulv) / pressure sintering, die sintering, sintering under pressure, compaction sintering || ~**sitz** m (Masch) / heavy-force fit, class-8 allowance || ~**span** n (für Transformatorenbau) (Eltech) / transformer board || ~**span** (Glanzpappe) (Pap) / pressboard* n, presspahn n, glazed board || ~**sperrholz** n (For) / densified plywood || ~**staub** m (Keram) / press dust || ~**stempel** m (Glas) / plug n, plunger n || ~**stempel** (Masch) / ram* n || ~**stoffkommutator** m (Eltech) / moulded commutator || ~**stofflager** n (Masch) / composition bearing || ~**stück** n (Hütt, Pulv) / pressing n, briquet n, compact* n || ~**stumpfschweißen** n (ein Widerstandspreßschweißen) (Schw) / resistance butt welding || ~**stumpfschweißen mit Strahlungswärme** (Schw) / radiant-heat welding || ~**teil** n (größeres - aus Blech) / pressed panel || ~**teil** (Hütt, Pulv) / pressing n, briquet n, compact* n || ~**teil** (Plast) / moulding n (made by compression or transfer moulding), plastic moulding || ~**temperatur** f (Masch) / pressing temperature || ~**trocknung** f (Verfahren zur Schlammtrocknung) (Sanitär) / press drying || ~**tuch** n (der Filterpresse) / press cloth
**Pressung, erste** ~ (Nahr) / first pressing || **Hertzsche** ~ (Beanspruchung von gegeneinander gedrückten Körpern in ihrer Berührungsfläche und deren näherer Umgebung) (Mech) / Hertzian contact pressure, Hertz's law (a sphere of elastic material and a surface)
**Pressungswinkel** m (DIN 3960) (Masch) / pressure angle*
**Preß•verband** m (eine Reibschlußverbindung) (Masch) / interference fit || ~**verdichten** n (HuT) / compaction* n, compression n || ~**vergolden** (Buchb, Pap) / gold blocking*, gold stamping, gold pressing, gilding in the press || ~**walzen** f pl (der Naßpresse) (Pap) / press rolls || ~**wasser** n (auch zu Reinigungsarbeiten) (Masch) / pressurized water, pressurised water (GB) || ~**wasser** (Zuckergewinnung) (Nahr) / press water || ~**werkzeug** n (Hütt, Pulv) / die n || **mehrteiliges** ~**werkzeug** (Plast) / split-mould n, split-cavity mould || **geteiltes** ~**werkzeug** (Pulverpresse) (Pulv) / segment die, split die || ~**zeit** f (For) / press time, pressing time || ~**zyklus** m / press cycle, pressing cycle || ~**zylinder** m (Masch) / press cylinder
**Prêt-à-porter** n (von einem Modeschöpfer entworfene Konfektionskleidung) (Tex) / prêt-à-porter n
**Pretty Good Privacy** f (ein Kryptografiesystem) (EDV) / Pretty Good Privacy
**Pretty-Printing** n (Aufbereitung einer Listenstruktur) / pretty printing
**Preußischblau** n (Anstr) / Berlin blue, Prussian blue, iron blue, ferrocyanide blue, Chinese blue, bronze blue
**Preventer** m (ein Schließmechanismus als Bohrlochsicherung) (Erdöl) / blow-out preventer*, preventer n, BOP* || ~ (ein Ladegeschirr verwendeter Draht, der die Außengeien beim Laden mit 2 feststehenden, gekoppelten Ladebäumen entlastet) (Schiff) / preventer n || ~**garnitur** f (Erdöl) / BOP stack
**Preview** f (Funktion eines Anwendungsprogramms, das es ermöglicht, Texte und Bilder auf dem Bildschirm so darzustellen, wie sie gedruckt werden sollen) (EDV) / preview n || ~ (Film) / preview* n, preview screening || ~**-Ausgabe** f (letzte Kontrolle auf dem Bildschirm vor dem Drucken) (EDV) / page preview display
**Previewer** m (EDV) / previewer n (for print preview)
**Previewing-Font, stilisierter** ~ (EDV) / greek n
**Preview-Modus** m (EDV) / preview mode
**Prewash** n (Vorwäsche von Stoffen, um sie einlauffest zu machen) (Tex) / prewash n
**Pribnow-Box** f (eine bakterielle Promotorsequenz) (Gen) / Pribnow box
**Pribnow-Schaller-Box** f (Gen) / Pribnow box
**Priel** m (schmaler Wasserlauf im Watt) (Ozean) / narrow (tidal) channel, tidal outlet
**Priependeckung** f (spanische Version) (Arch) / Spanish tiling, mission tiling (US) || ~ (römische Version) (Arch) / Italian tiling
**Prileschajew-Reaktion** f (nach N. Prileschajew, 1872-1944) (Chem) / Prileževhaev reaction, Prileschajev's reaction
**prillen** v (Chem Verf) / prill v || ~ n (ein Verfahren der Kornvergröberung, bei dem körnige Körper aus Lösungen oder Suspensionen in Sprühtürmen hergestellt werden) (Chem Verf) / prilling n || **durch** ~ (im Sprühturm) **erzeugte Granalie** (Chem Verf) / prill* n
**Prillturm** m (Chem Verf) / prilling tower
**prim** adj (Math) / relatively prime, prime to each other, mutually prime, coprime adj
**Primableche** n pl (Hütt) / prime sheets, primes pl
**primär** adj / primary adj || ~**er Alkohol** (Chem) / primary alcohol* || ~**es Amin** (Chem) / primary amine* || ~**er Brennpunkt** (eines Spiegelteleskops mit parabolischem Hauptspiegel) (Opt) / primary focus || ~**es Dickenwachstum** (Bot, For) / primary thickening, primary growth || ~**er Dispersionshof** (Min) / primary dispersion*, primary halo, halo* n || ~**er Dolomit** (Geol) / primary dolomite || ~**e Elektronen** (Eltronik) / primary electrons* || ~**es Erz** (Geol) / primary ore || ~**er Etalon** (Masch) / primary standard*, standard* n || ~**e Förderung** (das Erdöl wird durch den natürlichen Lagerstättendruck zur Fördersonde getrieben) (Erdöl) / primary recovery*, primary production* || ~**e Gewinnung** (das Erdöl wird durch den natürlichen Lagerstättendruck zur Fördersonde getrieben) (Erdöl) / primary recovery*, primary production* || ~**e Gewinnungsphase** (das Erdöl wird durch den natürlichen Lagerstättendruck zur Fördersonde getrieben) (Erdöl) / primary recovery*, primary production* || ~**er Glanzzusatz** (der nur halbglänzende Niederschläge abgibt) (Galv) / primary brightener || ~**er Graphit** (Hütt) / primary graphite || ~**er Großkreis** (bei astronomischen Koordinaten) (Astr) / primary great circle || ~**e Hangendrichtung einer Schicht** (durch Sedimentationsmerkmale nachgewiesen) (Geol) / way up* n || ~**e Induktion** (aus empirischen Fakten) / primary induction || ~**e Insekten** (For, Landw, Zool) / primary insects || ~**es** (einbasisches) **Kaliumphosphat** (Chem) / potassium acid phosphate, potassium phosphate (monobasic form), potassium dihydrogen phosphate (KDP) || ~**es Kalziumphosphat** (Chem) / calcium dihydrogen-phosphate, primary calcium phosphate || ~**es Kriechen** (Hütt, WP) / primary creep, transient creep || ~**e Lagerstätte** (Bergb) / primary deposit || ~**er Lagerstättenton** (Geol) / residual clay (which remains at the site of its formation) || ~**es Lanataglykosid** (aus dem Wolligen Fingerhut) (Pharm) / lanatoside n || ~**es Magma** (Geol) / primary magma || ~**es Magma** (Geol) s. auch Muttermagma || ~**es Mineral** (Min) / primary mineral || ~**es Natriumphosphat** (Chem) / sodium dihydrogenphosphate(V), sodium dihydrogenorthophosphate || ~**es Natriumsulfat** (Chem) / sodium hydrogen sulphate, sodium bisulphate || ~**es natürliches Radionuklid** (Kernphys) / primary natural radionuclide || ~**e**

Nitroverbindungen (Chem) / primary nitro-compounds* ‖ ~es
Phloem (Bot) / primary phloem* ‖ ~es Phosphat (Chem) / primary
phosphate, dihydrogen phosphate ‖ ~e Rekristallisation (Hütt) /
primary recrystallization ‖ ~es Salz (Salz mehrbasiger Säuren, in
dem nur ein Wasserstoffatom durch ein Metallatom ersetzt ist)
(Chem) / primary salt ‖ ~e Skizze / primary sketch ‖ ~er Stromkreis
(Eltech) / primary circuit ‖ ~es Tüpfelfeld (For) / primary pit field ‖
~es Xylem (Bot, For) / primary xylem*
Primär•- / primary adj ‖ ⁓angaben f pl (Stats) / primary data ‖
⁓antrieb m (Masch) / primary drive ‖ ⁓ausdruck m (EDV) / primary n
‖ ⁓ausfall m (der weder direkt noch indirekt auf den Ausfall einer
anderen Einheit zurückzuführen ist) / primary failure ‖ ⁓auslöser m
(ein Überstromauslöser) (Eltech) / direct overcurrent release ‖
⁓auslöser (Eltech) / direct overcurrent release, direct release ‖
⁓backe f (der Trommelbremse) (Kfz) / leading shoe, primary shoe
(US) ‖ ⁓backe (der Servobremse) (Kfz) / primary shoe ‖ ⁓batterie f
(DIN IEC 86, T 2) (Eltech) / primary battery ‖ ⁓beschichtung f /
primary coating ‖ ⁓beschichtung (eines LWL) / coating n ‖
⁓bibliothek f (EDV) / source program library, source library ‖
⁓coating n (innere Schicht der Primärbeschichtung einer
LWL-Faser) / primary coating ‖ ⁓dampf m (Masch, Nukl) / primary
steam ‖ ⁓datei f (EDV) / primary file ‖ ⁓daten n pl (Stats) / primary
data ‖ ⁓elektronen n pl (Eltronik) / primary electrons* ‖ ⁓element n
(Eltech) / primary cell* ‖ ⁓emission f (durch thermische Emission,
Fotoemission oder Feldemission) (Eltronik) / primary emission* ‖
⁓empfänger m (bei Nachrichtenübermittlung) (Fernm) / primary
recipient ‖ ⁓energie f (zur Stromerzeugung ausgenutzter
Energieinhalt natürlicher Energieträger) (Eltech) / primary energy ‖
⁓energie (die noch keiner anthropogenen Umwandlung
unterworfen wurde) (Phys) / primary energy ‖ ⁓erz n (Geol) / primary
ore f (Geol) / protore n ‖ ⁓farbe f (Licht) / elementary colour*,
base colour, primary colour*, ground-colour n ‖ ⁓förderung f (das
Erdöl wird durch den natürlichen Lagerstättendruck zur
Fördersonde getrieben) (Erdöl) / primary recovery*, primary
production* ‖ ⁓gefüge n (Geol) / primary structure ‖ ⁓gleichungen f
pl (Vierpolgleichungen) (Fernm) / chain parameter equations ‖
⁓graphit m (Hütt) / primary graphite ‖ ⁓gruppe f (Fernm) / group* n
‖ ⁓härte f (die der Stahl nach dem Abschrecken aufweist) (Hütt) /
primary hardness ‖ ⁓insekten n pl (die gesundes, lebendes
pflanzliches Gewebe befallen, wie z.B. Maikäfer) (For, Landw, Zool) /
primary insects ‖ ⁓ionisation f (Kernphys) / primary ionization* ‖
⁓kanal m (Landw) / main canal ‖ ⁓kette f (des Primärantriebs)
(Masch) / primary chain ‖ ⁓komponente f (der kosmischen
Strahlung) (Astr) / primary cosmic rays ‖ ⁓konsolidierung f (des
Bodens) (HuT) / primary consolidation ‖ ⁓korn n (Hütt) / primary
grain ‖ ⁓kreis m (Eltech) / primary circuit ‖ ⁓kreis (Nukl) / primary
circuit ‖ ⁓luft f / primary air (PA) ‖ ⁓metall n (Hütt) / virgin metal* ‖
⁓mullit m (Keram) / primary mullite ‖ ⁓multiplexanschluß m (an
die ISDN-Ortsvermittlungsstelle) (Fernm) / primary rate multiple
access, primary rate B-channel access ‖ ⁓peak m (Spektr) / primary
peak ‖ ⁓phloem n (Bot) / primary phloem* ‖ ⁓produkt n (erstes
Produkt einer Reaktion, das jedoch noch weitere Umwandlungen
erfahren kann) (Chem) / primary* n ‖ ⁓programm n (EDV) / source
program ‖ ⁓programm (F.Org) / master schedule ‖
⁓programmbibliothek f (EDV) / source program library, source
library ‖ ⁓programmkartenstapel m (EDV) / source deck* ‖
⁓prozeß m (EDV) / primary task ‖ ⁓quellen f pl (der Energie) /
initial resources ‖ ⁓rad n (der Flüssigkeitskupplung) (Masch) / pump
n, impeller n ‖ ⁓radar m (Radar) / primary radar* ‖ ⁓reagens n
(Chem) / trigger* n ‖ ⁓reaktion f (als Gegensatz zur
Sekundärreaktion oder als Startreaktion) (Chem) / primary reaction
‖ ⁓relais n (dessen Wicklung von der Spannung oder von dem
Strom eines Hauptstromkreises ohne Zwischenschaltung eines
Isolierwandlers gespeist wird) (Eltech) / primary relay ‖ ⁓rohstoffe m
pl / primary raw materials ‖ ⁓schlacke f (Hütt) / first slag, early slag ‖
⁓schlamm m (in Vorklärbecken anfallender Abwasserschlamm -
DIN 4045) (Sanitär) / primary sewage sludge, primary sludge ‖
⁓schlüssel m (EDV) / primary key ‖ ⁓spannung f (bei
Transformatoren) (Eltech) / primary voltage*, input voltage* ‖
⁓speicher m (bei Rechnersystemen mit Speicherhierarchie) (EDV) /
primary memory ‖ ⁓speicher (EDV) s. auch Hauptspeicher ‖ ⁓spiegel
m (des Spiegelteleskops) (Opt) / main reflector, primary mirror ‖
⁓sprache f (EDV) / source language ‖ ⁓spule f (Eltech) / primary
coil*, primary n ‖ ⁓spule (Spinn) / winding head ‖ ⁓station f (bei
bitorientierten Steuerungsverfahren) (EDV) / primary station, PST ‖
⁓strahler m (der Antenne) (Radio) / radiating element ‖ ⁓strahlung
f (eine kosmische Strahlung) (Astr) / primary cosmic rays ‖
⁓strahlung (Geophys, Kernphys) / primary radiation* ‖ ⁓strom m
(Eltech) / primary current ‖ ⁓strom (von Trägern) (Eltronik) / primary
flow* n ‖ ⁓stromkreis m (Eltech) / primary circuit ‖ ⁓struktur f (bei
Proteinen) (Biochem) / primary structure (of proteins) ‖ ⁓task m
(EDV) / primary task ‖ ⁓teilchen n (Antrs) / primary particle ‖ ⁓ton m
(Geol) / residual clay (a clay which remains at the site of its
formation) ‖ ⁓transkript n (Gen) / primary transcript ‖ ⁓valenz f (in
der Farbvalenzmetrik) / primary n ‖ ⁓valenz (TV) / reference
stimulus ‖ ⁓valenzen f pl (reelle - Rot, Gelb und Blau) (Phys) /
primary additive colours*, fundamental colours* ‖
⁓versorgungsbereich m (Fernm) / primary service area* ‖ ⁓wald m
(der ohne menschliche Beeinflussung entstanden ist) (For) / primary
forest ‖ ⁓wand f (einer meristematischen Zelle) (Bot) / primary
wall* ‖ ⁓wärmepumpe f (mit der sich Energie aus Erdreich, Grund-
und Oberflächenwasser oder Außenluft gewinnen läßt) (Wärm) /
primary-energy-driven heat pump ‖ ⁓wasser n (eines
Leichtwasserreaktors) (Nukl) / primary coolant* ‖ ⁓wicklung f
(Eltech) / primary winding*, pri, primary* n, PRI ‖ ⁓wirt m (Biol,
Chem) / principal host ‖ ⁓xylem n (das zuerst gebildete Xylem, das
sich aus einem Meristem des Vegetationspunktes herausgebildet hat
und normalerweise an den Rändern des Marks anzutreffen ist) (Bot,
For) / primary xylem* ‖ ⁓zelle f (Eltech) / primary cell* ‖ ⁓zementit m
(Ausscheidung aus Schmelzen mit über 4,3% C) (Hütt) / primary
cementite ‖ ⁓zugriffsmethode f (EDV) / primary access method
Primasprit m (mit etwa 4,43 Vol-% Wasser) (Chem) / rectified spirit*
Prime f (Grundton einer Tonleiter oder eines Akkords) (Akus) / unison
n ‖ ⁓ (auf der ersten Seite eines Druckbogens) (Buchb, Druck) /
signature mark*
Primelement n (ein irreduzibles Element eines Rings) (Math) / prime
element
Primer m (dünne Schicht, die unmittelbar auf das Metall aufgebracht
wird und im Beschichtungssystem eine bestimmte Funktion als
Grundierung übernimmt) (Anstr) / primer n, priming n, priming coat
‖ ⁓ (z.B. bei der Beschichtung) (Anstr) / primer n, surfacer n ‖ ⁓
(Biochem) / primer n ‖ ⁓ (bei der Nukleinsäuresynthese) (Biochem) /
primer* n ‖ ⁓ (ein oral wirksames Pheromon) (Chem) / primer n
Prim•faktor m (Math) / prime factor ‖ ⁓faktorzerlegung f (Math) /
prime factorization ‖ ⁓ideal n (Math) / prime ideal
primitiv adj (EDV, Math) / primitive ‖ ⁓ mehrfach ~ (Math) / multiply
primitive ‖ ~e Elementarzelle (Krist) / primitive unit cell ‖ ~es
Polynom (Math) / primitive polynomial ‖ ~e Rekursion (Math) /
primitive recursion ‖ ~er Term (Grundbegriff) (Math) / primitive
term
Primitiv n (semantisches) / primitive n ‖ ⁓gitter n (Krist) / Bravais
lattice*
Prim•körper m (Schiefkörper, der außer sich selbst keinen
Unterkörper enthält) (Math) / prime field ‖ ~ordial adj (Nuklid)
(Astr, Kernphys) / primordial adj ‖ ~ordiales Schwarzes Loch (Astr) /
primordial black hole ‖ ⁓polynom n (Math) / prime polynomial
Primulidinchlorid n (Chem) / malvidin chloride
Primulin n (Malvidinchlorid-3-galactosid) (Chem) / primuline n ‖ ⁓
(Natriumsalz der Monosulfonsäure) (Mikros) / Indian yellow,
primuline yellow ‖ ⁓gelb n (Mikros) / Indian yellow, primuline yellow
Primzahl f (eine natürliche Zahl p > 1, die keine echten Teiler besitzt)
(Math) / prime number*, prime n ‖ Fermatsche ⁓ (Math) / Fermat
prime ‖ Mersennesche ⁓ (Math) / Mersenne's prime ‖ ⁓satz m
(Math) / prime number theorem ‖ ⁓zerlegung f (Math) / prime
factorization ‖ ⁓zwillinge m pl (zwei Primzahlen mit der Differenz
2) (Math) / prime pair, prime-pair twins
Pringsheimsche Konvergenzdefinition (nach A. Pringsheim,
1850-1941) (Math) / Pringsheim's definition of convergence
Prins-Reaktion f (Chem) / Prins reaction
Printer m (für Massenkopien) (Foto) / printer* n ‖ ⁓karte f (eine
mittels Zeilendrucker hergestellte Karte) (Kart) / printer map ‖
⁓plotter m (ein Drucker, der auch Diagramme und Zeichnungen
ausgeben kann) (EDV) / printer-plotter n ‖ ⁓scanner m (EDV) /
printer-scanner n
Printgenerator m (EDV) / print generator
Printing n on demand (nach Ausführung der Korrekturen können
beliebig viele Exemplare auf Werkdruckpapier mit dem
Laserdrucker gedruckt werden) (Druck) / printing on demand
Print•kommunikation f (die durch Druckverfahren vermittelt ist)
(Druck, EDV) / print communication ‖ ⁓medien pl (die im
Druckverfahren hergestellten Medien) / print media ‖ ⁓out n (EDV)
/ print-out* n, printer output ‖ ⁓platte f (Eltronik) / printed circuit
board (PCB*), printed board, pc board (single- or double-sided) ‖
⁓produkte n pl (Druck, EDV) / print products
Prinzip n (Wirkprinzip) / principle n ‖ ⁓ (Grundbestandteil) / main
component, principal component, main constituent, principal
constituent, principle n, fundamental constituent ‖ ⁓ (pl. -ien)
(Grundnorm, Gesetz, Gesetzmäßigkeit, Regel) (Phys) / principle n ‖
fluoreszierendes ⁓ (Fluoreszenz verursachender Molekülanteil)
(Chem, Phys) / fluorophore* n ‖ Jourdainsches ⁓ (ein differentielles
Extremalprinzip der Mechanik - nach P.E.B. Jourdain, 1879-1919)
(Mech) / Jourdain's principle ‖ ⁓ der erforderlichen
Kenntnisnahme (EDV) / need-to-know principle ‖ ⁓ der Erhaltung
der Energie (Phys) / law of conservation of energy ‖ ⁓ der geradesten

## Prinzip

**Bahn** (Phys) / principle of least curvature ‖ ≈ **der Gleichwertigkeit** (der Bezugssysteme hinsichtlich der Darstellung der Gesetze der Physik) (Phys) / principle of equivalence* ‖ ≈ **der kleinsten elastischen Spannungen** (nach C.A. Castigliano, 1847-1884) (Mech) / Castigliano's theorem ‖ ≈ **der kleinsten Formänderungsarbeit** (Mech) / principle of least work ‖ ≈ **der kleinsten Wirkung** (Maupertuissches Prinzip, Hamiltonsches Prinzip) (Phys) / principle of least action*, least-action principle* ‖ ≈ **der minimalen Strukturänderung** (nach Hine) (Chem) / principle of least motion ‖ ≈ **der virtuellen Arbeit** (Phys) / principle of virtual work ‖ ≈ **der virtuellen Verrückung(en)** (Phys) / principle of virtual displacements ‖ ≈ **der virtuellen Verschiebungen** (Phys) / principle of virtual displacements ‖ ≈ **des Abfeuerns und Vergessens** (bei den FK) (Mil) / fire-and-forget principle ‖ ≈ **des alternierenden Gradienten** (Nukl) / strong focusing, alternating-gradient focusing*, AG focusing ‖ ≈ **des "Kennenmüssens"** (das System erlaubt dem Benutzer die Kenntnis über diejenige Daten bzw. den Zugriff zu denjenigen Informationen, die der Benutzer zur Durchführung seiner Aufgaben benötigt) (EDV) / need-to-know principle ‖ ≈ **des kleinsten Weges** (Phys) / principle of least curvature ‖ ≈ **des kleinsten Zwangs** (Phys) / principle of least constraint*, Le Chatelier-Braun principle, Le Chatelier's principle, Le Chatelier's theorem ‖ ≈ **des Zirkelschlusses** (Math) / vicious-circle principle ‖ ≈ **vom Minimum der potentiellen Energie** (Phys) / least-energy principle* ‖ ≈ **von d'Alembert** (Mech) / d'Alembert's principle* ‖ ≈ **von Wirkung und Gegenwirkung** (Phys) / principle of action and reaction
**Prinzipfahrzeug** n / experimental vehicle
**prinzipiell vorhandene** (mögliche) **biologische Abbaubarkeit** (Umwelt) / inherent biodegradability
**Prinzip•schaltbild** n (Eltech) / schematic diagram, elementary diagram, schematic n ‖ ≈**skizze** f (Eltech) / schematic diagram, elementary diagram, schematic n
**Prionen** n pl (von proteinaceous infectious particles abgeleitete Bezeichnung für infektiöse Eiweißpartikel von 4 - 6nm Durchmesser, die durch Substanzen, die Nucleinsäure angreifen, nicht inaktivierbar sind) (Biochem) / prions pl
**priorisieren** v / prioritize v, prioritise v (GB), assign priority (to sth.)
**Priorität** f (auch im Patentrecht) / priority n ‖ ≈ (bei der Konstruktion von systematischen Namen) (Chem) / seniority n ‖ ≈ (feste Zuordnung in der Hardware-Struktur einer Zentraleinheit) (EDV) / priority n, precedence n ‖ ≈ (der einer Partition zugewiesene Rang, der die zeitliche Inanspruchnahme von Verarbeitungszeit bestimmt) (EDV) / priority n, PRTY ‖ **höchste** ≈ (EDV) / top priority, right-of-way precedence ‖ **nach** ≈**en geordnet** / priority-ordered adj ‖ ≈**en bestimmen** / prioritize v, prioritise v (GB), assign priority (to sth.) ‖ ≈**en setzen** / prioritize v, prioritise v (GB), assign priority (to sth.)
**Prioritäten•kodierer** m (EDV) / priority encoder ‖ ≈**steuerung** f (welche die Verarbeitungsreihenfolge und damit die Geschwindigkeit regelt) (EDV) / priority control, precedence control ‖ ≈**wechsel** m (EDV) / priority change
**Prioritäts•anzeiger** m (EDV) / priority indicator ‖ ≈**beleg** m (bei Patentanmeldungen) / priority document ‖ ~**bestimmend** adj / priority-determining adj ‖ ≈**erklärung** f (des Patentanmelders) / declaration of priority ‖ ≈**kodierer** m (EDV) / priority encoder ‖ ≈**status** m (EDV) / priority status ‖ ≈**statusregister** n (EDV) / priority status register, PSR ‖ ≈**steuereinheit** f **für Unterbrechungen** (zur Vereinfachung von unterbrechungsgesteuerten Mikrocomputersystemen) (EDV) / priority interrupt control unit, PICU ‖ ≈**steuerung** f (EDV) / priority control, precedence control ‖ ≈**übernahme** f (EDV) / priority transfer, priority acceptance ‖ ≈**verarbeitung** f (EDV) / priority processing ‖ ≈**verlust** m (in Patentsachen) / loss of priority ‖ ≈**wechsel** m (EDV) / priority change
**Prise** f (z.B. Salz) (Nahr) / pinch n
**Prisma** n (pl. -men) (DIN 40729) (Eltech) / plate support* ‖ ≈ (pl. -men) (eine in allen Kristallsystemen vorkommende offene Form, die aus einer Folge sich in parallelen Kanten schneidenden Flächen besteht) (Krist) / prism* n ‖ ≈ (pl. -men) (Körper, dessen Grundflächen zueinander parallel und kongruent sind) (Math) / prism* n ‖ ≈ (pl. -men) (Opt) / prism* n ‖ ≈ (pl. -men) (optical) / prism n ‖ ≈ (Aufbauteil für die Führung von Steuerkarten an Webmaschinen) (Web) / prism n, pattern cylinder ‖ **achromatisches** ≈ (Opt) / achromatic prism* ‖ **gerades** ≈ (Math) / right prism ‖ **Nicolsches** ≈ (Opt) / Nicol prism*, nicol n ‖ **rechtwinkliges** ≈ (Opt) / right-angle prism ‖ **schiefes** ≈ (Math) / oblique prism ‖ **totalreflektierendes** ≈ (Opt) / totally reflecting prism, total-reflection prism ‖ **Wollastonsches** ≈ (Polarisationsdoppelprisma - nach W.H. Wollaston, 1766-1828) (Opt) / Wollaston prism*, Wollaston polarizing prism ‖ ≈ n **mit Klemmbügel** (zum Anreißen) (Masch) / V-block n, vee block ‖ ≈ **zur Vorzerlegung** (Spektr) / fore-prism n
**Prismalade** f / cylinder batten

**Prisman** n (Valenzisomeres des Benzols) (Chem) / prismane n, Ladenburg benzene
**Prismatin** m (aus dem Granulit von Waldheim in Sachsen) (Min) / kornerupine* n
**prismatisch** adj / prismatic* adj
**Prismatoid** n (Math) / prismoid* n
**Prismen•druckfestigkeit** f (Mörteldruckfestigkeit - Prüfkörper = 40 mm x 40 mm x 160 mm) (HuT) / prismatic beam crushing strength ‖ ≈**feldstecher** m (ein Prismenfernrohr für den Handgebrauch) (Opt) / prismatic binoculars*, prism binoculars ‖ ≈**fernrohr** n (Opt) / prismatic telescope ‖ ~**förmig** adj / prismatic* adj ‖ ≈**fräser** m (Formfräser mit prismatischem Schneideteil zum Fräsen von Führungsbahnen - DIN 847) (Masch) / vee-form cutter, equal-angle cutter ‖ ≈**führung** f (Dachform) (Masch) / inverted-vee guides ‖ ≈**führung** (Masch) / prismatic guides, prismatic guideways ‖ ≈**führung** (V-Form) (Masch) / vee guides, vee ways ‖ ≈**glas** n (ein Prismenfernrohr für den Handgebrauch) (Opt) / prismatic binoculars*, prism binoculars ‖ ≈**glas** (Opt) / prismatic lens ‖ ≈**instrument** n (Opt, Verm) / optical square* ‖ ≈**paar** n (Mech) / sliding pair ‖ ≈**schnitt** m (Vorschnitt mit zwei parallelen Schnittflächen) (For) / prismatic cut, double cut ‖ ≈**spektrograf** m (Spektr) / prism spectrograph ‖ ≈**spektrometer** n (Spektr) / prism spectrometer ‖ ≈**spektroskop** n (Spektr) / prism spectroscope ‖ ≈**stück** n (Masch) / V-block n, vee block ‖ ≈**winkel** m (Opt) / refracting angle
**Prismoid** n (Math) / prismoid* n
**Prisonierstift** m (Eltech) / jack bolt
**Pristan** n (Norphytan) (Chem) / pristane n
**Pristansäure** f (Chem, Landw) / pristanic acid
**Pritschen•fahrzeug** n **für Großflächenscheiben** (Glas) / sheet truck ‖ ≈**lieferwagen** m (Kfz) / pick-up n, light lorry ‖ ≈**wagen** n (klein) (Kfz) / drop-side truck, pick-up ‖ ≈**wagen** (groß) (Kfz) / platform lorry, platform truck (US), flatbed truck (US)
**privat** adj / private adj ‖ ~**e Anwendung** / private use ‖ ~**e Benutzung** / private use ‖ ~**er Bereich** (auf einer von mehreren Teilnehmern genutzten Platte) (EDV) / private partition ‖ ~**e Bibliothek** (EDV) / private library ‖ ~**e Datei** (EDV) / private file ‖ ~**er Datenträger** (EDV) / private volume ‖ ~**er Gebrauch** / private use ‖ ~**es Kabelfernsehen** (TV) / access television (US) ‖ ~**es Kommunikationsnetz** (EDV) / corporate network, Intranet n ‖ ~**es Kommunikationssystem** (Fernm) / private communication system ‖ ~**e Leitung** (Fernm) / private line ‖ ~**e Leitung** (Fernm) s. auch Standleitung ‖ ~**e Linienwählanlage** (Fernsp) / house telephone system* ‖ ~**er Mobilfunk** (für bewegliche Landfunkdienste) (Radio) / private mobile radio, PMR ‖ ~**er Schlüssel** (EDV) / private key, secret key ‖ ~**e Vermittlungsanlage** (Fernsp) / private branch exchange* (PBX*) ‖ ~**er Versorgungsbereich** (Fernm) / private management domain, PRMD ‖ ~**es Verzeichnis zweiter Ordnung** (eine Tabelle im Supervisor, welche die höchsten Phasennamen der zugehörigen Verzeichnisspuren der privaten Bibliothek für Lademoduln enthält) (EDV) / private second-level directory
**Privat•-** / private adj ‖ ≈**anfahrstraße** f (Kfz) / driveway n (US) ‖ ≈**anfahrt** f (Kfz) / driveway n (US) ‖ ≈**bahn** f (Bahn) / private railway ‖ ≈**beleuchtung** f (Licht) / domestic lighting, residential lighting ‖ ≈**bibliothek** f (eine benutzereigene separate Bibliothek, die von der Systembibliothek getrennt ist) (EDV) / private library ‖ ≈**datei** f (EDV) / private file ‖ ≈**einfahrt** f (Kfz) / driveway n (US) ‖ ≈**fernsehen** n (kein Gegensatz zu öffentlich-rechtlich) (TV) / privately operated television (for minorities and pressure groups), access television ‖ ≈**fernsehen** (TV) s. auch kommerzielles Fernsehen ‖ ≈**flugzeugführer** m (Luftf) / private pilot ‖ ≈**gleisanschluß** m (Bahn) / private siding ‖ ≈**gleisanschluß** (Bahn) / siding track, private siding ‖ ≈**isierung** f (z.B. im ehemaligen kommunistischen Machtbereich) / privatization n ‖ ≈**luftfahrzeugführer** m (Luftf) / private pilot ‖ ≈**netz** n (EDV) / private network ‖ ≈**pilot** m (Luftf) / private pilot ‖ ≈**sphäre** f (EDV) / privacy n
**privilegiert** adj (Daten, Befehl, Modus) (EDV) / privileged adj ‖ ~**er Befehl** (EDV) / privileged instruction ‖ ~**e Instruktion** (EDV) / privileged instruction ‖ ~**er Modus** (EDV) / privileged mode
**PRL** (Laktationshormon des Hypophysenvorderlappens) (Biochem, Physiol) / prolactin* n, luteotrophic hormone*, luteotrophin* n, lactogenic hormone, lactotropin n
**PRMD** (Fernm) / private management domain, PRMD
**Pro** (Chem) / proline* (Pro) n
**Pro-analysi-Reagens** n (Chem) / analytical reagent* (AR*)
**Proazulen** n (eine Verbindung, die sich in Azulenderivate umwandelt) (Chem) / proazulene n
**probabilistisch** adj (Math, Stats) / probabilistic adj ‖ ~**es Modell** (KI) / probabilistic model ‖ ~**es** (unsicheres) **Schließen** (mit Unsicherheiten, die zumeist durch die Berechnung von Wahrscheinlichkeiten modelliert werden) (KI) / probabilistic reasoning, probabilistic inference

**Pröbchen** *n* / tester *n*
**Probe** *f* (Chem, Hütt) / assay* *n* ‖ ≈ (Film) / rehearsal *n* ‖ ≈ (Mikros) / sample *n*, specimen *n* ‖ ≈ (WP) / sample *n*, specimen *n*, test piece, test specimen ‖ **(Gratis)**≈ / tester *n* ‖ **[gekerbte]** ≈ (WP) / notched specimen, notched bar, notch impact test specimen ‖ ≈, **die aus verschiedenen Tiefen der untersuchten Flüssigkeit** (im Behälter) **entnommen wurde** / all-levels sample ‖ **kostenlose** ≈ / give-away sample ‖ **nasse** ≈ (Chem, Hütt) / wet assay* ‖ **Reinsche** ≈ (Chem) / Reinsch test (for detecting small amounts of arsenic, bismuth, mercury and silver) ‖ **trockene** ≈ (Chem, Hütt) / dry assay* ‖ **vorgekerbte** ≈ (WP) / pre-notched specimen ‖ **3PB-**≈ (WP) / Charpy three-point bend specimen, three-point bend (load) specimen ‖ ≈ **aus dem Entnahmestutzen** (Bergb) / pipe sample* ‖ ≈**(n) entnehmen** / sample *v* ‖ ≈ *f* **mit abgeschalteten Kameras** (Film) / run-through *n*, walk-through *n* ‖ ≈ **mit Anriß** (bei der Prüfung) (WP) / precracked specimen ‖ ≈ **mit breitem Siedebereich** (Chem) / wide-boiling sample ‖ ≈ **mit einseitigem Kerb** (Hütt, WP) / single-edge notch specimen ‖ ≈ **mit Oberflächenfehler** (WP) / surface flaw specimen ‖ ≈ "**ohne Talent**" (Film) / walk-through *n*
**Probe•abdruck** *m* (Druck) / proof* *n*, pull* *n*, test print, proof print, trial print ‖ ≈**abguß** *m* (Gieß) / pilot casting, sample casting ‖ ≈**abzug** *m* (Druck) / proof* *n*, pull* *n*, test print, proof print, trial print ‖ ≈**anruf** *m* (Fernsp) / test call ‖ ≈**aufnahme** *f* (der Schallplatte) (Akus) / take *n* ‖ ≈**aufnahme** (Film) / trial shot ‖ ≈**balken** *m* (Probekörper für die Untersuchung der Biegezugfestigkeit des Betons) (HuT, WP) / test beam ‖ ≈**belichtung** *f* (Foto) / test exposure ‖ ≈**betrieb** *m* / trial run, test run, dummy run ‖ ≈**blatt** *n* (Pap) / hand-sheet ‖ ≈**druck** *m* (Druck, EDV) / prepress proof*, proof *n*, off-press proof, prescan proof ‖ ≈**durchlauf** *m* (Film) / run-through *n*, walk-through *n* ‖ ≈**einlaß** *m* (Spektr) / sample inlet ‖ ≈**entnahme** *f* / sampling *n* ‖ ≈**erhebung** *f* (Stats) / pilot survey ‖ ~**fahren** *v* (nur Infinitiv und Partizip) (Kfz) / test-drive *v* ‖ ≈**fahrt** *f* (Kfz) / test drive, demonstration run ‖ ≈**gerbung** *f* (Typkonformität) (Leder) / test tannage ‖ ≈**glas** *n* (zur Bestimmung der Ebenheit einer Fläche) (Opt) / test glass ‖ ≈**guß** *m* (Gieß) / pilot casting, sample casting ‖ ~**haltig** *adj* (alkoholische Flüssigkeit) (Chem, Nahr) / proof *adj* ‖ ≈**kauf** *m* / trial purchase ‖ ≈**körper** *m* (WP) / sample *n*, specimen *n*, test piece, test specimen ‖ ≈**lanze** *f* (Hütt) / sublance *f* ‖ ≈**lauf** *m* / trial run, test run, dummy run ‖ ≈**lösung** *f* (die zu untersuchende Lösung) (Chem) / test solution (T.S.)
**proben** *v* (Film) / rehearse *v*
**Probenahme** *f* (DIN 53803, T 3) / sampling *n* ‖ ≈ **während des Niederbringens** (einer Bohrung) (Erdöl) / operational sampling ‖ ≈**fehler** *m* (Stats) / sampling error ‖ ≈**luke** *f* (des Öltanks) (Erdöl) / thief hatch ‖ ≈**periode** *f* (zeitlicher Abstand zwischen der Entnahme aufeinanderfolgender Analyseproben für die Prozeßkontrolle, der von der Kinetik des zu untersuchenden Prozesses bestimmt wird) (Chem Verf) / sampling period ‖ ≈**stelle** *f* / sampling point ‖ ≈**ventil** *n* (meistens am niedrigsten und am höchsten Füllstand eines Behälters) (Masch) / sampling valve
**Proben•ansaugung** *f* (Chem) / sample aspiration ‖ ≈**aufbereitung** *f* (DIN 38 402, T 21) (Umwelt) / sample preparation ‖ ≈**aufgabeventil** *n* (Chem) / sampling valve, sampling inlet valve ‖ ≈**dosierung** (Chem) / sample metering
**Probe•nehmen** / sampling *n* ‖ ≈**nehmer** *m* / sampler *n* ‖ **rohrförmiger** ≈**nehmer** (Pulv) / thief sampler*
**Proben•einlaß** *m* (z.B. beim Massenspektrometer) (Spektr) / sample inlet ‖ ≈**einlaßventil** *n* (in der Gaschromatografie) (Chem) / sampling valve, sampling inlet valve ‖ ≈**fleck** *m* (Chem) / sample spot ‖ ≈**form** *f* (DIN 50 125) (WP) / specimen shape ‖ ≈**gabeventil** *n* (Chem) / sampling valve, sampling inlet valve ‖ **automatischer** ≈**geber** (Chem) / automatic sampler, autosampler *m* ‖ ≈**halter** *m* / specimen holder ‖ ≈**löffel** *m* (Gieß) / sampling spoon ‖ ≈**platte** *f* (für die Prüfung von Beschichtungen) (Anstr) / test panel ‖ ≈**schälchen** *n* (Kernphys) / planchet *n* ‖ ≈**schenkel** *m* (einseitig eingespannter) (Hütt, Masch) / cantilever *n* ‖ ≈**stecher** *m* / trier *n* ‖ ≈**strahl** *m* (Spektr) / sample beam ‖ ≈**teiler** *m* (Aufber) / riffler *n* ‖ ≈**teiler** (nach Jones - eine mechanische Vorrichtung) (Aufber) / Jones splitter ‖ ≈**teilung** *f* (Aufber) / sample division, sample reduction ‖ ≈**umfang** *m* / sample size ‖ ≈**zufuhr** *f* (Spektr) / sample introduction, sample loading ‖ ≈**zuführung** *f* (z.B. beim Massenspektrometer) (Spektr) / sample introduction, sample loading
**Probe•rohr** *n* (Pulv) / thief sampler* ‖ ≈**scan** *m* (elektronische Druckvorstufe) (EDV) / preview scan ‖ ≈**seite** *f* (Druck) / sample page ‖ ≈**sendung** *f* (Radio) / pilot *n* ‖ ≈**signal** *n* (Radio) / pilot *n* ‖ ≈**sonde** *f* / sampler *n* ‖ ≈**stab** *m* (Gieß, WP) / test bar ‖ ≈**stab** (WP) / test bar, test rod ‖ ≈**strecke** *f* / test section ‖ ≈**streifen** *m* (Pap) / swatch *n* ‖ ≈**streifen** (Tex, WP) / test strip ‖ ≈**stück** *n* (angegossenes) (Gieß) / coupon *n*, test coupon ‖ ≈**stück** (Gieß) / arbitration bar* ‖ ≈**stück** (WP) / sample *n*, specimen *n*, test piece, test specimen ‖ ≈**substanz** *f* (Reagens) (Chem) / test substance, test *n* ‖ ≈**verbindung** *f* (Fernsp) / test call ‖ ≈**würfel** *m* (aus einer Mischung hergestellter Betonwürfel zur Bestimmung der Druckfestigkeit des zur Verarbeitung kommenden Betons) (HuT) / test cube ‖ ≈**zylinder** *m* (Probekörper aus Beton) (HuT, WP) / test cylinder
**probieren** *v* / try *v* ‖ ~ (Erz) (Aufber) / assay *v*
**Probier•glas** *n* (Chem) / test tube ‖ ≈**hahn** *m* (meistens am niedrigsten und am höchsten Füllstand eines Behälters) (Masch) / sampling cock, test cock ‖ ≈**kunst** *f* (Min) / assaying *n*, docimasia *n* ‖ ≈**stein** *m* (eine Kieselschieferart) (Geol) / lydite* *n*, Lydian stone*, touchstone* *n* ‖ ≈**tonne** *f* (Hütt) / assay ton* ‖ ≈**ventil** *n* (Masch) / sampling valve
**Probiose** *f* (Biol, Umwelt) / carposis *n*, parabiosis *n*
**Probit** *n* (Pharm, Stats) / probit *n* ‖ ≈**-Analyse** *f* (ein statistisches Analyseverfahren in Pharmakologie und Toxikologie) (Pharm, Stats) / probit analysis
**Problem** *n* / problem *n* ‖ **delisches** ≈ (der Würfelverdopplung) (Math) / Delian (altar) problem, Delic problem ‖ **diophantisches** ≈ (Math) / Diophantine problem ‖ **direktes** ≈ (bei der Behandlung von Schwingungsproblemen an Maschinen) (Mech) / direct problem ‖ **elementares** ≈ (KI) / primitive problem ‖ **isoperimetrisches** ≈ (Aufgabe, unter allen ebenen Flächenstücken gleichen Umfangs oder Körpern gleicher Oberfläche diejenigen mit dem größten Flächeninhalt bzw. größten Volumen zu ermitteln) (Math) / isoperimetric problem ‖ **korrekt gestelltes** ≈ (Math) / well-posed problem ‖ **meßtechnisches** ≈ / metrology-related problem ‖ **Neumannsches** ≈ (Randwertaufgabe zweiter Art für die Poissonsche Differentialgleichung) (Math) / Neumann (boundary) problem ‖ ≈ *n* **der drei Häuser und drei Brunnen** (Math) / nine-footway problem ‖ ≈ **der neun Fußwege** (Math) / nine-footway problem ‖ ≈ **der realen Welt** (KI) / real-world problem ‖ ≈ **der zänkischen Nachbarn** (in der Grafentheorie) (Math) / nine-footway problem ‖ ≈ **des Handelsreisenden** (ein Problem der ganzzahligen Optimierung) (KI) / travelling-salesman problem ‖ ≈ **des kürzesten Weges** / shortest-path problem
**Problem•abfall** *m* (Umwelt) / special household waste ‖ ≈**abschätzung** *f* (KI) / problem evaluation ‖ ≈**analyse** *f* (EDV, KI) / problem analysis ‖ ≈**beschreibung** *f* (EDV, KI) / problem description, problem definition ‖ ≈**beschreibungssprache** *f* (EDV) / problem-defining language, problem-specification language ‖ ≈**darstellung** *f* (EDV, KI) / problem representation ‖ ≈**definition** *f* (EDV, KI) / problem description, problem definition ‖ ≈**klasse** *f* (KI) / problem class ‖ ≈**labyrinth** *n* (KI) / problem maze ‖ ≈**lösen** *n* (ein Teilgebiet der Künstlichen Intelligenz) (KI) / problem-solving *n* ‖ ≈**löser** *m* (KI) / problem solver ‖ ≈**löser des Stanford Research Institute** (KI) / Stanford Research Institute Problem Solver (STRIPS) ‖ ≈**lösung** *f* (KI) / problem-solving *n* ‖ ≈**lösungssprache** *f* (EDV, KI) / problem-solving language ‖ ≈**meldung** *f* (EDV) / problem report ‖ ≈**müll** *m* (ein Siedlungsabfall) (Umwelt) / special household waste ‖ ~**orientierte Programmiersprache** (eine höhere Programmiersprache) (EDV) / problem-orientated language (POL), problem-oriented language ‖ ~**orientierte Sprache für Steuerungsaufgaben bei Vermittlungsprozessen** (von CCITT ausgearbeitet) (EDV, Fernm) / CCITT high-level language, CHILL *n* ‖ ≈**programm** *n* (das ausgeführt wird, wenn sich die Zentraleinheit im Problemstatus befindet) (EDV) / problem program ‖ ≈**raum** *m* (KI) / problem space ‖ ≈**reduktion** *f* (KI) / problem reduction ‖ ≈**reduktionsbaum** *m* (KI) / problem reduction tree ‖ ≈**repräsentation** *f* (EDV, KI) / problem representation ‖ ≈**stellung** *f* (EDV, Math) / problem definition ‖ ≈**text** *m* (Inhalt einer Problemmeldung) (EDV) / problem description ‖ ≈**umgebung** *f* (KI) / problem environment ‖ ~**unabhängig** *adj* / problem-independent *adj* ‖ ≈**unkraut** *n* (Landw) / troublesome weed ‖ ≈**variable** *f* (KI) / problem variable ‖ ≈**wissen** *n* (KI) / problem knowledge ‖ ≈**zerlegungsbaum** *m* (KI) / problem reduction tree
**Procain** *n* (Pharm) / procaine* *n*, procaine base, planocaine base ‖ ≈**hydrochlorid** *n* (Pharm) / procaine hydrochloride
**Process Design** *n* (Planung verfahrenstechnischer Anlagen) (Chem Verf) / process design
**Processing** *n* (Veränderungen von neu gebildeten RNS- und bestimmten Proteinmolekülen) (Biochem) / processing *n*
**Processor** *m* (EDV) / processor* *n*, processing unit
**prochiral** *adj* (Chem) / prochiral *adj* ‖ ~**es Zentrum** (Chem) / prochiral centre
**Prochiralität** *f* (in der Stereochemie) (Chem) / prochirality *n*, prostereoisomerism *n*
**Prochlorit** *m* (z.B. Rhipidolith) (Min) / prochlorite* *n*
**Proctor•dichte** *f* (Standarddichte des Bodens nach DIN 18127) (HuT) / Proctor density ‖ ≈**kurve** *f* (HuT) / Proctor curve, Proctor compaction curve ‖ ≈**nadel** *f* (zur Ermittlung der Proctordichte) (HuT) / Proctor plasticity needle, penetration needle ‖ ≈**-Trockner** *m* (Keram) / Proctor drier (a type of tunnel drier in which heat for drying is obtained by circulating air over pipes containing steam or waste heat), a type of steam-heated drier ‖ ≈**versuch** *m* (zur Ermittlung der Proctordichte nach DIN 18127) (HuT) / Proctor test, Proctor compaction test ‖ ≈**-Wassergehalt** *m* (HuT) / Proctor water content ‖

**Proctorwert**

⁓**wert** *m* (HuT) / Proctor penetration resistance, penetration resistance, standard penetration resistance
**Prodigiosin** *n* (blutrotes Pigment der Serratia marcescens oder Beneckea gazogenes, das u.a. das Hostienwunder bewirkt) (Chem, Nahr) / prodigiosin *n*
**Pro-Drug** *n* (Pharm) / prodrug *n*
**Prodrug** *n* (ein Arzneimittel, das erst im Organismus in die Wirkform umgewandelt wird) (Pharm) / prodrug *n*
**Product Carrier** *m* (Tankschiff für verschiedene Rohölprodukte) (Erdöl, Schiff) / product carrier ∥ ⁓ **placement** *n* (Ersatz eines No-name-Produkts in der Handlung eines Spielfilms durch einen Markenartikel) / product placement
**Produkt** *n* / product *n*, make *n*, manufacture *n* ∥ ⁓**e** *n pl* (Agrar-, Milch-) (Landw) / produce *n* ∥ ⁓ *n* (Math) / product* *n* ∥ **äußeres** ⁓ (Math) / cross product (of a vector)*, vector product* ∥ **direktes** ⁓ (Zusammensetzung zweier gleichartiger mathematischer Strukturen) (Math) / direct product, product group ∥ **dunkles** ⁓ (Erdöl) / black product ∥ **gemischtes** ⁓ (Math) / parallelepipedal product, scalar triple product, mixed product, triple product ∥ **geometrisch unbestimmtes, formloses** ⁓ (in der Verfahrenstechnik - z.B. Mineralöle) (Chem Verf) / bulk product ∥ **inneres** ⁓ (Math) / scalar product*, inner product, dot product ∥ **kartesisches** ⁓ (Math) / Cartesian product, Cartesian set ∥ **reformiertes** ⁓ (Chem Verf, Erdöl) / reformate *n* ∥ **schiefes** ⁓ (Math) / skew product ∥ **schwarzes** ⁓ (z.B. schweres Gasöl) (Erdöl) / black product ∥ **tensorielles** ⁓ (Math) / tensor product (of vector spaces, modules) ∥ **unendliches** ⁓ (Math) / infinite product ∥ **verwandte** ⁓**e** / kindred products ∥ **weiße** ⁓**e** (in billiger und einfacher Verpackung ohne Markennamen) / no-name products, no-names *pl*, generic products (US) ∥ **zeitgeordnetes** ⁓ (Phys) / chronological product, Dyson's chronological product, time-ordered product ∥ **zugekauftes** ⁓ (F.Org) / buy-out product ∥ ⁓ *n* **der hydrierenden Spaltung** (Erdöl) / hydrocrackate *n* ∥ ⁓ **der Polymerisation, der Polykondensation und/oder der Polyaddition** (Chem) / polymerizate *n* ∥ ⁓ **einer unvollständigen Verbrennung** / product of incomplete combustion, PIC ∥ ⁓ **von Mengen** (Math) / product of sets
**Produkt•bereich** *m* / product line ∥ ⁓**bezeichnung** *f* / product designation ∥ ⁓**darstellung für** π/2 **nach Wallis** (nach J. Wallis, 1616-1703) (Math) / Wallis product ∥ ⁓**design** *n* / product design ∥ ⁓**designer** *m* / industrial designer
**Produkten•förderung** *f* (Kohlenförderung) (Bergb) / coal extraction ∥ ⁓**förderung** (Kohlenförderung im Schacht) (Bergb) / coal mining, coal winning ∥ ⁓**leitung** *f* (eine Mineralölleitung) (Erdöl) / products pipeline ∥ ⁓**pipeline** *f* (Erdöl) / products pipeline
**Produkt•entwicklung** *f* / product development ∥ ⁓**gas** *n* (das weiter genutzt werden kann) / product gas ∥ ⁓**gebunden** *adj* / product-oriented *adj* ∥ ⁓**gruppe** *f* / product line ∥ ⁓**haftpflicht** *f* / manufacturer's liability, liability of the producer, liability of the manufacturer, product liability, producer's liability ∥ ⁓**haftung** *f* / manufacturer's liability, liability of the producer, liability of the manufacturer, product liability, producer's liability ∥ ⁓**hemmung** *f* (Biol) / product inhibition ∥ ⁓**information** *f* / product information ∥ ⁓**innovation** *f* / product innovation
**Produktion** *f* (Chem Verf, Masch) / manufacture *n*, production *n*, making *n*, fabrication *n*, manufacturing *n*, fashioning *n*, mfg ∥ ⁓ (EDV) / production *n*, rewriting rule ∥ **einfache** ⁓ (beim Rollendruck) (Druck) / straight-run* *n*, straight-run production ∥ **industrielle** ⁓ (F.Org) / industrial production ∥ **nichtgesammelte** ⁓ (beim Rollendruck) (Druck) / straight-run* *n*, straight-run production ∥ ⁓ *f* **in Tonnen** / tonnage *n*
**Produktioner** *m* (Druck, EDV) / productioner *n*
**Produktions•anforderungen** *f pl* / manufacturing requirements ∥ ⁓**automatisierung** *f* (integrierte Anwendung von Rechnern in allen mit der Produktion bis zur Qualitätssicherung zusammenhängenden Bereichen) (F.Org) / computer-integrated manufacturing, CIM ∥ ⁓**bohrmaschine** *f* (Bohrmaschine für die Massenfertigung) (Masch) / single-purpose drilling machine ∥ ⁓**bohrung** *f* (Erdöl) / producing well, oiler *n* (US), producing oil well, production well, output well, producer *n*, off-take well ∥ ⁓**drehmaschine** *f* (mit Zugspindel, aber ohne Leitspindel) (Masch) / production lathe ∥ ⁓**faktor** *m* (Arbeit, Boden, Kapital, dispositiver Faktor) (F.Org) / factor of production ∥ ⁓**fermenter** *m* (Bioreaktor der Produktionsstufe) (Biochem, Chem Verf) / production fermenter ∥ ⁓**güter** *n pl* / producer goods, investment goods, capital goods ∥ ⁓**halle** *f* (Masch) / machine shop ∥ ⁓**insel** *f* (F.Org) / production island, island of automation ∥ ⁓**integrierter Umweltschutz** (Umwelt) / production-integrated environmental protection ∥ ⁓**kultur** *f* (im Produktionsfermenter) (Biochem, Chem Verf) / production culture ∥ ⁓**ökologie** *f* (Teilbereich der Ökologie, der sich mit den Stoff- und Energieumsetzungen in Ökosystemen befaßt) (Umwelt) / production ecology ∥ ⁓**packer** *m* (Erdöl) / production packer ∥ ⁓**planung und -steuerung** *f* (F.Org) / production planning and control, PPC ∥ ⁓**plattform** *f* (Erdöl) / oil platform, drilling platform, production platform*, offshore drilling platform, platform *n* ∥ ⁓**programm** *n* (F.Org) / production schedule, production plan, manufacturing programme ∥ ⁓**querschnitt** *m* (Kernphys) / production cross-section ∥ ⁓**reaktor** *m* (der spaltbaren oder anderen Stoff erzeugt oder Bestrahlungen im technischen Maßstab durchführt) (Nukl) / production reactor* ∥ ⁓**regelgedächtnis** *n* (KI) / production memory, production rule memory ∥ ⁓**regelspeicher** *m* (KI) / production memory, production rule memory ∥ ⁓**reife** *f* (F.Org) / production-line status, preproduction status ∥ ⁓**rohrfahrt** *f* (Erdöl) / oil string casing, long string casing ∥ ⁓**rohrtour** *f* (Erdöl) / production string*, production casing string ∥ ⁓**spektrum** *n* (F.Org) / production range ∥ ⁓**spezifische Abfälle** (aus Industrie und Gewerbe) (Umwelt) / industrial waste, production-plant wastes ∥ ⁓**system** *n* (zur Bearbeitung von Regelmengen) (Math) / production system ∥ ⁓**systemsprache** *f* (EDV) / production system language ∥ ⁓**wasser** *n* / process water ∥ ⁓**zeit** *f* (die für den Anwender verfügbar ist) (EDV) / system production time ∥ ⁓**zone** *f* (Erdöl) / production zone ∥ ⁓**zyklus** *m* (F.Org) / production cycle
**produktiv** *adj* (leistungsfähig) / productive *adj* ∥ ⁓ / productive *adj* ∥ ⁓ (Mineralgang) (Bergb) / live *adj*, alive *adj* ∥ ⁓**e Formation** (Erdöl, Geol) / producing formation ∥ ⁓**-** / productive *adj*
**Produktivität** *f* (Biol, Umwelt) / productivity *n* ∥ ⁓ (F.Org) / productivity* *n*, production rate ∥ ⁓ (des Bodens) (Landw) / soil fertility
**Produktiv•lauf** *m* (eines Programms) (EDV) / production run, productive run ∥ ⁓**zeit** *f* (verfügbare Zeit minus Leerlaufzeit) (F.Org) / productive time
**Produkt•kategorie** *f* / product line ∥ ⁓**kennzeichnung** *f* / product labelling ∥ ⁓**lebenszyklus** *m* (den man z.B. durch Relaunch verlängern kann) / product life cycle, PLC, life cycle of a product ∥ ⁓**management** *n* (Gesamtheit der Planungs-. Koordinations- und Kontrollaufgaben bezüglich eines Produktes oder eines Produktbündels) (F.Org) / product management ∥ ⁓**maß** *n* (bei zwei Maßräumen) (Math) / product measure ∥ ⁓**menge** *f* (Math) / Cartesian product, Cartesian set ∥ ⁓**moment** *n* (Math) / product moment ∥ ⁓**moment-Korrelationskoeffizient** *m* (Stats) / product moment correlation coefficient ∥ ⁓**orientiert** *adj* / product-oriented *adj* ∥ ⁓**palette** *f* / range of products ∥ ⁓**raum** *m* (Math) / product space ∥ ⁓**regel** *f* (eine der Grundregeln der Differentialrechnung) (Math) / product rule ∥ ⁓**regel von Teller und Redlich** (Kernphys) / Teller-Redlich rule ∥ ⁓**relais** *n* (Eltech) / product relay ∥ ⁓**satz** *m* (in der Verhältnisgleichung) (Math) / rule of three (for a proportion) ∥ ⁓**satz von Weierstraß** (Math) / Weierstrass factorization theorem ∥ ⁓**schleuse** *f* (in dem Glovebag) (Nukl) / bagout port ∥ ⁓**service** *m n* / product service ∥ ⁓**sicherheit** *f* / product safety ∥ ⁓**topologie** *f* (Math) / product topology ∥ ⁓**zeichen** *n* (Math) / product sign
**Produzent** *m* / manufacturer *n*, producer *n*, maker *n* ∥ ⁓ (Film) / producer *n* ∥ ⁓**en** *m pl* (Primär-, Sekundär-) (Umwelt) / producers* *pl*
**Produzenten•haftpflicht** *f* / manufacturer's liability, liability of the producer, liability of the manufacturer, product liability, producer's liability ∥ ⁓**haftung** *f* (für fehlerhafte Erzeugnisse) / manufacturer's liability, liability of the producer, liability of the manufacturer, product liability, producer's liability
**produzieren** *v* / manufacture *v*, produce *v*, make *v*, fabricate *v* ∥ ⁓ (Sonde) (Erdöl) / pay *v*
**produzierend•es Gewerbe** (Stats) / production industries ∥ ⁓**er Horizont** (Erdöl, Geol) / pay horizon, producing horizon
**Proenzym** *n* (Biochem) / proenzyme *n*, zymogen* *n*
**Profan•-** (Arch) / vernacular *adj*, profane *adj*, secular *adj* ∥ ⁓**architektur** *f* (Arch) / vernacular architecture, secular architecture ∥ ⁓**baukunst** *f* (Arch) / vernacular architecture, secular architecture ∥ ⁓**bauten** *m pl* (konkret) (Arch) / vernacular architecture
**Professional Graphics Adapter** *m* (von IBM für CAD/CAM -Anwendungen entwickelte hochauflösende Grafikkarte) (EDV) / Professional Graphics Adapter, PGA
**professionell** *adj* / professional *adj* ∥ ⁓**er Computer** (EDV) / professional computer ∥ ⁓**es DTP** (EDV) / high-end publishing ∥ ⁓**e Platine** (Leiterplatte in bester technischer Ausführung) (Eltronik) / professional board
**Profi** *m* / professional *n*, pro *n*
**Profibrinolysin** *n* (Biochem) / plasminogen* *n*
**Proficomputer** *m* (EDV) / professional computer
**Profil** *n* / profile *n*, contour *n* ∥ ⁓ (Kehle oder Stab) (Arch, Bau) / moulding* *n* ∥ ⁓ (Diagramm der Schichtenfolge) (Geol) / geological column* *n* ∥ ⁓ (Hütt) / section *n*, shape section, structural shape ∥ ⁓ (Geländeprofil) (Kart) / contour *n* ∥ ⁓ (der Lauffläche) (Kfz) / tread *n*, tread design ∥ ⁓ (aerodynamische Querschnittsform) (Luftf) / aerofoil *n*, airfoil *n* (US) ∥ ⁓ (in der Strömungslehre) (Luftf, Phys) / aerofoil section*, airfoil section (US) ∥ ⁓ (Masch) / profile *n* ∥ ⁓ (Verm) / section* *n* ∥ **Änderung** *f* **des** ⁓**s** (Bahn) / regrading *n* (of a line) ∥ **geologisches** ⁓ (Geol) / geological column*, stratigraphic column*, geologic column ∥ **im** ⁓ **darstellen** / section *v* ∥ **leichtes** ⁓

(mit kleineren Steg- und Flanschdicken als bei dem Mutterprofil) (Hütt) / light section ‖ **verstärktes** ~ (mit größeren Steg- und Flanschdicken als bei dem Mutterprofil) (Hütt) / heavy section ‖ **zusammengesetztes** ~ (Hütt) / built-up section ‖ ~ *n* **der Spektrallinie** (Spektr) / line profile* ‖ ~ **mit natürlichem Gleichgewicht** (eines Flusses) (Wasserb) / profile of equilibrium
**Profil •** - (Darstellungsweise) / sectional *adj* ‖ ~**abrieb** *m* (der Reifenlauffläche) (Kfz) / tread wearout, tread wear ‖ ~**abweichung** *f* (DIN 4762) (Masch) / profile deviation, mismatch *n* ‖ ~**auftrieb** *m* (Luftf) / profile lift ‖ ~**aufzeichnung** *f* (in einem Diagramm) / profile graph ‖ ~**bauglas** *n* (mit U-förmigem Querschnitt nach DIN 1249, T 5) (Glas) / U-shape glass, channel-section glass ‖ ~**bezugslinie** *f* (einer Zahnstange) (Masch) / pitch line* ‖ ~**block** *m* (Kfz) / tread bar ‖ ~**bohren** *n* (mit einem Profilwerkzeug) (Masch) / centre drilling, profile drilling ‖ ~**brett** *n* (Tischl, Zimm) / matched board* ‖ ~**bretter** *n pl* (Tischl, Zimm) / match-boarding* *n*, matched boards*, match-lining* *n* ‖ ~**dichtung** *f* (Masch) / profiled seal ‖ ~**dichtung** (Masch) / gasket* *n* ‖ ~**dichtung in H-Form** (Masch) / H-type gasket ‖ ~**dichtung in Schnurform** (Masch) / lock-strip gasket ‖ ~**dicke** *f* (Luftf) / aerofoil thickness, profile thickness, thickness of the profile ‖ ~**dickenverhältnis** *n* (Luftf) / thickness-chord ratio*, wing t/c ratio, thickness ratio ‖ ~**dispersion** *f* (in Gradientenfasern) / profile dispersion ‖ ~**draht** *m* (Hütt) / section wire, shaped wire, profiled wire ‖ ~**drehen** *n* (Masch) / form turning ‖ ~**düse** *f* (Plast) / profile die ‖ ~**faser** *f* (z.B. dreieckige oder sternförmige Chemiefaser) / profiled fibre ‖ ~**fehler** *m* / form error, error of form ‖ ~**formplatte** *f* (bei komplizierten Gußstücken) (Gieß) / follow board ‖ ~**fräsen** *n* (Fräsen von profilierten Flächen) (Masch) / form milling, profile milling (US) ‖ ~**fräsmaschine** *f* (Tischl) / moulder *n* ‖ ~**geometrie** *f* (Luftf) / aerofoil geometry ‖ ~**gerät** *n* (ein Schalttafelmeßinstrument) (Eltech) / edgewise instrument* ‖ ~**gerechter Erdaushub** (HuT) / excavation true to profile ‖ ~**gerüst** *n* (Hütt) / section mill frame ‖ ~**gummi** *m* (für Schuhsohlen) / treaded rubber ‖ ~**hobel** *m* (For, Tischl) / moulding plane* ‖ ~**hobel** (For, Zimm) / beading plane ‖ ~**hobeln** (Masch) / planing with form tool
**profilieren** *v* / profile *v*, shape *v*
**profiliert • e Bekleidung** (meistens rechteckig - bei Türen und Fenstern) (Bau, Tischl) / architrave* *n* ‖ ~**e Leiste** (Tischl) / moulding *n*
**Profilierung** *f* / profiling *n*, shaping *n*
**Profil • instrument** *n* (ein Schalttafelmeßinstrument) (Eltech) / edgewise instrument* ‖ ~**klopfen** *n* (des Blei- oder Zinkblechs) (Klemp) / bossing* *n*, dressing *n* ‖ ~**kolben** *m* (mit besonders profiliertem Kolbenboden) (Kfz) / profiled-crown piston ‖ ~**läppen** *n* (Masch) / profile lapping ‖ ~**leiste** *f* (zur Abdichtung der unteren Seite der Tür) (Bau) / weather-board *n*, weather-board moulding ‖ ~**leiter** *m* (mit nicht kreisförmigem Querschnitt) (Eltech) / shaped conductor ‖ ~**maß** *n* (in der Diskriminanzanalyse) (Stats) / shape *n* ‖ ~**material** *n* (Hütt) / sectional material, sections *pl* ‖ ~**messer** *m* (ein Straßenoberflächenmeßgerät) (HuT) / profilometer *n* ‖ ~**mittellinie** *f* (Luftf) / skeleton line, profile mean line, mean camber line ‖ ~**normal im Berührpunkt** (in einer Radpaarung) (Masch) / line of action ‖ ~**optimierung** *f* / profile optimization ‖ ~**projektor** *m* (optisches Feinmeßgerät) (Masch) / contour measuring projector, projection gauge ‖ ~**rille** *f* **der Lauffläche** (Kfz) / tread groove ‖ ~**ruder** *n* (Schiff) / profile rudder, displacement rudder ‖ ~**schießen** *n* (in der angewandten Seismik) (Geophys) / profile shooting, profiling *n* ‖ ~**schleifen** *n* (Tischl) / profile sanding ‖ ~**schleifen** (Masch) / profile grinding*, profiling *n*, form grinding* ‖ ~**schleifscheibe** *f* (Masch) / formed grinding wheel ‖ ~**schliff** *m* (For, Tischl) / profile sanding ‖ ~**schreiber** *m* (Instr) / profile recorder ‖ ~**-Schweiß-Gripzange** *f* (Werkz) / C-clamp *n*, self-grip C-clamp ‖ ~**sehne** *f* (die Gerade vom vordersten zum hintersten Punkt der Skelettlinie eines Tragflügelprofils) (Luftf) / chord* *n*, chord line (of the airfoil) ‖ ~**skala** *f* (zylindrisch gebogene Skala, die eine platzsparende Anordnung von Anzeigegeräten erlaubt) (Instr) / profile scale ‖ ~**sperrholz** *n* (Formteil aus Sperrholz) (For, Tischl) / plywood-manufactured mould, moulded plywood (element) ‖ ~**sprengen** *n* (Herstellen glatter Trennflächen durch Verringern des Bohrlochabstandes zur Vermeidung von Mehrausbruch) (Bergb) / profile shooting ‖ ~**stahl** *m* (Hütt) / section steel, sectional steel ‖ ~**stahlwalzwerk** *n* (Hütt) / section mill, structural mill ‖ ~**stich** *m* (Hütt) / former *n*, shaping pass, forming pass ‖ ~**stollen** *m* (des Reifens) (Kfz) / tread lug ‖ ~**stollenausbrüche** *m pl* (Kfz) / chunking *n* ‖ ~**stoßen** *n* (Masch) / form shaping, shaping by the use of formed tool, contour shaping ‖ ~**streifen** *m* (Kernreiter) (Kfz) / bead apex *n* ‖ ~**tastschnittgerät** *n* (ein Oberflächenmeßgerät, das die Oberfläche des zu prüfenden Werkstückes mit einer Diamantnadel abtastet) (Masch) / profilometer *n* ‖ ~**tiefe** *f* (Sehnenlänge eines bestimmten Profilabschnitte) (Luftf) / depth of profile (chord) ‖ ~**tiefe** (Luftf) / aerofoil chord, wing chord ‖ ~**tragenteil** *m* (das Verhältnis der tragenden Länge zur Bezugsstrecke) (Masch) / bearing line fraction

**Programmanforderung**

‖ ~**überdeckungs-Wälzkreisbogen** *m* (bei Zahnrädern) (Masch) / arc of contact*, arc of action (US) ‖ ~**überdeckungswinkel** *m* (bei Zahnrädern) (Masch) / angle of contact, angle of action (US) ‖ ~**umströmung** *f* (Luftf, Phys) / flow about a body (profile, section) ‖ ~**verschiebung** *f* (Abrücken der Mittellinie des Zahnstangenprofils vom Wälzkreis) (Masch) / pitch displacement, profile offset ‖ ~**verschiebung** (bei Zahnrädern nach DIN 3960) (Masch) / pitch displacement, tooth-profile modification ‖ ~**verschleiß** *m* (der Reifenlauffläche) (Kfz) / tread wearout, tread wear ‖ ~**verschobene Verzahnung** (von Zahnrädern) (Masch) / gearing with modified profile ‖ ~**verzerrung** *f* / profile distortion, form distortion ‖ ~**walzblock** *m* (Hütt) / shaped ingot ‖ ~**walze** *f* (Hütt) / section roll, shape roll ‖ ~**walze** (eine Ackerwalze) (Landw) / corrugated roller ‖ ~**walzen** *n* (des Bandstahls) (Hütt) / profile rolling, form rolling ‖ ~**walzwerk** *n* (Hütt) / shape rolling mill ‖ ~**welle** *f* (zwischen zwei Gelenken mit einer Verzahnung an jedem Ende) (Kfz) / interconnecting shaft ‖ ~**widerstand** *m* (Reibungswiderstand + Druckwiderstand) (Luftf) / profile drag* ‖ ~**wölbung** *f* (Luftf) / camber* *n* ‖ ~**zylinder** *m* (des Sicherheitsschlosses) (Bau) / profile cylinder
**profitable Erzgrube** (Bergb) / bonanza* *n*
**Profi • tastatur** *f* (EDV) / professional keyboard ‖ ~**werkzeuge** *n pl* (Werkz) / professional-duty tools
**Profundal** *n* (lichtloser Lebensraum von Tieren und Pflanzen in den Binnengewässern mit über 200 m Tiefe) (Umwelt) / profundal zone* ‖ ~**zone** *f* (Umwelt) / profundal zone*
**Progesteron** *n* (weibliches Keimdrüsenhormon) (Biochem) / progesterone *n*
**Prognose** *f* (Stats) / forecast *n*, prognosis *n* (pl. prognoses) ‖ ~**modell** *n* (ein Simulationsmodell) (KI) / prognostic model ‖ ~**system** *n* (KI) / prognostic system ‖ ~**verfahren** *n* (KI) / forecasting technique
**prognostisch** *adj* / prognostic *adj*
**Programm** *n* (z.B. des Waschautomaten) / cycle *n* ‖ ~ (EDV) / program* *n* ‖ ~ (Radio, TV) / programme *n* (GB), program *n* (US), PRG ‖ ~**ablauffähiges** (EDV) / executable program ‖ ~**anforderungsabhängiges** ~ (EDV) / demand-driven program ‖ ~**angehaltenes** ~ (EDV) / suspended program ‖ **die von einem** ~ **bearbeiteten Daten** (EDV) / case *n* ‖ **durch einen Fixpunkt festgehaltenes** (EDV) / checkpointed program ‖ **externes** ~ (EDV) / external program ‖ **festverdrahtetes** ~ (EDV) / wired program ‖ **gespeichertes** ~ (EDV) / stored program* ‖ **gestrecktes** ~ (in dem jeder Befehl nur einmal durchlaufen wird - im Gegensatz zur Programmierung mit Schleifen) (EDV) / unwound program ‖ **heuristisches** ~ (EDV) / heuristic routine, heuristic program* ‖ **interpretierendes** ~ (EDV) / interpreter *n*, interpretive program ‖ **laufendes** ~ (EDV) / active program, current program ‖ **optimales** ~ (EDV) / minimum-access program*, optimized program, optimally coded program ‖ **planverstehendes** ~ (EDV) / plan-understanding program ‖ **selbstanpassendes** ~ (EDV) / self-adapting program ‖ **selbstreflektierendes** ~ (EDV, KI) / self-reflective program ‖ **speicherresidentes** ~ (das in den Arbeitsspeicher geladen und und per Tastenkombination aktiviert oder deaktiviert wird) (EDV) / Terminate Stay Resident, TSR, TSR program ‖ **unverschiebbares** ~ (EDV) / non-relocatable program ‖ **unverschiebliches** ~ (EDV) / non-relocatable program ‖ **verschiebliches** ~ (EDV) / relocatable program*, position-independent code ‖ **wartendes** ~ (EDV) / waiting program ‖ **zyklisches** ~ (das Befehle enthält, die in Abhängigkeit von Testergebnissen wenigstens zweimal durchlaufen werden können) (EDV) / cyclic program ‖ ~ *n* **einer Steuerung** (DIN 19237) (die Gesamtheit aller Anweisungen und Vereinbarungen für die Signalverarbeitung, durch die eine zu steuernde Anlage aufgabenmäßig beeinflußt wird) (EDV, Regeln) / controller program ‖ ~ **für die Auszubildenden** / trainee curriculum, training scheme, training program ‖ ~ **ohne Werbesendungen** (Radio, TV) / sustaining program (US) ‖ ~ **zur Orthografieprüfung** (EDV) / spelling checker, spellchecker *n*, word spellchecker
**programm • abhängiger Fehler** (der nur bei bestimmten Programmen vorkommt) (EDV) / program-sensitive fault ‖ ~**ablauf** *m* (EDV, Regeln) / program run ‖ ~**ablauf** (Radio) / continuity* *n* ‖ ~**ablaufanlage** *f* (EDV) / object computer, object machine ‖ ~**ablauffolge** *f* (EDV) / job stream, input stream, run stream ‖ ~**ablaufplan** *m* (DIN 44300) (EDV) / program flowchart* ‖ ~**ablaufrechner** *m* (EDV) / object computer, object machine ‖ ~**ablaufsinnbild** *n* "Verzweigung" (EDV) / decision box, decision symbol ‖ ~**ablaufsymbol** *n* "Verzweigung" (EDV) / decision box, decision symbol ‖ ~**abruf** *m* (EDV) / program fetch, program call ‖ ~**aktualisierung** *f* (EDV) / software enhancement
**Programmanager** *m* (EDV) / program manager
**Programm • änderung** *f* (EDV) / program modification ‖ ~**anfang** *m* (EDV) / program start ‖ ~**anfang** (Beginn eines CNC-Programms, gekennzeichnet durch das Prozentzeichen %) (EDV, Masch, Regeln) / program start, start of program ‖ ~**anforderung** *f* (EDV) / program

**Programmanlauf**

request ‖ ~**anlauf** m (EDV) / program start ‖ ~**anweisung** f (EDV) / program statement* ‖ ~**architektur** f (EDV) / program structure, program architecture ‖ ~**aufbau** m (EDV) / program structure, program architecture ‖ ~**ausführung** f (EDV) / program execution ‖ ~**ausgabe** f (Version) (EDV) / program version, version n ‖ ~**automatik** f (der Kamera) (Foto) / program mode ‖ ~**band** n (EDV, Masch) / program tape* ‖ ~**baustein** m (DIN 44300) (EDV) / program module, programming module ‖ ~**baustein** (EDV) s. auch Programmeinheit ‖ ~**bedingter Fehler** (EDV) / program-sensitive fault ‖ ~**beendigung** f (EDV) / program termination ‖ ~**befehl** m (EDV) / program instruction ‖ ~**bereich** m (EDV) / partition n ‖ ~**beschreibung** f (EDV) / program description ‖ ~**betriebsunterlagen** f pl (EDV) / job documentation ‖ ~**bibliothek** f (Sammlung von Programmbeschreibungen, Anordnung von Quell- bzw. Objektprogrammen) (EDV) / program library ‖ ~**bibliotheksband** n (EDV) / program library tape, PLT ‖ ~**charakter** m (z.B. nur Nachrichten, Sport, ethnische Minderheiten) (Radio) / station format, format n ‖ ~**datei** f (EDV) / program file, programs file ‖ ~**dekomposition** f (EDV) / program decomposition ‖ ~**diskette** f (EDV) / program diskette ‖ ~**dokumentation** f (EDV) / program documentation ‖ ~**durchlauf** m (EDV, Regeln) / program run ‖ ~**einheit** f (EDV) / program unit ‖ ~**ende** n (EDV, Masch, Regeln) / program end, end of program ‖ ~**entwicklungssystem** n (EDV) / program development system ‖ ~**entwurf** m (EDV) / program design ‖ ~**entwurfunterstützung** f (EDV) / program design aid ‖ ~**ereignisregistrierung** f (EDV) / program event recording (PER) ‖ ~**erzeugter Parameter** (EDV) / dynamic parameter, program-generated parameter ‖ ~**erzeugung** f (EDV) / program generation ‖ ~**fassung** f (EDV) / program version, version n ‖ ~**-Feature** n (EDV) / program feature ‖ ~**fehler** m (EDV) / program error, software fault ‖ ~**feldlogik** f (EDV) / programmable logic array* (PLA*), programmed logic array, programmable array logic, PAL ‖ ~**freigabe** f (nach Test and Abnahme) (EDV) / program release ‖ ~**gang** m (EDV) / program cycle ‖ ~**geber** m (mechanisch wirkendes Automatisierungsgerät für Steuerungsvorgänge nach einem Programm) (Regeln) / program module ‖ ~**generator** m (EDV) / program generator ‖ ~**generierung** f (EDV) / program generation ‖ ~**gesteuert** adj (EDV) / program-controlled adj ‖ ~**hinweis** m (mit Programmausschnitten, die geeignet sind, die Neugierde der Hörer/Zuschauer zu wecken) (Radio, TV) / teaser n ‖ ~**identifikation** f (EDV) / program identification, program ID

**Programmieraufwand** m (EDV) / programming effort

**programmierbar** adj (EDV) / programmable adj ‖ **flexibel** ~ (EDV) / flexibly programmable ‖ **frei** ~ (EDV) / freely programmable ‖ **manuell** ~ (EDV) / key-stroke programmable ‖ **mehrfach** ~ (EDV) / reprogrammable adj ‖ ~**es Bauelement** (Eltronik) / programmable logic device, PLD ‖ ~**er Festspeicher** (EDV) / programmable read-only memory*, programmable ROM, PROM* ‖ ~**e Funktionstaste** (EDV) / programmable function key, PF key, soft key ‖ ~**er Logikblock** (Eltronik) / configurable logic block, CLB ‖ ~**e logische Anordnung** (PLA) (EDV) / programmable logic array* (PLA*), programmed logic array, programmable array logic, PAL ‖ ~**es logisches Feld** (EDV) / programmable logic array* (PLA*), programmed logic array, programmable array logic, PAL ‖ ~**er Regler** (Regeln) / programmable controller ‖ ~**es Steuergerät** (Regeln) / programmable controller ‖ ~**e Tastatur** (EDV) / user-defined keyboard ‖ ~**er Urladefestspeicher** (EDV) / bootstrap PROM ‖ ~**er Zähler** (EDV) / programmable counter

**programmieren** v (EDV, Math) / program v ‖ **gestreckt** ~ (EDV) / unwind v, use the straight-line coding (method) ‖ **parametrisches** ~ (EDV) / parametric programming ‖ **rekursives** ~ (EDV, KI) / recursive programming ‖ ~ n **mit relativen Adressen** (EDV) / relative programming

**Programmierer** m (EDV) / programmer* n ‖ ~**definiert** adj (EDV) / programmer-defined adj

**Programmier•fehler** m (EDV) / programming error, bust n ‖ ~**gerät** n (das Daten und Programme in Festwertspeicher einprogrammiert) (EDV) / ~**handbuch** n (EDV) / programmer's manual, programmer's reference, programmer's guide ‖ ~**hilfe** f (Hilfsmittel bei der Programmerstellung, z.B. Programmiersprache, Standardmodule, Makroaufrufe, Testhilfen usw.) (EDV) / programming aid ‖ ~**kapazität** f (EDV) / programming capacity ‖ ~**paradigma** n (funktional, logisch, objektorientiert und prozedural) (KI) / programming paradigm ‖ ~**schnittstelle** f / Application Programming Interface, API

**Programmiersprache** f (EDV) / programming language ‖ **anwendungsorientierte** ~ (EDV) / applications programming language, APL ‖ **applikative** ~ (EDV) / functional programming language, functional language, applicative language ‖ **funktionale** ~ (höhere Programmiersprache, bei der alle Anweisungen die Form von Funktionen aufweisen) (EDV) / functional programming language, functional language, applicative language ‖ **höhere** ~ (EDV) / high-level language* (HLL), high-order language ‖ ~, **in** f **die Elemente der Datenbehandlungssprache eingefügt werden** (EDV) / host language ‖ **interaktive** (EDV) / interactive language ‖ **kommerzielle** ~ (EDV) / commercial language, COML ‖ **logikorientierte** ~ (EDV) / logic-oriented programming language ‖ **problemorientierte** ~ (eine höhere Programmiersprache) (EDV) / problem-orientated language (POL), problem-oriented language ‖ **symbolische** ~ (EDV) / symbolic language ‖ **verfahrensorientierte** ~ (EDV) / procedure-orientated language, procedure-oriented language ‖ ~ f **C** (EDV) / C-programming language ‖ ~ **der vierten Generation** (EDV) / application generator ‖ ~ **für den kommerziellen Bereich** (EDV) / commercial language, COML ‖ ~ **höchsten Niveaus** (EDV) / ultra-high-level programming language

**Programmiersystem** n (DIN 44300) (EDV) / programming system

**programmiert•e Drohne** (Mil) / pre-programmed drone ‖ ~**e Geschwindigkeit(en)** (Raumf) / velocity budget* ‖ ~**e Grenzwertprüfung** (EDV) / programmed marginal check ‖ ~**es Lernen** (Psychol) / programmed learning* ‖ ~**e Logik** (EDV) / programmed logic ‖ ~**es Prüfen** (EDV) / programmed check ‖ ~**e Prüfung** (EDV) / programmed check ‖ ~**er Stopp** (EDV) / programmed halt, coded stop, programmed stop, coded halt ‖ ~**e Toleranzprüfung** (EDV) / programmed marginal check ‖ ~**er Unterricht** (EDV) / programmed instruction*, PI ‖ ~**e Unterweisung** (EDV) / programmed instruction*, PI ‖ ~**e Verbrennung** (Kfz) / programmed combustion, PROCO

**Programmierumgebung** f (alle Programme, Werkzeuge und Hilfsmittel für Entwurf, Programmierung, Prüfung und Verwaltung von Programmen) (EDV) / programming environment

**Programmierung** f (EDV) / programming* n ‖ **absolute** ~ (EDV) / absolute programming ‖ **automatische** ~ (EDV) / automatic programming* ‖ **defensive** ~ (EDV) / defensive programming ‖ **funktionale** ~ (EDV) / functional programming ‖ **ganzzahlige** ~ (EDV) / integer programming ‖ **gestreckte** ~ (im Gegensatz zur "zyklischen Programmierung") (EDV) / in-line coding, straight-line coding ‖ **iterative** ~ (KI) / iterative programming ‖ **lineare** ~ (Ableiten der Aufgabenstellung bei linearer Optimierung) (EDV) / linear programming* (LP) ‖ **logische** ~ (EDV) / logic programming ‖ **mehrfache** ~ (EDV) / reprogramming n ‖ **modulare** ~ (bei der ein Programm in logisch abgeschlossene Funktionen mit klar definierten Schnittstellen aufgeteilt wird) (EDV) / modular programming* ‖ **nichtlineare** ~ (EDV) / non-linear programming ‖ **normierte** ~ (EDV) / standard programming ‖ **parametrische** ~ (EDV) / parametric programming ‖ **relative** ~ (EDV) / relative programming ‖ **strukturierte** ~ (EDV) / structured programming* (SP) ‖ **symbolische** ~ (EDV) / symbolic programming* ‖ **transformationelle** ~ (bei der ein Programm schrittweise durch Anwendung von Programmtransformationen aus einer formalen Spezifikation entwickelt wird) (EDV) / transformational programming ‖ **zeitoptimale** ~ (EDV) / optimum programming, minimum-access programming, minimum-delay programming ‖ **zyklische** ~ (als Gegensatz zu "gestreckte Programmierung") (EDV) / loop coding ‖ ~ f **im Maschinenkode** (EDV) / absolute programming ‖ ~ **mit absoluten Adressen** (EDV) / absolute programming ‖ ~ **mit dem PROM-Programmiergerät** (EDV) / blow n, burn n ‖ ~ **mit quadratischen Funktionen** (EDV) / quad programming

**Programmier•unterstützung** f (EDV) / programming support ‖ ~**verbund** m (EDV) / programming pool

**Programm•karte** f (EDV) / program card ‖ ~**kassette** f (EDV) / program cassette ‖ ~**kettung** f (EDV) / program chaining ‖ ~**kommentar** m (Klartexterklärung zur Dokumentation eines CNC-Programms) (EDV, Masch, Regeln) / program comment ‖ ~**kompatibilität** f (EDV) / program compatibility ‖ ~**korrektur** f (EDV) / program correction ‖ ~**laden** n (EDV) / program loading ‖ **einleitendes** ~**laden** (EDV) / initial program loading ‖ ~**lader** m (EDV) / loading routine, loader n, loader program ‖ ~**lauf** m (EDV, Regeln) / program run ‖ **feste** ~**lenkung** (Luftf) / preset guidance* ‖ ~**liste** f (Protokoll, das beim Compilerlauf entsteht) (EDV) / source listing ‖ ~**modul** n (EDV) / program module, programming module ‖ ~**name** m (DIN 44 300) (EDV) / program name ‖ ~**nullpunkt** m (EDV, Masch, Regeln) / program zero point ‖ ~**orientierte Sprache** (EDV) / program-orientated language, program-oriented language ‖ ~**paket** n (die Zusammenfassung von mehreren Programmen eines Anwendungsgebietes) (EDV) / program package ‖ ~**paket** (für Werbesendungen) (Radio, TV) / package n ‖ **statistisches** ~**paket** (EDV) / statistical package ‖ ~**parameter** m (EDV) / program parameter ‖ ~**pflege** f (EDV) / program maintenance ‖ ~**priorität** f (beim Laden bzw. durch ORG-Aufruf festgelegte Priorität eines Programms für die Bearbeitung in der Zentraleinheit) (EDV) / program priority ‖ ~**produktionszeit** f (in der Anwenderprogramme ausgeführt werden) (EDV) / program production time ‖ ~**-Programm-Kommunikation** f (EDV) / program-to-program communication ‖ ~**protokoll** n (Protokoll, das beim Compilerlauf entsteht) (EDV) / source listing ‖ ~**prüfung** f (EDV) / program testing, program test ‖ ~**regelung** f (Änderung der Führungsgröße erfolgt nach einem festen, meistens zeitgesteuerten Programm) (Regeln) / program control ‖ ~**regelung** (mit geschlossenem Regelkreis) (Regeln) / closed-loop program control ‖ ~**relais** n (Eltech) / programming relay ‖ ~**residenz** f (EDV) / program residence ‖ ~**satz** m (EDV) / sentence n ‖ ~**schalter** m (EDV) / program switch, switch n ‖ ~**schleife** f (EDV) / cyclic program ‖ ~**schleife** (EDV) / program loop ‖ ~**schnitt** m (Druck) / programmed cutting ‖ ~**schritt** m (EDV) / program step ‖ ~**segment** n (EDV) / segment n (part of a program), program segment ‖ ~**segmentierung** f (EDV) / program sectioning, program segmenting ‖ ~**selbstabbruch** m (EDV) / program abort, program abortion ‖ ~**speicher** m (EDV) / program storage, program memory ‖ ~**spezifikation** f (EDV) / program specification ‖ ~**sprung** m (EDV) / program branch ‖ ~**start** m (EDV) / program start ‖ ~**status** m (EDV) / program status ‖ ~**statuswort** n (EDV) / program status word (PSW)

**Programmsteuerung** f (Teil der Zentraleinheit) (EDV) / program controller, program control unit, PCU ‖ ~ (Foto) / program mode ‖ ~ (Luftf) / preset guidance* ‖ ~ (DIN 19226) (Taktsteuerung mit verschiedenen alternativen Programmen) (Regeln) / program control ‖ ~ (Regeln) / open-loop program control

**Programm•steuerungseinheit** f (EDV) / program controller, program control unit, PCU ‖ ~**stopp** m (EDV) / programmed halt, coded stop, programmed stop, coded halt ‖ **bedingter** ~**stopp** (EDV) / breakpoint* n, checkpoint n ‖ ~**stoppbefehl** m (EDV) / halt instruction, stop instruction, checkpoint instruction, breakpoint instruction, pause instruction ‖ ~**streifen** m (EDV, Masch) / program tape* ‖ ~**struktur** f (EDV) / program structure, program architecture ‖ ~**stufe** f (Fernm) / program level* ‖ ~**symbol** n (EDV) / program symbol, sign ‖ ~**synthese** f (die es ermöglicht, aus formalen Spezifikationen Programme voll automatisch abzuleiten) (EDV) / program synthesis ‖ ~**system** n (EDV) / program system n ‖ **vektorisierter** ~**teil** (EDV) / vectored program section ‖ ~**test** m (zur Überprüfung der Einhaltung der Programmspezifikationen) (EDV) / program testing, program test ‖ ~**testzeit** f (in der Anwenderprogramme getestet werden) (EDV) / program test time ‖ ~**transformation** f (jede Umformung, die man an einem gegebenen Programm vornimmt) (EDV) / program transformation ‖ ~**typus** m (Radio) / station format, format n ‖ ~**übersetzung** f (EDV) / program translation ‖ ~**unterbrechung** f (EDV) / interrupt* n ‖ ~**unterteilung** f (EDV) / program sectioning, program segmenting ‖ ~**validierung** f (EDV) / program validation ‖ ~**variable** f (EDV) / program variable ‖ ~**verbindung** f (EDV) / program linking, linkage n, program linkage ‖ **anomales** ~**verhalten** (EDV) / abnormal program behaviour ‖ ~**verifikation** f (Beweisen der Korrektheit von Programmen gegenüber ihrer Spezifikation) (EDV) / program verification ‖ ~**verschiebung** f (Änderung des Programms oder des Programmbausteins, damit sie aus einem anderen Teil des Speichers operieren können) (EDV) / program relocation ‖ ~**verschiebungsbyte** n (EDV) / program relocation byte ‖ ~**version** f (EDV) / program version, version n ‖ ~**verstärker** m (Fernm) / program repeater ‖ ~**verzweigung** f (EDV) / branch* n, jump* n ‖ ~**vorbereiter** m (EDV) / initializer n, initializer routine ‖ ~**wähler** m (EDV) / program selector ‖ ~**wartung** f (EDV) / program maintenance ‖ ~**zeile** f (EDV) / program line ‖ ~**zeitschalter** m (Eltech) / programming relay ‖ ~**zerlegung** f (EDV) / program decomposition ‖ ~**zustand** m (EDV) / program status ‖ ~**zustellungssteuersystem** n (TV-Rundfunkdienst) (Radio, TV) / program-delivery control system, PDC system ‖ ~**zweig** m (EDV) / program branch ‖ ~**zyklus** m (EDV) / program cycle

**Progression** f (progressive Entwicklung) (Biol) / progression n ‖ ~ (fortschreitende Reihe) (Math) / progression n ‖ **endliche** ~ (Math) / finite progression ‖ **harmonische** ~ (Math) / harmonic progression* ‖ **unendliche** ~ (Math) / infinite progression

**Progressionsbande** f (in der IR-Spektroskopie) (Spektr) / progression band

**progressiv** adj / progressive adj ‖ **~e** (nicht lineare) **Feder** (Masch) / progressive spring ‖ **~e Metamorphose** (voranschreitende, nicht umkehrbare Metamorphose) (Geol) / progressive metamorphism* ‖ **~ verknüpft** (Übergänge im Differenzspektrum) (Spektr) / progressively linked

**Progressiv•ring** m (HuT) / progressive ring ‖ ~**spindel** f (Plast) / increasing-pitch screw

**Prohormon** n (Biochem) / prohormone n

**Proinsulin** n (Biochem) / proinsulin n

**Projekt** n / project n, plan v, design v ‖ **schlüsselfertiges** ~ / package project, turnkey project ‖ **vordringliches** ~ ‖ **~ mit Priorität** / priority project

**Projektant** m / planner n, designer n

**projekt•bezogen** adj / project-oriented adj ‖ ~**dokumentation** f / project documentation

**projektieren** v / project v, plan v, design v

**projektierte Leistung** (einer Anlage) (Masch) / nominal design power

**Projektil** n (Mil) / projectile n ‖ ~**webmaschine** f (z.B. Sulzer) (Web) / gripper-shuttle loom, projectile weaving machine

**Projektion** f (Film) / presentation n, showing n, projection n, screening n ‖ ~ (in der darstellenden Geometrie) (Math) / projection* n ‖ ~ (Opt) / projection n ‖ **Albers-**~ (mit zwei längentreuen Breitenkreisen) (Kart) / Albers projection ‖ **amerikanische** ~ (Masch) / third-angle projection* ‖ **dimetrische** ~ (DIN 5, T 2) / dimetric projection ‖ **episkopische** ~ (Opt) / episcopic projection ‖ **erste** ~ / plan view, horizontal projection, plan n, top view ‖ **gnomonische** ~ (Kart) / gnomonic projection ‖ **isometrische** ~ (eine rechtwinklige Parallelprojektion nach DIN 5, T 1) (Arch) / isometric projection* ‖ **klinografische** ~ (Krist) / clinographic projection ‖ **Mollweidesche** ~ (Kart) / Mollweide projection ‖ **orthografische** ~ (Kart) / orthographic projection* ‖ **Sansonsche** ~ (nach N. Sanson d'Abbeville, 1600-1667) (Kart) / Sanson's projection ‖ **schiefe** ~ (Kart, Verm) / oblique projection, skew projection ‖ **schiefachsige** ~ (Kart, Verm) / oblique projection, skew projection ‖ **senkrechte** ~ (Masch) / orthographic projection*, orthogonal projection ‖ **stereografische** ~ (spezielle, umkehrbar eindeutige, winkeltreue Abbildung einer Kugelfläche auf eine Ebene, die senkrecht steht zum Durchmesser der Kugel, der das Projektionszentrum enthält) (Geog, Krist) / stereographic projection ‖ **winkeltreue** ~ (Kart) / conformal projection

**Projektions•abstand** m (Film) / projection distance*, throw* n ‖ ~**anzeige** f (zur Darstellung von Bildern auf sehr großer Fläche) / projection display ‖ ~**apparat** m (Film, Foto, Opt) / projector* n, optical projector ‖ ~**aufsatz** m (Mikros, Opt) / viewing screen ‖ ~**ebene** f (Math) / projection plane, plane of projection ‖ ~**fenster** n (in der Wand des Bildwerferraumes) (Film) / booth porthole, projection port ‖ ~**fernsehen** n (TV) / projection television* ‖ **~fertig** adj (Film) / ready for projection ‖ ~**folie** f / projection film (transparency) ‖ ~**formel** f (eine Strukturformel) (Chem) / projection formula ‖ **Fischersche** ~**formel** (Chem) / Fischer projection formula ‖ ~**gerade** f (Math) / projector n, projection line ‖ ~**gerät** n (Film, Foto, Opt) / projector* n, optical projector ‖ ~**gerät für Zwischenfilm-Fernsehbetrieb** (TV) / telecine n (projector), tele-cinema n ‖ ~**glühlampe** f (Eltech) / projection-type filament lamp* ‖ ~**lampe** f (Bogen-, Xenonhochdruck-, Glüh- oder Impulslampe) (Eltech, Film, Foto) / projection lamp*, projection-type lamp ‖ ~**licht** n (Film) / projection light ‖ ~**linse** f (Film) / projection lens*, projector lens ‖ ~**lithografie** f (Eltronik) / projection lithography ‖ ~**mattscheibe** f (Foto) / ground-glass focussing screen, ground-glass screen, matt screen ‖ ~**mikroskop** n (Mikros) / projection microscope ‖ ~**objektiv** n (Film) / projection lens*, projector lens ‖ ~**operator** m (ein beschränkter hermitescher Operator auf einem Hilbert-Raum) (Math) / projector n, projection operator ‖ ~**raum** m (Film) / projection room*, booth* n, projection booth ‖ ~**skaleninstrument** n (Instr) / projected-scale instrument ‖ ~**strahl** m (Math) / projector n, projection line ‖ ~**vektor** m (Math) / projective vector ‖ ~**wand** f (Film) / projection screen, screen n ‖ ~**winkel** m (Film) / projection angle, screen angle ‖ ~**zentrum** n (bei einer Zentralprojektion) (Math) / centre of projection, centre of perspective

**projektiv** adj (Abbildung, Geometrie) (Math) / projective adj ‖ **~e Abbildung** (Math) / projective transformation*, projective mapping ‖ **~e Eigenschaften** (Math) / projective properties* ‖ **~e Geometrie** (Math) / projective geometry ‖ **~er Raum** (Math) / projective space ‖ **~er Vektor** (Math) / projective vector ‖ **~ n** (des Elektronenmikroskops) (Mikros) / projection lens, projector lens

**Projektivität** f (Math) / projective transformation*, projective mapping

**Projektivlinse** f (Mikros) / projection lens, projector lens

**Projekt•leiter** m (F.Org) / project supervisor ‖ ~**management** n (DIN 69901) (F.Org) / project management

**Projektor** m (Film, Foto, Opt) / projector* n, optical projector ‖ ~ **mit kontinuierlichem Filmlauf** (Film) / continuous-motion projector ‖ ~**folie** f / projection film (transparency) ‖ ~**lampe** f (Bogen-, Xenonhochdruck-, Glüh- oder Impulslampe) (Eltech, Film, Foto) / projection lamp*, projection-type lamp

**Projekt•studie** f / feasibility study ‖ ~**terminierung** f (F.Org) / project scheduling ‖ ~**unterlagen** f pl / project documentation ‖ ~**vorstudie** f / prefeasibility study

**projizieren** v (Opt) / project v, throw v

**projizierend•e Ebene** (Math) / projecting plane ‖ **~er Strahl** (Math) / projector n, projection line

**Projizierstreckdrücken** n (Masch) / floturning n, hydrospinning n, flow turning

**projizierte Frontscheibenanzeige** (Luftf) / head-up display*, HUD*

**Prokain**

**Prokain** n (4-Aminobenzoesäureester des 2-Diethylaminoethanols) (Pharm) / procaine* n, procaine base, planocaine base ‖ ⁓**hydrochlorid** n (Pharm) / procaine hydrochloride
**Prokambium** n (um das Mark liegender Ringmantel meristematischer Zellen) (Bot, For) / procambium* n
**Prokaryont** m (pl -ten) (Zyt) / prokaryote* n, procaryote* n
**Prokaryot** m (meist einzelliger Organismus ohne echten Zellkern) (Zyt) / prokaryote* n, procaryote* n
**Pro-Kopf-Verbrauch** m / per caput consumption, per capita consumption
**Prolactin** n (Laktationshormon des Hypophysenvorderlappens) (Biochem, Physiol) / prolactin* n, luteotrophic hormone*, luteotrophin* n, lactogenic hormone, lactotropin n
**Prolaktin (PRL)** n (Laktationshormon des Hypophysenvorderlappens) (Biochem, Physiol) / prolactin* n, luteotrophic hormone*, luteotrophin* n, lactogenic hormone, lactotropin n
**Prolamin** n (Eiweißbestandteil des Getreidemehls) (Chem) / prolamine n
**Prolan** n (ein Hormon) (Biochem, Physiol) / prolan* n
**Proliferation** f (Med, Zyt) / proliferation* n
**Prolin (Pro)** n (eine wichtige Eiweißaminosäure) (Chem) / proline* (Pro) n
**PROLOG** n (eine objektorierte Programmiersprache, die auf der Prädikatenlogik erster Ordnung basiert und zur Kernsprache der fünften Generation geworden ist) (EDV, KI) / PROLOG* n
**Proluvium** n (Geol) / reworked loess
**PROM** n (EDV) / programmable read-only memory*, programmable ROM, PROM ‖ **löschbares** ⁓ (zwar umprogrammierbar, aber nicht beliebig oft) (EDV) / erasable PROM, read-mostly memory, erasable programmable ROM, electrically alterable ROM, erasable programmable read-only memory*, EPROM*, RMM ‖ **optisches** ⁓ (Eltronik) / optical PROM, WORM memory ‖ **UV-löschbares** ⁓ (EDV) / ultraviolet erasable PROM, UVPROM ‖ **wiederprogrammierbares** ⁓ (EDV) / REPROM n, reprogrammable PROM
**Promenaden•deck** n (Unterbringung von Räumen und Promenade für Fahrgäste) (Schiff) / promenade deck*, hurricane deck*, flying deck ‖ ⁓**format** n (ein altes Fotoformat) (Foto) / oblong size
**Promethazin** n (ein Phenothiazin, das als Antihistaminikum eingesetzt wird) (Pharm) / promethazine* n
**Promethium** n (Chem) / promethium* n
**Prometryn** n (nicht mehr angewandter herbizider Wirkstoff im Gemüsebau) (Chem, Landw) / prometryn n
**Promille** n (DIN 5477) / per mil, per thousand
**PROM-Kopiergerät** n (EDV) / PROM copier
**Promotion** f (Absatzförderung durch gezielte Werbemaßnahmen) / promotion n ‖ ⁓ (Phys) / promotion n (of an electron), electron promotion
**Promotionsenergie** f (Phys) / promotion energy
**Promotor** m (der die Wirksamkeit eines Katalysators oder Enzyms erheblich steigert oder die Bildung besonders erwünschter Reaktionsprodukte veranlaßt) (Biochem, Chem) / promoter* n ‖ ⁓ (Teilabschnitt der DNA-Region eines Operons) (Gen) / promoter* n, promotor n ‖ ⁓**sequenz** f (Gen) / promotor sequence
**Promovierung** f (Übergang eines Elektrons aus dem Grundzustand in den Valenzzustand eines Atoms) (Phys) / promotion n (of an electron), electron promotion
**PROM-Programmiergerät** n (EDV) / PROM programmer
**prompt** adj / prompt adj ‖ **~en** (EDV) / prompt v ‖ **~es Gammaquant** (Phys) / prompt gamma* ‖ **~e Neutronen** (die unmittelbar bei der Kernspaltung entstehen) (Kernphys) / prompt neutrons* ‖ **~es Schiff** (innerhalb weniger Tage ladebereit stellbares Schiff im Chartergeschäft) (Schiff) / prompt vessel
**Prompt** n (EDV) / prompt n ‖ ⁓**-kritisch** adj (ein Reaktor, der bereits mit prompten Neutronen kritisch wird) (Kernphys) / prompt critical* ‖ ⁓**neutronen** n pl (Kernphys) / prompt neutrons*
**Pronaos** m (pl. -naoi) (Vorhalle der Cella des altgriechischen Tempels) (Arch) / pronaos (pl -naoi) n
**Pronyscher Zaum** (Leistungsmesser anhand von Zapfenreibung) (Masch) / Prony brake, prony brake
**Proof** n (Maß für Alkoholgehalt; 100 P. = 57,10 Vol.-% Alkohol) (Chem, Nahr) / proof* n ‖ ⁓ (meistens Farbproof) (Druck, EDV) / prepress proof*, proof n, off-press proof, prescan proof ‖ ⁓**druck** m (Anfertigung von Probedrucken) (Druck, EDV) / proof printing
**proofen** v (Druck, EDV) / proof v
**Prooxygen** n (Stoff, der Oxidationsprozesse fördert) (Chem) / prooxidant n
**Propadien** n (Chem) / allene* n (1,2-diene), propadiene n ‖ ⁓**dion** n (Chem) / carbon suboxide*, tricarbon dioxide

**Propagation** f (Biol) / propagation n ‖ ⁓ (Aufbau und Fortpflanzungsreaktionen innerhalb der Reaktionssequenz von Kettenreaktionen) (Chem) / propagation n
**Propagator** m (in der Feldtheorie) (Phys) / propagator n ‖ ⁓ (Verbindungslinie zwischen zwei Vertices in Feynman-Grafen) (Phys) / Feynman propagator ⁓ (Phys) s. auch Green-Funktion
**Propan** n (Kohlenwasserstoff der Alkanreihe) (Chem) / propane* n
**Propanal** n (Chem) / propionaldehyde n, propanal n
**Propan•amid** n (Chem) / propionamide n ‖ **2-**⁓**amin** (Chem) / isopropylamine n ‖ ⁓**blasenkammer** f (Kernphys) / propane bubble chamber ‖ ⁓**dial** n (Chem) / malonic dialdehyde, propanedial n ‖ ⁓**diamin** n (Chem) / propanediamine n ‖ ⁓**dinitril** n (Chem) / malononitrile n ‖ ⁓**diol** n (1,3- oder 1,2-) (Chem) / propandiol n ‖ ⁓**disäure** f (Chem) / malonic acid (methanedicarboxylic acid)*, propanedioic acid* n ‖ ⁓**entasphaltierung** f (Erdöl) / propane deasphalting ‖ ⁓**entkarbonisierung** f (Erdöl) / propane decarbonizing ‖ ⁓**fraktionierung** f (Erdöl) / propane fractionation ‖ ⁓**gas** n (Chem) / propane* n ‖ ⁓**gasmotor** m (Masch) / propane-gas engine
**Propanil** n (ein Kontaktherbizid, dessen Wirkstoff von der Biologischen Bundesanstalt für Land- und Forstwirtschaft nicht anerkannt ist) (Chem, Landw) / propanil n
**Propan•-Luft-Flamme** f / propane-air flame ‖ ⁓**nitril** n (Chem) / propionitrile n, propanonitrile n
**Propanol** n (Chem) / propanol* n, propyl alcohol ‖ **2-**⁓ (Chem) / isopropyl alcohol*, propan-2-ol* n, IPA, isopropanol n
**Propan•säure** f (Chem) / propionic acid*, propanoic acid* n ‖ ⁓**splitter** m (Erdöl) / propane splitter, propane splitting tower ‖ ⁓**splittkolonne** f (Erdöl) / propane splitter, propane splitting tower ‖ ⁓**thelinbromid** n (ein Spasmolytikum und Anticholinergikum) (Chem, Med) / propantheline bromide
**Propargyl•alkohol** m (Chem) / propargyl alcohol ‖ ⁓**bromid** n (3-Brompropin) (Chem) / propargyl bromide ‖ ⁓**chlorid** n (3-Chlorpropin) (Chem) / propargyl chloride
**Propellan** n (Chem) / propellane n
**Propeller** m (Luftf) / propeller* n, aircraft propeller, airscrew* n, screw n ‖ ⁓ (der Kaplan-Turbine) (Masch) / propeller-type runner ‖ ⁓ (Schiff) / propeller* n, marine screw-propeller, screw-propeller n, screw n ‖ **gleichachsige gegenläufige** ⁓ (Luftf) / coaxial propellers*, contrarotating propellers ‖ **nichtgleichachsige gegenläufige** ⁓ (Luftf) / handed propellers ‖ **sechsflügeliger** ⁓ (Luftf) / six-bladed propeller ‖ **teilgetauchter** ⁓ (Schiff) / surface-piercing propeller ‖ **überkavitierender** ⁓ (Schiff) / supercavitating propeller ‖ **untersetzter** ⁓ (Luftf) / geared-down propeller ‖ **vierflügeliger** ⁓ (Luftf) / four-bladed propeller ‖ **windmühlender** ⁓ (Autorotation) (Luftf) / windmilling propeller ‖ ⁓ m **in Segelstellung** (Luftf) / feathering airscrew, feathering propeller* ‖ ⁓ **mit Direktantrieb** (Luftf) / direct-drive propeller
**Propeller•belastung** f (Luftf, Schiff) / propeller load ‖ ⁓**blatt** n (Luftf) / propeller blade ‖ ⁓**blatt** (Schiff) / propeller blade ‖ ⁓**blattspitzenfreiheit** f (Luftf) / clearance of propeller, propeller clearance ‖ ⁓**bock** m (Schiff) / propeller bracket, propeller strut ‖ ⁓**brunnen** m (Schiff) / propeller well, screw aperture ‖ ⁓**drehmoment** n (Luftf, Schiff) / propeller torque ‖ ⁓**drehzahl** f (Luftf) / propeller speed ‖ ⁓**düse** f (Schiff) / propeller nozzle ‖ ⁓**flügel** m (Schiff) / propeller blade ‖ ⁓**flügel** (Schiff) / propeller blade, screw blade ‖ ⁓**kreis** m (Luftf) / propeller disk ‖ ⁓**kreisfläche** f (Luftf) / disk area*, propeller area ‖ ⁓**mischer** m (Chem Verf, Masch) / propeller mixer ‖ ⁓**molekül** n (das die Struktur von zwei-, meist jedoch dreizähligen Propellern aufweist) (Chem) / propeller molecule ‖ ⁓**mühle** f (z.B. Growian) (Eltech, Masch) / horizontal-axis wind turbine, HAWT ‖ ⁓**nabe** f (in der die Blätter austauschbar befestigt sind) (Luftf) / propeller hub ‖ ⁓**nabenhaube** f (Luftf) / spinner* n ‖ ⁓**nabenstück** n (bei festen Propellern) (Luftf) / propeller boss ‖ ⁓**regler** m (Luftf) / propeller governor ‖ ⁓**regner** m (Landw) / spinner-type sprinkler ‖ ⁓**rührer** m (Schnellrührer mit hochtourig rotierendem Flügelrad) (Chem Verf, Masch) / propeller stirrer ‖ ⁓**steigung** f (Luftf, Schiff) / propeller pitch ‖ ⁓**steven** m (Schiff) / propeller post ‖ ⁓**strahl** m (Luftf) / propeller wash, prop blast, propwash n (US), slipstream* n, propeller blast, backwash n ‖ ⁓**triebwerk** n (Luftf) / propeller engine ‖ ⁓**turbine** f (eine Niederdruckwasserturbine, deren Laufrad mit 4 bis 6 feststehenden propellerartigen Schaufeln versehen ist - eine Variante der Kaplanturbine) (Masch) / propeller-type water turbine*, propeller turbine ‖ ⁓**turbinen-Luftstrahltriebwerk** n (Luftf) / turboprop* n, prop-jet n, prop-jet engine, turboprop engine, turbo-propeller engine, turbine-airscrew unit, propeller turbine engine* ‖ ⁓**welle** f (Luftf, Schiff) / propeller shaft ‖ ⁓**wirkungsgrad** m (Luftf, Schiff) / propeller efficiency*
**Propen** n (Chem) / propene* n, propylene*, propene* n
**Propenal** n (Chem) / acrolein* n, propenal n, acrylaldehyde* n, vinyl aldehyde n

**Propen•amid** n (Chem) / acryl amide ‖ ~**nitril** n (Chem) / acrylonitrile* n, propenonitrile n, vinyl cyanide* ‖ ~**säure** f (Chem) / acrylic acid*, propenoic acid
**Propentdyopente** n pl (Biochem, Pharm) / propentdyopents pl
**Propen•-2-ylacetat** n (Chem) / propenyl acetate ‖ ~**-2-ylazetat** n (Chem) / propenyl acetate
**Propeptid** n (Biochem) / propeptide n
**Properdin** n (Komplementfaktor P) (Biochem) / properdin* n
**Propergol** n (Arbeitsmedium eines Raketentreibstoffs) (Kftst, Raumf) / propergol n
**Property sheet** m (Form der Benutzerschnittstelle) (EDV) / property sheet
**Properzi-Gießverfahren** n (bei Drähten und Bändern) (Gieß) / Properzi process
**Propfan** m (durch eine Turbine angetriebenes Luftschraubentriebwerk, z.B. CRISP) (Luftf) / prop-fan n, prop-fan engine
**Propfan-Triebwerk** n (Luftf) / prop-fan n, prop-fan engine
**Propham** n (ein Pflanzenschutzmittel) (Chem, Landw) / propham n, IPC (isopropyl-N-phenylcarbamate)
**Pro-Pharmakon** n (Pharm) / prodrug n
**Propharmakon** n (pl. -pharmaka) (Pharm) / prodrug n
**Prophase** f (eine charakteristische Phase der Mitose) (Biol) / prophase* n ‖ ~ (Teil der 1. meiotischen Teilung) (Gen) / prophase* n
**prophylaktisch** adj / prophylactic* adj, preventive adj
**Propin** n (ein stark reaktionsfähiges Gas der Alkin-Reihe) (Chem) / propyne* n, allylene* n, methyl acetylene* ‖ ~**säure** f (Chem) / propiolic acid*, propargylic acid*, propynoic acid, propenoic acid
**Propiolacton** n (ein Zwischenprodukt der organischen Synthese - krebserregend) (Chem) / propiolactone n (1,3-propanolide)
**Propiolakton** n (Chem) / propiolactone n (1,3-propanolide)
**Propiolsäure** f (Chem) / propiolic acid*, propargylic acid*, propynoic acid, propinic acid
**Propion•aldehyd** m (Chem) / propionaldehyde n, propanal n ‖ ~**amid** n (Chem) / propionamide n
**Propionat** n (Salz und Ester der Propionsäure) (Chem) / propionate n
**Propionitril** n (Chem) / propionitrile n, propanonitrile n
**Propionsäure** f (eine Monobasäure - E 280) (Chem) / propionic acid*, propanoic acid* ‖ ~**anhydrid** n (Chem) / propionic anhydride ‖ ~**chlorid** n (Chem) / propionyl chloride ‖ ~**gärung** f (Chem, Nahr) / propionic acid fermentation ‖ ~**vinylester** m (Chem) / vinyl propionate
**Propionyloxid** n (Chem) / propionic anhydride
**Propiophenon** n (Chem) / propiophenone n
**Proplyd** n (Astr) / protoplanetary disk, proplyd n
**Propolis** f (Bienenwachs) / propolis n
**Proportion** f (Math) / proportion n ‖ **fortlaufende** ~ (Math) / continued proportion ‖ **harmonische** ~ (Math) / harmonic proportion ‖ **konstante** ~**en** (Chem) / constant proportions*, definite proportions ‖ **stetige** ~ (mit gleichen Innen- und Außengliedern) (Math) / proportion with equal means
**proportional** adj (im gleichen Verhältnis stehend) (Math) / proportional adj ‖ **umgekehrt** ~ (Math) / inversely proportional ‖ ~**e Regelabweichung** (Regeln) / droop n (the offset resulting from a no-load to full-load change or other specified limits) ‖ ~**er Schreibschritt** (der Schreibmaschine, bei der nicht alle Schriftzeichen die gleiche Breite haben) / proportional spacing ‖ ~**es Übertragungsglied** (Regeln) / p-transfer element ‖ ~**es Verhalten** (Regeln) / proportional (control) action, P-action n ‖ ~**er Zeichenabstand** (EDV) / proportional pitch ‖ ~**er Zeichenschritt** (EDV) / proportional pitch
**Proportional** n (einer Proportion) (Math) / term n ‖ ~**-** (Math) / proportional adj ‖ ~**abweichung** f (Regeln) / droop n (the offset resulting from a no-load to full-load change or other specified limits) ‖ ~**bereich** m (des Zählrohrs) (Kernphys) / proportional region* ‖ ~**bereich** n (Regeln) / proportional range ‖ ~**detektor** m (Kernphys) / proportional counter*, proportional counter tube ‖ ~**-Differential-Regler** m (Regeln) / proportional-derivative controller, PD controller ‖ ~**-Differential-Verhalten** n (Regeln) / PD action, proportional-derivative action
**Proportionale** f (Rechenglied in einer Proportion) (Math) / proportional n ‖ **mittlere** ~ (gleiches Innenglied einer stetigen Proportion) (Math) / mean proportional
**Proportional•faktor** m (Regeln) / proportional control factor, P factor ‖ ~**funktion** f (Math) / proportional function ‖ ~**glied** n (Regeln) / proportional element, P element ‖ ~**-integral wirkender Regler mit Vorhalt** (Regeln) / proportional-floating-derivative controller, three-action controller, PID-controller n ‖ ~**-Integral-Differential-Regler** m (Regeln) / proportional-floating-derivative controller, three-action controller, PID-controller n ‖ ~**-Integral-Regler** m (Regeln) / proportional-integral controller, PI controller ‖ ~**-Integral-Verhalten** n (Regeln) / PI action, proportional-integral action
**Proportionalität** f (Math) / proportionality n ‖ **umgekehrte** ~ (Math) / inverse proportionality
**Proportionalitäts•grenze** f (in der Elastizitätslehre) (Mech) / limit of proportionality*, proportionality limit, proportional elastic limit, PEL, LP ‖ ~**wägung** f (Phys) / direct weighing
**Proportional•kammer** f (eine Gasspurkammer) (Kernphys) / proportional ionization chamber* ‖ ~**navigation** f (Nav) / proportional navigation ‖ ~**regelung** f (Regeln) / proportional control ‖ ~**schrift** f (der grafischen Benutzeroberfläche) (EDV) / proportional spaced font, proportional face ‖ ~**schrift** (Gegenteil von Monospacing-Schrift in der Textverarbeitung) (EDV, Typog) / proportional font, proportional spacing ‖ ~**sicherheitsventil** n (Masch) / proportional safety valve ‖ ~**ventil** n (zur analogen Wandlung eines elektrischen Signals in hydraulische Größen) (Masch) / proportional valve ‖ ~**verhalten** n (eines Bauelements) (Eltronik) / proportional response ‖ ~**verhalten** (Regeln) / proportional (control) action, P-action n ‖ ~**verstärker** m (Regeln) / proportional amplifier ‖ ~**verstärkung** f (Regeln) / proportional gain ‖ ~**wägung** f (Phys) / direct weighing ‖ ~**wirkender Regler** (Regeln) / proportional controller, proportional-action controller ‖ ~**zähler** m (Kernphys) / proportional counter*, proportional counter tube ‖ ~**zählrohr** n (bei dem die Gasverstärkung im Proportionalbereich bleibt) (Kernphys) / proportional counter*, proportional counter tube
**Proportionsregel, Allensche** ~ (Physiol, Umwelt) / Allen's rule
**Proposition** f (der Satz als Informationseinheit - nicht im Hinblick auf seine grammatische Form) (KI) / proposition n ‖ ~ (KI, Math) / proposition n, statement n
**propositional** adj (den Satz als Informationseinheit betreffend) (KI) / propositional adj ‖ ~**er Kalkül** (KI) / propositional calculus*, sentential calculus ‖ ~**es Wissen** (KI) / propositional knowledge
**Propositionskalkül** m (KI) / propositional calculus*, sentential calculus
**Propoxyphen** n (Pharm) / propoxyphene n ‖ ~ (Pharm) s. auch Dextropropoxyphen und Levopropoxyphen
**Props** pl (Grubenholz im Seetransport) (Bergb, Schiff) / props pl
**Propulsion** f (Schiff) / propulsion n
**Propulsionsbirne** f (Schiff) / Costa bulb
**Propyl** n (Chem) / propyl n, propyl group ‖ ~**acetat** n (Chem) / propyl acetate
**Propyläen** pl (antiker Torbau) (Arch) / propylaea pl
**Propyl•alkohol** m (Chem) / propanol* n, propyl alcohol* ‖ ~**amin** n (Chem) / propylamine n
**Propylat** n (ein Alkoholat) (Chem) / propoxide n
**Propyl•azetat** n (Chem) / propyl acetate ‖ ~**benzol** n (1-Phenylpropan) (Chem) / propyl benzene ‖ ~**chlorid** n (Chem) / propyl chloride, chloropropane n
**Propylen** n (Chem) / propene* n, propylene* n, propene* n ‖ ~**dichlorid** n (Chem) / propylene dichloride*, 1,2-dichloropropane* n ‖ ~**fraktionator** m (Chem Verf) / $C_3$ splitter, propylene fractionation column, propylene splitter ‖ ~**glycolalginat** (Chem, Nahr) / propyleneglycol alginate ‖ ~**glykol** n (Chem) / propylene glycol* ‖ ~**glykolalginat** n (E 405) (Chem, Nahr) / propyleneglycol alginate ‖ ~**oxid** n (1,2-Epoxypropan) (Anstr, Chem) / propylene oxide, methyloxirane n, 1,2-epoxypropane n ‖ ~**splitter** m (Chem Verf) / $C_3$ splitter, propylene fractionation column, propylene splitter
**Propyl•gallat** n (ein Antioxidans für Lebensmittel) (Nahr) / propyl gallate n ‖ ~**glykol** (Anstr, Chem) / propyl glycol ‖ ~**gruppe** f (Chem) / propyl n, propyl group
**Propylit** m (Varietät von Andesit) (Geol) / propylite n
**Propylitisierung** f (Vergrünung von Eruptivgesteinen, vor allem Daziten und Andesiten) (Geol) / propylitization n
**Propylon** n (pl. Propyla) (Arch) / anteport n
**Proration** f (Prinzip und Vorgang der Aufteilung von Einnahmen bei mehreren Luftverkehrsunternehmen) (Luftf) / proration n
**Proscillaridin** n (ein Herzglykosid aus der Weißen Meerzwiebel) (Pharm) / proscillaridin n
**Prospekt** n (Auskunft über ein zukünftiges Produkt) / prospectus n ‖ ~**hülle** f / plastic pocket, clear pocket
**prospektieren** v (Bergb, Geol, Min) / prospect v ‖ ~ n (Bergb, Geol, Min) / prospecting n ‖ **gravimetrisches** ~ (Bergb, Geol, Min) / gravity prospecting (identifying and mapping the distribution of rock masses of different specific gravity by means of a gravity meter) ‖ **radiometrisches** ~ (Bergb, Geol) / radiation prospecting*, radiometry n
**Prospektion** f (Bergb, Geol, Min) / prospecting n ‖ **biogeochemische** ~ (mittels chemischer Analyse metallanzeigender Pflanzen und Mikroorganismen) (Bergb) / biogeochemical prospecting, biogeochemical exploration ‖ **geochemische** ~ (Bergb) / geochemical prospecting* ‖ **geophysikalische** ~ (Sprengseismik, Gravimetrie,

### Prospektionsbohrung

Magnetik, Geoelektrik) (Bergb) / geophysical prospecting*, geophysical exploration, geophysical surveying
**Prospektionsbohrung** f (Bergb, Erdöl) / prospect well, prospect hole
**prospektiv** adj (Biol) / prospective adj
**Prospektor** m (Bergb, Geol) / prospector n
**Prostacyclin** n (Biochem, Pharm) / prostacycline n
**Prostaglandin** n (ein Hormon) (Biochem, Pharm) / prostaglandin* n
**Prostazyklin** n (ein Hormon) (Biochem, Pharm) / prostacycline n
**prosthetische Gruppe** (Biochem) / prosthetic group*
**Proszenium** (pl -nien) n (Bau) / proscenium* (pl -s or -nia) n
**Protactinium (Pa)** n (Chem) / protactinium* n
**Protaktinium** n (Chem) / protactinium* n
**Protamin** n (eine Eiweißart) (Biochem, Zyt) / protamine* n
**Protanomalie** f (Opt) / protanomaly n
**protanop** adj (Opt) / protanopic* adj
**Protanopie** f (Opt) / protanopia n
**Protease** f (Biochem) / protease* n
**Protein** n (Biochem) / protein* n, proteic substance ‖ **biologische Wertigkeit der ~e** (Nahr) / protein quality, protein value ‖ **C-reaktives ~** (Med) / C-reactive protein*, CRP ‖ **eisenbindendes ~** (Biochem) / iron-binding protein ‖ **entschraubendes ~** (Biochem) / swivelase n, unwinding protein ‖ **fibrilläres ~** (Biochem) / fibrous protein ‖ **globulares ~** (Biochem) / globular protein ‖ **grün fluoreszierendes ~** (Biochem) / green fluorescent protein, GFP ‖ **guaninnukleotidbindendes ~** (Biochem) / G protein ‖ **konjugiertes ~** (Biochem) / conjugated protein ‖ **modifiziertes ~** (Nahr) / modified protein ‖ **polyfunktionelles ~** (Biochem) / polyprotein n ‖ **porenformendes ~** (Biochem) / perforin n ‖ **texturiertes ~** (Nahr) / textured protein, texturized protein ‖ **texturierte ~e** (nach dem Extrusionsprozeß) (Nahr) / plastic fat ‖ **zusammengesetztes ~** (Biochem) / conjugated protein ‖ **~ A** n (ein bakterielles Zellwandprotein) (Biochem) / protein n A* ‖ **~ aus Erdöl** (Biochem, Erdöl) / petroprotein n
**Protein•anlage** f (Chem Verf) / protein recovery plant ‖ **~artig** adj (Biochem) / proteinaceous adj
**Proteinase** f (eine Protease) (Biochem) / proteinase n
**Proteinaseinhibitor** m (Protein in pflanzlichen Speicherorganen) (Bot) / proteinase inhibitor
**Protein•bindung** f (Biochem) / protein binding ‖ **~biosynthese** f (Biochem) / protein synthesis, protein biosynthesis ‖ **~chemie** f (Chem) / protein chemistry ‖ **~design** n (Biochem, Biol) / protein engineering*, protein design ‖ **~Engineering** n (Biochem, Biol) / protein engineering*, protein design ‖ **~faser** f (aus regeneriertem Eiweiß) (Tex) / protein fibre ‖ **~frei** adj (Biochem) / protein-free adj ‖ **~haltig** adj (Biochem) / proteinaceous adj, containing protein, albuminous adj ‖ **~hormon** n (das seiner chemischen Struktur nach ein Protein ist) (Biochem) / proteohormone n, protein hormone ‖ **~hydrolysat** n (Chem, Nahr) / protein hydrolysate, protein hydrolyzate, hydrolysed vegetable protein, HVP ‖ **~isolat** n (Biochem) / protein isolate ‖ **~isolat** (Nahr) / protein isolate ‖ **rechnerunterstütztes ~modell** (Gen) / computer-aided protein design, CAPD
**proteinogen** adj (Aminosäure) (Biochem) / proteinogenic adj
**Protein•sequenz** f (bei biologischen Makromolekülen) (Biochem) / protein sequence ‖ **~sequenzanalyse** f (Biochem) / protein-sequence analysis ‖ **~silber** n (Pharm) / silver protein ‖ **~spaltend** adj (Biochem) / proteolytic* adj, proteoclastic* adj, protein-cutting adj ‖ **~stoffwechsel** m (Biochem) / protein metabolism ‖ **~struktur** f (Biol) / protein structure* ‖ **~synthese** f (Biochem) / protein synthesis, protein biosynthesis ‖ **~-Turnover** m (Biochem) / protein turnover ‖ **~umsatz** m (Biochem) / protein turnover ‖ **~verlust** m (Biochem) / protein loss
**protektives Kolloid** (Chem) / protective colloid*
**Protektor** m (profilierter Laufstreifen des Reifens) (Kfz) / tread n
**Proteoglykan** n (Biochem) / proteoglycan n
**Proteohormon** n (Biochem) / proteohormone n, protein hormone
**Proteolyse** f (Proteinabbau) (Biochem) / proteolysis* n (pl. -lyses), protein degradation, protein breakdown
**proteolytisch** adj (Biochem) / proteolytic* adj, proteoclastic* adj, protein-cutting adj
**Proteonik** f (Proteinstrukturforschung) (Biochem) / proteonics n
**Proteose** f (Chem, Mikros) / albumose n, proteose n
**Prothrombin** n (Vorstufe des Thrombins im Blutplasma) (Biochem) / prothrombin n
**Protium** n (leichter Wasserstoff) (Chem) / protium* n, light hydrogen
**Proto•berberinalkaloid** n (Pharm) / protoberberine alkaloid ‖ **~blast** m (Zyt) / protoblast n ‖ **~catechualdehyd** m (Chem) / protocatechualdehyde n ‖ **~catechusäure** f (Chem) / protocatechuic acid ‖ **~dolomit** m (unstabiler, Ca-reicher Dolomit) (Geol) / protodolomite n ‖ **~dorisch** adj (Säule) (Arch) / proto-Doric adj ‖ **~enstatit** m (Min) / protoenstatite n ‖ **~gen** adj (Lösungsmittel) (Chem) / protogenic adj ‖ **~gin** m (Varietät von Gneis) (Geol) /

protogine n ‖ **~katechualdehyd** m (Chem) / protocatechualdehyde n ‖ **~katechusäure** f (3,4-Dihydroxybenzoesäure) (Chem) / protocatechuic acid ‖ **~klastisch** adj (Geol) / protoclastic adj
**Protokoll** n (EDV) / protocol n (formal set of conventions between communicating processes on the format and content of messages to be exchanged) ‖ **~** (EDV) / listing* n, log n ‖ **~** (gedrucktes) (EDV) / print-out* n, printer output ‖ **~architektur** f (EDV) / protocol architecture ‖ **~dateneinheit** f (DIN ISO 7498) (EDV) / protocol data unit, PDU ‖ **~drucker** m (ein Ausgabegerät) (EDV) / logger n, logging printer ‖ **~ebene** f (EDV) / protocol layer ‖ **~-File** m (EDV) / listing file ‖ **~hierarchie** f (ISO-Siebenschichtenmodell) (EDV) / protocol hierarchy
**protokollieren** v / record v, register v (enter or record in an official list) ‖ **~** (EDV) / log v
**Protokollierung** f / recording* n ‖ **~** (EDV) / logging n ‖ **~ des Ablaufs von Rechenoperationen** (EDV) / audit trail ‖ **~ des Bildschirminhalts** (EDV) / screen dump (on hardcopy), screenshot n
**Protokoll•kennung** f (EDV) / protocol identifier, protocol discriminator ‖ **~konverter** m (ein Umsetzungsgerät) (EDV) / protocol converter ‖ **~konvertierung** f (Konvertierung der unteren Protokollschichten des ISO-Referenzmodells) (EDV) / protocol conversion ‖ **~maschine** f der Schicht der Kommunikationssteuerung (EDV) / session protocol machine (SPM) ‖ **~programm** n (EDV) / trace routine, trace program, tracer n, tracing routine ‖ **interpretierendes ~programm** (EDV) / interpretive trace program ‖ **selektives ~programm** (EDV) / snapshot program, snapshot trace program ‖ **~schicht** f (im ISO-Referenzmodell) (EDV) / protocol layer ‖ **~übersetzer** m (ein Hardware-Baustein) (EDV) / protocol converter ‖ **~übersetzung** f (EDV) / protocol translation ‖ **~wandler** m (EDV) / protocol converter
**Proto•lyse** f (Chem) / protolysis n (pl. -lyses) ‖ **~lyse** (Chem) s. auch Protonenübertragungsreaktion ‖ **~lyt** m (Molekül oder Ion, das durch Abgabe oder Aufnahme von Protonen reagieren kann) (Chem) / protolyte n ‖ **~lytisch** adj (Chem) / protolytic adj ‖ **~lytisch entfernbar** (Chem) / protodetachable adj ‖ **~lytische Reaktion** (Chem) / protolysis n (pl. -lyses)
**Protomer** n (kleinste identische Untereinheit von oligomeren Proteinen) (Chem) / protomer n, subunit n
**Protomeres** n (Chem) / protomer n, subunit n
**Proton** n (ein Elementarteilchen) (Kernphys) / proton* n ‖ **acides ~** (bei einer H/D-Austauschreaktion) (Chem) / acid proton ‖ **aromatisches ~** (bei einer H/D-Austauschreaktion) (Chem) / aromatic proton ‖ **~-Antiproton-Wechselwirkung** f (Kernphys) / proton-antiproton interaction, $p_p$ interaction n ‖ **~-Elektron-Proton-Reaktion** f (Kernphys) / proton-electron-proton reaction, PeP reaction
**Protonen•absorption** f (Kernphys) / proton absorption ‖ **~abspaltend** adj (Chem) / protogenic* adj ‖ **~abstrahlung** f (Art des radioaktiven Zerfalls) (Kernphys) / proton radiation ‖ **~affinität** f (Chem) / proton affinity ‖ **~akzeptor** m (Chem) / proton acceptor, emprotide n ‖ **~aufnehmend** adj (Chem) / protophilic* adj ‖ **~beschleuniger** m (Nukl) / proton accelerator ‖ **~bindungsenergie** f (Kernphys) / proton-binding energy ‖ **~donator** n (Chem) / proton donator, proton donor, dysprotide n, Brønsted acid ‖ **~dosimeter** n (Radiol) / proton dosemeter, proton dosimeter ‖ **~einfang** m (Astr) / p-process n ‖ **~einfang** (Kernphys) / proton capture ‖ **~haltig** adj (Lösungsmittel) (Chem) / protic adj ‖ **~induziert** adj / proton-induced adj ‖ **~induzierte Röntgenemission** (ein Spezialfall der durch Ionenbeschuß verursachten Ionenemission) (Spektr) / proton-induced x-ray emission, PIXE ‖ **~induzierte Röntgenemissionsanalyse** (Spektr) / proton-induced x-ray emission analysis ‖ **~kanone** f (Eltronik) / proton gun ‖ **~leitung** f (Elektr) / proton conduction ‖ **~magnetische Resonanz** (Kernphys) / proton magnetic resonance, PMR ‖ **~magnetometer** n (Nukl) / proton precessional magnetometer*, proton magnetometer ‖ **~mikroskop** n (ein Feldionenmikroskop) (Mikros) / proton microscope* ‖ **~motorische Kraft** (Biochem) / proton motive force*, PMF ‖ **~präzessionsmagnetometer** n (Nukl) / proton precessional magnetometer*, proton magnetometer ‖ **~pumpe** f (Biochem) / proton-translocating ATPase* ‖ **~resonanz** f (Kernphys) / proton resonance* (nuclear magnetic resonance of hydrogen nuclei) ‖ **magnetische ~resonanz** (Kernphys) / proton magnetic resonance, PMR ‖ **~resonanzmagnetometer** n (Nukl) / proton precessional magnetometer*, proton magnetometer ‖ **~rückstoß** m (Kernphys) / proton recoil ‖ **~säure** f (nach Lewis und Brønsted) (Chem) / protonic acid, proton acid ‖ **~schwamm** m (eine sehr starke organische Base) (Chem) / proton sponge ‖ **~strahl** m (Kernphys) / proton beam ‖ **~strahlerzeuger** m (Eltronik) / proton gun ‖ **~strahlung** f (Kernphys) / proton radiation ‖ **~streifenbeschuß** m (Eltronik) / proton-stripe bombardment ‖ **~streuung** f (Kernphys) / proton scattering ‖ **~streuungmikroskop** n (das nach dem Channelling-Effekt arbeitet) (Krist) / proton scattering microscope ‖

≈**synchrotron** *n* (Nukl) / proton synchrotron* ‖ ≈**transfer** *m* (Spektr) / proton transfer ‖ ≈**übertragung** *f* (Spektr) / proton transfer ‖ ≈**übertragungsreaktion** *f* (Chem) / proton transfer reaction ‖ **~verschiebende Kraft** (Biochem) / proton motive force*, PMF ‖ ≈**wolke** *f* (Kernphys) / proton cloud ‖ ≈**zahl** *f* (im Periodensystem der Elemente) (Chem) / atomic number*, proton number, nuclear-charge number ‖ ≈**zahl** (Kernphys) / proton number
**protonieren** *v* (Chem, Kernphys) / protonate *v*
**Protonierung** *f* (Anlagerung von Protonen an Atome, Ionen oder Moleküle) (Chem, Kernphys) / protonation *n*
**protonisches Lösungsmittel** (Chem) / protonic solvent*
**Protonium** *n* (gebundener Zustand aus einem Proton und einem Antiproton) (Kernphys) / protonium *n*
**Proton-Neutron-Reaktion** *f* (Kernphys) / proton-neutron reaction, (p,n) reaction
**protono•gen** *adj* (Chem) / protogenic* *adj* ‖ **~phil** *adj* (Chem) / protophilic* *adj*
**Proton•-Proton-Kettenreaktion** *f* (Kernphys) / proton-proton chain*, deuterium cycle ‖ ≈-**Proton-Reaktion** *f* (Astr, Kernphys) / proton-proton reaction, PP reaction ‖ ≈-**Proton-Streuung** *f* (Kernphys) / proton-proton scattering
**Proto•pektin** *n* (hochmolekulare Pektinsubstanz in der primären Zellmembran) (Chem) / protopectin *n* ‖ **~phil** *adj* (Lösungsmittel) (Chem) / protophilic* *adj*
**Protopinalkaloid** *n* (Pharm) / protopine alkaloid
**proto•planetarische Scheibe** (Astr) / protoplanetary disk, proplyd *n* ‖ ≈**plasma** *n* (Biol) / protoplasm* *n* ‖ ≈**plast** *m* (Zellkörper) (Bot, Zyt) / protoplast* *n* ‖ ≈**plastenfusion** *f* (Zyt) / protoplast fusion ‖ ≈**plastenverschmelzung** *f* (in der Mikrobiologie und der Pflanzenzüchtung) (Zyt) / protoplast fusion ‖ ≈**porphyrin** *n* (ein Zwischenglied in der Biosynthese von Chlorophyll und Hämoglobin) (Biochem) / protoporphyrin *n* ‖ ≈**quarzit** *m* (Geol) / protoquartzite *n* ‖ ≈**stern** *m* (früheste Phase der Sternentwicklung) (Astr) / prostar *n* ‖ ≈**trop** *adj* (Chem) / prototropic *adj* ‖ ≈**tropie** *f* (auf Protonenwanderung basierende Tautomerie) (Chem) / prototropy* *n*, prototropism *n* ‖ ≈**typ** *m* (Oberbegriff) (KI) / prototype *n* ‖ ≈**typ** (Masch) / prototype* *n* ‖ ≈**typenbau** *m* (Masch) / prototype construction ‖ ≈**typenentwicklung** *f* (eine Phase in Hardware- und Software-Produktionsprozeß) (EDV) / prototyping *n* ‖ ≈**typing** *n* (eine Phase im Hardware- und Software-Produktionsprozeß) (EDV) / prototyping *n* ‖ ≈**typisch** *adj* / prototypic *adj*, prototypal *adj*, prototypical *adj* ‖ ≈**xylem** *n* (das zuerst gebildete Primärxylem trachealer Elemente, durch ringförmige oder spiralige Verdickungen gekennzeichnet) (Bot, For) / protoxylem *n*
**protrahieren** *v* (die Wirkung von Arzneimitteln verlängern) (Pharm) / protract *v*
**Protuberanzen** *f pl* (über die Chromosphäre der Sonne hinausragende glühende Gasmasse) (Astr) / prominences* *pl*, solar prominences
**Protuberanzfräser** *m* (zur Erzeugung unterschnittener Zahnflanken) (Masch) / protuberance cutter
**Proustit** *m* (Min) / proustite *n*, light red silver ore*, ruby silver ore*, light ruby silver ore
**Proustsches Gesetz** (Gesetz der konstanten Proportionen nach J.-L. Proust, 1754-1826) / Proust's law
**Provenceöl** *n* (das feine Olivenöl zweiter Pressung) (Nahr) / Provence oil
**Provenceröl** *n* (Nahr) / Provence oil
**Provider** *m* (EDV) / provider *n*
**Provinz** *f* (z.B. metallogenetische) (Geol) / province *n* ‖ **metallogenetische** ≈ (Bereich, dessen Metallogenese auf gleichzeitige und durch den gleichen Grundvorgang gesteuerte Bildungsvorgänge zurückgeführt werden kann) (Geol) / metallogenic province, metallogenetic province ‖ **petrografische** ≈ (Geol) / petrographic province, province *n*
**provisorisch** *adj* / temporary *adj*, provisional *adj* ‖ **~e Anschaltung** (Fernm) / lash-up* *n*, hook-up* *n* ‖ **~er Anschluß** (Fernm) / lash-up* *n*, hook-up* *n* ‖ **~e Gleisanlage** (für die Oberbauarbeiten) (Bahn) / construction way ‖ **~er Sammelplatz** (zwischen Fällungsort und Holzlager) (For) / deck *n* ‖ **~es Vermessungszeichen** (z.B. ein Schalm) (Verm) / blaze* *n* ‖ **~er Wasseranschluß** / temporary water connection ‖ **~es Wehr** (das man schnell entfernen kann) (Wasserb) / movable weir
**Provitamin** *n* (Vorstufe von Vitaminen) (Biochem) / provitamin* *n*
**Proway** *m* (EDV) / process dataway
**Proximitätseffekt** *m* (z.B. Nachbargruppeneffekt) (Chem) / proximity effect
**Proximity-Effekt** *m* (Kopplungseffekt an Supraleitern) (Elektr) / proximity effect
**Proxy** *m* (EDV) / proxy *n* (the mechanism whereby one system "fronts for" another system in responding to protocol requests)

**Prozedur** *f* (vom Betriebssystem einer DV-Maschine gesteuerter Ablauf oder gesteuerte Operation) (EDV) / procedure *n*, PROR ‖ ≈ (EDV) s. auch Unterprogramm
**prozedural** *adj* / procedural *adj* ‖ **~e Anknüpfung** (Anbindung von Prozeduren in einer nicht prozeduralen Umgebung) (EDV) / procedural attachment ‖ **~e Semantik** (KI) / procedural semantics ‖ **~e Sprache** (EDV) / procedural language, procedure-oriented language ‖ **~es Wissen** (KI) / procedural knowledge
**Prozeduralität** *f* (EDV) / procedurality *n*
**Prozedur•aufruf** *m* (EDV) / procedure call ‖ **entfernter** ≈**aufruf** (EDV) / remote procedure call, RPC ‖ ≈**kopf** *m* (Schlüsselwort + Bezeichner + eine Liste formaler Parameter) (EDV) / procedure heading ‖ ≈**rumpf** *m* (eine Folge von Deklarationen und Anweisungen) (EDV) / procedure body ‖ ≈**teil** *m* (der die anzuführenden Operationen angibt) (EDV) / procedure division (COBOL)
**Prozent** *n* (DIN 5477) (Math) / per cent, per hundred, percent *n* ‖ ≈ (Nukl) / nile* *n* ‖ ≈ **der Verkehrsunfalltoten** (in der Verkehrsunfallstatistik) (Kfz) / fatality rate ‖ ≈**dehnung** *f* (WP) / percentage elongation ‖ ≈**differentialrelais** *n* (Eltech) / percentage differential relay* ‖ ≈**funktion** *f* (EDV, Math) / percentage function (ISO 2382 22:1986) ‖ ≈**gehalt** *m* / percentage *n* ‖ ≈**rechnung** *f* (Math) / percentage calculation ‖ ≈**satz** *m* / percentage *n* ‖ ≈**taste** *f* (DIN 9757) (EDV) / percent key
**prozentual** *adj* / percentage *attr* ‖ **~er Anteil** / percentage *n* ‖ **~es Ausbringen** (Bergb) / loss of vend* ‖ **~e Verständlichkeit von Logatomen** (Fernsp) / percentage articulation*
**Prozent•vergleichsschutz** *m* (Eltech) / biased protective system*, biased differential protection ‖ ≈**wert** *m* / percentage *n* ‖ ≈**zeichen** *n* / percent sign, percent symbol, percent mark
**Prozeß** *m* (DIN 66201, T 1) / process *n*, procedure *n* ‖ ≈ (Chem Verf) / process *n* ‖ ≈ (EDV) / task *n* ‖ **adiabatischer** ≈ (bei dem kein Wärmeaustausch mit der Umgebung stattfindet) (Phys) / adiabatic process* ‖ **d-d-**≈ (Nukl) / d-d process ‖ **direkter** ≈ (Kernphys) / direct nuclear reaction ‖ **direkter** ≈ (einer Gasturbine) (Nukl) / direct cycle ‖ **dynamischer** ≈ (Math) / dynamic process ‖ **einfacher** ≈ (Nukl) / simple process ‖ **hochenergetischer** ≈ / high-energy process ‖ **nebenläufige Prozesse** (EDV) / concurrent processes ‖ **periodischer** ≈ (Masch) / batch process* ‖ **rechnerunterstützter kognitiver** ≈ (EDV) / machine-aided cognition, MAC ‖ **rekurrenter** ≈ (Stats) / recurrent process ‖ **stationärer** ≈ (wenn die endlichdimensionalen Verteilungen gegen Zeitverschiebung unempfindlich sind) (Stats) / stationary process ‖ **stochastischer** ≈ (Stats) / random process, stochastic process ‖ **virtueller** ≈ (in der Quantentheorie) (Phys) / virtual process* ‖ **zufälliger** ≈ (Stats) / random process, stochastic process ‖ ≈ *m* **der endlichen gleitenden Mittel** (Stats) / process of finite moving averages ‖ ≈ **ohne Gedächtnis** (Stats) / Markov process, Markoff process ‖ ≈ **ohne Nachwirkung** (Stats) / Markov process, Markoff process ‖ ≈ **zweiter Ordnung** (ein komplexwertiger stochastischer Prozeß) (Stats) / second-order process
**prozeß•abhängig** *adj* (Regeln) / process-bound *adj*, process-dependent *adj* ‖ ≈**ablaufdiagramm** *n* (F.Org) / process diagram ‖ ≈**analyse** *f* (Chem Verf) / process analysis ‖ ≈**anlage** *f* / process plant ‖ ≈**auslegung** *f* / process design ‖ ≈**automatisierung** *f* / process automation ‖ ≈**beschreibung** *f* / process description ‖ ≈**betrieb** *m* / process plant ‖ ≈**chromatografie** *f* (Chromatografie, eingesetzt für die Überwachung, Steuerung oder Regelung chemischer Prozesse) (Chem) / process chromatography ‖ ≈**dampf** *m* / process steam, operating steam ‖ ≈**daten** *pl* (DIN 66201, T 1) (EDV) / process data ‖ ≈**datenbank** *f* (zur Speicherung der Prozeßdaten) (EDV) / process data base ‖ ≈**datenbus** *f* (EDV) / process dataway ‖ ≈**datenverarbeitung** *f* (EDV) / process data processing, PDP ‖ ≈**datenverarbeitung** (Produktionssteuerung, Produktionskontrolle usw.) (EDV) / industrial data processing ‖ ≈**einheit** *f* (EDV) / process I/O unit ‖ ≈**erkennung** *f* (Ermittlung der Struktur eines Prozesses und der Wirkungszusammenhänge zwischen seinen Zustandsgrößen - DIN 66201, T 1) (EDV) / process identification ‖ ≈**feuerung** *f* (mit direktem Kontakt von Feuerungsgasen und dem thermisch zu behandelnden Gas) / process firing ‖ **~flexibler Automat** (Masch) / process-flexible automaton ‖ ≈**fließbild** *n* (grafische Darstellung des aktuellen Zustandes einer Anlage in einer Leitwarte) / synoptic display ‖ ≈**fotografie** *f* (Anwendung der Fotografie in der industriellen Fertigung) (Foto) / process photography ‖ ≈**gas** *n* (Chem Verf) / process gas ‖ ≈**gleichung** *f* / process equation ‖ ≈**größe** *f* (DIN 1345) / process variable ‖ ≈**heizung** *f* (Heizung für verfahrenstechnische Zwecke) (Wärm) / process heating
**Prozessionsspinner** *m* (Thaumetopoea sp. L.) (For, Zool) / processionary moth, processional moth, procession moth
**Prozeß•kommunikation** *f* (EDV) / interprocess communication (IPC), process communication ‖ ≈**kopplung** *f* (direkte, geschlossene, indirekte, offene - DIN 66201) (EDV) / process interfacing ‖

**Prozeßkopplung**

geschlossene ⁓kopplung (DIN 66201) (EDV) / online closed loop (interfacing) ∥ offene ⁓kopplung (DIN 66201) (EDV) / on-line open loop (interfacing) ∥ ⁓leitrechner m (EDV) / process controller, process-control computer (dedicated), process computer ∥ ⁓leitsystem n (EDV) / process control system, PCS ∥ ⁓leitung f (Masch) / process control ∥ ⁓leitung(en) f (pl) (Masch) / process pipework ∥ ⁓metallurgie f (Hütt) / process metallurgy*, production metallurgy ∥ ⁓modell n (Beschreibung oder Nachbildung eines Prozesses aufgrund des Ergebnisses einer Prozeßerkennung) (EDV, KI) / process model ∥ gegenständliches ⁓modell (DIN 66 201, T 1) / physical process model ∥ stationäres ⁓modell (EDV) / steady-state process model ∥ dynamisches ⁓modell (EDV) / dynamic process model ∥ ⁓ofen m / process furnace ∥ ⁓öl n / process oil ∥ ⁓optimierung f / process optimization

**Prozessor** m (in Von-Neumann-Rechnern der Rechnerkern) (EDV) / processor* n, processing unit ∥ dyadischer ⁓ (EDV) / dyadic processor ∥ gefalteter ⁓ (der Daten intern mit der doppelten Wortlänge der Datenbusbreite bearbeitet) (EDV) / folded processor ∥ peripherer ⁓ (der die Peripherie steuert) (EDV) / input/output processor*, peripheral processor, IOP*, I/O-Processor n

**Prozessor•bus** m (EDV) / processor bus (PRB) ∥ ⁓kern m (EDV) / processor kernel ∥ ⁓knoten m (EDV) / processor node ∥ ⁓schnittstelle f (EDV) / processor interface ∥ ⁓statuswort n (EDV) / processor status word (PSW) ∥ ⁓vergabe f (EDV) / processor allocation, processor assignment ∥ ⁓zuteilung f (EDV) / processor allocation, processor assignment

**Prozeß•peripherie** f (EDV) / process periphery ∥ ⁓programmschalter m (Regeln) / process timer ∥ ⁓pumpe f (Masch) / process pump ∥ ⁓rechner m (EDV) / process controller, process-control computer (dedicated), process computer ∥ ⁓roboter m (der technologische Verfahren mittels Werkzeugen bzw. Prüfmitteln durchfürt) (Masch) / process robot, material-processing robot ∥ ⁓sensor m (bei den IR) (Masch) / process sensor ∥ ⁓signal n (Regeln) / process signal ∥ ⁓simulation f / process simulation ∥ ⁓stelle f (eine konkrete Stelle in der Prozeßsteuerung) / process point ∥ ⁓steuerung f (im allgemeinen) (Masch) / process control ∥ ⁓steuerung (mit Hilfe von Rechnern) (EDV) / process control (PC) ∥ ⁓stufe f (Masch) / process stage ∥ ⁓technik f (DIN 66 201) / process engineering ∥ ⁓überwachung f (Regeln) / process monitoring ∥ ⁓variable f (Masch, Math) / process variable ∥ ⁓verdichter m (Masch) / process compressor ∥ ⁓verwaltung f (F.Org) / process management ∥ ⁓wärme f (Wärm) / process heat ∥ nukleare ⁓wärme (Nukl) / nuclear process heat ∥ ⁓wärmereaktor m (Wärm) / process heat reactor ∥ ⁓warteschlange f (EDV) / process queue ∥ ⁓wasser n (das in technischen Verfahren eingesetzt wird) / process water ∥ ⁓zeit f / process time ∥ ⁓zustandsgröße f (Masch, Math) / process variable

**Prüf•ablauf** m / test sequence ∥ ⁓ader f (Fernm) / pilot wire*, pilot* n ∥ ⁓aerosol n / test aerosol ∥ ⁓anlage f / testing and inspection equipment, testing plant ∥ ⁓anlage / test facility, testing facility ∥ ⁓anordnung f / test set, test set-up, test rig ∥ ⁓anschaltung f (EDV) / test access ∥ ⁓antwortspektrum n (Eltech) / test response spectrum, TRS ∥ ⁓apparat m für die Knitterneigung (Tex) / Random Tumble Pilling Tester ∥ ⁓attest n / test certificate ∥ ⁓auftrag m / test request ∥ ⁓automat m / automatic test equipment, ATE, automatic tester

**prüfbar** adj / testable adj

**Prüf•beanspruchung** f (Lufft, Masch, Mech) / proof stress ∥ ⁓becher m (Plast) / flow cup ∥ ⁓bedingungen f pl (WP) / test conditions, testing conditions ∥ ⁓bedingungen für Prüfungen unter Last (Eltech) / conditions of severity* ∥ ⁓belastung f (Lufft, Masch) / proof load*, test load ∥ ⁓beleg m (EDV) / test document, test sheet ∥ ⁓bereich m / test range ∥ ⁓bericht m / test record, test log ∥ ⁓bescheinigung f / test certificate ∥ ~bezogen adj (Maßeintragung nach DIN 406, T 1) / inspection-related adj ∥ ⁓bit n (EDV) / check bit ∥ ⁓bitkontrolle f (EDV) / parity check*, odd-even check*, even-odd check ∥ ⁓bitmuster n (EDV) / check bit pattern ∥ ⁓blech n (z.B. für die Hull-Zelle) / sheet specimen, sheet-metal specimen, metal-sheet specimen, test panel ∥ ⁓blech (Probenplatte aus Blech) (Anstr) / metal-sheet test panel, sheet test panel ∥ ⁓bohrer m (zur Ermittlung des Alters und des Zuwachses am stehenden Baumstamm) (For) / increment borer, accretion borer ∥ ⁓buch n / test booklet ∥ ⁓darstellung f (am Bildschirm) (Druck) / soft proof ∥ ⁓daten pl / test data* ∥ ⁓dauer f / test duration ∥ ⁓druck m (Masch, WP) / test pressure, proof pressure ∥ ⁓einrichtung f (größere) / test facility, testing facility ∥ ⁓empfänger m (Radio) / test receiver ∥ ⁓empfindlichkeit f / test sensitivity

**prüfen** v (auf) / check v (for) ∥ ~ (kontrollieren) / inspect v ∥ ~ (DIN 1319, T 1) / test v, prove v ∥ den (die, das) man ~ kann / testable adj ∥ gutachterlich ~ lassen / commission an expert report (on sth.) ∥ programmiertes ⁓ (EDV) / programmed check

**Prüfer** m (Person) / tester n

**Prüf•ergebnis** n / test result ∥ ⁓exemplar n (ein Ansichtsexemplar für Lehrer) (Druck) / inspection copy, examination copy ∥ ⁓faktor m (der den zeitlichen Verlauf und die Richtung der Belastung kennzeichnet) (Lufft, Masch) / proof factor ∥ ⁓feld n (DIN 57104) (Eltech) / test bay, testing station ∥ ⁓finger m (starrer, beweglicher) (Eltech) / testing finger, test finger ∥ ⁓folge f / test sequence ∥ ⁓gas n (zum Justieren der gasanalytischen Instrumente verwendetes Gas bekannter Zusammensetzung) / calibration gas ∥ ⁓gas (Vakuum) / search gas ∥ ⁓gegenstand m / test item ∥ ⁓gegenstand (Instr) / unit under test (apparatus to be tested), UUT, device under test, DUT, test item ∥ ⁓gerät n (Instr) / testing apparatus, tester n ∥ ⁓gerät n pl (Lufft) / test vehicles* ∥ ~gerechter Entwurf / design for testability, DFT ∥ ⁓ingenieur m / testing engineer ∥ ⁓karte f (EDV) / test card ∥ ⁓karte (zum Kontaktieren von Schaltungsstrukturen) (Eltronik) / probe card ∥ ⁓kennzeichen n / inspection mark ∥ ⁓klemme f (Eltech) / test terminal*, hooker n ∥ ⁓klima n (Normklima für Prüfungen) (WP) / atmosphere for testing, test atmosphere ∥ ⁓klinke f (Fernsp) / test jack* ∥ ⁓kopie f (der Systemsoftware usw.) (EDV) / audit copy ∥ ⁓körper m (WP) / sample n, specimen n, test piece, test specimen ∥ ⁓kraft f (z.B. beim Brinellhärteprüfverfahren) (WP) / imposed load ∥ ⁓kraft (WP) / testing force, test force ∥ ⁓kreis m (Eltech) / test circuit ∥ ⁓labor n (Chem) / testing lab, testing laboratory ∥ ⁓laboratorium n (Chem) / testing lab, testing laboratory ∥ ⁓lampe f (Eltech) / test lamp ∥ ⁓last f (Bruttozuladung zum fahrfertigen Kraftfahrzeug in kg) (Kfz) / test load ∥ ⁓last (Lufft, Masch) / proof load*, test load ∥ ⁓lehrdorn m (Masch, Werkz) / check plug ∥ ⁓lehre f (Masch, Werkz) / master* n, master gauge*, reference gauge ∥ ⁓leitung f (Fernm) / S-wire n

**Prüfling** m (z.B. eine Maschine oder ein Gerät, deren Eigenschaften durch Prüfen ermittelt werden) (Instr) / unit under test (apparatus to be tested), UUT, device under test, DUT, test item ∥ (WP) / sample n, specimen n, test piece, test specimen

**Prüf•locher** m (EDV) / punched-card verifier ∥ ⁓los n (DIN 55350, T 31) / inspection lot ∥ ⁓lösung f (die zu untersuchende Lösung) (Chem) / test solution (T.S.) ∥ ⁓maschine f (Masch) / testing machine*, proving machine ∥ ⁓medium n / test medium ∥ ⁓methode f / test method ∥ ⁓molch m (z.B. ein Lecksuchmolch) / testing pig ∥ ⁓motor m (zur Prüfung von Klopffestigkeit von Kraftstoffen, z.B. ein CFR-Motor) (Kftst) / standard test engine ∥ ⁓nachweis m (Chem) / test proof ∥ ⁓norm f / standard concerned with methods of test and analysis ∥ ⁓normal n (Gasmessung) / flow prover ∥ ⁓objekt n (Instr) / unit under test (apparatus to be tested), UUT, device under test, DUT, test item ∥ ⁓objekt s. auch Meßobjekt ∥ ⁓ort m (bei Korrosionsprüfungen) / test site ∥ ⁓pfad m (bei Überprüfung von Geschäftsprüfungen) (EDV) / audit trail*, audit log ∥ ⁓pfaddrucker m (bei der Überprüfung von Geschäftsbuchungen) (EDV) / audit trail printer ∥ ⁓platz m (Eltech) / test board* ∥ ⁓platz (Fernm) / testing position* ∥ ⁓polygon n (Lufft, Kfz) / proving ground, test area, testing ground ∥ ⁓programm n (EDV) / check program, checking program, test program ∥ ⁓programm (Masch, Nukl) / test schedule ∥ ⁓pult n (Fernsp) / test desk* ∥ ⁓punkt m / test point ∥ ⁓punkt (Fernsp) / test point (TP), monitoring point ∥ ⁓raketen f pl (Lufft) / test vehicles* ∥ ⁓raum m / test room, inspection room ∥ ⁓register n (EDV) / test register ∥ ⁓röhrchen n (eines Gasspürgeräts) / gas test tube, test tube, detector tube ∥ ⁓routine f (EDV) / diagnostic program, diagnostic routine, malfunction routine ∥ ⁓säure f (z.B. Salpetersäure) (Chem) / test(ing) acid ∥ ⁓schacht m (Masch) / inspection chamber*, manhole n, inspection gallery ∥ ⁓schalter m (Eltech) / feeler switch* ∥ ⁓schaltung f (Eltech) / test circuit ∥ synthetische ⁓schaltung (zur Prüfung des Schaltvermögens von Leistungsschaltern) (Eltech) / synthetic circuit ∥ ⁓schärfe f / severity n (of a test) ∥ ⁓scheibe für Spannungen (Glas) / strain disk* ∥ ⁓schein n / test certificate ∥ ⁓schrank (Eltech) / test board* ∥ ⁓sender m (Radar) / target transmitter ∥ ⁓sender (Radio) / signal generator*, standard signal generator*, test oscillator ∥ ⁓sieb n (zur Durchführung der Siebprobe) / test screen, test sieve (BS 410), testing sieve ∥ ⁓signal n (zur Untersuchung des dynamischen Verhaltens von Übertragungsgliedern und Regelkreisen) (Fernm, Regeln) / test signal ∥ ⁓spannung f (Eltech) / test voltage ∥ ⁓spannung (Lufft, Masch, Mech) / proof stress ∥ ⁓spitze f (für die Baugruppenprüftechnik) (Eltech) / test prod, prod n ∥ ⁓spule f (Eltech) / exploring coil*, search coil*, test coil ∥ ⁓spur f (EDV) / test track ∥ ⁓stand m / testing installation ∥ ⁓stand (Lufft, Masch, WP) / test bench, test stand, test bed*, test rig ∥ ⁓standversuch m (Lufft, Masch) / bench test*, captive test ∥ ⁓stecker m (Eltech) / test plug ∥ ⁓stelle / test point ∥ ⁓stelle (Eltech) / electrical testing facility ∥ ⁓strecke f / testing installation ∥ ⁓streifen m (Galv) / strip specimen ∥ ⁓strom m (bei Wirkverbrauchszählern) (Eltech) / test amperes, test current, TA ∥ kleiner ⁓strom (bei Sicherungseinsätzen) (Eltech) / limiting no-danger current ∥ ⁓stromkreis m (Eltech) / test circuit ∥ ⁓stück n (ein Ansichtsexemplar für Lehrer) (Druck) / inspection copy, examination copy ∥ ⁓stück für die Schweißgutprüfung (Schw) / all-weld-metal test specimen ∥ ⁓summenprogramm n (zur Viruserkennung) (EDV) / checksummer n, checksummer program (to detect viruses) ‖ ~**summentest** m (EDV) / checksum check ‖ ~**summer** m (Eltech, Kfz) / growler n ‖ ~**system** n (für Speicher, Platten-, Bandgeräte usw.) (EDV) / exerciser n ‖ **rechnergestütztes** ~**system** (EDV, Masch) / computer-aided test equipment (CATE) ‖ ~**taste** f / test key ‖ ~**technik** f (als Fach und Geräteausrüstung) / test engineering ‖ ~**techniker** m / testing engineer ‖ ~**temperaturenbereich** m (bei einem Prüfzyklus) (Masch) / cycle n ‖ ~**tisch** m (Fernsp) / test desk* ‖ ~**transformator** m (zum Prüfen des Isolieröls und der Wicklungen elektrischer Maschinen und Geräte auf Isolationsfestigkeit nach VDE) (Eltech) / testing transformer*

**Prüfung** f / check n, inspection n ‖ ~ / test n (using standard methods), testing n, TST ‖ ~ s. auch Untersuchung ‖ **100%-**~ (bei der Qualitätskontrolle) / screening inspection ‖ **aussondernde** ~ (bei der Kontrolle der Rückstände von Pflanzenschutzmitteln in Nahrung und Umwelt) (Nahr, Umwelt) / segregative screening ‖ **automatische** ~ (der elektronischen Bauteile) (Eltronik) / built-in test, BIT ‖ **beschleunigte** ~ (WP) / accelerated test ‖ **elektrische** ~ (Eltech) / electrical testing ‖ **fertigungsbegleitende** ~ (Masch) / in-process testing, in-line inspection ‖ **feuersicherheitliche** ~ / fire-risk test(ing) ‖ **klinische** ~ (Med, Pharm) / clinical trial ‖ **mathematische** ~ / mathematical check(ing) ‖ **organoleptische** ~ (zur Beurteilung sensorischer Merkmale von Lebensmitteln - Aussehen, Klarheit, Geruch, Geschmack, DIN 10956) (Nahr) / organoleptic estimation, organoleptic test, sensory analysis, sensory evaluation, tasting n ‖ **physikalische** ~ (WP) / physical testing ‖ **programmierte** ~ (EDV) / programmed check ‖ **sensorische** ~ (zur Beurteilung sensorischer Merkmale von Lebensmitteln - Aussehen, Klarheit, Geruch, Geschmack, DIN 10956) (Nahr) / organoleptic estimation, organoleptic test, sensory analysis, sensory evaluation, tasting n ‖ **statische** ~ (EDV) / static check ‖ **statische** ~ (WP) / static test ‖ **visuelle** ~ (WP) / visual inspection, sight check, visual examination ‖ **zeitraffende** ~ (Masch, Stats) / accelerated test ‖ **zerstörende** ~ (WP) / destructive testing ‖ **zerstörungsfreie** ~ (DIN 54111, T 1) (WP) / non-destructive testing*, NDT*, non-destructive examination, NDE ‖ ~ f **am Einsatzort** / in situ test, spot-check n ‖ ~ **an Ort und Stelle** / in situ test, spot-check n ‖ ~ **auf Abriebfestigkeit** (WP) / friction test ‖ ~ **auf dem Triebwerkprüfstand** (Luftf, Masch) / bench test*, captive test ‖ ~ **auf Durchgang** (Eltech) / continuity test, continuity testing, connectivity testing, continuity check ‖ ~ **auf gerade Parität** (EDV) / even-parity check ‖ ~ **auf Maßhaltigkeit** (Masch, WP) / dimensional inspection, dimensional testing ‖ ~ **auf Saugfähigkeit** (eine physikalische Papierprüfung) (Pap) / absorbency test* ‖ ~ **auf Umgebungseinflüsse** (Umwelt) / environmental test ‖ ~ **auf ungerade Parität** (EDV) / odd-parity check ‖ ~ **en** f pl **bei Inbetriebnahme** / commissioning tests ‖ ~ f **bei ruhender Belastung** (Bau, Masch, WP) / static test ‖ ~ **der Anmeldung** (bei Patenten) / examination of the application ‖ ~ **der Stoffleimung mit Harz** (Pap) / Raspail test* ‖ ~ **der Wasserdichtheit** (Schopper-Schmerber-Test nach DIN 53866) (Tex) / water-pressure test ‖ ~ **des absoluten Feuchtigkeitsgehalts** (Pap) / drainability test ‖ ~ **des Aspekts** (WP) / visual inspection, sight check, visual examination ‖ ~ **des Drehsinns** (DIN 42005) / rotation test ‖ ~ **durch Rückübertragung** (EDV) / echo checking, echo check, read-back check, loop check ‖ ~ **einer integrierten** (größeren) **Einheit** / integration testing ‖ ~ **eines** (einzelnen) **Bauelements** (einer Funktionseinheit) (Eltronik) / unit testing, module testing ‖ ~ **in siedender 65%iger Salpetersäure** (von nichtrostenden Stählen auf interkristalline Korrosion) (Huey test (US)) ‖ ~ **metallischer Werkstoffe** (WP) / testing of metallic materials (metals) ‖ ~ **mit dem liegenden Tropfen auf der zu benetzenden Oberfläche** (der Weichlötverbindung) (Eltronik) / sessile drop method ‖ ~ **mit induzierter Steh-Wechselspannung** (Eltech) / induced-overvoltage withstand test ‖ ~ **mit Röntgen-, Neutronen- und Gammastrahlen** (eine Werkstoffstrukturprüfung) (WP) / radiography n (industrial), radiographic inspection, radiographic method (of non-destructive testing) ‖ ~ (von metallischen Werkstoffen) **mit Ultraschall** (WP) / ultrasonic metal testing, ultrasonic metal inspection ‖ ~ **nach dem Rückkarbeitsverfahren** (Eltech) / back-to-back test* ‖ ~ **unter Betriebsbedingungen** (Masch) / in-service test ‖ ~ **unter normalen Prüfbedingungen** / environmental test ‖ ~ **vor der Auslieferung** / testing prior to dispatch, testing prior to despatch ‖ ~ **während der Fertigung** (Masch) / in-process testing, in-line inspection ‖ ~ **zum Nachweis** (Luftf) / substantiating test

**Prüfungs•antrag** m (im Patentrecht) / request for examination ‖ ~**bericht** m / test report ‖ ~**nachweis** m / test report ‖ ~**protokoll** n / test report

**Prüf•verbindung** f (Fernsp) / test call ‖ ~**verfahren** n / testing method, testing process ‖ **zerstörungsfreies** ~**verfahren** (WP) / non-destructive testing*, NDT*, non-destructive examination, NDE ‖ ~**verfahren** n **mit konstanter Prüfgeschwindigkeit** (Hütt) / constant-strain-rate test ‖ ~**verteilung** f (Stats) / sampling distribution* ‖ ~**vorrichtung** f (größere) (Eltech) / testing set*, test jig, test rig ‖ ~**vorrichtung** (kleinere) (Eltech) / test fixture ‖ ~**vorschrift** f / test specification ‖ ~**wähler** m (Fernm) / test selector* ‖ ~**werte** m pl / test data* ‖ ~**zeichen** n / approval mark, approval symbol ‖ ~**zeichen** (EDV) / check character, check symbol ‖ ~**zeile** f (eine festgelegte Zeile in der Vertikalaustastlücke, die ein oder mehrere Prüfsignale zur Überwachung der Übertragseinrichtung während der laufenden Programmsendungen enthält) (TV) / test line, insertion test signal ‖ ~**zeilengenerator** m (TV) / insertion signal generator ‖ ~**zeilenmeßsignal** n (TV) / vertical interval test signal ‖ ~**zeilenreferenzsignal** n (TV) / vertical interval reference signal ‖ ~**zelle** f (der Batterie) (Eltech) / pilot cell* ‖ ~**zeugnis** n / test certificate ‖ ~**ziffer** f (EDV) / check digit* ‖ ~**zustand** m (EDV, Masch) / test state ‖ ~**zyklus** m (Kfz) / test cycle

**Prügelweg** m (HuT) / log causeway, corduroy n (US), corduroy road (US), cord road, log road

**Prunell** m (Web) / prunella n (a strong silk or worsted fabric used formerly for barristers' gowns and the uppers of women's shoes)

**Prunetol** n (ein Flavon) (Biochem) / genistein n

**Prussiat** n (Chem) / prussiate n, prussate n, pentacyanoferrate n

**Prussid** n (Chem) / prussiate n, prussate n, pentacyanoferrate n

**PR-Zahl** f (eine Zahl, die Aufschluß über die Karkassenfestigkeit des Reifens gibt) (Kfz) / ply rating, PR

**ps** ($10^{-12}$ s) / picosecond* n, ps*

**PS** (DIN 7728, T 1) (Chem) / polystyrene* n ‖ ~ (Elektr, Fernm) / pulse frequency ‖ ~ (nach DIN 1301, T 3 nicht mehr zugelassene kontinentale Einheit der Leistung = 735,49875 W) (Masch) / continental horsepower, metric horsepower, cheval-vapeur* n, force de cheval, CV* ‖ ~ (Masch) / heavy-force fit, class-8 allowance

**PSA** (Chem) / phthalic anhydride*

**Psammite** m pl (Geol) / psammites m pl, arenaceous rocks*

**psammitisch** adj (klastisch, 0,02 bis 2 mm) (Geol) / psammitic adj

**Psammophyt** m (pl. -en) (eine bodenanzeigende Pflanze) (Bot) / psammophyte* n

**P-Satz** m (der CEPE-Kennzeichnungskommission) (Anstr, Chem) / P phrase

**P-Schale** f (eine Unterschale des Atoms) (Kernphys) / P-shell* n

**P-Schleife** f (ein Strukturmotiv) (Biochem) / P loop

**PSE** (Chem) / periodic system of chemical elements ‖ ~ (Chem) / periodic system*, periodic table ‖ ~-**Fleisch** n (Schweinefleisch mit blasser Farbe, weicher Konsistenz und geringem Wasserhaltevermögen) (Nahr) / PSE meat

**Psephit** m (Geol) / psephite n

**psephitisch** adj (klastisch, über 2 mm) (Geol) / psephitic adj, rudaceous* n

**Pseudo•adiabate** f (Meteor) / moist adiabat, wet adiabat, pseudoadiabat n ‖ ~**adiabatisch** adj (Meteor) / pseudoadiabatic adj ‖ ~**adresse** f (EDV) / pseudoaddress n ‖ ~**aromaten** pl (Chem) / pseudoaromatics pl ‖ ~**aromatisch** adj (Chem) / pseudoaromatic adj ‖ ~**aromatizität** f (Chem) / pseudoaromaticity n ‖ ~**artesisches Grundwasser** (Geol) / subartesian water ‖ ~**asymmetrie** f (Chem) / pseudoasymmetry n ‖ ~**base** f (Chem) / pseudobase* n ‖ ~**befehl** m (EDV) / pseudo-instruction n, quasi-instruction n ‖ ~**binär** adj (Chem) / pseudobinary adj ‖ ~**brookit** m (Min) / pseudobrookite n ‖ ~**bruch** m (Plast) / crazes n ‖ ~**code** m (EDV) / pseudocode* n, P-code m ‖ ~**cumol** n (asym-Trimethylbenzol) (Chem) / pseudocumene n (uns-trimethylbenzene), pseudocumol n ‖ ~**datei** f (EDV) / dummy data set ‖ ~**dezimale** f (DIN 44300) (EDV) / pseudodecimal digit ‖ ~**digitoxin** n (Pharm) / gitoxin n ‖ ~**element** n (EDV, Math) / dummy n ‖ ~**erste Ordnung** (Mech) / pseudo-first order ‖ ~**euklidisch** adj (Math) / pseudo-Euclidean adj ‖ ~**euklidischer Raum** (Math) / pseudo-Euclidean space n ‖ ~**farbe** f (Druck, EDV) / pseudo-colour n (index colour), false colour ‖ ~**floppy** f (EDV) / pseudofloppy n ‖ ~**flüssig** adj / pseudoliquid adj ‖ ~**gley** m (Boden, der durch Wechsel von Staunässe und Austrocknung eine charakteristische fahlgraue und rostfarbene Marmorierung besitzt) (Geol) / pseudogley n ‖ ~**halogen** n (einwertige Atomgruppe, die sich wie Halogen verhält) (Chem) / pseudohalogen n ‖ ~**halogenid** n (Salz des Pseudohalogens) (Chem) / pseudohalide n ‖ ~**impuls** m (Phys) / quasi-pulse n ‖ ~**kationische Polymerisation** (Chem) / pseudocationic polymerization ‖ ~**kode** m (EDV) / pseudocode* n, P-code m ‖ ~**kolorierung** f (EDV) / pseudo-colour n, false colouring ‖ ~**konglomerat** n (Geol) / crush conglomerate n ‖ ~**kristallin** adj (Krist) / pseudocrystalline adj ‖ ~**kritisch** adj / pseudocritical adj ‖ ~**kritischer Druck** (des Gasgemischen dem kritischen Druck entspricht) (Phys) / pseudocritical pressure n ‖ ~**legierung** f (metallischer Werkstoff aus verschiedenen Komponenten, der nicht auf schmelzmetallurgischem Wege, sondern durch Sintern von Pulvergemischen oder durch mechanisches Legieren hergestellt wurde) (Pulv) / pseudoalloy n ‖ ~**linear** adj / psudolinear adj ‖ ~**lösung** f (Sol oder Suspension) (Chem) / pseudosolution* n ‖ ~**malachit** m (Min) / pseudomalachite* n, tagilite n ‖ ~**morph** adj (Krist) / pseudomorphic adj,

**pseudomorph**

pseudomorphous *adj* ‖ ~**morpher Kristall** (Krist) / pseudomorph* *n*, pseudomorphous crystal ‖ ~**morphose** *f* (Nachbildungen der Kristallgestalt einer Mineralart) (Min) / pseudomorph* *n*, false form, pseudomorphism *n* ‖ ~**nitrole** *n pl* (Chem) / secondary nitro-compounds* ‖ ~**ordnung** *f* (Chem) / pseudo-order *n* ‖ ~**plastische Flüssigkeit** (ein Flüssigkeitstyp mit im Ruhezustand unendlich großer Viskosität) (Phys) / pseudoplastic fluid ‖ ~**plastizität** *f* (Strukturviskosität ohne Fließgrenze - DIN 1342, T 1) / pseudoplasticity *n* ‖ ~**potential** *n* (ein in der Festkörperphysik das stark variierende Kristallpotential ersetzendes Potential) (Phys) / pseudopotential *n* ‖ ~**primzahl** *f* (Math) / pseudoprime *n*, Carmichael number ‖ ~**quadrophonie** *f* (Akus) / pseudoquadraphony *n* ‖ **binäres** ~**rauschsignal** (Fernm) / pseudorandom binary signal ‖ ~**rotation** *f* (regulärer Umordnungsprozeß) (Chem) / pseudorotation *n*, Berry pseudorotation, BPR ‖ ~**salz** *n* (Chem) / pseudosalt *n* ‖ ~**säure** *f* (Chem) / pseudoacid* *n* ‖ ~**schichtung** *f* (Geol) / pseudobedding *n* ‖ ~**schwachstelle** *f* (die vorsätzlich eingebaut wird, um Eindringungsversuche aufzudecken oder Eindringlinge zu verunsichern) (EDV) / apparent flaw ‖ ~**skalar** *m* (Math, Phys) / pseudoscalar *n* ‖ ~**skopisch** *adj* (Opt) / pseudoscopic *adj* ‖ ~**solarisation** *f* (Foto) / Sabattier effect* ‖ ~**sphäre** *f* (gekrümmte Fläche mit konstanter negativer Krümmung, die durch Rotation einer Traktrix entsteht) (Math) / pseudosphere *n* ‖ ~**sphärisch** *adj* (Math) / pseudospherical *adj* ‖ ~**sporadisch** *adj* (Fehler) / pseudosporadic *adj* ‖ ~**sporadischer Fehler** / pseudosporadic fault ‖ ~**stabil** *adj* / pseudostable *adj* ‖ ~**stationär** *adj* / pseudostationary *adj* ‖ ~**stereofonie** *f* (z.B. durch getrennte Abstrahlung der Höhen und Tiefen bzw. durch gegenphasige Schaltung von zwei Wiedergabelautsprechern) (Akus) / pseudostereo *n*, half-stereophony ‖ ~**sublimation** *f* (Chem, Phys) / pseudosublimation *n* ‖ ~**symmetrie** *f* (Min) / pseudosymmetry* *n* ‖ ~**tachylit** *m* (durch Reibungswärme auf tektonischen Verwerfungsflächen entstandenes, meist dunkel gefärbtes Gesteinsglas) (Geol) / pseudotachylite* *n* ‖ ~**temperatur** *f* (eines strahlenden Körpers) (Phys) / pseudotemperature *n* ‖ ~**tensor** *m* (Phys) / pseudotensor *n* ‖ ~**ternärer Code** (EDV, Fernm) / pseudoternary code ‖ ~**ternärer Kode** (EDV, Fernm) / pseudoternary code ‖ ~**ternärcode** *m* (EDV, Fernm) / pseudoternary code ‖ ~**ternärkode** *n* (redundanter dreistufiger Leitungskode) (EDV, Fernm) / pseudoternary code ‖ ~**tetrade** *f* (in einem Dezimalkode ein Kodewort, dem keine Dezimalziffer zugeordnet ist) (EDV) / pseudotetrad *n* ‖ ~**trennstrich** *m* (EDV) / soft hyphen, discretionary hyphen, ghost hyphen ‖ ~**variable** *f* (EDV, Math) / pseudovariable *n* ‖ ~**vektor** *m* (Math, Phys) / pseudovector *n* ‖ ~**zeichen** *n* (EDV) / forbidden character, meaningless character ‖ ~**zufällig** *adj* / pseudorandom *attr* ‖ ~**zufälliges Binärsignal** (Fernm) / pseudorandom binary signal ‖ ~**zufallsfolge** *f* (Stats) / pseudorandom sequence ‖ ~**zufallsrauschen** *n* (Akus) / pseudorandom noise ‖ ~**zufallszahlen** *f pl* (Stats) / pseudorandom numbers
**PSF** (EDV) / permanent swap file, PSF
**PSG** (EDV) / phrase structure grammar (PSG)
**PS-Grammatik** *f* (EDV) / phrase structure grammar (PSG)
**Psi** *n* (ein von Richter und Ting entdecktes Elementarteilchen) (Kernphys) / psi particle, J particle, gipsie particle, J/ψ particle* ‖ ~**-Funktion** *f* (in der Wellenmechanik) (Phys) / psi function, wave function, Schrödinger wave function
**Psilo•cybin** (Pharm) / psilocybin *n* ‖ ~**melan** *m* (amorphes oder feinkristallines $MnO_2$ - ein Manganomelan) (Min) / psilomelane* *n* ‖ ~**zybin** *n* (ein Halluzinogen) (Pharm) / psilocybin *n*
**Psi•-Teilchen** *n* (Kernphys) / psi particle, J particle, gipsie particle, J/ψ*
**PSN-Diode** *f* (eine Halbleiterdiode) (Eltronik) / p-s-n diode
**Psophometer** *n* (Fernm) / psophometer* *n*
**psophometrisch•e EMK** (Fernm) / psophometric electromotive force ‖ ~**e Spannung** (Fernm) / psophometric voltage*
**PSP** (Chem, Nahr) / saxitoxin *n* ‖ ~ (Chem, Pharm) / phenolsulphonphthalein *n* ‖ ~ (EDV) / magnetic-disk memory*, magnetic-disk storage, disk storage, disk memory
**Psp** (Pap) / pressboard* *n*, presspahn *n*, glazed board
**PS-Schraube** *f* (bei dem Ladedruckventil) (Kfz) / horsepower screw
**p-ständig** *adj* (Chem) / para* *adj* ‖
**p-Stellung** *f* (Chem) / para position ‖ ~ *f* (des Wählhebels in automatischem Getriebe) (Kfz) / parking *n*, P
**PSU** (EDV) / priority interrupt control unit, PICU ‖ ~ (DIN 44300) (EDV) / dynamicizer *n*, parallel-to-serial converter, serializer *n*, parallel-serial converter ‖ ~ (Plast) / polysulphone resins
**psychischer Verschleiß** / obsolescence *n*
**Psycho•akustik** *f* (Akus) / psychoacoustics *n* ‖ ~**chemikalie** *f* (Pharm) / psychochemical *n*, psychotogen *n* ‖ ~**dysleptikum** *n* (pl. -tika) (ein Psychopharmakon) (Pharm) / psychotomimetic* *n* ‖ ~**logische Blendung** (Opt) / discomfort glare ‖ ~**logische Obsoleszenz** / obsolescence *n* ‖ ~**mimetikum** *n* (pl. -tika) (ein Psychopharmakon) (Pharm) / psychotomimetic* *n* ‖ ~**pharmakon** *n* (pl. -pharmaka) (Pharm) / psychotropic agent ‖ ~**physik** *f* (Phys) / psychophysics*
**Psychotikum** *n* (pl. -tika) (Pharm) / psychochemical *n*, psychotogen *n*
**Psychotomimetikum** *n* (pl. -tika) (ein Psychopharmakon) (Pharm) / psychotomimetic* *n*
**Psycho•tonikum** *n* (pl. -nika) (ein Psychopharmakon) (Pharm) / psychotomimetic* *n* ‖ ~**trop** *adj* (Pharm) / psychotropic *adj* ‖ ~**troper Stoff** (Pharm) / psychotropic agent
**Psychrometer** *n* (zur Messung der relativen Luftfeuchte) (Meteor) / psychrometer* *n*, wet and dry bulb hygrometer* ‖ ~**formel** *f* (Meteor) / psychrometric formula ‖ ~**tafel** *f* (Tabellensammlung zum Aufsuchen von bestimmten Zahlenwerten der am häufigsten benötigten Feuchtemeßgrößen) (Meteor) / psychrometric table
**psychrometrisch** *adj* / psychrometric *adj*
**psychrophil** *adj* (niedrige Temperaturen bevorzugend) (Biol) / psychrophilic* *adj*
**p-System** *n* (ein Koordinatensystem mit Druck p als Vertikalkoordinate) (Meteor) / pressure co-ordinates
**Pt** (Chem) / platinum* *n*
**PTAT-Sensor** *m* (Temperatursensor, bei dem als Wandlerprinzip die Temperaturabhängigkeit des Ladungsträgertransports von Doppeltransistoren ausgenutzt wird) / PTAT sensor (proportional-to-the-absolute-temperature sensor)
**PTB** = Physikalisch-Technische Bundesanstalt in Braunschweig - oberste für das Prüfungs-, Eich- und Zulassungswesen zuständige Bundesbehörde
**PTC** (Chem) / phase transfer catalysis (PTC), phase transfer chemistry ‖ ~ (Chem) / phenylthiourea *n*, phenylthiocarbamide (PTC) *n* ‖ ~**-Theorem** *n* (fundamentales Theorem der Quantenfeldtheorie) (Phys) / CPT theorem ‖ ~**-Widerstand** *m* (Eltronik) / PTC resistor, posistor *n*, positive-temperature-coefficient resistor
**PtdCho** (Biol) / phosphatidyl choline*
**p-T-Diagramm** *n* (ein Zustandsdiagramm) / p-T-diagram *n*
**Pt-Elektrode, rotierende** ~ / rotating platinum electrode
**Pteridin** *n* (Grundkörper der Pterine) (Chem) / pteridine *n*
**Pterin** *n* (Chem) / pterin *n*
**Pteropodenschlamm** *m* (Geol, Ozean) / pteropod ooze*
**Pteroylglutamat** *n* (Biochem) / folate *n*, pteroylglutamate *n*
**Pteroylglutaminsäure** *f* (Biochem) / folic acid*, pteroylglutamic acid (PGA), folacin *n*
**PTF** (Opt) / phase-transfer function, PTF
**PTFE** (z.B. Teflon, Hostaflon, Fluon, Algoflon) (Plast) / polytetrafluoroethylene* *n*, ptfe, PTFE*, polytetrafluoroethene* *n*
**PTH** (ein Polypeptidhormon der Nebenschilddrüse) (Biochem) / parathyroid hormone, PTH, parathormone* *n*
**PTHF** (Chem) / polytetrahydrofurane *n*
**Ptilolith** *m* (ein Mineral der D'Achiardit-Laumontit-Gruppe) (Min) / mordenite* *n*
**Pt-Katalysator** *m* (Chem Verf) / platinum catalyst
**PTL-Triebwerk** *n* (Luftf) / turboprop* *n*, prop-jet *n*, prop-jet engine, turboprop engine, turbo-propeller engine, turbine-airscrew unit, propeller turbine engine*
**ptolemäisch•er Satz** (in einem Sehnenviereck ist das Produkt der Diagonalenlängen gleich der Summe der Produkte der Längen je zweier gegenüberliegender Seiten) (nach C. Ptolemäus, 100-160) (Math) / Ptolemy's theorem* ‖ ~**es Weltsystem** (ein geozentrisches System) (Astr) / Ptolemaic system*
**Ptolemäus-Satz** *m* (nach C. Ptolemäus, 100-160) (Math) / Ptolemy's theorem*
**Ptomain** *n* (giftiges Stoffwechselprodukt von Fäulnisbakterien) (Chem) / ptomaine* *n*
**PTP-Steuerung** *f* (Regeln) / point-to-point control (system), PTP control, P/P control
**PTS** (Phys) / international practical temperature scale*, IPT
**PT-Sensor** *m* (Drucksensor, der auch zum Temperaturmessen verwendet werden kann) / pressure-temperature sensor
**PTX** (Biochem) / palytoxin *n*
**Ptyalin** *n* (α-Amylase im Speichel) (Chem) / ptyalin* *n*, salivary amylase
**ptygmatisch** *adj* (schlangenartig) (Geol) / ptygmatic *adj* ‖ ~**e Faltung** (Geol) / ptygmatic fold(s)
**p-Typ-Halbleiter** *m* (Eltronik) / p-type semiconductor
**Pu** (Chem) / plutonium* *n*
**PU** (EDV) / programmed instruction*, PI ‖ ~ (Plast) / polyurethane rubber
**Pua-Hanf** *m* (Tex) / pua hemp
**Public-Domain-Software** *f* (kann kostenlos benutzt und kopiert werden) (EDV) / public-domain software, PD software
**Publicity-Gag** *m* / publicity gimmick
**Public-Key-Kryptografie** *f* (EDV) / public-key cryptography, PKC
**Publikation** *f* / publication *n* ‖ ~ **von Mikroformen** / micropublishing *n*
**Publishing** *n* (Druck, EDV) / publishing *n* ‖ ~ **on Demand** (EDV) / on-demand publishing, publishing on demand

**Publizieren** *n* (Druck, EDV) / publishing *n* ‖ **audiovisuelles** ~ (Druck, EDV) / audio-visual publishing ‖ **computergestütztes** ~ (Druck, EDV) / computer-aided publishing (CAP) ‖ **datenbankgestütztes** ~ (EDV) / database publishing ‖ **digitales** ~ (Druck, EDV) / digital publishing ‖ **elektronisches** ~ (Druck, EDV) / electronic publishing, paperless publishing ‖ **rechnergestütztes** ~ (Druck, EDV) / computer-aided publishing (CAP) ‖ ~ *n* **auf CD-ROM** (EDV) / CD-ROM publishing

**pucebraun** *adj* / puce *adj*

**Pucherit** *m* (Verwitterungsbildung vom Pucherschacht bei Schneeberg in Sachsen und anderen Bismutvorkommen) (Min) / pucherite *n*

**Puck** *m* (EDV) / digitizing puck, puck *n*

**Puddelluppe** *f* (Hütt) / puddled ball*

**puddeln** *v* (Hütt) / puddle *v* ‖ ~ (Hütt) / puddling* *n*

**Puddel•roheisen** *n* (Hütt) / forge pigs* *pl*, mill iron ‖ ~**schlacke** *f* (Hütt) / floss *n*, puddling cinder

**Puddingstein** *m* (grobes Konglomerat) (Geol) / puddingstone* *n*, pudding-stone *n*

**Puddle** *n* (mit Wasser angemacht - wasserseitig im Deich eingebaut zur Bildung eines wasserdichten Abschlusses) (Wasserb) / clay puddle*, puddle* *n*

**Puder** *m* / powder* *n* ‖ **kompakter** ~ / compact powder ‖ ~**beutel** *m* (Anstr, Masch) / pounce bag ‖ ~**email** *n* / powdered enamel, dry enamel powder ‖ ~**emaillierung** *f* / dry-process enamelling, dry enamelling ‖ ~**gold** *n* (ein Bronzepigment) (Glas, Keram) / gold bronze powder ‖ ~**metall** *n* (Anstr) / bronze powder* ‖ ~**mittel** *n* / dusting powder

**pudern** *v* / dust *v*, powder *v*

**puder•rosa** *adj* / dusty rose ‖ ~**ungsmittel** *n* (Chem Verf) / mould release agent, release agent, parting agent, mould lubricant, bond breaker ‖ ~**zucker** *m* (Nahr) / icing sugar, powdered sugar, confectioners' sugar (US), pounded sugar

**puffen** *v* (Mais, Getreidekörner, Reis und Hülsenfrüchte) (Nahr) / puff *v*

**Puffer** *m* (eine Stoßeinrichtung zum Schutz der Fahrzeuge, Fahrgäste und der Ladung) (Bahn) / buffer* *n* ‖ ~ (Bau) / stopper *n* ‖ ~ (Chem) / buffer solution*, buffer *n* ‖ ~ (EDV) / buffer memory, buffer* *n*, buffer store, buffer storage ‖ ~ (Eltech) / buffer* *n* ‖ ~ (ein Gatter mit Verstärkerwirkung) (Eltronik) / buffer *n* ‖ ~ (Vorrat an Werkstücken zwischen den einzelnen Arbeitsplätzen, Arbeitssystemen oder Maschinengruppen) (F.Org) / buffer *n*, buffer stock ‖ ~ (Anschlag- oder Schwingungsdämpfung) (Mech) / snubber *n* ‖ ~ **mit drei Ausgangszuständen** (Ausgabepuffer, der drei Zustände annehmen kann) (EDV) / tri-state output buffer ‖ ~**batterie** *f* (in Gleichstromnetzen) (Eltech) / buffer battery* ‖ ~**batterie-Betrieb** *m* **für Brennkraft-Elektrofahrzeuge** (Eltech) / automixte system*, Pieper system* ‖ ~**bereich** *m* (EDV) / buffer area ‖ ~**betrieb** *m* (bei Batterien) (Eltech) / floating *n*, buffer-battery system ‖ ~**bohle** *f* (Bahn) / headstock *n*, buffer beam ‖ ~**feder** *f* (Bahn, Kfz) / buffer spring* ‖ ~**feld** *n* (ein Feld, das bei Disketten zur Abgrenzung einzelner Spurabschnitte dient - DIN 66010) (EDV) / gap *n* ‖ ~**gehäuse** *n* (Bahn) / buffer box ‖ ~**hülse** *f* (Bahn) / buffer box ‖ ~**kapazität** *f* (Chem) / buffer capacity ‖ ~**kegel** *m* (elastisches Element aus Gummi oder Kunststoffschaum, das zur Modulation der Federrate von anfangs weich bis später hart dient) (Masch) / damping cone *n* ‖ ~**kreis** *m* (Eltech) / buffer circuit ‖ ~**ladegerät** *n* (für Batterien) (Eltech) / battery booster* ‖ ~**ladung** *f* (der Batterie) (Eltech, Kfz) / trickle charge, compensating charge ‖ ~**lager** *n* (einer Fließstraße) (F.Org) / bank *n*, float *n* ‖ ~**lösung** *f* (Chem) / buffer solution*, buffer *n* ‖ ~**lösung zur Ionenstärkeeinstellung** (Chem) / ionic-strength adjustment buffer, total-ionic strength adjustment buffer, TISAB ‖ ~**möglichkeit** *f* (F.Org) / storage capacity, storing capacity

**puffern** *v* (Chem, EDV) / buffer *v* ‖ ~ *n* (Chem, EDV) / buffering *n* ‖ ~ (bei Batterien) (Eltech) / floating *n*, buffer-battery system ‖ ~ (Schw) / deposition welding of buffer layers, buffering *n*

**Puffer•pool** *m* / buffer stock ‖ ~**register** *n* (EDV) / buffer register ‖ ~**säure** *f* (Chem) / buffer acid ‖ ~**schaltung** *f* (Eltech) / buffer circuit ‖ ~**speicher** *m* (Tastatur) / keyboard buffer ‖ ~**speicher** (zwischen der Zentraleinheit und einem relativ langsam arbeitenden Gerät) (EDV) / buffer memory, buffer* *n*, buffer store, buffer storage ‖ **schneller** ~**speicher** (EDV) / cache memory*, cache *n* ‖ ~**stange** *f* (Bahn) / buffer rod ‖ ~**stufe** *f* (Radio) / buffer stage*, buffer *n* ‖ ~**substanz** *f* (Chem) / buffer reagent*, buffering agent, buffer *n* ‖ ~**tank** *m* (Nukl) / surge tank, volume-control surge tank ‖ ~**teller** *m* (Bahn) / buffer disk, buffer head

**Pufferung** *f* (Chem, EDV) / buffering *n*

**Pufferungskapazität** *f* (Chem) / buffer capacity

**Puffer•verstärker** *m* (Eltronik) / buffer amplifier ‖ ~**wert** *m* (Chem) / buffer index, buffer value ‖ ~**wirkung** *f* (Chem) / buffer action* ‖ ~**zeit** *f* (F.Org) / buffer time, time allowance ‖ ~**zone** *f* (Bau) / buffer zone ‖ ~**zone** (im Warteverfahren) (Luftf) / buffer zone

**Puffgetreide** *n* (Nahr) / puffed grains (cereals)

**Puffkanone** *f* (zur Herstellung von Pufferzeugnissen) (Nahr) / puffing gun

**Pu-Kontamination** *f* (Nukl) / plutonium contamination

**PU-Lack** *m* (Anstr) / polyurethane lacquer (two- or one-pack system), polyurethane coating

**Pulai** *n* (Alstonia scholaris (L.) R.Br.) (For) / white cheesewood, devil tree

**Pulaskit** *m* (Alkalisyenit) (Geol) / pulaskite* *n*

**Pulegon** *n* (ein Terpenketon) (Chem) / pulegone *n*

**PU-Leiter** *m* (Eltech) / PU conductor

**Pulfrich•Effekt** *m* (Opt) / Pulfrich effect ‖ ~**-Refraktometer** *n* (Opt) / Pulfrich refractometer*

**Pulkgeschwindigkeit** *f* (in der Verkehrstechnik) (Kfz) / group velocity

**Pulldown•-Menü** *n* (bei dem die Hauptpunkte nebeneinander in der Menüzeile des Bildschirms stehen und nach unten aufklappen) (EDV) / pull-down menu, drop-down menu ‖ ~**-Widerstand** *m* (der einseitig mit Masse verbunden für konkrete Pegel sorgt) (Eltronik) / pull-down resistor

**pullern** *v* (Tex) / shirr *v*, puller *v* ‖ ~ *n* (elastisches Einnähen von Gummibändern unter gleichzeitiger Rüschenbildung) (Tex) / shirring *n*, pullering *n*

**Pullman** *m* (nach G.M. Pullman, 1831-1897) (Bahn) / Pullman coach, Pullman car, Pullman (pl. -s)

**Pullmanwagen** *m* (Bahn) / Pullman coach, Pullman car, Pullman (pl. -s)

**Pullulanase** *f* (Biochem) / pullulanase *n*

**Pullup-Widerstand** *m* (der einseitig mit der Betriebsspannung verbunden für konkrete Pegel sorgt, auch Arbeitswiderstand für Open-Collector-Technik) (Eltronik) / pull-up resistor

**Pulp** *m* (breiige Masse mit Fruchtstücken zur Marmeladeherstellung) (Nahr) / pulp* *n* ‖ ~ (das Mark der Rüben in der Zuckerfabrikation) (Nahr) / beet pulp

**Pulpa** *f* (pl. -ae) (Nahr) / pulp* *n*

**Pulpader** *f* (Eltech) / pulped wire

**Pulpe** *f* (Nahr) / pulp* *n*

**Pülpe** *f* (Nahr) / pulp* *n* ‖ ~ (bei der Herstellung des Apfelweins) (Nahr) / pomace *n* ‖ ~ (Chem) / pulp* *n*

**Pulpenextrakt** *m n* (durch nachträgliches Auswaschen der Pulpe erhaltenes Zwischenprodukt der Citrussaftherstellung) (Nahr) / pulp wash

**Pulper** *m* (der die Kaffeekirschen vom weichen Fruchtfleisch befreit) (Nahr) / pulper *n* ‖ ~ (ein Stoffauflösegerät) (Pap) / pulper *n*, hydrapulper *n*

**pulp•isolierte Ader** (Eltech) / pulped wire ‖ ~**temperatur** *f* (im Innern des Fruchtfleisches) (Nahr) / pulping temperature ‖ ~**-wash** (bei Citrussaftherstellung) (Nahr) / pulp wash

**Puls** *m* (periodische Folge von Impulsen, nach DIN 5483, T 1) (Fernm) / pulse train, pulse string ‖ ~ (Med) / pulse* *n* ‖ ~ (Zool) / sphygmus* *n*, pulse* *n* ‖ **amplitudenmodulierter** ~ (DIN 5483, T 1) (Fernm) / amplitude-modulated pulse train ‖ **dauermodulierter** ~ (DIN 5483, T 1) (Fernm) / time-duration-modulated pulse train ‖ **frequenzmodulierter** ~ (DIN 5483, T 1) (Fernm) / frequency-modulated pulse train ‖ **modulierter** ~ (DIN 5483, T 1) (Fernm) / modulated pulse train ‖ **nuklearer elektromagnetischer** ~ (bei exosphärischen Kernwaffenexplosionen) (Kernphys, Mil) / nuclear electromagnetic pulse, NEMP, electromagnetic pulse, EMP ‖ **phasenmodulierter** ~ (DIN 5483, T 1) (Fernm) / phase-angle modulated pulse train ‖ **zeitmodulierter** ~ (DIN 5483, T 1) (Fernm) / interval-modulated pulse train

**Pulsair-System** *n* (ein Sekundärluftsystem zur Nachverbrennung) (Kfz) / Pulsair injection reaction system, Pulsair system

**Puls•amplitude** *f* (Fernm) / pulse amplitude ‖ ~**amplitudenmodulation** *f* (Fernm) / pulse-amplitude modulation* (PAM)

**Pulsar** *m* (schnell rotierende kosmische Radioquelle) (Astr) / pulsar* *n*

**Pulsatanz** *f* (DIN 5489) (DIN 1311, T 1) (Phys) / angular frequency*, pulsatance* *n*, radian frequency*, circular frequency

**Pulsation** *f* ~ *n* (Astr, Geol) / pulsation *n*

**Pulsations•dämpfer** *m* (Masch) / pulsation damper ‖ ~**kolonne** *f* (Chem Verf) / pulsed column*, pulsed tower ‖ ~**kraft** *f* (Geol) / pulsation force ‖ ~**schweißen** *n* (Schw) / multiple-impulse welding, pulsation welding ‖ ~**strahltriebwerk** *n* (bei Versuchsflugkörpern) (Luftf) / pulse-jet* *n*, pulsating jet engine, aeropulse *n*, intermittent jet*, intermittent duct ‖ ~**veränderliche** *m pl* (Astr) / pulsating variable stars, pulsating stars

**Pulsator** *m* (für die Melkmaschine) (Landw) / pulsator *n* ‖ ~ (eine Dauerschwingprüfmaschine, meistens mit mittelbarem Federkraftantrieb) (WP) / pulsating fatigue-test machine ‖ ~**maschine** *f* (Landw) / pulsator *n* ‖ ~**setzmaschine** *f* (Aufber) / pulsator* *n*

**Puls•betrieb** *m* (Eltronik, Phys) / pulsed mode ‖ ~**bewertungsmesser** *m* (Radio) / quasi-peak detector ‖ ~**breite** *f* (Fernm) / pulse width, PW,

**Pulsbreitenmodulation**

pulse length*, pulse duration*, PD, impulse period* ‖ ⁓**breitenmodulation** f (Fernm) / pulse-duration modulation, PD modulation, PDM, pulse-width modulation*, pulse-length modulation ‖ ⁓**-Code-Modulation** f (Fernm) / pulse-code modulation* (PCM*) ‖ ⁓**dauer** f (Fernm) / pulse width, PW, pulse length*, pulse duration*, PD, impulse period* ‖ ⁓**dauermodulation** f (Fernm) / pulse-duration modulation, PD modulation, PDM, pulse-width modulation*, pulse-length modulation ‖ ⁓**dehnung** f (Fernm) / pulse lengthening
**pulsen** v (Fernm) / pulse v
**Pulsenergie** f (die mit einem einzelnen Laserpuls abgegeben wird) (Eltronik, Phys) / pulse energy
**Pulse-Plating** n (elektrolytische Metallabscheidung unter Anwendung von periodischen Stromänderungen oder -unterbrechungen) (Galv) / pulse plating
**Puls • feldelektrophorese** f (Chem, Phys) / pulsed-field electrophoresis ‖ ⁓**formung** f (Fernm) / pulse shaping*, pulse forming, shaping of pulses ‖ ⁓**-Fourier-Transformation** n (in der NMR-Spektroskopie) (Spektr) / pulse Fourier transformation ‖ ⁓**-Fourier-Transform-NMR** f (Spektr) / pulse Fourier transform NMR ‖ ⁓**-Fourier-Transform-Technik** f (in der NMR-Spektroskopie) (Spektr) / pulse Fourier transform NMR ‖ ⁓**frequenz** f (Elektr, Fernm) / pulse frequency ‖ ⁓**frequenz** (Fernsp) / impulse frequency* (the number of pulse periods per second generated by the dial-pulse springs in a telephone) ‖ ⁓**frequenzmodulation** f (Fernm) / pulse-frequency modulation*, PF modulation ‖ ⁓**generator** m (Eltech) / impulse generator*, pulse generator*
**pulsieren** v / pulsate v ‖ ~ (Fernm) / pulse v ‖ ⁓ n / pulsation n
**pulsierend** adj / pulsating adj, pulsatory adj ‖ ~**e Bewegung** f / pulsation n ‖ ~**er Ink-Jet-Drucker** (mit einzelnen Partikeln, die aus mehreren nach dem Mosaikprinzip angeordneten Düsen austreten) (EDV) / pulsed jet printer ‖ ~**e Sterne** (die größte Gruppe der physischen Veränderlichen) (Astr) / pulsating variable stars, pulsating stars ‖ ~**er Strom** (Eltech) / pulsating current*, PC ‖ ~**e Strömung** (Phys) / pulsating flow ‖ ~**e Veränderliche** (Astr) / pulsating variable stars, pulsating stars
**pulsierte Kolonne** (Chem Verf) / pulsed column*, pulsed tower
**Puls • klappe** f (am Sichter) (Aufber) / pulsator valve ‖ ⁓**kode** m (Fernm) / pulse code* ‖ ⁓**kodemodulation** f (Fernm) / pulse-code modulation* (PCM*) ‖ ⁓**kolonne** f (Chem Verf) / pulsed column*, pulsed tower ‖ ⁓**kompression** f (Radar) / pulse compression* ‖ ⁓**kompressionsradar** m n (Radar) / chirp radar* ‖ ⁓**lagemodulation** f (Fernm) / pulse-position modulation* (PPM), pulse-phase modulation, PPM ‖ ⁓**länge** f (Fernm) / pulse width, PW, pulse length*, pulse duration*, PD, impulse period* ‖ ⁓**längenmodulation** f (Fernm) / pulse-duration modulation, PD modulation, PDM, pulse-width modulation*, pulse-length modulation ‖ ⁓**laser** m (Emission von Lichtblitzen) (Phys) / intermittent laser, pulsed laser ‖ ⁓**leistung** f (Fernm) / pulse power ‖ ⁓**methode** f (WP) / pulse technique ‖ ⁓**modulation** f (Sammelbegriff für alle Modulationsverfahren, bei denen Pulse als Träger verwendet werden) (Fernm) / pulse modulation* (PM) ‖ **quantisierte** ⁓**modulation** (Fernm) / quantized pulse modulation, QPM
**Pulsometer** n (eine kolbenlose Pumpe, die mit einem gasförmigen Verdränger arbeitet) (Masch) / pulsometer pump*, pulsometer n
**Pulsor** m (induktiver berührungsloser Näherungsschalter) / pulsor n
**Pulsotriebwerk** n (Luftf) / pulse-jet* n, pulsating jet engine, aeropulse n, intermittent jet*, intermittent duct
**Puls • periodendauermodulation** f (Fernm) / pulse-interval modulation, pulse-spacing modulation ‖ ⁓**phasenmodulation** f (Fernm) / pulse-position modulation* (PPM), pulse-phase modulation, PPM ‖ ⁓**polarografie** f (Chem) / pulse polarography ‖ ⁓**radar** m n (Radar) / pulse radar, pulsed-radar system* ‖ ⁓**radiolyse** f (ein der Blitzlichtfotolyse analoges Analysenverfahren der Strahlenchemie) (Chem) / pulse radiolysis ‖ ⁓**regenerierung** f (Fernm) / pulse regeneration*, pulse restoration* ‖ ⁓**schaltung** f (Eltronik) / pulse circuit ‖ ⁓**schlag** m (Med) / pulse* n ‖ ⁓**schlauch** m (der Melkanlage) (Landw) / pulse tube ‖ ⁓**schützer** m (Glas) / lap n ‖ ⁓**sequenz** f (Elektr, Fernm) / pulse sequency ‖ ⁓**strahltriebwerk** n (Luftf) / pulse-jet* n, pulsating jet engine, aeropulse n, intermittent jet*, intermittent duct ‖ ⁓**stromabscheidung** f (Galv) / pulse plating ‖ ⁓**technik** f (WP) / pulse technique ‖ ~**überlagerte Modulation** (Fernm) / on-pulse modulation ‖ ⁓**verdichtung** f (Radar) / pulse compression ‖ ⁓**verfahren** n (WP) / pulse technique ‖ ⁓**verstärker** m (Fernm) / pulse amplifier* ‖ ~**weise ausstrahlen** (Fernm) / pulse v ‖ ⁓**welle** f (Med) / pulse wave ‖ ⁓**wertmesser** m (Radio) / quasi-peak voltmeter ‖ ⁓**winkel** m (Spektr) / pulse angle ‖ ⁓**zeitmodulation** f (Fernm) / pulse-time modulation, PTM
**Pult** n / desk n ‖ ⁓**abdeckung** f (einer Mauer) (Bau) / feather-edged coping*, splayed coping* ‖ ⁓**dach** n (das an eine höhere Mauer anschließt) (Arch) / lean-to roof*, monopitch roof, half-span roof, single-pitch roof, shed roof ‖ ⁓**dach** (Arch) / pent roof, penthouse roof, pen roof ‖ ⁓**rusion** f (ein Strangziehverfahren für faserverstärkte Platten und Profile aus Kunststoffen) (Plast) / pultrusion n
**Pultrusionsverfahren** n (ein Strangziehverfahren für faserverstärkte Platten und Profile aus Kunststoffen) (Plast) / pultrusion n
**Pultscholle** f (schräggestellter, von Verwerfungen umgrenzter Erdkrustenkomplex, z.B. der Harz) (Geol) / desk-like fault block
**Pulver** n (Schießpulver) / gunpowder n ‖ ⁓ / powder* n ‖ ⁓ (eine Arzneidarreichungsform) (Pharm) / powder n ‖ **abgerundetes** ⁓ (Pulv) / nodular powder ‖ **anlegiertes** ⁓ (Pulv) / semi-alloyed powder partially alloyed powder ‖ **dendritisches** ⁓ (Hütt) / arborescent powder, dendritic powder ‖ **granuliertes** ⁓ (Pulv) / granular powder ‖ **kugeliges** ⁓ (Pulv) / spherical powder ‖ **oberflächenaktives** ⁓ (Chem Phys) / wettable powder ‖ **rauchschwaches** ⁓ (ein Explosivstoff) / smokeless powder ‖ **rauchschwaches** ⁓ (mit Cellulosenitrat als Hauptbestandteil) / nitro powder, low-smoke powder ‖ **zerkleinertes** ⁓ (Pulv) / comminuted powder* ‖ **zu** ⁓ **werden** / powder vi, pulverize vi, pulverise vi (GB) ‖ **zu** ⁓ **zerstoßen** / pulverize v, powder v, pulverise v (GB), reduce to powder ‖ ⁓ n **ohne Lösungsmittel** / PWS powder, powder without solvent
**Pulver • absaugung** f (Schw) / flux recovery, flux reclaim ‖ ⁓**alitieren** n (Hütt) / calorizing* n ‖ ⁓**aufkohlen** n (Hütt) / powder carburizing, solid carburizing, pack carburizing ‖ ⁓**aufkohlung** f (Hütt) / powder carburizing, solid carburizing, pack carburizing ‖ ⁓**aufnahme** f (z.B. nach Debye-Scherrer, nach Straumanis, nach Seemann-Bohlin) (Krist) / powder photography* ‖ ⁓**auftrag** n (im allgemeinen) / powder application ‖ ⁓**auftrag** (Schw) / powder deposition ‖ ⁓**beschichtung** f (Anstr) / powder coating ‖ **elektrostatische** ⁓**beschichtung** (Anstr) / electrostatic powder coating (process) ‖ ⁓**brennschneiden** n (Schw) / powder cutting, powder flame cutting ‖ ⁓**decke** f (Schw) / flux blanket, flux skin, blanket of granula flux ‖ ⁓**diagramm** n (bei der Pulveraufnahme nach Debye und Scherrer) (Krist) / powder pattern ‖ ⁓**diffraktometer** (Krist) / X-ray diffractometer, powder diffractometer ‖ ⁓**flammspritzen** n (mit keramischen Spritzwerkstoffen) / powder thermospraying, powder combustion spraying ‖ ⁓**flasche** f (Chem) / powder jar ‖ ⁓**förderung** f (Schw) / powder feeding, powder conveying ‖ ~**förmig** adj / powdered adj, pulverized adj, powdery adj, pulverulent adj ‖ ~**förmig gelöschter Kalk** (Bau) / spray lime ‖ ~**förmige Zubereitung schwer verarbeitbarer klebriger, zäh- und dünnflüssiger Materialien** (Chem Verf) / dry liquid ‖ ⁓**granulat** n / granular powder ‖ ⁓**harz** n (z.B. für Spanplatten) / powdered resin ‖ ⁓**haufen** m (Pulv) / aggregate* n (of powder)* ‖ ⁓**haufwerk** n (Pulv) / aggregate* n (of powder)* ‖ ⁓**herstellung** f (bei Sinterprozessen) (Pulv) / powder technology*, powder fabrication, powder production ‖ ⁓**holz** n (For) / alder buckthorn
**pulverig** adj / powdered adj, pulverized adj, powdery adj, pulverulent adj
**pulverisierbar** adj / pulverizable adj
**pulverisieren** v / pulverize v, powder v, pulverise v (GB), reduce to powder ‖ ⁓ n / pulverization n, pulverisation n (GB)
**Pulverisiermühle** f (Chem Verf, Masch) / pulverizer n, fine-grinding mill
**pulverisiert** adj / powdered adj, pulverized adj, powdery adj, pulverulent adj ‖ ~**e Lebensmittel** (Nahr) / powdered foods ‖ ~**es Metall** (Pulv) / metal powder, powdered metal
**Pulverisierung** f / pulverization n, pulverisation n (GB)
**Pulver • kamera** f (Krist) / X-ray powder camera, powder camera ‖ ⁓**korn** n / powder grain ‖ ⁓**körper** m (Pulv) / cake n ‖ ⁓**kuchen** m (Pulv) / cake n ‖ ⁓**lack** m (Anstr) / powder coating ‖ ⁓**lackierung** f (Tätigkeit) (Anstr) / powder coating ‖ **elektrostatische** ⁓**lackierung** (Anstr) / electrostatic powder coating (process) ‖ ⁓**löscher** m (tragbarer Handfeuerlöscher nach DIN 14406) / dry-powder extinguisher ‖ ⁓**magnet** m (Eltech, Pulv) / particle magnet, powder magnet, sintered powder magnet ‖ ⁓**markieren** n (Schw) / powder marking ‖ ⁓**metall** n (Pulv) / powder metal ‖ ⁓**metallurgie** f (Herstellung von Werkstoffen, Halbzeugen und Fertigwaren auf der Basis von Metallpulvern nach keramischer Technologie - DIN 30900) (Pulv) / powder metallurgy* (PM*) ‖ ~**metallurgisch hergestellte Superlegierung** (Hütt) / mechanical alloyed product, MAP ‖ ~**metallurgisches Teil** (Pulv) / powder metallurgy part ‖ ⁓**methode** f (zur Untersuchung von feinkristallinem Material mit Hilfe der Beugung von Röntgenstrahlen) (Krist, Min) / powder method*, X-ray powder method ‖ ⁓**mischen** n / powder mixing ‖ ⁓**mischung** f (Plast) / dry blend, powder blend
**pulvern** v / pulverize v, powder v, pulverise v (GB), reduce to powder
**Pulver • partikel** f (Pulv) / powder particle ‖ ⁓**probe** f / powder sample ‖ ⁓**rückgewinnung** f (Pulv) / powder recovery ‖ ⁓**schleifmittel** n / abrasive powder, grindig powder ‖ ⁓**schmieden** n (Variante des Präzisionsschmiedens von Werkstücken aus pulvermetallurgisch hergestellten Anfangsformen) (Hütt) / powder forging, P/M forging, P/M hot forming, P/F ‖ ⁓**schnee** m (Meteor) / powder snow ‖ ⁓**schorf**

*m* (Landw) / powdery scab ‖ **~sintern** *n* (Aufstreuen von Kunststoffpulver auf eine erhitzte Oberfläche) (Hütt) / powder sintering ‖ **~spritzpistole** *f* (Anstr) / powder-coating gun ‖ **elektrostatisches ~sprühen** (Anstr) / electrostatic powder coating (process) ‖ **~teilchen** *n* (Pulv) / powder particle ‖ **~teilchengrößenanalyse** *f* (Pulv) / particle-size analysis* ‖ **~teilchengrößenverteilung** *f* (Pulv) / particle-size distribution, size distribution* ‖ **~trichter** *m* / powder funnel ‖ **~verfahren** *n* (ein Staubbindeverfahren) (Bergb) / dusting *n* ‖ **~verfahren** (zur Untersuchung von feinkristallinem Material mit Hilfe der Beugung von Röntgenstrahlen) (Krist, Min) / powder method*, X-ray powder method ‖ **~walzen** *n* (Math) / powder rolling ‖ **~zufuhr** *f* (Schw) / powder feeding ‖ **schlagwettersichere ~zündschnur** (Bergb) / safety fuse
**Pulvinsäuremethylester** *m* (Chem) / vulpinic acid, vulpic acid
**Pulvis** *m* (pl. -veres) (Pharm) / powder *n* ‖ **~ aerophorus laxans** (DAB 1997) (Brausepulver = 7,5 Kaliumnatriumtartrat + 2,5 Natriumhydrogenkarbonat + 2 Weinsäure, diese in weißer Papierkapsel gesondert verpackt) (Pharm) / Seidlitz powder*, Seidlitz powders (US), Rochelle powder(s)
**pulvrig** *adj* / powdered *adj*, pulverized *adj*, powdery *adj*, pulverulent *adj* ‖ **~e Preßmasse** (Plast) / moulding powder*, powder* *n* ‖ **~er Zerfall der Metalloberfläche** (in kohlenstoffhaltigen Gasen bei hohen Temperaturen) / metal dusting
**Pummelöl** *n* (aus Citrus maxima (Burm.) Merr.) / oil of shaddock, pomelo oil
**Pummerer-Umlagerung** *f* (nach R. Pummerer, 1882-1973) (Chem) / Pummerer rearrangement
**Pump•aggregat** *n* (Erdöl) / pumping unit ‖ **stationärer ~automat** (Vakuumt) / trolley exhaust system ‖ **~beginn** *m* (Punkt, an dem das Pumpen beginnt) (V-Mot) / surge point* ‖ **~beton** *m* (Frischbeton, der durch Rohr- oder Schlauchleitungen zur Einbringstelle gepumpt wird) (Bau, HüT) / pumped concrete, pumpcrete *n*, pumping-grade concrete
**Pumpe** *f* (Masch) / pump* *n* ‖ **doppeltwirkende ~** (Masch) / double-acting pump*, double-action pump ‖ **einfachwirkende ~** (Masch) / single-acting pump, single-action pump ‖ **einstufige ~** (Masch) / single-stage pump ‖ **elektromagnetische ~** (zur Förderung flüssiger Metalle mit Hilfe eines starken Magnetfeldes) (Eltech) / electromagnetic pump* ‖ **hydraulische ~** (Masch) / pump* *n*, hydraulic pump ‖ **im Bohrlochtiefsten eingebaute ~** (Erdöl) / bottom-hole pump* ‖ **mehrstufige ~** (Masch) / multistage pump ‖ **nichtverstellbare ~** (Masch) / constant-delivery pump (a displacement pump), constant-displacement pump ‖ **peristaltische ~** (bei der ein sich drehender Kolben einen in einem speziell geformten Bett liegenden Schlauch fortlaufend zusammendrückt und dadurch die im Schlauch stehende Flüssigkeit weiter fördert) (Masch) / peristaltic pump* ‖ **rotodynamische ~** (Masch) / impeller pump, rotodynamic pump ‖ **~ für Anlaßkraftstoff** (Luftf) / priming pump* ‖ **~ für heiße Medien** (Masch) / hot-charge pump ‖ **~ mit gleichbleibender** (konstanter) **Fördermenge** (Masch) / fixed-delivery pump ‖ **~ zur Förderung von Feststoffen** (Masch) / solids-handling pump, solids pump
**Pumpellyit** *m* (Min) / pumpellyite* *n*
**pumpen** *v* (um den Speiser offen zu halten) (Gieß) / churn *v* ‖ **~** (Kfz) / pump *v* ‖ **~** (Verdichter) (Masch) / surge *v* ‖ **~** (Masch) / pump *v* ‖ **zuviel ~** / overpump *v* ‖ **~** *n* (auch beim Laser) / pumping *n* ‖ **~** (zum Offenhalten des Speisers) (Gieß) / churn *n* ‖ **~** (Auf- und Abwärtsbewegung durch Kornumlagerungen ungebundener Böden infolge Verkehrsbelastung und Wasserwanderung unter den Betonplatten) (HüT) / pumping *n* ‖ **~** (beim Bremsen; Stotterbremsen; n. Kfz) / pumping *n*, cadence braking ‖ **~** (instabiler Betriebszustand bei Strömungsmaschinen) (Kfz, Luftf, V-Mot) / surging* *n*, surge* *n* ‖ **~** (TV) / bounce *n* ‖ **chemisches ~** (für spezielle Gaslaser) (Phys) / chemical pumping ‖ **magnetisches ~** (die Energiezufuhr an ein Plasma durch periodische Änderung des stabilisierenden Magnetfeldes) (Phys) / magnetic pumping* ‖ **optisches ~** (Änderung der Besetzungsverteilung der Energieniveaus von Atomen und Ionen eines Systems durch Einstrahlung von Licht) (Eltronik) / optical pumping* ‖ **stationäres ~** (mit stationären Pumpeinrichtungen) (Vakuumt) / trolley exhaust (system)
**Pumpen•aggregat** *n* (Masch) / pump unit, pump(ing) set ‖ **~auslaßventil** *n* (Masch) / pump outlet valve ‖ **~bagger** *m* (HüT) / suction dredger, sand-pump dredger(n) ‖ **~- und Rohrleitungsbau** *m* / hydraulic engineering* ‖ **~bock** *m* (Erdöl) / jack *n*, pump jack ‖ **~brunnen** *m* (Masch) / pump well ‖ **~druckseite** *f* (Masch) / pump discharge side ‖ **~einlaufkranz** *m* (Luftf, Raumf) / inducer *n* ‖ **~farbwerk** *n* (Druck) / ink pump* ‖ **~fördermenge** *f* (Masch) / pump delivery, pumpage *n* ‖ **~gehäuse** *n* (Masch) / pump casing, pump housing ‖ **~haus** *n* (Masch) / pump-house *n*, pumping station, pumping plant, pump station ‖ **~hub** *m* (Erdöl, Masch) / pump stroke ‖ **~kammer** *f* (Raum unter Tage, in dem die Pumpen für die Wasserhebung aufgestellt sind) (Bergb) / pump station, pump chamber ‖ **~kopf** *m* (Masch) / pump head ‖ **~mann** *m* (Besatzungsmitglied, das für die Bedienung von Pumpenanlagen auf Tankern eingesetzt wird) (Schiff) / pump-man *n* ‖ **~manschette** *f* (die ähnlich wie ein Hut geformt ist) (Leder) / hat leather ‖ **~rad** *n* (des Druckmittelgetriebes) (Masch) / pump *n*, impeller *n* ‖ **~raum** *m* (im Pumphaus) (Masch) / dry well ‖ **~raum** (zur Unterbringung von Pumpen) (Schiff) / pump-room *n* ‖ **~satz** *m* (Masch) / pump unit, pump(ing) set ‖ **~saughöhe** *f* (Masch) / pump lift ‖ **~saugseite** *f* (Masch) / pump suction side ‖ **~schwengel** *m* (Masch) / pump handle ‖ **~sumpf** *m* (Bergb) / sump* *n*, foot *n*, water lodge, standage *n*, sump pit, lodge *n* ‖ **~sumpf** (Schiff) / pump well ‖ **~turbine** *f* (z.B. in einem Pumpspeicherwerk) (Masch) / pump-turbine *n* ‖ **~umlaufkühlung** *f* (Kfz) / forced-circulation cooling, pump-circulated cooling ‖ **~warmwasserheizung** *f* (in Einrohr- bzw. Zweirohrausführung) (Wärm) / pumped system ‖ **~warmwasserheizung in Einrohrausführung** (Wärm) / single-pipe pumped system ‖ **~warmwasserheizung in Zweirohrausführung** (Wärm) / two-pipe pumped system ‖ **~welle** *f* (Masch) / pump shaft ‖ **~zylinder** *m* (Masch) / pump barrel, pump cylinder
**pump•fähig** *adj* / pumpable *adj* ‖ **~fähige Masse** (Bau) / slurry *n* ‖ **~frequenz** *f* (mit der Wechselleistung einem parametrischen Verstärker zugeführt wird) (Eltronik) / pump frequency* ‖ **~generator** *m* (Eltronik, Phys) / pumping source ‖ **~geschwindigkeit** *f* (Vakuumt) / pumping speed*, exhaustion rate ‖ **~gestänge** *n* (Erdöl, Masch) / sucker rod ‖ **~grenzregelung** *f* (die instabile Betriebszustände ausschließt) (Masch) / antisurge control ‖ **~haltung** *f* (Anlage) (Bergb, HüT) / pumping station ‖ **~haus** *n* (Masch) / pump-house *n*, pumping station, pumping plant, pump station ‖ **~intensität** *f* (bei Lasern) (Phys) / pumping intensity ‖ **~lampe** *f* (des Lasers) (Phys) / pump lamp ‖ **~laser** *m* (Phys) / pumping laser ‖ **~leistung** *f* (bei Lasern) (Phys) / pumping level, pumping power ‖ **~menge** *f* (Masch) / pumpage *n*
**Pumpout** *m* (Nukl) / pump-out *n*
**Pump•quelle** *f* (Eltronik, Phys) / pumping source ‖ **~rohr** *n* (in der Glühlampe) (Eltech) / exhaust tube ‖ **~saugbecken** *n* (Erdöl) / slush pit, slush pond ‖ **~sonde** *f* (Erdöl) / pumping well, pumper *n* ‖ **~speicherkraftwerk** *n* (Eltech, Wasserb) / pumped-storage hydrostation ‖ **~speicherung** *f* (Wasserb) / pumped storage*, pumped hydro ‖ **~speicherverfahren** *n* (bei Wasserkraftwerken) (Wasserb) / pumped storage*, pumped hydro ‖ **~speicherwerk** *n* (ein Wasserkraftwerk) (Eltech, Wasserb) / pumped-storage hydrostation ‖ **~spitze** *f* (zum Evakuieren einer Röhre) (Eltronik) / tip *n* ‖ **~spitze zum Evakuieren einer Elektronenröhre** (Eltronik) / electron-tube tip ‖ **~stand** *m* (betriebsfertiger) (Vakuumt) / pumping unit ‖ **~fahrbarer stand** (einer Pumpstraße) (Vakuumt) / trolley *n* ‖ **~stange** *f* (Erdöl, Masch) / sucker rod ‖ **~stange** (kurze, etwa 60 bis 245 cm) (Erdöl, Masch) / pony rod* ‖ **~station** *f* (in Mineralölfernleitungen) (Erdöl) / pipeline pump station ‖ **~station** (Masch) / pump-house *n*, pumping station, pumping plant, pump station ‖ **~stativ** *n* (Film, TV) / hydraulic stand, hydraulic tripod ‖ **~stengel** *m* (der Glühlampe) (Eltech) / pump rod ‖ **~stengel** (Vakuumt) / pump tubulation, pumping stem, exhaust tubulation ‖ **~straße** *f* (Vakuumt) / in-line exhaust system ‖ **~straße mit stationären Pumpeinrichtungen** (Vakuumt) / trolley exhaust system ‖ **~straßenwagen** *m* (Vakuumt) / trolley *n* ‖ **~versuch** *m* (Hyd) / pumping test ‖ **~versuch** (in einem neuen Brunnen) (Wasserb) / pumping test ‖ **~werk** *n* (Masch) / pump-house *n*, pumping station, pumping plant, pump station ‖ **~zeit** *f* (Vakuumt) / pump time
**Punchthrough** *n* (wenn der Sperrschichtrand des Kollektors vollständig durch die Basis greift) (Eltronik) / punch-through *n* ‖ **~-Durchbruch** *m* (bei Bipolartransistoren) (Eltronik) / punch-through breakdown, punch-through effect ‖ **~-Effekt** *m* (bei Bipolartransistoren) (Eltronik) / punch-through breakdown, punch-through effect
**Punctum ~ proximum** *n* (des Auges) (Opt) / near point* (of the eye), punctum proximum ‖ **~ remotum** (des Auges) (Opt) / far point*, punctum remotum
**Punicin** *n* (Chem) / pelargonin *n*
**Punkt** *m* (im allgemeinen) / point* *n* ‖ **~** (Math) / point* *n* ‖ **~** (einer Skale) (Phys) / point *n* ‖ **~** (Teleg) / dot *n* ‖ **~** (p) (Typog) / point* *n* ‖ **~** (Satzzeichen) (Typog) / full stop, period *n* (US) ‖ **~** (Verm) / station* *n* ‖ **adressierbarer ~** (in der grafischen Datenverarbeitung) (EDV) / addressable point ‖ **affin abhängige ~e** (Math) / linearly dependent points ‖ **affin unabhängige ~e** (Math) / linearly independent points ‖ **azeotroper ~** (Chem) / azeotropic point ‖ **Besselsche ~e** (Unterstützungspunkte für Lineale und Maßstäbe, bei deren Abstützung die kleinste Verkürzung der Gesamtlänge auftritt) (Masch) / Bessel's points ‖ **Brewsterscher ~** (zwischen Sonne und Horizont, etwa 15° unterhalb der Sonne) (Astr, Meteor) / Brewster point ‖ **charakteristische ~e** (Math) / characteristic points* ‖ **durch**

**Punkt**

**denselben** (einen) ⁓ **gehend** (Math) / concurrent *adj*, copunctal *adj* ‖ **dystektischer** ⁓ (Maximum der Schmelzpunktskurve im Schmelzdiagramm, in dem die Schmelze im Gleichgewicht mit einer festen Phase gleicher Zusammensetzung ist) (Hütt) / dystectic point ‖ **elliptischer** ⁓ (bei Krümmungen) (Math) / elliptical point* ‖ **eutektischer** ⁓ (Hütt) / eutectic point*, eutectic temperature ‖ **eutektoider** ⁓ (Hütt) / eutectoid point ‖ **frontogenetischer** ⁓ (der Sattelpunkt in einem Deformationsfeld bei Frontogenese) (Meteor) / frontogenetic point ‖ **frontolytischer** ⁓ (der Sattelpunkt in einem Deformationsfeld bei Frontolyse) (Meteor) / frontolytic point ‖ **geodätischer** ⁓ (Verm) / station* *n* ‖ **hyperbolischer** ⁓ (bei Krümmungen) (Math) / hyperbolic point* ‖ **inverser** ⁓ (Math) / inverse point ‖ **isoelektrischer** ⁓ (**I.P., I.E.P.**) (derjenige pH-Wert einer amphoteren Elektrolytlösung, bei dem Ladungsgleichheit eintritt) (Chem) / isoelectric point*, I.E.P. ‖ **isoionischer** ⁓ (der die Elektroneutralität der Partikeln einschließlich gebundener Ionen anzeigt) (Chem) / isoionical point ‖ **isolierter** ⁓ (einer Teilmenge) (Math) / isolated point*, hermit point ‖ **isosbestische** ⁓**e** (Punkte gleicher molarer Absorptionskoeffizienten bei einer definierten Wellenlänge) (Chem) / isosbestic points ‖ **konjugierte** ⁓**e** (einer optischen Abbildung) (Opt) / conjugated points ‖ **kritischer** ⁓ (im Druck/Temperatur-Zustandsdiagramm eines Einstoffsystems) (Phys) / critical point ‖ **kritischer** ⁓ (Mischungspunkt) **bei gleichbleibender Temperatur** (Chem) / plait pont (in a three-component system) ‖ **kryohydratischer** ⁓ (Phys) / cryohydric point ‖ **Lagrangesche** ⁓**e** (Astr, Phys) / Lagrangian points ‖ **leuchtender** ⁓ / luminous point ‖ **materieller** ⁓ (Phys) / mass point, material point, particle *n* ‖ **mehrfacher** ⁓ (Math) / multiple point ‖ **mit einem gemeinsamen** ⁓ (Math) / concurrent *adj*, copunctal *adj* ‖ **neutraler** ⁓ (in dem die Himmelslichtpolarisation ein Minimum aufweist) (Geophys) / neutral point ‖ **neutraler** ⁓ (beim Biegen) (Masch, Mech) / neutral point* ‖ **parabolischer** ⁓ (bei Krümmungen) (Math) / parabolic point ‖ **parabolischer** ⁓ **auf einer Fläche** (Math) / parabolic point on a surface* ‖ **peritektischer** ⁓ (bei inkongruent schmelzenden Verbindungen) (Chem, Hütt) / transition point ‖ **regulärer** ⁓ (ein Flächenpunkt, der eine Tangentialebene besitzt) (Math) / regular point ‖ **singulärer** ⁓ (einer Kurve) (nicht regulärer Flächenpunkt) (Math) / singular point* ‖ **stationärer** ⁓ (Math) / stationary point* ‖ **subsatellitärer** ⁓ (Raumf) / subsatellite point ‖ **subsolarer** ⁓ (Astr) / subsolar point ‖ **toter** ⁓ (V-Mot) / dead centre*, dead point* ‖ **trigonometrischer** ⁓ (Verm) / trig point, trigonometrical station, triangulation point, triangulation station, trigonometric point, trigonometrical point, revision point ‖ **typografischer** ⁓ (veraltete kleinste Einheit des typografischen Maßsystems, Europa = 0,376065 mm, GB + US = 0,351 mm - DIN 16507) (Typog) / point* *n* ‖ **uneigentlicher** ⁓ (in der projektiven Geometrie) (Math) / point at infinity ‖ **unendlich ferner** ⁓ (Math) / point at infinity ‖ **vielfacher** ⁓ (Math) / multiple point*, singular point ‖ ⁓ *m* **der beginnenden Strömungsablösung** (Phys) / burble point, burble angle ‖ ⁓ **des Spektrums** (Math) / point of spectrum, spectral point ‖ ⁓ **eines Spektrums** (Spektr) / value *n* (of a spectrum) ‖ ⁓ **gleichen Potentials** (Phys) / isopotential point, equipotential point ‖ ⁓ **gleicher Zeit** / point of equal time ‖ ⁓ **in der Mitte** (ein diakritisches Zeichen) (Typog) / middle dot ‖ ⁓**e** *m* *pl* **per Zoll** (Druck, EDV) / points per inch (p.p.i.) ‖ ⁓**e pro Zoll** (ein Maß für die Auflösung, z.B. heute über 1000 dpi bei Laserdruckern) (Druck, EDV) / dots per inch, dpi

**Punkt•** - (Arch) / insulated* *adj* ‖ ⁓**absorber** *m* (zur Fokussierung der Sonnenstrahlung) (Phys) / point absorber ‖ ⁓**abstand** *m* (Schw) / spot spacing

**Punktal•** - (Opt) / point-focal *adj*, point-focus *attr* ‖ ⁓**glas** *n* (Opt) / toric glass

**Punkt•analyse** *f* (von kleinen definierten Bereichen der Oberfläche fester Proben) (Chem) / local analysis, point analysis ‖ ⁓**angriff** *m* (Mech) / point application, point attack ‖ ⁓**anguß** *m* (beim Spritzpressen) (Plast) / restricted gating ‖ ⁓**anguß** (beim Spritzgießen) (Plast) / pinpoint gating ‖ ⁓**anstrahlung** (Licht, Opt) / spotting *n* ‖ ⁓**ast** *m* (For) / pin knot ‖ ⁓**ätzen** *n* / dot etching ‖ ⁓**ausbesserung** *f* (Anstr) / spot priming*, spot finishing, spotting-in *n* ‖ ⁓**belastung** *f* (Mech) / point loading ‖ ⁓**belichtungsmesser** *m* (Messung nur in einem kleinen Fleck des Motives) (Foto) / spot meter* ‖ ⁓**berührung** *f* (Math) / point contact ‖ ⁓**beschichtung** *f* (Tex) / dot coating ‖ ⁓**bewertung** *f* (Punktzahl) / score *n* ‖ ⁓**bewertungssystem** *n* / points rating method ‖ ⁓**bild** *n* (numerische Steuerung) (Masch) / pattern *n*

**Pünktchenmuster** *n* (Tex) / polka dot (pattern)

**Punkt•defekt** *m* (Eltronik, Krist) / point defect* ‖ ⁓**diagramm** *n* / dot diagram ‖ ⁓**diagramm** (Geol) / point diagram (a fabric diagram in which poles representing lineations, normals to fabric planes, or crystallographic directions have been plotted), scatter diagram ‖ ⁓**dichte** *f* (Druck, EDV, TV) / dot density ‖ ⁓**eisen** *n* (des Dachdeckers) (Bau) / zax *n* (a straight blade like a butcher's chopper with a point projecting from the back for punching holes in slates), slater's axe, slate knife, whittle *n*, saxe* *n*, saixe* *n*, slate axe* ‖ **punkten** *v* (Schw) / spot-weld *v* ‖ ⁓ *n* (Schw) / spot-welding* *n*, resistance spot-welding

**Punktepaar** *n* (Math) / pair of points

**Punkt•fehler** *m* (Eltronik, Krist) / point defect* ‖ ⁓**feuer** *n* (Luftf) / point light ‖ ⁓**folgefarbenverfahren** *n* (TV) / dot sequential (system)* ‖ ⁓**form** *f* (EDV) / dot shape

**punktförmig** *adj* / punctual *adj*, punctiform *adj*, point *attr* ‖ ⁓**e Abbildung** (Opt) / point image ‖ ⁓ **anfressen** (Oberfläche) / pit *v* ‖ ⁓ **angreifen** / pit *v* ‖ ⁓**er Angriff** (Korrosion) / pitting attack (in an initial state) ‖ ⁓ **auftragen** / spot *v* ‖ ⁓**es Ausbeulen** (mit Hilfe des Spitzhammers) (Kfz) / panel picking, picking *n* ‖ ⁓**es Bild** (Opt) / point image ‖ ⁓**er Gitterfehler** (Eltronik, Krist) / point defect* ‖ ⁓**e Lichtquelle** (Licht, Opt) / point source of light ‖ ⁓**e Quelle** (Phys) / point source ‖ ⁓**e Quelle** (für Strahlenflächen) (Phys) / Huygens' source ‖ ⁓**es Teilchen** (Kernphys) / point particle, pointlike particle ‖ ⁓**e Zugbeeinflussung mit Zwangsbremsung** (Bahn) / intermittent train control with automatic train stop

**punkt•frequentes System** (TV) / point-to-sequential system ‖ ⁓**gamma** *n* (TV) / point gamma* ‖ ⁓**gelagert** *adj* (HuT, Mech) / point-supported ‖ ⁓**gitter** *n* (Krist) / point lattice ‖ **räumliches** ⁓**gitter** (Krist) / space lattice* ‖ ⁓**grafik** *f* (EDV) / dot graphics ‖ ⁓**gruppe** *f* (Symmetrieklasse) (Krist) / point group, symmetry group ‖ 3-⁓-**Gurt** (Kfz) / three-point safety belt, three-point seat belt, lap-shoulder belt

**punkthafte Menge** (Math) / totally disconnected set, pointlike set

**Punkthaus** *n* (ein Hochhaus) (Bau) / point-block housing, point-block house, point block* ‖ (Bau) s. auch Turmhaus

**punktieren** *v* / spot *v*, dot *v* ‖ ⁓ / stipple *v* (in drawing, painting, engraving)

**punktiert** *adj* (Bot) / punctate* *adj* ‖ ⁓ (Web) / spotted *adj* ‖ ⁓**e Indizes** (eines Spinors) (Math) / dotted indices ‖ ⁓**e Leitlinie** (als Fahrbahnmarkierung) (HuT) / dotted line ‖ ⁓**e Linie** (im allgemeinen) / dotted line ‖ ⁓**e Linie** (in Inhaltsverzeichnissen, Tabellen) (Druck) / leader* *n*, leaders *pl*, dot leaders ‖ ⁓**e Linie** (für das Datum) (Typog) / dateline *n*

**Punkt•kontakt** *m* (Eltronik) / point contact ‖ ⁓**kontaktdiode** *f* (Eltronik) / point-contact diode* ‖ ⁓**kontakttransistor** *m* (Eltronik) / point-contact transistor ‖ ⁓**koordinaten** *f pl* (Math) / point coordinates ‖ ⁓**körnung** *f* (Glas) / stippled finish ‖ ⁓**kraft** *f* (Mech) / point force ‖ ⁓**ladung** *f* (punktförmig idealisierte elektrische Ladung) (Elektr, Kernphys) / point charge ‖ ⁓**lagensymmetrie** *f* (Spektr) / site symmetry ‖ ⁓**lagerung** *f* (Masch) / point support ‖ ⁓**last** *f* (HuT, Mech) / point load ‖ ⁓**last** (HuT, Mech) s. auch konzentrierte Belastung ‖ ⁓**leimung** *f* (For) / point bonding

**pünktlich** *adj* (Sendung, die die vorgegebene Zeit einhält) / tight *adj*

**Punkt•licht** *n* (Film, Foto) / spotlight *n*, spot *n* ‖ ⁓**masse** *f* (Phys) / mass point, material point, particle *n* ‖ ⁓**matrix** *f* (EDV) / dot matrix ‖ ⁓**mechanik** *f* (Mech) / mass point mechanics, point mechanics ‖ ⁓**menge** *f* s. auch **Sierpińskische** ⁓**menge** (nach W. Sierpiński, 1882-1969) (Math) / Sierpinski set ‖ **beschränkte** ⁓**menge** (Math) / bounded set of points* ‖ ⁓**mull** *m* (Tex) / dotted swiss, dotted muslin ‖ ⁓**muster** *n* (Tex) / polka dot (pattern) ‖ ⁓**naht** *f* (eine Schweißnahtform) (Schw) / spot-weld seam ‖ ⁓**netz** *n* / net of points ‖ ⁓**pol** *m* (Elektr) / point pole ‖ ⁓**produkt** *n* (Math) / scalar product*, inner product, dot product ‖ ⁓**prozeß** *m* (ein stochastischer Prozeß) (Stats) / point process ‖ ⁓**quelle** *f* (jede als punktförmig angenommene Quelle eines Feldes) (Phys) / point source ‖ ⁓**raster** *m* (Krist) / point grid ‖ ⁓**rastern** *v* / stipple *v* (in drawing, engraving) ‖ ⁓**schallquelle** *f* (Akus) / point sound source, simple sound source ‖ ⁓**schätzung** *f* (Stats) / point estimation ‖ ⁓**schmelzschweißen** *n* (Schw) / fusion spot-welding ‖ ⁓**schraffierung** *f* (Tätigkeit) (Druck) / stippling *n* ‖ ⁓**schreiber** *m* (ein Meßschreiber, der in gleichbleibenden Intervallen eine Punktfolge registriert) / point recorder, dotting recorder ‖ ⁓**schweißen** *v* (Schw) / spot-weld *v* ‖ ⁓**schweißen** *n* (eine Art Widerstandspreßschweißen) (Schw) / spot-welding* *n*, resistance spot-welding ‖ **kurzzeitiges** ⁓**schweißen** (Schw) / shot welding ‖ ⁓**schweißen** *n* **mit handbetätigter Stoßelektrode** (Schw) / push welding, poker welding, poke welding ‖ ⁓**schweißen mit Rollenelektrode** (Schw) / roller spot welding ‖ ⁓**sequentiell** *adj* (TV) / dot-sequential *adj* ‖ ⁓**spiegelung** *f* (Math) / point reflection ‖ ⁓**steg** *m* (bei zusammengepunkteten Blechteilen) (Schw) / spot-welded flange ‖ ⁓**steuerung** *f* (ein System der numerischen Steuerung) (Regeln) / point-to-point control (system), PTP control, P/P control ‖ ⁓**strahlantenne** *f* (Fernm) / spot-beam antenna ‖ ⁓**strahler** *m* (Akus) / point emitter, point source ‖ ⁓**strahllampe** *f* (Eltech) / spotlight *n* ‖ ⁓**symmetrie** *f* (eine Figur heißt punktsymmetrisch, wenn es eine Punktspiegelung gibt, die die Figur auf sich abbildet) (Math) / point symmetry ‖ ⁓**symmetrie** (Math) s. auch Zentralsymmetrie ‖ ⁓**symmetriegruppe** *f* (Krist) / point group, symmetry group ‖ ⁓**transistor** *m* (Eltronik) / point-contact transistor

**punktuell abbildend** (Opt) / point-focal *adj*, point-focus *attr* ‖ ~e **Abbildung** (Opt) / point image ‖ ~ **unterschiedlicher Sandstrahlabtrag** (Glas) / peppered sandblast ‖ ~ **verbessern** (ein Programm) (EDV) / patch *v*

**Punkt•verbindung** *f* (festgeschaltete Verbindung von zwei Endgeräten) (Fernm) / point-to-point connection (GB), point-to-point circuit, dedicated connection (GB), fixed connection (GB) ‖ ⁓**verwaschungsfunktion** *f* (Astr) / point spread function ‖ ⁓**wechselwirkung** *f* (Kernphys) / point interaction ‖ **~weise Konvergenz** (Math) / pointwise convergence ‖ **~weises Verkleben** (For) / point bonding ‖ ⁓**zahl** *f* (Maß für die Konzentration eines Phosphat- oder Oxalatbades) / pointage *n* ‖ ⁓**zeichengenerator** *m* (ein Zeichengenerator) (EDV) / dot matrix character generator ‖ **~zentrisch** *adj* (Abbildung) (Opt) / stigmatic *adj* ‖ ⁓**ziel** *n* (ein Radarobjekt, das auf dem Bildschirm ein kleines und scharf abgegrenztes Echo liefert) (Radar) / pinpoint target ‖ ⁓**-zu-Mehrpunkt-ISDN-Verbindung** *f* (EDV, Fernm) / point-to-multipoint ISDN connection ‖ ⁓**-zu-Mehrpunkt-Verbindung** *f* (Mehrpunkt-Verbindung, bei der eine der Benutzerschnittstellen eine Funktion hat, die gegenüber der Funktion anderer Benutzerschnittstellen ausgezeichnet ist) (EDV) / point-to-multipoint connection ‖ ⁓**-zu-Punkt-Kommunikation** *f* (Radio) / point-to-point communication ‖ ⁓**-zu-Punkt-Verbindung** *m* (Eltech) / permanent circuit ‖ ⁓**-zu-Punkt-Verbindung** *f* (DIN 44302) (Fernm) / point-to-point connection (GB), point-to-point circuit, dedicated connection (GB), fixed connection (GB)

**Punta-Arenas-Wolle** *f* (Tex) / Punta Arenas wool
**Punta-Wolle** *f* (Crossbred-Wolle von der Südspitze Argentiniens und den Falkland-Inseln) (Tex) / Punta Arenas wool
**Punte** *f* (ein Prahm) (Schiff) / punt *n*
**Punze** *f* (ein Prüf- und Gewährzeichen) / hallmark *n* ‖ ⁓ (Druck) / counter *n* ‖ ⁓ (zur Treibarbeit) (Werkz) / chasing tool
**punzen** *v* / chase *v*, emboss *v* ‖ ⁓ *m* (der vertiefte, nicht druckende Raum innerhalb des Buchstabenbildes von Drucktypen nach DIN 16507) (Druck) / counter *n* ‖ **die den** ⁓ **umrandenden Grundstriche** (Druck) / bowl* *n*, cup *n*
**Pupille** *f* (Opt) / pupil* *n*
**Pupillendistanz** *f* (Opt) / interpupillary distance
**Pupillometer** *n* (Opt) / pupilometer*
**pupinisiertes Kabel** (nach M. Pupin, 1858-1935) (Eltech) / Pupin cable
**Pupinisierung** *f* (Eltech) / coil loading*, loading *n*
**Pupinkabel** *n* (Eltech) / Pupin cable
**Pupinspule** *f* (verlustarme Induktivität) (Eltech, Fernsp) / loading coil*, Pupin coil*
**Puppe** *f* (z.B. der Leclanché-Rundzelle) (Eltech) / positive electrode* ‖ ⁓ (Landw) / shock *n* ‖ ⁓ (an einem Mischwalzwerk aufgerolltes Walzfell aus Gummi oder thermoelastischem Kunststoff, das anschließend auf dem Kalander weiterverarbeitet werden soll) (Plast) / billet* *n*, puppet *n* ‖ ⁓ (Web) / group of harness cords ‖ **in** ⁓**n aufstellen** (Landw) / shock *v*
**pur** *adj* (unvermischt) / unblended *adj*
**PUR** *m* (Anstr) / polyurethane lacquer (two- or one-pack system), polyurethane coating ‖ ⁓ (Chem, Plast) / polyurethane* *n*, PUR
**PUREX-Prozeß** *m* (Nukl) / Purex process (plutonium-uranium recovery by extraction)
**Purex-Verfahren** *n* (Wiederaufbereitung von Kernbrennstoffen) (Nukl) / Purex process (plutonium-uranium recovery by extraction)
**Purge-and-trap-Verfahren** *n* (zur gaschromatografischen Bestimmung flüchtiger Komponenten im Wasser) (Chem, Sanitär) / gas-phase stripping technique
**Purgegas** *n* (mit dem Inertgase aus dem Kreislauf von Syntheseprozessen ausgescheust werden) (Chem Verf) / purge gas ‖ ⁓ (Restgas bei der Methanolsynthese) (Chem Verf) / purge gas
**Purginuß** *f* (Bot, Pharm) / physic nut, curcas nut, Barbados nut ‖ ⁓**öl** *n* / physic-nut oil, curcas oil
**pürieren** *v* (Nahr) / puree *v*
**purifizieren** *v* (z.B. bei der Denkmalpflege oder bei der Restaurierung) (Arch) / purify *v*
**Purifizierung** *f* (z.B. bei der Denkmalpflege oder bei der Restaurierung) (Arch) / purification *n*
**Purin** *n* (eine heterozyklische Verbindung, in der Pyrimidin und Imidazol kondensiert sind) (Chem) / purine* *n* ‖ ⁓**abbau** *m* (Biochem) / purine metabolism ‖ ⁓**alkaloid** *n* (pflanzliche Purinbase, z.B. Coffein) (Chem) / purine alkaloid, purine *n* ‖ ⁓**base** *f* (Chem) / purine base ‖ ⁓**gruppe** *f* (Chem) / purine group* ‖ **Traubesche** ⁓**synthese** (Chem) / Traube synthesis, Traube purine synthesis
**Purkinje-Effekt** *m* (Opt) / Purkinje effect*, Purkinje phenomenon
**Purkinje-Phänomen** *n* (nach dem tschechischen Physiologen J.E. Purkyně, 1787-1869) (Opt) / Purkinje effect*, Purkinje phenomenon
**PUR-Klebstoff** *m* / polyurethane adhesive, PUR adhesive
**Purkyně-Effekt** *m* (Opt) / Purkinje effect*, Purkinje phenomenon

**Purkyně-Phänomen** *n* (Opt) / Purkinje effect*, Purkinje phenomenon
**Puromycin** *n* (Pharm) / puromycin *n*
**Puromyzin** *n* (Pharm) / puromycin *n*
**Purpleheart** *n* (For) / purpleheart* *n*, amaranth* *n*, violetwood* *n*
**Purpur** *m* (Farbstoff und Farbton) / purple *n* ‖ **dunkelblauer** ⁓ / royal purple ‖ **französischer** ⁓ (ein bläulichroter bis violetter Naturfarbstoff, aus verschiedenen Arten der Färberflechte gewonnen) (Bot, Chem) / orseille *n*, archil *n*, orchil *n*, orselle *n* ‖ ⁓**bakterien** *f pl* (anaerobe Faulschlammbewohner) (Bakteriol) / purple bacteria ‖ **schwefelfreie** ⁓**bakterien** (Bakteriol) / purple non-sulphur bacteria ‖ ⁓**dämmerung** *f* (Geophys) / purple light ‖ ⁓**eaglykosid** *n* (ein Digitalisglykosid) (Pharm) / purpurea glycoside ‖ ⁓**erz** *n* (gelaugte Rückstände bei der Verarbeitung Cu-haltiger Kiesabbrände) (Hütt) / purple ore, blue billy* ‖ ~**farben** *adj* / purplish *adj*, purpurine *adj* ‖ **~farbig** *adj* / purplish *adj*, purpurine *adj* ‖ ⁓**gerade** *f* (in dem Farbdreieck) (Licht) / purple boundary* ‖ ⁓**holz** *n* (For) / purpleheart* *n*, amaranth* *n*, violetwood* *n*
**Purpurin** *n* (1,2,4-Trihydroxy-anthrachinon) (Chem) / purpurin *n* (natural red) ‖ ⁓**säure** *f* (Chem) / Laurent's acid
**Purpur•licht** *n* (Farberscheinung der Dämmerung) (Geophys) / purple light ‖ ⁓**linie** *f* (Licht) / purple boundary*
**purpurn** *adj* / purplish *adj*, purpurine *adj* ‖ **~es Eisenoxidrot** (Anstr) / Tuscan red
**Purpurogallin** *n* (Chem) / purpurogallin *n*
**Purpur•pest** *f* (Bildung einer purpurfarbenen Gold/Aluminium-Verbindung bei integrierten Schaltkreisen - eine unerwünschte Erscheinung) (Eltronik) / purple plague ‖ **~rot** *adj* / purplish *adj*, purpurine *adj* ‖ **~rote Glühhitze** (Hütt) / dark-red heat*, blood-red heat*, dull-red heat ‖ ⁓**säure** *f* (Chem) / purpuric acid* ‖ ⁓**tanne** *f* (Abies amabilis (Douglas ex Loudon) ex Forbes) (For) / Pacific silver fir, amabilis fir, red silver fir
**Purser** *m* (Luftf, Schiff) / purser *n*
**Purton** *m* (bei einer deckenden Schicht) (Anstr) / mass colour, overtone *n*, mass tone
**Purves-Lignin** *n* (For) / periodate lignin, Purves lignin
**PU-Schaum** *m* (Plast) / polyurethane foam
**Push-down-Automat** *m* (EDV, Math) / push-down automaton (PDA), push-down machine
**Pushpull•-Gruppe** *f* (an einem Molekül - Gruppe mit Elektronenpaar-Donator- bzw. Akzeptoreigenschaften) (Chem) / push-pull group ‖ ⁓**-System** *n* (Chem) / push-pull system ‖ ⁓**-Verstärker** *m* (Fernm) / balanced amplifier*, push-pull amplifier*
**Pushtechnik** *f* (EDV) / push technology (a service in which the user downloads software from a provider which then continually supplies information from the Internet in categories selected by the user)
**Pushup-Liste** *f* (FIFO-Prinzip) (EDV) / push-up list
**Pustelbildung** *f* (ein Glasurfehler) (Keram) / pimpling *n*
**Putrefaktion** *f* (Biol, Med) / putrefaction *n*
**Putrescin** *n* (Chem) / putrescine* *n*, tetramethylenediamine *n*
**Putreszin** *n* (Tetramethylendiamin) (Chem) / putrescine* *n*, tetramethylenediamine *n*
**Putte** *f* (Figur eines kleinen nackten Knaben /mit Flügeln/) (Arch) / putto *n* (pl. putti)
**Putto** *n* (pl. Putti oder Putten) (Arch) / putto *n* (pl. putti)
**Putz** *m* (DIN 18550) (Bau) / plaster* *n* ‖ **auf** ⁓ (frei verlegt - Leitungen) (Bau, Eltech) / exposed *adj* ‖ **auf** ⁓ **verlegen** (Bau, Eltech) / expose *v* ‖ **dreilagiger** ⁓ (DIN 18550) (Bau) / three-coat work*, three-coat plaster (render, float and set) ‖ **dreischichtiger** ⁓ (DIN 18550) (Bau) / three-coat work*, three-coat plaster (render, float and set) ‖ **gefilzter** ⁓ (Bau) / felted plaster (with a felt rubbing board) ‖ **geglätteter** ⁓ (Bau) / plainface finish ‖ **gestockter** ⁓ (Bau) / granulated plaster ‖ **röntgenstrahlungshemmender** ⁓ (meistens mit Bariumverbindungen) (Bau, Radiol) / X-ray plaster ‖ **schallschluckender** ⁓ (Bau) / acoustic plaster ‖ **über** ⁓ **verlegt** (Bau, Eltech) / exposed *adj* ‖ **unter** ⁓ (verlegt) (Bau, Eltech) / flush* *adj* ‖ **zu trockener** ⁓ (Unterputz) (Bau) / short-working plaster ‖ **zweilagiger** ⁓ (DIN 18550) (Bau) / two-coat work* ‖ **zweilagiger** ⁓ (Oberputz + Unterputz auf Latten) (Bau) / set-work* *n* ‖ **zweischichtiger** ⁓ (DIN 18550) (Bau) / two-coat work*
**Pütz** *f* (pl. -en) (Schiff) / bucket *n*
**Putz•abfälle** *m pl* (For) / trimmings *pl* ‖ ⁓**abschlußleiste** *f* (Bau) / casing bead, casing *n* ‖ ⁓**arbeit** *f* (Bau) / plastering *n* ‖ **pneumatisches** ⁓**aufspritzen** (Bau) / pneumatic placement (of the plaster) ‖ ⁓**baumwolle** *f* (Masch) / cotton waste ‖ ⁓**draht** *m* (als Putzträger) (Bau) / lath *n*, lathing *n*
**Putze** *f* (kleinere unregelmäßig geformte Gesteins- oder Mineralmasse in fremder Umgebung) (Geol) / nest *n*, pocket *n*
**Pützte** *f* (kleiner Eimer) (Schiff) / bucket *n*
**putzen** *v* / clean *v*, cleanse *v* ‖ ⁓ (Bau) / plaster *v* ‖ ⁓ (mechanisch oder mit der Flamme) (Gieß) / deseam *v*, scarf *v* ‖ ⁓ (Keram) / trim *v* (remove edges and excess material) ‖ **beschlagene Flächen** ⁓ (reinigen) (Glas) / defog *v*, demist *v* ‖ **dreilagig** ⁓ (Bau) / render, float

**putzen**

and set* *v*, RFS* ‖ **in Trommeln** ~ (Zunder entfernen) (Gieß, Hütt) / barrel *v*, tumble *v*, rumble *v* ‖ **zweilagig** ~ (Bau) / render and set* *v*, render-set *v* ‖ ~ *n* / cleaning *n*, cleansing *n* ‖ ~ *m* (kleinere unregelmäßig geformte Gesteins- oder Mineralmasse in fremder Umgebung) (Geol) / nest *n*, pocket *n* ‖ ~ *n* (Gieß) / dressing* *n*, fettling *n*, trimming* *n*, rattling *n* ‖ ~ (mechanisch oder mit der Flamme nachbehandeln) (Gieß) / deseaming *n*, scarfing* *n* ‖ ~ (Keram) / fettling *n* (by cutting, scraping, or abrasion) ‖ ~ (Keram) / trimming *n* (by means of a wheel) ‖ **chemisches** ~ (A) (Chem, Tex) / dry cleaning ‖ **maschinelles** ~ (Bau) / mechanical plastering ‖ ~ **des Kardenbeschlags** (Tex) / fettling *n* ‖ ~ **in Trommeln** (Gieß) / barrel finishing, tumbling *n*, rumbling *n*

**Putzer** *m* (Bau) / plasterer *n* ‖ ~ **des Kardenbeschlags** (Spinn) / fettler* *n* ‖ ~**brett** *n* (Bau) / hawk* *n*, mortar-board *n*

**Putzerei** *f* (Betriebsabteilung einer Gießerei) (Gieß) / dressing shop, dressing department, fettling shop, cleaning shop, cleaning department ‖ ~ (Spinn) / blowing room*

**Putz • festiger** *m* (Bau) / bonding agent (for treating backgrounds) ‖ ~**grund** *m* (auf dem Putzträger) (Bau) / pricking-up coat, scratch-coat* *n*, base coat, rendering coat, rough coat*, rendering *n*, render *n* ‖ ~**grund** (Fläche, die geputzt wird) (Bau) / background *n* (the surface to which the first or only coat of plaster is to be applied) ‖ ~**grundmittel** *n* (Bau) / bonding agent (for treating backgrounds) ‖ ~**härter** *m* (Bau) / bonding agent (for treating backgrounds) ‖ ~**haus** *n* (ein Stahlgehäuse, in dem das Fertigputzen von Gußstücken stattfindet) (Gieß) / sand-blasting chamber, blasting chamber ‖ ~**haut** *f* (der Putzüberzug einer Mauer oder Wand) (Bau) / plaster coat ‖ ~**hobel** *m* (Handhobel zum Putzen von Flächen und Schmalflächen und Bestoßen von Hirnflächen und Gehrungen) (Tischl) / smoothing plane, smoother *n* ‖ ~**hobel** (mit feiner eingestelltem Doppeleisen zum Sauberputzen) (Tischl) / double plane ‖ ~**kalk** *m* (mit 5-10% Halbhydratplaster) (Bau) / selenitic cement*, selenitic lime*, gypsum cement ‖ ~**kantenschutzleiste** *f* (Bau) / angle staff*, staff* *n*, staff angle* *n* ‖ ~**kratzer** *m* (ein Werkzeug) (Bau) / devil float*, devil *n*, wire scratcher ‖ ~**lage** *f* (Bau) / plaster coat ‖ ~**oberste** ~**lage, in der dekorative Elemente eingebettet sind** (Bau) / bedding coat ‖ ~**latten** *f pl* (Bau) / wood lathing ‖ ~**lehre** *f* (Bau) / running rule* ‖ ~**maschine** *f* (Bau) / plastering machine ‖ ~**masse** *f* (Bau) / stuff* *n* ‖ ~**maurer** *m* (Bau) / plasterer *n* ‖ ~**mittel** *n* / cleanser *n*, cleansing material, cleaner *n* ‖ ~**mörtel** *m* (Bau) / plaster* *n*, mortar for plastering ‖ ~**motte** *f* (kraterförmige Aussprengung) (Bau) / blowing* *n*, spalling *n*, popping *n* ‖ ~**mühle** *f* (einfacher Getreidereiniger) (Landw) / winnower *n* ‖ ~**mühle** (Landw) / fanning mill ‖ ~**ornament** *n* (Bau) / print *n* ‖ ~**rohr** *n* (Bau) / plastering reed ‖ ~**salz** *n* (ein Gemisch von Kaliumtetraoxalat und Kaliumhydrogenoxalat) (Chem) / salt(s) of sorrel, sal acetosella, salt of lemon ‖ ~**sand** *m* (Bau) / sand for plastering (mixes) ‖ ~**schicht** *f* (Bau) / plaster coat ‖ **erste** ~**schicht** (beim dreilagigen Putz) (Bau) / roughing-in* *n* ‖ **hohle** ~**stelle** (Bau) / gaul *n* (US) (in a finishing coat) ‖ ~**stern** *m* (Gieß) / tumbling star, rattler star, jack star ‖ ~**strahlen** *n* (Druckluft-) (Bau) / blasting *n*, blast-cleaning *n*, abrasion blasting, abrasive blasting, abrasive blast cleaning* ‖ **abgeplatztes** ~**stück** (Bau) / spall* *n* ‖ ~**tragelattenwerk** *n* (Bau) / lathwork *n*, lathing* *n* ‖ ~**tragelattenwerk** (Bau) / strapping* *n* ‖ ~**träger** *m* (Lattung) (Bau) / rough ground, common ground, ground *n* ‖ ~**träger aus Latten** (Bau) / lathwork *n*, lathing* *n* ‖ ~**trägerleiste** *f* (Bau) / furring batten ‖ ~**trommel** *f* (Gieß) / tumbling-barrel *n*, tumbler *n* ‖ ~**untergrund** *m* (Bau) / plaster base, backing *n*, undercoat *n* ‖ ~**untergrund mit Haltekanten** (Bau) / splayed ground* ‖ ~**unterschicht** *f* (beim dreilagigen Putz) (Bau) / roughing-in* *n* ‖ ~**waren** *f pl* (Tex) / fancy goods, millinery *n*, millinery articles ‖ ~**werfer** *m* (Bau) / plaster sprayer, appliance for spray plastering ‖ ~**werfer** s. auch Putzmaschine ‖ ~**wolle** *f* (Masch) / cotton waste

**Puzzle** *n* (pl. -s) (ein Geduldsspiel) (EDV, KI) / puzzle *n*
**Puzzlespiel** *n* (EDV, KI) / puzzle *n*
**Puzzolan** *n* (Geol, HuT) / pozzolana* *n*, pozzuolana* *n*, pozzolan *n*, puzzolana *n* ‖ **künstliches** ~ / artificial pozzolana ‖ ~**erde** *f* (Geol, HuT) / pozzolana* *n*, pozzuolana* *n*, pozzolan *n*, puzzolana *n*
**Puzzolanizität** *f* (Eigenschaft von Puzzolanen, bei Wasserzugabe mit Kalziumhydroxid zu reagieren) (Chem, HuT) / pozzolanicity *n*
**Puzzolanzement** *m* (Bau) / pozzolanic cement
**PV** / pore volume
**PVA** (Chem) / polyvinyl acetal* *n* ‖ ~ (ein Thermoplast, der in Wasser löslich, in allen gebräuchlichen organischen Lösungsmitteln jedoch unlöslich ist) (Chem) / polyvinyl alcohol*, PVA* ‖ ~ (DIN 60001, T 1) (Plast) / vinal *n*
**pVAc** (Chem) / polyvinyl acetal* *n* ‖ ~ (DIN 7728) (Chem) / polyvinyl acetate*, PVA*
**PVAC** (DIN 7728) (Chem) / polyvinyl acetate*, PVA*

**PVAL** (ein Thermoplast, der in Wasser löslich, in allen gebräuchlichen organischen Lösungsmitteln jedoch unlöslich ist) (Chem) / polyvinyl alcohol*, PVA*
**PVB** (Chem) / polyvinyl butyral*
**PVC** (Vinylchlorid-Polymerisat) (Plast) / polyvinyl chloride*, PVC* ‖ **plastifiziertes** ~ (Plast) / plasticized PVC ‖ **unplastifiziertes** ~ (Plast) / rigid PVC*, unplasticized PVC, UPVC
**PVCA** (Chem) / polyvinyl chloride acetate, PVCA
**PVC • -Abdichtmasse** *f* / PVC sealer, PVC sealant ‖ ~**-Abfall** *m* (Umwelt) / PVC waste ‖ ~**-Belag** *m* (Bau) / vinyl floor covering, vinyl flooring ‖ ~**-Beschichtung** *f* / PVC coating
**PVCC** (Chem) / chlorinated polyvinyl chloride, chlorinated poly, CPVC
**PVC • -Folie** *f* (im allgemeinen) / PVC film, PVC foil ‖ ~**-Folie** (Buchb) / vinyl foil*, cello foil* ‖ ~**-hart** (Plast) / rigid PVC*, unplasticized PVC, UPVC ‖ ~**-Isolierung** *f* (Eltech) / polyvinyl chloride insulation, PVC insulation ‖ ~**-Tapete** *f* (Bau) / vinyl wallpaper, vinyl wallcovering ‖ ~**-Unterbodenschutz** *m* (Schicht) (Kfz) / PVC underseal (coating) ‖ ~**-Unterbodenschutz** (Vorgang) (Kfz) / PVC underbody treatment ‖ ~**-weich** *n* (Plast) / plasticized PVC
**PVD-Beschichtungsverfahren** *n* (Beschichtung von Teilen im Hochvakuum durch Kondensation von Dampf) (Galv) / physical vapour deposition (PVD)
**PVDF** (Chem) / polyvinylidene fluoride (PVDF)
**pV-Diagramm** *n* (bei Mehrzylindermaschinen) (Masch, V-Mot) / p,V diagram
**pV-Durchfluß** *m* (Masch) / throughput *n*
**PVDV** (DIN 7728) (Plast) / polyvinylidene chloride*
**PVD-Verfahren** *n* (Beschichtung von Teilen im Hochvakuum durch Kondensation von Dampf) (Galv) / physical vapour deposition (PVD)
**p-Vektor** *m* (Phys) / multivector *n*, alternating tensor
**P-Verhalten** *n* (bei dem die Ausgangsgröße stets im gleichen Verhältnis zur Eingangsgröße ist) (Regeln) / proportional (control) action, P-action *n*
**PVF** (Chem) / polyvinyl fluoride ‖ ~$_2$ (Chem) / polyvinylidene fluoride (PVDF)
**PVFM** (Plast) / polyvinyl formal*
**PVH** (For, Tischl) / densified wood
**PVI** (F.Org, Masch) / scheduled maintenance
**PVK** (das prozentuale Verhältnis des Volumenanteils der Pigmente und Füllstoffe eines Anstrichmittels zum Gesamtvolumen von dessen sämtlichen nichtflüchtigen Bestandteilen) (Anstr) / pigment volume concentration, P.V.C. ‖ ~ (Chem) / polyvinyl carbazole
**PVP** (aus N-Vinylpyrrolidon hergestellter Thermoplast) (Plast) / polyvinylpyrrolidone *n*, PVP
**PV-Sägezahn** *m* (For) / hook tooth
**PV-Zahn** *m* (For) / hook tooth
**P-Welle** *f* (Geophys) / P-wave *n*, compressional wave, pressure wave, primary wave (a type of seismic body wave)
**p-Wert** *m* (ein Maß für die im Wasser vorhandenen Mengen an Laugen, Karbonaten und Hydrogenkarbonaten, sowie bei Entkarbonisierungsanlagen ein Maß für den Kalkzusatz) (Umwelt) / P-alkalinity *n*, alkalinity to phenolphthalein
**Pyelografie** *f* (Radiol) / pyelography* *n*
**Pyinkado** *n* (Xylia sp.) (For) / pyinkado* *n*, pyingado *n*, pyengadu *n*, acle *n*
**Pyknometer** *n* (ein Wägefläschchen zur Dichtemessung von Flüssigkeiten oder Granulaten) (Chem) / pyknometer* *n*, pycnometer* *n* ‖ ~ **mit Kapillarstopfen** (birnenförmiges) (Chem) / plug-type pycnometer ‖ ~ **mit Kappe** (und eingeschliffenem Thermometer) (Chem) / cup-type pycnometer
**Pylon** *m* (pl. Pylonen) (turmartiger Pfeiler) / pylon *n* ‖ ~ (pl. Pylonen) (Torbau des altägyptischen Tempels) (Arch) / pylon *n* ‖ ~ (pl. -en) (HuT) / pylon *n* ‖ ~ (pl. Pylonen) (Luftf) / pylon *n*
**Pylone** *f* (Arch) / pylon *n*
**pyogen** *adj* (Eiterung erregend) (Med) / pyogenic* *adj*
**Pyralspit** *m* (Mischkristallreihe: Pyrop + Almandin + Spessartin) (Min) / pyralspite* *n*
**pyramidal** *adj* / pyramidal *adj* ‖ ~**fehler** *m* (Fehler bei der Winkelmessung, durch die Abweichung von der parallelen Lage der Winkelscheitelkanten von Prüfling und Maßverkörperung) / pyramid error
**Pyramide** *f* (Krist, Math, Umwelt) / pyramid* *n* ‖ **dreiseitige** ~ (Krist, Math) / tetrahedron* *n* (pl. -s or -hedra), triangular pyramid ‖ **gerade** ~ (Math) / right pyramid, right-regular pyramid ‖ **schiefe** ~ (Math) / oblique pyramid ‖ **senkrechte** ~ (Math) / right pyramid, right-regular pyramid
**Pyramiden • -** / pyramidal *adj* ‖ ~**dach** *n* (Bau) / tentlike roof, pyramidal roof, pyramid roof ‖ ~**einbruch** *m* (bei den Sprengarbeiten) (Bergb) / cone cut, pyramid cut, centre cut ‖ ~**förmig** *adj* / pyramidal *adj* ‖ ~**furnier** *n* (mit Pyramidentextur) (For, Tischl) / pyramid-texture veneer ‖ ~**härte** *f* (konkret ermittelter Wert) (WP) / Vickers

hardness number, V.H.N., HV ‖ ⁓härte (z.B. nach dem Vickers- oder Knoop-Verfahren) (WP) / pyramid hardness ‖ ⁓hornstrahler m (Akus) / pyramidal horn* ‖ ⁓pappel f (For) / Lombardy poplar ‖ ⁓stumpf m (Math) / frustum of a pyramid, truncated pyramid ‖ ⁓tetraeder n (Krist) / triakistetrahedron (pl. -s or -hedra), pyramidal tetrahedron ‖ ⁓textur f (bei Mahagoni, Makoré) (For) / pyramid texture, pyramidal texture ‖ ⁓würfel m (Krist) / tetrakishexahedron n (pl. -s or tetrakishexahedra) ‖ ⁓zahl f (Math) / tetrahedral number
**Pyran** n (Grundkörper von vielen Naturstoffen) (Chem) / pyran n
**Pyranol** n (ein Chlorbiphenyl) (Chem, Eltech) / Pyranol n
**Pyranometer** n (ein Gerät zur Messung der Sonnen- und diffusen Himmelsstrahlung) (Meteor) / pyranometer* n
**Pyranose** f (ein Monosaccharid) (Chem) / pyranose n
**Pyranthronpigment** n (Anstr) / pyranthrone pigment
**Pyrargyrit** m (Min) / pyrargyrite* n, dark-red silver ore*
**Pyrazin** n (1,4-Diazin) (Chem) / pyrazine* n, paradiazine n
**Pyrazol** n (eine heterozyklische organische Base - 1,2-Diazol) (Chem) / pyrazole* n
**Pyrazolidin** n (Chem) / pyrazolidine n (tetrahydropyrazole)
**Pyrazolon** n (Dihydropyrazolon) (Chem) / pyrazolone n (2-pyrazolin-5-one) ‖ ⁓**farbstoffe** m pl (eine Gruppe von Azofarbstoffen) (Chem, Tex) / pyrazolone dyes, pyrazolone pigments
**Pyren** n (in allen Produkten unvollständiger Verbrennung) (Chem) / pyrene* n
**Pyrethrin** n (ein natürliches Insektizid, ein Wirkstoff des Pyrethrums) (Chem) / pyrethrin* n
**Pyrethrinvergiftung** f (bei der Schädlingsbekämpfung) (Med) / pyrethrinization n
**Pyrethroid** n (ein Wirkstoff des Pyrethrums) (Chem) / pyrethroid n
**Pyrethrum** n (pl. -thra) (ein Pulver, das durch mechanische Zerkleinerung aus den getrockneten Blüten verschiedener Chrysanthemum-Arten gewonnen wird) (Chem) / pyrethrum n, Dalmatian insect powder, Persian insect powder
**Pyretikum** n (Pharm) / febrifuge* n, antipyretic* n
**Pyrex-Glas** n (ein feuerfestes Glas) (Glas) / Pyrex glass, Pyrex n
**Pyrex-Typ-Glas** n (ein Borosilicatglas) (Glas) / Pyrex glass, Pyrex n
**Pyrgeometer** n (Gerät zur Messung der langwelligen Ausstrahlung des Erdbodens) (Meteor) / pyrgeometer* n
**Pyrheliometer** n (Absolutinstrument zur Messung der Intensität der direkten Sonnenstrahlung) (Meteor) / pyrheliometer* n
**Pyridazin** n (1,2-Diazin) (Chem) / pyridazine n
**Pyridin** n (eine heterozyklische organische Base - auch als Vergällungsmittel benutzt) (Anstr, Chem, Nahr) / pyridine* n ‖ ⁓**alkaloid** n (z.B. Pyridin) (Chem) / pyridine alkaloid* ‖ ⁓**base** f (Chem) / pyridine base ‖ ⁓**-2-carbonsäure** f (Chem) / picolinic acid
**Pyridinium** n (Chem) / pyridinium n
**Pyridoxal** n (eines der drei Vitamine B₆) (Pharm) / pyridoxal n
**Pyridoxalphosphat** n (ein für den Aminosäurestoffwechsel als Bestandteil verschiedener Karboxylasen und Transaminasen wichtiges Koenzym) (Biochem) / pyridoxal phosphate
**Pyridoxamin** n (eines der drei Vitamine B₆) (Biochem) / pyridoxamine n
**Pyridoxin** n (eines der drei Vitamine B₆) (Chem, Nahr) / pyridoxine n
**Pyrimidin** n (1,3-Diazin) (Chem) / pyrimidine* n
**Pyrit** m (Min) / pyrite* n, pyrites* n, iron pyrites*, mundic* n ‖ **in** ⁓ **umwandeln** (Min) / pyritize vt ‖ ⁓**einlagerung** f (in der Kohle) (Geol, Min) / coal brass, brass n, brasses n pl, coal blende ‖ ⁓**haltig** adj (Geol, Min) / pyritiferous adj
**pyritisch** adj (Geol) / pyritic adj, pyritaceous adj ‖ ⁓**es Schmelzen** (Hütt) / pyritic smelting*
**pyritisieren** v (Min) / pyritize vt
**Pyrit**⁓**konzentrat** n (Aufber) / pyrite concentrate ‖ ⁓**schmelzen** n (Hütt) / pyritic smelting* ‖ **teilweises** ⁓**schmelzen** (Hütt) / partial pyritic smelting*
**Pyro**•**antimonat(V)** n (Chem) / pyroantimonate n ‖ ⁓**bitumen** n (Geol) / pyrobitumen n ‖ ⁓**catechol** n (Chem) / pyrocatechin* n, pyrocatechol* n ‖ ⁓**ceram** (ein mikrokristalliner lithiumhaltiger Werkstoff der Fa. Corning, der durch gesteuerte Kristallisation aus bestimmten Gläsern erzeugt wird) / pyroceram n ‖ ⁓**chemische Aufarbeitung** (von abgebrannten Brennstoffelementen) (Nukl) / pyrochemical reprocessing ‖ ⁓**chlor** m (niob- und uranhaltiges Mineral) (Min) / pyrochlore* n ‖ ⁓**chroit** m (Mangan(II)-hydroxid) (Min) / pyrochroite* n ‖ ⁓**citronensäure** f (Chem) / aconitic acid ‖ ⁓**elektrischer Effekt** (Bergb, Eltech) / pyroelectric effect* ‖ ⁓**elektrizität** f (elektrische Aufladung der Grenzflächen einiger Kristalle bei Temperaturänderung) (Eltech, Min) / pyroelectricity* n ‖ ⁓**gallol** n (Chem) / pyrogallol n, pyro* n, pyrogallic acid*, 1,2,3-trihydroxybenzene n ‖ ⁓**gallolgerbstoff** n (Tanningerbstoff) (Chem, Leder) / gallotannic acid, gallotannin n ‖ ⁓**gallolphthalein** n (Biochem) / gallein n, anthracene violet, gallin n, pyrogallolphthalein n ‖ ⁓**gallussäure** f (1,2,3-Trihydroxybenzol) (Chem) / pyrogallol n, pyro* n, pyrogallic acid*, 1,2,3-trihydroxybenzene n ‖ ⁓**gen** adj (Chem, Geol) / pyrogenic* adj, pyrogenous adj ‖ ⁓**gen** n (Pharm) / pyrogen* n ‖ ⁓**genetisch** adj (Chem, Geol) / pyrogenic* adj, pyrogenous adj ‖ ⁓**glutaminsäure** f (Chem) / pyroglutamic acid ‖ ⁓**gnom** adj (Min) / pyrognomic adj ‖ ⁓**graphit** m (Chem, Eltech, Med) / pyrocarbon (PC) n, pyrographite n ‖ ⁓**katechingerbstoff** m (Chem, Leder) / catecholtannin n, condensed tannin ‖ ⁓**katechol** n (Chem) / pyrocatechin* n, pyrocatechol* n ‖ ⁓**keram** n / pyroceram n ‖ ⁓**kieselsäure** f (Chem) / disilicic acid ‖ ⁓**klastisch** adj (Geol) / pyroclastic adj ‖ ⁓**klastit** m (Sammelbezeichnung für sämtliche klastischen vulkanischen Produkte) (Geol) / pyroclastic rock* ‖ ⁓**kohlenstoff** m (Chem, Eltech, Med) / pyrocarbon (PC) n, pyrographite n ‖ ⁓**kondensation** f (bei hohen Temperaturen) (Chem) / pyrocondensation* n ‖ ⁓**ligninsäure** f (Chem) / pyroligneous acid*, pyracetic acid ‖ ⁓**lusit** m (Min) / pyrolusite* n ‖ ⁓**lusit idiomorpher** (tetragonale Kristalle) (Min) / polianite n ‖ ⁓**lysator** m (in der Pyrolyse-Gaschromatografie) (Chem) / pyrolyzer n
**Pyrolyse** f (thermische Zersetzung) (Chem Verf) / pyrolysis* n (pl. pyrolyses) ‖ ⁓ **in der Wirbelschicht** (Chem Verf) / fluidized-bed pyrolysis ‖ ⁓**anlage** f (Chem Verf) / pyrolysis unit, pyrolysis plant ‖ ⁓**benzin** n (Chem Verf, Erdöl) / pyrolysis gasoline ‖ ⁓**-Gaschromatografie** f (die besonders bei Polymeren angewandt wird) (Chem) / pyrolysis gas chromatography, pyrolytic gas chromatography ‖ ⁓**öl** n (Chem Verf) / pyrolysis oil ‖ ⁓**produkt** n (Chem Verf) / pyrolysate n, pyrolyzate n, pyrolysis product
**pyrolysieren** v (thermisch zersetzen) (Chem Verf) / pyrolyse v, pyrolyze v (US)
**pyrolytisch** adj (Chem Verf) / pyrolytic adj
**Pyro**•**mellithsäure** f (1,2,4,5-Benzoltetracarbonsäure) (Chem) / pyromellitic acid, PMA ‖ ⁓**metallurgie** f (Gewinnung und Raffination von Metallen bei höheren Temperaturen) (Hütt) / pyrometallurgy* n, igneous metallurgy, melting metallurgy ‖ ⁓**metallurgisch** adj (Hütt) / pyrometallurgical adj ‖ ⁓**metallurgische Anreicherung** (Hütt) / thermal upgrading ‖ ⁓**metallurgische Raffination** (Hütt) / fire refining* ‖ ⁓**metamorphose** f (bei stark erhöhten Temperaturen) (Min) / pyrometamorphism n ‖ ⁓**meter** n (ein Gerät zur berührungslosen Messung hoher Temperaturen) (Phys) / pyrometer* n ‖ **thermoelektrisches** ⁓**meter** (Eltech) / thermoelectric pyrometer*, thermocouple pyrometer ‖ **optisches** ⁓**meter** (das auf dem Vergleich der Helligkeit und/oder der Farbe des anvisierten Körpers mit der Helligkeit und/oder Farbe eines Vergleichskörpers beruht) (Phys, Wärm) / optical pyrometer* ‖ ⁓**meterkegel** m (ein aus Oxiden oder Silikatgemengen geformter Kegel, der zur Kontrolle des Brennzustandes in keramischen Öfen dient) (Keram) / pyrometric cone*, fusible cone, melting cone, pyrometer cone ‖ ⁓**metrie** f (ein Verfahren der berührungslosen Temperaturmessung) (Phys) / pyrometry n ‖ ⁓**metrisch** adj (Phys) / pyrometric adj ‖ ⁓**morph** adj / pyromorphous adj ‖ ⁓**morphit** m (Mineral der Apatitgruppe, grün oder braun) (Min) / pyromorphite* n
**Pyron** n (Sammelname für eine Gruppe ketonartiger heterozyklischer Verbindungen) (Chem) / pyrone* n
**Pyrop** m (ein Granat) (Min) / pyrope* n, pyrope garnet
**pyrophor** adj (als pyrophor gilt ein Stoff, der sich selbst entzündet, sobald er bei Zimmertemperatur mit dem Luftsauerstoff in Berührung kommt) / pyrophoric adj ‖ ⁓**e Legierung** (ein Pyrophor) (Hütt) / pyrophoric metal*, pyrophoric alloy ‖ ⁓**es Metall** (ein Pyrophor) (Hütt) / pyrophoric metal*, pyrophoric alloy ‖ ⁓**es Metall** (Hütt) s. auch Auermetall und Mischmetall
**Pyro**•**phosphat** n (Chem) / diphosphate(V) n ‖ ⁓**phosphorsäure** f (Chem) / pyrophosphoric acid*, diphosphoric acid, phosphoric(V) acid ‖ ⁓**phyllit** m (Keram, Min) / pyrophyllite* n, wonderstone n ‖ ⁓**phyllit** (derbes dichtes Aggregat) (Min) / pencil stone* ‖ ⁓**pissit** m (Wachskohle mit 40-70% Bitumen) (Geol) / pyropissite n ‖ ⁓**säure** f (Chem) / pyroacid n ‖ ⁓**schwefelsäure** f (Chem) / disulphuric acid, pyrosulfuric acid ‖ ⁓**schweflige Säure** (Chem) / disulphurous acid ‖ ⁓**skop** n (Keram) / pyroscope n (a cone, ring, bar or pellet)
**Pyrosol** n (ein kolloides System, bei dem Schmelzen als Dispersionsmittel fungieren) (Chem) / pyrosol n
**Pyrosor** m (Meßanordnung, bei der die von einem Körper ausgehende Infrarotstrahlung durch einen Temperatursensor erfaßt und in einem Meßsystem ausgewertet wird) / pyrosor n
**Pyro**•**sulfat** n (Chem) / disulphate n, pyrosulphate n ‖ ⁓**sulfit** n (Chem) / disulphite n, pyrosulphite n ‖ ⁓**technik** f (Chem) / pyrotechny* n ‖ ⁓**technisch** adj (Chem) / pyrotechnic adj, pyrotechnical adj ‖ ⁓**technische Erzeugnisse** (Munition, Leucht-, Signal-, Brand- und Nebelkörper) / pyrotechnics pl, pyrotechnic products ‖ ⁓**technische Satz** / pyrotecnic mixture ‖ ⁓**weinsäure** f (Chem) / methylsuccinic acid, pyrotartaric acid
**Pyroxen**•**e** n pl (Sammelbegriff für eine Gruppe von Silikaten - ihr Hauptmerkmal sind unendliche Reihen von SiO₄-Tetraedern) (Min) / pyroxene group*, pyroxenes pl ‖ **orthorhombischer** ⁓ (Min) / orthopyroxene n

**Pyroxenit** *m* (ein Tiefengestein mit vorherrschenden Pyroxenen) (Geol) / pyroxenite* *n*
**Pyrrhotin** *m* (Min) / pyrrhotite* *n*, magnetic pyrites*, pyrrhotine* *n*
**Pyrrol** *n* (Chem) / pyrrole* *n* ‖ ≃**farbstoffe** *m pl* (Chem, Tex) / pyrrole pigments
**Pyrrolidin** *n* (Tetramethylenimin) (Chem) / pyrrolidine* *n*, tetrahydropyrrole *n* ‖ ≃**alkaloid** *n* (z.B. Hygrin) (Chem) / pyrrolidine alkaloid
**Pyrrolidinon, 2-**≃ (Chem) / pyrrolidone *n*
**Pyrrolidon** *n* (Chem) / pyrrolidone *n*
**Pyrrolin** *n* (Dihydropyrrol) (Chem) / pyrroline* *n*
**Pyrrolizidinalkaloide** *n pl* (z.B. die Senecioalkaloide) (Pharm) / pyrrolizidine alkaloids
**Pyrrolo/1,2-a/pyridingerüst** *n* (ein benzkondensiertes Ringsystem der Pyrrolgruppe) (Chem) / indolizine *n*, indolizine ring system, pyrrocoline ring system
**Pyrrolochinolinchinon** *n* (Biochem) / pyrroloquinoline quinone
**Pyrrolring** *m* (Chem) / pyrrole ring
**Pyrron** *n* (ein Polykondensat aus aromatischen Tetracarbonsäuren und aromatischen Tetraminen) (Chem) / polyimidazopyrrolone *n*, pyrrone *n*
**Pyruvaldehyd** *m* (Chem) / pyruvic aldehyde, pyruvaldehyde *n*, methylglyoxal *n*
**Pyruvat** *n* (Derivat der Brenztraubensäure) (Biochem) / pyruvate *n* ‖ ≃**carboxylase** *f* (Biochem) / pyruvate carboxylase ‖ ≃**decarboxylase** *f* (Biochem) / pyruvate decarboxylase ‖ ≃**dekarboxylase** *f* (Biochem) / pyruvate decarboxylase ‖ ≃**karboxylase** *f* (ein zu den Ligasen gehörendes Enzym) (Biochem) / pyruvate carboxylase
**Pyruvinsäure** *f* (2-Oxopropansäure) (Chem) / pyruvic acid, pyroracemic acid, 2-oxopropanoic acid
**Pyryliumsalze** *n pl* (Chem) / pyrylium salts
**pythagoräischer Lehrsatz** (A) (Math) / Pythagoras' theorem*, Pythagorean theorem
**Pythagoras** *m* (Math) / Pythagoras' theorem*, Pythagorean theorem
**pythagoreisch•er Lehrsatz** (Math) / Pythagoras' theorem*, Pythagorean theorem ‖ ~**es Tripel** (a,b,c mit $c^2 = a^2 + b^2$) (Math) / Pythagorean numbers, Pythagorean triple ‖ ~**e Zahlen** (Math) / Pythagorean numbers, Pythagorean triple ‖ ~**es Zahlentripel** (Math) / Pythagorean numbers, Pythagorean triple
**PZ** (Bau, HuT) / ordinary Portland cement (BS 12), ordinary cement, Portland cement*, OPC
**PZ-Klinker** *m* (Bau) / Portland cement clinker, clinker *n*
**P-Zweig** *m* (in dem Rotations-Schwingungs-Termschema - mit dem Minuszeichen) (Spektr) / P line, P branch

# Q

**q** (dimensionslose Zahl zur Berechnung der für den Strahlenschutz definierten Dosisgröße = Äquivalentdosis) (Radiol) / quality factor*, QF
**Q** (nach DIN-ISO 1629 ein Gruppenbuchstabe für Kautschuke mit Siloxangruppen in der Polymerkette) / Q
**Q-Bit** *n* (EDV) / qualifier bit, Q bit
**QCD** (Phys) / quantum chromodynamics* (QCD)
**QC-Flugzeug** *n* (bei dem die Bestuhlung auf Paletten montiert wird, wodurch ein schnelles Umrüsten von Fracht- auf Passagierdienst und umgekehrt möglich ist) (Luftf) / QC plane, quick-change plane
**Q-Code** *m* (Luftf) / Q-code*
**QED** (Phys) / quantum electrodynamics* (QED)
**Q-Elektron** *n* (der Q-Schale) (Kernphys) / Q-electron, Q-shell electron
**QFD** (Phys) / quantum flavour dynamics
**QF-Wechselwirkung** *f* (Eltronik, Spektr) / quadruple-electric-field gradient interaction, QF interaction
**QHD** / quantum haplodynamics, QHD, hypercolour dynamics
**Q/H-Kurve** *f* (Kennlinie einer Pumpe) (Masch) / head-capacity (characteristic) curve
**Qinghaosu** *n* (Pharm) / qinghaosu *n*
**Q-Kluft** *f* (Geol) / oblique joint
**Q-Kode** *m* (im Flugfunk) (Luftf) / Q-code*
**QL** (Fernsp) / tie-line *n*
**QM** / quality management
**QMS** / quality-management system, QM system
**QM-System** *n* / quality-management system, QM system
**QOA** (Radiol) / source-skin-distance *n*, SSD
**Q-Oszillator** *m* (Eltronik, Phys) / quartz oscillator*, crystal oscillator*, piezoelectric oscillator, quartz-crystal oscillator
**QPQ-Verfahren** *n* (ein Salzbadnitrierverfahren mit nachfolgendem Tauchbad in einer oxidierenden Salzschmelze) (Hütt) / quench polish quench, QPQ
**QPSK-Modulator** *m* (Eltronik) / quaternary phaseshift keying modulator, QPSK modulator
**Q-Register** *n* (EDV) / quotient register
**QS** (DIN EN ISO 8402) / quality assurance* (QA*)
**QSAR** (Chem) / QSAR, quantitative structure-activity relationship
**QSAR-Methode** *f* (zahlenmäßige Beziehung zwischen der Struktur der Moleküle und ihren Wirkungen) (Chem) / QSAR, quantitative structure-activity relationship
**Q-Schale** *f* (Kernphys) / Q-shell* *n*
**Q-Schalter** *m* (Eltronik) / Q-switch *n*
**Q-Schaltung** *f* (Eltronik, Phys) / Q-switching* *n*
**Q-Signal** *n* (TV) / Q-signal* *n*
**QSL-Verfahren** *n* (zur Blei- bzw. Zinkgewinnung - der Firma Lurgi) (Hütt) / QSL process
**Q-Switch** *m* (bei der Gütemodulation der Anregungsenergie in den Laserkristallen) (Eltronik) / Q-switch *n*
**QTH-Kennerkarte** *f* (im Amateurfunk) / QTH locator map
**QTH-Locator-Karte** *f* / QTH locator map
**QTOL-Flugzeug** *n* (Luftf) / quiet take-off and landing airplane, QTOL airplane
**Quad-Antenne** *f* (Radio) / quad antenna, cubical-quad antenna
**Quader** *m* (Bau) / square-hewn stone ‖ ~ (Prisma mit einem Rechteck als Grundfläche) (Math) / right parallelepiped, rectangular parallelepiped, cuboid* *n* ‖ **[als Parallelepiped]** ~ (Bau) / ashlar* *n*, dimension stone, hewn stone ‖ **bearbeiteter** ~ (Bau) / tooled ashlar* ‖ **bossierter** ~ (Buckelstein) (Bau) / rusticated ashlar* ‖ **förmige Anode** (für Anodentaschen) (Galv) / square *n* ‖ **mauerwerk** *n* (Bau) / regular-coursed ashlar work, ashlar masonry ‖ **stein** *m* (Bau) / square-hewn stone
**Quaderstein, fertigbearbeiteter** ~ (Bau) / smooth ashlar*
**Quad-in-line-Gehäuse** *n* (zum Verkappen integrierter Schaltungen) (Eltronik) / quad-in-line package, QUIL package
**quadrangulär** *adj* (Masch, Math) / quadrangular *adj*, quadrilateral *adj*, quadrangled *adj*
**Quadrant** *m* (Seegebiet zur Konzessionsvergabe) (Erdöl) / quadrant *n* ‖ ~ (Parallelkoordinaten, Zweitafelprojektion) (Math) / quadrant* *n* ‖ ~ (Verm) / quadrant* *n*
**Quadrantalausschlagfehler** *m* (des Kompasses) (Schiff) / quadrantal deviation*
**Quadranten•elektrometer** *n* (ein elektrostatisches Meßwerk mit zusätzlichen Elektroden, an die Hilfsspannungen gelegt werden) (Elektr, Instr) / quadrant electrometer*, Kelvin electrometer* ‖ ~**fotodiode** *f* (positionsempfindliche Fotodiode mit Einteilung der lichtempfindlichen Fotoempfängerfläche in vier Quadranten) (Eltronik) / quadrant photodiode ‖ ~**test** *m* (ein Signifikanztest zur Untersuchung von Abhängigkeiten zwischen zwei Zufallsgrößen) (Stats) / medial test
**Quadrant•fehler** *m* (Nav, Radar) / quadrantal error ‖ ~**stromrichter** *m* (Eltronik) / quadrant convertor
**Quadrat•** - / square *adj*, quadratic *adj* ‖ ~ *n* (zweite Potenz) (Math) / square *n*, square number ‖ ~ (Figur) (Math) / square* *n* ‖ ~ (ein Blindmaterialstück nach DIN 16507) (Typog) / quadrat* *n*, quad* *n* ‖ **Eulersches** ~ (Math, Stats) / Graeco-Latin square, Greco-Latin square (US), Euler's square ‖ **griechisch-lateinisches** ~ (in der Varianzanalyse) (Math, Stats) / Graeco-Latin square, Greco-Latin square (US), Euler's square ‖ **ins** ~ **erheben** (Math) / square *v*, raise to the second power ‖ **lateinisches** ~ (in der Varianzanalyse) (Math, Stats) / Latin square ‖ **magisches** ~ (Math) / magic square ‖ **orthogonales lateinisches** ~ (Math) / orthogonal Latin square, orthogonal square, Graeco-Latin square ‖ **pandiagonales magisches** ~ (Math) / pandiagonal magic square ‖ **vollkommenes** ~ (Math) / perfect square
**Quadrat•dibbelmaschine** *f* (Landw) / check-row drill ‖ ~**freie Zahl** (Math) / square-free number ‖ ~**integrable Funktion** (Math) / square-integrable function
**quadratisch** *adj* (Gleichung) / quadratic *adj* ‖ ~ / square *adj*, quadratic *adj* ‖ ~**e Beschaffenheit** / squareness *n* ‖ ~**er Detektor** (Eltech) / square-law demodulator*, square-law detector* ‖ ~**er Doppler-Effekt** (Phys) / Doppler effect of the second order, quadratic Doppler effect ‖ ~**es Entfernungsgesetz** (das Entfernungsquadrat im Nenner des fotometrischen Grundgesetzes) (Phys) / inverse square law*, square law ‖ ~**e Ergänzung** (Math) / completing the square ‖ ~**e Funktion** (Math) / quadratic function (in real analysis) ‖ ~**er Gleichrichter** (Eltech) / square-law rectifier* ‖ ~**e Gleichung** (Math) / quadratic equation*, quadratic *n*, equation of the second degree ‖ ~**es Halbzeug** (Euronorm 79-69) (Hütt) / square semi-finished product ‖ ~**er Handamboß** (Masch) / square *n* ‖ ~**er Häuserblock** (Bau) / square *n* (US) ‖ ~ **integrierbare Funktion** (Math) / square-integrable function ‖ ~**es Kaliber** (Hütt) / square groove, square pass ‖ ~**er Keil** (Masch) / square key, square plain taper key ‖ ~**e Matrix** (Math) / square matrix, quadratic matrix ‖ ~**es Mittel** (Stats) / root mean square*, quadratic mean, rms*, r.m.s., root-sum square ‖ ~**er Mittelwert** (Phys) / r.m.s. value*, RMS value, effective value*, root-mean-square value* ‖ ~**er Mittenrauhwert** (Masch) / root-mean-square height ‖ ~**er Motor** (wenn das Verhältnis zwischen Hub und Bohrung 1 ist) (V-Mot) / square engine ‖ ~**er Nichtrest** (mod p) (Math) / quadratic non-residue (of p) ‖ ~**er Rest** (mod p) (Math) / quadratic residue (of p) ‖ ~**es Reziprozitätsgesetz** (Math) / inverse square law ‖ ~**er Stark-Effekt** (Phys) / quadratic Stark effect
**quadratisch-planarer Komplex** (Chem) / square-planar complex
**Quadrat•kaliber** *n* (Hütt) / square groove, square pass ‖ ~**keil** *m* (Masch) / square key, square plain taper key ‖ ~**meter** *n m* / square metre, square meter (US) ‖ ~**metermasse** *f* (von Papier, Karton oder Pappe) (Pap) / basis weight, substance* *n*, grammage *n*, G.S.M. ‖ ~**mittel** *n* (Stats) / root mean square*, quadratic mean, rms*, r.m.s., root-sum square ‖ ~**mittenmethode** *f* (ein rekursiver Algorithmus zur Berechnung von Zahlen mit dem Zweck, diese als Zufallszahlen zu verwenden) (Stats) / mid-square method ‖ ~**motor** *m* (zwei Parallelzweizylinder mit zwei Kurbelwellen, die hintereinander angeordnet und durch Zahnräder oder Kette verbunden sind) (V-Mot) / square-four engine
**Quadrator** *m* (Eltronik) / squarer *n*
**Quadratrix** *f* (pl. -izes) (eine von Hippias von Elis eingeführte transzedente Kurve) (Math) / quadratrix of Hippias, quadratrix *n*
**Quadrat•säure** *f* (Chem) / squaric acid, quadratic acid (3,4-dihydroxycyclobut-3-ene-1,2-dione) ‖ ~**schema** *n* (der Straßen, wie z.B. in Mannheim) (Arch) / grid *n* ‖ ~**stahl** *m* (Hütt) / square *n*, square steel ‖ ~**suchverfahren** *n* (Luftf) / square search ‖ ~**summe** *f* (Math) / sum of squares (the sum of squared values)
**Quadratur** *f* (eine Konstellation) (Astr) / quadrature* *n* ‖ ~ (Berechnung des Flächeninhalts krummlinig begrenzter ebener Flächen - geometrische, arithmetische) (Math) / quadrature *n* ‖ ~**amplitudenmodulation** *f* (Fernm) / quadrature amplitude modulation* (QAM, QUAM) ‖ ~**entzerrer** *m* (Fernm) / quadrature equalizer ‖ **Gaußsche** ~**formel** (Math) / Gaussian quadrature formula ‖ ~**verzerrung** *f* (Fernm) / quadrature distortion
**Quadrat•wurzel** *f* (mit dem Wurzelexponenten n = 2) (Math) / square root* ‖ **Kohlrausches** ~**wurzelgesetz** (Chem) / Kohlrausch's square-root law ‖ ~**wurzelmethode** *f* (zur Auflösung eines linearen Gleichungssystems) (Math) / Cholesky method, Choleski method, Cholesky's method, Choleski's method ‖ ~**wurzelprogramm** *n*

**Quadratwurzelzeichen**

(EDV) / square-root subroutine ‖ ~wurzelzeichen *n* (Typog) / square-root sign ‖ ~zahl *f* (Math) / square *n*, square number
**quadrierbare Menge** (Math) / squarable set
**Quadrierbarkeit** *f* (Math) / squareability *n*, squarability *n*
**quadrieren** *v* (in die 2. Potenz erheben, mit einem Quadratnetz überziehen) (Math) / square *v*, raise to the second power
**quadrierendes Glied** (Eltronik) / squarer *n*
**Quadrierglied** *n* (Eltronik) / squarer *n*
**Quadrifolium** *n* (pl. -ien) (Math) / four-leafed rose, quadrifolium *n* (pl. -folia)
**Quadrik** *f* (Math) / quadric* *n*, quadric surface ‖ **konfokale ~en** (Math) / confocal quadrics*
**Quadrikorrelator** *m* (TV) / quadricorrelator *n*
**Quadrillé** *m* (feinkariertes Seiden- oder Chemiefasergewebe) (Tex) / quadrillé *n*
**Quadrillion** *f* ($10^{24}$) (Math) / quadrillion *n* (GB)
**Quadrinom** *n* (Math) / quadrinomial *n*
**quadrinomisch** *adj* (Math) / quadrinomial *adj*
**Quadrophonie** *f* (Verfahren zur Abbildung von Schallereignissen unter Verwendung von vier getrennten Kanälen) (Akus) / quadraphony *n*, quadraphonics *n*, four-channel sound system
**quadrophonisch** *adj* (Akus) / quadraphonic *adj*, quadrophonic *adj*
**Quadrospeed-Laufwerk** *n* (EDV) / quad-speed drive
**Quadrupel** *n* (ein /geordnetes/ Viertupel) (Math) / quadruple *n* ‖ ~**punkt** *m* (Chem) / quadruple point*
**Quadruplett** *n* (vier eng beieinanderliegende Spektrallinien) (Spektr) / quadruplet *n*, quartet *n*
**Quadruplexsystem** *n* (Teleg) / quadruplex system*
**Quadrupol** *m* (eine Verteilung elektrischer Ladungen oder magnetischer Pole, deren Dipolmoment verschwindet) (Phys) / quadrupole* *n* ‖ ~**-Feldgradienten-Wechselwirkung** *f* (Eltronik, Spektr) / quadruple-electric-field gradient interaction, QF interaction *f* ‖ ~**linse** *f* (Bauelement der Ionen- und Elektronenoptik) (Opt) / quadrupole lens ‖ ~**magnet** *m* (Nukl) / quadrupole magnet ‖ ~**massenfilter** *n* (nach Paul - das als Massenspektrometer benutzt wird) (Spektr) / quadrupole mass filter ‖ ~**massenspektrometer** *n* (ein Hochfrequenzspektrometer für nichtmagnetische Trennungsmethoden) (Spektr) / quadrupole spectrometer, Massenfilter *n*, quadrupole mass spectrometer ‖ ~**moment** *n* (bei Atomen) (Phys) / quadrupole moment* ‖ ~**optik** *f* (Opt) / quadrupole optics ‖ ~**potential** *n* (Phys) / quadrupole potential* ‖ ~**strahlung** *f* (Phys) / quadrupole radiation ‖ ~**wechselwirkung** *f* (Spektr) / quadrupole interaction, quadrupolar interaction
**Quadspeed-Laufwerk** *n* (EDV) / quad-speed drive
**Qualifikation** *f* (des Personals) (F.Org) / qualification *n*
**Qualifikationsmerkmal** *n* (z.B. hell in "helles Blau") / qualifier *n*
**qualifizierter Name** (EDV) / qualified name
**Qualität** *f* (eine aristotelische Seinskategorie) / quality *n* ‖ ~ (DIN 55350) / grade *n*, quality *n*, class *n* ‖ ~ (in der Toleranz- und Passungskunde) (Masch) / grade *n* ‖ **gute** ~ (für die Archivierung) / archival quality ‖ **handelsübliche** ~ / commercial grade, commercial quality ‖ **minderwertige** ~ / inferior quality ‖ **mittlere** ~ / fair quality, average quality, medium quality, middling quality ‖ **nukleare** ~ (für die Anwendung in der Kerntechnik) (Nukl) / nuclear grade ‖ **von minderer** ~ / low-grade *attr*, substandard *attr*, low-quality *attr*, poor-quality *attr* ‖ ~ *f* **mit Zeitdimension** (eines Erzeugnisses) / time zero plus quality
**qualitativ** *adj* / qualitative *adj*, qual ‖ ~**e Analyse** (Chem) / qualitative analysis*, qual analysis ‖ ~**e Bewertung** (grafisches eines Terminus) / quality label ‖ ~**es Filterpapier** (Chem) / qualitative-grade filter paper
**Qualitäts•-** / high-grade *attr*, high-quality *attr*, superior *adj*, high-class *attr*, top-grade *attr* ‖ ~**analyse** *f* / quality analysis ‖ ~**audit** *m n* (mit dem die Wirksamkeit und Vollständigkeit eines QM-Systems beurteilt wird - externer, interner) / quality audit ‖ ~**bewußt** *adj* / quality-conscious *adj* ‖ ~**einbuße** *f* / deterioration *n*, degradation *n* ‖ ~**faktor** *m* (Radiol) / quality factor, QF ‖ **annehmbare** ~**grenzlage** (bei der statistischen Qualitätskontrolle) (Stats) / acceptable quality level, AQL, acceptance quality level ‖ **rückzuweisende** ~**grenzlage** (Stats) / lot tolerance per cent defective, LTPD, limiting quality ‖ ~**größe** *f* (Phys) / intensive quantity ‖ ~**holz** *n* (For) / high-grade timber, quality timber ‖ ~**klasse** *f* / quality level ‖ ~**kontrolle** *f* (Masch) / quality check, QC ‖ **statistische** ~**kontrolle** / statistical quality control ‖ ~**kontrolle** *f* **von Lebensmitteln** (Nahr) / food control ‖ ~**kosten** *pl* / quality costs(s) ‖ ~**lage** *f* / quality level ‖ ~**management** *n* (DIN EN ISO 8402) / quality management ‖ ~**managementsystem** *n* / quality-management system, QM system ‖ ~**produkt** *n* / quality product, high-quality product ‖ ~**prüfung** *f* / quality test ‖ ~**prüfung** (Einzelmaßnahme im Rahmen der Qualitätsüberwachung) (Masch) / quality check, QC ‖ ~**regelkarte** *f* (in der Qualitätstechnik) / control chart

**Qualitätssicherung** *f* (DIN 55350, T 11) / quality assurance* (QA*) ‖ ~ s. auch Qualitätsprüfung ‖ **analytische** ~ (Chem) / analytical quality control ‖ **rechnergestützte** ~ / computer-aided quality control ‖ **rechnerunterstützte** ~ (EDV, F.Org) / computer-aided quality assurance, CAQ ‖ ~ *f* **im Kundeneinsatz** / customer assurance
**Qualitäts•sicherungssystem** *n* (DIN ISO 9000-9004) (F.Org) / quality system ‖ ~**siegel** *n* / quality tick ‖ ~**stahl** *m* (Euronorm 20/74) (Hütt) / quality steel, high-grade steel ‖ ~**status** *m* (eines Terminus in der Datenbank) / quality label ‖ ~**steuerung** *f* (Gesamtheit der überwachenden und korrigierenden Maßnahmen bei der Herstellung eines Erzeugnisses bzw. einer Serie von Erzeugnissen, damit diese die vorgeschriebene Qualität besitzen) / quality control, QC ‖ ~**steuerungstechnik** *f* (DIN 55350, T 11) / quality engineering ‖ ~**system** *n* (F.Org) / quality system ‖ ~**überwachung** *f* / quality surveillance ‖ ~**verlust** *m* / degradation *n* ‖ ~**vorschrift** *f* / quality specification ‖ ~**wert** *m* / quality value, Q-value *n* ‖ ~**zirkel** *m* (auf Dauer angelegte Arbeitsgruppe, in der 3 - 20 Mitarbeiter eines Unternehmens mit gleichartiger oder ähnlicher Erfahrungsgrundlage Probleme und Schwachstellen innerhalb des eigenen Arbeitsbereichs analysieren und Lösungsvorschläge bzw. Empfehlungen erarbeiten) (F.Org) / quality circle (a group of employees who meet regularly to consider ways of resolving problems and improving production in their organization)
**Qualm** *m* (dichter, quellender Rauch) / thick smoke, dense smoke
**qualmen** *v* (Lampe) / smoke *vi*
**qualmend** *adj* / smoky *adj*
**qualmig** *adj* / smoky *adj*
**Quant** *n* (pl. -en) (Phys) / quantum* *n* (pl. quanta) ‖ **virtuelles** ~ (Phys) / virtual quantum*
**quanteln** *v* (physikalische Größen) (Phys) / quantize *v* ‖ ~ *n* (die mathematische Operation der Quantisierung) (Math) / quantization *n* ‖ ~ (wenn eine physikalische Größe nur diskrete Werte annehmen kann) (Phys) / quantization* *n*
**Quantelung** *f* (Math) / quantization *n* ‖ ~ (Phys) / quantization* *n*
**Quanten•-** (Phys) / quantum *attr*, quantal *adj* ‖ ~**akustik** *f* (Akus) / quantum acoustics ‖ ~**annihilation** *f* (Phys) / quantum annihilation ‖ ~**äquivalentgesetz** *n* (Chem) / Stark-Einstein equation*, Stark-Einstein law, Einstein photochemical equivalence law ‖ ~**ausbeute** *f* (Chem, Kernphys) / quantum yield*, quantum efficiency* ‖ **fotoelektrische** ~**ausbeute** (Eltronik) / photoelectric yield* ‖ **lichtelektrische** ~**ausbeute** (Eltronik) / photoelectric yield* ‖ ~**bahn** *f* (Kernphys) / quantum orbit ‖ ~**beats** *pl* (Oszillationen, die in der Fluoreszenz von gekoppelten Zuständen beobachtet werden) (Phys) / quantum beats ‖ ~**bedingung** *f* (Kernphys) / quantum condition ‖ ~**biologie** *f* (Biol, Phys) / quantum biology ‖ ~**chaos** *n* (Phys) / quantum chaos ‖ ~**chemie** *f* (ein Teilgebiet der theoretischen Chemie, das sich mit der Anwendung der Prinzipien von Quantenmechanik und Quantentheorie auf spezifische chemische Probleme befaßt) (Chem) / quantum chemistry ‖ ~**chromodynamik** *f* (Quantenfeldtheorie zur Beschreibung der starken Wechselwirkung zwischen den Quarks) (Phys) / quantum chromodynamics* (QCD) ‖ ~**computer** *m* (EDV) / quantum computer ‖ ~**defekt** *m* (Störung im Atomspektrum) (Kernphys) / quantum defect ‖ ~**detektor** *m* (Phys) / quantum detector ‖ ~**elektrodynamik** *f* (Phys) / quantum electrodynamics* (QED) ‖ ~**elektronik** *f* (Eltronik, Phys) / quantum electronics* ‖ ~**feldtheorie** (Phys) / quantum field theory ‖ **axiomatische** ~**feldtheorie** (Phys) / axiomatic quantum field theory ‖ ~**flavourdynamik** *f* (die mit den Flavour-Freiheitsgraden der Quarks als Quellen einer Flavour-Wechselwirkung verknüpfte Eichfeldtheorie) (Phys) / quantum flavour dynamics ‖ ~**flüssigkeit** *f* (Phys) / quantum fluid ‖ ~**gas** *n* (Phys) / quantum gas ‖ ~**-Hall-Effekt** *m* (fraktioneller) (Phys) / Klitzing effect ‖ ~**-Hall-Effekt** (Phys) / quantum Hall effect* ‖ ~**haplodynamik** *f* / quantum haplodynamics, QHD, hypercolour dynamics ‖ ~**hypothese** *f* (Phys) / Planck's law* ‖ **supraleitender** ~**interferenzdetektor** (Phys) / superconducting quantum interference device*, squid* *n* ‖ ~**interferometer** *n* (ein kryoelektronisches Meßinstrument) (Phys) / superconducting quantum interference device*, squid* *n* ‖ ~**mechanik** *f* (im allgemeinen) (Phys) / quantum mechanics* ‖ ~**mechanik** (von Schrödinger) (Phys) / wave mechanics* ‖ ~**mechanik** (von Heisenberg) (Phys) / matrix mechanics ‖ ~**mechanisch** *adj* (Phys) / quantum-mechanical *adj* ‖ ~**mechanisches Interferometer** (Phys) / superconducting quantum interference device*, squid* *n* ‖ ~**mechanischer Operator** (Phys) / quantum-mechanical operator ‖ ~**mechanischer Zustand** (Phys) / quantum state ‖ ~**optik** *f* (Opt) / quantum optics ‖ ~**physik** *f* (Phys) / quantum physics ‖ ~**plasma** *n* (Phys) / quantum plasma ‖ ~**rauschen** *n* (Eltronik) / quantum noise ‖ ~**rechner** *m* (EDV) / quantum computer ‖ ~**spannung** *f* (Phys) / quantum voltage* ‖ ~**sprung** *m* (aus einem Quantenzustand in einen anderen) (Phys) / quantum jump, quantum leap ‖ ~**statistik** *f* (das Teilgebiet der Statistik, dem die Quantenmechanik zugrunde liegt) (Phys) / quantum statistics* ‖ **intermediäre** ~**statistik** (Stats) /

parastatistics n || ~**theoretisch** adj (Phys) / quantum-theoretical adj || ~**theorie** f (Phys) / quantum theory* || ~**theorie der Wellenfelder** (Phys) / quantum field theory* || ~**trog** m (eine künstlich in einem Halbleiter oder Halbmetall im Kristallzüchtungsprozeß erzeugte Doppelheterostruktur, bei der die Strukturbreite L vergleichbar ist mit der de Broglie-Wellenlänge der Kristallelektronen) (Phys) / quantum well || ~**übergang** m (Kernphys) / quantum transition || ~**vernichtung** f (Phys) / quantum annihilation || ~**-Well** m (eine künstlich in einem Halbleiter oder Halbmetall im Kristallzüchtungsprozeß erzeugte Doppelheterostruktur, bei der die Strukturbreite L vergleichbar ist mit der de Broglie-Wellenlänge der Kristallelektronen) (Phys) / quantum well || ~**wirkungsgrad** m (Chem, Kernphys) / quantum yield*, quantum efficiency* || ~**zahl** f (Kernphys) / quantum number || **rauschäquivalente** ~**zahl** (die am Eingang eines als rauschfrei gedachten Bildwandlers oder Detektors absorbiert werden muß, um im Ausgangssignal das tatsächliche Rauschen des realen Bildwandlers oder Detektors einschließlich Quantenrauschen zu erhalten) (Kernphys) / noise-equivalent number of quanta, NEQ || **ladungsartige** ~**zahl** (Phys) / charge-like quantum number || **topologische** ~**zahl** (Phys) / orbital quantum number*, azimuthal quantum number, secondary quantum number, angular momentum quantum number || **magnetische** ~**zahl** (Phys) / magnetic quantum number* || ~**zustand** m (Phys) / quantum state || ~**zwiebel** f (kugelförmige vielschichtige massive Kohlenstoffstruktur) (Chem) / quantum onion

**Quantifikation** f (KI) / quantification n

**Quantifikator** m (ein prädikatenlogischer Funktor nach DIN 5474) (KI) / quantifier n

**Quantifizierung** f (Verwandlung der freien Variablen einer Aussageform durch Verwandlung von Quantoren in eine wahre oder falsche Aussage) (KI) / quantification n

**Quantifizierungsfehler** m (Phys) / quantization error

**Quantil** n (DIN 55350, T 21) (Stats) / quantile* n || **empirisches** ~ (Stats) / empirical quantile

**quantisieren** v (Phys) / quantize v

**Quantisierer** m (EDV) / quantizer n

**quantisiert**•**er Hall-Effekt** (Phys) / quantum Hall effect* || ~**e Pulsmodulation** (Fernm) / quantized pulse modulation, QPM || ~**es System** (Phys) / quantized system

**Quantisierung** f (Übergang von der klassischen Mechanik zur Quantenmechanik) (Mech) / quantization n || **zweite** ~ (Wellenquantisierung) (Kernphys) / second quantization

**Quantisierungs**•**bereich** m (der aus der Gesamtheit der Quantisierungsintervalle gebildete Wertebereich des Analogsignals) (Fernm) / working range || ~**fehler** m (Instr) / truncation error, discretization error, global discretization error || ~**fehler** (Math) / quantization error || ~**rauschen** n (bei der Digitalisierung analoger Signale) (EDV, Eltronik) / quantization noise*, quantization distortion

**Quantität** f (eine aristotelische Seinskategorie) / quantity n

**quantitativ** adj / quantitative adj, quant, quantitive adj || ~**e Analyse** (Chem) / quantitative analysis* || ~**e Elementaranalyse** (Chem) / combustion test method, combustion analysis || ~**e Metallografie** (Bildanalyse) (Hütt) / quantitative metallography || ~**e Struktur-Wirkung-Beziehung** (zahlenmäßige Darstellung der Beziehungen zwischen der Struktur von Molekülen und ihrer Wirkungen) (Chem) / QSAR, quantitative structure-activity relationship

**Quantitätsgröße** f (Phys) / extensive quantity

**Quantometer** n (Gerät zur quantitativen Spektralanalyse) (Spektr) / quantometer* n

**Quantor** m (ein prädikatenlogischer Funktor nach DIN 5474) (KI) / quantifier n || **unscharfer** ~ (z.B. 'fast nie') / fuzzy quantor || ~ m **höherer Ebene** (KI) / high-level quantifier, superlogical quantifier

**Quantorenlogik** f (KI) / predicate logic

**Quantum** n / quantity n, quantum n (pl. quanta)* || ~ (pl. -ten) (Phys) / quantum* n (pl. quanta) || ~ **der Zirkulation** (Phys) / quantum of circulation

**Quantum-Well** m (eine künstlich in einem Halbleiter oder Halbmetall im Kristallzüchtungsprozeß erzeugte Doppelheterostruktur, bei der die Strukturbreite L vergleichbar ist mit der de Broglie-Wellenlänge der Kristallelektronen) (Phys) / quantum well

**quarantänepflichtig** adj (Krankheit) (Med, Pharm) / quarantinable adj

**Quark** n (hypothetisches Teilchen im Quarkmodell) (Kernphys) / quark* n || ~ m (Sauermilch- oder Lab-) (Nahr) / quark n || **b-**~ (Kernphys) / beauty quark, bottom quark || **p-**~ (Kernphys) / pquark n || ~ **im See** (Kernphys) / sea quark || ~-**Antiquark-See** m (Kernphys) / quark-antiquark sea, pair sea || ~**ära** f (in der Big-Bang-Kosmologie) (Astr) / quark era || ~-**Confinement** n (Unmöglichkeit, die Quarks freizusetzen) (Kernphys) / quark confinement || ~-**Gluon-Plasma** n (Plasma Phys) / quark-gluon plasma || ~**modell** n (Kernphys) / quark model

**Quarkonium** n (kurzlebiger gebundener Zustand eines schweren Quarks und dessen Antiquarks) (Kernphys) / quarkonium n || ~**spektroskopie** f (Kernphys) / quarkonium spectroscopy

**quartär** adj (Chem) / quaternary* adj || ~**e Ammoniumbasen** (Chem) / quaternary ammonium bases* || ~**e Verbindung** (Chem) / quaternary compound || ~**gruppe** f (in der Frequenzmultiplex-Übertragungstechnik) (Fernm) / supermaster-group n, hypergroup n, 15- supergroup n || ~**salz** n (Chem) / quaternary ammonium salt || ~**struktur** f (bei Proteinen) (Biochem) / quaternary structure

**Quartation** f (Gold-Silber-Scheidung) (Hütt) / inquartation* n, quartation* n, parting of bullion

**Quarterdeck** n (im hinteren Schiffsteil um eine halbe Deckhöhe erhöhtes Hauptdeck) (Schiff) / quarterdeck n

**Quarterschnitt** n (For) / quarter-sawing* n, quartering n, silver-grain cut, edge-grain cut

**Quartett** n (ein Multiplett) (Spektr) / quadruplet n, quartet n

**Quartier** n (Fersenteil des Oberlederschafts) (Leder) / quarter n || ~**schnitt** n (For) / quarter-sawing* n, quartering n, silver-grain cut, edge-grain cut || ~**stück** n (Bau, Keram) / quarter brick, one-quarter brick

**Quartierung** f (Hütt) / inquartation* n, quartation* n, parting of bullion

**Quartik** f (Math) / quartic n, quartic surface

**Quartil** n (das dem Fall q = 4 entspricht) (Stats) / quartile n || ~ (Stats) s. auch Median || **drittes** ~ (Stats) / upper quartile || **erstes** ~ (Stats) / lower quartile || **oberes** ~ (Stats) / upper quartile || ~**abstand** m (Abstand zwischen oberem und unterem Quartil) (Stats) / interquartile range (a measure of dispersion) || **halber** ~**abstand** (Math) / semi-interquartile range (a measure of dispersion), quartile deviation

**Quarto**•**straße** f (Hütt) / four-high rolling mill || ~**walzwerk** n (Hütt) / four-high rolling mill

**Quartzuhr** f (Uhr) / quartz-crystal clock*, quartz clock

**Quar(t)z** m (Uhr) / quartz n

**Quarz** m (Siliziumdioxid) (Min) / quartz* n || ~ (Min) s. auch Hochquarz und Tiefquarz || **geschmolzener** ~ / fused quartz || **mit** ~ **bestücken** / quartz v || **optisch inaktiver** ~ (Geol) / racemic quartz || ~**ader** f (Geol) / quartz vein || ~**arenit** (Geol) / quartzarenite n (with more than 95% quartz grains), orthoquartzite n || ~**diorit** m (Geol) / quartz-diorite* n || ~**dolerit** n (Geol) / quartz-dolerite* n || ~**druckgeber** m (Aufnehmer für die Druckmessung, bei welchem die Druckkraft auf einen Quarzkristall als Federelement wirkt) / piezoelectric pressure sensor || ~**elektret** n (Akus) / quartz electret || ~**faden** m / quartz fibre || ~**faser** f / silica fibre, all-silica fibre || ~**filter** n (Phys) / crystal filter*, piezoelectric filter || **hochselektiver** ~**filterkreis** (in der ZF-Stufe eines Überlagerungsempfängers) (Radio) / stenode circuit || ~**führend** adj (Min) / quartziferous adj || ~**generator** m (in dessen Oszillatorteil ein Schwingquarz die Frequenzbestimmung übernimmt) (Eltronik) / crystal generator || ~-**gesteuert** adj (Eltech) / crystal-controlled adj, quartz-controlled adj || ~**glas** n (Glas, Opt) / quartz glass*, silica glass* || ~**glasfaser** f / silica fibre, all-silica fibre || ~**gut** n (durch feine Bläschen getrübtes, unreines Quarzglas) (Chem, Glas) / vitreous silica*, fused silica*, fused quartz || ~**gut** s. auch Kieselglas || ~**haltig** adj / quartzose adj, quartzy adj || ~**ig** adj / quartzose adj, quartzy adj

**Quarzit** m (überwiegend aus Quarzmineralen bestehendes Gestein) (Geol) / quartzite* n

**quarzitisch** adj (Geol) / quartzitic adj

**Quarz**•**katzenauge** n (Min) / schiller quartz || ~**katzenauge** (Min) / cat's eye* || ~**keil** m (Mikros, Opt) / quartz wedge*, Q wedge || ~**keilkompensator** m (Opt) / quartz-wedge compensator, Michel-Lévy compensator || ~**keratophyr** m (Geol) / quartz-keratophyre* n || ~**kristall** m (Radio) / quartz crystal* (QC) || ~**kristallthermometer** n (Berührungsthermometer, das als Meßeffekt die Temperaturabhängigkeit der Resonanzfrequenz eines Quarzkristalls ausnutzt) (Eltronik) / crystal thermometer, quartz-crystal thermometer || ~**lampe** f (Chem) / quartz lamp || ~**lampe** ("Höhensonne") (Med) / sunlamp n, sunray lamp || ~**lampe** (eine Gasentladungslichtquelle) (Radiol) / quartz lamp* || ~**latit** m (Geol) / quartz latite || ~**mehl** n / quartz flour, silica flour || ~**oszillator** m (DIN 45174) (Eltronik, Phys) / quartz oscillator*, crystal oscillator*, piezoelectric oscillator, quartz-crystal oscillator || **einfacher** ~**oszillator** (Eltronik) / package crystal oscillator (PXO) || **temperaturkompensierter** ~**oszillator** (Eltronik) / temperature-compensated crystal oscillator (TCXO) || ~**oszillator** m **in Heegner-Schaltung** (Eltronik) / Heegner crystal oscillator || ~**oszillator in Pierce-Schaltung** (zur Frequenzstabilisierung eines Senders) (Eltronik) / Pierce oscillator* || ~**porphyr** m (Geol) / quartz porphyry* || ~**porphyr** (Geol) s. auch Rhyolith || ~**porphyrit** m (Geol) / quartz-porphyrite* n || ~**resonator** m (Schwingquarz) (Fernm) /

## Quarzsand

quartz resonator* ‖ ~**sand** *m* (Geol) / quartzose sand, quartz sand, silica sand ‖ **hochwertiger** (reiner) ~**sand** / Lynn sand ‖ **feiner** ~**sand** (Bau, Gieß) / silver sand ‖ ~**sandstein** *m* (Geol) / quartzarenite *n* (with more than 95% quartz grains), orthoquartzite *n* ‖ ~**sandtransformator** *m* (Eltech) / sand-filled transformer ‖ ~**schiffchen** *n* (ein Laborgerät) (Chem) / quartz boat ‖ ~**schnitt** *m* (Winkelangabe über die Lage des Quarzelementes in bezug auf die Kristallachsen des Quarzkristalls) (Krist) / crystal cut ‖ ~**schwinger** *m* (Eltronik, Phys) / quartz oscillator*, crystal oscillator*, piezoelectric oscillator, quartz-crystal oscillator ‖ ~**sensor** *m* / quartz sensor ‖ ~**staublunge** *f* (durch quarzhaltigen Gesteinsstaub verursacht) (Med) / silicosis* *n* (pl. silicoses) ‖ ~**staublungenerkrankung** *f* **in Verbindung mit aktiver Lungentuberkulose** (Med) / silicotuberculosis (pl -loses) *n* ‖ ~**steuerung** *f* (Eltronik) / crystal drive* ‖ ~**thermometer** *n* (Geol) / quartz thermometer ‖ ~**topas** *m* (Min) / citrine* *n*, yellow quartz*, Madagascar topaz*, quartz topaz*, Bohemian topaz, topaz quartz ‖ ~**uhr** *f* (Präzisionsuhr, deren Genauigkeit ein Schwingquarz gewährleistet) (Uhr) / quartz-crystal clock*, quartz clock ‖ ~**ultraviolett** *n* (180-300 nm) / quartz ultraviolet ‖ ~**wind** *m* (Akus) / quartz wind* ‖ ~**zelle** *f* (meistens aus zwei Rochellesalz-Kristallen) (Eltech) / bimorph* *n*
**Quasar** *m* (quasistellare Radioquelle) (Astr) / quasar* *n*, quasi-stellar (radio) object* (QSO*), quasi-stellar radio source
**quasi•adiabatisch** *adj* (Phys) / quasi-adiabatic *adj* ‖ ~**analog** *adj* ‖ ~quasi-analogue *adj* ‖ ~**äquatorial** *adj* (Bindung bei Wannen- und Twistformen) (Chem) / quasi-equatorial *adj* ‖ ~**atom** *n* (Kernphys) / quasi-atom *n* ‖ ~**axial** *adj* (Bindung bei Wannen- und Twistformen) (Chem) / quasi-axial *adj* ‖ ~**binäres System** (Phys) / quasi-binary system ‖ ~**bistabil** *adj* (Eltech) / quasi-bistable *adj* ‖ ~**duplex** *adj* (teilweise im Duplexbetrieb) (Fernm) / quasi-duplex* *attr* ‖ ~**elastisch** *adj* (Kraft) (Mech) / quasi-elastic *adj* ‖ ~**elektronik** *f* (Eltronik) / semi-electronics *n* ‖ ~**ergodenhypothese** *f* (von P. und T. Ehrenfest) (Phys) / quasi-ergodic hypothesis ‖ ~**-Fermi-Niveau** *n* (Eltronik) / quasi-Fermi level* *n* (Eltronik, Kernphys) / quasi-free *adj* ‖ ~**freies Elektron** (Kernphys) / quasi-free electron ‖ ~**geordnet** *adj* (Gruppe, Menge) (Math) / quasi-ordered *adj* ‖ ~**gerichtete Menge** (nach oben) (Math) / quasi-directed set ‖ ~**gleichgewicht** *n* / quasi-equilibrium *n* ‖ ~**gruppe** *f* **mit neutralem Element** (Math) / loop *n* ‖ ~**harmonisch** *adj* / quasi-harmonic *adj* ‖ ~**impuls** *m* (bei Phononen in einem Kristall) (Phys) / quasi-pulse *n* ‖ ~**impulsstörung** *f* (elektromagnetische Störung, die sich aus der Überlagerung einer Impulsstörung und einer Dauerstörung ergibt) (Radio) / quasi-impulsive noise, quasi-impulsive disturbance ‖ ~**isotrop** *adj* / quasi-isotropic *adj* ‖ ~**klassische Näherung** (Lösung der eindimensionalen Schrödinger-Gleichung - nach G. Wentzel, 1898-1978, H.A. Kramers, 1894-1952, und L. Brillouin, 1889-1969) (Phys) / Wentzel-Kramers-Brillouin method, W.K.B. approximation, WKB method, Wentzel-Kramers-Brillouin-Jeffreys approximation ‖ ~**kompakt** *adj* (Math) / quasi-compact *adj* ‖ ~**komplementär** *adj* / quasi-complementary *adj* ‖ ~**konstant** *adj* / quasi-constant *adj* ‖ ~**kontinuierliches Spektrum** (Spektr) / quasi-continuous spectrum ‖ ~**kristall** *m* (Substanz, die eine für gewöhnliche Kristalle verbotene Symmetrie in ihrem Beugungsmuster aufweist) (Krist, Phys) / quasicrystal *n* ‖ ~**lebende Polymerisation** (Chem) / quasiliving polymerization ‖ ~**linear** *adj* (Math) / quasi-linear *adj* ‖ ~**lokal** *adj* (Observable) (Phys) / quasi-local *adj* ‖ ~**lötauge** *n* (Eltronik) / quasi-solder eye ‖ ~**magnetohydrodynamik** *f* (Phys) / quasi-magnetohydrodynamics *n* ‖ ~**metallisch** *adj* / quasi-metallic *adj* ‖ ~**molekül** *n* (Chem) / quasi-molecule *n* ‖ ~**molekular** *adj* (Chem) / quasi-molecular *adj* ‖ ~**monochromatisch** *adj* (Licht) / quasi-monochromatic *adj* ‖ ~**neutralität** *f* (ein Zustand nicht vollkommener Neutralität) (Plasma Phys) / quasi-neutrality *n* ‖ ~**optisch** *adj* / quasi-optical *adj* ‖ ~**optische Reichweite** (Radar) / line-of-sight coverage ‖ ~**optische Sichtweite** (Fernm) / line of sight*, LOS ‖ ~**ordnung** *f* (Math) / quasi-order *n* ‖ ~**periodisch** *adj* (Bewegung des mechanischen Systems) (Mech) / quasi-periodic *adj* ‖ ~**planar** *adj* (Molekül) (Chem) / quasi-planar *adj* ‖ ~**plastisches Fließen** (Phys) / quasiplastic flow ‖ ~**racemat** *n* (Chem) / ~**razemat** *n* (Chem) / quasi-racemate *n* ‖ ~**spaltung** *f* (Kernphys) / quasi-fission *n* ‖ ~**stabiles Teilchen** (Kernphys) / quasi-stable particle ‖ ~**stationär** *adj* (Phys) / quasi-stationary *adj*, quasi-steady *adj* ‖ ~**stationäre Front** (die ihre Lage nicht oder nur unwesentlich ändert) (Meteor) / quasi-stationary front* ‖ ~**stationäre Näherung** (Phys) / steady-state approximation ‖ ~**statisch** *adj* / quasi-static *adj* ‖ ~**statistisch verteiltes Rauschen** (Akus) / pseudorandom noise ‖ ~**stellares Objekt** (aktives extragalaktisches Sternsystem) (Astr) / quasar* *n*, quasi-stellar (radio) object* (QSO*), quasi-stellar radio source ‖ ~**teilchen** *n* (Energiequant der Elementaranregungen in Festkörpern [oder allgemein Vielteilchensystemen], das sich hinsichtlich gewisser Eigenschaften wie ein Teilchen verhält) (Kernphys) / quasiparticle *n* ‖ ~**ternäres System** (Phys) / quasi-ternary system ‖ ~**vielfaches** *n* /

quasi-multiple *n* ‖ ~**viskoses Fließen** (Geol) / earthflow *n*, mud flow, mud avalanche, flow slide, mud stream, debris flow ‖ ~**zweijährige Schwingung** (QBO) (die annähernd zweijährige Welle des zonalen Windes in der Stratosphäre in äquatorialen Breiten) (Meteor) / quasi-biennial oscillation* (QBO)
**Quassia** *f* (Quassia amara L.) (For) / quassia *n*, Surinam quassia, Jamaica bark ‖ ~**brühe** *f* (Pharm) / quassia *n* ‖ ~**holz** *n* (ein Bitterholz) (For) / quassia *n* ‖ ~**holzbaum** *m* (Quassia amara L.) (For) / quassia *n*, Surinam quassia, Jamaica bark
**Quassienholz** *n* (ein Bitterholz) (For) / quassia *n*
**Quassin** *n* (pflanzlicher nichtglykosidischer Bitterstoff aus Quassia amara L. oder Picrasma excelsa (Sw.) Planch.)) (Chem) / quassin *n*
**Quaste** *f* (Tex) / tassel *n*
**Quat** *n* (kationisches Tensid) (Chem) / invert soap*, quat *n*
**quaternär** *adj* (Chem) / quaternary* *adj* ‖ ~ (Prädikat) (Math) / quaternary *adj* ‖ ~**e Ammoniumbasen** (Chem) / quaternary ammonium bases* ‖ ~**e Ammoniumverbindung** (Chem) / quaternary ammonium compound ‖ ~**er Baum** / quad tree ‖ ~**e Legierung** (Hütt) / quaternary alloy ‖ ~**e Logik** (eine mehrwertige Logik) / quaternary logic, four-state logic ‖ ~**es Salz** (Chem) / quaternary ammonium salt ‖ ~**e Verbindung** (Chem) / quaternary compound ‖ ~**es Zustandsdiagramm** (Hütt, Phys) / quaternary diagram*
**Quaternärkode** *m* (EDV) / quaternary code
**Quaternion** *f* (eine Linearkombination von vier Basiselementen mit reellen Koeffizienten mit reellen Zahlen) (Math) / quaternion *n*, hypercomplex number
**Quaternionen•algebra** *f* (Math) / quaternion algebra, algebra of quaternions ‖ ~**körper** *m* (Math) / quaternion field, division ring of quaternions
**Quaternisierung** *f* (Chem) / quaternization *n*
**Quaterpolymer** *n* (das durch Copolymerisation von vier unterschiedlichen Monomeren entstanden ist) (Chem) / quaterpolymer *n*
**Quebrachin** *n* (das Hauptalkaloid in vielen Aspidosperma-Arten) (Chem, Med) / yohimbine* *n*
**Quebracho** *n* (For) / quebracho *n*, quebracho wood ‖ ~ **colorado** (Schinopsis quebracho-colorado Schltdl. F.A. Barkley et T. Mey) (For) / quebracho *n* ‖ ~**baum** *n* (Aspidosperma quebracho-blanco Schltdl. F.A. Barkley et T. Mey) (For) / quebracho *n* ‖ ~**cortex** *n* (Pharm) / quebracho *n*, quebracho bark ‖ ~**extrakt** *m* (von der Schinopsis quebracho-colorado Schltdl. F.A. Barkley et T. Mey) (Chem, Leder) / quebracho extract ‖ ~**holz** *n* (For) / quebracho *n*, quebracho wood ‖ ~**holzbaum** *m* (For) / quebracho *n* ‖ ~**rinde** *f* (Pharm) / quebracho *n*, quebracho bark
**Quecksilber (Hg)** *n* (Chem) / mercury* *n*, quicksilver* *n* ‖ ~**(I)-** (Chem) / mercurous *adj* ‖ ~**(II)-** (Chem) / mercuric *adj* ‖ ~**abdichtung** *f* (Chem, Masch) / mercury seal* ‖ ~**anode** *f* / mercury anode ‖ ~**barometer** *n* (ein Flüssigkeitsbarometer) (Meteor, Phys) / mercury barometer*, mercurial barometer ‖ ~**behälter** *m* (für Verzögerungsleitungen) (Fernm) / mercury tank ‖ ~**(I)-chlorid** *n* (Kalomel) (Chem) / mercury(I) chloride*, mercurous chloride* ‖ ~**(II)-chlorid** (Sublimat) (Chem) / mercury(II) chloride*, mercuric chloride* ‖ ~**(I)-chromat** (Chem) / mercury(I) chromate, mercurous chromate
**Quecksilberdampf•gleichrichter** *m* (ein altes Gasentladungsgleichrichter) (Eltronik) / mercury-vapour rectifier* ‖ ~**gleichrichter** (mit flüssiger Katode) (Eltronik) / pool-cathode mercury-arc rectifier, mercury-pool rectifier ‖ ~**lampe** *f* (eine Gasentladungslichtquelle) (Eltronik) / mercury discharge lamp*, mercury-vapour lamp*, mercury lamp, Cooper-Hewitt lamp ‖ ~**röhre** *f* (eine alte Gasentladungsröhre) (Eltronik) / mercury-vapour tube* ‖ ~**stromrichter** *m* (Eltech) / mercury-arc converter* ‖ ~**ventil** *n* (ein altes Gasentladungsgleichrichter) (Eltech) / mercury-arc rectifier*, mercury-vapour rectifier
**Quecksilber•diffusionspumpe** *f* (nach Gaede) (Vakuumt) / mercury-vapour pump* ‖ ~**druckmethode** *f* (Chem) / mercury intrusion method* ‖ ~**elektrode** *f* / mercury electrode, Hg electrode ‖ **strömende** ~**elektrode** / streaming Hg-electrode ‖ ~**fahlerz** *n* (Min) / schwazite *n* ‖ ~**filmelektrode** *f* / thin-mercury-film electrode, mercury-film electrode, mercury thin-film electrode, MFE ‖ ~**filmrelais** *n* (Eltech) / mercury-wetted relay ‖ ~**(II)-fulminat** *n* (Initialsprengstoff und Zündsatzaufladung für Sprengkapseln) (Chem) / mercury fulminate*, mercury(II) fulminate, fulminate of mercury ‖ ~**glasthermometer** *n* / mercury-in-glass thermometer ‖ ~**hornerz** *n* (Min) / calomel *n*, calomelene *n*, horn quicksilver, mercurial horn, horn mercury ‖ ~**katode** *f* / mercury cathode, mercury-pool cathode ‖ **flüssige** ~**katode** (z.B. eines Ignitrons) (Eltronik) / mercury-pool cathode* ‖ ~**lichtbogen** *m* (Eltronik) / mercury arc* ‖ ~**manometer** *n* (Phys) / mercury manometer ‖ ~**motorzähler** *m* (Eltech) / mercury motor meter ‖ ~**(I)-nitrat** *n* (Chem) / mercurous nitrate ‖ ~**(II)-nitrat** (Chem) / mercuric nitrate ‖ ~**normalelement** *n* (Eltech) / mercury cell ‖ ~**organische**

**Verbindungen** (Chem) / organomercury compounds, organomercury derivatives, organic derivatives of mercury, organomercurial compounds ‖ ~**(II)-oxid** n (Chem) / mercury(II) oxide ‖ ~**oxidzelle** f (mit rotem Quecksilber(II)-oxid) (Eltech) / mercury cell*, Ruben cell, Ruben-Mallory cell, mercury oxide cell ‖ ~**pendel** m (Uhr) / mercurial pendulum* ‖ ~**relais** n (Eltech) / mercury relay, mercury-contact relay ‖ ~**rhodanid** n (Chem) / mercury(II) thiocyanate ‖ ~**säule** f (Phys) / mercury column ‖ ~**schalter** m (meistens für selbsttätige Schaltanlagen) (Eltech) / mercury switch* ‖ ~**speicher** m (Fernm) / mercury memory ‖ ~**(II)-sulfid** n (rotes oder schwarzes) (Chem) / mercury(II) sulphide ‖ ~**thermometer** m (Ausdehnungsthermometer, bei welchem die temperaturabhängige räumliche Ausdehnung von Quecksilber als Meßeffekt benutzt wird) / mercury thermometer ‖ ~**thiocyanat** n (Chem) / mercury(II) thiocyanate ‖ ~**thiozyanat** n (Chem) / mercury(II) thiocyanate ‖ ~**tropfelektrode** f (Chem) / dropping mercury electrode* (DME) ‖ ~**tropfenelektrode** f mit statischem Tropfen (Chem) / static-mercury-drop electrode, SMDE ‖ ~**unterbrecher** m (Eltech) / mercury-circuit breaker, mercury breaker ‖ ~**ventil** n (ein altes Gasentladungsgleichrichter) (Eltech) / mercury-arc rectifier*, mercury-vapour rectifier ‖ ~**vergiftung** f (Med) / mercury poisoning ‖ ~**verstärker** m (Foto) / mercury intensifier ‖ ~**verzögerungsleitung** f (Fernm) / mercury delay line*, Hg delay line ‖ ~**zähler** m (Eltech) / mercury motor meter ‖ ~**zelle** f (für das Amalgamverfahren der Chloralkalielektrolyse) (Chem Verf) / mercury cell*, mercury element

**Queensland-Arrowroot** n (aus dem Rhizom der Canna edulis Ker-Gawl.) (Nahr) / achira starch, tous-les-mois n

**Queenslandit** m (ein Tektit aus Tasmanien) (Geol) / Darwin glass, queenslandite n, queenstownite n

**Queenslandnuß** f (der Macadamia ternifolia F. Muell.) (Bot) / macadamia nut, Queensland nut

**Queens-Metall** n (Britanniametall mit härtenden Zusätzen - meistens als Grundlage für Silberplattierungen) (Galv, Hütt) / queen's metal

**Quell·ausplatzung** f (des Putzes) (Bau) / pitting n ‖ ~**bar** adj / swellable adj ‖ ~**barkeit** f / swelling capacity, swellability n ‖ ~**bereich** (Bereich aufsteigender Glasströmungen in Glasschmelzaggregaten) (Glas) / hot spot, thermal spring, Gehlhoff spring ‖ ~**bereich** m (Neutronenflußmessung) (Nukl) / source range* ‖ ~**beständig** adj / non-swelling adj, swell-resistant adj ‖ ~**beständigkeit** f (Chem) / resistance to swelling, swelling resistance ‖ ~**bewölkung** f (Meteor) / cumulus clouds (mounds, domes or towers) ‖ ~**boden** m (HuT) / expansive soil ‖ ~**code** m (EDV) / source code* ‖ ~**codierung** f (EDV) / source coding, source compression coding, compression coding, source encoding ‖ ~**datei** f (EDV) / source file ‖ ~**decodierung** f (EDV) / source decoding ‖ ~**dekodierung** f (EDV) / source decoding ‖ ~**diskette** f (EDV) / source floppy-disk, start floppy-disk

**Quelle** f (der Information, des Flusses) / source n ‖ ~ (Energie-, Spannungs-) (Eltech) / source* n ‖ ~ (Eltronik) / source n ‖ ~ (Geol) / spring n ‖ ~ (Singularität eines Feldes) (Phys) / source n ‖ ~ (Arch, Geol) s. auch Geysir, Springbrunnen und Wasserkunst ‖ **absteigende** ~ (Fanggebiet höher als die Quelle) (Geol) / ascending spring ‖ **aeropulsive** ~ (die die sie umgebende Luft pulsierend verdrängt, z.B. Ansaug- oder Auspuffgeräusch) (Akus) / aeropulsive force ‖ **artesische** ~ (Geol, Wasserb) / artesian spring ‖ **aufsteigende** ~ (Fanggebiet tiefer als die Quelle) (Geol) / ascending spring ‖ **dicke** ~ (Kernphys) / thick source* ‖ **diskrete** ~ (EDV, Fernm) / discrete source ‖ **dünne** ~ (Kernphys) / thin source* ‖ **eisenhaltige** ~ (Geol) / chalybeate spring ‖ **gefaßte** ~ (Wasserb) / flowing well ‖ **hyperthermische** ~ (mit Wassertemperatur über 50° C) (Geol) / hot spring, thermal spring ‖ **hypogene** ~ (Geol) / hypogene spring ‖ **intermittierende** ~ (mit zeitlich schwankenden Wassermengen) (Wasserb) / intermittent spring ‖ **kalte** ~ (Geol) / cold spring ‖ **offene** ~ (Geol) / land spring ‖ **perennierende** (ständig laufende) ~ (Wasserb) / perennial spring ‖ **periodische** (periodisch schüttende) ~ (Wasserb) / periodic spring ‖ **permanente** ~ (Wasserb) / perennial spring ‖ **punktförmige** ~ (Phys) / point source ‖ **punktförmige** ~ (für Strahlenflächen) (Phys) / Huygens' source ‖ **sehr große** ~ (eine Strahlungsquelle mit mehr als 5,5 TBq) (Kernphys, Radiol) / giant source* ‖ **springende** ~ (Geol) / gushing spring ‖ **warme** ~ (Geol) / hot spring, thermal spring ‖ ~ f **diskreter Signale** (EDV, Fernm) / discrete source ‖ ~ **mit unterschiedlicher Schüttung** (Geol) / variable spring

**quellen** vi / swell vi ‖ ~ v (well vi ‖ ~ (Bergb) / creep v, heave vi, lift v ‖ ~ **lassen** / swell vt ‖ ~ n (unter Einfluß von Wasser bzw. einer anderen Flüssigkeit) / swelling n ‖ ~ (die Zunahme der Abmessungen des Holzes bei Feuchteaufnahme infolge der Einlagerung von Wasser /oder auch anderer Flüssigkeiten/ in die Zellwand) (For) / volume swelling, volumetric swelling ‖ ~ (der Wolken) (Meteor) / building-up

**quellend·er Griff** (Tex) / springy hand ‖ ~**er Schieferton** (Erdöl, Geol) / heaving shale (an incompetent or hydrating shale that runs, falls, swells, or squeezes into a borehole)

**quellen·erregte Schwingung** (Phys) / forced oscillations*, forced vibrations*, constrained oscillation, constrained vibration ‖ ~**feld** n (Feldlinien) (Phys) / source field ‖ ~**feld** (Phys) s. auch wirbelfreies Feld ‖ ~**freies Feld** (Phys) / solenoidal field* ‖ ~**freies Feld** (Phys) s. auch Wirbelfeld ‖ ~**freiheit** f (Eigenschaft eines Vektorfeldes) (Phys) / absence of sources ‖ ~**funktion** f (Greensche Funktion) (Math) / source function ‖ ~**modul** m (EDV) / source module ‖ ~**-Oberflächen-Abstand** m (Radiol) / source-skin-distance n, SSD ‖ ~**programmkartensatz** m (EDV) / source deck* ‖ ~**schaltung** f (Eltronik) / source follower ‖ ~**schutzgebiet** n (bei Flüssen) (Umwelt) / headwater protection area ‖ ~**schutzwald** m (For, Umwelt) / water-source protection forest ‖ ~**spannung** f (Elektr) / electromotive force*, e.m.f.*, electromotance n ‖ ~**spannung** (Elektr) / electromotive force*, e.m.f.* ‖ ~**steuer** f (die an der Quelle einbehalten wird) / withholding tax, pay-as-you-earn tax, pay-as-you-go tax (US) ‖ ~**strömung** f (Phys) / source flow ‖ ~**- und Senkenströmung** f (inkompressible Potentialströmung mit einem singulären Punkt im Zentrum, in dem je Zeiteinheit die Flüssigkeitsmenge Q entspringt bzw. verschwindet) (Phys) / source and sink flow ‖ ~**system** n (Fernm) / source node, SN ‖ ~**widerstand** m (einer Stromquelle) (Eltech) / source resistance*, internal resistance*

**Queller, Europäischer** ~ (Salicornia europaea L.) (Landw, Wasserb) / glasswort n

**Quell·erosion** f (Form der Erosion an den Quellen) (Geol) / source erosion ‖ ~**fähig** adj / swellable adj ‖ ~**fähigkeit** f / swelling capacity, swellability n ‖ ~**fassung** f (Wasserb) / tapping a spring ‖ ~**fest** adj / non-swelling adj, swell-resistant adj ‖ ~**festappretur** f (Tex) / swell-resistant finish, no-swell finish, swell-proof finish ‖ ~**festausrüstung** f (Tex) / swell-resistant finish, no-swell finish, swell-proof finish ‖ ~**festigkeit** f (Ausmaß der Kräfte, die zwischen den nach dem Verstrecken zu Bündeln möglichst parallel aneinandergelagerten Kettenmolekülen wirksam werden) (Chem) / resistance to swelling, swelling resistance ‖ ~**freiheit** f (Phys) / absence of sources ‖ ~**höhe** f (effektive - bei Schornsteinen) (Umwelt) / effective source height ‖ ~**impedanz** f (Eltech) / source impedance* ‖ ~**knoten** m (Anfangspunkt eines Abschnitts im Güterstrom) (Bahn) / origin station ‖ ~**kode** m (EDV) / source code* ‖ ~**kodierung** f (EDV) / source coding, source compression coding, compression coding, source encoding ‖ ~**maß** n / swelling value ‖ ~**mehl** n (verkleistertes Mehl als Backhilfsmittel) (Nahr) / swell-starch flour ‖ ~**mittel** n (Anstr, Chem, Nahr, Phys) / thickener n, thickening agent ‖ ~**moor** n (Geol) / spring fen ‖ ~**mulde** f (eines Flusses) (Geol) / reception basin ‖ ~**neutron** n (Kernphys) / source neutron ‖ ~**probe** f (Chem, WP) / swelling test ‖ ~**probe** f (HuT) / swelling test ‖ ~**programm** n (DIN 66257) (EDV) / source program ‖ ~**programmzeile** f (EDV) / source line ‖ ~**punkt** m (Glas) / hot spot, thermal spring, Gehlhoff spring ‖ ~**satz** m (als Maß für die Änderung des Holzes beim Quellen) (For) / volumetric swelling, volumetric swelling ‖ ~**schüttung** f (Geol, Wasserb) / yield n, discharge n ‖ ~**schweißen** n (mit Band über Naht) (mit Band über Naht) (Plast) / heat-solvent tape sealing ‖ ~**schweißen** (bei dem Lösungsmittel meist ohne zusätzliche Wärme angewendet werden) (Plast) / solvent welding, solvent bonding ‖ ~**sinter** m (Min) / aragonite n (in a sinter deposit, e.g. in Karlsbad) ‖ ~**sprache** f (EDV) / source language* ‖ ~**stärke** f (Nahr) / gelatinized starch, swelling starch, pre-gelatinized starch ‖ ~**stärke** f (Quotient aus der Anzahl der in einem Zeitintervall aus einer Strahlenquelle austretenden Quanten zu diesem Zeitintervall) (Radiol) / source strength*

**Quellung** f (von Anstrichstoffen nach DIN 55 945) (Anstr) / swelling n ‖ ~ (For) / volume swelling, volumetric swelling ‖ ~ (des Bodens) (HuT) / land upheaval, land lift, heaving n ‖ ~ (unbegrenzte, begrenzte) (Phys) / swelling n

**Quellungs·druck** m (der aufgewandt werden müßte, um bei Absorption von Wasser die Ausdehnung des Holzes zu verhindern) (For) / swelling pressure, swelling stress ‖ ~**druck** (in der Ingenieurgeologie, z.B. beim Tunnelbau) (Geol) / swelling pressure ‖ ~**grad** m (Phys) / degree of swelling ‖ ~**mittel** n (im allgemeinen) / swelling agent

**Quell·verhalten** n / swelling behaviour ‖ ~**vermögen** n / swelling capacity, swellability n ‖ ~**versuch** m (HuT) / swelling test ‖ ~**volumen** n (eines Massenguts) / bulking n, bulk n ‖ ~**wasser** n / spring water ‖ ~**wert** m / swelling index, swelling value, expansion index ‖ ~**zement** m (der bei der Hydration sein Volumen etwas vergrößert) (HuT) / expanding cement, expansive cement, Lossier's cement

**Quench** n (plötzlicher Übergang einer supraleitenden Wicklung aus dem Zustand der Supraleitung in den Normalzustand) (Phys) / quench n ‖ ~**effekt** m (Verlust von Fotonen und dadurch bedingte verminderte Zählansprechwahrscheinlichkeit aufgrund von Fluoreszenzlöschung) (Kernphys) / quench effect

**quenchen** *v* (Chem, Spektr) / quench *v* ‖ ~ *n* (Chem, Spektr) / quenching *n* ‖ ~ (plötzliche Herabsetzung der Temperatur von heißen Gasen durch Einspritzen kalter Flüssigkeit oder kühler Dämpfe) (Chem Verf, Phys) / quenching *n*
**Quencher** *m* (eine Spezies, die einen elektronischen Anregungszustand einer anderen Spezies desaktiviert - in der Fotochemie) (Chem, Spektr) / quencher *n* ‖ ~ (Stabilisator) (Plast) / quencher *n*
**Quenching** *n* (Chem Verf, Phys) / quenching *n*
**Quench•kühler** *m* (zur Abschreckung der Spaltgase) (Erdöl) / quencher *n* ‖ ~**zone** *f* (randnahe Zone des Brennraums, in der das Kraftstoff-Luft-Gemisch durch die Wärmeableitung des Zylinderkopfs abkühlt und daher nicht die zur Verbrennung erforderliche Temperatur erreicht) (V-Mot) / quench zone
**Quenselit** *m* (PbO . MnOOH) (Min) / quenselite *n*
**Quenstedtit** *m* (ein Mineral der Alunogen-Voltait-Gruppe) (Min) / quenstedtite *n*
**Quentin-Melasse** *f* (die Restmelasse aus der weiteren Entzuckerung von Zuckerrübenmelasse nach dem Quentin-Verfahren) (Nahr) / Quentin molasses
**quer** *adj* / transverse* *adj*, transversal* *adj* ‖ ~ / crosswise *adv adj* ‖ ~ **belasteter Druckstab** (Mech) / beam column ‖ ~ **eingebauter Motor** (Kfz) / transverse engine ‖ ~ **verfahrbare Laufkatze** (Masch) / traversing trolley ‖ ~ **zur Faser(richtung)** (For) / across the grain ‖ ~ **zur Faserrichtung** (Hütt) / across the fibre
**Quer•aberration** *f* (numerische Größe der optischen Abbildungsfehler, gemessen als Durchstoßungshöhen durch die achsensenkrechte Bildebene) (Opt) / transverse aberration ‖ ~**ablauf** *m* (Schiff) / side launching ‖ ~**absteifung** *f* / cross-bracing *n* ‖ ~**achse** *f* (Eltech) / quadrature axis ‖ ~**achse** (des Flugzeugs) (Luftf) / lateral axis*, y-axis (pl. y-axes), OY ‖ ~**achse** (Masch) / transverse axis ‖ ~**achsige Abbildung** (Kart) / transverse projection ‖ ~**-Amperewindungen** *f pl* (Eltech) / cross ampere-turns* ‖ ~**anflugteil** *m* (Luftf) / base leg ‖ ~**anteil** *m* (Eltech) / quadrature component*, quadrature-axis component ‖ ~**antrieb** *m* (für den Querschlitten der Fräsmaschine) (Masch) / saddle drive ‖ ~**ast** *m* (For) / splay knot, spike knot ‖ ~**magnetische** ~**aufzeichnung** (Masch, Mag) / perpendicular magnetic recording ‖ ~**aussteifung** *f* (HuT) / counterbracing* *n*, cross-bracing* *n*
**Querbalken** *m* (bei langen Gewölben) (Bau) / trave *n* ‖ ~ (kurzer, zur Absteifung) (Bau, HuT) / needle *n*, needle beam* ‖ ~ (Luftf) / crossbar *n* ‖ ~ (Masch) / cross-rail *n* ‖ ~ (der Hobel- und Stoßmaschine) (Masch) / rail *n*, cross-rail *n* ‖ ~ (Masch) / cross-girder* *n*, cross-beam *n*, crossbar *n* ‖ ~ (z.B. eines Brechers) (Masch) / cross-member *n* ‖ ~ (bei Langfräsmaschinen) (Masch) / cross-rail *n* ‖ ~ (Zimm) / cross-beam *n* ‖ ~**support** *m* (Masch) / cross-rail tool head
**Quer•band** *n* (Zimm) / intertie* *n* ‖ ~**band** (bei abgewalmten Dächern) (Zimm) / dragon tie*, angle tie*, angle brace* ‖ ~**bau** (bei steil stehenden mächtigen Lagerstätten) (Bergb) / cross-working *n* ‖ ~**bau** (Bergb) s. auch Querschlag ‖ ~**beheizter Wannenofen** (Glas) / side-port furnace ‖ ~**belastung** *f* (Mech) / lateral load*, transverse load ‖ ~**beschleunigung** *f* (Mech) / transversal acceleration ‖ ~**beschleunigung** (eine Kenngröße zur Manövrierfähigkeit von Flugkörpern und Raketen) (Mil) / load factor ‖ ~**bewegung** *f*, transverse motion ‖ ~**bewehrung** *f* (in Stahlbetonplatten) (HuT) / distribution steel, lacing *n*, distribution reinforcement ‖ ~**blattfeder** *f* (Blattfeder, die quer zur Fahrzeuglängsachse angeordnet ist) (Kfz) / transverse spring*, transverse leaf spring ‖ ~**blech** *n* (zwischen Innen- und Kofferraum) (Kfz) / rear bulkhead *n* ‖ ~**bogen** *m* (der die einzelnen Gewölbefelder desselben Schiffes trennt) (Arch) / transverse arch ‖ ~**bruch** *n* (von ozeanischen Rücken) (Geol, Ozean) / transform fault* ‖ ~**bruchbau** (Bergb) / slicing* *n*, top slicing, slicing and caving ‖ ~**bruchfestigkeit** *f* (WP) / transverse strength
**Quercetin** *n* (Chem) / quercetin *n*
**Quercit** *m* (Chem) / quercitol *n*, acorn sugar
**Quercitrin** *n* (Chem, For) / quercitrin *n*, quercimelin *n*, quercitroside *n*
**Quercitrongelb** *n* (auf der Basis des Quercetins) / Dutch pink, English pink, Italian pink
**Quercus lyrata Walter** (For) / overcup oak ‖ ~ **macrocarpa Michx.** (For) / mossy-cup oak, bur oak, burr oak ‖ ~ **michauxii Nutt.** (For) / swamp chestnut oak, basket oak ‖ ~ **stellata Wangenh.** (For) / post oak, box oak ‖ ~ **virginiana Mill.** (For) / live oak
**Quer•dach** *n* (mit quer zum First des Hauptdaches verlaufendem First) (Bau) / transverse roof ‖ ~**deckskrümmung** *f* (Schiff) / camber* *n*, round of beam* ‖ ~**decksüberhöhung** *f* (Schiff) / camber* *n*, round of beam* ‖ ~**deckswölbung** *f* (Schiff) / camber* *n*, round of beam* ‖ ~**dehnung** *f* (Mech) / lateral expansion ‖ ~**dehnzahl** *f* (Verhältnis zwischen Querkontraktion und Längsdehnung bei einachsiger Längsspannung) (Mech) / Poisson's ratio* ‖ ~**differentialschutz** *m* (Eltech) / split-conductor protection* ‖ ~**disparation** *f* (Opt) / lateral disparation ‖ ~**drehen** *n* (Masch) / face turning, surfacing *n*, facing* *n*, ‖ ~**druck** *m* (Mech) / lateral pressure ‖ ~**effekt** *m* (bei piezoelektrischen Materialien) (Elektr) / transverse effect ‖ ~**element** *n* (Eltech) / shunt element ‖ ~**empfindlichkeit** *f* (eines Konzentrationsmeßgerätes) / cross-sensitivity *n* ‖ ~**erreger Laser** (Phys) / transverse-excited atmosphere laser, TEA laser, transversally excited laser ‖ ~**fadenfrei** *adj* (Filz) (Tex) / weftless *adj* ‖ ~**faltung** *f* (Geol) / cross-folding *n*, transverse folding ‖ ~**faltversuch** *m* (eine Rohrprüfung nach DIN 50136) (Hütt) / transverse flat bend test, side bend test ‖ ~**falz** *m* (Klemp) / welt* *n*, seam* *n* ‖ ~**falzung** *f* (Buchb) / cross-fold(ing) *n* ‖ **handsortierter** ~**faserasbest** (Aufber) / crude asbestos
**Querfeld** *n* (Elektr) / transverse field, cross-field *n* ‖ ~**-Amperewindungen** *f pl* (Eltech) / cross ampere-turns* ‖ ~**generator** *m* (Eltech) / cross-field generator ‖ ~**komponente** *f* (Eltech) / quadrature component*, quadrature-axis component ‖ ~**maschine** *f* (eine Kommutatormaschine) (Eltech) / armature-reaction-excited machine, cross-field machine ‖ ~**reaktanz** *f* (Eltech) / quadrature reactance* ‖ ~**umformer** *m* (Eltech) / metadyne* *n* ‖ ~**-Wanderfeldröhre** *f* (Eltronik) / transverse-field travelling-wave tube*
**Quer•flammenofen** *m* / cross-fired furnace, side-fired furnace ‖ ~**flammenwanne** *f* (Glas) / side-port furnace ‖ ~**fließpressen** *n* (quer zur Wirkrichtung des Stößels) (Masch) / lateral extrusion, sideways extrusion ‖ ~**flußfraktionierung** *f* (Chem Verf) / field-flow fractionation (FFF), flow FFF ‖ ~**format** *n* (bei dem die Druckzeilen parallel zur längeren Kante verlaufen) (Druck, Foto) / landscape* *n*, horizontal format (US) ‖ ~**format** (Pap) / landscape* *n*, broadside *n* ‖ ~**formatfalz** *m* (Buchb) / broad fold, album fold, oblong folding ‖ ~**formatfalz** (Buchb) s. auch Querfalzung ‖ ~**fries** *m* (ein Rahmenteil der Holztür) (Tischl) / rail* *n* ‖ ~**fuge** *f* (Bau, HuT) / transverse joint* ‖ ~**fuge** (bei Furnieren) (For, Tischl) / end joint ‖ ~**gabelstapler** *m* / side loader, side-operating carrier, single-side loading fork truck ‖ ~**gerichtet** *adj* / transverse* *adj*, transversal* *adj* ‖ ~**geschlitzter Kolben** (ein Kolben mit Wärmedämmwirkung) (V-Mot) / heat slot piston ‖ ~**gestrickt** *adj* (Tex) / knitted across the wale ‖ ~**geströmter Laser** / cross-flow laser, transverse-flow laser, traverse-flow laser ‖ ~**geteilte Tür** (Bau) / Dutch door, stable door ‖ ~**gleitlinie** *f* (Krist) / cross-slip line ‖ ~**gleitung** *f* (Krist) / cross-slip *n* ‖ ~**griff** *m* (Werkz) / sliding T-handle, sliding T-bar, T-slide *n*, slide bar (US) ‖ ~**gurt** *m* (bei langen Gewölben) (Bau) / trave *n* ‖ ~**haupt** *n* (ein Teil des Presserahmens) (Masch) / crown *n*, stationary crosshead (US) ‖ ~**haupt** (zur Verbindung der Ständerenden bei Portalfräsmaschinen) (Masch) / cross-beam *n*, top rail ‖ **bewegliches** ~**haupt** (Masch) / cross-head *n* ‖ ~**haus** *n* (Arch) / transept* *n* ‖ ~**holz** *n* (bei Fenstern feststehender, waagrecht durchlaufender Riegel zwischen oberen und unteren Flügeln) (Tischl) / transom* *n*, sash bar* ‖ ~**holz** (in einer Rahmenkonstruktion) (Tischl, Zimm) / rail* *n* ‖ ~**joch** *n* (zur Verbindung der Ständerenden bei Portalfräsmaschinen) (Masch) / cross-beam *n*, top rail ‖ ~**kapazität** *f* (Tunneldioden) (Eltronik) / stray capacitance ‖ ~**keil** *m* (für auf Schub oder Zug beanspruchte Verbindungen) (Masch) / cotter* *n* ‖ ~**keilloch** *n* (Masch) / cotter way* ‖ ~**keilverbindung** *f* (Masch) / cottered joint ‖ ~**kluft** *f* (Geol) / oblique joint ‖ ~**kontraktion** *f* (Mech, WP) / lateral contraction, lateral shrinkage ‖ ~**kraft** *f* (Mech) / transverse force ‖ ~**kraft** (Mech) s. auch Seitenkraft ‖ ~**kräfte** *f pl* (Kfz, Luftf) / lateral forces ‖ ~**-Kreissägemaschine** *f* (Kapp-Kreissägemaschine, Parallel-Pendelsägemaschine) (For) / pendulum cross-cutting saw ‖ ~**kreissägemaschine** *f* (für Schnittholz) (For) / radial saw, radial-arm saw ‖ ~**krümmung** *f* (For) / cupping *n*, cup *n*, transverse warping ‖ ~**steile** ~**lage** (Luftf) / steep-banked attitude ‖ ~**lager** *n* (mit Belastung vorwiegend senkrecht zur Lagerachse) (Masch) / journal bearing, radial bearing ‖ ~**längslager** *n* (Masch) / Jordan bearing ‖ ~**last** *f* (Masch) / lateral load*, transverse load ‖ ~**laufendes Rohr** (Masch) / cross-over pipe ‖ ~**leiste** *f* (an der Brettertür) (Bau, Tischl) / batten* *n*, ledge* *n* ‖ ~**leitfähigkeit** *f* (Elektr) / transverse conductivity ‖ ~**leitung** (QL) *f* (Fernsp) / tie-line *n* ‖ ~**leitwendel** *f* (Kupferband zur Herstellung einer leitenden Verbindung der einzelnen Drähte des Schirmes oder konzentrischen Leiters) (Kab) / contact helix ‖ ~**lenker** *m* (Kfz) / transverse link ‖ ~**lenker mit Schubstrebe und Drehstabilisator** (Kfz) / wishbone suspension with torque rod and torsion bar stabilizer ‖ ~**lenkerarm** *m* (Kfz) / transverse link ‖ ~**libelle** *f* (Verm) / cross-level *n* ‖ ~**lochwandler** *m* (ein Stromwandler) (Eltech) / window-type current transformer ‖ ~**magnetisch** *adj* (Mag) / transverse-magnetic *adj* ‖ ~**magnetisierung** *f* (von Blechen) (Eltech) / lamellar magnetization* ‖ ~**magnetisierung** *f* (Eltech) / cross-magnetizing*, cross-magnetizing effect, transverse magnetization ‖ ~**motor** *m* (quer zur Fahrzeuglängsachse) (Kfz) / transverse engine ‖ ~**naht** *f* (Schw) / transverse weld seam ‖ ~**neigung** *f* (der Straße) (HuT) / cross-fall* ‖ ~**neigung** (Luftf) / banking*, bank *n* ‖ ~**neigung** (Drehung der Kamera um die Längsachse des Luftfahrzeugs) (Luftf, Verm) / tilt *n* ‖ ~**neigung** (in der Fotogrammetrie) (Verm) / X tilt ‖ ~**neigungsmoment** *n* (Luftf) /

rolling moment* ‖ ~**neigungswinkel** m (Luftt, Verm) / tilt angle ‖
~**parenchym** n (For) / ray parenchyma ‖ ~**parität** f (EDV) / vertical parity ‖ ~**paritätsprüfung** f (EDV) / vertical redundancy check (VRC), transverse parity check ‖ ~**preßpassung** f (Masch) / shrink fit, expansion fit ‖ ~**prüfung** f (Verfahren der Fehlersicherung nach DIN 66010) (EDV) / vertical redundancy check (VRC), transverse parity check ‖ ~**reaktanz** f (Eltech) / quadrature reactance* ‖ ~**rechnen** v (nur Infinitiv oder Partizip) (EDV) / crossfoot v ‖ ~**richtung** f (quer zur Laufrichtung der Maschine) (Masch) / across-machine direction ‖ ~**richtung** (Mech) / transverse direction ‖ ~**richtung** (Bahnbreite) (Pap) / cross-machine direction, cross direction* ‖ ~ **in** ~**richtung** / crosswise adv adj ‖ ~**riegel** m (des Zauns) (Bau) / horizontal rail ‖ ~**riegel** (bei Stangengerüsten) (Bau) / putlog* n, putlock n ‖ ~**rippe** f (Arch) / transverse rib ‖ ~**rippe** (des Reifens) (Kfz) / cross-rib n ‖ ~**rips** m (Web) / warp rib, warp repp (GB), warp rep (US) ‖ ~**ruder** n pl (an der Tragflügelhinterkante) (Luftt) / ailerons* pl (control surfaces) ‖ **inneres** ~**ruder** (Luftt) / all-speed aileron, inner aileron ‖ **äußeres** ~**ruder** (Luftt) / low-speed aileron, outer aileron ‖ ~**rudertiefe** f (Luftt) / depth of aileron ‖ ~**schaben** n (mit Vorschub quer zur Werkradachse) (Masch) / right-angle-feed shaving ‖ ~**scheitel** m (im Gewölbe) (Arch) / transverse ridge ‖ ~**scheitelrippe** f (im Gewölbe) (Arch) / transverse ridge-rib ‖ ~**schieferung** f (Geol) / flow cleavage ‖ ~**schiff** n (Arch) / transept* n ‖ ~**schild** m (eines Planiergeräts) (HuT) / fixed blade ‖ ~**schlag** m (quer zum Streichen der Gebirgsschichten aufgefahrene Strecke) (Bergb) / cross cut* ‖ ~**schlag in Kohle** (Bergb) / gain n, drift* n ‖ ~**schlägiger Gang** (Bergb, Geol) / dyke* n, dike n ‖ ~**schleifen** n (bei dem die verfahrenskennzeichnende Vorschubbewegung senkrecht zur zu erzeugenden Oberfläche verläuft - DIN 8589, T 11) (Masch) / transverse grinding ‖ ~**schlepper** m (Hütt) / transfer n, skid-type transfer ‖ ~**schlitten** m (der Drehmaschine) (Masch) / cross-slide* n, rest* n, compound rest*, slide rest* ‖ ~**schlitten der Fräsmaschine** (auf Bett oder Konsole geführter Tisch zur Aufnahme des Längsschlittens) (Masch) / cross-slide n, saddle n ‖ ~**schneide** f (ein Teil des Spiralbohrers, der die beiden Hauptschneiden der Bohrerspitze in der Mitte verbindet) (Masch) / chisel edge ‖ ~**schneiden** v (nur Infinitiv oder Partizip) (For) / cut into length(s), cut to length, cross-cut v, dock* v, trim v
**Querschnitt** m (des Holzes) (For) / cross-cut n, cross-section n, end grain, end-grain cutting ‖ ~ (For, Zimm) / cross-cut n, cross-section n, transverse section ‖ ~ (Masch, Math) / cross-section* n ‖ **geometrischer** ~ (Phys) / geometrical cross-section* ‖ **nicht vollkreisförmiger** ~ (Math) / non-circular cross-section ‖ ~**[s]fläche** f / cross-sectional area, CSA ‖ ~**kreissägemaschine** f (For) / circular saw for cross-cutting
**Querschnitts·abnahme** f / reduction in area, RIA, reduction of the cross-section ‖ ~**daten** pl (Stats) / cross-section data ‖ ~**festigkeit** f (WP) / transversal strength ‖ ~**fläche** f (Math) / cross-sectional area, CSA ‖ ~**regel** f (Luftt) / area rule* ‖ ~**verengung** f (z.B. der Düse) / constriction n ‖ ~**verhältnis** n (bei Reifen) (Kfz) / aspect ratio, profile n (ratio) ‖ ~**verminderung** f / reduction in area, RIA, reduction of the cross-section ‖ ~**verminderung** (Hütt) / breaking-down n (the first stage in rolling in a bar or strip mill) ‖ ~**verminderung** (in % des ursprünglichen Querschnitts) (Hütt) / percentage area of reduction ‖ ~**vorbildung** f (die beim Gesenkschmieden der günstigen Massenverteilung des Werkstückstoffs vor der Endformung dient) (Hütt) / preshaping of the cross-section, preforming of the cross-section ‖ ~**wandler** m (Lichtleiter mit unterschiedlicher Größe und/oder Form der Ein- und der Austrittsfläche nach DIN 58140) / shape converter, shape transducer
**Quer·schnittzeichnung** f (Masch) / cross-section* n ‖ ~**schrumpfung** f (beim Erkalten einer Schweißverbindung quer zur Naht eintretende bleibende Verkürzung des Schweißgutes und der von der Schweißwärme erfaßten Werkstoffzonen) (Schw) / transverse contraction ‖ ~**schwelle** f (Bahn) / sleeper* n, cross-sill* n, crosstie* n, tie* n (US), railroad tie (US), rail tie (US) ‖ ~**schwellengleis** n (Bahn) / rails on cross-sleepers ‖ ~**schwingung** f (Mech) / transversal vibration ‖ ~**spannung** f (einer Synchronmaschine) (Eltech) / transverse component of the voltage, quadrature-axis component of the voltage ‖ ~**spannung** f (Mech) / transverse stress ‖ ~**spant** n (Schiff) / transverse frame* ‖ ~**sperre** f (Kfz) / transverse lock-up, locking of the axle differential ‖ ~**spritzkopf** m (der Spritzmaschine) (Plast) / cross-head (an extruder head) ‖ ~**spritzkopf zum Extrudieren schlauchartiger Netze** (Plast) / cross-head for net extrusion ‖ ~**spülung** f (Kfz) / cross scavenging, transverse scavenging ‖ ~**spuraufzeichnung** f (des Bildes) (TV) / transversal scanning, transversal recording ‖ ~**spur-Videobandgerät** n (Akus) / transverse track recorder ‖ ~**stabilisator** m (Kfz) / antiroll bar*, stabilizer bar, antisway bar ‖ ~**stabilität** f (Luftt) / rolling stability, transverse stability ‖ ~**stapellauf** m (Schiff) / side launching ‖ ~**steg** m (eines Förderers) (Masch) / flight n ‖ ~**stellen** v (Druck) / side-turn v ‖

~**stellung** f des Anhängers (bei einem Lastzug) (Kfz) / jack-knifing n ‖ ~**steuerflächen** f pl (Luftt) / lateral controls ‖ ~**stift** m (Masch) / angled pin ‖ ~**strahler** m (vornehmlich quer zu ihrer Hauptausdehnung strahlende Antenne) (Radio) / broadside antenna*, broadside radiator, broadside array ‖ ~**strahlschalter** m (Eltech) / impulse circuit-breaker, orthojector circuit-breaker ‖ ~**strahlung** f (der Antenne) (Radio) / broadside radiation ‖ ~**strahlwanderfeldröhre** f (Eltronik) / transverse-beam travelling-wave tube* ‖ ~**strich** m (als Fahrbahnmarkierung) (HuT) / cross-stripe n
**Querstrom** m (Chem Verf, Phys) / cross flow ‖ ~**filtration** f (Chem Verf) / cross-flow filtration ‖ ~**kühlturm** m / cross-flow cooling tower, mixed-flow cooling tower ‖ ~**lüfter** m (Masch) / cross-flow fan ‖ ~**sichter** m (Aufber) / cross-current bolting machine, cross-current classifier ‖ ~**spülung** f (bei Zweitaktmotoren) (Kfz) / cross scavenging, transverse scavenging
**Quer·strömung** f (mit einer Komponente quer zur Hauptfließrichtung) (Hyd, Wasserb) / transversal current ‖ ~**strom-Zylinderkopf** m (Kfz) / cross-flow cylinder head ‖ ~**stück** n (Tischl, Zimm) / rail* n ‖ ~**süll** n (einer stählernen Luke) (Schiff) / end coaming ‖ ~**summe** f (eine Kontrollsumme) (EDV) / check sum (horizontal) ‖ ~**summe** (die Summe der Ziffern einer ganzen Zahl) (Math) / sum of the digits ‖ ~**Bildung der** ~**summe** (EDV) / crossfoot operation (XFOOT), crossfooting n ‖ **alternierende** ~**summe** (wenn die Ziffern, die an geraden Stellen stehen, negativ gerechnet werden) (Math) / alternating cross-sum ‖ ~**summen bilden** (EDV) / crossfoot v ‖ ~**teilanlage** f (Hütt) / slitting line ‖ ~**teillinie** f (Hütt) / slitting line ‖ ~**tonne** f (Gewölbe) (Arch) / transverse barrel vault ‖ ~**träger** m (eine Haltekonstruktion an Masten) (Eltech) / cross-arm* n ‖ ~**träger** (des Rahmens) (Kfz) / cross-member n, transverse member ‖ ~**träger** (Masch) / cross-girder* n, cross-beam n, crossbar n ‖ ~**träger** (am Gestänge) (Mech) / arm n ‖ ~**trieb** m (Auftrieb bei Magnus-Effekt) (Phys) / Magnus force ‖ ~**überdeckung** f / side lap n ‖ ~**verband** m (HuT) / counterbracing* n, cross-bracing* n ‖ ~**verband** (z.B. Querschott, Rahmenspant) (Schiff) / transverse structure ‖ ~**verband** (Zimm) / cross-joint n ‖ ~**verbindung** (Fernsp) / tie line*, interswitchboard line* ‖ ~**verbindung** (Zimm) / cross-joint n ‖ ~**verbindungsleitung** f (Fernsp) / tie line*, interswitchboard line* ‖ ~**vernetzt** adj (Chem) / cross-linked adj ‖ ~**vernetzung** f (Chem) / cross-linking* n, cross-linkage n ‖ ~**verrippt** adj / cross-ribbed adj ‖ ~**versatz** m (ein Rahmenschaden) (Kfz) / sway n, sideway n ‖ ~**verschub** m (z.B. bei Brücken) (HuT) / shifted sideway ‖ ~**versteifung** f (quer zur Fahrzeugrichtung verlaufender Hauptträger) (Kfz) / cross-member n, transverse member ‖ ~**verstrebung** f (HuT) / counterbracing* n, cross-bracing* n ‖ ~**verwerfung** f (For) / cupping n, cup n, transverse warping* ‖ ~**walzen** n (DIN 8583, T 2) (Hütt) / cross-rolling n, transverse rolling, slant rolling ‖ **hintere** ~**wand** (Kfz) / rear bulkhead ‖ ~**wandbauart** f (Bau) / cross-wall construction* ‖ ~**weg** m (EDV) / high-usage route, high-usage trunk ‖ ~**welle** f (wenn die Schwingung senkrecht zur Ausbreitungsrichtung erfolgt) (Phys) / transverse wave* ‖ ~**wind** m (Kfz, Luftt) / crosswind n, side wind ‖ ~**windfahrwerk** n (Luftt) / crosswind landing gear, crosswind undercarriage ‖ ~**windkomponente** f (Kfz, Luftt) / crosswind component ‖ ~**wölber** m (Arch, Bau) / compass brick*, concave brick*, radial brick, radiating brick*, radius brick*
**Query** f (EDV) / query n (the extraction of data from a database)
**Querzahl** f (Mech) / Poisson number (reciprocal of Poisson ratio)
**Querzetin** n (der wichtigste Flavonfarbstoff) (Chem) / quercetin n
**Querzickzackköper** m (Web) / cross zigzag twill
**Querzit** m (Chem) / quercitol n, acorn sugar
**Querzitol** n (Cyclohexanpentol) (Chem) / quercitol n, acorn sugar
**Querzitrin** n (Chem, For) / quercitrin n, quercimelin n, quercitroside n
**Querzitronrinde** f (For) / quercitron n, quercitron bark
**Querzuschneide-Kreissägemaschine** f (For) / cross-cut (circular) saw
**Quetschanschluß** m (Eltronik) / crimp connexion, crimp connection
**Quetsche** f (ein Elektroküchengerät) (Eltech) / ricer n (US) ‖ ~ (für Futterkartoffeln) (Landw) / masher n
**Quetscheffekt** m (Nukl) / pinch effect*
**quetschen** v (drücken, pressen, ausdrücken, zerdrücken) / squeeze v ‖ ~ (Eltronik) / crimp v ‖ ~ (Obst) (Nahr) / bruise v ‖ ~ (Nahr) / mash v (potatoes)
**Quetscher** m (Gummiwalze) / squeegee n, squeezer n, squeegee roller, squeeze roller
**Quetsch·falte** f (Tex) / box pleats, knife-pleats pl, inverted pleats, double-counterlaid folds ‖ ~**flasche** f (als Packung) (Plast) / squeeze bottle, plastic wash bottle ‖ ~**fuß** m (einer Röhre) (Eltronik) / pinch* n, squash n ‖ ~**glied** n (formschlüssiges Verbindungselement zum lösbaren Verbinden von Ketten und Seilen) (Schiff) / flat link n ‖ ~**grenze** f (beim Druckversuch) (Mech, WP) / yield point* (Y.P.) ‖ ~**hafer** m (als Futtermittel) (Landw) / rolled oats ‖ ~**hahn** m (Schraubklemme, federnde Metallschlinge) (Chem) / pinch cock,

**Quetschhohlleiter**

spring clip ‖ ⁓**hohlleiter** m (ein an den Breitseiten geschlitzter Präzisionsrechteckhohlleiter mit relativ großer Baulänge, der zur Messung des Anpassungsfaktors bzw. des Welligkeitsfaktors von Hohlleiterbauteilen dient) (Elektr, Fernm, Phys) / squeezable waveguide ‖ ⁓**holz** n (Holzklotz zwischen zwei Ausbauteilen oder zwischen Ausbauteilen und Gestein, der bei Druckaufnahme zerquetscht wird) (Bergb) / compression block, clog n, wooden crusher block ‖ ⁓**kante** f (eines Hohlkörperblaswerkzeugs) (Plast) / flash edge, flashland n, pinch-off n (blade) ‖ ⁓**kondensator** m (mit Hartpapier) (Eltech) / book capacitor ‖ ⁓**kontakt** m (Eltech) / crimp contact, crimped contact ‖ ⁓**kopf** m (eingezogener Zylinderbrennraum, mit dem eine gesteuerte Wirbelung des Kraftstoff-Luft-Gemisches erreicht werden kann) (Kfz) / squish combustion chamber
**Quetschling** m (Geol) / phacoid n
**Quetsch•linse** f (Geol) / phacoid n ‖ ⁓**maschine** f (für die Jutespinnerei) (Spinn) / softener n ‖ ⁓**maschine** (DIN 64950) (Tex) / mangle* n ‖ ⁓**meßleitung** f (Elektr, Fernm, Phys) / squeezable waveguide ‖ ⁓**nahtschweißen** n (Schw) / mash seam welding* ‖ ⁓**präparat** n (Mikros) / crush preparation ‖ ⁓**rolle** f (Landw) / mash roll ‖ ⁓**sockellampe** f (Eltech) / glass-wedge-base bulb, pinch-base bulb ‖ ⁓**spannung** f (Druckspannung, bei der die Steigung der Kraft-Längenänderungs-Kurve zum erstenmal gleich Null wird) (Plast) / compressive yield stress ‖ ⁓**spannung** (eine Werkstoffkenngröße) (WP) / yield stress (YS) ‖ ⁓**stelle** f (DIN 31001, T 1) / crushing point ‖ ⁓**tube** f / collapsible tube
**Quetschung** f (ein Teil des Lampenfußes) (Eltech) / pinch n ‖ ⁓ (des Tellerrohrs der Glühlampe) (Eltech) / stem press
**Quetsch•ventil** n (Masch) / pinch valve ‖ ⁓**verbinder-Flachbandkabel** n (Kab) / daisy-chain flat cable, daisy-chained ribbon cable ‖ ⁓**verbindung** f (eine lötfreie Verbindung) (Eltronik) / crimp connexion, crimp connection ‖ ⁓**walze** f / squeegee n, squeezer n, squeegee roller, squeeze roller ‖ ⁓**werkzeug** n (Eltronik) / crimping tool ‖ ⁓**wirbel** m (Kfz) / squish n ‖ ⁓**wunde** f (For) / bruise n ‖ ⁓**zone** f (Eltronik) / crimp area ‖ ⁓**zone** (im Brennraum) (Kfz) / squish band
**Queue** f (EDV, Math) / queue n, queue line, waiting queue, waiting list
**Quibinärkode** m (EDV) / quibinary code
**quick** adj (Konsistenz) (Geol, HuT) / quick adj
**Quickbeize** f (um eine metallisch blanke, saubere Oberfläche als Grundlage für nachfolgende Deckschichten zu erzielen) (Galv) / blue dip, quick dip, quickening dip ‖ ⁓ (Tätigkeit) (Galv) / quicking* n
**Quicklader** m (ein Bergungsfahrzeug) (Kfz) / flat-bed recovery vehicle
**Quick-out-Halterung** f (bei Autoradios) (Kfz) / pull-out feature
**Quicksand** m (Bergb, HuT) / quicksand*, running sand*
**Quicksetfarbe** f (Druck) / quick-setting ink*
**Quicksort** n (Verfahren zum Sortieren eines Arrays) (EDV) / quicksort n
**Quickton** m (feinkörniges, stark wasserhaltiges Sediment von labiler Beschaffenheit) (Geol) / quick clay, quick ground
**Quicktuning** n (Radio) / quick tuning
**quietschen** v (Türband) / squeak v ‖ ⁓ (Tor, Tür) / creak v ‖ ⁓ (Reifen, Bremsen) (Kfz) / squeal v ‖ ⁓ n **des Rades** (Bahn, Kfz) / squeal of the wheel, wheel squeal
**QUIL-Gehäuse** n (mit zwei parallelen Doppelanschlußreihen) (Eltronik) / quad-in-line package, QUIL package
**Quillajarinde** f (von Quillaja saponaria Molina) / soapbark n, murillo bark
**Quillajasaponin** n (Chem, Pharm) / quillaja saponin
**quinär** adj (EDV, Math) / quinary adj
**Quincke-Rohr** n (zum Nachweis von Interferenz und Messung der Wellenlänge von Schallwellen - nach G.H. Quincke, 1834 - 1924, benannt) (Akus, Fernm) / Quincke tube, Herschel-Quincke tube
**Quinckesch•e Methode** (zur Bestimmung der magnetischen Suszeptibilität von Flüssigkeiten bei bekanntem magnetischem Feld bzw. zur Bestimmung des Betrages des Feldes bei bekannter Suszeptibilität) (Mag) / Quincke'e method* ‖ ⁓**es Rohr** (zum Nachweis von Interferenz und Messung der Wellenlänge von Schallwellen - nach G.H. Quincke, 1834 - 1924, benannt) (Akus, Fernm) / Quincke tube, Herschel-Quincke tube
**Quine-McCluskey-Methode** f (bei Minimierung von Schaltfunktionen) (EDV) / Quine-McCluskey method
**Quintbit-Kodierung** f ($2^5$ = 32 Bit, hochratige Modems) (Fernm) / quint bit coding
**Quintett** n (ein Multiplett) (Phys) / quintet n
**Quintozen** n (Pentachlornitrobenzol - ein Fungizid auf Basis aromatischer Kohlenwasserstoffe) (Chem) / quintozene* n, PCNB*
**Quintupelpunkt** m (Chem) / quintuple point*
**Quirl** m (Maß der Wirbelgröße) (Eltech) / curl* n, rotation* n ‖ ⁓ (Keram) / blunger n, blunging machine, plunger n ‖ ⁓ **für Eierschnee** / egg beater
**Quirlantenne** f (Radio) / turnstile antenna*, turnstile n

**quirlen** v (eine Satzkolumne oder Teile davon durch unvorsichtiges Arbeiten in Unordnung bringen und ineinander verschieben) (Typog) / pie* vt, pi v (US) / ⁓ n (Keram) / blunge n (the agitation or blending of ceramic materials in a mechanical or hand-operated mixer, usually to suspend the materials in water or other liquid), blunging n
**Quittegelb** n / quince yellow, capucine n
**Quittengelb** n / quince yellow, capucine n
**Quittenkernschleim** m (Nahr) / quince-seed slime
**quittierte Rechnung** / receipted invoice
**Quittung, negative** ⁓ (Fernm) / negative acknowledge(ment), NAK ‖ **positive** ⁓ (Fernm) / positive acknowledgement (ACK)
**Quittungs•austausch** m (EDV) / handshaking* n ‖ ⁓**betrieb** m (EDV) / handshaking* n ‖ ⁓**meldung** f (EDV) / acknowledgement n, acknowledgement signal* ‖ ⁓**pfeifsignal** n (Bahn) / forestalling whistle ‖ ⁓**schalter** m (Bahn) / forestalling switch, forestaller n, acknowledging switch, acknowledger n ‖ ⁓**signal** n (EDV) / acknowledgement n, acknowledgement signal*
**Quotaverfahren** n (Stats) / quota sampling
**Quote** f (DIN 5476) / rate n
**Quoten•auswahl** f (Stats) / quota sampling ‖ ⁓**stichprobenverfahren** n (Stats) / quota sampling ‖ ⁓**verfahren** n (Stats) / quota sampling
**Quotient** m (Ergebnis der Division) (Math) / quotient* n ‖ ⁓ (Math) / ratio* n ‖ ⁓ (in der geometrischen Zahlenfolge) (Math) / ratio (common) ‖ **respiratorischer** ⁓ (Physiol) / respiratory quotient, RQ
**Quotienten•körper** m (Math) / quotient field ‖ ⁓**kriterium** n (ein Konvergenzkriterium für Reihen reeller oder komplexer Zahlen) (Math) / d-Alembert's ratio test*, Cauchy's ratio test, Cauchy's convergence test of the second kind (for series), ratio test ‖ ⁓**menge** f (Math) / quotient set ‖ ⁓**messer** m (ein elektrisches Meßinstrument) (Eltech) / ratio meter ‖ ⁓**pyrometer** n (Wärm) / quotient pyrometer ‖ ⁓**raum** m (Math) / quotient space, factor space ‖ ⁓**regel** f (eine Grundregel beim Differenzieren) (Math) / quotient rule ‖ ⁓**register** n (EDV) / quotient register ‖ ⁓**relais** n (Eltech) / quotient relay ‖ ⁓**topologie** f (Math) / quotient topology ‖ ⁓**verstärker** m (Akus) / ratio amplifier
**Q-Wert** m (Aussage darüber, welcher Prozentsatz von Prüflingen fehlerfrei produziert wurde) / quality value, Q-value n ‖ ⁓ (einer Kernreaktion) (Nukl) / Q-value* n
**QWERTY-Tastatur** f (bei der amerikanischen Tastatur liegen diese sechs Buchstaben nebeneinander links oben) / QWERTY keyboard* (used on American keyboards), QWERTY n, querty n
**QWERTZ-Tastatur** f (bei der deutschen Tastatur sind Y und Z im Vergleich zur amerikanischen vertauscht) / QWERTZ keyboard (used on German keyboards), QWERTZ n, quertz n

# R

**R** (nach DIN-ISO 1629 ein Gruppenbuchstabe für Kautschuke mit einer ungesättigten Kohlenstoffkette) / R
**R** *m* (rechtwinkliger Abstand von der Abszissenachse bei der Gauß-Krüger-Abbildung nach Meridianstreifen) (Kart) / easting* *n*
**R** (nicht mehr zugelassene SI-fremde Einheit der Ionendosis bei der Röntgen- und der Gammastrahlung) (Radiol) / roentgen *n*, röntgen* *n*
**$R_a$** (Masch) / average roughness value, arithmetical average height (US), centre-line average height, CLA height, AA height
**Ra** (Chem) / radium* *n*
**RA** (Nukl) / radioactive effluent
**Raabe-Kriterium** *n* (Math) / Raabe's convergence test*, Raabe ratio test
**Raabesches Konvergenzkriterium** (für Reihen nach J.L. Raabe, 1801-1859) (Math) / Raabe's convergence test*, Raabe ratio test
**RaAc** (radioaktives Thoriumisotop) (Chem) / radioactinium *n*
**Rabatt** *m* (meist prozentualer Preisnachlaß) / rebate *n* ‖ ⁓ **gewähren** (für oder auf etwas) / rebate *v*
**Rabattenberegnung** *f* (Landw) / border irrigation
**rabattieren** *v* / rebate *v*
**Rabattmarkenpapier** *n* (Pap) / trading stamp paper
**Rabattmenge** *f* (bei der Bestellung) / discount order quantity
**Rabi-Methode** *f* (eine Methode der Hochfrequenzspektroskopie nach I.I. Rabi, 1898-1988) (Kernphys) / Rabi method, molecular-beam resonance
**Rabin-Scott-Automat** *m* (EDV) / Rabin-Scott machine
**Rabitz • decke** *f* (Bau) / wire-plaster ceiling ‖ ⁓**wand** *f* (Bau) / wire-fabric wall, Rabitz plaster fabric wall ‖ ⁓**zange** *f* (Werkz) / tower pincers for cutting wire netting, mechanics' nippers
**Racah-Koeffizient** *m* (bei der Vektoraddition von Drehimpulsen) (Phys) / Racah coefficient, W coefficient
**Racemat** *n* (Chem) / racemate* *n*, racemic isomer* ‖ ⁓**spaltung** *f* (Zerlegung von Razematen in die optisch aktiven Komponenten) (Chem) / resolution of racemates ‖ ⁓**trennung** *f* (Zerlegung von Razematen in die optisch aktiven Komponenten) (Chem) / resolution of racemates
**racemisch** *adj* (Chem) / racemic *adj* ‖ ~**es Gemisch** (Chem) / racemic mixture ‖ ~**e Verbindung** (Chem) / racemic compound
**Racemisierung** *f* (Chem) / racemization* *n*
**Racetrack** *m f* (Nukl) / racetrack* *n*
**Rachen** *m* (der Lehre) (Masch) / gap *n*, throat *n* ‖ ⁓**lehre** *f* (Bügel, an dessen Enden zwei sich gegenüberliegende, parallele Meßflächen mit bekanntem Abstand angebracht sind - oft als Grenzlehre benutzt) (Masch) / snap-gauge *n*, snap* *n*, gap gauge
**Rack** *n* (pl. -s) (Regal für ein Stereoanlage) (Eltronik) / rack *n* ‖ ⁓ (pl. -s) (für den Materialtransport in Entwicklungsmaschinen) (Foto) / rack *n*, material rack ‖ ⁓ (pl. -s) (Masch) / rack *n* ‖ ⁓**jobber** *m* / rack-jobber *n*
**Racon** *n* (Radarantwortbake, die nur dann sendet, wenn sie von einem Radarimpuls aktiviert wird - zur Bestimmung der Lage) (Nav) / racon *n*
**rad** (gesetzliche abgeleitete SI-Einheit für den ebenen Winkel - DIN 1315) (Math) / rad* *n*, radian* *n* ‖ ⁓ (Radiol) / rad* *n*
**Rad** *n* (Felge + aufgezogener Reifen) (Kfz) / tyre-wheel *n* ‖ ⁓ (Masch) / wheel *n* ‖ **außenverzahntes** ⁓ (Masch) / external gear ‖ **bremsblockiertes** ⁓ (Kfz) / locked-up wheel ‖ **erzeugendes** ⁓ (Masch) / generating gear ‖ **gekuppelte Räder** (Masch) / coupled wheels* ‖ **hinteres** ⁓ (Bahn) / trailing wheel* ‖ **innenverzahntes** ⁓ (Masch) / internal gear ‖ **kurvenäußeres** ⁓ (bei Kurvenfahrt) (Kfz) / outer wheel ‖ **kurveninneres** ⁓ (bei Kurvenfahrt) (Kfz) / inside wheel ‖ **nichtangetriebenes** ⁓ (Kfz) / trailing wheel ‖ **phonisches** ⁓ (Fernm) / phonic wheel, phonic drum ‖ **schwenkbares** ⁓ (Masch) / swivelling wheel ‖ **serienmäßiges** ⁓ (Kfz) / standard wheel, O.E. wheel, original-equipment wheel ‖ ⁓ *n* **mit Außenverzahnung** (Masch) / external gear ‖ **mit Doppelfelge** (Kfz) / JJD wheel, twin wheel, wheel with double rim ‖ **mit gummibelegtem Radkranz** (Bahn) / rubber-rimmed wheel ‖ **mit Innenverzahnung** (Masch) / internal gear ‖ ⁓ **mit Notlaufeigenschaften** (Kfz) / run-flat wheel, safe-run wheel
**Rad • abstand** *m* (bei Schienenfahrzeugen) (Bahn) / wheel centre distance, axle base ‖ ⁓**abweiser** *m* (Stein zum Schutz der Hausecken oder Protallabungen gegen Beschädigung durch Fahrzeuge) (Bau) / spur stone, wheel bumper ‖ ⁓**abweiser** (der Verkehrsinsel) (HuT) /

fender post, guard post ‖ ⁓**abzieher** *m* (Kfz, Werkz) / gear puller ‖ ⁓**achse** *f* (Masch) / axle* *n* ‖ ⁓**achsenstromkreis** *m* (Bahn) / axle circuit ‖ ⁓**adhäsion** *f* (Phys) / wheel adhesion ‖ ⁓**antenne** *f* (Radio) / cartwheel antenna ‖ ⁓**appertisation** *f* (nach N.-F. Appert, 1749-1841) (Nahr) / radiation sterilization, radappertization *n*
**Radar** *m n* (Verfahren zur Entdeckung und zur Bestimmung der Lage von Objekten mit Hilfe elektromagnetischer Wellen hoher Frequenz) (Radar) / radar* *n* ‖ ⁓ *m n* (Anlage) (Radar) / radar* *n* ‖ **dreidimensionaler** ⁓ (Radar) / three-dimensional radar, 3D-radar ‖ **frequenzmoduliertes** ⁓ (Radar) / frequency-modulated radar, FM radar, frequency-modulation radar ‖ **mit** ⁓ **geführt** (Radar) / radar-guided *adj*, radar-directed *adj* ‖ **multistatisches** ⁓ (mit mehreren örtlich getrennten Sende- und/oder Empfangsantennen) (Radar) / multistatic radar ‖ **optisches** ⁓ (Radar) / colidar *n*, coherent light detecting and ranging, ladar *n*, laser radar ‖ **phasengetastetes** ⁓ (Radar) / phase-coded radar ‖ **vorwärtsschauendes** ⁓ (Radar) / forward-looking radar, FLR, forward-looking airborne radar, FLAR ‖ ⁓ *m n* **für absolute Bewegungsanzeige** (Radar) / true-motion radar ‖ ⁓ **für Bodenbewegungskontrolle** (Lufft) / ground movement radar, surface movement radar, GMR, SMR ‖ ⁓ **mit hoher Auflösung** (Radar) / fine-grain radar ‖ ⁓ **mit je einer örtlich getrennten Sende- und Empfangsantenne** (Radar) / bistatic radar* ‖ ⁓ **mit synthetischer Apertur** (zur Erdbeobachtung und -überwachung) (Radar) / synthetic aperture radar, SAR*
**Radar • abtaster** *m* **vom F-Typ** (Radar) / F scanner ‖ ⁓**abtastung** *f* (Radar) / radar scan* *n* ‖ ⁓**anflug** *m* (Lufft) / radar approach ‖ **vom Flugzeugträger kontrollierter** ⁓**anflug** (Radar) / carrier-controlled approach* ‖ ⁓**anlage Typ H2S** ("home sweet home") (Radar) / H2S* ‖ ⁓**antenne** *f* (Radar) / radar antenna, radar aerial ‖ **linsenförmige** ⁓**antenne** (Mil, Radar) / rotodome *n* ‖ ⁓**antwort** *f* (Radar) / radar response ‖ ⁓**anzeigegerät** *n* **vom Typ J** (Radar) / J-scope *n*, J-indicator *n* ‖ ⁓**anzeigegerät vom Typ K** (Radar) / K-scope *n*, K-indicator *n* ‖ ⁓**astronomie** *f* (Untersuchung von kosmischen Objekten mittels Radartechniken) (Astr) / radar astronomy* ‖ ⁓**bake** *f* (Nav, Radar) / radar beacon* ‖ ⁓**band** *n* (Radar) / radar band ‖ ⁓**bediener** *m* (Radar) / radarman *n* (a person who operates or helps to operate radar equipment), radar operator ‖ ⁓**bekämpfungsflugkörper** *m* (Mil) / antiradiation missile, antiradar missile, ARM* ‖ ⁓**beobachtung** *f* (Radar) / radar observation ‖ ⁓**berechtigung** *f* (Lufft, Radar) / radar rating ‖ **automatisches** ⁓**bild-Auswertegerät** (Radar) / automated radar plotting aid, ARPA ‖ ⁓**bildauswertung** *f* (Radar) / radar plotting ‖ ⁓**bilddeckpause** *f* (Radar) / radarscope overlay ‖ ⁓**bilder** *n pl* (als Kollektivum) (Radar) / radar imagery ‖ ⁓**bilderzeugung** *f* (Radar) / radar imagery ‖ ⁓**bildschirm** *m* (Radar) / radar indicator*, radar screen*, radarscope *n*, radar display ‖ ⁓**bildübertragung** *f* (Radar) / radar relay ‖ ⁓**bug** *m* (Lufft) / radome* *n*, blister *n* ‖ ⁓**detektor** *m* (gegen Radarfallen) (Radar) / snooper *n* ‖ ⁓**echo** *n* (Radar) / radar echo, radar return ‖ ⁓**erfassung** *f* (Radar) / radar detection ‖ ⁓**erfassungsbereich** *m* (Radar) / radar coverage ‖ ⁓**falle** *f* (Standort, wo mit einem Meßgerät Fahrzeuggeschwindigkeiten auf Straßen gemessen werden) (Kfz) / radar trap ‖ ⁓**führung** *f* (Lufft, Radar) / radar vectoring, vectoring *n* ‖ ⁓**führung zum Anflug** (Lufft, Radar) / positioning for approach ‖ ⁓**funkfeuer** *n* (Nav, Radar) / radar beacon* ‖ ⁓**geführt** *adj* (Radar) / radar-guided *adj*, radar-directed *adj* ‖ ⁓**gerät** *n* (Radar) / radar* *n* ‖ **vorwärtsschauendes** ⁓**gerät** (Radar) / forward-looking radar, FLR, forward-looking airborne radar, FLAR ‖ ⁓**gerät mit hoher Auflösung** (Radar) / fine-grain radar ‖ ⁓**geräteparameter** *m* (Kenngröße zur Beschreibung einer Radaranlage) (Radar) / radar parameter ‖ ⁓**gleichung** *f* (zur Bestimmung der Grenzreichweite einer Radaranlage) (Radar, Radio) / range equation, radar range equation ‖ ⁓**hellanzeigegerät** *n* / radar bright display equipment ‖ ⁓**hilfe** *f* (Radar) / radar aid ‖ ⁓**höhenmesser** *m* (Lufft) / radar altimeter (RA), radio altimeter ‖ ⁓**horizont** *m* (Begrenzung der Reichweite der von einer Radarantenne ausgehenden Radarstrahlung infolge Krümmung der Erde) (Radar) / radar horizon ‖ ⁓**identifizierung** *f* (Radar) / radar identification ‖ ⁓**impuls** *m* (Radar) / radar pulse ‖ ⁓**karte** *f* (Radar) / radar map, radar chart ‖ ⁓**kartierung** *f* (Radar) / radar mapping ‖ ⁓**kennbuchstabe** *m* (Radar) / radar letter designation ‖ ⁓**kontakt** *m* (Radar) / radar contact ‖ **Übergabe** *f* **der** ⁓**kontrolle** (Lufft) / radar hand-off, transfer of radar control, radar hand-over ‖ ⁓**kontrollor** *m* (A) (Lufft, Radar) / radar controller, director *n* ‖ ⁓**kuppel** *f* (Astr, Radar) / radome* *n*, blister *n* ‖ ⁓**kurs** *m* (Lufft) / radar heading ‖ ⁓**landegerät** *n* (Lufft) / approach control radar*, ACR* ‖ ⁓**leistungskennzahl** *f* (Radar) / radar performance figure* ‖ ⁓**leistungszahl** *f* (Radar) / radar performance figure* ‖ ⁓**lotse** *m* (Lufft, Radar) / radar controller, director *n* ‖ ⁓**meteorologie** *f* (ein Teil der Radiometeorologie) (Meteor) / radar meteorology ‖ ⁓**nase** *f* (Lufft) / radome* *n*, blister *n* ‖ ⁓**nase** *f* (Lufft) s. auch Radom ‖ ⁓**navigation** *f* (Lufft) / radar navigation ‖ ⁓**netz** *n* (Radar) / radar net ‖ ⁓**netze** *n pl* (verbundene) (Radar) / radar netting ‖ ⁓**ortung** *f* (Radar) / radar detection ‖ ⁓**peilung** *f* (Radar) / radar bearing ‖ ⁓**picket** *m* (Mil)

963

**Radarprüfsender**

/ radar picket ‖ ≈**prüfsender** m (Radar) / target transmitter ‖ ≈**querschnitt** m (Radar) / radar cross section ‖ ≈**reflektor** m (zur Vergrößerung der Rückstrahlfläche durch gerichtete Reflexion) (Radar) / radar reflector ‖ ≈**reflektorboje** f (Radar) / radar reflector buoy, radar reflection buoy ‖ ≈**reichweite** f (Radar) / radar range* ‖ ≈**schatten** m (Radar) / radar shadow ‖ ≈**schirm** m (Radar) / radar indicator*, radar screen*, radarscope n, radar display ‖ ≈**sendebake** f (Schiff) / ramark n ‖ ≈**sensor** m (Sensor zum Objektfassen, wobei die Informationen über die Wechselwirkung einer elektromagnetischen Welle mit dem Meßobjekt gewonnen werden) (Radar) / radar sensor ‖ ≈**sonde** f (Meteor) / radarsonde n, rawinsonde n ‖ ≈**staffelung** f (Luftf) / radar separation ‖ ≈**standort** m (Radar) / radar fix, radar position, radar position fix ‖ ≈**standort** (Standort der Radaranlage) (Radar) / radar site ‖ ≈**stellung** f (Radar) / radar site ‖ ≈**stellung** (Radar) s. auch durch Radar ermittelter Standort ‖ ≈**strahl** m / radar beam ‖ ≈**strahlachse** f (Radar) / radar boresight line ‖ ≈**strahlen absorbierender Stoff** (Radar) / radar-absorbing material* (RAM) ‖ **3D-**≈**system** (Radar) / three-dimensional radar, 3D-radar ‖ ≈**system** n **mit maschenförmigem Hyperbelnetz** (Radar) / radio-mesh navigation system, radio-web navigation system ‖ ≈**tarnung** f (Mil, Radar) / radar camouflage, camouflage* n ‖ ≈**täuschung** f (Mil, Radar) / radar deception ‖ ≈**technik** f (Radar) / radar* n ‖ ≈**techniker** m (Fachmann auf dem Gebiet der Radartechnik) (Radar) / radar technician ‖ ≈**teleskop** n (Astr) / radar telescope ‖ ≈**theodolit** m (Verm) / radar theodolite ‖ ≈**trilateration** f (Verm) / radar trilateration ‖ ≈**trugziel** n (Mil, Radar) / phantom target ‖ ≈**turm** m **des Frühwarnsystems** (vor der Meeresküste aufgebaut) (Radar) / Texas tower ‖ ≈**überwachung** f (Radar) / radar monitoring ‖ ≈**verfolgung** f **mittels Oberflächenreflexion** (Radar) / skin tracking ‖ ≈**verkehrsleiter** m (S) (Luftf, Radar) / radar controller, director n ‖ ≈**vernetzung** f (Radar) / radar netting ‖ ≈**warnempfänger** m (Radar) / radar warning receiver ‖ ≈**warner** m (Radar) / police-radar detector ‖ ≈**wind** m (Meteor) / rawin n ‖ ≈**ziel** n (Radar) / radar target ‖ ≈**zielerkennung** f (bei der Analogdarstellung) (Radar) / radar blip identification, RBI ‖ ≈**zielstandort** m (Radar) / radar fix, radar position, radar position fix ‖ ≈**zielsuchlenkung** f (Mil) / radar command guidance

**Rad•aufhängung** f (Kfz) / suspension* n, wheel suspension, automotive suspension ‖ ≈**ausfluchtung** f (Kfz) / track alignment ‖ ≈**ausführung** f (Kfz) / wheel type ‖ ≈**befestigung** f (Kfz) / wheel fastening, wheel fixing ‖ ≈**blende** f (Kfz) / cover n, wheel cover, wheel cap ‖ ≈**blockierer** m (Kfz) / wheel clamp, clamp n, boot n (US), park clamp, Denver boot (US) ‖ ≈**bolzen** m (Kfz) / wheel lug bolt, lug n, wheel bolt ‖ ≈**bremszylinder** m (Kfz) / wheel-brake cylinder, wheel-cylinder n ‖ ≈**dampfer** m (Schiff) / paddle-wheeler n, paddle-steamer n ‖ ≈**dampfer** m (mit einem Schaufelrad an der Seite) (Schiff) / side-wheel steamer, side-wheeler n ‖ ≈**dozer** m (HuT) / wheel dozer

**Radechon** n (Eltronik) / radechon n, barrier-grid storage tube ‖ ≈**-Speicherröhre** f (Eltronik) / radechon n, barrier-grid storage tube

**Radeinpreßtiefe** f (Kfz) / wheel offset, offset n, wheel pitch (US)

**Rädelerz** n (Min) / bournonite* n, cogwheel ore*, wheel-ore* n, endellionite* n, antimonial lead ore*

**Räder•getriebe** n (Masch) / gearing n, gear transmission ‖ ≈**kasten** m (Getriebe) (Masch) / gearbox* n ‖ ≈**paar** n (Masch) / gear pair (basic gear-drive mechanism) (Masch) / verzahntes (Masch) / conjugate gears ‖ ≈**platte** f (Masch) / apron* n ‖ ≈**schaftmaschine** f (Web) / Knowles dobby ‖ ≈**schere** f (bei alten Drehmaschinen) (Masch) / quadrant n, gear quadrant, quadrant plate ‖ ≈**tausch** m (bei ungleichmäßigem Reifenverschleiß) (Kfz) / tyre rotation ‖ ≈**werk** n (Masch) / gear train*, gearing* n, train of gears, gear set ‖ ≈**zug** m (zur Kräfteübertragung) (Masch) / gear train*, gearing* n, train of gears, gear set

**Rad•fahrbahn** f / cycle track, bicycle track, cycleway n, route to be used by pedal cyclists only, bikeway n (US), cycle path ‖ ≈**fahrweg** m / cycle track, bicycle track, cycleway n, route to be used by pedal cyclists only, bikeway n (US), cycle path ‖ ≈**fahrwerk** n (Luftf) / wheel-type landing gear ‖ ≈**fahrzeug** n / wheeled vehicle ‖ **anfahren** (und abfahren) **mit** ≈**fahrzeugen** (z.B. mit Karren) / wheel v ‖ ≈**felge** f (eines Holzspeichenrads) (Landw) / felloe* n, felly n ‖ ≈**fenster** n (Rundfenster, das durch speichenartige Stäbe oder Säulen gegliedert ist) (Arch) / wheel window n, rose-window* n, Catherine wheel* ‖ ≈**flatterdämpfer** m (Luftf) / shimmy damper ‖ ≈**flattern** n (Kfz) / wheel shudder, shimmy* n, wheel judder ‖ ~**führendes Federbein** (Kfz) / McPherson strut, Macpherson strut* ‖ ≈**getriebe** n (im allgemeinen) (Masch) / wheel transmission ‖ ≈**haftreibung** f (Phys) / wheel adhesion ‖ ≈**haus** n (Kfz) / wheel housing, wheel well ‖ ≈**hausschale** f (Kfz) / wheel housing liner

**Radiac** n (Instr) / radiac n, radiacmeter n ‖ ≈**meßgerät** n (Instr) / radiac n, radiacmeter n

**radial** adj / radial* adj ‖ ~**e Auflösung** (Radar) / radial resolution power ‖ ~**es Auflösungsvermögen** (Radar) / radial resolution power ‖ ~**e**

**Kühlschlitze** (Eltech) / radial ducts* ‖ ~**e Rolltreppe** (Bau, Masch) / radial escalator ‖ ~**e Spursteuerung** (bei Bildplattenspielern) (Eltronik) / radial tracking control ‖ ~ **unterteiltes konzentrisches Kabel** (Kab) / septate cable ‖ ~**er Vorschub** (Masch) / radial feed ‖ ~ **wirkende Feder** (Masch) / finger spring ‖ ~**e Zustellung** (Masch) / radial depth setting

**Radial** n (zur Richtungsinformation benutzte Standlinie bei Verwendung von VOR- oder TACAN-Anlagen) (Nav) / radial n ‖ ≈ (Element des Gegengewichts der Groundplane-Antenne) (Radio) / radial n ‖ ≈- / radial* adj ‖ ≈**achse** f (Bahn) / radial axle ‖ ≈**beaufschlagung** f (Masch) / radial admission ‖ ≈**beschleunigung** f (Beschleunigungskomponente, die bei der krummlinigen Bewegung senkrecht zur Tangente des entsprechenden Bahnpunktes liegt) (Phys) / radial acceleration ‖ ≈**bewegung** f (eines Gestirns in der Blickrichtung des Beobachters) (Astr) / radial motion ‖ ≈**bohrmaschine** f (zum Bearbeiten von Bohrungen an großen, sperrigen Werkstücken) (Masch) / radial drill*, radial drilling machine ‖ ≈**dichtring** m (bei Wälzlagern) (Masch) / radial sealing ring ‖ ≈**dichtring** (mit einer Dichtlippe) (Masch) / rotary shaft (lip) seal ‖ ≈**feldkabel** n (mit einzeln geschirmten Adern) (Kab) / screened cable ‖ ≈**filter** n (in einem Rundhohlleiter) (Eltronik) / radial grating ‖ ≈**flug** m (Luftf) / radial flight ‖ ≈**frequenz** f (Nukl) / radial oscillations frequency (betatron) ‖ ≈**furnier** n (For, Tischl) / cone-cut veneer ‖ ≈**gebläse** n (ein Kreiselgebläse) (Masch) / centrifugal fan* ‖ ≈**geschwindigkeit** f (die Geschwindigkeitskomponente eines Gestirns in Richtung der Sehlinie des Beobachters) (Astr) / radial velocity*, line-of-sight velocity* ‖ ≈**gitter** n (in einem Rundhohlleiter) (Eltronik) / radial grating ‖ **stationäres** ≈**gleitlager** n (Masch) / plain journal bearing under steady radial load ‖ ~-**horizontale Chromatografie** (Chem) / horizontal radial chromatography ‖ ≈-**Kippsegmentlager** n (Masch) / tilting-pad journal bearing ‖ ≈**kolbenpumpe** f (Masch) / radial-plunger pump, radial-piston pump ‖ ≈**kolbenpumpe mit Steuerzapfen** (Masch) / pintle-ported radial-piston pump, valve-spindle radial-piston pump ‖ ≈**kraft** f (Phys) / centripetal force* ‖ ≈**kraft** (Radialkomponente der eingeprägten Kraft) (Phys) / radial force ‖ ≈**kugellager** n (Masch) / ball journal bearing ‖ ≈**lager** n (Masch) / journal bearing, radial bearing ‖ ≈**lüfter** m (Masch) / centrifugal fan* ‖ ≈**maschine** f (Masch) / radial engine ‖ ≈**nadellager** n (ein Wälzlager) (Masch) / needle roller bearing*, needle bearing ‖ ≈**parenchym** n (For) / radial parenchyma, ray parenchyma ‖ ≈**polymer** n (Chem) / star polymer, starburst polymer ‖ ≈**pumpe** f (eine Bauart der Kreiselpumpe) (Masch) / centrifugal pump* ‖ ≈**rad** n (der Turbine, der Kreiselpumpe) (Masch) / radial-flow wheel ‖ ≈**riß** m (For) / check n ‖ ≈**rolltreppe** f (Bau, Masch) / radial escalator ‖ ≈**schlag** m (doppelte Außermittigkeit eines umlaufenden Teiles) (Masch) / radial runout* ‖ ≈**schnitt** m (bei dem die Jahrringe als parallele Linien in Längsrichtung verlaufen) (For) / radial section, radial cut, rift-sawing n, edge-grain sawing (US), vertical-grain sawing (US), radial sawing ‖ ≈**schwindung** f (For) / radial shrinkage ‖ ≈**segmentlager** n (Masch) / pad journal bearing ‖ ≈**spannung** f (Mech) / radial stress ‖ ≈**spiel** n (Masch) / radial play, radial clearance ‖ ≈**stein** m (mit ebenen Kopfflächen) (Arch, Bau) / compass brick*, concave brick*, radial brick, radiating brick*, radius brick* ‖ ≈**stein** (mit gebogenen Kopfflächen) (Bau) / circle brick (used in the construction of cylindrical structures), curved brick ‖ ≈**stein** (für Kupol- und Drehöfen) (Hütt) / block n (used in cupolas or rotary kilns) ‖ ~**strahlig** adj (Krist) / divergent adj ‖ ≈**stromdüse** f (des Volumenbelüfters) (Sanitär) / radial-flow jet ‖ ≈**stromwascher** m (Naßabscheider für Staube) (Masch) / radial-flow washer ‖ ≈**symmetrie** f (Math) / rotational symmetry, radial symmetry, rotation symmetry ‖ ~**symmetrisch** adj (Math) / radially symmetric(al) adj ‖ ≈**tonnenlager** n (Masch) / spherical roller-bearing*, barrel-shaped roller bearing, barrel roller bearing ‖ ≈**triangulation** f (ein Verfahren, bei dem man aus möglichst genau senkrechten Luftbildaufnahmen den Grundriß des fotografierten Geländes bestimmt) (Verm) / radial triangulation ‖ ≈**turbine** f (Luftf) / radial-flow turbine ‖ ≈**turbine** (Dampf- oder Wasserturbine mit radialer Zuführung des Arbeitsmittels zum Laufrad, z.B. eine Francis-Turbine) (Masch) / radial-flow turbine ‖ ≈**ventilator** m (Masch) / centrifugal fan* ‖ ≈**verdichter** m (eine Turboarbeitsmaschine) (Chem Verf, Erdöl, Masch) / centrifugal compressor* ‖ ≈**verdichter** (Luftf) / centrifugal-flow compressor* ‖ ≈**verlagerung** f (von zwei Wellen zueinander) (Masch) / radial misalignment ‖ ≈**verwerfungen** f pl (Geol) / radial faults ‖ ≈**vorschub** m (Masch) / radial feed ‖ ≈**wellendichtring** m (Masch) / shaft-sealing ring, radial shaft seal, shaft seal, radial packing ring, radial seal

**Radiant** m (pl. -en) (scheinbarer Ausstrahlungspunkt eines Meteorstroms) (Astr) / radiant* n ‖ ≈ (pl. -en) (gesetzliche abgeleitete SI-Einheit für den ebenen Winkel - DIN 1315) (Math) / rad* n, radian* n

**radiär** *adj* (Biol) / polysymmetrical *adj*, actinomorphic* *adj*, star-shaped* *adj* ‖ **~e Symmetrie** (Biol) / radial symmetry*
**Radiärsymmetrie** *f* (Biol) / radial symmetry*
**radiärsymmetrisch** *adj* (Biol) / radially symmetric(al)
**Radiation** *f* (Phys) / radiation* *n*
**Radiationspunkt** *m* (Astr) / radiant* *n*
**Radiator** *m* (ein Wärmeaustauscher für die Radiatorheizung) (Bau) / column radiator
**Radien•quotient** *m* (Krist) / radius ratio, radius quotient ‖ **~quotient** (Phys) / radius ratio ‖ **~quotientenregel** *f* (Krist) / law of radii-quotients ‖ **~verhältnis** *n* (der Quotient aus den Radien von streng kugelförmigen Bausteinen der Sorten A und B in einem Kristall) (Krist) / radius ratio, radius quotient
**Radieren** (Kfz) / cornering wear
**Radierer** *m* (Gummi, Weich-PVC oder Faktisse) / eraser *n*
**Radier•festigkeit** *f* (Pap) / erasability *n* ‖ **~gummi** *m* / rubber *n*, eraser *n* (a piece of rubber) ‖ **elektronischer ~gummi** (EDV) / electronic eraser ‖ **weicher ~gummi zum Ausputzen** (wenn mit Blattgold gearbeitet wird) (Buchb) / gold rubber*
**Radierung** *f* (ein künstlerisches Tiefdruckverfahren) (Druck) / etching* *n*
**Radikal** *n* (Math) / radical *n* ‖ **~-** / radical *adj* ‖ **freie ~e** (Chem) / free radicals* *n* ‖ **~akzeptor** *m* (Chem) / radical acceptor ‖ **~anion** *n* (Chem) / radical anion ‖ **~bildung** *f* (Chem) / radical formation ‖ **~fänger** *m* (Substanz, die reaktive Radikale durch chemische Reaktionen "unschädlich" macht) (Chem) / radical scavenger ‖ **~funktionsname** *m* (Chem) / radicofunctional name, radical name ‖ **~-Ion** *n* (Chem) / radical ion
**radikalisch** *adj* (Polymerisation, Reaktion) / radical *adj* ‖ **~e Polymerisation** (Kettenpolymerisation) (Chem) / radical polymerization, free-radical polymerization ‖ **~e Polymerisation** (Chem) / radical polymerization* ‖ **~e Reaktion** (Chem) / radical reaction ‖ **~e Substitution** (die über Radikale verläuft) (Chem) / radical substitution
**Radikal•kation** *n* (Chem) / radical cation ‖ **~kettenpolymerisation** *f* (Chem) / radical-chain polymerization, free-radical polymerization ‖ **~name** *m* (Chem) / radicofunctional name, radical name ‖ **~reaktion** *f* (Chem) / radical reaction ‖ **~spender** *m* (Chem) / radical donor ‖ **~starter** *m* (Chem) / radical starter, radical initiator ‖ **~wanderung** *f* (Chem) / radical migration ‖ **~zentrum** *n* (Spektr) / radical centre
**Radikand** *n* (in einem Wurzelausdruck) (Math) / radicand *n*
**radikofunktional** *adj* (Chem) / radicofunctional *adj* ‖ **~er Name** (Chem) / radicofunctional name, radical name
**radikofunktionell** *adj* (Name) (Chem) / radicofunctional *adj*
**Radio** *n* (Radio) / radio set, broadcast receiver, radio *n* (pl. radios)
**Radio•actinium** *n* (radioaktives Thoriumisotop) (Chem) / radioactinium *n* ‖ **~aktinium (RaAc)** *n* (radioaktives Thoriumisotop) (Chem) / radioactinium *n*
**radioaktiv** *adj* / radioactive *adj* ‖ **stark ~** (Radiol) / hot* *adj* ‖ **wägbare Menge von ~en Isotopen** (Kernphys) / ponderable *n* (US) ‖ **~er Abfall** (flüssig oder gasförmig) (Nukl) / radioactive effluent ‖ **~er Abfall** (im allgemeinen) (Nukl) / radioactive waste, radwaste *n*, atomic waste, nuclear waste ‖ **~e Abfälle** (flüssige oder gasförmige) (Nukl) / radioactive effluent ‖ **~e Abfälle** (DIN 25401, T 5) (Nukl) / radioactive waste, radwaste *n*, atomic waste, nuclear waste ‖ **~e Altersbestimmung** (Geol, Phys) / radioactive dating*, radiometric dating*, radioactive age determination, isotope dating ‖ **~es Atom** (Kernphys) / radioactive atom* *n* ‖ **~es Cobalt** (Chem, Med, Radiol) / radiocobalt *n* ‖ **~es Element** (das keine stabilen Isotope besitzt) (Chem, Kernphys) / radio-element* *n*, radioactive element ‖ **~e Familie** (Kernphys) / decay series, family* *n*, decay chain, transformation series ‖ **~e Familie** (Kernphys) / radioactive chain*, radioactive family, radioactive series*, transformation series, decay series, radioactive decay series ‖ **~es Gleichgewicht** (bei einer radioaktiven Zerfallsreihe) (Kernphys) / radioactive equilibrium* ‖ **~er Hof** (Krist, Min) / pleochroic halo* ‖ **~er Indikator** (ein Radionuklid, das zur Markierung dient) (Chem, Kernphys) / radioactive tracer*, radiotracer *n*, radioactive indicator ‖ **~es Iod** (meistens Iod-131) (z.B. zur Untersuchung der Schilddrüsenfunktion) (Chem, Med) / radioiodine* *n* ‖ **~es Isotop $^{14}$C** (Chem) / radiocarbon* *n*, carbon-14 *n* ‖ **~er Kampfstoff** (Mil) / radioactive agent ‖ **~es Kobalt** (Chem, Med, Radiol) / radiocobalt *n* ‖ **~e Kontamination** (Verunreinigung durch radioaktive Substanzen) (Nukl, Radiol) / radioactive contamination ‖ **~e Kontamination im Menschen** (Radiol) / radioactive contamination in man ‖ **~es Natrium** (Chem) / radiosodium *n* ‖ **~er Niederschlag** (der auf den Explosionsort zurückfällt) (Mil, Nukl, Umwelt) / fallback *n* ‖ **~er Niederschlag** (der außerhalb des Explosionsorts niedergeht) (Mil, Nukl, Umwelt) / fallout* *n*, atomic fallout, radioactive fallout ‖ **~es Nuclid** (Kernphys) / radionuclide* *n*, radioactive nuclide ‖ **~es Nuklid** (Kernphys) / radionuclide* *n*, radioactive nuclide ‖ **~es Präparat** (Pharm) / radiopharmaceutical *n* ‖ **~er Standard** (ein Präparat)

(Kernphys) / radioactive standard* ‖ **~es Standardpräparat** (ein Präparat) (Kernphys) / radioactive standard* ‖ **~er Stoff** (Kernphys) / active material* ‖ **~er Stoff** (Kernphys) s. auch Kernbrennstoff ‖ **~es Strontium** (meistens Strontium-90) (Chem) / radiostrontium *n* ‖ **~e Substanz** (Kernphys) / active material* ‖ **~er Tracer** (Chem, Kernphys) / radioactive tracer*, radiotracer *n*, radioactive indicator ‖ **~e Verschiebung** (nach Fajans, Soddy und Russell) (Chem, Kernphys) / radioactive displacement ‖ **~er Verschiebungssatz** (Chem, Kernphys) / displacement law*, Fajans-Soddy law of radioactive displacement*, displacement rule, Soddy's displacement law ‖ **~e Verseuchung** (Nukl, Radiol) / radioactive contamination ‖ **~er Zerfall** (Kernphys) / radioactive decay*, radioactive disintegration, radioactive transformation ‖ **~e Zerfallsreihe** (Kernphys) / radioactive chain*, radioactive family, radioactive series*, transformation series, decay series, radioactive decay series
**Radioaktivität** *f* (DIN 6814, T 4) (Kernphys) / radioactivity* *n* ‖ **induzierte ~** (Kernphys) / artificial radioactivity*, induced radioactivity* ‖ **künstliche ~** (Kernphys) / artificial radioactivity*, induced radioactivity* ‖ **natürliche ~** (die Radioaktivität der in der Natur vorkommenden Nuklide) (Kernphys) / natural radioactivity*
**Radioaktivitäts•abgabe** *f* (Nukl, Radiol) / radioactive discharge ‖ **~freisetzung** *f* (Nukl, Radiol) / radioactivity release ‖ **~log** *n* (Geol) / nuclear log
**Radio•akustik** *f* (Akus) / radioacoustics *n* ‖ **~allergosorbenstest** *m* (Med, Radiol) / radioallergosorbent test, RAST ‖ **~allergosorbenttest** *m* (eine Variante der RIA zur Bestimmung von Allergenen) (Med, Radiol) / radioallergosorbent test, RAST ‖ **~amateur** *m* (Radio) / radio amateur, radio ham, ham *n* (amateur radio operator), amateur radio operator ‖ **~astronomie** *f* (Teilgebiet der Astronomie, das die kosmische Radiofrequenzstrahlung mit Wellenlängen von etwa 1 mm bis 20 m untersucht) (Astr) / radio astronomy* ‖ **~astronomisch** *adj* (Astr) / radio-astronomical *adj* ‖ **normale ~atmosphäre** (Radio) / standard radio atmosphere* ‖ **~bake** (Luftf) / radio beacon*, radio marker beacon station, aerophare* *n*, radiophare* *n*, beacon* *n*, RBN ‖ **~biochemikalie** *f* (Chem) / radiobiochemical *n* ‖ **~biologie** *f* (die die Wechselwirkung ionisierender Strahlen mit biologischer Materie untersucht) (Biol) / radiobiology* *n*, radiation biology ‖ **~biologisch** *adj* (Biol) / radiobiological *adj* ‖ **~blase** *f* (Emissionsform einer Radiogalaxie) (Astr) / radio lobe ‖ **~blei** *n* (radioaktives Bleiisotop $^{210}$Pb-RaD) (Chem) / radiolead *n* ‖ **~burst** *m* (Strahlungsausbruch im Radiofrequenzbereich) (Astr) / radio burst ‖ **~burst** (auf die Sonne bezogen) (Geophys) / burst *n* ‖ **~cäsium** (meistens $^{137}$Cs) (Chem) / radiocaesium* *n*, radiocesium *n* (US) ‖ **~chemie** (die mit Aktivitäten >3·7·10$^{10}$Bq arbeitet) (Chem) / hot chemistry ‖ **~chemie** (ein Teilgebiet der Kernchemie) (Chem) / radiochemistry* *n* ‖ **~chemisch** *adj* (Chem) / radiochemical *adj* ‖ **~chromatografie** *f* (Kombination aus Chromatografie und Radiografie bzw. Radiometrie) (Chem) / radiochromatography *n* ‖ **~chromatogramm** *n* (Chem) / radiochromatogram *n* ‖ **~cobalt** *n* (Chem, Med, Radiol) / radiocobalt *n* ‖ **~-Data-System** *n* (europaweit genormte Methode für die Übertragung von Daten zur Information oder/und Steuerung von Empfängern im UKW-Rundfunk parallel zum laufenden Programm) (Radio) / radio data system, RDS ‖ **~datensystem** *n* (im Rundfunkinformationssystem) (Radio) / radio data system, RDS ‖ **~durchsage** *f* **an Fahrer** (Kfz, Radio) / road message, traffic announcement, traffic message ‖ **~elektrischer Höhenmesser** (Luftf, Radio) / terrain clearance (warning) indicator ‖ **~element** *n* (DIN 25401) (das keine stabilen Isotope besitzt) (Chem, Kernphys) / radio-element* *n*, radioactive element ‖ **~empfänger** *m* (Radio) / radio set, broadcast receiver, radio *n* (pl. radios) ‖ **~fenster** *n* (Astr, Fernm, Geophys) / radio window ‖ **~fotografie** *f* (eine Röntgenaufnahmetechnik) (Radiol) / fluorography* *n*, photofluorography *n* ‖ **~fotolumineszenz** *f* (Phys) / radiophotoluminescence* *n* ‖ **~fotolumineszenz-Dosimeter** *n* (Radiol) / radiophotoluminescent dosemeter, radiophotoluminescent dosimeter, RPL dosemeter
**Radiofrequenz (RF)** *f* (zur Funkübertragung bestimmte Frequenzlage) (Radio) / radio-frequency* (RF, r-f) ‖ **~polarografie** (Chem, Eltech) / rf polarography, radio-frequency polarography, RFP ‖ **~quadrupol** *m* (Nukl) / radio-frequency quadrupole ‖ **~-Size-Effekt** *m* / radio-frequency size effect ‖ **~strahlung** *f* (elektromagnetische Strahlung kosmischer Objekte im Wellenlängenbereich der Kurz-, Ultrakurz- und Mikrowellen, deren Erforschung Aufgabe der Radioastronomie ist) (Astr) / radio radiation (electromagnetic radiation), electromagnetic radiation of radio frequency (radio signals, radio energy), radio-frequency electromagnetic radiation
**Radio•führung** *m* (Mil, Nav) / radio guidance ‖ **~galaxie** *f* (Astr) / radio galaxy* ‖ **~galaxis** *f* (Astr) / radio galaxy* ‖ **~-Gaschromatografie** *f* (Chem) / radio gas chromatography ‖ **~gen** *adj* (durch radioaktiven Zerfall entstanden, wie z.B. Blei in Uranerzen) (Kernphys) / radiogenic* *adj* ‖ **nicht ~genes Blei** (Geol) / common lead, ordinary

# Radiogeologie

lead ‖ ~**geologie** f (Geol) / nuclear geology ‖ ~**goniometer** n (Radio) / radio-goniometer* n ‖ ~**grafie** f (die Sichtbarmachung ionisierender Strahlung mittels fotografischen Materials) (Foto, Phys) / radiography n ‖ ~**grafie** (eine Werkstoffstrukturprüfung) (WP) / radiography n (industrial), radiographic inspection, radiographic method (of non-destructive testing) ‖ ~**grafiegerät** n (WP) / radiograph n ‖ ~**gramm** n (Röntgenbild, Gammastrahlaufnahme) (Radiol) / radiogram n, radiograph n ‖ ~**horizont** m (die Grenze der vom Sender bzw. Empfänger elektromagnetischer Wellen eingesehenen Flächen) (Radio) / radio horizon* ‖ ~**immunanalyse** f (Med, Radiol) / radioimmunoassay (RIA) n ‖ ~**immunassay** m n (Med, Radiol) / radioimmunoassay (RIA) n ‖ ~**immunoassay** m n (Med, Radiol) / radioimmunoassay (RIA) n ‖ ~**immunologie** f (Med) / radioimmunology n ‖ ~**immunologisch** adj (Med) / radioimmunological adj ‖ ~**immunosorbenttest** m (eine Variante der RIA) (Med, Radiol) / radioimmunosorbent test, RIST ‖ ~**immuntest** m (Med, Radiol) / radioimmunoassay (RIA) n ‖ ~**indikator** m (Chem, Kernphys) / radioactive tracer*, radiotracer n, radioactive indicator ‖ ~**interferometer** n (zur Verbesserung des Auflösungsvermögens des Radioteleskops) (Astr) / radio interferometer ‖ ~**interferometer mit zwei oder mehreren Radioteleskopen, die weit voneinander entfernt stehen** (Astr) / very-long-baseline interferometer (VLBI) ‖ ~**interferometrie** f (Astr) / radio interferometry ‖ ~**intoxikation** f (Schadwirkung durch radioaktive Emissionen) (Radiol) / radiointoxication n ‖ ~**iod** n (z.B. zur Untersuchung der Schilddrüsenfunktion) (Chem, Med) / radioiodine* n ‖ ~**isotop** n (ein radioaktives Isotop eines bestimmten Elements - DIN 6814, T 4) (Kernphys) / radioactive isotope*, radioisotope* n ‖ ~**isotopendiagnostik** f (Med) / radioisotope diagnostics, radionuclide diagnostics ‖ ~**isotopisch** adj (Chem) / radioisotopic adj ‖ ~**isotopische Reinheit** (Chem) / radioisotopic purity* ‖ ~**kanal** m (Radio) / radio-frequency channel, RF channel ‖ ~**karbonmethode** f (zur Altersbestimmung organischer Reste; Verhältnis zwischen $C^{14}$ und $C^{12}$) / carbon dating*, carbon-14 dating, radiocarbon dating ‖ ~**kobalt** n (Chem, Med) / radiocobalt n ‖ ~**kobalt** (Chem, Med, Radiol) / radiocobalt n ‖ ~**kohlenstoff** m (Chem) / radiocarbon* n, carbon-14 n ‖ ~**kohlenstoffdatierung** f (zur Altersbestimmung organischer Reste; Verhältnis zwischen $C^{14}$ und $C^{12}$) / carbon dating*, carbon-14 dating, radiocarbon dating ‖ ~**kolloid** n (Kernphys) / radiocolloid* n ‖ ~**kompaß** m (Luftf, Radio, Schiff) / radio compass* ‖ ~**koppler** m (Verarbeitung der vom Luftfahrzeug empfangenen Navigationsfunksignale in Steuersignale für den automatischen Flug) (Luftf) / radio coupler
**Radiolaria** pl (Zool) / Radiolaria* pl
**Radiolarien** f pl (Zool) / Radiolaria* pl ‖ ~**schlamm** m (ein Tiefseesediment - unverfestigtes Kieselgestein) (Geol) / radiolarian ooze*
**Radiolarit** m (eine kieselige Substanz von Radiolarienskeletten) (Geol) / radiolarian chert*, radiolarite* n
**Radio•lenkung** f (Mil, Nav) / radio guidance ‖ ~**lobe** m (Astr) / radio lobe ‖ ~**loge** m (Med) / radiologist n ‖ ~**logie** f (eine Fachrichtung der Medizin = Röntgendiagnostik + Nuklearmedizin + Strahlentherapie) (Med) / radiology* ‖ ~**logisch** adj (Med) / radiological adj, radiologic adj ‖ ~**logische Abwehr** (Mil) / radiological defence ‖ ~**logische Physik** (ein Teil der Strahlenphysik) (Phys) / radiological physics ‖ ~**lumineszenz** f (durch radioaktive Strahlung hervorgerufene Lumineszenz) (Phys) / radioluminescence* n ‖ ~**lyse** f (Spaltung durch Einwirkung von ionisierender Strahlung) (Kernphys) / radiolysis* n (pl. -lyses) ‖ ~**lytisch** adj (Kernphys) / radiolytic adj ‖ ~**metallografie** f (Hütt) / radiometallography n ‖ ~**meteor** m (Astr, Radar) / radio meteor ‖ ~**meteorologie** f (Meteor) / radio meteorology
**Radiometer** n (hochempfindliches Strahlungsmeßgerät) (Phys) / radiometer* n ‖ ~ s. auch Pyranometer und Pyrheliometer ‖ ~- (Geophys) / radiometric adj ‖ ~**vakuummeter** n (Vakuumt) / Knudsen gauge, Knudsen pressure gauge, Knudsen vacuum gauge
**Radiometrie** f (Bergb, Geol) / radiation prospecting*, radiometry n ‖ ~ (Messungen an Strahlenfeldern) (Geophys, Opt) / radiometry n ‖ ~ (ein Durchstrahlungsverfahren) (WP) / radiometry n
**radiometrisch** adj (Geophys) / radiometric adj ‖ ~**es Alter** (Geol, Kernphys) / radiometric age* ‖ ~**e Altersbestimmung** (Geol, Phys) / radioactive dating*, radiometric dating*, radioactive age determination, isotope dating ‖ ~**e Altersbestimmung nach der Rubidium-Strontium-Methode** (Geol) / strontium dating ‖ ~**es Aufschlußverfahren** (Bergb, Geol) / radiation prospecting*, radiometry n ‖ ~ **bestimmen** (Geophys) / radiometer v ‖ ~**e Endpunktbestimmung** (Chem) / radiometric titration ‖ ~**es Prospektieren** (Bergb, Geol) / radiation prospecting*, radiometry n ‖ ~**e Sonde** (Gerät zur Untersuchung der Radioaktivität von Gesteinen und Gesteinsverbänden sowie zum Auffinden von Lagerstätten radioaktiver Minerale) (Geol) / radiometer n ‖ ~**e**

**Titration** (Chem) / radiometric titration ‖ ~**es Verfahren der Altersbestimmung** / radiometric dating, radioactive age determination, physical dating
**radio•mimetisch** adj (Med, Pharm) / radiomimetic* adj ‖ ~**natrium** n (Chem) / radiosodium n ‖ ~**navigation** f (Nav) / radionavigation n ‖ ~**nekrose** f (Med, Radiol) / radionecrosis n ‖ ~**nuclid** n (Kernphys) / radionuclide* n, radioactive nuclide ‖ ~**nukleidlaboratorium** n (Kernphys) / hot laboratory, hot lab
**Radionuklid** n (instabiles Nuklid) (Kernphys) / radionuclide* n, radioactive nuclide ‖ **primäres natürliches** ~ (Kernphys) / primary natural radionuclide ‖ ~**-Aufnahmetechnik** f (in der Nuklearmedizin - z.B. Szintigrafie) (Med) / radionuclide imagery* ‖ ~**batterie** f (Nukl) / nuclear battery*, atomic battery, radioisotope battery, radionuclide battery, RNB, isotopic battery, radioisotopic generator ‖ ~**batterie mit thermoelektrischem Wandler** (Nukl) / radioisotope thermoelectric generator* ‖ ~**diagnostik** f (Med) / radioisotope diagnostics, radionuclide diagnostics
**Radionuklidendatierung** f (Geol, Phys) / radioactive dating*, radiometric dating*, radioactive age determination, isotope dating
**Radionuklid•migration** f (in der Geosphäre) (Geophys) / radionuclide migration n ‖ ~**reinheit** f (Kernphys) / radioactive purity ‖ ~**tomografie** f (Radiol) / radioisotope tomography, isotope tomography
**Radio•ökologie** f (Wissenschaft von der Beziehung der Organismen zur Umwelt unter Einfluß radioaktiver Strahlungen) (Biol, Umwelt) / radioecology n ‖ ~**ökologisch** adj (Biol, Umwelt) / radioecological adj
**radiopak** adj (Radiol) / radiopaque* adj, radio-opaque adj
**Radio•pharmakon** n (pl. -ka) (Pharm) / radiopharmaceutical n ‖ ~**pharmazeutikum** n (pl. -tika) (Pharm) / radiopharmaceutical n ‖ ~**pharmazeutisch** adj (Pharm) / radiopharmaceutic adj, radiopharmaceutical adj ‖ ~**programmtypus** m (Radio) / station format, format n ‖ ~**quelle** f (mit starker Radiostrahlung) (Astr) / radio source ‖ ~**quellen** f pl (diskrete) (Astr) / discrete radio sources ‖ ~**recorder** m (Kassettenrecorder mit einem Rundfunkempfangsteil) (Radio) / radio recorder ‖ ~**rekorder** m (Radio) / radio recorder ‖ ~**relaislinie** f (Radio) / directional radio relay link ‖ ~**schalter** m (erlaubt im Gegensatz zum Optionsfeld nur die Auswahl einer einzigen Option) (EDV) / option button, radio button ‖ ~**sender** m (Radio) / radio transmitter ‖ ~**sensitiv** adj (Fernm, Med, Radio) / radiosensitive* adj ‖ ~**sichtweite** f (die Grenze der vom Sender bzw. Empfänger elektromagnetischer Wellen eingesehenen Flächen) (Radio) / radio horizon*
**Radioskopie** f (Radiol) / fluoroscopy* n, screening* n, radioscopy n, roentgenoscopy n
**Radio•sonde** f (wichtigstes Standardmeßgerät der Aerologie) (Meteor, Radio) / radiosonde* n, radiometeorograph n ‖ ~**spektroskop** n (ein Radioteleskop für die Sonnenphysik) (Astr) / radio spectroscope ‖ ~**spektrum** n (einer kosmischen Radioquelle) (Astr, Spektr) / radio spectrum ‖ ~**stern** m (veraltete Bezeichnung für Radioquelle) (Astr) / radio star ‖ ~**strahlung** f (elektromagnetische Strahlung kosmischer Objekte im Wellenlängenbereich der Kurz-, Ultrakurz- und Mikrowellen, deren Erforschung Aufgabe der Radioastronomie ist) (Astr) / radio radiation (electromagnetic radiation), electromagnetic radiation of radio frequency (radio signals, radio energy), radio-frequency electromagnetic radiation ‖ ~**sturm** m (unregelmäßige, längere Zeit andauernde Verstärkung in der Radiofrequenzstrahlung der Sonne) (Radio) / radio storm
**Radiozintillation** f (Astr) / radioscintillation n
**Radio•telegramm** n (Radio) / radiogram n, radiotelegram n ‖ ~**teleskop** n (ein radioastronomisches Instrument) (Astr) / radio telescope* ‖ ~**theodolit** m (Verm) / radar theodolite ‖ ~**therapie** f (eine Fachrichtung der Radiologie) (Radiol) / radiotherapy* n ‖ ~**therapie mit schweren Ionen** (Radiol) / heavy-ion radiotherapy ‖ ~**thermolumineszenz** f (Phys) / radiothermoluminescence* n, RTL ‖ ~**thorium** n (alte Bezeichnung für Thorium 228) (Chem) / radiothorium* n ‖ ~**toxisch** adj (Chem, Radiol) / radiotoxic adj ‖ ~**toxizität** f (Maß der Gesundheitsschädlichkeit eines Radionuklids) (Chem, Radiol) / radiotoxicity n ‖ ~**tracer** m (Chem, Kernphys) / radioactive tracer*, radiotracer n, radioactive indicator ‖ ~**uhr** f / clock radio, alarm clock radio ‖ ~**wecker** m / clock radio, alarm clock radio ‖ ~**welle** f (elektromagnetische Welle im Radiofrequenzbereich) (Radio) / radio wave ‖ **von oben einfallende** ~**wellen** (Radio) / downcoming radio waves ‖ ~**wellenausbreitung** f (Radio) / radio-wave propagation, propagation of radio waves ‖ ~**wellenspektrum** n (Spektr) / NMR spectrum ‖ ~**- oder Fernsehwerbung in lokalen Sendern** (Radio, TV) / spot advertising ‖ ~**windsonde** f (Meteor) / radarsonde n, rawinsonde n ‖ ~**zäsium** n (Chem) / radiocaesium* n, radiocesium n (US)
**Radium (Ra)** n (Chem) / radium* n ‖ ~**behandlung** f (eine veraltende medizinische Methode) (Radiol) / radium therapy* ‖ ~**bromid** n ($RaBr_2$) (Chem) / radium bromide ‖ ~**chlorid** n ($RaCl_2$) (Anstr, Chem) / radium chloride ‖ ~**emanation** f (Radonisotop 222) (Chem) / radium emanation ‖ ~**nadel** f (radioaktives Präparat, das im

allgemeinen aus einer mit Radiumsalz gefüllten Platinröhre besteht, deren eine Seite zu einer Spitze ausgebildet ist, während die andere Seite eine Öse enthält - heute fast nicht mehr benutzt) (Radiol) / radium needle* ‖ ~**sulfat** n (RaSO₄) (Chem) / radium sulphate ‖ ~**therapie** f (eine veraltende medizinische Methode) (Radiol) / radium therapy*

**Radius** m (des Kreises, des sphärischen Kreises, der Kugel) (Math) / radius* n (pl. -ii or -uses), rad ‖ ~ s. auch Reichweite ‖ **hydraulischer** ~ (Hyd) / hydraulic radius*, hydraulic mean depth* ‖ **klassischer** ~ **des Elektrons** (Kernphys) / classical electron radius ‖ **kovalenter** ~ (Chem, Krist) / covalent radius* ‖ **unbemaßter** ~ (auf technischen Zeichnungen) / radius without dimensions ‖ ~ m **der Inkugel** (Math) / inradius n (pl. -ii or -uses) ‖ ~ **des Grundkreises einer Inversion** (Math) / radius of inversion* ‖ ~ **des Inkreises** (Math) / inradius n (pl. -ii or -uses) ‖ ~ **des Umkreises** (Math) / circumradius n (pl. -ii or -uses) ‖ ~ **unter dem Schraubenkopf** (DIN 918) (Masch) / radius under head

**Radius·drehmeißel** m (ein Formdrehmeißel) (Masch) / radius tool ‖ ~**fräser** m (DIN 6513) (Masch) / radius form cutter ‖ ~**lehre** f (Masch) / radius gauge* ‖ ~**schiene** f (zum Abstecken eines Kreisbogens) (Bau) / radius rod*, gig stick* ‖ ~**vektor** m (Astr) / radius vector* n (pl. radius vectors or radii vectores)

**Radix** f (pl. -izes) (EDV, Math) / radix* n (pl. radices), base* n, rad ‖ ~ (pl. -izes oder -ices) (offizinell benutzte Droge aus Pflanzenwurzeln, z. B. Radix Althaeae) (Pharm) / radix n (pl. -ices or -ixes), rad ‖ ~**punkt** m (Punkt oder Komma zwischen dem ganzzahligen und dem gebrochenen Teil einer Zahl) (EDV, Math) / radix point* ‖ ~**punkt** (im Dezimalsystem) (EDV, Math) / decimal marker ‖ ~**schreibweise** f (eine Stellenschreibweise nach DIN 44300) (EDV) / radix notation, base notation, radix representation

**Radizidation** f (Nahr) / radicidation n
**Radizieren** n (Math) / evolution* n, extracting a root, finding a root
**Radizierer** m (Eltronik) / rooter* n

**Rad·kappe** f (Kfz) / cover n, wheel cover, wheel cap ‖ ~**kasten** m (DIN 70020) (Kfz) / wheel housing, wheel well ‖ ~**körper** m (Kfz) / wheel spider, spider n, centre member ‖ ~**kranz** m (Masch) / wheel rim ‖ **geteilter** ~**kranz** (z.B. eines Schwungrads) (Masch) / split rim ‖ ~**kreuz** m (Masch) / spider wrench*, spider spanner*, four-way wheel wrench, 4-way lug wrench (US) ‖ ~**lader** m (ein Fahrlader) (HuT) / wheel loader ‖ ~**last** f (das auf den Rädern einer Achse lastende Fahrzeuggewicht) (Masch) / wheel load ‖ ~**lastmesser** m (ein ortsbewegliches Wiegegerät) (Kfz) / wheel-load indicator, axle-load indicator ‖ **dynamische** ~**lastverlagerung** (quer zur Fahrtrichtung, zu den kurvenäußeren Rädern bei Kurvenfahrten) (Kfz) / dynamic wheel-load shift ‖ ~**lauf** m (die Begrenzung des Radausschnitts an der Kotflügelkante) (Kfz) / wheel arch ‖ ~**lauffläche** f (Bahn) / wheel tread, tread of the wheel ‖ ~**laufkante** f (Kfz) / wheel arch lip ‖ ~**lenker** m (Bahn) / guard rail, check rail, guide rail, rail guard*, safety rail* ‖ ~**linie** f (Math) / trochoid* n ‖ ~**magnetron** m (Eltronik) / cavity magnetron* ‖ ~**mittelebene** f (Kfz) / wheel-centre plane ‖ ~**montage** f (Kfz) / wheel mounting ‖ ~**mutter** f (Kfz) / wheel nut, lug nut ‖ ~**mutternkreuz** n (Masch) / spider wrench*, spider spanner*, four-way wheel wrench, 4-way lug wrench (US) ‖ ~**nabe** f / hub n, nave n ‖ ~**nabenabdeckung** f (meistens aus hochschlagfesten Stoffen - in Felgenmitte) (Kfz) / hub-cap n ‖ ~**nagel** m (Masch) / linchpin* n, lynchpin n

**Radom** (zum Schutz von Radioteleskopen und anderen Antennen verwendete Kuppel aus Kunststoff, die für Radiostrahlung durchlässig ist) (Astr, Radar) / radome* n, blister n
**Radon** (Rn) n (Chem) / radon* n ‖ ~**fluorid** n (Chem) / radon fluoride
**Radonsches Maß** (nach J.K. Radon, 1887-1956) (Math) / Radon's measure
**Radon-Transformierte** f (Math) / Radon transform
**Rad·paar** n (Kfz, Luftf) / dual wheels, twin wheels ‖ ~**paar** (Masch) / gear pair (basic gear-drive mechanism) ‖ ~**paar mit parallelen Achsen** (Masch) / parallel gears ‖ **mehrfache** ~**paarung** (Masch) / gear train ‖ ~**quietschen** n (Bahn, Kfz) / squeal of the wheel, wheel squeal ‖ ~**reibung** f (Masch) / disk friction* ‖ ~**reifen** m (auf dem Radkörper von Eisenbahnrädern aufgeschrumpfter und mit Sprengring gesicherter Stahlreifen) (Bahn) / tyre* n, tire n (US) ‖ **spurkranzloser** ~**reifen** (Bahn) / bald tyre, flangeless tyre, plain tyre, blind tyre ‖ ~**reifen ohne Spurkranz** (Bahn) / bald tyre, flangeless tyre, plain tyre, blind tyre ‖ ~**reifenwalzwerk** n (Bahn, Hütt) / strip rolling mill for tyres, tyre rolling mill, wheel tyre rolling mill

**Radsatz** m (Bauelement an Schienenfahrzeugen) (Bahn) / wheel set, wheel pair, set of wheels ‖ ~ (Masch) / axle wheels ‖ ~**bohrmaschine** f (Masch) / wheel-quartering machine* ‖ ~**drehmaschine** f (zum gleichzeitigen Bearbeiten der auf die Achse aufgezogenen beiden Räder) (Bahn, Masch) / railway wheel lathe ‖ ~**last** f (Bahn) / wheel load ‖ ~**zähler** m (Bahn) / axle counter, wheel-counting device

**Rad·scheibe** f (Kfz) / wheel disk ‖ ~/**Schiene-Reibung** f (Bahn) / wheel-to-rail friction ‖ ~**schleifmaschine** f (Masch) / wheel grinder, wheel grinding machine ‖ ~**schlepper** m (mit Radfahrwerk) (Kfz) / wheeled tractor, wheel tractor ‖ ~**schlupf** m (Masch) / wheel slip ‖ ~**schrapper** m (Planiergerät auf Rädern, das bei geringerem Grabwiderstand und festerem Untergrund zum Planieren eingesetzt wird) (HuT) / wheel scraper ‖ ~**schraube** f (Kfz) / wheel lug bolt, lug n, wheel bolt ‖ ~**schuh** m / chock n ‖ ~**schüssel** f (zwischen Felge und Nabe) (Kfz) / wheel disk ‖ ~**schwinge** f (Luftf) / bogie n (of the landing gear) ‖ ~**seitig** adj (Wellengelenk) (Kfz) / outboard attr, outboard-mounted adj ‖ ~**seitiger Anschluß** (der Gelenkwelle) (Kfz) / wheel interface ‖ ~**seitiges Festgelenk** (Kfz) / outer fixed joint ‖ ~**sicherung** f (eine Diebstahlsicherung) (Kfz) / wheel lock ‖ ~**speiche** f / spoke n, rung n ‖ ~**spur** f (Kfz) / tread n ‖ ~**stand** m (DIN 70020) (Kfz) / wheelbase* n

**RAD-Standard** m (ein Präparat) (Kernphys) / radioactive standard*
**Rad·stern** m (Kfz) / wheel spider, spider n, centre member ‖ ~**stößer** m (Bau) / spur stone, wheel bumper ‖ ~**sturz** m (Kfz) / camber* n ‖ ~**traktor** m (mit Radfahrwerk) (Kfz) / wheeled tractor, wheel tractor ‖ ~**unterlegkeil** m (Kfz) / wheel chock ‖ **statische** ~**unwucht** (Kfz) / static wheel imbalance, wheel wobble
**Radurisation** f (Strahlenbehandlung um 0,5 Mrep - in Deutschland verboten) (Nahr) / radurization n
**Rad·verkleidung** f (röhrenförmige) (Luftf) / spats pl, pants pl (US) ‖ ~**vorleger** m (Bahn) / Scotch block ‖ ~**wechsel** m (Kfz) / wheel-change n, wheel changing ‖ ~**weg** m (§237 der StVO) / cycle track, bicycle track, cycleway n, route to be used by pedal cyclists only, bikeway n (US), cycle path ‖ ~**welle** f (Masch) / gear shaft ‖ ~**zierblende** f (Kfz) / cover n, wheel cover, wheel cap ‖ ~**zierkappe** f (Kfz) / cover n, wheel cover, wheel cap
**Radzimir** m (schwerer, zart querrippiger Seidenstoff mit Stand) (Tex) / radzimir n
**Radzylinder** m (bei Trommelbremsen) (Kfz) / wheel cylinder
**raffen** v (Wursthüllen) (Nahr) / shirr v ‖ ~ (Tex) / gather v, ruche v, frill v ‖ ~ (Tex) / gathering n
**Raffiabast** m (für Hutgeflechte verwendete Bandstreifen der Bastpalme) (Tex) / raffia bast
**Raffiafaser** f (Tex) / raffia n
**Raffinade** f (Hütt) / refined sugar ‖ ~**kupfer** n (mit etwa 99,4 % Cu) (Hütt) / casting copper*, refined copper, set copper ‖ ~**zucker** m (schneeweißer, trockener, rein süßer Zucker) (Nahr) / refined sugar
**Raffinat** n (in Lösungsmittel unlösliche Anteile bei der Solventextraktion) (Aufber, Chem Verf) / raffinate* n ‖ ~ (durch chemische oder physikalische Verfahren veredeltes Mineralölprodukt) (Erdöl) / raffinate* n, good oil ‖ ~**blei** n (Hütt) / refined lead
**Raffination** f (Hütt) / refining n ‖ **elektrolytische** ~ (Reinigung von Rohmetallen durch Elektrolyse) (Hütt) / electrolytic refining*, electrorefining n ‖ **hydrierende** ~ (Hütt) / hydrorefining n ‖ ~ **auf pyrometallurgischem Wege** (Hütt) / furnace refining ‖ ~ **auf trockenem Wege** (Hütt) / furnace refining ‖ ~ **im Schmelzfluß** (Hütt) / fire refining ‖ ~ **mittels Lösungsmittel** (Erdöl) / solvent refining
**Raffinationsanlage** f (zur Gold-Silber-Scheidung) (Hütt) / refinery* n
**Raffinat·kupfer** n (mit mindestens 99,75% Cu) (Hütt) / best selected copper* ‖ ~**kupfer** n (mit etwa 99,4 % Cu) (Hütt) / casting copper*, refined copper, set copper ‖ ~**kupfer mit Spuren von P** (Hütt) / phosphorized copper* ‖ ~**stripper** m (Erdöl) / raffinate stripper
**Raffinerie** f (eine Reinigungs- und Veredlungsanlage im allgemeinen) / refinery n, refining plant ‖ ~ (zur Gold-Silber-Scheidung) (Hütt) / refinery* n ‖ ~**gase** n pl (Kohlenwasserstoffe, die in größeren Mengen bei der Destillation von Rohöl sowie Crack- und Reformierungsprozessen anfallen) (Erdöl) / refinery gases ‖ ~**sauergas** n (Erdöl) / sour refinery gas
**raffinieren** v / refine v, purify v ‖ ~ (Hütt) / refine v ‖ ~ n (Hütt) / refining n
**Raffinier·ofen** m (Hütt) / refining furnace ‖ ~**stahl** m (Hütt) / merchant iron*, shear steel
**raffiniert·er und entwässerter Asphalt** (Geol, HuT) / epuré n ‖ ~**er Zucker** (Nahr) / refined sugar
**Raffinose** f (ein Trisaccharid) (Chem) / raffinose* n, melitose n, melitriose n ‖ ~ (aus Baumwollsamenmehl) (Chem) / gossypose n
**Raffstore** f / Roman blind ‖ ~ (Bau) / venetian blind, venetian shutter, venetian n, jalousie n ‖ ~ (Bau, Tex) / gathered blind
**Raffungsfaktor** m (in der Arrhenius-Gleichung) (Chem) / acceleration factor
**Raggummikalander** m (Chem Verf) / rags calender
**Raglanärmel** m (nach dem britischen Feldmarschall Lord Raglan, 1788 - 1855) (Tex) / raglan sleeve
**Raguinit** m (TlFeS₂) (Min) / raguinite n
**Rahe** f (der Antenne) (Radio) / spreader* n
**Rahm** m (Nahr) / cream n
**Rähm** m (Zimm) / summer n, summer-tree n, wall plate*, headpiece n
**Rahm, saurer** ~ (Nahr) / sour cream
**Rähmchen** n (der Handpresse) (Druck) / frisket* n

**rahmen**

**rahmen** v / frame v ‖ ~ (Foto) / mount v ‖
**Rahmen** n (Foto) / mounting n
**Rahmen** m (Rahmenbedingungen) / framework n ‖ ~ (an dem Sohle und Zwischensohle angenäht oder angeklebt werden) / welt n ‖ ~ (Bau, Mech) / frame* n, framework* n, framed structure ‖ ~ (Seitenrahmen) (Druck) / frame n, page frame ‖ ~ (EDV) / border n ‖ ~ (besäumtes Schnittholz) (For) / heavy scantlings (timbers from 40 mm up to 75 mm in thickness and any width over 150 mm) ‖ ~ (z.B. der Gattersäge) (For) / gate n ‖ ~ (Gieß) / jacket n, slip jacket, mould frame jacket ‖ ~ (Kfz) / frame n, automotive frame ‖ ~ (Masch) / frame n ‖ ~ (der Presse) (Masch) / frame n ‖ ~ (mit biegesteifer Verbindung zwischen Stielen und Riegeln) (Mech) / rigid frame, stiff frame ‖ ~ (beim kombinierten Blas-Saug-Verfahren für transparente Teile mit doppelter Verwölbung) (Plast) / skeleton n ‖ ~ (Antenne) (Radio) / frame antenna*, loop antenna*, loop n, coil antenna* ‖ **biegesteifer** ~ (Mech) / rigid frame, stiff frame ‖ **durchlaufender** ~ (HuT) / continuous frame ‖ **ebener** ~ (Bau) / plane frame ‖ **einfacher** ~ (Mech) / one-span frame, single-span frame ‖ **einfeldriger** ~ (Mech) / one-span frame, single-span frame ‖ **eingespannter** ~ (Bau, HuT, Mech) / fixed frame ‖ **geschlossener** ~ (Mech) / closed frame ‖ **im** ~ (einer Bestimmung) / within the framework (of) ‖ **räumlicher** ~ (HuT) / space frame ‖ **schiefwinkliger** ~ (Bau) / skew frame ‖ **starrer** ~ (Mech) / rigid frame, stiff frame ‖ **statisch bestimmter** ~ (Mech) / perfect frame* ‖ **statisch unbestimmter** ~ (Mech) / redundant frame, statically indeterminate frame ‖ **steifer** ~ (Mech) / rigid frame, stiff frame
**Rahmen•adresse** f (EDV) / frame address ‖ **~anlage** f (ein Rahmen zur Aufnahme eines im Werk betriebsfertig montierten Aggregates) / skid n, skid platform ‖ **~antenne** f (Radio) / frame antenna*, loop antenna*, loop n, coil antenna* ‖ **feste ~antenne** (Radio) / fixed-loop aerial* ‖ **~bestimmung** f / outline provision ‖ **~brücke** f (deren statisches Kennzeichen einfache oder durchlaufende Rahmen bilden) (HuT) / frame bridge ‖ **~doppelmaschine** f (eine Schuhmaschine) / welt butting machine ‖ **~eckverbindung** f (Möbel- oder Holzbau) (For, Tischl) / corner joint ‖ **überblattete ~eckverbindung** (durchgehende) (For, Zimm) / L-halving n ‖ **~expertensystem** n (Expertensystem ohne anwendungsspezifisches Wissen) (KI) / shell n, system shell, expert-system shell ‖ **~faltung** f (Geol) / dictyogenesis n ‖ **~filterpresse** f (mit einem Hohlrahmen zur Aufnahme der Filterkuchen zwischen den Filtratsammelplatten) (Chem Verf) / plate-and-frame filter press, plate-and-ring press ‖ **~flansch** m (Masch) / frame flange ‖ **~genäht** adj (Schuh) / welted adj ‖ **~halter** f (für kleine Rahmen) (Zimm) / frame cramp, sash cramp* ‖ **~holz** n (Bau) / carcassing timber*, structural timber ‖ **~klopfmaschine** f / welt beating machine ‖ **~konstruktion** f (Masch, Mech) / frame structure ‖ **~konstruktion für die Wandöffnungen** (z.B. Fensterrahmen, Überdeckungen usw.) (Bau) / frames pl, surrounds for openings ‖ **~leder** n (Lederstreifen für den Schuhbodenbau) (Leder) / welt leather, welting belly ‖ **~lehre** f (mit der festgestellt werden kann, ob die Karosserie verzogen ist) (Kfz) / frame gauge
**rahmenlos** adj (Schuh) / weltless adj ‖ **~es Fenster** (Bau) / deadlight* n, fast sheet* ‖ **festes ~ Fenster**, fixed light, fixed sash*, fixed window, stand sheet*, fixed sheet* ‖ **~e Tür** (Bau, Tischl) / unframed door
**Rahmen•marke** f (Verm) / collimation mark, fiducial mark ‖ **~marke** (einer Bildmeßkammer) (Verm) / fiducial mark ‖ **~maschine** f (Tex) / stenter* n, tenter* n, tenter frame ‖ **~nomenklatur** f / framework nomenclature ‖ **~norm** f / generic specification ‖ **~peilgerät** n (Fernm) / frame direction-finding system*, loop direction-finding system* ‖ **~pflug** m (Landw) / frame plough ‖ **~platte** f (des Akkumulators) (Eltech) / framed plate, frame plate ‖ **~presse** f (kleine) (Zimm) / frame cramp, sash cramp* ‖ **~problem** n (KI) / frame problem ‖ **~rezeptur** f (vom Hersteller) (Anstr) / suggested formulation ‖ **~rezeptur** (Chem) / starting formulation ‖ **~richtbühne** f (Kfz) / frame-straightening jig ‖ **~riegel** m (z.B. bei einer Balkenbrücke) (Bau) / shaft n ‖ **~säge** f (eien Handspannsäge) (For, Tischl) / frame saw, web saw ‖ **~schaden** m (Kfz) / frame damage ‖ **~schere** f (Masch) / guillotine shears ‖ **~scherversuch** m (HuT) / box shear test ‖ **~schuh** m (genähter) (Leder) / welted shoe, welt shoe, Goodyear welt (shoe) ‖ **~spant** n (verstärktes Querspant im Bereich erhöhter Belastungen und bei Schiffen mit Längsspanten) (Schiff) / web frame* ‖ **~stock** m (A) (bei Türen, Fenstern und Einbauschränken) (Tischl) / blind casing, ground casing (US) ‖ **zusammenklappbare ~stütze** (für Arbeitsbühne) (Bau) / trestle n ‖ **~sucher** m (Foto) / frame finder*, iconometer n ‖ **~synchronisierung** f (Fernm) / frame alignment ‖ **~takt** m (EDV) / frame clock ‖ **~träger** m (Kfz) / frame member, frame rail ‖ **~träger** (Masch) / open-frame girder*, Vierendeel girder, Vierendeel n, Vierendeel truss ‖ **~tragwerk** n (Bau) / portal frame n, bent n (a two-dimensional frame which is self-supporting, but only within these dimensions) ‖ **~tragwerk** (Bau, Mech) / frame* n, framework* n, framed structure ‖ **statisch unbestimmtes ~tragwerk** (Mech) / redundant frame, statically indeterminate frame ‖ **~tür** f (Tischl) / framed and braced door* ‖ **~vordruck** m / standardized form ‖ **~wasserwaage** f (Bau, Werkz) / frame level* ‖ **~-XS** n (KI) / shell n, system shell, expert-system shell ‖ **~zimmerung** f (Ausbauverfahren vorwiegend beim Blockbau, bei dem vorgefertigte Ausbauelemente zu Ausbaurahmen zusammengesetzt werden) (Bergb) / frame timbering, framing n
**Rahm•holz** n (Zimm) / summer n, summer-tree n, wall plate*, headpiece n ‖ **~kelle** f (Nahr) / skimmer n, skimming spoon ‖ **~löffel** m (Nahr) / skimmer n, skimming spoon
**Rahsegel** n (Schiff) / square sail
**RAID** n (EDV) / redundant array of inexpensive disks, RAID n (a system providing greater capacity, faster access, and security against data corruption by spreading the data across several disk drives)
**Rain** m (Landw) / field boundary
**Rainfarnöl** n / tansy oil
**Rainout** n (Auswaschung der in der Atmosphäre vorhandenen gasförmigen oder aerosolgebundenen Spurenstoffe durch Hydrometeore aus der Wolke) (Meteor, Umwelt) / rainout n, cloud scavenging, in-cloud scavenging
**Raise boring** n (rollendes Bohrverfahren, bei dem ein Vorbohrloch von unten nach oben ziehend erweitert wird) (Bergb) / raise boring
**Raise-Bohrkopf** m (Bergb) / raise cutter head
**Rakel** f (eine Vorrichtung an Tiefdruckmaschinen) (Druck) / doctor* n, doctor blade, doctor knife, duct blade ‖ ~ (Druck, Pap, Plast) / knife n, blade n ‖ ~ (beim Siebdruck) (Druck, Tex) / squeegee n, squeeze n ‖ ~ (Pap) / doctor* n ‖ ~ (Rakelmesser, Streichrakel, Rollrakel) (Tex) / doctor n ‖ **~abdruck** m (beim Siebdruck) (Tex) / squeegee mark ‖ **~auftrag** m (von zähen Veredlungsmassen) (Pap) / doctor coating, knife coating ‖ **~messer** n (bei Klebeaggregaten) / doctor blade, doctor bar ‖ **~messer** (geschliffene Metallscheibe, die von den Druckwalzen der Rouleaux-Maschine die überflüssige Farbe abstreicht) (Tex) / doctor knife*
**rakeln** v / doctor v ‖ ~ (beim Siebdruck) (Druck, Tex) / squeegee v
**Rakel•streichverfahren** n (Pap) / blade coating, trailing-blade coating, flexible blade coating ‖ **~streichverfahren** (Plast) / blade coating, knife coating ‖ **~streifen** m (Tex) / doctor streak ‖ **~tiefdruck** m (Druck) / doctor-blade photogravure
**Rakete** f (preßluftgetriebenes Bodenverdrängungsgerät zur grabenlosen Verlegung von Leitungen) (HuT) / rocket n ‖ ~ (Mil, Raumf) / rocket* n ‖ ~ (Mil, Raumf) s. auch Flugkörper ‖ **mehrstufige** ~ (Raumf) / multistage vehicle, multistage rocket, staging vehicle, step rocket, multistep rocket ‖ **meteorologische** ~ (Meteor) / meteorological rocket ‖ **militärische** ~ (Mil) / rocket n, rocket ammunition ‖ ~ **mit mehreren, unabhängig voneinander in verschiedene Ziele gesteuerten Sprengköpfen bestücken** (z.B. ein Uboot) (Mil) / MIRV v ‖ **ungelenkte** ~ (eine Raketenwaffe) (Mil) / free rocket ‖ ~ **f mit einem Plasmatriebwerk** (Raumf) / plasma rocket ‖ ~ **mit elektrostatischem Triebwerk** (Raumf) / ion rocket ‖ ~ **mit Ionenantrieb** (Raumf) / ion rocket* ‖ ~ **mit Kernenergieantrieb** (Mil, Raumf) / atomic rocket, nuclear rocket ‖ ~ **mit mehreren, unabhängig voneinander in verschiedene Ziele gesteuerten Sprengköpfen** (Mil) / multiple independently targeted (or targetable) re-entry vehicle (type of missile), MIRV n ‖ ~ **mit Photonenantrieb** (nach dem Vorschlag von E. Sänger) (Raumf) / photon rocket ‖ ~ **mit Plasmaantrieb** (Raumf) / plasma rocket
**Raketen•abschußbasis** f (Mil) / rocket base ‖ **~antrieb** m (Luftf, Raumf) / rocket propulsion* ‖ **~apparat** m (Ausrüstung einer Küstenrettungsstelle zum Bergen von Personen von vor der Küste gestrandeten Schiffen) (Schiff) / rocket apparatus, line-throwing rocket ‖ **~astronomie** f (Astr) / rocket astronomy ‖ **~basis** f (Mil) / rocket base ‖ **~brennkammer** f (Raumf) / rocket chamber ‖ **~brennstoff** m (Raumf) / rocket fuel, fuel n ‖ **~bündel** n / rocket cluster ‖ **~fachmann** m / rocketeer n ‖ **~flugzeug** n (Luftf) / rocket plane, rocket-driven aircraft ‖ **~grundgleichung** f (Raumf) / fundamental rocket equation, rocket equation ‖ **~monotreibstoff** m (Raumf) / monopropellant* n, monofuel n ‖ **~motor** m (mit rotierenden Teilen) (Raumf) / rocket engine ‖ **~schlitten** m (für Hochgeschwindigkeitsversuche) (Raumf) / rocket sled ‖ **~schub** m (Raumf) / rocket thrust, rocket power ‖ **~sonde** f (unbemannte) (Astr, Meteor) / sounding rocket*, rocketsonde n ‖ **~sonde** (Astr, Meteor) s. auch Wetterrakete ‖ **~spezialist** m / rocketeer n ‖ **~spule** f (DIN 61800) (Spinn) / rocket bobbin, rocket package, super package ‖ **~start** m (Luftf) / rocket-assisted take-off, rato, RATO ‖ **~start** (Abheben der Rakete) (Mil, Raumf) / blast-off n (the launching of a rocket or spacecraft) ‖ **~startanlage** f (z.B. auf Cape Canaveral, in Baikonur oder Kourou) (Raumf) / launch complex, spaceport n, launching site, launch site ‖ **~startgerät** n (Luftf) / rocket-assisted take-off gear ‖ **~stufe** f (Raumf) / rocket stage ‖ **abfallende ~stufe** (Raumf) / fall-away section ‖ **~technik** f (als technische und wissenschaftliche Disziplin) / rocket engineering, rocketry n

**Raketentreibstoff** m (Raumf) / rocket propellant, RP ‖ **fester** ~ (Raumf) / solid propellant ‖ **flüssiger** ~ (Raumf) / liquid fuel, liquid propellant ‖ **heterogener** ~ (Raumf) / composite fuel, composite propellant ‖ **hypergoler** ~ (Kftst, Raumf) / hypergol n, hypergolic fuel*, auto-igniting propellant ‖ ~ m **im Zweistoffsystem** (Raumf) / bipropellant* n, bi-fuel n
**Raketentriebwerk** n (Flüssigkeits-) (Raumf) / rocket engine ‖ ~ (Feststoff-) (Raumf) / rocket motor ‖ **elektrisches** ~ (Raumf) / electric rocket engine ‖ **elektrostatisches** ~ (Raumf) / electrostatic rocket engine, ion engine* ‖ **elektrothermisches** ~ (Raumf) / electrothermal rocket engine
**Raketen•waffe** f (gelenkte, ungelenkte) (Mil) / rocket n, rocket ammunition ‖ ~**waffe** (ein gelenkter Flugkörper) (Mil) / rocket missile ‖ ~**werfer** m (Mil, Raumf) / launcher n, rocket launcher ‖ ~**werkstoff** m / rocket material ‖ ~**zusatzantrieb** m (Luftf, Raumf) / rocket booster
**Rakon** n (Nav) / racon n
**RAL** = Kurzname für "Ausschuss für Lieferbedingungen und Gütesicherung e.V." (früher "Reichsausschuss für Lieferbedingungen")
**Ralldübel** m (juteumwickelt) / Rawlplug* n
**Rallye** n f (Autosternfahrt) (Kfz) / rally n, rallye n
**RALU** n (Mikrorechner-Baustein, der die Operationseinheit und die Register zur schnellen Zwischenspeicherung enthält) (EDV) / register arithmetic logic unit, RALU, register-and-arithmetic-and-logic unit
**RAM** n (EDV) / random-access memory*, random-access storage, RAM*, direct-access storage, direct-access memory, DAM, immediate-access storage ‖ ~ (For) / ramin n (a light hardwood), melawis n ‖ **dynamisches** ~ (**DRAM**) (EDV) / dynamic RAM, DRAM, dynamic random-access memory ‖ **nicht flüchtiges** ~ (EDV) / non-volatile random-access memory, NOVRAM, NVRAM ‖ **optisches** ~ (EDV) / erasable optical memory, erasable DRAW memory n, erasable direct-read-after-write memory, E-DRAWM, optical RAM, O-RAM n ‖ **statisches** ~ (**SRAM**) (EDV) / static RAM (SRAM), static random-access memory ‖ ~ n **mit Blockeinteilung** (EDV) / block-oriented RAM, BORAM, block-oriented random-access memory
**raman•aktiv** adj (Spektr) / Raman-active adj ‖ ~-**Bande** f (Spektr) / Raman band ‖ ~-**Effekt** m (nach Sir Ch. V. Raman, 1888-1970) (Phys) / Raman effect ‖ ~**induzierter Kerr-Effekt** (Eltronik) / Raman-induced Kerr effect, RIKE ‖ ~-**Laser** m (Phys) / Raman laser ‖ ~-**Linie** f (unterhalb und oberhalb der Rayleigh-Linie) (Spektr) / Raman line ‖ ~-**Nath-Effekt** m (die Mehrfachstreuung eines Photons /z.B. des Lichts/ an den Phononen des Schallfeldes eines Festkörpers) (Spektr) / Raman-Nath effect ‖ ~-**Nath-Gebiet** n (in der Akustooptik) / Raman-Nath region ‖ ~-**Spektroskopie** f (Messungen des Raman-Effekts) (Spektr) / Raman spectroscopy* ‖ ~-**Spektrum** n (Spektr) / Raman spectrum ‖ ~-**Streuung** f (1. und 2. Ordnung) (Phys) / Raman scattering*, combination scattering ‖ **inverse** ~**streuung** (Phys) / inverse Raman scattering, IRS
**Ramanujanscher Kettenbruch** (nach S. Ramanujan, 1887 - 1920) (Math) / Ramanujan continued fraction
**Ramark** m (pl. -s) (Schiff) / ramark n
**Ramdohrit** m (ein Mineral der Andorit-Gruppe - nach P. Ramdohr, 1890-1985) (Min) / ramdohrite n
**Ram-Extrusion** f (des PTFE-Pulvers) (Pulv) / ram extrusion
**Ramie** f (Bastfaser aus Boehmeria nivea L. Gaudich. oder Boehmeria nivea var. tenacissima Gaudich.) (Tex) / ramie* n, rami n, China grass
**Ramifikation** f (Biol) / ramification n
**Ramin** n (das Holz des Gonystylus bancanus (Miq.) Kurz) (For) / ramin n (a light hardwood), melawis n
**Ramjet** m (Luftf) / athodyd n, ramjet* n, aerothermodynamic duct, ramjet engine, Lorin duct, flying stovepipe
**Ramm•anlage** f (Gewinnungseinrichtung für geringmächtige steilgelagerte Kohlenflöze bei harter Kohle) (Bergb) / ram scraper, Preissenberg ram ‖ ~**arbeit** f (HuT) / piling n, pile driving, spiling (US) ‖ ~**bär** m (HuT) / monkey n, beetle-head, tup n, ram* n ‖ ~**bock** m (HuT) / monkey n, beetle-head n, tup n, ram* n ‖ ~**brunnen** m (HuT, Wasserb) / driven well (US)
**Ramme** f (HuT) / piledriver* n, pile frame*, pile hammer
**Rammelkammer** f (bei Borkenkäfern) (For) / mating chamber
**Rammelsbergit** m (NiAs$_2$) (Min) / rammelsbergite n
**rammen** v (verdichten) (Gieß, HuT) / pun v, ram v ‖ ~ (HuT) / drive v, drive in v, pile v, spile v (US) ‖ ~ n (Bau, HuT) / punning* n, ramming n ‖ ~ (Gieß) / punning n, ramming n ‖ ~ (HuT) / piling n, pile driving, spiling (US)
**Ramm•formel** f (HuT) / pile-driving formula ‖ ~**gerüst** m (HuT) / pile frame ‖ ~**hammer** m (HuT, Masch) / double-acting hammer ‖ ~**haube** f (HuT) / pile helmet (a cast-steel cap), cushion head (US), helmet* n, driving cap, pile cap
**Ramming** n (Kollision) (Schiff) / ramming n

**Ramm•jungfer** f (HuT) / dolly* n, long dolly (when the pile head is below the leaders and thus out of reach of the pile hammer), punch n, puncheon n, follower* n, sett n ‖ ~**klotz** m (HuT) / monkey n, beetle-head n, tup n, ram* n ‖ ~**knecht** m (HuT) / dolly* n, long dolly (when the pile head is below the leaders and thus out of reach of the pile hammer), punch n, puncheon n, follower* n, sett n
**Rammpfahl** m (DIN 4026) (HuT) / driven pile ‖ **der obere Teil des zusammengesetzten** ~**s** (HuT) / false pile* ‖ ~ m **mit verdicktem Fuß** (HuT) / enlarged-base pile (a bored pile) ‖ ~**aufsatz** m (HuT) / false pile ‖ ~**gründung** f (HuT) / driven-pile foundation ‖ ~**kopfschutz** m (HuT) / pile helmet (a cast-steel cap), cushion head (US), helmet* n, driving cap, pile cap
**Ramm•plan** m (für den Ablauf der Rammung) (HuT) / driving formula ‖ ~**rohr** n (z.B. bei abessinischen Brunnen) (HuT) / drive pipe ‖ ~**schlag** m (HuT) / blow n ‖ ~**schutz** m (Bahn) / antitelescoping device ‖ ~**schutzleiste** (Kfz) / rubbing strip, side-protection strip ‖ ~**schutzleiste** (Kfz) / body-side moulding, protective moulding, rubbing strip, side-protection strip ‖ ~**sonde** f (um die Schneefestigkeit zu ermitteln) / ramsonde n, ram penetrometer ‖ ~**sondiergerät** m (DIN 4094) (HuT) / equipment for dynamic subsoil soundings, drop-penetration sounding apparatus ‖ ~**spitze** f (eines Rammrohrs) (HuT) / drive shoe ‖ ~**streb** m **in steiler Lagerung** (Bergb) / diagonal ram longwall face ‖ ~**träger** m (HuT) / driven girder, driving support ‖ ~**winde** f (HuT) / pile-driving hoist
**Rampe** f (deutlich wahrnehmbarer glasiger Streifen, der zuweilen an der Oberfläche des Fertigproduktes fühlbar ist und dessen Lichtbrechung sich vom umgebenden Glas unterscheidet - eine Schliere) (Glas) / heavy cord ‖ ~ (Kfz) / car ramp, drive-on ramp, drive-up ramp
**Rampen•antwort** f (Regeln) / ramp response ‖ ~**funktion** f (Signal, dessen Wert, von einem konstanten Wert Null ausgehend, proportional mit der Zeit zunimmt) (EDV, Math, Regeln) / ramp function ‖ ~**licht** n (Bühnenbeleuchtung) (Licht) / footlights pl ‖ ~**winkel** m (DIN 70020) (Kfz) / ramp break-over angle, ramp angle
**Ramrocket** n (Kombination aus Raketentriebwerk und ummantelndem Staustrahltriebwerk) (Raumf) / ramrocket n (important species of propulsion system for unmanned vehicles)
**Ramsauer-Effekt** m (Quanteneffekt der Energieabhängigkeit des Streuquerschnittes von Elektronen an Atomen und Molekülen beim Durchgang durch ein Gas - nach C.W. Ramsauer, 1879-1955) (Phys) / Ramsauer effect*, Ramsauer-Townsend effect
**Ramsay-Fett** n (für Hähne und Schliffverbindungen) (Vakuumt) / Ramsay grease
**Ramsay-Youngsches Gesetz** n (Beziehung zwischen den Dampfdruckkurven zweier Stoffe) (Chem) / Ramsay and Young's rule*
**Ramsbottom-Test** m (ein Verkokungstest für Schmieröle) (Erdöl) / Ramsbottom (coking) test
**Ramschbücher** n pl (Druck) / remainders pl
**Ramsden-Okular** n (die Bildebene liegt unmittelbar vor der Augenlinse - nach J. Ramsden, 1735-1800) (Licht) / Ramsden eyepiece*, positive eyepiece
**Ramsdenscher Kreis** (Opt) / Ramsden circle, Ramsden disk
**Ramsey-Resonanz** f (nach N.F. Ramsey, geb. 1915) (Kernphys, Spektr) / Ramsey resonance
**RAM-Speicher** m (EDV) / random-access memory*, random-access storage, RAM*, direct-access storage, direct-access memory, DAM, immediate-access storage
**Ramtillöl** n (aus dem Ramtillkraut = Guizotia abyssinica (L.f.) Cass.) / niger-seed oil, ramtilla oil, ramtil oil
**Ranch** f (Landw) / ranch n
**Rand** m (frontier n, border n ‖ ~ (Kante) / edge n, border n, lip n ‖ ~ / surround n, enclosure n, skirt* n ‖ ~ (beim Ausschneiden mit Schnittwerkzeugen) (Masch) / selvage n ‖ ~ (der Linse, des Objektivs, der Brille) (Opt) / rim n ‖ ~ (eines Damms) (Wasserb) / lip n ‖ ~ (Web) / trim n, cover n ‖ **angeschnittener** ~ (Druck) / bleed border ‖ **rechter** ~ (Druck) / right margin ‖ **ringsum eingespannter** ~ (einer Platte) (Mech) / constrained edge ‖ **ringsum gelenkig gelagerter** ~ (einer Platte) (Mech) / hinged edge ‖ **umgekrempelter** ~ (Blech) / flanged rim ‖ **umgelegter** ~ (Glas) / reinforced rim, turned rim ‖ **vorspringender** ~ (Masch) / shoulder n ‖ ~ **des Gesichtsfeldes** (Opt) / field edge ‖ ~ **eines Himmelskörpers** (Astr, Verm) / limb* n
**Rand•abbildungsfehler** m (Opt) / marginal aberration ‖ ~**abfall** m (Druck) / off-cut n ‖ ~**abschluß** m / surround n, enclosure n, skirt* n ‖ ~**abstand** m / edge distance n ‖ ~**abstand** (Abstand von Nietlochmitte bis Längskante) (Masch) / margin n ‖ ~**ausgleich** m (Typog) / justification* n, margin adjustment ‖ ~**becken** n (am Fuße des Kontinentalabhangs) (Geol) / marginal basin ‖ ~**bedingung** f **zweiter Art** (Math) / Neumann's boundary condition ‖ ~**begrenzung** f (Pap) / air deckle ‖ ~**begrenzungsleiste** f (Pap) / deckle n ‖ ~**bemerkung** f (Typog) / side-note* n, marginal note ‖ ~**beschnitt** m (Tätigkeit) (Druck, Pap) / edge trimming ‖ ~**blase** f

**Randbreite**

(Gieß) / subsurface blowhole ‖ ⁓**breite** f (Typog) / margin n ‖ ⁓**dichte** f (Stats) / marginal density ‖ ⁓**effekt** m (z.B. Streufeld am Plattenkondensator) (Eltech) / fringe effect, edge effect*, end effect ‖ ⁓**einschnürung** f (in Transistoren) (Eltronik) / fringing n
**Rändel** n (gehärtete, an ihrem Umfang eine feine Zahnung aufweisende Stahlrolle) (Masch) / knurling tool*, milling wheel
**Randelementemethode** f (Phys) / boundary-element method, BEM, boundary-element technique
**Rändel • mutter** f (niedrige Form nach DIN 467) (Masch) / knurled nut ‖ ⁓**mutter** (hohe Form nach DIN 466) (Masch) / knurled nut with collar ‖ **flache** ⁓**mutter** (Masch) / knurled nut
**rändeln** v (entrinden) (For) / strip v, strip-bark v, peel v in strips, bark v in strips ‖ ~ (aufrauhen) (Masch) / knurl v, mill v, thrill v
**Randeln** n (Glas) / flaring n
**Rändeln** n (ein Aufrauhverfahren, z.B. bei Muttern, Schraubenknöpfen, Bedienungsknöpfen usw. - DIN 8583, T 5) (Masch) / knurling n, thrilling n, milling n, straight knurling ‖ ⁓ (Blechbearbeitung) (Masch) / wheeling* n
**Rändel • rad** n (Masch) / knurling tool*, milling wheel ‖ ⁓**rädchen** n (Masch) / knurling tool*, milling wheel ‖ ⁓**ring** m (Masch) / knurled ring ‖ ⁓**scheibe** f (EDV) / thumbwheel n ‖ ⁓**werkzeug** n (Masch) / knurling tool*, milling wheel
**Rand • emitter-LED** f (Eltronik) / edge-emitting LED, ELED ‖ **beschränkte** ⁓**emitter-LED** (Eltronik) / restricted edge-emitting diode, REED ‖ ⁓**entkohlung** f (Abnahme des Kohlenstoffgehaltes in der Randschicht von Stählen durch oxidierende Gase) (Hütt) / surface decarburization, skin decarburization
**Ränderbildung** f (Tex) / haloing n
**ränderieren** v (beim Ausputzen der Schuhe) / wheel v, stitch-wheel v ‖ ~ (Masch) / knurl v, mill v, thrill v
**rändern** v (Autotypien) (Druck) / edge v ‖ ~ (Tex) / welt v
**Ränderstuhl** m (Tex) / rib-knitting machine
**Ränderung** f (Keram) / banding n, banding decoration
**Ränderware** f (doppelflächige Strickware R/R) (Tex) / rib fabric(s), rib-stitch goods
**Rand • fassung** f (Opt) / edge mounting ‖ ⁓**form** f (Glas) / neck ring, neck-mould n ‖ ⁓**gebiet** n (einer Gemeinde) / outskirts pl, fringe area ‖ ⁓**gebiet** (Radio, TV) / fringe area* ‖ ⁓**gebiet des Risses** (WP) / crack periphery ‖ ~**gefaßt** adj (Opt) / edge-mounted adj ‖ ~**gelochtes Formular** (EDV) / pin-feed form ‖ ⁓**härten** n (Hütt) / surface hardening*, case hardening, face hardening, skin hardening ‖ ⁓**integralmethode** f (Phys) / boundary-element method, BEM, boundary-element technique ‖ ⁓**kanalüberfall** n (Wasserb) / lateral-flow spillway, side-channel spillway ‖ ⁓**kerbe** f (an der Filmkante ausgestanzt) (Film) / notch n ‖ ⁓**kette** f (Math) / chain boundary ‖ ⁓**kluft** f (Abschmelzfuge zwischen Gletscher und Fels) (Geol) / randkluft n ‖ ⁓**kontakt** m (bei Leiterplatten) (Eltronik) / edge-board connector ‖ ⁓**kraft** f (Mech) / boundary force ‖ ⁓**leiste** f (Web) / list n (GB), listing* n, selvedge n ‖ ~**los** adj (Brille) (Opt) / rimless adj ‖ ⁓**löser** m (der Schreibmaschine) / margin release ‖ ⁓**lösetaste** f (der Schreibmaschine) / margin release key ‖ ⁓**maß** n (bis End- oder Querkanten) (Masch) / margin from outside of angle to rivet centre ‖ ⁓**meer** n (ein den Kontinenten randlich angelagertes Nebenmeer) (Ozean) / marginal sea ‖ ⁓**moräne** f (Geol) / lateral moraine*
**Random Tumble Pilling Tester** m (der Atlas Electric Devices Comp., Chicago - zur Pillingprüfung) (Tex) / Random Tumble Pilling Tester
**Randomd** (EDV) / random file
**Random • -File** n (EDV) / random file ‖ ⁓**-Generator** m / random number generator, random event generator, REG
**randomisieren** v (Stats) / randomize v
**randomisierter Test** (Stats) / randomized test
**Randomisierung** f (Verfahren zur Kontrolle bekannter Störvariablen) (Stats) / randomization n
**Random • -Shearing** n (Musterungsart der Tufting-Technik) (Tex) / random shearing ‖ ⁓**-Speicher** m (EDV) / random-access memory*, random-access storage, RAM*, direct-access storage, direct-access memory, DAM, immediate-access storage ‖ **ferroelektrischer** ⁓**speicher** (FRAM) (EDV) / ferroelectric random-access memory (FRAM) ‖ ⁓**-Versuch** m (z.B. bei der Lebensdauerbestimmung) (HuT) / random test ‖ ⁓**-Walk** m (Chem) / random walk
**RANDO-System** n (ein Phantomsystem für die Dosimetrie) (Radiol) / radiation analogue dosimetry system
**Randpunkt** m (Math) / end point
**rändrieren** v (beim Ausputzen der Schuhe) / wheel v, stitch-wheel v
**Rand • schärfe** f / contour sharpness ‖ ⁓**schärfe** (Opt) / edge definition, marginal definition ‖ ⁓**schärfer** m (EDV) / anti-aliasing tool
**Randschicht** f (im allgemeinen) / surface layer ‖ ⁓ (Eltronik) / surface barrier*, barrier n ‖ ⁓ (z.B. Verarmungs- oder Anreicherungsrandschicht) (Eltronik) / surface layer ‖ ⁓ (Hütt) / skin n ‖ ⁓ (Phys) / boundary layer*, friction layer ‖ **entkohlte** ⁓ (Hütt) / bark n ‖ ⁓**härten** n (Härteannahme an der Oberfläche) (Hütt) /

surface hardening*, case hardening, face hardening, skin hardening ‖ ⁓**transistor** m (Eltronik) / surface-barrier transistor, SB transistor
**Rand • senke** f (Geol) / foredeep n (an elongate depression bordering an island arc or other orogenic belt) ‖ ⁓**spannung** f (WP) / edge stress ‖ **magnetische** ⁓**spannung** (DIN 1325) (Elektr) / magnetic potential difference along a closed path, line integral of magnetic field strength along a closed path ‖ ⁓**steller** m (der Schreibmaschine) / margin stop ‖ ⁓**störung** f (Mech) / edge disturbance ‖ ⁓**streichbalken** m (Bau) / tail trimmer* ‖ ⁓**streifen** m (der beim Beschneiden von Rollen- und Bogenpapier abfällt) (Druck, Pap) / trim n, trim waste, trimmings pl ‖ ⁓**streifen** (neben der Fahrbahn) (HuT, Kfz) / shoulder n ‖ ⁓**system** n (enthält zwei Komponenten eines Dreistoffsystems) (Hütt) / binary subsystem ‖ ⁓**tiefe** f (Geol) / foredeep n (an elongate depression bordering an island arc or other orogenic belt) ‖ ⁓**überschriften** f pl (einmal je Seite, oben außen) (Typog) / shoulder-heads* pl, shoulder notes* pl ‖ ⁓**verdickung** f (Glas) / bulb edge ‖ ⁓**verdunkelung** f (Astr) / limb darkening* ‖ ⁓**verteilung** f (Stats) / marginal distribution ‖ ⁓**verzeichnung** f (Opt) / marginal distortion ‖ ⁓**wasser** n (das eine Erdöllagerstätte begleitende Formationswasser) (Erdöl, Geol) / edge water* ‖ ⁓**wert** m (der durch die Randbedingungen festgelegte Wert der Lösungsfunktion) (Math) / boundary value, marginal value ‖ ⁓**wertaufgabe** f (Math) / boundary value problem ‖ ⁓**wertproblem** n (Math) / boundary value problem ‖ ⁓**wertprüfung** f / marginal check, MC, marginal test, marginal testing* ‖ ⁓**winkel** m (Phys) / contact angle*, wetting angle, angle of contact* ‖ ⁓**wirbel** m (an den Flügeln) (Luftf) / wing-tip vortex ‖ ⁓**wulst** m (Verdickung) (Glas) / bulb edge ‖ ⁓**wulst** m f (wulstartige Erhöhung oder Vertiefung im Blech) (Hütt, Masch) / bead n ‖ ⁓**zone** f (im allgemeinen) / marginal zone ‖ ⁓**zone** (bei unberuhigtem Stahl) (Hütt) / rim (clearing) zone ‖ ⁓**zone** (Hütt) / skin n ‖ ⁓**zone** (beim Einziehen von Blechen) (Kfz) / rim n
**Raney • -Katalysator** m (im allgemeinen) (Chem) / Raney catalyst ‖ ⁓**-Katalysator** (aus Nickel - nach M. Raney, 1885-1966) (Chem) / Raney nickel* ‖ ⁓**-Nickel** n (Chem) / Raney nickel*
**Rang** m (eines Grafen, einer Matrix) (Math) / rank* n ‖ ⁓ (Dimension des Vektorraumes) (Math) / dimension n ‖ **sequentieller** ⁓ (EDV) / sequential rank
**Range** f (eine Hafenreihe, z.B. Hamburg - Lissabon) (Schiff) / range n
**Range-finding-Test** m (toxikologische Prüfung, die der Ermittlung der Dosierung für Versuche zur Feststellung der subchronischen und chronischen Toxizität dient) (Pharm) / range-finding test
**Rang • folge** f (beim Nachrichtenverkehr) (Fernm) / order of priority ‖ ⁓**folgeverfahren** n (summarische Methode der Arbeitsbewertung) (F.Org) / ranking system ‖ ~**geordnet** adj (Math) / ranked adj
**Rangier • bahnhof** m (Bahn) / marshalling yard, switch-yard n, classification yard, shunting yard ‖ ⁓**bar** adj (mit Drahtbrücken) (Eltech) / strappable adj ‖ ⁓**dienst** m (Bahn) / shunting service
**rangieren** v (meistens auf Seitengleis leiten) (Bahn) / shunt v ‖ ~ (Bahn) / shunt* v, switch v (US), marshal v ‖ ~ (mit der Drahtbrücke) (Eltech) / strap v, rearrange wires, jumper v ‖ ~ (ein Fahrzeug) (Kfz) / manoeuvre v, maneuver v (US) ‖ ⁓ n (EDV, Eltech) / jumpering n ‖ ~ (des Fahrzeugs) (Kfz) / manoeuvre n, maneuver n (US) ‖ ⁓ (EDV, Eltech) s. auch Jumpern
**Rangier • feld** n (EDV) / patch panel ‖ ⁓**feld** (Fernm) / patch bay* ‖ ⁓**funk** m (Bahn) / marshalling radio, yard radio ‖ ⁓**gleis** n (Bahn) / shunting siding, shunt track ‖ ⁓**heber** m (Kfz) / floor jack ‖ ⁓**heber** (hydraulischer) (Kfz) / service-station quality hydraulic floor jack ‖ ⁓**lokomotive** f (Bahn) / banking locomotive, shunting locomotive, shunter n, switching engine, switcher n, booster locomotive (US), helper n (US) ‖ ⁓**schnur** f (Fernm) / plug wire*, patch cord ‖ ⁓**verbot** n (eine Aufschrift) (Bahn) / shunting forbidden ‖ **elektronischer** ⁓**verteiler** (Eltronik) / electronic cross-connect system ‖ ⁓**zettel** m (Bahn) / cut list, shunting programme
**Rang • korrelation** f (Math) / rank correlation ‖ ⁓**korrelationskoeffizient** m (Stats) / rank correlation coefficient ‖ **Spearmanscher** ⁓**korrelationskoeffizient** (nach Ch.E. Spearman, 1863-1945) (Stats) / Spearman's ρ, Spearman's rank correlation coefficient, Spearman's correlation coefficient
**Rangoonbohnen** f pl (Bot, Nahr) / Rangoon beans, Madagascar beans, Lima beans, butter beans
**Rang • ordnung** f (Math) / rank order ‖ ⁓**reihenverfahren** n (eine analytische Methode der Arbeitsbewertung) (F.Org) / factor ranking method ‖ ⁓**summe** f (Stats) / rank sum
**Rangunbohnen** f pl (Bot, Nahr) / Rangoon beans, Madagascar beans, Lima beans, butter beans
**Rangvermerk** m (EDV) / priority prefix, priority indicator
**rank** adj (von geringer Stabilität) (Schiff) / crank adj, tender adj
**Ranke** f (Bot) / twine n
**Rankenbewegung** f (Bot) / thigmonasty n
**Rankenpflanze** f (eine Kletterpflanze) (Bot) / climber n, tendril climber
**Ranker** m (flachgründiger Bodentyp mit Ah-C-Profil) / ranker n

**Rankine•-Hugoniotsche Kurve** (bei Verdichtungsstößen - nach P.H. Hugoniot, 1851-1887) (Luftf, Phys) / Hugoniot adiabatic, Hugoniot curve ‖ ≈-**Prozeß** m (Masch) / Rankine cycle* ‖ ≈-**Skale** f (eine veraltete Temperaturskale mit °R - nach W.J.M. Rankine, 1820-1872) (Phys) / Rankine absolute temperature scale
**Ranking** n (die Anordnung der als Antwort auf eine Suchfrage gefundenen Dokumente nach ihrer mutmaßlichen Relevanz) (EDV) / ranking n
**Rankinit** m (Zementklinker, Schlackenmineral) (Min) / rankinite* n
**Ranney-Brunnen** m (ein älterer Horizontalfilterbrunnen) (Wasserb) / Ranney well
**Ranquesches Wirbelrohr** (Masch) / vortex tube
**Ranzidität** f (Nahr) / rancidity n, rancidness n
**ranzig** adj (Nahr) / rancid adj ‖ ~ **werden** v (Nahr) / rancidify v ‖ ≈**keit** f (Nahr) / rancidity n, rancidness n ‖ ≈**werden** n (Nahr) / rancidification
**Raoultsches Gesetz** (Dampfdruckerniedrigung, Gefrierpunktserniedrigung - nach F.M. Raoult, 1830-1901) (Phys) / Raoult's law
**Rapakiwi** m (ein Hornblende-Biotit-Granit) (Geol) / Rapakivi granite*
**Raphiafaser** f (Tex) / raffia n
**Raphiden** pl (Kristallnadeln in Pflanzenzellen) (Bot) / raphides n pl
**rapid** adj (Foto, Opt) / fast* adj ‖ ≈**analyse** f (Chem) / rapid analysis, fast analysis ‖ ≈**analyse** (Kftst, Min) / proximate analysis, rational analysis ‖ ≈**entwickler** m (Foto) / rapid developer, high-speed developer ‖ ≈**gerbung** f (Schnellgerbung im Faß) (Leder) / rapid drum tannage
**Rapilli** pl (festes vulkanisches Auswurfmaterial von Nußgröße und kleiner, mit eckiger oder unregelmäßiger Form) (Geol) / lapilli* pl (2 - 64 mm), lapilli tufa
**Rappengeschmack** m (Nahr) / stem-like taste, stalky taste, stemmy taste
**Rapport** m (regelmäßige Wiederkehr derselben Form eines Musters, z.B. bei Friesen) (Arch) / repeat n ‖ ≈ (Wiederholungseinheit beim Textildruck) (Tex) / repeat n (of a pattern), pattern repeat
**rapporthaltig, nicht** ~ (Web) / off-register attr
**rapportieren** v (Tex) / repeat v (according to pattern)
**rapportloser Dekor** (Web) / non-repeat pattern area
**Rapputz** m (rauher Bewurf für untergeordnete Räume) (Bau) / rendering coat, daubing* n, dabbing* n, rendering n
**00-Raps** m (mit niedrigem Erukasäure- und Glukosinatgehalt) (Landw, Nahr) / double-low colza, double low rape-seed, double-zero colza
**Raps, erukasäurearmer** ≈ (Bot, Nahr) / low-erucic colza, low-erucic rape-seed ‖ ≈**dotteröl** n / cameline oil, German sesame oil, dodder oil ‖ ≈**kuchen** m (Rückstände beim Pressen von Rapssamen, die als Kraftfutter für Mast- und Milchvieh verwendet werden) (Landw) / rape-cake n ‖ ≈**öl** n / colza oil, rape-oil n, rape-seed oil ‖ ≈**ölfaktis** m (vulkanisiert mit Schwefelchlorid und gestreckt mit Erdöl-Teer) (Chem Verf) / backgown ‖ ≈**ölmethylester** m (Chem, Kftst) / rape-seed oil methyl ester, RME
**rar** adj / rare adj
**Rarita-Schwinger-Gleichung** f (eine relativistische Wellengleichung) (Kernphys) / Rarita-Schwinger equation
**Rasamala** n (Altingia excelsa Noronha) (For) / rasamala n
**rasant** adj (Luftf, Mil) / grazing adj ‖ ~ (Flugbahn) (Mil) / flat adj
**rascher Potentialabfall** (Elektr) / potential tumble
**raschel•gewirkt** adj (Tex) / raschel-knit adj ‖ ≈**maschine** f (eine Kettenwirkmaschine) (Tex) / Raschel* n, raschel loom, raschel knitting machine, Raschel warp-knitting machine ‖ **zweifonturige** ≈**maschine** (Tex) / double-needlebed raschel machine
**rascheln** v (Akus) / rustle v ‖ ≈ n (Akus) / rustling n ‖ ≈ **des Lichthahns** (Film) / valve rustle, rustle n
**Raschel•spitze** f (Tex) / raschel lace ‖ ≈**tüll** m (Tex) / raschel tulle ‖ ≈**ware** f (Tex) / raschel fabric, raschel n, raschel-knit fabrics
**Raschig•-Ringe** m pl (Füllkörper einer Rektifiziersäule nach F.A. Raschig, 1863-1923) (Chem Verf) / Raschig rings* ‖ ≈-**Verfahren** n (zur Herstellung von Phenol aus Benzol in zwei Stufen) (Chem Verf) / Raschig process ‖ ≈-**Verfahren** n (zur Herstellung von Hydrazin) (Chem Verf) / Raschig synthesis
**raschwirkend** adj / quick-acting adj, fast-acting adj
**RAS-Einrichtungen** f pl (Gesamtheit aller der Zuverlässigkeit, Verfügbarkeit und Wartungsfreundlichkeit von Datenverarbeitungsanlagen dienenden Einrichtungen und Programme) (EDV) / RAS facilities
**Rasen** m / lawn n ‖ ≈ (Kolonie von Schimmelpilzen) (Sanitär) / bed n ‖ **biologischer** ≈ (Bewuchs von Mikroorganismen auf einem Festbett, z.B. Füllstoffe von Tropfkörpern) (Sanitär) / biological slime, fixed biological film, microbial mat ‖ **mikrobieller** ≈ (Sanitär) / biological slime, fixed biological film, microbial mat ‖ **mit** ≈ **verkleiden** (HuT, Umwelt) / turf v, sod v (cover with sods or pieces of turf)
**Rasen•bankett** n (der Straße) (HuT) / grassed verge ‖ ≈**belüfter** m (Landw) / lawn raker ‖ ≈**bleiche** f (Tex) / grassing n, lawn bleaching, grass bleaching ‖ ≈**böschung** f (HuT) / turfed slope ‖ ≈**eisenerz** n (ein Limonit) (Min) / bog iron ore*, morass ore, meadow ore ‖ ~**gebleicht** adj (Pap, Tex) / grass-bleached* adj ‖ ≈**kantenmäher** m (Landw) / edger n, edge mower ‖ ≈**kantenschneider** (DIN 57730, T 2) (Landw) / edger n, edge mower ‖ ≈**lüfter** m (Landw) / aerator rake ‖ ≈**lüfterrechen** m (Landw) / aerator rake ‖ ≈**mäher** m (Landw) / lawnmower n ‖ ≈**mäher** m (mit Führungsholmen - also kein Aufsitzmäher) (Landw) / walk-behind mower
"**Rasenmäher**" m (Radar) / lawn-mower n
**Rasen•pflug** m (Landw) / turfing plough ‖ ≈**plagge** f (Landw) / turf n (pl. turfs or turves), sod n, piece of turf, lawn sod ‖ ≈**platte** f (Landw) / turf n (pl. turfs or turves), sod n, piece of turf, lawn sod ‖ ≈**platz** m (Luftf) / grass airfield, sod field ‖ ≈**röste** f (Tex) / field retting ‖ ≈**sode** f (Landw) / turf n (pl. turfs or turves), sod n, piece of turf, lawn sod ‖ ≈**sprenger** m (Landw) / lawn sprinkler, sprinkler n ‖ ≈**stein** m (ein Betonstein mit Aussparungen für eine Begrünung) (Bau, Keram) / perforated (lawn) paving block, lawn paving block ‖ ≈**stufe** f (Bodenfließen am Hang) (Geol) / terracette n ‖ ≈**traktor** m (Landw) / lawn tractor ‖ ≈**trimmer** m (Landw) / line trimmer ‖ ≈**verkleidung** f (HuT, Umwelt) / turfing n, sodding n
**Rasierersteckdose** f (für den Rasierer, z.B. im Badezimmer) (Eltech) / shaving unit, shaver outlet
**Rasier•klingenschar** n (Landw) / swordblade share ‖ ≈**seife** f (Kaliseife mit Stearinsäure, Talg und Kokosfett) (Chem) / shaving soap
**Rasorit** (Min) / kernite* n ‖ ≈ (Warenzeichen der Fa. Kern Co., Kramer Distr., California, für kernithaltige mineralische Rohstoffe) (Min) / Rasorite n
**Raspel** f (Nahr) / food grater, grater n ‖ ≈ (mit gehauenem Raspelhieb zur Bearbeitung von Holz und Leder) (Werkz) / rasp* n ‖ ≈**hieb** m (Werkz) / rasp cut
**raspeln** v (Masch) / rasp v ‖ ~ (Nahr) / grate v ‖ ≈ n (DIN 8589, T 7) (Masch) / rasping n
**Raspelspäne** m pl / raspings pl
**Rasse** f (Bot, Zool) / breed n, race n
**rasseln** v (Akus) / rattle v ‖ ≈ (Akus) / rattle n ‖ ≈ (von Brennelementen) (Nukl) / ratcheting* n
**rasserein** adj (Gen, Landw) / pure adj, pure-bred adj
**rassig** adj (Wein) (Nahr) / racy adj
**Rast** f (Schmelzzone des Hochofens) (Hütt) / bosh* n ‖ ≈ (z.B. der Rastenscheibe) (Masch) / notch* n
**RAST** (Med, Radiol) / radioallergosorbent test, RAST
**Rastanlage** f (Kfz) / rest facility, rest stop
**rastbar** adj (EDV) / locking adj (key) ‖ ≈ (Masch) / lockable adj, securable adj ‖ ~**er schneller Vorlauf** (Akus, Eltronik) / locking fast forward
**Rastenscheibe** f (Masch) / index disk, notched disk
**Raster** m (ein Liniennetz) (Arch) / planning grid*, modular grid ‖ ≈ (Druck, Foto) / screen* n, half-tone screen ‖ ≈ (bei Leuchten) (Eltech) / louver n, louvre n, (light) shield ‖ ≈ (Math) / filter base ‖ ≈ n (des Bildschirms) (TV) / raster* n ‖ ≈ m (Verm) / grid* n ‖ **feinster** ≈ (Druck, Foto) / very fine screen* ‖ **technischer** ≈ (Druck) / mechanical n ‖ ≈**abtastung** f (Fernm, TV) / frame scanning, raster scanning ‖ ~**akustisch** adj (Mikros) / scanning-acoustic adj ‖ ≈**ätzung** f (Original-Druckplatte) (Druck) / half-tone block* ‖ ≈**austastung** f (Fernm, TV) / frame suppression ‖ ≈**bezugspunkt** m (Luftf) / slot reference point
**Rasterbild** n (Druck) / half-tone image ‖ ≈ (in der grafischen Datenverarbeitung) (EDV) / raster image ‖ ≈ (bei Druckern) (EDV) / matrix image ‖ ≈ (als Anzeigeart) (EDV) / raster display (a display image) ‖ ≈ (Opt) / dissected image
**Rasterbildschirm** m (EDV) / raster-scanned screen
**Raster•druck** (Druck) / half-tone printing ‖ ≈**drucker** m (EDV) / matrix printer, dot matrix printer, wire printer, mosaic printer ‖ ≈**einheit** f (Abstand zwischen zwei benachbarten Bildpunkten) (EDV) / raster unit ‖ ≈**elektronenmikroskop** n (Mikros) / scanning electron microscope*, SEM* ‖ ≈**elektronenmikroskopie** f (Mikros) / scanning electron microscopy ‖ ≈**farbauszug** m (Druck) / half-tone colour separation ‖ ≈**feinheit** f (Druck, Foto) / screen ruling, closeness of the lines ‖ ≈**feinheit zwischen etwa 39 bis 47 Linien pro cm** (vorzugsweise verwendete Papiersorte: holzhaltiges Illustrationsdruckpapier) (Druck, Foto) / medium screen* ‖ ≈**fenster** n (Fernm) / spectral window ‖ ≈**fernrohr** n (Opt) / scanning telescope, SCT ‖ ≈**film** m (Druck) / mechanical n ‖ ≈**font** m (EDV) / bit-mapped font, raster font ‖ ~**förmige Abtastung** (Radar) / raster scanning ‖ ≈**fotografie** f (Autotypieverfahren) (Druck, Foto) / half-tone process*, halftoning n ‖ ≈**frequentes System** (TV) / field-sequential system ‖ ≈**grafik** f (flächendarstellendes System) (EDV) / raster graphics* ‖ ≈-**Image-Prozessor** m (Druck, EDV) / raster image processor, RIP ‖ ≈**konstante** f (bei Skaleneinteilungen) (Instr) / pitch n ‖ ≈**konvertierung** f (Abbildung von der mathematischen Beschreibung der Primitive auf ein Raster) (EDV) / scan conversion ‖ ≈**kraftmikroskop** n (Mikros) / scanning force microscope, SFM ‖ ≈**leuchte** f (Eltech) / louvred fitting ‖ ≈**linie** f (Arch) / grid line, modular line ‖ ≈**linie** (Druck, Foto) / screen line ‖ ≈**maß** n (Arch) / structural module ‖

**Rastermaß**

**⁓maß** (bei Telefaxgeräten) (Fernm) / resolution* n ‖ **⁓mikroskop** n (ein Ultraschallmikroskop) (Mikros) / scanning-acoustic microscope, SAM ‖ **⁓mikroskop** (mit einem Laser gekoppeltes Ultraschallmikroskop) (Mikros) / scanning laser acoustic microscope, SLAM ‖ **optisches ⁓mikroskop** (Mikros) / laser scan microscope
**rastern** v (Druck, EDV, Foto) / screen v ‖ ~ (bei der elektronischen Bildverarbeitung) (EDV) / rasterize v, rasterise v (GB) ‖ ⁓ n (Druck, Foto) / screening n ‖ ⁓ (EDV) / rasterization n, rasterisation n (GB), dithering n
**Raster•näpfchen** n (im Tiefdruckverfahren) (Druck) / ink cell, gravure cell ‖ **⁓näpfchen** (Ätznäpfchen) (Typog) / cell n ‖ **⁓negativ** n (Druck, Foto) / half-tone negative, screen negative ‖ **⁓netz** n (Bau) / grid plan, grid n ‖ **⁓oszillator** m (Fernm) / spectrum oscillator ‖ **⁓platte** f (Leiterplatte mit Lötaugen für Versuchsaufbau) (Eltronik) / grid board ‖ **⁓plotter** n (EDV) / raster plotter ‖ **⁓punkt** m (Druck) / half-tone dot ‖ **⁓punkt** (TV) / picture point, picture element, pel ‖ **störendes regelmäßiges Muster in Bildern, die mittels ⁓punkten wiedergegeben sind** (Moiré) (Druck, Foto) / pattern n ‖ **⁓punktgenerator** m (Druck, EDV) / dot generator ‖ **⁓scan** m (eine Methode der Bild- oder Zeichendarstellung, bei der für jede Darstellung der ganze Bildschirm zeilenweise mit dem Elektronenstrahl abgetastet wird und an jedem Bildpunkt eines Rasters entsprechend der Bildinformation hellgesteuert wird) (Eltronik) / raster scan ‖ **⁓schrift** f (EDV) / bit-mapped font ‖ **⁓steg** m (Druck) / screen wall ‖ **kombinierte ⁓strichätzung** (Druck) / half-line block*, combination line-and-half-tone block ‖ **⁓teleskop** n (Opt) / scanning telescope, SCT ‖ **⁓tunnelmikroskop** n (von Rohrer und Binnig) (Mikros) / scanning tunnelling microscope, STM, tunnelling microscope ‖ **⁓tunnelmikroskopie** f (Mikros) / scanning tunnelling microscopy
**Rasterung** f (Druck, Foto) / screening n ‖ ⁓ (bei der elektronischen Bildverarbeitung) (EDV) / rasterization n, rasterisation n (GB), dithering n
**Raster•verbrennung** f (Eltronik) / raster burn* ‖ **⁓verschiebungsmutation** f (Gen) / frameshift mutation ‖ **⁓weite** f (Anzahl der Linien pro Zentimeter) (Druck, Foto) / screen ruling, closeness of the lines ‖ **feinste ⁓weite** (Druck, Foto) / very fine screen* ‖ **⁓winkel** m (Druck, Foto) / screen angle ‖ **⁓winkelung** f (Stellung der Rasterlineatur für die Herstellung von Rasternegativen und -diapositiven) (Druck, Foto) / angle of half-tone screen lines ‖ **⁓winkelung** (Kart) / angle of ruling ‖ **⁓winklung** f (Kart) / angle of ruling ‖ **⁓zählung** f (von Gesprächen) (Fernm) / peg count, peg n
**Rast•fläche** f (bei Schmierkeilen) / rest surface ‖ **⁓gas** n (Hütt) / bosh gas ‖ **⁓getriebe** n (Masch) / dwell mechanism ‖ **⁓haus** n (besonders für LKW-Fahrer) (Kfz) / pull-in n (GB), roadside café ‖ **⁓hof** m (Kfz) / service area (GB) ‖ **⁓hof** (Kfz) s. auch **Raststätte** ‖ **⁓linien** f pl (auf der Bruchfläche) (WP) / beach marks ‖ **⁓mechanismus** m (der Teil des Betätigungssystems, der das Bedienteil und/oder die Schaltglieder in ihrer Stellung halten) (Eltech) / locating mechanism ‖ **⁓periode** f (des Getriebes) (Masch) / dwell n, dwelling n ‖ **⁓platz** m (Kfz) / parking area (with benches and WCs) ‖ **⁓polkegel** m (Mech) / space cone, herpolhode cone ‖ **⁓punkt** m (Masch) / detent n ‖ **⁓relais** n (Eltech) / latch-in relay ‖ **⁓station** f (A) (Kfz) / rest stop (with a service area), resting place ‖ **⁓stätte** f (Kfz) / rest stop (with a service area), resting place ‖ **⁓stellung** f (Eltech) / position of rest ‖ **⁓winkel** m (beim Hochofen) (Hütt) / bosh angle
**Rasur** f / erasure n
**Ratabaum** m (For) / rata n
**Ratanhiawurzel** f (aus Krameria triandra Ruiz et Pav.) (Bot, Chem, Pharm) / rhatany root, rhatany n
**Ratcheting** n (Nukl) / ratcheting* n
**Rate** f (Teilzahlung) / instalment n, installment n (US) ‖ ⁓ (Luftf, Schiff) / freight rate, rate n ‖ ⁓ (Kenngröße bei zeitlich stochastischen Prozessen) (Math) / rate n ‖ **spezifische ⁓** (charakteristische kinetische Größe in der Reaktionskinetik) (Chem) / specific rate
**Rateau-Turbine** f (eine vielstufige Gleichdruck-Dampfturbine nach A. Rateau, 1863-1930) / Rateau steam turbine, pressure-staged impulse steam turbine
**Rate•distortion-Funktion** f (Übertragungstreue) (EDV) / rate-distortion function ‖ **⁓grown-Transistor** m (Eltronik) / rate-grown transistor, graded-junction transistor ‖ **⁓meter** m (Nukl) / count ratemeter*
**Ratenkampf** m (scharfe Form des Konkurrenzkampfes in der Linienschiffahrt) (Schiff) / rate fighting
**Ratiné** m (ein Gewebe) (Tex) / ratine n, ratteen n, ratiné n
**ratinieren** v (den Rauhflor mechanisch behandeln, um örtliche Effekte zu erzielen) (Tex) / frieze v, ratteen v
**Ratiniermaschine** f (zum Zusammendrehen einer Rauhdecke von Wollgeweben zu Knötchen bzw. Nöppchen oder zum Zusammenschieben der Fasern zu gereihten Wellen) (Tex) / ratteening machine
**Ratiodetektor** m (Radio, TV) / ratio detector*

**Ration** f (Landw) / ration n
**rational** adj / rational adj ‖ **⁓e Abbildung** (eine konforme Abbildung) (Math) / rational mapping, rational transformation ‖ **⁓e Ebene** (Krist) / lattice plane, net plane, atomic plane*, crystal plane ‖ **⁓e Einheit** (z.B. eine SI-Einheit) (Phys) / rationalized unit* ‖ **⁓e Funktion** (die sich als Quotient zweier ganzrationaler Funktionen angeben läßt) (Math) / rational function ‖ **⁓e Menge** (auf dem Gebiet der Automatentheorie und der formalen Sprache) (EDV, KI) / regular language, rational language, regular event ‖ **⁓e Sprache** (auf dem Gebiet der Automatentheorie und der formalen Sprache) (EDV, KI) / regular language, rational language, regular event ‖ **⁓e Zahl** (Math) / rational number*
**rationalisieren** v (F.Org) / rationalize v
**Rationalisierung** f (Maßnahmen zur Steigerung der Wirtschaftlichkeit und/oder der Produktivität) (F.Org) / rationalization n ‖ ⁓ (der Organisation) (F.Org) / streamlining n
**Rationalitäts•bereich** m (Math) / field n, domain of rationality ‖ **⁓gesetz** n (in der Kristallgeometrie) (Krist) / law of rational indices*, law of rational intercepts, Haüy law, law of rationality of intercepts, Miller law
**rationell** adj (Vereinfachung der Organisation) / streamlined adj ‖ ~ (wirtschaftlich) / efficient adj ‖ ~ / rational adj
**rationieren** v (z.B. Benzin) / ration v
**Rationsweide** f (wenn den Tieren mit dem Elektrozaun nur soviel Weidefläche abgesteckt wird, wie für die Deckung ihres Futterbedarfs für einen Tag oder einen Teil des Tages nötig ist) (Landw) / rotational grazing
**Ratoon-Rohr** n (Landw) / ratoon cane
**Ratpack-Treiber** m (EDV) / rat-pack driver
**Ratsche** f (ein Sperrgetriebe) (Masch) / ratchet mechanism* ‖ ⁓ (Schraubenzieher) (Werkz) / ratchet screwdriver* ‖ ⁓ (Werkz) / ratchet n
**Ratschen•kluppe** f (Gewindeschneidkluppe mit Sperrgetriebe und verstellbaren Schneidbacken, hauptsächlich zum Schneiden von Rohraußengewinden) (Masch) / ratchet die stock ‖ **⁓ringschlüssel** m (Werkz) / ratchet spanner, ratchet box wrench (US) ‖ **⁓schneidkluppe** f (Gewindeschneidkluppe mit Sperrgetriebe und verstellbaren Schneidbacken, hauptsächlich zum Schneiden von Rohraußengewinden) (Masch) / ratchet die stock ‖ **⁓schraubendreher** m (Werkz) / ratchet screwdriver* ‖ **⁓schrauber** m (Werkz) / ratchet screwdriver*
**Rattan** n (zur Herstellung von Korbwaren) / rattan centre, rattan core
**Ratten, von ⁓ befallen** / ratty adj
**Ratten•befall** m / rat infestation ‖ **⁓bekämpfungsmittel** n (Chem) / raticide n ‖ **⁓bißfieber** n (Med) / sodoku* n, rat-bite fever* ‖ **⁓bißkrankheit** n (Med) / sodoku* n, rat-bite fever* ‖ **⁓fraß** m (z.B. an Mauselöch) s. auch Mauseloch ‖ **⁓fraßgeschützte Elektroinstallation** (Eltech) / rat-proof electric installation ‖ **⁓gift** n (Chem) / rat poison ‖ **⁓loch** n (Abstelloch der Mitnehmerstange und des Spülkopfs) (Erdöl) / rat hole n ‖ **⁓loch** (Erdöl) s. auch Mauseloch ‖ **⁓pfeffer** m (aus Delphinium staphisagria L.) / stavesacre seed(s) ‖ **⁓schwanz** n (ein Gußfehler) (Gieß) / rat-tail n ‖ **⁓schwanzfeile** f (Werkz) / rat file, rat's tail, rat-tail file* ‖ **⁓vernichtung** f (Schiff) / deratization n, extermination of rats ‖ **⁓verseucht** adj / ratty adj ‖ **⁓vertilgung** f (Schiff) / deratization n, extermination of rats
**Rätter** m / riddle* n, screen* n
**Rattermarke** f (z.B. beim Schleifen von Faser- und Spanplatten) (For) / chatter mark ‖ ⁓ (nicht geschmierte Stelle beim Drahtziehen) (Hütt) / jerk n
**rattern** v (Akus) / rattle v ‖ ⁓ n (Akus) / rattle n ‖ ⁓ (selbsterregte Schwingung während des Zerspanungsprozesses) (Masch) / chatter* n
**Raub•aufzeichnung** f (z.B. eine Raubplatte) (Akus) / bootleg record ‖ **⁓ausgabe** f (Druck) / pirated edition, piratic edition ‖ **⁓bau** m (Bergb) / gophering n, coyoting n, overmining n ‖ **⁓bau** (Landw) / overcropping n ‖ **⁓bau treiben** (Bergb) / gopher v, coyote v, overmine v
**rauben** v (Pfeiler) (Bergb) / rob v, remove v ‖ ~ (den Ausbau) (Bergb) / draw* v (timbers), remove v (timbering), withdraw v ‖ ⁓ n **des Ausbaus** (im Untertagebetrieb) (Bergb) / timber drawing
**Raub•gerät** n (Bergb) / sylvester n, timber drawer ‖ **⁓kopierer** m (ein Straftäter) (EDV) / pirate n ‖ **⁓vorrichtung** f (Bergb) / sylvester n, timber drawer
**Rauch** m (nach der Verbrennung) / smoke* n ‖ ⁓ (Schweiß-, Metalloxid-, Säure-) (Chem Verf) / fume* n ‖ **brauner ⁓** (stark eisenoxidhaltige Emission von Stahlwerken) (Umwelt) / brown smoke ‖ **⁓abführung** f (Bau) / smoke discharge, smoke abstraction ‖ **⁓abzug** m (DIN 18320) (Bau) / smoke outlet, smoke extract ‖ **⁓abzug** (Tätigkeit) (Bau) / smoke discharge, smoke abstraction ‖ **⁓abzug** (Bau) / flue* n ‖ **⁓abzug** (als Tätigkeit) (Chem Verf) / fume extraction ‖ **⁓aroma** n (Nahr) / smoke flavour ‖ **⁓belästigung** f (Umwelt) / smoke nuisance ‖ **⁓boje** f (Teil der

Rettungsbootausrüstung) (Luftf, Schiff) / smoke buoy ‖ ~dichte f (DIN 50055) (Umwelt) / smoke density, opacity of smoke ‖ ~dichtemessung f (z.B. nach Ringelmann oder Bacharach) (Umwelt) / opacity rating, smoke test
rauchen v ‖ ~ (Chem Verf) / fume v
rauchend adj / smoky adj
"rauchender Berg" (eine orografische Wolke) (Meteor) / banner cloud
rauchend • e (konzentrierte) Salpetersäure (Chem) / fuming nitric acid ‖ ~e Salpetersäure (als veralteter Raketentreibstoff) (Chem, Raumf) / red nitric acid ‖ ~e Salzsäure (Chem) / fuming hydrochloric acid (about 40% HCl, density 1.19 to 1.20) ‖ ~e Schwefelsäure (Chem) / fuming sulphuric acid*, oleum* n (pl. oleums), Nordhausen sulphuric acid*
Rauch • entwickler m (eine Prüfvorrichtung) (Masch) / rocket tester*, smoke rocket ‖ ~entwicklung f (DIN 4102, T 1) / smoke development, build-up of smoke ‖ ~entwicklungsleitungsprüfer m (zur Dichtigkeitsprüfung von Abwasserleitungen) (Masch) / rocket tester*, smoke rocket
Raucher, Schwarzer ~ (Austrittsstelle am Meeresboden) (Bergb, Ozean) / black smoker, hot smoker, hot vent ‖ Weißer ~ (Austrittsstelle am Meeresboden) (Bergb, Ozean) / white smoker
Räucher • anlage f (Bau, Nahr) / smoke house ‖ ~apparat m (Landw, Umwelt) / fumigator n ‖ ~aroma n (Nahr) / smoke flavour ‖ ~eiche f (behandelt z.B. mit Ammoniakdämpfen) (For) / fumed oak ‖ ~essenz f (Nahr) / smoking liquid ‖ ~fähig adj (Nahr) / smokable adj ‖ ~fleisch n (Nahr) / smoked meat ‖ ~haus n (Bau, Nahr) / smokehouse n ‖ ~kammer f (Bau, Nahr) / smoking chamber, smoke chamber ‖ ~mittel n (Chem, Landw) / fumigant* n, fumigator n
räuchern v (Chem, Landw, Umwelt) / fumigate v, smoke out v ‖ ~ vt (z.B. Fleisch- und Fischwaren) (Chem Verf, Nahr) / smoke vt ‖ ~ v (z.B. Eichenholz mit Ammoniakdämpfen) (For) / fume v ‖ ~ n (Chem, Landw, Umwelt) / fumigation* n, smoking n
Räucher • rauch m (Nahr) / smoke ‖ ~wagen m (Nahr) / smoke truck, smoke cage ‖ ~ware f (Fleisch) (Nahr) / smoke product
Rauchfahne f (im allgemeinen) / smoke plume, trail of smoke ‖ ~ (sichtbare Emission, die nach einem Schornstein oder Abgasrohr in der Atmosphäre sichtbar ist) (Umwelt) / plume n (of smoke), chimney plume ‖ fächerförmige ~ (in stabiler vertikaler Temperaturschichtung) (Umwelt) / fanning n ‖ konische ~ (Umwelt) / coning n ‖ schleifenförmige ~ (Luftruhen durch thermische oder geländemäßige Ursachen) (Umwelt) / looping n
Rauch • fahnenform f (Umwelt) / plume shape ‖ ~fang m (A) (Bau) / chimney n, smokestack n (US) ‖ ~fang (über einem freien Feuer) (Bau) / chimney hood ‖ ~farben adj / smoke-coloured adj ‖ ~farbig adj (blaugrau wie Rauch) / smoke-coloured adj ‖ ~fleck m (Anstr) / smoke stain ‖ ~fleisch n (Nahr) / smoked meat ‖ ~frei adj / smokeless adj, smoke-free adj
Rauchgas n (Umwelt) / flue gas*, fume n, stack gas ‖ ~e n pl (Chem, Wärm) / combustion gases ‖ ~analyse f (Umwelt) / flue gas analysis ‖ ~beheizter Überhitzer (Masch) / flue-gas-driven superheater ‖ ~bestandteile m pl (Chem, Wärm) / combustion gases ‖ ~bestrichen adj / flue-gas-swept adj ‖ ~entschwefelung f (Absorptions- oder Adsorptionsverfahren) (Chem Verf, Umwelt) / flue-gas desulphurization, FGD ‖ ~entschwefelungsanlage f (Chem Verf, Umwelt) / FGD plant ‖ ~entschwefelungsgips m (der bei Entschwefelung in Feuerungsanlagen anfällt) (Chem Verf, Umwelt) / gas lime ‖ ~entstaubung f (Chem Verf, Umwelt) / fly-ash precipitation ‖ ~entstickung f (Chem Verf, Umwelt) / flue-gas denitrogenation ‖ ~gerbung f (Leder) / smoke tanning ‖ ~gips m (Chem Verf, Umwelt) / gas lime ‖ ~kanal m (Bau) / chimney flue ‖ ~korrosion f (eine Hochtemperaturkorrosion) (Galv, Masch) / dew-point corrosion (caused by flue gases below dew point) ‖ ~prüfer m (Umwelt) / flue-gas tester ‖ ~prüfung f (auf Undichtigkeit) (Bau) / smoke test* ‖ ~reinigung f (Umwelt) / flue-gas cleaning ‖ ~resistenz f (Bot) / resistance to fumes ‖ ~rücksaugung f (Masch) / flue-gas recirculation ‖ ~seite f (des Kessels) (Masch) / fire side, gas side ‖ ~seitige Heizfläche f (des Kessels) (Masch) / gas-swept heating surface ‖ ~seitige Korrosion (an Kesselanlagen) (Galv, Masch) / fireside corrosion ‖ ~temperatur f (Wärm) / flue-gas temperature* ‖ ~trocknung f (For) / flue-gas seasoning, flue-gas drying ‖ ~unterdrücker m (z.B. Zinkoxid oder Zinkborat) (Chem Verf, Plast) / smoke suppressant
Rauch • glas n (Glas) / smoke-tinted glass, smoked glass ‖ ~grenze f (Leistungsgrenze bei Dieselmotoren) (Kftst) / smoke limit ‖ ~härte f (Bot) / resistance to fumes ‖ ~kammer f (For) / combustion chamber ‖ ~kanal m (Bau) / chimney flue ‖ ~kanal zum Fuchs (Bau) / gathering* n, flue gathering*
rauchlos adj / smokeless adj, smoke-free adj ‖ ~er Brennstoff (Kftst) / smokeless fuel ‖ ~es Pulver (ein Explosivstoff) / smokeless powder
Rauch • maske f / smoke mask ‖ ~melder m (Nebenmelder, der bei Vorhandensein einer bestimmten Rauchmenge selbsttätig eine Brandmeldung abgibt) / smoke detector ‖ ~nebel m (Umwelt) /

smaze n ‖ Angebrannter ~porling (For) / scorched conk ‖ ~punkt m (bei Fetten und Speiseölen) (Chem, Nahr) / smoke point ‖ ~quarz m (Min) / cairngorm* n, smoky quartz*, smokestone n, smoky topaz ‖ ~rohr n (das die Feuerstätte mit dem Rauchschornstein verbindet) (Bau) / flue pipe ‖ ~rohrkessel m (Flammrohr- oder Heizrohrkessel) (Masch) / fire-tube boiler* ‖ ~säule f / smoke column, column of smoke ‖ ~schaden m (For, Umwelt) / smoke damage ‖ ~schwaches Pulver (ein Explosivstoff) / smokeless powder ‖ ~schwaches Pulver (mit Cellulosenitrat als Hauptbestandteil) / nitro powder, low-smoke powder ‖ ~signal n (Fernm) / smoke signal ‖ ~signal (schwimmfähig) (Schiff) / smoke candle, smoke float (US) ‖ ~spirale f (Bau) / smoke coil ‖ ~spürgerät n / smoke detector ‖ ~topas m (nicht korrekte Bezeichnung im Schmucksteinhandel) (Min) / cairngorm* n, smoky quartz*, smokestone n, smoky topaz ‖ ~vergiftung f / poisoning by smoke inhalation ‖ ~vertilger m (Umwelt) / smoke consumer ‖ ~verzehrer m (Umwelt) / smoke consumer ‖ ~wacke f (Geol) / cellular dolomite ‖ ~ware f (Leder) / furs pl ‖ ~wäsche f (Anlage) / smoke washing plant ‖ ~werk n (Leder) / furs pl ‖ ~zahl f (ein Maß für den Partikelgehalt eines durch Rauch getrübten Abgasstrahls) (Luftf, Umwelt) / smoke number, SN ‖ ~zeichen n (Fernm) / smoke signal ‖ schwimmendes ~zeichen (Meteor) / smoke float
Raufe f (Landw) / rack n
raufen v (Wolle, meistens von den Fellen geschlachteter Tiere) (Tex) / pluck v ‖ ~ (Flachs) (Tex) / pull v
rauh adj (Einsatzbedingungen) / severe adj ‖ ~ / etched adj ‖ ~ (Oberfläche) / rough adj ‖ ~ (Ton) (Akus) / harsh adj ‖ ~ (Stimme) (Akus) / raucous adj, husky adj, hoarse adj, harsh-sounding adj ‖ ~ (scharf) (Biol) / scabrid* adj, scabrous* adj ‖ ~ (Betrieb) (Masch) / heavy-duty attr, harsh adj ‖ ~ (Wetter) (Meteor) / severe adj ‖ ~e Anstrichoberfläche (Fehler beim Farbspritzen) (Anstr) / sandy finish ‖ ~e Kante (Glas) / edge as cut, rough edge, raw edge ‖ ~ machen (Masch) / roughen v ‖ ~e Oberfläche / rough surface ‖ ~e Oberfläche (ein Anstrichfehler) (Anstr) / dry spray
Rauh • bank f (ein Handhobel, etwa 75 cm lang - zur Herstellung von geraden Kanten und ebenen Flächen sowie zum Fügen) (Zimm) / jointer plane*, jointing plane*, shooting plane*, long plane, jointer n ‖ ~brand m (Glühbrand bei Steingut) (Keram) / biscuit firing, biscuiting n, bisque fire ‖ ~brand (der vollständige, erste, fuselhaltige Abtrieb aus einer vergorenen Maische) (Nahr) / singlings pl, brouillis pl ‖ ~eis n (körnige Nebelfrostablagerung) (Meteor) / rime n
Rauheit f / roughness n
Rauheits • meßgröße f (jede anhand von Oberflächenschnitten definierte Meßgröße zur quantitativen Kennzeichnung der Rauheit) (Masch) / surface measure, surface texture roughness index number ‖ ~sensor m / roughness sensor ‖ ~spitze f (auf der Oberfläche) (Masch) / butterfly point, burr n ‖ ~spitze (Oberflächenrauheit) (Masch) / microprominence n, peak n, prominence n, hill n, promontory* n, protuberance n, tit n ‖ ~spitze (Masch, Mech) / asperity* n ‖ ~wert m (jede anhand von Oberflächenschnitten definierte Meßgröße zur quantitativen Kennzeichnung der Rauheit) (Masch) / surface measure, surface texture roughness index number
rauhen v (Masch) / roughen v ‖ ~ (Tuch) (Tex) / nap v, raise v, tease v, tiger v ‖ ~ (Tex) / shag vt ‖ handfeuchtes ~ (Tex) / wet raising*
Rauh • faserpapier n (Pap) / ingrain paper, wood-chip wallpaper, ingrain wall covering ‖ ~fasertapete f (Pap) / ingrain paper, wood-chip wallpaper, ingrain wall covering ‖ ~frost m (alte Bezeichnung für Rauhreif) (Meteor) / rime n ‖ ~futter n (Landw) / provender n, roughage n ‖ ~gebirge n (Masch, Mech) / asperity* n ‖ ~gewebe n (Tex) / raised-surface fabric ‖ ~griffig adj (Gewebe, Faser) (Tex) / harsh adj ‖ ~griffigkeit f (Tex) / harsh handle ‖ ~haarige Matte (Tex) / rug n
Rauhigkeit f / roughness n ‖ ~ (des Untergrunds) (Anstr) / tooth n ‖ ~ (ausgerissene Fasern) (Pap) / fuzzy grain ‖ ~ (der Oberfläche) (Glas) / pockmarks pl ‖ ~ (in der Rohrströmung) (Masch) / roughness n, rugosity n ‖ ~ (Pap) / tooth n ‖ aerodynamische ~ (des Profils) (Luftf) / aerodynamic roughness ‖ zahnungsartige ~ / indentation n
Rauhigkeits • beiwert m (z.B. in der Fließformel nach Manning-Strickler) (Hyd, Phys) / coefficient of roughness, Chézy coefficient, roughness coefficient, coefficient of rugosity ‖ ~berg m (eines Reibpartners) (Masch) / high spot (on a surface) ‖ ~messer m (HuT) / corrugmeter n, roughness integrator ‖ ~peak m (Masch) / microprominence n, peak n, prominence n, hill n, promontory* n, protuberance n, tit n ‖ ~spitze f (Eltronik) / mound n, spike n, pip n, protrusion n ‖ ~spitze (Masch) / microprominence n, peak n, prominence n, hill n, promontory* n, protuberance n, tit n ‖ ~spitze (Masch, Mech) / asperity* n ‖ ~toleranz f (Masch) / maximum acceptable roughness
Rauh • leder n (Leder) / suede n ‖ auf der Fleischseite zugerichtetes ~leder (dessen Narben nach der Gerbung ganz oder teilweise durch

Spalten oder Schleifen entfernt wurde) (Leder) / degrain n ‖ ~**maschine** f (Tex) / gig n ‖ ~- **und Kräuselmaschine** f (Tex) / napping and friezing machine ‖ ~**polieren** n (Glas) / rough polishing
**Rauhputz** m (einlagiger) (Bau) / dinging* n (rough plastering for walls, a single coat being put on with a trowel and brush) ‖ ~ (einlagig) (Bau) / rendering coat, daubing* n, dabbing* n, rendering n ‖ ~ (mit grober Körnung) (Bau) / rough casting ‖ **Münchner** ~ (Bau) / harling n, wet dash, roughcast n ‖ ~**schicht** f (Bau) / pricking-up coat, scratch-coat* n, base coat, rendering coat, rough coat*, rendering* n, render n
**Rauh•reif** m (dünne, durch Sublimation entstehende Nebenfrostablagerung) (Meteor) / rime n ‖ **mit** ~**reif bedeckt** (Nebelfrostablagerungen) (Meteor) / frosty adj, frosted adj ‖ ~**reifschaden** m (For, Landw) / rime break ‖ ~**schalung** f (Bau, HüT) / rough shuttering ‖ ~**schmelze** f (Glas) / melting-up of the batch ‖ ~**spund** m (auf den Breitseiten ungehobeltes, jedoch an den Kanten bearbeitetes, in der Regel mit Nut und Feder, zuweilen auch mit Wechselfalz versehenes Nadelholzbrett der geringsten Güteklasse des bearbeiteten Schnittholzes) (Zimm) / tongued and grooved rough board ‖ ~**spundbrett** n (Zimm) / tongued and grooved rough board ‖ ~**tiefe** f (DIN 4762) (Masch) / maximum peak to valley height, roughness height, total height (a surface parameter) ‖ **mittlere** ~**tiefe** (DIN 4762) (Masch) / peak-to-mean-line height, levelling depth, envelope average depth (a surface parameter) ‖ ~**tiefenmessung** f (als Disziplin) / surface metrology ‖ ~**wacke** f (Geol) / cellular dolomite ‖ ~**walze** f (Ringelwalze, Cambridgewalze, Croskillwalze) (Landw) / clod-breaking roller ‖ ~**wandige Erstarrung** (Gieß) / rough-wall solidification ‖ ~**wandigkeit** f (eines Rohrs) / wall roughness ‖ ~**ware** f (For) / rough timber, rough lumber (US) ‖ ~**ware für Fußbodenbelag** (Tex) / rugging n ‖ ~**wert** m (jede anhand von Oberflächenschnitten definierte Meßgröße zur quantitativen Kennzeichnung der Rauheit) (Masch) / surface measure, surface texture roughness index number
**Rauke** f (Eruca sativa Mill.) (Bot, Landw) / garden rocket, salad rocket, rocket n, rugola n, rucola n, arugula n
**Raum** m / room n ‖ ~ (Bau) / room n, chamber n ‖ ~ (nach Arten gegliedert: Wohnraum, technischer Raum usw.) (Bau) / construction space ‖ ~ (Math, Phys) / space n ‖ ~ (Rauminhalt) (Math, Phys) / volume* n ‖ **abgebauter** ~ (Bergb) / stope* n, stoped-out workings ‖ **abstrakter** ~ (in der Funktionalanalysis) (Math) / abstract space ‖ **Berner** ~ (Sicherheitsraum für den Kuppler) (Bahn) / Berne rectangle, free-coupling space ‖ **dreidimensionaler** ~ (Math) / three-dimensional space ‖ **endlichdimensionaler** ~ (Math) / finite-dimensional space ‖ **erdnaher** ~ (Geophys) / near space ‖ **euklidischer** ~ (Math) / Euclidean space*, cartesian space ‖ **freier** ~ (bei der passiven Aufnahme der Nährelemente) (Bot) / apparent free space, AFS ‖ **freier** ~ (Phys) / free space ‖ **gekrümmter** ~ (Math) / curved space ‖ **geschlossener** ~ (Akus) / enclosure n ‖ **hallender** ~ (Akus) / reverberation chamber*, echo chamber*, live room*, reverberation room, echo studio* ‖ **Hausdorffscher** ~ (Math) / Hausdorff space*, T₂-space n, separated space ‖ **höherdimensionaler** ~ (Math) / higher dimensional space ‖ **homogener** ~ (Math) / homogeneous space ‖ **interplanetarer** ~ (Raumf) / interplanetary space* ‖ **isotoper** ~ (der dreidimensionale Raum, in dem der Isospin ein Vektor ist) (Kernphys) / isospace n, isospin space ‖ **kalter** ~ (der Stirlingschen Luftmaschine) (Masch) / cold body, cold reservoir ‖ **klimatisierter** ~ (Bau) / controlled-atmosphere room ‖ **kosmischer** ~ (Astr, Raumf) / space n ‖ **kybernetischer** ~ (von Rechnern erzeugte virtuelle Scheinwelt, die eine perfekte Illusion räumlicher Tiefe und realitätsnaher Bewegungsabläufe vermittelt) (EDV, KI) / cyberspace n ‖ **linearer** ~ (Math) / vector space*, linear space ‖ **lokal zusammenhängender topologischer** ~ (Math) / locally connected topological space ‖ **metrischer** ~ (eine Menge, auf der eine Metrik definiert ist) (Math) / metric space* ‖ **mondnaher** ~ (Astr, Raumf) / near-lunar space ‖ **nicht belüfteter** ~ (Bau) / unventilated room ‖ **normierter** ~ (ein metrischer Raum) (Math) / normed space ‖ **normierter linearer** ~ (ein Vektorraum, auf dem eine Norm existiert) (Math) / normed linear space, normed vector space ‖ **orientierter** (gerichteter) ~ (Math) / oriented space ‖ **parakompakter** ~ (Math) / paracompact space ‖ **prä-Hilbertscher** ~ (Math) / unitary space, Hermitian space, inner-product space ‖ **präkompakter** ~ (Math) / precompact space ‖ **projektiver** ~ (Math) / projective space ‖ **pseudoeuklidischer** ~ (Math) / pseudo-Euclidean space ‖ **reflexionsfreier** ~ (Akus) / anechoic room*, dead room*, anechoic chamber, free-field room ‖ **Riemannscher** ~ (Math) / Riemannian space, Riemannian manifold ‖ **ringförmiger** ~ (zwischen Steigrohren und Innenwand der Verrohrung) (Erdöl) / annular space ‖ **schädlicher** ~ / dead-volume space ‖ **schalltoter** ~ (Erdöl) / acoustic plenum ‖ **separabler** ~ (ein topologischer Raum) (Math) / separable space, separable topological space ‖ **topologischer** ~ (Math) / topological space*, T-space n ‖ **topologisch enthaltener** ~ (Math) / topologically contained space ‖ **Torricellischer** ~ (Phys) / Torricellian vacuum* ‖ **überwölbter** ~ (Arch) / vaultage n ‖ **umbauter** ~ (Bau) / walled-in volume, yardage n, building volume, walled-in space, cubage n, cubic content(s) ‖ **unbeherrschbarer** ~ (Wasserb) / uncontrolled flood-protection storage ‖ **unendlichdimensionaler** ~ (Math) / infinite-dimensional space ‖ **ungenutzter** ~ (EDV) / dead space ‖ **unitärer** ~ (Math) / unitary space, inner-product space ‖ **völlig ausgefüllter** ~ (Phys) / plenum n ‖ **vollständiger** ~ (Math) / complete space ‖ **warmer** ~ (der Stirlingschen Luftmaschine) (Masch) / hot body, hot reservoir ‖ **wegzusammenhängender** ~ (ein topologischer Raum) (Math) / path-connected space, pathwise connected space ‖ **weißer** ~ (Druck) / white space ‖ ~ m **der Zerlegung** (Math) / quotient space, factor space ‖ ~ **für letzte Meldungen** (Typog) / fudge* n, stop press* ‖ ~ **hinter der Paß- und Zollkontrolle** (des Flughafens) (Luftf) / airside n ‖ ~ **maximaler Sedimentation** / depocentre n (an area or site of maximum deposition in a depositional basin) ‖ ~ **mit Skalarprodukt** (Math) / unitary space, inner-product space ‖ ~ **möglicher Regeln** (KI) / rule space ‖ ~ **vor der Paß- und Zollkontrolle** (des Flughafens) (Luftf) / landside n ‖ ~ **zum Stehen** / foothold n, footing n
**Raum•** - / spatial adj, steric adj, spacial adj ‖ ~ - (Akus) / stereo* adj, stereophonic* adj ‖ ~**akustik** f (die sich mit Luftschall befaßt) (Akus) / architectural acoustics*, room acoustics ‖ **mit großem** ~**angebot** / spacious adj, roomy adj ‖ ~**anzug** m (Schutzanzug für Raumfahrer) (Raumf) / spacesuit* n ‖ **selbständiger Teil des** ~**anzuges** (oberer, unterer) (Raumf) / torso n (pl. torsos) ‖ ~**artig** adj (Phys) / spacelike adj ‖ ~**auflösung** f (einer Driftkammer) (Kernphys) / spatial resolution, space resolution ‖ ~**ausstatter** m (Bau) / interior decorator, interior designer ‖ ~**basis** f (große Raumstation mit bis 60 Besatzungsmitgliedern) (Raumf) / space base ‖ ~**belastung** f in der Abwassertechnik - Quotient aus Fracht und Volumen nach DIN 4045) (Sanitär) / space loading, volume load ‖ ~**beständigkeit** f (Phys) / volume constancy ‖ ~**bewegung** f (Astr) / space motion
**Raumbild** n (Foto, Opt) / stereo picture, stereo image ‖ ~**entfernungsmesser** m (Opt) / stereoscopic rangefinder ‖ ~**fotografie** f (Foto) / stereophotography n, stereoscopic photography ‖ ~**messung** f (die mit der Doppelbildmessung arbeitet) (Verm) / stereophotogrammetry n ‖ ~**verfahren** n (Foto, Opt) / stereoscopy n ‖ ~**werfer** m (Film) / stereoprojector n
**Räumde** f (For) / open forest, poorly stocked area
**Raum•deckenuntersicht** f (Bau) / ceiling n ‖ ~**diagonale** f (Strecke von einer Ecke eines Körpers zu einer gegenüberliegenden Ecke, wobei diese Strecke nicht Flächendiagonale ist) (Math) / space diagonal ‖ ~**dichtezahl** f (eine besondere Rohdichteart des Holzes) (For) / basic density ‖ ~**diversität** f (Radio) / space diversity ‖ ~**diversity** f (Radio) / space diversity ‖ ~**diversity-Empfang** m (Radio) / space diversity ‖ ~**einheit** f (Math, Phys) / unit volume ‖ ~**element** n (zur Berechnung von Rauminhalten von Körpern) (Math) / space element ‖ ~**empfindung** f (Math, Opt) / space perception
**räumen** v / clear v ‖ ~ (Lager) / clear v ‖ ~ (Bohrloch) (Bergb) / open v ‖ ~ (mit Räumwerkzeugen) (Masch) / broach v ‖ ~ (Sanitär) / unload v ‖ ~ n (DIN 8589, T 5) (Masch) / broaching n ‖ ~ (von Schlammtrockenbeeten) (Sanitär) / unloading n ‖ ~ (mit dem Räumer nach DIN 4045) (Sanitär) / scraping n
**Räumer** m (Erdöl) / reamer n, belling tool ‖ ~ (zum kontinuierlichen oder diskontinuierlichen Räumen nach DIN 4045) (Sanitär) / scraper n ‖ ~**brücke** f (bewegliche Brückenkonstruktion über einem Absetzbecken, an der das Schlammschild befestigt ist) (Sanitär) / scraper bridge, raking gear bridge ‖ ~**wagen** m (Sanitär) / scraper carriage ‖ ~**zahn** m (der bei der Säge die Späne aus der Schnittfuge transportiert) (For) / cleaner tooth
**Raum•fachwerk** n (Bau, HüT) / spatial framework structure, space truss ‖ ~**fachwerkkuppel** f (Bau, HüT) / space truss dome ‖ ~**fähre** f (z.B. Hermes oder Sänger) (Raumf) / space shuttle ‖ ~**fahrer** m (Raumf) / astronaut* n, space traveller, spaceman n, cosmonaut* n, spationaut* n
**Raumfahrt** f (als Disziplin) (Raumf) / astronautics* n, cosmonautics n ‖ ~ (als einzelner Einsatz) (Raumf) / space flight, space travel ‖ ~**anlage** f (komplettes geschlossenes System) (Raumf) / space system* ‖ ~**biologie** f (Biol, Raumf) / space biology n ‖ ~**gelände** n (Raumf) / launch complex, spaceport n, launching site, launch site ‖ ~**medizin** f (Med) / aerospace medicine, space medicine ‖ ~**programm** n (Raumf) / space program (US), space programme ‖ ~**technik** f (Raumf) / space technology
**Raumfahrzeug** n (auf einer Planetenumlaufbahn) (Raumf) / orbiting vehicle ‖ ~ (Raumf) / spacecraft* (S/C) n, space vehicle* (SV) ‖ ~ s. auch Raumtransporter ‖ ~ **außerhalb des** ~s **durchgeführte Operation** (Raumf) / extravehicular operation n ‖ ~**e zusammenführen** (und koppeln) (Raumf) / rendezvous v ‖ ~**modell** n (flugfähiges) (Raumf) / flight model n ‖ ~**träger** m (ESA) (Raumf) / launcher n, launching vehicle ‖ **nichtwiederverwendbarer** ~**träger** (Raumf) / expendable launch vehicle*

**Raum•faktor** *m* (Licht) / room index* ‖ **~feste Koordinaten** / space-fixed coordinates ‖ **~fest machen** (Raumf) / despin *v* ‖ **⁓film** *m* (Film) / three-dimensional film

**Raumflug** *m* (Raumf) / space flight, space travel ‖ **bemannter ⁓** (Raumf) / manned space flight* ‖ **bemannter ⁓** (mit einer ganzen Besatzung) (Raumf) / staff space flight ‖ **interplanetarer ⁓** (Raumf) / interplanetary flight ‖ **⁓bahn** *f* (Phys, Raumf) / space trajectory ‖ **der später gestartete zusammenzuführende ⁓körper** (bei einem Rendezvous) (Raumf) / chaser *n* ‖ **innerhalb des ⁓körpers durchgeführte Operation** (Raumf) / intravehicular operation ‖ **⁓navigation** *f* (Nav) / space navigation ‖ **⁓technik** *f* (Raumf) / space technology

**Raum•formel** *f* (Chem) / space formula, stereoformula *n* ‖ **Haworthsche ⁓formel** (Chem) / Haworth projection ‖ **⁓forschung** *f* (Raumf) / space research*

**Räumfräsen** *n* (Masch) / broach milling

**Raum•fuge** *f* (über die ganze Höhe der Betonplatten reichende Fuge) (HuT) / expansion joint, space joint ‖ **~füllend** *adj* / room-filling *adj* ‖ **⁓gehalt** *m* (Schiff) / tonnage *n* ‖ **⁓geometrie** *f* (Math) / stereometry *n*, solid geometry ‖ **⁓geräusch** *n* (Akus) / room noise, ambient noise* ‖ **⁓geschwindigkeit** *f* (eines kosmischen Objekts im Raum) (Astr) / space velocity* ‖ **~gestaltende Textilien** (Tex) / furnishing fabrics ‖ **⁓gestalter** *m* (Bau) / interior decorator, interior designer ‖ **⁓gewicht** *n* (Phys) / unit weight ‖ **⁓gewinnung** *f* (eines Gesteins oder eines Magmas) (Geol) / emplacement *n* ‖ **⁓gitter** *n* (sich periodisch wiederholende dreidimensionale Punktanordnung) (Krist) / space lattice* ‖ **⁓gleiter** *m* (Raumf) / orbital glider ‖ **⁓gliederung** *f* (Arch) / space dividing ‖ **⁓größe** *f* (Bau) / room size ‖ **⁓gruppe** *f* (Krist) / space group*, crystallographic group of n-dimensional space ‖ **⁓heizer** *m* (Bau) / room heater, space heater ‖ **⁓heizkörper** *m* (Bau) / room heater, space heater ‖ **⁓heizkörper** (Ofen) (Bau, Wärm) / stove *n* ‖ **⁓heizung** *f* (Tätigkeit - Wärmezufuhr zu Räumen) (Bau) / room heating ‖ **⁓heizung** (als Anlage) (Bau) / room-heating system, space-heating system

**Räumhobeln** *n* (bei dem ein aus mehreren Werkzeugen bestehender Werkzeugsatz im Eingriff ist) (Masch) / offset planing

**raumhoch** *adj* / room-high *adj*

**räumig** *adj* (For) / free-stocked *adj*, open *adj*

**Raum•index** *m* (Licht) / room index* ‖ **⁓inhalt** *m* (Math, Phys) / volume* *n* ‖ **den ⁓inhalt ermitteln** (Math) / cube *v* ‖ **⁓inhalt in Kubikyards** / yardage* *n* ‖ **⁓inhalt unter dem Vermessungsdeck** (Schiff) / underdeck tonnage ‖ **⁓integral** *n* (Math) / volume integral, space integral ‖ **⁓isomer** *n* (Chem) / stereoisomer *n*, spatial isomer ‖ **⁓isomeres** *n* (Chem) / stereoisomer *n*, spatial isomer ‖ **⁓isomerie** *f* (Chem) / stereoisomerism* *n*, spatial isomerism ‖ **⁓kabine** *f* (Raumf) / capsule *n*, space capsule ‖ **⁓kapsel** *f* (Raumf) / capsule *n*, space capsule ‖ **⁓klang** *m* (Akus) / stereo sound, stereophonic sound ‖ **⁓klima** *n* (in einem umschlossenen Raum) / interior climate, indoor climate, internal climate ‖ **⁓klimagerät** *n* (DIN 8957) (Bau) / room air conditioner

**Räumkraft** *f* (Masch) / broaching force

**Raum•krümmung** *f* (Astr) / space curvature ‖ **⁓kurve** *f* (Math, Phys) / space curve, curve of double curvature, spatial curve, skew curve

**Raumladung** *f* (räumlich verteilte freie elektrische Ladung eines Vorzeichens) (Elektr) / space charge*

**Raumladungs•begrenzung** *f* (Elektr, Eltronik) / space-charge limitation* ‖ **⁓dichte** *f* (DIN 1301, T 2, DIN 1304 und DIN 1324, T 1) (Elektr) / space-charge density, volume density of charge, volume density of electric charge ‖ **~frei** *adj* (Eltronik) / free of space charge ‖ **⁓gesetz** *n* (Elektr) / Child's law, Child-Langmuir equation, Langmuir-Child equation ‖ **⁓randschicht** *f* (Eltronik) / surface layer *n* (Eltronik) / space charge current ‖ **⁓wolke** *f* (Eltronik) / space-charge cloud, sheath *n* ‖ **⁓zone** *f* (Eltronik) / space-charge zone

**Raumlenkerachse** *f* (Kfz) / unequal length wishbone suspension, five-link system

**räumlich** *adj* / spatial *adj*, steric *adj*, spacial *adj* ‖ **~** (Math) / solid* *adj* ‖ **~** (dreidimensional) (Math, Phys) / three-dimensional, three-D, tridimensional *adj* ‖ **~e Abmessungen** / physical size ‖ **~e Anordnung** (allgemein) / spatial arrangement ‖ **~e Anordnung** (Krist) / space arrangement ‖ **~e Auflösung** (Kernphys) / spatial resolution, space resolution ‖ **~ aufteilen** / space *v* ‖ **~e Bewegung** (Mech) / motion in space, movement in space ‖ **~ dichteste Kugelpackung** (Krist) / sphere closest packing, space close cubical packing ‖ **~e Dispersion** (Phys) / spatial dispersion ‖ **~e Durchschaltung** (Netze) (Fernm) / space-division switching ‖ **~es Fachwerk** (Bau, HuT) / spatial framework structure, space truss ‖ **~es Filtern** (Opt) / spatial filtering* ‖ **~e Filterung** (Opt) / spatial filtering* ‖ **~es Getriebe** (Masch) / spatial mechanism ‖ **~es Gittertragwerk** (Bau, HuT) / space lattice ‖ **~e Isomerie** (Chem) / stereoisomerism* *n*, spatial isomerism ‖ **~e Kohärenz** (Phys) / space coherence, coherence of space, spatial coherence ‖ **~e Koordinaten** (Math) / spatial coordinates, space coordinates ‖ **~es Kräftesystem** (Mech) / non-coplanar system of forces, space system of forces ‖ **~e Kurve** (Math, Phys) / space curve, curve of double curvature, spatial curve, skew curve ‖ **~e Polarkoordinaten** (Math, Verm) / spherical polar coordinates*, spherical coordinates ‖ **~es Punktgitter** (Krist) / space lattice* ‖ **~e Quantenzahl** (Phys) / magnetic quantum number* ‖ **~er Rahmen** (HuT) / space frame ‖ **~es Sehen** (Opt, Physiol) / stereoscopic vision, binocular vision, stereopsis *n*, three-dimensional vision, stereovision *n* ‖ **~er Spannungszustand** (Mech) / triaxial state of stress ‖ **~es Strahlungsdiagramm** (einer Antenne) (Radio) / solid pattern ‖ **~e Strömung** (Phys) / three-dimensional flow, 3-D flow ‖ **~e Überdeckung** (Radar) / volume coverage, volumetric coverage ‖ **~ vernetzen** (z.B. Stärkemoleküle) (Chem) / enmesh *v* ‖ **~ vernetztes Polymer** (Chem) / space-network polymer ‖ **~e Verteilung** / spatial distribution ‖ **~ verwundene Schaufeln** (Masch) / three-dimensional blading ‖ **~er Vollwinkel** (Math) / full solid angle ‖ **~e Wahrnehmung** (Akus) / space perception ‖ **~er Winkel** (in sr gemessen - DIN 1301 und 1315) (Math) / solid angle*

**Räumlichkeiten** *f pl* / premises *pl*

**Raum•licht** *n* (Film, Foto) / ambient light, ambient illumination* ‖ **⁓licht** (Foto) / existing light, XL ‖ **⁓luft** *f* / room air, indoor air ‖ **~lufttechnisches Verfahren** (Klimatechnik) / air-handling process ‖ **⁓marke** *f* / floating mark

**Räummaschine** *f* (eine spanende Werkzeugmaschine) (Masch) / broaching machine

**Raum•maß** *n* / cubic measure ‖ **⁓masse** *f* (Phys) / bulk density*, bulk specific gravity ‖ **⁓meter** *m n* (m³ geschichtetes Holz einschließlich der Luftzwischenräume nach DIN 1301, T 3) (For) / stere* *n* ‖ **⁓meterpreisermittlung** *f* (Bau) / cubing* *n* ‖ **⁓modell** *n* / space model, stereoscopic model ‖ **⁓modul** *n* (Masch, Phys) / modulus of volume elasticity, bulk modulus of elasticity ‖ **⁓multiplex** *n* (verschiedene Nachrichten gleichzeitig über je eigene, räumlich getrennte Leitungen) (Fernm) / space-division multiplex (SDM) ‖ **⁓multiplexdurchschaltung** *f* (Fernm) / space-division switching

**Räumnadel** *f* (Räumwerkzeug für die Verfahrensvariante Zugräumen von Werkstück-Innenkonturen nach DIN 1415, T 1) (Masch) / internal broach

**Raum•ordnung** *f* (Planung und Maßnahmen des Bundes und der Länder) (Bau, HuT) / space planning, spatial planning, regional planning ‖ **⁓ordnungspolitik** *f* (Bau, HuT) / regional policy ‖ **⁓paar** *n* (Mech) / spatial pair ‖ **⁓parallaxe** *f* (Akus) / space parallax ‖ **⁓perspektive** *f* (Math) / space perspective ‖ **⁓planung** *f* (Sammelbegriff für Raumordnungs-, Bauleit- und Landesplanung) (Arch, Bau) / land use planning ‖ **⁓plattform** *f* **in einer Polarbahn** (mit normalem Innendruck) (Raumf) / polar platform* ‖ **⁓quantelung** *f* (Phys) / space quantization ‖ **⁓quantisierung** *f* (Phys) / space quantization ‖ **⁓raster** *m* (Arch, Bau) / space grid ‖ **⁓resonanz** *f* (Akus) / room resonance ‖ **⁓richtung** *f* (Mech) / direction in space ‖ **⁓schall-** (Akus) / ambisonic *adj* ‖ **⁓schall** *m* (Akus) / surround sound

**Räumschema** *n* (das die Aufteilung des gesamten Werkstoffabtrags auf die einzelnen Schneiden kennzeichnet und die Grundlage für die Konstruktion der Räumnadel bildet) (Masch) / broaching layout

**Raum•schiff** *n* (Flugkörper für bemannte Flüge in den Weltraum und zu anderen Planeten) (Raumf) / spaceship *n* ‖ **⁓schiffahrt** *f* (Raumf) / astronautics* *n*, cosmonautics *n*

**Räumschild** *m* (Bergb) / cowl *n* ‖ **⁓** (Sanitär) / sludge scraper ‖ **gezahnter ⁓** (HuT) / rake blade

**Raumschlepper** *m* (raketengetriebenes Gerät, das den Raumtransporter ergänzt) (Raumf) / space tug

**Räumschlitten** *m* (Werkzeugträger der Räummaschine) (Masch) / broaching slide

**Raum•schlitten** *m* (medizinische Experimentierplattform) (Med) / space sled ‖ **⁓schutzanlage** *f* / alert system ‖ **⁓simulation** *f* (Phys) / space simulation ‖ **⁓sonde** *f* (eine unbemannter Raumflugkörper für den interplanetaren Flug) (Raumf) / probe* *n*, space probe ‖ **⁓spant** *n* (zwischen Boden und Hauptdeck) (Schiff) / hold frame ‖ **⁓sparend** *adj* / space-saving *adj*, requiring little space, space-efficient *adj* ‖ **⁓spiegelung** *f* (Phys) / space inversion, inversion *n* ‖ **⁓spray** *m n* / room-spray *n* ‖ **⁓station** *f* (ständiger Stützpunkt für die Raumfahrt außerhalb der Hochatmosphäre) (Raumf) / space station*, orbital station, orbital base ‖ **⁓symmetriegruppe** *f* (Krist) / space group*, crystallographic group of n-dimensional space

**Räumte** *f* (offenes Meer) (Ozean, Schiff) / open sea, high sea ‖ **⁓** (eines Schiffes) (Schiff) / stowage factor*

**Raum•teiler** *m* (Bau) / divider *n*, room divider ‖ **freistehender ⁓teiler** (für Großraumbüros) (Bau) / office landscape screen ‖ **[mobiler] ⁓teiler** (Bau) / room-dividing screen ‖ **⁓temperatur** *f* (etwa 20 °C) (Bau) / room temperature, RT ‖ **bei ⁓temperatur härtend** / RT-curing *adj* ‖ **⁓textilien und Teppiche** (Tex) / soft furnishings (GB) ‖ **⁓thermostat** *m* (der die eingestellte Temperatur regelt) / room thermostat, roomstat *n*, ambient thermostat ‖ **⁓ton** *m* (Akus) / stereo sound, stereophonic sound ‖ **⁓transporter** *m* (wiederverwendbarer

**Raumtransportsystem**

- z.B. X-33) (Raumf) / space shuttle ‖ ⁓**transportsystem** n (z.B. mit einem Raumtransporter) (Raumf) / space transportation system, STS ‖ ⁓**überwachungsanlage** f / room-monitoring system ‖ ~**umschließend** adj / space-enclosing adj
**Räumung** f (von Baugelände) (Bau) / clearing n ‖ ⁓ (Holzernte) (For) / main felling ‖ ⁓ (Sanitär) / unloading n
**Räumungs•hieb** m (For) / main felling ‖ ⁓**verkauf** m / clearance sale
**Räumverfahren** n (Masch) / broaching n
**Raum•verteilung** f **der Lichtquellen** (Eltech, Licht) / spacing n ‖ ⁓**vielfachsystem** n (Fernm) / space division system ‖ **visuelle** ⁓**wahrnehmung** (Math, Opt) / space perception ‖ ⁓**welle** f (durch das gesamte Erdinnere laufende Erdbebenwelle) (Geol) / body wave ‖ ⁓**welle** (die sich vom Erdboden unbeeinflußt im Raum ausbreitet - DIN 45020) (Radio) / sky wave*, ionospheric wave* ‖ ⁓**welle** (Summe der direkten und der bodenreflektierten Welle) (Radio) / space wave* ‖ ⁓**wellenempfangsbereich** m (Radio) / secondary service area* ‖ ⁓**wellenfehler** m (Radar) / ionospheric-path error ‖ ⁓**wellenverbindung** f (Luftf) / sky-wave communication ‖ ⁓**wellenverkehr** m (Luftf) / sky-wave communication
**Räumwerkzeug** n (Außen-, Innen-) (Masch, Werkz) / broach* n, broaching tool
**Raum•wichte** f (Phys) / unit weight ‖ ~**winkel- und energiebezogener Wirkungsquerschnitt** (ein Streuquerschnitt) (Kernphys) / spectro-angular cross section, double differential cross section ‖ ⁓**winkel** m (in sr gemessen - DIN 1301 und 1315) (Math) / solid angle* ‖ ⁓**winkelmaß** n (Math) / steradian n ‖ ⁓**wirkung** f (Akus) / space effect, three-dimensional effect, spatial effect ‖ **akustische** ⁓**wirkung** (Akus) / auditory perspective ‖ ⁓**wirkungsgrad** m (Verhältnis Nutzlichtstrom zu Lichtstrom) (Eltech) / utilance n ‖ ⁓**zahl** f (Brutto-, Netto-) (Schiff) / tonnage n ‖ ⁓**-Zeit** f (Phys) / space-time* n ‖ ⁓**zeit** f (vierdimensionale, für die Welt der Relativitätstheorie geltende Einheit, die aus den drei räumlichen Koordinaten und der Zeitkoordinate gebildet wird) (Phys) / space-time* n ‖ ⁓**-Zeit-Kontinuum** n (Phys) / space-time continuum ‖ ~**zeitlich** adj (z.B. Kohärenz) (Phys) / spatio-temporal adj ‖ ⁓**-Zeit-Symmetrie** f (Phys) / space-time symmetry ‖ ⁓**-Zeit-Welt** f (Phys) / space-time world ‖ ⁓**zelle** f (vorgefertigter Bauwerksteil, geschlossen aus Decken und Wänden oder als selbsttragende Zelle mit Leichtwänden, die in ein Skelett eingehängt wird) (Bau) / box unit ‖ ~**zentriert** adj (Krist) / body-centred adj
**Räumzeug** n (Masch) / external broach
**Raum•zumessung** f / spacing n ‖ ⁓**zuteilung** f / spacing n
**Raupe** f (Kfz) / track n, crawler track, endless crawler track, caterpillar n ‖ ⁓ (geraffter Darm) (Nahr) / shirred casing ‖ ⁓ (Schw) / bead n, welding bead ‖ ⁓ **des Maiszünslers** (Ostrinia nubilalis Hbn., die den Bohrfraß in den Maisstengeln verursacht) (Landw) / European corn borer, corn borer
**Raupen•-** (Fahrzeug) (Masch) / track-laying adj, tracked adj, crawler attr ‖ ⁓**fahrwerk** n (z.B. des Schaufelradbaggers) (Masch) / crawler truck, crawler treads ‖ **auf** ⁓**fahrwerk** (HuT, Kfz, Masch) / crawler-mounted adj ‖ ⁓**fahrzeug** n (Masch) / crawler-tracked vehicle, crawler n, track vehicle ‖ ⁓**folge** f (Schw) / bead sequence ‖ ⁓**garn** n (Spinn) / chenille n, chenille yarn ‖ ⁓**kette** f (Kfz) / track n, crawler track, endless crawler track, caterpillar n ‖ ⁓**kettenfahrzeug** n (Masch) / crawler-tracked vehicle, crawler n, track vehicle ‖ ⁓**kran** m (HuT) / crawler crane ‖ ⁓**lader** m (HuT) / tractor shovel on crawler tracks ‖ ⁓**schlepper** m (HuT, Kfz) / track-laying tractor, tracked tractor, track-type tractor, crawler tractor ‖ ⁓**schütz** n (Wasserb) / caterpillar gate ‖ ⁓**seide** f (Tex) / pure silk, natural silk ‖ ⁓**vorschub** m (EDV) / tractor feed* (paper drive)
**Raupin** n (Pharm) / sarpagine n
**Rausch** m (Tex) / tinsel n ‖ ⁓**abstand** m (Störabstand in dB zwischen dem Nutzpegel und dem Rauschpegel eines Empfängers oder einer Anlage) (Akus, Radio) / noise ratio*, signal/noise ratio*, speech/noise ratio, signal-to-noise ratio, SNR, S/N ratio* ‖ ~**ähnliches Störgeräusch** (Akus) / pseudorandom noise ‖ ⁓**anteil** m (Akus, Fernm) / noise component
**rauschäquivalent** adj (Quantenzahl, Absorption) / noise-equivalent adj ‖ ~**e Quantenzahl** (die am Eingang eines als rauschfrei gedachten Bildwandlers oder Detektors absorbiert werden muß, um im Ausgangssignal das tatsächliche Rauschen des realen Bildwandlers oder Detektors einschließlich Quantenrauschen zu erhalten) (Kernphys) / noise-equivalent number of quanta, NEQ ‖ ~**e Strahlungsleistung** (Eltronik) / noise-equivalent power (NEP)
**rauscharm** adj (Akus) / low-noise attr ‖ ⁓ (Akus, Radio) / noiseless adj, noise-free adj ‖ ~**er Blockwandler** (Satellitenkommunikation) (Fernm) / low-noise block converter, LNB ‖ ~**er Empfangsumsetzer** (Satellitenkommunikation) (Fernm) / low-noise converter, LNC ‖ ~**e Lawinenfotodiode** (bei der die Multiplikationsschicht aus einer Folge von Quantum-well-Schichten besteht) (Eltronik) / multi-quantum-well avalanche photodiode (MQWAD)

**Rausch•bandbreite** f (Fernm) / noise bandwidth ‖ ⁓**begrenzer** m (Akus) / noise killer ‖ ~**behaftet** adj (Akus, Radio, Regeln) / noisy adj ‖ ⁓**diagnostik** f (eine Methode zur Informationsgewinnung aus höherfrequenten Anteilen von Meßsignalen) / noise diagnostics ‖ ⁓**diode** f (Meßgerät zur Bestimmung des Rauschens einer unbekannten Rauschquelle) (Eltech) / noise diode ‖ ~**empfindlich** adj (Akus, Elektr) / noise-sensitive adj
**rauschen** v (Fernm) / hiss* v, fry v ‖ ⁓ n (Schallsignal statistischer Natur, bei dem nur ein kontinuierliches Intensitätsspektrum angegeben werden kann - DIN 1320) (Akus, Elektr) / noise* n ‖ ⁓ (einer Leuchtstofflampe) (Eltronik) / valve rustle ‖ **atmosphärisches** ⁓ (Fernm) / atmospherics pl, statics* pl, atmospheric interference, sferics* pl, spherics* pl, X's, strays* pl ‖ **blaues** ⁓ / blue noise (a region in which the spectral density is proportional to the frequency) ‖ **breitbandiges** ⁓ (DIN 5483, T 1) (Akus) / broadband noise, wideband noise ‖ **farbiges** ⁓ (DIN 5483, T 1) (Akus) / colour noise ‖ **galaktisches** ⁓ (kosmisches Rauschen, das infolge kosmischer Meterwellenstrahlung aus der Milchstraße entsteht) (Radio) / galactic noise* ‖ **Gaußsches** ⁓ (wenn die Verteilung der Amplituden bei den einzelnen Frequenzen eine Gauß-Verteilung ist) (Akus) / Gaussian noise* ‖ **gleichmäßig anregendes** ⁓ (DIN 1320) (Akus) / uniformly exciting noise ‖ **gleichmäßig verdeckendes** ⁓ (DIN 1320) (Akus) / uniformly masking noise ‖ **gleichmäßig verdeckendes** ⁓ (DIN 1320) (Akus) / uniformly masking noise ‖ **impulsartiges** ⁓ (Radio) / burst* n ‖ **kosmisches** ⁓ (Radio) / cosmic noise* ‖ **magnetisches** ⁓ (Eltronik) / magnetic noise ‖ **quasistatisch verteiltes** ⁓ (Akus) / pseudorandom noise ‖ **rosa** ⁓ (ein Stromrauschen nach DIN 1320) (Eltech) / pink noise ‖ **schmalbandiges** ⁓ (DIN 5483, T 1) (Akus, Fernm) / narrowband noise ‖ **schwarzes** ⁓ (Eltronik) / black noise (a frequency spectrum of predominantly zero power level) ‖ **seismisches** ⁓ (Geophys) / seismic noise ‖ **solares** ⁓ (kosmisches Rauschen, dessen Ursache die Sonne ist) (Astr) / solar radio noise*, solar noise ‖ **statisches** ⁓ (Eltech) / static noise ‖ **thermisches** ⁓ (durch die Wärmebewegung des Ladungsträgers) (Eltronik) / thermal noise*, Johnson noise*, output noise*, resistance noise*, thermal agitation noise ‖ **unbewertetes** ⁓ (Fernm) / unweighted noise ‖ **weißes** ⁓ (Rauschen, dessen spektrale Intensitätsdichte über den interessierenden Frequenzbereich konstant ist) (Akus) / white noise*, flat random noise* ‖ **zufällig verteiltes** ⁓ (Akus) / random noise*, stochastic noise*, fluctuation noise ‖ ⁓ n **in Elektronenröhren** (Fernm) / valve noise, valve hiss
**rauschend** adj (stark) (Akus, Radio, Regeln) / noisy adj ‖ ~**e Flamme** / noisy flame
**Rausch•entkopplung** f (Spektr) / proton-noise decoupling, PND, proton decoupling, broadband decoupling, BB decoupling, ¹H-decoupling n ‖ ⁓**faktor** m (Akus) / noise figure* ‖ ⁓**filter** n (ein Tiefpaß) (Akus) / scratch filter* ‖ ⁓**frei** adj (Akus, Radio) / noiseless adj, noise-free adj ‖ ⁓**frei** (Bild) (TV) / grain-free adj ‖ ⁓**gelb** n (Arsen(III)-sulfid) (Min) / orpiment* n, yellow arsenic, yellow orpiment ‖ ⁓**generator** m (ein Meßgenerator zur Erzeugung einer definierten Rauschleistung) (Eltech) / noise generator* ‖ ⁓**gift** n (Pharm) / narcotic drug, narcotic n, drug n ‖ ⁓**gold** n / imitation gold foil, tinsel n (a sheet of metal) ‖ ⁓**komponente** f (z.B. eines Meßsignals) (Akus, Fernm) / noise component ‖ ⁓**leistung** f (Leistung am Ausgang einer Rauschquelle) (Fernm) / noise power* ‖ **äquivalente** ⁓**leistung** (diejenige 100% modulierte Strahlungsleistung, die am Ausgang eines Strahlungsdetektors einen Signalstrom hervorruft, dessen Effektivwert dem gesamten effektiven Rauschstrom des Detektors gleich ist) (Eltronik) / noise-equivalent power (NEP) ‖ ⁓**maß** n (die logarithmierte Rauschzahl) (Akus) / logarithm of the noise figure ‖ ⁓**maß** (Rauschzahl in dB) (Akus) / noise figure in dB ‖ ⁓**modulation** f (Radio) / noise carrier modulation ‖ ⁓**pegel** m (Stärke des meist auf Rauschen beruhenden Störeffekts bei Empfang oder Übertragung von Signalen) (Radio) / noise level* ‖ ⁓**pfeffer** m (Bot, Nahr) / kava n ‖ ⁓**röhre** f (Rauschdiode oder Gasentladungsrauschröhre) (Eltronik) / noise tube ‖ ⁓**rot** n (Min) / realgar* n (natural red arsenic disulphide) ‖ ⁓**schall** m (DIN 1320) (Akus) / random noise*, stochastic noise*, fluctuation noise ‖ ⁓**signal** n (stochastischer Prozeß nach DIN 5488) (Akus) / noise signal ‖ ⁓**signal** (das von einem Rauschgenerator gelieferte Rauschen in Analogie zum Signal eines Meßgenerators) (Eltronik) / noise signal ‖ ⁓**spannung** f (DIN 44049) (Eltronik) / noise voltage ‖ ⁓**spektrum** n (das Leistungsspektrum eines zeitlichen Schwankungsprozesses, der im Rauschen verursacht) (Eltronik) / noise spectrum ‖ **[automatische]** ⁓**sperre** (Eltronik) / squelch* n ‖ ⁓**störung** f (Schallsignal statistischer Natur, bei dem nur ein kontinuierliches Intensitätsspektrum angegeben werden kann - DIN 1320) (Akus, Elektr) / noise* ‖ ⁓**störung** (elektromagnetische Störung, bestehend aus einer großen Zahl von Einzelstörungen mit Zufallscharakter hinsichtlich der Zeit und/oder der Amplitude) (Radio) / random noise* ‖ ⁓**strom** m (Fernm) / noise current* ‖ ⁓**temperatur** f (DIN 44475) (Eltronik) / noise

temperature* ‖ ⁓-**temperaturverhältnis** n (DIN IEC 235, T 1) (Eltronik) / noise-temperature ratio ‖ ⁓-**thermometer** n (zur Messung des Verhältnisses absoluter Temperaturen) / noise thermometer ‖ ⁓-**trägermodulation** f (Radio) / noise carrier modulation ‖ ⁓-**unempfindlichkeit** f (EDV, Eltronik) / noise immunity, immunity n, high noise immunity ‖ ⁓-**unterdrücker** m (Akus, Eltronik) / noise reducer, noise suppressor ‖ ⁓-**unterdrücker** (Radar) / lawn-mower n ‖ ⁓-**unterdrückung** f (Akus, Eltronik) / noise attenuation, noise suppression, noise abatement, silencing n ‖ ⁓-**untergrund** m (Eltronik) / noise background ‖ ⁓-**verhalten** n (Eltronik) / noise performance ‖ ⁓-**verminderung** f (Akus, Eltronik) / noise reduction*, NR ‖ ⁓-**verstärker** m (Akus, Eltronik) / noise amplifier ‖ ⁓-**wert** m (Akus) / noise factor ‖ äquivalenter ⁓-**widerstand** (eines Potentiometers) (Eltech) / equivalent noise resistance ‖ ⁓-**zahl** f (Maß zur Charakterisierung der Güte der Rauschanpassung zwischen einem Generator und einem Empfänger oder Verstärker) (Akus) / noise figure ‖ ⁓-**zahl des Eigenrauschens** (Eltronik) / inherent noise figure

**Raute** f (ein Kreuzungsbauwerk) (HuT, Kfz) / diamond n, diamond interchange ‖ ⁓ (Math) / rhombus* n (pl. rhombuses or rhombi), rhomb n, lozenge n

**Räute** f (des Schlüssels) (Bau) / bow n

**Rauten·anschluß** m (HuT, Kfz) / diamond n, diamond interchange ‖ ⁓-**dach** n (Dachform, deren Dachfläche in Form von vier Rauten zwischen vier Giebeln den Abschluß bildet) (Bau) / helm roof ‖ ⁓-**förmig** adj (Math) / rhombic adj ‖ ⁓-**förmiges Bleifeld** (Arch, Bau) / quarrel* n ‖ ⁓-**förmig gemustertes Gewebe** (Tex) / diaper n ‖ ⁓-**gewölbe** n (eine Gewölbeform der späten Gotik) (Arch) / net vaulting, net vault, diamond vault ‖ ⁓-**kaliber** n (Hütt) / diamond pass, rhombic groove ‖ ⁓-**matte** f (eine Textilglasmatte mit Rautenmuster) (Glas, Tex) / diamond mat ‖ ⁓-**muster** n (Tex) / diamond n ‖ ⁓-**öl** n (Pharm) / rue oil ‖ ⁓-**taste** f (Teleg) / lozenge key, hash key ‖ ⁓-**wicklung** f (an Kreuzspulen) (Eltech) / honeycomb winding, lattice winding* ‖ ⁓-**zwölfflächner** m (Krist, Math) / rhombic dodecahedron n (pl. -hedra or -hedrons), granatohedron n (pl. -hedra or -hedrons)

**Rautingfräsmaschine** f (Druck) / routing machine*

**Rautingmaschine** f (Herstellen von Strichklischees und freistehenden Autotypien) (Druck) / routing machine*

**Rauwolfia serpentina** (L.) **Benth.** (Schlangenwurzel) (For, Pharm) / rauwolfia n, rauvolfia n, Indian snakeroot

**Rauwolfia-Alkaloid** n (ein Indolalkaloid) (Pharm) / rauwolfia alkaloid

**Rauwolfin** n (Pharm) / ajmaline n

**Ravigneau-Planetensatz** m (Masch) / Ravigneau planetary gear set

**RAWIN** m (Höhenwindmessung, bei der ein mit konstanter Geschwindigkeit von 300 m/min aufsteigender Ballon, an dem an einer Leine ein Reflektor aus einer dünnen Metallfolie befestigt ist, von einem Radargerät verfolgt wird) (Meteor) / rawin n

**RAWIN-Sonde** f (Meteor) / radarsonde n, rawinsonde n

**rayé** adj (mit Längsstreifen) (Tex) / rayé adj

**Rayleigh·-Bénard-Instabilität** f (einer von unten kräftig erhitzten Flüssigkeitsschicht) (Phys) / Rayleigh-Bénard convection ‖ ⁓-**Gans-Debye-Theorie** f (beim Tyndall-Effekt) (Phys) / Rayleigh-Gans-Debye theory ‖ ⁓-**Grenze** f (Phys) / Rayleigh limit* ‖ ⁓-**Jeanssches Strahlungsgesetz** (nach J.W. Strutt, Lord Rayleigh, 1842-1919, und Sir J.Jeans, 1877-1946) / Rayleigh-Jeans law* ‖ ⁓-**Kriterium** n (für das spektrale Auflösungsvermögen) (Opt) / Rayleigh criterion* ‖ ⁓-**Linie** f (Spektr) / Rayleigh line ‖ ⁓-**Ritz-Weinstein-Methode** f (Math) / Rayleigh-Ritz method ‖ ⁓-**scheibe** f (DIN 1320) (Akus) / Rayleigh disk* ‖ ⁓-**Streuung** f (von Lichtstrahlen nach DIN 1349, T 2) (Licht) / Rayleigh scattering* ‖ ⁓-**Taylor-Instabilität** f (Plasma Phys) / Rayleigh-Taylor instability ‖ ⁓-**Wellen** f pl (an der spannungsfreien Oberfläche elastischer Medien auftretende Wellen - DIN 1320) (Akus) / Rayleigh waves, R-waves pl ‖ ⁓-**Zahl** f (Kenngröße der Wärmeübertragung nach DIN 1341 = $Gr.Pr$) (Phys) / Rayleigh number 2, $Ra_2$

**Raymond-Mühle** f / Raymond ring-roller mill ‖ ⁓ s. auch Pendelmühle

**Raymond-Verfahren** n (Sanitär) / flash process

**Raynagras** n (Bot, Landw, Nahr) / teosinte n

**Rayonnantstil** m (Gotik etwa ab 1240 in Frankreich - z.B. Saint-Chapelle in Paris) (Arch) / rayonnant Gothic

**Raysistor** m (Kombinationsbauelement aus Halbleiterfotowiderstand und Lichtsender in einem Gehäuse) (Eltronik) / raysistor n

**Raytheon-Laser** m (dessen Spiegelgehäuse ein elliptischer Zylinder ist) (Phys) / Raytheon laser

**Ray-Tracing** n (zur Darstellung von fotorealistischen dreidimensionalen Objekten) (EDV) / ray tracing

**RaZ** (Chem, Nahr) / thiocyanogen value, thiocyanogen number

**Razemat** n (im eigentlichen Sinne) (Chem) / racemate* n, racemic isomer* ‖ ⁓-**methode** f (zur absoluten Altersbestimmung von fossilen Knochen) (Biochem, Geol) / amino acid dating ‖ ⁓-**spaltung** f (Zerlegung von Razematen in die optisch aktiven Komponenten) (Chem) / resolution of racemates ‖ ⁓-**trennung** f (Gewinnung einzelner Enantiomerer) (Zerlegung von Razematen in die optisch aktiven Komponenten) (Chem) / resolution of racemates

**razemisch** adj (Chem) / racemic adj ‖ ⁓-**es Gemisch** (in dem Kristalle der beiden optisch aktiven Formen makroskopisch erkennbar nebeneinander vorliegen) (Chem) / racemic mixture ‖ ⁓-**e Verbindung** (Chem) / racemic compound

**Razemisierung** f (Übergang einer optisch aktiven Substanz in das entsprechende Razemat) (Chem) / racemization* n

**Rb** (Chem) / rubidium* n

**r-Baum** m (Elektr) / r-tree n

**RBW** (Radiol) / relative biological effectiveness, rbe, RBE

**RCA-Stecker** m (Eltronik, Film) / cinch n

**RCC** (Umwelt) / river continuum concept

**RCC-System** n (Fügemechanismus, der durch mechanische Gelenke aus Federstahl oder Elastomeren begrenzte Positionsunterschiede der Fügeteile durch passive Nachgiebigkeit auszugleichen vermag) (Masch) / remote-centre compliance system, RCC system

**RC·-Generator** m (ein Meßgenerator) (Eltronik, Fernm) / RC generator ‖ ⁓-**Glied** n (ein aus einem Widerstand und einem Kondensator gebildeter Vierpol) (Eltech) / rescap n, capristor n, resistor-capacitor unit, capacitor-resistor unit, RC element, resistance-capacitance element ‖ ⁓-**Kopplung** f (Eltronik) / RC coupling*, resistance-capacitance coupling* ‖ ⁓-**Oszillator** m (Eltech) / resistance-capacitance oscillator*, RC oscillator* ‖ ⁓-**Papier** n (Foto) / resin-coated paper, RC paper ‖ ⁓-**Schaltung** f (Eltech) / RC circuit ‖ ⁓-**System** n (ein aplanatisches Zweispiegelsystem nach G.W. Ritchey, 1864-1945, und H.J. Chrétien, 1870-1956) (Opt) / Ritchey-Chrétien system, Ritchey-Chrétien optics ‖ ⁓-**TL-Logik** f (EDV, Eltronik) / resistor-capacitor-transistor logic, RCTL

**RCT-Probe** f (WP) / round compact tension specimen, RCT specimen

**RC-Verstärker** m (eine Verstärkerschaltung, in der die passiven Bauelemente aus Wirkwiderständen und Kondensatoren bestehen) (Eltronik) / RC amplifier, resistance-coupled amplifier

**rd** (Einheit für den $10^6$ fachen Kehrwert der Farbtemperatur) (Foto) / mired value, mired* n ‖ ⁓ (veraltete Einheit der Energiedosis = 0,01 Gy) (Radiol) / rad* n

**R.D.** (Chem, Phys) / rotatory dispersion*, rotary dispersion

**RD** (wenn der Zustand des Bezugsstoffes der gleiche ist wie der des Versuchsstoffes) (Phys) / relative density*, specific gravity*, sg, S.G., r.d., sp. gr.

**RDA** (EDV) / call-record journalling, CRJ

**RDA-Reaktion** f (Chem) / RDA reaction

**R-Darstellung** f (Radar) / R-display* n

**RDA-Wert** m (von der Deutschen Gesellschaft für Ernährung bzw. von der National Academy of Sciences /Washington/ empfohlener Tagesbedarf an Eiweiß, Fetten, Kohlenhydraten, Vitaminen und Mineralstoffen, der zur Erhaltung der Gesundheit durch die Ernährung aufgenommen werden soll) (Nahr) / recommended dietary allowance, RDA

**RDB** (Nukl) / reactor vessel*, reactor pressure vessel

**RDG** (Nukl) / reactor vessel*, reactor pressure vessel

**RDS** (Radio) / radio data system, RDS

**Re** (Chem) / rhenium* n ‖ ⁓ n (For) / camphor tree, camphor laurel ‖ ⁓ (Math) / real part* n ‖ ⁓ (nach dem britischen Physiker O. Reynolds, 1842-1912) (Phys) / Reynolds number*, Reynolds criterion, Damköhler number

**RE** (Chem Verf, Umwelt) / flue-gas desulphurization, FGD ‖ ⁓ (Hütt) / pig iron*

**REA** f (Chem Verf, Umwelt) / FGD plant ‖ ⁓-**Anlage** f (Chem Verf, Umwelt) / FGD plant

**Reabsorption** f (Phys, Physiol) / reabsorption n

**Reactor-grade-Zirconium** n (als Hüllmetall für Brennelemente) (Nukl) / reactor-grade zirconium

**Read-Diode** f (eine Impatt-Diode) (Eltronik) / Read diode

**Read-Error** m (EDV) / read error

**Read-mostly Memory** n (eine Kombination von Festwertspeicher und Speicher mit wahlfreiem Zugriff) (EDV) s. löschbares PROM

**Readout** (EDV) / read-out n

**Reagens** n (pl. Reagenzien) (Chem) / reagent* n ‖ **Benedicts** ⁓ (eine Variante der Fehlingschen Lösung - nach S.R.Benedict, 1884-1936) (Chem) / Benedict's reagent, Benedict solution ‖ **Carnotsches** ⁓ (zum Kaliumnachweis) (Chem) / Carnot's reagent ‖ **Dragendorffs** ⁓ (ein Farbreagens auf Alkaloide) (Chem) / Dragendorff's reagent* ‖ **Ehrlichs** ⁓ (zum Nachweis von Eiweißstoffen) (Chem) / Ehrlich's reagent ‖ **elektrophiles** ⁓ (Chem) / electrophilic reagent, electrophile n ‖ **Fentons** ⁓ (ein Gemisch von Wasserstoffperoxid und Eisen(II)-Salzen) (Chem) / Fenton's reagent ‖ **Folins** ⁓ (Chem, Med) / Folin's reagent, Folin solution ‖ **Günzburgs** ⁓ (Chem Verf) / Lloyd's reagent ‖ **Lloyds** ⁓ (besonders gereinigte Bleicherde) (Chem Verf) / Lloyd's reagent ‖ **Mayers** ⁓ (für Alkaloide) (Chem) / Mayer's reagent ‖ **Millons** ⁓ (zum Nachweis von tyrosinhaltigen Eiweißstoffen - nach dem französischen Pharmazeuten A.N.E.

**Reagens**

Millon, 1812-1867) (Chem) / Millon's reagent ‖ **nukleophiles** ≃ (Chem) / nucleophilic reagent*, nucleophile n ‖ **Obermayersches** ≃ (zum Indicannachweis im Harn durch Spaltung und Oxidation des entstehenden Indoxyls zu Indigo) (Chem) / Obermayer's reagent ‖ **polymeres** ≃ (Chem) / polymer reagent ‖ **Rieglers** ≃ (Chem) / Riegler's reagent ‖ **Sangersches** ≃ (1-Fluor-2,4-dinitrobenzol zum Nachweis von Aminosäuren und Proteinen - nach F. Sanger, geb. 1918) (Chem) / Sanger's reagent, 2,4-dinitrofluorobenzene (DNF)n ‖ **Scheiblers** ≃ (12-Wolframatophosphorsäure - nach H. Scheibler, 1882-1966) (Chem) / Scheibler reagent ‖ **Schiffsches** ≃ (meist fuchsinschweflige Säure zum Aldehydnachweis - heute veraltet) (Chem) / Schiff's reagent* ‖ **Schweizers** ≃ (eine tiefblau gefärbte Lösung von Tetramminkupfer(II)-hydroxid in Wasser - nach M.E. Schweizer, 1818-1860) (Chem) / Schweitzer's reagent*, cuprammonium hydroxide, cupram n, cuam n ‖ **Sonnenscheins** ≃ (Phosphormolybdänsäure als Alkaloidreagens) (Chem) / Sonnenschein's reagent ‖ **Thieles** ≃ (Natriumphosphinat) (Chem) / Thiele reagent ‖ **Tillmans** ≃ (2,6-Dichlorphenol-indophenol-natrium) (Chem) / Tillman's reagent ‖ **Wagners** ≃ (wäßrige Iod-Kaliumiodidlösung) (Chem) / Wagner's reagent, Wagner's solution ‖ **Zerewitinoffs** ≃ (Chem) / Zerewitinoff reagent, Cerewitinov reagent ‖ ≃ n **für die Mikroanalyse** (Chem) / microanalytical reagent* (MAR)

**Reagens • erzeugung** f außerhalb der Titrierzelle (Chem) / external generation ‖ ≃**lösung** f (Chem) / reagent solution ‖ ≃**träger** m (Chem) / reagent carrier

**Reagenz** n (pl. Reagenzien) (Chem) / reagent* n

**Reagenzglas** n (Chem) / test tube ‖ **im** ≃ (Biol) / in vitro* ‖ ≃**bürste** f (Chem) / test-tube brush ‖ ≃**gestell** n (Chem) / test-tube rack ‖ ≃**klemme** f (Chem) / test-tube holder

**Reagenzien • bord** n (Chem) / reagent shelf ‖ ≃**flasche** f (Chem) / reagent bottle ‖ ≃**pumpe** f (Chem) / reagent pump

**Reagenz • papier** n (Chem) / indicator paper, test paper, reaction paper (US) ‖ ≃**träger** m (Chem) / reagent carrier

**Reagibilität** f (Fähigkeit von Prozessen und Prozeßelementen, auf veränderte Bedingungen zu reagieren) / reagibility n

**reagieren** v (auf) / respond v (to), react v (to) ‖ ~ (Chem) / react vi ‖ **lassen** (Chem) / react vt, cause to react

**Reagin** n (vom Organismus gegen eingedrungene Infektionserreger gebildeter Antikörper - Immunoglobulin des Typs IgE) (Med) / reagin* n, reaginic antibody*

**REA-Gips** m (Chem Verf, Umwelt) / gas lime

**Reaktand** m (Chem) / reactant* n, co-reactant n

**Reaktant** m (Chem) / reactant* n, co-reactant n ‖ ≃**gas** n (Spektr) / reagent gas (chemical ionization gas), reactant gas ‖ ≃**harz** n (Tex) / reactant-type resin

**Reaktanz** f (DIN 40110) (Elektr) / reactance* n ‖ **akustische** ≃ (Akus) / acoustic reactance ‖ **kapazitive** ≃ (Eltech) / capacitive reactance ‖ **subtransiente** ≃ (bei einer Synchronmaschine im nichtstationären Betrieb, nach DIN 40121) (Eltech) / subtransient reactance* ‖ **synchrone** ≃ (Eltech) / synchronous reactance* ‖ **transiente** ≃ (Eltech) / transient reactance* ‖ ≃ f **des Mitsystems** (Elektr) / positive-sequence reactance

**Reaktanz • diode** f (Eltronik) / reactance diode ‖ ≃**diode** (Eltronik) s. auch Kapazitätsdiode ‖ ≃**funktion** f (Eltronik) / reactance function ‖ ≃**kreis** m (Eltech) / reactance circuit ‖ ≃**leitung** f (Eltronik) / reactance circuit ‖ ≃**relais** n (Eltech) / reactance relay* ‖ ≃**röhre** f (Eltech) / reactance valve, reactance tube ‖ ≃**satz** m (Fernm) / Foster's reactance theorem ‖ ≃**sensor** m (Eltech) / electric-reactance sensor ‖ ≃**spannung** f (Eltech) / reactance voltage* ‖ ≃**verstärker** m (Hf-Verstärker mit kleiner Rauschzahl) (Fernm) / parametric amplifier*, reactance amplifier, mavar n, MAVAR n, paramp* n ‖ ≃**zweipolfunktion** f (Eltronik) / reactance function

**Reaktimeter** n (Anzeige- und Meßgerät geringer Reaktivitätsänderungen des Reaktors bei Anlauf und Spaltstoffwechsel) (Nukl) / reactimeter n

**Reaktion** f (Chem) / reaction* n ‖ ~ (Mech) / reaction* n, response n, retroaction n ‖ ~ (eines Organismus bzw. Auswirkung eines Schadstoffes auf ihn oder einen Teil von ihm) (Physiol, Umwelt) / reaction* n, response n (to a stimulus) ‖ **alkalische** ≃ (Chem) / alkaline reaction, basic reaction ‖ **anodische** ≃ (Galv) / anodic (corrosion) reaction ‖ **außer Kontrolle geratene** ≃ (Nukl) / runaway reaction ‖ **Bartsche** ≃ (Chem) / Bart reaction ‖ **basische** ≃ (Chem) / alkaline reaction, basic reaction ‖ **bimolekulare** ≃ (Chem) / bimolecular reaction ‖ **cheletrope** ≃ (eine spezielle perizyklische Reaktion) (Chem) / cheletropic reaction ‖ **chemische** ≃ (Chem) / chemical reaction* ‖ **d-d-** ≃ (Nukl) / d-d process ‖ **elektrocyclische** ≃ (Chem) / electrocyclic reaction ‖ **elektrophile** ≃ (Chem) / electrophilic reaction ‖ **elektrozyklische** ≃ (Chem) / electrocyclic reaction ‖ **elektrozyklische** ≃ (Chem) / electrocyclic reaction ‖ **energieliefernde** ≃ (in der Thermochemie) (Chem) / exoergic reaction ‖ **enzymatische** ≃ (Biochem) / enzymatic reaction, enzyme reaction ‖ **enzymkatalysierte** ≃ (Biochem) / enzymatic reaction, enzyme reaction ‖ **Etardsche** ≃ (Oxidation von Methylgruppen mit Chromylchlorid, die Aldehyde liefert) (Chem) / Etard's reaction* ‖ **exergonische** ≃ (Chem) / exoergic reaction ‖ **fotochemische** ≃ (Chem) / photochemical reaction, photoreaction n ‖ **gegenläufige** ≃ (Chem) / back reaction, reverse reaction, opposing reaction ‖ **gesteuerte (kontrollierte) thermonukleare** ≃ (Nukl) / controlled thermonuclear reaction, CTR* ‖ **im Neutralbereich liegende** ≃ (Chem) / circumneutral reaction ‖ **induktive** ≃ (Elektr) / electromagnetic reaction, inductive reaction, magnetic reaction ‖ **induzierte** ≃ (Chem) / induced reaction*, sympathetic reaction* ‖ **intermolekulare** ≃ (Chem) / intermolecular reaction ‖ **intramolekulare** ≃ (innerhalb eines Moleküls) (Chem) / intramolecular reaction ‖ **irreversible** ≃ (Chem) / irreversible reaction* ‖ **katodische** ≃ (Galv) / cathodic (corrosion) reaction ‖ **konzertierte** ≃**en** (Chem) / concerted reactions, synchronous reactions ‖ **kryptoionische** ≃ (Chem) / crypto-ionic reaction ‖ **Millonsche** ≃ (auf Eiweißstoffe) (Chem) / Millon's reaction* ‖ **monomolekulare** ≃ (eine Elementarreaktion) (Chem) / monomolecular reaction* ‖ **nichtumkehrbare** ≃ (Chem) / irreversible reaction* ‖ **oszillierende** ≃ (eine mehrfach wiederholte Hin- und Rückreaktion) (Chem) / oscillating reaction ‖ **perizyklische** ≃ (konzentrierte Reaktion der organischen Chemie) (Chem) / pericyclic reaction ‖ **protolytische** ≃ (Chem) / protolysis n (pl. -lyses) ‖ **radikalische** ≃ (Chem) / radical reaction ‖ **reversible** ≃ (Chem) / reversible reaction*, balanced reaction*, equilibrium reaction* ‖ **saure** ≃ (Chem) / acid reaction ‖ **schnelle** ≃ (Chem) / fast reaction* ‖ **sehr schnelle** ≃ (Chem) / ultrafast reaction ‖ **sigmatrope** ≃ (nach den Woodward-Hoffmann-Regeln) (Chem) / sigmatropic reaction ‖ **spezifische** ≃ (eine Nachweisreaktion, die unter Einhaltung bestimmter Versuchsbedingungen für einen Stoff kennzeichnend ist) (Chem) / specific reaction ‖ **stereoselektive** ≃ (bei der von zwei oder mehr möglichen Stereoisomeren jeweils eines bevorzugt gegenüber den anderen entsteht oder reagiert) (Chem) / stereoselective reaction ‖ **stereospezifische** ≃ (bei der von zwei oder mehr möglichen Stereoisomeren jeweils eines ausschließlich entsteht oder reagiert) (Chem) / stereospecific reaction ‖ **trimolekulare** ≃ (Chem) / trimolecular reaction, three-molecule reaction ‖ **umkehrbare** ≃ (Chem) / reversible reaction*, balanced reaction*, equilibrium reaction* ‖ **unkontrollierte** ≃ (Nukl) / runaway reaction ‖ **zur** ≃ **bringen** (Chem) / react vt, cause to react ‖ **zusammengesetzte** ≃ (Chem) / step reaction ‖ ≃ f **erster Ordnung** (ein Reaktionstyp) (Chem) / first-order reaction*, reaction of the first order ‖ ≃ **mit direkter Wechselwirkung** (Kernphys) / direct nuclear reaction ‖ ≃ **mit gleichzeitiger Bindungsbildung und -spaltung** (Chem) / concerted reaction ‖ ≃ **nullter Ordnung** (ein Reaktionstyp) (Chem) / zero-order reaction*, reaction of the zeroth order ‖ ≃ **pseudoerster Ordnung** (ein Reaktionstyp) (Chem) / pseudofirst-order reaction, reaction n of the pseudofirst order ‖ ≃ **von elementarem Schwefel oder Schwefeldichlorid mit organischen Verbindungen** (Chem) / sulphurization n ‖ ≃ **zweiter Ordnung** (ein Reaktionstyp) (Chem) / second-order reaction, reaction of the second order

**reaktionieren** v (den Ansatz von Putzmittelpasten kaltrühren) / cause to react

**Reaktions • ablauf** m (Chem) / reaction course, reaction progress, progress of reaction ‖ **steuerbarer** ≃**ablauf bei der Kernfusion** (Nukl) / controlled thermonuclear reaction, CTR* ‖ ≃**apparat** m (Chem Verf) / reactor n, chemical reactor ‖ ≃**aroma** n (ein Lebensmittelaroma) (Nahr) / reaction flavour, process flavour(ing) ‖ ≃**beschichten** n **aus der Gasphase** / vapour plating, gas plating ‖ ≃**beschleunigung** f **durch Basen** (Chem) / base catalysis ‖ ≃**beschleunigung durch Säure(n)** (Chem) / acid catalysis ‖ ≃**chromatografie** f (eine Art Dünnschichtchromatografie) (Chem) / reaction chromatography ‖ ≃**datenbank** f (Chem) / reaction database ‖ ≃**destillation** f (bei der man in oder vor der Apparatur eine Reaktion mit einem Gemischpartner ablaufen läßt) (Chem Verf) / reaction distillation ‖ ≃**durchschreibepapier** n (Pap) / carbonless copy paper, NCR (= no carbon required)*, non-carbon paper, NCP ‖ ≃**durchschreibpapier** n (ein karbonfreies Durchschreibpapier) (Pap) / chemical transfer reproduction paper ‖ ≃**dynamik** f (Chem) / reaction dynamics ‖ ≃**energie** f (freiwerdende oder aufgenommene) (Chem, Phys) / reaction energy ‖ ≃**enthalpie** f (Chem) / reaction enthalpy, enthalpy of reaction ‖ **freie** ≃**enthalpie** (Chem) / free enthalpy of reaction ‖ ≃**entropie** f (mit einer chemischen Reaktion verknüpfte Änderung der Entropie) (Chem) / entropy of reaction, reaction entropy ‖ **~fähig** adj (Chem) / reactive adj ‖ **~fähig** (stark) (Chem) / high-reactivity attr, highly reactive, high-reacting adj ‖ **nicht ~fähig** (Chem) / unreactive adj ‖ **~fähigkeit** f (Chem) / reactivity n ‖ ≃**farbstoff** m (Chem, Tex) / reactive dye(stuff)*, fibre-reactive dye ‖ **~freudig** adj (Chem) / high-reactivity attr, highly reactive, high-reacting adj ‖ ≃**freudigkeit** f (Chem) / reactivity n ‖ ≃**gas** n (z.B. in den Industrieöfen) (Chem Verf) / reaction gas ‖ ≃**gas** (Spektr) reagent gas (chemical ionization gas), reactant gas ‖ ⁓**gaschromatografie** *f* (Chem) / reaction gas chromatography ‖ ⁓**gefäß** *n* (Chem Verf) / reaction vessel ‖ ⁓**gemisch** *n* (Chem) / reaction mixture ‖ ⁓**geschwindigkeit** *f* (Chem, Nukl) / reaction rate* (a central concept of chemical kinetics), velocity of reaction ‖ ⁓**geschwindigkeitskonstante** *f* (Proportionalitätsfaktor in kinetischen Zeitgesetzen) (Chem) / rate constant*, velocity constant*, velocity rate constant*, reaction rate constant ‖ ⁓**gleichgewicht** *n* (Chem) / chemical equilibrium ‖ ⁓**gleichgewicht** (Chem) / reaction equilibrium ‖ ⁓**gleichung** *f* (Chem) / chemical equation*, reaction equation ‖ ⁓**grundierung** *f* (für Metalle) (Anstr, Galv) / wash primer (solution used as a chemical pretreatment for metals), wash coat, etch primer, pretreatment primer ‖ ⁓**grundierung mit Zinkchromat als Rostschutzpigment** (Anstr) / zinc chromate primer* ‖ ⁓**grundierung mit Zinksilikat als Rostschutzpigment** (Anstr) / zinc silicate primer ‖ ⁓**haftstelle** *f* (die die Erzeugung und Rekombination von Ladungsträgern fördert) (Eltronik) / deathnium centre* ‖ ⁓**harz** *n* (flüssige oder verflüssigbare Vorstufe von Polymeren nach DIN 16 945) (Chem, Plast) / reaction resin ‖ ⁓**hemmung** *f* (Chem) / reaction inhibition ‖ ⁓**holz** *n* (Zug- oder Druckholz; Richtgewebe) (For) / reaction wood ‖ ⁓**isobare** *f* (Chem) / reaction isobar ‖ ⁓**isochore** *f* (van't Hoffsche) (Chem) / van't Hoff's reaction isochore*, reaction isochore* ‖ ⁓**isotherme** *f* (Chem) / van't Hoff's reaction isotherm*, reaction isotherm* ‖ ⁓**kammer** *f* (Luftf) / reaction chamber* ‖ **genähte** ⁓**kapillare** (Chem) / stitched open tube, SOT ‖ **gestrickte** ⁓**kapillare** (Chem) / knitted open tube, KOT ‖ ⁓**kessel** *m* (Chem Verf) / reaction vessel ‖ ⁓**kette** *f* (Chem) / reaction chain* ‖ ⁓**kinematik** *f* (Chem, Kernphys) / kinematics of nuclear reactions ‖ ⁓**kinetik** *f* (die Untersuchung der Geschwindigkeit, mit der chemische Reaktionen ablaufen - DIN 13345) (Chem) / chemical kinetics*, reaction kinetics ‖ ⁓**kitt** *m* (teigiges Stoffgemisch, das auf Grund einer chemischen Reaktion zu einem harten Körper erstarrt) / reaction cement ‖ ⁓**klebstoff** *m* (chemisch reagierender Klebstoff nach DIN 53278) / reactive adhesive, reaction adhesive ‖ ⁓**koordinate** *f* (Chem) / reaction coordinate ‖ **eigentliche** ⁓**koordinate** (Chem) / intrinsic reaction coordinate, IRC ‖ ⁓**lack** *m* (bei Raumtemperatur chemisch härtender Lack - DIN 55945) (Anstr) / cold-hardening lacquer ‖ ⁓**ladungszahl** *f* (bei einer Elektrodenreaktion) (Chem) / reaction atomic charge ‖ ⁓**laser** *m* (Chem, Phys) / chemical laser ‖ ⁓**laufzahl** *f* (Chem) / extent of reaction ‖ ⁓**leuchten** *n* (Chem) / chemiluminescence* *n*, chemical luminescence ‖ ~**los** *adj* (Chem) / unreactive *adj*, inactive *adj* ‖ ⁓**masse** *f* (Chem) / reaction mixture ‖ ⁓**mechanismen** *m pl* (Chem) / reaction mechanisms, mechanisms of a reaction, reaction paths ‖ ⁓**mittel** *n* (Chem, Med) / agent *n* ‖ ⁓**molekularität** *f* (in der chemischen Kinetik) (Chem) / molecularity *n*, reaction molecularity ‖ ⁓**moment** *n* (Mech) / reaction moment ‖ ⁓**motor** *m* (ein Synchronmotor mit ausgeprägten Polzacken, jedoch ohne Erregerwicklung und ohne Dauermagneterregung) (Eltech) / reaction motor ‖ ⁓**ordnung** *f* (Chem) / order of reaction*, reaction order* ‖ ⁓**ort** *m* (Chem) / site of reaction, reaction site ‖ ⁓**paar** *n* (Geol) / reaction pair* ‖ ⁓**partner** *m* (Chem) / reactant* *n*, co-reactant *n* ‖ ⁓**primer** *m* (für Metalle) (Anstr, Galv) / wash primer (solution used as a chemical pretreatment for metals), wash coat, etch primer, pretreatment primer ‖ ⁓**prinzip** *n* (Phys) / Newton's third law of motion (action and reaction), law of action and reaction ‖ ⁓**produkt** *n* (Chem) / reaction product*, descendant *n* ‖ **Segnersches** ⁓**rad** (nach J.A. v. Segner, 1704-1777) (Phys) / Segner's wheel ‖ ⁓**rate** *f* (Änderung der Konzentration einer Reaktionskomponente mit der Zeit, bei konstantem Reaktionsvolumen) (Chem, Nukl) / reaction rate* (a central concept of chemical kinetics), velocity of reaction ‖ ⁓**raum** *m* (Chem Verf) / reaction chamber ‖ ⁓**reihe** *f* (bei der Kristallisationsdifferentiation nach N.L. Bowen) (Geol) / reaction series*, Bowen's reaction series ‖ **kontinuierliche** ⁓**reihe** (bei der Kristallisationsdifferentiation) (Geol) / continuous reaction series ‖ ⁓**rinde** *f* (Geol, Min) / reaction rim*, rim *n* ‖ ⁓**rotor** *m* (Luftf) / tip-driven rotor ‖ ⁓**saum** *m* (Geol, Min) / reaction rim*, rim *n* ‖ ⁓**schaumgießverfahren** *n* (Plast) / RIM technology, reaction-injection moulding, RIM ‖ ⁓**schicht** *f* (Oberflächenschicht auf metallischen Werkstoffen) (Chem, Hütt) / reaction layer ‖ ⁓**schiene** *f* (Bahn) / reaction rail ‖ ⁓**schnelligkeit** *f* (Chem, Nukl) / reaction rate* (a central concept of chemical kinetics), velocity of reaction ‖ ⁓**schnelligkeit** (des Systems) (KI) / responsiveness *n* ‖ ~**schwach** *adj* (Chem) / low-reactivity *attr*, slow-reacting *adj*, sluggish *adj*, slow *adj* ‖ ⁓**sintern** *n* / reaction sintering ‖ ⁓**spektroskopie** *f* (Spektr) / reaction spectroscopy ‖ ⁓**spektrum** *n* (Spektr) / reaction spectrum ‖ ⁓**spinnen** *n* (Chem Verf) / reaction spinning ‖ ⁓**spritzguß** *m* (Plast) / RIM technology, reaction-injection moulding, RIM ‖ ⁓**spritzgußverfahren** *n* (Plast) / RIM technology, reaction-injection moulding, RIM ‖ ~**stark** *adj* (Chem) / high-reactivity *attr*, highly reactive, high-reacting *adj* ‖ ⁓**stelle** *f* (Chem) / site of reaction, reaction site ‖ **chemische** ⁓**technik** (Chem) / chemical reaction engineering ‖ ⁓**teilnehmer** *m* (Chem) / reactant* *n*, co-reactant *n* ‖ ~**träge** *adj* (Chem) / low-reactivity *attr*, slow-reacting *adj*, sluggish *adj*, slow *adj* ‖ ⁓**turbine** *f* (Luftf) / reaction turbine ‖ ⁓**turbine** (z.B. Parsons- oder Francis-Turbine) (Masch) / reaction turbine* ‖ ⁓**typ** *m* (Chem) / reaction type ‖ ⁓**verlauf** *m* (Chem) / reaction course, reaction progress, progress of reaction ‖ ⁓**wahrscheinlichkeit** *f* (Kernphys) / reaction probability ‖ ⁓**wärme** *f* (bei chemischen Reaktionen umgesetzte Wärme) (Chem) / heat of reaction ‖ ⁓**weg** *m* (Anhalteweg minus Bremsweg) (Kfz) / thinking distance, reaction distance ‖ **idealer** ⁓**weg** (durch die Energiehyperfläche) (Chem) / intrinsic reaction coordinate, IRC ‖ **idealer** ⁓**weg** (Chem) / intrinsic reaction coordinate, IRC ‖ ⁓**zeit** (zwischen der Anforderung einer Dienstleistung und dem Beginn der Bearbeitung) (EDV) / reaction time ‖ ⁓**zeit** (DIN 44300) (EDV) / response time* ‖ ⁓**zeit** (zwischen der Einwirkung des Reizes und der dadurch ausgelösten Handlung) (Kfz, Physiol) / reaction time*, latent period ‖ ⁓**zeit** (EDV) s. auch Antwortzeit ‖ ⁓**zentrum** *n* (Chem) / reaction centre ‖ ⁓**zone** *f* / reaction zone ‖ ⁓**zwischenprodukt** *n* (Ergebnis) (Chem) / reaction intermediate, reactive intermediate ‖ ⁓**zwischenstufe** *f* (Chem) / reaction intermediate, reactive intermediate

**reaktiv** *adj* (Chem) / reactive *adj* ‖ ~ (serologisch positiv) (Med) / reactive *adj* ‖ ~ (als Antwort auf einen Reiz erfolgend) (Physiol) / reactive *adj* ‖ ~**es Ionenätzen** (ein dem Plasmaätzen verwandtes Trockenätzverfahren, bei dem im Gegensatz zu diesem die zu ätzenden Halbleiterscheiben auf der unteren Platte des "Parallelplattenrezipienten" liegen, in die auch die Hochfrequenzspannung eingekoppelt wird, während die obere Platte mit dem Rezipienten auf Erdpotential liegt) (Eltronik) / reactive ion etching, RIE ‖ ~**es Metall** (z.B. Ti, Zr und V) (Chem) / reactive metal ‖ ~**e organische Gase** (in der Atmosphäre) (Geophys) / reactive organic gases, ROG ‖ ~**es Polymer** (Chem) / reactive polymer ‖ ~**es Vakuumbedampfen** (DIN 28400, T 4) / reactive evaporation coating, vacuum coating by reactive evaporation (BS 2951, Part 2 : 1975)

**Reaktiv•anker** *m* (faserreaktive Gruppe bei Reaktivfarbstoffen) (Chem) / reactive anchor ‖ ⁓**autogener** ⁓**antrieb** *m* (Luftf) / jet propulsion*, reaction propulsion*, duct propulsion ‖ ⁓**färben** *n* (Chem, Tex) / reactive dyeing ‖ ⁓**farbstoff** *m* (mit einer Reaktivkomponente) (Chem, Tex) / reactive dye(stuff)*, fibre-reactive dye ‖ ⁓**gerbstoff** *m* (mehrfach vernetzend, kovalent gebunden) (Leder) / reactive tanning agent

**reaktivieren** *v* / reactivate *v*, revive *v*

**Reaktivierung** *f* / reactivation* *n*, revivification *n* (of charcoal or metals)

**Reaktivität** *f* (Chem) / reactivity *n* ‖ ⁓ (ein Maß für die Abweichung vom kritischen Zustand) (Nukl) / reactivity* *n* ‖ ⁓ **eines Steuerstabes** (Nukl) / control rod worth*, rod worth, reactivity worth *n* (of a control rod)

**Reaktivitäts•äquivalent** *n* (Nukl) / reactivity equivalent ‖ ⁓**bilanz** *f* (Nukl) / reactivity balance ‖ ⁓**eisen** *n* (Eltech) / reactive iron* ‖ ⁓**koeffizient** *m* (Nukl) / danger coefficient*, mass coefficient (of reactivity) ‖ ⁓**reserve** *f* (Nukl) / reserve of reactivity ‖ ⁓**störfall** *m* (Nukl) / reactivity accident ‖ ⁓**unfall** *m* (Nukl) / reactivity accident

**Reaktiv•klebstoff** *m* / reactive adhesive, reaction adhesive ‖ ⁓**lack** *m* (Anstr) / cold-hardening lacquer ‖ ⁓**spinnen** *n* (Chem Verf) / reaction spinning

**Reaktor** *m* (Anlage, in der chemische Reaktionen großtechnisch ablaufen) (Chem Verf) / reactor *n*, chemical reactor ‖ ⁓ (Erdöl) / retort *n* ‖ ⁓ (Nukl) / nuclear reactor*, reactor* *n*, pile* *n*, NR ‖ **angereicherter** ⁓ (Nukl) / enriched reactor ‖ **deuteriummoderierter** ⁓ (Nukl) / deuterium-moderated reactor ‖ **druckwassergekühlter** ⁓ (Nukl) / pressurized-water reactor, PWR ‖ **endlicher** ⁓ (Nukl) / finite pile ‖ **energieliefernder** ⁓ (Nukl) / power reactor ‖ **epithermischer** ⁓ (Nukl) / epithermal reactor* ‖ **fahrbarer** ⁓ (Nukl) / transportable reactor, mobile reactor, package reactor ‖ **flüssiggekühlter** ⁓ (DIN 25402) (Nukl) / liquid-cooled reactor ‖ **fortgeschrittener gasgekühlter** ⁓ (Nukl) / advanced gas-cooled reactor, AGR* ‖ **gasgekühlter** ⁓ (Nukl) / gas-cooled reactor*, GCR ‖ **gasgekühlte schwerwassermoderierter** ⁓ (Nukl) / heavy-water gas-cooled reactor, HWGCR ‖ **graphitmoderierter** ⁓ (DIN 25402) (Nukl) / graphite reactor*, graphite-moderated reactor ‖ **heliumgekühlter** ⁓ (DIN 25402) (Nukl) / helium-cooled reactor ‖ **heterogener** ⁓ (ein thermischer Reaktor) (Nukl) / heterogeneous reactor* ‖ **homogener** ⁓ (Nukl) / homogeneous reactor (a nuclear reactor in which fissionable material and moderator /if used/ are intimately mixed to form an effectively homogeneous medium for neutrons) ‖ **homogenisierter** ⁓ (Nukl) / homogenized reactor ‖ **innerhalb eines** ⁓**s** (Experiment oder Gerät) (Nukl) / in-pile *attr* ‖ **kaltkritischer** ⁓ (Nukl) / cold critical reactor ‖ **keramischer** ⁓ (mit keramischem Brennstoff oder mit keramischem Reaktorkern) (Nukl) / ceramic reactor ‖ **kommerzieller** ⁓ (Nukl) / commercial reactor ‖ **kritischer** ⁓ (Nukl) / critical reactor ‖ **kunststoffmoderierter** ⁓ (Nukl) /

**Reaktor**

plastic-moderated reactor ‖ **langsamer** ~ (Nukl) / slow (neutron) reactor ‖ **längsdurchströmter** ~ (Sanitär) / plug-flow reactor ‖ **leichtwassergekühlter** ~ (Nukl) / light-water-cooled reactor ‖ **leichtwassermoderierter** ~ (Nukl) / light-water-moderated reactor ‖ **linearbeschleunigergetriebener** ~ (Nukl) / linear accelerator-driven reactor, LADR ‖ **mittelschneller** ~ (bei dem die Spaltungen vorwiegend von mittelschnellen Neutronen ausgelöst werden - DIN 25402) (Nukl) / intermediate reactor* ‖ **nackter** ~ (Nukl) / bare reactor, naked reactor ‖ **NaK-gekühlter** ~ (Nukl) / NaK-cooled reactor ‖ **natriumgekühlter** ~ (Nukl) / sodium-cooled reactor* ‖ **organischer** ~ (Nukl) / organic reactor ‖ **organisch gekühlter** ~ (mit einer organischen Flüssigkeit als Kühlmittel betriebener Reaktor) (Nukl) / organic-cooled reactor ‖ **organisch moderierter** ~ (Nukl) / organic-moderated reactor ‖ **plutoniumerzeugender** ~ (Nukl) / plutonium production reactor, plutonium producer, plutonium-producing reactor ‖ **reflektorloser** ~ (Nukl) / bare reactor, naked reactor ‖ **schneller** ~ (Nukl) / fast reactor* ‖ **schneller natriumgekühlter** ~ (Nukl) / fast sodium-cooled reactor ‖ **schwerwassermoderierter** ~ (mit D$_2$O als Moderatorsubstanz) (Nukl) / deuterium reactor, heavy-water reactor*, HWR ‖ **thermischer** ~ (mit thermischen Neutronen) (Nukl) / thermal reactor* (a nuclear reactor using neutrons), slow reactor* ‖ ~ *m* **eines Kernheizkraftwerks** (Nukl) / heat reactor ‖ ~ **mit Energiedirektumwandlung** (Nukl) / direct-conversion reactor ‖ ~ **mit epithermischen Neutronen** (Nukl) / epithermal reactor* ‖ ~ **mit fluidisiertem Brennstoff** (bei dem das Brennstoff- und Moderatorgemisch ein Bett fester Teilchen bildet, das vom Kühlmittel fluidisiert wird) (Nukl) / fluidized reactor, fluidized-bed reactor* ‖ ~ **mit Flüssigmetallbrennstoff** (Nukl) / liquid-metal-fuelled reactor, liquid-metal reactor*, LMR* ‖ ~ **mit Flüssigmetallkühlung** (Nukl) / liquid-metal reactor*, liquid-metal-cooled reactor, LMR* ‖ ~ **mit geteiltem Kühlmittelfluß** (Nukl) / split-flow reactor* ‖ ~ **mit keramischem Brennstoff** (Nukl) / ceramic-fuelled reactor ‖ ~ **mit Lufteinblasung** (Nukl) / air-injection reactor ‖ ~ **mit nasser Suspension** (Nukl) / slurry reactor*, slurry-fuel reactor, suspension reactor ‖ ~ **mit niedrigem Neutronenfluß** (Nukl) / low-flux reactor ‖ ~ **mit nuklearer Dampfüberhitzung** (Nukl) / nuclear superheat reactor, NSR ‖ ~ **mit oxidischem Brennstoff** (z.B. UO$_2$ oder PuO$_2$) (Nukl) / oxide-fuel reactor ‖ ~ **mit Schlammumwälzung** (Nukl) / slurry reactor*, slurry-fuel reactor, suspension reactor ‖ ~ **mit Spektralsteuerung** (in dem zur Steuerung oder zu anderen Zwecken das Neutronenspektrum über die Eigenschaften und Menge des Moderators verändert wird) (Nukl) / spectral-shift-controlled reactor* (SSCR) ‖ ~ **mit staubförmigem Brennstoff** (Nukl) / dust-fuel reactor ‖ ~ **mit thermionischen Wandlern** (Nukl) / thermionic reactor ‖ ~ **mit Treiberzone(n)** (Nukl) / seed-core reactor, spiked-core reactor ‖ ~ **mit umlaufendem Brennstoff** (Nukl) / circulating-fuel reactor ‖ ~ **mit zirkulierendem Brennstoff** (Nukl) / circulating-fuel reactor ‖ ~ **ohne Reflektor** (Nukl) / bare reactor, naked reactor ‖ ~ **vom HWGCR-Typ** (Nukl) / heavy-water gas-cooled reactor, HWGCR ‖ ~ **vom Kanaltyp** (Nukl) / pressure-tube reactor* ‖ ~ **wird kritisch** (Nukl) / reactor goes critical

**Reaktor•abschirmung** *f* (Nukl) / reactor shielding ‖ ~**bau** *m* (als einmaliges Bauvorhaben) (Nukl) / reactor construction ‖ ~**bauart** *f* (Nukl) / reactor type, type of reactor ‖ ~**beckenwasser** *n* (Nukl) / refuelling water ‖ ~**behälter** *m* (zur Umschließung des Reaktorkerns oder des nuklearen Dampferzeugungssysgtems) (Nukl) / reactor vessel*, reactor pressure vessel ‖ ~**beladung** *f* (Nukl) / fuelling *n*, charge *n*, charging *n* ‖ ~**beschickung** *f* (Nukl) / fuelling *n*, charge *n*, charging *n* ‖ ~**betrieb** *m* (Nukl) / reactor operation ‖ ~**block** *m* (Nukl) / reactor block ‖ ~**dosimetrie** *f* (Nukl) / reactor dosimetry ‖ ~**druckbehälter** *m* (Nukl) / reactor vessel*, reactor pressure vessel ‖ ~**druckgefäß** *n* (Nukl) / reactor vessel*, reactor pressure vessel ‖ ~**dynamik** *f* (ein Teil der Reaktortheorie, der das zeitliche Verhalten eines Reaktors beschreibt und analysiert) (Nukl) / reactor dynamics ‖ ~**einschub** *n* (Nukl) / in-pile section, in-pile unit ‖ ~**exkursion** *f* (Nukl) / reactor excursion ‖ ~**exkursion** *f* (Nukl) / excursion *n*, power excursion, reactor excursion (rapid rise in the power level of a nuclear reactor) ‖ ~**flutungssystem** *n* (Nukl) / core flooding system ‖ ~**gebäude** *n* (Nukl) / reactor building ‖ ~**gebäudesumpf** *m* (Nukl) / floor sump, sump *n* ‖ ~**gift** *n* (ein Stoff, der infolge seines hohen Absorptionsquerschnitts für Neutronen die Reaktivität eines Reaktors herabsetzt, wie z.B. $^{135}$Xe) (Nukl) / nuclear poison, reactor poison, poison* *n*, neutron poison*, killer* *n* ‖ ~**gitter** *n* (eine regelmäßige Anordnung von Kernbrennstoff und anderen Materialien zur Bildung eines multiplizierenden Mediums) (Nukl) / lattice* *n*, reactor lattice ‖ ~**gleichung** *f* (Bilanzierung der Gesamtzahl der Neutronen in einem Reaktor) (Nukl) / reactor equation ‖ ~**grube** *f* (Nukl) / reactor pit ‖ ~**interner Kreislauf** (Nukl) / in-pile loop ‖ ~**keramik** *f* (Zweig der Keramik, der sich mit der Erforschung und Erzeugung von Werkstoffen beschäftigt, die zum Betrieb von Kernreaktoren benötigt werden) (Keram, Nukl) / nuclear-reactor ceramics, reactor ceramics ‖ ~**kern** *m* (Nukl) / core* *n*, reactor core ‖ ~**kinetik** *f* (ein Teil der Reaktortheorie) (Nukl) / reactor kinetics ‖ ~**kreislauf** *m* (Nukl) / in-pile loop ‖ ~**kühlmittel** *n* (flüssiges oder gasförmiges Medium zum Abtransport der Wärme aus dem Reaktorkern) (Nukl) / reactor coolant ‖ ~**kühlsystem** *n* (das primäre Wärmetransportsystem eines Leistungsreaktors) (Nukl) / reactor cooling system ‖ ~**kühlung** *f* (Nukl) / reactor cooling ‖ ~**leistung** *f* (Nukl) / reactor power, reactor output ‖ ~**mantel** *m* (Nukl) / reactor shell, reactor envelope ‖ ~**neutronenspektrum** *n* (Nukl) / reactor spectrum ‖ ~**oszillator** *m* (Nukl) / reactor oscillator* ‖ ~**periode** *f* (Zeitdauer, während der sich die Leistung oder der Neutronenfluß im Reaktor um den Faktor e [ungefähr 2,728] ändert) (Nukl) / reactor period, reactor time constant ‖ ~**periodenmesser** *m* (Nukl) / period meter* ‖ ~**physik** *f* (ein Teilgebiet der Kernphysik) (Kernphys, Nukl) / reactor physics ‖ ~**raum** *m* (Nukl) / reactor well ‖ ~**rauschen** *n* (statistische Schwankungen der Reaktivität) (Nukl) / reactor noise* ‖ ~**regelung** *f* (Nukl) / reactor control ‖ ~**rein** *adj* (z.B. Plutonium) (Nukl) / reactor-grade *attr* ‖ ~**schnellabschaltung** *f* (Nukl) / reactor trip*, reactor scram ‖ ~**schutz** *m* (Nukl) / reactor protection system ‖ ~**schutzhülle** *f* (Nukl) / containment shell ‖ ~**schutzsystem** *n* (Nukl) / reactor protection system ‖ ~**sicherheit** *f* (Nukl) / reactor safety ‖ ~**sicherheitshülle** *f* (Nukl) / containment shell ‖ ~**simulator** *m* (Nukl) / reactor simulator* ‖ ~**stabilität** *f* (Nukl) / reactor stability ‖ ~**statik** *f* (ein Teil der Reaktortheorie) (Nukl) / reactor statics ‖ ~**steuerung** *f* (Nukl) / reactor control ‖ ~**steuerung durch Änderung der Geometrie** (Nukl) / configuration control* ‖ ~**tank** *m* (Nukl) / reactor vessel*, reactor pressure vessel ‖ ~**technik** *f* (Nukl) / reactor technology ‖ ~**theorie** *f* (Reaktorstatik + Reaktordynamik + Reaktorkinetik) (Nukl) / reactor theory ‖ ~**typ** *m* (Nukl) / reactor type, type of reactor ‖ ~**unfall** *m* (Nukl) / reactor accident ‖ ~**vergiftung** *f* (Nukl) / reactor poisoning ‖ ~**wasser** *n* (Nukl) / reactor water ‖ ~**werkstoff** *m* (Nukl, WP) / reactor material ‖ ~**zeitkonstante** *f* (Nukl) / reactor period, reactor time constant

**real** *adj* / real *adj* (not imaginary) ‖ ~**e Adresse** (eines Platzes im realen Hauptspeicher) (EDV) / real address (contrasted with "virtual address") ‖ ~**er Festkörper** (der mehr oder minder starke Abweichungen vom Idealfall aufweist) (Krist, Phys) / real body ‖ ~**e Flüssigkeit** (Phys) / real fluid ‖ ~**es Gas** (das vom idealen Verhalten abweicht) (Phys) / real gas, imperfect gas ‖ ~**es Gerät** (EDV) / physical device, real device ‖ ~**er Kristall** (Krist) / real crystal, imperfect crystal ‖ ~**e Lösung** (Chem) / non-ideal solution ‖ ~**er Rahmen** (EDV) / page frame ‖ ~**e Seide** (vom Kokon abgehaspelte endlose Raupenseide) (Tex) / reeled silk ‖ ~**e Welt** (KI) / real world

**Real•bildfeld** *n* (Foto) / actual picture field ‖ ~**faktor** *m* (Phys) / compressibility factor

**Realgar** *m* (Tetraarsentetrasulfid) (Min) / realgar* *n* (natural red arsenic disulphide)

**Realgas** *n* (Phys) / real gas, imperfect gas

**Realisation** *f* / realization *n* ‖ ~ (möglicher Wert, den eine Zufallsvariable oder ein stochastischer Prozeß annehmen kann) (Stats) / realization *n* ‖ ~ **des stochastischen Prozesses** (Stats) / realization of a stochastic process

**Realisationswert** *m* / sale value

**Realisator** *m* (Film) / metteur-en-scene *n*

**Realisierung** *f* / realization *n* ‖ ~ **des lokalen Netzes** (EDV) / LAN implementation

**Realität, virtuelle** ~ (EDV) / virtual reality, VR

**Reality-TV** *n* (TV) / reality TV

**Real•kristall** *m* (Krist) / real crystal, imperfect crystal ‖ ~**seitenrahmen** *m* (EDV) / page frame ‖ ~**speicher** *m* (EDV) / real memory*, real storage ‖ ~**struktur** *f* (Krist) / real structure ‖ ~**teil** *m* (einer komplexen Zahl) (Math) / real part*

**Real-Time** *f* (EDV) / real time ‖ ~**-Betrieb** *m* (EDV) / real-time processing ‖ ~**-Clock** *m* (Funktionseinheit eines Rechensystems, die Absolutzeit oder Relativzeiten angibt) (EDV) / real-time clock* (RTC) ‖ ~**-Simulation** *f* (EDV) / real-time simulation ‖ ~**-System** *n* (Tex) / real-time system* (RTS) ‖ ~**-Verarbeitung** *f* (EDV) / real-time processing ‖ ~**-Verfahren** *n* (in der Holografie - das fortlaufende Aussagen über die Objektveränderungen ermöglicht) / real-time viewing (of holographs)

**Realwelt** *f* (KI) / real world

**Real-World-Problem** *n* (KI) / real-world problem

**Realzeit** *f* (EDV) / real time ‖ ~**betrieb** *m* (EDV) / real-time processing ‖ ~**datenerfassung** *f* (EDV) / real-time data acquisition ‖ ~**simulation** *f* (EDV) / real-time simulation ‖ ~**sprache** *f* (Programmiersprache zur Formulierung von Aufträgen an Rechensysteme, die im Echtzeitbetrieb abgewickelt werden sollen) (EDV) / real-time (programming) language ‖ ~**steuerung** *f* (EDV) / real-time control ‖ ~**system** *n* (Tex) / real-time system* (RTS) ‖ ~**uhr** *f* (Funktionseinheit eines Rechensystems, die Absolutzeit oder

Relativzeiten angibt) (EDV) / real-time clock* (RTC) ||
~verarbeitung f (EDV) / real-time processing
**Réaumur-Temperaturskale** (heute nicht mehr benutzt - nach R.A.
Seigneur de Réaumur, 1683-1757) (Phys) / Réaumur temperature
scale, Réaumur scale*
**Réaumur-Thermometerskale** f (Phys) / Réaumur temperature scale,
Réaumur scale*
**Rebecca-Eureka-System** n (Radar) / rebecca-eureka* n
**Rebecca-Eureka-Verfahren** n (Radar) / rebecca-eureka* n
**rebeln** v (Maiskörner) (Landw) / shell v, shuck n
**Rebler** m (Landw) / sheller n
**Reben•krankheit** f (Landw) / vine disease || **Echter ~mehltau** (eine
Krankheit, deren Verursacher der Pilz Uncinula necator Burr. ist)
(Bot) / oidiomycosis n (pl. -mycoses) || **~schwarz** n / drop black,
Frankfort black, vine-black n
**Rebhuhnfäule** f (For) / honeycomb rot
**Rebhuhnholz** n (als Ergebnis der Wabenfäule) (For) / pecky wood
**Rebkrankheit** f (Landw) / vine disease
**Reblaus** f (ein Weinbaugroßschädling - Anzeige- und
Bekämpfungspflicht) / phylloxera n, vine louse, vine fretter
**Rebler** m (Landw) / sheller n
**Reboard-System** n (für Kleinkindersitze) (Kfz) / reboard system
**Reboiler** m (Wiederverdampfer bei Destillationsanlagen) (Chem Verf) /
reboiler* n || **~ (Erdöl)** / reboiler n
**Reboot** n (EDV) / reboot n
**rebooten** v (EDV) / restart v, reboot v
**Rebpfahl** m (For) / grape-stake n, vineyard pole
**Reburn-Technologie** f (kombinierte Stufenverbrennung, bei der die
Verbrennung der zweiten Stufe zur Verminderung von
Emissionen mit Erdgas erfolgt) / gas reburning
**Recall** m (ein Effektivitätsmaß zur Bewertung von
Dokumenten-Retrieval-Systemen) (EDV) / recall n || **~ (Kfz) / recall
n**, callback n
**Receiver** m (Strahlungsempfänger des Solarturmkraftwerks) / receiver
n || **~** (Kombination von dem Radioempfangsteil und Verstärker für
Hi-Fi-Wiedergabe, jedoch ohne Lautsprecher) (Akus, Radio) /
receiver n
**Receptaculum** n (pl. -cula) (Bot) / receptacle* n
**Receptor** m (Biol) / receptor n
**rechen** v (Landw) / rake v
**Rechen** m (Landw) / rake n || **~** Rückhaltevorrichtung am Einlauf von
Klär- und Wasserkraftanlagen - meistens Grobrechen) (Wasserb) /
rack n, screens pl (in intake works), trash screen, trash rack, grid* n,
bar strain, coarse screen
**Rechen•** - / rated adj, design attr || **~anlage** f (EDV) / computer* n ||
**digitale ~anlage** (EDV) / digital computer* ||
**speicherprogrammierte ~anlage** (EDV) / stored-program computer
|| **~anlage f für die Reaktorvergiftungssteuerung** (EDV, Nukl) /
poison computer || **~art** f (Math) / arithmetical operation* ||
**~auslage** f (Druck) / rake delivery, flyer delivery || **~automat** m (EDV)
/ computer* n || **~befehl** m (EDV) / arithmetical instruction,
arithmetic instruction || **~brett** n (Math) / abacus* n (pl. abacuses or
abaci) || **~dezimalkomma** n (EDV) / assumed decimal point, virtual
decimal point || **~dezimalpunkt** m (EDV) / assumed decimal point,
virtual decimal point || **~element** n (Grundbaustein des
Analogrechners zur Realisierung einer mathematischen Operation)
/ computing element || **~fehler** m / computational error || **~förderer**
m (Masch) / rake conveyor || **~genauigkeit** f / computational error ||
**~glied** n (Baustein eines Meßsystems) / computing element ||
**~größe** f (das Element, mit dem Rechenoperationen durchgeführt
werden) (Math) / operand* n || **~größe** (Math) / rating n || **~gut** n
(Wasserb) / screenings pl || **~gutpresse** f (Wasserb) / screenings bale
press || **~kapazität** f (maximale) (EDV) / computing capacity ||
**~kenntnisse** f pl (Math) / numeracy n || **~klassierer** m (ein
Freifallklassierer) (Aufber) / rake classifier || **~leistung** f (maximale)
(EDV) / computing capacity || **~maschine** f (mechanische oder
elektrisch betriebene) / calculating machine || **~prozeß** m
(Abwicklung eines Programms auf einem Prozeßrechnersystem;
Durchführung einer Automatisierungsaufgabe mit Hilfe eines
Automatisierungsprogramms) (EDV) / task n || **~scheibe** f / circular
slide rule || **~schieber** m / slide rule*, slipstick n (US), linear slide
rule, straight slide rule || **~stab** m / slide rule*, slipstick n (US),
linear slide rule, straight slide rule || **~stanzer** m (ein Gerät, das in
Lochkarten enthaltene Zahlen rechnerisch verarbeitet und das
Ergebnis in die gleiche oder eine folgende Lochkarte stanzt) (EDV) /
calculating punch || **~system** n (EDV) / data-handling system*,
data-reduction system || **~uhr** f (nach dem Prinzip des
Rechenschiebers arbeitendes Rechengerät mit konzentrischer
kreisförmiger Skalenordnung) / circular slide rule || **~verstärker** m
(ein linearer Gleichspannungsverstärker mit einem hohen
negativen Verstärkungsfaktor und einem großen
Übertragungsbereich) (Eltronik) / operational amplifier*, computing
amplifier, op amp || **~werk** n (Funktionseinheit innerhalb eines

digitalen Rechensystems, die Rechenoperationen ausführt - DIN
44300) (EDV) / arithmetic unit* || **~zahn** m (Landw) / rake tooth ||
**~zeit** f (EDV) / machine time, computer time || **~zentrum** n (EDV) /
data-processing centre, computing centre, EDP centre, processing
centre || **Personal eines ~zentrums** (einer
Datenverarbeitungszentrale) (EDV) / liveware n, computer
personnel, peopleware n || **~zinke** f (Landw) / rake tooth
**Recherche** f (z.B. in Patentsachen) / search n, searching n || **~** (EDV) /
search n, searching n || **~auftrag** m (EDV) / query n || **~bericht** m
(vor der Erteilung des Patents) / search report || **~sprache** f (EDV) /
search language
**recherchieren** v (z.B. Patentsachen) / search v
**rechnen** v / calculate v, compute v || **~** n / calculation n, computation n ||
**grafisches ~** (Math) / nomography n, graphics n || **numerisches ~**
(Math) / numerical computation || **~** n **mit doppelter Wortlänge**
(EDV) / double-precision arithmetic || **~ mit mehrfacher Wortlänge**
(EDV) / multiple-length arithmetic, multiple-precision arithmetic
**Rechner** m (EDV) / computer* n || **auf ~ umstellen** (EDV) / computerize
v, computerise v (GB) || **bioelektronischer ~** (EDV) / bioelectronic
computer || **byteorientierter ~** (der Operanden unterschiedlicher
Stellenzahl zuläßt) (EDV) / byte-oriented computer || **digitaler ~**
(EDV) / digital computer* || **ereignisgesteuerter ~** (EDV) /
event-driven computer || **klonierter ~** (nachgebauter) (meistens
IBM-kompatibler, der billiger ist und schneller arbeitet) (EDV) /
clone n || **kognitiver ~** (EDV) / cognitive computer ||
**mikroprogrammierbarer ~** (EDV) / microprogrammable computer
|| **mit ~ n ausrüsten** (EDV) / computerize v, computerise v (GB) ||
**mittelwertbildender ~** (EDV) / averaging computer, averager n ||
**optischer ~** (EDV) / optical computer || **penorientierter ~** (EDV) /
pen-oriented computer || **serieller ~** (EDV) / serial computer* ||
**wortorientierter ~** (der die Operanden als Wort fester Länge
speichert) (EDV) / word-oriented computer, word-oriented machine
|| **~ der fünften Generation** (mit künstlicher Intelligenz,
Expertensystemen, Sprach- und Bilderkennung usw.) (EDV) /
fifth-generation computer*, FGC || **~ der sechsten Generation**
(EDV) / sixth-generation computer, SGC, neurocomputer n || **~ der
vierten Generation** (etwa 1980 - 1994) (EDV) / fourth-generation
computer || **~ für professionelle Anwendungen** (EDV) / professional
computer || **~ mit fester Wortlänge** (EDV) / fixed word-length
computer, fixed-length computer || **~ mit festverdrahtetem
Programm** (EDV) / wired-program computer || **~ mit komplexem
Befehlsvorrat** (EDV) / complex instruction set computer, CISP || **~
mit reduziertem Befehlsvorrat** (EDV) / reduced-instruction set
computer* (RISC) || **~ mit variabler Wortlänge** (EDV) /
variable-word-length computer, byte machine, character machine,
variable-length computer
**rechner•abhängig** adj (EDV) / on-line* attr || **~abhängiger Speicher**
(EDV) / online storage || **~abhängige Verarbeitung** (EDV) / on-line
processing* || **~anlage f für Bildentzerrung** (EDV, Verm) / rectipluter
n || **~arbeit f mit Eingabe per Stift** (Pen) (EDV) / pen-based
computing || **~architektur** f (EDV) / computer architecture* ||
**~ausdruck** m (EDV) / computer listing || **~ausgabe f über Mikrofilm**
(EDV) / computer output on microfilm*, COM* || **~auswertung** f
**von visuellen Daten** (EDV) / computer vision* || **~bewertungsnetz** n
(EDV) / evaluation net, e-net n || **~chemie** f (Chem) / computer
chemistry, computational chemistry || **~direktsteuerung** f
(numerische Steuerung online mit übergeordnetem Prozeßrechner)
(EDV) / direct numerical control, DNC || **~eingabe f über Mikrofilm**
(EDV) / computer input microfilm, CIM || **~familie** f (Rechner
gleicher Architektur, aber unterschiedlicher Leistung) (EDV) /
computer family || **~familie** (verschiedene Generationen eines
Systems) (EDV) / computer family || **~geleiteter Unterricht** (EDV) /
computer-managed instruction* || **~generation** f (z.B. fünfte) (EDV)
/ computer generation* || **~generiert** adj (EDV) /
computer-generated adj || **~gerecht** adj (EDV) /
computer-compatible adj
**rechnergesteuert** adj (EDV) / computer-controlled adj, cc || **~er
Schreiber** (EDV) / computer-aided recorder || **~es System** (EDV,
F.Org) / computer-controlled system
**rechnergestützt** adj (EDV) / computer-aided adj, computer-assisted adj
|| **~er Arzneimittelentwurf** (Pharm) / computer-assisted drug design ||
**~e Ausbildung** (EDV) / computer-based training (CBT) || **~es
Befundungssystem** (EDV, Med) / computer-aided reporting system,
computer-supported reporting system || **~er DNA-Molekülentwurf**
(Gen) / computer-assisted DNA molecule design || **~es Engineering**
(in Entwicklung, Projektierung und Konstruktion) (EDV, Masch) /
computer-aided engineering*, CAE* || **~es Entwerfen** (EDV, Masch) /
computer-aided design*, CAD* || **~e Entwicklung und
Konstruktion** (EDV, Masch) / computer-aided engineering*, CAE* ||
**~e feinprogrammierbare numerische Steuerung**
(Offline-Verarbeitung mittels Kleinrechner) (EDV, Masch) /
computerized numerical control, CNC || **~e**

**Fertigung(stechnologie)** (EDV, Masch) / computer-aided manufacturing, CAM ‖ **~es Gesamtsystem der Planung und Steuerung** (EDV, F.Org) / computer-aided manufacturing, CAM ‖ **~e Ingenieurarbeit** (EDV, Masch) / computer-aided engineering*, CAE* ‖ **~e Kartografie** (Herstellung und Aktualisierung von Landkarten mittels elektronischer Datenverarbeitung) (Kart) / computer-assisted cartography, CAC ‖ **~es Konstruieren** (EDV, Masch) / computer-aided design*, CAD* ‖ **~es Konstruieren und Zeichnen** (EDV, Masch) / computer-aided design and draughting, CADD ‖ **~e Konstruktion** (als Ergebnis) (EDV, Masch) / computer-aided design*, CAD* ‖ **~es Lernen** (EDV) / computer-aided instruction, computer-assisted instruction*, CAI ‖ **~e medizinische Beratung** (EDV, Med) / computer-based medical consultation(s) ‖ **~e Planung** (EDV, F.Org) / computer-aided planning, CAP ‖ **~e Prozeßleitung** (DIN 66201, T 1) (EDV) / process control (PC) ‖ **~es Prüfsystem** (EDV, Masch) / computer-aided test equipment (CATE) ‖ **~es Publizieren** (Druck, EDV) / computer-aided publishing (CAP) ‖ **~e Qualitätssicherung** / computer-aided quality control ‖ **~es Retrieval** (EDV) / computer-assisted retrieval, CAR ‖ **~es Software engineering** (EDV) / computer-aided software engineering (CASE) ‖ **~e Systemanalyse** (EDV) / computer system analysis, CASA ‖ **~es Test- und Prüfverfahren** (EDV) / computer-aided testing, CAT ‖ **~e Übersetzung** (EDV) / computer-aided translation, CAT ‖ **~e Verdrahtung** (Eltech) / computer-aided wiring, CAW ‖ **~e Werkstoffprüfung** (WP) / computer-aided (materials) testing, CAT ‖ **~es Wirkstoffdesign** (Pharm) / computer-aided drug design, CADD ‖ **~es (Briefe)Schreiben** (EDV) / computer-aided writing, CAW ‖ **~er (Fremd)Sprachenunterricht** (EDV) / computer-assisted language learning, CALL
**rechnerintegriert • es Bauen** (Bau) / computer-integrated building (construction) ‖ **~e Fertigung** (F.Org) / computer-integrated manufacturing, CIM ‖ **~e Geschäftsabwicklung** (EDV) / computer-integrated business ‖ **~es Weben** (Web) / computer-integrated weaving, CIW
**rechner • intensiv** adj (EDV) / computer-bound adj ‖ **~internes Modell** (EDV) / machine model
**rechnerisch** adj (ermittelt) / rated adj, design attr ‖ **~** / computational adj ‖ **~e Annahme** (Math) / rating n ‖ **~e Belastung** (Mech) / design load ‖ **~e Betriebsdauer** (F.Org, Masch) / design life ‖ **~e Lebensdauer** (Masch) / rating life, rated life ‖ **~e Lebensdauervorhersage** (Masch) / calculated life prediction ‖ **~e Leistungsfähigkeit** (EDV) / computational capability ‖ **~ lösbar** (Math) / calculable adj, computable adj
**Rechner • kapazitäten** f pl (EDV) / computational resources ‖ **~kern** m (EDV) / kernel n ‖ **~kode** m (EDV) / machine code* ‖ **~konferenz** f (EDV) / computer conferencing ‖ **~kunst** f (EDV) / computer art ‖ **~leistung** f (EDV) / computer power ‖ **~logik** f (EDV) / computer logic ‖ **~mißbrauch** m (EDV) / computer abuse ‖ **~modell** n (EDV) / computer model
**Rechnernetz** n (EDV) / computer network ‖ **~** (EDV) s. auch lokales Netzwerk ‖ **lokales ~** (EDV, Fernm) / local computer network ‖ **~integriertes Labor** (Chem) / computer-integrated laboratory, CIL ‖ **~integriertes Laboratorium** (Chem) / computer-integrated laboratory, CIL
**Rechner • operation** f (EDV) / computer operation, machine operation ‖ **~physik** f / computer physics, computerized physics ‖ **~protokoll** n (EDV) / computer listing ‖ **~simulation** f (EDV) / computer simulation ‖ **~simulation der Molekulardynamik** (Chem, EDV) / molecular-dynamics simulation ‖ **~system** n (EDV) / computer system* ‖ **unabhängiges ~system** (EDV) / stand-alone computer system ‖ **~system n mit dynamischem Störausgleichverhalten** (EDV) / resilient computing system ‖ **~technik** f (EDV) / computer technology ‖ **unabhängig** adj (EDV) / off-line* attr ‖ **unabhängige Verarbeitung** (EDV) / off-line processing
**rechnerunterstützt** adj (EDV) / computer-aided adj, computer-assisted adj ‖ **~e Anlage für die Geschwindigkeitsüberwachung** (der Flugzeuge im Anflugsektor) (Luftf) / speed control adviser, SCA ‖ **~es Büro** (EDV) / computer-aided office, CAO ‖ **~es Entwickeln** (besonders in der Autoindustrie) (Masch) / computer-aided engineering, CAE ‖ **~e Instandhaltung** (EDV, Masch) / computer-aided maintenance, CAM ‖ **~er kognitiver Prozeß** (EDV) / machine-aided cognition, MAC ‖ **~es Lehrsystem** / intelligent computer-aided instruction, ICAI ‖ **~es Proteinmodell** (Gen) / computer-aided protein design, CAPD ‖ **~e Qualitätssicherung** (EDV, F.Org) / computer-aided quality assurance, CAQ ‖ **~e Software-Entwicklung** (EDV) / computer-aided software engineering (CASE) ‖ **~e Sprachübersetzung** (EDV) / machine-aided translation (MAT) ‖ **~e Technologie in der Fertigungsindustrie** (F.Org) / computer-aided technology in manufacturing ‖ **~e Übersetzung** (EDV) / computer-aided translation, CAT ‖ **~er Unterricht** (EDV) / computer-aided instruction, computer-assisted instruction*, CAI ‖ **~es Zeichnen** (EDV) / computer-assisted drauwing, CAD
**Rechnerverbund • modell** n mit sieben Funktionsschichten (z.B. ISO-Referenzmodell) (EDV) / seven-layer reference model ‖ **~netz** n (über größere Entfernungen) (EDV) / long-haul network
**Rechnung** f / invoice n, bill n ‖ **in ~ stellen** / invoice v, bill v ‖ **quittierte ~** / receipted invoice ‖ **~** f **in doppelter Ausfertigung** / invoice in duplicate
**Rechnungs • einheit** f / unit of account ‖ **~last** f (Mech) / calculated load, rated load, design load ‖ **~legung** f / accounting n ‖ **~prüfung** f / audit n
**recht** adj / right adj ‖ **~e Ableitung** (Math) / right derivative ‖ **~e Buchseite** (mit ungerader Seitenzahl) (Druck, Typog) / recto* n (pl. -s), right-hand page, odd-numbered page, right-facing page ‖ **~er Nebenfluß** (Geol) / right-bank tributary ‖ **~e Nebenklasse** (Math) / right coset ‖ **~er Rand** (Druck) / right margin ‖ **~er Rand der Karte** (für Prüfkerbung vorgesehen) (EDV) / trailing edge ‖ **~e Restklasse** (Math) / right coset ‖ **~e Seite** (eines Holzkörpers) (For) / internal side, heart side ‖ **~e Seite** (Kfz) / nearside adj (right-hand driving)* ‖ **~e Seite** (Kfz) / offside adj (left-hand driving)* ‖ **~e Seite** (der Regel - eine Folge von Aktionen, die bei Erfüllung der linken Seite auszuführen sind) (KI) / right-hand side, RHS ‖ **~e Seite** (einer Gleichung) (Math) / right-hand side ‖ **~e Stoffseite** (Tex) / face n, right side, fabric face, good side ‖ **~e Tür** (Kfz) / offside door (left-hand driving - GB)? ‖ **~er Winkel** (Math) / right angle*
**Rechtdrehen** n (Luftf, Meteor) / veering* n
**Rechteck** n (gleichwinkliges Parallelogramm) (Math) / rectangle* n ‖ **~bildröhre** f (TV) / square picture tube ‖ **~deckleiste** f (Tischl) / square staff* ‖ **~feder** f (Masch) / flat parallel spring, rectangular plate spring ‖ **~ferrit** m (Magnetwerkstoff mit rechteckiger Hystereskurve, z.B. Ni-Zn-Co-Ferrit) / rectangular ferrite, square-loop ferrite ‖ **~funktion** f (Math) / rectangle function ‖ **~gebäude** n (Bau) / quadrangle n ‖ **~geber** m (Eltronik) / squarer n ‖ **~haus** n (Bau) / quadrangle n ‖ **~hohlleiter** m (Fernm) / rectangular waveguide
**rechteckig** adj (Math) / rectangular adj ‖ **~e Anordnung** (von Geometrieelementen) (EDV) / rectangular array ‖ **~e Deckleiste** (Bau) / listel n ‖ **~e Meßblende** (des Meßwehrs) (Wasserb) / rectangular notch ‖ **~es Meßwehr** (mit rechteckiger Meßblende) (Wasserb) / rectangular weir ‖ **~ oder quadratisch beschneiden** (behauen, zurichten) / square v ‖ **~e Verteilung** (Stats) / rectangular distribution (depicted graphically by means of a single rectangle), skewed distribution
**Rechteckigkeit** f / rectangularity n, squareness n
**Rechteckigkeitsverhältnis** n (bei Ferriten) (EDV, Mag) / squareness ratio
**Rechteck • impuls** m (DIN 43740) (Eltronik) / rectangular pulse* ‖ **~impulse formen** (Eltronik) / square v ‖ **~platte** f (Bau, Mech) / rectangular plate ‖ **~profil** n / box section ‖ **~querschnitt** m / rectangular section ‖ **~Rasterlinse** (Radio) / slatted lens*, egg-box lens* ‖ **~ring** m (Verdichtungsring mit rechteckigem Querschnitt) (Masch, V-Mot) / rectangular ring, rectangular-section ring ‖ **~ring mit balliger Lauffläche** (Masch, V-Mot) / barrel-faced rectangular ring ‖ **~ring mit kegeliger Lauffläche** (Masch, V-Mot) / taper-faced (rectangular) ring, tapered compression ring ‖ **~ring mit Nase** (ein Kompressionsring) (Masch, V-Mot) / scraper compression ring ‖ **~scheinwerfer** m (Kfz) / rectangular headlamp ‖ **~schleife** f (spezielle Form der Hystereseschleife, die sich durch ein hohes Remanenz-Maximalinduktions-Verhältnis auszeichnet) (Mag) / rectangular hysteresis loop, rectangular loop hysteresis* ‖ **~schwingung** f (mit idealerweise "rechteckigem" Zeitverlauf) (Phys) / rectangular vibration, rectangular oscillation ‖ **~spule** f (Eltech) / square-core coil ‖ **~verstärker** m (Radio) / squaring amplifier ‖ **~verteilung** f (Math, Stats) / continuous uniform distribution ‖ **~welle** f (Eltronik) / square wave*, rectangular wave ‖ **in ~wellen umformen** (Eltronik) / square v, square up v ‖ **in ~wellen umwandeln** (Eltronik) / square v, square up v ‖ **~wellenfunktion** f (Eltronik) / square-wave function ‖ **~wellengenerator** m (ein Meßgenerator) (Eltronik) / square-wave generator ‖ **~wellenpolarograf** m (Chem, Eltech) / square-wave polarograph ‖ **~wellenpolarografie** f (Chem, Eltech) / square-wave polarography, SWP
**Rechtefaustregel** f (Elektr) / corkscrew rule
**Rechtehandregel** f (Elektr) / right-hand screw rule, right-hand rule
**Rechter** m (Math) / right angle*
**rechtläufig • e Bewegung** (Astr) / direct motion ‖ **~e Bewegungsrichtung** (eines Himmelskörpers) (Astr) / direct motion
**rechts, nach ~ aufgehende Tür** (Bau) / right-hand door ‖ **von ~ nach links** (arbeitend, lesend) / right-to-left attr, RL ‖ **~ aufschlagende Tür** (Bau) / right-hand door ‖ **~ polarisierte Welle** (Eltronik) / right-hand(ed) polarized wave ‖ **~ überholen** (Kfz) / overtake on the right ‖ **~ überholendes Fahrzeug** (in Ländern mit Rechtsverkehr

(Kfz) / blind-sider n ‖ ~ **zirkular polarisiert** (Opt) / right-circularly polarized

**Rechts•-** (rechte Fahrzeugseite) (Kfz) / nearside adj (right-hand driving)* ‖ ⁓**-** (rechte Fahrzeugseite) (Kfz) / offside adj (left-hand driving)* ‖ ⁓**abbiegen** n (Kfz) / right-turning traffic ‖ ⁓**abbiegestreifen** m (HuT, Kfz) / right-turn lane ‖ ⁓**achse** f (der Gaußschen Zahlenebene, auf der die reellen Zahlen abgetragen werden) (Math) / real axis* (of the Argand diagram), x-axis n, axis of reals, axis of abscissas ‖ ⁓**assoziiert** adj (Math) / right-associated adj, right-associate adj ‖ ⁓**assoziierte Matrix** (Math) / right associate (of a matrix) ‖ ⁓**bündig** adj (EDV) / right justified, right aligned, right-hand justified ‖ ~**bündig** (Typog) / flush-right adj, banked adj (to the right) ‖ ⁓**bündige Anordnung** (EDV, Typog) / banking n (with respect to the right margin) ‖ ⁓**bündiger Satz** (EDV, Typog) / banking n (with respect to the right margin)

**Rechtschreib•fehler** m (EDV) / spelling error ‖ ⁓**kontrolle** f (EDV) / spelling check ‖ ⁓**kontrollprogramm** n (EDV) / spelling checker, spellchecker n, word spellchecker ‖ ⁓**korrekturprogramm** n (EDV) / spelling corrector ‖ ⁓**prüfprogramm** n (EDV) / spelling checker, spellchecker n, word spellchecker ‖ ⁓**prüfung** f (EDV) / spelling check

**Rechts•drall** m (Kab) / right-hand twist ‖ ⁓**drall** (bei schraubenverzahnten Fräsern) (Masch) / right-hand helix ‖ ⁓**drehen** n (des Winds) (Luftf, Meteor) / veering* n

**rechtsdrehend** adj / clockwise adj adv, cw, ckw ‖ ~ (Chem, Opt) / dextrorotatory* adj, dextrogyric adj, dextrogyrate adj, dextro adj, dextrogyrating adj, dextrorotatory adj, dextrorotating adj ‖ ~ (Geol) / dextral* adj ‖ ~**er Kristall** (Eltronik) / right-handed crystal, R.H. crystal ‖ ~**e Säure** (Chem) / dextrorotatory acid

**rechts•eindeutig** adj (Math) / right-unique adj ‖ ⁓**erblicher Ring** (Math) / right hereditary ring ‖ ⁓**flanke** f (DIN 3960) (Masch) / right-hand tooth flank

**rechtsgängig** adj (Gewinde, Fräser) (Masch) / right-handed adj, right-hand attr, RH ‖ ~ **geschlagen** (Seil) / right-hand lay ‖ ~**e Luftschraube** (Luftf) / right-hand airscrew, right-hand propeller ‖ ~**e Schraubenlinie** (Math) / dextrorse helix ‖ ~**e Wicklung** (Eltech) / right-handed winding

**rechts•gedrehtes Garn** (Spinn) / open-band twine, right-hand twine, Z-twisted yarn ‖ ⁓**gerichtet** adj / right-pointing adj ‖ ⁓**gewindeschraube** f (Masch) / right-handed screw, right-hand screw ‖ ⁓**gratköper** m (Web) / right-hand twill, right twill, left-to-right twill, Z-twill n ‖ ⁓**händig** adj (Geol) / dextral* adj ‖ ⁓**händige Blattverschiebung** (Geol) / dextral fault*, right-lateral fault, right-lateral slip fault ‖ ⁓**händige Tür** (Bau) / right-hand door

**Rechtssichtigkeit** f (Opt) / emmetropia* n

**rechtsinnig** adj (Geol) / dextral* adj

**rechts•invers** (Math) / right inverse ‖ ⁓**kurve** f (Kfz) / right turn, righthand curve ‖ ⁓**lauf** m (z.B. bei einem Bohrer) (Masch) / forward action ‖ ⁓**lineare Grammatik** (wenn alle Produktionen rechtslinear sind) (EDV) / right-linear grammar ‖ ⁓**-Links-Bindung** f (bei Strickwaren) (Tex) / plain jersey construction ‖ ⁓**-Links-Gestrick** n (Tex) / plain fabric* ‖ ⁓**-links-Naht** f (Tex) / French seam ‖ ⁓**masche** f (Tex) / plain stitch, plain loop, jersey stitch ‖ ⁓**medizin** f (Med) / forensic medicine*, legal medicine* ‖ ⁓**milchsäure** f (Chem) / sarcolactic acid ‖ ⁓**motor** m (Luftf) / right-handed engine* ‖ ⁓**nebenklasse** f (Math) / right coset ‖ ⁓**pfeil** m (Druck, EDV) / right arrow, rightward arrow, right-direction arrow ‖ ⁓**quarz** m (Min) / right-handed quartz ‖ ⁓**-Rechts-Bindung** f (bei Strickwaren) (Tex) / one-and-one rib construction ‖ ⁓**-Rechts-Strickware** f (Tex) / rib fabric(s), rib-stitch goods ‖ ⁓**regulär** adj (Math) / right-regular adj ‖ ⁓**säure** f (Chem) / dextrorotatory acid ‖ ⁓**schlag** m (Kab) / right-hand twist ‖ ⁓**schloß** n (Bau) / right-hand lock ‖ ⁓**schneidend** adj (Fräser) (Masch) / right-handed adj, right-hand attr ‖ ⁓**schraube** f (Masch) / right-handed screw, right-hand screw ‖ ⁓**schraube** (Math) / right helix ‖ ⁓**gewerblicher** ⁓**schutz** / protection of industrial property ‖ ⁓**schützen** m (DIN 64685) (Web) / right-eye shuttle

**rechtsseitig•e Ableitung** (Math) / right derivative, right-hand derivative ‖ ~**er Grenzwert** (Math) / limit on the right, right-hand limit ‖ ~**e Limes** (Math) / limit on the right, right-hand limit ‖ ~**e Nebenklasse** (Math) / right coset

**Rechts•topologie** f (Math) / right topology (on an ordered set) ‖ ⁓**tür** f (Bau) / right-hand door ‖ ⁓**verkehr** m (Kfz) / right-hand traffic ‖ ⁓**verwerfung** f (Geol) / dextral fault*, right-lateral fault, right-lateral slip fault ‖ ⁓**weiche** f (einfache) (Bahn) / right-hand turnout ‖ ⁓**weinsäure** f (Chem) / (+)-tartaric acid, dextrorotatory tartaric acid, dextrotartaric acid ‖ ⁓**weisend** adj / right-pointing adj ‖ ⁓**wendend** adj (Pflug) (Landw) / right-handed adj, covering adj ‖ ⁓**wert** m (Kart) / easting* n

**rechtsweisend•er Kurs über Grund** (Nav) / true track ‖ ~**e Peilung** (Nav) / true bearing ‖ ~**e Richtung** (Nav) / true bearing* ‖ ~**er Steuerkurs** (Luftf) / true heading, true course ‖ ~**er Windkurs** (Meteor) / true heading

**Rechtwinkel•instrument** n (Verm) / cross-staff* n ‖ ⁓**prisma** n (Opt) / right-angle prism ‖ ⁓**schnitt** m (Zerspanungsvorgang mit einem Werkzeug ohne wirksame Nebenschneiden, bei dem die Hauptschneide senkrecht zur Schnitt- und zur Vorschubrichtung steht) (Masch) / orthogonal cutting*

**rechtwinklig** adj / right-angled adj ‖ ~ (Math) / rectangular adj, square adj ‖ ~**es Dreieck** (Math) / right triangle ‖ ~ **gebogener Stechhobelmeißel** (DIN 4963) (Masch) / right-angle cranked tool ‖ ~ **oder quadratisch beschneiden** (For) / die-square v ‖ ~**es Prisma** (Opt) / right-angle prism ‖ ~**e Überschneidung** (eine Holzverbindung) (Zimm) / cross halving

**Rechtwinkligkeit** f (nach DIN 7184, T 1) (Masch) / squareness n, tolerance on squareness, sq

**Rechwender** m (eine Heuwerbemaschine) (Landw) / rake tedder

**Reck•alterung** f (Alterung bei ferritischem Stahl als Folge einer Kaltverformung) (Hütt) / strain-ageing* n, strain-induced ageing ‖ ⁓**alterungsbeständig** adj (Hütt, WP) / non-strain-ageing adj, resistant to strain-ageing

**recken** v (bei Zugumformung) (Hütt) / strain v ‖ ~ (bei Zug-Druck-Umformung) (Hütt) / stretch v ‖ ~ (Fäden oder Fasern) (Spinn) / extend v ‖ ⁓ n (Freiformschmieden) (Hütt, Masch) / drawing-down* n ‖ ~ (bei Zugumformung) (Hütt, Masch) / straining n ‖ ~ (mit großem Reckgrad) (Mech, WP) / stretch n, stretching n, extension n

**Reck•grad** m (bei Zugumformung) (Hütt, Masch) / degree of straining ‖ ⁓**grad** (bei Zug-Druck-Umformung) (Hütt, Masch) / degree of stretching ‖ ⁓**schmieden** (Hütt, Masch) / drawing-down* n ‖ ⁓**texturiermaschine** f (Tex) / friction draw-texturing machine ‖ ⁓**ung** f (bei Zug-Druck-Umformung) (Mech, WP) / stretch n, stretching n, extension n ‖ ⁓**walzen** n (Hütt) / roll forging ‖ ⁓**ziehen** n (eines flachen oder stabförmigen Zuschnitts) (Masch) / stretch-forming* n

**recodieren** v / recode v

**Recoil-Chemie** f (Chem, Kernphys) / hot-atom chemistry, recoil chemistry

**Reconditioning** n (Wiederaufarbeitung von gebrauchten Geräten oder Maschinen, Fabriküberholung usw.) (Masch) / reconditioning n

**Record** m (ein Verbunddatentyp, z.B. in PASCAL) (EDV) / record n ‖ ⁓ n (EDV) / record* n (logical), data record ‖ ⁓ **locking** (EDV) / record locking

**Recorder** m (ein Magnettongerät) (Akus) / recorder* n

**Recovery-Faktor** m (das Verhältnis der Erwärmung der längsangeströmten Platte zur Erwärmung bei adiabatischer Verdichtung) (Phys) / recovery factor

**Rectisolverfahren** n (zur Reinigung technischer Gase) (Chem Verf) / Rectisol process

**Rectorit** m (montmorillonitverwandtes Tonmineral, das aus Schichten aus Montmorillonit und Paragonit besteht) (Min) / rectorite n

**recycelbar** adj / recyclable adj

**recyceln** v (Umwelt) / recycle v

**Recyclegas** n / recycle gas

**recyclieren** v (Umwelt) / recycle v

**Recycling** n (Rückführung von Abprodukten in den Produktionsprozeß oder dessen weitere Phasen) (Umwelt) / recycling* n ‖ ⁓ **chemisches** ~ (Chem Verf, Umwelt) / chemical recycling ‖ ⁓**fähig** adj (Umwelt) / recyclable adj ‖ ⁓**hof** m (Umwelt) / recycling yard ‖ ⁓**orientiert** adj (Umwelt) / recycling-oriented adj ‖ ⁓**papier** n (aus aufgearbeitetem Altpapier hergestelltes Papier) (Pap) / recycled paper ‖ ⁓**verfahren** f **für bituminöse Fahrbahndecken** (HuT) / repaving n (US)

**Red beds** pl (Geol) / red beds ‖ ⁓ **Oil** n (säureraffiniertes Schmieröldestillat) (Erdöl) / red oil ‖ ⁓ **sanders** (Pterocarpus santalinus L.) (For) / red sanders, red saunders, red sandersswood, red sandalwood ‖ ⁓ **Tide** f (rote Verfärbung des Wassers, verursacht durch explosionsartige Vermehrung frei schwebender Algen) (Ozean) / red tide*, red water

**Redaktion** f (EDV) / editing n

**redaktionell** adj (Druck, EDV) / editorial adj (of or relating to the commissioning or preparing of material for publication) ‖ ~**e Bearbeitung** (von Satzvorlagen) (Druck) / copy editing ‖ ~**e Nachbearbeitung** (z.B. des rechnerübersetzten Texts) (EDV) / post-editing n ‖ ~**e Vorbereitung** (EDV) / pre-editing n

**Redaktionssystem, elektronisches** ⁓ (Druck, EDV) / electronic editorial system

**Redaktionsterminal** n (Druck) / editing terminal*

**Rede** f (Akus) / speech* n ‖ ⁓**akt** m / speech act

**Reden** n (Akus) / speech* n

**Redepositionsgegenmittel** n (Tex) / anti-redeposition agent

**Redestillation** f (Chem) / redistillation n, rerunning n

**Redestillationskolonne** f (Erdöl) / rerun tower, rerun column

**redestillieren** v (Chem) / redistil v, rerun v

**Redfieldsche Theorie** (kernmagnetische Resonanzspektroskopie) (Spektr) / Redfield theory

**Redgum**

**Redgum** *n* / red gum, eucalyptus gum, eucalyptus kino ‖ **~holz** *n* (aus Eucalyptus camaldulensis Dehnh. oder Eucalyptus tereticornis Sm.) (For) / red-gum wood ‖ **~holz** s. auch Liquidambar
**Redhead-Vakuummeter** *n* (Eltronik) / magnetron vacuum gauge, redhead vacuum gauge
**redigieren** *v* (EDV) / edit *v* ‖ **~** *n* (EDV) / editing *n* ‖ **elektronisches ~** (Druck, EDV) / electronic editing
**Redistribution** *f* / redistribution *n*
**Redler** *m* (Trogkettenförderer) (Masch) / Redler conveyor\*, Redler *n*, Redler continuous-flow conveyor
**Redlerförderer** *m* (Masch) / Redler conveyor\*, Redler *n*, Redler continuous-flow conveyor
**Redoxase** *f* (Biochem) / oxidoreductase *n*
**Redox•austauscher** *m* (Chem Verf) / redox ion exchanger ‖ **~elektrode** *f* (Chem Verf) / redox electrode ‖ **~harz** *n* (Chem Verf) / redox resin ‖ **~indikator** *m* (Chem) / redox indicator ‖ **~initiator** *m* (Chem) / redox initiator ‖ **~ionenaustauscher** *m* (Chem Verf) / redox ion exchanger ‖ **~katalysator** *m* (Chem) / redox catalyst ‖ **~paar** *n* (in Redoxsystemen) (Chem) / redox couple ‖ **~pfropfen** *n* (bei Emulsionspolymerisationen) (Chem) / redox grafting ‖ **~polymer** *n* (Chem) / redox polymer ‖ **~polymerisation** *f* (Chem) / redox polymerization ‖ **~potential** *n* (Reduktions-Oxidations-Potential) (Chem) / oxidation-reduction potential\*, redox potential ‖ **~reaktionen** *f pl* (Chem) / redox reactions ‖ **~system** *n* (Chem) / oxidation-reduction system, redox system ‖ **~titration** *f* (Chem) / redox titration, oxidimetry *n* ‖ **~vorgänge** *m pl* (die durch Elektronenübergänge miteinander gekoppelten Vorgänge von Reduktion und Oxidation) (Chem) / redox reactions ‖ **~zelle** *f* (Kombination von zwei Redoxelektroden) (Chem) / redox cell
**Red-sanders-Holz** *n* (For) / ruby wood, red sanders, red saunders
**Reductase** *f* (Biochem) / reductase\* *n*
**Reduktase** *f* (ein Flavoprotein) (Biochem) / reductase\* *n*
**Reduktinsäure** *f* (2,3-Dihydroxy-2-cyclopenten-1-on) (Chem) / reductic acid
**Reduktion** *f* / reduction *n*, abatement *n* ‖ **~** (logischer Schluß hypothetischen Charakters, bei dem von den Nachsätzen eines Schlußschemas auf den Vordersatz geschlossen wird) / reduction *n* ‖ **~** (Bergb, Hütt) / reduction\* *n* ‖ **~** (die stets mit der Oxidation gekoppelte, gegenläufige Reaktion) (Chem) / reduction\* *n* ‖ **~** (die Umrechnung von Beobachtungs- und Meßwerten zu Vergleichszwecken) (Meteor) / reduction *n* ‖ **indirekte ~** (Hütt) / indirect reduction ‖ **Sabatier-Senderenssche ~** (von organischen Verbindungen mit Wasserstoff) (Chem) / Sabatier-Senderens reduction ‖ **selektive katalytische ~** (eine Sekundärmaßnahme bei der Rauchgasentstickung) (Chem Verf) / selective catalytic reduction, SCR ‖ **selektive nichtkatalytische ~** (eine Sekundärmaßnahme bei der Rauchgasentstickung) (Chem Verf) / selective non-catalytic reduction, SNCR
**Reduktions•äquivalent** *n* (Chem) / reduction equivalent ‖ **~bad** *n* (Chem) / reducing bath ‖ **~bleiche** *f* (Pap) / bleaching by reduction, reduction bleaching, reducing bleaching ‖ **~faktor** *m* (Eltech) / reduction factor ‖ **~flamme** *f* (Chem) / reducing flame\* (in blowpiping - deficient in oxygen) ‖ **~formel** *f* (Math) / reduction formula ‖ **~gas** *n* (zur Reduktion von Eisenerzen zu Eisenschwamm im Direktreduktionsverfahren) (Chem Verf, Hütt) / reducing gas, reduction gas ‖ **~glasur** *f* (bei der die Färbung und die Oberflächenbeschaffenheit durch einen reduzierenden Brand erreicht werden) (Keram) / reduction glaze ‖ **~maß** *n* (Akus) / sound reduction factor, transmission loss\* (TL), sound reduction index\* ‖ **~mittel** *n* (Chem) / reducing agent\*, reducer *n*, reductant *n*, reductive *n* ‖ **~ofen** *m* (Hütt) / reduction furnace ‖ **~-Oxidations-Elektrode** *f* (Chem Verf) / redox electrode ‖ **~-Oxidations-Reaktionen** *f pl* (Chem) / redox reactions ‖ **~-Oxidations-System** *n* (Chem) / oxidation-reduction system, redox system ‖ **~-Oxidations-Titration** *f* (Chem) / redox titration, oxidimetry *n* ‖ **~potential** *n* (Eltech) / reduction potential ‖ **~zahl** *f* (in der Baum- und Bestandsschätzung, z.B. Brusthöhen-Formzahl) (For) / form factor, tree form factor ‖ **~zirkel** *m* (Math) / proportional dividers, proportional compasses ‖ **~zone** *f* (z.B. des Hochofens) (Hütt) / reducing zone, reduction zone
**reduktiv** *adj* (Chem) / reductive *adj*
**reduktiv-chemische Vernickelung** (Galv) / electroless nickel plating
**Redukton** (Chem) / reductone *n*
**Reduktor** *m* (Chem) / reducing agent\*, reducer *n*, reductant *n*, reductive *n*
**redundant** *adj* / redundant *adj* ‖ **vierfach ~** (Instr, Luftf) / quad redundant ‖ **~e Auslegung** (Masch) / redundant design ‖ **~er Kode** (EDV) / redundant code
**Redundanz** *f* (Kenngröße für den Ausnutzungsgrad eines technischen Systems, die vor allem in der Informationstheorie und in der Zuverlässigkeitstheorie verwendet wird - DIN 5493, T 1) / redundancy\* *n* ‖ **förderliche ~** / useful redundancy, beneficial

redundancy, essential redundancy ‖ **fördernde ~** / useful redundancy, beneficial redundancy, essential redundancy ‖ **leere ~** / useless redundancy, unessential redundancy ‖ **relative ~** (DIN 44301) (EDV) / relative redundance ‖ **~beseitigung** *f* / redundancy elimination ‖ **~frei** *adj* / redundancy-free *adj* ‖ **~kontrolle** *f* (EDV) / redundancy check ‖ **vertikale ~prüfung** (EDV) / vertical redundancy check (VRC), transverse parity check ‖ **~reduktion** *f* / redundancy reduction
**Reduplikation** *f* (der genetischen Information) (Gen) / replication\* *n*
**Reduzenten** *m pl* (Bakterien und Pilze, die organische Stoffe bis zu anorganischen Verbindungen abbauen) (Umwelt) / decomposers\* *pl*
**reduzibel** *adj* (Math) / reducible *adj*
**reduzibles Polynom** (Math) / reducible polynomial, factorable polynomial
**reduzierbar** *adj* / reducible *adj* ‖ **elektrisch ~** (Chem) / electroreducible *adj*
**reduzieren** *v* / diminish *v*, reduce *v* ‖ **~** (senken) / lower *v*, mark down *v*, decrease *vt* ‖ **~** / reduce *v*, abate *v*, cut *v* ‖ **~** (Chem) / reduce *v* ‖ **~** (Rohre im Hohlzug) (Hütt) / sink *vt* ‖ **~** (Durchmesser) (Hütt, Masch) / set down *v* ‖ **~** (Math) / cancel *v* ‖ **~** (die Helligkeit bei Fotometern) (Phys) / reduce *v* ‖ **~** *v* (von Rohren im Hohlzug) (Hütt) / sinking *n*
**reduzierend** *adj* (Chem) / reductive *adj* ‖ **~e Alkylierung** (Chem Verf) / reductive alkylation ‖ **~e Atmosphäre** (Hütt) / reducing atmosphere\* ‖ **~es Bleichmittel** (Tex) / reducing bleaching agent, reducing bleach ‖ **~e Brennatmosphäre** (Keram) / reducing atmosphere (a furnace atmosphere deficient in oxygen and containing a reducing gas such as hydrogen), reduction atmosphere ‖ **~e Flamme** (Chem) / reducing flame\* (in blowpiping - deficient in oxygen) ‖ **~es Mittel** (Chem) / reducing agent\*, reducer *n*, reductant *n*, reductive *n* ‖ **~es Rösten** (Hütt) / reduction roasting\*, reducing roasting ‖ **~e Röstung** (Hütt) / reduction roasting\*, reducing roasting ‖ **~er Zucker** (Chem) / reducing sugar
**Reduzier•getriebe** *n* (Masch) / reduction gear ‖ **~hülse** *f* (ein Formstück) (Klemp, Masch) / reducing socket\*, reducing coupling, reducing pipe-joint\*, taper pipe, reducer\* *n*, increaser *n*, diminishing pipe\*, bushing\* *n*, reducer fitting, taper *n* ‖ **~hülse** (für Bohrer) (Masch) / adaptor *n* ‖ **~stück** *n* (ein Formstück) (Klemp, Masch) / reducing socket\*, reducing coupling, reducing pipe-joint\*, taper pipe, reducer\* *n*, increaser *n*, diminishing pipe\*, bushing\* *n*, reducer fitting, taper *n*
**reduziert•er Betrieb** (nach dem Ausfall von einigen Teilen des Systems) (EDV) / graceful degradation ‖ **~e freie Enthalpie** (Phys) / reduced free enthalpy ‖ **~e Grammatik** (EDV) / reduced grammar ‖ **~e Masse** (im Zweikörperproblem) (Phys) / reduced mass\* ‖ **~e Neutronenbreite** (Kernphys) / reduced width, reduced neutron width ‖ **~e Pendellänge** (Phys) / equivalent length of pendulum ‖ **~es Restsystem** (Math) / complete set of residues ‖ **~e Umgebung** (Math) / deleted neighbourhood\* ‖ **~e Zelle** (die bestimmte Minimaleigenschaften hat) (Krist) / reduced cell ‖ **~e Zustandsgleichung** (Phys) / reduced equation of state ‖ **~e Zustandsgröße** (Phys) / reduced parameter
**Reduzierung** *f* / reduction *n*, abatement *n* ‖ **~ der Ansprechempfindlichkeit** (Eltronik) / desensitizing *n*, desensitization *n*
**Reduzier•ventil** *n* (Masch) / reducing valve ‖ **~verschraubung** *f* (ein Formstück) (Klemp, Masch) / reducing socket\*, reducing coupling, reducing pipe-joint\*, taper pipe, reducer\* *n*, increaser *n*, diminishing pipe\*, bushing\* *n*, reducer fitting, taper *n* ‖ **~verschraubung mit zweiseitigem Rohranschluß** (Klemp, Masch) / reducing union, reducer union ‖ **~walzwerk** *n* (Hütt) / reducing mill
**Redwood** *n* (Sequoia Endl.) (For) / redwood\* *n*, sequoia\* *n* ‖ **~-Sekunde** *f* (eine alte Einheit für die Viskosität) (Phys) / Redwood second\* ‖ **~-Standardsekunde** *f* (eine alte Einheit für die Viskosität) (Phys) / Redwood Standard Second, R.S.S.
**REED** (Eltronik) / restricted edge-emitting diode, REED
**Reede** *f* (als Ankerplatz benutzte geschützte Wasserfläche vor dem Hafen nach DIN 4054) (Schiff) / roadstead *n*, road *n*, roads *pl* ‖ **offene ~** (Schiff) / open roadstead
**Reeder** *m* (im Sinne des Binnenschiffahrtsgesetzes) / carrier *n* ‖ **~** (Schiff) / shipowner *n*
**Reederei** *f* (Schiff) / shipping company ‖ **~flagge** *f* (Schiff) / house flag (indicating the company that a ship belongs to) ‖ **~vertreter** *m* (im Ausland für Seeverschiffungen) (Schiff) / shipping agent
**Reedetonne** *f* (Schiff) / roadstead buoy
**Reed•-Kontakt** *m* (Schutzrohr-, Schutzgaskontakt) (Eltech) / reed contact ‖ **~-Reaktion** *f* (durch Licht katalysierte Sulfochlorierung von Paraffinen) (Chem) / Reed reaction ‖ **~-Relais** *n* (elektromechanisches Relais, bei dem die Trennung von Magnetsystem und Kontaktsatz fehlt - mit hermetisch abgeschlossenen Kontakten in Schutzgasatmosphäre) (Eltech) / reed relay\* ‖ **~-Sensor** *m* (auf einem Reedrelais aufgebauter Sensor) (Eltech) / reed sensor

**Reef** *n* (Teil des Segels, der bei zu großer Windstärke durch Reffbändsel zusammengebunden wird, um die Segelfläche zu verkleinern) (Schiff) / reef *n*

**reell•e Abbildung** (Opt) / real image || **~e Achse** (der Gaußschen Zahlenebene, auf der die reellen Zahlen abgetragen werden) (Math) / real axis* (of the Argand diagram), x-axis *n*, axis of reals, axis of abscissas || **~es Bild** (Opt) / real image* || **~er Brennpunkt** (Opt) / real focus || **~e Funktion** (Math) / real function, real-valued function || **~er Speicher** (EDV) / real memory*, real storage || **~e Zahl** (die auf der reellen Achse der Zahlenebene darstellbar ist) (Math) / real number*

**Reengineering** *n* (grundlegende Umgestaltung bzw. Neustrukturierung eines Unternehmens zur Verbesserung der Kostensituation und der Handlungsgeschwindigkeit, die besonders auf Kundenzufriedenheit und Flexibilisierung der Geschäftsprozesse zielt) (F.Org) / re-engineering *n*

**Reentry** *m n* (Raumf) / re-entry* *n*, entry* *n* (atmospheric)

**Reep** *n* (Schiffstau von abgepaßter Länge) (Schiff) / rope *n*

**Reeper** *m* / rope-maker *n* || **~bahn** *f* (für manuelle Seilerei) / rope-yard *n*, ropery *n*, rope-walk *n*

**Reeperei** *f* / rope-yard *n*, ropery *n*, rope-walk *n*

**Reepschläger** *m* / rope-maker *n*

**Reestablishment** *n* (Opt, Verm) / rectification *n*, re-establishment *n*

**Reet** *n* (Bau) / reed *n* (e. g. Arundo sp.) || **~dach** *n* (Arch, Bau) / reed thatching, reed roofing

**Reexport** *m* (Wiederausfuhr von zuvor importierten Waren) / re-export *n*

**Refabrikation** *f* (des Brennstoffs) (Nukl) / refabrication, fuel refabrication

**REFA-Ingenieur** *m* (F.Org) / methods engineer

**Refektorium** *n* (pl. -ien)(Speisesaal in Klöstern)(Arch) / frater*, fratry* *n*, frater house*, refectory *n* (pl. -ies)

**Referent** *m* (pl. -en) (außersprachliches Bezugsobjekt des sprachlichen Zeichens) / referent *n*

**referentiell** *adj* (Beziehung zwischen sprachlichen Zeichen und und ihren Referenten in der außersprachlichen Wirklichkeit) / referential *adj* || **~e Datenintegrität** / referential integrity (means that the database management system ensures the validity and accuracy of any data contained in one table that refers to or is dependent on data in another table), RI || **~e Integrität** / referential integrity (means that the database management system ensures the validity and accuracy of any data contained in one table that refers to or is dependent on data in another table), RI

**Referenz** *f* (Beziehung zwischen sprachlichen Zeichen und ihren Referenten) / reference *n* || **~-** / reference *attr*, standard *attr* || **~angleichung** *f* (des Kreisels) (Phys) / slaving *n* || **~diode** *f* (Z-Diode mit engen Toleranzen) (Eltronik) / voltage reference diode, reference diode* || **~elektrode** *f* (Chem) / reference electrode*, RE || **~element** *n* (Eltech) / reference element || **~ellipsoid** *n* (Kart, Verm) / reference ellipsoid || **geodätisches ~ellipsoid** (Verm) / geodetic reference ellipsoid || **~handbuch** *n* / reference manual

**referenziell** *adj* / referential *adj*

**Referenz•konfiguration** *f* (z.B. für den Endstellenbereich) (Fernm) / reference configuration || **~lokalität** *f* (Geol) / reference locality (a locality containing a reference section, established to supplement the type locality) || **~material** *n* (standardisierte Probematrix mit definierten Gehalten bestimmter Stoffe) (Chem, Nahr) / reference material || **~modell** *n* (7-Schicht OSI-Modell) (Fernm) / reference model || **~punkt** *m* (bei numerisch gesteuerten Arbeitsmaschinen) (Masch) / reference point || **~retrieval** *n* (EDV) / reference retrieval || **~spannung** *f* (Eltech) / reference voltage* || **~strahl** *m* (Spektr) / reference beam || **~substanz** *f* (Chem) / reference substance || **~welle** *f* (Opt, Phys) / reference wave || **~wert** *m* (oberer, geogen bzw. pedogen bedingter Istwert natürlicher Böden ohne wesentliche anthropogen bedingte Einträge) (Umwelt) / retaining capacity || **~zeit** *f* (beim Countdown) (Raumf) / T-time *n* || **~zustand** *m* (DIN 1343) (Phys) / reference conditions

**Reff** *n* (Schiff) / reef *n*

**REF-Faser** *f* (ein Elementarfaden, hergestellt durch Prägen und Recken von Folienstreifen oder Bändchen) (Tex) / roll-embossed fibre, REF

**Reffbändsel** *n* (Schiff) / reef-point *n*

**R-Effekt** *m* (Chem) / mesomeric effect, resonance effect

**Reffknoten** *m* (Schiff) / reef knot

**Refinement** *n* (letzte Ausformulierungsstufe eines Programms, bei der alle Stufen detailliert sind) (EDV) / refinement *n*

**Refiner** *m* (Walzwerk mit sehr geringem Rollenabstand, hoher Umlaufgeschwindigkeit und hoher Friktion zum Zerdrücken und Flachpressen von Verunreinigungen, Grit, Knötchen usw. in Kautschukmischungen) (Chem Verf) / refiner *n*, refiner mill || **~** (Maschine zur Herstellung von Feinstpartikeln) (Chem Verf, For) / refiner *n* || **~** (Scheibenmühle mit kegeligen messerbesetzten Rotoren) (Pap) / refiner* *n* || **~-Holzstoff** *m* (Pap) / refiner mechanical woodpulp*, RMP

**Refinern** *n* (von Kautschukmischungen) (Chem Verf) / refining *n*

**Refiner-Walzwerk** *n* (Chem Verf) / refiner *n*, refiner mill

**reflektieren** *v* (Hitze, Klang, Strahlen) (Phys) / reflect *v* (back)

**reflektierend** *adj* (Phys) / reflecting *adj*, reflective *adj*, retroreflective *adj* || **nicht ~** (Akus) / hard *adj* || **~er Spiegel** (des Lasers) (Phys) / reflecting end-plate || **~e Tinte** / reflective ink

**reflektiert** *adj* (Welle) (Phys) / reflected *adj* || **~es Neutron** (Kernphys) / reflected neutron || **~es Signal** (Fernm) / returned signal || **~er Strahl** (Opt) / return beam, reverse beam || **~e Welle** (Phys) / reflected wave* || **~e Welle** s. auch Raumwelle

**reflektiv** *adj* (Phys) / reflecting *adj*, reflective *adj*, retroreflective *adj*

**Reflekto•meter** *n* (Gerät zur Bestimmung der optischen Brechzahl) (Opt) / reflectometer* *n* || **~metrie** *f* (Phys) / reflectometry *n*

**Reflektor** *m* (Spiegelteleskop) (Astr) / reflecting telescope*, reflector *n* || **~** (des Reflexklystrons) (Eltronik) / reflector* *n* (an electrode whose primary function is to reverse the direction of an electron stream), repeller *n* (US)* || **~** (Licht, Opt) / reflector* *n* || **~** (Ummantelung eines Kernreaktors) (Nukl) / reflector *n*, neutron reflector || **~** (sekundäres Element eines Richtstrahlers) (Radio) / reflector* *n* || **~** (Nukl) s. auch Tamper || **~, der von zwei unter beliebigem Winkel sich schneidenden ebenen Flächen gebildet wird** (Radio) / V reflector, dihedral corner (US) || **spiegelnder ~** (Opt) / specular reflector || **strahlungsgekoppelter ~** (Radio) / parasitic reflector || **streuender ~** (Opt) / scattering reflector

**Reflektor•antenne** *f* (Radio) / reflector antenna || **~antenne nach Gregory** (mit einem Subreflektor) (Radio) / Gregorian reflector antenna || **~einsparungen** *f pl* (Nukl) / reflector savings || **~elektrode** *f* (Eltronik) / reflector* *n* (an electrode whose primary function is to reverse the direction of an electron stream), repeller *n* (US)* || **~ersparnisse** *f pl* (Nukl) / reflector savings || **~gewinn** *m* (Nukl) / reflector savings || **~lampe** *f* (Eltech, Licht) / internally silvered lamp, reflector lamp, reflector-type lamp || **~loser Reaktor** (Nukl) / bare reactor, naked reactor || **~mikrofon** *n* (Akus) / reflector microphone || **~steuerung** *f* (des Reaktors) (Nukl) / reflector control || **~strahler** *m* (der Antenne) (Radio) / emission reflector

**Reflektoskop** *n* (mit Ultraschall arbeitendes Gerät zur Werkstoffprüfung) (WP) / reflectoscope *n*

**Reflex** *m* / reflex *n* || **~** (Widerschein) / sheen* || **~bild** *n* (Licht) / ghost image* || **~bild** (TV) / ghost *n*, double image (a spurious image), ghost image, multiple image || **~bogen** *m* (Zool) / reflex arc* || **~folie** *f* (meistens mit Tagesleuchtfarben) / reflecting film || **~frei** *adj* (Foto) / flare-free *adj* || **~gemindertes Objektiv** (Film, Foto) / coated lens*

**Reflexion** *f* (DIN 1320) (Akus) / reflection *n* || **~** (der Elektronen im Reflexklystron) (Eltronik) / reflection *n* || **~** (der Wellen) (Fernm, Opt, Phys) / reflection* *n* || **~** (Kernphys) / reflection* *n* || **Braggsche ~** (durch die Bragg-Gleichung bestimmte Beugung monochromatischer Röntgenstrahlung an den Netzebenen von Kristallen) (Krist) / Bragg reflection || **diffuse ~** (auf rauhen Grenzflächen) / non-specular reflection*, diffuse reflection* || **gerichtete ~** (bei sehr ebenen Grenzflächen) (Licht, Phys) / specular reflection*, regular reflection, mirror reflection, direct reflection || **mehrfache ~** (bei der Funkverbindung) (Radio) / multihop *n*, multiple hop || **regelmäßige ~** (Licht, Phys) / specular reflection*, regular reflection, mirror reflection, direct reflection || **selektive ~** (Opt) / selective reflexion || **spiegelnde ~** (Licht, Phys) / specular reflection*, regular reflection, mirror reflection, direct reflection || **wiederholte ~** (Opt) / multiple reflection, repeated reflection

**Reflexions•-** (Phys) / reflecting *adj*, reflective *adj*, retroreflective *adj* || **~armer Halbraum** (DIN 1320) (Akus) / hemi-anechoic chamber || **~armer Raum** (DIN 1320) (Akus) / anechoic room*, dead room*, anechoic chamber, free-field room || **~ebene** *f* (Opt) / plane of reflection || **~elektrode** *f* (Eltronik) / reflector* *n* (an electrode whose primary function is to reverse the direction of an electron stream), repeller *n* (US)* || **~elektronenbeugung** *f* (Eltronik) / reflection diffraction || **~elektronenmikroskop** *n* (Mikros) / reflection electron microscope || **~elektronenmikroskopie** *f* (Mikros) / reflection electron microscopy || **~faktor** *m* (der immer kleiner als 1 ist) (Akus) / sound-reflection factor*, sound-pressure reflection coefficient || **~faktor** (bei Leitungen) (Fernm) / reflection coefficient*, coefficient of reflection || **~faktor** (Verhältnis des reflektierten zum einfallenden Strahlungsfluß - DIN 5496) (Phys) / reflection factor*, reflectivity* *n* || **~fleck** (Foto) / flare* *n* || **~film** *n* / reflecting film || **~frei** *adj* / non-reflecting *adj*, non-reflective *adj* || **~freier Raum** (Akus) / anechoic room*, dead room*, anechoic chamber, free-field room || **~gesetze** *n pl* (Fernm, Opt, Phys) / reflection laws* || **~gitter** *n* (ein Beugungsgitter) (Opt) / reflection grating, reflecting grating || **~goniometer** *n* (bei dem die Lichtreflexe spiegelnder Kristallflächen zur Winkelmessung verwendet werden) (Krist) / reflecting goniometer, optical goniometer || **zweikreisiges ~goniometer** (Krist)

**Reflexionsgrad**

/ two-circle goniometer ‖ ~**grad** *m* (des Klystrons) (Eltronik) / reflection factor ‖ ~**grad** (Verhältnis des reflektierten Lichtstroms zum auffallenden Lichtstrom) (Licht) / reflection factor*, luminous reflectance, coefficient of reflection*, reflectance *n* ‖ ~**grad** (Verhältnis des reflektierten zum einfallenden Strahlungsfluß - DIN 5496) (Phys) / reflection factor*, reflectivity* *n* ‖ ~**isolierung** *f* (Bau) / reflective insulation ‖ ~**koeffizient** *m* (Licht) / reflection factor*, coefficient of reflection* ‖ ~**koeffizient** (Licht) s. auch Fresnelsche Formeln ‖ ~**leuchtstoffröhre** *f* / fluorescent reflector lamp ‖ ~**lichtschranke** *f* / reflective light barrier ‖ ~**messung** *f* (Phys) / reflectometry *n* ‖ ~**mikroskopie** *f* (Mikros) / reflection microscopy ‖ ~**nebel** *m* (aus interstellarem Staub bestehender Nebel, der das Licht nahegelegener Sterne diffus reflektiert) (Astr) / reflection nebula ‖ ~**platte** *f* (Akus) / baffle* *n*, acoustic baffle ‖ ~**pleochroismus** *m* (Krist, Min) / bireflection *n* ‖ ~**prisma** *n* (Opt) / reflecting prism ‖ ~**röntgenmikroskopie** *f* (Mikros) / reflection X-ray microscopy ‖ ~**schicht** *f* (Phys) / reflection layer* ‖ ~**seismik** *f* (eine Art angewandte Seismik) (Geophys) / reflection seismology, reflection shooting (a type of seismic survey) ‖ ~**sensor** *m* (optischer Sensor, dessen Wirkprinzip auf der Reflexion beruht) (Opt) / reflection sensor ‖ ~**spektroskopie** *f* (Spektr) / reflection spectroscopy, reflectance spectroscopy ‖ **innere** ~**spektroskopie** (Spektr) / inner-reflection spectroscopy, IRS, internal-reflection spectroscopy ‖ ~**spektrum** *n* (z.B. bei Dünnschichtchromatogrammen) (Spektr) / reflection spectrum ‖ ~**sprung** *m* (Radio) / hop* *n*, skip* *n* ‖ ~**stelle** *f* (Fernm) / reflection point* ‖ ~**stufengitter** *n* (Opt) / reflecting echelon ‖ ~**verlust** *m* (Opt) / reflection loss, loss by reflection ‖ ~**vermögen** *n* (Phys) / reflectivity* *n*, reflecting power ‖ ~**winkel** *m* (Phys) / angle of reflection*, reflection angle ‖ ~**zeitmessung** *f* (der Laufzeit kurzer Impulse in einem Kabel) (Kab) / time-domain reflectometry

**reflexiv** *adj* (z.B. Relation) / reflexive *adj* ‖ ~ **quasigeordnete Menge** (Math) / pre-ordered set

**Reflexivität** *f* (Math) / reflexivity *n*

**Reflex•kamera** *f* (Foto) / reflex camera ‖ ~**klystron** *n* (ein Einkammerklystron für kleine Leistungen) (Eltronik) / reflex klystron* (a single-resonator oscillator klystron) ‖ ~**kode** *m* (EDV) / Aiken code ‖ ~**kopierverfahren** *n* (Foto) / reflex copying ‖ ~**koppler** *m* (Eltronik) / reflection coupler ‖ ~**licht** *n* (Licht) / reflected light ‖ **~mindernder Belag** (Opt) / antireflection coating, blooming* *n*, bloom *n*, blooming coat ‖ **~mindernde Schicht** (Opt) / antireflection coating, blooming* *n*, bloom *n*, blooming coat ‖ ~**perle** *f* (für Straßen) (HuT) / road bead ‖ ~**sucher** *m* (Film, Foto) / reflex viewfinder, reflex finder

**Reflow-Löten** *n* (mit Wiederaufschmelzen) (Eltronik) / reflow soldering

**Reflux** *m* (Chem) / reflux* *n*

**refluxen** *v* (zum Sieden unter Rückfluß bringen) (Chem) / reflux *v*

**refluxieren** *v* (zum Sieden unter Rückfluß bringen) (Chem) / reflux *v*

**refokussieren** *v* / refocus *v*

**Reformat** *n* (Benzin, das im Reformierungsprozeß anfällt) (Chem Verf, Erdöl) / reformate *n*

**Reformatbenzin** *n* (Chem Verf, Erdöl) / reformate *n*

**reformatieren** *v* (EDV) / reformat *v*

**Reformatsky-Reaktion** *f* (nach S.N. Reformatsky, 1860-1934) (Chem) / Reformatsky reaction

**Reformergas** *n* (Erdöl) / reformed gas

**Reformgas** *n* (Erdöl) / reformed gas

**Reformieranlage** *f* (Chem Verf, Erdöl) / reforming plant, reformer *n*

**Reformieren** *n* (Veränderung der Zusammensetzung und Struktur der im Benzin enthaltenen Kohlenwasserstoffe) (Chem Verf, Erdöl) / reforming process*, reforming *n* ‖ **katalytisches** ~ (Chem Verf, Erdöl) / catalytic reforming, CR

**reformiert•es Gas** (Erdöl) / reformed gas ‖ **~es Produkt** (Chem Verf, Erdöl) / reformate *n*

**Reformierungsprozeß** *m* (Veränderung der Zusammensetzung und Struktur der im Benzin enthaltenen Kohlenwasserstoffe) (Chem Verf, Erdöl) / reforming process*, reforming *n* ‖ **thermischer** ~**prozeß** (Chem Verf, Erdöl) / thermal reforming

**Reforming** *n* (Veränderung der Zusammensetzung und Struktur der im Benzin enthaltenen Kohlenwasserstoffe) (Chem Verf, Erdöl) / reforming process*, reforming *n* ‖ **thermisches** ~ (mit Erhitzung unter Druck) (Chem Verf, Erdöl) / thermal reforming ‖ ~**-Anlage** *f* (Chem Verf, Erdöl) / reforming plant, reformer *n* ‖ ~**-Verfahren** *n* (Veränderung der Zusammensetzung und Struktur der im Benzin enthaltenen Kohlenwasserstoffe) (Chem Verf, Erdöl) / reforming process*, reforming *n*

**Reform•kost** *f* (Nahr) / health food ‖ ~**waren** *f pl* (Nahr) / health food

**refraktär** *adj* (Hütt, Keram) / refractory* *adj* ‖ **~e Metall** (z.B. W, Mo, Ta, Nb und Hf) (Chem) / refractory metal* ‖ **~e organische Substanz** (Umwelt) / refractory organic substance

**Refraktion** *f* (KI) / refraction *n* ‖ ~ (Opt) / refraction* *n* ‖ **astronomische** ~ (Ablenkung der Lichtstrahlen beim Durchgang durch die Erdatmosphäre) (Anstr) / astronomical refraction ‖ **atmosphärische** ~ (Opt) / atmospheric refraction ‖ **konische** ~ (in der Kristalloptik) (Licht) / conical refraction* ‖ **spezifische** ~ (Chem) / specific refraction*, refractivity* *n* ‖ **terrestrische** ~ (Brechung der Lichtstrahlen beim Durchgang durch erdnahe Luftschichten) (Meteor, Opt) / terrestrial refraction

**Refraktions•seismik** *f* (bei der die an Horizontbegrenzungen gebrochenen Kompressionswellen beobachtet werden - eine Art angewandte Seismik) (Geophys) / refraction process, refraction shooting (a type of seismic survey) ‖ ~**winkel** *m* (Phys) / angle of refraction*, refraction angle

**Refrakto•meter** *n* (zur Brechzahlmessung) (Med, Opt) / refractometer* *n* ‖ ~**metersensor** *m* (faseroptischer Sensor auf der Basis von Lichtleitern, der in der Refraktometrie eingesetzt wird) (Opt) / refractometer sensor ‖ ~**metrie** *f* (Bestimmung der Brechzahl) (Opt) / refractometry *n*

**Refraktor** *m* (heute meistens nur in der Amateurastronomie) (Astr) / refracting telescope*, refractor *n* ‖ ~ (lichtbrechendes Medium) (Licht) / refractor* *n*

**Refresh** *m* (EDV) / refresh *n* ‖ ~**-Anforderung** *f* (EDV) / refresh request ‖ ~**-Schaltung** *f* (EDV) / refresh circuit ‖ ~**-Vorgang** *m* (EDV) / refreshment *n*, regeneration *n* ‖ ~**-Zyklus** *m* (zur Auffrischung der gespeicherten Information) (EDV) / refresh cycle

**Refsdal-Diagramm** *n* (nach A. Refsdal, 1897-1956) (Meteor) / meteorogram *n*

**Refugium** (pl -ien) **n** (Zufluchtsort) (Umwelt) / refugium* (*pl -ia*)

**Refutation** *f* (in der mathematischen Logik) (KI) / refutation *n*

**Refutationsgraf** *m* (KI) / refutation graph

**Refutationsverfahren** *n* (KI) / refutation process

**REG** (EDV) / register* (REG) *n*

**Regal** *n* (Gestell) / shelf *n* (pl. shelves), rack *n*, storage rack, stand *n* ‖ **aus dem** ~ / off-the-shelf *attr* ‖ **fahrbares** ~ / movable shelf ‖ **ins** ~ **stellen** / shelve *v* (put on a shelf) ‖ **~e einbauen oder aufstellen** / shelve *v*

**Regal•bedienungswagen** *m* (Masch) / rack truck ‖ ~**brett** *n* / shelf board ‖ ~**fläche** *f* (im Einzelhandelsgeschäft) / shelf space, space *n* ‖ ~**förderzeug** *n* (Fördermittel in Hochregallagern - boden-, regal- oder deckenverfahrbar) (Masch) / rack serving unit, rack feeder ‖ ~**großhändler** *m* (Hersteller- oder Großhandelsbetrieb, der im Groß- und Einzelhandel Regalflächen anmietet oder auf eigene Rechnung Waren verkauft, wobei dem Handelsbetrieb oft das Inkasso überlassen wird) / rack-jobber *n* ‖ ~**grossist** *m* (pl. -en) / rack-jobber *n* ‖ ~**holzkonsole** *f* / shelf nog *n* ‖ ~**stapelgerät** *n* (Masch) / rack serving unit, rack feeder

**Regatta** *f* (meistens in Köperbindung) (Tex) / regatta *n*

**Regel** *f* / rule *n* ‖ ~ (bei formalen Sprachen) (EDV) / production *n*, rewriting rule ‖ ~ s. auch Lehrsatz ‖ **Allensche** ~ (eine ökogeografische Regel) (Physiol, Umwelt) / Allen's rule ‖ **auf Weltfakten** ~ **beruhende** (KI) / world-fact rule ‖ **baryzentrische** ~**n** (Math) / Pappus' theorems*, Guldin's theorems* ‖ **CIP-** ~**n** (Chem) / CIP rules ‖ **erweiterte** ~ / augmented rule ‖ **Friedelsche** ~ (Krist) / Friedel's law ‖ **Harkinssche** ~ (nach W.D. Harkins, 1873-1951) (Chem, Kernphys) / Harkins' rule ‖ **Hiltsche** ~ (Zunahme des Inkohlungsgrades der Steinkohle mit zunehmender Tiefe) (Bergb) / Hilt's rule (in a vertical succession at any point in a coal field, coal rank increases with depth) ‖ **Jahn-Tellersche** ~ (Phys) / Jahn-Teller theorem ‖ **Laportesche** ~ (Kernphys) / Laporte selection rule ‖ **Lenzsche** ~ (von H.F.E. Lenz, 1804-1865, aufgestellt) (Eltech) / Lenz's law* ‖ **L'Hospitalsche** ~ (für die Bestimmung von Grenzwerten unbestimmter Ausdrücke) (Math) / L'Hospital's rule* (for evaluating indeterminate forms) ‖ **Matthiassche** ~ (für Supraleiter) (Chem, Phys) / Matthias rule, valence-electron rule ‖ **Neumann-Koppsche** ~ (Phys) / Neumann-Kopp rule, Kopp's rule, Kopp and Neumann's law ‖ **Rungesche** ~ (beim Zeeman-Effekt) (Spektr) / Runge's rule ‖ **satztechnische** ~**n** (Typog) / typographic conventions ‖ **Schürmannsche** ~ (mit zunehmendem Überlastungsdruck und Inkohlungsgrad nimmt der Wassergehalt der Braunkohle ab - nach H.M. Schürmann, 1891-1979) (Bergb) / Schürmann's rule ‖ **Slatersche** ~**n** (semiempirische Regeln zur Bestimmung effektiver Kernladungszahlen in Mehrelektronenatomen) (Chem) / Slater rules ‖ **Stokessche** ~ (die Wellenlänge der Fotolumineszenzstrahlung ist in der Regel größer als die des erregenden Lichtes) (Phys) / Stokes' rule ‖ **strikte** ~ (absolut bindende) / hard and fast rule ‖ **stringente** ~ / hard and fast rule ‖ **syntaktische** ~ (EDV) / syntactic rule ‖ **vorrangige** ~ / precedence rule ‖ **Waldensche** ~ (Chem) / Walden's rule ‖ ~**n** *f pl* **für überwachte Sichtflüge** (Luftf) / CVFR, controlled visual flight rules ‖ ~ *f* **von Bernoulli und L'Hospital** (nach G. L'Hospital, 1661-1704) (Math) / L'Hospital's rule* (for evaluating indeterminate forms) ‖ ~**n** *f pl* **von De Morgan** (Math) / De Morgan's laws, De Morgan's rules ‖ ~ *f* **von Sarrus** (Math) / Sarrus rule

**Regel•abweichung** f (des Istwerts einer Regelgröße vom Istwert der Führungsgröße) (Regeln) / control deviation ‖ **proportionale ~abweichung** (Regeln) / droop n (the offset resulting from a no-load to full-load change or other specified limits) ‖ **bleibende ~abweichung** (Regeln) / steady-state deviation, steady-state error, sustained deviation ‖ **~algorithmus** m (eine Rechenvorschrift für einen digitalen Regler) (EDV, Regeln) / control algorithm ‖ **~anzahl** f (KI) / number of rules
**Regelation** f (Erscheinung bei einigen Stoffen, wie Wasser/Eis und Bismut, daß die Schmelze dichter ist als die feste Phase) (Wärm) / regelation* n
**Regel•ausführung** f (z.B. des Sicherungsringes nach DIN 472, T 1) / normal type ‖ **~ausführung** / conventional design
**regelbar** adj (EDV, Regeln) / controllable adj ‖ **~er Induktor** (Eltech) / variable inductor* ‖ **~e Kopplung** (Eltech) / variable coupling*
**regel•basiert** adj (EDV, KI) / rule-based adj ‖ **~basierte Grammatik** (EDV) / rule-based grammar ‖ **~basiertes System** (EDV, KI) / rule-based system*, RBS ‖ **~basis** f (EDV, KI) / rule base ‖ **in ~bauart** / standard attr ‖ **~belastung** f (Mech) / design load ‖ **~bereich** m (Regeln) / control range ‖ **~bezogenes System** (EDV, KI) / rule-based system*, RBS ‖ **~block** m (KI) / set of rules, rule set, block of rules ‖ **~bremse** f (Masch) / service brake ‖ **~detri** f (Math) / rule of three ‖ **~drehgestell** n (Bahn) / standard bogie ‖ **~drossel** f (Eltech) / variable inductor* ‖ **~faktor** m (bleibende Abweichung mit Regelung durch bleibende Abweichung ohne Regelung) (Regeln) / control factor ‖ **~fläche** f (die durch eine Schar von Geraden erzeugt werden kann) (Math) / ruled surface* ‖ **~fläche** (Zeitintegral der Regelabweichung) (Regeln) / control area ‖ **Schar von Geraden, die eine ~fläche erzeugen kann** (Math) / regulus* n (pl. reguli or reguluses) ‖ **~funktion** f (Math) / regulated function ‖ **~gerät** n (Regeln) / controller* n, control unit, regulator* n ‖ **~gesteuertes System** (EDV, KI) / rule-based system*, RBS ‖ **~glied** n (Regeln) / control element ‖ **~grammatik** f (EDV) / phrase structure grammar (PSG) ‖ **~größe** f (die zu regelnde Größe, durch Messen als Istwert erfaßt) (Regeln) / controlled variable* ‖ **~hebel** m (mit veränderlichem Übersetzungsverhältnis) (Masch) / variable-fulcrum lever ‖ **~hysterese** f (Eltech) / control hysteresis* ‖ **~interpretation** f (KI) / rule interpretation ‖ **~interpreter** m (zur Wissensverarbeitung im Produktionssystem) (KI) / rule interpreter, interpreter n ‖ **~kegel** m (bei Regelarmaturen) (Masch) / control plug ‖ **~kennlinie** f (Eltech) / control characteristic* ‖ **~klappe** f (eines Luftfilters) (Kfz) / damper n, air damper ‖ **~kompaß** m (Schiff) / master compass ‖ **~kondensator** m (Eltech) / adjustable capacitor ‖ **~körper** m (KI) / body of a rule
**Regelkreis** m (eine meist komplexe Anordnung zur Realisierung einer Regelung) (Regeln) / control loop (circuit), feedback (closed-loop) system ‖ **~** (mit geschlossenem Wirkungsablauf) (Regeln) / closed loop*, control loop, CL, loop n ‖ **von der Bodenstation unabhängiger ~** (Raumf) / internal closed-loop control system ‖ **~** m **mit dem Raumfahrzeug als Regelstrecke und der Bodenstation als Regler** (Raumf) / outer closed-loop control system, external closed-loop control system ‖ **~glied** n (Regeln) / loop element ‖ **~verhalten** n (Regeln) / closed-loop response
**Regel•lage** f (eine Frequenzlage des Hauptseitenbandes) (Radio) / regular position ‖ **~länge** f / standard length ‖ **~last** f (genormte Lastannahme, die der Berechnung von Bauwerken zugrunde zu legen ist) (Bau) / standard load
**regellos** adj / random attr ‖ **~ anordnen** (Stats) / randomize v ‖ **~e Anordnung** (Stats) / random order, randomization n ‖ **~e Orientierung** (Krist) / random orientation
**Regellosigkeit** f (Unordnung) / disorder n
**regelmäßig** adj / regular adj, even adj ‖ **~ bewetterte und inspizierte Grubenbaue** (Bergb) / active workings* ‖ **~er Block** (bei Blockpolymeren) (Chem) / regular block ‖ **~e Fahrten machen** (pendeln) (Schiff) / ply v (vessel or vehicle) ‖ **~er Fehler** (Math) / systematic error*, bias n ‖ **~e Gruppierung** / array n ‖ **~e Körper** m pl (Math) / regular convex solids*, regular polyhedra, platonic solids, platonic bodies ‖ **~e Polyeder** n pl (konvexe Polyeder) (Math) / regular convex solids*, regular polyhedra, platonic solids, platonic bodies ‖ **~e Pyramide** (Math) / right pyramid, right-regular pyramid ‖ **~e Reflexion** (Licht, Phys) / specular reflection*, regular reflection, mirror reflection, direct reflection ‖ **~es Schicht(en)mauerwerk** (Bau) / regular-coursed rubble*, range masonry (US), range work (US), coursed ashlar (US) ‖ **~es Vieleck** (Math) / regular polygon* ‖ **~ wiederkehrend** / periodic adj (pe-ri-od-ic), repetitive adj, periodical adj
**Regel•mäßigkeit** f / regularity n, evenness n ‖ **~mechanismus** m (der bei der Bogenlampe einen konstanten Abstand der Elektroden sichert) (Eltech) / feed mechanism* ‖ **~motor** m (Eltech, Regeln) / variable-speed motor*, adjustable-speed motor ‖ **~motor** (Film) / wild motor

**regeln** v (im allgemeinen) / regulate v ‖ **~** (einen Regelkreis) (Regeln) / control v ‖ **~** n (Regeln) / feedback control, closed-loop control
**Regel•organ** n (Regeln) / control element ‖ **~raum** m (KI) / rule space ‖ **~rechner** m (EDV) / control computer ‖ **~relais** n (Eltech) / regulating relay ‖ **~röhre** f (Eltronik) / voltage regulator, regulator* n (voltage) ‖ **~röhre** (Eltronik, Regeln) / remote cut-off tube (US), variable mu conductance valve, variable mu valve, variable mutual conductance valve ‖ **~satz** m (KI) / set of rules, rule set, block of rules ‖ **~schalter** m (Kfz) / voltage regulator, regulator, automotive voltage regulator, regulator n ‖ **~scheibenspindelstock** m (bei spitzenlosen Rundschleifmaschinen) (Masch) / regulating-wheel headstock ‖ **~schiff** n (Schiff) / standard ship ‖ **~schneelast** f (Bau) / normal snow load ‖ **~spur** f (Spurweite für Eisenbahngleise mit einem Abstand der beiden Fahrschienen von 1435 mm) (Bahn) / standard gauge* ‖ **~stab** m (Nukl) / control rod* ‖ **~stab** (für Leistungsregelung) (Nukl) / power control rod*, control rod (for power control) ‖ **~strecke** f (Grundbestandteil eines Regelkreises nach DIN 19226) (Regeln) / controlled system ‖ **~strecke** (als Teil einer Anlage) (Regeln) / plant n ‖ **~strecke mit verteilten Parametern** (Regeln) / distributed-parameter control system ‖ **~system** n (Einkreis- oder Mehrkreissystem) (Regeln) / control system, automatic control system ‖ **~system mit I-Verhalten** (Regeln) / type-1 servomechanism ‖ **~system mit P-Verhalten** (Regeln) / type-O servomechanism ‖ **~trafo** m (Eltech) / variable-ratio transformer ‖ **~transformator** m (Eltech) / variable-ratio transformer
**Regelung** f (mit Rückführung) (Regeln) / feedback control, closed-loop system ‖ **adaptive ~** (mit Einhaltung vorgegebener Grenzwerte) (Regeln) / adaptive control constraint, ACC ‖ **adaptive ~** (mit Erreichen vorgegebener Gütekriterien) (Regeln) / adaptive control optimization, ACO ‖ **adaptive ~** (Regeln) / adaptive control*, AC ‖ **adaptive ~ mit Rückführung** (Regeln) / closed-loop control ‖ **anpassungsfähige ~** (Regeln) / adaptive control*, AC ‖ **automatische ~** (Regeln) / automatic control* ‖ **autonome ~** (Regeln) / independent control ‖ **digitale ~** (Regeln) / digital control ‖ **direkte ~** (Regeln) / direct control ‖ **direkte digitale ~** (mit Hilfe eines Prozeßrechners) (Regeln) / direct digital control, DDC ‖ **indirekte ~** (Regeln) / indirect control ‖ **lineare ~** (wenn der Regelkreis ausschließlich aus linearen Übertragungsgliedern aufgebaut ist) (Regeln) / linear control ‖ **optimale ~** (Regeln) / optimal control, optimum control ‖ **optimierende ~** (Regeln) / optimal control, optimum control ‖ **selbsttätige ~** (Regeln) / automatic control* ‖ **stetige ~ oder Steuerung** (wenn die Stellgröße innerhalb des Stellbereiches jeden beliebigen Zwischenwert annehmen kann) (Regeln) / continuous control* ‖ **übergeordnete ~** (Regeln) / imposed control ‖ **unstetige ~** (Fernm) / intermittent control*, discontinuous control ‖ **~** f **der Gemischbildung** (V-Mot) / air-fuel control, A/F control ‖ **~ der Zeilendichte** (TV) / pitch control ‖ **~ mit Aufschaltung einer im Verlauf des Prozesses vor dem Prozeßausgang gemessenen Größe** (Regeln) / anticipating control, anticipatory control ‖ **~ mit Hilfsenergie** (Regeln) / indirect control ‖ **~ ohne Hilfsenergie** (Regeln) / direct control ‖ **~ und Steuerung von Fertigungsprozessen** (Regeln) / industrial control
**Regelungs•bauwerk** n (in einem natürlichen oberirdischen Fließgewässer) (Wasserb) / training construction (for the regulation and training of rivers), regulator n ‖ **~modell** n (ein Simulationsmodell) (Regeln) / control model building ‖ **~geschlossenes system** (Regeln) / closed-loop system*, feedback control system (US)* ‖ **~system** n **mit Rückführung** (Regeln) / closed-loop system*, feedback control system (US)* ‖ **~technik** f (deren Aufgabe es ist, vor allem in technischen Anlagen physikalische Größen (z.B. Druck, Füllstand, Temperatur), die Regelgrößen, trotz des Einwirkens äußerer Störungen, konstant zu halten, oder, allgemeiner, dem zeitlichen Verlauf einer vorgegebenen Führungsgröße möglichst genau nachzuführen) (Regeln) / control engineering, automatic control engineering
**Regel•ventil** n (Masch) / regulating valve ‖ **~virus** m (EDV, KI) / XP virus ‖ **~weg** m (Fernm) / primary route ‖ **~werk** n / rule(s) system ‖ **~widerstand** m (Eltech) / rheostat* n ‖ **~widrig** adj / anomalous adj ‖ **~widrigkeit** f / anomaly* n ‖ **~wissen** n (KI) / rule-based knowledge ‖ **~zeit** f (Regeln) / recovery time
**Regen** m (Meteor) / rain* n ‖ **~ durch abgeschwemmtes Erdreich** (Geol, HuT) / rain-wash n ‖ **durch ~ verursachter Erdrutsch** (Geol) / rain-wash n ‖ **Erzeugung** f **von künstlichem ~** (anthropogene Wetterbeeinflussung) (Meteor) / rainmaking* ‖ **gefrierender ~** (Regen- oder Sprühregentropfen, die aus einer warmen in eine kältere Luftschicht fallen und dabei zu Eiskörnern gefrieren) (Meteor) / freezing rain ‖ **künstlicher ~** (Meteor) / artificial rain ‖ **ohne ~** (Meteor) / rainless adj ‖ **orografischer ~** (Meteor) / orographic rain*, orographic precipitation ‖ **örtlicher ~** (Meteor) / point rainfall ‖ **saurer ~** (Umwelt) / acid rain* ‖ **unterkühlter ~** (der beim Eintreffen auf den Erdboden oder auf Gegenstände sofort zu Eis

**Regenabfluß**

gefriert und häufig zur Bildung von Glatteis führt) (Meteor) / freezing rain
**Regen•abfluß** m (starker) (Meteor, Wasserb) / storm flow ‖ **~abflußrohr** n (Bau) / conductor n (US)*, downpipe* n, fall pipe*, downspout* n (US), downcomer n, rainwater pipe*, leader* n (US), R.W.P.* ‖ **~abflußspende** f (Meteor, Wasserb) / storm-water discharge ‖ **~ablauf** m (Sanitär) / gulley* n, gully n, inlet n (US), street inlet (US), gully-hole n, street gully ‖ **~anlage** f (eine Löschanlage) / water spray installation ‖ **~anlage** (TV) / sprinkler n, shower n ‖ **~arm** adj / with little rain(fall) ‖ **~auswaschung** f (von Nährstoffen) (Landw) / rainwash n ‖ **~becken** n (HuT, Wasserb) / storm-water tank* ‖ **~bekleidung** f (Tex) / rainwear n, rainsuit n ‖ **~beständig** adj (Appretur) (Tex) / rainfast adj
**Regenbogen** m (Meteor, Phys) / rainbow* n ‖ sekundärer **~** (Meteor, Phys) / supernumerary rainbow ‖ weißer **~** (Meteor, Phys) / white rainbow ‖ **~farben** adj / rainbow-coloured adj, rainbow attr ‖ **~farbig** adj / rainbow-coloured adj, rainbow attr ‖ **~haut** f (Opt) / iris* n ‖ **~quarz** m (Handelsbezeichnung für Quarz mit irisierendem Farbenspiel, das auf dünne Risse zurückzuführen ist) (Min) / iris* n, rainbow quartz*
**regen•dicht** adj / rainproof adj, raintight adj ‖ **~dichter Fensterrahmen** (Bau, Tischl) / water-checked casement* ‖ **~dichte** f (Wasserdurchsatz bezogen auf die Austauschfläche eines Naßkühlturms) / water loading n ‖ **~dichtmachen** n (Tex) / showerproofing* n, rainproofing n ‖ **~echo** n (Radar) / rain echo ‖ **~enttrübung** f (Radar) / rain anticlutter
**Regenerat** n (Kautschuk) (Chem Verf) / reclaimed rubber, reclaim n ‖ **~** (durch durch Wiederaufbereitung gebrauchter Materialien gewonnenes Produkt) (Umwelt) / regenerate material ‖ **~cellulose** f (Chem Verf) / regenerated cellulose ‖ **~fasern** f pl (Chemiefasern, die aus Rohstoffen des Pflanzen- bzw. des Tierreiches durch Umfällung hergestellt und in Fadenform regeneriert werden) (Tex) / semisynthetic fibres, regenerated fibres
**Regeneration** f (Biol) / regeneration* n ‖ **~** (des Katalysators) (Chem) / revivification n ‖ **~** (der Information) (EDV) / regeneration* n ‖ **~** (Eltech) / reshaping* n ‖ **~** (Umwelt) / reclaiming n, reclamation n, regeneration n, recovery* n, re-refining n
**Regenerations•gerät** n (ein Gasschutzgerät mit einer Regenerationspatrone) (Bergb) / closed-circuit breathing apparatus ‖ **~speicher** m (EDV) / regenerative memory, regenerative storage
**regenerativ•e Energie** / renewable energy (that is not depleted by use), renewable n ‖ **~er Speicher** (EDV) / regenerative memory, regenerative storage
**Regenerativ•feuerung** f (Vorwärmung von Gas und Luft durch Ausnutzung der Abgaswärme, angewendet bei Schmelz-, Hoch- und Glasschmelzöfen) (Glas, Hütt, Masch) / regenerative firing ‖ **~gasfeuerung** f (Glas, Hütt, Masch) / regenerative firing ‖ **~gasofen** m (Glas, Hütt, Masch) / regenerative furnace* ‖ **~lufterhitzer** m (Hütt, Masch) / regenerative air heater* ‖ **~luftvorwärmer** m (Masch) / regenerative air preheater, regenerative air heater ‖ **~luvo** m (Masch) / regenerative air preheater, regenerative air heater ‖ **~ofen** m (mit Regenerativfeuerung) (Glas, Hütt, Masch) / regenerative furnace* ‖ **~verstärker** m (Fernm) / repeater* n, regenerative repeater
**Regenerator** m (Fernm) / repeater* n, regenerative repeater ‖ **~** (in der Fernschreibtechnik) (Fernm) / regenerative repeater ‖ **~** (eines Entwicklers) (Foto) / replenisher n ‖ **~** (Wärmetauscher mit einer Feststoff-Speichermasse, die von den fluiden Medien periodisch erwärmt und abgekühlt wird) (Hütt, Masch) / regenerator* n, heat regenerator* (a discontinuous-flow heat exchanger)
**Regenerat•wolle** f (Tex) / recovered wool, regenerated wool ‖ **~wolle** (Tex) s. auch Shoddy ‖ **~zellulose** f (Chem Verf) / regenerated cellulose
**regenerierbar•e Energie** / renewable energy (that is not depleted by use), renewable n ‖ **~e Energiequelle** / renewable source of energy
**regenerieren** v (z.B. eine Glaselektrode) / rejuvenate v ‖ **~** (reaktivieren) / reactivate v, revive v ‖ **~** / regenerate v ‖ **~** (Biol) / regenerate v ‖ **~** (EDV) / rewrite* v ‖ **~** (Information) (EDV) / regenerate v ‖ **~** (Faserstoffe) (Tex) / reprocess v ‖ **~** (verunreinigte Stoffe) (Umwelt) / reclaim v, regenerate v, recover v, regain v ‖ **~** n (Umwelt) / reclaiming n, reclamation n, regeneration n, recovery* n, re-refining n
**Regenerier•mittel** n / regenerant n ‖ **~strahl** m (Eltronik) / holding beam*
**regeneriert•e Cellulose** (Chem Verf) / regenerated cellulose ‖ **~e Fasern** (Chemiefasern, die aus Rohstoffen des Pflanzen- bzw. des Tierreiches durch Umfällung hergestellt und in Fadenform regeneriert werden) (Tex) / semisynthetic fibres, regenerated fibres ‖ **~er Faserstoff** (Spinn) / reprocessed material, ravelling n, raveling n (US) ‖ **~er Kautschuk** (Chem Verf) / reclaimed rubber, reclaim n ‖ **~es** (Alt)**Öl** (aus dem Altöl) / reclaimed oil, recovered oil ‖ **~e Wolle** (Tex) / recovered wool, regenerated wool ‖ **~e Zellulose** (Hydratzellulose) (Chem Verf) / regenerated cellulose

**Regenerierung** f / reactivation* n, revivification n (of charcoal or metals) ‖ **~** (Biol) / regeneration* n ‖ **~** (der Impulse) (Eltech) / reshaping* n ‖ **~** (verunreinigter Stoffe) (Umwelt) / reclaiming n, reclamation n, regeneration n, recovery* n, re-refining n
**Regenerierventil** n (in den Kraftstoffverdampfungsanlagen) (Kfz) / scavenging valve, purge valve
**Regen•fall** m (Meteor, Wasserb) / rainfall n ‖ **~falleitung** f (innen- oder außenliegende Rohrleitung zum Ableiten des Regenwassers) (Bau) / rainwater control system ‖ **~fallrohr** n (Bau) / conductor n (US)*, downpipe* n, fall pipe*, downspout* n (US), downcomer n, rainwater pipe*, leader* n (US), R.W.P.* ‖ **~fallrohrauslauf** m (Bau) / shoe* n ‖ **~faß** n / water butt ‖ **~feldbau** m (Ackerbau, bei dem die Nutzpflanzen ihren Wasserbedarf aus den Niederschlägen decken können und nur unter extremen Bedingungen zeitweise Bewässerung oder Anbaumethoden des Trockenfeldbaus notwendig sind) (Landw) / rain-fed farming ‖ **~fleck** (Anstr, Tex) / rain spot ‖ **~flecken** m (Anstr) / pock marking ‖ **~front** f (Meteor) / rain front ‖ **~gerät** n (Landw) / rainer n, sprinkler n, rainbird n ‖ **~geschützt** adj / protected from rain, sheltered from rain ‖ **~intensität** f (Menge je Zeiteinheit) (Meteor) / rate of rainfall, intensity of rainfall, rainfall intensity, rainfall rate ‖ **~kanone** f (Landw) / rain gun ‖ **~klärbecken** n (Absetzbecken für Regenwasser im Trennsystem nach DIN 4045) (Sanitär) / stormwater sedimentation tank ‖ **~kleidung** f (Tex) / rainwear n, rainsuit n ‖ **~krone** f (des Schornsteins) (Bau) / rain cap ‖ **~leiste** f (Karosserieblechkante an den Dachrändern, die die Regenrinne bildet) (Kfz) / drip-moulding n ‖ **~leiste** f (Kfz) / rain gutter ‖ **~los** adj (Meteor) / rainless n ‖ **~ wasserdichter ~ mantelstoff** (Tex) / slicker fabric ‖ **~messer** m (Meteor) / rain gauge*, precipitation gauge, pluviometer n, ombrometer n, udometer n ‖ **~messer** (unter Bäumen oder Büschen aufgestellt) (Meteor) / interceptometer n ‖ **selbstschreibender ~messer** (Meteor) / recording rain gauge, pluviograph n, hyetograph* n, rain recorder ‖ **~naß** adj / wet from the rain ‖ **~reich** adj (Landschaft, Jahreszeit) (Meteor) / rainy adj, with high rainfall ‖ **~rinne** f (Kfz) / rain gutter ‖ **~rohr** n (Bau) / conductor n (US)*, downpipe* n, fall pipe*, downspout* n (US), downcomer n, rainwater pipe*, leader* n (US), R.W.P.* ‖ **~schaden** m (Bau, Landw) / rain damage ‖ **~schatten** m (Meteor, Umwelt) / rain shadow* ‖ **~schauer** m (Meteor) / shower of rain ‖ **~schichtwolke** (Meteor) / nimbus n (pl. nimbuses or nimbi), nimbostratus* n (pl. nimbostrati), nimbostratus cloud, Ns* ‖ **~schirmstoff** m (Tex) / umbrella cloth ‖ **~schreiber** m (Meteor) / recording rain gauge, pluviograph n, hyetograph* n, rain recorder ‖ **~schutzkleidung** f (Tex) / rainwear n, rainsuit n ‖ **~schutzleiste** f (am Freiballon) (Luftf) / drip flap, drip strip, drip band ‖ **~schutztechnik** f (Klemp) / rainscreen technology ‖ **~spende** f (Quotient aus dem Volumen des Regens und dem Produkt aus Zeit und Fläche in 1/s . ha - nach DIN 4045) (Meteor, Wasserb) / rainfall intensity, rainfall n ‖ kritische **~spende** (bei Entwässerungsprojekten) (Landw, Wasserb) / drainage design, rainfall design ‖ **~stärke** f (Meteor) / rate of rainfall, intensity of rainfall, rainfall intensity, rainfall rate ‖ **~störung** f (Radar) / rain clutter ‖ **~summenlinie** f (Summenlinie eines Regenkennwertes, aufgetragen über der ansteigenden Regenspende - DIN 4045) (Meteor) / rainfall sum curve ‖ **~tag** m (Meteor) / rain day ‖ **~tonne** f / water butt ‖ **~traufe** f (des Freiballons) (Luftf) / rain deflector ‖ **~tropfen** (Meteor) / raindrop n ‖ **~tropfeneindrücke** m pl (Geol) / rain prints*, raindrop imprints ‖ **~tropfenmarken** f pl (Geol) / rain prints*, raindrop imprints ‖ **~überlauf** m (Entlastungsbauwerk im Mischsystem ohne Speicherraum nach DIN 4045) (Wasserb) / storm-water overflow ‖ **~überlaufbecken** (DIN 4045) (Wasserb) / storm-water overflow tank ‖ **~überschuß** m (Wasserb) / rainfall excess ‖ **~verhangen** adj (Himmel) (Meteor) / rainy adj
**Regenwald** m (tropischer, subtropischer) (For) / rainforest* ‖ **subtropischer ~** (For) / subtropical forest, temperate rainforest ‖ **temperierter ~** (For, Umwelt) / dry rainforest ‖ **tropischer ~** (For) / equatorial rainforest ‖ **tropischer ~** (entweder Tiefland-Regenwald oder montaner Regenwald) (For) / tropical rainforest, hylaea n, selva n
**Regen•wasser** n / rainwater n ‖ **~wasserbecken** n (HuT, Wasserb) / storm-water tank* ‖ **~wasserkanal** m (Sanitär) / storm drain, storm-water channel ‖ **~wasserleitung** f (Sanitär) / storm sewer, storm drain ‖ **~wassertonne** f (Bau) / water butt ‖ **stürmisches ~wetter** (Meteor) / rainstorm n ‖ **~wolke** f (Meteor) / rain cloud ‖ **dichte, große ~wolke** (Meteor) / nimbus n (pl. nimbuses or nimbi), nimbostratus* n (pl. nimbostrati), nimbostratus cloud, Ns* ‖ **~zeit** f (Meteor) / rainy season, rainy period ‖ **~zeit** (in den Tropen) (Meteor) / rains pl
**Regge•-Pol** m (in der analytischen S-Matrix-Theorie) (Kernphys) / Regge pole n ‖ **~-Rekurrenz** f (Kernphys) / recurrence* n ‖ **~-Trajektorie** f (in der analytischen S-Matrix-Theorie nach T. Regge, 1931- ) (Kernphys) / Regge trajectory*
**Regie•kosten** pl (A) / administration costs ‖ **~pult** n (Radio, TV) / control desk ‖ **~raum** m (Radio, TV) / control cubicle ‖ **~signal** n

(Radio, TV) / cue n ‖ ⁓spur f (bei professionellen Videoaufzeichnungen) (Film) / cue track ‖ ⁓zeichen n (Radio, TV) / cue n

**Regime** n (ein Wasserhaushalt bei Fließgewässern) (Wasserb) / regime n, regimen n (US), river regime

**Regiochemie** f (Chem) / regiochemistry n

**Region** f / region n, area n ‖ ⁓ (EDV) / locale n (a region, characterized by language and cultural conventions) ‖ ⁓ (EDV) / locale n (a region, characterized by language and cultural conventions) ‖ **variable** ⁓ (Biochem) / variable region

**regional•es Klima** (Meteor, Umwelt) / macroclimate n ‖ ⁓e **Thermo-Dynamometamorphose** (Regionalmetamorphose im engeren Sinne) (Geol) / dynamothermal metamorphism* ‖ ⁓ausgabe f (von Zeitungen oder Zeitschriften) (Druck) / regional edition, regional issue ‖ ⁓fluglinienunternehmen n (Luftf) / commuter airline ‖ ⁓klima n (Meteor, Umwelt) / macroclimate n ‖ ⁓metamorphose f (die weite Gebiete erfaßt und langzeitig andauert) (Geol) / regional metamorphism* ‖ ⁓planung f / regional planning

**Regionsdaten** pl (Formatanweisungen mit regionaler Gültigkeit, die vom Benutzer eines Systems gewählt und vom Betriebssystem gespeichert werden, wie z.B. Datums- und Zeitformate, Währungs- und Maßangaben) (EDV) / locale n ‖ ⁓ plt (Formatanweisungen mit regionaler Gültigkeit, die vom Benutzer eines Systems gewählt und vom Betriebssystem gespeichert werden, wie z.B. Datums- und Zeitformate, Währungs- und Maßangaben) (EDV) / locale n

**regio•selektiv** adj (Chem) / regioselective adj ‖ ⁓selektivität f (bevorzugter, aber nicht ausschließlicher Angriff einer chemischen Reaktion an einer von mehreren nichtäquivalenten Stellungen) (Chem) / regioselectivity n ‖ ⁓spezifisch adj (Chem) / regiospecific adj ‖ ⁓spezifizität f (eine Positions- bzw. Stellungsspezifität) (Chem) / regiospecificity n

**Register** n (amtlich geführtes Verzeichnis rechtserheblicher Umstände) / register n ‖ ⁓ (Verzeichnis) / register n ‖ ⁓ (Druck) / index n (pl. indexes or indices) ‖ ⁓ (Druck, Foto) / register* (**REG**) (Anordnung von Speicherelementen) (EDV) / register* (**REG**) n ‖ ⁓ (Fernm) / register* n ‖ ⁓ (Fernsp) / director* n ‖ **selbstdekrementierendes** ⁓ (EDV) / autodecrement register ‖ **selbstinkrementierendes** ⁓ (EDV) / autoincrement register ‖ ⁓ n **doppelter Wortlänge** (EDV) / double-length register, double register ‖ ⁓ **dreifacher Wortlänge** (EDV) / triple-length register, triple register ‖ ⁓ **vierfacher Wortlänge** (EDV) / quadruple-length register, quadruple register

**Register•adressierung** f (EDV) / register addressing ‖ **indirekte** ⁓adressierung (EDV) / register pair addressing (the instruction specifies the register pair containing the memory address) ‖ ⁓anweisung f (EDV) / register instruction ‖ ⁓befehl m (EDV) / register instruction ‖ ⁓bezeichnung f (EDV) / register name ‖ ⁓bogen m (zur Kontrolle des Druckregisters) (Druck) / register sheet* n ‖ ⁓düse f (im Registervergaser) (Kfz) / barrel n ‖ ⁓einschubverfahren n (ein Zugriffsverfahren) (EDV) / register insertion ‖ ⁓einstellung f (Druck) / registration n, register adjustment ‖ ⁓erstellung f / indexing n, index generation ‖ ⁓genau adj (Druck) / in register, register-true adj, true to register, registration-perfect adj ‖ **nicht** ⁓genau (Druck) / out of register ‖ ⁓halten n (gleichmäßiges Bedrucken von Bogen oder Blättern auf beiden Seiten des gesamten Fortdruckes, so daß mindestens zwei Kanten des Satzspiegels deckungsgleich aufeinanderstehen) (Druck) / register n, keeping of register ‖ ⁓haltig adj (Druck) / in register, register-true adj, true to register, registration-perfect adj ‖ **nicht** ⁓haltig (Druck) / out of register ‖ ⁓haltige Arbeit (Druck) / dot-for-dot work ‖ ⁓insertion f (ein Zugriffsverfahren bei lokalen Netzen mit Ringtopologie) (Fernm) / register insertion ‖ ⁓kapazität f (EDV) / register capacity ‖ ⁓keller m (EDV) / register stack ‖ ⁓kennung f (EDV) / register identifier, register code signal ‖ ⁓länge f (EDV) / register length* ‖ **lineal** n (Typog) / register rule ‖ ⁓logik f (EDV) / register logic ‖ ⁓machen n (Druck) / registration n, register adjustment ‖ ⁓maschine f (mathematisches Modell, das mit einem Registerprogramm arbeitet) (EDV) / register* n ‖ ⁓matrix f (EDV) / register map ‖ ⁓regelung f während des Maschinenlaufs (z.B. an Rollenrotationsmaschinen) (Druck) / running register control ‖ ⁓spur f (EDV) / recirculating loop, recirculating track ‖ ⁓stellen n (Druck) / registration n, register adjustment ‖ ⁓tonne f (2,8316 m³ - heute obsolet) (Schiff) / register ton, reg ton ‖ ⁓tonnengehalt m (Schiff) / register(ed) tonnage* ‖ ⁓vergaser m (Kfz) / two-stage carburettor, barrel carburettor, multiple-barrel carburettor ‖ ⁓walzen f pl (Druck) / register rollers* ‖ ⁓walzen (Pap) / table rolls*

**Registrier•apparat** m (Instr) / autographic adj (US), recording adj ‖ ⁓ / recorder n, register n ‖ ⁓ballon m (Geophys) / registering balloon ‖ ⁓ballon (Meteor) / sounding balloon*, balloon sonde ‖ **Verlangsamung** f **des Aufstiegs eines** ⁓ballons **mit Hilfe eines anderen Ballons** (im Ballongespann) (Luftf, Meteor) / balloon drag ‖ ⁓einrichtung f (ein Ausgabegerät) (EDV) / logger n, logging printer

**registrieren** v / record v, register v (enter or record in an official list)

**registrierend** adj / autographic adj (US), recording adj ‖ ⁓ (Instr) / graphic adj ‖ ⁓er **Feuchtemesser** (zur selbsttätigen Aufzeichnung der relativen Feuchte) (Meteor) / hygrograph n ‖ ⁓es **Thermometer** (Meteor, Phys) / thermograph* n, temperature recorder ‖ ⁓er **Zeitmesser** (Uhr) / chronograph* n

**Registrier•formel** f (Chem) / registry formula ‖ ⁓gerät n (schreibendes Meßgerät) (Instr) / recorder n, register n ‖ **schreibendes** ⁓gerät (mit Faserstiften oder Tinte) (Instr) / pen recorder, inking register, graphic instrument ‖ ⁓papier n (Pap) / chart paper, recording-instrument paper, recorder paper, recorder chart, recording paper ‖ **ein** ⁓papier **mit löschbarer, magnetisch sichtbar gemachter Informationsspur** (EDV) / particle-oriented paper, POP ‖ ⁓stift m (eines Registriergeräts) / recording stylus, pen n ‖ ⁓streifen m / recorder chart, chart n

**Registrierung** f / recording* n ‖ ⁓ / registration n, registry n

**Regler** m (bei Hi-Fi-Studioboxen) (Akus) / acoustic contour control ‖ ⁓ (regelndes Schwimmittel im allgemeinen) (Aufber) / modifier* n ‖ ⁓ (ein Hilfsmittel für die Radikalkettenpolymerisation) (Chem) / chain-transfer agent ‖ ⁓ (bei radikalischen Polymerisationen) (Chem Verf) / modifier n ‖ ⁓ (in der Automatikgetriebesteuerung) (Kfz) / governor n ‖ ⁓ (des Generators) (Kfz) / control box n ‖ ⁓ (Kfz) / voltage regulator, automotive voltage regulator, regulator n ‖ ⁓ (Regeln) / controller* n, control unit, regulator* n ‖ ⁓ (für Motoren) (V-Mot) / governor* n ‖ ⁓ **anzeigender** ⁓ (Regeln) / indicating controller ‖ **digitaler** ⁓ (Regeln) / digital controller ‖ **geführter** ⁓ (bei der Kaskadenregelung) (Regeln) / submaster controller, secondary controller ‖ **integralwirkender** ⁓ (Regeln) / integral-action controller, integral controller, integral-mode controller ‖ **optimierender** ⁓ (Regeln) / optimizing controller ‖ **programmierbarer** ⁓ (Regeln) / programmable controller ‖ **proportional-integral wirkender** ⁓ **mit Vorhalt** (Regeln) / proportional-floating-derivative controller, three-action controller, PID-controller n ‖ **proportionalwirkender** ⁓ (Regeln) / proportional controller, proportional-action controller ‖ **träger** ⁓ (Masch) / inertia governor* ‖ ⁓ m **mit Hilfsenergie** (Regeln) / controller with auxiliary supply

**Regler•aufsatz** m (bei der Turbine) (Masch) / governor hood ‖ ⁓gestänge n (der Dampfmaschine) (Masch) / expansion gear* ‖ ⁓gewicht n (bei Fliehkraftreglern) (Regeln) / flyball n (of a Watt's conical pendulum governor) (US), rotating weight (of a Watt's conical pendulum governor), centrifugal-mechanism weight, governor weight ‖ ⁓propeller m (Luftf) / constant-speed airscrew, constant-speed propeller* ‖ ⁓substanz f (Chem Verf) / modifier n

**Reglette** f (zum Blindmaterial gehörender Streifen, meist aus einer Bleilegierung - nach DIN 16507) (Typog) / reglet* n

**regnen** v (Meteor) / rain v

**Regner** m (Gerät, das zum Beregnen von Pflanzen dient) (Landw) / rainer n, sprinkler n, rainbird n ‖ ⁓bewässerung f (Landw) / sprinkler irrigation, spray irrigation

**regnerisch** adj (Tag, Wetter) (Meteor) / rainy adj

**Regner•leitung** f (Landw) / spray line ‖ ⁓strang m (Landw) / spray line ‖ ⁓turm m (Landw) / overhead irrigation tower ‖ ⁓verfahren n (Landw) / sprinkler irrigation, spray irrigation

**Regolith** m (die 10-25 cm dicke Schicht aus Gesteinströmmern, welche die Oberfläche des Mondes und anderer atmosphärenloser Himmelskörper bedeckt) (Astr) / regolith* n ‖ ⁓ (unverfestigtes Material über dem Anstehenden) (Geol) / regolith* n, mantlerock n, waste mantle, overburden n, mantle n

**Regosol** m (Rohboden auf frisch sedimentierten Lockergesteinen) (Geol, Landw) / regosol n

**Regradation** f (Chem) / retrogradation n

**Regranulat** n (Altkunststoff) (Plast) / reclaimed (reground) granulated material

**regranulieren** v (Plast) / regranulate v

**Regressand** m (abhängige Variable) (Math, Stats) / regressand n ‖ ⁓ (pl.: -en) (Stats) / regressand n (dependent variable in regression analysis)

**Regression** f (regressive Entwicklung) (Biol) / regression* n ‖ ⁓ (marine) (Geol) / regression n ‖ ⁓ (Math, Stats) / regression n ‖ **einfache** ⁓ (Math, Stats) / simple (linear) regression ‖ **mehrfache** ⁓ (Math, Stats) / multiple regression ‖ **multiple** ⁓ (Math, Stats) / multiple regression ‖ **orthogonale** ⁓ (Stats) / orthogonal regression

**Regressions•analyse** f (Math, Stats) / regression analysis ‖ ⁓effekt m (Stats) / regression effect ‖ ⁓funktion f (Stats) / regression function ‖ ⁓gerade f (Stats) / regression line, line of regression ‖ ⁓koeffizient m (Math) / regression coefficient ‖ ⁓kurve f (grafische Darstellung der Regression) (Stats) / regression curve ‖ ⁓linie f (grafische Darstellung der Regression im linearen Fall) (Stats) / regression line, line of regression ‖ ⁓rechnung f (Verm) / calculus of observations, adjustment calculus, adjustment of observations

**regressiv** *adj* (vom Bedingten auf die Bedingung, von der Folge auf die Ursache rückschließend) / regressive *adj* || ~**e Schichtlagerung** (Geol) / offlap* *n*, regressive overlap || ~ **verknüpft** (Übergänge im Differenzspektrum) (Spektr) / regressively linked
**Regressor** *m* (unabhängige Variable) (Math, Stats) / regressor *n*
**Reg.-T** (Schiff) / register ton, reg ton
**Regula falsi** *f* (Sekantennäherungsverfahren) (Math) / regula falsi, method of false position, rule of false supposition, binary chopping
**regulär** *adj* / regular *adj* || ~ (Geol) / homotaxic, homotactic *adj* || ~ (den Allgemeinfall darstellend; Gegensatz: singulär) (Math) / regular *adj* || ~ (Flachstrick- und Cottonwirkware - formgerecht hergestellt und dann genäht) (Tex) / fully fashioned*, full-fashioned *adj* || ~ **analytische Funktion** (Math) / holomorphic function* || ~**er Ausdruck** (EDV) / regular expression || ~**e Durchlässigkeit** (Opt) / regular transmission* || ~**e Funktion** (eine analytische Funktion) (Math) / regular function* || ~**er Graf** (Math) / regular graph || ~**er Kegelschnitt** (Math) / regular conic section, non-degenerate conic || ~**e Matrix** (über einer Gruppe mit Null) (Math) / regular matrix || ~**e Menge** (auf dem Gebiet der Automatentheorie und der formalen Sprache) (EDV, KI) / regular language, rational language, regular event || ~**e Operation** (Komplexprodukt, Vereinigung und Iteration) (EDV, KI) / regular operation || ~**e Polyeder** *n pl* (Math) / regular convex solids*, regular polyhedra, platonic solids, platonic bodies || ~**es Polygon** (Math) / regular polygon* || ~**er Punkt** (ein Flächenpunkt, der eine Tangentialebene besitzt) (Math) / regular point || ~**e Sprache** (auf dem Gebiet der Automatentheorie und der formalen Sprache) (EDV, KI) / regular language, rational language, regular event
**Regularitätsbereich** *m* (Math) / region of regularity
**Regulator** *m* (Fahrhebel, der den Dampfeinlaß in die Zylinder der Dampflokomotive regelt) (Bahn) / regulator valve || ~ (Penduluhr mit verstellbarem Pendelgewicht) (Uhr) / regulator* *n* || **negativer** ~ (ein Warenabzugsgetriebe) (Web) / negative take-up motion || **positiver** ~ (ein Warenabzugsgetriebe) (Web) / positive take-up motion || ~**gen** (Gen) / regulator gene*, regulatory gene, regulator *n* || ~**protein** *n* (Biochem) / regulatory protein
**regulieren** *v* / regulate *v* || ~ (Instr) / adjust *v*
**Regulier•gleis** *n* (Bahn) / regulating track || ~**hülse** *f* (des Bunsenbrenners) (Chem) / movable sleeve || ~**kegel** *m* (kegelförmiges Drosselorgan) (Masch) / choke* *n* || ~**maschine** *f* (Uhr) / vibrator* *n* || ~**scheibchen** *n* (Uhr) / timing washer*
**Regulierungs•arbeiten** *f pl* (am Fluß) (Wasserb) / training works*, river training, river improvement, river regulation || ~**bauwerk** *n* (Wasserb) / training construction (for the regulation and training of rivers), regulator *n*
**Regulierzelle** *f* (Eltech) / regulator cell*
**reguliner Niederschlag** (bei der elektrochemischen Metallabscheidung) (Galv) / reguline deposit*
**Regulus** *m* (pl. -guli oder -gulusse) (ein Metallklumpen, der sich beim Schmelzen und Reduzieren von Erzen unter der Schlacke absondert) (Hütt) / regulus *n* (pl. reguli or reguluses), prill* *n*
**Rehash** *n* (EDV) / rehash *n*
**Rehbinder-Effekt** *m* (Beeinflussung der physikalischen Eigenschaften metallischer Werkstoffe im Kontakt mit Schmelzen oder grenzflächenaktiven Stoffen - nach P.A. Rehbinder, 1898-1972) (Hütt, Phys) / Rehbinder effect
**reh•braun** *adj* / light reddish brown (as a roe-deer) || ~**haar** *n* (Tex) / roe hair
**Rehydratation** *f* (erneute Wasseraufnahme) (Chem, Phys) / rehydratation *n*
**Rehydratisation** *f* (von getrockneten Produkten) (Nahr) / rehydration *n*, reconstitution *n*
**Rehydratisierung** *f* (Nahr) / rehydration *n*, reconstitution *n*
**Rehydrierung** *f* (Chem) / rehydration *n*
**Reib•** - (Phys) / frictional *adj* || ~**ahle** *f* (zum Reiben zylindrischer oder kegeliger Bohrungen) (Masch) / reamer* *n*, rimer *n*, rymer *n* || **nachstellbare** ~**ahle** (Masch) / expanding reamer* || ~**antrieb** *m* (Masch) / friction drive* || ~**band** *n* (Spinn) / rubber leather, rubbing leather || ~**belag** *m* (der Kupplung) / friction lining || ~**belagwerkstoff** *m* / friction material || ~**belagwerkstoff** (Masch, WP) / friction material || ~**brett** *n* (Bau) / float* *n*, hand float, skimming float, plasterer's float
**Reibe** *f* (Nahr) / food grater, grater *n* || ~**balken** *m* (Bau) / fender *n*
**reib•echt** *adj* (Farbe) (Tex, WP) / rub-fast *adj*, crock-resistant *adj* (US) || ~**echtheit** *f* (Tex, WP) / rubbing fastness, rub-fastness *n*, crocking fastness (US) || ~**eisen** *n* (Nahr) / food grater, grater *n*
**reiben** *v* / rub *v*, chafe *v* || ~ (Anstr, Pharm) / grind *v*, triturate *v*, mill *v* || ~ (Flachs) (Landw) / ripple *v* || ~ (mit der Reibahle nach DIN 8589, T 2) (Masch) / ream *v* || ~ (Nahr) / grate *v* || ~ *n* (Anstr, Pharm) / grinding *n*, trituration *n*, milling *n* || ~ (Masch) / galling *n* || ~ (Verfahren des Spanens - DIN 8589, T 2) (Masch) / reaming *n*

**Reibe•prüfung** *f* (Nukl) / smear test*, wipe test* || ~**putz** *m* (Bau) / rubbed finish
**reib•fest** *adj* (Masch, Pap) / scuff-resistant *adj* || ~**festigkeit** *f* (Masch, Pap) / scuff resistance || ~**getriebe** *n* (Masch) / friction-gear* *n* || ~**gut** *n* (Anstr) / mill base || ~**holz** *n* (zwischen Schiff und Kai liegendes Rundholz) (Schiff) / rubbing strake || ~**korrosion** *f* (tribochemische Reaktion an Passungsflächen mit kleiner, schwingender Relativbewegung der Partner unter Luftzutritt) / fretting corrosion*, chafing corrosion, friction oxidation, false brinelling || ~**kraft** *f* (Phys) / friction force, frictional force || ~**kupplung** *f* (Masch) / friction-clutch* *n*, frictional clutch || ~**(ungs)leistung** *f* (in PS) (Masch) / friction horsepower* || ~**(ungs)leistung** (Phys) / friction energy, friction power || ~**löten** (bei dem die Verbindung zwischen Lot und Werkstück durch Verreiben erfolgt) (Masch) / sweating* *n* || ~**mühle** *f* (Nahr) / food grater, grater *n* || ~**oxidation** *f* (in sauerstoffhaltiger Atmosphäre) / fretting corrosion*, chafing corrosion, friction oxidation, false brinelling || ~**partner** *m pl* (Phys) / bodies in a gliding system || ~**putz** *m* (Bau) / rubbed finish || ~**rad** *n* (Masch) / frictional wheel || ~**rädergetriebe** *n* (Masch) / friction-gear* *n* || ~**radgetriebe** *n* (Masch) / friction-gear* *n* || ~**radöl** *n* (Masch) / traction oil, traction fluid || ~**rost** *m* (Masch) / fretting rust, cocoa *n* (a fretting corrosion) || ~**säge** *f* (Werkz) / friction saw || ~**sägen** *n* (Masch) / friction sawing || ~**schale** *f* (Chem) / mortar* *n* || ~**scheibe** *f* (Bau) / float* *n*, hand float, skimming float, plasterer's float || ~**scheibe** (der Trockenkupplung) (Kfz, Masch) / clutch disk, driven plate, friction disk || ~**scheibensäge** *f* (Werkz) / friction saw || ~**scheibensägen** *n* (Masch) / friction sawing || ~**scheiben-Sperrdifferential** *n* (Kfz) / multiplate limited-slip differential, limited-slip differential, friction-disk differential || ~**schluß** *m* (z.B. des Riemens) (Masch) / friction grip || ~**schluß** (Masch, Mech) / connexion where power is transmitted by friction(al contact), friction-type connexion, positive engagement, adhesion *n* || ~**schluß** (in der Kinematik) (Mech) / frictional contact || ~**schlüssig** *adj* (Masch, Mech) / frictional *adj* || ~**schlüssige Schaltkupplung** (Masch) / friction-clutch* *n*, frictional clutch || ~**schlußverbindung** *f* (Masch) / connection with force, transmission by friction || ~**schweißen** *n* (Plast) / friction welding, spin welding, spin friction welding || ~**schweißen** (eine Art Kaltpreßschweißen) (Schw) / friction welding* || ~**seil** *n* (Bergb) / damping rope || ~**trennen** *n* (Masch) / friction sawing || ~**trennsäge** *f* (Werkz) / friction saw || ~**trieb** *m* (mit dem Reibrad, mit der Reibscheibe) (Masch) / friction drive*
**Reibung** *f* (Phys) / friction* *n* || ~**(s)-** (Phys) / frictional *adj* || **äußere** ~ (Lufft, Phys) / skin friction*, surface drag, surface friction, surface traction || **äußere** ~ (zwischen zwei Körpern) (Masch, Phys) / external friction || **Coulombsche** ~ (nach dem Coulombschen Reibungsgesetz) (Mech) / Coulomb friction || **dynamische** ~ (Phys) / kinetic friction*, dynamic friction || **gleitende** ~ (Mech) / sliding friction || **innere** ~ (von Teilen ein und desselben Körpers) (Masch, Phys) / internal friction || **rollende** ~ (Masch, Mech) / rolling friction || **schwimmende** ~ (wenn die gleitenden Flächen völlig voneinander durch die Schmierschicht getrennt sind) (Masch) / greasy friction, lubricant friction || **trockene** ~ (wenn die Flächen ohne Schmierung aufeinander gleiten) (Masch) / dry friction || ~ *f* **am Keil** (Phys) / friction on a wedge || ~ **der Bewegung** (Phys) / kinetic friction*, dynamic friction || ~ **der Ruhe** (Phys) / static friction, sticking friction, stiction* *n*, friction of rest, limiting friction*, starting friction || ~ **mit Schmierstoff** (Masch, Phys) / lubricated friction || ~ **ohne Schmierstoff** (Masch, Phys) / unlubricated friction || ~ **Rad/Schiene** (Bahn) / wheel-to-rail friction || ~ **zwischen einzelnen Blattfederlagen** (Masch) / interleaf friction
**Reibungs•bahn** *f* (Bahn) / adhesion railway || ~**behaftete Strömung** (Phys) / viscous flow*, real flow || ~**brekzie** *f* (Geol) / crush breccia*, fault breccia* || ~**bremse** *f* (Masch) / friction brake || ~**dämpfer** *m* (Masch) / frictional damper* || ~**elektrisch** *adj* (Eltech) / triboelectric *adj* || ~**elektrisiermaschine** *f* (Eltech) / frictional machine*, friction-type electrostatic machine || ~**elektrizität** *f* (Eltech) / frictional electricity*, triboelectricity *n* || ~**entrinder** *m* (For) / friction debarker
**reibungsfrei** *adj* (Phys) / frictionless *adj* || ~**es Fluid** (bei dem während der Bewegung keine tangentialen Schubspannungen auftreten) (Phys) / ideal fluid, perfect fluid || ~**es Gelenk** (Masch) / frictionless joint || ~**e inkompressible Strömung** (nach den Blasiusschen Formeln) (Phys) / Blasius flow || ~**e Strömung** (Phys) / ideal flow, inviscid flow, frictionless flow
**Reibungsgesetz, Stokessches** ~ (Phys) / Stokes' law*, Stokes's formula
**Reibungs•höhe** *f* (Hyd) / friction head || ~**kegel** *m* (der im Berührungspunkt der sich reibenden Körper den halben Öffnungswinkel mit der Normale bildet) (Phys) / friction cone || ~**koeffizient** *m* (Phys) / coefficient of friction*, C.F.* || ~**koeffizient der Bewegung** (Phys) / coefficient of kinetic friction || ~**koeffizient der Ruhe** (Phys) / coefficient of static friction || ~**kraft** *f* (Lufft, Phys) / surface friction drag*, frictional drag, skin drag || ~**kraft** (im

allgemeinen) (Phys) / friction force, frictional force ‖ **maximale statische ⁓kraft** (Phys) / maximum static-friction force ‖ **⁓kupplung** f (Masch) / friction-clutch* n, frictional clutch ‖ **⁓los** adj (Phys) / frictionless adj ‖ **⁓lose Belieferung** / no-break supply ‖ **⁓lose Versorgung** / no-break supply ‖ **⁓luminesenz** f (Phys) / triboluminescence* n ‖ **⁓masse** f (Bahn) / adhesion weight ‖ **⁓minderer** m (ein Schmierstoffadditiv) / friction reducer ‖ **⁓mindernd** adj (z.B. Schmierstoffadditiv) (Phys) / friction-reducing adj ‖ **⁓pfahl** m (der die Last überwiegend durch die Mantelreibung am Pfahlumfang auf die umgebenden Schichten überträgt) (HuT) / friction pile* ‖ **⁓polymer** n (Chem) / friction polymer, frictional polymer ‖ **⁓polymerisation** f (Chem) / friction polymerization ‖ **⁓rad** n (Masch) / frictional wheel ‖ **⁓sägen** n (DIN 8590) (Masch) / friction sawing ‖ **⁓schicht** f (Phys) / boundary layer*, friction layer ‖ **⁓schweißen** n (Schw) / friction welding* ‖ **⁓stempel** m (zweiteiliger Metallstempel für Grubenausbau, nach DIN 21561 (Bergb) / friction post ‖ **⁓strömung** f (Phys) / viscous flow*, real flow ‖ **⁓verlust** m (Eltech, Hyd, Masch) / friction loss* ‖ **⁓verlusthöhe** f (Hyd) / friction head ‖ **⁓verschleiß** m (Masch) / abrasion n, attrition n, frictional wear, fretting n ‖ **⁓wärme** f (Phys) / heat of friction, frictional heat, friction heat ‖ **⁓widerstand** m (bei sehr schlanken und stromlinienförmigen Körpern) (Luftf, Phys) / surface friction drag*, frictional drag, skin drag ‖ **⁓widerstand im Leerlauf** (Kfz) / idling drag ‖ **⁓winkel** m (Masch) / angle of friction* (between solid bodies) ‖ **⁓winkel** (Phys) / friction angle ‖ **⁓zahl** f (Verhältnis der Reibungskraft zur Normalkraft) (Phys) / coefficient of friction*, C.F.*

**Reib•verschleiß** m (Masch) / abrasion n, attrition n, frictional wear, fretting n ‖ **⁓verschleiß** (Adhäsionsverschleiß) (Masch) / adhesive wear* ‖ **⁓verschleiß** (bei der Gleitreibung) (Masch) / sliding wear ‖ **⁓walze** f (Druck) / distributor rollers* ‖ **⁓winkel** m (Masch) / angle of friction*, C.F.*

**reich** adj (an - z.B. an Eisen) / rich adj (in), high (in) ‖ ⁓ (Ernte) (Landw) / rich adj ‖ **⁓es Erz** (Aufber, Bergb) / high-grade ore, rich ore ‖ **⁓es Gas** (spezifischer Brennwert 31465 bis 35617 kJ/m³) / rich gas, high-CV gas

**Reich** n (Regnum) (Bot) / kingdom* n

**Reichardtit** n (als Umwandlungsprodukt des Kieserits auf den Kalklagerstätten) (Min) / epsomite* n

**Reichert-Meissl-Zahl (RMZ; R-M-Z)** f (eine Kennzahl der Fette und der fetten Öle) (Chem) / Reichert-Meissl number*

**Reich•erz** (Aufber, Bergb) / high-grade ore, rich ore ‖ **⁓gas** n (spezifischer Brennwert 31465 bis 35617 kJ/m³) / rich gas, high-CV gas ‖ **⁓konzentrat** (Aufber) / high-grade concentrate

**reichlich** adj (großzügig) / liberal adj

**Reichöl** n (Erdöl) / rich oil

**Reichsmetall** n (Hütt) / delta metal

**reichverziert** adj / fancy adj

**Reichweite** f (eines Teleskops) (Astr) / limiting magnitude ‖ ⁓ (Kernphys, Luftf, Radio) / range* n ‖ ⁓ (eines Waffensystems) (Luftf, Mil) / range* n, shot n ‖ ⁓ (des Krans, des Baggers, des Roboterarms) (Masch) / reach n ‖ ⁓ (bei Rückstreumeßgeräten) (Radio) / measurement range ‖ ⁓ (Radio) / coverage n ‖ **große ⁓** (Luftf, Radar) / long range* ‖ **kritische ⁓** (beim Wasserschall - DIN 1320) (Akus) / crossover range ‖ **kurze ⁓** (Luftf) / short range ‖ **mittlere ⁓** (Teilchenstrahlung) (Kernphys) / mean range ‖ **mittlere ⁓** (Luftf, Radar) / medium range ‖ **optische ⁓** (von Leuchttürmen und Leuchtfeuern) (Licht, Schiff) / luminous range (the distance at which a marine light may be seen in clear weather, expressed in nautical miles) ‖ ⁓ (Radio) / optical range* ‖ **quasioptische ⁓** (Radar) / line-of-sight coverage ‖ **wirksame ⁓** (Radio) / effective range ‖ **wirtschaftliche ⁓** (Luftf) / most economical range*

**Reichweite-Energie-Beziehung** f (Kernphys) / range-energy relation

**Reid-Dampfdruck** m (Phys) / Reid vapour pressure

**reif** adj / ripe adj (fruit, cereal), mature adj (cheese, wine) ‖ **zu ⁓** (Nahr) / overripe adj ‖ **⁓e Küpe** (Tex) / mellow vat ‖ **⁓es Tal** (Geol) / mature valley ‖ **⁓ und saftig** (Frucht) / mellow adj ‖ **⁓ werden** v / mature vi (cheese, wine), ripen v (fruit, cereal, cheese)

**Reif** m (Advektionsreif oder Strahlungsreif) (Meteor) / hoar frost*, white frost*, silver thaw, white dew (US) ‖ ⁓ (z.B. auf Früchten und auf Schokolade) (Nahr) / bloom* n ‖ **⁓ mit ⁓ bedeckt** (Eisablagerungen von kristalliner Natur) (Meteor) / frosty adj, frosted ‖ **⁓ mit Eis oder ⁓ überziehen** / frost v

**Reife** f (Bot, Nahr) / maturity n, ripeness n ‖ ⁓ (bei Sedimenten bezogen auf Stoffbestand und Gefüge) (Geol) / maturity* n ‖ **zur ⁓ bringen** / ripen vt, mature vt ‖ **zur ⁓ bringen** (Pflanze, damit sie Früchte trägt) (Bot, Landw) / fruit vt

**Reifegrad** m (z.B. der Baumwolle) / maturity degree, degree of ripeness, maturity index ‖ **⁓messer** n (bei Früchten und Gemüse) (Nahr) / tenderometer n

**reifen** v / mature vi (cheese, wine), ripen v (fruit, cereal, cheese) ‖ **⁓ lassen** / ripen vt, mature vt ‖ ⁓ n (Klebstoffe, Nahrungsmittel) / maturation* n, ripening n ‖ ⁓ (Foto) / ripening* n

**Reifen** m (Kfz) / pneumatic tyre, tyre n, tire n (US) ‖ **gewachsener ⁓** (Kfz) / grown tyre ‖ **nachgeschnittener ⁓** (Kfz) / retread n (cut fresh tread) ‖ **pannensicherer ⁓** (Kfz) / puncture-proof tyre ‖ **runderneuerter ⁓** (Kfz) / recap n, remould* n, remold n (US), retread n ‖ **schlauchloser ⁓** (Kfz) / tubeless tyre* ‖ **superbreiter ⁓** (Kfz) / superwide tyre ‖ **verstärkter ⁓** (Kfz) / reinforced tyre, extra-ply tyre ‖ **völlig abgefahrener ⁓** (Kfz) / bald tyre ‖ **⁓ aufziehen** v, tire v (US) ‖ **⁓ m mit laufrichtungsgebundenem Profil** (Kfz) / directional tread pattern tyre ‖ **einseitige ⁓abnutzung** (Kfz) / uneven wear ‖ **ungleichmäßiger ⁓abrieb** (z.B. durch Kurvenbeanspruchung) (Kfz) / cornering wear ‖ **⁓aufbaumaschine** f / tyre-building machine ‖ **⁓aufstandsfläche** f (Kfz) / contact area, contact patch, tyre contact area ‖ **⁓cord** m (Kfz, Tex) / tyre fabric, tyre textiles*, tyre cord ‖ **⁓decke** f (des Reifens) (Kfz) / casing n, outer cover ‖ **⁓druck** m (Kfz) / tyre inflating pressure, tyre pressure, inflation pressure ‖ **⁓druckmesser** m (Kfz) / tyre gauge ‖ **⁓farbe** f (Kfz) / tyre dressing ‖ **⁓fülldruck** m (Kfz) / tyre inflating pressure, tyre pressure, inflation pressure ‖ **⁓fülldruckmesser** m (Kfz) / tyre-gauge n ‖ **⁓füllvorrichtung** f (Kfz) / static air tank ‖ **⁓garn** n (Kord) (Kfz, Tex) / tyre yarn ‖ **⁓karkasse** f (der Gewebeunterbau als Festigkeitsträger) (Kfz) / carcass n ‖ **⁓kautschuk** m (Chem Verf) / tyre rubber, TR ‖ **⁓kennzahl** f (Kfz) / tyre size designation ‖ **⁓kord** m (Kfz, Tex) / tyre fabric, tyre textiles*, tyre cord ‖ **gummifreundliche Imprägnierung des ⁓kords** (z.B. mit Naturlatex, mit Resorzin-Formaldehyd, mit einem Zusatz von Vinylpyridin-Latex) (Kfz, Tex) / fabric dip ‖ **⁓laufdecke** f (Kfz) / tyre casing ‖ **⁓laufleistung** f (Lebensdauer) (Kfz) / tread life ‖ **⁓laufleistung** (garantierte) (Kfz) / tread life (warranted) ‖ **⁓luftdruck** m (Kfz) / tyre inflating pressure, tyre pressure, inflation pressure ‖ **⁓montage** f (Kfz) / tyre installation, tyre mounting ‖ **⁓montiereisen** n (Kfz, Werkz) / tyre lever, tyre iron ‖ **⁓panne** f (Plattfuß) (Kfz) / flat n, blowout n, flat tyre ‖ **⁓panne** (im allgemeinen) (Kfz) / tyre failure ‖ **⁓panne** (im Reifen) (Kfz) / puncture n ‖ **⁓platzer** m (Kfz) / tyre burst ‖ **⁓profil** n (Kfz) / tread* n, tread design ‖ **laufrichtungsgebundenes ⁓profil** (Kfz) / directional tread pattern ‖ **feiner Einschnitt im ⁓profilstollen** (der den Profilelementen größere Beweglichkeit verleiht und damit die Rutschfestigkeit bei nasser Straße verbessert) (Kfz) / sipe n, kerf n ‖ **⁓pumpe** f (Kfz) / tyre pump ‖ **⁓rohling** m (Chem Verf) / green tyre ‖ **⁓schlupf** m (Kfz) / tyre slip ‖ **⁓schulter** f (Übergang der Lauffläche zur Seitenwand) (Kfz) / tyre shoulder ‖ **⁓spur** f (Kfz) / tread n ‖ **⁓überdruck** m (Kfz) / overinflation n ‖ **⁓unterbau** m (der Gewebeunterbau als Festigkeitsträger) (Kfz) / carcass n ‖ **⁓unterdruck** m (Kfz) / underinflation n ‖ **⁓ventilgewinde** n (Kfz) / tyre valve thread ‖ **⁓verschleißanzeiger** m (Kfz) / tyre-wear indicator ‖ **⁓vulkanisation** f **mit dem Heizschlauch** (Chem Verf) / bag curing ‖ **⁓wechsel** m (Kfz) / tyre-change n ‖ **⁓wickelmaschine** f / tyre-building machine ‖ **⁓wulst** m (konstruktiver Teil des Reifens, der die Sicherung der Verbindung des Reifens mit der Felge übernimmt) (Kfz) / tyre bead

**Reife•zeit** f (Anstr) / waiting period ‖ **⁓zeit** (Bot, Nahr) / season n ‖ **⁓zustand** m (Bot, Nahr) / maturity n, ripeness n

**Reif•glätte** f (Kfz) / white frost on the road(s) ‖ **⁓graupel** f (eine Graupelform) (Meteor) / snow pellet ‖ **⁓holzbaum** m (dessen Stammquerschnitt einfarbig, der innere Holzteil jedoch wasserärmer ist - Weißtanne und Fichte) (For) / ripe-wood tree ‖ **⁓messer** n (For, Zimm) / drawknife* n, drawing knife, draw shave, spokeshave n, drawing shave, cleaning knive

**Reifung** f (Klebstoffe, Nahrungsmittel) / maturation* n, ripening n ‖ ⁓ (Foto) / ripening* n

**reifungs•fördernder Faktor** (Biochem) / maturation-promoting factor (MPF) ‖ **⁓mittel** n (Nahr) / maturing agent ‖ **⁓teich** m (Sanitär) / maturation pond, polishing pond, polishing lagoon

**Reifwerden** n (Klebstoffe, Nahrungsmittel) / maturation* n, ripening n

**Reigenmodell** n (EDV) / round robin

**Reihe** f / range n ‖ ⁓ (im allgemeinen) / row n ‖ ⁓ (hintereinander) / file n ‖ ⁓ (nebeneinander) / rank n ‖ ⁓ (Bau) / course* n, layer* n ‖ ⁓ (von Ziffern) (EDV) / string* n ‖ ⁓ (Elektr) / series* n ‖ ⁓ (Eltech) / bank* n ‖ ⁓ (für das Saatkorn) (Landw) / drill n ‖ ⁓ (von Pflanzen) (Landw) / row n ‖ ⁓ (Masch) / bank n (of engine cylinders, coke-ovens or transformers) ‖ ⁓ (Versuchs-, Meß-) (Masch) / run n ‖ ⁓ (Math) / series* n ‖ ⁓ (von Maschen) (Tex) / course* n, row n ‖ ⁓ (der Kettenwirkmaschine) (Tex) / course n ‖ **abbrechende ⁓** (Math) / finite series ‖ **absolut konvergente ⁓** (Math) / absolutely convergent series ‖ **alternierende ⁓** (Math) / alternating series* ‖ **arithmetische ⁓** (Math) / arithmetic series, AS ‖ **bedingt konvergente ⁓** (Math) / conditionally convergent series* ‖ **binomische ⁓** (Math) / binomial series ‖ **bunte ⁓** (von Bakterien) (Bakteriol) / coloured series ‖ **divergente ⁓** (Math) / divergent series* ‖ **einfache ⁓** (Math) / simple series ‖ **endliche ⁓** (Math) / finite series ‖ **Fouriersche ⁓** (Math) /

**Reihe**

Fourier series* ‖ **geometrische** ~ (Math) / geometrical series, geometric series, GS ‖ **harmonische** ~ (Math) / harmonic series ‖ **Hofmeistersche** ~ (beim Kationenaustausch) (Chem) / Hofmeister series*, lyotrophic series* ‖ **homologe** ~ (Chem) / homologous series* ‖ **hypergeometrische** ~ (Math) / hypergeometric series* ‖ **in** ~ **geschaltet** (Eltech) / series attr ‖ ~ **geschalteter Stromkreis** (Elektr) / series circuit ‖ **in einer** ~ **liegend** / in-line attr ‖ **isoelektronische** ~ (Spektr) / isoelectronic sequence ‖ **isomorphe** ~ (z.B. die Olivin-Reihe und die Triphylin-Reihe innerhalb der Verbindungen mit Olivin-Typus) (Min) / isomorphous series ‖ **konvergente** ~ (Math) / convergent series ‖ **logarithmische** ~ (Math) / logarithmic series ‖ **Maclaurinsche** ~ (Math) / Maclaurin's series*, Maclaurin expansion ‖ **oszillierende** ~ (Math) / oscillating series* ‖ **saisonbereinigte** ~ (Stats) / deseasonalized series, seasonally adjusted series ‖ **spektrochemische** ~ (in der Ligandenfeldtheorie) (Chem) / spectrochemical series ‖ **Taylorsche** ~ (Math) / Taylor's series*, Taylor series ‖ **Titius-Bodesche** ~ (Regel, die die mittleren Abstände der Planeten von der Sonne beschreibt - nach J.D. Titius, 1729-1796, und J.E. Bode, 1747-1826) (Astr) / Titius-Bode law*, Bode's law* ‖ **trigonometrische** ~ (Math) / trigonometrical series ‖ **unbunte** ~ (Foto, Opt) / grey scale*, grey step scale ‖ **unendliche** ~ (Math) / infinite series ‖ **zweifach unendliche** ~ (Math) / double series ‖ ~ $f$ **mit doppeltem Eingang** (Math) / double series ‖ ~ **mit einfachem Eingang** (Math) / simple series ‖ ~ **von Luftbildaufnahmen** (die während eines Flugeinsatzes gemacht wurde) (Luftf, Verm) / sortie $n$ ‖ ~ **von Vermachsteinen** (Glas) / tuck wall

**reihen** $v$ (nach dem Zuschnitt) (Tex) / bast $v$

**Reihen** $n$ (Web) / reeding $n$, sleying $n$ ‖ ~- / in-line attr ‖ ~**abstand** $m$ (Landw) / row spacing ‖ ~**abstand** (der Nietreihen) (Masch) / row distance ‖ ~**analyse** $f$ (Chem) / routine analysis ‖ ~**anordnung** $f$ (Eltech) / series arrangement ‖ ~**anordnung** (Masch) / bank* $n$ (of engine cylinders, coke-ovens or transformers) ‖ ~**aufbohrmaschine** $f$ (Masch) / line boring machine ‖ ~**bau** $m$ (F.Org) / serial production, series production, lot production, batch production ‖ ~**bauweise** $f$ (bei der Wohnhäuser in beliebig langen, mit den Straßen gleichlaufenden Reihen aneinandergereiht sind) (Arch) / ribbon building ‖ ~**bebauung** $f$ (Bau) / strip building ‖ ~**blitz** $m$ (Foto) / flash-bar $n$ ‖ ~**bohrmaschine** $f$ (aus reihenförmig angeordneten Säulen- oder Ständerbohrmaschinen) (Masch) / in-line multiple-spindle drilling machine, gang drilling machine ‖ ~**düngerstreuer** $m$ (Landw) / fertilizer drill (unit) ‖ ~**entwicklung** $f$ (Math) / series expansion ‖ ~**fachwebmaschine** $f$ (Web) / multished loom ‖ ~**fertigung** $f$ (F.Org) / serial production, series production, lot production, batch production ‖ ~**folge** $f$ / sequence $n$, sequency $n$ ‖ ~**folge** (Eltech) / sequence* $n$ ‖ **in umgekehrter** ~**folge** / in reverse order ‖ **falsche** ~**folge** / incorrect sequence, sequence error ‖ ~**folge** $f$ **der Schweißoperation** (Schw) / welding sequence, sequence of welding (operations) ‖ ~**folge von Bewegungen** (z.B. bei Robotern) (Masch) / sequence of motions ‖ ~**folgebestimmung** $f$ **Montage** (im Rahmen der Fertigungsplanung der Montage) (F.Org) / line-set $n$ ‖ ~**folgeplanung** $f$ (der Arbeitsvorgänge) (F.Org) / sequence planning, sequencing $n$ ‖ ~**fruchtschlepper** $m$ (Landw) / row-crop tractor ‖ ~**geschalteter Kondensator** (Eltech) / series capacitor* ‖ ~**haus** $n$ (das mit anderen gleichartigen Häusern ohne Bauabstand verbunden ist) (Bau) / terrace $n$, terraced house, terrace house, town house ‖ ~**klemme** $f$ (Eltech) / series terminal ‖ ~**kondensator** $m$ (der in Reihe mit einem elektrischen Betriebsmittel oder Teilen davon liegt) (Eltech) / series capacitor* ‖ ~**kultur** $f$ (Landw) / row crop ‖ ~**kulturtraktor** $m$ (Landw) / row-crop tractor ‖ ~**maschinen** $f$ $pl$ (Masch) / in-line machines, in-line machinery ‖ ~**motor** $m$ (in Mehrzylinderverbrennungsmotor) (V-Mot) / in-line engine* ‖ ~**parallelwicklung** $f$ (Eltech) / series-parallel winding ‖ ~**resonanz** $f$ (beim Reihenschwingkreis) (Eltech) / series resonance* ‖ ~**resonanzkreis** $m$ (Eltech) / series resonance circuit, series resonant circuit ‖ ~**sämaschine** $f$ (Landw) / drill $n$

**Reihenschaltung** $f$ (Eltech) / series connection, series arrangement ‖ **in** ~ (Eltech) / series attr, in series ‖ ~ $f$ **von Zweitoren** (Elektr) / ladder network

**Reihenschluß, mit** ~ (Eltech) / flat-compounded adj, level-compounded adj ‖ ~**erregung** $f$ (Eltech) / series excitation ‖ ~**maschine** $f$ (Eltech) / series-wound machine ‖ ~**motor** $m$ (Eltech) / series motor*, series-wound motor ‖ **kompensierter** ~**motor** (Eltech) / compensated series motor*, neutralized series motor*, compensated series-wound motor ‖ ~**spule** $f$ (Eltech) / series coil ‖ ~**verhalten** $n$ (wenn sich die Drehzahl zwischen Leerlauf und Vollast um mehr als 25% ändert) (Eltech) / series characteristic* ‖ ~**wicklung** $f$ (DIN 42005) (Eltech) / series winding* ‖ **mit** ~**wicklung** (Eltech) / flat-compounded adj, level-compounded adj

**Reihen·schwingkreis** $m$ (Eltech) / series resonance circuit, series resonant circuit ‖ ~**speisung** $f$ (Eltech) / series feed ‖ ~**spule** $f$ (für Reihenschaltung) (Eltech) / bobbin coil ‖ ~**stromkreis** $m$ (Elektr) / 

series circuit ‖ ~**transformator** $m$ (Eltech) / series transformer* ‖ ~**untersuchung** $f$ (Med) / screening test ‖ ~**verdünnung** $f$ (Chem) / serial dilution ‖ ~**weise anordnen** / serialize $v$

**2-reihige Determinante** (Math) / double-row determinant

**Reimer-Tiemann-Reaktion** $f$ (eine Aldehydsynthese) (Chem) / Reimer-Tiemann reaction*

**Reimer-Tiemann-Synthese** $f$ (nach K. Reimer, 1856-1921, und F. Tiemann, 1848-1899) (Chem) / Reimer-Tiemann reaction*

**rein** adj (ohne Zusatzstoffe) / straight adj ‖ ~ (ohne Zusätze) / virgin adj (gold, silver) ‖ ~ (ohne Beimischung) / pure adj ‖ ~ (Farbton) / bright adj ‖ ~ / clean adj ‖ ~ (unvermischt) / unblended adj ‖ ~ (Edelmetall) (Hütt) / fine adj ‖ ~ (alkoholische Getränke) (Nahr) / straight adj, neat adj, pure adj ‖ ~ **chemisch** ~ (Chem) / chemically pure ‖ **nicht** ~ / impure adj ‖ ~**e** (theoretische) **Mathematik** (Math) / pure mathematics ‖ ~**e Biegung** (Mech) / pure bending ‖ ~**er Binärkode** (EDV) / natural binary code (NBC) ‖ ~**er Dreher** (Tex) / gauze $n$ ‖ ~**es Erdöl** (ein optischer Eindruck) (Erdöl) / neat petroleum ‖ ~**es Fach** (bei der Fachbildung) (Web) / clear shed, balanced shed ‖ ~**es Flachsgarn aus Hechelflachs** (Tex) / line $n$ ‖ ~**e Flüssigkeit** (für die IR-Spektroskopie) (Spektr) / neat liquid ‖ ~**es Gewebe** (als Gegensatz zu Mischgewebe) (Tex) / straight fabric ‖ ~ **imaginär** (Math) / pure imaginary ‖ ~**e Notation** (in der nur Buchstaben oder nur Ziffern zugelassen sind) (EDV) / pure notation $n$ ‖ **quadratische Gleichung** (Math) / pure quadratic ‖ ~**e Scherung** (Geol) / pure shear (a strain in which the body is elongated in one direction and shortened at right angles to it) ‖ ~**e Schurwolle** (Tex) / pure new wool ‖ ~**e Stimmung** (Stammtonleiter) (Akus) / natural scale*, just scale*, just temperament* ‖ ~**e Strategie eines Spielers** (KI) / pure strategy of a player ‖ ~**er Ton** (das durch eine harmonische Schallwelle hervorgerufene Grundelement aller Gehörempfindungen) (Akus, Physiol) / pure tone*, simple tone ‖ ~**e Torsion** (Mech) / Saint-Venant torsion, St Venant torsion ‖ ~**er Wert** (eines Spieles) (KI, Math) / pure value ‖ ~**er Zementmörtel** (ohne Zuschläge) (Bau, HuT) / neat grout, neat cement (without aggregate) ‖ ~**er Zug** (Mech) / simple tension

**Reinartz-Schaltung** $f$ (Eltech) / Reinartz circuit*

**Rein·** - / net adj ‖ ~**ätzung** $f$ (Druck) / fine etching* ‖ ~**baumwollen** adj (Tex) / all-cotton attr, pure-cotton attr ‖ ~**bestand** $m$ (For) / single-species stand ‖ ~**blütig** adj (Gen, Landw) / pure adj, pure-bred adj ‖ ~**darstellung** $f$ (aus einem Stoffgemisch durch Trennverfahren) (Chem) / isolation $n$ ‖ ~**dichte** $f$ (stoffabhängige Größe, angegeben als Quotient aus Masse und Volumen des porenfreien Stoffes) (Phys) / absolute density, true density

**Reinecke-Salz** $n$ (Ammoniumtetrathiocyanatodiamminchromat(III-1-Wasser) - ein Chromiak) (Chem) / Reinecke's salt

**Rein·eisen** $n$ (z.B. Armco-Eisen) (Hütt) / pure iron ‖ ~**eisenband** $n$ (mit nichtoxidischer Beschichtung) / metal tape (with non-oxide coating) ‖ ~**element** $n$ (Chem, Kernphys) / pure element, monoisotopic element, anisotopic element

**Reinerit** $m$ (ein Arsenit) (Min) / reinerite $n$

**Reiner-Rivlin-Flüssigkeit** $f$ (eine nichtnewtonsche Flüssigkeit) (Phys) / Reiner-Rivlin fluid

**reinfahren** $v$ (in ein anderes Fahrzeug beim Zurückstoßen) (Kfz) / back into $v$

**Rein·gas** $n$ / clean gas ‖ ~**goldlegierung** $f$ (etwa 78% Cu und 22% Zn) (Hütt) / Dutch gold*, Dutch metal, Dutch leaf ‖ ~**hadernpapier** $n$ (DIN 6730) (Pap) / all-rag paper

**Reinheit** $f$ (Sauberkeit im allgemeinen) / cleanliness $n$ ‖ ~ / purity $n$ ‖ ~ (des Farbtons) / brightness* $n$ (of shade) ‖ ~ (des Diamanten) / clarity $n$ ‖ **höchste** ~ / superpurity $n$ ‖ **optische** ~ (Kriterium der Wirksamkeit der Trennung eines Razemats) (Chem) / optical purity, enantiomeric excess ‖ **radioisotopische** ~ (Chem) / radioisotopic purity* ‖ **von höchster** ~ / ultrapure adj

**Reinheits·anforderung** $f$ (Chem) / purity requirement ‖ ~**grad** $m$ / purity $n$, purity level, percentage purity ‖ ~**grad** (DIN 51422) (Chem) / grade of purity, purity grade ‖ ~**spule** $f$ (TV) / purity coil

**reinigen** $v$ / clean $v$, cleanse $v$ ‖ ~ / depurate $v$ ‖ ~ (durch Scheuern) / scour $v$, scrub $v$ ‖ ~ (mit einer Flüssigkeit) / wash $v$ ‖ ~ (chemische Elemente) (Chem) / purify $v$ ‖ ~ (Flüssigkeiten) (Chem, Phys) / clarify $v$, purify $v$ ‖ **chemisch** ~ (Chem, Tex) / dry-clean $v$ ‖ **mittels Stangen** ~ (Rohre) (Bau) / rod $v$ ‖ **noch einmal** ~ / reclean $v$ ‖ ~ (durch Scheuern) / scouring $n$, scrubbing $n$ ‖ ~ (mit einer Flüssigkeit) / washing $n$, wash $n$ ‖ ~ / cleaning $n$, cleansing $n$ ‖ ~ (von chemischen Elementen) (Chem) / purification $n$ ‖ ~ **mit Pickhammer** (Schw) / chipping $n$ ‖ ~ **und Evakuieren** (DIN 8592) (Masch) / cleaning and evacuation

**Reiniger** $m$ (im allgemeinen) / cleanser $n$, cleansing material, cleaner $n$ ‖ ~**masse** $f$ (Chem Verf) / purifying material, sponge $n$ (US), oxide $n$

**Reinigung** $f$ (durch Scheuern) / scouring $n$, scrubbing $n$ ‖ ~ / cleaning $n$, cleansing $n$ ‖ ~ (der Oberfläche, als Vorbehandlung) / clean-up $n$ ‖ ~ (von Flüssigkeiten) (Chem, Phys) / clarification $n$, purification $n$ ‖ ~ (Sanitär) / renovation $n$ (of waste-water) ‖ **aerodynamische** ~

(Luftf) / clean-up n ‖ **anodische** ~ / anodic cleaning, reverse cleaning, reverse-current cleaning ‖ **chemische** ~ (Chem, Tex) / dry cleaning ‖ **elektrochemische** ~ / electrolytic cleaning, electrochemical cleaning ‖ **elektrolytische** ~ / electrolytic cleaning, electrochemical cleaning ‖ ~ f **im Lösungsmittelbad** (Chem Verf) / solvent cleaning ‖ ~ **mit alkalischen Lösungsmitteln** (Chem Verf) / alkaline cleaning ‖ ~ **mit alkalischen Reinigungsmitteln** (wie z.B. Ammoniak oder Schmierseife) (Chem Verf) / alkaline cleaning ‖ ~ **mit Lösungsmitteln** (Chem Verf) / solvent cleaning

**Reinigungs • bad** n (Tex) / cleaning bath, cleansing bath, cleaning liquor, cleansing liquor ‖ ~**band** n (z.B. für Kassettenrecorder) (Akus, Mag) / cleaning tape, cleaner tape ‖ ~**boden** m (Masch) / false bottom* ‖ ~**deckelrohr** n (Sanitär) / capped pipe ‖ ~**diskette** f (EDV) / cleaning diskette ‖ ~**fähigkeit** f / cleanability n ‖ ~**fällung** f (Nukl) / scavenging n ‖ ~**freundlichkeit** f / cleanability n ‖ ~**kassette** f (Akus, Mag) / clearing cassette ‖ ~**katode** f (Galv) / dummy n, dummy cathode, additional cathode ‖ ~**klappe** f (des Schornsteinsockels) (Bau) / soot door, cleansing door, ashpit door (US) ‖ ~**klappe** (für Unterhaltungsarbeiten) (Bau, Masch) / access door ‖ ~**kraft** f (Chem, Tex) / detergency n ‖ ~**masse** f (Chem Verf) / purifying material, sponge n (US), oxide n ‖ ~**mittel** n / cleanser n, cleansing material, cleaner n ‖ ~**mittel** (oberflächenaktive) (Chem) / detergent n ‖ ~**mittelbeständig** adj (Chem) / detergent-resistant adj ‖ ~**mittelbeständigkeit** f (Chem) / detergent resistance ‖ ~**gute** ~**möglichkeit** f / cleanability n ‖ ~**öffnung** f (Masch) / hand hole* ‖ ~**öffnung** (Sanitär) / access eye*, cleaning eye*, cleanout n (US) ‖ ~**set** n m (z.B. für Schreibmaschinen) / cleaning kit ‖ ~**stufe** f / purification stage ‖ **dritte** ~**stufe** (Sanitär) / advanced waste-water treatment, AWT, tertiary treatment, polishing n ‖ ~**tuch** n / wipe n (a piece of disposable absorbent cloth, especially one treated with a cleansing agent, for wiping something clean) ‖ ~**tür** f (z.B. eines Dampferzeugers) (Masch) / cleaning door ‖ ~**vermögen** n (Chem, Tex) / detergency n, washing power ‖ ~**verstärker** m (ein Hilfsmittel, das in der Chemischreinigung eingesetzt wird, um den Reinigungseffekt zu verbessern) (Tex) / dry-cleaning promoter, cleaning intensifier, dry-cleaning detergent, dry-cleaning aid ‖ ~**vorspannband** n (eines Magnettongerätes) (Akus, Mag) / cleansing leader tape

**Rein • kohle** f (mit geringem Aschegehalt) / pure coal ‖ ~**kohlebogenlampe** f (Licht) / carbon-arc lamp* ‖ ~**kultur** f (Bot) / pure culture*, axemic culture* ‖ ~**kupfer** n (Hütt) / pure copper ‖ ~**rassig** adj (Gen, Landw) / pure adj, pure-bred adj ‖ ~**raum** m (in der Reinraumtechnik) (Eltronik) / clean room*, white room ‖ ~**raumtechnik** f (zur Herstellung von Bedingungen besonderer äußerer Reinheit) (Eltronik) / clean-room technology

**Reinsche Probe** (Chem) / Reinsch test (for detecting small amounts of arsenic, bismuth, mercury and silver)

**Rein • seide** f (Tex) / pure silk, natural silk ‖ ~**seidener Musselin** (Tex) / mousseline-de-soie n

**Reinst • aluminium** n (Hütt) / highly refined aluminium, highest-grade aluminium ‖ ~**raum** m (Eltronik) / ultraclean room ‖ ~**stoff** m (Chem) / extrapure substance ‖ ~**substanz** f (Chem) / extrapure substance ‖ ~**wasser** n (Chem, Pharm) / ultrapure water

**Rein • tonverfahren** n (Akus) / noiseless recording* ‖ ~**transmissionsgrad** m (Opt) / internal transmittance ‖ **spektraler** ~**transmissionsgrad** (Foto, Opt) / net (internal) transmittance, internal transmission factor

**reinvestieren** v (Gewinne) / reinvest v

**Rein • wasser** n (durch Entsalzung gewonnenes Trink- oder Betriebswasser) / converted water, product water ‖ ~**wasser** (als Gegensatz zu Rohwasser) / treated water, clear water, purified water ‖ ~**wasserbehälter** m (Sanitär) / service reservoir*, distribution reservoir*, clear-water reservoir ‖ ~**weiß** adj (z.B. der Innenanstrich der Ulbrichtschen Kugel) (Opt) / lambertian white ‖ ~**werkbank** f (DIN 12950) (Biochem) / cleanbench n ‖ ~**wollen** adj (Tex) / all-wool attr ‖ ~**zeichnung** f (druckfertige) / finished drawing, finished art, drawing ready for reproduction ‖ ~**zeichnung** (nach Einarbeitung etwaiger Korrekturen) / fair drawing, fair draught ‖ ~**zinkbeschichtung** f (als Korrosionsschutz auf feuerverzinktem Stahl) (Galv) / pure zinc coating ‖ ~**zinn** n (Hütt) / block tin* ‖ ~**zuchthefe** f (Nahr) / culture yeast, pure yeast

**Reis** n (Bot) / scion* n, graft n, cion n (US), cutting n ‖ **enthülster** ~ (Nahr) / brown rice, husked rice, hulled rice ‖ **geschliffener** ~ (Nahr) / white rice ‖ **glasierter** ~ (Nahr) / coated rice ‖ **in der Schale eingeweichter oder auch dampfbehandelter, wieder getrockneter und dann erst geschälter oder polierter** ~ (Nahr) / parboiled rice ‖ **polierter** ~ (Nahr) / polished rice ‖ **teilgeschälter** ~ (Nahr) / brown rice, husked rice, hulled rice

**Reisanbaugebiet** n (großes) (Landw) / rice-bowl n

**Reise** f / trip n ‖ ~ (des Ofens) (Hütt) / furnace campaign, run of a furnace ‖ **einfache** ~ (Luftf) / single journey, single trip ‖ ~**bügelautomat** m / travel iron ‖ ~**bus** m (Kfz) / coach n (GB), motor coach ‖ ~**computer** m (in der Aktentasche) (EDV) / briefcase computer ‖ ~**dauer** f / travelling time ‖ ~**fieber** n (Landw) / transit tetany*, railroad sickness, railroad disease*, transport staggers ‖ ~**flug** m (Luftf) / cruising flight, cruise n, cruising n ‖ ~**fluggipfelhöhe** f (Luftf) / cruising ceiling ‖ ~**flughöhe** f **über Meer** (Luftf) / cruising altitude ‖ ~**gepäck** n / luggage n, baggage n ‖ ~**geschwindigkeit** f (DIN 70020) (Kfz, Luftf) / cruising speed* ‖ ~**krankheit** f (eine Bewegungskrankheit) (Med) / travel sickness ‖ ~**leistung** f (Luftf) / cruise power, cruise performance ‖ ~**mobil** n (groß) (Kfz) / motorhome n ‖ ~**rechner** m (EDV) / briefcase computer ‖ ~**rechner** (EDV) s. auch Bordrechner ‖ ~**tasche** f / travelling bag, grip n ‖ ~**unterbrechung** f / stopover n ‖ ~**veranstalter** m / tour organizer, tour operator ‖ ~**zeit** f (Zeitdauer eines Transportprozesses im Personenverkehr) / travelling time ‖ ~**zugwagen** m (Bahn) / carriage n, coach n, passenger carriage, passenger car

**Reishauptanbaugebiet** n (Landw) / rice-bowl n

**Reisig** n (Schmuck-, Deck- und Besenreisig bzw. Gradierdorn) (For) / brush n ‖ ~ n (für Faschinen) (Wasserb) / brushwood n, faggot wood ‖ ~**bündel** n (Wasserb) / faggot* n, fascine* n, kid n

**Reis • keimöl** n (Nahr, Pharm) / rice bran oil, rice oil ‖ ~**kleie** f (Nahr) / rice bran ‖ ~**kornbruch** n (Glas) / rice pattern fracture ‖ ~**mehl** n (Nahr) / rice meal ‖ ~**öl** n (das fette Öl der Reiskleie) (Nahr, Pharm) / rice bran oil, rice oil ‖ ~**papier** n (aus dem Mark des Reispapierbaumes /Tetrapanax papyrifer (Hook.) K. Koch/ gewonnen) (Pap) / rice-paper* n

**Reiß • bahn** f (ein mit Ballonstoff überklebter Schlitz in der Freiballonhülle) (Luftf) / rip panel ‖ ~**band** n (Spinn) / stretch-broken top ‖ ~**baumwolle** f (Spinn) / reclaimed cotton ‖ ~**blei** n (alte Bezeichnung sowohl für Graphit als auch für Molybdänsulfid) (Chem) / black lead ‖ ~**boden** m (Bau) / drawing floor ‖ ~**boden** (hallenförmiger Raum auf Werften, auf dessen Fußboden der Linienriß im Maßstab 1 : 1 aufgetragen wird) (Schiff) / mould loft ‖ ~**brett** n / drawing board, drafting board ‖ ~**brettstift** m / drawing pin (GB), thumbtack n (US)

**Reisschleifmehl** n (Abfall beim Reispolieren) (Nahr) / rice polish, rice dust, rice polishings

**Reiß • dehnung** f (Pap) / elongation at rupture ‖ ~**dehnung** (Tex) / elongation at break

**reißen** vi / crack vi, break vi ‖ ~ v (mit der Reißnadel) (Masch) / scribe v ‖ ~ n / tearing n ‖ ~ / fracturing n ‖ ~ (Anstr, Keram) / crazing* n, cracking n, checking n ‖ ~ (in der Kühlzone) (Keram) / dunting n (the cracking of fired ware which has been cooled too rapidly) ‖ ~ (Spinn) / stretch breaking*, converting* n ‖ ~ **des Wasserfilms** / water-break n

**reißend** adj (Strom) / raging adj (torrent), rushing adj

**Reißer** m (DIN 64164) (Spinn) / tearing machine, tearer n, teaser n

**Reissert-Reaktion** f (Indol- oder Aldehydsynthese) (Chem) / Reissert reaction

**Reissert-Verbindungen** f pl (Chem) / Reissert compounds

**Reiß • faserstoff** m (Spinn) / reprocessed material, ravelling n, raveling n (US) ‖ ~**feder** f / ruling pen ‖ ~**festigkeit** f (WP) / tear resistance, tearing strength, tear strength ‖ ~**festigkeit** (Tex) / high-tenacity attr ‖ ~**haken** m (zum Markieren) (For) / scriber n, scribe n ‖ ~**kamm** m (zur Dichteeinstellung) (DIN 62500) (Web) / expanding comb n ‖ ~**kappe** f (des Fallschirms) (Luftf) / rip canopy ‖ ~**kilometer** m (Rkm) (Kennzahl für Garne) (Spinn) / breaking length in kilometres ‖ ~**kraft** f (Tex) / breaking energy, tearing strength ‖ **feinheitsbezogene** ~**kraft** (Spinn) / breaking tenacity ‖ ~**krempel** f (Spinn) / breaker card, first breaker ‖ ~**lack** m (ein Effektlack, z.B. Eisblumenlack) (Anstr) / crackle finish ‖ ~**lackierung** f (Anstr) / controlled cracking ‖ ~**lackverfahren** n (WP) / brittle lacquer technique ‖ ~**länge** f (Länge aufgehängten Stabes, bei der dieser unter seinem Eigengewicht reißen würde) (Mech, WP) / breaking length, tearing strength ‖ ~**länge** (Maß für die Reißfestigkeit) (Pap) / breaking length* ‖ ~**länge** (Spinn) / breaking length, strength-to-weight ratio, critical length ‖ ~**leine** f (Luftf) / ripcord* n ‖ ~**leine** (zum Abreißen der Reißbahn des Freiballons) (Luftf) / ripcord* n, ripping line ‖ ~**linie** f (Verlauf des Bruchrisses bei der Zugbeanspruchung von Holz und Holzwerkstoffen) (For) / breaking line ‖ ~**maschine** f (zum Zerfasern von Textilabfällen) (Spinn) / willow n, willey n ‖ ~**nadel** f (Masch) / marking awl, scratch awl ‖ ~**nadel** (zum Anreißen) (Werkz) / scriber* n, scribing point ‖ ~**nagel** m / drawing pin (GB), thumbtack (US) ‖ ~**naht** f (am Airbag) (Kfz) / inflation control seam, tear seam ‖ ~**öl** n (Hütt) / rolling oil ‖ ~**öl** (zum Lumpenreißen) (Tex) / dust binding oil

**Reisspeisemehl** n (Nahr) / rice meal

**Reiß • platte** f (zum Anreißen) (Masch) / marking-out table, marking-out plate ‖ ~**rippe** f (konstruktives Hilfsmittel zur Vermeidung von Warmrissen) (WP) / bracket n ‖ ~**scheibe** f (Chem Verf) / bursting disk*, rupture disk ‖ ~**schiene** f (Masch) / T-square n, tee square ‖ ~**schwenk** m (Film) / whip-pan n, zip pan, swish pan, whizz-pan* n ‖ ~**span** m (kurz und brüchig) (Masch) / discontinuous chip ‖ ~**spinnfasern** f pl (Spinn) / reprocessed material, ravelling n,

**Reißspinnkabel**

raveling n (US) ‖ ⁓**spinnkabel** n (Spinn) / filament tow ‖ ⁓**spinnstoff** m (aus Abfällen und Altmaterial) (Spinn) / reprocessed material, ravelling n, raveling n (US) ‖ ⁓**stab** m (des Höhenreißers) (Masch) / scriber* n, scribing point ‖ ⁓**stock** m (Masch, Zimm) / scribing block*, marking gauge*, surface gauge*
**Reis•stärke** f (Nahr) / rice starch ‖ ⁓**stroh** n / rice straw
**Reißtrommel** f (Tex) / willowing drum
**Reißverschluß** m (DIN 3416) (DIN 3416) (Tex) / zip fastener, slide fastener (US), zipper n (US), zip n ‖ **den** ⁓ **öffnen** (Tex) / unzip v, zip v ‖ **den** ⁓ **zumachen** (Tex) / zip v, zipper v, zipper up v, zip up v ‖ **den** ⁓ **zuziehen** (Tex) / zip v, zipper v, zipper up v, zip up v ‖ **mit** ⁓ (versehen) (Tex) / zippered adj ‖ **nichtteilbarer** ⁓ (Tex) / non-separable zipper ‖ **selbst wiederschließender Nylon-**⁓ (ein Spiralreißverschluß) (Tex) / self-repairing nylon zipper ‖ **teilbarer** ⁓ (Tex) / separable zipper ‖ ⁓ m **mit Kette aus Kunststoffdraht** (Tex) / filament fastener ‖ **unteres** ⁓**endstück** (Tex) / bottom stop ‖ ⁓**förderer** m (Masch) / zipper conveyor ‖ ⁓**fuß** m (der Nähmaschine) (Tex) / zipper foot ‖ ⁓**reaktion** f (Plast) / chain-unzipping reaction ‖ ⁓**tasche** f (Tex) / zippered pocket ‖ ⁓**verkabelungsrohr** n (HuT) / zipper tubing ‖ ⁓**Vortasche** (bei Reisetaschen) (Tex) / outside zippered pocket ‖ ⁓**zahn** m (Tex) / scoop n, separate element
**Reißwolf** m (für Papier, Textilien, Filme usw.) / shredder n ‖ ⁓ (Pap) / document shredder, document-destroying machine, paper shredder ‖ ⁓ (Spinn) / willow n, willey n ‖ ⁓ (Spinn) s. auch Klopfwolf
**Reißwolle** f (aus Konfektionsabfällen oder nicht getragenen Kleidungsstücken) (Tex) / reprocessed wool ‖ ⁓ (aus benutzten Stoffen oder getragenen Kleidungsstücken - DIN 60004) (Tex) / reused wool
**Reiß•zeug** n / case of mathematical or drawing instruments (US), drawing set, mathematical set ‖ ⁓**zwecke** f / drawing pin (GB), thumbtack n (US)
**Reiter** m (der Leitkarte in der Kartei) / tab n ‖ ⁓ (Masch) / jockey weight, sliding weight, rider n, movable weight
**Reiteration** f (satzweise Horizontalwinkelmessung) (Verm) / reiteration* n
**Reiterbahn** f (eine Einschienenbahnanlage) / saddle-type monorail system
**Reiterchen** n (Masch) / jockey weight, sliding weight, rider n, movable weight
**Reiter•libelle** f (Verm) / striding level*, wye level*, Y-level* n ‖ ⁓**lineal** n (der analytischen Waage) (Chem) / rider bar ‖ ⁓**schiene** f (der analytischen Waage) (Chem) / rider bar ‖ ⁓**sparren** m (ein Schifter bei der Klauenschiftung) (Zimm) / dormer rafter ‖ ⁓**wägestück** n (Masch) / jockey weight, sliding weight, rider n, movable weight ‖ ⁓**walzen** f pl (Druck) / rider rollers*
**Reit•kord** m (Tex) / Bedford cord ‖ ⁓**libelle** f (Verm) / striding level*, wye level*, Y-level*
**Reitmaieraufsatz** m (Chem) / splash-head adapter
**Reit•stock** m (Baugruppe zum Zentrieren von Werkstücken, vorwiegend an Spitzendreh- und Außenrundschleifmaschinen) (Masch) / tailstock* n, poppet n, poppethead n ‖ ⁓**stockspitze** f (Masch) / back centre ‖ ⁓**stockspitze** (stehende, ruhende, nicht umlaufende) (Masch) / dead centre*, fixed centre, cup center (US) ‖ **mitlaufende** ⁓**stockspitze** (Masch) / live centre* ‖ ⁓**weg** m / bridle-path n, bridleway n
**Reiz** m (Physiol) / stimulus n (pl. stimuli)*, irritation n (the stimulation of an organism, cell or organ to produce an active response) ‖ ⁓**-Antwort-Kopplung** f (Physiol) / stimulus-response coupling
**reizbar** adj (Biol) / irritable adj
**Reizbarkeit** f (Biol) / irritability* n
**reizender Stoff** (Gefährlichkeitsmerkmal) (Chem) / irritant n
**Reiz•gas** n (Chem) / sternutator n, irritant smoke ‖ ⁓**mittel** n (z.B. CS-Gas) (Chem) / irritant n ‖ ⁓**schwelle** f (Physiol) / threshold of detectability
**Reizstoff** m (Chem) / irritant n ‖ ⁓ (gasförmiger) (Chem) / irritant gas ‖ ⁓**, der in fein verteilten Partikeln zur Eindämmung von Krawallen und Tumulten eingesetzt wird** (Chem) / riot-control agent ‖ ⁓**e enthaltendes Holz** (For) / irritant timber ‖ ⁓**sprühgerät** n / irritant spray dispenser, aerosol tear-gas projector
**Reizung** f / irritation n
**Rejuvenation** f (Geol) / rejuvenation* n
**Rekaleszenz** f (Wärmeabgabe beim Druchgang durch den Haltepunkt) (Hütt, Krist) / recalescence* n
**rekalibrieren** v / recalibrate v
**rekalzitrant** adj (Umwelt) / poorly degradable
**Rekarbonisierung** f (Anreicherung eines Wassers oder Abwassers mit anorganischen Kohlenstoffverbindungen, z.B. durch Einblasen von Kohlendioxid oder Rauchgas) (Sanitär) / recarbonization n
**Reklamation** f (Beanstandung von Mängeln) / complaint n, claim n
**Reklame** f / advertising n, publicity n ‖ ⁓**-** / promotional adj, promo adj ‖ ⁓**gag** m / publicity gimmick ‖ ⁓**schleppflug** m (Luftf) / sign-towing flight ‖ ⁓**zettel** m (Druck) / throw-away* n

**rekodieren** v / recode v
**Rekognoszierung** f (für Außenaufnahmen) (Film, TV) / location hunt, location survey
**rekombinant•e DNA-Technik** (Gen) / genetic manipulation, genetic engineering*, gene technology, recombinant DNA technology ‖ ⁓**e DNS** (Gen) / recombinant DNA*
**Rekombination** f (DIN 41852) (Eltronik, Kernphys) / recombination* n, recombination process ‖ ⁓ (Bildung neuer Gene durch neue Kombinationen der vorhandenen) (Gen) / recombination* n ‖ **direkte** ⁓ (Eltronik) / direct recombination ‖ **indirekte** ⁓ (Eltronik) / indirect recombination
**Rekombinations•bereich** m (Radiol) / recombination region ‖ ⁓**einheit** f (Gen) / map unit ‖ ⁓**-Generations-Strom** m (Eltronik) / recombination current ‖ ⁓**koeffizient** m (Eltronik) / recombination coefficient* ‖ ⁓**leuchten** n (Phys) / recombination light ‖ ⁓**rate** f (die Anzahl der je Zeit- und Volumeneinheit infolge Rekombination aus einem Energieband ausscheidenden Ladungsträger) (Eltronik) / recombination rate ‖ ⁓**strahlung** f (Kernphys) / recombination radiation ‖ ⁓**strom** m (in einem Halbleiterbauelement) (Eltronik) / recombination current ‖ ⁓**zentrum** n (Störstelle in einem Halbleiter, über die als Zwischenstadium die Rekombination von Elektronen und Löchern verläuft) (Eltronik) / recombination centre
**rekombinieren** v / recombine v
**rekombiniert•e DNS** (Gen) / recombinant DNA* ‖ ⁓**e Milch** (aus einzelnen Bestandteilen) (Nahr) / recombined milk
**Rekompatibilität** f (TV) / recompatibility n
**Rekompression** f (erneutes Unterdrucksetzen eines Caissonarbeiters nach einem Dekompressionsunfall) (Med) / recompression n
**rekomprimieren** v (HuT, Med) / recompress v
**rekonditionieren** v (Schmierstoffe) / recondition v ‖ ⁓ (eingebrochene Holzzellen) (For) / recondition v
**Rekonditionierung** f (Wiederherstellung der ursprünglichen Querschnittsform eingebrochener Holzzellen) (For) / reconditioning n
**Rekonfiguration** f / reconfiguration n
**rekonfigurieren** v / reconfigure v
**rekonstituierte Milch** (aus Milchpulver) (Nahr) / reconstituted milk, reconstituted powdered milk
**Rekonstitution** f (Nahr) / rehydration n, reconstitution n ‖ ⁓ **des Kollagens** (Leder) / collagen reconstitution
**rekonstruieren** v / reconstitute v, reconstruct v
**rekonstruierte Strecke** (Bahn) / reconstructed line
**Rekonstruktion** f (Bau) / reconstruction n, rebuilding n ‖ ⁓ (in der Holografie) (Phys) / reconstruction n, reconstitution n
**Rekonversion** f (z.B. bei Senkrechtstartflugzeugen) (Luftf) / reconversion n
**Rekorder** m (ein Magnettongerät) (Akus) / recorder* n
**Rekordernte** f (konkret) (Landw) / record crop ‖ ⁓ (übertragen) (Landw) / bumper crop
**Rekristallisation** f (Ostwald-Reifung) (Chem, Foto) / Ostwald ripening* ‖ ⁓ (Verfahren zur Reinigung kristallisierbarer Stoffe) (Chem, Hütt, Krist) / recrystallization* ‖ **gerichtete** ⁓ (Chem, Krist) / directional recrystallization ‖ **primäre** ⁓ (Hütt) / primary recrystallization ‖ **sekundäre** ⁓ (unstetige Kornvergrößerung) (Hütt, Krist) / secondary recrystallization ‖ **tertiäre** ⁓ (Hütt) / tertiary recrystallization ‖ ⁓ f **bei Raumtemperatur** (Zn, Cd, Pb und Sn) (Hütt) / self-annealing* n
**Rekristallisations•glühen** n (DIN 17014, T 1) (Hütt) / recrystallization annealing ‖ ⁓**glühung** f (Hütt) / recrystallization annealing ‖ ⁓**keim** m (Hütt, Krist) / recrystallization nucleus ‖ ⁓**schicht** f (Eltronik) / fused junction* ‖ ⁓**temperatur** f (bei Kaltverformung) (Hütt) / recrystallization temperature* ‖ ⁓**textur** f (Hütt) / recrystallization texture
**Rekritikalität** f (Nukl) / recriticality n
**Rekruitment** n (bei einer Gehörerkrankung - DIN 1320) (Akus) / recruitment n
**Rekrutierung** f (des neuen Personals) / recruitment n
**rektangulär** adj (Math) / rectangular adj, square adj
**Rektaszension** f (Astr) / right ascension*, R.A.*
**Rektaszensionsachse** f (bei äquatorialer Montierung) (Astr, Instr) / polar axis*
**Rektifikation** f (Chem) / rectification* n ‖ ⁓ (Chem Verf) / column distillation ‖ ⁓ (einer Kurve) (Math) / rectification n
**Rektifikationskolonne** f (Chem) / rectifying column, rectification column, rectifying apparatus, rectifier n
**Rektifikator** m (Chem) / rectifying column, rectification column, rectifying apparatus, rectifier n
**Rektifizier•apparat** m (Teil der Trennsäule, der sich zwischen dem Zulaufsort und dem Kondensator befindet) (Nukl) / rectifier n, rectifying section, enriching section (of a column) ‖ ⁓**barer Bogen** (Math) / rectifiable arc ‖ ⁓**boden** m (Chem) / exchange plate
**rektifizieren** v (Chem, Math) / rectify v

**rektifizierende Ebene** (beim begleitenden Dreibein) (Math) / rectifying plane, tangent plane
**Rektifizierer** *m* (Nukl) / rectifier *n*, rectifying section, enriching section (of a column)
**Rektifizier•kolonne** *f* (Chem) / rectifying column, rectification column, rectifying apparatus, rectifier *n* ‖ ~**säule** *f* (Chem) / rectifying column, rectification column, rectifying apparatus, rectifier *n* ‖ ~**säule** (für Primasprit) (Chem, Nahr) / Coffey-still *n*
**rektifiziert•er Spiritus** (Chem) / rectified spirit* ‖ ~**es Traubenmostkonzentrat** (Nahr) / rectified concentrated grape must
**Rektifizierung** *f* (Gegenstromdestillation) (Chem) / rectification* *n*
**Rekultivierung** *f* (der durch menschliche Eingriffe unfruchtbar gewordenen Landschaft) (Landw, Umwelt) / reclamation *n*, backfilling *n*, restoration *n*
**Rekultivierungsnetz** *n* (Landw) / net for land reclamation
**Rekuperation** *f* (der Energie) (Umwelt) / energy recovery
**Rekuperationsschwefel** *m* (Chem Verf) / recovery sulphur
**rekuperativ** *adj* / recuperative *adj* ‖ ~**er Vorwärmer** (Gieß, Hütt, Masch) / recuperative air heater*, recuperative air preheater, recuperator* *n* (a continuous-flow heat exchanger)
**Rekuperativ•luftvorwärmer** *m* (ein Wärmetauscher) (Gieß, Hütt, Masch) / recuperative air heater*, recuperative air preheater, recuperator* *n* (a continuous-flow heat exchanger) ‖ ~**luvo** *m* (Gieß, Hütt, Masch) / recuperative air heater*, recuperative air preheater, recuperator* *n* (a continuous-flow heat exchanger) ‖ ~**ofen** *m* (Hütt, Masch) / recuperation furnace, recuperative furnace
**Rekuperator** *m* (Wärmetauscher, bei dem die Wärmeübertragung durch eine Trennwand erfolgt) (Gieß, Hütt, Masch) / recuperative air heater*, recuperative air preheater, recuperator* *n* (a continuous-flow heat exchanger)
**rekurrent** *adj* (Math) / recurrent* *adj* ‖ ~**e Formel** (Math) / recursion formula, reccurence formula ‖ ~**er Kode** (EDV) / convolutional code ‖ ~**e Nova** (Astr) / recurrent nova* ‖ ~**er Prozeß** (Stats) / recurrent process
**Rekurrenzsatz** *m* (Math) / recurrence theorem ‖ **Poincaréscher** ~ (Math) / Poincaré recurrence theorem
**rekurrierende Nova** (Astr) / recurrent nova*
**Rekursion** *f* (allgemeine, gewöhnliche) (EDV, Math) / recursion* *n* ‖ ~ (bei einer Folge von Funktionen) (Math) / reduction *n* ‖ **direkte** ~ (EDV) / direct recursion ‖ **indirekte** ~ (EDV) / indirect recursion ‖ **primitive** ~ (Math) / primitive recursion ‖ ~ *f* **über natürlichen Zahlen** (Math) / primitive recursion
**Rekursions•formel** *f* (Math) / recurrence formula, recursion formula ‖ ~**theorem** *n* (Math) / recurrence theorem
**rekursiv** *adj* (zurückgehend) (EDV, Math) / recursive *adj* ‖ **partiell** ~ (Math) / partially recursive ‖ ~**er Abstieg** (in der Programmierung) (EDV) / recursive descent ‖ ~ **aufzählbare Menge** (Math) / partially decidable set ‖ **aufzählbare Menge** (Math) / recursively enumerable set ‖ ~**e Definition** (Math) / recursive definition ‖ ~**e Funktion** (Math) / recursive function ‖ ~**e Menge** (Math) / recursive set ‖ ~**es Programmieren** (EDV, KI) / recursive programming ‖ ~**e Programmierung** (EDV, KI) / recursive programming ‖ ~**es Unterprogramm** (EDV) / recursive subprogram*
**Relais** *n* (elektrisches Schaltbauteil oder Gerät, das auf Grund von elektrischen Steuerspannungen einen oder mehrere Stromkreise schließt oder unterbricht) (Eltech) / relay *n* ‖ **abgestimmtes** ~ (Eltech) / tuned relay* ‖ **ankerloses** ~ (Eltech) / relay without armature ‖ **bistabiles** ~ (Eltech) / bistable relay ‖ **einpoliges** ~ (Eltech) / single-contact relay ‖ **elektrodynamisches** ~ (dessen Arbeitsweise auf der Kraftwirkung zwischen zwei oder mehreren stromdurchflossenen Spulen, von denen eine beweglich ist, beruht) (Eltech) / electrodynamic relay ‖ **elektromagnetisches** ~ (Eltech) / electromagnetic relay ‖ **elektronisches** ~ (Eltech, Eltronik) / solid-state relay ‖ **elektrostatisches** ~ (Eltech) / electrostatic relay ‖ **fotoelektrisches** ~ (Eltronik) / photoelectric relay, photorelay *n* ‖ **gepoltes** ~ (Eltech) / polarized relay*, polar relay ‖ **kontaktloses** ~ (Eltronik) / solid-state relay (SSR) ‖ **nicht polarisiertes** ~ (Fernm) / non-polarized relay*, neutral relay (US)* ‖ **nichtmessendes** ~ (ein Schaltrelais) (Eltech) / non-metering relay ‖ **nichtselbsthaltendes** ~ (Eltech) / non-locking relay ‖ **polarisiertes** ~ (dessen Arbeitsweise von der Richtung des erregenden Stromes abhängt) (Eltech) / polarized relay*, polar relay ‖ **schnellansprechendes** ~ (Eltech) / quick-operating relay, fast-operate relay ‖ **selbsthaltendes** ~ (Eltech) / self-holding relay, latching relay, latch-in relay, lock-in relay ‖ **statisches** ~ (Eltech) / static relay ‖ **statisches** ~ (Eltech, Eltronik) / solid-state relay ‖ **thermisches** ~ (Eltech) / thermal relay* ‖ **ungepoltes** ~ (Fernm) / non-polarized relay*, neutral relay (US)* ‖ **unpolarisiertes** ~ (Fernm) / non-polarized relay*, neutral relay (US)* ‖ **verzögertes** ~ (Eltech) / timing relay, time relay, time-lag relay, delay relay ‖ ~ *n* **für Gegensystem** (Eltech) / negative phase-sequence relay* ‖ ~ **mit Ansprechverzögerung** (Eltech, Fernm) / slow-acting relay*, slow-operating relay ‖ ~ **mit**

**Anzugsverzögerung** (Eltech, Fernm) / slow-acting relay*, slow-operating relay ‖ ~ **mit Gedächtnisfunktion** (Eltech) / memory-action relay ‖ ~ **mit Kupferdämpfung** (Fernm) / slugged relay ‖ ~ **mit magnetischem Nebenschluß** (Fernm) / shunt-field relay*
**Relais•abfallzeit** *f* (Eltech) / relay release time ‖ ~**anker** *m* (Eltech) / relay armature ‖ ~**ankerkontakt** *m* (Eltech) / relay armature contact ‖ ~**baustein** *m* (Eltech) / relay module ‖ ~**beben** *n* (Geol) / induced (secondary) earthquake ‖ ~**betätigt** *adj* (Eltech) / relay-operated *adj*, relay-actuated *adj* ‖ ~**betätigungszeit** *f* (Eltech) / relay actuation time, relay operation time ‖ ~**falte** *f* (Geol) / en-echelon fold, echelon fold ‖ ~**gebäude** *n* (Eltech) / relay kiosk, relay building ‖ ~**haus** *n* (Eltech) / relay kiosk, relay building ‖ ~**häuschen** *n* (Eltech) / relay kiosk, relay building ‖ ~**kette** *f* (Eltech) / relay chain ‖ ~**kleben** *n* (Eltech) / relay freezing ‖ ~**kontakt** *m* (der Relaisteil, der alle zur Kontaktgabe unmittelbar gehörenden Teile umfaßt) (Eltech) / relay contact ‖ **offenbleibender** ~**kontakt** (Eltech) / hang-up *n* ‖ ~**matrix** *f* (ein Teil der Pinelektronik) (Eltronik) / relay matrix, relay array ‖ ~**modul** *n* (Eltech) / relay module ‖ ~**raum** *m* (Eltech) / relay room ‖ ~**rückzugfeder** *f* (Eltech) / relay restoring spring, relay retracting spring, relay return spring ‖ ~**satellit** *m* (ein aktiver Kommunikationssatellit) (Fernm, Raumf) / relay satellite ‖ ~**satz** *m* (Eltech) / relay set ‖ ~**schaltung** *f* (Eltech) / relay circuit ‖ ~**schiene** *f* (Eltech) / relay bus ‖ ~**schlauchleitung** *f* (Druckleitung mit Verstärkerspritzen) / relay hose-line ‖ ~**schrank** *m* (Eltech) / relay frame ‖ ~**schutz** *m* (Eltech) / relay protection system ‖ ~**schutzsystem** *n* (Eltech) / relay protection system ‖ ~**spule** *f* (Eltech) / relay coil, relay winding ‖ ~**station** *f* (aktive) (Fernm) / repeater station, relay station, satellite station* ‖ ~**station** (beim Fernsehen) (TV) / television repeater, television relay station ‖ ~**stelle** *f* (aktive) (Fernm) / repeater station, relay station, satellite station* ‖ ~**stelle für Richtfunk** (Radio) / microwave repeater ‖ ~**stromkreis** *m* (Eltech) / relay circuit ‖ ~**system** *n* (Eltech) / relay system ‖ ~**transformator** *m* (Eltech) / relay transformer ‖ ~**umschalter** *m* (Eltech) / relay switch ‖ ~**verstärker** *m* (Eltech) / relay amplifier ‖ ~**warte** *f* (Eltech) / relay room
**Relation** *f* (eine aristotelische Seinskategorie) / relation *n* ‖ **antisymmetrische** ~ (logische) / antisymmetric relation ‖ **binäre** ~ (Math) / binary relation ‖ **irreflexive** ~ / irreflexive relation ‖ **konverse** ~ (Math) / inverse relation, converse relation ‖ **r-stellige** ~ (Math) / r-phase relation ‖ **symmetrische** ~ (logische) (Math) / symmetric relation* ‖ **transitive** ~ (Math) / transitive relation ‖ **zweistellige** ~ (Math) / binary relation
**relational•e Algebra** (EDV, Math) / algebra of relations, calculus of relations, relation algebra, relational algebra ‖ ~**e Datenbank** (EDV) / relational database ‖ ~**es Datenmodell** (EDV, KI) / relational model (EDV, KI) ‖ ~**er Graf** (Math) / relational graph, relation graph ‖ ~**es Modell** (EDV, KI) / relational model ‖ ~**e strukturierte Abfragesprache** (EDV) / Structured Query Language, SQL
**Relationalsystem** *n* (Math) / relational structure
**Relationen•algebra** *f* (ein System, das aus einer nichtleeren Menge von Relationen und einer Familie von Operationen in dieser Menge besteht) (EDV, Math) / algebra of relations, calculus of relations, relation algebra, relational algebra ‖ ~**kalkül** *m* (logische Basis für Sprachen im Rahmen des relationalen Datenmodells) (EDV) / relational calculus ‖ ~**modell** *n* (EDV, KI) / relational model
**Relations•produkt** *n* (Math) / composition *n*, relative product ‖ ~**symbol** *n* (Math) / relational operator*, relational symbol, relation symbol ‖ ~**zeichen** *n* (Math) / relation character ‖ ~**zeichen** (Math) / relational operator*, relational symbol, relation symbol
**relativ** *adj* (DIN 5485) / relative *adj* ‖ ~**er Abbrand** (die Spaltungen je ursprünglich vorhandener spaltbarer Atome) (Nukl) / fissions per initial fissile atoms, fifa ‖ ~**er Abbrand** (die Spaltungen je ursprünglich vorhandener Schwermetallatome) (Nukl) / fissions per initial metal atoms, fima ‖ ~**e Abundanz** (Umwelt) / relative abundance* ‖ ~ **abzählbar** (Math) / relatively countable ‖ ~**e Adresse** (EDV) / relative address, floating address ‖ ~**es Alter** (Geol, Kernphys) / relative age ‖ ~**e Altersbestimmung** (Geol, Kernphys) / relative dating ‖ ~**e Atommasse** ("Atomgewicht") (Chem, Phys) / relative atomic mass*, atomic weight*, r.a.m. ‖ ~**e Bewegung** (Mech) / relative motion ‖ ~**e biologische Wirksamkeit** (Radiol) / relative biological effectiveness, rbe, RBE ‖ ~**e Dichte** (DIN 1306) (wenn der Zustand des Bezugsstoffes der gleiche ist wie der des Versuchsstoffes) (Phys) / relative density*, specific gravity*, sg, S.G., r.d., sp. gr. ‖ ~**e Dielektrizitätskonstante** (des feldtragenden Stoffes - nach DIN 1324, T 2) (Elektr, Eltech) / relative permittivity* (in physical media), relative capacitivity, relative dielectric constant, SIC ‖ ~**e Dispersion** (reziproker Wert der Abbeschen Zahl) (Opt) / constringence* *n*, relative dispersion, reciprocal Abbe number ‖ ~**e Einschaltdauer** (Verhältnis von Belastungszeit zu Spieldauer) (Eltech) / cyclic duration factor, c.d.f., duty factor, duty cycle ‖ ~**er Fehler** (z.B. eines Meßgeräts) (Instr) / relative error ‖ ~**e Festigkeit**

**relativ**

des Stoßes (beim Nieten oder Schweißen) (Masch) / joint efficiency* ‖ ~e **Feuchte** (Meteor) / relative humidity*, RH, r.h. ‖ ~e **Feuchtigkeit** (Meteor) / relative humidity*, RH, r.h. ‖ ~e **Formelmasse** (die Summe der relativen Atommassen aller Atome, die sich aus der jeweiligen Substanzformel einer chemischen Verbindung ergeben) (Chem) / formula weight ‖ ~es **Gehör** (Akus) / sense of relative pitch* ‖ ~e **Geschwindigkeit** (Phys) / relative velocity ‖ ~e **Häufigkeit** (absolute Häufigkeit in einer Häufigkeitsklasse, dividiert durch die Gesamtanzahl der Einzeldaten einer Häufigkeitsverteilung) (Stats) / relative frequency ‖ ~er **herausgehobener Name** (in einem Verzeichnis) (Fernm) / relative distinguished name, RDN ‖ ~es **Kommando** (EDV) / relative command, relative instruction ‖ ~e **Konfiguration** (Chem) / relative configuration ‖ ~e **Koordinate** (EDV) / relative coordinate ‖ ~e **Luftfeuchtigkeit** (Meteor) / relative humidity*, RH, r.h. ‖ ~e **Öffnung** (Foto, Opt) / aperture ratio, relative aperture, speed* $n$ ‖ ~e **Permeabilität** (Mag) / specific permeability*, relative permeability* ‖ ~e **Permittivität** (Elektr, Eltech) / relative permittivity* (in physical media), relative capacitivity, relative dielectric constant, SIC ‖ ~er **Pfad** (EDV) / relative path ‖ ~er **Porenraum** (Bau) / porosity* ‖ ~es **Porenvolumen** (Bau) / porosity* $n$ ‖ ~es **Porenvolumen** (Verhältnis zwischen dem Volumen der Poren und demjenigen der Körper) (Phys) / voidage* $n$, void ratio, void fraction ‖ ~ **prim** (Math) / relatively prime, prime to each other, mutually prime, coprime *adj* ‖ ~e **Programmierung** (EDV) / relative programming ‖ ~e **Redundanz** (DIN 44301) (EDV) / relative redundance ‖ ~e **Remanenz** (die auf die Maximalinduktion der zugehörigen Hystereseschleife bezogene Remanenz) (Mag) / retentivity* $n$ (of a magnetic material) ‖ ~e **Retention** (in der Gaschromatografie) (Chem) / relative retention ‖ ~e **Varianz** (Stats) / relative variance, relvariance $n$ ‖ ~er **Verschleißwiderstand** (Verhältnis der Verschleißwiderstände zweier Werkstoffe unter gleichen Bedingungen) (Masch) / relative wear resistance ‖ ~e **Viskosität** (DIN 1342) (Phys) / viscosity ratio, relative viscosity ‖ ~es **Viskositätsinkrement** (Phys) / specific viscosity ‖ ~e **Volumenänderung** (Phys) / volume strain, bulk strain ‖ ~e **Zahl** (Math) / relative number, signed number ‖ ~e **Zentrifugalbeschleunigung** (Masch) / relative centrifugal force, RCF

**Relativ** $n$ (eine Menge, in der eine endliche Menge von Relationen gegeben ist) (Math) / relational structure ‖ ~**adresse** $f$ (EDV) / relative address, floating address ‖ ~**bewegung** $f$ (Mech) / relative motion ‖ ~**fehler** $m$ (in % ausgedrücktes Verhältnis des einer Messung zugrunde liegenden Meßfehlers und der gemessenen Größe) (Instr) / relative error ‖ ~**geschwindigkeit** $f$ (wenn sich zwei Körper gegeneinander bewegen) (Phys) / relative velocity

**relativier·bar** *adj* (EDV) / relocatable *adj* ‖ ~**bares Programm** (EDV) / relocatable program*, position-independent code

**relativieren** $v$ / relativize $v$

**Relativierung** $f$ (EDV) / relocation $n$

**relativistisch** *adj* (Phys) / relativistic* *adj* ‖ **extrem** ~ (Phys) / extremely relativistic ‖ ~**er Effekt** (Einfluß der Relativitätstheorie auf die Eigenschaften von Atomen und Molekülen) (Phys) / relativistic effect ‖ ~e **Masse** (Phys) / relativistic mass ‖ ~e **Mechanik** (Phys) / relativistic mechanics ‖ ~es **Neutron** (Kernphys) / relativistic neutron ‖ ~e **Quantentheorie** (Phys) / relativistic quantum theory ‖ ~e **Rotverschiebung** (Phys) / redshift (Einstein), gravitational redshift ‖ ~es **Teilchen** (Kernphys) / relativistic particle*

**Relativität** $f$ (Phys) / relativity* $n$ ‖ **spezielle** ~ (spezielle Relativitätstheorie) (Phys) / special relativity*

**Relativitäts·-** (Phys) / relativistic* *adj* ‖ ~**elektrodynamik** $f$ (vierdimensionale, allgemein-kovariante Formulierung der Maxwellschen Elektrodynamik) (Elektr) / relativistic electrodynamics ‖ ~**mechanik** $f$ (Phys) / relativistic mechanics ‖ ~**prinzip** $n$ (von der Gleichwertigkeit der Bezugssysteme hinsichtlich der Darstellung der Gesetze der Physik) (Phys) / principle of relativity* ‖ **allgemeine** ~**theorie** (Phys) / general theory of relativity* ‖ **spezielle** ~**theorie** (Phys) / special theory of relativity

**Relativ·koordinaten** $f\ pl$ (im baryzentrischen Bezugssystem) (Math) / relative coordinates ‖ ~**lader** $m$ (der selbst Steuerbereiche zuordnet) (EDV) / relative loader ‖ ~**lage** $f$ / relative position ‖ ~**messung** $f$ (Bestimmung des auf eine gegebene Referenzgröße bezogenen Wertes der Meßgröße) / relative measurement ‖ ~**programm** $n$ (EDV) / relocatable program*, position-independent code ‖ ~**registrierung** $f$ (Eltech) / percentage registration* ‖ ~**topologie** $f$ (Math) / relative topology, induced topology ‖ ~**zeiger** $m$ (EDV) / offset $n$ ‖ ~**zeitgeber** $m$ (EDV) / relative-time clock

**Relator** $m$ (mehrstelliger Prädikator) (Math) / relator $n$

**Relaunch** $m\ n$ (z.B. durch Modernisierung eines Produktes) / relaunch $n$

**Relaxation** $f$ (Wiederherstellung eines chemischen Gleichgewichts nach einer Störung) (Chem) / relaxation ‖ ~ (die der Anregung der Moleküle folgende Thermalisierung bzw. allgemeine Desaktivierung) (Chem, Spektr) / relaxation $n$ ‖ ~ (die Rückkehr eines Gegenstandes aus einem mechanischen, elektrischen oder magnetischen Spannungszustand in den Normalzustand) (Phys) / relaxation* $n$ ‖ **chemische** ~ (allmähliche Wiedereinstellung eines chemischen Gleichgewichts nach plötzlicher Störung durch schnelle Änderung von Druck, Volumen, Temperatur, elektrische Feldstärke usw.) (Chem) / chemical relaxation ‖ **longituninale** ~ (Kernphys, Mag) / spin-lattice relaxation, longitudinal relaxation ‖ **paramagnetische** ~ (Gesamtheit der Wechselwirkungsprozesse, die die Kinetik der Magnetisierung der Probe bei Untersuchungen der paramagnetischen Elektronenresonanz und der magnetischen Kernresonanz entscheidend mitbestimmen) (Phys) / paramagnetic relaxation ‖ **transversale** ~ (Spektr) / transversal relaxation

**Relaxations·gasdynamik** $f$ (Teilgebiet der Gasdynamik) (Phys) / relaxation gas dynamics ‖ ~**generator** $m$ (Eltronik) / relaxation generator, buffer generator ‖ ~**kinetik** $f$ (Chem) / relaxation kinetics ‖ ~**konstante** $f$ (Kehrwert der Relaxationszeit) (Phys) / relaxation constant ‖ ~**länge** $f$ (Kernphys) / relaxation length ‖ ~**methode** $f$ (Chem) / relaxation method ‖ ~**methode** (Math) / relaxation method* ‖ ~**oszillator** $m$ (eine astabile Kippschaltung, die dauernd ihren Zustand wechselt) (Fernm) / relaxation oscillator* ‖ ~**prozeß** $m$ (Phys) / relaxation* $n$ ‖ ~**riß** $m$ (WP) / relaxation crack, stress relief crack ‖ ~**schwingung** $f$ (Schwingung mit meistens sägezahnförmigem Verlauf) (Fernm) / relaxation oscillation ‖ ~**schwingung** (der optischen Leistung eines Lasers bei Änderung der Pumpleistung) (Phys) / relaxation oscillation ‖ **differentielles** ~**spektrum** (DIN 13 343) (Spektr) / differential relaxation spectrum ‖ ~**theorie** $f$ (der Strömung) (Phys) / relaxation theory ‖ ~**verfahren** $n$ (Math) / relaxation method* ‖ ~**versuch** (Hütt, WP) / stress-relaxation test ‖ ~**zeit** $f$ (DIN 1342, T 1) (Kernphys, Phys) / relaxation time*, decay time* ‖ **Debyesche** ~**zeit** (bei Debye-Gleichungen) (Elektr) / Debye relaxation time

**relaxieren** $v$ / relax $v$

**Relaxin** $n$ (ein Hormon) (Biochem) / relaxin $n$

**Relaxleder** $n$ (Leder) / shrink leather, shrunk leather

**Relay** $n$ (Oberbegriff für Übergangseinheiten zwischen Kommunikationsdiensten, Vermittlungssystemen und physikalischen Einrichtungen von Kommunikationssystemen) (EDV, Fernm) / relay $n$

**Relayed-Spektrum** $n$ (Spektr) / relayed spectrum

**Release** $n$ (überarbeitete, verbesserte oder fehlerbereinigte Version eines Software-Produkts) (EDV) / version $n$, release $n$

**Release-Papier** $n$ (das sich nach der Produktionsfunktion rückstandslos abziehen läßt - DIN 6730) (Pap) / release paper*

**Releaser** $m$ (ein über Geruchsrezeptoren wirksames Pheromon) (Chem) / releaser $n$

**Releasinghormon** $n$ (ein Neurohormon) (Biochem) / releasing hormone

**RE-Leiter** $m$ (Eltech) / solid circular conductor, circular solid conductor

**relevant** *adj* / relevant *adj* ‖ **nicht** ~ / non-relevant *adj*

**Relevanz** $f$ (der Daten) (EDV) / relevance $n$ ‖ ~ (EDV) / relevance $n$

**Reliabilität** $f$ / reliability $n$ (the ability of a single item or unit to perform a required function under stated conditions for a stated period of time)*

**Relief** $n$ (plastisches Bildwerk) (Arch) / relief $n$ (a piece of sculpture) ‖ ~ (Geol) / relief $n$ ‖ ~ (Geländemodell) (Kart) / relief $n$ ‖ ~ (an Polteppichen) (Tex) / sculptured pile ‖ ~**-** (Bau) / embossed *adj*, relief *attr* ‖ ~**arbeit** $f$ / relievo $n$ (pl. relievos), relief $n$, rilievo $n$ (a method of moulding or carving or stamping) ‖ ~**artig** *adj* (Bau) / embossed *adj*, relief *attr* ‖ ~**darstellung** $f$ (dreidimensional) / relief representation ‖ ~**druck** $m$ (Prägung von Mustern) (Buchb, Druck, Pap, Plast, Tex) / embossing* $n$, goffering $n$ ‖ ~**druck** (Zinkätzung) (Druck) / zinc etching, zinc engraving ‖ ~**druck** (Tex) / relief print(ing) ‖ ~**drucken** $v$ (nur Infinitiv oder Partizip) (Buchb, Druck, Pap, Plast, Tex) / emboss $v$, goffer $v$ ‖ ~**energie** $f$ (Geol) / relief intensity ‖ ~**karte** $f$ (mit besonderer Betonung der Geländeformen) (Kart) / relief map*, layered map* ‖ ~**klischee** $n$ (Druck) / relief block* ‖ ~**muster** $n$ (ein Wirk- oder Strickmuster) (Tex) / relief pattern, relief design, raised pattern ‖ ~**prägen** $v$ (nur Infinitiv oder Partizip) (Buchb, Druck, Pap, Plast, Tex) / emboss $v$, goffer $v$ ‖ ~**prägung** $f$ (Buchb, Druck, Pap, Plast, Tex) / embossing* $n$, goffering $n$ ‖ ~**umkehr** $f$ (Geol) / inversion of relief*, inverted relief, relief inversion

**Relikt** $n$ / remnant $n$, relic $n$, relict* $n$ ‖ ~**gefüge** $n$ (Gefügemerkmale in einem metamorphen Gestein, die auf das ursprüngliche Gefüge des Eduktes hinweisen) (Geol) / relict texture ‖ ~**strahlung** $f$ (Astr) / cosmic background radiation*, relic radiation, cosmic microwave radiation, microwave background*

**Reling** $f$ (pl. Relings) (Schiff) / railing $n$, rail $n$, guard rail, railings *pl* (US)

**Relining** $n$ (bei der Erneuerung oder Sanierung von alten Kanälen in überbauten Gebieten) (HuT, Wasserb) / relining $n$

**Relining-Prozeß** $m$ (Einziehen eines neuen Rohrs in das beschädigte alte) (HuT, Wasserb) / relining $n$

**Relish** n (pl. -es) (würzige Soße aus pikant eingelegten, zerkleinerten Gemüsestückchen) (Nahr) / relish n
**Relokalisierung** f (EDV) / relocation n
**relokatibel** adj (EDV) / relocatable adj
**relozierbar** adj (EDV) / relocatable adj
**RELP-Kodierung** f (Fernm) / residual excited linear predictive coding, RELP
**Reluktanz** f (DIN 1304) (Eltech, Mag) / reluctance* n, magnetic reluctance, magnetic resistance || **̰ moment** n (ein stationäres Drehmoment bei elektrischen Maschinen) (Eltech) / reluctance torque || **̰ motor** m (ein Drehstrommotor) (Eltech) / reluctance motor || **̰ synchronisierung** f (bei Schenkelpolmaschinen) (Eltech) / reluctance synchronizing
**Reluktivität** f (Eltech) / reluctivity* n, specific reluctance
**relustrieren** v (Tex) / relustre v, reluster v (US)
**REM** (Mikros) / scanning electron microscope*, SEM* || **̰** (Phys) / boundary-element method, BEM, boundary-element technique
**Rem** n (= 1/100 Sievert) (veraltete Einheit der Äquivalentdosis) (Radiol) / röntgen-equivalent man*, rem* n (pl. rem or rems)
**Remailer** m (ein Dienst, der E-Mails anonymisiert) (EDV) / remailer n, anonymous remailer
**Remake** n (pl. Remakes) (Film) / remake n
**remanent** adj (Mag) / residual adj || **~es Feld** (Mag) / residual field* || **~e magnetische Flußdichte** (Mag) / residual flux density* || **~e Magnetisierung** (Eltech, Mag) / residual magnetization* || **~e Magnetisierung** (festgelegt durch sedimentäre Korneinregelung) (Geol) / depositional remanent magnetization, depositional magnetization || **~e Magnetisierung** (DIN 1358) (Geol) / remanent magnetization*
**Remanenz** f (Mag) / remanence* n, retentivity* n || **̰** (Mag) s. auch Koerzitivfeldstärke, Remanenzflußdichte und Restmagnetismus || **relative ̰** (die auf die Maximalinduktion der zugehörigen Hystereseschleife bezogene Remanenz) (Mag) / retentivity* n (of a magnetic material) || **̰ flußdichte** f (magnetische - DIN 1324, T 2) (Mag) / residual flux density* || **̰ induktion** f (Mag) / residual induction* || **̰ relais** n (Eltech) / remanence relay || **̰ verhältnis** n (bei Ferriten) (EDV, Mag) / retentivity ratio
**Remark** m (EDV) / remark n
**Remastering** n (Akus, EDV) / remastering n
**Remedium** n (gesetzlich gestattete geringe Abweichung von der normalen Feinheit und/oder vom Normalgewicht einer Münze) (Hütt) / remedy n
**Rem-Einheit** f (veraltete Einheit der Äquivalentdosis) (Radiol) / röntgen-equivalent man*, rem* n (pl. rem or rems)
**Remelting-Verfahren** n (ein Glasschmelzverfahren) (Glas) / remelting process
**Remilling** n (Verarbeitung von Kautschukabfällen) (Chem Verf) / remilling n
**Reminderwerbung** f / reminder advertising, follow-up advertising, name advertising
**Remise** f (Wagenhalle) / barn n (US)
**Remission** f (von unverkauften Büchern) / return n || **̰** (an nicht spiegelnden Objekten) (Licht, Opt) / non-specular reflection*, diffuse reflection || **̰** (Lichttechnik und Farbmetrik) (Opt) / specular reflectance*, reflectance* n
**Remissions•grad** m (quantitatives Maß für die Remission) (Opt) / radiant total reflectance, diffuse reflectance, diffuse luminous reflectance factor || **̰ koeffizient** m (Opt) / radiant total reflectance, diffuse reflectance, diffuse luminous reflectance factor || **die durch ̰ messung ermittelte Dichte** (im gerichteten Licht) (Foto) / specular density* || **̰ spektroskopie** f (Spektr) / reflection spectroscopy, reflectance spectroscopy
**Remittende** f (die an den Verlag zurückgeschickt wird) (Druck) / return n, returns pl, return copies, crabs pl
**remittieren** v (Strahlung) (Phys) / reflect v
**Remix** m (Rückformen der Asphaltdecke unter Materialzugabe mit Mischen) (HuT) / remix n
**Remnant** m (Astr) / remnant n, SN-remnant n
**remobilisieren** v (Chem, Geol, Umwelt) / remobilize v, remobilise v
**Remobilisierung** f (Umkehrung der Immobilisierung im allgemeinen) (Chem) / remobilization n, remobilisation n || **̰** (in die Wasserphase) (Chem, Geol, Umwelt) / remobilization n, remobilisation n
**Remodulator** m (Radio, TV) / remodulator n
**remodulieren** v (Radio, TV) / remodulate v
**Remote File System** n (EDV) / Remote File System (distributed file system network developed by AT&T) || **̰ Sensing** (fotografische und allgemein physikalische Datengewinnung aus Luft- und Raumfahrzeugen) (Foto, Raumf) / remote sensing
**Rempler** m (Kfz) / impact n
**REMSA** (Spektr) / X-ray microanalysis
**Remter** m (bei Deutschordensbauten - ein Speisesaal) (Arch) / frater*, fratry* n, frater house*, refectory n (pl. -ies)

**Remuage** f (des Sekts beim Flaschengärverfahren) (Nahr) / remuage n, riddling n, shaking n, turning n
**Renaissance** f (Arch) / Renaissance* n || **̰-Antiqua** f (eine Schriftgattung innerhalb der runden Schriften) (Typog) / old face*, old style (US)*
**Renardit** n (ein Mineral der Phosphuranylit-Parsonit-Gruppe) (Min) / renardite n
**Renard-Reihe** f (nach C. Renard, 1847-1905) (Masch, Math) / decimal-geometric series of preferred numbers, Renard series
**Renaturierung** f (Umkehr der Denaturierung bei Proteinen) (Biochem) / renaturation* n || **̰** (z.B. bei Fließgewässern und Mooren) (Umwelt) / restoration n
**Rendement** n / yield n, outturn n || **̰** (beim Lederzuschnitt) (Leder) / leather return || **̰** (Anteil reiner Wolle in der Rohwolle) (Tex) / yield n
**Rendering** n (EDV) / rendering n
**Rendern** n (EDV) / rendering n
**Rendezvous** n (im Weltraum) (Raumf) / rendezvous* n, orbital rendezvous || **̰ bahn** f (Raumf) / docking orbit || **̰ manöver** n (die gezielte Annäherung eines Raumfahrzeugs an ein anderes) (Raumf) / rendezvous manoeuvre || **ein ̰ manöver durchführen** (Raumf) / rendezvous v || **̰ radar** m (z.B. beim Space Shuttle) (Raumf) / rendezvous radar
**Rendulic-Diagramm** n (z.B. zur Ermittlung von Spreizdrücken unter Böschungen) (HuT) / Rendulic plot
**Rendzina** f (ein Bodentyp) (Landw) / rendzina* n
**Renecker-Defekt** m (ein Punktdefekt in Polymerkristallen) (Krist) / Renecker defect
**Renforcé** m n (ein starkes Baumwollgewebe) (Tex) / renforcé n (a strong plain-weave cotton fabric)
**Rengas** n (Gluta und Melanorrhoea sp.) (For) / rengas n, red zebra
**Renierit** m (germaniumhaltiges sulfidisches Mineral) (Min) / renierite n
**reniform** adj / reniform* adj, kidney-shaped adj
**Renin** n (in der Niere gebildete Aspartatproteinase) (Biochem) / renin* n
**Renkfassung** f (Eltech, Masch) / bayonet holder*, bayonet socket, bayonet fitting*
**Renkverbindung** f / bayonet catch, bayonet joint, bayonet fastener, quarter-turn fastener (US)
**Renn•auto** n (Kfz) / racing car || **̰ bahn** f (Kfz) / racetrack n, racecourse:n., raceway n (US) || **̰ bahn** (Nukl) / racetrack* n || **̰ bahnmikrotron** n (Nukl) / racetrack microtron, RTM
**Rennen** n (Vorgang) (Kfz) / racing n || **̰** (Ereignis) (Kfz) / race n
**Renner-Teller-Effekt** m (bei linearen Molekülen) (Chem) / Renner-Teller effect
**Rennet** n (Chem, Nahr) / rennet* n || **mikrobielles ̰** (Labaustauschstoff) (Chem, Nahr) / microbial rennet
**Renn•fahrer** m (Kfz) / motor-racing driver || **̰ feuer** n (Hütt) / bloomery n || **̰ herd** m (Hütt) / bloomery n
**Rennin** n (Chem, Physiol) / rennin n, chymosin n
**Renninger-Effekt** m (bei Röntgenbeugungsaufnahmen) (Phys) / Renninger effect
**Renn•kraftstoff** m (Kftst) / racing fuel || **̰ stall** m (Kfz) / écurie n || **̰ strecke** f (Kfz) / racetrack n, racecourse:n., raceway n (US) || **̰-Verfahren** n (Hütt) / catalan process* || **̰ wagen** m (Kfz) / racing car
**Renormalisierung** f (zur Beseitigung der Ultraviolettdivergenzen bestimmter Typen konventioneller Quantenfeldtheorien) (Phys) / renormalization n
**Renormierung** f (Phys) / renormalization n
**Renormierungs•gruppe** f (Phys) / renormalization group || **̰ gruppentheorie** f (Phys) / renormalization group method || **̰ konstante** f (Phys) / renormalization constant
**renovieren** v (im allgemeinen) / renovate v, refurbish v || **~** (Innenarchitektur) (Bau) / redecorate v, redo v
**Renovierung** f (Bau) / renovation n
**Rentabilität** f / profitability n, rentability n
**Rentabilitäts•grenze** f / breakeven n || **̰ schwelle** f / breakeven n
**Reorganisation** f / reorganization n, restructuring n || **̰** (radikale) (F.Org) / shake-up n
**Reorganisierung** f / reorganization n, restructuring n
**Reoxidation** f (Chem) / reoxidation n
**reoxidieren** v (Chem) / reoxidize v, oxidize back v
**Rep** n (veraltete Einheit der Energiedosis) (Radiol) / roentgen-equivalent physical*, rep n (pl. rep or reps), parker n
**Repaginierung** f (Druck, EDV) / repagination n
**Repair** n (eine der biologischen Gegenreaktionen im DNS-Molekül nach einer Bestrahlung) (Biol) / repair n
**Repair-Enzym** n (Gen) / repair enzyme, DNA repair enzyme, fix-it enzyme
**reparabel** adj (wiederherstellbar) (Masch) / repairable adj

**Reparametrisierungsbedingung**

**Reparametrisierungsbedingung** *f* (Stats) / condition of reparametrization
**Reparateur** *m* / repairer *n*, repairman *n* (pl. -men), shopman *n* (pl. -men) (US)
**Reparatur** *f* (eine der biologischen Gegenreaktionen im DNS-Molekül nach einer Bestrahlung) (Biol) / repair *n* ‖ ~ (Masch) / repair *n*, refit *n* ‖ ~ (Masch) s. auch Überholung ‖ ~ **an Ort und Stelle** / on-the-spot repair ‖ ~ **von** (beschädigten oder abgenutzten) **Metallteilen** (Masch) / metal restoration
**Reparatur•auftrag** *m* (F.Org) / repair order ‖ ~**blech** *n* (Kfz) / replacement panel, service panel (US) ‖ **mittlere** ~**dauer** / mean time to repair, MTTR ‖ ~**enzym** *n* (das Teilschritte des Reparaturprozesses katalysiert) (Gen) / repair enzyme, DNA repair enzyme, fix-it enzyme ‖ ~**fähig** *adj* (Masch) / repairable *adj* ‖ ~**freundlichkeit** *f* / repair capability ‖ ~**garnitur** *f* (Ersatzteile) (Masch) / parts kit ‖ ~**gleis** *n* (Bahn) / maintenance siding, repair siding ‖ ~**grube** *f* (in der Autowerkstatt) (Kfz) / engine pit*, pit *n* ‖ ~**handbuch** *n* (Kfz) / service manual, shop manual (US), workshop manual (GB) ‖ ~**handwerker** *m* / repairer *n*, repairman *n* (pl. -men), shopman *n* (pl. -men) (US) ‖ ~**kitt** *m* (Keram) / plugging compound ‖ ~**lack** *m* (Kfz) / refinishing paint, respray paint ‖ ~**leitfaden** *m* (Kfz) / service manual, shop manual (US), workshop manual (GB) ‖ ~**molch** *m* (für Erdgas- oder Mineralölleitungen) / go-devil *n* (for troubleshooting) ‖ ~**pflaster** *n* **für Heißvulkanisation** (Kfz) / hot-patching *n* ‖ ~**pflaster für Kaltvulkanisation** (Kfz) / cold-patching *n* ‖ ~**rate** *f* (ein Parameter zur Beschreibung der Reparaturwahrscheinlichkeit - ihr Kehrwert ergibt die mittlere Reparaturzeit) (F.Org) / repair rate ‖ ~**satz** *m* (Masch) / repair kit, repair set ‖ ~**schweißen** *n* (Schw) / repair welding, reclamation welding ‖ ~**system** *n* (Gen) / repair system ‖ ~**verzögerungszeit** *f* / repair delay time ‖ ~**wahrscheinlichkeit** *f* (daß eine ausgefallene, reparierbare Komponente wieder in den funktionsfähigen Zustand zurückgeführt wird) / maintenance function ‖ ~**werkstatt** *f* (für beschädigte Ware) (Keram) / hospital *n* (an area in a factory where defective ware is repaired) ‖ ~**werkstatt** (Masch) / repair shop ‖ ~**zeit** *f* (F.Org) / repair time ‖ ~**zug** *m* (Bahn) / repair train
**reparierbar** *adj* (Masch) / repairable *adj*
**repassieren** *v* (Laufmaschen, fehlerhafte Maschenware) (Tex) / inspect and lift ladders ‖ ~ (Tex) / mend *v* ‖ ~ *n* (Tex) / mending* *n*
**Repassivierung** *f* (bei der Korrosion) (Galv) / repassivation *n*
**Repave** *m* (Rückformen der Asphaltdecke unter Mischzugabe ohne Mischen) (HuT) / repaving *n*
**Repeat** *n* (Wiederholprogramm in vielen Programmiersprachen, durch das eine Anweisung mehrfach ausgeführt werden kann) (EDV) / repeat *n*
**Repeater** *m* (eine Zwischenstation, die das durch den Übertragungsweg geschwächte Signal aufnimmt, verstärkt und mit erhöhtem Pegel auf den nächsten Streckenabschnitt weitergibt; Umsetzer, der das empfangene Signal auf eine andere Trägerfrequenz umsetzt, um die Rückwirkung vom Sender auf den Empfänger zu verringern) (Fernm) / repeater* *n*, regenerative repeater
**Repeatfunktion** *f* (Math) / repeat function
**Repeatkamera** *f* / step-and-repeat camera
**Rep-Einheit** *f* (veraltete Einheit der Energiedosis) (Radiol) / roentgen-equivalent physical*, rep *n* (pl. rep or reps), parker *n*
**Repellent** *n* (zur Vertreibung von Schädlingen) (Landw, Umwelt) / repellent *n*, repellant *n* ‖ ~**stoff** *m* (Landw, Umwelt) / repellent *n*, repellant *n*
**Repertoire** *n* (Menge der Zeichen eines Kodes) (Math) / repertory *n*
**repetierbar** *adj* / repeatable *adj*
**Repetierbarkeit** *f* / repeatability *n*
**Repetier•belichtung** *f* (Foto) / multiple exposure ‖ ~**genauigkeit** *f* / repeat accuracy ‖ ~**kamera** *f* (Druck) / step-and-repeat camera ‖ ~**montage** *f* (Druck) / step-and-repeat assembly ‖ ~**stufe** *f* (eines vielstufigen Verdichters) (Masch) / repeating stage ‖ ~**uhr** *f* (Uhr) / repeater* *n*
**Repetition** *f* (Verm) / repetition *n*
**Repetitions•einheit** *f* (Biochem) / repeating unit ‖ ~**schichtung** *f* (Geol) / alternate structure, alternated stratification ‖ ~**theodolit** *m* (Verm) / repeating theodolite, American transit, double-centre theodolite
**repetitiv•er Abschnitt** (Biochem) / repeat region ‖ ~**e DNS** (Biochem) / repetitive DNA
**Repetitively-pulsed-Laser** *m* (Phys) / repetitively pulsed laser
**Replay** *n* (Wiederholung einer Szene im Zeitlupentempo) (TV) / replay *n*, instant replay
**Replicase** *f* (Biochem) / replicase *n*
**Replicast-Full-Mould-Verfahren** *n* (mit verlorenen Schaumstoffmodellen) (Gieß) / replicast-full-mould process
**Replik** *f* (Mikros, Opt) / replica *n*
**Replikaplattierung** *f* (Bakteriol) / replica plating
**Replikase** *f* (eine Polymerase) (Biochem) / replicase *n*
**Replikatechnik** *f* (Bakteriol) / replica plating

**Replikation** *f* (von Daten) (EDV) / replication *n* ‖ ~ (der genetischen Information) (Gen) / replication* *n* ‖ ~ (Verknüpfung zweier Aussagen bzw. Aussageformen, die festgelegt ist durch eine Verknüpfungstafel) (Math) / replication *n* ‖ **autonome** ~ (Gen) / self-replication *n* ‖ **semikonservative** ~ (bei der Reduplikation) (Biochem) / semi-conservative replication
**Replikations•gabel** *f* (Gen) / replication fork ‖ ~**-Origin** *m* (Gen) / replication origin, origin of replication, origin *n* ‖ ~**startpunkt** *m* (Gen) / replication origin, origin of replication, origin *n* ‖ ~**ursprung** *m* (Gen) / replication origin, origin of replication, origin *n*
**replikativ** *adj* (Gen) / replicative *adj*
**Replikon** *n* (Replikationseinheit - DNS-Molekül) (Gen) / replicon* *n*
**Report** *m* (ein Tätigkeitsbericht) / report *n* (classified, declassified) ‖ ~ (eine auf einem Drucker einer DV-Anlage erstellte Liste) (EDV) / report *n*
**Reportagefahrzeug** *n* (Fernm, Radio, TV) / window unit
**Reporter** *m* (ein Gen) (Gen) / reporter gene ‖ ~**gen** *n* (Gen) / reporter gene ‖ ~**gruppe** *f* (bei Spinmarkierung) (Chem) / reporter group
**Report•generator** *m* (z.B. zum Durcharbeiten eines DV-Bestandes, um Sätze zu finden, die mehreren Kriterien genügen) (EDV) / report generator* ‖ ~**programmgenerator** *m* (EDV) / report program generator (RPG), list program generator
**repositionieren** *v* (EDV) / reposition *v*
**Repositionierroutine** *f* (EDV) / repositioning routine
**Repository** *n* (umfassendes Verzeichnis über alle Daten und Informationen innerhalb von DV-Anwendungen) (EDV) / repository *n*
**Reppe-Chemie** *f* (Ethinylierung, Vinylierung, Zyklisierung, Karbonylierung) (Chem) / Reppe synthesis
**reppeln** *v* (entrinden von Hand mit dem Stoßschäler) (For) / strip *v*, strip-bark *v*, peel *v* in strips, bark *v* in strips
**Reppe-Synthese** *f* (nach W. Reppe, 1892-1969) (Ethinylierung, Vinylierung, Zyklisierung, Karbonylierung) (Chem) / Reppe synthesis
**Repräsentant** *m* (in der Mengenlehre) (Math) / representative *n*
**Repräsentation, parametrische** ~ (bei der Synthese gesprochener Sprache) / parametric representation ‖ ~ *f* **von Wissen** (eine Teildisziplin der künstlichen Intelligenz) (EDV, KI) / knowledge representation, representation of knowledge
**Repräsentationsformalismus, logikbasierter** ~ (KI) / logic-based representation formalism
**Repräsentationssprache** *f* (KI) / representation language
**repräsentativ** *adj* / representative *adj* ‖ ~**e Statistik** (Stats) / sampling *n*
**Repräsentativerhebung** *f* (Stats) / representative survey
**Repräsentativität** *f* (z.B. einer Meßgröße) (Stats) / representativity *n*
**Repräsentativstatistik** *f* (Stichprobenverfahren) (Stats) / sampling *n*
**Repressor** *m* (ein von einem Regulatorgen kodiertes allosterisches Protein) (Gen) / repressor* *n*
**Repressorprotein** *n* (Gen) / repressor* *n*
**Repressuring** *n* (sekundäre Gewinnungsphase bei der Erdölförderung) (Erdöl) / repressuring *n*
**Reprint** *m* (unveränderte Neuauflage) / facsimile reprint
**Reprise** *f* (im Normalklima) (Tex) / moisture regain, regain* *n* ‖ ~ (handelsübliche) (Tex) / commercial moisture regain
**Repro** *f n* (Druck) / reproduction proof*, repro proof ‖ ~**abzug** *m* (Kopiervorlage für die Druckformherstellung) (Druck) / reproduction proof*, repro proof
**Reprocessing** *n* (Nukl) / regeneration* *n*, reprocessing *n*
**Reproduktion** *f* (Druck) / reproduction *n*
**reproduktions•fähig** *adj* (Druck) / reproducible *adj* ‖ ~**fähiger Abzug** (Druck) / reproduction proof*, repro proof ‖ ~**fähigkeit** *f* (Druck) / reproducibility *n* ‖ ~**fotografie** *f* (Druck) / reproduction photography ‖ ~**genauigkeit** *f* / repetitive accuracy ‖ ~**kamera** *f* (vertikale, horizontale) (Druck) / process camera*, reproduction camera ‖ ~**papier** *n* (sensibilisiertes oder nicht sensibilisiertes) (Druck) / reproduction paper ‖ ~**reif** *adj* (Druck) / camera-ready *adj* ‖ ~**technik** *f* (DIN 16500) (Druck) / process technique, reproduction technology ‖ ~**vorlage** *f* (zusammengeklebte Barytabzüge) (Druck) / paste-up *n*, mechanical *n*, mechanical paste-up
**reproduzierbar** *adj* / reproducible *adj* ‖ ~**e Genauigkeit** / repetitive accuracy ‖ ~**e Gleichgewichtstemperaturen** (definierte Festpunkte der Internationalen Praktischen Temperaturskale) (Phys) / secondary reference points
**Reproduzierbarkeit** *f* / precision *n* (closeness of readings to one another), standard deviation ‖ ~ (Maß für die Übereinstimmung von Doppelbestimmungen) / reproducibility *n*
**reproduzieren** *v* / reproduce *v*
**reproduzierend** *adj* (Math) / reproducing *adj*
**repro•fähig** *adj* (Druck) / reproducible *adj* ‖ ~**fähige Grafik** (Druck, EDV) / camera-ready art ‖ ~**fähigkeit** *f* (Druck) / reproducibility *n* ‖ ~**fertig** *adj* (Druck) / camera-ready *adj* ‖ ~**fotografie** *f* (Druck) / reproduction photography ‖ ~**grafie** *f* (Druck) / reprography *n*,

reprographics *n* (US) ‖ **~grafisch** *adj* (Druck) / reprographic *adj* ‖
**~kamera** *f* (Fotoapparat, speziell für Aufnahmen von Vorlagen und Gegenständen mit geringer Tiefenausdehnung, deren bildliche Wiedergabe über ein Druckverfahren vervielfältigt werden soll) (Druck) / process camera*, reproduction camera
**REPROM** *n* (EDV) / REPROM *n*, reprogrammable PROM
**Repro•objektiv** *n* (Druck, Opt) / copy lens* ‖ **~reif** *adj* (Vorlage) (Druck) / camera-ready *adj* ‖ **~technik** *f* (Druck) / reprography *n*, reprographics *n* (US) ‖ **~vorlage** *f* (Druck) / paste-up *n*, mechanical *n*, mechanical paste-up
**Repsöl** *n* / colza oil, rape-oil *n*, rape-seed oil
**Reptation** *f* (von Makromolekülen) (Chem) / reptation *n* ‖ ~ (Schieben von Sedimentteilen am Boden) (Geol) / traction *n* (of the bed load)
**Reptilleder** *n* (z.B. Schlangen, Krokodile, Eidechsen) (Leder) / reptile leather
**repulpen** *v* (Paraffingatsch) (Erdöl) / repulp *v*
**Repulsion** *f* (Phys) / repulsion *n*
**Repulsions•energie** *f* (bei Elektronenhüllen) (Kernphys) / repulsion energy ‖ **~-Induktionsmotor** *m* (DIN 42005) (Eltech) / repulsion-induction motor* ‖ **~motor** *m* (DIN 42005) (Eltech) / repulsion motor* ‖ **ständergespeister ~motor** (heute nicht mehr gebraucht) (Eltech) / doublyfed repulsion motor*, double-fed repulsion motor ‖ **kompensierter ~motor** (Eltech) / compensated repulsion motor
**Repulsivkraft** *f* (Strahlungsdruck der elektromagnetischen oder der Korpuskularstrahlung) (Astr) / repulsive force
**Request Unit** *f* (EDV) / Request Unit (a message that makes a request or responds to a request during a session), RU
**Requirements Engineering** *n* (systematische und ingenieurmäßige Erfassung, Beschreibung und Analysen von Anforderungen an DV-Systeme) (EDV) / requirements engineering
**RESA** (Nukl) / reactor trip*, reactor scram
**Resak** *n* (Vatica et Cotylelobium spp.) (For) / resak *n* (a heavy hardwood)
**Resampling-Verfahren** *n* (Stats) / bootstrap process, resampling process
**Resazurin** *n* (auch zur Beurteilung des Reinheitsgrades der Milch) (Chem, Nahr) / resazurin *n*
**Rescheduling** *n* (wird durchgeführt, wenn sich Prioritäten von Prozessen ändern) (EDV) / rescheduling *n*
**Research** *n* (Markt- und Meinungsforschung) / research *n* ‖ **~-Oktanzahl** *f* (Kftst) / research octane number, RON
**Réseau** *n* (pl.: -s) (der maschenförmige Netzgrund der Klöppel- und Nadelspitzen) (Tex) / réseau *n* (pl.: -x)
**resedagrün** *adj* / mignonette-green *adj*, mignonette *attr*, reseda *attr*
**Resedimentation** *f* (Aufarbeitung vorhandener Sedimente und erneute Ablagerung mit mehrfacher Wiederholungsmöglichkeit, die zur Bildung eines reifen Sediments führt) (Geol) / resedimentation *n*
**Reseller, Value-added-~** (Vertriebsfirma, die Standardprodukte durch eigene Entwicklungsleistungen ergänzt) (EDV) / value-added reseller, VAR, value-added retailer, value-adding reseller
**resequenter Fluß** (Nebenfluß subsequenter Flüsse) (Geol) / resequent stream
**Reserpin** *n* (das häufigste und wichtigste Alkaloid der Arten der Rauwolfiapflanzen) (Pharm) / reserpine* *n*
**Reservage** *f* (Schutzbeize) (Tex) / resist agent, resist *n*, reserving agent, reserve *n*
**Reserve** *f* / standby *n*, STBY ‖ **~** (Bergb, Erdöl, Geol) / reserve *n*, reserves *pl* ‖ **~** (Eltech) / reserve capacity, standby power, reserve *n* ‖ **~** (Tex) / resist agent, resist *n*, reserving agent, reserve *n* ‖ **bekannte ~** (Bergb, Geol) / indicated ore* ‖ **bekannte ~n** (Bergb, Geol) / known reserves ‖ **heiße ~** (Reserveelemente werden wie das eigentliche Element belastet und haben dieselbe Zuverlässigkeit) (Stats) / active redundancy ‖ **kalte ~** (Masch) / cold standby ‖ **kalte ~** (Reserveelemente arbeiten zunächst überhaupt nicht und müssen bei Ausfall des arbeitenden Elements erst zugeschaltet werden) (Stats) / standby redundancy ‖ **mitlaufende ~** (Eltech) / spinning reserve ‖ **nachgewiesene ~n** (Bergb, Erdöl) / proved reserves*, proven reserves (US), identified reserves ‖ **umlaufende ~** (eines Generators) (Eltech) / spinning reserve ‖ **warme ~** (Reservegerät) (Masch) / hot standby ‖ **warme ~** (Reserveelemente werden mit geringerer Belastung in das System einbezogen und haben dabei eine höhere Zuverlässigkeit - sie müssen aber bei Ausfall eines Elements erst voll zugeschaltet werden) (Stats) / redundancy *n*
**Reserve•anker** *m* (großer - für Notfälle) (Schiff) / sheet anchor ‖ **~aufnahme** *f* (Film) / cover shot ‖ **~batterie** *f* (Eltech) / spare battery ‖ **~brennstoffbehälter** *m* (Lufft) / auxiliary tank ‖ **~druck** *m* (eine kombinierte Drucktechnik, z.B. Blaudruck oder Batik) (Tex) / resist printing, reserve printing ‖ **hochpegeliger ~eingang** (z.B. bei Hi-Fi-Verstärkern) (Radio) / auxiliary *n* ‖ **~einspeisung** *f* / standby feeding, spare feeding ‖ **~element** *n* (in der Zuverlässigkeitstheorie - heiße, warme, kalte Reserve) (Stats) / element of reserve ‖ **~faser** *f* (Fernm) / dark fibre ‖ **~generator** *m* (Eltech) / standby generator,

emergency generator ‖ **~kabel** *n* (Kab) / spare cable ‖ **~kanister** *m* (Kfz) / jerrycan *n*, jerrican *n* ‖ **~kohlenhydrate** *n pl* (Biochem) / reserve carbohydrates ‖ **~leistung** *f* (Eltech) / reserve capacity, standby power, reserve *n* ‖ **~netz** *n* (Eltech) / reserve network, backing network ‖ **~polysaccharide** *n pl* (Gerüst- oder Speicherstoffe) (Biochem) / reserve polysaccharides ‖ **~pumpe** *f* (Masch) / backing pump ‖ **~rad** *n* (identisch mit den an einem Kfz verwendeten Rädern) (Kfz) / spare wheel ‖ **~radabdeckung** *f* **mit** (Bild)**Motiv** (Kfz) / scenic tyre cover ‖ **~radmulde** *f* (im Bodenblech) (Kfz) / spare-wheel well ‖ **~radwanne** *f* (Kfz) / spare-wheel well ‖ **~rechner** *m* (EDV) / standby *n*, standby computer, back-up computer ‖ **nicht ständig eingeschalteter ~rechner** (EDV) / cold standby ‖ **ständig eingeschalteter ~rechner** (EDV) / hot standby ‖ **~schutz** *m* (bei Relais) (Eltech) / back-up protection ‖ **~schwimmfähigkeit** *f* (Lufft, Schiff) / reserve buoyancy* ‖ **~speicher** *m* (EDV) / back-up storage ‖ **inspiratorisches ~volumen** (Physiol) / complemental air ‖ **~warnleuchte** *f* (Kfz) / low-fuel indicator, low-fuel-level indicator light ‖ **~weg** *des Pedals* (Kfz) / pedal reserve ‖ **~zuschaltung** *f* (Eltech) / standby connection
**reservieren** *v* (EDV) / assign *v* (peripheral unit) ‖ ~ (beim Reservedruck) (Tex) / resist *v*
**Reservierung** *f* (in der Zuverlässigkeitstheorie) (Stats) / reservation *n* ‖ **~ von Amtsleitungen** (Fernsp) / preselection of external lines
**Reservierungsmittel** *n* (Tex) / resist agent, resist *n*, reserving agent, reserve *n*
**Reservoir** *n* / reservoir *n*, tank *n* ‖ ~ (Wasserb) / retention reservoir ‖ **~mechanik** *f* (Erdöl) / reservoir engineering
**Reset** *m n* (Eltech, Eltronik, Masch) / reset* *n* ‖ **~fester Virus** (der einen Warmstart überlebt) (EDV) / reset-resistant virus ‖ **~sensor** *m* / reset sensor ‖ **~taste** *f* (EDV) / reset key
**resident** *adj* (EDV) / resident *adj* (as opposed to 'loadable'), fixed *adj* ‖ **~er Debugger** (Debugger, der immer im System präsent ist und Abstürze jeder laufenden Anwendung abfängt) (EDV) / resident debugger ‖ **~e Schrift** (EDV) / built-in font, resident font ‖ **~e Software** (EDV) / resident software
**residual** *adj* (als Rest oder Folge zurückbleibend) / residual *adj* ‖ **~affinität** *f* (Chem) / residual affinity ‖ **~effekt** *m* (Chem, Landw) / residual effect, residual action ‖ **~erz** *n* (abbauwürdiges Erz, dessen Anreicherung auf Verwitterung und Abtragung tauben Nebengesteins zurückzuführen ist) (Geol) / residual ore ‖ **~erzlagerstätte** *f* (Bergb) / residual deposit* ‖ **~ton** *m* (Geol) / residual clay (a clay which remains at the site of its formation) ‖ **~wirkung** *f* (Chem, Landw) / residual effect, residual action
**Residuat** *n* (unlösliches Rückstandsgestein einer chemischen Verwitterung) (Geol) / residuum *n*
**Residuensatz** *m* (von Liouville, nach Cauchy) (Math) / residue theorem ‖ ~ (nach Cauchy) (Math) / Cauchy residue theorem
**Residuum** *n* (pl. -duen) (Aufber, Chem, Umwelt) / residuum *n* (pl. residua), residue *n* ‖ ~ (pl. -duen) (Erdöl) / resid *n*, residual oil, residual *n*, tailings *pl* ‖ ~ (pl. -duen) (Math) / residue* *n*
**Resiliometer** *n* (zur Bestimmung der Rückprallelastizität, z.B. Goodyear-Healy-Pendel oder Lüpke-Apparat) (Chem Verf) / resiliometer *n*
**Resina Pini** *f* (For, Pharm) / pine resin ‖ **~ Pini burgundica** (Harzrückstand aus der Terpentinöldestillation) / Burgundy pitch
**Resinat** *n* (Salz der Harzsäure) (Chem) / resinate* *n*, rosinate* *n*
**Resinit** *m* (ein Kohlemazeral) (Bergb, Min) / resinite *n*
**Resinografie** *f* / resinography *n*
**Resinoid** *n* (alkoholischer Extrakt aus Harzen und anderen Drogen) (Chem) / resinoid *n*
**Resinol** *n* (aus Harzalkoholen und Phenolen bestehender basischer Bestandteil des natürlichen Harzes) (Chem) / resinol *n*
**Resinose** *f* (Bot) / resin flux, resinosis *n* (pl. -oses), resin flow
**Resist** *n* (Beschichtungsmasse) (Druck, Eltronik) / photoresist *n*, resist *n* ‖ **~ s. auch Reservierungseinrichtung**
**Resistanz** *f* (DIN 1320) (Akus) / resistance *n* ‖ ~ (DIN 40110) (der Quotient aus Wirkleistung und dem Quadrat des Effektivwertes des Wechselstromes) (Eltech) / effective resistance*, active resistance ‖ **akustische ~** (Akus) / acoustic resistance
**Resistat** *n* (Sediment, das aus unzersetzt umgelagerten Feststoffen besteht) (Geol) / resistate *n*
**resistbeschichtet** *adj* (Eltronik) / resist-coated *adj*
**resistent** *adj* (passiv, aktiv) (Bot, Chem, Landw, Med, Umwelt, WP) / resistant* *adj* ‖ **sehr ~** (nach DIN 68364) (For) / very resistant
**Resistenz** *f* (gegen Einwirkung von Bioziden) (Biol, Chem, Landw) / resistance *n* (to) ‖ ~ (von Pflanzen) (Bot, Landw, Umwelt) / resistance *n* ‖ **~ gegen Antibiotika** (Med, Pharm) / antibiotic resistance ‖ **~brecher** *m* (der die natürliche Resistenz der Schadorganismen verhindert oder rückgängig macht) (Chem, Landw, Umwelt) / resistance breaker, antiresistant *n* ‖ **~gen** *n* (Gen) / resistance gene ‖ **~grenze** *f* (bei der Korrosion) (Masch) / reaction limit ‖ **~sensor** *m* / resistive sensor ‖ **~-Transfer-Faktor** *m* (ein Plasmid) (Zyt) /

999

**Resistenzzüchtung**

resistance transfer factor, RT factor, RTF || ⁓züchtung f (im allgemeinen) (Landw) / resistance breeding || ⁓züchtung (gegen bestimmte Krankheitserreger) (Landw) / breeding for disease resistance || ⁓zusammenbruch m (Chem, Landw, Umwelt) / resistance breakdown
**resistive Instabilität** (eine Plasmainstabilität, z.B. Tearing-Instabilität) (Plasma Phys) / resistive instability
**Resistivität** f (DIN 1324, T 2) (Elektr) / resistivity n
**Resistojet** m (ein elektrothermisches Triebwerk) (Raumf) / Resistojet n (a space thruster)
**Resistron** n (eine Bildaufnahmeröhre für Farbfernsehkameras) (TV) / resistron n
**Resisttechnik** f (Eltronik) / resist technology
**Resit** n (Phenolharz im C-Zustand) (Chem) / resite n, C-stage resin
**Resitol** n (Phenolharz im B-Zustand) (Chem) / resitol n, B-stage resin
**Resol** n (Phenolharz im A-Zustand) (Chem) / resol n, A-stage resin
**Resolution** f (KI) / resolution n || **geordnete** ⁓ (KI) / ordered resolution || **lineare** ⁓ (eine Beweisstrategie) (KI) / linear resolution || **semantische** ⁓ (KI) / semantic resolution
**Resolutionsprinzip** n (ein algorithmisches Verfahren zur Prüfung, ob ein Schluß der Prädikatenlogik gültig ist) (KI) / resolution principle
**Resolvente** f (KI, Math) / resolvent n
**Resolventen•gleichung** f (Math) / resolvant equation*, resolvent equation || ⁓menge f (Math) / resolvent set || ⁓prinzip n (KI) / resolution principle
**Resolver** m (EDV) / resolver n, coordinate resolver, coordinate transformer || ⁓ (ein spezieller schleifringloser Drehmelder) (Regeln) / vector resolver, resolver n
**resonant** adj / resonant adj
**Resonant-Ring-Filter** n (Richtkoppler in Koaxial- oder Hohlleitertechnik) (Fernm) / resonant-ring filter
**Resonant-tunneling-Transistor** m (Uni- oder Bipolartransistor mit einer Quantum-Well-Schicht und einer Doppelbarriere im Emitter-Basis-Übergang bzw. in der Basis, durch die die Ladungsträger über den Tunneleffekt in den Kollektor injiziert werden) (Eltronik) / resonant tunnelling transistor (RTT)
**Resonanz** f (gravitative Wechselwirkung zwischen zwei Himmelskörpern, die einen dritten Himmelskörper umrunden) (Astr) / resonance n || ⁓ (nach L. Pauling) (Chem) / mesomerism* n, resonance n (in molecules)* || ⁓en f pl (Teilchen von nur etwa 10⁻²⁴ s Lebensdauer) (Kernphys) / resonance* pl, resonance particles || ⁓ f (Mech) / resonance n || ⁓ (das Mitschwingen eines Resonators, der Resonanzzustand von Elementarteilchen - DIN 1311, T 2) (Phys) / resonance* n || **antiferromagnetische** ⁓ (Phys) / antiferromagnetic resonance || **diamagnetische** ⁓ (Kernphys, Phys) / cyclotron resonance*, diamagnetic resonance || **ferrimagnetische** ⁓ (Phys) / ferrimagnetic resonance || **ferromagnetische** ⁓ (Phys) / ferromagnetic resonance*, ferroresonance* n || **harmonische** ⁓ (Akus, Mech) / harmonic resonance || **in befindlich** / resonant adj || **kernmagnetische** ⁓ (Spektr) / nuclear magnetic resonance, NMR || **magnetische** ⁓ (Kernphys) / magnetic resonance || **parametrische** ⁓ (Fernm) / parametric resonance* || **subharmonische** ⁓ (Akus, Mech) / subharmonic resonance || **ultraharmonische** ⁓ (Akus, Mech) / ultraharmonic resonance || ⁓ f **im eingebauten Zustand** (Akus) / mounted resonance
**Resonanz•absorption** f (z.B. von Neutronen) (Kernphys) / resonance absorption || ⁓absorption (Übereinstimmung der Kern-Larmor-Frequenz und der Meßfrequenz) (Spektr) / resonance absorption || ⁓anhebung f (Fernm) / peaking* n || ⁓anpassung f (Widerstandstransformation durch Schwingkreise bei Resonanz) (Eltronik) / resonance matching || ⁓bedingung f (Chem, Phys) / resonance condition || ⁓boden m (bei den besaiteten Tasteninstrumenten) (Akus) / sounding board, soundboard n || ⁓brücke f (zur Messung von Selbstinduktivität und Widerstand einer Spule) (Eltech) / resonance bridge* || ⁓detektor m (ein Aktivierungsdetektor) (Nukl) / resonance detector || ⁓durchlaßwahrscheinlichkeit f (Kernphys) / resonance escape probability* || ⁓effekt m (DIN 4109) (Akus, Bau) / resonance effect || ⁓effekt (Chem) / mesomeric effect, resonance effect || ⁓einfang m (Spezialfall des Neutroneneinfangs) (Kernphys) / resonance capture || ⁓energie f (Chem) / resonance energy, mesomeric energy
**Resonanzenfluchtwahrscheinlichkeit** f (Kernphys) / resonance escape probability
**Resonanz•entkommwahrscheinlichkeit** f (Kernphys) / resonance escape probability || ⁓entweichwahrscheinlichkeit f (Kernphys) / resonance escape probability || ⁓flucht f (Kernphys) / resonance escape || ⁓fluoreszenz f (ein Spezialfall der Fluoreszenz bei Atomen) (Kernphys) / resonance fluorescence || **~frei** adj (Chem) / resonance-free adj || **~frei** (Phys) / resonance-free adj || ⁓frequenz f (der äußeren Kräfte) (Akus, Mech) / driving frequency || ⁓frequenz (Chem, Fernm, Phys, Spektr) / resonant frequency*, resonance frequency || ⁓frequenzmesser m (Eltech) / resonant-type frequency meter, resonance frequency meter || ⁓funktion f (in der Schwingungslehre nach DIN 1311, T 2) (Phys, Regeln) / resonance function || ⁓güte f (Eltech) / sharpness of resonance* || ⁓hohlraum m (im allgemeinen) (Akus, Fernm) / resonant cavity*, resonant chamber || ⁓holz n (For) / resonant wood, resonance wood || ⁓hybrid n (Chem) / resonance hybrid || ⁓integral n (ein Wechselwirkungsintegral nach der Hückel-Methode) (Kernphys) / resonance integral || ⁓ionisationsspektroskopie f (Spektr) / resonance ionization spectroscopy, RIS || ⁓kammer f (im allgemeinen) (Akus, Fernm) / resonant cavity*, resonant chamber || ⁓kammer (bei Zweitaktmotoren) (Kfz) / resonance chamber || ⁓katastrophe f (Zerstörung des schwingungsfähigen Systems bei extrem geringer Dämpfung) (Phys) / resonance catastrophe || ⁓kopplung f (Spektr) / resonance coupling || ⁓körper m (im allgemeinen) (Akus, Fernm) / resonant cavity*, resonant chamber || ⁓kreis m (Eltech) / resonance circuit*, resonance circuit || ⁓kreis (Eltech) s. auch Schwingkreis || ⁓kupplung f (Spektr) / resonance coupling || ⁓kurve f (in der Schwingungslehre nach DIN 1311, T 2) (Phys, Regeln) / resonance curve* || ⁓kurve (Radio) / tuning curve* || ⁓länge f (der Probe) (Pap) / resonant length || ⁓länge (einer Antenne) (Radio) / resonance length || ⁓leuchten n (Kernphys) / resonance luminescence || ⁓linie f (Spektrallinie, die bei Übergängen eines Ions oder Atoms zwischen dem energetisch tiefsten Zustand und dem niedrigsten angeregten Zustand entsteht) (Spektr) / resonance line || ⁓lumineszenz f (Kernphys) / resonance luminescence || ⁓maximum n (Eltech) / resonance peak || ⁓methode f (eine Meßmethode) (Eltech) / resonance method || ⁓neutron n (Kernphys) / resonance neutron || ⁓niveau n (Kernphys) / resonance level* || ⁓platte f (bei Saiteninstrumenten) (Akus) / sounding board || ⁓potential n (Eltronik) / resonance potential* || ⁓-Raman-Effekt m (Spektr) / resonance Raman effect || ⁓-Raman-Spektroskopie f (Spektr) / resonance Raman spectroscopy || ⁓relais n (ein Frequenzrelais) (Eltech) / resonance relay || ⁓saite f (Akus) / aliquot string, sympathetic string || ⁓schaltung f mit Eisenkernspule (Eltech) / ferroresonant circuit || ⁓schärfe f (DIN 1344) (Eltech) / quality factor*, magnification factor*, Q*, Q-factor* n, factor of merit || ⁓schärfe (Eltech) / sharpness of resonance* || ⁓schwingung f (Mech) / resonance vibration, sympathetic vibration, sympathetic oscillation, covibration n || ⁓schwingungstyp m (Eltronik) / resonant mode* || ⁓sensor m (dessen Wirkprinzip auf Frequenzänderungen beruht) / resonance sensor || ⁓spalt m (Radar) / resonant gap* || ⁓spaltung f (die Spaltung des bei Neutronenresonanzen gebildeten Zwischenkerns) (Kernphys) / resonance fission || **paramagnetische** ⁓spektroskopie (Spektr) / EPR spectroscopy, ESR spectroscopy || **ferromagnetische** ⁓spektroskopie (eine Methode der Hochfrequenzspektroskopie) (Spektr) / ferromagnetic resonance spectroscopy, FRS || **kernmagnetische** ⁓spektroskopie (Spektr) / nuclear magnetic resonance spectroscopy, NMR spectroscopy || ⁓spektrum n (Spektr) / resonance spectrum || ⁓spitze f (Eltech) / resonance peak || ⁓stabilisierung f / resonance stabilization || ⁓strahlung f (Kernphys) / resonance radiation*, nuclear resonance radiation, resonant radiation || ⁓streuung f (Kernphys) / resonance scattering* || ⁓struktur f (Spektr) / resonance structure || ⁓teilchen n pl (Kernphys) / resonances* pl, resonance particles || ⁓transformator m (der auch als Hochspannungsprüftransformator eingesetzt wird) (Eltech) / tuned transformer, resonance transformer || ⁓übergang m (Spektr) / resonance transition || ⁓überhöhung f (Eltech) / resonance step-up*, resonance ratio || ⁓überhöhung (Regeln) / resonance ratio, resonance sharpness || ⁓verbreiterung f (Phys) / pressure broadening* || ⁓verbreiterung (der Spektrallinie) (Spektr) / resonance broadening || ⁓verhalten n (Phys) / resonance behaviour || ⁓verstärker m (für eine Frequenz) (Eltech, Fernm) / single-tuned amplifier || ⁓verstärker (Fernm) / tuned amplifier* || ⁓verstärkte Multifotonenspektroskopie (Spektr) / resonance-enhanced multiphoton ionization spectroscopy, REMPI spectroscopy || ⁓versuch m (Lufft) / resonance test* || ⁓wellentyp m (Eltronik) / resonant mode*
**Resonator** m (Phys) / resonator n || **konfokaler** ⁓ (mit zwei gleichen konkaven sphärischen Spiegeln, deren Brennpunkte zusammenfallen) (Eltronik) / confocal resonator || **konzentrischer** ⁓ (mit zwei gleichen konkaven sphärischen Spiegeln, deren Krümmungsmittelpunkte zusammenfallen) (Eltronik) / concentric resonator || **optischer** ⁓ / optical resonator, optical cavity || **piezoelektrischer** ⁓ (Eltronik, Fernm) / piezoelectric resonator*, piezo resonator || **piezokeramischer** ⁓ (Eltronik) / piezoceramic resonator || **zeitliche Steuerung der Güte des optischen** ⁓s (im Riesenimpulslaser) (Eltronik, Phys) / Q-switching n
**Resonator•eigenschwingung** f (Phys) / cavity mode* || ⁓mode m (Phys) / cavity mode* || ⁓spiegel m (Phys) / partially reflecting end-plate
**resorbieren** v (Pharm, Phys, Physiol) / resorb v, reabsorb v

**Resorcin** *n* (Chem) / resorcinol* *n*, resorcin* *n* ‖ ~**braun** *n* / resorcin brown ‖ ~-**Formaldehydharz** *n* (Chem) / resorcinol-formaldehyde resin ‖ ~**harz** *n* (Chem) / resorcinol-formaldehyde resin
**Resorcinoldiglycidylether** *m* (Chem) / resorcinol diglycidyl ether, RDGE
**Resorcinphthalein** *n* (Chem) / fluorescein* *n*, resorcinolphthalein *n*
**Resorption** *f* (Aufnahme von Fremdmaterial in eine magmatische Schmelze) (Geol) / resorption* *n* ‖ ~ (Pharm, Phys, Physiol) / resorption *n* ‖ ~ **durch die Haut** (Pharm, Physiol) / skin absorption
**Resorptionsanlage** *f* (zur Kälte- und Wärmeerzeugung) / resorption plant
**Resorzin** *n* (ein zweiwertiges Phenol) (Chem) / resorcinol* *n*, resorcin* *n* ‖ ~**braun** *n* / resorcin brown ‖ ~**harz** *n* (Chem) / resorcinol-formaldehyde resin
**Resorzinoldiglycidylether** *m* (Chem) / resorcinol diglycidyl ether, RDGE
**Resorzinphthalein** *n* (Chem) / fluorescein* *n*, resorcinolphthalein *n*
**Resource Interchange File Format** *n* (EDV) / Resource Interchange File Format (a tagged-file specification for the storage of multimedia data) ‖ ~ **sharing** (EDV) / resource sharing
**Respektblatt** *n* (am Anfang eines Buches) (Buchb) / fly leaf* (binder's blank leaf, following the free front end-paper)
**respirabel** *adj* (Physiol) / respirable *adj*
**Respiration** *f* (Physiol) / respiration* *n*
**respiratorisch** *adj* (Physiol) / respiratory *adj* ‖ ~**er Ausbruch** (bei Makrophagen) (Biochem) / respiratory burst ‖ ~**er Farbstoff** (z.B. Hämoglobin) (Biochem, Physiol) / respiratory pigment* ‖ ~**er Quotient** (das Volumenverhältnis von erzeugtem $CO_2$ zu verbrauchtem $CO_2$) (Bot) / respiratory quotient*, $RQ^*$ ‖ ~**er Quotient** (Physiol) / respiratory quotient, RQ
**Response** *f* (Ausgangsgröße eines Systems) (EDV, Phys) / output *n*, response* *n* ‖ ~ (ein durch bestimmte Reize bewirktes Verhalten eines Prüflings) (Physiol) / response* *n*
**Responsefaktor** *m* (in der Chromatografie) (Chem) / response factor
**Responsible-care-Programm** *n* (bindende Verpflichtung zur Selbstverantwortung in den Bereichen Gesundheit, Sicherheit und Umwelt) (Chem, Umwelt) / responsible-care programme
**Ressourcen** *f pl* (Naturstoffe, Produktionsvorräte, Kapazitäten, Arbeitskräfte u. dgl.) / resources *pl* ‖ ~, **materielle** ~ / material resources ‖ **natürliche** ~ (Umwelt) / natural resources ‖ ~**zuteilung** *f* / resource allocation
**Rest** *m* / offcut *n* (a piece of waste material that is left behind after cutting a larger piece) ‖ ~**e** *m pl* (einzelne Reststücke) / oddments *pl* ‖ ~ *n* (Aufber, Chem, Umwelt) / residuum *n* (pl. residua), residue *n* ‖ ~ (Radikal mit Namensendung auf -yl, z.B. Acyl) (Chem) / radical *n* (atoms or groups of atoms which remain together in the course of chemical reactions) ‖ ~ (eines Moleküls) (Chem) / group* *n* ‖ ~ (F.Org) / rest *n*, remainder *n* ‖ ~ (Math) / remainder* *n* ‖ ~ / residual *adj* ‖ **quadratischer** ~ (mod p) (Math) / quadratic residue (of p) ‖ ~**abfall** *m* (Umwelt) / residual waste ‖ ~**abgase** *n pl* (Kfz) / residual exhaust gases ‖ ~**affinität** *f* (Chem) / residual affinity ‖ ~**aktivierung** *f* (Nukl) / residual activation ‖ ~**aktivität** *f* (Nukl) / residual activity*
**Restart** *m* (EDV) / restart *n*, program restart ‖ **anlagentechnischer** ~ (EDV) / reconfiguration routine ‖ **anwenderorientierter** ~ (EDV) / user-oriented restart ‖ ~**prozedur** *f* (automatische, manuelle) (EDV) / restart procedure ‖ ~**punkt** *m* (EDV) / restart point
**Restauflage** *f* (Druck) / remainder *n*, remainders *pl* ‖ ~ (Druck) s. auch Remittende
**restaurieren** *v* (Arch) / restore *v*, reconstruct *v*, rebuild *v*
**Restaurierung** *f* (Arch) / restoring *n*, reconstruction *n*
**Rest•austenit** *m* (nach schneller Abkühlung) (Hütt) / residual austenite *n*, retained austenite ‖ ~**berg** *m* (Geol) / outlier* *n*, farewell rock ‖ ~**bestand** *m* (F.Org) / rest *n*, remainder *n* ‖ ~**bestand an Bioziden** (im Boden) (Landw, Umwelt) / residual pesticide ‖ ~**bier** *n* (Brau) / ullage *n* ‖ ~**blech** *n* / sheet-metal remains ‖ ~**bohle** (For) / veneer core ‖ ~**brühe** (Leder) / waste liquor ‖ ~**chlor** *n* (Sanitär, Umwelt) / residual chlorine ‖ ~**chlorgehalt** *m* (der nach der Chlorung im Wasser oder Abwasser noch verbleibende Chlorgehalt von 0,2-0,3mg/l als Nachweis einer ausreichender Chlorzugabe) (Sanitär, Umwelt) / residual chlorine content ‖ ~**dämpfung** *f* (Fernsp) / overall attenuation, overall loss, net loss (US) ‖ ~**fehler** *m* (Math) / residual error*, residual *n* ‖ ~**fehler** (der nach der Korrektion verbleibende Abbildungsfehler) (Opt) / residual aberration ‖ ~**fehlerquote** *f* (EDV) / residual-error rate, undetected error-rate ‖ ~**fehlerrate** *f* (EDV) / remaining error rate ‖ ~**fehlerwahrscheinlichkeit** *f* (Fehlerwahrscheinlichkeit nach Anwendung eines Fehlererkennungs- oder Fehlerkorrekturverfahrens) (EDV) / residual-error probability ‖ ~**feld** *n* (Mag) / residual field* ‖ ~**feuchte** *f* (als Erscheinung) / residual moisture ‖ ~**feuchte** (als Größe) / residual moisture content ‖ ~**gas** *n* (Eltronik) / residual gas* ‖ ~**gas** (bei der Erdölverarbeitung) (Erdöl) / tail-gas *n* ‖ ~**gaserhitzer** *m* (Masch) / residual-gas heater ‖ ~**gestein** *n* (Geol) / restite *n* ‖ ~**glied** *n*

(bei Reihen) (Math) / remainder *n* ‖ ~**induktion** *f* (Mag) / residual induction*
**Restit** *m* (Geol) / restite *n*
**Restitution** *f* / restitution *n*
**Restitutionskoeffizient** *m* (bei den Stößen realer Körper) (Phys) / coefficient of restitution*, restitution coefficient
**Rest•klasse** *f* (bei Untergruppen) (Math) / coset* *n* ‖ ~**klasse** (Math) / residue class, remainder class ‖ ~**klassengruppe** *f* (Math) / factor group, quotient group ‖ ~**klassenkörper** *m* (Math) / residue class field ‖ ~**klassenring** *m* (Math) / residue class ring, quotient ring, factor ring ‖ ~**kondensationskeim** *m* (in der Nebelkammer) (Kernphys) / re-evaporation nucleus ‖ ~**kontamination** *f* (Umwelt) / residual contamination ‖ ~**körper** *m* (Raumf) / afterbody *n* ‖ ~**kristallisation** *f* (bei der Erstarrung eines Magmas) (Geol) / residual crystallization ‖ ~**ladung** *f* (Elektr) / residual charge ‖ **elektrische** ~**ladung** (Elektr) / residual electrical charge ‖ ~**lebenszeit** *f* (eines Werkzeugs, eines Systems) / residual lifetime
**restlich** *adj* / residual *adj* ‖ ~**er Abfall** (Umwelt) / residual waste ‖ ~**es Lignin** (Bot) / residual lignin, lignin residues ‖ ~**e Mutterlauge** (bei der Speisesalzgewinnung aus Meerwasser) (Chem Verf) / bittern* *n*
**Rest•liefermenge** *f* / rest-delivery quantity ‖ ~**lignin** *n* (im Zellstoff) (Bot) / residual lignin, lignin residues ‖ ~**linie** *f* (in der Spektralanalyse) (Spektr) / sensitive line, residual line, ultimate line, raie ultime ‖ ~**luft** *f* / residual air ‖ ~**magnetisierung** *f* (Eltech, Mag) / residual magnetization* ‖ ~**magnetismus** *m* (der in ferromagnetischen Stoffen nach Wegfall der Magnetisierungsquelle zurückbleibt) (Mag) / residual magnetism ‖ ~**menge** *f* (Math) / difference set, set difference, relative complement, difference of sets ‖ ~**müll** *m* (Umwelt) / residual waste ‖ ~-**N** *m* (Physiol) / residual nitrogen ‖ ~**öl** *n* (Erdöl) / residual oil, residual *n*, tailings *pl* ‖ ~**pedalweg** *m* (Kfz) / pedal reserve ‖ ~**pfeiler** *m* (beim Abbau stehengebliebener Lagerstättenteil) (Bergb) / remnant* *n*, residual pillar, relic* *n*, pillar remnant ‖ ~**posten** *m* / remaining stock ‖ ~**profil** *n* (noch verbleibende Profiltiefe) (Kfz) / remaining tread depth ‖ ~**prüfung** *f* (EDV) / modulo N check, residue check, mod-N check
**Restriktase** *f* (Gen) / restriction enzyme*, restriction endonuclease*
**Restriktion** *f* (Biochem) / restriction* *n* ‖ ~ (z.B. bei der Optimierung) (Math) / constraint *n*
**Restriktions•endonuklease** *f* (Gen) / restriction enzyme*, restriction endonuclease* ‖ ~**enzym** *n* (Endonuklease bakterieller Herkunft, die die fremde DNS an für das Enzym spezifischen Erkennungssequenzen spaltet) (Gen) / restriction enzyme*, restriction endonuclease* ‖ ~**karte** *f* (Gen) / restriction map
**Rest•risiko** *n* (Umwelt) / residual risk, remaining risk ‖ ~**rolle** *f* (Druck) / reel stub, rest roll ‖ ~**rolle** (Einspannrest, der bei der Herstellung von Restfurnieren anfällt) (For) / peeler core, veneer core ‖ ~**rost** *m* (Anstr, Galv) / residual rust, rust residue ‖ ~**sauerstoff** *m* (Chem) / residual oxygen ‖ ~**sauerstoffgehalt** *m* (Chem) / residual-oxygen content ‖ ~**scherwinkel** *m* (HuT) / residual shear angle ‖ ~**schmutz** *m* (Tex) / soil residue ‖ ~**seitenband** *n* (EDV, Radio, TV) / vestigial sideband (VSB), residual sideband ‖ ~**seitenbandmodulation** (RM) *f* (Radio, TV) / vestigial-sideband modulation, VSB modulation ‖ ~**seitenbandübertragung** *f* (trägerfrequente Übertragung mit Amplitudenmodulation) (Radio, TV) / vestigial-sideband transmission ‖ ~**seitenbandverfahren** *n* (Radio, TV) / vestigial-sideband transmission ‖ ~**spannung** *f* (Eltech) / restriking voltage ‖ ~**spannung** (eines Ableiters) (Eltech) / restriking voltage ‖ ~**spannung** (neben der sogenannten Lastspannung im Material auftretende Spannung) (Mech) / internal stress*, residual stress, locked-up stress ‖ ~**stickstoff** *m* (Physiol) / residual nitrogen ‖ ~**stoffe** *m pl* / residues *pl* ‖ ~**strahlen** *m pl* (schmalbandige langwellige Infrarotstrahlung) (Phys) / residual radiation, reststrahlen *pl* ‖ ~**strahlung** *f* (Phys) / residual radiation, reststrahlen *pl* ‖ ~**strecke** *f* (Luftf) / distance to go, DTG ‖ ~**streuung** *f* (bei der Regression) (Stats) / residual variance ‖ ~**strom** *m* (Eltech) / residual current ‖ ~**strom** (eines Elektrolytkondensators) (Eltech) / leakage current*, leak current, tracking current* ‖ ~**strom** (eines Sperrschicht-FET) (Eltronik) / cut-off current* *n* ‖ ~**süße** *f* (unvergorener Zucker) (Nahr) / residual sugar, residue sugar ‖ **reduziertes** ~**system** (Math) / complete set of residues ‖ ~**valenz** *f* (Chem) / residual valence, residual valency ‖ ~**verschmutzung** *f* (die im Ablauf nach einem Reinigungsprozeß noch vorhandene Verschmutzung) (Sanitär) / residual pollution ‖ ~**wärme** *f* (Wärm) / residual heat ‖ ~**wassergehalt** *m* / residual water content ‖ ~**wassermenge** *f* / residual water content ‖ ~**wert** / book value ‖ ~**wert** (am Ende der Nutzungsdauer eines Anlagegegenstandes verbleibender Veräußerungswert) / salvage value ‖ ~**widerstand** *m* (eines Transistors nach DIN 41854) (Eltronik) / saturation resistance ‖ ~**widerstand** (Phys) / residual resistance* ‖ ~**zucker** *m* (der Zuckergehalt des Weines) (Nahr) / residual sugar, residue sugar
**Resublimation** *f* (Chem, Phys) / resublimation *n*

**Resubstitution** *f* (Chem) / resubstitution *n*
**Resultante** *f* (bei zwei Polynomen) (Math) / resultant *n*, eliminant *n* ‖ ~ (die Summe zweier oder mehrerer Kräfte) (Mech) / resultant* *n*, resultant force
**Resultat** *n* (Math) / result *n* ‖ ~**addition** *f* (selbsttätig saldierende Speicherung der einzelnen angegebenen Resultate einer Serie von Rechnungen - DIN 9757) (EDV) / sigma accumulated capability ‖ ~**druck** *m* (EDV) / result printing
**resultierend** *adj* (z.B. Kraft) / resultant *adj* ‖ ~**e Kraft** (Mech) / resultant* *n*, resultant force
**Resultierende** *f* (Mech) / resultant* *n*, resultant force
**resurgent** *adj* (Geol) / resurgent *adj*
**Resuspension** *f* (Aufwirbeln von Sedimenten in Fließgewässern sowie von Aerosolteilchen vom Boden oder anderen Flächen in die Luft) / resuspension *n*
**Resynchronisierung** *f* (Eltech) / resynchronizing *n*, restoration of synchronism, resynchronization *n*
**Resynthese** *f* (Chem) / resynthesis *n*
**Retabel** *n* (Altaraufsatz über der Mensa) (Arch) / retable *n*
**Retake** *n* (pl. -s) (Film) / retake* *n*
**Retardans** (pl -zien) **n** (ein Wachstumsregulator) (Chem, Landw) / retarder *n*
**Retardation** *f* (Biol) / retardation *n* ‖ ~ (bei Flüssigkeiten mit verzögerter Elastizität - DIN 1342, T 1) (Chem, Phys) / retardation *n* ‖ ~ (Opt, Spektr) / optical-path difference, OPD, optical retardation ‖ ~ (verzögerte Elastizität) (Phys) / retardation *n*
**Retardations•funktion** *f* (DIN 13 343) (Phys) / retardation function ‖ **differentielle** ~**funktion** (DIN 13 343) (Spektr) / differential retardation function ‖ ~**zeit** *f* (DIN 1342, T 1) (Phys) / retardation time
**Retarder** *m* (z.B. in der Gummi- und Polymerindustrie) (Chem Verf) / retarder* *n*, retardant *n* ‖ ~ (z.B. eine Wirbelstrombremse) (Eltech) / retarder *n* ‖ ~ (Masch) / retarder *n*, hydrodynamic brake
**retardieren** *v* (Chem, Phys) / retard *v*, inhibit *v*
**retardiertes Potential** (Phys) / retarded potential*
**Retardierung** *f* (Phys) / retardation *n*
**Rete-Matching-Algorithmus** *m* (KI) / rete-matching algorithm
**Reten** *n* (Grundkörper der Abietinsäure und verwandter Diterpene) (Chem) / retene* *n*
**Retentat** *n* (zurückgehaltener, aufkonzentrierter Stoff beim Trennverfahren mittels permeabler Membranen) (Chem) / retentate *n*
**Retention** *f* (Erhalt der Konfiguration bei Substitutionsreaktionen) (Chem) / retention *n* ‖ ~ (das Zurückhalten einer Substanz in der Chromatografie und in der Filtrationstechnik) (Chem) / retention *n* ‖ ~ (Hyd, Med) / retention* *n*, solute retention ‖ **relative** ~ (in der Gaschromatografie) (Chem) / relative retention ‖ ~ *f* **der Konfiguration** (Chem) / retention of configuration
**Retentions•fähigkeit** *f* (Rückhaltevermögen für die Feststoffteilchen bei der Filtration) (Chem Verf) / retention power ‖ ~**index** *m* (der die Lage eines Peaks in einem Gaschromatogramm angibt) (in der Gaschromatografie) (Chem) / retention index (RI), Kováts index ‖ ~**mittel** *n* (z.B. ein Filterhilfsmittel) (Chem) / retention substance ‖ ~**vermögen** *n* (Eigenschaft stationärer Phasen, migrierende Stoffe festzuhalten) (Chem) / retention power ‖ ~**volumen** *n* (Chromatografie) (Chem) / retention volume ‖ ~**wert** *m* (Chem) / retention value ‖ ~**zeit** *f* / retention time
**Retgers Salz** (zur Dichtebestimmung von Mineralen) (Min) / Retgers' solution
**Retgers-Lösung** *f* (nach J.W. Retgers, 1856-1896) (Min) / Retgers' solution
**Reticellaspitze** *f* (eine Nadelspitze) (Tex) / reticella lace
**Reticle** *n* (Eltronik, Foto) / reticle *n* ‖ ~ (Opt, Verm) / graticule* *n*, reticule* *n*, reticle *n*
**Reticulin** *n* (Biochem) / reticulin *n*
**Retikel** *n* (Maske, die nur eine kleine Anzahl von Chipbereichen in endgültiger Größe oder vergrößert /üblicherweise 2- bis 20fach/ enthält und als Original in Step- und Repeat-Kameras verwendet wird) (Eltronik, Foto) / reticle *n*
**Retikularschicht** *f* (der Lederhaut) (Leder) / reticular layer
**Retikulation** *f* (Druck, Foto) / reticulation *n*
**retikulierter Schaum** (zum Kaschieren) (Tex) / reticulated foam
**retikuloendotheliales System** (ein immunologisches System) (Med) / reticuloendothelial system*
**Retina** *f* (pl. Retinae) (Opt, Zool) / retina* *n* (pl. retinae or retinas)
**Retinal** *n* (Vitamin $A_1$-Aldehyd) (Chem, Physiol) / retinal *n*
**Retinit** *m* (bernsteinähnliches Harz in der Braunkohle oder im Lignit) (Min) / retinite* *n*
**Retinoid** *n* (Chem, Pharm) / retinoid *n*
**Retinoinsäure** *f* (Vitamin-A-Säure) (Chem) / retinoic acid
**Retinol** *n* (Biochem) / retinol *n*, axerophthol* *n*, vitamin A$_1$ ‖ ~ (internationaler Freiname für Vitamin A$_1$) (Chem, Pharm) / retinol *n*

**Retorte** *f* (Chem, Hütt, Kftst) / retort *n* ‖ ~ (zur Ölschieferaufarbeitung) (Erdöl) / retort *n* ‖ **in der** ~ **bearbeitbar** (erhitzbar) / retortable *adj* ‖ **in der** ~ **erhitzen** (bearbeiten) (Chem Verf) / retort *v* (heat in a retort in order to separate or purify)
**Retorten•graphit** *m* (Chem Verf) / gas carbon*, retort carbon ‖ ~**kohle** *f* (Chem Verf) / gas carbon*, retort carbon ‖ ~**schwelen** *n* (von Ölschiefer) (Erdöl) / retorting *n*
**retrahierende Abbildung** (Math) / retraction *n*, retractive mapping
**Retrakt** *m* (ein Unterraum eines topologischen Raumes) (Math) / retract *n*
**Retraktion** *f* (eines metrischen Raumes) (Math) / retraction *n*, retractive mapping ‖ ~ (Med) / retraction *n*
**Retransition** *f* (Übergang vom Horizontal- in den Vertikalflug bei Senkrechtstartern) (Luftf) / retransition *n*
**Retransitionsflug** *m* (Luftf) / retransition *n*
**Retrieval** *n* (EDV) / retrieval *n*, data retrieval*, information retrieval, IR ‖ **rechnergestütztes** ~ (EDV) / computer-assisted retrieval, CAR ‖ ~**-Liste** *f* (EDV) / retrieval list ‖ ~**-Software** *f* (EDV) / retrieval software ‖ ~**-Sprache** *f* (in der Dokumentation) (EDV) / retrieval language
**Retrochoir** *m* (Arch) / retrochoir *n*
**Retrochor** *m* (Choranlage hinter dem eigentlichen Chorraum - z.B. in der Kathedrale von Salisbury) (Arch) / retrochoir *n*
**Retro•-Diels-Alder-Reaktion** *f* (Chem) / RDA reaction ‖ ~**direktive Antenne** (Radio) / van Atta array ‖ ~**fett** (Chem) / inverse fat ‖ ~**fokusobjektiv** *n* (Foto, Opt) / inverted telephoto lens*, retrofocus lens*
**retrograd** *adj* / retrograde *adj* ‖ ~**e Bewegung** (scheinbare Bewegung eines Himmelskörpers) (Astr) / retrograde motion*, retrogradation *n*, retrogression *n* ‖ ~**e Kondensation** (Chem Verf) / retrograde condensation ‖ ~**e Metamorphose** (Geol) / retrogressive metamorphism*, retrograde metamorphism*, diaphthoresis *n* ‖ ~**e Verdampfung** (Chem Verf) / retrograde vaporization ‖ ~**e Wanne** (in der CMOS-Technik) (Eltronik) / retrograde well
**Retro•gradation** *f* (z.B. von verkleisterten Stärkelösungen) (Chem) / retrogradation *n* ‖ ~**gradation** *f* (durch menschliche Eingriffe bewirkte Verbesserung des Bodens) (Landw) / retrogradation *n* ‖ ~**gradierung** *f* (des Bodens) (Landw) / retrogradation *n* ‖ ~**konvertierung** *f* (Chem Verf) / retroconversion *n* ‖ ~**metamorphose** *f* (Geol) / retrogressive metamorphism*, retrograde metamorphism*, diaphthoresis *n* ‖ ~**pinacolin-Umlagerung** *f* (eine nukleophile 1,2-Umlagerung) (Chem) / retropinacolin rearrangement ‖ ~**reflektor** *m* (bei Lasern) (Phys) / retroreflector *n* ‖ ~**sublimation** *f* (gasförmig -> fest) (Chem, Phys) / retrosublimation *n* ‖ ~**synthese** *f* (Chem) / retrosynthesis *n* (pl. -syntheses) ‖ ~**synthetische Analyse** (Chem) / retrosynthesis *n* (pl. -syntheses) ‖ ~**virus** *n* *m* (von einer zweiten Proteinhülle umhülltes RNS-Virus) (Gen) / retrovirus* *n*
**Rettung** *f* (Bergb, Luftf, Schiff) / rescue *n*
**Rettungs•boje** *f* (Schiff) / lifebuoy *n* ‖ ~**boot** *n* (Schiff) / lifeboat *n* ‖ ~**bootausrüstung** *f* (Schiff) / lifeboat equipment ‖ ~**decke** *f* (mit Gold- und Silberseite) (Med) / rescue sheet ‖ ~**dienst** *m* (bei Katastrophen, Bergwacht, Seerettungsdienst) / rescue service ‖ ~**diskette** *f* (durch entsprechende Utilities erstellte Sicherungsdiskette, auf der betriebswichtige Daten gespeichert sind) (EDV) / rescue disk, emergency disk ‖ ~**einsatz** *m* (Bergb, Luftf, Schiff) / rescue operation ‖ ~**fallschirm** *m* (Luftf) / life-saving parachute, life-saving parachute ‖ ~**floß** *n* (ein Seenotrettungsmittel - meistens ein Schlauchboot) (Luftf) / dinghy *n* ‖ ~**floß** (ein Seenotrettungsmittel) (Ozean, Schiff) / life raft, life-saving raft ‖ ~**flugzeug** *n* (Luftf) / rescue aircraft ‖ ~**gerät** *n* (z.B. Rutschtuch usw.) (Luftf) / rescue equipment ‖ ~**gerät** (Mil) / rescue equipment ‖ ~**gerät** (Schiff) / life-saving equipment, life preserver ‖ ~**hubschrauber** *m* (Luftf) / rescue helicopter ‖ ~**insel** *f* (ein Seenotrettungsmittel - Kunststoff- oder Gummiboot) (Schiff) / inflatable life raft ‖ ~**jacke** *f* (Ozean, Schiff) / life jacket ‖ ~**kapsel** *f* (Rettungseinrichtung beim Offshore-Bohren) (Erdöl) / escape capsule ‖ ~**kapsel** (Luftf) / ejection capsule* ‖ ~**kragen** *m* (ein individuelles Rettungsmittel) (Schiff) / life collar ‖ ~**mannschaft** *f* (Bergb, Luftf) / rescue crew, rescue party ‖ ~**mittel** *n* (kollektives oder individuelles) (Schiff) / life-saving equipment, life preserver ‖ ~**rakete** *f* (Luftf) / survival rocket ‖ ~**rakete** (Schiff) / line-throwing rocket, rescue rocket ‖ ~**ring** *m* (Schiff) / life ring, lifebelt *n* ‖ ~**rutsche** *f* (aufblasbare) (Luftf) / chute *n*, escape chute (inflatable) ‖ ~**schacht** *m* (Bergb) / escape shaft ‖ ~**schiff** *n* (Schiff) / rescue vessel, RV ‖ ~**schlauch** *m* (ein schlauchartiges Rettungsgerät) / rescue chute ‖ ~**seil** *n* (z.B. für den Bühnenmann) (Erdöl) / life-line *n*, escape line ‖ ~**turm** *m* (ein Gitterhast auf der Spitze einer Raumkapsel) (Raumf) / rescue tower, escape tower ‖ ~**wagen** *m* (Kfz, Med) / ambulance *n* (a specially equipped vehicle) ‖ ~**weste** *f* (Ozean, Schiff) / life jacket ‖ **ohnmachtssichere** ~**weste** / life-jacket effective for unconscious persons

**Return** *m* (EDV) / return *n* ‖ ⁓**-on-Investment** *m* (eine Rentabilitätskennzahl) / return on investment, RoI ‖ ⁓**taste** *f* (mit der man die Eingabezeile abschließt) (EDV) / return key, return *n* ‖ ⁓**-to-zero (RZ)** *m* (EDV, Instr) / return to zero, RZ
**Retusche** *f* (Druck, Foto) / retouching *n* ‖ **lasierende** ⁓ (Druck, Foto) / transparent retouching
**retuschieren** *v* (Druck, Foto) / retouch *v*
**Retuschier•farbe** *f* (Druck, Foto) / retouching paint ‖ ⁓**messer** *n* (Druck, Foto) / retouching knife ‖ ⁓**pinsel** *m* (Druck, Foto) / retouching brush ‖ ⁓**pistole** *f* (Anstr) / air brush ‖ ⁓**pult** *n* (Druck, Foto) / retouching desk, retouching easel, retouching frame ‖ ⁓**rot** *n* (Foto) / coccin *n*
**Reufracht** *f* (Abstandssumme, die ein Befrachter bei Rücktritt vom Vertrag bezahlen muß) (Schiff) / dead freight
**Reuleauxdiagramm** *n* (nach F. Reuleaux, 1829-1905) (Masch) / Reuleaux valve diagram*
**Reuleauxdreieck** *n* (eine Kurve gleicher Breite) (Math) / Reuleaux triangle
**Reusenantenne** *f* (eine Vertikalantenne im Kurzwellenbereich) (Radio) / pyramidal-horn antenna ‖ ⁓ (Radio) / cage antenna*
**Reutertrocknung** *f* (von Heu) (Landw) / tripoding *n*
**Reventing** *n* (Nukl) / re-venting *n*
**revers** *adj* / reverse *adj* ‖ **~e Osmose** (Chem) / hyperfiltration *n*, reverse osmosis, RO ‖ **~e Phase** (Chem, Phys) / reversed phase, RP ‖ **~e Transkriptase** (bei den Retroviren vorkommendes Enzym) (Biochem, Gen) / reverse transcriptase*
**Revers** *n m* (nach außen umgeschlagene Vorderkante) (Tex) / lapel *n*
**Reverse Flow** *n* (Verfahren der Abreinigung von Filtergeweben mit kontinuierlichem oder pulsierendem Gegenstrom) (Umwelt) / reverse flow ‖ ⁓ **Print** (Druck, EDV) / reverse print, reverse type
**Reversed-phase-Säule** *f* (Chem) / reversed-phase column
**Reverse•-Jet** *n* (Verfahren der Abreinigung durch einen kurzen Luftgegenstoß in den Filterschlauch) (Umwelt) / reverse-jet *n* ‖ ⁓**-Verfahren** *n* (Anstr, Kfz) / reverse process
**reversibel** *adj* (in beiden Richtungen verlaufend, ablaufend) / reversible* *adj*
**Reversibilität** *f* (Chem, Phys) / reversibility *n* ‖ **mikroskopische** ⁓ (Chem) / microscopic reversibility
**reversible Änderung** / reversible change ‖ **~ Elektrode** (Chem) / reversible electrode ‖ **~ Farbänderung** (z.B. bei Hackmanit) (Min) / tenebrescence* *n* ‖ **~s Kolloid** (Chem) / reversible colloid ‖ **~s Potential** (Eltech) / reversible potential ‖ **~ Reaktion** (Chem) / reversible reaction*, balanced reaction*, equilibrium reaction* ‖ **~r Wandler** (Fernm) / reversible transducer* ‖ **~ Wasserstoffelektrode** (Chem) / reversible hydrogen electrode, RHE
**Reversible** *n* (Jacke) (Tex) / reversible jacket ‖ ⁓ *m* (Tex) / reversible *n*, double-face[d] fabric
**Reversier•antrieb** *m* (Eltech) / reversing drive, reversible drive ‖ ⁓**betrieb** *m* (eine Betriebsart) (Eltech) / reversing duty ‖ ⁓**betrieb** (z.B. einer Hängebahn) (Masch) / recirculating mode
**reversieren** *v* (Eltech) / reverse *v*
**Reversier•modellplatte** *f* (Gieß) / reversible pattern plate, turn-over board ‖ ⁓**motor** *m* (dessen Drehrichtung durch Betätigen eines Schalters umgekehrt werden kann) (Eltech) / reversing motor ‖ ⁓**motor** (aus der Ruhestellung) (Eltech) / reversible motor ‖ ⁓**quartowalzwerk** *n* (Hütt) / four-high reversing mill
**Reversierung** *f* / reversion *n*, reversal *n*, reversing *n*
**Reversierwalzwerk** *n* (Hütt) / reversing mill*
**Reversing** *n* (Zurückspulen des Magnet- oder Videobandes) / reversing *n*
**Reversing-Exchanger** *m* (für die Tieftemperaturtechnik) (Masch) / reversing heat exchanger
**Reversion** *f* / reversion *n*, reversal *n*, reversing *n* ‖ ⁓ (Fähigkeit von Zellen, eine Nonsense-Mutation zu unterdrücken, wobei der ursprüngliche Sinn der Information wiederhergestellt wird) (Gen) / reversion* *n*
**Reversions•geschmack** *m* (Fehlaroma des Sojaöls) (Nahr) / reversion flavour ‖ ⁓**pendel** *n* (Phys) / reversible pendulum ‖ ⁓**prisma** (z.B. nach Dove oder Amici) (Opt) / reversing prism
**Revers•osmose** *f* (Chem) / hyperfiltration *n*, reverse osmosis, RO ‖ ⁓**verfahren** *n* (Anstr, Kfz) / reverse process
**Revertase** *f* (Biochem, Gen) / reverse transcriptase*
**Revetment** *n* (ein Schutzgebiet, das unmittelbar an Roll- oder Start-/Landebahnen angrenzt) (Luftf, Mil) / revetment *n*
**Revier** *n* (Bergb) / field *n*, district *n*, area *n* ‖ ⁓**fahrt** *f* (die vom Hafenliegeplatz bis zur freien See zurückzulegende Strecke, für die besondere Sicherheitsmaßnahmen [wenn vorgeschrieben Lotse usw.] erforderlich sind) (Schiff) / estuary trading ‖ ⁓**hammer** *m* (For) / marking hammer
**Review** *f* (in der Audio- und Videotechnik) / review *n*
**Revision** *f* (letztes Überprüfen einer Druckform auf Satzfehler vor Beginn des Fortdruckes) (Druck) / machine revise*, press revise, final proof

**Revisions•abzug** *m* (Druck) / press proof*, revise proof, revise* *n* ‖ ⁓**bogen** *m* (Schlusskorrektur) (Druck) / press proof*, revise proof, revise* *n* ‖ ⁓**schacht** *m* (Masch) / inspection chamber*, manhole *n*, inspection gallery ‖ ⁓**wagen** *m* (Bahn) / inspection car
**Revisor** *m* (Korrektor, der die Revision liest) (Druck) / reviser *n*
**Revitalisierung** *f* (städtische) (Arch) / revitalization *n*
**Revival** *n* (Architekturschule, die bewußt Stilformen der Vergangenheit wiederbelebt - z.B. Neugotik) (Arch) / revival *n*
**Revolution** *f* (Zeitabschnitt der Erdentwicklung mit stark gesteigerter geologischer Tätigkeit) (Geol) / revolution *n*
**Revolver** *m* (Foto) / turret *n* (of a camera) ‖ ⁓ (Masch) / turret* *n*, turret head ‖ ⁓ (des Mikroskops) (Mikros) / revolving nosepiece *n* ‖ ⁓**anschlag** *m* (Masch) / turret stop, multiposition stop ‖ ⁓**bohrmaschine** *f* (Masch) / turret-type drilling machine ‖ ⁓**drehmaschine** *f* (Masch) / turret lathe* ‖ ⁓**drehmaschine für Stangenarbeit** (Masch) / bar turret lathe ‖ ⁓**drehmaschine mit Sternrevolver auf Support** (mit Bett- und Sattelschlitten) (Masch) / capstan lathe*, ram-type turret lathe ‖ ⁓**fassung** *f* (Foto) / turreted mount ‖ ⁓**kopf** *m* (Werkzeugspeicher- und -wechseleinrichtung für vorrangig 4 bis 12 starr aufzunehmende Werkzeuge) (Masch) / turret* *n*, turret head ‖ ⁓**kopf-Bohrmaschine** *f* (Masch) / turret-type drilling machine ‖ ⁓**objektiv** *n* (Foto) / turret lenses, turret-mounted lens ‖ ⁓**okular** *n* (ein Meßokular) (Opt) / dial-templet ocular ‖ ⁓**presse** *f* (Keram) / revolver press, turntable-feed press, turntable press ‖ ⁓**presse** (Masch) / turret press* ‖ ⁓**stanze** *f* (Masch) / turret press* ‖ ⁓**teller** *m* (Masch) / dial feed ‖ ⁓**webmaschine** *f* (Web) / circular box loom, revolver box loom ‖ ⁓**wechsel** *m* (an der Webmaschine) (Web) / revolving box motion ‖ ⁓**werkzeug** *n* (Werkz) / revolver tool
**Revolving-Leasing** *n* (der Leasinggegenstand kann nach Ablauf einer bestimmten Frist gegen einen anderen Leasinggegenstand durch den Leasingnehmer ausgetauscht werden) / revolving leasing, revolving lease
**Rexforming** *n* (eine Kombination von Platformieren und Extrahieren) (Erdöl) / Rexforming *n*
**Reynoldssche Zahl** (Phys) / Reynolds number*, Reynolds criterion, Damköhler number
**Reynolds•-Spannungen** *f pl* (in den inkompressiblen Medien) (Phys) / Reynolds stress ‖ ⁓**-Zahl** *f* (dimensionslose Kennzahl nach DIN 1341, 1342, T 1 und 5491) (Phys) / Reynolds number*, Reynolds criterion, Damköhler number ‖ **kritische** ⁓**-Zahl** (beim Umschlag) (Phys) / critical Reynolds number
**Reyon** *n m* (Tex) / rayon* *n*, viscose filament
**Re-Zahl** *f* (Phys) / Reynolds number*, Reynolds criterion, Damköhler number
**Rezensionsexemplar** *n* / review copy, press copy
**rezent•es Harz** (frisch gewonnenes natürliches Harz) / recent resin, virgin resin ‖ **~fossiles Harz** / recent-fossil gum, recent-fossil resin
**Rezept** *n* (Anstr) / formulation *n* ‖ ⁓ (Pharm) / formula* *n* (pl. formulas or formulae) ‖ ⁓ (Pharm) / recipe *n*, prescription *n*, script *n* ‖ **ein ausstellen** (Pharm) / prescribe *v* ‖ **nach einem alten** ⁓ (z.B. backen) (Nahr) / to an old recipe
**Rezeptakel** *n* (Bot) / receptacle* *n*
**rezeptfrei** *adj* (Pharm) / non-prescription *attr*, over-the-counter *attr*
**rezeptieren** *v* (Pharm) / prescribe *v*
**Rezeptor** *m* (Biol) / receptor *n* ‖ **dopaminerger** ⁓ (Med) / dopamine receptor ‖ ⁓**modell** *n* (Molecular Modelling) (Chem) / receptor model ‖ ⁓**test** *m* (zum Nachweis von Antibiotikarückständen in Lebensmitteln) (Nahr) / microbial receptor assay, receptor test, Charm Test II
**rezeptpflichtig** *adj* (Pharm) / prescription-only *attr* ‖ **~es Arzneimittel** (Pharm) / ethical drug, ethical preparation, ethical medicine, prescription drug
**Rezeptur** *f* (Anstr) / formulation *n* ‖ ⁓ (Pharm) / formula* *n* (pl. formulas or formulae) ‖ ⁓**formulierung** *f* (auch handelsfähige Zubereitung eines Pflanzenwirkstoffes) (Chem, Pharm) / formulation *n*
**rezessiv** *adj* (von anderen Erbanlagen überdeckt - Gegensatz zu dominant) (Gen) / recessive* *adj*
**rezidivieren** *v* (Med) / recur *v*
**Rezipient** *m* (pl.: -en) (in einem Kommunikationsprozeß) / recipient *n* ‖ ⁓ (pl. -en) (Chem Verf) / receiver *n*, receptacle *n*, collecting vessel
**Rezipientenglocke** *f* (Vakuum) / bell jar, bell glass
**reziprok** *adj* (ein Unterbegriff zu "invers", wenn dieser auf Zahlen oder Matrizen angewandt wird - DIN 4898) (Math) / reciprocal *adj* ‖ **~es Gitter** (Krist, Math) / reciprocal lattice ‖ **~er Kernleitwert** (nach R. Feldtkeller) (Elektr) / transfer impedance* ‖ **~e Korrespondenz** (Math) / reciprocal correspondence ‖ **~e Kreuzung** (Bastardierung) (Gen) / reciprocal crossing ‖ **~e lineare Dispersion** (Spektr) / reciprocal linear dispersion ‖ **~e Matrix** (DIN 5486) (Math) / inverse of a matrix*, inverse matrix ‖ **~e Spirale** (Math) / hyperbolic spiral*, reciprocal spiral ‖ **~er Wandler** (Akus) / reciprocal transducer ‖ **~er**

**reziprok**

**Wert** (Math) / reciprocal* n ‖ **~es Zweitor** (Elektr) / reciprocal two-port network
**Reziprokwert** m (Math) / reciprocal* n
**Reziprozität** f / reciprocity* n ‖ ~ (in der projektiven Geometrie) (Math) / reciprocity n, duality n
**Reziprozitäts•eichung** f (Akus) / reciprocity calibration* ‖ **~gesetz** n (Eltech) / reciprocity theorem* ‖ **quadratisches ~gesetz** (Math) / inverse square law ‖ **~gesetz** n **von Bunsen und Roscoe** (Foto) / reciprocity law, reciprocity rule ‖ **~prinzip** n (Phys) / reciprocity principle* ‖ **~satz** m (der Elastizitätstheorie) (Mech) / Betti reciprocal theorem, reciprocal theorem ‖ **~theorem** n (Eltech) / reciprocity theorem*
**Rezirkulation** f (im Rezyklotron) (Nukl) / recirculation n ‖ ~ (Rückführung des im Nachklärbecken abgeschiedenen Bakterienschlammes zur Aufrechterhaltung einer gewünschten Bakterienkonzentration im Belebungsbecken oder des biologisch gereinigten Abwassers auf den Tropfkörper zur Erhöhung der Spülwirkung) (Sanitär) / recirculation n
**rezyklieren** v (Umwelt) / recycle v
**Rezyklotron** n (Teilchenbeschleuniger für relativistische Elektronen) (Nukl) / recyclotron n
**Rf** (radioaktives, nur künstlich darstellbares chemisches Element der Ordnungszahl 104) (Chem) / rutherfordium n (US)*
**RF** (zur Funkübertragung bestimmte Frequenzlage) (Radio) / radio-frequency* (RF, r-f)
**RFA** (Spektr) / X-ray fluorescence spectroscopy, X-ray fluorescence analysis, XRF spectroscopy, XRFA, X-ray fluorescence spectrometry
**RfAnst** (Radio, TV) / broadcasting corporation
**Rf-Dienst** m (Radio, TV) / broadcasting service, broadcast service
**RFMS** (WP) / crack-growth strain gauge
**RFP** (Chem, Eltech) / rf polarography, radio-frequency polarography, RFP
**RFQ** (Nukl) / radio-frequency quadrupole
**RFS** (EDV) / Remote File System (distributed file system network developed by AT&T)
**Rf-Sender** m (Radio, TV) / broadcast transmitter*, broadcasting transmitter, radio transmitter, radio station, radio n
**RF-Transistor** m (ein Mikrowellentransistor) (Eltronik) / radio-frequency transistor, RF transistor
$R_F$**-Wert** m (zur Bezeichnung der Lage eines Substanzfleckens auf dem Dünnschichtchromatogramm) (Chem) / retention value factor, $R_F$-value n, $R_F$
**RGB-Schirm** m (ein Farbbildschirm, der auf den Farben Rot, Grau und Blau aufbaut) (EDV) / RGB display
**R-Gespräch** n (in Deutschland nicht möglich) (Fernsp) / collect call (for which the called customer agrees to pay), reversed-charge call
**RGS** / resistive-gate sensor, RGS
**RGT-Regel** f (Chem) / van't Hoff's law*
**rh** (Med) / rhesus-negative adj, rh-negative* adj ‖ ~ (Chem) / rhodium* n ‖ ~ (Med) / rhesus-positive adj, rh-positive* adj
**Rhamnetin** n (ein Flavanoid) (Chem) / rhamnetin n
**Rhamnose** f (Biochem) / rhamnose* n
**RHEED** (eine Methode zur Untersuchung der Atomstruktur von Festkörperoberflächen, die auf Beugungserscheinungen bei energiereichen Elektronen beruht) (Phys) / reflection high-energy electron diffraction, RHEED, reflection HEED, RHEED method
**RHEED-Technik** f (Phys) / reflection high-energy electron diffraction, RHEED, reflection HEED, RHEED method
**Rhein** n (ein Pflanzeninhaltsstoff) (Chem) / rhein n
**Rhenat** n (Salz der Rheniumsäure - entweder IV oder VI) (Chem) / rhenate n
**Rheniforming** n (ein Reformierverfahren mit einem Bimetallkatalysator) (Erdöl) / rheniforming n
**Rhenium (Re)** n (Chem) / rhenium* n ‖ ~(V)-chlorid n (Chem) / rhenium pentachloride ‖ ~**heptoxid** n (Chem) / rhenium(VII) oxide* ‖ ~**-Osmium-Methode** f (der Altersbestimmung für Meteoriten sowie molybdän- und kupferhaltige oder osmiumreiche Minerale) / rhenium-osmium method ‖ ~(VII)-oxid n (Chem) / rhenium(VII) oxide* ‖ ~**pentachlorid** n (Chem) / rhenium pentachloride ‖ ~(VII)-säure f (eine Oxosäure) (Chem) / rhenic(VII) acid*, perrhenic acid*, tetraoxorhenic(VII) acid ‖ ~**säure** f (eine Oxosäure) (Chem) / rhenic acid, tetraoxorhenic(VI) acid
**Rheo•dynamik** f (Phys) / rheodynamics n ‖ ~**dynamisch** adj (Schmierung) / rheodynamic adj ‖ ~**lineare Schwingungen** (Phys) / rheolinear vibrations, parametrically excited vibrations, vibration of systems with periodically varying parameters
**Rheologie** f (Lehre vom Fließ- und Verformungsverhalten von Stoffen nach DIN 1342, T 1) (Phys) / rheology* n ‖ **angewandte** ~ (Phys) / rheodynamics n
**rheologisch** adj (DIN 1342, T 1) (Phys) / rheological adj ‖ ~**e Hysteresekurve** (DIN 1342, T 1) (Phys) / rheological hysteresis curve

‖ ~**es Modell** (z.B. Kelvin-, Voigt-, Prandtl- oder Bingham-Modell nach DIN 1342, T 1) (Phys) / rheological model ‖ ~**e Zustandgleichung** (Phys) / rheological equation ‖ ~**es Zustandsgesetz** (Phys) / rheological equation
**Rheometrie** f (eine Meßtechnik, die charakteristische Eigenschaften zähflüssiger Stoffe ermittelt) (Phys) / rheometry n ‖ ~ (Phys) s. auch Viskosimetrie
**Rheomorphose** f (von Gesteinen) (Geol) / rheomorphism* n
**rheonomes System** (das seinen Zustand in ständigem Energie- und Materieaustausch mit der Umgebung stationär beibehält) (Phys) / open system
**rheo•pektisch** adj (Phys) / rheopectic adj, rheopexic adj ‖ **~pex** adj (Phys) / rheopectic adj, rheopexic adj ‖ **~pexie** f (DIN 1342, T 1) (Zunahme der Scherviskosität bei zunehmender Beanspruchung) (Phys) / rheopexy n, negative thixotropy, antithixotropy n ‖ **~phil** adj (fließendes Wasser liebend) (Biol) / rheophile adj, rheophil adj ‖ ~**plankton** n (Umwelt) / potamoplankton n, rheoplankton n ‖ ~**stat** m (Eltech) / rheostat* n ‖ ~**stat** (Eltech) / variable resistance* ‖ **~statisch** adj (Schmierung) / rheostatic adj ‖ **~taktisch** adj (Bot) / rheotactic adj ‖ **~taxial** (Kristall) (Krist) / rheotaxial ‖ **~taxis** f (pl. -xen) (Einstellung eines Lebewesens in die Richtung der Wasserströmung) (Biol) / rheotaxis n (pl. -taxes) ‖ **~wäscher** m (Aufber) / rheolaveur* n
**Rhesusfaktor** m (Med) / rhesus factor*, Rh factor* ‖ **mit ~ negativ** (Med) / rhesus-negative adj, rh-negative* adj ‖ **mit ~ positiv** (Med) / rhesus-positive adj, rh-positive* adj
**rhesus•-negativ** adj (Med) / rhesus-negative adj, rh-negative* adj ‖ ~**-negativ** adj (Med) / rhesus-negative adj, rh-negative* adj ‖ ~**-positiv** adj (Med) / rhesus-positive adj, rh-positive* adj ‖ ~**-positiv** adj (Med) / rhesus-positive adj, rh-positive* adj
**Rheumawäsche** f (Tex) / thermal underwear
**Rh-Faktor** m (Med) / rhesus factor*, Rh factor*
**RHI-Abbildung** f (Radar) / range-height indication (an intensity-modulated display), RHI
**Rhipidolith** m (ein Prochlorit) (Min) / ripidolite* n
**Rhithral** n (Bachregion eines Fließgewässers mit überwiegend geologischer Auswaschung) (Geol, Umwelt) / rhithral n
**Rhizobium** n (Gattung der Knöllchenbakterien) (Bakteriol) / rhizobium n
**Rhizom** n (Bot) / rhizome* n, root stalk, rootstock* n
**Rhizosphäre** f (Bot) / rhizosphere* n
**rh-negativ** adj (Med) / rhesus-negative adj, rh-negative* adj
**Rhodamin•e** n pl (Chem, Leder, Pap) / rhodamines* pl, rhodamine dyes ‖ ~**farbstoffe** m pl (Xanthenfarbstoffe, die durch Kondensation von substituierten 3-Aminophenolen mit Phthalsäureanhydrid dargestellt werden) (Chem, Leder, Pap) / rhodamines* pl, rhodamine dyes
**Rhodanid** n (Derivat der Isothiozyansäure) (Chem) / thiocyanate* n, rhodanide n, sulphocyanate n, sulphocyanide* n
**Rhodanometrie** f (Chem) / rhodanometry n
**rhodanometrische Iodzahl** (eine Kennzahl der Fette und fetten Öle) (Chem, Nahr) / thiocyanogen value, thiocyanogen number
**Rhodan•wasserstoffsäure** f (Chem) / rhodanic acid, thiocyanic acid, sulphocyanic acid ‖ ~**zahl (RaZ)** f (Chem, Nahr) / thiocyanogen value, thiocyanogen number
**Rhodinieren** n (Herstellung von Rhodiumüberzügen auf galvanischem Wege) / rhodanizing* n, rhodium plating
**Rhodinol** n (Chem) / rhodinol n
**Rhodium (Rh)** n (Chem) / rhodium* n ‖ ~**trichlorid** n (RhCl$_3$) (Chem) / rhodium trichloride
**Rhodochrosit** m (Mangan(II)-karbonat) (Min) / rhodochrosite* n, manganese spar*, dialogite* n
**Rhodolith** m (ein Schmuckstein der Granatgruppe) (Min) / rhodolite* n
**Rhodonit** m (Min) / rhodonite* n
**Rhodopsin** n (das Sehpigment der Augenstäbchen) (Opt, Physiol) / rhodopsin* n, visual purple*
**Rhodoxanthin** n (E 161 f) (Nahr) / rhodoxanthin n
**Rhomben•dach** n (Bau) / helm roof ‖ ~**dodekaeder** n (Krist, Math) / rhombic dodecahedron* (pl. -hedra or -hedrons), granatoedron n (pl. -hedra or -hedrons) ‖ ~**form** f / rhomboidity n ‖ **~förmig gemusterte Leinwand** (Tex) / diaper linen, diamond linen ‖ ~**muster** n (Tex) / diamond n ‖ ~**porphyr** m (Geol) / rhomb-porphyry* n
**rhombisch** adj (DIN 13 316) (Krist) / rhombic adj ‖ ~ (Math) / rhombic adj ‖ ~**es Monohydrat** (Na$_2$CO$_3$·H$_2$O) (Chem) / metahydrate sodium carbonate ‖ ~**es Muster** (Tex) / Argyle n, argyll n ‖ ~**es Parallelepiped(on)** (Krist, Math) / rhombohedron* n (pl. -hedra or -hedrons), rhomb n ‖ ~**er Schwefel** (Chem) / rhombic sulphur ‖ ~**e Schwindverformung** (For) / rhombic shrinkage deformation ‖ ~**es System** (Krist) / orthorhombic system, rhombic system ‖ ~**-pyramidal** adj (Klasse) (Krist) / rhombic-pyramidal adj
**Rhomboeder** n (Krist, Math) / rhombohedron* n (pl. -hedra or -hedrons), rhomb n

**rhomboedrisch** adj (Krist, Math) / rhombohedral adj ‖ ~e (Kristall)**Klasse** (Krist) / rhombohedral class*
**Rhomboid** n (ein Parallelogramm, das kein Rhombus ist) (Math) / rhomboid n
**rhomboidisch** adj / rhomboidal adj
**Rhomboidprisma** n (Opt) / rhomboid prism
**Rhombus** m (pl.-ben) (Parallelogramm, bei dem alle vier Seiten gleich lang sind) (Math) / rhombus* n (pl. rhombuses or rhombi), rhomb n, lozenge n ‖ ~**antenne** f (Sende- und Empfangsantenne der Kurzwellentechnik) (Radio) / rhombic antenna*, diamond antenna* ‖ ~**zeichen** n (EDV) / lozenge n
**Rho•-Meson** n (eine Mesonenresonanz) (Kernphys) / rho meson ‖ ~**meson** n (Kernphys) / rho meson ‖ ~**-Rho-Verfahren** n (Nav) / rho-rho system ‖ ~**-Theta-Verfahren** n (der Funkortung) (Nav) / rho-theta* n (electronic navigational system), rho-theta system
**Rh-positiv** adj (Med) / rhesus-positive adj, rh-positive* adj
**Rhumbatron** n (ein alter Hohlraumresonator) (Eltronik) / rhumbatron* n
**rH-Wert** m (Redoxpotential) (Chem) / rH value*
**Rhyolith** m (jungvulkanisches saures Ergußgestein) (Geol) / rhyolite* n, liparite* n
**rhyolithisch** adj (Geol) / rhyolitic adj
**Rhyolithknolle** f (Geol) / pyromeride* n, nodular rhyolite
**rhyotaxitische Struktur** (Geol) / rhyotaxitic structure
**Rhythmik, circadiane** ~ (Biol) / circadian rhythm*, diurnal rhythm
**rhythmisch** adj / rhythmic adj, rhythmical adj ‖ ~e (magmatische) **Schichtung** (Geol) / rhythmic layering ‖ ~e **Ablagerung** (Geol) / rhythmic sedimentation* ‖ ~e **Kristallisation** (Geol, Krist) / rhythmic crystallization*
**Rhythmus, Tag-Nacht-**~ (Biol) / circadian rhythm*, diurnal rhythm
**Ri** (Meteor) / Richardson number*
**RI** (in der Gaschromatografie) (Chem) / retention index (RI), Kováts index
**Ria** f (fjordähnliche Trichtermündung von Flüssen an der Atlantikküste, stark gegliedert, durch "ertrunkene" Kerbtäler gekennzeichnet) (Geol) / ria* n
**RIA** (Med, Radiol) / radioimmunoassay (RIA) n
**Riaküste** f (Geol) / ria coast
**Riasküste** f (z.B. in Galicien) (Geol) / ria coast
**Rib** (Biochem) / ribose* n
**Ribaucourscher Satz** (nach A. Ribaucour, 1845 - 1893) (Math) / Ribaucour's theorem
**Ribbonisation** f (bei glasfaserverstärkten Kunststoffen) (Plast) / ribbonization n
**Ribbon-Maschine** f (Glas) / ribbon machine
**Ribit** n (Chem) / ribitol n, adonitol n, adonite n
**Ribitol** n (Chem) / ribitol n, adonitol n, adonite n
**Ribo•flavin** n (Biochem) / riboflavin* n, vitamin $B_2$*, lactoflavin* n, vitamin G, riboflavine n ‖ ~**nuclease** f (Biochem) / ribonuclease* n, RNase n ‖ ~**nucleinsäure** f (Biochem) / ribonucleic acid, RNA* ‖ ~**nucleoprotein** n (Zyt) / ribonucleoprotein n ‖ ~**nuklease** f (zu den Phosphatasen zählendes Enzym) (Biochem) / ribonuclease* n, RNase n ‖ ~**nukleinsäure (RNS)** f (Biochem) / ribonucleic acid, RNA* ‖ ~**nukleoprotein** n (Zyt) / ribonucleoprotein n
**Ribose (Rib)** f (eine physiologisch wichtige Aldopentose) (Biochem) / ribose* n
**Ribosom** n (pl. -somen) (Biochem) / ribosome* n
**ribosomal** adj (Biochem) / ribosomal adj ‖ ~e **RNS** (Biochem) / ribosomal ribonucleic acid, r-RNA, ribosomal RNA
**Ribosylxanthin** n (Chem) / xanthosine n, xanthine riboside
**Ribulose** f (eine Pentose) (Biochem) / ribulose* n
**Ribulosediphosphat** n (Biochem) / ribulose diphosphate
**Riccati-Regler** m (ein optimaler Zustandsregler für eine lineare Strecke höherer Ordnung) (Regeln) / Riccati controller
**Riccatische Differentialgleichung** (nach J.F. Graf Riccati, 1676-1754) (Math) / Riccati equation*
**Ricci•-Bianchische Identität** (nach L. Bianchi, 1856-1928) (Math) / Bianchi identity ‖ ~**-Kalkül** m (der absolute Differentialkalkül nach G. Ricci-Curbastro, 1853-1925) (Math) / Ricci calculus, absolute differential calculus
**Riccisch•e Gleichung** (Math) / Ricci equation, Ricci identity ‖ ~e **Identität** (Math) / Ricci equation, Ricci identity
**Ricci-Tensor** m (Math) / Ricci tensor
**Richardson•-de-Haas-Effekt** m (Phys) / Einstein-de Haas effect* ‖ ~**-Dushman-Gleichung** f (nach S. Dushman, 1883-1954) (Phys) / Richardson-Dushman equation*, Dushman equation ‖ ~**-Dushmansches Gesetz** (eine Form des Richardsonschen Gesetzes) (Phys) / Richardson-Dushman equation*, Dushman equation ‖ ~**-Effekt** m (Eltronik) / Edison effect*, Richardson effect* ‖ ~**-Gleichung** f (nach Sir O.W. Richardson, 1879-1959) (Phys) / Richardson equation
**Richardsonsches Gesetz** (Phys) / Richardson equation

**Richardson-Zahl** f (Verhältnis von Schwerkraft zu Trägheitskraft bzw. von Hubarbeit zu aufzunehmender kinetischer Energie) (Meteor) / Richardson number*
**Rich-field-Teleskop** n (kurzbrennweitiges, lichtstarkes Fernrohr mit großem Öffnungsverhältnis) (Astr) / rich-field telescope
**Richt•-** (einseitig gerichtet) / unidirectional adj ‖ ~**-** / directive adj ‖ ~**-** (Erdöl, Radio) / directional adj ‖ ~**amboß** m (für das Richten und Spannen von Sägeblättern) (For) / straightening anvil ‖ ~**antenne** f (Radio) / directional antenna*, unidirectional antenna (whose maximum directivity is significantly greater than that of halfway dipole), directive antenna, direction antenna, beam antenna* ‖ **drehbare** ~**antenne** (die bei jeder Umdrehung alle Richtungen (= 360°) mit ihrem Richtstrahl abtastet) (Nav) / omnidirectional antenna*, omni-aerial n, omnibearing antenna, omni antenna ‖ **zweiseitige** ~**antenne** (Radio) / bidirectional antenna ‖ ~**antennenkombination** f (Radio) / antenna array, aerial array, array antenna ‖ ~**antennensystem** n (Radio) / antenna array, aerial array, array antenna ‖ ~**apparat** m (in der Blechbearbeitung) (Hütt, Masch) / leveller n, levelling machine, straightening machine ‖ ~**bake** f (ein Seezeichen) (Schiff) / directional beacon, track beacon ‖ ~**barre** f (Kfz) / body tower, pulling tower ‖ ~**blei** n (Bau, Verm) / plumb-bob* n, plummet* n, plumb n ‖ ~**block** m (Masch) / gag n ‖ ~**bohren** n (Bergk, Erdöl) / directional drilling ‖ ~**charakteristik** f (für einen Schallstrahler oder -aufnehmer nach DIN 1320) (Akus) / directivity pattern ‖ ~**charakteristik** (einer Antenne) (Radio) / radiation pattern*, field pattern, antenna pattern, directional pattern, radiation diagram* (a graphical representation of the radiation properties of the antenna) ‖ ~**diagramm** n (einer Antenne) (Radio) / radiation pattern*, field pattern, antenna pattern, directional pattern, radiation diagram* (a graphical representation of the radiation properties of the antenna) ‖ ~**empfang** m (Fernm) / directional reception ‖ ~**empfänger** m (Fernm) / directional receiver* ‖ ~**empfangsanlage** f (Fernm) / directional receiver*
**richten** v (auf - Kamera, Waffe) / point v (at) ‖ ~ / true v ‖ ~ / direct v ‖ ~ (Blech) (Hütt, Masch) / level v, straighten v ‖ ~ (entgratete Schmiedestücke im Gesenk) (Masch) / restrike v, straighten v (in the die) ‖ ~ (Masch) / straighten v ‖ ~ n (des Blechs) (Hütt, Masch) / levelling n, leveling n (US), straightening n ‖ ~ (im Gesenk) (Masch) / restriking n, straightening n (in the die)
**Richterit** m (Min) / richterite* n
**Richter-Magnitude** f (die die Stärke eines Erdbebens charakterisiert) (Geophys) / magnitude n, earthquake magnitude*
**Richtersche Nachwirkung** (Eltech) / Richter lag, Richter residual induction
**Richter-Skala** f (Einstufung des Erdbebens nach Größenklassen - nach Ch.F. Richter, 1900-1985) (Geophys) / Richter scale
**Richt•fähigkeit** f (der Antenne) (Radio) / directivity* ‖ ~**faktor** m (beim Schallstrahler nach DIN 1320) (Akus) / directivity factor ‖ ~**faktor** (Strahlungsgewinn) (Radio) / directive gain*, directivity n ‖ ~**fernrohr** n (Verm) / telescopic sight ‖ ~**fest** n (nach der Errichtung des Dachstuhls) (Bau, Zimm) / topping-out ceremony
**Richtfunk•abschnitt** m (Radio) / radio relay section ‖ ~**betriebsstelle** f (Radio) / microwave repeater ‖ ~**empfänger** m (ein Empfänger der Richtfunktechnik) (Radio) / directional radio receiver ‖ ~**feuer** n (Luftf) / directional (radio) beacon, direction-giving beacon ‖ ~**linie** f (Radio) / directional radio relay link ‖ **mobile** ~**station** (Radio) / mobile microwave station ‖ ~**stelle** f (Radio) / radio relay station* ‖ ~**strecke** f (Radio) / directional radio relay link
**Richt•funktion** f (Radio) / directive gain*, gain function ‖ ~**funkverbindung** f (Radio) / radio relay, radio link* ‖ ~**geschwindigkeit** f (empfohlene Geschwindigkeit) (Kfz) / recommended speed, regulation speed ‖ ~**größe** f (Richtkraft) (Eltech, Phys) / directive force*, restoring force, retractive force ‖ ~**hammer** m (zum Richten und Spannen von Sägeblättern) (For, Werkz) / straightening hammer ‖ ~**holz** n (Bau, Zimm) / straight edge
**richtig** adj (Math) / right adj ‖ ~ **angepaßt** / well-matched adj ‖ ~e **Spannung** / correct tension ‖ ~**er Wert** (DIN 55350, T 13) / conventional true value
**Richtigkeit** f (qualitative Bezeichnung für das Ausmaß der Annäherung des Erwartungswertes des Ermittlungsergebnisses an den Bezugswert - DIN 55350, T 13) / trueness n, accuracy of the mean ‖ **auf formale** ~ **überprüfen** (EDV) / format-check v ‖ ~ **der Daten** f (EDV) / data accuracy
**Richtigstellung** f (Regeln) / corrective action
**Richt•koppler** m (bei Hochfrequenzleitungen) (Eltech) / directional coupler ‖ ~**kopplung** f (Eltech) / direction coupling* ‖ ~**kosten** pl / scheduled costs, standard costs ‖ ~**kraft** f (Eltech, Phys) / directive force*, restoring force, retractive force ‖ ~**latte** f (Bau, Zimm) / straight edge ‖ ~**leiste** f (ein Hilfsmittel bei der handwerklichen Hobelarbeit) (Tischl) / parallel strip, winding stick (strip) ‖ ~**licht(gerät)** n (For) / shadow guide device ‖ ~**linie** f / standard n, guideline n ‖ ~**linien** f pl **der Programmverknüpfung** (EDV) / linkage

**Richtmaschine**

conventions ‖ ~**maschine** f (die Halbzeuge richtet) (Hütt, Masch) / straightening machine, straightener n ‖ ~**maschine** (die Bleche richtet) (Hütt, Masch) / leveller n, levelling machine ‖ ~**maß** (zehnfacher dekadischer Logarithmus des Quadrates des Betrages des Richtfaktors nach DIN 1320) (Akus, Radio) / directional gain*, directivity index* ‖ ~**mikrofon** n (DIN 1320) (Akus) / directional microphone* ‖ ~**moment** n (Mech) / restoring moment, restoring torque ‖ ~**pfahl** m (im Grundbau) (HuT) / guide pile ‖ ~**platte** f (Hütt, Masch) / levelling plate ‖ ~**platte** (des Klempners) (Klemp) / gib n ‖ ~**platte** (Typog) / surface plate ‖ ~**preis** m / marker price ‖ ~**presse** f (Presse zum Biegen von Schmiede- und Walzwerkerzeugnissen zur Beseitigung von unerwünschten Krümmungen in einer oder zwei Achsen) (Hütt, Masch) / straightening press ‖ ~**rezeptur** f (Anstr) / suggested formulation ‖ ~**rezeptur** (Chem) / starting formulation ‖ ~**rezeptur** (Chem Verf) / guide formulation ‖ ~**rolle** f (Hütt, Masch) / leveller roll ‖ ~**satz** m (Kfz, Werkz) / straightening kit, straightening set ‖ ~**säule** f (fest im Werkstattboden eingelassene oder verschraubte Säule, die das Widerlager für die Zugbewegung über Ketten und Hydraulikzylinder beim Richten von Unfallfahrzeugen bildet) (Kfz) / pulling post ‖ ~**scheit** n (gerades Lineal, z.B. glattgehobeltes Holz) (Bau, Zimm) / straight edge ‖ ~**schiene** f (Masch) / engineering parallels ‖ ~**seil** n (der Fahrleitung) (Eltech) / bridle* n ‖ ~**sendeanlage** f (Fernm) / directional transmitter* ‖ ~**sender** m (Fernm) / directional transmitter* ‖ ~**stange** f (Verm) / boning-rod* n ‖ ~**stollen** m (ein Erschließungsstollen zur Erkundung der Gebirgsverhältnisse oder ein Hilfsstollen zur Festlegung der Tunnelachse) (HuT) / pilot drift ‖ ~**strahl** m (Luftf, Mil, Radio) / directional beam ‖ ~**strahl** (Radio) / radio beam* ‖ ~**strahler** m (DIN 45030) (Radio) / directional antenna*, unidirectional antenna (whose maximum directivity is significantly greater than that of halfway dipole), directive antenna, direction antenna, beam antenna* ‖ ~**strahler** (Sender) (Radio) / beam transmitter ‖ ~**strahlfeld** n (Radio) / antenna array, aerial array, array antenna ‖ ~**strahlsystem** n (Radio) / beam system* ‖ ~**strecke** f (die in Richtung des Streichens verläuft) (Bergb) / drift* n, heading* n ‖ ~**turm** m (zum Richten der Karosserie) (Kfz) / body tower, pulling tower

**Richtung** f (orientierte) / direction* n (oriented) ‖ ~ (nach rechts, nach links - bei Türen, Fenstern) (Bau) / hand n, handing n ‖ ~ (Luftf, Nav) / heading* n, course n (GB) ‖ ~ (Phys) / sense n ‖ ~ (einer Peilung); Seitenwinkel;m. (Radar, Radio) / bearing* n ‖ **entgegengesetzte** ~ (Phys) / opposite direction ‖ **in beiden ~en** / bidirectional adj ‖ ~, **in** f **der eine Strecke aufgefahren wird** (HuT) / drift* n ‖ **in eine andere ~ bringen** / reorient v ‖ **in einer ~ geneigt** (Geol) / monoclinal adj, monoclinic adj ‖ **in einer ~** (einzigen) ~ **verlaufend** / monodirectional adj ‖ **in einer ~ wirkend** / unidirectional adj ‖ **lotrechte** ~ (Bau, HuT) / plumbness n ‖ **spiegelnde** ~ (Opt) / specular direction ‖ ~ f **der Wellennormale** (Krist, Opt) / wave normal direction ‖ ~ **schwierigster Magnetisierung in Einkristallen** (Mag) / hard direction ‖ ~ **stärkster Bindungsketten** (Krist) / periodic bond chain (PBC)

**Richtungsabgriff, Verzoner mit** ~ (EDV) / zoner with route tap **richtungs•abhängig** adj / handed adj (-handed) ‖ ~**abhängigkeit** f (links, rechts) / handedness n (X-handedness) ‖ ~**abhängigkeit** (der Spiegelung) / directionality n ‖ ~**ableitung** f (Math) / directional derivative* ‖ ~**änderung** f (meistens im rechten Winkel) (Bau) / return n ‖ ~**änderung** (der Strömung) (Phys) / diffluence n ‖ **mit scharfer** ~**änderung** / sharp-kneed adj ‖ ~**änderungswinkel** m (Verm) / deflection angle* ‖ ~**anzeiger** m (Kfz) / direction indicator, traffic indicator, trafficator n (GB) / direction-indicator lamp, directional signal, indicator n, turn signal (US) ‖ ~**betrieb** m (bei der Datenübertragung nach DIN 44302) (EDV, Fernm) / simplex* n, simplex operation, simplex transmission, simplexing n, one-way operation ‖ ~**bündelung** f (z.B. des Laserstrahls) (Phys) / directionality n ‖ ~**fällmaschine** f (For) / feller director ‖ ~**feld** n (bei Differentialgleichungen) (Math) / directional field ‖ ~**fokussierung** f (Spektr) / direction focussing ‖ ~**gabel** f (ein passives nichtreziprokes Bauelement der Mikrowellentechnik) (Eltronik, Radar) / circulator* n ‖ ~**gerecht** adj (Akus) / truly directional ‖ ~**geschaltete Kupplung** (Masch) / directional clutch, one-way clutch ‖ ~**hören** n (das Unterscheiden und Erkennen der Richtung von Schallquellen) (Akus) / directional hearing ‖ ~**instabilität** f (Raumf) / weathercocking n, weather vaning n ‖ ~**isolator** m (Eltronik, Radar) / isolator* n ‖ ~**koppler** m (bei Hochfrequenzleitungen) (Eltech) / directional coupler ‖ ~**kosinusse** m pl (einer orientierten Geraden) (Math) / direction cosines* ‖ ~**leitung** f (Eltronik, Radar) / isolator* n ‖ ~**maß** n (Akus, Radio) / directional gain*, directivity index* ‖ ~**phasenschieber** m (Eltronik, Radar) / waveguide phase shifter ‖ ~**quantelung** f (Einstellung von Spin und magnetischem Moment) (Phys) / directional quantization ‖ ~**quantisierung** f (Phys) / directional quantization ‖ ~**relais** n (Eltech) / directional relay* ‖

~**schalter** m (Eltech) / direction switch* ‖ ~**schrift** f (DIN 66010) (Eltronik) / non-return-to-zero change recording (NRZ/C) ‖ ~**sensor** m (ein Durchflußsensor) / directional sensor ‖ ~**sinn** m / direction* n (oriented) ‖ ~**stabilität** f (um die Hochachse) (Luftf) / directional stability ‖ ~**tafel** f (in Kurven) (Kfz) / chevron board ‖ ~**taktschrift** f (DIN 66010) (EDV, Eltronik) / phase encoding, PE, phase modulation recording, PMR ‖ ~**täuschung** f (optische Täuschung, bei der die Parallelgeraden zusammenlaufen - nach K.F. Zöllner, 1834-1882) (Opt) / Zöllner's lines, Zöllner illusion ‖ ~**treu** adj (Akus) / truly directional ‖ ~**umkehr** f (Masch) / inversion of the direction ‖ ~**verkehr** m / one-way traffic ‖ **wechselseitiger** ~**verkehr** (EDV, Fernm) / simplex* n, simplex operation, simplex transmission, simplexing n, one-way operation ‖ ~**weisend** adj / pioneering adj, setting new standards ‖ ~**winkel** m pl (Math) / direction angles* ‖ ~**winkel** m (Verm) / deflection angle*

**Richt•vermögen** n (Eltech, Phys) / directive force*, restoring force, retractive force ‖ ~**vermögen** (Radio) / directivity* n ‖ ~**verstärkungsfaktor** m (Radio) / directive gain*, directivity n ‖ ~**waage** f (Gerät zur Bestimmung kleiner Abweichungen von der Waagerechten - DIN 877) (Bau) / level n, builders' level ‖ ~**walzen** n (Hütt) / roller flattening, roll straightening ‖ ~**wert** / standard value (recommended), recommended value, guide value, reference value ‖ ~**widerstand** m (Belastungswiderstand eines Gleichrichters) (Eltech) / directional resistance, load resistance (of a rectifier) ‖ ~**wirkung** f (der Antenne - als Maß) (Radio) / directivity* n, directive efficiency* ‖ ~**wirkungsgrad** m (eines Stromrichters) (Eltech) / rectification efficiency ‖ ~**wirkungsmaß** n (zehnfacher dekadischer Logarithmus des Quadrates des statistischen Richtfaktors nach DIN 1320) (Akus) / directivity factor ‖ ~**zeichen** n (nach der StVO) (Kfz) / direction sign

**Ricin** n (Chem, Pharm) / ricin n
**Ricinenöl** n (DIN 55940) (Anstr) / dehydrated castor oil, DCO
**Ricinin** n (ein Pyridinalkaloid) (Chem) / ricinine n
**Ricinoleat** n (Metallseife der Ricinolsäure) (Chem) / ricinoleate n
**Ricinolsäure** f (eine Hydroxyfettsäure) (Chem) / ricinoleic acid*, castor oil acid
**Ricinusöl** n (aus dem Ricinus communis L.) (Chem) / castor oil*
**Ricinusölsäure** f (Chem) / ricinoleic acid*, castor oil acid
**Rideal-Walker-Koeffizient** m (Med) / phenol coefficient, Rideal-Walker coefficient
**RI-Detektor** m (Chem, Opt) / refractive-index-difference detector, RI detector
**RIE** (Eltronik) / reactive ion etching, RIE
**Riebeckit** m (ein Alkali-Amphibol) (Min) / riebeckite n (a monoclinic amphibole)* ‖ ~ (Min) s. auch Krokydolith
**riechen** v (Physiol) / smell vi vt
**riechend, widerlich** ~ / malodorous adj, foul-smelling adj, evil-smelling adj, ill-smelling adj, offensive adj, fetid adj, foetid adj, nauseous adj, objectionable adj, with a revolting smell
**Riech•salz** n (Pharm) / smelling salt ‖ ~**sinn** m (Physiol) / olfaction n, sense of smell, olfactory sense ‖ ~**stoff** m (der durch Duft wahrnehmbar ist - Duftstoff oder Stinkstoff) (Chem, Physiol) / fragrance raw material, fragrance substance ‖ ~**wachs** n (Min) / ozocerite* n, earth wax, native paraffin, ozokerite* n, ader wax
**Riecke-Diagramm** n (Generatordiagramm in Polarkoordinatensystem zur Darstellung der Zusammenhänge wichtiger Betriebsdaten für ein Magnetron zur Mikrowellenerwärmung - nach E. Riecke, 1845-1915) (Eltronik) / Riecke diagram*
**Rieckesches Prinzip** (Geol) / Riecke's principle*
**Ried** n (Bau) / reed n (e. g. Arundo sp.) ‖ ~ (Geol) / fen* n, bog* n, moor* n (US), swamp n, moorland* n, marsh n ‖ ~**dach** n (Arch, Bau) / reed thatching, reed roofing
**Riedel** m (Geol) / interfluve* n, intervalley ridge
**Riefe** f (ein Gußfehler) (Gieß) / surface crack, skin crack ‖ ~ (eine zufällige grabenförmige Bearbeitungsspur nach DIN 4761) (Masch) / score mark, score n
**riefeln** v / flute* v, corrugate* v
**riefen** v / flute* v, corrugate* v ‖ ~ (die Oberfläche) (Masch) / score v ‖ ~ (Masch) / ridge v ‖ ~**bildung** f (Beschädigung der Reibfläche in Form von starken Riefen in Gleitrichtung) (Masch) / scoring n ‖ ~**fest** adj / scratch-resistant adj, scratch-proof adj, mar-resistant adj, non-marring adj, scuff-resistant adj ‖ ~**festigkeit** f (WP) / scratch-resistance n, mar-resistance n, scratch hardness, resistance to scratching ‖ ~**samt** m (ein Kordsamt) (Tex) / rip velvet
**riefig** adj (mit Riefen) (Masch) / scored adj
**Riegel** m (an der Brettertür) (Bau, Tischl) / batten* n, ledge* n ‖ ~ (Geol) / riegel n, rock step, rock bar ‖ ~ (Hütt) / strand-cast slab ‖ ~ (Tex) / bar tack ‖ ~ (ein Türverschluß) (Tischl) / bolt* n ‖ ~ (horizontales Trag- oder Aussteifelement) (Zimm) / summer n, cross-beam n, summer-tree n ‖ **eingelassener** ~ (Tischl) / dormant bolt* ‖ ~**ahorn** m (Ahornholz mit Riegeltextur) (For) / fiddle-back sycamore, fiddle-back maple ‖ ~**auge** n (zum Einmauern) (Bau) / latch eye ‖

⁓**berg** m (aus Fels bestehender, talverengender Berg in einem alten Gletscherbett, der durch ungleichmäßige Erosion des Gletschers entstanden ist) (Geol) / riegel n, rock step, rock bar ‖ ⁓**fäden** m pl (Tex) / bars pl (in lace) ‖ ⁓**hemmung** f (Schiff, Uhr) / chronometer escapement*, detent escapement* ‖ ⁓**locheisen** n (Tischl, Werkz) / drawer-lock chisel

**riegeln** v (Tex) / tack v ‖ ⁓ n (Tex) / tacking n

**Riegel • naht** f (Tex) / bar tack ‖ ⁓**schloß** n (Bau) / dead lock* ‖ ⁓**textur** f (z.B. beim Ahorn) (For) / fiddle-back figure, ripple grain, fiddle-back n ‖ ⁓**wuchs** m (For) / wavy grain, wavy figure

**Riegger-Kreis** m (ein Phasendiskriminator mit zwei induktiv miteinander gekoppelten Schwingkreisen - nach H. Riegger, 1883-1926) (Eltech) / Armstrong discriminator

**Riegger-Schaltung** f (Eltech) / Armstrong discriminator

**Rieglers Reagens** (Chem) / Riegler's reagent

**Riemann • -Christoffelscher Krümmungstensor** (Riemannscher Raum mit Christoffel-Symbolen zweiter Art) (Math) / Riemann-Christoffel tensor ‖ ⁓**-Fläche** f (Math) / Riemann surface* ‖ ⁓**-Geometrie** f (Math) / Riemannian geometry ‖ ⁓**-Mannigfaltigkeit** f (Math) / Riemannian space, Riemannian manifold ‖ ⁓**-Raum** m (Math) / Riemannian space, Riemannian manifold

**Riemannsch • e Fläche** (ein Hilfsmittel in der Funktionentheorie) (Math) / Riemann surface* ‖ ⁓**e Geometrie** (nach B. Riemann, 1826-1866) (Math) / Riemannian geometry ‖ ⁓**es Integral** (Math) / Riemann integral, Riemannian integral ‖ ⁓**er Krümmungstensor** (Math) / Riemann-Christoffel tensor ‖ ⁓**er Raum** m (Math) / Riemannian space, Riemannian manifold ‖ ⁓**e Summe** (Integralsumme) (Math) / Riemannian sum ‖ ⁓**er Umordnungssatz** (Math) / Riemann rearrangement theorem ‖ ⁓**e Vermutung** (Math) / Riemann hypothesis ‖ ⁓**e Zahlenkugel** (Math) / Riemann sphere ‖ ⁓**e Zetafunktion** (Math) / Riemann zeta function*, zeta function*

**Riemchen** n (Meisterquartier) (Bau) / queen closer (a cut brick having a nominal 2-inch horizontal face dimension used to close courses and spaces less than normal depth in construction) ‖ ⁓ (Bau) / brick slip, brick tile ‖ ⁓ (Bau) / soap brick n (a brick modified so that the width is one-half the standard dimension) ‖ ⁓**florteiler** m (Spinn) / tape condenser, tape divider, condenser n

**Riemen** m / belt* n ‖ ⁓ (Schiff) / oar n ‖ ⁓ (langes, schmales Brett mit Nuten, besonders für Fußböden) (Zimm) / tongue-and-groove board, tongued-and-grooved floorboard, T-and-G board ‖ **laminierter** ⁓ / laminated belt ‖ ⁓**antrieb** m (wenn die Umdrehungen des Motors über einen Gummiriemen auf den Plattenteller übertragen werden) / belt drive ‖ ⁓**antrieb** m (Masch) / belt drive* ‖ **offener** ⁓**antrieb** (bei dem sich die beiden Riemenstränge nicht kreuzen) (Masch) / open-belt drive ‖ ⁓**auflegen** n (Masch) / belt mounting ‖ ⁓**aufleger** m (Masch) / belt mounter ‖ ⁓**ausrücker** m (Masch) / belt striker*, belt shifter ‖ ⁓**fallhammer** m (ein Gesenkschmiedehammer mit flexiblem Riemen als Huborgan) (Masch) / strap hammer, belt drop hammer ‖ ⁓**fett** n (Masch) / belt grease ‖ ⁓**fußboden** m (Bau, Zimm) / tongued-and-grooved floorboards (up to 10 x 80 cm), strip flooring, overlay flooring ‖ ⁓**gabel** f (Masch) / belt fork*, shifter fork ‖ ⁓**getriebe** n (ein kraftschlüssiges Zugmittelgetriebe) (Masch) / belt drive* ‖ **offenes** ⁓**getriebe** (Masch) / open-belt drive ‖ **gekreuztes** ⁓**getriebe** (Masch) / crossed-belt drive ‖ **geschränktes** ⁓**getriebe** (Masch) / quarter-turn belt drive ‖ ⁓**lauf** m / belt motion ‖ ⁓**niet** m (ein Sonderniet nach DIN 675) (Masch) / belt rivet ‖ ⁓**pflegemittel** n / belt dressing ‖ ⁓**rutsch** m (Masch) / belt slip* ‖ **ballig ausgeführte** ⁓**scheibe** (Masch) / crown-face pulley, crowned pulley ‖ **ballig gedrehte** ⁓**scheibe** (Masch) / crown-face pulley, crowned pulley ‖ **geteilte** ⁓**scheibe** (meistens zweiteilige) (Masch) / split pulley* ‖ **mehrstufige** ⁓**scheibe** (Masch) / stepped pulley, step-cone pulley, stepped-cone pulley, step pulley ‖ **feste** ⁓**scheibe** (Masch, Mech) / fast pulley*, fixed pulley ‖ **lose** ⁓**scheibe** (Masch, Mech) / loose pulley* ‖ ⁓**scheibe** f **mit gewölbter Lauffläche** (DIN 111) (Masch) / crown-face pulley, crowned pulley ‖ ⁓**scheibendrehmaschine** f (Masch) / pulley lathe ‖ ⁓**schlupf** m (Masch) / belt slip* ‖ ⁓**spanner** m (Masch) / belt tightener ‖ ⁓**trieb** m (Masch) / belt drive* ‖ **gekreuzter** ⁓**trieb** (Masch) / crossed-belt drive ‖ **geschränkter** ⁓**trieb** (Masch) / quarter-turn belt drive ‖ ⁓**trum** m (Masch) / side n (of a belt), end n (of a belt) ‖ ⁓**umleger** m (Masch) / belt striker*, belt shifter ‖ ⁓**umleger** (Masch) s. auch Riemengabel ‖ ⁓**verbinder** m (lösbarer, unlösbarer) (Masch) / belt fastener ‖ ⁓**verbindung** f (Masch) / belt joint ‖ ⁓**wachs** m / belt dressing ‖ ⁓**werkstoff** m (Tex) / belting* n, belt material

**Riemstück** n (Bau) / queen closer (a cut brick having a nominal 2-inch horizontal face dimension used to close courses and spaces less than normal depth in construction)

**Ries** n (eine Paketpackung für Papier mit meistens 500 Bogen = US bzw. 480 = GB, ein Papierzählmaß) (Pap) / ream* n ‖ ⁓**bahn** f (For) / chute n, shoot n, slide n, slip n, runway n

**Riese** m (Astr) / giant star*, giant n ‖ ⁓ f (Anlage, auf der das Holz in Hanglage durch die Schwerkraft befördert wird) (For) / chute n, shoot n, slide n, slip n, runway n ‖ **Roter** ⁓ (im Hertzsprung-Russell-Diagramm) (Astr) / red giant

**Riesel • absorber** m (Chem Verf) / wetted-wall absorber ‖ ⁓**bewässerung** f (wenn das Wasser im Gefälle über die zu bewässernde Fläche fließt und dabei in den Boden sickert) (Landw) / flush irrigation ‖ ⁓**einbau** m (eines Naßkühlturms) / film-type packing, film filling ‖ ⁓**einbau** m / packing n, fill n (US), filling n (US) ‖ ⁓**fähig** adj (Chem Verf) / flowable adj, free-running adj, free-flowing adj ‖ ⁓**fähigkeit** f (Chem Verf) / flowability n, fluidity n, free flowing, runnability n ‖ ⁓**feld** n (auf dem Abwässer oder Oberflächenwasser nach Absetzen der festen Stoffe zum Versickern gebracht werden) (Sanitär) / sewage field, irrigation field ‖ ⁓**filmeinbau** m / film-type packing, film filling ‖ ⁓**filmkolonne** f (Chem Verf) / wetted-wall column ‖ ⁓**filmreaktor** m (Chem Verf, Sanitär) / trickling-film reactor ‖ ⁓**hilfe** f (Fluidifians) (Chem Verf) / free-flow agent ‖ ⁓**kohle** f (aus Fördereinheiten, wie Wagen, Fördergefäßen, durch Undichtigkeiten austretende Feinkohle, welche sich auf der Sohle oder im Schachtsumpf ansammelt) (Bergb) / way dirt, dribble n ‖ ⁓**kolonne** f (Chem Verf) / trickle column ‖ ⁓**kühler** m / trickle cooler, spray cooler, film cooler ‖ ⁓**marke** f (Geol) / rill mark

**rieseln** v / trickle v ‖ ⁓ s. auch rinnen

**Riesel • putz** m (Bau) / harling n, wet dash, roughcast n ‖ ⁓**reaktor** m (Reaktionsapparat, in dem eine fest angeordnete Katalysatorschüttung mit einem flüssigen Reaktionspartner berieselt und gleichzeitig von einem gasförmigen Reaktionspartner durchströmt wird) (Chem Verf) / trickle reactor ‖ ⁓**säule** f (eine Benetzungssäule) (Chem Verf) / trickle column ‖ ⁓**vermögen** n (Chem Verf) / flowability n, fluidity n, free flowing, runnability n ‖ ⁓**werk** n (eines Naßkühlturms) / packing n, fill n (US), filling n (US)

**Riesen • ameise** f (For, Zool) / carpenter ant (a large ant which burrows into wood to make a nest) ‖ ⁓**blasentang** m (in den kühleren Südmeeren) (Bot) / giant kelp ‖ ⁓**hanf** m (Cannabis sativa ssp. sativa, 'Gigantea') (Bot) / China hemp ‖ ⁓**holzameise** f (Camponotus ligniperda) (For, Zool) / carpenter ant (a large ant which burrows into wood to make a nest) ‖ ⁓**impulslaser** m / Q-spoiled laser, giant pulse laser, GPL ‖ ⁓**kessel** m (Geol) / giant's kettle ‖ ⁓**lebensbaum** m / giant arborvitae, western arborvitae ‖ ⁓**mammutbaum** m (Sequoiadendron giganteum (Lindl.) Buchholz) (For) / big tree, giant sequoia ‖ ⁓**molekül** n (Chem) / macromolecule* n, large molecule, giant molecule ‖ ⁓**orange** f (Bot, Nahr) / pomelo n, pummelo n, shaddock n ‖ ⁓**planet** m (Jupiter, Saturn, Uranus, Neptun) (Astr) / Jovian planet, giant planet n ‖ ⁓**rad** n (auf Jahrmärkten, bei Volksfesten) / Ferris wheel ‖ ⁓**resonanzen** f pl (Kernphys) / giant resonances, giant nuclear resonances ‖ ⁓**staubsack** m (des Staubsaugers) / extra-large dust bag ‖ ⁓**stern** m (Astr) / giant star*, giant n ‖ ⁓**tang** m (zur Alginatgewinnung) (Bot) / giant kelp ‖ ⁓**tanne** f (For) / grand fir, giant fir ‖ ⁓**topf** m (Gletschermühle größeren Ausmaßes) (Geol) / giant's kettle

**Riesgewicht** n (von 500 oder 1000 Blatt) (Pap) / ream weight

**Riester** m (Landw) / plough handle, stilt n

**Riesz-Fischerscher Satz** (nach F. Riesz, 1880-1956) (Math) / Riesz-Fischer theorem, Fischer-Riesz theorem

**Riesz-Raum** m (Math) / Riesz space

**Riet** n (Web) / reed* n, comb n ‖ ⁓**ins bringen** (Web) / reed v ‖ ⁓**breite** f (Web) / reed width, width of the reed, reed space ‖ ⁓**stab** m (Web) / dent* n, reed dent ‖ ⁓**streifen** m pl (ein Webfehler) (Web) / reed marks, reedy warp ‖ ⁓**veldmethode** f (Verfahren zur Strukturanalyse auf der Basis von Röntgen- oder Neutronenbeugungsdiagrammen) (Krist) / Rietveld method

**Rifamycine** n pl (eine Gruppe der von Streptomyces mediterranei gebildeten Antibiotika mit Naphthohydrochinonstruktur) (Pharm) / rifamycins n pl

**Riff** n (Geol, Ozean) / reef* n ‖ **über die Wasserfläche ragendes** ⁓ (Geol, Ozean) / raised reef

**RIFF** (EDV) / Resource Interchange File Format (a tagged-file specification for the storage of multimedia data)

**Riffel** f (auf der Manteloberfläche der Brechwalzen) (Aufber) / lifter* n, rib* n ‖ ⁓ (Glas) / flute n, reed n ‖ ⁓ (der Wellpappe) (Pap) / flute n ‖ ⁓ (Tex) / ripple n, flax ripple ‖ ⁓ (Wasserb) / ripple* n ‖ ⁓**blech** n (z.B. für den Bodenbelag) (Hütt) / chequer plate*, checkered plate, riffle plate ‖ ⁓**blech** (dünnes) (Hütt) / chequer sheet, riffle sheet ‖ ⁓**draht** m (Hütt) / chequered wire, checkered wire ‖ ⁓**faktor** m (Quotient aus Scheitelwert der Wechselstromkomponente eines Gleichstromsignals und dessen Signalbereich - DIN 40110, T1) (Fernm) / ripple factor ‖ ⁓**feile** f (Masch) / riffler* n ‖ ⁓**finish** n (Tex) / Schreiner finish, schreinering ‖ ⁓**kalander** m (DIN 64990) (Tex) / riffle calender ‖ ⁓**kamm** m (Tex) / ripple n, flax ripple ‖ ⁓**membranlautsprecher** m (Akus) / pleated-diaphragm loudspeaker*

**riffeln** v / flute* v, corrugate* v ‖ ⁓ (Flachs) (Landw) / ripple v

**Riffelwalze** f (Druck) / serrated roller* ‖ ≈ (HuT) / indenter* n (a roller with a pattern cast on its surface), branding iron*, crimper* n, indenting roller ‖ ≈ (eine Mahlwalze) (Nahr) / break roll*
**Riffkalk** m (Geol) / reef knolls*, reef coralline limestone
**Rift** n (Rohhobler mit fast senkrecht stehenden Jahresringen) (For) / rift n ‖ ≈ n m (Senke von großer Länge) (Geol) / rift n ‖ ≈**brett** n (Rohhobler mit fast senkrecht stehenden Jahresringen) (For) / rift n ‖ ≈**schnitt** m (For) / quarter sawing, rift sawing
**Rig** m (unabhängige Bohrinsel) (Bergb, Erdöl) / rig* n, drilling rig, oil rig
**Righeit** f (elastische Widerstandsfestigkeit fester Körper gegenüber Formänderungen) (Geol, Phys) / rigidity* n
**Righi-Leduc-Effekt** m (die Erscheinung, daß eine Temperaturdifferenz entsteht, wenn auf einen Wärmestrom in einem Elektronenleiter senkrecht zur Stromrichtung ein Magnetfeld einwirkt) (Phys) / Righi-Leduc effect, Leduc effect*, Righi effect
**rigid** adj (Gewebe) (Physiol) / rigid adj
**rigide** adj (Gewebe) (Physiol) / rigid adj
**Rigole** f (HuT) / trench n ‖ ≈ (Sickergraben) (Landw) / French drain, blind drain, rubble drain
**rigolen** v (HuT, Landw) / trench v ‖ ≈ n (HuT, Landw) / trench excavation, trenching n
**Rigolpflug** m (HuT) / trench excavator, trench digger, trencher n, trenching machine, trench hoe, ditch-digger n, ditching plough, ditcher n
**Rig-Test** m (eine Heißkorrosionsprüfung) / burner rig test
**Rille** f (einer Schallplatte) (Akus, Masch) / groove n ‖ ≈ (eine Formationsform des Mondes) (Astr) / rille* n ‖ ≈ (bei der Erosion) (Geol) / rill n ‖ ≈ (eine Gestaltabweichung nach DIN 4761) (Masch) / flute n, ridge n ‖ ≈ (Masch, Tischl) / groove n, slot n
**rillen** v (den Umschlag einer Broschur) (Buchb) / score v ‖ ~ (Masch) / groove v, slot v ‖ ≈ n (des Umschlags einer Broschur) (Buchb) / score n, scoring n ‖ **senkrechte** ~ (auf dem Werkstein) (Bau) / tooled finish ‖ **[feine]** ≈**bildung** / silking n ‖ ≈**draht** m (Eltech) / grooved wire ‖ ≈**draht** (Eltech) / figure-eight wire ‖ ≈**einstich** m (Masch) / circular recess ‖ ≈**erosion** f (Geol) / rill erosion, rilling n, rill-wash n ‖ ≈**führung** f (Akus) / tracking n ‖ **breitenmäßig ungenaue** ≈**führung** (der Schallplatte) (Akus) / pinch n ‖ ≈**kugellager** n (DIN 625, T 1) (Masch) / deep-groove ball bearing, grooved ball bearing ‖ **zweireihiges** ≈**kugellager** (DIN 625, T 3) (Masch) / double-row grooved ball bearing ‖ **einreihiges** ≈**kugellager** (DIN 625) (Masch) / single-row grooved ball bearing ‖ ≈**scheibe** f (Masch) / pulley* n (grooved), sheave* n ‖ ≈**schiene** f (Bahn) / grooved rail ‖ ≈**schienengleis** n (Bahn) / grooved track ‖ ≈**spülung** f (Geol) / rill erosion, rilling n, rill-wash n ‖ ≈**stein** m (Geol) / rillenstein n (tiny solution grooves, of about one millimetre or less in width, formed on the surface of a soluble rock) ‖ ≈**verzerrung** f (eine nichtlineare Verzerrung, die bei der Abtastung einer mechanischen Tonaufzeichnung dadurch verursacht wird, daß der Abtaststift der Tonrillenachse nicht genau folgt) (Akus) / tracing distortion ‖ ≈**walze** f (Masch) / grooved roller ‖ ≈**wasserpumpenzange** f (Werkz) / groove-lock pliers, half-moon slip joint pliers
**RIM** (Mikros) / radiactive ion microscopy, RIM
**Rima** f (Rille auf Mars oder Geol) (Astr, Geol) / rima n (pl. -ae)
**Rimlockröhre** f (Eltronik) / rimlock tube
**RIM-Technik** f (Plast) / RIM technology, reaction-injection moulding, RIM
**Rimu** n (Holz des Dacrydium cupressinum Sol. ex Lamb.) (For) / rimu n
**RIM-Verfahren** n (Plast) / RIM technology, reaction-injection moulding, RIM
**Rinco-Verfahren** n (ein altes Verfahren für die Tiefdruckreproduktion, das von der Firma Ringier und Cie, Zofingen, entwickelt wurde) (Druck) / Rinco process
**Rindbox** n (Leder) / box side
**Rinde** f (Innen- und Außenrinde) (Bot, For) / bark* n ‖ **eingewachsene** ≈ (For) / inbark n, ingrown bark ‖ **eingewachsene** ≈ (For) ‖ **mit** ≈ (For) / overbark attr ‖ **offizinelle** ≈ (Pharm) / medicinal bark ‖ **ohne** ≈ (Messung) (For) / underbark attr, inside bark attr ‖ **sekundäre** ≈ (For, Landw) / bast* n, liber n ‖ **sich in Ringeln ablösende** ≈ (Bot, For) / ring bark
**Rinden•abschlag** m (For) / bark allowance ‖ ≈**abzug** m (For) / bark allowance ‖ ≈**anteil** m (Verhältnis zwischen Rinden- und Stammvolumen) (For) / bark portion ‖ ≈**aufbereitung** f (For) / bark processing ‖ ≈**bild** n (For) / bark pattern ‖ ≈**brand** m (bei sonnenexponierten Baumstämmen) (For) / sunscald n, sun scorch ‖ ≈**brüter** m (Brutgang zwischen Rinde und Holz) (For, Zool) / lyctus n, powder-post beetle ‖ ≈**cellulose** f (For) / bark cellulose ‖ ≈**dicke** f (For) / bark thickness ‖ ≈**dickenmesser** m (For) / bark gauge ‖ ≈**einriß** m (For) / bark fissure ‖ ≈**einschluß** m (For) / bark inclusion ‖ ≈**einschluß** (For) s. auch Rindentasche ‖ ≈**einwuchs** m (For) / inbark n, ingrown bark ‖ ≈**einwuchs** (For) s. auch Rindentasche ‖ ≈**extrakt** m (For) / bark extract ‖ ≈**fleck** m (im Papier) (Pap) / bark speck ‖ ≈**galle** f (For) / rind gall ‖ ≈**gerbstoff** m (For, Leder) / bark tannin ‖ ≈**jahrring** m (For) / bark annual ring ‖ ≈**krepp** m (Tex) / bark crepe, tree-bark crepe ‖ ≈**lignin** n (For) / bark lignin ‖ ≈**nekrose** f (For) / bark necrosis ‖ ≈**presse** f (For) / bark press ‖ ≈**riß** m (For) / bark fissure ‖ ≈**schäler** m (For, Werkz) / bark iron, bark scraper, barking iron ‖ ≈**schälung** f (For) / barking n, debarking n ‖ ≈**sterben** (von Laubhölzern) (For) / bark death ‖ ≈**tasche** f (For) / bark pocket ‖ ≈**verwertung** f (For) / bark utilization ‖ ≈**zelle** f (For) / bark cell ‖ ≈**zellulose** f (For) / bark cellulose ‖ ≈**zuwachs** m (For) / bark increment
**Rinder•fett** n (aus den Fettgeweben von Rindern) (Nahr) / beef dripping, beef suet, beef fallow ‖ ≈**haltung** f (Landw) / cattle production, cattle farming, cattle breeding ‖ ≈**klauenöl** n (Pharm) / neat's foot oil, hoof oil ‖ ≈**pest** f (Landw) / rinderpest* n, cattle-plague* n ‖ ≈**seuche** f (Landw, Med, Nahr) / bovine spongiform encephalopathy, BSE, mad cow disease, MCD ‖ ≈**somatotropin** n (Biochem, Nahr) / bovine somatotropin ‖ ≈**stall** m (Landw) / cowshed n ‖ ≈**talg** m (roher) / beef fat ‖ ≈**talg** (Nahr) / beef dripping, beef suet, beef fallow ‖ ≈**zucht** f (Landw) / cattle production, cattle farming, cattle breeding
**Rind•fleisch** n (Nahr) / beef n ‖ **im Anschnitt dunkles** ≈**fleisch** (Nahr) / dark cutting beef ‖ ≈**haut** f (Leder) / cattle hide, cowhide n ‖ ≈**leder** n (Leder) / side leather ‖ **pflanzlich gegerbtes vollnarbiges mattglänzend zugerichtetes, gekrispeltes** ≈**leder** (Herstellung von Handtaschen, Reisegepäck usw.) (Leder) / coach hide
**Rinds•haar** n (Anstr) / ox-hair n ‖ ≈**haut** f (Leder) / cattle hide, cowhide n ‖ **schwere** (pflanzlich gegerbte) ≈**häute** (Leder) / heavy leathers, thick side leathers ‖ ≈**leder** n (Leder) / side leather ‖ **sämischgegerbtes** ≈**leder** (für Mokassins) (Leder) / larrigan leather ‖ ≈**leder** n **zum Einfassen von Sattelzeug** (Leder) / skirting leather
**Rindviehzucht** f (Landw) / cattle production, cattle farming, cattle breeding
**Ring** m / ring n ‖ ≈ (des Ringpinsels) (Anstr) / ferrule n ‖ ≈ (Arch, Masch) / collar* n ‖ ≈ (ein atmosphärisches optisches Phänomen, das durch Beugung des Lichtes an Wassertröpfchen entsteht) (Astr, Licht, Meteor) / ring n ‖ ≈ (Chem) / ring n, cycle n, nucleus n (pl. nuclei) ‖ ≈ (spezielle Topologie von Kommunikationssystemen) (EDV, Fernm) / ring n ‖ ≈ (ein zur Abgrenzung der Entnahmeflasche in die Arbeitswanne oder in den Hafen eingelegter schwimmender Schamottering) (Glas) / ring n, pot ring, gathering ring ‖ ≈ (der Scherbüchse) (HuT) / proving ring ‖ ≈ (eine Menge) (Math) / ring* n ‖ ≈ (bei einem Kernreaktorbehälter) (Nukl) / shell course, course n, shell section, shell ring ‖ ≈ **46°** (Astr, Licht) / 46° halo, halo of 46° ‖ ≈ **22°** (Astr, Licht) / 22° halo, halo of 22° ‖ ≈**achtgliedriger** ≈ (Chem) / eight-membered ring ‖ **äußerer** ≈ (Kfz) / ring road n, beltway n, belt highway (US) ‖ **Boolescher** ≈ (Ring mit Einselement, dessen Elemente alle idempotent sind) (Math) / Boolean ring ‖ **Bullers** ≈ (aus dessen Schwindung auf die erreichte Temperatur geschlossen werden kann) (Keram) / Buller ring ‖ **euklidischer** ≈ (ein Integritätsbereich) (Math) / Euclidean ring, Euclidean domain ‖ **fünfgliedriger** ≈ (Chem) / five-membered ring ‖ **großer** ≈ (Astr, Licht) / 46° halo, halo of 46° ‖ **kleiner** ≈ (Astr, Licht) / 22° halo, halo of 22° ‖ **kleiner** ≈ (Chem) / small ring ‖ **kommutativer** ≈ (dessen Multiplikation kommutativ ist) (Math) / commutative ring ‖ **kondensierter** ≈ (Chem) / condensed nucleus*, fused ring*, anellated ring ‖ **Landoltscher** ≈ (Med, Opt) / Landolt ring ‖ **linkserblicher** ≈ (Math) / left hereditary ring ‖ **Newtonsche** ≈ (eine Interferenzerscheinung) (Licht) / Newton's rings* ‖ **rechtserblicher** ≈ (Math) / right hereditary ring ‖ **sich zum** ≈ **schließen** (Chem) / cyclize vi ‖ **topologischer** ≈ (Math) / topological ring ‖ **verzahnter** ≈ (Masch) / annular gear* n ‖ **vollständig geordneter** ≈ (Math) / fully ordered ring, linearly ordered ring ‖ ≈ m **der ganzen** (rationalen) **Zahlen** (Math) / ring of integers ‖ ≈ **mit Eins** (Math) / ring with identity, ring with unit element
**Ring sticking** n (Festfressen der Kolbenringe) (Masch) / ring sticking
**Ring•** (Chem) / cyclic adj ‖ ≈**abfrage** f **bei Nacht** (Fernsp) / night ringer ‖ ≈**-Abreiß-Methode** f (zur Bestimmung der Oberflächen- oder Grenzflächenspannung von Flüssigkeiten) (Chem, Phys) / ring method ‖ ≈**analyse** f (Umwelt) / ring test, interlaboratory test ‖ ≈**anker** m (Bauteil aus Stahlbeton zur Aufnahme horizontaler Schub- und Zugkräfte in den Deckenebenen) (Bau) / ring (spandrel) beam, peripheral tie beam ‖ ≈**anker** (Eltech) / ring armature*, Gramme ring, Pacinotti ring ‖ ≈**anschnitt** m (Gieß) / ring gate ‖ ≈**antenne** f (Radio) / ring antenna, hula-hoop antenna ‖ ≈**aufdornversuch** m (Hütt) / ring expansion test ‖ ≈**ausbau** m (für Strecken und Blindschächte) (Bergb) / ring support(s), circular arch (supports) ‖ ≈**bahn** f (Bahn) / circle railway, belt line ‖ ≈**bank** f (Spinn) / ring rail ‖ ≈**beschleuniger** m (Nukl) / circular particle accelerator, circular accelerator ‖ ≈**bildung** f (Chem) / cyclization n, ring closure ‖ ≈**blende** f (Mikros) / annular diaphragm ‖ ≈**brenner** m (Eltronik, Masch) / circular-type burner, ring burner ‖ ≈**brennkammer** f (der Gasturbine) (Luftf) / annular combustion chamber* (with

individual flame tubes inside an annular casing), can-type combustor ‖ ~**brennkammer** (bei Gasturbinentriebwerken) (Luftt) / annular combustion chamber* (in which the perforated flame tube forms a continuous annulus within a cylindrical outer casing) ‖ ~**buch** n (Buchb) / ring binder ‖ ~**dipol** m (Radio) / ring dipole ‖ **eingepreßter** ~**dübel** (mit Verschraubung - bei Bretterverbindungen) (For) / corrugated toothed ring (a timber connector) ‖ ~**düse** f / plug nozzle, centre-body nozzle ‖ ~**düse** (eines Kunststoffextruders) (Plast) / tubular die ‖ ~**düse** (Raumf) / annular nozzle, ring nozzle ‖ ~**dyke** m (eine Gangspalte) (Geol) / ring dyke*, ring dike (US)

**Ringel** m (am Baum) (For) / girdle* ‖ ~ (Umkrustung von Nebengesteinsbrocken durch Erze) (Geol) / cockade n ‖ ~ m pl (Tex) / horizontal stripes, hoops pl ‖ ~**apparat** m (Tex) / striping attachment, striper n, yarn striper ‖ ~**einrichtung** f (Tex) / striping attachment, striper n, yarn striper

**Ringelmann•Skale** f (ein Hilfsmittel zur subjektiven Bestimmung des Rußgehaltes bzw. des Grauwertes von Abgasfahnen) (Umwelt) / Ringelmann smoke chart*, Ringelmann chart ‖ ~**Staubmeßkarte** f (Umwelt) / Ringelmann smoke chart*, Ringelmann chart

**Ringel•matte** f (Glas, Tex) / swirl mat ‖ ~**muster** n (Tex) / horizontal stripe pattern, hooped pattern

**ringeln** v (Rinde und Bast auf einem um den Stamm des stehenden Baumes herumlaufenden Streifen abziehen) (For) / girdle v ‖ ~ (Bäume durch senkrecht geführte Axteinhiebe) (For) / frill v ‖ ~ (stehender Stämme) (For) / ring v ‖ ~ (Tex) / stripe v

**Ringelung** (For) / girdling n ‖ ~ (stehender Stämme) (For) / ringing* n ‖ ~ (Muster) (Tex) / horizontal stripe pattern, hooped pattern

**Ringelwalze** f (eine Rauhwalze) (Landw) / ring roller

**Ring•entladung** f (elektrodenlose Hochfrequenzentladung) (Elektr) / ring discharge, toroidal discharge ‖ ~**entwässerung** f (Landw) / annular drainage pattern

**Ringer-Lösung** f (eine Salzlösung, die mit dem Blutserum isotonisch ist - nach S. Ringer, 1834-1910) (Pharm) / Ringer's solution

**Ring•erweiterung** f (Chem) / ring enlargement, ring expansion ‖ ~**faltversuch** m (an Rohren - DIN 50136) (Hütt) / flattening test ‖ ~**faltversuch** (Hütt) / ring bend test ‖ ~**färbung** f (Tex) / ring dyeing ‖ ~**feder** f (Bahn) / ring spring ‖ ~**fläche** f (Math) / torus* n (pl. tori or -ses), anchor-ring* n, tore n ‖ ~**fleckenbildung** f (Bot) / ring-spotting n ‖ ~**fleckigkeit** f (Bot) / ring-spot* n ‖ ~**fleckung** f (Bot) / ring-spot* n ‖ ~**flügel** m (Spinn) / ring flyer ‖ ~**flügelflugzeug** n (Luftf) / coleopter* n ‖ ~**flügler** m (Luftf) / coleopter n

**ringförmig** adj / annular adj, ringed adj ‖ ~ (Chem) / cyclic adj ‖ ~**e** (radial wirkende) **Schraubenzugfeder** (Masch) / garter spring* ‖ ~**e Blende** (bei Phasenkontrastmikroskopen) (Mikros) / annular diaphragm ‖ ~**es Brennelement** (Nukl) / annular fuel element ‖ ~**e Kette** (Chem) / closed chain ‖ ~**e Kohlenstoffverbindungen** (Chem) / isocyclic compounds* ‖ ~**er Kohlenwasserstoff** (Chem) / cyclic hydrocarbon ‖ ~**er Raum** (zwischen Steigrohren und Innenwand der Verrohrung) (Erdöl) / annular space ‖ ~**e Scheibe** (Mech) / annular disk ‖ ~**e Vakuumkammer** (Phys) / torus n (pl. tori or -ses)

**Ring•galaxie** f (Astr) / ring galaxy ‖ ~**gang** m (eine Gangspalte) (Geol) / ring dyke*, ring dike (US) ‖ ~**griff** m (Bau) / ring drop handle ‖ ~**hallentempel** m (Arch) / peripteral temple ‖ ~**halo** m (Astr, Licht, Meteor) / ring ‖ ~**halterung** f (Masch) / ring mounting ‖ ~**hybride** f (Eltronik) / hybrid ring*, rat race* ‖ ~**-Index** m (Verzeichnis der Ringsysteme von A.M. Patterson, L.T. Capell und D.F. Walker) (Chem) / Ring Index ‖ ~**intrusion** f (eine Gangspalte) (Geol) / ring dyke*, ring dike (US) ‖ ~**inversion** f (des Cyclohexans) (Chem) / ring inversion ‖ ~**käfig** m (des Lagers) (Masch) / ball spacer, ball-retaining ring ‖ ~**kanal** m (bei Turbinen) (Masch) / ring channel ‖ ~**-Keil-Empfänger** m (zur Verarbeitung der ausgewählten Gebiete des optisch erzeugten Ortsfrequenzspektrums) (Opt) / wedge-ring detector, wedge-and-ring detector ‖ ~**kern** m (ringförmiger Ferritkern) (Mag) / toroid core ‖ ~**kernspeicher** m (EDV) / ferrite-core memory* ‖ ~**-Kette-Gleichgewicht** n (Chem) / ring-chain equlibrium ‖ ~**kettenpolymer** n (Chem) / ring-chain polymer ‖ ~**kettentautomerie** f (Chem) / ring-chain tautomerism ‖ ~**kluft** f (For) / cup shake*, ring shake*, shell shake, wind shake, round shake ‖ ~**kohlenwasserstoff** m (Chem) / cyclic hydrocarbon ‖ ~**kontakt** m (Eltech) / annular contact ‖ ~**kraftmesser** m / proving ring ‖ ~**kreissäge** f (Werkz) / hole saw ‖ ~**-Kugel-Verfahren** n (Bau, HuT) / ring-and-ball method, ball-and-ring method ‖ ~**kühlung** f (der Bildröhren) (Glas, TV) / shell cooling, ring cooling ‖ ~**laser** m (Phys) / ring laser ‖ ~**lauf** m (Gieß) / ring runner ‖ ~**läufer** m (DIN 63800) (Spinn) / ring traveller, traveller* ‖ ~**lehre** f (Masch) / ring gauge*, female gauge* ‖ ~**leitung** f / ring main ‖ ~**leitung** (einer Spritzanlage) (Anstr) / ring line ‖ ~**leitung** (Elektroenergieübertragung) (Eltech) / loop n ‖ ~**leitungsstabilität** f (Stabilität von Lacken bzw. ihren Bestandteilen in den Ringleitungen einer Spritzanlage) (Anstr) / ring-line stability

**Ringligkeit** f (bei Polyamidfärbungen) (Tex) / barriness n, ring dyeing, barry marks

**Ring•linse** f (Nukl) / annular lens ‖ ~**manometer** n (Phys) / ring balance (manometer), ring manometer, weight-balanced ring-type meter ‖ ~**-Maulschlüssel** m (Werkz) / combination wrench ‖ ~**modulator** m (Doppelgegentaktschaltung) (Eltech) / ring modulator* ‖ ~**mutter** f (DIN 582) (Masch) / ring nut, lifting-eye nut, eye-nut n ‖ ~**mutternschlüssel** m (Werkz) / box spanner*, box wrench (US), ring spanner ‖ ~**nebel** m (Astr) / ring nebula ‖ ~**netz** n (Eltech) / ring main*, ring network, ring-shaped network ‖ ~**nut** f (DIN 625) (Masch, V-Mot) / ring groove ‖ **Flansch** m **mit** ~**nut** (Masch) / ring-joint flange, ring-type joint flange, RTJ flange ‖ ~**ofen** m (in der Ziegelei) (Keram) / annular kiln ‖ ~**ofen** (Keram) s. auch Hofmannscher Ringofen ‖ ~**ofentechnik** f (von H. Weisz entwickelte Spezialtechnik der Tüpfelanalyse) (Chem) / ring-oven technique ‖ ~**öffnung** f (Chem) / ring opening, ring fission, ring scission ‖ ~**öffnungspolymerisation** f (Chem) / ring-opening polymerization ‖ ~**-Open-Metathesepolymerisation** f (Chem) / ring-opening metathesis polymerization, ROMP ‖ ~**oszillator** m (Eltech) / ring oscillator* ‖ ~**polierscheibe** f (Masch) / ring buff, buffing ring ‖ ~**polymer** n (Chem) / ring polymer ‖ ~**poriges Holz** (z.B. Esche, Eiche, Rüster) (For) / ring-porous wood* ‖ ~**probe** f (zum NO$_3$-Nachweis) (Chem) / brown-ring test ‖ ~**propeller** m (Schiff) / ring propeller ‖ ~**-Pull-Dose** f (Nahr) / ring-pull can ‖ ~**rad** n (Masch) / ring gear, annulus gear ‖ ~**raum** m (Masch) / annulus n (pl. -li or -luses), annular gap ‖ ~**reaktion** f (Chem) / ring-system reaction ‖ ~**riß** m (For) / cup shake, ring shake*, shell shake, wind shake, round shake ‖ ~**rohrleitung** f / ring main ‖ ~**sammelschiene** f (Eltech) / ring bus (bar) ‖ ~**säule** f (Arch) / banded column ‖ ~**schäle** f (For) / ring delamination, annular delamination ‖ ~**schaltung** f (Eltech) / ring circuit ‖ ~**schieben** n (EDV) / circular shift, end-around shift, ring shift ‖ ~**schieberegister** n (EDV) / circulating register, cyclic shift register ‖ ~**schiffchennähmaschine** f (Tex) / ring-bobbin sewing machine ‖ ~**schleifer** m (ein Holzschleifer) (Pap) / Roberts ring-type grinder ‖ ~**schließen** vt (Chem) / cyclize vt ‖ ~**schließung** f (Chem) / cyclization n, ring closure ‖ ~**schluß** m (Chem) / cyclization n, ring closure ‖ **einem** ~**schluß unterwerfen** (Chem) / cyclize vt

**Ringschlüssel** m (Werkz) / box spanner*, box wrench (US), ring spanner ‖ **[gekröpfter]** ~ (Werkz) / ring spanner* ‖ **einseitiger** ~ (Werkz) / single-end ring spanner, single-end box wrench ‖ **gekröpfter** ~ (Werkz) / crank ring spanner, offset ring wrench, offset box wrench (US) ‖ **gerader** ~ (Werkz) / flat ring spanner, flat ring wrench, straight box wrench (US) ‖ **offener** ~ (zum Betätigen von Überwurfmuttern und Schrauben an Rohrleitungen) (Werkz) / flare nut wrench, line wrench ‖ **schwerer** ~ (Werkz) / heavy-duty wrench

**Ring•schmier-** (Masch) / ring-oiled adj ‖ ~**schmierung** f (Masch) / ring lubrication, ring oiling, oil-ring lubrication ‖ ~**schmierung** (Masch) / ring-oiled adj ‖ ~**schmierung** f **mit Kette** (Masch) / chain oiling ‖ ~**schneide** f (als Schraubenende - nach DIN 78) (Masch) / cup point ‖ ~**schraube** f (Masch) / eye-bolt* n ‖ ~**schraube** (DIN 580) (Masch) / ring bolt, lifting eye bolt ‖ ~**serie** f **mit Zwischenbindung** (Chem) / ring assembly ‖ ~**shift** m (EDV) / circular shift, end-around shift, ring shift ‖ ~**silikat** n (z.B. Benitoit) (Min) / cyclosilicate* n, ring silicate ‖ ~**spalt** m (Masch) / annulus n (pl. -li or -luses), annular gap ‖ ~**spaltung** f (Chem) / ring opening, ring fission, ring scission ‖ ~**spannung** f (in einem Ringsystem) (Chem) / ring strain ‖ ~**spannung** (in Rohren) (Masch) / hoop stress* ‖ ~**spant** m n (Luftf) / ring frame ‖ ~**spindel** f (DIN 64039) (Spinn) / ring spindle, ring and traveller, ring and runner, ring spinning machine spindle ‖ ~**spinnen** n (Spinn) / ring spinning*, ring frame spinning, frame spinning ‖ ~**spinner** m (Spinn) / ring spinning frame, ring frame, throstle n, ring spinning machine ‖ ~**spinngarn** n (Spinn) / ring-spun yarn ‖ ~**spinnmaschine** f (Spinn) / ring spinning frame, ring frame, throstle n, ring spinning machine ‖ ~**spule** f (Eltech) / toroid* n, toroidal coil, torus* n (pl tori), annular coil ‖ ~**spule** (Spinn) / pirn n ‖ ~**stauchversuch** m (WP) / ring upsetting test ‖ ~**stecken** n (V-Mot) / sticking n ‖ ~**steg** m (Kolbenpartie zwischen zwei Ringnuten in der Ringzone) (V-Mot) / piston-ring land ‖ ~**straße** f (Kfz) / ring road n, beltway n, belt highway (US) ‖ ~**streifenkolben** m (mit einem horizontal zwischen Ringpartie und Auge eingegossenen schmalen Stahlblechring) (V-Mot) / ring-bell piston ‖ ~**strom** m (in der Magnetosphäre) (Astr) / ring current ‖ ~**stromeffekt** m (in Anisotropieeffekt) (Chem) / ring-current effect ‖ ~**strommodell** n (zur Erklärung der Anisotropie von zyklisch konjugierten $\pi$-Elektronensystemen) (Chem) / ring-current model ‖ ~**strömung** f / annular flow, circular flow ‖ ~**struktur** f (im allgemeinen) / ring structure ‖ ~**struktur** (Verbindungsstruktur für die Datenkommunikation im Nahbereich) (EDV) / ring structure

**ringsum eingespannter Rand** (einer Platte) (Mech) / constrained edge ‖ ~ **gelenkig gelagerter Rand** (einer Platte) (Mech) / hinged edge ‖ ~ **geschweißte Naht** (Schw) / all-round weld

**Ringsystem**

**Ring•system** *n* (Chem) / ring system ‖ ⁓**system von Saturn** (mit sieben Ringgruppen) (Astr) / rings of Saturn ‖ ⁓**test** *m* (ein gemeinsamer Test mehrerer Labore unter genau vorgeschriebenen Bedingungen, um Genauigkeit und Verläßlichkeit eines Verfahrens festzustellen bzw. zu bestätigen) (Umwelt) / ring test, interlaboratory test ‖ ⁓**theorie** *f* (Math) / ring theory ‖ ⁓**tonnenlager** *n* (Masch) / spherical roller-bearing*, barrel-shaped roller bearing, barrel roller bearing ‖ ⁓**topologie** *f* (Math) / ring topology ‖ ⁓**träger** *m* (in die Kolbenringzone eingegossen, um das Einarbeiten, besonders des oberen Kolbenringes, in seine Trägernut zu verhindern) (V-Mot) / ring belt ‖ ⁓**trägerkolben** *m* (mit einem eingegossenen Ringträger für den obersten oder die beiden obersten Kolbenringe) (V-Mot) / ring-carrier piston ‖ ⁓**tron** *n* (Kollektivbeschleuniger, bei dem Ionen oder Protonen in einen Elektronenring eingeschossen werden) (Nukl) / smokatron ‖ ⁓**übertrager** *m* (Fernm) / phantom coil ‖ ⁓**- und Kugelmethode** *f* (zur Ermittlung des Erweichungspunkts nach DIN 1995) (Bau, HuT) / ring-and-ball method, ball-and-ring method ‖ ⁓**- und Kugelversuch** *m* (Bau, HuT) / ring-and-ball method, ball-and-ring method ‖ ⁓**verbindung** *f* (Chem) / cyclic compound*, ring compound ‖ ⁓**verengung** *f* (Chem) / ring contraction ‖ ⁓**versuch** *m* (Umwelt) / ring test, interlaboratory test ‖ ⁓**waage** *f* (einfaches mechanisches Meßgerät zur Ermittlung geringer Druckdifferenzen) (Phys) / ring balance (manometer), ring manometer, weight-balanced ring-type meter ‖ ⁓**walzwerk** *n* (Anlage zum radialen Aufweiten von Lochscheiben zu nahtlos gewalzten glatten und profilierten Ringen bei allmählicher Verringerung des Ringquerschnitts durch Walzwerkzeuge mit mehreren Umläufen des Rings) (Hütt) / ring rolling mill ‖ ⁓**wicklung** *f* (Elteh) / ring winding*, toroidal winding* ‖ ⁓**wirbel** *m* (Phys) / vortex ring, collar ring, ring vortex ‖ ⁓**zähler** *m* (ein zu einem Ring geschlossenes Zählregister) (Eltronik) / ring counter ‖ ⁓**zugspannung** *f* (HuT) / hoop tension, ring tension ‖ ⁓**zugversuch** *m* (an Rohren - DIN 50138) (Hütt) / ring tension test ‖ ⁓**zuleitung** *f* (Elteh) / radial feeder ‖ ⁓**zwirnen** *n* (Spinn) / ring twisting* ‖ ⁓**zwirnmaschine** *f* (DIN 63950) (Spinn) / ring twister, ring yarn twisting frame, ring twister frame, ring twisting frame

**Rinmans Grün** *n* (nach S. Rinman, 1720-1792) (Chem) / Rinman's green, cobalt green

**Rinne** *f* (Aufber) / launder* *n*, strake *n*, trough channel ‖ ⁓ (vorgehängte) (Bau, Klemp) / eaves gutter*, gutter* *n*, shuting* *n* ‖ ⁓ (Geog, Geol) / gully *n* ‖ ⁓ (Geol) / rill *n* ‖ ⁓ (Geol) / couloir *n* ‖ ⁓ (eines Rinnenofens) (Hütt) / channel *n* ‖ **eingebettete** ⁓ (Bau) / vee gutter*, valley gutter ‖ **eutektische** ⁓ (in Dreistoffsystemen) (Hütt) / eutectic trough, eutectic valley ‖ **halbrunde** ⁓ (Bau, Klemp) / plain half-round eaves gutter, half-round gutter

**rinnen** *v* / trickle *v*, run *v* ‖ ⁓ / flow *v*

**rinnender Narben** (Leder) / running grain, run grain

**Rinneneisen, Temperatur des** ⁓**s** (beim Abstich aus dem Kupolofen) (Gieß) / cupola tapping temperature

**Rinnen•ende** *n* (Bau, Klemp) / stop-end *n* (of an eaves gutter) ‖ ⁓**endstück** *n* (Bau, Klemp) / stop-end *n* (of an eaves gutter) ‖ ⁓**halter** *m* (Bau, Klemp) / hanger* *n*, gutter bracket, fascia bracket, eaves iron support ‖ ⁓**kasten** *m* (bei langen Rinnen) (Bau, Klemp) / cesspool* *n*, cesspit *n*, cess box, rainwater head, rainwater hopper, cistern head (US), conductor head (US), leader head (US) ‖ ⁓**kessel** *m* (bei langen Rinnen) (Bau, Klemp) / cesspool* *n*, cesspit *n*, cess box, rainwater head, rainwater hopper, cistern head (US), conductor head (US), leader head (US) ‖ ⁓**nadel** *f* (Tex) / compound needle ‖ ⁓**ofen** *m* (ein Niederfrequenzinduktionsofen) (Hütt) / channel furnace, core-type induction furnace*, channel induction furnace ‖ ⁓**pflaster** *n* (HuT) / gutter pavement ‖ ⁓**spülung** *f* (Geol) / rill erosion, rilling *n*, rill-wash *n* ‖ ⁓**temperatur** *f* (Gieß) / cupola tapping temperature ‖ ⁓**viskosimeter** *n* (eine aus Hartporzellan, Sinterkorund oder anderem keramischem Material bestehende Platte, in der mehrere Rinnen ausgespart sind) (Phys) / channel viscometer ‖ ⁓**wäsche** *f* (im Anstehenden einer Seife) (Aufber) / ground sluicing*

**Rinnsal** *n* (Geog) / rill *n*, rillet *n*, brooklet *n*, run *n* (US)

**Rinn•stein** *m* (HuT) / gutter *n*, gutter channel, road channel ‖ ⁓**stein** (HuT) / kerb *n* (GB), kerbstone *n* (GB), curb *n* (US), curbstone *n* (US) ‖ ⁓**verlust** *m* (Bahn) / leakage *n*

**R-Integral** *n* (Math) / Riemann integral, Riemannian integral

**Rio-Palisander** *m* (aus Dalbergia nigra (Vell.) Allemann ex Benth.) (For) / Brazilian rosewood, Bahia rosewood, jacaranda *n*, rio rosewood

**RIP** *m* (Druck, EDV) / raster image processor, RIP ‖ **mit dem** ⁓ **verarbeiten** (Druck, EDV) / rip *v*, RIP *v*

**Rippe** *f* (eines Gewölbes) (Arch) / rib* *n*, nerve* *n*, nervure* *n* ‖ ⁓ (Bot, For) / vein* *n* ‖ ⁓ (zur Versteifung) (des Tragflügels) (Lufft) / rib* *n* ‖ ⁓ (Masch) / fin* *n* ‖ ⁓ (Masch, V-Mot) / fin* *n* ‖ ⁓ (Tex) / rib* *n*, ridge *n*, wale *n* ‖ ⁓ (Heizkörper) (Wärm) / gill *n*, fin* *n*

**Rippeln** *f pl* (wellenartige Gliederung einer Sedimentoberfläche) (Geol) / ripple-marks* *pl*, ripples *pl*

**Rippelmarken** *f pl* (wellenartige Gliederung einer Sedimentoberfläche) (Geol) / ripple-marks* *pl*, ripples *pl* ‖ ⁓**bildung** *f* (Geol) / rippling *n*

**rippen** *v* (riffeln) / flute* *v*, corrugate* *v* ‖ ⁓ (z.B. Stahlstufen) / hatch *v* ‖ ⁓ (Druck, EDV) / rip *v*, RIP *v* ‖ ⁓ (Masch) / rib *v*, fin *v* ‖ ⁓ (Tex) / rib *v*, rep *v*

**Rippen•-** / ribbed *adj* ‖ **mit** ⁓ **versehen** (Masch) / rib *v*, fin *v* ‖ ⁓**bogen** *m* (Arch) / ribbed arch* ‖ ⁓**decke** *f* (aus Plattenbalken gebildete Decke mit einem lichten Abstand der Rippen von höchstens 70 cm, bei denen kein statischer Nachweis für die Platten erforderlich ist) (Bau) / slab and girder floor, beam-and-slab floor ‖ ⁓**decke** (Bau) s. auch Plattenbalkendecke ‖ ⁓**effekt** *m* (Tex) / rep effect ‖ ⁓**gestrick** *n* (Tex) / rib fabric(s), rib-stitch goods ‖ ⁓**gewölbe** *n* (ein von Rippen getragenes Gewölbe) (Arch) / ribbed vault, rib vault ‖ ⁓**glas** *n* (Glas) / ribbed glass ‖ ⁓**heizkörper** *m* (Bau) / column radiator ‖ ⁓**keilriemen** *m* (Masch) / poly-V-belt *n*, multigroove V-belt, ribbed V-belt ‖ ⁓**kühler** *m* / ribbon-cellular radiator, gilled radiator ‖ ⁓**kuppel** *f* (mit radial angeordneten biegesteifen Rippen) (Arch) / ribbed dome ‖ ⁓**platte** *f* (Hütt, Masch) / ribbed plate ‖ ⁓**rohr** *n* (z.B. im Röhrenbündel-Verdampfer) (Hütt, Masch) / finned tube, gilled tube, ribbed tube ‖ ⁓**rohr mit Kreisrippen** (Masch) / gilled pipe ‖ ⁓**rohr mit Längsrippen** (Masch) / ribbed pipe ‖ ⁓**röhrenkühler** *m* (Kfz) / tube-and-fin radiator ‖ ⁓**rohrheizkörper** *m* (Bau) / finned tube radiator ‖ ⁓**rohrvorwärmer** *m* (ein Economiser) (**RIVO**) (Masch) / welded steel gill economiser, extended-surface type economiser, finned-tube economiser, gilled-tube economiser ‖ ⁓**rohrwärmetauscher** *m* (Masch) / finned-tube heat exchanger, gilled heat exchanger ‖ ⁓**samt** *m* (Tex) / rip velvet ‖ ⁓**sohle** *f* (bei Schuhen) / rippled sole, ripple sole ‖ ⁓**stahl** *m* (Betonstabstahl, der im Gegensatz zum Betonrundstahl mit Schräg- und Querrippen versehen ist, um mit dem Beton eine bessere Verbundwirkung zu erzielen) (Bau, Hütt) / ribbed steel, deformed bars ‖ ⁓**trichter** *m* (Chem) / fluted funnel, analytical funnel, ribbed funnel, 60°-filtration funnel ‖ ⁓**trichter** (Chem, Glas) / ribbed funnel, fluted funnel ‖ ⁓**velvetine** *f* (Tex) / ribbed velveteen ‖ ⁓**versteifung** *f* (Arch) / ribbing *n*

**Ripple blanking** *n* (Ausblenden oder Austasten der Nullen, die bei mehrstelliger Ziffernanzeige links neben dem Zahlenwert erscheinen würden) (Eltronik) / ripple blanking

**Ripple-Übertrag** *m* (Additionstechnik, bei welcher der Übertrag eines Addierers zum nächsten Addierer weitergeleitet wird) (EDV) / ripple carry

**Ripp•scheibe** *f* (bei Strickmaschinen) (Tex) / dial *n* (of the knitting machine) ‖ ⁓**strom** *m* (im strandnahen Bereich des Meeres) (Ozean) / rip current, rip tide ‖ ⁓**strömung** *f* (im strandnahen Bereich des Meeres) (Ozean) / rip current, rip tide

**Rippung** *f* (Pap) / laid lines

**Rippware** *f* (feinere Rechts-Rechts-Ware) (Tex) / rib fabric(s), rib-stitch goods

**Rips** *m* (geripptes Gewebe) (Tex) / rep* *n*, repp* *n*, rib *n* ‖ **gebrochener** ⁓ (Tex) / broken rib ‖ ⁓**bindung** *f* (eine Leinwandbindung) (Web) / rep weave, rib weave, repp weave ‖ ⁓**effekt** *m* (Tex) / rep effect ‖ ⁓**-Soleil** *m* (Tex) / soleil *n*

**Ripströmung** *f* (strahlförmig konzentrierte Rückströmung in der Brandungszone) (Ozean) / rip current

**Ripsvelvetine** *f* (Tex) / ribbed velveteen

**RIS** (Spektr) / resonance ionization spectroscopy, RIS

**Risalit** *m* (der über die Baulinie des Hauptbaukörpers in ganzer Höhe um ein Geringes hervortritt) (Arch) / projection *n*, projecting part

**RISC-Architektur** *f* (der Rechner mit reduziertem Befehlssatz) (EDV) / RISC architecture

**Rischon** *n* (im Rischonen-Modell der Quarks und der Leptonen) (Kernphys) / rishon *n*

**Riser** *m* (Steigleitung, die bei Bohrungen im Wasser zur Führung des Bohrgestänges und zur Rückführung der Spülung dient) (Erdöl) / riser *n* ‖ ⁓**-Rohrleitung** *f* (Steigleitung, die bei Bohrungen im Wasser zur Führung des Bohrgestänges und zur Rückführung der Spülung dient) (Erdöl) / riser *n*

**Rishon** (Kernphys) / rishon *n*

**Risiko** *n* (Erwartungswert der Verluste) / risk *n* ‖ ⁓ s. auch Berufsrisiko ‖ **biologisches** ⁓ (Biol) / biohazard *n* ‖ **mit hohem** ⁓ (verbunden) / high-risk *attr* ‖ **mit mäßigem** ⁓ / moderate-risk *attr* ‖ **nukleares** ⁓ (Nukl) / nuclear hazard, nuclear risk ‖ **ohne** ⁓ / no-risk *attr*, dangerless *adj*, free from danger

**Risiko•abschätzung** *f* / risk evaluation ‖ ⁓**abwägung** *f* / risk assessment ‖ ⁓**akzeptanz** *f* / risk acceptance ‖ ⁓**analyse** *f* / risk analysis ‖ ⁓**beschreibung** *f* / risk characterization, risk description ‖ ⁓**bewertung** *f* / risk assessment ‖ ⁓**faktor** *m* / risk factor ‖ ⁓**freudig** *adj* (Fahren) / risky *adj*, chancy *adj* ‖ ⁓**funktion** *f* (EDV) / risk function ‖ ⁓**gruppe** *f* (Stats) / risk population ‖ ⁓**kapital** *n* / risk capital, venture capital ‖ ⁓**kommunikation** f (Darstellung von Gefahren und eine sachgerechte Auseinandersetzung über Risiken) (F.Org) / risk communication ‖ ⁓**population** f (Stats) / risk population ‖ ~**scheu** adj / risk-averse adj

**rising-sun-Magnetron** n (eine Laufzeitröhre mit Mehrfachresonatoren) (Eltech) / rising-sun magnetron

**riskant** adj / risky adj, chancy adj

**Rispe** f (Bot) / panicle n

**Rispenblatt** n (Einrichtung zur Einordnung von Kettfäden) (Web) / lease reed

**Rispenhirse** f (Gewöhnliche) (Bot) / millet n

**Riß** m (Zeichnung) / drawing n ‖ ⁓ / fissure n (long and narrow), chap n (because of exposure and dryness) ‖ ⁓ (zeichnerische Darstellung) / plot n (US) ‖ ⁓ (Holzfehler im Stamminnern) (For) / shake* n ‖ ⁓ (meistens ein Trocknungsfehler) (For) / check n (Geol) / crevasse n, crevice n, rent n ‖ ⁓ (Geol) / rima n (pl. -ae) ‖ ⁓ (Gieß) / check n ‖ ⁓ (Keram) / flaw n ‖ ⁓ (bei Schuhen) (Leder) / channel n ‖ ⁓ (entweder Seiten- oder Aufriß) (Masch) / elevation* n ‖ ⁓ (bei senkrechter Parallelprojektion) (Math) / projection* n ‖ ⁓ (im Gewebe) (Tex) / tear n, rent n, break n ‖ ⁓ (ein Werkstoffehler) (WP) / flaw n ‖ ⁓ (durch Zerreißen entstandener Spalt) (WP) / crack n, crevice n ‖ **bergmännischer** ⁓ (Karte od. Grubenbild) (Bergb) / mine plan ‖ **durchgehender** ⁓ (ein Holzfehler) (For) / through-shake n ‖ **durchgehender** ⁓ (WP) / through-the-thickness crack, through-crack n ‖ **einen** ⁓ **bekommen** / spring a leak ‖ **flacher** ⁓ / shallow crack ‖ **gerader** ⁓ (im Schnittholz) (For) / straght crack ‖ **keilförmiger** ⁓ / wedge crack ‖ **klaffender** ⁓ (bei Rundholz und bei Furnieren) (For) / open split ‖ **mikroskopischer** ⁓ (Hütt) / microfissure n, microcrack n ‖ **nicht klaffender** ⁓ (bei Rundholz und Furnieren) (For) / tight split ‖ **offener** ⁓ (For) / open split ‖ **senkrechter** ⁓ (Bergb) / shake n ‖ **spinnennetzförmiger** ⁓ (Glas, Keram) / spider n (star-shaped fracture), star mark, star-shaped fracture ‖ **teilweise durchlaufender** ⁓ / part-through crack ‖ **Risse unregelmäßiger Struktur** (im Beton) (HuT) / pattern cracking, map cracking, random cracking ‖ **unter Einfluß des Wetters entstandener** ⁓ / atmospheric crack ‖ ⁓ m **im Putz** (wegen Kontraktionen oder Haftungsmängel) (Bau) / fire crack* ‖ ⁓ **in der Lackfläche** (Anstr) / paint crack ‖ ⁓ **in der Profilrille der Lauffläche** (Kfz) / tread crack, channel crack, groove crack ‖ **Riß•ablenkung** f (WP) / crack deflection ‖ ⁓**abmessungen** f pl / crack size ‖ ~**anfällig** adj (WP) / susceptible to cracking, sensitive to cracking, crack-sensitive adj ‖ ⁓**arrest** m (WP) / crack arrest ‖ ⁓**arretierung** f (WP) / crack arrest ‖ ⁓**auffang** m (WP) / crack arrest ‖ ⁓**auffangrohr** n / crack stopper pipe ‖ ⁓**aufweitung** f (WP) / crack-opening displacement, COD ‖ ⁓**ausbreitung** f (WP) / crack propagation, crack advance, progression of cracks ‖ **mikroduktile** ⁓**ausbreitung** (WP) / microductile crack propagation ‖ ⁓**auslösung** f (Hütt, WP) / nucleation of cracks, crack nucleation, crack inception ‖ ~**behaftet** adj / split adj, cracked adj, fissured adj ‖ ⁓**beherrschung** f (in Betonstraßendecken) (HuT) / crack control ‖ ⁓**bewegungsanzeiger** m (z.B. ein Glasplättchen oder eine Mörtelbrücke) (Bau) / tell-tale n ‖ ⁓**bewehrung** f (Zusatzbewehrung zur Aufnahme von Zugspannungen, die durch Temperaturänderungen oder Schwinden hervorgerufen werden) (HuT) / anticrack reinforcement, crack-control reinforcement ‖ ⁓**bild** n / crack pattern ‖ **Rißbildung** f (Anstr, Keram) / crazing* n, cracking n, checking n ‖ ⁓ (in der Dachpappe) (Bau) / alligatoring n ‖ ⁓ (im allgemeinen) (WP) / crack formation, cracking n ‖ **beginnende** ⁓ (WP) / incipient cracking ‖ **feine** ⁓ (Bau) / map cracking ‖ **Korrosion** f **mit** ⁓ (Galv) / crack corrosion ‖ **oberflächliche** ⁓ (Anstr) / checking* n, crazing n ‖ **wasserstoffinduzierte** ⁓ (WP) / hydrogen-induced cracking, HIC, H-induced cracking ‖ ⁓ f **im Profilgrund** (von Autoreifen) (Kfz) / groove-cracking n ‖ ⁓ **in der Sichtschicht** (meistens Spannungsrisse) (Bau) / fire cracks* ‖ **Riß•bildungstemperatur** f (Umwandlungspunkt des Siliciumdioxids) (Keram) / dunting point (the temperature at which the inversion of silica from the alpha crystalline form to the beta form occurs, and vice versa) ‖ ⁓**breite** f (Abstand der Rißufer, gemessen auf der Bauteiloberfläche, senkrecht zum Rißverlauf) (Bau, HuT) / crack width ‖ ⁓**brücke** f (im Armierungskleber eingebettet - zur Überbrückung arbeitender Risse) (Bau) / scrim* n, patching tape, tape joint* ‖ ⁓**detektor** m (Eltech) / crack detector* ‖ ~**dicht** adj / craze-proof adj

**Risseaufstellen** n (bei Schuhen) / channel lip turning

**Rißebene** f (Math) / projection plane, plane of projection

**Rissefänger** m (Bau, Luftf) / crack stopper*, crack arrester

**Rißempfindlichkeit** f (WP) / crack sensitivity

**Rissen** n (Schuhe) / channelling n, grooving n

**Riß•erweiterung** f (WP) / crack extension ‖ ⁓**form** f / crack morphology ‖ ⁓**fortpflanzung** f (WP) / crack propagation, crack advance, progression of cracks ‖ ⁓**fortpflanzungsmeßstreifen** m (WP) / crack-growth strain gauge ‖ ⁓**fortschritt** m (WP) / crack propagation, crack advance, progression of cracks ‖ ~**frei** adj / flawless adj ‖ ⁓**front** f / crack front ‖ ⁓**gestalt** f / crack morphology ‖ ⁓**größe** f / crack size ‖ ⁓**grund** n / crack base

**rissig** adj / split adj, cracked adj, fissured adj ‖ ~ (Hütt) / seamy adj ‖ ~ **werden** / crack vi, break vi ‖ ⁓**keit** f / crackedness n ‖ ⁓**werden** n (Anstr, Keram) / crazing* n, cracking n, checking n

**Riß•initiierung** f (Beginn der Rißerweiterung) (WP) / crack initiation ‖ ⁓**keim** m (Hütt, WP) / embryonic crack ‖ ⁓**keimbildung** f (Hütt, WP) / nucleation of cracks, crack nucleation, crack inception ‖ ⁓**länge** f (WP) / crack length ‖ **kritische** ⁓**länge** (WP) / critical crack length ‖ ⁓**lippe** f (bei Schuhen) / channel lip ‖ ⁓**öffnung** f (WP) / crack opening ‖ ⁓**öffnungsaufweitung** f (WP) / crack opening stretch ‖ ⁓**öffnungsverschiebung** f (WP) / crack-tip opening displacement, CTOD, crack-mouth opening displacement, CMOD, crack opening displacement, COD ‖ ⁓**probe** f / splitting test, cracking test ‖ ⁓**prüfer** m (WP) / crack detector ‖ **magnetische** ⁓**prüfung** (DIN 4113) (WP) / magnetic crack detection, Magna-Flux n, magnetic flaw detection, magnetic powder test, magnetic-particle inspection*, magnetic inspection, magnetic-particle method (of non-destructive testing) ‖ **magnetische** ⁓**prüfung** (ein Streuflußverfahren mit Ölaufschwemmung der Eisenoxidpulvers) (WP) mit slurry technique, wet technique, wet method ‖ ⁓**prüfung** f **nach dem Magnetpulververfahren** (WP) / magnetic crack detection, Magna-Flux n, magnetic flaw detection, magnetic powder test, magnetic-particle inspection*, magnetic inspection, magnetic-particle method (of non-destructive testing) ‖ ⁓**sanierung** f (mit Injektionen) (Bau, HuT) / anticrack injection ‖ ⁓**schließen** n (WP) / crack closure ‖ ⁓**schutz** m (z.B. mit S-Haken) (For) / prevention of checking (in roundwood and timber) ‖ ⁓**schutzbeschichtung** f (Anstr) / anticrack coating ‖ ⁓**sensor** m / crack sensor ‖ ⁓**sicherheit** f (WP) / safety against cracking ‖ ⁓**spitze** f (WP) / crack tip ‖ ⁓**spitzenaufweitung** f (WP) / crack opening stretch ‖ ⁓**spitzenöffnungsverschiebung** f (WP) / crack-tip opening displacement, CTOD, crack-mouth opening displacement, CMOD, crack opening displacement, COD ‖ ⁓**stopp** m (WP) / crack arrest ‖ ⁓**stopper** m (Bau, Luftf) / crack stopper*, crack arrester ‖ ⁓**stoppzähigkeit** f (Hütt) / crack arrest toughness ‖ ⁓**sucher** m (Eltech) / crack detector* ‖ ⁓**tafel** f (in der darstellenden Geometrie) (Math) / projection plane ‖ ⁓**toleranz** f / crack tolerance ‖ ~**überbrückendes Material** (Gaze, Glasfaserstoff, Draht) (Bau) / mesh n (for patching holes in plaster) ‖ ⁓**überbrückung** f (Bau) / crack bridging n ‖ ⁓**ufer** n (WP) / crack border ‖ ⁓**umgebung** f (WP) / crack periphery ‖ ⁓**umrandung** f (WP) / crack border ‖ ⁓**verhütung** f / avoidance of cracking ‖ ⁓**verpressung** f (nicht kraftschlüssige - in Massivbauteilen) (Bau) / cracked surface injection ‖ ⁓**versiegelung** f / crack sealing ‖ ⁓**wachstum** n (bei der Charakteristik des Verhaltens eines Werkstoffs) (WP) / crack growth, flaw growth ‖ **subkritisches** ⁓**wachstum** (WP) / subcritical crack growth (SCG) ‖ **unterkritisches** ⁓**wachstum** (WP) / subcritical crack growth (SCG) ‖ ⁓**wachstumsrate** f (WP) / rate of crack growth ‖ ⁓**werk** n (DIN 21900) (Bergb) / survey maps and plans ‖ ⁓**widerstand** m / crack resistance

**Rist** m (bei Schuhen) / instep n

**RIST** (Med, Radiol) / radioimmunosorbent test, RIST

**Riste** f (Lein) (Tex) / tress n

**Ritchey-Chrétien-System** n (ein aplanatisches Zweispiegelsystem nach G.W. Ritchey, 1864-1945, und H.J. Chrétien, 1870-1956) (Opt) / Ritchey-Chrétien system, Ritchey-Chrétien optics

**Ritchie-Keil-n** (Opt) / Ritchie wedge*

**Ritterdach** n (Arch, Bau) / plain-tile roof (with alternate double courses)

**Ritter-Reaktion** f (ein Syntheseweg zu Säureamiden) (Chem) / Ritter reaction

**Rittersches Schnittverfahren** (analytische Ermittlung der Stabkräfte eines Fachwerkes) (Mech) / Ritter's method of dissection, Ritter's traverse

**Rittinger-Gesetz** n (Zerkleinerung) (Chem Verf) / Rittinger's law*

**Ritz** m (zu Prüfzwecken in den Lack eines Prüfblechs geritzte Schramme) (Anstr) / scribe n ‖ ⁓**aufreißlinie** f (bei Papierverpackungen) (Pap) / score line, scored line ‖ ⁓**eigenschaften** f pl (Min, WP) / abrasiveness n

**Ritzel** n (Masch) / pinion n ‖ ⁓**welle** f (Masch) / pinion shaft

**ritzen** v / scratch v ‖ ~ (Samen) (Bot, Landw) / scarify v ‖ ~ (Halbleiterchips) (Eltronik) / scribe v ‖ ~ (Mohssche Härteskale, Martenssches Ritzverfahren) (WP) / scratch v ‖ ⁓ n (der Samen) (Bot, Landw) / scarification* n

**Ritz•fähigkeit** f (aktive) (Min, WP) / abrasiveness n ‖ ~**fest** adj / scratch-resistant adj, scratch-proof adj, mar-resistant adj, non-marring adj, scuff-resistant adj ‖ ⁓**festigkeit** f (WP) / scratch-resistance n, mar-resistance n, scratch hardness, resistance to scratching ‖ ⁓**gerät** n (für Halbleiterchips) (Eltronik) / scriber n ‖ ⁓**härte** f (in einem statischen Härteprüfverfahren, z.B. nach Mohs

**Ritzmaschine**

oder Martens) (Min, WP) / scratch hardness ‖ ⁓**maschine** f (für hartschalige Samen) (Bot, Landw) / scarifier n ‖ ⁓**nadel** f (zur Härteprüfung) (WP) / touch-needle n ‖ ⁓**-Paschen-Serie** f (im Termschema des Wasserstoffatoms) (Spektr) / Paschen series* ‖ ⁓**prüfung** f (Min, WP) / scratch test ‖ ⁓**säge** f (For) / scoring saw
**Ritzsch•es Kombinationsprinzip** (Einelektronenspektren - nach W.Ritz, 1878-1909) (Kernphys) / combination principle of Ritz, Ritz's combination principle ‖ ⁓**es Verfahren** (zur Lösung von Variationsproblemen) (Math) / Ritz method
**River-Continuum-Concept** n (Charakterisierung und Einteilung eines Fließgewässersystems) (Umwelt) / river continuum concept
**RIVO** (Masch) / welded steel gill economiser, extended-surface type economiser, finned-tube economiser, gilled-tube economiser
**Rizin** n (hochgiftiger Eiweißstoff aus den Rizinussamen) (Chem, Pharm) / ricin n
**Rizinenöl** n (Anstr) / dehydrated castor oil, DCO
**Rizinin** n (Chem) / ricinine n
**Rizinoleat** n (Chem) / ricinoleate n
**Rizinolsäure** f (Chem) / ricinoleic acid*, castor oil acid
**Rizinusöl** n (aus dem Ricinus communis L.) (Chem) / castor oil*
**Rizinusölprobe** f (Papiersaugfähigkeit) (Druck, Pap) / castor-oil test
**RJ45-Stecker** m (achtpoliger Stecker für verdrillte Leitungen) (EDV) / RJ45 n, RJ45 connector*
**RKB** (Sanitär) / stormwater sedimentation tank
**RKKY-Wechselwirkung** f (nach Ruderman-Kittel-Kasuga und Yosida) (Eltronik) / RKKY interaction
**Rkm** (Spinn) / breaking length in kilometres
**R-Konfiguration** f (Chem) / R configuration
**RKP** (Masch) / radial-plunger pump, radial-piston pump
**RKR** (Chem Verf) / stirred tank reactor, STR ‖ **kontinuierlicher** ⁓ (Chem Verf) / continuous(ly) stirred tank reactor
**RKS** (Radiol) / small-angle X-ray scattering
**RKW** = Rationalisierungskuratorium der deutschen Wirtschaft e.V. (Frankfurt/Main)
**RLC-Brücke** f (eine Wechselstrommeßbrücke) (Eltech) / RLC bridge, resistance-inductance-capacitance bridge
**RLCC** f (Chem) / rotation locular countercurrent chromatography (RLCC)
**RL-Gestrick** n (Tex) / plain fabric*
**RLL-Aufzeichnung** f (eine Festplattenaufzeichnung) (EDV) / run length limited recording, RLL recording
**RLT-Verfahren** n / air-handling process
**R$_m$** (DIN 1304) (Eltech, Mag) / reluctance* n, magnetic reluctance, magnetic resistance
**RM** (Radio, TV) / vestigial-sideband modulation, VSB modulation
**RME** (Chem, Kftst) / rape-seed oil methyl ester, RME
$\rho$-**Meson** n (Kernphys) / rho meson
**RM-Leiter** m (Kab) / stranded circular conductor, circular stranded conductor
**R-Modul** m (Math) / ring module, R-module n
**RMS-Gewinde** n (DIN 58888) / RMS thread (Royal Microscopical Society)
**R-M-Z** (eine Kennzahl der Fette und der fetten Öle) (Chem) / Reichert-Meissl number*
**RMZ** (eine Kennzahl der Fette und der fetten Öle) (Chem) / Reichert-Meissl number*
**Rn** (Chem) / radon* n
**RNA, soluble** ⁓ (Biochem) / t-RNA* n, transfer RNA*, s-RNA, soluble RNA
**RNA-Polymerase** f (Biochem, Gen) / transcriptase n, RNA polymerase
**RNase** f (Biochem) / ribonuclease* n, RNase n
**RNA-Virus** n m (Biochem, Gen) / RNA virus, ribovirus, n
**RNB** (Nukl) / nuclear battery*, atomic battery, radioisotope battery, radionuclide battery, RNB, isotopic battery, radioisotopic generator
**RNR** (EDV) / receive not ready (RNR)
**RNS** (Biochem) / ribonucleic acid, RNA* ‖ **ribosomale** ⁓ (Biochem) / ribosomal ribonucleic acid, r-RNA, ribosomal RNA ‖
⁓**-Polymerase** f (Enzym, das an einer DNS-Matrize den Aufbau von RNS aus Ribonukleosidtriphosphaten katalysiert) (Biochem, Gen) / transcriptase n, RNA polymerase ‖ ⁓**-Virus** n m (Biochem, Gen) / RNA virus, ribovirus, n
**RO** (Chem) / hyperfiltration n, reverse osmosis, RO
**Road Guidance** f (ein Verfahren zur automatischen Auswertung von Aufnahmen) (Kernphys) / road guidance
**Roadster** m (2 Seitentüren, Fenster und Verdeck versenkbar, meist 2-sitziges Sportkabriolett) (Kfz) / roadster n
**Roaming** n (Fernsprechtarife im Ausland bei Mobiltelefonen) (Fernsp) / roaming n
**Roaring Forties** pl (brave Westwinde in 40° s. Br.) (Meteor) / roaring forties (stormy ocean tracks between latitudes 40° and 50° south)
**Robbenleder** n (Leder) / seal leather, walrus leather
**Robbenöl** n / seal oil

**Robbentran** m / seal oil
**Robertson-Walkersches Linienelement** (Astr) / Robertson-Walker solution
**Robert-Verdampfer** m (mit natürlichem Umlauf und zentralem Rücklaufrohr) (Chem Verf, Nahr) / Robert (calandria) evaporator, calandria evaporator
**Roberval-Waage** f (nach G.P. de Roberval, 1602-1675) / Roberval's balance
**Robinie** f (Robinia pseudoacacia L.) (For) / locust n (black, yellow), locust tree, false acacia
**Robinin** n (Glykosid aus Robinia pseudoacacia L.) (Chem) / robinin n
**Robocarrier** m / robotrailer n, robocarrier n
**Robofahrzeug** n / robot vehicle
**Robonaut** m (ein Roboter in der Raumfahrt) (Raumf) / robonaut n
**Roborans** n (pl. Roborantia od. Roboranzien) (Pharm) / roborant n
**Roboter** m (Masch) / robot* n ‖ ⁓ s. auch Automat ‖ **adaptiver** ⁓ / adaptive robot ‖ **geriatrischer** ⁓ (für die Altenpflege) (Med) / geriatric robot ‖ **kartesischer** ⁓ / cartesian robot ‖ **ortsbeweglicher** ⁓ (Masch) / mobile robot ‖ **ortsfester** ⁓ (Masch) / stationary robot ‖ **speicherprogrammierbarer** ⁓ / memory-programmable robot, storage-programmable robot ‖ ⁓ m **für die Altenpflege** (KI) / gerontological robot ‖ ⁓ **mit Behälterauswahl** (Masch) / bin-picking robot
**Roboter•abnahmeprüfung** f / robot acceptance checking ‖ ⁓**anwendung** f / robot use, robot application ‖ ⁓**arbeitsplatz** m / robot workplace, robotic workstation ‖ ⁓**arm** m / robot arm ‖ ⁓**bahn** f / robot path ‖ ⁓**bewegung** f / robot movement, robot motion ‖ ⁓**dynamik** f (mathematische Beschreibung für die Drehmomente und Kräfte in den Robotergelenken) / robot dynamics ‖ ⁓**einsatz** m / robot use, robot application ‖ ⁓**fahrzeug** n / robot vehicle ‖ ⁓**fertigung** f (F.Org) / robot manufacturing ‖ ⁓**gelenk** n / robot joint, joint of a robot ‖ ⁓**generation** f (jetzt die dritte, mit künstlicher Intelligenz) / robot generation ‖ ⁓**gerecht** adj / suitable for robots ‖ ⁓**gestützt** adj (Fertigung) / robot-aided adj ‖ ⁓**herstellung** f (F.Org) / robot manufacturing ‖ ⁓**koordinaten** fpl (ein auf den Roboter selbst bezogenes System zur Beschreibung der Lage aller Freiheitsgrade und der Handorientierung) / robot coordinates ‖ ⁓**lackauftrag** m (Anstr) / robot paint application, robot painting ‖ ⁓**lackierung** f (Anstr) / robot paint application, robot painting ‖ ⁓**lage** f / robot position ‖ ⁓**modul** n (einzelne Funktionseinheit eines Baukastenroboters) (Masch) / module of a robot ‖ ⁓**montage** f (Masch) / robot assembly, robot mounting ‖ ⁓**montagegerechtes Fügen** (Masch) / jointing suitable to robot assembly ‖ ⁓**montiert** adj (Masch) / robot-assembled adj, robot-mounted adj ‖ ⁓**position** f / robot position ‖ ⁓**positionierung** f / robot positioning ‖ ⁓**programmierung** f (EDV) / robot programming ‖ ⁓**prozeßinformation** f (EDV) / robot process information ‖ ⁓**schnittstelle** f / robot interface ‖ ⁓**sensor** m (der die Fähigkeiten Sehen und Tasten für Roboter aufweist) (Regeln) / robot sensor ‖ ⁓**sichtsteuerung** f / robot vision control ‖ ⁓**spezifisch** adj / robot-specific adj ‖ ⁓**sprache** f (EDV) / robot language, IR language ‖ ⁓**steuerung** f / robot control ‖ ⁓**stromversorgung** f / robot power supply ‖ ⁓**system** / autonomous robot system ‖ ⁓**system** n **mit verteilten Achsen** / robot system with distributed axes (control) ‖ ⁓**technik** f / robotics* n ‖ ⁓**technik** (als wissenschaftliche Disziplin, die sich mit der Konstruktion und der Nutzung von Robotern befaßt) / robotology n ‖ **umstellen auf** ⁓**technik** / robotize v ‖ ⁓**technik einsetzen** / robotize v ‖ ⁓**weg** m / robot path ‖ ⁓**wirkzone** f / active region of a robot
**Robotik** f / robotics* n
**Robotikexperte** m / roboticist n
**robotisieren** v / robotize v
**Robotrailer** m / robotrailer n, robocarrier n
**robust** adj (gegen Beschädigung oder Störung) / rugged adj, robust adj, sturdy adj ‖ **~er Test** (Stats) / robust test (to outliers)
**Robustheit** f (Störanfälligkeit durch veränderte Parameter) / ruggedness n, robustness n, sturdiness n
**Rocaille** n f (ein Dekorationselement) (Arch) / rocaille n (typical of grottos and fountains)
**Roche-Grenze** f (nach E.A. Roche, 1820-1883) (Astr) / Roche limit*, Roche's limit
**Rochellesalz** n (Kaliumnatriumtartrat) (Chem) / Rochelle salt*, Seignette salt
**Rochon-Prisma** n (ein Polarisationsprisma) (Opt) / Rochon prism, Rochon polarizing prism
**Rockinghamware** f (mit brauner oder marmorierter Manganglasur - ursprünglich 1826 bis 1842 auf dem Besitztum von Marquis of Rockingham in Swinton, Yorkshire hergestellt) (Keram) / Rockingham ware
**Rocking-Kurve** f (winkelabhängige Intensitätsverteilungskurve) / rocking curve
**Rocking-Schwingung** f (Phys) / rocking vibration, rock vibration

**Rockoon** *n* (kombiniertes Ballon-Höhenforschungsraketensystem) (Raumf) / rockoon *n* ‖ ~**-System** *n* (kombiniertes Ballon-Höhenforschungsraketensystem) (Raumf) / rockoon *n*
**Rockstoff** *m* (Tex) / skirting *n*
**Rockwell•härte** *f* (DIN 50103) (WP) / Rockwell hardness ‖ ~**härte B** (WP) / Rockwell B ‖ ~**härte C** (WP) / Rockwell C ‖ ~**härteprüfer** *m* (WP) / Rockwell tester ‖ ~**härteprüfung** *f* (ein statisches Härteprüfverfahren mit Kegel oder Kugel nach DIN 50103) (WP) / Rockwell hardness test*
**Rockwool** *f* (Gesteinsfasern zur Schall- und Wärmedämmung) (Bau, Min) / rock-wool* ‖ *n*, mineral wool*, silicate cotton
**Rödeldraht** *m* (Verbindungsmittel für das Verknüpfen von Bewehrung) (HuT) / tie wire
**roden** *v* (die Wurzeln eines gefällten Baumes aus der Erde loslösen) (Bau, HuT) / grub up *v*, grub out *v*, clear *v*, grub *v* ‖ **Stöcke** ~ (For) / stub *v*, stub out *v*, stub up *v*, stump *v* ‖ ~ *n* **und Vorrichten** (im Tagebau) (Bergb) / clearing and grubbing
**Rodentizid** *n* (ein Mittel zur Nagetiervertilgung) (Chem, Landw) / rodenticide *n*
**Roder** *m* (eine Kartoffelerntemaschine) (Landw) / digger *n*, digging machine
**Rodeschar** *n f* (des Kartoffelroders) (Landw) / digging share ‖ ~ (des Rübenroders) (Landw) / lifting share
**Rodingit** *m* (Granat-Pyroxen-Gestein) (Geol) / rodingite *n*
**Rodriguessche Formel** (Math) / Rodrigues formula
**Roebelstab** *m* (Stabform der Ständerwicklung) (Eltech) / Roebel-transposed bar, Roebel bar
**Roelen-Prozeß** *m* (Chem) / oxo process, hydroformylation *n*, oxo reaction, oxo synthesis
**ROESY-Experiment** *n* (Spektr) / rotating-frame NOESY experiment
**Roé-Zahl** *f* (Pap) / roe chlorine number*, Roe-Genberg chlorine number
**ROFOR** (im Flugwetterdienst verwendetes Schlüsselkennwort für die Streckenvorhersage) (Luftf, Meteor) / route forecast, ROFOR
**ROG** (Geophys) / reactive organic gases, ROG
**Rogallo-Flügel** *m* (ein Hängegleiter) (Luftf) / Rogallo wing*
**Rogallo-Gleiter** *m* (ein Hängegleiter) (Luftf) / Rogallo wing*
**Rogenstein** *m* (sandiger Kalk-Oolith) (Geol) / oolitic limestone, roe-stone *n*
**Roger** (Buchstabierwort für R - als Kurzwort für "Nachricht erhalten und verstanden") (Fernm) / roger*
**Roggen•mehl** *n* (Nahr) / rye flour ‖ ~**stärke** *f* / rye starch
**Rogowsky-Elektrode** *f* (Hochspannungselektrode, bei der an den Rändern keine höheren Feldstärken auftreten, als in der Mitte) (Eltech) / Rogowsky electrode
**roh** *adj* / raw *adj*, rough *adj*, untreated *adj*, unprocessed *adj*, unwrought *adj*, undressed *adj*, crude *adj*, unfinished *adj* ‖ ~ / virgin *adj* ‖ ~ (Bau, Keram) / raw *adj*, unfired *adj*, green *adj*, unburnt *adj*, unburned *adj* ‖ ~ (Leder) / undressed *adj*, green *adj*, raw *adj* ‖ ~ (Nahr) / raw *adj*, uncooked *adj*, crude *adj* ‖ ~ (Fleisch) (Nahr) / green *adj* ‖ **~ behauen** (For) / rough-hew *v* ‖ **~er Chilesalpeter** (Geol) / caliche* *n* ‖ **~e Kante** (Glas) / edge as cut, rough edge, raw edge ‖ **~e Schraube** (Masch) / pressed screw, rough screw ‖ **~er Weinstein** (Chem) / argol *n*, crude cream of tartar
**Roh•-** (Nahr) / raw *adj*, uncooked *adj*, crude *adj* ‖ ~**-** (Tex) / grey* *adj*, unbleached *adj*, greige* *adj* ‖ ~**abwasser** *n* (unbehandeltes Abwasser nach DIN 4045) (Sanitär) / crude sewage, raw sewage, untreated sewage ‖ ~**bau** *m* (Bau) / carcase *n*, shell *n*, carcass *n* ‖ ~**bau** (beim Stahlhochbau) (HuT) / structure *n* ‖ ~**bau** (eine Fertigungsstufe in dem Karosseriebau) (Kfz) / body-in-white *n* (the base shell of the vehicle) ‖ ~**baumaß** *n* (Bau) / dimension in unfinished state ‖ ~**baumwolle** *f* (Tex) / raw cotton, cotton wool (US), ginned lint ‖ ~**-Baumwollnessel** *m* (Tex) / sheeting *n* (US) ‖ **~behauener Naturstein** (Bau) / rough ashlar* ‖ ~**benzin** *n* (Erdöl) / straight-run gasoline, top gasoline, straight-run benzine, S.R.B. ‖ ~**bewurf** *m* (Bau) / pricking-up coat, scratch-coat* *n*, base coat, rendering coat, rough coat*, rendering* *n*, render *n* ‖ ~**blech** *n* (Hütt) / mill-finish sheet ‖ ~**block** *n* (aus dem flüssigen Rohstahl erstarrter Block mit anderen Querschnitten als die Rohbramme) (Hütt) / ingot* *n*, ingot bar ‖ ~**boden** *m* (auf kompakten Gesteinen) (Geol) / lithosol *n* ‖ ~**boden** *m* (im Anfangsstadium der Bodenentwicklung befindlicher Bodentyp) (Geol, Landw) / raw soil, virgin soil ‖ ~**bogen** *m pl* (beim Buchbinder) (Buchb) / sheet stock ‖ ~**bogen** *m* (unbeschnittener, unbedruckter oder bedruckter, ungefalzter Bogen, der etwa 5% größer als ein DIN-Bogen ist, um ein Beschneiden nach dem Druck oder der Druckweiterverarbeitung zu ermöglichen) (Druck, Pap) / untrimmed sheet, size sheet ‖ ~**bogen** (in ~) (Typog) / flat sheet (in flat sheets), unfolded sheet, open sheet ‖ ~**bramme** *f* (Hütt) / slab ingot, ingot slab ‖ ~**breite** *f* (des noch nicht ausgerüsteten Gewebes) (Web) / grey width, width in the raw state, greige width, width in the grey ‖ ~**charge** *f* / raw stock, RS ‖ ~**chip** *n* (aus Halbleitermaterial) (Eltronik) / die* *n* (pl. dice) ‖ ~**daten** *pl* (EDV) / raw data ‖ ~**decke** *f* (tragende Deckenkonstruktion) (Bau) / bare floor, bare ceiling ‖ ~**dichte** *f* (im Frischzustand) (For) / green density ‖ ~**dichte** (bei porösen Stoffen) (Phys) / apparent density, apparent specific gravity, raw density
**Roheisen** *n* (in Masseln) (Hütt) / pig iron* ‖ **grau erstarrendes** ~ (Hütt) / grey pig iron ‖ **graues** ~ (Hütt) / grey pig iron ‖ **meliertes** ~ (mit grauen Flecken auf weißer Bruchfläche) (Hütt) / mottled iron* ‖ **schlackenreiches** ~ (Hütt) / cinder pig* ‖ **synthetisches** ~ (das nicht aus Eisenerzen, sondern durch Aufkohlen von Stahlschrott im offenen Elektroschachtofen gewonnen wird) (Hütt) / synthetic iron ‖ **weißes** ~ (Hütt) / white iron* ‖ ~**erzeugung** *f* (meistens im Hochofen) (Hütt) / iron making, pig-iron making ‖ ~**gewinnung** *f* (Hütt) / iron making, pig-iron making ‖ ~**herstellung** *f* (Hütt) / iron making, pig-iron making ‖ ~**mischer** *m* (im Hochofenwerk) (Hütt) / mixer *n*, hot-metal mixer, pig iron mixer, iron mixer ‖ ~**pfanne** *f* **mit Obenentleerung** (Hütt) / top-pouring pig iron ladle ‖ ~**-Schrott-Verfahren** *n* (Hütt) / pig-and-scrap process ‖ ~**zugabe** *f* (Hütt) / pigging-up *n*
**Roh•energie** *f* (zur Stromerzeugung ausgenutzter Energieinhalt natürlicher Energieträger) (Eltech) / primary energy ‖ ~**erdgas** *n* / crude natural gas ‖ ~**erdöl** *n* (Erdöl, Geol) / crude oil*, crude *n*, crude petroleum (in its natural state as it emerges from a well) ‖ ~**erz** *n* (Aufber) / raw ore, crude ore ‖ ~**erz** (gefördertes) (Bergb) / mine-run ore, as-mined ore, crude ore ‖ ~**erz** (in der Lagerstätte) (Bergb, Geol) / ore mass, orebody *n* ‖ ~**fasern** *f pl* (Nahr) / dietary fibres ‖ ~**film** *m* (Film) / film raw stock, raw stock ‖ ~**filzpappe** *f* (Bau) / rag felt ‖ ~**frucht** *f* (unvermälzte Getreideart) (Brau) / unmalted grain, raw grain ‖ ~**gang** *m* (des Hochofens) (Hütt) / cold working ‖ ~**gas** *n* / crude gas ‖ ~**gas** (in der Kokerei) / coke-oven gas ‖ ~**gemenge** *n* (Glas) / raw batch ‖ ~**gerandet** *adj* (Brillenglas) (Opt) / uncut *adj* ‖ ~**gewebe** *n* (Tex) / grey fabric, greycloth *n*, loomstate fabric, loom-finished cloth, raw cloth ‖ ~**gewicht** *n* (Tex) / gross weight ‖ ~**glas** *n* (Glas) / rough glass ‖ ~**glas** (Glas) / roughcast glass ‖ ~**glasbrocken** *m pl* (Glas) / chunk glass ‖ ~**glasur** *f* (Keram) / raw glaze (with no prefused ingredients) ‖ ~**glimmer** *m* (bergmännisch gewonnenes Naturerzeugnis) (Bergb, Eltech) / natural mica ‖ **beweglicher** ~**grabenaussteifkasten** *m* (HuT) / trench box ‖ ~**guß** *m* (Rohgußteil) (Gieß) / rough casting, raw casting ‖ ~**gußstück** *n* (Gieß) / rough casting, raw casting ‖ ~**gußteil** *n* (Gieß) / rough casting, raw casting ‖ ~**haufwerk** *n* (im Erzbergbau) (Bergb) / mine-run ore, as-mined ore, crude ore ‖ ~**haut** *f* (Leder) / rawhide *n* (untanned hide), hide *n* (when tanned or dressed), skin *n* (especially of smaller animals) ‖ ~**luftgetrocknete** ~ **haut** (Leder) / flint hide ‖ ~**haut** *f* **von der rituellen** (jüdischen) **Schlachtung** (durch Schächtschnitt) (Leder) / kosher hide, cutthroat *n*, stuckthroat *n* ‖ ~**hautkonservierung** *f* (z.B. durch Trocknung, Wasserentzug usw.) (Leder) / rawhide preservation ‖ ~**hobler** *m* (z.B. Rift) (For) / non-standard planed timber ‖ ~**holz** *n* (For) / timber in the rough, undressed timber ‖ ~**holzgeist** *m* (Chem Verf) / wood alcohol*, wood spirit*, wood naphtha ‖ ~**humus** *m* (unter sauren Bedingungen entstanden) (For, Umwelt) / mor* *n* ‖ ~**kaolin** *n* (Geol) / kaolin* *n*, kaoline *n* ‖ ~**kette** *f* (Web) / undressed warp ‖ ~**kitten** *n* (Opt) / bonding *n* ‖ ~**kristall** *m* (Eltronik) / crystal blank ‖ ~**kupfer** *n* (Hütt) / crude copper ‖ ~**leinen** *n* (Tex) / unbleached linen, ecru *n* ‖ ~**leinöl** *n* (DIN 55945 und 55930) (Anstr) / raw linseed oil, crude linseed oil
**Rohling** *m* (Walzgut) (Hütt) / rolling stock, stock *n* ‖ ~ (Hütt, Masch) / blank* *n*, slug *n* ‖ ~ (Keram) / green body, slug *n* (a small roughly shaped article for subsequent processing) ‖ ~ (Ziegel) (Keram) / unburned brick, unfired brick ‖ ~ (Masch) / raw piece, raw part ‖ ~ (beim Gesenkschmieden) (Masch) / biscuit *n* (for drop forging) ‖ ~ (Pulv) / green compact, green* *n*, green pellet, green body
**Roh•maß** *n* (DIN 406, T 2) / base size ‖ ~**maß** (For) / raw measure ‖ ~**masse** *f* (Tex) / gross weight ‖ ~**material** *n* / raw material ‖ ~**milch** *f* (Nahr) / raw milk ‖ ~**milch** (Nahr) s. auch Werkmilch ‖ ~**mischung** *f* (Chem Verf) / stock *n*
**Rohöl** *n* (unverändertes Erdöl, wie es aus der geologischen Lagerstätte entnommen wird) (Erdöl, Geol) / crude oil*, crude *n*, crude petroleum (in its natural state as it emerges from a well) ‖ ~ s. auch Erdöl ‖ **gemischtbasisches** ~ (Erdöl) / mixed-base crude ‖ **leichtes** ~ (Erdöl) / light crude ‖ **paraffinbasisches** ~ (Erdöl) / paraffin-base crude ‖ **saures** ~ (Erdöl) / sour crude ‖ **schwefelarmes** ~ (Erdöl) / low-sulphur crude (oil) ‖ **schwefelfreies** ~ (Erdöl) / sweet crude ‖ **schwefelhaltiges** ~ (Erdöl) / sour crude ‖ **schwefelreiches** ~ (Erdöl) / high-sulphur crude (oil) ‖ **schweres** ~ (Erdöl) / heavy crude ‖ **süßes** ~ (Erdöl) / sweet crude
**Rohöl•anteil** *m* **aus Beteiligung** (Erdöl) / participation crude ‖ ~**destillation** *f* (Erdöl) / crude-oil distillation ‖ ~**förderung** *f* (Erdöl) / crude-oil recovery ‖ ~**fraktion** *f* (Erdöl) / crude-oil fraction ‖ ~**gewinnung** *f* (Erdöl) / crude-oil recovery ‖ ~**-Supertanker** *m* **mit > 320 000 tdw.** (Erdöl, Schiff) / ultra-large crude carrier, U.L.C.C. ‖ ~**-Supertanker mit 160 000 bis 319 999 tdw.** (Erdöl, Schiff) / very large crude carrier, V.L.C.C. ‖ ~**tank** *m* (Erdöl) / crude-oil tank

1013

**Roh•papier** *n* (z.B. als Grundlage für gestrichene Papiere) (Pap) / base paper, BP, base stock, body stock, body paper, coating raw stock, coating paper ‖ ~**papier für Gummierung** (Pap) / gumming paper ‖ ~**planum** *n* (HuT) / rough formation, rough subgrade ‖ ~**platte** *f* (For) / raw panel

**Rohr** *n* (Schilf) (Bot) / reed ‖ ~ (Pflanze mit hohlem rundem Stiel, Stengel oder Stamm) (Bot) / cane *n* ‖ ~ (Leitungsrohr) (HuT, Kab) / conduit* *n*, electric conduit ‖ ~ (für Heizung und Lüftung) (Masch) / duct *n* ‖ ~ (Leitung) (Masch) / pipe* *n*, tube *n* ‖ ~ (biegesteifes) (Masch) / rigid pipe ‖ **befloßtes** ~ (Hütt, Masch) / finned tube, gilled tube, ribbed tube ‖ **beripptes** ~ (Hütt, Masch) / finned tube, gilled tube, ribbed tube ‖ **druckführendes** ~ (Masch) / pressure pipe, pipe under pressure ‖ **gegossenes** ~ (Hütt) / cast tube ‖ **geschweißtes** ~ (Schw) / welded tube ‖ **glattes** ~ (Hütt) / plain tube ‖ **hydraulisch glattes** ~ (Wasserb) / hydraulically smooth pipe (or tube), smooth tube ‖ **hydraulisch rauhes** ~ (Wasserb) / hydraulically rough pipe (or tube), rough tube ‖ **Kundtsches** ~ (in dem Kundtsche Staubfiguren entstehen - nach A. Kundt, 1839-1894) (Akus) / Kundt's tube* ‖ **kurzes** ~ (Klemp) / sleeve piece*, thimble* *n* ‖ **mit** ~**en ausstatten** / pipe *v* ‖ **nahtloses** ~ (Hütt) / seamless tube* ‖ **perforiertes** ~ (Erdöl) / preperforated liner ‖ **querlaufendes** ~ (Masch) / cross-over pipe ‖ **schraubenliniennahtgeschweißtes** ~ (Schw) / spiral-seam tube ‖ **spiralnahtgeschweißtes** ~ (Schw) / spiral-seam tube ‖ **stranggepreßtes** ~ (Hütt, Masch) / extruded tube ‖ **unteres Umfangsdrittel des** ~**es** (Masch) / pipe haunch ‖ **widerstandsgeschweißtes** ~ (Schw) / electric resistance welded tube*, e.r.w. tube ‖ **zusammengeschweißtes** ~ (aus mehreren kürzeren) (Erdöl) / jointer *n* ‖ ~ *n* **aus Ablationswerkstoff** (im Düsenhals) (Raumf) / blast tube, blast-pipe *n* ‖ ~ **e legen** (Erdöl, HuT, Schiff) / pipe *v*, lay *v* (a pipeline) ‖ ~ *n* **mit Flanschen** (Masch) / flanged pipe* ‖ ~ **mit großem Durchmesser** (Masch) / large-bore pipe ‖ ~**e verlegen** (Erdöl, HuT, Schiff) / pipe *v*, lay *v* (a pipeline) ‖ ~**e ziehen** (Erdöl) / pull *v* (the casing) ‖ ~ *n* **zur Schwefelförderung** (nach dem Frasch-Verfahren) (Chem Verf) / Frash sulphur pump

**Rohr•-** / tubular *adj* ‖ ~**abschneider** *m* (Masch, Werkz) / tube cutter, pipe cutter ‖ ~**anschluß** *m* (Klemp) / tube connection, pipe connection ‖ **für** ~**anschluß** (Maschine) / pipe-ventilated *adj* ‖ ~**anschlußstück** *n* (mit Außengewinde) (Masch) / pipe nipple ‖ ~**armaturen** *f pl* (Klemp, Masch) / pipe fittings ‖ ~**aufhänger** *m* (Masch) / pipe hanger ‖ ~**aufhängung** *f* (Bauteile) (Masch) / hanger fixtures, pipe hanger (fixtures) ‖ ~**aufhängung** (System) (Masch) / pipe-suspension system ‖ ~**aufsatz** *m* (bei Entlüftungsrohren) (Masch) / cowl *n* ‖ ~**aufweitewalzwerk** *n* (Hütt) / tube expanding mill, expanding mill

**Rohrbachs Lösung** (wäßrige Lösung von Bariumtetraiodmercurat(II) als Schwerflüssigkeit) (Aufber) / Rohrbach solution

**Rohr•belüfter** *m* / anti-vacuum device, pipe air-release valve ‖ ~**biegegerät** *n* (Masch) / pipe bender ‖ ~**biegemaschine** *f* (mit und ohne Stützdorn) (Masch) / pipe-bending machine ‖ ~**biegevorrichtung** *f* (Masch) / pipe bender ‖ ~**blatt** *n* (Akus) / reed* ‖ ~**blei** *n* (Hütt) / terne metal* ‖ ~**boden** *m* (des Rohrbündelapparats) (Masch) / tube plate* ‖ ~**/Boden-Potential** *n* (bei verlegten Rohrleitungen) (Eltech) / pipe-soil potential ‖ ~**bogen** *m* (Eltech) / conduit bend ‖ ~**bogen** (Klemp) / tube bend, pipe bend ‖ ~**bogen** (der die Kreuzung von zwei Rohrleitungen in einer Ebene ermöglicht - DIN 2413) (Klemp) / pass-over offset* ‖ ~**bogendehner** *m* (Kompensator) / U-shaped expansion pipe, horseshoe bend ‖ ~**bohrbrunnen** *m* (bis etwa 10 m tief, mit Rohrweite unter 100 mm) (HuT, Wasserb) / tube-well *n*, tubular well ‖ ~**bruch** *m* (bei Überlandrohrleitungen) / pipeline failure ‖ ~**bruch** (Bersten) (Klemp) / pipe burst ‖ ~**bruch** (Klemp) / pipe rupture, pipe wall fracture ‖ ~**bruch** (Plast) / end-point *n* ‖ ~**brücke** *f* (Bauwerk in Stahl- oder Stahlbetonausführung, das Rohrleitungen über ein natürliches oder künstliches Hindernis führt) (HuT) / pipe bridge ‖ ~**brunnen** *m* (zur Grundwasserabsenkung) (HuT, Umwelt) / well-point *n* ‖ ~**brunnen** (bis etwa 10 m tief, mit Rohrweite unter 100 mm) (HuT, Wasserb) / tube-well *n*, tubular well

**Rohrbündel** (im allgemeinen) (Masch) / tube nest, nest of tubes ‖ ~ (z.B. im Dampfkessel) (Masch) / bank of tubes, tube bank ‖ ~ (in Wasserrohrkesseln) (Masch) / convection bank ‖ ~ (Wärmetauscher) (Masch) / tube bundle ‖ **fluchtendes** ~ (im Kessel) (Masch) / in-line tube bank ‖ **versetztes** ~ (im Kessel) (Masch) / staggered tube bank ‖ ~**apparat** *m* (die am meisten verbreitete Bauart des Wärmetauschers nach DIN 28183) (Chem Verf, Masch, Wärm) / shell-and-tube exchanger, tube-bundle exchanger ‖ ~**gleichrichter** *m* (Strömungsgleichrichter in Form von Rohrbündeln, der zum Abbau von Strömungsstörungen in den Rohrquerschnitt eingebracht wird) (Phys) / tube-bundle straightener ‖ ~**verflüssiger** *m* (für Kältemitteldampf) (Masch) / shell-and-tube condenser ‖ ~**-Wärmeaustauscher** *m* (Chem Verf, Masch, Wärm) / shell-and-tube exchanger, tube-bundle exchanger ‖ ~**-Wärmetauscher** *m* (Chem Verf, Masch, Wärm) / shell-and-tube exchanger, tube-bundle exchanger ‖ ~**-Wärmeübertrager** *m* (Chem Verf, Masch, Wärm) / shell-and-tube exchanger, tube-bundle exchanger

**Röhrchen** *n* (für Tabletten) / small tube, tube *n*

**Rohr•dach** *n* (Arch, Bau) / reed thatching, reed roofing ‖ ~**dipol** *m* (Radio) / sleeve dipole*, sleeve-dipole antenna ‖ ~**doppelnippel** *m* (Masch) / taper nipple ‖ ~**drän** *m* (Landw) / pipe drain ‖ ~**druckkabel** *n* (Kab) / pipe-type cable (a pressure cable), steel pipe-type cable ‖ ~**durchlaß** *m* (HuT) / pipe culvert ‖ ~**durchmesser** *m* (Masch) / pipe diameter

**Röhre** *f* (Eltronik) / electron tube (US)*, valve *n* (GB)*, vacuum tube*, tube *n* (US) ‖ ~ (HuT) / tube *n* ‖ ~ (HuT, Kab) / conduit* *n*, electric conduit ‖ ~ (als Synekdoche für Fernsehen) (TV) / tube *n* (US) ‖ **doppelpolige** ~ (Radiol) / bipolar tube ‖ **einpolige** ~ (Radiol) / unipolar tube ‖ **gasgefüllte** ~ (Eltronik) / gas tube* ‖ **wassergekühlte** ~ (Eltronik) / water-cooled valve* ‖ **weiche** ~ (Eltronik) / soft valve, soft tube (US), gassy tube (US) ‖ ~ *f* **für Zähl- und Rechenschaltungen** (Eltronik) / scaling tube ‖ ~ **mit Anodenkühlung** (Eltronik) / cooled-anode valve* ‖ ~ **mit kalter Katode** (Eltronik) / cold-cathode tube

**Rohr•einbaupumpe** *f* (Masch) / in-line pump ‖ **plötzliche** ~**einengung** (Fließquerschnittsverminderung) (Wasserb) / sudden contraction ‖ ~**einwalzen** (Hütt) / rolling-in of tubes

**Rohreis** *m* (Nahr) / paddy rice (rice before threshing or in the husk), paddy *n*, rice in the husk

**Röhren•-** / tubular *adj* ‖ ~**artig** *adj* / tubular *adj* ‖ ~**blitz** *m* (Foto) / electronic flash*, strobe *n* (US) ‖ ~**bündel** *n* (Masch) / tube bundle

**Rohrende, äußeres** ~ (bei Rohrverbindungen) (Masch) / male end (of a pipe), tongue *n* ‖ **inneres** ~ (bei Rohrverbindungen) (Masch) / female end (of a pipe)

**Röhren•drän** *m* (Landw) / agricultural drain (US), drainpipe *n*, drain *n*, drain-tile *n* (US), field-tile *n*, field-drain* *n*, covered drain, agricultural tile, land drain ‖ ~**eiserzeuger** *m* / tube ice maker ‖ ~**elektrofilter** *n* (Masch) / tubular precipitator ‖ ~**fassung** *f* (Eltronik) / valve socket ‖ ~**federmanometer** *n* (mechanisches Manometer, bei dem der zu messende Druck auf ein rohrartiges Federelement wirkt) (mit einer Bourdon-Röhre als Meßglied); (Instr, Masch) / pressure gauge*, Bourdon gauge* ‖ ~**förmig** *adj* / tubular *adj* ‖ ~**förmige Leuchtstofflampe** (Eltech) / tubular fluorescent lamp ‖ ~**generator** *m* (zur Stromversorgung für Prozesse der induktiven Erwärmung und der HF-Erwärmung im Kondensatorfeld) (Eltronik) / tube generator ‖ ~**glas** *n* (Glas) / glass piping ‖ ~**gleichrichter** *m* (Eltronik) / valve rectifier*, tube rectifier ‖ ~**kabel** *n* (Kab) / conduit cable ‖ ~**kassie** *f* (Cassia fistula L.) (For) / Indian laburnum, drumstick tree, purging cassia ‖ ~**kennlinie** *f* (Eltech) / valve characteristic*, tube characteristic ‖ ~**klingeln** *n* (Fernm) / tube ring* ‖ ~**kolben** *m* (Eltronik) / valve bulb, tube envelope (US) ‖ ~**kopplung** *f* (Radio) / intervalve coupling, interstage coupling ‖ ~**kühlung** *f* (Eltronik) / tube cooling, valve cooling ‖ ~**lampe** *f* (Eltech) / tubular lamp ‖ ~**libelle** *f* (DIN 18718) (Bau, HuT) / level tube*, bubble tube* ‖ ~**lot** *n* / flux-cored solder wire, cored solder ‖ ~**muffe** *f* (Kab) / conduit box* ‖ ~**nadel** *f* (mit hohlem Schaft und verschieblichem Schließdraht nach DIN 62110) (Tex) / pipe needle, tubular needle ‖ ~**ofen** *m* (Chem Verf) / tube furnace, tube still ‖ ~**ofen** (Erdöl) / tube still, pipe still ‖ ~**ofendestillationsanlage** *f* (Erdöl) / pipe-still plant, tube-still plant, tube still ‖ ~**rauschen** *n* (bei dem das Störsignal von statistischen Schwankungen des Anodenstromes herrührt) (Fernm) / valve noise, valve hiss ‖ ~**reaktor** *m* (ein Bioreaktor) (Chem Verf) / tubular reactor ‖ ~**sockel** *m* (Eltronik) / valve base* ‖ ~**spaltofen (RSO)** *m* (Aufber) / steam reformer ‖ ~**spanplatte** *f* (stranggepreßte Spanplatte, die parallel zur Herstellungsrichtung nebeneinander liegende röhrenförmige Hohlräume enthält) (For) / tubular board ‖ ~**streifen** (ein Vorprodukt für die Herstellung geschweißter Stahlrohre - im allgemeinen) / tube strip ‖ ~**streifen** (bis 450 mm Breite) (Hütt) / skelp* *n* ‖ ~**streifenwalzwerk** *n* (Hütt) / skelp mill ‖ ~**strom** *m* (Eltronik) / tube current, valve current ‖ ~**verstärker** *m* (Eltronik) / thermionic amplifier*, tube amplifier ‖ ~**voltmeter** *n* (Eltech) / electronic voltmeter* ‖ ~**wachs** *n* (Paraffinausscheidungen in Rohrleitungen, durch die paraffinbasisches Rohöl gepumpt wird) (Erdöl) / rod wax ‖ ~**wärmeaustauscher** *m* (Chem Verf, Masch) / tubular heat exchanger ‖ ~**wärmeaustauscher mit Mantel** (Chem Verf, Masch, Wärm) / shell-and-tube exchanger, tube-bundle exchanger ‖ ~**wicklung** *f* (bei Transformatoren) (Eltech) / cylindrical winding* ‖ ~**zentrifuge** *f* (Chem Verf) / tubular (bowl) centrifuge

**Rohr•erder** *m* (Eltech) / earth rod, ground rod (US) ‖ ~**federmanometer** *n* (mit einer Bourdon-Röhre als Meßglied); (Instr, Masch) / pressure gauge*, Bourdon gauge* ‖ ~**formen** *n* (Gieß) / pipe moulding* ‖ ~**formerei** *f* (Gieß) / pipe moulding* ‖ ~**förmig** *adj* / tubular *adj* ‖ ~**förmiges Brennelement** (Nukl) / tubular fuel element ‖ ~**förmiger Probenehmer** (Pulv) / thief sampler* ‖ ~**formstück** *n* (Klemp, Masch) / pipe fitting* ‖ ~**formstück für die Rohrüberführung** (Klemp, Masch) / cross-over* *n* ‖ ~**fräsmaschine** *f* (Masch) / pipe milling machine ‖ ~**führung** *f* (für Elektroinstallationssysteme)

(Eltech) / conduit* n ‖ ~gaskabel n (mit SF₆) (Kab) / gas-insulated cable ‖ ~gerüst n (Bau, HüT) / tubular scaffold* ‖ ~gewebe n (als Putzträger) (Bau) / reed mat

**Rohrgewinde** n (DIN 11) (Masch) / pipe thread ‖ **amerikanisches** ~ (Masch) / Briggs pipe thread, American standard pipe thread ‖ **kegeliges** ~ (Erdöl) / API 7-thread (US) ‖ **kegeliges** ~ (Masch) / national gas taper thread (US) ‖ **kegeliges** ~ **für Futterrohre** (lange Ausführung) (Erdöl) / API long round thread casing (US) ‖ **trockendichtendes kegeliges** ~ (ein Feingewinde) (Masch) / dry-seal fine taper pipe thread (US) ‖ **zylindrisches** ~ (Masch) / national gas straight thread (US) ‖ **zylindrisches** ~ **für mechanische Verbindungen mit Gegenmutter** (Masch) / straight pipe thread for loose-fitting mechanical joints with locknuts (US) ‖ ~ n **für im Gewinde dichtende sowie nicht dichtende Verbindungen** (Masch) / G-series thread ‖ ~ **für im Gewinde dichtende Verbindungen** (Masch) / pipe thread where pressure-tight joints are made on the threads ‖ ~ **für nicht im Gewinde dichtende Verbindungen** (Masch) / pipe thread where pressure-tight joints are not made on the threads

**Rohrgewinde•bohrer** m (Masch) / pipe-thread tap (GB), pipe tap (US) ‖ ~**schneidbacke** f (Masch) / pipe die ‖ ~**schneidmaschine** f (Masch) / pipe-threader n

**Rohr•glättwalzwerk** n (Hütt) / smoothing rolling mill, reeling mill, reeler n ‖ ~**graben** m (DIN 4124) (HuT, Landw) / chase* n ‖ **großer** ~**graben** m (HuT) / duct* n, conduit n ‖ ~**haken** m (zum Anschrauben) (Bau) / pipe bracket, pipe hook ‖ ~**halter** m (Masch) / pipe hanger ‖ ~**halterung** f (Masch) / pipe support ‖ ~**herstellung** f (Hütt) / tube and pipe making ‖ ~**hohlziehen** n (Hütt) / tube sinking ‖ ~**kabel** n (Kab) / pipe-type cable (a pressure cable), steel pipe-type cable ‖ ~**kaltpilgern** n (Hütt) / tube rocking ‖ ~**kaltziehen** n (Hütt) / tube cold drawing ‖ ~**kanal** m (HuT) / pipe duct, pipe chase ‖ ~**kompensator** m (Masch) / expansion joint*, expansion bend, expansion loop, expansion compensator ‖ ~**kondensator** m (Eltech) / tubular capacitor (a fixed capacitor consisting of a wound section enclosed in a cylindrical can or tube) ‖ ~**kopf** m (Erdöl) / casing head, tubing head ‖ ~**kopfbenzin** n (Erdöl) / casinghead gasoline, natural gasoline ‖ ~**kopfgas** n (Erdöl) / casinghead gas ‖ ~**kopfverdampfer** m (Chem Verf) / basket evaporator ‖ ~**körper** m (Keram) / barrel n ‖ 135°- ~**krümmer** (Klemp, Masch) / half-normal bend ‖ ~**krümmungsverlust** m (bei der Rohrströmung) (Phys) / pipe-bend loss ‖ ~**kurare** n (nach dem Aufbewahrungsgefäß benannt) (Pharm) / tube curare ‖ ~**länge** f (Hütt) / pipe length, tube length ‖ ~**leger** m (Bau, HuT) / pipefitter n, pipelayer n ‖ ~**leger** (Schiff) / pipe-laying ship ‖ ~**legung** f (Erdöl, HuT, Sanitär) / pipe-laying n, piping n, pipelining n ‖ **gasisolierter** ~**leiter** (Kab) / rigid CGI cable

**Rohrleitung** f / on-land pipeline ‖ ~ (DIN 2400) (Bau) / pipe run, run* n ‖ ~ (HuT, Kab) / conduit* n, electric conduit ‖ ~ (des Schmiersystems) (Kfz) / gallery n, drilled passage ‖ **durch eine** ~ **leiten** / pipe v ‖ **in** ~ **leiten** / pipe v ‖ **schwimmende** ~ (HuT, Schiff) / floating pipeline, reclamation pumping gear ‖ ~ **unter Druck** (Masch) / live main, charged main ‖ ~ **unter Hindernissen** (HuT) / inverted siphon*, siphon* n, sag pipe

**Rohrleitungs•bauer** m (ein Bauwirtschaftsberuf) (Bau, HuT) / pipefitter n, pipelayer n ‖ ~**brücke** f (HuT) / pipeline bridge ‖ ~**brücke** (HuT) s. auch Rohrbrücke ‖ ~**förderung** f / pipage n, pipeline transport ‖ ~**plan** m (HuT) / piping drawing, piping diagram ‖ ~**strang** (Bau) / pipe run, run* n ‖ ~**system** n (Erdöl) / piping n, pipework n, piping system ‖ ~**technik** f (Masch) / piping technology ‖ ~**transport** m / pipage n, pipeline transport ‖ ~**verlegeschiff** n (Erdöl, Schiff) / lay barge* ‖ ~**verlegeschiff** (Schiff) / pipe-laying ship ‖ ~**verluste** m pl (Sanitär) / waste n

**Rohr•luppe** f (Herstellung von nahtlosen Stahlrohren) (Hütt) / pierced billet, hollow blank, tube blank ‖ ~**matte** f (als Putzträger) (Bau) / reed mat ‖ ~**melkanlage** f (Landw) / milking pipeline installation ‖ ~**mikrofon** n (ein Tauchspulenmikrofon, bei dem das Mikrofon vor Erreichen der eigentlichen Membran ein reflexionsfreies Rohr durchläuft) (Akus) / line microphone ‖ ~**modul** n (ein Filterelement) / tubular module ‖ ~**muffe** f (Klemp) / coupling* n, coupler n ‖ ~**muffe** (Klemp, Masch) / socket* n, bell* n (US), hub* n (US), faucet* n ‖ ~**mühle** f (mit längerer Mahltrommel) / tube mill* ‖ ~**netz** n / piping n, pipework n, piping system ‖ ~**netzplan** m (HuT) / piping drawing, piping diagram ‖ ~**niet** m (DIN 7340) (Masch) / tubular rivet* ‖ ~**niet mit massivem Kopf** (Masch) / semi-tubular rivet* ‖ ~**ofen** m (Chem Verf) / tube furnace, tube still ‖ ~**pfahl** m (ein Stahlrohr mit Betonfüllung) (HuT) / pipe pile ‖ ~**platte** f (in Wärmeaustauschern) (Masch) / tube plate*

**Rohrpost** f / pneumatic tube system (a postal system) ‖ ~ (die Versandart einer Übermittlung) (Nukl) / pneumatic dispatch ‖ ~**anlage** f (Masch) / pneumatic tube conveyor* ‖ ~**büchse** f (Fernm) / carrier n (in a postal system) ‖ ~**büchse** (Nukl) / shuttle* n, rabbit n ‖ ~**kapsel** f (ein kleiner Probenbehälter) (Nukl) / shuttle* n, rabbit n

**Rohr•presse** f / tube-extruding press ‖ ~**prüfung** f (Hütt) / tube testing ‖ ~**rahmen** m (Kfz) / tubular frame, tube frame ‖ ~**rauhigkeit** f (Wasserb) / pipe roughness ‖ ~**raumseitiges Medium** (bei Rohrbündelapparaten) (Masch) / tube-side medium ‖ ~**reaktor** m (Chem Verf) / tubular reactor ‖ ~**reduzierwalzwerk** n (Hütt) / tube-reducing mill ‖ ~**register** n (Masch) / tube register ‖ ~**reibung** f (das Auftreten von Reibungskräften zwischen Rohrwand und strömendem Medium bei Rohrströmung) (Masch, Phys) / pipe friction ‖ ~**reibungsverlust** m (Masch, Phys) / pipe friction loss ‖ ~**reibungszahl** f (Masch, Phys) / tube-friction coefficient ‖ ~**reinigen** n **mittels Stangen** (Bau) / rodding* n ‖ ~**reiniger** m (Chem) / chemical drain cleaner ‖ ~**reiniger** (mechanischer) (Schlagkopf, Bohrer, Molch, Schaber - meistens mit Preßluftturbinenantrieb) (Masch) / pig* n, go-devil* n, rabbit* n ‖ **die durch den** ~**reiniger gelösten Ablagerungen** (welche dann meistens durch Spülwasser herausgeschlämmt werden) (Erdöl) / gunk n ‖ ~**reinigungsmittel** n (meistens stark alkalisch) (Chem) / chemical drain cleaner ‖ ~**reinigungsspirale** f (Klemp) / WC auger, auger n, snake n ‖ ~**resonanz** f (Akus) / pipe resonance* ‖ ~**richtmikrofon** n (Akus) / shotgun microphone, gun microphone, machine-gun microphone ‖ ~**richtvorrichtung** f (Klemp) / dummy* n, plumber n ‖ ~**rippe** f (Heizkörper) (Wärm) / gill n, fin* n ‖ ~**roller** n (Anstr) / pipe roller ‖ ~**säge** f (Masch) / pipe saw ‖ ~**schelle** f (Bau) / pipe clip, holderbat n, leader-hook n ‖ ~**schelle** (Masch) / pipe clamp ‖ ~**schellenhälfte** f (Masch) / pipe half-clamp ‖ ~**schenkel** m (Klemp, Masch) / piping leg ‖ ~**schiebermotor** m (V-Mot) / sleeve-valve engine ‖ ~**schlange** f (Masch) / tube coil, coil n ‖ ~**schlangenverflüssiger** m (für Kältemitteldampf) (Masch) / shell-and-coil condenser ‖ ~**schlangenwärmeaustauscher** m / coiled-tube heat exchanger ‖ ~**schlangenwärmetauscher** m / coiled-tube heat exchanger ‖ ~**schlosser** m (Klemp, Masch) / pipe fitter ‖ ~**schlüssel** m (mit Rändelradverstellung) (Klemp, Werkz) / pipe wrench*, cylinder wrench*, pipe grips ‖ ~**schneider** m (Masch, Werkz) / tube cutter, pipe cutter

**Rohrschneider-Konstante** f (in der Gaschromatografie) (Chem) / Rohrschneider constant

**Rohrschneidersche Testsubstanz** (Chem) / Rohrschneider test probe

**Rohrschneider-Testsubstanz** f (in der Gaschromatografie) (Chem) / Rohrschneider test probe

**Rohr•schraubstock** m (Masch) / pipe vice ‖ ~**schuh** m (Erdöl) / casing shoe, bottom of the casing ‖ ~**schweißen** n (Schmelz- oder Preßschweißen von Rohren) (Schw) / pipe welding, tube welding ‖ ~**schweiß-Gripzange** f (Gripzange mit U-förmigen Backen zum Umgreifen und zentrischen Spannen von Rohren und Rundmaterial beim Verschweißen) (Schw) / welding clamp, pipe clamp ‖ ~**-Sechskant-Steckschlüssel** m (Werkz) / tubular nut driver, tubular nut spinner ‖ ~**sicherung** f (Eltech) / tube fuse* ‖ ~**sonde** f (HuT) / sampling tube, sampling barrel ‖ ~**stauchversuch** m (WP) / tube-upsetting test ‖ ~**steckschlüssel** m (zur Betätigung mit Drahtstift) (Werkz) / tubular socket spanner, tubular socket wrench ‖ ~**steckschlüssel** (mit Heft, für Außensechskantschrauben) (Werkz) / tubular nut driver, tubular nut spinner ‖ ~**stopfen** m (Klemp, Masch) / tube plug ‖ ~**stopfenwalzwerk** n (Hütt) / automatic (plug) mill, plug mill ‖ ~**stoßbank** f (nach Ehrhardt) (Hütt) / tube-piercing bench, push bench ‖ ~**strang** (Bau) / pipe run, run* n ‖ ~**strang** (Erdöl, Masch) / string n (of pipes and tubes)* ‖ ~**strangpresse** f (Hütt) / pipe extruder ‖ ~**strangpressen** n (Hütt) / pipe extrusion ‖ ~**strebe** f (Bau) / tubular strut ‖ ~**streckenwalzwerk** n (Hütt) / elongator n ‖ ~**streifen** m (Hütt) / skelp* n ‖ ~**strömung** f (meistens in einem kreiszylindrischen Rohr) (Phys) / flow (of a viscous fluid) through a pipe (of circular cross section), flow in pipes, pipe flow, flow through a pipe ‖ **laminare** ~**strömung** (Phys) / Poiseuille flow ‖ ~**suchgerät** n (HuT) / pipe locator ‖ ~**system** n (Erdöl) / piping n, piping system ‖ ~**tasche** f (ein Einlauftrichter für dicht beieinander verlaufende Regenrohre) (Bau) / hopper-head n ‖ ~**technik** f (Hütt) / tube and pipe making ‖ ~**teilung** f (DIN 28182) (Masch) / tube section ‖ ~**thermoelement** n (für Betriebsmessungen, bei dem das Schutzrohr zugleich ein Schenkel des Thermopaares ist) (Eltech) / metal-shielded thermocouple ‖ ~**tour** f (Erdöl, Masch) / string n (of pipes and tubes)* ‖ ~**träger** m / pipe support ‖ ~**trockner** m **mit pneumatischer Förderung** (Plast) / pneumatic conveying drier, flash drier ‖ ~**turbine** f (eine Kaplanturbine, in der das Wasser dem Leit- und dem Laufrad axial zuströmt) (Masch) / axial-flow tube-type hydraulic turbine (Kaplan) ‖ ~**turbine mit außenliegendem Generator** (Masch) / tube-type hydraulic turbine ‖ ~**turbine mit wasserumströmtem Generator** (in der Ausweitung des Saugrohrs) (Masch) / axial-flow bulb-type turbine ‖ ~**turbine mit wasserumströmtem Generator** (in einer Grube) (Masch) / axial-flow pit-type turbine ‖ ~**umlaufschweißautomat** m (Hütt, Schw) / automatic orbital pipe welder, automatic programmed orbiting tube welding machine ‖ ~**umlaufschweißen** n (Schw) / orbital pipe welding, orbital tube welding ‖ ~**verankerung** f (Masch) / pipe anchor

**Rohrverbindung**

|| ~**verbindung** f (eine rohrförmige Verbindung im allgemeinen) / tubular joint || ~**verbindung** (Klemp) / union* n (a screwed or flanged pipe coupling usually in the form of a ring fitting around the outside of the joint) || ~**verbindung** (DIN 28182) (Klemp) / tube connection, pipe connection || ~**verbindungsstück** n (Masch) / fitting n || ~**verbindungsstück** (mit einer Reinigungsöffnung) (Masch) / inspection fitting* || ~**verlegebarge** f **mit Kabeltrommel** (Erdöl, Schiff) / reel barge*, pipe-laying reel barge || ~**verlegebarge mit Stinger** (Erdöl, Schiff) / stinger-equipped lay barge || ~**verlegung** f (in Gebäuden) (Bau, Klemp) / installation n, internal installation || ~**verlegung** (Erdöl, HuT, Sanitär) / pipe-laying n, piping n, pipelining n || ~**verlegungsgraben** m (HuT, Landw) / chase* n || ~**verlegungsplan** m (HuT) / piping drawing, piping diagram || ~**verschraubung** f (mit einem zylindrischen und einem Kegelgewinde) (Masch) / longscrew n || ~**verschraubungsstück** n (Masch) / screwed fitting, tapped fitting, threaded fitting || ~**verteiler** m (Masch) / manifold* n, pipe manifold || ~**verzweigung** f (Masch) / pipe branching || ~**waffe** f (meistens Geschütz) (Mil) / gun n || ~**wagen** m (als Rohrunterstützung) (Masch) / pipe trolley || ~**walzen** n (Hütt) / tube rolling, pipe rolling || ~**walzwerk** n (Hütt) / tube rolling mill, pipe rolling mill || **kontinuierliches** ~**walzwerk** (Hütt) / mandrel tube-rolling mill || ~**walzwerk** n **mit festgehaltener Stange** (Hütt) / retained-mandrel tube-rolling mill || ~**walzwerk nach Stiefel** (Hütt) / Stiefel rolling mill || ~**wand** f / pipe wall, tube wall || ~**wandsystem** n **als wasserführende Zustellung** (Hütt) / water-cooled tubular lining || ~**weiter** m (Bleirohrverlegung) (Klemp) / tampin* n || ~**werksengineering** (Hütt) / pipe-mill engineering || ~**windkanal** m (Luftf) / shock tunnel || ~**zange** f (Klemp, Werkz) / pipe wrench*, cylinder wrench*, pipe grips || ~**zange** (mit Gleitgelenk) (Werkz) / slip-joint pliers, mechanic's pliers, water-pump pliers || ~**zentrifuge** f (Chem Verf) / tubular (bowl) centrifuge || ~**ziehanlage** f (Hütt) / tube-drawing mill || **mit Stange ~ziehen** (nur Infinitiv und Partizip Perfekt) (Hütt) / draw over mandrel || ~**ziehen** n (Hütt) / tube-drawing* n, drawing of tubes* || ~**zucker** m (im allgemeinen) (Chem, Nahr) / sucrose* n, saccharose n, saccharobiose* n || ~**zucker** (i.e.S.) (Nahr) / cane-sugar* n || ~**zuckerinversion** f (Chem) / inversion of sucrose || ~**zug** m (Masch) / duct* n

**Roh•saft** m (bei der Zuckerherstellung) (Nahr) / diffusion juice, raw juice || ~**salz** n (aus den Kali- und Steinsalzlagerstätten) (Bergb) / crude salt || ~**salz mit Kohlenstaub verunreinigte** ~**schamotte** f (fireclay containing a substantial amount of fine coal particles as an impurity) || ~**schellack** m (Anstr, Zool) / lac* n || ~**schlacke** f (Hütt) / tap cinder || ~**schlamm** m (unbehandelter Schlamm nach DIN 4045) (Sanitär) / raw sludge || ~**schnitt** m (Film) / rough cut || ~**schraube** f (Masch) / black bolt, unfinished bolt || ~**schwefelbarium** n (Anstr, Chem) / black ash || ~**seide** f (gehaspeltes, noch nicht entbastetes Seidengarn) (Tex) / raw silk, unscoured silk || **angedrehte** ~**seidenfäden** (Tex) / singles pl || ~**soda** f (meistens aus dem alten Leblanc-Verfahren) (Chem) / black ash || ~**stahl** m (Roherzeugnis der Eisen produzierenden Industrie) (Hütt) / crude steel || ~**stahlblock** m (Hütt) / steel ingot || ~**stärke** f / raw starch || ~**stein** m (aus dem Steinbruch) / rubble n

**Rohstoff** m / raw material || **hochpolymerer** ~ (Lösung, Flüssigkeit, Pulver, Granulat, Blöcke) (Plast) / virgin material || **nachwachsende** ~**e** (überwiegend pflanzliche) (Bot, Umwelt) / regrowing raw products, renewable raw materials || **textiler** ~ (Tex) / textile raw material || ~ m **für die Papiererzeugung** (Pap) / paper stock, stock n, raw paper-making material || ~**e** m pl **für die Papierherstellung** (Pap) / furnish* n || ~**bedarf** m / raw material requirements || ~**pflanze** f (Bot) / plant for technical (industrial) use || ~**pflanzen** f pl (Bot) / industrial crops

**Roh•sulfat** n (Chem) / salt cake || ~**teer** m (in der Kokerei) / coke-oven tar || ~**teil** n (Hütt, Masch) / blank* n, slug n || ~**teil** (Masch) / raw piece, raw part || ~**unwucht** f (beim Herstellen der Schleifscheibe) (Masch) / initial unbalance || ~**vorrat an Erz** (Bergb, Geol) / measured ore* || ~**ware** f (Keram) / greenware n (a formed but unfired ceramic body) || ~**ware** (Tex) / greige goods*, grey goods*, gray goods (US) || **eingearbeitete** ~**ware** (Leder) / raw-hide input || **gesalzene** ~**ware** (Leder) / salted raw material || ~**wasser** n (vor der Aufbereitung, z.B. zu Speisewasser) (Masch, Sanitär) / untreated water, raw water, crude water || **im** ~**wasser befindliche Trübstoffe** (Sanitär) / raw-water turbidities || ~**weinstein** m (Chem) / argol n, crude cream of tartar || ~**wichte** f (Phys) / apparent density, apparent specific gravity, raw density || ~**wolle** f (Tex) / raw wool || ~**wolle** s. auch Schweißwolle || ~**wollfett** n (Chem, Tex) / wool grease, wool fat, wool oil, wool wax || ~**zucker** m 1 (Nahr) / high-grade sugar || ~**zuckererstprodukt** n (Nahr) / high-grade sugar || ~**zuckerfabrik** f (Nahr) / sugar-house n || ~**zuckerfabrik** (Nahr) / raw sugar factory || **im** ~**zustand** / unprocessed adj

**Rokoko** n (Kunststil von etwa 1720-1785) (Arch) / rococo* n
**Rokokoornament** n (Arch) / rocaille n (typical of grottos and fountains)
**Rollachse** f (Luftf) / roll axis

**Rolladen** m (Fensterladen, der aus einzelnen Kunststoffplatten oder aus Wellblech besteht) (Bau) / roller shutter, rolling shutter || ~**kasten** m (Bau) / shutter box
**Rollagehilfsbefeuerung** f (Luftf) / wing bar
**Rollamplitude** f (Schiff) / roll amplitude
**Roll-back-Analyse** f (beim Entscheidungsbaumverfahren) (KI) / roll-back analysis
**Roll•bahn** f (zum Erreichen und Verlassen der Start- und Landebahn) (Luftf) / taxi track (not necessarily paved)*, taxiway n (paved), TWY, twy || ~**bahn** (des Kugellagers) (Masch) / ball-track* n || ~**bahnbefeuerung** f (Luftf) / taxi-track lights* || ~**balg** m (Abdichtung bei Gleichlaufgelenken) (Kfz) / roll boot || ~**balken** m (EDV) / scroll bar || ~**ballenpresse** f (Landw) / round baler, roll baler, rotobaler* n || ~**band** n (zur Personenbeförderung) / moving carpet, moving floor, moving walkway || ~**band** (das auf einem Rollbogen abwälzt) / roll band, tape n (US) || ~**bandmaß** n (bedrucktes Meßband in Stahl- oder Kunststoffgehäuse) (Bau) / builder's tape, tape* n, measuring tape*, tape-measure n || ~**bereich** m (auf dem Bildschirm) (EDV) / scroll area || ~**biegen** n (DIN 8586) (Hütt) / edge rolling || ~**bock** m (ein Handfahrgerät) / dolly n, roller stand || ~**bock** (Bahn) / trolley n, truck n || ~**bockbetrieb** m (beim Spurwechsel) (Bahn) / trolley service || ~**boden** m (z.B. des Stalldungstreuers) (Landw) / endless floor || ~**bogen** m (Zylindersegment, auf dem zur Erzeugung der Wälzbewegung Wälzbänder ablaufen) (Masch) / pitch block, pitch disk (US) || ~**brechstange** f / pry n || ~**brett** n (für Arbeiten unter dem Fahrzeug ohne Bühne oder Grube) (Kfz) / creeper n, mechanic's creeper || ~**brücke** f (mit der waagrechten Verschiebung des Überbaus) (Masch) / traversing bridge*, retractable bridge

**Roll-by-Anzeige** f (Anzeige mit wenigen Stellen, aber durchlaufendem Text) (EDV) / roll-by display
**Röllchenelektrode** f (Eltech) / Manchester plate
**Roll-Coater** m (Walzenauftragsvorrichtung zum Auftragen der Behandlungsflüssigkeit bei der chemischen Oxidation) (Anstr) / roll coater, roll coating system
**Roll-down-Verfahren** n (bei Sanierung von Rohrleitungen) (HuT, Wasserb) / roll-down process
**Rolldrehweg** m (bei den IR) / roll travel
**Rolle** f (beim Patentamt) / register n || ~ (Tapeten) / roll n, bolt n || ~ (Rolloch) (Bergb) / chute* n, drop-hole n, pass n, glory n || ~ (Buchb) / roll* n || ~ (Bandstahl) (Hütt) / roll n || ~ (der Bandsäge) (Instr) / pulley n, wheel n || ~ (KI) / role n || ~ (eine Kunstflugfigur) (Luftf) / roll n (rotation about longitudinal axis)* || ~ (zur Führung von Seilen oder Ketten) (Masch) / roller n || ~ (des Wälzlagers) (Masch) / roller n || ~ (des Flaschenzugs) (Masch) / pulley n || ~ (Masch, Mech) / roll n, roller* n || ~ (Pap) / reel n, roll n || ~ (Aufgabenverteilung für die Besatzung eines Schiffes) (Schiff) / bill n, roll n || **auf ~n transportieren** (Aufschrift auf der Kiste) / use rollers || **bewegliche** ~ (Masch) / running pulley || **feste** ~ (des Flaschenzugs) (Masch, Mech) / fast pulley*, fixed pulley* || **halbe** ~ (eine Drehung bis zur Rückenfluglage) (Luftf) / half-roll* n || **Holländische** ~ (Luftf) / Dutch roll* n || **intermittierende** ~ (Film) / intermittent sprocket || **langsame, gesteuerte** ~ (Luftf) / slow roll, aileron roll (US) || **lose** ~ (des Flaschenzugs) (Masch, Mech) / loose pulley, idler pulley, floating pulley (US) || **lose gewickelte** ~ (Druck, Pap) / slack roll || **stumme** ~ (Film) / walking-on part, walk-on n, walk-on part || **ungesteuerte** ~ (eine Kunstflugfigur) (Luftf) / flick roll* || ~ f **mit Lammfellbezug** (Anstr) / lambswool roller*
**rollen** v / roll v || ~ (Luftf) / taxi v || ~ / curling n || ~ (Anstr) / roller coating* || ~ (bei der Blechbearbeitung) (Hütt) / edge rolling || ~ (Bewegung des Flugzeugs um die Längsachse) (Luftf) / rolling* n || ~ (auf den Rädern) (Luftf) / taxiing n, taxying n || ~ (im Rollgesenk) (Masch) / rolling n || ~ (Blechbearbeitung) (Masch) / curling n || ~ (eine Rollbewegung) (Mech) / rolling n || ~ (Pap) / curl* n || ~ (Schlingern und Stampfen) (Schiff) / roll* n, rolling* n || ~ (der Kanten) (Web) / rolling || ~ **nach oben** (des Bildschirms) (EDV) / scroll-up n, roll-up n || ~ **nach unten** (des Bildschirms) (EDV) / scroll-down n, roll-down n || ~ **ohne eingeschalteten Motor** (Eltech) / coasting* n
**Rollen•abstreifverfahren** n (Galv) / roller levelling || ~**bahn** f (For) / roller feed || ~**bahn** (ein geneigtes Schwerkraft-Fördermittel) (Masch) / gravity roller conveyor* (freely revolving) || ~**bahn** (Masch) / roller conveyor* || **angetriebene** ~**bahn** (Hütt, Masch) / power-driven roller conveyor, powered roller conveyor, live roller conveyor || **geneigte** ~**bahn** (Masch) / freely revolving roller conveyor, gravity roller conveyor || ~**besetzung** f (Film) / casting n || ~**breithalter** m (Web) / roller fabric spreader, roller temple
**rollend•es Kontaktstück** (Eltech) / rolling contact || **~e Leiste** (Web) / rolling selvedge, curling selvedge, curled selvedge, double selvedge, turned-over selvedge, folded selvedge || **~es Material** (Bahn) / plant n, rolling-stock* n || **~e Reibung** (Masch, Mech) / rolling friction || **~er**

**Ring** (bei der Replikation) (Gen) / rolling circle ‖ **~er Schnitt** (Film, TV) / wipe n

**Rollen • drehstern** m (Druck) / reel star, reel turret ‖ **~druck** m (Druck) / web printing, rotary printing ‖ **~druckmaschine** f (Druck) / web press, roll-fed press, web-fed printing press ‖ **~dynamometer** n / roller dynamometer ‖ **~egreniermaschine** f (Tex) / roller gin ‖ **~elektrode** f (Schw) / wheel electrode, wheel-shaped electrode, roller electrode, roll electrode ‖ **~folie** f (als Gegensatz zu Blattfolie) (Buchb) / roll leaf ‖ **~förderer** f (ein Stetigförderer) (Masch) / roller conveyor* ‖ **~führung** f (Hütt, Masch) / roller guide ‖ **angetriebener ~gang** (Hütt) / live roller table ‖ **~gegenführung** f (der Drehmaschine) (Masch) / roller box ‖ **~gold** n / ribbon gold ‖ **~herdofen** m (Hütt) / roller conveyor furnace ‖ **~hülse** f (Druck, Pap) / reel core ‖ **~indikator** m (semantisch-syntaktisches Hilfsmittel der Inhaltserschließung von Dokumenten) (EDV) / role indicator ‖ **~käfig** m (des Rollenlagers) (Masch) / roller cage ‖ **~karte** f (eine Musterkarte zur Steuerung von Schaftmaschinen) (Web) / roll card, roller card ‖ **~kern** m (Wickelkörper ohne seitliche Begrenzungsflächen - in der Lochstreifentechnik) (EDV) / former n ‖ **~kette** f (DIN 8180) (Masch) / roller chain* ‖ **~kondensator** m (Eltech) / tubular capacitor (a fixed capacitor consisting of a wound section enclosed in a cylindrical can or tube) ‖ **~kopf** m (Schw) / electrode wheel head ‖ **~kopierautomat** m (Druck) / web-fed automatic copier ‖ **~kreis** m (eine Kunstflugfigur) (Luftf) / rolling circle ‖ **~lager** m (mit Rollen als Wälzkörper) (Masch) / roller bearing ‖ **~loser Stößel** (V-Mot) / mushroom follower* ‖ **~lünette** f (der Drehmaschine) (Masch) / roller-steady n ‖ **~material** n (Bau) / built-up roofing ‖ **~meißel** m (Bergb) / roller bit*, roller cutter bit ‖ **~meißel für harte Formationen** (Bergb) / rock-bit n (for hard formations), hard-formation bit ‖ **~nachbohrer** m (Erdöl) / roller reamer ‖ **~nahtschweißen** n (Widerstandspreßschweißen mit Rollenelektroden zum Dünnblechschweißen von Stumpf- und Überlappstößen mit oder ohne Zusatzwerkstoff) (Schw) / roller seam welding ‖ **~naht-Widerstandsschweißen** n (Schw) / resistance seam-welding* ‖ **~ofen** m (Hütt) / roller conveyor furnace ‖ **~offset** m (Druck) / web offset, rotary offset ‖ **~offsetdruck** m (Druck) / web offset*, rotary offset ‖ **~offsetmaschine** f (Druck) / web offset press, offset rotary press, rotary offset press ‖ **~papier** n (Druck, Pap) / reel paper, paper in reels, web paper ‖ **~papierrest** m (Druck, Pap) / stub n ‖ **~prüfstand** m (ein Dynamometer) / roller dynamometer ‖ **~prüfstand** (Kfztst) / roller-type dynamometer, roller-type test stand ‖ **~quetscher** m (Foto) / squeegee* ‖ **~rest** m (Druck, Pap) / stub n ‖ **~richtapparat** m (in der Blechbearbeitung) (Hütt, Masch) / leveller n, levelling machine, straightening machine ‖ **~richten** n (von Blech) (Hütt, Masch) / roller flattening ‖ **~rost** m (Aufber) / roller bar grizzly ‖ **~rotationspresse** f (Druck) / web-fed rotary press, reel-fed rotary ‖ **~schneider** m (Pap) / reel-cutter n, reel-slitting machine, reel slitter ‖ **~schneidmaschine** f (Pap) / reel-cutter n, reel-slitting machine, reel slitter ‖ **~setzstock** m (Masch) / roller-steady n ‖ **~spiel** n (EDV) / role-playing game, RPG ‖ **~ständer** m (der Rollenrotationsmaschine) (Druck) / reel stand ‖ **~stern** m (Druck) / reel star, reel turret ‖ **~stern mit Selbstklebevorrichtung** (Druck) / autopaster* n, flying paster*, automatic reel change* ‖ **~stößel** m (V-Mot) / roller tappet, roller-type follower ‖ **~strich** m (Pap) / roll coating ‖ **~stromnehmerkopf** m (Eltech) / trolley head ‖ **~tiefdruck** m (Druck) / rotogravure* ‖ **~träger** m (Druck) / reel stand ‖ **~träger** (der Rollenbahn) (Masch) / roller carrier ‖ **~träger mit Selbstklebevorrichtung** (Druck) / autopaster* n, flying paster*, automatic reel change* ‖ **~transport** m (Druck) / reel transportation ‖ **~verfahren** n (bei Feuerverzinkung) (Galv) / roller levelling ‖ **~vorschub** m (Masch) / roll feed* ‖ **~wagen** m (Druck) / reel bogie*, reel truck*, dolly truck* ‖ **~wechsel** m (beim Rotationsdruck) (Druck) / reel change, reel change on the run ‖ **fliegender ~wechsel** (Druck) / flying reel change, reel change on the run ‖ **~wellpappe** f (Pap) / single-faced corrugated fibreboard ‖ **~zellenpumpe** f (eine Flügelzellenpumpe mit Rollen als Verdrängerelementen) (Masch) / roller-vane pump, rolling-vane pump

**Rollenzug** m (Masch) / lifting block(s)*, rope-and-pulley device, block and tackle, system of pulleys, pulley block, lifting tackle, block and fall

**Roller** m (ein niedriges Handfahrgerät) / roller n ‖ **~** (Keram) / jigger n ‖ **~** (Kfz) / motor scooter, scooter n ‖ **~** (für die Autoreparaturen von unten) (Kfz) / creeper n, mechanic's creeper ‖ **~** (Rollplattform) (Masch) / dolly n, semilive skid (US) ‖ **~** (eine Art Dünung) (Ozean) / roller n ‖ **~flasche** f (ein Kulturgefäß) (Bakteriol) / rolling bottle, roller bottle ‖ **~nahtschweißung** f (Schw) / roller seam welding

**Rolle-Satz** m (nach M. Rolle, 1652-1719) (Math) / Rolle's theorem

**roll • fähig** adj (z.B. Möbel) / rollaway attr ‖ **~fähig** (Auto) (Kfz) / towable adj ‖ **~feld** n (Luftf, Mil) / manoeuvring area ‖ **~feldradar** n (Luftf, Radar) / airfield surface movement indicator, airfield surface detection equipment, ASDE, airfield surveillance radar ‖ **~feldringbahn** f (Luftf) / perimeter track (a taxi track)* ‖ **~film** m (DIN 4523) (Foto) / roll film* ‖ **~förderer** m (Stetigförderer für Stückgut ohne Zugorgan, mit Rollen oder Röllchen, die in Traggerüsten gelagert sind, als Tragorgan) (Masch) / roller conveyor ‖ **~freigabe** f (Luftf) / taxi clearance ‖ **~funktion** f (EDV) / scrolling* n, scroll n ‖ **~fuß** m (der Nähmaschine) (Tex) / roller presser with one roller, roller foot with one roller ‖ **~gabelschlüssel** m (Masch, Werkz) / adjustable spanner, monkey-wrench n, adjustable wrench ‖ **~gang** m (Stetigförderer für schwere Lasten) (Hütt) / roller table, table n ‖ **~gangsmotor** m (Eltech, Hütt) / roller-table motor ‖ **~geld** n / cost of transport, carriage n, transport costs ‖ **~geräusch** n (des Reifens) (Kfz) / tyre noise ‖ **~gerste** f (Nahr) / pearl barley ‖ **~gerüst** n (Bau) / rolling scaffold ‖ **~gesenk** n (zum Zwischenformen durch Recken) (Masch) / roller n, rolling edger ‖ **~halbmesser** m (des belasteten Reifens) (Kfz) / rolling radius (of a tyre) ‖ **~halteort** m (Luftf) / taxi-holding position

**rollieren** v (Oberfläche mit Rollierscheiben) (Masch) / roll v ‖ **~ n von Bildschirmseiten** (EDV) / page scrolling

**rollig** adj (Boden) (HuT, Landw) / non-cohesive adj, cohesionless adj, frictional adj, crumbly adj

**Roll • instabilität** f (Luftf) / lateral instability*, rolling instability* ‖ **~kardenrauhmaschine** f (DIN 64 990) (Tex) / raising machine with revolving teasels ‖ **~kippwagen** m (ein Förderwagen) (Bergb) / Granby car ‖ **~klappbrücke** f (HuT) / rolling lift bridge ‖ **~kolbenpumpe** f (Vakuumt) / lobar pump ‖ **~kontakt** m (Eltech) / rolling contact ‖ **~kugel** f (zur Eingabe einer Position in der grafischen Datenverarbeitung) (EDV) / track ball, control ball, tracker ball ‖ **~kugel** (Radar) / roll ball, rolling ball, control ball ‖ **~kurve** f (Math) / trochoid* n ‖ **~leiste** f (EDV) / scroll bar ‖ **~leitsystem** n (Luftf) / taxiing guidance system ‖ **~makulatur** f (Grundpapier beim Tapezieren) (Bau) / lining paper ‖ **~maschine** f (Pap) / winder n ‖ **~mechanismus** m (mit S-förmigem, flexiblem Band) (Masch) / rolamite mechanism ‖ **~meißel** m (Bergb) / roller bit*, roller cutter bit ‖ **~moment** n (Luftf) / rolling moment* ‖ **~neigung** f (Pap) / curl* n ‖ **~neigung der Bogen** (Druck) / sheet curling

**Rollo** n (pl. -s) (Bau) / roller blind, blind n, window shade (US) ‖ **~** (pl. -s) (Foto) / blind m, shutter blind

**Rolloch** n (zur Abwärtsförderung von Haufwerk oder Bergen) (Bergb) / chute* n, drop-hole n, pass n, glory n

**Roll-on-Roll-off** n (horizontaler Umschlag) (Schiff) / roll-on roll-off n ‖ **~-Schiff** n (ein Frachtschiff mit horizontalem Umschlag) (Schiff) / roll-on roll-off ship, ro-ro-ship

**Rollout** n (öffentliche Vorstellung eines neuen Flugzeugtyps oder eines neuen Raumschiffs) / roll-out n

**Roll • periode** f (Schiff) / rolling period* ‖ **~pikiermaschine** f (Tex) / roll padding machine ‖ **~plattform** f (Masch) / dolly n, semilive skid (US) ‖ **~pritsche** f (Masch) / dolly n, semilive skid (US) ‖ **~punktschweißen** n (Schw) / roller spot welding ‖ **~radius** m (des belasteten Reifens) (Kfz) / rolling radius (of a tyre) ‖ **~rakel** f (Pap, Tex) / revolving doctor, roll doctor ‖ **~rand** m (einer Dose) (Masch) / welt n ‖ **~reibung** f (Masch, Mech) / rolling friction ‖ **~saum** m (Tex) / rolled hem ‖ **~scheinwerfer** m (Luftf) / taxi light ‖ **~schemel** m (Vorrichtung zum Befördern von Eisenbahnwagen der Normalspur auf Gleisen anderer Spurweite) (Bahn) / trolley n, truck n ‖ **~schicht** f (eine Mauerschicht) (Bau) / rowlock* n, rolock n, brick-on-edge course, rollock n ‖ **~schnitt** m (mit dem Trickmischgerät erzeugter Übergang von einem Fernsehbild zu einem anderen) (TV) / rolling cut n ‖ **~schrank** m / roll-fronted cabinet, shutter cabinet ‖ **~schütz** n (Wasserb) / roller gate, Stoney gate ‖ **~sicken** n (wenn ein Hohlkörper zwischen die auseinandergefahrenen Sickenrollen einer Sickenmaschine gebracht wird) (Hütt, Masch) / beading n ‖ **~splitt** m (HuT) / coated chippings ‖ **~stabilität** f (Luftf) / rolling stability, transverse stability ‖ **~stanzen** (Hütt) / edge rolling ‖ **~steig** m (HuT) / autowalk n ‖ **~stempel** m (Vorrichtung in der Blechbearbeitung) (Masch) / curling tool, curling die ‖ **~steuerflächen** f pl (Höhenruder) (Luftf) / lateral controls ‖ **~stuhlfest** adj (Teppich) (Tex) / wheelchair-resistant adj ‖ **~stuhlzugänglich** adj (Bau) / wheelchair-accessible adj ‖ **~titel** m (Film) / rolling title ‖ **~titelgerät** n (Film) / title roll, title drum ‖ **~treppe** f (Bau, Masch) / escalator n, moving stair, moving staircase ‖ **radiale ~treppe** (Bau, Masch) / radial escalator n ‖ **~wagen** m (beim Rollbockbetrieb) (Bahn) / wheeled truck ‖ **~ware** f (bei der Entwicklung) (Foto) / rolls pl ‖ **~wart** m (S) (Luftf) / marshaller n, signal-man n, guide n ‖ **~weg** m (Luftf) / taxi track (not necessarily paved)*, taxiway n (paved), TWY, twy ‖ **~werk** n (als Bestandteil der Kartusche) (Arch) / scroll n, scrollwork n ‖ **~werkzeug** n (ein Malerwerkzeug) (Anstr) / roller* n ‖ **~werkzeug** (bei der Blechbearbeitung) (Masch) / curling tool, curling die ‖ **~werkzeugbezug** m (Anstr) / sleeve n ‖ **~widerstand** m (den ein Körper bei rollender Bewegung erfährt) (Masch, Phys) / rolling resistance* ‖ **~winkel** m (Luftf) / angle of roll* ‖ **~wulst** m

**ROM**

(Verformung der Lauffläche eines rollenden Reifens) (Kfz) / rolling hump
**ROM** *n* (EDV) / read-only memory, ROM*, fixed store, permanent storage, permanent store* ‖ **elektrisch löschbares ~** (EDV) / electrically erasable ROM, EEROM ‖ **elektrisch veränderbares ~ (EAROM)** (EDV) / electrically alterable ROM (EAROM)
**Romanechit** *m* (amorphes oder feinkristallines MnO₂ - ein Manganomelan) (Min) / psilomelane* *n*
**Romanik** *f* (Arch) / Romanesque *n* (a style of architecture)
**romanischer Baustil** (Arch) / Romanesque *n* (a style of architecture)
**Romankalk** *m* (hydraulischer oder hochhydraulischer Kalk, nach DIN 1164 kein Zement) (Bau, HuT) / Roman cement, Parker's cement
**Roméit** *m* (ein oxidisches Antimonmineral der Stibiconit-Reihe, nach Romé de l'Isle benannt) (Min) / roméite* *n*
**Römer** *m* (ein Dachziegel) (Bau) / bold roll tile
**ROM-geeigneter Kode** (EDV) / ROMable code
**Römisch•er Beton** (Opus caementicium) (Bau) / lime concrete (a mixture of gravel, sand and lime which sets hard and was used in Roman times and later before Portland cement was made) ‖ **~es Kamillenöl** (aus den Blüten des Chamaemelum nobile (L.) All.) / camomile oil ‖ **~e Schnellwaage** (Masch) / steelyard *n*, Roman balance, steelyard machine ‖ **~e Ziffer** (Math, Typog) / Roman numeral ‖ **~e Ziffern** (des Zifferblatts) (Uhr) / chapters* *pl*
**Römischbraun** *n* (Anstr) / umber *n*
**Rommelfaß** *n* (Gieß) / rumble *n*, tumbling barrel
**Rommel-Feinzerkleinerer** *m* (Masch) / tumbling pulverizer
**rommeln** *v* (Zunder entfernen) (Gieß, Hütt) / barrel *v*, tumble *v*, rumble *v* ‖ **~** *n* (Gieß) / barrel finishing, tumbling *n*, rumbling *n*
**Rommeltrommel** *f* (Gieß) / rumble *n*, tumbling barrel
**Ronay-Effekt** *m* (ein rheologischer Effekt zweiter Ordnung) (Phys) / Ronay effect
**Ronchi-Prüfverfahren** *n* (Opt) / Ronchi test (an improvement on the Foucault knife-edge test for testing curved mirrors, in which the knife edge is replaced with a transmission grating with 15-80 lines per centimetre, and the pinhole source is replaced with a slit or a section of the same grating)
**Ronde** *f* (kreisrunder Blechzuschnitt) (Hütt) / round blank, circular blank
**Rongalit** *n* (Gruppe von Sulfinsäurederivaten - ein Warenzeichen) (Chem) / Rongalite *n*
**röntgen** *v* (Radiol) / X-ray *v* ‖ **~** *n* (nicht mehr zugelassene SI-fremde Einheit der Ionendosis bei der Röntgen- und der Gammastrahlung) (Radiol) / roentgen *n*, röntgen* *n* ‖ **~absorptionsspektroskopie** *f* (Spektr) / X-ray absorption spectroscopy ‖ **~amorph** *adj* (Sammelbezeichnung für im wesentlichen kristalline Festkörper minimaler Teilchengröße oder extremer Gitterstörung, die im Vergleich zu mikrokristallinen Pulvern nur sehr verbreiterte Röntgenreflexe liefern) (Krist) / X-ray amorphous ‖ **~analyse** *f* (eine analytische Methode) (Chem) / X-ray analysis ‖ **wellenlängendispersive ~analyse** (eine Elektronenstrahl-Mikroanalyse) (Spektr) / wavelength dispersive X-rays spectrometry, WD X-rays spectrometry ‖ **energiedispersive ~analyse** (Spektr) / energy-dispersive X-ray analysis ‖ **~analytische Methode** (bei der Elementaranalyse komplexer Stoffmischungen) (Chem) / X-ray analytical method ‖ **~apparat** *m* (Radiol, WP) / X-ray apparatus, X-ray machine ‖ **~arbeitsplatz** *m* (Med) / X-ray working place ‖ **~astronomie** *f* (eine Art Hochenergieastronomie) (Astr) / X-ray astronomy ‖ **~aufnahme** *f* (Med, Radiol, WP) / X-ray photograph, radiograph *n*, radiogram *n*, X-ray image (picture), roentgenogram *n* ‖ **~auftrittspotentialspektroskopie** *f* (Spektr) / soft X-ray appearance potential spectroscopy, SXAPS ‖ **~behandlung** *f* (Med, Radiol) / X-ray therapy*, roentgenotherapy *n* ‖ **~bestrahlung** *f* (Radiol) / X-ray irradiation ‖ **~beugung** *f* (im Bereich von 5 x 10¹⁵ bis etwa 10¹⁹ Hz) (Krist) / X-ray diffraction ‖ **~beugungsaufnahme** *f* (Krist) / X-ray diffraction pattern, X-ray diffraction photograph ‖ **~beugungsbild** *n* (Krist) / crystallogram* *n* ‖ **~bild** *n* (entweder Röntgenaufnahme oder Röntgenschirmbild) (Med, Radiol, WP) / X-ray photograph, radiograph *n*, radiogram *n*, X-ray image (picture), roentgenogram *n* ‖ **~bildverstärker** *m* (Radiol) / X-ray image intensifier, X-ray image amplifier ‖ **~blitz** *m* (ein Röntgenstrahlimpuls) (Radiol) / X-ray flash ‖ **~blitzaufnahme** *f* (Radiol) / flash radiography* ‖ **~blitzröhre** *f* (zur Erzeugung von intensiven Röntgenblitzen) (Radiol) / X-ray flash tube ‖ **~brille** *f* (mit bleihaltigen Gläsern) (Radiol) / X-ray glasses ‖ **~chemische Analyse** (Chem) / X-ray (chemical) analysis ‖ **~defektoskopie** *f* (WP) / X-ray examination ‖ **~diagnostik** *f* (Med, Radiol) / diagnostic radiology ‖ **~diagnostisches Gerät für die Orthodiagrafie** (zur Aufzeichnung der wahren Größe eines Organs) (Radiol) / orthodiagraph* *n* ‖ **~dichte** *f* (Krist) / X-ray density ‖ **~diffraktionsaufnahme** *f* (auf Film) (Krist) / X-ray diffraction pattern, X-ray diffraction photograph ‖ **~diffraktometer** *n* (zur Registrierung von Röntgenreflexen mit Hilfe von Quantenzählern) (z.B. für die

Kristallstrukturanalyse) (Krist) / X-ray diffractometer*, roentgen diffractometer ‖ **~doppelstern** *m* (Astr) / X-ray double star ‖ **~dosimeter** *n* (Kernphys) / X-ray dosemeter, X-ray dosimeter ‖ **~dosisleistungsmesser** *m* (Radiol) / X-ray exposure rate meter ‖ **~durchleuchtung** *f* (Radiol) / fluoroscopy* *n*, screening* *n*, radioscopy *n*, roentgenoscopy *n* ‖ **~emission** *f* (Phys) / X-ray emission ‖ **protoneninduzierte ~emission** (ein Spezialfall der durch Ionenbeschuß verursachten Ionenemission) (Spektr) / proton-induced x-ray emission, PIXE ‖ **protoneninduzierte ~emissionsanalyse** (Spektr) / proton-induced x-ray emission analysis ‖ **~emissionsmikrospektralanalyse (REMSA)** *f* (Spektr) / X-ray microanalysis ‖ **~emissionsspektroskopie** *f* (Spektr) / X-ray emission spectroscopy ‖ **~farbfilm** *m* (Foto, Radiol) / X-ray colour film ‖ **~feinstrukturanalyse** *f* (Krist, WP) / X-ray fine-structure analysis ‖ **~feinstrukturuntersuchung** *f* (Krist, WP) / X-ray fine-structure analysis ‖ **~fernsehen** *n* (Übertragung der Bilder auf Sekundärschirme von Röntgenbildverstärkern) (Radiol) / X-ray television ‖ **~film** *m* (ein Spezialfilm für Röntgenaufnahmen) (Med, Radiol) / X-ray film ‖ **~filmkassette** *f* (Med, Radiol) / X-ray cassette, X-ray film cassette ‖ **~filter** *n* (das die für die Messung störenden Bereiche des Spektrums der Röntgenstrahlung abschwächt; auch als Schutzfilter eingesetzt) (Med, Radiol) / X-ray filter
**Röntgenfluoreszenz** *f* (Radiol) / X-ray fluorecence, XRF ‖ **energiedispersive ~** (Spektr) / energy-dispersive X-ray fluorescence, EDXRF ‖ **~analyse** *f* (Spektr) / X-ray fluorescence spectroscopy, X-ray fluorescence analysis, XRF spectroscopy, XRFA, X-ray fluorescence spectrometry ‖ **~spektroskopie** *f* (Spektr) / X-ray fluorescence spectroscopy, X-ray fluorescence analysis, XRF spectroscopy, XRFA, X-ray fluorescence spectrometry ‖ **~strahlung** *f* (Radiol) / characteristic X-radiation*, characteristic X-rays, characteristic radiation*, fluorescence X-radiation*
**Röntgen•fokussierungsmikroskopie** *f* (Mikros) / X-ray focussing microscopy ‖ **~-Fotoelektronenspektroskopie** *f* (mit weichen Röntgenstrahlen als Sonde) (Spektr) / X-ray photoelectron spectroscopy (XPS), electron spectroscopy for chemical application (ESCA), induced electron emission spectroscopy, IEE spectroscopy ‖ **~foton** *n* (Phys) / X-ray photon ‖ **~generator** *m* (alle dem Betrieb der Röntgenröhre dienendenden elektrischen Teile der Röntgeneinrichtung) (Radiol) / X-ray generator ‖ **~gerät** *n* (Radiol, WP) / X-ray apparatus, X-ray machine ‖ **~grobstrukturanalyse** *f* (Krist, WP) / macroscopic X-ray analysis, gamma defectoscopy, radiographic flaw detection, industrial radiography ‖ **~grobstrukturuntersuchung** *f* (Krist, WP) / macroscopic X-ray analysis, gamma defectoscopy, radiographic flaw detection, industrial radiography ‖ **~hintergrundstrahlung** *f* (Astr) / X-ray background ‖ **~holografie** *f* (Radiol) / X-ray holography ‖ **~interferenz** *f* (Radiol) / X-ray interference
**röntgenisieren** *v* (A) (Radiol) / X-ray *v*
**Röntgen•kamera** *f* (zur Untersuchung kristallinen Materials durch Beugung von Röntgenstrahlen) (WP) / X-ray camera ‖ **~kassette** *f* (Med, Radiol) / X-ray cassette, X-ray film cassette ‖ **~kinematografie** *f* (Radiol) / radiocinematography *n* ‖ **~kleinwinkelstreuung** *f* (Radiol) / small-angle X-ray scattering ‖ **~kontrastmittel** *n* (Radiol) / contrast medium*, radiological contrast substance ‖ **~kristallin** *adj* (Krist) / X-ray-crystalline *adj* ‖ **~kristallografie** *f* (Krist) / X-ray crystallography* ‖ **~kristallstrukturanalyse** *f* (Krist) / X-ray diffraction analysis, X-ray analysis ‖ **~kunde** *f* (Radiol) / radiology* *n*, roentgenology* *n*, röntgenology* *n* ‖ **~lampe** *f* (Eltronik) / X-ray tube ‖ **~laser** *m* (der kohärente Strahlung im Röntgengebiet emittiert) (Phys) / XRASER *n*, X-ray laser* ‖ **~linie** *f* (in der Röntgenspektroskopie) (Spektr) / X-ray line ‖ **~linse** *f* (Mikros) / X-ray lens ‖ **~lithografie** *f* (Eltronik) / X-ray lithography ‖ **~maske** *f* (in der Röntgenlithografie) (Eltronik) / X-ray mask ‖ **~mikroanalyse** *f* (Spektr) / X-ray microanalysis ‖ **~mikroskop** *n* (Mikros) / X-ray microscope ‖ **~mikroskopie** *f* (Mikros) / X-ray microscopy ‖ **~nekrose** *f* (Med, Radiol) / radionecrosis *n*
**Röntgeno•grafie** *f* (WP) / roentgenography *n* ‖ **~grafische Aufnahme nach der Pulvermethode** (z.B. nach Debye-Scherrer, nach Straumanis, nach Seemann-Bohlin) (Krist) / powder photography* ‖ **~grafische Dichte** (Krist) / X-ray density ‖ **~gramm** *n* (Med, Radiol, WP) / X-ray photograph, radiograph *n*, radiogram *n*, X-ray image (picture), roentgenogram *n* ‖ **~loge** *m* (Med, Radiol) / radiologist *n*, roentgenologist *n* ‖ **~logie** *f* (Radiol) / radiology* *n*, roentgenology* *n*, röntgenology* *n* ‖ **~metrie** *f* (Krist) / X-ray diffraction analysis, X-ray analysis ‖ **~metrie** (Krist) / X-ray structure analysis
**Röntgenoptik** *f* (Opt) / X-ray optics, roentgen optics
**Röntgenoskopie** *f* (Radiol) / fluoroscopy* *n*, screening* *n*, radioscopy *n*, roentgenoscopy *n*
**Röntgen•projektionsmikroskop** *n* (Mikros) / X-ray projection microscope (XRPM) ‖ **~projektionsmikroskopie** *f* (Mikros) / shadow microscopy, projection microradiography, X-ray projection microscopy ‖ **~prüfung** *f* (WP) / X-ray examination ‖ **~pulsar** *m* (ein

Neutronenstern in einem Doppelsternsystem, der hauptsächlich Röntgenstrahlung emittiert) (Astr) / X-ray pulsar ‖ ⁓**pulverkamera** *f* (Krist) / X-ray powder camera, powder camera ‖ ⁓**punktquelle** *f* (z.B. Scorpius X-1) (Astr) / point X-ray source ‖ **transitorische** ⁓**quelle** (Astr) / transient x-ray source, transient *n* ‖ ⁓**quellen** *f pl* (Quellen kosmischer Röntgenstrahlung, von denen heute /2001/ bereits mehrere Tausend bekannt sind) (Astr) / X-ray sources* ‖ ⁓**reihenuntersuchung** *f* (Med) / X-ray screening ‖ ⁓**röhre** *f* (DIN 6814, T 6) (Eltronik) / X-ray tube* ‖ ⁓**satellit** *m* (Raumf) / X-ray satellite ‖ ⁓**scanner** *m* (Röntgenbilderzeugungssystem, bei dem das Objekt mit einem dünnen Röntgenstrahl abgetastet wird) (Radiol) / X-ray scanner ‖ ⁓**schattenmikroskopie** *f* (Mikros) / shadow microscopy, projection microradiography, X-ray projection microscopy ‖ ⁓**schirm** *m* (Radiol) / X-ray screen ‖ ⁓**schirmbild** *n* (Radiol) / shadowgraph *n*, X-ray photograph, radiogram *n*, radiograph *n* ‖ ⁓**schirmbildverfahren** *n* (Radiol) / fluorography* *n*, photofluorography *n* ‖ ⁓**schutzglas** *n* (Röntgenstrahlen absorbierendes Glas) (Glas) / X-ray protective glass*, X-ray shielding glass ‖ ⁓**spektrograf** *m* (Spektr) / X-ray spectrograph ‖ ⁓**spektrometer** *n* (Spektr) / X-ray spectrometer* ‖ ⁓**spektroskopie** *f* (Spektr) / X-ray spectroscopy ‖ **energiedispersive** ⁓**spektroskopie** (Spektr) / energy-dispersive analysis of X-rays, EDAX ‖ ⁓**spektrum** *n* (Spektr) / X-ray spectrum* ‖ ⁓**stern** *m* (dessen elektromagnetisches Strahlungsspektrum eine intensive Röntgenkomponente enthält, wie z.B. Cygnus X-1 oder Hercules X-1) (Astr) / X-ray star, X-ray source

**Röntgenstrahlen** *m pl* (Radiol) / X-rays* *pl*, röntgen rays*, roentgen rays ‖ ⁓**absorbierendes Glas** (Glas) / X-ray absorbing glass ‖ ⁓**- und gammastrahlendurchlässig** *adj* (Radiol) / radiotransparent *adj* ‖ ⁓**durchscheinend** *adj* (Radiol) / radiolucent *adj* ‖ ⁓**prüfung** *f* (DIN 5410 und 5411) (WP) / roentgenography *n* ‖ ⁓**-spektrometrische Analyse** (Spektr) / X-ray spectrometric analysis ‖ ⁓**teleskop** *n* (Astr) / X-ray telescope* ‖ ⁓**therapie** *f* (Med, Radiol) / X-ray therapy*, roentgenotherapy *n* ‖ ⁓**undurchlässig** *adj* (Radiol) / radiopaque* *adj*, radio-opaque *adj* ‖ ⁓**verbrennung** *f* (Radiol) / X-ray burn

**Röntgenstrahler** *m* (Röntgenröhre + Röhrenschutzgehäuse) (Radiol) / X-ray source

**Röntgenstrahl•interferenz** *f* (Radiol) / X-ray interference ‖ ⁓**laser** *m* (Phys) / XRASER *n*, X-ray laser* ‖ ⁓**lithografie** *f* (Eltronik) / X-ray lithography ‖ ⁓**mikroskop** *n* (Mikros) / X-ray microscope* ‖ ⁓**mikroskopie** *f* (Mikros) / X-ray microscopy

**Röntgenstrahlung** *f* (kurzwellige elektromagnetische Strahlung nach DIN 6814, T 2) (Radiol) / X-ray radiation, X-radiation *n* ‖ ⁓ (DIN 6814, T 2) s. auch Röntgenstrahlen ‖ **charakteristische** ⁓ (Radiol) / characteristic X-radiation*, characteristic X-rays, characteristic radiation*, fluorescence X-radiation* ‖ **harte** ⁓ (124-248 keV) (Radiol) / hard X-radiation, hard X-rays ‖ **überharte** ⁓ (mehr als 248 keV) (Radiol) / extremely hard X-radiation, extremely hard X-rays ‖ **überweiche** ⁓ (5 - 20,6 keV) (Radiol) / extremely soft X-radiation, extremely soft X-rays ‖ **weiche** ⁓ (20,6 - 62 keV) (Radiol) / soft X-radiation, soft X-rays ‖ **weiße** ⁓ (Radiol) / white radiation, continuous radiation

**röntgen•strahlungshemmender Putz** (meistens mit Bariumverbindungen) (Bau, Radiol) / X-ray plaster ‖ ⁓**streuung** *f* (z.B. Rayleigh-Streuung) (Kernphys) / X-ray scattering ‖ ⁓**strukturanalyse** *f* (Krist) / X-ray structure analysis ‖ ⁓**techniker** *m* (Radiol) / radiographer *n* ‖ ⁓**teleskop** *n* (Astr) / X-ray telescope* ‖ ⁓**therapie** *f* (Med, Radiol) / X-ray therapy*, roentgenotherapy *n* ‖ ⁓**topografie** *f* (Röntgenbeugungsverfahren, das es erlaubt, Störungen des periodischen Gitteraufbaus von Einkristallen als Kontrastunterschiede in der Feinstruktur der Röntgeninterferenzflecken in natürlicher Größe auf feinkörnigem Material abzubilden) (Krist) / X-ray (diffraction) topography ‖ ⁓**transformator** *m* (Eltech, Radiol) / X-ray transformer* ‖ ⁓**übergangsstrahlung** *f* (Radiol) / X-ray transition radiation

**Rooibos-Tee** *m* (aus den Blättern von Aspalathus linearis (Burm.f.) R. Dahlgren) (Nahr) / rooibos tea

**Root Directory** *n* (EDV) / root directory (the basic directory of an hierarchical file system /having no parent directory/)

**Roots•-Gebläse** *n* (ein Drehkolbenverdichter) (Masch) / Roots blower*, blower with rotating lobes ‖ ⁓**-Lader** *m* (Masch) / Roots blower*, blower with rotating lobes ‖ ⁓**-Pumpe** *f* (Vakuumt) / Roots pump

**Roquefortin** *n* (ein neurotoxisches Mykotoxin) (Chem) / roquefortine *n*

**Ro-Ro•-Anlage** *f* (Umschlaganlage nach dem Fährprinzip) (Schiff) / ro-rodocks *pl* ‖ ⁓**-Schiff** *n* (Schiff) / roll-on roll-off ship, ro-ro-ship

**ROS** (Umwelt) / refractory organic substance

**rosa** *adj* (kräftiges) / pink *adj* ‖ ⁓ / rose *adj*, rose-pink *adj*, rose-coloured *adj* ‖ ⁓ **Rauschen** (ein Stromrauschen nach DIN 1320) (Eltech) / pink noise ‖ ⁓ **Schleier** (bei negativer Beschleunigung) (Luftf) / red-out *n* ‖ ⁓**ätze** *f* (Tex) / pink discharge ‖ ⁓**beryll** *m* (Min) / morganite* *n*

**Rosanilin** *n* (Chem) / rosaniline* *n* ‖ ⁓ (Chem) s. auch Fuchsin
**rosarot** *adj* / rose *adj*, rose-pink *adj*, rose-coloured *adj* ‖ ⁓**er Edelberyll** (Min) / morganite* *n* ‖ ⁓ **färben** (Tex) / rose *v*
**Rosasit** *m* (isomorph mit Malachit) (Min) / rosasite *n*
**ROSAT** (Raumf) / X-ray satellite
**rösch** *adj* (Nahr) / crisp *adj* ‖ ⁓**er Stoff** (der schnell entwässert) (Pap) / free stock, free beaten stuff*
**Rösche** *f* (Wetterrösche) (Bergb) / air sollar ‖ ⁓ (grabenartiger Schlitz - in der Schlitz-Baggerabbaumethode) (HuT) / gullet *n*
**Roscoelith** *m* (Vanadinglimmer - natürlich vorkommendes Orthovanadat - nach Sir H.E. Roscoe, 1833-1915 benannt) (Min) / roscoelite* *n*
**rosé** *adj* / rosé *adj*
**Rose** *f* (Arch) / rose-window* *n*, marigold window*, rose *n*
**Roselith** *m* (Min) / roselite *n*
**Rosellafaser** *f* (eine Bastfaser aus Hibiscus sabdariffa L.) (Tex) / roselle *n*, rosella *n*, Jamaica sorrel, rozelle hemp
**Rosellahanf** *m* (Tex) / roselle *n*, rosella *n*, Jamaica sorrel, rozelle hemp
**Rosen•alkohol** *m* (Chem) / rhodinol *n* ‖ **Ostindisches** ⁓**baumholz** (For) / East Indian rosewood, blackwood *n*, Indian rosewood
**Rosenberg-Maschine** *f* (ein Vorläufer der Metadyne - nach E. Rosenberg, 1872-1962) (Eltech) / Rosenberg crossed-field generator
**Rosenbluth-Formel** *f* (nach M.N. Rosenbluth, geb. 1927) (Kernphys) / Rosenbluth formula
**Rosenfenster** *n* (Arch) / rose-window* *n*, marigold window*, rose *n*
**Rosenholz** *n* (Dalbergia oder Aniba sp.) (For) / rosewood* *n* ‖ **Echtes** ⁓ (aus Dalbergia nigra (Vell.) Allemann ex Benth.) (For) / Brazilian rosewood, Bahia rosewood, jacaranda *n*, rio rosewood ‖ ⁓**öl** *n* (aus Convolvulus scoparius L.) / rosewood oil, rhodium oil
**Rosenmund-Reaktion** *f* (nach K.W. Rosenmund, 1884-1965) (Chem) / Rosenmund reaction
**Rosenmund-Saizew-Reduktion** *f* (zur katalytischen Hydrierung von Säurechloriden zu Aldehyden) (Chem) / Rosenmund-Saytsew reduction
**Rosen•öl** *n* (bulgarisches, französisches, marokkanisches) / rose oil, rose-flower oil, oil of rose ‖ ⁓**öl** (meistens aus der Rosa damascena Mill.) / attar of roses*, otto *n*, otto of rose* ‖ ⁓**quarz** *m* (Böhmischer Rubin) (Min) / rose quartz*
**Rosenstiehls Grün** (Bariummanganat(VI)) (Anstr) / manganese green, Cassel green
**Rosenwasser** *n* (Destillationswasser des Rosenöls) (Nahr) / rose water
**Roses Metall** *n* (2 Teile Bi + 1 Teil Pb + 1 Teil Sn - nach V. Rose d.Ä., 1736-1771) (Hütt) / Rose's metal
**Rose-Tiegel** *m* (der die Erhitzung fester Substanzen im Gasstrom ermöglicht) (Chem) / Rose crucible*
**Rosette** *f* (Arch) / rose* *n* ‖ ⁓ (ein kreisförmiges Ornamentmotiv) (Arch) / rosette *n*, rosace *n* ‖ ⁓ (Arch) / rose-window* *n*, marigold window*, rose *n*
**rosetten•artig** *adj* (Bruchgefüge) (Hütt) / rosette-like *adj* ‖ ⁓**bruch** *m* (Hütt) / rosette fracture ‖ ⁓**förmig** *adj* (Hütt) / rosette-like *adj* ‖ ⁓**graphit** *m* (B-Graphit) (Hütt) / rosette graphite
**Rosiersalz** *n* (Chem) / butter of tin (tin(IV) chloride-5-water)
**Rosmarinöl** *n* (etherisches Öl aus Rosmarinus officinalis L.) / rosemary oil
**Rosolsäure** *f* (kernmethyliertes Derivat des Aurins) (Chem) / rosolic acid*
**Roßbreiten** *f pl* (subtropische Hochdruckgürtel auf den Meeren) (Geog) / horse latitudes*
**Rossby-Welle** *f* (großräumige Welle der zirkumpolaren atmosphärischen Strömung; nach C.-G. A. Rossby, 1898-1957) (Geophys, Meteor) / Rossby wave*
**Rösselquadrat** *n* (Math) / knight's move square
**Roß•haar** *n* (Schweif- und/oder Mähnenhaare des Pferdes) / horse hair (upholstery stuffing) ‖ ⁓**hals** *m* (Leder) / front horsehide leather, front *n* ‖ ⁓**haut** *f* (Leder) / horsehide *n*
**Rossi•-Alpha** *n* (Kernphys) / Rossi alpha *n* ‖ ⁓**-Schaltung** *f* (die die Rossi-Kurve ermittelt) (Radiol) / Rossi counter ‖ ⁓**-Stufe** *f* (die die Rossi-Kurve ermittelt) (Radiol) / Rossi counter
**Roß•kastanie** *f* (Aesculus L.) (Bot, For) / buckeye *n* ‖ **Gemeine** ⁓**kastanie** (Aesculus hippocastanum L.) (For) / horse chestnut ‖ **Gemeine** ⁓**kastanie** (For) s. auch Eßkastanie ‖ ⁓**leder** *n* (und Fohlenleder) (Leder) / horsehide leather
**Ross-Miles-Test** *m* (zur Bestimmung des Schaumvermögens von Tensiden) (Chem) / Ross-Miles test
**Roßspiegel** *m* (Leder) / shell *n*
**Rost** *m* (im Backofen) / rack *n* ‖ ⁓ (Eisenrost) (Anstr, Chem, Hütt) / rust* *n* ‖ ⁓ (ein Vorklassiergerät) (Aufber) / grate *n*, grating *n* ‖ ⁓ (Gründung) (Bau) / grill* *n*, grillage *n*, crib *n* ‖ ⁓ (aus Holzbalken) (Bau, For, HuT) / grating *n*, beam grillage, grid *n* ‖ ⁓ (nicht aus Holz) (Bau, HuT) / grillage *n* (a footing that consists of two or more tiers of closely spaced structural steel beams resting on a concrete block, each tier being at right angles to the one below) ‖ ⁓ (an der

**Rost**

Oberfläche von Sheet auftretender brauner Belag) (Chem Verf) / rust n ‖ ≈ (Gestell) (Fernsp) / shelf n, runway n ‖ ≈ (Rostkrankheit des Getreides) (Landw) / rust* n, rust disease ‖ ≈ (in der Feuerungstechnik) (Masch, Wärm) / grate* n, fire grate, grating n ‖ ≈ (als Bestandteil des Gitterrostes) (Masch, Wärm) / grating panel ‖ **beweglicher** ≈ (Masch) / movable grate, travelling grate, shaking grate ‖ **fester** ≈ (kein Wanderrost) (Masch) / stationary grate, fixed grate ‖ **fest eingebauter** ≈ (Aufber) / static grizzly ‖ **frei von** ≈ / rustless adj, rust-free adj ‖ **weißer** ≈ (Masch) / white rust, wet storage stain ‖ ≈ **entfernen** / derust v, remove the rust, free from rust
**Rostachse** f (Masch, Wärm) / grate shaft
**Röstagar** m n / chocolate agar incubated for 90° at 60° before inoculation
**rost•anfällig** adj (Masch) / susceptible to rusting, liable to rust, prone to rusting ‖ ≈**ansatz** m (Anstr, Chem, Masch) / rusting n, rust formation
**Röstaroma** n (Nahr) / roast flavour, roasted flavour
**Rost•balken** m (HuT) / grillage beam (rolled steel joist) ‖ ≈**befall** m (Anstr, Chem, Hütt) / rust attack ‖ ≈**beize** f (Tex) / rust mordant ‖ **automatische** ≈**beschickungsanlage** (Masch) / automatic stoker*, mechanical stoker*, firing machine ‖ **~beständig** adj (im allgemeinen) / rustproof adj, rust-resistant adj ‖ **~beständig** (Hütt) / stainless adj ‖ **~beständiger Stahl** (Hütt) / stainless steel* ‖ ≈**bildung** f (Anstr, Chem, Masch) / rusting n, rust formation ‖ ≈**boden** m (Bau) / slatted floor ‖ **~braun** adj / rust-coloured adj, rusty-coloured adj, ferruginous adj, rusty adj, rust-brown adj
**Röstdextrin** n (Chem, Nahr) / heat dextrin
**Röste, biologische** ≈ (Tex) / biological retting, natural retting ‖ **chemische** ≈ (Tex) / chemical retting, artificial retting ‖ ≈ f **im fließenden Wasser** (Tex) / river retting, stream retting
**Rostelement** n (Masch, Wärm) / grate module
**rosten** v (Anstr, Chem, Hütt) / rust v, go rusty, get rusty, become rusty
**rösten** v (Grünmalz) (Brau) / dry v, kiln-dry v, cure v, kiln v ‖ ~ (Hütt) / roast v, calcine v ‖ ~ (weiche Stengelteile des Flachses faulen lassen) (Landw, Tex) / ret vt, rot vt, water v, rate v ‖ ~ (Nahr) / torrefy v, roast v
**Rosten** n (Anstr, Chem, Masch) / rusting n, rust formation
**Rösten, chlorierendes** ≈ (mit Kochsalz) (Hütt) / chloridizing roasting* ‖ **magnetisierendes** ≈ (Hütt) / magnetizing roast* ‖ **oxidierendes** ≈ (Hütt) / oxidizing roast*, oxidizing roasting ‖ **reduzierendes** ≈ (Hütt) / reduction roasting*, reducing roasting ‖ **sulfatisierendes** ≈ (Hütt) / sulphating roasting*, sulphate roasting
**Rost•entferner** m (Anstr, Chem, Hütt) / rust remover ‖ ≈**entfernung** f / rust removing, derusting n, rust pickling, rust removal ‖ ≈**entfernungsmittel** n (Anstr, Chem, Hütt) / rust remover ‖ ≈**entfernungsmittel** (Anstr, Chem, Hütt) s. auch Rostlöser ‖ ≈**fahne** f (Anstr, Chem, Hütt, Kfz) / rust spot, rust stain ‖ **~farbig** adj / rust-coloured adj, rusty-coloured adj, ferruginous adj, rusty adj, rust-brown adj
**Rostfeuerung** f (Verbrennung von grobkörnigen oder stückigen Brennstoffen) (Masch) / grate firing ‖ ≈ (als Feuerraum) (Masch) / grate-type furnace ‖ ≈ **mit Beschickung von oben** (Masch) / overfeed firing ‖ ≈ **mit Beschickung von unten** (Masch) / underfeed firing ‖ ≈ **mit Einstreuung des Brennstoffs** (Wanderrost mit rückläufiger Bewegung und mit Wurfbeschickung) (Masch) / spreader stoker
**Rost•fläche** f (Masch) / grate area* ‖ ≈**fleck** m (Anstr, Chem, Hütt, Kfz) / rust spot, rust stain ‖ ≈**fleck** (Glas) / rust mark ‖ ≈**fleck** (Eisengallustinte) (Pap) / iron-mould n, rust stain ‖ **~fleckig** adj / rust-stained adj (Pap) ‖ ≈**fraß** m / rust bug ‖ **~frei** (zeitweilig) / rustless adj, rust-free adj ‖ **~frei** (Eisen und Stahl) (Hütt) / stainless adj ‖ **~freier Stahl** (Hütt) / stainless steel* ‖ ≈**gelb** n (Tex) / iron buff ‖ **~geschwächt** adj (Konstruktion) / weakened by rust ‖ ≈**grad** m (DIN 53210) / degree of rusting ‖ ≈**gründung** f (Bau) / grillage foundation*
**Röstgut** n (Hütt) / calcine* n, calcined product
**Rost•hammer** m (Masch) / scaling hammer, chipping hammer ‖ **~hemmend** adj (Anstr, Chem, Hütt) / rust-inhibiting adj, rust-preventing adj, rust-inhibitive adj ‖ ≈**hemmer** m (Galv) / rust preventive, rust inhibitor, rust resistor, rust protectant
**rostig** adj (Anstr, Chem, Hütt) / rusty adj ‖ ~ **werden** (Anstr, Chem, Hütt) / rust v, go rusty, get rusty, become rusty
**rost•inhibierend** adj (Anstr, Chem, Hütt) / rust-inhibiting adj, rust-preventing adj, rust-inhibitive adj ‖ ≈**inhibitor** m (Galv) / rust preventive, rust inhibitor, rust resistor, rust protectant ‖ ≈**inspektion** f (Galv, Masch) / rust inspection, rust check, corrosion check, corrosion inspection ‖ ≈**kessel** m (Masch) / stoker-fired boiler ‖ ≈**killer** m (Galv, Masch) / rust killer ‖ ≈**killer** s. auch Rostumwandler ‖ ≈**krankheit** f (durch Rostpilze) (Landw) / rust* n, rust disease ‖ ≈**lösende Flüssigkeit** / antirust solution ‖ ≈**löser** m (meist als Spray) (Hütt, Masch) / antiseize n, releasing fluid
**Röstmalz** n (Nahr) / roasted malt
**Rostnarbe** f (Galv) / corrosion pit
**Röstofen** m (Hütt) / roasting furnace*, calciner n

**Rost•pilz** m (Erreger der Rostkrankheiten) (Bot, Landw) / rust fungus ‖ ≈**pustel** f (Masch) / rust pit ‖ **~rot** adj / rust-red adj (rust-coloured)
**Röstrückstand** m (Hütt) / roasting residue
**Rost•schaber** m (Werkzeug für Entrostungsarbeiten) (Masch, Werkz) / rust scraper ‖ **sicherheitsgefährdende** ≈**schäden an tragenden Bauteilen** (Masch) / structural corrosion ‖ ≈**schicht** f (dicke) / coating of rust ‖ ≈**schicht** (dünne) / rust film ‖ ≈**schieber** m (Masch) / grate sluice ‖ ≈**schlitten** m (Masch, Wärm) / grate carriage
**Rostschutz•-** (Anstr, Chem, Hütt) / rust-inhibiting adj, rust-preventing adj, rust-inhibitive adj ‖ **zeitweiliger** ≈ (beim Versand) (Hütt) / temporary film* ‖ ≈**anstrich** m **gegen Salzwasserkorrosion** (Anstr, Hütt) / ruslick n ‖ ≈**behandlung** f / rust-proofing n
**rostschützend** adj (Anstr, Chem, Hütt) / rust-inhibiting adj, rust-preventing adj, rust-inhibitive adj ‖ ≈**es Papier** (Pap) / antirust paper, acid-free paper, anticorrosive paper
**Rostschutz•garantie** f (Kfz) / guarantee against corrosion, (anti)corrosion warranty, corrosion-protection warranty ‖ ≈**mittel** n (temporäres - bei Eisen und Stahl) (Anstr, Chem, Hütt) / slushing compound*, slush n ‖ ≈**mittel** (zur Verminderung oder Verhinderung von Rostbildung) (Galv) / rust preventive, rust inhibitor, rust resistor, rust protectant ‖ ≈**öl** n (zum temporären Schutz) (Anstr, Chem, Hütt) / slushing oil ‖ ≈**öl** (bei Stahl und Eisen) (Galv, Hütt) / rust-inhibiting oil, rust-preventing oil ‖ ≈**papier** n (Pap) / antirust paper, acid-free paper, anticorrosive paper ‖ ≈**papier für Schneidwaren und Bestecke** (Pap) / cutlery paper ‖ ≈**pigment** n (ein im Bindemittel organischer Beschichtungsstoffe weitgehend unlösliches Pigment, das der Grundbeschichtung zugesetzt wird, um metallische Werkstoffe vor Korrosion zu schützen) / rust-inhibitive pigment ‖ ≈**wachs** n / rust-inhibiting wax
**rost•sicher** adj / rustproof adj, rust-resistant adj ‖ ≈**stab** m (Masch, Wärm) / fire-bar* ‖ ≈**stabilisator** m (chemische Verbindung, die geeignet ist, auf Stahloberflächen noch vorhandenen festhaftenden und den Fortgang der Korrosion fördernden Rost in stabile, d.h. chemisch inaktive Eisenverbindungen überzuführen) / rust stabilizer ‖ ≈**stabilisator** (Anstr, Chem, Hütt) / rust converter, rust-converting primer, RCP ‖ ≈**stecher** m (Werkzeug für Entrostungsarbeiten) (Masch, Werkz) / rust scraper ‖ ≈**umwandler** m (vornehmlich aus Phosphorsäure bestehende Flüssigkeit, die dazu dient, auf Stahloberflächen festhaftenden Rost in wasserunlösliches tertiäres Eisen(III)-phosphat zu verwandeln) (Anstr, Chem, Hütt) / rust converter, rust-converting primer, RCP
**Röstung, oxidierende** ≈ (Hütt) / oxidizing roast*, oxidizing roasting ‖ **reduzierende** ≈ (Hütt) / reduction roasting*, reducing roasting
**Rost•unterwanderung** f (Galv) / underfilm corrosion, underfilm rusting, rust undercutting, subsurface rusting, scab corrosion ‖ **~verhindernd** adj (Anstr, Chem, Hütt) / rust-inhibiting adj, rust-preventing adj, rust-inhibitive adj ‖ ≈**verhütungsmittel** n (Galv) / rust preventive, rust inhibitor, rust resistor, rust protectant ‖ ≈**vernichter** m (Galv, Masch) / rust killer ‖ ≈**wange** f (Masch, Wärm) / grate framing ‖ ≈**werk** n (Gründung) (Bau) / grill* n, grillage n, crib n ‖ ≈**werk** (aus Holzbalken) (Bau, For, HuT) / grating n, beam grillage, grid n ‖ ≈**zuschlag** m (Masch) / corrosion allowance, extra corrosion thickness
**rot** adj / red adj ‖ **~es Holz** (mahagoniartiges tropisches Holz von verschiedenen Zedrachgewächsen aus Westafrika) (For) / redwood n ‖ **~es Blutkörperchen** (Physiol) / erythrocyte n, red blood cell ‖ **~es Blutlaugensalz** (Chem) / red prussiate of potash, red potassium prussiate ‖ **~es Blutlaugensalz** s. auch Kaliumhexazyanoferrat(III) ‖ ≈**er Bolus** (stark mit Ton verunreinigtes Eisen(III)-oxid) (Anstr, Min) / reddle* n, red ochre, red ocher (US), raddle n, ruddle n ‖ **~e Brandung** (Ozean) / red tide*, red water ‖ **~es Eisen(III)-oxid** n / colcothar n, red iron oxide, Prague red ‖ ~ **färben** / red vt ‖ **~es Fleisch** (Rind- und Lammfleisch) (Nahr) / red meat ‖ **~e Kadmiumlinie** (Spektr) / cadmium red line* ‖ **~es Kennzeichen** (für Überführungs- und Probefahrten) (Kfz) / temporary licence plate, trade plate ‖ **~er Knospenwickler** (Tmetocera ocellana F.) (Landw) / eyespotted bud moth ‖ **~er Lackfarbstoff** (Anstr) / lac dye (red dye obtained by the maceration of lac) ‖ **~e Liste** (Umwelt) / Red Data Book* ‖ **~es Manganoxid** (in der Natur als Hausmannit) (Chem) / mangano-manganic oxide*, manganese(II, III) oxide*, red manganese oxide ‖ **~e Milch** (ein Milchfehler) (Nahr) / red milk ‖ **~e Ockererde** (stark mit Ton verunreinigtes Eisen(III)-oxid) (Anstr, Min) / reddle* n, red ochre, red ocher (US), raddle n, ruddle n ‖ **~es Pechuran** (Min) / uranium ochre, gummite n ‖ **~er Phosphor** (eine amorphe Masse oder ein kristallinisches Pulver) (Chem) / red phosphorus n ‖ **~e Polierkante** (verschmiert mit Polierrot) (Glas) / red edge ‖ **~er Polierrand** (Glas) / red edge ‖ **~es Präzipitat** (Quecksilber(II)-oxid) (Chem) / red precipitate ‖ **~er Riese** (im Hertzsprung-Russell-Diagramm) (Astr) / red giant ‖ **~er Sandstein** (Geol) / red sandstone ‖ **~er Sonnenhut** (die Wurzel wird als Droge eingesetzt) (Pharm) / Echinacea purpurea (L.) Moench, purple cone

flower ‖ ~es **Steinzeug** (Keram) / red pottery ‖ ~**er Stern** (Astr) / red star ‖ ~ **er Strahl** (einer Farbfernsehröhre) (TV) / red beam ‖ ~**es Straußgras** (Agrostis capillaris L.) (Landw) / common bent ‖ ~**e Tide** (Ozean) / red tide*, red water ‖ ~**er Tiefseeton** (toniges Meeressediment) (Geol) / red clay* ‖ ~**es Verkehrslicht** (Ampel) (Kfz) / red light, stop-light n ‖ ~ **werden**, redden v, turn red ‖ ~**er Zwerg** (im Hertzsprung-Russell-Diagramm) (Astr) / red dwarf

**Rot** n (Anstr) / red n ‖ ~ (Ampel) (Kfz) / red light, stop-light n ‖ ~ (als Farbempfindung) (Phys) / red n ‖ **ins** ~**e gehend** / reddish adj, ruddy adj ‖ **Nürnberger** ~ (stark mit Ton verunreinigtes Eisen(III)-oxid) (Anstr, Min) / reddle* n, red ochre, red ocher (US), raddle n, ruddle n ‖ **Pariser** ~ / colcothar n, red iron oxide, Prague red ‖ **Wursters** ~ (semichinonartiges Radikalkation) (Chem, Foto) / Wurster's red

**Rot•ahorn** m (Acer rubrum L.) (For) / red maple ‖ ~**algen** f pl (Rhodophyta) (Bot) / red algae*, Rhodophyceae* pl

**Rotamesser** m (Schwebekörpermesser) (Phys) / Rotameter n, rotometer n

**Rotameter** n (Schwebekörpermesser) (Phys) / Rotameter n, rotometer n

**Rotangpalme** f (Calamus L.) (Bot, Tex) / rattan n

**Rotanilin** n (Chem Verf) / red oil

**Rotaprint-Schmierung** f (bei der ein Festschmierstoff den Reibflächen durch Andrücken zugeführt wird) / rotaprint lubrication (with a solid lubricant)

**Rotary•-Bohranlage** f (Bergb, Erdöl) / rotary drill, rotary n ‖ ~**-Bohrmaschine** f (Bergb, Erdöl) / rotary drill, rotary n ‖ ~**-Bohrverfahren** n (drehendes Bohren mittels Drehtisch) (Bergb, Erdöl) / rotary drilling (system) ‖ ~**-Verfahren** n (Bergb, Erdöl) / rotary drilling (system) ‖ ~**-Verfahren** (zwischen einer Gießwalze und einem endlosen Gießband) (Gieß) / rotary continuous casting process

**Rotation** f (Drehbewegung eines Himmelskörpers um seine eigene Achse) (Astr) / rotation* n ‖ ~ (Zylinder gegen Zylinder) (Druck) / rotary machine*, rotary press, rotary n, rotary printing machine ‖ ~ (Drehung von Darstellungselementen um einen vom Benutzer definierten Drehpunkt) (EDV) / rotation n ‖ ~ (Fruchtfolge) (Landw) / rotation of crops, crop rotation, rotation n ‖ ~ (eines Vektors) (Math, Phys) / curl* n, rotation of a vector*, rot ‖ ~ (DIN 13317) (Mech) / rotation n ‖ ~ (Anlauffolge der Lade- und Löschhäfen) (Schiff) / rotation n ‖ **behinderte** ~ (Chem, Opt) / restricted rotation ‖ **behinderte** ~ (Spektr) / restricted rotation ‖ **gebundene** ~ (Astr) / synchronous rotation ‖ **gleichförmige** ~ (Mech) / uniform rotation ‖ **synchrone** ~ (Astr) / synchronous rotation ‖ ~ f **der Sonne** (Astr) / solar rotation* ‖ ~ **der Sterne** (Astr) / stellar rotation

**Rotations•achse** f (Math) / axis of rotation, axis of revolution ‖ ~**anleger** m (Druck) / rotary feeder ‖ ~**bestrahlung** f (eine Therapietechnik) (Radiol) / rotational therapy ‖ ~**blasmaschine** f (Glas) / rotary blowing machine ‖ ~**dichroismus** m (Chem, Krist, Opt) / circular dichroism, C.D. ‖ ~**dispersion (R.D.)** f (Wellenlängenabhängigkeit des Drehvermögens) (Chem, Phys) / rotatory dispersion*, rotary dispersion ‖ **magnetooptische** ~**dispersion** (Opt) / magneto-optical rotatory dispersion, MORD ‖ **optische** ~**dispersion** (Opt, Spektr) / optical rota(to)ry dispersion*, ORD ‖ **magnetische optische** ~**dispersion** (Spektr) / magnetooptical rotatory dispersion, MORD ‖ ~**druckmaschine** f (Druck) / rotary machine*, rotary press, rotary n, rotary printing machine ‖ ~**ellipsoid** n (Math) / ellipsoid of revolution ‖ ~**energie** f (kinetische Energie, die ein starrer Körper aufgrund einer Drehbewegung besitzt) (Mech) / rotational energy ‖ ~**entwicklung** f (Foto) / drum processing ‖ ~**falz** m (Buchb) / rotary fold ‖ ~**feinstruktur** f (Spektr) / rotation fine structure ‖ ~**fläche** f (Math) / surface of revolution ‖ ~**formen** n (von Hohlkörpern) (Plast) / rotational moulding*, rotomoulding n ‖ ~**freiheitsgrad** m (Mech) / rotational degree of freedom ‖ ~**geschwindigkeit** f (Lufft, Masch) / rotation speed ‖ ~**gießen** n (von flüssigen, pastosen oder granulierten Ausgangsstoffen) (Plast) / rotational moulding*, rotomoulding n ‖ ~**griffel** m (zur Reparatur von Leiterplatten) (Eltronik) / rotostylus n ‖ ~**guß** m (Plast) / rotational moulding*, rotomoulding n ‖ ~**hackmaschine** f (Landw) / rotary hoe ‖ ~**hochdruck** m (Druck) / rotary letterpress printing ‖ ~**hyperboloid** n (Math) / hyperboloid of rotation ‖ ~**induktor** m (Eltech) / earth coil*, earth inductor*, generating magnetometer ‖ ~**integral** n (Math) / circuital integral ‖ ~**invarianz** f (Phys) / rotational invariance ‖ ~**isomerie** f (eine Art Stereoisomerie) (Chem) / conformational isomerism, rotational isomerism ‖ ~**kartei** f / Rolodex n ‖ ~**knotenfänger** m (Pap) / rotary strainer*, rotary sliver screen ‖ ~**kolbenmotor** m (Kreiskolbenmotor, Drehkolbenmotor, Umlaufkolbenmotor) (V-Mot) / rotary combustion engine*, RC engine, RCE, rotating combustion engine n ‖ ~**kolbenverdichter** m (Masch) / rotary (piston) compressor (a positive-displacement machine), rotary vane compressor ‖ ~**konstante** f (umgekehrt proportional zum Hauptträgheitsmoment) (Phys) / rotational constant ‖ ~**konstante**

(Spektr) / rotational constant ‖ ~**körper** m (Math, Phys) / body of revolution, solid of revolution ‖ ~**löschkopf** m (der Assemble- und Insertschnitte frei von Farbstörungen und Farbstreifen ermöglicht) (Film) / flying erase head, rotary erase head ‖ ~**maschine** f (mit rotierender Druckform) (Druck) / rotary machine*, rotary press, rotary n, rotary printing machine ‖ **variable** ~**maschine** (Druck) / variable-size rotary press ‖ ~**maschine** f **für Rollendruck** (Druck) / web-fed rotary press, reel-fed rotary ‖ ~**maschine für veränderliches Format** (Druck) / variable-size rotary press ‖ ~**messer** n (der Rotationsmessermaschine) (For) / rotary cutter ‖ ~**niveau** n (Energieniveau eines Atomkerns, das durch kollektive Rotation von Nukleonen entsteht) (Kernphys) / rotation level ‖ ~**paraboloid** n (als Kollektor/Reflektor der konzentrierbaren direkten solaren Strahlungsenergie und deren Fokussierung im zugehörigen Punktabsorber) / parabolic dish ‖ ~**paraboloid** (Math) / paraboloid of revolution* ‖ **siderische** ~**periode** (der Erde - 23 h 56 m 04 s) (Astr) / sidereal period of rotation ‖ ~**polarisation** f (Chem, Phys) / optical activity*, rotary polarization ‖ ~**presse** f (Druck) / rotary machine*, rotary press, rotary n, rotary printing machine ‖ ~**pumpe** f (Masch) / rotary pump*, rotary-type pump ‖ ~**quant** n (Phys) / roton* n ‖ ~**quantenzahl** f (zur Charakterisierung des Rotationszustandes eines Moleküls) (Chem, Phys) / rotational quantum number ‖ ~**schale** f (die wichtigste Schalenform für den Kuppel- und Behälterbau) (Arch) / shell of revolution, rotational shell, shell of rotational symmetry ‖ **biegeschlaffe** ~**schale** (Mech) / shell under internal pressure ‖ ~**schwingungsspektrum** n (Spektr) / rotation-vibration spectrum, vibrational-rotational spectrum, vibration-rotation spectrum* ‖ ~**sensor** m (der die Drehbewegung erfaßt und ein aus der Rotation abgeleitetes Signal bereitstellt) / rotation sensor ‖ ~**spektroskopie** f (Spektr) / rotational spectroscopy ‖ ~**spektrum** n (Molekülspektrum, das auf einer Anregung von Molekülrotation beruht) (Spektr) / rotation spectrum, rotational spectrum ‖ ~**symmetrie** f (Math) / rotational symmetry, radial symmetry, rotation symmetry ‖ ~**symmetrische Fläche** (Math) / surface of revolution ‖ ~**tiefdruck** m (Druck) / rotogravure* n ‖ ~**tiefdruckpapier** n (Pap) / rotogravure paper ‖ ~**trägheit** f (Phys) / gyroscopic inertia, rotational inertia ‖ ~**trockner** m (ein Kontakttrockner) (For) / centrifugal drier ‖ ~**trockner** (Masch) / rotary drier ‖ ~**übergang** m (Spektr) / rotational transition ‖ ~**vakuumpumpe** f (Vakuumt) / rotary pump ‖ ~**verdampfer** m (die rotierende Verdampferblase taucht teilweise in das Heizbad ein) (Chem Verf) / rotatory evaporator*, rotary evaporator ‖ ~**viskosimeter** n (mit einem rotierenden und einem koaxial fest stehenden Zylinder - DIN 53018, T 1 und 2) (Phys) / rotational viscometer, Couette viscometer, rotating concentric-cylinder viscosimeter, fixed-outer-cylinder viscosimeter ‖ ~**voltmeter** n (Eltech) / generating voltmeter, rotary voltmeter ‖ ~**wärme** f (Phys) / rotational heat ‖ ~**wäscher** m (Naßwäscher mit rotierenden Einbauten) (Chem Verf) / rotary scrubber ‖ ~**zerstäuber** m (des Brenners) (Masch) / rotary atomizer ‖ ~**zwilling** m (Krist) / rotation twin

**Rotator** m (Chem, Mech, Phys, Radio) / rotator* n

**Rotavator** m (Markenzeichen eines der Bodenfräse entsprechenden Bodenbearbeitungsgeräts) (Landw) / Rotavator n, Rotovator n, rotavator n, rotovator n

**Rotaxan** n (eine mit den Catenanen verwandte "Verbindung" aus jeweils zwei Molekülen) (Chem) / rotaxane n

**Rot•beize** f (Aluminiumazetat in Essigsäure) (Tex) / red liquor, red acetate, mordant rouge, red mordant ‖ ~**bleierz** n (Min) / crocoite* n, red lead ore, crocoisite* ‖ ~**blind** adj (Opt) / protanopic adj ‖ ~**blindheit** f (Opt) / protanopia n ‖ ~**braun** adj / reddish brown, russet adj, russety adj ‖ ~**brennende Töpferware** (Keram) / red ware (a type of porcelain body made of iron-bearing clay which fires to a characteristic red colour) ‖ ~**brüchig** adj (Stahl - durch zu hohen Schwefelgehalt) (Hütt) / red-short attr ‖ ~**brüchigkeit** f (durch zu hohe Schwefelgehalte bei der Warmverformung von Stählen auftretende Brucherscheinung) (Hütt) / red shortness, red brittleness ‖ ~**buschtee** m (Nahr) / rooibos tea

**Röteeisen** n (zur Anlage von Lachten) (For) / freshening tool, bark shaver

**Roteiche, Amerikanische** ~ (Quercus rubra L. oder Quercus falcata Michx.) (For) / red oak, Northern red oak, American red oak

**Roteisenerz** n (Hämatit i.e.S.) (Min) / red haematite, red iron ore ‖ ~ (Hämatit i.e.S.) s. auch Blutstein

**Rötel** m (stark mit Ton verunreinigtes Eisen(III)-oxid) (Anstr, Min) / reddle* n, red ochre, red ocher (US), raddle n, ruddle n ‖ ~**paste** f (beim Zusammenpassen von Einzelteilen) (Masch) / reddle* n

**rotempfindlich** adj / red-sensitive adj

**Röten** n (Entfernen der äußeren Borke bei Kiefer zur Vorbereitung der Harznutzung) / bark shaving, bark scraping

**Rotenoid** n (ein Isoflavon, z.B. Rotenon) (Chem) / rotenoid n

**Rotenon** *n* (ein insektizider und fischtoxischer Stoff aus der Derriswurzel) (Chem) / rotenone* *n*

**Rot•erde** *f* (voll entwickelter Latosol) (Geol, Landw) / red earth, red soil ‖ ⁓**erde** (als allgemeine Bezeichnung für den rotgefärbten Bodentyp) (Geol, Landw) / red earth, red soil ‖ ⁓**erle** (Alnus oregona Nutt.) (For) / red alder, Oregon alder ‖ ⁓**esche** *f* (Fraxinus pennsylvanica Marshall) (For) / red ash, downy ash ‖ ⁓**färbung** *f* / rubefaction *n*, reddening *n* ‖ ⁓**färbung** (von rotfäulebefallenem Holz) (For) / red stain ‖ ⁓**färbung des Gesichtsfeldes** (eine Art Amaurose) (Luftf, Mil) / red-out *n* ‖ ⁓**fäule** *f* (durch parasitische Pilze hervorgerufene Destruktionsfäule, meistens bei Fichten) (For) / red rot, red heart, butt rot ‖ ⁓**fichte** *f* (Picea rubens Sarg.) (For) / red spruce ‖ ⁓**fichtenholz** *n* (Holz) / white deal*, whitewood* *n*, spruce-wood *n* ‖ ⁓**filter** *n* (Foto) / red filter ‖ ⁓**gerberei** *f* (als Tätigkeit) (Leder) / bark tannage, bark tanning ‖ ⁓**glühend** *adj* (Hütt) / red-hot *adj* (incandescent) ‖ ⁓**glut** *f* (Hütt) / red heat* ‖ **schwache** ⁓**glut** (Hütt) / faint-red heat ‖ ⁓**gluthärte** *f* (Hütt) / red hardness ‖ ⁓**grünblindheit** *f* (Opt) / red-green blindness, red-green colour blindness ‖ ⁓**gültigerz** *n* (Min) / red silver ore* ‖ ⁓**gültigerz** s. auch Proustit und Pyrargyrit ‖ ⁓**gummi** *n* (meistens von Eucalyptus camaldulensis Dehnh.) (For) / red gum, eucalyptus gum, eucalyptus kino ‖ ⁓**guß** *m* (alle Kupfergußlegierungen und daraus gefertigte Gußstücke, die Zinn und Zink als Hauptlegierungsbestandteile enthalten - DIN 1705) (DIN 1718) (Hütt) / red casting brass* ‖ ⁓**holz** *n* (ein Farbholz) (For) / redwood *n* (various dyewoods) ‖ ⁓**holz** (kontinentales Kiefernholz) (For) / red deal* ‖ ⁓**holz** (Reaktionsholz, das bei Nadelhölzern in der Druckzone biegebeanspruchter Äste oder Stämme entsteht) (For) / compression wood*, rotholz *n* ‖ **Amerikanisches** ⁓**holz** (Sequoia Endl.) (For) / redwood* *n*, sequoia* *n*

**rotieren** *v* (Phys) / rotate *vi*, circle *v*, gyrate *v* ‖ ⁓ (z.B. Kreisel) (Phys) / spin *v* ‖ ⁓ *n* **um den magischen Winkel** (der Probe bei der NMR-Spektroskopie) (Spektr) / magic-angle spinning, MAS, magic-angle rotation, MAR

**rotierend** *adj* (um die eigene Achse) / rotary *adj*, rotating *adj*, rotatory *adj*, rotational *adj* ‖ ⁓**er Astfänger** (Pap) / rotary strainer*, rotary sliver screen ‖ ⁓**er Aufblaskonverter** (Hütt) / top-blown rotary converter ‖ ⁓**e Blende** (Film) / rotary shutter* ‖ ⁓**e elektrische Maschine** (Eltech) / rotating electric machine ‖ ⁓**es Elektron** (mit Eigendrehimpuls) (Kernphys) / spinning electron ‖ ⁓**e Funkenstrecke** (Eltech) / rotary spark gap, rotary gap ‖ ⁓**er Gleichspannungsumformer** (Eltech) / motor generator (a converter)*, genemotor *n* ‖ ⁓**er Kocher** (Pap) / revolving boiler ‖ ⁓**e Maschinen** (Eltech) / rotating machinery ‖ ⁓**e Masse** (Mech) / rotating mass ‖ ⁓**er Nähmaschinengreifer** (Tex) / rotating shuttle, rotary shuttle ‖ ⁓**er Ofen** (Keram) / rotary kiln ‖ ⁓**e Platinelektrode** / rotating platinum electrode ‖ ⁓**e Pt-Elektrode** / rotating platinum electrode ‖ ⁓**e Scheibe** (Masch) / rotating disk, rotating plate ‖ ⁓**es Schweißgerät** (Schw) / rotating welding machine, rotary welding machine ‖ ⁓**e Schweißmaschine** (Schw) / rotating welding machine, rotary welding machine ‖ ⁓**er Sektor** (Opt) / sector disk*, episcotister *n* ‖ ⁓**er Spannungsmesser** (Eltech) / generating voltmeter, rotary voltmeter ‖ ⁓**er Zeiger** (Eltech) / rotary phasor

**Rot•kali** *n* (Chem) / red prussiate of potash, red potassium prussiate ‖ ⁓**kern** *m* (bei der Rotbuche) (For) / red heartwood ‖ **Amerikanische** ⁓**kiefer** (Pinus resinosa Aiton) (For) / American red pine, Norway pine, Canadian red pine ‖ ⁓**kupfererz** *n* (Min) / cuprite* *n*, octahedral copper ore, red copper ore, red oxide of copper*

**rötlich** *adj* / reddish *adj*, ruddy *adj* ‖ ⁓ (Bot) / rutilant* *adj* ‖ **mit ⁓em Glanz** (Bot) / rutilant* *adj* ‖ ⁓ **gesprenkelter Tweed** (Tex) / heather-mixture *n*

**Rot•licht** *n* (Ampel) (Kfz) / red light, stop-light *n* ‖ ⁓**lichtwarnlampe** *f* (Film) / wigwag *n* ‖ ⁓**messing** *n* (Hütt) / red brass*, Guinea gold ‖ ⁓**nickelkies** *m* (Min) / niccolite* *n*, copper nickel*, nickeline *n*, kupfernickel* *n*, arsenical nickel

**Rotobaler** *m* (Landw) / round baler, roll baler, rotobaler *n*

**Rotocker** *m* (stark mit Ton verunreinigtes Eisen(III)-oxid) (Anstr, Min) / reddle* *n*, red ochre, red ocher (US), raddle *n*, ruddle *n*

**rotodynamische Pumpe** (Masch) / impeller pump, rotodynamic pump

**Rotöl** *n* (Anilin zur Fuchsinfabrikation) (Chem Verf) / red oil ‖ ⁓ (Erdöl) / red oil

**Rotolaktor** *m* (Landw) / rotary milking parlour, rotary milker, rotary parlour

**Roton** *n* (ein Quasiteilchen) (Phys) / roton* *n*

**Rotor** *m* (der Windkraftanlage - z.B. Savonius-Rotor) / rotor *n* ‖ ⁓ (des Drehkondensators) (Eltech) / rotor *n* ‖ ⁓ (bei Außenpolmaschinen) (Eltech) / rotor* *n*, armature* *n* ‖ ⁓ (beweglicher Teil eines Impulsgebers) (in der elektromagnetischen Zündung) (Kfz) / reluctor *n*, trigger wheel, armature *n* ‖ ⁓ (eines Drehflüglers) (Luftf) / rotor* *n*, lifting rotor, main rotor* ‖ ⁓ (des Umlaufkolbenverdichters = Welle + Laufräder) (Masch) / rotor *n* ‖ ⁓ (Math, Phys) / curl* *n*, rotation of a vector*, rot *n* ‖ ⁓ (ortsfester Wirbel im Lee von Gebirgen) (Meteor) / rotor* *n* ‖ ⁓ (Pap) / rotor *n* ‖ ⁓ (beim Rotorspinnen) (Spinn) / rotor *n* ‖ **biegeanisotropischer** ⁓ (Eltech) / flexural anisotropic rotor ‖ **blockierter** ⁓ (Eltech) / locked rotor, stalled rotor ‖ **festgebremster** ⁓ (Eltech) / locked rotor, stalled rotor ‖ **gekapselter** ⁓ (Eltech) / canned rotor (completely enclosed and sealed by a metal sheet) ‖ **gelenkloser** ⁓ (Luftf) / rigid rotor ‖ **geteilter** ⁓ (Eltech) / split rotor ‖ **halbstarrer** ⁓ (des Rotorflugzeugs) (Luftf) / semi-rigid rotor ‖ **ineinanderkämmende** ⁓**en** (Luftf) / intermeshing rotors ‖ ⁓**en** *m pl* **in Tandemanordnung** (Luftf) / tandem rotors *pl* ‖ ⁓ *m* **mit Blattspitzenantrieb** (Luftf) / tip-driven rotor

**Rotor•ablagerung** *f* (Spinn) / rotor deposit ‖ ⁓**abscheider** *m* (Landw) / rotary separator ‖ ⁓**anlasser** *m* (Eltech) / rotor starter* ‖ ⁓**blatt** *n* (Luftf) / rotor blade ‖ ⁓**blatt mit Schlag- und/oder Schwenkgelenk** (Luftf) / articulated blade* ‖ ⁓**buchse** *f* (Eltech) / rotor bushing ‖ ⁓**entrinder** *m* (For) / rotary barker, ring-type barker ‖ ⁓**entrindungsmaschine** *f* (For) / rotary barker, ring-type barker ‖ ⁓**filter** *n* (dynamisches Druckfilter) (Chem Verf) / rotary filter ‖ ⁓**fläche** *f* (Kreisfläche des rotierenden Rotors) (Luftf) / disk area*, rotor disk ‖ ⁓**flugzeug** *n* (z.B. Hubschrauber oder Tragschrauber) (Luftf) / rotorcraft* *n*, rotary-wing aircraft, rotorplane *n*, rotating-wing aircraft ‖ ⁓**fräse** *f* (ein Bodenbearbeitungsgerät) (Landw) / tiller *n*, rotary cultivator, rotary tiller ‖ ⁓**garn** *n* (Spinn) / rotor-spun yarn ‖ ⁓**gelenk** *n* (Luftf) / rotor hinge* ‖ ⁓**hacke** *f* (Landw) / rotary hoe ‖ ⁓**häufler** *m* (Landw) / rotoridger *n* ‖ ⁓**kopf** *m* (gesamte Rotorbaugruppe ohne Blätter) (Luftf) / rotor head* ‖ ⁓**krümler** *m* (Landw) / rotary tiller ‖ ⁓**mäher** *m* (Landw) / rotary mower ‖ ⁓**mast** *m* (Luftf) / rotor pylon, rotor mast ‖ ⁓**nabe** *f* (bei Rotorflugzeugen) (Luftf) / rotor hub* ‖ ⁓**nutenfräsmaschine** *f* (zur Fertigung der Wicklungs- und Luftnuten in Generatorrotoren) (Masch) / rotary slotting machine ‖ ⁓**pumpe** *f* (eine Motorölpumpe) (Kfz) / rotor-type pump, Eaton pump, eccentric-rotor pump ‖ ⁓**pylon** *m* (Luftf) / rotor pylon, rotor mast ‖ ⁓**sammelrille** *f* (Spinn) / rotor groove ‖ ⁓**schaufel** *f* (bei Verdichtern) (Masch) / rotor blade ‖ ⁓**schwader** *m* (Landw) / rotary swather *n* (Landw) ‖ ⁓**spinnen** *n* (ein Verfahren des Offenendspinnens) (Spinn) / rotor spinning* ‖ ⁓**spinnmaschine** *f* (Spinn) / rotor-type open-end spinning machine ‖ ⁓**spitzen-Strahlantrieb** *m* (Luftf) / pressure jet* ‖ ⁓**-Stahlschmelzverfahren** *n* (ein Windfrisch-Sonderverfahren) (Hütt) / Rotor process ‖ ⁓**-Stator-Mühle** *f* (ein Dispergiergerät zur kontinuierlichen Naßvermahlung von mittel- bis niedrigviskosen Dispersionen) / rotor-stator mill ‖ ⁓**stern** *m* (Eltech) / spider *n*, rotor spider ‖ ⁓**träger** *m* (des Hubschraubers) (Luftf) / rotor pylon, rotor mast ‖ ⁓**verfahren** *n* (ein OE-Spinnverfahren) (Spinn) / rotor spinning* ‖ ⁓**welle** *f* (Luftf) / rotor shaft ‖ ⁓**wolke** *f* (auf der Leeseite eines Hindernisses) (Luftf, Meteor) / rotor cloud*, roll cloud

**Rotospin-Verfahren** *n* (bei dem die Fasern durch einen Luftstrom einem geschlossenen Rotor zugeführt werden) (Spinn) / Rotospin process

**Rototrol** *n* (eine Verstärkermaschine) (Eltech) / Rototrol *n*

**Rot•pause** *f* (Druck) / redprint *n* ‖ ⁓**phosphor** *m* (Chem) / red phosphorus ‖ ⁓**rauchende Salpetersäure** (Chem, Raumf) / red-fuming nitric acid (RFNA) ‖ ⁓**rost** *m* / base-metal corrosion ‖ ⁓**schlamm** *m* (Gewinnung von Aluminiumoxid nach dem Bayer-Verfahren) (Hütt) / red mud* ‖ ⁓**schlick** *m* (mit Laterit gefärbt) (Geol) / red mud (a type of marine mud) ‖ ⁓**schwäche** *f* (eine Form der Farbenfehlsichtigkeit) (Opt) / protanomaly *n* ‖ ⁓**sedimente** *n pl* (wie z.B. Terra rossa, Rotlehm, Laterit und Bauxit) (Geol) / red beds ‖ ⁓**sehen** *n* (Luftf) / red-out *n* ‖ ⁓**spießglanz** *m* (Antimon(III)-oxidsulfid) (Min) / kermesite* *n*, kermes mineral, purple blende, red antimony, kermes *n*, pyrostilbite* *n* ‖ ⁓**stein** *m* (stark mit Ton verunreinigtes Eisen(III)-oxid) (Anstr, Min) / reddle* *n*, red ochre, red ocher (US), raddle *n*, ruddle *n* ‖ ⁓**streifig** *adj* (Holz in dem Frühstadium einer Destruktionsfäule) (For) / red-striped *adj* ‖ ⁓**tanne** *f* (Picea abies (L.) Karst.) (For) / Norway spruce ‖ **Kalifornische** ⁓**tanne** (Abies magnifica A. Murrray) (For) / California red fir, golden fir ‖ ⁓**tannennadelöl** *n* / Norway-spruce oil

**Rotte** *f* (Landw, Umwelt) / composting *n* ‖ ⁓**deponie** *f* (Umwelt) / rotting landfill site

**rotten** *v* (Landw, Tex) / ret *vt*, rot *vt*, water *v*, rate *v* ‖ ⁓ *n* (Keram) / souring *n*, ageing *n*

**rötten** *v* (Landw, Tex) / ret *vt*, rot *vt*, water *v*, rate *v*

**Rotten•arbeiter** *m* (Bahn) / platelayer *n*, fettler *n*, track-layer *n*, section hand (US), trackman (US) ‖ ⁓**führer** *m* (Bahn) / foreman *n*

**Rottezelle** *f* (Umwelt) / digestion chamber

**Rottlerin** *n* (wichtigste und giftigste Komponente der indischen Farbstoffdroge Kamala) (Chem) / rottlerin *n*

**Rot•tombak** *m* (Hütt) / red brass*, Guinea gold ‖ ⁓**ulme** *f* (Ulmus rubra Muhl.) (For) / slippery elm, red elm

**Rotunde** *f* (Rundbau, runder Saal) (Arch) / rotunda* *n*

**Rotverfärbung** *f* (For) / red stain

**Rotverschiebung** *f* (kosmologische) (Astr) / redshift* *n*

**Rotverschiebung, die** *f* durch den Doppler-Effekt verursacht ist (Astr) / redshift* *n* (Doppler)
**Rotverschiebung, durch Konjugation bedingte** ~ (Spektr) / conjugative redshift ‖ **kosmologische** ~ (beobachtbarer Unterschied zwischen ausgesandter und empfangener Frequenz von Fotonen in einem expandierenden Kosmos) (Astr) / cosmological redshift* ‖ **relativistische** ~ (Phys) / redshift (Einstein), gravitational redshift ‖ ~ *f* **im Schwerefeld** (Astr) / Einstein shift*, gravitational redshift*, Einstein displacement
**Rot•warmhärte** *f* (Hütt) / red hardness* ‖ ~**weinessig** *m* (Nahr) / red-wine vinegar ‖ ~**zinkerz** *n* (Min) / zincite* *n* (a minor ore of zinc), red oxide of zinc*, red zinc ore*
**Rouleau** *n* (pl. -s) (Bau) / roller blind, blind *n*, window shade (US)
**Rouleauxdruck** *m* (mit gravierten Walzen auf den Prinzip des Tiefdrucks) (Tex) / roller printing, cylinder printing
**Roulette** *f* (Werkzeug des Kupferstechers, zur Korrektur von Druckplatten im Tiefdruck und bei der Klischeefertigung) (Druck, Foto) / roulette* *n*
**roulettieren** *v* (beim Ausputzen der Schuhe) / wheel *v*, stitch-wheel *v*
**Round** *f* (S-depolarisierte Nickelanode in Knopfform, die als Schüttgut in Anodenkörben aus Titan zur Galvanoformung eingesetzt wird) (Galv) / round *n*
**Round-Robin-Modell** *n* (eine bestimmte Warteschlange, die sich einfach verwalten läßt) (EDV) / round robin
**Round-Robin-Scheduling** *n* (Rechenzeitzuteilung, bei der jedem Teilnehmer eine festgelegte Zeitscheibe zugeteilt wird) (EDV) / round-robin scheduling
**Roundtrip** *m* (Ein- und Ausbau des Bohrgestänges) (Erdöl) / round-trip* *n*, trip* *n*
**Rousseau-Diagramm** *n* (Eltech) / Rousseau diagram*
**Roussinsche Salze** (Nitrosylkomplexe des Eisens) (Chem) / Roussin's salts*
**Route** *f* (Schiff) / track *n*
**Router** *m* (Fräser zur Druckplattenbearbeitung auf der Rautingfräsmaschine) (Druck) / router *n* ‖ ~ (die im OSI-Modell vorgesehene intelligente Komponente zur Verbindung von Netzen) (EDV, Fernm) / router *n* ‖ **zentraler** ~ (EDV, Fernm) / central router ‖ ~**-Netz** *n* (EDV, Fernm) / router network
**Routine** *f* (Programm, Programmteil) (EDV) / routine* *n* ‖ **generische** ~ (EDV) / generic routine, polymorphic routine ‖ ~ *f* **unter Gattungsnamen** (bei höheren Programmiersprachen) (EDV) / generic routine, polymorphic routine ‖ ~**analyse** *f* (Chem) / routine analysis ‖ ~**-Erklärung** *f* (KI) / mid-run explanation, online explanation ‖ ~**lauf** *m* (EDV) / red-tape operation, housekeeping* *n*, housekeeping operation, overhead operation ‖ ~**probenahme** *f* / routine sampling ‖ ~**testablauf** *m* (EDV) / routine test run
**Routing** *n* (in Punkt-zu-Punkt-Netzen) (EDV, Fernm) / route selection, routing *n*, path selection ‖ ~**maschine** *f* (Druck) / routing machine* ‖ ~**-Server** *m* (der Unterschiede verschiedener Architekturen überbrückt) (EDV) / route server
**Routung** *f* (Berechnung des optimalen Seeweges) (Schiff) / routing *n*
**Rove** *f* (Knospengalle aus Quercus frainetto Ten.) (Bot, Leder) / bassora gall
**Roving** *m* (Strang aus ungedrehter Glasseide, der verwebt z.B. zur Herstellung von Matten verwendet wird) (Glas, Tex) / roving *n*, glass-fibre roving ‖ ~**-Wickeltechnik** *f* (Plast) / roving winding ‖ ~**-Wickelverfahren** *n* (Plast) / roving winding
**Row-crop-Traktor** *m* (Landw) / row-crop tractor
**Rowland•geister** *m pl* (Gittergeister bei Gitterspektrografen) (Spektr) / Rowland ghosts ‖ ~**gitter** *n* (Phys) / concave grating*
**Rowlandit** *m* (Min) / rowlandite *n*
**Rowlandkreis** *m* (nach H.A. Rowland, 1848-1901) (Licht) / Rowland circle*
**ROZ** (DIN 51600) (Kftst) / research octane number, RON
**RP-18** *f* (Chem) / phase RP-18, RP 18
**RP** (Masch) / peak-to-mean-line height, levelling depth, envelope average depth (a surface parameter)
**RPC** (EDV) / remote procedure call, RPC
**RP-Chromatografie** *f* (Chem) / reversed-phase (partition) chromatography, RPC, chromatography *n*
**RPE** / rotating platinum electrode
**RPL-Dosimeter** *n* (Radiol) / radiophotoluminescent dosemeter, radiophotoluminescent dosimeter, RPL dosemeter
**RP-18-Phase** *f* (in der Chromatografie) (Chem) / phase RP-18, RP 18
**r-Prozeß** *m* (schnelle Neutronenabsorption) (Astr) / r-process *n*
**RPV-Drohne** *f* (Luftf, Mil) / remotely piloted drone
**RQ** (Bot) / respiratory quotient*, RQ* ‖ ~ (Physiol) / respiratory quotient, RQ
**RR** (EDV) / receive ready (RR) ‖ ~ **Lyrae-Sterne** *m pl* (Pulsationsveränderliche) (Astr) / cluster variables*, cluster cepheids, RR Lyrae variables*

**RRIM-Technik** *f* (bei der Herstellung von mit Glasfasern verstärkten Schaumstoffen) (Plast) / RRIM technology, reinforced reaction injection moulding, reinforced RIM
**RRIM-Verfahren** *n* (Plast) / RRIM technology, reinforced reaction injection moulding, reinforced RIM
**RRKM-Theorie** *f* (eine moderne statistische Theorie unimolekularer Reaktionen) (Chem) / RRKM theory, Rice-Ramsperger-Kassel-Marcus theory ‖ ~ (Chem) s. auch Lindemann-Hinshelwood-Mechanismus
**RR-Modell** *n* (Zuteilung der in Ausführung befindlichen Programme) (EDV) / round robin
**r-RNS** *f* (Biochem) / ribosomal ribonucleic acid, r-RNA, ribosomal RNA
**rRNS** *f* (Biochem) / ribosomal ribonucleic acid, r-RNA, ribosomal RNA
**RS**[1] (Anstr, Chem, Tex) / indanthrone *n*
**RS** (Masch) / cup point ‖ ~ (Sanitär) / return sludge, returned sludge
**R-Säure** *f* (3-Hydroxynaphthalin-2,7-disulfonsäure) (Chem) / R-acid* *n*
**R-Schirm** *m* (Radar) / R scope, R indicator
**RS-232-C-Schnittstelle** *f* (EDV) / RS-232C interface
**RS-Flipflop** *n* (bistabile Kippschaltung) (Eltronik) / RS flip-flop, SR flip-flop
**RSG** (ein Herstellungsverfahren) (Plast) / RIM technology, reaction-injection moulding, RIM
**R-S-Konfiguration** *f* (Chem) / R-S convention, R-S configuration
**R-S-Konvention** *f* (Konfigurationsbezeichnung nach Cahn, Ingold und Prelog) (Chem) / R-S convention, R-S configuration
**RSO** (Aufber) / steam reformer
**RSP** (Luftf) / responder beacon
**r-stellige Relation** (Math) / r-phase relation
**R-Stellung** *f* (Rückwärtsgang, Stellung des Wählhebels im automatischen Getriebe) (Kfz) / reverse *n*
**$R_{st}$-Wert** *m* (der Quotient aus der Laufstrecke der unbekannten Substanz und der der Vergleichssubstanz - in der Durchlaufchromatografie) (Chem) / ratio standard
**R-Summe** *f* (Math) / Riemann sum, R-sum *n*
**Rt** (Schiff) / register ton, reg ton
**RTH** *f* (Meteor) / regional telecommunication hub, RTH
**RT-härtend** *adj* (z.B. Klebstoff) / RT-curing *adj*
**RTK** (Nahr) / rectified concentrated grape must
**RTL-Logik** *f* (EDV) / resistor-transistor logic (RTL)
**RTM** (Mikros) / scanning tunnelling microscope, STM, tunnelling microscope ‖ ~ (Mikros) / scanning tunnelling microscopy ‖ ~ (Nukl) / racetrack microtron, RTM
**RTTY** (Radio) / radioteletype *n* (message), RTTY, RATT
**RTW** (Kfz, Med) / ambulance *n* (a specially equipped vehicle)
**Ru** (Chem) / ruthenium* *n*
**RU** (EDV) / Request Unit (a message that makes a request or responds to a request during a session), RU
**rubbeln** *v* (von Bremsen) (Kfz) / judder *v*
**Rubbon** *n* (oxidierter depolymerisierter Naturkautschuk, hergestellt durch katalytische Oxidation bei ca. 80° C mittels Sauerstoff oder Luft) (Chem Verf) / oxidized rubber, Rubbone *n*
**Rubeanwasserstoff** *m* (Chem) / rubeanic acid*, dithio-oxamide* *n*
**Rubeanwasserstoffsäure** *f* (Chem) / rubeanic acid*, dithio-oxamide* *n*
**Rubefizierung** *f* (von tropischen und subtropischen Böden) (Landw) / rubefaction *n*
**Rubellit** *m* (ein roter Elbait) (Min) / rubellite* *n*
**Rüben•ausdünner** *m* (Landw) / beet thinner ‖ ~**blattlader** *m* (Landw) / beet foliage loader ‖ ~**erntemaschine** *f* (Landw) / beet harvester ‖ ~**kopf** *m* (Landw) / beet crown ‖ ~**kopf mit Blättern** (Landw) / beet top ‖ ~**kopfwerkzeug** *n* (Landw) / beet topper ‖ ~**krautfänger** *m* (Landw) / beet-leaf catcher ‖ ~**lichter** *m* (Landw) / beet thinner ‖ ~**müdigkeit** *f* (des Bodens) (Landw) / beet sickness ‖ ~**pumpe** *f* (Landw) / beet pump ‖ ~**reiniger** *m* (der die Rüben trocken reinigt) (Landw) / beet cleaner ‖ ~**roder** *m* (Landw) / beet lifter ‖ ~**saatgut** *n* (Landw) / beet seed ‖ ~**samen** (Bot, Landw) / beet seed ‖ ~**schnitzel** *n pl* (vor der Extraktion) (Landw, Nahr) / beet slices, cossettes *pl*, sugar-beet chips, sugar-beet cossettes ‖ ~**schwanzabscheider** *m* (Landw) / beet-tails catcher ‖ ~**schwanzeabscheider** *m* (Landw) / beet-tails catcher ‖ ~**schwanzfänger** *m* (Landw) / beet-tails catcher ‖ ~**vollerntemaschine** *f* (Landw) / beet harvester ‖ ~**wäscher** *m* (Landw) / beet washer, beet washing machine ‖ ~**waschmaschine** *f* (Landw) / beet washer, beet washing machine ‖ ~**zucker** *m* (im allgemeinen) (Chem, Nahr) / sucrose* *n*, saccharose *n*, saccharobiose* *n* ‖ ~**zucker** (i.e.S.) (Nahr) / beet sugar*
**Rubicell** *m* (Magnesiumaluminat) (Min) / rubicelle* *n*
**Rubidium (Rb)** *n* (Chem) / rubidium* *n* ‖ ~**chlorid** *n* (Chem) / rubidium chloride ‖ ~**-Strontium-Methode** *f* (zur Altersbestimmung von Gesteinen) (Geol) / rubidium-strontium method, rubidium-strontium dating*
**Rubin** *m* (rote Varietät von Korund) (Min) / ruby* *n* ‖ **Böhmischer** ~ (eine Farbvarietät des Quarzes) (Min) / rose quartz ‖ **synthetischer**

**Rubinblende**

⁓ (Min) / synthetic ruby* ‖ ⁓**blende** f (roter Sphalerit) (Min) / ruby blende ‖ ⁓**farben** adj / ruby-red adj, ruby-coloured adj, ruby attr ‖ ⁓**farbig** adj / ruby-red adj, ruby-coloured adj, ruby attr ‖ ⁓**fluoreszenz** f / ruby fluorescence ‖ ⁓**glas** n (ein Anlaufglas von tiefroter Farbe) (Glas) / ruby glass ‖ **hafenfertiges** ⁓**glas** (Glas) / pot ruby ‖ ⁓**glimmer** m (Eisenhydroxid) (Min) / lepidocrocite* n, ruby mica ‖ ⁓**lack** m (Anstr) / garnet lac, garnet shellac ‖ ⁓**laser** m (ein Festkörperlaser) (Phys) / ruby laser ‖ ⁓**rot** adj / ruby-red adj, ruby-coloured adj, ruby attr ‖ ⁓**schellack** m (Anstr) / garnet lac, garnet shellac ‖ ⁓**spinell** m (Min) / ruby spinel*, almandine spinel*, spinel ruby*

**Rüböl** n / colza oil, rape-oil n, rape-seed oil

**Rub-out-Effekt** m (eine /unerwünschte/ Farbtonänderung, die dadurch erzielt wird, daß ein Teil der applizierten, nassen Lackschicht mit einem Finger verrieben wird) (Anstr) / rub-out effect, rub-up n

**Rubren** n (5,6,11,12-Tetraphenylnaphthacen) (Chem) / rubrene n

**Rubrik** f (Druck, Typog) / headline* n, heading n, rubric* n, head n, header line, heading line ‖ **mehrspaltiger** ⁓**kopf** (Druck, EDV) / straddle n ‖ **mehrspaltiger** ⁓**titel** (Druck, EDV) / straddle n

**Rübsenöl** n / turnip-seed oil ‖ ⁓ s. auch Kolzaöl

**RUC** (DIN 55950) / chlorinated rubber, chlorine rubber

**Ruck** m (Masch) / jerk n, jolt n, jerky movement ‖ ⁓ (DIN 13317) (Phys) / jerk n

**Ruck•anschmutzen** n (Tex) / soil redeposition, redeposition of soil, SRD ‖ ⁓**ansicht** f (DIN 6, T 1) / rear view ‖ ⁓**arbeitsverfahren** n (ein Prüfverfahren für elektrische Maschinen großer Leistung) (Eltech) / pump-back method

**ruckartig anfahren** (Kfz) / pitch forward v ‖ ⁓**er Schwenk** (Film) / skipping n ‖ ⁓**er Schwenk** m (als Fehler) (Film) / jerky pan

**Rück•assembler** m (EDV) / disassembler* n, deassembler n, back-assembler ‖ ⁓**ätzen** v (Harzverschmierungen) (Eltronik) / desmear v, etch back v ‖ ⁓**ätzen** (von Harzverschmierungen auf Multilayern) (Eltronik) / desmearing n, etch-back n ‖ ⁓**bank** f (Kfz) / back bench, rear-seat bench ‖ ⁓**bar** adj (z.B. eine Bandanlage) (Masch) / shiftable adj, movable adj ‖ ⁓**bau** m (Abbau eines Flözteiles, bei dem die beiden Abbaustrecken vor Beginn des Abbaus bis zur Abbaugrenze aufgefahren sind; von dem hierfür erstellten Aufhauen erfolgt der Abbau rückwärts) (Bergb) / retreating system*, retreating working, back working, retreat mining ‖ ⁓**bauen** v (durch Baumaßnahmen in einen früheren /naturnäheren/ Zustand bringen) / restore v ‖ ⁓**bau** (Bergb) / retreat v ‖ ⁓**biegeversuch** m (für Betonstahl nach DIN 488) (HuT, WP) / rebending test ‖ ⁓**biegung** f / reverse bending, rebending n ‖ ⁓**bildbare Verschiebung der Hörschwelle** (Akus) / temporary threshold shift* (TTS) ‖ ⁓**bildung** f (Rückwandlung) / reconversion n ‖ ⁓**bildung** (Teleg) / restitution n ‖ ⁓**bindung** f (Chem) / back-bonding n ‖ ⁓**blende** f (stilistisches Mittel in Form einer Unterbrechung der Filmgeschichte, um vergangene Ereignisse in die laufende Filmhandlung einzubringen) (Film) / flashback n ‖ ⁓**blick** m (Nivellierlatte) (Verm) / plus sight, back sight*, back observation*, positive sight ‖ ⁓**blickspiegel** m **mit automatischer Abblendung** (Kfz) / antidazzle mirror* ‖ ⁓**brennen** n (des Drahtes in die Düsenspitze) (Schw) / burn-back n ‖ ⁓**dämpfung** f (Nebenzipfeldämpfung einer Antenne im Winkelbereich zwischen 90 und 270 ° oder in einem anzugebenden Teil dieses Bereichs) (Fernm) / front-to-back ratio* ‖ ⁓**diffusion** f (Phys) / rediffusion n ‖ ⁓**drehen** v (Spinn) / detwist v ‖ ⁓**drehen** f (des Winds) (Luftf, Meteor) / backing* n ‖ ⁓**drehen** (Spinn) / detwisting n, untwisting n ‖ ⁓**drehender Wind** (Kfz, Luftf, Meteor) / backing wind ‖ ⁓**drehmoment** n (Luftf) / restoring moment*, righting moment ‖ ⁓**drehmoment** (Gegendrehmoment) (Mech) / retrotorque n, countertorque n, reaction torque

**ruckeln** v (Kupplung) (Kfz) / judder v ‖ ⁓ n (Kfz) / bonanza effect, shuffle n (as a result of a torsional load change)

**Rückemaschine** f **für den Drahtseilzug** (For) / yarder n

**rücken** v (Fördermittel im Rhythmus des Abbau-, Vortriebs- oder Verkippungsfortschritts) (Bergb) / turn over v, advance v ‖ ⁓ (Rundholz) (For) / skid v, yard v, haul v, log v ‖ ⁓ (eine Bandanlage) (Masch) / shift v ‖ ⁓ n (die meist übermauerte Oberseite eines Bogens oder obere Fläche eines Gewölbes) (Bau) / extrados* n, back n ‖ ⁓ (Buchb) / spine* n, shelf-back* n, backbone n ‖ ⁓ (Buchb) / back n ‖ ⁓ n (Kurztransport von Rundholz vom Hiebsort bis zu einem Holzabfuhrweg oder Zwischenlagerplatz) (For) / skidding n, yarding n (US), haulage n, logging n ‖ ⁓ m (der Handsäge, des Messers) (For, Masch) / back n ‖ ⁓ (Erhebung mit deutlicher Längserstreckung und breiten Kammformen) (Geol) / ridge n ‖ ⁓ (Geol, Ozean) / mid-ocean ridge, median ridge, mid-oceanic ridge, ridge n, mid-ocean rise ‖ **angeklebter** ⁓ (Buchb) / tight backbone, tight back, fast back ‖ **eingesägter** ⁓ (Buchb) / sawn-in back ‖ **flacher** ⁓ (Buchb) / flat spine, square back ‖ **hohler** ⁓ (Buchb) / hollow back*, open back* ‖ **mittelozeanischer** ⁓ (Geol, Ozean) / mid-ocean ridge, median ridge, mid-oceanic ridge, ridge n, mid-ocean rise ‖ ⁓ n **in der Kette** (For) / chaining n ‖ ⁓ **mit Pferden** (des Holzes) (For) / horse skidding ‖ ⁓ **mit Seilkran** (For) / aerial skidding, aerial yarding ‖ ⁓ m **ohne Rückenstreifen** (Buchb) / tight backbone, tight back, fast back

**Rücken•berieselung** f **mit Dränentwässerung** (Sanitär) / intermittent filtration* ‖ ⁓**beschichtungsmaterial** n (Tex) / backing n ‖ ⁓**beschriftung** f (Buchb) / spinal lettering n ‖ ⁓/**Brustrichtung-Beschleunigung** f (Raumf) / back-to-chest acceleration

**ruckendes Gleiten** (Masch) / stick-slip motion*

**Rücken•einlage** f (meistens Schrenz) (Buchb) / hollows* pl, back lining* ‖ ⁓**feld** n (Buchb) / panel* n ‖ ⁓**fläche** f (Masch) / minor flank (US), flank n (GB) ‖ ⁓**flug** m (Luftf) / inverted flight ‖ ⁓**fräsen** n (bei der Klebebindung) (Buchb) / back routing, spine routing ‖ ⁓**gewaschene Wolle** (DIN 60004) (Tex) / back-washed wool ‖ ⁓**kante** f (des Spiralbohrers) (Masch) / heel n ‖ ⁓**kegel** m (ein Ergänzungskegel nach DIN 3971) (Masch) / back cone ‖ ⁓**lehne** f (Kfz) / seat back, back rest ‖ ⁓**lehne** (eines Sitzmöbels) (Tischl) / back n, chair-back n ‖ ⁓**- oder Seitenlehne** f (gepolsterte) (Kfz) / squab n (GB) ‖ **ohne** ⁓**lehne** (Stuhl, Sitz) (Tischl) / backless adj ‖ ⁓**linie** f (Leder) / line of the backbone ‖ ⁓**mastanlage** f (für die Holzbringung) (For) / high lead ‖ ⁓**mittellinie** f (Leder) / line of the backbone ‖ ⁓**runden** n (Buchb) / spine rounding, back rounding ‖ ⁓**säge** f (DIN 6493, T 1) (Tischl, Werkz) / back saw* ‖ ⁓**schild** m (der Schildkröte) (Zool) / carapace* n ‖ ⁓**signatur** f (im Bundsteg) (Druck) / collating mark, black-step mark*, back-step* n ‖ ⁓**spritze** f (für Pflanzenschutz) (Landw) / knapsack sprayer ‖ ⁓**spritzgerät** n (Landw) / knapsack sprayer ‖ ⁓**sprühgerät** n (Landw) / knapsack sprayer ‖ ⁓**stichheftung** f (mit Draht) (Buchb) / saddle-wire binding, saddle stitching ‖ ⁓**stichheftung** (mit Faden) (Buchb) / saddle sewing ‖ ⁓**tiefe** f (beim Spiralbohrer) (Werkz) / body clearance ‖ ⁓**titel** m (Buchb) / back title, spine lettering ‖ ⁓**trudeln** n (Luftf) / inverted spin

**Rückentwicklung** f (Gen) / retrogression n

**Rücken•wind** m (Luftf) / tailwind n, following wind ‖ ⁓**windlandung** f (Luftf) / downwind landing, Chinese landing ‖ ⁓**windteil** m (der Platzrunde) (Luftf) / downwind leg, downwind tail ‖ ⁓**winkel** m (For) / clearance angle ‖ ⁓**winkel** (bei der Verzahnung) (Masch) / back angle

**Rück•erholungszeit** f (beim Umschalten einer Diode von Sperrichtung in Durchlaßrichtung) (Eltronik) / recovery time* ‖ ⁓**erstattung** f / reimbursement n, refund n

**Rücke•schaden** m (For) / skidding damage, extraction damage, logging damage ‖ ⁓**schneise** f (For) / skidding lane, skid road, logging road ‖ ⁓**traktor** m (For) / skidder n, logging skidder ‖ ⁓**wagen** m (kleiner) (For) / drag cart, bogie n, dolly n ‖ ⁓**wagen** (einachsiger Anhänger) (For) / logging wheels*, katydid n ‖ ⁓**weg** m (For) / skidding lane, skid road, logging road

**Rück•expansion** f (Masch) / back expansion ‖ ⁓**extraktion** f (Brennstoffaufarbeitung) (Kernphys) / stripping n

**Rückezug** m (For) / skidding unit

**Rück•fahrkarte** f / return n, return ticket ‖ ⁓**fahrleuchte** f (Kfz) / reversing lamp, back-up lamp (US) ‖ ⁓**fahrlicht** n (Kfz) / reversing light, back-up light (US) ‖ ⁓**fahrschein** m / return n, return ticket ‖ ⁓**fahrscheinwerfer** m (Kfz) / reversing lamp, back-up lamp (US) ‖ ⁓**fallrelais** n (Eltech) / step-back relay ‖ ⁓**fallweiche** f (Bahn) / spring points* ‖ ⁓**fallwert** m (Eltech) / drop-out value ‖ ⁓**faltung** f (der Polypeptidkette) (Biochem) / refolding n ‖ ⁓**federkraft** f (Phys) / resilience n, resiliency n ‖ ⁓**federn** v (Phys, WP) / spring back v, rebound v ‖ ⁓**federung** f (Masch) / spring-back* n, elastic recovery ‖ ⁓**fettend** adj (z.B. Waschmittel) / superfatting adj ‖ ⁓**fettungsmittel** n (für trockene, strapazierte Haut) / superfatting agent, refatting agent ‖ ⁓**feuchten** v / rewet v ‖ ⁓**fläche** f / rear surface ‖ ⁓**flächenspiegel** m (Opt) / back-surface mirror ‖ ⁓**flanke** f (des Impulses) (Fernm) / trailing edge*, negative edge ‖ ⁓**flugschein** m (Luftf) / return n (ticket)

**Rückfluß** m / back flow* ‖ ⁓ (des investierten Kapitals) / pay-back n, return n (on investment) ‖ ⁓ (aus dem Rückflußkühler) (Chem) / reflux* n ‖ **totaler** ⁓ (Chem) / total reflux ‖ ⁓**dämpfung** f (Fernm) / reflection loss*, return loss* ‖ ⁓**kühler** m (Dephlegmator) (Chem) / reflux condenser ‖ **am** ⁓**kühler kochen** (zum Sieden unter Rückfluß bringen) (Chem) / reflux v ‖ ⁓**löten n in der Dampfphase** (Eltronik) / vacuum-phase reflow soldering ‖ ⁓**rohr** n (Chem Verf) / downcomer n ‖ ⁓**verhältnis** n (Chem Verf) / reflux ratio*

**rück•formen** v (Fahrbahnoberfläche unter Materialzugabe mit Mischen der beiden Anteile) (HuT) / remix v ‖ ⁓**formen** (Fahrbahndecke mit gleichzeitiger Zugabe von neu hergestelltem Material ohne Mischen) (HuT) / repave v ‖ ⁓**formung** f (der Fahrbahndecke) / repaving n (US) ‖ ⁓**formung** (der Fahrbahnoberfläche ohne Materialzugabe) (HuT) / reshaping n ‖ **elastische** ⁓**formung** (Geol) / elastic rebound v ‖ ⁓**formvermögen** n (des Teppichs) (Tex) / deformation value ‖ ⁓**fracht** f / return freight

**Rückfrage** f (Halten in Rückfrage) (Fernsp) / consultation hold ‖ ⁓ (Leistungsmerkmal bei Nebenstellenanlagen) (Fernsp) / consultation call, consultation n, refer-back call ‖ ⁓**gespräch** n (Fernsp) /

consultation call, consultation n, refer-back call ‖ ~**häufigkeit** f (Fernsp) / repetition rate

**Rückfragen** n (Aufbauen einer zweiten Verbindung, während die erste Verbindung gehalten, d.h. in Wartezustand versetzt wird) (Fernsp) / call-back n, consultation call

**ruckfrei** adj (Beschleunigung) (Masch) / smooth adj ‖ ~**es Zoomen** (Film) / smooth zooming

**rück•führbare Änderung** / restorable change ‖ ~**führbeschaufelung** f (bei Verdichtern) (Masch) / return blading ‖ ~**führen** v / return v ‖ ~**führen** (einen Teil der Ausgansspannung eines Verstärkers auf den Eingang) (Fernm, Regeln) / feed back v ‖ ~**führgeber** m (Zubehör bei pneumatischen Stellantrieben) (Masch) / positioner n ‖ ~**führkraft** (Masch, Mech) / restoring force ‖ ~**führmaterial** n (Chem Verf) / cycle stock ‖ ~**führmoment** n (Luftf) / restoring moment*, righting moment ‖ ~**führtaste** f (für den Wagen der Schreibmaschine) / carriage return, carrier return key, return key ‖ ~**führteil** m (bei Turboverdichtern) (Masch) / return channel ‖ ~**führtunnel** m (bei einem Herdwagen-Durchschubofen) (Hütt) / return tunnel

**Rückführung** f (in denselben Prozeß) / recirculation n ‖ ~ (Eltech) / return n, return circuit ‖ ~ (Eltech, Regeln) / feedback* n, FB ‖ ~ (nach Verbindungswiederherstellung) (Fernm) / rerouting n ‖ ~ (eines Teiles der Ausgangsspannung eines Verstärkers auf den Eingang) (Fernm, Regeln) / feedback* n ‖ ~ (in normalen Flugzustand) (Luftf) / recovery n ‖ ~ (als Strecke im Regelkreis) (Regeln) / feedback path ‖ **äußere** ~ (Regeln) / external feedback* ‖ **geschwindigkeitsabhängige** ~ (Fernm) / derivative feedback* ‖ **mit** ~ (Regelung) (Regeln) / closed-loop attr ‖ **negative** ~ (Regeln) / degenerative feedback, negative feedback*, reverse coupling, degeneration n ‖ **ohne** ~ (Steuerung) (Regeln) / open-loop* attr ‖ **verzögerte** ~ (Regeln) / delayed feedback ‖ ~ f **der Kurbelgehäusedämpfe in das Ansaugsystem** (Kfz) / positive crankcase ventilation, PCV

**rückführungs•frei** adj (Regeln) / feedback-free adj ‖ ~**kreis** m (Fernm) / feedback control loop* ‖ ~**signal** n (Regeln) / feedback signal*

**Rückgang** n / diminution n, decrease n, regression n, reduction n ‖ ~ (z.B. der Beschäftigtenzahl) / drop n ‖ ~ (DIN 40713) (Eltech) / reset n ‖ ~ (einer statistischen Größe) (Stats) / drop n, decline n, decrease n ‖ **starker** ~ / slump n (in demand, investment, production, sales)

**rückgängig machen** / cancel v ‖ ~ **machen** (EDV) / undo v

**Rück•gangskurve** f (Wasserb) / recession hydrograph ‖ ~**gekoppelter Detektor** (Eltech) / regenerative detector* ‖ ~**gekoppeltes Schieberegister** (EDV) / feedback shift register, feedback register ‖ ~**gekoppeltes System** (Regeln) / closed-loop system*, feedback control system (US)* ‖ ~**gekoppelter Verstärker** (Eltronik) / regenerative amplifier, regenerator n, feedback amplifier ‖ ~**gerichtet** adj (Opt) / retrodirective adj ‖ ~**gewinnen** v (aus Altmaterial) / salvage v ‖ ~**gewinnen** (Umwelt) / reclaim v, regenerate v, recover v, regain v ‖ ~**gewinnung** f / recovery n, recuperation n ‖ ~**gewinnung** (Umwelt) / reclaiming n, reclamation n, regeneration n, recovery n, re-refining n ‖ ~**gewinnung der Schlupfleistung** (Eltech) / slip-power recovery ‖ ~**gewonnenes Öl** (aus dem Altöl) / reclaimed oil, recovered oil ‖ ~**gleiten** v (Krist) / reversed slip

**Ruckgleiten** n (Masch) / stick-slip motion*

**Rück•gleitung** f (Krist) / reversed slip ‖ ~**grat** n (fortlaufender Teil der Peptidkette) (Biochem) / backbone n ‖ ~**grat** (die sich wiederholende Abfolge von Phosphat und 2-Desoxy-D-ribofuranose in der DNA) (Biochem) / backbone n ‖ ~**gut** n (Chem Verf) / cycle stock

**Rückhalte•automatik** f (automatische Sicherheitseinrichtung in Kraftfahrzeugen zum Festhalten der Insassen bei Unfällen, um ein gefährliches Aufprallen des Körpers zu verhindern) (Kfz) / emergency locking retractor, retractor n ‖ ~**becken** n (Wasserb) / retarding basin, retarding reservoir ‖ ~**becken** (Sammelbehälter) (Wasserb) / retention reservoir ‖ ~**faktor** m (Wasserb) / storage coefficient (of an aquifer) ‖ ~**system** n (Kfz) / restraint system ‖ **passives** ~**system** (Kfz) / passive restraint system ‖ ~**träger** m (Nukl) / holdback* n ‖ ~**vermögen** n (Chem) / retention power ‖ ~**vermögen** (eines Filters) (Eltronik) / cut-off n

**Rück•heizung** f (Eltronik) / backheating* n ‖ ~**holen** n (eines umgelegten Rufes) (Fernsp) / retrieval n ‖ ~**holfeder** f (Masch) / return spring, restoring spring, retractile spring ‖ ~**holkraft** f (Masch, Mech) / restoring force ‖ ~**holseil** n (der Seilbringungsanlage) (For) / haul-back line, haul-back cable, tail-rope n, messenger n (US) ‖ ~**holtaste** f (Fernsp) / reset key ‖ ~**hörbezugsdämpfung** f (Fernsp) / sidetone reference equivalent ‖ ~**hördämpfspule** f (Fernsp) / anti-sidetone induction coil, A.S.T.I.C. coil ‖ ~**hördämpfung** f (Fernsp) / anti-sidetone n ‖ ~**hören** n (Fernsp) / side tone* ‖ ~**hubgeschwindigkeit** f (Geschwindigkeit des Stößels während des Rücklaufs - bei Pressen) (Masch) / opening speed, return speed ‖ ~**impuls** m (Fernm) / revertive pulse ‖ ~**kanal** m (Fernm) / backward channel, return channel

**Rückkehr** f / return n ‖ ~ **in Ruhestellung** (Fernsp) / homing* n ‖ ~ **ins Hauptmenü** (EDV) / return to main menu ‖ ~ **nach Null** (ein Testsignalformat) (EDV, Instr) / return to zero, RZ ‖ ~**adresse** f (EDV) / return address ‖ ~**bahn** f (des Raumflugkörpers) **gegen die Rotation der Erde** (Raumf) / retrograde motion ‖ ~**befehl** m (EDV) / return instruction ‖ ~**kapsel** f (Raumf) / recovery capsule ‖ **der nicht durch den Ablationsschild geschützte Teil des** ~**körpers** (Raumf) / afterbody n ‖ ~**punkt** m (1. oder 2. Art) (Math) / cusp* n, cuspidal point, spinode* n ‖ ~**spiegel** m (Foto) / instant-return mirror, hinged mirror

**Rück•kohlung** f (Hütt) / recarburization n ‖ ~**kondensation** f (Chem Verf) / retrograde condensation ‖ ~**koppeln** v (Fernm, Regeln) / feed back v

**Rückkopplung** f (von Inhibitoren) (Biochem) / feedback inhibition, end-product inhibition ‖ ~ (wenn die Energie oder Information vom Ausgang eines Systems zu seinem Eingang übertragen wird) (Eltech, Regeln) / feedback* n, FB ‖ ~ (Fernm) / back coupling* ‖ **akustische** ~ (Fernm) / acoustic feedback* ‖ **induktive** ~ (Eltech) / inductive feedback ‖ **innere** ~ (Eltronik) / inherent feedback ‖ **kapazitive** ~ (Eltech) / electrostatic feedback ‖ **kompensierende** ~ (Regeln) / compensating feedback ‖ **negative** ~ (Fernm, Radio) / degenerative feedback, negative feedback*, reverse coupling, degeneration n

**Rückkopplungs•aktivierung** f (Regeln) / feedback stimulation ‖ ~**empfänger** m (Fernm) / regenerative receiver* ‖ ~**faktor** m (Charakteristik des Rückkopplungsnetzwerks) (Regeln) / feedback ratio* ‖ ~**frei** adj (Regeln) / feedback-free adj ‖ ~**gleichung** f (die die Wirkung eines Rück- oder Gegenkopplungsnetzwerkes auf Verstärkung und Frequenzgang eines Verstärkers charakterisiert) (Regeln) / feedback equation ‖ ~**grad** m (Regeln) / amount of feedback ‖ ~**hemmung** f (Biochem) / feedback inhibition ‖ ~**hemmung** (Biochem) / feedback inhibition, end-product inhibition ‖ ~**netzwerk** n (derjenige Teil einer Schaltung, über den das Ausgangssignal eines Verstärkers auf seinen Eingang rückgekoppelt wird) (Eltronik) / feedback network ‖ **induktive** ~**schaltung** (Radio) / Meissner circuit ‖ ~**signal** n (Regeln) / feedback signal* ‖ ~**spule** f (Eltech) / reaction coil ‖ ~**spule im Anodenkreis** (Eltronik) / tickler coil ‖ ~**strahlung** (Radio) / reradiation ‖ ~**strecke** f (Regeln) / feedback path* ‖ ~**verstärker** m (Eltronik) / regenerative amplifier, regenerator n, feedback amplifier ‖ ~**wicklung** f (Eltech) / feedback windings*

**Rück•kraft** f (Werkz) / thrust force ‖ ~**kühlen** v (erwärmtes Kühlwasser zum Zweck der Wiederverwendung) / recool v, cool v ‖ ~**kühlen** n (von erwärmtem Kühlwasser zum Zweck der Wiederverwendung) / recooling n, cooling n ‖ ~**kühlung** f / recooling n, cooling n ‖ ~**ladebagger** m (HuT) / reclaimer n ‖ ~**lage** f (finanzielle) / reserve n

**Rücklauf** m (von Fremdwagen) (Bahn) / repatriation n ‖ ~ (Chem) / reflux* n ‖ ~ (Fernsp) / homing* n ‖ ~ (der Werkzeugmaschine) (Masch) / return travel, return movement ‖ ~ (Radar, TV) / flyback* n, retrace* n ‖ ~ **schneller** ~ (bei gedrückter Wiedergabetaste) (Akus, Mag) / fast rewind, review n, REW

**Rücklauf", Taste "schneller** ~ (bei Autoradio) (Radio) / fast-rewind button, FR button

**Rücklauf, totaler** ~ (Chem) / total reflux ‖ ~ m **zum Auspänen** (Masch) / chip relief

**Rücklauf•bremse** f (beim Förderband) (Bergb) / holdback n ‖ ~**brenner** m (Luftf) / spill burner* ‖ ~**doppelrad** n (Kfz) / reverse double pinion ‖ ~**druck** m (Wasserb) / back-pressure n ‖ ~**druckzerstäuber** m (mit breitem Arbeitsbereich) (Masch) / spill-type burner, mechanical return-flow atomizer, spill-return pressure jet atomizer ‖ ~**elektronen** n pl (Eltronik) / return electrons

**rücklaufen, schnell** ~ **lassen** (z.B. Magnetband) (Akus, Mag) / fast-rewind v

**rücklaufend•e Druckwelle** (Kfz) / plugging pulse ‖ ~**e Welle** (Eltronik) / backward wave* (BW)

**Rücklaufflüssigkeit** f / liquid return

**rückläufig** adj / retrograde adj ‖ ~ / reverse adj ‖ ~**e Bewegung** (eines Himmelskörpers) (Astr) / retrograde motion*, retrogradation n, retrogression n ‖ ~**e Kondensation** (Chem Verf) / retrograde condensation

**Rücklauf•kondensator** m (als Teil einer Rektifikationsapparatur) (Chem Verf) / reflux condenser ‖ ~**leitung** f / return line ‖ ~**leitung** (in der Warmwasser-Schwerkraftheizung) / return pipe ‖ ~**metall** n (Gieß, Hütt) / return scrap, circulating scrap, plant-returned scrap ‖ ~**projektion** f (Film) / reverse projection ‖ ~**rohstoff** m / secondary raw material (starting material in a manufacturing process, resulting from material recovery) ‖ ~**sammelleitung** f (Warmwasserheizung in Zweirohr-Ausführung) / return pipe ‖ ~**schlamm** m (der aus dem Nachklärbecken in das Belebungsbecken oder einen anderen Reaktor zurückgeführte Schlamm - DIN 4045) (Sanitär) / return sludge, returned sludge ‖ ~**schlammfluß** m (Volumenstrom des Rücklaufschlamms in m³/h - DIN 4045) (Sanitär) / return-sludge flow

**Rücklaufschrott**

‖ ~schrott m (Gieß, Hütt) / return scrap, circulating scrap, plant-returned scrap ‖ ~schrott (Hütt) / revert scrap, plant-returned scrap, process scrap, circulating scrap ‖ **[automatische] ~sicherung** (Bergb) / holdback n ‖ ~**sperre** f (Masch) / backstop n ‖ ~**sperrventil** n (des Ölfilters) (Kfz) / antidrain valve ‖ ~**spur** f (Eltronik) / return line (flyback)*, return trace* ‖ ~**verhältnis** n (z.B. in der Rektifizierkolonne) (Chem Verf) / reflux ratio* ‖ ~**zeile** f (bei Elektronenstrahlröhren) (Eltronik) / return line (flyback)*, return trace* ‖ ~**zeit** f (Radar, TV) / flyback interval, retrace interval

**Rück•leistung** f (Eltech) / reverse power ‖ ~**leitung** f / return line ‖ ~**leitung** (Eltech) / negative feeder*, return feeder* ‖ ~**leitung** (Eltech) / return n, return circuit ‖ ~**leitung** (Eltech) / return line ‖ ~**leuchte** f (Kfz) / rear-lamp n (GB), tail-lamp n (Kfz) / rear-light n (GB), tail-light n ‖ ~**magnetisieren** v (Mag) / reset v (magnetic core) ‖ ~**melden** v (Fernm, Regeln) / feed back v ‖ ~**meldesignal** n (Fernm, Regeln) / repeat-back signal ‖ ~**meldung** f (Fernm, Regeln) / feedback* n ‖ ~**meldung** n (in der Produktion) (F.Org) / feedback n ‖ **negative ~meldung** (ein CCITT-Steuerzeichen für Datenübertragung) (Fernm) / negative acknowledge(ment), NAK ‖ **positive ~meldung** (ein CCITT-Steuerzeichen für Datenübertragung) (Fernm) / acknowledge n (an international transmission control code), acknowledgement n, ACK, acknowledge character ‖ **positive ~meldung** (Tätigkeit) (Fernm) / positive acknowledgement (ACK) ‖ ~**modulator** m (Radio, TV) / remodulator n ‖ ~**modulieren** v (Radio, TV) / remodulate v ‖ ~**mutation** f (Gen) / back mutation ‖ ~**nahme** f / withdrawal n ‖ ~**nahme** (von Altfahrzeugen) (Kfz) / take-back n ‖ ~**oxidation** f (Chem) / reoxidation n ‖ ~**oxidieren** v (Chem) / reoxidize v, oxidize back v ‖ ~**peilung** f (Luftf, Radio) / back bearing ‖ ~**phosphorung** f (Hütt) / rephosphorization n ‖ ~**platte** f (DIN 41494) (Eltronik) / back panel ‖ ~**polung** f (Eltech) / reversal to normal polarity

**Rückprall** m (z.B. beim Skleroskop) (WP) / rebound n ‖ ~**elastizität** f (von Weichgummi bei schlagartiger Beanspruchung) (Chem Verf) / resilience* n, rebound elasticity, rebound resilience, resiliency n ‖ ~**hammer** m (nach E. Schmidt - zur Druckfestigkeitsprüfung des Festbetons nach DIN 1048) (HuT, WP) / rebound hammer, Schmidt rebound hammer, rebound tester ‖ ~**härte** f (WP) / rebound hardness n ‖ ~**höhe** f (eines Fallhammers, aus der die Shore-Härte ermittelt wird) (WP) / rebound height ‖ ~**kitt** m / bouncing putty ‖ ~**prüfung** f (zerstörungsfreies Prüfverfahren am Festbeton mittels Rückprallhammer) (HuT, WP) / rebound test

**Rückprojektion** f (die Bildwand befindet sich zwischen Projektor und Betrachter) (Film) / rear projection*, back-projection* n

**Rückpro•Schirm** m (Film, TV) / transparent screen ‖ ~**Wand** f (Film, TV) / transparent screen

**Rück•reaktion** f (bei einer umkehrbaren Reaktion) (Chem) / back reaction, reverse reaction, opposing reaction ‖ ~**rechnung** f (Math) / back substitution, inverse calculation ‖ ~**rollbremse** f (Kfz) / hillholder n (automatic climb lock)

**Rückruf** m (Fernsp) / callback n ‖ ~ (Anklopfen) (Fernsp) / camp-on n (to a busy subscriber) ‖ ~ (eine Servicefunktion in Nebenstellenanlagen) (Fernsp) / recall n ‖ ~ (von Autos in die Werkstatt) (Kfz) / recall n, callback n ‖ ~**aktion** f (seitens des Autoherstellers - nach dem Produktsicherheitsgesetz) (Kfz) / recall n, callback n ‖ ~**anlage** f (Fernsp) / revertive call facility

**rückrufen** v (Fernsp, Kfz) / recall v

**Rucksackgurt** m (Kfz) / shoulder harness (a safety harness)

**Rück•säge** f (Tischl, Werkz) / back saw* ‖ ~**schaltcode** m (EDV) / return code ‖ ~**schaltkode** (EDV) / return code ‖ ~**schaltrelais** n (Eltech) / step-back relay ‖ ~**schaltungszeichen** n (EDV) / shift-in character, SI character ‖ ~**schicht** f (Foto) / backing* n, backing layer

**Rückschlag** m (Entspannungsphase der Schlagwetterexplosion) (Bergb) / backlash n ‖ ~ (beim Starten) (Kfz) / back-kick* n, kick* n ‖ ~ (Masch) / recoil n, return kick, return shock, kick-back n, setback n ‖ ~ (der Flamme) (Masch) / back-fire* n, back-flash n, flashback n, blowback n ‖ ~**freier Hammer** (Werkz) / dead-blow hammer n ‖ ~**klappe** f (Masch) / swing check valve, swing-type check valve, lift-type check valve ‖ ~**klappe** (Sanitär) / flap trap* ‖ ~**kugelventil** n (Masch) / non-return ball valve ‖ ~**sicherung** f (Masch) / flashback chamber ‖ ~**sicherung** (Schw) / flashback arrester ‖ ~**ventil** n (Kugelventil) (Bahn) / clack valve*, clack* n ‖ ~**ventil** (Masch) / check valve* ‖ **absperrbares ~ventil** (Masch) / stop-and-check valve, screw-down stop-and-check valve ‖ ~**zündung** f (Zurückschlagen des verbrennenden Kraftstoff-Luft-Gemisches in die Ansaugleitung) (V-Mot) / blowing back, blowback* n

**Rückschluß** m (Stats) / inference n ‖ ~ (der Schluß von der Stichprobe auf die Grundgesamtheit, aus der die Stichprobe stammt) (Stats) / inference n ‖ ~ **n, magnetischer** ~ (Eltech) / magnetic yoke ‖ ~**joch** n (Eltech) / magnetic yoke ‖ ~**stück** n (Mag) / keeper* n, keep* n

**Rück•schmelztransistor** m (Eltronik) / meltback transistor* ‖ ~**schmelzverfahren** n (Eltronik) / meltback technology, meltback technique ‖ ~**schreiben** v (nur Infinitiv und Partizip) (Information)

(EDV) / regenerate v ‖ ~**schreibung** f (der Information) (der Information) (EDV) / regeneration* n ‖ ~**schwefeln** v (Chem Verf) / resulphurize v

**Rückseite** f / rear n ‖ ~ (des Mondes) (Astr) / backside n, far side ‖ ~ (des Stoffes) (Tex) / wrong side, reverse side, back n, reverse n ‖ **[unbearbeitete]** ~ (eines Steins) (Bau) / back* n ‖ **auf der ~ verstärken** (Tex) / back v ‖ **auf der ~ verstärkt** (Tex) / backed adj

**rückseitig•er Kurs** (ILS) (Luftf) / back course ‖ ~**er Leitstrahl** (Luftf, Radio) / back beam ‖ ~ **verstärken** (Tex) / back v ‖ ~ **verstärkt** (Tex) / backed adj

**rücksetzbar** adj / resettable adj

**rücksetzen** v (rückstellen) / reset v ‖ ~ (Band, Lochstreifen) (EDV) / backspace v ‖ ~ (ein Flipflop) (Eltronik) / reset v ‖ ~ (Instr) / clear* v, reset* v, restore* v ‖ ~ n (von Teilschritten bei erfolgloser Suche) (EDV) / backtracking n ‖ ~ (Eltech, Eltronik, Masch) / reset* n ‖ ~ **einer Verbindung** (ISDN) (Fernm) / resynchronization of a connection

**Rücksetz•impuls** m (EDV) / reset pulse ‖ ~**knopf** m (Kfz) / reset button (of the trip meter) ‖ ~**taste** f (für Cursor) (EDV) / backspace key ‖ ~**taste** (EDV) / reset key

**Rück•setzung** f **von Hand** (EDV, Eltech, Masch) / hand reset ‖ ~**sicht** f (Sicht nach hinten) (Kfz) / rear visibility, view aft, view to the rear ‖ ~**sichtslos** adj (Behandlung des Frachtguts) / rough adj ‖ ~**signal** n (Fernm) / return signal ‖ ~**signal** (vom Satelliten zur Erde) (Fernm, Raumf) / down-path signal

**Rücksitz** m (Kfz) / rear seat ‖ **umklappbarer** ~ (Kfz) / folding rear seat, hinged rear seat ‖ ~**armlehne** f (Kfz) / rear-set armrest ‖ ~**bank** f (Kfz) / back bench, rear-seat bench ‖ **geteilte umklappbare ~lehne** (Kfz) / split rear-seat backrest

**Rück•spiegel** m (Kfz) / rear-view mirror ‖ ~**spiegelung** f (Akus) / aliasing n

**Rücksprung** m (Arch, Bau) / setback n (a plain, flat offset in a wall) ‖ ~ (Subprogramm) (EDV) / return* n ‖ ~ (z.B. der Welle) (Masch) / shoulder n ‖ ~ (z.B. beim Skleroskop) (WP) / rebound n ‖ ~**adresse** f (eines Unterprogramms) (EDV) / return address ‖ ~**energie** f (Umwelt) / resilience* n, resiliency n ‖ ~**flansch** m (Masch) / shoulder flange ‖ ~**härte** f **nach Shore** (WP) / Shore hardness n ‖ ~**härteprüfung** f **nach Shore** (WP) / Shore hardness test ‖ ~**palette** f / stevedore pallet, wing pallet ‖ ~**puffer** m (EDV) / return buffer ‖ ~**sstelle** f (EDV) / re-entry point

**rück•spulen** v (Tonband) / rewind v ‖ ~**spültechnik** f (Chem) / backflush n ‖ ~**spülung** f / backwashing n, backwash n, backflushing n

**Rückstand** m (Aufber, Chem, Umwelt) / residuum n (pl. residua), residue n ‖ ~ (z.B. Destillations- oder Tankrückstand) (Chem Verf) / heel n ‖ ~ (Erdöl) / resid n, residual oil, residual n, tailings pl ‖ **blockförmiger ~ erodierter Tertiärschichten** (Geol) / sarsen* n, grayweather n ‖ **extrahierbarer ~** (Umwelt) / extractable residue ‖ **nichtextrahierbarer ~** (von Pestiziden) (Umwelt) / non-extractable residue, bound residue ‖ **subkutikulärer ~** (von Pflanzenschutzmitteln) (Landw, Umwelt) / subcuticular residue ‖ **unlöslicher ~** (Chem) / insoluble residue ‖ **vernachlässigbarer ~** (von Pestiziden) (Umwelt) / negligible residue ‖ ~ m **im Boden** (Landw) / soil residue

**Rückstände** m pl (Arbeit) / backlog n (an accumulation of uncompleted work or matters needing to be dealt with) ‖ ~ **aus der Landwirtschaft** (Landw, Umwelt) / agricultural residues

**rückständig** adj (Technik) / outdated adj

**Rückstands•analytiker** m (Chem) / residue chemist ‖ ~**boden** m (Geol) / residual soil ‖ ~**cracking** n (Erdöl) / residue cracking, resid cracking ‖ ~**filter** n (Chem Verf) / cake filter ‖ ~**fraktion** f (bei der Siebanalyse) (Masch) / oversize n, overflow n, overs pl, plus mesh, plus sieve ‖ ~**frei** adj (Umwelt) / non-residue attr ‖ ~**gas** n (bei der Erdölverarbeitung) (Erdöl) / tail-gas n ‖ ~**gebiet** n (eine Gebietskategorie nach dem Raumordnungsgesetz des Bundes) / underdeveloped area ‖ ~**gestein** n (bei der Metatexis nicht geschmolzener Gesteinsanteil) (Geol) / restite n ‖ ~**gestein in situ** (Geol) / saprolite n ‖ ~**grenzwert** m (Landw, Nahr) / maximum residue level (limit), MRL ‖ ~**heizöl** n / residual fuel oil ‖ ~**kracking** n (Erdöl) / residue cracking, resid cracking ‖ ~**los** adj (Umwelt) / non-residue attr ‖ **duldbare ~menge** (Chem, Landw) / permissible (residue) level ‖ ~**öl** n (Erdöl) / resid n, residual oil, residual n, tailings pl ‖ ~**strahlung** f (derjenige Teil der radioaktiven Strahlung, der nach Ablauf einer Minute noch wirksam ist) (Mil) / residual radiation ‖ ~**toxikologie** f (Chem, Landw, Med) / residue toxicology ‖ ~**verwertung** f (Umwelt) / recycling* n ‖ ~**wirkung** f (von Agrochemikalien) (Chem, Landw) / residual effect, residual action

**Rückstau** m (die Wassermenge selbst) (Wasserb) / backwater* n, impoundment n, impoundage n ‖ ~ (der ausgeübte Druck) (Wasserb) / back-pressure n ‖ ~**ebene** f (DIN 1986) (Wasserb) / backwater level ‖ ~**grenze** f (Wasserb) / limit of backwater ‖ ~**klappe** f (Klemp) / backwater gate ‖ ~**verschluß** m (Klemp) / backflow preventer

**rück•stellbar** adj / resettable adj ‖ ~**stellbewegung** f (zwischen Werkzeugschneide und Werkstück, mit der das Werkzeug nach dem Zerspanvorgang vom Werkstück zurückgeführt wird - DIN 6580) (Werkz) / return motion (of the tool)
**rückstellen** v / reset v ‖ ~ (Instr) / clear* v, reset* v, restore* v ‖ ~ n (Nukl) / setback n
**Rückstell•feder** f (Masch) / return spring, restoring spring, retractile spring ‖ ~**knopf** m (des Tageskilometerzählers) (Kfz) / reset button (of the trip meter) ‖ ~**kraft** f (Eltech, Phys) / directive force*, restoring force, retractive force ‖ ~**kraft** (z.B. bei Armaturen) (Masch) / return force ‖ ~**moment** m (in einer Lenkgeometrie) (Kfz) / self-aligning torque ‖ ~**moment** (Luftf) / restoring moment*, righting moment ‖ ~**moment** (Mech) / restoring moment, restoring torque ‖ ~**relais** n (Eltech) / resetting relay, reset relay, restoring relay ‖ ~**taste** f / resetting key, return key
**Rückstellung** f (von Finanzmitteln) / provision n ‖ ~ (Eltech, Eltronik, Masch) / reset* n ‖ ~ (Plast) / recovery n ‖ ~ **von Hand** (EDV, Eltech, Masch) / reset by hand
**Rück•stellungssensor** m (ein optoelektronischer Sensor) / reset sensor ‖ ~**stellweg** m (der Weg bzw. die Summe der Wegelemente, den der ausgewählte Schneidenpunkt nach dem Zerspanvorgang durch die Rückstellbewegung zurücklegt, um das Werkzeug vom Werkstück zurückzuführen - DIN 6580) (Masch) / return travel ‖ ~**steuersystem** n (Fernm) / revertive control system*
**Rückstich** n (beim Walzen) (Hütt) / return pass ‖ ~**broschur** f (Buchb) / saddle-stitched booklet ‖ ~**broschüre** f (Buchb) / saddle-stitched booklet ‖ ~**heftung** f (mit Heftfaden) (Buchb) / saddle-sewing n ‖ ~**heftung mit Draht** (Buchb) / saddle-wire stitching
**Rückstoß** m (Kernphys) / recoil n ‖ ~ (infolge Fehlzündung) (Kfz) / back-kick* n, kick* n ‖ ~ (Masch) / repercussion n (the recoil after impact) ‖ ~ (Mech) / repulsion n ‖ ~ (bei Schußwaffen) (Mil) / kick n ‖ ~ (WP) / rebound n ‖ ~**antrieb** m (Luftf) / jet propulsion*, reaction propulsion n, duct propulsion n ‖ ~**atom** n (Kernphys) / recoil atom* n ‖ ~**dosimeter** n (Radiol) / recoil dosemeter, recoil dosimeter ‖ ~**elektron** n (Kernphys) / Compton recoil electron*, Compton electron, recoil electron n ‖ ~**energie** f (Spektr) / recoil energy ‖ ~**kegel** m (in der Auspuffanlage) (Kfz) / convergent cone, counterdiffuser n ‖ ~**kern** m (Kernphys) / recoil nucleus* n ‖ ~**motor** m (Luftf, Masch) / reaction engine, reaction motor ‖ ~**proton** n (Wasserstoffatomkern, dem durch Kernwechselwirkung, insbesondere durch elastische Neutronenstreuung, Energie übertragen wurde) (Kernphys) / recoil proton ‖ ~**protonenzählrohr** n (Kernphys) / proton-recoil counter ‖ ~**steuerdüse** f (z.B. bei Senkrechtstartflugzeugen) (Luftf) / reaction control nozzle ‖ ~**teilchen** n pl (Kernphys) / recoil particles* ‖ ~**teilchendosis** f (Radiol) / recoil-particle dose ‖ ~**zählrohr** n (Kernphys) / proton-recoil counter
**Rück•strahlantenne** f (Radio) / backfire antenna ‖ ~**strahlen** v (Phys) / reradiate v, reflect v ‖ ~**strahlend** adj (Phys) / reflecting adj, reflective adj, retroreflective adj ‖ ~**strahler** m (bei Fahrrädern) / cat's eye, reflector n, bull's eye ‖ ~**strahler** (Opt) / reflex reflector, retroreflector n ‖ **mit ~strahlern versehen** (z.B. Fahrräder) / reflectorize v ‖ ~**strahlreflektor** m (Radar) / reradiation error ‖ ~**strahlfläche** f (Phys) / reflecting surface ‖ ~**strahlfläche** (Radar) / reflecting area ‖ ~**strahlung** f (Opt) / retroreflection n, reflex reflection ‖ ~**strahlung** (Phys) / reradiation* n, reflection* n, back radiation, back reflection ‖ ~**strahlungsvermögen** n (Phys) / reflectivity* n, reflecting power
**Rück•streumeßgerät** n (zur Untersuchung des Dämpfungsverlaufs einer Glasfaser) (Phys) / optical time-domain reflectometer, OTDR ‖ ~**streuquerschnitt** m (DIN 1320) (Akus) / backscattering cross section ‖ ~**streuung** f (Kernphys, Phys, Radio) / back scatter*, backscattering n ‖ ~**streuverfahren** n (Galv) / radiation-backscattering method
**Rückstrom** m (Flüssigkeit) / back flow* ‖ ~ (Eltech) / reverse current ‖ ~ (Phys) / wake n ‖ ~**leitung** f (Eltech) / negative feeder*, return feeder* ‖ ~**schalter** m (Eltech) / directional circuit-breaker* ‖ ~**schutz** m (Eltech) / reverse-current protection
**Rück•strömung** f (Phys) / return current, back current ‖ ~**taste** f (auch der Schreibmaschine) (EDV) / back spacer, backspace key ‖ ~**teil** n (einer Kamera) (Foto) / back ‖ ~**tiefe** f (Geol) / backdeep n ‖ ~**titration** f (Chem) / back titration* ‖ ~**titrieren** v (Chem) / back-titrate v ‖ ~**titrieren** n (Chem) / back titration* ‖ ~**transformation** f (Math) / inverse transformation ‖ ~**trapping** n (Druck) / trapping n ‖ ~**übersetzen** v (einen bereits übersetzten Text) / retranslate v ‖ ~**umwandlung** f (Chem Verf) / retroconversion n ‖ ~**verdampfung** f (Phys) / revaporization n, reboiling n ‖ ~**verdrahtung** f (Verdrahtung mehrerer bestückter Leiterplatten untereinander durch eine Rückverdrahtungsleiterplatte, durch einzelne Drähte oder durch Kabelbäume) (Eltronik) / backwiring n ‖ ~**verdrahtungsleiterplatte** f (Eltronik) / printed-circuit backwiring panel ‖ ~**verdrahtungs-Mehrlagenleiterplatte** f (Eltronik) / platter n ‖ ~**verdünnter Saft** (Nahr) / reconstituted juice f

~**verflüssigungsanlage** f (Chem Verf) / recondenser plant ‖ ~**verfolgbar** adj (z.B. der Weg eines Werkstücks im Fertigungszyklus) (F.Org) / traceable adj ‖ ~**verfolgbarkeit** f (F.Org) / traceability n ‖ ~**verfolgung** f (F.Org) / traceability n ‖ ~**verformung** f (nach der Entlastung) (WP) / recovery n (elastic) ‖ ~**vergrößerer** m (Foto) / re-enlarger n ‖ ~**vergrößerung** f (des Mikrofilms nach DIN 19060) (Foto) / microfilm print ‖ ~**vergrößerung** (Foto) / re-enlargement n ‖ ~**vergrößerungsgerät** n (Druck, EDV, Foto) / microfilm printer, microfiche printer ‖ ~**vermischen** n (Chem) / back-mixing* n ‖ ~**verschmutzung** f (Tex) / soil redeposition, redeposition of soil, SRD
**Rückwand** f (Bau) / back-wall n, rear wall ‖ ~ (Eltronik) / back panel
**Rückwand** f (Foto) / back n
**Rückwand** f (der Arbeitswanne) (Glas) / front wall ‖ ~ (der Klappschaufel) (HuT) / rear-wall n, back-wall n
**Rückwand** f (von Korpusmöbeln) (Tischl) / backing n
**Rückwand, schwenkbare** ~ (Foto) / swing back* ‖ ~**blech** n (Kfz) / rear panel, back panel, rear valance ‖ ~**blech** (Kfz) / rear bulkhead
**Rückwandlung** f / reconversion n
**Rückwand•platine** f (Eltronik) / backplane n ‖ ~**verdrahtungsplatte** f (Eltronik) / wiring backplane
**rückwärtig•er Leitstrahl** (Luftf, Nav) / back beam ‖ ~**e Peilung** (Luftf, Radio) / back bearing ‖ ~**e Sperrung** (Fernm) / backward busying*
**rückwärts blättern** (Text auf Bildschirm) (EDV) / page down v ‖ ~ **gekrümmte Schaufeln** (z.B. bei Hochleistungsrädern der Lüfter) (Masch) / backwardly curved blades, backward leaning blades ‖ ~ **genommene Differenz** (Math) / backward difference*, ascending difference ‖ ~ **leitende Thyristordiode** (Eltronik) / reverse-conducting diode-thyristor ‖ ~ **sperrende Thyristordiode** (Eltronik) / reverse-blocking diode-thyristor ‖ ~ **sperrende Thyristortriode** (Eltronik) / semiconductor-controlled rectifier, SCR, reverse-blocking triode-thyristor
**Rückwärts•** - / reverse adj ‖ ~**auslösung** f (Fernsp) / called-party release ‖ ~**bewegung** f (Phys) / backward movement ‖ ~**bewegung** (Werkz) / return movement, return motion ‖ ~**differenz** f (Math) / backward difference*, ascending difference ‖ ~**diode** f (eine Tunneldiode) (Eltronik) / backward diode*, unitunnel diode, AU diode*, back diode ‖ ~**einschneiden** n (Verm) / resection* n, back intersection ‖ ~**einschnitt** n (Verm) / resection* n, back intersection ‖ ~**fahrt** f (Schiff) / sternway n
**Rückwärtsfließpressen** n (entgegen der Wirkrichtung des Stößels) (Hütt, Masch) / back extrusion, backward extrusion, indirect extrusion, reverse extrusion, inverted extrusion
**Rückwärts•gang** m (Kfz) / reverse gear, reverse n ‖ **den ~gang einlegen** (Kfz) / throw the car into reverse ‖ **im ~gang hinausfahren** (Kfz) / back out v ‖ ~**keule** f (Radar, Radio) / back lobe*, rear lobe ‖ ~**lesen** n (EDV) / reverse reading ‖ ~**napfließpressen** n (Masch) / can extrusion ‖ ~**napftiefpressen** n (Masch) / impact extrusion ‖ ~**projektion** f (Film) / reverse projection ‖ ~**richtung** f (Eltronik, Fernm) / reverse direction ‖ ~**scheitelsperrspannung** f (Eltronik) / working-peak reverse voltage ‖ ~**schnitt** m (Verm) / resection* n, back intersection ‖ ~**schritt** n (im Formatsteuerzeichen oder die konkrete Rückbewegung um einen Schritt) (EDV) / backspace (BS) n ‖ ~**schutz** m (Relais mit Hilfsrelais) (Eltech) / relay backup ‖ ~**spannung** f (in einem Gleichrichter) (Eltech) / inverse voltage* n ‖ ~**spannung** (DIN 41853) (Eltronik) / reverse voltage n (wenn in dem betrachteten Bereich keine Sperrwirkung auftritt) (Eltronik) / reverse bias ‖ ~**stich** m (beim Walzen) (Hütt) / back pass ‖ ~**stich** (bei Nähmaschinen) (Tex) / reverse stitch ‖ ~**strangpressen** n (Hütt, Masch) / back extrusion, backward extrusion, indirect extrusion, reverse extrusion, inverted extrusion ‖ ~**streuung** f (Kernphys, Phys, Radio) / back scatter*, backscattering n ‖ ~**strom** m (z.B. in der Tunneldiode nach DIN 41856) (Eltronik) / reverse current ‖ ~**terminierung** f (eines Auftrages) (F.Org) / backward scheduling ‖ ~**übertrag** m (EDV) / endaround-carry n ‖ ~**verkettung** f (Interferenzstrategie bei regelbasiertem Schließen) (KI) / backward chaining ‖ ~**welle** f (Eltronik) / backward wave* (BW) ‖ ~**wellen-Magnetfeldröhre** f (Eltronik) / M-type backward-wave oscillator ‖ ~**wellenoszillator** m (Eltronik) / backward-wave oscillator (BWO) ‖ ~**wellenröhre** f (eine Laufzeitröhre) (Eltronik) / backward-wave tube* ‖ ~**zählen** v / count down v ‖ ~**zähler** m (der im gewählten Zahlensystem rückwärts zählt) / down counter, reverse counter ‖ ~**zeichen** n (entgegengesetzt zur Verbindungsaufbaurichtung übertragenes Zeichen) (Fernm) / backward signal
**Rück•wasser** n (Umlaufwasser) / circulating water ‖ ~**wasser** (Pap) / backwater* n, white water*
**ruckweise Bewegung** (Masch) / jerk n, jolt n, jerky movement
**Rück•weisegrenze** f (Stats) / rejection limit (in quality control), rejection level, cut-off level ‖ ~**weisen** v / reject v ‖ ~**weisen** (EDV) / reject v, outsort v (card, etc. not read successfully) ‖ ~**weisewahrscheinlichkeit** f (bei der Qualitätskontrolle) (Stats) /

**Rückweisung**

probability of rejection ‖ ⁓**weisung** f (von Ausschuß bei der Endkontrolle) (F.Org) / final rejection ‖ ⁓**weisung** (Nichtannahme zur Kontrolle vorgestellter Erzeugnisse) (F.Org) / rejection n ‖ ⁓**weisung des Blocks** (eine Meldung, die bei dem Vermittlungsknoten verwendet wird, um einen Fehlerzustand anzuzeigen, der nicht durch Wiederholung desselben Blocks beseitigt werden kann) (Fernm) / frame reject ‖ ⁓**weisungsgrenze** f (Stats) / rejection limit (in quality control), rejection level, cut-off level ‖ ~**wendig** adj (Bild) (Opt) / reverted adj ‖ ~**wickeln** v (Film) / rewind v ‖ ~**wirkend** adj (tarifliche Bestimmung) / retrospective adj, retroactive adj, backdated adj ‖ ⁓**wirkung** f (Einfluß des Stromversorgungsgerätes auf die Stromquelle und das zugehörige Leitungsnetz) (Eltech) / conducted interference ‖ ⁓**wirkung** (Mech) / reaction* n, response n, retroaction n ‖ ⁓**wirkung auf das Netz** (Eltech) / feedback to mains ‖ ⁓**wirkungsfreiheit** f (Elektr) / unilateralization* n ‖ ⁓**zange** f (For) / logging tongs

**Rückzug** m / recession n ‖ ⁓ **der Küstenlinie landeinwärts** (als Folge der Brandungserosion) (Wasserb) / recession of coast ‖ ⁓**feder** f (der Bremsbacke) (Kfz) / pull-off spring ‖ ⁓**feder** (Masch) / return spring, restoring spring, retractile spring

**Rückzugs•gebiet** n (Umwelt) / refugium* (pl -ia) n ‖ ⁓**moräne** f (Geol) / recessional moraine, stadial moraine

**Rückzündung** f (Wiederentstehen des Stromflusses zwischen den Kontakten eines Leistungsschalters während einer Ausschaltung nach einer stromlosen Pause von mehr als einer Viertelperiode der Betriebsfrequenz) / restrike n ‖ ⁓ (bei Röntgenröhren) (Eltronik) / inverse ignition ‖ ⁓ (Versagen der Gleichrichterwirkung einer Ventilstrecke eines Quecksilberdampfstromrichters durch die Bildung eines Brennflecks auf der Anode) (Eltronik) / arc-back* n ‖ ⁓ (Schweißgleichrichter) (Schw) / backfire n

**rückzuweisende Qualitätsgrenzlage** (Stats) / lot tolerance per cent defective, LTPD, limiting quality

**Ruder** n (beim Floatverfahren) (Glas) / paddle n ‖ ⁓ (bewegliche Steuerflächen am Tragflügel und Leitwerk) (Luftf) / control surface ‖ ⁓ (am Heck, bei Fährschiffen auch am Bug) (Schiff) / rudder* n, helm n ‖ **aerodynamisches** ⁓ (bei Raketen) / aerodynamic controller ‖ **aus dem** ⁓ **laufen** (Schiff) / get out of station ‖ ⁓ n **des Seitenleitwerks** (Luftf) / rudder* n ‖ ⁓ **mit Massenausgleich** (Luftf) / weight-balanced control surface

**Ruderalpflanze** f (Bot) / ruderal* n, ruderal plant

**Ruder•anlage** f (Schiff) / steering gear ‖ ⁓**ausgleich** m (zur Verringerung der Rudermoments der Steuerfläche) (Luftf) / balance n ‖ ⁓**boot** n (Schiff) / rowing-boat n, rowboat n (US) ‖ ⁓**gänger** m (Schiff) / steersman n, wheelman n (US), wheelsman n (US), helmsman n ‖ ⁓**gast** m (Schiff) / steersman n, wheelman n (US), wheelsman n (US), helmsman n, steerer n ‖ ⁓**gelenkmoment** n (Luftf) / hinge moment* ‖ ⁓**hacke** f (Bauteil am Schiffskörper, der vom Kiel bis zum unteren Ruderlager geht und bei Grundberührung das Ruder gegen Beschädigung schützt) (Schiff) / rudder heel ‖ ⁓**haus** n (Schiff) / wheelhouse n, pilot house ‖ ⁓**koker** m (Schiff) / helm port ‖ ⁓**lage** f (Schiff) / rudder position ‖ ⁓**maschine** f (ein Teil der Ruderanlage) (Schiff) / steering engine ‖ ⁓**maschinenraum** m (Schiff) / steering flat, tiller flat ‖ ⁓**moment** n (Schiff) / rudder torque ‖ ⁓**pfosten** m (Schiff) / rudder post*, rudder stock ‖ ⁓**pinne** f (Schiff) / tiller n ‖ ⁓**quadrant** f (Viertelkreiszahnkranz) (Schiff) / rudder quadrant ‖ ⁓**schaft** m (oberhalb des Ruderblattes) (Schiff) / rudder head ‖ ⁓**scharniermoment** f (Luftf) / hinge moment* ‖ ⁓**smann** m (Schiff) / steersman n, wheelman n (US), wheelsman n (US), helmsman n, steerer n ‖ ⁓**stellung** f (Luftf) / control position ‖ ⁓**steven** m (bei Einschraubenschiffen) (Schiff) / rudder post*, sternpost* n ‖ ⁓**stock** m (Schiff) / rudder post*, rudder stock

**rudimentär** adj (Biol) / rudimentary adj

**Rudit** m (klastisches Karbonatsediment mit Korngrößen über 2 mm) (Geol) / rudite n, rudyte n

**Ruf** m (Fernsp) / ringing n, call n ‖ **automatischer** ⁓ (Fernsp) / keyless ringing, machine ringing ‖ **beiderseits kein** ⁓ (Fernsp) / no ring each way ‖ **intermittierender** ⁓ (Fernsp) / interrupted ringing ‖ ⁓ m **ohne Wahl** (EDV) / non-dialled call (e.g. by depressing a button on the terminal console)

**Ruf•abweisung** f (DIN 44302) (EDV) / call-not-accepted signal ‖ ⁓**abweisung** (Fernsp) / call stopping ‖ ⁓**anforderung** f (Fernsp) / call request ‖ ⁓**annahme** f (Signal nach DIN T 13) (EDV) / call-accepted signal ‖ ⁓**annahme** (Fernsp) / call accepted ‖ ⁓**anzeiger** m (Fernsp) / call indicator ‖ ⁓**beantwortung** f (Fernsp) / answering n, call response ‖ ⁓**befehl** m (EDV) / call instruction ‖ ⁓**daten** pl (EDV) / call data ‖ ⁓**datenaufzeichnung** f (EDV) / call-record journalling, CRJ ‖ ⁓**datenaufzeichnungsdatei** f (EDV) / journal file* ‖ ⁓**datenblock** m (EDV) / journal block ‖ ⁓**datennachverarbeitung** f (EDV) / journal postprocessing, call-record postprocessing, call-data postprocessing

**Rufen** n (einer Person) (Akus, Eltronik) / paging* n ‖ ⁓ (Läuten) (Fernsp) / ringing n

**rufend•e Anschlußkennungskennzeichen** (Zeichengabe) (Fernm) / calling-line identity (CLI) ‖ ~**er Teilnehmer** (Fernsp) / caller n, calling party, calling subscriber

**Ruferkennung** f (Fernsp) / call identification, caller identification, caller ID

**Ruff-Abbau** m (nach O. Ruff, 1871-1939) (Chem) / Ruff degradation

**Ruf•generator** m (Fernsp) / ringing generator ‖ ⁓**impuls** m (Fernsp) / ringing pulse ‖ ⁓**leistung** f (Fernm) / new-call rate ‖ ⁓**leitung** f (Fernsp) / ringing line ‖ ⁓**mitnahme** f (Fernsp) / follow-me n

**Ruf•nummer** f (Fernsp) / telephone number, subscriber's (telephone) number, call number, subscriber number ‖ ⁓**nummer** (im Ortsnetz) (Fernsp) / local number ‖ ⁓**nummernauskunft** f (Fernsp) / directory information service ‖ ⁓**nummerngeber** m (Fernsp) / automatic dialler, call-number transmitter ‖ ⁓**nummerngeber mit Karten** (Fernsp) / card-dialler n ‖ ⁓**nummernplan** m (Fernsp) / numbering plan ‖ ⁓**nummernspeicher** m (Fernsp) / call number memory ‖ ⁓**nummernsperreinrichtung** f (Fernsp) / call restrictor ‖ ⁓**nummernwähler** m (Fernsp) / automatic dialler, call-number transmitter ‖ ⁓**nummerübermittlungs-Unterdrückung** f (des gerufenen Teilnehmers) (Fernsp) / connected-line-identification restriction, COLR

**Ruf•passage** f (Luftf) / call-passage n, prepaid transportation ‖ ⁓**prüfung** f (Fernsp) / signalling test ‖ ⁓**spannung** f (Fernsp) / ringing voltage ‖ ⁓**strom** m (Fernsp) / ringing current ‖ ⁓**taste** f (Fernsp) / ringing key, call button ‖ ⁓**ton** m (Fernsp) / ringing tone ‖ ⁓**versuch** m (Fernsp) / signalling test ‖ ⁓**verzug** m (Fernsp) / post-dialling delay ‖ ⁓**wechselstrom** m (Fernsp) / ac ringing current ‖ ⁓**weitergabe** f (Fernsp) / call transfer ‖ ⁓**weitergabe** (Fernsp) / call transfer ‖ ⁓**weiterleitung** f (Fernsp) / call transfer

**Rufweiterleitung** f (Fernsp) / call transfer

**Ruf, selbsttätige** ⁓**weiterschaltung** (Fernsp) / automatic call forwarding ‖ **automatische** ⁓**wiederholung** (Fernsp) / automatic retry ‖ ⁓**zeichen** n (Fernsp) / audible ringing tone* ‖ ⁓**zeichen** (im Funkverkehr) (Radio) / call-sign* n, call-signal n ‖ ⁓**zustand** m (Fernsp) / ringing condition, ringing state ‖ ⁓**zustand** (auf der rufenden Seite) (Fernsp) / calling state

**Ruggli-Ziegler-Verdünnungsprinzip** n (Chem) / Ruggli-Ziegler dilution principle

**Ruhe** f (absolute) (Mech) / rest n (absolute) ‖ ⁓ (in der Ankerhemmung) (Uhr) / lock* n ‖ ⁓- (Eltronik) / quiescent* adj, preset* adj, at rest ‖ ⁓**bereich** m (bei den Relais) (Eltech) / region of non-operation ‖ ⁓**druckverlust** m (bei konstantem Rohrquerschnitt) (Masch, Phys) / wire-drawing* n ‖ ⁓**fach** n (Web) / dwell shed ‖ ⁓**galvanispannung** f (Galv) / open-circuit potential difference ‖ ⁓**inhalt** m (z.B. der Kolonne) (Chem Verf) / hold-up* n, static hold-up, wettage n, hold-up volume ‖ ⁓**kontakt** m (ein Relaiskontakt, der dann geöffnet ist, wenn die Relaisspule erregt ist) (Eltech) / normally closed contact, NCC ‖ ⁓**lage** f (Mech) / rest position, equilibrium* (pl. equilibria or equilibriums) ‖ **in** ⁓**lage sein** / rest v ‖ ⁓**masse** f (Phys) / rest mass* ‖ ⁓**masse des Neutrons** (Kernphys) / neutron rest mass ‖ ⁓**masse des Protons** (Kernphys) / proton rest mass

**ruhen** v / rest v

**ruhend** adj / still adj ‖ ~ (Eltronik) / quiescent* adj, preset* adj, at rest ‖ ~ (Geol) / dormant adj, quiescent adj ‖ ~ (Mech) / static* adj, statical adj ‖ ~**e Belastung** (Bau, HüT) / static loading, resting loading ‖ ~**e Dichtung** (Masch) / static contact seal ‖ ~**e Flüssigkeit** (Phys) / liquid at rest ‖ ~**es Gitter mit unendlicher Schaufelzahl** (bei Strömungsmaschinen) (Masch) / cascades at rest with an infinite number of blades ‖ ~**es Porensaugwasser** (Geol) / suspended water ‖ ~**er Verkehr** (Kfz) / stationary traffic, standing traffic ‖ ~**e Ware** (beim Färben) (Tex) / stationary goods ‖ ~**er Zeiger** (DIN 5438, T 3) (Eltech) / static phasor

**Ruhenergie** f (eines ruhenden Systems) (Phys) / rest energy

**Ruhe•potential** n (freies Korrosionspotential einer homogenen Mischelektrode, bei dem der Summenstrom Null ist) / open-circuit potential, zero-current potential ‖ ⁓**potential** (DIN 50900, T 2) (Phys) / steady-state potential ‖ ⁓**potential** (Physiol) / resting potential ‖ ⁓**reibung** f (Phys) / static friction, sticking friction, stiction* n, friction of rest, limiting friction*, starting friction ‖ ⁓**schallgeschwindigkeit** f (Akus) / sound velocity at rest ‖ ⁓**stellung** f (Masch) / neutral position ‖ ⁓**strom** m (Eltech) / steady current ‖ ⁓**strom** (Fernm) / quiescent current*, standing current* ‖ ⁓**stromkreis** m (Eltech) / closed circuit*, cc ‖ ⁓**umsatz** m (Physiol) / basal metabolism ‖ ⁓**winkel** m (HüT) / angle of repose*, natural slope*, angle of rest ‖ ⁓**zeit** f / rest period

**Ruhezustand** m (Bot) / dormancy* n ‖ ⁓ (Netzabschluß) (Eltech) / power-down mode ‖ ⁓ (statischer Betriebszustand) (Masch) / quiescent state ‖ ⁓ (Phys) / state of rest ‖ **betriebsbereiter** ⁓ (auf der Leitung) (Fernm) / free-line condition

**ruhig** adj (Lauf) / quiet adj, smooth adj ‖ ~ / still adj ‖ ~ (Akus) / silent adj ‖ ~ **brennender Lichtbogen** (Eltech) / silent arc ‖ ~**er Farbton**

(Tex) / quiet shade ‖ **~er Gang** (Masch) / smooth running, smooth working ‖ **~er Lauf** (Masch) / smooth running, smooth working ‖ **~e Luft** (Luftf) / still air ‖ **~e See** (ein Seezustand) / smooth sea, slick sea ‖ **~e Sonne** (Astr) / quiet Sun ‖ **~es Wasser unter der Stromschnelle** (Wasserb) / tail *n*
**Ruh•masse** *f* (Phys) / rest mass* ‖ **~penetration** *f* (von Schmierfetten) / unworked penetration
**Rührarm** *m* (Masch) / paddle *n*, stirring paddle, agitator arm, stirring arm, rake *n*
**rühren** *v* / stir *v*, agitate *v*
**Rührer** *m* (DIN 28131) (Masch) / stirrer *n*, agitator* *n* ‖ **~** (im Belebungsbecken) (Sanitär) / underwater paddle ‖ **mechanischer ~** (Chem Verf, Masch) / impeller agitator ‖ **~laufrad** *n* (Masch) / mixing impeller
**Rühr•fermenter** *m* (Chem Verf) / stirred tank reactor, STR ‖ **~gefäß** *n* (Chem Verf) / stirring tank, stirred tank ‖ **~kessel** *m* (kontinuierlicher, diskontinuierlicher) (Chem Verf) / stirring tank, stirred tank ‖ **~kesselreaktor (RKR)** *m* (Chem Verf) / stirred tank reactor, STR ‖ **kontinuierlicher ~kesselreaktor** (Chem Verf) / continuous(ly) stirred tank reactor ‖ **~kolonne** *f* **nach Scheibel** (Chem Verf) / Scheibel extractor, Scheibel column, Scheibel-York extractor, York-Scheibel column ‖ **~kristallisator** *n* (Chem) / agitated crystallizer ‖ **~laugung** *f* (ein Laugeverfahren der Naßmetallurgie) (Hütt) / leaching by agitation, agitation leaching ‖ **~paddelschnecke** *f* (Chem Verf) / paddle screw ‖ **~reaktor** *m* (Chem Verf) / stirred tank reactor, STR ‖ **~reaktor mit halbkontinuierlicher Arbeitsweise** (Chem Verf) / semi-batch chemical reactor
**Ruhrrinde** *f* (aus der Quassia simarouba) (Pharm) / simarouba bark, simaruba bark
**Rühr•schaufel** *f* (Masch) / paddle *n*, stirring paddle, agitator arm, stirring arm, rake *n* ‖ **schnellaufendes ~scheibengerät** (Anstr, Chem) / dissolver *n* ‖ **~schnecke** *f* (Chem Verf) / paddle screw ‖ **~stab** *m* / stirring rod, stirrer *n* ‖ **~welle** *f* (der Drillmaschine) (Landw) / agitating shaft, grain agitator ‖ **~werk** *n* (Keram) / blunger *n*, blunging machine, plunger *n* ‖ **~werk** (schnell- oder langsamlaufendes) (Masch) / stirrer *n*, agitator* *n* ‖ **magnetisches ~werk** (Chem Verf) / magnetic stirrer ‖ **~werk** *n* **mit Strombrechern** / multiple-paddle mixer with baffles, paddle mixer with multiple beams and baffles ‖ **~werkbehälter** *m* (der Spritzpistole) (Anstr) / agitation cup ‖ **~werksmühle** *f* (mit Kugeln als Mahlkörpern) (Masch) / ball mill*, ball grinder
**RUI** (DIN 55950) (Chem Verf) / cyclized rubber*
**ruinöse Konkurrenz** / cut-throat competition
**Rüllöl** *n* / cameline oil, German sesame oil, dodder oil
**Rumelisch•e Kiefer** (Pinus peuce Griseb.) (For) / Macedonian pine, Balkan pine ‖ **~e Kiefer** s. auch Weymouthskiefer ‖ **~e Strobe** (For) / Macedonian pine, Balkan pine
**Rumination** *f* (Landw, Zool) / rumination* *n*
**ruminieren** *v* (Landw, Zool) / ruminate *v*
**Rumpel•filter** *n* (Akus) / subsonic filter ‖ **~geräusch** *n* (das auf Unzulänglichkeiten des Laufwerks des Plattenspielers zurückzuführen ist) (Akus) / rumble* *n*, motor rumble, turntable rumble
**rumpeln** *v* (Fahrzeug) / jolt *v* ‖ **~** *n* (Akus) / rumble* *n*, motor rumble, turntable rumble
**Rumpf** *m* (Landw) / frog *n* ‖ **~** (Luftf) / fuselage* *n* ‖ **~** (der Dose) (Masch) / body *n* ‖ **~ des Wasserflugzeugs** (Luftf) / hull* *n* ‖ **~ ohne Zubehör** (Luftf) / bare hull
**Rumpf•außentank** *m* (Luftf) / belly tank*, ventral tank* ‖ **~ebene** *f* (Geol) / peneplain* *n*, peneplane *n*, base-levelled plain ‖ **~fläche** *f* (Geol) / peneplain* *n*, peneplane *n*, base-levelled plain ‖ **~geschwindigkeit** *f* (die bei günstigstem Wellenwiderstand erreichbare Geschwindigkeit eines Verdrängungsschiffs) (Schiff) / limit speed, limiting speed ‖ **~maschine** *f* (zur Herstellung von Dosenrümpfen) / bodymaker *n* ‖ **~absenkbare ~nase** (meistens an Überschallverkehrsflugzeugen) (Luftf) / droop nose*, droop snoot* ‖ **~segment** *n* (EDV) / root segment *n* ‖ **~strebe** *f* (Luftf) / fuselage strut ‖ **~werk** *n* (Luftf) / fuselage* *n*
**Run** *m* (EDV, Regeln) / program run
**Runaway** *n* **von Elektronen** (Kernphys) / electron runaway* *n* ‖ **~-Elektron** *n* (Eltronik) / runaway electron* ‖ **~-Stern** *m* (Stern früher Spektralklassen mit sehr hoher Raumgeschwindigkeit - z.B. AE Aurigae) (Astr) / runaway star
**rund** *adj* (Lauf des Motors) / smooth *adj* ‖ **~** (kugelrund, kreisrund, zylindrisch) / round *adj* ‖ **~** (Math) / round *adj* ‖ **~** (Wein) (Nahr) / round *adj* ‖ **~er Deckenanemostat** (Sanitär) / round ceiling diffusor ‖ **~er Fluchtstab** (Verm) / ranging pole ‖ **~er Hohlleiter** (Fernm) / circular waveguide* *n* ‖ **~e Klammer** (Math, Typog) / parenthesis* *n* (pl. parentheses), round bracket ‖ **~e Schrift** (Typog) / roman* *n*, rom., roman type, antiqua* *n* ‖ **~e Welle** (Masch) / circular shaft ‖ **~e Zahl** (Math) / round number, round figure

**Rund•ast** *m* (For) / round knot ‖ **~automat** *m* (Galv) / return rotary-type machine, rotary return-type machine ‖ **~ballenpresse** *f* (Landw) / round baler, roll baler, rotobaler *n* ‖ **~becken** *n* / circular tank ‖ **~biegen** *n* (von Band, Profil, Stab, Draht oder Rohr - DIN 8586) (Masch) / rounding *n*, roll bending, rolling *n*, circular bending ‖ **~bildaufnahme** *f* (Film, TV) / pan shot ‖ **~bildzeichnung** *f* / panoramic drawing ‖ **~blick** *m* / panorama *n* ‖ **~blick-** / panoramic *adj* ‖ **~blickfernrohr** *n* (mit beweglichen Prismen und feststehendem Okular zum Überschauen des ganzen Horizonts) (Opt) / panoramic telescope ‖ **~bogen** *m* (Arch) / full-centre arch*, semi-circular arch, round arch, semi-arch *n* ‖ **~brecher** *m* (Sammelbegriff für Kegel- und Walzenbrecher) (Masch) / gyratory* *n*, cone crusher, gyratory crusher, rotary crusher, gyratory breaker *n* ‖ **~buckel** (Geol) / roche moutonnée* *n* (pl. roches moutonnées), sheepback *n*, tor *n*, sheepback rock ‖ **~buckel** (Schw) / circular projection ‖ **~bürste** *f* (z.B. als Zusatzgerät der Bohrmaschine) (Werkz) / wheel brush, circular brush ‖ **~dämpfer** *n* (verschließbarer) (Tex) / cottage steamer ‖ **~dichtring** *m* (Masch) / O-ring* *n*, o-ring *n*, toroidal sealing ring ‖ **~draht** *m* (Hütt) / round wire ‖ **~drahtspule** *f* (für Reihenschaltung) (Eltech) / bobbin coil ‖ **~drahtwicklung** *f* (Eltech) / fed-in winding, mush winding*, drop-in winding ‖ **~dübel** *m* (Bau, Zimm) / round dowel *n* ‖ **~ecke** *f* (Buchb) / rounded corner ‖ **~eckenschneider** *m* (Buchb) / round-corner cutter ‖ **~eindicker** *m* (Sanitär) / circular settling tank, circular sedimentation tank, circular thickener ‖ **~einzeldrahtleiter** *m* (Eltech) / solid circular conductor, circular solid conductor ‖ **~emaschine** *f* (Buchb) / rounding machine ‖ **~empfangsantenne** *f* (Radio) / omnidirectional antenna*, non-directional antenna, omni antenna
**runden** *v* / round *v* ‖ **~** (Buchb) / round *v* ‖ **~** (Masch) / radius *v* ‖ **~** (Teig) (Nahr) / round *v* ‖ **kaufmännisch ~** (maschinell runden, wobei der letzten verbleibenden Dezimalstelle eine 1 zugezählt wird, wenn die werthöchste abgestrichene Stelle einen Wert gleich oder größer als 5 hat - DIN 9757) (Math) / round off *v* ‖ **~** *v* (Blech) / bend *vt* ‖ **~** *n* / rounding *n* ‖ **~** (von Ecken) (Buchb) / rounding* *n* ‖ **~** (Hütt) / roll bending ‖ **~** (Angabe eines Näherungswertes für eine in Dezimalschreibweise dargestellte reelle Zahl - DIN 1333, T 2) (Math) / rounding-off* *n*, rounding *n*
**rund•erneuern** *v* (Kfz) / remould *v* (bond a new tread onto the casing), retread* (put a new tread on), recap *v* (renew by cementing, moulding and vulcanizing) ‖ **~erneuerter Reifen** (Kfz) / recap *n*, remould* *n*, remold *n* (US), retreaded *n* ‖ **~erneuerungsfläche** *f* (Kfz) / camelback *n* ‖ **~erneuerungs-Laufgummi** *n* (Kfz) / camelback *n* ‖ **~fahrtproblem** *n* (ein Problem der ganzzahligen Optimierung) (KI) / travelling-salesman problem ‖ **~feile** *f* (Werkz) / round file ‖ **kleine ~feile** (Werkz) / rat file, rat's tail, rat-tail file* ‖ **~fenster** *n* (romanisch, gotisch, frühe Renaissance) (Arch) / oculus* *n* (pl. oculi) ‖ **~fenster** (im allgemeinen) (Arch) / circular window, round window ‖ **~ferse** *f* (Tex) / round heel *n* ‖ **~feuer** *n* (Eltech) / ring fire* ‖ **~filter** *n* (Chem, Pap) / filter-paper disk ‖ **~flug** *m* (Beförderung von Fluggästen auf einem Rundkurs über einem touristisch interessanten Gelände mit gleichem Abflug- und Zielort ohne Zwischenlandung) (Luftf) / scenic flight, sightseeing flight ‖ **~flugreise** *f* (Luftf) / circle trip, round trip, return journey, return trip ‖ **~formpresse** *f* (Schw) / O-ing press ‖ **~fräse** *f* (For, Tischl) / profiling machine, profile-forming machine ‖ **~fräsen** *n* (zur Erzeugung kreiszylindrischer Flächen) (Masch) / circular milling, circular-path milling ‖ **~fräsmaschine** *f* (Masch) / machine for circular milling ‖ **~frästisch** *m* (Masch) / circular milling table
**Rundfunk** *m* (Radio, TV) / broadcast *n*, broadcasting* *n*, radio broadcasting ‖ **~** (Oberbegriff zu Funkdiensten für Ton-, Fernseh- und Bildfunksendungen) (Radio, TV) / broadcasting* *n*, radio* *n* (pl. radios), radio broadcasting* ‖ **~anstalt** *f* (Radio, TV) / broadcasting corporation ‖ **~antenne** *f* (Radio, TV) / radio antenna ‖ **~dienst** *m* (Radio, TV) / broadcasting service, broadcast service ‖ **~empfänger** *m* (Radio) / radio set, broadcast receiver, radio *n* (pl. radios) ‖ **~gerecht** *adj* (Radio) / radiogenic *adj* ‖ **~hörer** *m* (Radio, TV) / listener *n* ‖ **~-Relaisstation** *f* (für drahtgebundene Weiterleitung) (Radio) / radio exchange ‖ **~satellit** *m* (für die direkte Ausstrahlung von Fernsehrundfunkprogrammen an eine Vielzahl von Empfängern) (Fernm, TV) / direct broadcast satellite* (DBS) ‖ **~satellitendienst** *m* (Fernm) / broadcasting satellite service ‖ **~sendekomplex** *m* (Radio, TV) / broadcasting centre ‖ **~sender** *m* (Radio, TV) / broadcast transmitter*, broadcasting transmitter, radio transmitter, radio station, radio *n* ‖ **~sendung** *f* (Radio, TV) / broadcast *n*, broadcasting* *n*, radio broadcasting ‖ **direkte ~sendung von einem Satelliten** (Radio) / direct satellite broadcasting, DSB ‖ **~teilnehmer** *m* (Radio, TV) / radio licence holder ‖ **~übertragung** *f* (Radio, TV) / broadcast *n*, broadcasting* *n*, radio broadcasting ‖ **für ~übertragung geeignet** (Radio) / radiogenic *adj* ‖ **Europäische ~union** (Radio) / European Broadcasting Union*, E.B.U.*

**Rundgabe**

**Rund•gabe** *f* (von Daten) (EDV) / broadcast *n*, broadcasting *n* ‖ **~gewebter Filz** (Pap) / endless woven felt, jacket *n*, couch jacket ‖ **~gewinde** *n* (z.B. DIN 405) (Masch) / round thread, knuckle thread, rounded thread ‖ **~gliederkette** *f* (Masch) / circular-link chain ‖ **~hämmern** *v* (nur Infinitiv und Partizip) (Hütt) / swage *v* ‖ **~hämmern** (Hütt) / swaging *n*, rotary swaging ‖ **~hämmern** (Hütt) s. auch Rundkneten
**Rundheit** *f* / roundness* *n* ‖ **~** (Masch) / circularity *n*, roundness tolerance, rd. tol.
**Rundheits• meßgerät** *n* (für Glasperlen) (Glas) / roundometer *n* ‖ **~prüfung** *f* (bei rotationssymmetrischen Teilen nach DIN 7182) (Masch) / roundness check(ing)
**Rund•hobel** *m* (Zimm) / circular plane*, compass plane* ‖ **~hobeln** *n* (Masch, Zimm) / circular planing ‖ **~hocke** *f* (Landw) / shock *n* ‖ **~höcker** (durch Glazialerosion entstandener Felshügel) (Geol) / roche moutonnee* *n* (pl. roches moutonnées), sheepback *n*, tor *n*, sheepback rock ‖ **~hohlleiter** *m* (Fernm) / circular waveguide*
**Rundholz** *n* (For) / logs *pl*, round timber, roundwood *n*, timber in the round ‖ **~ über 15,25 cm mittlere Stärke** (For) / spar* *n* ‖ **komplexe ~ausnutzung** (For) / log run, machine run, mill run ‖ **~förderung** *f* (For) / log hauling ‖ **~greifer** *m* (For) / log loader ‖ **~lagerplatz** *m* (For) / log dump ‖ **~platz** *m* (im Sägewerk) (For) / log dump ‖ **~polter** *m n* (Ablade-, Frei- und Sortenpolter) (For) / log deck (the platform in a saw mill on which logs are placed just before sawing) ‖ **~sortierung** (For) / log sorting, log grading ‖ **~stangen** *f pl* (für Baugerüste) (Bau, For) / scaffold poles, standards *pl* ‖ **kurzes ~stück** (For) / billet *n*
**Rund•-Hump** *m* (Sicherheitskontur der Felgenschulter) (Kfz) / round hump ‖ **~hump** *m* **auf beiden Felgenschultern** (Kfz) / double hump, round hump on both bead seats
**Rundieren** *n* (der Kanten) (Glas, Opt) / edging *n*
**Rundiermaschine** *f* (Opt) / edge grinding machine
**Rund•instrument** *n* (Instr) / dial-type instrument, round gauge ‖ **~kämmaschine** *f* (Tex) / circular combing machine, circular comber ‖ **~kammstuhl** *m* (eine Wollkämmaschine) (Tex) / circular combing machine, circular comber ‖ **~kantenfliese** *f* (Keram) / bull-nose tile ‖ **~kantig** *adj* / round-edged *adj*, with round edges ‖ **~kantiger Z-Stahl** (Hütt) / zed section with rounded edges ‖ **~kappenfallschirm** *m* (Luftf) / umbrella-shaped parachute ‖ **~keil** *m* (für vorgespannte formschlüssige Verbindungen) (Masch) / round key ‖ **~kerb** *n* (beim Kerbschlagbiegeversuch) (WP) / U notch, keyhole notch ‖ **~kerbprobe** *f* (beim Kerbschlagbiegeversuch - z.B. die DVMF-Probe) (WP) / U-notch specimen ‖ **~kettelmaschine** *f* (Tex) / circular linking machine ‖ **~kettenstuhl** *m* (Web) / circular warp knitting machine ‖ **~kettenwirkmaschine** *f* (Tex) / circular warp knitting machine ‖ **~klammer** *f* (Math, Typog) / parenthesis* *n* (pl. parentheses), round bracket ‖ **~knäuel** *m n* (DIN 61800) (Tex) / round ball ‖ **~kneten** *n* (Freiformen zum Querschnittsvermindern von Stäben oder Rohren mit zwei oder mehreren weggebundenen Werkzeugen /Knetbacken/, die den zu mindernden Querschnitt ganz oder zu einem großen Teil umschließen, gleichzeitig radial wirken und relativ zum Werkstück umlaufen) (Masch) / round kneading ‖ **~knüppel** *m* (Hütt) / round billet ‖ **~kolben** *m* (DIN 12347 und 12348) (Chem) / round-bottom flask ‖ **~-Kompakt-Zugprobe** *f* (WP) / round compact tension specimen, RCT specimen ‖ **~kopf** *m* (Masch) / round head ‖ **~kopfschraube** *f* (DIN 918) (Masch) / round-head bolt ‖ **~kopfschraube mit Längsschlitz** (Masch) / stove bolt (US) ‖ **~kulierwirkmaschine** *f* (DIN 62135) (Tex) / circular weft knitting machine (with spring beard needles), French sinker wheel (knitting) machine ‖ **~langmesserschere** *f* (Hütt, Schiff) / longitudinal-cutting circular shears
**Rundlauf** *m* (EDV) / cyclic running (of a program) ‖ **~** (bei der Gepäckausgabe) (Luftf) / carousel *n* (circulatory conveyor in arrival terminal), baggage carousel ‖ **~** (Luftf) / whirling arm* ‖ **~** (ohne Schlag) (Masch) / true running, concentricity *n*, concentric running ‖ **~abweichung** *f* (Masch) / radial runout*
**rund•laufend** *adj* (Masch) / concentric *adj*, true running ‖ **~läufermaschine** *f* (Plast) / rotary-table machine, carousel-type machine
**Rundlauf•fehler** *m* (Masch) / run-out *n*, eccentricity *n* ‖ **~kran** *m* (Masch) / polar crane ‖ **~prüfung** *f* (Ermittlung der Ungleichmäßigkeit des Achsabstandes längs des Radumfangs) (Masch) / concentricity testing
**Rundleiter** *m* (Eltech) / round conductor, circular conductor
**Rundleiter, eindrähtiger ~** (Eltech) / solid circular conductor, circular solid conductor ‖ **mehrdrähtiger ~** (Kab) / stranded circular conductor, circular stranded conductor
**rundlich** *adj* (späroidisch) / spheroidal *adj*, spheroid *adj* ‖ **~er Körper** / ball *n*
**Rundlingspaar** *n* (Mech) / turning pair

**Rund•litzenseil** *n* / round-strand rope ‖ **~lochsieb** *n* / round-hole screen ‖ **~magazin** *n* (des Diaprojektors) (Foto) / rotary magazine, rotary slide magazine ‖ **~magnet** *m* (als Lastaufnahmemittel) / circular magnet ‖ **~magnetisierung** *f* (Mag) / circular magnetization* ‖ **~maschine** *f* (in der Bäckerei) (Nahr) / rounder *n* ‖ **~mehrdrahtleiter** *m* (Kab) / stranded circular conductor, circular stranded conductor ‖ **~meißel** *m* (Masch) / circular form tool* ‖ **~messer** *m* (Druck) / slitter* *n*, disk knife, cutting disk* ‖ **~messerschere** *f* (Masch) / rotary shears ‖ **~mulden-Oberflächenschliff** *m* (Glas) / round punt ‖ **~mutter** *f* (Masch) / round nut ‖ **~naht** *f* (Schw) / all-round weld ‖ **~naht** (bei Rohren) (Schw) / circumferential seam, circular seam
**Rundown** *n* (Nukl) / run-down *n*
**Rund•paßfeder** *f* (Masch) / Nordberg key ‖ **~passung** *f* (Masch) / cylindrical fit ‖ **~passungslehre** *f* (Masch) / cylindrical limit gauge ‖ **~plattenanode** *f* (Eltronik) / flat anode ‖ **~reise** *f* (Luftf) / circle trip, round trip, return journey, return trip ‖ **~reiseflug** *n* (ein Hin- und Rückflug, als Einheit) (Luftf) / circle trip, round trip, return journey, return trip ‖ **~reiseproblem** *n* (ein Problem der ganzzahligen Optimierung) (KI) / travelling-salesman problem ‖ **~riemen** *n* / round belt ‖ **~ringdichtung** *f* (Masch) / O-ring gasket, O-ring stem sealing ‖ **~ruf** *m* (EDV, Fernm, Luftf, Radio) / broadcast *n*, broadcasting* *n* ‖ **~schälfurnier** *n* (bei einem zentrisch eingespannten Block) (For) / rotary-cut veneer ‖ **~schälmaschine** *f* (For) / lathe *n*, veneer lathe, veneer peeler ‖ **~schalttisch** *m* (Masch) / indexing table ‖ **~scheibe** *f* / disk* *n*, disc* *n* ‖ **~scheinwerfer** *m* (Kfz) / circular headlamp ‖ **~schere** *f* (für die Blechbearbeitung) (Klemp) / circle clips ‖ **~scheuerapparat** *n* (Tex) / rotary abrader ‖ **~scheuergerät** *n* (Tex) / rotary abrader ‖ **~schild** *n* (Beschlag) (Arch) / rose* *n* ‖ **~schild** (das Schlüsselloch umgebender Beschlag) (Bau) / round door-plate ‖ **~schleifen** (Außen-, Innen-) (Masch) / cylindrical grinding*, circular grinding ‖ **spitzenloses ~schleifen** (Außenrundschleifen, Innenrundschleifen) (Masch) / centreless grinding ‖ **~schleifmaschine** *f* (zur Bearbeitung von zylindrischen Außen- und Innenflächen) (Masch) / circular grinding machine ‖ **spitzenlose ~schleifmaschine** (bei der die Werkstücke längs auf einer Auflage zwischen Schleif- und Regelscheibe liegen - DIN 8589, T 11) (Masch) / centreless grinding amchine ‖ **~schliff** *m* (Masch) / cylindrical grinding*, circular grinding ‖ **~schlingen** *f pl* **auf Seidenfäden** (Tex) / loops *pl* ‖ **~schlitz** *m* (Masch) / circular slot ‖ **~schmelzen** *n* (von Glasröhren) (Chem, Glas) / fire polishing (of the ends of glass-tubing) ‖ **~schneidgerät** *n* (Glas) / trammel *n* ‖ **~schnittverfahren** *n* (Bau) / method of joints ‖ **~schnurriemen** *m* / round belt ‖ **~schnurriemenscheibe** *f* / round-belt pulley ‖ **~schnurring** *m* (Masch) / O-ring *n*, o-ring ring, toroidal sealing ring ‖ **~schreiben** *n* / circular letter ‖ **~schreiben** (EDV) / form letter ‖ **~schwarte** *f* (Schwarte, die an ihrer "linken Seite" nicht von einer Säge gestreift worden ist) (For) / slab *n*, paling board ‖ **~schwenk** *m* (um 180° C) (Film) / pan-round *n* ‖ **~sech** *n* (Landw) / disk coulter*, rolling coulter (US) ‖ **~seil** *n* (Kab) / stranded circular conductor, circular stranded conductor ‖ **~senden** *v* (nur Infinitiv und Partizip) (EDV, Fernm) / broadcast *v* ‖ **~senden** *n* (Fernm) / multi-address calling ‖ **~sendung** *f* (EDV, Fernm, Luftf, Radio) / broadcast *n*, broadcasting* *n*
**Rundsicht•anzeige** *f* (Radar) / plan-position indication ‖ **~anzeigegerät** *n* (Radar) / plan-position indicator, PPI* ‖ **~aufnahme** *f* (Film, TV) / pan shot ‖ **~darstellung** *f* (Radar) / plan-position indicator display, all-round-view indication (display) ‖ **~darstellung mit Mittelpunktvergrößerung** (Radar) / expanded-centre plan display ‖ **~gerät** *n* (Radar) / plan-position indicator*, PPI* ‖ **~radar** *n m* (Luftf, Radar) / surveillance radar* ‖ **~radarkontrollor** *m* (A) (Luftf, Radar) / surveillance radar controller ‖ **~radarlotse** *m* (Luftf, Radar) / surveillance radar controller ‖ **~radarverkehrsleiter** *m* (S) (Luftf, Radar) / surveillance radar controller
**Rund•siebmaschine** *f* (Pap) / cylinder mould machine*, vat machine*, cylinder machine, mould machine ‖ **~siebpapier** *n* (Pap) / mould-made paper, cylinder paper, vat paper (GB), imitation handmade ‖ **~siebzylinder** *m* (Pap) / cylinder mould ‖ **~spantboden** *m* (Schiff) / round bottom ‖ **~spitze** *f* (der Nadel) (Leder) / round point ‖ **~sprenger** *m* (Landw) / rose sprinkler
**Rundstab** *m* (Zierstab ohne tragende Funktion) (Arch) / bead moulding ‖ **~** (Hütt) / round bar, round rod ‖ **~fräsmaschine** *f* (eine Formfräsmaschine) (For, Tischl) / round-rod moulding machine, rounding machine ‖ **~hobel** *m* (For, Zimm) / beading plane
**Rund•stahl** *m* (Hütt) / round *n*, round steel ‖ **~stahlkeil** *m* (Masch) / false key* ‖ **~stahlkette** *f* (DIN 765 und 766) (Masch) / round steel chain ‖ **~steueranlage** *f* (Regeln) / ripple control system ‖ **~stielig** *adj* (Bot) / terete* *adj* ‖ **~strahl** *m* (der Spritzpistole) (Anstr) / round (jet) pattern ‖ **~strahlantenne** *f* (Radio) / omnidirectional antenna*, non-directional antenna ‖ **~strahlbake** *f* (Luftf) / non-directional beacon, NDB*, omnidirectional radio beacon*, ORB ‖ **~strahler** *m* (Radio) / omnidirectional antenna*, non-directional antenna, omni antenna ‖ **~strickmaschine** *f* (DIN

62130) (Tex) / circular knitting machine*, circular frame, tubular hosiery machine || **⁓strickmaschine mit Spitzennadeln** (Tex) / bearded needle circular knitting machine || **⁓zweiflächige ⁓strickware** (Tex) / double-knit fabrics (knitted on circular knitting machine), double knits || **⁓stuhl** m (Tex) / circular knitting machine*, circular frame, tubular hosiery machine || **⁓stuhlwirkerei** f (Tex) / tubular knitting || **⁓suchgerät** n (Radar) / plan-position indicator*, PPI* || **⁓suchradar** m n (Radar) / search radar* || **⁓taktmaschine** f (Masch) / rotary transfer machine || **⁓tisch** m (z.B. des Meßmikroskops oder des Profilprojektors) / rotating stage, circular revolving stage || **⁓tisch** (Werkstückträger) (Masch) / rotary table || **⁓tischfräsmaschine** f (mit einem Rundfrästisch) (Masch) / rotary-table milling machine, rotary milling machine (US) || **⁓tischschaltmaschine** f (der Transferstraße) (Masch) / rotary indexing machine*

**Rundum·abtastung** f (Radar) / circular scanning || **⁓beobachtung** f (Mil) / panoramic observation || **⁓blickleuchte** f (auf Sanitäts-& und anderen Einsatzfahrzeugen) (Kfz) / rotating identification lamp, rotating light || **⁓einsatzwaffe** f (Mil) / all-aspect weapon || **⁓etikett** n (Nahr) / wraparound label || **⁓kennleuchte** f (gelb oder blau) / warning beacon, flashing alarm lamp || **⁓kennleuchte** (DIN 14620) (auf Sanitäts-& und anderen Einsatzfahrzeugen) (Kfz) / rotating identification lamp, rotating light

**Rundung** f (Vorgang) / rounding n || **⁓** (Rundheit) / roundness n || **⁓** (Eckenrundung in der grafischen Datenverarbeitung) (EDV) / fillet n || **⁓** (Abnahme der Kanten eines Kornes - als Ergebnis) (Geol) / roundness n || **⁓** (des Formstahls) (Hütt) / fillet n

**Rundungs·fehler** m (EDV) / rounding error*, round-off error || **⁓halbmesser** m (DIN 250) / rounding radius || **⁓kette** f (EDV) / rounding circuit || **⁓lehre** f (Masch) / radius gauge*

**Rund·vorschub** m (Werkstückdrehung beim Gewindefräsen und -schleifen) (Masch) / rotary feed || **⁓walzen** n (Hütt) / roll bending || **⁓webmaschine** f (zur Herstellung schlauchartiger Gewebe) (Web) / circular loom || **⁓wirkerei** f **und Rundstrickerei** (Tex) / circular knitting || **⁓wirkmaschine** f (Tex) / circular knitting machine*, circular frame, tubular hosiery machine || **⁓zange** f (Werkz) / round-nose pliers, needlenose pliers || **⁓zarge** f (z.B. für runde Tische) (Tisch) / rim n (circular) || **⁓zelle R 1** (Eltech) / round cell R 1 || **⁓zelle R 9** (Eltech) / round cell R 9, button-type cell

**Runenstruktur** f (Geol) / graphic texture* (a rock texture), runic texture

**Run-flat-Rad** n (Kfz) / run-flat wheel, safe-run wheel

**Runge** f (Bahn, Kfz) / stake n, post n, stanchion n || **⁓-Kutta-Verfahren** n (Berechnung von gewöhnlichen Differentialgleichungen - nach C. Runge, 1856-1927, und M.W. Kutta, 1867-1944) (Math) / Runge-Kutta method (of numerical integration) || **⁓-Lenz-Vektor** m (Phys) / Runge vector

**Rungen·palette** f (Flachpalette mit einsteckbaren Rungen) / post pallet * || **⁓wagen** m (Bahn) / waggon with stanchions

**Runge-Paschensche Gitteraufstellung** (bei Konkavgittern) (Opt) / Paschen circle*, Paschen-Runge mounting

**Rungesche Regel** (beim Zeeman-Effekt) (Spektr) / Runge's rule

**Runkelrübe** f (Landw) / mangel n, mangel-wurzel n, mangold n

**Runlängenkodierung** f (EDV) / run-length (en)coding

**Run-Length-Codierung** f (EDV) / run-length (en)coding

**Runsenerosion** f (Geol) / gully erosion

**Runsenspülung** f (tiefe Schluchten als Folge der Bodenerosion) (Geol) / gully erosion

**Runterschwenk** m (Film) / pan-down n

**Runtime-Modul** n (mit dem sich /interpretierte / Anwenderprogramme auch ohne vorhandenen Interpreter ablaufen lassen) (EDV) / run-time module

**Runway** f m (Luftf) / runway n, RWY || **⁓-Befeuerung** f (Luftf) / runway lighting

**Runzelbildung** f (ein Anstrichschaden) (Anstr) / crawling* n, shrivelling n || **⁓** (unter der Einwirkung von Leuchtgas) (Anstr) / gas checking*, gas crazing || **⁓** (Anstr) / wrinkling n || **⁓** (Anstr) s. auch starke Blasenbildung || **[feine] ⁓** / silking n

**Runzel·blättrige Erle** (Alnus rugosa (Du Roi) Spreng.) (For) / speckled alder || **⁓korn** n (durch Reißen und Schrumpfen der Gelatineschicht entstehende Partikelstruktur) (Druck, Foto) / reticulation n || **⁓lack** m (ein Effektlack) (Anstr) / wrinkle finish*, ripple finish*, wrinkle varnish || **⁓röhre** f (ein runder Hohlleiter mit longitudinalem elektrischem Feld entlang der Achse - in Linearbeschleunigern) (Kernphys) / corrugated waveguide, corrugated guide || **⁓schieferung** f (Geol) / strain-slip cleavage*, crenulation cleavage, slip cleavage, shear cleavage

**runzlig** adj (Narben) (Leder) / puckered adj

**rupfen** v / pick v, pluck v || **⁓ n** (Herausreißen von Teilchen aus der Oberfläche /des Papiers/ bei der Verarbeitung) (Druck, Pap) / picking* n, plucking n || **⁓** (der Kupplung, z.B. beim Verschleiß der Beläge) (Kfz) / judder n, grabbing n, shudder n || **⁓ m** (Tex) / hessian* n, burlap n (US)*, hessian canvas

**Rupf·festigkeit** f (beim Druckpapier) (Druck, Pap) / bonding strength, pick(ing) resistance, pick strength || **⁓festigkeit** (Pap) / surface bonding strength || **⁓leinwand** f (Tex) / hessian* n, burlap n (US)*, hessian canvas || **⁓maschine** f (Landw) / picking machine

**Rüpingsche Sparträntung** (ein Holzschutzverfahren) (For) / Rüping process, Rueping process

**Rüping·-Sparverfahren** n (ein Kesseldruckverfahren) (ein Holzschutzverfahren) (For) / Rüping process, Rueping process || **⁓-Verfahren** n (ein Holzschutzverfahren) (For) / Rüping process, Rueping process

**Ruptur** f (durch tektonische Bewegungen hervorgerufene Spalte) (Geol) / rupture n

**Ruralkommunikation** f (Fernm) / rural communication

**Rusaöl** n / palmarosa oil, oil of palmarosa, oil of East Indian geranium, rusa oil, Indian grass oil

**Rüsche** f (Tex) / ruche* n, quilling n || **⁓n** f pl (Tex) / ruching n

**rüschen** v (Tex) / gather v, ruche v, frill v || **⁓** (Tex) / shirr v, puller v || **⁓ n** (Tex) / gathering n || **⁓** (Tex) / shirring n, pullering n || **⁓besatz** m (Tex) / ruching n

**Rush-hour** f (Kfz) / rush hour

**rushunempfindlich** adj (Eltech) / rush-insensitive adj

**Ruskin-Spitze** f (eine Reticellaspitze) (Tex) / Ruskin lace

**Ruß** m (mit Rauchgas als Dispersionsmittel) / black smoke || **⁓** (Schornsteinruß) / soot n || **⁓** (als technisches Produkt - pl. Ruße) (Chem Verf) / carbon black* || **⁓aktiver** (Chem Verf) / reinforcing black || **CC-⁓** (leitfähiger Kanalruß) (Chem Verf) / conducting-channel black || **hochabriebfester ⁓** / high-abrasion furnace black, HAF black || **ohne ⁓** (Chem Verf) / non-black adj

**Ruß·beseitigung** f (bei Dieselmotoren) (Kfz) / diesel filtration || **⁓bildung** f / sooting n || **⁓blasen** n (Reinigung des Dampferzeugers) (Masch) / soot blowing || **⁓bläser** m (Masch) / soot blower, blower n || **⁓braun** adj / brownish black adj, bistre adj, bister adj (US)

**Rüssel·brenner** m (Schw) / curved neck (-type) torch || **⁓käfer** m (ein Pflanzenschädling, z.B. Kornkäfer, Kiefernrüßler usw.) (For, Landw, Zool) / weevil n, snout beetle (US) || **Großer Brauner ⁓käfer** (For, Zimm) / holobius pine weevil, pine weevil, elegant pine weevil

**Russell·-Antinomie** f (nach B. Russell, 1872-1970) (Math) / Russell's paradox, paradox of Russell || **⁓-Effekt** m (Foto) / Russell effect, Vogel-Colson-Russell effect || **⁓-Saunders-Kopplung** f (nach H.N. Russell, 1877-1957, und F.A. Saunders, 1875-1963) (ein Grenzfall der Drehimpulskopplung) (Kernphys) / Russell-Saunders coupling*, l-s coupling*

**rußend** adj (Schweißflamme) (Schw) / smoky adj

**Ruß·entferner** m / soot remover || **⁓fänger** m / soot catcher || **⁓filter** m (zur Minderung der partikelförmigen Emissionen von Dieselmotoren) (Kfz) / diesel exhaust particulate filter, diesel filter, diesel trap, DPF, particulate filter || **⁓flocke** f / soil particle, smut n || **⁓frei** adj (z.B. Schornstein) (Bau) / soot-free adj || **⁓frei** (Chem Verf) / non-black adj || **⁓freier Brennstoff** (Kftst) / smokeless fuel || **⁓gefüllt** adj (Gummi) (Chem Verf) / carbon-black filled, black-filled adj, black-loaded adj || **⁓geschwärzt** adj (Wand) / grimy adj (with soot), sooty adj || **⁓grenze** f (Kftst) / smoke limit

**rußig** adj / sooty adj, sooted up || **⁓ werden** / soot vi

**Russischgrün** n (Anstr) / chrome green, lead chrome green

**Ruß·keil** m (des Schweißbrenners) (Schw) / feather n || **⁓kohle** f / sooty coal || **⁓leimanstrich** m (Bau) / smudge* n || **⁓ofen** m (zur Herstellung von Ofenruß) (Chem Verf) / furnace n || **⁓papier** n (Kab) / carbon black paper || **⁓partikel** f / soil particle, smut n || **⁓partikel** pl (in Dieselmotorabgasen) (Kfz) / particulate(s) n(pl), particulate emissions, diesel particulates || **⁓punkt** m (DIN 51406) (Chem, Erdöl) / smoke point* || **⁓schwarz** n (schwarzer Farbstoff) (Chem) / vegetable black, carbon black || **⁓zahl** f (ein Maß für den Ruß- und Staubgehalt im Abgas - DIN 51402, T 1) (Umwelt) / smoke number || **⁓zahlvergleichsskale** f (Umwelt) / Bacharach scale

**Rust** m (an der Oberfläche von Sheet auftretender brauner Belag) (Chem Verf) / rust n

**Rüst·balken** m (Bau) / putlog*, putlock n || **⁓bäume** m pl (meistens vollholzige Nadelholzstangen) (Bau, For) / scaffold poles, standards pl || **⁓bezugslinie** f (Luftf) / rigging datum line || **⁓bohle** f (Bau) / scaffold board || **⁓brett** n (Bau) / scaffold board

**rüsten** v (Bau) / scaffold v || **⁓** (EDV, F.Org) / set up v

**Rüster** f (Ulmus sp.) (For) / elm* n

**Rüst·fahrzeug** n (ein Feuerwehrfahrzeug, das vorwiegend mit Geräten für technische Hilfeleistungen ausgerüstet ist) (Kfz) / city service truck, emergency tender n || **⁓gewicht** n (Luftf) / ramp weight || **⁓holz** n (für Baugerüste) (Bau) / scaffold timber

**Rustika** f (Mauerwerk aus Bruch- oder Buckelsteinen) (Arch) / rustic masonry, rusticated masonry || **⁓** (Bau) / rustic-work, rustication n, opus rusticum, bossage* n || **⁓ mit wurmartigen Vertiefungen** (Arch, Bau) / vermiculation* n || **⁓fuge** f (Bau) / rustic joint*

**rustikal** *adj* (Mobiliar) / rustic *adj* ‖ ~**e Baukeramik** (Bau) / rustics* *pl*, tapestry bricks*
**Rustikaziegel** *m pl* (Bau) / rustics* *pl*, tapestry bricks*
**Rüst•kosten** *pl* (F.Org) / set-up cost ‖ ~**loch** *n* (Bau) / putlog hole
**Rüstung** *f* (Mil) / armament *n*
**Rüstungs•altlast** *f* (Mil, Umwelt) / environmental legacy ‖ ~**bau** *m* (Bau) / scaffold erection, scaffolding *n* ‖ ~**betrieb** *m* (als organisatorische Einheit) / armaments factory, armory *n* (US) ‖ ~**betrieb** (Masch, Mil) / defence contractor ‖ ~**fabrik** *f* / armaments factory, armory *n* (US) ‖ ~**firma** *f* (als Vertragspartner des Militärs) (Masch, Mil) / defence contractor ‖ ~**industrie** *f* (Mil) / armaments industry, defence industry ‖ ~**produktion** *f* (Masch, Mil) / arms production
**Rüstzeit** *f* (Vorgabezeit für das Rüsten - Bestandteil der Auftragszeit) (EDV) / set-up time ‖ ~ (F.Org) / set-up time, machine set-up time
**Ruten•fach** *n* (Web) / wire shed ‖ ~**kohl** *m* (Bot, Nahr) / sarepta mustard, Indian mustard, Chinese mustard ‖ ~**teppich** *m* (Tex) / rush carpet, wire carpet, wire loom carpet ‖ ~**webstuhl** *m* (Web) / wire loom
**Ruthenat** *n* (Salz der Rutheniumsäuren) (Chem) / ruthenate *n*
**Ruthenium (Ru)** *n* (Chem) / ruthenium* *n* ‖ ~**(III)-chlorid** *n* (Chem) / ruthenium chloride, ruthenic chloride, ruthenium sesquichloride ‖ ~**dioxid** *n* (Chem) / ruthenium(IV) oxide, ruthenium dioxide ‖ ~**(II)-Koordinationspolymer** *n* (Chem) / ruthenium(II) coordination polymer ‖ ~**(IV)-oxid** (Chem) / ruthenium(IV) oxide, ruthenium dioxide ‖ ~**(VIII)-oxid** (Chem) / ruthenium tetroxide ‖ ~**rot** *n* (Chem, Tex) / ruthenium red, ammoniated ruthenium oxychloride ‖ ~**tetroxid** *n* ($RuO_4$) (Chem) / ruthenium tetroxide ‖ ~**trichlorid** *n* ($RuCl_3$) (Chem) / ruthenium chloride, ruthenic chloride, ruthenium sesquichloride
**Ruthenrot** *n* (Chem, Tex) / ruthenium red, ammoniated ruthenium oxychloride
**Rutherford** *n* (nicht mehr zugelassene Einheit der Radioaktivität = $10^6$ tps) (Kernphys) / rutherford *n* ‖ ~**-Formel** *f* (Spektr) / Rutherford formula
**Rutherfordin** *m* (ein Uranylcarbonat) (Min) / rutherfordine *n*
**Rutherfordium (Rf)** *n* (radioaktives, nur künstlich darstellbares chemisches Element der Ordnungszahl 104) (Chem) / rutherfordium* *n*
**Rutherford•-Prisma** *n* (nach E. Rutherford, Lord of Nelson, 1871-1937) (Opt) / Rutherford prism ‖ ~**-Rückstreu-Spektroskopie** *f* (Spektr) / Rutherford backscattering spectroscopy, RBS ‖ ~**-Rückstreuung** *f* (Spektr) / Rutherford backscattering
**Rutherfordsche Streuformel** (Spektr) / Rutherford formula
**Rutherford-Streuung** *f* (Phys) / Rutherford scattering*, Coulomb scattering*
**Ruths-Speicher** *m* (ein Wärmespeicher nach J.K. Ruths, 1879-1935) (Masch) / Ruths accumulator
**Rutil** *m* (Titan(IV)-oxid, ein $TiO_2$-Mineral) (Min) / rutile* *n* ‖ ~**elektrode** *f* (Schw) / rutile electrode, rutile-covered electrode, rutile-type electrode ‖ ~**masse** *f* (Keram) / rutile body ‖ ~**struktur** *f* (Krist) / rutile structure
**Rutin** *n* (ein Bioflavonoid) (Biochem, Pharm) / rutin* *n* ‖ ~ (Biochem, Pharm) s. auch Vitamin P
**Rutinose** *f* (Biochem) / rutinose *n*
**Rutosid** *n* (Biochem, Pharm) / rutin* *n*
**Rutsche** *f* (ein Fördermittel ohne mechanischen Antrieb) (Masch) / gravity chute, slide *n*, chute *n*, shoot *n*
**rutschen** *v* / slide *v*, skid *v*, slip *v* ‖ ~ (von selbst, auf Böschungen) / run *v* ‖ ~ (Phys) / slip *n*, slippage *n*, slide *n*, slipping *n*
**rutschender Boden** (HuT) / lost ground, running (unstable) ground
**Rutscher** *m* (ein Handschleifer) (Werkz) / sander *n*, sanding machine, high-speed orbital pad sander, orbital sander, vibrating grinder, jitterbug-typ sander
**rutsch•fest** *adj* / non-skid *adj*, antiskid *adj*, antislip *adj*, non-slip *adj*, skid-proof *adj*, slip-free *adj* ‖ ~**festes Futter** (Tex) / antislip lining ‖ ~**feste Stufe** (der Stufenstehleiter) / non-slip tread ‖ ~**festigkeit** *f* **bei Nässe** (Kfz) / wet-skid resistance ‖ ~**frei** *adj* (Masch) / slip-free *adj* ‖ ~**gefahr bei Nässe!** (Kfz) / Slippery Carriageway! (GB), Slippery when wet! (US) ‖ ~**harnisch** *m* (Geol) / slickenside(s)* *n(pl)* ‖ ~**hemmend** *adj* / non-skid *adj*, antiskid *adj*, antislip *adj*, non-slip *adj*, skid-proof *adj*, slip-free *adj* ‖ ~**kupplung** *f* (Masch) / slip friction clutch ‖ ~**leiste** *f* / skid *n*, sledge runner ‖ ~**platte** *f* (für Fahrversuche) (Kfz) / skid pad ‖ ~**sensor** *m* (zur Überwachung von Handhabungsobjekten in Greifern) (HuT, Masch) / slip sensor ‖ ~**sicher** *adj* / non-skid *adj*, antiskid *adj*, antislip *adj*, non-slip *adj*, skid-proof *adj*, slip-free *adj* ‖ ~**streifen** *m pl* (am Gestein) (Geol) / slickenside *n* ‖ ~**tuch** *n* (Rettungsgerät aus Segelleinen zum Retten von Personen aus höher gelegenen Räumen durch Herstellen einer behelfsmäßigen Rutschbahn) (ein schlauchartiges Rettungsgerät) / rescue chute
**Rutschung** *f* (feuchte Massenbewegung an Hängen) (Geol) / slump* *n* ‖ **subaquatische** ~ (Geol) / subaqueous gliding, subaqueous solifluction, subsolifluction *n*, slump under water

**Rutschwinkel** *m* (der Böschung) (HuT) / slide angle ‖ ~ (Kfz) / slip angle*
**Rüttel•beton** *m* (Bau, HuT) / vibrated concrete (compacted by vibration from an internal or external vibrator) ‖ ~**bohle** *f* (Flächenverdichtungsgerät zum Verdichten von erdfeuchtem Beton bzw. Straßenbeton mit Fließmittel) (HuT) / vibrating beam ‖ ~**dichte** *f* (Gieß) / jarring density ‖ ~**egge** *f* (Landw) / reciprocating harrow ‖ ~**fertiger** *m* (HuT) / concrete-vibrating compactor ‖ ~**flasche** *f* (des Innenrüttlers) (Bau, HuT) / vibrating head, vibrating cylinder, vibrating poker ‖ ~**formmaschine** *f* (Gieß) / jolt-ramming machine*, jar-ramming machine*, jolt-moulding machine, jolt-ram machine*, bumper *n* ‖ ~**gerät** *n* (zur Verdichtung kohäsionsarmer Haufwerke oder des Betons) (Bau, HuT) / vibrator* *n*
**rütteln** *v* (an) / jiggle *v* ‖ ~ (Fahrzeug) / jolt *v* ‖ ~ / shake *v*, vibrate *v* ‖ ~ (Druck) / jog *v* ‖ ~ *n* (Druck) / jogging *n* ‖ ~ (von Papierstapeln) (EDV) / alignment *n* ‖ ~ (des Sekts beim Flaschengärverfahren) (Nahr) / remuage *n*, riddling *n*, shaking *n*, turning *n* ‖ **durch** ~ **verdichten** *v* / vibrocompact *v*
**rüttelnde Verdichtung** (HuT) / vibrational compaction
**Rüttel•platte** *f* (HuT) / vibrating plate (compactor), plate vibrator ‖ ~**preß-Formmaschine** *f* (Gieß) / jolt-squeeze machine* ‖ ~**schreiber** *m* (der z.B. bei Arbeitsstudien eingesetzt wird) (F.Org) / vibration recorder ‖ ~**schwelle** *f* (HuT, Kfz) / sleeping policeman, rumble strip, serrated strip, jiggle bar, road hump, speed ramp ‖ ~**sieb** *f* / shaking screen, shaker screen, vibrating screen, vibroscreen *n*, jigging screen ‖ ~**test** *m* / shake test ‖ ~**tisch** *m* (Gerät zum Verdichten von Betonfertigteilen und Betonwaren sowie beim Herstellen von Betonprobekörpern) (Bau, HuT) / vibrating table ‖ ~**tisch** (der durch Außenrütteln in Schwingung versetzt wird) (Gieß) / jolt table ‖ ~**verdichten** *v* (Formsand) (nur Infinitiv und Partizip) (Gieß) / bump *v*, bump down *v*, jolt *v*, jar *v* ‖ ~**verdichtung** *f* (Gieß) / bumping *n*, bumping-down *n*, jolting *n*, jarring *n* ‖ ~**walze** *f* (HuT) / vibrating roller
**Rüttler** *m* (zur Verdichtung kohäsionsarmer Haufwerke oder des Betons) (Bau, HuT) / vibrator* *n* ‖ ~ (zum Ausrichten von Papierstapeln) (EDV) / aligner *n* ‖ ~ (Gieß) / jolter *n* ‖ ~ (ein Schwingungsprüfstand) (WP) / shaker *n* ‖ **stoßfreier** ~ (Gieß) / impact-free jolter
**Ružička-Cyclisierung** *f* (nach L. Ružička, 1887-1976) (Chem) / Ružička cyclization
**RV-Tauri-Sterne** *m pl* (halbregelmäßige, sehr leuchtkräftige Pulsationsveränderliche) (Astr) / RV Tauri stars
**R-Wagen** *m* (Bahn) / waggon with stanchions
**RW-Aurigae-Sterne** *m pl* (eruptive, unregelmäßige Veränderliche mit schnellen Helligkeitsänderungen) (Astr) / RW Aurigae stars
**R-Wert** *m* (Bergb) / mine resistance ‖ ~ (Nukl) / R-value *n* ‖ ~ (Phys) / reflectivity* *n*, reflecting power
**$R_x$-Wert** *m* (Chem) / ratio standard
**Rydberg•-Formel** *f* (Phys) / Rydberg formula* ‖ ~**-Konstante** *f* (DIN 1304) (Phys) / Rydberg constant* ‖ ~**-Ritz-Kombinationsprinzip** *n* (Kernphys) / combination principle of Ritz, Ritz's combination principle ‖ ~**-Spektrum** *n* (ein Absorptionsspektrum nach J. Rydberg, 1854-1919) (Spektr) / Rydberg spectrum ‖ ~**-Zahl** *f* (Phys) / Rydberg constant* ‖ ~**-Zustand** *m* (Chem) / Rydberg state
**RZ** (EDV, Instr) / return to zero, RZ ‖ ~ (Schiff) / tonnage *n* ‖ ~ (Umwelt) / smoke number
**RZB** (für die Beurteilung von Leistung der Zentrifugen) (Masch) / relative centrifugal force, RCF
**R-Zentrum** *n* (ein Aggregatzentrum) (Eltronik, Krist) / R-centre *n*
**Rzeppa-Gelenk** *n* (eine Sonderkonstruktion des Gleichlaufgelenks nach A.H. Rzeppa) (Kfz) / Rzeppa joint, Birfield joint
**RZ•-Kode** *m* (ein Leitungskode) (Fernm) / return-to-zero code, RZ code ‖ ~**-Schreibweise** *f* (EDV) / return-to zero recording ‖ ~**-Signal** *n* (ein Kodesignal) (Eltronik) / return-to-zero signal ‖ ~**-Verfahren** *n* (EDV) / return-to zero recording
**R-Zweig** *m* (in dem Rotations-Schwingungs-Termschema - mit dem Pluszeichen) (Spektr) / R line, R branch

# S

**S** (Chem) / sulphur* n, sulfur n (US)*
**S** (Elektr) / siemens* n
**S + H-Schaltung** f (Momentanwertspeicher) (Eltronik) / sample-and-hold circuit, sampling and hold circuit, S/H circuit
**S. J. S.** (Zool) / San José scale
**SA** (Eltech, Galv) / current efficiency*
**Saal•geräusch** n (Akus) / hall noise, auditorium noise ‖ ~**regler** m (Eltech, Film) / theatre fader
**Saat** f (Landw) / seeding n, seed* n ‖ ~ (Tätigkeit) (Landw) / sowing n ‖ ~**behandlungsmittel** n (Landw) / seed protectant, seed dressing agent ‖ ~**beize** f (Tätigkeit - Naßbeize, Trockenbeize) (Landw) / seed dressing, chemical seed protection ‖ ~**bett** n (Landw) / seed-bed n ‖ ~**bettkrümler** m (Landw) / seed-bed tiller ‖ ~**egge** f (Landw) / seed harrow (exralight) ‖ ~**element** n (Nukl) / seed element ‖ ~**elementcore** n (Nukl) / spiked core, seed core ‖ ~**elementreaktor** m (Nukl) / seed-core reactor, spiked-core reactor
**Saatgut** n (Landw) / seeding n, seed* n ‖ **bestrahltes** ~ (Landw) / irradiated seed ‖ **pilliertes** ~ (Landw) / pelleted seed*, coated seed (US) ‖ ~**behandlung** f (chemische) (Landw) / seed dressing, chemical seed protection ‖ ~**beizmaschine** f (Landw) / seed dresser ‖ ~**beizmittel** n (Landw) / seed protectant, seed dressing agent ‖ ~**beizung** f (Landw) / seed dressing, chemical seed protection ‖ ~**bereiter** m (Landw) / seed cleaner ‖ ~**kalibrierer** m (Landw) / seed grader ‖ ~**reiniger** m (Landw) / seed cleaner
**Saat•kasten** m (der Sämaschine) (Landw) / seed hopper ‖ ~**kasten** (Landw) / tank n, hopper n ‖ ~**lein** (Bot, Tex) / fibre flax, common flax, flax* n ‖ ~**-Leindotteröl** n / cameline oil, German sesame oil, dodder oil ‖ ~**ölrauke** f (Eruca sativa Mill.) (Bot, Landw) / garden rocket, salad rocket, rocket n, rugola n, rucola n, arugula n ‖ ~**polymerisation** f (Chem) / seed polymerization ‖ ~**rille** f (Landw) / drill n ‖ ~**zeit** f (Landw) / sowing time
**Sabadillsamen** m pl (aus Schoenocaulon officinale (Cham. et Schltdl.) A. Gray) / sabadilla seeds, cevadilla seeds
**Sabatier-Senderensche Reduktion** (von organischen Verbindungen mit Wasserstoff) (Chem) / Sabatier-Senderens reduction
**Sabattier-Effekt** m (ein fotografischer Umkehreffekt) (Foto) / Sabattier effect
**Säbelkolben** m (Chem) / sausage flask, sabre flask, sickle flask
**Säbelwuchs** m (Form der Krummschäftigkeit) (For) / sweep n
**Sabin** n (eine alte Einheit der Schallabsorption) (Akus) / sabin* n, open window unit*, OW unit
**Sabinan** n (Chem) / thujane n
**Sabinen** n (ein Thujen) (Chem) / sabinene n, sabinol n
**Sabinescher Absorptionsgrad** (Akus) / Sabine absorption coefficient
**Sabkha** f (Geol) / sebkha n, sabkha n
**Sablé** m (eine poröse Bindungsart) (Tex) / sand crepe
**Sabotage** f (z.B. als Computerkriminalität) / sabotage n ‖ ~**empfindlich** adj (Mil) / vulnerable to sabotage, open to sabotage ‖ ~**verdacht** m / suspected sabotage
**SAC** (Nahr) / caramel colour IV, ammonia sulphite caramel, soft-drink caramel
**Saccharat** n (Trivialname für Salze der D-Glucarsäure) (Chem) / saccharate n, sucrate n
**Saccharid** n (Chem) / carbohydrate* n, saccharide* n
**Saccharifikation** f (Chem) / saccharification n
**saccharifizieren** v (Chem) / saccharify vt, sugar v
**Saccharifizierung** f (Chem) / saccharification n
**Saccharimeter** n (optisches Gerät zur Bestimmung des Zuckergehaltes wäßriger Lösungen) (Chem, Opt) / saccharimeter n
**Saccharimetrie** f (die Bestimmung des Zuckergehaltes in wäßrigen Lösungen) (Chem, Opt) / saccharimetry* n
**Saccharin** n (ein synthetischer Süßstoff) (Chem, Nahr) / saccharin* n
**Saccharogenamylase** f (Biochem) / saccharogenic amylase
**Saccharometer** n (eine Senkspindel zur Bestimmung der Dichte einer Zuckerlösung) (Chem) / saccharometer* n
**Saccharose** f (wichtigstes Disaccharid) (Chem, Nahr) / sucrose* n, saccharose n, saccharobiose* n ‖ ~**ester** m (Chem) / sugar ester, sucrose ester ‖ ~**octaacetat** n (Chem) / sucrose octaacetate ‖ ~**oktaazetat** n (Chem) / sucrose octoacetate ‖ ~**spaltend** adj (Biochem) / sucroclastic adj
**Sach•-** (z.B. Leistung) / in kind ‖ ~**anlagen** f pl (als Bilanzposten) / tangible assets, tangibles pl
**Sacharid** n (Chem) / carbohydrate* n, saccharide* n

**Sacharifikation** f (Chem) / saccharification n
**sacharifizieren** v (Chem) / saccharify vt, sugar v
**Sacharifizierung** f (Chem) / saccharification n
**Sacharimeter** n (optisches Gerät zur Bestimmung des Zuckergehaltes wäßriger Lösungen) (Chem, Opt) / saccharimeter n
**Sacharimetrie** f (die Bestimmung des Zuckergehaltes in wäßrigen Lösungen) (Chem, Opt) / saccharimetry* n
**Sacharin** n (o-Sulfo-benzoesäureimid) (Chem, Nahr) / saccharin* n
**Sacharometer** n (eine Senkspindel zur Bestimmung der Dichte einer Zuckerlösung) (Chem) / saccharometer* n
**Sacharose** f (Chem, Nahr) / sucrose* n, saccharose n, saccharobiose* n
**Sach•bearbeiter** m / professional worker (as opposed to secretaries, administrative assistants, clerk typists, etc. on the one hand and executive staff on the other) ‖ ~**bearbeiter in der Normenabteilung** (in der Normenstelle) / standards engineer ‖ ~**bezogen** adj (Information) / non-personal adj ‖ ~**gemäße handwerkliche Bearbeitung** (in einem Merkblatt beschriebene) / recommended practice ‖ ~**gemäßes Problem** (Math) / well-posed problem ‖ ~**gerechte Herstellungspraxis** (Pharm) / good manufacturing practice, GMP ‖ ~**gerechte Herstellungsweise** (Pharm) / good manufacturing practice, GMP ‖ ~**gerechte Lagerung** (Pharm) / good storage practice, GSP ‖ ~**index** m (Druck) / subject index ‖ **mit** ~**kenntnissen** / knowledgeable adj ‖ ~**kundig** adj / knowledgeable adj ‖ ~**leistung** f / benefit in kind ‖ ~**merkmal** n (definierte Eigenschaft eines Objekts) / subject characteristic ‖ ~**nummer** f (Teilnummer, Teilfamiliennummer, Erzeugnisnummer) (F.Org) / piece mark, item number ‖ ~**nummernsystem** n (DIN 6763) / item-numbering system ‖ ~**-Ökobilanz-Studie** f (Umwelt) / life-cycle inventory study, LCI study ‖ ~**patent** n / product patent ‖ ~**register** n (Druck) / subject index
**Sachse-Mohr-Theorie** f (Chem) / Sachse-Mohr theory
**Sachsenstoff** m (feines Herrentuch aus Kammgarnkette und Streichgarnschuß, meist farblich gemustert und fouliert) (Tex) / saxony n
**Sachse-Verfahren** n (zur Erzeugung von Ethin durch autotherme Spaltung von Flüssiggasen, Leichtbenzin und Methan) (Chem Verf) / Sachse reaction
**sächsisch•er Bogen** (Arch) / triangular arc ‖ ~**e Kurbelwebmaschine** (Web) / buckskin loom ‖ ~**e Wundererde** (Min) / teratolite n
**Sächsischblau** n / saxe blue, saxon n, Saxon blue
**Sach•trick** m (Film) / live animation ‖ ~**verständigenbericht** m / expert report ‖ **beeidigter** ~**verständiger** / sworn expert ‖ ~**wörterverzeichnis** n (Druck) / subject index ‖ ~**wortregister** n (Druck) / subject index ‖ ~**wortverzeichnis** n (Druck) / subject index
**Sack** m (Hopfen, Wolle) / pocket n (GB) ‖ ~ (schwerer) / sack n ‖ ~ (leichter) / bag n ‖ **in Säcke füllen** / sack v, bag v ‖ ~ m **für Wolle** / woolpack n ‖ ~**aufzug** m (Masch) / sack hoist ‖ ~**bahnhof** m (Bahn) / terminus n (pl. termini or terminuses), terminal depot (US), dead-end station, terminal n, terminal station ‖ ~**behälter** m (Luftf) / bag tank, bag-type tank, flexible tank, blivet* n
**sacken** v (in Säcke abfüllen) / sack v, bag v ‖ ~ v / sacking n, bagging n ‖ ~ (Bau, HuT) / subsidence* n, settlement* n ‖ ~ (der Karosserie) (Kfz) / drooping n
**Sack•filter** n / bag filter ‖ ~**gasse** f (Arch, Kfz) / cul-de-sac n (pl. culs-de-sacs or cul-de-sacs), dead-end street ‖ ~**gasse** (ein Verkehrszeichen) (Kfz) / no through road ‖ ~**gasse** (bei der Baumdarstellung) (KI) / blind alley ‖ ~**gerbung** f (Vegetabilgerbung, bei der die Häute paarweise zusammengenäht werden, um Narbenzug zu vermeiden und eine gute Flächenausbeute zu erzielen) (Leder) / bag tannage ‖ ~**kalk** m (Bau) / dry hydrate ‖ ~**karre** f (ein Handfahrgerät) (Masch) / sack barrow, bag barrow, sack truck ‖ ~**karren** (Masch) / sack barrow, bag barrow, sack truck ‖ ~**leinen** n (grobes leinwandbindiges Gewebe) (Tex) / sackcloth n, bagging n, sacking* n, heavy goods, gunny n ‖ ~**leinwand** (grobes leinwandbindiges Gewebe) (Tex) / sackcloth n, bagging n, sacking* n, heavy goods, gunny n ‖ **grobe** ~**leinwand** (Tex) / hopsack n, hopsacking n ‖ ~**loch** n (Masch) / blind hole, bottom hole ‖ ~**maß** n (Höhenverlust einer Dammaufschüttung als Folge der Eigensetzung) (HuT) / amount of settling ‖ ~**papier** n (Pap) / sack paper ‖ ~**rutsche** f / sack chute, sack shoot ‖ ~**stecher** m (ein Gerät zum Ziehen von Proben aus Schüttgütern) / trier n ‖ ~**strecke** f (Bergb) / dead end
**Sackung** f (Bau, HuT) / subsidence* n, settlement* n
**Sackur-Tetrode•-Formel** f (für die Entropie eines aus einatomigen Molekülen bestehenden idealen Gases) (Phys) / Sackur-Tetrode equation ‖ ~**-Gleichung** f (Phys) / Sackur-Tetrode equation
**Sackzement** m (HuT) / bag cement
**Sadebaumöl** n (aus Juniperus sabina L.) / savin oil, savine oil
**SADT-Methode** f (EDV) / structured analysis and design technique, SADT
**säen** v (Landw) / sow v, seed v ‖ ~ n (Tätigkeit) (Landw) / sowing n

**SAE-Viskositätsklasse** *f* (Einteilung von Motorenölen und Kfz-Getriebeölen nach DIN 51511) / SAE viscosity class, SAE number

**SAF** (Nukl) / scram* *n*, emergency shutdown*

**Safarilook** *m* (Freizeitmode im Stil der Kleidung von Teilnehmern an einer Safari) (Tex) / safari look

**Safe operating area** *f* (bei der Bestimmung der Belastbarkeit des Transistors) (Eltronik) / safe operating area, SOA

**Safe•anlage** *f* / safe installation, strongroom *n* || ²-**Browser** *m* (beim PC) (EDV) / safe browser, secure browser || ²-**life-Prinzip** *n* (ein Konstruktionsprinzip) (Luftf) / safe-life principle

**Safener** *m* (Stoff, der einem Pflanzenschutzmittel zugesetzt wird, damit es auf die behandelten Kulturpflanzen nicht phytotoxisch wirkt) (Umwelt) / safener *n*, herbicide safener

**Safe•-Run-Rad** *n* (Kfz) / run-flat wheel, safe-run wheel || ²-**Stop-Rad** *n* (mit begrenzten Notlaufeigenschaften) (Kfz) / safe-stop wheel

**Safety Car** *m* (Kfz) / safety car || ²-**car** *n* (pl.: -s) (Kfz) / pace car (a race car) || ²-**Film** *m* (Film) / safety film*, non-flam film*, non-flam* *n*

**Saffian** *m* (feines Ziegenleder, das nach Sumachgerbung gefärbt und zwischen Preßwalzen gefurcht wird) (Buchb, Leder) / saffian *n* (leather tanned with sumach and dyed in bright colours) || s. auch Maroquin || ²-**leder** *n* (feines Ziegenleder, das nach Sumachgerbung gefärbt und zwischen Preßwalzen gefurcht wird) (Buchb, Leder) / saffian *n* (leather tanned with sumach and dyed in bright colours) || **levantiertes** ²-**leder** (Leder) / Levant *n*, Levant-grained goatskin

**Safflor** *m* / safflower *n* || ² - (Min) / zaffre* *n*, zaffer *n* (US)* || ²-**gelb** *n* / safflower yellow

**Safflorit** *m* (Kobaltarsenid - CoAs₂) (Min) / safflorite *n*

**Safflorkarmin** *n* (Chem) / carthamine *n*

**Saflor** *m* / safflower *n* || ² - (Carthamus tinctorius L.) (Bot) / safflower *n* || ² - (Min) / zaffre* *n*, zaffer *n* (US)* || ²-**gelb** *n* (gelbe Komponente des Saflors) / safflower yellow || ²-**öl** *n* (Nahr) / safflower oil

**safran•farben** *adj* / saffron-coloured *adj*, saffron *attr* || ~**farbig** *adj* / saffron-coloured *adj*, saffron *attr* || ~**gelb** *adj* / saffron-coloured *adj*, saffron *attr*

**Safranin** *n* (ein Phenazinfarbstoff) (Foto, Leder, Mikros) / safranine* *n*, safranin *n*

**Safrol** *n* (4-Allyl-1,2-methylendioxybenzol) (Chem) / safrole *n*

**"Saft"** *m* (Elektrizität oder Kraftstoff) / juice *f*

**Saft** *m* (Bot, For) / sap* *n* || ² - (Nahr) / juice *n* (in fruit or vegetables) || ² - (A) (Nahr) / drip *n*, dripping *n*, juice *n*, basting *n*, gravy *n* || ²-**rückverdünnter** ² - (Nahr) / reconstituted juice || **saurer** ² - **unreifer Früchte** (Nahr) / verjuice *n* || ~**frisches Holz** (For) / green wood, green timber || ²-**frischverfahren** *n* (ein Holzschutzverfahren vor dem Austrocknen im saftigen Zustand) (For) / Boulton process, boiling-under-vacuum process (wood preservation) || ²-**futter** *n* (Landw) / succulent feed || ²-**grün** *adj* / sap-green *adj* || ²-**grün** *n* / sap green *n* || ~**haltig** *adj* (Bot) / sappy *adj* (containing a lot of sap)

**saftig** *adj* (Sukkulente) (Bot) / succulent* *adj* || ~ (Bot) / sappy *adj* (containing a lot of sap) || ~ (Frucht) (Nahr) / juicy *adj*

**Saft•käfer** *m* (Nahr, Zool) / dried-fruit beetle || ²-**presse** *f* (ein Haushaltsgerät) (Nahr) / juice extractor, fruit press || ~**reich** *adj* (sukkulent) (Bot) / succulent* *adj* || ~**reich** (Bot) / sappy *adj* (containing a lot of sap) || ²-**reinigung** *f* (bei der Zuckerfabrikation) (Nahr) / juice clarification, juice purification || ²-**verdrängungsverfahren** *n* (ein Holzschutzverfahren) (For) / sap displacement method (of woodpreservation) || ²-**zeit** *f* (For) / sap-flow period || ²-**zentrifuge** *f* (Nahr) / juice extractor, fruit press

**Sagbend** *m* (freie Rohrlänge zwischen Stinger und Meeresboden) (Erdöl) / sagbend *n*

**Säge** *f* (For, Werkz) / saw *n* || ² - (als Handwerkszeug) (For, Werkz) / hand-saw *n* || **fliegende** ² - (Hütt) / flying saw || **grobzahnige** ² - (Werkz, Zimm) / coarse-toothed saw, rack saw* || **grobzähnige** ² - (Werkz, Zimm) / coarse-toothed saw, rack saw* || **ungespannte** ² - / saw not under tension || **zweischneidige** ² - (Werkz) / double-cut saw || ² - *f* **mit KV-Zahnung** (Kreis- oder Kettensäge) (For, Werkz) / gullet saw*, brier-tooth saw* || ² - **mit regulierbarer Drehzahl** (For, Werkz) / variable-speed cut saw

**Säge•angel** *f* / buckle || ²-**bezahnung** *f* / saw toothing

**Sägeblatt** *n* (For, Werkz) / saw-blade *n* || ² - **für Längsschnitt** (For) / rip-saw *n*, ripping saw || ²-**dicke** *f* (For, Werkz) / saw-blade thickness || ²-**entkörnung** *f* (Tex) / saw-blade ginning || ²-**feilmaschine** *f* (mit Sägefeilen als Schärfwerkzeugen) (For) / saw-blade filing machine || ²-**führung** *f* (For, Werkz) / saw guide || ²-**schärfmaschine** *f* (For) / saw-sharpening machine, saw-blade grinding machine || ²-**spannung** *f* (For, Werkz) / saw-blade tension || ²-**welle** *f* (For) / saw-arbor *n*

**Sägeblock** *m* (für die Erzeugung von Schnittholz vorbereitetes kurzes Sägeholz) (For) / sawn log, log *n* || **längsgeschnittener** ² - (For) / juggle *n* || ²-**Kettenlängsförderer** *m* (For) / log chain conveyor || ²-**polter** *m* *n* (For) / hot deck* || ²-**sortierung** *f* (nach Holzart, Durchmesser, Güte und Länge) (For) / log sorting

**Säge•bock** *m* (Prionus coriarius) (Zool) / saw-horse, sawbuck *n* (US), buck *n* (US) || ²-**bockprojektion** *f* (in der Konformationsanalyse) (Chem) / saw-horse projection || ²-**dach** *n* (Bau) / sawtooth roof* || ²-**draht** *m* / sawing wire || ²-**Egreniermaschine** *f* (Tex) / saw-gin *n* || ~**fallend** *adj* (For) / as-sawn *adj*, rough *adj*, quilted *adj* || ²-**feile** *f* (Masch) / saw file || ²-**feilmaschine** *f* (Masch) / saw-filing machine, saw filer || ²-**furnier** *n* (das vom Stamm oder Stammteil mit einer Säge abgetrennt wird) (For) / sawed veneer, sawn veneer || ²-**gatter** *n* (For) / frame sawing machine, gang saw*, frame-saw *n*, log frame saw || ~**gestreift** *adj* (Schnittholz) (For) / sided *adj* || ²-**grube** *f* (For) / saw-pit *n* || ²-**halle** *f* (Produktionsraum des Sägewerkes) (For) / sawmill shop, sawing hall || ²-**holz** *n* (zur Erzeugung von Schnittholz geeignetes Holz) (For) / sawmill wood (logs) || ²-**kette** *f* (für Kettensägemaschinen) (For) / saw chain || ²-**klotz** *m* (For) / sawn log, log *n* || ²-**maschine** *f* (For) / power saw, machine saw || ²-**maß** *n* (For) / green-sawn size || ²-**mehl** *n* (For) / sawdust *n* || ²-**mühle** *f* (For) / sawmill *n*, lumber mill (US) || ²-**mühle ohne Klotzteich** (For) / dry sawmill

**sägen** *v* / saw *v* || ² - *n* (spannendes Trennverfahren nach DIN 8589, T 6) / sawing *n* || ² - **von Innen- und Außenkonturen** (mit der vertikalen Bandsäge) (Masch) / contour band sawing || ² - *f* **von Konturen mit der vertikalen Bandsäge** (Masch) / contour band sawing || ²-**bund** *n* (Gesamtheit der im Sägerahmen einer Vollgattersägemaschine eingehängten Sägeblätter) (For) / assembly of saw-blades of the gang saw || ²-**feilmaschine** *f* (Masch) / saw-filing machine, saw filer || ²-**gewinde** *n* (DIN 513) (Masch) / buttress screw-thread*, breech-lock thread, leaning thread || **metrisches** ²-**gewinde** (DIN 513) (Masch) / metric buttress thread

**Sagenit** *m* (Rutil mit sich gitterförmig unter 65°35' und 54°44' durchkreuzenden Strahlen und feinen Nadeln) (Min) / sagenite *n*

**Sägen•pfleger** *m* (For) / saw doctor || ²-**schärfmaschine** *f* (For) / saw-resharpening machine, saw-sharpening machine || ²-**überhang** *m* (For) / hang *n* || **neigbare** ²-**welle** (z.B. der Tisch-Kreissägemaschine) (For) / tilting arbour

**Sägequalität** *f* (For) / sawing quality, sawmill quality

**Säger** *m* (For) / sawyer *n*, sawer *n*, sawmill operator

**Säge•rahmen** *m* (einer Gattersägemaschine) (For) / saw-frame *n* || ~**rauh** *adj* (For) / as-sawn *adj*, rough *adj*, quilted *adj*

**Sägerei** *f* (eine Tagesanlage) (Bergb) / sawmill *n*

**Säge•reinigung** *f* (Masch) / saw gumming* || ²-**schärfer** *m* (Gerät, Werkz) / saw-sharpening tool, saw sharpener || ²-**schärffeile** *f* (Masch) / saw file || ²-**schiene** *f* (For) / sword *n*, chain bar, guide bar(s) || ²-**schwert** *n* (For) / sword *n*, chain bar, guide bar(s) || ²-**späne** *m pl* (For) / sawdust *n* || ²-**tang** *m* (Fucus serratus) (Bot) / toothed wrack, black wrack || ²-**welle** *f* (For) / saw-arbor *n* || ²-**werk** *n* (holzbearbeitender Betrieb) (For) / sawmill *n*, lumber mill (US) || ²-**werk ohne Klotzteich** (For) / dry sawmill || ²-**werker** *m* (For) / sawyer *n*, sawer *n*, sawmill operator || ²-**werksabfälle** *m pl* (Holzreste, die im Sägewerk anfallen) (For) / sawmill waste || ²-**werksarbeiter** *m* (For) / sawyer *n*, sawer *n*, sawmill operator

**Sägezahn** *m* (F.Org, Werkz) / sawtooth *n* || ² - (Tiefensprung in der Vorderkante von Pfeilflügeln, der zur Bildung eines Wirbelbands auf der Tragflügeloberseite führt, wodurch wie durch einen Grenzschichtzaun ein Abwandern der Grenzschicht nach außen verhindert wird) (Luftf) / leading-edge sawtooth, dogtooth *n* || ~**geschränkter** ² - (For, Werkz) / spring-set tooth || **gestauchter** ² - (Werkz) / swage-set tooth || ²-**antenne** *f* (Radio) / zigzag antenna, zigzag aerial || ²-**beschlag** *m* (der Deckelkarde) (Spinn) / sawtooth card clothing, sawtooth clothing || ²-**draht** *m* (Spinn) / sawtooth wire || ²-**form** *f* (For) / sawtooth profile || ~**förmig** *adj* / sawtooth-shaped *adj* || ²-**generator** *m* (Eltronik) / sawtooth generator, ramp generator || ²-**generator** (zum Speisen der Ablenkeinrichtungen) (TV) / linear-sweep generator || ²-**oszillator** *m* (Eltronik, Fernm) / sawtooth oscillator || ²-**schwingung** *f* (eine Kippschwingung, bei der sich der Verlauf der Schwingungsgröße in Abhängigkeit von der Zeit grafisch wie die Zähne einer Säge darstellt) (Eltronik) / sawtooth wave(s) || ²-**spannung** *f* (Eltronik, TV) / sawtooth voltage || ²-**strom** *m* (Eltronik) / sawtooth current || ²-**umsetzer** *m* (Analog/Digital-Umsetzer, bei dem ein Funktionsgenerator periodisch eine Rampenfunktion erzeugt) (Eltronik) / sawtooth converter || ²-**verschlüßler** *m* (Eltronik) / sawtooth converter || ²-**welle** *f* (Eltronik, Fernm) / sawtooth wave* || ²-**wellenform** *f* (Eltronik, Fernm) / sawtooth waveform || ²-**Zeilensignale** *n pl* (ein Fehler) (TV) / line tilt

**Sagging** *n* (Durchbiegung der Schiffsmitte nach unten) (Schiff) / sagging *n* || ² - (Schiff) s. auch Hogging

**sagittal** *adj* / sagittal* *adj* || ~**es Bildfeld** (Opt) / sagittal field* || ~**er Brennpunkt** (Opt) / sagittal focus, secondary focus

**Sagittal•-** / sagittal* *adj* || ²-**fokus** *m* (Opt) / sagittal focus, secondary focus || ²-**schnitt** *m* (Opt) / sagittal section || ²-**strahl** *m* (Opt) / sagittal beam, sagittal ray

**Sagnac-Effekt** *m* (lichtelektrischer Effekt, bei dem sich für die beiden, vom gleichen Lichtsender stammenden, gegensinnig verlaufenden

Teilstrahlen unterschiedliche Laufzeiten ergeben - nach G.M.M. Sagnac, 1889-1928) (Eltech) / Sagnac effect

**Sago** *m* (eine teilweise verkleisterte Sagostärke in Granulatform) (Nahr) / sago *n* ‖ ~**palme** *f* (Metroxylon sagu Rottb.) (For) / sago palm, sago *n* ‖ ~**stärke** *f* (die aus dem Mark des Stammes der Sagopalme oder der Talipotpalme im Naßverfahren auf mechanischem Wege gewonnene Stärke) (Nahr) / sago *n*

**Sagradarinde** *f* (aus Frangula purshiana (D.C.) J.G. Cooper) (Pharm) / cascara sagrada*, chittam bark, chittem bark, chittim bark

**Saha-Gleichung** *f* (Plasma Phys) / Saha equation

**Sahne** *f* (Nahr) / cream *n* ‖ **mit** ~ **versetzen** (Nahr) / cream *v* ‖ **saure** ~ (Nahr) / sour cream ‖ ~ **ansetzen lassen** (Nahr) / cream *v*

**sahne•artig** *adj* (Nahr) / creamy *adj* ‖ ~**haltemittel** *n* (Nahr) / stabilizer for whipped cream ‖ ~**haltig** *adj* (Nahr) / creamy *adj* ‖ ~**standmittel** *n* (Nahr) / stabilizer for whipped cream

**sahnig** *adj* (Geschmack) (Nahr) / creamy *adj*, smooth *adj* ‖ ~ (Nahr) / creamy *adj*

**saiger** *adj* (Bergb, Geol) / vertical *adj*

**Sailcloth** *n* (Tex) / sailcloth* *n*, heavy (waterproofed) canvas, sail canvas

**Saillie** *f* (Arch) / projection *n*

**Saint-Venant-Prinzip** *n* (nach A.Barré de Saint-Venant, 1797-1886) (Mech) / Saint-Venant principle, St Venant principle

**Saison** *f* / season *n* ‖ ~ (Bot, Nahr) / season *n* ‖ **tote** ~ (bei saisonbedingten Arbeiten) / off-season *n* ‖ ~**abhängig** *adj* / seasonal *adj* ‖ ~**abhängige Industrie** / seasonal industry

**saisonal** *adj* / seasonal *adj* ‖ ~**e Schwankung** (Stats) / seasonal variation, seasonal fluctuation

**saison•bedingt** *adj* (z.B. Arbeitslosigkeit) / seasonal *adj* ‖ ~**bedingte Bereinigung** (der statistischen Angaben) (Stats) / seasonal adjustment, deseasonalization *n* ‖ ~**bedingte Schwankung** (Stats) / seasonal variation, seasonal fluctuation ‖ ~**bereinigte Reihe** (Stats) / deseasonalized series, seasonally adjusted series ‖ ~**bewegung** *f* (Stats) / seasonal variation, seasonal fluctuation ‖ ~**gewerbe** *n* / seasonal industry ‖ ~**schwankung** *f* (Stats) / seasonal variation, seasonal fluctuation

**Saite** *f* (Akus) / string *n*, chord *n* ‖ **kosmische** ~ (fadenförmiges Relikt aus der Frühzeit des Universums) (Astr) / string *n*, cosmic string

**Saiten•draht** *m* / piano wire, music wire ‖ ~**elektrometer** *n* (Eltech) / string electrometer* *n* ‖ ~**galvanometer** *n* (nach dem niederländischen Physiologen W. Einthoven, 1860-1927 benannt) (Eltech) / Einthoven galvanometer*, string galvanometer* ‖ ~**schwingung** *f* (Phys) / string vibration

**Saizew-Regel** *f* (für Alkylhalogenide und Sulfonsäureester - nach A.M. Zajcew, 1841-1910) (Chem) / Saytzeff rule

**Sakaguchi-Reagens** *n* (zum Nachweis von Aminosäuren) (Chem) / Sakaguchi reagent

**Sakata-Modell** *n* (unitäre Symmetrie) (Kernphys) / Sakata model

**Sakebiose** *f* (Chem) / nigerose *n*

**Sakralbau** *m* (Arch) / religious building, ecclesiastical building

**säkular•e Akzeleration** (Astr) / secular acceleration ‖ ~**e Parallaxe** (Astr) / secular parallax ‖ ~**e Variation** (Astr, Geol) / secular variation

**säkuläre Störungen** (fortwährende Änderungen des Orbits) (Astr) / secular perturbations

**Säkular•gleichung** *f* (einer Matrix) (Math) / secular equation, characteristic equation ‖ ~**parallaxe** *f* (Astr) / secular parallax ‖ ~**variation** *f* (Astr, Geol) / secular variation

**Sakurai-Reaktion** *f* (Chem) / Sakurai reaction

**Sal** *m* (For) / sal *n*, sal tree ‖ ~ *n* **Carolinum factitium** (Pharm) / Karlsbad salt (artificial) ‖ ~ **volatile** (ein Riechmittel) (Pharm) / sal volatile*

**Saladero-Haut** *f* (Rindshaut) (Leder) / saladero hide, small-packer hide

**Salamanderalkaloide** *n pl* (z.B. Samandarin, Samandaron oder Tetrodotoxin) (Pharm) / salamander alkaloids

**Salamanderholz** *n* (von Dalbergia-Arten) (For) / cocobolo *n*

**Salar** (pl -s oder -es) *m* (Salztonebene in Südamerika) (Geol) / salar *(pl -s or -es) n*

**salatgrün** *adj* / lettuce-green *adj*

**Salatöl** *n* (Speiseöl für die kalte Küche) (Nahr) / salad oil ‖ ~ (Nahr) s. auch Speiseöl

**Sal•band** *n* (eine Grenzfläche) (Bergb, Geol) / selvage *n*, salband *n* ‖ ~**band** (Web) / list *n* (GB), listing* *n*, selvedge *n* ‖ ~**baum** *m* (For) / sal *n*, sal tree

**Salbe** *f* (Pharm) / ointment *n*

**salbeigrün** *adj* / sage-green *adj*

**Salbeiöl** *n* (meistens dalmatinisches) (Pharm) / oil of sage, sage oil, salvia oil

**Salbenbüchse** *f* (Pharm) / gallipot *n*

**Salbentopf** *m* (Pharm) / gallipot *n*

**Saldo** (pl -den oder -di) *m* (Unterschied der beiden Seiten eines Kontos) / balance *n*

**Sale-and-lease-back-Verfahren** *n* (beim Leasing) / sale and lease back

**Salep** *m* (getrocknete schleim- und stärkehaltige Knollen einiger Orchideen, deren Pulver als Verdickungsmittel und Emulgator dient) (Pharm) / salep *n*

**Salespromotion** *f* / sales promotion

**σ-Algebra** *f* (Math) / sigma-algebra *n* (of sets)

**Salicin** (Chem, Pharm) / salicin *n*

**Salicyl•aldehyd** *m* (Chem) / salicylaldehyde *n* ‖ ~**aldoxim** *n* (Chem) / salicylaldoxime *n* ‖ ~**alkohol** *m* (Chem) / salicyl alcohol, saligenin *n* ‖ ~**amid** *n* (Chem, Pharm) / salicylamide *n*

**Salicylat** *n* (Pharm) / salicylate *n*

**Salicylsäure** *f* (Chem) / salicylic acid*, 2-hydroxybenzoic acid ‖ ~**methylester** *m* (künstliches Gaultheriaöl) (Chem) / methyl salicylate* ‖ ~**phenylester** *m* (Pharm) / phenyl salicylate, salicylic acid phenyl ester, salol *n*

**Saligenin** *n* (Chem) / salicyl alcohol, saligenin *n*

**Salinartektonik** *f* (Geol) / salt tectonics

**Saline** *f* / salt-works *pl*, saline *n*

**salinisch** *adj* (Med) / saline *adj*

**Salinität** *f* (der natürlichen Wässer in p.m.) / salinity *n*, salt content, saltiness *n*

**Salinometer** *n* (Senkspindel für Salzlösungen) (Phys) / salinometer* *n*, salimeter *n*, salometer *n*

**salisch** *adj* (Mineral: reich an $SiO_2$ und Aluminium) (Min) / salic* *adj*

**Salit** *m* (Min) / salite* *n*, sahlite* *n*

**Salizin** *n* (ein Glukosid des Salizylalkohols) (Chem, Pharm) / salicin *n*

**Salizyl•aldehyd** *m* (2-Hydroxybenzaldehyd) (Chem) / salicylaldehyde *n* ‖ ~**aldoxim** *n* (2-Hydroxybenzaldoxim) (Chem) / salicylaldoxime *n* ‖ ~**alkohol** *m* (2-Hydroxybenzylalkohol) (Chem) / salicyl alcohol, saligenin *n* ‖ ~**amid** *n* (Chem, Pharm) / salicylamide *n*

**Salizylat** *n* (Salz oder Ester der Salizylsäure) (Pharm) / salicylate *n*

**Salizylsäure** *f* (2-Hydroxybenzoesäure) (Chem) / salicylic acid*, 2-hydroxybenzoic acid ‖ ~**methylester** *m* (künstliches Gaultheriaöl) (Chem) / methyl salicylate* ‖ ~**phenylester** *m* (Pharm) / phenyl salicylate, salicylic acid phenyl ester, salol *n*

**Sal•kante** *f* (Web) / list *n* (GB), listing* *n*, selvedge *n* ‖ ~**leiste** *f* (Web) / list *n* (GB), listing* *n*, selvedge *n* ‖ **unegale Anfärbung an den** ~**leisten** (Tex) / listing* *n* (defect)

**Salmiak** *m* ($NH_4Cl$) (Chem) / sal ammoniac*, salmiac (ammonium chloride) ‖ ~**geist** *m* (als Putzmittel oder Fleckenwasser - mit etwa 10% Ammoniak) (Chem) / household ammonia (caustic ammonia) ‖ ~**geist** (Liquor Ammonii caustici nach DAB 10) (Pharm) / ammonia water, ammonia solution, aqua ammonia (pl. aquae ammoniae), spirit of hartshorn ‖ ~**stein** *m* (Ammoniumchlorid) / soldering stone

**Salmonellenerkrankung** *f* (eine schwere Darminfektion) (Med) / salmonellosis* *(pl -ses) n*

**Salmonellose** *f* (Med) / salmonellosis* *(pl -ses) n*

**Salol** *n* (ein Markenname) (Pharm) / phenyl salicylate, salicylic acid phenyl ester, salol *n*

**Salonwagen** *m* (Bahn) / parlor car (US), saloon car (GB), de luxe coach

**Salpeter** *m* (Natron- oder Kali-) (Min) / saltpetre* *n*, salpeter *n* (US) ‖ ~**bakterien** *f pl* (Sammelname für Nitrit-&und Nitratbakterien) (Bakteriol) / Nitrobacteriaceae* *pl*, nitrifying bacteria* ‖ ~**-Bethe-Zweinukleonengleichung** *f* (Kernphys) / Salpeter-Bethe equation, Bethe-Salpeter equation ‖ ~**dünger** *m* (z.B. Natriumnitrat) (Landw) / nitrate *n* ‖ ~**geist** (Chem, Pharm) / sweet nitre ‖ ~**pflanze** *f* (Bot) / nitrophilous plant* ‖ ~**-Prozeß** *m* (energieliefernder Kernprozeß nach E.E. Salpeter, geb. 1924) (Astr) / Salpeter process, three-alpha process, triple-alpha process

**Salpetersäure** *f* ($HNO_3$) (Chem) / nitric(V) acid* (a nitrogen oxoacid) ‖ **konzentrierte** ~ (eine etwa 67-69,2%ige Säure) (Chem) / concentrated nitric acid ‖ **rauchende** (konzentrierte) ~ (Chem) / fuming nitric acid ‖ **rauchende** ~ (als veralteter Raketentreibstoff) (Chem, Raumf) / red nitric acid ‖ **rotrauchende** ~ (Chem, Raumf) / red-fuming nitric acid (RFNA) ‖ **weiß rauchende** ~ (Chem, Raumf) / white-fuming nitric acid (WFNA) ‖ ~**anhydrid** *n* (Chem) / nitric anhydride*, dinitrogen pentoxide, nitrogen pentoxide*, nitrogen(V) oxide, nitrogen acid anhydride ‖ ~**aufschluß** *m* (Pap) / nitrate pulping, nitric acid pulping ‖ ~**ethylester** *m* (Chem) / ethyl nitrate ‖ ~**kochversuch** *m* (Pap) / Huey test (US)

**Salpeterstrauch** *m* (Nitraria sp.) (Bot) / nitre bush

**salpetrig•e Säure** ($HNO_2$) (Chem) / nitrous acid*, nitric(III) acid*, dioxonitric(III) acid ‖ ~**säureethylester** *m* (Chem) / ethyl nitrite (sweet spirits of nitre) ‖ ~**säureisoamylester** *m* (Pharm) / isoamyl nitrite

**Salse** *f* (Geol) / mud volcano*, salse *n*, macaluba *n*

**Saltation** *f* (Evolutionssprung) (Biol) / saltation* *n* ‖ ~ (hüpfende oder springende Bewegung von Sedimentteilen) (Geol) / saltation *n*

**Salubra** *f* (Ölfarbendruck-Tapete) (Bau) / Salubra *n*

**Saluretikum** *n* (pl. -ika) (Diuretikum, das die Ausscheidung von Alkali- und Chloridionen zusammen mit Wasser bewirkt) (Med) / saluretic *n*

**Salvarsan** *n* (heute nicht mehr angewandt - 1909 von Ehrlich und Hata synthetisiert und in die Therapie eingeführt) (Pharm) / arsphenamine *n*, Salvarsan *n* (six-o-six, 606)
**Salvinin** *n* (Chem) / pelargonin *n*
**Salweide** *f* (Salix caprea L.) (For) / goat willow, sallow *n*
**Salz** *n* (das Ausblühungen verursacht) (Anstr) / deliquescent salt ‖ ~ (Chem) / salt* *n* ‖ ~ (Salzgestein) (Geol) / salt *n* ‖ ~ (Nahr) / salt* *n*, common salt ‖ ~ (Pharm) / sal *n* ‖ **basisches** ~ (Chem) / basic salt ‖ **durch Verdunsten von Meerwasser gewonnenes** ~ / solar salt ‖ **einfaches** ~ (wenn eine Säure durch nur eine Base /oder umgekehrt/ neutralisiert wird) (Chem) / simple salt ‖ **Fischers** ~ (Kaliumhexanitrokobaltat(III)) (Chem) / aureolin *n*, cobalt yellow, Indian yellow ‖ **Friedelsches** ~ (schwerlösliches Monochlorid, das sich unter dem Einfluß von Chloridlösungen aus dem Monosulfat, einem Reaktionsprodukt der Aluminate des Zements mit Sulfat, im Beton bilden kann) (Chem, HuT) / Friedel's salt ‖ **gemischtes** ~ (wenn eine mehrwertige Base durch mindestens zwei verschiedene Säuren neutralisiert wird) (Chem) / mixed salt ‖ **gemischtes** ~ (Chem) / mixed salt ‖ **gemischtes** ~ (Chem) / mixed salt ‖ **hygroskopisches** ~ (Chem) / hygroscopic salt ‖ **inneres** ~ (Chem) / inner salt ‖ **iodiertes** ~ (Nahr) / iodized table salt ‖ **kesselsteinbildendes** ~ (Chem) / scale-forming salt, scale-producing salt ‖ **komplexes** ~ (Chem) / complex salt ‖ **Künstliches Karlsbader** ~ (Pharm) / Karlsbad salt (artificial) ‖ **Mohrsches** ~ (Ammoniumeisen(II)-sulfat-6-Wasser) (Chem) / Mohr's salt* ‖ **Monsels** ~ (basisches Eisen(III)-sulfat) (Chem, Med, Tex) / Monsel's salt ‖ **neutrales** ~ (Chem) / normal salt*, neutral salt ‖ **normales** ~ (Chem) / normal salt*, neutral salt ‖ **primäres** ~ (Salz mehrbasiger Säuren, in dem nur ein Wasserstoffatom durch ein Metallatom ersetzt ist) (Chem) / primary salt ‖ **quaternäres** ~ (Chem) / quaternary ammonium salt ‖ **Retgers** ~ (zur Dichtebestimmung von Mineralen) (Min) / Retgers' solution ‖ **Roussinsche** ~**e** (Nitrosylkomplexe des Eisens) (Chem) / Roussin's salts* ‖ **saure** ~**e** (Chem) / acid salts*, hydrogen salts ‖ **Schlippesches** ~ (Natriumthioantimonat(V)-9-Wasser - nach C.F. von Schlippe, 1799-1874) (Chem, Eltronik, Foto) / Schlippe's salt (sodium tetrathioantimonate(V)) ‖ **Vauquelinsches** ~ (ein Derivat der Tetrachloropalladium(II)-säure - nach N.L. Vauquelin, 1763 - 1829) (Chem) / Vauquelin salt ‖ **Wurstersches** ~ (nach C. Wurster, 1856-1913) (Chem) / Wurster's salt ‖ **Zeisesches** ~ (eine platinorganische Verbindung nach W. Ch. Zeise, 1789-1847) (Chem) / Zeise's salt (the first pi complex discovered, in 1825) ‖ ~ *n* **der Kokosfettsäuren** (Chem) / cocoate *n* ‖ ~ **der Talgfettsäuren** (Chem) / tallowate *n*
**salz•ähnlich** *adj* (Chem) / haloid *adj* ‖ **~artig** *adj* (Chem) / saline *adj*, salty *adj* ‖ **~artig** (Chem) / haloid *adj* ‖ **~artiges Hydrid** (Chem) / ionic hydride ‖ **~artiges Nitrid** (z.B. Li₃N) (Chem) / ionic nitride ‖ **~auftrieb** *m* (Geol) / salt diapirism ‖ **~ausgleich** *m* (Wasserb) / salt balance ‖ **~ausschlag** *m* (Leder) / salt stain
**Salzbad** *n* (Hütt) / salt bath* (a heating bath), molten-salt bath ‖ **~aufkohlen** *n* (Aufkohlen in geschmolzenen Salzen mit kürzeren Behandlungszeiten als beim Gasaufkohlen) (Hütt) / salt-bath carburizing ‖ **~chromieren** *n* (Galv) / salt-bath chromizing ‖ **~härten** *n* (Hütt) / salt-bath hardening ‖ **~löten** *n* (Tauchlöten in einem Bad aus geschmolzenen Salzen) (Hütt) / salt-bath brazing ‖ **~nitrieren** *n* (Hütt) / salt-bath nitriding ‖ **~nitrierhärten** *n* (Hütt) / salt-bath nitriding ‖ **~nitrierverfahren** *n* (Hütt) / salt-bath nitriding ‖ **~ofen** *m* (Hütt) / salt-bath furnace ‖ **~tiegel** *m* (Hütt) / salt-bath crucible
**Salz•behandlung** *f* (Gieß) / fluxing *n* ‖ **~belastung** *f* (mit Chloridionen) (Umwelt) / salt load (a kind of river pollution), salinity *n* (excess) ‖ **~bergwerk** *m* (Bergb) / salt-mine *n*, salt pit ‖ **~beständig** (Tex) / fast to salt ‖ **~bildung** *f* / salt formation, salification *n* ‖ **~boden** *m* (Geol, Landw) / saline soil, halomorphic soil ‖ **~brücke** *f* (eine Anordnung von Diffusionspotentialen) (Chem) / salt bridge ‖ **~dom** *m* (spezielle Struktur des Salzgebirges) (Geol) / salt dome*, salt plug, acromorph *n* ‖ **~diapirismus** *m* (Geol) / salt diapirism ‖ **~dom** *m* (steilwandiger Salzkörper, der seit Aufdringen Faltungsvorgängen oder der Aufwärtsbewegung des Salzes auf tektonischen Spalten verdankt) (Geol) / salt dome*, salt plug, acromorph *n* ‖ **~effekt** *m* (bei Indikatoren) (Chem) / salt effect ‖ **~einbruch** *m* (Geol) / salt penetration
**salzen** *v* (Nahr) / salt *v* ‖ ~ *n* (Nahr) / salting *n*
**Salz•fehler** *m* (z.B. bei der pH-Wert-Bestimmung oder bei den Testkits) (Chem) / salt error ‖ **~fleck** *m* (im allgemeinen) / salt stain ‖ **~fleck** (Leder) / salt stain ‖ **~fleckig** *adj* (Leder) / salt-stained *adj* ‖ **~fliehende Pflanze** (Bot) / halophobe *n* ‖ **~fracht** *f* (Belastung eines fließenden Gewässers) (Umwelt) / salt load (a kind of river pollution), salinity *n* (excess) ‖ **~führend** *adj* (Geol) / saliferous ‖ **~garten** *m* (Geol) / saltern *n*, salt garden ‖ **~gebirge** *n* (Geol) / salt rock (strata) ‖ **~gehalt** *m* (der natürlichen Wässer in p.m.) / salinity *n*, salt content, saltiness *n* ‖ **~gehaltmesser** *m* (Senkspindel für Salzlösungen) (Phys) / salinometer *n*, salimeter *n*, salometer *n* ‖ **~geschmack** *m* (Nahr) / salt taste, salt flavour ‖ **~glasieren** *n* (des Steinzeugs) (Keram) / salt glazing ‖ **~glasur** *f* (für Steinzeug typische Anflugglasur) (Keram) / salt glaze *n* ‖ **~gletscher** *m* (Süd-Iran oder Algerien) (Geol) / salt glacier ‖ **~haltig** *adj* (Geol) / saliferous *adj* ‖ **~haltiges Wasser** / saline water ‖ **~haltiges Wasser** s. auch Salzwasser ‖ **~haltigkeit** *f* (der natürlichen Wässer in p.m.) / salinity *n*, salt content, saltiness *n* ‖ **~haltigkeit des Bodens** (Landw) / soil salinity ‖ **~haut** *f* (Leder) / salted hide ‖ **~horst** *m* (Geol) / salt dome*, salt plug, acromorph *n* ‖ **~hut** *m* (Geol) / salt dome*, salt plug, acromorph *m*
**salzig** *adj* / saline *adj*, salty *adj* ‖ **leicht** ~ / saltish *adj*
**Salzigkeit** *f* (eine Geschmacksempfindung) (Nahr) / saltiness *n*
**Salz•isomerie** *f* (bei Koordinationsverbindungen) (Chem) / salt isomerism, linkage isomerism ‖ **~kaverne** *f* (z.B. für die Untertagespeicherung) (Geol, HuT) / salt cavity ‖ **~korrosion** *f* (Galv, Kfz) / salt corrosion ‖ **~kruste** *f* (Geol) / salt-crust *n* ‖ **~lake** *f* (Chem) / salt brine, brine *n* ‖ **in ~lake einlegen** (Nahr) / pickle *v* ‖ **~lakenbehandlung** *f* (Leder) / brining *n*, wet-salting *n* ‖ **~lauge** *f* (Chem) / salt brine, brine *n* ‖ **~leckstein** *m* (ausgelegter) / salt lick, lick *n* ‖ **~leckstein** (für Vieh) (Landw) / cattle lick ‖ **~liebend** *adj* (Pflanze, Meerestier) (Biol) / halophilic *adj*, halophilous *adj*, halophile* *adj*, halophil *adj* ‖ **~meidende Pflanze** (Bot) / halophobe *n* ‖ **~nebel** *m* (ein Prüfmedium bei der Korrosionsprüfung) (Anstr, Galv) / salt spray, brine fog, brine spray ‖ **~nest** *n* (bei Rosterscheinungen) (Anstr) / salt nest ‖ **~paar** *n* (Chem) / salt pair ‖ **~paste** *f* (Bergb) / salt paste ‖ **~pfanne** *f* (eine Form der Salztonebene) (Geol) / salt-pan *n* ‖ **~pflanze** *f* (bodenanzeigende Pflanze, die in salzreichen Biotopen vorkommt) (Bot) / halophyte* *n*
**Salzsäure** *f* (Chem) / hydrochloric acid*, muriatic acid* ‖ **konzentrierte** ~ (eine Handelsform der Salzsäure) (Chem) / concentrated hydrochloric acid (about 24 to 36% HCl, density 1.12 to 1.18) ‖ **rauchende** ~ (Chem) / fuming hydrochloric acid (about 40% HCl, density 1.19 to 1.20) ‖ **verdünnte** ~ (Chem) / dilute hydrochloric acid (about 7 -12.5% HCl, density 1.035 to 1.065) ‖ **~lignin** *n* (For) / Willstätter lignin
**Salz•schmelze** *f* (Chem) / fused salt, salt melt ‖ **~schmelze** (Hütt) / salt bath* (a heating bath), molten-salt bath ‖ **~schmelzenreaktor** *m* (Nukl) / molten-salt reactor, fused-salt reactor, MSR ‖ **~see** *m* (abflußloses Binnengewässer in Trockengebieten) (Geol) / salt lake*, saline lake, salina* *n*, brine lake ‖ **~siederei** *f* / salt-works *pl*, saline *n* ‖ **~sole** *f* (Chem Verf) / brine *n* ‖ **~spaltungskapazität** *f* (Chem) / salt-splitting capacity ‖ **~spiegel** *m* (durch das Lösungsvermögen der Sickerwässer bestimmte obere Grenze eines Salzstocks) (Geol) / top of salt plug ‖ **~sprengung** *f* (Geol) / salt wedging ‖ **~sprühgerät** *n* (ein Kurzprüfungsautomat) (Anstr) / salt-spray cabinet ‖ **~sprühkammer** *f* (Korrosionsprüfeinrichtung zur Durchführung von Salzsprühnebelprüfungen) (Anstr, Galv) / salt-spray chamber ‖ **~sprühnebel** *m* (Anstr, Galv) / salt spray, brine fog, brine spray ‖ **~sprühnebelprüfung** *f* (DIN 50021 und 53167) (Anstr, Galv) / salt-spray test ‖ **~sprühversuch** (Anstr, Galv) / salt-spray test ‖ **~stippe** *f* (Leder) / salt stain ‖ **~stock** *m* (Geol) / salt dome*, salt plug, acromorph *n* ‖ **~sumpf** *m* (Geol) / salt marsh*, salt *n* ‖ **~tektonik** *f* (Geol) / salt tectonics ‖ **~tolerant** *adj* (Pflanze) (Bot) / salt-tolerant *adj* ‖ **~ton** *m* (Keram) / saliferous clay *n* ‖ **~tonebene** *f* (Geol) / alkali flat, salt flat ‖ **~transport** *m* innerhalb des Kesselwassers (aus der Kernströmung zur Rohrwand) / carry-over of boiler-water salts
**Salzung** *f* (Nahr) / salting *n*
**Salz•verfahren** *n* (ein Staubbindeverfahren) (Bergb) / salting *n*, salt-crust (calcium chloride) process ‖ **~verstärkerfolie** *f* (Radiol) / salt screen ‖ **~verwitterung** *f* (Geol) / salt wedging ‖ **~waage** *f* (Senkspindel für Salzlösungen) (Phys) / salinometer *n*, salimeter *n*, salometer *n*
**Salzwasser** *n* / salt water ‖ **~becken** *n* (eine Korrosionsprüfeinrichtung im Freien) (Masch) / salt-water splash ‖ **~einbruch** *m* (Geol) / salt-water encroachment, intrusion *n* ‖ **~farm** *f* / oceanic farm, marine farm ‖ **~intrusion** *f* (Geol) / salt-water encroachment, intrusion *n* ‖ **~korrosion** *f* / salt-water corrosion ‖ **~korrosion** s. auch Seewasserkorrosion ‖ **~marsch** *f* (Geol) / salt marsh*, salt *n*
**Salz•werk** *n* / salt-works *pl*, saline *n* ‖ **~wiese** *f* (Bot, Geol) / salt meadow
**SAM** (Chem) / scanning Auger microscopy, SAM ‖ ~ (Mikros) / scanning-acoustic microscope, SAM
**Samarium (Sm)** *n* (Chem) / samarium* *n* ‖ **~(III)-oxid** *n* (Sm₂O₃) (Chem, Glas) / samarium oxide ‖ **~vergiftung** *f* (eine Brennstoffvergiftung) (Nukl) / samarium poisoning
**Samarskit** *m* (ein Niob-Tantal-Oxid) (Min) / samarskite *n*
**Sämaschine** *f* (Landw) / sowing machine, sower *n*, seeder *n*
**Samba** *n* (For) / obeche* *n*, wawa* *n*, African whitewood*, arere *n*
**Samen** *m* (Bot) / seed* *n*
**Samen-** (Bot) / seminal* *adj*
**Samen, in ~ schießen** (Bot) / seed *vi* ‖ ~ *m* **einer Ölfrucht** (Bot) / oil-seed *n*, oleaginous seed ‖ ~ **tragen** (Bot) / seed *vi* ‖ ~ **von Ipomoea tricolor Cav.** (als Rauschmittel) (Chem) / morning-glory seeds

**Samen•baum** m (For) / parent tree, mother tree ‖ **⁓faden** m (Gen) / spermatozoon* n (pl. -zoa), sperm n ‖ **⁓faser** f (Tex) / seed fibre ‖ **⁓haar** n (Bot) / seed hair ‖ **⁓kapsel** f (Bot) / seed capsule ‖ **⁓kapsel** (Baumwolle) (Bot, Tex) / boll* n ‖ **⁓korn** n (Bot) / grain n (of seed)*, kernel* n ‖ **⁓pflanze** f (Bot) / seed plant*, spermatophyte n ‖ **⁓schale** f (Bot) / testa* n (pl. -ae) ‖ **~tragend** adj (Bot) / seminiferous* adj, seed-bearing adj

**sämig** adj / creamy adj

**sämisch•gegerbtes Rindsleder** (für Mokassins) (Leder) / larrigan leather ‖ **⁓gerber-Degras** m (der bei der Sämischgerbung durch Entfetten der trandurchtränkten Leder gewonnen wird) (Chem, Leder) / sod oil ‖ **⁓gerberei** f (mit oxidierbaren Ölen, vor allem Tranen) (Leder) / oil tannage, oil tanning ‖ **⁓gerbung** f (mit Fettstoffen) (Leder) / chamois tanning ‖ **⁓gerbung** (Leder) / oil tannage, oil tanning ‖ **⁓leder** n (meistens aus Schaffellen) (Leder) / chamois leather*, shammy leather, oil leather, shammy n ‖ **⁓lederimitation** f (Tex) / chamois cloth ‖ **⁓lederstoff** m (Tex) / chamois cloth

**Sämling** m (Bot, For) / seedling n

**Sammel•anschlußmarkierer** m (Fernsp) / hunt group marker ‖ **⁓auszüge** m pl (Druck) / ganged separations ‖ **⁓bahnhof** m (Bahn) / railhead n ‖ **⁓batterie** f (galvanisches Sekundärelement) (Eltech) / accumulator n, storage battery*, secondary battery*, battery* n ‖ **⁓becher** m (beim Zapfen von Latex oder Weichharz) (For) / tapping cup, buck n, dabrey n ‖ **⁓becken** n (Wasserb) / retention reservoir ‖ **⁓begriff** n / generic term ‖ **⁓behälter** m (Chem Verf) / receiver n, receptacle n, collecting vessel ‖ **⁓behälter** (großer) (Chem Verf) / receiving tank, run-down tank, pan tank ‖ **⁓behälter** (Wasserb) / retention reservoir ‖ **⁓bezeichnung** f / generic name ‖ **⁓bitrate** f (EDV) / aggregate bit rate ‖ **⁓brunnen** m (zylindrischer) (Schiff) / drain hat, bilge hat ‖ **⁓brunnen** (Schachtbrunnen mit wasserdichter Wandung und Sohle, der bei Grundwasserfassungen das aus den einzelnen Bohrbrunnen der Brunnenreihen durch Saug- oder Heberleitungen zugeführte Wasser aufnimmt, damit es durch Pumpen in das Ortsrohrnetz gedrückt werden kann) (Wasserb) / collecting well ‖ **⁓elektrode** f (Eltech) / collector n, collecting electrode*, passive electrode* ‖ **⁓erdschiene** f (Eltech) / grounding busbar ‖ **⁓fahrschein** m (Bahn) / collective ticket ‖ **⁓fehler** m (gleichzeitige Auswirkung von Form- und Lagefehlern der Zahnflanken) (Masch) / composite error, total composite error (US) ‖ **⁓flotation** f (Aufber) / bulk flotation* ‖ **⁓gefäß** n (Chem Verf) / receiver n, receptacle n, collecting vessel ‖ **⁓gefäß** (großes) (Chem Verf) / receiving tank, run-down tank, pan tank ‖ **⁓gespräch** n (Fernsp) / conference call ‖ **⁓grube** f (Bau, Sanitär) / function chamber* ‖ **⁓grube** (HuT) / sump* n ‖ **⁓gutwagen** m (Bahn) / groupage waggon ‖ **⁓hefter** n (Buchb) / gang stitcher ‖ **⁓kanal** m (Sanitär) / outfall sewer* ‖ **⁓kanalisation** f (Sanitär) / arterial drainage* ‖ **⁓kostenanweisung** f (von einem Luftverkehrsunternehmen auf den Namen des Fluggastes ausgestellte Quittung) (Luftf) / miscellaneous charges order, MCO ‖ **⁓lader** m (Landw) / crop loader, green crop loader ‖ **⁓ladung** f (Schiff) / consolidated cargo, grouped consignment, consolidated shipment (US) ‖ **⁓leitung** f pl (mit kleinem Durchmesser) (Erdöl) / gathering system, gathering facilities ‖ **⁓leitung** f (im Sprechwegenetzwerk) (Fernsp) / highway n ‖ **⁓leitung** (Masch) / header* n, manifold* n ‖ **⁓linse** f (Opt) / convergent lens*, collecting lens*, converging lens ‖ **⁓linse** (Opt) s. auch Konvexlinse ‖ **⁓milch** f (Nahr) / bulk milk ‖ **⁓mulde** f (Geol) / reception basin

**sammeln** v / collect v

**Sammelname** m / generic name

**sammelnder Meniskus** (Opt) / converging meniscus, positive meniscus

**Sammel•packung** f (Nahr) / bulk packaging ‖ **provisorischer ⁓platz** (zwischen Fällungsort und Holzlager) (For) / deck n ‖ **⁓presse** f (mit Pick-up oder Aufnahmetrommel) (Landw) / pick-up baler ‖ **⁓probe** f (DIN 51750) / composite sample ‖ **⁓raum** m (Nukl) / plenum n (pl. -s or plena) ‖ **⁓raum** (eines Rotors, bei dem Offen-End-Spinnen, meistens eine Sammelrille) (Spinn) / collecting surface ‖ **⁓rinne** f (einseitig angeströmte) (Wasserb) / side-channel spillway, lateral-channel spillway ‖ **⁓rohr** n (Masch) / header* n, manifold* n ‖ **⁓rollgang** m (Hütt) / collecting roller table, gathering roller table ‖ **⁓rufnummer** f (Fernsp) / collective number ‖ **⁓ruftaste** f (Fernsp) / collective call button ‖ **⁓saugrohr** n (V-Mot) / intake plenum, plenum n, plenum chamber ‖ **⁓schaltung** f (Eltech) / multidestination circuit ‖ **⁓schiene** f (Eltech) / busbar n, omnibus-bar* n, bus, bus-conductor n ‖ **doppelte ⁓schiene** f (Eltech) / double bus (bar) ‖ **einfache ⁓schiene** f (Eltech) / single bus (bar) ‖ **⁓schienendrossel** f (Eltech) / bus reactor ‖ **⁓schienenkraftwerk** n (Eltech) / range-type power station, common-header power station (US) ‖ **⁓schienenparallellauf** m (Eltech) / operation in parallel with bus ‖ **⁓schienentrenner** m (Eltech) / busbar sectionalizing switch ‖ **⁓spiegel** m (Licht, Opt) / reflector* n ‖ **⁓station** f (von Erdöltanks) (Erdöl) / tank farm (a large group of tanks) ‖ **⁓stecker** m (Eltech) /

universal adapter plug ‖ **⁓stellplatz** m (für mehrere Wagen) (HuT, Kfz) / parking lot n, parking-place n, park n, car park, parking n, parking area, lot n ‖ **⁓tank** m (Schiff) / drain tank, waste-water tank, drainage tank ‖ **⁓umtauschanweisung** f (von einem Luftverkehrsunternehmen auf den Namen des Fluggastes ausgestellte Quittung) (Luftf) / miscellaneous charges order, MCO ‖ **⁓waggon** m (Bahn) / consolidated waggon (US) ‖ **⁓wasserversorgung** f (Wasserb) / central water supply ‖ **⁓wirkungsgrad** m (in der Heliotechnik) / collection efficiency, collecting power

**Sammler** m (zur Flotation dienender chemischer Stoff, wie z.B. Xanthat) (Aufber) / collector agent*, collector n ‖ **⁓** (Sammelbehälter) (Chem Verf) / receiver n, receptacle n, collecting vessel ‖ **⁓** (Masch) / collector n ‖ **⁓** (des Dampferzeugers) (Masch) / header n ‖ **passiver ⁓** (ohne Energiezufuhr) (Umwelt) / passive sampler

**Sammlung** f / collection n

**Sammlungs•effizienz** f (Wasserb) / collection efficiency ‖ **⁓zahl** f (ein Verhältniszahl in der Strömungslehre) (Wasserb) / collection efficiency

**SAMOST** (Floating-Gate MOSFET) (Eltronik) / SAMOS technology (silicon and metal oxide semiconductor)

**SAMOS-Technologie** f (Eltronik) / SAMOS technology (silicon and metal oxide semiconductor)

**Sample** n (Warenprobe) (pl. -s) / sample n, specimen n, free sample ‖ **⁓** (pl. -s) (Stats) / sample n

**Sample-and-Hold-Schaltung** f (Eltronik) / sample-and-hold circuit, sampling and hold circuit, S/H circuit

**Sampler** m (der automatisch Proben zu kontinuierlich oder diskontinuierlich arbeitenden Analysengeräten zuführt) (Chem Verf) / sampler n, sample thief ‖ **⁓** (Abtaster) (EDV, Regeln, TV) / sampler n ‖ **⁓** (geologischer Assistent bei Erdölbohrungen) (Erdöl) / sampler n

**Sampling** n (Wahl der Rasterpunkte) (EDV) / sampling n ‖ **⁓** (bei Oszillografen - intermittierendes Abtasten des darzustellenden Spannungsverlaufes, wobei auf dem Schirm eine fortlaufende Kurve geschrieben wird) (Eltronik) / sampling n ‖ **⁓oszilloskop** n (für Signalformen periodischer Spannungen im Nanosekundenbereich) (Eltronik) / sampling oscilloscope ‖ **⁓theorem** n (EDV) / sampling theorem, Shannon's sampling theorem

**Samt** m (Tex) / velvet n ‖ **⁓** (mit etwa 1-2 mm hoher Polschicht) (Tex) / velvet* n ‖ **⁓ auf Baumwollgrund** (Tex) / velveret n ‖ **~artige Oberfläche** (Leder) / velvet-like nap ‖ **⁓band** n (Tex) / velvet ribbon ‖ **⁓blende** f (Min) / goethite* n ‖ **⁓gelb** n (leuchtend gelbes Pigment mit schwankendem Chromoxidgehalt) (Anstr) / zinc yellow, zinc chrome ‖ **⁓glasur** f (Keram) / vellum glaze (a semi-matte glaze having a satin-like appearance due to the presence of minute crystals of zinc silicate, zinc titanate, or lead titanate in the fired glaze surface)

**samtig** adj / velvety adj ‖ **~e Laufkultur** (Kfz) / velvet smoothness

**Samt•leder** n (Leder) / reversed calf, hunting calf, trench calf ‖ **⁓messer** n (lanzettartiges Messer, das beim Schußsamt der Florschuß aufschneidet) (Tex) / trivette n, trivet n ‖ **⁓papier** n (Pap) / velour paper*, suede paper, flock paper* ‖ **⁓schwarz** n / velvet black ‖ **⁓tapete** f (Pap) / flock-paper n, flock-wallpaper n ‖ **⁓weberei** f (Web) / velvet weaving ‖ **⁓webmaschine** f (Web) / velvet loom ‖ **⁓webstuhl** m (Web) / velvet loom

**Sand** m (Feinst-, Fein- und Grob-) (Geol) / sand* n ‖ **grobkörniger ⁓** (dunkelgrauer) (Bau, Geol) / ragstone* n, rag n ‖ **abgefallener ⁓** (Gieß) / drop n ‖ **angebrannter ⁓** (Gieß) / burnt sand ‖ **bauwürdiger ⁓** (Bergb) / pay dirt ‖ **gewaschener ⁓** / washed sand, well-washed sand ‖ **goldführender ⁓** (Geol) / auriferous sand ‖ **grüner ⁓** (kleinere oder größere Anteile von Wasser enthaltender Formsand) (feuchter Formsand) (Gieß) / green sand* ‖ **gut gasdurchlässiger ⁓** (Gieß) / open sand* ‖ **magerer ⁓** (Gieß) / weak sand ‖ **mit ⁓ bestreuen** / sand v ‖ **nicht klassierter ⁓** (Aufber, Gieß) / raw sand ‖ **stumpfer ⁓** (Bau) / soft sand, bricklayer's sand, builder's sand ‖ **synthetischer ⁓** (ein Formsand) (Gieß) / synthetic sand*, synthetic moulding sand ‖ **tönender ⁓** (Geol) / sounding sand, singing sand ‖ **vulkanischer ⁓** (Geol) / volcanic sand ‖ **weicher ⁓** (Bau) / soft sand, bricklayer's sand, builder's sand ‖ **⁓ m als Füllstoff** (Gieß) / sand filler ‖ **⁓ mit guter Gasdurchlässigkeit** (Gieß) / open sand*

**Sandablagerung** f (Wasserb) / sanding n

**Sandale** f (Schuh) / sandal n ‖ **⁓ mit Zehenriemchen** ("Dianette") / flip-flop n, thong n (US)

**Sandalwood-Padauk** n (For) / red sanders, red saunders, red sanderswood, red sandalwood

**Sand•anbrand** m (ein Gußfehler) (Gieß) / sand burn-on, vitrification n ‖ **⁓äquivalent** n (Ton/Sand-Verhältnis) / sand equivalent

**Sandarac** m (Anstr, Chem) / sandarac, sandarach n, gum juniper, gum sandarac

**Sandarak** m (hellgelbes Koniferenharz, meistens aus Tetraclinis articulata (Vahl) Mast.) (Anstr, Chem) / sandarac n, sandarach n, gum

**Sandarakbaum**

juniper, gum sandarac ‖ ⁓**baum** m (Tetraclinis articulata (Vahl) Mast.) (For) / sandarac tree, sandarach tree, African thuja

**Sand•asphalt** m (Straßenbaustoff für hohlraumarme bituminöse Deckschichten mit abgestuftem Mineral von 0 bis 2 mm) (HuT) / sand asphalt ‖ ⁓**aufbereitung** f (Herstellung eines formgerechten Fertigsandes für die Sand- oder Maskenformerei oder für die Kernmacherei) (Gieß) / sand conditioning, sand preparation (and handling) ‖ ⁓**aufbereitungsanlage** f (Gieß) / sand plant ‖ ⁓**aufbruch** m (HuT) / sand boil ‖ ⁓**auflockerung** f (Gieß) / sand aeration ‖ ⁓**auflockerungsmaschine** f (Gieß) / aerator n, sand aerator ‖ ⁓**ausdehnung** f (Gieß) / sand expansion ‖ ⁓**bad** n (ein Festsubstanz-Heizbad) (Chem) / laboratory sand-bath*, sand-bath n ‖ ⁓**bank** f (aus Sand bestehende Erhöhung des Bodens im Meer, Fluß) (Geol) / shoal* n, sandbank n ‖ ⁓**barre** f (langgestreckte, aus Sand bestehende, rückenartige Untiefe) (Geol) / sand-bar n, towhead n ‖ ⁓**barre zwischen einer Insel und dem Festland** (Geol) / tie bar, tying bar, tombolo n (pl. tombolos) ‖ ⁓**baum** m (mit Sandpapierstreifen überzogene Warenabzugswalze) (Web) / sand roller, sand roll ‖ ⁓**befeuchtung** f (Gieß) / sand wetting ‖ ~**beladen** adj (Geol) / gritty adj ‖ ⁓**bett** n (Gieß, HuT) / sand bed ‖ ⁓**bett** (im Straßenbau) (HuT) / subcrust* n ‖ ⁓**boden** m (ein leichter Boden mit bis zu 85% Sand) (Geol, Landw) / sand soil, sandy soil ‖ ⁓**bremse** f (Bahn) / sanding gear ‖ ⁓**büchse** f (Bergb) / bailer* n ‖ ⁓**cracker** m (Crackanlage, die nach dem Prinzip der Feststoffumlaufheizung mit zirkulierendem Sand als Wärmeträger arbeitet) (Erdöl) / sand cracker ‖ ⁓**devil** m (eine Kleintrombe) (Meteor) / sand-devil n, sand column ‖ ⁓**senkrechter ⁓drän** (HuT) / vertical sand drain (enabling the soil to drain more easily) ‖ ⁓**vertikaler ⁓drän** (vor der Dammschüttung auf wenig tragfähigem Untergrund) (HuT) / vertical sand drain (enabling the soil to drain more easily) ‖ ⁓**düne** f (Geol) / sand dune*, sand hill, dune* n ‖ ⁓**dunst** m (Meteor) / sand haze

**Sandelholz**, [echtes, weißes, gelbes] ⁓ (des Sandelholzbaumes) (For) / sandalwood* n, sandal n, sanders n, saunders n ‖ **afrikanisches** ⁓ (aus Pterocarpus soyauxii Taub.) (For) / barwood n, African padauk n / **Westindisches** ⁓ (For) / balsam torchwood ‖ ⁓**öl** n (im allgemeinen) / sandalwood oil, sandal oil, santalwood oil ‖ **Westindisches** ⁓**öl** (ein etherisches Öl aus dem Balsambaum - Amyris balsamifera L.) / amyris oil, oil of West Indian sandalwood ‖ **Ostindisches** ⁓**öl** (aus Santalum album L.) (For) / East Indian sandalwood oil, white-sandalwood oil, santal oil

**Sandeln** n (Behandlung der Holzoberflächen mit Sandstrahl oder Quarzsand und Reibklotz) (For) / sand blasting

**sanden** v (Zimm) / face v

**sandend** adj (Putz) (Bau) / crumbling adj

**Sander** m (Geol) / sandr n, outwash fan*, outwash apron, outwash plain, sandur n, apron n ‖ ⁓ (ein Handschleifer) (Werkz) / sander n, sanding machine, high-speed orbital pad sander, orbital sander, vibrating grinder, jitterbug-typ sander

**Sandersch•e Figur** (Opt) / Sander's illusion ‖ ⁓**es Parallelogramm** (optische Täuschung) (Opt) / Sander's parallelogram

**Sander-Täuschung** f (nach F. Sander, 1889-1971) (Opt) / Sander's illusion

**Sand•fang** m (Pap) / sand trap*, riffler* n, sand-table n ‖ ⁓**fang** (zur Entfernung schwerer, leicht sedimentierbarer Bestandteile aus dem Abwasser) (Sanitär) / silt box*, detritor n, sand catcher, grit chamber* ‖ ⁓**fänger** m (Sanitär) / silt box*, detritor n, sand catcher, grit chamber* ‖ ⁓**fangzaun** m / sand-collecting fence, sand fence ‖ ~**farben** adj / sand-coloured adj, sandy adj, sand attr ‖ ~**farbig** adj / sand-coloured adj, sandy adj, sand attr ‖ ⁓**feuchtigkeit** f (Gieß) / sand moisture ‖ ⁓**filter** n (ein Tiefenfilter) (Umwelt) / sand filter ‖ ⁓**form** f (eine Form, die aus mit einem Binder versetztem Quarzsand oder einem anderen, sandähnlichen Mineralstoff durch mechanische Verdichtung oder chemische bzw. thermische Aushärtung hergestellt wird) (Gieß) / sand mould ‖ ⁓**form** (Gieß) s. auch Grünsandform ‖ ⁓**formen** (Gieß) / sand moulding ‖ ⁓**formerei** f (Gieß) / sand moulding ‖ ~**führend** adj / sandy adj, arenaceous* adj, sabulous adj ‖ ⁓**grube** f / sandpit n, sandbox n (US) ‖ ⁓**guß** m (DIN 1729) (Gieß) / sand casting* n ‖ ⁓**hafer** m (Bot) / marram n, marram grass ‖ ⁓**haken** m (Gieß) / lifter* n, gagger* n, dabber n, cleaner n ‖ ⁓**heber** m (Gieß) / lifter* n, gagger* n, dabber n, cleaner n ‖ ⁓**hose** f (Meteor) / sand-devil n, sand column

**sandig** adj / sandy adj, arenaceous* adj, sabulous adj ‖ ~ (Geol) / gritty adj ‖ ~ (Milchprodukt) (Nahr) / sandy adj ‖ ~ (Griff) (Tex) / sandy adj ‖ ~**er Kies** (mit 50 bis 70% Sand) / sandy gravel ‖ ~**er oolithischer Siderit** (aus Cleveland, Yorkshire) (Geol) / Cleveland Iron Ore*

**Sanding sealer** m (Einlaßgrundiermittel auf Nitrobasis für offenporige Holzlackierung) (Anstr, For) / sanding sealer

**Sand•kasten** m (bei Lokomotiven) (Bahn) / sand-box n ‖ ⁓**kegel** m (Geol) / sand volcano* ‖ ⁓**kern** m (Gieß) / sand core ‖ ⁓**-Kies-Gemisch** n (Bau, Geol, HuT) / sand-gravel mix ‖ ⁓**korn** n (Bau, Geol, HuT) / sand grain ‖ ⁓**krepp** n (Tex) / sand crepe ‖ ⁓**kruste** f (Gieß) / sand skin ‖ ⁓**loch** n (ein Flachglasfehler) (Glas) / sand hole ‖ ⁓**lockerer** m (Gieß) / aerator n, sand aerator ‖ ⁓**lockerung** f (Gieß) / sand aeration ‖ ⁓**löffel** m (Bergb) / bailer* n ‖ ⁓**männchentrick** m (Film) / freeze effect, frame-freeze effect

**Sandmeyer-Reaktion** f (Ersatz der Diazo-Gruppe durch andere Reste - nach T. Sandmeyer, 1854-1922) (Chem) / Sandmeyer's reaction*

**Sand•mischer** m (Gieß) / sand mixer ‖ ⁓**modell** n (Gieß) / sand pattern ‖ ⁓**mühle** f / sand mill ‖ ⁓**nest** n (Bergb) / sand pocket ‖ ⁓**papier** n (Pap) / sandpaper* n ‖ ⁓**papier bearbeiten** (oder schleifen) / sandpaper v ‖ ⁓**papier-Schleifmaschine** (Masch) / sandpapering machine, sander n, sanding machine ‖ ⁓**pfahl** m (Bau) / sand pile ‖ ⁓**pflanze** f (Bot) / psammophyte* n ‖ ⁓**polstergründung** f (Bau) / sand-cushion foundation ‖ ⁓**pumpe** f (HuT) / sludger* n, sand pump*, shell pump*

**Sandr** m (vor den Endmoränen der Gletscher) (Geol) / sandr n, outwash fan*, outwash apron, outwash plain, sandur n, apron n

**Sand•regenerierungsanlage** f (Gieß) / sand reclamation unit ‖ ⁓**rose** f (blättrigrosettenartige Verbackung von Sandkörnern im Wüstensand) (Geol) / desert rose*, rock rose* ‖ ⁓**sack** m / sandbag n ‖ ⁓**sackdamm** m (HuT, Wasserb) / bag dam, sandbag dam ‖ ⁓**sackmodell** n (des Atomkerns nach N.H. Bohr) (Kernphys) / sandbag model ‖ ⁓**sacksperre** f (HuT, Wasserb) / bag dam, sandbag dam ‖ ⁓**sackverbau** m (Hochwasserabwehr) (Wasserb) / sandbag building up ‖ ⁓**schale** f (Gieß) / sand crust, sand shell ‖ ⁓**schicht** f (Geol) / sand stratum, sand bed ‖ ⁓**schleuder** f (Gieß) / sand centrifugal machine, sand cutter, sand riddle ‖ ⁓**schleudern** n (Gieß) / sand cutting ‖ ⁓**schlick** m (Schlick mit Beimengungen von Feinsand) (Geol) / sandy mud ‖ ⁓**schwimmverfahren** n (Aufber) / Chance process, sand floatation process ‖ ⁓**seife** f (mit eingearbeiteten Mineralpulvern) / sand-soap n ‖ ⁓**sieb** n / sand screen, sand sifter ‖ ⁓**silo** n (Gieß) / sand silo ‖ ⁓**slinger** m (eine mechanische Schleuderformmaschine) (Gieß) / sandslinger n

**Sandstein** m (Sammelbezeichnung für Sedimentgesteine, in denen Quarz als Hauptbestandteil neben anderen Mineralien durch toniges, kieseliges oder kalkiges Bindemittel verkittet ist) (Geol) / sandstone* n, sandrock n ‖ **eisenhaltiger** ⁓ (Geol) / brownstone n (a brown or reddish-brown sandstone whose grains are generally coated with iron oxide) ‖ **eisenschüssiger** ⁓ (Geol) / carstone* n ‖ **feinkörniger dunkler spaltbarer** ⁓ (Geol) / bluestone n (a dense fine-grained feldspathic sandstone that splits easily into thin smooth slabs) ‖ **flözleerer** ⁓ (Geol) / farewell rock ‖ **grobkörniger** ⁓ (Geol) / grit n, gritstone n ‖ **kieseliger** ⁓ (Geol) / siliceous sandstone ‖ **roter** ⁓ (Geol) / red sandstone ‖ ⁓ **m mit mehr Gesteinsfragmenten als Feldspatanteilen** (Geol) / lithic arenite*, lithic sandstone ‖ ⁓**bruch** m / sandstone quarry

**Sand•stelle** f (ein Gußfehler) (Gieß) / sand hole, sand inclusion ‖ ⁓**stift** m (Gieß) / moulding nail, sprig* n, foundry nail, moulding pin

**Sandstrahl** m (Gieß) / sandblast n ‖ **unterschiedlicher** ⁓**abtrag** (Glas) / shaded sandblast ‖ **punktuell unterschiedlicher** ⁓**abtrag** (Glas) / peppered sandblast ‖ ⁓**düse** f (Gieß) / sandblast nozzle ‖ ⁓**einrichtung** f (Bau, Gieß) / sand blaster, sandblasting machine, sandblast blower

**sandstrahlen** v (nur Infinitiv und Partizip) (Gieß) / sandblast v ‖ ~ (nur Infinitiv oder Partizip) (Glas) / frost v ‖ ~ n (mit Strahlgebläsen) (Gieß) / sandblasting* n

**Sandstrahler** m (Bau, Gieß) / sand blaster, sandblasting machine, sandblast blower

**Sandstrahl•gebläse** n (Bau, Gieß) / sand blaster, sandblasting machine, sandblast blower ‖ ⁓**mattieren** n (Glas) / sand carving, sand-blast obscuring, sand etching ‖ ⁓**prüfung** f (eine Abriebsprüfung) (Keram) / sandblast test ‖ ⁓**reinigung** f (mit Strahlgebläsen) (Gieß) / sandblasting* n ‖ ⁓**roboter** m (Prozeßroboter, der eine Sandstrahldüse entlang einer programmierten Bahn führt) (Gieß) / sandblasting robot ‖ ⁓**verfahren** n (mit Strahlgebläsen) (Gieß) / sandblasting* n

**Sand•strand** m (Geol) / sand beach ‖ ⁓**streueinrichtung** f (DIN 25653, T 1) (Bahn) / sander n, sand distributor, sanding device (equipment) ‖ ⁓**streuer** (an Triebfahrzeugen) (Bahn) / sander n, sand distributor, sanding device (equipment) ‖ ⁓**streufahrzeug** n / sander n ‖ ⁓**sturm** m (Luftf, Meteor) / sandstorm n ‖ ⁓**teufel** m (eine Kleintrombe) (Meteor) / sand-devil n, sand column ‖ ⁓**treiben** n / blown sand*, blowing sand, windblown sand, wind-borne sand ‖ ⁓**treiben** (Luftf, Meteor) / rising sand ‖ ⁓**trocken** adj (Anstr) / sand-dry adj ‖ ⁓**trockner** m / sand drier ‖ ⁓**uhr** f (Symbol, das bei Windows einen laufenden Verarbeitungsprozeß anzeigt) (EDV) / hourglass n ‖ ⁓**uhraufbau** m (Krist) / hourglass structure ‖ ⁓**verdichtung** f (Gieß) / sand compacting ‖ ⁓**versatz** m (Bergb) / sandfilling n ‖ ⁓**versatzverfahren** n (Bergb) / sandfilling n ‖ ⁓**vulkan** m (Geol) / sand volcano* ‖ ⁓**wäsche** f (leichtes Überstrahlen von Anstrichen mit feinem Sand und mit geringem Druck) (Anstr) / sand-washing n

**Sandwich•bauweise** f (Bau, Luftf, Schiff) / sandwich construction* ‖ ⁓**bauweise mit Wabenkern** (mit Wabenmittellage) (Luftf) / honeycomb structure* ‖ ⁓**bestrahlung** f (Radiol) / sandwich irradiation* ‖ ⁓**board** *m* (eine Sperrholztischplatte) (For, Tischl) / composite panel, sandwich board, composite board ‖ ⁓**kammer** *f* (für die Flüssigkeitschromatografie) (Chem) / sandwich chamber ‖ ⁓**leitung** *f* (ein Streifenleiter) (Eltech) / sandwich line, sandwich *n* ‖ ⁓**platte** *f* (Verbundplatte) (Bau, Luftf) / sandwich *n*, sandwich plate ‖ ⁓**pressen** *n* (Herstellen von Schaumstoff-Schichtstoff-Material) (Plast) / sandwich moulding (in situ), foam-in-place method ‖ ⁓**quelle** *f* (Kernphys) / sandwich* *n* ‖ ⁓**spritzgießen** *n* (Plast) / sandwich injection moulding ‖ ⁓**struktur** *f* / sandwich structure ‖ ⁓**verbindungen** *f pl* (bei metallorganischen Komplexverbindungen) (Chem) / sandwich compounds* ‖ ⁓**verfahren** *n* (bei 2K-Lacken) (Anstr) / sandwich process ‖ ⁓**verfahren** *n* (zum Entwickeln von Dünnschichtplatten) (Chem) / sandwich technique

**Sand•wick** *m* (für senkrechte Sanddränung) (HuT) / sand wick ‖ ⁓**wirbel** *m* (Geol) / sand whirl ‖ ⁓**wolle** *f* (Tex) / gritty wool ‖ ⁓**zucker** *m* (Nahr) / icing sugar, powdered sugar, confectioners' sugar (US), pounded sugar

**Sanforisieren** *n* (kontrollierte, kompressive Krumpfung nach dem SANFOR-Verfahren von L. Cluett Sandford, 1874-1968) (Tex) / sanforizing *n*, sanforising *n*

**sanft** *adj* (Steigung) / gentle *adj* ‖ ~ (Farbton, Licht) / mellow *adj* ‖ **~e Chemie** (Chem) / soft chemistry

**Sanft•anlauf** *m* (einer Maschine) (Masch) / smooth starting ‖ ⁓**reinigungsmittel** *n* (Tex) / mild cleaning agent, soft cleaning agent, mild cleaner, soft cleaner

**Sang-de-boeuf** *n* (eine Überfangglasur) (Keram) / sang de boeuf *n*

**Sangersches Reagens** (1-Fluor-2,4-dinitrobenzol zum Nachweis von Aminosäuren und Proteinen - nach F. Sanger, geb. 1918) (Chem) / Sanger's reagent, 2,4-dinitrofluorobenzene (DNF) *n*

**Sanidin** *n* (ein Alkalifeldspat) (Min) / sanidine* *n*

**Sanidinit** *m* (vulkanischer Auswürfling von Tiefengesteinen oder metamorphen Schiefern, der besonders reich an Sanidin ist) (Geol) / sanidinite *n*

**sanieren** *v* (Arch, HuT) / sanitize *v* ‖ ~ (Städte) (Arch, HuT) / redevelop *v* (an urban area)

**Sanierung** *f* (der Städte) (Arch, HuT) / redevelopment *n* ‖ ⁓ (Verbesserung der hygienischen Lebensverhältnisse) (Bau) / sanitation *n*, sanitization *n*, sanitisation *n* ‖ ⁓ (eines Stadtteils, der Slums) (Bau) / clearance *n* (for alternative use) ‖ ⁓ (von Straßendecken) (HuT) / rehabilitation *n* ‖ ⁓ (z.B. des Betons) (HuT) / refurbishing *n*, refurbishment *n* ‖ ⁓ (der Gewässer) (Umwelt, Wasserb) / sanitation *n* (provision of clean drinking water and adequate sewage disposal)

**Sanierungs•gebiet** *n* (das saniert werden soll) (Arch, Bau, Umwelt) / blight *n* (an ugly or neglected urban area) ‖ **~reif** *adj* (Bau) / insanitary *adj* ‖ ⁓**zentrum** *n* (zur Reinigung von kontaminiertem Boden) (Landw, Umwelt) / soil-treatment centre, soil-decontamination centre

**Saniosch•e Balken** (For) / bars of Sanio (crassulae and trabeculae) ‖ ⁓**e Streifen** (Crassulae und Trabeculae) (For) / bars of Sanio (crassulae and trabeculae)

**sanitär•e Anlagen** (Bau, Med) / sanitation *n* ‖ **~e Installation** (Bau, Klemp) / plumbing* *n*

**Sanitär•anlage** *f* (Bau) / sanitary facility ‖ ⁓**hieb** *m* (For) / sanitary cutting, sanitary felling ‖ ⁓**keramik** *f* (Keram, Klemp) / sanitaryware *n*, sanitary plumbing fixtures ‖ ⁓**papier** *n* (Pap) / sanitary tissue ‖ ⁓**porzellan** *n* (Keram) / porcelain-enamel sanitary ware (fixtures), sanitary porcelain ‖ ⁓**raum** *m* (ohne Badewanne) (Bau) / half bath, half-bath *n* ‖ ⁓**technik** *f* (Sanitär) / public health engineering, sanitary engineering ‖ ⁓**zelle** *f* (Bau, Sanitär) / mechanical core, sanitary core, service core, plumbing unit*, plumbing services, core module, pod *n*

**Sanitäts•-** (Mil) / medical *adj* ‖ ⁓**geschirr** *n* (Keram, Klemp) / sanitaryware *n*, sanitary plumbing fixtures ‖ ⁓**luftfahrzeug** *n* (Luftf) / ambulance aircraft

**Sanitized-Ausrüstung** *f* (ein Markenname für eine dauerhaft hygienische Ausrüstung) (Tex) / sanitized finish

**San-José-Schildlaus** *f* (Quadraspidiotus perniciosus Comst - ein gefährlicher Obstbaum- und Beerensträucherschädling) (Zool) / San José scale

**Sankey-Diagramm** *n* (ein Wärmeflußbild - nach M.H.Ph.R. Sankey, 1853-1921) (Chem Verf) / Sankey diagram

**SAN-Kopolymere** *n pl* (Chem) / styrene acrylonitrile copolymers, SAN copolymers*

**Sankt-Elms-Feuer** *n* (Elektr) / Saint Elmo's fire*, St. Elmo's fire, corposant *n*, fire, jack-o'-lantern *n*

**Sansaöl** *n* (aus Olivenpreßrückständen) / olive-residue oil

**Sansevieriahanf** *m* / sansevieria *n*, bowstring hemp

**Sansibar-Kopal** *m* / Zanzibar gum, Zanzibar copal, animé *n*

**Sansonsche Projektion** (nach N. Sanson d'Abbeville, 1600-1667) (Kart) / Sanson's projection

**Santalen** *n* (ein Sesquiterpen aus Ostindischem Sandelholzöl) (Chem) / santalene *n*

**Santalholz** *n* (des Sandelholzbaumes) (For) / sandalwood* *n*, sandal *n*, sanders *n*, saunders *n*

**Santalol** *n* (Chem) / santalol *n*

**Santen** *n* (2,3-Dimethyl-2-norbornen) (Chem) / santene *n*

**Santenol** *n* (ein vom Santen abgeleiteter Terpenalkohol) (Chem) / santenol *n*

**Santenon** *n* (ein vom Santen abgeleitetes bizyklisches Keton) (Chem) / santenone *n*

**Santonin** *n* (bitter schmeckende Substanz aus Zitwer oder Meerwermut) (Chem) / santonin *n*

**Santorinerde** *f* (schlackenartige Erde vulkanischen Ursprungs) (Geol, HuT) / Santorin earth, santorinite *n*

**SAP** (EDV) / service access point (SAP)

**Sapelemahagoni** *n* (For) / sapele* *n*, Sapele mahagony, West African cedar, aboundikro *n*, scented mahogany, African scented mahogany, cedar mahogany

**Sapelli** *n* (ein Ausstattungs- und Möbelholz aus dem westafrikanischen Zedrachgewächs Entandrophragma cylindricum Sprague) (For) / sapele* *n*, Sapele mahagony, West African cedar, aboundikro *n*, scented mahogany, African scented mahogany, cedar mahogany

**Saphir** *m* (blaue Varietät von Korund) (Min) / sapphire* *n* ‖ **synthetischer ⁓** (Min) / synthetic sapphire* ‖ **weißer ⁓** (Min) / white sapphire*, white corundum* ‖ ⁓**blau** *n* / sapphire blue

**Saphirin** *m* (ein Nesosubsilikat) (Min) / sapphirine* *n*

**Saphir•nadel** *f* (Akus) / sapphire needle*, sapphire stylus ‖ ⁓**quarz** *m* (intensiv blauer Quarz) (Min) / sapphire quartz, azure quartz, blue quartz

**Sapin** *m* (der Spitzhacke ähnliches Werkzeug zum Wegziehen gefällter Bäume) (For, Werkz) / lifting hook, cant-dog *n*, cant-hook *n*

**Sapine** *f* (For, Werkz) / lifting hook, cant-dog *n*, cant-hook *n*

**Sapium-Kautschuk** *m* / Orinoco scrap

**Sapo** *m* kalinus (Chem, Med) / potassium soap, potash soap, potash soft soap ‖ **⁓ kalinus venalis** (Chem, Med) / green soap, medicinal soft soap ‖ **⁓ medicatus** (Pharm) / medical soap ‖ **⁓ viridis** (Chem, Med) / green soap, medicinal soft soap

**Sapogenine** *n pl* (Aglykone der Steroidsaponine) (Chem) / sapogenins* *pl*

**Saponine** *n pl* (stickstofffreie Pflanzenglykoside, die nach ihrem Aglykon in Steroidsaponine und Triterpensaponine eingeteilt werden) (Chem) / saponins* *pl*

**Saponit** *m* (Min) / saponite* *n*, bowlingite* *n*

**Sapotillbaum** *m* (Manilkara zapota (L.) Royen) (For) / sapodilla *n*

**Sappanholz** *n* (ostindisches Rotholz aus Caesalpinia sappan L.) (For) / sappanwood *n*, sapan *n*, sapanwood *n*

**Sappel** *m* (For, Werkz) / lifting hook, cant-dog *n*, cant-hook *n*

**Sapphirin** *m* (Min) / sapphirine* *n*

**Saprobie** *f* (Bakteriol, Bot, Sanitär) / saprobe* *n*, saprobiont *n*

**Saprobiont** *m* (pl. -en) (Bakteriol, Bot, Sanitär) / saprobe* *n*, saprobiont *n*

**saprobisch** *adj* (Biol) / saprobiotic* *adj*, saprobic *adj*

**saprogen** *adj* (Fäulnis bewirkend) / saprogenous* *adj*, saprogenic *adj*, putrefactive *adj*

**Sapropel** *n* (unter Sauerstoffabschluß biochemisch umgewandelte organische Reste in Gewässern) (Geol) / sapropel* *n*, faulschlamm *n*

**Sapropelit** *m* (das Faulschlammgestein) (Geol) / sapropelite* *n*

**sapropelitische Kohle** (Geol) / sapropelic coal, sapropel coal, sapropelitic coal

**Sapropelitkohle** *f* (Geol) / sapropelic coal, sapropel coal, sapropelitic coal

**Sapropelkohle** *f* (verfestigtes Sapropel) (Geol) / sapropelic coal, sapropel coal, sapropelitic coal ‖ **⁓ im Anthrazitstadium** (Geol) / sapanthracite *n* ‖ **⁓ im Braunkohlenstadium** (Geol) / saprodite *n*

**saprophag** *adj* (Biol) / saprophagous *adj*, detritivorous *adj*, saprovorous *adj*

**saprophil** *adj* (Umwelt) / saprophile* *adj*

**Saprophyt** *m* (pl. -en) (der sich von toten tierischen oder pflanzlichen Stoffen ernährt) (Bot, Sanitär) / saprophyte* *n*

**saprophytisch** *adj* (Bot, Sanitär) / saprophytic* *adj*, saprophagous *adj*

**saprovor** *adj* (Biol) / saprophagous *adj*, detritivorous *adj*, saprovorous *adj*

**Sar** (eine Zwischenstufe im Aminosäurestoffwechsel) (Biochem) / sarcosine* *n*, methyl glycocol

**Saragossasäure** *f* (Biochem) / zaragozic acid

**Saran** *m* (Nahrungsmittelverpackung) (Nahr) / Saran* *n*, Saran wrap ‖ ⁓**faser** *f* (mit mehr als 80% Vinylidenchlorideinheiten) (Plast, Tex) / Saran fibre ‖ ⁓**faser** (Plast, Tex) s. auch Vinyon

**Sarcosin** *n* (N-Methylglycin) (Biochem) / sarcosine* *n*, methyl glycocol

**Sarder** *m* (eine Varietät des Chalzedons) (Min) / sard *n*

**Sardinenöl** *n* (aus Ölsardinen) (Nahr) / sardine oil

**Sardonyx** *m* (braun-weiß gebänderter Chalzedon) (Min) / sardonyx* *n*

**Sareptasenf** *m* (Bot, Nahr) / sarepta mustard, Indian mustard, Chinese mustard

**Sarett-Oxidation** f (Chem) / Sarett oxidation
**Sargassokraut** n (Sargassum sp.) (Bot) / sargasso *(pl -s or -es)* n, sargassum n (pl. -ssa), sargassum weed, gulfweed n
**Sargdeckel** m (Steinfall aus dem Hangenden eines Abbaus) (Bergb) / bell n, sline n, cauldron-pothole n
**Sargent-Bad** n (Chromelektrolyt mit Schwefelsäure als Katalysator) (Galv) / Sargent bath
**Sargent-Diagramm** n (grafische Darstellung, die den Zusammenhang zwischen der Halbwertszeit und der Zerfallsenergie eines β-aktiven Nuklids beschreibt) (Nukl) / Sargent diagram*
**Sargents Lösung** (Galv) / Sargent bath
**Sarin** n (ein nervenschädigender Kampfstoff) (Mil) / sarin n
**Sarkin** n (Chem) / hypoxanthine* n
**Sarkosin (Sar)** n (eine Zwischenstufe im Aminosäurestoffwechsel) (Biochem) / sarcosine* n, methyl glycocol
**Sarkosinat** n (Chem) / sarcosinate
**Sarosperiode** f (Astr) / saros* n
**Saroszyklus** m (Astr) / saros* n
**Sarpagin** n (Sarpagan-10,17-diol - blutdrucksenkende Substanz und Adrenalinantagonist) (Pharm) / sarpagine n
**SAR-Peilsender** m (Mil, Radar) / search and rescue homing*, SARAH*
**Sarrus-Regel** f (zur Entwicklung einer dreireihigen Determinante; nach P.F. Sarrus, 1798-1861) (Math) / Sarrus rule
**Sarsaparill(a)wurzel** f (Smilax regelii Kill. et C.V. Morton) (Nahr, Pharm) / sarsaparilla n
**Sarsenett** m (feiner, weicher Seidenfutterstoff) (Tex) / sarsenet n, sarcenet n
**Säschar** n (Landw) / seed (drill) coulter
**Sassafras•holz** n (For) / sassafras* n || ~öl n / sassafras oil, oil of sassafras || **Brasilianisches ~öl** / ocotea cymbarum oil, ocotea oil
**Sassolin** m (Orthoborsäure aus den Soffionen der Toskana) (Min) / sassolite n, sassoline n
**SAS-Stab** m (Nukl) / emergency rod, scram rod*, shutdown rod, emergency shutdown rod
**Sastruga** f (pl. -gi) (durch Auswehung verursachter scharfkantiger unregelmäßiger Rücken auf verfestigten Schneedecken) (Geol) / zastruga n (pl. -gi), sastruga n (pl. -gi)
**Satellit** m (Fernseh-, Wetter-, Kommunikations-) (Fernm, Raumf) / satellite* n || ~ (Kopf am Ende eines Flugsteigfingers) (Luftf) / satellite n || **[natürlicher]** (Astr) / satellite* n, natural satellite || **der von einem Satelliten** (einer Raumfähre, einem Raumtransporter) **gestartete ~** (Raumf) / subsatellite n || **direktstrahlender ~** (Fernm, TV) / direct broadcast satellite* (DBS) || **erdnaher ~** (Raumf) / near-Earth satellite || **geodätischer ~** (Verm) / geodetic satellite || **geodätischer ~** (Verm) / geodetic satellite || **geostationärer ~** (Fernm, Raumf) / synchronous satellite, geostationary satellite, geosynchronous satellite, stationary satellite, 24h-satellite, fixed satellite || **geosynchroner ~** (Fernm, Raumf) / synchronous satellite, geostationary satellite, geosynchronous satellite, stationary satellite, 24h-satellite, fixed satellite || **kommerzieller ~** (Fernm) / commercial satellite || **künstlicher ~** (Astr) / artificial satellite*, man-made moon || **meteorologischer ~** (Meteor) / meteorological satellite*, weather satellite, met satellite || **militärischer ~** (z.B. ein Inspektionssatellit, ein Orbitaljäger usw.) (Mil) / military satellite || **synchroner ~** (Fernm, Raumf) / synchronous satellite, geostationary satellite, geosynchronous satellite, stationary satellite, 24h-satellite, fixed satellite || **synchronisierter ~** (dessen Umlaufzeit so abgestimmmt ist, daß er einen gewissen charakteristischen Punkt der Umlaufbahn zum bestimmten Zeitpunkt durchläuft) (Raumf) / phased satellite, synchronized satellite || **~ am Halteseil** (Raumf) / tethered satellite* || **~ auf äquatorialer Umlaufbahn** (Raumf) / equatorial satellite
**Satelliten•altimetrie** f (Ozean, Verm) / satellite altimetry || **~amt** n (Fernm) / satellite exchange* || **~antenne** f (Fernm) / satellite antenna, satellite dish, dish antenna || **~astronomie** f (Astr) / satellite astronomy || **~bahnverfolgung** f **nach den von ihm ausgesandten Signalen** (Radio) / minitrack* n || **~beobachtungsgerät** n (Astr) / satellite tracker n || **~beobachtungsstation** f (Raumf) / satellite-observing station || **~bus** m (universelle Satellitengrundeinheit, auf welcher aufbauend verschiedene Anwendungssatelliten zusammengestellt werden können) (Raumf) / satellite bus || **~-DNS** f (Biochem) / satellite DNA* || **~empfang** m (Radio) / satellite reception || **~fernsehempfänger** m (TV) / television receive-only system, TVRO (station) || **~fernsehen** n (TV) / satellite television || **~fotografie** f (von Land- und Meeresflächen von Erdsatelliten aus) (Raumf) / satellite photography || **~funk** m (Weitverkehrsfunkverbindung mit Satelliten als Relaisstellen) (Radio) / satellite communications service, transmission via satellite || **~galaxie** f (Astr) / satellite galaxy || **~geodäsie** f (Verm) / satellite geodesy, satellite geodetic surveying || **~hilfssender** m (Fernm) / satellite slave transmitter || **~kartografie** f (Kart) / satellite cartography || **~kollision** f (Raumf) / satellite collision ||
**~kommunikation** f (Informationsübertragung über Nachrichtensatelliten) (Fernm) / satellite communications || **~linie** f (spektrale) (Spektr) / satellite line || **~-Mehrdienstesystem** n (Eutelsat) (Fernm) / satellite multiservice system, SMS || **~meteorologie** f (Meteor) / satellite meteorology || **~navigation** f (durch Auswertung von Signalen, die von künstlichen Satelliten ausgestrahlt werden - nach dem Prinzip der Hyperbelnavigation) (Nav) / satellite navigation, satnav n || **~peak** m (Spektr) / satellite peak || **~querverbindung** f (Fernm) / intersatellite link || **~receiver** m (TV) / television receive-only system, TVRO (station) || **~rechner** m (EDV) / satellite computer* || **~-Relaissender** m (Fernm) / satellite repeater, satellite transponder || **~-Relaisstation** f (Fernm) / satellite repeater, satellite transponder || **~richtverbindung** f (Radio) / satellite microwave connection || **~rundfunk** m (Radio) / satellite broadcasting || **digitaler ~rundfunk** (Radio) / digital satellite broadcasting, DSC || **~signal** n (TV) / satellite signal || **~spektrum** n (Spektr) / satellite spectrum || **~stadt** f (baulich in sich geschlossene Stadt mittlerer Größe in der Nachbarschaft einer Großstadt, mit der sie durch leistungsfähige Verkehrsmittel eng verbunden ist) (Arch) / satellite town, suburb n (US) || **~station** f (Fernm) / satellite station* || **~system** n (System miteinander verbundener Datenverarbeitungsanlagen) (EDV) / satellite system || **~teleskop** n (Astr) / satellite tracker || **~transponder** m (Fernm) / satellite repeater, satellite transponder || **~übertragung** f (Fernm) / satellite transmission || **~übertragungsstrecke** f (Fernm) / satellite link || **~verbindung** f (Fernm) / satellite link
**Satellite-to-Satellite-Tracking** n (Messung von Entfernungsänderungen zwischen zwei Satelliten) (Raumf, Verm) / satellite-to-satellite tracking
**Satelloid** m (Astr) / satelloid n
**Satin** m (Tex) / sateen* n || **leichter ~** (Tex) / satinet n, satinette n
**Satinage** f (Pap) / calendering n || **mit ~fehlern** (Pap) / calender-crushed adj, calender-blackened adj
**satin•artig mattglänzendes Finish** / satin finish || **~bindung** f (Web) / satin weave || **~drell** m (Tex) / satin drill
**Satinett** m (Tex) / satinet n, satinette n
**Satinholz** n (Nutzholz mit seidenartigem Glanz gehobelter Oberflächen - im allgemeinen) (For) / satinwood* || **Ostindisches ~** (von dem Rautengewächs Chloroxylon swietenia DC.) (For) / East Indian satinwood*, satinwood* n, Ceylon satinwood*, Sri Lanka satinwood || **Westindisches ~** (von dem Rautengewächs Zanthoxylum flavum Vahl) (For) / West Indian satinwood, Jamaican satinwood
**satinieren** v (Oberfläche mit Stahlbürsten) (Galv) / satin-finish v || **~** (Pap) / calender v
**Satinierkalander** m (Pap) / calender* n
**satiniert** adj (Pap) / calendered adj || **~es Naturpapier** (ein Illustrationsdruckpapier) (Pap) / imitation art paper || **~es Papier** (Pap) / calendered paper*
**Satinierung** f (Glas) / velvet finish, satin finish
**Satin•Nußbaum** m (For) / American red gum*, red gum, sweet gum, gum* n, satin walnut || **~spat** m (seltene, asbestartige Ausbildung von Kalzit, Aragonit oder Gips mit seidenem Glanz) (Min) / satin-spar* n, satin stone || **~weiß** n (Anstr, Pap) / satin white
**Sat-Kom** f (Fernm) / satellite communications
**SATO-Verfahren** n (ein Isolationsverfahren für integrierte Schaltungen) (Eltronik) / self-aligned thick-oxide process, SATO process
**Satratoxin** n (von Stachybotrys chartarum, Verursacher von Stachybotrytoxikose bei Tieren) (Chem) / satratoxin n
**satt** adj / deep adj, full adj, rich adj || **~** (Lackauftrag) (Anstr) / heavy adj || **nicht ~ aufliegend** (Masch) / false-bearing attr || **~ anliegend** / faying adj || **~ aufliegend** (Deckel) (Masch) / flush adj || **~er Auftrag** (Anstr) / rich application || **~er Kurzschluß** (durch metallische Berührung) (Eltech) / dead short circuit
**satt•blau** adj / deep-blue adj || **~dampf** m (der mit Wasser gleicher Temperatur im thermodynamischen Gleichgewicht steht) (Masch) / saturated steam* || **~dampf** (nicht unbedingt der Wasserdampf) (Phys) / saturated vapour*
**Sattel** m (Bau, Masch) / cradle* n || **~** (ein Füllkörper) (Chem Verf) / saddle n, saddle packing || **~** (Geog) / pass n, col n || **~** (Geol) / anticline* n, saddle n, col n, upfold n || **~** (der Scheibenbremse) (Kfz) / calliper n, brake calliper || **~** (Werkzeug, das beim Freiformschmieden das Arbeitsvermögen des Freiformschmiedehammers bzw. die Preßkraft der Schmiedepresse auf das Freiformschmiedestück überträgt und mit dessen Hilfe der Hauptteil der Umformung vorgenommen wird) (Masch) / saddle n, open die || **~** (scheibenförmige Verstärkung des Rohres) (Masch) / saddleback connection || **~** (Zwischenform zwischen den Hoch- und Tiefdruckgebieten) (Meteor) / col* n || **~anhänger** m (DIN 70010) (Kfz) / semi-trailer n, semi n || **~auflieger** m (des Sattelzugs) (Kfz) / semi-trailer n, semi n || **~bahn** f (im allgemeinen) / saddle-type

monorail system ‖ **~bahn** (z.B. Alwegbahn) / monorail with straddling cars, straddle railway ‖ **~dach** n (Bau) / gable roof, saddleback n, saddleback roof, span roof*, duo-pitched roof, saddle roof, close-couple roof ‖ **~first** m (Geol) / crest* n, apex n (pl. apexes or apices) ‖ **~fläche** f (mit mindestens einem Sattelpunkt) (Math) / saddle surface ‖ **~förmige Schale** (Bau, HuT) / saddle n ‖ **~füllkörper** m (Chem Verf) / saddle n, saddle packing ‖ **~holz** n (Zimm) / bolster n, corbel-piece* n, head tree*, crown plate, saddle n ‖ **~kern** m (Geol) / core of anticline ‖ **~kraftfahrzeug** n (Sattelzugmaschine + Sattelanhänger) (Kfz) / articulated (road) vehicle, tractor-trailer n (US) ‖ **~kupplung** f (Kfz) / fifth wheel ‖ **~kurve** f (im Phasendiagramm) (Hütt) / saddle curve ‖ **~punkt** m (Wendepunkt mit waagerechter Tangente) (Math) / saddle point ‖ **~punktmethode** f (Math) / steepest descent method, method of steepest descents, saddle point method ‖ **~revolverdrehmaschine** f (mit maximal 63 mm Durchlaß) (Masch) / capstan lathe*, ram-type turret lathe ‖ **~revolverkopf** m (Masch) / horizontal turret head, capstan tool head, star turret, turnstile turret ‖ **~ring** m (V-Packung) (Masch) / male adapter ‖ **~scheitel** m (Geol) / crest* n, apex n (pl. apexes or apices) ‖ **~schlepper** m (des Sattelzugs) (Kfz) / articulated tractor n, semi-trailer-towing vehicle ‖ **~schlitten** m (der vom Bettschlitten getragen wird und die Vorschubbewegung ausführt) (Masch) / saddle* n, saddle carriage ‖ **~seife** f (Leder) / saddle soap ‖ **~spule** f (Eltronik) / saddle coil* ‖ **~tal** n (Geol) / anticlinal valley ‖ **~wange** f (einer aufgesattelten Holztreppe) (Zimm) / cut string*, open string*, bracketed string ‖ **~zeug** n (Leder) / tack n ‖ **~zug** n (Kfz) / articulated (road) vehicle, tractor-trailer n (US) ‖ **~zugmaschine** f (DIN 70010) (Kfz) / truck-tractor n, semi-trailer-towing vehicle
**sättigbar** adj / saturable adj
**sättigen** v (Chem, Phys) / saturate v ‖ ~ (mit Kohlendioxid) (Nahr) / impregnate v
**Sättiger** m (Chem Verf) / saturator n
**Sättigung** f (eine Farbmeßzahl im Munsell-System) / Munsell chroma, chroma* n ‖ ~ (Chem) / saturation* n ‖ ~ (Elteh, Nukl) / saturation* n ‖ ~ (Grad der Buntheit einer Farbe im Vergleich zum gleichhellen Unbunt) (Foto, Opt) / saturation* n ‖ ~ (mit Kohlendioxid) (Nahr) / impregnation n ‖ **magnetische** ~ (Mag) / magnetic saturation*
**Sättigungs•aktivität** f (Nukl) / saturation activity* ‖ **~ast** m (Eltronik) / saturation branch ‖ **mit ~charakter** / saturable adj ‖ **~dampfdruck** m (der Dampfdruck bei Sättigung) (Meteor) / saturated water vapour pressure*, saturation vapour pressure ‖ **~drossel** f (Eltech) / saturable reactor*, SR ‖ **~druck** m (der Partialdruck des Dampfes in einem Zweiphasengemisch, bei dem durch Ab- und Zufuhr von Wärme keine Temperaturänderung erfolgt) (Meteor) / saturated water vapour pressure*, saturation vapour pressure ‖ **~fähig** adj / saturable adj ‖ **~faktor** m (Eltech) / saturation factor* ‖ **~grad** m (relatives Maß für den Dampfgehalt) / degree of saturation ‖ **~grad** (z.B. des Bodens) (Wasser) / degree of saturation (the volume of voids filled with water expressed as a percentage of the total volume of voids in a soil, percent saturation ‖ **~grenze** f (Mag) / saturation limit* ‖ **~kinetik** f (Chem) / saturation kinetics ‖ **~konzentration** f (diejenige Konzentration eines Stoffs in einer Lösung, bei der diese gesättigt ist) (Chem) / saturation concentration ‖ **~kurve** f (Mag) / saturation curve* ‖ **~magnetisierung** f (DIN 1324, T 1) (Mag) / saturation magnetization ‖ **~-pH-Wert** m (Chem) / saturation pH ‖ **~skala** f (Phys) / saturation scale* ‖ **~skale** f (Phys) / saturation scale* ‖ **~spektroskopie** f (eine hochauflösende dopplerfreie Laserspektroskopie) (Spektr) / saturation spectroscopy ‖ **~strom** m (Eltech) / saturation current* ‖ **~stufe** f (im Farbsystem, nach DIN 6164) / level of saturation ‖ **~temperatur** f (Eltech) / saturation temperature ‖ **~wert** m / saturation value ‖ **~widerstand** m (eines Transistors) (Eltronik) / saturation resistance ‖ **~zone** f (Geol) / zone of saturation ‖ **~zustand** m (Chem) / state of saturation ‖ **~zustand** (bei der Speicherung der Information) (EDV) / saturation level, saturation n ‖ **~zustand der Luft** (relative Luftfeuchtigkeit = 100%) (Meteor) / saturation of the air*
**Sattler** m (Leder) / saddler n ‖ **~leder** n (Leder) / saddlery leather, saddle leather ‖ **~- und Geschirrleder** n (Leder) / skirting leather ‖ **~- und Täschnerleder** n (Leder) / fancy leather ‖ **~zwirn** m (Leder, Tex) / saddler's thread
**Saturation** f (Foto, Opt) / saturation* n ‖ ~ (mit Kalk-Kohlendioxid) (Nahr) / saturation n, carbonation n
**Saturations•apparat** m (Chem Verf) / saturator n ‖ **~loch** n (bei einer bestimmten Oszillationsfrequenz) (Eltronik) / saturation hole ‖ **~schlamm** m (Nahr) / defecation scum, slime n, defecation mud, carbonation scum
**Saturator** m (Chem Verf) / saturator n
**Saturieren** n (das Abscheiden des dem Zuckersaft zugesetzten Kalkes durch ein Fällungsmittel) (Nahr) / saturation n, carbonation n
**Saturn** m (der sechste, jupiterartige Planet im Sonnensystem - von der Sonne aus gesehen) (Astr) / Saturn* n

**Saturnismus** m (Med) / lead poisoning*, plumbism* n, saturnism m, poisoning by lead
**saturn•rot** adj / dark-orange adj ‖ **~rot** n (aus Bleiweiß gewonnene leuchtend rote Mennige) (Chem) / orange lead*, orange mineral ‖ **~sonde** f (z.B. Cassini) (Astr) / Saturn probe ‖ **~zinnober** m (Chem) / orange lead*, orange mineral
**Satz** m (Niederschlag) / sediment n, subsidence n, precipitate n, deposit* n, lees pl, foots pl ‖ ~ / rate n ‖ ~ / set n ‖ ~ (Datensatz) (EDV) / record* n (logical), data record ‖ ~ (EDV) / sentence n ‖ ~ (von Akkumulatorplatten) (Eltech) / group n, section n ‖ ~ (Eltech) / bank* n ‖ ~ (gehender, kommender) (Fernsp) / circuit* n ‖ ~ (abgeschlossene textliche Einheit in der Sprachwissenschaft) (KI) / sentence n ‖ ~ (gleicher Geräte von verschiedener Größe) (Masch) / nest n, range n ‖ ~ (numerische Steuerung) (Masch) / block n ‖ ~ (von Werkzeugen) (Masch, Werkz) / gang n, set n ‖ ~ (Math, Phys) / theorem* n, tenet n, law n ‖ ~ (Erzeugnis) (Typog) / matter n, composition n ‖ ~ (Vorgang) (Typog) / composition n ‖ **aktueller** ~ (die letzte in jeder Datei zu lesende oder zu schreibende Eintragung) (EDV) / current record ‖ **ausgeschlossener** ~ (Druck) / justified setting, justified style ‖ **automatischer** ~ (Typog) / automatic setting ‖ **binomischer** ~ (Math) / binomial theorem* ‖ **dekadischer** ~ (Eltech) / decade box* ‖ **der infolge des Vorschlags vertieft beginnende** ~ (Typog) / sunk matter ‖ **dualer** ~ (Math) / reciprocal theorem ‖ **gequirlter** ~ (Typog) / broken matter ‖ **glatter** ~ (Typog) / straight matter ‖ **indirekter** ~ (EDV) / overflow record, no-home record ‖ **Jordan-Hölderscher** ~ (Math) / Jordan-Hölder theorem ‖ **kompresser** ~ (der ohne Durchschuß hergestellt ist) (Typog) / set solid*, solid matter* ‖ **Krein-Milmanscher** ~ (Math) / Krein-Milman theorem ‖ **Liouvillescher** ~ (in der Funktionentheorie) (Math) / Liouville's theorem ‖ **lochstreifengesteuerter** ~ (Druck, EDV) / tape composition ‖ **mathematischer** ~ (Satz von mathematischem Text) (Typog) / mathematical setting ‖ **mathematischer** ~ (Typog) ‖ **Morleyscher** ~ (nach F. Morley, 1860 - 1937) (Math) / Morley's theorem ‖ **physischer** ~ (Cobol) (EDV) / physical record ‖ **ptolemäischer** ~ (in einem Sehnenviereck ist das Produkt der Diagonallängen gleich der Summe der Produkte der Längen je zweier gegenüberliegender Seiten) (nach C. Ptolemäus, 100-160) (Math) / Ptolemy's theorem* ‖ **pyrotechnischer** ~ / pyrotechnic mixture ‖ **rechtsbündiger** ~ (EDV, Typog) / banking n (with respect to the right margin) ‖ **segmentierter** ~ (DIN 66239) (EDV) / spanned record ‖ **Steinerscher** ~ (Zusammenhang zwischen den im Trägheitstensor zusammenfaßbaren Trägheits- bzw. Zentrifugalmomenten für einen beliebigen Bezugspunkt mit den entsprechenden Momenten für den Schwerpunkt) (Mech) / parallel-axis theorem*, Steiner's theorem ‖ **ungeblockter** ~ (dessen Länge gleich der Blocklänge ist) (EDV) / unblocked record ‖ **vollautomatischer** ~ (Druck, Typog) / automated typesetting ‖ **vorformulierte Sätze oder Absätze** (bei der Textverarbeitung - Textbausteine) (EDV) / boilerplates pl, canned paragraphs, standard paragraphs ‖ ~ m **des Pappus** (Math) / Pappus' theorem* ‖ ~ **des Pythagoras** (Math) / Pythagoras' theorem*, Pythagorean theorem ‖ ~ **falscher Länge** (EDV) / wrong-length record ‖ ~ **fester Länge** (EDV) / fixed-length record* ‖ ~ **mit Auszeichnungsschriften** (Typog) / display work* ‖ ~ **mit viel Ausschluß** (Typog) / open matter ‖ ~ **variabler Länge** (DIN 66239) (EDV) / variable-length record ‖ ~ **vom zureichenden Grund** (principium rationis sufficientis) / sufficient reason rule ‖ ~ **von Apollonios** (nach Apollonios von Perge, 262-191 v. Chr.) (Math) / Apollonius' theorem* ‖ ~ **von Avogadro** (nach A.Avogadro Conte di Quaregna e di Cerreto, 1776-1856) (Phys) / Avogadro's law*, Avogadro's hypothesis ‖ ~ **von Banach-Steinhaus** (Math) / Banach-Steinhaus theorem ‖ ~ **von Bolzano** (nach dem böhmischen Gelehrten Bernard Bolzano, 1781-1848) (Math) / Bolzano's theorem ‖ ~ **von Brianchon** (dualer Satz zum Pascalschen Satz - nach Ch.J. Brianchon, 1783-1864) (Math) / Brianchon's theorem* ‖ ~ **von Cantor** (nach G.Cantor, 1845-1918) (Math) / Cantor theorem ‖ ~ **von Cayley-Hamilton** (Eigenwert) (Math) / Cayley-Hamilton theorem, Hamilton-Cayley theorem ‖ ~ **von Ceva** (Math) / Ceva's theorem ‖ ~ **von Chasles** (Math) / Chasles' theorem ‖ ~ **von Chintschin** (Math) / Khintchine's theorem ‖ ~ **von der Erhaltung der Energie** (Phys) / law of conservation of energy ‖ ~ **von der Erhaltung der Masse** (ein Erhaltungssatz) (Phys) / law of conservation of matter* ‖ ~ **von der Erhaltung des Gesamtimpulses** (Mech) / law of conservation of momentum, principle of linear momentum, principle of conservation of impulse, momentum law ‖ ~ **von der Primfaktorzerlegung** (Math) / unique factorization theorem (basic axiom about the integers) ‖ ~ **von Desargues** (Fundamentalsatz der projektiven Geometrie - nach G. Desargues, etwa 1591-1661) (Math) / Desargues's theorem ‖ ~ **von Euler** (Math) / Euler's theorem ‖ ~ **von Fubini** (nach G. Fubini, 1879-1943) (Math) / Fubini's theorem ‖ ~ **von ganzseitigen Anzeigen** (Druck) / full-page ad composition ‖ ~ **von Gauß-Bonnet** (Math) / Gauss-Bonnet theorem ‖ ~ **von**

**Satz**

**Heine-Borel** (nach E. Heine, 1821 - 1881) (Math) / Heine-Borel theorem ‖ ~ **von Helmholtz** (von der Ersatzspannungsquelle) (Eltech) / Thevenin's theorem*, Helmholtz's theorem*, Thevenin-Helmholtz theorem ‖ ~ **von König** (Math) / König's theorem ‖ ~ **von Kuratowski** (bei ebenen Grafen - nach K. Kuratowski, 1896-1980) (Math) / Kuratowski theorem, Kuratowski's lemma ‖ ~ **von Lagrange** (Math) / Lagrange's theorem ‖ ~ **von Lusin** (Math) / Lusin's theorem ‖ ~ **von Maclaurin** (Math) / Maclaurin's theorem ‖ ~ **von Malgrange und Ehrenpreis** (über Grundlösungen partieller Differentialgleichungen) (Math) / Malgrange-Ehrenpreis theorem ‖ ~ **von Menelaos** (von Alexandria - schneidet eine Dreieckstransversale die Geraden durch die Ecken eines Dreiecks in drei von den Ecken verschiedenen Punkten, so hat das Produkt der Teilverhältnisse, das jeder dieser Punkte mit den auf seiner Geraden liegenden Eckpunkten bildet, den Wert -1) (Math) / Menelaus' theorem ‖ ~ **von Menger** (ein Packungs- und Repräsentationsproblem) (Math) / Menger's theorem ‖ ~ **von Meusnier** (Math) / Meusnier's theorem ‖ ~ **von Monge** (nach G. Monge, Graf von Péluse, 1746 - 1818) (Math) / Monge's theorem ‖ ~ **von Morera** (bei komplexen Integralen) (Math) / Morera's theorem ‖ ~ **von Pappos** (Math) / Pappus' theorem* ‖ ~ **von Patentansprüchen** / set of claims ‖ ~ **von Platten** (in der Polarisationsoptik) (Licht, Opt) / pile* $n$ (of plates) ‖ ~ **von Poincaré** (über äußere Differentialformen - nach H. Poincaré, 1854-1912) (Math) / theorem of Poincaré ‖ ~ **von Radon-Nikodym** (Math) / Radon-Nikodym theorem ‖ ~ **von Ribaucour** (Math) / Ribaucour's theorem ‖ ~ **von Rolle** (ein Mittelwertsatz) (Math) / Rolle's theorem ‖ ~ **von Rouché** (Math) / Rouché's theorem ‖ ~ **von Steiner** (nach J. Steiner, 1796 - 1863) (Mech) / parallel-axis theorem*, Steiner's theorem ‖ ~ **von Stone-Weierstraß** (nach M. H. Stone, 1903 - ) (Math) / Stone-Weierstrass theorem ‖ ~ **von Weddernburn** (Math) / Weddernburn's theorem

**Satz•adreßdatei** $f$ (EDV) / record address file (RAF) ‖ ~**adresse** $f$ (EDV) / record address ‖ ~**adressendatei** $f$ (EDV) / record address file (RAF) ‖ ~**analyse** $f$ (EDV, KI) / sentence analysis ‖ ~**analysebaum** $m$ (Ergebnis der Satzanalyse) (EDV) / parse tree ‖ ~**anfang** $m$ (EDV) / record start ‖ ~**anlage** $f$ (Typog) / typesetting unit ‖ ~**anordnung** $f$ (Typog) / typographical arrangement ‖ ~**anweisung** $f$ (Typog) / typographic instructions, instructions for the compositor, printing instructions ‖ ~**automation** $f$ (Typog) / automatic setting ‖ ~**belichter** $m$ **der vierten Generation** (Druck) / fourth-generation typesetter ‖ ~**bild** $n$ (Typog) / typographical arrangement ‖ ~**breite** $f$ **in Gevierten** (besser: in Cicero) (Typog) / measure* $n$ (in ems of 12-point)

**Satzel** $m$ (Glas) / jockey pot, monkey pot, skittle pot*, cannon pot
**Sätzel** $m$ (Glas) / jockey pot, monkey pot, skittle pot*, cannon pot

**Satz•ende** $n$ (EDV) / end of record (EOR) ‖ ~**erkennung** $f$ (EDV, KI) / sentence recognition ‖ ~**erschwernis** $f$ (Faktor, der beim Setzen die Buchstabenleistung im Vergleich zum glatten Satz vermindert - z.B. Schriftmischung, Marginalien usw.) (Typog) / difficult matter, complex matter ‖ ~**fehler** $m$ (falscher Buchstabe) (Typog) / literal* $n$, literal error ‖ ~**format** $n$ (DIN 66 029) (EDV) / record format ‖ **festes** ~**format** (bei der numerischen Steuerung nach DIN 66257) (Masch) / fixed-block format ‖ ~**fräsen** $n$ (Masch) / gang milling* ‖ ~**fräser** $m$ (einer von den auf den Fräsdorn nebeneinander aufgespannten Fräsern) (Masch) / gang milling cutter ‖ ~**generierung** $f$ (EDV, KI) / sentence generation ‖ ~**gestaltung** $f$ (Typog) / typographical design, typo design ‖ ~**herstellung** $f$ (Typog) / composition ‖ ~**koks** $m$ (im Kupolofen) (Hütt) / charge coke ‖ ~**konstituente** $f$ (EDV) / sentence constituent ‖ ~**länge** $f$ (EDV) / record length, record size ‖ **variable** ~**länge** (EDV) / variable record length ‖ ~**lücke** $f$ (Bereich ohne Aufzeichnungen zwischen benachbarten Datensätzen) (EDV) / interrecord gap (IRG) ‖ ~**nummer** $f$ (in der numerischen Steuerung) (EDV) / sequence number ‖ ~**objektiv** $n$ (Foto) / convertible lens ‖ ~**programm** $n$ (für die automatische Satzherstellung) (EDV, Typog) / typesetting program ‖ ~**räder** $n$ $pl$ (Stirnräder verschiedener Zähnezahlen, die auf Grund bestimmter gemeinsamer Merkmale miteinander kombiniert werden können) (Masch) / change gears ‖ ~**rechenanlage** $f$ (Druck, EDV, Typog) / computer typesetting system ‖ ~**rechner** $m$ (Druck, EDV, Typog) / typesetting computer, setting processor ‖ ~**reif** $adj$ (Manuskript) (Typog) / ready for composition, ready for typesetting ‖ ~**schutz** $m$ (EDV) / record locking ‖ ~**segment** $n$ (DIN 66239) (EDV) / record segment ‖ ~**speichermarke** $f$ (EDV) / record storage mark ‖ ~**spiegel** $m$ (die vom Text und von Abbildungen eingenommene Fläche) (Druck) / type area, type page ‖ ~**spiegel** s. auch Seitenformat ‖ **volle** ~**spiegelbreite** (Druck) / spread* $n$ ‖ ~**spiegelhöhe** $f$ (Druck) / appearing* $n$ ‖ ~**status** $m$ (EDV) / record status ‖ ~**strukturgrammatik** $f$ (ein spezielles Semi-Thue-System) (EDV) / phrase structure grammar (PSG) ‖ **persönliches** ~**system** (EDV) / personal composition system (PCS) ‖ ~**technische Regeln** (Typog) / typographic conventions ‖ **varianter** ~**teil** (EDV) / variant part (of a record), variant field ‖ ~**trockner** $m$ / batch drier ‖

~**verständlichkeit** $f$ (Fernsp) / intelligibility of phrases, phrase intelligibility ‖ ~**weise** $adj$ (numerische Steuerung) / block-by-block $attr$ ‖ ~**weise** $adv$ / batchwise $adj$, batch $attr$ ‖ ~**weise arbeitender Kollergang** (Masch) / batch mill* ‖ ~**weises Beschicken** (z.B. eines Ofens) (Hütt) / batch charging, batch feeding ‖ ~**zwischenraum** $m$ (EDV) / interrecord gap (IRG)

**Sau** $f$ (durch verfestigte Schlacke hervorgerufene Verstopfung in Hochöfen) (Hütt) / skull $n$, bear $n$, sow $n$, salamander $n$, shadrach $n$
**sauber** $adj$ (Schnitt) / accurate $adj$ ‖ ~ (Kopie) / fair $adj$, clean $adj$ ‖ ~ (rein) / clean $adj$ ‖ ~ (Reaktor) (Nukl) / clean $adj$ ‖ ~ (nicht pulsierend) (Phys) / ripple-free $adj$ ‖ ~ **gefiltert** (Wasser) (Foto) / well-filtered $adj$ ‖ ~**e Ladung** (Erdöldestillate) (Erdöl, Schiff) / white cargo, clean cargo ‖ ~**e** (umweltfreundliche) **Technik** (Umwelt) / clean technology ‖ ~**gemachte Naht** (Tex) / fell seam, monk's seam, flat-fell seam, felled seam
**Sauberkeitsschicht** $f$ (im Massenbetonfundament) (Bau) / base course, bedding $n$, foundation course ‖ ~ (HuT) / soling $n$
**Saubermachen** $n$ (von Nähten) (Tex) / felling $n$
**säubern** $v$ / clean $v$, cleanse $v$ ‖ ~ (Ort) (Bergb) / rid $v$ ‖ ~ $n$ **von Strecken** (Bergb) / fettling $n$
**Säuberung** $f$ / cleaning $n$, cleansing $n$
**Säuberungsrezeptor** $m$ (Biochem, Med) / scavenger receptor
**saucieren** $v$ (Tabak) / sauce $v$
**Sauconit** $m$ (ein Saponit oder Hectorit, bei dem viel Mg durch Zn vertreten ist) (Min) / sauconite* $n$
**sauer** $adj$ (Chem) / acidic $adj$, acid $adj$ ‖ ~ (Erdöl) / sour $adj$ ‖ ~ (Boden) (Landw) / sour $adj$ ‖ ~ (im Geschmack) (Nahr) / sour $adj$, tart $adj$, pungent* $adj$, acrid $adj$, sharp $adj$, astringent $adj$ ‖ **saure Auskleidung** (Hütt) / acid bottom and lining ‖ **saures Benzin** (thiolhaltig) (Erdöl) / sour gasoline ‖ **saure Beschaffenheit** / sourness $n$, acidity $n$ ‖ **saurer Betrieb** (Hütt) / acid process* ‖ **saurer Boden** (dessen pH-Wert unter 7 liegt) (Landw) / acid soil ‖ **saurer Elektrolyt** (Galv) / acid electrolyte, acid bath ‖ **saures Erdgas** (Bergb) / sour gas* ‖ **saures Erdöl** (Erdöl) / sour crude ‖ **saures Erstarrungsgestein** (mit einem Gesamt-SiO$_2$-Gehalt von mehr als 63%) (Geol) / acid rock*, acidic igneous rock, acidic rock ‖ **saures Erz** (Min) / acidic ore ‖ **saures Färbeverfahren** (mit sauren Farbstoffen) (Biochem, Mikros) / acid staining, acidic staining ‖ **saure Farbstoffe** (Foto, Tex) / acid dyes* ‖ **saurer feuerfester Stoff** (Hütt) / acid refractory* ‖ **saures Fixierbad** (Foto) / acid fixer* ‖ **saures Fixiersalz** (Foto) / acid fixer* ‖ **saures Gas** (Chem Verf) / acid gas ‖ **saures Gestein** (z.B. Granit oder Syenit) (Geol) / acid rock*, acidic igneous rock, acidic rock ‖ **saure Grubenwässer** (Bergb) / acid mine water ‖ **saure Hydrolyse** (Chem) / acidolysis $n$ (pl. acidolyses), acid hydrolysis ‖ **saures Kaliumfluorid** (Chem) / potassium hydrogenfluoride ‖ **saures Kaliumoxalat** (Chem) / potassium hydrogenoxalate, monopotassium oxalate ‖ **saure Komponente** (Chem) / acid component ‖ **saure Konverterauskleidung** (beim Bessemer-Verfahren) (Hütt) / ganister $n$, gannister $n$ ‖ **saures Kupferbad** (Galv) / acid-copper bath ‖ **saure Laugung** (Hütt) / acid leaching ‖ **saurer lessivierter ferriallitischer subtropischer Boden** (Geol, Landw) / ultisol $n$, acrisol $n$ ‖ **saure Lösung** (Chem) / acid solution* ‖ **saure Milch** (verdorbene) (Nahr) / sour milk ‖ **saures Natriumsulfat** (Chem) / sodium hydrogen sulphate, sodium bisulphate ‖ **saurer Niederschlag** (Umwelt) / acid deposition, acid precipitation ‖ **saures Öl** / acid oil ‖ **saures Oxid** (das mit Wasser unter Bildung von Säuren reagiert) (Chem) / acidic oxide, acid oxide ‖ **saure Phosphatase** (z.B. die einkettige Phosphatase aus der Leber) (Biochem, Med) / acid phosphatase ‖ **saurer Rahm** (Nahr) / sour cream ‖ **saure Reaktion** (Chem) / acid reaction ‖ **saurer Regen** (Umwelt) / acid rain* ‖ **saures Rohöl** (Erdöl) / sour crude ‖ **saurer Saft unreifer Früchte** (Nahr) / verjuice $n$ ‖ **saure Sahne** (Nahr) / sour cream ‖ **saure Salze** (Chem) / acid salts*, hydrogen salts ‖ **saure Schlacke** (Hütt) / acid slag* ‖ **saures Schmelzpulver** (Schw) / fused-acid flux ‖ **saures Schmelzverfahren** (in der Stahlerzeugung) (Hütt) / acid process* ‖ **saurer Siemens-Martin-Stahl** (Hütt) / acid open-hearth steel ‖ **saures Siemens-Martin-Verfahren** (Hütt) / acid open-hearth steel-making process ‖ **saurer Smog** (Umwelt) / London smog ‖ **saures SM-Verfahren** (Hütt) / acid open-hearth steel-making process ‖ **saurer Stahl** (Hütt) / acid steel* ‖ **saure Umhüllung** (Schw) covering, acid coating ‖ **saure Zustellung** (Hütt) / acid bottom and walls, acid lining ‖ ~ **einlegen** $v$ (Nahr) / pickle $v$ ‖ ~ **einstellen** (Chem) / acidify $v$ ‖ ~ **erschmolzener Stahl** (Hütt) / acid steel* ‖ ~ **machen** (Nahr) / sour $v$ ‖ ~ **stellen** (Nahr) / sour $v$ ‖ ~ **werden lassen** (Teig) (Nahr) / leaven $v$, aerate $v$

**Sauer•baum** $m$ (Oxydendrum arboreum (L.) DC.) (For) / sourwood $n$, sorrel tree ‖ ~**brunnen** $m$ / acidulous water ‖ ~**futter** $n$ (Nahr) / ensilage* $n$, silage* $n$ ‖ ~**gas** $n$ (schwefelwasserstoffreiches Erdgas) / acid gas, sour gas* ‖ ~**gas** (Bergb) / sour gas* ‖ ~**gas** (Kohlendioxid und Schwefelwasserstoff) (Chem Verf) / acid gas ‖ ~**gas** (schwefelreiches Erdgas) (Erdöl) / acid gas, sour gas ‖ ~**kleesalz** $n$

(ein Gemisch von Kaliumtetraoxalat und Kaliumhydrogenoxalat) (Chem) / salt(s) of sorrel, sal acetosella, salt of lemon
"**Sauerkraut**" *n* (Pap) / screenings *pl*, waste *n*, groundwood rejects, junk *n*, rejected stock
**säuerlich** *adj* / sourish *adj*
**Sauer • malz** *n* (Brau) / lactic-acid malt ‖ ⁓**milch** *f* (Nahr) / sour milk ‖ ⁓**molke** *f* (Nahr) / acid whey
**säuern** *v* (Teig) (Nahr) / leaven *v*, aerate *v* ‖ ~ (Nahr) / sour *v* ‖ ~ (Lebensmittel durch biologische Säuerung sauer und dadurch haltbar machen) (Nahr) / pickle *v*, souse *v* (put in pickle or a marinade)
**Sauer • rahm** *m* (Nahr) / sour cream ‖ ⁓**rahmbutter** *f* (aus bakteriell gesäuerter Milch oder gesäuertem Rahm) (Nahr) / cultured butter ‖ ⁓**stellen** *n* (Nahr) / souring *n*
**Sauerstoff (O)** *m* (Chem) / oxygen* *n* ‖ ⁓- (Chem) / oxygenic *adj* ‖ **aktiver** ⁓ (Chem) / active oxygen ‖ **aus ⁓ bestehend** (Chem) / oxygenic *adj* ‖ **flüssiger** ⁓ (Chem) / liquid oxygen*, lox* *n* ‖ **gasförmiger** ⁓ / gaseous oxygen, gox *n* ‖ **mit ⁓ anreichern** (Chem) / oxygenate *v*, oxygenize *v* ‖ **mit ⁓ sättigen** (Chem) / oxygenate *v*, oxygenize *v* ‖ **mit ⁓ verbinden** (Chem) / oxygenate *v*, oxygenize *v* ‖ **schwerer** ⁓ (Chem) / heavy oxygen ‖ **technischer** ⁓ (bis 99,8% $O_2$) (Hütt) / tonnage oxygen ‖ **verflüssigter** ⁓ (Chem) / liquid oxygen*, lox* *n* ‖ ⁓ **abspalten** (von einer Verbindung) (Chem) / deoxygenate *v* ‖ ⁓ **eintragen** (Chem) / oxygenate *v*, oxygenize *v* ‖ ⁓ **entziehen** (Chem) / deoxygenate *v*
**Sauerstoff • abspaltung** *f* (Chem) / deoxygenation *n* ‖ ⁓**affin** *adj* (z.B. Reduktionsmittel) (Chem) / with affinity for oxygen ‖ ⁓**alterung** *f* (Chem Verf) / oxygen ageing ‖ ⁓**analysator** *m* (Chem) / oxygen analyzer ‖ ⁓**angereichert** *adj* (Chem, Hütt) / oxygenated *adj*, oxygen-enriched *adj* ‖ ⁓**angriff** *m* / oxygen attack ‖ ⁓**anreicherung** *f* (Chem, Hütt) / oxygenation *n*, oxygen enrichment ‖ ⁓**anschluß** *m* (Lufft) / oxygen point ‖ ⁓**arm** *adj* (Chem) / low-oxygen *attr*, poor in oxygen ‖ ⁓**aufblaskonverter** *m* (Hütt) / oxygen top-blowing converter ‖ ⁓**aufblasverfahren** *n* (Hütt) / oxygen steel-making, basic-oxygen steel-making, basic oxygen process, BOP ‖ ⁓**aufnahmerate** *f* (Biochem) / oxygen-uptake rate, OUR ‖ ⁓**aufnehmer** *m* (Masch) / oxygen scavenger* ‖ ⁓**bedarf** *m* (DIN 38414, T 6) (Biol, Umwelt, Wasserb) / oxygen demand ‖ **biochemischer ⁓bedarf** (Biochem) / biological oxygen demand*, biochemical oxygen demand, BOD*, B.O.D. ‖ **biochemischer ⁓bedarf** (auf 5 Tage bezogen) (Biochem) / five-day biochemical oxygen demand, $BSB_5$ ‖ **chemischer ⁓bedarf** (Chem, Umwelt) / chemical oxygen demand* (COD) ‖ ⁓**beladung** *f* / oxygen charge ‖ ⁓**bilanz** *f* (von Explosivstoffen) (Chem) / oxygen balance ‖ ⁓**Blasstahl** *m* (Hütt) / oxygen steel ‖ ⁓**bleiche** *f* (Tex) / oxygen bleaching ‖ ⁓**bodenblasen** *n* (z.B. bei dem OBM-Verfahren) (Hütt) / oxygen bottom blowing ‖ ⁓**bohren** *n* (Masch) / oxygen lancing*, thermal hole boring ‖ ⁓**brennschneiden** *n* (Schw) / gas-cutting *n*, oxygen cutting, flame cutting*, oxy-cutting *n* ‖ ⁓**brücke** *f* (Chem) / oxygen bridge ‖ ⁓**defizit** *n* / oxygen deficiency ‖ ⁓**difluorid** *n* ($OF_2$) (Chem) / oxygen difluoride ‖ ⁓-**Druckalterung** *f* (von Gummi nach Bierer-Davis) (Chem Verf) / oxygen pressure ageing, oxygen bomb ageing (according to Bierer-Davis) ‖ ⁓**durchblasen** *n* (z.B. bei dem OBM-Verfahren) (Hütt) / oxygen bottom blowing ‖ ⁓**durchblaseverfahren** *n* (Hütt) / QBOP process, oxygen bottom-blowing process, quiet basic oxygen process ‖ ⁓**durchlässigkeit** *f* / oxygen permeability ‖ ⁓**effekt** *m* (Zellen sind in Anwesenheit von Sauerstoff strahlenempfindlicher) (Biol) / oxygen effect, OE
**Sauerstoffehlbetrag** *m* (Physiol) / oxygen deficit
**Sauerstoff • -Eindiffusion** *f* (Hütt) / oxygen penetration ‖ ⁓**eintrag** *m* (bei Gewässern mit der Wiederbelüftung) (Sanitär, Umwelt) / oxygen transfer ‖ ⁓**eintragrate** *f* (effektive Geschwindigkeit des Sauerstoffübergangs von der Gasphase in Flüssigkeiten) (Sanitär, Umwelt) / oxygen transfer rate ‖ ⁓**eintragsvermögen** *n* (Sauerstoffmasse, die pro Stunde von 1 $m^3$ sauerstofffreiem Abwasser bei 10 ° C und 1,013 bar aufgenommen wird) (Umwelt) / oxygenation capacity, OC ‖ ⁓**eintragung** *f* (Chem, Hütt) / oxygenation *n*, oxygen enrichment ‖ ⁓**elektrode** *f* (eine Gaselektrode, die aus einem platinierten Platinblech besteht, das von gasförmigem Sauerstoff umspült wird und in eine Hydroxidionen enthaltende Lösung eintaucht) (Chem) / oxygen electrode ‖ ⁓**entwickler** *m* (Chem Verf) / oxygen generator, oxygenator ‖ ⁓**entzug** *m* (Chem) / deoxygenation *n* ‖ ⁓**ertrag** *m* (Quotient aus Sauerstoffzufuhrvermögen und Aufwand an Energie - DIN 4045) (Sanitär) / oxygen-transfer efficiency ‖ ⁓**flasche** *f* (Chem) / oxygen bottle, oxygen cylinder ‖ ⁓**fluorid** *n* (entweder $OF_2$ oder $O_2F_2$) (Chem) / oxygen fluoride ‖ ⁓**frei** *adj* (Chem) / free from oxygen, oxygen-free *adj* ‖ ⁓**freies Kupfer hoher Leitfähigkeit** (Eltech, Hütt) / oxygen-free high-conductivity copper*, OFHC* ‖ ⁓**gehalt** *m* (Chem) / oxygen content ‖ **mit niedrigem ⁓gehalt** (Chem) / low-oxygen *attr*, poor in oxygen ‖ **mit hohem ⁓gehalt** (Chem) / high-oxygen *attr*, rich in oxygen ‖ ⁓**generator** *m* (Chem Verf) / oxygen generator, oxygenerator *n* ‖ ⁓**gerät** *n* (ein Gasschutzgerät) (Bergb) / oxygen breathing apparatus ‖ ⁓**haltig** *adj* (Chem) / oxygen-containing *adj*, oxygenic *adj* ‖ ⁓**hobler** *m* (Masch, Schw) / scarfing torch ‖ ⁓**index** *m* (Chem, Phys) / limiting oxygen index ‖ **schweres ⁓isotop** (Chem) / heavy oxygen ‖ ⁓**kernlanze** *f* (zum Brennbohren) (Masch) / oxygen core lance, OCL ‖ ⁓**konverterverfahren** *n* (Hütt) / oxygen steel-making, basic-oxygen steel-making, basic oxygen process, BOP ‖ **bodenblasendes ⁓konverterverfahren** (Hütt) / QBOP process, oxygen bottom-blowing process, quiet basic oxygen process ‖ ⁓**konzentrationszelle** *f* (Galv) / oxygen cell, oxygen-concentration cell, aeration cell, differential aeration cell, ventilation element, aeration element ‖ ⁓**korrosion** *f* (eine elektrochemische Korrosion, die das Vorhandensein einer wäßrigen Lösung, in der Sauerstoff gelöst ist, zur Voraussetzung hat) (Galv) / oxygen corrosion, oxygen-type of corrosion ‖ ⁓**kreislaufgerät** *n* (ein Gasschutzgerät mit einer Regenerationspatrone) (Bergb) / closed-circuit breathing apparatus ‖ ⁓**lanze** *f* (Hütt, Masch, Schw) / oxygen lance, oxygen-blowing lance, thermic lance (with a jet of oxygen) ‖ ⁓**last** *f* (Umwelt) / OC load ‖ ⁓-**Lichtbogen-Schneiden** *n* (Masch) / oxy-arc cutting, arc-oxygen cutting ‖ ⁓-**Lichtbogen-Trennen** *n* (Masch) / oxy-arc cutting, arc-oxygen cutting ‖ ⁓**mangel** *m* (im allgemeinen) / oxygen deficiency ‖ ⁓**mangel** (V-Mot) / oxygen deficiency ‖ ⁓**maske** *f* / oxygen mask ‖ **schnell aufsetzbare ⁓maske** (Lufft) / quick-donning (oxygen) mask ‖ ⁓**meßsonde** *f* (Kfz) / lambda sensor, lambda probe, oxygen sensor ‖ ⁓**messung** *f* (Chem, Umwelt) / oxygen measurement ‖ ⁓**metallurgie** *f* (Hütt) / oxygen metallurgy ‖ ⁓**partialdruck** *m* (Chem) / oxygen partial pressure ‖ ⁓**punkt** *m* (Siedepunkt von Sauerstoff = 90,188 K) (Phys) / oxygen point ‖ ⁓**reich** *adj* (Chem) / high-oxygen *attr*, rich in oxygen ‖ ⁓**restgehalt** *m* (Chem) / residual-oxygen content ‖ ⁓**sättigung** *f* (des Wassers) (Umwelt) / oxygen saturation ‖ ⁓**säure** *f* (mit koordinativ gebundenem Sauerstoff) (Chem) / oxoacid *n*, oxyacid *n*, oxygen acid ‖ ⁓**schneiden** *n* (Masch, Schw) / oxygen cutting ‖ ⁓**schuld** *f* (Physiol) / oxygen debt ‖ ⁓-**Schwefel-Gruppe** *m* (Chalkogene) (Chem) / oxygen-sulphur group ‖ ⁓**sensor** *m* (zur Messung des Sauerstoffpartialdrucks) (Chem, Phys) / oxygen-sensitive sensor ‖ ⁓-**Stadtgas-Brenner** *m* (Schw) / oxy-city gas torch ‖ ⁓**strahl** *m* (Chem) / oxygen jet ‖ ⁓**träger** *m* (bei Raketentreibstoffen) (Lufft, Raumf) / oxidizer* *n*, oxidant* *n* ‖ ⁓**trägerstrahl** *m* (Lufft, Raumf) / oxidizer jet ‖ ⁓**transferase** *f* (Biochem) / dioxygenase *n* ‖ ⁓**transportkoeffizient** *m* (Chem Verf) / oxygen-transfer coefficient, oxygen-transport coefficient ‖ ⁓**transportpigment** *n* (Physiol) / respiratory pigment ‖ ⁓-**Turboverdichter** *m* (Masch) / oxygen centrifugal compressor ‖ ⁓**übergangskoeffizient** *m* (Maßzahl für den Sauerstoffdurchtritt durch die Phasengrenzfläche zwischen den Luftblasen und der Flüssigkeit) (Chem Verf) / oxygen-transfer coefficient, oxygen-transport coefficient ‖ **volumetrischer ⁓übergangskoeffizient** (Chem Verf) / $k_L$a value ‖ ⁓**überspannung** *f* (in der elektrolytischen Zelle) (Galv) / oxygen overvoltage ‖ ⁓**überträger** *m* (z.B. Hämoglobin) (Physiol) / oxygen carrier ‖ ⁓**/Uran-Verhältnis** *n* (Nukl) / oxygen uranium ratio ‖ ⁓**ventil** *n* (Schw) / oxygen valve ‖ ⁓**verarmt** *adj* (Chem, Sanitär) / dysaerobic *adj* ‖ ⁓**verarmung** *f* (Chem, Sanitär) / oxygen depletion ‖ ⁓**verbindung** *f* (Chem) / oxygen compound ‖ ⁓**verbrauch** *m* (in Gewässern) (Biol, Chem) / oxygen consumption, oxygen depletion ‖ ⁓**verbrückt** *adj* (Chem) / oxygen-bridged *adj* ‖ ⁓**zehrend** *adj* (Biol, Chem) / oxygen-consuming *adj* ‖ ⁓**zehrung** *f* (Biol, Chem) / oxygen consumption, oxygen depletion ‖ ⁓**zufuhr** *f* (Sanitär, Umwelt) / oxygen transfer ‖ **abgestufte ⁓zuführung** (beim Belebungsverfahren) (Sanitär) / tapered aeration ‖ ⁓**zutritt** *m* (Chem) / oxygen access
**Sauerteig** *m* (auf biologischem Wege spontan gesäuerter Mehlteig, das älteste Teiglockerungsmittel) (Nahr) / sourdough *n*, leaven *n*
**Säuerung** *f* (Chem) / acidification *n*, acidulation *n* ‖ ~ (von Bohrlöchern zur Steigerung des Entölungsgrades) (Erdöl) / acidizing* *n* (an oil well)* ‖ ~ (Nahr) / pickling *n*, sousing *n*
**Säuerungsmittel** *n* (organische Säure, die man zum Ansäuern von Lebensmitteln benutzt) (Chem, Nahr) / acidulant *n* (US), acidifier *n*
**Sauerwerden** *n* (z.B. der Milch) (Nahr) / souring *n*
**Saug • anleger** *m* (Druck) / suction feeder ‖ ⁓**apparat** *m* (Chem) / aspirator *n* ‖ ⁓**bagger** *m* (HuT) / suction dredger*, sand-pump dredger*, hydraulic dredger(n) ‖ ⁓**bagger mit Eimerleiter** (HuT) / compound dredger* ‖ ⁓**bagger mit Schneidkopf** (HuT) / cutter dredge*, cutter dredger, suction-cutter dredger ‖ ⁓**ball** *m* (eine Pipettierhilfe) (Chem) / pipette bulb ‖ ⁓**becher** *m* (Anstr) / suction cup, suction-feed cup ‖ ⁓**becherpistole** *f* (Anstr) / suction-feed gun, suction-cup spray gun, siphon-feed gun, siphon-feed spray gun ‖ ⁓**belüfteter Kleinkühlturm mit offenem Kreislauf** / induced-draught open-circuit cooling tower ‖ ⁓**beton** *m* (dem unmittelbar nach dem Einbau, meist beim Rütteln, überschüssiges Anmachwasser und Luft durch Unterdruck entzogen werden) (HuT) / vacuum concrete* ‖ ⁓**Blas-Verfahren** *n* (Glas) / suction process, suck-and-blow process ‖ ⁓**bohren** *n* (z.B. bei Herstellung von Bohrbrunnen) (HuT) / suction counterflush drilling, suction boring ‖ ⁓**brenner** *m* (DIN 8543, T 1) (Schw) / injector torch, injector-type

**Saugdocht**

blowpipe ‖ ~**docht** m / bottom wick ‖ ~**drossel** f (Eltech) / interphase transformer*, interphase reactor*, absorption inductor*, phase equalizer* ‖ ~**drossel** (Eltech) / drainage coil* ‖ ~**druck** m (bei Verdichtern) (Masch) / inlet pressure, initial pressure, intake pressure ‖ ~**druckgeber** m (als Meßgerät) (Masch) / venturi meter* ‖ ~**druckseite** f (in Klimaanlagen) / low side ‖ ~**düse** f (Luftf) / venturi* n, Venturi tube ‖ ~**düsenmesser** m (als Meßgerät) (Masch) / venturi meter* ‖ ~**dynamo** m (Eltech) / sucking booster*
**saugen** v / suck v, suck in v, suck up v, aspirate v ‖ ~ n / suction n, aspiration n ‖ ~ (V-Mot) / induction n, inlet n, intake n
**saugend** adj (Oberfläche) (Anstr) / hungry adj, starved adj, absorbent adj, hot adj ‖ **kaum** ~ (Anstr, Bau) / low-suction attr ‖ **schwach** ~ (Putzgrund) (Anstr, Bau) / low-suction attr ‖ **stark** ~ (Putzgrund) (Anstr, Bau) / high-suction attr ‖ ~**e Bewetterung** (Bergb) / exhaust ventilation, extraction ventilation, exhaust system ‖ ~**e Oberfläche** (Anstr) / hot surface (BS 2015), absorbent surface, suction surface ‖ ~**er Ventilator** (Masch) / suction fan, induced-draught fan
**Sauger** m (Dränagerohr, das das Bodenwasser aufnimmt) (Landw) / lateral drain ‖ ~ (Pap) / suction box*
**saugfähig** adj (Anstr) / hungry adj, starved adj, absorbent adj, hot adj ‖ ~ (schwach) (Anstr, Bau) / low-suction attr ‖ ~ (stark) (Anstr, Bau) / high-suction attr
**Saugfähigkeit** f (des Ziegels) (Bau) / absorption rate, suction rate, initial rate of absorption ‖ ~ (Pap) / absorbency n ‖ ~ (für Wasser) (Phys) / water absorbency, ability to absorb water ‖ ~ (eines Schweiß- oder Schneidbrenners) (Schw) / pulling power ‖ ~ (eines textilen Flächengebildes nach DIN 53924) (Tex) / absorbency n
**Saug·filter** n (mit Unterdruck arbeitendes Filter) / suction filter ‖ ~**flasche** f (ein dickwandiger Erlenmeyer-Kolben mit einem seitlichen Ansatz, der zum Anschluß an eine Saugpumpe dient – DIN 12476) (Chem) / filter flask, filtering flask ‖ ~**gautsche** f (Pap) / suction couch ‖ ~**gebläse** n (Aßmannsches) (Masch) / aspirator n ‖ ~**glocke** f (zum Absaugen verstopfter Geruchverschlüsse) (Klemp) / force cup, plumber's helper, plumber's friend, plunger n (US) ‖ ~**greifer** m (eines IR) (Masch) / suction gripper ‖ **mit** ~**heber arbeiten** / siphon v ‖ ~**höhe** f (Masch) / suction lift, suction head (the head or head to which a pump can lift water, on the suction side, by atmospheric pressure) ‖ ~**höhe** (beim Eintauchen eines Probestreifens nach DIN 6730 und 53106) (Pap) / capillary rise ‖ ~**hub** n (V-Mot) / induction stroke*, inlet stroke, intake stroke, suction stroke, charging stroke ‖ ~**kammer** f (einer Pumpe) (Masch) / inlet chamber ‖ ~**kasten** m (Pap) / suction box* ‖ ~**knopf** m / sucker n ‖ ~**korb** m (am Eintrittsstutzen von Pumpenleitungen befindliches Siebgefäß zur Aufnahme von Fremdkörpern) (Masch) / strainer n, intake strainer ‖ ~**kraft** f (Bot) / suction force ‖ ~**kreis** m (Eltech) / series resonance circuit, series resonant circuit ‖ ~**leistung** f (Masch) / suction power ‖ ~**leitung** f (Schlauch) / suction hose ‖ ~**leitung** (Kfz, Masch) / suction line, low-pressure line
**Säuglingsmilch, der Zusammensetzung der Muttermilch angeglichene** ~ (Nahr) / humanized milk
**Saug·luftbremse** f (Masch) / vacuum brake* ‖ ~**lüfter** m (Masch) / aspirator n ‖ ~**lüftung** f (Masch) / extract ventilation ‖ ~**matte** f (HuT) / vacuum mat ‖ ~**motor** m (Luftf) / atmospheric engine ‖ ~**motor** (als Gegensatz zum aufgeladenen Motor) (V-Mot) / unsupercharged engine, naturally aspirated engine ‖ ~**mund** m (der Pumpe) (Masch) / suction port ‖ ~**napf** m / suction cup, suction pad ‖ ~**papier** n (z.B. Lösch- oder Filterpapier) (Pap) / absorbent paper, bibulous paper ‖ ~**pipette** f (Chem) / suction pipette ‖ ~**platte** f (Kfz) / dent puller ‖ ~**postpapier** n (Pap) / stencil duplicator copy paper ‖ ~**presse** f (Pap) / suction press ‖ ~**preßwalze** f (Pap) / suction press roll ‖ ~**pumpe** f **- und Druckpumpe** f (Masch) / suction pump, atmospheric pump ‖ ~ (Masch) / double-acting pump*, double-action pump ‖ ~**raum** m (einer Pumpe) (Masch) / inlet chamber
**Saugrohr** n (des Saugbaggers) (HuT) / suction pipe ‖ ~ (im allgemeinen) (Masch) / suction pipe ‖ ~ (einer Wasserturbine) (Masch, Wasserb) / draft tube*, draught tube ‖ ~ (V-Mot) / induction manifold*, intake manifold, inlet manifold* ‖ ~**strang** m (Sanitär) / suction line
**Saug·schalung** f (Bau, HuT) / absorbent shutter ‖ ~**schlauch** m / suction hose ‖ ~**seite** f (des Flügels, der Luftschraube) (Luftf) / suction face, suction side ‖ ~**seite** f (einer Pumpe) (Masch) / suction side, suction face ‖ ~**seite** f (eines Verdichters) (Masch) / intake side, inlet side ‖ ~**seitig** adj (Masch) / suction-face attr, suction-side attr ‖ ~**speiser** m (Glas) / suction feeder ‖ ~**speisung** f (der Spritzpistole) (Anstr) / siphon feed(ing), suction feed(ing) ‖ ~**speisung** (Glas) / suction feeding ‖ ~**stelle** f (ein Gußfehler) (Gieß) / draw n ‖ ~**strahlen** n / vacuum blasting ‖ ~**strahlpumpe** f (Masch) / ejector* n, ejector pump, eductor n, steam-ejector n, steam-jet ejector ‖ ~**strömung** f (Phys) / suction flow ‖ ~**strudel** m (Saugkraft, die auf einen umströmten Körper durch Ausbildung eines Unterdruckgebiets wirkt) (Hyd) / suction vortex ‖ ~**stutzen** m (der Pumpe) (Masch) / suction branch, suction nozzle ‖ ~**teller** m (des Vakuumhebers) (Masch) / vacuum pad ‖ ~**topf** m (Anstr) / suction cup, suction-feed cup ‖ ~**topfpistole** f (Anstr) / suction-feed gun, suction-cup spray gun, siphon-feed gun, siphon-feed spray gun ‖ ~**ung** f / suction n, aspiration n ‖ ~**ventil** n (einer Pumpe) (Masch) / suction valve (of a pump)*, foot valve* ‖ ~**ventil** (V-Mot) / induction valve*, suction valve, inlet valve* ‖ ~**ventilator** m (Masch) / aspirator n ‖ ~**vermögen** n (Vakuumt) / pumping speed*, exhaustion rate ‖ ~**walze** f (Pap) / suction roll* ‖ ~**walze** (in der Siebpartie der Papiermaschine) (Pap) / suction couch roll* ‖ ~**wasser** n (Wasserb) / adsorbed water, hygroscopic water ‖ ~**welle** f (im Auspuff) (Kfz) / suction wave, rarefaction wave ‖ ~**windkessel** m (einer Kolbenpumpe) (Masch) / intake air chamber ‖ ~**wirbel** m (Saugkraft, die auf einen umströmten Körper durch Ausbildung eines Unterdruckgebiets wirkt) (Hyd) / suction vortex ‖ ~**zug** m (Masch) / forced draught*, induced draught*, mechanical draught ‖ ~**zug** (Phys) / suction n ‖ ~**zuglüfter** m (Masch) / extract ventilator*, exhaust fan*, extractor fan, exhauster n, extraction fan* ‖ ~**zuglüftung** f (Masch) / extract ventilation
**Saulbaum** m (Shorea robusta C.F. Gaertn.f.) (For) / sal n, sal tree
**Säulchen** n (Arch) / colonnette n
**Säule** f (Arch, HuT) / column* n ‖ ~ (Bau, Zimm) / upright* n, stud* n ‖ ~ (Chem Verf) / column n ‖ ~ (Kfz) / pillar n ‖ ~ (Masch) / support n ‖ **achteckige** ~ (Arch) / octahedral column ‖ **analytische** ~ (in der Gaschromatografie) (Chem) / analytical column ‖ **eingebundene** ~ (Arch) / attached column, applied column ‖ **gekuppelte** ~ (Arch) / coupled column ‖ **gepackte** ~ (Chem) / packed column ‖ **gewirtelte** ~ (Arch) / column with a shaft-ring ‖ **Simpsonsche** ~ (Nukl) / neutron pile, Simpson's pile ‖ **tauchende** ~ (bei Flachschleifmaschinen) (Masch) / plunging pillar ‖ **thermische** ~ (Nukl) / thermal column* ‖ **Voltasche** ~ (Eltech) / voltaic pile*
**Säulen, ionische** ~**ordnung** (Arch) / Ionic order ‖ ~**ausgang** m (Chem Verf) / column inlet ‖ ~**basalt** m (Geol) / columnar basalt ‖ ~**bauart** f (der Presse) (Masch) / pillar-type construction ‖ ~**bildung** f (im liegenden Teil des Lavastroms) (Geol) / colonnade n ‖ ~**bluten** n (Chem) / bleeding n ‖ ~**bohrmaschine** f (mit schwenkbarem Tisch - für kleinere Durchmesser) (Masch) / pillar drill*, free-standing pillar drilling machine, round-column-type drilling machine ‖ ~**chromatografie** f (mit stationären Phasen in Säulen) (Chem) / column chromatography ‖ ~**diagramm** n (ein Sonderfall des Stabdiagramms) / component bar chart ‖ ~**drehkran** m (Masch) / pillar-mounted slewing crane ‖ ~**effluat** n (Chem Verf) / column effluent ‖ ~**effluent** m (am Säulenausgang) (Chem Verf) / column effluent ‖ ~**eingang** m (Chem Verf) / column inlet ‖ ~**führung** f (der Fräsmaschine) (Masch) / column guideway ‖ ~**führungsgestell** n (Masch) / subpress* n, die set*, pillar die set ‖ ~**führungsschnitt** m (ein Schneidwerkzeug) (Masch) / die set ‖ ~**füllung** f (Füllkörper für die Destillationskolonne) (Chem) / column packing ‖ **vorgealterte** ~**füllung** (in der Gaschromatografie) (Chem) / PC packing, preconditioned packing ‖ ~**gang** m (Arch) / colonnade* n ‖ ~**gebälk** n (Arch) / entablature* n ‖ ~**gestell** n (Unterplatte, Oberplatte, Führungssäulen, Einspannzapfen) (Masch) / subpress* n, die set*, pillar die set ‖ ~**halle** f (Arch) / hypostyle hall*, hypostyle n ‖ ~**hals** m (Arch) / neck* n, necking n, neck-mould n ‖ ~**heizkörper** m (Bau) / column radiator ‖ ~**ofen** m (in der Gaschromatografie) (Chem) / column oven ‖ ~**ordnung** f (z.B. dorische) (Arch) / order n ‖ **korinthische** ~**ordnung** (Arch) / Corinthian order ‖ **dorische** ~**ordnung** (Arch) / Doric order ‖ **etruskische** ~**ordnung** (Arch) / Tuscan order ‖ **toskanische** ~**ordnung** (Arch) / Tuscan order ‖ ~**parameter** m (Chem Verf) / column parameter ‖ ~**presse** f (meistens eine 2-Säulen-Presse; eine Freiform-Schmiedepresse) (Masch) / pillar press ‖ ~**radiator** m (Bau) / column radiator ‖ ~**schaft** m (Arch) / shaft* n, shank* n, tige n, fust* n ‖ ~**schalttechnik** f (in der Hochleistungsgaschromatografie) (Chem) / column switching ‖ ~**struktur** f (Galv) / columnar grain structure ‖ ~**umschalttechnik** f (Chem Verf) / coupled-columns technique
**säulig** adj (Krist) / columnar adj, basaltiform adj ‖ ~**es Absonderungsgroßgefüge** (bei den Erstarrungsgesteinen) (Geol) / columnar structure*
**Saum** m / margin n ‖ ~ (A) (Bau) / eave* n, eaves pl ‖ ~ (Grenzfläche zwischen Gang und Nebengestein) (Bergb, Geol) / selvage n, salband n ‖ ~ (umgeschlagener befestigter Stoffrand, der die Schnittkanten vor dem Ausfransen schützt) (Tex) / hem n
**Säumapparat** m (Tex) / hemming attachment
**Saum·bohle** f (Bauelement aus Holz oder Metall, das bei kanalartigen Baugruben das Abrutschen der Wände verhindert) (HuT) / trench timber, trench brace ‖ ~**effekt** m (Foto) / border effect*, edge effect*, fringe effect*
**säumen** v (Hütt, Plast) / trim v ‖ ~ (Tex) / fell v ‖ ~ (Tex) / hem v, seam v, fringe v ‖ ~ (Tex) / edge v, hem v ‖ ~ (mit Biese) (Tex) / welt v ‖ ~ n (Hütt, Plast) / trimming* n
**Säumer** m (Tex) / hemmer n, hemming foot
**Säumerfuß** m (bei Nähmaschinen) (Tex) / hemmer n, hemming foot

**Säumfüßchen** n (Tex) / hemmer n, hemming foot
**Saum•holz** n (Zimm) / listing* n ‖ ~**lade** f (Bau, Zimm) / chantlate* n, furring* n, firring* n ‖ ~**latte** f (an der Traufe) (Bau, Zimm) / chantlate* n, furring* n, firring* n
**Säumling** m (beim Besäumen von Brettern anfallender Holzabschnitt mit Baumkante - mit oder ohne Rinde) (For) / rand n, edging n
**Saum•riff** n (Geog, Geol) / fringing reef ‖ ~**schlag** m (waldbauliche Technik zur natürlichen Verjüngung eines Waldbestandes durch Anlegung von schmalen Kahlstreifen durch meist an der vom Wind abgekehrten Seite beginnende Hiebe /Ziel ist die Verjüngung im Schutz des benachbarten Altholzes/) (For) / strip felling, staggering n ‖ ~**tiefe** f (Geol) / foredeep n (an elongate depression bordering an island arc or other orogenic belt) ‖ ~**zecke** f (aus der Familie Argasidae) (Landw, Zool) / soft tick
**Säure** f (Chem) / acid* n ‖ ~ (saurer Geschmacksbestandteil) (Nahr) / sourness n, acidity n ‖ ~- (Chem) / acidic adj, acid adj ‖ **anorganische** ~ (Chem) / mineral acid, inorganic acid ‖ **antimonige** ~ (Chem) / antimonous acid ‖ **arsenige** ~ (ortho-Form = $H_3AsO_3$) (Chem) / arsenious acid* ‖ **chlorige** ~ (Chem) / chloric(III) acid, chlorous acid ‖ **dischweflige** ~ (Chem) / disulphurous acid ‖ **dithionige** ~ (in freiem Zustand nicht bekannte zweibasige Säure) (Chem) / dithionous acid, hyposulphurous acid*, hydrosulphurous acid ‖ **dreibasige** ~ (Chem) / tribasic acid, triacid ‖ **dreibasische** ~ (Chem) / tribasic acid, triacid n ‖ **einbasige** ~ (Chem) / monacid* n, monoacid n ‖ **einbasische** ~ (Chem) / monacid* n, monoacid n ‖ **freie** ~ (Chem) / free acid ‖ **Freundsche** ~ (eine Naphthylaminsulfonsäure) (Chem) / Freund's acid ‖ **frische** ~ (Chem) / fresh acid ‖ **"harte"** ~ (nach R.G. Pearson) (Chem) / hard acid ‖ **hochdichte** ~ (Raumf) / high-density acid, HDA ‖ **Laurentsche** ~ (eine Naphthylaminsulfonsäure) (Chem) / Laurent's acid ‖ **linksdrehende** ~ (Chem) / laevorotatory acid ‖ **magische** ~ (eine Supersäure) (Chem) / magic acid ‖ **mehrbasige** ~ (die mehrere Protone abgeben kann) (Chem) / polybasic acid*, polyacid n, polyprotic acid ‖ **mit schwefliger** ~ **behandeln** (bei der Zuckergewinnung) (Nahr) / sulphite v ‖ **organische** ~ (Chem) / organic acid ‖ **oxidierende** ~ (Chem) / oxidizing acid ‖ **peroxosalpetrige** ~ (Chem) / peroxonitrous acid ‖ **phosphinige** ~ (eine Säure des dreiwertigen Phosphors) (Chem) / phosphinous acid ‖ **phosphorige** ~ (eine hypothetische Säure, von der lediglich Triester bekannt sind) (Chem) / phosphorous acid ‖ **rechtsdrehende** ~ (Chem) / dextrorotatory acid ‖ **schwache** ~ (nach dem Dissoziationsgrad) (Chem) / weak acid ‖ **schwache** ~ (Pap) / weak acid ‖ **schweflige** ~ (Chem) / sulphurous acid*, sulphuric(IV) acid, trioxosulphuric(IV) acid ‖ **selenige** ~ (Chem) / selenious acid (a selenium oxoacid), selenous acid ‖ **starke** ~ (nach dem Dissoziationsgrad) (Chem) / strong acid ‖ **tellurige** ~ (Chem) / tellurous acid ‖ **verdünnte** ~ (Chem) / dilute acid ‖ **zweibasige** ~ (Chem) / diacid n, dibasic acid*
**Säure•abscheider** m (Chem Verf) / acid separator ‖ ~**absorptionsturm** m (Chem Verf) / acid-absorption tower ‖ ~**abstumpfendes Mittel** (Pharm) / antacid* n ‖ **~aktivierte Tonerde** (Bleicherde) (Chem) / acid clay ‖ ~**amid** n (Chem) / acid amide* ‖ ~**angriff** m (Chem, Galv) / acid attack, acidic attack ‖ ~**anhydrid** n (funktionelles Derivat von Säuren) (Chem) / acid anhydride, acyl anhydride ‖ ~**ätzung** f (Masch) / acid etching* ‖ ~**azid** n (R-CO-N=N=N) (Chem) / acid azide*, acyl azide n ‖ ~**bad** n (Chem) / acid bath ‖ ~**bakterien** f pl (Bakteriol) / acid-producers pl, acetogenic bacteria
**Säure-Base•-Gleichgewicht** n (im Säure-Basen-Haushalt) (Biochem, Physiol) / acid-base equilibrium, acid-base balance ‖ ~**-Indikator** m (Chem) / pH indicator, acid-base indicator ‖ ~**-Indikator** m (Chem) / acid-alkali indicator, pH indicator ‖ ~**-Theorie** f (Lewis, Brønsted und Bjerrum) (Chem) / electron-pair theory of acids and bases, acid-base theory ‖ ~**-Titration** f (Chem) / acid-base titration, neutralization analysis
**Säure•behälter** m (Chem Verf) / acid tank ‖ ~**behandlung** f (Chem Verf) / acid treatment, acid treating ‖ ~**behandlung** (Tex) / acid bath treatment, grey sour, acid steeping ‖ ~**beizen** n (zum Entfernen von Rost, Zunder und eingebrannten Rückständen) (Anstr, Hütt) / pickling* n ‖ ~**beständig** adj (Chem) / acid-proof adj, acid-resistant adj, acid-resisting adj ‖ ~**beständigkeit** f (Chem) / acid resistance, resistance to acids ‖ ~**bildend** adj (Chem) / acid-forming adj ‖ ~**bildende Bakterien** (Bakteriol) / acid-producers pl, acetogenic bacteria ‖ ~**bildendes Gas** (z.B. bei der Korrosion) / acid gas ‖ ~**bildung** f (Chem) / acid formation, acid forming ‖ ~**braun** n (Chem) / acid brown ‖ ~**charakter** m (Chem) / acidic character ‖ ~**chlorid** n (Chem) / acid chloride*, acyl chloride ‖ ~**dekapieren** n (zum Entfernen sehr dünner Oxid- und Flugrostschichten) (Hütt) / pickling* n, acid pickling ‖ ~**dextrin** n (Chem) / acid dextrin ‖ ~**dissoziationskonstante** f (Chem) / acid dissociation constant, acidity constant ‖ ~**druckvorlage** f (Chem Verf) / acid blowcase, acid egg* ‖ ~**echtheit** f (DIN 54028) (Tex) / fastness to acids, acid fastness, acid resistance ‖ ~**empfindlichkeit** f (Chem) / sensitivity to acid(s) ‖

~**farbstoffe** m pl (Foto, Tex) / acid dyes* ‖ ~**fehler** m (bei Glaselektroden) / acid error
**säurefest** adj (Chem) / acid-proof adj, acid-resistant adj, acid-resisting adj ‖ ~**er Stein** (Keram) / acid-resisting brick ‖ ~**es Ventil** (Chem Verf) / acid valve ‖ ~**er Ziegel** (Keram) / acid-resisting brick
**Säurefestigkeit** f (Chem) / acid resistance, resistance to acids ‖ **niedrige** ~ (Chem) / poor resistance to acids
**säure•frei** adj (Chem) / free from acids, acid-free adj ‖ ~**freies Papier** (absolut säurefrei oder mit nur einem sehr begrenzten Säuregehalt - DIN 6730) (Pap) / acid-free paper ‖ ~**futter** n (z.B. im Schornstein) (Bau) / acid-resistant lining ‖ **gemischte** ~**gärung** (Biochem) / heterolactic fermentation ‖ ~**gehalt** m (Chem) / acid content ‖ ~**gelb** n (saurer Pyrazolonfarbstoff) (Chem, Nahr, Tex) / tartrazine n, buffalo yellow, Acid Yellow 23, Food Yellow 4 ‖ ~**glasballon** m (Chem) / acid carboy ‖ ~**goudron** m (Chem Verf) / acid sludge* ‖ ~**halogenid** n (funktionelles Derivat von Säuren) (Chem) / acid halide, acyl halide ‖ ~**härtend (SH)** adj (Chem Verf) / acid-curing adj, acid-hardening adj ‖ ~**härtender Lack** (Anstr) / acid-curing varnish ‖ ~**härtung** f (von Resolen od. Aminoplasten) (Chem Verf) / acid-catalysed cure, acid hardening, acid curing ‖ ~**harz** n (Chem Verf) / acid sludge* ‖ ~**heber** m (Chem) / acid siphon ‖ ~**hydrazid** n (Chem) / acid hydrazide* ‖ ~**hydrolyse** f (Chem) / acidolysis n (pl. acidolyses), acid hydrolysis ‖ ~**kapazität** f (von Wasser nach DIN EN 29963, T 1) (Chem) / acid capacity ‖ ~**katalyse** f (Chem Verf) / acid catalysis ‖ ~**katalysierter Abbau** (bei der Stärkegewinnung) (Chem Verf) / acid-catalysed degradation ‖ ~**kochtest** m (Tex) / acid boiling test ‖ ~**kolonne** f (eine Waschkolonne) (Chem Verf) / acid scrubbing tower ‖ ~**kondensatkonzentration** f (Korrosion mit Säure, die durch Taupunktunterschreitung kondensiert) (Galv) / dew-point corrosion ‖ ~**konzentration** f (Chem) / strength of acids* ‖ ~**korrosion** f (Chem) / acid corrosion ‖ ~**kühlturm** m (Chem Verf) / acid cooling tower ‖ ~**lagertest** m (Tex) / acid immersion test ‖ ~**liebende Pflanze** (Bot) / acidophilic plant, acidophilous plant ‖ ~**lignin** n (Bot, For) / acid lignin ‖ ~**löslich** adj (Chem) / acid-soluble adj, soluble in acid(s) ‖ ~**lösung** f (Chem) / acid solution ‖ ~**mattieren** n (Glas) / acid frosting, frosting n ‖ ~**mattieren** (im allgemeinen) (Masch) / acid etching* ‖ ~**messer** m (Kfz) / hydrometer ‖ ~**öl** n / acid oil ‖ ~**polieren** n (Glas) / acid polishing* ‖ ~**prüfer** m (Kfz) / hydrometer ‖ ~**pumpe** f (Chem Verf) / acid pump ‖ ~**radikal** n (Chem) / acid radical* ‖ ~**raffination** f (von Schmierölen) (Erdöl) / acid refining ‖ ~**regen** m (Umwelt) / acid rain* ‖ ~**regulator** m (Nahr) / acidity regulator, pH-adjusting agent, buffer n ‖ ~**schlechte resistenz** (Chem) / poor resistance to acids ‖ ~**rest** m (Chem) / acid radical* ‖ **diurnaler** ~**rhythmus** (Bot) / crassulacean acid metabolism*, CAM* ‖ ~**rückgewinnungsanlage** f (Erdöl) / acid-recovery plant ‖ ~**schlamm** m (Chem Verf) / acid sludge* ‖ ~**schornstein** m (in dem neben chemisch angreifenden Abgasen zugleich Feuchtigkeit auftritt oder in dem die Temperatur der Abgase mindestens zeitweilig unter dem Taupunkt liegt oder bei dem von Abgasen berührte korrosionsempfindliche Bauteile Temperaturen abnehmen können, die unter dem Taupunkt des jeweiligen Abgases liegen) (Bau) / acid chimney ‖ ~**schutz** m (Chem Verf) / acid protection ‖ ~**schutzfett** n (zum Schutz der Endpole und Batterieklemmen gegen die Einwirkung der Batteriesäure) (Eltech) / anti-acid grease, acid-proof grease ‖ ~**schutzkleidung** f (DIN 4846) / acid-proof clothing ‖ ~**schutzüberzug** m (der Batterie) (Eltech) / antispray film* ‖ ~**schwellung** f (Leder) / acid swelling, acid plumping ‖ ~**stand** m (in der Batterie) (Eltech) / electrolyte level ‖ ~**stärke** f (Chem) / strength of acids* ‖ ~**taupunkt** m (Umwelt) / acid dew-point ‖ ~**teer** m (Chem Verf) / acid sludge* ‖ ~**tolerant** adj (Mikroorganismen) (Biol) / aciduric adj ‖ ~**träger** m (Backpulver) (Nahr) / leavening acid ‖ ~**turm** m (bei der Zellstoffherstellung) (Pap) / acid tower ‖ ~**überschuß** m (Chem) / excess of acid(s) ‖ ~**unlöslich** adj (Chem) / acid-insoluble adj, insoluble in acid(s) ‖ ~**unlösliche Asche** (Pap) / acid-insoluble ash ‖ ~**ureid** n (Chem) / ureide* n ‖ ~**ventil** n (Chem Verf) / acid valve ‖ ~**vergiftung** f (Chem, Med) / acid poisoning ‖ ~**wachs** n (Chem Verf) / acid wax ‖ ~**wanderung** f (Chem) / acid migration ‖ ~**wäsche** f (Chem Verf, Tex) / acid washing ‖ ~**wasserstoff** m (Chem) / acidic hydrogen ‖ ~**wecker** m (bei der Milchproduktion) (Nahr) / starter n ‖ ~**weckerapparat** m (Nahr) / starter heater ‖ ~**zahl** f (DIN 54302) **(SZ)** (Chem, Nahr) / acid value*, acid number (US) ‖ ~**zahl** (Chem, Nahr) s. auch Neutralisationszahl ‖ ~**zeiger** m (Pflanzenart, die sauren Boden anzeigt - z.B. Sauerklee und Heidelbeere) (Bot) / acidity-indicator species
**Sausage-Instabilität** f (Plasma Phys) / sausage instability
**Sauschwänzchen** n (in Fadenführer) (Tex) / pigtail thread guide
**Sauschwanzfadenführer** m (Tex) / pigtail thread guide
**S-Ausdruck** m (KI) / symbolic expression, S-expression n
**säuseln** v (Blätter - Windstärke 2 nach Beaufort) / rustle v
**sausen** v (flitzen) / whiz v, zip v
**Sauser** m (Nahr) / green wine

**Saussurit**

**Saussurit** *m* (Gemenge von Zoisit, Skapolith u.s.w.) (Min) / saussurite* *n*
**Saussuritisierung** *f* (Umbildungsvorgang bei Ca-reichen Plagioklasen) (Geol) / saussuritization *n*
**Savanne** *f* (Steppe mit einzeln oder gruppenweise stehenden Bäumen) (Umwelt) / savanna* *n*, savannah *n*
**Savarienfett** *n* (aus den Nüssen des Caryocar nuciferum L.) (Nahr) / Suari fat
**Savonius-Rotor** *m* (der Windkraftanlage) / Savonius rotor, S rotor
**savonnieren** *v* (Glas) / smooth *v* (a polished plate)
**SAW-Bauelement** *n* (Fernm) / SAW device, surface-acoustic-wave device
**Saxitoxin** *n* (Chem, Nahr) / saxitoxin *n*
**Saxonit** *m* (eine Varietät von Peridotit) (Geol) / saxonite* *n*
**Saxony** *m* (feines Herrentuch aus Kammgarnkette und Streichgarnschuß, meist farblich gemustert und fouliert) (Tex) / saxony *n*
**Saybolt•-Kolben** *m* (Chem) / Engler flask* *n* ‖ ⁓**-Universalsekunde** *f* (eine alte amerikanische Einheit der kinematrierung der Viskosität) / Saybolt second Universal, Saybolt Universal second, SSU
**Saytsev-Regel** *f* (Chem) / Saytzeff rule
**Saytzeff-Regel** *f* (Chem) / Saytzeff rule
**Säzeit** *f* (Landw) / sowing time
**Sb** (Chem) / antimony* *n*
**SB** / self-service *n* ‖ ⁓ (Chem, Phys) / initial boiling point (IBP) ‖ ⁓ (EDV) / memory bank
**SBAD** (EDV) / memory bank address
**SB-Adresse** *f* (EDV) / memory bank address
**S-Bahn** *f* (Bahn) / urban railway, city railway, S-Bahn *n*
**SBA-Landefunkfeuersystem** *n* (ein altes Instrumentenanflugsystem) (Luftf) / standard beam approach system* (SBA)
**S-Band** *n* (zwischen 2 und 4 GHz) (Fernm, Radar) / S-band* *n*
**SBD** (Fernm) / transmitting reference loss
**SBE-Zelle** *f* (eine Flüssigkristallzelle) (Eltronik) / supertwisted birefringence effect cell, SBE cell
**σ-Bindung** *f* (als Gegensatz zur Pi-Bindung) (Chem) / sigma bond
**SBNK** (EDV) / memory bank standard interface trunk code
**Sbp.** (Chem, Phys) / sublimation point, sublimation temperature
**SBR** (Nukl) / fast breeder reactor*, FBR*
**SB-TV** (TV) / slow-scan television (SSTV), slow-scan TV*
**SBU** / secondary building unit, SBU
**SB-Verfahren** *n* (Glas) / suction process, suck-and-blow process
**Sc** (Chem) / scandium* *n*
**SC** (Meteor) / stratocumulus* *n* (pl. stratocumuli)
**Scab-Korrosion** *f* (von einem Riß in der Beschichtung ausgehende, sich beiderseits des Risses ausbreitende grindartig aussehende Korrosionsspur) (Galv) / scab corrosion
**Scagliola** *f* (Einlegearbeiten aus Stuckmarmor) (Arch) / scagliola *n*
**Scale** *n* (Größenordnung atmosphärischer Phänomene) (Meteor) / scale *n*
**Scale-up** *n* / scale-up *n*
**Scaling** *n* (das Vergrößern oder Verkleinern von /Bild/Vorlagen vor einer Verwendung in Prospekten oder Anzeigen) (Druck) / scaling *n* ‖ ⁓ (Ablagerungen während der Konzentrierung des Rohwassers in den Modulen) (Eltronik) / scaling *n* ‖ ⁓ (eine Eigenschaft von Kernstößen) (Kernphys) / scaling *n*
**Scall** *n* (Funkrufdienst, über den kodierte Meldungen im Umkreis von etwa 25 km an Scallempfängergeräte übermittelt werden können) (Radio) / scall *n*
**Scan** *n* *m* (Druck, EDV, Eltronik) / scan *n*
**Scandium** *n* (Chem) / scandium* *n* ‖ ⁓**oxid** *n* (Chem) / scandium oxide, scandia *n* ‖ ⁓**sulphat** *n* (Chem) / scandium sulphate ‖ **tritid** *n* (Chem, Nukl) / scandium tritide
**Scan•geschwindigkeit** *f* (Eltronik) / scanning speed ‖ ⁓**laser** *m* (Phys) / scanning laser ‖ ⁓**-line-Algorithmus** *m* (Verfahren zur Zerlegung eines Bildes in Rasterzeilen) (EDV) / scan line algorithm
**scannen** *v* (Chem, Instr) / scan *v* ‖ ~ (Druck, EDV, Eltronik, Typog) / scan *v*, scan in *v* ‖ ⁓ *n* (Druck, EDV, Typog) / scanning *n* ‖ ⁓ (Kernphys) / scanning *n*
**Scanner** *m* (Druck, EDV, Eltronik, Typog) / scanner *n* ‖ ⁓ **für Dateneingabe** (EDV) / input scanner ‖ ⁓ **für farbige Vorlagen** (Druck, EDV, Typog) / colour scanner ‖ ⁓ **für Strichvorlagen** (Druck, EDV, Typog) / line-art scanner ‖ ⁓ **mit drei Durchläufen** (Druck, EDV, Typog) / triple-pass scanner
**Scanner•bild** *n* (Druck, EDV, Typog) / scanned image ‖ ⁓**kasse** *f* (EDV) / electronic-point-of-sale terminal, EPOS terminal ‖ ⁓**-Kommandosprache** *f* (EDV) / scanner command language (SCL) ‖ ⁓**kopf** *m* (Druck, EDV, Typog) / scanning head
**Scanning** *n* (systematisches Abtasten eines Informationsträgers mit Strahlen) (Druck, EDV, Eltronik, Typog) / scanning *n* ‖ ⁓ (Absuchen der Bilder nach Ereignissen - experimentelle Hochenergiephysik) (Kernphys) / scanning *n* ‖ ⁓**-Augermikroskopie** *f* (eine Art Oberflächenanalytik) (Chem) / scanning Auger microscopy, SAM ‖ ⁓**kalorimeter** *n* (Phys) / scanning calorimeter ‖ ⁓**tisch** *m* (Mikros) / scanning stage
**Scan•-Software** *f* (Druck, EDV, Typog) / scanning software ‖ ⁓**spiegel** *m* (bei einem Laserscan-Mikroskop) (Opt) / scan mirror ‖ ⁓**vorgang** *m* (Druck, EDV, Eltronik, Typog) / scanning *n*
**Scara-Roboter** *m* (Industrieroboter mit Drehgelenken um eine senkrechte Achse sowie einer translatorischen Hubbewegung) / Scara robot
**Scart** *m* (Euro-AV-Buchse - Syndicat des constructeurs d'appareils radiorécepteurs et téléviseurs) (Eltronik) / scart *n* ‖ ⁓**-Stecker** *m* (Eltronik) / scart connector ‖ ⁓**-Steckvorrichtung** *f* (Eltronik) / scart connector
**Scatterausbreitung** *f* (Radio) / scatter propagation
**Scattering** *n* (Radio) / spread *n*, scattering *n*
**Scatterrichtverbindung** *f* (Radio) / scatter link
**Scavenger** *n* (Additiv zur Spülung des Zylinders - in Deutschland verboten) (Kfz) / scavenger *n*
**Scavenging** *n* (Anlagerung von atmosphärischen Spurenstoffen in Wassertröpfchen) (Meteor) / scavenging *n* ‖ ⁓ (Nukl) / scavenging *n*
**SCC** (Kernphys) / Superconducting Supercollider, SCC
**SC-Flipflop** *n* (Eltronik) / RS flip-flop, SR flip-flop
**SCF-Methode** *f* (Chem) / SCF method, ScF method, self-consistent-field method
**Schabaufmaß** *n* (Masch) / shaving allowance, shaving stock
**Schabe** *f* (Med, Nahr, Zool) / cockroach *n* ‖ **Deutsche** ⁓ (Med, Nahr) / German cockroach, Croton bug
**Schäbe** *f* (bei der Flachs- und Hanfgewinnung entstehender Abfall aus holzigen Teilchen) (Tex) / shives* *pl*
**Schabehobel** *m* (Tischl) / spokeshave *n*, scraper plane
**Schabeisen** *n* (zum Rohrlöten) (Klemp) / shave hook ‖ ⁓ (Werkz) / scraper* *n*, knife* *n*, scraping knife
**schaben** *v* / scrape *v* ‖ ~ (Zahnräder) (Masch) / shave *v* ‖ ⁓ *n* (von Zahnrädern nach DIN 8589, T 9) (Masch) / shaving *n* ‖ ⁓ (Teil eines Räumvorgangs) (Masch) / sizing *n*
**Schäben** *f pl* (Holzsplitter im Papier) (Pap) / shives* *pl* (bundles of fibres in pulp or paper)
**Schaber** *m* (Werkz) / scraper* *n*, knife* *n*, scraping knife ‖ ⁓ s. auch Rakel ‖ ⁓**markierung** *f* (Pap) / doctor marks, doctor ridges ‖ ⁓**molch** *m* (zum Molchen) (Masch) / scraper pig ‖ ⁓**riefen** *f pl* (Pap) / doctor marks, doctor ridges ‖ ⁓**stoff** *m* (Pap) / doctor dust
**Schabezahn** *m* (eines Räumwerkzeuges) (Masch) / sizing tooth, shave tooth
**Schab•hobel** *m* (Tischl) / spokeshave *n* (for shaping curved edges) ‖ ⁓**hobel** (Tischl) / spokeshave *n*, scraper plane ‖ ⁓**klinge** *f* (Tischl) / scraper* *n* ‖ ⁓**kunst** *f* (Druck) / mezzotint* *n*
**Schablone** *f* / template* *n* ‖ ⁓ (Anstr) / pattern *n*, stencil-plate *n*, stencil *n*, positive stencil ‖ ⁓ (zum Ziehen von Profilleisten oder Gesimsen bei Stuckarbeiten) (Bau) / horsed mould, horse* *n* ‖ ⁓ (für den künstlerischen Siebdruck) (Druck) / stencil* *n* ‖ ⁓ (bei der Spritzretusche) (Foto) / frisket *n* ‖ ⁓ (Gieß) / strickle *n* ‖ ⁓ (Instr, Masch) / gauge* *n*, gage *n* (US) ‖ ⁓ (Masch) / pattern *n* ‖ ⁓ (für die Nähmaschinen) (Tex) / jig *n* ‖ ⁓ **für Adressiermaschinen** / address master, address plate ‖ ⁓ **für die Erstellung formatierter Seiten** (EDV) / page template
**Schablonen•brenngerät** *n* (Eltronik) / stencil scanner ‖ ⁓**druck** *m* (Druck, Tex) / screen-printing* *n*, screen process printing* ‖ ⁓**feder** *f* / lettering pen (tubular), stencil pen (tubular) ‖ ⁓**formen** *v* (nur Partizip und Infinitiv) (Gieß) / strike up *v*, sweep *v*, strike *v*, strickle *v* ‖ ⁓**formen** *n* (mit der Dreh- oder Ziehschablone) (Gieß) / striking-up* *n*, striking* *n*, strickling *n*, kuplate moulding ‖ ⁓**formerei** *f* (mit der Dreh- oder Ziehschablone) (Gieß) / striking-up* *n*, striking* *n*, strickling *n*, kuplate moulding ‖ ⁓**malerei** *f* (Keram) / stencilling *n* ‖ ⁓**maske** *f* (Eltronik) / stencil mask ‖ ⁓**papier** *n* (Pap) / stencil paper ‖ ⁓**vergleich** *m* (EDV) / template matching ‖ ⁓**vervielfältiger** *n* / stencil duplicator ‖ ⁓**-Vervielfältigungsmaschine** *f* / stencil duplicator ‖ ⁓**wicklung** *f* (Eltech) / preformed winding
**Schablonier•brett** *n* (Gieß) / strickle board*, loam board, sweep *n*, sweep template ‖ ⁓**einrichtung** *f* (Gieß) / strickle *n*
**schablonieren** *v* (Gieß) / strike up *v*, sweep *v*, strike *v*, strickle *v* ‖ ⁓ *n* (Anstr) / stencilling *n* ‖ ⁓ (mit der Dreh- oder Ziehschablone) (Gieß) / striking-up* *n*, striking* *n*, strickling *n*, kuplate moulding
**Schablonierpinsel** *m* (Anstr) / stencil brush
**Schab•manier** *f* (ein manuelles Verfahren zur Herstellung einer Druckform für den Kupferdruck) (Druck) / mezzotint* *n* ‖ ⁓**messer** *n* (Tischl) / scraper* *n* ‖ **messer** (Werkz) / scraper* *n*, knife* *n*, scraping knife
**Schabotte** *f* (ein Gußblock als Unterteil eines Schmiedehammers, der das Untergesenk trägt) (Masch) / anvil* *n* ‖ ⁓**einsatz** *m* (Masch) / bolster* *n*, sow-block *n*, anvil cap ‖ ⁓**hammer** *m* (Maschinenhammer zum Freiform- und Gesenkschmieden,

ausgeführt als Fall- oder Oberdruckhammer, der die Schlagarbeit in Nutzarbeit zum Umformen des Werkstücks, Bärrücksprungsverlustarbeit und Schabotteverlustarbeit umsetzt) (Masch) / anvil-block hammer

**Schab•rad** *n* (Masch) / rotary gear-shaving cutter, circular gear-shaving cutter || ~**stoff** *m* (Pap) / doctor dust || ~**zugabe** *f* (Masch) / shaving allowance, shaving stock

**schach•brettartig** *adj* / checkered *adj* (US), chequered *adj* || ~**brettfries** *m* (Arch) / billet *n* || ~**spielprogramm** *n* (EDV) / chess program

**Schacht** *m* (Fahrstuhl-, Licht-, Luft-) (Bau) / well *n*, floor opening || ~ (lotrechter Grubenbau, mit dem eine Lagerstätte von der Tagesoberfläche aus erschlossen wird) (Bergb) / shaft* *n*, pit* *n* || ~ (des Druckers) (EDV) / chute *n* || ~ (des Hochofens) (Hütt) / stack *n*, shaft *n* || ~ (des Brenners) (Masch) / uptake *n* || ~ s. auch Lichtschacht || ausziehender ~ (Bergb) / upcast ventilating shaft, uptake *n* || gemauerter ~ (Bergb) / walled shaft || **in Richtung zum** ~ (von der Feldesgrenze gesehen) (Bergb) / but *adv*

**Schacht•abteufen** *n* (Bergb) / shaft sinking, pitting *n* || ~**arbeiter** *m* (Bergb) / miner *n*, pitman *n* (pl. pitmen) || ~**ausbau** *m* (aus geschlossenen Gußeisen- oder Stahlsegmenten) (Bergb) / shaft lining || ~**bagger** *m* (HuT) / hopper-dredger* *n* || ~**bau** *m* (HuT) / sinking operation || ~**bohren** (Bergb, HuT) / trepanning *n*, shaft drilling || ~**bohrmaschine** *f* (Bergb, HuT) / shaft drill || ~**brunnen** *m* (HuT) / open caisson, open well, Chicago caisson, Chicago well, drop shaft, cylinder caisson*, monolith *n*, foundation cylinder* || ~**bühne** *f* (Bergb) / landing place || ~**deckel** *m* (z.B. der Kabelschachts) / access door || ~**deckel** (des Revisionsschachtes) (Bau, HuT) / manhole cover

**Schachtel, feste** ~ (Pap) / set-up box || **formstabile** ~ (Pap) / rigid box || ~ *f* **mit Innenbeutel** (eine Lebensmittelverpackung) (Nahr) / bag-in-box package || ~**bild** *n* (Film) / composite shot, split frame, split shot || ~**karton** *m* **besonders hoher Qualität** (mit hoher Witterungsbeständigkeit) (Pap) / V board

**schachteln** *v* (EDV) / nest *v* (a subroutine)

**Schachtelpapier** *n* (Pap) / box paper || **farbiges** ~ (Pap) / chromatic paper

**Schachtelung** *f* (EDV) / nesting *n* (of a subroutine) || ~ (Math) / nesting *n*

**Schachtelzuschnitt** *m* (Pap) / box blank

**Schacht•förderanlage** *f* (Bergb) / winding plant, winding apparatus || ~**förderseil** *n* (Bergb) / hoist cable, hoisting rope || ~**förderung** *f* (seigere und schräge) (Bergb) / shaft hoisting, shaft winding || ~**führung** *f* (die die Förderkörbe in der Spur des betreffenden Fördertrums hält) (Bergb) / guides* *pl*, shaft guide, winding guide || **nichtstarre** ~**führung** (Bergb) / flexible guide || ~**gebäude** *n* (Bergb) / shaft house, head house || ~**kranz** *m* (Bergb) / shaft set, outset *n*, bank *n*, pit head || ~**mauerung** *f* (Bergb, HuT) / ginging *n* || ~**mundloch** *n* (Bergb) / shaft mouth, shaft collar, collar *n*, pit mouth, eye* *n* || ~**mündung** *f* (Bergb) / shaft mouth, shaft collar, collar *n*, pit mouth, eye* *n* || ~**ofen** *m* (Hütt) / shaft furnace*, vertical kiln, shaft-type furnace || ~**ofen** (Keram) / shaft kiln (an essentially vertical, refractory-lined furnace for heating lump material) || ~**ofenauskleidung** *f* (Hütt) / shaft lining || ~**öffnung** *f* (Bergb) / pit-eye* *n* || ~**scheibe** (Schachtquerschnitt mit Ausbau und Einteilung in die verschiedenen Trumme) (Bergb) / shaft cross section

**Schächtschnitt** *m* (Leder) / cutthroat *n*, stuckthroat *n*

**Schacht•sicherheitsfeste** *f* (eine Bergfeste) (Bergb) / shaft (safety) pillar*, high bottom pillar || ~**sohle** *f* (Bergb) / shaft bottom || ~**speisung** *f* (Spinn) / chute feeding || ~**sumpf** *m* (Bergb) / sump* *n*, foot *n*, water lodge, standage *n*, sump pit, lodge *n* || ~**tiefstes** *n* (Bergb) / shaft bottom || ~**tür** *f* (im allgemeinen) / access door || ~**tür** (des Aufzuges) / landing door || ~**wärts** *adv* (Bergb) / but *adv* || ~**wasser** *n* (Bergb) / mine water, pit water, mine drainage water

**Schadeinheit** *f* (in dem Wasserabgaberecht) (Umwelt) / unit of damage

**Schaden** *m* / damage *n* || ~ (Verlust als Versicherungsfall) / loss *n* || **durch Fegen verursachter** ~ (an Waldbäumen) (For) / fraying damage || **genetischer** ~ (ein Strahlenschaden) (Radiol) / genetic damage, genetic radiation damage || **kumulativer** ~ (WP) / cumulative damage || ~ *m* **durch Wetterunbilden** (Meteor) / injury from exposure

**Schaden•ausmaß** *n* / extent of damage || ~(s)**ersatz** *m* / damages *pl*, indemnification *n* || ~(s)**ersatz für Nichtlieferung** / damages for non-delivery || ~(s)**ersatzpflichtig** *adj* / liable for damages || ~**feuer** *n* / blaze *n*, (destructive) fire || ~**freiheitsbetrag** *m* (in einer bestimmten Schadensfreiheitsklasse) (Kfz) / no-claim bonus, no-claims discount || ~**freiheitsklasse** *f* (Kfz) / no-accident bonus category || ~**freiheitsrabatt** *m* (Kfz) / no-claim bonus, no-claims discount

**Schadens•akkumulation** *f* (die durch eine Schadensakkumulationshypothese beschrieben wird) (WP) / damage accumulation || ~**analyse** *f* (systematische Untersuchungen und Prüfungen zur Ermittlung von Schadensablauf und -ursache) / failure analysis || ~**art** *f* / type of damage || ~**fall** *m* (Nukl) / accident *n*, fault *n*, failure *n* || ~**fallermittlung** *f* / failure analysis || ~**linie** *f* (gibt an, wie viele Lastspiele eine Probe oberhalb der Dauerfestigkeit erträgt, ohne daß eine Werkstoffschädigung eintritt) (WP) / damage curve || ~**linie nach French** (Hütt) / French curve || ~**reaktion** *f* (eines Virus) (EDV) / damaging action || ~**regulierer** *m* (der Versicherung) / claims agent, claims adjuster || ~**tolerant** *adj* (Konstruktion) (Masch) / damage-tolerant *adj* || ~**untersuchung** *f* (beim Ausfall) (Masch) / failure examination || ~**wirkung** *f* (eines Virus) (EDV) / damaging action

**Schad•erreger** *m* (Biol) / pest *n* || ~**feuer** *n* / blaze *n*, (destructive) fire || ~**hafte Spur** (EDV, Mag) / flawed track, defective track

**schädigen** *v* / impair *v* || ~ / damage *v* || ~ (durch Frost) (Landw) / nip *v*

**Schädigung** *f* (Prüfung von Kunststoffen) (Plast) / damage *n* || **thermische** ~ (Chem, Nahr, Pharm) / thermal degradation || ~ *f* **durch Chlor** (Tex) / chlorine damage

**Schädigungs•ablauf** *m* (z.B. bei Überbeanspruchung) (Mech) / damage process || ~**arbeit** *f* (bei der Prüfung von Kunststoffen) (Plast) / damaging energy || ~**prozeß** *m* (z.B. bei Überbeanspruchung) (Mech) / damage process

**Schadinsektenbefall** *m* (For, Landw) / insect attack, insect invasion, insect infestation

**schädlich** *adj* (für....) / noxious *adj* (to....) || ~ / dangerous *adj* || ~**e Eisenteile** (Aufber) / tramp iron*, iron tramp || ~**e Nachwirkung** / consequential damage, damaging after-effects || ~**e Neigung** (Bahn) / excessive gradient || ~**er Raum** / dead-volume space || ~**er Widerstand** (aller Teile, die keinen Auftrieb erzeugen) (Luftf) / parasitic drag

**Schädling** *m* (Biol) / pest *n*

**Schädlings•befall** *m* (For, Landw) / pest infestation || ~**befallenes Holz** (For) / infested wood || ~**bekämpfend** *adj* (Landw, Umwelt) / biocidal *adj*, pesticidal *adj*

**Schädlingsbekämpfung** *f* (Landw, Umwelt) / pest control || **biologische** ~ (Landw) / biological control* || **gentechnische** ~ (Landw) / pest control by genetic engineering || **integrierte** ~ (For, Landw) / integrated pest management, integrated control || ~ *f* **aus der Luft** (mit Stäubemitteln) (Landw) / dusting *n*, crop dusting || ~ **durch pflanzenbauliche Maßnahmen** (Landw, Umwelt) / cultural control

**Schädlings•bekämpfungsmittel** *n* **pro Flächeneinheit** (Landw, Umwelt) / deposit *n* || ~**resistent** *adj* (For, Landw) / pest-resistant *adj* || ~**resistenz** *f* (For, Landw) / pest resistance || ~**vertreibendes Mittel** (ein Abschreckmittel) (Landw, Umwelt) / repellent *n*, repellant *n*

**Schad•organismus** *m* (Biol) / pest *n* || ~**raum** *m* (der Teil des Arbeitsraumes des Verdichters, der nicht zum Hubvolumen zählt) (Masch) / cylinder clearance || ~**stelle** *f* (WP) / defect *n*

**Schadstoff** *m* (Med) / noxious substance, toxic substance || ~ (gefährlicher) (Med, Umwelt) / dangerous substance || ~ (im allgemeinen) (Med, Umwelt) / harmful substance || ~ (Umwelt) / pollutant *n*, polluting agent, contaminant *n* || **metallischer** ~ (Umwelt) / polluting metal || **vom Menschen produzierter** ~ (Umwelt) / man-made pollutant || ~ *m* **aus den Rauchgas- und Abgasschornsteinen** (Umwelt) / stack pollutant || ~**anteil** *m* (Umwelt) / percentage of pollutants, percentage of contamination || ~**armes Auto** (Kfz) / low-pollutant car, emission-controlled car || ~**armes Fahrzeug** (Kfz) / low-emission vehicle || ~**ausstoß** *m* (Umwelt) / emissions *pl* || ~**belastet** *adj* (Umwelt) / pollutant-impacted *adj* || ~**einleitung** *f* (Umwelt, Wasserb) / contaminant discharge, pollutant discharge || ~**emissionen** *f pl* (Umwelt) / emissions *pl* || ~**frei** *adj* (Umwelt) / zero-emission *attr* || ~ **mit vermindertem Gehalt** (Umwelt) / low-hazard *attr* || ~**grenzwerte** *m* (Umwelt) / emission limits || ~**potential** *n* (Wertigkeit der Schadwirkung oder einer möglichen Gefahr eines Schadstoffes) (Umwelt) / pollutant potential, contaminant potential

**Schadt-Helfrich-Effekt** *m* (ein elektrooptischer Effekt) (Eltronik) / Schadt-Helfrich effect

**Schad•vogel-Abwehrmittel** *n* (Landw) / bird repellent || ~**wagen** *m* (Bahn) / damaged wagon, defective wagon, faulty wagon, bad order car (US) || ~**wagengleis** *n* (Bahn) / track for damaged wagons || ~**wasser** *n* / aggressive water || ~**wirkung** *f* / harmful effect, damaging effect

**Schaf, erstmals geschorenes** ~ (Landw, Zool) / shearling *n*

**Schäfchenhimmel** *m* (Meteor) / mackerel sky*

**Schaf•darm** *m* (Nahr) / sheep-gut *n* || ~**fell** *n* (Leder) / sheepskin *n*

**Schäffer-Säure** *f* (6-Hydroxynaphthalin-2-sulfonsäure) (Chem) / Schäffer's acid*

**Schaffhausener Schloß** (Tischl, Zimm) / table joint

**Schaf•fleischspalt** *m* (Leder) / flesher *n*, lining *n* || ~**fliege** *f* (Landw, Zool) / ked *n* (sheep ked)

**Schaffloch** *n* (Glas) / gathering hole (in a glass pot or tank)

**Schaffner** *m* (Bahn) / guard *n*, conductor *n* (US) || ~ (Kfz) / conductor *n* (on buses) || ~**los** *adj* (Kfz) / driverless *adj*

1047

**Schaffung** f guter akustischer Verhältnisse (Akus) / sound conditioning ‖ ~ **von Arbeitsplätzen** (F.Org) / job creation
**Schaf•fußwalze** f (ein Bodenverdichtungsgerät) (HuT) / sheepsfoot roller, tamping roller (US) ‖ ~**lausfliege** f (Landw, Zool) / ked n (sheep ked) ‖ ~**leder** n (Leder) / sheepskin ‖ **[sumachgegerbtes]** ~**leder** n (für Bucheinbände) (Leder) / roan n ‖ ~**markierungsfarbe** f (Anstr, Landw) / sheep dyestuff ‖ ~**milch** f (Nahr) / ewe milk ‖ ~**schere** f (Landw) / sheep clippers, sheep shears ‖ ~**schermaschine** f (Landw) / sheep shearer, sheep shearing machine ‖ ~**schur** f (Landw) / sheep shearing
**Schafsmilch** f (Nahr) / ewe milk
**Schaft** m (Arch) / shaft* n, shank* n, tige n, fust* n ‖ ~ (For) / bole* n, stem* n (des Schuhes) (Leder) / upper n, shoe upper ‖ ~ (des Stiefels) (Leder) / leg n, boot upper ‖ ~ (bei Schrauben mit Teilgewinde) (Masch) / unthreaded shank, plain shank ‖ ~ (eines Ventils) (Masch) / stem n, spindle n ‖ ~ (des Schlüssels) (Masch) / stem n, shank n, barrel n ‖ ~ (des Fräsers, des Meißels, des Bohrers, der Schraube, des Nagels) (Masch, Werkz) / shank* n ‖ ~ (ein meist rundes Bauteil wie Anker- oder Ruderschaft) (Schiff) / shaft n ‖ ~ (Spinn) / barrel n (of a bobbin) ‖ ~ (der Teil einer Drucktype, der den Kopf mit dem Schriftbild trägt) (Typog) / body* n, shank* n, stem* n ‖ ~ (Hubelement am Webstuhl) (Web) / heald shaft, heald frame ‖ ~ **mit Vierkant** (DIN ISO 1891) (Masch) / square neck ‖ ~**durchmesser** m (der Schraube) (Masch) / body diameter, shank diameter ‖ ~**durchmesser** (Werkz) / shank diameter
**schäften** v (For, Zimm) / scarf v ‖ ~ n (For, Zimm) / scarf* n, scarfed joint, scarf joint, splice n
**Schaft•fräser** m (mit Zylinderschaft nach DIN 844 und mit Morsekegel nach DIN 845) (Masch) / end mill*, finger-shaped cutter ‖ ~**fräser für T-Nuten** (Masch) / T-slot cutter, tee-slot cutter ‖ ~**gemustert** adj (Web) / dobby-patterned adj ‖ ~**gewebe** n (Web) / dobby fabric*, dobby n ‖ ~**holzvolumen** n (Rauminhalt eines Baumschaftes vom Stockabschnitt bis zum Gipfel - ohne Äste) (For) / stem volume n ‖ ~**kurve** f (For) / stem curve ‖ ~**länge** f (bei Schrauben mit Teilgewinde, mit Gewindeauslauf) (Masch) / shank length ‖ ~**länge** (bei Schrauben mit Teilgewinde, ohne Gewindeauslauf) (Masch) / length of unthreaded shank
**Schaftmaschine** f (eine zusätzliche Fachbildevorrichtung an der Webmaschine) (Web) / dobby* n, dobbie n, dobby head ‖ ~ **für Hoch- und Tieffach** (Web) / double-lift dobby ‖ ~ **für Hochfach** (Web) / dobby for lifting ‖ ~ **für Tieffach** (Web) / dobby for lowering ‖ ~ **mit kraftschlüssiger Bewegung der Platinen** (Web) / negative dobby ‖ ~ **Modell Crompton** (nach S. Crompton, 1753-1827) (Web) / Crompton's dobby
**Schaft•messer** n (Jacquard) (Web) / lifting knife ‖ ~**ring** m (einer gewirtelten Säule) (Arch) / band n ‖ ~**ring** (schmaler) (Arch) / bandelet n, bandlet n, bandelette n ‖ ~**schraube** f (DIN 427) (Masch) / set bolt (with an unthreaded part of the shaft), set screw ‖ ~**schraube** (Masch) / headless screw ‖ ~**schraube mit Schlitz und Kegelkuppe** (DIN 427) (Masch) / slotted headless screw with chamfered end
**Schäftung** f (mit einem keilförmigen Übergreifungsstoß) (For, Zimm) / scarf* n, scarfed joint, scarf joint, splice n
**Schäftverbindung** f (For, Zimm) / scarf* n, scarfed joint, scarf joint, splice n
**Schaft•wälzfräser** m (mit Schaft aus einem Stück zur Herstellung von Schneckenrädern) (Masch) / shank-type hob ‖ ~**weberei** f (mit Schäften, die durch eine Schaftmaschine gesteuert werden) (Web) / dobby weaving ‖ ~**webmaschine** f (Web) / dobby loom ‖ ~**webstuhl** m (Web) / dobby loom ‖ ~**werk** n (Web) / harness n, stave n, leaves pl
**Schaf•wolle** f (Tex) / sheep wool, sheep's wool ‖ ~**zucht** f (Landw) / sheep-breeding n
**Schäkel** m (ein Verbindungs- und Befestigungsglied aus Metall) (Masch, Schiff) / shackle* n ‖ ~**bolzen** m (mit Schraubverschluß) (Masch) / shackle-bolt n ‖ ~**isolator** m (mit einem Metallbügel und einem durch die Mittelbohrung des Isolierkörpers gesteckten Metallbolzen als Befestigungsmittel) (Eltech) / shackle insulator*
**Schakenkette** f (Masch) / open-link chain
**schal** adj (Nahr) / insipid adj, stale adj, flat adj, tasteless adj, vapid adj
**Schälabgang** m (For) / barking waste, barking refuse, bark shavings
**Schalbeton** m (Bau, HuT) / concrete cast in shuttering
**Schälblock** m (für Schälfurniere) (For) / bolt n
**Schalbohlen, lotrechte** ~ (mit Keilen gesichert, mit waagerechten Gurthölzern und Steifen abgestützt) (HuT) / poling boards*
**Schalbrett** n (Bau, HuT, Zimm) / form board, shuttering board, formwork board, sheeting board
**Schäldrehen** n (Masch) / centreless rough turning
**Schale** f (Schüssel) / bowl n ‖ ~ (Bau) / shell n ‖ ~ (äußere Umhüllung eines Stahlbetonturms) (Bau) / shell n ‖ ~ (einer Schalenmauer) (Bau) / withe n (one leaf of a cavity wall or hollow wall), wythe n, tier n (US), leaf n ‖ ~ (gekrümmtes Flächentragwerk geringer Dicke) (Bau, HuT) / shell n, thin shell ‖ ~ (Chem, Foto, Masch) / dish n ‖ ~ (am Block)

(Hütt) / scab n ‖ ~ (beim direkten Strangpressen) (Hütt, Masch) / skull n ‖ ~ (Waagschale) (Instr) / pan n, scale-pan n, scale n ‖ ~ (Kernphys) / shell* n ‖ ~ (der Leuchte) (Licht) / bowl n ‖ ~ (bei der Schalenbauweise) (Luftf) / monocoque* n ‖ ~ (in der Sandwichbauweise) (Luftf) / skin* n ‖ ~ (Masch) / basin n ‖ ~ (eines Mehrschalengreifers) (Masch) / leaf n ‖ ~ (Masch) / cup n ‖ ~ (eines Hyperboloids) (Math) / sheet n ‖ ~ (der Schildkröte) (Zool) / carapace* n ‖ **(Obst-, Gemüse-)**~ (Nahr) / rind n, skin n ‖ ~ **doppeltgekrümmte** ~ (Arch) / shell of double curvature ‖ **einfachgekrümmte** ~ (Arch) / single-curved shell ‖ **innere** ~ (Kernphys) / inner shell ‖ **magnetische** ~ (Eltech) / magnetic shell* ‖ **mehrfachgekrümmte** ~ (Arch) / multiply curved shell ‖ **vollbesetzte** ~ (Kernphys) / closed shell
**Schaleisen** n (Klemp) / bossing stick
**Schäleisen** n (Dauner) (For) / barking iron, bark scraper ‖ ~ (For, Werkz) / bark iron, bark scraper, barking iron
**schalen** v (Bau, HuT) / shutter v, form v
**schälen** v (Äpfel, Kartoffeln) / pare v ‖ ~ (Bergb) / plough v, plow v (US), plane v ‖ ~ (For) / debark v, decorticate v, peel vt, strip v, bark v, ross v (US) ‖ ~ (Furniere auf der Furnierschälmaschine) (For) / peel v ‖ ~ (Hütt, Masch) / scalp v ‖ ~ (Landw) / husk v, hull v, shuck v ‖ ~ (eine Stoppel- oder Grasnarbe mit dem Schälpflug umbrechen) (Landw) / skim v ‖ ~ (Erbsen) (Nahr) / hull v, shell v, pod v ‖ ~ (s.B. Nüsse, Erbsen) (Nahr) / shell v ‖ ~ (Nahr) / skin v, peel v ‖ ~ (Reis, Hafer usw.) (Nahr) / mill v, hull v (US) ‖ ~ n (Draht, Isolierung) (Eltech) / shaving n ‖ ~ (von Furnieren auf der Furnierschälmaschine) (im allgemeinen) (For) / peeling n, rotary cutting ‖ ~ (von Rundstäben zu Blankstahl) (Hütt, Masch) / scalping n ‖ ~ (Stoppelsturz) (Landw) / stubbling n, stubble-cleaning n, stubble-clearing n, stubble-breaking n ‖ ~ (Drehen von stangenförmigen Werkstücken) (Masch) / centreless rough turning ‖ ~ (von Reis, Hafer usw.) (Nahr) / milling n, hullling n (US)
**Schalen•anteil** m (bei der Getreideverarbeitung) (Nahr) / bran content ‖ ~**aufbau** m (Kernphys) / shell structure ‖ ~**ausbau** m (selbsttragende Ausbauhinterfüllung mit hydraulischen Bindemitteln, auf dem Streckenausbau aufliegend und im Verbund mit dem Gebirgsmantel, der durch Zementieren verfestigt werden kann) (Bergb) / shell support ‖ ~**bauweise** f (Bau) / shell construction ‖ ~**bauweise** (selbsttragende) (Bau, Luftf) / geodetic construction* ‖ ~**bauweise** (der selbsttragenden Karosserie) (Kfz) / monocoque* n, monocoque construction ‖ ~**bauweise** (mit tragender Außenhaut) (Luftf) / stressed-skin construction*, stressed-skin structure
**schälende Gewinnung** (mit einem Kohlenhobel) (Bergb) / planing n, ploughing n
**Schalen•dach** n (Bau) / shell roof ‖ ~**destillierapparat** m (Chem) / pot still* ‖ ~**elektron** n (Kernphys) / shell electron ‖ ~**entwicklung** f (Foto) / dish development ‖ ~**form** f (dünnwandige, widerstandsfähige verlorene Form aus speziellen Formstoffen) (Gieß) / shell mould ‖ ~**förmig** adj / dished* adj, concave adj ‖ ~**hartguß** m (unterentektisches Gußeisen mit außen weißer karbidischer harter Schreckschicht und einem grauen weichen Kern) (Hütt) / chilled cast iron, chilled iron* ‖ ~**kreuzanemometer** n (zur kontinuierlichen Messung der Windgeschwindigkeit) (Meteor) / cup anemometer, revolving-cup anemometer ‖ ~**kupplung** f (DIN 115) (Masch) / split coupling ‖ ~**magnet** m (Mag) / shell ‖ ~**maschine** f (Glas) / rigid section machine, pipe insulation machine (US), pipe section machine (US) ‖ ~**mauer** f (Bau) / hollow wall(ing)*, cavity wall* ‖ ~**modell** n (in der grafischen Datenverarbeitung) (EDV) / onion diagram n ‖ ~**modell** (Fernm) / layered architecture ‖ ~**modell** (ein Kernmodell) (Kernphys) / shell model*, central-field model, independent-particle model ‖ ~**shed** n (Schale, die in ihrer Querrichtung nur einen Teil der Grundfläche überdeckt, während über dem Rest Fenster liegen) (Bau, HuT) / shell shed ‖ ~**sitz** m (Kfz) / bucket seat ‖ ~**sohle** f (Bau) / wall unit ‖ ~**struktur** f (Kernphys) / shell structure
**Schäl•folie** f (Plast) / skived film ‖ ~**furnier** n (For) / rotary-cut veneer, rotary veneer
**Schal•gerüst** n (bei der Herstellung von Beton- und Stahlbetontragwerken) (HuT) / falsework* n, lagging* n ‖ ~**haut** f (das formgebende Element des Schalungskörpers, das direkt vom Beton berührt wird; es ist das Spiegelbild des herzustellenden Betons) (HuT, Zimm) / form lining ‖ ~**holz** n (Bergb) / boarding n, lagging n
**schalig** adj (Geol) / shelly adj, conchoidal adj ‖ **~e Verwitterung** (Geol) / exfoliation n, flaking n, sheeting n, spalling n (US) ‖ **~e Verwitterung** (Geol) / onion-skin weathering, onion weathering
**schalken** v (Luken wasserdicht verschließen) (Schiff) / batten down v
**Schalklatte** f (Schiff) / hatch batten
**Schalkleiste** f (Schiff) / hatch batten
**Schall** m (Akus) / sound* n ‖ **dritter** ~ (in hauchdünnen Oberflächenschichten des supraflüssigen Heliums) (Phys) / third sound ‖ **erster** ~ (eine Druckwelle in supraflüssigem Helium) (Phys)

/ first sound ‖ **fünfter** ⁓ (eine Temperaturwelle in supraflüssigem Helium) (Phys) / fifth sound ‖ **geschwindigkeitserreger** ⁓ (Akus) / velocity-generated noise (a structural noise) ‖ **krafterreger** ⁓ (Akus) / force-generated noise (a structural noise) ‖ **nullter** ⁓ (Phys) / zeroth sound ‖ **vierter** ⁓ (eine Druckwelle in supraflüssigem Helium) (Phys) / fourth sound ‖ **zweiter** ⁓ (ungedämpfte Temperaturwellen, die mit Dichteschwingungen des Phononengases verbunden sind) (Phys) / second sound

**Schall•-** (Akus) / sonic adj ‖ ⁓**absorber** m (Akus) / acoustic absorber, sound absorber ‖ **~absorbierend** adj (Akus) / acoustic adj ‖ ⁓**absorption** f (Entzug von Schallenergie durch Schallableitung oder Umwandlung in eine andere Energieform - DIN 1320) (Akus) / acoustic absorption*, sound absorption ‖ ⁓**absorptionskoeffizient** m (Akus, Bau) / noise-reduction coefficient, NRC ‖ ⁓**abstrahlung** f (Akus) / acoustic radiation ‖ ⁓**analyse** f (zur Untersuchung der spektralen Zusammensetzung von Schallschwingungen) (Akus) / sound analysis ‖ ⁓**archiv** n (Akus) / record library ‖ **~arme Innengarnitur** (Masch) / low-noise trim, reduced-noise trim
**Schallast** f (DIN 1320) (Akus) / sound impact
**Schallattenverlegung** f (für Gips) (Bau) / counter-lathing* n, brandering* n
**Schall•aufnehmer** m (Sensor für Schall) (Akus) / sound receiver, acoustic receiver, sound sensor ‖ ⁓**aufzeichnung** f (Akus) / sound recording ‖ ⁓**aufzeichnungsgerät** n (Akus) / sound recorder ‖ ⁓**ausbreitung** f (DIN 1320) (Akus) / sound propagation ‖ ⁓**ausbreitungskoeffizient** m (DIN 1320) (Akus) / sound-propagation coefficient ‖ ⁓**ausschlag** m (Auslenkung eines schwingenden Teilchens aus der Ruhelage nach DIN 1320) (Akus) / sound-particle displacement ‖ ⁓**becher** m (des Musikinstruments) (Akus) / bell n ‖ ⁓**beeinflußte Flamme** (die Schallwellen treffen auf eine Membran) (Phys) / sensitive flame, microphonic flame, sound-sensitive flame, manometric flame ‖ ⁓**beschleunigung** f (DIN 1320) (Akus) / sound-particle acceleration ‖ ⁓**beugung** f (Akus) / acoustic diffraction ‖ ⁓**blende** f (Film) / sound gobo ‖ ⁓**boden** m (des Musikinstruments) (Akus) / sounding board, soundboard n ‖ ⁓**boje** f (Radio, Schiff) / sonobuoy* n ‖ ⁓**brücke** f (Akus, Bau) / sound bridge* ‖ ⁓**bündel** n (Akus) / sound beam, acoustic beam ‖ ⁓**dämmaß** n (zehnfacher Zehnerlogarithmus des Kehrwertes des Schalltransmissionsgrades) (Akus) / sound reduction factor, transmission loss*, (TL), sound reduction index* ‖ ⁓**dämmendes Material** (Akus, Bau) / acoustical (insulation) material, lagging n ‖ **~dämmender Schrank** (Eltech) / quietized cabinet ‖ ⁓**dämmhaube** f (für den Drucker) (EDV) / printer silencer, noise-dampening hood ‖ ⁓**dämmkurve** f (Akus, Bau) / sound-insulation curve* ‖ ⁓**dämmplatte** f (Akus) / panel absorber* ‖ ⁓**dämmputz** m (Akus, Bau) / acoustic plaster* ‖ ⁓**dämmstoff** m (Akus, Bau) / acoustical (insulation) material, lagging n ‖ ⁓**dämmung** f (Behinderung der Schallausbreitung) (Akus) / acoustical insulation, sound insulation ‖ ⁓**dämmung** (als Baumaßnahme) (Akus, Bau) / acoustical absorptive treatment, sound insulation ‖ ⁓**dämmung** (Akus, Bau) s. auch Schallschutz ‖ ⁓**dämpfend** adj (Akus, Eltech, Masch) / silencing adj ‖ **~dämpfend** s. auch tot ‖ ⁓**dämpfer** m (Kfz, V-Mot) / silencer* n, muffler (US)* ‖ ⁓**dämpfer** (Lufft) / noise suppressor*, suppressor n, sound suppressor ‖ ⁓**dämpfer** (Akus) / dissipative silencer ‖ ⁓**dämpferkorrosion** f durch Kondensat (Kfz) / silencer condensate corrosion ‖ ⁓**dämpfung** f (als Tätigkeit, als Ergebnis) (Akus) / sound attenuation, sound damping ‖ ⁓**dämpfungskoeffizient** m (Realteil des Schallausbreitungskoeffizienten nach DIN 1320) (Akus) / attenuation coefficient ‖ ⁓**decke** f (Akus, Bau) / acoustical ceiling ‖ ⁓**dicht** adj (Akus) / sound-proof adj ‖ ⁓**dicht** (Filmkamera) (Film) / blimped adj, sound-proof adj ‖ ⁓**dichte Bauweise** (Bau) / acoustic construction ‖ **~dichtes Gehäuse** (Film) / blimp* n, soundproof housing, barney n, bungalow n ‖ ⁓**dosis** f (Akus, Med) / sound dose n ‖ ⁓**druck** m (DIN 1320) (Akus) / sound pressure, sonic pressure ‖ ⁓**druckkalibrator** m (Akus) / sound-pressure calibrator ‖ ⁓**druckpegel** m (DIN 1320) (Akus) / sound pressure level*, SPL, acoustic-pressure level ‖ ⁓**drucksensor** m (Mikrofon, das auf Schalldruck mit seiner größten Empfindlichkeit anspricht) (Akus) / sound-pressure sensor ‖ ⁓**durchlaßgrad** m (Akus) / sound transmission coefficient (of the surface) ‖ ⁓**effekt** m (Film) / sound effect
**Schalleistung** f (DIN 1320) (Akus) / sound energy (flux), acoustic power, sound power
**Schalleistungspegel** m ($L_p$; Einheit: Dezibel - DIN 1320) (Akus) / sound power level, power level, PWL
**Schalleitung** f (Akus) / sound conduction
**Schall•emission** f (DIN 1320) (Akus) / sound emission, acoustic emission ‖ ⁓**emissionsanalyse** f (ein zerstörungsfreies Prüf- und Überwachungsverfahren) (WP) / sound emission analysis ‖ ⁓**empfänger** m (Akus) / sound receiver, acoustic receiver, sound sensor ‖ **~empfindliche Flamme** (Phys) / sensitive flame, microphonic flame, sound-sensitive flame, manometric flame ‖ ⁓**empfindlichkeit** f (Akus) / acoustic sensitivity
**schallen** v / resound v
**Schall•energie** f (von der Schallquelle in das Schallfeld abgegeben - nach DIN 1320) (Akus) / sound energy, acoustic energy, sonic energy ‖ ⁓**energiedichte** f (Quotient aus Schallenergie und zugehörigem Volumen - nach DIN 1320) (Akus) / sound energy density, energy density of sound* ‖ ⁓**ereignis** n (Akus) / acoustical event ‖ ⁓**erzeuger** m (Akus) / sound generator, acoustic generator ‖ ⁓**feld** n (der von Schall erfüllte Raum nach DIN 1320) (Akus) / sound field* ‖ **freies** ⁓**feld** (Akus) / free sound field ‖ **diffuses** ⁓**feld** (Akus) / diffuse sound field ‖ ⁓**fluß** m (Akus) / volume flow rate (of a sound wave) ‖ ⁓**fülle** f (Akus) / sound volume ‖ ⁓**funktonne** f (Radio, Schiff) / sonobuoy* n ‖ ⁓**geber** m (Akus) / sound source, source of sound ‖ **magnetostriktiver** ⁓**geber** (Akus) / magnetostriction oscillator ‖ ⁓**geschützt** adj (Akus) / sound-proof adj ‖ ⁓**geschwindigkeit** f (Ausbreitungsgeschwindigkeit einer Schallwelle nach DIN 1320) (Akus, Lufft) / velocity of sound*, sound velocity*, speed of sound*, sonic speed, acoustic velocity, sonic velocity ‖ **mit** ⁓**geschwindigkeit** (Akus, Lufft) / sonic adj ‖ **~hart** adj (Akus) / hard adj ‖ ⁓**immission** f (DIN 1320) (Akus) / sound immission ‖ ⁓**impedanz** f (Akus) / acoustic impedance* ‖ ⁓**impuls** m (einmaliges Schallsignal von kurzer Dauer - DIN 1320) (Akus) / sound impulse ‖ ⁓**intensität** f (Produkt aus Schalldruck und Schallschnelle - DIN 1320) (Akus) / sound intensity*, intensity of sound* ‖ ⁓**intensitätspegel** m (Akus) / sound intensity level ‖ ⁓**intensitätssonde** f (DIN 1320) (Akus) / sound intensity probe ‖ ⁓**isolation** f durch Auffüllen des Fehlbodens (Bau) / pugging* n, dead sounding*, deafening n ‖ **~isolierende Verkleidung** (Akus) / noise-reducing casing ‖ ⁓**kopf** m (eines Ultraschallgerätes) / ultrasonic transmitter ‖ ⁓**mauer** f (Lufft, Phys) / sound barrier, sonic barrier ‖ ⁓**messung** f (Akus) / acoustic measurement, acoustic measuring ‖ **~nah** adj (Lufft) / transonic adj, trans-sonic adj ‖ **~naher Geschwindigkeitsbereich** (0,8 - 1,3 Mach) (Lufft) / transonic range* ‖ **~nahe Strömung** (Phys) / transonic flow
**Schalloch** n (eines Musikinstruments) (Akus) / sound hole ‖ ⁓ (Akus, Arch) / sound hole
**Schallöffnung** f (des Lautsprechers) (Akus) / louvre n, louver n (US) ‖ ⁓ (Akus, Arch) / sound hole
**Schallog** n (zur Messung der Geschwindigkeit über Grund) (Schiff) / sonic log
**Schall•ortung** f (Schiff) / sound location, sound direction finding ‖ ⁓**pegel** m (mittlerer, in einem Raum) (Akus) / room noise, ambient noise* ‖ ⁓**pegel** (DIN 1320) (Akus, Bau) / sound level* ‖ ⁓**pegelhäufigkeitsverteilung** f (Akus) / level distribution ‖ ⁓**pegelmesser** m (zur Messung des Schalldruckpegels im freien Schallfeld - DIN 1320) (Akus) / sound-level meter* ‖ ⁓**phasenkoeffizient** m (Imaginärteil des Schallausbreitungskoeffizienten nach DIN 1320) (Akus) / acoustic phase coefficient ‖ ⁓**platte** f (als Trägermedium) (Akus) / disk n, gramophone record, platter n (US), phonograph record (US), disk record*, record n ‖ ⁓**platte** (als Produkt der Preßmatrize - technologische Sicht) (Akus) / pressing* n ‖ ⁓**digitale platte** (Akus) / digital audio disk, DAD ‖ ⁓**plattenabspielgerät** n (Akus) / phonograph n (US)*, record-player n, gramophone n (GB)* ‖ ⁓**quant** n (Phys) / phonon* n
**Schallquelle** f (Akus) / sound source, source of sound ‖ ⁓ **erster Ordnung** (Akus) / dipole sound source ‖ ⁓ **mit Kugelcharakteristik** (Akus) / spherical sound source ‖ ⁓ **nullter Ordnung** (Akus) / monopole sound source ‖ ⁓ **zweiter Ordnung** (Akus) / quadrupole sound source
**schall•reflektierend** adj (Akus) / sound-reflecting adj ‖ ⁓**reflexion** f (Akus) / sound reflection*, acoustic reflection ‖ ⁓**reflexionsfaktor** m (DIN 1320) (Akus) / sound-reflection factor*, sound-pressure reflection coefficient ‖ ⁓**reflexionsgrad** m (DIN 1320) (Akus) / sound reflection coefficient, reflection coefficient* (of sound) ‖ ⁓**reiz** m (Akus) / acoustic stimulus, auditory stimulus ‖ ⁓**schirm** m (im allgemeinen nach DIN 18 005, T 1) (Akus) / acoustic shield ‖ ⁓**schirm** (für Lautsprecher) (Akus) / plane baffle* ‖ **seitlicher** ⁓**schirm** (Akus) / gobo n
**schallschluckend** adj (Material, Putz) (Akus) / acoustic adj ‖ **~er Putz** (Bau) / acoustic plaster ‖ **~e Tapete** (Bau) / acoustic wallpaper ‖ **~e textile Wandbespannung** (Bau, Tex) / acoustextile* n ‖ **~e Wand** (Film) / tormentor n, tormenter n ‖ **tragbare ~e Wand** (Film) / wild wall
**Schallschluck•fliese** f (Bau, Keram) / acoustic tile* ‖ ⁓**haube** f (EDV) / printer silencer, noise-dampening hood ‖ ⁓**schirm** m (Akus) / gobo n
**Schallschluckung** f (Akus) / acoustic absorption*, sound absorption
**Schallschluck•wand** f (Akus, Bau) / sound-absorbing wall ‖ ⁓**zahl** f (Akus, Bau) / noise-reduction coefficient, NRC ‖ ⁓**ziegel** m (Bau) / acoustic brick, sound-absorbing brick

**Schallschnelle** *f* (Wechselgeschwindigkeit eines schwingenden Teilchens - DIN 1320) (Akus) / particle velocity*, sound particle velocity
**Schallschutz** *m* (DIN 4109) (Bau) / sound insulation*, soundproofing *n* || ~**fenster** *n* (Bau) / noise-proofing window || ~**fliese** *f* (Bau, Keram) / acoustic tile* || ~**gehäuse** *n* (Film) / blimp* *n*, soundproof housing, barney *n*, bungalow *n* || ~**haube** *f* (Film) / blimp* *n*, soundproof housing, barney *n*, bungalow *n* || ~**kabine** *f* (Akus, Bau) / soundproof box, acoustic box || ~**mauer** *f* (Kfz, Luftf) / noise protection wall, noise insulating wall || ~**zelle** *f* (Film) / camera booth, tank *n* || ~**ziegel** *m* (z.B. Poroton) (Bau) / acoustic brick, sound-absorbing brick
**Schall•sender** *m* (Akus) / sound transmitter || ~**sichtgerät** *n* (WP) / sound visualizer || ~**signalanlage** *f* (Schiff) / sound-signal appliance || ~**sonde** *f* (Akus) / sound probe* || ~**speicher** *m* (Akus) / sound-storing device || ~**speicher** (EDV) / acoustic memory, acoustic store || ~**spektrograf** *m* (Akus) / sound spectrograph* || ~**spektroskopie** *f* (Akus) / sound spectroscopy || ~**spektrum** *n* (in der Schallanalyse) (Akus) / acoustic spectrum* || ~**stärke** *f* (Akus) / sound intensity*, intensity of sound || ~**strahler** *m* (Akus) / acoustic radiator*, sound source || ~**strahlung** *f* (Akus) / acoustic radiation || ~**strahlungsimpedanz** *f* (DIN 1320) (Akus) / acoustic radiation impedance || ~**technik** *f* (Phys) / sonics* *n* || ~**tot** *adj* (Akus) / aphonic *adj*, anechoic *adj* || ~**toter Raum** (Akus) / anechoic room*, dead room*, anechoic chamber, free-field room || ~**toter Raum** (Erdöl) / acoustic plenum || ~**transmissionsgrad** *m* (Verhältnis der durchgelassenen Schalleistung zur auftreffenden Schalleistung) (Akus) / sound transmission coefficient (of the surface) || ~**trichter** *m* (Akus) / horn* *n* || ~**trichter** (Akus) s. auch Megaphon und Trichteröffnung || ~**verstärkung** *f* (mit einer Lautsprecheranlage) (Akus) / sound reinforcement || ~**wand** *f* (Akus) / baffle* *n*, acoustic baffle || ~**wand** (für Lautsprecher nach DIN 1320) (Akus) / plane baffle* || ~**wandler** *m* (im allgemeinen) (Akus) / sound converter || ~**wandler** (Akus, Eltronik) / electroacoustical transducer || ~**wechseldruck** *m* (in einem Volumenelement) (Akus) / sound pressure*, sonic pressure || ~**welle** *f* (DIN 1320) (Akus) / sound-wave *n*, acoustic wave, sonic wave || ~**wellenholografie** *f* / acoustic holography || ~**zeile** *f* (Akus) / horizontal row of radiators
**Schalm** *m* (streifenweises Entfernen der Rinde mit einem Beil) (For, Verm) / blaze* *n*, mark *n*
**Schälmaschine** *f* (für Furniere) (For) / lathe *n*, veneer lathe, veneer peeler || ~ (eine Drehmaschine) (Hütt) / shaft rough turning machine || ~ (Landw) / sheller *n* || ~ (Nahr) / peeler *n*, peeling machine || ~ (Nahr) / scourer* *n*
**schalmen** *v* (Bäume) (For) / mark *v*, blaze *v*
**Schäl•messer** *n* (For, Werkz) / bark iron, bark scraper, barking iron || ~**mittel** *n* (für Obst, Kartoffel und Gemüsen - z.B. KOH oder NaOH) (Nahr) / peeling agent, surface-removal agent || ~**mühlenindustrie** *f* (Weißreis, Hafer, Hülsenfrüchte usw.) (Nahr) / milling industry, hulling industry (US)
**Schalöl** *n* (ein Trennmittel aus wässerige Emulsionen von chemisch indifferenten Mineralölen) (Bau, HuT) / mould oil*
**Schälpflug** *m* (zum Stürzen der Stoppeln) (Landw) / skim plough, stubble plough, stubble cleaner, topsoil plough
**Schal•plan** *m* (A) (Bau, HuT) / shuttering drawing, formwork drawing || ~**platte** *f* (Bau, Hütt) / shuttering plate, form panel || ~**rauh** *adj* (HuT) / board-marked *adj*, ex-mould *attr* (finish)
**Schäl•reibahle** *f* (Masch) / progressive-cut reamer, helical-flute reamer (US) || ~**riß** *m* (For) / lathe check, knife check, cutting check || ~**schaden** *m* (z.B. durch Wild) (For) / bark-peeling damage || ~**späne** *m pl* (Holzrestspäne, die beim Schälen anfallen) (For) / peeling chips
**Schalt•ablauf** *m* (Kfz) / shifting process, shifting *n* || ~**ader** *f* (Eltech) / hook-up wire || ~**afel** *n* (Bau, Hütt) / shuttering plate, form panel || ~**algebra** *f* (Boolesche Algebra für binäre Schaltungen) (Eltronik) / logic algebra, switching algebra, algebra of switching circuits, circuit algebra || ~**anlage** *f* (Eltech) / switchgear and control gear || zellenförmige ~**anlage** (Eltech) / cellular-type switchboard*, cubicle-type switchboard* || ~**anlage** *f* mit getrennten Phasen (Eltech) / isolated-phase switchgear* || ~**anlagen** *f pl* und/oder **Schaltgeräte für Energieverbrauch** (Eltech) / control gear || ~**anlagen und/oder Schaltgeräte für Energieverteilung** (Eltech) / switchgear* *n* || ~**apparat** *m* (Tex) / building motion || ~**arm** *m* (Fernsp) / wiper* *n* || ~**armatur** *f* (Eltech, Kfz, Luftf) / switch *n*
**schaltbar** *adj* (Eltech) / switchable *adj*, connectable *adj* || ~ (Wellenkupplung) (Masch) / loose *adj* || ~ **hintereinander** ~ (z.B. Baukastenelemente) (Masch) / cascadable *adj* || ~**e Kupplung** (Masch) / clutch* *n*, loose coupling*, cut-off coupling
**Schalt•baustein** *m* (Eltech) / circuit module || ~**befehl** *m* (Befehl zum Fernschalten) (Eltronik) / switching command || ~**bild** *n* (Darstellung elektrotechnischer Einrichtungen durch Schaltzeichen, einfache geometrische Figuren oder Listen) (Eltech) / circuit diagram*, circuit map || ~**bogen** *m* (Eltech) / arc* *n* (a circuit-breaker component) || ~**brett** *n* (EDV) / plugboard *n*, jack panel, patchboard || ~**brett** (Eltech) / switch panel*, switch board* || ~**brücke** *f* (Eltech) / jumper *n* || ~**diode** *f* (meist Siliciumdiode zum Einsatz in der Digitaltechnik) (Eltronik) / switching diode || ~**draht** *m* (Eltech) / hook-up wire || ~**draht** (Fernsp) / jumper* *n*, jumper wire* || ~**drehgriff** *m* (z.B. des Mopeds) / twist grip || ~**drossel** *f* (Eltech) / preventive choke-coil* || ~**ebene** *f* (ein feststehendes Isolierteil mit Kontakten und Anschlüssen sowie einer drehbaren Vorrichtung für das Betätigen der verbindenden Kontaktteile) (Eltech) / wafer *n*
**Schaltelement** *n* (Realisierung einer booleschen Verknüpfung) (EDV) / logic gate, gate *n*, logic element*, logic unit* || ~ (Eltech) / circuit element, switch element, contact element || **aktives** ~ (Akkumulator, Generator) (Eltech) / active element || **ladungsgekoppeltes** ~ (ein Halbleiterelement aus einem n-Substrat, das mit einer Oxidschicht bedeckt wird, auf der wiederum zwei metallisierte Anschlüsse angebracht werden) (Eltronik) / charge-coupled device*, CCD* || **passives** ~ (ohmscher Widerstand, Induktivität usw.) (Eltech) / passive element, passive *n*
**schalten** *v* (Gänge) / shift *v*, change *v* (into) || ~ (Relais beim Rückfallvorgang) (Eltech) / disengage *v* || ~ (auch beim Relais, beim Ansprechvorgang) (Eltech) / switch *v* || ~ (Motoren bei U-Booten) (Schiff) / rig *v* || **leiser** ~ (Radio, TV) / turn down *v* || ~ *n* (Eltech) / switching *n*, switching operation, switching action || ~ **in den dritten Gang** (Kfz) / shifting into third || ~ **in den Rückwärtsgang** (Kfz) / shifting into reverse
**Schalter** *m* (Post-, Bank-) / window *n*, counter *n* || ~ (bei logischen Verknüpfungen) (EDV) / program switch, switch *n* || ~ (Eltech) / switch* *n* || ~ (Eltech) / switching gate || **berührungssicherer** ~ (Eltech) / shockproof switch*, all-insulated switch*, Home Office switch* || **dreipoliger** ~ (Eltech) / triple-pole switch*, three-pole switch || **druckempfindlicher** ~ (Eltech) / pressure-sensitive switch || **einfacher** ~ (Eltech) / one-way switch* || **einpoliger** ~ (Eltech) / single-pole switch || **elektromagnetischer** ~ (Eltech) / electromagnetic switch || **elektrooptischer** ~ / electrooptic modulator, e-o modulator || **federnder** ~ (Eltech) / momentary action switch, momentary switch || **fremderregter** ~ (Eltech) / shunt-trip recloser || **halbversenkter** ~ (Bau, Eltech) / semi-flush switch || **kapazitätsarmer** ~ (Eltech) / anticapacitance switch* || **kapazitätsloser** ~ (Eltech) / anticapacitance switch* || **leistungselektronischer** ~ (Eltronik) / electronic power switch || **massenloser** ~ (Eltech) / ferreed switch || **molekularer** ~ (in der Molekularelektronik) (Chem, Eltronik) / molecular switch || **nichtrastender** ~ (Fernm) / non-locking key* || **tonfrequenzgesteuerter** ~ (Eltech) / electrosyntonic switch* || **verschlossener** ~ (Eltech) / locked-cover switch*, asylum switch, locking switch || **zweipoliger** ~ (Eltech) / 2-pole switch, two-pole switch || ~ *m* **an der Frontplatte** (Eltech) / panel switch* || ~ **auf Stützfüßen** (Eltech) / feet-switch* *n* || ~ **für Beschleunigungsanreicherung** (Kfz) / full-throttle enrichment switch || ~ **für Geräuschsperre** (Eltronik) / muting switch* || ~ **mit Luftstromunterbrechung** (Eltech) / air-blast switch*, air-blast circuit breaker* || ~ **mit Magnetantrieb** (Eltech) / electromagnetic switch || ~ **mit Mehrfachunterbrechung** (Eltech) / multibreak switch* || ~ **mit Motorantrieb** (Eltech) / motor-operated switch* || ~ **mit Schnappeffekt** / snap switch*, quick make-and-break switch*, snap-action switch || ~ **mit Sperrgehäuse** (Eltech) / locked-cover switch*, asylum switch, locking switch || ~ **ohne bewegte Teile** (Eltech) / ferreed switch || ~ **unter Verschluß** (Eltech) / locked-cover switch*, asylum switch, locking switch
**Schalter•abdeckplatte** *f* (Eltech) / switch plate*, flush-plate* *n* || ~**antrieb** *m* (Eltech) / circuit-breaker drive || ~**arbeitsplatz** *m* (in einer Bank) (EDV) / teller workstation || ~**betriebsdruck** *m* (Eltech) / switchgear operating pressure || ~**-C-Filter** *n* (Eltronik) / switched-capacitor filter, SCF || ~**deck** *n* (Eltech) / deck *n* || ~**deckel** *m* (Eltech) / switch cover || ~**fenster** *n* (Bau) / wicket *n* || ~**front** *f* (Eltech) / facia *n*, fascia *n* || ~**gefäß** *n* (Eltech) / switch tank || ~**grundplatte** *f* (Eltech) / switch base* || ~**kessel** *n* (Eltech) / switch tank || ~**kontakt** *m* (Eltech) / switch contact || ~**öl** *n* (eine Isolierflüssigkeit) (Eltech) / switch oil, switchgear oil || ~**-Sicherungs-Einheit** *f* (Eltech) / fuse-switch unit || ~**simulation** *f* (Eltronik) / switch-level simulation || ~**stellung** *f* (Eltech) / switch position || ~**terminal** *n* (in einer Bank) (EDV) / teller counter terminal
**schalt•faul** *adj* (Kfz) / lazy about changing gears || ~**feld** *n* (Eltech) / switch bay || ~**fläche** *f* (EDV) / button *n*, push-button *n* || ~**fläche "Gehe zu"** (EDV) / Goto/Gosub button || ~**fläche "OK"** (EDV) / OK button, button OK || ~**folge** *f* (bei einem Schaltwerk) (Eltech) / switching sequence, operating sequence || ~**folgediagramm** *n* (Eltech) / switching-sequence schedule || ~**folgeplan** *m* (Eltech) / switching-sequence schedule || ~**folie** *f* (Sensorfolie nach taktilem Wirkprinzip, indem eine punktförmige Krafteinwirkung auf der Folie Schaltvorgänge auslöst) / switching foil || ~**freilauf** *m* (im Automatikgetriebe) (Kfz) / overrunning clutch || ~**funktion** *f* (EDV,

Eltech) / switching function || ⁓**funktion** (EDV, Math) / logic function || ⁓**gabel** f (Kfz) / selector fork*, shift fork, shifter fork || ⁓**gen** n (Gen) / switch gene || ⁓**gerät** n (Eltech) / switchgear* n, switching device, switching mechanism || **ausfahrbares metallgekapseltes** ⁓**gerät** (Eltech) / draw-out metal-clad switchgear* || ⁓**gerät, bei dem jedes einzelne Teil gekapselt ist** (Eltech) / metal-clad switchgear*, MC switchgear, iron-clad switchgear* || ⁓**gerät** n, **das als Ganzes gekapselt ist** (Eltech) / metal-enclosed switchgear* || ⁓**geräte-Gestell** n (Eltech) / skeleton-type switchboard*, frame-type switchboard* || ⁓**geschwindigkeit** f (Eltech) / switching speed || ⁓**gestänge** n (Kfz) / gearchange linkage, gearshift linkage || ⁓**getriebe** n (des Filmprojektors) (Film) / movement n || ⁓**getriebe** (Kfz) / transmission n, gearbox* n, gearcase n (US) || ⁓**getriebe** (handgeschaltetes) (Kfz) / manual transmission, manual gearbox || ⁓**getriebe** (Masch) / gearing n, gear transmission || ⁓**gewichtswaage** f (Hebelwaage, bei welcher die dezimal gestuften Gewichtsstücke durch Betätigen von mit Anzeigevorrichtungen versehenen Schaltknöpfen aufgelegt bzw. aufgehängt werden können) / switching-weight balance || ⁓**glied** n (EDV) / logic gate, gate n, logic element*, logic unit* || ⁓**glied** (das den Stromfluß bewirkende Bauteil) (Eltech) / switching element || **speicherndes** ⁓**glied** (EDV) / storage element* || ⁓**gruppe** f (bei Transformatoren) (Eltech) / vector group || ⁓**hebel** m (Eltech) / switch lever || ⁓**hebel** (Kfz) / gear lever*, shift lever (US), gearshift lever (US), gearstick n, shift n (US), gearshift n (US) || ⁓**hebel mit kurzen Schaltwegen** (Kfz) / short-throw gearstick, short-throw shifter || ⁓**hysterese** f (Verzögerung eines Schaltvorganges) (Regeln) / circuit hysteresis || ⁓**impuls** m (Eltech) / switching pulse || ⁓**jahr** n (Astr) / leap year || ⁓**kapazität** f (Eltech) / switching capacity || ⁓**karte** f (Eltech) / circuit card || **gedruckte** ⁓**karte** (EDV, Eltronik) / logic card, printed-circuit card || **große** ⁓**karte** (Eltech) / circuit board || ⁓**kartenmodul** n (EDV, Eltronik) / logic card, printed-circuit card || ⁓**kasten** m (Eltech) / switch-box* n || ⁓**kasten** (Kfz) / control box || ⁓**klinke** f (Masch) / latch n || ⁓**knauf** m (Kfz) / gear-lever knob, gearshift knob || ⁓**knüppel** m (Kfz) / floor-type gear lever, floor-board shift lever (US) || ⁓**kontakt** m (Bahn, Eltech) / contact stud*

**Schaltkreis** m (Anordnung von Bauelementen zur Realisierung einer komplexen Funktion) (Eltech) / switching circuit || **eingelegter** ⁓ (Eltronik) / flush circuit || **eingepreßter** ⁓ (Eltronik) / flush circuit || **geprüfter** ⁓ (der gerade geprüft wird) (Eltech) / circuit under test, CUT || **großintegrierter** ⁓ (Eltronik) / large-scale integrated circuit, LSI || **integrierte** ⁓**e** (als Ganzes) (Eltronik) / integrated circuitry || **integrierter** ⁓ **im Gehäuse** (Eltronik) / packaged integrated circuit || **kompakter integrierter** ⁓ (Eltronik) / packaged integrated circuit || **kundenspezifischer** ⁓ (Eltronik) / custom circuit || **tiefgelegter** ⁓ (Eltronik) / flush circuit

**Schaltkreis•baustein** m (Eltech) / circuit module || ⁓**dichte** f (Eltech) / circuit density || ⁓**element** n (Eltech) / circuit element, switch element, contact element || ⁓**familie** f (verschiedene digitale integrierte Schaltkreise, die in der gleichen Technologie hergestellt sind und in ihren wichtigsten elektrischen Daten übereinstimmen) (Eltech) / circuit family || ⁓**familien** f pl (EDV) / logic families || ⁓**modul** n (Eltech) / circuit module || ⁓**prüfer** m (Eltech) / circuit tester || ⁓**prüfung** f (Eltech) / circuit testing || ⁓**technik** f / circuit engineering, circuit technology || ⁓**strömungsmechanische** ⁓**technik** (Regeln) / fluidics* n, fluid logic, fluerics n, pneumatic logic || ⁓**topologie** f (Elektr) / circuit topology

**Schalt•kulisse** f (Kfz) / shift gate, gear-shifting gate || ⁓**kupplung** f (Masch) / clutch* n, loose coupling*, cut-off coupling || **reibschlüssige** ⁓**kupplung** (Masch) / friction-clutch* n, frictional clutch || ⁓**leistung** f (des Schalters) (Eltech) / breaking capacity*, rupturing capacity* || ⁓**lichtbogen** m (Eltech) / arc* n (a circuit-breaker component) || ⁓**manschette** f (Kfz) / gearshift boot || ⁓**messer** n (Eltech) / switch blade || ⁓**moment** n (Eltech) / switching torque || ⁓**muffe** f (Kfz) / selector sleeve || ⁓**muffe** (zur Zuschaltung des Allradantriebs)(Kfz) / sliding coupling || ⁓**netz** n (Schaltwerk, dessen Ausgangssignale nur von den momentanen Eingangssignalen abhängen - DIN 44300) (EDV) / combinational circuit, combinatorial circuit, combinational logic system || ⁓**plan** m (DIN 24300) (Eltech) / circuit diagram*, circuit map || ⁓**platte** f (Eltronik) / card* n, print n || ⁓**pult** n (des Elektroherdes) (Eltech) / facia n, fascia n || ⁓**pult** (eine schräg angeordnete Schalttafel) (Eltech) / switch-desk* n, desk switchboard* || ⁓**pult** (Eltech) s. auch Steuerpult || ⁓**punkt** m (Eltech) / switching point || ⁓**punkt** (im Automatikgetriebe) (Kfz) / shift point || ⁓**rad** n (Masch) / change gear (a gear used to change the speed of a driven shaft while the speed of the driving shaft remains constant) || ⁓**rad** (Spinn) / winding ratchet wheel || ⁓**raum** m (Eltech) / switch room || ⁓**relais** n (das bestimmungsgemäß mit entweder einem höheren Wert als dem Ansprechwert oder einem niedrigeren Wert als dem Rückfallwert erregt wird) (Eltech) / switching relay || ⁓**röhre** f (Eltronik) / switching tube || ⁓**rolle** f (eine intermittierend sich drehende Zahnrolle, die den Film im Bildfenster des Laufbildwerfers fixiert und nach der Projektion weiterzieht) (Film) / intermittent sprocket

**Schältrommel** f (Pap) / drum barker

**Schalt•ruck** m (Kfz) / shifting jolt || ⁓**säule** f (Eltech) / switchgear pillar*, pillar* n || ⁓**säule** (Eltech) / distribution pillar* || ⁓**säule für Verbraucheranschluß** (Eltech) / feeder pillar* || ⁓**säule zwischen Speisekabel und Bahnanschluß** (Bahn, Eltech) / post head*, terminal pillar* || ⁓**schema** n (Eltech) / schematic diagram, elementary diagram, schematic n || ⁓**schema** (z.B. in der Schaltkulisse) (Kfz) / shift pattern, gearshift pattern || ⁓**schrank** m (Eltech) / switch cabinet || ⁓**schrank** (z.B. bei Werkzeugmaschinen) (Eltronik, Masch, Regeln) / electrical-control cabinet, switch cubicle || ⁓**schütz** n (Eltech) / contactor n, electric contactor || ⁓**segment** n (bei Lenkstockschaltung) (Kfz) / shift quadrant || ⁓**sekunde** f (die am Ende eines UTC-Monats eingefügt wird) (Astr) / leap second* || ⁓**sicherung** f (Eltech) / switch-fuse* n || ⁓**spannung** f / switching voltage || ⁓**sperre** f (Kfz) / shift interlock || ⁓**spiel** n (Betätigung von einer Schaltstellung in die andere und zurück) (Eltech) / switching cycle, operating cycle || ⁓**spiel** (bei Thermostaten) (Masch) / heating cycle || ⁓**stab** f (Eltech) / hook stick || ⁓**stange** (an der die Schaltgabel befestigt ist) (Kfz) / shifter rod || ~**stangenbetätigt** adj (Eltech) / hook-stick-operated adj || ⁓**station** f (Bahn) / track-sectioning cabin || ⁓**station** (kleine Schaltanlage zur Elektroenergieverteilung auf der Mittelspannungsebene, die vor Ort oder ferngesteuert wird) (Eltech) / switching substation || ⁓**stellung** f (Eltech) / switch position || ⁓**stern** m (ein Handrad mit Speichen) (Masch) / star wheel || ⁓**strecke** f (Eltech) / clearance between open contacts || ⁓**stück** n (der Kontaktschiene) (Bahn, Eltech) / contact stud* || ⁓**stück** (Eltech) / contact* n, electric contact, contact part, contact piece || **feststehendes** ⁓**stück** (Eltech) / fixed contact* || **bewegliches** ⁓**stück** (Eltech) / movable contact || ⁓**system** n (EDV, Eltech, Regeln) / sequential logic system, sequential network, sequential circuit

**Schalttafel** f (Bau) / shuttering panel || ⁓ (Stecktafel) (EDV) / patch panel* || ⁓ (Eltech) / plugboard n, patch board* || ⁓ (der Teil einer Schaltanlage, der auf einer senkrechten Tafel die erforderlichen Betätigungs-, Überwachungs- und Meßgeräte enthält) (Eltech) / control board, switchboard* n, control panel*, panel board || ⁓**feld** n (eine Baueinheit zwischen zwei aufeinanderfolgenden senkrechten Begrenzungen der Schalttafel) (Eltech) / switchboard panel* || ⁓**instrument** n (Eltech) / switchboard instrument || ⁓**meßgerät** n (Eltech) / panel meter (often limited to integrating meters) || ⁓**meßinstrument** n (Eltech) / panel meter (often limited to integrating meters)

**Schalt•teller** m (Masch) / dial feed || ⁓**tisch** m (Masch) / indexing table || ⁓**transistor** m (kontaktloser elektronischer Schalter auf der Basis eines Transistors - Bipolar- oder Feldeffekttransistor, der als elektronischer Schalter in der Digitaltechnik verwendet wird) (Eltronik) / switching transistor* || ⁓**trommel-Bohrmaschine** f (Masch) / indexing drum-type drilling machine, station-type drill || ⁓**überspannung** f (z.B. beim Einschalten von langen Leitungen und Kabeln und beim Ausschalten kleiner induktiver Ströme) (Eltech) / switching surge || ⁓**uhr** f (DIN 44858) (Eltech, Foto) / time-switch* (TS) n, TS

**Schaltung** f (Elektr, Eltech) / circuit* n || ⁓**en** f pl (Eltech) / circuitry n || ⁓ f (als Tätigkeit) (Eltech) / switching* n, switching operation, switching action || ⁓ (Kfz) / gear change, gearshift n (US), shifting n || ⁓ (Kfz) / shifting n, shift n || ⁓ (Masch) / engaging n, interlocking n || **analoge** ⁓ (Elektr) / analogue circuit || **analoge integrierte** ⁓ (Eltronik) / linear integrated circuit (LIC), analogue integrated circuit || **analog-digitale anwendungsspezifische integrierte** ⁓ (EDV) / mixed-mode ASIC || **anwenderspezifische integrierte** ⁓ (ASIC) (Eltronik) / application-specific integrated circuit (ASIC) || **anwendungsspezifische integrierte** ⁓ (Eltronik) / application-specific integrated circuit (ASIC) || **äquivalente** ⁓ (Eltech) / equivalent circuit*, equivalent network || **aufgespritzte** ⁓ (Eltronik) / sprayed wiring || ⁓, **die auf eine bestimmte Aufgabe oder einen bestimmten Einsatz zugeschnitten ist** (EDV) / dedicated circuit || **die eben geprüfte oder kontrollierte integrierte** ⁓ (Eltronik) / integrated circuit under test, ICUT || **digitale** ⁓ (Eltronik) / digital circuit || **durchkontaktierte** ⁓ (Eltronik) / plated-through hole circuit, through-metallized circuit, through-plated circuit || **durchmetallisierte** ⁓ (Eltronik) / plated-through hole circuit, through-metallized circuit, through-plated circuit || **eng abgestufte** ⁓ (Kfz) / close-ratio gearchange || **festverdrahtete** ⁓ / hard-wired circuit || **flexible** ⁓ (Eltronik) / flexible circuit || **freischwingende** ⁓ (Eltronik) / free-running circuit || **geätzte** ⁓ (Eltronik) / etched circuit || **gedruckte** ⁓ (DIN 40801 und DIN IEC 194) (Eltronik) / printed circuit*, pc || **gegossene** ⁓ (Eltronik) / moulded circuit || **gespritzte** ⁓ (Eltronik) / sprayed wiring || **gestanzte** ⁓ (Eltech) / stamped wiring || **hybride integrierte** ⁓ (Eltronik) / hybrid integrated circuit*, hybrid IC, integrated hybrid circuit || **integrierende** ⁓

## Schaltung

(Regeln) / integrating circuit*, integrating network*, integrating element || **integrierte optoelektronische ~** (Eltronik) / integrated optical circuit (IOC), optical integrated circuit, OIC || **kombinatorische ~** (DIN 41859, T 1) (EDV) / combinational circuit, combinatorial circuit, combinational logic system || **ladungsgekoppelte ~** (Eltronik) / charge-coupled circuit, CCD || **logische ~** (EDV) / logic circuit || **logische ~en** (EDV) / logic network || **lötaugenlose ~** (Eltronik) / mini-pad circuit || **monolithische ~** (Eltronik) / solid circuit, solid-state circuit || **monolithische integrierte ~** (Eltronik) / monolithic integrated circuit* || **monostabile ~** (Eltronik) / monostabile circuit, single-shot circuit || **nicht stabile ~** (Radio) / astable circuit*, free-running circuit* || **optoelektronische integrierte ~** (Eltronik) / optoelectronic integrated circuit, OEIC || **plattierte gedruckte ~** (Eltronik) / plated printed circuit, plated circuit || **Scottsche ~** (Eltech) / Scott connection (three-phase to two-phase transformer)* || **sequentielle ~** (EDV, Eltech, Regeln) / sequential logic system, sequential network, sequential circuit || **summierende ~** (Eltech) / adding network, summing network || **symmetrische ~** (Eltech) / balanced circuit* || **synthetische ~** (zur Prüfung des Schaltvermögens von Leistungsschaltern) (Eltech) / synthetic circuit || **tiefgelegte ~** (eine gedruckte Schaltung) (Eltronik) / impressed circuit || **versetzte ~** (Eltech) / staggered circuit || **~** *f* **eines Transformators** (z.B. Stern, Dreieck usw.) (Eltech) / transformer connection || **~ in den dritten Gang** (Kfz) / shifting into third || **~ in den Rückwärtsgang** (Kfz) / shifting into reverse || **~ in mehrschichtiger Anordnung** (Eltronik) / multilayer circuit || **~ in Multichip-Bauweise** (monolithische Halbleiterchips auf einem Keramiksubstrat) (Eltronik) / multichip integrated circuit* || **~ mit BBD-Elementen** (Eltronik) / bucket-brigade device, BBD || **~ mit Einzelbauelementen** (Eltronik) / discrete-component circuit || **~ mit mehreren Strompfaden** (Eltech) / multiway circuit || **~ mit negativem Eingangspegel und positivem Ausgangspegel** (negative Eingabe, positive Ausgabe) (EDV) / negative input, positive output (NIPO) || **~ mit positivem Eingangspegel und negativem Ausgangspegel** (positive Eingabe, negative Ausgabe) (EDV) / positive input, negative output (PINO)

**Schaltungs•algebra** *f* (Eltronik) / logic algebra, switching algebra, algebra of switching circuits, circuit algebra || **~analysator** *m* (Eltech) / circuit analyser || **~anordnung** *f* (Eltech) / circuitry *n*, circuit arrangement || **~anordnung** (Entwurf) (Eltronik) / layout *n*, composite pattern || **~anordnung zur Skalenbereichänderung** (in Untersetzern zur Zählung von Impulsen in elektrischen Zähl- und Rechenanlagen sowie in Programmsteuerungen) (Fernm, Instr) / scaling circuit* || **~aufbau** *m* (Eltech) / circuit design, circuit layout || **gedruckter ~aufbau** (Eltronik) / printed circuitry || **~auslegung** *f* (Eltech) / circuit design, circuit layout || **~bauteile** *n pl* (Eltech) / circuitry *n* || **~beschreibung** *f* (Eltech) / circuit theory (in a manual) || **~element** *n* (Eltech) / circuit element, switch element, contact element || **dünner Draht zur Verbindung integrierter ~elemente** (Eltronik) / fly-wire *n* || **~entwurf** *m* (Eltech) / circuit design, circuit layout || **~entwurf** (für die Leiterplatte) (Eltronik) / printed circuit layout || **~faktor** *m* (Eltech) / operating factor* || **~familien** *f pl* (EDV) / logic families || **~karte** *f* (Eltech) / circuit card || **~karte** (Eltronik) / card* *n*, print *n* || **~kenngrößen** *f pl* (Eltech) / circuit parameters* || **~lehre** *f* (Elektr) / electric circuit theory, circuit theory || **~parameter** *m pl* (Eltech) / circuit parameters* || **~pause** *f* (eine Zeichnung) (Eltech) / circuit blueprint || **~platte** *f* (Eltech) / card* *n*, print *n* || **geklebte ~platte** (Eltronik) / metal-bonded pc board || **~sinn** *m* (in wärmeübertragenden Apparaten) (Wärm) / circuit *n* || **~synthese** *f* (in der Digitaltechnik) (Eltronik) / circuit synthesis || **~technik** *f* (Eltech) / circuit engineering || **~theorie** *f* (Elektr) / electric circuit theory, circuit theory

**Schalt•variable** *f* (DIN 44300) (EDV) / logic variable, logical variable || **~ventil** *n* (Masch) / switching valve || **~verbindung** *f* (Eltech) / interconnexion *n*, interconnection *n* || **~verbindung** s. auch Beschaltung || **~verhalten** *n* (Eltech) / switching characteristics || **~vermögen** *n* (Eltech) / breaking capacity*, rupturing capacity* || **~version** (ohne Automatikgetriebe) (Kfz) / manual version, shifter *n* (US) || **~verstärker** *m* (z.B. Schmitt-Trigger) (Fernm) / switching amplifier || **~vorgang** *m* (zu dessen Auslösung eine vorbestimmte Zahl von einzelnen Impulsen nötig ist) (Eltech) / notching *n* || **~vorgang** (Eltech) / switching* *n*, switching operation, switching action || **~vorgang** (Masch) / engaging *n*, interlocking *n* || **~vorrichtung** *f* (Eltech) / switchgear* *n*, switching device, switching mechanism || **nach unten ausziehbare gußgekapselte ~vorrichtung** (Eltech) / vertical-draw-out metal-clad switchgear || **~wagen** *m* (Eltech) / truck-type switchgear, breaker truck || **~warte** *f* (zentraler Leitstand) (Eltech) / central control room || **~warte** (Eltech, F.Org) / control room || **~welle** *f* (der Hobel- und Stoßmaschine) (Masch) / feed shaft || **~werk** *n* (eine Funktionseinheit zum Verarbeiten von Schaltvariablen) (EDV, Eltech, Regeln) / sequential logic system, sequential network, sequential circuit || **~werk**

(Hochspannungsschaltanlage, die von einer Schaltwarte aus zentral gesteuert wird) (Eltech) / switch station || **~werk** (z.B. ein Malteserkreuzgetriebe) (Masch) / intermittent mechanism, intermittent-motion mechanism || **elektromagnetisches ~werk** (Uhr) / magnetic escapement* || **~zahl** *f* (eines Relais - die Anzahl der Schaltspiele) (Eltech) / switching number || **~zähler** *m* (Tex) / failure control || **~zeichen** *n pl* (Eltech) / wiring symbols for contact units and switching devices, graphical symbols (for contact units and switching devices) || **~zeit** *f* (Verzugszeit des Schalters) (Eltech) / time element || **~zeit** (Ansprechzeit + Prellzeit) (Eltech) / switching time || **~zelle** *f* (Eltech) / regulator cell* || **~zentrale** *f* (Eltech, F.Org) / control room

**Schalung** *f* (Bretterbelag auf Dachschrägen zur Aufnahme der Dachhaut) (Bau) / close boarding, boarding *n* || **~** (für Gipsputz) (Bau) / formboard *n* || **~** (Unterstützung der Steingewölbe) (Bau, HuT) / lagging* *n* || **~** (zur Aufnahme der Betonmasse - Holz, Stahl oder Kunststoffe) (Bau, HuT) / formwork* *n*, form* *n*, casing *n*, shuttering* *n* || **aufblasbare ~** (Bau, HuT) / inflatable shuttering || **bewegliche ~** (HuT) / moving form*, moving formwork || **gehobelte ~** (Bau, HuT) / wrought shuttering || **gestürzte ~** (A) (Holzverschalung durch waagerechte, übereinandergreifende gespundete oder gefalzte Bretter) (Bau) / weatherboarding *n*, weatherboards* *pl*, siding *n* (US) || **verlorene ~** (im Betonbau) (Bau) / permanent shuttering

**Schälung** *f* (der Korkeiche) (For) / stripping *n* || **erste ~** (der Korkeiche) (For) / initial stripping

**Schalungs•anker** *m* (abstandhaltendes Gerät, das die Schalung so miteinander verbindet, daß sie durch den Schalungsdruck des eingebrachten Betons ihre Lage nicht verändert) (HuT) / yoke *n* || **~brett** *n* (Bau, HuT, Zimm) / form board, shuttering board, formwork board, sheeting board || **~druck** *m* (der Seitendruck, den der zwischen zwei Schalungen eingebrachte Frischbeton auf die Schalung ausübt) (HuT, Zimm) / pressure of the concrete (on the formwork) || **~form** *f* (Bau, HuT) / formwork* *n*, form* *n*, casing *n*, shuttering* *n* || **~fuß** *m* (Bau) / starter frame, kicker *n* || **~gerüst** *n* (HuT) / falsework* *n*, lagging* *n* || **~öl** *n* (ein Trennmittel aus wässerigen Emulsionen von chemisch indifferenten Mineralölen) (Bau, HuT) / mould oil* || **~plan** *m* (Bau, HuT) / shuttering drawing, formwork drawing || **~platte** *f* (Bau) / shuttering panel || **~rauh** *adj* (Beton, Oberfläche) (HuT) / board-marked *adj*, ex-mould *attr* (finish) || **~rüttler** *m* (der an der Schalung befestigt und dessen Energie über die Schalung auf den Beton übertragen wird) (Bau, HuT) / external (formwork) vibrator, formwork vibrator || **~schiene** *f* (im Straßenbau) (HuT) / road form || **~tafel** *f* (Bau) / shuttering panel, shuttering plate, form panel || **~träger** *m* (der die Schalhaut direkt unterstützt und die vorwiegend senkrecht zur Schalhaut wirkenden Belastungen auf das Schalungsgerüst, auf fertige tragfähige Bauglieder, auf den Erdboden oder auf geeignete Stützpunkte bzw. Schalungsanker überträgt - z.B. Kantholz oder Stahlprofile (Bau, HuT) / shuttering support (horizontal) || **~zimmerer** *m* (Bau, Zimm) / formwork carpenter

**Schäl•verlust** *m* (For) / barking waste, barking refuse, bark shavings || **~vorrichtung** *f* (Landw) / sheller *n*

**Schalwagen** *m* (Bau, HuT) / jumbo *n*

**Schäl•widerstand** *m* (For) / peel strength || **~zentrifuge** *f* (eine Vollmantelzentrifuge für besonders schwere, langsam filtrierende Güter) / trailing-blade centrifuge, plough centrifuge, skimmer centrifuge (with a knife-discharge)

**schamfilen** *v* (wenn sich belastete Leinen oder Ketten an Gegenständen scheuern) (Schiff) / chafe *v*, fret *v*

**Schamott** *m* (Keram) / fireclay* *n*, calcined clay, refractory clay, chamotte *n*

**Schamotte** *f* (Keram) / fireclay* *n*, calcined clay, refractory clay, chamotte *n* || **zerkleinerte ~** (Keram) / grog *n* (a ground mixture of refractory materials) || **~brocken** *m pl* (Keram) / grog *n* (a ground mixture of refractory materials) || **~bruch** *m* (Keram) / grog *n* (a ground mixture of refractory materials) || **~mehl** (feuerfester Baustoff auf der Basis natürlich vorkommender tonerdehaltigee Massen) (Hütt) / ganister *n* || **~mörtel** *m* (zum Bau von Feuerungen) (Hütt, Masch) / fireclay mortar, refractory mortar, grog-fireclay mortar || **~stein** *m* (Hütt, Keram) / firebrick *n* (with less than 50% of alumina), refractory brick, fireclay brick (high-duty, low-duty, medium-duty) || **SiO$_2$-reicher ~stein** (mit >72% SiO$_2$) (Hütt, Keram) / semisilica fireclay brick || **~ton** *m* (Keram) / fireclay* *n*, calcined clay, refractory clay, chamotte *n* || **~ziegel** *m* (in Standardabmessung) (Keram) / newflat *n*

**Schantungseide** *f* (taftbindiges Seidengewebe aus Tussahseide mit ausgeprägten Fadenverdickungen) (Tex) / shantung* *n*

**Schanzenstart** *m* (Lufft) / ski-jump take-off

**Schanzkleid** *n* (eine feste, das freie Oberdeck nach außen abschließende Schutzwand) (Schiff) / bulwark *n*

**Schapbachit** *m* (ein Silberbismutglanz, oberhalb 210°, kubisch, isotyp mit Bleiglanz) (Min) / schapbachite *n*

**Schappe** f (geschlossener oder geschlitzter Stahlblechzylinder mit pflugscharähnlicher Rundschneide zur Erbohrung lockerer Gebirges) (Bergb, Erdöl) / mud auger, shell auger ‖ ~ (Tex) / schappe n, spun silk*, floret silk ‖ ~**seide** f (aus Seidenabfällen, nicht abhaspelbaren Kokonteilen und aus Wildseiden) (Tex) / schappe n, spun silk*, floret silk
**Schar** f (Ziegel- oder Schindelreihe) (Bau) / course n (a horizontal layer or row of brick, block, or other substance in a structure) ‖ ~ n f (Pflugschar, Hackschar, Drillschar, Rodeschar usw.) (Landw) / share n ‖ ~ f (Math) / family n ‖ **zweiparametrige** ~ (Math) / two-parameter family ‖ ~ f **von Geraden, die eine Regelfläche erzeugen kann** (Math) / regulus* n (pl. reguli or reguluses) ‖ ~**deich** m (unmittelbar am Ufer) (Wasserb) / direct dyke, dyke direct along the waterway
**Schardinger-Dextrin** n (Chem) / cyclodextrin n, Schardinger dextrin
**Schardinger-Enzym** n (Biochem) / xanthine oxidase, Schardinger enzyme
**scharen, sich** ~ (Gänge) (Bergb, Geol) / unite vi
**schären** v (Webketten herstellen) (auf den Zettelbaum wickeln) (Web) / warp vt ‖ ~ n (auf eine Schärtrommel nach DIN 61050) (Web) / warping n
**scharf** adj (Grenze) / net adj, sharp adj, distinct adj ‖ ~ (schneidend) / keen adj ‖ ~ (Messer, Bild, Kurve) / sharp adj ‖ ~ (Abbildung, Einstellung) / in focus ‖ ~ / distinct adj ‖ ~ (Kontrast, Trennung) / abrupt adj ‖ ~ (Munition) (Mil) / live adj ‖ ~ (im Geschmack) (Nahr) / sour adj, tart adj, pungent* adj, acrid adj, sharp adj, astringent adj ‖ ~ (Schiffsform) (Schiff) / lean adj ‖ ~**es Bild** / sharp image ‖ ~**es Feuer** (etwa über 1000 °C) (Keram) / hard-fire n, hard-burning n, full-fire n, sharp fire ‖ ~**e Kante** (im allgemeinen) / sharp edge, keen edge ‖ ~**e Kante** (Tischl) / coin n, quoin n ‖ ~**er Knick** (im Bohrlochverlauf) (Erdöl) / dog-leg n ‖ ~**e Kontur** (des Musters) (Anstr, Tex) / sharp edge ‖ ~ **konturiert** / well-defined adj ‖ ~**e Küpe** (Tex) / sharp vat ‖ ~**e (zweite) Nebenserie** (Licht) / sharp series* ‖ **automatische** ~**abstimmung** (Radio) / automatic tuning*
**Schärfautomat** m (For) / automatic sharpener
**scharfbegrenzte Bö** (Meteor) / sharp-edged gust
**Schärfe** f / sharpness n ‖ ~ (der Zeichen auf dem Bildschirm) / clarity n ‖ ~ (der Wahrnehmung) (Physiol) / acuity n ‖ ~**assistent** m (Kameraassistent, der dem Kameramann oder Schwenker die Schärfe nachzieht) (Film) / focus operator, focusing operator, focus puller
**Scharf**•**einstellhilfe** f (Foto) / focusing aid ‖ ~**einstellring** m (Foto) / focusing ring ‖ ~**einstellung** f (Foto, Opt) / focusing* n, focussing n ‖ **automatische** ~**einstellung** (Foto) / autofocus n, automatic focusing*, AF*
**schärfen** v (an Überlappungsstellen und Rändern abschrägen) (Leder) / skive v ‖ ~ (Masch) / point v ‖ ~ (Masch, Werkz) / sharpen v, edge v, grind v, regrind v ‖ ~ (Bad, Küpe) (Tex) / sharpen v ‖ ~ n (des Schleifsteins) (Masch) / dressing* n ‖ ~ (Masch) / pointing n ‖ ~ (der Flotte) (Tex) / freshening n ‖ **mit** ~**abgleich** (Mikros) / parfocal adj ‖ ~**leistung** f (Foto, Opt) / image delineating power ‖ ~**tiefe** f (Foto, Opt) / depth of field* n (of a three-dimensional object), depth of focus* (between the lens and the film), focal depth, D/F ‖ ~**tiefenbereich** m (im Dingraum) (Foto, Opt) / depth of field* (of a three-dimensional object), depth of focus* (between the lens and the film), focal depth, D/F ‖ ~**ziehmechanismus** m (Foto) / follow-focus mechanism
**Schärffeile** f (für Sägen) (Masch) / saw file
**Scharf**•**feuer** n (Glas) / sharp fire ‖ ~**feuer** (etwa über 1000 °C) (etwa über 1000 °C) (Keram) / hard-fire n, hard-burning n, full-fire n, sharp fire ‖ ~**fokussierung** f / sharp focusing, precise focusing, critical focusing ‖ ~**gedreht** adj (Spinn) / high-twisted adj, hard-twisted adj ‖ ~**gelauferter Spurkranz** (Bahn) / sharp flange
**scharfkantig** adj (Sand) / sharp* adj ‖ ~ (im allgemeinen) / sharp-edged adj, keen-edged adj ‖ ~ (eine Schnittklasse) (For) / sharp-edged adj ‖ ~ (Meßwehr) (Wasserb) / sharp-crested adj ‖ ~ (Sand) s. auch Grit ‖ ~**e Öffnung** (der Drosselscheibe) (Masch) / sharp-edged orifice
**scharfkonturig** adj (Muster) / sharp-edged adj
**Schärfrolle** f (des Holzschleifers) (Pap) / grindstone n, burr n
**scharf**•**schleifen** v (Werkzeuge) (Masch, Werkz) / sharpen v, edge v, grind v, regrind v ‖ ~**schnitt** m (For) / through-and-through sawing ‖ ~**spitzig** adj / sharp-tipped adj ‖ ~**stellen** v (Opt) / focus vt, bring into focus ‖ ~**stoff** m (Nahr) / hot flavour, pungent flavour
**Schärfvorrichtung** f (z.B. eine Schärfrolle) (Pap) / burr n
**Scharfziehen** n (Foto) / pulling focus*
**Scharlach** m / scarlet n ‖ **Biebricher** ~ / scarlet red, Biebrich red, Biebrich scarlet ‖ ~**eiche** f (Quercus coccinea Münchh.) (For) / scarlet oak ‖ ~**körner** n pl (getrocknete weibliche Kermesschildläuse) / kermes grains, kermes pl, grains pl ‖ ~**rot** adj (im allgemeinen) / scarlet red
**Schär**•**maschine** f (DIN 63401) (Tex) / sectional warping machine, sectional warp machine ‖ ~**maschinen** f pl **für Tüllherstellung** (Tex) / string warp machines

**Scharmittel** n (in der statistischen Physik) (Phys) / ensemble average
**Scharnier** n (häufigste Form von Bewegungsbeschlägen für Türen) (Bau, Masch) / hinge n, pivot n, swivel joint, hinged joint ‖ ~ (Umbiegungslinie der Schenkel einer Falte oder einer Flexur) (Geol) / hinge n ‖ **am** ~ **befestigtes Teil** (Lufft) / clamshell* n ‖ ~**aufschraubbares** ~ (Bau) / surface-mounted hinge ‖ **gekröpftes** ~ / offset hinge ‖ ~**band** n (als Beschlag) (Bau) / flap hinge ‖ ~**blech** n (an der Tür) (Kfz) / hinge facing ‖ ~**fenster** n (Kfz) / hinged quarter window ‖ ~**ring** m (Bau, Tischl) / hinge ring ‖ ~**säule** f (Kfz) / hinge pillar, hinge post ‖ ~**stift** m (Tischl) / broach n ‖ ~**verwerfung** f (Geol) / hinge fault*, pivot fault, pivotal fault
**Scharpflug** m (mit Schar und Streichblech) (Landw) / mould-board plough*, moldboard plow (US)
**Scharpie** f (gezupfte Leinwand, die anstelle von Watte als Verbandsmaterial verwendet wurde) (Med) / lint* n
**scharren** v / grub v
**Scharrharz** n (Resina pini) (Pharm) / galipot n
**Scharriereisen** n (meistens Vierteleisen - 4-7 cm breit) (Bau, Werkz) / boasting chisel*, boaster* n, drove* n, nidging chisel ‖ ~ (mit 7-11 cm breiter Schneidebahn) (Bau, Werkz) / batting tool, broad boaster, broad tool
**scharrieren** v (mit einem Scharriereisen - Steine, glatte Betonoberflächen) (Bau) / bat v, boast v
**Schärriet** n (Web) / warping reed
**Scharte** f (im Zinnenkranz) (Arch) / crenel n, crenelle n ‖ ~ (unregelmäßige Vertiefung an der Schneidkante eines Werkzeugs) (Masch, Werkz) / nick n, jag n, nicking n
**schartig** adj (Messer, Beil) (Werkz) / nicked adj, jagged adj
**Scharung** f (von selbständigen Faltengebirgsästen oder ganzen Faltensträngen) (Bergb, Geol) / syntaxis n (pl. syntaxes) (local gathering of different mountain chains in a narrow bundle)
**Schatten** m pl (z.B. in einem Film) / shadows pl ‖ ~ m (Licht, Opt) / shadow* n ‖ ~**anzeigergerät** n / shadow-column instrument ‖ ~**atlas** m (Gewebe mit schattierender Farbstellung) (Tex) / ombré* n ‖ ~**bereich** m (Akus) / shadow region ‖ ~**bild** n / shadowgraph n ‖ ~**bild** (auf einem Schirm hinter dem durchlässigen Körper) (Opt) / silhouette n ‖ ~**bildung** f / shadowing n ‖ ~**buchstabe** m (Typog) / shadow letter ‖ ~**deck** n (Schiff) / shade deck ‖ ~**druck** m (leicht versetzter Doppelanschlag) (EDV) / shadow printing ‖ ~**effekt** m (Astr, Foto) / shadowing n, shadow effect ‖ ~**fotometer** n (nach Rumford) (Licht) / Rumford's photometer ‖ ~ **frei** adj (z.B. Beleuchtung) (Licht) / shadowless adj ‖ ~**freie Ausleuchtung** (des Motivs, z.B. für die High-key-Technik) (Film, Foto) / high-key lighting ‖ ~**grenzlinie** f / shadow boundary line ‖ ~**haft** adj / shadowy adj ‖ ~**käfer** m (For, Zool) / lyctus n, powder-post beetle ‖ ~**käfer** m pl (For, Zool) / Lyctidae pl ‖ ~**kegel** m (Astr) / shadow cone ‖ ~**liebend** adj (Biol, Umwelt) / lucifugous adj, heliophobous adj, heliophobic adj, photophobic adj ‖ ~**los** adj (z.B. Beleuchtung) (Licht) / shadowless adj ‖ ~**maske** f (TV) / shadow mask ‖ ~**maskenröhre** f (TV) / shadow-mask tube*, dot matrix tube, matrix tube, aperture-mask tube ‖ ~**pflanze** f (mit geringem Lichtbedürfnis) (Bot) / shade plant* ‖ ~**raum** m (hinter dem lichtundurchlässigen Körper) (Opt) / shadow space ‖ ~**riß** m / shadowgraph n ‖ ~**seite** f (eines Berges) / schattenseite n (shady side), ubac n ‖ ~**speicher** m (Teil des Arbeitsspeichers, dessen Speicherplätze nicht vom Programm her aufgerufen werden können) (EDV) / non-addressable memory, shaded memory ‖ ~**speicher** (programmierbarer Urladefestspeicher) (EDV) / shadow n ‖ ~**stelle** f (im Reflexionsschatten der Ionosphäre) (Radar, Radio, TV) / blind spot*, shadow n ‖ ~**streifen** m (Glas) / shadow fringe ‖ ~**streifen** (längere, zusammenhängende Seigerungsstreifen bei großen Schmiedestücken) (Hütt) / ghost* n, ghost line* ‖ ~**streifenstoffe** m pl (Tex) / shadow stripes* n ‖ ~**streuung** f (Kernphys) / shadow scattering, diffraction scattering ‖ ~**verfahren** n (in der Hochgeschwindigkeitsfotografie) (Foto) / shadow photography* (with exposures of $10^{-7}$ s) ‖ ~**verfahren** (im allgemeinen) (Foto, Opt) / shadowgraphy n ‖ ~**wand** f (zum Schutz gegen die Sonneneinstrahlung) (Bau) / solar screen ‖ ~**wand** (teildurchlässige Trennwand aus Feuerfeststeinen in Form eines Gittermauerwerkes auf Durchlaß oder Brücke einer einhäusigen Wanne) (Glas) / shadow wall (on the top of the bridge wall of a glass tank) ‖ ~**wand** (teildurchlässige Trennwand aus Feuerfeststeinen in Form eines Gittermauerwerkes auf Durchlaß einer einhäusigen Wanne) (Glas) / shadow wall (a more or less solid structure built on the top of the bridge wall of a glass tank, or suspended from the crown, to limit the flow of heat from the glass-melting zone to the refining zone of the tank) ‖ ~**wasserzeichen** n (erscheint auf dem Papier dunkler) (Pap) / shadow-mark n, shadecraft watermark, shadow watermark, intaglio n ‖ ~**zeichen** n (Pap) / shadow-mark n, shadecraft watermark, shadow watermark, intaglio n ‖ ~**zeichnung** f (Durchzeichnung der Schatten bei kontrastreichen

**Schattenzone**

Beleuchtungssituationen) (Foto) / shadow detail ‖ ~zone f (DIN 1320) (Akus) / shadow region
**schattieren** v / shade v ‖ ~ (Schrift) (Typog) / shadow v ‖ ~ n (des Kunstleders) (Leder) / shadowing n ‖ ~ **mit Kreuzlagen** / cross-hatching n, section lining
**schattiertes Bild** / shaded picture
**Schattierung** f (im allgemeinen) / shade n, shading n ‖ ~ (EDV) / shading n ‖ ~ (Kart) / shading n, hillwork n, plastic shading, relief shading
**schattig** adj / shadowy adj, shady adj
**schattiges Gebiet** / shadow area
**schätzen** v / estimate v, rate v ‖ **grob** ~ / guesstimate v, guestimate v
**Schätzer** m (Stats) / estimator n ‖ **suffizienter statistischer** ~ (Stats) / sufficient estimator, sufficient estimating function
**Schätz•funktion** f (die auf dem Stichprobenraum erklärte Funktion) (Stats) / estimator n ‖ ~**funktion** (Stats) / point estimation n ‖ **konsistente** ~**funktion** (Stats) / consistent estimator ‖ ~**theorie** f (Stats) / estimation theory
**Schätzung** f / estimation n, estimate n, rating n ‖ **beste erwartungstreue** ~ (Stats) / best unbiased estimator ‖ **beste lineare erwartungstreue** ~ (Stats) / Gauss-Markov theorem, best linear unbiased estimator, BLUE ‖ **erschöpfende** ~ (Stats) / sufficient estimator ‖ **fiduziale** ~ (Stats) / fiducial estimation ‖ **nicht erwartungstreue** ~ (Stats) / biased estimator ‖ **verzerrende** ~ (Stats) / biased estimation
**Schätzungsvariable** f (Stats) / estimator n
**Schätzwert** m (Stats) / estimate n
**Schau** f (Tex) / inspection n
**Schaubild** n / chart n, graphic n, graph* n, diagram* n ‖ ~ **für Funktionsabläufe** (F.Org) / operational chart
**Schauen** n (Tex) / inspection n
**Schauer** m (in der Höhenstrahlphysik) (Geophys) / cosmic-ray shower ‖ ~ (Niederschlag von kurzer Dauer, der aus Kumulonimbuswolken fällt und durch schroffe Schwankungen seiner Intensität und ein charakteristisches Aussehen des Himmels gekennzeichnet ist) (Meteor) / shower of rain ‖ ~ (Phys) / shower* n ‖ **durchdringender** ~ (Mesonenschauer) (Geophys) / penetrating shower* ‖ **harter** ~ (Mesonenschauer) (Geophys) / penetrating shower* ‖ **weicher** ~ (Geophys) / soft shower
**Schauer•deck** n (bei der Destillation) (Erdöl) / shower deck ‖ ~**mann** m (der im Laderaum arbeitet) (Schiff) / longshoreman n (US), docker n, dock worker, hold-man, n. ‖ ~**mann** (Hafen-, Kaiarbeiter für Lade- und Löschbetrieb) (Schiff) / stevedore n, lumper n ‖ ~**mannsknopf** m (Schiff) / wall knot (made on the end of a rope by unlaying and intertwining the strands), stevedore's knot (a stopper knot similar to a figure eight knot but with one or more extra turns) ‖ ~**mannsknoten** m (Schiff) / wall knot (made on the end of a rope by unlaying and intertwining the strands), stevedore's knot (a stopper knot similar to a figure eight knot but with one or more extra turns) ‖ ~**partikel** n f (Phys) / shower particle
**Schaufel** f (der Schaufelradbogenauslage) (Druck) / paddle* n ‖ ~ (des Schaufelradbaggers) (HuT) / bucket* n ‖ ~ (in Strömungsmaschinen) (Masch) / vane* n, blade n ‖ ~ (Masch) / blade n ‖ ~ (des Schaufelrades) (Masch, Schiff) / paddle n ‖ ~ (Werkz) / shovel n, scoop n ‖ **becherartige** ~ (des Pelton-Rades) (HuT) / bucket n ‖ ~ f **mit hochgezogenen Rändern** (für Probenahmen) (Chem) / scoop n ‖ ~ **zur Umkehr oder zur Neutralisierung der Strömungsrichtung** (Masch) / contravane n, counterveane n
**Schaufel•austrittswinkel** m (bei Laufrädern der Verdichter) (Masch) / blade outlet angle ‖ ~**bagger** m (HuT) / power shovel*, mechanical shovel ‖ ~**blatt** n (des Schaufelrades) (Masch, Schiff) / paddle n ‖ ~**fläche** f (Geol) / listric surface ‖ ~**fuß** m (bei Turbinenschaufeln) (Masch) / blade root ‖ ~**gitter** n (bei Turbinen oder Kompressoren) (Masch) / cascade n ‖ ~**kranz** m (der Turbine) (Masch) / blade rim ‖ ~**lader** m (HuT) / shovel loader, loading shovel, tractor shovel, shovel dozer ‖ ~**lader** (für den Tunnelbau) (HuT) / rocker shovel
**schaufeln** v / shovel v ‖ **räumlich verwundene** ~ (Masch) / three-dimensional blading ‖ **rückwärts gekrümmte** ~ (z.B. bei Hochleistungsrädern der Lüfter) (Masch) / backwardly curved blades, backward leaning blades ‖ **vorwärts gekrümmte** ~ (bei Trommelrädern der Lüfter) (Masch) / forwardly curved blades, forward leaning blades ‖ ~ **und Profile im Gitterverband** (bei Strömungsmaschinen) (Masch) / blade rows (cascades)
**Schaufelrad** n (des Schaufelradbaggers) (Bergb, HuT) / bucketwheel n ‖ ~ (der Turbine) (Masch) / blade wheel ‖ ~ (Masch) / fan wheel ‖ ~ (auch als Antriebsorgan des Raddampfers) (Masch, Schiff) / paddle wheel ‖ ~**bagger** m (Massengewinnungsgerät, z.B. für den Tagebau) (Bergb, HuT) / bucketwheel excavator, wheel excavator (a rotary excavator, from German BWE ‖ ~**bogenauslage** f (Druck) / fan delivery ‖ ~**flügler** m (Luftf) / cyclogyro n, paddle plane ‖ ~**mischer** m / turbine mixer, turbomixer n
**Schaufel•rührer** m (Chem Verf) / blade stirrer ‖ ~**schaftmaschine** f (Web) / Hodgson dobby ‖ ~**schwingung** f (gefährliche Biegeschwingung bei den langen Verdichter- und Turbinenschaufeln) (Masch) / vibration of blades ‖ ~**stiel** m (meist aus Rotbuche) (Werkz) / shovel handle ‖ ~**teilung** f (der Turbine) (Masch) / blade pitch ‖ ~**teilung** (bei Strömungsmaschinen) (Masch) / blade distribution ‖ ~**verstellung** f (Veränderung des Einstellwinkels der Schaufeln bei Verdichter und Turbine zur Anpassung der Maschine an den jeweiligen Betriebszustand) (Luftf, Masch) / blade adjustment ‖ **ruhendes Gitter mit unendlicher** ~**zahl** (bei Strömungsmaschinen) (Masch) / cascades at rest with an infinite number of blades
**Schaufenster** n (Bau) / show-window n, window n, shop-window n ‖ ~**brüstung** f (Bau) / stall riser*, stallboard riser ‖ ~**bummeln** n / window-shopping n ‖ ~**dekoration** f / window-dressing n ‖ ~**werbung** f / show-window advertising, shop-window advertising
**Schau•fliegen** n (Luftf) / air display ‖ ~**glas** n / inspection glass, sight-glass n, sight-gauge n, gauge glass (for the measurement of liquid levels) ‖ ~**kasten** m (mit Glas abgeschlossener, kastenartiger Behälter, der Ausstellungszwecken dient) / showcase n, glass cabinet (case), vitrine n ‖ ~**kasten** (ein beleuchtetes Gehäuse, das mit einer Streuscheibe als Abdeckung versehen und innen durch eine Glühlampe beleuchtet ist) (Radiol) / negatoscope n
**Schaukel•härteprüfer** m (Anstr) / hardness rocker ‖ ~**lichtbogenofen** m (Hütt) / rocking arc furnace
**schaukeln** v / see-saw v ‖ ~ (Farbengang) (Leder) / rock v ‖ ~ (Masch) / swing v, rock v ‖ ~ n (Masch) / swinging n, rocking n
**Schaukel•ofen** (Hütt) / rocking furnace ‖ ~**rahmen** m (Leder) / rocker frame ‖ ~**schwingung** f (der Gruppe als Ganzes in Gruppenebene - IR-Spektrometrie) (Phys) / rocking vibration, rock vibration ‖ ~**tisch** m (in der Spiegelbelegerei) (Glas) / rocking table ‖ ~**wellen** f pl (in Meeresbuchten und Nebenmeeren) (Geophys, Meteor) / seiche* n
**Schau•kühlschrank** m (ein Gewerbekühlschrank mit mindestens einer verglasten Wand) / display refrigerator ‖ ~**linie** f (in einem Diagramm) / curve n ‖ ~**loch** n (Glas, Hütt) / glory-hole* n ‖ ~**loch** (im allgemeinen) (Masch) / inspection hole, inspection hatch, witness hole (US), peephole n, peepdoor n
**Schaum** m (im allgemeinen) / foam* n (an emulsionlike two-phase system where the dispersed phase is gas or air) ‖ ~ / lather n ‖ ~ / scum n ‖ ~ (Gischt) / spume n ‖ ~ (nicht stabiler) / froth* n ‖ ~ (Hütt) / dross* n, skimmings pl, skim n, scum n ‖ ~ (im Parkes-Prozeß - entweder Reich- oder Armschaum) (Hütt) / liquated Parkes dross ‖ ~ (Nahr) / head n (foam on top of liquors; cream on top of milk) ‖ **chemischer** ~ (ein Löschschaum) / chemical foam ‖ **mechanischer** ~ (als Löschmittel) / air-foam n, mechanical foam ‖ **retikulierter** ~ (zum Kaschieren) (Tex) / reticulated foam ‖ **sich mit** ~ **bedecken** / foam vi, froth v ‖ ~ **bilden** / foam vi, froth v ‖ ~ **bilden** (Seife) / lather v
**Schaum•abheben** n (Nichteisenmetalle) (Hütt) / drossing* n ‖ ~**aluminium** n (leichter, fester Baustoff) (Bau, Chem Verf) / foamed aluminium ‖ ~**arm** adj / low-foaming adj ‖ ~**ätzen** n (durch Einblasen von Luft in das Ätzmittel gebildeter Schaum, der über ein schräg in einer Haltevorrichtung fixiertes Werkstück läuft) (Masch) / foam etching ‖ ~**auftrag** m (Tex) / foam application
**schäumbar** adj (Plast) / expandable adj, foamable adj ‖ ~**es Polystyrol** (Plast) / expandable polystyrene, foamable polystyrene, EPS ‖ ~**es Polystyrol** (Plast) s. auch Schaumpolystyrol ‖ ~**e Schmelze** (Plast) / foamable melt
**Schaum•bekämpfung** f (Chem, Phys) / defoaming n ‖ ~**bekämpfungsmittel** n (Chem, Phys) / antifoaming agent, defoaming agent*, defoamer n ‖ ~**beständigkeit** f (Brau, Nahr) / head retention ‖ ~**beständigkeit** f (DIN 53902) (Chem) / foam(ing) stability, foam-holding capacity ‖ ~**beton** m (ein Porenleichtbeton nach DIN 4164) (Bau) / foamed concrete ‖ ~**bildner** m (Chem, Phys) / foaming agent, foamer n ‖ ~**bildung** f (Chem, Phys) / foaming n, frothing n ‖ ~**bildungsfähigkeit** f (Chem, Phys) / foaming power, ability of foam formation ‖ ~**bildungsvermögen** n (Chem, Phys) / foaming power, ability of foam formation ‖ ~**brechen** n (Chem, Phys) / defoaming n ‖ ~**brecher** m (bei der Flotation) (Aufber) / froth breaker, froth killer ‖ ~**brecher** (Chem, Phys) / antifoaming agent, defoaming agent*, defoamer n ‖ ~**bremser** m (Chem, Phys) / antifoaming agent, defoaming agent*, defoamer n ‖ ~**dämpfer** m (Chem, Phys) / antifoaming agent, defoaming agent*, defoamer n
**schäumen** v / foam vi, froth v ‖ ~ / lather v ‖ ~ (von Waschmitteln) / suds v ‖ ~ (Nahr) / sparkle v (wine and similar drinks), effervesce v (give off bubbles) ‖ ~ (Plast) / foam v, expand v ‖ ~ n (Aufbrausen) / effervescence* n, sparkling n ‖ ~ (Chem, Phys) / foaming n, frothing n ‖ ~ (der sich abkühlenden Schmelze) (Hütt) / wildness n ‖ **zum** ~ **bringen** / foam vt ‖ ~ n **in der Form** (Plast) / sandwich moulding (in situ), foam-in-place method
**schäumend** adj (Nahr) / spumescent adj, spumous adj, spumy adj
**Schäumer** m (Chem, Phys) / foaming agent, foamer n
**schaum•erzeugendes Mittel** (Chem, Phys) / foaming agent, foamer n ‖ ~**erzeuger** m (Chem, Phys) / foam generator ‖ ~**faden** m (Tex) / foam

fibre ‖ **~fähig** *adj* (Plast) / expandable *adj*, foamable *adj* ‖ **~färbeapparat** *m* (Tex) / foam dyeing machine ‖ **~färben** *n* (Tex) / foam dyeing ‖ **~färber** *m* (Tex) / foam dyeing machine ‖ **~färberei** *f* (Tex) / foam dyeing ‖ **~fleck** *m* (Pap) / foam mark, foam spot ‖ **~flotation** *f* (Aufber) / froth flotation* ‖ **~flotationsanalyse** *f* (DIN 22005) (Aufber) / froth-flotation analysis ‖ **~frischen** *n* (Hütt) / foam refining ‖ **~gegenmittel** *n* (Chem, Phys) / antifoaming agent, defoaming agent*, defoamer *n* ‖ **~gestrichenes Papier** (gestrichenes Papier, dessen Streichschicht Hohlräume aufweist, die, durch winzig kleine Luftbläschen verursacht, absichtlich in die Streichfarbe eingearbeitet worden sind - DIN 6730) (Pap) / bubble-coated paper ‖ **~gießverfahren** *n* (bei Polyurethan) (Plast) / foam pouring ‖ **~gips** *m* / foam plaster ‖ **~glas** *n* (mit Porenanteil von etwa 95 Vol.-%) (Glas) / cellular glass*, foam glass, foamed glass, cellulated glass, sponge glass ‖ **~gummi** *m* (poröse Gummiwaren) (Chem Verf) / foam rubber, rubber foam, foamed rubber
**schaumig** *adj* (Nahr) / spumescent *adj*, spumous *adj*, spumy *adj* ‖ **~ machen** / foam *vt* ‖ **~ schlagen** (Nahr) / whip *v*, cream *v*, whisk *v*
**Schaumigkeit** *f* (schaumige Beschaffenheit) / foaminess *n*
**Schaum•keramik** *f* (Keram) / foamed clay (used as thermal and acoustic insulation) ‖ **~klebstoff** *m* (unter Beimischung eines Schaumbildners sowie unter Zuführung von Luft aufgeschäumter Klebstoff) / foamed adhesive ‖ **~kohlenstoff** *m* / foamed carbon
**Schäumkraft** *f* (eines Waschmittels) / sudsing performance (of a detergent)
**Schaum•kraft** *f* (Chem, Phys) / foaming power, ability of foam formation ‖ **~krone** *f* (Nahr) / head *n* (foam on top of liquors; cream on top of milk) ‖ **~krone** (des Wellenkamms) (Ozean) / white-cap *n* ‖ **~kunstleder** *n* (wie z.B. Skai) / cellular leather cloth, expanded leathercloth ‖ **~kunststoffe** *m pl* (Plast) / expanded plastics*, foamed plastics*, plastic foam, cellular plastics ‖ **~lava** *f* (Lavakies, Lavaschlacke) (Bau, Geol) / volcanic foam ‖ **~löffel** *m* (Nahr) / scummer *n*, skimmer *n* ‖ **~löscheinrichtung** *f* (Erdöl) / foam hose box ‖ **~löscher** *m* (ein Handfeuerlöscher) / foam extinguisher ‖ **~löschsystem** *n* (des Flughafens) (Luftf) / foam-deluge system ‖ **~matratze** *f* / foam mattress ‖ **~mittel** *n* (bei der Schaumflotation) (Aufber) / frother *n*, frothing agent ‖ **~mittel** (Tensid, das bevorzugt für die Herstellung von Zahncremes und sonstigen Zahn- und Mundpflegemitteln verwendet wird - z.B. Kokosfettsäuremonoglyceridsulfonat) (Chem) / foamer *n* ‖ **~mittel** (im allgemeinen) (Chem, Phys) / foaming agent, foamer *n* ‖ **~polystyrol** *n* (Plast) / foamed polystyrene, Styrofoam *n*, expanded polystyrene ‖ **~regulierungsmittel** *n* / foam-control agent ‖ **~reich** *adj* / high-foaming *adj* ‖ **~reinigung** *f* / foam cleaning ‖ **~rohr** *n* / foam-making branch ‖ **~schichtbildender Anstrich** (Anstr) / intumescent paint* ‖ **~schichtbildender Anstrichstoff** (Anstr) / intumescent paint* ‖ **~schichtbildner** *m* (in Feuerschutzmittel) (Anstr) / intumescent paint* ‖ **~schlacke** *f* (Hütt) / foamed slag*, expanded slag, expanded blast-furnace slag, foamed blast-furnace slag, blast-furnace foamed slag ‖ **~schlagverfahren** *n* (z.B. bei PVC) (Plast) / mechanical frothing ‖ **~schwimmaufbereitung** *f* (Aufber) / froth flotation* ‖ **~sprühen** *n* (bei der Herstellung von geschäumten Überzügen oder Auskleidungen) (Plast) / spray foaming, foam spraying ‖ **~stabilisator** *m* (in Waschmitteln) (Chem) / foam stabilizer, booster *n*
**Schaumstoff** *m* (auf Kunststoff- oder Kautschukbasis nach DIN 7726, 1) (Plast) / foamed material ‖ **~ eingeschäumter** (Bau) / in situ foam ‖ **~ gemischtzelliger ~** (z.B. Moosgummi) (Plast) / cellular plastic with open and closed cells, mixed-cell foamed plastic (open-cell and closed-cell) ‖ **geschlossenzelliger ~** (z.B. Zellgummi) (Plast) / closed-cell foamed plastic ‖ **halbharte ~e** (DIN 7726) (Plast) / semi-rigid expanded plastics, semi-rigid foam plastics, semi-rigid cellular materials ‖ **offenzelliger ~** (z.B. Schwammgummi) (Plast) / open-cell foamed plastic ‖ **~beschichtung** *f* (Tex) / foam bonding, foam laminating, foam backing ‖ **~block** *m* (Bau, Plast) / foam block ‖ **~bondieren** *n* (Tex) / foam bonding, foam laminating, foam backing ‖ **~kaschieren** *n* (Tex) / foam bonding, foam laminating, foam backing ‖ **~kaschierte Textilien** (Tex) / foambacks* *pl*, foam-backed fabrics*, foam-laminated fabrics ‖ **~laminieren** *n* (Tex) / foam bonding, foam laminating, foam backing ‖ **~laminierte Textilien** (Tex) / foambacks* *pl*, foam-backed fabrics*, foam-laminated fabrics ‖ **~modell** *n* (Gieß) / foamed-plastic pattern ‖ **~molch** *m* (zum Molchen - meistens PUR- oder PE-Schaum) (Masch) / foamed-plastic pig ‖ **~rücken** *m* (des Teppichbodens) (Tex) / foam backing ‖ **~ummantelt** *adj* / foam-padded *adj* ‖ **~unterlage** *f* / foam underlay ‖ **~unterseite** *f* (Tex) / foam backing ‖ **~verbundene Textilien** (Tex) / foambacks* *pl*, foam-backed fabrics*, foam-laminated fabrics
**Schaum•strahlmonitor** *m* (ein Feuerlöscher) / jet foam monitor ‖ **~strahlrohr** *n* / foam-making branch ‖ **~teppich** *m* (der von der Flughafenfeuerwehr auf die Landebahn gespritzt wird) (Luftf) / foam blanket, foam carpet, foam strip ‖ **~trichter** *m* (Gieß) / whirl-gate dirt trap ‖ **~unterlage** *f* / foam underlay ‖ **~verbesserer** *m* (Chem) / foam

improver ‖ **~verfahren** *n* (Abdichtung von Brandfeldern) (Bergb) / foam-plug process ‖ **~verhütungsöl** *n* (Aufber) / antifroth oil, antifoam oil, froth-preventing oil ‖ **~vermögen** *n* (Chem, Phys) / foaming power, ability of foam formation ‖ **~wein** *m* (durch erste oder zweite Gärung aus Tafelwein bzw. Qualitätswein gewonnenes Produkt, aus dem beim Öffnen der Flasche aus der Gärung stammendes oder zugesetztes Kohlendioxid entweicht) (Nahr) / sparkling wine ‖ **~werfer** *m* (im Feuerlöschwesen) / foam monitor, monitor *n* (in fire-fighting) ‖ **~zersetzung** *f* (Chem, Phys) / defoaming *n* ‖ **~zerstörungsmittel** *n* (Chem, Phys) / antifoaming agent, defoaming agent*, defoamer *n* ‖ **~zusammenbruch** *m* (Chem, Phys) / lather breakage, lather collapse
**Schau•packung** *f* (klarsichtige) / see-through package, window package, transparent package ‖ **~packung** / dummy *n* ‖ **~platzbesichtigung** *f* (für Außenaufnahmen) (Film, TV) / location hunt, location survey ‖ **~seite** *f* (Tex) / face *n*, right side, fabric face, good side ‖ **~signal** *n* (Opt) / visible signal, visual signal ‖ **~tropföler** *m* (Masch) / sight-feed oiler
**scheckig** *adj* / variegated *adj*, versicoloured *adj* ‖ **~e Färbung** (Tex) / spotty dyeing ‖ **~werden** *n* (Pap) / mottling *n*
**Scheck•leser** *m* (EDV) / cheque reader, check reader (US) ‖ **~papier** *n* (Pap) / cheque paper, check paper (US) ‖ **~schutz** *m* (EDV) / cheque protection, check protection (US)
**Scheddach** *n* (Bau) / sawtooth roof*
**Scheduler** *m* (ein Steuerprogramm) (EDV) / scheduler *n* ‖ **~** (ein Subsystem des Inferenzsystems) (KI) / scheduler *n*
**Scheduling** *n* (Zuteilung der in Ausführung befindlichen Programme) (EDV) / scheduling* *n* ‖ **~** (Aufgabenverwaltung bei Inferenzsystemen) (KI) / scheduling *n*
**Scheelbleierz** *n* (Min) / stolzite *n*
**Scheeles Grün** (nach C.W. Scheele, 1742-1786) (Chem) / Scheele's green*
**Scheelesches Grün** (ein altes Kupferpigment) (Chem) / Scheele's green*
**Scheelit** *m* (Kalziumwolframat) (Min) / scheelite* *n*, natural calcium tungstate ‖ **~struktur** *f* (Krist) / scheelite structure
**Scheelspat** *m* (Kalziumwolframat) (Min) / scheelite* *n*, natural calcium tungstate
**Scheibchen** *n* (aus Einkristall geschnitten oder abgesägt) (Eltronik) / wafer* *n*, slice *n* ‖ **~förmig** *adj* (Chem) / discotic *adj*
**Scheibe** *f* / disk* *n*, disc* *n* (des Frieses) (Arch) / bezant *n* ‖ **~** (Bergb) / slice *n* ‖ **~** (Prozesselement für 2, 4 oder 8 Bits, das mit anderen zum Aufbau eines Mikroprozessors beliebiger Wortlänge zusammengeschaltet werden kann) (EDV) / bit slice, slice *n* ‖ **~** (des Wirkverbrauchszählers) (Eltech) / rotor *n* ‖ **~** (beim Epitaxieverfahren) (Eltronik) / slice *n* ‖ **~** (große, kleine, normale Reihe) (Masch) / plain washer, flat washer, washer* *n* ‖ **~** (Masch) / flange *n* ‖ **~** (Riemenscheibe, Seilscheibe) (Masch) / pulley* *n*, sheave *n* ‖ **~** (ebenes Flächentragwerk) (Mech) / disk *n*, disc *n* ‖ **~** (Nahr) / slice *n* ‖ **abgeschnittene ~** / slice *n* ‖ **in ~n schneiden** / slice *v*, slice up *v* ‖ **mehrstufige ~** (Masch) / oberste **~** (im Abbau) (Bergb) / top slice ‖ **protoplanetarische ~** (Astr) / protoplanetary disk, proplyd *n* ‖ **ringförmige ~** (Mech) / annular disk ‖ **spannungsnormale ~** (Glas) / strain disk* ‖ **stroboskopische ~** (Opt) / stroboscopic disk ‖ **umlaufende ~** (Masch) / rotating disk, rotating plate ‖ **unterste ~** (im Abbau) (Bergb) / bottom slice ‖ **~ f aus spannungsoptisch reflektierendem Material** (Opt, WP) / photostress disk ‖ **~ mit Fase** (DIN ISO 1891) (Masch) / single-chamfer plain washer ‖ **~ mit Lappen** (DIN 93) (Masch) / tab lock washer, tab washer with long tab ‖ **~ mit Vierkantloch** (DIN ISO 1891) (Masch) / round washer with square hole
**Scheibel-Kolonne** *f* (Chem Verf) / Scheibel extractor, Scheibel column, Scheibel-York extractor, York-Scheibel column
**Scheiben•anker** *m* (Eltech) / disk armature* ‖ **~antenne** *f* (Kfz) / windscreen antenna ‖ **~antenne** (Radio) / disk-type aerial ‖ **~ätzen** *n* (eine Diebstahlschutzmaßnahme) (Kfz) / window etching ‖ **~aufnahme** *f* (bei der Schleifmaschine) (Masch) / wheel mount ‖ **~aufschläger** *m* (For, Pap) / disk refiner, disk-type refiner ‖ **~bau** *m* (Bergb) / slicing* *n*, bench working ‖ **abwärts geführter ~bau mit Zubruchwerfen des Hangenden** (Bergb) / side slicing ‖ **~bauart** *f* (Bau) / cross-wall construction* ‖ **~block** *m* (einer Scheibenegge) (Landw) / gang of disks ‖ **~brecher** *m* (Aufber) / disk crusher ‖ **~bremse** *f* (DIN 15433) (Kfz, Luftf) / disk brake* ‖ **~bremsenbelag** *m* (Masch) / brake lining ‖ **~egge** *f* (mit Scharscheiben) (Landw) / disk harrow* ‖ **mit der ~egge bearbeiten** (Landw) / disk *v* ‖ **~egge** *f* **in Tandemform** (Landw) / tandem disk harrow ‖ **~einfassung** *f* (Kfz) / window trim ‖ **~feder** *f* (DIN 6888) (Masch) / Woodruff key* ‖ **~filter** *n* (ein kontinuierliches Filter) (Aufber, Hütt) / disk filter*, American filter* ‖ **~förmig** *adj* / discoid *adj*, discoidal *adj*, disk-shaped *adj* ‖ **~fräser** *m* (DIN 885 und 1831) (Masch) / side-and-face (milling) cutter*, side-milling cutter (US) ‖ **~gasbehälter** *m* / piston-type gasholder, waterless gasholder ‖ **~hacker** *m* (zur Herstellung von

**Scheibenhackmaschine**

Hackschnitzeln) (For) / disk chipper ‖ ≈**hackmaschine** f (For) / disk chipper ‖ ≈**jalousie** f (Kfz) / window blind ‖ ≈**kalkulator** m (für Segelflieger) (Luftf) / McReady ring ‖ ≈**keil** m (Masch) / disk key ‖ ≈**kolben** m (Masch) / disk piston ‖ ≈**kommutator** m (Eltech) / radial commutator* ‖ ≈**kondensator** m (meistens ein Keramikkondensator) (Eltech) / disk capacitor* ‖ ≈**konusantenne** f (Radio) / discone antenna* (a biconical antenna) ‖ ≈**kupplung** f (DIN 116) (Kfz, Masch) / disk clutch*, plate clutch* ‖ ≈**kupplung** (Masch) / flange coupling*, half-coupling n, face-plate coupling* ‖ ≈**kurve** f (für die Kurvensteuerung) (Masch) / plate cam, disk cam ‖ ≈**läufer** m (Eltech) / disk armature* ‖ ≈**lochwalzwerk** n (Hütt) / disk mill ‖ ≈**lochwalzwerk nach Stiefel** (Hütt) / Stiefel disk piercer ‖ ≈**modell** n (Modellvorstellung in der Plastizitätstheorie) (Phys) / disk model ‖ ≈**mühle** f (For, Pap) / disk refiner, disk-type refiner ‖ ≈**mühle** (Masch) / disk mill, disk attrition mill ‖ ≈**nocken** m (Masch) / plate cam*, disk cam ‖ ≈**pfahl** m (HuT) / disk pile* ‖ ≈**pflug** m (Landw) / disk plough*, disk plow* (US) ‖ ≈**population** f (eine Sternpopulation) (Astr) / disk population ‖ ≈**putz** m (der mit der Reibscheibe bearbeitet wird) (Bau) / float finish ‖ ≈**rad** n (Masch) / disk wheel, web-wheel n ‖ ≈**refiner** m (zum kontinuierlichen Zerfasern von Hackschnitzeln sowie anderen vorzerkleinerten lignozellulosehaltigen Rohstoffen, oder Nachzerfasern von zu grobem Faserstoff) (For, Pap) / disk refiner, disk-type refiner ‖ ≈**reibung** f (Masch) / disk friction* ‖ ≈**revolver** m / disk-type turret ‖ ≈**röhre** f (eine Mikrowellenröhre) (Eltronik) / lighthouse tube*, disk-seal valve, disk-seal tube (US)* ‖ ≈**schlag** m (bei Bremsscheiben) (Kfz) / lateral run-out ‖ ≈**schleifen** n (mit Schleifpapier bespannten Scheiben oder Tellern) (Tischl) / disk sanding ‖ ≈**schleifmaschine** f (Tischl) / disk sander ‖ ≈**schwungrad** n (Masch) / disk-type flywheel ‖ ≈**sech** n (Landw) / disk coulter*, rolling coulter (US) ‖ ≈**speicher** m (ein Werkzeugspeicher) (Masch) / disk magazine ‖ ≈**spule** f (Eltech) / pancake coil*, flat coil, single-layer flat ‖ ≈**spule** (Zylinderspule mit Randscheiben) (Spinn) / flanged bobbin ‖ ≈**tauchkörper** m (Umwelt) / biological disc, biodisc n, biological disk, biodisk n ‖ ≈**thyristor** m (Eltronik) / disk thyristor ‖ ≈**trieur** m (Landw) / disk separator ‖ ≈**triode** f (Eltronik) / lighthouse tube*, disk-seal valve, disk-seal tube (US)* ‖ ≈**walzwerk** n (Hütt) / disk mill ‖ ≈**waschanlage** f (für die Windschutzscheibe) (Kfz) / windscreen washer, windshield washer (US), washer n ‖ ≈**wicklung** f (Eltech) / pancake winding, disk winding* ‖ ≈**wischer** m (Kfz) / screen wiper, windshield wiper, wiper n ‖ ≈**wischer mit Intervallschaltung** (Kfz) / intermittent wiper ‖ ≈**wischerblatt** n (Kfz) / wiper blade ‖ ≈**wischerheizung** f (Heizung der ganzen Anlage) (Kfz) / screen wiper heating, windshield wiper heating

**Scheiblers Reagens** (12-Wolframatophosphorsäure - nach H. Scheibler, 1882-1966) (Chem) / Scheibler reagent

**Scheidbogen** m (der quer zum Gurtbogen verläuft und die nebeneinanderliegenden Gewölbefelder zwischen den einzelnen Schiffen abtrennt) (Arch) / nave lateral arch (with respect to flanking aisles)

**Scheide•fähigkeit** f (Retentionsfähigkeit) (Chem Verf) / retention power ‖ ≈**gefäß** n (Nahr) / defecation pan, defecation tank, defecator n, limer n ‖ ≈**kalk** m (Nahr) / sugar-factory lime

**scheiden** v (trennen) / segregate v, separate v ‖ ≈ (Erz von Hand) (Aufber) / cob v ‖ ≈ (edle von unedlen Metallen mit Hilfe von Säuren) (Hütt) / part ‖ ≈ (Zuckerrohsaft mit Kalkmilch reinigen) (Nahr) / defecate v (by liming), lime v (the juice) ‖ ≈ n (physikalische Trennung) / segregation* n, separation n ‖ ≈ (Trennen edler Metalle von unedlen mit Hilfe von Säuren) (Hütt) / parting n ‖ ≈**zelle** f (den mehrreihigen Holzstrahl begrenzende Zelle) (For) / sheath cell

**Scheidepfanne** f (Nahr) / defecation pan, defecation tank, defecator n, limer n

**Scheider** m (Aufber) / separator* n, grader n ‖ ≈ (des Akkumulators) (Eltech) / separator* n, diaphragm* n ‖ **elektrostatischer** ≈ (Aufber) / Huff separator* ‖ ≈**platte** f (Eltech) / separator* n, diaphragm* n

**Scheide•saft** m (bei der Zuckergewinnung) (Nahr) / limed juice ‖ ≈**schlamm** m (in der Zuckergewinnung) (Nahr) / defecation scum, slime n, defecation mud, carbonation scum ‖ ≈**trichter** m (Chem) / separating funnel*

**Scheidewand** f (Bau) / partition n, screen n ‖ ≈ (Bot) / septum* n (pl. septa) ‖ ≈ (z.B. bei der Dialyse) (Chem) / diaphragm n ‖ ≈ (Eltronik, Fernm) / septum* n (pl. septa) ‖ **poröse** ≈ (bei elektrochemischen Prozessen und beim Filtrieren) (Chem Verf) / diaphragm n

**Scheidewasser** m (Aufber, Chem) / aqua fortis*

**Scheidung** f (zur Gewinnung des Scheidesafts in der Zuckerherstellung) (Nahr) / defecation n (by liming), liming ‖ **elektrolytische** ≈ (Hütt) / electroparting* n ‖ ≈ f **von Gold und Silber durch die Quart** (Hütt) / inquartation* n, quartation* n, parting of bullion

**Schein** m (Gutschein, Aufbewahrungsschein, Gepäckschein, Kontrollschein) / check n ‖ ≈ / shine n ‖ ≈- (unecht) / dummy adj ‖ ≈**akazie** f (Gewöhnliche) (Robinia pseudoacacia L.) (For) / locust n (black, yellow), locust tree, false acacia ‖ ≈**anweisung** f (EDV) / dummy statement ‖ ≈**architektur** f (illusionistische gemalte Architektur, die durch ihre Perspektive eine wirkliche Architektur vortäuschen will, vor allem in barocken Kirchenbauten, in der Deckenmalerei und im Bühnenbild) (Arch) / mock architecture

**scheinbar•e Dichte** (Phys) / apparent density, apparent specific gravity, raw density ‖ **~es Einfallen** (Geol) / apparent dip ‖ **~e Helligkeit** (m) (Astr) / apparent magnitude* ‖ **~e Höhe** (des Gestirns) (Astr) / apparent altitude ‖ **~e Höhe** (Fernm) / virtual height* ‖ **~er Horizont** (Astr) / visible horizon*, apparent horizon*, sensible horizon* ‖ **~e Konzentration** (ohne Berücksichtigung von Störionen) (Chem) / apparent concentration ‖ **~er Körpergehalt** (Thixotropie) (Anstr) / false body* ‖ **~e Viskosität** (DIN 1342, T 1) (Phys) / anomalous viscosity*, apparent viscosity

**Schein•befehl** m (EDV) / dummy instruction ‖ ≈**belastung** f (Bau, Mech) / fictitious load, dummy load ‖ ≈**decke** f (Bau) / false ceiling ‖ ≈**decke** (Bau) s. auch Unterdecke ‖ **turbulente** ≈ **diffusion** (Chem Verf) / eddy diffusion* ‖ ≈**dreherbindung** f (Tex) / mock leno, imitation gauze ‖ ≈**fuge** f (Sollbruchstelle im allgemeinen) / false joint, dummy joint ‖ ≈**fuge** (Querfuge in der Straßenbetondecke, die die Risse aus Zugspannungen vermindern soll) (HuT) / dummy joint, crack inducer ‖ ≈**gewölbe** n (eine z.B. durch Putz auf Drahtgewebe vorgetäuschte Form eines Gewölbes ohne statische Funktion) (Arch, Bau) / blind vault, blind arch ‖ ≈**grat** n (Web) / mock rib ‖ ≈**harz** n (Chem) / mock resin (in affinity chromatography) ‖ ≈**induktivität** f (Elektr) / apparent inductivity ‖ ≈**köper** m (Tex) / false twill ‖ ≈**kraft** f (Phys) / force of inertia, vis inertiae, inertial force ‖ ≈**leistung** f (U x I; DIN 40110, T 1) (Eltech) / apparent power* ‖ ≈**leistung** (Eltech) s. auch Leistungsfaktor ‖ ≈**leistungsmesser** m (Eltech) / voltammeter n ‖ ≈**leitwert** m (Elektr) / admittance* n, electrical admittance ‖ ≈**leitwert der Elektrodenverkopp(e)lung** (Eltronik) / interelectrode transadmittance ‖ ≈**markstrahl** m (z.B. bei Walnußbaum und Erle) (For) / aggregate ray*, compound ray ‖ ≈**ring** m (Faserstauchung) (For) / traumatic ring ‖ ≈**span** m (spanähnlich abfliegender Teil einer Aufbauschneide) (Masch, Werkz) / built-up edge fragments ‖ ≈**tätigkeit** f (PERT) / dummy activity ‖ ≈**variable** f (EDV) / dummy variable* ‖ ≈**verkehr** m (Authentifizierung) (EDV) / traffic padding ‖ ≈**viskosität** f (bei nichtnewtonschen Flüssigkeiten) (Phys) / anomalous viscosity*, apparent viscosity

**Scheinwerfer** m (Kfz) / headlamp* n, headlight n ‖ ≈ (Licht) / projector n ‖ ≈ (Suchscheinwerfer) (Licht) / searchlight projector, searchlight n ‖ **versenkbarer** ≈ (Kfz) / retracting headlamp ‖ ≈ m **hoher Intensität** (Film, Licht) / brute* n ‖ ≈ **mit asymmetrischem Abblendlicht** (Licht) / asymmetric reflector*

**Scheinwerfer•einsatz** m (Reflektor + Lampenhalter + Streuscheibe) (Kfz) / headlight unit, headlamp unit ‖ ≈**einstellgerät** n (Kfz) / aimer n, headlamp setter ‖ ≈**lampe** f (mit aufgedampften Metallschichten) (Eltech, Licht) / internally silvered lamp, reflector lamp, reflector-type lamp ‖ ≈**leitradar** m n (Radar) / searchlight radar ‖ ≈**reinigungsanlage** f (Kfz) / headlamp washing system ‖ ≈**tor** n (Film, Foto) / barn doors ‖ ≈**wischeranlage** f (Kfz) / headlamp wash-wipe system

**Schein•widerstand** m (ein Wechselstromwiderstand) (Elektr) / impedance* n, complex impedance ‖ ≈**widerstandsmesser** m (Eltech) / impedometer* n ‖ ≈**wirkungsgrad** m (Masch) / apparent efficiency ‖ ≈**zypresse** f (Chamaecyparis Spach) (For) / chamaecyparis n, false cypress ‖ **Weiße** ≈**zypresse** (Chamaecyparis thyoides (L.) Britton, Stearn et Poggenb.) (For) / white cedar

**Scheit** n (For) / billet n, log n

**Scheitel** m (höchster Punkt eines Gewölbes oder eines Bogens) (Arch) / crown* n, ridge n ‖ ≈ (Bau, HuT) / crown* n, vertex* n (pl. vertices or vertexes), apex n (pl. apexes or apices) ‖ ≈ (Geol) / crest n ‖ ≈ (des Kegels) (Math) / apex* n (pl. apexes or apices), vertex* n (pl. vertices or vertexes) ‖ ≈ (Math) / vertex* n (pl. vertices or vertexes) ‖ ≈**brechwert** m (bei den Brillengläsern - Kehrwert der Schnittweite des dingseitigen Brennpunktes) (Opt) / vertex (dioptric) power ‖ ≈**faktor** m (einer Wechselgröße: das Verhältnis des Scheitelwertes zum Effektivwert - DIN 40110, T 1) (Eltech) / peak factor*, crest factor ‖ ≈**gleichung** f (eines Kegelschnittes) (Math) / vertex equation ‖ ≈**gleichung einer Parabel** (Math) / vertex equation of a parabola ‖ ≈**haltung** f (eines Kanals) (Wasserb) / summit reach ‖ ≈**kanal** m (Wasserb) / summit canal* ‖ ≈**kreis** m (einer Ellipse) (Math) / eccentric circle ‖ ≈**punkt** m (Astr) / zenith* n ‖ ≈**punkt** (Bau, HuT) / crown* n, vertex* n (pl. vertices or vertexes), apex n (pl. apexes or apices) ‖ ≈**punkt** (der Profilwölbung) (Luftf) / crown n ‖ ≈**punkt** (eines Winkels) (Math) / vertex* n (pl. vertices or vertexes) ‖ **im** ≈**punkt** (Math) / apical adj ‖ ≈**punkteinspeisung** f (der Antenne) (Radio) / vertex feed ‖ ≈**spannungsmesser** m (Eltech) / peak voltmeter ‖ ≈**strom** m (Eltech, Eltronik) / peak current ‖ ≈**welligkeit** f (Fernm) / ripple n ‖ ≈**welligkeit** (Fernm) / ripple factor ‖ ≈**welligkeit** (Fernm) s. auch Riffelfaktor ‖ ≈**wert** m (Amplitude bei Sinusgrößen - die Hälfte der Schwingungsbreite nach DIN 1311, T 1) (Eltech, Phys) amplitude* n ‖ ~wert (Spitzenwert) (Math) / peak* n, peak value ‖ ~wert der Netzspannung (Eltech) / crest working line voltage ‖ ~winkel m pl (bei zwei sich schneidenden Geraden) (Math) / vertical angles ‖ ~zeit f (Foto) / peak delay (the time taken to reach peak brightness after the firing of a flash bulb)

**Scheit•ersäge** f (For) / billet saw ‖ ~holz n (durch Aufspalten von Rundlingen gewonnene, meist 1 m lange Holzstücke, die in Schichtmaßen aufbereitet werden) (For) / split billets ‖ ~rechter Bogen (ein gemauerter Sturz über einer Öffnung ganz oder fast ohne Stich) (Arch) / flat arch*, Dutch arch, French arch, straight arch*, jack arch* (US) ‖ ~säge f (eine Gestellsäge für Brennholz) (For) / billet saw

**Schelf** m n (im allgemeinen) (Geol) / shelf n (solid rock beneath alluvial deposits) ‖ ~ m n (der vom Meer überspülte Saum der Kontinentaltafel) (Geol) / continental shelf*, continental platform, shelf n (pl. shelves) ‖ **perikontinentaler** ~ (Erdöl, Geol) / outer continental shelf, OCS ‖ **Übergang** m **des** ~**s zum Kontinentalhang** (Geol) / shelf edge ‖ ~**abbruch** m (zum Kontinentalabhang) (Geol) / shelf break ‖ ~**eis** n (auf einem Schelf lagernde unbewegliche Eismasse aus zusammenhängendem Inlandeis oder aus einem Gemisch von Meereis und zerbrochenem Inlandeis) (Geol) / shelf ice, barrier ice ‖ ~**meer** n (z.B. die Nordsee und die Ostsee) (Ozean) / epicontinental sea, epeiric sea

**Schellack** m (ein natürliches Harz tierischen Ursprungs - E 904) (Anstr, Chem) / shellac* n ‖ **[chlor]gebleichter** ~ (Anstr) / white lac, bleached shellac ‖ ~**beize** f (wenn Schellack zugesetzt wurde) (Bau, For) / spirit stain* (a solution of spirit-soluble dye as nigrosine, turmeric, gamboge etc. in industrial alcohol)

**schellackieren** v (Anstr) / shellac v ‖ ~ n (Anstr) / shellacking n

**Schellack•politur** f (Anstr, Tischl) / French polish*, shellac-based polish ‖ ~**wachs** n (aus dem Sekret weiblicher Lackschildläuse) / shellac wax

**Schellbach-Bürette** f (eine genormte Bürette, deren Rückwand aus Milchglas mit einem etwa 1 mm breiten, farbigen Längsstreifen /Schellbach-Streifen/ besteht) (Chem) / Schellbach burette

**Schellbach-Streifen** m (der Schellbach-Bürette) (Chem) / blue stripe (for reading at the point of least magnification)

**Schelle** f (ringförmige Klemmeinrichtung zum Befestigen von Rohren, Kabeln, Schläuchen und dgl.) (Klemp) / clip n ‖ ~ **mit Justierung** (für Rohre) (Masch) / bracket n

**Schellenklemme** f (Eltech) / clamp-type terminal

**Schellhammer** m (Masch) / snap* n, rivet snap, rivet header

**Schema** n (pl. -s, Schemen oder -ta) / schema* n (pl. -ta or -s) ‖ ~ (pl. -s, Schemen oder -ta) (Datenstrukturdefinition) (EDV) / schema n (pl. -ta or -s), scheme n ‖ ~ (pl. -s oder -ta) (KI) / frame n ‖ ~**brief** m (auf Briefbogen vorgedruckter Text zur ergänzenden Beschriftung) (EDV) / preprinted stationery, computer stationery

**schematisch** adj / schematic adj ‖ ~**e Darstellung** / schematic n, schematic drawing, key plan ‖ ~**e Zeichnung** / schematic n, schematic drawing, key plan

**Schemazeichnung** f / schematic n, schematic drawing, key plan

**Schemelschaftmaschine** f (meistens für Buckskin) (nach S. Crompton, 1753-1827) (Web) / Crompton's dobby

**schemenhaft** adj (Umrisse) / shadowy adj

**Schenckscher Phosphor** (den man durch Erhitzen des weißen Phosphors erhält) (Chem) / Schenck's phosphorus

**Schenkel** m (eines Kabelschlagseiles) / strand n ‖ ~ (bei magnetischen Kreisen und Transformatoren) (Eltech) / limb n ‖ ~ (Geol) / limb* n, flank n ‖ ~ (des Winkelstahls) (Hütt) / leg n ‖ ~ (z.B. eines U-Rohres) (Masch) / leg n ‖ ~ (z.B. der Montagezange) (Masch, Werkz) / handle n ‖ ~ (eines Zirkels, eines Trapezes) (Math) / leg n ‖ ~ (Halbstrahl des Winkels) (Math) / side n ‖ ~ (eines Manometers) (Phys) / limb n ‖ ~ (eines Reißverschlußzahns) (Tex) / leg n ‖ ~ **des Thermoelements** (Eltech) / thermoelectric arm, thermoelectric leg ‖ ~**bürstenhalter** m (Eltech) / cantilever-type brush-holder, arm-type brush-holder, lever-type brush-holder ‖ ~**feder** f (Masch) / helical torsion spring, leg spring ‖ ~**kokille** (Hütt) / elbow ingot ‖ ~**pol** m (Eltech) / salient pole* ‖ ~**polgenerator** m (Eltech) / salient-pole generator* ‖ ~**wolle** f (Tex) / shanking n, thigh wool

**Scher•apparat** m (HuT) / shear box ‖ ~**band** n (Mech, WP) / shear band ‖ ~**baum** m (Leder) / scudding beam, beam n, wet-shop beam ‖ ~**beanspruchung** f (Masch, Mech) / shear stress, shearing stress

**Scherben** f pl (Glas) / cullet* n, collet n, glass cullet ‖ ~ m (Keram) / body n ‖ **fremde** ~ (Glas) / foreign cullet ‖ **gemahlene** ~ (Keram) / pitchers pl, sherd n, shard n ‖ **keramische** ~ (Keram) / pitchers pl, sherd n, shard n ‖ **ungebrannter** ~ (Keram) / green body

**Scherben•brecher** m (Glas) / cullet crusher ‖ ~**einlage** f (getrennte) (Glas) / charge of cullet, charging cullet only ‖ ~**eiserzeuger** m (flake ice maker) ‖ ~**gemenge** n (Glas) / raw cullet ‖ ~**kobalt** n (Min) / native arsenic ‖ ~**mehl** n (Keram) / pitchers pl, sherd n, shard n ‖ ~**schamotte** f (der gleichen Masse, der sie zugesetzt wird) (Keram) / pitchers pl, sherd n, shard n

**Scherbiusmaschine** f (eine ständererregte Drehstromkommutatormaschine, die als Hintermaschine in Kaskadenschaltung mit großen Drehstromsynchronmotoren betrieben wird) (Eltech) / Scherbius advancer, Scherbius machine

**Scher•bolzen** m (Masch) / shear pin*, shear bolt ‖ ~**brett** n (des Einschiffschleppnetzes) (Schiff) / otter* n, otter board*, trawl board, trawl door ‖ ~**bruch** m (Geol) / shear fracture, sliding fracture ‖ ~**bruch** (Masch, WP) / shear fracture, shearing n (failure of materials under shear) ‖ ~**büchse** f (zu Scherversuchen) (HuT) / shear box ‖ ~**degen** m (zum Handentfleischen) (Leder) / fleshing knife ‖ ~**dübel** m (Zimm) / shear connector

**Schere** f (Haushaltsschere) / scissors n(pl), pair of scissors ‖ ~ (große ~ une Werkzeugmaschine) / shears pl, pair of shears ‖ ~ (der Drehmaschine) (Masch) / swing frame ‖ **fliegende** ~ (Hütt) / flying shears

**Scher•ebene** f (Mech) / shear plane ‖ ~**effekt** m (bei piezoelektrischen Materialien) (Eltech) / shear effect

**scheren** v (Schafe) / clip v ‖ ~ / shear* v ‖ ~ (Leder) / flesh v ‖ ~ (Schiff) / reeve v ‖ ~ (die Gewebeoberfläche) (Tex) / crop* v, shear* v, clip v ‖ ~ n (von der Stange bzw. dem Knüppel) (Hütt) / cropping* n ‖ ~ (des Gewebes) (Tex) / cropping n, shearing n, clipping n ‖ ~ (Tätigkeit) (Tex) / shearing n, clipping n ‖ ~**arm** m (Mikrofon) (Akus) / lazyboy n ‖ ~**blatt** n / shear blade ‖ ~**fenster** n (Geol) / eyelid window ‖ ~**gitter** n (Abschrankung) (Bau) / slidable (concertina) lattice gate ‖ ~**gittertür** f (Bau) / accordion* n, folding door, multifold door, accordion door ‖ ~**heber** m (Kfz) / scissors-type axle jack, scissors jack ‖ ~**kluppe** f (For) / tree compass ‖ ~**kontaktierung** f (eine Art Thermokompression-Schweißen) (Eltronik) / scissors bonding ‖ ~**schnitt** m (Glas) / shear cut ‖ ~**schnittpapier** n (Pap) / profile paper ‖ ~**schwingung** f (mit Winkeländerung in der Gruppe - IR-Spektrometrie) (Spektr) / scissor vibration ‖ ~**stromabnehmer** m (Bahn, Eltech) / pantograph* n ‖ ~**treppe** f (eine Einschiebetreppe) (Bau) / concertina ladder

**Scherentzähung** f (Phys) / structural viscosity, shear thinning

**Scherenwagenheber** m (Kfz) / scissors-type axle jack, scissors jack

**Scher•festigkeit** f (die bei allen Bruchzuständen des Bodens maßgebende Festigkeit) (HuT, Landw) / shear strength ‖ ~**festigkeit** (DIN 18137) (Verhältnis von größter Scherkraft zu abgescherter Fläche) (Mech, WP) / shear strength, ultimate shear strength, shear stability ‖ ~**interlaminare** ~**festigkeit** (WP) / interlaminar shear strength ‖ ~**fläche** f (in der Schichtenströmung - DIN 1342, T 1) (Phys) / shearing surface ‖ ~**fläche** (Fläche, längs der ein Werkstoff zerreißt) (WP) / shear plane ‖ ~**fließen** n (Mech, WP) / shear yielding ‖ ~**gang** m (für die Längsfestigkeit wichtiger und dementsprechend verstärkter, an das Oberdeck angrenzender Plattengang der Außenhaut eines Schiffes) (Schiff) / sheerstrake* n ‖ ~**gefälle** n (Differential der Strömungsgeschwindigkeit über dem Strömungsquerschnitt) (Phys) / rate of shear, shear rate ‖ ~**gerade** f (die gemeinsame Tangente an mehrere Spannungskreise) (HuT, WP) / envelope of failure, Coulomb line ‖ ~**geschwindigkeit** f (Scherkomponente des Tensors der Verformungsgeschwindigkeit - DIN 1342, T 1) (Phys) / rate of shear, shear rate ‖ **Coulombsches** ~**gesetz** (Gleichung der Schergeraden) (HuT) / Coulomb's equation ‖ ~**grenze** f (Hütt, Masch, Mech) / shear limit

**Schering-Brücke** f (eine Hochspannungskapazitäts- und Verlustwinkelbrücke - nach H.E.M. Schering, 1880-1959) (Eltech) / Schering bridge

**Schering-Meßbrücke** f (eine Hochspannungskapazitäts- und Verlustwinkelbrücke - nach H.E.M. Schering, 1880-1959) (Eltech) / Schering bridge*

**Scher•kluft** f (Geol) / shear joint ‖ ~**-Koagulations-Spinnmethode** f (Spinn) / turbulent forming spinning method ‖ ~**kraft** f (Masch, Mech) / shear force*, shearing force, S.F.

**Scherling** m (Fell von einjährigen Schaf, das vor der Schlachtung kurzgeschoren wurde - bis 2 cm Wolle) (Leder) / shearling n

**Scher•lippenbildung** f (Hütt, Masch, Mech) / shear-lip formation ‖ ~**maschine** f (Tex) / cropping machine, shearing machine ‖ ~**messer** n (Leder) / fleshing knife ‖ ~**modul** n (DIN 13343) (Mech) / modulus of rigidity, coefficient of rigidity*, rigidity modulus, shear modulus, elasticity of shear*, Coulomb modulus, modulus in shear ‖ ~**niet** m (Masch) / rivet subjected to shear ‖ ~**plüsch** m (bei dem die Schlingen aufgeschnitten werden, so daß er dadurch wesentlich weicher und samtähnlicher wirkt) (Tex) / cut plush ‖ ~**ring** m (Masch) / shear ring ‖ ~**rißbildung** f (Mech, WP) / shear cracking ‖ ~**scheiben-Viskosimeter** f / Mooney viscometer, shearing-disk viscometer ‖ ~**schneiden** n (DIN 8588) / shearing n ‖ ~**span** m (kurzbrüchige Spanelemente) (Masch) / shear chip ‖ ~**span** (Masch) s. auch Aufbauschneide ‖ ~**spannung** f (bei der Scherbeanspruchung auftretende Schubspannung) (Masch, Mech) / shear stress*, shearing stress ‖ ~**stelle** f (DIN 31001, T 1) / shearing point ‖ ~**stift** m (eine Sicherung gegen Überlastung) (Masch) / shear pin*, shear bolt ‖ ~**strömung** f (DIN 1342, T 1) (Phys) / shear flow ‖ **einfache**

**Scherströmung**

≈**strömung** (Mech) / Couette flow ‖ **einfache** ≈**strömung** (DIN 1342, T 1) (Mech) / plane Couette flow, simple shear flow
**Scherung** f (Art der tektonischen Gesteinsverformung) (Geol) / shear n ‖ ≈ (bei der affinen Abbildung) (Math) / shear n, shearing n ‖ ≈ (DIN 13316) (Phys) / shear* n, shear strain ‖ **einfache** ≈ (Geol) / simple shear (a homogeneous strain that consists of a movement in one direction of all straight lines initially parallel to that direction; it can be closely approximated by shearing a deck of cards) ‖ **reine** ≈ (Geol) / pure shear (a strain in which the body is elongated in one direction and shortened at right angles to it)
**scherungs•gleich** adj (Figur) / of equal shear(ing) ‖ ≈**modul** m (Mech) / modulus of rigidity*, coefficient of rigidity*, rigidity modulus, shear modulus, elasticity of shear*, Coulomb modulus, modulus in shear ‖ ≈**schieferung** f (gleichlaufende) (Geol) / slip cleavage, shear cleavage ‖ ≈**schwingungen** f pl (Krist) / shear vibrations ‖ ≈**welle** f (Geophys) / S wave (a type of seismic body wave), rotational wave, shear wave, secondary wave, distortional wave, transverse wave, tangential wave
**Scher•verformung** f (DIN 1342, T 1) (Phys) / shear* n, shear strain ‖ **dilatantes** ≈**verhalten** (Phys) / dilatancy* n, shear thickening ‖ ≈**versuch** m (DIN 50141) (WP) / shear test ‖ ≈**verzähung** f (DIN 1342, T 1) (Phys) / dilatancy* n, shear thickening ‖ ≈**viskosität** f (Masch, Phys) / dynamic viscosity*, shear viscosity ‖ ≈**welle** f (transversale Raumwelle) (Geophys) / S wave (a type of seismic body wave), rotational wave, shear wave, secondary wave, distortional wave, transverse wave, tangential wave ‖ ≈**widerstand** m (WP) / shear resistance, shear drag ‖ ≈**wind** m (Meteor) / thermal wind*
**Scherzer-Fokus** m (ein Autofokus in der Durchstrahlungselektronenmikroskopie - nach O. Scherzer, 1909-1982) (Mikros) / Scherzer focus
**Scher•zone** f (Geol) / shear zone* ‖ ≈**zugfestigkeit** f (WP) / tensile-shear strength, tension-shear strength
**Scheuer•apparat** m (für die Scheuerprüfung) (Tex, WP) / abrader n, abrasion machine, abrasion tester ‖ ≈**beständig** adj (Tex, WP) / rub-fast adj, crock-resistant adj (US) ‖ ≈**beständigkeit** f (Tex, WP) / rubbing fastness, rub-fastness n, crocking fastness (US) ‖ ≈**beständigkeit** f (Tex, WP) / wear resistance, abrasion resistance ‖ ~**echt** adj (Farbe) (Tex, WP) / rub-fast adj, crock-resistant adj (US) ‖ ≈**echtheit** f (Tex, WP) / rubbing fastness, rub-fastness n, crocking fastness (US) ‖ ~**fest** adj (Tex, WP) / rub-fast adj, crock-resistant adj (US) ‖ ≈**festigkeit** f (Tex, WP) / wear resistance, abrasion resistance ‖ ≈**fleck** m (Glas) / transit rub, handling scratch ‖ ≈**fleck** (örtlich begrenzter Abdruck, der auf der Oberfläche des Glases durch Zerdrücken eines Fremdkörpers hervorgerufen wird) (Glas) / scuff mark, scuffing n, crush n ‖ ≈**kiel** m (Schiff) / slab keel, rubbing strake, false keel ‖ ≈**leiste** f (Bau) / skirting board*, scrub board, skirting n, baseboard* n, mopboard* n (US), subbase n (US), washboard* n (US) ‖ ≈**leiste** (an Reifenflanken) (Kfz) / scuff rib n ‖ ≈**leiste** (gegen ein Eindrücken der Außenhaut) (Schiff) / rubbing strake ‖ ≈**mittel** n (feinste Körner enthaltendes Reinigungsmittel) / abrasive cleaner
**scheuern** v (reinigen) / scour v, scrub v ‖ ≈ / rub v ‖ ≈ / chafe v ‖ ≈ n / scouring n, scrubbing n ‖ ≈ (gleitender oder rollender Teile aneinander) (Masch) / galling n
**Scheuer•plattenbauweise** f (bei geschweißten Maschinengestellen) (Masch) / laminated welded construction ‖ ≈**prüfgerät** n (Tex, WP) / abrader n, abrasion machine, abrasion tester ‖ ≈**prüfgerät nach Taber** (Tex, WP) / Taber abrader ‖ ≈**prüfung** f (Tex, WP) / abrasion test ‖ ≈**sand** m / scouring powder ‖ ≈**seife** f / sand-soap n ‖ ≈**stelle** f (Tex) / abrasion mark, chafe mark, bruise n, rub n ‖ ≈**versuch** m (Tex, WP) / abrasion test ‖ ≈**widerstandsvermögen** n (Verschleißfestigkeit) (Tex, WP) / wear resistance, abrasion resistance
**Scheunentor** n (Vierklappenvorsatz) (Film, Foto) / barn doors
**Schibaum** m (For) / shea tree, shea butter tree, shea n
**Schibutter** f (von Vitellaria paradoxa C. F. Gaertn.) / shea butter, bambuk butter
**Schicht** f (Belag) / coating n, coat n ‖ ≈ / layer n, ply n, lamination n (of a laminated material) ‖ ≈ (Mauerwerk) (Bau) / course* n, layer* n ‖ ≈ (Erdöl) / tour n ‖ ≈ (als Abschnitt des Arbeitstages, Gruppe von Arbeitern) (F.Org) / shift n ‖ ≈ (meistens ablösende - alle Arbeiter, die in einer Schicht arbeiten) (F.Org) / relay n ‖ ≈ (beim Vakuumbeschichten nach DIN 28400, T 4) (Galv) / thin film (thickness not exceeding 10 μm), film n ‖ ≈ (durch Trennflächen unterteilte Ablagerung von Sedimentgestein) (Geol) / stratum n (pl. strata)*, layer n ‖ ≈ (Geol) / bed* n ‖ ≈ (der Ionosphäre) (Phys) / layer* n ‖ ≈ s. auch Schutzschicht ‖ [**sehr dünne**] ≈ / film* n ‖ **abgeriebene** ≈ (Putz) (Bau) / floated coat ‖ **abgerundete oberste** ≈ (einer Mauer) (Bau) / company dwelling, company-owned flat ‖ **aktive** ≈ (Eltronik) / active layer ‖ **anodisch hergestellte** ≈ (Galv) / anodic coating ‖ **aufgetragene** ≈ (Hütt) / deposit n ‖ **bimolekulare** ≈ (Phys) / bimolecular layer, bilayer n ‖ **diffundierte** ≈ (Eltronik) / diffused layer, diffusion layer ‖ **dünne** ≈ / thin layer, sheet n ‖ **eigenleitende** ≈ (Eltronik) / intrinsic layer ‖ **flache** ≈ (z.B. innerhalb eines Diamanten) (Min) / platelet n ‖ **in dünnen** ≈**en geordnet** (Geol)

/ straticulate adj ‖ **in** ≈**en laminiert** / layered adj ‖ **kohlige** ≈ (Bergb) / grist n ‖ **leitende** ≈ (Eltech) / conducting layer, conductor layer ‖ **letzter Stein, der in einer** ≈ **gelegt wird** (Bau) / closure brick ‖ **lichtempfindliche** ≈ (Suspension der lichtempfindlichen Silberhalogenidkristalle) (Foto) / emulsion* n, photographic emulsion ‖ **neutrale** ≈ (in der Biegetheorie) (Mech) / neutral layer ‖ **nitridhaltige** ≈ (eine Randschicht aus metallischen, insbesondere Eisenwerkstoffen) (Hütt) / nitrided case, nitrided layer ‖ **oberste** ≈**en** (Ablagerungen - eines Deltas) (Geol) / topset beds* ‖ **stehende** ≈ (von Steinen, in einem Schmelzofen) (Glas, Keram) / soldier course (a course of refractory brick set on end in the bottoms of some types of ladles, furnaces, and glass tanks) ‖ **tragende** ≈ (HuT) / bearing stratum ‖ **unterlagernde** ≈ (Geol) / substratum n (pl. -ata), sublayer n ‖ **verwitterte** ≈ (Geol) / weathered layer ‖ **zwischengelagerte** ≈ (Geol) / interbed n (of one kind of rock material occuring between or alternating with beds of another kind) ‖ ≈ **f mit geringerer seismischer Wellengeschwindigkeit** (Gutenberg-Zone) (Geol) / low-velocity zone ‖ ≈ **mit geringerer seismischer Wellengeschwindigkeit** (unter der Erdoberfläche) (Geol) / low-velocity zone, weathered layer
**Schicht•ablösung** f (Akus, Mag) / oxide shedding ‖ ≈**abrieb** m (bei Magnetschichten) (Akus, Mag) / oxide shedding ‖ ≈**abscheidung** f (Galv) / deposition of a protective (coating) layer ‖ ≈**arbeit** f (Schichtsystem) (F.Org) / shift work ‖ ≈**arbeitszulage** f (F.Org) / shift allowance, shift bonus, shift premium ‖ ≈**band** n (ein Magnetband, bei dem eine oder mehrere magnetisierbare Schichten auf einer nicht magnetisierbaren Unterlage aufgebracht sind - DIN 66010) (Mag) / coated tape ‖ ≈**bett** n (Chem) / stratified bed ‖ ~**bildend** adj (Anstr, Galv) / film-forming adj ‖ ≈**bildung** f (Ausgestaltung der Schichten) / lamination* n, layering n ‖ ≈**bürste** f (Eltech) / laminated brush* ‖ ≈**dicke** f (im allgemeinen) / layer thickness ‖ ≈**dicke** (Anstr) / film thickness, build n ‖ ≈**dicke** (DIN 50982, T 1) (Galv) / coating thickness, coating-film thickness, film thickness ‖ ≈**dickenmesser** m (Anstr) / film-thickness gauge, coating-thickness gauge ‖ ≈**dickenmeßgerät** n (das mittels Eindringen einer Schneide in den Überzug arbeitet) (Anstr) / paint inspection gauge, PIG ‖ ≈**dickenprüfung** f (Anstr) / film-thickness testing, film-thickness gauging, coating-thickness testing, coating-thickness gauging ‖ ≈**ebenenpolymer** n (planare Struktur aus identischen zyklischen und heterozyklischen Einheiten) (Chem) / parquet-type polymer, parquet polymer ‖ ≈**empfindlichkeit** f (z.B. nach DIN oder ASA) (Foto) / photographic speed
**schichten** v / layer v, laminate v ‖ ≈ (aufeinanderlegen) / stratify v ‖ ≈ (verstärkte Kunststoffe) (Plast) / lay up v ‖ ≈ n / lamination* n, layering n ‖ ≈**biegung** f (Geol) / distortion n ‖ ≈**folge** f (Geol) / stratigraphic column ‖ ≈**förmig** adj (Zool) / stratiform* adj ‖ ≈**gitter** (z.B. Graphit oder Molybdändisulfid)**n.** (Krist) / layer lattice* ‖ ≈**karte** f (des Zeitreihenverlaufs) (Stats) / strata chart ‖ ≈**kunde** f (Geol) / stratigraphy* n, stratigraphic geology (the science of rock strata) ‖ ≈**lagerung** f (Geol) / attitude n ‖ ≈**mantel** m (Kab) / multiple sheath ‖ ≈**mauerwerk** n (regelmäßiges, aus Naturstein) (Bau) / squared rubble (coursed) ‖ ≈**mauerwerk** (unregelmäßiges, aus Naturstein) (Bau) / random rubble (coursed) ‖ ≈**mauerwerk** (hammergerechtes, regelmäßiges, unregelmäßiges) (Bau) / coursed rubble wall ‖ **hammergerechtes** ≈**mauerwerk** (Bau) / regular-coursed rubble*, range masonry (US), range work (US), coursed ashlar (US) ‖ ≈**modell** n (hierarchische Ebenenstruktur der Protokolle) (Fernm) / layered architecture ‖ ≈**pappe** f (Pap) / pasteboard* n ‖ ≈**protokoll** n (Fernm) / layer protocol ‖ ≈**strömung** f (eine laminare Strömung nach DIN 1342, T 1) (Phys) / streamline flow ‖ ≈**trennung** f / delamination n, lamination n ‖ ~**weise Trennung** / delamination n, lamination n
**Schicht•erosion** f (ein Denudationsvorgang) (Geol, Landw) / sheet erosion, sheet-wash n, unconcentrated wash, slope wash, sheet-flood erosion ‖ ≈**faktor** m (F.Org) / shift factor ‖ **synsedimentäres** ≈**fallen** (Geol) / original dip, primary dip ‖ ≈**fehler** m (Akus, Mag) / oxide shedding ‖ ≈**festigkeit** f (WP) / interlaminar strength ‖ ≈**fläche** f (Kontaktfläche) (Anstr) / contact n ‖ ≈**fläche** (Geol) / bedding plane* n ‖ ≈**flächenmarke** f (Geol) / sole mark* ‖ ≈**flut** f (flächenhaft abfließende Wassermassen in den Rand- und den Subtropen) (Wasserb) / sheet-flood n (a broad expanse of moving water that spreads as a thin, continuous film over a large area) ‖ ≈**fluterosion** f (Geol, Landw) / sheet erosion, sheet-wash n, unconcentrated wash, slope wash, sheet-flood erosion ‖ ≈**folge** f (Geol) / measures pl (a group of rock strata) ‖ ≈**folge** (Geol) / geological column*, stratigraphic column*, geologic column
**schichtförmig** adj (Zool) / stratiform* adj ‖ ~**e Korrosion** (Masch) / exfoliation* n, exfoliation corrosion ‖ ~**e Lagerung** (Geol) / stratification* n, bedding ‖ ~**er Werkstoffabtrag** / removal of materials in layers
**Schicht•fuge** f (Geol) / bedding joint ‖ ~**führender Bohrmeister** (Erdöl) / toolpusher* n (field supervision of drilling operations) ‖ ≈**gesteine**

*n pl* (Geol) / sedimentary rocks\* ‖ ~**gewichtsverhalten** *n* (bei den behandelten Oberflächen) (Galv) / coating(s) weight ratio ‖ ~**gitter** *n* (Krist) / layer lattice\* ‖ ~**gruppe** *f* (Geol) / measures *pl* (a group of rock strata) ‖ ~**holz** *n* (ein Lagenholz) (For) / laminated wood ‖ ~**holz** (Rohholz in Stößen aufgeschichtet) (For) / stacked wood ‖ ~**holz** (als Holzsortiment) (For) / shortwood *n*, short timber
**schichtig** *adj* (Bergb) / stratiform *adj*, stratified *adj*, bedded *adj* ‖ ~ (Geol) / flaggy *adj*
**Schicht•katode** *f* (geschichtete Katode) (Eltronik) / coated cathode\* ‖ ~**katode** (Eltronik) / dull-emitter cathode\* ‖ ~**kern** *m* (Eltech) / laminated core\*, laminated-iron core ‖ ~**kondensator** *m* (Eltech) / film capacitor ‖ ~**kopf** *m* (Geol) / outcrop\* *n*, crop\* *n*, cropout *n*, outcropping *n* ‖ ~**korrosion** *f* (ein selektiver Angriff) (Masch) / exfoliation\* *n*, exfoliation corrosion ‖ ~**kristall** *m* (Krist) / zoned crystal ‖ ~**lademotor** *m* (Kfz) / stratified-charge engine ‖ ~**ladung** *f* (Kfz) / stratification *n* ‖ ~**ladungsmotor** *m* (mit programmierter Verbrennung) (Kfz) / stratified-charge engine ‖ ~**lage außen** (E.O.) (Film) / emulsion out ‖ ~**lage innen** (E.I.) (Film) / emulsion in ‖ **regressive** ~**lagerung** (Geol) / offlap\* *n*, regressive overlap ‖ **transgredierende** ~**lagerung** (Geol) / onlap\* *n*, transgressive overlap ‖ ~**leistung** *f* (ein Maß für die Arbeitsproduktivität des Steinkohlenbergbaues) (Bergb) / output per man-shift, o.m.s. ‖ ~**lücke** *f* (durch Sedimentationsunterbrechung oder Erosion) (Geol) / unconformity\* *n* ‖ ~**lücke** (Geol) / stratigraphical break\*, stratigraphic break, gap *n* ‖ **lokale** ~**lücke** (Geol) / want *n*, nip *n* ‖ **regelmäßiges** ~**(en)mauerwerk** (Bau) / regular-coursed rubble\*, range masonry (US), range work (US), coursed ashlar (US) ‖ ~**nutzholz** *n* (For) / shortwood *n*, short timber ‖ ~**paket** *n* (in der Schichttechnik) (Eltronik) / multilayer *n* ‖ ~**papier** *n* (Pap) / laminated paper\* ‖ **~parallele Erosionsnische** (eines Flusses) (Geol) / ‖ **~parallele Klüftung** (Geol) / bedding cleavage ‖ ~**polrad** *n* (Eltech) / segmental rim rotor, laminated-rim rotor ‖ ~**preßstoff** *m* (Phenolharz als Tränkharz + Füllstoff) (Eltech) / phenolic laminate ‖ ~**preßstoffe** *m pl* (Pap, Plast, Tischl) / laminated plastics\*, laminates\* *pl* ‖ **kernkatalysierter** ~**preßstoff** (Eltronik) / core-catalysed laminate ‖ **harzbeschichteter** ~**preßstoff** (in Additivtechnik hergestellt) (Plast) / swell-and-etch laminate ‖ ~**prüfung** *f* (Anstr, Galv) / protective-coat testing, protective-film testing ‖ ~**riemen** *m* (ein Flachriemen) / multiple flat belt ‖ ~**schaltkreis** *m* (Eltronik) / film circuit\* ‖ ~**schaltung** *f* (Eltronik) / film circuit\* ‖ ~**seite** *f* (Film, Foto) / emulsion side, light-sensitive side, coating side ‖ ~**seite** (bei Magnetbändern) (Mag) / oxide side ‖ ~**silicat** *n* (für Waschmittel) (Chem) / layered silicate ‖ ~**silikat** *n* (für Waschmittel) (Chem) / layered silicate ‖ ~**silikat** (z.B. Kaolinit) (Min) / phyllosilicate\* *n* ‖ ~**soll** (Bergb) / stint *n* ‖ ~**(en)spaltung** *f* / delamination *n*, lamination *n* ‖ **supraleitender** ~**speicher** (EDV) / cryogenic memory, cryogenic storage, cryogenic store, superconducting memory\*, cold store\* *n* ‖ ~**steiger** *m* (der eine Betriebsschicht eines Reviers führt) (Bergb) / shift foreman ‖ ~**stoffe** *m pl* (Pap, Plast, Tischl) / laminated plastics\*, laminates\* *pl* ‖ ~**struktur** *f* (Kristalle mit Schichtstruktur sind parallel den Schichten ausgezeichnet spaltbar) (Krist) / layer lattice\*, layer structure ‖ ~**struktur** (Min) / lamellar structure ‖ ~**stufe** *f* (Geol) / cuesta *n*, wold *n* ‖ ~**stufenlandschaft** *f* (Geol) / alcove lands (terraced slopes in badlands) (US) ‖ ~**Substrat-Pigment** *n* (Anstr) / layer substrate pigment ‖ ~**technik** *f* (zur Herstellung von Schichtschaltungen) (Eltronik) / film technology ‖ ~**träger** *m* (meistens Azetylzellulose oder Polyester) (Foto) / film base, base\* *n*
**Schichtung** *f* / lamination\* *n*, layering *n* ‖ ~ (Stratifikation) / stratification *n* ‖ ~ (der Harzsäule) (Chem) / stratification *n* ‖ ~ (Geol) / stratification\* *n*, bedding\* *n* ‖ ~ (z.B. bei Graniten) (Geol) / sheeting *n* ‖ ~ (der Grundgesamtheit in mehrere in sich möglichst homogene Teilgrundgesamtheiten) (Stats) / stratification\* *n* ‖ ~ (vertikale, eines Lebensraumes) (Umwelt) / stratification\* *n* ‖ **gradierte** ~ (z.B. bei Grauwacken) (Geol) / graded bedding\*, density stratification ‖ **überlappte** ~ / lapped stacking ‖ ~ *f* **des Luftraums** (Luftf) / stratification of air space
**Schichtungs•lagerstätte** *f* (Erdöl) / gravity drainage reservoir ‖ ~**los** *adj* (Massengestein) (Geol) / unstratified *adj* ‖ ~**variable** *f* (Stats) / stratification variable
**Schicht•verband** *m* (Plast, WP) / interlaminar bonding, interlayer adhesion ‖ ~**verbundstoff** *m* **mit metallischer Matrix** (Luftf, Raumf) / metal matrix composite\* ‖ ~**verbundwerkstoff** *m* (aus zwei oder mehreren verschiedenartigen Werkstoffkomponenten schichtweise aufgebaut) (Plast, WP) / composite laminar material ‖ ~**wachstum** *n* (Anstr) / coating (film) growth ‖ ~**wachstum** (Galv) / deposit growth ‖ **~weise anordnen** / sandwich *v* (between) ‖ **~weises Vermischen** (Spinn) / sandwich blending ‖ **~weise Vermischung** (Spinn) / sandwich blending ‖ ~**wellenleiter** *m* (Eltronik) / slab dielectric optical waveguide ‖ ~**-Welt-Interpretation** (Kernphys) / many-world interpretation ‖ ~**widerstand** *m* (Eltech) / film resistor ‖ ~**wolke** *f* (Meteor) / layer cloud, stratiform cloud ‖ **~wolkenartig** *adj* (Meteor) / stratiform *adj*

**Schick-Hautprobe** *f* (Med) / Schick test\*
**Schick-Test** *m* (Med) / Schick test\*
**Schiebe•balkenlager** *n* (Schiff) / beam socket, beam shoe ‖ ~**balkenschuh** *m* (Schiff) / beam socket, beam shoe ‖ ~**befehl** *m* (ein Maschinenbefehl beim Digitalrechner, der das Verschieben eines Operanden um die im Befehl angegebene Stellenzahl nach links oder rechts veranlaßt) (EDV) / shift instruction, shifting instruction ‖ ~**betrieb** *m* (durch Lastwechsel ausgelöste Fahrzeugverzögerung) (Kfz) / overrun *n*, deceleration *n* ‖ ~**brücke** *f* (mit der waagrechten Verschiebung des Überbaus) (Masch) / traversing bridge\*, retractable bridge ‖ ~**bühne** *f* (Vorrichtung zum Umsetzen von Eisenbahnwagen auf ein in parallel laufendes Gleis) (Bahn) / travelling platform ‖ ~**dach** *n* (Kfz) / sunshine roof, sunroof *n*, sliding roof ‖ ~**fahrwerk** *n* (Luftf) / crosswind landing gear, crosswind undercarriage
**Schiebefenster** *n* (im allgemeinen) (Bau) / sash window ‖ ~ (horizontal verschiebbar) (Bau) / sliding sash\*, sliding window ‖ ~ (eines Abzugs) (Chem) / sliding glass door (of the laboratory fume hood), hood sash ‖ **senkrecht verschiebbares** ~ **mit nur einem beweglichen Flügel** (Bau) / single-hung window\* ‖ ~ *n* **mit Gewichtsausgleich** (senkrechtes) (Bau) / hanging sash\*, hung sash\* ‖ ~**gegengewicht** *n* (Bau) / sash weight\*, sash counterweight ‖ ~**rahmen** *m* (Tischl) / sash\* *n* ‖ ~**schließer** *m* (Bau) / sash fastener\*, sash lock\*, sash holder
**schiebe•feste Ausrüstung** (z.B. bei Chemieseidengeweben, Baumwollstramin usw.) (Tex) / non-slip finish, antislip finish ‖ ~**festappretur** *f* (z.B. bei Chemieseidengeweben, Baumwollstramin usw.) (Tex) / non-slip finish, antislip finish ‖ ~**festausrüstung** *f* (z.B. bei Chemieseidengeweben, Baumwollstramin usw.) (Tex) / non-slip finish, antislip finish ‖ ~**festigkeit** *f* (Tex) / resistance to slippage ‖ ~**festmittel** *n* (Tex) / non-slip finishing agent, antislip agent ‖ ~**flügelfensterrahmen** *m* (Tischl) / sash\* *n* ‖ ~**gabel** *f* (z.B. des Heckschiebesammlers) (Landw) / buckrake *n* ‖ ~**griff** *m* (für Steckschlüsselaufsätze) (Werkz) / sliding T-handle, sliding T-bar, T-slide *n*, slide bar (US) ‖ ~**hülse** *f* **mit Zahnprofil** (der Kardanwelle) (Kfz) / splined sliding sleeve ‖ ~**impuls** *m* (EDV) / shift pulse ‖ ~**lade** *f* (Web) / broché sley ‖ ~**laden** *m* (Bau) / folding shutter, boxing shutter ‖ ~**landung** *f* (Luftf) / drift landing, lateral drift landing ‖ ~**litze** *f* (Web) / sliding heald, sliding heddle ‖ ~**lokomotive** *f* (Bahn) / banking locomotive, shunting locomotive, shunter *n*, switching engine, switcher *n*, booster locomotive (US), helper *n* (US) ‖ ~**muffe** *f* (Kfz) / sliding coupling
**schieben** *v* / push *v* ‖ ~ *vi* (Kfz) / lurch *v* ‖ ~ *v* (in der Kurve nach innen) (Luftf) / slip *v*, slip in *v* ‖ ~ (Schubverband) (Schiff) / push *v* ‖ **sich** ~ (über) / override *v* ‖ ~ *n* / pushing *n* ‖ ~ (durch Druckabwicklungsfehler verursachtes Verwischen des Abdruckes von Druckbildelementen) (Druck) / blurring *n*, doubling *n* ‖ ~ (Abdrängung eines Flugzeugs von der geraden Flugrichtung durch Seitenwind oder durch die Seitensteuerung) (Luftf) / crabbing *n*, sideslip *n* ‖ ~ (nach außen) (Luftf) / skidding *n*, skid-out *n* ‖ **binäres** ~ (EDV) / logical shift\*, logic shift
**schiebend wirkender Sprengstoff** (Bergb) / low explosive
**Schiebe•operation** *f* (EDV) / shift operation ‖ ~**paar** *n* (Mech) / sliding pair ‖ ~**passung** *f* (Masch) / push fit, class 5 fit, close sliding fit
**Schieber** *m* (des Rechenschiebers) / slide *n*, sliding insert, sliding piece ‖ ~ (Schichthöhenregler für Kohle auf Rost) / coal gate ‖ ~ (beim Druckguß) (Gieß) / core slide ‖ ~ (Masch) / gate\* *n*, gate valve\* ‖ ~ (Hobelsupport) (Masch) / ram\* *n* ‖ ~ *f* (der Zellenpumpe) (Masch) / vane\* *n* ‖ ~ *m* (Nocken beim Kurvengetriebe) (Masch) / translating cam ‖ ~ (des Reißverschlusses) (Tex) / slider *n* ‖ ~ (im Türverschluß) (Tischl) / bolt\* *n* ‖ ~ (im Vergaser) (V-Mot) / slide valve
**Schiebe•rad** *n* (im Getriebe) (Masch) / sliding gear ‖ ~**rädergetriebe** *n* (Kfz) / sliding-mesh gearbox\*, sliding-gear transmission (US)
**Schieberdeckung, äußere** ~ (Masch) / outside lap\*, steam lap\* ‖ **innere** ~ (Masch) / inside lap\*, exhaust lap\*
**Schieberdiagramm** *n* **nach Zeuner** (G. Zeuner, 1828-1907) (Masch) / Zeuner valve diagram\*
**Schieberegister** *n* (Register als Speicher in Form einer Transportkette, wobei die Informationswerte durch Taktimpulse vom Eingang zum Ausgang weiter geleitet werden) (EDV) / shift register, shifting register, magnetic shift register\* ‖ **rückgekoppeltes** ~ (EDV) / feedback shift register, feedback register
**Schieber•höcker** *m* (des Reißverschlusses) (Tex) / lug *n* ‖ ~**kasten** *m* (Bahn, Masch) / steam-chest\* *n*, steam-box *n*, valve chest ‖ ~**keil** *m* (Masch) / wedge *n* ‖ ~**maul** *n* (des Reißverschlusses) (Tex) / mouth of a slider ‖ ~**motor** *m* (Masch) / port engine ‖ ~**nadel** *f* (mit rinnenförmigem Schaft und verschiebbarem Schieber - DIN 62110) (Tex) / compound needle
**Schieberost** *m* (Masch) / sliding grate
**Schieber•platte** *f* (z.B. bei der Nähmaschine) (Tex) / slide plate ‖ ~**rahmen** *m* (Masch) / valve yoke ‖ ~**überdeckung** *f* (Dampfmaschine) (Masch) / lap *n* ‖ ~**ventil** *n* (Masch) / gate\* *n*, gate

**Schiebervergaser**

valve* || ~**vergaser** m (V-Mot) / slide carburettor || ~**werkzeug** n (Plast) / bar mould
**Schiebe•schachtel** f (Pap) / slide box || ~**schild** m (zum Abladen des Stalldungstreuers) (Landw) / pusher blade || ~**sitz** m (Übergangspassung) (Masch) / push fit, class 5 fit, close sliding fit || **ladungsgekoppelter** ~**speicher** (EDV) / charge-coupled device*, charge-coupled memory || ~**taktsteuerung** f (EDV) / shift clock timing control || ~**tisch** m (Zusatzeinrichtung an mechanischen und hydraulischen Großpressen für einen schnellen Werkzeugwechsel bzw. eine Werkzeugverschiebung) (Masch) / sliding table || ~**tor** n (einer Schleuse) (Schiff, Wasserb) / sliding caisson*, sliding gate || ~**treppe** f (zum Dachboden) (Bau) / loft ladder (folding or concertina), disappearing stair, attic stairs (US), attic ladder || ~**tür** f (Bau, Kfz) / sliding door || ~**vorrichtung** f (Masch) / pusher n || ~**widerstand** m (Eltech) / slide resistance* || ~**winkelsteuerung** f (Luftf) / fuselage yaw pointing
**Schieb•fläche** f (Math) / translation surface || ~**lehre** f (Instr) / vernier calliper (slide-type calliper with vernier scale), vernier micrometer
**Schieb(e)leiter** f / extension ladder, extending ladder
**Schiebung** f (tangential wirkende Komponente der Kraft) (Masch, Mech) / shear stress*, shearing stress || ~ (DIN 1304 und DIN 13316) (Phys) / shear* n, shear strain || ~ (räumliche Bewegung von Massenpunktsystemen in einer bestimmten Richtung, wobei alle Massenpunkte jeweils gleiche Verschiebungen erfahren) (Phys) / translation n, translatory motion
**Schiebungsbruch** m (Geol) / shear fracture, sliding fracture || ~ (Masch, WP) / shear fracture, shearing n (failure of materials under shear)
**Schieds•analyse** f (Bergb, Chem) / umpire n (assay) || ~**analyse** (in der forensischen Chemie) (Chem) / referee check, arbitration analysis, referee analysis || ~**probe** f (Bergb, Chem) / umpire assay specimen
**schief** adj (nicht im rechten Winkel) / askew adj || ~ / inclined adj, raking adj, sloping adj, canted adj, pitching adj, slanting adj, slanted adj || ~ (Turm) (Bau) / leaning adj || ~ (Stats) / skew adj || ~**e Beleuchtung** (Licht) / oblique illumination || **~er Boden** (Glas) / slugged bottom (of a bottle or container) || **~e Ebene** (Mech) / inclined plane* || **~e Falte** (Geol) / inclined fold || **~e Flasche** (mit der Achsabweichung) (Glas) / leaner n, tilted bottle || **~es Gewölbe** (Arch) / oblique arch* || **~e Hauptzugspannung** (Mech) / diagonal tension || **~er Körper** (Math) / skew field (a ring), division ring, non-commutative field || **~er Kreiskegel** (Math) / scalene cone, oblique circular cone || **~er Kreiszylinder** (Math) / oblique circular cylinder* || **~e Nut** (Eltech) / skewed slot* || **~e Parallelprojektion** (Math) / oblique projection, skew projection || **~es Prisma** (Math) / oblique prism || **~es Produkt** (Math) / skew product || **~e Projektion** (Kart, Verm) / oblique projection, skew projection || **~e Pyramide** (Math) / oblique pyramid || **~er Stoß** (Phys) / oblique impact, offset impact || **~er Verdichtungsstoß** (Phys) / oblique shock wave, oblique shock || **~e Verteilung** (Stats) / skew distribution || **~er Wurf** (Phys) / inclined throw || **~er zentraler Stoß** (Phys) / offset central impact
**schief•achsige Abbildung** (Kart, Verm) / oblique projection, skew projection || ~**achsige Projektion** (Kart, Verm) / oblique projection, skew projection || ~**bogen** m (Arch) / skew arch*
**Schiefe** f / obliqueness n, obliquity n || ~ (Math, Phys) / inclination* n, slope n || ~ (zur Charakterisierung der Asymmetrie einer Verteilung) (Stats) / skewness* n, skew n || **empirische** ~ (Stats) / empirical skewness || **negative** ~ (Stats) / negative skew, negative skewness || **positive** ~ (Stats) / positive skew, positive skewness || ~ f **der Ekliptik** (der Winkel, den die Erde mit dem Äquator bildet) (Astr) / obliquity of the ecliptic*
**Schiefer** m (kristalliner) (Geol) / schist* n || ~ (Geol) s. auch Dachschiefer, Schieferton und Tonschiefer **bituminöser** ~ (Geol) / oil-shale* n, kerogen shale, pyroschist n, bituminous shale*, petroleum shale, petroshale n || **grüner** ~ (Geol) / green schist || **kristalline** ~ (Metamorphite) (Geol) / crystalline schists*
**Schiefer•-** (Geol) / schistose adj, schistous adj || ~**artig** adj (Geol) / schistoid adj, schistic adj || ~**blau** adj / slate-blue adj || ~**bruch** m (Bergb) / slate quarry || ~**bruch** (WP) / slaty (fibrous) fracture || ~**dachverschalung** f (Bau) / slate boarding*, sarking* n || ~**decker** m (Bau) / slater n || ~**deckerbeil** n (Bau) / zax n (a straight blade like a butcher's chopper with a point projecting from the back for punching holes in slates), slater's axe, slate knife, whittle n, saxe* n, saixe* n, slate axe* || ~**deckung** f **mit Zwischenräumen** (Bau) / spaced slating*, open slating || ~**farben** adj / slate-coloured adj || ~**farbig** adj / slate-coloured adj || ~**fläche** f (Geol) / cleavage plane || ~**gestein** n (Geol) / schistous rock || ~**grau** adj / slate-grey adj, slate attr
**schieferig** adj (Geol) / schistose adj, schistous adj
**Schiefer•kohle** f (Bergb) / banded coal || ~**mehl** n (blättriger, gemahlener Tonschiefer, der als Zusatz zu Spachtelkitten und Schultafellacken verwendet wird) (Anstr) / slate filler, slate powder || ~**mehl** (z.B. als Trennmittel) (Chem Verf, Plast) / slate flour || ~**nagel** m (Bau) / slate nail, slating nail, clout (slate) nail || ~**öle** n pl (Kftst) / shale oils*, slate oils || ~**ölparaffin** n / shale wax || ~**ölsulfonat** n (Chem) / bituminosulphonate n, shale-oil sulphonate || ~**schwarz** n (ein Schieferton, als Pigment verwendet) (Anstr, Bergb) / mineral black, slate black || ~**tafel** f (als Bedachungsstoff) (Bau) / roofing slate*, slate n || ~**teer** m (mit Schieferteerpech als Rückstand) (Chem Verf) / shale tar || ~**ton** n (Geol) / clay shale (composed wholly or chiefly of argillaceous material), shale clay, slate clay || **quellender** ~**ton** (Erdöl, Geol) / heaving shale (an incompetent or hydrating shale that runs, falls, swells, or squeezes into a borehole)
**Schieferung** f (durch tektonische Prozesse unter Bildung von konkreten Schieferungsflächen, wie z.B. beim Dachschiefer) (Geol) / cleavage* n || ~ (Geol) / foliation* n || ~ (durch Metamorphoseprozesse hervorgerufen - z.B. kristalline Schiefer) (Geol) / schistosity* n (a type of cleavage) || **engständige** ~ (Geol) / spaced cleavage (closely) || **weitständige** ~ (Geol) / spaced cleavage (widely)
**Schieferungsebene** f (Geol) / cleavage plane
**Schieferweiß** n (Anstr) / flake white
**schief•getriebener Pfahl** (HuT) / batter pile, raking pile* || ~**hermitesch** adj (Math) / skew-Hermitian*, anti-Hermitian adj || ~**körper** m (Math) / skew field (a ring), division ring, non-commutative field || ~**last** f (Eltech, HuT) / unbalanced load || ~**lastrelais** n (Eltech) / negative phase-sequence relay* || ~**lastschutz** m (Eltech) / phase unbalance protection, load unbalance protection || ~**laststrom** m (durch Unsymmetrie verursacht) (Eltech) / unbalanced current || ~**lauf** m (Abweichen von Gurtbändern aus der geraden Laufrichtung) (Masch) / off-track running, skew travel
**schiefrig** adj (Gestein) (Geol) / fissile adj
**Schiefrigkeit** f (im Sinne von Planargefügen in metamorphen Gesteinen) (Geol) / foliation* n || ~ (von Gesteinen) (Geol) / fissility n
**Schiefstellung** f / angular position, tilted position, inclined position
**schiefsymmetrisch** adj (Math) / antisymmetric adj, antisymmetrical adj || ~**e Determinante** (einer schiefsymmetrischen Matrix) (Math) / skew-symmetric determinant || ~**e Funktion** (Math) / alternating function*, antisymmetric function* || ~**e Matrix** (Math) / skew-symmetric matrix, antisymmetric matrix
**schiefwinklig** adj (nicht rechtwinklig) (Math) / oblique adj, skew adj || ~**er Bogen** (Arch) / skew arch* || ~**e dimetrische Darstellung** (Math) / cabinet projection || ~**es Dreieck** (entweder stumpf- oder spitzwinklig) (Math) / oblique triangle || ~**es Gewölbe** (Arch) / skew-arched vault || ~**er Rahmen** (Bau) / skew frame
**Schiefziehen** n (des Bandes) (EDV) / skew n
**Schielen** n (Abweichen der Augen oder eines Auges aus der Parallelstellung) (Med, Opt) / squint* n, strabismus* n || ~ (Radio) / squint* n
**Schiel•fehler** m (bei Antennen) (Radio) / boresight error || ~**haar** n (Tex) / kemp n, dog hair, guard hair || ~**winkel** m (der Antenne) (Radio) / squint angle
**Schiemann-Reaktion** f (Einführung von Fluoratomen in Arene durch vorsichtiges Erwärmen von Diazonium-tetrafluoroboraten oder -hexafluorophosphat - nach G. Schiemann, 1899-1967) (Chem) / Schiemann reaction
**Schiemannsgarn** n (für Fasertauwerk) (Schiff) / spun yarn
**Schienbeinschutz** m / shin guard
**Schiene** f (Bahn, HuT) / rail* n || ~ (in der Satellitenkommunikation) (Fernm) / beam n, feed n, channel n || ~ (z.B. für Kamera, Blitzgerät) (Foto) / bracket n || ~ (eines Meßschiebers) (Instr) / beam n || **dritte** ~ (Bahn, Eltech) / live rail*, conductor rail*, contact rail*, third rail || **durchgehend geschweißte** ~ (Bahn) / continuous welded rail* || **gebogene** ~ (Bahn) / curved rail **vierte** ~ (Bahn, Eltech) / fourth rail*
**Schienen•-** (Bahn) / rail-borne adj, guided adj, tracked adj, rail-bound adj, rail-mounted adj || ~**achse** f (Bahn) / rail axis || ~**bagger** m (ein Trockenbagger) (HuT) / rail-mounted excavator || ~**bauweise** f (Fernsp) / bar-mounted execution, bar-mounted design, bar-mounted construction || ~**befestigungsteil** n (Bahn) / rail fastener || ~**biegegerät** n (Bahn) / rail bender, jim crow || ~**bieger** m (ein tragbares Gerät) (Bahn) / rail bender*, jim crow || ~**biegevorrichtung** f (Bahn) / rail bender*, jim crow || ~**bremse** f (eine Eisenbahnbremse) (Bahn, Eltech) / track brake || **elektromechanische** ~**bremse** (Eltech) / slipper brake* || ~**bruch** m (Bahn) / rail breakage || ~**bruchsuchwagen** m (Bahn) / rail testing car, rail inspection car || ~**bus** m (ein schienengebundenes Fahrzeug, meist nur ein Wagenpaar, das im Vorort- und Nahverkehr Personen befördert) (Bahn) / railbus || ~**defektoskop** n (Bahn) / rail flaw detector || ~**durchbiegung** f (Bahn) / rail flection, rail deflection || ~**fahrzeug** n (DIN 25003) (Bahn) / rail vehicle, rail-bound vehicle, railroad car (US) || ~**fahrzeuglack** m (Anstr, Bahn) / railway coating || ~**fuß** m (Bahn) / rail bottom, rail foot, rail base || ~**gebunden** adj / tracked adj, guided adj, track-guided adj || ~**gebunden** (Bahn) / rail-borne adj, guided adj, tracked adj, rail-bound adj, rail-mounted adj || **nicht ~gebunden** / trackless adj || ~**gleicher Bahnübergang** (Bahn) / level crossing, grade crossing (US) || ~**klammer** f (Bahn) / rail clip || ~**klemmvorrichtung** f (Bahn) / rail anchoring device || ~**kontakt**

# Schiffsmotor

(ein Gleisschaltmittel) (Bahn, Eltech) / rail contact, treadle n ‖ ⁓**kopf** m (Bahn) / rail head ‖ ⁓**kran** m (Masch) / rail-mounted crane ‖ ⁓**lasche** f (Bahn) / fishplate* n, fish piece*, fish-bar* n, splice piece*, fish n ‖ ⁓**legen** n (Bahn) / track-laying n ‖ ~**los** adj / railless adj ‖ ~**los** / trackless adj ‖ ⁓**nagel** m (Masch) / spike n, dog n, dog-spike n, track spike, rail spike ‖ ⁓**omnibus** m (ein schienengebundenes Fahrzeug, meist nur ein Wagenpaar, das im Vorort- und Nahverkehr Personen befördert) (Bahn) / railbus n ‖ ⁓**profil** n (Bahn) / rail profile ‖ ⁓**prüfwagen** m (Bahn) / rail testing car, rail inspection car ‖ ⁓**querverbinder** m (Bahn, Eltech) / intertrack bond* ‖ ⁓**räumer** m (Bahn) / guard iron, rail guard, pilot n (US), cowcatcher n (US) ‖ ⁓**rückleitung** f (Bahn, Eltech) / rail return ‖ ⁓**schleifzug** m (Arbeitszug mit rechnergesteuerten Schleifscheiben zur Wiederherstellung des Sollprofils der Schienen und zur Beseitigung von Unebenheiten auf den Laufflächen) (Bahn) / rail-grinding train ‖ ⁓**schwebebahn** f (Bahn) / suspended railway ‖ ⁓**schweißung** f (Bahn, Schw) / rail welding, welding of rails ‖ ⁓**speisekabel** n (Bahn, Eltech) / negative feeder* ‖ ⁓**stahl** m (für im Eisenbahnoberbau verwendete Schienen) (Hütt) / rail steel ‖ ⁓**steg** m (Bahn) / rail web, web of the rail ‖ ⁓**stoß** m (Bahn) / rail joint, joint of rails ‖ ⁓**stromwandler** m (Eltech) / stud-current transformer ‖ ⁓**temperatur** f (Bahn) / rail temperature ‖ ⁓**thermometer** n (Bahn) / rail thermometer ‖ ⁓**verbinder** m (Bahn) / rail bond* ‖ ⁓**verkehr** m (im allgemeinen) / fixed-track transport ‖ ⁓**verkehr** m (Bahn) / rail traffic, railway traffic ‖ ⁓**verlegewagen** m (Bahn) / rail-laying car ‖ ⁓**verschleiß** m (Bahn) / rail wear, wear of a rail ‖ ⁓**wagen** m (ein Kamerawagen) (Film, TV) / tracking dolly ‖ **[kleiner]** ⁓**wagen** m (HuT) / bogie* n, trolley n, bogie truck* ‖ ⁓**walzwerk** m (Hütt) / rail mill ‖ ⁓**wanderung** f (Bahn) / rail creeping ‖ ⁓**zug** m (Bahn) / rail train

**Schierlingstanne** f (Tsuga Carrière) (For) / hemlock n

**Schierlingstannennadelöl** n / spruce oil, hemlock oil

**Schiertuch** n (Tex) / sailcloth* n, heavy (waterproofed) canvas, sail canvas

**Schieß**•**arbeit** f (Bergb, HuT) / blasting* n, shot-firing n, shooting n, blasting operation ‖ ~**bar** adj (Formstoff) (Gieß) / blowable adj ‖ ⁓**baumwolle** f (um 13% N) (Chem) / guncotton* n, pyrocellulose n, nitro-cotton n ‖ ⁓**baumwolle** (Chem) s. auch Kordit

**schießen** v (Pflanzen) (Bot, Landw) / shoot vi ‖ ~ (bei der Formverdichtung) (Gieß) / shoot v ‖ ~ (Mil) / shoot v ‖ ⁓ n (Bergb, HuT) / blasting* n, shot-firing n, shooting n, blasting operation ‖ ⁓ (Pflanzen) (Bot, Landw) / shooting n ‖ ⁓ **n** (Froude-Zahl > 1) (schießender Abfluß) (Hyd, Phys, Wasserb) / supercritical flow, shooting flow, hypercritical flow

**Schieß**•**hauer** m (Bergb) / fireman* n, shot-firer* n, shooter n, blaster n ‖ ⁓**kanal** m (Mil) / ballistic range ‖ ⁓**loch** n (Bergb, HuT) / blast-hole* n, hole* n, shot-hole* n ‖ ⁓**meister** m (Bergb) / fireman* n, shot-firer* n, shooter n, blaster n ‖ ⁓**mittel** n (Mil) / low (propellant) explosive ‖ ⁓**nadel** f (meistens aus Messing) (Bergb) / needle n, priming needle, pricker n ‖ ⁓**ofen** m (für die Carius-Methode) (Chem) / Carius furnace ‖ ⁓**platz** m (Mil) / range n ‖ ⁓**pulver** n (ein- oder mehrbasig) / gunpowder n ‖ ⁓**rohr** n (Chem) / tube for sealing, sealing tube, sealed tube, fusion tube ‖ ⁓**stand** m (Mil) / range n ‖ ⁓**steiger** m (Bergb) / fireman* n, shot-firer* n, shooter n, blaster n ‖ ⁓**stoff** m (Treibmittel für Geschosse) / low explosive, propellant n ‖ ⁓**wolle** f (um 13% N) (Chem) / guncotton* n, pyrocellulose n, nitro-cotton n

**Schiff** n (Hallenteil) (Arch) / bay n ‖ ⁓ (Arch) / nave* n ‖ ⁓ (Wasserfahrzeug) (Schiff) / ship n, vessel n ‖ ⁓ (Typog) / galley* n ‖ **ab**⁓**es ohne Mannschaft** (Schiff) / bare-boat charter, bare-hull charter ‖ (ein Liefervereinbarung) (Schiff) / ex ship, EXS ‖ **Charter eines** ⁓**es ohne Mannschaft** (Schiff) / bare-boat charter, bare-hull charter ‖ **frei Längsseite** ⁓ (Schiff) / free alongside ship, FAS ‖ **hinter dem** ⁓ (Schiff) / astern adv, aft adv ‖ **leicht im Seegang laufendes** ⁓ (Schiff) / easy-working vessel ‖ **mit** ⁓**en befahrbar** (Schiff, Wasserb) / navigable adj ‖ **offenes** ⁓ (ein Stückgut- oder Schüttgutfrachtschiff) (Schiff) / all-hatch ship, open ship ‖ **spotpromptes** ⁓ (sofort verfügbares Schiff, das unverzüglich ladebereit sein kann) (Schiff) / spot prompt vessel ‖ **steifes** ⁓ (Schiff) / stiff ship* ‖ **unbeladenes** ⁓ (Schiff) / light ship ‖ ⁓ **n für den Überseeverkehr** (Schiff) / ocean-going ship, seagoing ship ‖ ⁓ **mit Düsenantrieb** (Schiff) / jet-propelled vessel ‖ ⁓ **zum Verlegen von Rohrleitungen** (Schiff) / pipe-laying ship

**Schiffahrt** f (Schiff) / navigation n, sailing n, shipping n ‖ ⁓ **mit Hilfe von Schleusungen** (Schiff, Wasserb) / slack-water navigation, still-water navigation

**Schiffahrts**•**abgaben** f pl (Schiff) / navigation dues ‖ ⁓**ehrensäule** f (columna rostrata) (Arch) / rostral column ‖ ⁓**kanal** m (DIN 4054) (Schiff) / navigation canal, ship canal, canal n ‖ ⁓**konferenz** f (internationales Kartell der Linienschiffahrt) (Schiff) / shipping conference ‖ ⁓**kunst** f (Schiff) / navigation* n, marine navigation ‖ ⁓**linienkarte** f (Schiff) / shipping-line map ‖ ⁓**schleuse** f (Wasserb) / lock* n, navigation lock ‖ ⁓**weg** m (im allgemeinen) (Schiff) / shipping lane ‖ ⁓**weg** (ein Seeweg) (Schiff) / sea lane ‖ ⁓**zeichen** n (auf Binnenwasserstraßen und Seewasserstraßen) (Schiff) / navigation sign, shipping sign

**schiff**•**bar** adj (Schiff, Wasserb) / navigable adj ‖ ~**barer Halbkreis** (links der Sturmbahn auf der nördlichen Halbkugel) (Meteor, Schiff) / navigable semicircle* ‖ ⁓**barkeitsgrenze** f (des Flusses) (Schiff) / head of navigation ‖ ⁓**barmachung f des Flusses** (Schiff, Wasserb) / river canalization for shipping ‖ ⁓**bau** m (technische Disziplin) (Schiff) / naval architecture ‖ ⁓**bau** (Gewerbe und technische Disziplin) (Schiff) / shipbuilding n ‖ ⁓**bauer** m (Schiff) / shipbuilder n, shipwright n ‖ ⁓**bauindustrie** f (Schiff) / shipbuilding industry ‖ ⁓**baukran** m (meistens Portalkräne, die die gesamte Werfthalle von außen überstreichen und fertige Sektionen zum Montageplatz transportieren) (HuT, Schiff) / shipbuilding crane ‖ ⁓**baustahl** m (Hütt) / shipbuilding steel ‖ ⁓**bodenbrett** n (Zimm) / floorboard n ‖ ⁓**bruch** m (Schiff) / shipwreck n (the destruction of a ship at sea)

**Schiffchen** n (aus Porzellan, Quarz oder Platin) (Chem) / boat n, combustion boat ‖ ⁓ (Schlingenfänger der Nähmaschine) (Tex) / shuttle* n ‖ ⁓ (Web) / shuttle* n ‖ ⁓**arbeit** f (Web) / tatting n ‖ ⁓**lose Bandwebmaschine** (Web) / needle loom ‖ ⁓-**Stickautomat** m (Tex) / Swiss machine, schiffli machine, shuttle embroidering machine*

**Schifferknoten** m / sailor's knot, running knot

**Schiffhobel** m (Handhobel mit gewölbter Hobelsohle zur Bearbeitung gekrümmter Flächen) (Tischl) / compass plane

**Schiffs**•- (Verkehr) / waterborne adj ‖ ⁓- (Ozean, Schiff) / marine adj ‖ ⁓**abwracker** m (Schiff) / ship-breaker n ‖ ⁓**agent** m (Schiff) / ship's agent ‖ ⁓**anlegestoß** m (Schiff) / berthing impact ‖ ⁓**anstrichmittel** n (für die Seefahrt) (Anstr) / marine paint, marine coating*, marine varnish ‖ ⁓**antrieb** m (Schiff) / ship propulsion ‖ ⁓**barometer** n (ein Quecksilberbarometer für den Bordeinsatz) (Schiff) / weather glass ‖ ⁓**bau** m (Schiff) / naval architecture ‖ ⁓**bau** (Schiff) / shipbuilding n ‖ ⁓**bauten** m pl (Wasserb) / marine works ‖ ⁓**belader** m (eine Vorrichtung) (Schiff) / ship-charging device, ship-charging plant, ship loader ‖ ⁓**besatzung** f (Schiff) / ship's crew, ship's company ‖ ⁓**blech** n (Hütt) / ship plate ‖ ⁓**boden** m (Bau, Zimm) / tongued-and-grooved floorboards (up to 10 x 80 cm), strip flooring, overlay flooring ‖ ⁓**boden**, -**Anstrichstoff** m (Anstr) / ship's bottom paint ‖ ⁓**bohrmuschel** f (Teredo navalis) (Zool) / shipworm n, teredo n (navalis), pile worm ‖ ⁓**bohrwurm** m (Teredo navalis) (Zool) / shipworm n, teredo n (navalis), pile worm ‖ ⁓**boot** n (Schiff) / ship's boat

**Schiffsch**•**e Basen** (Azomethine - Kondensationsprodukte von Karbonylverbindungen mit primären Aminen; nach H. Schiff, 1834-1915) (Chem) / Schiff's bases* ‖ ⁓**es Reagens** (meist fuchsinschweflige Säure zum Aldehydnachweis - heute veraltet) (Chem) / Schiff's reagent*

**Schiffschleuse** f (Wasserb) / lock* n, navigation lock

**Schiffs**•**chronometer** n m (Schiff) / marine chronometer* ‖ ⁓**dampferzeuger** m (Masch, Schiff) / ship's steam generator ‖ ⁓**datenliste** f (Schiff) / ship-data book ‖ ⁓**dieselmotor** m (Schiff, V-Mot) / marine Diesel engine, marine diesel ‖ ⁓**dieselöl** n (Kftst) / marine diesel fuel, marine diesel oil ‖ ⁓**disponent** m (Schiff) / ship's agent ‖ ⁓**eigner** m (in der Seeschiffahrt) (Schiff) / shipowner n ‖ ⁓**entladeanlage** f (Schiff) / ship-unloading plant, unloading device for ships, ship unloader, ship-unloading device ‖ ⁓**entlader** m (eine Vorrichtung) (Schiff) / ship-unloading plant, unloading device for ships, ship unloader, ship-unloading device ‖ ⁓**entwurf** m (Schiff) / ship design ‖ ⁓**farbe** f (Anstr) / marine paint, marine coating*, marine varnish ‖ ⁓**festigkeit** f (Widerstandsfestigkeit des Schiffskörpers gegen bleibende Verformungen und Zerstörungen unter Belastung) (Schiff) / ship's strength ‖ ⁓**generator** m (Eltech) / marine generator ‖ ⁓**gesundheitserklärung** f (Med, Schiff) / maritime declaration of health ‖ ⁓**hebewerk** n (ein Kran) (Masch, Schiff) / ship hoist ‖ ⁓**hebewerk** (im allgemeinen - nach DIN 4054) (Schiff, Wasserb) / lift n ‖ ⁓**hebewerk** (eine Schleuse) (Wasserb) / lift-lock* n ‖ ⁓**hebewerk auf geneigter Ebene** (Wasserb) / inclined plane, incline n ‖ ⁓**hinterteil** n (Schiff) / stern n ‖ ⁓**holz** n (Schiff) / ship timber, shipbuilding timber ‖ ⁓**hub** m (z.B. bei Offshoreanlagen) (Erdöl) / heave of the vessel ‖ ⁓**journal** n (Schiff) / logbook n, log n ‖ ⁓**kessel** m (Masch, Schiff) / marine boiler* ‖ ⁓**kesselkohle** f / navigation-coal n ‖ ⁓**klarierer** m (Schiff) / ship broker ‖ ⁓**kompaß** m (Schiff) / mariner's compass ‖ ⁓**körper** m (Schiff) / hull* n, ship's hull ‖ **vom** ⁓**körper erzeugtes Geräusch** (Schiff) / structure-borne sound in ships ‖ ⁓**kran** m (ein Bordkran) (Schiff) / deck crane* ‖ ⁓**kreisel** m (eine Stabilisierungseinrichtung) (Schiff) / gyrostabilizer n ‖ ⁓**lack** m (Anstr) / marine paint, marine coating*, marine varnish ‖ ⁓**ladung** f (Schiff) / cargo n (pl. cargoes or cargos), load* n, shipload n ‖ ⁓**lände** f (Schiff) / landing place, hove n (US)* ‖ ⁓**liegeplatz** m (Schiff) / berth n, moorings pl ‖ ⁓**magnetismus** m (physikalische Eigenschaft eines stählernen Schiffes, die während des Baus und der gesamten Lebensdauer durch die erdmagnetische Induktion entsteht) (Mag, Schiff) / ship's magnetism ‖ ⁓**makler** m (Schiff) / ship broker ‖ ⁓**mannschaft** f (Schiff) / ship's crew, ship's company ‖ ⁓**maschinenbau** m (Schiff) / marine engineering* ‖ ⁓**meßbrief** m (Schiff) / tonnage certificate ‖ ⁓**motor** m (Ozean, Schiff) / marine

1061

**Schiffsnagel**

engine* ‖ ~**nagel** m (Zimm) / boat spike, barge spike ‖ ~**ort** m (Nav, Schiff) / ship's position ‖ ~**papiere** n pl (Schiff) / ship's papers ‖ ~**passage** f (Schiff) / pass n, passage n ‖ ~**propeller** m (Schiff) / propeller* n, marine screw-propeller*, screw-propeller n, screw n ‖ **Lloyds** ~**register** (älteste Klassifikationsgesellschaft, Sitz: London) (Schiff) / Lloyd's Register of Shipping ‖ ~**rumpf** m (Schiff) / hull* n, ship's hull ‖ ~**schraube** f (zur dynamischen Positionierung) (Erdöl) / thruster n, thrustor n ‖ ~**schraube** (Schiff) / propeller* n, marine screw-propeller*, screw-propeller n, screw n ‖ ~**schweiß** m (kondensierter Wasserdampf an den inneren Bordwänden und Decks des Schiffs) (Schiff) / ship's perspiration ‖ ~**schweißen** n (Schiff) / ship welding, welding of ships ‖ ~**tagebuch** n (gesetzlich vorgeschriebene an Bord eines Schiffes in Verantwortung des Kapitäns laufend zu führende Urkunde) (Schiff) / logbook n, log n ‖ ~**technik** f (Meerestechnik) (Ozean) / marine technology ‖ ~**technik** (rund um das Schiff) (Schiff) / ship technology ‖ ~**turbine** f (Masch, Schiff) / ship turbine ‖ ~**verkehr** m (Schiff) / shipping n ‖ ~**werft** f (Schiff) / shipyard n, dockyard n ‖ ~**widerstand** m (Schiff) / resistance of ship ‖ ~**wrack** m (Schiff) / shipwreck n ‖ ~**zertifikat** n (für Seeschiffe) (Schiff) / certificate of register

**Schiff-Unterwasser-Flugkörper** m (Mil) / surface-to-subsurface missile

**Schifter** m (Sparren des Haupt- oder Nebendachs sowie der Walmflächen, der an Grat- oder Kehlsparren endet) (Bau, Zimm) / jack rafter*, rafter foot

**Schiftsparren** m (Bau, Zimm) / jack rafter*, rafter foot

**Schikane** f (im Motorsport) / chicane n ‖ ~ (Chem Verf) / baffle n ‖ ~ (im Tosbecken) (Wasserb) / baffle n

**Schikanenboden** m (Chem Verf) / baffle tray

**Schikanenkurs** m (des Automobilversuchsgeländes) (Kfz) / ride-and-handling course

**Schild** m (Schutz) (Eltech, HuT, Nukl) / shield* n ‖ ~ (ein Festlandskern - z.B. Kanadischer) (Geol) / shield n ‖ ~ (Teil der Roßhaut) (Leder) / butt n ‖ ~ (ein Festlandskern) (Geol) s. auch Kraton ‖ ~ (eines Dozers) (HuT) / blade n, mould-board n ‖ **biologischer** ~ (ein Teil der Reaktorabschirmung) (Biol, Nukl) / biological shield* ‖ **intelligenter** ~ (beim Schildausbau) (Bergb) / intelligent shield ‖ **thermischer** ~ (Nukl) / thermal shield*

**Schild•ausbau** m (halbgeschlossene Ausbaueinheit für Streben mit Öffnung zum Kohlenstoß und Strebförderer) (Bergb) / shield-type support ‖ ~**bauweise** f **beim Tunnelauffahren** (bei feinkörnigen und schwimmenden Gebirgen) (HuT) / shield tunnelling ‖ ~**drüsenhormon** n (Thyroxin und Triiodthyronin) (Biochem) / thyroid hormone

**Schilder•brücke** f (auf der Autobahn) (Kfz) / overhead gantry sign(s) ‖ ~**pfahl** m (Markierungspfahl zur Kennzeichnung des Leitungsverlaufes - z.B. der Gasleitung) / marker post

**Schildkröte** f (allseits beweglicher, z.B. mittels LOGO steuerbarer Miniroboter, der mit einem heb- und senkbaren Stift seinen Weg mitzeichnen kann. Oft auch nur als Simulation auf dem Bildschirm) (EDV) / turtle* n ‖ ~ (ein Leuchtkörper im Straßenverkehr) (Licht) / button light ‖ **Simulation der** ~ **auf dem Bildschirm** (EDV) / screen turtle

**Schild•krötenbuckel** m (meistens innenbeleuchtet - im Straßenverkehr) (HuT) / turtleback n ‖ ~**lausbekämpfungsmittel** n (Bot, Landw) / scalicide n ‖ ~**mauer** f (einen überwölbten Raum rechtwinklig zur Gewölbeachse abschließende /Ziegel/Mauer) (Arch) / rear masonry wall (of a vault) ‖ ~**patt** n (abgelöste Hornplatte vom Panzer verschiedener Schildkrötenarten) / turtleshell* n, tortoiseshell n ‖ ~**rippe** f (eine Wandrippe unter dem Schildbogen bzw. über der Schildmauer eines Gewölbes) (Arch) / formeret n ‖ ~**vortrieb** m (HuT) / shield tunnelling ‖ ~**vulkan** m (Geol) / shield volcano, lava shield ‖ ~**zapfenlagerung** f (Masch) / trunnion mounting* ‖ ~**zecke** f (aus der Familie Ixodidae) (Zool) / hard tick, ixodid n ‖ ~**zecken** f pl (Landw, Zool) / Ixodidae pl

**Schilf** n (als Rohrdacheindeckung) (Bau) / reed n (e. g. Arundo sp.) ‖ ~ (Phragmites Adans.) (Bot) / reed n

**schilferig** adj / scaly adj

**schilfgrün** adj / reed-green adj, sedge-green adj

**schilfig** adj / reedy adj

**schilfrig** adj / scaly adj

**Schilfrohr** n (Bau) / reed n (e. g. Arundo sp.)

**Schiller** m (Min) / schiller n ‖ ~ (Opt) / play of colour ‖ ~**filz** m (Tex) / soleil felt

**Schillern** n / iridescence* n, irisation* n ‖ ~ (Geol) / schillerization* n

**Schiller•quarz** m (Min) / schiller quartz ‖ ~**spat** m (ein Inosilikat) (Min) / bastite* n, schillerspar* n

**Schillkalk** m (Geol) / coquina* n, shell-limestone n

**Schimmel** m (Bot, Nahr) / mould* n, mold n (US) ‖ ~ (von Schimmelpilzen gebildeter weißlicher Belag) (Nahr) / top film (of yeast), scum n (a film or layer of floating matter formed upon the surface of a liquid in a state of fermentation) ‖ ~ (Tex) / mildew n (on cloth or leather), mould n, mold n (US) ‖ ~- (Geschmack) (Nahr) / musty adj, mouldy adj ‖ ~**beständigkeit** f (Tex) / mildew resistance* ‖ **Unempfindlichkeit gegen** ~**bildung** / funginertness n ‖ ~**bogen** m (ein Druckbogen, der durch Störungen beim Fortdruck auf der einen Seite unbedruckt bleibt) (Druck) / blind sheet, blind print ‖ ~**festausrüstung** f (Tex) / mildew-resistance finish, mildewproofing n ‖ ~**festausrüstung** (Tex) s. auch antimikrobielle Ausrüstung ‖ ~**festigkeit** f (Tex) / mildew resistance* ‖ ~**fichte** f (Picea glauca (Moench) Voss) (For) / Alberta spruce, white spruce ‖ ~**fleck** m (beim Pilzbefall) / mould stain ‖ ~**fleck** (Buchb, Pap) / fox-mark* n

**schimmelig** adj (mit Schimmel bedeckt, voll Schimmel) / mouldy adj, mildewy adj ‖ ~ (Papier) (Pap) / foxy adj, fusty adj, foxed adj ‖ ~ **werden** / mould vi, go mouldy

**Schimmeligkeit** f / mouldiness n ‖ ~ (Pap) / foxing n

**schimmeln** v / mould vi, go mouldy

**Schimmel•pilze** m pl (Bakteriol) / mould fungi ‖ ~**verhütungsmittel** n (Anstr, Tex) / mildewcide n, mildewproofing agent ‖ ~**verhütungsmittel** (Chem, Nahr) / mouldicide n, antimould agent ‖ ~**widerstandsfähigkeit** f (DIN 53931) (Tex) / mildew resistance*

**Schimmer** m / sheen n, glitter n ‖ ~ (schwacher Glanz, schwacher Schein) / shimmer n (shine with a soft tremulous light) ‖ ~ (buntes Farbenspiel) (Min) / schiller n

**schimmlig** adj (mit Schimmel bedeckt, voll Schimmel) / mouldy adj, mildewy adj ‖ ~ (Papier) (Pap) / foxy adj, fusty adj, foxed adj

**Schindel** f (zum Eindecken von Dächern) (Bau) / shingle* n, shide* n, clapboard n (US) ‖ ~**dach** n (Bau) / shingle roof, shingle n ‖ ~**eiche** f (Quercus imbricaria Michx.) (For) / shingle oak ‖ ~**nagel** m (Bau) / shingle nail, shake nail ‖ ~**rindiger Hickory** (For) / shagbark hickory

**Schinze-Diagramm** n (nach G. Schinze, 1899 - 1982) (Meteor) / thetagram n

**Schippe** f (Werkz) / shovel n, scoop n

**schippen** v / shovel v ‖ ~ (For) / strip v, strip-bark v, peel v in strips, bark v in strips

**schipprig** adj (Färbung) (Tex) / skittery adj, tippy adj

**Schirm** m / umbrella n ‖ ~ (EDV, Eltronik) / screen* n, visual display screen, video screen, CRT display screen ‖ ~ (einer Lampe) (Eltech) / lampshade n, shade n ‖ ~ (Schutz) (Masch) / screen n ‖ **magnetischer** ~ (Eltech) / magnetic shield*, magnetic screen* ‖ ~ **mit Aluminiumhaut** (EDV, Eltronik) / aluminized screen

**Schirm•anschnitt** m (beim Spritzgießen) (Plast) / diaphragm gate ‖ ~**antenne** f (Radio) / umbrella antenna* ‖ ~**baum** m (im allgemeinen) (For) / umbrella tree ‖ ~**baum** (For) / umbrella tree ‖ ~**bespannstoff** m (Tex) / umbrella cloth ‖ ~**bestand** m (For) / shelterwood n ‖ ~**bezugstoff** m (Tex) / umbrella cloth ‖ ~**bild** n (EDV) / screen image ‖ ~**bild** (Radiol) / shadowgraph n, X-ray photograph, radiogram n, radiograph n ‖ ~**bildanzeige** f (ein- bis dreidimensional) (EDV, Radar) / display* n ‖ ~**bilddarstellung** f (ein- bis dreidimensional) (EDV, Radar) / display* n ‖ ~**bildfotografie** f (Radiol) / fluorography* n, photofluorography n ‖ ~**dach** n (Bau) / umbrella roof* ‖ ~**dach** (Bau, Kfz, Schiff) / station roof (a roof carried on a single row of stanchions) ‖ ~**einbrennung** f (Eltronik) / screen burning*

**Schirmerit** m (ein Mineral der Andorit-Gruppe) (Min) / schirmerite n

**Schirm•generator** m (ein Synchrongenerator mit vertikaler Welle) (Eltech) / umbrella-type alternator, vertical-shaft alternator* ‖ ~**gitter** n (Eltronik) / screen-grid n ‖ ~**gittermodulation** f (Radio) / screen modulation, screen-grid modulation ‖ ~**gitterröhre** f (Eltronik) / screened-grid valve* ‖ ~**gitterröhre** (Eltronik) s. auch Tetrode ‖ ~**hieb** m (bei dem der Altbestand des Waldes durch mehrere Lichtungshiebe entfernt wird) (For) / shelterwood method, shelterwood felling, shelterwood cutting ‖ ~**schlag** m (For) / shelterwood method, shelterwood felling, shelterwood cutting ‖ ~**stoff** m (Tex) / umbrella cloth ‖ ~**träger** m (einer Katodenstrahlröhre) (Eltronik) / face plate* ‖ ~**verjüngung** f (For) / regeneration under shelterwood ‖ **magnetische** ~**wirkung** (Eltech) / magnetic shielding ‖ **magnetostatische** ~**wirkung** (Mag) / magnetostatic shielding

**Schirrholz** n (Zimm) / bolster n, corbel-piece* n, head tree*, crown plate, saddle n

**Schirting** m (ein Baumwollgewebe in Leinwandbindung) (Tex) / shirting n

**Schittersäge** f (gespannte Quersäge für grünes Holz) (For, Werkz) / green wood saw

**Schiwachs** n / ski wax

**Schiwanow-Reaktion** f (zum Nachweis von Hexosen) (Chem) / Schiwanoff's test

**Schlachtabfall** m (Landw, Nahr) / slaughterhouse waste

**schlachten** v (Landw, Nahr) / slaughter v, kill v

**Schlacht•fahrzeug** n (Kfz) / spares car, donor car ‖ ~**fett** n (Nahr) / slaughter grease ‖ ~**gewicht** n (Nahr) / slaughter weight ‖ ~**haus** n (Nahr) / slaughterhouse n, abattoir n, butchery n ‖ ~**hof** m (Nahr) / slaughterhouse n, abattoir n, butchery n ‖ ~**körper** m (alle genießbaren Teile eines geschlachteten Tieres) (Nahr) / carcass n, carcase *n* ‖ **⁓tier- und Fleischuntersuchung** *f* (Landw, Nahr) / meat inspection ‖ **~warm** *adj* (Fleisch) (Nahr) / slaughter-warm *adj* ‖ **⁓wolle** *f* (Tex) / skin wool*, slipe wool, plucked wool, pulled wool, Mazamet wool

**Schlacke** *f* (Kohlerückstände) / cinder *n* ‖ **⁓** (vulkanische) (Geol) / scoria *n* (on the surface of lava flows), cinder *n* ‖ **⁓** (Oxidablagerungen) (Hütt) / dross *n*, scum *n* ‖ **⁓** (Mischung aus Zuschlägen und Ablagerungen) (Hütt) / slag* *n* ‖ **⁓** (im Puddelofen) (Hütt) / floss *n*, puddling cinder ‖ **basische ⁓** (Hütt) / basic slag*, Thomas cinder, Thomas slag ‖ **flüssige ⁓** (Hütt) / liquid slag ‖ **glasige ⁓** (Hütt) / bright dross ‖ **glasige ⁓** (Hütt, Schw) / vitreous slag ‖ **granulierte ⁓** (Hütt) / granulated slag, fine slag ‖ **gutflüssige ⁓** (Hütt) / fluid slag ‖ **kurze ⁓** (Hütt) / fluid slag ‖ **lange ⁓** (Hütt) / pasty slag ‖ **neutrale ⁓** (Hütt) / neutral slag ‖ **saure ⁓** (Hütt) / acid slag* ‖ **trockene ⁓** (ohne schmelzflüssigen Anteil) (Hütt) / dry slag ‖ **vulkanische ⁓** (Geol) / scoria* *n* (pl. scoriae), volcanic slag, volcanic cinder ‖ **⁓** *f* **von Brennstoffen** (Hütt) / clinker* *n* (the stony residue from burnt coal or from a furnace) ‖ **⁓ ziehen** (Hütt) / slag *v*, deslag *v*, slag off *v*

**Schlacken•abscheider** *m* (Hütt) / skim gate, skimming gate, skimmergate *n* ‖ **⁓abstich** *m* (Vorgang) (Hütt) / slag tapping ‖ **⁓abstichloch** *n* (Hütt) / slag hole*, slag-tap hole ‖ **⁓abzug** *m* (trocken oder flüssig) (Hütt) / slag removal, slag discharge, flush-off *n*, slag-off *n*, slagging *n* ‖ **⁓arbeit** *f* (Hütt) / slag control, slag practice ‖ **⁓bad** *n* (Schw) / pool of slag, slag pool, flux pool, slag bath ‖ **⁓badgenerator** *m* / slagging gasifier ‖ **⁓badtiefe** *f* (Hütt) / slag depth ‖ **⁓badvergasung** *f* (Bergb) / slag-bath gasification ‖ **⁓bär** *m* (durch verfestigte Schlacke hervorgerufene Verstopfung in Hochöfen) (Hütt) / skull *n*, bear *n*, sow *n*, salamander *n*, shadrach *n* ‖ **⁓beständigkeit** *f* / slag resistance ‖ **⁓beton** *m* (Bau, HuT) / slag concrete ‖ **⁓bett** *n* (Hütt) / slag bed ‖ **⁓bildend** *adj* (Hütt, Schw) / slag-forming *adj*, slag-making *adj* ‖ **⁓bildner** *m* (Hütt, Schw) / slag-making material, slag-forming agent, slag-forming constituent ‖ **⁓bildung** *f* (auch bei der Treibarbeit) (Hütt) / slagging *n*, scorification* *n* ‖ **⁓blech** *n* (des Hochofens) (Hütt, Masch) / dam plate* *n* ‖ **⁓decke** *f* (Schw) / slag blanket, slag cover ‖ **⁓einschluß** *m* (Gieß) / slag inclusion, slag entrapment ‖ **⁓fang** *m* (Gieß) / slag trap, slag skimmer ‖ **⁓fangmulde** *f* (Hütt) / slag pocket ‖ **⁓faser** *f* (aus Schlacken gewonnener Faserstoff) / slag fibre ‖ **⁓form** *f* (des Hochofens) (Hütt) / slag notch, slag tuyere ‖ **~frei** *adj* / slag-free *adj* ‖ **⁓führung** *f* (Hütt) / slag control, slag practice ‖ **⁓halde** *f* (Kohlenrückstände) (Bergb) / cinder bank ‖ **⁓halde** (Hütt) / slag-heap *n*, slag tip, slag bank, slag dump ‖ **~haltig** *adj* / slaggy *adj* ‖ **~haltig** (Geol) / scoriaceous *adj* ‖ **⁓hammer** *m* (Gieß) / chipping hammer ‖ **⁓kegel** *m* (Geol) / cinder cone ‖ **⁓kegel** (Hütt) / scorifier* *n* ‖ **⁓lauf** *m* (Kanal) (Gieß, Hütt) / slag channel ‖ **⁓loch** *n* (Hütt) / slag hole*, slag-tap hole ‖ **⁓mahlen** *n* / slag milling ‖ **⁓mühle** *f* / slag mill ‖ **⁓pfanne** *f* (Gieß) / moulding cinder pot ‖ **⁓pfanne** (Hütt) / slag ladle ‖ **⁓pfannenwagen** *m* (Hütt) / slag ladle car ‖ **⁓reich** *adj* / slaggy *adj* ‖ **~reiches Roheisen** (Hütt) / cinder pig* ‖ **⁓rinne** *f* (Hütt) / slag runner, slag spout ‖ **⁓rückhaltevorrichtung** *f* (Hütt) / slag retainer ‖ **⁓sand** *m* (Bau, Hütt) / slag sand ‖ **⁓scherben** *n* (Hütt) / scorifier* *n* ‖ **⁓schmelzen** *n* (Hütt) / slag melting ‖ **⁓stein** *n* (Bau) / slag brick ‖ **⁓stein** (Gieß) / dam *n* ‖ **⁓stichloch** *n* (Hütt) / slag hole*, slag-tap hole ‖ **⁓strom** *m* (Hütt) / slag stream ‖ **⁓tür** *f* (Hütt) / skimming door, clinkering door, clean-out door ‖ **⁓verarmung** *f* (Hütt) / slag cleaning ‖ **⁓verblaseverfahren** *n* (Hütt) / slag-fuming process ‖ **⁓verwertung** *f* (Hütt, Umwelt) / slag utilization ‖ **⁓wolle** *f* / slag-wool* *n*, cinder wool, silicate cotton ‖ **⁓zement** *m* (Bau, HuT) / slag cement*

**Schlackeregen** *m* (Meteor) / rain and snow mixed, sleet *n*

**schlackig** *adj* / slaggy *adj* ‖ **~** (Geol) / scoriaceous *adj*

**schlackrig** *adj* / slack *adj*

**Schlafdeich** *m* (durch den Bau eines Außendeiches unwirksam gewordener Deich, der jedoch aus Sicherheitsgründen erhalten bleibt) (Wasserb) / safety dyke, abandoned dyke

**schlafendes Polymer** (dessen Wachstumszentrum vorübergehend blockiert ist) (Chem) / sleeping polymer

**"schlafender Polizist"** (HuT, Kfz) / sleeping policeman, rumble strip, serrated strip, jiggle bar, road hump, speed ramp

**schlaff** *adj* (Seil) / loose *adj*, limp *adj*, slack *adj* ‖ **~** (locker) / slack *adj* ‖ **~e Bewehrung** (HuT) / unstressed reinforcement, untensioned reinforcement ‖ **~er Faden** (Web) / slack end, slack thread, slack warp ‖ **~er Gießling** (Keram) / flabby cast ‖ **~er Trum** (Masch) / lower strand, return strand, slack strand, slack side

**Schlaffseilkabelbagger** *m* (HuT) / slack-line cableway, slack-line cableway excavator

**Schlaf•koje** *f* (Kfz) / bunk *n* ‖ **⁓mittel** *n* (Pharm) / soporific *n*, hypnotic* *n* ‖ **⁓modus** *m* / sleep mode ‖ **⁓mohn** *m* (Papaver somniferum L.) (Bot, Pharm) / opium poppy ‖ **⁓stadt** *f* (Arch) / dormitory town, bedroom suburb, dormitory suburb ‖ **⁓stelle** *f* (Kfz) / bunk *n* ‖ **⁓tablette** *f* (Pharm) / sleeping pill ‖ **⁓wagen** *m* (Bahn) / sleeping carriage, sleeping car (US), sleeper *n* ‖ **⁓wagen** (für Zugpersonal) (Bahn) / dormitory car

**Schlag** *m* (eine Verschleißart) / impingement *n* (of drops) ‖ **⁓** / percussion *n*, blow *n* ‖ **⁓** (von Bäumen befreite Fläche im Wald) (For) / coupe* *n*, cut *n*, felling *n*, felling area ‖ **⁓** (Hieb) (For) / cut *n*, exploitation *n*, cutting *n* ‖ **⁓** (in hydraulischen Systemen) (Hyd) / hammer *n*, water hammer ‖ **⁓** (Kab, Masch) / lay* *n*, twist *n* ‖ **⁓** (Kfz) / car door ‖ **⁓** (Ackerfeld) (Landw) / field *n* ‖ **⁓** (Teilgruppe einer Haustierrasse) (Landw, Zool) / strain* *n* ‖ **⁓** (Masch) / blow *n*, stroke *n*, impact* *n*, shock *n* ‖ **⁓** (Masch) / knock* *n*, knocking *n* ‖ **⁓** (Radial-, Axial-) (Masch) / run-out *n*, eccentricity *n* ‖ **⁓** (Masch) / strike *n* ‖ **⁓** (Mech) / impact* *n*, impulsive force ‖ **⁓** (gegen feindliche Ziele) (Mil) / strike *n* ‖ **⁓** (kurzzeitiges Drehen mit der Schraube beim Manövrieren) (Schiff) / turn *n* (of the propeller) ‖ **⁓** (Web) / pick* *n* (one traverse of the shuttle through the warp shed), filling* *n* (US) ‖ **⁓** (Web) / picking* *n* ‖ **elektrischer ⁓** (Eltech, Med) / electric shock ‖ **erster ⁓** (Mil) / first strike ‖ **zulässiger ⁓** (bei Drehteilen) (Masch) / run-out allowance ‖ **zweiter ⁓** (Mil) / second strike

**Schlag•abraum** *m* (noch Beendigung des Holzeinschlags und Abtransport der ausgeformten Rohholzsorten bei den derzeitigen Erntemethoden auf der Schlagfläche zurückbleibendes Material, wie dünne Äste, Reisig und Grüngut) (For) / slash *n* (US), forest residues, logging residues, brash *n*, felling refuse, felling waste ‖ **⁓arbeit** *f* (Mech) / impact work ‖ **⁓arm** *m* (der Schlägermühle) (Masch) / beater arm ‖ **⁓arm** (Web) / picking arm, picking stick, picker stick ‖ **~artig arbeitende Maschine** (Masch) / impactor *n*, impacter *n* ‖ **~bar** *adj* / exploitable *adj*, ripe for felling, fit for cutting, mature *adj* ‖ **⁓bär** *m* (Masch) / striking hammer ‖ **⁓baum** *m* (Bahn) / barrier arm ‖ **⁓beanspruchung** *f* (Bau, Phys) / shock load ‖ **⁓beule** *f* (zum Ausbeulen von Dellen) (Kfz, Werkz) / dent puller, backhammer *n* ‖ **⁓bewegung** (des Rotorblattes) (Luftf) / flapping *n* ‖ **⁓biegefestigkeit** *f* (des Holzes, bei der Schlagbiegeprüfung ermittelt) (For, WP) / impact bending strength, impact bending resistance ‖ **⁓biegen** *n* (For) / impact bending ‖ **⁓biegeprüfung** *f* (For, WP) / impact bending test ‖ **⁓biegeversuch** *m* (For, WP) / impact bending test ‖ **⁓blech** *n* (Web) / batten plate ‖ **⁓bohren** *n* (Bergb) / percussion drilling*, percussive boring* ‖ **⁓bohrkopf** *m* (Erdöl) / percussion bit ‖ **⁓bohrmaschine** *f* (mit Meißelschneiden) (Bergb) / percussion drill ‖ **⁓bohrmaschine** (Bohrhammer) (Bergb) / hammer-drill *n* ‖ **⁓bohrmaschine** (bei der die drehende eine axiale schlagende Bewegung überlagert wird) (For, Masch) / impact drill ‖ **⁓bohrmeißel** *m* (Erdöl) / percussion bit ‖ **⁓bolzen** *m* (des Handfeuerlöschers) / striker knob ‖ **⁓brecher** *m* (Masch) / impact crusher*, impactor *n* ‖ **⁓eisen** *n* (zur Herstellung der Schläge, d.h. schmaler ebener Streifen, welche dem Steinmetzen als Richtschnur, "Lehre", bei der Bearbeitung der Lagerflächen dienen) (Werkz) / pitching tool ‖ **~empfindlich** *adj* / sensitive to shock, sensitive to impact, shock-sensitive *adj*, impact-sensitive *adj*

**schlagen** *v* (Brücke) / build *v*, throw *v*, construct *v* ‖ **~** / beat *v* ‖ **~** / strike *v*, blow *v* ‖ **~** (Lackvorhänge beim Gießen) (Anstr) / judder *v* ‖ **~** (For) / take down *v*, fell *v*, cut down *v*, knock down *v*, hew *v*, hew down *n*, log *v* ‖ **~** (ein Seil, ein Tau) (Kab, Masch) / lay *v*, strand *v* ‖ **~** (Masch) / knock *v* ‖ **~** (unrund laufen) (Masch) / run out of true ‖ **~** (Nägel) (Masch) / drive *v*, drive in *v* ‖ **~** (Ventilsitz) (Masch) / simmer *v* ‖ **~** (Nahr) / whip *v*, cream *v*, whisk *v* ‖ **~** (Baumwolle) (Tex) / batter *v* ‖ **leicht ~** (Masch) / tap *v* ‖ **~** / beating *n* ‖ **~** (Kab, Masch) / stranding *n*, layer-stranding *n* ‖ **~** (Masch) / knock* *n*, knocking *n* ‖ **~** (Masch) / hammering *n*, whipping *n*, hammer blow* ‖ **~** (von Tankern infolge zu großer Stabilität) (Schiff) / whipping *n* (of tankers)

**schlagend•es Bohren** (Bergb) / percussion drilling*, percussive boring* ‖ **~e Wetter** (Bergb) / firedamp* *n*, sharp gas*, gas* *n*, mine gas, dirt *n* (GB) ‖ **~e Wetter löschen** (Bergb) / douse *v*, dowse *v*, douce *v*

**Schlagenergie** *f* (Mech) / impact energy

**Schläger** *m* (ein Pinsel zur Holzimitation) (Anstr) / overgrainer* *n*, flogger* *n*, softener *n* (hog, badger) ‖ **⁓** (bei Druckern) (EDV) / vibrator *n* ‖ **⁓** (Masch) / hammer *n* ‖ **⁓** (Masch) / beater *n* ‖ **⁓** (Web) / picking arm, picking stick, picker stick ‖ **⁓kreuz** *n* (rotierendes Zerkleinerungswerkzeug der Schlagkreuzmühle) (For) / wing beater ‖ **⁓mühle** *f* (Aufber) / beater mill*

**Schlag•exzenter** *m* (Web) / picking tappet ‖ **⁓fähigkeit** *f* (Nahr) / whipping property, whippability *n* ‖ **~fall** *adj* (Flasche) / shatter-resistant *adj*, shatterproof *adj* ‖ **~fest** (WP) / impact-resistant *adj* ‖ **⁓festigkeit** *f* (bei elektrischen Isolierstoffen) (Eltech) / impact resistance ‖ **⁓festigkeit** (im Schlagversuch festgestellter Werkstoffkennwert) (WP) / impact resistance ‖ **⁓figur** *f* (die durch einen scharfen Schlag mit einer Nadelspitze auf die Kristallfläche entsteht) (Krist) / percussion figure*, blow figure ‖ **unberäumte ⁓fläche** (For) / slashing *n* (US) ‖ **⁓flügelflugzeug** *n* (Luftf) / ornithopter *n* ‖ **⁓folge** *f* (Masch) / blow sequence ‖ **~frei** *adj* (Rad) (Masch) / true *adj* ‖ **⁓gelenk** *n* (des Rotorflugzeugs) (Luftf) / flapping hinge *n* ‖ **⁓geschwindigkeit** *f* (Masch) / striking velocity ‖ **⁓gewicht** *n* (HuT) / monkey *n*, beetle-head *n*, tup *n*, ram* *n* ‖ **⁓härte** *f* (mit einer

**Schlaghärte**

Prüfkugel ermittelt) (WP) / impact ball hardness ‖ ~**härte** (die in einem dynamischen Härteprüfverfahren ermittelt wird) (WP) / impact hardness ‖ ~**haube** f (des Rammpfahls) (HuT) / pile helmet (a cast-steel cap), cushion head (US), helmet* n, driving cap, pile cap ‖ ~**kissen** n (ein Sandsack) (HuT) / sand cushion* ‖ ~**knopf** m (des Handfeuerlöschers) / striker knob ‖ ~**kolben** m (des Drucklufthammers) (Werkz) / hammer ram ‖ ~**korbmühle** f (Gieß) / disintegrating mill*, disintegrator n, cage mill, disintegrator crusher ‖ ~**kraft** f (z.B. beim Elektroweidezaun) / shock energy ‖ ~**kraft** (Mech) / impact force, blowing force ‖ ~**kreuzmühle** f (Aufber) / beater mill* ‖ ~**kreuzmühle** (Zerkleinerungsmaschine mit Schlägerkreuz) (For) / wing-beater mill ‖ ~**kurvenscheibe** f (leitet die Schlagenergie ein, die den Schützen durch das geöffnete Fach treibt) (Web) / picking tappet ‖ ~**länge** f (eines Seils) (Fernm, Kab, Masch) / length of lay*, pitch n ‖ ~**längenfaktor** m (Kab) / lay ratio* ‖ ~**leine** f (Bau, HuT) / chalk line*, snap line, snapped line, struck line ‖ ~**leiste** f (bei zweiflügeligen Fenstern und Türen) (Bau, Tischl) / rabbet ledge, rebated joint at meeting stiles ‖ ~**leiste** (der Dreschtrommel) (Landw) / beater bar ‖ ~**leistenmühle** f (Masch) / baffle plate mill ‖ ~**loch** n (im Straßenbelag) (HuT) / pothole n, pocket n, road hole ‖ ~**lochbildung** f (HuT) / potholing n ‖ ~**löcherstraße** f (HuT) / rugged road, washboard road (US) ‖ ~**lot** n (Hütt, Klemp) / brazing solder*, hard solder* (with substantial quantities of silver), spelter n, brazing alloy, brazing spelter, spelter solder, high-melting solder ‖ ~**marke** f (Bearbeitungsspur auf der Blechfläche) (Kfz) / chop mark ‖ ~**maschine** f (in der Seilerei) (Kab, Masch) / rope-laying machine, strander n, rope-making machine ‖ ~**maschine** (DIN 64079 und 64100) (Einprozeßanlage zum Öffnen, Reinigen und Mischen von Baumwolle und Chemiefasern) (Spinn) / scutcher n, beater* n ‖ ~**maschine** (zum Lochen der Jacquardkarten) (Web) / card-punching machine, card-perforating machine ‖ ~**masse** f (Masch) / striking weight ‖ ~**metall** n / gilding metal (leaf) ‖ ~**mühle** f (Aufber) / beater mill* ‖ ~**mühle** (Gieß) / disintegrating mill*, disintegrator n, cage mill, disintegrator crusher ‖ ~**nase** f (des Schlagexzenters) (Web) / tappet nose, cam nose ‖ ~**obers** n (A) (Nahr) / whipped cream, schlag n (a topping for cake, coffee, etc.) ‖ ~**patrone** f (Sprengstoffpatrone, die mit einem sprengkräftigen Zündmittel versehen ist) (Bergb) / primer* n, primer cartridge ‖ ~**platte** f (Schiff) / wash plate, swash plate (US) ‖ ~**polster** n (ein Sandsack) (HuT) / sand cushion* ‖ ~**prallbrecher** m (mit Schlagleisten, die das Brechgut schlagen und es gegen im Brechraum angeordnete Prallstangen und Prallplatten sowie gegeneinander schleudern) (Masch) / impact crusher*, impactor n ‖ ~**prallmühle** f (Masch) / impact mill ‖ ~**pressen** n (Masch, Plast) / impact moulding ‖ ~**probe** f (WP) / impact test* ‖ ~**probe** (Wurfprobe) (WP) / shock test ‖ ~**prüfgerät** n (WP) / impact tester, impact-testing machine ‖ ~**prüfgerät nach Izod** (WP) / Izod machine (the specimen is mounted vertically and supported from the bottom in a cantilever fashion; the hammer strikes the specimen on its notched side at a specified distance above the notch) ‖ ~**prüfung** f (Keram) / punch test (a test in which a glaze is fractured by means of a centre punch to determine if the fired coating is under tensile or compressive stresses) ‖ ~**prüfung** (zur Bestimmung des Widerstandes der Stoffe gegen schlag- oder stoßartige Beanspruchung) (WP) / impact test* ‖ ~ **punkt** m (des Rotors) (Luftf) / flapping point ‖ ~**pütz** f (Schiff) / draw bucket ‖ ~**rahm** m (Nahr) / whipped cream, schlag n (a topping for cake, coffee, etc.) ‖ ~**regen** m (wenn die Tropfen unter der Wirkung des WIndes merklich aus der lotrechten Fallrichtung abgelenkt werden) (Meteor) / driving rain ‖ ~**reif** adj (For) / exploitable adj, ripe for felling, fit for cutting, mature adj ‖ ~**reisig** m (For) / slash n (US), forest residues, logging residues, brash n, felling refuse, felling waste ‖ ~**reste** m pl (For) / slash n (US), forest residues, logging residues, brash n, felling refuse, felling waste ‖ ~**richtung** f (bei Seilen) / twist n, lay direction ‖ ~**richtung** (der Tür) (Bau, Tischl) / handiness n ‖ ~**riemen** n (Web) / picker band, picking band, lug strap ‖ ~**riemenleder** n (ein kombiniert oder chromgegerbtes Leder aus den Rücken- oder Halsteil der Großviehhaut) (Leder, Web) / picker leather*, picker-band leather, picking-band leather ‖ ~**sahne** f (Nahr) / whipped cream, schlag n (a topping for cake, coffee, etc.) ‖ ~**säule** f (des Schleusentores) (Wasserb) / meeting post*, mitre post* ‖ ~**schatten** m (scharf begrenztes Schattenbild, von punktförmigen Lichtquellen erzeugt) (Film, Licht) / hard shadow ‖ ~**scheibenmühle** f (das Mahlwerkzeug ist eine vielgezahnte Schlagscheibe) (Masch) / pinned-disk mill ‖ ~**schere** f (zum Durchtrennen der Perforation bei Leporellopapier) (EDV) / burster n, decollator n ‖ ~**schmiedemaschine** f (Masch) / impacter forging hammer* ‖ ~**schmieden** n (mit Maschinenhämmern) (Masch) / impact forging, impacting n ‖ ~**schnur** f (Bau, HuT) / chalk line, snap line, snapped line, struck line ‖ ~**schraube** f (Masch) / hammer-drive screw* ‖ ~**schraubenschlüssel** m (Werkz) / impact wrench, impact spanner ‖ ~**schrauber** m (Werkz) / impact wrench, impact spanner ‖ ~**schweißen** n (eine Weiterentwicklung des Kaltpreßschweißens) (Schw) / resistance percussive welding*, percussive welding* ‖ ~**seite** f (bleibende Neigung des Schiffs in Querrichtung) (Schiff) / list* n, lopside n ‖ **mit** ~**seite** (Schiff) / listing adj, lopsided adj ‖ ~**seite haben** (Schiff) / list v, lopside v ‖ ~**spaner** m (For) / beating flaker ‖ ~**stock** m (zum Beschleunigen des Schützens oder des Greiferschützens) (Web) / picking arm, picking stick, picker stick ‖ ~**stöckchen** n (Masch, Werkz) / beak iron*, beakhorn n (stake), beck iron*, bick iron* ‖ ~**strangfließpressen** n (Hütt) / impact extrusion* ‖ ~**strangpressen** n (Fließpreßvorgang, der unter schlagartigen Bedingungen durchgeführt wird) (Hütt) / impact extrusion* ‖ ~**test** m (Keram) / punch test (a test in which a glaze is fractured by means of a centre punch to determine if the fired coating is under tensile or compressive stresses) ‖ ~**tür** f (Bau) / folding door ‖ ~**verdichter** m (Pulv) / impact compressor, striking compressor ‖ ~**verformbarkeit** f (Anstr) / impact extensibility ‖ ~**versuch** m (WP) / impact test* ‖ ~**versuch** (WP) s. auch Kerbschlagbiegeversuch ‖ ~**wasserplatte** f (Schiff) / wash plate, swash plate (US) ‖ ~**weite** f (einer Schutzfunkenstrecke) (Eltech) / sparking distance ‖ ~**weite** (Eltech) / clearance n (in air) ‖ ~**welle** f (DIN 63000) (Web) / picking shaft, tappet shaft ‖ ~**werk** n (der Schlagbohrmaschine) (Masch) / hammer action ‖ ~**werk** (für die Schlagversuche - z.B. ein Pendelschlagwerk) (WP) / striker n ‖ ~**werkzeug** n (WP) / swage* n

**Schlagwetter** n pl (Bergb) / firedamp* n, sharp gas*, gas* n, mine gas, dirt n (GB) ‖ ~**detektor** m (Bergb) / methane detector ‖ ~**explosion** f (Bergb) / firedamp explosion, blast n, blow-up n ‖ ~**freie Grube** (Bergb) / naked-light mine*, non-fiery mine, non-gassy mine, open-lamp mine ‖ **~führend** adj (Bergb) / fiery adj, gassy adj, foul adj ‖ **~führende Grube** (Bergb) / fiery mine*, gassy mine, foul pit ‖ **~geschützt** adj (druckfest) / explosion-proof* adj, explosion-tested adj ‖ ~**grube** f (Bergb) / fiery mine*, gassy mine, foul pit ‖ ~**schutz** m (Bergb) / firedamp protection ‖ ~**schutzkapselung** f (Eltech) / flameproof enclosure ‖ ~**sicher** adj (Bergb) / flameproof adj ‖ **~sichere Pulverzündschnur** (Bergb) / safety fuse

**Schlag·winkel** m (des Rotorflugzeugs) (Luftf) / flapping angle ‖ ~**wolf** m (DIN 64162) (Spinn) / beater* n, beater opener ‖ ~**wortsuche** f (EDV) / keyword search ‖ ~**wortzuteilung** f (EDV) / descriptor assignment, indexing n ‖ **~zäh** adj (WP) / impact-resistant adj ‖ ~**zähigkeit** f (als ermittelter Wert) (Hütt, WP) / impact value ‖ ~**zähigkeit** (als Eigenschaft) (Hütt, WP) / impact toughness ‖ ~**zahl** f (HuT) / number of blows ‖ ~**zahl** (je Zeiteinheit) (Masch) / blow rate (blows delivered e. g. per minute), impact rate ‖ **erforderliche** ~**zahl** (um einen Gegenstand in die Erde zu rammen) (HuT) / blow count ‖ ~**zahnfräser** m (Masch) / fly cutter, single-tooth cutter ‖ **mit** ~**zeichen kennzeichnen** (Masch) / stamp v, stamp-mark v ‖ ~**zeile** f (Druck, Typog) / headline* n, heading n, rubric* n, head n, header line, heading line ‖ ~**zerspanungsmaschine** f (For) / beating flaker ‖ ~**zertrümmerungswert** m (Kennzahl für den Widerstand eines Schottermaterials gegen Schlagzertrümmerung) (HuT) / impact resistance n ‖ ~**zeug** n (Web) / picking motion, picking mechanism

**Schlamm** m (Aufber, Hütt) / slimes pl, sludge* n ‖ ~ (bei Sekundärzellen) (Eltech) / deposit* n ‖ ~ (Geol) / mud* n ‖ ~ (HuT, Kfz) / mire n (soft and slushy mud or dirt) ‖ ~ (Abfall) (Raumf, Umwelt) / sludge n ‖ **ausgefaulter** ~ (Sanitär) / digested sludge ‖ **belebter** ~ (DIN 4045) (Sanitär) / activated sludge* ‖ **feiner** ~ (Aufber, Chem) / pulp* n, slurry n, mud n, suspension n, sline n ‖ **im** ~ **lebend** (Zool) / limicolous* adj ‖ **mit** ~ **beschmieren** / mud up v ‖ **sich mit** ~ **verstopfen** / mud up vi ‖ **toniger** ~ (Geol) / slum n ‖ **voller** ~ / muddy adj, slimy adj, sludgy adj, miry adj ‖ ~ m **aus den biologischen Kläranlagen** (Sanitär) / sludge n

**Schlamm·ablagerung** f (Sanitär) / sludging* n, sludge formation ‖ ~**ablagerung in Flüssen** (Wasserb) / sullage* n ‖ ~**abscheider** m (Sanitär) / desludger n ‖ ~**absetzvolumen** n (Sanitär) / settled volume ‖ ~**abzug** m (z.B. aus dem Emscherbrunnen) (Sanitär) / sludge withdrawal ‖ ~**aktivität** f (Sanitär) / sludge activity ‖ ~**alter** n (Sanitär) / sludge age ‖ ~**alterung** f (Sanitär) / sludge ageing

**Schlammanalyse** f (Aufber) / elutriation analysis, settling analysis

**Schlammanfall** m (Sanitär) / sludge incidence, amount of sludge produced (sewage treatment)

**Schlämmapparat** m (zur Korngrößenbestimmung unterhalb der Siebgrenze) (Chem Verf) / elutriator* n

**Schlamm·-Asche-Verfahren** n (Verfahren zur künstlichen Schlammentwässerung, bei dem zur Konditionierung des zu entwässernden Materials Asche oder andere, z.B. Flugasche aus Kraftwerken zugesetzt wird) (Sanitär) / sludge-ash process ‖ ~**aufbruch** m (Geol) / mudlump n ‖ ~**becken** n (Sanitär) / sludge basin ‖ ~**becken** (mit Maschinenhämmern) (Masch) / - ‖ ~**beet** n (Anlage zur natürlichen Entwässerung von stabilisiertem Schlamm - DIN 4045) (Sanitär) / sludge basin ‖ ~**behandlung** f (Sanitär) / sludge handling, sludge treatment ‖ ~**beize** f (des Saatguts) (Landw) / slurry treatment ‖ ~**belastung** f (in der Klärtechnik der biologischen

Abwasserreinigung nach dem Belebungsverfahren) (Sanitär) / sludge loading ‖ ⁓**belebung** f (Sanitär) / bio-aeration* n, activation of sludge, sludge activation ‖ ⁓**beseitigung** f (Maßnahmen zur schadlosen und dauerhaften Ablagerung, Vernichtung oder Verwertung des Schlammes - DIN 4045) (Sanitär) / sludge disposal ‖ ⁓**bildung** f (Sanitär) / sludging* n, sludge formation ‖ ⁓**boden** m (HuT) / muddy soil ‖ ⁓**brekzie** f (Geol) / fanglomerate* n ‖ ⁓**decke** f (z.B. am Langsam-Sand-Tiefenfilter) (Sanitär) / zoogleal layer, schlammdecke n

**Schlämme** f (Wasser-Zement-Mischung) (Bau, HuT) / cement wet paste ‖ bituminöse ⁓ (HuT) / bituminous grout

**Schlamm•eimer** m (in Straßenabläufe eingehängter, mit Löchern versehener Eimer zum Auffangen und Zurückhalten der mit dem Regenwasser abgespülten Feststoffe - DIN 4052) (Sanitär) / gully sieve ‖ ⁓**einbruch** m (Bergb) / mud broke ‖ ⁓**eindickung** f (Verfahren zur Erhöhung des Feststoffanteils von Schlämmen) (Sanitär) / sludge thickening

**schlämmen** v (feinste Bestandteile aus einem körnigen Gut in fließendem Wasser herausspülen) / elutriate v, levigate v, wash v ‖ ⁓n (Chem Verf) / elutriation* n, levigation* n, washing n

**Schlamm•entnahmegerät** n (Wasserb) / bottle silt sampler, silt sampler ‖ [künstliche] ⁓**entwässerung** (Sanitär) / sludge dewatering ‖ ⁓**fang** m (DIN 4045) (Sanitär) / sludge collector ‖ ⁓**fänger** m (z.B. in einer Abwasserleitung) (Landw, Sanitär) / catch pit*, catch basin* ‖ ⁓**fänger** (Sanitär) / sludge collector ‖ ⁓**faulbehälter** m (Sanitär) / digester n, digestion chamber ‖ ⁓**faulraum** m (Reaktionsraum von Faulen) (Sanitär) / digester n, digestion chamber ‖ ⁓**faulung** f (ein anaerober Prozeß zur Klärschlammstabilisierung) (Sanitär) / sludge digestion ‖ ⁓**feld** n (Landw) / mud field ‖ ⁓**filter** f (Chem Verf) / cake filter ‖ ⁓**fliege** f (Eristalis tenax - gelbe Fliegenart, die sich bevorzugt auf nicht vollständig ausgefaultem Klärschlamm niederläßt und daher als Indikator unvollständiger Schlammfaulung gelten kann) (Sanitär) / drone fly ‖ ~**gestütztes Karbonatgestein** (Geol) / mud-supported carbonate sedimentary rock ‖ ~**gestütztes Karbonatgestein** (mit >10% Komponenten) (Geol) / wackestone n ‖ ~**gestütztes Karbonatgestein** (mit <10% Komponenten) (Geol) / mudstone n

**Schlämmgraben** m (Aufber) / tye* n

**Schlamm•graben** m (Aufber) / sewage fish-pond, waste-water fish-pond ‖ ⁓**haltig** adj / muddy adj, slimy adj, sludgy adj, miry adj

**Schlammherd** m (Aufber) / buddle n

**schlammig** adj / muddy adj, slimy adj, sludgy adj, miry adj

**Schlamm•injektion** f (HuT) / mud grouting ‖ ⁓**kasten** m (in der Hauptseewasser- und Lenzleitung) (Schiff) / mud box ‖ ⁓**kohle** f / slurry coal ‖ ⁓**kompostierung** (Sanitär) / sludge composting ‖ ⁓**konditionierung** f (Vorbehandlung des Schlamms mit dem Ziel der Verbesserung der Entwässerbarkeit) (Sanitär) / sludge conditioning, seasoning of sludge, conditioning of sludge ‖ ⁓**kratzer** m (Gerät zur Ausräumung des abgesetzten Schlammes in Absetzbecken oder Eindickern) (Sanitär) / sludge scraper, sludge rake

**Schlämm•kreide** f (Anstr) / whiting n, powdered whiting ‖ ⁓**kreide** (Creta preparata) (Pharm) / chalk* n (prepared)

**Schlamm•nachbehandlung** f (Sanitär) / sludge secondary treatment ‖ ⁓**öl** n (Erdöl) / slurry oil ‖ ⁓**pumpe** f (Erdöl, Sanitär) / mud pump*, sludger* n, sludge pump ‖ ⁓**pumpe** (Schluffpumpe) (HuT) / elephant's trunk, silt pump, silt ejector ‖ ⁓**pumpe** s. auch Sandpumpe

**Schlämmputz** m (Bau) / harling n, wet dash, roughcast n

**Schlamm•raum** m (der unterste Teil des Batterie-Blockkastens) (Eltech) / sediment chamber, sediment space ‖ ⁓**räumer** m (Sanitär) / sludge scraper, sludge rake ‖ ⁓**räumschild** m (Sanitär) / sludge scraper ‖ ⁓**regeneration** f (Sanitär) / sludge reactivation ‖ ⁓**reinigungshahn** m (Sanitär) / mud cock ‖ ⁓**röhrenwurm** m (Sanitär) / sludge worm, tubifex n ‖ ⁓**röhrenwurm** (Sanitär, Zool) / tubifex n, sludge worm, pink worm ‖ ⁓**saft** m (in der Zuckergewinnung) (Nahr) / raw liquor, carbonation juice, carbonated liquor ‖ ⁓**sammelraum** m (Sanitär) / sludge collector ‖ ⁓**sand** m (HuT) / water-dredged sand ‖ ⁓**sauger** m (zum Absaugen von sedimentiertem Schlamm vom Boden eines Absetzbeckens) (Sanitär) / sludge gulper ‖ ⁓**schild** m (die an einer Räumerbrücke befestigte Schiebevorrichtung, mit der der am Boden eines Absetzbeckens sedimentierte Schlamm zum Schlammtrichter geschoben wird) (Sanitär) / sludge scraper ‖ ⁓**separator** m (ein Schlammsammelraum der Kläranlage) (Sanitär) / desludger n ‖ ⁓**sprudel** m (Geol) / mud volcano*, salse n, macaluba n ‖ ⁓**stabilisation** f (Sanitär) / total oxidation ‖ ⁓**stabilisierung** f (DIN 4045) (Sanitär) / total oxidation ‖ ⁓**stapelbecken** n (Sanitär) / sludge tank ‖ ⁓**strom** m (Geol) / mudflow* n ‖ ⁓**strom** (im Hochgebirge) (Geol) / earthflow n, mud flow, mud avalanche, flow slide, mud stream, debris flow ‖ ⁓**tank** m (Sanitär) / sludge tank ‖ ⁓**teich** m (Aufber) / tailings dam*, tailings pond ‖ ⁓**teich** (DIN 4045) (Sanitär) / sludge lagoon, storage pond ‖ ⁓**trichter** m (in der Mitte eines runden Absetzbeckens) (Sanitär) / sludge hopper ‖ ⁓**trockenmasse** f (Sanitär) / sludge dry solids ‖ ⁓**trockenplatz** m (Sanitär) / sludge basin ‖ ⁓**trockensubstanz** f (Sanitär) / sludge dry solids ‖ ⁓**verbrennung** f (Sanitär) / sludge combustion, sludge incineration ‖ ⁓**vulkan** m (Geol) / mud volcano*, salse n, macaluba n ‖ ⁓**waschung** f (Sanitär) / sludge elutriation ‖ ⁓**wasser** n (Sanitär) / sludge liquor

**Schlämpe** f (Bau, HuT) / cement wet paste

**Schlange** f (EDV, Math) / queue n, queue line, waiting queue, waiting list ‖ ⁓ (Masch) / tube coil, coil n ‖ ⁓ (ein gerichteter Graf, der durch einen offenen gleichgerichteten Kantenzug darstellbar ist) (Math) / path n

**Schlängelfahrt** f (Manöver zur Einschätzung des Drehverhaltens des Schiffs) (Schiff) / zigzag course, Z-manoeuvre n

**schlängeln, sich** ~ / twist vi

**Schlängelung** f / tortuosity n

**schlangenartig** adj / snaking adj, snaky adj, tortuous adj

**Schlangenbohrer** m (ein Erdbohrer) (Bergb) / auger* n, auger bit ‖ ⁓ (ein Spiralbohrer) (Werkz) / podauger* n ‖ ⁓ (ein Holzbohrer nach DIN 6444) (Zimm) / auger* n, screw bit, screw-auger* n, twist bit ‖ ⁓ (mit durchgehendem Schaft) (Zimm) / Irwin bit ‖ ⁓ (zweischneidig und eingängig, mit vollem Kern) (Zimm) / Irwin bit ‖ ⁓ **mit ausgefrästem Kern** (Zimm) / Lewis bit

**schlangen•förmig** adj / snaking adj, snaky adj, tortuous adj ‖ ⁓**gift** n (Pharm) / snake venom ‖ ⁓**hautglasur** (die sich zu Inseln zusammengezogen hat) (Keram) / lizard skin, snakeskin n, snakeskin glaze ‖ ⁓**holz** n (aus Piratinera guianensis Aubl.) (For) / snake-wood* n, leopardwood* n, letterwood* n ‖ ⁓**käfigharz** n (amphoterer Ionenaustauscher beim Ionenverzögerungsverfahren) (Chem) / snake-cage resin ‖ ⁓**kühler** m (Chem) / coil condenser ‖ ⁓**linie** f / wavy line ‖ ⁓**rohr** n (Masch) / tube coil, coil n ‖ ⁓**rohrvorwärmer** m (ein Eco) (Masch) / plain-tube economiser, bare-tube economiser ‖ ⁓**serum** n (Antiserum gegen Schlangenbisse) (Pharm) / anti-snakebit serum ‖ ⁓**stein** m (Min) / serpentine* n ‖ ⁓**ventil** n (bei Reifen) (Kfz) / coil valve

**schlank** adj (Bau, Math) / slender adj ‖ ~**er Balken** (Zimm) / slender beam

**Schlankheits•grad** m (das Verhältnis der Länge zur Flüssigkeitstiefe bei einer Zentrifuge) / slenderness ratio ‖ ⁓**grad** (eines Stabes) (Bau, HuT, Mech) / ratio of slenderness*, slenderness ratio* ‖ ⁓**grad** (Luftf) / fineness ratio*

**"Schlankheitskost"** f (Nahr) / slimming foods

**Schlankheitsverhältnis** n (Luftf) / fineness ratio*

**schlapp** adj (locker) / slack adj

**SCH-Laser** m (ein Mehrfach-Heterostruktur-Laser) (Phys) / separate confinement heterostructure laser, SCH laser

**Schlauch** m (von Hand geführter an Ende der Rohrleitung bei Betonpumpen) (Bau) / elephant trunk ‖ ⁓ (Kfz) / inner tube, tyre tube, tube n ‖ ⁓ (Masch) / tube n (without textile casing) ‖ ⁓ (Masch, Tex) / tube n, hosepipe n ‖ ⁓ (in Hohlgewebe) (Tex) / tube n (Tex) s. auch Schlauchgewebe ‖ **biegsamer** ⁓ (Masch) / flexible pipe, hose-pipe n ‖ **Kleinscher** ⁓ (eine geschlossene nichtorientierbare Fläche vom Geschlecht 2 - nach F. Klein, 1849-1925) (Math) / Klein bottle* ‖ **mit dem** ⁓ **gießen** / hose v ‖ **mit dem** ⁓ **wässern** / hose v ‖ ⁓**Schläuche** m pl **aus Tygon** (modifiziertes Polyvinyl) (Chem Verf) / Tygon tubing ‖ ⁓ m **mit Gewebeverstärkung** (druckfester) (Tex) / braided hose

**Schlauch•anschluß** m (Masch) / hose connection ‖ ⁓**boot** n / rubber boat, rubber dinghy ‖ ⁓**decke** f (Material) (Tex) / hose duck ‖ ⁓**federring** m (V-Mot) / coil-spring-loaded oil control ring ‖ ⁓**filter** / bag filter ‖ ⁓**folie** f (Plast) / tubular foil, tubular film ‖ ⁓**folie** (Plast) / blown film, tubular film ‖ ⁓**geflecht** n (eine Weichpackung) / braided packing ‖ ⁓**gerät** n (Druckschlauchgerät, Saugschlauchgerät) (Bergb) / fresh-air breathing apparatus, air-tube breathing apparatus ‖ ⁓**gestrick** n (ein Rundgewirk ohne Naht) (Tex) / tube n ‖ ⁓**gewebe** n (Tex) / tubular fabric, circular fabric, hollow web, tubing n ‖ ⁓**hahn** m (Wasserzapfstelle im Garten) (Bau) / garden tap ‖ ⁓**haspel** f / hose reel ‖ ⁓**hyphe** f (For) / vascular hypha ‖ ⁓**klemme** f (mit Schneckenschraube) (Kfz) / jubilee clip, aircraft-type hose clamp ‖ ⁓**klemme** (Masch) / hose cock, hose clamp ‖ ⁓**kopf** m (Plast) / extruder head, extrusion head ‖ ⁓**kops** m (DIN 61800) (Web) / tubular cop, hollow cop ‖ ⁓**kops-Dosenspinnmaschine** f **für Streichgarn** (Spinn) / cop spinning machine for carded yarns ‖ ⁓**kupplungsgewinde** n / hose-coupling thread ‖ ⁓**länge** f / hose length ‖ ⁓**leitung** f (Eltech) / sheathed flexible cable (metal covering), flexible-hose cable (rubber, textiles) ‖ ⁓**leitung** (Masch) / tubing n (without textile casing) ‖ ⁓**leitung** (Masch, Tex) / hose line, hose assembly ‖ ~**loser Reifen** (Kfz) / tubeless tyre ‖ ⁓**material** n **aus Tygon** (Chem Verf) / Tygon tubing ‖ ⁓**pilze** m pl (Bot) / ascomycetes pl ‖ ⁓**pumpe** f (Masch) / peristaltic pump* ‖ ⁓**reifen** m (Kfz) / tube-type tyre ‖ ⁓**schelle** f (Masch) / hose clamp, hose clip ‖ ⁓**schweißung** f (Schw) / semi-automatic submerged-arc welding, submerged-arc semi-automatic welding ‖ ⁓**spule** (ohne Stützkörper) (Web) / tubular cop, hollow cop ‖ ⁓**trockenturm** m (der zum Trocknen von nassen Schläuchen bestimmt ist) / hose tower ‖ ⁓**ventil** n (Kfz) / tube valve ‖ ⁓**waage** f (DIN 18718) (Bau) / hose

**Schlauchwagen**

water-level, water level ‖ ~**wagen** *m* / hose reel cart, reel cart ‖ ~**ware** *f* (Tex) / tube *n* ‖ **biegsame** ~**waren** / flexible tubing ‖ ~**waschmaschine** *f* (bei der Feuerwehr) / hose-washing machine ‖ ~**werkzeug** *n* (Blasformen) (Glas) / parison die ‖ ~**werkzeug** (Schlauchfolienextrudieren) (Masch, Plast) / blown film die ‖ ~**werkzeug** (Extrudieren) (Masch, Plast) / tube die ‖ ~**winde** *f* / hose reel

**Schlaufe** *f* / loop *n*

**Schlaufen•reaktor** *m* (eine Weiterentwicklung der Blasensäule) (Chem Verf) / loop-type bubble reactor ‖ ~**reaktor** (mit Rückführung des Reaktionsproduktes zum Ausgangsgemisch) (Chem Verf) / loop reactor

**schlecht** *adj* (Boden, Fernsehbild, Haftung, Leiter, Lösemittel, Sicht, Verbrennung) / poor *adj* ‖ ~ (Luft) / stale *adj*, vitiated *adj* ‖ ~ (Qualität) / bad *adj* ‖ ~ **er Ankergrund** (Schiff) / foul bottom ‖ ~ **ausgelaufener Guß** (Gieß) / misrun *n*, faulty casting, miscast casting ‖ ~**e** (ungenügende) **Farbannahme** (Druck) / poor trapping ‖ ~ **färbbar** (Mikros) / chromophobe* *adj*, chromophobic* *adj* ‖ ~**e Geometrie** (Nukl) / poor geometry, bad geometry ‖ ~ **geschorene Stelle** (Tex) / uneven shearing ‖ ~**e Klebstelle** (infolge Klebstoffmangels) (For) / starved joint ‖ ~**e Säureresistenz** (Chem) / poor resistance to acids ‖ ~**e Verteilung** / maldistribution *n* ‖ ~ **werden** (z.B. Fleisch) (Nahr) / taint *vi*

**Schlechtanzeige** *f* (EDV) / NOGO mesage

**Schlechte,** [bankrechte] ~ (Geol) / slide* *n*

**Schlechten** *f pl* (alle natürlichen und nicht schichtparallelen Trennfugen in der Kohle) (Bergb) / cleats* *pl*, joints *pl* ‖ ~**bildung** *f* (bei Kohle) (Bergb) / jointing *n*, cleavage *n*

**schlecht•farbig** *adj* (Wolle) (Tex) / discoloured *adj* ‖ ~**fließend** *adj* / badly flowing ‖ ~**grenze** *f* (bei der statistischen Qualitätskontrolle) (F.Org, Stats) / fraction defective lot tolerance, lot tolerance fraction defective ‖ ~**haftend** *adj* / loosely adhering ‖ ~**läufer** *m* (Bahn) / bad runner, slow-mover *n*, slow-moving wagon ‖ ~**wetter** *n* (Meteor) / bad weather, adverse weather, foul weather (wet and stormy) ‖ ~**wettergeld** *n* (Bau) / bad weather pay ‖ ~**zahl** *f* (in der statistischen Qualitätskontrolle) / rejection number

**Schleichdrehzahl** *f* (Eltech) / crawling speed

**schleichen** *v* / creep *v* ‖ ~ *n* (mit Schleichdrehzahl laufen) (Eltech) / crawling* *n*, balking* *n* ‖ ~ (Film) / sneak *n*

**schleichender•Erdschluß** (Eltech) / earth leakage ‖ ~**e Strömung** (die Reibungskräfte sind wesentlich größer als die Trägheitskräfte - DIN 1342, T 1) (Phys) / creeping flow

**Schleich•gang** *m* (einer Werkzeugmaschine bei numerischer Steuerung) (Masch) / creep *n*, creeping *n*, inching *n* ‖ ~**gang** (z.B. im ~) (Masch) / creep velocity (at ~ ~) ‖ ~**strom** *m* (kleiner unkontrollierter Wetterstrom) (Bergb) / leakage *n*, creeping air current ‖ ~**werbung** *f* / masked advertising ‖ ~**wetterstrom** *m* (Bergb) / leakage *n*, creeping air current

**Schleier** *m* (DIN 55945) (Anstr) / bloom *n* (of paint or varnish films) ‖ ~ (mit DOI-Wert gemessen) (Anstr) / haze *n*, haziness *n* ‖ ~ (Galv) / fogging *n* (of nickel) ‖ ~**dichroitischer** ~ (Foto) / dichroic fog* ‖ **einen** ~ **bekommen** (Foto) / fog *v*, fog up *v* ‖ **rosa** ~ (bei negativer Beschleunigung) (Luftf) / red-out *n* ‖ ~**bildung** *f* (Foto) / fogging *n*

**Schleier•bildung** *f* (auf einer Nickelschicht) (Galv) / fogging *n* ‖ ~**bildung** (Spinn) / ballooning* *n* (of yarn) ‖ **weiße** ~**bildung** (Anstr) / blushing* *n* (of nitrocellulose lacquers, spirit varnishes, and French polish), blush *n* ‖ ~**dichte** *f* (Foto) / fog density ‖ ~**entferung** *f* (in der Kernemulsion) (Kernphys) / background eradication ‖ ~**kühlung** *f* / film cooling ‖ ~**schwärzung** *f* (Foto) / fog density ‖ ~**stoff** *m* (Tex) / veiling *n*, voile *n* ‖ ~**wolke** *f* (Meteor) / cirrostratus* *n* (pl. cirrostrati), Cs

**Schleif•abnutzung** *f* (ein mechanischer Verschleißprozeß) (Masch) / abrasive wear ‖ ~**aufmaß** *n* (Werkstoffzugabe an den Zahnflanken für das Schleifen) (Masch) / grinding stock ‖ ~**band** *n* (endloses Papier- oder Gewebeband für Band- und Breitbandschleifmaschinen) / abrasive belt ‖ ~**barkeit** *f* (Anstr, Masch) / grindability *n* ‖ ~**bock** *m* (einfache Werkzeugschleifmaschine) (Masch) / pedestal grinder ‖ ~**brand** *m* (thermomechanisch bedingter Schleiffehler, der sich beim Schleifen als Folge einer örtlichen Überhitzung der Werkstückrandzone durch Martensitzerfall und Oxidation besonders bei ungehärteten und durchgehärteten Kohlenstoffstählen einstellt) (Masch) / local overheating when grinding ‖ ~**bürste** *f* (Eltech) / brush* *n*, wiper* *n* ‖ ~**compound** *n* / abrasive compound ‖ ~**draht** *m* (z.B. der Schleifdrahtbrücke) (Eltech) / slide wire* ‖ ~**drahtmeßbrücke** *f* (Kleinmeßbrücke für den allgemeinen Gebrauch) (Eltech) / slide-wire bridge, slide-meter bridge ‖ ~**drahtmeßbrücke nach Carey-Foster** (Eltech) / Carey-Foster bridge ‖ ~**druck** *m* (Tex) / tip printing

**Schleife** *f* / loop *n* ‖ ~ (ein gerichteter Graf, der durch einen geschlossenen gleichgerichteten Kantenzug darstellbar ist) / cycle *n*, circuit *n* ‖ ~ (EDV) / cyclic program ‖ ~ (EDV, Elektr, Film) / loop* *n* ‖

~ (eines Flusses) (Geog) / loop *n* ‖ ~ (des Flusses) (Wasserb) / bend *n*, curve *n*, rincon *n* ‖ **endlose** ~ (Film) / endless loop ‖ **endlose** ~ (Regeln) / closed loop*, control loop ‖ **geschachtelte** ~ (EDV) / nested loop* ‖ **geschlossene** ~ (Regeln) / closed loop*, control loop ‖ **lokale** ~ (Fernm) / local loop, home loop ‖ ~ *f* **mit Überschlag** (Luftf) / half roll and loop, half roll and dive out

**Schleif•eigenschaft(en)** *f* (pl) (z.B. eines Minerals) (Min, WP) / abrasiveness *n* ‖ ~**eisen** *n* (Glas) / runner bar

**schleifen** *v* (Edelsteine, Glas) / cut *v* ‖ ~ (Anstr) / rub down *v*, flat down *v*, sand *v* ‖ ~ *vt* (- habe geschleift - Wall, Festung) (Bau, HuT) / demolish *v*, take down *v*, pull down *v*, knock down *v*, raze *v* ‖ ~ *v* (vom Programm) (EDV) / loop ‖ ~ (For) / sand *v* ‖ ~ *vi* (Bremsen, Kupplung) (Kfz) / drag *v* ‖ ~ *v* (Masch, Tex) / grind *v* ‖ ~ (schärfen) (Masch, Werkz) / sharpen *v*, edge *v*, grind *v*, regrind *v* ‖ ~ (Mineralien) (Min) / polish *v* ‖ ~ (Zimm) / face *v* ‖ **(Lackflächen) mit Filz (und meistens auch Bimssteinmehl)** (Anstr) / felt down *v* ‖ ~ **lassen** (Kupplung) (Kfz) / let slip, slip *v*, let drag ‖ ~ *n* (von Anstrichuntergründen, Anstrichen und Spachtelschichten - von Hand) (Anstr) / rubbing-down *n*, flatting-down *n*, sanding *n*, sanding-down *n* ‖ ~ (von Holzernte) (For) / ground skidding, ground yarding, dragging *n*, ground logging, snaking *n* (US) ‖ ~ (der Fleischseite bei den Velours-Bekleidungsledern) (Leder) / fluffing *n* ‖ ~ (Zurichtung von chrom- und alaungegerbten Veloursledern) (Leder) / suede finish ‖ ~ (Zurichtung von pflanzlich gegerbten Veloursledern) (Leder) / ooze finish ‖ ~ (Masch, Tex) / grinding* *n* ‖ ~ (von Mineralien) (Min) / polishing *n* ‖ ~ (zu Halbstoff) (Pap) / pulping* *n*, cooking *n*, digestion *n*, defibration* ‖ **elektrolytisches** ~ (Masch) / electrolytic grinding* ‖ ~ *n* **der Kupplung** (Kfz) / clutch drag ‖ ~ **mit dem Schleifklotz** (Anstr, Kfz) / block sanding ‖ ~ **mit Diamantpaste** (Masch) / diamond-paste grinding ‖ ~ **von Lackflächen mit Filz** (und meistens auch Bimssteinmehl) (Anstr) / felting-down *n*

**Schleifen•anweisung** *f* (Fortran) (EDV) / do statement ‖ ~**bandförderer** *m* (Bergb) / tripper car ‖ ~**bandwagen** *m* (Bergb) / tripper car ‖ ~**bildung** *f* (Tex) / looping *n*, loop formation ‖ ~**detektor** *m* (Eltech) / induction loop, inductance loop ‖ ~**detektor** (im Fahrbahnbelag) (HuT) / detector loop ‖ ~**dipol** *m* (Radio) / folded dipole*, folded-dipole antenna ‖ ~**einbrand** *m* (Glas) / grinding burn (the localized overheating of work during abrasive grinding)

**schleifenförmig** *adj* / loop-shaped *adj* ‖ ~**e Charakteristik** (Regeln) / loop characteristic ‖ ~**er Glühfaden** (meistens ein Kohlefaden) (Eltech) / looped filament ‖ ~**e Rauchfahne** (Luftunruhen durch thermische oder geländemäßige Ursachen) (Umwelt) / looping *n*

**Schleifen•galvanometer** *n* (Eltech) / loop galvanometer* ‖ ~**garn** *n* (Effektzwirn mit Schlaufen) (Spinn) / snarl yarn ‖ ~**index** *m* (EDV) / interation index, cycle index ‖ ~**iterationsmethode** *f* (bei der Getriebeanalyse) (Masch) / loop iteration method ‖ ~**netz** *n* (Fernm) / loop network ‖ ~**projektor** *m* (Film) / continuous-loop projector ‖ ~**reaktor** *m* (Chem Verf) / loop reactor ‖ ~**steuerung** *f* (Regeln) / loop control ‖ ~**strom** *m* (Eltech) / loop current ‖ ~**stromkennlinie** *f* (Eltech) / loop-current characteristic ‖ ~**verstärkung** *f* (Eltronik) / loop gain* ‖ ~**wahl** *f* (Fernsp) / loop dialling*, loop-disconnect pulsing* ‖ ~**wicklung** *f* (Eltech) / lap winding*, multiple-circuit winding, multiple winding ‖ ~**widerstand** *m* (Kab) / loop resistance ‖ ~**zwirn** *m* (Spinn) / loop ply yarn, loop yarn

**Schleifer** *m* (Eltech) / arm *n* ‖ ~ (Person) (zur thermomechanischen Zerfaserung von Holz und Holzabfällen) (Masch) / grinder *n* ‖ ~ (Pap) / grinder ‖ ~**lunge** *f* (eine Staublungenerkrankung) (Med) / grinder's rot* ‖ ~**stein** *m* (des Schleifers) (Pap) / grindstone *n*, pulpstone *n* ‖ ~**trog** *m* (Pap) / grinder pit

**Schleif•fähigkeit** *f* (leichte Bearbeitbarkeit durch Schleifen) (Anstr, Masch) / grindability ‖ ~**fehler** *m* (Masch) / grinding defect ‖ ~**fläche** *f* (die arbeitende Fläche des Schleifkörpers) (Masch) / grinding surface, abrasive surface ‖ ~**funkenprüfung** *f* (zur Grobsortierung von Stahllegierungen) (Chem Verf, Masch) / spark test ‖ ~**funkprobe** *f* (zur Grobsortierung von Stahllegierungen) (Chem Verf, Masch) / spark test ‖ ~**grund** *m* (Einlaßgrundiermittel auf Nitrobasis für offenporige Holzlackierung) (Anstr, For) / sanding sealer ‖ ~**haut** *f* (in der die Oberflächenhärte durch Erwärmen beim Schleifen verringert wurde) (Masch) / grinding skin ‖ ~**holz** *n* (für mechanische Aufschlußverfahren) (For, Pap) / pulpwood *n* (for mechanical pulp) ‖ ~**klotz** *m* (zum Handschleifen) (Anstr) / sanding block, rubbing block ‖ ~**kohle** *f* (Zündverteiler-Mittelelektrode) (Kfz) / carbon brush ‖ ~**kontakt** *m* (Eltech) / sliding contact* ‖ ~**kontakt** (des Potentiometers) (Eltech) / arm *n* ‖ ~**kontakthalter** *m* (Eltech) / plough carrier* ‖ ~**korn** *n* / abrasive grain ‖ ~**korn** (zerkleinerte und gesiebte Schleifmittel natürlicher oder künstlicher Herkunft für biegbare und feste Schleifkörper) / abrasive grain ‖ ~**körper** *m* (DIN 69100) (Masch) / abrasive device ‖ ~**körper** (Schleifstein) (Masch) / grinding stone, grinding *n* ‖ ~**krone** *f* (Glas) / runner back ‖ ~**kugel** *f* (zur Plattenkörnung) (Druck) / graining marble, graining ball ‖ ~**lack** *m* (hochwertiger Lack, der eine schleifbare Lackierung ergibt) (Anstr) / flatting varnish*, rubbing varnish, sanded-down varnish ‖ ~**leinen** n (mit Schmirgel als Bestreuungsmittel) / emery cloth ‖ ~**leinen** (mit Glas als Bestreuungsmittel) / glass cloth ‖ ~**leinen und Schleifpapier** (als Sammelbegriff) / coated abrasives ‖ ~**leiste** f (des Stromabnehmers) (Eltech) / collector strip*, contact strip* ‖ ~**leiste** n / abrasive stick ‖ ~**leistung** f (Masch) / abrasive performance ‖ ~**leitung** f (beim Kran) (Masch) / contact line ‖ ~**marke** f (Geol) / slide n, slide mark ‖ ~**maschine** f (Hand-) / sander n ‖ ~**maschine** (ein Werkzeug) (Masch) / grinding machine*, grinder n ‖ **in einem Spezialklebstoff eingebettetes** ~**material** (bei Schleifpapieren) / size-coat n ‖ ~**mehl** n (Abfall beim Reispolieren) (Nahr) / rice polish, rice dust, rice polishings

**Schleifmittel** n (Hauptbestandteil eines Schleifkörpers nach DIN 69100) (Masch) / abrasive* n, abradant* n, grit n (an abrasive material composed of angular grains) ‖ **künstliches** ~ / manufactured abrasive, artificial abrasive ‖ **loses** ~ (Masch) / loose abrasive ‖ **natürliches** ~ (z.B. Diamant, Schmirgel oder Granat) / natural abrasive ‖ **weiches** ~ (For, Tischl) / fine abrasive ‖ ~**korn** n / abrasive grain ‖ ~**träger** m (Papier) (Masch, Pap) / backing paper, backing n ‖ ~**träger** (Läppwerkzeug) (Werkz) / lap n

**Schleif·mop** m (Masch) / buff* n, buffing wheel, mop n, mop abrasive disk, buffing mop ‖ ~**nocke** f (Glas) / runner bar ‖ ~**öl** n (Masch) / grinding oil

**Schleifpapier** n (zum Buffieren) (Leder) / buffing paper ‖ ~ (meistens mit Siliziumkarbid - das dem Leder ein tuchartiges Aussehen und einen veloursartigen Griff gibt) (Leder) / tanning paper ‖ ~ (ein biegbarer Schleifkörper, wie z.B. Sand- oder Schmirgelpapier) (Pap) / abrasive paper*, grinding paper, sandpaper n ‖ ~ (Hutherstellung - mit Sand oder Siliziumkarbid als Streumittel) (Tex) / pouncing paper ‖ **feines** ~ (für die Endbehandlung) (Masch) / finishing paper ‖ **mit** ~ **abschleifen** (Masch) / paper v, sand v, sandpaper v ‖ **wertvolles** ~ **mit Aluminiumoxid als Bestreuungsmittel** / aluminium oxide paper ‖ ~ n **für Trocken- und Naßschliff** (Anstr) / wet and dry abrasive paper ‖ ~ **mit Granatkörnern als Bestreuungsmittel** (Pap, Tischl) / garnet paper ‖ ~ **und/oder Schleifleinen** / sheet abrasive ‖ ~ **und/oder Schleifleinen** s. auch Schleifleinen und Schleifpapier ‖ ~**halter** m (Kfz, Werkz) / sanding board, sanding-strip holder ‖ ~**streifen** m / sandpaper strip ‖ **Spezialklebstoff als erste Schicht auf der** ~**unterlage** (Pap) / make-coat n

**Schleif·paste** f (zum Einschleifen des Ventilkegels) (Kfz) / grinding paste ‖ ~**pulver** n / abrasive powder, grindig powder ‖ ~**rad** n **mit Gummibindung** / rubber wheel ‖ ~**reinigung** f / abrasive cleaning ‖ ~**riefe** f (Masch) / grinding furrow ‖ ~**rillen** f pl (ein Lackfehler) (Anstr) / sand scratching, flatting marks

**Schleifring** m (Stromsammelring) (Eltech) / slip ring*, collector ring* ‖ ~ (Masch) / grinding cylinder, cylinder wheel ‖ ~**körper** n (Eltech) / slip-ring assembly ‖ ~**läufer** m (eines Drehstromsynchronmotors) (Eltech) / slip-ring rotor*, wound rotor* ‖ ~**läuferanlasser** m **mit Ständerschalter** (Eltech) / stator-rotor starter* ‖ ~**läufermotor** m (Eltech) / slip-ring motor, wound-rotor induction motor, slip-ring induction motor ‖ ~**motor** m (Eltech) / slip-ring motor, wound-rotor induction motor, slip-ring induction motor ‖ ~**spannung** f (Eltech) / slip-ring voltage

**Schleif·riß** m (ein Schleiffehler) (Masch) / grinding crack ‖ ~**rücken** n (For) / ground skidding, ground yarding, dragging n, ground logging, snaking n (US) ‖ ~**rücken mittels Seilkran** (Rohholztransport) (For) / ground lead cable logging

**Schleifscheibe** f (Gieß, Keram) / fettling wheel ‖ ~ (Glas) / lap* n ‖ ~ (Masch) / abrasive wheel, grinding wheel ‖ ~ (als Vorsatz) (Masch) / sanding disk (with sheet abrasives), sanding drum ‖ **einprofilige** ~ (Masch) / single-rib wheel ‖ **gerade** ~ (DIN 69120) (Masch) / straight grinding-wheel, straight wheel ‖ **kunstharzgebundene** ~ (meist mit Bakelit) (Masch) / resinoid (grinding) wheel ‖ **mehrprofilige** ~ (Masch) / multiedge wheel, multirib wheel ‖ ~ f **mit keramischer oder Silikatbindung** (Masch) / vitrified wheel ‖ ~ **mit organischer Bindung** (Masch) / organic bonded wheel

**Schleifscheiben·aufnahmekörper** m (Masch) / grinding-wheel mount(ing) ‖ ~**befestigung** f (Vorrichtung) (Masch) / grinding-wheel mount(ing) ‖ ~**bindung** f (DIN 69 100) / grinding-wheel bond, wheel bond

**Schleif·schlamm** m (Masch) / swarf* n ‖ ~**schlitten** m (der die Schleifspindel mit der Schleifscheibe trägt) (Masch) / grinding slide ‖ ~**schuh** m (Eltech) / skate n, contact skate ‖ ~**segment** n (ein Einzelschleifkörper) (Masch) / abrasive segment, grinding segment ‖ ~**sohle** f (des Pflugs) (Landw) / slade n ‖ ~**späne** m pl (Masch) / grindings pl ‖ ~**spindel** f (Werkzeugträger der Schleifmaschine) (Masch) / grinding-wheel spindle, wheel spindle ‖ ~**spindelstock** m (der Rundschleifmaschine) (Masch) / vertical grinding headstock ‖ ~**spindelstockschlitten** m (der spitzenlosen Rundschleifmaschine) (Masch) / grinding headstock slide ‖ ~**sporn** m (Luftf) / tail skid* ‖ ~**spur** f (Geol) / trail n ‖ ~**spuren** f pl (Anstr) / sand scratching, flatting

marks ‖ ~**spuren** (ein Lackfehler nach dem Schwingschleifen) (Anstr) / swirl marks ‖ ~**spuren** (Foto) / stress marks* ‖ ~**spuren** (Masch) / grinding marks ‖ ~**staub** m (im allgemeinen) / grinding dust ‖ ~**staub** (Velourleder) (Leder) / crock n, suede crock ‖ ~**staub** (Opt) / grit n ‖ ~**staub** (Tischl) / sanding dust, sander dust ‖ ~**stein** m (zum Wetzen und Abziehen) (Masch) / whetstone* n, honestone* n, hone* n, rub-stone n, sharpening stone, stone n (a shaped piece of stone for grinding or sharpening, as a grindstone, millstone, or whetstone) ‖ ~**stein** (Masch) / grinding stone, grindstone n ‖ ~**stein** (z.B. für Stuckmarmor) (Min) / snakestone n, Water of Ayr stone, Scotch stone ‖ ~**stein** (Holzschliffherstellung) (Pap) / pulpstone n ‖ ~**stift** m (Masch) / grinding rod ‖ ~**stoff** m (Masch) / abrasive* n, abradant* n, grit n (an abrasive material composed of angular grains) ‖ ~**straße** f (For, Tischl) / sanding line ‖ ~**streifen** m / sandpaper strip ‖ ~**streifenhalter** m (Kfz, Werkz) / sanding board, sanding-strip holder ‖ ~**stück** n (des Stromabnehmers) (Eltech) / shoe n ‖ ~**teller** m (Masch) / sanding pad (with sheet abrasives) ‖ ~**temperatur** f (Masch) / grinding temperature ‖ ~**tisch** m (Masch) / grinding table ‖ ~**trimmen** n (EDV) / abrasive trimming (a film resistor to its nominal value by machining it with a finely adjusted stream of abrasive material) ‖ ~**verhältnis** n (Verhältnis des abgeschliffenen Werkstoffvolumens zum Verschleißvolumen des Schleifkörpers) (Masch) / grinding ratio ‖ ~**walze** f (For) / sanding drum ‖ ~**weg** m (zurückgelegter Weg eines Punktes der schleifenden Fläche der Schleifscheibe) (Masch) / grinding path ‖ ~**werk** n (Masch) / grinding stone, grindstone n ‖ ~**werkzeug** n (Werkz) / abrasive tool ‖ ~**werkzeug** s. auch Schleifscheibe ‖ ~**wirkung** f (aktive) (Min, WP) / abrasiveness n ‖ ~**wolle** f (Anstr) / steel wool, wire wool ‖ ~**zone** f (quasistationäre Front) (Masch) / zone of friction ‖ ~**zugabe** f (Masch) / grinding stock ‖ ~**zylinder** m (mit Schleifpapier ummantelter Zylinder) (For) / sanding drum ‖ ~**zylinder** (Masch) / grinding cylinder, cylinder wheel

**Schleim** m (natürliches Gel) (Bot, Chem, Pharm) / mucilage* n ‖ ~ (Bot, Zool) / slime n ‖ ~**gärung** f (Biochem) / ropy fermentation ‖ ~**haltig** adj (Bot, Zool) / mucilaginous* adj

**schleimig** adj (Bot, Zool) / mucilaginous* adj ‖ ~ (Bot, Zool) / slimy adj ‖ ~ (Med) / mucous* adj ‖ ~**e Beschaffenheit** ~ / sliminess n

**Schleim·säure** f (Chem) / mucic acid*, saccharolactic acid, tetrahydroxyadipic acid ‖ ~**stärke** f (Chem) / slime starch ‖ ~**verhütungsmittel** n (Chem) / slimicide n

**schleißen** v (Federn) (Landw) / strip v

**Schleißschiene** f (Hütt) / wear bar

**Schlempe** f (Bau) / larry n, grout n ‖ ~ (Rückstand einer Gärflüssigkeit von Kohlenhydraten, der nach Abdestillieren des Alkohols zurückbleibt) (Chem Verf) / vinasse n, schlempe n, spent mash ‖ ~ (Kartoffel-, Mais-) (Landw) / pulp n

**Schlenker** m (Kfz) / swerve n (of an abrupt change of direction)

**Schlepp·anker** m (Schiff) / drag-anchor n ‖ ~**antenne** f (Eltech) / trailing antenna, trailing-type antenna ‖ ~**band** n (Tuch, auf dem Parolen, Werbeslogans etc. angebracht sind) / banner n ‖ ~**bügel** m (für Schlepphaken) / tow-hook traveller ‖ ~**dach** n (das in Form eines Pultdaches über einem Anbau fortgesetzte Hauptdach) (Bau) / shed roof, pent roof ‖ ~**dachgaupe** f (Arch) / shed dormer

**schleppen** v ~ (Kfz) / trail v ‖ ~ (mit dem Schlepper) (Luftf) / tow v, tug v ‖ ~ (Schiff) / tow v, tug v ‖ ~ (Bergb) / hurrying n

**schleppendes Schweißen** (Kfz, Schw) / dragging welding (technique)

**Schlepper** m (als Flurfördermittel zum Ziehen oder Schieben von Anhängewagen) / industrial trailer ‖ ~ (Anstr) / liner n, lining pencil (a type of signwriting brush), rigger n, lining fitch* ‖ ~ (Bergb) / hauler n, haulier n ‖ ~ (Chem, Tex) / carrier* n ‖ ~ (einem Gemisch zugesetzter, im allgemeinen inerter Stoff, der dazu dient, eine Komponente des Gemischs anzureichern, ohne mit dieser eine feste Bindung einzugehen) (Chem Verf) / carrier n ‖ ~ (bei der Azeotropdestillation) (Chem Verf) / entrainer* n ‖ ~ (im Walzwerk) (Hütt) / transfer n, skid-type transfer ‖ ~ (Luftf) / tow tractor ‖ ~ (Schiff) / tugboat n, tug n, towboat n ‖ ~ **mit umkehrbarem Fahrersitz** (HuT, Landw) / two-way tractor ‖ ~ **und Anhänger** (Kfz) / tractor-trailer n, tractor/trailer system ‖ ~**fahrer** m (Kfz) / tractor operator, tractor driver ‖ ~**förderung** f (Bergb) / hurrying n ‖ ~**führer** m (Kfz) / tractor operator, tractor driver ‖ ~**haspelförderung** f **mit Vorder- und Hinterseil** (Bergb) / main and tail (haulage)* ‖ ~**mähwerk** n (Landw) / tractor mower ‖ ~**mulde** f (der Krempel) (Tex) / dirt pan ‖ ~**pflug** m (DIN 11051) (Landw) / tractor plough* ‖ ~**winde** f (Landw) / tractor winch

**Schlepp·fahrzeug** n (beim Abschleppen) (Kfz) / towcar n ‖ ~**falte** f (Geol) / drag fold ‖ ~**flug** m (Starthilfe für ein Segelflugzeug) (Luftf) / aerotow flight, aerotow* n ‖ ~**flugzeug** n (z.B. zum Starten von Segelflugzeugen, meistens leistungsstarkes Sportflugzeug) (Luftf) / tug n, glider tug, towing aeroplane ‖ ~**gaupe** f (Arch) / shed dormer ‖ ~**geschirr** n (Schiff) / towing gear ‖ ~**haken** m / tow-hook n ‖ ~**hebel** m (Teil der Ventilsteuerung) (V-Mot) / cam follower ‖ ~**kabel** n / drag

**Schleppkabel**

cable ‖ ~**kabel** (Kab) / trailing cable ‖ ~**kahn** *m* (HuT, Schiff) / dumb barge ‖ ~**kasten** *m* (für Kohle oder Berge) (Bergb) / dan *n* ‖ ~**kettenförderer** *m* (Masch) / drag conveyor*, drag chain conveyor*, flight conveyor ‖ ~**kopfsaugbagger** *m* (HuT) / draghead dredger, trailer dredger, trailing suction-cutter dredger ‖ ~**körper** *m* (Raumf) / afterbody *n* ‖ ~**kraft** *f* (des Wassers, des Schnees) / tractive force ‖ ~**kurbel** *f* (Kfz) / lagging crankshaft ‖ ~**kurbelgetriebe** *n* (Masch) / draw-crank mechanism ‖ ~**kurbelmechanismus** *m* (Masch) / draw-crank mechanism ‖ ~**kurve** *f* (Math) / tractrix* *n* (pl. tractrices) ‖ ~**leine** *f* (Schiff) / towrope ‖ ~**leitung** *f* (Kab) / trailing cable ‖ ~**leitung-Stromzuführung** *f* (Eltech) / festoon cable rail current supply ‖ ~**lift** *m* (ein Skilift - entweder Bügel- oder Tellerlift) / poma *n*, button lift ‖ ~**löten** *n* (Eltronik) / drag soldering ‖ ~**mittel** *n* (bei der Azeotropdestillation) (Chem Verf) / entrainer* *n* ‖ ~**moment** *n* (von Kupplung, Getriebe, Scheibenbremsen) (Kfz) / drag torque ‖ ~**rakelverfahren** *n* (Plast) / trailing-blade process ‖ ~**rechen** *n* (Landw) / drag rake ‖ ~**rinne** *f* (Schiff) / towing tank, towing basin, model tank, model basin, towing tank facility ‖ ~**schaberverfahren** *n* (Plast) / trailing-blade process ‖ ~**schar** *n* (Landw) / shoe coulter ‖ ~**schaufel** *f* (HuT) / bucket *n* (of a dragline)*, scraper bucket ‖ ~**schaufelbagger** *m* (HuT) / dragline excavator*, dragline *n* ‖ ~**seil** *n* (Ballon) (Luftf) / trail rope ‖ ~**start** *m* (eines Segelflugzeugs) (Luftf) / towed start ‖ ~**strömung** *f* (Phys) / drag flow ‖ ~**tau** *n* / towing rope, tow rope, towline *n* ‖ ~**trosse** *f* (stählerne) (Schiff) / towing cable

**Schleppung** *f* (Schichtenverbiegung an Bewegungsfugen) (Geol) / drag fault ‖ ~ (Geol) / distortion *n*

**Schlepp·versuch** *m* (Schiff) / towing tank test, tank towing test, ship-model towing test (trial) ‖ ~**versuchsanlage** *f* (in der hydrodynamische Vorgänge an Modellen untersucht werden) (Schiff) / towing tank, towing basin, model tank, model basin, towing tank facility ‖ ~**versuchsbecken** *n* (Schiff) / towing tank, towing basin, model tank, model basin, towing tank facility ‖ ~**wagenförderer** *m* (Masch) / towing conveyor, truck conveyor ‖ ~**winde** *f* (Schiff) / towing winch ‖ ~**ziel** *n* (Luftf, Mil) / tow target *n*, drogue* *n* ‖ ~**zug** *m* (Kfz) / tractor-trailer *n*, tractor/trailer system ‖ ~**zug** (in der Binnenschiffahrt) (Schiff) / barge train, train of barges ‖ ~**zug** s. auch Sattelkraftfahrzeug ‖ ~**zugschleuse** *f* (die einen gesamten Schleppzug aufnehmen kann) (Schiff, Wasserb) / lock of barges

**schlesisch·es Gewebe** (Tex) / silesia *n*, Silesian linen ‖ ~**es Leinen** (Tex) / silesia *n*, Silesian linen

**Schleuder** *f* / centrifuge* *n*, centrifugal *n* ‖ ~ (Luftf) / catapult* *n*, launching catapult ‖ ~**ablauf** *m* (Nahr) / high-grade sirup, high-green sirup, high sirup, green sirup ‖ ~**apparat** *m* (Druck) / whirler* *n* ‖ ~**ätzen** *n* (wenn das zu ätzende Werkstück durch das Ätzmittel bewegt wird bzw. wenn das Ätzmittel auf das feststehende Werkstück geschleudert wird) (Masch) / spin etching ‖ ~**bandförderer** *m* (HuT) / bulk-throwing loader ‖ ~**bandlader** *m* (HuT) / bulk-throwing loader ‖ ~**beschichtung** *f* (Eltronik, Opt) / spin-on deposition, spin coating ‖ ~**beton** *m* (der durch Schleudern in rotierenden Hohlkörperformen verdichtet wird) (HuT) / spun concrete, concrete moulded by centrifugal action ‖ ~**betonrohr** *n* (HuT) / spun-concrete pipe ‖ ~**drehzahl** *f* (Eltech, Masch) / overspeed *n* ‖ ~**düngerstreuer** *m* (Landw) / spinning fertilizer distributor, disk fertilizer distributor ‖ ~**entwässerung** *f* (Aufber) / centrifugal separation, centrifuging *n* ‖ ~**feucht** *adj* (Tex) / spin-damp *adj* ‖ ~**formguß** *m* (wenn eine vollständige Form um eine Achse rotiert und unter Einwirkung der Zentrifugalkraft gefüllt wird) (Gieß) / true centrifugal casting ‖ ~**formguß** (mit einer Außenform) (Gieß) / semicentrifugal casting ‖ ~**gang** *m* (z.B. in einem Waschautomaten) / centrifuging cycle ‖ ~**gefahr** *f* (ein Verkehrszeichen) (Kfz) / slippery road ‖ ~**gießen** *n* (Gieß) / centrifugal casting*, centrispinning *n*, spun casting ‖ ~**gießverfahren** *n* (Gieß) / centrifugal casting*, centrispinning *n*, spun casting ‖ ~**gießverfahren** *n* (Plast) / centrifugal moulding, centrifugal casting ‖ ~**guß** *m* (eine Gießart, bei der unter der Einwirkung der Zentrifugalkraft gegossen wird und unter deren Einwirkung auch die Erstarrung abläuft) (Gieß) / centrifugal casting*, centrispinning *n*, spun casting ‖ ~**gußstück** *n* (Gieß) / centrifugal casting *n* ‖ ~**kopf** *m* (des Sandslingers) (Gieß) / ramming head ‖ ~**mühle** *f* (Gieß) / disintegrating mill*, disintegrator *n*, cage mill, disintegrator crusher

**schleudern** *vt* / throw *v* ‖ ~ (mit der Zentrifuge) / centrifuge *v*, centrifugate *v* ‖ ~ *v* / project *v* ‖ ~ *vi* (Räder) (Bahn) / slide *v*, slip *v* ‖ ~ *v* (bei der Herstellung mittlerer und großer verlorener Formen) (Gieß) / sling *v*, slinger *v* ‖ ~ *vi* (Kfz) / skid *v*, go into a skid ‖ ~ *v* (Honig) (Nahr) / strain *v*, extract *v* ‖ ~ *vt* (um Feuchtigkeit zu entfernen) (Tex) / spin-dry *v*, hydroextract *v*, whiz *v* (US), spin *v* ‖ ~ (Bahn) / slippage *n*, sliding *n* ‖ ~ (Kfz) / skid *n*, skidding *n* ‖ **durch ~ getrocknet** (Tex) / spin-dry *adj* ‖ **ins ~ geraten** (Kfz) / skid *v*, go into a skid

**Schleuder·preis** *m* / knockdown price, give-away price, rock-bottom price ‖ ~**prüfstand** *m* (Luftf) / whirling-test stand ‖ ~**prüfung** *f* (von Rotationskörpern durch Fliehkraftbeanspruchung) (Masch) / overspeed test ‖ ~**psychrometer** *n* (Meteor) / sling psychrometer ‖ ~**putzstrahlen** *n* (Gieß) / shot blasting ‖ ~**rad** *n* (des Sandslingers) (Gieß) / shotblasting wheel, impeller *n* ‖ ~**rad** (Landw) / spinner *n* ‖ ~**radroder** *m* (Landw) / potato spinner ‖ ~**radstrahlen** *n* (Gieß) / wheel blasting ‖ ~**raum** *m* (der Zentrifuge) / bowl *n* (of a centrifuge) ‖ ~**roder** *m* (Kartoffelroder mit dem Schleuderstern) (Landw) / potato spinner ‖ ~**scheider** *m* (Aufber) / cenrifugal separator ‖ ~**schmierung** *f* / centrifugal lubrication, splash lubrication ‖ ~**schutz** *m* (Eltech) / overspeed protection* ‖ ~**schutzgerät** *n* (Bahn) / antispin device ‖ ~**sichter** *m* (Aufber) / cenrifugal separator ‖ ~**sitz** *m* (Luftf) / ejector seat*, ejection seat* ‖ ~**stern** *m* (des Kartoffelroders) (Landw) / spinner *n* ‖ ~**streuer** *m* (Landw) / spinning fertilizer distributor, disk fertilizer distributor ‖ ~**trocken** *adj* (Tex) / spin-dry *adj* ‖ ~**trockner** *m* / spin-drier *n*, whizzer *n*, hydroextractor *n*, centrifugal drier ‖ ~**verfahren** *n* (Anstr) / centrifuging *n* ‖ ~**verfahren** (Plast) / centrifugal moulding, centrifugal casting ‖ ~**versuch** *m* (zur Untersuchung von Werkstoffen in strömenden Medien) (WP) / spin test

**Schleuse** *f* (Vorraum von gasdichten oder strahlungsgefährdeten Räumen) / lock *n* ‖ ~ (Aufber) / hopper *n* ‖ ~ (parallele, bei dem Paul-Würth-Verschluß) (Hütt) / lockhopper *m* ‖ ~ (Nukl) / hatch *n* ‖ ~ (Anlage an Wasserstraßen zur Hebung und Senkung von Schiffen von einem tiefer zu einem höher gelegenen Wasserspiegel und umgekehrt) (Wasserb) / lock* *n*, navigation lock ‖ ~ (Klappe zum Stauen und zum Freigeben eines Wasserlaufs) (Wasserb) / sluice *n* ‖ ~ s. auch Luftschleuse ‖ ~ **des Dockhafens** (Wasserb) / entrance lock*

**schleusen** *v* (Schiff, Wasserb) / lock *v*, lock through *v* ‖ ~ *n* (Schiff, Wasserb) / lockage *n* ‖ ~ **von BE** (Nukl) / transfer of fuel ‖ ~**anbohrgerät** *n* (zur Herstellung eines Abzweigs an einer unter Betriebsdruck stehenden Rohrleitung, ohne Gasaustritt) / hot-tapping machine ‖ ~**fallhöhe** *f* (Wasserb) / lockage *n* ‖ ~**Füll- und -Entleervorrichtung** *f* (Wasserb) / draw-gate* *n* ‖ ~**füllleinrichtung** *f* (Wasserb) / lock-filling system ‖ ~**gebläse** *n* (für schlagempfindliches Fördergut) (Landw) / pneumatic conveyor with intake hopper ‖ ~**gebühr** *f* (Wasserb) / lockage *n* ‖ ~**gefälle** *n* (Wasserb) / lockage *n* ‖ ~**geld** *n* (Wasserb) / lockage *n* ‖ ~**hafen** *m* (Wasserb) / dock harbour ‖ ~**hubhöhe** *f* (Wasserb) / lift *n* (lockage) ‖ ~**kammer** *f* (Wasserb) / coffer* *n*, lock-chamber* *n*, lift-lock* *n*, lock-bay *n* ‖ ~**loser Kanal** (Wasserb) / level canal*, ditch canal* ‖ ~**meister** *m* (Wasserb) / lock-keeper *n*, locksman *n* ‖ ~**spannung** *f* (Diode, Thyristor) (Eltronik) / threshold voltage ‖ ~**spindelschieber** *m* (für kleine Wehre, Durchläufe, Kläranlagen und in der Kanalisation) (Masch) / penstock *n* ‖ ~**tor** *n* (Klapptor, Stemmtor, Hubtor, Drehtor) (Wasserb) / lock-gate* *n*, gate *n* ‖ **oberes ~tor** (Wasserb) / head-gate, crown-gate* *n* ‖ **unteres ~tor** (Wasserb) / tailgate* *n* ‖ ~**Aussparung** *f* **für das ~tor** (Wasserb) / gate-chamber* *n* ‖ ~**treppe** *f* (Wasserb) / chain of locks ‖ ~**wärter** *m* (Wasserb) / lock-keeper *n*, locksman *n* ‖ ~**wärterhypothese** *f* (in der Kommunikationswissenschaft) / gatekeeper hypothesis ‖ ~**wasser** *n* (in der Kammer) (Wasserb) / lock-bay* *n* ‖ ~**wasserverbrauch** *m* (Wasserb) / lockage* *n*

**Schleusungszeit** *f* (Schiff, Wasserb) / lockage time

**Schlich** *m* (Aufber) / slimes* *pl*, smalls *pl*

**schlicht** *adj* / plain *adj* ‖ ~ (Funktion) (Math) / univalent *adj*, simple *adj* ‖ ~**e Funktion** (Math) / simple function ‖ ~**e Funktion** (eine holomorphe Funktion) (Math) / univalent function ‖ ~**e Kräuselung** (Spinn) / faint crimps ‖ ~**artige Fläche** (mit Geschlecht Null) (Math) / simple surface, schlichtartig surface

**Schlichtdrehen** *n* (Masch) / finish-turning *n*, finishing *n*

**Schlichte** *f* (in ein Form- bzw. Kernüberzugsstoff zur Verbesserung der Gußoberfläche) (Gieß) / coating *n*, dressing *n*, facing *n*, wash *n* ‖ ~ (biologisch abbaubare Substanz, meistens für Baumwolle und Viskose-Filamentfasern) (Tex) / size* *n*, sizing *n*, slashing compound, sizing material ‖ ~**schwarze ~** (Gieß) / blacking* *n*, black dressing, black wash, black mould dressing

**Schlichteinrichtung** *f* (DIN 63401) (Tex) / size vat, sizing vat, size box

**Schlichte·kocher** *m* (Tex) / size cooker ‖ ~**mittel** *n* (biologisch abbaubare Substanz, meistens für Baumwolle und Viskose-Filamentfasern) (Tex) / size* *n*, sizing *n*, slashing compound, sizing material

**schlichten** *v* (Gieß) / coat *v*, dress *v*, face *v* ‖ ~ (mit der Schlichtfeile) (Masch) / smooth *v* ‖ ~ (Masch) / flat *v* ‖ ~ (Garne) (Tex) / size *v* ‖ ~ *n* (von Sämischleder- oder Rauchwaren) (Leder) / perching *n* ‖ ~ (Vorbehandlung von Garnen, die als Kette in Geweben verarbeitet werden) (Tex) / sizing *n*

**Schlichter** *m* (Tex) / slasher *n*

**Schlichte·schicht** *f* (Gieß) / coat *n* ‖ ~**trog** *m* (Tex) / quetch *n*, quetsch *n*, size box, size vat, size trough, sizing vat, size back, size back (US)

**Schlicht·feile** *f* (im allgemeinen) (Masch, Werkz) / finishing file ‖ ~**feile** (zum Glätten oder Abziehen) (Masch, Werkz) / smooth file, smooth-cut file, dead-smooth file ‖ ~**fräsen** *n* (Masch) / finish milling ‖ ~**hammer** *m* (für Klempner und Installateure) (Klemp, Masch) /

planisher* n (for metal surfaces), planishing hammer ‖ ~**hobel** m (Handhobel zum Schlichten gerader, mit dem Schrupphobel grob geebneter Flächen) (Tischl, Werkz, Zimm) / smoothing-plane* n ‖ ~**hobeln** n (Masch) / finish-planing n ‖ ~**kaliber** n (beim Walzen) (Hütt) / prefinishing pass ‖ **gekröpfter** ~**meißel** (Masch) / goose neck ‖ ~**schnitt** m (Masch) / finishing cut* ‖ ~**sitz** m (Masch) / free fit ‖ ~**stelle** f (ein Gewebefehler) (Web) / hard size, starch lump ‖ ~**werkzeug** n (meistens ein Schlichtmeißel) (Masch) / finishing tool* ‖ ~**zahn** m (der Reibahle, des Räumwerkzeugs) (Masch) / finishing tooth

**Schlick** m (Geol) / mud* n ‖ ~ (eine Tiefseeablagerung) (Geol) / ooze* n ‖ **kalkiger** ~ (Geol) / calcareous mud, calcareous ooze ‖ ~**absetzbecken** n (Sanitär) / silt basin, desilting basin, setting basin ‖ ~**bagger** m (HuT) / silt dredger

**Schlicker** m (Beschichtungsmedium für die Naßemaillierung) / slip n ‖ ~ (teigiges Seigerungsprodukt bei der Raffination von Rohblei) (Hütt) / dross n ‖ ~ (wäßrige Aufschlämmung von Ton oder Kaolin) (Keram) / slip n, slop n ‖ ~ (rechteckige Glas-, Metall- oder auch Steintafel mit abgerundeten Kanten und zweigriffiger Halterung) (Leder) / slicker* n ‖ **geronnener** ~ (Keram) / curdling slip ‖ ~**arbeit** f (Hütt) / drossing ‖ ~**auftrag** n (Keram) / slip coating ‖ ~**druckgießverfahren** n (Keram) / pressure slip casting ‖ ~**gießen** n (Keram) / slip casting ‖ ~**glasur** f (Keram) / slip glaze ‖ ~**guß** m (Keram) / slip casting

**schlickerig** adj (Geol) / oozy adj

**Schlicker•malerei** f (eine Dekorationsmethode) (Keram) / slip tracing ‖ ~**ofen** m (Keram) / slip kiln ‖ **mit** ~**ornamenten verzierte Irdenware** (Keram) / slipware n (pottery decorated by the application and firing of slips)

**Schliere** f (Film, Foto) / streak n ‖ ~ (ein Gußfehler) (Gieß) / cold surface ‖ ~ (bei ungenügender Homogenität der Glasmasse) (Glas) / ream* n, cord n ‖ ~ (im Schlierenverfahren) (Opt, Phys) / schliere n ‖ ~ (Tex) / stria* n (pl. striae), stripe n ‖ **langgestreckte** ~ (aus Luftbläschen) (Glas) / air line ‖ ~**n** f pl (Eltronik) / striae pl ‖ ~**n** (Glas) / schlieren pl ‖ ~**n** (auf Windschutzscheibe) (Kfz) / streaks pl

**Schlieren** n (Rutschen des Ankers über den Ankergrund oder auch durch Ankergrund mit geringer Bindekraft) (Schiff) / dragging of anchor

**Schlieren•analyse** f (Chem) / schlieren analysis ‖ ~**bildung** f (auf Windschutzscheiben) (Kfz) / streaking f ‖ ~**gefüge** n (Geol) / schlieren texture ‖ ~**methode** f (bei den Sedimentationsmessungen mit der Ultrazentrifuge) / schlieren method ‖ ~**methode** (optische, elektronenoptische) (Luftf, Opt, Phys) / schlieren photography*, schlieren method ‖ ~**verfahren** n (optische, elektronenoptische) (Luftf, Opt, Phys) / schlieren photography*, schlieren method

**schlierig** adj (Geol) / schlieric adj ‖ ~**es Glas** (Glas) / cordy glass

**Schließ•band** n (Bau) / hasp* n ‖ ~**blech** n (ein Türbeschlag nach DIN 18251) (Tischl, Zimm) / striking plate n, strike-plate n, keeper n, strike n, face plate, nab* n ‖ ~**box** f (EDV) / close box ‖ ~**druck** m (der sich nach dem Schließen der Fördersonden in einer Lagerstätte oder beim Schließen eines Stellgliedes einstellt) / shut-in pressure ‖ ~**druck** (bei Armaturen) (Masch) / closing pressure, reseat pressure, blow-down pressure ‖ ~**druck** (bei Ventilen) (Masch) / reseat pressure, closing pressure ‖ ~**druck** (Plast) / clamping pressure

**Schließe** f (Bau) / catch n, catcher n ‖ ~ (Bau) / hasp* n ‖ ~ (A) (Zimm) / wall anchor, joist anchor

**schließen** v / close v, shut v ‖ ~ / shut down v, close down v, close v ‖ ~ / lock v ‖ ~ (Form) (Druck) / lock up v ‖ ~ (einen Stromkreis, einen Strompfad) (Eltech) / complete v, close v ‖ ~ (die Betondecke) (HuT) / finish v, smooth v ‖ ~ (aus) (KI, Math) / presume v, assume v ‖ ~ (die Sendung) (Radio, TV) / close down v, sign off v ‖ **in sich** ~ / comprise v ‖ ~ n / closure n, closing n ‖ ~ (das Herstellen des elektrischen Kontaktes an dafür bestimmten Kontaktstücken) (Fernsp) / make* n ‖ **abwechselndes** ~ **und Öffnen** (einer Eruptivsonde - um den Gasdruck zu erhöhen) (Erdöl) / stop-cocking n ‖ **analoges** ~ (KI) / analogical reasoning, analogical inference, inference by analogy ‖ **approximatives** ~ (KI) / approximate reasoning ‖ **approximatives** ~ (KI) / fuzzy reasoning ‖ **Fuzzy-**~ (KI) / fuzzy reasoning ‖ **induktives** ~ (KI, Math) / induction* ‖ **logisches** ~ (KI, Math) / deduction* ‖ **näherungsweises** ~ (KI) / approximate reasoning ‖ **nicht monotones** ~ (KI) / non-monotonic reasoning ‖ **plausibles** ~ (KI) / plausible reasoning, plausible inference ‖ **probabilistisches** (unsicheres) ~ (mit Unsicherheiten, die zumeist durch die Berechnung von Wahrscheinlichkeiten modelliert werden) (KI) / probabilistic reasoning, probabilistic inference ‖ ~ n **aus Standardwerten** (Vorgaben) **mangels besseren Wissens** (KI) / default reasoning ‖ ~ **des Stichlochs** (Hütt) / botting n, closing (of the tap hole), plugging n ‖ ~ **und Unterbrechen** (Eltech) / make and break n

**Schließer** m (ein Relaiskontakt, der dann geschlossen ist, wenn die Relaisspule erregt ist - DIN 40713) (Eltech) / make-contact* n, N.O. contact, normally open contact, "a" contact, NOC, maker n, closer n ‖ ~ (des Reißverschlusses) (Tex) / slider n

**Schließ•fach-Kühllager** n (mit mehreren verschlossenen Abteilen, von denen jedes nur seinem Benutzer zugänglich ist) / locker plant (a cold storage installation) ‖ ~**feder** f (z.B. einer Rückschlagklappe) (Masch) / return spring ‖ ~**haken** m (Bau) / latch n ‖ ~**klappe** f (Bau) / box-staple* n ‖ ~**kopf** m (einer Nietverbindung) (Masch) / driven head, closing head ‖ ~**kraft** f (beim Druckguß) (Gieß) / locking force ‖ ~**kraft** (der Ventile) (Masch) / closing force ‖ ~**kraft** (Plast) / locking force, closing force, clamping force ‖ ~**längsholz** n (Tür) (Tischl) / shutting stile*, meeting stile* ‖ ~**lein** m (Bot, Tex) / fibre flax, common flax, flax* n ‖ ~**naht** f (Schw) / closure weld ‖ ~**platte** f (zum Formschließen) (Druck) / stone* n ‖ ~**rahmen** m (Druck) / chase* n ‖ ~**rahmen für Buchsatz** (Druck) / book chase* n ‖ ~**ring** m (des Schließringbolzens) (Masch) / annular ring ‖ ~**ringbolzen** m (zum Nieten) (Masch) / compound rivet, huck-bolt n ‖ ~**seil** n (eines Zweiseilgreifers) (HuT) / closing rope ‖ ~**stopfen** m (Nukl) / plug* n ‖ ~**teil** n (bei Sicherheitsgurten) (Kfz) / tongue plate

**Schließungssatz** m (z.B. von Desargues) (Math) / closure theorem

**Schließ•vermögen** n / reasoning power ‖ ~**winkel** m (des Zündnockens, des Impulsgeberrades bei kontaktloser Steuerung der Zündung) (Kfz) / dwell* n, dwell angle, cam angle ‖ ~**winkelmesser** m (Kfz) / dwell meter ‖ ~**winkelmeßgerät** n (Kfz) / dwell meter ‖ ~**winkeltester** m (Kfz) / dwell meter ‖ ~**zeit** f (während der der Primärstromkreis geschlossen ist und Primärstrom durch die Zündspule fließt) (Kfz) / dwell period ‖ ~**zeit** (beim Pressen härtbarer Kunststoffe) (Plast) / closing time, locking time ‖ ~**zeug** n (mit Keilen oder Schrauben) (Typog) / quoin* n ‖ ~**zylinder** m (mit Schlüssel) / lock cylinder

**Schliff** m (durch Eisbewegung glatt geschliffene Gesteinsfläche) (Geol) / abraded surface (left by glacial action) ‖ ~ (Schliffverbindung) (Glas) / ground joint, ground-glass joint ‖ ~ (eine Tätigkeit) (Glas) / cutting n ‖ ~ (Ergebnis des Schleifens) (Glas) / cut n ‖ ~ (Zustand) (Masch) / grinding pattern, condition of a grounded surface ‖ ~ (als Tätigkeit) (Masch, Tex) / grinding* n ‖ ~ (Min) / polished section ‖ ~ (der Axt) (Werkz) / bevel n ‖ **chemischer** ~ (Chem Verf, Pap) / chemical wood pulp*, chemimechanical pulp, chemigroundwood pulp ‖ **genormter** ~ (Glas) / standard taper

**Schliff•ansatz** m (Glas) / ground-in neck ‖ ~**apparatur** f (im Labor) (Chem) / ground-joint glassware ‖ ~**bild** n (durch Schleifen erzeugter Zustand einer geschliffenen Fläche) (Masch) / grinding pattern, condition of a grounded surface ‖ ~**bild** (mikrofotografische Aufnahme eines Metall- oder Mineralschliffes zur Ermittlung des mikrokristallinen Gefüges) (Min) / micrograph n

**Schlifffett** n (Chem, Glas) / ground-glass-joint lubricant, joint grease

**Schliff•-Fett** n (ein Dichtungs- und Schmiermittel für Schliffe auf der Basis von Siliconfetten) (Chem, Glas) / ground-glass-joint lubricant, joint grease ‖ ~**fläche** f (bearbeitete Fläche am Werkstück) (Masch) / ground-joint glassware ‖ ~**geräte** n (Chem) / ground-joint glassware ‖ ~**güte** f (beschrieben durch Rauheit oder Glanz) (Masch) / grinding quality (condition of a ground surface)

**schliffig** adj (Griff) (Tex) / smooth adj

**Schliff•kern** m (eines Schliffpaares) (Chem, Glas) / male (tapered) joint (of ground-joint glassware) ‖ ~**kolben** m (Chem) / flask with ground joint ‖ ~**lösemittel** n (zum Lockern von festsitzenden Schliffpaaren) (Chem, Glas) / antifreeze agent, antifreeze n, freezing preventive ‖ ~**paar** n (Glas) / ground joint, ground-glass joint ‖ ~**stück** n (einseitig angeschliffenes und poliertes Präparat) (Aufber, Hütt) / polished specimen* ‖ ~**verbindung** f (für gläserne Laborgeräte) (Glas) / ground joint, ground-glass joint

**Schlinge** f (gleitende) / noose n ‖ ~ / loop n, sling n ‖ ~ (beim Walzen) (Hütt) / loop n ‖ ~ (Hütt) / curl n, snarl n ‖ ~ (Kette oder Seil um die hochzuhebende Last) (Masch) / sling n ‖ ~ (bei Grafen) (Math) / singular edge ‖ ~ (im einlaufenden Faden) (Tex) / kink n, curl n, filling snarl, kinky thread, looped thread, snarl* n

**Schlingen** n (Fehler) (Tex) / snarling n, kinking n ‖ ~**bildner** m (Hütt) / looper n ‖ ~**bildung** f (Tex) / looping n, loop formation ‖ ~**bildung** (Fehler) (Tex) / snarling n, kinking n ‖ ~**effektgarn** n (Spinn) / loop yarn* ‖ ~**faden** m (Tex) / pile thread ‖ ~**festigkeit** f (Teppichen) (Tex) / tuft lock ‖ ~**festigkeit** (gegen Schlingenbildung) (Tex) / non-looping property, non-looping fastness, looping fastness ‖ ~**festigkeit** (Tex) / loop efficiency, loop strength, loop resistance ‖ ~**flor** m (unaufgeschnittener Flor) (Tex) / pile fabric, uncut pile ‖ ~**florgewebe** n (Tex) / uncut pile fabric ‖ ~**florteppich** m (Tex) / looped pile floor covering, loop pile carpet, uncut pile carpet ‖ ~**garn** n (Zwirngarn, das Schlingen oder Schleifen bildet, oder texturiertes Schleifengarn) (Spinn) / loop yarn* ‖ ~**geld** n (Schiff) / slinging n ‖ ~**gewebe** n (Tex) / loop fabric, loop cloth ‖ ~**grube** f (Hütt) / looping pit ‖ ~**hals** m (bei Talmäandern) (Geol, Wasserb) / meander neck, neck n ‖ ~**höchstzugkraftdehnung** f (Tex) / loop-breaking extension ‖ ~**hub** m (bei Nähmaschinen) (Tex) / needle-bar rise, needle rise ‖ ~**isolator** m (Eltech) / Hewlett disk insulator* ‖ ~**kante** f (ein Webfehler) (Web) / loopy selvedge, loopy selvage (US), beaded selvedge, corded selvedge, loopy edge ‖ ~**leiste** f (Web) / loopy

**Schlingenpolteppich**

selvedge, loopy selvage (US), beaded selvedge, corded selvedge, loopy edge ‖ ~**polteppich** *m* (meist in abgepaßter Form hergestellter textiler Fußbodenbelag mit geschlossenen, gleichhohen Polnoppen) (Tex) / looped pile floor covering, loop pile carpet, uncut pile carpet ‖ ~**polware** *f* (Tex) / uncut pile fabric ‖ ~**reißfestigkeit** *f* (Tex) / loop-breaking strength ‖ ~**reißkraft** *f* (Tex) / loop efficiency, loop strength, loop resistance ‖ ~**stich** *m* (Tex) / loop stitch, looped stitch ‖ ~**ware** *f* (Tex) / loop fabric, loop cloth ‖ ~**zwirn** *m* (Spinn) / loop ply yarn, loop yarn
**Schlinger•abstand** *m* (Bahn) / lurching distance ‖ ~**bett** *n* (Schiff) / swing bed, swing berth, swing cot ‖ ~**dämpfung** *f* mit Hilfe von **Schlingertanks** (Schiff) / flume stabilizing ‖ ~**dämpfungsanlage** *f* (Schiff) / antiroll device ‖ ~**kiel** *m* (eine Stabilisierungseinrichtung) (Schiff) / bilge keel ‖ ~**koje** *f* (Schiff) / swing bed, swing berth, swing cot ‖ ~**leiste** *f* (an Tischen und Wandborden angebrachte Leiste, die das Herunterfallen von Gegenständen beim Schlingern des Schiffs verhindern soll) (Schiff) / fiddle *n*
**schlingern** *v* (sich um die senkrechte Schwerpunktachse drehen) (Bahn) / lurch *v* ‖ ~ (Zugfahrzeug und Caravan) (Kfz) / snake *v* ‖ ~ (im Seegang) (Schiff) / roll *v* ‖ ~ *n* (Bahn) / lurching *n* ‖ ~ (Bewegung des Schiffs im Seegang) (Schiff) / roll* *n*, rolling* *n*
**Schlinger•stabilisator** *m* (Kfz) / trailer stabilizer ‖ ~**stabilisierung** *f* (Schiff) / roll stabilization ‖ ~**tank** *m* (eine Stabilisierungseinrichtung) (Schiff) / antiroll tank, stabilizing tank, antirolling tank
**Schlingpflanze** *f* (eine Gruppe der Kletterpflanzen) (Bot) / twiner* *n*
**Schlipp** *m* (Schiff) / slip* *n*, slipway* *n* ‖ ~**dock** *n* (Schiff) / slip dock*
**Schlippe** *f* (enger Gang zwischen zwei Hellingen oder in einem Dock) (Schiff) / slip *n*
**schlippen** *v* (Schiff) / slip *v*
**Schlippesches Salz** (Natriumthioantimonat(V)-9-Wasser - nach C.F. von Schlippe, 1799-1874) (Chem, Eltronik, Foto) / Schlippe's salt (sodium tetrathioantimonate(V))
**Schlitten** *m* (der Reprokamera) (Druck, Foto) / carriage *n* ‖ ~ (verschiebbares Maschinenteil, das Arbeits- oder Steuerbewegungen ausführt) (Masch) / slide *n* ‖ ~**mikrotom** *n* / sliding microtome ‖ ~**test** *m* (Crashtest auf Schlitten) (Kfz) / sled test ‖ ~**zurrung** *f* (Querketten oder Stahltaue zwischen den beiden Schlitten gegen seitliches Ausweichen) (Schiff) / poppet lashing
**schlittern** *v* (auf Eis) / slide *v*, skid *v*
**Schlitz** *m* (Teil de äquatorialen Umlaufbahn eines Kommunikationssatelliten) / slot *n* ‖ ~ (im allgemeinen) / slot *n*, slit *n*, split *n* ‖ ~ (Bau) / reglet *n* ‖ ~ (zwischen zwei Grubenbauen) (Bergb) / slot *n*, shear *n* ‖ ~ (in einer Rahmeneckverbindung) (For) / mortise *n*, mortice *n* ‖ ~ (zwischen den beiden Verschlußrollos) (Foto) / blind slit ‖ ~ (Masch) / nick *n*, notch *n*, dent *n* ‖ ~ (über dem ganzen Schraubenkopf) (Masch) / slot *n* ‖ ~ (bei Zweitaktmotoren) (V-Mot) / port* *n* ‖ ~ **der Schlitzzapfung** (Tischl) / open mortise*, slot mortise* ‖ ~**anodenmagnetron** *n* (Eltronik) / split-anode magnetron* ‖ ~**anordnung** *f* (bei Zweitaktmotoren) (V-Mot) / porting *n*, port layout *n* ‖ ~**anschnitt** *m* (Gieß) / slit gate *n* ‖ ~**antenne** *f* (die meistens durch Kunststoffüberzüge abgedeckt wird) (Luftf) / notch aerial* ‖ ~**antenne** (eine Mikrowellenantenne) (Radio) / slot antenna*, slot radiator ‖ ~**auslegung** *f* (V-Mot) / porting *n*, port layout *n* ‖ ~**bogen** *m* (Arch) / rider arch ‖ ~**bolzen** *m* (Masch) / expansion bolt ‖ ~**breite** *f* (im allgemeinen) / slit width ‖ ~**breite** (im Schraubenkopf) (Masch) / width of the slit ‖ ~**breite** (V-Mot) / port width ‖ ~**brenner** *m* (Masch) / slit burner, slotted burner ‖ ~**dipol** *n* (Radio) / slotted dipole ‖ ~**dränung** *f* (Landw) / French drain ‖ ~**düse** *f* (Plast) / slot die ‖ ~**einwurf** *m* / slot *n*
**schlitzen** *v* / slot *v* ‖ ~ / slash *v*, rip *v* (with a knife) ‖ ~ (einschneiden) (Masch) / slot *v* ‖ ~ *n* / slashing *n*
**Schlitz•fenster** *n* (Arch) / gap window* ‖ ~**flügel** *m* (Luftf) / slotted aerofoil*, slotted wing ‖ ~**fräser** *m* (ein schmaler Scheibenfräser zur Herstellung von Scheibenfedern - nach DIN 850) (Masch) / Woodruff cutter, Woodruff-keyway mill, keyway cutter, Woodruff-keyway cutter ‖ ~**fräser** (Werkz) / slot cutter, slitting cutter ‖ ~**gespeister Dipol** (Eltech) / slot-fed dipole* ‖ ~**gesteuerter Motor** (V-Mot) / piston-valve engine, piston-controlled engine, piston-port engine ‖ ~**kastenelektrode** *f* / rod-curtain electrode ‖ ~**klappe** *f* (Profilveränderung und Strömungsbeeinflussung durch Spalt) (Luftf) / slotted flap*, slot flap ‖ ~**klinge** *f* (Werkz) / slotted bit, plain-slot bit, flat-tip bit ‖ ~**kolben** *m* (Kfz, V-Mot) / split-skirt piston ‖ ~**kopf** *m* (Masch) / slotted head ‖ ~**kopplung** *f* (zweier Hohlleiter durch Schlitze) (Fernm) / slot coupling ‖ ~**leitung** *f* (Eltronik) / slot-line *n*, slotted line ‖ ~**lochen** *v* (Masch) / slot *v* ‖ ~**lochkarte** *f* (Nadellochkarte, in der die suchfähigen Merkmalsangaben durch Ausstanzen der Stege zwischen den vorgelochten Stellen zu Schlitzen dargestellt sind) (EDV) / slotted card ‖ ~**lochsieb** *n* (Aufber) / slotted-hole screen ‖ ~**mantelkolben** *m* (z.B. T-Schlitzkolben, U-Schlitzkolben, Querschlitzkolben) (Kfz, V-Mot) / split-skirt piston ‖ ~**maschine** *f* (für Steinbrüche) (Bergb) / channelling machine, channeller *n*, channeler *n* (US) ‖ ~**maske** *f* (der Inline-Farbbildröhre) (TV) / aperture grille (of vertical wires) ‖ ~**maskenröhre** *f* (mit drei nebeneinander in einer horizontalen Ebene des Halses der Bildröhre angeordneten Elektronenstrahlsystemen) (TV) / slot matrix tube, slot-mask picture tube, in-line colour picture tube ‖ ~**mutter** *f* (DIN ISO 1891) (Masch) / slotted nut, slotted round nut ‖ ~**mutterndreher** *m* (Werkz) / slotted-type screwdriver ‖ ~**mutternschlüssel** *m* **mit Griff** (Werkz) / slotted-type screwdriver ‖ ~**naht** *f* (Schweißkehlnaht in einem Schlitz aufgeschweißter breiter Bleche) (Schw) / slot weld ‖ ~**ofen** *m* (ein Hafenofen) (Glas) / split-port furnace ‖ ~**rohr** *n* (Hütt) / open-seam tube ‖ ~**sägen** *n* (meistens mit bakelitgebundenen Schleifscheiben) / abrasive sawing ‖ ~**scheibe** *f* / slotted disk ‖ ~**scheibe mit zwei** (meist hinterfrästen) **Messern** (For) / two-wing cutter ‖ ~**schraube** *f* (DIN 918) (Masch) / slotted-head screw ‖ ~**schraube mit grobgängigem Gewinde** (Rundkopf oder versenkt und mit Vierkantmutter) (Masch) / stove bolt (US) ‖ ~**schraubendreher** *m* (Werkz) / slotted-head screwdriver, slot-head screwdriver, flat-tip screwdriver ‖ ~**siebplatte** *f* (der Nutsche) (Chem) / perforated plate ‖ ~**sonde** *f* (zur Schlagsondierung) (HuT) / split spoon sampler ‖ ~**steuerung** *f* (bei Zweitakt- oder Wankelmotoren) (V-Mot) / port control ‖ ~**steuerzeiten** *f pl* (V-Mot) / port timing ‖ ~**strahler** *m* (Radio) / slot antenna*, slot radiator ‖ ~**strahler** (Sanitär) / slotted nozzle ‖ ~**trommel** *f* (rotierender Fadenführer bei Spulmaschinen) (Spinn) / grooved drum, split drum ‖ ~**verklebung** *f* / single-strip seal, slot closure by adhesive tape(s) ‖ ~**verschluß** *m* (Foto) / focal-plane shutter* ‖ ~**wand** *f* (für tiefe Keller und U-Bahn-Schächte) (HuT) / diaphragm wall (a concrete retaining wall underground, which may be as much as 25 m deep, built in a mechanically excavated trench that has been filled with bentonite-loaded or ordinary mud to support it during excavation) ‖ **verdeckte** ~**-Zapfen-Verbindung** (Tischl) / housed mortise and tenon ‖ ~**zapfung** *f* (Tischl, Zimm) / tenon-and-slot mortise*
**Schloß** *n* (zum Verschließen) (Bau, Tischl) / lock *n* ‖ ~ (bei Stahlspundwänden) (HuT) / interlock *n*, clutch *n*, joint *n* (in steel-sheet piling) ‖ ~ (das Paßstück bei geteilten Gipsformen) (Keram) / joggle *n* ‖ ~ (der Strickmaschine) (Tex) / cam *n* ‖ ~ (Web) / frog *n* ‖ **aufgesetztes** ~ (Bau, Tischl) / rim lock* ‖ **lineares** ~ (bei Strickmaschinen) (Tex) / linear cam ‖ **nichtlineares** ~ (bei Strickmaschinen) (Tex) / non-linear cam ‖ ~ *n* **für eine Linkstür** (Bau, Tischl) / left-hand lock ‖ ~ **für eine Rechtstür** (Bau, Tischl) / right-hand lock
**Schloß•bohle** *f* (Bau, Tischl) / lock stile*, slamming stile*, shutting stile ‖ ~**brett** *n* (der Tür) (Bau, Tischl) / lock stile*, slamming stile*, shutting stile ‖ ~**dreieck** *n* (Tex) / cam *n* ‖ ~**e** *f* (Meteor) / hailstone* *n* ‖ ~**einlage** *f* (Bau, Tischl) / plug *n*
**Schlosser** *m* (Bau) / locksmith *n* ‖ ~**hammer** *m* (deutsche Form mit Bahn und Pinne - DIN 1041) (Werkz) / German type machinist's hammer, fitter's hammer, engineer's hammer ‖ [**amerikanischer**] ~**hammer mit Kugelfinne** (Werkz) / ball-pane hammer*, ball-pein hammer (US), ball-peen hammer
**Schloß•falle** *f* (Kfz) / latch *n* ‖ ~**kasten** *m* (Getriebekasten auf der Vorderseite des Betts der Leit- und Zugspindeldrehmaschine) (Masch) / apron* *n* ‖ ~**kasten** (der Strickmaschine) (Tex) / cam box, cam plate ‖ ~**keil** *m* (eines Stempels) (Bergb) / lock wedge ‖ ~**mutter** *f* (Masch) / clasp nut*, lead-screw nut ‖ ~**platte** *f* (Masch) / apron* *n* ‖ ~**riegel** *m* (Bau, Tischl) / dead bolt, bolt *n* ‖ ~**säule** *f* (Kfz) / B-pillar *n*, centre pillar, lock pillar ‖ ~**schild** *n* (Bau) / escutcheon* *n*, key plate*, scutcheon *n* ‖ ~**schraube** *f* (DIN 603) (Masch) / carriage bolt, coach bolt*, mushroom head bolt (square necked) ‖ ~**schraube** (DIN 603) s. auch Flachrundschraube mit Vierkantansatz ‖ ~**teil** *m* (der Strickmaschine) (Tex) / cam *n* ‖ ~**tragender Teil** (Tex) / cam box, cam plate ‖ ~**zunge** *f* (bei Sicherheitsgurten) (Kfz) / tongue plate
**Schlot** *m* (Bau) / free-standing chimney stack, chimney shaft* (free-standing) ‖ ~ (Karstschlot) (Geol) / sinkhole *n*, sink *n* ‖ ~ (Aufstiegskanal vulkanischer Stoffe) (Geol) / volcanic vent*, vent* *n*, conduit *n* ‖ ~**brekzie** (Geol) / vent breccia (a volcanic breccia) ‖ ~**füllung** *f* (Geol) / volcanic plug, plug* *n*, volcanic neck*, neck* *n* ‖ ~**gang** *n* (Geol) / volcanic plug, plug* *n*, volcanic neck*, neck* *n*
**Schlotterventil** *n* (Masch) / snifting valve, puppet clack, puppet valve
**Schlotvulkan** *m* (Geol) / central-point volcano (after a central eruption)
**Schlucht** *f* (tief eingeschnittenes Erosionstal) (Geol) / gorge* *n*, coulee *n* (US), notch *n* (US)
**Schluck•bohrung** *f* (zur Ableitung pumpfähiger unerwünschter Substanzen in größere Tiefen) (Erdöl, Umwelt) / disposal well, injection well ‖ ~**brunnen** *m* (zur künstlichen Grundwasseranreicherung) (HuT, Landw) / infiltration well ‖ ~**brunnen** (Sanitär) / inverted well, swallow well ‖ ~**brunnendränung** *f* (Wasserb) / well drainage
**schlucken** *v* (Schall) (Akus) / absorb *v*

**Schlucker** *m* (mit wasserdurchlässigem Material gefüllter Erdschacht, durch das Niederschlagswasser kleiner Geländemulden gefaßt und einem Drän zugeführt wird) (Landw) / drainage well

**Schluck•fähigkeit** *f* (bei Verdichterlaufrädern) (Masch) / suction capacity ‖ ⁓**fähigkeit** (einer Wasserturbine) (Masch) / absorption capacity, maximum operating flow ‖ ⁓**form** *f* (Luftf) / squid* *n* ‖ ⁓**grad** *m* (in der Raumakustik) (Akus) / reverberation absorption coefficient ‖ ⁓**leitung** *f* (Eltech) / ballast line ‖ ⁓**loch** *n* (Stelle, an der ein Teil des Abflusses versickert) (Geol) / swallow hole, sink *n*, sinkhole *n* ‖ ⁓**loch** (Geol) s. auch Schwinde ‖ ⁓**schacht** *m* (HuT, Landw) / infiltration well ‖ ⁓**vermögen** *n* (der Reifen) (Kfz) / enveloping *n*, absorptive ability ‖ ⁓**vermögen** (der Federung) (Masch) / absorbency *n* ‖ ⁓**vermögen** (Masch) / suction capacity ‖ ⁓**zone** *f* (in welche die Formationszuflüsse einwandern können) (Erdöl) / thief zone (a very porous formation downhole into which drilling mud is lost)

**Schluff** *m* (DIN 4188) (Geol) / silt* *n* ‖ **organischer** ⁓ (HuT) / organic silt ‖ ⁓ *m* + **Ton** (Geol) / mud* *n* ‖ ⁓**absetzbecken** *n* (Sanitär) / silt basin, desilting basin, setting basin ‖ **~artig** *adj* (Geol) / silty *adj* ‖ **~haltig** *adj* (Geol) / silty *adj*

**schluffig** *adj* (Geol) / silty *adj*

**Schluff•korngröße** *f* (Geol) / silt grade ‖ ⁓**pumpe** *f* (HuT) / elephant's trunk, silt pump, silt ejector

**Schlumberger-Verfahren** *n* (eine Art Bohrlochmessung nach C. Schlumberger, 1878-1936) (Geophys) / Schlumberger logging (method)

**schlummernd** *adj* (Vulkan) (Geol) / dormant *adj*, quiescent *adj*

**Schlundloch** *n* (Geol) / swallow hole, sinkhole *n*, swallet *n*, water sink, sink *n*, limestone sink

**Schlupf** *m* (Bahn) / slippage *n*, sliding *n* ‖ ⁓ (bei Ionenaustauschern) (Chem Verf) / leakage *n* ‖ ⁓ (das Zurückbleiben des Läufers) (Eltech) / slip* *n* ‖ ⁓ (beim Anfahren) (Kfz) / drive slip, wheel slip, wheelspin *n* ‖ ⁓ (der Luftschraube - Differenz zwischen dem aufgrund des Einstellwinkels im Bezugsradius pro Umdrehung entstehenden Weg in axialer Richtung und dem tatsächlichen Weg) (Luftf) / slip *n* ‖ ⁓ (im Reibradgetriebe) (Masch) / slip rate ‖ ⁓ (Zurückbleiben eines von zwei in Berührung stehenden bewegten Gegenständen oder Wälzkörpern) (Masch, Mech) / slip *n*, slippage *n* ‖ ⁓ (Unterschied zwischen theoretischer und tatsächlicher Fahrt, der einen Vortriebsverlust verursacht) (Schiff) / slip* *n* ‖ **~abhängige Antriebskraftverteilung** (Kfz) / slip-sensitive power split, variable power split ‖ ⁓**drehzahl** *f* (Eltech, Masch) / slip speed ‖ **~frei** *adj* (Eltech, Masch) / non-slip *attr*

**Schlüpfhormon** *n* (ein Ecdysteroid) (Biochem) / ecdysone *n*, moulting hormone, molting hormone (US)

**Schlupf•kupplung** *f* (Eltech) / induction coupling ‖ ⁓**kupplung** (Masch) / slip clutch ‖ **elektromagnetische** ⁓**kupplung** (Eltech) / magnetic clutch*, electromagnetic clutch* ‖ ⁓**leistungsrückgewinnung** *f* (Eltech) / slip-power recovery ‖ ⁓**loch** *n* (im Datenschutz) (EDV) / loop-hole *n* ‖ ⁓**messer** *m* (Eltech) / slip meter* ‖ ⁓**mittel** *n* (Nahr) / antiblocking agent

**schlüpfrig** *adj* / slippery *adj*, slick *adj* ‖ ⁓ (Griff) (Tex) / slippery *adj* ‖ ⁓**keit** *f* / lubricity *n*

**Schlupf•spannung** *f* (Eltech) / slip-frequency voltage ‖ ⁓**steller** *m* (Eltech) / slip regulator* ‖ ⁓**tür** *f* (Bau) / wicket, wicket-door *n*, wicket-gate* *n* ‖ ⁓**variable** *f* (Regeln) / slack variable

**Schluß** *m* / finish *n*, termination *n* ‖ ⁓ / end *n* ‖ ⁓ (KI) / conclusion *n*, consequent *n* ‖ **induktiver** ⁓ (der Schluß von der Stichprobe auf die Grundgesamtheit, aus der sie stammt) (Stats) / inference *n* ‖ **logischer** ⁓ (Ableitung von Aussagen von anderen Aussagen - in der Regellogik) (KI) / conclusion *n*, consequent *n* ‖ **logischer** ⁓ (KI, Math) / deduction *n*

**Schluß•abnahme** *f* (öffentlich-rechtliche Prüfung nach Abschluß der Bauarbeiten) (Bau) / final approval ‖ ⁓**anstrich** *m* (abschließender Anstrich eines Anstrichsystems) (Anstr) / finishing coat, top-coat *n*, finish coat, final coat, top layer ‖ ⁓**band** *n* (eines mehrbändigen Werkes) (Druck) / completing volume ‖ ⁓**bremse** *f* (Bahn) / end brake ‖ ⁓**dienstwagen** *m* (Bahn) / caboose *n* (US) ‖ ⁓**drehung** *f* (Spinn) / as-is twist, final twist

**Schlüssel** *m* (Dechiffrierschlüssel, Kode) / cipher *n* ‖ ⁓ (ein oder mehrere Zeichen, bezogen auf ein Datenfeld) (EDV) / key* *n* ‖ ⁓ (Masch, Werkz) / spanner *n* (GB)*, wrench *n* ‖ ⁓ (Werkz) / key* *n* ‖ **geheimer** ⁓ (bei Verschlüsselung von Daten) (EDV, Fernm) / secret key ‖ **öffentlicher** ⁓ (bei Verschlüsselung von Daten) (EDV) / public key ‖ **privater** ⁓ (EDV) / private key, secret key

**Schlüssel•bart** *m* (Bau, Masch) / bit *n*, key-bit *n* ‖ ⁓**dienst** *m* / locksmith service ‖ ⁓**drehschalter** *m* (mit einem Schlüssel als Bedienteil) (Eltech) / key-operated rotary switch ‖ ⁓**feile** *f* (eine flachstumpfe dünne Feile) (Masch) / warding file, key file ‖ ⁓**feld** *n* (EDV) / key field ‖ ⁓**fertig** *adj* (Bau) / turnkey *attr* ‖ ⁓**fertige Gesamtanlage** (Bau) / turnkey plant ‖ ⁓**fertiges Projekt** / package project, turnkey project ‖ ⁓**folge** *f* (eine Sortierfolge von Datensätzen, die durch die Werte der Schlüsselwörter jedes Datensatzes bestimmt wird) (EDV) / key sequence ‖ ⁓**fräser** *m* (zum Fräsen des Maules von Schraubenschlüsseln) (Werkz) / spanner cutter ‖ ⁓**industrie** *f* (Masch) / key industry ‖ ⁓**komponente** *f* (einer Mischung) / key component, crucial component

**Schlüsselloch** *n* (Durchbruch für Schlüssel) (Bau) / keyhole *n* ‖ ⁓**deckel** *m* (Bau) / escutcheon* *n*, key plate*, scutcheon *n* ‖ ⁓**effekt** *m* (bei der Schalldämmung) (Akus) / keyhole effect ‖ ⁓**kerb** *m* (beim Kerbschlagbiegeversuch) (WP) / U notch, keyhole notch ‖ ⁓**säge** *f* (Tischl, Werkz) / padsaw* *n*, keyhole saw* ‖ ⁓**sperrer** *m* (Bau) / keyhole blocker

**Schlüssel•rohling** *m* / key blank ‖ ⁓**schalter** *m* (Eltech) / detachable key switch* ‖ ⁓**schild** *n* (Bau) / key escutcheon plate ‖ ⁓**-Schloß-Theorie** *f* (eine alte Theorie zur Substanzspezifizität von Enzymen) (Biochem) / lock-and-key theory ‖ ⁓**sicherheit** *f* (EDV) / cryptosecurity *n* ‖ ⁓**system** *n* (EDV) / cryptographic system*, cryptosystem* *n* ‖ ⁓**taster** *m* (Eltech) / key-operated push-button ‖ ⁓**technik** *f* (deren Produkte technische Schrittmacher sind) / key technology ‖ ⁓**technologie** *f* / key technology ‖ ⁓**text** *m* (EDV) / cryptotext *n* ‖ ⁓**transformation** *f* (der Datensätze, aus dem jeweiligen Schlüsselwort die Adresse des zugehörigen Satzes errechnet) (EDV) / hashing algorithm ‖ ⁓**verriegelung** *f* (Masch) / key interlock ‖ ⁓**verteilung** *f* (in Kryptosystemen) (EDV) / key management ‖ ⁓**verwirrung** *f* **durch synchrone Antworten** (SSR) (Luftf) / synchronous garbling ‖ ⁓**weite** *f* (DIN 475, T 1) (Masch) / across-flats dimension(s), width across flats, width A/F ‖ ⁓**wort** *n* (EDV) / keyword* *n* ‖ ⁓**wortkontrolle** *f* (EDV) / password security

**Schlüsselziehen, Schritt beim** ⁓ (KI) / reasoning step

**Schluß•fehler** *m* **im Polygonzug** (Verm) / closing error*, error of closure* ‖ ⁓**folgerung** *f* (als Prozeß) (KI) / inferencing *n*, reasoning process, reasoning *n* ‖ **logische** ⁓**folgerung** (KI) / logical inference ‖ ⁓**folgerung** *f* **anhand eines Stichprobenverfahrens** (Stats) / statistical inferencing *n* ‖ ⁓**folgerungsalgorithmus** *m* (KI) / inference algorithm, reasoning algorithm ‖ ⁓**gesellschaft** *f* (Bot) / climax community, biotic climax*, climax* *n* ‖ ⁓**glied** *n* **der radioaktiven Zerfallsreihe** (Kernphys) / end-product* *n* ‖ ⁓**grad** *m* (Bot) / canopy* *n*, crown canopy ‖ ⁓**kontrolle** *f* / final inspection, final check ‖ ⁓**laterne** *f* (Bahn) / tail lamp, tail-light *n* ‖ ⁓**leuchte** *f* (ein Einzelteil) (Kfz) / rear-lamp *n* (GB), tail-lamp *n* ‖ ⁓**licht** *n* (optische Erscheinung) (Kfz) / rear-light *n* (GB), tail-light *n* ‖ ⁓**linie** *f* (Typog) / tailpiece* *n* ‖ ⁓**packwagen** *m* (Bahn) / caboose *n* (US) ‖ ⁓**regel** *f* (KI) / inference rule ‖ ⁓**sequenz** *f* (Film) / tail *n* ‖ ⁓**stein** *m* (Scheitelstein eines Bogens) (Arch) / keystone* *n*, sagitta* *n* (pl. -ae), end arch brick, key block ‖ ⁓ (am Hauptknotenpunkt der Rippen eines Gewölbes) (Arch, Bau) / boss *n* ‖ **hängender** ⁓**stein** (Arch) / pendant *n* ‖ ⁓**stein des Giebels** (Arch, Bau) / apex stone*, saddle stone* ‖ ⁓**stück** *n* (Typog) / tailpiece* *n* ‖ ⁓**szene** *f* (Film) / tail *n* ‖ ⁓**taste** *f* (Fernm) / clearing button, clearing key ‖ ⁓**vignette** *f* (Typog) / tailpiece* *n* ‖ ⁓**wässerung** *f* (Foto) / final wash ‖ **statistische** ⁓**weise** (Stats) / statistical inferencing *n* ‖ ⁓**zeichengabe** *f* (Fernm) / clearing *n*

**schmackhaft** *adj* (Nahr) / tasteful *adj*, palatable *adj*, tasty *adj*, delicious *adj*

**schmal** *adj* / narrow *adj* ‖ **~es Einfaßband** (Tex) / stay tape ‖ **~e Fraktion** (Chem Verf) / narrow fraction ‖ **~e Frequenzband** (bis 300 Hz) (Fernm) / narrowband *n* ‖ **~er scharfer Grat** (Geol) / razor back ‖ **~e und tiefe Naht** (beim Elektronenstrahlschweißen) (Schw) / dagger weld ‖ **~er werden** / narrow *vi*

**Schmalbahn** *f* (des Hammers) (Werkz) / peen* *n*, pane* *n*, pein* *n*, pean* *n*

**Schmalband** *n* (Fernm) / narrowband *n* ‖ ⁓ (Gieß) / narrow strip ‖ ⁓**bewicklung** *f* (Kab) / lapping *n*, taping *n*, wrapping *n*, serving* *n* ‖ ⁓**fernsehen** (SB-TV) *n* (TV) / slow-scan television (SSTV), slow-scan TV* ‖ ⁓**filter** *n* (ein Bandpaßfilter mit besonders schmalem Durchlaßbereich) (Fernm) / narrow-band filter, narrow-cutting filter

**schmalbandig** *adj* (Fernm, Radio) / narrowband *attr* ‖ **~e Bandsperre** (ein hochselektives Sperrfilter für einen schmalen Nf-Bereich) (Radio) / notch filter ‖ **~es Rauschen** (DIN 5483, T 1) (Akus, Fernm) / narrowband noise ‖ **~es Sperrfilter** (Radio) / notch filter ‖ **~es Strahlungspyrometer** / narrowband pyrometer

**Schmalband•-ISDN** *n* (Fernm) / narrowband ISDN ‖ ⁓**rauschen** *n* (Akus, Fernm) / narrowband noise ‖ ⁓**signal** *n* / narrowband signal ‖ ⁓**stören** *n* (ELOKA) (Mil) / point jamming, spot jamming ‖ ⁓**verstärker** *m* (Fernm) / narrowband amplifier ‖ ⁓**walzwerk** *n* (Hütt) / band mill

**Schmal•blättrige Ölweide** *f* (Elaeagnus angustifolia L.) (For) / oleaster *n*, Russian olive ‖ ⁓**film** *m* (Film) / narrow gauge film* ‖ ⁓**filmkamera** *f* (Film) / cine camera* ‖ ⁓**fläche** *f* (eines Bretts) (Tischl, Zimm) / narrow face ‖ ⁓**flächenfurniermaschine** *f* (Tischl) / edge banding machine, edge bander, edge glu(e)ing machine ‖ ⁓**flächenfurnierpresse** *f* (Tischl) / edge banding machine, edge bander, edge glu(e)ing machine ‖ ⁓**flächenverdichtung** *f* (bei Spanplatten) (For) / edge densification ‖ ⁓**gestell** *n* (Fernsp) / slim rack ‖ ⁓**gewebe** *n* (bis zu 30 cm Breite) (Tex) / narrow fabric, narrow

**schmallegen**

goods, tape goods, smallwares* *pl* ‖ **~legen** *v* (eine Schrift) (EDV) / narrow *vt* ‖ **~mauliger Feilkloben** (Masch) / square-nose hand vice ‖ **~rohfilm** *m* (Film) / substandard film stock ‖ **~satz** *m* (Typog) / condensed composition, narrow measure ‖ **~schnitt** *m* (beim Pflug) (Landw) / narrow cut ‖ **~spur** *f* (Bahn) / narrow gauge* ‖ **~spurbahn** *f* (z.B. auf Großbaustellen) (HuT) / industrial railway ‖ **~spurschlepper** *m* (Landw) / narrow-track tractor ‖ **~strahl** *m* (Kernphys) / narrow beam

**Schmalte** *f* (Glas) / smalt *n*

**Schmal•ware** *f* (Bretter von 7-17 cm) (For) / narrow stuff, narrows *pl*, strips *pl* (timber assortment) ‖ **~weberei** *f* (Web) / narrow weaving, weaving of narrow fabrics, smallware weaving ‖ **~webmaschine** *f* (Web) / narrow-fabric loom, smallware loom ‖ **~winklig** *adj*

**Schmalz** *n* (Nahr) / lard *n*

**Schmälze** *f* (für die Seilerei) / batch oil ‖ **~** (Spinn) / spinning lubricant, spinning oil, wool oil

**schmälzen** *v* (Spinn) / oil *v*, grease *v*, lubricate *v* ‖ **~** *n* (Vorbehandeln der Fasern für das Spinnen, meistens mit einer Fettemulsion) (Spinn) / oiling* *n*, greasing *n*, lubricating *n*

**Schmälzmittel** *n* (z.B. für die Wollspinnereien) (Spinn) / spinning lubricant, spinning oil, wool oil ‖ **~** (in der Streichgarn- oder Zweizylinderspinnerei) (Spinn) / lubricant *n*, combing oil, textile oil

**Schmalz•öl** *n* (Nahr) / lard (grease) oil, bacon fat ‖ **~stearin** *n* (Nahr) / solarstearine *n*

**Schmalzwolf** *m* (Spinn) / oiling willow

**Schmant** *m* (Bergb) / drilling mud*, sludge *n* ‖ **~löffel** *m* (Bergb) / bailer* *n*

**Schmarotzer** *m* (Biol, Umwelt) / parasite* *n* ‖ **~befall** *m* (Biol) / parasitic infestation, parasitization *n* ‖ **~bekämpfende Substanz** (Pharm) / parasiticide *n*, parasiticidal agent ‖ **~haft** *adj* / parasitic *adj*, parasitical *adj* ‖ **~infestation** *f* (Biol) / parasitic infestation, parasitization *n* ‖ **~tum** *n* (Biol, Umwelt) / parasitism *n*

**Schmauchen** *n* (der erste Abschnitt eines keramischen Brandes) (Keram) / water-smoking *n*, smoking fire

**Schmauchfeuer** *n* (Keram) / prefire *n*

**schmecken** *v* (nach) / taste *v* (of), smack *v* (of)

**Schmecksinn** *m* (Physiol) / taste *n*

**Schmelz•-** / melted *adj*, molten *adj* (of things that melt at a very high temperature), fused *adj* ‖ **~abteilung** *f* (Hütt) / melt shop, melting shop ‖ **~aggregat** *n* (Hütt) / melting unit ‖ **~analyse** *f* (chemische) (Hütt) / cast analysis, heat analysis, ladle analysis ‖ **~aschefeuerung** *f* / slag-tap furnace ‖ **~aufschluß** *m* (offener, in Druckgefäßen) (Chem Verf) / fusion *n*, solution by fusion ‖ **~bad** *n* (Hütt) / molten bath, molten pool, melting bath ‖ **~bad** (Schw) / puddle *n* ‖ **~bandsägen** *n* (bei dem der Werkstoff durch die in der Schnittzone erzeugte Reibwärme zum Schmelzen gebracht wird) (Masch) / friction sawing ‖ **~bandspinnen** *n* (Plast) / ribbon spinning ‖ **~bar** *adj* (Phys) / fusible *adj*, meltable *adj* ‖ **~barkeit** *f* (Phys) / fusibility *n*, meltability *n* ‖ **~basalt** *m* / fused basalt, cast basalt ‖ **~beizen** *n* (Beizen in reduzierenden oder oxidierenden Schmelzen) (Hütt) / salt-bath descaling ‖ **~bereich** *m* (Hütt, Phys) / melting range ‖ **~betrieb** *m* (Halle) (Hütt) / melt shop, melting shop ‖ **~bohrverfahren** *n* (Bergb) / fusion drilling*, fusion piercing, flame-jet drilling, jet drilling, jet piercing ‖ **~bruch** *m* (einer erstarrenden Polymerschmelze) (Plast) / melt fracture ‖ **~butter** *f* (Nahr) / rendered butter ‖ **~diagramm** *n* (Hütt, Phys) / melting diagram, melting-point diagram, fusion diagram ‖ **~drahtschweißen** *n* (Plast) / extruded-bead sealing, molten-bead sealing

**Schmelze** *f* (flüssiger Aggregatzustand) / melt *n*, melted mass, molten mass, molten material, material being melted ‖ **~** (Flüssigkeit in einem Schmelzofen) (Hütt) / pool *n*, smelt *n*, liquid bath, heat *n* ‖ **~** (ein Industriebetrieb) (Hütt) / melting house, smelting plant, melting plant, smelter *n*, smeltery *n* ‖ **~** (im Konverter) (Hütt) / blow *n* (the quantity of metal dealt with at a single operation), converter charge, molten charge ‖ **~** (Hütt) / heat *n* ‖ **~** (Dekorbrennofen) (Keram) / decorating kiln ‖ **~** (z.B. bei dem Engelit-Verfahren) (Plast) / melt *n* ‖ **~** (Wärm) / fusion* *n*, melting *n* ‖ **~schäumbare ~** (Plast) / foamable melt ‖ **steife ~** (Hütt) / cool melt ‖ **vollelektrische ~** (Glasschmelzverfahren unter ausschließlicher Nutzung des Energieträgers Elektroenergie und deren Umwandlung in Joulesche Wärme bei ausreichender elektrischer Leitfähigkeit des Glases) (Glas) / all-electric melting ‖ **umrühren** (Hütt) / rabble *v*, stir *v* (a bath)

**Schmelz•einsatz** *m* (mit Schmelzleiter und Löschmittel) (Eltech) / fuse-link* *n* ‖ **~elektrolyse** *f* / fused-salt electrolysis

**schmelzen** *vi* (Sicherung) / blow* *vi*, fuse *vi* ‖ **~** *v* (DIN 8580) / melt down *vt*, melt *vt*, fuse *v* ‖ **~** *vi* / melt *vi* ‖ **~** *v* / flux *vt* ‖ **~** *v* / smelt *v*, melt *v* ‖ **~** (Fette) (Nahr) / clarify *v* (melt in order to separate out impurities) ‖ **wieder ~** (Hütt) / remelt *v*, resmelt *v*, refuse *v* ‖ **~** *n* (Hütt) / smelting *n*, melting *n* ‖ **~** (Urformen nach DIN 8580) (Wärm) / fusion* *n*, melting *n* ‖ **inkongruentes ~** (Hütt) / incongruent melting ‖ **kongruentes ~** (Phys) / congruent melting ‖ **pyritisches ~** (Hütt) / pyritic smelting* ‖ **zum ~ bringen** / melt down *vt*, melt *vt*, fuse *v* ‖ **zum ~ kommen** / melt *vi* ‖ **~** *n* **des Reaktorkerns** (bei dem am meisten gefürchteten Reaktorstörfall) (Nukl) / core meltdown, core melt ‖ **~** **im Vakuum** (Hütt) / vacuum melting*, vacuum fusion

**Schmelzen•analyse** *f* (Hütt) / cast analysis, heat analysis, ladle analysis ‖ **~bruch** *m* (bei kritischer Schergeschwindigkeit auftretende Oberflächenrauhigkeit) (Plast) / melt fracture

**schmelzend, nicht ~** / non-melting *adj*

**Schmelz•enthalpie** *f* (Phys) / enthalpy of fusion ‖ **~entropie** *f* (Phys) / entropy of fusion* ‖ **~epitaxiale Abscheidung** (Eltronik) / liquid-phase epitaxy (LPE)

**Schmelzer** *m* (Gieß) / melter *n* ‖ **~** (Glas) / founder *n*, glass-founder *n* ‖ **~** (Hütt) / smelter *n*

**Schmelzerei** *f* (Hütt) / melting house, smelting plant, melting plant, smelter *n*, smeltery *n*

**Schmelz•faktor** *m* (bei G-Sicherungen) (Eltech) / fusing factor* ‖ **~farbe** *f* (Keram) / overglaze colour, enamel colour ‖ **~feuerung** *f* (für staubförmige Brennstoffe) / slag-tap furnace ‖ **~fixierung** *f* (Tex) / fusible printing (for interlining) ‖ **~fluß** *m* (Magma) (Geol) / melt *n* ‖ **~flußelektrolyse** *f* (elektrolytische Abscheidung eines Metalls) / fused-salt electrolysis ‖ **~flüssig** *adj* / melted *adj*, molten *adj* (of things that melt at a very high temperature), fused *adj* ‖ **~flüssig aufbringen** (eine Bleischicht) / weld on *v*, burn on *v* ‖ **~flußmetallurgie** *f* (Hütt) / pyrometallurgy* *n*, igneous metallurgy, melting metallurgy ‖ **~geformter Stein** (feuerfester) (Hütt) / fused block ‖ **~geformtes Feuerfesterzeugnis** (Hütt) / fusion cast refractory, fusion cast refractory, molten cast refractory ‖ **~gegossen** *adj* (Stein) (Keram) / fused *adj* ‖ **~gegossenes Feuerfesterzeugnis** (Hütt) / fused cast refractory, fusion cast refractory, molten cast refractory ‖ **~gegossener Stein** (Hütt) / fused block ‖ **~gießen** *n* (Keram) / fusion casting ‖ **~glasur** *f* (Keram) / enamel glaze ‖ **~glasur** (Keram) / fritted glaze ‖ **~gleichgewicht** *n* (Hütt, Phys) / melting equilibrium, fusion equilibrium ‖ **~guß** *m* (Keram) / fusion casting ‖ **~gut** *n* (das geschmolzen werden soll) / material to be melted ‖ **~gut** (geschmolzene Masse) / melt *n*, melted mass, molten mass, molten material, material being melted ‖ **~gut** (in einem direkten Lichtbogenofen) (Hütt) / burden *n* ‖ **kleiner ~hafen** (meistens für Spezialgläser) (Glas) / skittle pot* ‖ **~haftklebstoff** *m* / hot-melt adhesive, fusion adhesive, dry adhesive (US), thermoplastic adhesive, hot-setting adhesive ‖ **~halle** *f* (Hütt) / melt shop, melting shop ‖ **~hitze** *f* (Hütt) / smelting heat ‖ **~hütte** *f* (Hütt) / melting house, smelting plant, melting plant, smelter *n*, smeltery *n* ‖ **~index** *m* (Kenngröße für die Fließfähigkeit thermoplastischer Formmassen) (Plast) / melting flow index, MFI ‖ **~intervall** *n* (Hütt, Phys) / melting range ‖ **~kammerkessel** *m* (Masch) / boiler with slag-tap furnace, slag-tap boiler, wet-bottom boiler ‖ **~käse** *m* (Nahr) / processed cheese ‖ **~kegel** *m* (Keram) / pyrometric cone*, fusible cone, melting cone, pyrometer cone ‖ **~keramik** *f* (Keram) / fused ceramics ‖ **~kitt** *m* (der erst durch Schmelzen verwendungsfähig ist) / hotmelt putty ‖ **~kleber** *m* / hot-melt adhesive, fusion adhesive, dry adhesive (US), thermoplastic adhesive, hot-setting adhesive ‖ **~klebstoff** *m* / hot-melt adhesive, fusion adhesive, dry adhesive (US), thermoplastic adhesive, hot-setting adhesive ‖ **~kondensation** *f* (Polykondensation, die als Substanzpolymerisation durchgeführt wird) (Chem) / melt condensation ‖ **~kopal** *m* (Anstr) / fused copal, run copal ‖ **~kornfeuerfeststoffe** *m pl* (Keram) / fused-grain refractories (refractories made predominantly from refractory substances which have solidified from a fused or molten conditions) ‖ **~kornstein** *m* (Keram) / fused-grain brick ‖ **~körper** *m pl* (nach Seger) (Keram, Wärm) / Seger cones*, fusion cones* ‖ **~korund** *m* / fused corundum, electrocorundum *n* ‖ **~kristallisation** *f* (aus der Schmelze) (Krist) / melt crystallization ‖ **~kühlung** *f* (Raumf) / ablative cooling, ablation cooling ‖ **~kurve** *f* (Phys) / melting curve ‖ **~leistung** *f* (z.B. eines Schmelzofens) / melting capacity ‖ **garantierte ~leistung** (in %) (Hütt) / returning charge* (in custom smelting) ‖ **~leiter** *m* (der Teil einer Sicherung, der dazu bestimmt ist, beim Ansprechen der Sicherung abzuschmelzen) (Eltech) / fuse-element* *n*, fusible element, fusing wire

**Schmelzleiter, Sicherung mit auswechselbarem ~** (in der BRD nicht zulässig) (Eltech) / bridge fuse (obsolete)*, rewirable fuse

**Schmelz•lösebehälter** *m* (Masch) / dissolving tank ‖ **~lotsicherung** *f* (Masch) / fusible plug*, safety plug ‖ **~lötung** *f* (Eltronik) / reflow soldering ‖ **~mylonit** *m* (Geol) / pseudotachylite* ‖ **~ofen** *m* (im allgemeinen) / melting furnace, melter *n* ‖ **~ofen** (für Erz) (Hütt) / smelting furnace, smelter *n* ‖ **~perle** *f* (Glas) / bead *n* ‖ **~perlentransistor** *m* (Eltronik) / meltback transistor* ‖ **~phosphat** *n* (Chem, Landw, Nahr) / condensed phosphate, thermal phosphate, calcined phosphate ‖ **saures ~pulver** (Schw) / fused-acid flux

**Schmelzpunkt** *m* (Phys) / melting-point* *n*, fusion point, mp*, fusing point* ‖ **~** (Phys) s. auch Erstarrungspunkt ‖ **inkongruenter ~** (Phys) / incongruent melting point ‖ **kongruenter ~** / congruent melting

point ‖ ~**erniedrigung** f (Phys) / melting-point depression ‖ ~**kurve** f (Phys) / melting curve ‖ ~**prüfung** f (Bau, HuT) / melting point test*, fusing point test* ‖ ~**schweißen** n (Schw) / fusion spot-welding
**Schmelz•raum** m / melting room ‖ ~**reduktionsverfahren** n (Hütt) / smelting reduction process ‖ ~**rinne** f (eines Rinnenofens) (Hütt) / melting channel ‖ ~**salz** n (für Schmelzkäse) (Nahr) / emulsifying salt ‖ ~**schneidelektrode** f / fusion cutting electrode ‖ ~**schneiden** n (thermisches Trennen durch örtliches Erwärmen des Werkstoff bis zum Schmelzfluß und Herausschleudern des flüssigen Werkstoffs aus der Schnittfuge mit oder ohne Schneidstrahl) (Masch) / fusion cutting ‖ ~**schweißen** n (DIN 1910, T 2) (Schw) / fusion welding* ‖ ~**schweißgeeignet** adj (Schw) / fusion-weldable adj ‖ ~**schweißnaht** f (Schw) / fusion weld ‖ ~**schweißplattierverfahren** n (Auftragsschweißen von Plattierungen) (Galv, Schw) / fusion cladding process ‖ ~**sicherung** f (Eltech) / fuse* n, fuze n (US), safety fuse* ‖ ~**spinell** m (aus Tonerde und Magnesitsinter) / fused spinel ‖ ~**spinnen** n (das Erspinnen synthetischer Chemiefasern aus dem geschmolzenen Granulat) (Plast, Tex) / melt-spinning* n, melt extrusion, extrusion* n ‖ ~**spinnverfahren** n (Plast, Tex) / melt-spinning* n, melt extrusion, extrusion* n ‖ ~**spleiß** m (ein LWL-Spleiß nach DIN VDE 0888, T 1) (Fernm) / fusion splice ‖ ~**stopfen** m (bei Wärmekraftmaschinen) (Masch) / fusible plug*, safety plug n ‖ ~**streichverfahren** n (Pap) / hot-melt coating ‖ ~**tauchbeschichten** n (Galv) / hot dipping, hot-dip coating, immersion plating, hot process, tip dipping ‖ ~**tauchen** n (Herstellen einer Schicht durch Eintauchen des Werkstücks in die Schmelze des Schichtmetalls - nach DIN 50 902) (Galv) / hot dipping, hot-dip coating, immersion plating, hot process, tip dipping ‖ ~**tauchen** (zum Aufbringen organischer Schutzschichten) (Masch) / hot dipping, hot-dip coating ‖ ~**tauchmetallisieren** n (Galv) / hot dipping, hot-dip coating, immersion plating, hot process, tip dipping ‖ ~**tauchschutzschicht** f (Galv) / hot-dipped coat, hot-dipped coating, hot-dip coat, hot dipping ‖ ~**tauchverfahren** n (Galv) / hot dipping, hot-dip coating, immersion plating, hot process, tip dipping ‖ ~**tauchverzinkung** f (Galv) / hot dip (galvanizing)*, hot galvanizing*, pot galvanizing ‖ ~**tauchverzinnen** n (Galv) / hot-dip tinning ‖ ~**teil** n (des Glaswannenofens) (Glas) / melter n, melting end ‖ ~**tellerextruder** m (Plast) / melting plate extruder ‖ ~**temperatur** f (Phys) / melting-point* n, fusion point, mp*, fusing point * ‖ ~**tiegel** m (Chem Verf, Hütt) / crucible* n, melting crucible ‖ ~**tiegel** (Klemp) / melting pot ‖ ~**tuff** m (Geol) / welded tuff*, welded pumice, ignimbrite* n, flood tuff, tuff lava ‖ ~**überhitzung** f (um bessere mechanische Eigenschaften im Gußstück zu erreichen) (Gieß) / melting superheat
**Schmelzung** f (Hütt) / smelting n, melting n ‖ ~ (Wärm) / fusion* n, melting n ‖ **Metall** n **erster** ~ (Hütt) / primary metal* ‖ **Metall zweiter** ~ (Hütt) / secondary metal*, remelt metal
**Schmelz•verbinden** n (Spritzen) (Schw) / fusing n ‖ ~**verdüsen** n (Pulv) / melt spinning ‖ **saures** ~**verfahren** (in der Stahlerzeugung) (Hütt) / acid process* ‖ **kontinuierliches** ~**verfahren** n (Hütt) / continuous melting process, contimelt process ‖ ~**verfahren** n **mit rotierender Elektrode** (Hütt) / rotating-electrode process, REP ‖ ~**wanne** f (als Teil des Wannenofens) (Glas) / melter n, melting end ‖ ~**wärme** f (eine Umwandlungswärme) (Phys, Wärm) / heat of fusion, latent heat of fusion ‖ ~**wärme** (Phys) s. auch Schmelzenthalpie ‖ ~**wasser** n / melt-water n ‖ ~**zeit** f (Hütt) / melting time ‖ ~**zentrifuge** f (Heliotechnik) / centrifugal furnace ‖ ~**zone** f (Glas) / melter n, melting zone ‖ ~**zone** n (des Hochofens) (Hütt) / melting zone ‖ ~**zone** (Schw) / fusion zone
**Schmerz•** (Med) / nociceptive* adj ‖ ~**empfindend** adj (Med) / nociceptive* adj ‖ ~**empfindungsrezeptor** m (Med) / nociceptor n ‖ ~**grenze** f (Schalldruckpegel oberhalb 120 dB bzw. Lautstärken oberhalb 120 phon) (Akus) / threshold of pain*, pain threshold ‖ ~**haft laut** (Akus) / ear-splitting adj ‖ ~**lindernd** adj (Med, Pharm) / analgesic adj, pain-relieving adj, painkilling adj, analgetic adj ‖ ~**linderndes Mittel** (Med, Pharm) / analgesic* n, anodyne n, painkiller n, analgetic n ‖ ~**linderung** f (Pharm) / alleviation of pain ‖ ~**schwelle** f (DIN 1320) (Akus) / threshold of pain*, pain threshold ‖ ~**stillend** adj (Med, Pharm) / analgesic adj, pain-relieving adj, painkilling adj, analgetic adj
**Schmetterlings•antenne** f (bei der die Schirmfläche der normalen Schlitzantenne wegen ihres Luftwiderstandes durch eine Rohrkonstruktion ersetzt wird) (Radio) / batwing antenna ‖ ~**diagramm** n (grafische Darstellung der Zonenwanderung der Fleckenhäufigkeit im Verlauf des Sonnenfleckenzyklus) (Astr) / butterfly diagram*, Maunder diagram ‖ ~**-Drehkondensator** m (dessen Rotorplattenschnitt an Schmetterlingsflügel erinnert) (Eltech) / butterfly capacitor ‖ ~**förmiger Zwilling** (z.B. beim Kalzit) (Krist, Min) / butterfly twin ‖ ~**karte** f (Kart) / butterfly map ‖ ~**kreis** m (Eltech) / butterfly circuit*
**Schmidfaktor** m (Verhältnis zwischen der in einem vorgegebenen Gleitsystem wirkenden Schubspannung und der im Zugversuch gemessenen Normalspannung) (Krist, WP) / Schmid's factor, Schmid factor
**Schmidt•-Argus-Rohr** n (Luftf) / pulse-jet* n, pulsating jet engine, aeropulse n, intermittent jet*, intermittent duct ‖ ~**-Hammer** m (zur Druckfestigkeitsprüfung des Betons in oberflächennahen Schichten) (HuT, WP) / rebound hammer, Schmidt rebound hammer, rebound tester ‖ ~**-Hartmann-Kessel** m (mit mittelbarer Dampferzeugung) (Masch) / Schmidt-Hartmann boiler ‖ ~**-Kamera** f (Astr, Opt) / Schmidt optical system*, Schmidt optics, Schmidt mirror system, Schmidt system, Schmidt camera ‖ ~**-Linien** f pl (Kurven für das magnetische Moment von Kernen in Abhängigkeit vom Spin - nach Th. Schmidt, 1908-) (Nukl) / Schmidt lines*, Schmidt limits* ‖ ~**-Netz** n (eine flächentreue Azimutalprojektion für die Darstellung von Gesteinsgefügen - nach dem österreichischen Mineralogen W. Schmidt, 1885 - 1945) (Geol, Krist) / Schmidt projection, Schmidt net (a coordinate system used to plot a Schmidt projection) ‖ ~**-Reaktion** f (bei der Carbonylverbindungen mit Stickstoffwassersäure in Gegenwart starker Mineralsäuren zu Stickstoffverbindungen umgelagert werden) (Chem) / Schmidt reaction, Schmidt rearrangement
**Schmidtsch•es Netz** (Geol, Krist) / Schmidt projection, Schmidt net (a coordinate system used to plot a Schmidt projection) ‖ ~**e Optik** (nach B. Schmidt, 1879-1935) (Astr, Opt) / Schmidt optical system*, Schmidt optics, Schmidt mirror system, Schmidt system, Schmidt camera
**Schmidt•sches Orthonormierungsverfahren** (nach E. Schmidt, 1876 - 1959) (Math) / Gram-Schmidt orthogonalization process ‖ ~**-Spiegel** m (Astr, Opt) / Schmidt telescope ‖ ~**-Spiegelsystem** n (Astr, Opt) / Schmidt optical system*, Schmidt optics, Schmidt mirror system, Schmidt system, Schmidt camera ‖ ~**-Spiegelteleskop** n (Astr, Opt) / Schmidt telescope ‖ ~**-Zahl** f (Kennzahl des Stoffübergangs, das Verhältnis der kinematischen Viskosität des Strömungsmediums zum Diffusionskoeffizienten - DIN 5491) (Phys) / Schmidt number, Sc
**Schmied** m / blacksmith n, smith n
**schmiedbar** adj / forgeable adj ‖ ~**es Eisen** (Hütt) / forging steel
**Schmiede** f / forge* n, smithy n ‖ ~**arbeit** f (Masch) / forging* n, smithing n ‖ ~**arbeit** (manuelle) (Masch) / hand forging, smith-forging ‖ ~**block** m (Hütt) / forging ingot ‖ ~**eisernes Gasrohr** (Masch) / gas barrel* ‖ ~**eiserner Nagel** (ein stählernes Verbindungsmittel) (Zimm) / wrought nail, rose nail ‖ ~**esse** f (Masch) / forge* n, hearth n ‖ ~**falte** f (beim Freiformschmieden) (Hütt, Masch) / lap* n ‖ ~**feuer** n (Masch) / forge* n, hearth n ‖ ~**gesenk** n (Werkzeug zum Gesenkschmieden) (Masch) / die* n, forging die, swage* n, swage die ‖ ~**grat** m (Masch) / forging burr, forging flash ‖ ~**gravur** f (Masch) / die impression ‖ ~**hammer** m (arbeitsgebundene Umformmaschine für die Warmumformung durch Freiform- bzw. Gesenkschmieden mit fallendem Bär) (Masch) / forging hammer ‖ ~**helfer** m (beim Handschmieden) (Masch) / hammerman* n, striker n ‖ ~**herd** m (Masch) / forge* n, hearth n ‖ ~**hitze** f (Masch) / forging heat ‖ ~**kohle** f / forge coal, smithy coal ‖ ~**kran** m (Masch) / forging crane ‖ ~**manipulator** m (Handhabeeinrichtung zum zweckgebundenen Bewegen erwärmter Werkstücke beim Freiformschmieden) (Masch) / forging manipulator ‖ ~**maschine** f (eine Umformmaschine) (Masch) / forging machine* ‖ ~**maß** (DIN 7527) (Masch) / forging dimension
**schmieden** v (DIN 8583) (Masch) / forge v ‖ **vom Stück** ~ (Masch) / forge from a billet ‖ ~ **im Gesenk** (Masch) / drop-forge v, dip-forge v ‖ ~ n (DIN 8583) (Masch) / forging* n, smithing n ‖ ~ **im Gesenk** (umschließendes Druckumformen) (Masch) / drop forging*, die forging, pressure forging*, drop stamping* ‖ ~ **im Taumelverfahren** (Hütt, Masch) / rotary forging ‖ ~ **von Hand** (Masch) / hand forging, smith-forging
**Schmiede•ofen** m (Masch) / forging furnace, forge furnace ‖ ~**perlitischer Stahl** (Hütt) / pearlitic forging steel ‖ ~**presse** f (für die Warmumformung von Metallen durch Freiformen und Gesenkformen) (Masch) / forging press ‖ ~**probe** f (Masch) / forge test*, forging test ‖ ~**riß** m (Masch) / forging crack ‖ ~**rohblock** m (als Anfangsform in Freiformschmiedebetrieben) (Masch) / biscuit n (for drop forging) ‖ ~**rohling** m (Masch) / biscuit n (for drop forging) ‖ ~**rohling** (im allgemeinen) (Masch) / forging stock ‖ ~**schlacke** f / clinker n (the stony residue from burnt coal or from a furnace) ‖ ~**schweißen** n (Schw) / forge welding, hammer welding, fire welding, smith welding ‖ ~**stück** n (Masch) / forging n, forged piece ‖ ~**stück aus Stahl** (DIN 7521 und 7522) (Masch) / steel forging ‖ ~**teil** n (Masch) / forging n, forged piece ‖ ~**walze** f (Masch) / forging roll ‖ ~**walzen** n (Hütt) / roll forging ‖ ~**werkstoff** m (Masch) / forging stock ‖ ~**zange** f (Masch) / forging tongs ‖ ~**zunder** m (Hütt, Masch) / hammer scale*, forging scale, forge scale, blacksmith's scale
**Schmiege** f (Tischl, Werkz, Zimm) / bevel* n (sliding) ‖ ~ (Tischl, Werkz, Zimm) s. auch Gliedermaßstab

**Schmiegebene**

**Schmieg•ebene** f (in der Differentialgeometrie) (Math) / osculating plane* ‖ **⁓kreis** m (Math) / circle of curvature*, osculating circle* ‖ **⁓kugel** f (Math) / sphere of curvature, osculating sphere*
**Schmiegsamkeit** f (Fähigkeit eines Gleitwerkstoffes, sich den Beanspruchungen - ohne bleibende Störung des Gleitverhaltens - durch elastische und elastisch-plastische Verformungen anzupassen) / sliding qualities
**Schmier•anlage** f / lubrication unit, greasing unit ‖ **⁓apparat** m (Masch) / lubricator n ‖ **⁓band** n (EDV) / scratch tape* ‖ **~blank** adj (Hütt) / grey-bright adj ‖ **⁓bohrung** f (in Zeichnungen) / lubrication hole ‖ **⁓bohrung** (Masch) / oil-hole n ‖ **⁓brand** m (verursacht durch Tilletia tritici) (Bot) / bunt n (of wheat)*, stinking smut ‖ **⁓büchse** f / oil cup ‖ **⁓druck** m (Masch) / lubrication pressure, lubricating pressure
**Schmiere** f / grease n, lubricating grease
**Schmiereinrichtung** f (Masch) / lubricator n
**schmieren** vi / smear vi ‖ ~ vt (auf etwas) / smear vt ‖ ~ v (mit Öl) / oil v ‖ ~ (fetten) (Leder) / stuff v ‖ ~ (zur Verminderung der Reibung sowie zur Abführung von Wärme) (Masch) / lubricate v, grease v ‖ **leicht ~** (Tinte, Farbe) / be very smeary ‖ **⁓** n (mit Öl) / oiling* n ‖ **⁓** (Faß-, Tafel-) (Leder) / currying n ‖ **⁓** (Fetten) (Leder) / stuffing n
**Schmierer** m (Person) (Masch) / greaser n, oiler n
**Schmier•fähigkeit** f / lubricity n, lubricating power ‖ **⁓fähigkeit** (Antihaftwirkung gegen das Festkleben in der Preßform) (Plast) / antiseizure property ‖ **⁓faß** n (zum Warmfetten) (Leder) / stuffing-drum n ‖ **⁓feder** f (Masch) / lubricator spring ‖ **⁓fett** n / grease n, lubricating grease ‖ **⁓fett** n / semisolid lubricant ‖ **⁓fett mit Textilgerüst** / yarn grease ‖ **⁓fett ohne Seife** (Masch) / non-soap grease ‖ **⁓film** n (im allgemeinen) / lubricant film, lubrication film ‖ **⁓film** (z.B. bei verschleißlosen Lagern) (Masch) / fluid film ‖ **⁓flüssigkeit** f / liquid lubricant ‖ **⁓gerät** n (Masch) / lubricator n ‖ **⁓hahn** m / oil cock
**schmierig** adj (im allgemeinen) / greasy adj, smeary adj ‖ ~ (Min) / unctuous adj ‖ ~ (Faserstoff) (Pap) / slow-draining adj, soft adj, wet adj ‖ **~er Faserstoff** (Pap) / wet stock, soft stock, wet stuff ‖ **~er Papierstoff** (Pap) / greasy pulp, dead-beaten pulp ‖ **~ sein** / smear vi ‖ **~er Stoff** (der langsam entwässert) (Pap) / wet stock, soft stock, wet stuff ‖ **~gemahlen** adj (Pap) / wet-beaten adj
**Schmierigkeit** f / greasiness n ‖ **⁓** (eines Faserstoffes) (Pap) / slowness n, wetness n, softness n
**Schmier•kanne** f / oilcan n, oiler n ‖ **⁓keil** m (Mech) / oil wedge, lubrication wedge ‖ **⁓keilwirkung** f (Mech) / wedge effect ‖ **⁓kissen** n (Masch) / oil pad ‖ **⁓kissen** (für die Schmierkissenschmierung) (Masch) / pad n ‖ **⁓kissenschmierung** f (Masch) / pad lubrication ‖ **⁓kopf** m (Masch) / grease fitting (nipple), lubricating nipple, lubricator nipple, lubrication fitting ‖ **⁓loch** n (DIN 1591) (Masch) / oil-hole n ‖ **⁓los** adj (Masch) / non-lubricated adj ‖ **⁓lötverbindung** f (von zwei Bleirohren) (Klemp) / wiped joint* ‖ **⁓medium** n / lubricant* n
**Schmiermittel** n / lubricant* n ‖ **⁓** (Glas) / mould dope, dope n ‖ **⁓ auf Basis fluorierter Kohlenwasserstoffe** / fluorolubricant n ‖ **⁓additiv** n / lubricant additive ‖ **⁓austritt** m (Masch) / lubricant leakage ‖ **erste ⁓füllung** / initial charge of lubricant ‖ **⁓reibung** f (Masch) / greasy friction, lubricant friction ‖ **⁓tasche** f (Masch) / lubrication pocket
**Schmier•nippel** m (schmutzdichter Verschluß an Schmierstellen) (Masch) / grease fitting (nipple), lubricating nipple, lubricator nipple, lubrication fitting ‖ **⁓nut** f (Masch) / lubricant groove, oil groove, lubrication groove ‖ **⁓nuten-Ziehmaschine** f (Masch) / oil-groove cutting machine
**Schmieröl** n (flüssiger Schmierstoff) / lubricating oil, lube oil ‖ **destilliertes ⁓** (Erdöl) / lube-oil distillate, lube distillate ‖ **mäßig raffiniertes ⁓ oder Verfahrensöl** (Erdöl) / pale oil ‖ **⁓ n mit verbesserter** (besserer) **Alterungsbeständigkeit** (nach DIN 51517) / lubricating oil with improved resistance to ageing ‖ **⁓destillat** n (Erdöl) / lube-oil distillate, lube distillate ‖ **⁓extraktion** f (Erdöl) / lube-oil extraction ‖ **⁓filter** n (Kfz, Masch) / oil filter ‖ **⁓fraktion** f (Erdöl) / lube fraction, lube cut, lube-oil distillate ‖ **⁓fraktionierung** f **mittels Flüssigpropan** (Erdöl) / propane fractionation ‖ **⁓hydrofinishing** n (Erdöl) / lube-oil hydrofining ‖ **⁓pumpe** f (Masch) / lubricant pump, lubrication pump ‖ **⁓raffinerie** f (Erdöl) / lube-oil refinery, lubrication-oil refinery
**Schmier•papier** n (Pap) / scribbling paper, rough paper ‖ **⁓plan** m (meist zeichnerische Darstellung, die eine Übersicht über Art und Lage der Schmierstellen einer Maschine, einer Anlage oder eines Betriebes sowie die dafür erforderlichen Schmierstoffe nach Art und Menge und ggf. Ausführ- und Kontrolltermine enthält) (F.Org) / lubrication chart ‖ **⁓platte** f (EDV) / scratch disk ‖ **⁓polster** n (Masch) / oil pad ‖ **⁓presse** f (Masch) / grease-gun* n ‖ **⁓pumpe** f (Masch) / lubricant pump, lubrication pump ‖ **⁓ring** m (Masch) / oiling ring* ‖ **⁓seife** f (meistens mit Kolophoniumzusatz) / yellow soap ‖ **⁓seife** (Seife von streichfähiger Konsistenz, die aus billigen Pflanzenölen durch Verseifung mit Kalilauge hergestellt wird) (Chem) / soft soap*, liquid green soap ‖ **⁓spalthöhe** f (Masch) / lubrication clearance height ‖ **⁓stelle** f (meistens in der Einzelschmierung) (Masch) / greasing point, point of lubrication, lubrication point ‖ **⁓stelle** (an Spritzlingen) (Plast) / smudge n

**Schmierstoff** m (Substanz, die zwischen die Oberflächen von tribologisch beanspruchten Körpern gebracht wird, um Reibung und Verschleiß zu vermindern und Wärme abzuführen) / lubricant* n ‖ **flüssiger ⁓** / liquid lubricant ‖ **gasförmiger ⁓** / gaseous lubricant ‖ **konsistenter ⁓** (meistens ein flüssiger Grundöl und einem Eindicker) / semisolid lubricant ‖ **synthetischer ⁓** / synthetic lubricant ‖ **⁓** m **auf Erdölbasis** (Erdöl) / petroleum lubricant ‖ **⁓ mit Zusätzen** / lubricant with additives ‖ **⁓additiv** n / lubricant additive ‖ **⁓benetzbarkeit** f / lubricant wettability ‖ **⁓bindemittel** n / lubricant binder ‖ **⁓durchsatz** m (Masch) / lubricant consumption ‖ **⁓verbrauch** m (Masch) / lubricant consumption ‖ **⁓versorgung** f (Masch) / lubricant supply ‖ **⁓verteilernut** f (Masch) / spreader n ‖ **⁓zähigkeit** f (DIN 51502) (Masch) / lubricant viscosity
**Schmiersystem** n (Masch) / lubrication system, lubricating system
**Schmierung** f (zur Verminderung von Verschleiß, von Oberflächenschäden und/oder der Reibungskraft) (Masch) / lubrication n, lubricating n ‖ **elastohydrodynamische ⁓** / elastohydrodynamic lubrication ‖ **gasstatische ⁓** (eine Gasschmierung) (Masch) / aerostatic lubrication ‖ **geleitete ⁓** (Masch) / directed lubrication ‖ **hydrodynamische ⁓** (Trennung von Kontaktpartnern durch einen flüssigen Schmierfilm, der durch die Relativbewegung erzeugt wird) (mittels Flüssigkeiten) (Masch) / hydrodynamic lubrication*, complete lubrication, thick-film lubrication*, viscous lubrication ‖ **ideale ⁓** (die zur Flüssigkeitsreibung führt) / fluid lubrication*, fluid-film lubrication, liquid-film lubrication ‖ **kontinuierliche ⁓** (eine Methode der Schmierstoffversorgung) / continuous lubrication ‖ **manuelle ⁓** (Masch) / hand greasing, hand lubrication ‖ **periodische ⁓** (Masch) / periodical lubrication, intermittent lubrication ‖ **vollflüssige ⁓** (mittels Flüssigkeiten) (Masch) / hydrodynamic lubrication*, complete lubrication, thick-film lubrication*, viscous lubrication ‖ **⁓ f durch hydrodynamische Kräfte** (mittels Flüssigkeiten) (Masch) / hydrodynamic lubrication*, complete lubrication, thick-film lubrication*, viscous lubrication ‖ **⁓ im Mischreibungsgebiet** (Schmierzustand, bei dem sowohl Flüssigkeitsschmierung als auch Grenzschmierung durchgeführt werden) (Masch) / mixed-film lubrication
**Schmier•wart** m (Person) (Masch) / greaser n, oiler n ‖ **⁓zinn** n (Hütt) / tallow tin
**Schmink•spiegel** m (Kfz) / vanity mirror ‖ **⁓wurz** f (Bot) / alkanet n, dyer's alkanet
**Schmirgel** m (Min) / emery* n ‖ **⁓agglomerat** n / emery cake ‖ **⁓leinen** n / emery-cloth* n ‖ **⁓leinwand** f / emery-cloth* n
**schmirgeln** v / emery v, rub down with an emery-paper or emery-cloth, emery off v, emery away v
**Schmirgel•papier** n / emery-paper* n ‖ **⁓pulverkörper** m / emery cake ‖ **⁓scheibe** f / emery-wheel* n
**Schmitt•-Schaltung** f (Eltronik, Fernm) / Schmitt trigger* ‖ **⁓-Trigger** m (ein Schaltverstärker) (Eltronik, Fernm) / Schmitt trigger* ‖ **⁓-Triggerschaltung** f (mit zwei Spannungsschwellen) (Eltronik, Fernm) / Schmitt trigger*
**Schmitz** m (Walzenschmitz, Farbschmitz, Druckschmitz und Fallschmitz) (Druck) / slur* n, mackle* n, blur* n ‖ **⁓** (Web) / furrow n
**Schmitze** f (dünne, linsenförmige Gesteinseinlagerung mit anderer Zusammensetzung als das Nebengestein, z.B. aus Kohle) (Bergb, Geol) / shed n ‖ **⁓** (Web) / furrow n
**schmitzen** v (Druck) / slur v, mackle v, blur v
**Schmolzziegel** m (Bau) / shipper* n
**schmoren** v (Kontakte) (Eltech) / scorch vi ‖ ~ (kurz anbraten und dann in Brühe oder Fond langsam gar werden lassen) (Nahr) / braise v, stew v ‖ ~ (von Kontakten) (Eltech) / scorching n
**Schmorkontakt** m (Eltech) / fusing contact
**Schmp.** (Phys) / melting-point* n, fusion point, mp*, fusing point*
**Schmuck•-** / decorative adj ‖ **⁓email** n / jeweller's enamel
**schmücken** v / ornament v, decorate v
**schmückend** adj / decorative adj ‖ **⁓** / ornamental adj
**Schmuck•farbe** f (eine Druckfarbe) (Druck) / decorative ink ‖ **⁓kästchen** n (Astr) / Jewel Box, Jewel Box Cluster ‖ **⁓legierung** f (Hütt) / jewellery alloy, jewelry alloy (US) ‖ **⁓stein** m (undurchsichtiger Edelstein) / gem n, jewel n, gemstone n (US), ornamental stone ‖ **Brasilianische ⁓tanne** (For) / parana pine*, Parana pine, Brazilian pine
**Schmutz** m (Tex) / dirt* n, soil n, grime n ‖ **⁓ablagerung** f (Anstr) / dirt collection ‖ **⁓ablagerung** (Tex) / dirt* n, soil n, grime n ‖ **⁓ablagerung auf saugenden Steinen** (Bau) / ghosting n, pattern staining*, ghost marking ‖ **~abstoßend** adj (durch eine spezielle Ausrüstung) (Tex) / dirt-repellent adj, soil-repellent adj, stain-repellent adj, stain-resistant adj ‖ **~abweisend** adj (Stoff,

Teppich) (Tex) / low-soiling adj ‖ ~abweisend (durch eine spezielle Ausrüstung) (Tex) / dirt-repellent adj, soil-repellent adj, stain-repellent adj, stain-resistant adj ‖ ~abweisende Ausrüstung (Tex) / stain-release finish ‖ ~abweisende Eigenschaft (des Anstrichs) (Anstr) / dirt resistance ‖ ~abweiser m (Kfz) / splash guard, mud-flap n ‖ ~anfällig sein / mark vi, soil vi ‖ ~ansammlung f (Anstr) / dirt collection ‖ ~ansatzstelle f (Tex) / soil-holding site ‖ ~auswaschbarkeit f (Tex) / soil release (SR) ‖ ~beiwert m (z.B. Einwohnergleichwert) (Umwelt) / pollution index ‖ ~belastete Waschlauge (Tex) / used detergent solution ‖ ~bogen m (Druck) / set-off sheet ‖ ~bogen (Druck) / waste sheet, spoiled sheet ‖ **Bildung von Durchschlagmustern oder von ~fahnen** (an hellen Wänden oder Decken infolge ungleicher Wärmeleitfähigkeit und Feuchtigkeit) (Bau) / ghosting n, pattern staining*, ghost marking ‖ ~fänger m (im allgemeinen) / dirt trap ‖ ~fänger (Kfz) / splash guard, mud-flap n ‖ ~fänger (Masch) / sediment separator, dirt box ‖ ~fänger in Schrägsitzausführung (Masch) / Y-pattern strainer ‖ ~farbe f / dirty colour ‖ ~fleck m (Glas) / sugar n ‖ ~fleck (Tex) / smudge n, soil n, stain n, blotch n, spot n, smear n ‖ ~flotte f (Tex) / used detergent solution ‖ ~fracht f (Wasserb) / pollutant loading, pollutant charge ‖ ~gehalt m (Tex) / dirt content ‖ ~haftung f (Tex) / soil adherence ‖ ~hahn m / mud cock

**schmutzig** adj / dirty adj, foul adj ‖ **~e Farbe** / dirty colour ‖ **~e Ladung** (meistens schwere Öle) (Erdöl, Schiff) / dirty cargo, black cargo ‖ **~e Wäsche** (Waschgut im Anlieferzustand in der Wäscherei) (Tex) / soiled linen, washing n (dirty) ‖ **~es Wasser** (Bau, Sanitär) / foul water* ‖ **~es Weiß** (Anstr) / off-white n

**schmutzig·grün** adj / dull-green adj ‖ **~weiß** adj / off-white adj

**Schmutz·lösevermögen** n (Tex) / dirt-dissolving capacity, soil-removing property, dirt-dissolving power ‖ **~partikel** n f / dirt particle ‖ **~raum** m (der Zentrifuge) / dirt-holding space ‖ **~redeposition** f ("Vergrauung") (Tex) / soil redeposition, redeposition of soil, SRD ‖ **~schutzblende** f (an Luftansaugsöffnungen) (Bau) / antismudge ring ‖ **~stelle** f (Tex) / smudge n, soil n, stain n, blotch n, spot n, smear n ‖ **~stoff** m (Umwelt) / contaminant n ‖ **~stoff** (Umwelt) / pollutant n, polluting agent, contaminant n ‖ **~teilchen** n / dirt particle ‖ **~test** m (Tex) / soiling test ‖ **~testgewebe** n (Tex) / test-soiled fabric ‖ **~titel** m (Typog) / half-title* n, bastard-title*, fly-title n ‖ **~träger** m (Bestandteil eines Waschmittels, der verhindern soll, daß der von der Faser abgelöste Schmutz aus der Flotte wieder auf die Faser aufzieht) (Tex) / anti-redeposition agent ‖ **~träger** (im allgemeinen) (Tex) / soil carrier ‖ **~tragevermögen** n (Eigenschaft der Waschflotte) (Tex) / anti-redeposition power, soil-suspending property, soil-carrying capacity ‖ **~walke** f (Tex) / grease fulling (US), grease milling (GB) ‖ **~wäsche** f (Waschgut im Anlieferzustand in der Wäscherei) (Tex) / soiled linen, washing n (dirty)

**Schmutzwasser** n (im Haushalt) / slops pl (waste water) ‖ **~** (Bau, Sanitär) / foul water* ‖ **~** (durch Gebrauch verunreinigtes) (Sanitär, Umwelt) / sewage n (foul)*, waste n, waste-water n, effluent* n, sewerage n (US), sanitary sewage ‖ **~-Hausanschlußleitung** f (Sanitär) / waste pipe ‖ **~leitung** f (z.B. in der Trennkanalisation) (HuT, Sanitär) / foul sewer, sanitary sewer (US) ‖ **~überfall** m (Wasserb) / waste weir

**Schmutz·wolle** f (besonders fettige) (Tex) / sappy wool ‖ **~wolle** (frisch geschorene, ungewaschene) (Tex) / grease wool, greasy wool, wool in the suint, yolk wool, wool in the grease ‖ **~zulage** f (Lohnzulage wegen der Schmutzigkeit der zu verrichtenden Arbeit) (F.Org) / dirty money

**Schnabel** m (der Schieblehre) / jaw* n ‖ **~** / spout n, beak n ‖ **~** (des Tiefladewagens für Schwerlasttransporte) (Bahn) / cantilever arm ‖ **~zange** f (Masch) / long-nose pliers ‖ **~zwinge** f (in der handwerklichen Holzverarbeitung eingesetztes plaztsparendes Spannelement) (Tischl) / hand clamp

**Schnalle** f (Masch) / clasp n ‖ **~** (Spange) (Masch) / buckle* n

**Schnapp·anschluß** m (Eltronik) / snap-on connection, clip-type connection ‖ **~befestigung** f / snap-on fixing

**schnappen lassen** (plötzlich loslassen) / trip v ‖ **~ lassen** (Bau, HuT) / snap v (the line)*

**Schnapper** m pl (EDV) / snap-to guides

**Schnäpper** m (Bau) / catch n, catcher n

**Schnapp·feder** f (Masch) / catch spring ‖ **~riegel** m (Bau) / latch n, latch bolt (US) ‖ **~ring** m (Masch) / snap ring ‖ **~schalter** m (mit Sprungantrieb) / snap switch*, quick make-and-break switch*, snap-action switch ‖ **~schuß** m (eine Momentaufnahme) (Foto) / snapshot n ‖ **~verbindung** f (Eltronik) / snap-on connection, clip-type connection ‖ **~verbindung** (formschlüssige Verbindung, bei der das Verbindungselement beim Fügen durch elastische Formen in einem Durchbruch oder in einer Aussparung des zu fügenden Bauelements bzw. Gegenstücks einschnappt) (Masch) / snap connection ‖ **~verschluß** m (Masch) / spring catch

**Schnarchventil** n (Masch) / snifting valve, puppet clack, puppet valve

**Schnarre** f (Fernm) / buzzer* n

**Schnarrer** m (Fernm) / buzzer* n

**Schnarrsummer** m (Fernm) / buzzer* n

**Schnate** f (Leder) / crack n

**Schnatte** f (Leder) / crack n

**Schnatter** m (Anschlagmittel für Fässer aus Tauwerk, bei dem eine Kausche so eingespleißt ist, daß eine Schlinge gebildet wird) (Schiff) / cask sling, barrel sling, puncheon sling

**Schnattern** n (Masch) / chatter* n

**Schnauze** f (z.B. einer Kanne) / spout n ‖ **~** (der Schnauzenpfanne) (Gieß) / lip n ‖ **~** (eines Damms) (Wasserb) / lip n ‖ **mit ~** / spouted adj

**Schnauzenschere** f (Glas) / pinchers pl, pincers pl, lip tool

**Schnecke** f (des Mähdreschers) (Landw) / feed auger, auger n ‖ **~** (Masch) / worm* n, perpetual screw, screw n ‖ **~** (Masch) s. auch Globoid-, Kegel- und Zylinderschnecke ‖ **eingängige ~** (Masch) / single-start worm ‖ **mehrgängige ~** (Masch) / multistart worm* ‖ **Pascalsche ~** (ebene algebraische Kurve 4. Ordnung) (Math) / limaçon* n, Pascal's limaçon ‖ **zweigängige ~** (Plast) / double-thread extrusion screw

**Schnecken·antrieb** m (Masch) / worm drive, wormwheel drive ‖ **~auge** n (einer Wendeltreppe) (Bau) / open newel, hollow newel* ‖ **~bohren** n (in bindigem Lockergestein) (Bergb, HuT) / auger drilling ‖ **~bohrer** m (Bergb, HuT) / worm auger, helical auger ‖ **~bohrer** (mit Ringgriff) (Zimm) / gimlet n, wimble n, auger n ‖ **~bohrpfahl** m (HuT) / screw pile*, Braitwaite pile ‖ **~einspritzung** f (Plast) / screw injection ‖ **~extruder** m (Plast) / screw extruder ‖ **~förderer** m (mechanischer Stetigförderer) (Masch) / worm conveyor*, screw conveyor*, spiral conveyor ‖ **~fräser** m (Wälzfräser zum Herstellen von Schnecken im Abwälzverfahren) (Masch) / worm milling cutter ‖ **~fräsmaschine** f (ein- oder zweispindlige Maschine zur Gewinde- und Schneckenherstellung mit Scheiben- oder Fingerfräsern) (Masch) / thread milling machine ‖ **~gang** m (Masch) / flight* n ‖ **~getriebe** n (Paarung von Schnecke und Schneckenrad) (Masch) / worm gear (drive)* ‖ **doppelt einhüllendes ~getriebe** (Masch) / Hindley worm gear, double enveloping worm gear pair, globoidal worm gear, worm gearing, enveloping worm drive, hourglass worm drive ‖ **~kneter** m (Masch) / screw mixer ‖ **~lenkung** f (mit Lenkfinger) (Kfz) / worm-and-wheel steering gear*, cam-and-lever steering gear ‖ **~lenkung mit Lenkrolle** (Kfz) / Gemmer steering, roller steering, worm-and-roller steering ‖ **~lenkung mit Schneckensegment** (Kfz) / worm-and-sector steering gear ‖ **~linie** f (Math) / helix* n (circular) (pl. helices or -es), cylindrical helix ‖ **~mischer** m (Masch) / screw mixer ‖ **senkrecht arbeitender ~mischer** (z.B. Vertamix) / screw mixer with vertical screw ‖ **~mischer m mit unterbrochenen Schneckenflügeln** (z.B. ein Ko-Kneter) / screw mixer with interrupted blades ‖ **~presse** f (eine Aufbereitungs- und Formgebungsmaschine) (Keram) / auger n (for moist clay and similar bodies) ‖ **~presse** m (Plast) / screw extruder ‖ **~pumpe** f (Masch) / spiral pump ‖ **~pumpe** s. auch Schraubenpumpe ‖ **~rad** n (Gegenrad zur Globoidschnecke) (Masch) / wormwheel* n ‖ **~raddifferential** n (Kfz) / Torsen differential ‖ **~radfräser** m (Masch) / wormwheel hob ‖ **~radfräsen** n (Masch) / wormwheel hobbing ‖ **~radwälzfräser** m (Masch) / wormwheel hob ‖ **~rollenlenkung** f (Kfz) / Gemmer steering, roller steering, worm-and-roller steering ‖ **~rollenlenkung mit Zahnsegment** (Kfz) / worm-and-roller steering with toothed segment ‖ **~schälen** (der Zahnräder) (Masch) / skiving n ‖ **~spritzgießen** n (z.B. Fließgußverfahren oder Intrusionsverfahren) (Plast) / screw injection moulding ‖ **~stirnrad** n (Gegenrad zur Globoidschnecke) (Masch) / wormwheel* n ‖ **~strangpresse** f (Plast) / screw extruder ‖ **~trieb** m (Masch) / worm drive, wormwheel drive ‖ **~triebsäge** f / worm-drive saw ‖ **~trieur** m (Landw) / seed grader of spiral type ‖ **~trockner** m / screw drying conveyor (a conveyor in which the trough is heated and the screw shaft can also be heated for drying), screw conveyor drier ‖ **~zahn** m (Masch) / worm thread ‖ **~zahnstange** f (Schraubgetriebe an Werkzeugmaschinen) (Masch) / worm rack ‖ **~zylinderrad** n (Gegenrad zur Globoidschnecke) (Masch) / wormwheel* n

**Schnee** m (Meteor) / snow* n, SN ‖ **~** (als Niederschlagsmenge) (Meteor) / snowfall n ‖ **~** (weiße Flecken) (TV) / snow* n ‖ **ewiger ~** (Geol) / perpetual snow, everlasting snow ‖ **festgefahrener ~** (Kfz, Meteor) / snow concrete, snowcrete n ‖ **nasser ~** (Meteor) / wet snow ‖ **verfestigter ~** (auf dem Boden) (Kfz, Meteor) / compacted snow

**Schnee·** (Geol, Meteor) / nival adj ‖ **~ausstecher** m (Meteor) / snow sampler, snow tube ‖ **~bedeckt** adj / snow-covered adj ‖ **~brei** m (Kfz, Meteor) / snow-broth n ‖ **~decke** f / snow cover, snow mantle ‖ **~dichte** f (Meteor) / snow density ‖ **~Erosion** f (die auf der Wirkung des abgleitenden Firns oder Schnees beruhende Abtragung des Untergrunds) (Geol, Geophys) / nivation n, snow patch erosion ‖ **~-Erzeuger** m (Masch) / snow gun n, snow-making machine, snow cannon ‖ **~fahne** f (infolge starken Windes von den Gipfeln der Berge ausgehender Schwaden von Schneestaub) (Meteor) / plume* n (of snow) ‖ **~fall** m (Meteor) / snowfall n, snowing n ‖ **~fang** m (Bau) / roof-guard* n, snow board*, gutter board*, snow guard* ‖ **~fanggitter** n (Bau) / roof-guard* n, snow board*, gutter board*,

**Schneefeld**

snow guard* ‖ **⁓feld** *n* (größeres zusammenhängendes Gebiet mit dicker ebener Schneedecke) (Geol) / snowfield *n* ‖ **geneigte ⁓fläche** (Land- und See-Eis verbindende) (Geol) / ramp *n* ‖ **⁓flockeneffekt** *m* (Druck) / missing dots, snowflakes *pl* ‖ **⁓flockenkurve** *f* (Math) / Koch curve ‖ **⁓fräse** *f* (ein Schneeräumgerät) (HuT, Kfz) / rotary snow-plough ‖ **⁓frei** *adj* / free of snow ‖ **⁓grenze** *f* (Meteor) / snowline *n* ‖ **klimatische ⁓grenze** (Meteor) / climatic snowline ‖ **⁓haftung** *f* (des Reifens) (Kfz) / grip on snow ‖ **⁓kanone** *f* (Masch) / snow gun *n*, snow-making machine, snow cannon ‖ **⁓kette** *f* (Kfz) / snow chain (a tyre-chain) ‖ **⁓kufe** *f* / ski *n* ‖ **⁓kufen-Flugzeug** *n* (Luftf) / ski plane ‖ **⁓last** *f* (ein Lastfall) (HuT) / snow load* ‖ **⁓lawine** *f* (Meteor) / avalanche *n*, snowslide *n* ‖ **⁓matsch** *m* (Kfz, Meteor) / snow-broth *n* ‖ **⁓messer** *m* (Meteor) / snow-gauge *n* ‖ **⁓meßlatte** *f* (Meteor) / snow stake ‖ **⁓mobil** *n* (Kfz) / snowmobile *n*, skimobile *n*, snow machine ‖ **⁓pegel** *m* (Meteor) / snow stake ‖ **⁓pflug** *m* (ein Schneeräumgerät) (Bahn, HuT, Kfz) / snowplough *n*, snowplow *n* (US), plough *n* ‖ **⁓probe** *f* (Meteor) / snow sample ‖ **⁓räumdienst** *m* (Bahn, HuT) / snow-removal service ‖ **⁓räumer** *m* (Bahn, HuT) / snow-clearing machine, snow-removing machine ‖ **⁓räumfahrzeug** *n* (Bahn, HuT) / snow-clearing machine, snow-removing machine ‖ **⁓räumgerät** *n* (HuT, Kfz) / snow-removal equipment, snow-clearing equipment ‖ **⁓regen** *m* (Meteor) / rain and snow mixed, sleet *n* ‖ **⁓schaden** *m* (For, HuT) / snow damage ‖ **⁓schauer** *m* (rasch vorübergehender Schneefall) (Meteor) / snow shower, flurry of snow, SNSH ‖ **⁓schaufel** *f* / snow shovel ‖ **⁓schippe** *f* / snow shovel ‖ **⁓schlamm** *m* (Schnee, der von Wasser durchtränkt ist und auf dem Land oder Eis liegt, oder eine zähe schwimmende Masse, die nach starkem Schneefall im abgekühlten Wasser entstanden ist) (Meteor) / slush ice, ice ‖ **⁓schleuder** *f* (ein Schneeräumgerät) (HuT, Kfz) / snowblower *n*, snow thrower ‖ **⁓schleudermaschine** *f* (HuT, Kfz) / snowblower *n*, snow thrower ‖ **⁓schliff** *m* (Geol) / snow (wind) corrasion ‖ **⁓schmelze** *f* (Meteor, Wasserb) / snowmelt *n* ‖ **⁓schutzzaun** *m* / snow fence ‖ **⁓setzung** *f* (Geol) / snow tremor, snowquake *n* ‖ **⁓sicher** *adj* (Wintersportgebiet) / snowsure *adj* ‖ **⁓sturm** *m* (Meteor) / snowstorm *n* ‖ **⁓treiben** *n* (vom Wind übermannshoch aufgewirbelter Schnee, der die Sichtweite in Augenhöhe stark beeinträchtigt, so daß Himmel und Sonne verschleiert erscheinen) (Meteor) / drifting snow ‖ **⁓verwehung** *f* (Meteor) / snow-bank *n* ‖ **⁓wehe** *f* (Meteor) / snowdrift *n* ‖ **⁓weiß** *adj* / snow-white *adj* ‖ **⁓zaun** *m* / snow fence

**Schneid·abfall** *m* (Druck, Pap) / trim *n*, trim waste, trimmings *pl* ‖ **⁓abfallabsaugung** *f* (Druck) / trims exhaustion ‖ **⁓backe** *f* (Masch) / cutting (screw) die

**schneidbar** *adj* / cuttable *adj*, sectile *adj* ‖ **nicht ⁓** / insectile *adj*

**Schneid·brenner** *m* (im allgemeinen) (Masch) / cutting blowpipe, cutting torch ‖ **⁓brenner** *n* (das Arbeitsgerät zum autogenen Brennschneiden) (Masch) / oxyacetylene torch, acetylene torch, gas-cutting torch, oxyacetylene burner, oxyacetylene blowpipe ‖ **⁓brennerdüse** *f* (Masch) / cutting tip, cutting nozzle, cutting torch tip ‖ **⁓brennermundstück** *n* (Masch) / cutting tip, cutting nozzle, cutting torch tip ‖ **⁓diamant** *m* / cutting diamond ‖ **⁓dose** *f* (Akus) / cutter* *n*, phonograph cutter ‖ **⁓düse** *f* (Masch) / cutting tip, cutting nozzle, cutting torch tip

**Schneide** *f* (Eltech, Masch) / blade* *n* ‖ **⁓** (z.B. des Schrappers, der Baggerschaufel) (HuT) / cutting edge ‖ **⁓** (des Senkbrunnens) (HuT) / cutting curb, drum-curb *n* ‖ **⁓** (der Waage) (Instr) / knife edge* ‖ **⁓** (des Bohrers) (Masch) / cutting lip, lip *n* ‖ **⁓** (des Zentrumbohrers) (Tischl) / router* *n* ‖ **⁓** (in der Mitte der becherartigen Schaufel der Pelton-Turbine) (Wasserb) / splitter *n* ‖ **⁓** (DIN 8588) (Werkz) / tool edge ‖ **⁓** (der Axt, des Beils) (Werkz) / bit *n*, cutting edge ‖ **gefaste ⁓** (Masch) / chamfered cutting edge

**Schneidebene** *f* (die Tangentialebene an die Schneidbewegungsfläche im betrachteten Schneidenpunkt) (Masch) / cutting plane

**Schneide·diamant** *m* (Glas) / diamond *n*, glazier's diamond ‖ **⁓holz** *n* (zum Sägen) (For) / saw timber

**Schneideisen** *n* (zum Gewindeschneiden - in runder oder sechskantiger Ausführung) (Masch) / die* *n*, screwing die* ‖ **⁓halter** *m* (DIN 225) (Masch) / die-stock* *n*, hand diestock (US), die holder (for threading)

**Schneidekopf** *m* (Eltronik) / cutting head

**Schneidelektrode** *f* (Masch) / cutting electrode

**Schneide·meister** *m* (Film) / editor* *n*, cutter *n* ‖ **⁓messer** *n* (Werkz) / knife* *n* ‖ **⁓metall** *n* (Hütt) / cutting tool metall ‖ **⁓metall** s. auch Stellit

**schneiden** *v* (auftrennen - Blech) / cut *v* ‖ **⁓** (sichs) / cross *v*, intersect *v* ‖ **⁓** (Film) / cut* *v*, edit *v* ‖ **⁓** (beschneiden) (For) / prune *v*, delimber *v* ‖ **⁓** (Leder, Tex) / cut *v* ‖ **⁓** (DIN 8580) (Masch) / cut *v* ‖ **Borten ⁓** (Glas) / edge *v* ‖ **"schneiden"** (beim Überholen) (Kfz) / cut in *v* ‖ **sich ⁓** (Math) / intersect *vi* ‖ **sich ⁓ lassen** (For) / saw *vi* ‖ **⁓** *n* (z.B. von Blech) / shearing *n* ‖ **⁓** (Film) / cutting* *n*, editing* *n* ‖ **⁓** (Leder, Tex) / cutting *n* ‖ **⁓** (Zerteilen nach DIN 8588) (Masch) / cutting *n* ‖ **autogenes ⁓** (Schw) / gas-cutting *n*, oxygen cutting, flame cutting*, oxy-cutting *n* ‖ **thermisches ⁓** (z.B. Brenn- oder Lichtbogenschneiden nach DIN 2310, T 1) (Masch) / thermal cutting ‖ **⁓** *n* **in Würfel** (Nahr) / dicing *n* ‖ **⁓ mit Lichtbogen** (Masch) / arc cutting ‖ **⁓ nach Stahlblechschablone** (Masch) / cutting to steel template ‖ **⁓ unter Wasser** (Masch) / underwater cutting*

**schneidend** *adj* / keen *adj* ‖ **⁓** (Math) / secant *adj* ‖ **⁓** (Kälte) (Meteor, Physiol) / nipping *adj*, biting *adj*, piercing *adj*, bitter *adj* ‖ **⁓es Streichmaß** (Zimm) / cutting gauge*

**Schneiden·ebene** *f* (eine die Schneide enthaltende Ebene senkrecht zur jeweiligen Wirk- bzw. Werkzeug-Bezugsebene) (Werkz) / cutting edge plane ‖ **⁓ecke** *f* (Stelle, an der eine Hauptschneide und eine Nebenschneide zusammentreffen) (Masch, Werkz) / nose *n* ‖ **⁓flugkreis** *m* (For, Werkz) / cutting circle ‖ **⁓geometrie** *f* (Masch) / tool geometry ‖ **⁓-Normalebene** *f* (Werkz) / cutting-edge normal plane ‖ **⁓planimeter** *n* / hatchet planimeter ‖ **Foucaultsches ⁓verfahren** (zur Kontrolle sphärischer Flächen von Linsen und Spiegeln - heute restlos überholt) (Opt) / Foucault knife-edge test* ‖ **⁓verschleiß** *m* (Werkz) / tool-edge wear ‖ **⁓werkstoff** *m* (Masch, Werkz) / cutting tool material, cutting material

**Schneider** *m* (Masch) / cutting machine*, cutter *n* ‖ **⁓-** (maßgeschneidert) (Tex) / tailor-made *adj*, made-to-measure *adj*, made-to-order *adj*

**Schneideraum** *m* (Film) / cutting room

**Schneiderei-Zubehör** *n* (Tex) / findings *pl* (US) (small articles and tools used in making garments and shoes)

**Schneider·kreide** *f* (gepreßter Talk) (Tex) / tailor's chalk, Venetian chalk, French chalk (for marking fabrics), soap chalk ‖ **⁓leinen** *n* (z.B. Steifleinen, Wattierleinen) (Tex) / brown cloth, tailor's canvas

**schneidern** *v* (Tex) / tailor *v*

**Schneide·tisch** *m* (Film) / editing bench, editing table, cutting table ‖ **⁓werk** *n* **der Druckmaschine** (im Rollendruck) (Typog) / cut-off* *n*

**schneid·fähig** *adj* / able to cut ‖ **⁓fläche** *f* (die mit der gegenüber liegenden Schneidfläche den Schneidkeil bildet) (Werkz) / cutting surface ‖ **⁓flamme** *f* (Schw) / cutting flame ‖ **⁓flüssigkeit** *f* (Bohröl) (Masch) / cutting fluid, cutting solution, cutting compound* ‖ **⁓fuge** *f* (Schw) / kerf *n* ‖ **⁓fuge** (Zimm) / kerf*, saw-kerf *n* ‖ **⁓gas** *n* / cutting gas ‖ **⁓gebläse** *n* (ein altes Wurfgebläse) (Landw) / chopper-blower *n* ‖ **⁓geeignet** *adj* / cuttable *adj*, sectile *adj* ‖ **⁓gewinde** *n* (Gewinde, das das Gegengewinde /Mutterngewinde/ beim Einschrauben selbst herstellt /schneidet/) (Masch) / self-cutting thread ‖ **⁓gewinde** (Masch) s. auch Gewindeschneidschraube ‖ **⁓haltigkeit** *f* (DIN 6583) (Werkz) / edge-holding *n* (property), wearing resistance of a tool edge ‖ **⁓hilfsstoffe** *m pl* / cutting consumables ‖ **⁓impuls** *m* (auf der Steuerspur eines Videomagnetbandes) (Film) / editing pulse ‖ **⁓kaliber** *n* (Hütt) / cutting gauge ‖ **⁓kamm** *m* (eine gerad- oder schrägverzahnte Zahnstange zum Wälzstoßen) (Masch) / rack cutter, cutting rack, rack-form cutter ‖ **⁓kante** *f* (Glas) / edge as cut, rough edge, raw edge ‖ **⁓kante** (Masch) / cutting edge ‖ **⁓keil** *m* (Keil am Schneidteil des Zerspanwerkzeuges) (Masch) / cutting wedge ‖ **⁓keramik** *f* (naturharter Schneidstoff auf Oxidbasis) (Keram, Masch, Werkz) / cutting ceramics, ceramic cutting material, ceramic material for cutting tools ‖ **⁓klemmenstecker** *m* (Eltronik) / insulation displacement connector ‖ **⁓klemmverbindung** *f* (Eltech) / insulation piercing connection ‖ **⁓kluppe** *f* (Werkz) / screw plate*, adjustable die-stock, screw plate stock, tap plate, tap wrench (US) ‖ **⁓konverterverfahren** *n* (Spinn) / tow-to-top cutting system ‖ **⁓kopf** *m* (des Schneidkopfsaugbaggers) (HuT) / clay cutter, cutter *n* ‖ **⁓kopf** (HuT) / cutting head ‖ **selbstöffnender ⁓kopf** (Masch) / self-opening die, opening die, self-opening die head ‖ **⁓kopfsaugbagger** *m* (HuT) / cutter dredge*, cutter dredger, suction-cutter dredger ‖ **⁓kraft** *f* (die zum Schneiden von Werkstücken erforderliche Kraft) (Werkz) / cutting force ‖ **⁓lade** *f* (Tischl) / mitre-box* *n*, mitre block* ‖ **⁓legierung** *f* (Hütt) / cutting tool metal ‖ **⁓lippe** *f* (Masch) / cutting lip, lip *n* ‖ **⁓mahlen** *n* (Pap) / free beating ‖ **⁓marke** *f* (Druck) / trim mark ‖ **⁓maschine** *f* (Eltech, Nahr) / slicer *n* ‖ **⁓maschine** (Masch) / cutting machine*, cutter *n* ‖ **⁓medium** *n* (Masch) / cutting fluid, cutting solution, cutting compound* ‖ **⁓messer** *n* (Werkz) / knife *n*, blade *n* ‖ **⁓mühle** *f* (Plast) / cutting mill, rotary cutter ‖ **⁓öl** *n* (ein Spanungshilfstoff) (Masch) / cutting oil ‖ **⁓wasserlösliches** (emulgierbares) **⁓öl** (Masch) / soluble oil*, soluble cutting oil ‖ **⁓plättchen** *n* (Werkz) / tip* *n*, bit* *n*, insert *n*, tool tip, tool bit, cutting tip, cutter tip ‖ **⁓platte** *f* (Gegenstück zum Stempel) (Masch) / die* *n* ‖ **⁓platte** (z.B. aus Hartmetall - nach DIN 4950 und 4966) (Werkz) / tip* *n*, bit* *n*, insert *n*, tool tip, tool bit, cutting tip, cutter tip ‖ **gelötete, eingesetzte oder geschweißte ⁓platte** (Werkz) / tip* *n*, bit* *n*, insert *n*, tool tip, tool bit, cutting tip, cutter tip ‖ **⁓plüsch** *m* (Tex) / cut plush ‖ **⁓presse** *f* (mit kleinem Hub, großer Hubzahl und großer Steifigkeit, besonders für das Schneiden von Feinblech in der Großserien- und Massenfertigung eingesetzt) (Masch) / blanking press ‖ **⁓presse** (Masch) s. auch Schnellpresse ‖ **⁓-Quetsch-Verfahren** *n* (Spinn) / crush-cutting process ‖ **⁓rad** *n* (Masch) / shaper cutter, cutter *n* ‖ **⁓rad** (des Rohrschneiders) (Werkz) / cutting disk ‖ **⁓rädchen** *n* (Glas) /

glass-cutting wheel, cutting wheel, scoring wheel ‖ ~**richtung** f (DIN 857) (Masch) / cutting direction, direction of cut ‖ ~**ring** m (für Säulenrohre) (Chem Verf) / ferrule ‖ ~**rute** f (Web) / cutting wire ‖ ~**sauerstoff** m (Schw) / cutting oxygen, oxygen for cutting ‖ ~**schraube** f (DIN 7513 - die selbst das Gewinde in das Kernloch schneidet) (Masch) / thread-cutting screw, self-cutting screw ‖ ~**schraubenende** n **mit Schabenut** (DIN ISO 1891) (Masch) / scrape point ‖ ~**schreiber** m (bei dem der Meßgrößenverlauf durch einen /eventuell elektrisch beheizten/ Griffel in eine dünne Wachsschicht eingraviert wird) / engraving recorder ‖ ~**spalt** m (bei Umform- und Zerteilwerkzeugen der gleichmäßig umlaufende Spalt zwischen Schneidstempel und Schneidplatte bei eingetauchtem Schneidstempel) (Masch) / die clearance, blanking-die clearance ‖ ~**spalt** (der Schere) (Masch) / shears gap, clearance n ‖ ~**span** m (For) / flake n, flat chip ‖ ~**spitze** f (Bau) / lance* n ‖ ~**stelle** f (DIN 31001, T 1) / cutting point ‖ ~**stempel** m (Werkzeugaktivelement von Schneidwerkzeugen, das die Stößelkraft entlang der Schneidlinie am Werkstück zum Angriff bringt) (Masch) / punch n ‖ ~**steuerung** f (Regeln) / cutting control ‖ ~**stichel** m (Schallplattenherstellung) (Akus) / recording stylus*, stylus* n, needle* n, cutting stylus ‖ ~**stoff** m (zur Herstellung der Schneidteile von Zerspanwerkzeugen) (Masch, Werkz) / cutting tool material, cutting material ‖ ~**stollen** m (eines Gewindeschneidkopfs) (Masch) / cutter blade, blade n ‖ ~**stollen** (eines Wälzfräsers) (Masch) / hob-blade insert ‖ ~**techniker** m (Film) / editor ‖ ~**teil** m (zerspantechnisch wirksamer Teil eines Zerspanwerkzeuges - DIN 6581) (Werkz) / cutting part (of a cutting tool) ‖ ~**teil** (Werkz) / body n ‖ ~**tisch** m (Glas) / chopper n, chopping machine ‖ ~**ware** f (Tex) / yard goods (US), goods sold by metres, yardage goods, yardage n, metrage n ‖ ~**waren** f pl (Messer, Scheren, Rasiergeräte, Tafelbestecke usw.) / cutlery n (domestic), flatware n (US) ‖ ~**warenstahl** m (Hütt) / cutlery steel ‖ ~**werk** n (mit Gegenschneide) (Landw) / mower n, header n ‖ ~**werk** n (der Erntemaschine) (Landw) / table n ‖ ~**werkzeug** n (bestehend meistens aus Stempel und Schneidplatte - DIN 9869) (Masch) / die* n ‖ ~**werkzeug** (Masch, Web) / cutter n, edge tool*, cutting tool* ‖ ~**werkzeug-Standzeit** f (bis zum Nachschleifen) (Werkz) / edge life, cutting time ‖ ~**werkzeugwinkel** m (Masch, Werkz) / angle of a cutting tool, cutting angle ‖ ~**zahn** m (bei Handsägeblättern) (Tischl) / cutter tooth ‖ ~**zeichen** n pl (Buchb, Druck) / slitter marks*

**schneien** v (Meteor) / snow v ‖ ~ n (Meteor) / snowfall n, snowing n

**Schneise** f (For) / lane n, glade n, swathe n, aisle n ‖ ~ (ein Reitweg im Wald) (For) / ride n ‖ ~ (Luftf) / lane n ‖ ~ s. auch Einflugschneise

**schnell** adj / rapid adj, quick adj ‖ ~ (Reaktor, Neutron) (Kernphys) / fast* adj ‖ ~ **aufsetzbare Sauerstoffmaske** (Luftf) / quick-donning (oxygen) mask ‖ ~**er Brüter** (Nukl) / fast breeder reactor*, FBR* ‖ ~**er Brutreaktor** (Nukl) / fast breeder reactor*, FBR* ‖ ~**es Einfrieren** (Nahr) / quick freezing n, quick-freeze n, fast freezing ‖ ~**es Elektron** (Kernphys) / high-speed electron ‖ ~ **erhärtend** adj / rapid-hardening adj ‖ ~**e erstarrte Legierung** (Gieß) / rapidly solidified alloy, RS alloy ‖ ~**e Erstarrung** (bei Legierungen) (Gieß) / rapid solidification processing, RSP ‖ ~**es Fließen** (Hütt) / runaway n ‖ ~**e Fourier-Transformation** (Math) / fast Fourier transform*, FFT ‖ ~**es Heranarbeiten** (Masch, Werkz) / rapid approach, rapid advance n ‖ ~**er Hilfsspeicher** (EDV) / temporary memory*, temporary storage ‖ ~**e Hin- und Herbewegung des Films** (Fehler) (Film) / jiggling n ‖ ~**e integrierte Injektionslogik** (EDV) / high-speed integrated injection logic, HSIIL, HSI²L ‖ ~**e Leistungsabsenkung** (Nukl) / trip* n ‖ ~**er natriumgekühlter Reaktor** (Nukl) / fast sodium-cooled reactor ‖ ~**es Neutron** (Kernphys) / fast neutron* ‖ ~**er Neutronenfluß** (Kernphys) / fast flux ‖ ~**er Papiertransport** (EDV) / paper throw, paper slew (US), paper skip ‖ ~**er Papiervorschub** (EDV) / paper throw, paper slew (US), paper skip ‖ ~**e Produktentwicklung** (bis zum Prototyp) (F.Org) / rapid prototyping ‖ ~**er Pufferspeicher** (EDV) / cache memory*, cache n ‖ ~**e Reaktion** (Chem) / fast reaction* ‖ ~**er Reaktor** (Nukl) / fast reactor* ‖ ~**er Rücklauf** (bei gedrückter Wiedergabetaste) (Akus, Mag) / fast rewind, review n, REW ‖ ~**er rücklaufen lassen** (Akus, Magnetband) (Akus, Mag) / fast-rewind v ‖ ~**e Spaltung** (Kernphys) / fast fission* ‖ ~**er Sprung** (schnelle Einnahme der Druckposition seitens des Druckers) (EDV) / high-speed skip, slew n ‖ ~**er Suchlauf** (zum Auffinden einzelner Titel beim CD-Abspielgerät) / high-speed access ‖ ~**e Tonhöhenschwankungen** (Akus) / flutter* n ‖ ~ **umrüstbare Maschine** (Masch) / quick-changeover machine ‖ ~ **umschalten** (z.B. mit Hilfe der Fernbedienung) (TV) / zap v, flick v, switch v ‖ ~ **umschalten** (TV) s. auch TV-Hoppen ‖ ~**er Vorlauf** (bei gedrückter Wiedergabetaste) (Akus, Eltronik) / cueing n ‖ ~**er Vorlauf** (des Tonbandes) (Akus, Mag) / fast forward, FF ‖ ~**er Zugriff** (EDV) / fast access, immediate access

**Schnell •** - / high-velocity attr, HV, high-speed attr ‖ ~ - / short-time attr ‖ ~ - / rapid adj, quick adj ‖ ~**abbinden** n (HuT) / flash set, quick set, rapid hardening ‖ ~**abbindend** adj / rapid-hardening adj ‖ ~**abbindender Zement** (Bau, HuT) / rapid-hardening cement, quick-setting cement, fast-setting cement, high-speed cement ‖ ~**abfahren** n (des Kernreaktors) (Nukl) / scram* n, emergency shutdown* ‖ ~**ablaß** m (des Moderators) (Nukl) / dump n, fast draining ‖ ~**ablaßventil** n (Luftf) / dump valve*, jettison valve ‖ ~**abschaltstab** m (Nukl) / emergency rod, scram rod*, shutdown rod, emergency shutdown rod ‖ ~**abschaltung** f (z.B. einer Turbine) (Masch) / trip-out n, trip n ‖ ~**abschaltung** (Nukl) / scram* n, emergency shutdown* ‖ **unkontrollierte Leistungssteigerung ohne** ~**abschaltung** (Nukl) / anticipated transient without scram, ATWS ‖ ~**abschaltverstärker** m (Nukl) / trip amplifier*, shut-down amplifier* ‖ ~**abstimmer** m (Eltronik) / instantuner n ‖ ~**abstimmgerät** n (für Sender) (Eltronik) / instantuner n

**Schnellade** f (Web) / fly-shuttle sley
**Schnelladegerät** n (Eltech, Kfz) / quick charger
**Schnelladen** n (Eltech) / boost charge, quick charge, fast charge
**Schnellader** m (Eltech, Kfz) / quick charger
**Schnelladesystem** n (Foto) / rapid-loading system
**Schnelladung** f (Eltech) / boost charge, quick charge, fast charge
**Schnell • alterungsprobe** f (WP) / accelerated ageing test* ‖ ~**alterungsprüfung** f (WP) / accelerated ageing test* ‖ ~**alterungsversuch** m (WP) / accelerated ageing test* ‖ ~**analyse** f (Chem) / rapid analysis, fast analysis ‖ ~**analyse** (Kftst, Min) / proximate analysis, rational analysis ‖ ~**ansprechendes Relais** (Eltech) / quick-operating relay, fast-operate relay ‖ ~**arbeitsstahl** m (Werkzeugstahl nach DIN 4951 - 4965) (Hütt) / high-speed steel*, HSS, high-speed tool steel ‖ ~**ätzverfahren** n (bei dem die drucktechnisch erforderliche Ätztiefe in einem Arbeitsgang erreicht wird - z.B. mit Drehpaddelmaschinen nach Dow) (Druck) / powderless etching*

**schnellaufend** adj (Masch) / high-speed attr
**schnellaufendes Papier** (in der Flüssigkeitschromatografie) (Chem) / fast paper ‖ ~ **Rührscheibengerät** (Anstr, Chem) / dissolver n
**Schnelläuferpresse** f (Masch) / high-speed press, rapid press
**Schnellauffestigkeit** f (der Reifen) (Kfz) / high-speed capability
**Schnellauftüchtigkeit** f (Kfz) / high-speed capability
**Schnell • aufzug** m (Spannen des Verschlusses + Filmtransport + Weiterschaltung des Bildzählers durch Schwenken oder Niederdrücken des Schnellschalthebels) (Foto) / lever-wind* n ‖ ~**auslöser** m (Eltech) / high-speed circuit breaker* ‖ ~**bahn** f (Oberbegriff für Schienenbahnen auf eigenem Bahnkörper im öffentlichen Personennahverkehr von Großstädten und Ballungsräumen) (Bahn) / elevated rapid (municipal) railway, regional express railway ‖ ~**bewitterung** f (eine Kurzprüfung) (Anstr) / accelerated weathering ‖ ~**bindend** adj / rapid-hardening adj ‖ ~**bindender Zement** (Bau, HuT) / rapid-hardening cement, quick-setting cement, fast-setting cement, high-speed cement ‖ ~**binder** m (Klebstoff, der zu 60-70% aus Glutinleim besteht und dessen Abbindung durch chemische Zusätze beschleunigt wird) (Chem) / fast-setting adhesive ‖ ~**binder** (HuT) / rapid-hardening agent, rapid hardener, quick-setting agent, flash-setting agent ‖ ~**brand** n (Keram) / fast firing ‖ ~**brechende Emulsion** (Chem) / quick-breaking emulsion ‖ ~**bremse** f (Masch) / emergency brake ‖ ~**brücke** f / quick-assembly bridge ‖ ~**brutreaktor** m (Nukl) / fast breeder reactor*, FBR* ‖ ~**drehen** m (Masch) / high-speed turning ‖ ~**dreher** m pl (Waren mit hoher Umschlagshäufigkeit) / fast moving goods ‖ ~**drucker (SD)** m (EDV) / high-speed printer (HSP) ‖ ~**druckerprotokoll** n (EDV) / printer listing ‖ ~**einsatzkran** m (Masch) / ready-action crane, accelerated action crane
**Schnellemikrofon** n (das nach DIN 1320 auf die Schallschnelle anspricht) (Akus) / velocity microphone
**schnellen, in die Höhe** ~ (Preise) / rocket v, skyrocket v
**Schnellepegel** m (DIN 1320) / velocity level
**Schneller** m (DIN 64650) (Web) / picker n
**schnell • erstarrend** adj / rapid-hardening adj ‖ ~**erstarrer** m (HuT) / rapid-hardening agent, rapid hardener, quick-setting agent, flash-setting agent ‖ ~**erstarrung** f (als gewollte Eigenschaft des Bindemittels) (HuT) / flash set, quick set, rapid hardening ‖ ~**erwärmung** f (Hütt) / rapid heating, quick heating ‖ ~**filter** n (zur Vakuum- oder Druckfiltration) (Chem) / accelofilter n ‖ ~**gang** m (Kfz) / overdrive n ‖ ~**gang-Zusatzgetriebe** n (Kfz) / overdrive* n ‖ ~**gefrieren** n / quick-freezing n ‖ ~**gefrierfach** n / quick-freeze compartment, fast-freeze compartment ‖ ~**gerbung** f (Leder) / accelerated tannage ‖ ~**gerbverfahren** n (Leder) / rapid tanning process, accelerated tanning process ‖ ~**gericht** n (Nahr) / fast food, short order (US) ‖ ~**härtend** adj / rapid-hardening adj ‖ ~**härtend** (Kunststoff) (Plast) / quick-curing adj, fast-setting adj ‖ ~**hobler** n (Masch) / shaping machine* ‖ ~**horizontieraufsatz** m (Verm) / quick-levelling head ‖ ~**horizontiergerät** n (Verm) / quick-levelling instrument, quick-setting level
**Schnellieferwagen, offener** ~ (Kfz) / pick-up n, light lorry

## Schnelligkeit

**Schnelligkeit** f (ortsfeste Größenänderung nach DIN 5476) (Phys) / velocity* n
**Schnell•käfer** m (Landw, Zool) / click beetle ‖ **⁓kochtopf** m / pressure cooker ‖ **⁓kupplung** f (z.B. bei Regenrohren) / quick coupling ‖ **⁓mischer** m (Masch) / high-speed mixer ‖ **⁓nachführung** f (Radar) / slewing n ‖ **⁓nähmaschine** f (eine Industrienähmaschine) (Tex) / high-speed sewing machine ‖ **⁓nahverkehr** m / rapid transit system (US) ‖ **~öffnend** adj (Schalter) (Eltech) / quick-break attr
**Schnellötgerät** n / high-speed soldering iron
**Schnell•pökelung** f (Nahr) / pumping n, injection cure ‖ **⁓presse** f (Druck) / cylinder press* ‖ **⁓presse** (im allgemeinen) (Druck) / high-speed press ‖ **⁓presse** (Masch) / high-speed press, rapid press ‖ **⁓radiale** f (der Radialbohrmaschine ähnliche Bohrmaschine) (Masch) / high-speed drilling machine ‖ **⁓(neutronen)reaktor** m (Nukl) / fast reactor* ‖ **⁓reibsäge** f (Werkz) / friction saw ‖ **⁓rücklauf** m (Film) / fast rewind ‖ **⁓rückspulung** f (Film) / fast rewind ‖ **⁓ruftaste** f (Fernsp) / quick-call button, quick-call key ‖ **⁓sandfilter** n (ein Wasserfilter) (Umwelt) / rapid sand filter ‖ **⁓scan** m (Spektr) / rapid scan ‖ **⁓schalter** m (Eltech) / quick-break switch*, high-speed circuit-breaker* ‖ **⁓schaltrelais** n (Eltech) / fast-acting relay* ‖ **⁓scherversuch** m (HuT) / undrained shear test, quick test, undrained test ‖ **⁓schlagbär** m (HuT, Masch) / double-acting hammer ‖ **⁓schlaghammer** m (HuT, Masch) / double-acting hammer ‖ **~schließend** adj / quick-closing adj ‖ **⁓schliffgrund** m (Einlaßgrundiermittel auf Nitrobasis für offenporige Holzlackierung) (Anstr, For) / sanding sealer
**Schnellschluß** m (z.B. einer Turbine) (Masch) / trip-out n, trip n ‖ **⁓** (Nukl) / scram* n, emergency shutdown* ‖ **⁓-** / quick-closing adj ‖ **⁓armatur** f (nicht von Hand angetriebene Absperrarmatur mit extrem kurzer Schließzeit) / slam-shut valve ‖ **⁓stab** m (Nukl) / emergency rod, scram rod*, shutdown rod, emergency shutdown rod
**Schnell•schnittstahl** m (Hütt) / high-speed steel*, HSS, high-speed tool steel ‖ **⁓schraubenzieher** m (Werkz) / spiral ratchet screwdriver*, Yankee screwdriver, impact driver ‖ **⁓schützen** m (Web) / fly shuttle* ‖ **⁓schwingspeiser** m (For, Masch) / vibrating feeder ‖ **⁓schwund** m (Radio) / quick fading, rapid fading ‖ **⁓sendetaste** f (Teleg) / bug key* ‖ **⁓serienaufnahmegerät** n (Radiol) / serial radiographic device, seriograph n ‖ **⁓serienaufnahmetechnik** f (Radiol) / serial radiography*, seriography n ‖ **⁓spalteffekt** m (Kernphys) / fast effect*, fast-fission effect ‖ **⁓spaltfaktor** m (in der Vierfaktorenformel) (Kernphys) / fast-fission factor* ‖ **⁓spaltung** f (Kernphys) / fast fission* ‖ **⁓spaltungseffekt** m (Kernphys) / fast effect*, fast-fission effect ‖ **⁓spannschraubstock** m (Werkz) / vice with quick release ‖ **⁓spannstock** m (mit kurzer Spann- und Lösezeit, aber kleinem Spannhub) (Werkz) / quick-action vice ‖ **⁓spannwagen** m (des Gatters) (For) / quick dogging carriage, rapid dogging carriage ‖ **⁓speicher** m (EDV) / high-speed memory (HSM), fast store, zero-access store*, rapid-access memory, immediate-access store* (IAS) ‖ **⁓spinnverfahren** n (Spinn) / high-speed spinning ‖ **⁓spritzbarer Ofenruß** / fast-extruding furnace black, FEF ‖ **⁓stahl** m **für höchste Schnittgeschwindigkeiten** (Hütt, Masch) / superhigh-speed steel, SHSS ‖ **⁓stanzer** m (EDV) / high-speed punch ‖ **⁓start** m (einer Leuchtröhre) (Eltronik) / rapid start ‖ **⁓startkabel** n (Kfz) / booster cable, jumper cable, jumper n, jump lead ‖ **⁓startlampe** f (Eltronik) / rapid-start lamp ‖ **⁓stopp** m (am Tonbandgerät) (Akus, Mag) / temporary stop ‖ **⁓stoppbremse** f (Masch) / instant-acting brake ‖ **⁓straße** f (mit Halteverbot) (Kfz) / clearway n (a road on which no parking is permitted), throughway n, expressway n (an urban motorway) (US), freeway n (US), thruway n (US), speedway n (US), Fwy ‖ **⁓seitlich begrünte ⁓straße** (Kfz) / parkway n (US), pkwy
**schnellstwirkend** adj (Eltronik) / hyperabrupt adj
**Schnelltaktpresse** f (For) / short-cycle press
**Schnelltrenn•kupplung** f (Masch) / quick-release coupling, quick-release safety coupling ‖ **⁓Reißverschluß** m (Tex) / quick-release zipper, Q.R. zipper, quick-disassembly zipper, Q.D. zipper ‖ **⁓relais** n (Eltech) / fast-release relay ‖ **⁓säge** f (Werkz) / friction saw ‖ **⁓satz** m (Druck) / snap-out form, stub set ‖ **⁓satz** (Pap) / quick-separating form
**Schnell•trieb** m (Instr) / coarse adjustment ‖ **⁓trocken-** / quick-drying adj, fast-drying adj ‖ **⁓trockenfarbe** f (Druck) / quick-setting ink* ‖ **⁓trockenpresse** f (Foto) / print drier, drier n, rapid print drier, heated print drier ‖ **~trocknend** adj / quick-drying adj, fast-drying adj ‖ **~trocknendes Öl** (z.B. Tungöl) / rapidly drying oil ‖ **⁓unterbrechung** f (Eltech) / quick break, power interrupt ‖ **⁓verarbeitung** f (z.B. des Films) / rapid processing ‖ **⁓verdampfer** m (des Dampfwagens) (Masch) / flash boiler* ‖ **⁓verkehrsschrank** m (Fernsp) / toll board ‖ **⁓verkehrsstraße** f (Kfz) / clearway n (a road on which no parking is permitted), throughway n, expressway n (an urban motorway) (US), freeway n (US), thruway n (US), speedway n (US), Fwy ‖ **⁓verstellung** f (Masch) / rapid traverse, quick traverse, fast traverse ‖ **⁓verstellzirkel** m / spring bows*, spring bow compass, ratchet-type compass ‖ **⁓versuch** m (WP) / accelerated test ‖ **⁓vorlauf** m (des Tonbandes) (Akus, Mag) / fast forward, FF ‖ **⁓waage** f / fast-weighting balance ‖ **römische ⁓waage** (Masch) / steelyard n, Roman balance, steelyard machine ‖ **⁓wechselbohrfutter** n (Masch) / quick-change drill chuck ‖ **⁓wechseldrehmeißelhalter** m (Masch) / quick-change turning-tool holder ‖ **⁓wechselfutter** n (Masch) / quick-change chuck ‖ **⁓wechselkegel** m (Steilkegel) (Werkz) / quick-release taper ‖ **~wirkend** adj / quick-acting adj, fast-acting adj ‖ **~wirkender Dünger** (Landw) / quick-release fertilizer, quick-acting fertilizer ‖ **⁓zement** m (Zement mit eingestelltem Erstarrungsverhalten - Z 35 SF) (Bau) / regulated-set cement ‖ **⁓zerreißversuch** m (ein nicht genormter Zugversuch mit dem Parameter Beanspruchungsgeschwindigkeit) (WP) / rapid tearing test ‖ **⁓zuführung** f (des Schlittens) (Masch) / fast run-up ‖ **⁓zuführung** (Werkz) / rapid approach ‖ **⁓zug** m (mit Platzkartenzwang) (Bahn) / limited n (US), limited train ‖ **⁓zugriff** m (EDV) / fast access, immediate access ‖ **⁓zugriffsspeicher** m (EDV) / high-speed memory (HSM), fast store*, zero-access store*, rapid-access memory, immediate-access store* (IAS) ‖ **⁓zugriffsspeicherung** f (EDV) / high-speed storage, zero-access storage, rapid storage ‖ **⁓zugriffsspeicherung** f (EDV) / high-speed storage, zero-access storage, rapid storage
**Schnepper** m (als Beschlag) (Bau) / catch n, catcher n
**Schneuß** m (Arch) / vesica piscis (pl. vesicae piscis)
**Schnippel** m n / snip n (a small piece of something that has been cut off)
**Schnipsel** m n / snip n (a small piece of something that has been cut off)
**Schnitt** f (Schuhsohlenkante) / edge n ‖ **⁓** m (im allgemeinen) / cut* n ‖ **⁓** (auf technischen Zeichnungen) / section n ‖ **⁓** (eines Buchblocks) (Buchb) / edge n ‖ **⁓** (Chem Verf, Erdöl) / cut* n ‖ **⁓** (weicher, harter) (Film) / cut* n, edit n ‖ **⁓** (Ästung) (For) / pruning n ‖ **⁓** (geologischer) (Geol) / geological column* ‖ **⁓** (Leder, Tex) / cutting n ‖ **⁓** (Masch) / profile n ‖ **⁓** (Math) / cross-section* n (a plane surface produced by cutting or its representation) ‖ **⁓** (Mikros) / section* n ‖ **⁓** (Nukl) / cut* n, splitting ratio* ‖ **⁓e** m pl (im Linienriß) (Schiff) / buttock lines ‖ **⁓** m (modischer) (Tex) / cut n, style n, fashion n ‖ **⁓** (Paßform) (Tex) / fit n ‖ **⁓** (Verm) / section* n ‖ **breiter ⁓** (Destillat) (Chem Verf) / bulk distillate ‖ **ebarbierter ⁓** (Buchb) / trimmed edge* ‖ **elektronischer ⁓** (sequentielles Überspielen von Szenen) (Film) / electronic editing, electronic cut ‖ **erster ⁓** (For) / face cut ‖ **harter ⁓** (Film) / swish cut ‖ **im ⁓ darstellen** / section v ‖ **mikroskopischer ⁓** (Mikros) / microsection* n, microscopic section ‖ **naturteuler ⁓** (Buchb) / trimmed edge* ‖ **rollender ⁓** (Film, TV) / wipe n ‖ **ziehender ⁓** (ein Scherschnitt - DIN 8588) (Masch) / oblique shearing ‖ **zu harter ⁓** (Fehler oder ausgefallene künstlerische Idee) (Film) / jump cut* ‖ **⁓** m **im Maßstab 1 : 48** / quarter lines*
**Schnitt•-** (Darstellungsweise) / sectional adj ‖ **⁓abfall** m (Druck) / off-cut n ‖ **⁓anfertigung** f (Mikros) / sectioning n ‖ **⁓ansicht** f / sectional view, section view ‖ **⁓ausformung** f (Masch) / cut configuration ‖ **⁓ausführung** f (Masch) / cut n ‖ **⁓balken** n (Landw) / cutter bar ‖ **⁓bandkern** m (EDV) / tape-wound core ‖ **⁓bewegung** f (Bewegung des Werkzeugs oder des Werkstücks beim Schneiden) (Werkz) / relative movement between tool and workpiece (during the cutting process) ‖ **senkrechte ⁓bewegung** (Masch) / vertical cutting motion ‖ **⁓bild** n (Schnittdarstellung) / sectional view, section view ‖ **⁓bild** (Foto) / split image ‖ **⁓bildentfernungsmesser** m (in dem zwei gleichgerichtete Halbbilder des Zieles erzeugt werden) (Foto) / split-image rangefinder*, split-field rangefinder ‖ **⁓bogen** m (Tex) / paper pattern ‖ **⁓breite** (im allgemeinen) / cut width, cutting width, width of cut ‖ **⁓breite** (beim Auseinandersägen von Halbleiterstäben) (Eltronik) / kerf width ‖ **⁓darstellung** f / sectional view, section view ‖ **⁓darstellung** (in der Schnittperspektive) (Masch, Math) / cutaway n
**Schnitte** (Nahr) / slice n
**Schnitt•ebene** f (Math) / cutting plane ‖ **⁓ebenen** f pl (im Linienriß) (Schiff) / buttock planes* ‖ **gute ⁓eigenschaften** (des Holzes) (For) / ease of sawing
**Schnitter•säge** f (For) / billet saw ‖ **⁓ware** f (steifes, standiges Sohlleder für holzgenageltes Schuhwerk und für Reparaturen) (Leder) / Finder's sole leather
**Schnitt•färbung** f (Buchb, Druck) / edge staining ‖ **⁓fehler** m **durch verlaufende Sägen** (For) / snaking n ‖ **~fest** adj (Reifen) / cut-resistant adj ‖ **~fest** (Tomate) (Nahr) / firm adj ‖ **~fest** (Teppich) (Tex) / fray-proof adj ‖ **⁓fläche** f (technisches Zeichnen) / cut surface ‖ **⁓fläche** (DIN 6580) (Masch, Werkz) / cut surface ‖ **⁓flanke** (beim Brennschneiden) (Schw) / cut surface ‖ **⁓flor** m (Tex) / cut loop, cut pile ‖ **⁓florgewebe** (Tex) / cut-pile fabric ‖ **⁓folge** f (Film) / cutting order ‖ **⁓folge** (Reihenfolge gleicher oder verschiedener Schneidverfahren beim Schneiden von Werkstücken) (Masch) / cutting order ‖ **⁓fräsen** n (bei Schuhen) / edge trimming, edge cutting ‖ **⁓fräser** m (Schuhfabrikation) / edge trimmer, edge cutter

⁓**frequenz** f (bei einem System mit getrennten Lautsprechern für die verschiedenen Frequenzbereiche) (Akus, Film) / cross-over frequency* ‖ ⁓**fuge** f (Zimm) / kerf* n, saw-kerf ‖ ⁓**fugenbreite** f (Masch, Zimm) / kerf n, kerf width ‖ ⁓**fugengrund** m (Zimm) / kerf bottom

**Schnittger-Propeller** m (mit höherer Wirkung durch konzentrischen Profilring am Propeller auf halbem Durchmesser) (Schiff) / ring propeller

**Schnitt • geschwindigkeit** f (der Kreissäge) (For) / rim speed ‖ ⁓**geschwindigkeit** (momentane Geschwindigkeit des betrachteten Schneidenpunktes in Schnittrichtung - DIN 6580) (Masch) / cutting speed ‖ ⁓**gestalt** f (Masch) / cut configuration ‖ ⁓**grat** m (Masch) / burr n, bur n ‖ ⁓**größen** f pl (beim Spanen an der Werkzeugmaschine einzustellende Parameter) (Masch) / cutting conditions ‖ ⁓**güte** f (Schw) / cutting quality ‖ ⁓**höhe** f / cutting height

**Schnittholz** n (meistens für Sonderzwecke) (Bau, For) / scantlings* pl ‖ ⁓ (For) / lumber* n (US), sawn wood, converted timber (US), finished stock, lumber and timber (US) ‖ **behobeltes** ⁓ (Zimm) / wrought timber, wrot timber, dressed timber*, surfaced timber ‖ **vierseitig mindestens sägegestreiftes** ⁓ **mit einer Dicke und einer Breite über 15 cm** (For) / whole timber* ‖ ⁓ n **zweiter Wahl** (For) / seconds pl ‖ ⁓**abfall** m (For) / abatement n ‖ **höhere** ⁓**ausbeute** (als rechnerisch ermittelt) (For) / overrun n ‖ ⁓**erzeugung** f (For) / lumber manufacture (US), sawn-wood manufacture, converted-wood manufacture ‖ ⁓**messung** f **in Board-Fuß** (Board-foot = in etwa 2,3596 dm³) (For) / board measure ‖ ⁓**sortiermaschine** f (For) / timber grader

**schnittig** adj (Kfz, Schiff) / rakish adj (boat or car) ‖ ~ (defektes Garn) (Spinn) / irregular adj

**Schnittkante** f (meistens mit der Warmschere geschnitten) (Hütt) / sheared edge ‖ ⁓ (mit der Kaltsäge geschnitten) (Hütt) / slit edge ‖ ⁓ (Begrenzungskante der Schnittfläche nach DIN 8588) (Masch, Werkz) / cut edge ‖ ⁓ (des Prismas) (Opt) / roof edge ‖ ⁓ (Tex) / raw edge

**Schnitt • kopie** f (Film) / work-print n ‖ ⁓**kraft** f (Zerspankraft, Schneidkraft) (Masch) / cutting force ‖ ⁓**kräfte** f pl (die in einem Querschnitt eines durch Lasten beanspruchten Bauteiles auftretenden Längs- und Querkräfte, Biege- und Drillungsmomente - DIN 13316) (Mech) / internal forces ‖ ⁓**lagebild** n (Zusammenstellung der Einzelschnittmuster für ein Bekleidungsstück unter Berücksichtigung bestmöglicher Materialausnutzung) (Tex) / nesting n ‖ ⁓**länge** f / cut length, cutting length ‖ ⁓**leiste** f (Gewebe mit 2 oder mehr Stoffbahnen, deren Zwischenleisten mit einem Perlkopf abgebunden sind) (Web) / split n, split selvedge ‖ ⁓**leistung** f (Produkt aus Schnittkraft und Schnittgeschwindigkeit - DIN 6584) (Masch) / cutting power, cutting capacity, cutting performance ‖ ⁓**linie** f (Masch, Tex) / cutting line ‖ ⁓**liste** f (mit allen verwendeten Szenen eines geschnittenen Films) (Film) / cutting list, continuity list, cutting-room log, log-book n ‖ ⁓**liste** (im Sägewerk) (For) / cutting schedule ‖ ⁓**liste** (For, Tischl) / cutting list, bill of materials (US) ‖ ⁓**liste** (Tischl, Zimm) / cutting list* ‖ ⁓**marke** f (Druck) / trim mark ‖ ⁓**material** n (Film) / trims* pl ‖ ⁓**matte** f (Glas, Tex) / chopped strand mat ‖ ⁓**meister** m (Film) / editor* n, cutter n ‖ ⁓**meister für die Musik** (Akus, Film) / music editor ‖ ⁓**menge** f (Math) / intersection* n ‖ ⁓**modell** n / cutaway model ‖ ⁓**muster** n (nach dem Stoffe für die Herstellung von Kleidungsstücken zugeschnitten werden) (Tex) / dressmaking pattern, dress pattern, pattern n ‖ ⁓**narbe** f (Glas) / shear mark ‖ ⁓**orientierung** f (Krist) / crystal cut ‖ ⁓**perspektive** f (Masch, Math) / cutaway n ‖ ⁓**platte** f (Masch) / die* n ‖ ⁓**polware** f (Tex) / cut-pile fabric ‖ ⁓**präparat** n (Mikros) / section* n ‖ ⁓**punkt** m (von Kurven) (Math) / crossing n ‖ ⁓**punkt** (Math) / intersection n, intersection point ‖ ⁓**punkt der Höhen eines Dreiecks** (Math) / orthocentre* n, orthocenter n (US) ‖ ⁓**punkt der Winkelhalbierenden der Innenwinkel** (eines Dreiecks) (Math) / incentre n ‖ ⁓**reste** m pl (Film) / out-takes* pl ‖ ⁓**richtung** f (Masch) / cutting direction, direction of cut ‖ ⁓**richtung** (momentane Richtung der Schnittbewegung nach DIN 6580) (Masch) / direction of primary motion ‖ ⁓**riß** m (zur Mittellängsebene parallel angeordnete vertikale Längsschnitte) (Schiff) / sheer plan ‖ ⁓**staub** m (Pap) / cutter dust

**Schnittstelle** f (DIN 44300) (EDV) / interface* n ‖ ⁓ (lösbare Verbindung zwischen Maschine und dem Aufnahme- oder Werkzeugmodul) (Masch) / interface n ‖ **benutzbare** ⁓ (EDV) / accessible interface ‖ **benutzerfreundliche** ⁓ (EDV) / user-friendly interface ‖ **dateiorientierte** ⁓ (EDV) / file-oriented interface ‖ **externe** ⁓ (EDV) / external interface ‖ **herstellerspezifische** ⁓ (EDV) / M-interface n ‖ **integrierte** ⁓ (Eltronik) / interface integrated circuit, interface IC ‖ **intelligente** ⁓ (EDV) / smart interface ‖ **medienabhängige** ⁓ (EDV) / medium-dependent interface, media-dependent interface ‖ **mediumabhängige** ⁓ (EDV) / medium-dependent interface, media-dependent interface ‖ **natürlichsprachliche** ⁓ / natural-language interface, NLI, NL interface ‖ **nichtbenutzbare** ⁓ (EDV) / inaccessible interface ‖ **parallele** ⁓ (bei der die Daten bitweise übertragen werden) (EDV) / parallel interface, bit-parallel interface ‖ **physikalische** ⁓ (physikalische Einrichtung oder Anpassungsschaltung zur Verbindung von Bausteinen, Peripheriegeräten untereinander oder mit Rechnern mit Rechnern untereinander) (EDV) / physical interface ‖ **RS-232-C-** ⁓ (EDV) / RS-232C interface ‖ **serielle** ⁓ (EDV) / serial interface ‖ **zentrale** ⁓ (in der Vermittlungsstelle des LOC-Glasfasersystems von Raynet) (Fernm) / office interface unit, OIU ‖ ⁓ f **CAD** (EDV) / CAD interface ‖ ⁓ **für bitserielle Datenübertragung** (EDV) / serial-line interface ‖ ⁓ **für den Anschluß analoger Fernsprechapparate an digitale Vermittlungen** (Fernsp) / subscriber line interface circuit, SLIC ‖ ⁓ **SET** (EDV) / SET interface ‖ ⁓ **STEP** (EDV, Masch) / STEP interface (standard for the exchange of product data)

**Schnittstellen, peripherer** ⁓**adapter** (parallele Busschnittstelle zur Ansteuerung von Peripheriegeräten) (EDV) / peripheral interface adapter (PIA) ‖ ⁓**fehler** m (EDV) / interface error ‖ **abgeschirmtes** ⁓**kabel** (EDV, Kab) / shielded interface cable ‖ ⁓**methode** f (Fehlersuchverfahren, bei dem die Messung an einer Schnittstelle in der Mitte des Signalweges erfolgt) (EDV) / split half method ‖ ⁓**modul** n (EDV) / interface module, interface card ‖ ⁓**prozessor** m (EDV) / interface processor ‖ ⁓**software** f (EDV) / interface software ‖ ⁓**struktur** f (EDV, Fernm) / interface structure ‖ ⁓**vervielfacher** m (EDV) / interface equipment

**Schnitt • steuerung** f (Regeln) / cutting control ‖ ⁓**suchlauf** m (bei Videosystemen) / edit search ‖ ⁓**synchronisierung** f (das Anbringen von Synchronmarken auf Bildfilm) (Film) / editorial sync ‖ ⁓**teil** n (Masch) / blank* n ‖ ⁓**tiefe** f (eine Schnittgröße nach DIN 6580) (Masch) / depth of cut, cutting depth, depth setting ‖ ⁓**velours** m (Tex) / cut velour(s) ‖ ⁓**verfahren** n **nach Ritter** (Mech) / Ritter's method of dissection, Ritter's traverse ‖ ⁓**vergoldung** f (Buchb) / edge gilding ‖ ⁓**verlust** m (Tischl) / trim waste, off-cuts pl ‖ ⁓**verluste** m pl (beimSägen) (For) / cutting waste, sawing wastage ‖ ⁓**volumen** n (das Volumen der von einem Werkzeugschneidteil bei einem Schnitt vom Werkstück abzuspanenden Werkstoffschicht nach DIN 6580) (Masch, Werkz) / cut volume ‖ ⁓**ware** f (For) / lumber* n (US), sawn wood, converted timber (US), finished stock, lumber and timber (US) ‖ ⁓**ware** (Tex) / yard goods (US), goods sold by metres, yardage goods, yardage n, metrage n ‖ ⁓**ware** (Tex) / piece-goods* pl

**Schnittware, Markröhre innerhalb der** ⁓ (die nicht in Erscheinung tritt) / boxed heart, boxed pith

**Schnitt • waren** f pl (Tex) / dry goods (US), drapery n, mercery n (GB) ‖ **bildseitige** ⁓**weite** (Foto, Opt) / back focus*, back focal distance, back focal length, BFL ‖ ⁓**weite** f **des Bildpunktes** (Foto, Opt) / back focus*, back focal distance, back focal length, BFL ‖ ⁓**werkzeug** n (für Zerspanung) (Masch, Web) / cutter* n, edge tool*, cutting tool* ‖ ⁓**winkel** m (den zwei sich schneidende Geraden miteinander bilden) (Math) / angle of intersection, intersection angle ‖ ⁓**winkel** (Werkz) / cutting angle ‖ ⁓**winkel zweier Ebenen** (Math) / plane dihedral angle ‖ ⁓**zeichnung** f / section drawing, sectional drawing

**Schnitzel** n pl (Abfall beim Beschneiden) (Druck, Pap) / trim n, trim waste, trimmings pl ‖ ⁓ (For, Pap) / (wood) chips pl, chippings pl ‖ ⁓ (nicht ausgelaugte) (Landw, Nahr) / beet slices, cossettes pl, sugar-beet chips, sugar-beet cossettes ‖ ⁓ (abgepreßte, ausgelaugte) (Landw, Nahr) / beet pulp, sugar-beet pulp, exhausted slices ‖ ⁓ n (Abfall) (Leder) / paring n ‖ **extrahierte** ⁓ (Landw, Nahr) / beet pulp, sugar-beet pulp, exhausted slices ‖ ⁓**maschine** f (Wachs, Ozokerit, Paraffin) / dicing machine, dicer n ‖ ⁓**maschine** (Eltech, Nahr) / slicer n ‖ ⁓**matte** f (Glas, Tex) / chopped strand mat ‖ ⁓**pumpe** f (in der Zuckerherstellung) (Nahr) / beet pulp pump ‖ ⁓**werk** n (ein Haushaltsgerät) (Eltech, Nahr) / mincing cutter(s) ‖ ⁓**werk** (im Fleischwolf, im Zerkleinerer usw.) (Nahr) / mincing cutter(s) ‖ ⁓**zerspaner** m (For) / chipper n

**schnitzen** v / incise* v (to make marks, figures etc. by cutting) ‖ ~ / carve v (work with an instrument in order to adorn a surface or to fashion a solid figure or to cut a pattern into a surface) ‖ ~ (For) / whittle v (make something out of a piece of wood by cutting off small thin pieces) ‖ ~ (entrinden) (For) / strip v, strip-bark v, peel v in strips, bark v in strips

**Schnitzmesser** n (ein Handentrinder) (For, Zimm) / drawknife* n, drawing knife, draw shave, spokeshave n, drawing shave, cleaning knive

**Schnorchel** m (Mil, Schiff) / schnorkel* n, snorkel* n, snort* n (GB)

**Schnörkel, ohne** ⁓ (Formgebung) / streamlined adj ‖ ⁓**verzierung** f (Arch) / scrollwork n

**Schnüffel • rohr** n (zur Brandgasprobenahme) (Bergb) / bleeder (sampling) pipe ‖ ⁓**stoff** m (Gase, Lösungsmittel) / sniffing agent ‖ ⁓**technik** f (sensorische Analyse nach der gaschromatografischen Trennung der einzelnen Aromastoffe) (Nahr) / sniffing n ‖ ⁓**ventil** n (Masch) / snifting valve, puppet clack, puppet valve

**Schnur** f / string n, cord n, twine n ‖ ⁓ (beim Mauern, Pflastern, zur Absteckung der Baugrube auf Schnurböcken) (Bau) / line* n, string

**Schnur**

*n*, builder's line ‖ ⁓ (Fernsp) / cord *n* ‖ **ohne ⁓anschluß** (Eltech, Fernsp) / cordless *adj* ‖ **⁓besatz** *m* (Tex) / piping *n*, edging *n*, braid* *n* ‖ **⁓bock** *m* (des Schnurgerüsts) (Bau) / batterboard *n* (US), profile* *n* (GB), profile board

**Schnürboden** *m* (Bau) / drawing floor ‖ ⁓ (hallenförmiger Raum auf Werften, auf dessen Fußboden der Linienriß im Maßstab 1 : 1 aufgetragen wird) (Schiff) / mould loft ‖ **⁓aufmaße** *n pl* (Schiff) / offsets *pl*

**Schnur•bund** *m* (am Pinsel) (Anstr) / bridle* *n* ‖ **⁓dichtung** *f* (Masch) / string-type sealing

**schnüren** *v* / tie *v*, tie up *v* ‖ ~ (Schuhe) / lace *v*, lace up *v* ‖ ⁓ *n* (Web) / tying *n*

**Schnurgerüst** *n* (zum Abstecken der Mauerfluchten im Hochbau) (Bau) / batterboard *n* (US), profile* *n* (GB), profile board

**Schnurgerüst** *n* (Bau) / batterboard *n* (US), profile* *n* (GB), profile board

**Schnurigkeit** *f* (die Geradschäftigkeit eines Baumstammes) (For) / straightness *n*

**Schnürle-Spülung** *f* (V-Mot) / loop scavenging, Schnürle scavenging, reverse scavenging, tangential-flow scavenging

**Schnurlochstickerei** *f* (Tex) / broderie anglaise

**schnur•los** *adj* (Eltech, Fernsp) / cordless *adj* ‖ **⁓loser Fernsprechapparat** (Fernsp) / cordless set, cordless telephone ‖ **⁓lostelefon** *n* (Fernsp) / cordless set, cordless telephone ‖ **⁓lot** *n* (Bau) / mason's level, plummet level

**Schnürlsamt** *m* (leichter Kordsamt) (Tex) / cord velvet (light), Manchester velvet (light), cord *n*, corduroy* *n*

**Schnur•riß** *m* (Bau) / chalk line (a straight line on work by holding it taut in position close to the work and plucking it) ‖ **⁓rolle** *f* (eines Flaschenzugs) (Masch) / rigger *n* ‖ **[hängender] ⁓schalter** (Eltech) / pendant switch, suspension switch, pear-push *n*, pendant push, pressel switch ‖ **⁓schaltung** *f* (Fernsp) / cord circuit* ‖ **⁓scheibe** *f* (Masch) / rigger *n* ‖ **⁓schlag** *m* (Bau) / chalk line (a straight line on work by holding it taut in position close to the work and plucking it)

**Schnür•schuh** *m* / tie shoe ‖ **⁓senkel** *m* / shoe-lace *n*, lace *n*

**Schnurstecker** *m* (Eltech) / cord connector

**Schnürung** *f* (Web) / tying *n* ‖ **gerade ⁓** (Web) / straight tie, Norwich tie

**Schnurwasserwaage** *f* (Bau) / line level

**Schober** *m* (A) (For) / shed *n* (for timber storage) ‖ ⁓ (Landw) / stack *n* ‖ ⁓ (groß, meist rechteckig, mit einer Segeltuchabdeckung) (Landw) / rick *n*

**Schock** *m* (körperlicher - ein Kreislaufsyndrom) (Med) / shock* *n* ‖ ⁓ (seelischer) (Med) / trauma* *n* (pl. -s or -ta), shock *n* (emotional)* ‖ **thermischer ⁓** (schroffer Temperaturwechsel) (Wärm) / thermal shock*, thermoshock *n* ‖ **⁓beton** *m* (auf einem Schocktisch verdichteter Beton) (HuT) / shock concrete

**schocken** *v* (einen Trennvorgang durch örtliches Erhitzen und plötzliches Unterkühlen auslösen) (Glas) / shock *v*

**Schock•gefrieren** *n* (Nahr) / cryogenic freezing ‖ **⁓metamorphose** *f* (Geol) / shock metamorphism ‖ **⁓schweißen** *n* (durch schlagartig ausgelöste Schockwellen) (Schw) / explosion welding*, explosive welding ‖ **⁓spritzen** *n* / flame plating ‖ **⁓tisch** *m* (zur Herstellung des Schockbetons) (HuT) / shock table ‖ **⁓welle** *f* (eine starke Druckwelle DIN 1311, T 4) (Phys) / shock wave*, blast wave*, impact wave ‖ **⁓wellenfront** *f* (Phys) / shock front ‖ **⁓wellenmetamorphose** *f* (Geol) / shock metamorphism

**Schoenfliessch•es Symbol** (zur Symmetriebeschreibung von Molekülen) (Chem, Krist) / Schoenflies symbol ‖ **⁓es Symbol** (Chem, Krist) s. auch Hermann-Mauguinsches Symbol

**Schoenflies-Symbole** *n pl* (für die Beschreibung der Symmetrie von Molekülen - nach A.M. Schoenflies, 1853 - 1928) (Krist) / Schoenflies crystal symbols

**Schoenflies-System** *n* (Krist) / Schoenflies crystal symbols

**schokoladebraun** *adj* / chocolate-brown *adj*

**schokoladenbraun** *adj* / chocolate-brown *adj*

**Schokoladeüberzugsmasse** *f* (Nahr) / couverture *n*

**Scholle** *f* (Bergb, Geol) / block* *n* ‖ ⁓ (Geol) / raft *n* ‖ ⁓ (Landw) / clod *n*

**Schollen•bildung** *f* (bei Anstrichen auf Ölbasis) (Anstr) / crocodiling* *n*, alligatoring* *n*, alligator effect ‖ **⁓brecher** *m* (Landw) / clod breaker, clod crusher, clod buster (US) ‖ **⁓land** *n* (Geol) / basin-and-range* *n* ‖ **⁓treppe** *f* (Geol) / step faults*, en echelon fault ‖ **⁓zerkleinerer** *m* (Landw) / clod breaker, clod crusher, clod buster (US)

**Scholler-Tornesch-Verfahren** *n* (der Holzhydrolyse) (Chem Verf, For) / Scholler process

**Schöllkopfsäure** *f* (eine Naphtholsulfonsäure nach U. Schöllkopf, geb. 1927) (Chem) / Schoellkopf's acid

**Schön- und Widerdruckmaschine** *f* (Druck) / perfector* *n*

**Schon•bezug** *m* (für Autositze) (Kfz) / seat cover ‖ **⁓bezug** (im allgemeinen) (Tex) / slip cover, dust sheet

**Schön•druck** *m* (Bedrucken der ersten Seite bei zweiseitigem Druck) (Druck) / first printing, first run, face printing ‖ **⁓druckseite** *f* (Druck) / recto *n* (pl. -s)

**Schöne** *f* (Brau) / finings *pl*, fining agent

**Schönen** *n* (Brau) / fining *n*

**schonend** *adj* / mild *adj*, inoffensive *adj*

**Schönfärberei** *f* (Tex) / garment (polychromatic) dyeing

**Schon•gang** *m* (drehzahlsenkendes Übersetzungsverhältnis) (Kfz) / economy ratio ‖ **⁓gang** (Kfz) / overdrive* *n* ‖ **⁓hammer** *m* (für schonende Schläge) (Werkz) / soft-face(d) hammer (with hide, copper or plastic faces)

**Schönheitsreparatur** *f* / cosmetic repair

**Schöniger-Bestimmung** *f* (eine Aufschlußmethode nach DIN 51400, T 3) (Chem) / Schöniger solubilization, Schöniger method

**Schönit** *m* (führendes Mineral der Schönit-Reihe) (Min) / schönite *n*

**Schön-Punga-Motor** *m* (Einphasen-Induktionsmotor mit doppeltem Rotor) (Eltech) / Schön-Punga motor

**Schön•schreibdrucker** *m* (heute nur eine historische Benennung) (EDV) / letter-quality printer, LQ printer, correspondence-quality printer, letter-perfect printer ‖ **⁓schreibdrucker** (gehobener Klasse) (EDV) / super-letter-quality printer, SLQ printer ‖ **⁓seite** *f* (eines Papiers nach DIN 6730) (Pap) / felt side, right side, top side, upper side

**Schönung** *f* (Sanitär) / polishing *n* (a tertiary treatment process in which the effluent is filtered through or subjected to activated carbon in such a manner that it emerges 99% free of suspended solids)

**schonungslos** *adj* / rough *adj*

**Schönungs•mittel** *n* (Brau) / finings *pl*, fining agent ‖ **⁓teich** *m* (in der Abwassertechnik eingesetzte Behandlungsstufe, die Belebungs- oder Tropfkörperanlagen nachgeschaltet ist, um die Qualität des gereinigten Abwassers vor Einleitung in ein Gewässer weiter zu verbessern) (Sanitär) / maturation pond, polishing pond, polishing lagoon

**Schonwaschgang** *m* (bei den Waschautomaten) / gentle (wash) cycle, delicate cycle, mild wash cycle

**Schönwetterwolke** *f* (Meteor) / fair-weather cumulus

**Schonzeit** *f* (bei einem Stromrichter) (Eltech) / recovery time*

**Schoopisieren** *n* (Metallspritzen - nach M. Schoop, 1870-1956) (Galv) / Schoop process

**Schoop-Verfahren** *n* (Metallspritzen - nach M. Schoop, 1870-1956) (Galv) / Schoop process

**schopfen** *v* (nicht mehr verwendbare Enden von Rohlingen, Formstahl und Blechen abschneiden) (Hütt) / crop *v*, top *v*, cut off *v* ‖ ⁓ *n* (Abtrennen fehlerhafter Werkstofflängen aus dem ehemaligen Blockkopf und -fuß beim Blockwalzen und Blockschmieden) (Hütt) / cropping* *n*, topping *n*

**schöpfen** *v* (Pap) / mould *v* ‖ ⁓ *n* (Pap) / moulding *n*

**Schöpf•form** *f* (Pap) / mould *n* ‖ **⁓gefäß** *n* (im allgemeinen) / scoop *n* ‖ **⁓kelle** *f* (Glas) / ladle *n*

**Schopflavendel** *m* (Lavandula stoechas L. - eine Duftstoffpflanze) (Bot) / French lavender

**Schöpf•löffel** *m* (Glas) / ladle *n* ‖ **⁓ofen** (Gieß) / bale-out furnace ‖ **⁓papiermuster** *n* (Pap) / hand-sheet *n* ‖ **⁓probe** *f* (Glas) / spoon proof (a specimen of molten glass from a ladle) ‖ ⁓ (Hütt) / ladled-out sample, ladle test ‖ **⁓rand** *m* (beim handgeschöpften Papier) (Pap) / deckle edge*

**Schopfschere** *f* (z.B. eine Kreismesser-, Pendel- oder Kurbelschere) (Hütt) / cropping shears, end shears, squaring shears*, chopping shears

**Schöpf•sieb** *n* (Pap) / mould *n* ‖ **⁓teil** *n* (eines Löffels) / bowl *n*

**Schopfwalm** *m* (Bau) / jerkin head*, shread head*, hipped gable ‖ **⁓dach** *n* (Bau) / jerkin-head roof, hipped-gable roof

**Schöpf•walze** *f* (Anstr) / pick-up roll, fountain roll(er) ‖ **⁓werk** *n* (das Wasser aus Entwässerungsgräben von Niederungen pumpt) (Wasserb) / land-drainage pump

**Schopper-Dalén-Maschine** *f* (zur Bestimmung der Spannungs-Dehnungs-Eigenschaften von Gummi an Ringen oder stabförmigen Proben) (WP) / Schopper machine

**Schore** *f* (des Formkastens) (Gieß) / bar *n*

**Schorf** *m* (bei Schorfkrankheiten des Obstes und der Kartoffeln) (Landw) / scab *n*

**Schörl** *m* (schwarzer oder dunkelbrauner Eisenturmalin) (Min) / schorl *n*, schorlite *n*

**Schorlomit** *m* (eine dunkle Varietät des Melanits) (Min) / schorlomite* *n*

**Schornstein** *m* (Bau) / chimney *n*, smokestack *n* (US) ‖ ⁓ (mit mehreren Schornsteinzügen) (Bau) / chimney stack* ‖ ⁓ (Schiff) / funnel *n* ‖ **einziehbarer ⁓** (Schiff) / lowering funnel ‖ **freistehender ⁓** (DIN 1056, 1057 und 1058) (Bau) / free-standing chimney stack, chimney shaft* (free-standing) ‖ **gemischtbelegter ⁓** (durch den Rauchgas von Feuerstätten für feste und/oder flüssige Brennstoffe und Abgase von Gasfeuerstätten abgeführt werden) (Bau) / flue for multifuel appliances || ~**abluftfahne** *f* (z.B. Looping) (Umwelt) / chimney plume || ~**abzeichen** *n* (Schiff) / funnel mark || ~**anschlußhülse** *f* (Rauchrohr, Ofenrohr) (Bau) / thimble *n* || ~**anschlußmauer** *f* (Bau) / chimney-breast* *n* || ~**aufsatz** *m* (zur Verbesserung der Schornsteinwirkung) (Bau) / cowl* *n*, hood* *n*, chimney cowl, chimney terminal, tall-boy* *n*, chimney cap, flue terminal || **drehbarer Teil des** ~**aufsatzes** (Bau) / turn-cap *n* || ~**aufsatzrohr** *n* (Bau) / chimney pot ~**auskleidung** *f* (Bau) / chimney liner || ~**block** *m* (Bau) / flue block, chimney block || ~**dachrinne** *f* (Bau) / back gutter, chimney gutter || ~**einfassung** *f* (Klemp) / chimney flashing || ~**einsatzrohr** *n* (Bau) / flue lining* || ~**fertigteilstein** *m* (Bau) / flue block, chimney block || ~**formstück** *n* (Bau) / flue block, chimney block || ~**fuchs** *m* (Bau) / flue* *n* || ~**gas** *n* (im Abgasschornstein) (Bau) / stack gas || ~**gerüst** *n* (Bau) / saddle scaffold*, straddle scaffold* || ~**gruppe** *f* (Bau) / chimney stack* || ~**höhe** *f* (Bau, Umwelt) / chimney height || ~**kappe** *f* (ein Funkenfänger) (Bau) / bonnet* *n* || ~**kappe** *f* (Bau) / cowl* *n*, hood* *n*, chimney cowl, chimney terminal, tall-boy* *n*, chimney cap, flue terminal || ~**kopf** *m* (der Teil des Schornsteines von seinem Austritt aus dem Dach bis zur Schornsteinmündung) (Bau) / chimney stack, chimney cap || ~**marke** *f* (Schiff) / funnel mark || ~**mindesthöhe** *f* (Bau, Umwelt) / minimum chimney height || ~**mündung** *f* (Oberkante Schornsteinöffnung) (Bau) / chimney outlet || ~**regler** *m* (Bau, Masch) / damper *n*, register* *n*, chimney damper || ~**reinigungstür** *f* (Bau) / soot door of a chimney || ~**schieber** *m* (Bau, Masch) / damper *n*, register* *n*, chimney damper || ~**sockel** *m* (z.B. eines Heizungsschornsteins) (Bau) / chimney base || ~**überhöhung** *f* (Bau, Umwelt) / chimney superelevation || ~**verband** *m* (ein Mauerwerksverband) (Bau) / chimney bond* || ~**verlust** *m* (Bau) / flue loss || ~**verluste** *m pl* (Masch) / chimney losses, stack losses || ~**verstärkungsring** *m* (Bau) / strengthening ring round the chimney || ~**wangenabdeckung** *f* (Bau) / flaunching* *n* || ~**zug** *m* (das einzelne Rauchrohr) (Bau) / flue* *n* || ~**zug** (Bau) / chimney flue || **lichter Durchmesser des** ~**zuges** (Bau) / flueway *n* || ~**zugregler** *m* (Bau, Masch) / damper *n*, register* *n*, chimney damper || ~**zunge** *f* (Trennwand zwischen den Schornsteinzügen) (Bau) / withe* *n*, mid-feather* *n*, bridging* *n*

**Schorre** *f* (Geol) / shore platform, abrasion platform (wave-cut platform)

**Schoß** *m* (Bot) / shoot* *n*, sprout *n* || ~ (Bot, Landw) / sprout *n*

**schossen** *v* (Bot, Landw) / shoot *vi* || ~ *n* (von Getreide) (Bot, Landw) / shooting *n*

**Schößling** *m* (Bot) / shoot *n* || ~ (eine aus einem Trieb gezogene junge Pflanze) (Bot, Landw) / cutting *n* || ~ (bei Sträuchern) (Bot, Landw) / sprout *n*

**Schote** *f* (trockene Öffnungsfrucht) (Bot) / siliqua* *n*, sligne *n* || ~ (die äußere Hülle) (Landw) / husk *n* || ~ (Nahr) / pod* *n* (of a leguminous plant)

**Schotentang** *m* (Halidrys siliquosa /L./ Lyngb.) (Bot) / sea oak

**Schott** *m n* (pl. -s) (im Maghreb) (Geol) / sebkha *n*, sabkha *n* || ~ *n* (Schiff) / bulkhead* *n*

**Schotte** *f* (S) (Nahr) / whey *n*

**Schotten** *m* (S) (Nahr) / whey *n* || ~ (bunter, großkarierter Kleiderstoff) (Tex) / plaid *n* || ~**bauart** *f* (bei der alle Lasten auf den Baugrund vorwiegend durch Querwände übertragen werden) (Bau) / cross-wall construction* || ~-**Baumann-Reaktion** *f* (Acylierung von Alkoholen und Phenolen mit einem Säurechlorid in Gegenwart von Natriumhydroxid in wässriger Lösung zu Karbonsäureestern) (Chem) / Schotten-Baumann reaction || ~**deck** *n* (über der Wasserlinie) (Schiff) / bulkhead deck* || ~**stoff** *m* (Tex) / plaid *n* || ~**überhitzer** *m* (Masch) / plate superheater

**Schotter** *m* (für Unterbettung) (Bahn) / ballast* *n* || ~ (zwischen 32 und 56 mm Prüfkorngröße) (HuT) / crushed stone, broken stone || ~ (HuT) / road-metal* *n*, metal *n*, metalling* *n* || ~ **fluvioglaziale** (Geol) / valley train || **unsortierter** ~ (HuT) / crusher run (stone) || ~**ballast** *m* (Bahn) / track ballast || ~**belag** *m* (für Unterbettung) (Bahn) / ballast* *n* || ~**bett** *n* (Bahn) / ballast bed || ~**bettgleis** *n* (Bahn) / track on ballast bed || **wassergebundene** ~**decke** (HuT) / waterbound macadam || ~**gleis** *n* (Bahn) / track on ballast bed || ~**lage** *f* (in der Packlage) (HuT) / scabbling *n*, scappling *n*

**schottern** *v* (Bahn) / ballast *v* || ~ (HuT) / metal *v*

**Schotter • piste** *f* (Teststrecke) (Kfz) / rough road surface test track || ~**straße** *f* (HuT) / macadamized road*, ballast road, metalled road

**Schotterung** *f* (Bahn) / ballasting *n*

**Schotter • verteiler** *m* (HuT) / macadam spreader (like Barber Greene machine) || ~**wagen** *m* (Bahn) / ballast car, ballast wagon || ~**werk** *n* / stone-breaking works, ballast works, road-metal plant

**Schottisch • er Kessel** (ein veralteter Schiffsdampferzeuger) (Schiff) / Scotch boiler, Scotch marine boiler || ~**er Topas** (ein Zitrin) (Min) / Scottish topaz*

**Schottky • -Barrier-Diode** *f* (Eltronik) / hot-carrier diode, Schottky diode*, Schottky barrier diode || ~-**Defekt** *m* (bei dem Leerstellen durch Abwanderung von Atomen an die Oberfläche auftreten) (Chem, Eltronik) / Schottky defect* || ~-**Diode** *f* (nach W. Schottky, 1886-1976) (Eltronik) / hot-carrier diode, Schottky diode*, Schottky barrier diode || ~-**Effekt** *m* (nach W. Schottky, 1886-1976) (Eltronik) / Schottky effect*, Schottky emission || ~-**Fehlordnung** *f* (Chem, Eltronik) / Schottky defect* || ~-**Gleichung** *f* (beim Schroteffekt) (Eltronik) / Schottky equation || ~-**Kontakt** *m* (Eltronik) / Schottky barrier contact || ~-**Sperrschicht-Feldeffekttransistor** *m* (Eltronik) / MESFET *n* (metal-semiconductor-FET), metal-semiconductor field-effect transistor || ~-**TTL** *f* (Eltronik) / Schottky transistor-transistor logic, STTL, Schottky TTL*

**Schottüberhitzer** *m* (des Dampferzeugers) (Masch) / plate superheater

**Schottür** *f* (Schiff) / bulkhead door

**Schott • verkleidung** *f* (Schiff) / bulkhead facing || ~**wand** *f* (Bahn) / bulkhead *n*, partition *n*, divider *n*, dividing wall || ~**wand** (Innenkotflügel) (Kfz) / wheel arch protector, inner fender *n* || ~**wand** (Luftf) / bulkhead* *n*

**Schpolskij-Effekt** *m* (Fluoreszenzspektren bei tiefen Temperaturen) (Spektr) / Shpol'skii effect

**Schradan** *n* (ein nicht mehr benutztes systemisches Insektizid, 1941 von Schrader entwickelt) (Chem) / Schradan *n*

**Schraffe** *f* (Verm) / hachure* *n*, hatch *n*

**Schraffieren** *n* (Verm) / hachure* *n*, hatching* *n*, ruling *n*

**Schraffierung** *f* (Verm) / hachure* *n*, hatching* *n*, ruling *n*

**Schraffung** *f* (Verm) / hachure* *n*, hatch *n*

**Schraffur** *f* (DIN 201) (Verm) / hachure* *n*, hatching* *n*, ruling *n*

**schräg** *adj* / oblique *adj*, slanting *adj*, skew *adj*, slant *adj* || ~ / inclined *adj*, raking *adj*, sloping *adj*, canted *adj*, pitching *adj*, slanting *adj*, slanted *adj* || ~ (Arch, Bau) / splayed *adj* || ~ s. auch diagonal || ~**abfallend** / inclined *adj*, raking *adj*, sloping *adj*, canted *adj*, pitching *adj*, slanting *adj*, slanted *adj* || ~ **abgeschnittener Kegel** (Math) / obliquely truncated cone || ~ **abgeschnittener Zylinder** (senkrechter Kreiszylinder) (Math) / obliquely truncated right circular cylinder || ~**e Aufstellung der Fahrzeuge** (Kfz) / angle parking || ~**e Beleuchtung** (Licht) / oblique illumination || ~**er Einfall** (Opt) / oblique incidence || ~**es Einparken** (Kfz) / angle parking || ~**e Förderrinne** (Masch) / gravity chute, slide *n*, chute *n*, shoot *n* || ~**e Klappentasche** (Tex) / hacking pocket || ~**e Laibung** (Bau) / splayed jamb* || ~**e Mauerabdeckung** (Bau) / feather-edged coping*, splayed coping* || ~**e Normschrift** (Typog) / sloping-style standard lettering* || ~**es Okular** (Opt) / inclined eyepiece || ~**e Parallelprojektion** (Math) / oblique projection, skew projection || ~**es Parken** (Kfz) / angle parking, diagonal parking || ~**e Pattentasche** (Tex) / hacking pocket || ~ **stellen** *vi* (in a lateral direction) / ~ **stellen** / incline *v* || ~**e Überlappnaht** (beim Feuerschweißen) (Schw) / scarf joint || ~**er Verdichtungsstoß** (Phys) / inclined shock || ~**e Verkämmung** (Zimm) / bevelled cogging || ~ **verlaufen** (Linie) / slant *v* || ~ **verlaufen** (im allgemeinen) / skew *v* || ~**er Wurf** (Phys) / oblique throw

**Schräg • abstützung** *f* (Bau, Zimm) / bracing* *n*, shoring* *n* || ~**agarröhrchen** *n* (Bakteriol) / agar slant tube || ~**aufstellung** *f* (der Maschinen in der Halle) (F.Org) / diagonal installation || ~**aufzug** *m* (Hütt) / skip hoist, skip elevator || ~**band** *n* (Tex) / bias binding || ~**bau** *m* (Abbauverfahren, das nach der langfrontartigen Bauweise arbeitet) (Bergb) / inclined cut-and-fill stoping, longwall peak stoping || ~**bedampfung** *f* (Mikros, Pulv) / shadow casting technique, shadowing technique*, shadowing *n* (oblique evaporation) || ~**bedampfungsverfahren** *n* (in der elektronenmikroskopischen Präparationstechnik) (Mikros) / oblique evaporation || ~**beleuchtung** *f* (Licht) / oblique illumination || ~**beziehung** *f* (im Periodensystem) (Chem) / diagonal relationship || ~**bild** *n* (Math) / oblique projection, skew projection || ~**bild** (ein Luftbild) (Verm) / oblique aerial photograph* || ~**bohren** *n* (Bergb, Erdöl) / directional drilling* || ~**bohren** (Erdöl) / angle drilling*, deviated drilling*, downhole deviation drilling, slant well drilling || ~**dach** *n* (Bau) / pitched roof*, high-pitched roof || ~**durchschallung** *f* (des Prüfstücks unter einem Winkel > 0° und < 90° zur Prüfflächennormalen) (Akus, Masch) / oblique transmission

**Schräge** *f* (Bau, Masch) / diagonal* *n*, diagonal brace, batter brace, brace *n*, stay *n* || ~ (Auflagerschräge) (HuT) / haunch *n* || ~ (Neigung) (Math, Phys) / inclination* *n*, slope *n*

**Schräg • einschallung** *f* (des Prüfstücks unter einem Winkel > 0° und < 90° zur Prüfflächennormalen) (Akus, Masch) / oblique intromission || ~**einspritzung** *f* (bei Dieselmotoren) (V-Mot) / inclined injection

**Schrage-Motor** *m* (läufergespeister Drehstrom-Nebenschlußmotor) (Eltech) / Schrage motor*

**Schräg • entfernung** *f* (Radar, Verm) / slant range* || ~**fach** *n* (Web) / V-shed *n*, inclined shed *n* || ~**faser** *f* (ein Holzfehler) (For) / sloping grain, oblique grain || ~**flügler** *n* (Luftf) / skewed-wing aircraft || ~**führung** *f* (des Frässchlittens einer Wälzfräsmaschine) (Masch) / swivel guide || ~**gatter** *n* (Web) / warp creel, warping creel, bobbin creel, creel *n* || ~**geison** *n* (des Giebels eines dorischen Tempels) (Arch) / raking cornice || ~**geschnittener Besatz** (Tex) / bias binding* ||

1081

**schräggestellt**

~**gestellt** *adj* / tilted *adj* ‖ ~**gestellter Halbwellendipol** (Radio) / sloper dipole ‖ ~**heck** *n* (eine Heckform von Personenkraftwagen) (Kfz) / fastback *n*, Kamm back, Kamm tail ‖ ~**heck mit Heckklappe** (Kfz) / hatchback *n* ‖ ~**heit** *f* / obliquity *n*, slant *n*, obliqueness *n* ‖ ~**hobeln** *n* (Masch) / oblique planing ‖ ~**kante** *f* (Schw) / scarfed edge ‖ ~**kegel** *m* (Math) / scalene cone, oblique circular cone ‖ ~**kugellager** *n* (Masch) / angular (contact) ball bearing ‖ ~**kurslinie** *f* (Luftf) / slant course line ‖ ~**lage** *f* / angular position, tilted position, inclined position ‖ ~**lager** *n* (Masch) / angular contact bearing* ‖ ~**lauf** *m* (des Bandes) (EDV) / skew *n* ‖ ~**lauf** (beim Fernkopierverfahren) (Fernm) / skew *n* ‖ ~**lauf** (Kfz) / slip *n* ‖ **den** ~**lauf kompensieren** / deskew *v* ‖ ~**laufend** *adj* / diagonal *adj* ‖ ~**lauffolgen eliminieren** (bei Magnetbändern) / deskew *v* ‖ ~**laufwinkel** *m* (Abweichung der Reifenrollrichtung von der Reifenumfangsrichtung durch Einwirkung von Querkräften, vor allem beim Kurvenfahren) (Kfz) / tyre slip angle, slip angle ‖ ~**lenker** *m* (Kfz) / semitrailing arm, semitrailing link ‖ ~**luftbild** *n* (Verm) / oblique aerial photograph* ‖ ~**maß** *n* (Tischl, Werkz, Zimm) / bevel* *n* (sliding) ‖ ~**maulmutternzange** *f* (für Batterien) (Kfz, Werkz) / battery nut pliers, battery pliers ‖ ~**nageln** *n* (Zimm) / skew nailing*, toe-nailing *n*, slant nailing, tusk nailing ‖ ~**nagelung** *f* (Zimm) / skew nailing*, toe-nailing *n*, slant nailing, tusk nailing ‖ ~**parken** *n* (Kfz) / angle parking, diagonal parking ‖ ~**pegel** *m* (Wasserb) / inclined gauge ‖ ~**pfahl** *m* (HuT) / batter pile*, brace pile, spur pile, raking pile*, raking prop, inclined pile, raker pile ‖ ~**projektion** *f* (Math) / oblique projection, skew projection ‖ ~**riß** *m* (spezielle dimetrische Axonometrie) (Math) / oblique projection, skew projection ‖ ~**rohrkessel** *m* (Masch) / inclined-tube boiler ‖ ~**rohrmanometer** *n* (bei dem der eine Schenkel zur Erhöhung der Empfindlichkeit stark geneigt ist) / inclined-tube manometer, inclined manometer ‖ ~**rohrverdampfer** *m* (Chem Verf) / inclined evaporator ‖ ~**rost** *m* (Rostfeuerung) / inclined grate ‖ ~**rutsche** *f* (eine einfache Rutsche) / plain chute ‖ ~**rutsche** (Masch) / gravity chute, slide *n*, chute *n*, shoot *n* ‖ ~**schacht** *m* (Bergb) / inclined shaft, incline *n*, slope *n*, hading shaft ‖ ~**schichtung** *f* (Geol) / cross-bedding* *n*, current bedding*, false bedding* ‖ ~**schleifen** *n* (Masch) / angular grinding ‖ ~**schneider** *m* (Masch, Werkz) / diagonal cutting pliers ‖ ~**schnitt** *m* (Masch) / oblique section ‖ ~**schnitt** (Ergebnis) (Tischl, Zimm) / mitre *n*, bevel cut (45°), miter *n* (US) ‖ ~**schnitt** (Tätigkeit) (Tischl, Zimm) / mitring *n*, bevel cut (45°) ‖ ~**schrift** *f* (Typog) / italics* *n pl* ‖ ~**schriftaufzeichnung** *f* (Akus, Mag) / helical recording ‖ ~**schulterfelge** *f* (Kfz) / advanced rim, stepped rim ‖ ~**schuß** *m* (als Webfehler) (Web) / bias filling, skewness *n*, skewed weft, bias *n* ‖ ~**seil** *n* (der Schrägseilbrücke) (HuT) / inclined cable (of a cable-stayed bridge) ‖ ~**seilbrücke** *f* (HuT) / cable-stayed bridge ‖ ~**sicht** *f* (Luftf) / oblique visibility, slant visibility ‖ ~**sichtweite** *f* (Luftf) / oblique-visibility range, slant visual range, slant-visibility range, oblique visual range ‖ ~**sieb** *n* / inclined screen ‖ ~**sitzventil** *n* (Armatur) (Masch) / slanted-seat valve, Y-valve *n*, oblique pattern valve, inclined-seat valve ‖ ~**spiegelung** *f* (Math) / parallel reflection ‖ ~**spritzkopf** *m* (Plast) / angled extrusion-die head, oblique head (of an extruder) ‖ ~**spur** *f* (Akus, Mag) / slant track ‖ ~**spurverfahren** *n* (Akus, Mag) / helical recording ‖ **elektronisch** ~**stellen** *v* / oblique *v* ‖ ~**stellen** *n* (Kippen) / tilt *n*, tilting *n* ‖ ~**stellung** *f* / angular position, tilted position, inclined position ‖ ~**stellung** (z.B. eines zu erkennenden Zeichens) (EDV) / skew *n* ‖ **elektronische** ~**stellung** (der Schrift) (EDV) / type obliquing, obliquing *n* ‖ ~**stellung** *f* **von Zeichen** (EDV) / character skew ‖ ~**stirnrad** *n* (DIN 3960) (Masch) / helical gear* ‖ ~**stoß** *m* (DIN 1912, T 1) (Schw) / inclined tee joint ‖ ~**strecke** *f* (Bergb) / slant *n*, ramp *n* ‖ ~**strecke** (fallend aufgefahren) (Bergb) / slope dook ‖ ~**strecke** (schwebend aufgefahren) (Bergb) / slope heading ‖ ~**streifen** *m* (Tex) / bias binding*

**Schrägstrich** *m* (Typog) / oblique stroke, oblique *n*, slash mark, shilling-mark *n*, shilling-stroke *n*, slash *n*, solidus* *n*, diagonal *n*, virgule *n*, stroke *n* ‖ **inverser** ~ (EDV) / backslash *n* ‖ **nach vorn geneigter** ~ (EDV) / backslash *n* ‖ ~ *m* **nach links** (Typog) / reverse solidus ‖ ~ **rückwärts** (EDV) / backslash *n* ‖ ~**zieher** *n* (Anstr) / cutting-in brush

**Schräg•stütze** *f* (für die Streben) (Bau) / raking support, back shore* ‖ ~**stütze** (Bau) / raking pile, raker pile

**Schrägungswinkel** *m* (bei Schrägverzahnung nach DIN 3960) (Masch) / helix angle, pitch angle (US)

**Schräg•verband** *m* (For, Zimm) / scarf* *n*, scarfed joint, scarf joint, splice *n* ‖ ~**verzahnt** *adj* (Masch) / helical *adj* ‖ ~**verzahnter Zahnradsatz** (Masch) / helical gear ‖ ~**verzahnte Zahnstange** (Masch) / helical rack ‖ ~**verzahnung** *f* (Masch) / helical teeth ‖ ~**verziehung** *f* (des Rahmens) (Schiff) / racking* *n* ‖ ~**verzug** *m* (Web) / bias filling, skewness *n*, skewed weft, bias *n* ‖ ~**walzen** *n* (DIN 8583, T 2) (Hütt) / piercing *n* ‖ ~**walzmaschine** *f* (Hütt) / slant-rolling machine ‖ ~**walzwerk** *n* (Hütt) / cross-rolling mill, piercing (skew) mill, roll piercing mill ‖ ~**winkel** *m* (Tischl, Werkz, Zimm) / bevel* *n* (sliding) ‖ ~**wölber** *m* (Hütt, Keram) / oblique arch brick ‖ ~**zähne** *m pl* (Masch) / helical teeth ‖ ~**zahn-Kegelrad** *n* (Masch) / skew bevel gear* ‖ ~**ziegel** *m* (z.B. Spitzkeil, Widerlagerstein) (Bau) / splay brick*, cant brick*, slope brick, slope* *n*

**schraler Wind** (ein zum Ziel ungünstiger Wind, der in einem spitzen Winkel von vorn einfällt) (Schiff) / scanty wind

**Schram** *m* (in der schneidenden Gewinnung) (Bergb) / kerf* *n*, cut *n*, kirve* *n* ‖ **hangender** ~ (Bergb) / overcut *n*

**Schräm•- und Kerbmaschine** *f* (Bergb) / slabbing machine ‖ ~**ausleger** *m* (Bergb) / cutter bar ‖ ~**bagger** *m* (Bergb) / cutting excavator

**schrämen** *v* (einen Schram herstellen) (Bergb) / cut *v*, hole *v*, underhole *v* ‖ ~ *n* (Herstellen eines Schlitzes parallel zur Lagerstättenebene) (Bergb) / holing *n*, underholing *n* (working of a lower part of a bed of coal to bring down the upper mass)

**Schräm•haue** *f* (Bergb) / cutter pick, coal-cutter pick, pick *n* ‖ ~**kette** *f* (z.B. an Streckenvortriebsmaschinen) (Bergb) / cutter chain, cutting chain ‖ ~**klein** (Bergb) / gummings *pl*, gum *n*, holings *pl*, cuttings *pl*, kirvings *pl*, duff *n* ‖ ~**klein** (Bergb) / debris *n* ‖ ~**lader** *m* (eine Maschine der schneidenden Gewinnung) (Bergb) / cutter loader* ‖ ~**maschinen** *f pl* (Maschinen der schneidenden Gewinnung) (Bergb) / coal-cutting machinery*, longwall machinery ‖ ~**maschinenstreb** *m* (Bergb) / machine face, machine wall

**Schramme** *f* (in der Karosserie) (Anstr, Kfz) / gash *n* ‖ ~ (Film, Mag) / scratch *n*, abrasion *n* ‖ ~ (die beim Polieren entstanden ist) (Glas) / block rake (a scratch or cullet-cut imperfection), block reek

**Schräm•meißel** *m* (Bergb) / cutter pick, coal-cutter pick, pick *n* ‖ ~**motor** *m* (schlagwettergeschützter Drehstromasynchronmotor mit Wasserkühlung) (Bergb) / cutting motor ‖ ~**picke** *f* (Bergb) / cutter pick, coal-cutter pick, pick *n* ‖ ~**streb** *m* (Bergb) / machine face, machine wall

**Schrank** *m* (seitliches Abbiegen eines Sägezahnes im oberen Drittel, so daß die Schnittfuge größer wird, als der Blattdicke entsprechen würde) (For) / set *n* ‖ ~ (für Meßgeräte) (Instr) / cubicle *n* ‖ **schalldämmender** ~ (Eltech) / quietzed cabinet

**Schranke** *f* (Bahn) / barrier *n*, crossing gate, gate *n*, crossing barrier ‖ ~ (Masch) / barrier *n* ‖ ~ (einer Menge) (Math) / bound *n* ‖ **größte obere** ~ (Math) / greatest upper bound, supremum *n* (pl. -s or suprema), g.u.b. ‖ **größte untere** ~ (Math) / greatest lower bound, infimum *n* (pl. infima or infimums), g.l.b. ‖ **obere** ~ (einer beschränkten Funktion, einer Punktmenge) (Math) / upper bound* ‖ **optische** ~**n** (Astr) / optical limits ‖ **stochastische** ~ (für die Verteilungsfunktion interessierender Parameter) (Stats) / stochastic bound ‖ **untere** ~ (einer beschränkten Funktion, einer Punktmenge) (Math) / lower bound*

**Schränkeisen** *n* (zum Handschränken von Sägeblättern) (For) / saw set, notched saw set

**schränken** *vt* (Säge - die Zähne wechselseitig seitlich herausbiegen) (For) / set *v* ‖ ~ *v* (Web) / lease *v* ‖ ~ *n* (Web) / leasing *n*

**Schranken•baum** *m* (Bahn) / barrier arm ‖ ~**funktion** *f* (Math) / limit function ‖ ~**satz** *m* (Math) / mean value theorem for derivatives

**Schränkhammer** *m* (For) / set hammer

**Schranklehre** *f* (ein Schrankprüfwerkzeug) (For) / saw-set gauge

**Schränkmaschine** *f* (For, Werkz) / setting gauge, saw-setting gauge

**Schrank•meßlehre** *f* (For) / saw-set gauge ‖ ~**papier** *n* (Pap) / shelf paper, shelf-lining paper, drawer-lining paper

**Schränkriß** *m* (Glas) / chill check, pressure vent

**Schranktrockner** *m* (cabinet drier

**Schränkung** *f* (seitliches Abbiegen eines Sägezahnes im oberen Drittel, so daß die Schnittfuge größer wird, als der Blattdicke entsprechen würde) (For) / set *n* ‖ ~ (bei Doppeldeckern) (Luftf) / decalage *n* ‖ ~ (auch Verwindung = ‖ **durch Stauchen von Sägezähnen** (auf der Stauchmaschine oder mit dem Handstauchapparat) (For) / swage-setting *n*

**Schränkungswinkel** *m* (For) / fleam* *n*

**Schrank•wand** *f* (Tischl) / wall unit ‖ ~**weite** *f* (bei Sägeblättern) (For, Werkz) / width over set

**Schränkzange** *f* (zum Handschränken) (For) / pincer saw-set, pliers saw-set, saw-setting pliers

**Schrapper** *m* (zur Waggonentladung) / scraper *n* ‖ ~ (Bergb) / scraper loader, slusher *n* (US) ‖ ~ (mit Voll- und Leerseil) (HuT) / dragline scraper ‖ ~ **mit** ~ **fördern** (z.B. Haufwerk) (Bergb) / scrape *v* ‖ ~**förderanlage** *f* (Masch) / scraper conveyor, scraper-type (flight) conveyor ‖ ~**förderer** *m* (Masch) / scraper *n*, scraper conveyor, scraper-type (flight) conveyor ‖ ~**lader** *m* (Bergb) / scraper loader, slusher *n* (US)

**Schrapp•förderer** *m* (Masch) / scraper *n*, scraper conveyor, scraper-type (flight) conveyor ‖ ~**lader** *m* (eine Lademaschine, die das Haufwerk auf der Sohle über eine Ladeschurre in ein nachgeschaltetes Fördermittel zieht) (Bergb) / scraper loader, slusher *n* (US) ‖ ~**lader** (HuT) / scraper* *n*, carryall *n*

**Schratten** *f pl* (Geol) / karren *pl*, lapiés *pl*, solution channels, grikes* *pl*, grykes* *pl*

**Schraub•bock** *m* (stufenlos verstellbare Spannunterlage) (Werkz) / continuously adjustable stand (or bracket) (Werkz) / threaded cover, screw cover || **⁓deckel** *m* (Masch) / threaded cover, screw cover || **⁓deckelflasche** *f* (Masch) / screw cap bottle || **⁓diode** *f* (Eltronik) / stud-mounted diode || **⁓dübel** *m* (mit einseitigem Gewinde, der durch Muffen verlängert werden kann) / screwed insert
**Schraube** *f* (mit Mutter, Teilgewinde, meist Sechskantkopf) (Masch) / bolt *n* || **⁓** (Ganzgewinde, ohne Mutter - DIN ISO 898, T 1 und DIN 962) (Masch) / screw *n*, screw-bolt *n* || **archimedische ⁓** (Wasserb) / Archimedean screw*, Archimedes' screw || **gewindebohrende ⁓** (Masch) / self-drilling screw || **gewindeformende ⁓** (Masch) / thread-forming screw || **gewindefurchende ⁓** (Masch) / thread-forming screw || **gewindeschneidende ⁓** (Masch) / thread-cutting screw || **grobe ⁓** (Masch) / black bolt, unfinished bolt || **halbblanke ⁓** (Masch) / semi-finished bolt || **hochfest vorgespannte ⁓** (Masch) / friction-grip bolt || **hydraulisch vorgespannte ⁓** (Masch) / hydraulically pretensioned bolt || **mehrgängige ⁓** (Masch) / multiple-threaded screw* || **mit den Fingern anzuziehende ⁓** (Flügelschraube, Rändelschraube) (Masch) / thumbscrew *n* || **rohe ⁓** (Masch) / pressed screw, rough screw || **selbstschneidende ⁓** (Masch) / tapping screw, self-tapping screw, self-cutting screw || **unverlierbare ⁓** (Masch) / captive screw* || **vorgespannte ⁓** (Masch) / pretensioned bolt || **⁓** *f* **der mittleren Produktklasse** (Masch) / semi-finished bolt || **⁓ mit mikroverkapseltem Kleber** (Masch) / adhesive-coated bolt || **⁓ mit zweigängigem Gewinde** (Masch) / two-start screw, double-threaded screw*
**schrauben** *v* (Masch) / screw *v* || **⁓** *n* (Masch) / screwing *n* || **⁓-** / helical *adj*, helicoidal *adj*, helicoid *adj* || **⁓achse** *f* (Masch) / screw axis || **⁓achsen** *f pl* (Krist) / screw axes* || **⁓antenne** *f* (Fernm, Radar) / helical antenna* || **⁓ausdreher** *m* (Werkz) / screw extractor || **⁓ausziehwiderstand** *m* (z.B. von Spanplatten) (For) / screw-withdrawal resistance, screw retention strength || **⁓automat** *m* (Masch) / automatic screw (cutting) machine, automatic screwing machine || **⁓baum** *m* (Pandanus Parkinson) (For) / pandanus *n*, screw pine, pandan *n* || **⁓bewegung** *f* (Masch, Math) / screw motion, screw displacement, helicoidal motion || **⁓bock** *m* (Schiff) / propeller bracket, propeller strut || **⁓bolzen** *m* (DIN 2509) (Masch) / bolt* *n* || **⁓bolzen mit Sicherung** (des Gewinde wird an Ort und Stelle geschnitten) (Masch) / sems *n* || **⁓bolzen ohne Kopf** (Masch) / double-end stud || **⁓brunnen** *m* (Schiff) / propeller well, screw aperture
**Schraubendreher** *m* (DIN 898) (Werkz) / screwdriver* *n* || **⁓ für Kreuzschlitz** (Werkz) / Phillips screwdriver* || **⁓ für Schlitzschrauben** (Werkz) / slotted-type screwdriver* || **⁓ mit Kreuzschlitz** (Werkz) / Phillips screwdriver* || **⁓einsatz** *m* (Werkz) / screwdriver bit || **⁓klinge** *f* (Werkz) / screwdriver bit
**Schrauben•drehmaschine** *f* (Masch) / screw-cutting lathe || **⁓druckfeder** *f* (zylindrische) (Masch) / helical compression spring || **zylindrische ⁓druckfeder** (Masch) / cylindrical helical compression spring || **⁓elektrode** *f* (Schw) / threaded electrode (for spot welding)
**Schraubenfeder** *f* (DIN 2088) (Masch) / helical spring*, coil spring || **biegebeanspruchte ⁓** (Masch) / helical torsion spring, leg spring || **exzentrisch angeordnete progressive ⁓** (Kfz) / off-centre progressive coil spring || **zylindrische ⁓** (Masch) / cylindrical helical spring || **⁓** *f* **mit vertikaler und horizontaler Kraftaufnahme** (Masch) / flexicoil spring || **⁓manometer** *n* (Rohrfedermanometer mit schraubenförmig gebogener Rohrfeder) / helical-spring manometer (Masch) || **⁓ring** *m* (Masch) / garter spring*
**Schrauben•flügel** *m* (Schiff) / propeller blade, screw blade || **⁓förmig** *adj* / helical *adj*, helicoidal *adj*, helicoid *adj* || **⁓förmige Drehung** (Phys) / spinning *n* || **⁓förmig gewundene Biegefeder** (Masch) / helically coiled spiral spring || **⁓förmige Nut** (Werkz) / helical flute || **⁓futter** *n* (Masch) / cathead* *n*, spider *n* || **⁓gang** *m* (Masch) / flight* *n* || **⁓gangzähler** *m* (Instr) / Woltman current meter || **⁓getriebe** *n* (Masch) / screw mechanism || **⁓gewinde** *n* (einer Schraube) (Masch) / screw thread* || **⁓haltevermögen** *n* (For) / screw-withdrawal resistance, screw retention strength || **⁓kompressor** *m* (zweiwelliger) (Masch) / rotary screw compressor, screw compressor, screw-type compressor, helical-screw compressor, helical compressor || **⁓kopf** *m* (Masch) / screw head || **zylindrischer ⁓kopf** (Masch) / cheese-head *n* || **⁓kopf** *m* **mit dem Innen-n-Kant** (als Halteform gegen Drehen) (Masch) / recessed head || **⁓kopf mit Loch** *m* (als Bedienungsform zum Drehen - mit einem Drehstift) (Masch) / capstan head || **⁓kupplung** *f* (Bahn) / screw coupling || **⁓lenkung** *f* (mit Lenkschraube und Lenkmutter) (Kfz) / screw-and-nut steering-gear* || **⁓linie** *f* (gemeine) (Math) / helix* *n* (circular) (pl. helices or -es), cylindrical helix || **rechtsgängige ⁓linie** (Math) / dextrorse helix || **linksgängige ⁓linie** (Math) / sinistrorse helix || **⁓linienabtastung** *f* (TV) / helical scanning || **⁓liniennahtgeschweißtes Rohr** (Schw) / spiral-seam tube || **⁓loch** *n* (Masch) / bolt hole || **⁓lüfter** *m* (Masch) / screw (propeller) fan || **⁓mutter** *f* (Masch) / nut* *n* || **⁓pfahl** *m* (HuT) / screw pile*, Braitwaite pile || **⁓pfahl** (großer) (HuT) / screw cylinder || **⁓prüfung** *f* (DIN 260 und DIN ISO 898, T 1) (Masch, WP) / screw testing || **⁓pumpe** *f* (eine Kreiselpumpe) (Masch, Sanitär) / screw pump, propeller pump, screw-type pump
**Schraubenrad** *n* (Stirnrad mit bogenförmig verlaufenden Zähnen) (Masch) / worm-gear* *n* || **⁓fräser** *m* (ein Wälzfräser) (Masch) / wormwheel hobbing cutter || **⁓fräsmaschine** *f* (Masch) / wormwheel hobbing machine || **⁓gaszähler** *m* / vane-type gas meter, vane flowmeter || **⁓gaszähler** s. auch Turbinenradgaszähler || **⁓zähler** *m* (nach Woltman) (Instr) / Woltman current meter
**Schrauben•rahmen** *m* (Druck) / screw chase* || **⁓regel** *f* (Elektr) / screw rule || **⁓regelfläche** *f* (Math) / helicoid* *n* || **⁓rohling** *m* (Masch) / screw blank || **⁓schaft** *m* (Masch) / screw shank || **⁓schaftbohrung** *f* (For, Masch) / clearance hole || **⁓schaftbohrung** (For, Masch) s. auch Vorbohrloch || **⁓schlitzen** *n* (Masch) / screw slotting, slot cutting || **⁓schlitzfräser** *m* (Werkzeug zum Fräsen der Schlitze in Schraubenköpfe, Bolzen usw.) (Werkz) / slot cutter, slitting cutter || **⁓schlüssel** *m* (Masch, Werkz) / spanner *n* (GB)*, wrench *n* || **verstellbarer ⁓schlüssel** (Masch, Werkz) / adjustable spanner, monkey-wrench *n*, adjustable wrench || **⁓sicherung** *f* (z.B. Gegenmutter, Sicherungsblech oder ein anderes Sicherungselement) (Masch) / locking device (for screws) || **⁓spindelpumpe** *f* (eine Verdrängerpumpe) (Masch) / screw pump || **⁓spindelrührer** *m* (Chem Verf) / spiral stirrer || **⁓steven** *m* (Schiff) / propeller post* || **⁓ventilator** *m* (Masch) / screw (propeller) fan || **⁓verbindung** *f* (im allgemeinen) (Masch) / threaded assembly || **⁓verbindung** (bei Rohren) (Masch) / bolted union || **⁓verbindung** (Masch) / bolted joint, bolted connection || **⁓verdichter** *m* (heute meistens mit Kunststoff-Keramik-Verbundrotoren) (zweiwelliger) (Masch) / rotary screw compressor, screw compressor, screw-type compressor, helical-screw compressor, helical compressor* || **⁓verdrehfeder** *f* (Masch) / helical torsion spring, leg spring || **⁓versetzung** *f* (zweidimensionale Gitterstörung durch eine keilförmige Verschiebung von Gitterebenen) (Krist) / screw dislocation || **⁓wasser** *n* (Schiff) / wake *n*, wash *n* || **⁓werkstoff** *m* (DIN ISO 898, T 1) / unit material || **⁓winde** *f* (kurzhubiges Hebezeug) (Masch) / screw-jack* *n*, jackscrew *n* || **⁓wuchs** *m* (des Stammes) (For) / stem spirality, spiral bole || **⁓zieher** *m* (Werkz) / screwdriver* *n* || **⁓zieher mit Kreuzschlitz** (Werkz) / Phillips screwdriver* || **⁓zugfeder** *f* (Masch) / helical tension spring || **zylindrische ⁓zugfeder** (Masch) / cylindrical helical extension spring || **ringförmige** (radial wirkende) **⁓zugfeder** (Masch) / garter spring*
**Schrauber** *m* (Masch, Werkz) / spanner *n* (GB)*, wrench *n* || **⁓** (elektrischer, pneumatischer - mit Innenaufnahme) (Werkz) / screwdriver *n* || **motorischer ⁓** (Masch) / power wrench
**Schraub•fassung** *f* (Eltech) / screw base || **⁓flansch** *m* (Masch) / screwed flange || **⁓flasche** *f* / screw-capped bottle || **⁓fräseinrichtung** *f* (Masch) / spiral milling attachment || **⁓fräsen** (Masch) / spiral milling, helical milling || **⁓gelenk** *n* (als Getriebeteil) (Masch) / screw joint || **⁓getriebe** *n* (Spindel- oder Mutterantrieb) (Masch) / screw mechanism || **⁓getriebe** (Stirnradgetriebe mit nicht parallelen Achsen) (Masch) / crossed helical gear || **⁓haken** *m* (Masch) / screw hook || **⁓kappe** *f* (Masch) / screw-cap *n* || **⁓kegelradgetriebe** *n* (für Wellen, die sich kreuzen) (Masch) / hypoid bevel gear*, hypoid gears || **⁓klemme** *f* (ein Quetschhahn) (Chem) / Hoffman clamp || **⁓-Klemmuffe** *f* (Fernm) / screw-clamping sleeve || **⁓knecht** *m* (ein Spannzeug mit Spannweiten 500 bis 2000 mm) (Tischl, Werkz) / bar clamp || **⁓kopf** *m* (Stöpselsicherung) (Eltech) / fuse-carrier* *n* || **⁓kurbelgetriebe** *n* (Masch) / screw-crank mechanism || **⁓muffe** *f* (Masch) / threaded socket || **⁓nagel** *m* (Masch) / threaded nail || **⁓räumen** *n* (Masch) / internal broaching of helical grooves || **⁓regal** *n* / bolt-together shelving unit || **⁓schieberabstimmer** *m* (Hohlrohrleiter) (Fernm) / slide-screw tuner || **⁓sicherung** *f* (Eltech) / screw plug fuse, plug-type fuse || **⁓sockel** *m* (ein Glühlampensockel) (Eltech) / screw-cap *n* || **kleiner ⁓sockel** (12,5 mm) (Eltech) / small Edison screw cap* || **⁓spindel** *f* (Masch) / screw-jack* *n*, jackscrew *n* || **⁓steckdose** *f* (für Lampenfassungen) (Eltech) / lampholder plug* (current tip), plug adaptor*, plug adaptor lampholder || **⁓stock** *m* (zum festen Einspannen von Werkstücken und Werkzeugen) (Masch) / vice* *n*, vise *n* (US)* || **in einen ⁓stock spannen** (Masch) / vice *v*, vise *v* (US) || **⁓stock-Einsatzplatte** *f* (Masch) / jaw plate || **⁓stopfen** *m* (Masch) / screw plug || **⁓stöpsel** *m* (Masch) / screw plug || **⁓stöpselsicherung** *f* (Eltech) / screw plug fuse, plug-type fuse || **⁓stutzen** *m* (Kab) / threaded ferrule || **⁓triebanlasser** *m* (Kfz) / Bendix drive || **⁓triebstarter** *m* (Kfz) / Bendix drive
**Schraubung** *f* (Krist) / screw motion || **⁓** (Masch, Math) / screw motion, screw displacement, helicoidal motion
**Schraub•verbindung** *f* (Masch) / threaded joint || **⁓verschluß** *m* (Masch) / screw plug || **⁓zwinge** *f* (Furnierherstellung) (Tischl, Werkz) / G clamp* *n*, G cramp* *n* || **⁓zwinge** (mit einer Gleitschiene) (Werkz) / bar clamp

**Schreck・platte** f (Gieß) / chill* n, chill plate ‖ ~**reaktion** f (des Fahrers, des Flugzeugführers) (Kfz, Luftf) / startle reaction ‖ ~**schale** f (Gieß) / chill* n, chill plate ‖ ~**schicht** f (am Schalenhartgußstück) (Gieß) / chill n, chilling layer
**Schreckstoff** m (Chem, Zool) / alarming substance, warning substance
**Schredder** m (zur Verschrottung von Autowracks und Sperrmüll) / shredder n ‖ ~ (Nahr) / shredder n
**Schreib・adresse** f (EDV) / write address ‖ ~**automat** m (EDV) / automatic typewriter, automatic typing machine ‖ ~**automat** s. auch Textsystem
**schreibbar** adj (EDV) / writeable adj, writable adj
**Schreib・befehl** m (EDV) / write instruction ‖ ~**blei** n (Chem) / black lead ‖ ~**block** m (pl. -s oder -blöcke) (Pap) / writing pad
**Schreibdichte** f (DIN 5652) (EDV) / recording density ‖ ~ (in Zeichen/Zoll) (EDV) / print density (horizontally) ‖ **doppelseitige Diskette mit vierfacher** ~ / DSQD diskette, double-sided quad density diskette ‖ **hohe** ~ (EDV) / high density (HD) ‖ **vierfache** ~ (bei Disketten) (EDV) / quad density
**Schreib・dienst** m / typing pool, typing centre ‖ ~**dose** f (Akus) / cutter* n, phonograph cutter ‖ ~**effekt** m (durch Appreturfehler hervorgerufen) (Tex) / chalking n ‖ ~**elektrode** f (EDV) / nib n
**schreiben** v / write* v ‖ **neu** ~ (auf der Schreibmaschine) / overtype v ‖ **gleichzeitiges Lesen und** ~ (EDV) / simultaneous read-while-write
**schreibend・es** (Meß)**Gerät** (Instr) / recorder* n, recording instrument, graphic instrument, grapher n ‖ ~**er Schwingungsmesser** (Instr) / vibrograph n ‖ ~**e Taste** (EDV) / printing key, print key ‖ ~**e Taste mit Vorschub** (EDV) / advancing key, escaping key ‖ ~**e Taste ohne Vorschub** (EDV) / non-advancing key, non-escaping key
**Schreiber** m (Instr) / recorder* n, recording instrument, graphic instrument, grapher n ‖ ~ (ein Registriergerät) (Instr) / recorder n, register n ‖ **rechnergesteuerter** ~ (EDV) / computer-aided recorder ‖ ~**diagrammpapier** n (für Punkt-, Linien- und Kreisblattschreiber) (Pap) / chart paper, recording-instrument paper, recorder paper, recorder chart, recording paper ‖ ~**holzeit** f (bei integrierten Halbleiterspeichern) (EDV) / write recovery time ‖ ~**papier** n (Pap) / chart paper, recording-instrument paper, recorder paper, recorder chart, recording paper
**Schreibersit** m (meteoritisches Eisen) (Min) / schreibersite n
**Schreib・fähigkeit** f (Pap) / writing quality ‖ ~**feder** f (Zeichenfeder) / lettering pen ‖ ~**feder** / pen n ‖ ~**fehler** m (EDV) / spelling error ‖ ~**fehlerprüfung** f (automatische) (EDV) / spelling check ‖ ~**fehlerprüfungsprogramm** n (EDV) / spelling checker, spellchecker n, word spellchecker ‖ ~**fenster** n (der Schreibmaschine) / typing opening, typing window ‖ ~**fleck** m (TV) / scanning spot ‖ ~**freigabe** f (EDV) / write enable ‖ ~**freigabe-Eingang** m (DIN 41859, T 1) (EDV) / write-enable input ‖ ~**gerät** n (ein Ausgabegerät) (EDV) / logger n, logging printer ‖ ~**gerät** (zur analogen Aufzeichnung von Meßwerten) (Instr) / recorder* n, recording instrument, graphic instrument, grapher n ‖ ~**geschwindigkeit** f (des Druckers) (EDV) / print speed, printing speed, print rate ‖ ~**geschwindigkeit** (Eltronik) / writing speed* ‖ ~**hammer** m (EDV) / impact hammer, print hammer* ‖ ~**impuls** m (EDV) / write pulse ‖ ~**karton** m (Pap) / writing bristol ‖ ~**kerndrucker** m (EDV) / golf-ball printer* ‖ ~**kopf** m (Akus, Eltech, Mag) / recording head*, magnetic recording head ‖ ~**kopf** (zum Schreiben auf magnetisierbare Flächen nach DIN 66214) (EDV) / write head, writing head, record head ‖ ~**kopf** (eines Plotters) (EDV) / plotting head ‖ ~**kreide** f / chalk n (a stick of ~ , a piece of ~) ‖ ~**leinen** n (Tex) / writing linen cloth
**Schreib-Lese・-Ausschnitt** m (EDV) / read/write head opening, head slot, head access hole, head window ‖ ~**-Kopf** m (EDV) / read/write head ‖ ~**-Öffnung** f (bei Disketten) (EDV) / access hole ‖ ~**-Öffnung** (EDV) / read/write head opening, head slot, head access hole, head window ‖ ~**-Speicher** m (EDV) / read/write memory (RWM) (esp. read/write RAM) ‖ ~**-Zyklus** m (EDV) / write/read cycle
**Schreib・locher** m (EDV) / printing card punch, printing keypunch ‖ ~**marke** f (EDV) / cursor* n
**Schreibmaschine** f (DIN 2108) / typewriter n ‖ **grafische** ~ / graphical typewriter ‖ **zeilenausschließende** ~ / justifying typewriter ‖ ~ f **mit Spracheingabe** / voice-operated typewriter ‖ ~ **mit Streifenlocher** / typewriter tape punch ‖ ~ **mit unterschiedlicher Typenbreite** / variable-spacing typewriter
**Schreibmaschinen・kofferbeschlag** m / typewriter case fitting ‖ ~**modus** m (EDV) / typewriter mode ‖ ~**papier** n (Pap) / typewriter paper, typewriting paper, typing paper ‖ ~**satz** m (EDV, Typog) / typewriter composition* ‖ ~**schrift** f (die der echten Schreibmaschinenschrift nachgebildet ist) (Typog) / typewriter face
**Schreib・möbel** n pl (Tischl) / writing furniture ‖ ~**papier** n (mehr als 50 g/m²) (Pap) / bond paper (high-quality writing paper) ‖ ~**papier** (Pap) / writing paper, tablet (writing) paper (US) ‖ ~**papier** (hochwertiges) (Pap) / papeterie paper ‖ ~**pegel** m (der mit einer Schreibeinrichtung zur fortlaufenden selbsttätigen Aufzeichnung des Wasserstandes ausgestattet ist) (Wasserb) / level recorder, water stage recorder, stage recorder ‖ ~**pergament** n (aus Kalbsfell) / vellum* n, parchment n ‖ ~**pinsel** m (Anstr) / pencil n, sign-writing brush, writer n ‖ ~**projektor** m / overhead projector* ‖ ~**rad** n (EDV) / type-wheel n, print-wheel n ‖ ~**ring** m (EDV) / file-protection ring, file protect ring, safety ring ‖ ~**ring** (mechanisches Sicherungselement bei Magnetbändern; nur wenn der Ring eingelegt ist, können neue Daten aufgenommen werden) (EDV) / file-protection ring ‖ ~**satz** m (EDV, Typog) / typewriter composition* ‖ ~**schrift** f (die der Handschrift nachgebildet ist) (Typog) / script* n, typescript n ‖ ~**schritt** m (der Schreibmaschine nach DIN 2107) / pitch n ‖ ~**schritt** (EDV) / character spacing, intercharacter spacing, intercharacter space ‖ **proportionaler** ~**schritt** (der Schreibmaschine, bei der nicht alle Schriftzeichen die gleiche Breite haben) / proportional spacing ‖ ~**schutz** m (EDV) / write protection ‖ ~**schützen** v (nur Infinitiv und Partizip) (EDV) / write-protect v ‖ ~**schutzkerbe** f (mechanisches Sicherungselement bei Disketten) (EDV) / write-protect notch, protection notch ‖ ~**schutzlogik** f (EDV) / write-protect logic ‖ ~**sicherungsring** m (EDV) / file-protection ring, file protect ring, safety ring ‖ ~**sicherungsring** (EDV) / file-protection ring ‖ ~**sperre** f (EDV) / write lockout (preventing all programs from writing to any particular position of a storage, but allowing unimpeded reading of that part of storage by all concurrent programs) ‖ ~**spirale** f (eines Empfängers) (Fernm) / helix (pl helices or -es) n ‖ ~**station** f (EDV) / printer terminal, print station ‖ ~**steuerung** f (EDV) / write control ‖ ~**stift** m / recording stylus, pen n ‖ ~**takt** m (EDV) / write clock ‖ ~**taste** f (Magnetband) (EDV) / record button ‖ ~**tinte** f / writing ink ‖ ~**tisch** m (Tischl) / desk n ‖ ~**tisch mit Rollverschluß** (Tischl) / roll-top desk ‖ ~**tischtest** m (für ein Programm) (EDV) / desk checking, dry run*, desk check ‖ ~**unterdrückung** f (EDV) / print suppression, print suppress ‖ ~**velours** n (Leder) / silk-sheen suede ‖ ~**verfahren** f (DIN 66010) (EDV) / recording mode, recording n ‖ ~**wagen** m / carriage n ‖ ~**walze** f (einer Schreibmaschine, eines Fernschreibers) / platen n ‖ ~**walze** (des Farbscanners) (EDV) / recording drum ‖ ~**waren** f pl (Pap) / stationery n
**Schreibweise** f (EDV) / notation n ‖ ~ (Math) / notation n ‖ **biquinäre** ~ (EDV) / biquinary notation ‖ **fehlerhafte** ~ / misspelling n ‖ **klammerfreie** ~ (EDV) / parenthesis-free notation ‖ ~ f **eines Wortes** / word spelling
**Schreib・werk** n (eines Textsystems) (EDV) / printer n ‖ ~**werk** (Instr) / recorder* n, recording instrument, graphic instrument, grapher n ‖ ~**zentrale** f / typing pool, typing centre ‖ ~**zugriff** m (EDV) / write access ‖ ~**zyklus** m (EDV) / write cycle
**schreiend** adj (Farbe) / glaring adj, gaudy adj, loud adj, garish adj, brash adj
**Schreiner・arbeit** f (Tischl) / joinery* n ‖ ~**beil** n (Werkz) / joiner's hatchet
**Schreinerei** f (Bau, Tischl) / joinery* n, finishing carpentry (US)
**Schreiner・-Finish** n (Tex) / Schreiner finish, schreinering n ‖ ~**hammer** m (mit einem Nagelzieher) (Werkz) / nail hammer ‖ ~**handwerk** n (Bau, Tischl) / joinery* n, finishing carpentry (US) ‖ ~**kalander** m (Tex) / Schreiner calender ‖ ~**winkel** m (von 90°) (Zimm) / try square*, square n, builder's square
**Schreit・ausbau** m (mit mobilen Ausbaueinheiten nach DIN 21549) (Bergb) / walking support, self-advancing support ‖ ~**bagger** m (der sich mit einem Schreitwerk in einzelnen Schritten vorwärts bewegt) (Bergb) / walking dragline* ‖ ~**insel** f (spezielle Ausführung der Hubinsel mit Stützbeinen zum schreitenden Vorwärtsbewegen) (Erdöl) / walking island ‖ ~**roboter** m (der sich mit Beinen schreitend fortbewegt) / walking robot ‖ ~**werk** n (z.B. zum selbständigen Schreiten von Ausbauböcken und -gespannen und von mittleren und großen Tagebaugeräten) (Bergb) / travelling mechanism, walking mechanism
**Schrenz** m (Pap) / screenings board ‖ ~**papier** n (Hüllpapier aus minderwertigem Altpapier) (Pap) / screenings pl ‖ ~**pappe** f (zähe dünne Pappe einfachster Qualität) (Pap) / screenings board
**Schrieb** m (grafische Aufzeichnung einer oder mehrerer Meßgrößen in Abhängigkeit der Zeit oder einer dritten Größe auf Registrierpapier durch einen Schreiber) / record n
**Schrift** f (ganzer Satz - nach DIN 16518) (Typog) / font* n ‖ ~ (Typog) / type-face* n, type-style n ‖ **abgenutzte** ~ (im Bleisatz) (Druck) / battered types, worn types ‖ **breite** ~ (EDV) / expanded style of type, expanded type ‖ **deutsche** ~ (Typog) / German symbols ‖ **durchgestrichene** ~ (bei der alle einzelnen Buchstaben durchgestrichen sind - z.B. für Korrekturarbeiten) (EDV) / strike-out font, strikethrough font ‖ **fette** ~ (EDV, Typog) / fat face*, bold face* ‖ **gerasterte** ~ (EDV) / bit-mapped font ‖ **gotische** ~ (Typog) / black letter* ‖ **hebräische** ~ (Typog) / Hebrew characters, Hebrew type ‖ **herunterladbare** ~**en** (EDV) / soft fonts ‖ **inverse** ~ (hell auf dunklem Untergrund) (Druck, EDV) / reverse print, reverse type ‖ **kursive runde** ~ (Typog) / sloped roman* ‖ **lichte** ~ (deren Bild nur aus den Konturen besteht) (EDV, Typog) / outline letters*, open

letters, outline type, outlined characters, outline font ‖ **magere** ~ (Typog) / light face* ‖ **nachladbare** ~ (EDV) / downloadable font, soft font ‖ **residente** ~ (EDV) / built-in font, resident font ‖ **runde** ~ (Typog) / roman* n, rom., roman type, antiqua* n ‖ **vorhandene** ~ (mit der das Gerät standardmäßig versehen ist) (EDV) / resident font, built-in font ‖ ~ f **auf dem Bildschirm** (die nicht unbedingt mit den auf dem Drucker erzeugbaren Schriften identisch ist) (EDV) / screen font ‖ ~ **auf dem Drucker** (EDV) / printer font

**Schrift•abnutzung** f (beim Bleisatz) (Typog) / type wear ‖ ~**änderungszeichen** n (EDV) / font change character, FC ‖ ~**angabe** f (Druck, EDV) / type specification ‖ ~**art** f (EDV) / character font, font n, type font ‖ ~**art** (Typog) / type-face* n, type-style n ‖ ~**artumschaltzeichen** n (EDV) / font change character, FC ‖ ~**artwechsel** m (Druck, EDV) / font changing, font switching, change of font, font change ‖ ~**bibliothek** f (EDV) / library of fonts, font library, font catalogue ‖ ~**bild** n (im allgemeinen) (Druck) / lettering n ‖ ~**bild** (Bild) (Typog) / face n (of a type), type-face* n

**Schriften•bibliothek** f (Druck, Typog) / type library ‖ ~**erkennung** f (EDV) / omnifont character recognition ‖ ~**leser** m (EDV) / character reader ‖ ~**leser** (EDV) / multifont reader, omnifont reader ‖ ~**maler** m (Anstr) / sign-writer n, sign-painter n

**Schrift•erz** n (Silbergoldtellurid) (Min) / sylvanite* n, yellow tellurium* ‖ ~**familie** f (Gesamtheit aller von einer Schrift geschnittenen und gegossenen Schriftschnitte) (Typog) / type-family* n ‖ ~**feld** n (bei Zeichnungen - DIN 6771, T 1) (Masch) / title block ‖ ~**geber** m (elektronisches Gerät, das die Schriften und grafische Symbole erzeugt; über den Bildmischer werden die Schriften in Videoaufnahmen eingeblendet) (Film) / character generator ‖ ~**generator** m (Film) / character generator ‖ ~**gestalter** m (Typog) / typographer* n ‖ ~**gießer** m (Typog) / type founder ‖ ~**gießerei** f (Typog) / type foundry, foundry* n ‖ ~**grad** m (ausgehend vom typografischen Punkt) (Typog) / type-size n ‖ ~**granit** m (winkelig-eckige Verwachsung von Quarz und Feldspat) (Geol) / graphic granite*, Hebraic granite, runite* n ‖ ~**größe** f (Typog) / type-size n ‖ ~**größe von 5 1/2 points** (Typog) / agate n ‖ ~**guß** m (Typog) / type-founding n ‖ ~**gut** n (zur Textverarbeitung) (EDV) / documents pl (to be processed) ‖ ~**gutverwaltung** f / records administration ‖ ~**hoch** adj (Druck) / type-high* adj ‖ ~**höhe** f (DIN 16507) (Typog) / type-height n, height n ‖ ~**kassette** f (EDV) / font cartridge ‖ ~**kasten** m (Typog) / case* n ‖ ~**kegel** m (die Höhe des Schriftbildes einer Druckschrift von der Unterlänge bis zur Oberlänge) (Typog) / body* n

**schriftlich niederlegen** / write* v

**Schrift•linie** f (DIN 16507) (Typog) / baseline* n ‖ ~**metall** n (historische Bezeichnung - meistens Bleilegierung mit Antimon) (Hütt) / type-metal* n ‖ ~**satz** m (Erzeugnis) (Typog) / matter n, composition n ‖ ~**schablone** f / stencil lettering guide, lettering stencil ‖ ~**schnitt** m (Tätigkeit) / letter cutting ‖ ~**schnitt** (Gruppe innerhalb einer Schriftart) (Typog) / version of a type-face ‖ ~**setzer** m (Typog) / compositor* n, typesetter* n ‖ ~**skalierung** f (EDV) / font scaling ‖ ~**stärke** f (eines Schriftzeichens) (EDV, Typog) / stroke width ‖ ~**stempel** m (Druck) / punch* n ‖ ~**struktur** f (Geol) / graphic texture* (a rock texture), runic texture* ‖ ~**wahl** f (Typog) / choice of type ‖ ~**wechsel** m (Druck, EDV) / font changing, font switching, change of font, font change ‖ **gleichbleibend gute** ~**wiedergabe** (EDV) / constant and uniform print quality ‖ ~**zeichen** n (DIN 66203) (EDV) / graphic character, character* n, letter n

**Schriftzeichen, die dem Fuß des** ~**s zugewendete Seite der Drucktype** (Typog) / belly* n, front n

**Schrift•zeichenerkennung** f (EDV) / character recognition ‖ ~**zeichenfolge** f (EDV, Typog) / character string

**schrill** adj (Akus) / shrill adj, strident adj, piercing adj, ear-piercing adj

**Schrillen** n (bei den Flüssigkeitsraketen) (Luftf) / screaming n

**Schrinken** n (Krumpffreimachen und Griffverbesserung von Wollgeweben) (Tex) / shrinking process, shrinkproofing process, shrinkproof process ‖ **krumpfecht ausgerüstet durch** ~ (Tex) / London-shrunk* adj

**Schrinkverfahren** n (bei Wollgeweben) (Tex) / shrinking process, shrinkproofing process, shrinkproof process

**Schritt** m (als Einheit) / pace n ‖ ~ / step n ‖ ~ (ein Signal bestimmter Dauer der zeitliche Abstand zwischen zwei Taktimpulsen) (EDV, Fernm) / step n ‖ ~ (Fernschreibzeichen) (Fernm) / signal element* ‖ ~ (Teleg) / unit n ‖ **startpolarer** ~ (EDV, Fernm) / start-polarity element ‖ **stromerfüllter** ~ (Fernm) / current bit ‖ **stromloser** ~ (Fernm) / no-current bit ‖ ~ **m beim Schlüsseziehen** (KI) / reasoning step

**Schrittakt** m (Sollwert der Schrittdauer) (Fernm) / signal-element timing

**Schritt-Alphabet, 7-**~ (zur Funkfernschreibübertragung) (Teleg) / seven-unit code

**Schritt•antrieb** m (Eltronik) / incremental servo-drive ‖ ~**-Bandkassettenrecorder** m / incremental cassette recorder ‖ ~**betrieb** m (EDV) / single-step operation, step-by-step operation ‖ ~**dauermodulation** f (Regeln) / digital pulse duration modulation ‖ ~**einsatz** m (Fernm) / significant instant ‖ ~**fehler** m (bei der Übertragung) (Fernm) / symbol error ‖ ~**folge** f (in der Verfahrenstechnik) / sequence of steps ‖ ~**geschwindigkeit** f (Kehrwert der Zeitdauer eines Schrittes nach DIN 44302) (EDV, Fernm) / modulation rate* (the reciprocal of the duration of the unit signal element, expressed in "baud") ‖ ~**geschwindigkeit** (Teleg) / telegraph speed ‖ ~**geschwindigkeit eines Schrittmotors** (Eltech) / step rate ‖ ~**haltend** adj (mitlaufend) / on-line* attr ‖ ~**kamera** f (ein Mikrofilm-Aufnahmegerät) (Foto) / planetary camera ‖ ~**kopieren** n (mit einer Schrittkopiermaschine) / intermittent printing* ‖ ~**länge** f (Teleg) / unit interval ‖ ~**länge** (Tex) / inseam length ‖ ~**macher** m (Masch) / walking beam* ‖ ~**macherofen** m (Hütt) / walking-beam furnace, rocker-bar furnace ‖ ~**macherreaktion** f (Chem) / rate-determining reaction ‖ ~**magnetbandgerät** n / incremental tape station ‖ ~**mechanismus** m (Masch) / intermittent mechanism, intermittent-motion mechanism ‖ ~**motor** m (impulsgesteuerter Motor, dessen Welle sich bei jedem Impuls um einen durch die Konstruktion festgelegten konstanten Winkelbetrag dreht) (Masch) / stepping motor, step motor, stepper motor ‖ ~**puls** m (bei der Datenübertragung nach DIN 44302) (EDV) / clock pulse ‖ ~**rate** f (bei der Übertragung) (Fernm) / symbol rate ‖ ~**relais** n (Eltech) / stepping relay ‖ ~**schalter** m (Fernsp) / step-by-step switch ‖ ~**schaltung** f (für filmtechnische Geräte) (Film) / intermittent motion ‖ ~**schaltwähler** m (Fernsp) / step-by-step selector ‖ ~**schaltwählersystem** n (Fernsp) / step-by-step system, Strowger system ‖ ~**schaltwerk** n (Schaltbaustein, der über Eingangsimpulse einen Stellschalter weiterschaltet) (Regeln) / sequencer n ‖ ~**spannung** f (Teil der Erderspannung, der vom Menschen bei einer unterstellten Schrittweite von 1 m überbrückt wird) (Eltech) / pace voltage ‖ ~**spannung** (Berührungsspannung von Fuß zu Fuß) (Eltech) / step voltage ‖ ~**verzerrung** f (Teleg) / telegraph distortion, signal distortion

**schrittweise** adv / step-by-step attr ‖ ~**s Aufreißen** (metallischer Schutzschichten) (Galv) / gradual cracking ‖ ~ **Bewegung** f / step-by-step movement ‖ ~ **Division** (Math) / iterative division ‖ ~**r Vorschub** (Masch) / pick feed

**Schrittwinkel** m (des Schrittmotors) (Eltech) / angular displacement per step

**Schrödinger-Bild** n (in der Quantenmechanik) (Phys) / Schrödinger picture

**Schrödinger•-Darstellung** f (in der Quantenmechanik) (Phys) / position representation, Schrödinger representation ‖ ~**-Gleichung** f (nach E. Schrödinger, 1887-1961) (Phys) / Schrödinger equation*, Schrödinger wave equation

**Schrödingersche Wellenfunktion** (in der Wellenmechanik) (Phys) / psi function, wave function, Schrödinger wave function

**schroff** adj (steil abfallend) / precipitous adj, declivitous adj ‖ ~ (Felsen, Küste) / sheer adj, bluff adj

**Schropp•hobel** m (über 40 cm lang) (Tischl, Werkz, Zimm) / jack plane*, rough plane, scrup plane ‖ ~**hobeln** n (Tischl, Werkz) / rough planing

**Schrot** m n (Bergb, Hütt) / shot n, metal shot ‖ ~ (Gieß) / grit n ‖ ~ (als Futtermittel) (Landw) / coarse meal n (Mahlprodukt aus Getreide mit grober, ungleichmäßiger Körnung, das bis auf den Keimling alle Bestandteile des Korns enthält) (Nahr) / grist n ‖ ~**beize** f (Leder) / drench bath ‖ ~**blei** n (Hütt) / hard shot ‖ ~**bohren** n (drehendes Bohren zum Herstellen von Kernbohrungen) (Bergb) / shot-drilling* n ‖ ~**brot** n (Nahr) / coarse bread ‖ ~**effekt** m (Ursache des Schrotrauschens) (Eltronik) / shot effect

**schroten** v (Malz) (Brau) / crush v ‖ ~ (Masch) / part off v, cut v, chisel off v, cut off v ‖ ~ (Nahr) / bruise v, kibble v, crack v (US) ‖ ~ n (Bergb) / shot-drilling* n ‖ ~ (Masch) / parting-off n, cutting n, chiselling-off n, cut-off n

**Schrot•flintenklonen** n (Gen) / shotgun cloning ‖ ~**kasten** m (Brau) / grist case ‖ ~**mehl** n (Nahr) / meal n ‖ ~**meißel** m **für Warmmeißeln** (mit kleinerem Keilwinkel) (Web) / hot chisel, hot set ‖ ~**mühle** f (für Malz) (Brau, Nahr) / malt mill ‖ ~**mühle** (für Getreide) (Nahr) / kibbler n, break roll mill, cracker n (US) ‖ ~**rauschen** n (ein weißes Rauschen) (Eltronik) / shot noise*, Schottky noise*, flicker noise, popcorn noise ‖ ~**säge** f (große) (For) / pit saw ‖ ~**schußklonierung** f (Gen) / shotgun cloning ‖ ~**schußkrankheit** f (durch eine Infektion bei Steinobst hervorgerufen) (Landw) / shot-hole disease ‖ ~**strahlreinigung** f (Gieß) / shot-blasting* n, grit blasting*, steel-grit blasting

**Schrott** m (metallische Abfälle) (Hütt) / scrap* n ‖ **im Bohrloch befindlicher** ~ (Gegenstände, die unbeabsichtigt im Bohrloch gelassen wurden) (Bergb, Erdöl) / downhole junk ‖ **paketierter** ~ (Hütt) / baled scrap, bundled scrap ‖ **schwerer** ~ (Hütt) / heavy scrap

**Schrott•aufbereitung** f (Aufber, Hütt) / scrap preparation ‖ ~**aufbereitungsanlage** f (zur Verschrottung von Autowracks und Sperrmüll) / shredder n ‖ ~**auto** n (Kfz) / junk car ‖ ~**charge** f (Hütt) /

**Schrottfahrzeug**

scrap charge ‖ ~**fahrzeug** n (Kfz) / junk car ‖ ~**halle** f (Hütt) / scrap bay ‖ ~**händler** m (Hütt) / scrap merchant ‖ ~**haufen** m (Hütt) / scrap heap ‖ ~**korb** m (Erdöl) / junk basket ‖ ~**korb** (Hütt) / scrap bucket ‖ ~**kreislauf** m (Hütt) / recycling of scrap, circulation of scrap ‖ ~**paketieren** n (Hütt) / scrap faggoting, scrap bundling, scrap baling ‖ ~**paketierpresse** f (Hütt) / scrap-baling press, scrap faggoting press ‖ ~**platz** m (Hütt, Kfz) / scrapyard n, junkyard n (US) ‖ ~**prämie** f (Schiff) / scrapping premium ‖ ~**rücklauf** m (Hütt) / scrap return ‖ ~**schere** f (Hütt) / scrap shear(s) ‖ ~**wert** m / scrap value ‖ ~**zugabe** f (Hütt) / scrap addition, scrapping n ‖ ~**zusatz** m (Hütt) / scrap addition, scrapping n ‖ **ohne** ~**zusatz** (Hütt) / all-mine attr

**Schrot**•**verfahren** n (ein Bohrverfahren, z.B. Calyx) (Bergb) / shot-drilling* n ‖ ~**walze** f (Nahr) / break roll ‖ ~**zimmerung** f (aus geschlossenen Holzrahmen) (Bergb, HuT) / cribbing* n

**schrubben** v / scour v, scrub v ‖ ~ n / scouring n, scrubbing n

**Schrubbmaschine** f / wet scrubbing machine

**Schrühbrand** m (Keram) / bisque fire, biscuit firing, biscuiting n

**schrumpfarm** adj (Tex) / low-shrinkage attr, low-shrink attr

**Schrumpfen** n (ein Anstrichschaden) (Anstr) / crawling* n, shrivelling n ‖ ~ (Med) / retraction n ‖ ~ (Volumenverminderung) (Phys) / shrinkage* n, contraction* n ‖ **kompressives** ~ (Tex) / compressive shrinkage*, compression shrinkage

**schrumpf**•**fähig** adj (Tex) / shrinkable adj (a desirable property) ‖ ~**faser** f (Spinn) / shrinkage fibre, S fibre ‖ ~**folie** f / shrink-foil n, shrink film, shrink-wrap n ‖ ~**frei** (Tex) / shrinkproof adj, shrink-resistant adj, non-shrinking adj, non-shrinkable adj ‖ ~**fuge** f (HuT) / contraction joint* n (a control joint), shrinkage joint ‖ ~**futter** n (Werkstückspanner für hohe Rundlaufgenauigkeit und dünnwandige Werkstücke, die beim Bearbeiten nicht verspannt werden dürfen) (Masch) / collet spanner ‖ ~**gerbung** f (zusammengezogene Oberfläche mit starker Ausprägung der natürlichen Hautfalten) (Leder) / shrunken-grain tannage ‖ ~**gewebe** n (Tex) / seersucker* n ‖ ~**grenze** f (in der Bodenmechanik) (HuT) / shrinkage limit (SL) ‖ ~**hülse** f (beim Löten) / shrink sleeve ‖ ~**lack** m (Anstr) / crackle finish ‖ ~**leder** n (Leder) / shrink leather, shrunk leather ‖ ~**maß** n (Gieß) / shrinkage allowance*, contraction allowance, pattern-maker's shrinkage ‖ ~**narben** m (Leder) / shrunken grain ‖ ~**packung** f (in einer Schrumpffolie) / shrink-wrap n, shrink wrapping, shrink pack ‖ ~**passung** f (Masch) / shrink fit, expansion fit ‖ ~**preßsitz** m (Masch) / shrink fit ‖ ~**ringkommutator** m (bei dem die Lamellen durch zwei oder mehrere isoliert am äußersten Umfang aufgebrachte Schrumpfringe zusammengepreßt werden) (Eltech) / shrink-ring commutator* ‖ ~**riß** m (Gieß) / check crack, shrinkage crack, contraction crack ‖ ~**riß** (Schw) / shrinkage crack, contraction crack ‖ ~**schlauch** m (als Schutz oder Kennzeichnung über Lötstellen) / shrink tube ‖ ~**schlauch** (beim Verlegen von Fernmelde-Außenkabeln) (Kab) / heat-shrinkable tube ‖ ~**sitz** m (Masch) / shrink fit, class 9 allowance ‖ ~**spannung** f (Mech) / shrinkage stress

**Schrumpfung** f (des Gewebes) (Med) / retraction n ‖ **irreversible** ~ (Phys) / permanent shrinkage ‖ **lineare** ~ / linear shrinkage, LS ‖ ~ f **eines Formteils** (Keram) / moulding shrinkage

**Schrumpfungsriß** m (Gieß) / check crack, shrinkage crack, contraction crack

**Schrumpf**•**verbindung** f (Masch) / shrink joint ‖ ~**verpackung** f / shrink-wrap n, shrink wrapping, shrink pack ‖ ~**verpackung von Brot** (Nahr) / shrink bagging of bread ‖ ~**zahl** f / shrinkage ratio

**schruppdrehen** v (nur Infinitiv und Partizip) (zur Herstellung der Hauptform aus dem vollen Material bzw. zu ihrer Verbesserung bei groß vorgeformten Werkstücken) (Masch) / rough-turn v

**schruppen** v (Masch) / rough v, rough down v, hog v, rough-cut v ‖ ~ (drehen) (Masch) / rough-turn v ‖ ~ n (erste Stufe bei spanender Bearbeitung) (Masch) / roughing n, roughing down, hogging n, rough cutting

**Schrupp**•**feile** f (Masch, Werkz) / rough-cut file, coarse-cut file ‖ ~**fräsen** n (Masch) / rough milling ‖ ~**fräser** m (Masch) / roughing cutter, Strassman-type cutter, heavy-duty cutter (US) ‖ ~**hobel** m (zum groben Ebnen von Holzflächen) (über 40 cm lang) (Tischl, Werkz, Zimm) / jack plane*, rough plane, scrup plane ‖ ~**hobeln** n (Tischl, Werkz) / rough planing ‖ ~**meißel** m (Masch) / rougher n ‖ **gerundeter** ~**meißel** (Masch) / round-nose roughing tool ‖ ~**schleifen** n (Masch) / rough grinding ‖ ~**werkzeug** n (im allgemeinen) (Masch) / roughing tool* ‖ ~**werkzeug** (Masch) / rougher n ‖ ~**zahn** m (der Reibahle) (Masch) / roughing tooth

**Schub** m (Bau) / thrust n ‖ ~ (in der Stapelverarbeitung) (EDV) / batch n ‖ ~ (Vortriebskraft von Strahl- und Raketenwerken) (Luftf) / thrust* n, jet thrust ‖ ~ (Phys) / shear* n, shear strain ‖ **ebener** ~ (Mech) / plane shear ‖ **seitlicher** ~ (Mech) / side thrust ‖ **spezifischer** ~ (Luftf, Raumf) / specific impulse*, specific thrust ‖ ~ m **in Achsrichtung** (von rotierenden Maschinenteilen) (Masch) / axial thrust

**Schub**•**abfall** m (Luftf) / thrust decay ‖ ~**abmagerung** f (Kfz) / deceleration weakening ‖ ~**abschalter** m (Raumf) / thrust terminator ‖ ~**abschaltung** f (Unterbrechung der Kraftstoffzufuhr im Schiebebetrieb) (Kfz) / deceleration fuel cut-off, decel fuel cut-off, overrun cut-off, cut-off n, thrust cut-off ‖ ~**abschaltung** (Luftf) / thrust cut-off ‖ ~**achse** f (Luftf) / thrust axis ‖ ~**ankeranlasser** m (Anker und Ritzel sind starr miteinander verbunden) (Kfz) / sliding-armature starting motor ‖ ~**aufbau** m (Luftf) / thrust build-up ‖ ~**ausgleicher** f (Luftf) / thrust equalizer ‖ ~**bahn** f (Gleitfläche, auf der eine tektonische Decke bewegt worden ist) (Geol) / thrust plane ‖ ~**beanspruchung** f (Masch, Mech) / shear stress, shearing stress ‖ ~**begrenzt** adj (z.B. Kurvengeschwindigkeit) (Luftf) / thrust-limited adj ‖ ~**beiwert** m (Luftf) / thrust coefficient ‖ ~**belastung** f (Luftf) / thrust loading* ‖ ~**bewehrung** f (die den Zuggurt und Druckzone zugfest miteinander verbindet) (HuT) / shear reinforcement ‖ ~**boot** n (Schiff) / push-boat n ‖ ~**bruch** m (Masch, WP) / shear fracture, shearing n (failure of materials under shear) ‖ ~**deflektor** m (Luftf) / thrust deflector* ‖ ~**drosselung** f (Luftf) / thrust cutback ‖ ~**düse** f (Luftf) / propelling nozzle*, nozzle* n, thrust nozzle ‖ **verstellbare** ~**düse** (Luftf) / variable-area propelling nozzle* ‖ ~**düsenleistung** f (bei Triebwerken) (Luftf) / nozzle performance ‖ ~**einheit** f (Schiff) / push tow ‖ ~**elastizitätsmodul** m (Mech) / modulus of rigidity*, coefficient of rigidity*, rigidity modulus, shear modulus, elasticity of shear*, Coulomb modulus, modulus in shear

**Schuber** m (Schutzhülle aus Karton oder Pappe) (Buchb) / slip case n ‖ ~ (A) (ein Türverschluß) (Tischl) / bolt* n

**Schub**•**erhöhung** f **im Schwerefeld eines Himmelskörpers** (beim Vorbeiflug) (Raumf) / gravity assist* ‖ ~**erzeugungsanlage** f (zur dynamischen Positionierung) (Erdöl) / thruster n, thrustor n ‖ ~**festigkeit** f (Mech, WP) / shear strength, ultimate shear strength, shear stability ‖ ~**fläche** f (Geol) / thrust plane ‖ ~**gabel** f (bei Gabelstaplern) (Masch) / retractable fork ‖ ~**gelenk** n (als Getriebeteil) (Masch) / sliding pair ‖ ~**gliederband** n (zur Übertragung des Drehmoments durch Schub) (Kfz) / steel thrust belt ‖ ~**kahn** m (Schiff) / tug-pushed dump barge, tug-pushed lighter ‖ ~**karre** f (Bau) / wheelbarrow n, barrow n ‖ ~**karren** m (Bau) / wheelbarrow n, barrow n ‖ ~**karrenweg** m (Bau) / barrow run ‖ ~**klüftung** f (Geol) / strain-slip cleavage*, crenulation cleavage, slip cleavage, shear cleavage ‖ ~**koeffizient** m (bei Strahltriebwerken) (Luftf) / thrust coefficient ‖ ~**kraft** f (Luftf) / thrust* n, jet thrust ‖ ~**kraft** (Masch, Mech) / shear force*, shearing force, S.F. ‖ ~**kraftübertragungselement** n (Zimm) / shear connector ‖ ~**kraftverstärkung** f (Luftf) / thrust augmentation ‖ ~**kurbel** f (Masch) / slider crank ‖ ~**kurbelgetriebe** n (z.B. bei Preßmaschinen) (Masch) / slider-crank mechanism ‖ ~**lade** f (für die CD) (EDV) / disk tray ‖ ~**lade** (Tischl) / drawer n ‖ ~**ladenführung** f (Bau, Tischl) / drawer runner ‖ ~**ladengleiter** m (Bau, Tischl) / drawer glider ‖ ~**ladengriff** m (Bau, Tischl) / drawer handle ‖ **wahre** ~**länge** (wenn Richtung und relativer Betrag der Verschiebung angegeben werden) (Geol) / net slip ‖ ~**lehre** f (Instr) / vernier calliper (slide-type calliper with vernier scale), vernier micrometer ‖ ~**leichter** m (Schiff) / tug-pushed dump barge, tug-pushed lighter ‖ ~**leistung** f (Luftf) / thrust power ‖ ~**Lift-Verhältnis** n **der Strahlklappe** (Luftf) / jet coefficient* ‖ ~**-Masse-Verhältnis** n (Luftf) / thrust/weight ratio* ‖ ~**modul** m (DIN 1304, DIN 13316 und DIN 13343) (Mech) / modulus of rigidity*, coefficient of rigidity*, rigidity modulus, shear modulus, elasticity of shear*, Coulomb modulus, modulus in shear

**Schubnikow-de Haas-Effekt** m (Eltronik) / Shubnikov-de Haas effect

**Schubnikow-Gruppe** f (eine magnetische Raumgruppe nach L.W. Schubnikow, 1901-1975) (Mag) / Shubnikov group

**Schubpaket, abgeschertes** ~ (Geol) / thrust slice, slice n

**Schub**•**regelung** f (wenn nur die Größe des Schubvektors verändert wird) (Luftf, Raumf) / thrust control, thrust vector control, TVC ‖ ~**riegel** m (Bau) / tower bolt* ‖ ~**rohr** n (beim Hinterachsantrieb) (Kfz) / torque tube ‖ ~**rohr** (ein Staustrahltriebwerk) (Luftf) / propulsive duct* ‖ ~**rohr-Hinterachse** f (Kfz) / torque-tube drive ‖ ~**rücknahme** f (Luftf) / thrust cut-off ‖ ~**scheibe** f (Keram) / kick wheel (operated by a foot pedal) ‖ ~**schiff** n (Schiff) / push-boat n ‖ ~**schiff** (in der Binnenschiffahrt) (Schiff) / pusher-tug n, push-towing boat, push tug ‖ ~**schiffahrt** f (Betriebsform der Binnenschiffahrt) (Schiff) / push-boat shipping ‖ ~**schlepper** m (ein Schubboot) (Schiff) / pusher-tug n, push-towing boat, push tug ‖ ~**schleuder** f (kontinuierlich arbeitende Siebzentrifuge mit horizontaler Trommelachse) / push-type centrifuge, pusher centrifuge ‖ ~**schnecken-Spritzgießmaschine** f (Plast) / reciprocating screw injection moulding machine ‖ ~**-Schraubtrieb-Anlasser** m (Kfz) / pre-engaged Bendix starter ‖ ~**schulter** f (eines Schubschleppers) (Schiff) / pushing shoulder (of a pusher tug) ‖ ~**sicherung** f (durch eine Nase) (Masch) / joggle* n ‖ ~**spannung** f (DIN 1304 und DIN 13316) (Masch, Mech) / shear stress*, shearing stress ‖ ~**spannungshypothese** f (eine Festigkeitshypothese beim

1086

Gleitbruch - nach Tesca) (Mech) / maximum shear stress (Tesca) criterion, Tesca's shear stress hypothesis ‖ **erweiterte ⁓spannungshypothese** (eine Festigkeitshypothese nach Mohr) (Mech) / Mohr's criterion ‖ **⁓spiegelung** f (Math) / glide reflection ‖ **⁓stange** f (bei der Umsetzung einer Drehbewegung in eine hin- und hergehende Bewegung und umgekehrt) (Masch) / connecting rod* ‖ **⁓start** m (Kfz) / push-start n ‖ **⁓streckung** f (Verkettung von Schiebung und zentrischer Streckung) (Math) / homothety n, homothetic transformation ‖ **⁓traktor** m (bei Druckern) (EDV) / push tractor ‖ **⁓transformator** m (einphasiger Transformator zur stufenlosen Regelung der Sekundärspannung) (Eltech) / moving-coil regulator ‖ **⁓trecker** m (Schiff) / pusher-tug n, push-towing boat, push tug ‖ **⁓triebanlasser** m (der Anlassermotor schaltet erst ein, wenn das Ritzel auf den Keilnuten der verlängerten Ankerwelle so weit vorgeschoben ist, daß es mit der Schwungradverzahnung in Eingriff steht) (Kfz) / sliding-gear starting motor ‖ **⁓triebstarter** m (der Anlassermotor schaltet erst ein, wenn das Ritzel auf den Keilnuten der verlängerten Ankerwelle so weit vorgeschoben ist, daß es mit der Schwungradverzahnung in Eingriff steht) (Kfz) / sliding-gear starting motor ‖ **⁓umformen** n (DIN 8587) (Masch) / forming under shearing conditions ‖ **⁓umkehrer** m (Luftf) / thrust reverser*, reverser n, thrust spoiler ‖ **⁓umlenkaggregat** n (Luftf) / thrust reverser*, reverser n, thrust spoiler ‖ **⁓vektorsteuerung** f (wenn nur die Größe des Schubvektors verändert wird) (Luftf, Raumf) / thrust control, thrust vector control, TVC ‖ **⁓vektorsteuerung** (Luftf, Raumf) / thrust deflexion* ‖ **⁓verankerung** f (durch eine Nase) (Masch) / joggle* n ‖ **⁓verarbeitung** f (EDV) / batch processing*, batch-processing mode ‖ **⁓verband** m (Schiff) / push tow ‖ **⁓verband** (Schubschiff + Kähne - in der Binnenschiffahrt) (Schiff) / pushed barge train, pushing unit, pusher-tug and barges, barge and push-tug assembly ‖ **⁓verhältnis** n (Schub/Startmasse) (Luftf) / thrust/weight ratio* ‖ **⁓verstärkung** f (Luftf) / thrust augmentation ‖ **⁓versuch** (WP) / shear test ‖ **⁓verzerrung** f (DIN 13316) (Phys) / shear* n, shear strain ‖ **~weise bearbeiten** (EDV) / batch v ‖ **~weise Bearbeitung** (EDV) / batch processing*, batch-processing mode ‖ **⁓weite** f (Geol) / discharge of thrust, extent of thrust ‖ **söhlige ⁓weite** (Geol) / strike slip, strike component ‖ **⁓widerstand** m (Luftf, Phys) / surface friction drag*, frictional drag, skin drag ‖ **⁓zahl** f (Kehrwert des Schermoduls) (Mech) / reciprocal value of the coefficient of rigidity ‖ **⁓zentrifuge** f (Luftf) / push-type centrifuge, pusher centrifuge ‖ **⁓zunahme** f (Luftf) / thrust build-up

**Schuh** m (Schuhwerk) / shoe n ‖ **⁓** (Beschlag) (HuT) / shoe n ‖ **⁓ durchgenähte ⁓e** (Leder) / McKay footwear, Blake (sewn) shoes ‖ **geklebte ⁓e** (Leder) / cemented shoes ‖ **klebegezwickter ⁓** / cement-lasted shoe

**Schuh•absatz** m (Schuh) / shoe heel ‖ **⁓creme** f / shoe-polish n ‖ **⁓futter** n / shoe lining ‖ **⁓größe** f / shoe size ‖ **⁓karton** n / shoe box ‖ **⁓leder** n (für den Oberbau, den Innenbau und den Unterbau) (Leder) / shoe leather ‖ **⁓leisten** m / shoe last ‖ **⁓leisten** / last n ‖ **⁓maschine** f / shoe machine ‖ **schwerer ⁓nagel** (z.B. bei Goiserern) / hobnail n, hob n ‖ **⁓nummer** f / shoe size ‖ **⁓oberteil** m / upper n ‖ **⁓pappe** f (Pap) / shoe board ‖ **⁓plüsch** m (Tex) / shoe plush ‖ **kleingemusterter ⁓plüsch** (Tex) / shoe moquette ‖ **⁓rahmen** m / shoe welt ‖ **⁓stoff** m (Tex) / shoe fabric ‖ **⁓unterbau** m (Leder) / cut stock ‖ **⁓werk** n / footwear n ‖ **⁓zement** m / shoe cement

**Schuko•steckdose** f (Eltech) / earthed socket, socket (outlet) with earthing contact ‖ **⁓stecker** m (Warenzeichen der AEG-Telefunken) (Eltech) / plug with earthing contact, plug with protective contact

**Schukowskisches Flügelprofil** (nach N.Je. Schukowskij, 1847 - 1921) (Luftf) / Joukowski profile

**Schuler-abgestimmte Plattform** (Nav, Raumf) / Schuler-tuned platform

**Schülerlotse** m (für Kinder - Erwachsene oder ältere Schüler) / school crossing patrol, lollipop (wo)man (a road-crossing patrol) (GB), lollipop lady, crossing guard (US)

**Schuler-Pendel** n (für die Trägheitsnavigation - nach M. Schuler, 1882-1972) (Instr, Nav) / Schuler pendulum*

**Schul•fernsehen** n (TV) / school television ‖ **⁓flugzeug** n (Luftf) / school aeroplane, trainer n ‖ **⁓kreide** f / blackboard chalk ‖ **⁓kreide** s. auch Schreibkreide

**Schuller-Verfahren** n (Formgebungsverfahren zum Herstellen von Rohren und Stäben durch vertikales Ziehen nach oben direkt aus der Schmelze) (Glas) / Schuller process

**Schulmädchenproblem, Kirkmansches ⁓** (Math) / Kirkman schoolgirl problem, Kirkman's problem

**Schul•mikroskop** n (Mikros) / scholastic microscope ‖ **⁓möbel** n pl (Tischl) / school furniture, furniture for educational institutions

**Schulp** m (des Tintenfisches) / cuttlefish-bone n, cuttlebone n

**Schülpe** f (ein Gußfehler beim Gießen von Grünsandformen) (Gieß) / buckle* n, scab n, peel n

**Schul•schiff** n (Schiff) / school ship ‖ **⁓tafellack** m (Anstr) / blackboard enamel, chalkboard enamel (US), blackboard paint, chalkboard paint (US)

**Schulter** f (der oberste, einem Sättigungswert zustrebende Teil der Schwärzungskurve) (Foto) / shoulder n ‖ **⁓** (des Reifens) (Kfz) / shoulder n (conjunction of the tread and sidewall) ‖ **⁓** (Teil der Hautfläche) (Leder) / shoulder n ‖ **⁓** (der Piste) (Luftf) / shoulder n ‖ **⁓** (der Schraube) (Masch) / shoulder n ‖ **⁓** (des Probestabs) (WP) / shoulder n ‖ **erhöhte ⁓** (Bankett) (HuT) / raised shoulder ‖ **⁓bogen** m (Arch) / shouldered arch* ‖ **⁓decker** m (Flugzeug mit einem Tragflügel, dessen Oberkante in gleicher Höhe mit der Oberkante des Rumpfes liegt) (Luftf) / shoulder-wing (mono)plane ‖ **⁓doppelgurt** m (Kfz) / shoulder harness (a safety harness) ‖ **⁓etikett** n (an Flaschen) / shoulder label ‖ **⁓gurt** m (Kfz) / shoulder belt (a safety harness) ‖ **~hoch** adj / shoulder-high adj ‖ **⁓höhe** f (Typog) / height of shank, height of shoulder ‖ **⁓kissen** n (Tex) / shoulder-pad n, pad n ‖ **⁓klappe** f (Tex) / shoulder-strap n ‖ **⁓kugellager** n (DIN 615) (Masch) / detachable groove ball bearing, separable ball bearing, deep-groove ball bearing ‖ **⁓lager** n (Masch) / separable bearing ‖ **⁓polster** n (Tex) / shoulder-pad n, pad n ‖ **⁓probe** f (Plast) / dumbbell-shaped specimen, dumbbell specimen ‖ **⁓stativ** n (Film, Foto, TV) / gunpod n, rifle grip, gunstock support, shoulder pod ‖ **⁓stütze** f (Film, Foto, TV) / gunpod n, rifle grip, gunstock support, shoulder pod

**Schultz-Dale-Test** m (nach W. Schultz, 1878-1947, und Sir H.H. Dale, 1875 - 1968) (Med) / Schultz-Dale reaction

**Schulung** f / training* n, instruction n ‖ **firmeninterne ⁓** (F.Org) / in-company training, on-the-job training ‖ **⁓** f **und Ausbildung** (Luftf) / instructional flying

**Schulungsroboter** m (der zu Ausbildungs-, Schulungs- und Trainingszwecken von Bedienern und Programmierern genutzt wird) / educational robot, training robot

**Schulze-Hardy-Regel** f (Chem) / Hardy and Schulze law*, Hardy-Schulze rule

**Schulzeichenpapier** n (geleimtes holzfreies oder holzhaltiges Papier mit guter Radier- und Tuschfestigkeit zum Malen und Zeichnen - DIN 6730) (Pap) / drawing paper for schools

**Schumann•-Gebiet** n (Opt) / Schumann region, Schumann range ‖ **⁓-Ultraviolett** n (etwa 125 - 185 nm) (Opt) / Schumann region, Schumann range ‖ **⁓-UV** n (Opt) / Schumann region, Schumann range

**Schummerung** f (Kart) / shading n, hillwork n, plastic shading, relief shading

**Schuppe** f / flake n ‖ **⁓** / flake n ‖ **⁓** (Bot, Zool) / squama* n (pl. -ae) ‖ **⁓** (EDV) / chad n, chip n ‖ **⁓** (der Wollfaser) (Tex) / scale* n ‖ **⁓** (Zool) / scale* n

**Schuppen** n (Bau) / flaking* n, scaling n ‖ **⁓-** / scaly adj, scaled adj

**Schuppen** m (For) / shed n (for timber storage) ‖ **⁓** (Landw) / shelter n, shed n ‖ **⁓anleger** m (mit einem Saugerpaar am Bogenende) (Druck) / stream feeder* ‖ **~artig** (übereinanderliegend) / imbricated* adj, imbricated* adj ‖ **~artig** (in Schuppen) / scale-like adj, scaly adj ‖ **⁓bau** m (der Gesteinspakete) (Geol) / imbricate structure*, schuppen structure, shingling n, shingle-block structure, shingle structure ‖ **⁓bildung** f (Anstr) / flaking* n, scaling n ‖ **⁓epithel** n **des Wollhaares** (Tex) / scale layer of a wool fibre ‖ **~förmig** adj / imbricated* adj, imbricated* adj ‖ **~förmiges Ablegen** (von Mikrofiches) / offset stacking n ‖ **⁓graphit** m (Hütt) / flake graphite, flaky graphite ‖ **⁓lochstreifen** m (EDV) / chadless tape ‖ **⁓lochung** f (EDV) / chadless perforation ‖ **⁓paraffin** n / paraffin scales, scale wax ‖ **⁓pigment** n (Anstr) / flake pigment ‖ **⁓rindenhickory** m (Carya ovata (Mill.) K. Koch) / shagbark hickory ‖ **⁓struktur** f (schuppenartige Übertragung von Schichtenpaketen) (Geol) / imbricate structure*, schuppen structure, shingling n, shingle-block structure, shingle structure ‖ **⁓tanne** f (For) / monkey puzzle, Chile pine, monkey puzzle tree

**schuppig** adj / scaly adj, scaled adj ‖ **~** / flaky adj

**Schuppung** f (Vorgang) (Geol) / imbrication n ‖ **⁓ der Naht** (Schw) / weld ripples

**Schur** f (der Wiese) (Landw) / cut n ‖ **⁓** (Ertrag des Scherens) (Tex) / clip n ‖ **⁓** (Tätigkeit) (Tex) / shearing n, clipping n

**Schüreisen** n (Masch) / poker n, rake* n

**schüren** v (Masch) / poke v ‖ **⁓** n (Masch) / poking n

**Schürer** m (Masch) / poker n, rake* n

**Schürfbohren** n (Erdöl) / prospection drilling

**Schurfehler** m (Tex) / uneven shearing

**schürfen** v (Bergb, Geol, Min) / prospect v ‖ **⁓** n (ein geochemisches Verfahren) (Bergb, Geol) / loaming n ‖ **⁓** (mit flachen Gräben) (Bergb, Geol, Min) / costeaning* n ‖ **⁓** (Aufsuchen von Mineralien und nutzbaren Gesteinen an ihrer natürlichen Lagerstätte) (Bergb, Geol, Min) / prospecting n ‖ **⁓ nach Gold** (in Australien) (Bergb, Geol) / loaming n

**Schürfer** m (Bergb, Geol) / prospector n

**Schürf•gebiet** n (Bergb, Geol) / prospect* n ‖ **⁓graben** m (Bergb) / prospecting trench, prospecting ditch, costeaning ditch, costeaning

**Schürfgrube**

trench ‖ ~**grube** f (Bergb, HuT) / trial pit*, trial hole, test pit (US), prospect shaft
**Schürfkübel** m (ein Grabgefäß) (HuT) / bucket n (of a dragline)*, scraper bucket ‖ ~**bagger** m (HuT) / dragline excavator*, dragline n ‖ ~**gerät** n (meistens ein Motorschürfwagen) (HuT) / scraper* n, carryall n ‖ ~**maschine** f (HuT) / scraper* n, carryall n ‖ ~**maschine** (HuT) / bowl scraper ‖ ~**wagen** m (HuT) / scraper* n, carryall n ‖ ~**wagen** (HuT) / bowl scraper
**Schürf•lader** m (HuT) / elevating grader ‖ ~**loch** n (Bergb, HuT) / trial pit*, trial hole, test pit (US), prospect shaft ‖ ~**maschine** f (HuT) / scraper* n, carryall n ‖ ~**raupe** f (HuT) / bulldozer* n ‖ ~**schacht** m (Bergb, HuT) / trial pit*, trial hole, test pit (US), prospect shaft ‖ **Bemusterung** f **mit einem** ~**schacht** (Bergb, HuT) / pitting n ‖ ~**stollen** m (Bergb) / prospect tunnel, cave n, exploratory adit
**Schürfung** f (Bergb, Geol, Min) / prospecting n
**Schürfverfahren, geochemisches** ~ (Bergb) / geochemical prospecting* ‖ **geophysikalisches** ~ (Sprengseismik, Gravimetrie, Magnetik, Geoelektrik) (Bergb) / geophysical prospecting*, geophysical exploration, geophysical surveying
**Schürhaken** m (Masch) / poker n, rake* n
**schurig** adj (Wolle) (Tex) / stapled adj
**Schürmannsche Regel** (mit zunehmendem Überlastungsdruck und Inkohlungsgrad nimmt der Wassergehalt der Braunkohle ab - nach H.M. Schürmann, 1891-1979) (Bergb) / Schürmann's rule
**Schurmenge** f (Wolle) (Tex) / fleece n
**Schurre** f (geneigte Auslaufrinne) (Masch) / gravity chute, slide n, chute n, shoot n ‖ ~ (z.B. Entladungsschurre) (Masch) / spout n
**Schursches Lemma** (nach I. Schur, 1875-1941) (Math) / Schur's lemma
**Schür•stange** f (Masch) / poker n, rake* n ‖ ~**vorrichtung** f (Masch) / poker n, rake* n
**Schur•wolle** f (von lebenden Tieren geschorene, erstmals verarbeitete Wolle - DIN 60004) (Tex) / new wool, virgin wool, fleece wool* ‖ **federleichte Stoffe aus reiner** ~**wolle** (Tex) / naked wools ‖ **reine** ~**wolle** (Tex) / pure new wool
**Schürze** f (Bergb, HuT, Wasserb) / grout curtain ‖ ~ (Splittschutz) (Kfz) / stone guard, stone deflector ‖ ~ (bei einer Blecheinfassung) (Klemp) / upturn* n, apron flashing, upstand n, apron n ‖ ~ (des Bodeneffektgeräts) (Luftf) / sidewall n, curtain n ‖ ~ (Masch) / apron* n ‖ ~ (Pap) / apron* n ‖ ~ (Wasserb) / blanket n, clay blanket
**Schürzenstoff** m (Tex) / apron cloth, apron fabric
**Schuß** m (Behälter, Kamin) / course n, shell course ‖ ~ (auch eines Lasers) / shot n ‖ ~ (für eine Sprengung angelegtes Bohrloch) (Bergb) / blast-hole n, shot-hole n ‖ ~ (zur Gewinnung von Erz o.ä. durchgeführte Sprengung (Bergb) / blast n, shot n, shoot n ‖ ~ (die Gesamtheit einer aus Einzelladungen bestehenden Sprengladung) (Bergb) / blasting charge, charge* n ‖ ~ (beim Druckguß) (Gieß) / shot n ‖ ~ (Flüssigkeiten) (Nahr) / dash n (a small amount) ‖ ~ (Nukl) / shell course, course n, shell section, shell ring ‖ ~ (beim Spritzgießen) (Plast) / shot n, injection shot ‖ ~ (Fehler im Gewebe) (Tex) / passée n ‖ ~ (Web) / pick* n (one traverse of the shuttle through the warp shed), filling* n (US) ‖ ~ (Fadensystem) (Web) / weft* n, woof n (threads across the width of a fabric) ‖ **abgerissener** ~ (Web) / hangfire* n, misfire n ‖ **bogiger** ~ (Fehler) (Web) / bow n ‖ **fehlender** ~ (Web) / misspick n, mispick n (US), wrong pick ‖ **flottierender** ~ (Web) / float weft ‖ **geschlossener** ~ (Plast) / lock n ‖ **Schüsse einer Zeitstufe** (HuT) / round n ‖ **steckengebliebener** ~ (Bergb) / failed hole, missed hole, misfire hole ‖ **verlorener** ~ (Web) / misspick, mispick (US), wrong pick ‖ **verstärkter** ~ (Web) / back-filling n (US) ‖ **verwechselter** ~ (farblich) (Web) / discoloured pick, wrong-colour pick ‖ **verwechselter** ~ (farblich, stofflich) (Web) / mixed filling, change-in filling, filling band
**Schuß•anschlag** m (Web) / beat-up n, beating-up* n ‖ ~**atlas** m (Tex) / sateen* n, weft satin ‖ ~**band** n (ungleich feines Schußmaterial) (Web) / weft band, filling band ‖ ~**bande** f (breite) (Web) / weft band, filling band ‖ ~**banden** f pl (Tex) / rawkiness n ‖ ~**bruch** m (ein Webfehler) (Web) / weft breakage, filling break, filling breakage, breaking n (of the weft or filling) ‖ ~**dichte** f (Web) / pick count, weft count, pickage n ‖ ~**draht** m (Pap) / shute wire, shoot wire, weft wire, filler wire ‖ ~**einschlepper** m (Web) / drag-in n ‖ ~**eintrag** m (Web) / pick* n (one traverse of the shuttle through the warp shed), filling* n (US) ‖ ~**eintrag** (Web) / weft insertion
**Schüssel** f / pan n ‖ ~ / bowl n ‖ ~ (Masch) / basin n ‖ ~**artig vertiefen** / dish v
**schuß•elastisch** adj (Tex) / stretchable in the weft ‖ ~**element** n (des Maschinensiebes) (Pap) / shute wire, shoot wire, weft wire, filler wire
**Schüssel•filter** m (Chem Verf) / table filter ‖ ~**klassierer** m (Aufber) / bowl classifier ‖ ~**mühle** f (z.B. für Kohlenstaubmahlung) / bowl-mill pulverizer
**Schüsseln** n (ein Trocknungsfehler) (For) / cupping n, cup n, transverse warping
**Schuß•faden** m (Web) / filling yarn, weft yarn, weft thread, filling thread, weft* n, pick* n ‖ **gerissene** ~**fäden** (Web) / broken picks*, cut picks, filling run-outs, missing picks ‖ **freigelegter** ~**faden** (Web) / slack pick, loose pick, slack filling ‖ **dünner** ~**faden** (Web) / thin filling, light filling, light pick, thin pick, fine pick ‖ ~**fadendichte** f (eines Gewebes) (Web) / pick count, weft count, pickage n ‖ ~**fadenfühler** m (Web) / weft feeler, filling feeler, weft detector* ‖ ~**fadenwächter** m (Web) / weft break stop motion, weft stop motion, filling thread stop motion, filling stop motion ‖ ~**fadenzähler** m (Web) / pick glass*, pick counter, weft counter ‖ ~**fehler** m (im allgemeinen) (Web) / weft weaving fault, filling weaving fault ‖ ~**fehler** (fehlender Schuß) (Web) / misspick n, mispick n (US), wrong pick ‖ ~**fest** adj / bulletproof adj, bullet-resistant adj ‖ ~**florgewebe** m (Web) / weft pile fabric, filling pile fabric ‖ ~**fühler** m (Nadelspulenfühler am Webautomaten) (Web) / weft feeler, filling feeler, weft detector* ‖ ~**gabel** f (ein Teil der Schußwächtervorrichtung) (Web) / weft fork (GB)*, filling fork (US) ‖ ~**garn** n (Web) / filling yarn, weft yarn, weft thread, filling thread, weft* n, pick* n ‖ ~**garnspule** f (Web) / pirn* n, weft bobbin, filling bobbin (US), quill n ‖ ~**-Gegenschuß** m (Film) / shot/reaction shot, ping-pong shot ‖ ~**gewicht** n (Plast) / shot weight ‖ ~**hülse** f (Web) / pirn* n, weft bobbin, filling bobbin (US), quill n ‖ ~**köper** m (alle Kettfäden werden im Bindungsrapport nur einmal gehoben) (Web) / filling twill, weft twill ‖ ~**kötzer** m (Spinn) / pin cop ‖ ~**leistung** f (Plast) / shot capacity ‖ ~**loch** n (Bergb) / blast-hole n, shot-hole n ‖ ~**loch** (ein Holzfehler) (For) / shot-hole n ‖ ~**perforation** f (Erdöl) / gun perforation* ‖ ~**platzer** m pl (Web) / broken picks*, cut picks, filling run-outs, missing picks ‖ ~**polgewebe** n (Tex) / velveteen* n, weft pile fabric, filling pile fabric (US), weft velvet ‖ ~**punkt** m (in der angewandten Seismik) (Geophys) / shot-point n ‖ ~**punktentfernung** f (in der angewandten Seismik) (Geophys) / offset n (in seismic prospecting) ‖ **in** ~**richtung** (Web) / weftwise adj ‖ ~**rinne** f (z.B. als Hochwasserentlastungsanlage) (Wasserb) / chute n, race n ‖ ~**rips** m (Web) / weft rib, weft rep, filling rep (US) ‖ ~**samt** m (Tex) / velveteen* n, weft pile fabric, filling pile fabric (US), weft velvet ‖ ~**satin** m (Tex) / sateen* n, weft satin ‖ ~**schweißen** (Schw) / shot welding ‖ ~**seide** f (Spinn) / tram n, tram silk ‖ ~**sicheres Glas** (Glas) / bulletproof glass (US) ‖ ~**spulaggregat** n (der Webmaschine) (Web) / loom winder ‖ ~**spulautomat** m (Web) / automatic weft winder, automatic quiller, automatic filling winder ‖ ~**spule** f (DIN 61800) (Web) / pirn* n, weft bobbin, filling bobbin (US), quill n ‖ ~**spulen** n (Spinn) / quilling n ‖ ~**spulenentnahme** f (DIN 62510) (Spinn) / doffing of pirns ‖ ~**spulmaschine** f (DIN ISO 476) (Spinn) / quiller n, pirn winder ‖ ~**streifen** m (Fehler in der Schußrichtung) (Web) / weft bar, filling bar (light, heavy) ‖ ~**streifen** (Web) s. auch Schußbande ‖ ~**wächter** m (Web) / weft break stop motion, weft stop motion, filling thread stop motion, filling stop motion ‖ ~**weite** f (Luftf, Mil) / range* n, shot n ‖ ~**zähler** (Web) / pick glass*, pick counter, weft counter
**Schusterbock** m (For) / pine sawyer beetle
**Schuster-Brücke** f (Akus, Bau) / acoustic bridge, Schuster bridge
**Schuster•draht** m / shoemaker's thread, pitched thread, waxed thread, cobbler's thread ‖ ~**junge** m (eine am Ende einer Kolumne oder einer Spalte stehende erste Zeile eines neuen Absatzes) (Typog) / club line, orphan n ‖ ~**pech** n / cobbler's wax
**Schute** f (Schiff) / barge n ‖ ~ (ein Schwertboot mit extremer Breite) (Schiff) / scow n (US) ‖ ~ **ohne Eigenantrieb** (HuT, Schiff) / dumb barge
**Schutt** m (Geol) / debris n, detritus* n, fragments pl, fragmental products ‖ ~**abladen** (Umwelt) / dumping n, tipping n (GB), disposal n
**Schütt•barkeit** f (Chem Verf) / flowability n, fluidity n, free flowing, runnability n ‖ ~**beton** m (haufwerksporiger unbewehrter Beton, der meist als Leichtbeton ohne besonderes Verdichten in die Schalung eingebracht wird) (Bau, HuT) / heaped concrete, chuted concrete ‖ ~**bombe** f (Luftf, Mil) / cluster bomb unit ‖ ~**damm** m (Wasserb) / fill dam ‖ ~**dämmung** f (mit Schall- und Wärmedämmstoffen) (Bau) / loose-fill insulation ‖ ~**dichte** f (DIN 1306) / apparent density ‖ ~**dichte** (Quotient aus der Masse und dem Volumen, das die in bestimmter Weise geschüttete Formmasse einnimmt) (Phys) / bulk density*, bulk specific gravity ‖ ~**dichte** (des Pulvers nach DIN ISO 697) (Plast) / powder density*
**Schütte** f (eine Blattkrankheit der Nadelbäume) (For) / needle cast (a fungous disease of spruces and other conifers) ‖ ~**krankheit** f (For) / needle cast (a fungous disease of spruces and other conifers)
**Schüttel•apparat** m (Masch) / shaker n, shaking machine ‖ ~**auslage** f (Druck) / jogging delivery ‖ ~**gerät** n (Dispergiergerät für das Labor mit mehreren Dispergiergefäßen, das einer definierten Schüttelbewegung ausgesetzt wird) (Anstr) / paint shaker ‖ ~**herd** m (Aufber) / shaking table*, jerking table, oscillating table, vibrating table ‖ ~**maschine** f (Masch) / shaker n, shaking machine ‖ ~**mixtur** f (Pharm) / lotion n
**schütteln** v / shake v ‖ ~ (Flüssigkeiten) (Chem) / stir v ‖ ~ (Druck) / jog v ‖ ~ n (Druck) / jogging n ‖ ~ (des Leitwerks) (Luftf) / buffeting* n ‖

**Schüttel•rost** m (Masch) / shaking grate* ‖ ⁓**rutsche** f (ein Schwingförderer) (Bergb) / shaking conveyor, shaker conveyor, jig n, jigging conveyor, jigger n ‖ ⁓**sieb** n (im allgemeinen) / shaking screen, shaker screen, vibrating screen, vibroscreen n, jigging screen ‖ ⁓**sieb** (Aufber) / jigger screen, jigging screen ‖ ⁓**sieb** n (für die Spültrübe) (Erdöl) / shale shaker ‖ ⁓**trichter** m (Chem) / separating funnel* ‖ ⁓**vorrichtung** f (Web) / shaking motion
**schütten** v / pour v ‖ ⁓ (Wasser) / throw v
**schütter** adj (Gewebe) (Web) / loosely constructed, loosely woven ‖ ⁓ m (kleiner Muldenkipper) (HuT, Kfz) / dumper n ‖ ⁓**gebiet** n (Geol) / epicentral area ‖ ⁓**gebiet** (DIN 4149) (Geophys) / earthquake zone, seismic area, seismic zone
**Schutt•fächer** m (flacher Schuttkegel) (Geol) / rock fan, debris fan ‖ ⁓**fließen** n (Geol) / debris flow ‖ ⁓**folgepflanze** f (die an Wegrändern, Erdaufschüttungen, Schutt- und Abfalldeponien oder auf Hofplätzen oder Trümmerstellen wächst) (Bot) / ruderal n, ruderal plant
**Schüttform** f (Glas) / hinged mould, split mould
**Schutt•fuß** m (am Fuß eines Berghangs) (Geol) / scree* n, slide n ‖ ⁓**gelb** n (ein Farbstoff) (Bot, Pharm) / emodin n
**Schütt•geschwindigkeit** f (des Frischbetons beim Einbringen in die Schalung) (HuT) / casting velocity, pouring velocity ‖ ⁓**gewicht** n / bulk weight
**Schuttgletscher** m (Geol) / rock glacier
**Schüttgut** n (das sich aus einer großen Anzahl vorwiegend fester Einzelteilchen zusammensetzt, im Verhältnis zum betrachteten Gesamtvolumen sehr klein sind und nicht einzeln transportiert, umgeschlagen und gelagert werden) / bulk material ‖ ⁓**container** m / bulk container ‖ ⁓**filter** n (Masch) / bed filter ‖ ⁓**förderer** m (Masch) / bulk-handling machine ‖ ⁓**fördermaschine** f (Masch) / bulk-handling machine ‖ ⁓**höhe** f (in Kolonnen) (Chem Verf) / packing depth ‖ ⁓**katalysator** m (auf einem Schüttgutträger) (Kfz) / pellet catalyst, pellet-type catalyst, particulate catalyst, pelleted catalyst ‖ ⁓**katalysator** (als ganze Anlage) (Kfz) / pellet-type catalytic converter, bead-type catalytic converter ‖ ⁓**umschlag** m / bulk handling
**Schutt•halde** f (Geol) / scree* n, slide n ‖ ⁓**kegel** m (Geol) / debris cone ‖ ⁓**kriechen** n (Geophys) / talus-creep n, scree-creep n ‖ ⁓**kübel** m (für Sonderabfalltransport) (Bau, HuT) / refuse skip, skip n
**Schüttler** m (des Mähdreschers - meistens ein Hordenschüttler) (Landw) / straw walker, straw shaker, shaker n ‖ ⁓ (Masch) / shaker n, shaking machine
**Schütt•loch** n (zum Einführen des Brennstoffes im Hofmannschen Ringofen) (Keram) / firehole n ‖ ⁓**packlage** f (der Fahrbahnkonstruktion) (HuT) / bottoming* n ‖ ⁓**raumdichte** f / bulk weight ‖ ⁓**rinne** f (eine einfache Rutsche) / plain chute ‖ ⁓**rost** m (Masch) / continuous charging grate
**Schuttstrom** m (Geol) / debris flow
**Schütttrichter** m (Gieß, Hütt) / feed hopper, hopper* n, feeding hopper
**Schüttung** f (Aufber, Bergb) / swell* n ‖ ⁓ (Wassermenge, die eine Quelle innerhalb einer bestimmten Zeit abgibt) (Geol, Wasserb) / yield n, discharge n ‖ ⁓ (HuT) / filling n ‖ **unterschiedliche** ⁓ (einer Quelle) (Wasserb) / variability n ‖ ⁓ f **aus Grobmaterial** (Fundament) (HuT) / bottoming* n, hard core* ‖ ⁓**stiefe** f (bei einem Kugelhaufenreaktor) (Nukl) / bed depth ‖ ⁓**szahl pro min** f (z.B. bei Baggern) (HuT) / discharge per minute
**Schütt•volumen** n (Phys) / bulk volume ‖ ⁓**waage** f (selbsttätige Waage zum fortlaufenden Abwägen einer vorgegebenen Menge von Schüttgut) / automatic balance (a product feeder)
**Schuttwandern** n (Geophys) / talus-creep n, scree-creep n
**Schütt•weite** f (z.B. eines Absetzers) (Bergb) / dumping reach ‖ ⁓**winkel** m (bei frei geschüttetem Schüttgut) (Schiff) / angle of repose
**Schuttwüste** f (Geol) / rock desert, rocky desert, stone desert
**Schutz** m / protection n ‖ ⁓ / safeguard n ‖ ⁓ (Bewehrung) / armour n, armor n (US) ‖ ⁓ (Einrichtung) (Eltech) / protector n, protective gear* ‖ ⁓ (von Insassen) (Kfz) / restraint n ‖ **nichtmetallische** ⁓ / non-metallic coating ‖ **anodischer** ⁓ (Galv, Hütt) / anodic protection* ‖ **elektrischer** ⁓ (Eltech) / electrical protection ‖ **katodischer** ⁓ (durch Fremdstrom) (Galv) / impressed-current cathodic protection, impressed e.m.f. method ‖ **katodischer** ⁓ (Galv) / cathodic protection ‖ **magnetischer** ⁓ (durch hochpermeable Stoffe) (Eltech) / magnetic shield*, magnetic screen* ‖ **mangelhafter** ⁓ / underprotection n ‖ ⁓ m **der Intimsphäre** (von Personen) (EDV) / privacy* n, privacy protection ‖ ⁓ **der Privatsphäre** (EDV) / privacy* n, privacy protection ‖ ⁓ **gegen gefährliche Körperströme** (Eltech, Med) / protection against electric shock, protection against (accidental) contact ‖ ⁓ **gegen hohes Verkehrsaufkommen** (Fernsp) / overload protection ‖ ⁓ **und Erhalt der natürlichen Umwelt** (Umwelt) / protection and conservation of natural resources (of the natural environment) ‖ ⁓ **vor Detonationsdruckwellen** (Mil) / blast protection ‖ ⁓ **vor Kernwaffen** (Mil) / nuclear defence ‖ ⁓ **vor Lärm** (Akus, Bau, Umwelt) / potection against noise, noise insulation ‖ ⁓ **vor Witterungseinflüssen** (Bau) / protection from the elements, weather protection
**Schütz** n (Eltech) / contactor n, electric contactor ‖ ⁓ (senkrecht bewegbare Platte zur Regelung des durchströmenden Wassers oder zum Schließen eines Wehres) (Wasserb) / gate* n, sluice gate*, paddle n, vertical gate ‖ ⁓ (zahnförmiges) (Wasserb) / dental n ‖ **elektromagnetisches** ⁓ (Eltech) / magnetic contactor ‖ **verklinktes** ⁓ (Schütz, dessen bewegbare Teile bei Erregung des Antriebes die Ruhestellung verlassen, jedoch durch eine Verklinkung daran gehindert werden, bei Aufhörung der Erregung in die Ruhestellung zurückzukehren) (Eltech) / latched contactor ‖ **verriegeltes** ⁓ (Eltech) / latched contactor, locked contactor
**Schutz•-** / safety attr ‖ ⁓**abdeckung** f (für rotierende Teile) (Eltech) / fender* n, protection cap* ‖ ⁓**abdeckung** (Masch) / cover n ‖ ⁓**abstand** m (Bereich, der um Gebäude, brennbare Lagerungen usw. frei von brennbaren Stoffen zu halten ist) (Bau) / fire-break n (around an object) ‖ ⁓**anlage** f / electric protective device, protective device, protective installation
**Schützanlasser** m (Eltech) / contactor starter*
**Schutz•anode** f (Galv) / sacrificial anode*, reactive anode* ‖ ⁓**anstrich** m (Anstr) / protective coating ‖ ⁓**anzug** m (Tex) / protective clothing, safety clothing, protective apparel, protective garment ‖ ⁓**art** f (als System) (Eltech) / protective system* ‖ ⁓**art** (elektrischer Maschinen nach DIN 40050) (Eltech) / protection class ‖ ⁓**atmosphäre** f (Schw) / controlled atmosphere, protective atmosphere ‖ ⁓**aufbau** n (gegen herabfallende Gegenstände) (Bau) / fan n, falling-object protective structure, FOPS, catchment platform, fan-guard* n ‖ **thermischer** ⁓**auslöser** (Vorrichtung, die bei unzulässig hohen Temperaturen schaltet) (Eltech) / thermal circuit-breaker*, thermal cut-out* ‖ ⁓**ausrüstung** f / guard* n, safeguard n, mechanical guard ‖ **persönliche** ⁓**ausrüstung** / personal protective equipment ‖ ⁓**ausrüstung** f **gegen Abgase** (Tex) / antifume finish ‖ ⁓**bau** / shelter n ‖ ⁓**bau** (der Menschen gegen herabfallende Baustoffe usw. schützen soll) (Bau) / fan n, falling-object protective structure, FOPS, catchment platform, fan-guard* n ‖ ⁓**behandlung** f **mit Kreosotöl** (For) / creosoting n ‖ ⁓**bekleidung** f (DIN 4847) (Tex) / protective clothing, safety clothing, protective apparel, protective garment ‖ ⁓**bereich** m (bei Korrosion) / protective area, protection area ‖ ⁓**bereich** (Bau) / fire-break n (around an object) ‖ ⁓**bereich** (bei Relaisschutz) (Eltech) / reach n, zone n ‖ **militärischer** ⁓**bereich** (nach 1, Abs. 2 des Schutzbereichsgesetzes) (Mil) / restricted area ‖ ⁓**bereich** m **mit beschränkten Zugriffsrechten** (EDV) / small protection domain ‖ ⁓**beschichtung** f (Galv, Plast) / protective coating*, protective finish ‖ ⁓**blech** n (im allgemeinen) / protective sheet, protective plate ‖ ⁓**blech** (gegen Spritzer) (Masch) / splash-board n, splash baffle, splash panel ‖ ⁓**brille** f (DIN 58210 und 58211) / goggles pl, protective goggles ‖ **hochklappbare** ⁓**brille** (mit Doppelglas) / lift-front goggles ‖ **belüftete** ⁓**brille mit großem Gesichtskreis** / wide-visibility ventilated protection goggles ‖ ⁓**bühne** (Bergb) / penthouse n, pentice* ‖ ⁓**chemikalie** f (Chem) / protective chemical
**Schutzdach** n (Arch, Bau) / porch n (a covered shelter projecting in front of the entrance of a building) ‖ ⁓ (Bau) / canopy n ‖ ⁓ (Bau, Kfz, Schiff) / station roof (a roof carried on a single row of stanchions) ‖ ⁓ (Landw) / shelter n, shed n ‖ ⁓ **an der Bushaltestelle** / bus shelter, queue shelter
**Schutz•deck** n (Schiff) / shelter deck ‖ ⁓**decker** m (Schiff) / shelter decker ‖ ⁓**diode** f (Eltronik) / protecting diode, protective diode ‖ ⁓**draht** m (Eltech) / guard wire* ‖ ⁓**drossel** f (Eltech) / line choking coil*, screening protector* ‖ ⁓**druck** m (Tex) / resist printing, reserve printing
**Schütze** f (Wasserb) / gate* n, sluice gate*, paddle n, vertical gate
**Schutzeinrichtung** f (DIN 31001, T 1) / guard* n, safeguard n, mechanical guard ‖ ⁓ / protector n, protective gear* ‖ ⁓ (Eltech) / protective equipment ‖ ⁓ (z.B. Wälle) (Luftf, Mil) / revetment n
**schützen** v / protect v, safeguard v ‖ ⁓ (vor, gegen) / protect v (against, from), shelter v (from) ‖ ⁓ (Insassen) (Kfz) / restrain v ‖ ⁓ m (Web) / shuttle* n ‖ ⁓**abtastungseinrichtung** f (Web) / shuttle feeling device ‖ ⁓**bahn** f (Web) / shuttle race, race board, race n, shuttle board
**schützend** adj / protective adj, protecting adj ‖ ⁓**e Deckschicht** (durch Umwandlung entstanden) (Galv) / conversion coating* ‖ ⁓**er farbloser Lack** (Anstr) / finish n ‖ ⁓**er Überzug** (Galv, Plast) / protective coating*, protective finish
**Schützen•fänger** m (Web) / shuttle guard* ‖ ⁓**kasten** m (Web) / shuttle box*, box n ‖ ⁓**kastenzunge** f (Web) / swell n, box swell ‖ ⁓**los** adj (Web) / shuttleless adj ‖ ⁓**loses Weben** (Web) / shuttleless weaving* ‖ ⁓**schlag** m (Web) / picking n ‖ **oberer** ⁓**schlag** (Web) / overpick n ‖ **unterer** ⁓**schlag** (Web) / underpick n ‖ ⁓**stand** m (Luftf) / turret n ‖ ⁓**steuerwalze** f (Regeln) / contactor controller* ‖ ⁓**streifen** m (ein Webfehler) (Web) / shuttle mark ‖ ⁓**wächter** m (Web) / shuttle guard*

**Schützenwebmaschine**

‖ ˜**webmaschine** *f* (Web) / shuttle loom ‖ ˜**wechsel** *m* (Web) / shuttle changing, shuttle change, reshuttling *n* ‖ ˜**wechsel mit Steiglade** (Web) / drop box, change box ‖ ˜**wechselstuhl** *m* (Web) / pick-and-pick loom ‖ ˜**wehr** *n* (Wasserb) / frame weir*, sluice dam

**Schutz•erde** *f* (Eltech) / protective earth, protective ground (US) ‖ ˜**erdung** *f* (eine Schutzmaßnahme) (Eltech) / protective earthing, protective grounding (US) ‖ ˜**film** *m* / protective film ‖ ˜**film** (ein Stück unbearbeiteter Film, der an den Anfang oder an das Ende einer Filmrolle gesetzt ist) (Film) / protective leader ‖ ˜**frequenzband** *n* (zwischen Frequenzbändern) (Fernm, TV) / interference guard band, guard band* ‖ ˜**frucht** *f* (HuT, Landw) / cover crop ‖ ˜**funkenstrecke** *f* (eine Funkenstrecke zwischen Leiter und Erde in Luft mit atmosphärischem Druck) (Eltech) / protective gap, voltage-discharge gap ‖ **abgestimmte** ˜**funkenstrecke** (Eltech) / co-ordinating gap* ‖ ˜**funktion** *f* / protective function ‖ ˜**gamaschen** *f pl* / protective leggings

**Schutzgas** *n* (DIN 32526) (Hütt, Schw) / shielding gas, protective gas, inert shielding gas, protective shielding gas ‖ ˜ (Nukl) / cover gas ‖ **aktives** ˜ (Schw) / active shielding gas ‖ ˜ *n* **für das MIG-Schweißen** (Schw) / MIG shielding gas ‖ ˜**atmosphäre** *f* (Schw) / shielding-gas atmosphere, inert atmosphere ‖ ˜**atmosphäre** (z.B. Edelgase - im Ofen) (Wärm) / protective furnace atmosphere* ‖ ˜**bereitung** *f* (Schw) / gas conditioning* ‖ ˜**hartlöten** *n* (Masch) / controlled-atmosphere furnace brazing ‖ ˜**haube** *f* (Schw) / shielding cup ‖ ˜**hülle** *f* (Schw) / shielding-gas cover, inert-gas cover, shielding-gas mantle, inert-gas mantle ‖ ˜**kappe** *f* (Schw) / shielding cup ‖ ˜**kontakt** *m* (Eltech) / dry reed contact ‖ ˜**-Lichtbogenschweißen** *n* (der sichtbare Lichtbogen brennt in einem Schutzgasmantel) (Schw) / inert-gas-shielded arc welding, shielded-arc welding, inert-gas welding ‖ ˜**mantel** *m* (Schw) / shielding-gas cover, inert-gas cover, shielding-gas mantle, inert-gas mantle ‖ ˜**säule** *f* (Schw) / shielding-gas column ‖ ˜**schweißanlage** *f* (Schw) / gas-shielded welding unit, inert-gas-shielded welding unit ‖ ˜**schweißen** *n* (MSG oder WSG) (Schw) / inert-gas-shielded arc welding, shielded-arc welding, inert-gas welding ‖ ˜**ventil** *n* (Schw) / shielding-gas valve ‖ ˜**verpackung** *f* (Nahr) / atmosphere packaging

**Schutz•gehäuse** *n* / protective casing, protective housing ‖ ˜**geländer** *n* (Bau, Masch) / guard rail ‖ ˜**geländer** (Masch) / fence *n*, railing *n* ‖ ˜**gerät** *n* (Eltech) / protector *n*, protective gear* ‖ ˜**gerüst** *n* (DIN 4420) (Bau) / fan *n*, falling-object protective structure, FOPS, catchment platform, fan-guard* *n* ‖ ˜**gitter** *n* (Bau) / grille* *n* ‖ ˜**gitter** (einer Leuchte) (Elektr) / guard *n* ‖ ˜**gitter** (Hilfsgitter bei Leistungsröhren) (Eltronik) / suppressor grid, sup ‖ ˜**gitter** (an Maschinen) (Masch) / fence *n*, railing *n* ‖ ˜**gitter des Lautsprechers** (Akus) / loudspeaker grille ‖ ˜**glas** *n* (Glas) / protective glass, protecting glass ‖ ˜**glimmröhre** *f* (Eltronik) / protector* *n* ‖ ˜**grad** *n* (Eltech) / degree of protection ‖ ˜**gruppe** *f* (Chem) / protective group ‖ ˜**gruppen entfernen** (Chem) / deprotect *v* ‖ ˜**hafen** *m* (Schiff) / harbour of refuge ‖ ˜**handschuhe** *m pl* (DIN 4841, T 1) / protective gloves ‖ ˜**haube** *f* (Masch) / cover *n* ‖ ˜**haube** (Schw) / protecting hood ‖ ˜**haube der Kreissäge** (For) / crown cover ‖ ˜**haube mit Luftschlitzen** (Masch) / louvred cover, louvered cover (US) ‖ ˜**haut** *f* / protective coating ‖ ˜**haut** (Hütt) / temporary film* ‖ ˜**helm** *m* (Industrieschutzhelm) (Bau, Masch, Med) / safety helmet, hard hat ‖ ˜**helm** (Erdöl) / tin hat ‖ ˜**helm mit Visier** (Kiefer- und Nackenschutz) (Kfz) / full-face-style safety helmet ‖ ˜**horn** *n* (Eltech) / arcing horn, protective horn ‖ ˜**hülle** *f* (äußere) (Kab) / serving* *n*, oversheath *n*, bedding* *n* ‖ ˜**hülle** (Kab) / protective cover, protective coating ‖ **äußere** ˜**hülle** (Kab) / serving* *n*, oversheath *n*, bedding* *n* ‖ ˜**hülse** *f* (die einen dünnen Stempel umfaßt, um sein Ausknicken zu verhindern) (Masch) / sleeve *n* ‖ ˜**impfung** *f* (Med) / vaccination* *n*, inoculation *n* ‖ ˜**insel** *f* (HuT, Kfz) / refuge *n* (GB), safety island (US), street refuge ‖ ˜**insel** (HuT, Kfz) s. auch Verkehrsinsel ‖ ~**isoliert** *adj* (Eltech) / double-insulated* *adj* ‖ ˜**kanal** *m* (eine Richtfunk-Grundleitung für Ersatz) (Fernm) / stand-by channel ‖ ˜**kappe** *f* (für rotierende Teile) (Eltech) / fender* *n*, protection cap* ‖ ˜**kappe** (Masch) / cap* *n* ‖ ˜**kiel** *n* (Schiff) / slab keel, rubbing strake, false keel ‖ ˜**kittel** *n* (Tex) / protective apron ‖ ˜**klasse** *f* (ein Ordnungsbegriff für Schutzmaßnahmen gegen zu hohe Berührungsspannungen) (Eltech) / protection class ‖ ˜**kleidung** *f* (Hitze-, Säure-, Strahlen-) (Tex) / protective clothing, safety clothing, protective apparel, protective garment ‖ ˜**kleinspannung** *f* (Eltech) / safety extra-low voltage, SELV ‖ ˜**kolloid** *n* (ein lyophiles Kolloid) (Chem) / protective colloid* ‖ ˜**kolloid in einem lyophoben Sol** (Chem) / inhibitory phase* ‖ ~**kolloidale Wirkung** (Chem) / protective-colloid action ‖ ˜**kontaktschalter** *n* (Eltech) / Home Office switch (GB)* ‖ ˜**kontaktsteckdose** *f* (Eltech) / earthed socket, socket (outlet) with earthing contact ‖ ˜**kontaktstecker** *m* (nach Home-Office-Vorschriften) (Eltech) / Home Office plug (GB) ‖ ˜**kontaktstecker** (Eltech) / plug with earthing contact, plug with protective contact ‖ ˜**kragen** *m* (Eltech) / shroud *n* ‖ ˜**lack** *m* (im allgemeinen) (Anstr) / protective paint ‖ ˜**lack** (unpigmentiert) (Anstr) / protective varnish ‖ ˜**lack** (Anstr) / protective lacquer (physically drying) ‖ ˜**lackfilme** *m pl* (Abziehlacke) (Anstr) / strippable coatings* ‖ ˜**leiste** *f* (welche die Beschädigung der Wände durch Stühle verhindert) / chair rail, dado rail* ‖ ˜**leiter** *m* (grün-gelb) (Eltech) / protective (earthed) conductor ‖ **nicht geerdeter** ˜**leiter** (Eltech) / PU conductor ‖ ˜**magnet** *m* (Aufber) / magnetic iron separator, tramp-iron separator, tramp metal detector ‖ ˜**mantel** *m* (Kab) / protective sheath, protective jacket ‖ ˜**mantel** (Schw) / atmosphere *n* ‖ ˜**maßnahme** *f* **gegen mutwillige Zerstörung** / antivandalism measure ‖ ˜**mechanismus** *m* / protective mechanism ‖ ˜**netz** *n* (Eltech) / catch net* ‖ ˜**netz** (unter Hochspannungsleitungen - geerdetes) (Eltech) / guard cradle*, guard net* ‖ **geerdetes** ˜**netz** (Eltech) / cradle* *n* ‖ ˜**papier** *n* (Pap) / protective paper ‖ ˜**papier für Schulkreide** (Pap) / chalk paper ‖ ˜**pfeiler** *m* (Bergb) / shaft pillar*, safety pillar ‖ ˜**planke** *f* (Kfz) / crash barrier (GB), guard rail (US) ‖ ˜**potential** *n* (Korrosion) (Galv) / protection potential ‖ ˜**raum** *m* / shelter *n* ‖ **gewerbliches** ˜**recht** / industrial property right ‖ ˜**relais** *n* (Eltech) / protective relay ‖ ˜**rille** *f* (Akus) / guard circle*

**Schutzring** *m* (des Schutzringkondensators) (Eltech) / guard ring ‖ ˜ (eine Lichtbogenschutzarmatur) (Eltech) / insulator arcing ring ‖ **[elektrostatischer]** ˜ (eine Hilfselektrode) (Eltech) / guard ring* ‖ ˜**elektrode** *f* (eine Hilfselektrode) (Eltech) / guard ring* ‖ ˜**kondensator** *m* (Eltech) / guard-ring capacitor*

**Schutz•rohr** *n* (des Thermometers) (Phys) / well *n* ‖ ˜**rohrfahrt** *f* (Erdöl) / intermediate casing, protective casing ‖ ˜**rohrkontaktrelais** *n* (Eltech) / reed relay* ‖ ˜**schaltung** *f* (eine Schaltung des Berührungsspannungsschutzes) / protective circuit, protection circuit

**Schutzschicht** *f* / coating *n*, coat *n* ‖ ˜ (DIN 50902) (Anstr, Galv) / protective coating ‖ ˜ (Foto) / backing* *n*, backing layer ‖ ˜ (für Gestelle oder nicht zu galvanisierende Werkstückteile) (Galv) / stop-off coating, insulation *n* ‖ **harte** ˜ (Keramik, Hartmetall, Cermet usw.) / hard coat, hard face ‖ **im Werk aufgebrachte** ˜ (Anstr) / shop-primer *n*, factory primer, mill primer, factory-applied coating ‖ **katodisch wirksame** ˜ (Galv) / noble coating ‖ **keramische** ˜ / ceramic coating ‖ **metallische** ˜ (Galv) / metallic coating ‖ **oxidische** ˜ / oxide coat(ing) ‖ **temporäre** ˜ / temporary protective coating ‖ ˜**dicke** *f* (Galv) / coating thickness, coating-film thickness, film thickness ‖ ˜**metall** *n* (Galv) / coating metal ‖ ˜**prüfung** *f* (Anstr, Galv) / protective-coat testing, protective-film testing

**Schutz•schiene** *f* (Bahn) / guard rail*, check rail*, guide rail*, rail guard*, safety rail* ‖ ˜**schiene** (Bahn) / side rail*, check rail* ‖ ˜**schild** *m* (eine Lichtbogenschutzarmatur) (Eltech) / insulator arcing shield, insulator grading shield ‖ ˜**schild** (Masch) / shield *n* ‖ ˜**schirm** (der Ionenröhren) (Eltronik) / baffle* *n* ‖ ˜**schirm** (Masch) / screen *n* ‖ ˜**schlauch** *m* (der biegsamen Welle) (Masch) / casing *n* ‖ ˜**schuhwerk** *n* / safety footwear ‖ ˜**signal** *n* (Fernm) / guard* ‖ ˜**sonde** *f* (in der Nachbarschaft) (Erdöl) / offset well ‖ ˜**streifen** *n* **in Mischung aus Baum und Strauch** (Landw) / shelter-belt *n*, windbreak *n* ‖ ˜**strom** *m* (Gleichstrom, der dem Schutzobjekt von einer katodischen oder von einer anodischen Schutzstromanlage zugeführt wird) (Galv) / protective current ‖ ˜**stromdichte** *f* (Summenstromdichte, die notwendig ist, um beim elektrochemischen Korrosionsschutz das Schutzpotential zu erreichen oder zu überschreiten) (Galv) / protective-current density ‖ ˜**stromkreis** *n* (Eltech) / guard circuit ‖ **gestaffeltes** ˜**system** (Eltech) / overlap protective system ‖ ˜**titel** *m* (Typog) / half-title* *n*, bastard-title*, fly-title *n* ‖ ˜**trennung** *f* (Maßnahme des Berührungsspannungsschutzes) (Eltech) / isolation *n* ‖ ˜**überzug** *m* (Eltronik) / resist *n* ‖ ˜**überzug** (Galv, Plast) / protective coating*, protective finish ‖ **elektrolytisches Auftragen von** ˜**überzügen** (Galv) / electrochemical coating ‖ ˜**umschlag** *m* (den Einband schützender Umschlag) (Buchb) / dust jacket, jacket* *n*, dust cover*, dust-wrapper *n* ‖ ˜**umschlag** (Druck) / jacket* *n*, wrapper *n* ‖ ˜**umschlagklappe** *f* (meistens mit dem Klappentext) (Buchb) / jacket flap, flap *n* ‖ ˜**vorrichtung** *f* / guard* *n*, safeguard *n*, mechanical guard ‖ ˜**vorrichtung** (Eltech) / protector *n*, protective gear* ‖ ˜**vorrichtung an Maschinen** (Masch) / machine guard ‖ ˜**wachs** *n* / protective wax ‖ ˜**wand** *f* (gegen Spritzer) (Masch) / splash-board *n*, splash baffle, splash panel ‖ ˜**weiche** *f* (die die Zugfahrten vor Flankengefährdung durch feindliche Zugfahrten od. unbeabsichtigte Bewegung von Zugteilen schützt, indem sie eine gefährdende Fahrt von der eingestellten Fahrstraße ableitet in ein anderes Gleis oder auf einen Prellbock) (Bahn) / trap points ‖ ˜**werk** *n* (für Küstenschutz) (HuT) / armour *n*, armor (US) ‖ ˜**wirkung** *f* / protective action ‖ ˜**zone** *f* / safety zone ‖ ˜**zone** (Brandschutz) (Bau) / fire-break *n* (around an object)

**Schwabbel•bock** *m* (einfache Schwabbelmaschine) (Masch) / buffing stand ‖ ˜**maschine** *f* (Masch) / buffing machine

**Schwabbeln** *n* (mit einer Polierscheibe oder -bürste aus Nessel, Tuch, Filz, Leder u.a.) (Masch) / mop buffing, buffing *n* ‖ ~ **mit der Lederscheibe** (Masch) / leather disk buffing
**Schwabbel • scheibe** *f* (Masch) / buff* *n*, buffing wheel, mop *n*, mop abrasive disk, buffing mop ‖ ~**wachs** *n* / buffing wax
**schwach** *adj* / tender *adj* ‖ ~ / weak *adj*, thin *adj* ‖ ~ (Ton, Farbe) / faint *adj* ‖ ~ (Säure, Lauge) (Chem) / dilute *adj* ‖ ~ (Linierung) (Druck) / faint *adj* ‖ ~ (Math) / weak *adj* ‖ ~ **alkalisch** (Chem) / subalkaline *adj* ‖ ~ **angereichert** (Nukl) / low-enriched *adj* ‖ ~ **angereichertes Uran** (Nukl) / low-enriched uranium, LEU ‖ ~ **aschehaltig** (Chem, Kftst) / low-ash *attr* ‖ ~ **ausgefärbt, mit einer Intensitätserniedrigung** / hypochromic *adj* ‖ ~ **backende Kohle** (Bergb) / weakly caking coal ‖ ~**e Base** (nach dem Dissoziationsgrad) (Chem) / weak base ‖ ~**e Brise** (Meteor, Ozean) / gentle breeze ‖ ~**er Elektrolyt** (Chem) / weak electrolyte* ‖ ~**es Erdbeben** (Geol) / tremor *n*, earth tremor ‖ ~**e Fokussierung** (Nukl) / constant-gradient focusing, CG focusing, weak focusing ‖ ~**es Garn** (infolge eines Fadenbruchs) (Spinn) / singles *pl* ‖ ~ **gebundener Komplex** (da die Bindungen keine vollen Bindungen sind) (Chem) / hypoligated complex ‖ ~**es Gesetz der großen Zahlen** (Math) / weak law of large numbers ‖ ~**e Konvergenz** (Math) / weak convergence ‖ ~**e Kopplung** (Kernphys) / weak coupling ‖ ~**es Korrekturtriebwerk** (Raumf) / thruster *n*, thrustor *n* ‖ ~ **löslich** (Chem) / sparingly soluble, slightly soluble ‖ ~**e Maschinenglätte** (Pap) / low machine finish*, low mill finish* ‖ ~**er Namenskonflikt** (EDV) / weak name clash ‖ ~ **polar** (Chem) / moderately polar, slightly polar ‖ ~**e Rotglut** (Hütt) / faint-red heat ‖ ~**e Säure** (nach dem Dissoziationsgrad) (Chem) / weak acid ‖ ~**e Säure** (Pap) / weak acid ‖ ~**es Signal** (Fernm) / low-level signal ‖ ~**es Stangenholz** (For) / saplings *pl*, small poles ‖ ~**e Steinplatte für Bodenbelag** (Bau) / paviour* *n*, paviour *n*, paving sett ‖ ~**e Topologie** (Math) / weak topology ‖ ~**e Vergrößerung** (Mikros, Opt) / low-power magnification ‖ ~**er Verkehr** (Fernsp) / slack traffic ‖ ~**er Verkehr** (Kfz) / light traffic ‖ ~**e Wechselwirkung** (etwa $10^{-14}$ - nach der Theorie von Glashow, Weinberg und Salam) (Kernphys) / weak interaction*, weak nuclear interaction ‖ ~**er Wind** (Meteor) / gentle breeze ‖ ~ **zusammenhängender Graf** (EDV) / weakly connected graph
**schwach • alkalisch** *adj* (Chem) / subalkaline *adj* ‖ ~**angereichertes Uran** (Nukl) / low-enriched uranium, LEU ‖ ~**besetzte Matrix** (Math) / sparse matrix ‖ ~**brand** *m* (zu niedrig gebrannte Ware, die nicht die gewünschte Festigkeit, Brennfarbe und Porosität und gegebenenfalls auch keinen hellen Klang aufweist) (Keram) / underfired (ceramic) ware
**schwächen** *v* (Querschnitt) / weaken *v* ‖ ~ (Pfeiler) (Bergb) / trim *v*
**schwach • farbig** *adj* / weakly coloured ‖ ~**gas** *n* (ein Produkt der Kohlevergasung) / lean gas, poor gas ‖ ~**gas** (mit niedrigem spezifischem Brennwert) (Kftst) / lean gas ‖ ~**gefärbt** *adj* / weakly coloured ‖ ~**geleimt** (Pap) / soft-sized (S.S.) ‖ ~**gesäuert** *adj*, slack-sized *adj*, weakly sized ‖ ~**hydraulischer Kalk** (Bau) / feebly hydraulic lime* ‖ ~**last** *f* (Eltech) / light load ‖ ~**lichtpflanze** *f* (Bot) / shade plant* ‖ ~**magnetisch** *adj* (Mag) / feebly magnetic ‖ ~**plastisch** *adj* (Beton) (HuT) / stiff-plastic *adj* ‖ ~**sauergas** *n* (Erdöl) / lean sour gas ‖ ~**sichtigkeit** *f* (Med, Opt) / amblyopia *n* ‖ ~**stelle** *f* (z.B. der Konstruktion) / weak point, weak spot, weakest point, inherent weakness ‖ ~**stelle** *f* (im Datenschutzsystem) (EDV) / flaw *n* ‖ ~**stelle** (im Stoff) (Tex) / weak spot, tender spot ‖ ~**stellenanalyse** *f* (die zweite Phase der Istanalyse) / sensitive auditing ‖ ~**stromanlage** *f* (Eltech) / weak-current plant, light-current plant ‖ ~**stromtechnik** *f* (Fernm) / communication(s) engineering, signal engineering (US), telecommunications *pl*, communication technology
**Schwächung** *f* (eine Zustandsgröße ist am Ausgang eines Übertragungsgliedes kleiner als am Eingang) (Eltech, Fernm, Kernphys) / attenuation* *n* ‖ ~ (Mech, WP) / weakening *n* ‖ **materielle** ~ (die Abnahme einer Strahlungsgröße beim Durchgang von Strahlung durch Materie) (Phys) / attenuation* *n* ‖ ~ **in der Schrägrichtung** *f* (des Gewebes) (Tex) / bias weakness
**Schwächungs • faktor** *m* (der die Eignung einer Materialschicht zur Abschirmung charakterisiert) (Nukl) / attenuation factor ‖ ~**koeffizient** *m* (DIN 1304) (Nukl) / attenuation coefficient, total absorption coefficient ‖ **atomarer** ~**koeffizient** (DIN 1304) / atomic attenuation coefficient ‖ ~**verhältnis** *n* (bei einer Nietverbindung) (Masch) / efficiency of the riveted joint
**schwachvergaste Bohrspülung** (Erdöl) / slightly gas-cut mud
**Schwad** *m n* (der beim Mähen in Schnittbreite zu Boden fallende Pflanzenbestand) (Landw) / swath *n*, windrow *n*, swathe *n*
**Schwade** *f* (Landw) / swath *n*, windrow *n*, swathe *n*
**schwaden** *v* (in Schwaden ablegen) (Landw) / swath *v* ‖ ~ *m pl* (Bergb) / fumes *pl*, aftergases *pl*, choke-damp,* black damp* ‖ ~ (Landw) / swath, windrow, swathe *n* ‖ ~ (eines Kühlturms) (Masch) / vapour plume, plume *n* ‖ ~**rechen** *m* (Landw) / swath rake, side-delivery rake ‖ ~**wender** *m* (Landw) / swath turner
**Schwader** *m* (Landw) / swath rake, side-delivery rake

**Schwad • leger** *m* (Landw) / in-line windrower ‖ ~**lüfter** *m* (Landw) / swath aerator ‖ ~**mäher** *m* (Landw) / swath reaper, swather *n* ‖ ~**rechen** *m* (Einzweck-Heuwerbemaschine) (Landw) / swath rake, side-delivery rake ‖ ~**verleger** *m* (Landw) / swath rake, side-delivery rake ‖ ~**wender** *m* (Landw) / swath turner
**Schwalbe** *f* (in der Schwalbenschwanzverbindung) (Tischl, Zimm) / dovetail* *n*, swallowtail* *n*, pin *n*
**Schwalbennest** *n* (Bau) / hopper-head *n*
**Schwalbenschwanz** *m* (Geradführung) (Masch) / dovetail *n* ‖ ~ (in der Schwalbenschwanzverbindung) (Tischl, Zimm) / dovetail* *n*, swallowtail* *n*, pin *n* **verdeckter** ~ (Tischl) / secret dovetail* ‖ ~**feder** *f* (Tischl, Zimm) / tail *n* ‖ ~**fräser** *m* (zur Herstellung von Schwalbenschwanzführungen - nach DIN 842) (Masch) / dovetail cutter, single-angle milling cutter (US) (for the machining of dovetail guides) ‖ ~**fuge** *f* (Tischl) / socket *n* ‖ ~**fügemaschine** *f* (Tischl) / dovetail jointing machine ‖ ~**führung** *f* (Geradführung, die beliebig gerichtete Kräfte aufnehmen kann) (Masch) / dovetail guides ‖ ~**nut** *f* (Masch) / dovetail groove ‖ ~**schiefer** *m* (großer) (Bau) / slate cramp* ‖ ~**überblattung** *f* (Tischl, Zimm) / dovetail halving* ‖ ~**verbindung** *f* (in V-Form) (Tischl, Zimm) / vee joint* ‖ ~**zinke** *f* (in der Schwalbenschwanzverbindung) (Tischl, Zimm) / dovetail* *n*, swallowtail* *n*, pin *n* ‖ **auf Gehrung verdeckte** ~**zinkenverbindung** (Tischl) / secret mitre dovetail
**Schwalgloch** *n* (Geol) / swallow hole, sink *n*, sinkhole *n*
**Schwall** *m* (Hyd) / hydraulic bore ‖ ~ (instationärer, sich vorwärts schiebender Strömungszustand in Gerinnen mit freiem Wasserspiegel) (Hyd) / surge *n* (positive) ‖ ~**badlöten** *n* (zum Herstellen von Lötverbindungen auf gedruckten Leiterplatten) (Eltronik) / wave soldering, flow soldering ‖ ~**blech** *n* (z.B. in der Ölwanne) (Kfz) / baffle *n*, baffle plate ‖ ~**fluxen** *n* (Eltronik) / wave-fluxing *n* ‖ ~**förmige Strömung** (in Rohren) / slug flow, piston flow, plug flow
**Schwallöten** *n* (zum Herstellen von Lötverbindungen auf gedruckten Leiterplatten) (Eltronik) / wave soldering, flow soldering
**Schwall • raum** *m* (Wasserb) / surge chamber ‖ ~**topf** *m* (in Kraftstoffbehältern) (Kfz) / swirl pot ‖ ~**wassergeschützt** *adj* (Eltech) / splashproof *adj* ‖ ~**welle** *f* (durch die Tide hervorgerufen) (Wasserb) / bore *n*, tidal bore
**Schwamm** *m* (Bot, For) / conk *n*, fungus *n* ‖ ~ (Zool) / sponge* *n* ‖ ~ - / spongy *adj*, spongiose *adj*, spongelike *adj* ‖ ~ (Kfz) / sluggish *adj*, spongy *adj* ‖ ~**gold** (Hütt) / cake of gold, sponge gold ‖ ~**gummi** *n* (ein Zellgummi) / sponge rubber, rubber sponge ‖ ~**gurke** *f* (Luffa aegyptiaca Mill.) (For) / luffa *n*, loofah *n* ‖ ~**holz** *n* (For) / conk *n*
**schwammig** *adj* / spongy *adj*, spongiose *adj*, spongelike *adj* ‖ ~ (durch Pilze zerstört) (Bot) / conky* *adj* ‖ ~ (Ansprechen des Motors) (Kfz) / sluggish *adj*, spongy *adj* ‖ ~**es , brüchiges Holz** (For) / touchwood* *n* ‖ ~**keit f der Lenkung** (Kfz) / steering looseness
**Schwamm • kohle** *n* / charred sponge ‖ ~**koks** *m* / sponge coke ‖ ~**parenchym** *n* (in bifazialen Laubblättern) (Bot) / spongy mesophyll, spongy parenchyma ‖ ~**schorf** *m* (Erreger: Spongospora /solani/ subterranea (Wallr.) Johnson.) (Landw) / powdery scab ‖ **Gemeiner** ~**spinner** (Lymantria dispar) (For) / gypsy moth ‖ ~**tupfer** *m* (Anstr) / sponge *n*
**Schwanenhals** *m* (biegsames Zwischenstück zwischen Mikrofon und Stativ) (Akus) / flexible conduit, gooseneck *n* ‖ ~ (einer Warmkammermaschine) (Gieß) / gooseneck *n* ‖ ~ (ein Segmentbogen im Fallrohranschluß) (Klemp) / swan-neck *n*, offset *n*, gooseneck *n* ‖ ~ (Masch) / swan-necked tool ‖ ~**brenner** *m* (Schw) / swan-neck torch, gooseneck torch ‖ ~**mikrofon** *n* (Akus) / gooseneck microphone
**schwanken** *v* (zeitlich) / fluctuate *v* ‖ ~ / wobble *v*, wabble *v*
**schwankender Verbrauch** / fluctuating consumption
**Schwankung** *f* (Kernphys) / straggling* *n* ‖ ~ (Math) / variation *n* ‖ ~ (zeitliche) (Phys) / fluctuation *n*, variation *n* ‖ ~ s. auch Oszillation ‖ **periodische** ~ (Stats) / periodic variation, periodic fluctuation ‖ **saisonbedingte** ~ (Stats) / seasonal variation, seasonal fluctuation ‖ **von saisonalen** ~**en bereinigen** (Stats) / deseasonalize *v* ‖ **zeitliche** ~ (der Werte) / variation with time ‖ ~ *f* **des Flußwasserspiegels** (Wasserb) / breathing *n*, river breathing ‖ ~**en** *f pl* **des Wasserstandes** (eines Flusses) (Wasserb) / breathing *n*, river breathing
**Schwankungs • breite** *f* (Stats) / range *n* ‖ ~**geschwindigkeit** *f* (Phys) / fluctuation velocity, eddy velocity ‖ ~**welligkeit** *f* (einer Mischspannung oder eines Mischstroms) (Elektr) / peak-ripple factor, peak distortion factor
**Schwanz** *m* (Chem Verf, Zool) / tail* *n* ‖ ~**beschnittene Kanten** / trimmed edges* ‖ ~**bildung** *f* (Ausbildung einer in der Laufrichtung diffus begrenzten Zone in der Papier- und Dünnschichtchromatografie) (Chem) / tailing *n*, trailing *n* ‖ ~**kante** *f* (Buchb) / tail edge ‖ ~**lastigkeit** *f* (Anhänger, Caravan) (Kfz) / nose-up attitude, tail heaviness ‖ ~**lastigkeit** (Luftf) / tail heaviness* ‖ ~**loses Flugzeug** (Luftf) / tailless aircraft*, flying wing, flying-wing aircraft ‖ ~**schnitt** *m* (Buchb) / tail edge ‖

1091

**Schwanz-Schwanz-Polymerisation**

~-**Schwanz-Polymerisation** f (Chem) / tail-to-tail polymerization ‖ ~**welle** f (ein Verdichtungsstoß an der Profilhinterkante) (Luftf, Phys) / tail shock wave ‖ ~**wolle** f (Tex) / britch wool, breech wool, tail wool, brown wool
**schwappen** v / slop vi (out of, from) ‖ ~ (Treibstoff) (Raumf) / slosh v ‖ ~ n (Akus) / swash n ‖ ~ (Schwingungen flüssiger Treibstoffe mit freier Oberfläche) (Raumf) / sloshing* n
**Schwappkante** f (Glas) / flux-line attack, flux-line corrosion, metal-line attack, metal-line corrosion, glass-level attack, glass-level cut
**schwärmen** v (Insekten) (Zool) / swarm v
**Schwarte** f (zum Ausbau) (Bergb) / facing board ‖ ~ (For, Zimm) / slab*;n. n, flaw-piece n, waney-edged board ‖ ~ (Haut von Schwarzwild, Dachs und Murmeltier) (Leder) / skin n ‖ ~ (Nahr) / rind n
**Schwarten•absägen** n (For, Zimm) / slabbing* n ‖ ~**brett** n (For, Zimm) / slab*;n. n, flaw-piece n, waney-edged board ‖ ~**brettschalung** f (Bau, Zimm) / slab shuttering ‖ ~**holz** n (For, Zimm) / slabwood n ‖ ~**seite** f (For) / external face, external side
**schwarz** adj / black adj ‖ ~ (weich - Bleistift) / black adj ‖ ~**e Blattlaus** (Aphis fabae Scop.) (Landw) / black aphid ‖ ~**er Blitz** (beim Clayden-Effekt) (Foto) / dark lightning ‖ ~**e Braunkohle** (mit 70-75 % C) (Bergb) / black lignite, lignite A (73,6 - 76,2 % C) ‖ ~**e Brechnuß** (Jatropha curcas L.) (Bot, Pharm) / physic nut, curcas nut, Barbados nut ‖ ~**es Brett** (globale dynamische Datenbasis) (EDV, KI) / blackboard n ‖ ~**er Fleck** (Keram) / black speck (a defect in fired porcelain enamels) ‖ ~**e Flecke** / black spots ‖ ~**e Fleckenbildung** (Keram) / black specking ‖ ~**er Glaskopf** (amorphes oder feinkristallines $MnO_2$ - ein Manganomelan) (Min) / psilomelane* n ‖ ~**er Glaskopf** (Min) s. auch Romanechit ‖ ~**er Hackschnitzel** (For) / brown chips ‖ ~**er Kasten** (ein kybernetisches System) (KI) / black box* ‖ ~**er Kern** (Keram) / black core (a defect occurring in fireclay and other refractory brick when vitrification of the surface areas takes place before oxidation of carbonaceous matter in the interior is complete), black heart ‖ ~**e Klinker** m pl (Keram) / terro-metallic clinkers ‖ ~**er Kornwurm** (Landw) / grain weevil, granary weevil ‖ ~**er Körper** (ein gedachter Körper mit den Strahlungseigenschaften des Schwarzen Strahlers) (Phys) / black body* ‖ ~**e Ladung** (Erdöl, Schiff) / dirty cargo, black cargo ‖ ~**es Loch** (infolge Gravitationskollapses) (Astr) / black hole*, collapsar n ‖ **primordiales** ~**es Loch** (Astr) / primordial black hole ‖ ~**er Onyx** (künstlich gefärbter Achat) (Min) / black onyx ‖ ~**er Opal** (Min) / black opal* ‖ ~**er Phosphor** (monotrope Modifikation) (Chem) / black phosphorus ‖ ~**es Produkt** (z.B. schweres Gasöl) (Erdöl) / black product ‖ ~**er Raucher** (Austrittsstelle am Meeresboden) (Bergb, Ozean) / black smoker, hot smoker, hot vent ‖ ~**es Rauschen** (Eltronik) / black noise (a frequency spectrum of predominantly zero power level) ‖ ~**e Schlichte** (Gieß) / blacking* n, black dressing, black wash, black mould dressing ‖ ~**er Schwefelfarbstoff** (Chem) / sulphur black ‖ ~**e Stelle** (Keram) / black speck (a defect in fired porcelain enamels) ‖ ~**e Stellen** / black spots ‖ ~**er Steuerstab** (Nukl) / black control rod ‖ ~**er Strahler** (DIN 5031, T 8) (Phys) / full radiator*, Planck's radiator, ideal radiator, complete radiator*, Planckian radiator ‖ ~**e Strahlung** (Phys) / black radiation, black-body radiant energy, cavity radiation* ‖ ~**e Temperatur** (spektrale Strahlungstemperatur nach DIN 5496) (Phys) / black-body temperature* ‖ ~**er Temperguß** (Hütt) / black-heart malleable cast iron, black malleable iron ‖ ~**e Tusche** / Indian ink*, India ink (US), sumi ink ‖ ~**e Wand** ("Neger") (Film) / gobo* n, nigger n ‖ ~**e Ware** (Erdöl, Schiff) / dirty cargo, black cargo ‖ ~ **werdend** (Biol) / nigrescent* adj ‖ ~**er Zwerg** (ausgekühlter Weißer Zwerg) (Astr) / black dwarf
**Schwarz** n (Anstr) / black n ‖ ~ (als Farbempfindung) (Phys) / black n ‖ **Kölner** ~ (durch Verkohlen von Knochen hergestelltes Schwarzpigment für die Malerei) (Chem) / bone black ‖ **Pariser** ~ (aus Knochenkohle) / Paris black ‖ **verrauschtes** ~ (TV) / noisy blacks ‖ ~ **aus tierischen Substanzen** (z.B. Knochen- oder Elfenbeinschwarz) / animal black
**Schwarz•abhebung** f (DIN 45060) (TV) / pedestal n (GB)*, set-up (in %)*, lift* n ‖ ~**alkaliboden** m (in der Ukraine) (Geol, Landw) / solonetz n, black alkali soil, Solonetz soil, solonets n ‖ ~**arbeit** f (F.Org) / moonlighting n, work done on the side (and not declared for tax purposes) ‖ ~**arbeiten** v (Schwarzarbeit verrichten - nur Infinitiv und Partizip) / moonlight v, work on the side (without declaring one's earnings) ‖ ~**ast** m (For) / black knot ‖ ~**beize** f (Tex) / iron mordant, iron liquor, black liquor, iron acetate liquor ‖ ~**belag** m (HuT) / black-top pavement ‖ ~**birke** f (Betula nigra L.) (For) / river birch, red birch, black birch ‖ ~**blech** n (ein ungereinigtes, nicht überzogenes warm gewalztes Blech) (Hütt) / blackplate n ‖ ~**braun** adj / brownish black adj, bistre adj, bister adj (US) ‖ ~**brennen** n (Glühen bei solchen Temperaturen und atmosphärischen Bedingungen, daß eine schwarze, festhaftende Oxidschicht auf der Stahloberfläche erzeugt oder erhalten wird) (Hütt) / black annealing

‖ ~**brüchig** adj (Hütt) / black short attr ‖ ~**brüchigkeit** f (mit schwärzlicher Bruchfläche) (Hütt) / black shortness
**Schwarz-Christoffelsche Abbildung** (nach H.A. Schwarz, 1843 - 1921, und E.B. Christoffel, 1829 - 1900) (Math) / Schwarz-Christoffel transformation, polygon mapping
**Schwarz•chrom** n (dunkelgrauer bis schwarzer Chromüberzug als Korrosionsschutz) (Galv) / black chromium ‖ ~**chromschicht** f (Galv) / black-chromium plate, black-chromium deposit ‖ ~**decke** f (HuT) / black-top pavement ‖ ~**decke** (bis 38 mm) (HuT) / bituminous carpeting, thin surfacing (with bitumen) ‖ ~**deckenfertiger** m (HuT) / bituminous-road finisher ‖ ~**deckengerät** n (HuT) / bituminous-road finisher
**Schwärze** f (schwarze Beschaffenheit) / blackness n ‖ ~ (Gieß) / blacking* n, black dressing, black wash, black mould dressing
**Schwarzeisenstein** m (amorphes oder feinkristallines $MnO_2$ - ein Manganomelan) (Min) / psilomelane* n
**Schwärzemühle** f (Gieß) / blacking mill, coke mill*
**schwärzen** v (Gieß) / black v, blacken v ‖ ~ n (Gieß, Licht) / blackening* n
**Schwärzepilze** m pl (Dematiaceae) (Bot, Landw) / black moulds
**Schwärzer-als-Schwarz-Bereich** m (TV) / blacker-than-black zone
**Schwarz•erde** f (Landw) / black earth*, chernozem n ‖ **tropische und subtropische** ~**erde** (siallitischer Quellbonden) (Geol, Landw) / vertisol n ‖ ~**esche** f (Fraxinus nigra Marshall) (For) / black ash, brown ash, basket ash, hoop ash ‖ ~**fahrer** m / fare-dodger n, fare-beater n, deadhead n ‖ ~**fichte** f (Picea mariana (Mill.) Britton, Stearn et Poggenb.) (For) / black spruce ‖ ~**film** n (z.B. als Vorspann) (Film) / black leader ‖ [**manchmal auch**] ~**filter** (Foto) / infrared filter ‖ ~**fleckigkeit** f (bei Gefrierfleisch und gefrorenem Geflügel) (Nahr) / black spots ‖ ~**glas** n (Glas) / black glass ‖ ~**glühen** n (Hütt) / black annealing ‖ ~**grün** adj / black-green adj ‖ ~**gültigerz** n (Antimon(III)-silbersulfid) (Min) / stephanite* n, brittle silver ore*, black silver ‖ ~**guß** m (Hütt) / black-heart malleable cast iron, black malleable iron ‖ ~**käfer** m pl (Familie von Käfern) (Zool) / Tenebrionidae pl (darkling beetles) (Zool) / tenebrionid n ‖ ~**kern** m (For) / blackheart* n ‖ ~**kiefer** f (Pinus nigra Arnold) (For) / black pine, Austrian pine ‖ ~**kochen** v (nur Infinitiv oder Partizip) (Pap) / burn v (the cook) ‖ ~**kohle** f (Bergb) / pit coal ‖ ~**kompression** f (TV) / black compression, black saturation (the reduction in gain applied to a picture signal) ‖ ~**köper** m (Tex) / black denim ‖ ~**kupfer** n (mit 94-97% Cu) (Hütt) / black copper* ‖ ~**kupfererz** n (Min) / tenorite* n ‖ ~**lack** m (Asphalt-, Bitumen- oder Teerpechlack) (Anstr) / black japan*, japan* n ‖ ~**lauge** f (im Sulfatverfahren bei der Zellstoffherstellung anfallend) (Pap) / black liquor*
**schwärzlich** adj (Biol) / nigrescent* adj
**schwärzlichbraun** adj / blackish-brown adj
**Schwarz•licht** n (Phys) / black light (the popular term for ultraviolet energy near the visible spectrum) ‖ ~**lichtkompensation** f (bei Camcordern) / black-light compensation, BLC ‖ ~**lichtlampe** f (Chem) / quartz lamp ‖ ~**nickelbad** n (Galv) / black-nickel plating bath ‖ ~**nickelelektrolyt** m (Galv) / black-nickel plating bath ‖ ~**nußbaum** m (Juglans nigra L.) (For) / black walnut ‖ ~**oxidation** f (Galv, Hütt) / black finishing, alkaline blackening treatment ‖ ~**oxidschicht** f (Hütt) / black oxide ‖ ~**papier** n (Foto) / black paper ‖ ~**pappel** f 'Italica' (Populus nigra var. italica) (For) / Lombardy poplar ‖ ~**pegel** m (der Bezugswert der Signalamplitude, der den schwarzen Bildstellen entspricht) (TV) / black level* ‖ ~**pigment** n (Anstr) / black pigment ‖ ~**politur** f (zum Schwarzpolieren) (For) / black polish ‖ ~**produkt** n (Hütt) / black product ‖ ~**pulver** n (ein Sprengstoffgemisch) / black powder* ‖ ~**sand** m (Formsand mit Steinkohlenstaub) (Gieß) / black sand* ‖ ~**sättigung** f (TV) / black compression, black saturation (the reduction in gain applied to a picture signal)
**Schwarzsch•es Lemma** (ein grundlegender Satz der Funktionentheorie - nach H.A. Schwarz, 1843-1921) (Math) / Schwarz's lemma ‖ ~**e Ungleichung** (Math) / Schwarz's inequality*, Cauchy-Schwarz inequality, Buniakowski's inequality
**Schwarz•schiefer** m (Geol) / black shale ‖ ~**schild-Effekt** m (bei sehr kleinen und sehr großen Intensitäten) (Foto) / Schwarzschild effect, reciprocity law failure ‖ ~**schild-Feld** n (nach K. Schwarzschild, 1873-1916) (Phys) / Schwarzschild solution ‖ ~**schild-Lösung** f (nach K. Schwarzschild, 1873-1916) (Phys) / Schwarzschild solution ‖ ~**schild-Radius** m (Phys) / Schwarzschild radius, gravitational radius ‖ ~**schlamm** m (V-Mot) / oil sludge, oil mud, pasty sediment of oil ‖ ~**schmelz** m / black enamel ‖ ~**schmelze** f (Aufber) / black ash*, soda-ash* n ‖ ~**schulter** f (TV) / porch* n ‖ **hintere** ~**schulter** (TV) / back porch* ‖ **vordere** ~**schulter** (TV) / front porch* ‖ ~**sender** m (Radio) / illicit transmitter ‖ ~**spitze** f (TV) / black peak ‖ ~**standardthermometer** n (zum Messen der beim Bewittern und Bestrahlen von Beschichtungen auftretenden Temperaturen) (Anstr) / black-standard thermometer ‖ ~**start** m (bei Gasturbinen) (Masch) / self-contained start ‖ ~**torf** m (Geol) / stone turf

**Schwärzung** f (auch als Satinagefehler bei zu hohen Geschwindigkeiten) / blackening n ‖ ⁓ (Foto, Opt) / optical density, transmission density, OD ‖ ⁓ (Gieß, Licht) / blackening* n
**Schwarz-Ungleichung** f (nach H.A.Schwarz, 1843-1921) (Math) / Schwarz's inequality*, Cauchy-Schwarz inequality, Buniakowski's inequality
**Schwärzungs•kurve** f (bei Schwarzweißmaterialien) (Foto) / characteristic curve* ‖ ⁓**kurve** (nach Hurter und Driffield) (Foto) / H and D curve*, Hurter and Driffield curve*
**Schwarz•verchromen** n (Galv) / black chromium plating ‖ ⁓**verchromung** f (eine Art galvanische Verchromung) (Galv) / black chromium plating ‖ ⁓**vernickeln** n (Galv) / black nickel plating ‖ ⁓**vernicklung** f (eine Art galvanische Vernicklung) (Galv) / black nickel plating
**schwarzweiß** adj / black-and-white adj, b. & w. ‖ ⁓ **karierter Wollstoff** (Tex) / shepherd's check, shepherd's plaid
**Schwarz/Weiß-Bereich** m (räumliche Unterteilung der Baustelleneinrichtung in einen kontaminierten Bereich und in einen nicht kontaminierten Bereich zum Schutz der Beschäftigten) (HuT, Umwelt) / black/white area
**Schwarzweiß•fernsehen** n (TV) / black-and-white television, monochrome television ‖ ⁓**film** m (Film, Foto) / monochrome photographic film, black-and-white film ‖ ⁓**grafik** f (EDV) / monochrome graphics, line art ‖ ⁓**grafikterminal** n (EDV) / monochrome graphics terminal ‖ ⁓**monitor** m (EDV) / monochrome monitor ‖ ⁓**signal** n (TV) / monochrome signal*, M signal ‖ ⁓**steuerung** f (Fernlenkung eines Luft- oder Raumfahrzeuges) (Regeln) / flicker control, bang-bang (control) ‖ ⁓**symmetrie** f (Phys) / antisymmetry n
**Schwarz•wert** m (DIN 45060) (TV) / black level* ‖ ⁓**wertanhebung** f (TV) / black stretch ‖ ⁓**wertbegrenzung** f (TV) / black clipping ‖ ⁓**werthaltung** f (TV) / black-level control ‖ ⁓**wertklemmung** f (TV) / black-level clamping ‖ ⁓**wurzel** f (Bot) / scorzonera n ‖ ⁓**zahl** f (eine farbmetrische Größe) / blackness value
**Schwazit** m (ein Fahlerz) (Min) / schwazite n
**Schweb** m (Wasserb) / suspended load, wash-load n, suspension load
**Schwebe** f (Luftf) / spot-hover n ‖ ⁓ **im Hangenden** (Bergb) / roof pillar ‖ ⁓**bahn** f (ein Beförderungsmittel) / suspension railway ‖ ⁓**bahn** s. auch Hängebahn ‖ ⁓**bogen** m (Arch) / diaphragm arch, horizontal arch buttress ‖ ⁓**bühne** f (Anstr, Bau) / cradle* ‖ ⁓**bühne** (an Seilen im Schacht verfahrbare Bühne, von der aus beim Schachtabteufen die notwendigen Ausbau- und Einbauarbeiten durchgeführt werden) (Bergb) / sinking platform, flying cradle ‖ ⁓**bühne zum gleichzeitigen Teufen und Mauern** (Bergb) / sinking and walling platform, sinking and walling scaffold, Galloway sinking and walling stage ‖ ⁓**fähigkeit** f (einer Suspension) (Phys) / suspensibility n ‖ ⁓**fähre** f (Schiff) / suspension ferry ‖ ⁓**fahrzeug** n **mit Gebläse** (Luftf) / flying bedstead, flying platform ‖ ⁓**flug** m (eines Hubschraubers) (Luftf) / hovering flight, stationary flight ‖ **stationärer** ⁓**flug** (des Hubschraubers) (Luftf) / spot-hover n ‖ ⁓**flug** m **außerhalb des Bodeneffekts** (eines Hubschraubers) (Luftf) / hovering out of ground effect ‖ ⁓**flug mit Bodeneffekt** (eines Hubschraubers) (Luftf) / hovering in ground effect ‖ **maximale** ⁓**flughöhe** (bei Hubschraubern) (Luftf) / hovering ceiling ‖ ⁓**korb** m (für eine Person) (Anstr, Bau) / bosun's chair, cradle* n, boatswain's chair ‖ ⁓**körper** m (in einem Durchflußmesser, der Mohrschen Waage) (Instr) / float n, plummet n, sinker n ‖ ⁓**körper-Durchflußmesser** m (Durchflußmeßgerät für Flüssigkeiten und Gase, das auf der Kraftwirkung beruht, welche auf einen Körper durch das ihn umströmende Medium ausgeübt wird) / rotameter n ‖ ⁓**mittel** n (Anstr) / antisettling agent
**schweben** v (EDV, Fernm) / beat v ‖ ⁓ n (elektrodynamisches, elektromagnetisches) (Eltech) / levitation n ‖ ⁓ (Luftf) / spot-hover n ‖ ⁓ (bei Luftfahrzeugen leichter als Luft) (Luftf) / hovering n ‖ **elektrodynamisches** ⁓ (in der Magnetfeld-Fahrtechnik) / electrodynamic levitation ‖ **elektromagnetisches** ⁓ (in der Magnetfeld-Fahrtechnik) / electromagnetic levitation
**schwebend** adj (Bergb) / on the rise, up-dip attr, overhand attr ‖ ⁓ **abbauen** (Bergb) / carry up overhand ‖ ⁓ **aufgefahrene Strecke** (Bergb) / brow-up n ‖ ⁓**es Gate** (integrierte MIS-Bauelemente, die in das Gateoxid einen Speicherplatz eingebaut haben) (Eltronik) / floating gate n ‖ ⁓**er Pfahl** (der die Last überwiegend durch die Mantelreibung am Pfahlumfang auf die umgebenden Schichten überträgt) (HuT) / friction pile* ‖ ⁓**e Pfahlgründung** (die Pfahlköpfe werden in eine Platte einbetoniert, auf der das Bauwerk aufgesetzt wird) (HuT) / buoyant foundation ‖ ⁓**es Potential** (Eltronik) / floating potential* ‖ ⁓**e Unterbrechung** (EDV) / pending interrupt
**Schwebe•partikel** n (Phys) / suspended particle ‖ ⁓**reflektor** m (Radar) / kite n ‖ ⁓**röstschmelzen** n (Hütt) / flash smelting ‖ ⁓**röstung** f (Hütt) / suspension roasting ‖ ⁓**röstung** s. auch Blitzröstung ‖ ⁓**rücken** n (For) / overhead skidding, aerial skidding ‖ ⁓**schmelzen** n (zur Gewinnung von verflüchtigungsfähigen Metallen aus armen Erzen) (Hütt) / flash smelting ‖ ⁓**schmelzen** (Hütt, Vakuumt) / levitation melting* ‖ ⁓**spannung** f (bei Halbleiterbauteilen) (Eltronik) / floating voltage ‖ ⁓**steuerung** f (bei Hubschraubern) (Luftf) / hovering control ‖ ⁓**strecke** f (beim Start) (Luftf) / lift-off distance ‖ ⁓**teilchen** n (Phys) / suspended particle ‖ ⁓**trockner** m (ein Konvektionstrockner) (For) / air flotation drier, flotation drier ‖ ⁓**unruh** f (Uhr) / floating balance* ‖ ⁓**vermögen** n (bei Hubschraubern) (Luftf) / hovering capability
**Schweb•staub** m (mit einer Korngröße unter 10 Mikrometer) / suspended dust ‖ ⁓**stoff** m (Feststoffe in Flüssigkeiten, die durch Turbulenz in Schwebe gehalten werden - DIN 4045) / suspended matter, suspended solid ‖ ⁓**stofffilter** n (ein Luftfilter) (Sanitär) / particulate air filter ‖ ⁓**stoff-Luftfilter** n **der Sonderklasse "S"** (Umwelt) / HEPA filter, high-efficiency particulate air filter ‖ ⁓**stoffteilchen** n (meistens ein Schmutzteilchen) / particulate n, particulate matter
**Schwebung** f (An- und Abschwellen der Amplitude einer Schwingung, die durch Überlagerung von zwei Schwingungen mit ähnlichen Frequenzen entstehen - DIN 5483, T 1) (Fernm) / beat* n ‖ **nicht verschwindende** ⁓**en** (Fernm) / interminable beats
**Schwebungs•dauer** f (Fernm) / beat period ‖ ⁓**feuer** n (Luftf) / oscillating beacon ‖ ⁓**frequenz** f (Fernm) / beat frequency* ‖ ⁓**generator** m (in einem Einseitenbandempfänger) (Radio) / beat-frequency oscillator* (B.F.O.) ‖ ⁓**null** f (Fernm) / zero beat ‖ ⁓**periode** f (Fernm) / beat period ‖ ⁓**summer** m (Radio) / beat-frequency oscillator* (B.F.O.) ‖ ⁓**ton** n (Eltronik, Fernm) / beat tone ‖ ⁓**tondetektor** m (Eltronik, Fernm) / bet note detector ‖ ⁓**vorgang** m (Fernm) / beating n
**Schwede** m (Masch, Werkz) / Stillson wrench, Stillson n
**Schweden•feder** f / Swedish detail ruling pen ‖ ⁓**zange** f (Masch, Werkz) / Stillson wrench, Stillson n
**Schwedisch•es Kienöl** / Swedish turpentine, Swedish pine oil ‖ ⁓**er Meilerteer** (Chem Verf) / Stockholm tar, Stockholm pine tar
**Schwedler-Kuppel** f (nach J.W. Schwedler, 1823-1894) (Arch) / Schwedler dome, Schwedler's cupola
**Schwefel (S)** m (Chem) / sulphur*, n, sulfur n (US)* ‖ ⁓ (sehr oft in elementarer Form) (Chem, Min) / brimstone n ‖ α-⁓ (Chem) / rhombic sulphur ‖ **aktiver** ⁓ (Pap) / reducible sulphur, active sulphur (that can be converted to hydrogen sulphide on treatment with a metal such as aluminium and an acid) ‖ **amorpher** ⁓ (Chem) / amorphous sulphur* ‖ **in anorganischen Füll- und Zusatzstoffen gebundener** ⁓ (Chem Verf) / inorganically combined sulphur ‖ **elastischer** ⁓ (Chem) / amorphous sulphur* ‖ **elementarer** ⁓ (Chem) / elemental sulphur ‖ **extrahierbarer** ⁓ (der total mit Azeton oder Azeton/Chloroform extrahierbare Schwefel) (Chem Verf) / extractable sulphur ‖ **flüssiger** ⁓ (Chem) / liquid sulphur ‖ **freier** ⁓ (chemisch nicht gebundener elementarer Schwefel in Vulkanisaten) (Chem Verf) / free sulphur ‖ **gebundener** ⁓ (der in chemisch gebundener Form vorhandene Schwefel im Kautschukkohlenwasserstoff) (Chem Verf) / combined sulphur ‖ **kolloider** ⁓ (Chem) / colloidal sulphur ‖ μ-⁓ (Chem) / amorphous sulphur* ‖ **organisch gebundener** ⁓ (in Vulkanisationsbeschleunigern und organischen Füllstoffen) (Chem Verf) / organically combined sulphur ‖ **plastischer** ⁓ (Chem) / plastic sulphur* ‖ **rhombischer** ⁓ (Chem) / rhombic sulphur ‖ **sublimierter** ⁓ (Chem) / flowers of sulphur*, sulphur flowers ‖ **totaler** ⁓ (der im Vulkanisat enthaltene Gesamtschwefel ungeachtet der chemischen Form und der Herkunft) (Chem Verf) / total sulphur ‖ **vegetabilischer** ⁓ (Gieß, Pharm) / lycopodium n ‖ ⁓ m **aus dem Frasch-Verfahren** (Chem Verf) / Frasch sulphur ‖ ⁓ **entfernen** (Chem) / desulphurize v
**Schwefelabdruck** m (Hütt) / Baumann print, sulphur print
**Schwefel•analyse** f (Chem) / sulphur analysis ‖ ⁓**arm** adj / poor in sulphur, low-sulphur attr ‖ ⁓**armes Rohöl** (Erdöl) / low-sulphur crude (oil) ‖ ⁓**ausblühung** f (bei Vulkanisaten) (Chem Verf) / sulphur bloom ‖ ⁓**ausschlag** m (gelblichweiße Ausschwitzung auf Chromleder) (Leder) / sulphur spew ‖ ⁓**bakterien** f pl (die Schwefelwasserstoff zu Schwefel oxidieren) (Bakteriol, Sanitär) / sulphur bacteria* ‖ ⁓**betrieb** m (in der Gaschromatografie) (Chem) / S-mode n ‖ ⁓**bleiche** f (Bleichen von Wolle) (Tex) / stoving n, treatment with sulphur ‖ ⁓**blume** f (Nahr) / sulphur smell ‖ ⁓**blumen** f pl (Chem) / flowers of sulphur*, sulphur flowers ‖ ⁓**blüte** f (Sulfur sublimatum) (Chem) / flowers of sulphur, sulphur flowers ‖ ⁓**bromid** n (Chem) / sulphur bromide, sulphur monobromide ‖ ⁓**brücke** f (z.B. bei der Vulkanisation) (Chem Verf) / sulphur bridge ‖ ⁓**(II)-chlorid** n (Chem) / sulphur dichloride, sulphur(II) chloride, sulphur bichloride ‖ ⁓**dampf** m (Chem) / sulphur vapour ‖ **mit** ⁓**dampf bleichen** (Tex) / stove v, treat with sulphur ‖ ⁓**dichlorid** n (Chem) / sulphur dichloride, sulphur(II) chloride, sulphur bichloride ‖ ⁓**dioxid** n (Chem) / sulphur dioxide*, sulphurous anhydride*, sulphur(IV) oxide, sulphurous acid anhydride ‖ ⁓**entfernung** f (Chem) / desulphurizing* n, desulphurization n, sulphur removal ‖ ⁓**erz** n (Bergb) / sulphide ore ‖ ⁓**faktis** m (Chem Verf) / sulphur factice ‖ **schwarzer** ⁓**farbstoff**

**Schwefelfarbstoffe** (Chem) / sulphur black ‖ ~**farbstoffe** *m pl* (Chem) / sulphide dyestuffs, sulphur dyestuffs, sulfur colors (US), sulphide dyes, sulphur dyes ‖ ~**fluorid** *n* (Chem) / sulphur fluoride ‖ ~**(VI)-fluorid** *n* (Chem, Eltronik) / sulphur hexafluoride, sulphur(VI) fluoride
**schwefelfrei** *adj* (Chem) / sulphur-free *adj*, sulphurless *adj* ‖ **~e Kohle** (Bergb) / sweet coal ‖ **~e Purpurbakterien** (Bakteriol) / purple non-sulphur bacteria ‖ **~es Rohöl** (Erdöl) / sweet crude
**Schwefel•gehalt** *m* (Chem) / sulphur content ‖ **~gelb** *adj* / sulphur-yellow *adj* ‖ **mit ~geruch** (Wein) (Nahr) / sulphury *adj* ‖ ~**grube** *f* (Bergb) / sulphur mine ‖ ~**halogenid** *n* (Chem) / sulphur halide ‖ **~haltig** *adj* (Chem) / sulphur-containing *adj* ‖ **~haltig** (sulfidisch) (Chem) / sulphidic *adj* ‖ **~haltiges Rohöl** (Erdöl) / sour crude ‖ ~**hexafluorid** (Chem, Eltronik) / sulphur hexafluoride, sulphur(VI) fluoride ‖ ~**indigo** *m n* (Küpenrot B, Anthrarot B) (Chem) / thioindigo *n*, thioindigoid dye ‖ ~**kalkbrühe** *f* (Landw) / lime sulphur spray ‖ ~**kammer** *f* (für die Bleiche) (Tex) / stove *n*, stoving chamber ‖ ~**kammerbleiche** *f* (Bleichen von Wolle) (Tex) / stoving *n*, treatment with sulphur ‖ ~**kasten** *m* (für die Bleiche) (Tex) / stove *n*, stoving chamber ‖ ~**kies** *m* (Min) / pyrite* *n*, pyrites* *n*, iron pyrites*, mundic* *n* ‖ ~**kitt** *m* (Bau) / sulphur cement* ‖ ~**kohlenstoff** *m* (Chem) / carbon disulphide*, disulphide of carbon* ‖ ~**kreislauf** *m* (Chem, Umwelt) / sulphur cycle ‖ ~**leber** *f* (Chem) / liver of sulphur ‖ ~**monochlorid** *n* (Chem) / sulphur monochloride, disulphur dichloride, sulphur subchloride ‖ ~**monoxid** *n* (Chem) / sulphur monoxide, sulphur(II) oxide
**schwefeln** *v* (im allgemeinen) (Chem) / sulphurate *v*, sulphur *v*, sulphurize *v* ‖ **~** (sulfitieren) (Chem) / sulphite *v* ‖ **~** (mit verflüssigtem Schwefeldioxid) (Nahr) / sulphur *v*, sulphite *v* ‖ **~** (Wolle) (Tex) / stove *v*, treat with sulphur ‖ ~ *n* (Chem) / sulphuration *n*, sulphurization *n* ‖ **~** (mit verflüssigtem Schwefeldioxid) (Nahr) / sulphuring *n*, sulphiting *n* ‖ ~ (Bleichen von Wolle) (Tex) / stoving *n*, treatment with sulphur
**Schwefel•natriumäscher** *m* (mit Natriumsulfid als Anschärfmittel) (Leder) / sulphide lime (liquor), sodium-sulphide lime (liquor) ‖ ~**-Natrium-Batterie** *f* (Kfz) / sulphur-sodium accumulator ‖ ~**ofen** *m* (Chem Verf) / sulphur burner ‖ ~**(II)-oxid** *n* (Chem) / sulphur monoxide, sulphur(II) oxide ‖ ~**(IV)-oxid** (Chem) / sulphur dioxide*, sulphurous anhydride*, sulphur(IV) oxide, sulphurous acid anhydride ‖ ~**(VI)-oxid** (Chem) / sulphur trioxide*, sulphur(VI) oxide*, sulphuric anhydride* ‖ ~**oxidierend** *adj* (Bakterie) (Bakteriol) / sulphur-oxidizing *adj* ‖ ~**oxosäure** *f* (deren Moleküle Schwefel als Zentralatom enthalten) (Chem) / oxoacid of sulphur, sulphur oxyacid ‖ ~**pocken** *f pl* (Zunderausblühungen mit hohem Sulfidgehalt) (Hütt) / sulphur pockmarks ‖ ~**porling** *m* (Parasit der Laubbäume - Lactiporus sulphureus (Bull.: Fr.) Murr) (Bot) / sulphur fungus, sulphur polypore ‖ ~**punkt** *m* (444,6 °C - bis 1990 einer der vier primären Fixpunkte der internationalen Temperaturskale) (Phys) / sulphur point (the boiling point of sulphur) ‖ ~**purpurbakterien** *f pl* (Bakteriol) / purple sulphur bacteria ‖ ~**quelle** *f* (Geol) / sulphur spring ‖ ~**reiches Rohöl** (Erdöl) / high-sulphur crude (oil) ‖ ~**sauerstoffsäure** *f* (deren Moleküle Schwefel als Zentralatom enthalten) (Chem) / oxoacid of sulphur, sulphur oxyacid
**Schwefelsäure** (Typ $H_2SO_n$ + Typ $H_2S_2O_n$) (Chem) / sulphur acid ‖ ~ *f* (Chem) / sulphuric acid*, vitriol* *n*, tetraoxosulphuric(VI) acid ‖ **hochkonzentrierte** ~ (Chem) / double oil of vitriol, d.o.v. ‖ **rauchende** ~ (Chem) / fuming sulphuric acid*, oleum* *n* (pl. oleums), Nordhausen sulphuric acid* ‖ ~**anhydrid** *n* (Chem) / sulphur trioxide*, sulphur(VI) oxide*, sulphuric anhydride* ‖ ~**diamid** *n* (Chem) / sulphamide* *n* ‖ ~**diethylester** *m* (Chem) / diethyl sulphate ‖ ~**dimethylester** *m* (Chem) / dimethyl sulphate* ‖ ~**ester** *m* (Chem) / sulphuric ester, sulphuric acid ester ‖ ~**lignin** *n* (For) / Klason lignin ‖ ~**methylester** *m* (Chem) / methyl sulphate* ‖ ~**monoethylester** *m* (Chem) / ethyl hydrogen sulphate, ethylsulphuric acid ‖ ~**raffination** *f* (von Erdöldestillaten) (Erdöl) / sulphuric-acid treatment, acid treatment ‖ ~**süßung** *f* (Erdöl) / acid sweetening ‖ ~**verfahren** *n* (Chem Verf) / sulphate process
**Schwefel, Baumannsche** ~**probe** (Nachweis der Schwefelseigerung) (Hütt) / Baumann print, sulphur print ‖ ~**schlammstrom** *m* (Geol) / sulphur-mud flow ‖ ~**schwarz** *n* (Chem) / sulphur black ‖ ~**siedepunkt** *m* (Phys) / sulphur point (the boiling point of sulphur) ‖ ~**tetrachlorid** *n* ($SCl_4$) (Chem) / sulphur tetrachloride ‖ ~**tonung** *f* (mit Natriumsulfidlösung) (Foto) / sulphide toning* ‖ ~**tonung** (im allgemeinen) (Foto) / sulphur toning ‖ ~**trioxid** *n* (Chem) / sulphur trioxide*, sulphur(VI) oxide*, sulphuric anhydride* ‖ ~**umhüllter Harnstoff** (ein langsam löslicher Dünger) (Landw) / sulphur-coated urea
**Schwefelung** *f* (im allgemeinen) (Chem) / sulphuration *n*, sulphurization *n*
**Schwefel•verbindung** *f* (Chem) / sulphur compound ‖ ~**vernetzungsbrücke** *f* (Chem Verf) / sulphur bridge ‖ ~**vulkanisation** *f* (Chem Verf) / sulphur curing

**Schwefelwasserstoff** *m* (Chem) / hydrogen sulphide*, sulphuretted hydrogen* ‖ **~freies Erdgas** / desulphurized natural gas, sweet (natural) gas ‖ **~haltiges Erdgas** (Bergb) / sour gas* ‖ **~haltige Wetter** (Bergb) / stink damp* ‖ ~**wasser** *n* (Chem) / hydrosulphuric acid*
**Schwefel•zahl** *f* (mg S/100 ml Probe) (Chem, Erdöl) / sulphur number ‖ ~**zement** *m* (ein säurefester Kitt) (Bau) / sulphur cement*
**Schwefler** *m* (Landw) / sulphurizer *n*, sulfurizer *n* (US), sulphur duster
**schweflige Säure** (Chem) / sulphurous acid*, sulphuric(IV) acid, trioxosulphuric(IV) acid
**Schweif** *m* (heller - eines Kometen) (Astr) / train *n* ‖ ~ (eines Kometen) (Astr) / tail *n* ‖ ~ (der Magnetosphäre) (Geophys) / magnetotail *n* ‖ ~**bildung** *f* (Ausbildung einer in der Laufrichtung diffus begrenzten Zone in der Papier- und Dünnschichtchromatografie) (Chem) / tailing *n*, trailing *n*
**schweifen** *v* (mit der Schweifsäge) (For, Werkz) / curve *v* (with a sweep-saw) ‖ ~ (Blechstreifen umformen) (Hütt) / stretch *v* ‖ ~ *n* (Blechstreifen nach DIN 8583, T 3) (Hütt) / stretching *n*
**Schweif•säge** *f* (eine Gestellsäge mit einem unter 20 mm breiten Sägeblatt) (For, Werkz) / sweep-saw* *n*, turning-saw* *n* ‖ ~**sägemaschine** *f* (For) / sabre saw, saber saw (US)
**Schweige•frequenz** *f* (Radio) / taboo frequency ‖ ~**kegel** *m* (Luftf) / cone of silence
**schweigender** ("toter") **Nachrichtensatellit** (Fernm, Radio, Raumf) / dark satellite
**Schweigepflicht, Verletzung der beruflichen** ~ / violation of professional secrecy, breach of professional secrecy
**Schweigezone** *f* (Akus) / zone of silence*
**Schweine•borste** *f* (Anstr, Leder) / bristle* *n* (of the hog or boar), hog hair ‖ ~**darm** *m* (Nahr) / hog-gut *m* ‖ ~**fett** *n* (Nahr) / lard *n* ‖ ~**schmalz** *n* (Nahr) / lard *n*
**Schweinfurter Grün** *n* (wegen hoher Giftigkeit nicht mehr verwendet) (Chem) / Schweinfurt green, emerald green*, Paris green*, Neuwieder green
**Schweins•borste** *f* (Anstr, Leder) / bristle* *n* (of the hog or boar), hog hair ‖ ~**haut** *f* (ein Glasurfehler) (Keram) / pigskin *n* ‖ ~**haut** (Leder) / pigskin *n* ‖ ~**leder** *n* (Leder) / pigskin *n* ‖ ~**velours** *n* (Leder) / brushed pigskin
**Schweiß** *m* (Tex) / sweat *n* (condensation) ‖ ~**aggregat** *n* (Schw) / welding set* ‖ ~**arbeit** *f* (Schw) / welding* *n* ‖ ~**arbeitsplatz** *m* (Schw) / welding workstation ‖ ~**ausrüstung** *f* (Schw) / welding equipment ‖ ~**automat** *m* (Schw) / automatic welder, automatic welding equipment, automatic welding installation ‖ ~**bad** *n* (Schw) / welding pool, weld pool, weld puddle, welding puddle, pool of weld metal, puddle of weld metal ‖ ~**badsicherung** (um ein Durchsacken des Schweißbades beim Schweißen der Wurzellage zu verhindern und gleichzeitig zur besseren Formung der Wurzellage beizutragen) (Schw) / backing-up *n* ‖ ~**badsicherung** (unterlegtes Blech) (Schw) / backing strip ‖ ~**bahn** *f* (flüssige - zur Abdichtung, zur Dachpflege und zur Dachsanierung) (Bau) / welding web ‖ ~**band** *n* (Schw) / welding strip ‖ ~**bank** *f* (Schw) / welding lathe, weld lathe
**schweißbar** *adj* (DIN 8528, T 1) (Schw) / weldable *adj* ‖ **~er Stahl** (Hütt) / weldable steel, welding steel ‖ ~**keit** *f* (DIN 8528, T 1) (Schw) / weldability *n*, weldability characteristics, weldability properties ‖ ~**keitsprüfung** *f* (Schw) / weldability test, test for weldability ‖ ~**keitsversuch** *m* (Schw) / weldability test, test for weldability
**Schweiß•bart** *m* (Schw) / weld flash ‖ ~**bereich** *m* (Schw) / welding area, area of welding ‖ ~**betriebsstoffflasche** *f* (Schw) / welding-gas cylinder ‖ ~**bogen** *m* (Schw) / welding arc ‖ ~**brenner** *m* (Gerät zur autogenen Metallbearbeitung) (Schw) / welding torch, weld torch, welding blowpipe ‖ ~**brenner in Rüsselform** (Schw) / curved neck (-type) torch ‖ ~**brille** *f* (Schw) / welding goggles ‖ ~**buckel** *m* (eingepreßter) (Schw) / embossment *n*, projection *n* ‖ ~**bühne** *f* (Schw) / welding platform, weldor's platform ‖ ~**dampf** *m* (Schw) / welding fume, weld fume, fume from welding operations, weld smoke, welding smoke ‖ ~**draht** *m* (Masch, Schw) / filler wire, welding wire, weld wire ‖ ~**druck** *m* (Schw) / welding pressure ‖ ~**düse** *f* (Schw) / welding nozzle, welding tip
**Schweiße** *f* (Schw) / welding pool, weld pool, weld puddle, welding puddle, pool of weld metal, puddle of weld metal
**Schweiß•echtheit** *f* (DIN 54020) (Tex) / fastness to perspiration, sweat resistance, perspiration resistance, perspiration fastness ‖ ~**eignung** *f* (des Stahls - auf der Basis des Kohlenstoffäquivalents ermittelt) (Schw) / suitability for welding ‖ ~**eignung** *f* (Schw) / weldability *n*, weldability characteristics, weldability properties ‖ ~**eignungsprüfung** *f* (Schw) / weldability test ‖ ~**eisen** *n* (Hütt) / wrought iron* (WI) ‖ **eingesetztes ~eisen** (Hütt) / blister steel*, blister bar* ‖ ~**elektrode** *f* (Schw) / welding electrode
**schweißen** *v* (dünnes Material) (Plast) / seal *v* ‖ ~ (DIN 1910, T 1) (Schw) / weld *v* ‖ **überlappt ~** (Schw) / lap-weld *v* ‖ ~ *n* (von dünnerem Material) (Plast) / sealing *n* ‖ ~ (DIN 1910, T 1) (Schw) / welding* *n* ‖ **automatisches ~** (Schw) / automatic welding ‖ **chemisches ~** (Chem) /

solvent bonding, solvent cementing ‖ **dielektrisches ~** (Plast) / dielectric sealing, high-frequency sealing ‖ **fallendes ~** (Schw) / downward welding ‖ **manuelles ~** (Schw) / hand welding, manual welding ‖ **schleppendes ~** (Kfz, Schw) / dragging welding (technique) ‖ **stechendes ~** (Kfz, Schw) / pushing welding (technique) ‖ **steigendes ~** (Schw) / upward welding ‖ **unterbrochenes ~** (Schw) / intermittent welding ‖ **waagerechtes ~** (von Stumpf- und Kehlnähten in Wannenposition) (Schw) / downhand welding ‖ **~ n der Wurzel** (Schw) / root welding ‖ **~ im festen Zustand** (Schw) / diffusion welding*, solid-state welding* ‖ **~ mit Asbestmantelelektroden** (Schw) / quasi-arc welding ‖ **~ mit Azetylen** (Schw) / acetylene welding ‖ **~ mit flußmittelgefüllten Elektroden** (Schw) / flux-cored arc welding ‖ **~ mit Handstoßelektrode** (Schw) / push welding, poke welding, poke welding ‖ **~ mit Laserstrahlen** (Schw) / laser welding, laser-beam welding ‖ **~ mit Siliziumbronzezusatzwerkstoff** (Schw) / bronze welding ‖ **~ mit Stabelektroden** (Schw) / stick electrode welding ‖ **~ unterbrochener Nähte** (Schw) / intermittent welding ‖ **~ von nicht artgleichen Metallen** (Schw) / welding of dissimilar metals, dissimilar welding ‖ **~ von oben nach unten** (Schw) / downward welding
**Schweißer** m (Schw) / welder n, welding operator ‖ **~ausrüstung** f (Schw) / welder's outfit ‖ **~brille** f (Schw) / welding goggles ‖ **~gamaschen** f pl (Schw) / welding spats ‖ **~glas** n (Schw) / welding glass ‖ **~helm** m (Schw) / welder's helmet ‖ **~lunge** f ("Feilenhauerlunge") (Med) / siderosis* n (pl. sideroses), arc welder's disease ‖ **~prüfung** f (Schw) / welder's qualification test ‖ **~schirm** m (ein Schutzschirm) (Schw) / welder's screen, welder's shield, weld screen, weld shield, weldor's screen, safety shield ‖ **~schutzglas** n (Glas) / welding glass ‖ **~zange** f (Schw) / welding clamp
**schweiß•fähiger Zinkstaubprimer auf Epoxidharzbasis** (bei der Herstellung des Zincrometal) (Hütt) / Zincromet n ‖ **~falz** f (der als Falz ausgebildete Rand eines Karosserie-Blechteils, an dem dieses eingeschweißt wird, meist durch Punktschweißen) (Kfz, Schw) / weld flange ‖ **~faktor** m (Schw) / welding factor ‖ **~fehler** m (Schw) / weld defect, weld fault ‖ **~fitting** m n (Schw) / welding fitting ‖ **~flächenvorbereitung** f (Schw) / weld-surface preparation, welding-surface preparation ‖ **~flamme** f (Schw) / welding flame, welder's flame ‖ **~fleck** m (Fehler bei der Edelmetalldekoration) (Keram) / sweat spot, sweat mark ‖ **~folge** f (Schw) / welding sequence, sequence of welding (operations) ‖ **~fuge** f (die durch Scherenschnitt, Brennschnitt oder mechanische Vorbereitung entsteht) (Schw) / welding groove, welding vee, weld groove ‖ **~fugenvorbereitung** f (Schw) / welding groove preparation, weld groove preparation ‖ **~gas** n (zur Erzeugung der erforderlichen Wärmeenergie für schweißtechnische Arbeiten) (Schw) / welding gas ‖ **~gasflasche** f (Schw) / welding-gas cylinder ‖ **~gefüge** n (Schw) / weld structure ‖ **~generator** m (Schw) / welding generator ‖ **~gerät** n (Schw) / welding set, welding apparatus, welder n, welding machine ‖ **rotierendes ~gerät** (Schw) / rotating welding machine, rotary welding machine ‖ **nichtrotierendes ~gerät** (Schw) / static welding machine ‖ **~geschwindigkeit** f (Quotient aus dem vom Schweißbrenner entlang dem Schweißstoß zurückgelegten Weg und der Grundzeit des Schweißprozesses) (Schw) / welding speed, weld speed ‖ **~glas** n (ein Schutzglas) (Schw) / welding glass ‖ **dunkles ~glas** (Schw) / dark glass ‖ **~gleichrichter** m (Schw) / welding rectifier ‖ **~Gripzange** (Schw) / welding clamp ‖ **~gut** n (die Schweißnaht bildendes Stoffgemisch) (Schw) / deposit n (of weld metal), weld metal, weld deposit ‖ **übergelaufenes ~gut** (Schw) / overlap n ‖ **~güte** f (Schw) / welding quality ‖ **Prüfstück n für die ~gutprüfung** (Schw) / all-weld-metal test specimen ‖ **~hammer** m (DIN 5133) (Schw) / chipping hammer ‖ **~hemmendes Mittel** (Pharm) / antiperspirant n ‖ **~hitze** f (Schw) / welding heat ‖ **~industrieroboter** m (ein automatisierter Schweißmanipulator) (Schw) / welding robot, robot welder n ‖ **~kabelverbinder** m (Schw) / welding connector ‖ **~konstruktion** f (Schw) / weldment* n, welded construction, welded structure ‖ **~kopf** m (z.B. der Schweißmaschine) (Schw) / welding head ‖ **~kraft** f (DIN 51 350, T 4) / welding load (of fluid lubricants) ‖ **~kuppe** f (Schw) / reinforcement of weld, ridge n, weld reinforcement ‖ **~lage** f (Raupe) (Schw) / pass n, run n, weld pass, weld run ‖ **~lage** f (Schw) / weld layer ‖ **~leder** n (im Hut) (Leder, Tex) / sweatband n ‖ **~lichtbogen** m (Schw) / welding arc ‖ **~linie** f (Schw) / weld line ‖ **~linse** f (Schw) / button n (Masch) / welded lip seal ‖ **~löten** n (Schw) / braze welding, weld brazing ‖ **~manipulator** m (Handhabungseinrichtung zur Mechanisierung bestimmter Grund- oder Hilfsoperationen im technologischen Prozeß der Herstellung von Schweißteilen) (Schw) / welding manipulator*, welding positioner, positioner n ‖ **~maschine** f (Schw) / welding machine, welder n ‖ **rotierende ~maschine** (Schw) / rotating welding machine, rotary welding machine ‖ **statische ~maschine** (Schw) / static welding machine ‖ **~muffenanschluß** m (Masch) / socket welding end, SW end ‖ **~mundstück** n (Schw) / welding nozzle, welding tip ‖ **~mutter** f (Masch) / welding nut, weld nut

**Schweißnaht** f (Plast) / weld line ‖ **~** (stoffschlüssige, durchgehende Verbindung nach DIN 1912, T 2) (Schw) / weld seam, weld n ‖ **durchlaufende ~** (Schw) / continuous weld (along the entire length of the joint) ‖ **kontinuierliche ~** (Schw) / continuous weld (along the entire length of the joint) ‖ **mehrlagige ~** (Schw) / multilayer weld, multipass weld, multirun weld, multiple-pass weld ‖ **unterbrochene ~** (mehrmals) (Schw) / intermittent weld ‖ **~ f abnahmefähiger Qualität** (Schw) / acceptable weld ‖ **~ annehmbarer Qualität** (Schw) / acceptable weld ‖ **~ geringer Festigkeit** (Schw) / low-strength weld ‖ **~ mit abgearbeiteter Raupe** (Schw) / bead-off weld ‖ **~ mit belassener Raupe** (Schw) / bead-on weld ‖ **~abkühlung** f (Schw) / weld cooling ‖ **~aufbau** m (Schw) / weld build-up ‖ **~breite** f (Schw) / weld width ‖ **~dicke** f (Schw) / throat n ‖ **~fehler** m (Schw) / weld defect, weld fault ‖ **~festigkeit** f (Schw) / weld strength ‖ **~form** f (DIN 1912) (Schw) / form of weld ‖ **~gefüge** n (Schw) / weld structure ‖ **~höhe** f (Schw) / weld height ‖ **~konstruktion** f (Schw) / seam construction ‖ **~korrosion** f (selektive) (Schw) / weld decay ‖ **~kristallisation** f (Schw) / crystallization of the weld ‖ **~lehre** f (Schw) / weld gauge, weld gage (US) ‖ **~meßlehre** f (Schw) / weld gauge, weld gage (US) ‖ **~nachbehandlung** f (Schw) / postweld treatment ‖ **~prüfung** f (Schw) / weld testing ‖ **~querschnitt** m (Schw) / weld section ‖ **~riß** m (Schw) / weld (metal) crack ‖ **~rissigkeit** f (Schw) / weld cracking ‖ **~schenkel** m (Schw) / leg n ‖ **~sinnbild** n (Schw) / welding symbol, weld symbol ‖ **~struktur** f (Schw) / weld structure ‖ **~überhöhung** f (Schw) / reinforcement of weld, ridge n, weld reinforcement ‖ **~vorbereitung** f (Schw) / weld preparation, joint preparation ‖ **~wurzel** f (Schw) / root of the weld*, weld root
**Schweißneigung, geringe ~** (der Kontaktwerkstoffe) (Eltech) / antiwelding characteristics
**Schweiß•panzern** n (Auftragsschweißen von Panzerungen) (Schw) / hard-facing n, hard-surfacing n ‖ **~parameter** m (Schw) / welding parameter, weld parameter ‖ **~pistole** f (Schw) / welding gun, gun n, weld gun, welding handset ‖ **~plan** m (Gesamtheit des unterteilten technologischen Ablaufs für das Schweißen eines Erzeugnisses) (Schw) / welding schedule ‖ **~plattieren** n (Schw) / deposition welding of cladding, cladding by welding, weld cladding, fusion welding (of cladding material) ‖ **~plattierung** f (Schw) / hard-facing n, hard-surfacing n ‖ **~position** f (räumliche Stellung der Schweißteile während des Schweißvorgangs - nach DIN 1912) (Schw) / welding position, weld position, position of welded parts ‖ **~preßkraft** f (Schw) / welding force ‖ **~programm** n (EDV, Schw) / welding program ‖ **~pulver** n (granulierte Masse zum Schutz des Schweißbades gegen Einwirkung der Atmosphäre, zur metallurgischen Beeinflussung des Schweißgutes und zur Formung der Schweißnaht - DIN 32522) (Schw) / welding powder, welding flux, flux n ‖ **~punktbohrer** m (Schw) / spot-weld remover, spot-weld drill ‖ **~rauch** m (Schw) / welding fume, weld fume, fume from welding operations, weld smoke, welding smoke ‖ **~raupe** f (eine Lage einer Auftragsschweißung auf ein Werkstück) (Schw) / welding bead ‖ **~regler** m (Eltech) / welding regulator* ‖ **~richtung** f (Schw) / direction of welding ‖ **~rissigkeit** f (beim Gasschweißen bestimmter Stähle neben der Naht auftretende Fehlerscheinung) (Schw) / cracking in welded joints ‖ **~roboter** m (Schw) / welding robot, robot welder ‖ **~roboterpositionierung** f (Schw) / welding-robot positioning ‖ **~schlacke** f (Geol) / spatter n (fluid pyroclasts) ‖ **~sensor** m (Schw) / welding sensor ‖ **~sicherheit** f (Schw) / reliability of the weld ‖ **~spannung** f (Eltech, Schw) / welding voltage, weld voltage ‖ **~spannung** f (Mech, Schw) / welding stress ‖ **~spiegel** m (zum Stumpfschweißen) (Schw) / heat reflector ‖ **~spiel** n (Schw) / welding cycle, weld cycle ‖ **~spitze** f (Schw) / welding nozzle, welding tip ‖ **~spritzer** m pl (Schw) / welding spatter ‖ **~stab** m (Schw) / filler rod*, welding rod* ‖ **~stahl** m (heute nicht mehr erzeugt) (Hütt) / wrought iron* (WI) ‖ **~stelle** f (Schw) / weld n, weld(ing) point ‖ **~stoß** m (Schw) / joint n (of the metals to be welded), weld joint ‖ **~straße** f (Schw) / welding line
**Schweißstrom** m (Schw) / welding current ‖ **~kreis** m (Schw) / welding circuit ‖ **~quelle** f (Schw) / welding power source ‖ **~regler** m (Schw) / welding current regulator ‖ **~regulierdrossel** f (Lichtbogenschweißen) (Schw) / welding current regulator ‖ **~steller** m (Eltech) / welding regulator* ‖ **~übertragung** f (Schw) / conveying of welding current
**Schweiß•techniker** m (Schw) / welding engineer ‖ **~technische Instandsetzung** (Schw) / reclamation welding ‖ **~technologe** m (Schw) / welding technologist ‖ **~teil** n (Schw) / welded part ‖ **~temperatur** f (Schw) / welding temperature ‖ **~trafo** m (Schw) / welding transformer* ‖ **~träger** m (Bau, HuT, Schw) / welded girder ‖ **~transformator** m (Schw) / welding transformer* ‖ **~transport** m (Tex) / sweat transport ‖ **~treibend** adj (Pharm) / sudorific* adj, diaphoretic* adj ‖ **~treibendes Mittel** (Pharm) / sudorific* n, diaphoretic* n ‖ **~umformer** m (Antriebsmotor + Generator) (Schw) / welding converter, motor-generator-type welding machine ‖ **~umspanner** m (Schw) / welding transformer*

**Schweißung** f (Schw) / welding* n ‖ **elektrische ~** (Schw) / electric welding

**Schweiß•verbindung** f (unlösbare, stoffschlüssige Verbindung) (Schw) / welded joint*, weld n, welded connection ‖ **~verfahren** n (Schw) / welding process ‖ **~verhütungsmittel** n (Pharm) / antiperspirant n ‖ **~verzögerungszeit** f (Schw) / weld delay time ‖ **~verzug** m (durch den Wärmeeintrag beim Schweißen hervorgerufene ungewollte Formänderung am Erzeugnis) (Schw) / welding distortion, welding warpage ‖ **~vorrichtung** f (kippbare, drehbare, schwenkbare) (Schw) / welding manipulator*, welding positioner, positioner n ‖ **~vorrichtung** (Schw) / welding fixture, fixture for welding, welding jig ‖ **schwenkbare ~vorrichtung** (Schw) / rotator n ‖ **~wagen** m (Schw) / portable welding machine ‖ **~wagen** (automatisches Schweißgerät) (Schw) / travel carriage, torch carriage ‖ **~wärme** f (Schw) / welding heat ‖ **~warze** f (Schw) / embossment n, projection n ‖ **~wasser** n / condensed water, condensed moisture, sweat n, condensation water ‖ **~werkstoff** m (Schw) / weld material ‖ **~wölbung** f (Schw) / reinforcement of weld, ridge n, weld reinforcement ‖ **~wolle** f (frisch geschorene, ungewaschene) (Tex) / grease wool, greasy wool, wool in the suint, yolk wool, wool in the grease ‖ **~zange** f (Schw) / welding tongs, plier welding head, electrode holder* ‖ **~zeichen** n (Schw) / welding symbol, weld symbol ‖ **~zeichnung** f (Schw) / welding drawing ‖ **~zeit** f (im allgemeinen) (Schw) / welding time, weld time ‖ **~zeit** (beim Mehrimpulsschweißen) (Schw) / weld interval ‖ **~zeit** s. auch Stromzeit ‖ **~zubehör** n (Schw) / welding accessories ‖ **~zusatz** m (DIN 8571) (Masch, Schw) / filler metal n, filler n, added metal (US) ‖ **~zusatzwerkstoff** m (Masch, Schw) / filler metal*, filler n, added metal (US) ‖ **~zyklus** m (Schw) / welding cycle, weld cycle

**Schweiz•er Gesetz** (Krist) / Dauphiné law ‖ **~er Lapis** (ein rissiger, mit Berliner Blau gefärbter Quarz, der eine Imitation des Lapislazuli darstellt) (Min) / Swiss lapis* ‖ **~er Stickerei** (Tex) / Swiss embroidery, eyelet embroidery

**Schweizerischer Jade** (Gemenge von Zoisit, Skapolith u.s.w.) (Min) / saussurite* n

**Schweizers Reagens** (eine tiefblau gefärbte Lösung von Tetramminkupfer(II)-hydroxid in Wasser - nach M.E. Schweizer, 1818-1860) (Chem) / Schweitzer's reagent*, cuprammonium hydroxide, cupram n, cuam n

**Schwelanlage** f (Kftst) / low-temperature carbonization plant

**schwelen** v (bei Sauerstoffmangel) / smoulder v, smolder v (US) ‖ **~** n (ein Verfahren der Kohleveredelung) (Kftst) / low-temperature carbonization*, low-temperature distillation, LTC

**Schwelgenerator** m (zur Vergasung von teerhaltigen Vergasungsstoffen) (Kftst) / low-temperature carbonizer, low-temperature carbonization furnace

**Schwelken** n (Trocknen des Biermalzes) (Brau) / withering n

**Schwel•kohle** f (bitumenreiche Braunkohle zur Braunkohleschwelung) (Bergb) / high-bituminous lignite, bituminous brown coal, distillation (brown) coal, tar (brown) coal ‖ **~kohle** (aus der TTH-Paraffin gewonnen wird) (Chem Verf) / paraffin coal ‖ **~koks** m (Kftst) / low-temperature coke*

**Schwell** m (von weither kommende Dünung, die sich bis in Häfen und Flußmündungen fortsetzt) (Ozean) / swell n ‖ **~beanspruchung** f (Mech, WP) / repeated stress (from zero to maximum) ‖ **~bedingung** f (für die Erzeugung kohärenten Lichts durch Laserwirkung) (Phys) / lasing condition ‖ **~belastung** f (Mech, WP) / pulsating load ‖ **~brett** n (unteres Fensterbrett an der Außenseite von Fachwerkbauten zur Wasserableitung) (Tischl) / sill* n, cill n ‖ **~dauer** f (bei Bremsen) (Kfz) / pressure build-up time, build-up time

**Schwelle** f (Akus, Luftf, Physiol, Psychol) / threshold* n ‖ **~** (Bahn) / sleeper* n, cross-sill* n, crosstie* n, tie* n (US), railroad tie (US), rail tie (US) ‖ **~** (bei der Tür) (Bau) / sill* n, door sill, threshold* n ‖ **~** (für die Druckübertragung) (Bau) / sole* n, sole plate*, sole piece*, sleeper* n ‖ **~** (im Holzfachwerk) (Bau) / bressummer* n, breastsummer* n ‖ **~** (der untere Anschlag zwischen den Türleibungen) (Bau) / saddle-back board* ‖ **~** (submarine, mittelozeanische) (Geol, Ozean) / mid-ocean ridge, median ridge, mid-oceanic ridge, ridge n, mid-ocean rise ‖ **~** (schlafender Polizist) (HuT, Kfz) / sleeping policeman, rumble strip, serrated strip, jiggle bar, road hump, speed ramp ‖ **~** (Überfallschwelle bei Streichwehren) (Wasserb) / sill n (of a dam spillway) ‖ **fotoelektrische ~** (Eltronik) / photoelectric threshold* ‖ **mittelozeanische ~** (Geol, Ozean) / mid-ocean ridge, median ridge, mid-oceanic ridge, ridge n, mid-ocean rise ‖ **versetzte ~** (Luftf) / displaced threshold

**schwellen** vi / swell vi ‖ **~** v (anschwellen, abschwellen - Ton) (Akus) / swell v ‖ **~** (Leder) / plump v ‖ **~** n (unter Einfluß von Wasser bzw. einer anderen Flüssigkeit) / swelling n ‖ **~** (der Blößen) (Leder) / plumping* n ‖ **~** (Volumenzunahme des Kernbrennstoffs) (Nukl) / swelling* n ‖ **zum ~ bringen** / swell vt ‖ **~abstand** m (Bahn) / sleeper spacing ‖ **~balken** m (Bau) / sole* n, sole plate*, sole piece*, sleeper* n ‖ **~befeuerung** f (Luftf) / runway threshold lighting ‖ **~element** n (z.B. eine Tunneldiode) (EDV) / threshold element, threshold gate ‖ **~energie** f (unterhalb welcher eine bestimmte Reaktion nicht stattfinden kann) (Chem, Kernphys) / threshold energy*, reaction threshold ‖ **~feuer** n pl (Luftf) / threshold lights* ‖ **seitliches ~feuer** (Luftf) / wing threshold light ‖ **~glied** n (EDV) / threshold element, threshold gate ‖ **~holz** n (Bahn, For) / sleeper timber ‖ **~kontrastbalken** m (Luftf) / threshold contrast bar ‖ **~land** n (z.B. Argentinien, Brasilien, Indonesien, Israel, Mexiko, Saudi-Arabien, Singapur, Südafrika, Taiwan) / newly industrialized country, NIC ‖ **~länder** n pl (Geog) / less developed countries, LDC ‖ **~nagel** m (Bahn) / spike* n ‖ **~platte** f (Bahn) / slab n ‖ **~reaktion** f (Kernreaktion, die erst dann auftreten kann, wenn die kinetische Energie des einfallenden Teilchens eine Energieschwelle überschreitet) (Kernphys) / threshold reaction ‖ **~spannung** f (eines Anreicherungs-FET) (Eltronik) / threshold voltage (of an enhancement-type field-effect transistor) ‖ **~spannung** (Kernphys) / threshold voltage ‖ **~stapel** m (Bahn) / sleeper pile ‖ **~stapel** (ein Luftstapel) (For) / sleeper pile ‖ **~strom** m (Eltronik) / threshold current*

**Schwellenwert** m (kleinster Wert einer Größe, der als Ursache für eine erkennbare Wirkung ausreicht) (Math, Radiol, Umwelt) / threshold value ‖ **~** (bei impulsartigen Funktionen) (Phys) / peak value*, crest value* ‖ **~begrenzer** m (Fernm) / peak clipper ‖ **~detektor** m (dessen Meßprinzip auf der Schwellenwertreaktion beruht) (Radiol) / threshold detector ‖ **~dosis** f (die kleinste Energiedosis, die eine bestimmte Wirkung hervorruft) (Radiol) / threshold dose* ‖ **~konzentration** f (unterhalb der der Geschmack oder der Duft nicht wahrnehmbar sind) (Chem, Nahr) / threshold concentration ‖ **~logik** f (EDV) / threshold logic ‖ **~reaktion** f (Kernphys) / threshold reaction ‖ **~schaltelement** n (EDV) / threshold element, threshold gate ‖ **~schaltung** f (Glieder mit Ansprechschwellen) (Eltech) / threshold circuit ‖ **~verfahren** n (Chem Verf) / threshold treatment* ‖ **~verstärker** m (Spektr) / biased amplifier

**Schweller** m (Kfz) / sill n, body sill, rocker panel (US), body rocker panel (US) ‖ **~blech** n (Kfz) / sill panel ‖ **~leiste** f (Kfz) / door sill moulding, sill moulding

**Schwell•farbe** f (Farbengang) (Leder) / plumping pit, swelling pit ‖ **~festigkeit** f (Sonderfall der Dauerfestigkeit für die Unterspannung Null) (Mech, WP) / endurance limit at repeated stress (from zero to maximum positive or negative values), fatigue limit under repeated stress (from zero to maximum positive or negative values) ‖ **~kraft** f (in der Ingenieurgeologie, z.B. beim Tunnelbau) (Geol) / swelling pressure ‖ **~mittel** n (Leder) / plumping agent, plumper n ‖ **~pegel** m / threshold level ‖ **~spannung** f (Eltronik) / threshold voltage (of an enhancement-type field-effect transistor) ‖ **~wertelement** n (EDV) / threshold element, threshold gate ‖ **variable ~wertlogik** (veränderliche Größe eines Systems bzw. deren Abbild im Rahmen einer entsprechenden mathematischen Theorie) (EDV) / variable threshold logic (VTL) ‖ **~wertschalter** m (Eltronik, Fernm) / Schmitt trigger* ‖ **~zement** m (HuT) / expanding cement*, expansive cement, Lossier's cement

**Schwel•punkt** m (niedrigste Temperatur eines festen Stoffes, bei der aus diesem Gase entstehen, die an der Luft bei kurzzeitiger Einwirkung einer Zündquelle nur aufflammen) (Phys) / ignition temperature, ignition point ‖ **~teer** m (Chem Verf) / low-temperature tar

**Schwelung** f (Kftst) / low-temperature carbonization*, low-temperature distillation, LTC

**Schwel•verfahren** n (Kftst) / low-temperature carbonization*, low-temperature distillation, LTC ‖ **~zone** f / distillation zone

**Schwemm•bagger** m (HuT) / flushing dredger ‖ **~fächer** m (Geog) / alluvial fan, alluvial cone, outwash fan, waste fan ‖ **~kanal** m (Treibmistkanal) (Landw) / slurry channel ‖ **~kanal** (Wasserb) / sluice* n ‖ **~kegel** m (Geog) / alluvial fan, alluvial cone, outwash fan, waste fan ‖ **~land** (Geog) / floodplain ‖ **~landboden** m (Geol) / alluvial soil, alluvium* n (pl. -via or -viums), alluvial deposit ‖ **~löß** m (Geol) / reworked loess ‖ **~mist** m (Landw) / slurry n, liquid manure ‖ **~rinne** f (Aufber) / strake* n ‖ **~rinne** (zum Transport der Sägeblöcke vom Rundholzplatz zur Sägehalle) (For) / sawmill channel (for logs), flume n ‖ **~rinne** (Zuckergewinnung) (Nahr) / flume n ‖ **~stein** m (ein hochporöser Vollstein aus Leichtbeton mit Naturbims als Zuschlag) (Bau) / Rhenish brick*, floating brick*

**Schwengel** m (Erdöl) / walking beam* ‖ **~** (einer Pumpe) (Masch) / handle n ‖ **~bock** m (beim Seilbohren) (Erdöl) / Samson post ‖ **~bohrloch** n (Erdöl) / beam well ‖ **~pumpe** f (Erdöl) / walking-beam pump ‖ **~zugstange** f (Erdöl) / pitman n (pl. pitmans)

**Schwenk** m (pl. -s) (Bewegung der Kamera) (Film, TV) / pan* n (of a motion-picture or television camera), panoramic motion, panning n, pano n ‖ **[sehr] schneller ~** (Film) / whip-pan n, zip pan, swish pan, whizz-pan* n ‖ **langsamer ~** (Film) / extended pan ‖ **ruckartiger ~** (Film) / skipping n ‖ **ruckartiger ~** (als Fehler) (Film) / jerky pan ‖ **seitlicher ~** (vom Kamerakran) (Film) / slewing n ‖ **senkrechter ~** (Film) / tilt n

**Schwenk•antrieb** m (ein Stellantrieb) (Masch) / quarter-turn actuator, part-turn actuator, 90°-actuator n ‖ ⁓**arm** m (Film) / panning handle, grip n ‖ ⁓**arm** (Masch) / swivel arm, swing arm, swinging arm ‖ ⁓**armlader** m (Bergb) / swing loader ‖ ⁓**armmikrofon** n (Akus) / boom microphone ‖ ⁓**bagger** m (entweder Eingefäß- oder Eimerkettenbagger) (HuT) / revolving excavator, rotating excavator

**schwenkbar** adj / swinging adj, swivelling adj, slewable adj, slewing adj, swing attr ‖ ⁓ (um einen Zapfen) / hinged adj, tilting adj ‖ ⁓ (Konverter) (Hütt) / pivoting adj ‖ ⁓ s. auch drehbar ‖ **nicht** ⁓ / non-swivelling adj, non-swinging adj ‖ ⁓**er Bildschirm** (EDV) / swivel screen ‖ ⁓**e Luftschraube** (bei den Senkrechtstartern) (Luftf) / swivelling propeller* ‖ ⁓**er Oberwagen** (des Baggers) (HuT, Masch) / turntable ‖ ⁓**e Plattform** (des Baggers) (HuT, Masch) / turntable n ‖ ⁓**es Rad** (Masch) / swivelling wheel ‖ ⁓**e Rückwand** (Foto) / swing back* ‖ ⁓**e Schweißvorrichtung** (Schw) / rotator n ‖ ⁓**es Strahlrohr** (zum Feuerlöschen) / turret nozzle

**Schwenk•begrenzer** m (bei Hubschraubern) (Luftf) / coning stop ‖ ⁓**begrenzung** f (bei Hubschraubern) (Luftf) / anti-coning n ‖ ⁓**bereich** (z.B. eines Krans) (HuT, Masch) / slew range ‖ ⁓**bereich** (im allgemeinen) (Masch) / swivel range ‖ ⁓**bewegung** f / swing n, swivelling n, swinging n, slewing n, swivel n, sluing n ‖ ⁓**bewegung** (des Rotors) (Luftf) / hunting* n ‖ ⁓**biegemaschine** f (Masch) / folding machine ‖ ⁓**biegen** f (DIN 8586) (Masch) / folding n ‖ ⁓**biegewerkzeug** n (Masch) / bending tool ‖ ⁓**bohrmaschine** f (Masch) / radial drill*, radial drilling machine ‖ ⁓**brenner** m (Masch) / tilting burner ‖ ⁓**bühne** f / plat n, hinged loading ramp ‖ ⁓**dach** n (Bahn) / swivelling roof ‖ ⁓**düse** f (des Strahlumlenkers) (Luftf) / swivelling nozzle ‖ ⁓**düse** (Luftf, Mil) / tilting jet nozzle

**schwenken** v (mit einem Schwenk in eine andere Richtung oder Stellung bringen) / swing v, swivel v, slew v, slue v ‖ ⁓ (die Bilder in der grafischen Datenverarbeitung) (EDV) / pan v ‖ ⁓ (Planierschild) (HuT) / angle v ‖ ⁓ n (der Bilder in der grafischen Datenverarbeitung) (EDV) / panning n ‖ ⁓ **der Pfeife** (Glas) / swinging of the pipe ‖ ⁓ **der Pistole** (ein Lackierfehler) (Anstr) / arcing n

**Schwenk•fenster** n (Dreiecksfenster in der Tür) (Kfz) / quarter vent ‖ ⁓**flügel** m (Luftf) / swing-wing n, tilting wing ‖ ⁓**gelenk** n (des Rotorflugzeugs) (Luftf) / drag hinge* ‖ ⁓**greiflader** m (Bergb) / swing loader ‖ ⁓**griff** m (Film) / panning handle, grip n ‖ ⁓**hahn** m (Masch) / swivel tap ‖ ⁓**hebel** m (Masch) / swivelling lever ‖ ⁓**kran** m (Masch) / slewing jib ‖ ⁓**kristallmethode** f (ein Drehkristallverfahren) (Phys) / oscillating crystal method ‖ ⁓**lader** m (HuT) / slewing loader ‖ ⁓**luftschraube** f (Luftf) / tilting propeller ‖ ⁓**meißelhalter** m (der Hobel- und Stoßmaschine) (Masch, Werkz) / swivel tool-holder ‖ ⁓**rad** n (Masch) / tumbler gear* ‖ ⁓**radgetriebe** n (Masch) / tumbler gearing ‖ ⁓**rahmen** m (neigbarer Mattscheibenrahmen) (Foto) / swing back* ‖ ⁓**rolle** f (Masch) / swivel castor ‖ ⁓**schaufellader** m (HuT) / swing loader ‖ ⁓**schild** m (an einem U-förmigen Schubrahmen) (HuT) / angling blade ‖ ⁓**spulregler** m (Eltech) / moving-coil regulator* ‖ ⁓**tisch** m (schwenkbarer Werkstückträger bei Universalfräsmaschinen) (Masch) / swivelling table, swivel table ‖ ⁓**- und Neigekopf** m (Film, TV) / pan-and-tilt head*

**Schwenkung** f / swing n, swivelling n, swinging n, slewing n, swivel n, sluing n

**Schwenk•verfahren** n (ein Drehkristallverfahren) (Phys) / oscillating crystal method ‖ ⁓**werk** n (z.B. eines Laders) (Masch) / slew assembly ‖ ⁓**werk** (bei Kranen) (Masch) / slewing gear

**schwer** adj (Masse, Schlag, Sturm, Regen, Seegang) / heavy adj ‖ ⁓ / lumpy adj ‖ ⁓ (Betriebsbedingung) / arduous adj ‖ ⁓ (zu bohren) (HuT) / rough adj ‖ ⁓ (Boden) (HuT, Landw) / cohesive* adj, tenacious adj ‖ ⁓ (Masse) (Phys) / heavy adj ‖ ⁓ (Stoff) (Tex) / rich adj ‖ ⁓ **aufschließbares Erz** (Aufber) / refractory ore* ‖ ⁓ **aufzubereitendes Erz** (Aufber) / refractory ore* ‖ ⁓**er Ausfall** (eines Systems) (Masch) / major failure ‖ ⁓**es Baugerät** (Bau, HuT) / heavy plant ‖ ⁓ **beherrschbares Dach** (Bergb) / bad top ‖ ⁓**er Boden** (Landw) / heavy soil ‖ ⁓**er Bohrhammer** (für den Streckenvortrieb) (Bergb) / drifter n ‖ ⁓**e Dachpappe** (getränkte und mit Talk bestreute) (Bau) / self-finished roofing, self-finished roofing felt ‖ ⁓**er Einzelzug** (Hütt) / bull-block n ‖ ⁓**es Elementarteilchen** (Kernphys) / heavy particle* ‖ ⁓**er Fehler** / fatal error ‖ ⁓**es Fragment** (Kernphys) / heavy fragment ‖ ⁓**er Hammer** (meistens ein Holzhammer) (Werkz) / maul* n, mawl n, mall* n ‖ ⁓**e Hartfaserplatte** (Bau) / superhardboard n ‖ ⁓**er Kern** (Kernphys) / heavy nucleus ‖ ⁓**es Kohlenteer-Solventnaphtha** (Erdöl) / high-flash naphtha ‖ ⁓**er kombinierter Immundefekt** (Med) / severe combined immunodeficiency syndrome*, SCID* ‖ ⁓**es Lepton** (Kernphys) / heavy lepton ‖ ⁓ **löslich** (Chem) / sparingly soluble ‖ ⁓**e Masse** (Phys) / gravitational mass, heavy mass ‖ ⁓**e Peptidkette** (Bestandteil der Antikörper) (Biochem) / heavy chain*, H chain* ‖ ⁓**e** (pflanzlich gegerbte) **Rindshäute** (Leder) / heavy leathers, thick side leathers ‖ ⁓**er Ringschlüssel** (Werkz) / heavy-duty wrench ‖ ⁓**es Rohöl** (Erdöl) / heavy crude ‖ ⁓**er Sauerstoff** (Chem) / heavy oxygen ‖ ⁓**es Sauerstoffisotop** (Chem) / heavy oxygen ‖ ⁓**er Schrott** (Hütt) / heavy scrap ‖ ⁓**er Schuhnagel** (z.B. bei Goisererrn) / hobnail n, hob n ‖ ⁓**e See** (Logbuchstabe H.) (Schiff) / heavy sea ‖ ⁓**e Stahlgelenkkette** (für rauhen Betrieb) (Masch) / engineering steel chain ‖ ⁓**e Starregge** f (mit gebogenen Zinken) (Landw) / drag harrow ‖ ⁓**er Sturm** (nach der Beaufort-Skala) (Meteor) / whole gale ‖ ⁓**e Trosse** (Schiff) / hawser n ‖ ⁓**er Unfall** (Kfz) / crash n, collision n ‖ ⁓**er Unfall** (Luftf) / major accident ‖ ⁓**er Vorschlaghammer** (Masch) / aboutsledge* ‖ ⁓**es Wasser** (Kernphys) / heavy water* (deuterium oxide) ‖ ⁓**er Wasserstoff** (Chem) / deuterium* n, heavy hydrogen* ‖ ⁓**e Wetter** n pl (Bergb) / foul air, dead air ‖ ⁓ **zu ortendes Luftfahrzeug** (mit nachrichtendienstlichem Auftrag) (Luftf, Mil) / clandestine aircraft ‖ ⁓**er Zusammenstoß** (Bahn, Kfz) / smash-up n

**Schwer•achse** f (jede Achse, auf der der Schwerpunkt liegt) (Phys) / gravity axis, centroid axis ‖ ⁓**atomeffekt** m (Änderung im Verhalten von reagierenden Molekülen unter dem Einfluß von schweren Atomen) (Chem) / heavy-atom effect ‖ ⁓**atommethode** f (Bestimmung der Phase bei der Kristallstrukturanalyse) (Krist) / Patterson-Harker method, Patterson method ‖ ⁓**beton** m (mit Schwerzuschlag) (Bau, HuT) / dense concrete (more then 2000 kg/m³), heavy-aggregate concrete*, heavyweight concrete ‖ ⁓**beton** (als Abschirmbeton) (Nukl) / loaded concrete* ‖ ⁓**beton** (unter Verwendung von Schwerspat als Zuschlagstoff) (Nukl) / barium concrete*, barytite X-ray plaster, barytes concrete* ‖ ⁓**betonschirmung** m (Bau, HuT) / heavy concrete shielding ‖ ⁓**chemikalien** f pl (in großem Umfang hergestellte, z.B. Ätznatron, Schwefelsäure usw.) (Chem) / heavy chemicals*

**Schwere** f (Astr, Geophys) / gravity* n ‖ ⁓- (Phys) / gravitative adj ‖ ⁓**anomalie** f (die wirkliche Schwere weicht infolge örtlicher Besonderheiten der Erdkruste und des Erdmantels von der Normalschwere ab) (Geophys) / gravity anomaly ‖ ⁓**beschleunigung** f (Phys) / acceleration due to gravity*, acceleration of free fall, acceleration of gravity, gravitational acceleration ‖ ⁓**feld** n **der Erde** (Geophys) / Earth's gravitational field ‖ ⁓**korrektion** f (Phys, Verm) / gravity correction ‖ ⁓**korrektur** f (Phys, Verm) / gravity correction ‖ ⁓**kreisel** m (Phys) / gravity gyro ‖ ⁓**linie** f (eine Dreieckstransversale) (Math) / median n ‖ ⁓**los** adj (Phys, Raumf) / weightless adj ‖ ⁓**losigkeit** f (Phys, Raumf) / weightlessness* n, zero-g* n, zero gravity ‖ ⁓**messung** f (Messung des Erdschwerefeldes) (Phys) / gravimetry n

**schwerentflammbare Spanplatte** (mit Zement als feuerhemmendem Zusatzstoff) (Bau, For) / Essex board*

**Schwere•pendel** n (das unter dem Einfluß der Schwerkraft steht) (Phys) / gravity pendulum ‖ ⁓**potential** n (Potentialfeld, welches das Schwerefeld und damit die Schwerkraft eines Himmelskörpers hervorruft) (Phys) / gravity potential, gravitation potential energy ‖ ⁓**reduktion** f (Phys) / gravity reduction ‖ ⁓**seigerung** f (Gieß) / gravity segregation, gravitational segregation ‖ ⁓**trennung** f (Aufber) / gravity separation*, gravity concentration ‖ ⁓**variometer** n (Geophys) / Eötvös balance*, Eötvös torsion balance ‖ ⁓**wasser** n (Geol) / gravitational water, free water ‖ ⁓**wellen** f pl (unter der allgemeinen Wirkung der Schwerkraft als Rückstellkraft entstehende Oberflächenwellen relativ großer Wellenlänge) (Ozean) / gravitational waves ‖ ⁓**wellen** (Phys) / gravitational waves, gravity waves

**schwer•fälliges Anfahren** (einer Maschine) (Masch) / sluggish starting ‖ ⁓**faß** n (aus Vollholz) / heavy barrel ‖ ⁓**flanell** m (Tex) / kalmuck n, calmuc n (a cotton double-weave fabric) ‖ ⁓**flint** n (Glas) / dense flint, DF ‖ ⁓**flintglas** n (Glas) / dense flint, DF ‖ ⁓**flüchtiges Ende** (der höchstsiedende Anteil einer Erdölfraktion) (Erdöl) / heavy ends ‖ ⁓**flüssigkeitaufbereitung** f (Aufber) / heavy media separation*, sink-float process*, dense-media process* ‖ ⁓**gängig** adj (Lenkung, Kupplung) / heavy adj, tight adj ‖ ⁓**gängig** (wegen Reibungsverlust) (Masch) / hard-going adj ‖ ⁓**gängig** (Hebel) (Masch) / recalcitrant adj ‖ ⁓**gängigkeit** f (Masch) / binds pl ‖ ⁓**gewichtskonstruktion** f (die ihre Standfestigkeit ausschließlich durch ihr Eigengewicht verdankt) (Erdöl) / gravity structure, pileless platform ‖ ⁓**gewichtsmauer** f (HuT) / gravity dam* ‖ ⁓**gewichtsstaumauer** f (HuT) / gravity dam* ‖ ⁓**gewichtsventil** n (Masch) / Cowburn valve, deadweight safety valve* ‖ ⁓**guß** m (Gieß) / stand casting, stationary casting ‖ ⁓**gut** n (wofür ein Schwergutzuschlag erhoben wird) (Schiff) / heavy lift ‖ ⁓**gutzuschlag** m (Schiff) / heavy-lift charge ‖ ⁓**hörigkeit** f (Akus, Med) / hardness of hearing ‖ ⁓**industrie** f (Gegensatz = Leichtindustrie) / heavy industry ‖ ⁓**ion** n (Phys) / heavy ion ‖ ⁓**ionenbeschleuniger** m (z.B. GANIL in Caen oder GSI in Darmstadt) (Nukl) / heavy-ion accelerator ‖ ⁓**ionen-Linearbeschleuniger** m (Nukl) / heavy-ion linear accelerator, heavy-ion linac, hilac n ‖ ⁓**ionenphysik** f (Phys) / heavy-ion physics

**Schwerkraft** f (die Resultierende aus der gravitativen Anziehung und der Zentrifugalkraft infolge der Rotation der Himmelskörper) (Astr, Geophys) / gravity* n ‖ **der** ⁓ **unterliegen** (Phys) / gravitate v ‖ **sich**

**Schwerkraft**

**durch ~ fortbewegen** (Phys) / gravitate v || **simulierte ~** (Raumf) / artificial gravity || **~abscheidung** f (Aufber) / gravity separation*, gravity concentration || **~aufbereitung** f (nach der Dichte) (Aufber) / gravity separation*, gravity concentration || **~bewässerung** f (Landw) / gravity irrigation || **~davit** m (Schiff) / gravity davit || **~dränung** f (Landw) / gravity drainage || **~entleerung** f / discharge by gravity, unloading by gravity || **~entwässerung** f (Landw) / gravity drainage || **~filtration** f (Chem Verf) / gravity filtration || **~förderer** m (z.B. Rutsche) (Masch) / gravity conveyor* || **~förderung** f (Bergb) / gravity haulage, self-acting haulage || **~förderung** (Masch) / gravity feed || **~gründung** f (auf dem Meeresgrund) (Erdöl, HuT) / gravity foundation || **~guß** m (Gieß) / gravity diecasting || **~guß** (Standguß) (Gieß) / stand casting, stationary casting || **~hemmung** f (für Turmuhren) (Uhr) / gravity escapement* || **~korrektion** f (Phys, Verm) / gravity correction || **~linse** f (Astr) / gravitational lens || **~mühle** f (z.B. eine Rohrmühle) (Aufber) / gravity mill || **~pochwerk** n (Aufber) / gravity stamp || **~pochwerk** (Aufber) / gravity stamp*, California stamp* || **~seigerung** f (Gieß) / gravity segregation, gravitational segregation || **~sichter** m (Aufber) / gravity sifter || **~stabilisierung** f (Raumf) / gravity stabilization* || **~strömung** f (Geol) / gravity flow || **~trennung** f (Aufber) / gravity separation*, gravity concentration || **~verdichtung** f (Phys) / gravitation compression || **~warmwasserheizung** f (in Einrohr- bzw. Zweirohrausführung) (Wärm) / gravity system || **~warmwasserheizung in Einrohrausführung** (Wärm) / single-pipe gravity system || **~warmwasserheizung in Zweirohrausführung** (Wärm) / two-pipe gravity system, separate gravity system || **unter ~wirkung fließend** (Phys) / gravity-flowing adj || **~zuführung** f (Masch) / gravity feed

**Schwer•kron** n (Glas) / dense barium crown || **~kronglas** n (Glas) / dense barium crown || **~lastkraftwagen** m (Kfz) / heavy-duty lorry, heavy-goods vehicle, HGV || **~lastkran** m (Masch) / heavy-lift crane || **~lastroboter** m / heavy-load robot || **~lasttransport** m (Kfz) / transport of heavy goods || **~lasttransporter** m / heavy-duty transporter || **~löslich** adj (Chem) / sparingly soluble || **~metall** n (dessen Dichte größer ist als 4,5 g cm⁻³, z.B. Fe, Cu, Pb, Hg) (Biol, Chem) / heavy metal* || **~metallegierung** f (Hütt) / heavy alloy || **~metallphosphat** n (Chem) / heavy-metal phosphate || **~metallsalz** n (Chem) / heavy-metal salt || **~metallseife** f (Chem) / heavy-metal soap || **~metallverbindung** f (Chem, Umwelt) / heavy-metal compound || **~mineral** n (mit relativer Dichte über 2,9) (Min) / heavy mineral* || **~öl** n (Sammelbezeichnung für natürlich vorkommende Erdöle mit Dichten zwischen 920 und 1000 kg/m³) (Erdöl, Schiff) / heavy oil || **~ölmotor** m (ein Dieselmotor, der mit Schweröl betrieben werden kann) (Schiff, V-Mot) / heavy-oil engine || **~ölvergaser** m (V-Mot) / heavy-oil carburettor

**Schwerpunkt** m (einer ebenen Figur) (Math) / centre of area, centroid* n || **~** (DIN 13 317) (Math, Phys) / centre of gravity*, cg || **~ der Aufmerksamkeit** (des Schedulers) (KI) / focus of attention || **~ der Wasserlinienfläche** (Hyd, Schiff) / centre of flotation || **~achse** f (Phys) / gravity axis, centroid axis || **~grenzen** f pl (Luftf) / cg limits* pl || **~lage** f (Phys) / centre-of-gravity position

**Schwerpunkts•arbeitsgang** m (F.Org) / key operation || **~koordinaten** f pl (Math) / barycentric coordinates || **~wanderung** f (Luftf) / centre-of-mass migration

**Schwerpunktsystem** n (Phys) / centre-of-mass coordinate system, centre-of-gravity system, centre-of-momentum coordinate system

**Schwer•schaum** m (ein Löschmittel mit niedriger Verschäumungszahl) / low-expansion foam || **~schmelzbar** adj (Hütt) / high-melting adj || **~siedend** adj (Fraktion) (Chem) / high-boiling adj, heavy adj || **~spat** m (Min) / barite* n, barytes* n, basofor n, cawk n, cauk n, heavy spar* || **spat von Bologna** (Min) / Bologna stone || **~spülung** f (Erdöl) / high-weight mud, heavy mud, heavily-weighted mud || **~stange** f (beschwertes Gestängerohr mit dickerer Rohrwandung unmittelbar über dem Bohrkopf zum Erzeugen des erforderlichen Andrucks auf der Bohrlochseite bei Großlochbohrungen) (Erdöl) / drill collar* (a heavy, tubular connector between drill pipe and bit), sinker bar*, stem n, boring stem || **unmagnetische ~stange** (Erdöl) / monel || **~stein** m (Kalziumwolframat) (Min) / scheelite* n, natural calcium tungstate

**Schwerstöl** n (Erdöl mit über 1000 kg/m³ Dichte) (Erdöl) / extra-heavy oil

**Schwert** n (Bau, Zimm) / scissor brace || **~** (Buchb) / blade n || **~** (der Schwertkettensäge) (For) / sword n, chain bar, guide bar(s) || **~** (Landw) / blade n || **~brett** n (Bau, Zimm) / scissor brace || **~feile** f (Masch, Werkz) / featheredge file || **~kettensägemaschine** f (For) / sword chain saw || **~latte** f (zum Abschwerten verschieblicher Holzwände) (Bau) / shore n || **~latte** (Bau, Zimm) / scissor brace

**Schwer•transport** m (Kfz) / transport of heavy goods || **~trübe** f (durch Mischen von Wasser mit Feststoffen entstandene Trübe größerer Dichte, die beim Schwimm-Sink-Verfahren verwendet wird) (Aufber) / heavy medium, dense medium, heavy liquid* || **~trübeaufbereitung** f (Aufber) / heavy media separation*, sink-float process*, dense-media process* || **~trübesortieren** n (Aufber) / heavy media separation*, sink-float process*, dense-media process* || **~trübeverfahren** n (Aufber) / heavy media separation*, sink-float process*, dense-media process* || **~wasser** n (Kernphys) / heavy water* (deuterium oxide) || **~wasser-Druckreaktor** m (Nukl) / pressurized heavy-water-moderated and cooled reactor, pressurized heavy-water reactor, PHWR || **~wassermoderierter Reaktor** (mit D₂O als Moderatorsubstanz) (Nukl) / deuterium reactor, heavy-water reactor*, HWR || **~wasserreaktor** m (mit D₂O als Moderatorsubstanz) (Nukl) / deuterium reactor, heavy-water reactor*, HWR || **dampferzeugender ~wasserreaktor** (Nukl) / steam-generating heavy-water reactor* (SGHWR) || **~weberei** f (Web) / heavy cloth weaving, weaving of industrial fabrics || **~wiegender Fehler** / fatal error || **~zerspanen** n (Masch) / hogging n || **~zugänglich** adj (Stelle) / awkward adj (location) || **~zugänglich** adj, limited-access attr, difficult of access || **~zugängliche Stelle** (bei Reparaturen) (Masch) / recess n || **~zuschlag** m (mit einer Kornrohdichte von wesentlich über 3 kg/dm³ - für Schwerbeton) (Bau, HuT) / heavy-weight aggregate

**Schwester** f (in der Grafentheorie) / sister n || **~schiff** n (Schiff) / sister ship

**Schwibbogen** m (waagrecht gespannter Bogen zur Übertragung des Horizontalschubes zwischen zwei Gebäuden, meist über engen Gassen) (Arch) / diaphragm arch, horizontal arch buttress

**Schwiegermuttersitz** m (Notsitz im Heck zum Aufklappen) (Kfz) / dickey n (seat), dicky n (seat), tip-up seat

**schwierig** adj / arduous adj || **~** (HuT) / rough adj

**Schwierigkeiten** f pl **mit dem Stromversorgungsnetz** (Eltech) / power-line problems

**Schwimmantel** m (Aufber) / floating fraction

**Schwimm•aufbereitung** f (Aufber) / flotation* n, floatation n || **~badpflegemittel** n (Chem) / swimming-pool treatment chemical || **~badreaktor** m (Nukl) / swimming-pool reactor*, pool reactor* || **~bagger** m (z.B. zum Offenhalten von Fahrrinnen) (HuT, Schiff) / dredger n, dredge* n || **mechanischer ~bagger** (Eimer-, Löffel- oder Greiferbagger) (HuT, Wasserb) / mechanical dredge || **~behälter** m (Schiff) / barge container || **~berge** m pl (Aufber) / floating rejects || **~brücke** f (Ponton-, Schiffs- oder Floßbrücke) (HuT) / floating bridge || **~container** m (Schiff) / barge container || **~dach** n (das die Bildung explosibler Gemische in den Rohöl- und Benzintanks verhindern soll) (Erdöl) / floating roof || **~decke** f (z.B. in einem Gärungsbottich) (Chem) / supernatant liquid*, supernatant n, supernatant liquor || **~decke** (Schicht aus Schwimmschlamm im Faulbehälter) (Sanitär) / scum n || **grüne ~decke** (meistens Algen) (Umwelt) / green scum || **~deckel** m (In Tankinnenblase) (Kfz) / floating cover || **~deckenzerstörer** m (im Faulbehälter) (Sanitär) / scum breaker || **~dock** n (Schiff) / floating dock, floating dry dock, wet dock || **teilbares ~dock** (Schiff) / self-docking dock

**schwimmen** v / swim v || **~** (Kraftfahrzeug) (Kfz) / wander v || **~** (Gegenstände auf der Oberfläche) (Phys) / float v

**schwimmend** adj / afloat adj || **~** (auf dem Wasser) / water-borne adj || **~er Estrich** (auf einer Dämmschicht hergestellter Estrich, der auf seiner Unterlage beweglich ist und keine unmittelbare Verbindung mit angrenzenden Bauteilen aufweist) (Bau) / separate construction (of floor screed), bonded construction (of floor screed) || **~er Fußboden** (Akus, Bau) / floating floor* || **~er Fußbodenbelag** (Akus, Bau) / floating floor* || **~es Gebirge** (HuT) / running ground || **~er Hafen** (Mil) / floating harbour, floating port || **~e Halbtaucherplattform** (meistens bemannte) (Erdöl) / floating instrument platform, FLIP || **~e Konstruktion** (bei Off-shore-Bohrungen) (Erdöl) / floating structure || **~er Körper** (Phys) / floating body || **~es Lager** (z.B. im Turbolader) (Kfz) / floating bearing || **~er Magnetkopf** (des Magnettrommelspeichers, der bei der schnellen Trommelrotation auf einer Luftschicht "schwimmt") (EDV) / flying head || **~es Rauchzeichen** (Meteor) / smoke float || **~e Reibung** (wenn die gleitenden Flächen völlig voneinander durch die Schmierschicht getrennt sind) (Masch) / greasy friction, lubricant friction || **~e Reibung** (Phys) / fluid friction, viscous friction || **~e Rohrleitung** (HuT, Schiff) / floating pipeline, reclamation pumping gear || **~e Sperre** (Erdöl) / floating boom || **~e Walze** (Tex) / swimming roller || **~er Wellenbrecher** (vor dem Bug eines verankerten Schiffes schwimmende Holzstämme) (Wasserb) / floating harbour*

**Schwimmer** m (Meßglied für Flüssigkeitsstand) (Klemp) / float* n, floater n || **~** (bei Wasserflugzeugen) (Luftf) / float* n || **~** (des Vergasers) (V-Mot) / float* n || **zentraler ~** (bei Wasserflugzeugen - als Gegensatz zu Stützschwimmern) (Luftf) / main float* || **~achse** f (Kfz) / float-hinge pin || **~flugzeug** n (Luftf) / float seaplane, float-plane n || **~flugzeug mit zentralem Schwimmer** (und kleinen Stützschwimmern unter den Tragflügeln, um seitliches Kippen zu verhindern) (Luftf) / single-float type seaplane || **~flugzeug mit zwei Schwimmern** (Luftf) / twin-float type seaplane || **~gehäuse** n (des Vergasers) (Kfz) / float chamber* (GB), float bowl (US)* ||

~**gesteuerter Kondensatableiter** (Masch) / float-operated steam trap ‖ ~**hahn** *m* (mit Kugel) (Masch) / ball-cock* *n* ‖ ~**kammer** *f* (des Vergasers) (Kfz) / float chamber* (GB), float bowl (US)* ‖ ~**-Kondensatableiter** *m* (Masch) / float-operated steam trap ‖ ~**nadel** *f* (des Vergasers) (V-Mot) / float needle, carburettor float spindle ‖ ~**nadelventil** *n* (Kfz) / needle valve*, float-needle valve ‖ ~**pegel** *m* (bei dem der Wasserstand über einen Schwimmer ermittelt wird) (Wasserb) / float gauge, float recorder, float-operated gauge ‖ ~**regel** *f* (zur Richtungsbestimmung von einem elektrischen Strom auf eine Magnetnadel ausgeübten Drehmoments) (Elektr) / Ampère's rule* ‖ ~**regelung** *f* / float control ‖ ~**schalter** *m* (Eltech) / float switch* ‖ ~**stummel** *m* (Luftf) / sponson* *n*, stub float ‖ ~**ventil** *n* (Masch) / float valve, float-controlled valve ‖ ~**wagen** *m* (zum Fortbewegen von Schwimmerflugzeugen an Land) (Luftf) / beaching gear*

**schwimm•fähig** *adj* (Phys) / buoyant *adj* ‖ ~**füller** *m* (flexible Filme ergebender Beschichtungsstoff, der zur Grundierung von temperaturstabilen Kunststoffteilen vor der Online-Lackierung verwendet wird) (Anstr, Kfz) / skimmings *pl*, floaters *pl* ‖ ~**greifer** *m* (Schiff) / floating grab ‖ ~**gut** *n* (Aufber) / floats *pl* ‖ ~**haut** *f* (infolge ungenügender Dichtigkeit der Teilungsebene eines Werkzeugs am Spritzgußteil hervorgerufene Filmbildung durch austretende Schmelze) (Plast) / flash* *n* ‖ ~**haut** (Webbing) (Plast) / webbing *n* ‖ ~**kasten** *m* (HuT) / box caisson, American caisson*, stranded caisson*, floating caisson ‖ ~**kompaß** *m* / liquid compass*, fluid compass, wet compass ‖ ~**kopf** *m* (bei Rohrbündelapparaten nach DIN 28 190) (Masch) / floating head ‖ **geflanschter** ~**kopf** (bei Rohrbündelapparaten nach DIN 28191) (Masch) / flanged floating head ‖ **geschweißter** ~**kopf** (bei Rohrbündelapparaten nach DIN 28190) (Masch) / welded floating head ‖ ~**kran** *m* (auf einem Ponton montiert) (HuT) / floating crane (carried on a pontoon)* ‖ ~**mittel** *n* (Aufber) / flotation agent, flotation reagent ‖ ~**plattform** *f* / floating island ‖ ~**rahmenbremse** *f* (eine Scheibenbremse) (Kfz) / floating-frame disk brake ‖ ~**ramme** *f* (HuT) / floating pile driver ‖ ~**rauchzeichen** *n* (Luftf, Nav) / navigation smoke float* ‖ ~**ringdichtung** *f* (Masch) / floating ring oil seal ‖ ~**sand** *m* (nicht verfestigter Wasser führender Sand, der besonders schwierig zu durchörtern ist) (Bergb, HuT) / quicksand* *n*, running sand* ‖ ~**sandführend** *adj* (Bergb, HuT) / quicksandy *adj* ‖ ~**sattelscheibenbremse** *f* (Kfz) / floating calliper disk brake ‖ ~**schalter** *m* (z.B. bei Tauchpumpen) (Eltech) / floating switch ‖ ~**schlamm** *m* (in Absetz- und Nachklärbecken von Kläranlagen durch schlechtes Absetzverhalten auf schwimmendem Schlammanteil - DIN 4045) (Sanitär) / floating sludge ‖ **grüner** ~**schlamm** (Umwelt) / green scum ‖ ~**schlammräumer** *m* (Sanitär) / skimmer *n*, scum collector ‖ ~**seife** *f* (leichter als Wasser, unter Einarbeitung von Luft hergestellt) (Chem) / floating soap ‖ ~**-Sink-Verfahren** *n* (mit Schwertrübe - ein Sortierverfahren, das die unterschiedliche Dichte der Teilchen eines Feststoffgemenges als Trennmerkmal nutzt) (Aufber) / heavy media separation*, sink-float process*, dense-media process* ‖ ~**stein** *m* (Min) / float stone* ‖ ~**stoffe3** *m pl* (ungelöste Stoffe, die auf dem Wasser schwimmen - DIN 4045) (Wasserb) / floating solids, floating matter ‖ ~**stoff** *m* (Wasserb) / suspended load, wash-load *n*, suspension load ‖ ~**stoffabstreicher** *m* (Wasserb) / scum board, trash board ‖ ~**tor** *n* (Schiff) / ship caisson*, sliding caisson* ‖ ~**verfahren** *n* (Glas) / Pilkington process ‖ ~**werk** *n* (Luftf) / alighting gear (of a seaplane) ‖ ~**weste** *f* (ein Seenotrettungsmittel) (Ozean, Schiff) / life jacket ‖ **aufblasbare** ~**weste** (nach der amerikanischen Filmschauspielerin Mae West, 1892-1980) (Luftf) / Mae West*

**Schwinde** *f* (Geol) / swallow hole, sinkhole *n*, swallet *n*, water sink, sink *n*, limestone sink

**Schwinden** *n* (Verminderung der Abmessungen bei der Feuchteabgabe) (For, Tischl) / volume shrinkage, volumetric shrinkage, shrinkage *n* ‖ ~ (Phys) / shrinkage* *n*, contraction* *n*

**schwindend, nicht** ~ (Keram) / non-shrinking *adj*

**Schwind•fuge** *f* (HuT) / contraction joint* (a control joint), shrinkage joint ‖ ~**maß** *n* (bei Zementsteinen nach DIN 4227) (Bau, HuT) / shrinkage coefficient ‖ ~**maß** (For) / volume shrinkage, volumetric shrinkage ‖ ~**maß** (prozentuales Übermaß bei Modellen zur Herstellung von Formen) (Gieß) / shrinkage allowance*, contraction allowance, pattern-maker's shrinkage ‖ **doppeltes** ~**maß** (Gieß) / double contraction*, double shrinkage* ‖ ~**maßstab** *m* (ein Zollstock) (Gieß) / pattern-maker's rule*, shrinkage rule, contraction rule, shrink rule ‖ ~**riß** *m* (im Beton) (Bau, HuT) / shrinkage crack, crack due to shrinkage ‖ ~**riß** (z.B. durch ungleichmäßiges Austrocknen) (Gieß) / shrinkage crack, contraction crack ‖ ~**spannung** *f* (an der Oberfläche eines Stahlbetonteiles) (Bau, HuT) / shrinkage stress

**Schwindung** *f* (Phys) / shrinkage* *n*, contraction* *n*

**Schwindungs•hohlraum** *m* (nach dem Erstarren der Schmelze) (Gieß) / shrinkage cavity, shrink hole ‖ ~**riß** *m* (Gieß) / check crack, shrinkage crack, contraction crack ‖ ~**zuschlag** *m* (Gieß) / shrinkage allowance*, contraction allowance, pattern-maker's shrinkage

**Schwindverformung, rhombische** ~ (For) / rhombic shrinkage deformation

**Schwindzugabe** *f* (Gieß) / shrinkage allowance*, contraction allowance, pattern-maker's shrinkage

**Schwing•-** (Eltech, Phys) / vibrating *adj*, vibrational *adj*, vibratory *adj* ‖ ~**achse** *f* (eine Achsaufhängung, die sich beim Durchfedern auf einem Kreisbogen bewegt, aber im Unterschied von der Pendelachse den Anlenkpunkt vor der Radmitte hat, wobei die kreisbogenförmige Bewegung in Richtung Fahrzeuglängsachse erfolgt) (Kfz) / trailing-arm-type swing axle ‖ ~**beanspruchung** *f* (Masch) / vibration loading ‖ **formschlüssige** ~**beanspruchung** (WP) / positive dynamic stress conditions ‖ **kraftschlüssige** ~**beanspruchung** (WP) / non-positive stress conditions ‖ ~**beanspruchung** *f* **durch Vibration** (Mech) / vibrating stress ‖ ~**beiwert** *m* (ein Faktor, mit dem die im Ruhestand errechneten Momente aus bewegten Verkehrslasten multipliziert werden) (Bau, HuT) / impact factor ‖ ~**belastung** *f* (Masch) / vibration loading ‖ ~**bereich** *m* (Phys) / oscillation range ‖ ~**breite** *f* (bei der Schwingbeanspruchung) (Hütt) / range *n* ‖ ~**breite der Spannung** (Mech) / stress amplitude ‖ ~ **bei schwingender Belastung** (WP) / vibration fatigue failure ‖ ~**bruch** (WP) / fatigue failure ‖ ~**bühne** *f* (Fördereinrichtung am Anschlag von Schächten und Blindschächten zum Seillängenausgleich bei Gestellförderung) / plat *n*, hinged loading ramp ‖ ~**drossel** *f* (Eltech) / swinging choke*

**Schwinge** *f* (im Gelenkgetriebe) (Masch) / rocker *n*, follower crank ‖ ~ (ein Getriebeglied) (Masch) / swivelling lever, lever *n* ‖ ~ (Masch) / rocker arm ‖ ~ (Tex) / scutch *n*, scutching mill, swingle *n*

**schwingen** *v* / oscillate *v* ‖ ~ (z.B. Regelschwingungen) / cycle *v* ‖ ~ / swing *v*, rock *v* ‖ ~ (mit der Flachsschwinge bearbeiten) (Tex) / scutch *v*, swingle *v* ‖ ~ **lassen** (Phys) / vibrate *vt* ‖ ~ *n* / oscillating *n* ‖ ~ / swinging *n*, rocking *n* ‖ ~ (Regelkreis um einen Wert) (Regeln) / hunting* *n* ‖ **seitliches** ~ (Schiff) / swaying *n* ‖ ~ *n* **um die vertikale Achse** (Bahn) / nosing *n* ‖ ~**-Brechbacke** *f* (Masch) / swinging jaw

**schwingend** *adj* (Eltech, Phys) / oscillatory *adj* ‖ ~ (Eltech, Phys) / vibrating *adj*, vibrational *adj*, vibratory *adj* ‖ **nicht** ~ (Phys) / non-oscillating *adj* ‖ ~**e Beanspruchung** (meistens sinusförmig) (Mech) / waved stress ‖ ~**es Kontinuum** (Phys) / vibrating continuum ‖ ~**e Kugelmühle** (Masch) / vibromill* *n*, vibratory mill, vibrating ball mill, vibration ball mill ‖ ~**e Kurbelschleife** (Stößelgetriebe in Waagerechtstoßmaschinen) (Mech) / oscillating inverted slider crank ‖ ~**er Linearmotor** (Eltech) / linear oscillating motor, LOM ‖ ~**es System** (Phys) / vibrating system, oscillatory system, oscillating system ‖ ~**es Warnsignal für Bahnkreuzungen** (meistens mit rot beleuchteter Scheibe) (Bahn) / wig-wag* *n*

**Schwingen•flügler** *m* (Luftf) / ornithopter* *n* ‖ ~**flugzeug** *n* (Luftf) / ornithopter* *n*

**Schwinger** *m* (z.B. bei Schwingförderern) (Masch) / vibrator* *n* ‖ ~ (DIN 1311, T 2) (Phys) / vibrating body, oscillator *n* ‖ ~ (Schwingquarz) (Radio) / oscillator crystal, oscillating crystal, vibrating quartz crystal ‖ **einfacher** ~ (DIN 1311, T 2) (Phys) / simple (vibrating) system ‖ **freier** ~ (DIN 1311, T 2) (Phys) / free oscillator ‖ **fremderregter** ~ (DIN 1311, T 2) (Phys) / separately excited oscillator

**Schwinger-Tomonaga-Formalismus** *m* (nach J.S. Schwinger, 1918-1994, und nach Shin-Ichiro Tomonaga, 1906-1979) (Kernphys) / Schwinger-Tomonaga formalism

**Schwing•festigkeit** *f* (WP) / dynamic strength ‖ ~**festigkeitslabor** *n* (WP) / fatigue laboratory ‖ ~**flachs** *m* (Tex) / scutched flax, swingled flax ‖ ~**flügel** *m* (des Fensters) (Bau) / pivoted sash ‖ ~**flügeltür** *f* (Bau) / swing door, café-style door, double-action door, swinging door (US), double-acting door ‖ ~**förderer** *m* (ein mechanischer Stetigförderer für Schüttgut) (Masch) / vibrating conveyor* *n* ‖ ~**förderrinne** *f* (ein Schwingförderer) (Masch) / vibrating conveying chute ‖ ~**greifer** *m pl* (Druck) / swinging grippers* ‖ ~**hammermühle** *f* (Masch) / Jeffrey crusher, whizzer mill ‖ ~**hebel** *m* (V-Mot) / cam follower ‖ ~**hebelgabel** *f* (für Motorräder) (V-Mot) / rocker-arm fork ‖ ~**herd** *m* (Aufber) / vibrating table ‖ ~**kondensator** *m* (in den Schwingkondensatorelektrometern und Zerhackern) (Eltech) / vibrating capacitor, oscillating capacitor* ‖ ~**kondensatorelektrometer** *n* (Eltech) / vibrating-reed electrometer ‖ ~**kopf** *m* (bei der elektroerosiven Bearbeitung) (Masch) / vibrator *n* ‖ ~**körperdurchflußmesser** *m* (Durchflußmeßgerät für Flüssigkeiten und Gase, das darauf beruht, daß ein geeignet geformter, federnd aufgehängter Schwingkörper durch das ihn umströmende Medium in Schwingung versetzt wird, dessen Frequenz unter sonst gleichbleibenden Bedingungen dem Durchfluß proportional ist) / oscillating-armature flowmeter ‖ ~**kraftmühle** *f* (Masch) / vibromill* *n*, vibratory mill, vibrating ball mill, vibration ball mill

**Schwingkreis** *m* (Eltronik) / oscillatory circuit, oscillating circuit ‖ **sehr wenig gedämpfter** ~ (Eltech) / ringing circuit ‖ ~**frequenzmesser** *m*

**Schwingkreiskopplung**

(auf dem Resonanzprinzip beruhendes Gerät zur Frequenzmessung, bei welchem ein meßbar einstellbarer elektrischer Schwingkreis auf Resonanz abgestimmt ist) (Eltech) / resonance-circuit frequency meter ‖ ~**kopplung** f (Eltronik) / tuned-anode coupling* ‖ ~**strom** m (Fernm) / circulating current* ‖ ~**umrichter** m (netzgeführter Stromrichter + lastseitiger Schwingkreiswechselrichter) (Eltech) / resonant-circuit converter ‖ ~**wandler** m (Aufnehmer, bei dem eine Änderung der Meßgröße eine Kapazitäts- oder Induktivitätsänderung bewirkt, die ihrerseits eine Verstimmung eines elektrischen Schwingkreises hervorruft) (Eltech) / resonant-circuit transmitter ‖ ~**wechselrichter** m (ein lastgeführter Stromrichter, der seine Kommutationsspannung und -blindleistung von der Last bezieht) (Eltech) / resonant-circuit inverter

**Schwing** • **läppmaschine** f (Masch) / oscillating lapping machine ‖ ~**maschine** f (Tex) / scutch n, scutching mill, swingle n ‖ ~**messer** n (Masch) / swinging blade ‖ ~**messer** (Tex) / scutch blade, scutch n ‖ ~**metall** n (Handelsname für eine Gummifeder) (Kfz, Masch) / rubber-metal connection ‖ ~**metallelement** n (Kfz, Masch) / rubber-metal element ‖ ~**mode** m f (Eltronik, Fernm, Phys) / mode* n, mode of vibration, mode of oscillation ‖ ~**moor** n (Geol) / quaking bog ‖ ~**moor** (Geol) s. auch Sumpfboden ‖ ~**mühle** f (mit Porzellan- oder Stahlkugeln) (Masch) / vibromill* n, vibratory mill, vibrating ball mill, vibration ball mill ‖ ~**pflug** m (Landw) / swing plough ‖ ~**prüfmaschine** f (WP) / fatigue-testing machine* ‖ ~**quarz** m (Radio) / oscillator crystal*, oscillating crystal, vibrating quartz crystal ‖ ~**quarzschichtdickenmeßgerät** n (Vakuumt) / quartz-crystal thin film monitor, vibrating crystal thickness monitor ‖ ~**quarzthermometer** n (Eltronik) / quartz thermometer ‖ ~**quarzwaage** f (zur Messung der Aufdampfrate bei der Herstellung von Aufdampfschichten) (Vakuumt) / quartz-crystal thin film monitor, vibrating crystal thickness monitor ‖ ~**rahmen** m (eine Hinterradgabelkonstruktion für Motorräder) (Kfz) / swing frame ‖ ~**saitenaufnehmer** m (bei dem Änderungen der Meßgröße primär in eine Änderung der Eigenfrequenz einer schwingenden Saite umgewandelt werden) / oscillating-chord sensor ‖ ~**sattelbremse** f (Kfz) / hinged-calliper disk brake ‖ ~**schleife** f (der Waagerechtstoßmaschine) (Masch) / rocker arm ‖ ~**schleifen** n (Masch) / superfinishing* n ‖ ~**schleifer** m (z.B. als Handzusatzgerät für Heimwerker) (Werkz) / sander n, sanding machine, high-speed orbital pad sander, orbital sander, vibrating grinder, jitterbug-typ sander ‖ ~**sieb** n / shaking screen, shaker screen, vibrating screen, vibroscreen n, jigging screen ‖ ~**sieb** (Aufber) / jigger screen, jigging screen ‖ ~**siebroder** m (ein Kartoffelvorratsroder) (Landw) / shaking-sieve digger, potato shaker ‖ ~**spannung** f (Mech) / cyclic stress ‖ ~**spule** f (des Lautsprechers) (Akus) / voice coil*, speech coil (GB), moving coil ‖ ~**spulenzähler** m (Eltech) / oscillating meter ‖ ~**spullautsprecher** m (Akus) / electrodynamic loudspeaker*, dynamic loudspeaker*, moving-coil loudspeaker*, moving-conductor loudspeaker ‖ ~**spulspannungsregler** m (Eltech) / moving-coil regulator* ‖ ~**tisch** m (Bau, HuT) / vibrating table ‖ ~**trog** m (Bergb) / rocker n, cradle rocker, rocking trough ‖ ~**tür** f (mit zwei ausschwingenden Türblättern) (Bau) / swing door, café-style door, double-action door, swinging door (US), double-acting door

**Schwingung** f (Phys) / oscillation* n ‖ ~ (meistens kontinuierlicher Medien) (Phys) / vibration n ‖ **abklingende** ~ (Fernm) / ringing* n ‖ **abklingende** ~ (Phys) / dying-out oscillation ‖ **anklingende** ~ (Phys) / increasing oscillation, increasing vibration ‖ **aufgedrückte** ~ (Phys) / forced oscillations*, forced vibrations*, constrained oscillation, constrained vibration ‖ **aufgeprägte** ~ (Phys) / forced oscillations*, forced vibrations*, constrained oscillation, constrained vibration ‖ **elektrische** ~**en** (Elektr) / electric oscillations* ‖ **erzwungene** ~ (DIN 1311, T 2) (Phys) / forced oscillations*, forced vibrations*, constrained oscillation, constrained vibration ‖ **freie** ~ (DIN 1131, T 2) (Phys) / free oscillation ‖ **freie** (ungedämpfte) ~ (DIN 1311) (Phys) / free oscillations*, free vibrations* ‖ **fremderregte** ~ (DIN 1311, T 2) (Phys) / separately excited oscillation ‖ **gedämpfte** ~ (Fernm) / ringing* n ‖ **gedämpfte** ~ (Phys) / damped oscillation*, damped vibration(s) ‖ **gekoppelte** ~ (Phys) / coupled oscillation ‖ **geradlinige** ~ (Phys) / linear oscillation ‖ **in** ~**en versetzen** (Phys) / vibrate vt ‖ **lineare** ~ (Mech) / linear vibration ‖ **lineare** ~ (Phys) / linear oscillation ‖ **mechanische** ~ (Mech) / mechanical vibration ‖ **modulierende** ~ (Fernm) / modulating oscillations ‖ **nichtlineare** ~**en** (nach Bogoljubow) (Phys) / non-linear vibration(s) ‖ **optisch parametrische** ~ (Opt) / optical parametric oscillation ‖ **parasitäre** ~ (Elektr, Phys) / spurious oscillation*, parasitic oscillation* ‖ **periodische** ~ (DIN 5483, T 1) (Phys) / periodic vibration, periodic oscillation ‖ **quasizweijährige** ~ (QBO) (die annähernd zweijährige Welle des zonalen Windes in der Stratosphäre in äquatorialen Breiten) (Meteor) / quasi-biennial oscillation* (QBO) ‖ **quellenerregte** ~ (Phys) / forced oscillations*, forced vibrations*, constrained oscillation, constrained vibration ‖ **rheolineare** ~**en** (Phys) / rheolinear vibrations, parametrically excited vibrations, vibration of systems with periodically varying parameters ‖ **selbsterregte** ~ (Phys) / self-induced vibration, self-excited vibration ‖ **sich aufschaukelnde** ~ (Phys) / unstable oscillation* ‖ **stabile** ~ (Fernm) / stable oscillation* ‖ **subharmonische** ~ (Phys) / subharmonic oscillation ‖ **totalsymmetrische** ~**en** (die bezüglich aller Symmetrieelemente des Moleküls symmetrisch sind) (Spektr) / totally symmetric vibration(s) ‖ **unfreie** ~ (Phys) / forced oscillations*, forced vibrations*, constrained oscillation, constrained vibration ‖ **ungedämpfte** ~**en** (von außen aufrechterhalten) (Phys) / sustained oscillations* ‖ **ungedämpfte** ~**en** (nicht durch äußere Einflüsse gedämpft) (Phys, Radio) / undamped oscillations*, continuous oscillations* ‖ **ungeordnete** ~ (Luftt, Mech) / random vibration ‖ **unwuchterregte** ~**en** (Masch) / out-of-balance vibration(s) ‖ **weiche** ~ (Kernphys) / soft mode ‖ **wilde** ~ (Akus, Phys) / spurious (free) oscillation ‖ ~ f **des Kontinuums** (Phys) / continuum vibration ‖ ~**en** f pl **mit periodischen Koeffizienten** (Phys) / rheolinear vibrations, parametrically excited vibrations, vibration of systems with periodically varying parameters ‖ ~ f **mit zwei und mehr Freiheitsgraden** (Phys) / multi-degree-of-freedom oscillations ‖ ~ **parallel zur Figurenachse** (Spektr) / parallel vibration ‖ ~ **senkrecht zur Figurenachse** (Spektr) / perpendicular vibration

**Schwingungs** • ~ (Eltech, Phys) / vibrating adj, vibrational adj, vibratory adj ‖ ~**amplitude** f (Phys) / oscillation amplitude ‖ ~**analyse** f (Eltech, Fernm) / modal analysis ‖ ~**analyse** (Phys) / vibration analysis ‖ ~**angeregter Zustand** (Phys) / vibrationally excited state ‖ ~**art** f (Eltronik, Fernm, Phys) / mode* n, mode of vibration, mode of oscillation ‖ ~**aufnehmer** m (Eltech) / vibration pick-up*, contact microphone ‖ ~**bande** f (Spektr) / vibration band ‖ ~**bauch** m (bei der Vibration der Flugzeugzelle) (Luftf) / antinode n ‖ ~**bauch** (Phys) / antinode n, antinodal point, vibration antinode ‖ **Bereich des** ~**bauchs** (des Wellenbauchs) (Phys) / antinodal region ‖ ~**bereich** m (Phys) / oscillation range ‖ ~**dämpfer** m (zur Vermeidung von Lenkschwingungen) / steering damper ‖ ~**dämpfer** (Masch) / vibration damper* ‖ ~**dämpfung** f (DIN 1311, T 1-3) (Masch) / vibration damping ‖ ~**dauer** f (DIN 1301, T 2) (Phys) / time of vibration, vibration period, oscillation period ‖ ~**dynamik** f (Phys) / vibrational dynamics ‖ ~**eigenschaften** f pl (Mech) / vibrational properties ‖ ~**empfänger** m (Eltech) / vibration pick-up*, contact microphone ‖ ~**energie** f (Chem, Phys) / vibrational energy* ‖ ~**energieübertragung** f (Phys) / vibrational-energy transfer, vibration-energy transfer ‖ ~**enthalpie** f (Phys) / vibrational enthalpy ‖ ~**entropie** f (Phys) / vibrational entropy ‖ ~**erregend** adj (Phys) / vibromotive adj ‖ ~**erreger** m (Phys) / vibration machine ‖ ~**erzeuger** m (z.B. bei Schwingförderern) (Masch) / vibrator* n ‖ ~**fest** adj (Masch) / vibration-proof adj ‖ ~**form** f (Eltronik, Fernm, Phys) / mode* n, mode of vibration, mode of oscillation ‖ ~**frei** adj / free from vibrations, vibration-free adj, vibrationless adj ‖ ~**freiheit** f / lack of vibration(s) ‖ ~**freiheitsgrad** m (z.B. der Moleküle) (Chem) / vibrational degree of freedom ‖ ~**frequenz** f (Phys) / vibrational frequency ‖ ~**generator** m (Phys) / vibration machine ‖ ~**gleichung** f (Math, Phys) / equation of an oscillation, oscillation equation ‖ **Thomsonsche** ~**gleichung** (Zusammenhang zwischen Induktivität, Kapazität und Resonanzfrequenz) (Eltech) / Thomson's formula, Kelvin's formula ‖ ~**hammer** m (Elektr) / ticker n ‖ ~**knoten** m (Phys) / nodal point* ‖ ~**kreis** m (Eltronik) / oscillatory circuit, oscillating circuit ‖ ~**last** f (Mech) / vibrational load ‖ ~**lehre** f (DIN 1311) (Phys) / theory of vibration(s) ‖ ~**mittelpunkt** m (Phys) / centre of oscillation* ‖ ~**mode** m f (Eltronik, Fernm, Phys) / mode* n, mode of vibration, mode of oscillation ‖ ~**modulation** f (bei der eine kontinuierliche sinusförmige Hochfrequenzschwingung als Träger der Signalschwingung benutzt wird) (Radio) / wave carrier modulation ‖ ~**modus** m (Eltronik, Fernm, Phys) / mode* n, mode of vibration, mode of oscillation ‖ ~**niveau** n (Phys) / vibrational level ‖ ~**periode** f (des belasteten Probestabes) (WP) / stress cycle ‖ ~**quant** n (Phys) / vibrational quantum ‖ ~**quantenzahl** f (in der IR-Spektroskopie) (Kernphys, Spektr) / vibrational quantum number ‖ ~**radius** m (Phys) / radius of oscillation ‖ ~**relaxation** f (Phys) / vibrational relaxation ‖ ~**rißkorrosion** f (Galv) / corrosion fatigue*, vibration-induced corrosion cracking, CF ‖ ~**schreiber** m (Instr) / vibrograph n ‖ ~**spektroskopie** f (Spektr) / vibrational spectroscopy ‖ ~**spektrum** n (meist Amplitudenspektrum eines Schwingungsverlaufs) (Spektr) / vibrational spectrum, vibration spectrum ‖ ~**spitze** f (Phys) / vibration peak ‖ ~**symmetrie** f (Phys) / symmetry of oscillation ‖ ~**system** n (DIN 1311) (Phys) / vibrating system, oscillatory system, oscillating system ‖ ~**system mit endlich vielen Freiheitsgraden** (Phys) / vibrating system with several degrees of freedom, multi-degree-of-freedom vibrator ‖ ~**typ** m (Eltronik, Fernm, Phys) / mode* n, mode of vibration, mode of oscillation ‖ ~**übergang** m (Phys) / vibrational transition, vibronic transition ‖ ~**verdichter** m (zur Verdichtung kohäsionsarmer Haufwerke oder

des Betons) (Bau, HuT) / vibrator* n ∥ ⁓**verhalten** n (Phys) / vibration behaviour ∥ ⁓**verschleiß** m (mechanischer Verschleißprozeß bei sich berührenden Körpern mit oszillierender Relativbewegung kleiner Amplitude) / fretting wear ∥ ⁓**voltmeter** n (Eltech) / generating voltmeter, rotary voltmeter ∥ ⁓**zahl** f (Radio) / oscillation frequency* ∥ ⁓**zentrum** n (Phys) / centre of oscillation*
**Schwing•verdichter** m (ein Hubkolbenverdichter) (Masch) / oscillating compressor ∥ ⁓**weite** f (bei Pendeln) (Phys) / swing amplitude ∥ ⁓**werg** n (Tex) / codilla n, swing tow, scutching tow
**Schwitzblöße** f (Leder) / slat n
**Schwitze** f (enzymatische Enthaarung) (Leder) / sweating n
**schwitzen** v / sweat vi ∥ ⁓ n (Entparaffinierungsverfahren) (Chem Verf) / sweating n ∥ ⁓ n (einer leichten Fäulnis aussetzen, um die Haare zu lockern) (Leder) / sweating n
**Schwitz•kühlung** f (eine Sonderform der Schleierkühlung) (Chem Verf, Luftf) / swing cooling*, transpiration cooling ∥ ⁓**öl** n (nach Schwitzprozeß aus Rohparaffin gewonnen) (Chem Verf) / foot oil ∥ ⁓**perle** f (ein Gußfehler) (Gieß) / sweat n
**Schwitzung** f (Entparaffinierungsverfahren) (Chem Verf) / sweating n
**Schwitz•verfahren** n (ein Haarlockerungsverfahren) (Chem Verf, Leder) / sweating n ∥ ⁓**wasser** n / condensed water, condensed moisture, sweat n, condensation water ∥ ⁓**wasserkorrosion** f (Galv) / condensing-humidity corrosion, corrosion by condensed water ∥ ⁓**wasserrinne** f (in der Laterne) (Arch) / condensation gutter* ∥ ⁓**wolle** f (frisch geschorene, ungewaschene) (Tex) / grease wool, greasy wool, wool in the suint, yolk wool, wool in the grease
**Schwöde** f (Schwödebrei) (Leder) / lime paint, lime cream ∥ ⁓ n (ein Haarlockerungsverfahren) (Leder) / painting n, liming* n, paint unhairing, lime painting ∥ ⁓**brei** m (meistens eine Aufschwemmung von Kalziumhydroxid in einer wässerigen Natriumsulfidlösung) (Leder) / lime paint, lime cream
**schwöden** v (Felle mit wertvollen Haaren und Wollen, mit Schwödebrei) (Leder) / paint v, lime v ∥ ⁓ n (Äschern mit Schwödebrei) (Leder) / painting n, liming* n, paint unhairing, lime painting
**Schwödewolle** f (Leder) / tanner's wool, fellmongered wool ∥ ⁓ (Tex) / lime wool, limed wool
**schwoien** v (ankerndes Schiff) (Schiff) / swing v
**schwojen** v (Schiff) / swing v
**schwül** adj (Meteor) / muggy adj, sticky adj
**Schwund** m (verlorengegangene oder fehlende Menge) / outage n ∥ ⁓ (lineare Verkleinerung) (Phys) / shrinkage* n, contraction* n ∥ ⁓ (Radio) / fading* n ∥ **selektiver** ⁓ (Radio) / selective fading*, differential fading ∥ **automatischer** ⁓**ausgleich** (Radio) / automatic gain control*, AGC* ∥ **selbsttätiger** ⁓**ausgleich** (Radio) / automatic volume control*, AVC* ∥ ⁓**erscheinung** (Radio) / fading* n ∥ ~**freier Empfang** (Radio) / no-drift reception ∥ ⁓**maß** n (For) / volume shrinkage, volumetric shrinkage ∥ ~**mindernd** adj (Antenne) (Radio) / fade-reducing adj, antifading adj ∥ ~**mindernde Antenne** (eine Sendeantenne) (Radio) / antifading antenna*, fade-reducing antenna
**Schwung•gewicht** n (bei Zentrifugalreglern) (Regeln) / flyball n (of a Watt's conical pendulum governor) (US), rotating weight (of a Watt's conical pendulum governor), centrifugal-mechanism weight, governor weight ∥ ⁓**kraft** f (Phys) / centrifugal force* ∥ ⁓**kraftanlasser** m (Luftf, V-Mot) / inertia starter ∥ ⁓**kraftstarter** m (Luftf, V-Mot) / inertia starter ∥ ⁓**masse** f (des Zentrifugalreglers) (Masch) / flyweight ∥ ⁓**masse** (Phys) / gyrating mass ∥ ⁓**moment** n (bei drehenden Massen) (Mech) / flywheel moment, flywheel effect
**Schwungrad** n (Masch, Phys) / flywheel* n ∥ ⁓**berechnung** f (Masch) / flywheel calculation(s) ∥ ⁓**magnetzünder** m (Kfz) / flywheel generator ∥ ⁓**regler** m (Masch) / flywheel governor ∥ ⁓**reibschweißen** n (Schw) / inertia welding ∥ ⁓**spindelpresse** f (Masch) / flywheel screw press, flywheel spindle press ∥ ⁓**synchronisation** f (TV) / flywheel synchronization, flywheel effect* ∥ ⁓**synchronisierung** f (DIN 45060) (TV) / flywheel synchronization, flywheel effect* ∥ ⁓**zahnkranz** m (des Starters) (Kfz) / flywheel ring gear, starter ring gear
**Schwungscheibe** f (der Kupplung) (Kfz) / flywheel n
**Sciage** f (Qualitätsbegriff für Schnittholz) (For) / sawing quality, sawmill quality
**Scillaren** n (Pharm) / scillaren n
**Scillarenin** n (Aglykon von Proscillaridin) (Pharm) / scillarenin n
**Scirpenol** n (ein Mykotoxin) (Chem) / scirpenol n
**SCL-Diode** f (Eltronik) / space-charge-limited diode, SCL diode
**Sclereide** f (Bot) / stone cell*, sclereid* n, brachysclereid* n
**Sclerenchym** n (Festigungs- und Stützgewebe in den fertig ausgewachsenen Pflanzenorganen) (Bot) / sclerenchyma* n
**Sclerotiniafäule** f (durch Sclerotinia sclerotiorum) (Bot) / cottony rot
**SCL-Transistor** m (ein "raumladungsbegrenzter" Transistor, der sich elektrisch wie eine Röhrentriode verhält, wobei die Basis ähnlich wie das Gitter als Steuerelektrode wirkt) (Eltronik) / space-charge-limited transistor, SCL transistor
**Scopolamin** n (Pharm) / hyoscine* n, scopolamine* n
**Scopoletin** n (ein 6,7-Dihydroxycumarin) (Chem) / scopoletin n, gelseminic acid
**Scorch** n (einer Gummimischung) (Chem Verf) / scorching n, curing-up n
**Scorching** n (einer Gummimischung) (Chem Verf) / scorching n, curing-up n
**Scorchzeit** f (Chem Verf) / scorch time
**Scoring-Modell** n (zur Bewertung von Handlungsalternativen, die im Planungsprozeß von Unternehmen zur Anwendung kommen) (F.Org) / scoring model
**Scorzonera** f (Scorzonera sp. L. - eine kautschukliefernde Pflanze) (Bot) / scorzonera n
**Scotchgard-Ausrüstung** f (eine Fleckschutzausrüstung auf Fluorbasis) (Tex) / Scotchgard finish
**Scotophor** m (Schwärzungsstoff mit durch Bestrahlung verringerbarer Durchlässigkeit) (Eltronik) / scotophor* n
**SCOT-Säule** f (für die Kapillarchromatografie) (Chem) / solid-coated open tubular column, SCOT column, support-coated capillary column
**Scott-Flexmaschine** f (Bestimmung der Lagetrennung bei Reifen, Keilriemen usw.) / Scott flexing machine
**Scottsch•e Schaltung** f (Eltech) / Scott connection (three-phase to two-phase transformer)* ∥ ⁓**e Semantik** (EDV, KI) / denotational semantics, functional semantics
**Scott•-Schaltung** f (Eltech) / Scott connection (three-phase to two-phase transformer)* ∥ ⁓**-Transformator** m (Eltech) / Scott-connected transformer, T-connected transformer
**SCP** (Biochem, Biol) / single-cell protein* (SCP)
**SC-Papier** n (ein Reaktionsdurchschreibepapier) (Pap) / self-contained carbonless paper, SC paper
**SCPC-Methode** f (Methode "ein Kanal pro Träger") (Fernm) / SCPC method, single-channel-per-carrier method
**SCR** (Chem Verf) / selective catalytic reduction, SCR
**Scram** n (Nukl) / scram* n, emergency shutdown*
**Scrambled book** n (verzweigtes Lehrprogramm in Buchform) (EDV) / scrambled book
**Scrambler** m (Schaltung oder Gerät zur Verhinderung des unbefugten Zugriffs auf Information, die durch Signale übertragen wird) (Fernm) / scrambler* n, speech scrambler*
**Scrambling** n (Deuterierung von organischen Verbindungen durch H/D-Austauschreaktionen) (Chem, Nukl) / scrambling n ∥ ⁓ (Modulations- und Demodulationstechnik) (Eltronik) / scrambling n ∥ ⁓ (Fernm) / scrambling n ∥ ⁓ (TV) / scrambling n
**Scrap** m (minderwertige Kautschuksorte) / scrap n
**Scraper** m (For, Pap) / scraper n ∥ ⁓ (ein Flachbagger) (HuT) / scraper n, carryall n
**Scraps** pl (Reste von Tabakblättern, die als Zigarreneinlage, Beimischung zu Kau- und Rauchtabak und zur Folienherstellung verwendet werden) / scraps pl
**Scratchfilter** n (Akus) / scratch filter*
**Scratching** n (das Hervorbringen bestimmter akustischer Effekte durch Manipulation der laufenden Schallplatte) (Akus) / scratching n
**Scratch•-pad-Speicher** m (besonders schneller zusätzlicher Kern- oder Halbleiterspeicher, der speziell zur Aufnahme von Registerinhalten dient und damit die Zugriffszeiten verkürzt) (EDV) / scratch-pad memory, scratch pad*, note pad n, notepad memory ∥ ⁓**-Test** m (zur Ermittlung der Haftfestigkeit) (WP) / scratch test
**Screaming** n (bei den Flüssigkeitsraketen) (Luftf) / screaming n
**Screen** m (pl. -s) (EDV, Eltronik) / screen* n, visual display screen, video screen, CRT display screen ∥ ~**bar** adj (Chem) / able to be screened
**screenen** v (Chem, Eltronik, Gen, Med, Pharm) / screen v
**Screening** n (Durchmusterung, Vorauswahl, Auswahlprüfung) / screening n ∥ ⁓ (die Schärfe der Prüfung) / screening n ∥ ⁓ (Durchsuchen von Substanzgemischen und Substanzbibliotheken mit Hilfe unterschiedlicher Detektionssysteme hinsichtlich spezieller Eigenschaften) (Chem) / screening n ∥ ⁓ (ein Masking-Verfahren in der Herstellung von Halbleitern) (Eltronik) / screening n ∥ ⁓ (Gen) / genetic screening ∥ ⁓ (diagnostisches Verfahren zur Erkennung von Krankheitsträgern) (Med, Pharm) / screening n ∥ **chemisches** ⁓ (Werkstoffsuche) (Chem, WP) / chemical screening ∥ **physikochemisches** ⁓ (bei der Wirkstoffsuche) (Chem) / physico-chemical screening ∥ **wirkungsorientiertes** ⁓ (Chem) / target-oriented screening
**Screening-Test** m (zerstörungsfreie Zuverlässigkeitsprüfung) (Eltech) / screening test ∥ ⁓ (Med) / screening test ∥ ⁓ (um die Eignung einer Substanz zu konstatieren, einen bestimmten Effekt hervorzurufen) (Umwelt) / screening test

## Screensaver

**Screen•saver** m (EDV) / screen saver ‖ ⁓**shot** m (Momentaufnahme des Bildschirminhalts) (EDV) / screen snapshot, screenshot n ‖ ⁓**shot** (EDV) / screen dump (on hardcopy), screenshot n
**Scribble** n (pl. -s) (erster, noch nicht endgültiger Entwurf für eine Werbegrafik, eine Ideenskizze) / scribble n
**Scrim** n (Glas) / scrim n (non-woven)
**Script** n (prototypartige Beschreibung von stereotypen Handlungen) (KI) / script n ‖ ~**basiert** adj (KI) / script-based adj ‖ ⁓**girl** n (Film) / continuity girl (a continuity clerk), script-girl n
**scroll•bar** adj (EDV) / scrollable adj ‖ ⁓**bereich** m (den man auf dem Bildschirm vor- und zurückrollen kann) (EDV) / scroll area, scrolling region, scrollable area
**scrollen** v (EDV) / scroll v ‖ ⁓ n (EDV) / scrolling* n, scroll n ‖ **seitliches** ⁓ (EDV) / side scrolling
**scrollfähig** adj (EDV) / scrollable adj
**Scrolling** n (EDV) / scrolling* n, scroll n ‖ **horizontales** ⁓ (EDV) / horizontal scrolling ‖ **seitliches** ⁓ (Verschieben des Bildschirmfensters zur Seite) (EDV) / side scrolling ‖ **vertikales** ⁓ (EDV) / vertical scrolling, rolling n
**Scrollpfeil** m (EDV) / scroll arrow
**Scrub** m (australische Bezeichnung für Busch und Hartlaubgewächse) (For) / scrub n
**SCR-Verfahren** n (zur Entfernung von Stickoxiden aus Rauchgasen) (Chem Verf) / selective catalytic reduction, SCR
**SCSI•-Bus** m (EDV) / SCSI bus (Small Computer System Interface) ‖ ⁓**-Hostadapter** m (EDV) / SCSI host adapter
**SCT** / spiral computer tomography, SCT
**SCT-Element** n (Eltronik) / surface-controlled transistor (SCT), surface-charge transistor
**SD** (EDV) / high-speed printer (HSP) ‖ ⁓ (Kfz) / sunshine roof, sunroof n, sliding roof
**SDM** (Radio) / sigma delta modulation, SDM
**SDr** (Eltech) / current-limiting reactor ‖ ⁓ (Eltech) / short-circuit limiting reactor
**S-Draht** m (Spinn) / S-twist n
**S-Drehung** f (DIN 60900) (Spinn) / S-twist n
**SDS** (Biol, Chem, Tex) / sodium lauryl sulphate, sodium dodecyl sulphate* (SDS), dodecyl sodium sulphate
**SDS-Elektrophorese** f (bei der das als Detergens zugesetzte Natriumlaurylsulfat die Moleküle der Analysenprobe bindet) (Biol) / SDS gel electrophoresis*, sodium dodecyl sulphate electrophoresis
**SDS-PAGE** n (zur Molmassenbestimmung von Proteinen und deren Untereinheiten) (Biochem) / SDS-PAGE n (sodium dodecyl sulphate polyacrylamide-gel electrophoresis)
**Se** (Chem) / selenium* n
**SE** (Chem) / rare earth elements* (RE) ‖ ⁓ (Chem) / rare earths* ‖ ⁓ (Chem, Phys) / final boiling point, FBP, end-point n
**SEA** (ein zerstörungsfreies Prüf- und Überwachungsverfahren) (WP) / sound emission analysis
**Sea Island Cotton** n (Gossypium barbadense L.) (Tex) / Sea Island cotton, sea-island cotton
**Seaborgium** n (Element der 6. Gruppe des Periodensystems, Ordnungszahl 106 - nach G.T. Seaborg, 1912 - 1999) (Chem) / seaborgium n, Sg
**Sea•-Floor-Spreading** n (Geol, Ozean) / sea-floor spreading*, ocean-floor spreading n ‖ ⁓**-Island-Baumwolle** f (Gossypium barbadense L.) (Tex) / Sea Island cotton, sea-island cotton
**Seal** m n (Fell der Bärenrobbe und des Seebären) (Leder) / sealskin n ‖ ⁓**-Additiv** n (Galv) / seal additive
**Sealed-Beam-System** n (bei der ein anglo-amerikanisches Scheinwerfersystem ohne eine scharfe Hell-Dunkel-Grenze) (Kfz) / sealed-beam system
**Sealen** n (beim Eloxieren) (Galv) / sealing n (of anodic coatings)
**Sealer** m (Anstr) / sealer n ‖ ⁓ (Galv) / sealer n, sealant n
**Seale-Seil** n (ein Drahtseil in Parallelmachart) / Seale rope
**Seal-Hilfsmittel** n (zur Verdichtung anodischer Oxidschichten auf Aluminium) (Galv) / sealing additive
**Sealing** n (beim Eloxieren) (Galv) / sealing n (of anodic coatings)
**Sealingszusatz** m (Galv) / sealing additive
**Sealskin** n (Leder) / sealskin n
**Search** n (EDV) / search n, searching n ‖ ⁓ **engine** f (EDV) / search engine
**Searle-Viskosimeter** n (spezielle Bauform eines Zylinderrotationsviskosimeters mit rotierendem Innenzylinder in einer koaxialen Anordnung) (Phys) / Searle viscometer
**Sea-Skimmer** m (Mil) / sea skimmer
**Sebacat** n (Chem) / sebacic ester, sebacate n
**Sebacinsäure** f (Chem) / sebacic acid*, decanedioic acid ‖ ⁓**ester** m (Chem) / sebacic ester, sebacate n
**Sebakat** n (Chem) / sebacic ester, sebacate n
**Sebazinsäure** f (Chem) / sebacic acid*, decanedioic acid ‖ ⁓**ester** m (Chem) / sebacic ester, sebacate n

**Sebcha** f (pl. -s) (Salzpfanne und Salztonebene im arabischsprachigen Raum) (Geol) / sebkha n, sabkha n
**Sebkha** f (Geol) / sebkha n, sabkha n
**Secale-Alkaloid** n (Chem, Med) / ergot alkaloid, ergot n
**Secalonsäure** f (schwach giftiges Stoffwechselprodukt des Mutterkorns) (Bot, Chem) / secalonic acid
**SECAM-Farbfernsehsystem** n (Frankreich, Mittel- und Osteuropa und arabische Länder) (TV) / SECAM colour TV system, SECAM*
**Sech** n (vor der Pflugschar) (Landw) / coulter* n
**Sechs•- und Vierkantschrauben** f pl (Masch) / wrench-head bolts ‖ ⁓**blatt** n (Arch) / sexfoil n ‖ ⁓**-Blatt-Propeller** m (Luftf) / six-bladed propeller ‖ ⁓**eck** n (Math) / hexagon* n ‖ ⁓**eckig** adj (Masch, Math) / hexagonal adj, hex. ‖ ⁓**eckpackung** f (Krist) / hexagonal close-packed structure, hcp structure ‖ ⁓**eckspannung** f (Eltech) / hexagon voltage*
**Sechservektor** m (Phys) / six-vector n
**Sechs•flach** n (Krist, Math, Min) / hexahedron (pl. hexahedra or -hedrons) ‖ ~**flächig** adj (Krist, Math) / hexahedral adj ‖ ⁓**flächner** m (Krist, Math, Min) / hexahedral hexahedron (pl. hexahedra or -hedrons) ‖ ~**flügelige Luftschraube** (Luftf) / six-bladed propeller ‖ ~**flügeliger Propeller** (Luftf) / six-bladed propeller ‖ ⁓**gitterröhre** f (Eltronik) / octode* n ‖ ~**gliedrig** adj (heterocyclische Verbindung) (Chem) / six-membered ring
**Sechskant** n m (Masch, Math) / hexagon* n ‖ ⁓**-Anschweißmutter** f (Masch) / hexagon weld nut ‖ ⁓**bundschraube** f (Masch) / hexagon bolt with collar ‖ ⁓**kaliber** n (Hütt) / hexagon pass, hexagonal pass ‖ ⁓**kopf** m (DIN 918) (Masch) / hexagonal head, hexagon head, hex head ‖ ⁓**mutter** f (DIN 918, DIN ISO 4032) (Masch) / hexagonal nut, hexagon nut, hex nut ‖ **niedrige** ⁓**mutter** (Masch) / hexagon thin nut ‖ ⁓**mutter** f **mit großer Schlüsselweite** (Masch) / heavy-series hexagon nut ‖ ⁓**mutter mit Tellersansatz** (Masch) / washer-faced hexagon nut ‖ ⁓**mutter ohne Tellereinsatz** (Masch) / full-bearing hexagon nut ‖ ⁓**-Nachschneideisen** n (DIN 382) (Masch) / hexagonal die nut, rethreading die solid ‖ ⁓**-Schneidmutter** f (Masch) / hexagonal die nut, rethreading die solid ‖ ⁓**schraube** f (mit Bund) (Masch) / hexagon bolt with collar ‖ ⁓**schraube** (ohne Schaft, mit Ganzgewinde) (Masch) / hexagon screw, hex head screw ‖ ⁓**schraube** (mit Schaft, mit Teilgewinde) (Masch) / hexagon bolt, hex head bolt ‖ ⁓**schraubendreher** m mit **Kugelkopf** (Masch, Werkz) / ball hex driver, ball and hexagon screwdriver ‖ ⁓**stahl** m (Hütt) / hexagon n ‖ ⁓**steckschlüssel** m (Masch, Werkz) / Allen key, Allen wrench ‖ ⁓**stiftschlüssel** m (Masch, Werkz) / radiator (hexagonal) spanner ‖ ⁓**tiefe** f (beim Innensechskant) (Masch) / recess depth
**Sechs•komponentenwaage** f (im Windkanal) (Luftf) / six-component balance ‖ ⁓**kugel-VL-Gelenk** n (ein Verschiebegelenk nach Löbro) (Kfz) / six-ball VL joint ‖ ⁓**paß** m (im gotischen Maßwerk) (Arch) / sexfoil n ‖ ⁓**phasen-** (Eltech) / hexaphase adj, 6-phase adj, six-phase* attr, hexphase* adj ‖ ⁓**phasenstromkreis** m (Eltech) / six-phase circuit, hexaphase circuit, 6-phase circuit ‖ ~**phasig** adj (Eltech) / hexaphase adj, 6-phase adj, six-phase* attr, hexphase* adj ‖ ⁓**pol** m (ein elektrisches Netzwerk mit drei Anschlußklammerpaaren) (Eltech) / six-terminal network, four-pole n ‖ ~**polig** adj / hexapolar adj ‖ ~**pollinse** f (Eltronik) / hexapole lens
**sechst, algebraische ebene Kurve** ~**er Ordnung** (Math) / sextic n, plane sextic ‖ ~**en Grades** (Math) / sextic adj ‖ ~**er Ordnung** (Math) / sextic adj
**sechs•teilig** adj (Gewölbe) (Arch) / sexpartite adj ‖ ⁓**ventiler** m (Motor) (Kfz) / six-valve engine ‖ ⁓**ventilmotor** m (Kfz) / six-valve engine ‖ ⁓**-Walzen-Gerüst** n (je zwei Arbeitswalzen, Zwischenwalzen und Stützwalzen) (Hütt) / HC mill, high-crown mill ‖ ~**wertig** adj (Chem) / hexavalent* adj, sexavalent* adj, sexivalent adj, hexad adj ‖ ⁓**wertigkeit** f (Chem) / hexavalence n, sexavalence n ‖ ~**zählig** adj (Ligand) (Chem) / hexadentate adj, sexadentate adj ‖ ~**zählig** (Krist) / hexad adj ‖ ~**zählige** (Drehungs)**Achse** (um 60° C) (Krist) / hexad n (axis), hexagyre n ‖ ~**zählnig** adj (Ligand) (Chem) / hexadentate adj, sexadentate adj ‖ ~**zähliger Ligand** (Chem) / hexadentate ligand, sexadentate ligand ‖ ⁓**zylinder** m (Kfz) / six-cylinder engine ‖ ⁓**zylindermotor** m (Kfz) / six-cylinder engine ‖ ⁓**zylinder-V-Motor** m (V-Mot) / V-six cylinder engine, V-six engine, Vee-six n
**Sechzehnseiten-Rollenrotation** f (Druck) / sixteen-page rotary press
**Sechzehnventilkopf** m (Kfz) / 16-valve head
**SEC-Kameraröhre** f (Fernsehaufnahmeröhre höchster Empfindlichkeit) (TV) / secondary electron conduction tube, SEC camera tube
**Secoiridoid** n (Chem) / secoiridoid n
**Secon** n (Fernsehaufnahmeröhre höchster Empfindlichkeit) (TV) / secondary electron conduction tube, SEC camera tube
**Second Messenger** m (Biochem) / second messenger ‖ ⁓**-Hand-Look** m (Tex) / second-hand look, used look ‖ ⁓**handlook** m (Tex) / second-hand look, used look ‖ ⁓**-Level-Cache** m (EDV) / 2nd-level cache, second-level cache, secondary cache ‖ ⁓**-Source-Produkt**

(das vom unabhängigen Zweithersteller geliefert wurde) (Eltronik) / second-source product
**Secretin** *n* (Biochem) / secretin *n*
**SEC-Röhre** *f* (Fernsehaufnahmeröhre höchster Empfindlichkeit) (TV) / secondary electron conduction tube, SEC camera tube
**SECSY** (Spektr) / spin-echo correlation spectroscopy
**Sectio** *f* **aurea** (Math) / golden section*
**SEC-Vidikon** *n* (Fernsehaufnahmeröhre höchster Empfindlichkeit) (TV) / secondary electron conduction tube, SEC camera tube
**Sedativ** *n* (Pharm) / sedative *n*
**Sedativum** *n* (pl. Sedativa) (Pharm) / sedative *n*
**sedentär** *adj* (Biol) / sedentary* *adj*, sessile* *adj* ∥ ~ (Geol) / sedentary *adj*
**Sedentärboden** *m* (Geol) / sedentary soil
**Sedez** *n* (nicht mehr gebräuchliche Bezeichnung für einen viermal gefalzten Papierbogen, der 16 Blätter oder 32 Seiten enthält) (Druck) / sextodecimo* *n*, 16mo
**sedezimal** *adj* (zur Basis 16) (EDV, Math) / hexadecimal *adj*, sedecimal *adj*, sexadecimal *adj*, hex ∥ ~**e Darstellung** (EDV) / hexadecimal notation* ∥ ~**ziffer** *f* (EDV, Math) / hexadecimal digit
**sedieren** *v* (Med, Pharm) / sedate *v*
**sedierendes Mittel** (Pharm) / sedative *n*
**Sedifluktion** *f* (Geol) / sedifluction *n*
**Sediment** *n* / sediment *n*, subsidence *n*, precipitate *n*, deposit* *n*, lees *pl*, foots *pl* ∥ **biogenes** ~ (Geol) / biogenic deposit, biogenous deposit, biolith *n*, biogenous sediment, biological deposit ∥ **chemische** ~**e** (die durch chemische Abscheidung gebildet werden) (Geol) / chemical sediments ∥ **glaziales** ~ (z.B. Sand, Moräne, Drumlin) (Geol) / glacial deposit* ∥ **klastische** ~**e** (die aus dem mechanischen Absatz mitgeführter fester Teilchen entstehen) (Geol) / mechanical sediments* ∥ **marines** ~ (Geol) / marine deposit*, marine sediment ∥ **pelagische** ~**e** (Geol) / deep-sea deposits*, pelagic deposits
**Sediment**•- (Geol) / sedimentary *adj* ∥ ~**ablagerung** *f* (Chem, Med) / sedimentation* *n*, settling *n* ∥ ~**anschwemmung** *f* (Ozean) / berm *n*
**sedimentär** *adj* (durch Sedimentation entstanden) (Geol) / sedimentary *adj* ∥ ~**e Erzlagerstätte** (Bergb, Geol) / sedimentary ore deposit, ore bed ∥ ~**e Fazies** (erkannt aus Litho- und Biofazies des Gesteins) (Geol) / stratigraphic facies
**Sedimentation** *f* (Chem, Med) / sedimentation* *n*, settling *n* ∥ ~ (Geol) / sedimentary deposition, deposition* *n*, sedimentation* *n* ∥ **lakustrische** ~ (Geol) / lacustrine deposits, lacustrine sediments ∥ ~ *f* **im Ästuar** (Geol) / estuarine deposition*
**Sedimentations**•**analyse** *f* (DIN 66160) (Chem) / sedimentation analysis ∥ ~**gefüge** *n* (Geol) / depositional fabric, geopetal fabric ∥ ~**geschwindigkeit** *f* (Aufber, Chem Verf) / settling rate, sedimentation rate, settling velocity ∥ ~**koeffizient** *m* (Einheit: Svedberg) (Chem) / sedimentation coefficient, sedimentation constant ∥ ~**konstante** *f* (in der Svedberg-Gleichung) (Chem) / sedimentation coefficient, sedimentation constant ∥ ~**potential** *n* (Chem) / Dorn effect*, sedimentation potential*, electrophoretic potential *n* ∥ ~**schwemmung** *f* (dem Strand vorgelagert) (Geol) / berme *n*, berm *n* ∥ ~**unterbrechung** *f* (kurzzeitige) (Geol) / diastem *n* ∥ ~**unterbrechung** *f* (Geol) / depositional break *n* ∥ ~**waage** *f* (zur Durchführung von Korngrößenanalysen und zur Bestimmung des Sedimentationsverhaltens dispergierter Stoffe) (Anstr, Pulv) / sedimentation balance* ∥ ~**wert** *m* (Maßzahl für die Klebermenge und -qualität von Weizenmehlen) (Nahr) / sedimentation value* ∥ ~**zentrifuge** (zur beschleunigten Durchführung von Korngrößenanalysen) / sedimentation centrifuge ∥ ~**zentrum** *n* / depocentre *n* (an area or site of maximum deposition in a depositional basin) ∥ ~**zyklus** *m* (mehrfach sich wiederholende Abfolge bestimmter Sedimente) (Geol) / sedimentary cycle
**Sediment**•**bildung** *f* (Chem, Med) / sedimentation* *n*, settling *n* ∥ ~**gesteine** *n pl* (Geol) / sedimentary rocks* ∥ **plattig spaltbares** ~**gestein** (Geol) / flag* *n*
**sedimentieren** *v* / sediment *vi*, subside *v*, deposit *vi*
**Sedimentierzentrifuge** *f* / sedimentation centrifuge
**Sedimentite** *m pl* (Geol) / sedimentary rocks*
**Sedimentologie** *f* (Lehre von der Entstehung und Umbildung der Sedimentgesteine) (Geol) / sedimentology *n*
**Sediment**•**petrografie** *f* (Zweig der Petrografie, der sich mit Zusammensetzung und Aufbau der Sedimentgesteine befaßt) (Geol) / sedimentology *n* ∥ **feste** ~**teile** (die in den Flüssen meistens durch Reptation transportiert werden - z.B. Flußgeröll) (Geol) / solid debris load, debris load ∥ ~**verfestigung** *f* (Geol) / lithification* *n* ∥ ~**zuwachs** *m* (z.B. durch Anschwemmung und Aufschüttung eines Flusses in seinem Tal) (Wasserb) / aggradation *n*
**Sedoheptulose** *f* (Monosaccharid, das sld Zwischenstufe beim Calvin-Zyklus eine Rolle spielt) (Biochem) / sedoheptulose *n*
**Sedum-Alkaloide** *n pl* (Pharm) / sedum alkaloids
**See** *f* (Geog, Ozean) / sea* *n* ∥ ~- (Geog, Ozean) / marine *adj*, sea *attr* ∥ ~- (Schiff) / nautical *adj* ∥ **außerordentlich schwere** ~ (ein Seezustand) (Ozean, Schiff) / precipitous sea ∥ **gebrochene** ~ (Logbuchtsbe G) / broken sea ∥ **glatte** ~ (Ozean) / smooth sea, slick sea ∥ **grobe** ~ (ein Seezustand) (Schiff) / rather rough sea ∥ **hohe** ~ (Ozean, Schiff) / open sea, high sea ∥ **kabbelige** ~ (Logbuchtabe C) (Schiff) / choppy sea ∥ **langausrollende** ~ (Logbuchstabe L.) (Schiff) / long-rolling sea ∥ **leicht bewegte** ~ (ein Seezustand) (Schiff) / slight sea ∥ **mäßig bewegte** ~ (ein Seezustand) (Schiff) / moderate sea ∥ **ruhige** ~ (ein Seezustand) (Ozean) / smooth sea, slick sea ∥ **schwere** ~ (Logbuchstabe H.) (Schiff) / heavy sea ∥ **sehr grobe** ~ (Ozean, Schiff) / rough sea ∥ **sehr hohe** ~ (ein Seezustand) (Ozean, Schiff) / very high sea ∥ **spiegelglatte** ~ (ein Seezustand) (Schiff) / mirror sea, dead-smooth sea ∥ **vollkommen glatte** ~ (Schiff) / mirror sea, dead-smooth sea
**See** *m* (Geog, Geol) / lake* *n* ∥ ~- (Süßwasser) (Umwelt) / limnetic *adj*, limnic *adj*, lacustrine* *adj*, lacustral *adj*, lacustrian *adj* ∥ **Diracscher** ~ (Kernphys) / Dirac sea *n* ∥ **dystropher** *m* ~ (Geol) / dystrophic lake ∥ **holomiktischer** ~ (mit zweimaliger Umwälzung des Wassers im Jahr) (Geol) / holomictic lake ∥ ~**n auf den Stufen einer Kartreppe** *m pl* (Geol) / paternoster lakes ∥ ~ *m* **mit Ausfluß** (Geol) / open lake
**See**•**anker** *m* (Schiff) / sea anchor, floating anchor*, driving anchor* ∥ ~**anwuchs** *m* / marine growth, marine fouling ∥ ~**assekuranz** *f* / maritime insurance, marine insurance, sea insurance ∥ ~**bagger** *m* (HuT, Ozean) / marine dredger ∥ ~**bahnhof** *m* (Bahn) / maritime terminal, marine terminal ∥ ~**bauten** *m pl* (HuT, Ozean) / seaworks *pl* ∥ ~**bauwerke** *n pl* (HuT, Ozean) / seaworks *pl* ∥ ~**beben** *n* (Erschütterung des Meeres, die ihren Ursprung vom Meeresboden nimmt) (Geol) / seaquake *n*
**Seebeck**•-**Effekt** *m* (Umkehrung des Peltier-Effekts - nach Th.J. Seebeck, 1770-1831) (Eltech) / Seebeck effect* ∥ ~-**Element** *n* (Eltech) / thermal converter*, thermocouple converter, thermoelectric generator ∥ ~-**Koeffizient** *m* (Eltech) / thermoelectric power*, thermal e.m.f., thermoelectric force, Seebeck coefficient, thermoelectric voltage, thermal electromotive force*, Seebeck electromotive force
**Seebereich**, **sublitoraler** ~ (in Binnenseen) (Geol, Umwelt) / sublittoral zone*, sublittoral *n*
**See**•**bewuchs** *m* / marine growth, marine fouling ∥ ~**chemie** *f* (Chem) / chemical oceanography, marine chemistry
**Seed** *n* (in der Strahlentherapie verwendetes Radioisotopenpräparat) (Med, Radiol) / seed *n*
**Seedeich** *m* (durch Verwitterung und anschließende Umlagerung entstanden ist) (Ozean) / sea-wall *n*
**Seeding** *n* (Ausscheidung und Homogenitätsstörung im Lack) (Anstr) / seeding *n*
**See**•-**Echo** *n* (Radar) / sea return (the radar response from the sea surface) ∥ ~-**Erdung** *f* (von Kabeln) (Teleg) / sea earth* ∥ ~-**Erz** *n* (ein Eisenhydroxiderz aus Binnenseen) (Geol) / lake ore, lake iron ore ∥ ~**fähig** *adj* (Schiff) / seaworthy *adj* (in a good enough condition to sail on the sea) ∥ ~**fähig** *adj* (Schiff) / ocean-going *adj* (designed to cross oceans), seagoing *adj* ∥ ~**fahrts**- (Schiff) / nautical *adj* ∥ ~**farm** *f* / oceanic farm, marine farm ∥ ~**flößerei** *f* (Ozean) / lake floating ∥ ~**frachtvertrag** *m* (durch den sich der Verfrachter zur entgeltlichen Beförderung von Gütern über See verpflichtet) (Schiff) / contract of affreightment, contract of carriage of goods by sea ∥ ~**funk** *m* (Radio) / marine radio, marine communications ∥ ~**funkband** *n* (Radio) / marine band ∥ ~**funkbereich** *m* (Radio) / marine band ∥ ~**funkstelle** *f* (im allgemeinen) (Radio, Schiff) / marine radio station ∥ ~**funkstelle** (auf einem Schiff) (Radio, Schiff) / ship station ∥ ~**gang** *m* (die windurerzeugten Kapillar- und Schwerewellen) (Ozean) / state of sea, seaway *n* ∥ **leicht im** ~**gang laufendes Schiff** (Schiff) / easy-working vessel ∥ ~**gangecho** *n* (Radar) / sea clutter*, sea return (response from the sea surface), wave clutter* ∥ ~**gängig** (Zustand) (Schiff) / seaworthy *adj* (in a good enough condition to sail on the sea) ∥ ~**gängig** (als Klassifikationsmerkmal) (Schiff) / ocean-going *adj* (designed to cross oceans), seagoing *adj* ∥ ~**gangreflex** *m* (Radar) / sea clutter*, sea return (response from the sea surface), wave clutter* ∥ ~**gangsstufung** *f* (nach Douglas) (Schiff) / Douglas scale ∥ ~**gehend** *adj* (Schiff) / ocean-going *adj* (designed to cross oceans), seagoing *adj*
**Seeger**•-**Ring** *m* (ein Sicherungselement in Form eines offenen Federrings der Fa. Seeger-Orbis) (Masch) / Seeger retaining ring, Truarc retaining ring, snap ring ∥ ~-**Sicherungsring** *m* (Masch) / Seeger retaining ring, Truarc retaining ring, snap ring
**see**•**gestützt** *adj* (Startgerät) (Mil) / sea-based *adj* ∥ ~**gestützter Marschflugkörper** (Mil) / sea-launched cruise missile, SLCM ∥ ~**gras** *n* (getrocknete Blätter der Zostera marina L.) (Bot) / sea-grass *n* ∥ (**Gewöhnliches**) ~**gras** (**Zostera marina L.**) (Bot) / eel-grass* *n* ∥ ~**grün** *adj* / sea-green *adj* ∥ ~**hafen** *m* (Schiff) / seaport *n* ∥ ~**hafenspediteur** *m* (Schiff) / shipping agent ∥ ~**handbuch** *n* (Kart, Nav, Schiff) / pilot *n* (a navigational handbook for use at sea) ∥ ~**höhe** *f* (Verm) / sea level*, SL

**Seeing** *n* (Luftqualität im Hinblick auf astronomische Beobachtungen und Astrofotografie) (Astr) / seeing* *n*
**See•kabel** *n* (Kab) / submarine cable* ‖ ⁓**kabelverstärker** *m* (Kab) / submarine repeater* ‖ ⁓**kanal** *m* (Schiff) / seaway *n*, canal *n* ‖ ⁓**karte** *f* (Kart, Ozean) / nautical chart, marine chart, marine map ‖ ⁓**kiefer** *f* (Pinus halepensis Mill.) (For) / Aleppo pine ‖ **~klar** *adj* (Schiff) / ready for sea, ready to put to sea ‖ ⁓**klima** *n* (Meteor) / marine climate, maritime climate, oceanic climate, ocean climate ‖ ⁓**krankheit** *f* (eine Bewegungskrankheit) (Med) / seasickness *n* ‖ ⁓**kreide** *f* (terrestrischer Kalk) (Geol) / lake marl ‖ ⁓**küste** *f* (als Erholungsstätte) / seaside *n* ‖ ⁓**küste** (Ozean) / seashore *n*
**Seele** *f* (Gesamtheit der Leitungen) (Kab) / core* *n* ‖ ⁓ (Mil) / bore *n*
**Seelen•bewicklung** *f* (Kab) / core covering, core wrapping, core taping ‖ ⁓**elektrode** *f* (DIN 1913) (Eltech) / cored electrode* ‖ ⁓**verseilmaschine** *f* (Kab) / core-stranding machine, core strander
**See•luft** *f* (Meteor) / maritime air ‖ ⁓**-Luft-Flugkörper** *m* (Mil) / sea-air missile
**Seemann-Bohlin-Methode** *f* (eine Pulvermethode) / Seemann-Bohlin method
**See•meile** *f* (GB, veraltet = 1853,2 m; US = 1852 m) (Schiff) / nautical mile*, sea mile ‖ ⁓**nationalpark** *m* (ein abgegrenztes, großräumiges geschütztes Meeresgebiet, das dem freien Eindringen von Menschen entzogen ist - z.B. in den Vereinigten Staaten, in Japan, in Israel, in Australien usw.) (Umwelt) / marine park ‖ ⁓**nebel** *m* (Meteor, Schiff) / sea fog
**Seen•kette** *f* (Geol) / chain of lakes ‖ ⁓**kunde** *f* (Lehre von den oberirdischen Binnengewässern) (Geol) / limnology* *n*
**See•not** *f* (Luftf, Schiff) / distress at sea ‖ ⁓**notfrequenz** *f* (Schiff) / distress frequency ‖ ⁓**notrettungsflugzeug** *n* (Luftf) / sea-rescue aircraft ‖ ⁓**quark** *n* (Kernphys) / sea quark ‖ ⁓**rauch** *m* (in Verdunstungsnebel) (Meteor) / sea mist, steaming fog, Arctic smoke, sea smoke, water smoke ‖ ⁓**recht** *n* / maritime law, sea law ‖ ⁓**rederei** *f* (Schiff) / shipping company
**Seersucker** *m* (Baumwoll- oder Baumwollmischgewebe mit gekrepptem Streifen- bzw. borkigem Effekt) (Tex) / seersucker* *n*
**See•salz** *n* / sea salt ‖ ⁓**schiff** *n* (Schiff) / ocean-going ship, seagoing ship ‖ ⁓**schiffahrtskanal** *m* (Schiff) / seaway *n*, canal *n* ‖ ⁓**schiffahrtsstraße** *f* (Schiff) / sea lane ‖ ⁓**schlag** *m* (Aufsetzen des Schiffsbuges im Wellental) (Schiff) / slamming *n* ‖ ⁓**seide** *f* (Tex) / shell silk, byssus *n* ‖ ⁓**spedition** *f* / shipping *n* ‖ ⁓**-Strandkiefer** *f* (For) / maritime pine, cluster pine ‖ ⁓**tang** *m* (derbe, großwüchsige Braun- und Rotalgen) (Bot) / seaweed* *n*, wrack *n* ‖ **~tauglich** *adj* (Schiff) / seaworthy *adj* (in a good enough condition to sail on the sea) ‖ ⁓**terminal** *n* (Hafen, Containerterminal) (Schiff) / sea terminal ‖ ⁓**tieröl** *n* / marine-animal oil, marine oil ‖ ⁓**tonne** *f* (Schiff) / buoy* *n*, marker buoy ‖ ⁓**transport** *m* (Schiff) / sea transport, shipment by sea, maritime transport ‖ ⁓**transport von Gütern mit Schiffen der eigenen Flotte zwischen Häfen des Auslands** (Schiff) / cross trade ‖ **~tüchtig** *adj* (in der Lage, die Seegefahren zu bestehen) (Schiff) / seaworthy *adj* (in a good enough condition to sail on the sea) ‖ **~tüchtig** *adj* / ocean-going *adj* (designed to cross oceans), seagoing *adj* ‖ ⁓**ufer** *n* (Ozean) / seashore *n* ‖ ⁓**verhalten** *n* (des Schiffes) (Schiff) / seakeeping *n* ‖ ⁓**vermessungstechnik** *f* (Verm) / marine surveying* ‖ ⁓**versicherung** *f* / maritime insurance, marine insurance, sea insurance ‖ **~wärts** *adv* / offshore *adv* (towards the sea from the land) ‖ **~wärts** *adv*, seawards *adv*
**Seewasser** *n* (Ozean) / sea-water *n*, ocean water ‖ **entsalztes** ⁓ (im Seewasserverdampfer gewonnen) (Ozean) / product water, converted water ‖ ⁓**bau** *m* (als Fach) (HuT) / seashore civil engineering ‖ ⁓**bauwerke** *n pl* (HuT, Ozean) / seaworks *pl* ‖ **~beständig** *adj* (z.B. Verpackung) / sea-water-proof *adj* ‖ **~beständiges Messing** (Hütt) / naval brass*, naval bronze ‖ **~echtheit** *f* (DIN 54007) (Tex) / sea-water fastness ‖ ⁓**element** *n* (Phys) / sea cell* ‖ **~fest** *adj* / resistant to (attack by) sea-water ‖ **~festes Anstrichmittel** (Anstr) / marine paint, marine coating*, marine varnish ‖ ⁓**korrosion** *f* / marine corrosion, sea-water corrosion ‖ ⁓**test** *m* (zur Feststellung von Seewasserbeschädigungen an Gütern) / sea-water test
**See•weg** *m* (Schiff) / sea route, sea road ‖ ⁓**wegklimatologie** *f* (Meteor, Schiff) / seaway climatology ‖ ⁓**welle** *f* (Ozean) / sea wave, marine wave ‖ ⁓**wetterkunde** *f* (Meteor) / marine meteorology, maritime meteorology ‖ ⁓**wetterwarte** *f* (Meteor) / marine observatory ‖ ⁓**wind** *m* (Gegensatz zu land-breeze) (Meteor) / sea-breeze* *n* ‖ ⁓**zeichen** *n* (Objekt im oder am Meer, in oder an Fahrwassern zur Bezeichnung der Schiffahrtswege oder zur Warnung vor Untiefen, Schiffahrtshindernissen oder gesperrten Seegebieten) (Nav, Schiff) / sea-mark *n* ‖ ⁓**zeichen** (signalgebendes) (Schiff) / marine signalling device ‖ ⁓**zielfähigkeit** *f* (einer Waffe oder eines Waffensystems) (Mil) / antiship capability ‖ ⁓**zielflugkörper** *m* (Mil) / antiship missile ‖ **luftfahrzeuggestützter** ⁓**zielflugkörper** (Mil) / air-launched antiship missile ‖ **tiefstfliegender** ⁓**zielflugkörper** (Mil) / sea skimmer ‖ ⁓**zielpotential** *n* (eines Waffenträgers) (Mil) / antiship

capability ‖ ⁓**zustand** *m* (Meteor, Ozean) / sea state, state of sea, sea conditions
**S-Effekt** *m* (Eltronik) / surface-charge effect, S-effect *n*
**SEG** = Synthese-Erdgas
**Segas-Verfahren** *n* (Chem Verf) / Segas process (production of low-Btu gas)
**Segel•boot** *n* (Schiff) / sailing boat, sailboat *n (US)* ‖ ⁓**flug** *m* (Luftf) / gliding* *n*, gliding flight, glide *n* ‖ **[Thermik]**⁓**flug** (Luftf) / soaring* *n* ‖ ⁓**fluggelände** *n* (Luftf) / gliding site, gliding field ‖ ⁓**flugzeug** *n* (das sich besonders zum Thermiksegeln eignet) (Luftf) / sailplane* *n*, soaring sailplane ‖ ⁓**leinwand** *f* (Tex) / sailcloth* *n*, heavy (waterproofed) canvas, sail canvas ‖ ⁓**schiff** *n* (Schiff) / sailing ship ‖ ⁓**stellung** *f* (Blatteinstellung des Propellers für geringsten Widerstand in Flugrichtung; wird bei Triebwerksausfall eingestellt) (Luftf) / feathering pitch* ‖ **in** ⁓**stellung bringen** (einen Propeller) (Luftf) / feather *v* ‖ ⁓**tuch** *n* (Tex) / sailcloth* *n*, heavy (waterproofed) canvas, sail canvas ‖ ⁓**tuch** (Tex) s. auch Persenning ‖ ⁓**tuchbrook** *f m* (Schiff) / canvas gripe ‖ ⁓**tuchstropp** *m* (für Säcke mit Korn, Reis, Kaffee usw.) (Schiff) / canvas sling
**Seger•formel** *f* (ein dreispaltiges Molekular-Formelschema für Glasuren) (Keram) / Seger formula ‖ ⁓**kegel** *m pl* (die in Industrieöfen bei bestimmten Temperaturen fallen - nach dem deutschen Chemiker und Keramiker H. Seger, 1839-1893 benannt - DIN 51063, Normal = 1280°, Labor = 1295°) (Keram, Wärm) / Seger cones*, fusion cones* ‖ ⁓**kegel** (Keram, Wärm) s. auch Pyrometerkegel ‖ ⁓**kegelfallpunkt** *m* (Keram) / pyrometric cone equivalent*, PCE* ‖ ⁓**porzellan** *n* (ein etwa um 1880 von Seger entwickeltes Weichporzellan) (Keram) / Seger porcelain, Seger china
**Segetalpflanzen** *f pl* (Bot, Landw) / weeds *pl*
**Segge** *f* (Carex sp.) (Bot) / sedge *n*
**Seggenmoor** *n* (Geol) / sedge moor
**Segment** *n* (EDV) / segment *n* (part of a program), program segment ‖ ⁓ (grafisches Element) (EDV) / stroke *n* ‖ ⁓ (Math) / segment* *n* ‖ ⁓ (bei Mehrstärkengläsern) (Opt) / segment *n*, portion *n* ‖ ⁓ **-** / segmental *adj*, segmented *adj* ‖ **aus** ⁓**en bestehend** / segmental *adj*, segmented *adj* ‖ ⁓**antenne** *f* (Radio) / pillbox antenna ‖ ⁓**anzeige** *f* (EDV) / segment display
**segmentär** *adj* / segmental *adj*, segmented *adj*
**Segment•bauweise** *f* (von Brücken) (HuT) / segmental construction ‖ ⁓**blech** (Eltech) / segmental core disk* ‖ ⁓**bogen** *m* (meistens in der Romanik) (Arch) / segmental arch*, scheme arch*, skene arch* ‖ ⁓**drucklager** *n* (Masch) / segmental bearing, segment bearing
**segmentieren** *v* / segment *v*, segmentalize *v*, segmentalise *v* (GB)
**segmentiert** *adj* / segmental *adj*, segmented *adj* ‖ **~er Satz** (DIN 66239) (EDV) / spanned record
**Segmentierung** *f* (der Rede, des Programms) (EDV) / segmentation *n*
**Segment•kreissäge** *f* (For, Tischl) / segmental circular saw ‖ ⁓**kreissägeblatt** *n* (der Furnierkreissägemaschine) (For) / segment saw blade ‖ ⁓**leiter** *m* (verseilter Leiter, bestehend aus mehreren profilförmigen verseilten Leitern, die gegeneinander leicht isoliert sind) (Kab) / Milliken conductor ‖ ⁓**leiter** (Kab) / split-conductor cable* ‖ ⁓**polymer** *n* (Blockpolymer, das aus einer großen Anzahl von kurzen Blöcken aufgebaut ist) (Chem) / segment polymer ‖ ⁓**scheibe** *f* (Opt) / sector disk*, episcotister *n* ‖ ⁓**schleifscheibe** *f* (Masch) / segmental grinding wheel ‖ ⁓**spannung** *f* (Eltech) / segment voltage ‖ ⁓**stecker** *m* (Fernm) / square-section plkug ‖ ⁓**stück** *n* (kurvenlose Steuerung) (Masch) / quadrant* ‖ ⁓**tabelle** *f* (EDV) / segment table (SGT) ‖ ⁓**tafel** *f* (EDV) / segment table (ST) ‖ ⁓**tafeladresse** *f* (EDV) / segment table address ‖ ⁓**tor** *n* (der Schleuse) (Wasserb) / stop gate ‖ ⁓**verschluß** *m* (des Segmentwehrs) (Wasserb) / radial gate, segmental sluice gate, Tainter gate
**Segnersches Reaktionsrad** (nach J.A. v. Segner, 1704-1777) (Phys) / Segner's wheel
**Segrè-Diagramm** *n* (nach E.G. Segrè, 1905-1989) (Kernphys) / Segrè chart*
**Segregat** *n* (Hütt) / segregation product
**Segregation** *f* (Aufspaltung von Erbfaktoren) (Gen) / segregation *n* ‖ ⁓ (Hütt) / segregation* *n*
**Segregations•konstante** *f* (Chem) / partition coefficient ‖ ⁓**linie** *f* (in Schmelzdiagrammen) (Hütt, Phys) / solvus *n*, solvus line
**Seh•-** (Opt, Physiol) / optic* *adj*, visual *adj* ‖ ⁓**achse** *f* (Physiol) / optic axis ‖ ⁓**aufgabe** *f* (Licht) / visual task ‖ **~behindert** *adj* (Med, Opt) / sight-impaired *adj*
**Sehen** *n* (Opt, Physiol) / vision *n*, sight* *n* ‖ **binokulares** ⁓ (Opt, Physiol) / stereoscopic vision, binocular vision, stereopsis *n*, three-dimensional vision, stereovision *n* ‖ **fotopisches** ⁓ (Opt) / photopic vision* ‖ **komfortables** ⁓ (Opt) / visual comfort ‖ **künstliches** ⁓ (KI) / computational vision, computer vision, machine vision ‖ **maschinelles** ⁓ (EDV, KI) / machine vision, computer vision ‖ **maschinelles** ⁓ (KI) / computational vision, computer vision, machine vision ‖ **skotopisches** ⁓ (Opt) / scotopic vision*, twilight vision ‖ **stereoskopisches** ⁓ (Opt, Physiol) / stereoscopic vision,

binocular vision, stereopsis $n$, three-dimensional vision, stereovision $n$ ‖ ~ **ohne Hilfsmittel** (mit bloßem Auge) (Opt) / unaided vision
**Seh•farbstoff** $m$ (Med, Opt) / visual pigment, retinal pigment ‖ ~**fehler** $m$ (Med, Opt) / vision defect ‖ ~**feld** $n$ (Opt) / field of view, viewing field, visual field, field of vision ‖ **deutliches** ~**feld** (Opt) / field of distinct vision ‖ ~**hilfe** $f$ (Opt) / visual aid ‖ ~**leistung** $f$ (Fähigkeit des Sehorgans, Helligkeits- und Formenstrukturen zu erfassen und wahrzunehmen) (Physiol) / vision $n$ ‖ ~**loch** $n$ (Opt) / pupil* $n$
**Sehne** $f$ (Zweig eines Cobaumes) (Elektr) / link $n$ ‖ ~ (innere, theoretische) (Luftf) / chord* $n$, chord line (of the airfoil)* ‖ ~ (äußere) (Luftf) / geometric chord ‖ ~ (eine Strecke, die zwei Punkte einer Kurve verbindet; der Teil der Sekante, welcher im Kreis liegt) (Math) / chord* $n$ ‖ **mittlere aerodynamische** ~ (Luftf) / aerodynamic mean chord, AMC, mean aerodynamic chord, MAC
**Sehnen•** - (Math) / chordal adj ‖ ~**satz** $m$ (ein Spezialfall des Sekantensatzes) (Math) / theorem of the chords, chord theorem ‖ ~**schnitt** $m$ (For) / tangential section ‖ ~**tangentenwinkel** $m$ (Math) / tan-chord angle (between a chord and a tangent) ‖ ~**vieleck** $n$ (dessen Seiten Sehnen eines Kreises sind) (Math) / inscribed polygon, inpolygon $n$ ‖ ~**viereck** $n$ (Viereck, bei dem alle vier Eckpunkte auf einem Kreis liegen) (Math) / cyclic quadrilateral*, inscribed tetragon ‖ ~**wicklung** $f$ (Eltech) / chorded winding
**Sehnerv** $m$ (Physiol) / optic nerve
**sehnig** adj (Nahr) / stringy adj, tough adj, leathery adj
**Sehnungsfaktor** $m$ (Eltech) / pitch factor
**Seh•objekt** $n$ (Licht, Opt) / object (to be) seen ‖ ~**pigment** $n$ (Med, Opt) / visual pigment, retinal pigment ‖ ~**prozeß** $m$ (Wahrnehmung visueller Reize) (Opt, Physiol) / process of vision ‖ ~**purpur** $m$ (das Sehpigment der Augenstäbchen) (Opt, Physiol) / rhodopsin* $n$, visual purple*
**sehr fein** (nicht tastbar) / impalpable adj ‖ ~ **giftig** (Stoff) (Chem) / definitely toxic (hazardous) ‖ ~ **grobe See** (ein Seezustand) (Ozean, Schiff) / rough sea ‖ ~ **großes Spiel** (Kennzeichen bei Montage) (Masch) / loose fit ‖ ~ **harte Landung** (Luftf) / pancaking* $n$, pancake landing ‖ ~ **hoch auflösender Bildschirm** (EDV) / very-high-resolution screen, VHR screen ‖ ~ **hohe See** (ein Seezustand) (Ozean, Schiff) / very high sea ‖ ~ **laut** (Akus) / ear-splitting adj ‖ ~ **lautes Störgeräusch** (Fernm, Radio) / wipe-out $n$ ‖ ~ **schnelle Reaktion** (Chem) / ultrafast reaction ‖ ~ **wenig gedämpfter Schwingkreis** (Eltech) / ringing circuit
**Seh•rohr** $n$ (bei Ubooten) (Mil, Opt) / submarine periscope, periscope $n$ ‖ ~**schärfe** $f$ (Visus) (Med, Opt) / visual acuity*, acuity of vision ‖ ~**schlitz** $m$ / sight $n$ ‖ ~**schwache Person** (Med, Opt) / amblyope $n$, person with low vision ‖ ~**schwelle** $f$ (als Maß der Lichtempfindlichkeit des menschlichen Auges) (Opt) / visual threshold $n$ ‖ ~**spalt** $m$ / sight $n$ ‖ ~**stäbchen** $n$ (der Netzhaut) (Med, Opt) / rod* $n$ ‖ ~**störung** $f$ (Med, Opt) / visual disorder, vision disorder ‖ ~**strahl** $m$ (Opt, Verm) / line of collimation*, line of sight*, sight line ‖ ~**test** $m$ (Med, Opt) / vision test, sight test ‖ ~**testtafel** $f$ (Med, Opt) / acuity chart ‖ ~**vermögen** $n$ (Opt, Physiol) / vision $n$ ‖ **verlangtes** ~**vermögen** / visual requirements ‖ ~**vorgang** $m$ (Opt) / vision $n$ ‖ **deutliche** ~**weite** (Opt) / least distance of distinct vision* ‖ ~**winkel** $m$ (Film) (Opt, unter dem der Betrachter ein projiziertes Bild als Gesamtinformation sehen kann) (Film) / sight-lines $pl$ ‖ ~**winkel** (der von den Sehstrahlen gebildet wird - DIN 66233, T 1) (Opt, Physiol) / visual angle, optic angle ‖ ~**zapfen** $m$ (der Netzhaut) (Med, Opt) / cone* $n$ ‖ ~**zeichen** $n$ (Med, Opt) / optotype $n$ ‖ ~**zelle** $f$ (Opt, Physiol) / photoreceptor* $n$
**Seiche** $f$ (Geophys, Meteor) / seiche* $n$
**Seiches** $f pl$ (Geophys, Meteor) / seiche* $n$
**seicht** adj (Wasserb) / shallow adj, shoaly adj ‖ ~**es, felsiges Flußbett** (Wasserb) / riffle $n$ ‖ ~**(er) werden** (durch Versandung oder durch Verschlammung) (Wasserb) / shallow $vi$
**Seichtwasser** $n$ (Wasserb) / shallow water
**Seide** $f$ (Narbenfäden des Maises) (Landw) / silk $n$ ‖ ~ (im allgemeinen - DIN 60001, T 4) (Tex) / silk* $n$ ‖ **chargierte** ~ (Tex) / weighted silk ‖ **erschwerte** ~ (Tex) / weighted silk ‖ **gezwirnte** ~ (Tex) / thrown silk, nett silk, net silk, moulinée twist ‖ **reale** ~ (vom Kokon abgehaspelte endlose Raupenseide) (Tex) / reeled silk ‖ **souplierte** ~ (Tex) / souple silk, souple $n$ ‖ **ungezwirnte** ~ (Tex) / ravelled silk, raveled silk (US) ‖ **wilde** ~ (z.B. Tussahseide, Eriaseide, Yamamaiseide) (Tex) / wild silk ‖ ~ $f$ **aus ungezwirnten Einzelfäden** (Tex) / no-throw* $n$
**Seidelsche Aberration** (Abbildungsfehler dritter Ordnung; nach L.Ph. von Seidel, 1821 - 1896) (Opt) / Seidel aberration
**seiden** adj (Text) / silken adj ‖ ~ **silken** adj ‖ ~**ähnlich** adj / silky adj ‖ ~**artig** adj / silky adj ‖ ~**artiger Bruch** (Hütt) / silky fracture ‖ ~**artige Weichheit** / silkiness $n$ ‖ ~**bast** $m$ (Biochem, Tex) / sericin $n$, silk gum, silk glue ‖ ~**bau** $m$ (ohne Plural) (Zucht des Seidenspinners zur Gewinnung von Naturseide) (Landw) / sericulture $n$, sericiculture $n$ ‖ ~**beschwerung** $f$ (Tex) / silk weighting ‖ ~**blende** $f$ (Film, TV) / bolting-silk $n$, butterfly* $n$, diffuser* $n$, silk scrim, diffusing screen ‖ ~**damast** $m$ (Tex) / silk damast ‖ ~**eiche** $f$ (Grevillea robusta A. Cunn. ex R. Br.) (For) / silky oak ‖ ~**erschwerung** $f$ (der entbasteten Rohseide) (Tex) / silk weighting ‖ ~**fibroin** $n$ (Chem, Tex) / fibroin* $n$ ‖ ~**finish** $n$ (Tex) / Schreiner finish, schreinering $n$ ‖ ~**finish-Kalander** $m$ (Tex) / Schreiner calender ‖ ~**garn** $n$ (DIN 60550 und 60600) (Spinn) / silk yarn ‖ **minderwertiges** ~**garn** (aus Strusen) (Spinn) / floss $n$ ‖ ~**gaze** $f$ (Tex) / bolting-silk $n$ ‖ **leichte** ~**gaze** (Tex) / gossamer $n$ ‖ ~**gewebe** $n$ (Tex) / silk fabric, silk $n$ ‖ ~**glanz** $m$ (Keram) / satin finish (a very smooth surface finish with low or dull reflective properties) ‖ ~**glanz** (des Schreibvelours) (Leder) / silk sheen ‖ ~**glanz** (Min) / silk* $n$, silky lustre ‖ **mit** ~**glanz** / silky adj ‖ ~**glanzdispersion** $f$ (Anstr) / silk dispersion ‖ ~**glänzend** adj / silky adj ‖ ~**glanzleder** $n$ (Leder) / silk-sheen suede ‖ ~**griff** $m$ (knirschender Griff) (Tex) / silky handle ‖ ~**grün** $n$ (im allgemeinen) / silk green, deep chrome green ‖ ~**- und Textilienhändler** $m$ (Tex) / mercer $n$ (GB) ‖ ~**haspel** $f$ (Tex) / reel $n$, silk reel ‖ ~**haut** $f$ (schwere reinseidene Atlasware) (Tex) / peau-de-soie $n$ ‖ ~**holz** $n$ (For) / satinwood* $n$ ‖ ~**kokon** $m$ (Tex) / cocoon* $n$, pod $n$ ‖ ~**krach** $m$ (der Raupenseide) (Tex) / scroop* $n$ ‖ ~**lackdraht** $m$ (Eltech) / varnished-silk braided wire ‖ ~**leim** $m$ (Biochem, Tex) / sericin $n$, silk gum, silk glue ‖ ~**matt** adj / satin attr ‖ ~**matt** (Anstr) / semi-flat adj, semi-dull adj, bastard-flat adj ‖ ~**mattes Finish** / satin finish ‖ ~**milanese** $m$ (Tex) / Milanese silk ‖ ~**moiré** $m$ (Tex) / watered silk ‖ ~**optik** $f$ (bei Anzugsstoffen) (Tex) / silk optics ‖ ~**papier** $n$ (weiches, mehrlagiges, holzfreies Papier mit "gewebeartigem" Griff) (Pap) / tissue paper $n$, soft tissue, tissue $n$ ‖ ~**raupe** $f$ (Tex, Zool) / silkworm $n$ ‖ ~**raupenzucht** $f$ (Zucht des Seidenspinners zur Gewinnung von Naturseide) (Landw) / sericulture $n$, sericiculture $n$ ‖ ~**schrei** $m$ (der Raupenseide) (Tex) / scroop* $n$ ‖ ~**siebdruck** $m$ (Druck) / silk-screen printing, silk screening ‖ ~**siebtuch** $n$ (Tex) / bolting-silk $n$ ‖ **Japanischer** ~**spinner** (Philosamia cynthia) (Zool) / ailanthus silkworm ‖ ~**stoff** $m$ (Tex) / silk fabric, silk $n$ ‖ ~**stoff mit Vielfarbeneffekt** (Tex) / marble silk ‖ ~**taft** $m$ (Tex) / sarsenet $n$, sarcenet $n$ ‖ ~**tapete** $f$ (Bau) / tekko $n$ ‖ ~**webmaschine** $f$ (Web) / silk-weaving machine, silk-weaving loom ‖ ~**webstuhl** $m$ (Web) / silk-weaving machine, silk-weaving loom ‖ ~**weich** adj / silky adj ‖ ~**werg** $n$ (Tex) / silk noil ‖ ~**wurm** $m$ (Tex, Zool) / silkworm $n$ ‖ **starker** ~**zwirn** (Spinn) / tailor's twist ‖ ~**zwirner** $m$ (Tex) / throwster* $n$ ‖ ~**zwirnmaschine** $f$ (Tex) / silk throwing machine
**seidig** adj / silky adj
**Seidigkeit** $f$ / silkiness $n$
**Seidlitzpulver** $n$ (Brausepulver = 7,5 Kaliumnatriumtartrat + 2,5 Natriumhydrogenkarbonat + 2 Weinsäure, diese in weißer Papierkapsel gesondert verpackt) (Pharm) / Seidlitz powder*, Seidlitz powders (US), Rochelle powder(s)
**Seife** $f$ (Chem) / soap* $n$ ‖ ~ (Diamant-, Gold-) (Geol) / placer* $n$, placer deposit*, lead $n$ (a surficial mineral deposit) ‖ **äolische** ~ (Bergb) / aeolian placer, eolian placer ‖ **eluviale** ~ (Bergb) / eluvial placer ‖ **flüssige** ~ (eine Schmierseife) (Chem) / liquid soap ‖ **fluviatile** ~ (Bergb) / fluviatile deposit*, fluviatile placer, stream placer ‖ **harte** ~ (Chem) / hard soap* ‖ **kastilianische** ~ / Castile soap, olive-oil Castile soap ‖ **marine** ~ (Bergb) / beach placer ‖ **medizinische** ~ (mit Phenol) (Pharm) / carbolic soap, carbolic $n$ ‖ **neutrale** ~ (Chem) / neutral soap ‖ **überfettete** ~ (Chem, Med) / superfatted soap ‖ **weiche** ~ (Seife von streichfähiger Konsistenz, die aus billigen Pflanzenölen durch Verseifung mit Kalilauge hergestellt wird) (Chem) / soft soap*, liquid green soap
**seifen** $v$ / soap $v$ ‖ ~ $n$ / soaping $n$ ‖ ~ s. auch Abpinseln ‖ ~**abbau** $m$ (Bergb) / placer mining, alluvial mining ‖ ~**ablage** $f$ (Bau) / soap dish ‖ ~**ausrüstung** $f$ (Tex) / soap finish ‖ ~**bau** $m$ (Bergb) / placer mining, alluvial mining ‖ ~**baum** $m$ (Quillaja saponaria Molina) (For) / quillaja $n$, soap-bark tree ‖ ~**baum** (Sapindus saponaria L.) (For) / soap-berry tree, soap-berry $n$ ‖ ~**baum** (im allgemeinen) (For) / soap-tree $n$ ‖ ~**blase** $f$ / soap bubble ‖ ~**blasenströmungsmesser** $m$ (Phys) / bubble flowmeter ‖ ~**brühe** $f$ (Tex) / suds $pl$, soapsuds $pl$ ‖ ~**chromatografie** $f$ (Chem) / soap chromatography (when organic counterions with long carbon chains are used) ‖ ~**erz** $n$ (Bergb) / placer ore, pay gravel, stream ore ‖ ~**fabrik** $f$ (Chem Verf) / soap-works $n pl$ ‖ ~**film-Strömungsmesser** $m$ (Phys) / soap-film flowmeter ‖ ~**flocken** $f pl$ (hochgetrocknete Festseifen, die man warm zu einem dünnen Film auswalzt und mit Messern zerschneidet; sie lösen sich infolge ihrer größeren Oberfläche im Waschwasser schnell auf) / soap flakes ‖ ~**fluß** $m$ (Chem Verf) / soapstock $n$ ‖ ~**frei** adj / soap-free adj, soapless adj ‖ ~**gold** $n$ (auf sekundärer Lagerstätte) (Bergb) / placer gold, alluvial gold ‖ ~**hautanalogie** $f$ (Phys) / membrane analogy, soap-bubble analogy ‖ ~**hautgleichnis** $n$ (Phys) / membrane analogy, soap-bubble analogy ‖ ~**kern** $m$ (die obere halbflüssige Schicht bei der Seifenfabrikation) / open soap, curd soap ‖ ~**konglomerat** $n$ (Gold, Uran usw.) (Geol) / banket* $n$ ‖ ~**lagerstätte** $f$ (Geol) / placer* $n$, placer deposit*, lead $n$ (a surficial mineral deposit) ‖ ~**lauge** $f$ (Tex) / suds $pl$, soapsuds $pl$ ‖ ~**lösung** $f$ / soap solution ‖ ~**pulver** $n$ / soap powder ‖ ~**rinde** $f$ (von Quillaja saponaria Molina) / soapbark $n$, murillo bark ‖ ~**schaum** $m$ / lather $n$ ‖ ~**schmiere** $f$ (der Fahlleder) (Leder) / soap dressing ‖

**Seifenschmiermittel**

~**schmiermittel** n / soap lubricant ‖ ~**sieder** m / soap-boiler n, soaper n ‖ ~**spender** m / soap dispenser ‖ ~**spiritus** m (aus Kaliseife und Ethanol) (Chem) / soap spirit ‖ ~**stein** m (Anstr, Chem Verf) / solid caustic paint remover (3 parts of sodium hydroxide + 2 parts of soda), sodium hydroxide (dry, contaminated with soda) ‖ ~**stein** (ein quellfähiges Dreischichtsilikat) (Min) / saponite* n, bowlingite* n ‖ ~**stock** m (Chem Verf) / soapstock n ‖ ~**stück** n / soap bar ‖ ~**wasser** n / soapy water, soap water, sudsy water ‖ ~**zinn** n (aus fluviatilen Seifen) (Bergb) / stream tin*, placer tin
**seifig** adj / soapy adj, saponaceous adj ‖ ~ (Gestein) (Geol) / unctuous adj ‖ ~**er Griff** (Tex) / soapy handle ‖ ~**werden** n (von Fetten) (Nahr) / saponification n
**Seifmaschine** f (Tex) / soap machine, soaper n
**Seige** f (Bergb) / ditch n, flume n
**seiger** adj (Bergb, Geol) / vertical adj ‖ ~**e Sprunghöhe** (Geol) / vertical component (of dip)
**Seigern** n (Hütt) / liquation* n, segregation* n ‖ ~ **und Raffinieren** (von Werkblei) (Hütt) / softening* n
**Seigerriß** m (Bergb) / vertical section
**Seigerung** f (Ausbildung mikro- oder makroskopischer Zusammensetzungsunterschiede in sonst homogen zusammengesetzten Körpern im Verlauf der Erstarrung) (Hütt) / liquation* n, segregation* n ‖ **umgekehrte** ~ (Hütt) / inverse segregation* ‖ ~ f **unterhalb der Liquidustemperatur** (Hütt) / subliquidus temperature segregation
**seigerungs•armer Stahl** (Hütt) / steel with little segregation ‖ ~**frei** adj / segregation-free adj ‖ ~**linie** f (Hütt) / ghost* n, ghost line* ‖ ~**spalt** m (Gieß) / segregation gap ‖ ~**zellen** f pl (Folge von Mikroseigerungen) (Hütt) / segregation streaks ‖ ~**zone** f (Hütt) / segregation zone
**Seignette•-Elektrizität** f (nach P. Seignette, 1660-1719) (Elektr) / Rochelle-electrics n, Seignette-electrics n, ferroelectrics n, Rochelle electricity, Seignette electricity ‖ ~**salz** n (Kaliumnatriumtartrat) (Chem) / Rochelle salt*, Seignette salt
**seihen** v (Nahr) / colander vt, cullender vt, strain v
**Seiher** m (Masch) / strainer n, screen filter ‖ ~ (Masch, Nahr) / strainer n, colander n, cullender n
**Seihflüssigkeit** f / colature n
**Seihtuch** n / straining cloth
**Seil** n (DIN 60100 und DIN 60150) / rope n ‖ ~ (Eltech, Fernm) / suspension strand, messenger-cable strand ‖ ~ s. auch Kabeltrosse ‖ [**dünnes**] ~ / cord n ‖ **drallarmes** ~ (Kab) / preformed rope, non-spinning rope ‖ **drallfreies** ~ (Kab) / preformed rope, non-spinning rope ‖ **elastisches** ~ (Spannseil, Bremsseil - auf dem Deck des Flugzeugträgers) (Luftf, Tex) / bungee n, Sandow cord ‖ **halb verschlossenes** ~ / half-locked rope ‖ **verschlossenes** ~ (wenn durch Formdrähte in der Außenlage eine glatte Oberfläche und ein dichter Abschluß des Seiles erreicht werden) / locked cable ‖ ~ n **für Hängebrücken** (HuT) / bridge rope
**Seil•ablenkungswinkel** m (größter - beim An- oder Ablauf) (Masch) / fleet angle ‖ ~**antrieb** m (Masch) / rope drive ‖ ~**antrieb** (Radio) / cord drive ‖ ~**auflegen** n (Bergb) / pulling over of the rope ‖ ~**bagger** m (HuT) / tower excavator
**Seilbahn** f (kleinere - mit einer einzigen freien Spannweite) (HuT) / cableway* n, blondin* n, flying fox ‖ ~**förderung** f (Bergb) / endless rope haulage* n ‖ ~**kran** m (HuT) / cableway* n ‖ ~**kuppler** m **mit obenliegendem Zugseil** (Masch) / overtype coupler ‖ ~**wagen** m (Bergb) / carrier* n
**Seil•bohren** n (das älteste Bohrverfahren für größere Teufen) (Bergb) / cable drilling, cable-tool drilling*, churn drilling, rope boring ‖ ~**bremse** f / rope brake*, cable brake ‖ ~**bringung** f (For) / cableway skidding, cableway logging ‖ ~**bringungsanlage** f (For) / cableway n, aerial skidder n ‖ ~**bruch** m / rope break ‖ ~**brücke** f (HuT) / cable bridge n ‖ ~**draht** m (Hütt, Masch) / rope wire ‖ ~**drehen** n / rope making, rope manufacture, rope-laying n ‖ ~**drehen** (Tex) / cabling* n ‖ ~**drehmaschine** f (Kab, Masch) / rope-laying machine, strander n, rope-making machine ‖ ~**eck** n (geometrische Konstruktion zur Ermittlung der resultierenden Kraft und des resultierenden Kraftpaars für ein ebenes Kraftsystem) (Bau, Phys) / funicular polygon, link polygon ‖
**Seilen** n / rope making, rope manufacture, rope-laying n ‖ ~ (Kab, Masch) / stranding n, layer-stranding n
**Seilendstück** n / rope end-piece
**Seiler** m / rope-maker n ‖ ~**bahn** f (eine Werkstätte) / rope-yard n, ropery n, rope-walk n
**Seilerei** f / rope-yard n, ropery n, rope-walk n ‖ ~ (Herstellung von Seilerwaren) / rope making, rope manufacture, rope-laying n
**Seilerware** f / cordage n
**Seil•fähre** f (Schiff) / rope ferry ‖ ~**fahrt** f (Fördern von Personen im Schacht mittels Förderkorb) (Bergb) / men-hoisting n, man-hoisting n ‖ ~**fahrt** (Fördern von Personen im Schacht mittels Förderkorb) (Bergb) / man-riding* n, winding of persons, men-riding n, travelling n ‖ ~**fahrtkorb** m (Bergb) / man cage ‖ ~**fahrtschacht** m (Bergb) / man shaft, man-hoist shaft ‖ ~**flaschenzug** m / wire-rope tackle block ‖ ~**flechtmaschine** f (Kab, Masch) / rope-laying machine, strander n, rope-making machine ‖ ~**förderanlage** f (HuT) / cableway* n, blondin* n, flying fox ‖ ~**führung** f (Bergb) / rope guide ‖ ~**garn** (grobe Garne zum Umspinnen von Erd- und Seekabeln oder zu anderen technischen Zwecken nach DIN 83305) (Kab) / cable yarn ‖ ~**garn** (Spinn) / rope-yarn n ‖ ~**getriebe** n (Masch) / rope (drive) mechanism ‖ ~**gewichtsausgleich** m (Bergb) / rope-load equalization, equalization of winding load
**Seiliger-Prozeß** m (ein die idealen Kreisprozesse für Otto- und Dieselmotoren zusammenfassender idealer Kreisprozeß) (V-Mot) / Seiliger cycle, standard double combustion cycle
**Seil•kausch** f / thimble n, dead eye* ‖ ~**kausche** f / thimble n, dead eye* ‖ ~**kernapparat** m (Bergb) / wire-line core barrel, wire-line barrel ‖ ~**kernen** n (Bergb) / wire-line coring ‖ ~**kernrohr** n (Bergb) / wire-line core barrel, wire-line barrel ‖ ~**kernverfahren** n (Untersuchungsbohrverfahren, bei dem das Innenkernrohr, das den Bohrkern enthält, mit einem Seil zur Tagesoberfläche gezogen wird) (Bergb) / wire-line coring ‖ ~**kink** f (Masch) / kink n ‖ ~**klemme** f / wire-rope clip, cable-rope clamp ‖ ~**konstruktion** f (z.B. Drahtseilkonstruktion nach DIN 3051) (Masch) / make-up of a cable ‖ ~**kranbringung** f (For) / skyline cable logging ‖ ~**kurve** f (Math) / catenary* n ‖ ~**lage** f (des Förderseils auf der Scheibe) (Bergb) / lap* n ‖ ~**lava** f (Geol) / ropy lava*, corded lava, pahoehoe n ‖ ~**linie** f (die unter den Einfluß der Schwerkraft entsteht) (Math) / catenary* n ‖ ~**litzenspinnmaschine** f / wire-stranding machine ‖ ~**machart** f (Masch) / make-up of a cable ‖ ~**netzkühlturm** m (dessen Mantel aus einer Seilkonstruktion besteht, die mit Aluminium verkleidet ist) / cooling tower with cable network shell ‖ ~**polygon** n (Bau, Phys) / funicular polygon, link polygon ‖ ~**prüfung** f (z.B. Manilaseil nach DIN 83322) (WP) / rope testing ‖ ~**rad** n (Masch, Phys) / rope sheave, rope-wheel n (grooved) ‖ ~**reibung** f (Umschlingungsreibung zwischen Seil und Scheibe) / rope friction ‖ ~**rille** f (auf der Scheibe) / groove n (of a sheave) ‖ ~**riß** m / rope break ‖ ~**rolle** f (Masch, Phys) / rope sheave, rope-wheel n (grooved) ‖ ~**rutsch** n (Rutschen des Förderseiles bei starkem Anfahren oder scharfem Bremsen in der Treibscheibe, vorwiegend beim Einhängen einer Überlast) (Bergb) / rope slide, rope slipping ‖ ~**sattel** m (an Seilbahnschenstützen) (Masch) / saddle n ‖ ~**schäkel** m (spezieller Schäkel zur Verbindung von zwei Seilen, der so ausgelegt ist, daß er mit dem Seil über Seilrollen geführt werden kann) / clevis n ‖ ~**schaufler** m (HuT) / dragline scraper ‖ ~**scheibe** f (ein Rillenrad des Seilscheibengerüsts) (Bergb) / headgear sheave ‖ ~**scheibe** (Masch, Phys) / rope sheave, rope-wheel n (grooved) ‖ ~**scheibengerüst** n (Bergb) / headgear* n, headframe* n, shaft tower* f ‖ ~**scheibenstuhl** m (Bergb) / sheave support ‖ ~**schlagen** (Kab, Masch) / stranding n, layer-stranding n ‖ ~**schlagmaschine** f (Kab, Masch) / rope-laying machine, strander n, rope-making machine ‖ ~**schloß** n (DIN 15315) / wire-rope clip, cable-rope clamp ‖ ~**schmierfett** n / rope grease ‖ ~**schrapperbagger** m (HuT) / dragline excavator*, dragline n ‖ ~**schwebebahn** f / aerial ropeway*, aerial tramway (US), overhead ropeway, aerial cableway ‖ ~**spanner** m (Bahn, Eltech) / rope winder, rope retainer ‖ ~**steuerung** f (Eltech) / hand-rope operation ‖ ~**träger** m (z.B. bei frei überdachten Hallen) (Bau) / carrier cable, supporting rope ‖ ~**tragwerk** n (Bau) / cable-supported structure n ‖ ~**trieb** m (DIN 15020) (Masch) / rope drive ‖ ~**trieb** (der Skale) (Radio) / cord drive ‖ ~**trommel** f (Bergb, Masch) / drum* n, winding drum*, hoisting drum ‖ ~**trommel** (Masch) / rope drum ‖ ~**verankerungsmethode** f **mit konstanter Spannung** (Winde mit Seiltrommel) (Erdöl) / constant tension anchoring (method) ‖ ~**winde** f (Masch) / rope winch, cable winch, crab n, crab winch ‖ ~**zug** m (Kfz) / cable n ‖ ~**zug** (Kfz) s. auch Bowdenzugkabel ‖ ~**zug** (ein Hebezeug) (Masch) / rope hoist ‖ ~**zugbremse** f / rope brake*, cable brake
**seimig** adj (Nahr) / ropy adj, ropey adj, stringy adj
**Seinszeichen** n (Math) / existential quantifier, existential operator, particular quantifier
**Seismik** f (angewandte - geophysikalische Aufschlußverfahren /Refraktions- und Reflexionsseismik/, mit denen aus der Ausbreitung künstlich durch Sprengung erzeugter elastischer Wellen eine flächenhafte Übersicht über den Aufbau des Untergrundes gewonnen wird) (Geophys) / seismic exploration, seismic prospecting ‖ ~ (Wissenschaft) (Geophys) / seismology* n
**seismisch** adj (Geophys) / seismic adj ‖ **Differenz** f **in der Ankunftszeit einer ~en Reflexion zwischen zwei benachbarten Spuren** (Geol) / step-out time, step-out n, move-out n, move-out time, angularity n ‖ ~**es Array** (Geophys) / seismic array n ‖ ~**er Aufschluß** (Refraktions- und Reflexionsseismik) (Geophys) / seismic prospecting*, seismic exploration ‖ ~ **bedingte Flutwelle** (Geophys, Ozean) / seismic sea wave, tidal wave (produced by seaquake, hurricane, or strong wind) ‖ ~**er Detektor** (Geophys) / seismic detector, pot n ‖ ~**e Lücke**

(Geophys) / seismic gap || ~e **Meereswelle** (Geophys, Ozean) / seismic sea wave, tidal wave (produced by seaquake, hurricane, or strong wind) || ~**es Rauschen** (Geophys) / seismic noise || ~**e Überwachung** (z.B. einer Talsperre) (HuT) / seismic surveillance || ~**e Welle** (Geophys) / seismic wave || ~**e Woge** (Geophys, Ozean) / seismic sea wave, tidal wave (produced by seaquake, hurricane, or strong wind) || ~**e Woge** (Geophys, Ozean) s. auch Tsunami
**Seismizität** *f* (die mittels der Anzahl von Erdbeben oder der durch Abstrahlung seismischer Wellen freigesetzten Energie in einer Raum- und Zeiteinheit meßbare Erdbebentätigkeit) (Geophys) / seismicity *n*
**Seismo•graf** *m* (Geophys) / seismograph *n* || ~**grafisch** *adj* (Geophys) / seismographical *adj*, seismographic *adj* || ~**gramm** *n* (Geophys) / seismogram *n* || ~**logie** *f* (Geophys) / seismology* *n* || ~**logisch** *adj* (Geophys) / seismological *adj* || ~**logische Station** (Geophys) / seismological station *n* || ~**meter** *n* (Meßgerät des Seismografen) (Geophys) / seismometer *n*, seismic detector || ~**nastie** *f* (Bot) / seismonasty* *n* || ~**phon** *n* (Akus, Geophys) / geophone* *n*, jug *n* || ~**tektonik** *f* (Geol) / seismotectonics *n*
**Seite** *f* / side *n* || ~ (rechte, linke) (Bau) / hand *n*, handing *n* || ~ (des Gebäudes) (Bau) / flank *n* (the side of a building) || ~ (Druck) / page *n* || ~ (EDV) / page *n* || ~ (in der Gleichung) (Math) / side *n*, member *n* || ~ (der Talsperre - als Fläche) (Wasserb) / face *n* || ~ (der Talsperre - als Bauwerk) (Wasserb) / shoulder *n* || **auf die andere ~ bringen** (Glied einer Gleichung) (Math) / transpose *v* || **aufschlagbare ~** (eine Falttafel) (Buchb) / folding plate*, gatefold *n* || **bessere ~** (For) / better face || **halbe ~** (Druck, EDV) / half-page *n* || **halbe ~ über den Bund** (Druck) / half-page spread || **lichtempfindliche ~** (Film, Foto) / emulsion side, light-sensitive side, coating side || **linke ~** (eines Holzkörpers) (For) / external face, external side || **linke ~** (Kfz) / nearside *adj* (left-hand driving), LH side || **linke ~** (Kfz) / offside *adj* (right-hand driving) || **linke ~** (der Regelfolge von Bedingungselementen) (KI) / left-hand side, LHS || **nächste ~** (Buchb, Druck) / overleaf *n* || **offene ~** (= rechte) (bei Furnieren) (For) / loose side || **rechte ~** (eines Holzkörpers) (For) / internal side, heart side || **rechte ~** (Kfz) / nearside *adj* (right-hand driving) || **rechte ~** (Kfz) / offside *adj* (left-hand driving)* || **rechte ~** (der Regel - eine Folge von Aktionen, die bei Erfüllung der linken Seite auszuführen sind) (KI) / right-hand side, RHS || **thematische ~n** (Online-Publishing) (EDV) / thematic pages || **vordere ~** / front *n*, front side, front end || **Was-wäre-wenn-~** (Druck, EDV) / what-if page (showing an alternative layout) || ~ **auslagern** (eine Seite aus dem Hauptspeicher in die Seitendatei übertragen) (EDV) / page out *v* || ~ *f* **des Zapfenlochs** (Zimm) / cheek* *n* || ~ **einlagern** (eine Seite aus der Seitendatei in den Hauptspeicher übertragen) (EDV) / page in *v* || ~ *f* **mit Anzeigen** (Druck) / advertisement page || ~**n pro Stunde** (Druckerleistung) (Druck, EDV) / pages per hour (pph)
**Seite-an-Seite-Bikomponentenfasern** *f pl* (mit zwei Polymeren nebeneinander) (Spinn) / side-by-side conjugate fibres, S/S conjugated fibres, side-by-side conjugated fibres
**Seiten•~** / lateral* *adj* || ~**ablagerung** *f* (HuT) / spoil bank* *n* || ~**abruf** *m* (EDV) / demand paging || ~**abstand** *m* (in der Textverarbeitung) (EDV) / page offset || ~**abzug** *m* (Typog) / page proof*, made-up proof, proof in sheets || ~**adressierung** *f* (EDV) / page addressing, page-relative addressing || ~**airbag** *m* (Kfz) / lateral air bag || ~**anfang** *m* (EDV) / page beginning, beginning of page || ~**anker** *m* (Erdöl) / side-wall anchor || ~**anlegemarke** *f* (Druck) / side lay || ~**anschlag** *m* (Masch) / side stop
**Seitenansicht** *f* (Ansicht von der Seite) / side view || ~ (Umriß) (Bau, Masch) / profile *n* || ~ (Zeichnung nach DIN 6, T 1) (Bau, Masch) / elevation drawing
**Seitenansicht** *f* (Funktion zum Überprüfen des Seitenlayouts auf dem Bildschirm in Form einer verkleinerten Ganzseitendarstellung) (EDV) / print preview, preview *n*, page preview
**Seitenansicht, daumennagelgroße ~** (EDV) / thumbnail view (e.g. of faxed pages or word-processor documents) || ~ *f* **von links** / left side view || ~ **von rechts** / right side view
**Seiten•arm** *m* (eines Flusses) (Geog) / anabranch *n* (a small interlacing stream) || ~**arm** *m* (des Mehrzweckschiffes zur Ölunfallbekämpfung) (Schiff, Umwelt) / sweeping arm || ~**aufbau** *m* (Typog) / page layout || ~**aufbereitet** *adj* (Text) (EDV) / made-up in pages || ~**aufprall** *m* (Kfz) / side impact, lateral impact || ~**ausgabe** *f* (EDV) / page mode *n* || ~**auslenkung** *f* (Bau) / sideway *n* || ~**austausch** *m* **auf Anforderung** (EDV) / demand paging || ~**austausch mit Vorplanung** (EDV) / prepaging *n* || ~**austauschverfahren** *n* (EDV) / paging algorithm || ~**band** *n* (Radio) / sideband* *n* || **oberes ~band** (Radio) / upper sideband || **unteres ~band** (Radio) / lower sideband || ~**bande** *f* (Spektr) / sideband *n* || ~**bandinterferenz** *f* (Fernm) / sideband interference || ~**bandwelle** *f* (Radio) / side wave || ~**beleuchtung** *f* (Bau, Licht) / half-back lighting || ~**beschleunigung** *f* (Bahn, Luftf) / lateral acceleration || ~**beschreibungssprache** *f* (EDV) / page description language* (PDL) || ~**bestimmungsantenne** *f* (Radio) / sense antenna, sense aerial || ~**bewegung** *f* (Luftf, Phys) / lateral movement || ~**blasender Konverter** (Hütt) / side-blown converter || ~**brett** *n* (For) / side-board *n* || ~**bretter** *n pl* (Seitenmaterial) (For) / sidings *pl*, side cut || ~**chor** *m* (Arch) / aisle* *n* || ~**crash** *m* (Kfz) / lateral crash *f* (EDV) / page data set || ~**drehmeißel** *m* (Masch) / knife tool* || ~**druck** *m* (Mech) / side pressure, lateral pressure || ~**drucker** *m* (der im Gegensatz zu Zeilen- und Zeichendrucker eine ganze Seite "auf einmal" druckt) (EDV) / page printer (using xerographic or laser printing techniques, or the result of electron beam recording) || ~**einschnürung** *f* (Wasserb) / end contraction, side contraction || ~**ende** *n* (Druck, EDV) / page ending, end of page || ~**entleerung** *f* (eines Wagens) (HuT) / side discharge || ~**entleerwagen** *m* (kleiner - auf Schienen) (HuT) / jubilee waggon, tipping waggon, tipping car || ~**entnahme** *f* (in der man Füllmaterial gewinnt) (HuT) / borrow pit*, ditch *n* || ~**erosion** *f* (Einschneiden des Flusses in die Tiefe) (Geol) / down cutting || ~**erosion** (Einschneiden des Flusses nach den Seiten - Talverbreiterung) (Geol) / side cutting, lateral erosion || ~**ersetzungsstrategie** *f* (EDV) / page replacement algorithm, page replacement strategy || ~**falz** *m* (der Konservendose) / side seam || ~**falzhobel** *m* (Tischl) / side-rebate plane* || ~**fassade** *f* (Arch) / side face || ~**fehler** *m* (EDV) / page fault || ~**fenster** *n* (bei Außentüren) (Bau) / flanking window* || ~**fertiger** *m* (HuT) / side finisher || ~**fixieren** *n* (beim Videotext) / page fixing || ~**fläche** *f* / side *n* || ~**fläche** (z.B. eines Prismas) (Masch) / lateral area, lateral face || ~**fläche** (das Polyeder begrenzendes Vieleck) (Math) / lateral area || ~**flattern** (Luftf) / rudder fin, dorsal fin*, tail fin, vertical stabilizer (US) || ~**flügel** *m* (Arch) / wing* *n* || ~**folge** *f* (Druck) / page order || ~**format** *n* (Größe der Druckseite) (Druck) / page size, size of page || ~**format** (beschnittenes Endformat) (Druck) / trim size, trimmed size || ~**format** (Druck, EDV) / page format || ~**format** (quer oder hoch) (Druck, EDV) / page orientation || ~**formatierung** *f* (EDV) / page formatting || ~**fraktion** *f* (Erdöl) / side cut || ~**frequenz** *f* (des Seitenbandes) (Radio) / side frequency || ~**front** *f* (Arch) / side face || ~**führungskraft** *f* (der Reifen) (Kfz) / cornering force || ~**gabelstapler** *m* / side loader, side-operating carrier, single-side loading fork truck || ~**gattersägemaschine** *f* (For) / one-blade sawmill || ~**geometrie** *f* (Druck) / page geometry || ~**gestaltung** *f* (Typog) / page design || ~**gleich** *adj* (Math) / equal-sided *adj* || ~**gleis** *n* (Bahn) / sidetrack *n*, siding* *n* || ~**gleitflug** *m* (eine Flugbewegung, bei der das Flugzeug außer seiner Vorwärtsgeschwindigkeit eine seitliche Geschwindigkeitskomponente hat und sehr stark an Höhe verliert) (Luftf) / side-slip* *n*, slip *n* || ~**gummi** *n* (der Reifenunterbau schützt) (Kfz) / sidewall *n*, wall rubber || ~**guß** *m* (das meistangewendete Gießverfahren) (Gieß) / side pouring, side casting || ~**halbierende** *f* (Verbindungsstrecke einer Ecke mit dem Mittelpunkt der gegenüberliegenden Seite) (eine Dreieckstransversale) (Math) / median *n* || ~**heftung** *f* (im allgemeinen) (Buchb) / side stitching* || ~**höhe** *f* (über Basis bis Oberkante Hauptdeckbalken auf 0,5 Lpp an Seite Deck) (Schiff) / moulded depth* || ~**höhe** (Typog) / side depth || ~**kanal** *m* (Wasserb) / lateral canal* || ~**kanalpumpe** *f* (eine Verdrängerpumpe) (Masch) / side-channel pump || ~**kante** *f* (des Prismas) (Math) / lateral edge || ~**kette** *f* (Biochem) / side chain || ~**kette** (eine kürzere Kette aus Atomen, die über eine Verzweigung mit einer längeren Kette verknüpft ist) (Chem) / side chain*, lateral chain, branched chain, branch *n* || ~**kettung** *f* (EDV) / page chaining || ~**kielschwein** *n* (Schiff) / side keelson || ~**kipper** *m* (Bahn, HuT) / side dumper, side dump car, side tipper, side-tipping wagon || ~**kipplader** *m* (überwiegend auf Raupen oder Rädern fahrende Lademaschine) (Bergb) / side-tilting shovel loader || ~**kippschaufellader** *m* (Bergb) / side-tilting shovel loader || ~**klammerzwicken** *n* / staple-side lasting || ~**klammerzwickmaschine** *f* (für das Littleway-Verfahren der Schuhfabrikation) / staple-side lasting machine, pincer-side staple lasting machine, Littleway lasting machine || ~**konstruktionssprache** *f* (EDV) / page construction language || ~**korb** *m* (der Schutzbrille) / perforated side shield || ~**kraft** *f* (Mech) / lateral force || ~**kräfte** *f pl* (des Reifens - die vom Schräglaufwinkel, Radlast und Bodenhaftung abhängig sind) (Kfz) / lateral forces || ~**länge** *f* (Druck, EDV) / page depth, page length, depth of page || ~**länge** (zw. Taille und Fußsohle oder als Fertigmaß der Hose) (Tex) / side length || ~**langträger** *m* (Bahn) / solebar *n* || ~**lehne** *f* (Kfz) / squab *n* (of a vehicle seat) || ~**leitwerk** *n* (Luftf) / vertical tail, vertical tail surfaces || ~**leser** *m* (DIN 66223, T 4) (EDV) / page reader || ~**licht** *n* (Foto) / kicker *n* || ~**licht** (Foto) / sidelight *n* || ~**licht** (rot = Backbord, grün = Steuerbord) (Schiff) / sidelight *n* || ~**marke** *f* (des Bogenanlegers) (Druck) / side lay || ~**maschinenfenster** *n* (Glas) / pigeon hole, sight hole || ~**maßstab** *m* (Math, Opt) / lateral magnification, linear magnification || ~**material** *n* (For) / sidings *pl*, side cut || ~**meißel** *m* (Masch) / side tool*, siding tool || ~**montage** *f* (Druck) / page assembly, page make-up || ~**moräne** *f* (Geol) / lateral moraine* || ~**neigung** *f* (der Karosserie) (Kfz) / body roll || ~**neue ~numerierung** (Druck, EDV)

**Seitenobjektiv**

/ repagination n ‖ ~**objektiv** n (einer Mehrfachkammer) (Foto) / side lens, wing lens ‖ ~**öffnung** f (der Außentür) (Bau) / flanking window* ‖ ~**peilung** f (Nav) / relative bearing, direct bearing ‖ ~**plan** m (Fläche der Seitenprojektion) (Schiff) / lateral plane ‖ ~**produkt** n (Erdöl) / side cut ‖ ~**raddampfer** m (Schiff) / side-wheel steamer, side-wheeler n ‖ ~**rahmen** m (Druck) / frame n, page frame ‖ ~**rahmen** (ein Block des Hauptspeichers, der eine Seite aufnehmen kann) (EDV) / page frame ‖ **innerer** ~**rand** (Druck) / inner margin ‖ ~**räumer** m (HuT) / angledozer* n ‖ ~**register** n (seitliche Verschiebung des Rollensterns) (Druck) / lateral register, side register, side-lay register ‖ ~**rest** m (Biochem) / side chain ‖ ~**richtig** adj (Druck) / right-reading* adj ‖ ~**richtig** (Opt) / laterally correct ‖ ~**riß** m (Profil) (Bau, Masch) / profile n ‖ ~**riß** (Masch) / end elevation* ‖ ~**ruder** n (zur Einleitung von Drehbewegungen um die Hochachse oder zum Momentenausgleich) (Luftf) / rudder* n ‖ ~**ruderfußhebel** m (Luftf) / rudder bar*, rudder pedal* ‖ ~**rudersteuerung** f (Luftf) / rudder control ‖ ~**rutsch** m (eine Seitengleitbewegung, bei der das Flugzeug außer seiner Vorwärtsgeschwindigkeit eine seitliche Geschwindigkeitskomponente hat und sehr stark an Höhe verliert) (Luftf) / side-slip* n, slip n ‖ ~**schalung** f (von Betonflächen - aus Holz, Stahl oder Kunststoff) (HuT) / side form ‖ ~**scheibe** f (der Spindelpresse) (Masch) / lateral disk ‖ ~**schieber** m (eines Flurförderzeugs) (Masch) / side shifter ‖ ~**schiff** n (einer Kirche) (Arch) / aisle* n ‖ ~**schlag** m (Lateralschwingungen des Rad/Reifen-Systems) (Kfz) / static wheel imbalance, wheel wobble ‖ ~**schlitten** n (der Hobelmaschine) (Masch) / side head ‖ ~**schneider** m (DIN 5420 und 5238) (Masch, Werkz) / side-cutting pliers, side cutter ‖ ~**schnitt** m (Erdöl) / side cut ‖ ~**schrift** f (Akus) / lateral recording*, radial recording* ‖ ~**schub** m (horizontale Komponente eines Kraftverlaufs innerhalb eines Mauerwerks) (Bau) / thrust n ‖ ~**schub** (Mech) / side thrust ‖ ~**sichtbordradar** m n (Luftf, Mil) / side-looking airborne radar, SLAR ‖ ~**sichtradar** n (Luftf, Mil) / side-looking radar (SLR) ‖ ~**spanwinkel** m (Masch) / side rake ‖ ~**speicher** m (EDV) / paging device ‖ ~**stabilität** f (Quer- + Richtungsstabilität) (Luftf) / lateral stability*, rolling stability ‖ ~**staffelung** f (der Zähne eines Räumwerkzeugs) (Masch) / lateral offset ‖ ~**stahl** m (Masch) / cranked tool ‖ ~**ständer** m (ein Gestellbauteil von Zwei- und Dreiständerpressen) (Masch) / side pillar, side column ‖ ~**ständer** (der Großpresse) (Masch) / side column ‖ ~**steg** m (in dem Schließrahmen) (Buchb, Druck) / side-stick* n ‖ ~**streifen** m ((befestigter) (neben der Fahrbahn) (HuT, Kfz) / shoulder n ‖ **befestigter** ~**streifen** (einer Straße) (HuT) / hard shoulder, shoulder n ‖ **erhöhter** ~**streifen** (HuT) / raised shoulder ‖ **[unbefestigter]** ~**streifen** (HuT, Kfz) / verge n ‖ ~**stringer** m (Schiff) / hog frame ‖ ~**stripper** m (Erdöl) / side stripper, side-stripping column ‖ ~**stripperkolonne** f (Erdöl) / side stripper, side-stripping column ‖ ~**strom** m (bei der Destillation) (Erdöl) / side stream ‖ ~**stromabnehmer** m (Eltech) / side-running trolley ‖ ~**stromprodukt** n (Erdöl) / side cut ‖ ~**support** m (Masch) / side head ‖ ~**tafel** f (EDV) / page table (PT) ‖ ~**trakt** m (Arch) / wing* n ‖ ~**turm** m (eine Hilfskolonne) (Erdöl) / stripper n (side) ‖ ~**überlauf** m (EDV) / page overflow ‖ ~**überschrift** f (Druck) / page heading, PH

**Seite-Null-Adressierung** f (EDV) / zero-page addressing

**Seiten•umbruch** m (Druck, EDV) / page make-up, page assembly, pagination n ‖ **neuer** ~**umbruch** (Druck, EDV) / repagination n ‖ ~**umbruch m am Bildschirm** (Druck, EDV) / on-screen page make-up ‖ ~**umbruch im Batch-Verfahren** (Druck, EDV) / batch composition ‖ ~**umkehr** f (Foto, Opt, TV) / lateral inversion ‖ ~**umkehrung** f (Tätigkeit) (Opt) / lateral inversion, perversion n ‖ ~**ventiler** n (V-Mot) / side-valve motor, L-head engine ‖ ~**ventilmotor** m (V-Mot) / side-valve motor, L-head engine ‖ ~**verhältnis** n (Math, Opt) / lateral magnification, linear magnification ‖ ~**verhältnis** (des Bildes) (TV) / picture ratio*, aspect ratio* (AR) ‖ ~**verkehrt** adj (Druck) / wrong-reading* adj ‖ ~**verkehrt** (Opt) / reverted adj ‖ ~**verkehrtheit** f (Foto, Opt, TV) / lateral inversion ‖ ~**versatz** m (der optischen Achse) (Opt) / transverse offset ‖ ~**verschiebung** f (Geol) / strike-slip fault*, strike-shift fault, tear fault*, wrench fault, transcurrent fault, torsion fault, flaw n, transverse fault ‖ ~**vertauscht** adj (Opt) / reverted adj ‖ ~**vertauschung** f (Opt) / lateral inversion, perversion n ‖ ~**vorrat** m (alle Seitenrahmen, die für Programme im virtuellen Modus zur Verfügung stehen) (EDV) / page pool ‖ ~**vorschau** f (zur Kontrolle) (EDV) / print preview, preview n, page preview ‖ ~**wachstumsfaktor** m (Leiterbildplattierung) (Eltronik) / side-growth factor ‖ ~**wagen** m (beim Kraftrad) (Kfz) / side-car n

**Seitenwand** f (Bau) / flank wall*, sidewall n ‖ ~ (Bau, Masch) / cheek n ‖ ~ (des Ofens) (Glas) / breast wall ‖ ~ (des Reifens) (Kfz) / sidewall n, wall rubber ‖ ~ (Masch) / wall n ‖ ~**schwenkfenster** n (Kfz) / hinged quarter window

**Seiten•wechsel** m (EDV) / paging* n, paging technique ‖ ~**wechselbar** adj (EDV) / pageable adj ‖ ~**wechselspeicher** m (EDV) / paging device ‖ ~**wechseltrommel** f (EDV) / paging drum ‖ ~**wechselverfahren** n

(EDV) / paging* n, paging technique ‖ ~**weg** m / side road ‖ ~**wehr** n (Wasserb) / side weir, side-flow weir ‖ ~**weise auslagern** (EDV) / page out v ‖ ~**weise einlagern** (EDV) / page in v ‖ ~**weises Hereinholen und Auslagern von Informationen** (EDV) / paging* n, paging technique ‖ ~**welle** f (die das Ausgleichsgetriebe mit dem Antriebsrad verbindet) (Kfz) / axle shaft ‖ ~**welle** (Radio) / side wave ‖ ~**wellen** f pl (bei Mehrschraubenschiffen) (Schiff) / wing shafts*

**Seitenwind** m (Kfz, Luftf) / crosswind n, side wind ‖ ~ (Schiff) / beam wind ‖ ~**fahrwerk** n (Luftf) / crosswind landing gear, crosswind undercarriage ‖ ~**komponente** f (Kfz, Luftf) / crosswind component ‖ ~**konverter** m (Hütt) / side-blow converter ‖ ~**teil** m (der Platzrunde) (Luftf) / crosswind leg ‖ ~**unempfindlich** adj (Kfz) / crosswind-stable adj

**Seitenzähler** m (EDV) / page counter

**seitlich** adj / lateral* adj ‖ ~ / collateral adj ‖ ~ **begrünte Schnellstraße** (Kfz) / parkway n (US), pkwy ‖ ~**er Bildstandfehler** (horizontale Bildstandsschwankungen während des Filmlaufs) (Film) / weave n ‖ ~**es Blasen** (Hütt) / lateral blowing, side blowing ‖ ~**e Blockheftung** (Buchb) / side wire-stitching ‖ ~**e Bohrlochmessung** (Bergb, Erdöl) / lateral logging ‖ ~ **der Achse** (liegend) / off-axis attr ‖ ~**e Drahtheftung** (Buchb) / side wire-stitching ‖ ~**e Drahtheftung von zwei Seiten** (mit versetzter Klammer) (Buchb) / stabbing* n ‖ ~**er Druck** (z.B. an der Stützmauer) (HuT) / thrust n ‖ ~**e Fadenheftung** (Buchb) / side sewing ‖ ~**e Heftung** (im allgemeinen) (Buchb) / side stitching* ‖ ~**e Kamerafahrt** (Film, TV) / crab* n, crabbing n ‖ ~**er Lärmmeßpunkt** (Luftf) / sideline noise measurement point ‖ ~**es Rollen** (EDV) / side scrolling ‖ ~**er Schallschirm** (Akus) / gobo n ‖ ~**er Schub** (Mech) / side thrust ‖ ~**es Schwellenfeuer** (Luftf) / wing threshold light ‖ ~**er Schwenk** (vom Kamerakran) (Film) / slewing n ‖ ~**es Schwingen** (Schiff) / swaying n ‖ ~**es Scrollen** (EDV) / side scrolling ‖ ~**es Scrolling** (Verschieben des Bildschirmfensters zur Seite) (EDV) / side scrolling ‖ ~**es Spiel** (Bahn) / lateral traverse* ‖ ~**e Staurohröffnung** (für den statischen Druck) (Luftf) / static opening ‖ ~ **versetzter Kurs** (Luftf) / offset course

**Seitz-Entkeimungsfilter** n / Seitz filter

**Seitz-Filter** n (der Fa. Seitz, Bad Kreuznach) / Seitz filter

**Sekans** m (pl. -kanten) (eine Winkelfunktion) (Math) / secant* n, sec* ‖ ~**funktion** f (eine Winkelfunktion) (Math) / secant* n, sec*

**Sekante** f (eine Gerade, die einen Kreis oder eine Kugelfläche in zwei Punkten schneidet) (Math) / secant* n, secant line

**Sekanten•modul** m (Hütt) / secant modulus ‖ ~**produktsatz** m (ein Lehrsatz der ebenen Geometrie) (Math) / secant theorem ‖ ~**satz** m (für zwei sich schneidende Sekanten eines Kreises) (Math) / secant theorem ‖ ~**-Tangenten-Satz** m (Math) / secant-tangent theorem ‖ ~**tangentensatz** m (Spezialfall des Sekantensatzes) (Math) / secant-tangent theorem ‖ ~**verfahren** n (zur näherungsweisen Bestimmung einer Nullstelle einer stetigen Funktion) (Math) / regula falsi, method of false position, rule of false supposition, binary chopping

**Sekret** n (einer Drüse, einer Wunde) (Physiol) / secretion n ‖ ~**agogum** n (pl.: -goga) (Pharm, Physiol) / secretagogue n

**Sekretäranlage** f (Fernsp) / secretary system, executive system

**sekretieren** v (Physiol) / secrete v

**Sekretin** n (ein Polypeptidhormon) (Biochem) / secretin n

**Sekretion** f (teilweise oder gänzliche Ausfüllung von Gesteinshohlräumen durch ehemalige Ausscheidung von Stoffen aus eingewanderten Lösungen von der Wandung her) (Geol) / secretion n ‖ ~ (exokrine, endokrine, parakrine) (Physiol) / secretion* n ‖ **innere** ~ (der endokrinen Drüsen) (Physiol) / internal secretion* ‖ **mit äußerer** ~ (Physiol) / exocrine* adj ‖ **mit innerer** ~ (Physiol) / endocrine* adj

**sekretions•anregendes Mittel** (Pharm, Physiol) / secretagogue n ‖ ~**fördernd** adj (Physiol) / secretagogue* adj ‖ ~**förderndes Mittel** (Pharm, Physiol) / secretagogue n ‖ ~**hemmend** adj (Physiol) / secreto-inhibitory adj

**Sekretor** m (Med) / secretor* n

**sekretorisch** adj (Physiol) / secretory* adj

**Sektion** f (Bot) / section* n ‖ ~ (Masch) / section n ‖ **feuchte** ~ (des Labors) (Foto) / humid side ‖ **trockene** ~ (des Labors) (Foto) / dry side

**Sektionsschalter** m (Eltech) / section switch*

**Sektor** m (EDV) / sector n, pieslice n ‖ ~ (Math) / sector* n ‖ **öffentlicher** ~ (der staatliche Sektor im Rahmen der volkswirtschaftlichen Gesamtrechnung) / public sector ‖ **rotierender** ~ (Opt) / sector disk*, episcotister n ‖ ~**abtastung** f (Radar) / sector scan*, sector scanning ‖ ~**anzeige** f (Radar) / sector display* ‖ ~**darstellung** f (Radar) / sector display* ‖ ~**-Einzeldrahtleiter** m (Eltech) / solid-shaped conductor

**Sektoren•blende** f (der Filmkamera) (Film) / shutter* n ‖ ~**regel** f (Korrelation von Vorzeichen und Strukturen) (Chem) / sector rule ‖ ~**scheibe** f (Opt) / sector disk*, episcotister n

**sektor•fokussierendes Zyklotron** (Nukl) / isochronous cyclotron, sector cyclotron ‖ ~**horn** n (eine Antenne) (Radio) / sectoral horn

**Sektorierung** f (EDV) / sectoring n
**Sektor•leiter** m (dessen Querschnitt annähernd einem Kreissektor entspricht) (Eltech) / sector-shaped conductor ‖ **mehrdrähtiger ⁓leiter** (Eltech) / stranded shaped conductor ‖ **eindrähtiger ⁓leiter** (Eltech) / solid-shaped conductor ‖ **⁓-Mehrdrahtleiter** m (Eltech) / stranded shaped conductor ‖ **⁓steuerung** f (die den Blindleistungsbedarf aus dem Netz reduziert) (Regeln) / sector control ‖ **⁓verfahren** n (der Papierchromatografie) (Chem) / sector process ‖ **⁓verschluß** m (eines Sektorwehrs) (Wasserb) / drum gate ‖ **⁓wehr** n (ein bewegliches Wehr) (HuT) / sector regulator*, sector gate
**sekular** adj / secular adj
**sekulär** adj / secular adj ‖ **⁓e Änderungen** (Geol) / secular changes* ‖ **⁓e Beschleunigung** (Astr) / secular acceleration*
**Sekular-** / secular adj
**Sekulär-** / secular adj
**Sekulärdeterminante** f (Math) / secular determinant
**sekundär** adj / secondary adj ‖ **⁓er Alkohol** (Chem) / secondary alcohol* ‖ **⁓es Amin** (Chem) / secondary amine* ‖ **⁓e Anreicherung** (in der Verwitterungszone) (Geol) / secondary enrichment (by precipitation from downward-percolating waters)*, supergene enrichment*, downward enrichment ‖ **⁓e Aufgabe** (EDV) / subtask n ‖ **⁓e Baueinheit** (zur Einteilung der Zeolithe) (Chem) / secondary building unit, SBU ‖ **⁓e Blasenbildung** (Glas) / reboiling n ‖ **⁓er Botenstoff** (Biochem) / second messenger ‖ **⁓er Dampf** (Masch, Nukl) / secondary steam, secondary vapour ‖ **⁓es Dickenwachstum** (Bot) / secondary thickening*, secondary growth* ‖ **⁓e Elektronen** (Eltronik) / secondary electrons* ‖ **⁓es Erz** (Geol) / secondary ore ‖ **⁓er Etalon** (in der Meßtechnik) (Masch) / secondary standard* ‖ **⁓e Fluoreszenz** (Phys) / secondary fluorescence ‖ **⁓e Förderung** (Erdöl) / secondary recovery*, secondary production* ‖ **⁓e Gewinnung** (Erdöl) / secondary recovery*, secondary production* ‖ **⁓e Gewinnungsphase** (während der Druck meist durch Einpressen von Wasser oder Gas aufrechterhalten oder wiederhergestellt wird) (Erdöl) / secondary recovery*, secondary production* ‖ **⁓er Glanzzusatz** (der einen ausgesprochenen Hochglanz gibt) (Galv) / secondary brightener ‖ **⁓er Graphit** (Hütt) / secondary graphite ‖ **⁓es Holz** (Bot, For) / secondary wood, secondary xylem* ‖ **⁓e Induktion** (aus allgemeinen Aussagen, Hypothesen usw.) (KI) / secondary induction ‖ **⁓e Insekten** (For, Landw, Zool) / secondary insects ‖ **⁓es Kaliumphosphat** (Chem) / potassium hydrogen phosphate, potassium phosphate (dibasic form), potassium monophosphate ‖ **⁓es Kambium** (Bot) / interfascicular cambium* ‖ **⁓er Kompensationsfehler** (Uhr) / middle temperature error* ‖ **⁓es Kriechen** (mit praktisch konstanter Kriechrate) (Hütt, WP) / secondary creep, stationary creep, standy-state creep ‖ **⁓es Kühlmittel** (Nukl) / secondary coolant* ‖ **⁓e Lagerstätte** (Bergb) / secondary deposit ‖ **⁓e Luft** / secondary air ‖ **⁓es Mineral** (Min) / secondary mineral* ‖ **⁓es Natriumorthophosphat** (Chem) / disodium hydrogen phosphate(V), disodium orthophosphate ‖ **⁓e Nitroverbindungen** (Chem) / secondary nitro-compounds* ‖ **⁓e optische Achse** (Krist) / biradial n ‖ **⁓es Phloem** (Bot) / secondary phloem* ‖ **⁓er Regenbogen** (Meteor, Phys) / supernumerary rainbow ‖ **⁓e Rekristallisation** (unstetige Kornvergrößerung) (Hütt, Krist) / secondary recrystallization ‖ **⁓e Rinde** (For, Landw) / bast* n, liber n ‖ **⁓es Spektrum** (Opt) / secondary spectrum* ‖ **⁓er Task** (EDV) / subtask n ‖ **⁓es Xylem** (Bot, For) / secondary wood, secondary xylem*
**Sekundär•-** / secondary adj ‖ **⁓anker** m (Eltech) / secondary armature ‖ **⁓auslöser** m (ein Überstromauslöser) (Eltech) / indirect overcurrent release ‖ **⁓backe** f (der Servobremse) (Kfz) / secondary shoe ‖ **⁓backe** (Kfz) / trailing shoe, following shoe ‖ **⁓beschichtung** f (einer LWL-Faser) / secondary coating ‖ **⁓-Cache** m (auf dem Motherboard implementierter Speicher) (EDV) / 2nd-level cache, second-level cache, secondary cache ‖ **⁓dampf** m (Masch, Nukl) / secondary steam, secondary vapour ‖ **⁓datei** f (EDV) / secondary file ‖ **⁓elektronen** n pl (Eltronik) / secondary electrons* ‖ **⁓elektronenvervielfacher** m (Eltronik) / multiplier* n, secondary emission multiplier ‖ **⁓element** n (wiederaufladbares Element) (Eltech) / reversible cell*, secondary cell* ‖ **⁓emission** f (durch den Aufprall von Primärelektronen auf Metalle oder Halbleiter verursachte Aussendung von Sekundärelektronen) (Eltronik) / secondary emission* ‖ **⁓energie** f (aus einer Primärenergie gewonnene Energie) (Phys) / secondary energy ‖ **⁓flugsicherungsradar** m n (Radar) / secondary surveillance radar* (GB), SSR*, air traffic control radar beacon system* (US), ATCRBS* ‖ **⁓förderung** f (Erdöl) / secondary recovery*, secondary production* ‖ **⁓forschung** f (Stats) / desk research ‖ **⁓gefüge** n (das erst als Ergebnis einer Phasenumwandlung im festen Zustand entsteht) (Hütt) / secondary structure ‖ **⁓graphit** m (Hütt) / secondary graphite ‖ **⁓gruppe** f (fünf Primärgruppen in der Frequenzmultiplex-Übertragungstechnik) (Fernm) / supergroup* n ‖ **⁓härte** f (Härtezunahme nach dem Anlassen gehärteter Stähle) (Hütt) / secondary hardness ‖ **⁓härten** n (hoch- und mittellegierter Werkzeugstähle) (Hütt) / secondary hardening ‖ **⁓index** m (zur Beschleunigung des Durchsuchens einer Datei nach Datensätzen, die einen vorgegebenen Wert in einem bestimmten Feld aufweisen) (EDV) / secondary index ‖ **⁓injektion** f (z.B. Flüssigkeitseinspritzung oder Heißgaseinblasung) (Raumf) / secondary injection ‖ **⁓insekten** n pl (die kränkelnde Bäume oder tote pflanzliche Gewebe angreifen, wie z.B. Holzwespen) (For, Landw, Zool) / secondary insects ‖ **⁓ion** n (Phys) / secondary ion ‖ **⁓ionen-Massenspektrometrie** f (Spektr) / secondary-ion mass spectrometry, SIMS, ion microprobe analysis ‖ **⁓- oder Tertiärkanal** m (in der Bewässerungsanlage) (Landw) / lateral n ‖ **⁓komponente** f (der kosmischen Strahlung) (Astr) / secondary cosmic rays ‖ **⁓konsolidierung** f (des Bodens) (HuT) / secondary consolidation ‖ **⁓korn** n (Hütt) / secondary grain ‖ **⁓kreis** m (Eltech) / secondary circuit ‖ **⁓kristalle** m pl (die nicht in einer Schmelze, sondern im festen Zustand durch Ausscheidungen entstanden sind) (Hütt, Krist) / secondary crystals ‖ **⁓kühlmittel** n (Nukl) / secondary coolant* ‖ **⁓leitung** f (Fernm) / line n, link n ‖ **⁓lichtquelle** f (Licht) / secondary light source ‖ **⁓luft** f / secondary air ‖ **⁓luftsaugsystem** n (Kfz) / Pulsair injection reaction system, Pulsair system ‖ **selbstansaugendes ⁓luftventil** (Kfz) / aspirator valve ‖ **⁓metallurgie** f (Nachbehandlung des durch Frischprozesse erzeugten Stahls in der Pfanne oder in anderen nachgeschalteten Gefäßen) (Hütt) / secondary metallurgy, ladle metallurgy, secondary steel-making ‖ **⁓mullit** m (idiomorpher) (Hütt, Keram) / mullite needle, secondary mullite ‖ **⁓neutralteilchen-Massenspektrometrie** f (Spektr) / secondary neutral particle mass spectrometry, SNMS ‖ **⁓parasit** m (Biol) / secondary parasit ‖ **⁓rad** n (der Flüssigkeitskupplung) (Masch) / runner n ‖ **⁓radar** m n (Zusatzgerät und -verfahren zum Primärradar) (Radar) / secondary radar* ‖ **⁓radarziel** n (Radar) / radar beacon target ‖ **⁓reaktion** f (als Gegensatz zur Primärreaktion) (Chem) / secondary reaction ‖ **⁓relais** n (dessen Wicklung über Strom- oder Spannungswandler von dem Hauptstromkreis isoliert gespeist wird) (Eltech) / secondary relay ‖ **⁓rohstoff** m / secondary raw material (starting material in a manufacturing process, resulting from material recovery) ‖ **⁓spannung** f (Eltech) / secondary voltage*, output voltage ‖ **⁓spannung** (Eltech) s. auch Sekundärwicklung ‖ **⁓speicher** m (bei Rechnersystemen mit Speicherhierarchie) (EDV) / secondary memory*, secondary storage, secondary store ‖ **⁓spiegel** m (des Spiegelteleskops) (Opt) / secondary mirror ‖ **⁓spule** f (Eltech) / secondary coil* ‖ **⁓station** f (EDV) / secondary station ‖ **⁓staub** m (sedimentierter Staub, der durch äußere Einflüsse erneut dispergiert wird) / secondary dust ‖ **⁓strahlung** f (eine kosmische Strahlung) (Astr) / secondary cosmic rays ‖ **⁓strahlung** (Eltronik, Geophys, Kernphys) / secondary radiation* ‖ **⁓streuung** f (Eltech) / secondary leakage ‖ **⁓strom** m (Eltech) / secondary current ‖ **⁓stromkreis** m (Eltech) / secondary circuit ‖ **⁓strömung** f (Hyd, Wasserb) / transversal current ‖ **⁓strömung** (Überlagerung der Hauptströmung) (Phys) / secondary flow ‖ **⁓struktur** f (bei Proteinen) (Biochem) / secondary structure ‖ **⁓teilchen** n (Anstr) / secondary particle ‖ **⁓wald** m (nach Eingriff des Menschen oder Naturkatastrophen entstandener Wald) (For) / secondary forest ‖ **⁓wand** f (einer Zelle) (Bot) / secondary wall ‖ **⁓wärmepumpe** f (die als Wärmequelle ein vorgeheiztes Medium, z.B. niedrig temperiertes Heiz- oder Kühlwasser, benutzt) (Wärm) / secondary-energy-driven heat pump ‖ **⁓wicklung** f (bei Transformatoren und Induktionsmotoren) (Eltech) / secondary winding*, secondary n, SEC ‖ **⁓xylem** n (das durch ein Kambium erzeugte Holz) (Bot, For) / secondary wood, secondary xylem* ‖ **⁓zelle** f (Eltech) / reversible cell*, secondary cell* ‖ **⁓zementit** m (beim Zerfall von Austenit-Mischkristallen mit mehr als 0,8% C) (Hütt) / secondary cementite
**Sekundaware** f (Leder) / rejections pl
**Sekunde** f (Grundeinheit der Zeit, Zeiteinheit zur Angabe eines Zeitpunktes, Einheit des ebenen Winkels, alte Einheit der Viskosität - DIN 1301, T 1) / second* n ‖ **⁓** (auf der dritten Seite eines Werkdruckbogens angebrachte Signatur, die mit einem Sternchen versehen ist) (Buchb, Druck) / starred signature*, star signature ‖ **⁓ Sternzeit** (Astr) / sidereal second
**Sekunden•bruchteil** m / split second ‖ **⁓kleber** m (Chem) / cyanoacrylate adhesive (super glue) ‖ **⁓leistung** f / output per second ‖ **⁓liter** n (Wasserb) / litre per second ‖ **⁓quadrat** n ($s^2$) / second squared ‖ **⁓theodolit** m (Instr, Opt) / one-second theodolite ‖ **⁓zeichen** n (ein Einheitenzeichen = ") / second-mark n
**Selacholeinsäure** f (cis-15-Tetracosensäure) (Biochem) / selacholeic acid
**Seladon** n (Porzellan) (Keram) / celadon n ‖ **⁓glasur** f (eine seladongrüne basische Steinzeugglasur) (Keram) / celadon glaze, celadon n ‖ **⁓grün** adj / celadon adj, celadon-green adj

**Seladonit**

**Seladonit** *m* (ein dunkel- bis bläulichgrünes Silikat) (Min) / celadonite *n*, green earth
**Seladonporzellan** *n* (durch kleine Mengen $Cr_2O_3$ grüngefärbtes Porzellan) (Keram) / celadon *n*
**selbst, sich ~ bestäuben** (Bot) / self* *v*, self-pollinate *v* ‖ **von ~** (entstanden) / spontaneous *adj* ‖ **~ wiederschließender Nylon-Reißverschluß** (ein Spiralreißverschluß) (Tex) / self-repairing nylon zipper
**selbstabdichtend,** [im Pannenfall] **~er Schlauch** (Kfz) / puncture-sealing tube
**Selbst • abgleich** *m* (Eltech, Regeln) / automatic balancing ‖ **~abgleichend** *adj* (Eltech) / self-balancing *adj* ‖ **~abgleichende Logik höchster Integrationsstufe** (Eltronik) / self-aligned superintegration logic ($S^2L$) ‖ **~ablaufendes Demoprogramm** (EDV) / self-running demo ‖ **≈abnahmemaschine** *f* (für einseitig glatte dünne Papiere) (Pap) / MG machine*, single-cylinder machine, Yankee machine*, flying Dutchman ‖ **≈abschirmung** *f* (Kernphys, Radiol) / self-shielding* *n* ‖ **~absorption** *f* (Phys) / self-absorption* *n* ‖ **~abstumpfend** *adj* (Leder) / self-basifying *adj* ‖ **~adjungiert** *adj* (Math) / self-adjoint *adj* ‖ **~ähnlich** *adj* (Math) / self-similar *adj* ‖ **≈ähnlichkeit** *f* (die Invarianz gewisser Strukturen im Raum oder in der Zeit gegenüber bestimmten Maßstabstransformationen, d. h. ihre Eigenschaft, daß bei einer Vergrößerung ein Teil in das ursprüngliche Ganze und bei einer Verkleinerung das Ganze in einen seiner urprünglichen Teile übergeht) (Math) / self-similarity *n*
**selbständig** *adj* (Rechner) (EDV) / stand-alone *attr* ‖ **~e Gasentladung** (Elektr) / self-sustaining discharge ‖ **~e (Datenmanipulations)Sprache** (EDV) / self-contained language, stand-alone language ‖ **~e Weiterverbreitung** (von Viren) (EDV) / self-replication *n*
**selbst • angetrieben** *adj* (Masch) / self-propelled *adj*, automotive *adj* ‖ **≈anlassen** *n* (von gehärteten Werkstücken) (Hütt) / self-tempering *n* ‖ **~anlasser** *m* (Eltech) / automatic starter*, auto-starter *n* ‖ **≈anlasser** (Anlasserschaltanlage, die bei Stillstand des Motors und eingeschalteter Zündung den Anlasser selbsttätig einschaltet) (Kfz) / self-starter *n* ‖ **≈anlauf** *m* (Eltech) / self-starting *n* ‖ **~anlaufend** *adj* (Eltech) / self-starting *adj* ‖ **~anpassend** *adj* (EDV) / self-adapting *adj* ‖ **~anpassendes Programm** (EDV) / self-adapting program ‖ **≈anpaßprogramm** *n* (EDV) / self-adapting program ‖ **≈anpassung** *f* (Regeln) / automatic adjustment, auto-adjustment *n* ‖ **~ansaugend** *adj* (Pumpe) (Masch) / self-priming *adj* ‖ **~ansaugendes Sekundärluftventil** (Kfz) / aspirator valve ‖ **≈anschlußfernsprechamt** *n* (Fernsp) / automatic telephone exchange ‖ **≈anschlußsystem** *n* (Fernsp) / automatic telephone system, machine switching ‖ **≈ansteuerung** *f* (Luftf, Mil) / self-aiming *n*, preset guidance ‖ **~atmend** *adj* (eine physiologische Eigenschaft) (Tex) / breathable *adj*, breathing *adj*, with good breathing properties ‖ **~aufblasbar** *adj* / self-inflatable ‖ **~aufblasend** *adj* / self-inflating ‖ **≈aufheizkatode** *f* (Eltronik) / ionic-heated cathode* ‖ **~aufleger** *n* (Web) / automatic feeder ‖ **~aufzeichnend** *adj* / self-recording *adj* ‖ **~aufziehende Kette** (ein Antischlupf-Zubehör) (Kfz) / self-mounting tyre chain ‖ **~ausfließende Sonde** (Erdöl) / flowing well, natural flowing well ‖ **~ausflockung** *n* (Biol, Chem) / autocoagulation *n* ‖ **~ausgleichende Wicklung** (Schleifenwicklung + Wellenwicklung) (Eltech) / frog-leg winding ‖ **~aushärtender kunstharzgebundener Formstoff** (Gieß) / cold-resin sand ‖ **≈aushärtung** *f* (bestimmter Al-Legierungen) (Hütt) / self-hardening *n* ‖ **~auslösend** *adj* / self-releasing *adj* ‖ **~auslösender Gewindeschneidkopf** (Masch) / self-opening die, opening die, self-opening die head ‖ **≈auslöser** *m* (Vorlaufwerk an fotografischen Aufnahmegeräten) (Foto) / self-timer *n* ‖ **~backende Elektrode** (Eltech) / self-baking electrode* ‖ **~basifizierend** *adj* (Chromgerbung) (Leder) / self-basifying *adj* ‖ **≈bedienung** *f* (ein Verkaufsprinzip) / self-service *n* ‖ **≈bedienungsterminal** *n* (EDV) / self-service terminal ‖ **≈bedienungswäscherei** *f* / launderette *n*, washeteria *n*, laundrette *n*, laundromat *n* (US) ‖ **≈befruchtung** *f* (einschließlich Selbstbestäubung) (Bot) / self-fertilization*, autogamy* *n* ‖ **~begrenzender Phasendiskriminator** (Radio, TV) / ratio detector* ‖ **~belüftete Maschine** (Eltech) / non-ventilated machine ‖ **≈berührungspunkt** *m* (Knotenpunkt zweier Art) (Math) / point of osculation*, double cusp ‖ **≈bestäubung** *f* (Druck) / in-house sensitizing, in-house coating ‖ **≈bestäubung** *f* (erzwungene Selbstbefruchtung mit eigenen Pollen bei Pflanzen mit Fremdbestäubung) (Bot) / self-pollination* *n* ‖ **≈beteiligung** *f* (bei der Fahrzeugversicherung) (Kfz) / excess *n* ‖ **≈block** *m* (Bahn) / automatic block ‖ **informationelles ≈darstellungsrecht** (EDV) / information privacy ‖ **~definierender Wert** (EDV) / self-defining value ‖ **~dekrementierend** *adj* (EDV) / self-decrementing *attr* ‖ **~dekrementierendes Register** (EDV) / autodecrement register ‖ **≈diagnose** *f* (EDV, Kfz) / self-diagnosis *n* ‖ **~diagnoseanlage** *f* (EDV) / self-diagnostic facility ‖ **≈diagnoseprogramm** *n* (EDV) / autodiagnostic routine, self-diagnostic routine ‖ **≈diffusion** *f* /

self-diffusion *n* ‖ **~dockendes Dock** (Schiff) / self-docking dock ‖ **~dokumentierend** *adj* (Programm) (EDV) / self-documenting *adj*, autodocumenting *adj*, self-explanatory *adj* ‖ **≈dotierung** *f* (Eltronik) / autodoping *n* ‖ **~durchschreibendes Papier** (Pap) / carbonless copy paper, NCR (= no carbon required)*, non-carbon paper, NCP ‖ **≈eichung** *f* / automatic calibration, self-calibration *n* ‖ **~einbrennende Elektrode** (Eltech) / self-baking electrode* ‖ **mit ≈** (Film) / automatic-threading *adj*, self-threading *adj*, autoloading *n* ‖ **~einstellendes Lager** (Masch) / self-aligning (ball) bearing, Sellers' bearing ‖ **~einstellender Nullpunkt** (Instr) / self-adjusting zero ‖ **~einstellendes System** (ein spezielles adaptives System) (F.Org, Regeln) / self-organizing system ‖ **≈einstellung** *f* (Regeln) / automatic adjustment, auto-adjustment *n* ‖ **~emulgierend** *adj* (Chem) / self-emulsifying *adj* ‖ **≈energie** *f* (Energie der Teilchen bei der Wechselwirkung) (Kernphys) / self-energy *n* ‖ **≈entladewagen** *m* mit trichterförmigem Kasten (Bahn) / hopper *n*, hopper waggon ‖ **≈entladung** *f* (Eltech) / self-discharge* *n* ‖ **≈entladung** (durch örtliche Effekte in Batterien) (Eltech) / local action* ‖ **≈entmagnetisierung** *f* (Mag) / self-demagnetization *n* ‖ **~entzündlich** *adj* / pyrophoric *adj* ‖ **≈entzündung** *f* (Landw, Masch) / spontaneous ignition, self-ignition *n*, auto-ignition* *n*, spontaneous combustion ‖ **≈entzündungstemperatur** *f* (Wärm) / spontaneous ignition temperature* (SIT), self-ignition temperature ‖ **≈erhitzung** *f* (Wärm) / spontaneous heating ‖ **~erklärend** *adj* / self-explanatory *adj* ‖ **≈erläuterung** *f* **eines laufenden Programms** (Erklärung der gerade ablaufenden Arbeitsgänge und der bevorstehenden Absichten des Programms) (EDV) / mid-run explanation ‖ **~erodierend** *adj* / self-eroding *adj*
**selbsterregt** *adj* (Eltech) / self-excited *adj* ‖ **~** (Multivibrator) (Eltronik) / free-running *adj* ‖ **~e Maschine** (Eltech) / self-excited machine ‖ **~er Oszillator** (Radio) / self-excited oscillator ‖ **~e Schwingung** (Phys) / self-induced vibration, self-excited vibration
**Selbst • erregung** *f* (Eltech) / self-excitation* *n* ‖ **mit ≈erregung** (Eltech) / self-exciting *adj* ‖ **≈erwärmung** *f* (Wärm) / spontaneous heating ‖ **~fahrend** *adj* (Masch) / self-propelled *adj*, automotive *adj* ‖ **~fahrender Kran** (Film) / cherry picker ‖ **≈fahrer** *m* (Kfz) / self-driver *n* ‖ **≈fahrer** (Schiff) / self-propelled vessel ‖ **≈fahr-Mähdrescher** *m* (Landw) / self-propelled combine-harvester ‖ **≈finanzierung** *f* / profit retention, earnings retention (financing with retained earnings) ‖ **≈fokussierung** *f* (Opt) / self-focusing *n* ‖ **≈führung** *f* (Eltech) / self-commutation *n* ‖ **≈fütterer** *m* (Landw) / self-feeder *n*, self-feeding facility, automatic feeder ‖ **≈fütterungsanlage** *f* (Landw) / self-feeder *n*, self-feeding facility, automatic feeder ‖ **~gängiges Erz** (Hütt) / self-fluxing ore* ‖ **~geführter Wechselrichter** (Eltech) / self-commutated inverter ‖ **~gehendes Erz** (Hütt) / self-fluxing ore* ‖ **~gekühlt** *adj* / self-cooled *adj* ‖ **~gekühlte Maschine** (Eltech) / non-ventilated machine ‖ **~gekühlter Transformator** (Eltech) / self-cooled transformer ‖ **~gesteuerte oder gelenkte Bombe** (z.B. die V-Geschosse) (Luftf, Mil) / robot bomb, buzz bomb, flying bomb, smart bomb ‖ **≈gewichtung** *f* (Stats) / self-weighting *n* ‖ **≈glanzpflegemittel** *n* (meistens ein Fußbodenpflegemittel) / self-glazing emulsion, dry-bright emulsion ‖ **≈glättungsvermögen** *n* (Tex) / self-smoothing properties ‖ **~gleichrichtend** *adj* (Radiol) / self-rectifying* *adj* ‖ **≈haftendes Kreppband** (z.B. Tesa-Krepp) (Anstr, Bau) / masking tape ‖ **≈haftung** *f* / tack *n* ‖ **~haltendes Relais** (Eltech) / self-holding relay, latching relay, latch-in relay, lock-in relay ‖ **~haltende Taste** (EDV, Typog) / locking key ‖ **~halterelais** *n* (Eltech) / self-holding relay, latching relay, latch-in relay, lock-in relay ‖ **~härtend** *adj* (Formstoff) (Gieß) / self-curing *adj* ‖ **~härtend** (Plast) / self-curing *adj* ‖ **~härter** *m* (Stahl) (Hütt) / self-hardening steel* ‖ **≈härtestahl** *m* (Hütt) / self-hardening steel* ‖ **~heilende Isolation** (die nach einem Durchschlag ihre isolierenden Eigenschaften vollständig wiedergewinnt) (Eltech) / self-restoring insulation ‖ **~heilender Kondensator** (wenn keine Energiezufuhr von außen notwendig ist) (Eltech) / self-sealing capacitor, Mansbridge capacitor ‖ **~hemmend** *adj* / self-locking *adj* ‖ **~hemmendes Differential** (Kfz) / multiplate limited-slip differential, limited-slip differential, friction-disk differential ‖ **~hemmende Steuerung** (Luftf) / irreversible controls* ‖ **~hemmendes Werkstückabstützsystem** (Masch) / self-locking workpiece support system ‖ **~horizontierend** *adj* (Verm) / self-levelling *adj* ‖ **~indizierte Adressierung** (EDV) / list-sequential addressing, auto-indexed addressing ‖ **≈induktion** *f* (als elektrische Erscheinung) (Elektr) / self-induction *n* ‖ **≈induktion** (Eltech) / inductance* *n*, self-inductance* *n* ‖ **≈induktionskoeffizient** *m* (Eltech) / inductance* *n*, self-inductance* *n* ‖ **≈induktionskoeffizient** (Eltech) / inductance coefficient* ‖ **≈induktivität** *f* (Eltech) / inductance* *n*, self-inductance* *n* ‖ **≈induktivität** (Eltech) / inductance coefficient* ‖ **~initiierende Polymerisation** (Chem) / self-initiated polymerization, purely thermally initiated polymerization ‖ **~inkrementierendes Register** (EDV) / autoincrement register ‖ **≈ionisation** *f* (Kernphys) / preionization *n*,

autoionization n ‖ ~**ionisierung** f (Phys) / self-ionization n ‖
~**justierender Gatemaskenprozeß** (Eltronik) / self-adjusting gate process ‖ ~**klebeband** n / self-adhesive tape ‖ **klebefolie** f / self-adhesive film ‖ ~**klebend** adj / self-adhesive adj ‖ ~**klebende Folie** / self-adhesive film ‖ ~**klebendes Papier** (Pap) / adhesive paper, self-adhesive paper ‖ ~**klebung** f (Verbinden verformbarer Stoffe durch Druck ohne Wärmezufuhr) / cold sealing ‖ ~**konjugiert** adj / self-conjugate adj ‖ ~**konsistent** adj / self-consistent adj ‖ ~**konsistenz** f / self-consistence n, self-consistency n ‖ ~**konvergenz** f (TV) / autoconvergence n ‖ ~**korrigierender Kode** (EDV) / error-correcting code*, self-checking code, self-correcting code ‖ ~**kosten** pl (DIN 32900) / prime cost, cost price, original cost ‖ **zum** ~**kostenpreis** / at cost ‖ ~**kühlung** f / natural cooling ‖ ~**kühlung** (ohne spezielle Einrichtung zur Erhöhung der Kühlmittelgeschwindigkeit) (Eltech) / natural cooling, natural ventilation ‖ ~**lade-** / self-loading adj ‖ ~**ladend** adj / self-loading adj ‖ ~**ladender Speicherauszug** (EDV) / self-loading memory print, SLMP ‖ ~**ladeschürfzug** m (HuT) / elevating scraper ‖ ~**ladewaffe** f (Mil) / semi-automatic weapon ‖ ~**ladung** f (EDV, HuT, Kfz) / self-loading n ‖ ~**laufende Sonde** (Erdöl) / flowing well, natural flowing well ‖ ~**laut** m (silbenbildender) (Akus) / vowel n ‖ ~**lautdeutlichkeit** f (Fernsp) / vowel articulation* ‖ ~**lenkung** f (Luftf, Mil) / self-aiming n, preset guidance ‖ ~**lernend** adj (EDV) / self-learning adj ‖ ~**leuchtend** adj (Himmelskörper) (Astr) / self-luminous adj ‖ ~**leuchtende Karte** (Kart) / fluorescent map ‖ ~**leuchter** m (eine Lichtquelle) (Licht) / primary light source, self-luminous object, self-luminous substance ‖ ~**löschend** adj / self-extinguishing adj ‖ ~**löschend** (Kernphys) / self-quenching* adj ‖ **thermischer** ~**mord** (eines Halbleiterelements bei Temperaturerhöhung) (Eltronik) / thermal runaway*, thermal breakdown, thermal catastrophe ‖ ~**mordenzym** n (Biochem) / suicide enzyme ‖ ~**mordinhibitor** m (Biochem) / suicide inhibitor ‖ ~**mordschaltung** f (eine Schaltung des selbsterregten Gleichstromnebenschlußgenerators, z.B. zum Abbau der Remanenz bei der Leonard-Schaltung) (Eltech) / suicide control ‖ ~**nachstellende Kupplung** (Kfz) / self-adjusting clutch ‖ ~**öffnender Schneidkopf** (Masch) / self-opening die, opening die, self-opening die head ‖ ~**organisation** f (Bakteriol) / self-assembly n, self-organization n ‖ ~**organisation** (F.Org, Regeln) / self-organizing system ‖ ~**organisation** (konservative, dissipative, dispersive) (Phys) / self-organization n ‖ ~**organisierendes System** (F.Org, Regeln) / self-organizing system ‖ ~**pflück-** (wenn der Käufer selbst erntet) (Landw) / pick-your-own adj ‖ **zum** ~**pflücken** (Landw) / pick-your-own adj ‖ ~**Verkauf an** ~**pflücker** (Landw) / pick-your-own sale ‖ ~**positionierung** f (Erdöl) / dynamic positioning, dynamic stationing ‖ ~**prüfung** f (mit Prüf- und Fehlersuchprogrammen) (EDV, Eltronik) / self-checking adj ‖ ~**reflektierendes Programm** (EDV, KI) / self-reflective program ‖ ~**regelnd** adj (Nukl, Regeln) / self-regulating* adj ‖ ~**regeneration** f / self-regeneration n ‖ ~**regenerierung** f / self-regeneration n ‖ ~**registrierend** adj / self-recording adj ‖ ~**regulation** f (Regeln) / automatic control* ‖ ~**regulierender Nullpunkt** (Instr) / self-adjusting zero ‖ ~**reinigend** adj (Beschichtung) / continuous-cleaning adj ‖ ~**reinigender Backofen** (Nahr) / self-clean oven ‖ ~**reinigende Düse** (Masch) / non-clogging nozzle ‖ ~**reinigendes Email** (für Backöfen, Elektroherde und Grillgeräte) / self-cleaning enamel ‖ ~**reinigung** f (des Außenanstrichs) (Anstr) / self-cleaning ability ‖ ~**reinigung** (Masch) / self-cleaning n ‖ ~**reinigung** (Fähigkeit der Atmosphäre und der Gewässer, Verschmutzungen unschädlich zu machen) (Sanitär, Umwelt) / self-cleansing* n, self-purification n, autopurification n ‖ ~**reinigung** (der Zündkerze) (V-Mot) / deposit scavenging ‖ ~**relativadresse** f (wenn die Adressenangabe relativ zur Stelle der Angabe vorgenommen ist) (EDV) / self-relative address ‖ ~**reproduzierend** adj (Virus) (EDV) / self-replicating adj ‖ ~**retter** m (abhängiger, unabhängiger) (Bergb) / miner's self-rescuer, escape respirator ‖ ~**retter** (ein Fluchtgerät) (Bergb) / self-rescuer n ‖ ~**schalter** m (Eltech) / cut-out* n, miniature circuit breaker, automatic cut-out* ‖ ~**schärfend** adj (z.B. Schleifscheibe) (Masch) / self-sharpening adj ‖ ~**schließend** adj (Masch) / self-closing adj, automatically closing ‖ ~**schließend** (durch Schwerkraft) (Masch) / gravity-closing adj ‖ ~**schließend** (durch Feder) (Masch) / spring-actuated adj ‖ ~**schließender Deckel** (der Schreibmaschine) / self-lid cover ‖ ~**schmierend** adj (Masch) / self-lubricating adj, autolubricating adj, autolub adj ‖ ~**schmierendes Lager** (Masch) / self-lubricating bearing* ‖ ~**schmierung** f (Masch) / autolubrication n, self-lubrication n ‖ ~**schneidende Gewindeschraube** (Masch) / tapping screw, self-tapping screw, self-cutting screw ‖ ~**schneidende Mutter** (Masch) / die nut* ‖ ~**schneidende Schraube** (Masch) / tapping screw, self-tapping screw, self-cutting screw ‖ ~**schreibend** adj / autographic adj (US), recording adj ‖ ~**schreibender Niederschlagsmesser** (Meteor) / recording rain gauge, pluviograph n, hyetograph* n, rain recorder ‖ ~**schreibender Regenmesser** (Meteor)

/ recording rain gauge, pluviograph n, hyetograph* n, rain recorder ‖ ~**schreiber** m (Instr) / recorder* n, recording instrument, graphic instrument, grapher n ‖ ~**schwingender Antennenmast** (Radio) / mast antenna ‖ ~**schwingender Mast** (Radio) / tower radiator ‖ ~**schwingende Mischstufe** (Fernm) / frequency changer* ‖ ~**sichernd** adj (Eltronik) / self-locking adj ‖ ~**sichernde Mutter** (DIN 980) (Masch) / self-locking nut ‖ ~**spannender Mitnehmer** (Masch) / self-actuating work driver ‖ ~**spannrahmen** m (Siebdruck) (Druck, Eltronik) / self-tensioning frame, self-stretch frame ‖ ~**spannung** f **mit Doppelspannrolle** (des Flachriemens) / self-tensioning with double-tensioning idler ‖ ~**sperrend** adj / self-locking adj ‖ ~**sperrendes Ausgleichsgetriebe** (Kfz) / non-slip differential ‖ ~**spinner** m (in der Streichgarnspinnerei) (Spinn) / mule* n, self-actor mule ‖ ~**starter** m (Anlasserschaltanlage, die bei Stillstand des Motors und eingeschalteter Zündung den Anlasser selbsttätig einschaltet) (Kfz) / self-starter n ‖ ~**sterilität** f (Biol) / self-sterility* n ‖ ~**steuergerät** n (Luftf) / automatic pilot*, autopilot* n, gyro-pilot n, George* n ‖ ~**strahlende Dipolebene** (Radio) / radiating curtain ‖ ~**streuung** f (Phys) / self-scattering* n ‖ ~**synchronisierend** adj (Eltech) / self-synchronizing* adj ‖ ~**synchronisierender Kode** (EDV) / self-synchronizing code ‖ ~**synchronisierender Motor für Fernanzeige** (Eltech) / selsyn motor ‖ ~**synchronisierungs-** (Eltech) / self-synchronizing* adj ‖ ~**takten** (EDV) / internal clock generation

**selbsttätig** adj / automatic adj, self-acting adj ‖ ~**er Anlasser** (Anlasserschaltanlage, die bei Stillstand des Motors und eingeschalteter Zündung den Anlasser selbsttätig einschaltet) (Kfz) / self-starter n ‖ ~**e Fertigungssteuerung** (Regeln) / industrial control ‖ ~**e Gittervorspannung** (Eltronik) / automatic bias*, automatic grid bias* ‖ ~**e Maschine** (Masch) / self-contained machine ‖ ~**e Nachstellung** (Kfz) / self-adjustment n ‖ ~**e Regelung** (Regeln) / automatic control* ‖ ~**er Ruf** (Fernsp) / keyless ringing, machine ringing ‖ ~**e Rufweiterschaltung** (Fernsp) / automatic call forwarding ‖ ~**er Schwundausgleich** (Radio) / automatic volume control*, AVC* ‖ ~**e Stauklappe** (Wasserb) / balanced gate, balance gate ‖ ~**e unverzögerte Schwundsteuerung** (Radar) / instantaneous automatic gain control*, IAGC ‖ ~**er Vorschub** (Masch) / power feed* ‖ ~**e Weichdichtung** (Masch) / self-acting seal of soft material ‖ ~**e Weidepumpe** (Landw) / cattle-operated pasture pump

**Selbst** • **test** m (eine Nummernprüfung) (EDV) / self-check n ‖ ~**test** (ob ein Gerät richtig funktioniert) (Instr) / self-test n, self-diagnostic routine ‖ ~**tönen** n (des Verstärkers) (Akus) / howling n ‖ ~**tragend** adj (Kfz) / self-supporting adj, monocoque attr, chassisless adj, integral adj, unitized adj ‖ ~**tragender Aufbau** (Kfz) / self-supporting body, monocoque* n, unitized body* n ‖ ~**tragende Plattform** (HuT) / self-contained platform ‖ ~**tragende Zwischenwand** (Bau, Zimm) / trussed partition* ‖ ~**tränke** f (Landw) / automatic drinker, automatic watering plant, automatic drinking bowl ‖ ~**trimmer** m (ein Spezialschiff für Schüttgutladung, bei dem das Trimmen entfällt) (Schiff) / self-trimming vessel ‖ ~**trimmerschiff** n (ein Spezialschiff für Schüttgutladung, bei dem das Trimmen entfällt) (Schiff) / self-trimming vessel ‖ ~**überlagerer** m (Radio) / autodyne* n, self-heterodyne* n, autoheterodyne n, endodyne* n ‖ ~**überlegendes Programm** (EDV, KI) / self-reflective program ‖ ~**umkehr** f (von Spektrallinien) (Spektr) / self-reversal n ‖ ~**umlauf** m (in Verdampfern, die nach dem Thermosiphonprinzip arbeiten) (Chem Verf) / natural circulation ‖ **magnetischer** ~**unterbrecher** (Eltech) / electrical hammer break ‖ ~**verankert** (Spannbeton) (HuT) / self-anchored adj ‖ ~**verbesserung** f (KI) / self-improvement n ‖ ~**verbreiterung** f (der Spektrallinie) (Spektr) / self-broadening n ‖ ~**verlag** m (Druck) / author's edition, vanity publishing ‖ ~**verleger** m (Druck) / author-publisher n ‖ ~**verlöschend** adj / self-extinguishing adj ‖ ~**verriegelnd** adj / self-locking adj ‖ ~**verschieblich** adj (EDV) / self-relocating adj ‖ ~**versorgungslandwirtschaft** f (Landw) / subsistence farming, subsistence agriculture ‖ ~**verstärkender Kunststoff** (Plast) / self-reinforcing plastic, SRP ‖ ~**verzehrende Elektrode** (Schw) / consumable electrode, fusible electrode ‖ ~**vulkanisierend** adj (Chem Verf) / self-curing adj ‖ ~**wahl** f (Fernsp) / automatic dialling, direct dialling

**Selbstwähl** • **ferndienst** m (Fernsp) / STD, direct distance dialling, DDD, intertoll dialling, subscriber trunk dialling, toll-line dialing (US), through-dialling n ‖ ~**fernverkehr** m (Fernsp) / STD, direct distance dialling, DDD, intertoll dialling, subscriber trunk dialling, toll-line dialing (US), through-dialling n ‖ ~**system** n (Fernsp) / automatic telephone system, machine switching ‖ ~**verkehr** m (Fernsp) / subscriber direct dialling, SDD*, subscriber dialling n ‖ **internationaler** ~**verkehr** (Fernsp) / international subscriber dialling, ISD

**Selbst** • **wechselwirkung** f (lokale Wechselwirkung verschiedener Felder oder auch eines Feldes mit sich selbst) (Kernphys) / self-interaction n ‖ ~**wechselwirkungspotential** n (Kernphys) / self-interaction potential ‖ ~**zentrierend** adj / self-centring adj ‖

1111

**selbstzentrierend**

~**zentrierendes Spannfutter** (Masch) / self-centring chuck*, concentric chuck*, universal chuck* ‖ ~**zerlegung** f (Mil) / self-destruction n ‖ ~**zerlegungsentfernung** f (vorprogrammierte Entfernung, in der sich der Flugkörper bei Nichterfassen des Zieles selbsttätig zerstört) (Mil) / destruct range ‖ ~**zerstörung** f (Mil) / self-destruction n ‖ ~**zündender flüssiger Raketentreibstoff** (Kftst, Raumf) / hypergol n, hypergolic fuel*, auto-igniting propellant ‖ ~**zündtemperatur** f (Wärm) / spontaneous ignition temperature* (SIT), self-ignition temperature ‖ ~**zündung** f (vom elektrischen Zündfunken unabhängige spontane Entflammung des Luft-Kraftstoff-Gemischs an einer Heißstelle des Verbrennungsraums) (Kfz) / auto-ignition* n, self-ignition n ‖ ~**zündung** (Landw, Masch) / spontaneous ignition, self-ignition n, auto-ignition* n, spontaneous combustion ‖ ~**zwirner** m (nicht mehr benutzte Zwirnmaschine) (Spinn) / twiner mule, mule doubler
**Selcal-System** n (Luftf) / selcal* n (selective calling)*
**selchen** v (z.B. Fleisch- und Fischwaren) (Chem Verf, Nahr) / smoke vt
**Selected Area** f (Grundlage der modernen Stellarstatistik) (Astr) / selected area
**selektieren** v / select v, choose v ‖ ~ (erkrankte oder sortenuntypische Pflanzen) (Landw) / rogue v
**Selektion** f / selection n, choice n ‖ ~ (Radio) / selection n ‖ (**wirksame**) ~ (Radio) / selectance* n ‖ ~ f **nach Eigenschaften** (EDV) / property sort
**Selektions•filter** n (durchsichtiges farbiges Medium, das in den zur Herstellung von Farbauszügen notwendigen Lichtstrahlengang eingeschaltet wird) / Auszugsfilter;n. (Druck, Foto) / colour separation filter ‖ ~**kreis** m (Schwingkreis zur Aussiebung eines Signals mit bestimmter Frequenz) (Eltech) / selective circuit
**selektiv** adj (nicht ausschließlich) / selective adj ‖ ~ (zielgerichtet auswählend, selektiv wirkend) / selective adj ‖ ~ (Erosion, Verwitterung) (Geol) / differential adj ‖ ~**er Abbau** (Bergb) / selective mining ‖ ~**er Abbau mit Stoßnachreißen** (Bergb) / resuing n ‖ ~**e Absorption** (Phys) / selective absorption* ‖ ~**e Adsorption** (Phys) / selective adsorption ‖ ~**e Anzeige** (EDV) / filtered display, partial display, selective display ‖ ~**e Entkopplung** (Spektr) / single-frequency decoupling, SFD ‖ ~**e Erosion** (Geol) / differential erosion ‖ ~**e Erstarrung** (Hütt) / selective freezing ‖ ~**es Fading** (auf einem schmalen, wandernden Frequenzbereich) (Radio) / selective fading*, differential fading ‖ ~**e Flotation** (Aufber) / differential flotation*, selective flotation ‖ ~**e Gewinnung** (Bergb) / selective mining ‖ ~**e Gewinnung von hochwertigem Erz** (Bergb) / high grading* ‖ ~**es Herbizid** (Landw) / selective herbicide ‖ ~**e Hydrierung** (von Fetten) (Nahr) / selective hydrogenation n ‖ ~**e katalytische Reduktion** (eine Sekundärmaßnahme bei der Rauchgasentstickung) (Chem Verf) / selective catalytic reduction, SCR ‖ ~**e Korrosion** (bevorzugte Korrosion eines Gefügebestandteiles) (Hütt, Masch) / selective corrosion, parting n ‖ ~**e Korrosion einer Legierungskomponente** (Hütt) / dealloying n, parting n ‖ ~**e Mahlung** (Aufber) / differential grinding* ‖ ~**e nichtkatalytische Reduktion** (eine Sekundärmaßnahme bei der Rauchgasentstickung) (Chem Verf) / selective non-catalytic reduction, SNCR ‖ ~**e Oxidation** (bevorzugte Oxidation bestimmter Gefüge- oder Legierungsbestandteile eines metallischen Werkstoffes) (Hütt) / selective oxidation ‖ ~**es Protokollprogramm** (EDV) / snapshot program, snapshot trace program ‖ ~**e Reflexion** (Opt) / selective reflexion ‖ ~**er Schwund** (Radio) / selective fading*, differential fading ‖ ~**er Strahler** (Phys) / non-black body ‖ ~ **streuender Körper** (Phys) / selective diffuser ‖ ~**e Verwitterung** (Geol) / differential weathering ‖ ~ **wirkendes Lösungsmittel** (Chem) / selective solvent ‖ ~**e Wirkung** / selectivity n ‖ ~**e Zerkleinerung** (Aufber) / differential grinding*
**Selektiv•austausch** m (gezieltes Eliminieren bestimmter Ionen aus dem Wasser mit Hilfe von Ionenaustauschern) (Chem Verf) / selective exchange ‖ ~**frage** f (in der Umfrageforschung) (Stats) / multiple-choice question, cafeteria question ‖ ~**herbizid** n (das bei Schonung der Kulturpflanzen nur Unkräuter beseitigt) (Landw) / selective herbicide
**Selektivität** f (z.B. eines Gassensors) / selectivity n ‖ ~ (Fähigkeit eines Empfängers, das Nutzsignal aus der Summe aller Störsignale auszusuchen) (Radio) / selectance* n ‖ ~ (Maß für Selektion) (Radio) / selectivity* n
**Selektiv•medium** n (für Mikroorganismen) (Bakteriol) / selective medium ‖ ~**ruf** m (Einrichtung in einem beweglichen Funkdienst zu gezieltem Anruf eines unter vielen an die gleiche Frequenz angeschlossenen Teilnehmers, ohne Belästigung der anderen) (Fernm) / selective calling ‖ ~**schutz** m (das Ansprechen einer Schutzeinrichtung, die einer Fehlerstelle am nächsten liegt) (Eltech) / selective protection*, discriminating protection ‖ ~**schutz mit einzeln abgeschirmten Leitungen** (Eltech) / sheathed pilot system ‖ ~**schutzsystem** n (Eltech) / discriminating protective system*, selective protective system ‖ ~**schwund** (Radio) / selective fading*,

differential fading ‖ ~**spannungsmesser** m (Eltech) / selective voltmeter ‖ ~**strahler** m (DIN 5031, T 8) (Phys) / non-black body ‖ ~**verstärker** m (ein Wechselspannungsmeßverstärker mit sehr schmaler Bandbreite) (Eltech) / selective amplifier
**Selekto** n (beim Duosolprozeß verwendetes Phenol-Kresol-Gemisch) (Erdöl) / selecto n
**Selektor** m (der abwechselnd eines von mehreren Geräten an den Hauptkanal anschließt) (EDV) / selector n ‖ ~**kanal** m (über den jeweils nur ein Datenübertragungsvorgang zwischen der Zentraleinheit und der Peripherie stattfindet) (EDV) / selector channel
**s-Elektron** n (der s-Unterschale) (Kernphys) / s electron, s-shell electron
**s-Elemente** n pl (Chem) / s-block elements
**Selen (Se)** n (Chem) / selenium* n ‖ ~- (meistens Selen(IV)-) (Chem) / selenious adj, selenous adj
**Selenat** n (Salz der Selensäure) (Chem) / selenate n
**Selen•bismutglanz** m (Min) / guanajuatite n ‖ ~**dioxid** n (Chem) / selenium dioxide, selenium(IV) oxide, selenious anhydride, selenous acid anhydride ‖ ~**disulfid** n (Chem) / selenium disulphide ‖ ~**düngemittel** n (Landw) / selenium fertilizer ‖ ~**(VI)-fluorid** n (Chem) / selenium(VI) fluoride, selenium hexafluoride ‖ ~**fotoelement** n (Eltronik) / selenium cell* ‖ ~**glas** n (Foto, Glas) / selenium glass ‖ ~**gleichrichter** m (ein alter Halbleitergleichrichter) (Eltronik) / selenium rectifier ‖ ~**halogenid** n (z.B. $SeF_6$ oder $SeBr_4$) (Chem) / selenium halide*
**Selenid** n (Salz des Selenwasserstoffs) (Chem) / selenide n
**selenige Säure** (Chem) / selenious acid (a selenium oxoacid), selenous acid
**Selenit** n (Salz der selenigen Säure) (Chem) / selenite* n, selenate(IV) n ‖ ~ m (Geol, Min) / gypsum* n, selenite* n
**Selen•kupfer** n (Kupfer(I)-selenid) (Min) / berzelianite n ‖ ~**monochlorid** n (Chem) / selenium monochloride
**Selenodäsie** f (Astr) / selenodesy n
**Selenogeologie** f (Geol) / lunar geology
**Selenografie** f (kartografische Aufnahme und Beschreibung der Mondoberfläche) (Astr) / selenography n
**Selen•(IV)-oxid** n (Chem) / selenium dioxide, selenium(IV) oxide, selenous anhydride, selenous acid anhydride ‖ ~**quecksilber** n (Min) / tiemannite n ‖ ~**rubin** n (Glas) / selenium ruby ‖ ~**rubinglas** n (Anlaufglas von tiefroter Farbe) (Glas) / selenium ruby ‖ ~**säure** f (Chem) / selenic acid ‖ ~**tetrabromid** n ($SeBr_4$) (Chem) / selenium tetrabromide ‖ ~**tonung** f (Foto) / selenium toning ‖ ~**wasserstoff** m ($H_2Se$) (Chem) / hydrogen selenide, selenium hydride ‖ ~**zelle** f (ein Fotoleitfähigkeitsdetektor) (Eltronik) / selenium cell*
**Selfaktor** m (Spinn) / mule* n, self-actor mule ‖ ~**garn** n (Spinn) / mule yarn ‖ ~**kops** m (DIN 61800) (Spinn) / mule cop ‖ ~**kötzer** n (Spinn) / mule cop ‖ ~**wagen** m (Spinn) / carriage n, mule carriage
**Self-consistent-field** n (effektives Potential, dessen Verlauf nach dem Vorbild des Hartree-Verfahrens einerseits die Bewegung der Teilchen bestimmt und andererseits von dieser abhängt) (Kernphys) / self-consistent field*, scf, ScF, SCF ‖ ~**-Verfahren** n (Chem) / SCF method, ScF method, self-consistent-field method
**Self-twist•-Spinnen** n (Spinn) / self-twist spinning ‖ ~**-Spinnverfahren** n (Spinn) / self-twist spinning
**Seliwanow-Reaktion** f (zum Nachweis von Hexosen) (Chem) / Seliwanoff's test, Seliwanoff reaction
**Sellerieöl** n (aus den Samen des wild wachsenden Selleries) / celery oil, celery-seed oil
**Sellersgewinde** n (ein altes Sondergewinde mit einem Flankenwinkel von 60°) (Masch) / Sellers screw thread*, USS, screw thread
**Sellers-Normalgewinde** n (nach W. Sellers, 1824-1905) (ein altes Sondergewinde mit einem Flankenwinkel von 60°) (Masch) / Sellers screw thread*, USS, screw thread*
**Selsyn** n (größere Drehmelder-Leistungseinheit) (Eltronik) / selsyn n, Magslip* n
**selten** adj / rare adj ‖ ~**e Erden** (Chem) / rare earths*
**Selten•erden** f pl (Oxide der Seltenerdmetalle) (Chem) / rare earths* ‖ ~**erdmetalle (SE)** n pl (Chem) / rare earth elements* (RE)
**seltsam** adj (Teilchen) (Kernphys) / strange* adj ‖ ~**er Attraktor** (Phys) / strange attractor ‖ ~**e Teilchen** pl (Kernphys) / strange particles
**Seltsamkeit** f (ladungsartige Quantenzahl) (Kernphys) / strangeness* n, strangeness number
**SELV** (Eltech) / safety extra-low voltage, SELV
**Semantik** f (Teilgebiet der allgemeinen Semiotik) (EDV, KI, Math) / semantics n ‖ **axiomatische** ~ (EDV) / axiomatic semantics ‖ **deklarative** ~ (KI) / declarative semantics ‖ **funktionale** ~ (EDV, KI) / denotational semantics, functional semantics ‖ **operationale** ~ (EDV) / operational semantics ‖ **prozedurale** ~ (KI) / procedural semantics ‖ **Scottsche** ~ (EDV, KI) / denotational semantics, functional semantics
**Semantikfehler** m (EDV, KI) / semantic error*

**semantisch** adj / semantic adj || **~e Ambiguität** (KI) / semantic ambiguity || **~e Analyse** (KI) / semantic analysis || **~es Datenmodell** (EDV) / semantic data model || **~er Fehler** (EDV, KI) / semantic error* || **~e Lücke** (EDV) / semantic gap || **~e Mehrdeutigkeit** (KI) / semantic ambiguity || **~es Muster** (KI) / semantic template || **~es Netz** (KI) / semantic network, semantic net || **~er Parser** (EDV) / semantic parser || **~e Resolution** (KI) / semantic resolution || **~e Widerspruchsfreiheit** (KI) / semantic consistency
**Semaphor** m n (Bahn) / semaphore n || ~ (einfaches Konzept zur Synchronisierung mehrerer gleichzeitig ablaufender Prozesse, das per Hardware und/oder per Software realisiert werden kann) (EDV) / semaphore n
**S$^E$-Mechanismus** m (elektrophile Substitution) (Chem) / S E mechanism n, S$^E$ reaction
**Semen** n **Strychni** (reifer Same des Strychninbaums) (Pharm) / nux vomica*, dog button, strychnos seed
**semi•-** / demi- (prefix denoting half-size)* || **~-** / demi- (prefix denoting half-size)* || **~-Additiv-Verfahren** n (unkaschiertes oder mit einem Haftvermittler beschichtetes Basismaterial wird nach dem Bohren aufgeschlossen und chemisch verkupfert) (Eltronik) / semi-additive process || **~aktive Zielsuchlenkung** (Mil) / semi-active homing (guidance - a bistatic-radar system) || **~apochromat** m (Foto) / semi-apochromatic objective, fluorite objective || **~arid** adj (Bereich - mit Niederschlägen in ausgesprochen jahreszeitlichem Wechsel) (Landw, Meteor) / semi-arid adj || **~batch-Reaktor** m (Chem Verf) / semi-batch chemical reactor || **~bulktechnik** f (beim Durchkontaktieren von Leiterplatten) (Eltronik) / semi-bulk process || **~cap** m (eine Art Kapazitätsdiode) (Eltronik) / semicap || **~carbazid** n (Chem) / semicarbazide* n || **~carbazone** n pl (Chem) / semicarbazones* pl || **~chemical-Zellstoff** m (Chem Verf, Pap) / semi-chemical pulp* || **~chinon** n (Chem) / semiquinone n || **~chrom-Leder** n (das vegetabilisch vorgegerbt und mit Chromsalzen nachgegerbt wurde) (Leder) / semi-chrome leather || **~containerschiff** n (Schiff) / semi-container ship || **~cyclisch** adj (Chem) / semi-cyclic adj || **~definit** adj (Matrix, Operator) (Math) / semi-definite adj
**Semidin** n (Chem) / semidine n || **~-Umlagerung** f (Chem) / semidine rearrangement
**semi•direkter Zugriff** (auf einen logischen Satz über die direkt adressierbare Spur) (EDV) / semi-direct access || **~diskordanz** f (Geol) / erosional unconformity || **~dry-Verfahren** n (For) / semi-dry process || **~dynamisch** adj (EDV) / semi-dynamic adj || **~elektronik** f (Schaltungen, die teilweise elektronisch, teilweise elektrisch oder elektromechanisch arbeiten) (Eltronik) / semi-electronics n || **~empirisch** adj / semi-empirical adj || **~entscheidbarkeit** f (der Prädikatenlogik nach Herbrand) (KI) / semi-decidability n || **~expertensystem** n / semi-expert system || **~fest** adj / semi-solid adj || **~fusinit** m (ein Kohlemazeral) (Bergb, Min) / semifusinite n || **~grafik** f (EDV) / semigraphics n || **~gürtelreifen** m (Kfz) / belted bias tyre, bias-belted tyre || **~hämatit-Roheisen** n (Hütt) / low-phosphorus pig iron || **~homogenes Brennelement** (Nukl) / semi-homogeneous fuel element || **~inklusive Wechselwirkung** (Kernphys) / semi-inclusive interaction || **~invariante** f (Math) / cumulant n, semi-invariant n || **~karbazid** n (Chem) / semicarbazide* n || **~karbazone** n pl (Reaktionsprodukte von Aldehyden oder Ketonen mit Semikarbaziden) (Chem) / semicarbazones* pl || **~klassisch** adj (Näherung) (Chem) / semi-classical adj || **~klassische Näherung** (Chem) / semi-classical approximation || **~kolloid** n (Chem) / hemicolloid* n || **~kolon** (pl -s oder -kola) n (EDV, Typog) / semicolon n || **~konservative Replikation** (bei der Reduplikation) (Biochem) / semi-conservative replication || **~konvergent** adj (Reihe) (Math) / semi-convergent adj || **~kubische Parabel** (Math) / Neil's parabola, semicubical parabola || **~kunden-** attr / semi-custom attr || **~kundenspezifisch** adj (EDV) / semi-custom adj || **~leptonisch** adj (Kernphys) / semileptonic adj || **~letale Dosis** (Med) / LD$_{50}$*, mean lethal dose*, median lethal dose, lethal dose 50, MLD*] || **~logarithmisch** adj (Math) / semi-logarithmic adj, semi-log adj || **~-Markowscher Prozeß** (Stats) / semi-Markov process || **~mikroanalyse** f (Chem) / semimicroanalysis n, semimicromethod n || **~modularer Verband** (Math) / semi-modular lattice
**seminifer** adj (Bot) / seminiferous* adj, seed-bearing adj
**Seminose** f (Chem) / mannose* n
**Semiochemikalie** f (chemische Substanz, die der biologischen Kommunikation dient) (Biochem) / semiochemical* n
**Semiologie** f (Lehre von den Krankheitszeichen) (Med) / semeiology* n, symptomatology n, semiology n
**Semiotik** f (allgemeine Lehre von sprachlichen Zeichen und Zeichenreihen) (EDV) / semiotics n, semeiotics n, semiology n
**semi•permanent** adj (EDV) / semi-permanent adj || **~permeable Membran** (Chem Verf) / semipermeable membrane* || **~prepolymerverfahren** n (Plast) / semi-prepolymer process, quasi-prepolymer process || **~regenerativ** adj (Erdöl) /

**semiregenerative** adj || **~synthese** f (Chem) / semisynthesis n || **~synthetisch** adj (Chem) / semi-synthetic adj || **~terrestrisch** adj (durch Grundwasser oder Überflutung aufgeschwemmt) (Geol) / semiterrestrial adj || **~-Thue-System** n (ein nichtdeterministischer Kalkül zur Erzeugung von Wortmengen mit endlich vielen Ableitungsregeln) (EDV) / semi-Thue system n || **~zyklisch** adj (mit einer vom aromatischen Ring ausgehenden Doppelbindung) (Chem) / semi-cyclic adj
**Semmelmehl** n (für die Wurstherstellung) (Nahr) / bread rusk
**Senarmontit** m (Antimon(III)-oxid) (Min) / senarmontite n
**Sende•antenne** f (Radio) / transmitting aerial, transmitting antenna || **~aufforderung** f (Fernm) / request to send, RTS, invitation to send, ITS || **~aufruf** m (DIN 44302) (EDV) / polling n || **~beginn** m (Radio, TV) / sign-on n || **~berechtigung** f (Online-Publishing) (EDV) / token n || **~bereich** m (Radio) / transmitting range || **~bereit** adj (Terminal) (EDV) / clear to send, CTS, ready to transmit || **~betrieb** m (DIN 44302) (Fernm) / transmittal mode || **~bezugsdämpfung** f (Fernm) / transmitting reference loss **~daten** pl (EDV) / transmitted data, transmittal data
**Sende-Empfangs•einheit** f (Fernm) / rt unit, receive-and-transmit unit || **~einrichtung** f (Fernm) / transmitter-receiver pair || **~fernschreiber** m (Fernm) / keyboard send/receive unit, KSR terminal || **~-Schalter** m (Fernm, Radio) / transmit-receive switch, TR switch, TR box || **~-Schalter** (Fernm) / send-receive switch || **~-Weiche** f (Radar, Radio) / duplexer* n, antenna changeover switch
**sende•fähig** adj (Radio, TV) / broadcast-ready adj || **~folge** f (Radio, TV) / serial n || **~gebiet** n (Radio) / transmitting range || **~gebiet mit starken Störgeräuschen** (Radio) / wipe-out area || **~geschwindigkeit** f (z.B. des Fernschreibers) (Fernm) / transmission speed || **~impuls** m (Radar) / main bang, transmitted pulse (in radar) || **~kopf** m (bei der Ultraschall-Werkstoffprüfung) (WP) / sending transducer || **~kopie** f **für das Fernsehen** (Film) / television print || **~leistung** f (Antenne) (Fernm) / effective radiated power* || **~leistungsregelung** f **gegen Übersteuerung** (Radio) / automatic level control (ALC) || **~modus** m (Fernm) / transmittal mode || **~monitor** m (Eltech) / transmission monitor
**senden** v (Fernm, Radio) / transmit v, send v || ~ (Fernm, Radio, TV) / transmit v || ~ (im Rundfunk) (Radio) / broadcast v || s. auch funken || **~, impulsweise ~** (Fernm) / pulse v || **nochmals ~** (Radio) / rebroadcast v
**sendend•er Kontrollor** (A) (Luftf) / sending controller || **~er Lotse** (Luftf) / sending controller || **~er Verkehrsleiter** (S) (Luftf) / sending controller
**Sendepause** f (Radio) / silent period*, station break (US)
**Sender** m (in hydroakustischen Systemen) / beacon n (acoustic) || ~ (EDV, Fernm, Radio) / transmitter* n, transmitting station, sender n || **~illegaler ~** (Radio) / pirate radio station || **optischer ~** (Baugruppe zum Umwandeln elektrischer Signale in optische Signale) (Opt) / optical transmitter || **optoelektronischer ~** (z.B. Lumineszenzdiode oder Laserdiode) (Eltronik) / optoelectronic emitter || **über den ~ gehen** (Radio) / go on the air
**Sende•raum** m (Radio, TV) / studio n || **~reichweite** f (Fernm, Radio) / range* n, radio range || **~reihe** f (Radio, TV) / serial n
**Sender•Empfänger** m (EDV, Fernm) / transceiver* n, transreceiver* n || **~/Empfänger-Adresse** (EDV) / originator-recipient address, O/R address || **~-Empfangsgerät** n (EDV, Fernm) / transceiver* n, transreceiver* n || **~frequenz** f (Radio) / transmitter frequency
**Sende•röhre** f (Radio) / transmitting valve*, transmitting tube, transmitter tube || **~röhren-Betriebsart** f (Radio) / transmitter tube rating
**Sender•raum** m (Akus) / source room || **~schnellwahl** f (Radio) / quick tuning || **~sperröhre** f (die den Sender von der Antenne trennt) (Eltronik) / anti-transmit-receive tube*, ATR tube* || **~sperrschalter** m (Radar) / anti-transmit-receive switch, ATR switch, anti-transmit-receive box, ATR box || **~suchlauf** m (in Funkempfängern) (Radio) / station scanning || **~vorwahl** f (Radio) / preset n
**Sende•saal** m (Radio, TV) / studio n || **~sammelschiene (SSA)** f (Fernm) / transmitting bus-bar || **~schluß** m (Radio, TV) / close-down n, sign-off n || **~schrittakt** m (Fernm) / transmitter signal element timing || **~seite** f (Fernm) / transmit end || **~speicher** m (Fernm) / transmitter memory, transmitting memory || **~station** f (eine Datenstation zu der Zeit, zu der sie aufgefordert ist, Daten auszusenden) (EDV) / master station || **~station** (Fernm) / transmitting station || **~stelle** f (Fernm) / transmitting station || **~studio** n (Radio, TV) / studio n || **~termin** m (im Programm) (Radio) / slot n (on the radio) || **~terminal** n (EDV) / sending terminal, transmitting terminal || **~übergabe** f (Fernm) / submission n || **~unterbrechung** f (kurze - für Werbung) (Radio, TV) / pop-in n || **~weite** f (Radio) / coverage n || **~zeichen** n (das Pausenzeichen eines Rundfunksenders) (Radio) / call sign, call signal || **~zeit** f (Fernm) / time of origin (TOO) || **~zeit** (Radio) / on-air time, air time || **~zeit** s.

**Sendezeit**

auch Sendetermin ‖ **abendliche ~zeit vor und nach der Hauptsendezeit** (TV) / fringe time (US) ‖ **~zustand** *m* (Fernm) / transmittal mode

**Sendung** *f* / consignment *n* ‖ **~** / shipment *n*, consignment *n* (shipment of consigned goods) ‖ **~** (Fernm, Radio, TV) / transmission* *n* ‖ **die ~ beenden** (Radio) / go off the air ‖ **zu einer ~ zusammenstellen** / bulk *v*

**Sendzimir • -20-Rollen-Walzwerk** *n* (Hütt) / Sendzimir mill ‖ **~-Verzinkung** *f* (ein altes kontinuierliches Feuerverzinkungsverfahren) (Galv) / Sendzimir process ‖ **~-Walzwerk** *n* (Hütt) / Sendzimir mill

**Senecioalkaloid** *n* (ein Pyrrolizidinalkaloid) (Chem) / senecio alkaloid

**Seneciosäure** *f* (eine Methyl-2-butensäure) (Chem) / senecioic acid

**Senegalebenholz** *n* (aus Dalbergia melanoxylon Guill. et Perr.) (For) / African blackwood, Indian granadilla wood, grenadilla wood, green ebony, Mozambique ebony

**Senegalgummi** *n* (eine Art Gummiarabikum) / Senegal gum*, gum senegal

**seneszent** *adj* (Biol) / senescent* *adj*

**Senf, Indischer ~** (Brassica juncea (L.) Czern.) (Bot, Nahr) / sarepta mustard, Indian mustard, Chinese mustard ‖ **~gas** *n* (Bis(2-chlorethyl)sulfid - ein Gelbkreuzkampfmittel) (Mil) / mustard gas* ‖ **~öl** *n* (etherisches, fettes - ein organisches Isothiocuyanat) (Bot, Chem) / mustard oil, oil of mustard, mustard-seed oil ‖ **~ölglykosid** *n* (Chem) / glucosinolate *n*

**Senge** *f* (Tex) / singeing machine, gas singeing machine

**sengen** *v* (Tex) / singe *v*, gas *v*, scorch *v* ‖ **~** *n* (Abbrennen der vorstehenden Härchen, Flusen und Faserspitzen zur Erzielung eines glatten Fadens bzw. Gewebes) (Tex) / singeing* *n*, gassing* *n*, scorching *n*

**Sengfleck** *m* / scorch *n*

**Sengierit** *m* (Min) / sengierite *n*

**Sengmaschine** *f* (Tex) / singeing machine, gas singeing machine

**Seniorität** *f* (eine Quantenzahl) (Phys) / seniority *n*

**Senk • blei** *n* (Bau, Verm) / plumb-bob* *n*, plummet* *n*, plumb *n* ‖ **~blei** (heute aus Messing) (Schiff, Verm) / lead *n* (led)*, sounding lead, sounding weight, plummet *n* ‖ **~brunnen** *m* (HuT) / caisson *n* ‖ **~brunnen** (für die heute veraltende Senkbrunnengründung) (HuT) / open caisson, open well, Chicago caisson, Chicago well, drop shaft, cylinder caisson*, monolith *n*, foundation cylinder* ‖ **~brunnengründung** *f* (eine veraltende Flächengründungsart) (HuT) / open-caisson foundation, well foundation* ‖ **~brunnengründung + Druckluftgründung** (HuT) / caisson foundation

**Senke** *f* (im Audiogramm) (Akus) / notch *n* ‖ **~** (derjenige Teil eines datenverarbeitenden Systems, dem man die Aufnahme von Daten zuschreibt) (EDV) / information sink, sink *n* ‖ **~** (die Austrittselektrode des Kanals bei Feldeffekttransistoren) (Eltronik) / drain* *n* ‖ **~** (Geol) / basin* *n* ‖ **~** (eines Feldes) (Phys) / sink *n*

**Senkel** *m* / shoe-lace *n*, lace *n* ‖ **~** (Bau, Verm) / plumb-bob* *n*, plummet* *n*, plumb *n*

**senken** *v* / lower *v* ‖ **~** / lower *v*, mark down *v*, decrease *vt* ‖ **~** / slope *vt* ‖ **~** / reduce *v*, abate *v*, cut *v* ‖ **~** (Masch) / recess *v* ‖ **sich ~** (Bau) / settle *vi* ‖ **~** *n* (spanendes Verfahren zur Nachbearbeitung von Bohrungen und Naben mit fingerfräsartigen Werkzeugen nach DIN 8589, T 2) (Masch) / countersinking *n*, counterboring* *n*, recessing *n* ‖ **elektrochemisches ~** (Masch) / electrochemical forming (ECF) ‖ **elektrolytisches ~** (Masch) / electrochemical forming (ECF)

**Senkenströmung** *f* (Phys) / sink flow

**Senker** *m* (For) / sinker *n* (of mistletoe) ‖ **~** (zur Nachbearbeitung vorgearbeiteter Bohrungen und Naben) (Masch) / countersink *n*, counterbore *n* ‖ **zylindrischer ~** (Masch) / counterboring cutter

**Senk • faschine** *f* (Wasserb) / saucisse *n*, saucisson *n* ‖ **~gewicht** *n* (Bau, Verm) / plumb-bob* *n*, plummet* *n*, plumb *n* ‖ **~grube** *f* (Landw) / sink *n* ‖ **~grube** (Sanitär) / cesspool* *n*, sink *n*, cesspit* *n* ‖ **~holz** *n* (beim Triften) (For, Wasserb) / snag *n*, sinker *n*

**Senkkasten** *m* (HuT) / caisson *n* ‖ **~** (ohne Boden - bei Druckluftgründung) (HuT) / pneumatic caisson, compressed-air caisson ‖ **[betongefüllte] Senkkästen** (HuT, Wasserb) / cribwork* *n* ‖ **flacher ~** (zum Heben von Schiffen) (Wasserb) / saucer* *n* ‖ **kleiner offener ~** (HuT) / limpet *n*, limpet dam, leech *n* ‖ **offener ~** (HuT) / open caisson

**Senkkopf** *m* (einer Schraube) / countersunk head (GB)*, flat head ‖ **~** (eines Niets) (Masch) / flat-top countersunk head ‖ **abgesetzter ~** (DIN 918) (Masch) / undercut flat head ‖ **~** *m* **mit vertieftem Schlitz** (Masch) / recessed flat head ‖ **~nagel** *m* (für Hobeldielen) (Zimm) / floor brad, flooring brad

**Senk • körper** *m* (Bergb) / caisson *n* ‖ **~kübel** *m* (für die Kübelbegichtung) (Hütt) / bucket *n*, tub *n* ‖ **~kübelbegichtung** *f* (Hütt) / bucket charging ‖ **~lot** (Bau, Verm) / plumb-bob* *n*, plummet* *n*, plumb *n* ‖ **~niet** *m* (Nietform mit kegelstumpfförmigem Setzkopf nach DIN 661) (Masch) / flat countersunk rivet, countersunk (head) rivet, flush-head rivet

**senkrecht** *adj* / vertical *adj* ‖ **nicht ~** (Bau, Verm) / out-of-plumb *attr*, off plumb ‖ **~ zur Ausbreitungsrichtung ~e Fläche** (Phys) / area normal to the direction of propagation ‖ **~es Abflußrohr** (Bau, Sanitär) / soil-pipe* (SP) *n*, downpipe *n* ‖ **~e Affinität** (Math) / orthogonal affinity ‖ **~ arbeitender Schneckenmischer** (z.B. Vertamix) / screw mixer with vertical screw ‖ **~es Becherwerk** (Masch) / jacob's ladder* ‖ **~er Derrickmast** (Bau) / king-tower* *n*, crane tower ‖ **~er Doppelstrich** (Typog) / parallels *pl* (two parallel lines as a reference mark) ‖ **~e Gerade** (Math) / perpendicular line ‖ **~e Maschine** (Masch) / vertical-shaft machine ‖ **~e Projektion** (Masch) / orthographic projection*, orthogonal projection ‖ **~e Pyramide** (Math) / right pyramid, right-regular pyramid ‖ **~e Rillen** (auf dem Werkstein) (Bau) / tooled finish ‖ **~er Riß** (Bergb) / shake *n* ‖ **~er Sanddrän** (HuT) / vertical sand drain (enabling the soil to drain more easily) ‖ **~e Schnittbewegung** (Masch) / vertical cutting motion ‖ **~er Schwenk** (Film) / tilt *n* ‖ **~er Temperaturgradient** (Meteor) / lapse rate* ‖ **~es Türholz** (in der Mitte der Rahmentür) (Tischl) / muntin *n* ‖ **~es Verbauteil** (mit drucksicheren Brettern, Pfosten oder Bohlen) (HuT) / soldier *n*, runner *n* (vertical timber sheet pile) ‖ **~er Verdichtungsstoß** (Phys) / normal shock ‖ **~ verschiebbarer Fensterrahmen** (Tischl) / balanced sash* ‖ **~ verschiebbares Schiebefenster mit nur einem beweglichen Flügel** (Bau) / single-hung window* ‖ **~ verschiebliche Wehrfalle** (Wasserb) / suspended-frame weir ‖ **~er Wurf** (Phys) / vertical throw ‖ **~es Zeilenabtasten** (TV) / vertical scanning*, vertical sweep

**senkrecht • -affine Abbildung** (Math) / orthogonal affinity ‖ **~-Außenräummaschine** *f* (Masch) / vertical external broaching machine ‖ **~bande** *f* (Spektr) / perpendicular band ‖ **~-Bandsägemaschine** *f* (For) / vertical band saw ‖ **~bild** *n* (Foto, Verm) / vertical photograph ‖ **~bohrmaschine** *f* (mit senkrechter Bohrspindel) (Masch) / vertical drilling machine, upright drilling machine (US), vertical drill press (US), vertical boring machine ‖ **~drehmaschine** *f* (mit senkrechter Drehachse) (Masch) / vertical lathe, vertical boring mill, vertical boring and turning mill ‖ **~drehwerk** *n* (Masch) / vertical lathe, vertical boring mill, vertical boring and turning mill

**Senkrechte** *f* (zu einer Geraden oder zu einer Ebene) (Math) / perpendicular *n*

**Senkrecht • förderer** *m* (Masch) / elevator* *n* ‖ **~fräsmaschine** *f* (DIN 8616) (Masch) / vertical milling machine* ‖ **~fries** *m* (ein Rahmenteil der Holztür) (Tischl) / stile *n*, style* *n* ‖ **~gatter** *n* (For) / vertical gang saw, vertical frame-sawing machine ‖ **~räummaschine** *f* (mit senkrechtem Arbeitshub) (Masch) / vertical broaching machine ‖ **~räummaschine in Zweizylinderbauweise** (Masch) / dual ram-type vertical broaching machine ‖ **~schwenkung** *f* (Film) / tilt *n* ‖ **~starter** *m* (Luftf) / VTOL* *n*, VTOL plane, VTOL aircraft, vertical take-off and landing aircraft ‖ **~startflugzeug** *n* (Luftf) / VTOL* *n*, VTOL plane, VTOL aircraft, vertical take-off and landing aircraft ‖ **~startflugzeug** (mit einem Strahlmotor) (Luftf) / jump-jet *n* ‖ **~stoßmaschine** *f* (mit senkrechtem Arbeitshub) (Masch) / vertical slotting machine ‖ **~stranggießanlage** *f* (Gieß) / vertical continuous caster, vertical continuous casting machine, vertical continuous casting plant ‖ **~strangguß** *m* (Gieß) / vertical continuous casting ‖ **~tiefbohrmaschine** *f* (Masch) / vertical deep-hole boring machine ‖ **~tieflochbohrmaschine** *f* (Masch) / vertical deep-hole boring machine ‖ **~ziehen** *n* (Tafelglas, Röhren, Stangen) (Glas) / updraw process ‖ **~ziehverfahren** *n* **nach Fourcault** (Glas) / Fourcault process

**Senk • schacht** *m* (Bergb) / drop shaft ‖ **~schneidring** *m* (HuT) / curb *n*, cutting curb, drum-curb *n* ‖ **~schraube** *f* (Masch) / flat-head screw, countersunk-head screw ‖ **~schraube mit Längsschlitz** (Masch) / stove bolt (US) ‖ **~schraube mit Schlitz** (DIN 918) (Masch) / slotted countersunk-head screw (GB) ‖ **~schuh** *m* (HuT) / curb *n*, cutting curb, drum-curb *n* ‖ **~spindel** *f* (Phys) / aerometer *n*, hydrometer *n*

**Senkung** *f* / reduction *n*, abatement *n* ‖ **~** (Bau, HuT) / subsidence* *n*, settlement* *n* ‖ **~** (Geol) / subsidence* *n* (sinking or downward settling) ‖ **~** (Med) / dip *n* ‖ **~** (Blutkörperchensenkungsreaktion) (Med) / sedimentation reaction ‖ **in ~ begriffen** (Geol) / negative *adj* ‖ **kegelige ~** (Masch) / countersinking* *n* ‖ **zylindrische ~** (Masch) / counterboring *n* ‖ **~** *f* **des Kettfadens** (Web) / lowering of the warp ‖ **~ für Senkschrauben** (DIN 74, T 1) (Masch) / countersink for cheese-head screws

**Senkungs • gebiet** *n* (Geol, HuT) / settling ground ‖ **~kurve** *f* (Wasserb) / drop-down curve ‖ **~küste** *f* (Geol) / negative shoreline, shoreline in submergence ‖ **~linie** *f* (Wasserspiegel im Längsschnitt bei einer Gerinneströmung mit beschleunigtem Abfluß) (Wasserb) / drop-down curve ‖ **~riß** *m* (Bau) / settling crack ‖ **~schaden** *m* (Bau, Bergb) / subsidence damage, settlement damage

**Senk • waage** *f* (Phys) / aerometer *n*, hydrometer *n* ‖ **~winkel** *m* (bei Kegelsenkern) (Masch) / countersink angle, included angle (of the cone enveloping the cutting edges on a countersink) ‖ **~zylinder** *m* (Senkschachtverfahren) (Bergb) / caisson *n*

**Sensenausbau** m (Bergb) / scythe-type support
**Sensibilisator** m (Chem, Foto) / sensitizer* n
**sensibilisieren** v (Chem, Foto, Hütt, Plast) / sensitize v ‖ ~ (fotochemisch) (Chem, Foto, Licht) / photosensitize v
**Sensibilisierung** f (Chem, Foto) / sensitization* n ‖ ~ (beim Herstellen von Durchkontaktierungen auf Leiterplatten) (Eltronik) / sensitization n ‖ ~ (Auslösung interkristalliner Korrosion bei Stahl) (Hütt) / sensitization n ‖ ~ (Erhöhung der Anfälligkeit von Kunststoffen für Fotooxidation durch Farbpigmente) (Plast) / sensitization n ‖ **fotochemische** ~ (Chem, Physiol) / photosensitization n
**Sensibilisierungs•abschrecken** n (Hütt) / sensitize quenching ‖ ~**abschreckung** f (Hütt) / sensitize quenching
**Sensibilität** f / sensitivity* n
**Sensibilitäts•analyse** f (in der Unternehmensforschung) / sensibility analysis, sensitivity analysis ‖ ~**steigerung** f (vor der Aufnahme) (Foto) / hypersensitization* n
**sensible Wärme** (Phys) / sensible heat*
**Sensistor** m (Firmenbezeichnung für einen Silizium-PTC-Widerstand) (Eltronik) / sensistor n (US)
**sensitiv** adj / sensitive adj (to) ‖ **~e Daten** (EDV) / sensitive data, sensitive information ‖ **~e Elektrode** (zum Bestimmen von Ionenaktivitäten oder -konzentrationen in Flüssigkeiten) (Chem, Eltronik) / sensitive electrode
**Sensitivity** f (Differenz zwischen Research- und Motor-Oktanzahl) (Kftst) / sensitivity n
**Sensitometer** n (Foto) / sensitometer* n
**Sensitometrie** f (Meßverfahren zur Bestimmung der Eigenschaften fotografischer Materialien) (Foto) / sensitometry* n
**Sensitrode** f (sensitive Elektrode) (Chem, Eltronik) / sensitive electrode
**sensomotorisch** adj (Biol) / sensorimotor adj
**Sensor** m (ein Meßfühler als erstes Glied einer Meßkette) (Regeln) / sensor* n, probe n, measuring sensor, sensing element ‖ ~ (z.B. taktiler - bei Industrierobotern) (Regeln) / sensor* n ‖ **auditiver** ~ (ein Sensor /Mikrofon/ zur Aufnahme von Schallwellen innerhalb des menschlichen Hörbereichs und zum Wandeln in elektrische Ströme) (Akus) / sound sensor ‖ **biochemischer** ~ (Biochem) / biochemical sensor ‖ **bipolarer** ~ (Sperrschichttemperatursensor, bei dem die Temperatur mit Hilfe von Dioden- bzw. bipolaren Transistorstrukturen gemessen wird) (Eltronik) / bipolar sensor ‖ **bolometrischer** ~ (dessen Wandlerprinzip auf der Temperaturabhängigkeit der Leitfähigkeit spezieller Widerstandselemente beruht) / bolometric sensor ‖ **chemischer** ~ (zum Erfassen chemischer Eingangsgrößen und deren Umsetzung in elektrische Signale) (Chem) / chemical sensor ‖ **elektrochemischer** ~ (chemischer Sensor, der spezifisch für bestimmte Stoffe ein konzentrationsabhängiges elektrisches Signal liefert) (Chem) / electrochemical sensor ‖ **fluidischer** ~ (taktiler Sensor, bei dem sowohl das abtastende Medium als auch das zu erfassende Objekt in allen drei Aggregatzuständen vorliegen kann) / fluidic sensor ‖ **fotoakustischer** ~ (ein optothermischer Sensor) / photoacoustic sensor ‖ **integrierter** ~ (Sensorsystem, in dem die Funktionen Ankopplung, Wechselwirkung mit dem Sensorelement und Signalaufbereitung in einer Baueinheit integriert sind) (Eltronik) / integrated sensor ‖ **intelligenter** ~ (der mit einer elektronischen Datenaufbereitung verbunden ist) (EDV) / intelligent sensor ‖ **interferenzoptischer** ~ / interference optical sensor, IOS ‖ **ionenimplantierter** ~ (Eltronik) / ion-implanted sensor ‖ **kapazitiver** ~ (z.B. bei den IR) / capacitive sensor ‖ **mikrobieller** ~ / microbial sensor ‖ **optischer** ~ (bei den IR) (Masch) / optical sensor ‖ **optochemischer** ~ (chemischer Sensor, dessen Nachweisverfahren auf optischer Wechselwirkung beruht) (Chem, Opt) / optochemical sensor ‖ **optoelektronischer** ~ (Strahlungssensor, der Strahlung im ultravioletten Bereich, im sichtbaren Bereich bzw. im infraroten Bereich des elektromagnetischen Spektrums erfaßt und in elektrische Signale wandelt) / optoelectronic sensor ‖ **organischer** ~ (Sensor, der zur Aufnahme der Meßgröße im Elementarsensor anstelle anorganischer Werkstoffe vorwiegend organische Materialien verwendet) / organic sensor ‖ **taktiler** ~ (der bei Berührung Kräfte, Momente oder Formen erfaßt und in ein äquivalentes elektrisches Signal umwandelt) / touch sensor, tactile sensor ‖ **verteilter** ~ (mehrkanaliger faseroptischer Sensor, welcher die Werte einer Meßgröße über Lichtleiter erfaßt) / distributed sensor ‖ **visueller** ~ / visual sensor ‖ ~ **eines Industrieroboters** (Regeln) / robot sensor
**Sensor•array** n / sensor array ‖ ~**bildschirm** m (reagiert auf Antippen) (EDV) / touch screen, touch-sensitive screen ‖ ~**chip** m (Anordnung mehrerer Sensoren auf einem Chip) (EDV) / sensor chip ‖ **integrierte** ~**einheit** f / integrated sensor unit, ISU ‖ ~**elektronik** f (die dem Sensor direkt nachgeschaltete Elektronik, welche der Aufbereitung und Verstärkung des Signals dient und eventuell die Weiterleitung des Sensorsignals an eine größere Verarbeitungseinheit vorbereitet) (EDV, Eltronik) / sensor electronics ‖ ~**element** n (elektrisches Wandlerelement eines Sensors) (Eltronik) / sensor element ‖ **magnetisches** ~**element** (Mag) / magnetic pickup
**Sensoren•prozessor** m (intelligenter Sensor mit integriertem Mikroprozessor) (EDV) / sensor processor ‖ ~**speicher** m (Speicher in Analogie zu mikroelektronischen Datenspeichern, die Sensoren enthalten oder Sensordaten speichern) (EDV) / sensor memory ‖ ~**system** n (Regeln) / sensor system
**sensor•geführt** adj (Industrieroboter) (Regeln) / sensor-guided adj ‖ ~**gesteuert** adj (Regeln) / sensor-controlled adj
**sensoriell** adj (die Aufnahme von Sinnesempfindungen betreffend - auch in der Robotik) / sensory* adj
**Sensorik** f (Meßkette von der Meßwertaufnahme durch Sensoren aus der Umwelt bis zur Erzeugung entsprechender Systemsignale) / sensorics n ‖ ~ (Lehre von den Sensoren) / sensorics n
**Sensorintegration** f (Vereinigung mehrerer einzelner Bauelemente oder Baugruppen in einem Gehäuse zu einer Funktionseinheit) (Eltronik) / sensor integration
**sensorisch** adj / sensory* adj ‖ ~ (Nahr) / organoleptic* adj ‖ **~e Analyse** (zur Beurteilung sensorischer Merkmale von Lebensmitteln - Aussehen, Klarheit, Geruch, Geschmack, DIN 10956) (Nahr) / organoleptic estimation, organoleptic test, sensory analysis, sensory evaluation, tasting n ‖ **~e Prüfung** (zur Beurteilung sensorischer Merkmale von Lebensmitteln - Aussehen, Klarheit, Geruch, Geschmack, DIN 10956) (Nahr) / organoleptic estimation, organoleptic test, sensory analysis, sensory evaluation, tasting n ‖ **~e Untersuchung** (zur Beurteilung sensorischer Merkmale von Lebensmitteln - Aussehen, Klarheit, Geruch, Geschmack, DIN 10956) (Nahr) / organoleptic estimation, organoleptic test, sensory analysis, sensory evaluation, tasting
**Sensor•kombination** f (Eltronik, Umwelt) / sensor combination ‖ ~**konfektionierung** f (Konfektionierung von Sensorchips, um den Schutz vor unerwünschten äußeren Einwirkungen zu gewährleisten und die Integration in eine elektronische Baugruppe zu ermöglichen) (Eltronik) / sensor confectioning ‖ ~**netz** n (Zusammenschaltung von Sensoren bzw. Sensorsystem zum Erzielen einer gewünschten Funktion) / sensor network ‖ ~**schalter** m (Eltech) / touch switch, sensor switch ‖ ~**selbstüberwachung** f (bei intelligenten Sensoren) (EDV, Eltronik) / sensor self-monitoring ‖ ~**spule** f / sensor coil ‖ ~**system** n (meistens hierarchisch aufgebautes System mit einer Sensorkombination und einer Sensorsignalverarbeitung in Subsystemen) (Regeln) / sensor system ‖ ~**taste** f (ein Schaltelement) (Eltronik, Regeln) / touch button, sensor key ‖ ~**zeile** f (reihenförmige Anordnung einer Vielzahl identischer oder nahezu identischer Sensoren) (Regeln) / sensor line, row of sensing elements ‖ ~**zelle** f (Sensor auf der Grundlage des Volta-Effekts, der bei einer einfallenden Strahlung eine Fotospannung abgibt, die der Beleuchtungsstärke proportional ist) (Eltronik) / sensor cell
**sensuell** adj (sinnlich wahrnehmbar; die Sinnesorgane betreffend) (Physiol) / sensual adj
**Sente** f (ein Linienriß) (Schiff) / diagonal n
**SEP** (Biochem) / signal recognition particle, SRP
**Sepalum** (pl Sepala oder -alen) n (Bot) / sepal* n
**separabel** adj (Math) / separable adj
**separable•s Element** (Math) / separable element ‖ **~s Polynom** (Math) / separable polynomial ‖ **~r Raum** (ein topologischer Raum) (Math) / separable space, separable topological space ‖ **~r stochastischer Prozeß** (Stats) / separable stochastic process
**separat** adj / separate adj ‖ ~**abdruck** m (Druck) / offprint* n, separate* n, reprint n
**Separation** f / separation n ‖ **chemische** ~ (Chem) / chemical separation ‖ ~ **f der Variablen** (eine Methode, die es gestattet, spezielle Lösungen für gewisse Typen von linearen partiellen Differenzialgleichungen zu bestimmen) (Math) / separation of variables
**Separations•energie** f (die erforderlich ist, um aus einem speziellen Atomkern ein einzelnes Nukleon abzuspalten) (Kernphys) / separation energy* ‖ ~**negativ** n (Foto) / separation negative ‖ ~**positiv** n (Foto) / separation positive
**Separator** m (Eltech) / separator* n, diaphragm* n ‖ ~ (Nahr) / separator n ‖ ~ (Spektr) / separator n, molecular separator ‖ ~ (mit dem aus einem Fernsehsignal-Gemisch das Synchronsignal vom Bildsignal mit Austastung wieder abgetrennt werden kann) (TV) / sync separator
**Separatrix** f (pl. -izes) (Phys) / separatrix n (pl. -ices), stability boundary
**separierbar** adj (Math) / separable adj
**separieren** v / separate v ‖ ~ (Math) / separate v ‖ ~ n (ein kontinuierliches Butterungsverfahren) (Nahr) / separation n, separating n
**separierter Raum** (Math) / Hausdorff space*, $T_2$-space n, separated space

**Separierung**

**Separierung** f (von Daten bzw. Programmen) (EDV) / compartmentalization n, compartmentation n
**SEPDUMAG** n (Film) / sepdumag* n
**Sepetir** n (Holz der Sindora sp.) (For) / sepetir n (a light hardwood), SEP
**Sephadex** n (mit Epichlorhydrin quervernetztes Dextran) (Biochem) / Sephadex n
**Sepia** f (ein Farbstoff) / sepia n ‖ ⁓**knochen** m / cuttlefish-bone n, cuttlebone n ‖ ⁓**pause** f / sepia print, brown-line print, dyeline print ‖ ⁓**schale** f (als Schleifmittel) / cuttlefish-bone n, cuttlebone n ‖ ⁓**tönung** f (Foto) / sepia toning
**Sepie** f / sepia n
**Sepiolith** m (ein wasserhaltiges Magnesiumsilikat) (Min) / meerschaum* n, sepiolite* n, sea-foam n
**SEPMAG** n (separater Magnetton) (Film) / sepmag* n
**Septarie** f (Geol) / septarium* n (pl. -ria), septarian nodule*, turtle stone
**septenär** adj / septenary adj
**septisch** adj (nicht keimfrei) (Med) / septic adj
**Septum** n (pl. -ten oder -pta) (Bot) / septum* n (pl. septa) ‖ ⁓ (pl. -ten oder -pta) (Silikongummischeibe im Einspritzblock für flüssige Probendosierung beim Gaschromatografen) (Chem) / septum n (pl. septa) ‖ ⁓ (pl. -ten oder -pta) (Eltronik, Fernm) / septum* n (pl. septa)
**Sequence Control** f (Fähigkeit eines Prüfautomaten, die im Pinspeicher hinterlegten Prüfbitmuster nicht linear hintereinander, sondern in einer beliebigen Reihenfolge wiederzugeben) (Eltronik) / sequence control
**Sequencer** m (EDV, Eltronik) / sequencer n
**Sequentialanalyse** f (schrittweise Gewinnung statistischer Entscheidungen) (Stats) / sequential analysis
**sequentialisieren** v (EDV) / sequence v ‖ ⁓ n (DIN ISO 7498) (EDV) / sequencing n
**Sequential • roboter** m / sequential robot ‖ ⁓**system** n (TV) / sequential system ‖ ⁓**test** m (Stats) / sequential test ‖ ⁓**verfahren** n (TV) / sequential transmission*
**sequentiell** adj (Rechner, Verarbeitung, Zugriff) (EDV) / sequential adj ‖ ⁓**e Arbeitsweise** (bei einer Vielzahl von Operationen) (EDV) / sequential operation* ‖ ⁓**er Automat** (EDV) / sequential machine ‖ ⁓**e Bearbeitung** (Jobbearbeitung) (EDV) / stacked job processing, sequential job scheduling ‖ ⁓**e Datei** (EDV) / sequential file, serial file ‖ ⁓**es Entscheidungsmodell** (EDV) / sequential decision model ‖ ⁓**e Grammatik** (deren Regeln so beschaffen sind, daß ein nichtterminales Zeichen A ein für allemal verschwindet, nachdem alle Regeln, in denen es vorkommt, angewendet wurden) (EDV) / sequential grammar ‖ ⁓**e Maschine** (EDV) / sequential machine ‖ ⁓**er Mechanismus** (Biochem) / ordered mechanism ‖ ⁓**er Rang** (EDV) / sequential rank ‖ ⁓**e Schaltung** (EDV, Eltech, Regeln) / sequential logic system, sequential network, sequential circuit ‖ ⁓**er Speicher** (EDV) / serial store*, sequential-access memory, serial memory, sequential-access storage ‖ ⁓**e Steuerung** (EDV, Regeln) / sequential control, sequencing n ‖ ⁓**es System** (die Verhaltensstruktur eines endlichen Automaten) (EDV) / sequential machine ‖ ⁓**er Test** (Stats) / sequential test ‖ ⁓**er Transduktor** (EDV) / sequential transducer ‖ ⁓**es Übertragungsverfahren** (TV) / sequential transmission* ‖ ⁓**e Verarbeitung** (EDV) / sequential processing ‖ ⁓**er Zugriff** (durch sequentielles Lesen aller Daten zwischen Start- und Zielpositionen) (EDV) / sequential access
**Sequenz** f / sequence n, sequency n ‖ ⁓ (der Bausteine in biologischen Makromolekülen) (Biochem) / sequence* n ‖ ⁓ (z.B. bei Kettenreaktionen) (Chem) / sequence n ‖ ⁓ (Hintereinanderschaltung von Programmbausteinen beim strukturierten Programmentwurf) (EDV) / sequencing n ‖ ⁓ (charakteristische Größe bei der Darstellung und Analyse von Nachrichtensignalen) (Fernm) / sequency n ‖ ⁓ (Folge von Bildeinstellungen, ohne daß der Handlungsablauf unterbrochen wird) (Film) / sequence* n ‖ ⁓ (Gen) / sequence n ‖ ⁓ (in der Regellogik) (KI) / sequence n ‖ **intervenierende** ⁓ (Teil eines Mosaikgens) (Gen) / intervening sequence, IVS ‖ **intervenierende** ⁓ (Gen) s. auch Intron ‖ **kanonische** ⁓ (Gen) / consensus sequence ‖ **kodierende** ⁓ (Biochem) / coding sequence* ‖ **positive** ⁓ (in einem Sedimentationszyklus) (Geol) / fining-upwards cycle*
**Sequenzanalyse** f (Ermittlung der Reihenfolge der verschiedenen molekularen Bausteine in Makromolekülen - Protein-, Milchsäure-, Genom-) (Biochem) / sequence analysis
**Sequenzer** m (eine Steuereinheit beim Synthesizer) (EDV, Eltronik) / sequencer n
**Sequenzfunktionen** f pl (Impulsfunktionen mit meist diskontinuierlichem Verlauf) (Fernm) / sequence functions
**sequenziell** adj (EDV) / sequential adj
**sequenzieren** v (Biochem) / sequence v
**Sequenzierung** f (von Nucleinsäuren) (Biochem) / sequencing n
**Sequenzierungsvektor** m (Gen) / sequencing vector

**Sequenz • länge** f (Biochem) / sequence length ‖ ⁓**nummer** f (EDV) / sequence number ‖ ⁓**protokoll** n (Biochem) / sequence listing ‖ ⁓**regel** f (in der Stereochemie) (Chem) / sequence rule ‖ ⁓**speicher** m (EDV) / serial store*, sequential-access memory, serial memory, sequential-access storage
**sequestrieren** v (bei der Analyse) (Chem) / sequester v
**Sequestrierung** f (Chem) / sequestration n
**Sequestrierungsmittel** n (Chem) / sequestering agent*, sequestrant n
**Sequoia** f (Gattung der Sumpfzypressengewächse mit der einzigen Art Küstenmammutbaum) (For) / sequoia n
**Sequoie** f (For) / sequoia n
**Ser** (Biochem) / serine* n, Ser*
**SER** (Spektr) / spin-echo resonance, SER
**Sérac** m (pl. -s) (Eiszacke, Eisturm, Eisnadel, besonders an Gletscherbrüchen) (Geol) / serac n
**Serak** m (Geol) / serac n
**Seraya** n (Shorea curtisii) (For) / seraya n (a dark red meranti)
**Serber-Kraft** f (zwischen zwei Nukleonen wirkende Kraft) (Kernphys) / Serber force
**Serbische Fichte** (Picea omorika (Pančič.) Purk.) (For) / Serbian spruce
**Seröl** n (Chem) / lemon grass oil, oil of lemon grass
**S-Ereignis** n (Kernphys) / S event
**Serendipity-Effekt** m (Ablenkung durch zuviel Information) / serendipity effect
**Serge** f m (dem Köper ähnliches Gewebe) (Tex) / serge* n ‖ ⁓**bindung** f (Web) / serge weave
**Serial** n (Fortsetzungsfilm) (Radio, TV) / serial n ‖ ⁓**abfrage** f (EDV) / serial poll
**serialisieren** v (in bitserielle Form bringen) (EDV) / serialize v
**Sericin** n (Biochem, Tex) / sericin n, silk gum, silk glue
**Sericit** n (eine Art von Muskovit von geringer Korngröße) (Min) / sericite* n
**Serie** f (Elektr) / series* n ‖ ⁓ (bestimmte Menge konstruktiv gleichartiger Erzeugnisse) (F.Org) / series n ‖ ⁓ (von Werkzeugen) (Masch, Werkz) / gang n, set n ‖ ⁓ (Radio, TV) / serial n ‖ ⁓ (von Spektrallinien) (Spektr) / series n ‖ ⁓ (Umwelt) / sere* n ‖ ⁓ **nebeneinanderliegender Bohrlöcher** (deren Rippen beseitigt wurden) (Bergb) / lewis hole
**seriell** adj / serial adj, series attr ‖ ⁓**er Anschluß** (EDV) / serial port ‖ ⁓**er Betrieb** (EDV, Eltech) / serial operation ‖ ⁓**e Datei** (EDV) / sequential file, serial file ‖ ⁓**e Ein-/Ausgabe** (EDV) / serial input/output (SIO) ‖ ⁓**er Port** (EDV) / serial port ‖ ⁓**er Rechner** (EDV) / serial computer* ‖ ⁓**e Schnittstelle** (EDV) / serial interface ‖ ⁓**er Speicher** (EDV) / serial store*, sequential-access memory, serial memory, sequential-access storage ‖ ⁓**e Speicherorganisation** (EDV) / sequential organization ‖ ⁓**e Übertragung** (Fernm) / serial transmission, serial transfer ‖ ⁓**e Verarbeitung** (EDV) / serial processing ‖ ⁓ **wiederverwendbar** (EDV) / serially reusable ‖ ⁓**er Zugriff** (EDV) / serial access*
**Seriellabfrage** f (EDV) / serial poll
**Serien • -** / serial adj, series attr ‖ ⁓**abfrage** f (EDV) / serial poll ‖ ⁓**addierer** m (EDV) / serial adder ‖ ⁓**addierwerk** n (EDV) / serial adder ‖ ⁓**analyse** f (Chem) / serial analysis, routine analysis ‖ ⁓**aufnahmetechnik** f (Radiol) / serial radiography*, seriography n ‖ ⁓**baustein** m (EDV, Eltronik) / off-the-shelf element (device), standard device ‖ ⁓**betrieb** m (EDV, Eltech) / serial operation ‖ ⁓**brief** m (ein Brief gleichen Inhalts an verschiedene Adressaten) (EDV) / serial letter ‖ ⁓**digitalrechner** m (EDV) / serial digital computer ‖ ⁓**erzeugung** f (F.Org) / serial production, series production, lot production, batch production ‖ ⁓**fahrzeug** n (Kfz) / production vehicle, stock car (US) ‖ ⁓**feld** n (Eltech) / series field* ‖ ⁓**fertigung** f (eine Fertigungsart) (F.Org) / serial production, series production, lot production, batch production ‖ ⁓**flüge** m pl (Luftf) / series of flights ‖ ⁓**flugzeug** n (Luftf) / production aircraft ‖ ⁓**formel** f (Spektr) / series formula ‖ ⁓**frequenz** f (Spektr) / convergence frequency ‖ ⁓**geschalteter Stromkreis** (Elektr) / series circuit ‖ ⁓**grenze** f (in Atomspektren) (Kernphys) / series convergence limit, convergence limit, series limit ‖ ⁓**grenze** f (Energiegrenze einer Spektrallinie) (Spektr) / series limit ‖ ⁓**grenzkontinuum** n (Spektr) / continuum at the series limit ‖ ⁓**hebezeug** n (Masch) / standard winch ‖ ⁓**kondensator** m (Eltech) / series capacitor* ‖ ⁓**kreis** m (Elektr) / series circuit ‖ ⁓**löten** n (Eltronik) / mass soldering
**serienmäßig** adj (gebaut) / off-the-shelf attr ‖ ⁓ / serial adj, series attr ‖ ⁓**e Automatisierungshilfe** (z.B. der Industrieroboter) (Regeln) / off-the-shelf automation ‖ ⁓**e gefertigte Software** (EDV) / packaged software, off-the-shelf software ‖ ⁓**er Lieferumfang** (z.B. bei Autos) / standard features ‖ ⁓**es Rad** (Kfz) / standard wheel, O.E. wheel, original-equipment wheel
**Serien • nummer** f / serial number ‖ ⁓**paralleles Netz** (Eltech) / series-parallel network* ‖ ⁓**parallelfahrschalter** m (Bahn, Eltech) / series-parallel controller ‖ ⁓**parallelrechner** m (EDV) / serial-parallel computer ‖ ⁓**parallelumsetzer (SPU)** m (DIN 44300)

(EDV) / staticizer *n*, serial-to-parallel converter, serial-parallel converter ‖ ⁓**parallelwandler** *m* (DIN 44300) (EDV) / staticizer *n*, serial-to-parallel converter, serial-parallel converter ‖ ⁓**produktion** *f* (F.Org) / serial production, series production, lot production, batch production ‖ ⁓**pumpstation** *f* (in Mineralölfernleitungen) (Erdöl) / serial pumping station ‖ ⁓**rad** *n* (Kfz) / standard wheel, O.E. wheel, original-equipment wheel ‖ ⁓**rechner** *m* (in dem die in den adressierten Speicherzellen vorliegenden Zahlwörter entsprechend der angegebenen Operation Stelle für Stelle verarbeitet werden) (EDV) / serial computer* ‖ ⁓**schalter** *m* (Eltech) / multicircuit switch ‖ ⁓**schaltung** *f* (Eltech) / series connection, series arrangement ‖ ⁓**schnittstelle** *f* (EDV) / serial interface ‖ ⁓**schwingkreis** *m* (Eltech) / series resonance (tuned) circuit ‖ ⁓**speicher** *m* (EDV) / serial store*, sequential-access memory, serial memory, sequential-access storage ‖ ⁓**speisung** *f* (Eltech) / series feed ‖ ⁓**spule** *f* (Eltech) / series coil ‖ ⁓**übergabe** *f* (DIN 44302) (EDV) / serial transmission ‖ ⁓**übertragung** *f* (Fernm) / serial transmission, serial transfer ‖ ⁓**verarbeitung** *f* (EDV) / serial processing ‖ ⁓**verbindung** *f* (Fernsp) / polling call ‖ ⁓**wicklung** *f* (Eltech) / series winding* ‖ ⁓**widerstand** *m* **mit kleinem Temperaturkoeffizient** (in Meßgeräten) (Eltech) / swamping resistance

**Serife** *f* (kleiner Abschlußstrich an Kopf und Fuß der Buchstaben) (Typog) / serif* *n*

**serifenbetonte Linear-Antiqua** (Typog) / slab serif*, Egyptian* *n*

**serifenlose Linear-Antiqua** (Typog) / Gothic* *n* (US), grotesque* *n*, grot* *n*, sans serif* *n*, doric* *n*

**Serigrafie** *f* (künstlerischer Siebdruck) (Druck) / serigraphy *n* ‖ ⁓ (Druck) s. auch Siebdruck

**Serin** *n* (eine proteinogene Aminosäure) (Biochem) / serine* *n*, Ser* ‖ ⁓**proteinase** *f* (Biochem) / serine proteinase

**Seriograf** *m* (Radiol) / serial radiographic device, seriograph *n*

**Seriografie** *f* (Radiol) / serial radiography*, seriography *n*

**Serizin** *n* (Biochem, Tex) / sericin *n*, silk gum, silk glue

**Serliana** *f* (eine Anordnung von Arkaden oder Fensteröffnungen nach S. Serlio, 1475 - 1555) (Arch) / serliana *n* ‖ ⁓ (Arch) s. auch Palladio-Motiv und venezianisches Fenster

**Sernambi** *m* (eine minderwertige Sorte Parakautschuk) (Chem Verf) / negro-head *n*

**Serodiagnostik** *f* (Med) / serodiagnostics *n*

**Serologie** *f* (eine Forschungsdisziplin, die sich mit dem Aufbau und den Eigenschaften des Blutserums beschäftigt) (Biochem) / serology* *n*

**serologisch** *adj* (Biochem) / serological *adj*

**serös** *adj* (Biol) / serous* *adj*

**Serosem** *m* (Halbwüstenboden wärmerer Gebiete) (Geol, Landw) / grey desert soil, sierozem *n*, serozem *n*

**Serosjom** *m* (Geol, Landw) / grey desert soil, sierozem *n*, serozem *n*

**Serotherapie** *f* (Heilbehandlung mit Immunseren) (Med) / serotherapy* *n*, serum therapy*

**Serotonin** *n* (Biochem) / serotonin* *n*, ...5-hydroxytryptamine* *n*

**Serotransferrin** *n* (Biochem) / transferrin *n*

**Serpentin** *m* (Gestein) (Geol) / serpentinite *n* (a rock consisting almost wholly of serpentine - group minerals) ‖ ⁓ (ein Schmuckstein) (Min) / serpentine* *n* ‖ ⁓ *n* (Pharm) / serpentine *n* (a rauwolfia alkaloid) ‖ ⁓ *m* (Min) s. auch Antigorit und Serpentinasbest ‖ **dichter** ⁓ (Min) / bowenite* *n* ‖ ⁓**asbest** *m* (Min) / chrysotile* *n*, Canadian asbestos*, chrysotile asbestos, serpentine asbestos ‖ ⁓**boden** *m* (auf Serpentingestein gebildeter Boden) (Geol) / serpentine soil

**Serpentine** *f* (in vielen Kehren, Windungen schlangenförmig an steilen Berghängen ansteigender Weg) / serpentine *n* ‖ ⁓ (HuT, Kfz) / sharp bend, hairpin bend ‖ ⁓ (in vielen Kehren, Windungen schlangenförmig an steilen Berghängen ansteigender Weg) (HuT, Kfz) / serpentine road, winding road

**Serpentinenstraße** *f* (HuT, Kfz) / serpentine road, winding road

**Serpentingestein** *n* (Geol) / serpentine *n* (a rock consisting almost wholly of serpentine - group minerals)

**Serpentinisierung** *f* (Umwandlung von Olivin in Serpentin) (Geol) / serpentinization* *n*

**Serpentinit** *n* (Geol) / serpentinite *n* (a rock consisting almost wholly of serpentine - group minerals)

**Serpentin•marmor** *m* (Geol) / ophicalcite* *n* (a marble containing serpentine), forsterite-marble* *n* ‖ ⁓**schiefer** *m* (Geol) / serpentinite *n* (a rock consisting almost wholly of serpentine - group minerals)

**Serpulit** *n* (vor allem aus den röhrenförmigen Gehäusen der Serpuliden bestehende Kalkstein) (Geol) / serpulite *n* (calcareous tubes of the feather-duster worms)

**Serresche Klasse** (nach J.P. Serre, geb. 1926) (Math) / Serre's class

**Sersche** *f m* (Tex) / serge* *n*

**SERS-Methode** *f* (der Raman-Spektroskopie) (Spektr) / surface-enhanced Raman spectroscopy, SERS method, SERS

**Serum** *n* (unpigmentierte klare Bindemittellösung oberhalb eines Bodensatzes) (Anstr) / serum *n* ‖ ⁓ (Heilserum) (Med) / serum* *n* (pl. serums or sera) ‖ ⁓ (Blutserum) (Physiol) / serum* *n* (pl. serums or sera), blood serum* ‖ ⁓**albumin** *n* (Biochem) / serum albumin*, blood albumin* ‖ ⁓**diagnostik** *f* (Med) / serodiagnostics *n* ‖ ⁓**globulin** *n* (Biochem) / serum globulin ‖ ⁓**programm** *n* (EDV) / vaccine *n* (program), viral antidote ‖ ⁓**protein** *n* (z.B. Serumalbumin oder Serumglobulin) (Biochem) / serum protein

**Server** *m* (Hard- und/oder Software-Baustein, der abgegrenzte Funktionen übernimmt bzw. bestimmte Leistungsmerkmale realisiert) (EDV) / server *n* ‖ ⁓ (eine Systemkomponente, die einen Bedienungsprozeß durchführt) (EDV) / server *n* ‖ **dedizierter** ⁓ (EDV) / dedicated server ‖ ⁓**datei** *f* (EDV) / server file ‖ ⁓**spiegelung** *f* (EDV) / server mirroring ‖ ⁓**version** *f* (EDV) / server version

**Service** *m n* / after-sales service ‖ ⁓ *n* (EDV) / service *n* ‖ ⁓ **130** (Dienst der Deutschen Bundespost, bei dem der rufende Teilnehmer nur die Ortsgesprächsgebühr, der gerufene Teilnehmer dagegen die Ferngesprächsgebühren übernimmt) (Fernsp) / Service 130 ‖ **ohne besonderen** ⁓ (Flug) (Lufft) / no-frills *attr*, with no frills ‖ ⁓ **durchführen** / service *v*

**Service Access Point** *m* (EDV) / service access point (SAP) ‖ ⁓ **Provider** (Fernm) / service provider

**Service•leistung** *f* / service *n* ‖ ⁓**netz** *n* / service network ‖ **engmaschiges** ⁓**netz** / closely knit service network ‖ ⁓**processor** *m* (EDV) / service processor (a subprocessor which loads programs, initializes the system, etc.) ‖ ⁓**programm** *n* (ein Bestandteil des Betriebssystems eines Rechners) (EDV) / utility program*, service program, service routine, utility routine ‖ ⁓**programm** (Radio) / service programme ‖ ⁓**prozessor** *m* (EDV) / service processor (a subprocessor which loads programs, initializes the system, etc.)

**Servicer** *m* (Lufft) / dispenser *n*

**Service•rechenzentrum** *n* (EDV) / service computing centre ‖ ⁓**roboter** *m* (der Dienstleistungen ausführt) / service robot ‖ ⁓**station** *f* (Kfz) / service station, vehicle service station, full-service gas station (US) ‖ ⁓**stecker** *m* (Fernm) / service plug

**Serviettenpapier** *n* (Pap) / napkin paper (a tissue paper)

**Servitut** *f* (A) / servitude *n*

**Servo•** - (Regeln) / servo-assisted *adj*, servo *attr* ‖ ⁓**bremse** *f* (Mechanismus zur Bremskraftverstärkung bei der Trommelbremse) (Kfz) / servo brake*, brake servo system ‖ ⁓**einrichtung** *f* (Regeln) / servomechanism *n*, servo *n* ‖ **mit** ⁓**einrichtung** (Regeln) / servo-assisted *adj*, servo *attr* ‖ ⁓**fokus** *m* (bei Amateurfilmkameras mit Zoomobjektiven) (Film) / servo focus ‖ ⁓**klappe** *f* (Lufft) / servo tab* ‖ ⁓**lenkung** *f* (mit hydraulisch verstärkter Betätigungskraft) (Kfz) / power-assisted steering*, power steering, steering assistance ‖ **geschwindigkeitsabhängige** ⁓**lenkung** (Kfz) / speed-related variable steering assistance, speed-regulated steering assistance ‖ ⁓**mechanismus** *m* (ein Kraftverstärker) (Regeln) / servomechanism *n*, servo *n* ‖ ⁓**motor** *m* (Eltech) / servomotor* *n* ‖ ⁓**regelung** *f* (Regeln) / servocontrol* *n*, power-assisted control ‖ ⁓**ruder** *n* (Lufft) / servo tab* ‖ ⁓**schließung** *f* (der Türen und des Kofferraums) (Kfz) / servo locking ‖ ⁓**stempel** *m* (Bergb) / servo prop ‖ ⁓**steueranlage** *f* (Lufft) / power-assisted controls*, power controls* ‖ ⁓**steuerung** *f* (Regeln) / servocontrol* *n*, power-assisted control ‖ ⁓**ventil** *n* (mechanisch oder elektrisch betätigtes Ventil in Hydraulik- und Pneumatikanlagen) (Masch) / pilot valve*, relay valve*, servovalve *n* ‖ ⁓**verstärker** *m* (Eltech) / servo amplifier*

**SES** (Schiff) / surface-effect ship, SES

**Sesam•körner** *n pl* (Nahr) / sesame seed ‖ ⁓**kuchen** *m* (ein Futtermittel) (Landw) / sesame cake

**Sesamol** *n* (3,4-Methylendioxyphenol) (Chem) / sesamol *n*

**Sesamöl** *n* (von Sesamum indicum L.) (Nahr) / sesame oil, gingelly oil, jinjili oil, benne oil, teel oil, til oil, ajonjoli *n* ‖ **Deutsches** ⁓ / cameline oil, German sesame oil, dodder oil

**sesqui•** - (ein Präfix, welches das Eineinhalbfache, z.B. Sesquiterpene, oder das Verhältnis 2 : 3 bedeutet, z.B. $Cr_2O_3$) (Chem) / sesqui-* ‖ ⁓- (Chem) / sesqui-* ‖ ⁓**bilinearform** *f* (Math) / sesquilinear form ‖ ⁓**linearform** *f* (Math) / sesquilinear form ‖ ⁓**terpenalkohol** *m* (Chem) / sesquiterpene alcohol ‖ ⁓**terpene** *n pl* (Klasse der Terpenoide mit 15 Kohlenstoffatomen) (Chem) / sesquiterpenes* *pl*

**Sessel•form** *f* (starre Form in der Stereochemie) (Chem) / chair form, chair conformation, chair *n* ‖ ⁓**leiste** *f* (A) (welche die Beschädigung der Wände durch Stühle verhindert) / chair rail, dado rail* ‖ ⁓**leiste** (Bau) / skirting board*, scrub board, skirting *n*, baseboard* *n*, mopboard* *n* (US), subbase *n* (US), washboard* *n* (US) ‖ ⁓**leiste** (A) s. auch Deckleiste und Fußleiste ‖ ⁓**lift** *m* / chair lift

**seßhaft** *adj* (Biol) / sedentary* *adj*, sessile* *adj* ‖ ⁓ (nicht gleitfähig - bei Partialversetzungen) (Krist) / sessile *adj*

**sessil** *adj* (Biol) / sedentary* *adj*, sessile* *adj* ‖ ⁓**e Algen** (Ozean) / sessile algae ‖ ⁓**es Benthos** (Biol) / sessile benthos

**Sessile-Tropfenmethode** *f* (WP) / sessile-drop method (of measuring surface tension of a liquid on the surface of a material, such as a

**Session**

metal or ceramic body, in which the mass, depth, and shape of the liquid drop are observed)
**Session** *f* (Schicht 5 im ISO-Referenzmodell) (EDV) / session layer
**Sesterterpene** *n pl* (Chem) / sesterterpenes *pl*
**Seston** *n* (belebte und unbelebte Anteile des im Wasser Schwebenden - Plankton, Nekton, Neuston, Pleuston, Schwebe- und Sinkstoffe, Detritus) (Biol, Ozean) / seston *n*
**Set** *n m* / set *n* ‖ ~ *m* (Szenenaufbau) (Film, TV) / set *n* ‖ ~ *n* (Monotypiemaschinensatz) (Typog) / set *n*
**SET** (Chem) / single-electron transfer, SET
**Seta** *(pl Seten oder Setae) f* (Bot, Zool) / seta* *n*
**Set-Garn** *n* (voluminöses Kräuselgarn mit verminderter Elastizität) (Spinn) / set false twist yarn, set yarn, set-textured yarn (obtained by reheating the highly elastic yarn in stretched condition) ‖ ~ (Spinn) s. auch Stretch-Garn
**SET-Modell** *n* (ein Scheduling-Modell, das Kunden mit sehr kurzen Bedienwünschen in stärkerem Maße bevorzugt als das Round-robin-Modell) (EDV) / shortest-elapsed-time model
**SETOF** (EDV) / Set indicator off, SETOF
**SET-Schnittstelle** *f* (EDV) / SET interface
**Setting** *n* (Fixierung einer auf Garne oder Stoffe aus thermoplastischen Synthetics aufgebrachten Verformung durch Zuführung von Wärmeenergie) (Tex) / setting* *n*
**Set-Top-Box** *f* (TV) / set -top box (a device which converts a digital television signal to analogue for viewing on a conventional set)
**Settrommel** *f* (der Monotype) (Typog) / justifying drum
**Setup** *n* (Einstellen der Parameter eines Geräts oder einer Software zur Anpassung an gegebene Erfordernisse) (EDV) / set-up *n* ‖ ~-**Menü** *n* (EDV) / set-up menu ‖ ~-**Programm** *n* (Programm, das ein Anwendungsprogramm auf Festplatte kopiert und entsprechend der vom Benutzer abgefragten oder festgestellten Systemvoraussetzungen einrichtet) (EDV) / set-up program ‖ ~-**String** *m* (für den Drucker) (EDV) / set-up string
**Setz•arbeit** *f* (Aufber) / jigging *n*, hutching *n* ‖ ~**boden** *m* (des Kupolofens) (Gieß) / charging level ‖ ~**dichte** *f* (Anordnung des Brenngutes je m³ Brennraum) (Keram) / setting density ‖ **erster** ~**druck** (besonders starke Druckauswirkung in einem anlaufenden Streb) (Bergb) / first weight
**setzen** *vt* / set *vt* ‖ ~ *v* (plazieren) / place *v* ‖ ~ (Aufber) / jig *v*, hutch *v* ‖ ~ *vt* (Stempel) (Bergb) / set *v*, erect *v* ‖ ~ *v* (ein Flipflop) (Eltronik) / set *v* ‖ ~ (Brenngut in den Brennraum) (Keram) / place *v* ‖ ~ (Salat, Tomaten, Kartoffeln, Bohnen, Erbsen) (Landw) / plant *v* ‖ ~ (Landw) / plant *v* ‖ ~ (Jungpflanzen) (Landw) / set *vt* ‖ ~ *vt* (Typog) / compose* *v*, set* *vt*, typeset *v* ‖ ~ *v* (mit Auszeichnungsschriften) (Typog) / display *v* ‖ **in Betrieb** ~ (Maschine) (Masch) / commission *v*, put in operation, put into service, start up *v* ‖ **in Bewegung** ~ (Masch, Phys) / set in motion, start up *v* ‖ **in Gang** ~ (Masch, Phys) / set in motion, start up *v* ‖ **neu** ~ (Typog) / reset *v* ‖ **sich** ~ (Bau) / settle *vi* ‖ **tiefer** ~ (eine Zeile) (Druck) / take down *v* ‖ ~ *n* (Bau) / setting *n*, bricklaying *n*, bricking *n* ‖ ~ (Bau, HuT) / subsidence* *n*, settling *n*, settlement* *n*, sinking *n* ‖ ~ (Einbauen des Brenngut in den Brennraum bzw. Beladen der Herdwagen) (Keram) / placing *n* ‖ ~ (Typog) / composition *n* ‖ ~ **auf das Sandbett** (Gieß) / bedding-in *n*, bedding *n* ‖ ~ **auf der Setzmaschine** (Typog) / keying* *n* ‖ ~ **des Hangenden** (nach Überschreiten der Pfeilertragfähigkeit) (Bergb) / crush* *n* ‖ ~ **einer Pille** (eine Flüssigkeitsmenge in einen gewünschten Bereich im Bohrloch bringen, um z.B. das Bohrgestänge freizubekommen) (Erdöl) / spotting *n* ‖ ~ **von Flachware auf die Ränder** (im Brand) (Keram) / rearing *n* ‖ ~ **von Tabulatoren** (EDV) / tabulator setting, tab setting
**Setzer** *m* (Typog) / compositor* *n*, typesetter *n* ‖ ~**lehrling** *m* (Typog) / printer's devil
**Setz•fuge** *f* (HuT) / settlement joint ‖ ~**gut** *n* (Aufgabegut für die Setzmaschine) (Aufber) / jig feed ‖ ~**hammer** *m* (Masch) / flatter* *n* ‖ ~**holz** *n* (Landw) / planter ‖ ~**holz** (im Fensterkreuz) (Tischl) / mullion* *n*, monial* *n*, munnion* *n*, sash bar* ‖ ~**kasten** *m* (ein Teil der Setzmaschine) (Aufber) / wash box*, jig box, hutch* *n* ‖ ~**kasten** (Typog) / case* *n* ‖ **kleiner** ~**kasten** (für Korrekturwcke im Handsatz) (Typog) / barge *n* (for sorts) ‖ ~**kopf** *n* (einer Nietverbindung) (Masch) / primary head, rivet head, manufactured head ‖ ~**kopfeisen** *n* (Masch) / dolly* *n*, holding-up hammer, holder-up *n* ‖ ~**kübel** *m* (für die Begichtung) (Hütt) / drop-bottom bucket ‖ ~**kübelbegichtung** *f* (Hütt) / drop-bottom bucket charging ‖ ~**last** *f* (Bergb) / setting load ‖ ~**latte** *f* (Bau, Zimm) / straight edge ‖ ~**latte** (Verm) / levelling board ‖ ~**ling** *m* (Bot, Landw) / sett *n*, set *n* ‖ ~**linie** *f* (Typog) / composing rule*, setting rule* ‖ ~**maschine** *f* (zur Trennung der Komponenten eines gröberen Mineralgemisches mit genügend engem Korngrößenbereich) (Aufber) / jig *n*, jigger *n*, jig washer *n* ‖ ~**maschine** (Typog) / composing machine*, typesetting machine* ‖ **Baumsche** ~**maschine** (zur Kohleaufbereitung) (Aufber) / Baum jig*, Baum coal washer ‖ **Harzer** ~**maschine** (Aufber) / Harz jig*, piston jig ‖ ~**maschinenzeile** *f* (Typog) / slug* *n* ‖ ~**maß** *n*

(Setzen des Kegels beim Betonausbreitversuch) (HuT) / slump *n* ‖ ~**maß** (HuT) s. auch Slump-Test ‖ ~**packlage** *f* (im Wegebau) (HuT) / pitch foundation, pitching *n* ‖ ~**probe** *f* (ein Meßverfahren zur Bestimmung der Frischbetonkonsistenz) (HuT) / slump test*, workability slump test ‖ ~**rechner** *m* (Druck, EDV, Typog) / typesetting computer, setting processor ‖ **[Arbeitsplatz am]** ~**regal** (Typog) / composing frame* ‖ ~**regal** *n* (Typog) / frame* *n* ‖ ~**riß** *m* (Bau, HuT) / subsidence break ‖ **mitgehender** ~**stock** (Masch) / follow-rest* *n*, travelling steady ‖ ~**stufe** *f* (Bau, Zimm) / riser* *n*, raiser* *n* ‖ **ohne** ~**stufe** (Treppe) (Bau, Zimm) / open-riser *attr*, open-tread *attr* ‖ ~**stufe** *f* **einer Winkelstufe** (unterschnitten) (Bau, Zimm) / raking riser
**Setzung** *f* (Bau, HuT) / subsidence* *n*, settlement* *n* ‖ ~ (Bau, HuT) / subsidence* *n*, settling *n*, settlement* *n*, sinking *n* ‖ ~ (der Fahrbahn) (HuT) / deflection *n* ‖ **bleibende** ~ (Bau, HuT) / permanent settlement ‖ **natürliche** ~ (des Bodens) (HuT) / consolidation* *n* ‖ **ungleichmäßige** ~ (Bau, HuT) / differential settlement, relative settlement
**Setzungs•fließen** *n* (infolge Porenwasserüberdrucks) (Geol) / liquefaction *n* ‖ ~**fuge** *f* (eine Bewegungsfuge) (HuT) / settlement joint ‖ ~**schaden** *m* (Bau, Bergb) / subsidence damage, settlement damage ‖ ~**verhalten** *n* (Bau, HuT) / subsidence* *n*, settling *n*, settlement* *n*, sinking *n* ‖ **unterschiedliches** ~**verhalten** (Bau, HuT) / differential settlement, relative settlement ‖ **zeitlicher** ~**verlauf** (einer Bodenprobe) (HuT) / consolidation time curve, consolidation curve
**Setz•waage** *f* (Bau, Werkz) / frame level* ‖ ~**wäsche** *f* (Aufber) / jigging *n*, hutching *n* ‖ ~**zeit** *f* (z.B. eines Magnetkerns) (EDV, Mag) / setting time ‖ ~**zeitversuch** *m* (bei Beton) (HuT) / V.-B. consistometer test
**SEV** (Eltronik) / multiplier* *n*, secondary emission multiplier
**Severität** *f* (Strenge der Bewertung - z.B. von Kraftstoffen) (Kftst) / severity *n*
**Severity-Faktor** *m* (Maß für die Krackintensität) (Erdöl) / severity factor
**Severity** *f* (Kftst) / severity *n*
**"Seveso"-Dioxin** *n* (Chem) / 2,3,7,8-tetrachlorodibenzo-p-dioxin
**sexagesimal** *adj* (zur Basis 60) (Math) / sexagesimal *adj*
**Sexagesimalsystem** *n* (Math) / sexagesimal system
**Sextant** *m* (ein Winkelmeßinstrument für Aufgaben der terrestrischen und astronomischen Navigation) (Nahr, Verm) / sextant* *n*
**Sextett** *n* (Spektr) / sextet *n* ‖ ~**formel** *f* (Chem) / sextet formula
**Sextik, Cayleysche** ~ (Math) / Cayley's sextic
**Sextil** (Astr) / sextile aspect ‖ ~**schein** *m* (eine Konstellation) (Astr) / sextile aspect
**Sexualhormon** *n* (Biochem) / sex hormone
**Seychellennuß** *f* / Seychelles nut, cocodemer *n*, double coconut
**Seyfert-Galaxie** *f* (eine aktive kompakte Galaxie - nach C.K. Seyfert, 1911-1960) (Astr) / Seyfert galaxy*
**Seyferth-Reagens** *n* ($H_2C_6$ - Hg - $CX^3$) (Chem) / Seyferth reagent
**sezernieren** *v* (Physiol) / secrete *v*
**Sezession** *f* (Jugendstil in Österreich) (Arch) / art nouveau
**SF** (EDV) / interface error ‖ ~ (Glas) / dense flint, DF ‖ ~ (KI) / certainty factor, CF
**S-Faser** *f* (Spinn) / shrinkage fibre, S fibre
**SFC** (Chem) / supercritical fluid chromatography
**sf-Ebene** *f* (Geol) / cleavage plane
**Sferics** *pl* (Fernm) / atmospherics* *pl*, statics* *pl*, atmospheric interference, sferics* *pl*, spherics* *pl*, X's, strays* *pl*
**SFET** (Eltronik) / junction field-effect transistor*, junction gate field-effect transistor, JFET*, JUGFET, PN-FET
**S-Finish** *n* (Tex) / surface saponification
**$SF_6$-Isolierung** *f* (Kab) / gas insulation
**$SF_6$-Kabel** *n* (Kab) / $SF_6$ cable
**s-Fläche** *f* (Gesteinsgefügefläche) (Geol) / s-surface *n*, s-plane *n* ‖ ~ *f* (mit 1 PBC) (Krist) / stepped face
**SFM** (Kernphys) / split-field magnet, SFM
**S-förmig** *adj* / sigmoidal *adj* (S-shaped), S-shaped *adj*, sigmoid *adj* ‖ ~**e Verteilung** (Stats) / S-shaped distribution, sigmoid distribution
**$SF^6$-Rohrleiter** *m* (Kab) / rigid CGI cable
**$SF_6$-Schalter** *m* (Eltech) / $SF_6$ circuit breaker
**Sg** (Chem) / seaborgium *n*, Sg
**SG** (EDV) / system generator, sysgen *n* ‖ ~ (Erdöl) / cracker gas, cracking gas, cracked gas ‖ ~ (Nukl) / fission gas ‖ ~ (Schw) / deposit *n* (of weld metal), weld metal, weld deposit
**SGHWR** (Nukl) / steam-generating heavy-water reactor* SGHWR
**S-Glas** *n* (aus $SiO^2$, $Al^2O^3$ und MgO bestehendes spezielles Faserglas mit hohem E-Modul und hoher Festigkeit für hochwertige Kunststoffverstärkung) (Glas) / S glass
**SGML** (EDV) / Standard Generalized Markup Language, SGML
**sgn** (Math) / signum function, sgn
**Sgraffito** *n* (pl. -s oder -fiti - eine Art Kratzputz) (Arch, Bau) / sgraffito* *n* (pl. sgraffiti), graffito* *n* (pl. graffiti), scratch work

**S-Grat-Köper** *m* (Web) / S-twill *n*, left-hand twill, right-to-left twill, left twill
**Sg-Ring** *m* (Masch) / Seeger retaining ring, Truarc retaining ring, snap ring
**SGR-Prozeß** *m* (bei der Schieferölgewinnung) (Erdöl) / steam gas recirculation, SGR
**SG•-Schweißen** *n* (DIN 1910, T 4) (Schw) / inert-gas-shielded arc welding, shielded-arc welding, inert-gas welding ‖ ≃-(CO₂)-Schweißen *n* (Schw) / carbon-dioxide welding*, CO₂-welding *n* ‖ ≃-Stein *m* (Hütt) / fused block
**SH** (Chem Verf) / acid-curing *adj*, acid-hardening *adj*
**Sh** (EDV) / shannon (Sh) *n* (a unit of information content)
**SH** (Nahr) / Soxhlet-Henkel degree
**Shaddocköl** *n* / oil of shaddock, pomelo oil
**Shaddock-Pampelmuse** *f* (Bot, Nahr) / pomelo *n*, pummelo *n*, shaddock *n*
**Shading** *n* (seltener Fehler bei Veloursteppichen) (Tex) / shading *n*
**Shag** *m* (Langflor-Tufting-Teppich im Velours-Charakter aus gezwirntem Material aus Wolle oder Chemiefasern) (Tex) / shag *n*
**Shag-Teppich** *m* (Tex) / shag *n* ‖ ≃ mit unterschiedlicher Florhöhe (Tex) / multilevel shag
**S-Haken** *m* (als Risseschutz) (For) / S-hook *n*
**Shake-off-Linie** *f* (in Satellitenpeaks mit niedrigerer kinetischer Energie neben dem Primärpeak - wenn das zweite Elektron emittiert wird) (Spektr) / shake-off line
**Shaker** *m* (Tex) / shaker *n* (for fibre blending) ‖ ≃ (WP) / shaker *n*
**Shakesort** *m* (in Sortierverfahren, das den Bubblesort modifiziert) (EDV) / shakesort *n*
**Shake-up-Linie** *f* (in Satellitenpeaks mit niedrigerer kinetischer Energie neben dem Primärpeak - wenn das zweite Elektron gebunden bleibt) (Spektr) / shake-up line
**Shampooniergerät** *n* (Tex) / shampooer *n*
**Shannon (Sh)** *n* (DIN 5493, T 1) (EDV) / shannon (Sh) *n* (a unit of information content)
**Shannon-Gleichung** *f* (nach C. Shannon, 1916-2001) (Fernm) / Shannon equation
**Shantung** *n* (taftbindiges Seidengewebe aus Tussahseide mit ausgeprägten Fadenverdickungen) (Tex) / shantung* *n*
**Shape** *n* (EDV) / sprite *n*, shape *n*, mob *n*
**Shape-Memory** *n* (Hütt, Tex) / shape memory
**Shaping** *f* (mit waagerechtem Arbeitshub) (Masch) / shaping machine*
**Shaping-Maschine** *f* (Masch) / shaping machine*
**Shapley-Linse** *f* (die der Verkürzung der Brennweite eines Fernrohrs dient - nach H. Shapley, 1885 - 1972) (Astr, Opt) / Shapley lens
**Shared Memory** *n* (Methode zur Interprozeßkommunikation, bei dem sich die virtuellen Adreßräume der beteiligten Prozesse überlappen) (EDV) / shared memory*, shared store
**Shareware** *f* (EDV) / shareware *n* (software that is available free of charge and often distributed informally for evaluation after which a fee may be requested for continued use)
**Sharing** *n* (EDV) / sharing *n*
**Sharpless-Epoxidierung** *f* (von Alkenolen) (Chem) / Sharpless epoxidation
**Shattercones** *pl* (Geol) / shatter cones
**Shaw-Verfahren** *n* (ein Genaugießverfahren nach Noel und Clifford Shaw) (Gieß) / Shaw process
**SHE** (Chem) / normal hydrogen electrode, NHE, standard hydrogen electrode, SHE
**Sheabaum** *m* (Vitellaria paradoxa C.F. Gaertn.) (For) / shea tree, shea butter tree, shea *n*
**Sheabutter** *f* (von Vitellaria paradoxa C. F. Gaertn.) / shea butter, bambuk butter
**Sheabutterbaum** *m* (For) / shea tree, shea butter tree, shea *n*
**Shearing** *n* (in der Shearing-Interferometrie) (Opt) / shearing *n* ‖ ≃ (Musterungseffekt bei Tufting-Teppichen durch Schereffekte) (Tex) / shearing *n* ‖ ≃-**Interferometer** *n* (Opt) / shearing interferometer ‖ ≃-**Verfahren** *n* (eine Methode der Strahlführung in der Interferenzmikroskopie, bei der zwei durch getrennte Objektpunkte gegangene Strahlen in der Zwischenbildebene vereinigt werden) (Mikros) / shearing principle
**Shed•dach** *n* (Bau) / sawtooth roof* ‖ ≃-**dach mit Nordlichtbeleuchtung** (Bau, HuT) / north-light roof* ‖ ≃-**dachrinne** *f* (Bau) / vee gutter*, valley gutter ‖ ≃-**glas** *n* (zur Verglasung von Lichtdecken und Lichtbändern) (Bau, Glas) / shed glass ‖ ≃-**rinne** *f* (bei Sheddächern) (Bau) / vee gutter*, valley gutter
**SHEED** (eine Methode zur Untersuchung von Festkörperoberflächen, die auf elektronisch gemessenen und ausgewerteten Beugungserscheinungen bei energiereichen Elektronen beruht) (Phys, WP) / scanning high-energy electron diffraction, SHEED, scanning HEED
**Sheen** *m* (Anstr) / sheen *n* (the slight degree of gloss or lustre seen on an eggshell finish or semi-gloss finish)

**Sheet•kautschuk** *m* (geräuchertes Rohkautschukfell) (Chem Verf) / sheet rubber, smoked sheet (rubber) ‖ ≃-**maschine** *f* (zum Auswalzen von Sheetkautschuk) (Chem Verf) / sheet machine
**Sheffer-Funktion** *f* (DIN 44300, T 5 - eine Aussagenverbindung, die dann und nur dann falsch ist, wenn die beiden miteinander verknüpften Aussagen wahr sind - nach H.M. Sheffer, 1901-1964) (EDV) / Sheffer function (joint denial), NAND operation, non-conjunction *n*
**Sheffield-Paddel** *n* (beim Belebungsverfahren) (Sanitär) / Sheffield paddle, underwater paddle
**Shelfware** *f* (EDV) / shelfware *n* (a program everyone has but nobody uses)
**Shell** *f* (eines Expertensystems) (KI) / shell *n*, system shell, expert-system shell ‖ ≃-**Fließbettkracken** *n* (Erdöl) / Shell fluid catalytic cracking ‖ ≃-**Prozeß** *m* (zur Herstellung von Butadien aus Dichlorbutan) (Chem Verf) / Shell process ‖ ≃-**Skript** *n* (EDV) / shell script ‖ ≃-**sort** *n* (eine Art Sortieren durch Einschieben) (EDV) / diminishing increment sort, Shell's method, shellsort *n* (exchange sort originated by D.A. Shell) ‖ ≃-**splitting** *n* (Aufspalten der Driftschalen geladener Teilchen mit unterschiedlicher Anfangsenergie) (Kernphys) / shell splitting ‖ ≃-**Stern** *m* (mit gasförmiger Hülle) (Astr) / shell star* ‖ ≃-**Trickle-Prozeß** *m* (zur Entschwefelung von Heizölen) (Erdöl) / Shell Trickle process ‖ ≃-**Trickle-Verfahren** *n* (zur Entschwefelung von Heizölen) (Erdöl) / Shell Trickle process
**Shelter•deck** *n* (Schiff) / shelter deck ‖ ≃-**decker** *m* (Schiff) / shelter decker
**Sherardisieren** *n* (Diffusionsverzinken nach DIN 50902 - nach dem britischen Erfinder Sherard O. Cowper-Coles) (Galv) / sherardizing* *n*, sherardizing process ‖ ≃ (Galv) s. auch Trockenverzinkung ‖ ≃ **in einem Elektroofen** (Galv) / electro-sherardizing *n*
**Sheridanit** *m* (ein Al-reicher Klinochlor) (Min) / sheridanite* *n*
**Sherritt-Verfahren** *n* (Nickelpulvergewinnung) (Hütt) / Sherritt process
**sherrybraun** *adj* (braungelb) / sherry *attr*, sherry-brown *adj*
**Sherwin-Williams/Badger-Verfahren** *n* (zur Herstellung von Phthalsäureanhydrid aus Naphthalin in einer aus Katalysatorpartikeln/V₂O₅ auf Silikagel/bestehenden Wirbelschicht) (Chem Verf) / Sherwin-Williams/Badger process
**Shetland** *m* (ein Wollkammgarn- oder Wollstreichgarnstoff) (Tex) / Shetland *n* ‖ ≃-**gewebe** *n* (ein Wollkammgarn- oder Wollstreichgarnstoff) (Tex) / Shetland *n* ‖ ≃-**wolle** *f* (von Schafen der Shetlandinseln, mit weichem Griff) (Tex) / Shetland wool
**SHF** (zwischen 3 - 30 GHz) (Radio) / superhigh frequency (SHF)
**Shieldingblanket** *n* (Nukl) / shielding blanket
**Shift** *m* (Abstand zwischen den Kennfrequenzen) (Fernm) / shift *n* ‖ ≃ (Spektr) / chemical shift, shift *n*, isomeric shift, isomer shift
**shiften** *v* / shift *vt* ‖ ≃ *n* (bei Wälzfräsern) (Masch) / hob shifting
**Shifting Cultivation** (Landw) / shifting cultivation
**Shift•locktaste** *f* (EDV) / shift lock key ‖ ≃-**Objektiv** *n* (das den Ausgleich stürzender Linien bewirkt) (Foto) / shift lens ‖ ≃-**operation** *f* (EDV) / shift operation ‖ ≃-**reagens** *n* (z.B. Chelate von Europium und Praseodym) (Chem, Spektr) / NMR shift reagent, shift reagent ‖ ≃-**reaktion** *f* (die Grundreaktion der großtechnischen Wasserstofferzeugung) (Chem Verf) / shift reaction
**SHIFT-Taste** *f* / shift key
**Shift-Taste** *f* / shift key ‖ **die** ≃ **drücken** (EDV) / shift *v*
**Shift•technik** *f* (Bestimmung der chemischen Parameter für mikrobielles Wachstum in kontinuierlichen Kulturen) (Bakteriol) / shift technique ‖ ≃-**Technik** *f* (Spektr) / shift technique
**s-Higgs** *n* (Kernphys) / shiggs *n*, Higgsino *n*, higgsino *n*
**Shikimisäure** *f* (3,4,5-Trihydroxycyclohex-1-en-carbonsäure) (Biochem) / shikimic acid*
**Shim** *m n* (kleines Blech oder besonders geformtes Stück aus magnetischem Material zur Beeinflussung des magnetischen Feldes am Rande der Polschuhe von Magneten) (Mag, Nukl) / shim* *n*, pole shim*
**Shimstück** *n* (Mag, Nukl) / shim* *n*, pole shim*
**Shipchandler** *m* (Schiffslieferant, der für Ausrüstungen und Proviant sorgt) (Schiff) / ship chandler, chandler *n*
**SH-Lack** *m* (Anstr) / acid-curing varnish
**SH-Lackfarbe** *f* (Anstr) / acid-curing varnish
**Shmoo-Plot** *m n* (grafische Darstellung von Meßwerten) / Shmoo plot
**SH-Nadel** *f* (Tex) / side-hook needle
**Shoaling-Effekt** *m* (bei den Offshore-Konstruktionen) (Erdöl) / shoaling effect
**Shockley-Diode** *f* (nicht steuerbares PNPN-Bauteil - nach W. Shockley, 1910-1989) (Eltronik) / Shockley diode
**Shockley-Partialversetzung** *f* (Krist) / Shockley partial dislocation, glissile dislocation
**Shockleysche Halbversetzung** (Krist) / Shockley partial dislocation, glissile dislocation

**Shoddy**

**Shoddy** *n m* (Tex) / shoddy* *n* ‖ ²-**gewebe** *n* (aus Shoddy) (Tex) / shoddy *n* ‖ ²-**wolle** *f* (aus Wirk- und Strickwaren gerissene Reißwolle) (Tex) / shoddy* *n*
**Shonkinit** *m* (Nephelinsyenit) (Geol) / shonkinite* *n*
**Shoolery-Regel** *f* (Spektr) / Shoolery rule
**Shopper** *m* / shopping bag, shopper *n*
**Shoppinggoods** *pl* (Güter des nicht alltäglichen Bedarfs) / shopping goods ‖ ² s. auch Convenience goods
**Shop-Primer** *m* (bindemittelarme, überschweißbare Zinkstaubfarbe) (Anstr) / shop-primer *n*, factory primer, mill primer, factory-applied coating
**SHOP-Verfahren** *n* (Shell Higher Olefin Process) (Erdöl) / SHOP process
**Shoran-Radarsystem** *n* (Radar) / shoran* *n*
**Shorea** *f* (Gattung der Dipterocarpaceae im indisch-malaiischen Gebiet) (For) / shorea *n*
**Shore•-Härte** *f* (DIN 53505) (WP) / Shore hardness ‖ ²-**Rückprallhärte** *f* (WP) / Shore hardness ‖ ²-**Rückprallhärteprüfer** *m* (ein veraltetes Härteprüfgerät) (WP) / Scleroscope *n*, Shore scleroscope *n* (measures the rebound height of a weight dropped on a specimen)
**Short ton** *f* (eine veraltete Masseeinheit in der Seeschiffahrt = 907,18474 kg) (Schiff) / short ton ‖ ²-**cut** *m* (bestimmte Tastenkombination /wie ALT + D/, mit der Programme oder Funktionen über Tastatur anstelle mit der Maus aktiviert werden können) (EDV) / shortcut *n*, shortcut key
**Shortening** *n* (für Back-, Brat- und Fritierzwecke) (Nahr) / shortening *n*
**Short•-Leasing** *n* (mit einer durchschnittlichen Vertragsdauer von fünf bis sechs Jahren) / short-term lease ‖ ²-**Message-Service** *m* (Möglichkeit, Kurznachrichten an andere Mobilfunkteilnehmer zu verschicken) (Fernsp) / short-message service, SMS ‖ ²-**Skip** *m* (kurzer Reflexionssprung über die $E_s$-Schicht) (Radio) / short skip
**Shot** *n* (eine ununterbrochene Sequenz, die von einer Kamera aufgezeichnet wird) (Film) / shot* *n*
**Shotgun-Klonierung** *f* (Gen) / shotgun cloning
**Shotistärke** *f* (Nahr) / tikor *n*, curcuma starch
**Showdomycin** *n* (ein Nucleosidantibiotikum mit Antitumoreigenschaften) (Pharm) / showdomycin *n*
**Showerdeck** *n* (bei der Destillation) (Erdöl) / shower deck
**Show-how** *n* (Vorführung, Demonstration) / show-how *n*
**Showlaser** *m* (z.B. in Diskos) (Phys) / show laser
**Showmaster** *m* (Radio, TV) / compère *n*
**Shpolskii-Effekt** *m* (Spektr) / Shpol'skii effect
**Shredder** *m* (zur Verschrottung von Autowracks und Sperrmüll) / shredder *n* ‖ ² (Hammermühle zur Beseitigung der Stengel bei Rohrzuckerherstellung) (Nahr) / shredder *n* ‖ ²-**anlage** *f* (zur Verschrottung von Autowracks und Sperrmüll) / shredder *n* ‖ ²-**müll** *m* (Autos und leichter Schrott) (Hütt, Umwelt) / shredder waste
**shreddern** *v* / shredder *v*
**Shrieking Sixties** *pl* (brave Westwinde in 60° s .Br.) (Meteor) / shrieking sixties
**Shrinken** *n* (Tex) / shrinking process, shrinkproofing process, shrinkproof process
**SH-Salz** *n* (Hx) / Cyclonite* *n*, RDX *n*, hexogen* *n*
**Shugart-Bus** *m* (eine 34polige Steckverbindung, wobei die Belegung der Anschlüsse festgelegt ist; jeder zweite Anschluß führt Masse) (EDV) / Shugart bus
**Shunt** *m* (Elektr) / shunt* *n*, parallel resistance ‖ ² (Bauelement) (Eltech) / shunt resistor
**shunten** *v* (Eltech) / shunt *v*
**Shunt-Relais** *n* (dessen Wicklung an einen im Hauptstromkreis liegenden Nebenwiderstand angeschlossen wird) (Eltech) / shunt relay
**Shutter** *m* (Film) / shutter* *n*
**Shuttle** *m* (Transporteinrichtung einer Roboter-Transferstraße) (Masch) / shuttle *n* ‖ ² (Raumf) / space shuttle ‖ ²-**Bar-Drucker** *m* (ein Nadeldrucker) (EDV) / shuttle-bar printer ‖ ²-**sort-Sortiertechnik** *f* (EDV) / shuttlesort *n*
**Shwartzman-Sanarelli-Reaktion** *f* (Med) / Shwartzman reaction*, Sanarelli-Shwartzman phenomenon*
**SHZ** (in der BRD nicht mehr hergestellt) (HuT) / supersulphated cement* (BS 4248)
**Si** (Chem) / silicon* *n*
**SI** (DIN 60001, T 4) (Bot, Tex) / sisal hemp, sisal* *n* ‖ ² (DIN 7728) (eine makromolekulare, siliziumorganische Verbindung) (Chem) / silicone* *n*, polyorganosiloxane *n*, polysiloxane* *n* ‖ ² = Système International (d'Unités)
**Sial** *n* (Oberkruste der Erde mit starkem Vorherrschen von Si- und Al-Verbindungen) (Geol) / sial* *n*
**Sialinsäure** *f* (Chem) / sialic acid, Sia
**Sialomucin** *n* (sialinsäurereiches Glykoprotein) (Biochem) / sialomucin *n*

**Sialomuzin** *n* (Biochem) / sialomucin *n*
**Sialon** *n* ($Si_3N_4Al_2O_3$-AIN-Hochtemperaturwerkstoff) (Keram) / sialon *n*
**Sialsäure** *f* (eine azylierte Neuraminsäure) (Chem) / sialic acid, Sia
**Sialyltransferase** *f* (ein Enzym) (Biochem) / sialyl transferase
**Siamosen** *f pl* (Tex) / coloured cottons
**Sibirisch•er Nerz** (Leder, Zool) / kolinsky *n* (pl. -ies), kolinski *n* ‖ ²-**es Streifenhörnchen** (Leder, Zool) / baronduki *n*, burunduki *n*
**Sichel** *f* (Landw) / sickle *n* ‖ ²-**blättrige Eiche** (Quercus falcata Michx.) (For) / Southern Red Oak ‖ ²-**bogen** *m* (Arch) / Florentine arch*, Tuscan arch ‖ ²-**düne** *f* (Geol) / barkhan *n*, barchan* *n* ‖ ²-**flügel** *m* (ein Pfeilflügel) (Luftf) / crescent wing* ‖ ²-**förmig** *adj* (halbmondförmig) / lunate* *adj*, lunulate* *adj*, lunular *adj*, lunated *adj*, crescent *attr*, crescent-shaped *adj* ‖ ²-**förmig** (Bot, Zool) / sickle-shaped *adj*, falcate *adj* (curved like a sickle), falcated *adj*, falciform *adj* ‖ ²-**förmiger Defekt der Epitaxieschicht** (Eltronik) / crescent *n* ‖ ²-**kolben** *n* (Chem) / sausage flask, sabre flask, sickle flask ‖ ²-**mäher** *m* (ein Rasenmäher) (Landw) / rotary mower ‖ ²-**pumpe** *f* (Masch) / internal-gear pump, crescent pump ‖ ²-**schrämmaschine** *f* (Bergb) / sickle cutter ‖ ²-**stock** *m* (eine Intrusionsform) (Geol) / phacolith* *n* ‖ ²-**tanne** *f* (Cryptomeria japonica (L. f.) D. Don) (For) / Japanese cedar
**sicher** *adj* / safe *adj* ‖ **fast ~** (Stats) / almost sure ‖ **~e Abhebegeschwindigkeit** (Luftf) / take-off safety speed ‖ **~er Arbeitsbereich** (ohne Schäden am Bauelement) (Eltronik) / safe operating area, SOA ‖ **~ bei Ausfall** (Masch) / fail-safe* *adj* ‖ **~e Bö** (Luftf, Meteor) / limit gust ‖ **~ einschließen** (Nukl) / mothball *v* ‖ **~es Ereignis** (Stats) / certain event ‖ **~e Firste** (Bergb) / green roof ‖ **~e Geschwindigkeit** (Luftf) / safety speed* ‖ **~e Handhabung** (um Gesundheits- und Sachschäden zu verhindern) / safe handling, safe practice ‖ **~e Höhe** (Luftf) / net height ‖ **~e Konzentration** (eine für den größten Teil eines bestimmten Fischbestandes unschädliche Konzentration einer Chemikalie in den Gewässern) (Umwelt) / safe concentration ‖ **~e Last** (höchstzulässige) (Luftf) / limit load* ‖ **~e Masse** / safe mass ‖ **~ nach** (einmaligem) **Ausfall** (Masch) / fail-operational* *adj* ‖ **~e Reserven** (Bergb, Erdöl) / proved reserves*, proven reserves (US), identified reserves ‖ **~er Umgang** (um Gesundheits- und Sachschäden zu verhindern) / safe handling, safe practice
**Sicherheit** *f* (vor) / security* *n* (against, from), safety *n* (methods and techniques avoiding accident or disease) ‖ ² (eines Prozeßsystems gegen Gefährdung) (EDV) / safety *n* ‖ ² (der subjektive Grad der Überzeugung) (KI) / certainty *n* ‖ **aktive ²** (Kfz) / active safety ‖ **inhärente ²** (des Reaktors) (Nukl) / inherent safety ‖ **nukleare ²** (Nukl) / nuclear safety ‖ **passive ²** (Kfz) / passive safety ‖ **statistische ²** (Stats) / confidence probability ‖ ² *f* **im Bergbau** (Bergb) / mining safety ‖ ² **im Straßenverkehr** (Kfz) / road safety, safety in traffic, safety on the road, traffic safety ‖ ² **in der Informationstechnik** (EDV) / information security ‖ ² **in der Kerntechnik** (Nukl) / nuclear safety ‖ ² **von Bauwerken** (Bau) / structural safety
**Sicherheits•-** / safety *attr* ‖ ²-**absperrventil** *n* (DIN 3320) (Masch) / safety shut-off valve ‖ ²-**abstand** *m* (zwischen zwei Übertragungsbändern) (Fernm, TV) / interference guard band, guard band* ‖ ²-**abstand** (DIN 31001, T 1 und DIN 66257) (Masch) / safe distance ‖ ²-**anforderungen** *f pl* (z.B. bei der Datensicherung, bei Reaktoren) / security requirements ‖ ²-**anstrichstoff** *m* (Anstr) / security paint (primarily for rainwater and waste downpipes - remains slippery to prevent intruders from scaling the wall via the pipes) ‖ ²-**armatur(en)** *f(pl)* (Masch) / safety fittings ‖ ²-**arretierhaken** *m* (für Fronthaube) (Kfz) / safety catch ‖ ²-**audit** *m n* / safety audit ‖ ²-**auflage** *f* / imposed safety condition ‖ ²-**ausschalter** *m* (Eltech) / safety cut-out* ‖ ²-**auto** *n* (Kfz) / safety car ‖ ²-**beauftragter** *m* / security officer ‖ ²-**beauftragter an Bord** (bewaffneter) (Luftf) / sky marshal ‖ ²-**behälter** *m* (Nukl) / containment *n*, containment vessel ‖ ²-**beiwert** *m* (Bau, Masch) / factor of safety*, F.S.* safety factor ‖ ²-**beleuchtung** *f* (von der Stromversorgung der Hauptbeleuchtung unabhängige Beleuchtung im Sinne der Ersatzbeleuchtung) (Licht) / stand-by lighting ‖ ²-**beleuchtung** (zur Erhöhung der Sicherheit, z.B. in Gebäuden) (Licht) / security lighting ‖ ²-**bereich** *m* / security perimeter ‖ ²-**bericht** *m* / safety report, safety assessment ‖ ²-**beschleuniger** *m* (bei der Vulkanisation) (Chem Verf) / delayed-action accelerator ‖ ²-**bestand** *m* (Bestand bzw. Vorrat an Artikeln, Zulieferteilen, Ersatzteilen, Waren, der für die reibungslose Durchführung der Produktion, der Instandhaltung oder Versorgung der Bevölkerung eine spezielle Sicherheit bieten soll) (F.Org) / safety stock, stock reserve ‖ ²-**bestimmungen** *f pl* (F.Org, Med) / safety regulations, safety code, safety standards ‖ ²-**bewußtsein** *n* / security awareness ‖ ²-**bruch** *m* (EDV) / security breach, breach *n* ‖ ²-**bühne** *f* (Bergb) / penthouse* *n*, pentice* *n* ‖ ²-**charakteristik** *f* (die das Sicherheitsverhalten kennzeichnet) / safety characteristic ‖ ²-**datenblatt** *n* (DIN 52900) (EDV) / safety data sheet ‖

~**druckbegrenzer** m (Masch) / safety pressure cut-out ‖ ~**ebene** f (Bereich, in den die Werkzeugspitze bei numerischer Steuerung beim Erkennen einer bestimmten Anweisung zurückgezogen wird - DIN 66215) (EDV, Masch) / clearance plane, clearance area ‖ **technische** ~**einrichtung** / guard* n, safeguard n, mechanical guard ‖ ~**einschluß** m (Nukl) / containment n, containment vessel ‖ ~**empfehlung** f / safety recommendation ‖ ~**empfindlich** adj (Mil) / sensitive adj ‖ **nicht** ~**empfindlich** (Bereich) (Mil) / non-sensitive adj ‖ ~**fahrschalter** m (Bahn, Eltech) / dead man's handle*, vigilance button ‖ ~**fahrschaltung** f (Bahn, Eltech) / dead man's handle*, vigilance button ‖ ~**fahrzeug** n (Kfz) / safety vehicle, experimental safety vehicle ‖ ~**faktor** m (Bau, Masch) / factor of safety*, F.S.*, safety factor* ‖ ~**faktor** (KI) / certainty factor, CF ‖ ~**fangnetz** n (Luftf) / safety barrier* ‖ ~**farbe** f (Druckfarbe für Sicherheitspapiere) (Druck) / safety ink ‖ ~**felge** f (Kfz) / safety rim ‖ ~**felge** (Kfz) s. auch Humpfelge ‖ ~**film** m (z.B. mit Schichtträgern aus Zellulosetriazetat) (Film) / safety film*, non-flam film*, non-flam* n ‖ ~**fläche** f **am Pistenende** (Luftf) / runway-end safety area, RESA ‖ ~**funkenstrecke** f (Eltech) / co-ordinating gap* ‖ ~**gefährdende Rostschäden an tragenden Bauteilen** (Masch) / structural corrosion ‖ ~**gerecht** adj / safety attr ‖ ~**glas** n (Flachglas - eben oder gebogen -, das nach Zerstörung keine Verletzungen hervorrufen kann) (Glas) / safety glass* ‖ **vorgespanntes** ~**glas** (durch thermisches Abschrecken) (Glas) / heat-treated glass, tempered safety glass ‖ ~**glied** n (Masch) / safety element ‖ ~**grad** m (der Konstruktion) / margin of safety ‖ ~**grenze** f (des Werkstoffes) / margin of safety **Sicherheitsgurt** m (Kfz) / safety-belt n, seat-belt n ‖ ~**e** m pl (des Flugzeugführers) (Luftf) / safety harness, harness* n ‖ **aufblasbarer** ~ (passives Rückhaltesystem) (Kfz) / inflatable seat belt, inflatable safety belt ‖ ~**Aufrollautomatik** f (Kfz) / safety-belt retractor, seat-belt retractor, belt retractor ‖ ~**Aufroller** m (Kfz) / safety-belt retractor, seat-belt retractor, belt retractor
**Sicherheits•höhe** f (Luftf) / safety height* ‖ ~**hülle** f (Nukl) / containment n, containment vessel ‖ ~**ingenieur** m / security officer ‖ ~**ingenieur** / safety engineer ‖ ~**kältemittel** n (z.B. Fluor-Chlor-Verbindungen) / safe refrigerant ‖ ~**kante** f (beim Siebdruck) (Druck) / safe edge ‖ ~**kette** f (am Förderkorb) (Bergb) / coupling chain, bridle chain ‖ ~**kette** (Masch) / safety chain ‖ **nukleare** ~**klasse** (Nukl) / fissile class ‖ ~**kleinspannung** f (Eltech) / safety extra-low voltage, SELV ‖ ~**koeffizient** m (Bau, Masch) / factor of safety*, F.S.*, safety factor* ‖ ~**kontrolle** f / security check ‖ ~**kontrollierter Bereich** (des Abfertigungsgebäudes) (Luftf) / sterile area ‖ ~**kopie** f (die für den Fall hergestellt wird, daß das Orginalnegativ beschädigt wird oder verloren geht) / protection master ‖ ~**kraftwagen** m (Kfz) / safety vehicle, experimental safety vehicle ‖ ~**kupplung** f (drehmomentgeschaltete Kupplung) (Masch) / safety coupling ‖ ~**lampe** f (Bergb) / safety lamp*, miner's lamp*, Davy lamp*, mine lamp, permissible lamp (US), pit lamp* ‖ ~**leistung** f (bei Krediten) / security for loans ‖ ~**leiter** f / safety stepladder ‖ ~**lenksäule** f (Kfz) / safety steering column ‖ **teleskopartig zusammenschiebbare** ~**lenksäule** (Kfz) / collapsible steering-column, energy-absorbing steering column, Japanese-lantern-type steering-column ‖ ~**mann** m (Bergb) / deputy* n ‖ ~**maßnahme** f / safety precaution, safeguard n ‖ ~**messerwelle** f (For) / safety cutter block ‖ ~**mindesthöhe** f **über Grund** (Luftf) / minimum safe height, minimum safe altitude, MSA ‖ ~**mutter** f (Masch) / self-locking nut ‖ ~**naht** f (eine Nahtkombination) (Tex) / safety-stitch seam ‖ ~**norm** f / safety standard ‖ ~**papier** n (Pap) / security paper*, safety paper, cheque paper ‖ ~**pfeiler** m (ein stehenbleibender Teil der Lagerstätte zum Schutz von wichtigen Grubenbauen, an Markscheiden, an Gefahrenstellen oder unter wichtigen Tagesanlagen) (Bergb) / shaft pillar*, safety pillar ‖ ~**pipette** f (Chem) / safety pipette ‖ ~**radius** m / radius of safety ‖ ~**regler** f (einer Turbine) (Masch) / safety governor ‖ ~**risiko** n / security risk ‖ ~**schalter** m (Eltech) / safety switch ‖ ~**scheibe** f **mit Lappen** (Masch) / tab lock washer, tab washer with long tab ‖ ~**schleuse** f (zwischen einem brandgefährdeten und einem anderen Raum) (Bau) / safety lock ‖ ~**schrank** m (zur sicheren Aufbewahrung, Lagerung und Bereitstellung brennbarer Flüssigkeiten und leichtentzündlicher Feststoffe) (Chem) / safety cupboard ‖ ~**schuh** m / overshoe n ‖ ~**schuhe** m pl / safety footwear ‖ ~**schuhwerk** n (DIN 4843) / safety footwear ‖ ~**signal** n / safety signal ‖ ~**sperre** f (Kfz) / safety catch ‖ ~**sprengstoffe** m pl (Bergb) / permitted explosives*, permissible explosives ‖ ~**stäbe** m pl (Nukl) / safety rods ‖ ~**startgeschwindigkeit** f (Luftf) / take-off safety speed ‖ ~**stopfbuchse** f (Masch) / safety stuffing box ‖ ~**straße** f (bei der Wasserentsalzung) (Chem Verf) / polishing line ‖ ~**streifen** m (zwischen zwei Ausschachtungen) (HuT) / baulk* n, balk* n, dumpling* n ‖ **auf Stimmerkennung beruhendes** ~**system** / voice-recognition security system ‖ **kerntechnisches** ~**system** (Nukl) / nuclear safety system ‖ ~**technik** f / safe practice ‖ ~**technik mit der Federfolie** (die das Festlaufen von Kassetten verhindert) (Akus,

Mag) / floating-foil security ‖ ~**techniker** m / safety engineer ‖ ~**technische Anforderung** / safety requirement ‖ ~**theorie** f / reliability theory, theory of reliability ‖ ~**tor** n (Wasserb) / safety gate ‖ ~**türschild** n (DIN 18257) (Bau) / escutcheon* n, key plate*, scutcheon n ‖ ~**umlauf** m (Entlastungsleitung zur Sicherung eines Bauwerks, z.B. eines Rechens, vor Überlastung) (HuT, Wasserb) / safety by-pass ‖ ~**umschließung** f (Nukl) / containment n, containment vessel ‖ ~**unempfindlich** adj (Mil) / non-sensitive adj ‖ ~**unterlage** f (ein Filmträger) (Foto) / safety base
**Sicherheitsventil** n (Erdöl) / storm choke, tubing safety valve ‖ ~ (DIN 3320) (Masch) / safety-valve* n, relief valve, escape valve ‖ **federbelastetes** ~ (Masch) / spring safety valve*, spring balance valve ‖ ~ n **mit Federbelastung** (Masch) / spring safety valve*, spring balance valve ‖ ~ **mit Hebelbelastung** (Masch) / lever safety valve*
**Sicherheits•verglasung** f (z.B. in der Bankhalle) (Glas) / anti-bandit glazing, security glazing ‖ ~**verletzung** f (EDV) / security breach, breach n ‖ ~**verschlossen** adj (Packung) / tamper-evident adj, tamper-indicative adj ‖ ~**vorrichtung** f / safety device ‖ ~**vorschriften** f pl (F.Org, Med) / safety regulations, safety code, safety standards ‖ ~**wahrscheinlichkeit** f (Stats) / confidence probability ‖ ~**wert** m (Bau, Masch) / factor of safety*, F.S.*, safety factor* ‖ ~**zeichen** n / safety signal ‖ ~**zentrale** f / security control centre ‖ ~**zone** f ‖ ~**zone** (Luftf) / obstacle clearance area ‖ ~**zuschlag** m (Bau, Masch) / factor of safety*, F.S.*, safety factor*
**sichern** v / protect v, safeguard v ‖ ~ (Bau) / secure v (an entrance, a building) ‖ ~ (Dateien mit einer zweiten Kopie) (EDV) / back up vt ‖ ~ (Dateien, Zwischenergebnisse) (EDV) / save v ‖ ~ (Eltech) / fuse v, fuse-protect v
**sicher•stellen** v (Daten, Speicherinhalte) (EDV) / save v ‖ ~**stellung** f (EDV) / saving n ‖ ~**stellungsblock** m (EDV) / back-up block ‖ ~**stellungsdatei** f (EDV) / back-up file*
**Sicherung** f / safeguard n ‖ ~ (Tätigkeit) / securing n, safeguarding n ‖ ~ (EDV) / saving n ‖ ~ (von Daten) (EDV) / back-up ‖ ~ (Eltech) / fuse* n, fuze n (US), safety fuse* ‖ ~ (Schraube) (Masch) / locking n ‖ **abfallende** ~ (Eltech) / drop-out fuse ‖ **flinke** ~ (DIN 49360) (Eltech) / quick-acting fuse, instantaneous fuse ‖ **gekapselte** ~ (Eltech) / enclosed fuse ‖ **neue** ~ **einsetzen** (Eltech) / re-fuse v ‖ **offene** ~ (Eltech) / open-wire fuse, open fuse ‖ **strombegrenzende** ~ (Eltech) / current-limiting fuse ‖ **träge** ~ (Eltech) / delayed-action fuse, slow-blow fuse, slo-blo fuse, slowacting fuse, S.B. fuse ‖ ~ f **auf Diskette** (EDV) / floppy-disk back-up, diskette back-up ‖ ~ **mit freiliegendem Schmelzdraht** (Eltech) / open-wire fuse, open fuse ‖ ~ **mit Löschflüssigkeit** (Eltech) / liquid-quenched fuse*
**Sicherungs•auslösung** f (Eltech) / fuse tripping ‖ ~**automat** m (Eltech) / cut-out* n, miniature circuit breaker, automatic cut-out* ‖ ~**blech** n (Masch) / lock-plate n, locking plate ‖ ~**datei** f (EDV) / back-up file* ‖ ~**dose** f (Eltech) / fuse box*, house service cutout, cut-out box, load centre ‖ ~**ebene** f (EDV) / data link layer, link layer ‖ ~**einsatz** m (DIN 72581) (Eltech) / fuse-link* ‖ ~**einsatzträger** m (Eltech) / fuse-carrier* n ‖ ~**fassung** f (Eltech) / fuse-holder* n ‖ ~**füllung** f (Eltech) / fuse filler ‖ ~**griff** m (Rohrpatronensicherung) (Eltech) / fuse-carrier* n ‖ ~**halter** f (Eltech) / fuse-holder* n ‖ ~**halter mit Schraubverschluß** (Eltech) / screw plug, screw cartridge ‖ ~**kasten** n (Eltech) / fuse box*, house service cutout, cut-out box, load centre ‖ ~**kopie** f (EDV) / back-up copy ‖ ~**loch** n (bei mechanischen Verbindungselementen) (Masch) / wire hole ‖ ~**maßnahme** f / safety precaution, safeguard n ‖ ~**mutter** f (Masch) / lock-nut* n, jam nut, pinch nut, check nut* ‖ ~**patrone** f / cartridge fuse, enclosed fuse (US) ‖ **G-**~**patrone** (Eltech) / cartridge fuse link ‖ ~**programm** n (im elektronisch gesteuerten Wählsystem) (Fernsp) / safeguard program, safeguarding program ‖ ~**radar** m n (Luftf, Radar) / surveillance radar* ‖ ~**ring** m (DIN 471, DIN 472) (Masch) / snap ring, retaining ring, circlip n ‖ ~**schicht** f (Übertragungssteuerung, abschnittsweise Fehlerüberwachung, Block- oder Rahmensynchronisation - OSI-Referenzmodell, DIN ISO 7498) (EDV) / data link layer, link layer n ‖ ~**sockel** n (Eltech) / fuse base, fuse mount ‖ ~**software** f (EDV) / safeguarding software, dependability software ‖ ~**stift** m (Masch) / securing pin ‖ ~**tafel** f (Eltech) / service panel ‖ ~**tafel** (bei alten Installationen) (Eltech) / fuse-board* n ‖ ~**trennschalter** m (VDE 0660, T 107) (Eltech) / fuse disconnector*, fuse disconnecting switch (US) ‖ ~**unterteil** n (Eltech) / fuse base, fuse mount ‖ ~**vorrichtung** f / electric protective device, protective device, protective installation ‖ ~**zange** f (Eltech) / fuse tongs* pl
**Sicht** f / view n ‖ ~ (Meteor) / visibility* n, visibility distance ‖ ~ (Opt, Physiol) / vision n, sight* n ‖ ~- (Opt, Physiol) / optic* adj, visual adj ‖ **in** ~ / in sight (from), within sight (from) ‖ ~ f **nach hinten** (Kfz) / rear visibility, view aft, view to the rear ‖ ~ **von unten** (Film, Foto) / low-angle n
**Sichtanflug** m (Luftf) / visual approach ‖ ~**-Neigungsanzeiger** m (Luftf) / visual approach slope indicator* (VASI) ‖ ~**piste** f (Luftf) / non-instrument runway

**Sichtanzeige** f (EDV, Eltech) / display* n, visual display, visual indication ∥ ≃ (numerische Steuerung) (Masch) / read-out n ∥ **nematische** ≃ (EDV, Eltronik) / nematic display ∥ **verdrillte nematische** ≃ (EDV, Eltronik) / twisted nematic display (TND, TN-LCD) ∥ ≃**gerät** n (EDV) / display n (unit), video display (unit)*, VDU*, display device, display terminal, video terminal, visual display terminal, visual display unit*

**sichtbar** adj (Licht, Spektrum) (Opt) / visible adj ∥ **mit bloßem Auge** ~ (Opt) / macroscopic* adj ∥ ~**er Bereich** (Opt) / visible region, visible range ∥ ~**er Bereich des Spektrums** (Licht, Opt, Spektr) / visible spectrum, visible spectral range ∥ ~**es Bild** (EDV) / display image ∥ ~**es Erz** (Bergb) / ore in sight ∥ ~**e Fuge** (Bau) / face joint ∥ ~**e gesprochene Sprache** (Akus) / visible speech* ∥ ~**e Heftbünde** (Buchb) / raised bands* ∥ ~**e Kanten** (technisches Zeichnen) (Masch) / visible outlines ∥ ~**es Licht** (Licht) / visible light (light radiation) ∥ ~ **machen** (Eltronik) / display v ∥ ~**es Spektrum** (Licht, Opt, Spektr) / visible spectrum, visible spectral range ∥ ~**es (optisches) Spektrum** (Licht, Opt, Spektr) / optical spectrum* ∥ ~**e Spuren** / visible traces, obvious traces ∥ ~**e Strahlung** (DIN 5031, T 7) (Phys) / visible radiation* ∥ ~**es Zeichen** (Opt) / visible signal, visual signal

**Sichtbarkeit** f (Opt) / visibility* n ∥ ≃ **der Interferenzstreifen** (Opt) / fringe visibility

**Sichtbarmachung** f / visualization n ∥ ≃ **von Strömungen** (in Gasströmungen mit farbigem Nebel, auf Körperoberflächen mit der Anstrichmethode) (Phys) / flow visualization

**Sicht•bereich** m (Opt) / optical range, visual range ∥ ≃**beton** m (dessen Ansichtsfläche gestalterische Funktionen erfüllt und ein vorausbestimmtes Aussehen hat) (Arch, Bau, Hütt) / béton brut, decorative concrete, as-struck concrete, exposed concrete ∥ **strukturierter** ≃**beton** (Arch, Bau, HuT) / textured concrete ∥ ≃**blende** f (als Schutz vor unerwünschten Ein- oder Durchblicken) / screen n

**Sichten** n (Aufber) / air classification, pneumatic separation, air separation, air floating, air sweeping, pneumatic classification ∥ ≃ **von Land** (Luftf, Schiff) / landfall n

**Sichter** m (Aufber) / air classifier*, air separator, pneumatic separator, pneumatic classifier, air-swept classifier, air elutriator*

**Sicht•feld** n (Opt) / field of view, viewing field, visual field, field of vision ∥ ≃**feldadresse** f (EDV) / view-field address n ∥ ≃**fenster** n (meistens aus Glas) / inspection glass, sight-glass n, sight-gauge n, gauge glass (for the measurement of liquid levels) ∥ ≃**fläche** f (des Fensters) (Bau) / sight size n ∥ ≃**fläche** (EDV) / display surface ∥ **vertiefte** ≃**fläche** (Bau) / sunk face* (SF) ∥ ≃**flug** n (Luftf) / VFR flight, visual flight ∥ ≃**flugregeln** f pl (Luftf) / visual flight rules*, VFR* ∥ ≃**gerät** n (EDV) / display n (unit), video display (unit)*, VDU*, display device, display terminal, video terminal, visual display terminal, visual display unit* ∥ ≃**glasöler** m (Masch) / sight-feed oiler ∥ **keine Hauptwolkenuntergrenze und keine** ≃**grenze vorhanden** (Luftf) / ceiling and visibility unlimited, CAVU ∥ ≃**horizontebene** f (Verm) / true horizontal

**Sichtigkeitsgrad** m (Schiff) / visibility n

**Sicht•kartei** f / visual file, visible file, visual cardex ∥ ≃**kontakt** m (Fernm, Opt) / line-of-sight connexion, line-of-sight connection ∥ ≃**kontrolle** f (WP) / visual inspection, sight check, visual examination ∥ ≃**linie** f (Astr) / line of sight* ∥ ≃**linie** (Opt, Verm) / line of collimation*, line of sight*, sight line ∥ ≃**mauerwerk** n (einschaliges Verblendmauerwerk) (Bau) / facing masonry, faced masonry, decorative masonry, fair-faced brickwork ∥ ≃**messer** m (Meteor) / visibility meter* ∥ ≃**meßgerät** n (Luftf) / transmissometer n, visibility meter, telephotometer n ∥ ≃**minderung** f (Opt) / visibility loss ∥ ≃**navigation** f (Nav) / terrestrial navigation, pilotage n, visual navigation ∥ ≃**-Platzrunde** f (Luftf) / visual circling ∥ ≃**prüfung** f (bei Lochkarten) (EDV) / sight check (a method of checking for presence or absence of punched holes identical locations on cards by placing one card on top of another and looking through the pattern of holes), Cordonnier check, peek-a-boo check, Batten check ∥ ≃**prüfung** (WP) / visual inspection, sight check, visual examination ∥ ≃**schicht** f (des Außenputzes) (Bau) / setting coat*, fining coat*, finishing coat*, skim coat, skimming coat*, set n, white coat*, finish n ∥ ≃**schmierapparat** m (Masch) / sight-feed lubricator* ∥ ≃**seite** f (des Bogens) (Arch) / face n ∥ ≃**sensor** m (der vornehmlich Bildinformationen aufnimmt und diese in elektrische Signale wandelt) / visual sensor ∥ ≃**speicherröhre** f (eine Signal-Bild-Wandlerröhre, bei der ein Leuchtschirmbild während einer gewollten Zeit mittels einer steuernden Speicherelektrode erhalten bleibt) (Eltronik) / viewing storage tube, direct-view storage tube, display tube ∥ ≃**speicherröhre** (z.B. in einem Vidikon) (Eltronik) / oscilloscope storage tube ∥ ≃**tiefe** f (Wassertiefe, bei der eine im Wasser abgesenkte weiße Scheibe gerade noch zu erkennen ist) / visibility depth ∥ ≃**verbindung** f (Fernm, Opt) / line-of-sight connexion, line-of-sight connection ∥ ≃**vergleich** m / comparison by sight ∥ **ausreichende** ≃**verhältnisse** (Kfz) / adequate visibility

**Sichtweite** f (DIN 1358) (Meteor) / visibility* n, visibility distance ∥ **auf** ≃ **anhalten** / pull up within the range of vision, pull up within sight distance, pull up within sight ∥ **außer** ≃ / out of sight ∥ **außer** ≃ (Luftf) / beyond visual range, BVR ∥ **geografische** ≃ (Schiff) / geographical visibility ∥ **meteorologische** ≃ (Schiff) / meteorological visibility ∥ **quasioptische** ≃ (Fernm) / line of sight*, LOS

**Sicht•weitenmesser** m (Meteor) / visibility meter* ∥ ≃**weitensensor** / optical-range sensor ∥ ≃**wetterbedingungen** f pl (Sicht, Abstand von den Wolken und von der Hauptwolkenuntergrenze) (Luftf) / visual meteorological conditions*, VMC*, visual met conditions ∥ ≃**zeichen** n (Opt) / visible signal, visual signal ∥ ≃**zeichenverbindung** f (Licht- und Flaggensignale, Rauchzeichen) (Opt) / optical communication, visual communication

**Sicilienne** f (Tex) / Sicilian n, Sicilienne n

**Sickbuilding-Syndrom** n (besonders bei Beschäftigten in modernen Geschäfts- und Verwaltungsgebäuden auftretende, meist unspezifische Erkrankung) (Bau, Med) / sick building syndrome

**Sicke** f (wulstartige Erhöhung oder Vertiefung im Blech) (Hütt, Masch) / bead n

**Sicken** n (Hütt, Masch) / beading n ∥ ≃ (ein Hohlprägen, das eine Versteifungswirkung hat) (Masch) / crimping* n ∥ ≃**maschine** f (Masch) / lock-beading machine

**Sicker•brunnen** m (für Oberflächenwasser, mit Schotter oder Kies gefüllt) (Bau, Sanitär) / soakaway* n, dry well (US), seepage pit (for surface water), rummel n ∥ ≃**brunnen** (Sanitär) / inverted well, swallow well ∥ ≃**druck** m (HuT) / seepage force, seepage pressure ∥ ≃**galerie** f (Bergb) / percolating gallery ∥ ≃**grube** f (Bau, Sanitär) / soakaway* n, dry well (US), seepage pit (for surface water), rummel n ∥ ≃**laugetank** m (Bergb) / cyanidation vat ∥ ≃**laugung** f (ein Laugeverfahren der Naßmetallurgie) (Hütt) / leaching by percolation, bulk leaching* ∥ ≃**linie** f (in der Bodenmechanik) (HuT) / line of seepage, seepage line ∥ ≃**linie** (die die freie Oberfläche des durch einen Damm strömenden Wassers beschreibt) (Wasserb) / line of creep, path of percolation, percolation path

**sickern** v (Wasserb) / seep v, soak v (away), percolate v ∥ ≃ n (Wasserb) / seepage n, percolation n

**Sicker•quelle** f (Geol, Wasserb) / seepage spring ∥ ≃**rohr** n (zur Dränage) (Landw) / underdrain n ∥ ≃**saft** m (Landw, Sanitär) / silage effluent, silo seepage ∥ ≃**saftverlust** m (Landw, Sanitär) / silo seepage ∥ ≃**schacht** m (Bau, Sanitär) / soakaway* n, dry well (US), seepage pit (for surface water), rummel n ∥ ≃**schacht** (für Grundwasser) (Wasserb) / absorbing well*, drain-well n, well drain, dead well* ∥ ≃**schlitz** m (HuT, Wasserb) / weephole* n ∥ ≃**sperre** f (HuT) / seepage barrier ∥ ≃**stollen** m (Bergb, HuT) / infiltration gallery ∥ ≃**strang** m (mit Filtermaterial umhüllte Sickerrohrleitung) (HuT, Landw) / French drain (agricultural drain with the pipe surrounded by filter material like gravel, preferably by a graded filter) ∥ ≃**strecke** f (Erdöl) / seepage level ∥ ≃**strecke** (in Brunnen) (Wasserb) / recharge distance ∥ ≃**strömung** f (HuT) / seepage flow ∥ ≃**strömungsdruck** m (in der Bodenmechanik) (HuT) / seepage force, seepage pressure

**Sickerungsbeiwert** m (Wasserb) / infiltration coefficient

**Sicker•verlust** m / leakage n ∥ ≃**verlust** (Wasserb) / seepage loss

**Sickerwasser** n (das im Untergrund zum Grundwasser absinkende Niederschlags- und Oberflächenwasser) (Landw, Wasserb) / seepage water, cut-off water, percolation water, influent seepage water, seep water, percolating water ∥ ≃ (der Deponie) (Sanitär, Umwelt) / waste-site leaching water, disposal-site percolating water ∥ ≃**quelle** f (Geol, Wasserb) / seepage spring ∥ ≃**strömung** f (HuT) / seepage flow ∥ ≃**strömungsdruck** m (HuT) / seepage force, seepage pressure

**SID** (Geophys, Radio) / solar-flare effect, sudden ionospheric disturbance, sfe, SID

**sideral** adj (Astr) / sidereal adj

**Sideringelb** n (ein Eisenpigment) / siderin yellow (iron(III) chromate)

**siderisch** adj (Astr) / sidereal adj ∥ ≃**es Eisen** (Astr) / meteoric iron ∥ ~**es Jahr** (365 d 6 h 9 min 9 s) (Astr) / sidereal year* ∥ ~**er Monat** (= 27,32166 d) (Astr) / sidereal month* ∥ ~**e Nachführung** (Astr) / tracking n ∥ ~**e Periode** (Astr) / sidereal period* ∥ ~**e Rotationsperiode** (der Erde - 23 h 56 m 04 s) (Astr) / sidereal period of rotation ∥ ~**e Umlaufzeit** (Astr) / sidereal period*

**Siderit** m (Geol) / aerosiderite n, siderite* n, iron meteorite* ∥ ≃ (Eisen(II)-karbonat) (Min) / siderite* n, iron spar, sparry iron*, spathic iron ore, white iron ore, chalybite* n, spathic iron

**Sidero•chrome** n (alte Gruppenbezeichnung für eisenhaltige Oligopeptide, die Eisen zu transportieren vermögen) (Biochem) / siderochromes pl ∥ ≃**grafie** f (Druck) / siderography n, steel engraving ∥ ≃**lith** m (ein Stein-Eisen-Meteorit) (Meteor) / siderolite n, syssiderite n ∥ ≃**melan** m (Geol) / sideromelane n ∥ ~**philes Element** (z.B. Fe, Au oder Pt) (Chem, Geol) / siderophile element* ∥ ≃**philin** n (Biochem) / siderophilin n ∥ ≃**phore** m pl (Biochem) / siderochromes pl ∥ ≃**phyllit** m (ein Biotit ohne Mg) (Min) / siderophyllite* n

**Siderose** f (Lungensiderose) ("Feilenhauerlunge") (Med) / siderosis* n (pl. sideroses), arc welder's disease

**Siderosilikose** f ("Feilenhauerlunge") (Med) / siderosis* n (pl. sideroses), arc welder's disease
**Siderosis pulmonum** ("Feilenhauerlunge") (Med) / siderosis* n (pl. sideroses), arc welder's disease
**Sidero•sphäre** f (der Nickel-Eisen-Kern) (Geol) / siderosphere n (central iron core of the earth) ‖ **⁓sphäre** (der Nickel-Eisen-Kern) (Geol) / siderosphere n (central iron core of the earth) ‖ **⁓stat** m (Astr) / siderostat* n
**Side-slip** m (eine Seitengleitbewegung, bei der das Flugzeug außer seiner Vorwärtsgeschwindigkeit eine seitliche Geschwindigkeitskomponente hat und sehr stark an Höhe verliert) (Luftf) / side-slip* n, slip n
**Sidestick** m (seitlich angeordneter Steuerknüppel) (Luftf) / side stick
**Sidot-Blende** f (Leuchtstoff aus kupferhaltigem Zinksulfid) (Chem) / Sidot blende
**SID-Spektrum** n (in der Massenspektrometrie) (Spektr) / surface-induced dissociation spectrum, SID spectrum
**Sieb** n / sieve n, screen* n, sifter n ‖ **⁓** (Masch) / strainer n, screen filter ‖ **⁓** (Durchschlag) (Masch, Nahr) / strainer n, colander n, cullender n ‖ **feinstmaschiges ⁓** / micromesh sieve ‖ **⁓** n **der Langsiebpapiermaschine** (Pap) / fourdrinier wire, fourdrinier wire part, fourdrinier table, fourdrinier former ‖ **⁓ des Eratosthenes** (zur Gewinnung von Primzahlen) (Math) / sieve of Eratosthenes
**Sieb•analyse** f (DIN 23011) (Aufber, Bergb) / sieve analysis*, screen analysis ‖ **⁓bandpresse** f (Chem Verf) / filter belt press, belt pressure filter ‖ **⁓bandtrockner** m (Plast) / screen belt drier ‖ **⁓bestrahlung** f (Radiol) / grid therapy* ‖ **⁓blech** n (mit Rund- oder Quadratlochung nach DIN 4187) / perforated plate ‖ **⁓böden** m pl (mit Maschen, mit Löchern) (Aufber) / screenings pl ‖ **⁓boden** m (arbeitende Siebfläche nach DIN 66160) (Bau, HuT) / sieve plate, screen* n ‖ **⁓boden** (einer Rektifizierkolonne) (Chem Verf) / perforated tray, sieve plate, sieve tray, perforated plate ‖ **⁓bodenkolonne** f (Chem Verf) / sieve-plate column, sieve-plate tower, perforated-plate column, perforated-plate tower ‖ **⁓bodenkolonne mit schräggegstellten Siebböden** (Chem Verf) / spray-pak column ‖ **nutzbare ⁓breite** (einer Papiermaschine) (Pap) / machine deckle ‖ **⁓drossel** f (Eltech) / filter reactor, choke filter ‖ **⁓druck** m (Druck, Tex) / screen-printing* n, screen process printing* ‖ **elektrostatischer ⁓druck** (Druck) / electrostatic printing*, electrostatic copying ‖ **~druckbar** adj (Druck) / screen-printable ‖ **⁓drucker** m (Fachkraft) (Druck) / screen printer ‖ **⁓druckfarbe** f (Druck) / screening ink, screen printing ink ‖ **⁓druckfarbe** (Kalt- oder Heißdruck-) (Keram) / screening ink, ceramic ink ‖ **⁓druckmaschine** f (Druck, Eltronik) / screen printing machine, screen printer ‖ **⁓drucköl** n (Druck) / squeegee oil, screening oil ‖ **⁓druckpaste** f (Druck) / squeegee paste ‖ **⁓durchgang** m (durch ein grobmaschiges Sieb) (Masch) / riddlings pl ‖ **⁓durchgang** (bei der Siebanalyse) (Masch) / undersize* n, fells* pl, smalls* pl, minus material, minus sieve sizes, throws pl, fines pl, screenings* pl, subsieve material, minus mesh, sievings pl, subsieve fraction ‖ **⁓effekt** m (Chem) / gel permeation ‖ **⁓elektrolytkondensator** m (Eltech) / filter electrolytic capacitor ‖ **⁓elko** m (Eltech) / filter electrolytic capacitor
**sieben** v / sieve v, screen v, sift v ‖ **~** (Nahr) / bolt v, boult v ‖ **~** (Nahr) / colander vt, cullender vt, sieve vt ‖ **⁓** n (Aufber) / screening n, sieving n, sifting n, sizing n, sieve classification ‖ **⁓** (Nahr) / bolting n, boulting n ‖ **⁓eck** n (Math) / heptagon n
**Siebener•⁓-Alphabet** n (Teleg) / seven-unit code ‖ **⁓-Kode** m (EDV) / seven-level code
**Sieben•gestirn** n (Astr) / Pleiades* n pl ‖ **⁓schrittalphabet** n (Teleg) / seven-unit code ‖ **⁓segmentanzeige** f (EDV) / seven-segment display ‖ **⁓tagefestigkeit** f (HuT) / seven-days strength ‖ **~wertig** adj (Chem) / heptavalent* adj, septavalent adj, septivalent adj ‖ **⁓wertigkeit** f (Chem) / heptavalence n, septavalence n, septivalence n
**Sieber-Zahl** f (Bleichbarkeit) (Pap) / Sieber number
**Sieb•faser** f (For) / sieve cell ‖ **⁓feines** n (bei der Siebanalyse) (Masch) / undersize* n, fells* pl, smalls* pl, minus material, minus sieve sizes, throws pl, fines pl, screenings* pl, subsieve material, minus mesh, sievings pl, subsieve fraction ‖ **⁓feinheit** f / sieve fineness ‖ **⁓filter** n (Masch) / strainer n, screen filter ‖ **⁓filter** (das Verunreinigungen in fester Form aus den Durchflußmedien zurückhalten soll) (Masch) / sediment separator, dirt box ‖ **offene ⁓fläche** (Aufber) / open area, open screening area ‖ **⁓gewebe** n (Pap) / wire cloth*, machine wire* ‖ **[textiles] ⁓gewebe** / sieve cloth, screen cloth, screening n, tammy cloth ‖ **⁓grobes** n (bei der Siebanalyse) (Masch) / oversize n, overflow n, overs pl, plus mesh, plus sieve ‖ **⁓kasten** m (des Mähdreschers) (Landw) / sieve pan ‖ **⁓kern** m (scheibenförmiger oder viereckiger mit mehreren Bohrungen versehener Kern aus Kernformstoff oder Keramik, der in das Eingußsystem eingelegt wird, das Vollhalten des Eingusses beim Gießen erleichtert und zum Zurückhalten der Schlacke dient) (Gieß) / skim core, strainer core ‖ **⁓kette** f (eines Siebkettenroders) (Landw) / elevator chain ‖ **⁓kettenroder** m (eine Kartoffelerntemaschine) (Landw) / elevator digger ‖ **klassieren** n (Aufber) / screening n, sieving n, sifting n, sizing n, sieve classification ‖ **⁓klassierung** f (Aufber) / screening n, sieving n, sifting n, sizing n, sieve classification ‖ **⁓kondensator** m (Eltech) / filter capacitor ‖ **⁓kreis** m (Elektr) / filter network*, filter circuit* ‖ **⁓kurve** f / grading curve, particle-size distribution curve ‖ **⁓laufregler** m (Pap) / wire guide* ‖ **⁓linie** f (die die Kornzusammensetzung charakterisiert) / grading curve, particle-size distribution curve ‖ **unstetige ⁓linie** (wenn einzelne Korngruppen fehlen) / discontinuous grading curve ‖ **⁓lochung** f / sieve perforation ‖ **~lose Zentrifuge** (in welcher der Schleuderraum durch einen ungelochten Mantel umgrenzt ist) / solid-wall centrifuge, solid-bowl centrifuge ‖ **⁓markierung** f (von Faserplatten) (For) / screen pattern, mesh pattern ‖ **⁓markierung** (Pap) / wire mark ‖ **⁓masche** f / mesh n (of a sieve) ‖ **⁓nummer** f (Anzahl der Siebmaschen je Zoll linear) / sieve mesh number*, mesh n ‖ **⁓öffnung** f / mesh n (of a sieve) ‖ **⁓öffnung** (die den Rückstand zurückhält) (Aufber) / retaining mesh ‖ **⁓wirksame öffnung** (Masch, Pulv) / effective sieve aperture size* ‖ **⁓partie** f (der Papiermaschine) (Pap) / wire end, wire section ‖ **(freitragende) ⁓partie** (einer Langsiebpapiermaschine) (Pap) / cantilever Fourdrinier ‖ **(ausfahrbare) ⁓partie** (einer Langsiebpapiermaschine) (Pap) / removable type Fourdrinier, roll-out type Fourdrinier, run-out type Fourdrinier ‖ **(stationäre) ⁓partie** (einer Langsiebpapiermaschine) (Pap) / stationary Fourdrinier ‖ **⁓platte** f (des Phloems) (Bot, For) / perforation plate* ‖ **⁓platte** (zum Sortieren) (Masch) / screen plate ‖ **⁓rahmen** m (des Mähdreschers) (Landw) / shoe n ‖ **⁓rohr** n (durch man Wasser aus kiesigem Untergrund pumpt) (Wasserb) / well screen ‖ **⁓röhre** f (ein Gefäß des Phloems der Laubhölzer) (Bot, For) / sieve tube* ‖ **⁓rostroder** m (Landw) / shaking-sieve digger, potato shaker ‖ **⁓rückstand** m (bei der Siebanalyse) (Masch) / oversize n, overflow n, overs pl, plus mesh, plus sieve ‖ **⁓rückstand** (Pap) / screen residue ‖ **⁓rüttelmaschine** f / sieve shaker ‖ **⁓satz** m / set of screens ‖ **⁓saugwalze** f (Pap) / suction couch roll* ‖ **⁓schaltung** f (EDV, Eltronik, Fernm) / filter* n, electric filter ‖ **⁓schleuder** f / screen centrifuge, perforated-bowl centrifuge, screening centrifuge ‖ **⁓schlitznutsche** f (Chem) / Buchner funnel* ‖ **⁓seite** f (Rückseite von einseitig glatten Faserplatten) (For) / mesh face ‖ **⁓seite** (eines Papiers) (Pap) / wire side, wrong side ‖ **⁓spiegel** m (Begrenzungslinie, bei der die freie, glänzende Wasseroberfläche verschwindet) (Pap) / dry line ‖ **⁓spritzmittel** n (Chem Verf, Plast) / strainer n ‖ **⁓sprühmittel** n (zum Öffnen verstopfter Siebmaschen) (Eltronik) / screen spray ‖ **⁓teil** m (des Leitbündels) (Bot) / phloem* n ‖ **⁓trog** m (Pap) / vat n ‖ **⁓trommel** f (Siebmaschine mit zylindrischer Form des Siebes) / revolving sieve, revolving screen, trommel* n, drum screen ‖ **⁓trommel** (einer Schleuder) / perforated bowl ‖ **⁓trommelbrecher** m (für Kohle) (Aufber, Bergb) / Bradford breaker ‖ **⁓tuch** n / sieve cloth, screen cloth, screening n, tammy cloth ‖ **⁓tuch** (Pap) / apron* n ‖ **⁓überlauf** m (bei der Siebanalyse) (Masch) / oversize n, overflow n, overs pl, plus mesh, plus sieve

**Siebung** f (Eltronik) / filtering n

**Sieb•vorrichtung** f / sieve n, screen* n, sifter n ‖ **⁓wasser** n (Pap) / backwater* n, white water* ‖ **⁓wasserbehälter** m (Pap) / hog-pit* n ‖ **⁓wassersammelbecken** n (Pap) / hog-pit* n ‖ **⁓zelle** f (Leitungszelle des Phloems der Nadelhölzer) (For) / sieve cell ‖ **⁓zentrifuge** f / screen centrifuge, perforated-bowl centrifuge, screening centrifuge ‖ **⁓zulauf** m (Gieß) / strainer gate

**Siede•abstand** m (Nukl) / critical heat flux ratio, departure from nucleate boiling ratio, DNBR ‖ **⁓analyse** f (bei destillierbaren Flüssigkeiten) (Chem) / distillation analysis ‖ **⁓barometer** n (Phys) / hypsometer* n ‖ **⁓beginn (SB)** m (Chem, Phys) / initial boiling point (IBP) ‖ **⁓bereich** m (Chem, Phys) / boiling range ‖ **⁓diagramm** n (Chem, Phys) / boiling-point diagram, liquid-vapour equilibrium diagram ‖ **⁓druck** m (Phys) / boiling pressure ‖ **⁓ende** n (Chem, Phys) / final boiling point, FBP, end-point n ‖ **⁓endpunkt** m (Chem, Phys) / final boiling point, FBP, end-point n ‖ **⁓gefäß** n (Vakuum) / boiler n ‖ **⁓grenzen** f pl (Chem, Phys) / boiling range ‖ **⁓grenzenbenzin** n (ein enggeschnittenes Benzin, das durch Siedebeginn und Siedeende charakterisiert ist) (Erdöl, Kftst) / special boiling-point spirit, SBP spirit, special boiling-point gasoline ‖ **⁓hitze** f (Phys) / boiling heat ‖ **⁓intervall** n (Chem, Phys) / boiling range ‖ **⁓kapillare** f (im Claisen-Kolben) (Chem) / capillary air inlet ‖ **⁓kapillare** (zur Vermeidung des Siedeverzugs) (Chem, Phys) / boiling capillary ‖ **⁓kessel** m / kettle* n ‖ **⁓krisis** f (Nukl) / departure from nucleate boiling, DNB ‖ **⁓kurve** f (Chem, Phys) / boiling curve

**sieden** v / boil v ‖ **⁓** n / boiling* n, ebullition* n ‖ **durch ⁓ gewinnen** (Salz) (Nahr) / pan v ‖ **⁓** n **mittels Keimbildung** (Chem Verf) / nucleate boiling

**siedendheiß** adj / boiling hot ‖ **~** / boiling adj, boiling hot

**Siede•- oder Verdampfungskurve** f (im Siedediagramm) (Chem, Phys) / boiling-point curve ‖ **⁓pfanne** f (zum Eindampfen von gesättigten Solen) (Nahr) / grainer n (open-air flat pan), pan n

**Siedepunkt** *m* (Siedetemperatur) (Chem, Phys) / boiling-point* *n*, b.p.*, B.P., boiling temperature || ⁓ (Siedeende) (Chem, Phys) / final boiling point, FBP, end-point *n* || ⁓ (Siedebeginn) (Chem, Phys) / initial boiling point (IBP) || **höchster** ⁓ (obere Grenze des Siedeintervalls bei mehrkomponentigen Systemen) (Phys) / maximum boiling point || **mittlerer** ⁓ (Phys) / mid-boiling point || **unterster** ⁓ (untere Grenze des Siedeintervalls bei mehrkomponentigen Systemen) (Chem, Phys) / minimum boiling point || ⁓**diagramm** *n* (Chem, Phys) / boiling-point diagram, liquid-vapour equilibrium diagram

**Siede•punktserhöhung** *f* (Chem, Phys) / elevation of boiling point*, boiling point elevation || ⁓**rohr** *n* (des Kessels) (Masch) / water tube || ⁓**salz** *n* (Nahr) / evaporated salt || ⁓**stein** *m* (Min) / zeolite* *n* || ⁓**steinchen** *n* (zur Vermeidung des Siedeverzugs) / boiling stone || ⁓**thermometer** *n* (gebräuliche Ausführung: Beckmann-Thermometer) (Phys) / boiling-point thermometer || ⁓**thermometer** (Phys) / hypsometer* *n* || ⁓**verlauf** *m* (DIN 53 171) (Chem, Phys) / boiling range distribution || ⁓**verzug** *m* (Phys) / delay in boiling, delayed boiling, boiling delay || ⁓**wasserreaktor** *m* (ein leichtwassergekühlter und -moderierter thermischer Reaktor) (Nukl) / boiling-water reactor*, BWR* || **fortgeschrittener** ⁓**wasserreaktor** (Nukl) / advanced boiling-water reactor, ABWR || ⁓**wasserreaktor mit nuklearer Überhitzung** (Nukl) / superheat boiling water reactor, SBWR, integral superheat boiling water reactor || **integrierter** ⁓**wasserüberhitzungsreaktor** (Nukl) / superheat boiling water reactor, SBWR, integral superheat boiling water reactor

**Siedlungs•abfälle** *m pl* (Sanitär) / urban waste || ⁓**abfälle** (Umwelt) / household rubbish, household refuse, garbage *n* (US), dust *n* (GB), household waste, residential wastes, domestic waste, trash *n*, municipal waste, urban waste || ⁓**abfallwirtschaft** *f* (Umwelt) / waste management in residential areas || ⁓**abwasser** *n* (Sanitär, Umwelt) / residential sewage || ⁓**brei** *m* (ungeplante flächenhafte Ausdehnung von Städten) (Arch) / urban sprawl, sprawl *n* (the expansion of an urban or industrial area into the adjoining countryside in a way perceived to be disorganized and unattractive) || ⁓**gebiet** *n* (Umwelt) / range *n* || ⁓**raum** *n* / settlement area || ⁓**wasserwirtschaft** *f* (Sanitär) / environmental water engineering, sanitary water engineering

**Siegbahnsche X-Einheit** (nach M. Siegbahn, 1886-1978) (eine veraltete Einheit der Länge in der Röntgenspektroskopie) (Radiol) / X-unit *n*, siegbahn *n*

**Siegel•lack** *m* / sealing wax || ⁓**randbeutel** *m* / edge-sealed bag || ⁓**ring** *m* (mit integriertem Chip - als weiteres Element in einem Sicherheitssystem) (EDV) / signet ring

**siehe Boden•prägung** / see bottom || ~ **Manuskript** (eine Satzanweisung) (Druck) / follow copy! || ~ **Vorlage** (eine Satzanweisung) (Druck) / follow copy!

**SI-Einheit** *f* (DIN 1301, T 1, DIN 1304) / SI unit*

**Siel** *n* (für Abwässer) (Sanitär) / sewer *n* || ⁓ *m* (Durchlaß in einem Damm) (Wasserb) / sluice *n* || ⁓**scheit** *n* (Landw) / swingletree *n* || ⁓**tor** *n* (Wasserb) / sluice gate

**Siemens** *n* (Einheit des elektrischen Leitwerts nach DIN 1301, T 1 - nach W. v. Siemens, 1816-1892) (Elektr) / siemens* *n* || ⁓-**Laser** *m* (dessen Spiegelgehäuse die Form eines Ellipsoids hat) (Phys) / Siemens laser || ⁓-**Martin-Ofen** *m* (Hütt) / open-hearth furnace* || **basischer** ⁓-**Martin-Ofen-Prozeß** (Hütt) / basic process*, basic open-hearth (steel-making) process || ⁓-**Martin-Stahl** *m* (Hütt) / open-hearth steel || **saurer** ⁓-**Martin-Stahl** (Hütt) / acid open-hearth steel || ⁓-**Martin-Stahlwerk** *n* (Hütt) / open-hearth furnace plant, open-hearth shop || ⁓-**Martin-Verfahren** *n* (ein altes Stahlherstellungsverfahren) (Hütt) / open-hearth process*, Siemens-Martin process* || **saures** ⁓-**Martin-Verfahren** (Hütt) / acid open-hearth steel-making process || ⁓-**ofen** *m* (ein Regenerativofen mit Gasfeuerung) (Hütt) / Siemens furnace*, open-hearth steel furnace

**Siemensscher Ozonisator** (aus zwei konzentrisch angeordneten, mit elektrisch leitenden Belägen versehenen Röhren) (Chem) / Siemens' ozone tube*

**siena** *adj* / sienna brown, teak brown || ⁓ *n* (eine schön gefärbte Bolus-Art) (Anstr) / sienna *n*, raw sienna || ~**braun** *adj* / sienna brown, teak brown || ⁓**erde** *f* (eine schön gefärbte Bolus-Art) (Anstr) / sienna *n*, raw sienna || **gebrannte** ⁓**erde** (Anstr) / burnt sienna* || ~**farben** *adj* / sienna brown, teak brown || ~**farbig** *adj* / sienna brown, teak brown

**Sieneser Bogen** (Arch) / Florentine arch*, Tuscan arch

**Sierosem** *m* (Grauerde) (Geol, Landw) / grey desert soil, sierozem *n*, serozem *n*

**Sierpińskische Punktmenge** *pl* (nach W. Sierpiński, 1882-1969) (Math) / Sierpinski set

**Sierpiński-Teppich** *m* (Math) / Sierpinski gasket, Sierpinski triangle

**Sierra-Leone-Kopal** *m* (aus Guibourtia copallifera Benn.) / Sierra Leone copal

**Sievabohnen** *f pl* (Bot, Nahr) / Rangoon beans, Madagascar beans, lima beans, butter beans

**Sievert** *n* (J/kg; abgeleitete SI-Einheit der Äquivalentdosis nach dem schwedischen Physiker R.M. Sievert, 1896-1966) (Radiol) / sievert* *n* || ⁓-**Gesetz** *n* (das die Konzentration der dissoziativen Lösung eines zweiatomigen Gases beschreibt) (Phys) / Sievert law

**SIF** (EDV) / Status Information Frame, SIF

**Sifa** *f* (Bahn, Eltech) / dead man's handle*, vigilance button

**Si-Gleichrichter** *m* (Eltronik) / silicon rectifier*

**Sigma•-Algebra** *f* (Math) / sigma-algebra *n* (of sets) || ⁓-**Anordnung** *f* (Nukl) / sigma pile*, diffusion stack || ⁓-**Bindung** *f* (als Gegensatz zur Pi-Bindung) (Chem) / sigma bond || ⁓-**Delta-Modulation** *f* (Radio) / sigma delta modulation, SDM || ⁓-**Elektron** *n* (Kernphys) / sigma electron || ⁓-**Hyperon** *n* (ein Elementarteilchen aus der Familie der Baryonen) (Kernphys) / sigma-particle* *n*, sigma *n*, sigma-hyperon *n* || ⁓-**Kneter** *m* (Chem Verf) / z-blade mixer, sigma-type mixer, Baker-Perkins mixer, Werner-Pfleiderer mixer || ⁓-**Koordinaten** *f pl* (Meteor) / sigma co-ordinates* || ⁓-**minus-Hyperon** *n* (Kernphys) / sigma minus particle || ⁓-**Phase** *f* (bei Stählen mit mehr als 13% Cr) (Hütt) / sigma phase || ⁓-**Resonanzen** *f pl* (Kernphys) / sigma resonances || ⁓-**Ring** *m* (Math) / field of Borel set, Borel field

**SIGMA-Schweißen** *n* (Schw) / M.I.G. welding, gas metal-arc welding, GMAW, MIG welding, GMA welding, gas-shielded metal-arc welding, inert-gas shielded metal-arc welding, gas-shielded consumable metal-arc welding, metal inert-gas welding*, MIG*

**Sigma•-System** *n* (ein Mengensystem) (Math) / sigma system || ~**trop** *adj* (Chem) / sigmatropic *adj* || ~**trope Reaktion** (nach den Woodward-Hoffmann-Regeln) (Chem) / sigmatropic reaction || ⁓-**Verfahren** *n* (mit Edel- und/oder Mischgas als Schutzgas) (Schw) / shielded-inert-gas-metal-arc process

**SIGMET-Information** *f* (von einer Flugwetterüberwachungsstelle herausgegebene Information über das Auftreten bzw. erwartete Auftreten bestimmter Streckenwettererscheinungen, die die Sicherheit von Flugoperationen beeinflussen könnten) (Luftf) / SIGMET information*

**Sigmoidalfalte** *f* (Geol) / sigmoidal fold

**Sigmoide** *f* (Geol) / sigmoidal fold

**Signal** *n* (physische Darstellung von Informationen) (EDV) / signal *n* || ⁓ (DIN 40146, T 1) (Fernm) / mark* *n*, signal* *n* || ⁓ (Verm) / signal* *n* || ⁓ (ein hölzernes Pyramidengerüst) (Verm) / trigonometrical station* || ⁓ **abgetastetes** ⁓ (Fernm) / sampled signal || **akustisches** ⁓ (Akus) / acoustic signal, audio signal, sound signal || **analoges** ⁓ (EDV, Fernm) / analogue signal || **anisochrones** ⁓ (wenn die Abstände nicht zeitlich konstant sind) (Fernm) / anisochronous signal || **ankommendes** ⁓ (Fernm) / ingoing signal || **ausgehendes** ⁓ (Fernm) / outgoing signal || **auslösendes** ⁓ (EDV, Eltronik) / triggering signal || **binäres** ⁓ (Fernm) / binary signal, two-state signal || **digitales** ⁓ (DIN 44300 und DIN 40146, T 1) (Fernm) / digital signal || **direkt einfallendes** ⁓ (nicht durch Reflexionen beeinträchtigt) (Opt) / primary signal || **diskontinuierliches** ⁓ (dessen Signalwerte zu allen Zeitpunkten die zu signalisierenden Informationen abbilden) (Fernm) / discontinuous signal || **diskretes** ⁓ (dessen Informationsparameter nur endlich viele Werte annehmen können) (EDV, Fernm) / discrete signal || **dreibegriffiges** ⁓ (Fernm) / three-aspect signal || **dynamisches** ⁓ (in der Zuverlässigkeitstechnik) (Regeln) / dynamic signal || **falsches** ⁓ (Fernm) / false signal || **gleichphasiges** ⁓ (Fernm) / in-phase signal || **kleinstes wahrnehmbares** ⁓ (Fernm) / minimum discernible signal* || **kontinuierliches** ⁓ (dessen Signalwerte in jedem beliebigen Zeitpunkt die ihnen jeweils zugeordneten Informationen abbilden) (Fernm) / continuous signal || **mehrdimensionales** ⁓ (Fernm) / multiple signal || **mehrstelliges** ⁓ (Fernm) / multiple signal || **modulierendes** ⁓ (Radio) / modulating signal || **moduliertes** ⁓ (Radio) / modulated signal || **optisches** ⁓ (Opt) / optical signal, visual signal || **ortsfestes** ⁓ (Bahn) / fixed signal || **periodisches** ⁓ (DIN 40 146, T 3) (Fernm) / periodic signal || **reflektiertes** ⁓ (Fernm) / returned signal || **schwaches** ⁓ (Fernm) / low-level signal || **starkes** ⁓ (Fernm) / high-level signal || **statistisch verteiltes** ⁓ (Fernm) / random signal || **stochastisches** ⁓ (Fernm) / stochastic signal || **verstümmeltes** ⁓ (Fernm) / mutilated signal || **wertdiskretes** ⁓ (die Signalamplitude kann nur eine begrenzte Anzahl unterschiedlicher Werte annehmen - DIN 40146, T 1) (Fernm) / discrete-value signal, discrete-level signal || **wertkontinuierliches** ⁓ (die Signalamplitude kann jeden beliebigen Wert annehmen - DIN 40146, T 1) (Fernm) / continuous-value signal, continuous-level signal || **zeitdiskretes** ⁓ (das nur zu diskreten Zeitpunkten vorhanden bzw. definiert ist - DIN 40146, T 1) (Fernm) / discrete-time signal || **zeitkontinuierliches** ⁓ (zu jedem beliebigen Zeitpunkt ist ein Signalwert vorhanden bzw. definiert - DIN 40146, T 1) (Fernm) / continuous-time signal || **zeitlich veränderliches** ⁓ (Fernm) / time-variant signal || ⁓ *n* **aus der Peripherie** (EDV) / peripheral signal || ⁓ **geben** (Fernm) / signal *v*, signalize *v*, signalise *v* (GB) || ⁓ *n* **gesprochener Sprache** (EDV) / speech signal || ⁓ **steht**

**auf Fahrt** (Bahn) / signal is off, signal is at proceed ‖ ~ **steht auf Halt** (Bahn) / signal is on, signal is at stop ‖ ~ **von der Erde zu Satelliten** (Fernm, Raumf) / up-path signal
**Signal • abhängigkeit** f (Bahn) / signal interlocking ‖ ~**abschwächung** f (Fernm) / signal attenuation ‖ ~**abstand** m (Bahn, HuT) / advance* n ‖ ~**adaptive Regelung** (Regeln) / open-loop adaption ‖ ~**amplitude** f (Fernm) / signal amplitude ‖ ~**anpassung** f (Fernm) / signal matching ‖ ~**anzeige** f **eines Tageslichtsignals** (Bahn) / aspect* n ‖ ~**aufbereitung** f (Fernm) / signal processing ‖ ~**ausbreitungsverzögerung** f (bie Digitalschaltungen) (Fernm) / signal-propagation delay ‖ ~**ausfall** m (DIN 66010) (Mag) / drop-out* n ‖ ~**ausgang** m (Fernm) / signal output ‖ ~**ausgangsstrom** m (Eltronik) / signal output current* ‖ ~**-Averaging** n (Fernm) / signal averaging ‖ ~**band** n (Druck) / advance copy ‖ ~**bediener** m (Bahn) / signalman n (pl.: -men) ‖ ~**bereich** m (Fernm) / signal range ‖ ~**brücke** f (Bahn) / gantry n ‖ ~**buch** n (Schiff) / code of signals ‖ ~**dämpfung** f (Fernm) / signal attenuation ‖ ~**datenverarbeitung** f (Fernm) / signal processing ‖ ~**detektionstheorie** f (EDV, Fernm) / theory of signal detection, TSD ‖ ~**diode** f (Eltronik) / signal diode ‖ ~**diode kleiner Leistung** (Eltronik) / low-power signal diode, small-signal diode ‖ ~**drehmomentschlüssel** m (Kfz, Werkz) / click-type torque wrench, automatic cutout torque wrench ‖ ~**ebene** f (der Mehrleiterplatte) (Eltronik) / working layer ‖ ~**eingang** m (Fernm) / signal input ‖ ~**elektrode** f (Kernphys) / signal electrode ‖ ~**entzerrung** f (Fernm, Phys) / signal regeneration, signal reshaping ‖ ~**erkennungspartikel** n f (Biochem) / signal recognition particle, SRP ‖ ~**feld** n (Luftf) / signal area ‖ ~**filterung** f (Fernm) / signal filtering ‖ ~**flagge** f (Schiff) / signal flag ‖ ~**fluß** m (Fernm) / signal flow ‖ ~**flußbild** n (Fernm) / signal-flow diagram ‖ ~**flußdiagramm** n (DIN 19221) (Fernm) / signal-flow diagram ‖ ~**flußplan** m (Regeln) / signal-flow graph ‖ ~**former** m (der die Signale so formt, daß sie für die Weiterverarbeitung erforderlichen Eigenschaften besitzen) (Fernm) / signal shaper ‖ ~**formung** f (Maßnahme zur Kompatibilität und Übertragbarkeit) (Fernm) / signal conditioning ‖ ~**formung** (zur Signalverbesserung) (Fernm) / signal shaping* ‖ ~**frequenz** f (Fernm) / signal frequency, SF ‖ ~**gabe** f (Fernm) / signalling n, signaling n (US) ‖ ~**gabe in den Sprechpausen** (Fernm) / signalling-to-noise break-in ‖ ~**gast** m (ein Besatzungsmitglied) (Schiff) / signalman n (pl.: -men) ‖ ~**geber** m (Fernm) / signal generator ‖ ~**gebung** f (Fernm) / signalling n, signaling n (US) **binäre** ~**gebung** (Fernm) / two-state signalling n ‖ ~**gebung** f **durch Schlagen auf die Kohle** (Bergb) / knocking n ‖ ~**gehalt** m (Fernm) / intelligence n ‖ ~**gemisch** n (TV) / video signal*, composite (video) signal, composite picture signal ‖ ~**generator** m (im allgemeinen) (Fernm) / signal generator ‖ ~**generator** (Fernm) s. auch Meßgenerator ‖ ~**gerät** n (Fernm) / signalling device ‖ ~**geschwindigkeit** f (Fortpflanzungsgeschwindigkeit eines Signals) (Fernm) / signal velocity ‖ ~**glas** n (zur Erzeugung von gefärbten Lichtsignalen) (Glas) / signal glass ‖ ~**hebel** m (Bahn) / signal lever ‖ ~**horn** n (Kfz) / horn n, motor horn, hooter n
**Signalisation** f (Fernm) / signalling n, signaling n (US)
**signalisieren** v (Fernm) / signal v, signalize v, signalise v (GB)
**Signalisierung** f (Fernm) / signalling n, signaling n (US) ‖ **außerhalb des Sprachbandes** (Fernm) / outband signalling ‖ **im Sprachband** (Fernm) / inband signalling
**Signalisierungsgelegenheitsmuster** n (Fernm) / signalling opportunity pattern, SOP
**Signal • kelle** f (Luftf) / bat n ‖ ~**korrektur** f (Fernm) / signal correction ‖ ~**lampe** f (an Fernsehkameras) (TV) / tally light ‖ ~**laufzeit** f (Zeitspanne zwischen der Eingabe eines Signals am Eingang eines Übertragungswegs und der Ausgabe an dessen Ausgang) (Fernm) / signal run time ‖ ~**leistung** f (Eltronik) / signal performance ‖ ~**leitung** f (EDV, Eltech) / signal line ‖ ~**leuchte** f / signalling lamp ‖ ~**licht** n / signal light ‖ ~**markierer** m (Fernm) / signal tracer ‖ ~**mast** m (Bahn) / signal post ‖ ~**mast** (Schiff) / signal mast n ‖ ~**mischer** m (Fernm) / signal combiner ‖ ~**mittel** n (das das Auffinden von Schiffbrüchigen durch Schiffe oder Flugzeuge erleichtern soll - z.B. eine Rauchboje) (Luftf, Schiff) / sea marker* ‖ ~**mittel** n pl (Ausrüstungsgegenstände zur Abgabe von Signalen) (Schiff) / signalling gear ‖ ~**mittelung** f (Fernm) / signal averaging ‖ ~**ordnung** f (Bahn) / signal code ‖ ~**parameter** f (Darstellungsgröße physikalischer Art für die Wiedergabe eines Signals) (Fernm, Phys) / signal parameter ‖ ~**parameter** (ein von der Nachricht abhängiges Merkmal) (Fernm, Phys) / signal parameter ‖ ~**patrone** f / signal cartridge n ‖ ~**pegel** m (Radio) / signal level*, signal level ‖ ~**peptid** n (Gen) / signal peptide ‖ ~**pistole** f (Mil) / Very pistol, pyrotechnic pistol, flare gun, flare pistol, signal pistol (US) ‖ ~**plan** m (Fernm) / signal diagram ‖ ~**platte** f (des Ikonoskops) (TV) / signal electrode, backplate n, signal plate ‖ ~**prozessor** m (ein Koprozessor, der die Aufgaben übernimmt, die bei der Signaldatenverarbeitung besonders viel Rechenzeit in Anspruch nehmen) (EDV, Fernm) / signal processor ‖ **digitaler** ~**prozessor** (EDV, Fernm) / digital signal processor ‖ ~**rakete** f (Schiff) / maroon n ‖ ~**-Rausch-Verhältnis** n (Akus, Radio) / noise ratio*, signal/noise ratio*, speech/noise ratio, signal-to-noise ratio, SNR, S/N ratio* ‖ ~**rechner** m (Mischstufe für Steuerkommandosignale) (Luftf) / signal computer ‖ ~**scheinwerfer** m / signalling lamp ‖ ~**scheinwerfer** (Luftf) / light gun ‖ ~**senke** f (Fernm) / signal sink ‖ ~**sequenz** f (Gen) / signal peptide ‖ ~**speicher** m (EDV) / latch n ‖ ~**spiegel** m (der zur Rettungsbootausrüstung gehört) (Schiff) / signal mirror ‖ ~**stromkreis** m (Fernm) / signal circuit ‖ ~**tafel** f (Fernsp) / annunciator n, indicator* n, drop-annunciator n ‖ ~**technik** f (Bahn) / signalling system ‖ ~**ton** m (Fernsp) / signal tone ‖ ~**träger** m (Fernm) / signal* n, signal carrier ‖ ~**transduktion** f (Physiol, Zyt) / signal transduction ‖ ~**transformation** f (Fernm) / signal transformation, signal normalization ‖ ~**übertragung** f / signal transmission ‖ **Kraftsteuerung mit elektrischer** ~**übertragung** (Luftf) / flying by wire, flight by wire, fly-by-wire* ‖ ~**umformer** m (DIN 19226, DIN 40146, T 1) (Eltronik) / signal transducer ‖ ~**umsetzer** m (DIN 19226, DIN 40146, T 1 und DIN 44302) (Eltronik) / signal converter ‖ ~**unbeständigkeit** f (Phasenzittern) (Fernm) / jitter* n ‖ ~**verarbeitung** f (Fernm) / signal processing ‖ ~**verfolger** m (Fernm) / signal tracer ‖ ~**verlust** m (Fernm) / loss of signal, LOS ‖ ~**verstärker** m (Fernm) / signal amplifier ‖ ~**verstärkung** f (Fernm) / signal amplification ‖ ~**verteiler** m (beim Kabelfernsehen) (TV) / splitter n, spur unit ‖ ~**verzerrung** f (Fernm, Phys) / signal distortion* ‖ ~**verzögerung** f (Fernm) / signal delay ‖ ~**verzug** m (Fernm) / signal delay ‖ ~**wandler** m (ein Signalumformer ohne Hilfsenergie - DIN 19226) (Eltronik, Fernm) / signal transformer ‖ ~**weg** m (Fernm) / signal path ‖ ~**wert** m (Fernm) / signal magnitude, signal value ‖ ~**wiederholer** m (Bahn) / signal repeater, repeater n ‖ ~**zustand m "O"** (Teleg) / space* n
**Signatur** f (auf der ersten oder dritten Seite des Druckbogens) (Buchb, Druck) / signature mark* ‖ ~ (eine Quantenzahl) (Kernphys) / signature n ‖ ~ (eines Militärflugzeugs oder eines Flugkörpers) (Mil) / characteristics pl ‖ ~ (Pharm) / signature n (US) ‖ ~ (eine am Schaft der Drucktype vorhandene Einkerbung - DIN 16507) (Typog) / nick* n, kerf n ‖ ~**analyse** f (Methode zur Fehlerlokalisierung in mikroprozessorgesteuerten Geräten) (EDV) / signature analysis ‖ ~**dämpfung** f (verringerte Entdeckbarkeit) (Luftf, Mil) / stealth* n
**Signet** n (z.B. der Greifvogel der O. Brandstetter Verlag GmbH & Co. KG) (Druck) / device n
**signieren** v (z.B. mit Kreide) / mark v ‖ ~ / sign v
**Signierfarbstoff** m (zur Materialkennzeichnung) (Tex) / sightening dyestuff, sighting dyestuff, marking dye
**Signierhammer** m (For) / numbering hammer
**Significant-weather-Chart** m n (Karte bedeutsamer Wettererscheinungen) (Luftf, Meteor) / significant-weather chart
**signifikant** adj (Stats) / significant adj ‖ ~**er geografischer Punkt** (Geog, Luftf) / significant point ‖ ~**e Ziffer** (gültige Ziffer mit Ausnahme führender Nullen) (Math) / significant figure*, significant digit*, sig. fig.*
**Signifikanz** f (Stats) / significance* n ‖ ~**grenze** f (Stats) / significance threshold ‖ ~**niveau** n (Stats) / significance level, level of significance ‖ ~**test** m (Stats) / significance test, test of significance
**Signumfunktion** f (Math) / signum function, sgn
**Sikkant** m n (pl.: -s) (im Kartoffelanbau) (Landw) / desiccant n
**Sikkativ** n (Anstr, Chem) / drier n, siccative n
**Silage** f (Landw) / ensilage* n, silage* n, ensiling n, silaging n ‖ ~ (Landw) / ensilage* n, silage* n ‖ ~**austragung** f (Landw) / silo unloading ‖ ~**zusatz** m (Landw) / silage additive
**Silan** n (Chem) / silane* n, silicon hydride* ‖ **organisches** ~ (Chem) / organosilane n ‖ ~**epitaxie** f (Verfahren zur Herstellung von epitaktischen und heteroepitaktischen Schichten aus der Gasphase) (Eltronik) / silane epitaxy
**silanisieren** v (Chem) / silanize v
**Silanol** n (Siliziumverbindung mit Hydroxylgruppen im Molekül) (Chem) / silanol n
**Silazan** n (Silizium-Stickstoff-Verbindung mit alternierenden Si- und N-Atomen) (Chem) / silazane n
**Silben • -** / syllabic adj ‖ ~**trennung** f (EDV, Typog) / hyphenation n, syllable division ‖ ~**trennung auf Wörterbuchbasis** (EDV) / dictionary hyphenation ‖ ~**verständlichkeit** f (Fernsp) / syllable articulation*, percent syllable articulation
**Silber (Ag)** n (Chem) / silver* n ‖ **knallsaures** ~ (AgONC) (Chem) / silver fulminate ‖ **kolloidales** ~ (Chem) / colloidal silver ‖ **ungemünztes Gold oder** ~ (Hütt) / bullion* n
**Silber • -** / argentiferous* adj ‖ ~**acetat** n (Chem) / silver acetate ‖ ~**acetylenid** n (Chem) / silver acetylide ‖ ~**acetylid** n (Chem) / silver acetylide ‖ ~**ahorn** m (Acer saccharinum L.) (For) / silver maple ‖ ~**aktiviertes Phosphatglas** (Glas) / silver-activated phosphate glass, Yokota glass ‖ ~**amalgam** n (Hütt) / silver amalgam* ‖ ~**antimonglanz** m (Min) / miargyrite n ‖ ~**auflage** f / silver plating, silver coating ‖ **Neunziger** ~**auflage** (Galv) / silver plate of 90 g per 1

dozen of teaspoons and forks ‖ ≈**azetat** n (Chem) / silver acetate ‖ ≈**azetylenid** n (Chem) / silver acetylide ‖ ≈**azetylid** n (Chem) / silver acetylide ‖ ≈**azid** n (ein Initialsprengstoff) (Chem) / silver azide ‖ ≈**belag** m / silver coating, silver deposit ‖ ≈**bild** n (Foto) / silver image ‖ ≈**blick** m (Hütt) / gleam of silver ‖ ≈**brokat** m (Tex) / silver brocade ‖ ≈**bromid** n (Chem, Foto) / silver(I) bromide* ‖ ≈**bronze** f (Kupferlegierung mit 2-6% Ag und bis zu 1,5% Cd) (Hütt) / silver bronze ‖ ≈**carbonat** n (Chem) / silver carbonate ‖ ≈**chlorid** n (Chem, Foto) / silver(I) chloride*, chloride of silver ‖ ≈**chloridelement** n (Eltech) / chloride of silver cell*, De La Rue cell* ‖ ≈**cyanid** n (Chem) / silver cyanide ‖ ≈**diethyldithiocarbamat** n (Chem) / silver diethyldithiocarbamate ‖ ≈**diethyldithiokarbamat** n (ein empfindliches Reagens zur Bestimmung von As- und Sb-Spuren) (Chem) / silver diethyldithiocarbamate ‖ ≈**difluorid** (AgF₂) n (Chem) / silver(II) fluoride, silver difluoride ‖ ≈**draht** m / silver wire ‖ **Australische** ≈**eiche** (Grevillea robusta A. Cunn. ex R. Br.) (For) / silky oak ‖ ≈**elektrode** f / silver electrode ‖ ≈**elektrolyt** m (Galv) / silver plating bath, silver bath ‖ ≈**farbbleichverfahren** n (ein farbfotografisches Mehrschichtenverfahren) (Foto) / silver dye bleach process ‖ ≈**färbung** f (Detektionsmethode für elektrophoretisch oder chromatografisch getrennte Proteine u. a. Makromoleküle, die mit den Silberionen komplexieren und als dunkle bis schwarze Banden zu erkennen sind) (Chem) / silver staining ‖ ≈**feilspäne** m pl / silver filings ‖ ≈**fischchen** n (Chem, Landw, Pap, Zool) / silverfish n ‖ ≈**(II)-fluorid** n (Chem) / silver(II) fluoride, silver difluoride ‖ ≈**fluorid** n (Chem) / silver fluoride* ‖ ≈**folie** f / silver leaf* ‖ ≈**führend** adj / argentiferous* adj ‖ ≈**fulminat** n (Silbersalz der Knallsäure) (Chem) / silver fulminate ‖ ≈**glanz** m (Min) / silver glance* ‖ ≈**glanz** (Min) s. auch Akanthit und Argentit ‖ ~**glänzend** adj / silvery adj ‖ ≈**grau** n (Anstr) / zinc grey, diamond grey, platinum grey, silver grey ‖ ≈**halogenide** n pl (Chem) / silver(I) halides* ‖ ≈**halogenidfotografie** f (Foto) / silver halide process ‖ ≈**halogenidkörner** n pl (Foto) / silver halide grains ‖ ~**haltig** adj / argentiferous* adj ‖ ≈**handschuhe** m pl (mit Anlaufschutz) / silver gloves ‖ ≈**häutchen** n (vitaminreiches Häutchen, das die Frucht von Reis umgibt) (Landw, Nahr) / silver skin ‖ ≈**hornerz** n (Min) / chlorargyrite n, cerargyrite* n, horn silver* ‖ ≈**iodid** n (Chem) / silver(I) iodide* ‖ ≈**-Kadmium-Akkumulator** m (DIN 40729) (Eltech) / silver-cadmium storage battery ., silver-cadmium battery ‖ ≈**karbonat** n (Chem) / silver carbonate ‖ ≈**kontakt** n (Eltech) / silver contact ‖ ≈**korn** n (Foto) / silver grain ‖ ≈**kupferglanz** m (Min) / stromeyerite n ‖ ≈**leder** n (Leder) / silver leather ‖ ≈**legierung** f (mit mindestens 95,8% Ag) (Hütt) / Britannia silver ‖ ≈**legierung** (Hütt) / silver alloy ‖ ≈**lot** n (zum Hartlöten) (Hütt) / silver solder* ‖ ≈**(I)-manganat(VII)** n (Chem) / silver permanganate ‖ ≈**molekularsieb** n (Chem) / silver molecular sieve ‖ ≈**nitrat** n (Chem) / silver(I) nitrate ‖ ≈**nitratstaub** n (Chem, Mil) / silver-nitrate dust ‖ ≈**(I)-oxid** n (Chem) / argentous oxide*, silver(I) oxide ‖ ≈**(II)-oxid** (Chem) / argentic oxide*, silver(II) oxide ‖ ≈**oxidbatterie** f (Eltech) / silver-oxide battery ‖ ≈**oxidzelle** f (Eltech) / silver-oxide cell ‖ ≈**oxid-Zink-Zelle** f (Eltech) / silver-oxide cell ‖ ≈**packpapier** n (für Silberwaren) (Pap) / silver paper, silver tissue, silver wrapping paper, silverware paper ‖ ≈**papier** n (Stanniol oder Aluminiumfolie, oder auch das Papier, das mit diesen Metallfolien beschichtet ist) (Pap) / silver paper ‖ ≈**pappel** f (Populus alba L.) (For) / white poplar, abele n ‖ ≈**permanganat** n (Chem) / silver permanganate ‖ ≈**plattiert** adj / silver-clad adj ‖ ≈**punkt** m (Erstarrungspunkt von Silber = 1235,08 K) (Phys) / silver point ‖ ≈**putzmittel** n / silver cleansing material ‖ ≈**rückgewinnung** f (Foto) / silver recovery ‖ ≈**sand** m (Bau, Gieß) / silver sand ‖ ≈**scheidung** f (Hütt) / silver refining ‖ ≈**schicht** f / silver coating, silver deposit ‖ ≈**schicht** (Galv) / silver coating, silver deposit ‖ ≈**schirm** m (ein Aufhellschirm) (Film) / silver-foil reflector, silver screen ‖ ≈**schutzpapier** n (für Silberwaren) (Pap) / silver paper, silver tissue, silver wrapping paper, silverware paper ‖ ≈**schutzschicht** f (Galv) / silver coating, silver deposit ‖ ≈**seidenpapier** n (Pap) / silver paper, silver tissue, silver wrapping paper, silverware paper ‖ ≈**spiegel** m (bei der Arbeit mit dem Tollens-Reagens) (Chem) / silver mirror ‖ ≈**stahl** m (blank gegossener Werkzeugstahl) (Hütt, Masch) / silver steel* ‖ ≈**sulfid** n (Chem, Foto) / silver sulphide ‖ ≈**thiosulfat** n (Chem, Foto) / silver thiosulphate ‖ ≈**überzug** m (Galv) / silver coating, silver deposit

**Silberung** f (Verfahren zur Wasser- und Abwasserentkeimung) (Nahr, Sanitär) / silvering n

**Silber•voltameter** n (Eltech) / silver voltameter* ‖ ≈**wanderung** f (Diffusion von Silberatomen an elektrischen Kontaktstellen unter dem Einfluß von Gleichspannung, Wärme und Feuchtigkeit) (Eltech) / silver migration ‖ ≈**weiß** n (Chem) / white lead*, ceruse n ‖ ≈**zeichnung** f (Eiche, Buche) (For) / silver grain* ‖ ≈**-Zink-Akkumulator** m (Eltech) / silver-zinc storage battery ‖ ≈**zyanid** n (AgCN) (Chem) / silver cyanide

**silbrig** adj / silvery adj ‖ ~**er Effekt** (auf Gewebeoberflächen) (Tex) / silvertone effect

**Silcrete** m (ein Kieselgestein) (Geol) / silcrete n (a silica-bonded conglomerate of sand and gravel)

**Silentbloc** m (Gummi-Metall-Element zur Schwingungsdämpfung) / Silentbloc n (rubber-metal element)

**Silentblock** m (Gummi-Metall-Element zur Schwingungsdämpfung) / Silentbloc n (rubber-metal element)

**Silex** m (belgischer Quarzit, der als bestes Mühlenfutter gilt) (Aufber) / silex* n ‖ ≈ (Gesteinsmaterial, das glasartig splittert) (Geol) / silex n ‖ ≈ (Geol) s. auch Jaspis

**SIL-Gehäuse** n (Eltronik) / single in-line package (SIP)

**Silhouettenpapier** n (Pap) / profile paper

**Silhouettensignal, ein** ≈ **einblenden** (TV) / mask v ‖ **ein** ≈ **einmischen** (TV) / mask v

**Silibinin** n (Pharm) / silybin n

**Silicagel** n (Chem) / silica gel*

**Silicasol** n (Chem) / silica sol

**Silicastein** m (Hütt, Keram) / silica brick (a refractory brick), ganister brick

**Silicat** n (Chem) / silicate* n ‖ ≈ (Min) / silicate mineral ‖ ≈**beton** m (Bau, HuT) / silicate concrete ‖ ≈**bindung** f (Wasserglas + Metalloxide) / silicate bond ‖ ≈**farbe** f (DIN 18363) (Anstr) / silicate water paint, silicate paint ‖ ≈**faser** f / silicate fibre ‖ ≈**glas** n (Glas) / silicate glass

**silicatisch** adj (Chem) / siliceous adj

**Silicat•-Künstlerfarbe** f (Anstr) / silicate artist paint ‖ ≈**technik** f / silicate materials technology

**Silicid** n (Chem) / silicide* n

**silicieren** v (DIN 50902) (Hütt) / siliconize v

**Silicium** (Si) n (Chem) / silicon* n ‖ ≈**bauelement** n (Eltronik) / silicon device n ‖ ≈**carbid** n (Chem) / silicon carbide* ‖ ≈**chip** m (Eltronik) / silicon chip ‖ ≈**diode** f (Eltronik) / silicon diode (a cristalline diode) ‖ ≈**dioxid** n (Chem) / silicon dioxide*, silica* n, silicon(IV) oxide* ‖ ≈**diskette** f (die ein mechanisches Diskettenlaufwerk durch einen RAM-Baustein simuliert) (Eltronik) / pseudofloppy n ‖ ≈**eisen** n (Hütt) / silicon iron ‖ ≈**-Gate-Technik** f (eine Integrationstechnik) (Eltronik) / silicon-gate technology ‖ ≈**legierung** f (Hütt) / silicon alloy ‖ ≈**nitrid** n (Chem, Keram) / silicon nitride, sinide n ‖ ≈**scheibe** f (Eltronik) / silicon chip ‖ ≈**sensor** n (Eltronik) / silicon sensor ‖ ≈**stahl** m (Hütt) / silicon steel ‖ ≈**tensid** n (Chem) / silicosurfactant n ‖ ≈**tetrachlorid** n (Chem) / silicon tetrachloride*, tetrachlorosilane* n ‖ ≈**tetrafluorid** n (Chem) / silicon tetrafluoride*, tetrafluorosilane* n ‖ ≈**tetramethyl** n (Chem, Luftf) / tetramethylsilane (TMS) ‖ ≈**wasserstoff** m (Chem) / silane* n, silicon hydride*

**Silicochloroform** n (Chem) / silicochloroform n, trichlorosilane n

**Silicon** n (eine makromolekulare, siliziumorganische Verbindung) (Chem) / silicone* n, polyorganosiloxane n, polysiloxane* n ‖ ≈**additiv** n (Chem) / silicone additive

**Siliconat** n (Bau, Chem) / siliconate n

**Silicon•chemie** f (Chem) / silicone chemistry ‖ ≈**elastomer** n (Chem) / silicone elastomer ‖ ≈**harz** n (Bau, Chem) / silicone resin ‖ ≈**kautschuk** m (Chem Verf) / silicone rubber* ‖ ≈**polyether** m (Anstr) / polyether-modified polysiloxane

**Silicose** f (Med) / silicosis* n (pl. silicoses)

**Silicospiegel** m (eine Mangan-Silicium-Legierung) (Hütt) / silicospiegel n

**Silicothermie** f (Hütt) / Pidgeon process, silicothermic process, ferrosilicon process

**silieren** v (Landw) / ensile v, silage v ‖ ≈ n (milchsaure Gärung) (Landw) / ensilage* n, silage* n, ensiling n, silaging n

**Silierhilfe** f (Landw) / silage additive

**Silierhilfsmittel** n (Landw) / silage additive

**Silierung** f (Einlagerung von Futter in Silos) (Landw) / ensilage* n, silage* n, ensiling n, silaging n

**Silierungsmittel** n (Landw) / silage additive

**Silierungsverfahren** n (Landw) / ensilage* n, silage* n, ensiling n, silaging n

**Silifikation** f (Geol) / silicification* n

**silifizieren** v (Geol) / silicify v

**Silifizierung** f (Geol) / silicification* n

**Silika•gel** n (Chem) / silica gel* ‖ ≈**geltrockenmittel** n (Chem) / blue gel ‖ ≈**masse** f (Keram) / silica* n ‖ ≈**mörtel** m (Bau, Hütt) / silica cement (a refractory mortar), silica fireclay ‖ ≈**stein** m (auf der Basis von Quarzgestein hergestellter feuerfester Stein mit einem Mindestgehalt von 93 Masse-% SiO₂) (Hütt, Keram) / silica brick (a refractory brick), ganister brick ‖ ≈**stein in Stahlwerksqualität** (für höchste Temperaturbeanspruchung) (Hütt, Keram) / superduty silica brick

**Silikat** n (Salz und Ester der Monokieselsäure und ihrer Kondensationsprodukte) (Chem) / silicate* n ‖ ≈ (natürliches) (Min) / silicate mineral ‖ ≈**beton** m (ein Verbundwerkstoff) (Bau, HuT) / silicate concrete ‖ ≈**bindung** f / silicate bond ‖ ≈**farbe** f (Anstr) / silicate water paint, silicate paint ‖ ≈**faser** f / silicate fibre ‖ ≈**galmei** m (Min) / hemimorphite* n (natural zinc silicate), electric calamine

‖ ⁓**gestein** n (Geol) / silicate rock ‖ ⁓**glas** n (mit Kieselsäure als Hauptglasbildner) (Glas) / silicate glass
**silikatisch** adj (Chem) / siliceous adj
**Silikatisierung** f (Bergb) / silicatization n ‖ ⁓ s. auch Verkieselung
**Silikat•-Künstlerfarbe** f (Anstr) / silicate artist paint ‖ ⁓**material** n (Keram) / silica* n ‖ ⁓**modul** m (in der Zementchemie) (Chem) / silica modulus (in hydraulic cement) ‖ ⁓**technik** f / silicate materials technology
**Siliko•ameisensäure** f (Chem) / silicoformic acid ‖ ⁓**chloroform** n (Chem) / silicochloroform n, trichlorosilane n ‖ ⁓**gener Staub** (ein gefährlicher Arbeitsstoff) / silica dust
**Silikon (SI)** n (DIN 7728) (eine makromolekulare, siliziumorganische Verbindung) (Chem) / silicone* n, polyorganosiloxane n, polysiloxane* n ‖ **elastomeres** ⁓ (Chem) / silicone elastomer ‖ **mit ⁓en behandeln** (Chem) / siliconize v ‖ ⁓**additiv** n (Chem) / silicone additive
**Silikonat** n (Bau, Chem) / siliconate n
**Silikon•beschichtung** f / silicone coating ‖ ⁓**chemie** f (Chem) / silicone chemistry ‖ ⁓**dämpfung** f (des Tonarmlifts) (Akus) / viscous damping* ‖ ⁓**draht** m / silicone wire ‖ ⁓**elastomer** n (Chem) / silicone elastomer ‖ ⁓**emulsion** f (Chem, Druck) / silicone emulsion ‖ ⁓**fett** n (z.B. für Kugellager) / silicone grease ‖ ⁓**flüssigkeit** f / silicone fluid, silicone oil ‖ ⁓**harz** n (ein Einbrennharz) (Bau, Chem) / silicone resin* ‖ ⁓**harz-Einbrennlack** m (Lösung von Silikonharzen in Toluol, Xylol und anderen Lösungsmitteln) (Anstr) / silicone varnish
**silikonisieren** v (Chem) / siliconize v
**Silikon•kautschuk** m (Silikonkautschukvulkanisat) (Chem Verf) / silicone rubber* ‖ ⁓**kitt** m (Bau) / silicone putty ‖ ⁓**kork** m / silicone cork ‖ ⁓**krater** m (Anstr, WP) / fisheyes pl, cratering n ‖ ⁓**öl** n / silicone fluid, silicone oil ‖ ⁓**polyether** m (Anstr) / polyether-modified polysiloxane
**Silikose** f (eine Staublungenerkrankung) (Med) / silicosis* n (pl. silicoses)
**Siliko•thermie** f (ein metallothermischer Prozeß mit Si, FeSi oder CaSi als Reduktionsmittel) (Hütt) / Pidgeon process, silicothermic process, ferrosilicon process ‖ ⁓**thermisch** adj (Hütt) / silicothermic adj ‖ ~**thermisches Verfahren** (Hütt) / Pidgeon process, silicothermic process, ferrosilicon process ‖ ⁓**tuberkulose** f (durch anorganischen Staub verursacht) (Med) / silicotuberculosis (pl -loses) n
**Silistor** m (ein Siliziumhalbleiterwiderstand mit hohem positivem Temperaturkoeffizienten) (Eltronik) / silistor n
**Silit** n (Siliziumkarbid-Schleif- und Widerstandsmaterial) / silit n ‖ ⁓**widerstand** m (Eltech) / silit resistor*
**Silizid** n (binäre Verbindung von Silizium und Metall) (Chem) / silicide* n
**silizieren** v (thermochemisch behandeln) (Hütt) / siliconize v
**Silizium** n (Chem) / silicon* n ‖ **neutronendotiertes** ⁓ (ein Halbleitermaterial) (Eltronik) / neutron-doped silicon, NDS ‖ **polykristallines** ⁓ (Chem) / polysilicon n, polycrystalline silicon n ‖ ⁓**bauelement** n (Eltronik) / silicon device ‖ ⁓**brennen** n (Astr, Nukl) / silicon burning ‖ ⁓**bronze** (Cu-Si-Legierung mit 1,5 bis 3% Si) (Hütt) / silicon bronze* ‖ ⁓**bronze** (Cu-Si-Vorlegierung) (Hütt) / silicon copper* ‖ ⁓**chip** m (Eltronik) / silicon chip ‖ ⁓**(IV)-chlorid** n (Chem) / silicon tetrachloride*, tetrachlorosilane* n ‖ ⁓**chloroform** (HSiCl₃) (Chem) / silicochloroform n, trichlorosilane n ‖ ⁓**diode** f (die Silizium als Substratmaterial verwendet) (Eltronik) / silicon diode (a cristalline diode) ‖ ⁓**dioxid** n (Chem) / silicon dioxide*, silica* n, silicon(IV) oxide* ‖ ⁓**dioxid** (das im LPCVD-Ofen hergestellt wird) (Chem Verf) / low-temperature oxide ‖ **~dioxidhaltig** adj (Chem) / siliceous adj, silicious adj ‖ ⁓**disulfid** n (Chem) / silicon(IV) sulphide, silicon disulphide n ‖ ⁓**dosimeter** n (Radiol) / silicon dosemeter ‖ ⁓**eisen** n (Hütt) / silicon iron* ‖ ⁓**(IV)-fluorid** n (Chem) / silicon tetrafluoride*, tetrafluorosilane* n ‖ ~**gesteuerter Gleichrichter** (Eltronik) / SCR*, silicon-controlled rectifier* ‖ ⁓**gießerei** f (Eltronik) / silicon foundry ‖ ⁓**gleichrichter** m (Eltronik) / silicon rectifier* ‖ **lithiumgedrifteter ⁓-Halbleiterdetektor** (Kernphys) / lithium-drifted silicon (semiconductor) detector ‖ **polykristalliner ⁓-Isolator-Halbleiter** (Eltronik) / polycrystalline silicon insulator semiconductor ‖ ⁓**karbid** n (SiC) (Chem) / silicon carbide* ‖ ⁓**legierung** f (Hütt) / silicon alloy ‖ ⁓**monoxid** n (Chem) / silicon monoxide ‖ ⁓**nitrid** n (Si₃N₄) (Chem, Keram) / silicon nitride, sinide n ‖ ~**organische Chemie** (Chem) / organosilicon chemistry ‖ ⁓**(IV)-oxid** n (Chem) / silicon dioxide*, silica* n, silicon(IV) oxide* ‖ ⁓**(II)-oxid** n (Chem) / silicon monoxide n ‖ ⁓**-Planartechnologie** f (vorherrschendes Verfahren zur Herstellung der integrierten Halbleiterschaltungen) (Eltronik) / silicon planar technology ‖ **monolithisch integrierte ⁓-schaltung die auf ein Substrat aus Saphir aufgetragen ist** (Eltronik) / silicon on sapphire, SOS ‖ ⁓**scheibe** f (Eltronik) / silicon chip ‖ ⁓**scheibe mit Schaltkreismosaik** (nach der Bearbeitung mit dem Ritzgerät) (Eltronik) / checkerboard n ‖ ⁓**sensor** m (Halbleitersensor auf der Basis von mikrokristallinem Silizium) (Eltronik) / silicon sensor ‖ ⁓**stahl** m (Hütt) / silicon steel ‖ ⁓**(IV)-sulfid** n (Chem) / silicon(IV) sulphide, silicon disulphide n ‖ ⁓**tensid** n (Chem) / siliconsurfactant n ‖ ⁓**tetrachlorid** n (Chem) / silicon tetrachloride*, tetrachlorosilane* n ‖ ⁓**tetrafluorid** n (Chem) / silicon tetrafluoride*, tetrafluorosilane* n ‖ ⁓**tetramethyl** n (Chem, Lufft) / tetramethylsilane (TMS)* n ‖ ⁓**wasserstoff** m (Si$_n$H$_{2n+2}$) (Chem) / silane* n, silicon hydride* ‖ ⁓**widerstand** m (Eltech) / silicon resistor* ‖ ⁓**zelle** f (Eltech, Raumf) / silicon cell
**Silkgras** n (technische Fasern aus den Ananasgewächsen) / silk grass
**Silkret** m (eine Quarzitart) (Geol) / silcrete n (a silica-bonded conglomerate of sand and gravel)
**Silky Oak** (Grevillea robusta A. Cunn. ex R. Br.) (For) / silky oak
**Silky-Look** m (seidenähnlich glänzende Ausrüstungsart bei Feingeweben für Hemdenstoffe) (Tex) / silky look
**Sill** m (Geol) / sill* n
**Sillenit** m (Bi₂O₃) (Min) / sillénite* n
**Sillimanit** m (ein modifiziertes Nesosilikat) (Min) / sillimanite* n ‖ ⁓ s. auch Andalusit und Fibrolith ‖ ⁓**erzeugnis** n (Keram) / sillimanite refractory
**Silly-Putty** m (ein mit Füllstoffen versehenes Siliconelastomer) (Anstr, Bau) / silly putty
**Silo** m (HuT) / silo n (pl. silos), storage bin, bin n ‖ ⁓ (Landw) / silo n (pl. silos), forage silo, feed silo ‖ **im ⁓ aufbewahren** (Landw) / silo v ‖ ⁓**entnahme** f (Landw) / silo unloading ‖ ⁓**entnahmefräse** f (Landw) / silo unloader, silage unloading cutter, silo bottom unloader ‖ ⁓**entrindung** f (For) / pocket barking ‖ ⁓**fahrzeug** n (Kesselwagen für den Transport flüssiger oder staubförmiger Güter) (Kfz) / tanker n, road tanker, tank truck ‖ ⁓**fräse** f (zum vollmechanischen Entnehmen von Gärfutter aus dem Hochsilo) (Landw) / silo unloader, silage unloading cutter, silo bottom unloader ‖ ⁓**futter** n (Landw) / ensilage* n, silage* n ‖ ⁓**futterpflanze** f (Landw) / silage plant ‖ ⁓**gas** n (Landw) / silo gas ‖ ⁓**häcksler** m (Landw) / silo filler, silage cutter-filler ‖ ⁓**sickersaft** m (Landw, Sanitär) / silage effluent, silo seepage ‖ ⁓**sohle** f (Landw) / silo floor ‖ ⁓**speicher** m (bei dem die zuerst eingeschriebenen Daten auch zuerst wieder gelesen werden) (EDV) / first-in first-out memory, FIFO memory, push-up storage ‖ ⁓**Startgerät** n (Mil) / silo launcher ‖ ⁓**turm** m (Landw) / silo n (pl. silos), forage silo, feed silo
**Siloxan** n (Chem) / siloxane n, oxosilane n
**Siloxen** n (Chem) / siloxen n
**Siloxy-** (die Atomgruppierung -OSiH₂) (Chem) / siloxy...
**Silozement** m (loser Zement, der im Gegensatz zum Sackzement unverpackt in Spezialfahrzeugen zum Verbraucher ausgeliefert wird) (Bau, HuT) / bulk cement (of a bulk-cement plant)
**Silsbee-Effekt** m (bei Supraleitern 1. Art) (Phys) / Silsbee effect
**Silsbeesche Regel** (kritischer Strom eines Supraleiters) (Phys) / Silsbee rule
**Silt** m (Schluff + Staubsand) (Geol) / silt* n ‖ ⁓**stein** m (diagenetisch verfestigter Silt) (Geol) / silt-stone n, siltite n
**Silumin** (Hütt) / Alpax n, Silumin n
**Silvercord** m (ein feinrippiger Kordsamt) (Tex) / silver cord
**Silverkord** m (ein feinrippiger Kordsamt) (Tex) / silver cord
**Silvichemikalie** f (aus Holzbegleitstoffen gewonnene chemische Substanz) (Chem) / silvichemical n
**Silybin** n (Silymarin 1) (Pharm) / silybin n
**Silyl** n (Chem) / silyl n ‖ ⁓**-Ether-Linker** m (Chem) / silyl-ether linker
**Silylierung** f (Chem) / silylation n
**Silylierungsreagens** n (z.B. Flophemesylamin, BDSA, IPOMTS usw.) (Chem) / silylation agent
**Silyloxy-** (Chem) / siloxy...
**Sima** n (Unterkruste der Erde) (Geol) / sima* n (basaltic layer, gabbroic layer)
**Simarubarinde** f (Pharm) / simarouba bark, simaruba bark
**Simazin** n (ein Triazinherbizid) (Landw, Umwelt) / simazine n
**SIMD-Rechner** m (Parallelrechnertyp mit sequentieller Programmabarbeitung; Parallelität ist auf bestimmte Anweisungen beschränkt) (EDV) / single-instruction multiple-data computer, SIMD computer (single instruction, multiple data)
**Simili-Merzerisation** f (Tex) / simili mercerizing
**Similisieren** n (Tex) / simili mercerizing
**SIM-Karte** f (für Handies) (Fernsp) / SIM card
**SIMM** n (Single-in-line-Speichermodul) (EDV) / single in-line memory module, SIMM
**Simmerring** m (Wellendichtung aus Gummi oder Leder) (Masch) / shaft-sealing ring, radial shaft seal, shaft seal, radial packing ring, radial seal
**Simmons-Smith-Reaktion** f (eine stereospezifische Synthesereaktion) (Chem) / Simmons-Smith reaction
**Simple Mail Transfer Protocol** n (Protokoll für den Austausch von Mail-Nachrichten (im ASCII-Format) zwischen Knotenrechnern) (EDV) / Simple Mail Transfer Protocol, SMTP

**Simplex**

**Simplex** *n* (pl. Simplexe od. Simplizia) (Math) / simplex (pl. simplices o. simplicia o. simplexes) ‖ **⁓-Balance-Ruder** *n* (Schiff) / balanced rudder ‖ **⁓-betrieb** *m* (Übertragung digitaler Signale über eine Leitung in nur einer Richtung) (EDV, Fernm) / simplex* *n*, simplex operation, simplex transmission, simplexing *n*, one-way operation ‖ **⁓-methode** *f* (nach dem amerikanischen Mathematiker G.B. Dantzig, geb. 1914) (Math) / Dantzig algorithm, simplex method ‖ **⁓-pumpe** *f* (Masch) / simplex pump ‖ **⁓-stoff** *m* (Tex) / simplex *n* (double-faced fabric usually made on two needle-bars of a bearded needle warp-knitting machine) ‖ **⁓-system** *n* (Teleg) / simplex* *n*, SPX ‖ **⁓-verfahren** *n* (Math) / Dantzig algorithm, simplex method ‖ **⁓-verkehr** *m* (EDV, Fernm) / simplex* *n*, simplex operation, simplex transmission, simplexing *n*, one-way operation ‖ **⁓-ware** *f* (Tex) / simplex *n* (double-faced fabric usually made on two needle-bars of a bearded needle warp-knitting machine)
**Simplifikation** *f* / simplification *n*
**simplifizieren** *v* / simplify *v*
**Simplifizierung** *f* / simplification *n*
**simplizial** *adj* (Math) / simplicial *adj*
**Simpson-Formel** *f* (bei n = 1 Keplersche Faßregel; nach Th. Simpson, 1710-1761) (Math) / Simpson's rule*
**Simpsonsch•e Regel** (bei n = 1 Keplersche Faßregel; nach Th. Simpson, 1710-1761) (Math) / Simpson's rule* ‖ **⁓e Säule** (Nukl) / neutron pile, Simpson's pile
**Simpson-Verteilung** *f* (Stats) / triangular distribution, Simpson's distribution
**Sims** *m* *n* (Arch, Bau) / cornice* *n*, ledge *n*, moulding* *n* ‖ **⁓ mit Wasserschräge** (z.B. ein Kaffgesims) (Bau) / canting strip*, water-table* *n*
**SIMS** (abbildende, statische, dynamische) (Spektr) / secondary-ion mass spectrometry, SIMS, ion microprobe analysis
**Simsbrett** *n* (innere Abdeckung der Fensterbrüstung) (Bau) / window board, elbow-board* *n* ‖ **⁓** (Abdeckung der Dachfläche am Giebel) (Bau) / verge* *n*, barge *n*
**SIMSCRIPT** *n* (aus dem Fortran weiterentwickelte Programmiersprache zur diskreten Simulation umfangreicher Systeme auf digitalen Datenverarbeitungsanlagen) (EDV) / SIMSCRIPT *n* (simulation scripture)
**Simshobel** *m* (zum Nachstoßen und Nachputzen von Fälzen) (Tischl) / cornice plane
**SIMULA** *n* (auf dem Algol aufbauende höhere Programmiersprache mit speziellen Möglichkeiten zur Durchführung von Simulationen auf digitalen Datenverarbeitungsanlagen) (EDV) / SIMULA *n*
**Simulation** *f* (Nachbildung von speziellen Verhaltensweisen) / simulation* *n* ‖ **⁓** (Computerspiele, die z.B. das Fliegen von Flugzeugen, Autorennen oder andere Simulationen wirklichkeitsgetreu simulieren) (EDV) / simulation *n* ‖ **diskrete ⁓** (EDV) / discrete simulation, discrete event simulation ‖ **kontinuierliche ⁓** (EDV) / continuous simulation ‖ **numerische ⁓** (Math) / numerical simulation ‖ **stochastische ⁓** (EDV, Math) / stochastic simulation ‖ **⁓ *f* der Schildkröte auf dem Bildschirm** (EDV) / screen turtle ‖ **⁓ eines berechtigten Systemzugriffs durch illegale Beschaffung der benötigten Identifikationsdaten** (EDV) / masquerading *n*, masquerade *n*
**Simulations•board** *n* (EDV) / simulation board ‖ **⁓modell** *n* (physisches oder abstraktes) (EDV) / simulation model ‖ **⁓programm** *n* (EDV) / simulation program, simulator *n*, simulator routing ‖ **⁓software** *f* (Programme, mit deren Hilfe der Benutzer komplizierte oder gefährliche technische Vorgänge durch Veränderung der Betriebsparameter in weiten Grenzen nachbilden kann) (EDV) / simulation software ‖ **⁓sprache** *f* (für diskrete oder kontinuierliche Simulation) (EDV) / simulation language ‖ **⁓virus** *m* (der einen Systemfehler vortäuscht) (EDV) / simulation virus
**Simulator** *m* (EDV) / simulation program, simulator *n*, simulator routing ‖ **⁓** (Gerät oder System nach DIN 44300) (Masch) / simulator *n* ‖ **⁓programm** *n* (EDV) / simulation program, simulator *n*, simulator routing
**simulieren** *v* / simulate *v*
**Simulierer** *m* (Programm, mit dessen Hilfe man auf einer DVA die in der Maschinensprache einer anderen DVA vorliegenden Programme ablaufen lassen kann - DIN 44300) (EDV) / simulation program, simulator *n*, simulator routing
**simuliert** *adj* / dummy *adj* ‖ **⁓e Schwerkraft** (Raumf) / artificial gravity
**simultan** *adj* / simultaneous *adj* ‖ **⁓e Gleichungen** (Math) / system of simultaneous equations, set of equations, system of equations, simultaneous equations, system of equations ‖ **⁓es System von Gleichungen** (Math) / system of simultaneous equations, set of equations, system of equations, simultaneous equations, system of equations
**Simultan•analyse** *f* / simultaneous analysis ‖ **⁓betrieb** *m* (EDV) / simultaneous working, simultaneous operation ‖ **autonomer ⁓betrieb** (EDV) / autonomous working ‖ **⁓betrieb** *m* **mit Echtzeitzugriff** (EDV) / real-time multitasking
**Simultaneität** *f* (Phys) / simultaneity* *n*
**Simultaneous Engineering** *n* (Verfahren, bei dem Produktionstechnologie und Produktionsgestaltung zeitlich parallel zueinander entwickelt werden, um so die Innovationszeiten zu verkürzen) (F.Org) / simultaneous engineering
**Simultanfräsen, paralleles ⁓** (Masch) / abreast milling
**Simultan•reaktion** *f* (Chem) / simultaneous reaction ‖ **⁓rechner** *m* (EDV) / simultaneous computer, parallel computer ‖ **⁓schaltung** *f* (Fernm) / composite circuit ‖ **⁓sendung** *f* (Radio) / simultaneous broadcasting*, simultaneous broadcast (SB), simulcast *n* ‖ **⁓titration** *f* (Chem) / differential titration* ‖ **⁓übertragung** *f* (Radio) / simultaneous broadcasting*, simultaneous broadcast (SB), simulcast *n* ‖ **⁓verarbeitung** *f* (EDV) / parallel processing*, parallel running, simultaneous processing ‖ **⁓verbindung** *f* (Fernm) / composite circuit ‖ **⁓wahl** *f* (Fernsp) / simplex dialling ‖ **⁓zugriff** *m* (EDV) / simultaneous access, parallel access
**Si-Multidiodentarget** *n* **als Verstärker** (Eltronik) / silicon intensifying target (SIT), silicon intensifier target
**sin vers** (Math) / versed sine, versin *n*, versine* *n*
**Sinalbin** *n* (ein Glucosinolat aus Sinapis alba L.) (Chem) / sinalbin *n*
**Sinapinalkohol** *m* (Chem) / sinapyl alcohol, sinapic alcohol
**Sinapinsäure** *f* (eine Hydroxyzimtsäure) (Chem) / sinapic acid
**Sinapylalkohol** *m* (ein Zimtalkohol, monomerer Baustein des Lignins von Angiospermen) (Chem) / sinapyl alcohol, sinapic alcohol
**singender Lichtbogen** (Eltech) / Duddell arc, singing arc
**Singer-Fitting** *n* (eine leicht konische Hülse mit scharfen Rillen, sägezahnartig angeordnet) (Plast) / Singer fitting
**Single** *f* (Schallplatte) (Akus) / single *n* ‖ **⁓ MAC Dual Attached Concentrator** *m* (EDV) / single MAC dual attached concentrator, SMDAC ‖ **⁓decker** *m* (Eindeckschiff, dessen Laderäume in vertikaler Richtung nicht durch Zwischendecks unterteilt sind, z.B. ein Tanker) (Schiff) / single decker ‖ **⁓-electron-Transfer** *m* (Chem) / single-electron transfer, SET ‖ **⁓-Garn** *n* (Spinn) / single yarn* ‖ **⁓-in-line-Gehäuse** *n* (eine Einheit, die in einem Gehäuse untergebracht ist, wobei die Anschlußstifte bzw. -leitungen in einer Reihe angeordnet sind) (Eltronik) / single in-line package (SIP) ‖ **⁓-Jersey** *m* (Wirk- oder Strickwaren, die aus lauter gleichen Maschen bestehen und deshalb besonders glatt, aber auch sehr laufmaschenanfällig sind) (Tex) / single jersey*, plain jersey, single knits, plain knits ‖ **⁓-8-mm-Film** *m* (Film) / single 8 ‖ **⁓-mode-Laser** *m* (Phys) / monomode laser, single-mode laser, unimodal laser ‖ **⁓-Photon-Emissionscomputertomografie** *f* (Radiol) / single-photon emission computed tomography, SPECT ‖ **⁓-Photon-Emissionscomputertomographie** *f* (Med, Radiol) / emission computer tomography, ECT, single-photon emission computer tomography, laminography*, planigraphy*, SPECT ‖ **⁓point-Einspritzung** *f* (Kfz) / single-point injection system ‖ **⁓sweep-Polarografie** *f* (Chem) / single-sweep polarography, SSP, linear-sweep polarography, LSP ‖ **⁓-Tasking-System** *n* (ein Betriebssystem) (EDV) / single-tasking system
**singulär** *adj* / singular *adj* ‖ **nicht ⁓** (Math) / non-singular *adj* ‖ **~e Abbildung** (Math) / singular mapping, degenerate mapping ‖ **~es Ereignis** (Math) / catastrophe *n* ‖ **~es Integral** (Math) / singular solution* ‖ **~e Kante** (Math) / singular edge ‖ **~er Kegelschnitt** (Math) / singular conic section, degenerate conic section ‖ **~e Lösung** (eines Differentialgleichungssystems) (Math) / singular solution* ‖ **~e Matrix** (quadratische Matrix, deren Determinante den Wert null hat) (Math) / singular matrix ‖ **~e meßbare Transformation** (Stats) / singular measurable transformation ‖ **~er Punkt** (einer Kurve) (nicht regulärer Flächenpunkt) (Math) / singular point* ‖ **~e Stelle** (Math) / singularity* *n*, singular point, branch point
**Singularität** *f* (Math) / singularity* *n*, singular point, branch point ‖ **⁓** (ein Punkt im Raum-Zeit-Kontinuum, in dem die bekannten physikalischen Gesetze keine Gültigkeit mehr haben) (Phys) / singularity *n* ‖ **algebraische ⁓** (Math) / algebraic branch point, algebraic singularity ‖ **hebbare (isolierte) ⁓** (Laurentreihe) (Math) / removable isolated singularity* ‖ **höhere ⁓** (Math) / higher singularity ‖ **isolierte ⁓** (Laurentreihe) (Math) / isolated singularity ‖ **logarithmische ⁓** (Math) / logarithmic branch point, logarithmic singularity ‖ **wesentliche ⁓** (isolierte) (Math) / isolated essential singularity*, essential singularity
**Singulett** *n* (ein Multiplett mit einem Term) (Kernphys) / singlet *n* ‖ **⁓** (eine nicht aufspaltbare Spektrallinie) (Spektr) / singlet* *n* ‖ **⁓sauerstoff** *m* (Chem) / singlet oxygen ‖ **⁓zustand** *m* (Spektr) / singlet state
**Sinigrin** *n* (ein Glucosinolat aus Brassica nigra (L.) W.D.J. Koch) (Chem) / sinigrin* *n*
**Sin²-Impuls** *m* (Elektr, Fernm) / sine-squared pulse, sine-square pulse, $\sin^2$ pulse

**sinistral** adj (Geol) / sinistral adj ‖ **~e Blattverschiebung** (Geol) / sinistral fault*, left-lateral fault, left-lateral slip fault
**Sinkabscheidung** f (Aufber) / heavy media separation*, sink-float process*, dense-media process*
**sinken** v (versinken) / sink vi ‖ ~ / drop v ‖ ~ (Wasser, Flut, Fluß) / subside v ‖ ~ (Luftf) / descend v ‖ ~ vi (Schiff) / sink v, founder v, go down v
**Sink•flug** m (Luftf) / descent n ‖ **~flug** (beim Anflug) (Luftf) / letting down* ‖ **vom ~ oder Steigflug in den Geradeflug übergehen** (Luftf) / level off v, level out v ‖ **~flug n in der Kurve** (Luftf) / turning descent ‖ **~flugweg** (Luftf) / let-down path ‖ **~geschwindigkeit** f (Aufber, Chem Verf) / settling rate, sedimentation rate, settling velocity ‖ **~geschwindigkeit** (Aufber, Phys) / rate of fall ‖ **~geschwindigkeit** (Luftf) / sinking speed, rate of descent, descent rate ‖ **~geschwindigkeits-Äquivalentdurchmesser** m (DIN 66 160) (Anstr, Aufber) / drag diameter, settling-rate diameter ‖ **~gut** n (bei der Sink-Schwimm-Aufbereitung) (Aufber) / underflow n ‖ **~gut (Feststoffe, die sich gerade absetzen** (Aufber) / settling material, sinking material ‖ **~gut (Feststoffe, die sich in der flüssigen Phase während der Absetzzeit am Boden absetzen)** (Aufber, Chem Verf) / deposited matter, settled material, settlings pl ‖ **~holz** n (For, Wasserb) / snag n, sinker n ‖ **~kasten** n (des Straßenablaufs) (HuT, Sanitär) / gully (silt) pit ‖ **~kastenentleerer** m (HuT) / gully sucker ‖ **~lage** f (aus Faschinen) (Wasserb) / mattress n (a layer or blanket of brushwood) ‖ **~scheidung** f (Aufber) / heavy media separation*, sink-float process*, dense-media process* ‖ **~-Schwimm-Aufbereitung** f (Aufber) / heavy media separation*, sink-float process*, dense-media process* ‖ **~stoff** m (Feststoffe, die sich in der flüssigen Phase während der Absetzzeit am Boden absetzen) (Aufber, Chem Verf) / deposited matter, settled material, settlings pl ‖ **~stoffe** m pl (nach dem Wasserabgabengesetz) (Sanitär) / settleable solids ‖ **~stoffhaltiges Wasser** (Geol, Wasserb) / sediment water ‖ **~stück** n (aus Faschinen) (Wasserb) / mattress n (a layer or blanket of brushwood)
**Sinn** m / direction*, n (oriented) ‖ **~** (Drall) (Bau) / hand n, handing n ‖ **~** (eines Bogens) (Math) / orientation n ‖ **~** (Geruchs-, Geschmacks-, Gesichts-, Gehör- und Tastsinn) (Physiol) / sense* n ‖ **olfaktorischer ~** (Physiol) / olfaction n, sense of smell, olfactory sense
**Sinnbild** n (DIN 66001) / symbol* n ‖ **~ für Datenfluß- und Programmablaufpläne** (EDV) / flowcharting symbol, flowchart symbol
**Sinnen•probe** f (zur Beurteilung sensorischer Merkmale von Lebensmitteln - Aussehen, Klarheit, Geruch, Geschmack, DIN 10956) (Nahr) / organoleptic estimation, organoleptic test, sensory analysis, sensory evaluation, tasting n ‖ **~prüfung** f (zur Beurteilung sensorischer Merkmale von Lebensmitteln - Aussehen, Klarheit, Geruch, Geschmack, DIN 10956) (Nahr) / organoleptic estimation, organoleptic test, sensory analysis, sensory evaluation, tasting n
**Sinnes•-** / sensory* adj ‖ **~eindruck** m (ein Wahrnehmungsinhalt) (Physiol) / sense datum ‖ **~erfahrung** f (ein Wahrnehmungsinhalt) (Physiol) / sense datum
**sinnlos** adj (Math) / meaningless adj
**Sinoit** m (meteoritisches Mineral = $Si_3N_2O$) (Min) / sinoite n
**Sinopit** m (ein Montmorillonit) (Min) / sinopite n
**Sinter** m (mineralische Ausscheidung an Quellaustritten) (Geol) / sinter* n ‖ **~** (Hütt, Keram) / sinter n ‖ **~** (Masch) / fur n, incrustation n ‖ **~additiv** n (Keram) / sintering aid ‖ **~anode** f (aus Tantalpulver) (Eltech) / porous anode ‖ **~band** n (Hütt) / sintering belt ‖ **~becken** n (Hütt) / scale pit ‖ **~brand** m (Keram) / sinter firing ‖ **~brennstoff** n (Nukl) / sintered nuclear fuel ‖ **~bronze** f (DIN 30900) (Hütt) / sintered bronze ‖ **~carbid** n / cemented carbide*, sintered carbide*, hardmetal* n, hard-facing alloy ‖ **~dichte** f (DIN 1306) / sintered density ‖ **~dolomit** m (das oberhalb 1600° erbrannte MgO.CaO) (Keram) / dead-burnt dolomite, sinter dolomite ‖ **~erzeugnis** n (Pulv) / sintered product, sinter n ‖ **~extrusion** f (des PTFE-Pulvers) (Pulv) / ram extrusion ‖ **~filter** n (Chem Verf) / sintered filter ‖ **~formteil** n (Pulv) / sintered part, sinter part, sintering n ‖ **~glas** n (Glas) / sintered glass ‖ **~glasfilter** n (eine Filterplatte) (Chem Verf) / sintered-glass filter, sintered-glass plate, fritted-glass plate ‖ **~grube** f (Hütt) / scale pit ‖ **~hartmetall** n (WC, TiC, TaC) / cemented carbide*, sintered carbide*, hardmetal* n, hard-facing alloy ‖ **~hartmetallbestückt** adj / cemented-carbide-tipped adj ‖ **~hilfsmittel** n (Keram) / sintering aid ‖ **~karbid** n / cemented carbide*, sintered carbide*, hardmetal* n, hard-facing alloy ‖ **~kohle** f (mit 40-45% Gehalt an Flüchtigem) (Hütt) / sintering coal, cherry coal ‖ **~korund** n (ein durch Sinterung von Tonerde gewonnener polykristalliner Werkstoff) / sintered corundum, sintered alumina ‖ **~kupfer** n (Hütt) / sintered copper ‖ **~legierung** f (Hütt) / sintered alloy ‖ **~metall** n (Hütt) / sintered metal
**sintern** v (pulverförmige Substanzen) (Hütt, Keram, Pulv) / sinter* v ‖ **~** n Wärmebehandlung von gepreßten Pulverteilchen unterhalb der Schmelztemperatur, die feste, poröse Körper liefert) (Hütt, Keram, Pulv) / sintering* n ‖ **aktiviertes ~** (Pulv) / activated sintering* ‖ **druckloses ~** (Hütt) / pressureless sintering, sintering without pressure ‖ **kontinuierliches ~** / continuous sintering, stoking n ‖ **zweites ~** (Hütt) / resintering n, second sintering, second roasting ‖ **~ n in Durchlauföfen** / continuous sintering, stoking n ‖ **~ mit flüssiger Phase** (Pulv) / liquid-phase sintering* ‖ **~ ohne Druck** (Hütt) / pressureless sintering, sintering without pressure ‖ **~ unter Vakuum** (Hütt) / vacuum sintering
**Sinterofen** m / sintering furnace
**S-Interpolation** f (Math) / spline interpolation
**Sinter•presse** f (Hütt) / sintering press ‖ **~rost** m (Hütt) / sintering grate ‖ **~röstung** f (Hütt) / roast sintering, sinter roasting ‖ **~stahl** m (Hütt) / sintered steel ‖ **~stoff** m (gesinterter Werkstoff) (Pulv) / sintered product, sinter n ‖ **~teil** n (Pulv) / sintered part, sinter part, sintering n ‖ **~tonerde** f (Keram) / sintered alumina
**Sinterung** f (Hütt, Keram, Pulv) / sintering* n
**Sinter•wasser** n (Pulv) / sinter water ‖ **~werkstoff** m (Verbundwerkstoff, der durch Sintern erzeugt wird) (Keram, Pulv) / sintered material
**Sinus** m (eine der trigonometrischen Funktionen) (Math) / sine* n, sin* n ‖ **~ hyperbolicus** (sinh, sh) (Math) / hyperbolic sine, sinh ‖ **~artige Funktion** (Math) / sinusoidal function ‖ **~beziehung** f / sine relation ‖ **~bussole** f (Masch) / sine galvanometer* ‖ **~dauerleistung** f (Eltronik) / sine-wave power ‖ **Abbesche ~bedingung** (Opt) / sine condition*, Abbe's sine condition
**sinusförmig** adj (Eltech) / sinusoidal* adj ‖ **nicht ~** / non-sinusoidal adj ‖ **~e Bewegung** (Phys) / sinusoidal movement ‖ **~er periodischer Vorgang** (Phys) / simple harmonic motion, SHM, s.h.m.*, sinusoidal oscillation, sinusoidal vibration, sine vibration, sine oscillation ‖ **~er Strom** (Eltech) / sinusoidal current, sine current ‖ **~e Welle** (Phys) / sinusoidal wave*, sine wave
**Sinus•funktion** f (Math) / sinusoidal function ‖ **~größe** f (DIN 1311 und DIN 40110, T 1) (Phys) / sinusoidal (alternating) quantity ‖ **~kompensator** m (Eltech) / sine potentiometer* ‖ **~-Kosinus-Potentiometer** n (ein Funktionsgenerator zur Erzeugung von Sinus- und Kosinusfunktionen von Zuhilfenahme eines Potentiometers) (Eltronik) / sine-cosine potentiometer ‖ **~-Kosinus-Reihe** f (Math) / trigonometrical series ‖ **~kurve** f (Math) / sine curve, sinusoid n ‖ **~leistung** f (eines Verstärkers bei Ansteuerung mit einem Sinuston von 1000 Hz) (Eltronik) / sine-wave power ‖ **~lineal** n (ein Gerät zur Winkelmessung mit Hilfe von Parallelendmaßen) (Masch) / sine bar* ‖ **~linie** f (Math) / sine curve, sinusoid n
**sinusoid** adj (Eltech) / sinusoidal* adj
**Sinusoide** f (Math) / sine curve, sinusoid n
**Sinus•oszillator** m (Eltronik, Phys) / harmonic oscillator, sinusoidal oscillator* ‖ **~potentiometer** n (Eltech) / sine potentiometer* ‖ **~reihe** f (Math) / sine series ‖ **~satz** m (ein grundlegender Satz der Trigonometrie) (Math) / sine rule, law of sines, sine law ‖ **~schall** m (DIN 1320) (Akus) / sinusoidal sound ‖ **~einfache ~schwingung** (DIN 1311, T 1) (Phys) / simple harmonic motion*, SHM, s.h.m.*, sinusoidal oscillation, sinusoidal vibration, sine vibration, sine oscillation ‖ **~schwingungsgröße** f (DIN 1311, T 1) (Phys) / sinusoidal (alternating) quantity ‖ **~spannung** f (Elektr) / sinusoidal voltage, sine voltage ‖ **~spirale** f (Math) / sinusoidal spiral* ‖ **~strom** m (Eltech) / sinusoidal current*, sine current ‖ **~ton** m (Akus, Physiol) / pure tone*, simple tone ‖ **~tonschall** m (Akus) / sinusoidal sound ‖ **~versus** m (Math) / versed sine, versin n, versine* n ‖ **halber ~versus** (Math) / haversin n, haversine* n, hav ‖ **~vorgang** m (DIN 5483, T 1) (Phys) / simple harmonic motion*, SHM, s.h.m.*, sinusoidal oscillation, sinusoidal vibration, sine vibration, sine oscillation ‖ **mehrphasiger ~vorgang** (DIN 5483, T 1) (Phys) / polyphase sinusoidal phenomenon ‖ **exponentiell wachsender (ansteigender) ~vorgang** (Phys) / exponentially increasing sinusoidal phenomenon (wave) ‖ **~welle** f (Phys) / sinusoidal wave*, sine wave
**$SiO_2$-reicher Schamottestein** (mit >72% $SiO_2$) (Hütt, Keram) / semisilica fireclay brick
**Siphon** m / siphon* n, syphon* n ‖ **~** (Sanitär) / air trap*, drain-trap* n, siphon trap, stench trap*, interceptor n, U-bend* n, running trap*, siphon* n, intercepting trap*, disconnector* n ‖ **~pfanne** f (Gieß) / teapot ladle ‖ **~rohr** n / siphon* n, syphon* n ‖ **~stein** m (Hütt) / siphon brick
**Sipo** n (For) / utile n, kalungi n, sipo n, sipo mahogany
**Sipo-Mahagoni** n (gefragtes Konstruktionsholz, besonders für Fenster - Entandrophragma utile Sprague) (For) / utile n, kalungi n, sipo n, sipo mahogany
**Sippe** f (Geol) / clan n ‖ **~** (magmatische Gesteine gleicher Abkunft und Zusammensetzung) (Geol) / suite n, series n (of related igneous rocks)
**Sipping-Test** m (von Brennstoffelementen) (Nukl) / sipping test
**Sirene** f (Akus) / siren* n
**Sirenin** n (ein Sesquiterpen) (Chem) / sirenin n
**Siris** n (For) / lebbek m, lebbek tree, koko n, siris n, woman's tongue tree, kokko n

**Sirius**

**Sirius** m (Hundsstern, Canicula - Hauptstern des Großen Hundes, hellster Stern am Himmel) (Astr) / Sirius n, Dog Star
**Si-Ro-Set-Verfahren** n (ein australisches Veredelungsverfahren zur Herstellung beständiger Falten) (Tex) / Si-Ro-Set process
**Sirup** m (Nahr, Pharm) / syrup n, sirup n (US) || ~ (heller) (Nahr, Pharm) / golden syrup (GB) || **[dicker, schwarzbrauner]** ~ (Nahr, Pharm) / molasses* n, treacle n, black treacle || **~artig** adj / syrupy adj, syrup-like adj, treacly adj
**sirupös** adj / syrupy adj, syrup-like adj, treacly adj
**Sisal** m (Bot, Tex) / sisal hemp, sisal* n || **~faser** f (Bot, Tex) / sisal hemp, sisal* n || **~hanf** m (aus der Sisalagave) (Bot, Tex) / sisal hemp, sisal* n || **~seil** n (DIN 83324) / sisal rope || **~wachs** n (aus Agave sisalana Perrine) / sisal-hemp wax, sisal wax
**SISD-Rechner** m (EDV) / single-instruction single-data computer, SISD computer
**Sister-Print** n (beim Zeugdruck) (Tex) / sister print
**SIS-Übertragung** f (TV) / sound-in-sync transmission
**SIT** (Eltronik) / static induction transistor (SIT)
**Site** f (EDV) / Web site (an organized set of Web pages), site n, web site
**Sitkafichte** f (Picea sitchensis (Bong.) Carrière) (For) / Sitka spruce, SIT, Sitka n
**Sitosterin** n (ein in Getreidekeimen vorkommendes Phytosterin) (Biochem, Bot) / sitosterol* n
**Sitosterol** n (Biochem, Bot) / sitosterol* n
**Sitter-Welt, De-** ~ (Astr, Phys) / de Sitter space
**Situation** f (Kart) / planimetric elements || ~ (Kart) s. auch Lageplan
**situationell** adj / situational adj
**situations•bezogen** adj / situational adj || **~darstellung** f / planimetric representation || **~deskriptor** m (KI) / situation descriptor || **~kalkül** m / situational calculus
**situativ** adj (durch die jeweilige Situation bedingt) / situational adj || **~es Wissen** (KI) / situational knowledge
**Sitz** m (der Glasur) (Keram) / adhesion n || ~ (Masch) / seat n, seating* n || ~ (eines Kleidungsstückes) (Tex) / fit n || **kugeliger** ~ (Masch) / spherical seat || **mit** ~ **in** (z.B. Prague-based = mit Sitz in Prag) / -based adj || **orthopädischer** ~ (Kfz) / power (enthusiast) seat || **verstellbarer** ~ / barber chair
**Sitz•anordnung** f (Kfz, Luftf) / seating configuration || **~bezug** m (Kfz) / seat cover
**Sitzen** n / seating n
**Sitz•fläche** f (Masch) / face n (of a valve)* || **~fläche** (Masch) / seat n, seat face || **~kilometer** m n (Luftf) / seat-kilometre n || **~ladefaktor** m (bei Passagierflugzeugen) (Luftf) / load factor* || **~möbel** n pl (Bau, Tischl) / seat furniture, furniture for seating || **~möbelstück** n (Bau, Tischl) / seating n || **~platz** m **in der Economyklasse** (Luftf) / coach n || **~platzanzahl** f / seating capacity || **~platzkapazität** f / seating capacity || **~portalhubwagen** m (Masch) / straddle carrier, straddle truck || **~reihenetage** f (in einem Amphitheater, in einem Theater) (Arch) / tier n || **~ring** m (bei Absperrarmaturen) (Masch) / seat ring || **~schema** n (Kfz, Luftf) / seating configuration || **~streik** m / sit-down strike
**Sitzung** f (logische Verbindung zwischen Anwenderprozessen) (EDV) / session n
**Sitzungs•schicht** f (EDV) / session layer || **~synchronisation** f (DIN ISO 7498) (EDV) / session-connection synchronization
**Sitzverstellung** f (Mechanismus) (Kfz) / seat adjuster
**Six-Thermometer** n (kombiniertes Maximum- und Minimumthermometer zur Messung der täglichen Extremwerte der Lufttemperatur) (Meteor) / Six's thermometer*
**Size-Effekt** m (ein Sammelbegriff für Effekte, die nur in relativ kleinen Festkörpern vorkommen und wesentlich von der Größe und Gestalt der Probe abhängen) (Phys) / size-effect n
**Size-Presse** f (in der Trockenpartie der Papiermaschine) (Pap) / size press
**SK** (Chem Verf, Plast) / synthetic rubber*, artificial rubber*, SR || ~ (Keram, Wärm) / Seger cones*, fusion cones*
**Skala** f (Instr) / scale* n || **Internationale** ~ **für Stör- und Unfälle** (in Kernkraftwerken) (Nukl) / International nuclear event scale, INES || ~ f **der Grautöne** (von Schwarz über Grau zu Weiß) (Foto, Opt) / grey scale*, grey step scale
**skalar** adj (Multiplikation, Feld) (Math) / scalar adj || **~es Feld** (Math, Phys) / scalar field || **~e Größe** (Math, Phys) / scalar quantity || **~e Kopplung** (Spektr) / scalar coupling || **~e Matrix** (Math) / scalar matrix* || **~e Multiplikation** (Math) / scalar multiplication || **~es Potential** (Phys) / scalar potential
**Skalar** m (DIN 1303) (Math, Phys) / scalar* n || **~feld** n (ein durch eine skalare Größe beschreibbares Feld) (Math, Phys) / scalar field || **~größe** f (Math, Phys) / scalar quantity || **~kopplung** f (zweier Kerne) (Spektr) / scalar coupling || **~matrix** f (Math) / scalar matrix* || **~multiplikation** f (Math) / scalar multiplication || **~produkt** n (Math) / scalar product*, inner product, dot product || **~wertig** adj (Math) / scalar-valued adj

**Skale** f (Tonfolge, die durch bestimmte Frequenzverhältnisse der einzelnen Töne zu einem Grundton definiert ist) (Akus) / scale* n || ~ (Teil einer Meß- oder Einstelleinrichtung - DIN 1319, T 2) (Instr) / scale* n || ~ (Instr, Masch) / dial n (of a gange or radio) || **logarithmische** ~ (Instr, Math) / logarithmic scale || **mit einer** ~ **versehen** / scaled adj || ~ f **mit weißen Markierungsstrichen auf schwarzem Grund** (Instr) / white-on-black scale
**Skalen•ablesung** f / scale reading || **~anzeige** f (DIN 2257, T 2) / scale indication, scale reading || **~bereich** m (Instr) / range n, region n, range of scale || **~bereichsänderung** f (Untersetzung der Zählfrequenz) (Fernm) / scaling n || **~bezifferung** f (Instr) / scale numbering || **~drucke** m pl (Druck) / progressive proofs*, progs pl, colour guides* || **~druckfarbe** f (hochlasierende Druckfarbe, speziell für den Mehrfarbendruck) (Druck) / process link || **~einteilung** f (Instr) / scale division || **~genauigkeit** f (Instr) / scale fidelity || **~invarianz** f (Math) / self-similarity n || **~konstante** f (einer Strichskale nach DIN 1319, T 2) (Instr) / scale factor || **~länge** f (zwischen Skalenanfang und Skalenende (DIN 1312, T 1)) (Instr) / length of scale || **~marke** f (Instr, Masch) / index n (pl. indexes or indices), scale division, scale mark || **~mitteneinstellung** f (Instr) / mid-scale setting
**Skalenoeder** n (allgemeine Kristallform der ditrigonal- und der tetragonal-skalenoedrischen Kristallklasse) (Krist) / scalenohedron n (pl. -hedrons or -hedra)
**skalenoedrisch** adj (Krist) / scalenohedral adj
**Skalen•scheibe** f (Blatt oder Scheibe einer Skale) (Instr) / scale dial, graduated disk || **~strich** m (Instr, Masch) / index n (pl. indexes or indices), scale division, scale mark || **~teil** m (DIN 1319, T 2 und DIN 2257, T 1) (Instr) / scale division || **~teilmaschine** f (Masch) / dividing engine*, ruling machine, dividing machine || **~teilung** f (Instr) / scale division || **~transformation** f (Math) / scale transformation || **~transformation** (Phys) / scale transformation || **~treue** f (Instr) / scale fidelity || **~wert** m (DIN 1319, T 2) (Instr) / scale value, scale increment || **~wert** (der abgelesen wird) (Instr) / reading n || **~zeiger** m (Instr) / dial pointer
**skalierbar** adj (z.B. Schrift) (EDV) / scalable adj
**skalieren** v / scale v || **dynamisch** ~ (EDV) / zoom v || ~ n (EDV) / scaling n || **dynamisches** ~ (stetiges Vergrößern oder Verkleinern der Bildschirmdarstellung) (EDV) / zooming n
**Skalierfaktor** m (EDV) / scale factor, scaling factor
**Skalierungsfaktor** m (EDV) / scale factor, scaling factor
**S-Kammer** f (Chem) / sandwich chamber
**Skammoniaharz** n (eine allgemeine unklare Bezeichnung für Harze aus verschiedenen Pflanzen) / scammony resin, scammony n, scammonia n || **mexikanisches** ~ (aus den Wurzeln einer mexikanischen Prunkwinde) (Pharm) / ipomoea resin
**Skammonium** n / scammony resin, scammony n, scammonia n
**Skandium** (Sc) n (Chem) / scandium* n || **~oxid** n ($Sc_2O_3$) (Chem) / scandium oxide, scandia n || **~sulphat** n (Chem) / scandium sulphate || **~tritid** n (Chem, Nukl) / scandium tritide
**Skapolith** m (Min) / scapolite* n, wernerite n
**Skarifikation** f (hartschaliger Samen zur Keimungsverbesserung) (Bot, Landw) / scarification*
**Skarifikator** m (Bot, Landw) / scarifier n || ~ (ein Bodenbearbeitungsgerät) (Landw) / cultivator* n, scarifier* n
**skarifizieren** v (hartschalige Samen) (Bot, Landw) / scarify v
**Skarn** m (ein Gestein im Bereich von Kontaktlagerstätten) (Geol) / skarn* n, tactite n
**Skatingkraft** f (die von der Nadel eines Tonabnehmers auf die innere Rillenflanke ausgeübt wird) (Akus) / skating force
**Skatol** n (3-Methyl-$1H$-indol) (Chem) / skatole n
**SKE** (= 29308 kJ/kg - ein nicht SI-konformes Vergleichsmaß zur statistischen Erfassung des Energieinhalts verschiedener Brennstoffe) (Umwelt, Wärm) / coal equivalent, ce
**Skelett** n (Bau) / framing* n, framework* n, frame* n || ~ (Chem) / skeleton n || ~ (ein Dendrit) (Geol, Krist) / skeleton crystal || ~ (Masch) / skeleton n || **~bau** m (Bau) / skeleton construction, frame building, skeletal framing || **~bauart** f (Bau) / skeleton construction, frame building, skeletal framing || **~bauart** (mit hölzernem Stabwerk) (Bau) / timber-framing n, half-timbering* n || **~boden** m (der Anteil an mineralischen Bestandteilen in der Korngrößenfraktion über 2 mm mehr als 75 % beträgt - ein Gesteinsboden) (Geol, HuT, Landw) / skeletal soil
**skelettieren** v (ein Linienskelett aus einem Bild extrahieren) (EDV) / skeletonize v
**Skelettierfraß, durch** ~ **schädigen** (Landw) / skeletonize v
**Skelett•katalysator** m (Chem) / skeleton catalyst || **~konstruktion** f (Bau) / skeleton construction, frame building, skeletal framing || **~kristall** m (ein Dendrit) (Geol, Krist) / skeleton crystal || **~linie** f (gedachte Mittellinie eines Profils) (Luftf) / skeleton line, profile mean line, mean camber line || **~modell** n (für große Gußstücke)

(Gieß) / skeleton pattern ‖ ⁓proteine n pl (z.B. Kollagen, Elastin oder Keratin) (Biochem) / scleroproteins* pl
**Skew** m (Zeitmaß für die Bewertung des möglichst gleichzeitigen Signalwechsels bei mehreren gleichzeitig ausgelösten Digitalsignalen) (Fernm) / skew n ‖ ⁓-**Konformation** f (eine windschiefe gestaffelte Konformation) (Chem) / skew conformation ‖ ⁓-**Optimierung** f (beim Direktsatellitenempfang) (Eltronik) / skew optimization
**SKF** (Luftf) / supercritical wing
**Skia•graf** m (Radiol) / skiagraph n, sciagraph n ‖ ⁓**metrie** f (Messung der Intensität von Röntgenstrahlen) (Radiol) / skiametry n, sciametry n
**Skid** m / skid n, skid platform ‖ ⁓ (für einen Verdichter) (Masch) / skid platform
**Skidanlage** f (ein Schlitten zur Aufnahme einer im Werk betriebsfertig montierten Anlage) / skid n, skid platform
**Skidder** m (For) / skidder n, logging skidder
**Skiddometer** n (ein Bremswertmesser) (Luftf) / Skiddometer n
**Skidpad** n (Kfz) / skid pad
**Skilift** m / ski lift
**Skim** m (das nach dem Zentrifugieren von Naturlatex zurückgebliebene Serum) (Chem Verf) / skim n ‖ ⁓-**Kautschuk** m (aus Skim hergestellter Kautschuk) (Chem Verf) / skim rubber
**skimmen** v (Gewebe mit dünnen Gummiplatten auf Kalandern ein- oder beiderseitig belegen) (Chem Verf) / skim v
**Skimmer** m (Erdöl) / skimmer n ‖ ⁓ (in der Massenspektroskopie) (Spektr) / skimmer n
**Skimmetin** n (Chem) / umbelliferrone n
**Skimmings** pl (aus dem abgeschöpften Schaum des Latex hergestellte, blasige Sheets von geringer Handelsqualität) (Chem Verf) / skimmings pl ‖ ⁓ (seitlich gerichtete Abwärtsströmungen in der Flachglaswanne, die oberflächliche Verunreinigungen, welche durch den Entnahmestrom nach vorne schwimmen, seitlich abführen und mit der bodennahen Rückströmung zum Quellpunkt vereinigen sollen) (Glas) / skimmings pl ‖ ⁓ (die bei Reinigung des Zuckerrohrsafts anfallen) (Nahr) / skimmings pl
**Skin•effekt** m (Effekt der Stromverdrängung aus dem Inneren von elektrischen Leitern an die Oberfläche, der bei hohen Frequenzen auftritt) (Eltech) / skin effect*, conductor skin effect, Kelvin skin effect ‖ ⁓**effekt** (Zone verringerter Permeabilität durch Spülungseinwirkung um ein Bohrloch) (Erdöl) / skin effect ‖ **anomaler** ⁓**effekt** (Eltronik) / anomalous skin effect ‖ ⁓**verpackung** f / skin package ‖ ⁓**verpackungsmaschine** f / skin-packaging machine, skin-packing machine
**Skiodrom** n (Wanderweg der Punkte gleicher Schwingungsrichtung in optisch zweiachsigen Kristallen) (Krist) / skiodrome n
**Skiophyt** m (pl. -en) (Bot) / shade plant*
**Skip** m (Bergb, Hütt) / skip n ‖ ⁓ (Radio) / hop* n, skip* n ‖ ⁓**aufzug** m (Hütt) / skip hoist, skip elevator ‖ ⁓**begichtung** f (Hütt) / skip charging ‖ ⁓**fördertrum** m (Bergb) / skip-way n ‖ ⁓**förderung** f (Bergb) / skip hoisting
**Skipper** m (Kapitän einer Jacht) (Schiff) / skipper n
**Skiver** n (sehr dünner, gegerbter Narbenspalt von Schaffellen) (Leder) / skiver n
**Skiwachs** n (zur Behandlung von Laufflächen von Skiern) / ski wax
**Skizze** f / draft n ‖ ⁓ (Plan) / draft n ‖ ⁓ (nach DIN 399) / sketch n, abbrazzo n ‖ **eine** ⁓ **machen** / sketch v, rough in v ‖ **primäre** ⁓ / primary sketch
**Skizzenblock** m (Pap) / sketch(ing) block
**skizzieren** v / sketch v, rough in v
**SKL** (Masch) / oxygen core lance, OCL
**Sklereide** f (Bot) / stone cell*, sclereid n, brachysclereid n
**Sklerenchym** n (Bot) / sclerenchyma* n ‖ ⁓**faser** f (For) / libriform fibre
**Sklero•meter** m (mit dem man nach einem statischen Härteprüfverfahren die Härte bestimmt) (WP) / sclerometer n ‖ ⁓**proteine** n pl (z.B. Kollagen, Elastin oder Keratin) (Biochem) / scleroproteins* pl ‖ ⁓**skop** n (WP) / Scleroscope n, Shore sclerocope n (measures the rebound height of a weight dropped on a specimen) ‖ ⁓**sphäre** f (Gesteinshülle der Erde) (Geol) / lithosphere* n, sclerosphere n ‖ ⁓**sphärisch** adj (Geol) / lithospheric adj, sclerospheric adj
**Sklerotinit** n (ein Kohlemazeral) (Bergb, Min) / sclerotinite n
**sklerotisch** adj (Holzstrahlzelle) (For) / sclerotic adj
**Sklerotium** n (pl. -tien) (harter Pilzdauerkörper, z.B. Mutterkorn) (Bot) / sclerotium n (pl. -tia)
**Skolem-Eliminierung** f (ein Verfahren, bei dem in einer Formel die Existenzquantoren mittels Skolem-Funktoren eliminiert werden) (KI) / skolemization n
**Skolem-Funktion** f (KI) / Skolem function
**Skolemisierung** f (KI) / skolemization n
**Skolemsches Paradoxon** (nach T.M.A. Skolem, 1887-1963) (Math) / Skolem's paradox
**Skolezit** m (Kalziumdialumosilikat) (Min) / scolecite* n

**Skonto** m n (Nachlaß bei Barzahlung) / cash discount
**S-Köper** m (wenn die Köpergrate von rechts nach links gehen) (Web) / S-twill n
**Skopolamin** n (Pharm) / hyoscine* n, scopolamine* n
**Skopus** m (pl. -pen) / scope n
**Skorodit** m (Min) / scorodite n
**Skorpiongift** n (ein biogenes Gift) (Pharm) / scorpion venom
**Skotometrie** f (Opt) / scotometry n
**skotopisches Sehen** (Opt) / scotopic vision*, twilight vision
**Skototropismus** m (Wachstum zum Schatten) (Bot) / scototropism n
**Skraper** m (Entborstenmaschine in Schlachtereien) (Nahr) / scraper n
**Skraupsche Chinolinsynthese** (nach Z.H. Skraup, 1850-1910) (Chem) / Skraup's synthesis*
**Skraup-Synthese** f (nach Z.H. Skraup, 1850-1910) (Chem) / Skraup's synthesis*
**Skript** n (pl. -s) (Film) / script* n, scenario* n, screenplay n ‖ ⁓ (pl. -s) (KI) / script n ‖ ⁓**basiert** adj (Modell, Verstehen von Geschichten) (KI) / script-based adj ‖ ⁓**datei** f (EDV) / script file ‖ ⁓**girl** n (Film) / continuity girl (a continuity clerk), script-girl n ‖ ⁓**sprache** f (EDV) / scripting language (interpreted computer language for writing scripts)
**Skrubber** m (Sprühwäscher für Gasreinigung) (Chem Verf) / gas scrubber*, gas washer
**Sks** / line-graduated scale, division scale
**Skt** (DIN 1319, T 2 und DIN 2257, T 1) (Instr) / scale division
**skulptieren** v (Arch) / sculpture v
**Skulptur, als** ⁓ **darstellen** (Arch) / sculpture v
**skulpturieren** v (Arch) / sculpture v ‖ ⁓ (Erosionstätigkeit) (Geol) / sculpture v
**S-Kurve** f / reverse curve*, reversed curve, S-curve* n
**Skutterudit** m (Min) / skutterudite* n
**Skw** (DIN 1319, T 2) (Instr) / scale value, scale increment
**Skybeamer** m (gebündelte /Laser/Lichtstrahlen am Himmel bei verschiedenen Veranstaltungen) / sky beamer
**Skykompaß** m (der zur Bestimmung einer Bezugsrichtung die Polarisation des Sonnenlichts /und damit auch das Sonnenazimut/ ausnutzt) (Nav) / sky compass
**Skylight** n (pl. -s) (Ober- oder Decklicht) (Schiff) / skylight n
**Skylightfilter** n (leicht rötlich gefärbtes fotografisches Lichtfilter zur Absorption des ultravioletten und zur Abschwächung des blauen Lichtes) (Foto) / skylight filter
**Skyline** f (charakteristische Silhouette einer aus der Ferne gesehenen Stadt) (Arch) / skyline n
**Slab** m (ein Koagulumkuchen für die Gummiherstellung) (Chem Verf) / slab n ‖ ⁓-**Extruder** m (eine Spritzmaschine zur Herstellung von Fellen und Platten aus Gummimischungen) (Chem Verf) / slab extruder
**Slack** m (Differenz zwischen den notwendigen und vorhandenen Ressourcen eines Unternehmens) / slack n ‖ ⁓-**Merzerisieren** n (zur Erzielung eines Stretch-Effekts bei Baumwollgeweben) (Tex) / slack mercerization, mercerizing without tension
**SLAM** (Mikros) / scanning laser acoustic microscope, SLAM
**SLA-Mikroskop** n (Mikros) / scanning laser acoustic microscope, SLAM
**Slamming** n (Aufschlagen des Schiffsbodens auf die Wasseroberfläche bei Seegang) (Schiff) / slamming n
**Slapback** n (Echo von der Rückwand eines Raumes) (Akus) / slap-back, slapback (US)
**Slash** m (pl. -s) (Typog) / oblique stroke, oblique n, slash mark, shilling-mark n, shilling-stroke n, slash n, solidus* n, diagonal n, virgule n, stroke n
**Slat** n (zur Profilveränderung und Vergrößerung der tragenden Fläche) (Luftf) / slat* n
**Slater-Determinante** f (zur Beschreibung des quantenmechanischen Zustandes eines mikrophysikalischen Systems nach J. C. Slater, 1900-1976) (Phys) / Slater determinant
**Slater-Funktion** f (Phys) / Slater orbital, STO
**Slater-Orbital** n (Phys) / Slater orbital, STO
**Slatersche Regeln** (semiempirische Regeln zur Bestimmung effektiver Kernladungszahlen in Mehrelektronenatomen) (Phys) / Slater rules
**Slat-Muster** n (bei der Slat-Technik der Tuftingmaschine) (Tex) / slat pattern
**Slave•-Arm** m (im Master-Slave-Manipulator) (Masch) / slave arm ‖ ⁓-**Computer** m (der vollständig unter der Kontrolle des Zentralrechners steht) (EDV) / slave computer ‖ ⁓-**Processor** m (EDV) / slave processor ‖ ⁓-**Prozessor** m (EDV) / slave processor ‖ ⁓-**Rechner** m (EDV) / slave computer
**Slavianoff-Verfahren** n (Schw) / Slavianoff welding, Slavianoff process, metal-arc welding
**Slawjanow-Verfahren** n (Schw) / Slavianoff welding, Slavianoff process, metal-arc welding
**SLB** (Luftf) / runway n, RWY

**Sleeptimer** *m* (zeitgesteuerte automatische Abschalteinrichtung in elektronischen Geräten) (Eltronik) / sleeptimer *n*
**sleeven** *v* (die Heizrohre) (Masch, Nukl) / sleeve *v*
**s-Lepton** *n* (Kernphys) / slepton *n*
**Slepton** *n* (Kernphys) / slepton *n*
**Slew rate** *f* (zeitliche Änderung der Ausgangsspannung eines Operationsverstärkers, wenn sein Eingang mit einem Spannungssprung oder einer periodischen Rechteckspannung angesteuert wurde) (Eltronik) / slew rate, slewing rate
**SLIC** (Fernsp) / subscriber line interface circuit, SLIC
**Slice** *m* (aus Einkristall geschnitten oder abgesägt) (Eltronik) / wafer* *n*, slice *n* ‖ ≈**-Baustein** *m* (kaskadierbarer Baustein) (EDV) / slice *n*
**Slick** *m* (pl. -s) (profilloser breiter Rennreifen für trockene Strecken) (Kfz) / slick *n*
**Slickreifen** *m* (Kfz) / slick *n*
**Slide-Show** *f* (Foto) / slide show
**Slim-Hole-Bohren** *n* (Erdöl) / slim-hole boring
**Slimline** *f* (besonders flache Bauweise) (EDV) / slimline *n*
**Slinger** *m* (Gieß) / sandslinger *n* ‖ ≈**-formstoff** *m* (Gieß) / slinger mixture
**slingern** *v* (Gieß) / sling *v*, slinger *v* ‖ ~ (plastisches Gemenge bei Ofenreparaturen) (Glas, Keram) / slinger *v*
**Slink** *n* (pl. -s) (Fell von einem ungeborenen und/oder frühgeborenen Kalb oder Lamm) (Leder) / slink *n* (lamb)
**Slip** *m* (eine Seitengleitbewegung, bei der das Flugzeug außer seiner Vorwärtsgeschwindigkeit eine seitliche Geschwindigkeitskomponente hat und sehr stark an Höhe verliert) (Luftf) / side-slip* *n*, slip *n* ‖ ~ (eines Propellers) (Luftf) / slip *n* ‖ ~ (Schiff) / slip* *n* ‖ ~ (Anlage, um kleine Schiffe auf einer schiefen Ebene für Bodenreparaturen an Land zu ziehen) (Schiff) / slip* *n*, slipway* *n* ‖ ≈**additiv** *n* (das die Kratzerempfindlichkeit von Lackfilmen beim Berühren mit harten Gegenständen mindert) (Anstr) / slip additive, slip agent ‖ ≈**-form-Paver** *m* (HuT) / slip-form paver ‖ ≈**-haken** *m* (Schiff) / slip hook ‖ ≈**meßgerät** *n* (Anstr) / slip tester
**Slippage** *n* (Versetzungsordnung auf Gleitlinien in (110)-Richtung) (Krist) / slippage *n*
**slippen** *v* (Krist) / slip *v* ‖ ~ (Luftf) / slip *v* ‖ ~ (z.B. Kette vom Schlepper) (Schiff) / slip *v* ‖ ~ *n* (eine Seitengleitbewegung, bei der das Flugzeug außer seiner Vorwärtsgeschwindigkeit eine seitliche Geschwindigkeitskomponente hat und sehr stark an Höhe verliert) (Luftf) / side-slip* *n*, slip *n*
**Slipper-Dip-Vorbehandlung** *f* (Kombination aus Spritz- und Tauchvorbehandlung) (Galv) / slipper dip treatment
**Slip-Stick-Effekt** *m* (durch äußeren Kraftangriff hervorgerufene ruckartige Vorwärtsbewegung eines auf einer festen Unterlage flächig aufliegenden Körpers beim Übergang von Haftreibung in Gleitreibung) (Phys) / slip-stick effect
**SLIS-Technik** *f* (Herstellung von Pb-Cu oder Pb-Ni-Verbundpulver) / SLIS technique
**Slkw** *n* (Kfz) / heavy-duty lorry, heavy-goods vehicle, HGV
**slö** (Chem) / sparingly soluble
**Slop** *n* (Restöl, Abfallöl, rückgewonnenes Öl in der Raffinerie) (Erdöl) / slop *n*
**Sloper** *m* (Radio) / sloper dipole
**Slopöl** *n* (Restöl, Abfallöl, rückgewonnenes Öl in der Raffinerie) (Erdöl) / slop *n*
**Sloppumpe** *f* (Erdöl) / slop pump
**Slot** *m* (Steckplatz) (EDV) / card slot, slot *n* (for system expansion), expansion slot ‖ ≈ (Argumentstelle in logischen bzw. propositionalen Komponente) (KI) / slot *n* ‖ ≈**filler** *m* (spezifischer Merkmalswert) (KI) / slot filler ‖ ≈**füller** *m* (KI) / slot filler ‖ ≈**line** *f* (spezielle Form einer Streifenleitung) (Eltronik) / slot-line *n*, slotted line
**Slotted-core-Kabel** *n* (LWL-Kabel, dessen Seele aus einem stabilen Kern mit helixförmigen Vertiefungen besteht, in denen eine oder mehrere Fasern liegen) (Kab) / slotted-core cable
**Slotted-Ring** *m* (ein Netzwerkkonzept nach IEEE 802.6) (EDV) / slotted ring
**Slotter** *m* (Bogendruckmaschine, ein- oder mehrfarbig, zum Bedrucken von Wellpappenzuschnitten, welche getrennt auf einer Wellpappenanlage von der Rolle gefertigt werden) (Druck, Pap) / slotter *n*
**Slow Motion** *f* (Film) / slow motion ‖ ≈**-growth-Prozeß** *m* (Pulv) / slow-growth process ‖ ≈**-reacting-Substanz** *f* (z.B. Leukotrien) (Biochem) / slow-reacting substance*, SRS ‖ ≈**-Release-Insektenstreifen** *m* (eine Kunststoffplatte, die einen insektiziden Stoff enthält, der allmählich durch Verdunsten freigegeben wird) / slow-release strip
**SL/RN-Verfahren** *n* (ein Direktreduktionsverfahren - Stelco-Lurgi und Republic-Steel National) (Hütt) / SL/RN process
**SLS-Ventil** *n* (Kfz) / aspirator valve
**SLT** (Chem) / verotoxin *n*, shiga-like toxin, SLT

**Sludge** *m* (Bodensatz in Zentrifugen und Latexlagergefäßen) (Chem Verf) / sludge *n* ‖ ~ (Erdöl) / sludge *n* ‖ ≈**test** *m* (Schlammabscheidung bei künstlicher Alterung unter Sauerstoffdruck für Transformatorenöle - ein Maß für die Alterungsneigung) (Erdöl) / sludge formation test, sludge test
**Slug** *n* (ein Josephson-Element zur Messung kleiner Wechselströme und Magnetfelder) (Eltronik) / superconducting low-inductance undulatory galvanometer, slug *n*
**Slump-Test** *m* (Trichterversuch nach Abrams und ASTM C 143-74) (HuT) / slump test
**Slurry** *m* (wäßrige Suspension von Pigmenten und/oder Füllstoffen, die als Handelsform in der Papierindustrie üblich ist) (Anstr, Pap) / slurry *n* ‖ ≈ (schlammartiger breiiger Sprengstoff) (Bergb) / slurry blasting agent, slurry *n*
**Slushmoulding** *n* (Plast) / slush moulding*, hollow casting, slush casting
**Slushverfahren** *n* (Plast) / slush moulding*, hollow casting, slush casting
**Sm** (Chem) / samarium* *n*
**SM** (Biochem) / somatomedin *n*, sulphation factor
**Small-Packer** *m* (Leder) / saladero hide, small-packer hide
**Smalte** *f* (ein Kobaltpigment - Kobaltkaliumsilikat) (Glas) / smalt *n*
**Smaltin** *m* (Min) / smaltite* *n*, smaltine *n* (a variety of skutterudite)
**Smaltit** *m* (Min) / smaltite* *n*, smaltine *n* (a variety of skutterudite)
**Smaragd** *m* (Min) / emerald* *n* ‖ **Orientalischer** ≈ (violetter Schmuckstein aus der Gruppe der Korunde) (Min) / Oriental emerald* ‖ **synthetischer** ≈ (Min) / scientific emerald* ‖ ≈**grün** *n*
**Smaragdit** *m* (Abart des Strahlsteins) (Min) / smaragdite* *n*
**Smartbild** *n* (TV) / smart picture
**Smartcard** *f* (EDV) / smart card (a plastic card with a built-in microprocessor, used typically to perform financial transactions)
**Smart-icon-Leiste** *f* (EDV) / smart-icon bar
**Smart-Transmitter** *m* (intelligenter Meßumformer für industrielle Meßtechnik) (Eltronik) / smart transmitter
**Smartware** *f* (EDV) / smartware *n*
**S-Matrix** *f* (Phys) / scattering matrix, S matrix *n* ‖ **analytische** ≈ (Phys) / analytic S-matrix ‖ **analytische** ≈**-Theorie** (Phys) / analytic S-matrix theory
**SMC** *n* (glasfaserverstärkter Kunststoff mit längeren Glasfasern) (Plast) / sheet moulding compound, SMC
**SMDAC** *m* (EDV) / single MAC dual attached concentrator, SMDAC
**SMD-Bauteil** *n* (Eltronik) / surface-mounted device
**SMDE** (Chem) / static-mercury-drop electrode, SMDE
**SMDS** *n* (LAN-Kopplungsdienst in den USA mit Datenübertragungsraten von bis zu 200 Mbit/s) (EDV) / SMDS, Switched Megabit Data Service
**SMDS-Netz** *n* (EDV) / SMDS network
**SMD-Technik** *f* (Eltronik) / surface mount technology, SMT ‖ **ein in der** ≈ **hergestelltes elektronisches Bauelement** (Eltronik) / surface-mounted device (SMD)
**SMD-Verbindung** *f* (Eltronik) / surface-mounted device (SMD)
**Smekal-Raman-Effekt** *m* (Phys) / Raman effect
**Smekal-Riß** *m* (nach A.G. Smekal, 1895-1959) (Krist) / Smekal crack
**smektisch** *adj* (Ordnungszustand in flüssigen Kristallen) (Phys) / smectic* *adj*
**Smektit** *m* (ein Bolus mit besonders reichlich Montmorillonit, aber auch mit Quarz und Kalzitstaub) (Min) / smectite* *n*
**Smiles-Umlagerung** *f* (nach S. Smiles, 1877 - 1953) (Chem) / Smiles rearrangement
**Smirgel** *m* (Min) / emery* *n*
**Smith-Diagramm** *n* (Eltech) / Smith chart*
**Smithsches Leitungsdiagramm** (Eltech) / Smith chart*
**Smithsonit** *m* (Min) / smithsonite* *n*, dry bone* (ore - the honeycombed variety), szaskaite *n*
**SMK** (wichtigste Klasse der festen Lösungen in kristallinen Systemen) (Krist, Phys) / substitutional solid solution, substitutional mixed crystal
**SMMW** (Fernm) / submillimetric waves*, sub-mm waves
**SM-Ofen** *m* (Hütt) / open-hearth furnace*
**SM-Ofen-Prozeß, basischer** ≈ (Hütt) / basic process*, basic open-hearth (steel-making) process
**Smog** *m* (Luftverunreinigung, die vor allem bei Inversionswetterlagen in Ballungsgebieten auftritt, SMoke + fOG) (Umwelt) / smog *n* ‖ **elektromagnetischer** ≈ (Umwelt) / electromagnetic smog, electromagnetic pollution ‖ **fotochemischer** ≈ (Umwelt) / photochemical smog, Los Angeles smog ‖ **Londoner** ≈ (Konzentration und teilweise Oxidation des Schwefeldioxids zu Schwefeltrioxid und Schwefelsäure) (Umwelt) / London smog ‖ **saurer** ≈ (Umwelt) / London smog
**Smog·gebiet** *n* (Umwelt) / smog area ‖ ≈**kammer** *f* (ein fotochemischer Reaktor) (Umwelt) / smog chamber ‖ ≈**schaltung** *f* (bei Heizung und Lüftung) (Kfz) / anti-smog circuit ‖ ≈**warnung** *f* (Umwelt) / smog alarm, smog warning

**Smokarbeit** f (Näharbeit, bei der der Stoff durch einen Zierstich in kleine Fältchen gerafft wird) (Tex) / smocking n
**Smokatron** n (Kollektivbeschleuniger, bei dem Ionen oder Protonen in einen Elektronenring eingeschossen werden) (Nukl) / smokatron n
**Smoked Sheet** (geräuchertes Rohkautschukfell) (Chem Verf) / sheet rubber, smoked sheet (rubber)
**smoken** v (eine Smokarbeit anfertigen) (Tex) / smock v
**SMOW** n (Ozean) / standard mean ocean water, SMOW
**SMOW-Wert** m (Ozean) / standard mean ocean water, SMOW
**SMS** (Fernsp) / short-message service, SMS
**SM-Stahl** m (Hütt) / open-hearth steel
**SM-Stahlwerk** n (Hütt) / open-hearth furnace plant, open-hearth shop
**SMTP** (EDV) / Simple Mail Transfer Protocol, SMTP
**S-Multiplikation** f (Math) / scalar multiplication
**SM-Verfahren** n (ein altes Stahlherstellungsverfahren) (Hütt) / open-hearth process*, Siemens-Martin process* ‖ **saures** ≈ (Hütt) / acid open-hearth steel-making process
**Sm-Vergiftung** f (eine Brennstoffvergiftung) (Nukl) / samarium poisoning
**Sn** (Chem) / tin* n
**SN** (Astr) / supernova* n (pl. -ae), SN
**SN** (Bot, Tex) / Bengal hemp, janapan n, sunn hemp, madras n, Bombay hemp, sunn n
**SNA** f (eine hochentwickelte IBM-Systemarchitektur, mit der man die Netzkonfigurationen individuell gestalten kann) (EDV) / systems network architecture (IBM) (SNA)
**Snag** m (Tex) / snag n (a rent or tear in fabric)
**Snagging** n (Tex) / snagging n
**Snaking** n (eine Gierschwingung) (Luftf) / snaking* n
**Snap•-in-Ventil** n (des Reifens) (Kfz) / snap-in valve ‖ ≈**-in-Verdrahtung** f (in der Quetschtechnik) (Eltronik) / snap-in wiring ‖ ≈**-off-Diode** f (ein Varaktor, der ähnlich wie die Step-Recovery-Diode arbeitet) (Eltronik) / snap-off diode
**SNCR** (Chem Verf) / selective non-catalytic reduction, SNCR
**SNCR-Verfahren** n (zur Entfernung von Stickoxiden aus Rauchgasen) (Chem Verf) / selective non-catalytic reduction, SNCR
**Snelliussches Brechungsgesetz** (nach W. Snellius, 1580-1626) (Phys) / Snell's law*
**SNI** (EDV) / subscriber network interface, SNI
**Sniperscope** n (ein Bildwandler) (Opt) / snooperscope n, sniperscope n
**s-Niveau** n (Phys) / s-level* n
**$S_N$1-Mechanismus** m (Chem) / $S_N$1 mechanism
**SNOBOL** n (eine Programmiersprache zur String- und Listenverarbeitung) (EDV) / SNOBOL n
**Snowmobil** n (Kfz) / snowmobile n, skimobile n, snow machine
**Snowout** n (radioaktiver Niederschlag im Schnee infolge Bindung radioaktiver Schwebeteilchen aus der Atmosphäre) (Meteor, Umwelt) / snow-out n
**Snow-washed-Denim** n (mit Bleichstoffen bearbeitet) (Tex) / snow-washed denim
**SNQ** (Kernphys) / spallation neutron source*
**SNR** (Maß zur Charakterisierung des durch Rauschen erzeugten Störpegels) (Akus, Radio) / noise ratio*, signal/noise ratio*, speech/noise ratio, signal-to-noise ratio, SNR, S/N ratio* ‖ ≈ (Nukl) / fast sodium-cooled reactor
**$S_N$-Reaktion** f (Chem) / nucleophilic substitution
**SNU** (Einheit der Einfangrate) (Astr) / solar neutrino unit
**SN-Überrest** m (Astr) / remnant n, SN-remnant n
**Snyder-Fisher-Phantom** n (Radiol) / Snyder-Fisher phantom, MIRD-5 phantom
**so gering wie vernünftigerweise erreichbar** (Konzept der Internationalen Strahlenschutzkommission zur Dosisbegrenzung) (Nukl, Radiol) / ALARA*, as low as reasonably achievable*
**Soapstock** m (Chem Verf) / soapstock n
**Sobald-Angabe** f (EDV) / when option
**Sockel** m (unterer Mauerteil, oft durch ein Sockelgesims abgesetzt) (Arch) / socle* n ‖ ≈ (Unterbau einer Säule) (Arch, Bau) / plinth* n ‖ ≈ (Bau) / foot-stall* n, pedestal n ‖ ≈ (Eltech, Eltronik) / header* n ‖ ≈ (von Elektronenröhren) (Eltronik) / base* n ‖ **Ba 16** (Eltech) / small bayonet cap* (SBC) ‖ ≈**-geschoß** n (Bau) / basement n, basement storey, cave n ‖ ≈**-gesims** n (Arch, Bau) / base moulding ‖ ≈**-heizkörper** m (Wärm) / skirting-board radiator ‖ ≈**-leiste** f (Bau) / skirting board*, scrub board, skirting n, baseboard* n, mopboard* n (US), subbase n (US), washboard* n (US) ‖ **-los** adj (Röhre) (Eltronik) / footless adj
**sockeln** v (EDV) / mount on sockets
**Sockel•schaft** m (einer Säule) (Arch) / dado, die* n ‖ ≈**-stift** m (Eltech) / base pin, base prong ‖ ≈**-täfelung** f (Tischl) / dado* n, dado framing ‖ ≈**-wand** f **für eine Säulenreihe** (Arch) / podium* n
**SOD** (Biochem) / superoxide dismutase (SOD)
**Soda** f (Natriumkarbonat) (Chem) / soda n ‖ ≈ (als Ausblühung des Bodens, in den Natronseen) (Min) / natron* n ‖ ≈ (Min) s. auch Trona ‖ **kalzinierte** ≈ (Chem) / calcined soda ‖ **kaustische** ≈ (als Produkt des Kalk-Soda-Verfahrens) (Chem Verf) / caustic soda ‖ **leichte** ≈ (Glas) / light ash ‖ **wasserhaltige** ≈ (Chem) / crystal carbonate, soda crystals, natron n, washing soda, crystal soda, sal soda, salt of soda
**Soda•alaun** m (Min) / sodium alum, soda alum ‖ ≈**kalk** m (Chem) / soda lime ‖ ≈**kalkglas** n (Glas) / soda-lime-silica glass* ‖ ≈**kalkglas** (Glas) / soda-lime glass ‖ **in** ≈**lauge ausgekocht** (Chem Verf) / soda-boiled adj ‖ ≈**lignin** n (Bot, For) / alkali lignin, soda lignin
**Sodalith** n (ein Tektosilikat) (Min) / sodalite* n
**Sodar** m n (ein Windmeßsystem für die unteren Luftschichten) (Luftf, Meteor) / sound detecting and ranging, SODAR* n
**Soda•schmelze** f (Aufber) / black ash*, soda-ash* n ‖ ≈**stein** m (als Produkt des Kalk-Soda-Verfahrens) (Chem Verf) / caustic soda
**Söderberg•-Anode** f (Eltech, Hütt) / Söderberg anode ‖ ≈**-Elektrode** f (für Lichtbogenöfen - nach C.W. Söderberg, 1876-1955) (Eltech, Hütt) / Soderberg electrode
**Sodoku** n (Med) / sodoku* n, rat-bite fever*
**Sodomsapfel** m (Bot, Leder) / bassora gall
**SOD-Technik** f (in der Diamant als Substrat für das Aufwachsen epitaktischer Siliziumschichten benutzt wird) (Eltronik) / silicon-on-diamond technology, SOD technology
**Sofar** n (ein akustisches Ortungssystem) (Nav) / sofar n
**Soffione** f (postvulkanische Exhalation borsäurehaltiger Dämpfe) (Geol) / soffione n (pl. soffioni)
**Soffite** f (Lampe) (Eltech) / tubular lamp
**Soffitte** f (Bau) / ceiling n
**Soffitten•beleuchtung** f (Film) / strip lighting ‖ ≈**lampe** f (für Licherketten oder als Notbeleuchtung) (Eltech) / tubular lamp ‖ ≈**licht** n (Film) / strip light
**SOFIA** n (ein modernes Flugzeugobservatorium) (Astr) / Stratospheric Observatory for Infrared Astronomy (SOFIA)
**sofort lieferbar** / off-the-shelf attr ‖ ~ **löslich** (Nahr) / instant adj
**Sofort•auswertung** f / immediate evaluation ‖ ≈**bildfotografie** f (Foto) / instant photography*, in-camera process ‖ ≈**bildkamera** f (Foto) / instant camera ‖ ≈**druck** m (Druck) / instant printing ‖ ≈**druckverfahren** n (Sammelbezeichnung für berührungslose Druckverfahren, bei denen die Farbübertragung auf den Bedruckstoff ohne materielle Druckform auf fotomechanischem oder elektronischem Wege unter Einbeziehung elektrostatischer Prinzipien erfolgt) (Druck, EDV) / non-impact printing process
**sofortig•e Erholung** (Tex) / instant recovery ‖ ~**e Lieferung** / immediate delivery ‖ ~**e Verarbeitung** (EDV) / demand processing, immediate processing, in-line processing ‖ ~**er Zugriff** (EDV) / fast access, immediate access
**Sofort•setzung** f (HuT) / initial consolidation, initial compression ‖ ≈**startlampe** f (Eltronik) / instant-start fluorescent lamp, cold-start lamp, instant-start lamp ‖ ≈**verarbeitung** f (EDV) / real-time processing ‖ ≈**verfügbarkeit** f (des Materials) / off-the-shelf availability ‖ ≈**verkehr** m (Fernsp) / demand working ‖ ≈**wartung** f / fire-brigade maintenance, emergency maintenance (on a non-scheduled basis) ‖ ≈**zugriff** m (EDV) / fast access, immediate access
**Soft dot** n (Gegensatz zu Hard dot) (Typog) / soft dot ‖ ≈ **failure** f (sporadisch auftauchende Störung, die nach einer gewissen Zeit verschwindetund an einem anderen Ort im Rechnersystem erneut auftaucht) (EDV) / soft failure
**Soft•button** m (figurativer Taster, der mit dem Finger angetippt oder mit der Maus angeklickt werden kann) (EDV) / soft button ‖ ≈**copy** f (Datenträger, denen Informationen nur für die Dauer der Übertragung zugänglich sind) (EDV) / soft copy, transient copy ‖ ≈**cover** n (ein Modewort für Taschenbuch) (Buchb) / soft-cover n, soft-bound n, soft-back n ‖ ≈**disk** f (EDV) / soft disk ‖ ≈**-dot-Verfahren** n (Gegensatz zu Hard dot) (Typog) / soft dot
**soften** v (weich zeichnen) (Foto) / soften v
**Softener** m (Zusatz in der Schlichterei oder Appretur) (Tex) / softener
**Softening point** m (Temperaturangabe einer Viskositätsfixpunkt) (Chem Verf, Phys) / softening point (SP, S.P.), softening temperature (ST)
**Soft•error** m (EDV) / soft error ‖ ≈**error** (in der Halbleitertechnik) (Eltronik) / soft error ‖ ≈**fail** (auf einem fehlgeleiteten Elektron beruhendes Versagen einer elektronischen Anlage) (Eltronik) / soft-fail n ‖ ≈**fehler** m (der gewöhnlich durch erneutes Lesen des Bandes behoben werden kann) (EDV) / soft error ‖ ≈**fonts** m pl (EDV) / soft fonts ‖ ≈**greifer** m (mehrgliedriger Fingergreifer für besonders hohe Flexibilitätsanforderungen) (Masch) / softgripper n ‖ ≈**key** n (eine in ihrer Funktion programmierbare Taste) (EDV) / soft key
**Softlaser** m (Med, Phys) / soft laser
**Soft•linse** f (ein Objektivvorsatz) (Foto, Opt) / soft-focus lens* ‖ ≈**mode** m (ein Schwingungstyp der Atome eines Festkörpers) (Kernphys) / soft mode ‖ ≈**proof** m (Druck) / soft proof ‖ ~**sektoriert** adj (Diskette) (EDV) / soft-sectored adj ‖ ≈**sektorierung** f (der Diskette)

**Softtaste**
(EDV) / soft sectoring ‖ ≃-**taste** f (EDV) / programmable function key, PF key, soft key ‖ ≃-**velours** m (Tex) / soft velours
**Software** f (DIN 44300 und 66230) (EDV) / software* n ‖ **grafische** ≃ (Programme zur Steuerung eines grafischen Systems und zur Erzeugung von Bildern) (EDV) / graphics software ‖ **integrierte** ≃ (EDV) / integrated software ‖ **intelligente** ≃ (EDV, KI) / intelligent software ‖ **kooperative** ≃ (EDV) / cooperative software ‖ **lizensierte** ≃ (EDV) / licensed software ‖ **medizinische** ≃ (EDV) / medical software ‖ **rechnergestütztes** ≃ **engineering** (EDV) / computer-aided software engineering (CASE) ‖ **residente** ≃ (EDV) / resident software ‖ **serienmäßig gefertigte** ≃ (EDV) / packaged software, off-the-shelf software ‖ **systemnahe** ≃ (EDV) / system-oriented software ‖ ≃ f **für Fotoretuschen** (EDV) / photo retouching software ‖ **für mathematische Programmierungssprache** (EDV) / mathematical programming software ‖ ≃ **für Tabellenkalkulation** (EDV) / spreadsheet package ‖ ≃ **in einem Festspeicher** (EDV) / romware n ‖ ≃ **in Menütechnik** (EDV) / menu software ‖ ≃-**Anbieter** m (EDV) / software provider ‖ ≃-**Bibliothek** f (EDV) / software library ‖ ≃-**Dokumentation** f (EDV) / software documentation ‖ ≃-**Engineering** n (EDV) / software engineering ‖ ≃-**Entwicklung** f (EDV) / software development ‖ **rechnerunterstützte** ≃-**Entwicklung** (EDV) / computer-aided software engineering (CASE) ‖ ≃-**Ergonomie** f (menschengerechte Gestaltung interaktiver Programmsysteme) (EDV) / software ergonomics ‖ ≃-**Fehler** m (EDV) / program error, software fault ‖ ~-**gestützt** adj (EDV) / software-based adj ‖ ≃-**Haus** n (das System- und/oder Anwendersoftware entwickelt und herstellt) (EDV) / software house* ‖ ≃-**Interrupt** n (EDV) / software interrupt ‖ ~-**kompatibel** adj (EDV) / software-compatible adj ‖ ≃-**Kompatibilität** f (EDV) / software compatibility ‖ ≃-**Konfigurationsverwaltung** f (EDV) / software-configuration management ‖ ≃-**Lizenzvertrag** m (EDV) / software license agreement, software licence agreement ‖ ≃-**Lokalisierung** f (EDV) / software localization ‖ ≃-**Lokalisierung** (EDV) s. auch Lokalisierung ‖ ≃-**Messung** f (EDV) / software performance evaluation ‖ ≃-**Metrie** f (eine Wissenschaft, die die Programmeigenschaften quantifiziert) (EDV) / software metrics, software measurement ‖ ≃-**Modularität** f (EDV) / software modularity ‖ ≃-**nutzungsvertrag** m (EDV) /software license agreement, software licence agreement ‖ ≃-**Paket** n (vom Anlagenhersteller dem Anwender zur Verfügung gestelltes Programmpaket) (EDV) / applications software*, application software, application package, software package ‖ ≃-**Pflege** f (EDV) / software maintenance ‖ ≃-**Produktionsumgebung** f (EDV) / software engineering environment ‖ ≃-**Projekt** n (EDV) / software project ‖ ≃-**Qualität** f (EDV) / software quality ‖ ≃-**Schnittstelle** f (EDV) / software interface ‖ ≃-**System** n (EDV) / program system ‖ ≃-**Technik** f (Gesamtheit der Prinzipien, Methoden, Verfahren und Hilfsmittel für alle Arbeitsphasen der Programmerstellung) (EDV) / software engineering ‖ ≃-**Technologie** f (als praktische Disziplin) (EDV) / software technology ‖ ≃-**Umgebung** f (EDV) / software environment ‖ ≃-**Unterstützung** f (EDV) / software support ‖ ≃-**Verbesserung** f (EDV) / software enhancement ‖ ≃-**Verkopplung** f (EDV) / software interlinking ‖ ≃-**Vertrag** m (EDV) / software contract, software agreement ‖ ~-**verträglich** adj (EDV) / software-compatible adj ‖ ≃-**Verträglichkeit** f (EDV) / software compatibility ‖ ≃-**Wartung** f (EDV) / software maintenance ‖ ≃-**Werkzeug** n (EDV) / software tool, tool n ‖ ≃-**Zusatz** m (EDV) / software option ‖ ≃-**Zuverlässigkeit** f (EDV) / software reliability
**Softy-Leder** n (sehr weiches und schmiegsames Leder) (Leder) / softy leather
**Sog** m (Brandung) (Ozean) / undertow n ‖ ≃ (unterdruckbedingte saugende Wirkung in einem Fluid oder Gas) (Phys) / suction n ‖ ≃ (Schiff) / suction vortex, wake n ‖ ≃-**last** f (Bau) / suction-wind load
**SO-Gruppe** f (Kernphys) / SO-group n
**SOHC-Motor** m (mit einer obenliegenden Welle) (V-Mot) / sohc engine
**Sohio-Akrylnitril-Verfahren** n (zur Erzeugung von Akrylnitril durch katalytische Oxidation von Propen und Ammoniak in einer Wirbelschicht aus Katalysatorpartikeln) (Chem Verf) / Sohio process (Standard Oil of Ohio)
**Sohl•- und Vacheleder** n (Leder) / sole leather, bottom leather, bottoming leather ‖ ≃-**absturz** m (Wasserb) / well n ‖ ≃-**bank** f (unterer waagerechter Abschluß der Fensteröffnung) (Bau, Tischl) / sill* n, window sill, window ledge, abutment piece, cill n ‖ ≃-**druck** m (in der Bodenmechanik) (Bau, HuT) / base pressure ‖ ≃-**druck** (Erdöl) / reservoir pressure*, bottom-hole pressure, BHP
**Sohle** f (Lauffläche am Schuh) / sole n ‖ ≃ (die Flächen des Baugrundes) (Bau) / bottom n ‖ ≃ (des Grubengebäudes) (Bergb) / level* n, horizon n ‖ ≃ (der Teil des Grubenraumes, auf der Bergmann im Abraum steht oder in der Strecke fährt) (Bergb) / floor* n, thill n, sill n ‖ ≃ (des Flusses) (Geol, Wasserb) / river bottom, river bed (that relatively flat part of a river channel where water normally flows) ‖ ≃ (des Wannenofens) (Glas) / siege* n, bench n ‖ ≃ (z.B. eines Tunnels, eines Durchlasses, eines Kanals) (HuT) / invert* n (of a culvert, drain, sewer, channel, or tunnel) ‖ ≃ (untere Grenzfläche einer Pflugfurche) (Landw) / bottom n ‖ ≃ (des Strumpfes) (Tex) / sole n ‖ ≃ (des Handhobels) (Tischl, Zimm) / sole* n ‖ **direkt angeschäumte** ≃ (bei Schuhen) / directly moulded sole ‖ **doppelte** ≃ / clump n (a thick extra sole) ‖ **gerippte** ≃ / rippled sole, ripple sole
**Sohlgefälle** n (eines Flusses) (Wasserb) / bed slope (the inclination of the bed of a stream along its course, given as difference in elevation per unit horizontal distance)
**Sohlen•absturz** m (eine Sohlenstufe in Fließgewässern) (Wasserb) / drop in the river bed ‖ ≃-**auftrieb** m (Bergb) / creep* n, heave* n, lift n, upheaval n, boiling-up n, swelling n ‖ ≃-**bau** m (Bergb) / underground stoping ‖ ≃-**bergbau** m (Bergb) / horizon mining ‖ ≃-**beschneidung** f (bei Schuhen) / sole trimming, rough rounding ‖ ≃-**blähen** n (Bergb) / creep* n, heave* n, lift n, upheaval n, boiling-up n, swelling n ‖ ≃-**dichtung** f (bei Wehren) (Wasserb) / bottom seal ‖ ≃-**druck** m (Erdöl) / reservoir pressure*, bottom-hole pressure, BHP ‖ ≃-**färbemaschine** f / sole inking machine ‖ ≃-**fräsmaschine** f / surface trimmer for soles ‖ ≃-**gelenk** n (bei Schuhen) (Leder) / sole waist ‖ ≃-**geschwindigkeit** f (eines Flusses) (Wasserb) / bottom velocity ‖ ≃-**hebung** f (Bergb) / creep* n, heave* n, lift n, upheaval n, boiling-up n, swelling n ‖ ≃-**kleber** m / adhesive for soles (shoe-cementing agent), shoe-cementing agent ‖ ≃-**klebstoff** m / adhesive for soles (shoe-cementing agent), shoe-cementing agent ‖ ≃-**leder** n (Leder) / sole leather, bottom leather, bottoming leather ‖ ≃-**platte** f (des Bügelautomaten) / sole plate ‖ ≃-**profil** n (bei Schuhen) / sole profile ‖ ≃-**riß** m (Leder) / channel n ‖ ≃-**spalt** m (Leder) / sole split ‖ ≃-**stanzen** n (Leder) / sole cutting ‖ ≃-**strecke** f (Grundstrecke) (Bergb) / bottom road ‖ ≃-**tal** n (mit U-förmigem Querschnitt) (Geol) / U-shaped valley, trough valley ‖ ≃-**wert** m (negativer Extremwert eines Meßwertverlaufs) / minimum value, trough value
**söhlig** adj (ohne Einfallen) (Bergb) / horizontal adj, level attr, aclinal adj, aclinic adj, flat adj ‖ ~**e Erzlagerstätte** (Bergb, Geol) / flat of ore ‖ ~**e Firste** (beim Firstenstoßbau) (Bergb) / flatback stope* ‖ ~**e Schubweite** (Geol) / strike slip, strike component ‖ ~**e Sprungweite** (Geol) / horizontal component of dip slip ‖ ~**e Streckenlänge** (Bergb) / run n
**Sohl•leder** n (Leder) / sole leather, bottom leather, bottoming leather n **biegsames, flexibles, normales** ≃-**leder** (meistens für geklebtes Schuhwerk) (Leder) / factory sole leather ‖ ≃-**ledercroupon** m (ein gegerbtes und zugerichtetes Leder aus dem Crouponteil einer Großviehhaut, besonders für die Laufsohle geeignet) (Leder) / sole leather bend ‖ ≃-**loch** n (Bergb) / lifter hole ‖ ≃-**marke** f (Geol) / sole mark* ‖ ≃-**neigung** f (Wasserb) / bed slope ‖ ≃-**platte** f (des Bügelautomaten) / sole plate ‖ ≃-**pressung** f (DIN 1054) (Bau, HuT) / pressure on ground, foundation pressure ‖ ≃-**schwelle** f (Wasserb) / bed sill ‖ ≃-**strecke** f (eine Abbaustrecke) (Bergb) / lift n ‖ ≃-**strecke** (Bergb) / level* n, base road
**Sohn** m (ein Nachkomme in einem binären Baum) / son n ‖ ≃ (Negativ mit erhabener Rillenschrift) (Akus) / stamper n ‖ ≃ (beim Huckepackflugzeug) (Luftf) / parasite n ‖ ≃-**band** n (Band der Sohngeneration) (EDV) / son tape ‖ ≃-**datei** f (EDV) / son file
**Söhngeit** m (einziges oxidisches Ga-Mineral) (Min) / söhngeite n
**Sohnplatte** f (Negativ mit erhabener Rillenschrift) (Akus) / stamper n
**SOHO-Satellit** m (1993 in die Sonnenumlaufbahn gebracht) (Astr) / Solar Heliospheric Observatory, SOHO n
**Soil•-erosion** f (Landw, Umwelt) / soil erosion ‖ ≃-**release** n (Tex) / soil release (SR) ‖ ≃-**release-Ausrüstung** f (Spezialbehandlung von Textilien aus synthetischen Fasern und deren Mischungen mit nativen und regenerierten Zellulosefasern zur verbesserten Ablösung des Schmutzes bei wäßriger Haushaltswäsche) (Tex) / soil-release finish, SR finish ‖ ≃-**release-Mittel** n (Tex) / soil-release agent*, SR agent ‖ ≃-**release-Polymer** n (Chem) / soil-release polymer
**SOI-Technik** f (einkristallines Silizium auf einem Isolator) (Eltronik) / silicon-on-insulator technology
**Soja•bohne** f (aus Glycine max (L.) Merr.) (Nahr) / soya bean, soybean n ‖ ≃-**bohnenkuchen** m (Futtermittel) (Landw) / soya-bean cake, soycake n ‖ ≃-**bohnenleim** m (For, Pap) / soybean glue, soya-bean glue, soya glue ‖ ≃-**fleisch** n (Nahr) / textured vegetable protein, TVP ‖ ≃-**lecithin** n (Nahr) / soybean lecithin, soya lecithin ‖ ≃-**lezithin** n (Nahr) / soybean lecithin, soya lecithin
**Sojaöl** n (Nahr) / soya-bean oil, soybean oil ‖ **epoxidiertes** ≃ (Weichmacher) / epoxidized soybean oil ‖ **geblasenes** ≃ (Nahr) / thermally oxidized soya-bean oil ‖ **oxidiertes** ≃ (Nahr) / thermally oxidized soya-bean oil ‖ **thermooxidiertes** ≃ (Nahr) / thermooxidized soybean oil
**Soja•quark** m (Nahr) / tofu n (a curd made from mashed soya beans) ‖ ≃-**sauce** f (chinesische, indonesische) (Nahr) / soy sauce, soy n ‖ ≃-**schrot** m n (Landw) / soya meal, soy coarse meal ‖ ≃-**soße** f (Nahr) / soy sauce, soy n

**Sokolow-Kamera** f (Ultraschallkamera) / Sokolov camera
**Sol** n (eine Feststoffdispersion) (Chem) / sol* n || **festes** ~ (Chem) / rigid sol || **lyophiles** ~ (Chem) / lyophilic sol || **lyophobes** ~ (Chem) / lyophobic sol
**Solanaceen-Alkaloide** n pl (z.B. Scopolamin oder Atropin) (Pharm) / Solanaceae alkaloids
**Solange-Angabe** f (EDV) / while option
**Solanidin** n (ein Steroidalkaloid) (Chem) / solanidine n
**Solanin** n (ein giftiges Steroidalkaloid der Nachtschattengewächse) (Chem) / solanin n, solanine n
**Solaninbasen** f pl (Chem) / solanine bases
**Solanum•alkaloide** n pl (Gruppe von Steroidalkaloiden aus Nachtschattengewächsen) (Pharm) / solanum alkaloids, solanum steroid alkaloids || **~basen** f pl (Chem) / solanine bases || **~steroidalkaloide** n pl (Pharm) / solanum alkaloids, solanum steroid alkaloids
**solar** adj (zur Sonne gehörend, die Sonne betreffend) (Astr) / solar adj, sun attr || **~es Rauschen** (kosmisches Rauschen, dessen Ursache die Sonne ist) (Astr) / solar radio noise*, solar noise || **~es Teilchen** (Phys) / solar particle || **~er Wind** (ständig von der Sonne abströmender Partikelstrom, der den interplanetaren Raum erfüllt und auch die Erde einhüllt - von der Sonde GENESIS untersucht) (Astr) / solar wind*
**Solar Neutrino Unit** f (Astr) / solar neutrino unit
**Solar•-** (zur Sonne gehörend, die Sonne betreffend) (Astr) / solar adj, sun attr || **~absorber** m (Kollektor ohne Isolierverglasung) / solar absorber || **~architektur** f (Arch) / solar architecture, solar-responsive architecture || **~batterie** f (eine Kombination mehrerer Solarzellen) (Eltech) / solar battery || **~dachziegel** m (Bau) / solar tile || **~energie** f (Phys) / solar energy, sun energy, solar power || **~farm** f (Eltech, Umwelt) / solar farm || **~farmanlage** f (Eltech, Umwelt) / solar farm || **~flug** m (Luftf) / sun flight || **~flugzeug** n (Luftf) / solar-powered aircraft, SPA, solar aircraft || **~generator** m (z.B. an Bord von wiederverwendbaren Raumtransportern) / solar generator || **~haus** n (Bau) / solar house || **~heizsystem** n (Wärm) / solar heating system || **~heizung** f (Wärm) / solar heating
**Solarimeter** n (ein Schwarzflächenpyranometer) (Phys) / solarimeter* n
**Solarisation** f (schwache Verfärbung des Glases durch längere Sonnenlichteinwirkung) (Foto, Glas) / solarization* n
**solarisieren** v (Foto, Glas) / solarize v
**Solar•jahr** n (Astr) / solar year, astronomical year, equinoctial year, tropical year* || **~kollektor** m / solar collector, solar thermal collector || **~konstante** f (extraterrestrische Sonnenstrahlungsintensität - nach DIN 5031, T 8) (Phys) / solar constant* || **~kraftwerk** n (Eltech) / solar power station, heliostation n, solar thermal power unit || **~kühlung** f (Nutzung der Sonnenenergie zur Kälteerzeugung) / solar cooling || **~mobil** n (Elektrofahrzeug, das seine Antriebsenergie aus der Umwandlung von Sonnenenergie bezieht) / solar mobile || **~modul** n (die Zusammenschaltung von Solarzellen zu einem ebenen Sonnenenergiewandler) (Eltech, Physik) / solar module || **~motor** m (Masch) / solar engine || **~ofen** m / solar furnace, image furnace || **~ofen** s. auch Sonnenturm || **~öl** n (veraltete Bezeichnung für ein bei der Destillation von Braunkohlenteer anfallendes Mittelöl vom Siedebereich 144 - 255 °C) (Kftst) / solar oil* || **~paneel** n (Eltech) / solar cell panel, solar panel* || **~panel** n (Eltech) / solar cell panel, solar panel* || **~rechner** m in Scheckkartengröße (EDV) / card-size solar calculator || **~schüssel** f (in der Heliotechnik) / solar dish || **~stearin** n (Nahr) / solarstearine || **~strom** m (Eltech) / solar cell current || **~technik** f / heliotechnology n, solar engineering, solar energy technology, solar power engineering || **~terrestrisch** adj (Physik) (Geophys) / solar-terrestrial adj || **~terrestrische Erscheinungen** (Auswirkungen der Sonnenaktivität auf Vorgänge in der Erdatmosphäre und an der Erdoberfläche) (Geophys) / solar-terrestrial phenomena || **~thermisches Kraftwerk** (Eltech) / solar power station, heliostation n, solar thermal power unit || **~turm** m / solar tower || **~turmkraftwerk** n (in der Heliotechnik) / cetral receiver system, CRS || **~wind** m (ständig von der Sonne abströmender Partikelstrom, der den interplanetaren Raum erfüllt und auch die Erde einhüllt - von der Sonde GENESIS untersucht) (Astr) / solar wind* || **~zelle** f (Oberbegriff für alle Arten von Halbleiterelementen, die Licht direkt in elektrische Energie umwandeln) (Eltronik) / solar cell* || **~zelle mit Heteroübergang** (Eltronik) / heterojunction solar cell || **~zelle mit ungleichartigem Übergang** (Eltronik) / heterojunction solar cell || **~zellenanordnung** f (z.B. als Solargenerator) (Eltronik) / solar cell array, solar array* || **~zellenpaneel** n (Eltech) / solar cell panel, solar panel* || **~zellenstrom** n (Eltech) / solar cell current
**Sole** f (wäßrige Kochsalzlösung oder technische Lösung sonstiger Salze) (Chem Verf) / brine n || **kalte** ~ (bei der Solekühlung) (Chem Verf) / cold brine, cool brine || **metallführende** ~ (Aufber, Bergb) / metalliferous brine
**Soleil** m (Tex) / soleil n
**Solekühlung** f (mit Sole als Kälteträger) (Chem Verf) / brine refrigeration, brine cooling
**Solenoid** n (einlagige Wicklung eines dünnen Drahtes auf einem zylindrischen Kunststoffrohr) (Eltech) / solenoid* n || **~feld** n (Meteor) / meteorological solenoid || **~magnet** m (Eltech) / solenoid magnet || **~relais** n (Eltech) / solenoid relay* || **~spektrometer** n (Nukl) / solenoidal spectrometer
**Sole•pumpe** f (Masch) / brine pump* || **~quelle** f (gebohrte) / salt-well n || **~salz** n (Nahr) / grainer salt || **~umlaufkühlung** f (mit Sole als Kälteträger) (Chem Verf) / brine circulation cooling
**Solfatare** f (postvulkanische Wasserdampfexhalation, die $H_2S$ enthält) (Geol) / solfatara* n
**Sol•-Gel-Methode** f (Chem, Glas) / sol-gel process || **~-Gel-Prozeß** m (Chem, Glas) / sol-gel process
**solid** adj (Finanzierung) / solid adj
**solide** adj (Chem) / solid adj
**Solidensation** f (Chem, Phys) / ablimation n, solidensing n, desublimation n
**Solidensieren** n (Chem, Phys) / ablimation n, solidensing n, desublimation n
**Solid-state-Batterie** f (Eltech) / solid-state battery
**Solidus** m (Hütt) / solidus* n, solidus curve || **Bereich unter** ~ (Hütt) / subsolidus region || **~kurve** f (Kurvenzug, der in binären Systemen die Temperaturpunkte verbindet, bei denen ein Stoffgemisch vollständig erstarrt ist) (Hütt) / solidus* n, solidus curve
**Solifluktion** f (Geol) / solifluction* n, earthflow n, soil flow, soil fluction, solifluxion* n (in periglazialen Gebieten) (Geol) / congeliturbation n, congelifluction n, frost stirring
**Soligen** n (Blei-, Kobalt- und Mangansalze der Naphthensäure) (Chem) / soligen n
**Solion** n (ein elektrochemisches Bauelement, das auf der Ionenbewegung in Lösungen beruht) (Chem, Phys) / solion n
**solitär•e Welle** (Phys) / soliton n, solitary wave || **~ Baum** m (Kart) / solitary tree || **~baum** m (For, Kart) / single tree || **~baum** m (Kart) / solitary tree
**Soliton** n (nicht zerfließende Welle) (Phys) / soliton n, solitary wave
**Solkurve** f (Fließkurve, die der niedrigeren Viskositätslage entspricht - DIN 1342, T 1) (Phys) / sol curve
**Soll** n (kleine Bodensenke) (Geol) / key n
**Soll•-** (nominell) / nominal adj || **~-** / rated adj, design attr || **~bahn** f (Nukl) / stable orbit || **~bruchglied** n (Masch) / breaking piece*, breaking point || **~bruchteil** n (DIN 31051) (Masch) / breaking piece*, breaking point || **~druck** m (Regeln) / set pressure, pressure to be maintained
**Sollenslogik** f (die die formale Struktur von Normen behandelt) / deontic logic
**Soller-Blende** f (für die Röntgendiffraktometer) (Radiol) / Soller slit, Soller collimator
**Soll•flugbahn** f (Raumf) / desired trajectory, intended trajectory || **~frequenz** f (Fernm) / listed frequency || **~informationsregister** n (EDV) / scheduled-data information register || **~kennlinie** f (statische Kennlinie, die ein ideales Gerät eines bestimmten Typs haben soll) / index characteristic, set characteristic || **~konzept** n (die an die Ist-Analyse anschließende Phase) (EDV) / reference concept || **~kreisradius** m (bei zyklischen Beschleunigern) (Nukl) / equlibrium radius || **~maß** n (DIN 7182, T 1) / desired dimension, desired size || **~strom** m (Regeln) / set current || **~temperatur** f / required temperature, set temperature || **~wert** m (eine konstante Führungsgröße) (Regeln) / desired value (reference input), control point*, set point*, index value, set value || **~wertabweichung** f (Regeln) / deviation error || **~wertgeber** m (eine Baugruppe eines Regelkreises) (Regeln) / set-point generator || **~wirkungsgrad** m (Eltech) / declared efficiency* || **~zuverlässigkeit** f / desired reliability, design reliability
**Solnhofen•er Lithografiestein** (Solnhofen, Mittelfranken) (Geol) / Solnhofen stone, Solenhofen stone* || **~er Plattenkalk** (Solnhofen, Mittelfranken) (Geol) / Solnhofen stone, Solenhofen stone* || **~er Schiefer** (Solnhofen, Mittelfranken) (Geol) / Solnhofen stone, Solenhofen stone*
**Solochrome-Schwarz** n (ein Chromierungsfarbstoff der Firma ICI) (Chem) / Solochrome black*
**Solod** m (ein Salzboden) (Landw) / solod n, salt-earth podzol, Soloth soil
**Solomaschine** f (Kfz) / solo motor cycle
**Solonetz** m (ein Salzboden) (Geol, Landw) / solonetz n, black alkali soil, Solonetz soil, solonets n
**Solonez** m (Geol, Landw) / solonetz n, black alkali soil, Solonetz soil, solonets n
**Solontschak** m (ein Salzboden) (Geol, Landw) / solonchak n, Solonchak soil, white alkali soil

**Sols** *pl* (eine Durchbrucharbeit) (Tex) / Teneriffe lace
**Solstitium** *n* (pl. -tien) (Astr) / solstice* *n*
**solubel** *adj* (Chem) / soluble *adj*, solvabel *adj* ‖ **soluble RNA** (Biochem) / t-RNA* *n*, transfer RNA*, s-RNA, soluble RNA
**Solubilisation** *f* (Löslichmachung eines in einer bestimmten Flüssigkeit unlöslichen Stoffes durch Zusatz von Lösungsvermittlern) (Chem) / solubilization *n*
**Solubilisierung** *f* (Löslichmachung eines in einer bestimmten Flüssigkeit unlöslichen Stoffes durch Zusatz von Lösungsvermittlern) (Chem) / solubilization *n*
**Solutier-Prozeß** *m* (Pulv) / Solutier process
**Solutier-Verfahren** *n* (Pulv) / Solutier process
**Solutio** *f* (pl.-ones) (Med, Pharm) / solution *n*
**Solution** *f* (Med, Pharm) / solution *n*
**Solutizer** *m* (Chem) / solubilizer *n*, solutizer *n*, solvent assistant, solution assisant
**Solutizer-Prozeß** *m* (ein Süßungsverfahren für merkaptanhaltige Benzinfraktionen) (Erdöl) / solutizer process*
**Solvat** *n* (im Lösungsmittel unlösliche Anteile bei der Solventextraktion) (Aufber, Chem Verf) / raffinate* *n* ‖ ~ (Chem) / solvate *n*
**Solvatation** *f* (Anlagerung von Lösungsmittelmolekülen an gelöste Teilchen) (Chem) / solvation* *n*
**Solvatationsenergie** *f* (Chem) / solvation energy
**Solvathülle** *f* (Umhüllung der gelösten Moleküle oder Ionen mit den Molekülen des Lösungsmittels) (Chem) / sheath of solvent molecules, solvation shell
**solvatieren** *v* (Chem) / solvate *v*
**solvatisieren** *v* (Chem) / solvate *v*
**solvatisierte Elektronen** (Chem) / solvated electrons
**Solvatisierung** *f* (Chem) / solvation* *n*
**Solvatochromie** *f* (Erscheinung, daß sich bestimmte Stoffe bei Auflösung in verschiedenen Lösungsmitteln unterschiedlich färben) (Chem) / solvatochromism *n*
**Solvay•Soda-Verfahren** *n* (Chem) / Solvay's ammonia soda process*, ammonia-soda process*, Solvay process ‖ ~**-Verfahren** *n* (das wichtigste großtechnische Verfahren zur Gewinnung von Soda - nach E. Solvay, 1838-1922) (Chem) / Solvay's ammonia soda process*, ammonia-soda process*, Solvay process
**Solvens** *n* (pl. -zien od. -tia) (Chem) / solvent* (solv) *n*
**Solvent•entparaffinierung** *f* (Erdöl) / solvent dewaxing ‖ ~**entwachsung** *f* (Erdöl) / solvent dewaxing ‖ ~**extraktion** *f* (Chem Verf) / liquid-liquid extraction*, solvent extraction ‖ ~**fahrt** *f* (Schiffstransport chemischer Güter höchster Gefahrenklasse) (Chem, Schiff) / solvent (-carrying) trade ‖ ~**naphtha** *n* *f* (Handelsbezeichnung für ein Lösungsbenzol - DIN 51633) (Chem) / solvent naphtha* ‖ ~**raffinat** *n* (Chem) / solvent *n* ‖ ~**raffination** *f* (Erdöl) / solvent refining ‖ ~**-Shift** *m* (Spektr) / solvent shift ‖ ~**trocknung** *f* / solvent drying
**Solvo•lyse** *f* (Chem) / lyolysis* *n* (pl. lyolyses), solvolysis* *n* (pl. solvolyses) ‖ ~**lytisch** *adj* (Chem) / lyolytic *adj*, solvolytic *adj* ‖ ~**phob** *adj* (Chem) / solvophobic *adj*
**Solvuslinie** *f* (Hütt, Phys) / solvus *n*, solvus line
**Soma** (pl -ta) *n* (Zool) / soma* (pl -s or -ta) *n*
**somatisch** *adj* (Zool) / somatic* *adj*
**Somato•liberin** *n* (ein Releasinghormon) (Biochem) / somatoliberin *n*, somatotropin releasing hormone, SRH ‖ ~**medin** *n* (ein Peptidhormon) (Biochem) / somatomedin *n*, sulphation factor ‖ ~**statin** *n* (ein Hormon, das die Freisetzung des Somatoliberins hemmt) (Biochem) / somatostatin *n*, somatotropin release-inhibiting factor, SRIF ‖ ~**tropes Hormon** (Biochem) / growth hormone*, GH, somatotropin *n*, somatotropic hormone, STH ‖ ~**tropin** *n* (Biochem) / growth hormone*, GH, somatotropin *n*, somatotropic hormone, STH ‖ **gentechnisch erzeugtes ~tropin** (Biochem) / recombinant bovine somatotropin, recombinant bovine growth hormone
**Somazelle** *f* (Zyt) / somatic cell*
**Somigliana-Versetzung** *f* (Eigenspannungszustand im elastischen Kontinuum) (Phys) / Somigliana dislocation
**Sommait** *m* (Leuzitmonzonit) (Geol) / sommaite* *n*
**Sommelet-Reaktion** *f* (eine Synthesereaktion für Aldehyde) (Chem) / Sommelet process, Sommelet reaction
**Sommelet-Umlagerung** *f* (nach M.M.G. Sommelet, 1877-1952) (Chem) / Sommelet rearrangement
**Sommer•eiche** *f* (Quercus robur L.) (For) / pedunculate oak, English oak ‖ ~**fällung** *f* (For) / summer felling
**Sommerfeld•-Feinstrukturkonstante** *f* (nach A. Sommerfeld, 1868-1951) (Spektr) / fine-structure constant, Sommerfeld fine-structure constant ‖ ~**-Zahl** *f* (Kennzahl zur Bestimmung des Betriebszustandes von ölgeschmierten Gleitlagern) (Masch) / Sommerfeld coefficient
**Sommer•freibord** *m* (Schiff) / summer freeboard ‖ ~**freibord-Tiefgang** *m* (Schiff) / summer draught* ‖ ~**gewebe** *n* (meistens hellfarbig, das sich durch eine gute Luftdurchlässigkeit, durch hohe Wasserdampfdurchlässigkeit und/oder gutes Feuchteaufnahmevermögen auszeichnet) (Tex) / summerweight fabric ‖ ~**holz** *n* (For) / summer wood*, late wood ‖ ~**loch** *n* (ein Nachfragetief) / summer valley
**Sommern** *n* (der rohen Tonschollen) (Keram) / summering *n*, seasoning in summer
**Sommer•öl** *n* (Kfz) / summer-grade oil ‖ ~**rinde** *f* (For) / late bark ‖ ~**schur** *f* (Tex) / summer clip ‖ ~**smog** *m* (Umwelt) / photochemical smog, Los Angeles smog ‖ ~**solstitium** *n* (Astr) / summer solstice* ‖ ~**sonnenwende** *f* (am 21./22. Juni) (Astr) / summer solstice* ‖ ~**tiefgang** *m* (der dem Sommerfreibord entspricht) (Schiff) / summer draught* ‖ ~**-Tiefladelinie** *f* (Schiff) / summer-load waterline* ‖ ~**verdünnung** *f* (schwerflüchtige Verdünnung für Autoreparaturlacke) (Anstr) / slow reducer ‖ ~**zeit** *f* (die im Sommerhalbjahr meist um eine Stunde gegen die Einheits- oder Zonenzeit vorverlegte Uhrzeit) / daylight-saving time, summer time
**Sonagramm** *n* (ein Sprachdiagramm) (Akus) / visible-speech diagram
**Sonar** *n* (Unterwasser-Schallmeßsystem) (Akus) / sonar* *n* ‖ ~**gerät** *n* (Akus) / sonar* *n* ‖ ~**impuls** *n* (Akus) / ping* *n*
**Sonde** *f* (Akus) / sounding probe*, probe* *n* ‖ ~ (Bergb, Eltronik, Geol, Raumf) / probe* *n* ‖ ~ (Erdöl) / well *n*, wellbore *n* ‖ ~ (in der Geoelektrik) (Geophys) / potential electrode ‖ ~ (HuT) / borehole *n*, hole *n* ‖ ~ *f* (Masch) / probe* *n*, sound *n* ‖ ~ (Meteor) / sonde* *n* ‖ **interplanetare ~** (Raumf) / interplanetary probe ‖ **radiometrische ~** (Gerät zur Untersuchung der Radioaktivität von Gesteinen und Gesteinsverbänden sowie zum Auffinden von Lagerstätten radioaktiver Minerale) (Geol) / radiometer *n* ‖ **selbstausfließende ~** (Erdöl) / flowing well, natural flowing well ‖ **selbstlaufende ~** (Erdöl) / flowing well, natural flowing well ‖ **wild eruptierende ~** (Erdöl) / wild well, blowing well ‖ **mit ~(n) untersuchen** / probe *v*
**Sonden•astronomie** *f* (Astr) / space probe astronomy ‖ ~**ballon** *m* (Geophys) / registering balloon ‖ ~**ballon** (Meteor) / sounding balloon*, balloon sonde ‖ ~**gas** *n* (Erdöl) / casinghead gas ‖ ~**röhre** *f* (Eltronik) / dissector tube ‖ ~**spule** *f* (Eltech) / exploring coil*, search coil*, test coil
**Sonder•-** / purpose-built *adj*, purpose-made *adj* ‖ ~**-** / special *adj* ‖ ~**abdruck** *m* (Druck) / offprint* *n*, separate* *n*, reprint *n* ‖ ~**abfall** (Umwelt) / special (hazardous) refuse, hazardous waste, special waste ‖ ~**anfertigung** *f* (von der Serienausführung abweichende Ausführung) / special design, special model, special *n* ‖ ~**anfertigung** (Herstellung) (F.Org) / special production ‖ ~**angebot** *n* / special offer, bargain *n* ‖ ~**angebotspreis** *m* / bargain price ‖ ~**antrieb** *m* (Masch) / special drive ‖ ~**antrieb** (getrennter) (Masch) / separate drive ‖ ~**ausführung** *f* / special design, special model, special *n* ‖ ~**ausgabe** *f* (zusätzliche Ausgabe, meistens wegen eines besonderen Ereignisses) (Druck) / extra *n* ‖ ~**ausgabe** (einmalige, einer Zeitung) (Druck) / special *n*, special edition ‖ ~**ausstattung** *f* / extra(s) *n* pl, special *n* ‖ ~**ausstattung** (auf Wunsch und gegen Aufpreis) (Kfz) / optional equipment, options *pl* ‖ **aufpreispflichtige ~ausstattung** (Kfz) / cost option ‖ ~**bewetterung** *f* (Frischluftversorgung von nicht durchschlägigen Grubenbauen mit Lutten und Luttenlüftern) (Bergb) / auxiliary ventilation ‖ ~**bohrmaschine** *f* (Bohrmaschine für die Massenfertigung) (Masch) / single-purpose drilling machine ‖ ~**draht** *m* (Hütt) / special wire ‖ ~**drehmaschine** *f* (Masch) / special-purpose lathe ‖ ~**druck** *m* (Druck) / offprint* *n*, separate* *n*, reprint *n* ‖ ~**einheit** *f* (gebräuchliche Einheit außerhalb der Einheiten des SI-Systems) / special unit ‖ ~**flug** *m* (Luftf) / extra flight ‖ ~**freigabe** *f* (vor Realisierung - in der Qualitätskontrolle) / production permit ‖ ~**freigabe** (nach Realisierung - in der Qualitätskontrolle) / waiver *n*, concession *n* ‖ ~**glas** *n* (Glas mit gegenüber üblichen /Massen/Gläsern abweichender Herstellung oder Verarbeitung bzw. Anwendung) (Glas) / special glass ‖ ~**graugu**ß *m* (Gieß) / special grey iron ‖ ~**karbid** *n* (Hütt) / alloy carbide ‖ ~**maschine** *f* (Masch) / custom-made machine, custom-built machine ‖ ~**messing** *n* Cu 60 Zn 40 (Hütt) / high-strength brass* ‖ ~**motor** *m* (Eltech) / special-purpose motor ‖ ~**müll** *m* (Abfallstoffe, die nicht zusammen mit normalem Hausmüll und Gewerbeabfall schadlos beseitigt werden können und deshalb von der kommunalen Müllabfuhr ausgeschlossen werden, z.B. Altöl) (Umwelt) / special (hazardous) refuse, hazardous waste, special waste ‖ ~**prioritätslogik** *f* (EDV) / special-priority logic ‖ ~**probe** *f* (eine Bodenprobe) (Bau, HuT) / undisturbed sample ‖ ~**prüfung** *f* / special test ‖ ~**schiff** *n* (Schiff) / special-duty vessel, special-duty ship ‖ ~**schrift** *f* (Typog) / special font ‖ ~**stahl** *m* (z.B. warmfest oder hitzebeständig) (Hütt) / special steel, special treatment steel, STS ‖ ~**vergünstigung** *f* (freiwillige Leistungen zum Gehalt, z.B. ein Firmenwagen) / fringe benefit ‖ ~**verzahnung** *f* (Masch) / special toothing ‖ **[Bundesbahn]** *m* ~**wagen Typ Sümz** (Bahn) / parlor car (US), saloon car (GB), de luxe coach ‖ ~**walzwerk** *n* (Hütt) / special rolling mill ‖ ~**weg** *m* **für Radfahrer** / cycle track, bicycle track, cycleway *n*, route to be used by

pedal cyclists only, bikeway n (US), cycle path ‖ ~werkzeugmaschine f (Masch) / special-purpose machine tool ‖ ~wunsch m / extra n ‖ ~wünsche m pl (genehmigte Abweichungen vom Bauplan gegen Aufpreis) (Bau) / extras* pl, variations* pl ‖ ~zeichen n pl (Klasse grafischer Zeichen, die weder als Buchstaben, Dezimalziffern oder Blanks angesprochen werden können) (Typog) / odd sorts*, sorts* pl, outside sorts*, pi characters*, special characters*, special symbols, additional characters, side sorts* ‖ ~ziehungsrechte n pl (Buchgeld auf Sonderkonten des Internationalen Währungsfonds) / special drawing rights, SDR ‖ ~zubehör n / extra(s) n pl, special n ‖ ~zubehör (auf Wunsch, gegen Preisaufschlag) (Masch) / optional accessory, optional equipment ‖ ~zug m (Bahn) / special train, special n ‖ ~zulage f / extra pay

**sondieren** v / probe v ‖ ~ (Geol) / probe v, pierce v

**Sondierschacht** m (Bergb, HuT) / trial pit*, trial hole, test pit (US), prospect shaft

**sone** (Akus) / sone* n ‖ ~ n (die phonometrische Einheit der Lautheit - nach DIN 1301, T 1) (Akus) / sone* n

**Sonik** f (technische Anwendung von Schallschwingungen) (Phys) / sonics* n

**Sonne** f (Zentralkörper im allgemeinen) (Astr) / sun n ‖ ~ (als Zentralkörper unseres Planetensystems) (Astr) / Sun* n ‖ ~ n f pl (Fehlererscheinung bei der Tiefdruck-Formenherstellung, hervorgerufen von Staubpartikeln, die sich bei der Rasterkopie zwischen Pigmentpapierschicht und Raster festgesetzt haben) (Druck) / sun spots ‖ **an der** ~ **getrocknet** / sun-dried adj ‖ **mittlere** ~ (die sich gleichförmig auf dem Himmelsäquator bewegt) (Astr) / mean sun* ‖ **ruhige** ~ (Astr) / quiet Sun ‖ **wahre** ~ (Astr) / true Sun ‖ ~**fliehend** adj (Biol, Umwelt) / lucifugous adj, heliophobous adj, heliphobic adj, photophobic adj ‖ ~**liebend** adj (Biol, Umwelt) / luciphilous adj, heliophile adj, heliophilous adj, photophilic adj, photophilous* adj

**Sonnen** • - (zur Sonne gehörend, die Sonne betreffend) (Astr) / solar adj, sun attr ‖ ~**aktivität** f (Astr) / solar activity ‖ ~**atmosphäre** f (Astr) / solar atmosphere ‖ ~**batterie** f (Eltech) / solar battery ‖ ~**beständig** adj (Tex) / resistant to sunlight adj, sunfast adj (US), fade-resistant adj ‖ ~**bestrahlt** adj / sunlit adj ‖ ~**bestrahlung** f (Geophys) / solar radiation, solar radiant exposure ‖ ~**bestrahlungsstärke** f (Geophys) / solar irradiance ‖ **direkte** ~**bestrahlungsstärke** (Geophys) / direct solar irradiance ‖ ~**blende** f (Film, Foto) / lens hood*, sunshade n, lens shade ‖ ~**blende** (gepolstert und schwenkbar) (Kfz) / visor n, vizor n, sun visor ‖ ~**blinkgerät** n (Schiff, Verm) / heliograph* n ‖ ~**blumenkernöl** n (Anstr, Nahr) / sunflower oil, sunflower-seed oil ‖ ~**blumenöl** n (Anstr, Nahr) / sunflower oil, sunflower-seed oil ‖ ~**brand** m (Schädigung pflanzlichen Gewebes durch zu starke Sonnenbestrahlung) (Bot, For) / sun scald, sun scorch ‖ ~**brandige Haut** (bei Trocknung in der direkten Sonne) (Leder) / hide with sunburnt parts ‖ ~**brille** f (Opt) / sunglasses pl, shades pl ‖ ~**dach** n (Bau) / sun deck, sun canopy ‖ ~**dach** (Kfz) / sunshine roof, sunroof n, sliding roof ‖ ~**deck** n (Schiff) / awning deck*, sun deck ‖ ~**echt** adj (z.B. Gardinenstoff) (Tex) / resistant to sunlight adj, sunfast adj (US), fade-resistant adj ‖ ~**einstrahlung** f (die von der Sonne zur Erde gelangende Strahlungsenergie, bezogen auf die Zeit- und Flächeneinheit) (Geophys, Meteor) / insolation* n ‖ **diffuse** ~**einstrahlung** (Geophys, Meteor) / diffuse solar radiation, D.S.R. ‖ **direkte** ~**einstrahlung** (Geophys, Meteor) / direct sunlight, direct solar radiation ‖ ~**einstrahlungsschutzwand** f (Bau) / solar screen ‖ ~**energie** f (Phys) / solar energy, sun energy, solar power ‖ **mit** ~**energieantrieb** / solar-powered adj ‖ ~**energiebetrieben** adj / solar-powered adj ‖ ~**energierakete** f (Raumf) / solar propulsion rocket, sun-energy rocket, solar-energy rocket, solar-powered rocket ‖ ~**eruption** f (Astr) / solar flare*, flare* n ‖ ~**eruptionseffekt** m (plötzliche abnorme Verstärkung der Ionisation in der Ionosphäre der Erde als Folge einer chromosphärischen Eruption auf der Sonne) (Geophys, Radio) / solar-flare effect, sudden ionospheric disturbance, sfe, SID ‖ ~**eruptionseffekt** (Geophys, Radio) s. auch Mögel-Dellinger-Effekt ‖ ~**fackeln** f pl (Astr) / faculae* pl, solar faculae ‖ ~**farm** f (großflächige Einrichtung von zusammengeschalteten Solarzellen zur direkten Umwandlung von Sonnenenergie in elektrische Energie) (Eltech, Umwelt) / solar farm ‖ ~**ferne** f (Apsiden) (Astr, Raumf) / aphelion* n (pl. aphelia or aphelions) ‖ ~**fest** adj (Tex) / resistant to sunlight adj, sunfast adj (US), fade-resistant adj ‖ ~**filter** n (Verm) / shade* n ‖ ~**finsternis** f (totale oder partielle) (Astr) / solar eclipse ‖ ~**fleck** m (Astr) / sunspot* n ‖ ~**fleckenrelativzahl** f (Astr) / relative sunspot number, Wolf number, Zurich number ‖ ~**fleckenzyklus** m (etwa 11 Jahre) (Astr) / sunspot cycle ‖ ~**gangnachführung** f (Astr) / sun tracking ‖ ~**getrocknet** adj / sun-dried adj ‖ ~**haus** n (Bau) / solar house ‖ ~**heizkessel** m (Wärm) / solar boiler ‖ ~**heizsystem** n (Wärm) / solar heating system ‖ ~**heizung** f (Wärm) / solar heating ‖ ~**heizungsanlage** f (DIN 4757) (Wärm) / solar heating plant ‖ ~**jahr** n (Astr) / solar year, astronomical year, equinoctial year, tropical year* ‖ ~**kocher** m / solar cooker ‖ ~**kollektor** m (DIN 4757) / solar collector, solar thermal collector ‖ ~**konzentrator** m (in der Heliotechnik) / solar concentrator ‖ ~**korona** f (Astr) / solar corona* ‖ ~**kraftflugzeug** n (Luftf) / solar-powered aircraft, SPA, solar aircraft ‖ ~**kraftmaschine** f (Masch) / solar engine ‖ ~**kraftwerk** n (z.B. Eurelios) (Eltech) / solar power station, heliostation n, solar thermal power unit ‖ ~**kraftwerk auf Erdumlaufbahn** (Eltech) / solar power satellite, SPS ‖ ~**licht** n (Foto, Licht, Opt) / sunlight n ‖ **vom** ~**licht durchfluteter Raum in der obersten Etage** (Bau) / sollar* n ‖ ~**lichtbeständig** adj (Tex) / resistant to sunlight adj, sunfast adj (US), fade-resistant adj ‖ ~**lichtgeschmack** m (ein Aromafehler der Milch) (Nahr) / sunlight flavour ‖ ~**masse** f (Astr) / solar mass (the mass of the sun used as a unit of mass, equal to $1.989 \times 10_{30}$ kg) ‖ ~**motor** m (Masch) / solar engine ‖ ~**nähe** f (Astr) / perihelion* n (pl. -helia or -helions) ‖ ~**ofen** (Heliotechnik) / solar furnace, image furnace ‖ ~**opal** m (Min) / fire-opal* n, girasol n, sun opal, pyrophane n, girasole n ‖ ~**paddel** f (eines Satelliten) (Raumf) / sun-paddle n ‖ ~**parallaxe** f (der Winkel, unter dem der Äquatorradius der Erde vom Sonnenmittelpunkt aus betrachtet erscheint) (Astr) / solar parallax* ‖ ~**pflanze** f (mit großem Lichtbedürfnis) (Bot) / sun plant* ‖ ~**rad** n (in einem Planetengetriebe nach DIN 3998) (Masch) / sun wheel*, sun gear (GB), central gear ‖ ~**rotation** f (Astr) / solar rotation* ‖ ~**schein** n (Meteor) / sunshine n, natural sunshine ‖ ~**scheinautograf** m (Meteor) / sunshine recorder* ‖ ~**scheindauer** f (Meteor) / sunshine duration, duration of sunshine, duration of solar radiation

**Sonnenscheins Reagens** (Phosphormolybdänsäure als Alkaloidreagens) (Chem) / Sonnenschein's reagent

**Sonnenschutz** m (an der Außenseite von Fenstern) (Arch) / brise soleil* ‖ ~**gitterrost** m (Bau) / solar grating, solar grille ‖ ~**glas** n (ein Schutzglas) (Glas) / antisolar glass* ‖ ~**leporello** n (bedruckte Pappe) (Kfz) / cardboard sun shade ‖ ~**mittel** n (z.B. Öl oder Lotion - ein Lichtschutzmittel für menschliche Haut) (Chem, Med) / sunscreen n, suntan preparation ‖ **Wirkstoff** m **des** ~**mittels** (Chem) / sunscreen agent ‖ ~**rollo** n (Kfz) / roller sunshade, roll-up sun screen ‖ ~**wand** f (Bau) / solar screen

**Sonnen** • **segel** n (zur Ausnutzung des Strahlungsdrucks der Sonne) (Raumf) / solar sail, photon sail ‖ ~**seite** f (eines Berges) (Geol) / sonnenseite n (sunny side), adret n ‖ ~**sensor** m (Raumf) / sunseeker* n ‖ ~**simulator** m (Astr) / artificial sun, sun simulator ‖ ~**spektrum** n (Phys, Spektr) / solar spectrum ‖ **kontinuierliches** ~**spektrum mit überlagerten Absorptionslinien** (Geophys) / dark-line spectrum ‖ ~**spitze** f (Tex) / Teneriffe lace ‖ ~**spule** f (DIN 61800) (Spinn) / short traverse cheese ‖ ~**stein** m (Min) / aventurine feldspar*, sunstone* n, heliolite n ‖ ~**stich** m (Folge einer längeren Sonneneinstrahlung) (Med) / insolation* n, sunstroke* n ‖ ~**strahl** m (Geophys) / solar beam, sunbeam n, sunray n ‖ ~**strahldichte** f (Geophys) / solar radiance ‖ ~**strahlungssammler** m (ein Kollektor) / solar collector, solar thermal collector ‖ ~**synchron** adj (Astr) / sun-synchronous adj ‖ ~**system** n (Astr) / Solar System*, solar system ‖ **außerhalb des** ~**systems** (Astr) / extrasolar adj ‖ ~**tag** m (Zeitraum zwischen zwei aufeinanderfolgenden Durchgängen der Sonne durch den Meridian im Norden) (Astr, Meteor) / solar day* ‖ ~**tätigkeit** f (Astr) / solar activity ‖ ~**turm** n (in der Heliotechnik) / solar tower ‖ ~**turm** (mit einem Turmteleskop zur Sonnenbeobachtung - z.B. der Einstein-Turm in Potsdam) (Astr) / solar tower ‖ ~**verdunstung** f / sun evaporation ‖ ~**wärme** f / solar heat ‖ ~**wärme-Speicherteich** m (z.B. in Coya Sur/Chile) / solar pond (a pool of very salty water in which convection is inhibited, allowing accumulation of energy from solar radiation in the lower layers) ‖ **[Sommer-, Winter-]**~**wende** f (Astr) / solstice* n ‖ ~**wind** m (ständig von der Sonne abströmender Partikelstrom, der den interplanetaren Raum erfüllt und auch die Erde einhüllt - von der Sonde GENESIS untersucht) (Astr) / solar wind* ‖ ~**zeit** f (Astr, Meteor) / solar time ‖ **mittlere** ~**zeit** (Astr) / mean solar time*, civil time, MST ‖ **wahre** ~**zeit** (Astr, Meteor) / apparent solar time*, apparent time ‖ ~**zelle** f (Eltronik) / solar cell*

**sonnig** adj / sunny adj ‖ ~**er Drehwuchs** (bei linksgedrehten Stämmen) (For) / counter-clockwise spiral grain, anticlockwise spiral grain, left-handed spiral grain

**Sono** • **boje** f (Radio, Schiff) / sonobuoy* n ‖ ~**chemie** f (Chem) / phonochemistry* n (any chemical change, such as in reaction type or rate, that occurs in response to sound or ultrasound), sonochemistry n ‖ ~**chemie** (Chem) s. auch Ultraschallchemie ‖ ~**gramm** n (Darstellungsform des Amplitudenspektrums eines Schallsignals) (Akus) / sonogram* n ‖ ~**gramm** (Med, WP) / ultrasonogram n, sonogram n (a visual image produced from an ultrasound examination) ‖ ~**katalyse** f (Chem) / sonocatalysis n ‖ ~**lumineszenz** f (bei Anregung durch Schalleinstrahlung) (Phys) / sonoluminescence n ‖ ~**lyse** f (Chem) / sonolysis n (pl. -lyses) ‖ ~**probe** f (für Echolotmessungen) / sonoprobe n

**sonor** adj (Stimme) (Akus) / sonorous adj

**Sonoragummi** *n* (aus dem immergrünen Kreosot-Strauch Larrea tridentata) / sonora gum
**sonstige Betriebszeit** (z.B. für Vorführungen, Bedienerausbildung usw.) (EDV, F.Org) / miscellaneous time, incidental time
**S-Operator** *m* (Kernphys) / scattering operator
**SOP-Gehäuse** *n* (Eltronik) / small outline package (SOP)
**Sophorin** *n* (Chem, Pharm) / cytisine *n*, sophorine *n*, ulexine *n*, baptitoxine *n*
**Sopraporte** *f* (das gerahmte Feld über einer Tür im vornehmen Wohnraum des Barock und Rokoko) (Bau) / overdoor* *n*, sopraporta *n*
**Sorbat** *n* (Salz der Sorbinsäure) (Chem) / sorbate *n* ‖ ~ (Chem, Phys) / sorbate *n*
**Sorbens** *n* (pl. -nzien od. -tia) (Chem, Phys) / sorbent *n*
**sorbieren** *v* (Chem, Phys) / sorb *v*
**sorbierter** (aufgenommener) **Stoff** (Chem, Phys) / sorbate *n*
**Sorbinose** *f* (Chem) / sorbose* *n*
**Sorbinsäure** *f* (Chem) / sorbic acid*
**Sorbit** *m* (ein sechswertiger Zuckeralkohol - E 420) (Chem, Nahr) / sorbitol* *n*, D-glucitol *n* ‖ ~ (eine alte Bezeichnung für ein Gefüge - nach H.C. Sorby, 1826-1908) (Hütt) / sorbite* *n*
**s-Orbital** *n* (Aufenthaltswahrscheinlichkeitsraum für s-Elektronen) (Kernphys) / s orbital
**Sorbitan** *n* (ein vierwertiger Alkohol, der durch Entzug von 1 Mol. Wasser aus Sorbit entsteht) (Chem) / sorbitan *n*
**Sorbitanester** *m* (Chem) / sorbitan ester
**sorbitisch** *adj* (Hütt) / sorbitic *adj*
**Sorbit-Sorbose-Oxidation** *f* (Biochem) / sorbitol-sorbose oxidation
**Sorbose** *f* (eine Ketohexose - Zwischenprodukt bei der Herstellung von Vitamin C) (Chem) / sorbose* *n*
**Soreansche Determinante** (in der Nomografie) (Math) / Sorean's determinant
**Sorelmörtel** *m* (Bau) / Sorel's cement*, magnesia cement*, magnesium oxychloride cement
**Sorelzement** *m* (kein Zement im Sinne der DIN 1164) (Bau) / Sorel's cement*, magnesia cement*, magnesium oxychloride cement
**Sörensen-Puffer** *m* (nach S.P.L. Sørensen, 1868-1939) (Chem) / Sörensen buffer
**Soret-Effekt** *m* (Thermodiffusion in kondensierten Phasen) (Phys) / Soret effect*
**Sorgho** *m* (Nahr) / sorghum *n*
**Sorghum** *n* (Sorghum Moench) (Nahr) / sorghum *n* ‖ **Süßes** ~ (Nahr) / sorgo *n*, sweet sorghum, sugar sorghum
**Soroborat** *n* (Min) / soroborate *n*
**Sorosilikat** *n* (z.B. Thortveitit) (Min) / sorosilicate* *n*
**Sorption** *f* (Chem, Phys) / sorption* *n*
**Sorptions•falle** *f* (mit Molekularsieben oder anderen Sorptionsmitteln gefüllter besonderer Teil einer Vakuumanlage, der zur Erniedrigung des Enddruckes von ölgedichteten rotierenden Pumpen oder von Öldiffusionspumpen eingesetzt wird) (Vakuumt) / sorption trap ‖ ~**getter** *m* (z.B. Tantal, Thorium usw.) (Eltronik) / sorption getter ‖ ~**isotherme** *f* (Beziehungen zwischen dem Wassergehalt und der Wasseraktivität) (Phys) / sorption isotherm ‖ ~**kapazität** *f* (Gesamtmenge an Kationen, die die Tonminerale anzulagern vermögen) (Min) / sorption capacity ‖ ~**kapazität** (die Gasmenge in Litern, die 1 g Stoff zu sorbieren vermag, bzw. das Gasvolumen, bezogen auf Volumen Sorbat) (Phys) / sorption capacity ‖ ~**mittel** *n* (Chem, Phys) / sorbent *n* ‖ ~**pumpe** *f* (eine Getterpumpe, bei der elektrisch neutrale Gasteilchen, die im Verlaufe ihrer Wärmebewegung auf geeignete sorptionsfähige Körper treffen, an oder in diesen festgehalten werden) (Vakuumt) / sorption pump ‖ ~**verhalten** *n* (von hygroskopischen Gütern) / sorption behaviour
**sorptiv** *adj* (Chem, Phys) / sorptive *adj* ‖ ~ (Chem, Phys) / sorbate *n*
**Sorte** *f* / grade *n*, quality *n*, class *n* ‖ ~ (Bot) / strain* *n* ‖ ~ (Bot, Landw) / variety *n*
**Sorten•** - (Bot, Landw) / varietal *adj* ‖ ~**abhängig** *adj* (Bot, Landw) / varietal *adj* ‖ ~**bedingt** *adj* (Bot, Landw) / varietal *adj* ‖ ~**polter** *m n* (zur kurzzeitigen Lagerung) (For) / hot deck* *n* ‖ ~**untypische Pflanze** (z.B. in Vermehrungsbeständen) (Bot, Landw) / rogue* *n* ‖ ~**wein** *n* (Nahr) / brand wine
**Sorter** *m* (EDV) / sequencer *n*, sorter *n*
**Sortier•algorithmus** *m* (EDV) / sort algorithm ‖ ~**band** *n* (im Sägewerk) (For) / green chain ‖ ~**begriff** *m* (EDV) / sort key ‖ ~**datei** *f* (EDV) / sort file
**sortieren** *v* (DIN 1319, T 1) / sort *v* ‖ ~ (nach Qualität) / grade *v* ‖ ~ (von Hand) (Aufber) / pick *v*, sort *v*, wale *v* (GB), cull *v* ‖ ~ (nach Korngrößen) (Aufber, Chem Verf) / size *v*, fractionate *v*, grade by sizes ‖ **auf- oder absteigend** ~ (EDV) / sort in ascending or descending order ‖ **nach der Größe** ~ / size *v*, sort according to size ‖ **neu** ~ / re-sort *v* ‖ ~ *n* / sorting* *n* ‖ ~ (von Hand) (Aufber) / picking *n*, sorting *n*, waling *n* (GB), culling *n* ‖ ~ (nach Qualität) (Tex) / grading *n* ‖ **blockweises** ~ (EDV) / block sort ‖ ~ *n* **auf dem Kippherd** (Aufber) / racking* *n* ‖ ~ **durch Austausch** (EDV) / exchange sort ‖ ~ **durch Auswahl** (EDV) / selection sort, selection sorting, sorting by selection, straight insertion sort ‖ ~ **durch Einschieben** (EDV) / insertion sort ‖ ~ **durch Mischen** (EDV) / merge sort, merged sort ‖ ~ **durch Verschmelzen** (EDV) / merge sort, merged sort ‖ ~ **in Blöcken** (EDV) / block sort ‖ ~ **mit Adreßausgabe** (EDV) / tag sort
**Sortierer** *m* (EDV) / sequencer *n*, sorter *n* ‖ ~ (für Lochkarten) (EDV) / card sorter ‖ ~ (Qualitätskontrolleur des Schnittholzes) (For) / bracker *n* ‖ ~ **der vorexpandierten Kügelchen** (Plast) / bead screener (expandable-bead moulding)
**Sortier•fach** *n* (EDV) / card pocket, pocket *n*, sorter pocket ‖ ~**folge** *f* (EDV) / collating sequence* ‖ ~**kriterium** *n* (EDV) / sort key ‖ ~**leser** *m* (in der Lochkartentechnik) (EDV) / reader sorter ‖ ~**maschine** *f* (Aufber, Masch) / grader *n* ‖ ~**maschine** (EDV) / sequencer *n*, sorter *n* ‖ ~**maschine** (EDV) / card sorter ‖ ~**merkmal** *n* (EDV) / sort key ‖ ~**-Misch-Programmgenerator** *m* (EDV) / sort-merge generator ‖ ~**nadel** *f* (für Lochkarten) (EDV) / sorting needle, sort rod ‖ ~**polter** *m n* (For) / hot deck* ‖ ~**programm** *n* (EDV) / sorting program, sort program ‖ ~**programmgenerator** *m* (EDV) / sort generator ‖ ~**regel** *f* (For) / grading rule ‖ ~**schlüssel** *m* (EDV) / sort key ‖ ~**strecke** *f* (For) / sorting line
**sortiert, nicht** ~ / unsorted *adj*
**Sortierung** *f* / sorting* *n* ‖ ~ (eine Art Anreicherung) (Aufber) / sorting *n*, separation *n* ‖ **falsche** ~ (EDV) / missort *n* ‖ **magnetische** ~ (Aufber) / magnetic separation ‖ ~ *f* **nach der Farbe** / colour sorting
**Sortier•waage** *f* (Spinn) / quadrant *n* (a balance) ‖ ~**wert** *m* (z.B. Position eines Buchstabens im Alphabet) (EDV) / sorting value
**Sortiment** *n* / range *n*, collection *n*
**Sortimentausbeute** *f* (Leder) / grading result
**Sortimentsbuchbinderei** *f* (Buchb) / craft bookbinding, miscellaneous binding
**Sort-Programm** *n* (EDV) / sorting program, sort program
**SOS** *f* (beidseitig nicht glatte poröse Faserplatte) (For) / SOS (smooth O sides)
**Sosoloid** *n* (Chem) / sosoloid *n* (a system consisting of particles of a solid dispersed in another solid)
**soßen** *v* / sauce *v*
**soßieren** *v* (Tabak) / sauce *v*
**SOS•-Technik** *f* (heute kaum benutzt) (Eltronik) / silicon-on-sapphire technology, SOS technology ‖ ~**-Technologie** *f* (Eltronik) / silicon-on-sapphire technology, SOS technology
**Souffleur, mechanischer** ~ (Film, TV) / autocue *n* ‖ **mechanischer** ~ (Film, TV)
**Soufflierrolle** *f* (Film, TV) / autocue *n*
**Sound** *m* (Klangwirkung) (Akus) / sound *n* ‖ ~**anlage** *f* (eine Stereoanlage) (Akus) / sound system ‖ ~**blaster** *n* (Soundkarte von Creative Labs, die als Quasi-Standard von vielen anderen Karten emuliert wird) (EDV) / Sound blaster ‖ ~**board** *n* (Akus, EDV) / audio board, sound board, sound card ‖ ~**kabel** *n* (Akus, EDV) / audio cable ‖ ~**karte** *f* (Akus, EDV) / audio board, sound board, sound card ‖ ~**system** *n* (Akus) / sound system ‖ ~**track** *m* (Film) / sound-track* *n*, audio track, stripe *n*
**Soupleseide** *f* (teilweise entbastete) (Tex) / souple silk, souple *n*
**souplieren** *v* (Seide) (Tex) / souple *v*
**soupierte Seide** (Tex) / souple silk, souple *n*
**Source** *f* (Sourceanschluß, Sourceelektrode, Sourcezone nach DIN 41858) (Eltronik) / source *n* ‖ ~**code** *m* (EDV) / source code ‖ ~**folger** *m* (eine Grundschaltung bei Bipolar- und Feldeffekttransistoren) (Eltronik) / source follower ‖ ~**kode** *m* (EDV) / source code ‖ ~**kompatibel** *adj* (Software) (EDV) / source-compatible *adj* ‖ ~**programm** *n* (EDV) / source program ‖ ~**schaltung** *f* (bei Bipolar- und Feldeffekttransistoren) (Eltronik) / source circuit ‖ ~**strom** *m* (Eltronik) / source current ‖ ~**verstärker** *m* (eine Grundschaltung bei Bipolar- und Feldeffekttransistoren) (Eltronik) / source amplifier
**Sourcream** *f* (Nahr) / sour cream
**Soutache** *f* (schmale geflochtene Schnur als Kleiderbesatz) (Tex) / soutache braid, soutache *n*, Russia braid
**Souterrainvorplatz** *m* (Bau) / area* *n*
**Southdown-Wolle** *f* (eine englische Kurzwolle erster Qualität, ursprünglich von den Schafen aus den South Down Hills in Hampshire und Sussex) (Tex) / southdown *n*
**Southern-Blotting** *n* (die von E.M. Southern entwickelte Methode zur Lokalisierung und Identifizierung von klonierten und genomischen DNA-Fragmenten mit Hilfe der Hybridisierungstechnik) (Gen) / Southern blotting, Southern blot*, Southern blot test
**Southern-Transfer** *m* (Gen) / Southern blotting, Southern blot*, Southern blot test
**Soutirage** *f* (eine erzwungene Streustromableitung, bei der im Streustromrückleiter eine Gleichstromquelle liegt) (Eltech) / forced electrical drainage, forced drainage

**Soxhlet** *m* (Chem) / Soxhlet apparatus*, Soxhlet extraction apparatus, Soxhlet extractor, Soxhlet *n* ‖ ~**-Apparat** *m* (nach F.von Soxhlet, 1848-1926) (Chem) / Soxhlet apparatus*, Soxhlet extraction apparatus, Soxhlet extractor, Soxhlet *n* ‖ ~**-Extraktor** *m* (DIN 12602) (Chem) / Soxhlet apparatus*, Soxhlet extraction apparatus, Soxhlet extractor, Soxhlet *n* ‖ ~**-Henkel-Grad** *m* (Säuregrad von Milch) (Nahr) / Soxhlet-Henkel degree
**SOZ** (DIN 51600) (ein Maß für die Klopffestigkeit) (Kfst) / road octane number
**sozialer Wohnungsbau** (Bau) / publicly assisted housebuilding, housing project (US)
**Sozial•gericht** *n* / social security tribunal, social tribunal (US) ‖ ~**Beziehungen** *f pl* **zwischen den** ~**partnern** (F.Org) / industrial relations, labour relations ‖ ~**technologie** *f* (Anwendung des sozialwissenschaftlichen Wissens zur Lösung praktischer Fragestellungen der Gesellschaft) / social engineering
**Soziation** *f* (Bot, Umwelt) / sociation *n*
**Sozietät** *f* (Bot) / society* *n*
**Sozius** *m* (pl. Soziusse - ein Sitz) (Kfz) / pillion *n* ‖ ~ (pl. Soziusse) (Kfz) / pillion passenger, pillion rider ‖ ~**sitz** *m* (für den Beifahrer auf dem Kraftrad) (Kfz) / pillion *n*
**SP** (der die Adresse der nächsten verfügbaren Stapelstelle im Speicher enthält) (EDV) / stack pointer (SP) ‖ ~ (Schw) / hard-facing *n*, hard-surfacing *n*
**Space** *n* (Druck, EDV) / space* (SP) *n* ‖ ~ (Kennzustand des Fernschreibsignals) (Fernm) / space* *n* ‖ ~ **dyeing** (Streckenfärbung) (Tex) / space dyeing* ‖ ~ **Platform** *f* (die mit dem Raumtransporter gestartet wird) (Raumf) / space platform ‖ ~**lab** *n* (eine Nutzlast des Raumtransporters; wiederverwendbares Weltraumlaboratorium) (Raumf) / Spacelab* *n* ‖ ~**-only-Betrieb** *m* (Fernschreibsignalübertragung mit nur einer Kennfrequenz) (Fernm) / space-only operation
**Spacer** *m* (ein DNS-Abschnitt) (Biochem) / spacer *n* ‖ ~ (in der Merrifield-Technik) (Chem) / spacer *n* ‖ ~ (eine kurze Kohlenstoffkette zwischen Matrix und Ligand in der Affinitätschromatografie) (Chem) / spacer *n* ‖ ~ (Brückenglied) (Chem) / spacer *n* ‖ ~**-DNA** *f* (Biochem) / spacer DNA, spacer *n* ‖ ~**gel** *n* (Chem) / spacer gel, stacking gel
**Spaceshuttle** *m* (pl. -s) (Raumf) / space shuttle
**Spachtel** *m f* (Beschichtungsstoff zum Ausgleich von Unebenheiten bzw. Fehlern) (Anstr) / filler* *n*, trowelling compound, surfacer *n*, knife filler, spackling compound, filling paste ‖ ~ (Anstr, Bau) / filling knife for filling and levelling the surface prior to painting, trowel *n*, putty knife (US) (for stopping holes and cracks) ‖ ~ (breiter) (Anstr, Chem) / spatula *n* ‖ ~ *m n* (For) / stopping *n* ‖ **gezahnter** ~ (Bau) / drag* *n*, scratcher* *n*, wire comb* ‖ **mit der** ~ **oder Kelle auftragbar** (Bau) / trowellable *adj* ‖ ~**auftrag** *m* (Anstr) / flat coat
**spachtelbar** *adj* (Kitt) / knife-grade *attr*
**Spachtel•kitt** *m* (eine Spachtelmasse) (Anstr) / painter's putty ‖ ~**masse** *f* (für Dichtungen) (Anstr) / mastix* *n* (a sealing compound) ‖ ~**masse** (DIN 55945) (Anstr) / filler* *n*, trowelling compound, surfacer *n*, knife filler, spackling compound, filling paste ‖ ~**masse** (For) / stopping *n* ‖ ~**messer** *n* (Anstr, Bau) / filling knife for filling and levelling the surface prior to painting, trowel *n*, putty knife (US) (for stopping holes and cracks)
**spachteln** *v* (Anstr, Bau) / trowel *v*, fill *v*, surface *v* ‖ ~ *n* (mit der Spachtelmasse) (Anstr) / trowelling *n*, filling *n*, surfacing *n* ‖ ~ (Bau) / knife filling, knifing *n*
**Spachtel•spitze** *f* (als Mengenangabe) (Chem) / a spatula-point, a +spatula-tipful ‖ ~**spitze** (Stickerei, bei der nach dem Sticken der nicht durch die Stickerei überdeckte Teil des Grundgewebes mit einer Schere herausgeschnitten wird) (Tex) / spachtel lace (curtains) ‖ ~**werkzeug** *n* (Anstr, Bau) / filling knife (for filling and levelling the surface prior to painting), trowel *n*, putty knife (US) (for stopping holes and cracks) ‖ ~**ziehen** *n* (mit dem Spachtelmesser - zum Ausgleich von Unebenheiten bzw. Fehlern) (Bau) / knife filling, knifing *n*
**Spacing** *n* (bei einer Farbkatodenstrahlröhre) (Eltronik) / spacing *n* ‖ ~**wert** *m* (Eltronik) / spacing *n*
**Spacistor** *m* (eine Ausführungsform des Analogtransistors) (Eltronik) / spacistor* *n*
**Spadix** (pl -izes) *m* (kolbig verdickte Blütenachse) (Bot) / spadix* *(pl -ices) n*
**Spagat** *m* (A) / string *n*, cord *n*, twine *n*
**Spaghetti-Code** *m* (EDV) / spaghetti code
**Spaghetti-Kode** *m* (abwertende Bezeichnung für Programme, die nicht nach Methoden und Techniken des modernen Software-Engineerings erstellt wurden) (EDV) / spaghetti code
**Spagnolett** *m* (Bau, Tischl) / cremorne bolt*, espagnolette* *n*, cremone bolt

**Spake** *f* (als Hebel dienende Holzstange) / wood lever ‖ ~ (eine der zapfenförmig über den Rand hinausreichenden Speichen des Steuerrads) (Schiff) / spoke *n*
**spalier•artiges Entwässerungssystem** (Landw) / grapevine drainage, trellis drainage, trellised drainage ‖ ~**latte** *f* (Bau) / lath* *n*, plaster lath
**Spallation** *f* (Kernphys) / spallation* *n*, nuclear spallation
**Spallationsneutronenquelle** *f* (Gerät zur Erzeugung intensiver Neutronenströme durch Beschuß eines Schwermetalltargets mit einem hochenergetischen Protonenstrahl aus einem Linearbeschleuniger oder Synchrotron hoher Stromstärke) (Kernphys) / spallation neutron source*
**Spalling** *n* (Verschleißen von Gewölbesteinen durch mechanisches Abplatzen infolge von Wärmespannungen) (Hütt, Keram, Masch) / spalling *n*
**Spalt** *m* (rechteckiger) / slot *n*, slit *n*, split *n* ‖ ~ / gap *n*, spread *n* ‖ ~ / cleft *n*, fissure *n* ‖ ~ (bei Geräten) (Eltech) / joint *n* ‖ ~ (Opt, Spektr) / slit *n* ‖ **mit** ~ / gapped *adj* ‖ ~ *m* **mit zwei beweglichen Spaltbacken** (Licht) / bilateral slit*
**Spalt•** - / split *adj* ‖ ~**abbildung** *f* (Opt, Spektr) / slit image ‖ ~**akt** *m* (Kernphys, Nukl) / fission event ‖ ~**ausbeute** *f* (Kernphys, Nukl) / fission yield* ‖ ~**axt** *f* (Werkz) / wood-cleaver's axe ‖ ~**bandsägemaschine** *f* (For) / band resawing machine
**spaltbar** *adj* / capable of being split, splittable *adj*, scissile *adj* ‖ ~ (For) / cleavable *adj* ‖ ~ (nach ebenen Flächen) (Geol, Min) / cleavable *adj*, fissile *adj* ‖ ~ (Kernphys, Nukl) / fissile* *adj* (material that will undergo fission upon absorption of a neutron), fissionable* *adj* (material that fissions spontaneously) ‖ ~ (Nukl) / fissionable* *adj* ‖ ~ (Faser) (Spinn) / splittable *adj* ‖ ~**er Stoff** (Nukl) / fissionable material, fissioner *n*, fissile material
**Spaltbarkeit** *f* (For) / cleavability *n* ‖ ~ (Geol, Krist, Min) / cleavage* *n*, cleavability *n* ‖ ~ (Kernphys, Nukl) / fissionability *n* ‖ **flächige** ~ (Geol) / slaty cleavage* ‖ ~ *f* **parallel zur Seitenfläche** (Krist) / lateral cleavage
**Spalt•barriere** *f* (Nukl) / fission barrier ‖ ~**bild** *n* (des Eintrittsspalts) (Opt, Spektr) / slit image ‖ ~**bombe** *f* (Mil) / fission bomb* ‖ ~**breite** *f* (im allgemeinen) / slit width ‖ ~**breite** (der kleinste Abstand von zum Löten oder Schweißen vorbereiteten Teilen) (Schw) / gap width ‖ **spektrale** ~**breite** (Opt) / spectral slit width ‖ ~**bruch** *m* (Sprödbruch mit mikrokristallinen glatten Bruchflächen) (Masch, WP) / cleavage fracture, fracture by cleavage ‖ ~**bruchstück** *n* (Nukl) / fission fragment ‖ ~**dichtung** *f* **mit Fettrillen** (bei Wälzlagern) (Masch) / gap seal with grease grooves ‖ ~**durchbruch** *m* (Eltech) / gap breakdown*
**Spalte** *f* / cleft *n*, fissure *n* ‖ ~ (Druck, Math) / column *n* ‖ ~ (Geol) / fissure* *n*, chasm *n* ‖ ~ (Riß) (Geol) / crevasse *n*, crevice *n*, rent *n* ‖ **wasserführende** ~ (Geol) / water vein
**Spalt•ebene** *f* (des Schiefers) (Geol) / cleavage plane ‖ ~**einfang** *m* (Nukl) / fission capture
**spalten** *v* / split *v* ‖ ~ (Holz, Haut, Leder) / split *v* ‖ ~ (Biol) / segregate *v* ‖ ~ (einen Ring) (Chem) / split *v* ‖ ~ (ein Mineral) (Krist, Min) / cleave *v* ‖ ~ (Nukl) / fission *v* ‖ ~ (Spektr) / split *v* ‖ **sich** ~ / cleave *vi* ‖ ~ **aus dem Chrom** (im chromgegerbten Zustand) (Leder) / split after the chrome tannage, split in the blue ‖ ~ *n* / splitting *n* ‖ ~ (Spektr) / splitting *n*
**Spalten•abzug** *m* (Typog) / galley proof*, slip proof* ‖ ~**adresse** *f* (EDV) / column address ‖ ~**adressenimpuls** *m* (Signal für die Spaltenadressierung beim Speichern mit matrixartiger Anordnung der Speicherzellen, z.B. bei RAMs) (EDV) / column address strobe ‖ ~**ausbruch** *m* (Geol) / fissure eruption ‖ ~**binäre Kodierung** (EDV) / Chinese binary* (representation), column binary* ‖ ~**boden** *m* (Landw) / grid *n* ‖ ~**draht** *m* (EDV) / Y read-write wire ‖ ~**eruption** *f* (Geol) / fissure eruption ‖ ~**frostverwitterung** *f* (Geol) / frost wedging ‖ ~**index** *n* (Math) / column index ‖ ~**längslage** *f* (Druck) / columns around* ‖ ~**matrix** *f* (Math) / column vector*, column matrix (a matrix with exactly one column) ‖ ~**öl** *n* (in Gesteinsspalten vorkommendes Erdöl) (Erdöl) / crevice oil ‖ ~**quelle** *f* (ein Quellentyp) / fracture spring, fissure spring ‖ ~**querlage** *f* (Druck) / columns across* ‖ ~**rang** *m* (einer Matrix) (Math) / column rank ‖ ~**sieb** *n* (bei Mähdreschern) (Landw) / grid *n* ‖ ~**überschrift** *f* (Druck) / column heading, column head ‖ ~**vektor** *m* (Math) / column vector*, column matrix (a matrix with exactly one column) ‖ ~**wasser** *n* (Geol) / cleft water, crevice water
**Spalt•ereignis** *n* (Kernphys, Nukl) / fission event ‖ ~**fähig** *adj* (Nukl) / fissionable* *adj* ‖ ~**fähigkeit** *f* (Kernphys, Nukl) / fissionability *n* ‖ ~**faktor** *m* (Eltronik) / gap factor* ‖ ~**faser** *f* (Spinn) / split fibre, fibrillated fibre ‖ ~**fasergarn** *n* (Spinn) / fibrillated yarn, split yarn ‖ ~**fasertechnik** *f* (Herstellungstechnik für Fasern aus Folienfilamenten, die durch geringe mechanische Einwirkung in Längsfibrillen aufgespalten werden) (Spinn) / fibrillation *n* ‖ ~**fehler** *m* (Leder) / splitting damage ‖ ~**feldmagnet** *m* (Kernphys) / split-field magnet, SFM ‖ ~**festigkeit** *f* (For) / splitting resistance ‖ ~**festigkeit** (Pap) / bonding strength, interlaminar strength ‖ ~**festigkeit** (eines

**Spaltfilter**

Schichtstoffs) (WP) / interlaminar strength ‖ ⁓**filter** n (heute meistens durch Papierfilter ersetzt) (Chem) / edge filter* ‖ ⁓**fläche** f (Min) / plane of cleavage, cleavage plane ‖ ⁓**flügel** m (ein Hochauftriebsmittel) (Luftf) / slotted aerofoil*, slotted wing ‖ ⁓**fragment** n (Nukl) / fission fragment ‖ ⁓**fuge** f / split n ‖ ⁓**fuge** (bei Dachsparren) (Bau) / split n ‖ ~**füllender Klebstoff** (mit Spaltüberbrückungsvermögen) / gap-filling adhesive ‖ ⁓**garn** n (Tex) / thrown silk, nett silk, net silk, mouliné twist ‖ ⁓**gas** n (Erdöl) / cracker gas, cracking gas, cracked gas ‖ ⁓**gas** (bei der Kernspaltung entstehendes gasförmiges Spaltprodukt, z.B. Kr-85) (Nukl) / fission gas ‖ ⁓**gift** n (ein Reaktorgift, das ein Spaltprodukt ist) (Nukl) / fission poison* ‖ ⁓**glimmer** m (über 0,178 mm) (Eltech) / block mica ‖ ⁓**glimmer** (bis 0,028 mm dick und 1 cm$^2$) (Eltech) / mica flake ‖ ⁓**glimmer** (0,015 - 0,028 mm dick und über 1 cm$^2$) (Eltech) / mica splittings ‖ ⁓**glimmer** (Eltech) / splittings pl ‖ ⁓**holz** n (Scheitholz) (For) / split billets ‖ ⁓**holz** (For) / splitwood n, cleft wood ‖ ⁓**kammer** f (Neutronendetektor mit guter Diskriminierung gegenüber anderen Strahlenarten) (Nukl) / fission chamber* ‖ ⁓**keil** m (mit einem rechtwinklig abgeknickten Haltegriff - zur Schindelherstellung) (For) / froe n, frow n ‖ ⁓**keil** (zum Holzhacken) (For) / splitting wedge, cleaving wedge ‖ ⁓**keil** (hinter einem Kreissägeblatt angebrachter Stahlblechkeil zur Offenhaltung der Schnittfuge und somit gegen Klemmungen und Rückschlag des Holzes) (For) / riving knife, river n, splitter n, spreader wheel ‖ ⁓**keilprobe** f (WP) / WOL specimen, wedge-opening load specimen ‖ ⁓**kette** f (Kernphys, Nukl) / fission chain*, fission decay chain ‖ ⁓**klappe** f (ein Hochauftriebsmittel) (Luftf) / slotted flap*, slot flap ‖ ⁓**korrosion** f (auf Stellen kleinerer Sauerstoffkorrosion - Spalten, Poren, Risse; z.B. bei punktgeschweißten Blechen) (Nukl) / crevice corrosion* ‖ ⁓**lampe** f (Gullstrandlampe) (Mikros) / slit lamp ‖ ⁓**leder** n (Leder) / split n, split leather ‖ **leichtes** ⁓**leder** (Buchb, Leder) / buffing leather ‖ ⁓**löten** n (durch kapillaren Fülldruck) / gap soldering ‖ ⁓**material** n (Nukl) / fissionable material, fissioner n, fissile material ‖ ⁓**messer** n (For) / riving knife* ‖ ⁓**nachgerbung** f (Leder) / split retannage ‖ ⁓**neutron** n (das bei einer Kernspaltung frei werdende Neutron) (Kernphys) / fission neutron* ‖ ⁓**nuklid** n (Kernphys, Nukl) / fission nuclide ‖ ⁓**ofen** m (Erdöl) / cracking furnace ‖ ⁓**öffnung** f (Opt) / slit opening ‖ ⁓**paar** n (Opt) / split pair ‖ ⁓**parameter** m (Kernphys) / fission parameter* ‖ ⁓**pflanzung** f (For) / slit planting ‖ ⁓**phase** f (Eltech) / split-phase* n ‖ ⁓**phasenmotor** m (Eltech) / split-phase motor ‖ ⁓**plättchen** n (z.B. bei Glimmer) (Min) / lamella n (pl. lamellae), flake n ‖ ⁓**platte** f (glasiertes Bauelement) (Bau, Keram) / split clinker flag ‖ **keramische** ⁓**platte** (DIN 18166) (Bau, Keram) / split tile ‖ ⁓**pol** m (Eltech) / shaded pole* ‖ ⁓**polmotor** m (ein Einphasen-Asynchronmotor geringer Leistung nach DIN 42005) (Eltech) / shaded-pole motor ‖ ⁓**polumformer** m (ein Einankerumformer) (Eltech) / split-pole converter‖

**Spaltprodukt** n (Biochem) / breakdown product, degradation product, decomposition product ‖ ⁓ (Kernphys) / fission product* ‖ ⁓**ausbeute** f (Kernphys, Nukl) / fission yield* ‖ ⁓**reihe** f (Kernphys, Nukl) / fission chain*, fission decay chain ‖ ⁓**-Verfestigungsverfahren** n (Nukl) / fission-product solidification process, FIPS

**Spalt • prüfung** f (For) / splitting test ‖ ⁓**quelle** f (ein Quellentyp) / fracture spring, fissure spring ‖ ⁓**querschnitt** m (der Wirkungsquerschnitt für durch Neutronen induzierte Kernspaltung) (Kernphys) / fission cross-section ‖ ⁓**rate** f (Kernphys, Nukl) / fission rate ‖ ⁓**reaktion** f (Kernphys, Nukl) / fission reaction ‖ ⁓**reaktor** m (Nukl) / fission reactor ‖ ⁓**riemchen** n (Bau) / brick slip, brick tile ‖ ⁓**riß** m (der nach der Fällung aus Kernriß entsteht) (For) / split n ‖ ⁓**riß** (WP) / split n ‖ ⁓**rohrmotor** m (Masch) / canned motor ‖ ⁓**rohrmotorpumpe** f (eine stopfbuchslose Kreiselpumpe) (Masch) / canned-motor pump ‖ ⁓**ruß** m (Chem Verf) / thermal black, thermal decomposition black, thermal carbon black ‖ ⁓**säge** f (Zimm) / rip-saw n, ripping saw ‖ ⁓**sägemaschine** f (For) / slab saw ‖ **hohe** ⁓**schärfe** (Erdöl) / high-severity cracking ‖ **niedrige** ⁓**schärfe** (Erdöl) / low-severity cracking ‖ ⁓**scherfestigkeit** f (WP) / interlaminar shear strength ‖ ⁓**schwelle** f (Kernphys, Nukl) / fission threshold ‖ ⁓**sieb** n / wedge-wire screen ‖ ⁓**spektrum** n (ein Energiespektrum) (Kernphys) / fission spectrum* ‖ ⁓**spur** f (zur radioaktiven Altersbestimmung) (Geol) / fission track ‖ ⁓**spuren-Methode** f (Geol) / fission-track method, fission-track dating ‖ ⁓**stoff** m (Nukl) / fissionable material, fissioner n, fissile material ‖ **in** ⁓**stoff umwandelbar** (Nukl) / fertile* adj ‖ ⁓**stoffgitter** n (Nukl) / lattice* n, reactor lattice ‖ ⁓**stoffverdopplungszeit** f (Nukl) / doubling time*, breeding doubling time ‖ ⁓**strahlröhre** f (Eltronik) / split-beam CRT* ‖ ⁓**stück** n (ein Flachstahl-Rohling) (Masch) / cropped piece ‖ ⁓**überbrückung** f (Schw) / gap bridging, bridging n ‖ ⁓**überbrückungspulver** n (Schw) / gap-bridging powder

**Spaltung** f (Spaltfuge) / split n ‖ ⁓ / splitting n ‖ ⁓ (Biol) / segregation* n ‖ ⁓ (Geol, Krist, Min) / cleavage* n, splitting n ‖ ⁓ (Kernphys, Nukl) / fission* n, nuclear fission* ‖ **binäre** ⁓ (Kernphys) / binary fission ‖ **hydrierende** ⁓ (Erdöl) / hydrocracking n ‖ **induzierte** ⁓ (Kernphys) /

induced fission ‖ **iterierte** ⁓ (Kernphys) / iterated fission ‖ **künstliche** ⁓ (Kernphys) / induced fission ‖ **schnelle** ⁓ (Kernphys) / fast fission* ‖ **spontane** ⁓ (der schwersten Atomkerne) (Kernphys) / spontaneous fission* ‖ **ternäre** ⁓ (Kernphys) / ternary fission, tripartition n ‖ ⁓ f **der Bindung** (Chem) / bond breaking ‖ ⁓ **der Steinplatten** (und/oder Bearbeitung der Kanten) (Bau) / coping* n ‖ ⁓ **des Steins** (mit Stahlkeilen) (Bau) / coping* n ‖ ⁓**en** f pl **pro ursprünglich vorhandene Atome** (Nukl) / fifa n, fissions per initial fissile atom ‖ ⁓ f **von Kristallen** (Krist) / crystallographic cleavage

**Spaltungs • barriere** f (Nukl) / fission barrier ‖ ⁓**einfang** m (Nukl) / fission capture ‖ ⁓**energie** f (Kernphys) / fission energy ‖ **thermischer** ⁓**faktor** (Nukl) / thermal fission factor ‖ ⁓**kettenreaktion** f (Kernphys) / fission chain reaction ‖ **mit natürlicher** ⁓**oberfläche** (die nicht weiter bearbeitet werden muß) (Bau) / self-faced adj (flagstone)* ‖ ⁓**parameter** m (Kernphys) / fission parameter* ‖ ⁓**produkt** n (Kernphys) / fission product* ‖ ⁓**reaktion** f (z.B. bei chemischen Bindungen) (Chem) / cleavage reaction ‖ ⁓**reaktor** m (Nukl) / fission reactor ‖ ⁓**schwelle** f (Schwellenenergie für Spaltung) (Kernphys, Nukl) / fission threshold ‖ ⁓**strahlungschemie** f (Chem) / fissiochemistry n ‖ ⁓**verteilung** f (Kernphys) / fission distribution* ‖ ⁓**wärme** f (Kernphys) / fission heat, heat of fission

**Spalt • vachette** f (Leder, das aus einem Fleischspalt gewonnen wurde) (Leder) / flesh split ‖ ⁓**verluste** m pl (bei Strömungsmaschinen) (Masch) / gap leakage ‖ ⁓**weite** f (z.B. Abstand zwischen Gehäuse und Laufschaufel bei Verdichtern und Turbinen) (Masch) / gap width ‖ ⁓**widerstand** m (Pap) / bonding strength, interlaminar strength ‖ ⁓**widerstand** (WP) / interlaminar strength ‖ ⁓**zähler** m (Nukl) / fission counter ‖ ⁓**zählrohr** n (Nukl) / fission counter tube ‖ ⁓**zone** f (Nukl) / core* n, reactor core

**Spam** n (pl. -s) (EDV) / spam n (irrelevant or inappropriate messages sent on the Internet to a large number of newsgroups or users)

**Span** m / sliver n, splinter n, chip n, splint n ‖ ⁓ (Masch) / chip* n ‖ **anfallende Späne** (For) / abatement n ‖ ⁓ **abheben** (Masch) / machine v, cut a chip

**span • abhebend bearbeiten** (Masch) / machine v, cut a chip ‖ ~**abhebende Bearbeitung** (Masch) / machining n, metal cutting ‖ ⁓**barkeit** f (maschinelle) (Masch) / machinability* n ‖ ⁓**beleimmaschine** f (For) / chip-and-glue blending machine ‖ ⁓**bildung** f (For, Masch) / chip formation ‖ ⁓**brecher** m (DIN 6582) (Werkz) / chip breaker, chip curler (US) ‖ ⁓**brecherklappe** f (Zimm) / break iron*, back iron*, cover iron*, cap iron* ‖ ⁓**brechernut** f (von Zahn zu Zahn versetzte Unterbrechung der Schneiden) (Masch) / chip-breaker slot ‖ ⁓**brecherrille** f (Masch) / chip-breaker slot ‖ ⁓**dicke** f (Masch) / chip thickness ‖ ⁓**dosierung** f (For) / chip batching, chip proportioning

**Spandrille** f (die dreieckige, auf einer Spitze stehende Fläche zwischen Bogen und seiner rechtwinkligen Einfassung) (Arch) / spandrel* n, spandril n ‖ ⁓ (Arch) s. auch Pendentif und Trompe

**Späne • bunker** m (For) / chip bin, particle-collecting bin ‖ ⁓**dosierung** f (For) / chip batching, chip proportioning ‖ ⁓**fangschale** f (For, Masch) / chip pan, chip tray ‖ ⁓**förderer** m (For) / chip conveyor

**spanen** v (Masch) / machine v, cut a chip ‖ ⁓ n (DIN 8589) (Masch) / machining n, metal cutting ‖ ⁓ **mit geometrisch bestimmten Schneiden** (DIN 8589, T 0) (Masch) / machining with geometrically well-defined tool edges ‖ ⁓ **mit geometrisch unbestimmten Schneiden** (DIN 8589, T 0) (Masch) / machining with geometrically undefined tool edges

**spanend** adj (Masch) / metal-cutting adj ‖ ~ **formen** (Masch) / machine v, cut a chip ‖ ~**e Formung** (Masch) / machining n, metal cutting ‖ ~**es Werkzeug** (DIN 6582) (Masch) / cutter* n, edge tool*, cutting tool* ‖ ~**e Zahnradherstellung** (Masch) / gear cutting

**Spaner** m (For) / flaker n, chipper n, hogger n

**Spänetrocknung** f (For) / sawdust drying, chip drying

**Span • fänger** m / chip collector ‖ ⁓**fläche** f (des Sägeblatts) (For) / face* n ‖ ⁓**fläche** (Fläche am Schneidkeil, auf der der Span abläuft - DIN 6581) (Werkz) / face* n (first) ‖ ⁓**flächenabstand** m (von der Fräserachse im Fräserstirnschnitt nach DIN 8000) (Masch) / tooth-face offset, offset n (US) ‖ ⁓**flächenfase** f (Werkz) / face* n (first) ‖ ⁓**flächenverschleiß** m (Verschleiß der Spanfläche des Schneidkeils) (Masch) / face wear ‖ ⁓**form** f (Masch) / chip form, geometrical form of chips ‖ ⁓**formstufe** f (Werkz) / chip breaker, chip curler (US) ‖ ⁓**formteil** n (For) / wood-particle moulding ‖ ⁓**fraktion** f (For) / chip fraction

**Spange** f (Masch) / buckle* n

**Span • geometrie** f (Masch) / chip geometry ‖ ⁓**gut** n (meist aufgearbeitete Holzspäne für die Spanplattenherstellung) (For) / furnish n ‖ ⁓**holz** n (For) / chip wood

**Spaniennarben** m (eine Zurichtart, bei der auf ein Fein- oder Polsterleder ein naturähnlicher Narben aufgepreßt wird) (Leder) / Spanish grain (US)

**spanisch • es Grün** (Chem) / verdigris* n, aerugo n, crystal aerugo ‖ ~**e Seife** / Castile soap, olive-oil Castile soap ‖ ~**es Rohr** (Calamus L.)

(Bot, Tex) / rattan n ‖ ⁓e **Tanne** (Abies pinsapo Boiss.) (For) / Spanish fir ‖ ⁓er **Topas** (ein durch Erhitzen gelbbraun bis braunrot gewordener Amethyst) (Min) / occidental topaz, Spanish topaz*, Madeira topaz* ‖ ⁓es **Verbenenöl** (aus Thymus hiemalis) / Spanish verbena oil

**Spanisch•rot** n (aus dem spanischen Roteisenstein) / Spanish red ‖ ⁓**rot** (in Alkohol und Alkalien löslicher roter Farbstoff des Safflors) (Tex) / carthamus red, Spanish red, Portuguese red ‖ ⁓**weiß** n / pearl white* ‖ ⁓**-Zederteer** m (Pharm) / cade oil, juniper-tar oil

**Span•kammer** f (zwischen zwei Schneiden des Räumwerkzeugs nach DIN 1416) (Masch) / chip space (gullet) ‖ ⁓**kammerradius** m (DIN 1416) (Masch) / foot radius ‖ ⁓**korb** m / chip basket, trug n ‖ ⁓**länge** f (Masch) / chip length ‖ ⁓**leitstufe** f (Werkz) / chip breaker*, chip curler (US) ‖ ⁓**loch** n (Werkz) / escapement n ‖ ~**los** adj (Bearbeitung) (Masch) / chipless adj, non-cutting adj

**Spann•backe** f (Masch) / jaw* n, grip jaw, dog n ‖ ⁓**backe** (Spannelement des Spannfutters) (Masch) / chuck jaw ‖ **bewegliche** ⁓**backe** (des Schraubstocks) (Masch) / chop* n ‖ ⁓**bahn** f (HuT) / prestressing bed, stressbed n ‖ ⁓**balken** m (z.B. eines Hängewerksdachs) (Zimm) / tie-beam* n ‖ **abgesprengter** ⁓**balken** (Zimm) / strut frame, truss-beam* n, trussed frame, strutted frame, strut bracing ‖ ⁓**band** n (Tuch, auf dem Parolen, Werbeslogans etc. angebracht sind) / banner n ‖ ⁓**band** (am Faß) (Masch) / strap n, hoop n

**Spannbeton** m (mit sofortigem Verbund) (HuT) / prestressed concrete*, PC ⁓ **mit nachträglichem Verbund** (HuT) / post-tensioned concrete*, post-stressed concrete ‖ ⁓**bau** m (HuT) / prestressed-concrete construction ‖ ⁓**fertigteil** n (HuT) / precast prestressed-concrete unit ‖ ⁓**rohr** n (DIN 4035) (HuT) / prestressed-concrete pipe ‖ ⁓**rohr** (zylindrisches) (HuT, Schw) / prestressed-concrete cylinder pipe, cylinder prestressed-concrete pipe ‖ ⁓**stahl** m (HuT, Hütt) / prestressing steel

**Spann•bett** n (Schalung im Fertigteilwerk) (HuT) / prestressing bed, stressbed n ‖ ⁓**bewehrung** f (in Bauteilen aus Spannbeton nach DIN 1045) (HuT) / prestressing steel reinforcement ‖ ⁓**bogen** m (Druck) / top blanket*, top sheet* ‖ ⁓**bolzen** m (Spannbeton) (HuT) / pull bolt, pulling bolt ‖ ⁓**buchse** f (Bau) / tubular dowel ‖ ⁓**buchse** (Masch) / chuck bushing, bushing for holding work ‖ ⁓**bügel** m (EDV) / tension arm ‖ ⁓**dorn** m (Vorrichtung zur Aufnahme und Befestigung von Werkzeugen oder Werkstücken in ihren zylindrischen Bohrungen) (Masch) / mandrel* n, mandril* n

**Spanndraht** m (des Fahrdrahts) (Eltech) / bridle* n ‖ ⁓ (des Fahrdrahts der Straßenbahn oder des Obusses) (Eltech) / span wire* ‖ ⁓ (Eltech, HuT) / guy wire, stay wire* ‖ ⁓ (für Spannbeton) (HuT) / prestressing cable ‖ ⁓ (zur Verspannung der Tragflügel) (Luftf) / bracing wire*

**Spanne** f (eines Gerätes) (Instr) / margin n

**Spanneinrichtung** f (Masch) / tensioning device, tensioner n

**spannen** v (Werkstücke auf den Paletten) / load v ‖ ~ vt / stretch vt, tighten v ‖ ~ v (einkleben) (Buchb, Druck) / plate v ‖ ~ (den Verschluß) (Foto) / cock v ‖ ~ (Hütt, Masch) / tension v ‖ ~ (Leder) / strain v ‖ ~ (das Werkstück durch Druck- oder Saugeinrichtung zum Zwecke der Bearbeitung festhalten) (Masch) / clamp v, mount v ‖ ~ (Werkstück im Futter) (Masch) / chuck v ‖ ⁓ n (von Tafeln) (Buchb, Druck) / plating* n ‖ ⁓ (Leder) / straining n

**spannende Arboreszenz** (eines gerichteten Grafen) (EDV) / spanning tree

**Spanner** m (ein Exemplar der Schmetterlingsfamilie Geometridae) (For, Landw, Zool) / geometrid n, geometer moth n ‖ ⁓ (Baugruppe an Werkzeugmaschinen) (Masch) / clamping device n ‖ ⁓ (Riemen-, Ketten-) (Masch) / tightener n ‖ ⁓ (Masch) s. auch Werkstückspanner und Werkzeugspanner ‖ ⁓**raupe** f (For, Landw) / span-worm n

**Spann•faden** m **in Kettrichtung** (Web) / tight end, tight warp ‖ ⁓**faden in Schußrichtung** (Web) / tight pick, tight filling, stretched filling ‖ ⁓**feder** f (Masch) / cocking spring ‖ ⁓**feld** n (einer Freileitung) (Eltech) / span* n (the distance between two transmission-line towers), opening, open width ‖ ⁓**feld** (zwischen zwei Masten) (Eltech) / line section ‖ ⁓**fläche** f (am Werkstück) (Masch) / clamping face ‖ ⁓**futter** n (Masch) / chuck* n ‖ **selbstzentrierendes** ⁓**futter** (Masch) / self-centring chuck*, concentric chuck*, universal chuck* ‖ ⁓**futterschlüssel** m (Werkz) / chuck wrench ‖ ⁓**glied** n (Zugglied aus hochwertigem Spannstahl, das Vorspannung erzeugt) (HuT) / tendon n, stressing tendon ‖ ⁓**gliedkanal** m (HuT) / duct n, cable duct ‖ ⁓**hammer** m (für Klempner und Installateure) (Klemp, Masch) / planisher* n (for metal surfaces), planishing hammer ‖ ⁓**hammer für Kupferschmiede** (Werkz) / coppersmith's hammer* ‖ ⁓**hebel** m (in Trommelbremse, für Feststellbremse) (Kfz) / parking-brake lever ‖ ⁓**hebel für den Selbstauslöser** (Foto) / self-timer lever, setting lever for the self-timer ‖ ⁓**hülse** f (zur kraftschlüssigen Verbindung von Welle und Nabe) (Masch) / clamping sleeve, taper clamping sleeve ‖ ⁓**hülse** (des Kugellagers) (Masch) / withdrawal sleeve, adapter sleeve ‖ ⁓**hydraulik** f (Masch) / hydraulic clamping ‖ ⁓**kabel** n (für Spannbeton) (HuT) / prestressing cable ‖ ⁓**kanal** m (HuT) / duct n, cable duct ‖ ⁓**kette** f (DIN 64 990) (Tex) / stentering chain, tentering chain ‖ ⁓**kette** (Webfehler) (Web) / tight end, tight warp ‖ ⁓**klaue** f (Masch) / faceplate jaw ‖ ⁓**klemme** f (Eltech) / anchor clamp* ‖ ⁓**kloben** m (Stahlklotz mit einer waagerechten Spannschraube, mit der das Werkstück auf dem Tisch der Hobelmaschine gegen Anschlagkloben festgespannt wird) (Masch, Werkz) / clamp dog ‖ ⁓**kopf** m (HuT) / stressing head, pulling head ‖ ⁓**kopf** (Masch) / grip n ‖ ⁓**kraft** f (Zugkraft, mit der die Spannglieder vorgespannt werden) (HuT) / prestressing force ‖ ⁓**kraft** (des Gewebes) (Tex) / expanding power ‖ ⁓**kraft** (Tex) / power n (with elastane fibres), expanding power ‖ ⁓**kraft** (Fähigkeit eines Ökosystems, zum früheren Zustand zurückzukehren) (Umwelt) / resilience* n, resiliency n ‖ ⁓**lack** m (Anstr, Luftf) / dope n ‖ ⁓**lackbehandlung** f (Anstr, Luftf) / doping* n ‖ ⁓**maschine** f (Tex) / stenter* n, tenter* n, tenter frame* n ‖ ⁓**motor** m (meistens ein Hydromotor zum Spannen von Werkstück oder Werkzeug) (Masch) / clamping motor n ‖ ⁓**mutter** f **mit Rechts- und Linksgewinde** (Bau, Masch) / screw shackle*, turnbuckle* n, tension sleeve ‖ ⁓**patrone** f (Masch) / collet chuck*, collet* n ‖ ⁓**plakat** n (ein Werbemittel) / wall banner ‖ ⁓**platte** f (beim Druckguß) (Gieß) / backplate n ‖ ⁓**presse** f (für Spannbeton) (HuT) / stressing jack, jack n (for tensioning prestressing wires) ‖ **hydraulische** ⁓**presse** (HuT) / hydraulic jack ‖ ⁓**rahmen** m (Tex) / stenter* n, tenter* n, tenter frame* n ‖ ⁓**rahmen** (für Sägen) (Werkz) / saw bow, saw frame, saw gate ‖ ⁓**ring** m (Eltech) / V-ring* n ‖ ⁓**ringverschluß** m (Masch) / lock ring, clamp ring ‖ ⁓**rolle** f (des Riementriebs) (Masch) / tightening pulley, idler pulley, guide pulley, tensioning idler ‖ ~**rückiger Wurzelanlauf** (Stammanlauf) (Bot, For) / buttress n ‖ ⁓**rückigkeit** f (Vertiefungen und wulstige Erhöhungen des Stammantels - ein Wuchsfehler) (For) / buttressing n ‖ ⁓**säge** f (For, Zimm) / span saw* ‖ **horizontale** ⁓**säule** (für den Gesteinsbohrer) (Bergb) / stretcher n ‖ ⁓**schiene** f (Web) / easer n, slackener n ‖ ⁓**schienen** f pl (Eltech) / slide-rails pl ‖ ⁓**schläger** m (zum Ausgleichen von Dellen) (Kfz) / bumping blade, slapper n ‖ ⁓**schloß** n (für das Kabeltragseil) / cable adjuster, cable tensioner, cable tensioning device ‖ ⁓**schloß** (Vorrichtung zum Spannen von Drähten, Seilen und Zugstangen) (Bau, Masch) / screw shackle*, turnbuckle* n, tension sleeve ‖ ⁓**schloßmutter** f (DIN ISO 1891) (Bau, Masch) / screw shackle*, turnbuckle* n, tension sleeve ‖ ⁓**schnur** f (der Spannsäge) (For, Tischl, Zimm) / tensioning cord (of the bow-saw) ‖ ⁓**schraube** f (zur Prüfung der Spannungsrißkorrosion) (Galv) / loading bolt ‖ ⁓**schraube** (Masch) / clamping screw, terminal screw ‖ ⁓**schuß** m (Webfehler) (Web) / tight pick, tight filling, stretched filling ‖ ⁓**seil** n (Radio) / guy* n, guy rope ‖ ⁓**seil-Neigungsgerät** n (Bergb, Geol) / taut-line inclinometer ‖ ⁓**stab** m (für Spannbeton) (HuT, Hütt) / prestressing bar n ‖ ⁓**stahl** m (HuT, Hütt) / prestressing steel ‖ ⁓**stahlkorrosion** f (Galv) / prestressing-steel corrosion ‖ ⁓**stange** (zylindrische Stange in der Längsbohrung der Hauptspindel einer Drehmaschine, die die axiale Spannbewegung eines Kraftspannantriebs am hinteren Ende der Spindel auf den Werkstück- oder Werkzeugspanner am Spindelkopf überträgt) (Masch) / draw bar ‖ ⁓**station** f (Seilbahn, Förderer) (Masch) / tension station ‖ ⁓**stelle** f (am Revolverkopf) (Masch) / station* n ‖ ⁓**stelle** (Web) / sticker n, draw-back n, hitch-back n, tieback n, warpholding place ‖ ⁓**stift** n (DIN 1481) (Masch) / tension pin* ‖ ⁓**stock** m (For, Tischl, Zimm) / wooden strip (of the bow-saw) ‖ ⁓**stock** (der Bohr-, Fräs-, Schleif- und Stoßmaschine) (Masch) / machine vice ‖ ⁓**stütze** f (eines Laufwerks) (Mag) / tension post ‖ ⁓**treiben** n (Blechtreibverfahren zur Anfertigung flacher Wölbungen) (Masch) / raising n ‖ ⁓**trommel** f (Masch) / take-up pulley

**Spannung** f (in V) (Elektr, Eltech) / voltage* n, tension* n ‖ ⁓ (starker gerichteter Druck, der bei gebirgsbildenden Vorgängen auftritt) (Geol) / stress n ‖ ⁓ (Hütt) / stress* n ‖ ⁓ (Meßgröße der mechanischen Beanspruchung nach DIN 13316) (Mech, WP) / tension n ‖ **abgehackte** ⁓ (Eltech) / intermittent voltage ‖ **angelegte** ⁓ (Arch, Mech) / applied stress* ‖ **aufgedrückte** ⁓ (Eltech) / impressed voltage ‖ **äußere** ⁓ (Eltech) / external voltage ‖ **bleibende** ⁓ (Eltech) / remanent voltage ‖ **bleibende** ⁓ (Mech) / residual stress, internal stress, self-contained stress ‖ **bleibende** ⁓ (Mech) / internal stress*, residual stress, remaining stress ‖ **ebene** ⁓ (Mech) / plane stress ‖ **eingefrorene** ⁓ (Mech) / frozen stress, frozen-in stress ‖ **eingeprägte** ⁓ (Eltech) / impressed voltage ‖ **elastische** ⁓ (Mech) / elastic stress ‖ **galvanische** ⁓ (Eltech) / Galvani tension, Galvani potential ‖ **induzierte** ⁓ (Eltech) / induced voltage, induced potential ‖ **innere** ⁓ (Mech) / internal stress*, residual stress, remaining stress ‖ **konstante** ⁓ (Eltech) / constant voltage, CV ‖ **kritische** ⁓ (Mech) / critical stress ‖ **linear ansteigende** ⁓ (Eltech) / ramp voltage ‖ **magnetische** ⁓ (DIN 1324, T 1) (Elektr) / line integral of the magnetic field strength ‖ **mittlere** ⁓ (Eltech) / average voltage ‖ **plastische** ⁓ (Mech) / plastic strain ‖ **psphometrische** ⁓ (Fernm) / psophometric voltage* ‖ **richtige** ⁓ / correct tension ‖ [erd]**symmetrische** ⁓**en** (Eltech) / push-pull voltages ‖ **thermische** ⁓ (Mech, WP) / thermal stress, heat stress ‖ **transannulare** ⁓ (Chem) / transannular tension ‖ **treibende** ⁓ (wirksame Spannung nach Abzug der Polarisation) (Eltech) / driving

1141

**Spannung**

potential, driving voltage ‖ **unter** ~ (stehend) (Eltech) / live* *adj*, alive *adj* ‖ **verkettete** ~ (Eltech) / voltage between lines* (in a single- or three-phase system), voltage of the system*, voltage between phases*, line voltage* ‖ **verkettete** ~ (zwischen zwei Leitungsdrähten eines symmetrischen Mehrphasensystems) (Eltech) / mesh voltage* (in a symmetrical polyphase sysem) ‖ **wahre** ~ (im Spannung-Dehnung-Diagramm) (Mech, WP) / true stress ‖ **wechselnde** ~ (Mech) / alternating stress*, fluctuating stress ‖ **wiederkehrende** ~ (die an den Anschlußklemmen der G-Sicherung nach dem Unterbrechen des Stromes auftritt) (Eltech) / recovery voltage* ‖ **zugeführte** ~ (Elektr) / applied voltage ‖ **zulässige** ~ (Eltech) / permissible voltage ‖ **zulässige** ~ (Festigkeitswert des verwendeten Werkstoffes dividiert durch einen Sicherheitsbeiwert) (Mech, WP) / working stress*, allowable stress (the maximum stress officially allowed to be applied to a given material in service) ‖ ~ *f* **gegen Erde** (in Netzen mit geerdetem Mittel- und Sternpunkt die Spannung eines Außenleiters gegen den geerdeten Mittel- oder Sternpunkt; in den übrigen Netzen die Betriebsspannung) (Eltech) / voltage to earth, voltage to ground (US) ‖ ~ **hervorrufend** *adj* ~ *f* **in der ringförmigen Zone um den Grubenbau** (Bergb) / ring stress* ‖ ~**en** *f pl* **in der Umformzone** (Masch) / stresses in the forming zone ‖ ~ *f* **in Flußrichtung** (Eltronik) / forward voltage* ‖ ~ **in Sperrichtung** (Eltronik) / reverse voltage ‖ ~ **in turbulenter Strömung** (Phys) / turbulent stress ‖ ~ **und Stromart** (EDV) / power configuration ‖ ~ **und Typ** (EDV) / power configuration

**Spannung-Dehnung•-Diagramm** *n* (grafische Darstellung der Abhängigkeit der Spannung von der Dehnung, ermittelt am Zugstab unter steigender Belastung bis zum Bruch) (WP) / stress-strain curve* ‖ ~**-Kurve** *f* (WP) / stress-strain curve*

**Spannungsabbau** *m* (Masch, Mech) / stress relief*, stress relieving ‖ ~ (Masch, Mech) s. auch Spannungsrelaxation

**Spannungsabfall** *m* (an einem Leiter) (Eltech) / voltage drop*, fall of potential ‖ ~ (ohmscher) (Eltech) / resistance drop*, resistance voltage drop ‖ ~ (in einer Leitung) (Fernm) / line drop* ‖ **induktiver** ~ (Eltech) / inductive drop* ‖ **innerer** ~ (Eltech) / impedance drop* ‖ **ohmscher** ~ (Eltech) / I.R. drop*, resistance voltage drop ‖ ~ *m* **am Kontakt** (Eltech) / contact voltage drop

**spannungs•abgestimmt** *adj* (Eltronik) / voltage-tuned *adj* ‖ **~abhängiger Widerstand** (Eltronik) / varistor* (QVR) *n*, voltage-dependent resistor, VDR ‖ **~abhängigkeitskoeffizient** *m* (Eltech) / voltage coefficient* ‖ **~absenkung** *f* (Eltech) / voltage depression ‖ **~akustik** *f* (Lehre von den Eigenschaften eines Stoffes bei Schalleinwirkung - in der Werkstoffprüfung Verfahren zum Sichtbarmachen von Spannungen in Bauteilen unter Verwendung von Ultraschallwellen) (Akus, WP) / stress acoustics ‖ **~amplitude** *f* (Mech) / stress amplitude ‖ **~analyse** *f* (an Bauteilen) (Mech) / stress analysis ‖ **~änderung** *f* (Änderung der Ausgangsspannung als Folge einer Änderung der Speisespannung oder des Arbeitsstroms) (Eltech) / voltage regulation* ‖ **~änderung bei gleichbleibender Drehzahl** (Eltech) / inherent regulation* ‖ **~änderung bei Lastwechsel** (Eltech) / regulation* *n* ‖ **~änderungsgeschwindigkeit** *f* (Eltech) / voltage-time response ‖ **~anstieg** *m* **bei kapazitiver Last** (Eltech) / impedance rise* ‖ **~armglühen** *n* (DIN 17014, T 1) (Hütt) / stress relief*, stress relieving ‖ **~aufbau** *m* (Eltech) / voltage build-up ‖ **~ausfall** *m* (Eltech) / voltage breakdown ‖ **~auslösung** *f* (Relais) (Eltech) / shunt tripping ‖ **~berechnung** *f* (Mech) / stress analysis ‖ **~dauerfestigkeit** *f* (Eltech) / voltage life ‖ **technische ~-Dehnungs-Kurve** (WP) / engineering stress-strain curve ‖ **~durchschlag** *m* (Eltech) / dielectric breakdown* ‖ **~einbruch** *m* (leichter) (EDV, Eltech) / power brownout (short-term), brownout *n*, sag *n* ‖ **~einbruch** (Eltech) / voltage drop*, fall of potential ‖ **~ellipse** *f* (Mech) / ellipse of stress ‖ **~entlastung** *f* (Chem Verf, Hütt) / stress relief, stress relieving ‖ **~feld** *n* (Mech) / stress field ‖ **~fest** *adj* (Eltech) / voltage-proof *adj* ‖ **~fest** *adj* (extrem stark gegengekoppelter Operationsverstärker mit Gesamtverstärkung Eins) (Eltronik) / voltage follower ‖ **~frei** *adj* (Mech) / strain-free *adj*, strainless *adj* ‖ **~freie neutrale Faser** (die nach dem Biegen keine Längenänderung aufweist) (Masch, Mech) / neutral axis*, neutral fibre, neutral line ‖ **~freiglühen** *n* (Hütt) / stress relief*, stress relieving ‖ **~fühler** *m* (Eltech) / voltage detector, potential indicator, charge indicator ‖ **~führend** *adj* (Eltech) / live* *adj*, alive *adj* ‖ **~funktion** *f* (Mech) / stress function ‖ **Airysche ~funktion** (Mech) / Airy stress function ‖ **~gefälle** *n* (Eltech) / potential gradient*, voltage gradient ‖ **~gefördert** *adv* (Korrosion) (Galv) / stress-accelerated *adj* ‖ **~gegenkopplung** *f* (eine Gegenkopplung des Vierpols) (Eltech, Eltronik) / voltage feedback* ‖ **~geschichte** *f* (von Werkstoffen) (WP) / stress history ‖ **~gespeiste Antenne** (Fernm) / voltage-fed antenna* ‖ **~gesteuert** *adj* (Eltech) / voltage-controlled *adj* ‖ **~gesteuertes Filter** (Akus) / voltage-controlled filter, VCF ‖ **~gesteuerte Kapazität** (Eltech) / voltage-variable capacitance, VVC ‖ **~gesteuerter Oszillator** (Eltronik) / voltage-controlled oscillator* (VCO) ‖ **~gradient** *m* (Eltech) / potential gradient*, voltage gradient

‖ **~grenze** *f* (Eltech) / voltage limit ‖ **~grobsicherung** *f* (vor Spannungen über 2 000 V) (Eltech) / high-overvoltage protector ‖ **~hypothese** *f* (Mech) / stress hypothesis ‖ **~intensitätsfaktor** *m* (in der Bruchmechanik) (Mech) / stress-intensity factor*, range of stress intensity factor ‖ **~knoten** *m* (Eltech) / voltage node ‖ **~kollektiv** *n* (Mech) / group stress ‖ **~konstanthalter** *m* **mit Z-Diode** (Eltronik) / Zener diode voltage regulator, diode voltage regulator ‖ **~konzentration** *f* (Mech) / stress concentration ‖ **~korrosion** *f* / stress corrosion ‖ **~korrosionsbruch** *m* (durch Zugspannung bei atmosphärischer Korrosion) (Mech) / stress-corrosion cracking ‖ **~korrosionsriß** *m* / stress-corrosion crack ‖ **Mohrscher ~kreis** (grafische Darstellung des Spannungszustandes an einem Materialpunkt - nach O. Mohr, 1835-1918) (Mech) / Mohr's circle (for stress)

**spannungslos** *adj* (Seil) / loose *adj*, limp *adj*, slack *adj* ‖ ~ (Eltech) / cold *adj*, dead *adj*, de-energized *adj*, dry *adj*, currentless *adj* ‖ **~e Merzerisierung** (zur Erzielung eines Stretch-Effekts bei Baumwollgeweben) (Tex) / slack mercerization, mercerizing without tension ‖ **~e Periode** (Eltech) / off-load period

**Spannungs•maximum** *n* (Eltech) / voltage maximum ‖ **elektrischer ~messer** (Eltech) / voltmeter* *n* ‖ **rotierender ~messer** (Eltech) / generating voltmeter, rotary voltmeter ‖ **frequenzselektiver ~messer** (Eltech) / selective voltmeter ‖ **magnetischer ~messer** (Eltech) / magnetic potentiometer* ‖ **~minderung** *f* (Masch, Mech) / stress relief, stress relieving ‖ **~minimum** *n* (Eltech) / voltage minimum ‖ **~nachlaufzeit** *f* (bei Thyristoren) (Eltronik) / storage time ‖ **~nennwert** *m* (Eltech) / voltage rating ‖ **normale Scheibe** (Glas) / strain disk* ‖ **~nullebene** *f* (Mech) / neutral surface*, neutral plane ‖ **~nullfläche** *f* (Mech) / neutral surface, surface of no strain ‖ **~nullinie** *f* (die durch den Schwerpunkt des gesamten beanspruchten Querschnitts geht) (Masch, Mech) / neutral axis*, neutral fibre, neutral line ‖ **~optik** *f* (als Phänomen) (Mech, Opt) / photoelasticity* *n*, photoelastic effect ‖ **~optik** (als experimentelles Verfahren der Spannungsanalyse) (Mech, Opt) / strain analysis (photoelastic) ‖ **~optisch** *adj* (Mech, Opt) / stress-optical *adj* ‖ **~pegel** *m* (in Volt) (Eltech) / voltage level* ‖ **absoluter ~pegel** (Fernm) / through level* ‖ **~pfad** *m* (der mittelbar oder unmittelbar an die Meßspannung anzuschließende Teil des Meßgerätes) (Eltech) / voltage circuit*, pressure circuit* ‖ **~potential** *n* (Elektr) / electric potential* ‖ **~prüfer** *m* (Eltech) / circuit tester ‖ **~prüfer** (ein Prüfgerät) (Eltech) / voltage tester, potential tester ‖ **~prüfer** (Eltech) s. auch Spannungsucher ‖ **~prüfer mit Neonglimmlichtanzeige** (Eltech) / neon tester ‖ **~quelle** *f* (Eltech) / voltage source ‖ **stromgesteuerte ~quelle** (DIN 5489) (Eltech) / current-controlled voltage source ‖ **~referenzdiode** *f* (Eltronik) / voltage reference diode, reference diode* ‖ **~referenzelement** *n* (Schaltung, die an zwei Ausgangsklemmen eine Referenzspannung bei weitgehend variablem Klemmstrom liefert) (Eltech) / reference element ‖ **~regeltransformator** *m* (Eltech) / voltage-regulating transformer ‖ **~regelung** *f* (eines Generators) (Eltech) / regulation* *n* ‖ **~regler** *m* (Eltronik) / voltage regulator, regulator* *n* (voltage) ‖ **galvanische ~reihe** (Chem, Elektr) / galvanic series ‖ **praktische ~reihe** (Chem, Elektr) / galvanic series ‖ **elektrochemische ~reihe** (geordnete Zusammenstellung der chemischen Elemente nach der zunehmenden Größe ihres Normalpotentials) (Chem, Elektr) / electrochemical series*, electromotive-force series (of metals), electrode potential series*, E.M.F. series, activity series, electromotive series*, displacement series, Volta series ‖ **thermoelektrische ~reihe** (Eltech) / thermoelectric series ‖ **~relais** *n* (Eltech) / voltage relay ‖ **~relaxation** *f* (zeitabhängiger Abbau der zur Aufrechterhaltung einer bestimmten Ausgangsverformung erforderlichen Spannung) (Masch, Mech) / stress relaxation ‖ **~relaxationsversuch** *m* (Hütt, WP) / stress-relaxation test ‖ **~resonanz** *f* (beim Reihenschwingkreis) (Eltech) / series resonance ‖ **Spannungsriß** *m* (Hütt) / flake *n*, flake crack ‖ ~ (im allgemeinen) (WP) / stress crack ‖ **~beständig** *adj* (WP) / stress-cracking resistant ‖ **~korrosion** *f* (DIN 50900) (Galv) / season cracking*, stress crack corrosion, SCC, stress-corrosion cracking ‖ **interkristalline ~korrosion** (Galv, Masch) / intergranular stress-corrosion cracking ‖ **transkristalline ~korrosion** (Galv, WP) / transgranular stress-corrosion cracking

**Spannungs•rückgangsauslösung** *f* (Eltech) / undervoltage release*, low-volt release*, undervoltage trip(ping) ‖ **~rückgangsauslösung mit Einschaltsperre** (Eltech) / undervoltage no-close release* ‖ **~sättigung** *f* (Eltech) / voltage saturation ‖ **~scheibe** *f* (Glas) / strain disk* ‖ **~schreiber** *m* (Eltech) / voltage recorder ‖ **~schwankung** *f* (eine Folge von Spannungsänderungen) (Eltech) / voltage fluctuation, voltage variation ‖ **~schwankung** (Welligkeit) (Eltech) / voltage ripple* ‖ **~sicherung** *f* **mit Funkenstrecke und Selbstausblasung** (Eltech) / expulsion gap* ‖ **~singularität** *f* (Mech) / stress singularity ‖ **~spitze** *f* (besonders bei schnellen Digital/Analog-Umsetzern) (EDV) / glitch *n* ‖ **~spitze** (Eltech) /

spike* n ‖ ~**spitze** (Mech) / stress peak, stress concentration ‖ ~**sprung** m (Eltech) / voltage jump ‖ ~**spule** f (des elektrischen Leistungsmessers) (Eltech) / potential coil ‖ ~**stabilisator** m (Eltronik) / voltage regulator, regulator* n (voltage) ‖ ~**stabilisatordiode** f (Eltronik) / voltage-regulator diode ‖ ~**stabilisatorröhre** f (Eltronik) / voltage reference tube*, voltage-stabilizing tube*, voltage-regulator tube*, VR tube ‖ ~**stoß** m (Eltech) / surge n (voltage of an impulsive wave), impulse voltage*, surge voltage, pulse voltage ‖ ~**sucher** m (ein Anzeigegerät) (Eltech) / voltage detector, potential indicator, charge indicator ‖ ~**symmetrieüberwachung** f (Eltech) / voltage-phase-balance protection ‖ ~**teiler** m (Schaltung oder Bauelement zum Einstellen einer Spannung) (Eltech) / voltage divider*, potential divider* ‖ **induktiver** ~**teiler** (Eltech) / inductive potential divider, ipot n ‖ ~**tensor** m (DIN 13316 und 13343) (Mech) / stress tensor ‖ **Baeyersche** ~**theorie** (über Raumstruktur und Reaktivität der Cycloalkane - nach A.von Baeyer, 1835 - 1917) (Chem) / Baeyers tension (strain) theory* ‖ ~**transformator** m (Eltech) / voltage transformer*, potential transformer* ‖ ~**trichter** m (Bereich des Erdbodens in der Nähe einer stromdurchflossenen Elektrode, in dem durch das Fließen des Stromes ein meßbarer Spannungsabfall auftritt) (Eltech) / voltage cone ‖ ~**übergangszustand** m (Mech) / voltage transient ‖ ~**umlagerung** f (Mech) / stress redistribution ‖ ~**umschaltbarer Motor** (Eltech) / multivoltage motor ‖ ~**umschaltbarer Transformator** (Eltech) / dual-voltage transformer ‖ ~**vektor** m (Mech) / stress vector ‖ ~**verdoppler** m (Eltech) / voltage doubler* ‖ ~**verdopplung** f (Eltech) / voltage doubling ‖ ~**verhältnis** n (im allgemeinen) (Eltech) / voltage ratio ‖ ~**verlauf** m (Mech) / stress distribution, distribution of stress ‖ ~**verlust** m (Eltech) / voltage loss ‖ ~**verminderer** m (Web) / easer n, slackener n ‖ ~**verstärker** m (Eltech) / voltage amplifier* ‖ ~**verstärkung** f (Eltech) / voltage amplification ‖ ~**verstärkungsfaktor** m (Eltech) / voltage gain* ‖ ~**verteilung** f (pro Längeneinheit) (Eltech) / potential gradient*, voltage gradient ‖ ~**verteilung** f (Mech) / stress distribution, distribution of stress ‖ **ungleichmäßige** ~**verteilung** (Mech) / non-uniform distribution of stress ‖ **gleichmäßige** ~**verteilung** (Mech) / uniform distribution of stress ‖ ~**vervielfacher** m (Eltech) / voltage multiplier* ‖ **Möglichkeit** f **der** ~**wahl** (aus 2 Spannungen - Angabe an den Geräten) (Eltech) / dual voltage ‖ ~**wähler** m (Eltech) / voltage selector ‖ ~**wandler** m (DIN 40714) (Eltech) / voltage transformer*, potential transformer* ‖ **einpolig isolierter** ~**wandler** (Eltech) / single-bushing potential transformer ‖ ~**welligkeit** f (Eltech) / voltage ripple* ‖ ~**wert** m (ein Maß für die Strammheit der Vulkanisats) (Chem Verf) / modulus n ‖ ~**widerstandeffekt** m (Eltronik) / tensoresistive effect ‖ ~**-Zeit-Verhalten** n (Eltech) / voltage-time response ‖ ~**zone** f (Bergb) / stress zone* ‖ ~**zusammenbruch** m (Eltech) / voltage collapse
**Spannungszustand** m (Mech) / stress state, state of stress ‖ **dreiachsiger** ~ (Mech) / triaxial state of stress ‖ **dreidimensionaler** ~ (Mech) / three-dimensional stress ‖ **ebener** ~ (Mech) / plane-stressed state, plane-stress state, state of plane stress ‖ **räumlicher** ~ (Mech) / triaxial state of stress
**Spannung•-Zeit-Diagramm** n (Mech) / stress-time diagram ‖ ~**-Zeit-Durchschlagkurve** f (bei Kurzzeitbelastung) (Eltech) / voltage/time-to-breakdown curve, VTB curve* ‖ ~**-Zeit-Kurve** f (Kabeldurchschlag) (Kab) / voltage/time-to-breakdown curve*, VTB curve‖
**Span•-Nut** f (Masch) / flute n ‖ ~**-Nutlänge** f (DIN 1412) (DIN 1412) (Masch) / flute length ‖ ~**-Nutsteigung** f (nach DIN 1412) (Masch) / flute pitch ‖ ~**-Nutwinkel** m (Masch) / helix angle
**Spannvorrichtung** f (im allgemeinen) / clamping device ‖ ~ (Masch) / fixture n, chuck* n, chucking device ‖ ~ (Masch) / tensioning device, tensioner n ‖ ~ (Masch) / grip n ‖ **waagerechte** ~ (für den Gesteinsbohrer) (Bergb) / stretcher n ‖ ~ f **für Ketten** (Masch) / chain tensioner
**Spann•wagen** m (bei Seilbahnen) / tension carriage ‖ ~**wagen** (zur Förderung mit geschlossenem Seil) (Bergb) / balance car ‖ ~**wagen** (For) / dogging carriage ‖ ~**walze** f (Masch) / tension roller ‖ ~**walzmaschine** f (zum Strecken von Zonen bei Band- und Gattersägeblättern) (For) / roller stretching machine, stretching rolls
**Spannweite** f (Bau) / bearing distance*, clear span* ‖ ~ (einer Freileitung) (Eltech) / span* n (the distance between two transmission-line towers), opening n, open width ‖ ~ (der Abstand der Widerlager) (HuT) / span* n ‖ ~ (die Entfernung zwischen den äußersten Enden der Tragflügels, gemessen parallel zur Querachse des Flugzeugs) (Lufft) / span* n ‖ ~ (die Differenz zwischen größtem und kleinstem Wert der Stichprobe) (Stats) / range n ‖ ~ (des Schraubstocks) (Werkz) / opening capacity ‖ **mit großer** ~ / large-span attr, long-span attr ‖ **wirksame** ~ (Bau, HuT) / effective span*
**Spann•weitenbelastung** f (Lufft) / span loading* ‖ ~**weitenmitte** f (ein Streuungsmaß - bei der Qualitätssicherung) (Stats) / midpoint n, midrange n ‖ ~**winkel** m (Masch) / angle plate* ‖ ~**zange** f (beim Ziehen) (Hütt) / grip tongs ‖ ~**zange** (z.B. beim Cyril-Bath-Verfahren) (Masch) / clamping jaws ‖ ~**zange** (eine Spannvorrichtung - Zug- oder Druck-) (Masch) / collet chuck*, collet* n ‖ ~**zeug** n (Masch) / fixture* n, chuck* n, chucking device
**Spanplatte** f (aus Schneid- und Flachspänen) (For, Tischl) / flakeboard n (US) ‖ ~ (aus Holz) (For, Tischl) / particle board*, wood chipboard, chipboard* n ‖ **feuergeschützte** ~ (schwerbrennbare) ~ (For, Tischl) / flame-retardant particle board ‖ **graduierte** ~ (stufenlos aufgebaute) (For, Tischl) / graded board ‖ **mehrschichtige** ~ (For, Tischl) / multilayer particle board ‖ **schwerentflammbare** ~ (mit Zement als feuerhemmendem Zusatzstoff) (Bau, For) / Essex board* ‖ **wurfgeschüttete** ~ (For, Tischl) / gravity-spread particle board ‖ **wurfgestreute** ~ (For, Tischl) / gravity-spread particle board ‖ **zementgebundene** ~ (mineralisch gebundene) (For, Tischl) / cement-bonded particle board ‖ ~ f **hoher Dichte** (Hartplattentyp) (Tischl) / high-density fibreboard ‖ ~ **mit orientierten Spänen** (For, Tischl) / oriented structural board, OSB ‖ ~ **mittlerer Dichte** (Tischl) / medium-density fibreboard ‖ ~ **niedriger Dichte** (Isolierplattentyp) (Tischl) / low-density fibreboard
**Span•plattenleim** m (For) / chipboard adhesive ‖ ~**presse** f (zum Pressen von Wollgeweben nach DIN 64 990) (Tex) / press with pressboard layers ‖ ~**raum** m (For) / gullet ‖ ~**schachtel** f (Verpackungsmittel aus Furnier, nach Art der Kartonschachteln hergestellt) / chip (veneer) box ‖ ~**schneidmaschine** f (For) / clipper n ‖ ~**schnittprobe** f (Bestimmung der Geschmeidigkeit eines Lackfilms nach Peters gemäß DIN 53155) (Anstr) / knife-blade test, knife-scratch test ‖ ~**spuren** f pl (auf der Schnittholzoberfläche) (For) / chip marks ‖ ~**stufe** f (Werkz) / chip breaker*, chip curler (US)
**Spant** m (als Versteifungselement) (Lufft) / frame n ‖ ~ (Bauteil zur Aussteifung der Außenhaut aus Profilen verschiedener Querschnitte) (Schiff) / frame n ‖ ~**arealkurve** f (Schiff) / curve of sectional areas
**Spanten•einbau** m (Schiff) / framing n ‖ ~**klammer** f (Schiff) / frame clamp ‖ ~**pinsel** m (Anstr) / spout brush, striker n ‖ ~**plan** m (am Schnürboden) (Schiff) / scrieve board* ‖ ~**riß** m (parallel zur Ebene des Hauptspants verlaufende vertikale Querschnitte) (Schiff) / body plan n ‖ ~**werk** n (Schiff) / framing n
**Spantflächenkurve** f (Schiff) / curve of sectional areas
**Spantiefe** f (Masch) / cut* n, depth of cut ‖ ~ (Masch) s. auch Schnittiefe
**Spanungskraft** f (Masch) / cutting force, resultant cutting force
**Span•vlies** n (mattenartiges Flächengebilde aus Spänen zur Spanplattenherstellung) (For) / mattress n ‖ ~**volumen** n (Masch) / chip volume ‖ ~**werkzeug** n (Masch) / metal-cutting tool ‖ ~**winkel** m (der durch die Zahnbrustlinie und die Senkrechte zur Zahnspitzenlinie gebildet wird) (For) / hook angle ‖ ~**winkel** (DIN 6581) (Masch) / rake angle, rake* n ‖ **negativer** ~**winkel** (Masch) / negative rake, positive rake (US) ‖ **positiver** ~**winkel** (Masch) / positive rake, negative rake (US) ‖ ~**zerleger** m (für faserparallele Zerlegung) (For) / beating flaker ‖ ~**-zu-Span-Zeit** f (Masch) / chip-to-chip time
**Spar•becken** n (der Sparschleuse) (Wasserb) / side pond* ‖ ~**beize** f (Säure zur Ablösung von abgelagertem Kesselstein und von Rost auf Metall, der Inhibitoren zugesetzt sind) (Masch) / inhibitor-containing acid pickling solution, restrainer n (to prevent the metal from being unduly attacked by the acid)
**sparen** v / save v
**Spargelstein** m (gelblich- bis ölgrüner Apatit) (Min) / asparagus stone*
**Spargemisch** n (V-Mot) / lean mixture, weak mixture, poor mixture, lean fuel mixture
**Sparit** m (spätiger Kalzit- oder Aragonitgestein) (Geol, Min) / sparite n, sparry calcite, calcsparite n
**Sparkapsel** f (Keram) / crank n (a low sagger holding one porcelain plate) ‖ ~ (Keram) / setter n (a type of sagger designed to conserve kiln space, the contour of its upper side conforming with the contour of the lower surface of the ware to be fired so that saggers may be stacked or arranged compactly in the kiln)
**Sparkle-Effekt** m (Anstr) / sparkle effect
**Spar•konto** n / savings account, deposit account ‖ ~**maßnahmen** f pl / economy measures, economies pl ‖ ~**mörtel** m (Bau) / lean mortar ‖ ~**packung** f / economy pack
**Sparre** f (Bau, Zimm) / rafter n
**Sparren** m (Bau, Zimm) / rafter n ‖ ~**abstand** m (Bau, Zimm) / rafter spacing ‖ ~**anker** m (zur Verbindung der Sparren mit der Pfette) (Bau, Zimm) / heel strap ‖ ~**dach** n (einfaches - Aufeinanderfolge von Gespärren) (Bau, Zimm) / single roof, couple roof* ‖ **einfaches** ~**dach mit Dachbalken** (Bau, Zimm) / couple-close roof*, close-couple roof ‖ ~**dachkonstruktion** f (Bau, Zimm) / rafters pl (+ one ceiling joist), trussed rafter ‖ ~**dachverband** m (ein Dreigelenkbinder) (Bau, Zimm) / rafters pl (+ one ceiling joist), trussed rafter ‖ ~**fußbalken** m (Zimm) / lay board ‖ ~**fußbohle** f (Zimm) / lay board ‖ ~**gebinde** n (Bau, Zimm) / couple n (of rafters) ‖ ~**kopf** m (Bau, Zimm) / rafter head ‖ ~**paar** n (Bau, Zimm) / couple n

**Sparrenverbindung**
(of rafters) ‖ ≈**verbindung** f (Bau, Zimm) / rafter connection ‖ ≈**werk** n (Bau, Zimm) / rafters pl (+ one ceiling joist), trussed rafter
**Sparrow-Kriterium** n (zwei Spektrallinien sind als aufgelöst zu betrachten, wenn die aus der Addition der Einzelintensitäten resultierende Intensitätskurve ein relatives Minimum besitzt) (Spektr) / Sparrow criterion
**sparsam** adj / economical adj
**Spar•schaltung** f (Eltech) / restrictive circuit, economy circuit ‖ ≈**schleuse** f (Wasserb) / recuperation lock
**Spartein** n (ein Chinolizidinalkaloid) (Chem) / sparteine* n
**Spartränkung, Rüpingsche** ≈ (ein Holzschutzverfahren) (For) / Rüping process, Rueping process
**Spar•tränkverfahren** n (ein Kesseldruckverfahren, bei dem nur eine Benetzung der Zellwände des Holzes mit Tränkmittel beabsichtigt ist) (For) / empty-cell process ‖ ≈**transduktor** m (Eltech) / autotransductor* n ‖ ≈**transformator** m (Eltech) / autotransformer* n ‖ ≈**ventil** n (Klemp) / economy valve ‖ ≈**verblender** m (Bau) / brick slip, brick tile ‖ ≈**widerstand** m (Eltech) / economy resistance*
**Spasmolytikum** n (pl.-lytika) (Pharm) / spasmolytic n, spasmolytic agent
**Spastoid** n (stark verformtes Ovoid) (Math) / spastolite n
**Spat** m (schiefes Prisma, dessen Grundfläche ein Parallelogramm ist) (Math) / parallelepiped* n, parallelopiped n ‖ ≈ (pl. Spate oder Späte) (vollkommen spaltendes Mineral) (Min) / spar* n ‖ **Bologneser** ≈ (Min) / Bologna stone
**Spät•bast** m (im Rindenjahrring) (For) / late bark ‖ ≈**blasen** f pl (Glas) / reboil bubbles, reboils pl ‖ ≈**dose** f (Kfz) / vacuum retard unit
**Spateisen** n (Eisen(II)-karbonat) (Min) / siderite* n, iron spar, spathic iron*, spathic iron ore, white iron ore, chalybite* n, sparry iron ‖ ≈**stein** n (Eisen(II)-karbonat) (Min) / siderite* n, iron spar, spathic iron*, spathic iron ore, white iron ore, chalybite* n, sparry iron
**Spatel** m (Med, Pharm) / spatula n ‖ ≈**löffel** m (Chem) / scoop-type spatula
**Spaten** m (schmaler) (Landw) / spud n ‖ ≈ (Landw, Werkz) / spade n ‖ ≈**maschine** f (zapfwellengetriebene) (Landw) / spading machine ‖ ≈**meißel** m (Bergb) / spud n, spudding bit* ‖ ≈**rollegge** f (zum Stoppelumbruch, zum Unterbringen von zerkleinertem Mähdrescherstroh oder zum Einmulchen) (Landw) / rotary spade harrow ‖ ≈**ruder** n (Schiff) / spate rudder ‖ ≈**stich** m (Landw) / spit n ‖ ≈**stichtiefe** f (Landw) / spit n ‖ ≈**tiefe** f (beim Graben) (Landw) / spit n
**späterer Einsatz** (bei Seismogrammen) (Geol) / later arrival
**Spät•frost** m (der letzte Frost /in bezug auf die winterliche Frostzeit/, der innerhalb der Vegetationsperiode auftritt und vielfach zu Schäden an den in voller Entwicklung befindlichen Pflanzen, insbesondere Kulturpflanzen, führen kann) (Landw, Meteor) / late frost ‖ ≈**gispen** f pl (Glas) / reboil bubbles, reboils pl
**Spatha** (pl. Spathen) f (großes Hochblatt an der Basis von Blütenständen) (Bot) / spathe* n
**spathaltig** adj (Geol, Min) / sparry adj
**Spätholz** n (For) / summer wood*, late wood
**Spatienkästchen** n (Typog) / space box*
**spätig** adj (Geol, Min) / sparry adj
**Spationierbefehl** m (EDV) / letter-spacing instruction
**spationieren** v (Typog) / space v, letter-space v
**Spationierung** f (Typog) / letter-spacing n, spacing n
**spatiös** adj / spacious adj, roomy adj
**Spatium, dünnes** ≈ (pl. Spatien) (Typog) / thin space*
**Spät•lese** f (Nahr) / Spätlese n (pl. -s or -n) (a category of German and Austrian white wine made from grapes that have been picked later than those for wine of ordinary kabinett quality, and so have achieved greater ripeness and strength - the equivalent term for Alsace wines is vendange tardive) ‖ ~**magmatisch** adj (Geol) / deuteric adj, paulopost adj, epimagmatic adj
**Spatprodukt** n (dreier Vektoren) (Math) / parallelepipedal product, scalar triple product, mixed product, triple product
**Spät•rinde** f (For) / late bark ‖ ≈**schaden** m (Biol, Radiol) / late injury, late-occurring injury ‖ ~**tragender Stempel** (Bergb) / late-bearing prop ‖ ≈**wirkung** f / delayed effect ‖ ≈**zündung** f (V-Mot) / ignition retard
**Spaziergang** m **im All** (Raumf) / space walk
**SPC** (eine Art Kaskadenregelung) (Regeln) / set-point control, SPC
**SPE** (Chem) / sugar ester, sucrose ester
**Spearmanscher Rangkorrelationskoeffizient** (nach Ch.E. Spearman, 1863-1945) (Stats) / Spearman's ρ, Spearman's rank correlation coefficient, Spearman's correlation coefficient
**Spechtloch** n (For) / woodpecker's hole
**Special Report** m (Flugwettermeldung in abgekürztem Klartext, die beim Auftreten spezieller Wetterbedingungen herausgegeben wird) (Luftf, Meteor) / special report
**Special-Interest-Zeitschrift** f (für Leser mit besonderen Interessengebieten) / special-interest magazine
**Speciation** f (Ermittlung des Bindungszustandes der nachgewiesenen Elemente bei der Spurenanalyse) (Chem) / speciation n

**Species** f (Biol) / species* n (pl. species)
**Speckkäfer** m (Dermestes lardarius) (Leder, Nahr, Zool) / larder beetle (a brownish scavenging beetle which is a pest of stored products, especially meat and hides)
**Speckle•-Bild** n (Astr) / speckle pattern ‖ ≈**-Holografie** f / speckle holography ‖ ≈**-Interferometrie** f (Verfahren zur Unterdrückung der durch die Luftunruhe bewirkten Bildverschlechterung) (Astr, Opt) / speckle interferometry* ‖ ≈**-Pattern** n (Astr) / speckle pattern
**Speck•öl** n (nach dem Abpressen von Schweineschmalz) (Nahr) / lard (grease) oil, bacon fat ‖ ≈**schwarte** f (Nahr) / rind n ‖ ≈**stein** m (Talk in dichten weißen Aggregaten) (Min) / soapstone* n, lard stone ‖ ≈**streifen** m (zum Spicken von Fleisch) (Nahr) / lardon n (a chunk or cube of bacon used to lard meat), lardoon n
**SPECT** (Med, Radiol) / emission computer tomography, ECT, single-photon emission computer tomography, laminography* n, planigraphy* n, SPECT
**Spectinomycin** n (internationaler Freiname für ein Antibiotikum aus den Kulturen von Streptomyces spectabilis oder streptomyces flavopersicus) (Pharm) / spectinomycin n
**Specularit** m (Min) / specular iron*, specularite n, specular iron ore, iron-glance* n, specular haematite
**Spediteur** m (beim Gütertransport) / forwarding agent, forwarder n ‖ ≈ (der den Allgemeinen Deutschen Spediteurbedingungen unterliegt) / carrier n
**Speditionsauftrag** m (der einem Spediteur zwecks Durchführung der ihm obliegenden Leistungen erteilte Auftrag) / forwarding order
**Speedster** m (ein Spider) (Kfz) / speedster n
**Speedway** m (Kfz) / speedway n, dirt track
**Speer** m (ein Fanggerät) (Erdöl) / spear n ‖ ≈**kies** m (eine Markasitvarietät) (Min) / spear pyrites*
**Speiche** f / spoke n, rung n ‖ ≈ (im Speichenrad eines Seilnetzkühlturms) / spoke n ‖ ≈ (im B-Ring des Saturns) (Astr) / spoke n ‖ ≈ (eines Typenrads) (EDV) / petal n ‖ ≈ (des Lenkrads) (Kfz) / spoke n ‖ ≈ (des Schwungrads) (Masch) / arm n
**Speichel bilden** (Med) / salivate v ‖ ~**echt** adj (Tex) / fast to saliva ‖ ≈**- und Schweißechtheit** f (bei bunten Kinderspielwaren) / resistance to sweat and spittle ‖ ~**fördernd** adj (Med) / sialagogue* adj, sialogogic adj ‖ **die** ≈**sekretion fördernd** (Med) / sialagogue* adj, sialogogic adj ‖ ~**treibend** adj (Med) / sialagogue* adj, sialogogic adj
**Speichenrad** n (Kfz) / spoke wheel
**Speicher** m / storehouse n, warehouse n ‖ ≈ (Dachboden) (Bau) / loft n, attic n ‖ ≈ (EDV) / storage* n, memory* n, store* n, storage device ‖ ≈ (Fernm) / register* n ‖ ≈ (Wasserb) / storage reservoir, impounding reservoir ‖ **adressierbarer** ≈ (EDV) / addressable memory ‖ **akustischer** ≈ (EDV) / acoustic memory, acoustic store ‖ **assoziativer** ≈ (DIN 44300) (EDV) / associative memory*, associative storage*, content-addressed storage, parallel-search storage, CAM, content-adressable storage*, recognition memory (REM) ‖ **beweglicher magnetischer** ≈ (EDV) / moving magnetic memory ‖ **bipolarer** ≈ (EDV) / bipolar memory ‖ **bitorganisierter** ≈ (EDV) / bit-organized memory ‖ **digitaler** ≈ (EDV) / digital storage, digital memory ‖ **direkt adressierbarer** ≈ (EDV) / random-access memory*, random-access storage, RAM*, direct-access storage, direct-access memory, DAM, immediate-access storage ‖ **dynamischer** ≈ (EDV) / dynamic storage*, dynamic memory*, dynamic store ‖ **elektromechanischer** ≈ (EDV) / electromechanical storage ‖ **elektronischer** ≈ (EDV) / electronic storage ‖ **elektrostatischer** ≈ (eine veraltete Speicherkonstruktion) (EDV) / electrostatic memory*, electrostatic storage* ‖ **energieunabhängiger** ≈ (EDV) / non-erasable memory (paper tapes, punched cards), non-erasable storage, permanent memory (of which the contents cannot be erased during processing) ‖ **erweiterter** ≈ (EDV) / extended memory, extended storage ‖ **externer** ≈ (über den Arbeitsspeicher eines Rechners hinausgehende Speichereinrichtung) (EDV) / external store, external memory, external storage ‖ **fotografischer** ≈ (EDV) / photographic storage ‖ **gemeinsamer** ≈ (EDV) / shared memory*, shared store ‖ **gemeinsam genutzter** ≈ (EDV) / shared memory*, shared store ‖ **gemeinschaftlicher** ≈ (EDV) / shared memory*, shared store ‖ **holografischer** ≈ (der Daten in Form von Hologrammen speichert) (EDV) / holographic store, holographic memory, holographic storage ‖ **innerer** ≈ (EDV) / internal memory*, internal store ‖ **interner** ≈ (EDV) / internal memory*, internal store ‖ **kapazitiver** ≈ (EDV) / capacitor storage, dicap-storage ‖ **kryogenischer** ≈ (EDV) / cryogenic memory, cryogenic storage, cryogenic store, superconducting memory*, cold store* ‖ **langsamer** ≈ (EDV) / slow-access storage, slow storage ‖ **linienadressierbarer** ≈ **mit wahlfreiem Zugriff** (EDV) / line-addressable RAM (LARAM) ‖ **magnetischer** ≈ (EDV) / magnetic memory*, magnetic storage ‖ **magnetooptischer** ≈ (EDV) / magnetooptical memory ‖ **mobiler** ≈ (Masch) / mobile magazine (parts and tools) ‖ **nichtflüchtiger** ≈ (EDV) / non-volatile memory*, non-volatile storage ‖ **optischer** ≈ (EDV) / optical memory, optical storage ‖ **peripherer** ≈ (DIN 44300)

(EDV) / auxiliary memory, backing store*, backing storage ‖ **rechnerabhängiger ~** (EDV) / online storage ‖ **reeller ~** (EDV) / real memory*, real storage ‖ **regenerativer ~** (EDV) / regenerative memory, regenerative storage ‖ **sequentieller ~** (EDV) / serial store*, sequential-access memory, serial memory, sequential-access storage ‖ **serieller ~** (EDV) / serial store*, sequential-access memory, serial memory, sequential-access storage ‖ **statischer ~** (EDV) / static memory*, static store, static storage ‖ **strahlungsunempfindlicher ~** (EDV) / radiation-hardened store ‖ **tastaturprogrammierter ~ mit wahlfreiem Zugriff** (EDV) / keyboard-programmable RAM (KPRAM) ‖ **virtueller ~** (ein für den Benutzer scheinbar vorhandener Hauptspeicher) (EDV) / virtual store, virtual storage, virtual memory (VM) ‖ **wortorganisierter ~** (DIN 44300) (EDV) / word-organized memory (WOM), word-organized storage ‖ **~ *m* für spezielle Funktionen** (EDV) / feature memory (FTM) ‖ **großer Kapazität** (EDV) / large-capacity storage (LCS) ‖ **mit direktem Zugriff** (EDV) / random-access memory*, random-access storage, RAM*, direct-access storage, direct-access memory, DAM, immediate-access storage ‖ **~ mit langer Zugriffszeit** (EDV) / slow-access storage, slow storage ‖ **~ mit schnellem Zugriff** (EDV) / high-speed memory (HSM), fast store*, zero-access store*, rapid-access memory, immediate-access store (IAS) ‖ **~ mit sequentiellem Zugriff** (EDV) / serial store*, sequential-access memory, serial memory, sequential-access storage ‖ **~ mit wahlfreiem Zugriff** (EDV) / random-access memory*, random-access storage, RAM*, direct-access storage, direct-access memory, DAM, immediate-access storage ‖ **~ mit Wortstruktur** (EDV) / word-organized memory (WOM), word-organized storage
**Speicher•abbild** *n* (EDV) / memory mapping ‖ **~abbild** (EDV) / core image, storage image ‖ **~abbildungsfunktion** *f* (EDV) / hash function, hashing function ‖ **~abfrage** *f* (Radio, TV) / memory scan ‖ **~abzug** *m* (EDV) / dump* *n* ‖ **dynamischer ~abzug** (Abschrift des Speicherinhaltes während der Ausführung eines Programms) (EDV) / dynamic dump, dyndump *n*, program dump ‖ **~abzug *n* des gesamten Systems** (bei Zusammenbruch usw.) (EDV) / float *n* ‖ **~adresse** *f* (EDV) / memory address (MA), storage address ‖ **~adreßregister** *n* (EDV) / memory address register*, MAR* ‖ **~anschluß** *m* (EDV) / memory port ‖ **~antrieb** *m* (der Presse) (Masch) / stored-energy drive ‖ **~ausbaugrad** *m* (Wasserb) / storage/excavation ratio, storage ratio, S/E ratio, water-to-earth ratio ‖ **~ausdruck** *m* **bei Systemfehlern** (EDV) / storage image dump ‖ **~auszug** *m* (eines vorher bestimmten Bereiches aus dem Arbeitsspeicher) (EDV) / selective dump*, selective memory dump ‖ **selbstladender ~auszug** (EDV) / self-loading memory print, SLMP ‖ **statischer ~auszug** (EDV) / static dump ‖ **~bank** *f* (EDV) / memory bank ‖ **~bankadresse** *f* (EDV) / memory bank address ‖ **~bank-Normanschlußkennung** *f* (EDV) / memory bank standard interface trunk code ‖ **~baustein** *m* (EDV) / memory module, memory device ‖ **~becken** *n* (Wasserb) / retention reservoir ‖ **oberes ~becken** (eines Pumpspeicherwerks) (Wasserb) / lower reservoir ‖ **~belegung** *f* (bildliche Darstellung, aus der in Form von Speicheradressen hervorgeht, welche Speicherbereiche bereits belegt sind und welche Speicherbereiche dem Anwender für Programme und/oder Daten noch zur Verfügung stehen) (EDV) / memory map, storage map ‖ **freier ~bereich** (EDV) / vacant storage area, free storage area ‖ **~bereichsschutz** *m* (EDV) / memory protection, store protection, storage protection, memory protect, memory guard ‖ **~bereichsschutz-Fehlerprogramm** *n* (EDV) / memory protect violation program ‖ **~bereinigung** *f* (dynamische) (EDV) / compaction *n*, garbage collection ‖ **~bohrung** *f* (Erdöl) / storage well ‖ **~-Breakpoint** *m* (EDV) / watchpoint *n* ‖ **~chip** *m* (heute mit 256 Megabit) (EDV) / memory chip ‖ **~datenfreigabe** *f* (EDV) / memory data enable ‖ **~dichte** *f* (EDV) / packing density* (data stored per unit of length, area, or volume of a storage medium), bit density, character packing density, recording density ‖ **~diode** *f* (Eltronik) / storage varactor ‖ **~druck** *m* (Erdöl) / flowing well-head pressure ‖ **~effekt** *m* (in der Halbleiterelektronik) (Eltronik) / memory effect ‖ **~einspritzung** *f* (bei Diesel-Direkteinspritzern mit der Verteilerleiste über den Zylindern) (Kfz) / common-rail injection*, common-rail system ‖ **~element** *n* (z.B. einer Speicherzelle) (EDV) / storage element* ‖ **magnetisches ~element** (EDV) / magnetic cell ‖ **~erweiterung** *f* (EDV) / memory expansion ‖ **~generator** *m* (Eltronik) / relaxation generator, buffer generator ‖ **~gestein** *n* (poröse Gesteinsschicht, in der das Erdgas oder Erdöl angesaugt werden kann) (Erdöl, Geol) / reservoir rock, pool *n*, pay *n* ‖ **~gewebe** *n* (ein Holzgewebe) (For) / storage tissue ‖ **~glied** *n* (EDV) / storage element* ‖ **~hierarchie** *f* (EDV) / storage hierarchy, memory hierarchy ‖ **~horizont** *m* (Schicht porösen und durchlässigen Gesteins, die von einer gedichteten Deckschicht überlagert ist, so daß es zur Anreicherung von Gas bzw. Öl kommen kann) (Erdöl) / storage horizon ‖ **~inhalt** *m* (EDV) / memory contents ‖ **~inhaltskurve** *f* (Wasserb) / capacity curve ‖

**~intensiv** *adj* (EDV) / memory-intensive *adj* ‖ **~kapazität** *f* (Arbeitsspeicher) (EDV) / memory capacity*, storage capacity*, storage size ‖ **~kapazität in formatiertem Zustand** (EDV) / formatted capacity ‖ **~karte** *f* (EDV) / memory card ‖ **~kaverne** *f* (für die Untertagespeicherung) (Bergb) / cavity *n* (for underground storage), cavern *n* ‖ **~kompliianz** *f* (DIN 13 343) (Phys) / storage compliance ‖ **~kondensator** *m* (Eltech) / storage capacitor ‖ **~kopf** *m* (Plast) / storage head, accumulator head ‖ **~kraftwerk** *n* (ein Wasserkraftwerk) (Eltech) / storage power station ‖ **~leitungssystem** *n* (Fernsp) / storage bus system ‖ **~maschine** *f* (für Widerstandsschweißen) (Schw) / stored-energy welding machine ‖ **~maßzahl** *f* (EDV) / memory capacity*, storage capacity*, storage size ‖ **~matrix** *f* (EDV) / storage matrix, memory matrix ‖ **~medium** *n* (physikalischer Träger einer Information) (EDV) / storage medium ‖ **~modul** *n* (eine Ansammlung von Speicherzellen, die man über einen gemeinsamen Port erreichen kann) (EDV) / memory module ‖ **speichern** *v* (Energie) / store *v* ‖ **~** (EDV) / store *v* (data) ‖ **neu ~** (EDV) / re-store *v*
**Speicher-NC** *f* (numerische Steuerung, bei der ein Speicher die Programminformation übernimmt) (EDV) / stored-program NC, SNC
**speicherndes Schaltglied** (EDV) / storage element*
**Speicher•objekt** *n* (byteweise ansprechbare Sammlung von Daten) (EDV) / memory object ‖ **~operation** *f* (EDV) / memory operation, storage operation ‖ **~organisation** *f* (EDV) / storage organization, memory organization ‖ **serielle ~organisation** (EDV) / sequential organization ‖ **starr fortlaufende ~organisation** (EDV) / sequential organization ‖ **~oszillograf** *m* (Eltronik) / storage oscillograph ‖ **~oszilloskop** *n* (mit Blauschrift- oder Sichtspeicherröhren) (Eltronik) / storage oscilloscope* ‖ **~parenchym** *n* (For) / storage tissue ‖ **~periode** *f* (Wasserb) / storage cycle ‖ **~plan** *m* (EDV) / memory map, storage map ‖ **~platte** *f* (einer Speicherröhre, einer Kameraröhre) (Eltronik) / target* *n*, target plate ‖ **optische ~platte** (mit Laserstrahlenaufzeichnung) (EDV) / digital optical disk, optical disk ‖ **optische ~platte** (z.Z. mit etwa 60 Terabits) (EDV, Opt) / optical disk, optical videodisk, OVD, optical disc, video long-play disk, VLP disk, OD
**Speicherplatz** *m* (EDV) / memory location*, storage location, store location* ‖ **aufrufbarer ~** (EDV) / addressable location ‖ **geschützter ~** (EDV) / isolated location, protected location ‖ **mit großem ~bedarf** (EDV) / memory-intensive *adj* ‖ **~verwaltung** *f* (EDV) / storage management ‖ **~zuteilung** *f* (EDV) / storage allocation, memory allocation, memory assignment ‖ **~zuweisung** *f* (EDV) / storage allocation, memory allocation, memory assignment
**Speicherport** *m* (EDV) / memory port
**speicherprogrammierbar•er Roboter** / memory-programmable robot, storage-programmable robot ‖ **~e Steuerung** (Fernm) / stored-program control (SPC) ‖ **~e Steuerung** (speicherprogrammierbares Automatisierungsgerät mit anwenderorientierter Programmiersprache, das im Schwerpunkt zum Steuern eingesetzt wird - VDI-Richtlinie 2880) (Regeln) / programmable logic controller, PLC
**speicherprogrammiert•e Datenverarbeitungsanlage** (EDV) / stored-program computer ‖ **~e Rechenanlage** (EDV) / stored-program computer ‖ **~e Steuerung (SPS)** (Fernm) / stored-program control (SPC)
**Speicher•protein** *n* (z.B. Eialbumin, Milchkasein usw.) (Biochem) / storage protein ‖ **~pufferregister** *n* (EDV) / memory buffer register* (MBR) ‖ **verlorener ~raum** (Wasserb) / dead storage (capacity) ‖ **~rechnung** *f* (bei Taschenrechnern) / register arithmetics ‖ **~register** *n* (EDV) / memory register* (MR), storage register ‖ **~resident** *adj* (EDV) / resident *adj* (as opposed to 'loadable'), fixed *adj* ‖ **~residentes Programm** (das in den Arbeitsspeicher geladen und nur per Tastenkombination aktiviert oder deaktiviert wird) (EDV) / Terminate Stay Resident, TSR, TSR program ‖ **~ring** *m* (ein Vakuumgefäß zur Speicherung von hochenergetisch elektrisch geladenen Teilchen) (Nukl) / storage ring ‖ **~ring mit kollidierenden Strahlen** (Nukl) / colliding-beam system ‖ **~röhre** *f* (Eltronik) / memory tube, storage tube*, storage cathode-ray tube, store* *n*, storage CRT ‖ **~schaltdiode** *f* (Eltronik) / step-recovery diode ‖ **~schaltdiode** (Eltronik) / storage varactor ‖ **integrierte ~schaltung** (DIN 44476, T 1) (EDV) / integrated-circuit memory ‖ **~schicht** *f* (Erdöl) / storage horizon ‖ **~schließdruck** *m* (Erdöl) / flowing well-head pressure ‖ **~schreibmaschine** *f* / memory typewriter, storage typewriter ‖ **~schutz** *m* (EDV) / memory protection, store protection, storage protection, memory protect, memory guard ‖ **~schutzfehler** *m* (EDV) / memory protect error ‖ **~schutzfehlerbit** *n* (EDV) / memory protect violation bit ‖ **~seite** *f* (beschreibbare) (EDV) / recordable surface, recording surface ‖ **~spur** *f* / channel *n* ‖ **~stelle** *f* (Teil eines Speichers zur Aufnahme eines Zeichens nach DIN 44300) (EDV) / memory position, storage position ‖ **~struktursprache** *f* (EDV) / storage structure language ‖

**Speichersystem**

~**system** *n* (beim Blasformverfahren) (Plast) / storage system, accumulator system (US) ‖ ~**technik** *f* (bei Arbeitsspeichern) (EDV) / memory technology ‖ ~**technologie** *f* (EDV) / memory technology ‖ ~**triebfahrzeug** *n* (Bahn) / accumulator rail car, battery-driven rail car ‖ ~**triebwagen** *m* (Bahn) / accumulator rail car, battery-driven rail car ‖ ~**übersicht** *f* (EDV) / memory map, storage map
**Speicherung** *f* (vorübergehende Lagerung von Gasen zum Ausgleich von Tages-, Wochen- oder saisonalen Unterschieden zwischen Gasproduktion bzw. Gasbezug und Gasverbrauch) / underground storage ‖ ~ *storage n*, storing *n* ‖ **unterirdische** ~ (Geol) / geological storage, underground storage, subsurface storage ‖ **zugriffszeitfreie** ~ (EDV) / high-speed storage, zero-access storage, rapid storage ‖ ~ *f* der Bildschirmdarstellung (EDV) / screen capture ‖ ~ **der Sprache** (EDV) / speech storage ‖ ~ **von Daten** (EDV) / data storage*
**Speicher • varaktor** *m* (Eltronik) / storage varactor ‖ ~**verhältnis** *n* (Wasserb) / storage/excavation ratio, storage ratio, S/E ratio, water-to-earth ratio ‖ ~**vermittlung** *f* (Vorgang) (EDV) / store-and-forward switching, message switching ‖ ~**verschränkung** *f* (EDV) / interleaving *n*, bank phasing ‖ ~**verwaltung** *f* (EDV) / storage allocation (Fortran) ‖ ~**verwaltung** (EDV) / memory management ‖ ~**volumen** *n* **in Geländemulden** (Meteor, Wasserb) / depression storage (in puddles, ditches) ‖ ~**volumen zwischen Normalstau und Vollstau** (Wasserb) / flood retention storage ‖ ~**wähleinrichtung** *f* (Fernsp) / repertory dialler ‖ ~**werk** *n* (Arbeitsspeicher als Teil der Zentraleinheit) (EDV) / main-memory system ‖ ~**wort** *n* (EDV) / memory word ‖ ~**zeit** *f* (Eltronik) / storage time
**Speicherzelle** *f* (Bot, For) / parenchyma cell, storage cell ‖ ~ (EDV) / storage cell, memory cell ‖ ~ (bei einem wortorganisierten Speicher eine Gruppe von Speicherelementen, die ein Maschinenwort aufnimmt - nach DIN 44300) (EDV) / memory location*, storage location, store location* ‖ **binäre** ~ (EDV) / binary cell ‖ **magnetische** ~ (EDV) / magnetic cell
**Speicher • zugriff** *m* (EDV) / memory access ‖ **direkter** ~**zugriff** (EDV) / direct memory access, DMA, direct storage access, data break ‖ **virtuelle** ~**zugriffsmethode** (EDV) / virtual storage access method, VSAM, virtual store access method ‖ ~**zugriffsschutz** *m* (Schutz vor Zugriff eines Prozesses auf Hauptspeicherbereiche, zu denen er keine Berechtigung hat) (EDV) / fetch protection ‖ ~**zugriffssteuerung** *f* (EDV) / memory access control ‖ ~**zyklus** *m* (EDV) / memory cycle (the complete sequence of operations required to insert or extract a unit of data from memory)
**Speierling** *m* (Sorbus domestica L.) (For) / service tree
**Speigatt** *n* (eine Öffnung zum Ablaufen des Wassers) (Schiff) / scupper *n*, scupper hole
**Speis** *m* (Bau, HuT) / mortar* *n*, masonry mortar
**Speise** *f* (Zwischenerzeugnis beim Verschmelzen von kobalt- und bleihaltigen Erzen) (Hütt) / speiss* *n*, speise* *n* ‖ ~ (Hütt) s. auch Glockenspeise
**Speisen zubereiten** (Nahr) / cook *v*
**Speise • ...** (Nahr) / alimentary* *adj*, food *attr* ‖ ~**anschluß** *m* (Eltech) / feeder ear* ‖ ~**brücke** *f* (Fernsp) / transmission bridge* ‖ ~**brückenschaltung** *f* (Eltech) / feeding circuit, feed circuit ‖ ~**brückenschaltungskreis** *m* (Eltech) / feeding circuit, feed circuit ‖ ~**eiserzeuger** *m* (Nahr) / ice-cream freezer ‖ ~**gelatine** *f* (Nahr) / edible gelatin, food-grade gelatin ‖ ~**graben** *m* (Wasserb) / feeder* *n* ‖ ~**hartfett** *m* (für Back-, Brat- und Fritierzwecke) (Nahr) / shortening *n* ‖ ~**kabel** *n* (Raumf) / umbilical cord*, umbilical *n* ‖ ~**leitung** *f* (Eltech) / feeder* *n*, incoming feeder*, supply line, lead* *n* (li:d), supply line ‖ **abgehende** ~**leitung** (Eltech) / outgoing feeder* ‖ **konzentrische** ~**leitung** (Fernm) / coaxial feeder, concentric feeder ‖ ~**massel** *f* (Gieß) / bob *n*, blind riser
**speisen** *v* (mit Energie) / energize *v*, feed *v*, energise (GB) ‖ ~ / feed *v*
**Speisen • aufzug** *m* (Bau) / service lift, dumb waiter ‖ ~**förderer** *m* (Bau) / service lift, dumb waiter ‖ ~**zubereitung** *f* (warme Küche) (Nahr) / cooking *n*, cookery *n*
**Speise • öl** *n* (bei Zimmertemperatur flüssiges Speisefett pflanzlicher Herkunft) (Nahr) / edible oil ‖ **zum Kochen geeignetes, hitzestabiles** ~**öl** (Nahr) / cooking oil ‖ ~**öl** *n* **aus dem Marokkanischen Eisenholzbaum** (Argania sideroxylon Roem.) (Nahr) / argan oil ‖ ~**pumpe** *f* (des Kessels) (Masch) / feed pump ‖ ~**punkt** *m* (Eltech) / feeding point*, distributing point*
**Speiser** *m* (offener, geschlossener) (Gieß) / feeder* *n*, riser* *n* ‖ ~ (Glas) / feeder *n* ‖ ~ (Wasserb) / feeder* *n* ‖ **aufgeblähter** ~ (durch Gas) (Gieß) / cauliflower head ‖ **offener** ~ (Gieß) / open feeder, open riser ‖ ~**auslauföffnung** *f* (Glas) / spout *n* (which carries the orifice, revolving tube, and needle) ‖ ~**becken** *n* (Glas) / feeder nose ‖ ~**kanal** *n* (z.B. bei der Owens-Maschine) (Glas) / alcove *n* ‖ ~**kanal** (Glas) / forehearth *n*, feeder forehearth ‖ ~**kopf** *m* (ein Teil des Speiservorherdes) (Glas) / feeder nose ‖ ~**maschine** *f* (Glas) / gob-fed machine ‖ ~**modell** *n* (Gieß) / riser pattern, feeder pattern
**Speiserohr** *n* (Masch) / feed pipe*

**Speiser • rinne** *f* (Teil des Speiserkanals) (Glas) / feeder channel ‖ ~**rotor** *m* (Glas) / revolving tube, feeder sleeve ‖ ~**technik** *f* (Gieß) / feeding *n* ‖ ~**tropfen** *m* (z.B. im Speisertropfen-Blasverfahren) (Glas) / gob* *n* ‖ ~**vorherd** *m* (Teil des Speisers) (Glas) / forehearth *n*, feeder forehearth ‖ ~**welle** *f* (Glas) / settle mark, settle wave, pressure wave
**Speise • salz** *n* (Nahr) / salt* *n*, common salt ‖ **iodiertes** ~**salz** (zur Kropfprophylaxe) (Nahr) / iodized table salt ‖ ~**spannung** *f* (Eltech) / mains voltage, supply voltage*, line voltage ‖ ~**stärke** *f* (Chem) / soluble starch* ‖ ~**stromkreis** *n* (Eltech) / supply circuit ‖ ~**system** *n* (Gieß) / feeding system ‖ ~**trichter** *m* (Gieß, Hütt) / feed hopper, hopper* *n*, feeding hopper ‖ ~**ventil** *n* (bei Dampferzeugern) (Masch) / feed-check valve*
**Speisewasser** *n* (Masch) / feed-water* *n*, FW ‖ ~**enthärtung** *f* (Chem, Masch) / feed-water softening ‖ ~**leitung** *f* (Masch) / feed-water piping ‖ ~**rohrleitung** *f* (Masch) / feed-water piping ‖ ~**vorwärmer** *m* (in der Trommel und vor dem Kessel) (Masch) / feed-water heater*, feed heater ‖ ~**vorwärmer** (Masch) s. auch Ekonomiser ‖ ~**vorwärmung** *f* (in der Trommel und vor dem Kessel) (Masch) / feed-water heating ‖ ~**zusatz** *m* (für Kessel) (Chem, Masch) / boiler composition*, boiler compound
**Speisewürze** *f* (ein Proteinhydrolysat) (Nahr) / seasoning *n* ‖ ~ (Nahr) / seasoning *n*
**Speiskobalt** *m* (Min) / smaltite* *n*, smaltine *n* (a variety of skutterudite)
**Speisung** *f* (Fernm) / feed *n*, feeding *n* ‖ ~ (Masch) / feed *n*, feeding *n*
**Speisungsgraben** *m* (Wasserb) / feeder* *n*
**spektral** *adj* (Spektr) / spectral *adj* ‖ ~**er Absorptionskoeffizient** (DIN 1349, T 1) (eine charakteristische Stoffkonstante) (Opt, Spektr) / extinction coefficient* ‖ ~**e Auflösung** (Spektra) / spectral resolution ‖ ~**es Auflösungsvermögen** (Spektr) / spectral resolving power ‖ ~**e Augenempfindlichkeitskurve** (Opt) / visibility curve*, luminosity curve, spectral sensitivity curve ‖ ~**e Charakteristik** (Abhängigkeit von der Wellenlänge) (Spektr) / spectral characteristic* ‖ ~**e Dichte der Strahlstärke** (Phys) / spectral energy distribution, spectral density ‖ ~**er Dunkelempfindlichkeitsgrad** (Licht, Opt) / scotopic spectral luminous efficiency ‖ ~**e Dunkelempfindlichkeitskurve** (Licht, Opt) / scotopic spectral luminous efficiency curve, scotopic luminosity curve ‖ ~**er Durchlässigkeitsfaktor** (Foto, Opt) / spectral transmission factor ‖ ~**e Empfindlichkeit** (Foto, Opt, Spektr) / spectral sensitivity*, spectral response ‖ ~**er Empfindlichkeitsgrad** (des Auges) (Opt) / spectral luminous efficiency ‖ ~**e Empfindlichkeitskurve** (Opt) / visibility curve*, luminosity curve, spectral sensitivity curve ‖ ~**er Farbanteil** (DIN 5033, T 3) (Licht) / excitation purity, purity *n* ‖ ~**e Hellempfindlichkeit** (Licht, Opt) / photopic spectral response, visibility function ‖ ~**er Hellempfindlichkeitsgrad** (des Auges nach DIN 5031, T 3) (Licht, Opt) / photopic spectral luminous efficiency ‖ ~**e Hellempfindlichkeitskurve** (Licht, Opt) / photopic luminosity curve, photopic spectral luminous efficiency curve ‖ ~**e Leistungsdichtefunktion** (Phys) / spectral power density ‖ ~**es Lochbrennen** (Spektr) / spectral hole burning ‖ ~**e Ordnung** (Spektr) / spectral order ‖ ~**er Reintransmissionsgrad** (Foto, Opt) / net (internal) transmittance, internal transmission factor ‖ ~**e Spaltbreite** (Opt) / spectral slit width ‖ ~**e spezifische Lichtausstrahlung** (Chem, Opt) / spectral radiance ‖ ~**e Störung** (Spektr) / spectral interference ‖ ~**e Strahldichte** (spektrale Dichte der Strahlen) (Spektr) / spectral radiant excitance ‖ ~**e Strahlstärke** (DIN 5496) (Phys) / spectral energy distribution, spectral density ‖ ~**e Transmission** (Foto, Opt) / spectral transmission ‖ ~**er Transmissionsgrad** (Foto, Opt) / spectral transmittance ‖ ~**e Verteilung** (spektrale Dichte der Strahlungsgröße als Funktion der Wellenlänge - DIN 5031, T 8) (Opt) / spectral distribution
**Spektral • ** (Spektr) / spectral *adj* ‖ ~**affinität** *f* (Spektr) / spectral affinity ‖ ~**analyse** *f* (chemische) (ein Teilgebiet der physikalischen Analyse) (Chem, Spektr) / spectrum analysis, spectral analysis, spectroscopic analysis, spectrographic analysis, spectroanalysis ‖ ~**spectrochemical analysis** ‖ ~**analyse mittels Atomabsorption** (Chem, Spektr) / atomic absorption spectrophotometry, atomic absorption spectroscopic analysis ‖ ~**analyse mittels Atomfluoreszenz** (Chem, Spektr) / atomic fluorescence spectrophotometry ‖ ~**analytisch** *adj* (Chem, Spektr) / spectroanalytical *adj* ‖ ~**apparat** *m* (zur spektralen Zerlegung eines Strahls) (Opt, Spektr) / spectroscope* *n* ‖ ~**bande** *f* (Spektr) / spectral band ‖ ~**bereich** *m* (Spektr) / spectral range, spectral region ‖ **optischer** ~**bereich** (Spektr) / optical spectral region ‖ ~**charakteristik** *f* (Spektr) / spectral characteristic* ‖ ~**driftreaktor** *m* (in dem zur Steuerung oder zu anderen Zwecken das Neutronenspektrum über die Eigenschaften und Menge des Moderators verändert wird) (Nukl) / spectral-shift-controlled reactor* (SSCR) ‖ ~**empfindlichkeit** *f* (Foto) / colour sensitivity ‖ ~**empfindlichkeit** (Foto, Opt, Spektr) / spectral sensitivity, spectral response ‖ ~**farbe** *f* (Licht, Spektr) / spectral colour*, spectrum colour* ‖ ~**filter** *n* (Phys) / spectral filter ‖ ~**fotometer** *n* (eine

Kombination aus Spektralapparat und Fotometer) (Phys) / spectrophotometer* n ‖ ~**fotometer nach Dobson** (zur Bestimmung des Ozongehalts der Erdatmosphäre) (Meteor, Phys) / Dobson spectrophotometer* ‖ ~**fotometrie** f (Phys) / spectrophotometry n ‖ ~**fotometrisch** adj (Phys) / spectrophotometric adj ‖ ~**fotometrische Titration** (Chem) / spectrophotometric titration ‖ ~**funktion** f (Stats) / spectral function ‖ ~**gebiet** n (Spektr) / spectral range, spectral region ‖ ~**gerät** n (Opt, Spektr) / spectroscope* n ‖ ~**katalog** m (Astr) / spectral catalogue ‖ ~**klasse** f (die sich aus der Einteilung der Sterne nach den Eigenschaften ihrer Spektren ergibt) (Astr) / spectral type*, spectral class ‖ ~**klassifikation** f (Astr) / spectral classification ‖ ~**kohle** f (Spektr) / spectroscopic carbon ‖ ~**komponente** f (der Strahlung) (Phys, Spektr) / spectral component ‖ ~**lampe** f (eine Entladungslampe zur Erzeugung des Linienspektrums) (Phys, Spektr) / spectrum source lamp, spectroscopic lamp ‖ ~**linie** f (DIN 5031, T 8) (Spektr) / spectral line*, spectrum line* ‖ ~**linienbreite** f (Spektr) / width of the spectral line ‖ ~**matrix** f (Math) / spectrum matrix ‖ ~**ordnung** f (Spektr) / spectral order ‖ ~**polarimeter** n (Chem) / spectropolarimeter n ‖ ~**punkt** m (Math) / point of spectrum, spectral point ‖ ~**radiometer** n (Phys) / spectroradiometer* n ‖ ~**radiometrisch** adj (Phys) / spectroradiometric adj ‖ ~**radius** m (Math) / spectral radius ‖ ~**rein** adj (Chem, Spektr) / spectroscopically pure*, specpure* adj, spectroscopic-grade attr ‖ ~**schwerpunkt** m (Phys) / spectral centroid ‖ ~**serie** f (Spektr) / spectral series* ‖ ~**term** m (Spektr) / spectral term ‖ ~**tonhöhe** f (DIN 1320) (Akus) / spectral pitch ‖ ~**topologie** f (Math) / Zariski's topology, spectral topology ‖ ~**typ** m (Astr) / spectral type*, spectral class ‖ ~**wert** m (Spektr) / value n (of a spectrum)

**Spektrator** m (eine Analogrechenmaschine zur Spektrenauswertung) (Spektr) / spectrator n

**Spektren•akkumulation** f (Spektr) / spectrum accumulation, spectral accumulation ‖ ~**bibliothek** f (Spektr) / library of spectra ‖ ~**simulation** f (Spektr) / spectrum simulation ‖ ~**subtraktion** f (Spektr) / spectrum subtraction ‖ ~**untergrund** m (Spektr) / spectral background

**Spektro•bolometer** n (Astr) / spectrobolometer n ‖ ~**chemie** f (Chem) / spectrochemistry n ‖ ~**chemisch** adj (Chem) / spectrochemical adj ‖ ~**chemische Analyse** (ein Teilgebiet der physikalischen Analyse) (Chem, Spektr) / spectrum analysis, spectral analysis, spectroscopic analysis, spectrographic analysis, spectroanalysis n, spectrochemical analysis ‖ ~**chemische Reihe** (in der Ligandenfeldtheorie) (Chem) / spectrochemical series ‖ ~**fluorimeter** n (Chem) / spectrofluorometer n, spectrofluorimeter n ‖ ~**fluorimetrie** f (analytische Anwendung der Fluoreszenzspektroskopie) (Chem) / spectrofluorometry, spectrofluorimetry n ‖ ~**fotometer** n (Phys) / spectrophotometer* n ‖ ~**fotometrie** f (Phys) / spectrophotometry n ‖ ~**fotometrisch** adj (Phys) / spectrophotometric adj ‖ ~**fotometrische Titration** (Chem) / spectrophotometric titration ‖ ~**graf** m (Instrument zur Aufnahme und Auswertung von Emissions- und Absorptionsspektren) (Spektr, WP) / spectrograph* n ‖ ~**grafisch** adj (Spektr, WP) / spectrographic adj ‖ ~**gramm** n (ein aufgezeichnetes Spektrum) (Spektr, WP) / spectrogram n ‖ ~**heliograf** m (Gerät zur Aufnahme von monochromatischen Sonnenbildern) (Astr, Opt) / spectroheliograph* n ‖ ~**heliogramm** n (die Aufnahme der Sonne im Licht einer einzigen Spektrallinie) (Astr) / spectroheliogram* n ‖ ~**helioskop** n (zur unmittelbaren visuellen Beobachtung der Sonne in einem engen Spektralbereich) (Astr) / spectrohelioscope* n ‖ ~**meter** n (Typ eines Spektralapparats) (Spektr) / spectrometer* n ‖ **energiedispersives** ~**meter** (Spektr) / energy-dispersive spectrometer ‖ ~**metrie** f (quantitative Messung) (Spektr) / spectrometry n ‖ ~**metrieren** v (Spektr) / spectrometer v ‖ ~**metrisch** adj (Spektr) / spectrometric adj ‖ ~**metrische Ölanalyse** (Spektr) / spectrometric oil analysis, SOA ‖ ~**radiometer** n (Phys) / spectroradiometer* n ‖ ~**radiometrisch** adj (Phys) / spectroradiometric adj

**Spektroskop** n (in dem das Spektrum visuell beobachtet wird) (Spektr) / spectroscope* n

**Spektroskopie** f (Spektr) / spectroscopy* n ‖ **2D NMR-**~ (Spektr) / two-dimensional NMR spectroscopy, 2D NMR spectroscopy, two-D NMR spectroscopy ‖ **doppler-freie** ~ (spektroskopische Technik, bei der der Dopplereffekt und damit die Doppler-Verschiebung und die Doppler-Verbreiterung weitgehend vermieden wird) (Spektr) / Doppler-free spectroscopy ‖ **fotoakustische** ~ (Spektr) / photoacoustic spectroscopy (PAS) ‖ **nichtdispersive IR-**~ (Spektr) / non-dispersive infrared spectroscopy, NDIR spectroscopy, non-dispersive IR spectroscopy ‖ **optoakustische** ~ (Spektr) / photoacoustic spectroscopy (PAS) ‖ **optogalvanische** ~ (Spektr) / optogalvanic spectroscopy ‖ **zeitaufgelöste** ~ (Spektr) / time-resolved spectroscopy ‖ ~ f **im Sichtbaren** (Spektr) / visible spectroscopy, VIS ‖ ~ **in der organischen Chemie** (Chem, Spektr) / organic spectroscopy

**Spektroskopiker** m (Spektr) / spectroscopist n

**spektroskopisch** adj (Spektr) / spectroscopic adj ‖ ~**er Verschiebungssatz** (Spektr) / spectroscopic displacement law ‖ ~**er Doppelstern** (Astr) / spectroscopic binary* ‖ ~**e Parallaxe** (Astr) / spectroscopic parallax* ‖ ~ **rein** (Chem, Spektr) / spectroscopically pure*, specpure* adj, spectroscopic-grade attr ‖ ~**er Wechselsatz** (Wechsel von gerad- und ungeradzahliger Multiplizität) (Chem) / alternation of multiplicities laws

**spektro•zonale Fotografie** (Foto, Mil) / false-colour photography ‖ ~**zonalfilm** m (mit unterschiedlich farbempfindlichen Spektralzonen) (Foto) / spectrozonal film

**Spektrum** n (pl. Spektren oder Spektra) (DIN 13 320) (Akus) / spectrum n (pl. spectra or -s) ‖ ~ (pl. Spektren oder Spektra) (die Menge aller singulären Elemente) (Math) / spectrum n (pl. spectra or -s) ‖ ~ (Gesamtheit und Vielfalt - von Kernwaffen) (Mil) / panoply n ‖ ~ (pl. Spektren oder Spektra) (eine Folge von Intensitäts- oder Häufigkeitswerten einer Größe in Abhängigkeit von einer anderen Größe nach DIN 5031, T 8) (Spektr) / spectrum* n (pl. spectra or -s) ‖ **antibakterielles** ~ (Gruppe experimentell ermittelter Testkeime, gegen die ein Antibiotikum wirksam ist) (Pharm) / antibacterial spectrum ‖ **charakteristisches** ~ (Kernphys) / characteristic spectrum* ‖ **diskretes** ~ (Spektr) / discrete spectrum ‖ **elektromagnetisches** ~ (Phys) / electromagnetic spectrum* ‖ **gedehntes** ~ (mit großem Zeit-Bandbreitenprodukt) (Spektr) / spread spectrum* ‖ **gespreiztes** ~ (Spektr) / spread spectrum* ‖ **kontinuierliches** ~ (Spektr) / continuous spectrum* ‖ **korreliertes 2D-**~ (Spektr) / correlated 2D spectrum ‖ **magnetisches** ~ (Phys) / magnetic spectrum ‖ **quasikontinuierliches** ~ (Spektr) / quasi-continuous spectrum ‖ **sekundäres** ~ (Opt) / secondary spectrum* ‖ **sichtbares** ~ (Licht, Opt, Spektr) / visible spectrum, visible spectral range ‖ **sichtbares (optisches)** ~ (Licht, Opt, Spektr) / optical spectrum* ‖ **überhäuftes** ~ (Spektr) / crowded spectrum ‖ **ultraviolettes** ~ (Spektr) / ultraviolet spectrum ‖ ~ **der Reaktorneutronen** (Nukl) / reactor spectrum ‖ ~ **nullter Ordnung** (nur Singulett-Signale) (Spektr) / zero-order spectrum

**Spektrum•analysator** m (Chem, Eltronik, Spektr) / spectrum analyzer (US), spectrum analyser* ‖ ~**analysator** (optischer -, bei dem anstelle des Austrittspaltes des Monochromators eine Diodenreihe, eine CCD-Reihe oder eine CCD-Kamera eingesetzt werden) (Spektr) / optical spectrum analyzer (US), optical spectrum analyser, OSA ‖ **optischer** ~**analysator** (Opt, Spektr) / optical spectrum analyzer, OSA ‖ ~**erweichung** f (Spektr) / spectral softening, softening of a spectrum ‖ ~**härtung** f (Spektr) / spectral hardening, hardening of a spectrum ‖ ~**variablen** f pl (Astr) / spectrum variables ‖ ~**veränderliche** m pl (Astr) / spectrum variables

**Spekularit** m (Min) / specular iron*, specularite n, specular iron ore, iron-glance* n, specular haematite

**Speläologe** m (Geol) / speleologist n ‖ **Hobby-**~ (Geol) / caver n, spelunker n

**Speläologie** f (Geol) / spelaeology* n, speleology* n

**Spell Checker** m (EDV) / spelling checker, spellchecker n, word spellchecker

**Spelling Check** m (EDV) / spelling check

**Spelze** f (im Blütenstand der Gräser) (Bot, Landw) / husk n

**Spencerit** m (Min) / spencerite n

**Spender** m (Behälter, der eine größere Menge oder Anzahl von etwas enthält, was einzeln oder in kleineren Mengen daraus entnommen werden kann) / dispenser n ‖ ~**-DNS** f (Biochem) / donor DNA, foreign DNA ‖ ~**verpackung** f / dispensing package

**Spengler** m (Klemp) / sheet-iron worker, sheet-metal worker

**Sperbe** f (For) / service tree

**Spergenit** m (Karbonatgestein mit sortierten Fossilfragmenten und mit weniger als 10% Quarz) (Geol) / spergenite n, Indiana limestone, Bedford limestone

**Spermatophyt** m (Bot) / seed plant*, spermatophyte n

**Spermatozoon** n (pl. -zoen) (Gen) / spermatozoon* n (pl. -zoa), sperm n

**Spermazet** n (Chem) / spermaceti* n, spermaceti wax, sperm n

**Spermazeti** n (Chem) / spermaceti* n, spermaceti wax, sperm n

**Spermazetöl** n (Chem) / sperm oil, sperm n

**Spermidin** n (biogenes Polyamin) (Biochem) / spermidine n

**spermienabtötend** adj (Med, Pharm) / spermatocidal adj, spermicidal adj

**Spermin** n (biogenes Polyamin) (Biochem) / spermine n

**Spermium** n (pl. -mien) (Gen) / spermatozoon* n (pl. -zoa), sperm n

**spermizid** adj (Med, Pharm) / spermatocidal adj, spermicidal adj

**Spermöl** n (das beim Abpressen von Walrat gewonnen wird) (Chem) / sperm oil, sperm n

**speromagnetisch** adj (Mag, Phys) / speromagnetic adj

**Sperrad** n (Masch) / ratchet wheel*, dog wheel, ratchet n ‖ ~**vorschub** m (Masch) / ratchet feed, pawl feed

**Sperr•ausgleichgetriebe** n (Kfz) / locking differential, limited-slip differential, nonslip differential (US) ‖ ~**ballon** m (der Ballonsperre) (Lufft) / barrage balloon* ‖ ~**bares Differential** (Kfz) / locking differential, limited-slip differential, nonslip differential (US) ‖ ~**befehl** m (EDV) / disable instruction

**Sperrbereich**

**Sperrbereich** m (z.B. auf Tankern und Terminals) / restricted area, prohibited area ‖ ≃ (DIN 41781) (EDV, Eltronik) / blocking-state region ‖ ≃ (der Diode, des Transistors) (Eltronik) / cut-off region ‖ ≃ (Frequenzfilter) (Fernm) / rejection band*, stop band*, filter attenuation band* ‖ ≃ (Nukl) / exclusion area ‖ ≃ (Filter) (Opt) / stop band, attenuation band
**Sperrbeton** m (DIN 4117) (HuT) / waterproof(ing) concrete
**Sperr•damm** m (Wasserb) / barrage* n, impounding dam ‖ ≃**dampf** m (Masch) / gland steam, shaft-sealing steam, sealing steam, seal steam ‖ ≃**differential** n (Kfz) / locking differential, limited-slip differential, nonslip differential (US) ‖ **automatisches** ≃**differential** (Kfz) / automatic slip-control differential, ASD n, automatic limited-slip differential ‖ ≃**diode** f (Eltronik) / isolation diode* ‖ ≃**druck** m (Druck) / spaced type
**Sperre** f (Zugangssperre) (EDV) / lock-out n, protection n (prevention of access) ‖ ≃ (Eltech) / interlock* n, blocking n ‖ ≃ (Vakuumröhren, Gasentladungsröhren) (Eltronik) / gate n ‖ ≃ (zum Einschließen des ausgelaufenen Erdöls) (Erdöl, Ozean) / boom n ‖ ≃ (Masch) / locking device, arrest n, arrester n, arrest device, lock n, latch n ‖ ≃ (Radio) / wave trap* ‖ ≃ (zur Zurückhaltung von Geschiebe - Wildbachverbauung) (Wasserb) / debris dam ‖ **schwimmende** ≃ (Erdöl) / floating boom ‖ ≃ f **der Trägerfrequenz-Nachrichtenübertragung** (über Hochspannungsleitungen) (Eltech) / line trap
**Sperr•effekt** m (Eltronik) / Schottky effect*, Schottky emission ‖ ≃**eingang** m (DIN 41859) (EDV) / inhibiting input, inhibit input, disable input ‖ ≃**einrichtung** f (Masch) / locking device, arrest n, arrester n, arrest device, lock n, latch n
**sperren** v (z.B. eine Straße) / close v ‖ ~ (drosseln) / choke v ‖ ~ (Bahn, Eltech, Eltronik, Kfz, Masch) / block v, lock v, interlock v ‖ ~ (EDV) / inhibit v ‖ ~ (eine Datei) (EDV) / lock v ‖ ~ (ein Gatter) (Eltronik) / disable v, inhibit v ‖ ~ (Eltronik) / inhibit v ‖ ~ (Frequenz) (Fernm) / reject v ‖ ~ (ein fehlerhaftes Gerät) (Fernm) / block v ‖ ~ (eine Teilnehmerleitung) (Fernsp) / busy out v ‖ ~ (Anschluß) (Fernsp) / bar v, suspend v ‖ ~ (Masch) / lock v, lock up v ‖ ~ (Masch) / inhibit v ‖ ~ (arretieren) (Masch) / lock v, stop v, arrest v ‖ ~ (Typog) / space v, letter-space v ‖ ~ n (Eltronik) / blocking*, locking n ‖ ≃ (Typog) / letter-spacing n, spacing n
**sperrend** adj (Halbleiter) (Eltronik) / non-conducting adj
**Sperr•erholungszeit** f (Eltronik) / reverse recovery time ‖ ≃**feder** f (Masch) / retaining spring, lock spring ‖ **schmalbandiges** ≃**filter** (Radio) / notch filter ‖ ≃**filterflansch** f (Fernm, Radar) / choke flange* ‖ ≃**fläche** f (einer Fahrbahn) (HuT) / barred zone ‖ ≃**flüssigkeit** f / sealing liquid ‖ ~**freier Kontakt** (DIN 41852) (Eltech) / non-rectifying contact ‖ ≃**funktion** f (Fernsp) / blocking function, inhibit function ‖ ≃**furnier** n (For, Tischl) / crossband n, crossband veneer, cross veneer, diagonal-band veneer ‖ ≃**gas** n (bei Dichtungen) (Masch) / buffer gas ‖ ≃**gatter** n (Eltronik) / inhibiting gate ‖ ≃**gebiet** n (im allgemeinen) / no-go area, prohibited area, restricted area ‖ ≃**gebiet** (Luftf) / prohibited area ‖ ≃**gebiet** (Filter) (Opt) / stop band, attenuation band ‖ ≃**getriebe** n (Masch) / locking mechanism, backstop n ‖ ≃**getriebe** s. auch Ratsche ‖ ≃**gitter** n (Eltronik) / barrier grid ‖ ≃**glied** n (im allgemeinen) (Eltronik) / blocking element ‖ ≃**glied** n (in einer Richtung) (Eltronik) / unilateral impedance* ‖ ≃**grad** m (der Differentialsperre) (Kfz) / locking ratio, limited-slip ratio ‖ ≃**greifer** m (Film) / registration pin ‖ ≃**grund** m (Anstr) / sealer n ‖ ≃**gut** n (Luftfrachtgut, das besonders schwer ist oder das einen besonders großen Raum beansprucht) (Luftf) / outsize cargo ‖ ≃**hahn** n (Klemp) / stopcock* n, stop valve, turn-cock n
**Sperrholz** n (Lagenholz nach DIN 68705) (Tischl, Zimm) / plywood* n, veneer plywood ‖ **Ausstattungs-**≃ (für Innenräume) (Tischl) / interior-type plywood ‖ **heterogenes** (zusammengesetztes) ≃ (For) / composite plywood ‖ ≃**container** m / plywood container ‖ ≃**formteil** n (For, Tischl) / plywood-manufactured mould, moulded plywood (element) ‖ ≃**kleber** m (For) / plywood adhesive ‖ ≃**platte** f (Tischl) / plywood panel, plywood board
**Sperrhorn** n (Werkz) / beak iron*, beck iron*, bick iron*, bickern* n
**sperrig** adj (Halbleiter) / bulky adj
**Sperr•impedanz** f (Fernm) / blocked impedance* ‖ ≃**impuls** m (EDV) / inhibit pulse, inhibitory pulse, inhibiting pulse ‖ ≃**keil** m (Typog) / lock wedge ‖ ≃**kennlinie** f (Abschnitt der Hauptkennlinie, die dem Sperrzustand entspricht) (Eltronik) / off-state characteristic ‖ ≃**klinke** f (Masch) / retaining pawl, detent pawl, locking pawl ‖ ≃**kondensator** m (Eltronik) / blocking capacitor*, buffer capacitor* ‖ ≃**kreis** f (Eltech) / rejector circuit*, rejector n ‖ ≃**kreis** (zur Unterdrückung wilder Schwingungen) (Eltronik) / parasitic stopper* ‖ ≃**kreis** (Radio) / wave trap* ‖ ≃**leitung** f (EDV, Eltronik) / inhibit line ‖ ≃**leitwert** m (Eltronik) / back conductance ‖ ≃**moment** n (bei Differentialsperre) (Kfz) / locking power ‖ ≃**muffe** f (Kab) / stop joint ‖ ≃**öl** n (zur Dichtung, z.B. eines Verdichters) / sealing oil, seal oil ‖ ≃**patent** n / defensive patent ‖ ≃**platte** f (Sperrholz in Plattenform)

(Tischl) / plywood panel, plywood board ‖ ≃**punkt** m (Eltronik) / cut-off n ‖ ≃**-Resonanz** f (Eltech) / parallel resonance*, current resonance, antiresonance*, shunt resonance*, tunance* n, voltage resonance ‖ ≃**richtung** f (Eltronik) / reverse direction, inverse direction ‖ **in** ≃**richtung vorgespannt** (Eltronik) / reverse-biased adj ‖ ≃**röhre** f (eine Hochfrequenz-Gasentladungsröhre in einer Hochfrequenzleitung) (Eltronik, Radar) / TR and ATR tube* ‖ ≃**schalter** m (EDV) / lock-out switch ‖ ≃**schaltung** f (EDV) / inhibit circuit, lock-out circuit ‖ ≃**schaltung** (Fernsp) / blocking circuit ‖ ≃**schaltung** (bei einem Zähler) (Instr) / paralysis circuit
**Sperrschicht** f (Feuchtigkeitsschutz) (Bau) / damp-proof course*, damp-course n, dpc ‖ ≃ (DIN 41852) (Eltronik) / depletion layer*, barrier layer*, junction* n ‖ ≃ (bei der Inversion) (Meteor) / lid* n ‖ ≃ (Eltronik) s. auch Raumladungs-Randschicht ‖ ≃ (anodische Oxidschicht) (Galv) / barrier layer ‖ ≃**bauelement** n (Eltronik) / junction device ‖ ≃**breite** f (Eltronik) / depletion width ‖ ≃**effekt** m (Eltronik) / Schottky effect*, Schottky emission ‖ ≃**enmaterial** n (Bau) / barrier material ‖ ≃**feldeffekttransistor** m (Eltronik) / junction field-effect transistor*, junction gate field-effect transistor, JFET*, JUGFET, PN-FET ‖ ≃**-FET** m (Eltronik) / junction field-effect transistor, junction gate field-effect transistor, JFET*, JUGFET, PN-FET ‖ ≃**folie** f (Bau) / barrier-layer foil ‖ ≃**fotoeffekt** m (Eltronik) / photovoltaic effect* ‖ ≃**fotoelement** n (ein Halbleiterfotoelement) (Eltronik) / photovoltaic cell*, barrier-layer cell, barrier-layer photocell, photovoltaic element ‖ ≃**fotozelle** f (ein Halbleiterfotoelement) (Eltronik) / photovoltaic cell*, barrier-layer cell, barrier-layer photocell, photovoltaic element ‖ ≃**gleichrichter** m (Eltech) / blocking-layer rectifier, electronic contact rectifier, contact rectifier ‖ ≃**kapazität** f (Eltronik) / depletion-layer capacitance, barrier-layer capacitance, junction capacitance ‖ ≃**papier** n (Bau, Pap) / moisture-barrier building paper ‖ ≃**temperatur** f (die in der Sperrschicht eines betriebenen pn-Überganges auftritt) (Eltronik) / junction temperature ‖ ≃**temperatursensor** m (Temperatursensor, bei dem die Temperaturabhängigkeit von PN-Übergängen in Halbleiterbauelementen zum Temperaturmessen benutzt wird) (Eltronik) / junction temperature sensor ‖ ≃**transistor** m (Eltronik) / junction rectifier*
**Sperr•schieber** m (in Automatikgetriebesteuerung) (Kfz) / shut-off valve, lock valve ‖ ≃**schiebervakuumpumpe** f (Vakuumt) / rotary plunger pump ‖ ≃**schieberverdichter** m (Drehkolbenverdichter mit einem Kolben und einer im Gehäuse beweglich angeordneten Schieberplatte, in dem der Kolben mit seiner Achse um die dazu parallele Zylinderachse rotiert) (Masch) / single-vane rotary compressor ‖ ≃**schleuse** f (Wasserb) / double-guard (safety) gates ‖ ≃**schwinger** m (bei dem durch eine sehr stark wirkende Rückkopplung die Schwingungen sehr schnell abreißen) (Fernm) / blocking oscillator ‖ ≃**schwinger-Schaltung** f (eine Kippschaltung) (Fernm) / blocking-oscillator circuit ‖ ≃**signal** n (EDV) / inhibit(ing) signal ‖ ≃**signal** (Eltronik, Fernm) / blocking signal ‖ ≃**spannung** f (die im Sperrzustand an der Diode anliegende Spannung nach DIN 41781) (Eltronik) / reverse voltage ‖ ≃**spannung** (Sperrvorspannung) (Eltronik) / reverse bias ‖ ≃**spannung** (eines Bildschirms) (Eltronik, TV) / sticking voltage* ‖ ≃**stoff** m (Schall, Hitze, Vibrationen) (Bau) / insulant* n, insulation* ‖ ≃**stoff** (Feuchtigkeit, Dampf - DIN 18195) (Bau) / barrier material, barrier n ‖ ≃**stoffschicht** f (Feuchtigkeit, Dampf) (Bau) / barrier coat* ‖ ≃**stopfbuchse** f (Masch) / lantern-type stuffing box ‖ ≃**strom** m (bei Ventilen) (Eltronik) / reverse current ‖ **negativer** ≃**strom** (bei Zweirichtungsthyristoren) (Eltronik) / negative off-state current ‖ **positiver** ≃**strom** (bei Zweirichtungsthyristoren) (Eltronik) / positive off-state current ‖ ≃**synchronisierung** f (Kfz) / locking synchromesh ‖ ≃**taste** f (EDV, Typog) / locking key
**Sperrung** f (Unterdrückung) / rejection n ‖ ≃ (Eltech) / interlock* n, blocking n ‖ ≃ (des Triggerkreises bei Oszillografen) (Eltronik) / hold-off n ‖ ≃ (Masch) / arrest n, arrestment n, detent* n, lock* n, stop n ‖ ≃ (Typog) / letter-spacing n, spacing n ‖ **rückwärtige** ≃ (Fernm) / backward busying* ‖ ≃ f **des Achsdifferentials** (Kfz) / transverse lock-up, locking of the axle differential
**Sperrungsfeuer** n (Luftf) / unserviceability lights
**Sperr•ventil** n (DIN 24300) (Masch) / non-return valve ‖ ≃**verzögerungsladung** f (bei Kapazitätsdioden) (Eltronik) / stored charge ‖ ≃**verzögerungszeit** f (für Einzelhalbleiter) (Eltronik) / reverse recovery time ‖ ≃**verzugszeit** f (Eltronik) / reverse recovery time ‖ ≃**vorrichtung** f (Masch) / locking device, arrest n, arrester n, arrest device, lock n, latch n ‖ ≃**vorspannung** f (Eltronik) / reverse bias ‖ ≃**wasser** n (im Geruchverschluß) (Bau) / trap water (to seal out drain odours), seal water ‖ ≃**werk** n (Masch) / locking mechanism, backstop n ‖ ≃**werk** (Ozean) / jetty n ‖ ≃**werk** (Wasserb) / barrage* n ‖ ≃**wirkung** f (Eltech) / valve effect ‖ ≃**wirkung** (Eltronik) / unilateral conductivity* ‖ ≃**wirkung** (bei Korrosion) (Galv) / barrier effect ‖ ~**wüchsig** adj (For) / crooked-grown adj

**Sperrylith** *m* (ein Platinmineral) (Min) / sperrylite* *n*
**Sperr•zahnschraube** *f* (Masch) / serrated-washer head screw ‖ **⁓zahnsicherungsschraube** *f* (Masch) / serrated-washer head screw ‖ **⁓zeit** *f* (bei Gleichrichtern) (Eltech) / off-period *n* ‖ **⁓zone** *f* (EDV) / restricted area ‖ **⁓zustand** *m* (Eltronik) / off-state *n*
**Spessartin** *m* (ein orangegelber bis braunroter Granat) (Min) / spessartine *n*, manganese garnet*, spessartite *n*
**Spessartit** *m* (lamprophyrisches Ganggestein, im wesentlichen aus Plagioklas und Hornblende) (Geol) / spessartite* *n*
**SPET** (Radiol) / single-photon emission computed tomography, SPECT
**SPE-Technologie** *f* (Methode der Wasserstofferzeugung, bei der eine dünne Kunststoffolie sowohl die Funktion eines festen Elektrolyten als auch die der Gastrennung übernimmt) (Chem Verf) / solid-polymer electrolyte technology, SPE technology
**Spezereien** *f pl* (Nahr) / spicery *n*
**Spezereien** *pl* (Nahr) / spices *pl*, spicery *n*
**Spezial•-** / special *adj* ‖ **⁓benzin** *n* (ein Verschnittlöser nach DIN 51630) (Anstr) / mineral spirits, petroleum spirit (GB), mineral solvent ‖ **⁓benzin** (Siedebereich ca. 30 - 80 °C) (Erdöl, Kftst) / gasoline *n*, gasolene *n* ‖ **⁓draht** *m* (Hütt) / special wire ‖ **⁓effekt** *m* (Film, TV) / special effect* (optical, physical), special FX ‖ **⁓gefertigt** *adj* / purpose-built *adj*, purpose-made *adj* ‖ **⁓geschirr** *n* (Web) / bannister harness* ‖ **⁓glas** *n* (Glas) / special glass ‖ **⁓güterwagen** *m* (Bahn) / van for special goods, waggon for special goods ‖ **⁓hafen** *m* (auf den ausschließlichen Umschlag bestimmter Güter eingerichteter Hafen) (Schiff) / special port ‖ **⁓harnisch** *m* (für Jacquardmaschinen) (Web) / bannister harness*
**spezialisieren, sich** ~ (auf) / specialize *v* (in)
**spezialisiert** (nur für Funktion) / monofunctional *adj*
**Spezialist** *m* / specialist *m*, expert *n* ‖ ~ **für Erdölerkundung** (Erdöl) / oil scout, scout *n*
**Spezialkarte, geologische** ⁓ (Kart) / detailed geological map
**Spezial•kleber** *m* / special adhesive ‖ **⁓klebstoff** *m* / special adhesive ‖ **⁓papier** *n* (Pap) / specialty paper ‖ **⁓rechner** *m* (EDV) / dedicated computer*, special-purpose computer ‖ **⁓schiff** *n* (Schiff) / special-duty vessel, special-duty ship ‖ **⁓schmierstoff** *m* / specialty lubricant ‖ **⁓tarif** *m* (zur Stimulierung des Verkehrsaufkommens auf bestimmten Strecken und zur Verbesserung der Auslastung von Verkehrsflugzeugen) (Luftf) / creative fare ‖ **⁓thesaurus** *m* (EDV) / microthesaurus *n* (pl. -auri) ‖ **⁓vorrichtung** *f* (Masch) / gadget *n* ‖ **⁓werkzeug** *n* (Werkz) / special tool, specialty tool ‖ **⁓zeitschrift** *f* (keine echte Fachzeitschrift, sondern eher Zeitschrift für Hobbyisten) / special-interest magazine
**Speziation** *f* (Biol) / speciation* *n*
**speziell** *adj* / special *adj* ‖ **⁓e Gaskonstante** (Phys) / specific gas constant ‖ ~ **gebaut** / purpose-built *adj*, purpose-made *adj* ‖ **⁓es Ornamentglas** (Glas) / peloton glass ‖ **⁓er Pascal-Satz** (Math) / Pappus' theorem*, theorem of Pappus (for a degenerate conic section) ‖ **⁓e Relativität** (spezielle Relativitätstheorie) (Phys) / special relativity ‖ **⁓e Relativitätstheorie** (Phys) / special theory of relativity ‖ **⁓e unitäre Gruppe** (Math, Phys) / SU (special unitary group)
**Spezies** *f* (Biol) / species* *n* (pl. species) ‖ ⁓- (Biol) / specific* *adj* ‖ **chemische** ⁓ (Chem) / chemical species
**Spezifikation** *f* (Masch) / specification* *n* (book), spec, checklist *n*
**Spezifikationssprache** (mit der ein System spezifiziert wird) (EDV) / specification language
**spezifisch** *adj* (DIN 5485 und 5490) / specific* *adj* ‖ **⁓er Abbrand** (Nukl) / specific burnup ‖ **⁓e Abfluß** (je Flächeneinheit) (Wasserb) / specific discharge ‖ **⁓e Aktivität** (Radiol) / specific activity* ‖ **⁓e Arbeit** (in J/kg) (Phys) / specific energy ‖ **⁓e Ausstrahlung** (DIN 5031, T 1) (Phys) / radiant exitance ‖ **⁓e Dämpfung** (Fernm) / specific damping ‖ **⁓e Drehung** (Chem, Phys) / specific rotation* ‖ **⁓es Drehungsvermögen** (Chem, Phys) / specific rotation* ‖ **⁓e Drehzahl** (Masch) / specific speed ‖ **⁓er Durchgangswiderstand** (DIN 53482) (Eltech) / volume resistivity* ‖ **⁓e Durchlässigkeit** (Phys) / transmittivity* *n* ‖ **⁓e elektrische Leitfähigkeit** (Elektr) / specific conductivity ‖ **⁓er elektrischer Widerstand** (Elektr) / resistivity *n* ‖ **⁓er elektrischer Widerstand** (Eltech) / resistivity* *n*, specific resistance* ‖ **⁓e Energie** (Phys) / specific energy ‖ **⁓e Energie** (aus mittlerer Tiefe und mittlerer Fließgeschwindigkeit eines Flusses ermittelt) (Wasserb) / specific energy ‖ **⁓e Enthalpie** (DIN 1301, T 2) (Phys) / specific enthalpy ‖ **⁓e Entropie** (DIN 1301, T 2) (Phys) / specific entropy ‖ **⁓e Epitheton** (bei den Namen auf der Art-Rangstufe) (Biol) / specific epithet ‖ **⁓e Ergiebigkeit** (Verhältnis von Wasseraufnahme und -abgabe des Bodens) (Wasserb) / specific yield ‖ **⁓e Feuchtigkeit** (Wasserdampfmenge in g, die in einem kg feuchter Luft enthalten ist) (Meteor) / specific humidity* ‖ **⁓e freie Grenzflächenenthalpie** (Phys) / interfacial surface tension*, interfacial tension, interfacial force, interfacial potential, Galvani potential ‖ **⁓e Gaskonstante** (Phys) / specific gas constant ‖ **⁓e Größe** (DIN 1345) (Phys) / specific quantity ‖ **⁓er Impuls** (einer Antriebsanlage, bezogen auf Luftdurchsatz, Brennstoffdurchsatz, Konstruktionsmasse oder Stirnfläche) (Luftf, Raumf) / specific impulse*, specific thrust ‖ **⁓e Ionisation** (Phys) / specific ionization ‖ **⁓er Kraftstoffverbrauch** (dem Verbrennungsmotor zugeführte Kraftstoffmasse je Einheit der Leistung und der Zeit) (V-Mot) / specific fuel consumption*, SFC ‖ **⁓e Ladung** (Phys) / charge-mass ratio*, specific charge ‖ **⁓e Lichtausstrahlung** (Dichte des von einer Fläche abgegebenen Lichtstromes auf die strahlende Fläche - lm/m² - DIN 5031, T 3) (Licht) / luminous exitance ‖ **⁓er magnetischer Widerstand** (Eltech) / reluctivity* *n*, specific reluctance ‖ **⁓e Nutzarbeit** (Masch) / mean effective pressure*, mep, mean pressure, mp ‖ **⁓e Oberfläche** (einer dispersen Phase nach DIN 66160) (Chem) / specific surface area ‖ **⁓e Oberfläche** (Pulv) / specific surface* ‖ **⁓er Oberflächenwiderstand** (Phys) / surface resistivity* ‖ **⁓e organische Belastung** (bei Ionenaustauschern) (Chem Verf) / specific organic load (S.O.L.) ‖ **⁓e Rate** (charakteristische kinetische Größe in der Reaktionskinetik) (Chem) / specific rate ‖ **⁓e Reaktion** (eine Nachweisreaktion, die unter Einhaltung bestimmter Versuchsbedingungen für einen Stoff kennzeichnend ist) (Chem) / specific reaction ‖ **⁓e Refraktion** (Chem) / specific refraction*, refractivity* *n* ‖ **⁓e Schub** (Luftf, Raumf) / specific impulse*, specific thrust ‖ **⁓e Suszeptibilität** (Geol, Mag) / specific susceptibility, mass susceptibility ‖ **⁓e Umwandlungswärme** (Chem, Phys) / specific latent heat* ‖ **⁓er Verbrauch** / specific consumption ‖ **⁓es Volumen** (DIN 1306) (Phys) / specific volume*, sp vol ‖ **⁓e Wärmekapazität** (DIN 1301, T 2) (Phys) / specific heat capacity* ‖ **⁓e Wärmeleistung** (des Brennstoffes) (Nukl) / fuel rating*, specific power (US)* ‖ **⁓er Wärmeverbrauch** (Wärm) / heat rate ‖ **⁓er Wärmewiderstand** (Eltech) / thermal resistivity
**spezifizieren** *v* (einzeln anführen) / itemize *v* ‖ ~ / specify *v*
**Spezifizität** *f* / specificity *n*
**S-Pfanne** *f* (eine Dachziegelform) (Bau, Keram) / pantile *n*
**SPFDB-Verfahren** *n* (Luftf) / superplastic forming / diffusion bonding* (SPF/DB)
**SP-Gruppe** *f* (Kernphys) / SP group, symplectic group
**Sphaerotilus natans** (eine Fadenbakterie, meistens in den Molkereiabwässern) (Bakteriol, Sanitär) / Sphaerotilus natans
**Sphagnum** *n* (Geog, Geol) / peat moss, sphagnum* *n* (pl. sphagna), sphagnum moss
**Sphalerit** *m* (Min) / sphalerite* *n*, blackjack *n*, zinc blende* ‖ ⁓ (gelber) (Min) / resin jack, rosin jack, rosin blende
**Sphärik** *f* (Math) / spherical geometry
**sphärisch** *adj* / spherical *adj*, globular *adj*, spheriform *adj* ‖ **⁓e Aberration** (Opt) / spherical aberration* ‖ **⁓es Dreieck** (Dreieck auf einer Kugeloberfläche) (Math) / spherical triangle* ‖ **⁓er Exzeß** (im Kugeldreieck) (Verm) / spherical excess* ‖ **⁓e Fläche** (Math) / spherical surface ‖ **⁓e Koordinaten** (Math, Verm) / spherical polar coordinates*, spherical coordinates ‖ **⁓e Krümmung** (Math) / spherical curvature* ‖ **⁓e Kurve** (Kurve auf einer Kugeloberfläche) (Math) / spherical curve ‖ **⁓e Linse** (Opt) / spherical lens ‖ **⁓es Pendel** (Phys) / spherical pendulum ‖ **⁓er Spiegel** (Opt) / spherical mirror ‖ **⁓e Trigonometrie** (Lehre von der Berechnung sphärischer Dreiecke mit Hilfe von Winkelfunktionen) (Math) / spherical trigonometry ‖ **⁓e Welle** (Akus) / spheric wave, spherical wave ‖ **⁓er Winkel** (Math) / spherical angle ‖ **⁓es Zweieck** (Math) / lune* *n*, gore *n*, spherical lune
**sphärisch-astronomisches Grunddreieck** (Nav) / navigational triangle
**Sphärizität** *f* (Annäherung des Kornes an die Kugelgestalt) (Geol) / sphericity *n*
**Sphäro•graphit** *m* (Hütt) / spheroidal graphite, nodular graphite ‖ **⁓guß** *m* (Hütt) / spheroidal graphite cast iron, nodular cast iron, SG iron*, ductile cast iron, spherulitic graphite cast iron*
**Sphäroid** *n* (Math) / spheroid* *n*
**sphäroidal** *adj* / spheroidal *adj* ‖ **⁓er Zustand** (Phys) / spheroidal state*
**sphäroidisch** *adj* / spheroidal *adj*, spheroid *adj* ‖ **⁓e Textur** (Geol) / orbicular structure* (with spherical orbs up to several centimetres in diameter), spheroidal structure (large rounded masses)
**sphäroidisierendes Glühen** (Hütt) / spheroidizing* *n* (annealing with the aim of causing spheroidization of the precipitated carbides), soft annealing
**Sphäro•kobaltit** *m* (Min) / cobaltocalcite *n* ‖ **⁓kolloid** *n* (Chem) / spherocolloid *n*, globular colloid ‖ **⁓lith** *m* (rundliche, im Aufbau körnige, schalige oder oft radialstrahlige Gebilde) (Geol) / spherulite* *n* ‖ **⁓lithisch** *adj* (Geol) / spherulitic *adj* ‖ **⁓lithische Textur** (Geol) / spherulitic texture* ‖ **⁓meter** *n* (zur Radienmessung von sphärisch gekrümmten Flächen) (Instr, Opt) / spherometer* *n* ‖ **⁓protein** *n* (Biochem) / globular protein *n* ‖ **⁓siderit** *m* (Min) / clay ironstone*, ironstone clay, argillaceous haematite, spherosiderite *n* ‖ **⁓torisches Glas** (Brillenglas) (Opt) / toric lens
**Sphen** *m* (Min) / sphene* *n*, titanite* *n*
**Sphenoid** *n* (keilförmige Kristallform) (Krist) / sphenoid* *n*

**Spherator** *m* (Nukl) / spherator *n*
**Sphericity** *f* (Kernphys) / sphericity *n*
**Spherics** *pl* (Fernm) / atmospherics* *pl*, statics* *pl*, atmospheric interference, sferics* *pl*, spherics* *pl*, X's, strays* *pl*
**Spheronizing-Prozeß** *m* (Krümelung von pulverförmigen Stoffen ohne Flüssigkeitszusatz) (Pulv) / spheronizing *n*
**Sphinganin** *n* (langkettiger Aminoalkohol) (Biochem) / sphinganine *n*
**Sphingoid** *n* (Biochem) / sphingoid *n*
**Sphingolipid** *n* (Acyllipid, das Sphingoid als Grundkörper enthält) (Biochem) / sphingolipid *n*, sphingolipide *n*
**Sphingomyeline** *n pl* (Gruppe der Phosphosphingolipide) (Biochem) / sphingomyelins* *pl*
**Sphingosin** *n* (das verbreitetste Sphingoid in tierischem Gewebe) (Biochem) / sphingosine* *n*
**Sphygmomanometer** *n* (zur Messung des Blutdrucks) (Med) / sphygmomanometer *n*
**Spica** *f* (pl. Spicae) (Bot, Landw) / spike* *n*
**Spickelement** *n* (Nukl) / seed element
**spicken** *v* (Nahr) / lard *v* ‖ ~ *n* (Spinn) / oiling* *n*, greasing *n*, lubricating *n*
**Spick•messer** *n* (Nahr) / larding knife ‖ ~**öl** *n* (Spinn) / spinning lubricant, spinning oil, wool oil ‖ ~**pfahl** *m* (Wasserb) / faggot stake
**Spider** *m* (ein Roadster) (Kfz) / spider *n*
**Spiegel** *m* ~ / level* *n*, filling level, fill level ‖ ~ (der auf den Innendeckel geklebte Vorsatz) (Buchb) / pastedown(s) *n(pl)*, board paper ‖ ~ (Druck) / type area, type page ‖ ~ (auf dem Radialschnitt des Holzes sichtbare, glänzende Bänder, die durch das An- und Aufschneiden der Holzstrahlen entstehen) (For) / comb grain, edge grain, rift grain ‖ ~ (Leder) / shell *n* ‖ ~ (Opt) / mirror* *n* ‖ ~ (des Lasers) (Phys) / end plate ‖ ~ (Heizelement zum Spiegelschweißen - ein flaches verchromtes Blech) (Plast) / heat reflector ‖ ~ (Radio) / image signal, image *n* ‖ ~ (querschiffs befindliche Abschlußplatte am Bootsheck) (Schiff) / flat of the stern, upper stern ‖ **Abbildungsgleichung** *f* **für einen** ~ (Opt) / mirror formula ‖ **aluminiumbeschichteter** ~ (Opt) / aluminium-coated mirror ‖ **asphärischer** ~ (der den Blick in den toten Winkel erlaubt) (Kfz) / convex mirror ‖ **auf einen** ~ **fallen** (Opt) / impinge on a mirror (rays) ‖ **ausschwenkbarer** ~ / swing-out mirror ‖ **dichroitischer** ~ (Licht, TV) / dichroic mirror* ‖ **ebener** ~ (Opt) / plane mirror ‖ **feldverkehrter** ~ (Nukl) / field-reversed mirror ‖ **fester** ~ (eines Spiegelsextanten) (Verm) / horizon glass*, horizon mirror ‖ **gekrümmter** ~ (Opt) / curved mirror ‖ **gewölbter** ~, **dessen spiegelnde Oberfläche eine nicht entartete Fläche zweiter Ordnung bildet** (z.B. ein Paraboloid) (Opt) / conic mirror ‖ **halbdurchlässiger** ~ (Foto) / semi-transparent mirror* ‖ **halbdurchlässiger** ~ (Opt) / two-way mirror, see-through mirror (US), spy mirror ‖ **halbdurchlässiger** (rückflächenversilberter) ~ (Opt, Verm) / half-silvered mirror ‖ **halbdurchlässiger** ~ (des Lasers) (Phys) / partially reflecting end-plate ‖ **hochklappbarer** ~ (bei der einäugigen Spiegelreflexkamera) (Foto) / instant-return mirror, hinged mirror ‖ **konischer** ~ (Opt) / conic mirror ‖ **Lloydscher** ~ (Opt) / Lloyd's mirror ‖ **magnetischer** ~ (eine Magnetfeldanordnung, in der magnetisierte Teilchen in den Hochtemperaturplasmen für längere Zeit zusammengehalten werden können) (Plasma Phys) / magnetic mirror* ‖ **parabolischer** ~ (ein Hohlspiegel) (Opt) / parabolic mirror*, parabolic reflector*, paraboloidal reflector ‖ **Parallaxen ausgleichender** ~ (an Meßgeräten) (Instr) / antiparallax mirror* ‖ **reflektierender** ~ (des Lasers) (Phys) / reflecting end-plate ‖ **sehr dünner** (membranartiger) **halbdurchlässiger** ~ (Mikros) / pellicle mirror ‖ **sphärischer** ~ (Opt) / spherical mirror ‖ **strahlenteilender** ~ (Opt) / beam-splitting mirror ‖ **teildurchlässiger** ~ (des Lasers) (Phys) / partially reflecting end-plate ‖ ~ *m* **des Laserresonators** (Phys) / partially reflecting end-plate ‖ ~ **mit Feldumkehr** (Nukl) / field-reversed mirror
**Spiegel•-** (Opt) / catoptric *adj* ‖ **~ähnlich** *adj* / mirror-like *adj* ‖ ~**antenne** *f* (eine Richtantenne) (Radio) / reflector antenna ‖ ~**bedampfung** *f* (Glas) / mirror plating ‖ ~**belag** *m* (Glas, Opt) / mirror coating, reflector coating, reflective coating, reflecting coating ‖ ~**bewegung** *f* (eine der drei charakteristischen Bewegungsformen, die ein elektrisch geladenes Teilchen in einem magnetischen Feld ausführen kann) (Elektr, Mag) / bouncing *n* ‖ ~**bild** *n* (seitenverkehrtes Bild) (Opt) / mirror image ‖ ~**bildantenne** *f* (eine virtuelle Antenne) (Radio) / image antenna ‖ ~**bildisomer** *n* (Chem) / enantiomer *n*, optical isomer, antimer *n*, optical antipode ‖ ~**bildisomerie** *f* (eine Art Stereoisomerie) (Chem) / optical isomerism* ‖ ~**bildisomerie** (Chem, Min) / enantiomorphism* *n*, mirror-image isomerism, mirror-image relationship ‖ **~bildliche Näherung** (Math) / mirror-image-like approximation ‖ **~blank** *adj* / mirror-bright *adj*, highly polished ‖ ~**bruch** *m* (senkrechter, glatter Bruch der Fasern in einem LWL) (Fernm) / mirror zone fracture ‖ ~**dämpfung** *f* (Radio) / image attenuation ‖ ~**drahtglas** *n* (Glas) / polished wired glass ‖ ~**ebene** *f* (Symmetrieelement einer räumlichen Spiegelung) (Krist) / plane of symmetry*, plane of mirror symmetry, symmetry plane, mirror plane of symmetry ‖ ~**eisen** *n* (ein weißes Sonderroheisen mit hohem Mangangehalt und glänzendem Bruch) (Hütt) / spiegeleisen* *n*, spiegel *n*, spiegel iron, specular pig iron ‖ ~**feder** *f* (für Wände und Decken) (Bau, Tischl) / mirror insert ‖ ~**fernrohr** *n* (Astr) / reflecting telescope*, reflector *n* ‖ ~**fläche** *f* (z.B. nach Polieren) (Masch) / mirror-like surface ‖ ~**frequenz** *f* (beim Überlagerungsempfang) (Radio) / image frequency* ‖ ~**frequenzsignal** *n* (Radio) / image signal, image *n* ‖ ~**frequenzverhalten** *n* (Radio) / image response* ‖ ~**frequenzwiedergabe** *f* (Radio) / image response* ‖ ~**furnier** *n* (For) / quarter-sliced veneer (with a rift grain) ‖ ~**galvanometer** *n* (ein Drehspulgalvanometer mit Fadenaufhängung) (Eltech) / mirror galvanometer*, reflecting galvanometer* ‖ ~**gewölbe** *n* (Arch) / cavetto vault ‖ ~**gitter** *n* (Opt) / reflecting echelon ‖ ~**glanz** *m* (einer einzeln geprägten Münze) / proof *n* ‖ ~**glanz** (Opt) / specular gloss ‖ **~glänzend** *adj* / specular *adj* ‖ ~**glas** *n* (hochwertiges Flachglas nach DIN 1249, T 2) (Glas) / plate glass*, polished plate* ‖ ~**glas niedriger Qualität** (Glas) / skylight *n*, skylight glass ‖ ~**glasherstellung** *f* **nach dem Pilkington-Verfahren** (beidseitig geschliffenes und poliertes Glas besonderer Homogenität) (Glas) / twin-plate process*, Pilkington twin process* ‖ **~glatte See** (ein Seezustand) (Schiff) / mirror sea, dead-smooth sea ‖ ~**harz** *n* (ein natürliches Harz von Pinus-Arten) / colophony* *n*, rosin* *n*, colophonium* *n* (pl. -ms) ‖ ~**heck** *n* (Schiff) / transom stern, square stern, flat stern ‖ ~**instrument** *n* (Opt, Verm) / optical square (a surveyor's hand instrument, in which two mirrors turn a beam of light exactly through a right angle) ‖ ~**kachel** *f* (Bau) / mirror tile ‖ ~**kerne** *m pl* (isobare Kerne) (Kernphys) / mirror nuclides* ‖ ~**kluft** *f* (For) / heart shake (BS 565)*, heart crack, rift crack, heart check ‖ ~**kondensor** *m* (Mikros) / mirror illuminator ‖ ~**linie** *f* (Glas) / flux-line *n*, metal line, metal level ‖ ~**linse** *f* (abbildendes optisches System) (Foto, Opt) / mirror lens* ‖ ~**linsenobjektiv** *n* (Foto, Opt) / mirror lens* ‖ ~**maschine** *f* (mit magnetischen Spiegeln) (Plasma Phys) / mirror machine* ‖ ~**metall** *n* (eine CuSn-Legierung) (Hütt) / speculum* *n*, speculum-metal *n*, speculum alloy ‖ ~**mikroskop** *n* (Mikros) / reflecting microscope
**spiegeln** *v* / reflect *v* ‖ ~ *n* (Bearbeitung spiegelbildlicher Werkstücke mit gleichem Programm - DIN 66 257) (Masch) / mirror imaging
**Spiegelnaht** *f* (Tex) / gorge seam
**spiegelnd** *adj* (Licht, Min, Opt) / specular *adj* ‖ **~e Fläche** (Opt) / specular surface ‖ **~er Reflektor** (Opt) / specular reflector ‖ **~e Reflexion** (Licht, Phys) / specular reflection, regular reflection, mirror reflection, direct reflection ‖ **~e Richtung** (Opt) / specular direction
**Spiegel•nivelliergerät** *n* (Verm) / reflecting level* ‖ ~**optik** *f* (ein Spiegelsystem) (Opt) / mirror optics ‖ ~**prisma** *n* (Opt) / reflecting prism ‖ ~**qualität** *f* (des Belegglases) (Glas) / silvering quality, SQ, mirror quality ‖ ~**rad** *n* (Weillersches) (TV) / mirror drum* ‖ ~**reaktor** *m* (Nukl) / mirror reactor, mirror-type fusion reactor ‖ ~**reflektor** *m* (Radio) / mirror reflector ‖ ~**reflexkamera** *f* (Foto) / reflex camera* ‖ **einäugige ~reflexkamera** (Foto) / single-lens reflex camera, single-lens reflex* (SLR) ‖ **zweiäugige ~reflexkamera** (Foto) / twin-lens reflex camera* ‖ ~**reflexsucher** *m* (Film, Foto) / reflex viewfinder, reflex finder ‖ ~**rinde** *f* (For) / smooth bark ‖ ~**saal** *m* (Arch) / hall of mirrors ‖ ~**samt** *m* (Tex) / mirror velvet ‖ ~**samt** (Tex) s. auch Panné ‖ ~**scheinleitwert** *n* (Elektr) / image admittance* ‖ ~**schicht** *f* (Glas, Opt) / mirror coating, reflector coating, reflective coating, reflecting coating ‖ ~**schnitt** *m* (gewöhnlicher - wenn 50% der Jahrringe stehen) (For) / quarter sawing, rift sawing ‖ ~**schnitt** (strenger) (For) / radial section, radial cut, rift-sawing *n*, edge-grain sawing (US), vertical-grain sawing (US), radial sawing ‖ ~**signal** *n* (Radio) / image signal, image *n* ‖ ~**stern** *m* (Typog) / itemizer *n* (mark to divide off items in a list) ‖ ~**symmetrie** *f* (Phys) / mirror symmetry* ‖ ~**takt** *m* (EDV) / mirror clock ‖ ~**teleskop** *n* (Astr) / reflecting telescope*, reflector *n* ‖ ~**teleskop nach Cassegrain** (Astr) / Cassegrain telescope*, Cassegrainian telescope ‖ ~**teleskop nach Gregory** (mit einem konkaven elliptischen Fangspiegel) (Astr) / Gregorian telescope*, Gregorian reflecting telescope ‖ ~**teleskop nach Newton** (Astr) / Newtonian telescope* ‖ ~**textur** *f* (z.B. bei der Platane) (For) / silver figure ‖ ~**umkehrsystem** *n* (Opt) / mirror-erecting system
**Spiegelung** *f* (Elektr) / reflection *n* ‖ ~ (an einer Geraden, an einer Ebene) (Math) / symmetry* *n* (axial) ‖ ~ **am Kreis** (Math) / inversion* *n* ‖ ~ **an einem Punkt** (dem Inversions- oder Symmetriezentrum) (Krist, Phys) / inversion *n*
**Spiegelungs•achse** *f* (Math) / axis of reflection, axis of symmetry*, symmetry axis ‖ ~**ebene** *f* (Symmetrieelement einer räumlichen Spiegelung) (Krist) / plane of symmetry*, plane of mirror symmetry, symmetry plane, mirror plane of symmetry ‖ ~**geometrie** *f* (Math) / geometry of reflection ‖ ~**zentrum** *n* (Math) / centre of symmetry, centre of reflection
**spiegelverkehrt** *adv* / mirror-inverted *adj*
**Spiel** *n* (mathematisches Modell für eine Konfliktsituation, in der sich mehrere Partner [Spieler] mit verschiedenen Zielen

gegenüberstehen und durch bestimmte Handlungen eine in ihrem Sinne positive Lösung des Konflikts anstreben) (EDV, KI, Math) / game n ‖ ~ (Gesamtheit der Betriebszustände, die bei periodischem Betrieb einer Anlage auftreten) (Elttech) / duty cycle ‖ ~ (toter Gang am Kupplungsfußhebel) (Kfz) / free travel ‖ ~ (Masch) / backlash* n, play* n, free play, lash n (US) ‖ ~ (Arbeitszyklus) (Masch) / duty cycle ‖ ~ (Differenz zwischen den Maßen der Bohrung und der Welle, wenn diese Differenz positiv ist - DIN 7182, T 1) (Masch) / positive allowance, clearance n ‖ ~ (bei Toleranzen und Passungen) (Masch) / allowance n ‖ ~ (WP) / cycle n, cycling ‖ **extensives** ~ (wenn die Spieler jeweils abwechselnd eine Reihe von Aktionen, sogenannte Züge, ausführen) (Math) / extensive game ‖ **fiktives** ~ (in der Spieltheorie) (Math) / fictive game, fictitious game ‖ **kooperatives** ~ (bei dem die beteiligten Spieler die Möglichkeit haben, Koalitionen zu bilden) (Math) / cooperative game ‖ **merkliches** ~ (Kennzeichen bei Montage) (Masch) / noticeable clearance ‖ **mit** (ungewohntem) ~ (Masch) / loose adj **sehr großes** ~ (Kennzeichen bei Montage) (Masch) / loose fit ‖ **seitliches** ~ (Bahn) / lateral traverse* ‖ **zu viel** ~ **in der Lenkung** (Kfz) / excessive steering free play

**Spiel•anschluß** m (EDV) / game connector ‖ ~**anzug** m (für Kinder) (Tex) / playsuit n, rompers pl, romper suit ‖ ~**art** f (Biol) / variety* n, variation* n ‖ ~**baum** m (dessen Äste Züge oder Gegenzüge und dessen Knoten Situationen sind) (KI) / game tree ‖ ~**dauer** f (periodische Wiederkehr eines Betriebszustandes) (Elttech) / duration of the duty cycle, duty cycle time, cycle time, cycle period

**Spielen** n **über Modem** (EDV) / modem-to-modem gaming
**Spieler** m (z.B. bei Videospielen) (EDV) / gamer n ‖ ~ (die Seite, deren Entscheidung Einfluß auf die Gestaltung des Konflikts hat) (EDV, Math) / player n
**Spiel•fehler** m (Lufft) / backlash error ‖ ~**film** m (der Hauptfilm eines Filmprogramms) (Film) / feature film, feature n ‖ ~**frei** adj (Zahnräder) (Masch) / free from backlash attr, backlash-free adj, zero-backlash attr ‖ ~**kartenkarton** m (Pap) / playing-card stock, playing-card board, cardboard for playing cards ‖ ~**konsole** f (EDV) / games console ‖ ~**kontrolle** f (EDV) / paddle n, games paddle* ‖ ~**passung** f (bei der das Kleinstmaß der Bohrung größer ist als das Größtmaß der Welle - DIN 7182) (Masch) / clearance fit (undersize) ‖ ~**raum** m (Instr) / margin n ‖ ~**raum** m (Masch) / backlash* n, play* n, free play, lash n (US) ‖ ~**theorie** f (ein Zweig der Mathematik nach Johann Baron von Neumann) (ein Teilgebiet der Kybernetik, das sich mit solchen Spielen beschäftigt, deren Ergebnis nicht nur vom Zufall abhängt, sondern auch von den Strategien der Spieler) (EDV, Math) / games game, game theory, games theory ‖ ~**zeug** n (DIN EN 71) / toy(s) n pl ‖ **pädagogisches** ~**zeug** n / educational toy ‖ ~**zeugtransformator** m (Elttech) / toy transformer
**Spier** m n (Schiff) / spar n
**Spiere** f (Rundholz) (Schiff) / spar n ‖ ~ (kurze mit Block an einem Ende, zum Zusammenpressen und Verstauen einer Ballenladung im Laderaum) (Schiff) / steeve n
**Spierentonne** f (Schiff) / spar-buoy n
**Spierling** m (For) / service tree
**Spieß** m (Hütt) / tapping bar, tapping rod ‖ ~ (Typog) / black* n ‖ ~**ampulle** f (Chem) / lance ampoule ‖ ~**eiche** f (For) / pin oak ‖ ~**kantkaliber** n (zwischen den Walzenpaaren) (Hütt) / diamond pass, rhombic groove
**Spike** m (in der Virushülle) (Bakteriol) / spike n ‖ ~ (impulsartige Relaxationsschwingung eines Laseroszillators) (Eltronik) / spike n (Kernphys) / spike n, perturbed region ‖ ~ (markierter - in der Isotopenverdünnungsanalyse) (Kernphys) / spike n ‖ ~ (pl. -s) (im Autoreifen - in Deutschland verboten) (Kfz) / stud n, spike n, ice stud ‖ ~ (Diskontinuität im Bändermodell) (Phys) / spike n ‖ ~ (Schreiberausschlag im IR-Spektrum) (Spektr) / spike n ‖ **thermischer** ~ (Kernphys) / thermal spike* ‖ ~**reifen** m (in Deutschland verboten) (Kfz) / studded tyre
**Spikesreifen** m (in Deutschland verboten) (Kfz) / studded tyre
**Spiking** n (starker Anstieg eines Wertes) / spiking n ‖ ~ (Einschwingvorgänge, die zu Strukturen im Laserpuls führen) (Eltronik, Phys) / spiking n
**Spiklavendelöl** n (für krautig-frische Kompositionen) / spike lavender oil, spike oil, Spanish lavender oil, Spanish spike oil
**Spiköl** n (das etherische Öl aus dem blühenden Kraut des Großen Speiks - Lavandula latifolia Medik.) / spike lavender oil, spike oil, Spanish lavender oil, Spanish spike oil
**Spikulen** pl (die aus der solaren Chromosphäre herausschießen) (Astr) / solar spicules, spicules pl
**Spilit** m (Sammelbezeichnung für basische magmatische Gesteine) (Geol) / spilite* n
**spilitisch** adj (Geol) / spilitic adj
**Spill** n (pl. -e oder -s) (kleine sich drehende Seiltrommel, die an beiden Seiten des Hebewerkes angebracht ist) (Erdöl) / cathead n ‖ ~ (pl. -e oder -s) (mit senkrechter Trommel) (Masch, Schiff) / capstan* n ‖ ~ **zum Kontern** (Bergb) / cathead* n

**Spillage** f (Gewichtsverluste während des Transports) / spillage n
**Spill•klampen** f pl (Schiff) / whelps pl ‖ ~**kopf** m (Bergb) / cathead* n ‖ ~**kopf** (Masch) / capstan head, barrel n ‖ ~**over** n / spill-over n (impact) ‖ ~**over-Effekt** m (unbeabsichtigte positive oder negative Wirkung eines Instruments der wirtschaftlichen Politik) / spill-over effect
**Spilosit** m (Metamorphit an Diabaskontakten mit Schiefern) (Geol) / spilosite n
**Spin** m (Eigendrehimpuls, Spinmoment von Elementarteilchen, Atomen und deren Kernen) (Kernphys) / spin* n ‖ **antiparalleler** ~ (Kernphys) / antiparallel spin **entgegengesetzter** ~ (Kernphys) / antiparallel spin **ganzzahliger** ~ (Kernphys) / integer spin ‖ **halbzahliger** ~ (Kernphys) / half-integer spin ‖ **isobarer** ~ (Kernphys) / isotopic spin*, isobaric spin*, i-spin n, isospin n ‖ **isotoper** ~ (Kernphys) / isotopic spin*, isobaric spin*, i-spin n, isospin n ‖ **paralleler** ~ (Spektr) / parallel spin
**Spinacen** n (Chem) / squalene* n, spinacene* n
**Spinar** m (eine Radiogalaxie) (Astr) / spinar n
**spinatgrün** adj / spinach green adj
**Spin•aufspaltung** f (Kernphys) / spin doubling ‖ ~**ausrichtung** f (Kernphys) / spin alignment ‖ ~**austauschkraft** f (Kernphys) / Bartlett force, spin-exchange force ‖ ~**austauschstoß** m (zwischen paramagnetischen Teilchen, der zu einer Änderung der Spinrichtung führt) (Kernphys) / spin-exchange collision ‖ ~**-Bahn-Kopplung** f (zwischen dem Spin und der mit einem Bahndrehimpuls verknüpften Bewegung, z.B. eines Elektrons) (Kernphys) / spin-orbit coupling* ‖ ~**-Bahn-Wechselwirkung** f (Kernphys) / spin-orbit interaction
**Spind** m n (verschließbar) / locker n
**Spindel** f (der Wendeltreppe) (Kern in der Mitte einer Wendeltreppe - DIN 18064, T 1) (Bau) / newel n ‖ ~ (Welle mit Gewinde zum Antrieb oder zur Bewegung von Maschinenteilen) (Masch) / spindle* n ‖ ~ (eines Ventils) (Masch) / stem n, spindle n ‖ ~ (Spinn) / spindle* n ‖ ~ (Zyt) / spindle* n ‖ **hohle** ~ (Bau) / open newel, hollow newel* ‖ **nichtsteigende** ~ (Masch) / non-rising stem ‖ ~ f **der Hemmung** (Uhr) / verge* n
**Spindel•abdichtung** f (bei Ventilen, z.B. mit Stopfbuchse, mit Rundringen usw.) (Masch) / stem sealing ‖ ~**antrieb** m (des Garagentors) / screw drive, spindle drive ‖ ~**antriebsmotor** m (Elttech, Masch) / spindle-drive motor ‖ ~**ausladung** f (Masch) / aerometer swing (throat depth) ‖ ~**bohrung** f (Masch) / spindle bore (hole bored through the main spindle), spindle hole ‖ ~**bohrungsdurchmesser** m (Masch) / spindle clearance, spindle bore diameter ‖ ~**drehzahl** f (bei der numerischen Steuerung nach DIN 66 257) (Masch) / spindle-speed function ‖ ~**durchlaß** m (Durchmesser der Spindelbohrung) (Masch) / spindle clearance, spindle bore diameter ‖ ~**faser** f (Zyt) / spindle fibre* ‖ ~**förmig** (Biol) / fusiform* adj, fusoid adj, spindle-shaped adj, fusate adj ‖ ~**gewinde** n (bei Ventilen) (Masch) / stem screw thread ‖ ~**kasten** m (Gehäuse für das Hauptgetriebe und die Spindellagerung mit der Hauptspindel) (Masch) / headstock* n, fast head* ‖ ~**kopf** m (Teil der Hauptspindel, der aus dem Spindelkasten herausragt) (Masch) / spindle head ‖ ~**lager** n (Web) / broich n ‖ ~**leistung** f (Spinn) / output per spindle ‖ ~**lenkung** f (Kfz) / screw-and-nut steering-gear* ‖ ~**mühle** f (mit Spindeln als Mahlkörpern) (Masch) / spindle mill
**spindeln** v (mit einem Aräometer nach Twaddell) (Phys) / twaddle v
**Spindel•öl** n (besonders niedrig viskoses Schmieröl für schnellaufende, leicht belastete Maschinenteile) (Masch) / spindle-oil n ‖ ~**presse** f (Masch) / screw press* ‖ ~**presse** s. auch Schwungradspindelpresse ‖ ~**schlitten** m (der Werkzeugmaschine) (Masch) / spindle slide, spindle carriage ‖ ~**stock** m (der Drehmaschine) (Masch) / headstock* n, fast head* ‖ ~**stockspitze** f (in die Drehmaschinenspindel eingesetzte und mit ihr umlaufende Spitze) (Masch) / live centre* ‖ ~**texturierverfahren** n (Spinn) / pin-spindle texturing ‖ ~**treppe** f (Bau) / spiral stairs*, helical staircase, circular stairs, caracole* n, corkscrew staircase*, newel staircase, spiral staircase ‖ ~**verzug** m (Spinn) / spindle drafting ‖ ~**wagenheber** m (Kfz) / side-lift jack
**Spin•dichte** f (Kernphys) / spin density ‖ ~**dichtewelle** f (Kernphys) / spin-density wave ‖ ~**drehimpuls** m (als Gegensatz zu Bahndrehimpuls) (Kernphys) / spin angular momentum ‖ ~**dynamik** f (Kernphys) / spin dynamics ‖ ~**echo** n (beim Spinechoverfahren der NMR-Spektroskopie) (Spektr) / spin echo ‖ ~**echo-Korrelationsspektroskopie** f (Spektr) / spin-echo correlation spectroscopy ‖ ~**echomethode** f (Spektr) / spin-echo technique ‖ ~**echoresonanz** f (Spektr) / spin-echo resonance, SER ‖ ~**echoverfahren** n (in der NMR-Spektroskopie) (Spektr) / spin-echo technique
**Spinell** m (Min) / spinel* n, spinelle n ‖ **synthetischer** ~ (meistens aquamarinfarbig) (Min) / synthetic spinel*
**Spin•entartung** f (Spektr) / spin degeneracy ‖ ~**entkopplung** f (Spektr) / spin decoupling ‖ **heteronukleare** ~**entkopplung** (Spektr) /

heteronuclear spin decoupling ‖ **homonukleare ~entkopplung** (Spektr) / homonuclear spin decoupling ‖ **~erhaltung** f (Spektr) / spin conservation ‖ **~falle** f (der persistente Radikale bildende Radikalfänger) (Chem) / spin trap ‖ **~flip** m (pl. -s) (Übergang des Spins eines Teilchens von einem Zustand in einen anderen) (Kernphysik) / spin flip ‖ **~funktion** f (Kernphys) / spin function ‖ **~-Gitter-Relaxation** f (eine paramagnetische Relaxation) (Kernphys, Mag) / spin-lattice relaxation, longitudinal relaxation ‖ **~glas** n (Substanz, in der die magnetischen Elementarmomente in ungeordneter gegenseitiger Anordnung erstarrt sind) (Glas) / spin glass ‖ **~-Kopplungsaufspaltung** f (Spektr) / spin-spin splitting ‖ **~korrelation** f (Kernphys) / spin correlation ‖ **~kühlung** f (Kernphys) / spin refrigeration ‖ **~label** n (bei der Spinmarkierung) (Chem) / spin label ‖ **~labelling** n (Chem) / spin labelling ‖ **~magnetismus** m (Kernphys) / spin magnetism ‖ **~markierung** f (Kernphys) / spin labelling (Markierung von organischen Verbindungen mit solchen Tracern, die aufgrund eines ihnen eigenen Spins paramagnetisch sind) (Chem) / spin labelling ‖ **~matrizen** f pl (Kernphys) / Pauli spin matrices, spin matrices ‖ **~moment** n (Kernphys) / spin magnetic moment ‖ **magnetisches ~moment** (magnetisches Dipolmoment von Elementarteilchen, das mit deren Spindrehimpuls gekoppelt ist) (Kernphys) / spin magnetic moment ‖ **~multiplett** n (Kernphys) / spin multiplet
**Spinn•abfall** m (Spinn) / spinner's waste, spinning waste ‖ **versponnener ~abfall** (Spinn) / hard waste ‖ **~aufhellung** f (Tex) / spun brightening ‖ **~bad** n (bei der Herstellung von Chemiefasern) (Chem Verf, Tex) / spin bath*, spinning bath ‖ **~band** n (ein verziehbares Faserband, das unter Wahrung der Parallellage der auf unterschiedliche oder gleiche Länge gerissenen oder geschnittenen Fasern eines Kabels entstanden ist - DIN 60 001, T 2) (Spinn) / tow n ‖ **~bandkonverter** m (Spinn) / tow-to-top converter ‖ **~bandverfahren** n (Spinn) / tow-to-top method, tow-to-top process, converting n
**spinnbar** adj (Spinn) / spinnable adj, fit for spinning
**Spinnbarkeit** f (Spinn) / spinning performance, spinnability n
**Spinn•brause** f (Spinn) / multiple-jet assembly ‖ **~brause** (für Zellwolle) (Spinn) / multiple (spinning) assembly ‖ **~düse** f (Spinn) / spinneret* n, spinnerette* n
**Spinne** f (Zentriermembran eines dynamischen Lautsprechers) (Akus) / spider* n, inside spider* n ‖ **~** (Film, Foto) / spider n, crow's foot ‖ **~** (Glas, Keram) / spider n (star-shaped fracture), star mark, star-shaped fracture
**spinnen** v (Flachfolie) / cast v ‖ **~** (Garn herstellen) (Spinn) / spin vt ‖ **~** n (Spinn) / spinning n ‖ **~** (der Seide) (Tex) / filature n ‖ **drehungsloses ~** (Spinn) / twistless spinning ‖ **~** n **aus der Schmelze** (Plast, Tex) / melt-spinning* n, melt extrusion, extrusion* n ‖ **~ aus Lösungen** (Spinn) / solution spinning
**Spinnen•gift** n / spider toxin, spider venom ‖ **~netzförmiger Riß** (Glas, Keram) / spider n (star-shaped fracture), star mark, star-shaped fracture ‖ **~technik** f (Anschlußtechnik bei integrierten Schaltungen) (Eltronik) / spider (grid) bonding
**Spinner** m (Luftf) / spinner* n ‖ **~** (Arbeiter) (Spinn) / spinner n
**Spinnerei** f (Tätigkeit) (Spinn) / spinning* n ‖ **~** (Betrieb) (Spinn) / spinning mill, spinnery n ‖ **~abfall** m (Spinn) / spinner's waste, spinning waste ‖ **~vorwerk** n (Spinn) / spinning preparation
**Spinn•faden** m (Spinn) / strand n ‖ **~fähig** adj (Spinn) / spinnable adj, fit for spinning ‖ **~fähigkeit** f (Spinn) / spinning performance, spinnability n ‖ **~färbung** f (von Chemiefasern) (Tex) / spin dyeing, dope dyeing, solution dyeing, mass dyeing (US), jet dyeing* ‖ **~faser** f (Textilfaser begrenzter Länge nach DIN 60001) (Tex) / staple fibre* ‖ **~fasergarn** n (DIN 60900, T 6) (Spinn) / spun yarn*, spun thread ‖ **~fertig** adj (Spinn) / ready for spinning ‖ **~gefärbt** adj (Tex) / spun-dyed* adj, dope-dyed adj, solution-dyed adj, mass-dyed n, mass-coloured adj ‖ **~geschwindigkeit** f (Spinn) / spinning speed ‖ **~gewebebildung** f (unter der Einwirkung von Leuchtgas) (Anstr) / gas checking*, gas crazing ‖ **~gut** n (Spinn) / spinning material
**Spinning-Drop-Tensiometer** n (Gerät zur Messung extrem niedriger Werte der Grenzflächenspannung) (Phys) / spinning-drop tensiometer
**Spinn•kabel** n (aus einer Vielzahl von Endlosfasern) (Spinn) / tow* n ‖ **~kanne** f (Spinn) / spinning pot, spinning can, sliver can ‖ **~kuchen** m (DIN 61800) (Spinn) / cake n, spinning cake ‖ **~lösung** f (Spinn) / dope* n, spinning solution ‖ **in der ~lösung gefärbt** (Tex) / spun-dyed* adj, dope-dyed adj, solution-dyed adj, mass-dyed n, mass-coloured adj ‖ **~maschine** f (Band) (Kab) / lapping machine ‖ **~maschine** (Spinn) / spinning frame, spinner n, spinning machine ‖ **~maschine für drehungsloses Garn** (Spinn) / twistless spinning machine ‖ **~mattierung** f (Minderung des natürlichen Glanzes von Chemiefasern) (Tex) / matting during spinning, dope delustring, dope matting ‖ **~-Nummer** f (Spinn) / spinning count ‖ **~papier** n (DIN 6730) (Pap) / spinning paper, twisting paper ‖ **~präparation** f (Spinn) / spin finish ‖ **~pumpe** f (für das Viskoseverfahren) (Spinn) / viscose pump ‖ **~pumpe** (Spinn) / extrusion pump, spinning pump ‖ **~-Roving** m (Plast, Tex) / spun roving ‖ **~schacht** m (heizbares Rohr

bei dem Trockenspinnverfahren) (Spinn) / spinning cabinet, spinning tube, spinning chamber ‖ **~schmelze** f (zähflüssige Schmelze von Ausgangsstoffen zur Herstellung von Chemiefaserstoffen) (Spinn) / spinning melt ‖ **~strecken** n (Spinn) / spinning-stretching process, stretch-spinning n, draw spinning, draft spinning, spin-drawing n ‖ **~strecktexturierung** f (Spinn, Tex) / spin-draw texturing* ‖ **~texturiert** adj (Garn) (Spinn) / textured spun adj ‖ **~texturiertes Garn** (durch ein Texturierverfahren permanent verformtes Kräusel- bzw. Stretchgarn - ein Bauschgarn) (Spinn) / textured spun yarn, textured yarn (a generic term for filament or spun yarns) ‖ **~texturierung** f (von thermoplastischen Chemieseiden) (Tex) / spin texturing, spinning texturing ‖ **~topf** m (Spinn) / spinning pot, spinning can, sliver can ‖ **~trichter** m (Spinn) / trumpet n ‖ **englisches ~verfahren** (Spinn) / Bradford spinning, Bradford system ‖ **~vlies** n (ein textiles Flächengebilde, das direkt aus der Schmelze oder aus Lösungen fadenbildender Polymeren hergestellt wird) (Tex) / spunbonded n, spunbonded non-woven ‖ **gehärtetes und feuerfest ausgerüstetes ~vlies auf Zellulosebasis** (Spinn) / funny paper ‖ **~webmaschine** f (Effektgerät zur Erzeugung künstlicher Spinnweben) (Film) / cobweb gun ‖ **technischer ~wert** (Spinn) / spinning performance, spinnability n ‖ **~zentrifuge** f (Spinn) / Topham box, centrifugal box, centrifugal pot ‖ **~zusatz** m (Spinn) / spin finish
**Spinodale** f (Thermodynamik der Mehrstoffsysteme) (Phys) / spinodal curve
**Spinodalkurve** f (die innerhalb der Binodalkurven liegt) (Phys) / spinodal curve
**Spin-off** n / spin-off n ‖ **~** (Übernahme von bestimmten innovativen Verfahren oder Produkten in andere Technikbereiche) (F.Org, Masch) / spin-off n ‖ **~** (Fernsehproduktion, als Ableger einer erfolgreichen Serie, bei der bisherige Randfiguren als Hauptdarsteller fungieren) (TV) / spin-off n
**Spinor** m (Math) / spinor n ‖ **zweikomponentiger ~** (Math) / two-component spinor
**Spin•orbital** n (Kernphys) / spin orbital, SO ‖ **~-Orbit-Kopplung** f / spin-orbit coupling
**Spinorfeld** n (Phys) / spinor field
**spinorielles Feld** (Phys) / spinor field
**Spinorladung** f (Kernphys) / spinorial charge
**spinös** adj (Bot) / spinose adj, spinous adj, thorny adj
**Spin•paarung** f (Übergang eines Atoms in einen angeregten Zustand derart, daß aus zwei einzelnen Elektronen ein Paar mit entgegengesetzten Spinrichtungen entsteht) (Kernphys) / spin pairing ‖ **~physik** f (Kernphys) / spin physics ‖ **~polarisation** f (Kernphys) / spin polarization* ‖ **~polarisierter atomarer Wasserstoff** (Kernphys) / spin-polarized atomic hydrogen ‖ **~polarisierung** f (Kernphys) / spin polarization* ‖ **~quantenzahl** f (Quantenzahl des Spins eines Teilchens) (Phys) / spin quantum number* ‖ **~refrigeration** f (eine Methode zur Erzeugung polarisierter Kerne) (Kernphys) / spin refrigeration ‖ **~relaxation** f (der Relaxationsprozeß eines Spinsystems aus einem angeregten Zustand in seinen Gleichgewichtszustand) (Kernphys) / spin relaxation ‖ **~resonanz** f (Oberbegriff für magnetische Kernresonanz und paramagnetische Elektronenresonanz) (Kernphys) / spin resonance ‖ **~sonde** f (Chem) / spin label ‖ **~-Spin-Kopplung** f (Spektr) / spin-spin coupling ‖ **~-Spin-Kopplungskonstante** f (Spektr) / spin-spin coupling constant ‖ **~-Spin-Relaxation** f (eine paramagnetische Relaxation) (Kernphys) / spin-spin relaxation ‖ **~struktur** f (magnetische Struktur in Festkörpern, deren magnetische Elementarmomente zu den Atomrümpfen gehören) (Kernphys) / spin structure ‖ **~system** n (System der magnetischen Momente aller Teilchen der Probe) (Kernphys) / spin system ‖ **~temperatur** f (des Spinsystems) (Kernphys) / spin temperature ‖ **~tickling-Technik** f (spezielle Doppelresonanztechnik in der NMR-Spektroskopie) (Spektr) / spin-tickling technique ‖ **~trapping** n (bei Spinmarkierungen) (Chem) / spin trapping ‖ **~überschneidung** f (Mag) / spin cross-over ‖ **~vliesstoff** m (Tex) / spunbonded n, spunbonded non-woven ‖ **~wechselwirkungen** f pl (Kernphys) / spin interaction(s) ‖ **~welle** f (kollektive Elementaranregung von gekoppelten Systemen in Ferro-, Ferri- und Antiferromagneten) (Phys) / spin wave* ‖ **~welle** (Phys) / magnon n ‖ **~wellenfunktion** f (Kernphys) / spin function ‖ **~wellenresonanz** f (Phys) / spin wave resonance ‖ **~zustand** m (Kernphys) / spin state
**Spion** m (in der Wohnungstür) (Bau) / door viewer, judas n ‖ **~spiegel** m (Opt) / two-way mirror, see-through mirror (US), spy mirror
**Spiral Reader** m (zur automatischen Auswertung von Aufnahmen) (Kernphys) / spiral reader
**Spiral•-** / spiral adj ‖ **~abtastung** f (auch im Bildfunk) (TV) / spiral scanning ‖ **~antenne** f (aus einem oder mehreren leitenden Drähten oder Streifen, die spiralförmig angeordnet sind) (Radio) / spiral antenna ‖ **Störung des ~arms** (der Seyfert-Galaxie NGC 262) (Astr) / plume n ‖ **~bahn** f (Kernphys, Spektr) / spiral orbit ‖ **sich auf einer**

⁓**bahn bewegendes Teilchen** (Kernphys) / spiralling particle ‖
⁓**bewehrung** *f* (Bau, HüT) / helical reinforcement, spiral reinforcement ‖ ⁓**bindung** *f* (ein fadenloses Bindeverfahren mit Draht- oder Kunststoffwendeln) (Buchb) / spiral binding* ‖ **mit** ⁓**bindung** (Buchb) / spiral-bound *adj* ‖ ⁓**bohrer** *m* (Masch) / twist drill* ‖ **bohrer für Holz** (Zimm) / spiral wood drill, shell auger ‖ ⁓**bohrerfräsmaschine** *f* (zum Fräsen der Span-Nuten von Spiralbohrern und Gewindebohrern) (Masch) / flute-milling machine ‖ ⁓**computertomografie** *f* / spiral computer tomography, SCT ‖ ⁓**dämpfer** *m* (Tex) / spiral ager, spiral steamer ‖ ⁓**drahtapplikator** *m* (für den Drawdown) (Anstr) / K-Coater *n*

**Spirale** *f* (eine Kunstflugfigur) (Luftf) / spiral *n* ‖ ⁓ (eines Langspans) (Masch) / curl *n* ‖ ⁓ (eine ebene Kurve) (Math) / spiral* *n* ‖ **archimedische** ⁓ (Math) / Archimedes' spiral*, spiral of Archimedes, Archimedean spiral ‖ **hyperbolische** ⁓ (Math) / hyperbolic spiral*, reciprocal spiral ‖ **logarithmische** ⁓ (bei der der Radiusvektor mit der Tangente in einem Kurvenpunkt einen konstanten Winkel bildet) (Math) / equiangular spiral*, logarithmic spiral* ‖ **parabolische** ⁓ (Math) / parabolic spiral*, Fermat's spiral*

**spiralend** *adj* / helical *adj*, helicoidal *adj*, helicoid *adj*

**Spiralfeder** *f* (DIN 29 und 43801) (Masch) / spiral spring*, spiral *n* ‖ ⁓ (welche die auf die Unruh übertragene Energie speichert und diese jeweils beim Zurückschwingen abgibt) (Uhr) / hairspring* *n*, balance spring

**spiralförmig** *adj* / helical *adj*, helicoidal *adj*, helicoid *adj* ‖ ~ / spiral *adj* ‖ **~e Abtastung** (auch im Bildfunk) (TV) / spiral scanning ‖ **~e Bahn** (z.B. in einem Spektrometer) (Kernphys, Spektr) / spiral orbit ‖ **~es Bohrloch** (Erdöl) / spiral hole

**Spiral•fräseinrichtung** *f* (zum Fräsen von schraubenförmig verlaufenden Flächen bei Universalfräsmaschinen) (Masch) / spiral milling attachment ‖ ⁓**fräsen** *n* (Masch) / spiral milling, helical milling ‖ ⁓**fräsmaschine** *f* (Tischl) / spiral moulding machine ‖ ⁓**galaxie** *f* (Astr) / spiral galaxy*, spiral *n*, spiral nebula ‖ ⁓**galaxie** (Typ SA) (Astr) / SA spiral galaxy ‖ ⁓**garn** *n* (Tex) / spiral yarn ‖ ⁓**gehäuse** *n* (Masch) / scroll case ‖ ⁓**gehäuse** (der Kreiselpumpe) (Masch) / volute *n*, volute casing ‖ ⁓**gehäuse** (z.B. der Kaplan-Turbine) (Masch) / spiral case, spiral casing ‖ **~geschweißtes Rohr** (Schw) / spiral-seam tube

**spiralig** *adj* / spiral *adj*

**Spiral-Instabilität** *f* (z.B. bei der Steilspirale) (Luftf) / spiral instability*

**Spiralität** *f* (Schraubensinn der Elementarteilchen) (Kernphys) / spirality *n*

**Spiral•kabel** *n* (Eltech) / coiled flex, coil cord ‖ ⁓**kegelrad** *n* (Masch) / spiral bevel gear ‖ ⁓**länge** *f* (DIN 1412) (Masch) / flute length ‖ **~nahtgeschweißtes Rohr** (Schw) / spiral-seam tube ‖ ⁓**nahtrohr** *n* (Schw) / spiral-welded pipe ‖ ⁓**nebel** *m* (Astr) / spiral galaxy*, spiral nebula ‖ ⁓**netzelektrode** *f* (Schw) / continuous covered electrode, wire-mesh reinforced electrode ‖ ⁓**reißverschluß** *m* (Tex) / helical-coil-type slide fastener ‖ ⁓**rillendübel** *m* (For) / spiral dowel ‖ ⁓**ripp-Egoutteur** *m* (Pap) / dandy roll ‖ ⁓**rohr** *n* (Hütt) / spiral pipe ‖ ⁓**rückenbeschleuniger** *m* (Nukl) / spiral accelerator, spiral-ridge accelerator ‖ ⁓**rührer** *m* (Masch, Nahr) / helical mixer, spiral stirrer ‖ ⁓**seil** *n* / spiral rope, twisted rope ‖ ⁓**sektorbeschleuniger** *m* (Nukl) / spiral accelerator, spiral-ridge accelerator ‖ ⁓**senker** *m* (Dreischneider) (Masch, Werkz) / spiral countersink ‖ ⁓**stechflug** *m* (Luftf) / spiral dive ‖ ⁓**strahlmühle** *f* (für rieselfähiges Mahlgut) / Micronizer *n* ‖ ⁓**strecke** *f* (Spinn) / spiral drawing frame ‖ ⁓**strömung** *f* (Phys) / spiral flow ‖ ⁓**sturzflug** *m* (Luftf) / spiral dive ‖ ⁓**test** *m* (Manövertest zur Einschätzung der Steuerfähigkeit und der Gierstabilität) (Schiff) / test on spiral course ‖ ⁓**trimmer** *m* (Eltech) / cone capacitor* *n* ‖ ⁓**turbine** *f* (eine Wasserturbine der Francis-Bauart) (Masch) / spiral-case turbine ‖ ⁓**verdickung** *f* (schraubige Verdickung der Zellwand von Gefäßen oder Tracheiden) (Bot, For) / spiral thickening ‖ ⁓**wachstum** *n* (beim Vorliegen einer Schraubenversetzung) (Krist) / spiral growth *n* ‖ ⁓**wärmetauscher** *m* (Chem Verf, Masch) / spiral plate exchanger, spiral heat exchanger ‖ ⁓**wärmeübertrager** *m* (Chem Verf, Masch) / spiral plate exchanger, spiral heat exchanger ‖ ⁓**winkel** *m* (bei Zahnrädern) (Masch) / spiral angle ‖ ⁓**winkel** (bei Fräsern) (Masch) / helix angle, spiral angle ‖ ⁓**wuchs** *m* (Bot, For) / spiral grain, twisted grain, spirality *n*, torse grain ‖ ⁓**-Zeitablenkung** *f* (Eltronik) / spiral time-base* ‖ ⁓**zwirn** *m* (Spinn) / frill yarn

**Spiramycin** *n* (ein Makrolidantibiotikum) (Pharm) / spiramycin *n*

**Spiramyzin** *n* (Pharm) / spiramycin *n*

**Spiran** *n* (eine Verbindung, in der ein Kohlenstoffatom zwei Ringen gemeinsam angehört) (Chem) / spiro compound, spiran *n*

**spirisch•e Kurve** (Math) / spiric line, spiric curve ‖ **~e Linie** (Math) / spiric line, spiric curve

**Spiritus** *m* (Chem, Pharm) / spirit* (Sp.) *n* ‖ **rektifizierter** ⁓ (Chem) / rectified spirit* ‖ ⁓ **Aetheris nitrosi** (ein altes Koronarpharmakon) (Chem, Pharm) / sweet nitre ‖ ⁓ **denaturatus** (Chem) / denatured alcohol* ‖ ⁓ **denaturatus** (mit Methanol) (Chem) / methylated spirit* ‖ ⁓ **Dzondzii** (Pharm) / spirit of ammonia

**Spiritus•beize** *f* (eine Holzbeize) (wenn Schellack zugesetzt wurde) (Bau, For) / spirit stain* (a solution of spirit-soluble dye as nigrosine, turmeric, gamboge etc. in industrial alcohol) ‖ ⁓**essig** *m* (Chem, Nahr) / spirit vinegar ‖ ⁓**lack** (DIN 55945) (Anstr) / spirit varnish* (made by dissolving resins in industrial spirit)

**Spiro•atom** *n* (Chem) / spiro atom ‖ ⁓**cyclisch** *adj* (Chem) / spirocyclic *adj* ‖ ⁓**cyclische Verbindung** (eine Verbindung, in der ein Kohlenstoffatom zwei Ringen gemeinsam angehört) (Chem) / spiro compound, spiran *n*

**Spiroidgetriebe** *n* (Masch) / spiroid gear (a type of worm gear which is conical in shape with the mating member a face-type gear)

**Spirometer** *n* (Meßgerät, mit dem Atemvolumen, Reserveluft, Komplementärluft und Vitalkapazität bestimmt werden) (Med) / spirometer* *n*

**Spironolacton** *n* (Med) / spironolactone* *n*

**Spiro•polymer** *n* (mit leiterähnlicher Struktur) (Chem) / spiro polymer *n* ‖ ⁓**pyran** *n* (heterozyklische Spiroverbindung) (Chem) / spiropyran *n* ‖ ⁓**verbindung** *f* (eine Verbindung, in der ein Kohlenstoffatom zwei Ringen gemeinsam angehört) (Chem) / spiro compound, spiran *n* ‖ ⁓**verknüpfung** *f* (Chem) / spiro union ‖ **~zyklisch** *adj* (Chem) / spirocyclic *adj* ‖ **~zyklisches Polymer** (Chem) / spiran polymer ‖ **~zyklische Verbindung** (eine Verbindung, in der ein Kohlenstoffatom zwei Ringen gemeinsam angehört) (Chem) / spiro compound, spiran *n*

**Spirsäure** *f* (Chem) / salicylic acid*, 2-hydroxybenzoic acid

**spitten** *v* (Fische oder Fischteile vor dem Räuchern auf Eisenstäbe spießen) (Nahr) / spit *v*

**spitz** *adj* (Bleistift) / sharp *adj* ‖ ~ / pointed *adj*, sharp-pointed *adj* ‖ ~ (Giebel) (Bau) / pointed *adj* ‖ ~ (Winkel) (Math) / acute *adj* ‖ **~e Bisektrix** (Krist, Math, Opt) / acute bisectrix ‖ **~er Drehmeißel** (Masch) / pointed-nose turning tool ‖ **~er Hufeisenbogen** (Arch) / pointed horseshoe arch ‖ **~es Instrument** (Instr) / point *n* ‖ **~er Kegel** (Masch) / pointed cone ‖ **~e Kehlung** (Arch) / quirk* *n* ‖ **~e Klammern** (Typog) / angle brackets ‖ **~e Stelle** (ein Garnfehler) (Spinn) / lean place ‖ **~e Tonne** (Schiff) / nun buoy ‖ **~e Turmdachform** (über polygonalem Grundriß) (Arch) / spire* *n* (polygonal) ‖ **~e Turmdachform** (über kegeligem Grundriß) (Arch) / spire* *n* (conical) ‖ **~er Winkel** (Math) / acute angle* ‖ ~ **zulaufende Halbinsel** (Geog) / bill *n* ‖ ~ **zusammenlaufen** / taper off *v* ‖ ~ **zusammenlaufend** / tapered *adj*

**Spitz•ahorn** *m* (Acer platanoides L.) (For) / Norway maple, European maple ‖ **~befahrene Weiche** (Bahn) / facing points* (GB), facing switch (US)

**Spitzbogen** *m* (im allgemeinen) / acute arch, pointed arch*, Ptd.A.*, peaked arch ‖ ⁓ (überhöhter) (Arch) / lancet arch* ‖ ⁓ (gleichseitiger) (Arch) / equilateral arch* ‖ **flacher** ⁓ (Arch) / four-centred arch, depressed arch, drop arch ‖ **gedrückter** ⁓ (Arch) / four-centred arch, depressed arch, drop arch ‖ **überhöhter** ⁓ (Arch) / Tudor arch ‖ ⁓**flügel** *m* (Luftf) / ogee wing*, ogive *n*, ogee *n*, Gothic delta (wing whose basic triangular shape is modified to resemble Gothic window) ‖ ⁓**flügel** (Luftf) / gothic wing* ‖ ⁓**kaliber** *n* (Hütt) / Gothic pass

**spitz•bogig** *adj* / ogival *adj*, ogee-shaped *adj* ‖ ⁓**bohrer** *m* (Masch) / flat drill, spade drill ‖ ⁓**bohrer** (für kleine Löcher für Nägel und Schrauben) (Tischl, Zimm) / bradawl *n* ‖ ⁓**boje** *f* (Schiff) / nun buoy

**Spitze** *f* (des Bleistifts, des Messers, der Schraube) / point *n* ‖ ⁓ / tip *n*, end *n* ‖ ⁓ (Gipfel) / top *n* ‖ ⁓ (einer Füllfeder) / nib *n* ‖ ⁓ (ein Oberflächenfehler) (Eltronik) / mound *n*, spike *n*, pip *n*, protrusion *n* ‖ ⁓ (des Pfahls) (HüT) / toe *n*, tip *n* ‖ ⁓ (bei Lagern in Meßinstrumenten) (Instr) / pivot* *n* ‖ ⁓ (der Bombe, der Rakete) (Luftf, Raumf) / nose-cone* *n* ‖ ⁓ (Werkstückspanner vor allem an Drehmaschinen, der immer paarweise gebraucht wird) (Masch) / centre *n* ‖ ⁓ (Gewindespitze) (Masch) / crest* *n* ‖ ⁓ (des Lötkolbens, der Elektrode) (Masch) / bit *n* ‖ ⁓ (ein Schraubenende) (Masch) / cone point ‖ ⁓ (punktuelle) (Masch) / sharp point ‖ ⁓ (wenn zwei Tangenten möglich sind, aber zusammenfallen) (Math) / cusp* *n*, cuspidal point, spinode* *n* ‖ ⁓ (des Dreiecks, der Pyramide, des Kegels) (Math) / apex* *n* (pl. apexes or apices), vertex* *n* (pl. vertices or vertexes) ‖ ⁓ (Aroma) (Nahr) / top note ‖ ⁓ (ein Flächengefüge mit formverschiedenen Lakunen) (Tex) / lace* *n* ‖ ⁓ (Tex) / beard *n* ‖ ⁓ (des Brecheisens) (Werkz) / nib* *n* ‖ **an der** ⁓ (Masch) / apical *adj* ‖ ⁓ **auf Tüll gestickte** (Tex) / tambour lace ‖ **Brüsseler** ⁓ (Tex) / Brussels lace ‖ **federnde** ⁓ (Masch) / spring centre ‖ **feste** ⁓ (Masch) / dead centre*, fixed centre, cup center (US) ‖ **genähte** ⁓ (Tex) / needle-lace *n*, needle-point *n*, needle-point lace, points *pl*, tape lace, point lace ‖ **mit Gold- oder Silberfäden durchzogene** ⁓ (Tex) / bullion *n* ‖ **mitlaufende** ⁓ (Masch) / live centre*, revolving centre*, running centre ‖ **stumpfe** ⁓ (Tex) / stub point ‖ ⁓ **zu Spitze** (Eltech) / peak-to-peak *attr*, peak-peak* *attr*

**spitzen** *v* (Bleistift) / sharpen *v* ‖ ~ (geweichte Gerste) (Brau) / chit *v* ‖ ~ (Masch) / point *v* ‖ ~ (des Steins) (Bau) / scabbling* *n*, scappling*

**Spitzen**

*n*, scabbing *n*, dabbing* *n*, daubing* *n*, picking *n* || ~ (Masch) / pointing *n*
**Spitzen•abfluß** *m* (Wasserb) / maximum discharge || **~abstand** *m* (Masch) / centre distance || **~ausgleich** *f* (bei der Energieproduktion) / peak shaving || **~begrenzer** *m* (Fernm) / peak clipper || **~besatz** *m* (Tex) / lacing *n* || **~betriebsspannung** *f* (Eltech) / peak working voltage || **~deckung** *f* / peak shaving || **~diode** *f* (Eltronik) / point-contact diode* || **~drehmaschine** *f* (eine Grundform der Drehmaschine) (Masch) / centre lathe*, engine lathe (US) || **~drehmaschine mit zwei nicht umlaufenden Spitzen** (Masch) / dead-centre lathe* || **~druckpfahl** *m* (der die Last mit seiner Spitze auf die tragfähige Schicht überträgt) (HuT) / end-bearing pile, point-bearing pile || **~durchgangsspannung** *f* (bei Transistoren) (Eltronik) / peak forward voltage || **~dürre** *f* (For) / stag-headedness *n*, die back || **~entfernung** *f* (Entfernung eines Profilpunktes von der Teilkegelspitze - DIN 3971) (Masch) / apex distance || **~entladung** *f* (Elektr) / point discharge || **~fertigung** *f* (Tex) / lacework *n* || **~gewebe** *n* (ein Flächengefüge mit formverschiedenen Lakunen) (Tex) / lace fabric, lacework *n* || **~grund** *m* (Tex) / fond *n* || **~herstellung** *f* (Tex) / lacework *n* || **~höhe** *f* (Abstand zwischen Spitze und Bett der Drehmaschine) (Masch) / swing* *n*, centre height || **~kontakt** *m* (Eltronik) / point contact || **~kraftwerk** *n* (Eltech) / peak-load station (hydroelectric power supply), peak-load power plant || **~kreis** *m* (Fernm) / peaking circuit || **Spitzenlast** *f* (Eltech) / peak load* || **~betrieb** *n* (Eltech) / peaking *n* || **~kapazität** *f* (eines Kraftwerks) (Eltech) / peaking capacity || **~werk** *n* (Eltech) / peak-load station (hydroelectric power supply), peak-load power plant || **außerhalb der ~zeit** / off-peak *attr*
**Spitzen•leistung** *f* / maximum output, peak power || **~leistung** (Fernm) / peak power*, peak envelope power* || **~leistung** (eines Verstärkers, eines Funksenders) (Radio) / peak (output) power || **~leistungskraftwerk** *n* (Eltech) / peak-load station (hydroelectric power supply), peak-load power plant
**spitzenlos•er Kolben** (der Elektronenröhre) (Eltronik) / tipless bulb || **~es Rundschleifen** (Außenrundschleifen, Innenrundschleifen) (Masch) / centreless grinding || **~e Rundschleifmaschine** (bei der die Werkstücke längs auf einer Auflage zwischen Schleif- und Regelscheibe liegen - DIN 8589, T 11) (Masch) / centreless grinding amchine
**Spitzen•maschine** *f* (Tex) / lace machine* || **~modell** *n* (Kfz) / top-of-the-line model || **~nadel** *f* (DIN 62150, 62151 und 62152) (Tex) / bearded needle*, spring needle*, spring-beard needle || **~pegel** *m* (Wasserb) / point gauge || **~produkt** (moderner Technik) / state-of-the art product || **~produktion** *f* (Erdöl) / plateau level || **~prüfkontakt** *m* (Eltech) / battery spear* || **~reserve** *f* **der Schußspule** (Web) / pirn tip reserve || **~schliff** *m* (Glas) / lacing *n* || **~spannung** *f* (des Generators) (Eltech) / ceiling voltage* || **~spannung einer schreibgestörten Null** (EDV) / write-disturbed voltage zero || **~spannungsmesser** *m* (Eltech) / peak voltmeter* || **~spanwinkel** *m* (bei Schneidwerkzeugen) (Masch) / top rake* || **~spanwinkel** (bei Drehwerkzeugen) (Masch) / back rake* || **~sperrspannung** *f* (bei Transistoren) (Eltronik) / peak inverse voltage*, PIV, peak reverse voltage || **~spiel** *n* (bei Gewinden nach DIN 13) (Masch) / crest clearance || **~strom** *m* (Eltech, Eltronik) / peak current || **~technik** *f* (im Weltmaßstab) / high technology, high-tech *n*, hi-tech *n*, top-of-the-line technology || **~technologie** *f* / high technology, high-tech *n*, hi-tech *n*, top-of-the-line technology || **~transistor** *m* (Eltronik) / point-contact transistor* || **~tüll** *m* (Tex) / lace tulle
**Spitze-Null-Wert** *s* (des Sendesignals) (Fernm) / peak-to-zero voltage
**Spitzen•verbrauch** *m* / peak consumption || **~verbrauchsperiode** *f* / peak demand period || **~verbrauchszeit** *f* / peak demand period || **~versatz** *m* (DIN 66 010) (EDV) / peak shift || **~weite** *f* (an der Drehmaschine - größter Abstand zwischen Spindelstockspitze und Reitstockspitze) (Masch) / distance between centres, between-centres capacity
**Spitzenwert** *m* (der größte der Maximalwerte) (Math) / peak* *n*, peak value || ~ (bei impulsartigen Funktionen) (Phys) / peak value*, crest value* || **~begrenzer** *m* (zur Kassettenaussteuerung) (Akus) / limiter *n* || **~bildung** *f* / peaking *n* || **~gleichrichterkreis** *m* (Bewertungsmesser, dessen Ausgangsspannung im wesentlichen vom Spitzenwert des angelegten Signals abhängt) (Radio) / peak detector
**Spitzen•widerstand** *m* (HuT) / point resistance || **~winkel** *m* (zwischen den gegenüberliegenden Flächen der Diamantpyramide - bei der Vickers-Härteprüfung) (Hütt) / face angle || **~winkel** (Öffnungswinkel des Hüllkegels um die Hauptschneiden bei Bohrern) (Masch) / point angle || **~zähler** *m* (Eltech) / maximum-demand meter || **~zähler** (ein von Geiger entwickeltes, heute nicht mehr benutztes Zählrohr) (Nukl) / point counter tube* || **~zeiger** *m* (Fernm) / peak program meter* || **~zeit** *f* (Kfz) / rush hour || **außerhalb der ~zeit** / off-peak *attr*

**Spitzersche Stoßhäufigkeit** (Elektronenstoßhäufigkeit) (Kernphys) / Spitzer collision frequency, Spitzer's electron collision frequency
**Spitze/Spitze-Wert** *m* / peak-to-peak value
**Spitz•falte** *f* (mit scharf geknicktem Scharnier) (Geol) / zigzag fold (a kink fold, the limbs of which are of unequal length) || **~feile** *f* (Masch) / taper file || **~gatt** *n* (Schiff) / sharp end, sharp stern || **~gewinde** *n* (ein metrisches ISO-Gewinde nach DIN 13 und 14) (Masch) / V-thread *n*, unified screw thread*, vee thread*, angular thread* || **~gewinde** (ohne abgestumpfte Spitze) (Masch) / sharp-V thread || **~hacke** *f* (Werkz) / pick* *n*, hack-iron *n* || **zweiseitige ~hacke** (Werkz) / pickaxe* *n*, pick *n*, pickax *n* (US) || **~hammer** *m* (ein Ausbeulhammer) (Kfz, Werkz) / pick hammer || **~horn** *n* (des Ambosses) (Werkz) / beak iron*, beck iron*, bick iron*, bickern* *n* || **~kasten** *m* (Aufber) / cone classifier*, spitzkasten* || **~kehlung** *f* (Arch) / quirk* *n* || **~kehre** *f* (besondere Art der Trassierung einer Eisenbahnstrecke, bei der zur Überwindung von Höhenunterschieden die Bahn in einem Stumpfgleis endet und danach in einem abzweigenden Gleis weiter ansteigt bzw. abfällt) (Bahn) / turning back, switchback turn, setting back || **~keil** *m* (ein Formstein für Mauerbögen) (Bau) / featheredge brick*, feather brick (with a shape of triangular cross section) || **~keil** (Bergb) / gad *n*, moil *n* || **~kelle** *f* (DIN 6441) (Bau) / pointed trowel || **~kerb** *f* (einer gekerbten Probe) (Hütt) / sharp notch || **~kerb** *m* (Masch, Zimm) / vee notch, V notch, triangular notch || **~kerbe** *f* (Masch, Zimm) / vee notch, V notch, triangular notch || **~köper** *m* (von der Köperbindung abgeleitete Bindungsart, bei der die Köperdiagonalen im Zickzack gebrochen sind) (Web) / zigzag twill, pointed twill || **~licht** *n* (das Personen oder Teile von Personen von hinten beleuchtet, um sie optisch vom Hintergrund zu lösen) (Film) / rim-light *n* || **~lichter** *n pl* (einer Vorlage oder eines fotografisch gewonnenen Aufsichts- oder Durchsichtspositivs) (Druck) / highlights *pl*, lights *pl* || **~malz** *n* (Brau) / kiln-dried malt, kiln malt, cured malt || **~marke** *f* (am Anfang eines Absatzes in /halb/fetter Schrift gesetzte Wörter, die meistens über den Satzspiegel hinausgehen) (Druck) / side head || **~meißel** *m* (Werkz) / point chisel, diamond-point chisel || **~säge** *f* (Tischl, Werkz) / padsaw* *n*, keyhole saw* || **~senken** *n* (Masch) / countersinking* *n* || **~senker** *m* (Masch) / countersink *n*, rose countersink, countersinking bit || **~stampfer** *m* (für die Formerei) (Gieß) / pegging rammer, short-shaft pendulum tool || **~stufe** *f* (Bau) / winder* *n*, turret step, turn tread*, wheeler *n*, wheeling step* || **~tonne** *f* (Schiff) / nun buoy || **~tonnengewölbe** *n* (Arch) / pointed tunnel vault || **~turm** *m* (Arch) / broach spire* || **~turm** (über polygonalem Grundriß) (Arch) / spire* *n* (polygonal) || **~turm** (im allgemeinen) (Arch) / steeple *n* || **~tüte** *f* (Pap) / cornet bag || **~- und Schlichthammer** *m* (ein Karosseriehammer) (Kfz, Werkz) / combination hammer, pick and finishing hammer || **~winder** *m* (mit Ringgriff) (Zimm) / gimlet *n*, wimble *n*, auger *n* || **~winkliges Dreieck** (dessen drei Innenwinkel spitz sind) (Math) / acute-angled triangle, acute triangle || **~winklige Mauerecke** (Bau) / squint quoin* (SQ) || **~zange** *f* (Werkz) / long-nose pliers, radio pliers, snipe-nose pliers || **~ziegel** *m* (Bau) / squint* *n* || **~zirkel** *m* (Meßwerkzeug in Zirkelform mit zwei geraden, spitzen Schenkeln zum Markieren und Übertragen von Maßen auf Blechen und Metallteilen) / machinist's dividers, dividers *pl*
**SP-Kautschuk** *m* (ein Spezialkautschuk) (Chem Verf) / superior processing rubber
**SPL** (EDV) / special-priority logic
**Splashed Graphics** *pl* (Anstr, Kfz) / splashed graphics
**Splash-Erosion** *f* (Geol) / rainsplash erosion, splash erosion
**Splatter** *m* (Störung durch nichtlineare Verzerrungen) (Fernm) / splatter *n*
**Spleiß** *m* (Eltech) / spliced joint* || ~ (Gesamtheit der Verbindungen der Leiterenden) (Kab) / splice *n* || ~ (feste Verbindung zweier LWL) (Opt) / optical waveguide splice
**spleißen** *v* (durch Verflechten miteinander verknüpfen) / splice *v* || ~ (Folie oder Faden längs der Faserachse) (Plast) / fibrillize *v* || ~ (Gen) / gene splicing, splicing *n* || ~ (zweier LWL) (Opt) / splicing *n* || ~ (Schiff) / splicing *n*
**Spleiß•faser** *f* (DIN 60001) (Spinn) / fibrillated split fibre || **~fasergarn** *n* (Tex) / network yarn, split fibre yarn || **~festigkeit** *f* (bei Chemiefasern) (Tex) / splicing resistance || **~gerät** *n* (zur Herstellung eines Spleißes zwischen den Fasern eines LWL) (Fernm) / splicer *n* || **~stelle** *f* (Eltech) / spliced joint* || **~verbindung** *f* (Eltech) / spliced joint* || **~verbindung** (in der optischen Übertragungstechnik) (Opt) / optical waveguide splice || **~verluste** *m pl* (Fernm) / splicing losses
**splendid** *adj* (Satz) (Typog) / widely spaced, loosely spaced || **~er Satz** (weit durchschossener, auf ein relativ großes Papierformat mit breiten Papierrändern gedruckter Satz im Werkdruck) (Typog) / open matter
**Spline** *m* (biegsames Kurvenlineal) (Instr) / curve* *n*, spline *n*, French curve*, curved ruler || ~ (Lineal) (Math) / spline *n* || ~ *n* (eine mathematisch beschreibbare Kurve der glattesten Verbindung von

diskreten Stützpunkten) (Math) / spline n, spline curve ‖ ~-**Funktion** f (eine zur Interpolation verwendete reelle Funktion) (Math) / spline function ‖ ~-**Interpolation** f (Math) / spline interpolation
**Splint** m (For) / sapwood* n, alburnum* n, sap n ‖ ~ (DIN 94) (Masch) / cotter pin*, split-pin* n ‖ ~**anker** m (HuT, Masch) / cotter-secured foundation bolt ‖ ~**eintreiber** m (Masch) / key-drift n, drift-pin n
**Splintentreiber** m (Masch) / key-drift n, drift-pin n
**Splint•fäule** f (For) / sap rot ‖ ~**fleck** m (For) / sapstain* n
**Splintholz** n (For) / sapwood* n, alburnum* n, sap n ‖ ~**baum** m (dessen Holzteil weder Farb- noch Feuchteunterschiede aufweist) (For) / sapwood tree ‖ ~**käfer** m (ein tierischer Holzschädling) (For, Zool) / lyctus n, powder-post beetle ‖ ~**käfer** m pl (For, Zool) / Lyctidae pl ‖ ~**verfärbung** f (For) / sapstain* n
**Splint•käfer** m pl (For, Zool) / Scolytidae pl ‖ ~**kohle** f / splint coal, splent coal, splint n ‖ ~**loch** n (Masch) / cotter-pin hole, splint-pin hole ‖ ~**lochbohrer** m (Spiralbohrer mit üblicher Arbeitslänge, aber nur halber Schneidteillänge zur Erhöhung seiner Steifheit) (Masch) / stub-type drill ‖ ~**treiber** m (für Sicherungsstifte an Scheibenbremsen) (Kfz, Werkz) / brake pin punch ‖ ~**treiber** (mit zylindrischem Dorn) (Werkz) / pin punch ‖ ~**verbindung** f (Masch) / cottered joint
**splissen** v / splice v ‖ ~ n (Schiff) / splicing n
**Split** m (maschenstäbchengerechte Verbindung von 2 verschiedenen Materialien) (Tex) / split n ‖ ~**bar** adj (Spinn) / splittable adj ‖ ~-**Charter** f m (wenn sich mehrere Charterer die Plätze im Flugzeug teilen) (Luftf) / split charter ‖ ~**faser** f (Spinn) / split fibre, fibrillated fibre ‖ ~-**knitting** n (Verarbeitung von Folienbändchen zu Maschenware) (Plast) / split knitting ‖ ~**leiste** f (Gewebe mit 2 oder mehr Stoffbahnen, deren Zwischenleisten mit einem Perlkopf abgebunden sind) (Web) / split n, split selvedge ‖ ~-**range-Regelung** f (Regeln) / split-range control ‖ ~-**Screen-Technik** f (gleichzeitige Verarbeitung von Text und Daten auf einem multifunktionalen geteilten Bildschirm) (EDV) / split-screen technology ‖ ~-**Stator-Drehkondensator** m (Eltech) / split-stator variable capacitor
**Splitt** m (maschinell zerkleinertes Gestein von etwa 5-32 mm Größe) (HuT) / grit n, spalls* pl, gallets* pl, galets pl, stone chips, stone flakes, stone chippings
**Split-table-Reaktor** m (Nukl) / split-table reactor, STR
**Splittbeschuß** m (Kfz) / gravel impact
**Split-Technik** f (bei der Bestrahlungsplanung) (Radiol) / split-course technique
**Splitteinschlag** m (der Aufprall von bei der Fahrt aufgewirbelten Splittpartikeln) (Kfz) / gravel impact
**splitten** v (Kapazität nach DIN 9751 unterteilen) / split v
**Splitter** m / sliver n, splinter n, chip n, splint n ‖ ~ (Bruchstück) / fragment n ‖ ~ (Bau) / galet* n, spall* n ‖ ~ (einfacher Fraktionierturm, der nur ein Kopfprodukt und ein Bodenprodukt voneinander trennt) (Erdöl) / splitter n ‖ ~ (im allgemeinen) (Pap) / sliver n ‖ ~**fang** m (eine Reinigungseinrichtung) (Pap) / picker n, knot catcher, knotter* n, strainer* n ‖ ~**fest** adj (Glas) / non-shattering adj, shatterproof adj ‖ ~**frei** adj (For) / splinter-free adj ‖ ~**frei** (Glas) / non-shattering adj, shatterproof adj ‖ ~**freies Glas** (Glas) / non-shattering glass, shatterproof glass ‖ ~**gefechtskopf** m (Mil) / fragmentation warhead
**splitterig** adj (For) / splintery adj
**Splitterkohle** f / splint coal, splent coal, splint n
**splittern** v / shatter vi ‖ ~ / jag vi ‖ **leicht** ~ (For, Min) / splinter vi
**splitternd** adj (Holz) / for / splintery adj
**Splitter•schutz** m (als allgemeiner Begriff) (Nukl) / missile protection ‖ ~**schutz** (konkrete Baumaßnahme) (Nukl) / missile shield, missile barrier ‖ ~**sicher** adj (Glas) / non-shattering adj, shatterproof adj ‖ ~**sicheres Glas** (Glas) / non-shattering glass, shatterproof glass ‖ ~**suchgerät** n (Masch) / metal detector*, metal locator
**Splittgehalt** m (des Asphaltbetons) (HuT) / aggregate content
**splittrig** adj (For) / splintery adj ‖ ~**er Bruch** (z.B. bei Quarz oder Alunit) (Min) / splintery fracture ‖ ~**es Bruchufer** (Glas) / fin n
**Splitt•streuer** m (für den Wintereinsatz) (HuT, Kfz) / gritter n (towed or self-propelled), grit spreader ‖ ~**streuung** f (HuT) / blinding* n, gritting n
**Split•-Verfahren** n (zur Entkarbonisierung des Wassers) / split treatment ‖ ~-**Verhältnis** n (Gaschromatografie) (Chem) / split ratio, splitter ratio, splitting ratio ‖ ~-**weaving** n (Verweben von thermoplastischen Folienbändchen aus Niederdruckpolyethylen oder Polypropylen) (Plast) / split weaving
**Spodium** n (Pharm) / spodium n, bone char
**Spodogramm** n (bei der mikroskopischen Aschenanalyse) (Bot) / spodogram* n
**Spodosol** m (podsolierter Boden) (Landw) / spodosol n
**Spodumen** m (ein Augit - wichtiger Rohstoff für Lithiumsalze) (Min) / spodumene* n, triphane n

**Spoiler** m (ein die Aerodynamik beeinflussendes Element der Karosserie) (Kfz) / spoiler n, air dam ‖ ~ (der den Auftrieb mindert) (Luftf) / spoiler* n
**Spoke** n (Radeffekt - eine Störerscheinung auf dem Bildschirm) (Radar, TV) / spoke n, spoking n
**S-Pol** m (bei Feldeffekttransistoren) (Eltronik) / source n
**spongiforme Rinderenzephalopathie** (Landw, Med, Nahr) / bovine spongiform encephalopathy, BSE, mad cow disease, MCD
**spongiös** adj / spongy adj, spongiose adj, spongelike adj
**Spongiose** f (selektiver Angriff am Gußeisen nach DIN 50900, T 1) (Hütt) / spongiosis n, graphitization n, graphitic corrosion
**Spongolit** m (Sediment aus Schwammresten) (Geol) / spongolite n, spongoline n
**sponsern** v (als Sponsor veranstalten oder finanzieren) / sponsor v
**Sponsor** m / sponsor n
**spontan** adj / spontaneous adj ‖ ~**e Emission** (Phys) / spontaneous emission* n ‖ ~ **gebrochene Symmetrie** (Phys) / spontaneously broken symmetry ‖ ~**e Magnetisierung** (die in Ferro- und Ferrimagnetika ohne Einwirkung eines Magnetfeldes innerhalb der Weissschen Bezirke existierende Magnetisierung) (Eltech, Mag) / spontaneous magnetization n ‖ ~**e Polarisation** (Phys) / spontaneous polarization n ‖ ~**e Spaltung** (der schwersten Atomkerne) (Kernphys) / spontaneous fission* n ‖ ~**e Strahlung** (Phys) / spontaneous radiation ‖ ~**e Symmetriebrechung** (Phys) / spontaneous symmetry breaking
**Spontan•ausfall** m (eines Systems) / sudden failure ‖ ~**ausfall** (eines Systems) s. auch Driftausfall ‖ ~**betrieb** m (bei bitorientierten Steuerungsverfahren - DIN 44302) (EDV) / asynchronous-response mode (ARM) ‖ ~**emission** f (ohne äußere Einwirkung) (Phys) / spontaneous emission* ‖ ~**spaltung** f (der schwersten Atomkerne) (Kernphys) / spontaneous fission* ‖ ~**zündung** f (Landw, Masch) / spontaneous ignition, self-ignition n, auto-ignition* n, spontaneous combustion
**SPOOL-Betrieb** m (EDV) / spooling* n
**Spoolbetrieb** m (EDV) / spooling* n
**Spooler** m (Kontrollroutine des Betriebssystems für die Abarbeitung von Ein-/Ausgabeaufgaben, unabhängig vom jeweils laufenden Programm) (EDV) / spooler n
**Spooling** n (EDV) / spooling* n
**Spoolprogramm** n **für die Druckausgabe** (EDV) / print spooler
**sporadisch** adj / sporadic adj ‖ ~**er E-Sprungeffekt** (Radio) / sporadic E-skip ‖ ~**e E-Schicht** (Es-Erscheinung) (Geophys, Meteor) / sporadic E-layer* n, sporadic E* ‖ ~**er Fehler** / sporadic fault ‖ ~**er Meteor** (Astr) / sporadic meteor
**Sporangium** n (pl. -gien) (Sporenbildner und -behälter) (Bot) / sporangium* n (pl. -gia)
**Spore** f (mikroskopisch kleine Fortpflanzungszelle der Pilze) (Bot) / spore* n
**sporen•bildend** adj (Bot) / sporogenous* adj ‖ ~**bildung** f (Bot) / sporulation* n
**Sporinit** m (ein Kohlenmazeral) (Geol) / sporinite n
**sporizid** adj (Ausrüstung) (Tex) / sporicidal adj, sporicide adj
**Sporn** m (Fußvertiefung mit Stützmauer) (HuT) / keel n ‖ ~ (HuT, Wasserb) / starling n, cutwater* n, pier cap n ‖ ~ (Luftf) / tail skid* n ‖ ~ (unter dem Dammkörper) (Wasserb) / cut-off wall, cut-off n ‖ ~**körper** m **mit Spornplatte** (des Schleifsporns) (Luftf) / tail-skid shoe ‖ ~**rad** n (Luftf) / tail wheel*
**Sporogelit** m (Min) / alumogel n
**sporogen** adj (Bot) / sporogenous* adj
**Sport•anlage** f (Bau) / sports facility ‖ ~**federsatz** m (Kfz) / performance springs ‖ ~**fliegerei** f (Luftf) / personal flying ‖ ~**kleidung** f (Tex) / sportswear n ‖ ~**lenkrad** n (Kfz) / sports steering wheel ‖ ~**sendung** f (Sportkanal) (Radio, TV) / sportscast n ‖ ~**sucher** m (ein Leuchtsucher) (Foto) / Albada viewfinder*, sports finder
**Sportswear** n (Tex) / sportswear n
**Sport•taucher** m / skin-diver n ‖ ~-**utility-Car** m (Kfz) / sport-utility vehicle, sport-utility car, sport utility ‖ ~**wagen** m (mit sportlicher Zweckform) (Kfz) / sports car, sportster n
**Sporulation** f (Bot) / sporulation* n
**Spot** m (Werbespot) / commercial n ‖ ~ (Geschäft) / spot transaction ‖ ~ (Film, Foto) / spotlight n, spot n ‖ ~ (Werbetext, Werbekurzfilm) (TV) / spot n ‖ ~**analyse** f (Chem) / spot test, spot analysis ‖ ~-**Beam-Antenne** f (Fernm) / spot-beam antenna ‖ ~**belichtungsmesser** m (Messung nur in einem kleinen Fleck des Motives) (Foto) / spot meter* ‖ ~**geschäft** n (gegen sofortige Kasse und Lieferung) / spot transaction ‖ ~**light** n (Stichlicht mit 10-20°) (Film, Foto) / spotlight n, spot n ‖ ~**menge** f (außerhalb längerfristiger Lieferverträge gehandelte Menge z.B. von Erdgas oder Erdöl) / spot quantity n ‖ ~**messung** f (mit dem Spotbelichtungsmesser) (Foto) / spot metering ‖ ~**meter** n (Messung nur in einem kleinen Fleck des Motives) (Foto) / spot meter* ‖ ~**promptes Schiff** (sofort verfügbares Schiff, das unverzüglich ladebereit sein kann) (Schiff) /

**Spotretusche**

spot prompt vessel ‖ ⁓**retusche** f (Druck) / spot retouching, localized retouching
**Spots** n pl (shantungartige Unregelmäßigkeiten bei Herrentuchen, durch Garnverdickungen hervorgerufen) (Tex) / spots pl
**Spotsynthese** f (Chem) / spot synthesis
**Spotted gum** m (For) / spotted gum*
**Spout** m (ein Teil des Speiserkopfes) (Glas) / spout n (which carries the orifice, revolving tube, and needle) ‖ ⁓ (Glas) / spout n
**sprach•abhängig** adj (EDV) / language-sensitive adj ‖ ⁓**analyse** f (automatische, morphologische, semantische, syntaktische, textuelle) (EDV, KI) / linguistic analysis ‖ ⁓**anweisung** f (EDV) / language statement ‖ ⁓**architektur** f (direktausführende oder mit Darstellungstransformation) (EDV) / language architecture ‖ ⁓**aufzeichnung** f (Akus) / speech recording, voice recording ‖ ⁓**ausgabe** f (EDV) / voice output, audio response, voice response, speech output, phonetic output ‖ ⁓**ausgabe** (von Warnmeldungen im Auto) (Kfz) / voice alert ‖ ⁓**ausgabeeinheit** f (EDV) / voice-output unit, audio-response unit, ARU ‖ ⁓**band** n (Fernsp) / voice-band n, voice-frequency band, speech band ‖ ⁓**band** (Film) / dialogue track, voice track ‖ ⁓**begleitendes Fax** (Teleg) / speech-accompanying facsimile ‖ ⁓**begleitete Datenverbindung** (EDV) / data connection with accompanying speech transmission ‖ ⁓**beschneidung** f (Akus, Fernm) / speech clipping* ‖ ⁓**betätigt** adj / voice-actuated adj ‖ ⁓**box** f (EDV) / voice mailbox, VSF box ‖ ⁓**codierung** f (EDV, Fernm) / voice encoding, voice coding ‖ ⁓**datenindustrie** f (die Dienstleistungen mit der Bearbeitung von Texten erbringt, hierzu gegebenenfalls Hardware und Software produziert oder benutzt und dabei linguistisches Wissen zugrunde legt) / language industry ‖ ⁓**datenverarbeitung** f (elektronische) (EDV) / computational linguistics, computer linguistics ‖ ⁓**durchsage** f (Fernm) / voice calling, spoken message ‖ ⁓**durchsage an alle** (Fernm) / general call
**Sprache** f (gesprochene) (Akus) / speech* n ‖ ⁓ (EDV, Fernm) / voice n ‖ ⁓ (EDV, KI) / language* n ‖ **abwechselnd ⁓ und Daten** (EDV) / alternate voice/data (AVD) ‖ **begrenzte ⁓** (mit formalisierten grammatischen Regeln und taxativ begrenztem Wortschatz) (EDV) / controlled language ‖ **deklarative ⁓** (EDV) / declarative language ‖ **deklarative ⁓** (EDV) ‖ **Dyck'sche ⁓** (EDV) / Dyck's language ‖ **formale ⁓** (künstliche Sprache, deren Wörter und Sätze durch wiederholte Anwendung eines Regelsystems gewonnen werden - DIN 5474) (EDV, KI) / formal language ‖ **formalisierte ⁓** (ein semantisch interpretierter Kalkül) (EDV, KI) / formalized language ‖ **geschichtete ⁓** (EDV) / stratified language (that cannot be used as its own metalanguage) ‖ **grafische ⁓** (eine Programmiersprache zur Verarbeitung und visuellen Darstellung grafischer Daten durch einen Rechner) (EDV) / graphics language ‖ **invertierte ⁓** (Sprachverschlüsselung) (Fernsp) / inverted speech*, inversion n, scrambled speech ‖ **kontextfreie ⁓** (EDV) / context-free language, algebraic language ‖ **kontextsensitive ⁓** (EDV) / context-sensitive language ‖ **künstliche ⁓** (eine Kalkülsprache nach DIN 2330) (EDV) / artificial language, fabricated language, mechanical language, synthetic language ‖ **lineare ⁓** (die durch eine lineare Grammatik erzeugt werden kann) (EDV) / linear language ‖ **minimale lineare ⁓** (EDV) / minimal linear language ‖ **natürliche ⁓** (historisch gewachsene Sprache, z.B. Deutsch oder Englisch) / natural language* n ‖ **nichtprozedurale ⁓** (EDV) / non-procedural language, descriptive language ‖ **programmorientierte ⁓** (EDV) / program-orientated language, program-oriented language ‖ **prozedurale ⁓** (EDV) / procedural language, procedure-oriented language ‖ **reguläre ⁓** (auf dem Gebiet der Automatentheorie und der formalen Sprache) (EDV, KI) / regular language, rational language, regular event ‖ **sichtbare gesprochene ⁓** (Akus) / visible speech* ‖ **Signal** n **gesprochener ⁓** (EDV) / speech signal ‖ **stochastische ⁓** (die durch einen erkennenden endlichen stochastischen Automaten beschrieben werden kann) (EDV) / stochastic language ‖ **strukturierte ⁓** (EDV) / structured language ‖ **ungeschichtete ⁓** (EDV) / unstratified language (that can be used as its own metalanguage) ‖ ⁓ f **der 5. Generation** (EDV) / fifth-generation language ‖ ⁓ **eines Roboters** (EDV) / robot language, IR language ‖ ⁓ **im Fach(gebrauch)** / language for special purposes, special language, LSP ‖ ⁓ **sehr hoher Ebene** (EDV) / very high level language (VHLL)
**Sprach•editor** m (EDV) / language editor ‖ ⁓**eingabe** f (EDV) / voice input, voice entry, phonetic input, speech input ‖ ⁓**eintragung** f (meistens zur gesprochenen Eingabe von Krankheitsberichten nach dem Kurzweil-System) (EDV) / speech enrolment ‖ ⁓**endgerät** n (EDV, Fernm) / voice terminal ‖ **digitales ⁓endgerät** (Fernm) / digital voice terminal
**Sprachenkarte** f (EDV) / language card
**Sprach•erkennung** f (automatische) (EDV, KI) / speech recognition* ‖ **automatische ⁓erkennung** (EDV, KI) / automatic speech recognition, ASR ‖ ⁓**familie** f / family of languages ‖ ⁓**frequenz** f (zwischen 300 und 3500 Hz) (Fernm, Radio) / voice frequency*, speech frequency*,

VF ‖ ⁓**frequenzband** n (Fernsp, Radio) / voice band, speech band (for the transmission of speech) ‖ ⁓**generator** m (EDV) / speech generator ‖ ⁓**gesteuert** adj (EDV, Regeln) / voice-controlled adj, voice-operated adj ‖ ⁓**gesteuerter Highway** (EDV) / speech highway, speech bus ‖ ⁓**gesteuerte Übertragung** (Fernm) / voice-operated transmission, VOX ‖ ⁓**güte** f (EDV) / speech quality ‖ ⁓**gütemessung** f (Messung der Sprachübertragungsgüte) (Fernm) / speech quality measurement ‖ ⁓**industrie** f / language industry ‖ ⁓**informationssystem** n (EDV) / voice messaging ‖ ⁓**inverter** m (Fernm) / speech inverter ‖ ⁓**kanal** m (Fernm) / voice channel, speech channel ‖ ⁓**kodierung** f (EDV, Fernm) / voice encoding, voice coding ‖ ⁓**kommunikation** f (Fernm) / voice communication, speech communication (als Serviceleistung) (Fernm) / voice service ‖ ⁓**labor** n / language laboratory ‖ ⁓**moduliert** adj (Fernm) / voice-modulated adv, speech-modulated adj ‖ ⁓**muster** n (EDV, Fernm) / speech sample ‖ ⁓**neutral** adj (EDV) / language-independent adj ‖ ⁓**orientiert** adj (EDV) / language-oriented adj ‖ ⁓**pegel** m (Akus) / speech level ‖ ⁓**qualität** f (EDV) / speech quality ‖ **erhöhte ⁓qualität** (Akus, Fernm) / enhanced voice quality ‖ ⁓**rohr** n (Akus) / megaphone* n, bullhorn n (US) ‖ ⁓**rohr** (Schachtsignalisation) (Bergb) / speaking tube ‖ ⁓**schutz** m (Fernm) / speech protection ‖ ⁓**sensitiv** adj (EDV) / language-sensitive adj ‖ ⁓**signal** n (EDV) / speech signal ‖ ⁓**signal** (Fernsp) / voice signal, speech signal, voice-frequency signal, vf signal ‖ **synthetisches ⁓signal** (EDV) / synthetic speech signal ‖ ⁓**signalverarbeitung** f (EDV) / speech processing ‖ ⁓**speicherdienst** m (AUDIOTEX) / voice-mail service, voice-messaging service ‖ ⁓**speichersystem** n (EDV) / speech-filing system ‖ ⁓**speicherung** f (EDV) / speech filing ‖ ⁓**speicherung und Verteilung** (EDV, Fernm) / voice mail ‖ **firmengebundener ⁓stil** (F.Org) / house-style n ‖ ⁓**störpegel** m (Mittelwert der Oktavschalldruckpegel im mittleren Hörfrequenzbereich) (Fernm) / speech interference level, SIL ‖ ⁓**synthese** f (Generierung von kontinuierlichen akustischen Sprachäußerungen aus Textdaten) (EDV) / speech synthesis ‖ ⁓**synthesizer** m (EDV) / speech synthesizer* ‖ ⁓**synthetisator** m (EDV) / speech synthesizer* ‖ ⁓**technik** f (Hardware und Software) (EDV) / language technology ‖ ⁓**terminal** n (EDV, Fernm) / voice terminal ‖ ⁓**übersetzung** f (EDV, KI) / language translation, translation of languages ‖ **DV-gestützte ⁓übersetzung** (EDV) / machine-aided translation (MAT) ‖ **automatische ⁓übersetzung** (die Maschine übersetzt allein) (EDV) / fully automatic translation, machine translation (of languages), computer translation, MT ‖ ⁓**übertragung** f (Fernm) / speech transmission, voice transmission ‖ **zeitmultiplexierte ⁓übertragung** (Fernm) / time-assignment speech interpolation (TASI) ‖ ⁓**verschlüsselung** f (EDV) / ciphony n, voice encryption ‖ ⁓**verständlichkeit** f (Fernsp) / articulation* n ‖ ⁓**verstehen** n (EDV) / speech understanding
**Spranz** m (an den Schnittflächen von Stammhölzern) (For) / nose n
**spratzen** v (Hütt) / sputter v, spit v, sprout v ‖ ⁓ n (plötzliches Entweichen gelöster Gase bei der Erstarrung von Metallschmelzen unter Bildung eines porösen Gusses) (Hütt) / sputtering n, spitting n, spattering n, sprouting n
**Spratz•lava** f (Geol) / aa n ‖ ⁓**probe** f (qualitativer Nachweis geringer Wassermengen in Öl) / crackle test
**Spray** m n (Flüssigkeit, die mit Hilfe eines unter Druck stehenden Gerätes versprüht wird) / spray n ‖ ⁓**s** pl (aktive Protuberanzen, die aus der Chromosphäre ausgeschleudert werden) (Astr) / sprays pl ‖ ⁓**dose** f / aerosol can, aerosol container, spray can
**sprayen** v / atomize v, spray v, pulverize v, pulverise v (GB), nebulize v ‖ ⁓ / spray v
**spraylackieren** v (nur Infinitiv und Partizip) (Anstr) / spray v
**Spraypak-Kolonne** f (Chem Verf) / spray-pak column
**Spraytest** m (Prüfmethode für Wasserschutz-Imprägnierung - nach AATCC 22-1971) (Tex) / spray test
**Spread** m (Differenz zwischen Lufttemperatur und Taupunkt) (Luftf, Meteor) / dew-point spread
**Spreader** m (Tragrahmen als spezielles Lastaufnahmemittel für Container) (Schiff) / spreader n ‖ ⁓ (Anlegemaschine in der Flachsspinnerei) (Spinn) / spreader n, spreadboard n, spreading machine ‖ ⁓ (Spinn) / spreadboard n, spreading machine ‖ ⁓ **stoker** (Wanderrost mit rückläufiger Bewegung und mit Wurfbeschickung) (Masch) / spreader stoker ‖ ⁓**feuerung** f (Wanderrost mit rückläufiger Bewegung und mit Wurfbeschickung) (Masch) / spreader stoker
**Spread•sheet** n (Arbeitsblatt eines Tabellenkalkulationsprogramms) (EDV) / spreadsheet n, worksheet n, WKS ‖ ⁓**-Spektrum** n (Spektr) / spread spectrum* ‖ ⁓**-Spektrum-Modulation** f (Fernm, Mil) / spread-spectrum modulation, SSM
**Sprech•adern** f pl (Fernsp) / speaking pair*, speech wires ‖ ⁓**akt** m / speech act ‖ ⁓**aufforderung** f **an den Operator** (EDV) / operator response request ‖ ⁓**bereit** adj (Fernm) / ready to speak ‖ ⁓**betrieb** m

(Fernm) / voice communication, speech communication ‖ ⁓**blase** f (z.B. in Comicstrips) (Druck) / balloon ‖ ⁓**datenverarbeitung** f (EDV) / speech processing
**Sprechen** n (Akus) / speech* n
"**sprechendes**" **Druckerzeichen** (bei grafisch darstellbaren Druckernamen wie Storch oder Drake) (Druck) / canting mark
**Sprecher** m (Akus) / speaker n ‖ ⁓ (Funktionseinheit, die Daten in das Busnetz abgibt) (EDV) / talker n ‖ ~**abhängig** adj (Spracherkennungssystem) (EDV) / speaker-dependent adj ‖ **eigene** ⁓**adresse** (Nachricht) (Fernm) / my talk address ‖ ⁓**echo** n (Fernm) / talker echo ‖ ⁓**erkennung** f (EDV) / speaker recognition ‖ ⁓**identifizierung** f (in der Sprachverarbeitung) (EDV) / speaker identification ‖ ~**unabhängig** adj (Spracherkennungssystem) (EDV) / speaker-independent adj
**Sprech•frequenz** f (zwischen 300 und 3500 Hz) (Fernm, Radio) / voice frequency*, speech frequency*, VF ‖ ⁓**frequenzband** n (Fernsp, Radio) / voice band, speech band (for the transmission of speech) ‖ ⁓**funk** m (Übertragung von Sprache über Funkwege) (Fernsp, Radio) / radio-telephony* n ‖ ⁓**funker** m (Fernsp, Luftf, Radio) / radio-telephony operator ‖ ⁓**funkgerät** n (Fernsp, Luftf, Radio) / radio-telephone n, radiophone n ‖ ⁓**funkgerät** (tragbares) (Radio) / walkie-talkie n ‖ ⁓**funkgerät im öffentlichen beweglichen Landfunk** (Fernsp) / motor-car radio, car radiotelephone, car telephone, car phone n ‖ ⁓**garnitur** f (EDV, Fernm) / headset n ‖ ⁓**garnitur** (Fernm) / headset n ‖ ⁓**geschwindigkeit** f (Akus) / rate of speech ‖ ⁓**handlung** f / speech act ‖ ⁓**kanal** m (Fernsp) / voice channel, speech channel ‖ ⁓**kanal** (Fernsp) / telephone channel, voice channel ‖ ⁓**kapsel** f (des Handapparats) (Fernsp) / transmitter capsule, telephone transmitter, transmitter n, transmitter inset, transmission capsule ‖ ⁓**kopf** m (Akus, Eltech, Mag) / recording head*, magnetic recording head ‖ ⁓**kreis** m (Fernm) / speaking circuit, talking circuit, speech circuit, voice circuit ‖ ⁓**leistung** f (Akus) / speech power ‖ ⁓**möglichkeit** f (Fernm) / voice communication capability ‖ ⁓**muschel** f (des Handapparates) (Fernsp) / mouthpiece n ‖ ⁓**probe** f (Film, TV) / voice test ‖ ⁓**signalverarbeitung** f (EDV) / speech processing ‖ ⁓**sprache** f (Akus) / speech* n ‖ ⁓**stelle** f (der Gegensprechanlage) (Fernm) / audio station ‖ ⁓**stelle** (Fernsp) / telephone station, call station ‖ **digitale** ⁓**stelle** (Fernsp) / digital voice terminal, DVT ‖ ⁓**strom** m (Fernm) / voice current ‖ ⁓**strom** (Fernsp) / speaking current, speech current ‖ ⁓**stromkreis** m (Fernsp) / speaking circuit, talking circuit, speech circuit, voice circuit ‖ ⁓**takt** m (derjenige Teil einer Äußerung, der mit einem Atemstoß hervorgebracht, melodisch akzentuiert und durch Pausenzeichen markiert wird) (Akus) / breath group ‖ ⁓**taste** f (Fernm) / push-to-talk key, PTT key ‖ ⁓**taste** (Radio) / speaking key, microphone switch, microphone button, talk button ‖ ⁓**verbindung** f (Fernm) / voice communication ‖ ⁓**verkehr** m (Fernm) / voice communication, speech communication ‖ ⁓**weg** m (Übertragungsstrecke) (Fernm) / voice path, speech path ‖ ⁓**weg** (Verbindung) (Fernm) / voice link ‖ **trägerfrequenter** ⁓**weg** (Fernsp) / voice channel, speech channel ‖ ⁓**wegdurchschaltung** f (Fernsp) / speech path switching ‖ ⁓**zeug** n (EDV, Fernm) / headset n ‖ ⁓**zeug** (kombinierte Mikrofon-Kopfhörer-Garnitur für alle Formen des Fernsprechens, besonders für Vermittlungs- und Auskunftspersonal im öffentlichen Fernsprechdienst) (Fernm) / headset n
**Spreißel** m (For) / rand n, edging n
**spreiten** v (Chem) / spread v
**Spreitung** f (eines unlöslichen festen oder flüssigen Stoffes auf einer Festkörper- oder Flüssigkeitsfläche) (Chem) / spreading n
**Spreiz•anker** m (ein Gebirgsanker mit Haftelementen) (Bergb, HuT) / expansion-shell bolt, expansion bolt ‖ ⁓**bandkupplung** f (Masch) / internal-expanding clutch
**spreizbar•er Bohrer** (Bau) / expanding bit* ‖ ~**er Dorn** (Masch) / expanding arbor*, expanding mandrel* ‖ ~**er Gewindebohrer** (Masch) / expanding tap, expansion tap (US)
**Spreiz•bewegung** f / spreading n ‖ ⁓**bewegung des Meeresbodens** (Geol, Ozean) / sea-floor spreading*, ocean-floor spreading ‖ ⁓**bürste** f (Eltech) / split brush ‖ ⁓**dipol** m (Radio) / double-V antenna, fan dipole ‖ ⁓**dorn** m (Werkstückspanner an Dreh- und Außenrundschleifmaschinen) (Masch) / expanding arbor*, expanding mandrel* ‖ ⁓**dübel** m (Bau) / straddling dowel
**Spreize** f (Bau, HuT) / brace* n, strut* n, shore n ‖ ⁓ **diagonal** n, diagonal brace, batter brace, brace n, stay n ‖ ⁓ (zwischen den Streckenstößen) (Bergb) / reacher n ‖ ⁓ (Bergb) / sprag* n, raking prop, expansion n, stull n, gib* n, raker n ‖ ⁓ (waagrecht liegender Druckstab) (Mech) / flying-shore n ‖ ⁓ (Tex) / spreader n
**spreizen** v (Masch) / expand vt ‖ ⁓ n (Masch) / expansion n ‖ ⁓**kamera** f (Foto) / strut camera, folding camera with lazy-tongs device
**Spreizer** m (Tex) / spreader n
**Spreiz•hülsenanker** m (Bergb, HuT) / expansion-shell bolt, expansion bolt ‖ ⁓**klappe** f (ein Hochauftriebsmittel zur Profilveränderung an der Unterseite) (Luftf) / split flap* ‖ ⁓**klimmer** m (eine Kletterpflanze, wie z.B. Brombeere) (Bot) / hook climber ‖ ⁓**maß** m (von Lagerschalen) (Masch) / bearing spread ‖ ⁓**meißel** m (Masch) / adjustable grooving tool ‖ ⁓**mittel** n (Eltech) / expander* n ‖ ⁓**niet** m (Masch) / body-bound rivet ‖ ⁓**ring** m (V-Mot) / expander spacer, expander ring, ring expander ‖ ⁓**rolle** f (Masch) / expanding roller ‖ ⁓**schraube** f (Masch) / expanding screw ‖ ⁓**schwingungen** f pl (Spektr) / bending vibrations ‖ ⁓**spektrum** n (Spektr) / spread spectrum*
**Spreizung** f (Winkel zwischen der Achse des Achsschenkelbolzens und einer Ebene, senkrecht zur Standebene des Fahrzeugs und parallel zu dessen Längsachse) (Kfz) / steering-axis inclination, kingpin angle, kingpin inclination
**Spreizungswinkel** m (Kfz) / steering-axis inclination, kingpin angle, kingpin inclination
**Spreng•arbeit** f (Bergb, HuT) / blasting* n, shot-firing n, shooting n, blasting operation ‖ ⁓**barkeit** f (Bergb, Geol) / blastability n ‖ ⁓**berechtigter** m (Bergb) / fireman* n, shot-firer* n, shooter n, blaster n ‖ ⁓**bild** n (Anordnung der Bohrlöcher verschiedener Einbrucharten) (Bergb) / slot-hole arrangement, cut-shot arrangement ‖ ⁓**bohrloch** n (Bergb, HuT) / blast-hole n, hole* n, shot-hole* n ‖ ⁓**bohrlöcher besetzen** (Bergb, HuT) / tamp* v
**Sprengel-Pumpe** f (Vakuumt) / Sprengel pump
**sprengen** v (Flüssigkeit verspritzen) / sprinkle v, water v, sparge v ‖ ⁓ (mit Sprengstoff) / blast v, shoot v, blow up v ‖ **mit Dynamit** ~ / dynamite v ‖ ⁓ n (Bergb, HuT) / blasting* n, shot-firing n, shooting n, blasting operation
**sprengend gewinnen** (mit Sprengarbeit) (Bergb) / shoot v, blast v
**Sprenger** m (Rasensprenger) (Landw) / lawn sprinkler, sprinkler n ‖ ⁓ (Landw) / sprinkler n, sparger n
**Spreng•fläche** f (auf die Trennebene projizierte Fläche) (Gieß, Plast) / projected area ‖ ⁓**fußbohrpfahl** m (HuT) / explosive pile (with an enlarged foot) ‖ ⁓**gefechtskopf** m (Mil) / high-explosive warhead ‖ ⁓**gelatine** f (eine gelbliche, durchscheinende, gelatineartige brisante Sprengmasse, die schneid- und biegbar ist) / blasting gelatin ‖ ⁓**geschoß** n (Mil) / shell n ‖ ⁓**kammer** f (Bergb, HuT) / coyote hole, gopher hole ‖ ⁓**kapsel** f (DIN 20163) / detonator n, blasting cap ‖ **mit Raketen mit mehreren, unabhängig voneinander in verschiedene Ziele gesteuerten** ⁓**köpfen bestücken** (z.B. ein Uboot) (Mil) / MIRV v ‖ **thermonuklearer** ⁓**körper** (Mil) / thermonuclear weapon, fusion weapon ‖ **nuklearer** ⁓**körper** (Mil) / fission bomb* n ‖ ⁓**kraft** f / explosive force, explosive strength, explosive power ‖ ⁓**ladung** f (Bergb, HuT) / blasting charge, explosive charge, charge n, bursting charge ‖ ⁓**leitung** f (Bergb, HuT) / shot-firing cable, firing cable ‖ ⁓**loch** n (Bergb, HuT) / blast-hole n, hole* n, shot-hole* n ‖ ⁓**maschine** f (Bergb, Eltech, HuT) / exploder n, blaster n, blasting unit, blasting machine ‖ ⁓**meister** m (Bergb) / fireman* n, shot-firer* n, shooter n, blaster n ‖ ⁓**meisterkammer** f (Bergb) / cabin* n ‖ ⁓**mittel** n (DIN 20163) / blasting agent ‖ ⁓**niet** m (heute nicht mehr benutzt) (Masch) / explosive rivet* n ‖ ⁓**öl** n (ein Sprengstoff) / blasting oil ‖ ⁓**papier** n (Pap) / spray-dyed paper ‖ ⁓**plattieren** (DIN 50902) (Metallüberzugsherstellung durch die Druckwelle erfolgt, die bei Explodieren geeigneter Sprengstoffe auftritt) (Galv, Hütt) / explosive cladding, explosion plating ‖ ⁓**pulver** n (grobkörniges Schwarzpulver) / blasting powder ‖ ⁓**ring** m (DIN 9045) (Masch) / snap ring, retaining ring, circlip n ‖ ⁓**rohr** n (Landw) / perforated-pipe distributor, sparger n ‖ ⁓**satz** m (Bergb, HuT) / blasting charge, explosive charge, charge n, bursting charge ‖ ⁓**schlamm** m (Bergb) / slurry blasting agent, slurry n ‖ ⁓**schnitt** m (ein Farbschnitt) (Buchb) / sprinkled edge ‖ ⁓**schnur** f (Bergb) / detonating fuse* ‖ ⁓**schweißen** n (Schw) / explosive welding, impact welding, bonding of metals with explosives ‖ ⁓**seismik** f (Geophys) / seismic prospecting*, seismic exploration ‖ ⁓**stoff** m (Bergb, Mil) / explosive* n (for blasting purposes) ‖ **schiebend wirkender** ⁓**stoff** (Bergb) / low explosive ‖ ⁓**deflagrierender** ⁓**stoff** (Chem) / low explosive ‖ ⁓**stoffspürgerät** n / explosive-detecting device
**Sprengung** f (Absatz, Ferse) (Leder) / pitch n ‖ ⁓ (einer Feder) (Masch) / camber n
**Sprengwagen** m (Kfz) / road sprinkler, street sprinkler
**Sprengwerk** n (Stahlkonstruktion unter den Langträgern der Eisenbahnwagen) (Bahn) / solebar support, truss bar ‖ ⁓ (einfaches oder doppeltes) (Zimm) / strut frame, truss-beam* n, trussed beam, strutted frame, strut bracing ‖ ⁓**balken** m (Zimm) / strut-framed beam ‖ ⁓**balkenträger** m (Zimm) / strut-framed beam ‖ ⁓**träger** m (Zimm) / strut-framed beam
**Spreng•wirkung** f (z.B. des Eises) / wedgework n ‖ ⁓**zubehör** n (Bergb, Chem) / blasting accessories ‖ ⁓**zünder** m (z.B. Detonator, Sprengkapsel usw.) / detonator n
**sprenkeln** v (Anstr) / spatter v, splatter v ‖ ⁓ (mit Sprenkeln versehen) (Tex) / speck v ‖ ⁓ (absichtlicher Effekt) (Anstr) / spattering n, splattering n, spatter finish*
**Sprenkle-Gleichrichter** m (Phys) / Sprenkle straightener
**Spreu** f (der beim Dreschen von Getreide und Hülsenfrüchten anfallende Abfall) (Landw) / chaff n, tailings pl (US)

**spricklig** *adj* (Druck, Färbung) (Tex) / specky *adj*
**Spriegel** *m* (eine Stütze) (Bahn) / roof stick, roof arch
**Sprießel** *n* (A) (Bau) / rime *n*, rung *n*, stave *n*
**sprießen** *v* (Bot, Brau) / sprout *v* ‖ ~ (Pflanzen) (Bot, Landw) / shoot *vi* ‖ ~ *n* (Bot, Brau) / sprouting *n*
**Spring•beule** *f* (in flachen Blechteilen - die herausgeklopft werden muß) (Kfz) / oil can ‖ ~**blende** *f* (DIN 19040, T 3) (Foto) / automatic diaphragm, autoiris *n* ‖ ~**brunnen** *m* (Arch) / fountain *n* ‖ ~**brunneneffekt** *m* (im Zweiflüssigkeitsmodell des supraflüssigen Heliums) (Phys) / fountain effect*
**springen** *v* / jump *v*, spring *v* ‖ ~ (überspringen) / skip *v* ‖ ~ (in einen Zustand) (Eltronik) / flip *v* ‖ ~ (For) / spring *vi* ‖ ~ s. auch zerspringen ‖ ~ *n* / jumping *n*, springing:n. ‖ ~ (Überspringen) / skipping *n* ‖ ~ (von Flugzeugen bei der Landung) (Luftf) / ballooning *n*
**springend•er Einzug** (Web) / skip draft ‖ ~**es Gen** (Gen) / jumping gene, transposon *n* ‖ ~**e Quelle** (Geol) / gushing spring
**Springer** *m* (Erdöl) / blow-out* *n* ‖ ~ (Erdöl) / gusher *n*, gusher well, spouting well
**Spring•feuer** *n* / spot fire ‖ ~**flut** *f* (Astr, Ozean, Schiff) / spring tide*, spring *n* ‖ ~**frequenzmagnetron** *n* (Eltronik) / frequency-agile magnetron ‖ ~**gezeit** *f* (Astr, Ozean, Schiff) / spring tide*, spring *n* ‖ ~**kamera** *f* (Foto) / self-erecting camera, folding camera with self-erecting lens mounting ‖ ~**kitt** *m* / bouncing putty ‖ ~**lein** *m* (Linum usitatissimum convar. crepitans L.) (Bot, Tex) / flax* *n* ‖ ~**messer** *n* / flick knife ‖ ~**quelle** *f* (sprudelnde Erdölquelle) (Erdöl) / gusher *n*, gusher well, spouting well ‖ ~**regenüberlauf** *m* (Bauweise eines Regenüberlaufs, bei dem in der Sohle der durchgehenden Leitung eine Öffnung, die teilweise durch ein parabelförmiges Blech verdeckt ist, den Trockenwetterabfluß vollständig in die darunter liegende Leitung zur Kläranlage fließen läßt, während bei Mischwasserzufluß die Öffnung übersprungen wird und steigende Mengen im weiterführenden Kanal zum Vorfluter gelangengelangen) (Wasserb) / leaping weir* ‖ ~**schrecke** *f* (Landw, Zool) / locust *n* ‖ ~**schuß** *m* (ein Webfehler) (Web) / missed filling thread, skipped filling thread ‖ ~**stab-Detonationsmesser** *m* / bouncing-pin detonation meter* ‖ ~**tide** *f* (Astr, Ozean, Schiff) / spring tide*, spring *n*
**Sprinkler** *m* (Landw) / lawn sprinkler, sprinkler *n* ‖ ~ (Teil der Anlage zur Feuchterhaltung der Luft) (Spinn) / sprinkler *n* ‖ ~**anlage** *f* (eine Feuerlöschanlage) (Bau) / sprinkler* *n*, sprinkler system, fire sprinkling system ‖ ~**anlage** (TV) / sprinkler *n*, shower *n*
**Sprissel** *n* (A) (Bau) / rime *n*, rung *n*, stave *n*
**Spritblau** *n* (Triphenylparafuchsin) (Chem) / aniline blue, spirit blue
**Sprite** *n* (eine zusammengehörende Gruppe von Pixels) (EDV) / sprite *n*, shape *n*, mob *n*
**Sprit•essig** *m* (Chem, Nahr) / spirit vinegar ‖ ~**löslich** *adj* / spirit-soluble *adj*
**Spritz•abstand** *m* (Abstand der Spritzdüse bzw. der Spritzpistole vom Werkstück) (Anstr) / spray distance, spraying distance ‖ ~**aggregat** *n* (Anstr) / spray unit ‖ ~**alitieren** *v* (nur Infinitiv und Partizip) (Galv) / alumetize *v* ‖ ~**aluminieren** *v* (nur Infinitiv und Partizip Perfekt) (Galv) / alumetize *v* ‖ ~**anlage** *f* (Anstr) / spray plant ‖ ~**apparat** *m* (Anstr, HuT) / spray gun, spraying pistol, gun* *n* ‖ ~**apparat** (Druck) / air brush*, aerograph *n* ‖ ~**asbest** *m* / limpet asbestos, sprayed asbestos ‖ ~**automat** *m* (Anstr) / automatic paint sprayer, automatic spraying machine ‖ ~**automat** (Plast) / automatic injection-moulding machine
**spritzbar** *adj* / sprayable *adj* ‖ ~ (Chem Verf) / extrudable *adj*
**Spritzbarkeit** *f* (im allgemeinen) / sprayability *n* ‖ ~ (Chem Verf) / extrudability *n*
**Spritz•bemusterung** *f* (Tex) / spray designing ‖ ~**beton** *m* (DIN 18551) (Bau) / gunite* *n*, sprayed concrete, shotcrete *n* (US), gunite *n*, air-placed concrete ‖ ~**bewurf** *m* (Bau) / dash coat (of roughplaster), dashed finish ‖ ~**bild** *n* (die Form des an der Spritz- oder Sprühpistole austretenden Spritzstrahls, z.B. Rundstrahl) (Anstr) / spray pattern ‖ ~**blasen** (Plast) / injection blow moulding ‖ ~**blasformen** (Plast) / injection blow moulding ‖ ~**blech** *n* (Masch) / splash-board *n*, splash baffle, splash panel ‖ ~**box** *f* (Anstr) / spray booth ‖ ~**brühe** *f* (zur Schädlingsbekämpfung) (Landw) / wash *n*, mixture *n* ‖ ~**dekor** *m* (Keram) / spray decoration ‖ ~**dessinierung** *f* (Tex) / spray designing ‖ ~**draht** *m* (beim Metallspritzen) / spraying rod ‖ ~**druck** *m* (Plast) / injection pressure ‖ ~**druck** (mit Metallschablonen aus Zinkblech) (Tex) / spray printing, jet printing ‖ ~**dusche** *f* (Galv) / shower *n* ‖ ~**düse** *f* (Anstr, Masch) / spray nozzle, spray-gun nozzle, atomizing nozzle ‖ ~**düsenauftragverfahren** *n* (Plast) / spray coating, spraying *n*
**Spritze** *f* (für chromatografische Zwecke) (Chem) / syringe *n* ‖ ~ (für Pflanzenschutz) (Landw) / sprayer *n* ‖ ~ (Med) / syringe *n*, hypodermic syringe ‖ ~ (Injektion) (Med, Pharm) / injection *n*
**Spritz•einrichtung** *f* (Anstr) / spray unit ‖ ~**emulsion** *f* (die ein Abliegen verhindert) (Druck) / anti-set-off spray*

**spritzen** *vi* / squirt *vi* (cause a liquid to be ejected from a small opening in something in a thin, fast stream or jet) ‖ ~ *v* (mit dem Schlauch) / hose *v* ‖ ~ (umherspritzen) / splash *v* (in irregular drops) ‖ ~ (Anstr, Hütt, Landw) / spray *v*, apply by spraying ‖ ~ (Pflanzen gießen) (Landw) / water *v* ‖ ~ (Pökellake) (Nahr) / pump *v* ‖ **naß auf naß** ~ (Anstr) / spray wet ‖ ~ *n* / spraying *n* ‖ ~ (Anstr, Hütt) / spraying* *n*, spray painting, spray painting technique, spray application, spray coating (process) ‖ ~ (Bau) / guniting *n*, gunning *n* (US), shotcret *n* ‖ ~ (Hütt) / spattering *n* ‖ ~ (mit 0,15 bis 0,30 mm Tropfengröße) (Landw, Luftf) / spraying *n* ‖ ~ (von Pökellake) (Nahr) / pumping *n* ‖ ~ (von Folien) (Plast) / extrusion *n* ‖ ~ (Plast) / injection moulding* *n* **angußloses** ~ (Plast) / sprueless moulding ‖ **druckluftloses** ~ luftloses Spritzen (das heute vorherrschende Spritzverfahren) (Anstr) / airless spraying* ‖ **elektrostatisches** ~ (Werkstücke und der Anstrichstoff werden gegenpolig elektrisch aufgeladen) (Anstr) / electrostatic spraying* ‖ **hydraulisches** ~ luftloses Spritzen (das heute vorherrschende Spritzverfahren) (Anstr) / airless spraying* ‖ **luftzerstäubendes** ~ (Anstr) / air volume spraying*, spattering *n* ‖ **thermisches** ~ (Flammspritzen, Lichtbogenspritzen, Detonationsspritzen, Plasmaspritzen) / thermal spraying, thermospraying *n*, thermal spray* ‖ ~ *n* **der Druckfarbe** (Druck) / ink fly ‖ ~ **mit Druckluft** (Anstr) / compressed-air spraying ‖ ~ **nach dem Plasmaverfahren** (mit Wolframkatode und Kupferanode) (Galv) / plasma spraying, arc plasma spraying, plasma jet spraying ‖ ~ **von Schläuchen** (Plast) / tubing *n*
**Spritzenpumpe** *f* (für die Chromatografie) (Chem) / syringe pump
**Spritz•entfetten** *n* (Anstr, Galv) / spray degreasing ‖ ~**entfettung** *f* (Anstr, Galv) / spray degreasing
**Spritzer** *m* / splash *n* ‖ ~ (Nahr) / dash *n* (a small amount) ‖ ~ *m pl* (Schw) / welding spatter
**Spritz•erosion** *f* (eine Art Bodenerosion) (Geol) / rainsplash erosion, splash erosion ‖ ~**fläche** *f* (Plast) / mould surface ‖ ~**flasche** *f* (Chem) / rinsing bottle ‖ ~**flasche** (aus weichem Kunststoff) (Plast) / squeeze bottle, plastic wash bottle ‖ ~**fleck** *n* / splash *n* ‖ ~**flug** *m* (ein Agrarflug) (Luftf) / plant-spraying flight ‖ ~**flugzeug** *n* (Landw, Luftf) / spraying aircraft ‖ ~**flüssigkeit** *f* / spray *n* ‖ ~**folge** *f* (Plast) / injection sequence ‖ ~**füller** *m* (Anstr) / spray filler ‖ ~**gerät** *n* (Anstr) / spray unit ‖ ~**gerät** (mit dem Spritzbrühen verspritzt werden) (Landw) / sprayer *n* ‖ ~**gewicht** *n* (Plast) / shot weight ‖ ~**gießen** *n* (Umformverfahren für Thermoplaste) (Plast) / injection moulding* ‖ ~**gießen mit Schneckenvorplastifizierung** (Plast) / screw preplasticating injection moulding ‖ ~**gießfähig** *adj* (Plast) / capable of being injection-moulded ‖ ~**gießverfahren** *n* (Plast) / injection moulding* ‖ ~**gießverfahren mit eingelegten Vorformlingen** (Plast) / unitized moulding ‖ ~**gießwerkzeug** *n* (Plast) / injection mould ‖ ~**gießzylinder** *m* (Plast) / injection cylinder ‖ ~**guß** *m* (Plast) / injection moulding* ‖ ~**gußteil** *n* (Plast) / injection-moulding part, injection-moulded part ‖ ~**gut** *n* (vor der Verarbeitung) / material to be sprayed
**spritzig** *adj* (Motor) (Kfz) / nippy *adj*, zappy:adj.
**Spritz•kabine** *f* (allseitig geschlossene Spritzanlage) (Anstr) / spray booth ‖ ~**klappe** *f* (Kfz) / splash guard, mud-flap *n* ‖ ~**kolben** *m* (Spritzgießen) (Plast) / injection plunger ‖ ~**kolben** (Spritzpressen) (Plast) / transfer plunger ‖ ~**konzentrat** *n* (Chem Verf) / spray concentrate ‖ ~**kopf** *m* (Anstr) / spray-head *n*, atomizing head ‖ ~**korn** *n* (Überkorn, das bei der Windsichtung von Füllstoffen oder anderen Teilchenmaterialien auftritt) (Anstr) / oversize *n* ‖ ~**kugel** *f* (ein Gußfehler) (Gieß) / sweat *n*, entrapped cold shot ‖ ~**lackieren** *v* (Anstr) / spray *v* ‖ ~**lackieren** *n* (Anstr, Hütt) / spraying* *n*, spray painting, spray painting technique, spray application, spray coating (process) ‖ **pneumatisches** ~**lackieren** (Anstr) / compressed-air spraying, air spraying ‖ ~**lava** *f* (Geol) / aa *n* ‖ ~**ling** *m* (Plast) / injection-moulding part, injection-moulded part ‖ ~**maschine** *f* (Plast) / screw extruder ‖ ~**maske** *f* (Anstr) / face mask (of a painter) ‖ **feuerfeste** ~**masse** (Hütt) / refractory gunning material ‖ ~**metallisieren** *n* / metal spraying*, spraying* *n*, thermal metal spraying, metallisation *n*, metallizing* *n* ‖ ~**mittel** *n* / spray *n* ‖ ~**mörtel** *m* (DIN 18551) (Bau) / pneumatic mortar ‖ ~**mundstück** (Plast) / die *n* ‖ ~**nadel** *f* (zur Pökelung) (Nahr) / injection needle ‖ ~**nebel** *m* (Anstr, Galv) / spray mist, spray dust, spray fog, paint mist ‖ ~**nebelempfindlichkeit** *f* (Eigenschaft einer Lackschicht, nach dem Lackauftrag Spritznebel aufzunehmen, die dann Oberflächenstörungen wie Stippen erzeugen) (Anstr) / spray-mist sensitivity ‖ ~**papier** *n* (Pap) / spray-dyed paper ‖ ~**parameter** *m* (die an Manometern der Spritzpistole einstellbaren Druckwerte für die Zerstäuberluft, Hornluft beim Druckluft-, sowie des Spritzdrucks beim Airless-Spritzen) (Anstr) / parameters of spraying *n pl* ‖ ~**phosphatieren** *n* / spray phosphating, spray phosphate coating
**Spritzpistole** *f* (für Pulverlack) (Anstr) / powder-coating gun ‖ ~ (Anstr, HuT) / spray gun, spraying pistol, gun* *n* ‖ ~ (Druck) / air brush*, aerograph *n* ‖ **elektromagnetische** ~ (mit Saugspeisung) (Anstr) /

electromagnetic spray gun || **elektrostatische** ~ (Anstr) / electrostatic spray gun || **triboelektrische** ~ (Anstr) / triboelectric spray gun || ~ *f* **für Heißspritzen** (Anstr) / hot-spray gun || ~ **mit Entlüftung** (Anstr) / bleeder-type gun (for use with low-pressure spraying equipment) || ~ **mit integriertem Behälter** (Anstr) / cup gun || ~ **mit Saugspeisung** (Anstr) / suction-feed gun, suction-cup spray gun, siphon-feed gun, siphon-feed spray gun || ~ **ohne Entlüftung** (Anstr) / non-bleeder gun (for use with compressor units having a pressure-controlling device)
**Spritz•pistolenkopf** *m* (Anstr) / spray-gun head || ~**pistolenkörper** *m* (Anstr) / gun body, spray-gun body || ~**pocken** (Keram) / pimples *pl*, bloating *n*, blebs *pl* (blisters or bubble defects on the surface of pottery) || ~**pökelung** *f* (Nahr) / pumping *n*, injection cure || ~**prägen** *n* (Plast) / injection/compression moulding || ~**pressen** *n* (DIN 16700) (Plast) / transfer moulding* || ~**pulver** *n* (Anstr) / spray powder || ~**pulver** (Landw) / wettable powder, water-dispersible powder || ~**putz** *m* (dreilagig aufgetragener Außenputz) (Bau) / spray plaster || ~**reinigung** *f* (Anstr) / spray cleaning || ~**retusche** *f* (Druck) / spray retouching || ~**roboter** *m* (Anstr) / paint-spray robot, spray robot || ~**schaden** *m* (durch Pestizide verursacht) (Landw) / spray damage, spray injury || ~**schlauch** *m* (Landw) / spray hose || ~**schleier** *m* (Anstr) / spray canopy || ~**schmiedeverfahren** *n* (Formteilherstellung durch Metallversprühen in Gesenke und Schmieden) (Hütt) / spray forging || ~**schmierung** *f* (Anstr) / splash lubrication, splash-type lubrication, oil-splash lubrication || ~**schutz** *m* (Masch) / splash-guard *n* || ~**schutzdeckel** *m* (Eltech) / spray arrester* || ~**schweißen** *n* (Schw) / spray welding || ~**spachtel** *m* (Anstr) / high-build filler || ~**stand** *m* (dreiseitig umschließende Spritzstelle zum Absaugen und Abscheiden von Spritznebel) (Anstr) / spraying stand, spray stand || ~**stand** (einseitig offener Beschichtungsraum) (Anstr) / spray stand || ~**staub** *m* (Anstr, Galv) / spray mist, spray dust, spray fog, paint mist || ~**stelle** *f* (Anstr) / spray plant || ~**strahl** *m* (Anstr) / spray jet, stream of paint (of the spray gun) || ~**technik** *f* (Anstr, Hütt) / spraying* *n*, spray painting, spray painting technique, spray application, spray coating (process) || ~**technik** (Plast) / injection moulding* *n* || ~**technisch** *adj* (Plast) / relating to (injection) moulding || ~**teil** *n* (Plast) / injection-moulding part, injection-moulded part || ~**tülle** *f* / spout *n* || **mit ~tülle** / spouted *adj* || ~**turm** *m* (zum Prillen) (Chem Verf) / prilling tower
**Spritzung** *f* (von Pestiziden) (Landw) / high-volume spraying || ~ (beim Spritzgießen) (Plast) / shot *n*, injection shot
**Spritz•verfahren** *n* (Anstr, Hütt) / spraying* *n*, spray painting, spray painting technique, spray application, spray coating (process) || ~**verfahren** (zum Aufbringen keramischer Suspensionen oder zur Verformung keramischer Massen) (Keram) / spraying *n* || ~**verlust** *m* (beim Füllen) / spillage *n* || ~**verlust** (Anstr) / overspray *n*, overspray loss, spray-dust loss || ~**verspiegelung** *f* (gedruckte Schaltungen) (Eltronik) / spraying *n* || ~**verzinken** *v* (nur Infinitiv und Partizip) / zinc-spray *v* || ~**verzug** *m* (V-Mot) / injection lag* || ~**viskosität** *f* (Anstr) / spraying consistency, spraying viscosity || ~**volumen** *n* / injection capacity || ~**vorbehandlung** *f* (Anstr) / spray pretreatment (prior to painting) || ~**wand** (Spritzanlage ohne Seitenwände) (Anstr) / spray wall || ~**wand** (Trennwand zwischen Motorraum und Karosserieinnenraum) (Kfz) / bulkhead *n* || ~**wasser** *n* (von oben bis zu 30° gegen die Waagerechte auftreffende Wassertropfen - DIN 40050) (Eltech) / splashwater *n* || ~**wasser** (von der Straße) (Kfz) / road spray || ~**wassergeschützt** *adj* (Eltech) / splashproof *adj* || ~**wasserzone** *f* (Geol, Umwelt) / breaker zone, surf zone || ~**werkzeug** *n* (Plast) / moulding die || ~**winkel** *m* / spray angle, spraying angle || ~**zapfen** *m* (Kfz) / pintle* *n* || ~**zone** *f* (einer Oberflächenbehandlungsanlage) (Anstr) / spray zone || ~**zylinder** *m* (der Extruderschnecke) (Plast) / injection cylinder || ~**zylinder** (Plast) / injection cylinder
**SpRK** (Galv) / season cracking*, stress crack corrosion, SCC, stress-corrosion cracking
**SpRK-Riß** *m* / stress-corrosion crack
**Sprödbruch** *m* (ein [Gewalt]Bruch) (Hütt, WP) / brittle fracture*
**sprödbrüchig** *adj* / brittle *adj*
**Sprödbruch•temperatur** *f* (Hütt, WP) / brittleness temperature, brittle-fracture temperature || ~**übergangstemperatur** *f* (Hütt, WP) / brittleness transition temperature, NDT temperature, TNDT, nil-ductility transition temperature || ~**unempfindlich** *adj* (WP) / tough *adj*
**spröde** *adj* / brittle *adj* || ~ (Bergb) / friable* *adj*, soft *adj*, short* *adj*, teary *adj* || ~ (Holz - meistens durch Pilzschäden verursacht) (For) / brash *adj*, brashy *adj* || ~ (Hütt) / short* *adj*, brittle *adj* || ~**r Bernstein** / gedanite *n*
**Spröd•glaserz** *n* (Antimon(III)-silbersulfid) (Min) / stephanite* *n*, brittle silver ore*, black silver || ~**glimmer** *m* (z.B. Margarit) (Min) / brittle mica*
**Sprödigkeit** *f* (des Holzes) (For) / brashness *n*, brash *n* || ~ (Hütt) / shortness *n*, brittleness* *n* || ~ (die Eigenschaft eines Werkstoffes, bereits bei geringer Überschreitung der Streckgrenze infolge kleiner Dehnbarkeit auseinanderzubrechen) (WP) / brittleness* *n* (tendency to fracture when subject to blows without appreciable plastic deformation)
**Spröd•phase** *f* (Hütt) / brittle phase || ~**werden** *n* (WP) / embrittlement* *n*
**Sproß** *m* (Bot) / shoot* *n*, sprout *n* || ~ (Brau) / sprout *n* || ~**bildung** *f* (For, Landw) / budding* *n*
**Sprosse** *f* (zwischen den Holmen der Leiter) (Bau) / rime *n*, rung *n*, stave *n* || ~ (Gliederungselement von Fenster- und Türflächen) (Bau, Tischl) / bar *n*, mullion *n* || ~ (bei Magnetbändern und Lochstreifen nach DIN 66218) (EDV) / frame *n*, row *n* || ~ (in der Lochstreifentechnik) (EDV) s. auch Bandsprosse **[runde]** ~ (Bau) / round* *n*
**sprossen** *v* (Bot, Brau) / sprout *v* || ~ (Pflanzen) (Bot, Landw) / shoot *vi* || ~**baum** *m* (eine Leiter) / rung ladder || ~**leiter** *f* (mit eingezapften Sprossen) / ladder *n* || ~**schrift** *f* (als Produkt des Intensitätsverfahrens) (Akus) / variable-density sound track* || ~**tanne** *f* (Tsuga canadensis (L.) Carrière) (For) / Eastern hemlock, Canada hemlock || ~**teilung** *f* (EDV) / row pitch
**Sproßknolle** *f* (Bot, Pharm) / tuber* *n*
**Sprößling** *m* (Bot) / shoot* *n*, sprout *n*
**Sproß•mutation** *f* (Bot, Gen) / sport *n* || ~**spitzenkultur** *f* (Mikrovermehrung) (Bot) / shoot-tip culture*, meristem culture*, meristem-tip culture
**Sprossung** *f* (von Hefen) (Biochem, Chem Verf) / budding *n* || ~ (Bot) / gemmation* *n*, budding* *n* || ~ (For, Landw) / budding* *n*
**s-Prozeß** *m* (langsame Neutronenabsorption) (Astr) / s-process *n*
**Spruce-Tannennadelöl** *n* / spruce oil, hemlock oil
**Spruch** *m* (Mil) / message *n* || ~**band** *n* (Tuch, auf dem Parolen, Werbeslogans etc. angebracht sind) / banner *n*
**Sprudelbett** *n* (eine Variante der Wirbelschicht) (Chem Verf) / spouted bed, slurry bed, ebullating bed
**sprudeln** *v* / gush *v* (forth) || ~ (Blasen bilden) / bubble *vi* || ~ / well *vi* || ~ *n* / effervescence* *n*, sparkling *n*
**Sprudel•schicht** *f* (Chem Verf) / boiling bed* || ~**schicht** (eine Variante der Wirbelschicht) (Chem Verf) / spouted bed, slurry bed, ebullating bed || ~**stein** *n* (ein Aragonit) (Min) / aragonite *n* (in a sinter deposit, e.g. in Karlsbad)
**Sprüh•abschrecken** *n* (Hütt) / spray quenching, spray hardening || ~**absorber** *m* (Chem Verf) / spray absorber || ~**applikation** *f* (Anstr, Galv) / spray application || ~**ätzeinrichtung** *f* (Eltronik) / spray etching equipment || ~**ätzen** *n* (Aufsprühen des Atzmittels auf das zu ätzende Werkstück) (Masch) / spray etching || ~**auftrag** *m* (Anstr, Galv) / spray application
**sprühbarer Klebstoff** / spray adhesive
**Sprüh•baum** *m* (für Dispergierungsmittel auf Wasserbasis) (Erdöl) / spray boom || ~**beschichten** *n* (Plastspritzen) (Plast) / spray coating, spraying *n* || ~**dose** *f* / spray can || ~**draht** *m* (des Elektrofilters) / ionizer wire || ~**düse** *f* (Anstr, Masch) / spray nozzle, spray-gun nozzle, atomizing nozzle || ~**elektrode** *f* (des Elektrofilters) / discharge electrode*, emission electrode*
**gewichtsbelastete** ~**elektrode** (des Elektrofilters) / weight-tensioned discharge electrode
**sprühen** *v* / atomize *v*, spray *v*, pulverize *v*, pulverise *v* (GB), nebulize *v* || ~ *n* (mit 0,05 bis 0,15 mm Tropfengröße) (Landw, Lufft) / spraying *n*
**Sprühentladung** *f* (Aufber, Eltech) / spray discharge* || ~ (Eltech) / brush[ing] discharge*
**Sprüher** *m* (Instr) / atomizer *n*, nebulizer *n*, sprayer *n*
**Sprüh•flug** *m* (Lufft) / plant-spraying flight || ~**flugzeug** *n* (in der Landwirtschaftsfliegerei) (Landw, Lufft) / spraying aircraft || ~**flüssigkeit** *f* / spray *n* (a liquid preparation) || ~**gefrieren** *n* / spray freezing (process) || ~**gefrierverfahren** *n* / spray freezing (process) || ~**glocke** *f* (in Rotatinsanlagen) (Anstr) / atomizing bell, spray bell || ~**granulat** *n* (Plast) / sprayed granular material || ~**härtung** *f* (Hütt) / spray quenching, spray hardening || ~**kautschuk** *m* (durch Versprühen des Latex im Heißluftstrom) (Chem Verf) / sprayed rubber, whole latex rubber || ~**kegel** *m* / spray cone || ~**kleber** *m* (in Form von Sprays) / spray adhesive || ~**klopfwerk** *n* (des Elekrofilters) / discharge-electrode rapper || ~**kolonne** *f* (in der die geschlossene Gasphase von einer zerteilten Flüssigkeitsphase durchsetzt wird) (Chem Verf) / spray column || ~**kopf** *m* (der Spritzpistole oder der Aerosoldruckdose) (Anstr) / spray-head *n*, atomizing head || ~**kristallisation** *f* (Chem Verf) / prilling *n* || **durch** ~**kristallisation erzeugte Granalie** (Chem Verf) / prill* *n* || ~**kristallisieren** *v* (nur Infinitiv und Partizip) (Chem Verf) / prill *v* || ~**kühlung** *f* (bei Emulsionen) / mist cooling || ~**kühlung** (mit einer feinzerstäubten Flüssigkeit) / spray cooling || ~**lanze** *f* (Landw) / spray lance || ~**lichtbogen** *m* (feintropfiger -, der ins Schweißbad geschleudert wird) (Schw) / spray arc, spray transfer arc, free-flight (spray-type) arc || ~**lösung** *f* / spray solution || ~**mittel** *n* / spray *n* (a liquid preparation) || ~**nebel** *m* (Landw) / spray mist, spray fog || ~**nebelprüfung** *f* (eine Korrosionsprüfung) (Anstr, Galv) / salt-spray

**Sprühneutralisation**

test ‖ ⁓neutralisation f (Verfahren zur Herstellung von Aniontensidpulvern) (Chem Verf) / spray neutralization ‖ ⁓öl n / spray oil ‖ ⁓reagens n (Chem) / spraying agent ‖ ⁓reagenz n (Chem) / spraying agent ‖ ⁓regen m (kleine fallende Wassertropfen, die kleiner als 0,5 mm im Durchmesser sind) (Meteor) / drizzle n ‖ ~regenartiger Werkstoffübergang (Schw) / spray transfer ‖ ⁓rohr n (Landw) / perforated-pipe distributor, sparger n ‖ ⁓schaumdämmung f (Bau) / insulation by sprayed foam ‖ ⁓scheibe f (sich schnell drehende Versprühvorrichtung in Scheiben-, Becher- oder Radform) (Chem Verf) / spray disk, spinning disk ‖ ⁓schleier m (Anstr) / spray canopy ‖ ⁓schleier (Landw) / spray swathe ‖ ⁓schmiedeprozeß m (Hütt) / spray forging ‖ ⁓schmierung f (bei Ölen) (Masch) / spray lubrication ‖ ⁓strahl m / spray n, spray jet ‖ ⁓strahlrohr n / diffuser spray nozzle ‖ ⁓system n für das Umschließungsgebäude (Nukl) / containment spray system ‖ ⁓trocknung f (z.B. zu Trockenmilch) (Chem Verf) / spray drying* ‖ ⁓turm m (Chem Verf) / prilling tower ‖ ⁓turm (für Zerstäubungstrocknung) (Chem Verf) / spray drier, spray tower ‖ ⁓verfestigung f (Tex) / spray bonding ‖ ⁓vergütung f (Hütt) / spray quenching, spray hardening ‖ ⁓vlies n (Tex) / sprayed non-woven, sprayed web ‖ ~wachs n (zum Ansprühen) / spray wax ‖ ⁓wäscher m (Chem Verf) / spray tower*, spray washer

**Sprung** n / fissure n (long and narrow), chap n (because of exposure and dryness) ‖ ⁓ (EDV) / branch* n, jump* n ‖ ⁓ (Fernm) / hop n (the logical number of routers a packet will cross to reach a specified destination) ‖ ⁓ Störungsfläche, auf der eine Abschiebung stattgefunden hat) (Geol) / fault n ‖ ⁓ (Krist, Math) / jump n ‖ ⁓ (Luftf) / jump n ‖ ⁓ (an einem Schrägstirnrad nach DIN 3960) (Masch) / spread n ‖ ⁓ (Radio) / hop* n, skip* n ‖ ⁓ (Schiff) / sheer n, sheer of the deck, deck sheer ‖ ⁓ (Riß) (WP) / crack n, crevice n ‖ **bedingter** ⁓ (EDV) / conditional jump* ‖ **gefächerter** ⁓ (EDV) / multiaddress branching ‖ **hydraulischer** ⁓ (Wasserb) / hydraulic jump ‖ **mehrfacher** ⁓ (Radio) / multihop n, multiple hop ‖ **nichtprogrammierter** ⁓ (EDV) / trapping* n, trap n ‖ **schneller** ⁓ (schnelle Einnahme der Druckposition seitens des Druckers) (EDV) / high-speed skip, slew n ‖ **unbedingter** ⁓ (EDV) / unconditional jump, unconditional branch, unconditional transfer ‖ ⁓ m **in einer Versetzung** (Krist) / jog n ‖ ⁓ **ins Hangende** (Bergb, Geol) / upthrown fault ‖ ⁓ **ins Liegende** (Bergb, Geol) / downthrown fault ‖ ⁓ m **mit verzögerter Öffnung** (Luftf) / delayed drop*

**Sprung•abstand** m (bei der Ultraschallprüfung) (Masch) / skip distance ‖ ⁓antwort f (Verfahren, um das zeitliche Verhalten eines Bauelementes zu untersuchen) (Regeln) / step-function response ‖ ⁓antwort (TV) / square-wave response ‖ ⁓anweisung f (EDV) / GOTO statement, go-to statement ‖ ⁓ausfall m (statistisch nicht vorhersehbar - z.B. durch Bruch oder Kurzschluß) (Stats) / sudden failure ‖ ⁓balg m (ein luftgefülltes Rettungsgerät) / jumping cushion, inflatable life net ‖ ⁓befehl m (EDV) / jump instruction (an instruction that specifies a jump), branch instruction ‖ **bedingter** ⁓befehl (EDV) / conditional branch instruction, conditional transfer ‖ ⁓bildung f (WP) / crack formation, cracking n ‖ ⁓craquelee n (Glas) / fracture pattern ‖ ~elastischer Griff (Tex) / springy hand ‖ ⁓elastizität f (Bez. eines Vliesstoffes) (Tex) / elastic resilience, resilience n, resiliency n ‖ ⁓entfernung f (über tote Zone) (Radio) / skip distance* ‖ ⁓feder f (für Polstermöbel) / upholstery spring ‖ ⁓fläche f (Geol, Phys) / unconformity* n, discontinuity surface, surface of discontinuity ‖ ⁓folgemodus m (EDV) / audit mode ‖ ⁓-Formel f (Psychrometerformel nach A.F.W. Sprung, 1848 - 1909) (Meteor) / psychrometric formula ‖ ⁓fräsen n (Masch) / skip-feed milling ‖ ⁓frequenz f (Radio) / skip frequency ‖ **kritische** ⁓frequenz (Radio) / zero skip frequency (ZSF) ‖ ⁓funktion f (ein Standardeingangssignal) (Eltronik) / jump function, step function ‖ ⁓funktion (Verallgemeinerung der Heaviside-Funktion) (Math) / jump function, step function ‖ **Heavisidesche** ⁓funktion (Fernm) / Heaviside unit function*, unit-step function

**sprunghaft•e Änderung** / step change ‖ ~ **sich ändernder Wert** / erratic value

**Sprung•höhe** f (Größe der Vertikalkomponente des Verwerfungsbetrages an einem tektonischen Sprung) (Bergb, Geol) / drop* n, throw n (horizontal) ‖ **fallende** ⁓höhe (Geol) / dip slip ‖ **seigere** ⁓höhe (Geol) / vertical component (of dip) ‖ ⁓kraft f (Arbeitsvermögen des Garns) (Spinn) / springiness n ‖ ⁓krakelee n (Glas) / fracture pattern ‖ ⁓polster n (ein luftgefülltes Rettungsgerät) / jumping cushion, inflatable life net ‖ ⁓quittung f (EDV) / branch acknowledgement ‖ ⁓rücken m (z.B. bei Geschäftsbüchern) (Buchb) / spring-back* n ‖ **[manchmal auch]** ⁓rücken **(als Gegensatz zum festen Buchrücken)** (Buchb) / hollow back*, open back* ‖ ⁓schicht f (in tiefen stehenden Gewässern - DIN 4049, T 2) (Umwelt) / metalimnion n (pl. -mnia), discontinuity layer ‖ **thermische** ⁓schicht (Ozean, Umwelt) / thermocline* n, thermal-discontinuity layer ‖ ⁓signal n (Eltronik) / square-wave signal ‖ ⁓signal (ein Prüfsignal) (TV) / bar signal ‖ ⁓start m (beim Tragschrauber) (Luftf) / jump take-off ‖ ⁓stelle f (eine Unstetigkeitsstelle) (Math) / point of discontinuity, discontinuity point ‖ ⁓stück n (Klemp) / swan-neck n, offset n, goose neck, S-bend n ‖ ⁓temperatur f (eines Supraleiters) (Phys) / transition temperature (at which a substance becomes superconducting)*, transition point, critical transition temperature ‖ ⁓tischfräsen n (von unterbrochenen Flächen) (Masch) / skip-feed milling ‖ ⁓tuch n (für die Feuerwehr - DIN 14151) / jumping sheet ‖ ⁓überdeckung f (bei Zahnrädern) (Masch) / overlap ratio ‖ ⁓überdeckungswinkel m (bei Zahnrädern) (Masch) / overlap angle ‖ ⁓verfolgungsmodus m (EDV) / audit mode ‖ ⁓verzerrung f (Fernm) / transient distortion* ‖ ⁓vorschub m (Eilgang beim Sprungtischfräsen) (Masch) / skip feed ‖ ~weise Durchprüfung (EDV) / leap-frog test* ‖ ~weiser Einzug (Web) / skip draft ‖ ⁓weite f (Geol) / dip slip component, dip slip, dip component ‖ **söhlige** ⁓weite (Geol) / horizontal component of dip slip ‖ ⁓welle f (Eltech) / surge* n ‖ ⁓ziel n (EDV) / jump destination, branch destination ‖ ⁓zone f (die Fläche um den Sender, die durch Drehung eines Radius entsprechend der Sprungentfernung entsteht) (Radio) / skip area, skip zone ‖ ⁓zone (Radio) s. auch tote Zone ‖ ⁓zustellung f (bei der NC-Steuerung) (EDV, Masch) / intermittent feed

**SPS** (Fernm) / stored-program control (SPC) ‖ ⁓ (z.B. beim CERN in Genf) (Kernphys) / Super Proton Synchrotron*, SPS* ‖ ⁓ (Regeln) / programmable logic controller, PLC ‖ ⁓-**Programmierung** f (EDV) / PLC programming

**SPU** (EDV) / software engineering environment ‖ ⁓ (DIN 44300) (EDV) / staticizer n, serial-to-parallel converter, serial-parallel converter

**spucken** v (Asche und Lava) (Geol) / spout v ‖ ⁓ n (von Wasser im Dampfkessel od. in der Kolonne) (Chem Verf, Masch) / priming* n ‖ ⁓ (Gasausbrüche bei erstarrenden Schmelzen) (Hütt) / spew n ‖ ⁓ (wegen zu reichen Gemisches) (V-Mot) / galloping n (US)*

**Spuckstoff** m (grober) (Pap) / screenings pl, waste n, groundwood rejects, junk n, rejected stock

**spudden** v (Bergb) / spud v, spud in v, collar v ‖ ⁓ n (Bergb) / spudding n

**Spül•abort** m (Bau, Sanitär) / water closet*, WC ‖ ⁓bagger m (HuT) / flushing dredger ‖ ⁓becken n (Bau, Klemp) / bowl n (of a kitchen sink) ‖ ⁓becken (Erdöl) / slush pit, slush pond

**Spulbetrieb** m (automatisierte Ein- oder Ausgabe von oder auf langsame(n) Peripheriegeräte(n) oder für schnelle externe Speicher wie Magnetbänder oder -platten) (EDV) / spooling* n

**Spül•bild** n (im Motorversuch ermittelter Verlauf des Spülstroms) (Kfz, V-Mot) / scavenging picture ‖ ⁓bogen m (Sedimentgefüge) (Geol) / swash mark ‖ ⁓bohren n (Tiefbohren, bei dem die Abführung des Bohrkleins aus dem Bohrloch mit einem Spülmittel bewirkt wird) (Erdöl) / flushing n, mud flush drilling, mud drilling, drilling with mud circulation ‖ ⁓bohrverfahren n (bei der Pfahlgründung, bei Ortbohrpfählen) (HuT) / water-jet driving*, jetting n, pile jetting ‖ ⁓damm m (Wasserb) / hydraulic-fill (earth) dam ‖ ⁓dauer f (im allgemeinen) / rinsing time, rinsing period

**Spule** f (Bauelement mit mindestens einer Leiterwindung) (EDV) / coil* n ‖ ⁓ (Eltech) / coil* n ‖ ⁓ (Tonband-, Band-, Film-) (Film) / reel* n, spool n (GB) ‖ ⁓ (Draht, Band) (Hütt) / coil n ‖ ⁓ (als Garnkörper) (Spinn) / bobbin n ‖ ⁓ (ein Einzelfadenspeicher) (Spinn) / spool n, package* n ‖ **absolut messende** ⁓ (Eltech) / absolute coil ‖ **angezapfte** ⁓ (Eltech) / tapped coil ‖ **astatische** ⁓ (Elektr) / astatic coil ‖ **asymmetrische** ⁓ (Eltech) / skew coil* ‖ **eingängige** ⁓ (Eltech) / single-turn coil ‖ **fortlaufend gewickelte** ⁓ (Eltech) / continuous coil ‖ **freitragende** ⁓ **großer Ganghöhe** (Eltech) / air-spaced coil* ‖ **kastenlose** ⁓ (Eltech) / spoolless coil ‖ **kreuzgewickelte** ⁓ (Eltech) / cross-wound coil ‖ **tote** ⁓ (Eltech) / dummy coil* ‖ **vorreilende** ⁓ (Tex) / leading bobbin ‖ ⁓ f **mit mehreren Windungen** (Eltech) / multiturn coil ‖ ⁓ **mit Mittelanzapfung** (Eltech) / centre-tapped coil ‖ ⁓ **mit Wabenwicklung** (Eltech) / honeycomb coil*, lattice coil*

**Spüle** f (Bau, Klemp) / sink n, kitchen sink

**spulen** v / reel v ‖ ⁓ (Spinn) / wind v, spool v ‖ ⁓ n / reeling n ‖ ⁓ (EDV) / spooling* n ‖ ⁓ (Spinn) / winding* n ‖ ⁓ **auf konische Hülsen** (Spinn) / coning n

**spülen** v (waschen) / wash v, wash up v, rinse v, swill v, scour v, flush v ‖ ~ (mit Flüssigkeit oder Gas) (Chem, Erdöl) / purge v ‖ ~ (V-Mot) / scavenge v ‖ ⁓ (Wasserb) / sluice v ‖ ⁓ (Masch) / flush* n, flushing n, washing n, rinsing n ‖ ⁓ (bei Zweitaktmotoren - Verdrängung der Verbrennungsgase durch die Frischladung mit Hilfe eines Druckgefälles zwischen Ein- und Auslaß aus dem Zylinder - DIN 1940) (V-Mot) / scavenging n ‖ ⁓ (Wasserb) / sluicing n

**Spulen•abgriff** m (Eltech) / coil tap ‖ ⁓abnehmer m (Arbeiter) (Spinn) / ring doffer ‖ ⁓aufbau m (z.B. bei Prüfungen) / coil assembly ‖ ⁓aufbau (Spinn) / package build, package build-up ‖ ⁓ausstoßvorrichtung f (an Webautomaten) (Web) / pirn hammer, transfer hammer ‖ ⁓beschichtung f (Anstr) / coil coating, strip coating ‖ ⁓draht m (Akus, Eltech) / magnetic wire*, magnet wire ‖ ⁓endemarke f (EDV) / end-of-reel marker ‖ ⁓feld n (eines Kabels)

(Kab) / loading section ‖ ~**feld** (DIN 62500) (Spinn) / bobbin bay, bobbin frame ‖ ~**flansch** m (Eltech) / flange n (GB), head n (US) ‖ ~**fluß** m (Elektr) / flux linking the coils ‖ ~**galvanometer** n (Eltech) / coil galvanometer ‖ ~**gatter** n (Spinn, Tex) / creel* n ‖ ~**gatter** (DIN 62500) (Web) / warp creel, warping creel, bobbin creel, creel n ‖ ~**gewickelt** adj (Eltech, Tex) / spool-wound adj ‖ ~**kapsel** f (der Nähmaschine) / bobbin case ‖ ~**kasten** m (Eltech) / spool* n, coil former, coil form, bobbin* n, bobbin core

**Spulenkern** m (Akus, Film) / core* n, spool core ‖ ~ (EDV) / former n ‖ ~ (Eltech, Mag) / coil core ~ (zur induktiven Abstimmung) (Radio) / slug n ‖ ~**abstimmung** f (Radio) / permeability tuning*, slug tuning*

**Spulen•körper** m (Eltech) / spool* n, coil former, coil form, bobbin* n, bobbin core ‖ **auf einem** ~**körper gewickelt** (Eltech) / former-wound adj ‖ ~**magnetisierungsmethode** f (der Magnetprüfung) (Mag, WP) / coil method, coil technique ‖ ~**methode** f (eine Magnetisierungsmethode, bei der ein Teil oder das ganze Bauteil von einer stromführenden Spule umgeben ist) (Mag, WP) / coil method, coil technique ‖ ~**muffe** f (des Fernmelde-Außenkabels) (Fernm) / loading pot ‖ ~**nachfüllen** n (Web) / shuttling n ‖ ~**rand** m (Spinn) / flange of the bobbin ‖ ~**schenkel** m (Eltech) / coil-side* n ‖ ~**schützen** (Web) / pirn shuttle ‖ ~**seite** f (Eltech) / coil-side* n ‖ ~**stift** m (Spinn) / skewer n ‖ ~**wechsel** m (EDV) / reel swap, reel swapping, volume swap, volume swapping ‖ ~**weite** f (in Nutteilungen) (Eltech) / coil pitch, coil span*, span of the coils ‖ ~**wickelmaschine** f (Eltech) / coil-winding machine* ‖ ~**wicklung** f (Eltech) / coil winding, bobbin winding* ‖ **konzentrische** ~**wicklung** (Eltech) / concentric winding* ‖ ~**zapfen** (bei Filmprojektoren) (Film) / spool spindle ‖ ~**zündung** f (bei Ottomotoren) (Kfz, V-Mot) / battery-coil ignition*, coil ignition*

**Spuler** m (der Nähmaschine) (Tex) / bobbin winder

**Spüler** m (Entladeeinrichtung für Baggerschuten) (HuT, Schiff) / reclamation pumping gear

**Spulerei** f (Produktionsabteilung zur Herstellung von Spulen) / bobbin production department, spool production department ‖ ~ (Spulen) (Spinn) / winding* n

**Spül•filter** n (flush filter ‖ ~**flotte** f (Tex) / rinse liquor ‖ ~**flüssigkeit** f (im allgemeinen) / rinsing liquid ‖ ~**flüssigkeit** (Bergb, Erdöl) / drilling fluid, flushing fluid, drilling mud*, circulating fluid, circulation fluid, driller's mud ‖ ~**förderung** f (Bergb) / hydraulic transport*, hydraulic conveying ‖ ~**gas** n / flushing gas, flush gas ‖ ~**gas** (in der Chromatografie) (Chem) / purge gas ‖ ~**grad** m (V-Mot) / scavenging efficiency ‖ ~**gut** n (Bergb) / water-borne waste material (for hydraulic stowing)

**Spülicht** n (Landw, Umwelt) / swill n

**Spül•kanal** m (in Bohrwerkzeugen) (Bergb) / fluid passage ‖ ~**kanal** (Bergb) / water slot, water course, water passage ‖ ~**kanal** (Wasserb) / sluice* n ‖ ~**kante** f (Glas) / flux-line attack, flux-line corrosion, metal-line attack, metal-line corrosion, glass-level attack, glass-level cut ‖ ~**kasten** m (Bau) / waste preventer, waste-water preventer, water-waste preventer ‖ ~**kasten** (für Toiletten mit Wasserspülung) (Sanitär) / closet cistern, cistern n, flushing cistern ‖ ~**kippe** f (bei die von einer quasi stationären Kippstelle verkippten Abraummassen mit einem Wasserstrom von der Kippkante in den Kippraum gespült werden) (Bergb) / flushing dump ‖ ~**kopf** m (Einrichtung, die das Drehen des Bohrgestänges gestattet) (Erdöl) / swivel n (an item of "travelling" equipment) ‖ ~**lanze** f (HuT) / jetting lance ‖ ~**leitung** f (des Spülkastens) (Bau, Sanitär) / flush pipe ‖ ~**luft** f (V-Mot) / scavenging air, scavenge air ‖ ~**luftanschluß** m (Kfz) / scavenging air line, purge air line, flushing air line ‖ ~**luftleitung** f (Kfz) / scavenging air line, purge air line, flushing air line ‖ ~**marke** f (Geol) / swash mark

**Spul•maschine** f (Spinn) / bobbin winding machine, spooler n, spooling frame ‖ ~**maschine** (Spinn) / winding machine, winding frame

**Spül•maschine** f (Tex) / rinsing machine ‖ ~**maschinenfest** adj (Geschirr) / dishwasher-proof adj, dishwasher-safe adj ‖ ~**maschinengeeignet** adj / dishwasher-proof adj, dishwasher-safe adj ‖ ~**mittel** n (zur Spülung des Zylinders) (Kfz) / scavenger n

**Spulöl** n (zum Spulfähigmachen von Garnen) (Spinn) / spooling oil, coning oil, throwing oil

**Spül•ölschmierung** f (Masch) / flood lubrication ‖ ~**pumpe** f (einer Rotary-Bohranlage) (Bergb, Erdöl) / mud pump*, slush pump*, mud hog n ‖ ~**pumpe** (des Naßbaggers) (HuT) / flushing pump ‖ **perforiertes** ~**rohr** (Bergb) / sparge pipe, sparger n ‖ ~**säule** f (Bergb) / mud column ‖ ~**schlamm auf Wasserbasis** (Erdöl) / water-base mud ‖ ~**schleuse** f (Wasserb) / scouring sluice, floodgate n ‖ ~**schlitz** m (bei Zweitaktmotoren) (V-Mot) / scavenging port ‖ ~**schütz** n (Wasserb) / scouring sluice (with a scouring gate)

**Spulspindel** f (der Nähmaschine) (Tex) / spool pin

**Spül•stein** m (Bau, Klemp) / sink n, kitchen sink ‖ ~**stollen** m (Wasserb) / scouring sluice, floodgate n ‖ ~**strahl** m (V-Mot) / scavenging jet ‖ ~**strahlbelüfter** m (beim Belebungsverfahren) (Sanitär) / spray aerator ‖ ~**strahlrohr** m (für hydromechanische Gewinnung) (Bergb) / monitor* n, giant* n, hydraulic giant, hydraulic monitor ‖ ~**tank** m (Erdöl) / mud pit ‖ ~**tisch** m / sink unit ‖ ~**trübe** f (zum Herausspülen des Bohrkleins sowie zur Kühlung und Schmierung des Bohrwerkzeugs) (Bergb, Erdöl) / drilling fluid, flushing fluid, drilling mud*, circulating fluid, circulation fluid, driller's mud ‖ **mit** ~**trübe betriebener Motor** (Erdöl) / mud motor*

**Spülung** f (Bergb, Erdöl) / drilling fluid, flushing fluid, drilling mud*, circulating fluid, circulation fluid, driller's mud ‖ ~ (des Austauschers mit Wasser) (Chem Verf) / back-washing n, scouring n ‖ ~ (Masch) / flush* n, flushing n, washing n, rinsing n ‖ ~ (V-Mot) / scavenging n ‖ **mit Bohrklein beladene** ~ (Erdöl) / returns* pl

**Spülungs•bohren** n (Erdöl) / flushing n, mud flush drilling, mud drilling, drilling with mud circulation ‖ ~**fachmann** m (Bergb) / mud engineer (who studies and supervises the preparation of various fluids and emulsions used in rotary drilling) ‖ ~**filterkuchen** m (Bergb) / cake n ‖ ~**filterkuchen** (Erdöl) / mud cake ‖ ~**filtrat** n (Erdöl) / mud filtrate ‖ ~**fluß** m (Erdöl) / mud flow ‖ ~**kanone** f (Erdöl) / mud gun ‖ ~**kuchen** m (Erdöl) / mud cake ‖ ~**kurzschluß** m (Kfz) / short circuiting ‖ ~**säule** f (Bergb) / mud column* ‖ ~**strom** m (Erdöl) / mud stream ‖ ~**ventil** n (V-Mot) / scavenging valve ‖ ~**verlust** m (als Erscheinung) (Erdöl) / loss of circulation ‖ ~**verlust** (als Substanzverlust) (Erdöl) / lost circulation, lost water, lose water, lost returns, lost of returns ‖ ~**verluste** m pl (Bergb) / circulation loss* ‖ ~**waage** f (Erdöl) / mud balance

**Spül•ventil** n (Kfz) / scavenging valve, purge valve ‖ ~**verfahren** n (Wasserb) / sluicing n ‖ ~**versatz** m (mit Versatzgut) / hydraulic stowing*, hydraulic flushing, slushing n, hydraulic packing, hydraulic filling ‖ ~**versatz** (beim Sandversatzverfahren) (Bergb) / sand fill* ‖ ~**vorgang** m (Chem Verf) / back-washing n, scouring n ‖ ~**wasser** n / rinse water, rinsing water, scouring water, water for rinsing ‖ ~**wirkungsgrad** m (V-Mot) / scavenging efficiency

**SP-Umsetzer** m (DIN 44300) (EDV) / staticizer n, serial-to-parallel converter, serial-parallel converter

**Spunbond** n (textiles Flächengebilde, bei dem endlose Synthetic-Fäden, vor allem Polyester, an ihren Kreuzungspunkten verschweißt werden) (Tex) / spunbonded n, spunbonded non-woven

**Spund** m (hölzerner Zapfen zum Verschließen des Spundlochs bei Fässern) (Brau) / bung n, spigot n, plug n, stopper n, spile n ‖ ~ (bei Brettern oder Bohlen) (Zimm) / feather* n, tongue* n, slip feather* n ‖ ~ (in der Nut- und Feder-Verbindung) (Zimm) / feather tongue* ‖ ~**bohle** f (EN 79-69) (HuT) / sheet pile ‖ ~**bohlen** f pl (in der Spundwand) (HuT) / runners pl ‖ ~**brett** n (Tischl, Zimm) / matched board* ‖ ~**bretter** n pl (Tischl, Zimm) / match-boarding* n, matched boards*, match-lining* n ‖ ~**daube** f (For) / bung stave

**spunden** v (Bretter) (Tischl, Zimm) / groove and tongue v, match v (an aperture through which a cask can be filled or emptied)

**Spund•loch** n (am Faß) (Brau, Tischl) / bunghole n, tap hole n ‖ ~**schalung** f (genagelte) (Zimm) / tight sheathing

**Spundung** f (eine Nut- und Federverbindung) (Tischl, Zimm) / tongue-and-groove joint*, tongued and grooved joint

**Spund•wand** f (HuT) / sheet-pile wall, sheet piling* ‖ ~**wandstahl** m (HuT, Schw) / box pile ‖ ~**zapfen** m (hölzerner Zapfen zum Verschließen des Spundlochs bei Fässern) (Brau) / bung n, spigot n, plug n, stopper n, spile n

**Spunlike-Garn** n (Spinn) / spun-like yarn

**Spur** f (Wagen-, Fahr-, Rad-) / rut n (a long deep track made by the repeated passage of the wheels of vehicles) ‖ ~ (bei Lochstreifen, Magnetbändern und Magnetplatten) (Akus, EDV, Mag) / track* n ‖ ~ (Bahn) / gauge* n, rail gauge*, track gauge ‖ ~ (Vorhandensein einer Mikromenge) (Chem) / trace* n ‖ ~ (Chem) / lane n, track n ‖ ~ (auf dem Papier) (Druck) / print n, printing n ‖ ~ (derjenige Bereich eines flächenhaften Speichermediums, auf dem die Informationen bitseriell gespeichert sind) (EDV) / track v ‖ ~ (beim Lochstreifen) (EDV) / channel n ‖ ~ (bei Magnetschichtspeichern der von einem Polschuh des Magnetkopfes überstrichene Bereich der Schicht - DIN 5653) (EDV) / channel n ‖ **00** (EDV) / zero track ‖ ~ m (Kernphys) / spur m (a cluster of ionized molecules near the path of an energetic charged particle, consisting of the molecule ionized directly by the charged particle, and secondary ionizations produced by electrons released in the primary ionization ; it usually forms a side track from the path of the particle) ‖ ~ f (Kernphys) / track* n, particle track, nuclear track ‖ ~ (auf Autobahnen) (Kfz) / lane n, traffic lane ‖ ~ (Summe der Diagonalelemente einer quadratischen Matrix) (Math) / trace n (the sum of the entries in the main diagonal), trace n, diagonal sum ‖ ~ (im allgemeinen) / trace n ‖ **kleinste nachweisbare** ~ (Chem) / ultratrace n ‖ **äußere** ~ (EDV) / outer track (of a CD-ROM) ‖ **äußerste** ~ (EDV) / outermost track (of a CD-ROM) ‖ **kleinste nachweisbare** ~ (Chem) / ultratrace n ‖ **schadhafte** ~ (EDV, Mag) / flawed track, defective track ‖ **sichtbare** ~**en** / visible traces, obvious traces ‖ **vierfache** ~ (EDV, Mag) / quadruple track ‖ ~**en** f pl **je Zoll** (Akus, EDV, Mag) / tracks per inch (tpi) ‖ ~ f **Null** (EDV) / zero track

**Spur•adresse** f (EDV) / home address, track address ‖ ~**anfang** m (Mag) / start of track ‖ ~**anpassung** f (DIN 1311, T4) (Phys) / coincidence n ‖ ~**anzeiger** m (Landw) / track indicator
**spürbar** adj (z.B. Unterschied) / perceptible adj, noticeable adj
**Spur•breite** f (Luftf) / track* n, tread n (US) ‖ ~**dichte** f (in tpi) (EDV) / track density (in tracks per inch) ‖ ~**differenzwinkel** m (Kfz) / toe-out on turns ‖ ~**einstellung** f (bei Tonbandgeräten, Plattenspielern) (Akus) / tracking n ‖ ~**einstellung** (bei der Wiedergabe auf einem Videorecorder) (Akus) / tracking n ‖ ~**einstellung** (z.B. bei einem Traktor) (Kfz) / track adjustment ‖ ~**empfindliches Target** (Kernphys) / track-sensitive target, TST
**Spuren** (Bewegen unter Hinterlassung einer Spur - in der grafischen Datenverarbeitung (EDV) / inking n ‖ ~**analyse** f (Teilgebiet der Analyse, das sich mit der Bestimmung von Bestandteilen befaßt, die in Mengen unter 0,01% in der Probe enthalten sind) (Chem) / trace analysis ‖ **im ~bereich auftretende organische Verunreinigungen** (Chem, Sanitär, Umwelt) / trace organics ‖ ~**element** n (Chem, Landw, Nahr) / trace element* ‖ ~**element** (Min) / accessory element, trace element, guest element ‖ ~**elementdüngemittel** n (Landw) / trace element fertilizer ‖ ~**fossil** n (in der Ichnologie) (Geol) / trace fossil*, ichnofossil n ‖ ~**gehalt** m (Chem) / trace amount ‖ ~**gruppe** f (EDV) / band n ‖ ~**kammer** f (z.B. Nebel-, Funken- oder Blasenkammer) (Nukl) / track chamber ‖ ~**löschung** f (in der Kernemulsion) (Kernphys) / background eradication ‖ ~**nährstoffe** m pl (Umwelt) / micronutrients* pl ‖ ~**partikel** n f (z.B. in Explosivstoffen) / trace particle ‖ ~**topologie** f (Math) / relative topology, induced topology ‖ ~**verunreinigung** f (Sanitär, Umwelt) / micropollution n
**Spur•fehler** m (Akus) / tracking error ‖ ~**fehlwinkel** m (der Nadel des Plattenspielers) (Akus) / tracking error ‖ **automatische ~folgenregelung** f (TV) / dynamic track following ‖ ~**folgevermögen** n (Akus) / tracking ability, trackability n ‖ ~**führung** f (bei der Schallplattenherstellung) (Akus) / tracker n ‖ ~**führung** (die ein Fahrzeug entlang eines vorgegebenen Fahrkurses führt) (Bahn) / track keeping, track guiding ‖ **kraftschlüssige ~führung** (Bahn) / guidance by adhesion
**Spürgas** n (Bau, HuT) / tracer gas, search gas
**spur•gebunden** adj (Landfahrzeug) / tracked adj, guided adj, track-guided adj ‖ ~**gebunden** (Verkehr) / rail-borne adj, guided adj, tracked adj, rail-bound adj, rail-mounted adj ‖ ~**geführt** adj (Verkehr) / rail-borne adj, guided adj, tracked adj, rail-bound adj, rail-mounted adj ‖ ~**gerade** f (der [nichtleere] Durchschnitt zweier nicht zusammenfallender Ebenen) (Math) / trace n, trace line ‖ ~**halter** m (zur Einhaltung der Spurweite des Gleises) (Bahn) / rail brace ‖ ~**haltung** f (EDV) / tracking accuracy ‖ ~**hebel** m (Kfz) / steering arm*
**Spurion** n (Kernphys) / spurion n
**Spur•kammer** f (ein Detektor) (Nukl) / track chamber ‖ ~**kegel** m (Mech) / space cone, herpolhode cone
**Spurkranz** m (ringförmiger Wulst an der Innenkante der Lauffläche eines Rads) (Bahn) / flange* n, wheel flange ‖ **scharfgelaufener ~** (Bahn) / sharp flange ‖ ~**aufklettern** (Bahn) / flange climbing ‖ ~**kante** f (Bahn) / throat n ‖ ~**loser Radreifen** (Bahn) / bald tyre, flangeless tyre, plain tyre, blind tyre
**Spur•kreis** m (Kfz) / track arc ‖ ~**kurve** f (nach L. Poinsot) (Mech) / herpolhode n ‖ ~**lager** n (Masch) / footstep bearing* ‖ ~**latte** f (der Schachtführung) (Bergb) / guide rod, rod n ‖ ~**lehre** f (zum Nachmessen der Spurweite des Gleises) (Bahn) / track gauge ‖ ~**los** adj (Abspaltung) (Chem) / traceless adj ‖ ~**maß** n (zum Nachmessen der Spurweite des Gleises) (Bahn) / track gauge ‖ ~**punkt** m (der [nichtleere] Durchschnitt einer Geraden mit einer Ebene, in der die Gerade nicht liegt) (Math) / trace point ‖ ~**reißer** m (umklappbarer - der Traktor-Drillmaschine) (Landw) / track indicator ‖ ~**rille** f / rut n
**Spurrit** m (ein Silikat) (Min) / spurrite* n
**Spur•scheibe** f (ringförmiger Teil einer Welle oder eine mit dieser verbundene Scheibe im Bereich einer Gleitlagerung oder Führung, zur axialen Kraftübertragung) (Masch) / thrust collar ‖ ~**schreiben** (EDV) / inking n ‖ ~**sicher** adj (Kfz) / track-holding adj, good-tracking adj, sure-footed adj ‖ ~**stange** f (Bahn) / gauge bar ‖ ~**stange** (Bauelement zur Übertragung der Lenkkraft und der Lenkbewegung auf die Räder) (Kfz) / tie rod, track rod* ‖ ~**stangenhebel** m (Kfz) / steering arm* ‖ **radiale ~steuerung** f (bei Bildplattenspielern) (Eltronik) / radial tracking control ‖ **tangentiale ~steuerung** (bei Bildplattenspielern) (Eltronik) / tangential tracking control ‖ ~**stoff** m (Hyd) / tracer n, indicator n ‖ ~**treue** f (des Anhängers) (Kfz) / tracking n ‖ ~**treue** (des Fahrzeugs) (Kfz) / directional stability ‖ ~**verzerrung** f (bei Schallplatten) (Akus) / tracing distortion ‖ ~**wechsel** m (Bahn) / change of gauge ‖ ~**weite** f (der Schienen eines Gleises) (Bahn) / gauge* n, rail gauge*, track gauge ‖ ~**weite** (der Abstand der Reifenmitten an einer Achse) (Kfz) / track n, tread n (US) ‖ ~**weite** (Luftf) / track* n, tread n (US) ‖ ~**zapfen** m (als Lagerung ausgebildetes Wellenende, das Axialkräfte aufnehmen soll) (Masch) / pin n ‖ ~**zwischenraum** m (Akus) / track gap
**Sputtering** n (Eltronik) / sputter coating, sputtering* n
**sputtern** v (im Vakuum) (Vakuumt) / sputter v ‖ ~ n (Ionenplattieren mit einer Katodenzerstäubung als Dampfquelle) (Eltronik) / sputter coating, sputtering* n ‖ ~ (Abtragen einer Festkörperoberfläche durch Ionenbeschuß) (Eltronik, Galv) / sputtering n ‖ **gleichzeitiges ~ aus einem Silicidtarget oder aus einem Silicid-Metall-Mosaik-Target** (Eltronik) / co-sputtering n
**sq** (Vorsatz zum Bilden der zweiten Potenz von Einheiten) / square adj
**SQK** / statistical quality control
**SQL** (EDV) / Structured Query Language, SQL ‖ ~**-Server** m (EDV) / SQL server (database server supporting SQL queries)
**Squalan** n (2,6,10,15,19,23-Hexamethyltetracosan) (Chem) / squalane n
**Squalen** n (der wichtigste azyklische Triterpenkohlenwasserstoff) (Chem) / squalene* n, spinacene*
**Squalestatin** n (Biochem) / zaragozic acid
**Squama** f (pl. -ae) (Bot, Zool) / squama* n (pl. -ae)
**Square-wave-Polarograf** m (Chem, Eltech) / square-wave polarograph
**Square-wave-Polarografie** f (bei der zusätzlich zur konstanten Gleichspannung kleine rechteckförmige Spannungsimpulse an die Elektrode angelegt werden) (Chem, Eltech) / square-wave polarography, SWP
**s-Quark** n (Kernphys) / s quark, strange quark, squark n
**Squark** n (Kernphys) / s quark, strange quark, squark n
**Squelch** n (Baugruppe eines Sende-Empfangsgeräts zur Unterdrückung des Rauschens) (Eltronik) / squelch* n
**Squid** m n (Luftf) / squid* n ‖ ~ n (ein Josephson-Element) (Phys) / superconducting quantum interference device*, squid* n
**sr** (gesetzliche abgeleitete SI-Einheit für den Raumwinkel - DIN 1315) (Math) / steradian* n, sr*, sterad
**Sr** (Chem) / strontium* n
**Sr** (charakteristische Kenngröße der Strömungstechnik bzw. der Strömungsakustik - nach C. Strouhal, 1850-1923) (Phys) / Strouhal number
**SR** (Chem Verf) / loop reactor
**SRAM** (EDV) / static RAM (SRAM), static random-access memory
**SR•-Ausrüstung** f (Spezialbehandlung von Textilien aus synthetischen Fasern und deren Mischungen mit nativen und regenerierten Zellulosefasern zur verbesserten Ablösung des Schmutzes bei wäßriger Haushaltswäsche) (Tex) / soil-release finish, SR finish ‖ ~**-Benzin** n (Erdöl) / straight-run gasoline, top gasoline, straight-run benzine, S.R.B.
**S$^1$-Reaktion** f (bei der nukleophilen Substitution) (Chem) / S$^1$ reaction
**S$^2$-Reaktion** f (bei der nukleophilen Substitution) (Chem) / S$^2$ reaction
**SR-Flipflop** n (Eltronik) / SR flip-flop
**SRHS-Chromelektrolyt** m (Galv) / S.R.H.S. bath, self-regulating high-speed plating solution
**SRK-Riß** m / stress-corrosion crack
**sRNA** f (Biochem) / t-RNA* n, transfer RNA*, s-RNA, soluble RNA
**SS** (Eltech) / busbar* n, omnibus-bar* n, bus n, bus-conductor n ‖ ~ (Masch) / push fit, class 5 fit, close sliding fit
**SSA** (Fernm) / transmitting bus-bar
**S-Säure** f (eine Buchstabensäure - eine Aminonaphtholsulfonsäure) (Chem) / S-acid n
**SS-Benutzer** m (Fernm) / session service user, SS user
**S/S-Bikomponentenfasern** f pl (mit zwei Komponenten nebeneinander) (Spinn) / side-by-side conjugate fibres, S/S conjugated fibres, side-by-side conjugate fibres
**S/S-Bikonstituentenfasern** f pl (mit zwei Polymeren nebeneinander) (Spinn) / side-by-side conjugate fibres, S/S conjugated fibres, side-by-side conjugate fibres
**S$_1$-Schieferung** f (Geol) / axial-plane cleavage*
**S$_2$-Schieferung** f (Geol) / strain-slip cleavage*, crenulation cleavage*, slip cleavage, shear cleavage
**S-Schnitt** m (For) / snake n
**S-Schnittstelle** f (EDV) / S-interface n
**SS-Drossel** f (Eltech) / bus reactor
**s-Serie** f (Licht) / sharp series*
**S-Signal** n (TV) / synchronizing signal*, synchronizing pulse*, sync signal, sync pulse*
**SSI-Schaltung** f (Eltronik) / single-scale integration (SSI), small-scale integration*
**SSIT-Tanker** m (ein Halbtaucher) (Schiff) / semi-submarine icebreaking tanker, SSIT
**SS-Loran-System** n (Luftf, Nav) / sky-wave synchronized loran
**SSM** (Fernm, Mil) / spread-spectrum modulation, SSM
**ssp.** (Bot, Zool) / subspecies*
**SSP** (Chem) / single-sweep polarography, SSP, linear-sweep polarography, LSP
**SSR•-Störunterdrücker** m (zur Unterdrückung nichtsynchroner Antworten) (Radar) / defruiter n ‖ ~**-System** n (mit

Sekundärflugsicherungsradar) (Radar) / secondary surveillance radar system || ~-Ziel n (Radar) / radar beacon target
SS-Säure f (eine Buchstabensäure - eine Aminonaphtholsulfonsäure) (Chem) / SS acid
-S-S-Spange f (Chem) / intrachain disulphide bond
SS-Stahl m (Hütt) / high-speed steel*, HSS, high-speed tool steel
S-Stern m (Riese mit gleichen Temperaturen wie die M-Sterne) (Astr) / S star
SS-Trenner m (Eltech) / busbar sectionalizing switch
S-Stück n (Klemp) / swan-neck n, offset n, gooseneck n
SSV (eine Hardware-Einrichtung) (EDV) / interface equipment
ST (Meteor) / stratus* n (pl. strati), ST
St (nicht mehr zugelassene Einheit der kinematischen Viskosität = $10^{-4}$ m²/s) (Phys) / stokes n (pl. stokes)*
ST (DIN 60001, T 4) (Tex) / tussah n (US), tussah-silk* n, tussore silk, tusser silk
St (aus den Stengeln oder der Rindenschicht gewonnene Faser) (Tex) / stem fibre, stalk fibre
St. Antons-Brand m (Chem, Med) / ergotism* n, St Anthony's fire*, Saint Anthony's fire
Staats•dienst m / civil service || ~gespräch n (Fernm) / government telephone call || ~telegramm n (Teleg) / government telegram
Stab m / stick n || ~ (Zierleiste) (Arch) / moulding* n || ~ (ein Profil) (Arch, Bau) / projecting moulding || ~ (des Fachwerks) (Bau, HuT, Mech) / member* n || ~ (des Kugel-Stab-Modells) (Chem) / stick n || ~ (des Stabthermometers) (Chem, Phys) / stem n || ~ (in der Glühlampe) (Eltech) / glass support-rod, button rod || ~ (Regie-, Aufnahme-) (Film) / staff n || ~ (For) / strip n, fillet n (stiff strip) || ~ (Hütt, Masch) / bar* n, rod n || ~ (Masch) / strut* n, spur n || ~ (des Rechenschiebers) (Masch) / ruler n || ~ (Mech) / column n (vertical), rod n, bar n || ~ (Brennstab, Steuerstab) (Nukl) / rod* n || ~ (Verm) / staff n || bleistiftstarker ~ (Mech) / pencil rod || gedrungener ~ (Mech) / short column || gezogener ~ (Mech) / tension rod*, tie rod* || mittig gedrückter ~ (Mech) / axially loaded (compression) member || Stäbe m pl mit beliebigem Querschnitt (Mech) / bars of arbitrary cross-section || überzähliger ~ (Bau, Masch) / redundant bar || umlaufender ~ (Mech) / rotating bar || verklemmter ~ (Nukl) / stuck rod || ~ m unter Temperatureinfluß (Mech) / bar with variation of temperature
Stab•abwurf m (Nukl) / fast insertion (of a control rod) || ~abziehverfahren n (für Glas-Endlosfasern) (Glas) / drawing from glass rods, rod drawing || ~achse f (Mech) / axis of a (vertical) member || ~anker m (Eltech) / bar-wound armature* || ~antenne f (Radio) / rod antenna, flag-pole antenna || ~austausch m (Mech) / bar substitution || ~batterie f (Eltech) / pen-light battery, cylindrical battery, penlite battery (US) || ~belastung f (Mech) / bar loading, rod loading || ~biegemaschine f (Masch) / rod-bending machine || ~brett n (For) / tongued, grooved and beaded board
Stäbchen n (der Netzhaut) (Med, Opt) / rod* n || ~ (Tex) / wale* n (knitting) || ~förmig adj (Molekül) / rodlike adj || ~gleiten n (Krist) / pencil slide, pensil gliding || ~platte f (geklebte - mit Stäbchen bis zu 7 mm) (Tischl) / laminboard* n
Stab•diagramm n / bar chart, bar graph || ~dosimeter n (Radiol) / pen-type dosemeter, fountain pen (US), pen dosemeter, air-capacitor dosemeter, pen meter || ~einwurf m (Nukl) / fast insertion (of a control rod) || ~elektrode f (zum Lichtbogenschweißen nach DIN 1913) (Schw) / stick electrode, rod electrode, bar electrode || ~element n (Bau, HuT, Mech) / member* n || ~erder m (Eltech) / earth rod, ground rod (US) || ~förmiges Brennelement (mit größerem Durchmesser) (Nukl) / fuel rod* || ~förmiges Brennelement (mit sehr kleinem Durchmesser) (Nukl) / fuel pin*, pin* n || ~förmige Elektrode (Schw) / stick electrode, rod electrode, bar electrode || ~förmiger Zusatzwerkstoff (Schw) / filler rod*, welding rod* || ~einpolige ~glühkerze (Kfz) / sheathed-element glow plug || ~hobel m (For, Tischl) / moulding plane*
stabil adj / stable* adj, resistant adj, proof adj || nicht ~ (Bau, Mech) / deficient* adj, unstable* adj || nicht ~ (Chem, Mech) / labile* adj, instable adj, unstable* adj || unbedingt ~ (Fernm) / unconditionally stable* || ~e Bahn (Nukl) / stable orbit || ~es Gleichgewicht (Mech) / stable equilibrium* || ~es Isotop (Chem, Kernphys) / stable isotope (non-radioactive) || ~er Kern (Kernphys) / stable nucleus || ~e Luftschichtung (Meteor) / stable air || ~e Schwingung (Fernm) / stable oscillation* || ~es Teilchen (Kernphys) / stable particle || ~er Verteilungstyp (Stats) / stable type of distribution || ~er Zustand (im allgemeinen) / stable state
Stabilator m (wenn die gesamte Höhenflosse bewegt wird) (Luftf) / taileron n, stabilator* n, all-moving tail*, flying tail*
Stabilbenzin n (Chem) / stabilized gasoline, stable gasoline
Stabilisationspapier n (EDV) / stabilization paper (used in CRT photocomposition, etc.)
Stabilisator m (Stoff, der unerwünschten Reaktionen oder Veränderungen neigenden Substanzen oder Stoffsystemen zugesetzt wird, um den Ablauf dieser unerwünschten Vorgänge wirksam zu verhindern bzw. zu verzögern) (Chem, Plast) / stabilizer* n || ~ (Glimmröhre) (Eltronik) / voltage reference tube*, voltage-stabilizing tube*, voltage-regulator tube*, VR tube || ~ (Erdöl) / stabilizer n || ~ (Foto) / stabilizer* n || ~ (Kfz) / antiroll bar*, stabilizer bar, antisway bar || ~diode f (Eltronik) / voltage-regulator diode || ~röhre f (eine Ionenröhre) (Eltronik) / stabilizer tube*
stabilisieren v / stabilize v || ~ (DIN 17014, T 1) (Hütt) / stabilize v || ~ (Raumf) / despin v || ~ (Regeln) / regulate v || ~ f (DIN 17014, T 1) (Hütt) / stabilizing treatment
Stabilisierer m (ein Betonzusatzmittel) (Bau, HuT) / stabilizer n, stabilizing agent
Stabilisierkolonne f (Erdöl) / stabilizer n
stabilisiert•es Benzin (Chem) / stabilized gasoline, stable gasoline || ~es Falschdrahtgarn (bei dem die auf mechanischem Wege erzielte Kräuselung durch nachträgliche Wärmeeinwirkung in der Weise thermisch fixiert wird, daß die Dehnung auf 35 - 40% reduziert wird) (Spinn) / stabilized false-twist yarn || ~es Glas (Glas) / stabilized glass* || ~e Plattform (Fernm, Raumf) / stable platform*, stabilized platform
Stabilisierung f / stabilization* n || ~ (Regeln) / regulation* n || sterische ~ (von adsorbierten Polymeren an Pigment- und Füllstoffteilchen gegen Flockung) (Anstr, Chem) / steric stabilization ~ f durch Hintereinanderschaltung (Fernm) / series stabilization || ~ durch Kreisel / gyro-stabilization n
Stabilisierungs•becken n (z.B. in einem Belebtschlammverfahren) (Umwelt) / stabilization lagoon, stabilization pond || ~behandlung f (Hütt) / stabilizing treatment || ~drossel f (Eltech) / stabilizing choke* || ~einrichtung f (in Regelsystemen) (Regeln) / governor n || ~energie f (Resonanzenergie) / stabilization energy || ~fallschirm m (Luftf) / drogue n || ~kern m (eines Gebäudes) (Bau) / hub n || ~mittel n (Chem, Plast) / stabilizer* n || ~netz n (EDV) / stabilization network || ~schirm m (Luftf) / drogue n || ~stoff m (Chem, Plast) / stabilizer* n || ~wicklung f (Eltech) / stabilizing winding, stabilized winding
Stabilität f (des Systems oder des Prozesses) / stability* n || ~ (von eingespannten Elementen) (HuT) / continuity n, fixity n || ~ (Masch, Mech) / stability n || ~ (Regeln) / steadiness n || aerodynamische ~ (z.B. einer Hängebrücke) / aerodynamic stability || dynamische ~ (Eltech) / transient stability* || künstliche ~ (Luftf) / artificial stability || numerische ~ / numerical stability || statische ~ (Luftf) / static stability* || statische ~ (durch Gleichgewicht von krängendem und aufrichtendem Moment) (Schiff) / statical stability* || thermische ~ (Phys) / thermal stability || transiente ~ (Phys) / transient stability || ~ f bei dynamischen Vorgängen (Eltech) / transient stability* || ~ der Bewegung (eines geladenen Teilchens) (Kernphys) / motion stability, stability of motion || ~ des Plasmas (Plasma Phys) / plasma stability
Stabilitäts•bereich m (in dem trotz der unterschiedlichen Wirkung der Einflüsse die Stabilität des Fertigungsprozesses gewährleistet wird) (F.Org) / stability range || ~derivativa n pl (Luftf) / stability derivatives || ~energie f (Meteor) / stability energy || ~faktor m (Radio) / stability factor || ~feld n (Min) / stability field || ~grenze f (Eltech, Mech) / stability limit || ~insel f (Chem) / island of nuclear stability || ~konstante f (Chem) / stability constant, complex-formation constant || ~kriterium n (eines dynamischen Systems) / stability criterion || ~problem n (Mech) / stability problem || ~reserve f (Regeln) / stability margin || ~umfang m (Schiff) / range of stability
Stabilovoltröhre f (Eltronik) / stabilivolt* n
Stab•körper m (des Rechenschiebers) (Instr) / ruler n, body n || ~kraft f (Axialkraft) (Mech) / bar force, force in bar || ~lampe f (Eltech) / pen-light n, penlite n (US) || ~lot n (ohne Libelle) (Bau) / plumb rule || ~magnet m (Mag) / bar magnet* || ~mühle f (mit Stäben als Mahlkörper) (Masch) / rod-mill n, bar mill, rod crusher || ~platte f (geklebte - mit Stäben bis zu 25 mm) (Tischl) / blockboard* n || ~platte f (mit Stäben bis zu 75 mm) (Tischl) / battenboard* n || ~platte (Tischl) s. auch Tischlerplatte || ~rost m (Aufber) / rod deck || ~rost (Aufber, HuT) / grizzly* n || ~rüttler m (ein Innenrüttler) (Bau) / poker vibrator || ~schwimmer m (Wasserb) / float rod, velocity rod, rod float || ~-Stab-Funkenstrecke f (Eltech) / rod-rod gap || ~stahl m (Hütt) / bar steel || ~stahl (Rundstahl, Vierkantstahl, Betonstahl, Flachstahl, Winkelstahl, Profilstahl usw.) (Hütt) / merchant bars || ~stahlliste f (HuT) / bar schedule || ~stahlwalzwerk n (für kleinere Profile) (Hütt) / bar mill*, merchant mill || ~stromwandler m (Eltech) / single-turn transformer || ~weite f (der freie Raum zwischen zwei Stäben eines Rechens) (Wasserb) / clear space || ~werk n (unter dem Maßwerk gotischer Fenster) (Arch) / mullions pl (in a Gothic window), stanchions pl || ~werk (Mech) / rigid frame, stiff frame || ~wicklung f (Eltech) / bar winding* || ~widerstand m (Eltech)

**Stabziehen**
/ rod resistor || ≈ziehen n (DIN 8584, T 2) (Hütt) / bar drawing, rod drawing
**Stachel** m (Bot, Zool) / prickle* n || ≈ (des Stachelrads) (EDV) / sprocket n || ≈**beerspanner** m (Abraxas grossulariata) (Landw) / magpie moth || ≈**draht** m / barbed wire, barbwire n (US)
**stachelig** adj / prickly adj, thorny adj, spiny adj, spiky adj || ~ (Zool) / spinose* adj, spinous* adj
**Stachel·kühlrippe** f (geschlitzte Zylinderkühlrippe) (Kfz) / spike cooling fin || ≈**rad** n (EDV) / pin-feed platen, pin-feed drum || ≈**radvorschub** m (EDV) / pin-feed n
**Stachelwalze** f (EDV) / pin-feed platen, pin-feed drum || ≈ (eine Zuführwalze) (Spinn) / toothed roller, toothed feed roller || ≈ (Spinn) / porcupine roller || ≈ (zum Abzug grober Waren und Frottierwaren) (Web) / needle beam
**Stachelwalzenvorschub** m (EDV) / pin-feed n
**Stachydrin** n (ein Pyrrolidinalkaloid) (Chem) / stachydrine n
**Stachyose** f (ein Tetrasaccharid) (Chem) / stachyose* n
**Stack** m (Pufferbereich für DMA-Transfers) (EDV) / stack n || ≈ (lineares Speichermedium) (EDV, Math) / push-down storage, push-down store, nesting store, cellar n, running accumulator, stack n, stack storage
**Stacker** m (automatischer Kassettenwechsler; die enthaltenen Magnetbänder können sequentiell getauscht werden) (EDV) / stacker n
**Stack·grenze** f (EDV) / stack limit || ≈**grenzregister** n (EDV) / stack limit register || ≈**-Pointer** m (der die Adresse der nächsten verfügbaren Stapelstelle im Speicher enthält) (EDV) / stack pointer (SP) || ≈**register** n (zur vorübergehenden Stapelung von Daten und Rücksprungadressen für Unterroutinen und Unterbrechungsprogramme) (EDV) / stack register || ≈**überlauf** m (tritt auf, wenn ein Programm mehr Platz auf dem Stack benutzt, als zugewiesen wurde) (EDV) / stack overflow, stack overrun
**Stadial** n (Zeit besonderer Kälte innerhalb einer Eis- oder Kaltzeit) (Geol) / stade n, stadial n
**Stadium** n (Zeitabschnitt einer Vereisungsperiode mit vorübergehendem Vorstoß des Eises) (Geol) / stade n, stadial n || **hydrothermales** ≈ (Geol) / hydrothermal stage (the stage in the cooling of a magma during which the residual fluid is strongly enriched in water and other volatiles)
**Stadt·-** / urban adj || **zwischen mehreren Städten** / interurban adj || ≈**atmosphäre** f (Sanitär, Umwelt) / urban atmosphere || ≈**auto** n (Kfz) / city car || ≈**autobahn** f (Kfz) / urban motorway, expressway n || ≈**bahn** f (eine Schnellbahn) (Bahn) / urban railway, city railway, S-Bahn n || ≈**bild** n (im allgemeinen) (Arch) / townscape n || ≈**bild** (einer Großstadt oder Metropole) (Arch) / cityscape n
**Städte·abkürzung** f (auf den Dokumenten, Tickets usw.) (Luftf) / city code || ≈**ballung** f (eine Form der Urbanisation) (Arch) / conurbation n || ≈**bauakustik** f (Akus) / urban acoustics || ~**bauliche Planung** (Arch) / town planning, urban planning || ≈**flug** m (Luftf) / city flight || ≈**hygiene** f (Sanitär) / urban sanitation || ≈**planung** f (Arch) / town planning, urban planning
**Stadterneuerung** f (Arch) / city renewal
**Städtesanierung** f (meistens in Stadtkern) (Arch) / urban renewal
**Stadt·fahrzyklus** m (Kfz) / city driving cycle, CDC || ≈**gas** n (Brenngas der öffentlichen Gasversorgung) / town gas*, illuminating gas || ≈**gas zur Wärmebehandlung metallischer Werkstoffe** (ein Schutzgas) (Hütt) / prepared town gas, P.T.G. || ≈**gebiet** n (Arch, Geog) / urban area || ≈**hindernisschicht** f (eine städtische Grenzschicht) (Meteor) / urban canopy layer
**städtisch** adj (Leben, Planung, Bevölkerung, Verkehr) / urban adj || ~**es Abwasser** (Sanitär, Umwelt) / urban sewage, municipal waste water || ~**e Atmosphäre** (Sanitär, Umwelt) / urban atmosphere || ~**e Entsorgung** f (Straßenreinigung und Müllbeseitigung als städtische Einrichtung) (Sanitär) / public cleaning || ~**e Grenzschicht** (Meteor) / urban boundary layer || ~**es häusliches Abwasser** (Sanitär, Umwelt) / residential sewage || ~**e Landschaft** (Arch) / townscape n
**Stadt·karte** f (Kart) / city (street) map, town (street) map || ≈**landschaft** f (Arch, Umwelt) / city landscape, cityscape n || ≈**luftfahne** f (Meteor) / urban plume || ≈**ökosystem** n (Umwelt) / urban ecosystem || ≈**plan** m (Kart) / city (street) map, town (street) map || ≈**planung** f (Arch) / town planning, urban planning || ≈**rand** m (Arch) / outskirts pl (of the town/city) || ≈**randsiedlung** f **entlang der Landstraße** (Arch) / ribbon development || **zersiedelte und chaotisch bebaute** ≈**randzone** (Bau) / subtopia n (GB) || ≈**region** f (Geog) / urban region || ≈**straße** f (HuT, Kfz) / street n || ≈**verkehr** m (im allgemeinen) / city traffic, urban traffic || ≈**verkehr** (z.B. bei der Beurteilung des Kraftstoffverbrauchs) (Kfz) / metro driving, urban driving || ≈**viertel** n (HuT) / quarter n || ≈**zentrum** n (Arch) / city centre, town centre, downtown n (US) || ≈**zyklus** m (Kfz) / metro driving, urban driving
**Stafettenwahlprinzip** n (EDV) / store-and-forward principle

**Staffel** f (Luftf) / echelon n || ≈ (in dem Mehrfach-Flugkörperabwehrsystem) (Mil) / tier n || ≈**betrieb** m (EDV) / way-station operation || ≈**bild** n (Stats) / histogram* n || ≈**bruch** m (Geol) / step faults*, en echelon fault || ≈**falte** f (Geol) / kink fold, chevron fold || ~**förmig** adj (Geol) / staggered adj, echeloned adj || ≈**giebel** m (Bau) / corbie-step gable*, crow-step gable*, corbie gable || ≈**gruppe** f (Fernsp) / grading* n, grading group* || ≈**läufer** m **mit versetzten Nuten** (Eltech) / staggered-slot rotor
**staffeln** v (z.B. Häuser bei der Bebauung) / step v, stagger v || ~ (Fernsp) / grade v || ~ (die Tragflächen) (Luftf) / stagger v || ~ (Flugzeuge nach Höhe, Entfernung oder Kursen) (Luftf) / separate v || ~ n (Fernsp) / grading* n
**Staffel·station** f (EDV) / way station || ≈**tarif** m (Eltech) / step rate, differential tariff || ≈**tarif-Münzautomat** m (Eltech) / step-rate prepayment meter*
**Staffelung** f / stepping n, staggering n || ≈ (Fernsp) / grading* n || ≈ (Höhenzuweisung) (Luftf) / separation* n (vertical) || ≈ (der Tragflächen) (Luftf) / stagger* n || ≈ (der Zähne eines Räumwerkzeugs) (Masch) / offset n || ≈ (Verm) / stepping* n || **gleichmäßige** ≈ (Fernm) / symmetrical grading*
**Staffelungs·mindestwerte** m pl (Luftf) / separation minima || ≈**normen** f pl (Luftf) / separation standards
**Staff-Promotion** f (Maßnahmen der Verkaufsförderung durch Schulung des Personals) / staff promotion
**Stagflation** f (Zustand einer Volkswirtschaft, bei dem die Wachstumsrate des realen Sozialprodukts gleich Null ist, gleichzeitig jedoch die Preise steigen und die Arbeitslosigkeit zunimmt) / stagflation n
**stagnierend** adj / stagnant adj, stagnating adj || ~**es Wasser** (Wasserb) / backwater n, catchment water
**stagnikol** adj (stehende Gewässer bewohnend) (Biol, Umwelt) / stagnicolous* adj, lentic adj, lenitic adj
**Stahl** m (DIN 17006, T 4; DIN EN 10020-89 und DIN EN 10027, T 1 und 2 - 92) (Hütt) / steel* n || **alterungsbeständiger** ≈ (DIN 17135) (Hütt) / ageing-resistant steel, age-resistant steel || **amagnetischer** ≈ (Hütt) / non-magnetic steel, antimagnetic steel || **anomaler** ≈ (mit anomalem Gefüge in der Randschicht) (Hütt) / anormal steel || **antimagnetischer** ≈ (Hütt) / non-magnetic steel, antimagnetic steel || **aus Erzpulver hergesteller** (Hütt) / cyclosteel || **austenitischer** ≈ (Hütt) / austenitic steel* || **bainitischer** ≈ (Hütt) / bainitic steel || **basischer** ≈ (Hütt) / basic steel* || **beruhigter** ≈ (Hütt) / killed steel* || **blanker** ≈ (Hütt) / bright-finished steel || **blasenfreier** ≈ (Hütt) / sound steel || **druckwasserstoffbeständiger** ≈ (legierter Sonderstahl für den Bau von Gefäßen, in denen chemische Reaktionen unter hohem Wasserstoffdruck erfolgen können) (Hütt) / pressurized-hydrogen-resisting steel || **einsatzgehärteter** ≈ (Hütt) / case-hardened steel || **emaillierter** ≈ (z.B. mit Nucerit) (Chem Verf, Hütt) / glassed steel, glass-coated steel, glass-lined steel (with high resistance to chemical attack at elevated temperatures and pressures) **eutektoider** ≈ (Hütt) / eutectoid steel* || **ferritischer** ≈ (Hütt) / ferritic steel || **gedeckelter** ≈ (unberuhigter Stahl, bei dem das Auskochen abgekürzt wurde) (Hütt) / capped steel || **gedeckt vergossener** ≈ (Hütt) / capped steel || **glasierter** ≈ (Chem Verf, Hütt) / glassed steel, glass-coated steel, glass-lined steel (with high resistance to chemical attack at elevated temperatures and pressures) || **halbberuhigter** ≈ (Hütt) / semi-killed steel || **halbweicher** ≈ (0,25 bis 0,7 % C) (Hütt) / medium-carbon steel (US) || **härtbarer** ≈ (Hütt) / hardening steel, hardenable steel || **hitzebeständiger** ≈ (Hütt) / heat-resisting steel* || **hochfester** ≈ (Hütt) / high-strength steel, high-yield-strength steel, high-resistance steel || **hochgekohlter** ≈ (Hütt) / high-carbon steel*, hard steel || **hochkohlenstoffhaltiger** ≈ (Hütt) / high-carbon steel*, hard steel || **hochlegierter** ≈ (dessen Gehalt an charakteristischen Legierungselementen > 5 Gew.-% ist) (Hütt) / high-alloy steel || **hochmanganhaltiger** ≈ (Hütt) / high-manganese steel || **höchstfester** ≈ (Hütt) / very-high-strength steel, highest-strength steel || **hochwarmfester** ≈ (Hütt) / high-temperature steel || **hochzugfester** ≈ (Hütt) / high-tension steel || **im Vakuumlichtbogenofen umgeschmolzener** ≈ (Hütt) / consumable-electrode vacuum-remelted steel || **inchromierter** ≈ (Galv, Hütt) / chromized steel || **kaltzäher** ≈ (zum Einsatz bei tiefen Temperaturen - DIN 17280) (Hütt) / low-temperature steel, cold-work tool steel || **kohlenstoffarmer** ≈ (Hütt) / low-carbon steel* || **korrosionsbeständiger** ≈ (Hütt) / corrosion-resistant steel || **kupferlegierter** ≈ (mit über 0,3% Cu) (Hütt) / copper steel || **lärmdämpfender** ≈ (Hütt) / noise-abating steel || **legierter** ≈ (Hütt) / alloy steel* || **lufthärtender** ≈ (Hütt) / air-hardening steel* || **martensitaushärtbarer** ≈ (Hütt) / high-strength, low-carbon (iron-nickel) alloy in which a martensitic structure is formed on cooling || **martensitaushärtender** ≈ (Hütt) / maraging steel || **martensitischer** ≈ (Hütt) / martensitic steel || **mehrfach legierter** ≈

(Hütt) / complex steel, complex alloy steel ‖ **mikrolegierter** ⁓ (Hütt) / micro-alloyed steel ‖ **mikrolegierter** ⁓ (Hütt) / high-strength low-alloy steel, HSLA steel ‖ **nichtrostender** ⁓ (eine Sammelbezeichnung) (Hütt) / stainless steel* ‖ **nichtrostender** ⁓ **mit Borzusatz** (Hütt) / boronated stainless steel* ‖ **niedriggekohlter** ⁓ (bis 0,25%C) (Hütt) / low-carbon steel* ‖ **niedriglegierter** ⁓ (Legierungselementgehalt bis 5 Gew.-%) (Hütt) / low-alloy steel ‖ **nitrierter** ⁓ (Hütt) / nitrided steel ‖ **offen vergossener** ⁓ (Hütt) / open-poured steel ‖ **ölhärtender** ⁓ (Hütt) / oil-hardening steel* ‖ **plattierter** ⁓ (Hütt) / clad steel ‖ **rostbeständiger** ⁓ (Hütt) / stainless steel* ‖ **rostfreier** ⁓ (Hütt) / stainless steel* ‖ **sauer erschmolzener** ⁓ (Hütt) / acid steel ‖ **saurer** ⁓ (Hütt) / acid steel* ‖ **schmiedeperlitischer** ⁓ (Hütt) / pearlitic forging steel ‖ **schweißbarer** ⁓ (Hütt) / weldable steel, welding steel ‖ **seigerungsarmer** ⁓ (Hütt) / steel with little segregation ‖ **temperaturwechselbeständiger** ⁓ (Hütt) / temperature stable steel ‖ **überblasener** ⁓ (Hütt) / overblown steel ‖ **übereutektoider** ⁓ (Hütt) / hypereutectoid steel* ‖ **überhitzter** ⁓ (Hütt) / burnt steel ‖ **unberuhigter** ⁓ (als Gegensatz zu killed steel) (Hütt) / rimming steel*, rimmed steel*, unkilled steel ‖ **unruhig vergossener** ⁓ (als Gegensatz zu killed steel) (Hütt) / rimming steel*, rimmed steel*, unkilled steel ‖ **untereutektoider** ⁓ (Hütt) / hypoeutectoid steel* ‖ **verbrannter** ⁓ (Hütt) / burnt steel ‖ **vergüteter** ⁓ (Hütt) / heat-treated steel ‖ **warmfester** ⁓ (z.B. austenitischer Stahl) (Hütt) / high-temperature steel ‖ **wasserhärtender** ⁓ (Hütt) / water-hardening steel ‖ **weicher** ⁓ (Hütt) / mild steel*, soft steel ‖ **weicher** ⁓ (mit 0,07 bis 0,15% C) (Hütt) / dead-mild steel, dead-soft steel, extramild steel ‖ **weichgeglühter** ⁓ (Hütt) / spheroidized steel ‖ **witterungsbeständiger** ⁓ (Hütt) / weather-resistant steel, weathering steel ‖ ⁓ *m* **für Randschichthärtung** (Hütt) / surface-hardening steel ‖ ⁓ **für Warmumformen** (Schmieden und Pressen) (Hütt) / steel for hot forming ‖ ⁓ **in Handelsqualität** (Hütt) / regular-stock steel, commercial steel ‖ ⁓ **mit großen Hystereseverlusten** (Eltech) / high-hysteresis steel ‖ ⁓ **mit hohem Kohlenstoffgehalt** (0,7-1,5% C) (Hütt) / high-carbon steel*, hard steel ‖ ⁓ **mit mehr als 0,3 % C** (Hütt) / hard steel ‖ ⁓ *m* **mit niedrigem Chromgehalt** (Hütt) / low-chromium steel ‖ ⁓ **mit niedrigem Kohlenstoffgehalt** (Hütt) / low-carbon steel* ‖ ⁓ **mit sehr niedrigem Stickstoffgehalt** (Hütt) / V.L.N steel, very-low-nitrogen steel ‖ ⁓ **mit wenig Hystereseverlusten** (mit etwa 2,5 - 4 % Si) (Eltech) / low-hysteresis steel* ‖ ⁓ **zum Kaltumformen** (Prägen, Massivumformen und Fließpressen) (Hütt) / steel for cold forming

**Stahl•ader** *f* (Kab) / steel core ‖ ⁓**akkumulator** *m* (Eltech) / nickel-iron-alkaline accumulator*, iron-nickel accumulator*, iron-nickel storage battery, Ni-Fe accumulator*, Edison accumulator*, storage battery of iron-nickel type, nickel-iron battery ‖ ⁓**aluminium** *n* (z.B. für Freileitungen) (Eltech, Hütt) / steel-cored aluminium* ‖ ⁓**aluminiumseil** *n* (Eltech) / steel-cored aluminium rope, steel-cored aluminium conductor ‖ ⁓**arbeiter** *m* (Hütt) / steelworker *n* ‖ ⁓**auszug** *m* (tabellarische Zusammenstellung aller Stähle eines Bewehrungsplanes) (Bau, HuT) / cutting list, summary of reinforcement

**Stahlband** *n* (ein Walzstahl-Fertigerzeugnis) (Hütt) / steel strip ‖ ⁓ (zur Bewehrung) (Hütt) / steel tape ‖ ⁓**förderer** *m* (Masch) / steel-band conveyor ‖ ⁓**kupplung** *f* (mit einer progressiven Kennlinie, da sich der Anliegepunkt der schlangenförmig gewundenen Stahlfederbänder entsprechend der gegenseitigen Verdrehung der Kupplungshälften verändert) (Masch) / steel-band coupling ‖ ⁓**maß** *n* (Verm) / steel tape*, band chain*

**Stahl•bau** *m* (Technik) (Bau) / structural steel engineering ‖ ⁓**bau** (Tätigkeit und Konstruktionen -DIN 18800) (Bau, HuT) / steel construction, steel structure, structural steelwork ‖ ⁓**bauer** *m* (Bau) / structural engineer, constructional engineer ‖ ⁓**baukonstruktion** *f* (Bau, HuT) / steel construction, steel structure, structural steelwork ‖ ⁓**baumonteur** *m* (Bau) / steel erector, constructional fitter and erector, iron fighter, spider man, iron worker ‖ ⁓**bauschlosser** *m* (Bau) / steel erector, constructional fitter and erector, iron fighter, spider man, iron worker

**Stahlbeton** *m* (HuT) / reinforced concrete*, RC* ‖ ⁓**balken** *m* (als Fahrbahnbalken der Alweg-Bahn) / concrete beam (of the Alweg monorail system) ‖ ⁓**bau** *m* (Bau, HuT) / concrete construction ‖ ⁓**bauelement** *n* (auf einmal eingeschaltes und eingebrachtes) (HuT) / lift *n* ‖ ⁓**fertigelemente** *n pl* (Bau, HuT) / precast concrete ‖ ⁓**kühlturm** *m* (Bau) / reinforced-concrete cooling tower ‖ ⁓**rammpfahl** *m* **aus mehreren Teilen** (z.B. Brunspile, Fuentes und Raymond) (HuT) / sectional pile ‖ ⁓**rohr** *n* (DIN 4035) (HuT) / reinforced-concrete pipe ‖ ⁓**-Sicherheitshülle** *f* (Nukl) / concrete containment, reinforced-concrete shell ‖ **[senkrechte]** ⁓**-Stützwand** (der Winkelstützmauer) (HuT) / stalk *n*, stem *n*

**stahl•blau** *adj* / steel-blue *adj* ‖ **leuchtendes** ⁓**blau** / electric blue **Stahlblech** *n* (allgemein als Werkstoff) (Hütt) / sheet steel ‖ ⁓ (Grobblech über 4,76 mm) (Hütt) / steel plate (> 5 mm) ‖ ⁓ **Fein- bis Mittelblech bis 4,76 mm**) (Hütt) / steel sheet ‖ **hochfestes** ⁓ (Hütt)

/ high-strength sheet steel ‖ ⁓**band** *n* (Hütt) / steel strip ‖ ⁓**radiator** *m* (Bau) / steel-panel radiator

**Stahl•block** *m* (Hütt) / steel ingot ‖ ⁓**bolzenkette** *f* (DIN 654) (Masch) / pintle chain ‖ ⁓**bossierscheibe** *f* (Keram) / steel pallet ‖ ⁓**brücke** *f* (HuT) / iron bridge, steel bridge ‖ ⁓**cord** *n* (Kfz, Tex) / steel cord, wire type cord ‖ ⁓**draht** *m* (ein kaltgezogener Draht) (Hütt) / steel wire ‖ ⁓**drahtkorn** *n* (ein Strahlmittel) (Gieß) / steel-wire pieces, cut steel wire, cut wire shot ‖ ⁓**druck** *m* (ein Einfarbendruck, bei dem die Motive auf den glasierten, glattgebrannten Scherben im Umdruckverfahren aufgetragen werden) (Keram) / steel printing ‖ ⁓**-Einstellfilm** *m* (der als Lehre beim Einstellen einer Tonfilmeinrichtung dient) (Film) / steel film ‖ ⁓**eisen** *n* (Hütt) / open-hearth pig iron

**stählern•er Ausbaubogen** (Bergb) / steel arch ‖ ⁓**e Förderplattform** (die im Meeresboden verankert ist) (Erdöl) / jacket *n* ‖ ⁓**er Türstock** (I-Träger für die Kappe, H-Träger für Stempel und Unterzüge) (Bergb) / steel set ‖ ⁓**es Verbindungsmittel** (z.B. Stahllasche oder Stahldollen) (Zimm) / timber connector*, connector* *n*

**Stahl•erschmelzungsverfahren** *n* (Hütt) / steel smelting process ‖ ⁓**erzeugung** *f* (Hütt) / steel-making *n*, steel manufacture ‖ ⁓**faser** *f* (als antistatische Beimischungskomponente) (Spinn) / steel fibre ‖ ⁓**faserspritzbeton** *m* (DIN 18 551) (HuT) / steel-fibre reinforced sprayed concrete ‖ ⁓**flachstraße** *f* (eine Behelfsfahrbahn) (HuT) / steel-plate auxiliary road, steel-plate roadway, steel flatway ‖ ⁓**flasche** *f* / gas cylinder *n*, gas-bottle *n*, cylinder *n* ‖ ⁓**flasche** (z.B. für Azetylen) (Schw) / steel cylinder ‖ ⁓**form** *f* (Gieß) / steel mould ‖ **schwere** ⁓**gelenkkette** (für rauhen Betrieb) (Masch) / engineering steel chain ‖ ⁓**gießen** *n* (Gieß) / steel casting ‖ ⁓**gießer** *m* (Gieß) / steel caster ‖ ⁓**gießerei** *f* (Produktionsanlage zur Herstellung von Gußstücken aus Stahlguß) (Hütt) / steel foundry ‖ ⁓**gießverfahren** *n* (Gieß) / steel casting ‖ ⁓**grau** *adj* / steel-grey *adj* ‖ ⁓**gürtelreifen** *m* (Kfz) / steel-belted radial, steel radial tyre ‖ ⁓**guß** *m* (Gieß) / steel casting ‖ ⁓**guß** (in Gießformen gegossener Stahl) (Hütt) / cast steel* ‖ ⁓**gußstück** *n* (Gieß) / steel casting ‖ ⁓**gußteil** *m* (Gieß) / steel casting ‖ ⁓**herstellung** *f* **in sauren SM-Öfen** (Hütt) / acid open-hearth steel-making process ‖ ⁓**hochprofilbau** *m* (HuT) / structural steel tubing ‖ ⁓**hochstraße** *f* (eine typisierte Stahlbrücke) (HuT) / elevated steel road, steel-bridge road ‖ ⁓**hütte** *f* (Hütt) / steelworks *n (pl)* ‖ ⁓**kamm** *m* (ein Kammzugwerkzeug) (Anstr) / steel comb ‖ ⁓**kies** *m* (zum Abstrahlen) (Gieß) / steel grit, steel shot ‖ ⁓**kiesstrahlen** *n* (Gieß) / shot-blasting* *n*, grit blasting*, steel-grit blasting ‖ ⁓**kocher** *m* (i.e.S.) (Hütt) / steelworker *n* ‖ ⁓**kokille** *f* (Gieß) / steel mould ‖ ⁓**konstruktion** *f* (Bau, HuT) / steel construction, steel structure, structural steelwork ‖ ⁓**koppler** *m* (Eltech) / metal-enclosed dry-reed relay ‖ ⁓**kord** *n* (Verstärkungseinlage von Stahlgürtelreifen) (Kfz, Tex) / steel cord, wire type cord ‖ ⁓**kugel** *f* / steel ball ‖ ⁓**kühlturm** *m* (Kühlturm mit einem Stahlgehäuse) (Bau) / steel cooling tower ‖ ⁓**kupfer** *n* (Eltech, Hütt) / copper-covered steel, copper-clad steel ‖ ⁓**kurbeldach** *n* (Kfz) / crank-open sun roof ‖ ⁓**leichtbau** (HuT) / light steel construction ‖ ⁓**leichtbeton** *m* (HuT) / reinforced lightweight concrete ‖ ⁓**leichtprofil** *n* (aus Band und Feinblech) (HuT, HuT) / light steel section ‖ ⁓**lineal** *n* (Formverkörperung der Geraden) (HuT) / steel rule ‖ ⁓**luppe** *f* (Hütt) / steel ball ‖ ⁓**mast** *m* (ein Hochspannungsmast) (Eltech) / steel tower*, pylon* *n* ‖ ⁓**mattenpiste** *f* (Luftf) / steel-mesh runway ‖ ⁓**meßband** *n* (mit eingebauter Selbstrollfeder) (Masch, Verm) / retractable steel tape ‖ ⁓**meßband** (Verm) / steel tape*, band chain* ‖ ⁓**nachbehandlungsanlage** *f* (Hütt) / steel reworking plant ‖ ⁓**panzer** *m* (des Hochofens) (Hütt) / steel shell, steel jacket, steel casing ‖ ⁓**panzerrohr** *n* (ein Installationsrohr, das dort eingesetzt wird, wo starke mechanische Festigkeit verlangt wird) (Eltech) / (screwed) steel conduit* ‖ ⁓**panzerrohr** (Hütt) / steel-armoured conduit tube ‖ ⁓**panzerrohrgewinde** *n* (DIN 40430) (Masch) / steel conduit screw thread ‖ ⁓**platte** *f* (zur Errichtung von Behelfsbrücken im Straßenbau) (HuT) / dam *n*, portable track ‖ ⁓**platte** (Hütt) / steel plate ‖ ⁓**plattform** *f* (Erdöl) / piled platform ‖ ⁓**plattiert** *adj* / steel-clad *adj* ‖ ⁓**produktion** *f* (Hütt) / steel-making* *n*, steel manufacture ‖ ⁓**quelle** *f* (Geol) / chalybeate spring ‖ ⁓**rad** *n* (Kfz) / steel-disk wheel, steel wheel ‖ ⁓**reifen** *n* (am Faß) / steel strap ‖ ⁓**relais** *n* (Eltech) / metal-enclosed dry-reed relay ‖ ⁓**ring** *n* **am Pfahlkopf** (gegen Aufsplitterung beim Rammen) (HuT) / driving band, pile hoop, pile ring ‖ ⁓**rippenbetondecke** *f* (mit Zwischenbauteilen aus gebranntem Ton) (Bau) / hollow-tile floor, hollow-block floor, pot floor, ribbed floor ‖ ⁓**roheisen** *n* (Hütt) / steel-making pig iron ‖ ⁓**roheisen** (zur Herstellung von Stahl nach dem Siemens-Martin-Verfahren) (Hütt) / open-hearth pig iron

**Stahlrohr** *n* (Hütt) / steel tube, steel pipe ‖ ⁓**bau** *m* (Bau, HuT) / tubular steel construction ‖ ⁓**gerüst** *n* (Bau, HuT) / tubular scaffold* ‖ ⁓**gerüstbauer** *m* (Bau) / tubular scaffolder ‖ ⁓**kabel** *n* (Kab) / pipe-type cable (a pressure cable), steel pipe-type cable ‖ ⁓**schweißverfahren** *n* (Schw) / steel-tube welding, steel-pipe welding

1165

**Stahl • saite** f / piano wire, music wire ‖ ⁓**saite** (des dynamischen Lichthahns) (Film) / string* n (in a light-valve), vibrator n ‖ **umsponnene** ⁓**saite** (mit Kupferdraht) (Akus) / overspun wire* ‖ ⁓**saitenbeton** m (Spannbeton, bei dem eine Vorspannung durch Stahldrähte im Spannbett erfolgt) (HuT) / prestressed concrete with thin wire armouring ‖ ⁓**sand** m (Gieß) / steel grit, steel shot ‖ ⁓**sandstrahlen** n (Gieß) / shot-blasting* n, grit blasting*, steel-grit blasting ‖ ⁓**schalung** f (Systemschalung für die Herstellung von Decken und Wänden aus Ortbeton sowie Fertigteilen aller Art) (HuT) / steel forms, steel formwork ‖ ⁓**scheibenrad** n (Kfz) / steel-disk wheel, steel wheel ‖ ⁓**schleifmittel** n (Hütt) / steel emery ‖ ⁓**seil** n / steel rope, steel cable ‖ ⁓**seileinlage(n)band** n (Masch) / steel-cable reinforced belt, steel-cable conveyor belt ‖ ⁓**skelett** n (Bau) / steel frame, steel skeleton ‖ ⁓**skelettturm** m (dessen Mantel aus einer mit Aluminium verkleideten Stahlkonstruktion besteht) (Chem Verf) / steel cooling tower (cased with steel, aluminium-coated panels) ‖ ⁓**sorte** f (Grund-, Qualitäts- und Edelstahl) (Hütt) / steel type ‖ **(genormte)** ⁓**sorten am Lager** (Hütt) / stock steel ‖ ⁓**spänefilter** n (zur Desoxidation des aufzubereitenden Kesselwassers) (Chem Verf, Masch) / steel-chips filter ‖ ⁓**spundbohle** f (HuT) / steel sheet pile ‖ ⁓**spundwand** f (HuT) / steel sheet piling (of interlocking rolled-steel sections) ‖ ⁓**stäbchen-Amperemeter** n (zur Bestimmung von Blitzstromstärken) (Eltech) / surge-crest ammeter* ‖ ⁓**stich** m (Druck) / steel engraving ‖ ⁓**stichdruck** m (Druck) / siderography n, steel engraving ‖ ⁓**stichprägedruck** m (Druck) / die stamping* ‖ ⁓**stütze** f (HuT) / stanchion* n ‖ ⁓**stützkörper** m (z.B. bei Anlaufscheiben) (Masch) / steel backing ‖ ⁓**teiler** m (Spektr) / chopper n ‖ ⁓**türstock** m (Bergb) / steel set ‖ ⁓**umschmelzverfahren** n (sekundärmetallurgischer Prozeß) (Hütt) / steel remelting process ‖ ⁓**waren** f pl (Hütt) / steelwork n ‖ ⁓**wasserbau** m / hydraulic steel engineering ‖ ⁓**werk** n (ein Schmelzbetrieb + ein Gießbetrieb) (Hütt) / steelworks n (pl) ‖ ⁓**werker** m (Hütt) / steelworker n ‖ ⁓**werksschlacke** f (Hütt) / steelmaking slag ‖ ⁓**winkel** m (eine Winkelverkörperung nach DIN 875) / engineer's try square ‖ ⁓**wolle** f (Schleifmittel, z.B. bei Schleiflackierungen) (Anstr) / steel wool, wire wool ‖ ⁓**zahnbohrkrone** f (Bergb) / castellated bit ‖ ⁓**zusammensetzung** f (Hütt) / steel composition

**Stainless Steel** m (Hütt) / stainless steel*
**Staircase-Avalanche-Fotodiode** f (rauscharme Lawinenfotodiode mit niedriger Betriebsspannung, in der die Ladungsträgerbeschleunigung in mehreren Stufen durch Banddiskontinuitäten erfolgt) (Eltronik) / staircase avalanche photodiode
**Staircase-Lawinenfotodiode** f (Eltronik) / staircase avalanche photodiode
**Staket** n (Bau, Zimm) / picket fencing, pale fencing
**Stakete** f (Bau) / picket* n
**Staketenzaun** m (Bau, Zimm) / picket fencing, pale fencing
**Staku** n (Eltech, Hütt) / copper-covered steel, copper-clad steel
**Stalagmit** m (vom Boden nach oben wachsender Tropfstein) (Geol) / stalagmite* n
**stalagmitisch** adj (Geol) / stalagmitic adj
**Stalagmometer** n (Gerät zur Messung der Oberflächenspannung einer Flüssigkeit) (Chem, Phys) / stalagmometer* n, stactometer n
**Stalagnat** m (Geol) / stalacto-stalagmite n
**Stalaktit** m (von der Höhlendecke wachsender Tropfstein) (Geol) / stalactite* n
**Stalaktitengewölbe** n (Gewölbeform der islamischen Baukunst, die aus Stalaktiten zusammengesetzt ist - Sonderform des Zellengewölbes) (Arch) / stalactite vault
**stalaktitisch** adj (Geol) / stalactitic adj
**Stalaktitwerk** n (Arch) / stalactited work, stalactite work
**Stall** m (am Strebende) (Bergb) / stable n ‖ ⁓ n (wenn das System überbeansprucht wird) (EDV) / stall n ‖ ⁓ m (Nische) (HuT) / recess n ‖ ⁓ (Pferdestall) (Landw) / stable n ‖ ⁓ n (überzogener Flugzustand) (Luftf) / stall* n ‖ **im** ⁓ **halten** (Landw) / stable vt ‖ ⁓**dung** m (Landw) / manure n, dung n, muck n, farmyard manure ‖ ⁓**dünger** m (Landw) / manure n, dung n, muck n, farmyard manure ‖ ⁓**dungstreuer** m (für Stalldung) (Landw) / manure distributor, manure spreader, farmyard manure spreader ‖ ⁓**fütterung** f (mit frisch gemähtem Gras) (Landw) / zero-grazing n ‖ ⁓**gebäude** n (Landw) / stable n ‖ ⁓**mist** m (Landw) / manure n, dung n, muck n, farmyard manure ‖ ⁓**misteinarbeitung** f (in den Boden) (Landw) / dung burial ‖ ⁓**warngerät** n (Luftf) / stall-warning indicator*
**Stamen** n (pl. -mina) (Bot) / stamen* n (pl. -s or stamina)
**Stamm** m (Bakteriol) / strain* n ‖ ⁓ (Bot, For) / stem* n, trunk* n, bole* n ‖ ⁓ (Fernm) / physical circuit, physical line, side circuit ‖ ⁓ (z.B. beim Über- oder Mitsprechen) (Fernsp) / side n ‖ ⁓ (Landw, Zool) / strain* n ‖ ⁓ (einer Großgemeinschafts-Antennenanlage) (Radio) / distribution line ‖ ⁓**abschnitt** m (Bot, For) / log n ‖ ⁓**anlauf** m (Bot, For) / root collar, root swelling ‖ ⁓**band** n (Originalaufzeichnung) (Akus, EDV) / master tape ‖ ⁓**basis** f (For) / butt n, butt log ‖ ⁓**bereich** m (im Gegensatz zu "Arbeitsbereich") (EDV) / memory area ‖ ⁓**betrieb** m / parent company ‖ ⁓**blatt** n (Grundkörper von Sägeblättern) / back n, body n ‖ ⁓**block** m (For) / log n ‖ ⁓**bräune** f (For) / foxiness n ‖ ⁓**datei** f (EDV) / master file*, main file (GB) ‖ ⁓**daten** pl (EDV) / master data ‖ ⁓**dreher** m (For) / log turner ‖ ⁓**eintrag** m (EDV) / master record ‖ ⁓**ende** n (unteres) (For) / butt n, butt log
**Stammes • entwicklung** f (Bot) / phylogeny* n, phylogenesis* n (pl. -geneses) ‖ ⁓**geschichte** f (Bot) / phylogeny* n, phylogenesis* n (pl. -geneses)
**Stamm • fäule** f (For) / butt rot, stump rot ‖ ⁓**form** f (Gieß) / bolster n ‖ ⁓**funktion** f (in der Integralrechnung) (Math) / primitive n ‖ ⁓**fuß** m (For) / butt n, butt log ‖ **mit starkem** ⁓**fuß** (Erdstamm) (For) / swell-butted adj ‖ ⁓**gleis** n (Bahn) / main track ‖ ⁓**haus** n / parent company ‖ ⁓**holzpolter** n (For) / cold deck ‖ ⁓**hydrid** n (Chem) / parent hydride, molecular-skeleton parent compound ‖ ⁓**kabel** n (Eltech) / main cable ‖ ⁓**kapital** n (einer GmbH) / registered capital ‖ ⁓**körper** m / parent substance, mother substance ‖ ⁓**kunde** m / regular customer, patron n ‖ ⁓**lack** m (im Zweikomponentenlack) (Anstr) / base n ‖ ⁓**leitung** f (im Gegensatz zu Phantomleitung) (Fernm) / physical circuit, physical line, side circuit ‖ ⁓**lieferant** m (Hersteller, der in der Regel als Hauptlieferant auftritt) (EDV) / first-choice supplier ‖ ⁓**lösung** f (Chem) / stock solution ‖ ⁓**magma** n (Geol) / parental magma, parent magma ‖ ⁓**mischung** f (Chem Verf) / master batch ‖ ⁓**name** m (z.B. Methan für Methanol) (Chem) / parent name ‖ ⁓**rückführungsalgorithmus** m (EDV) / suffix-removal algorithm, stemming algorithm ‖ ⁓**schmelze** f (Hütt) / master heat ‖ ⁓**strecke** f (Bahn) / main line, main track ‖ **unterster** ⁓**teil** n (For) / butt n, butt log ‖ ⁓**verbindung** f (Chem) / parent compound ‖ ⁓**verzeichnis** n (EDV) / home directory (a private network directory that the network supervisor can create for a user or a user group) ‖ ⁓**verzeichnis** (die erste Verzeichnisebene eines Datenträgers) (EDV) / root directory (the basic directory of an hierarchical file system /having no parent directory/) ‖ **fingiertes** ⁓**verzeichnis** (EDV) / fake root (a mapped subdirectory that acts as a root directory) ‖ ⁓**virus** m (EDV) / original virus ‖ ⁓**wender** m (For) / cant hook, cant dog ‖ ⁓**würze** f (der Extraktgehalt des Bieres vor der Gärung, bei Schankbier etwa 7-8%, bei Vollbier 11-14%) (Brau) / original gravity, original extract ‖ ⁓**zange** f (For) / logging tongs ‖ ⁓**zeichnung** f (Ausgangszeichnung für Vervielfältigungen) / original drawing ‖ ⁓**zeichnung** / master drawing ‖ ⁓**zelle** f (Biol, Zyt) / stem cell
**Stampf • appretur** f (des schweren Leinengewebes) (Tex) / beetling n ‖ ⁓**beton** m (Bau) / compressed concrete, rammed concrete, tamped concrete
**stampfen** v / beat v ‖ ⁓ (Aufber, Bergb) / stamp* v ‖ ⁓ (Bau, HuT) / pound v, tamp* v, pun v (GB), pack v (down) ‖ ⁓ (Gieß, HuT) / pun v, ram v ‖ ⁓ n / beating n ‖ ⁓ (Bahn) / nosing n ‖ ⁓ (Bau, HuT) / punning* n, ramming n ‖ ⁓ (Bau, HuT) / pounding n, tamping* n, punning* n (GB) ‖ ⁓ (Gieß) / punning n, ramming n ‖ ⁓ (eines Wasserluftfahrzeugs) (Luftf) / porpoising* n ‖ ⁓ (Schiff) / pitch* n, pitching* n ‖ **[kurzes, abgehacktes]** ⁓ (Schiff) / chop n
**Stampfer** m (Aufber) / stamp* n, gravity stamp*, California stamp* ‖ ⁓ (Chem) / pestle* n ‖ ⁓ (ein handgeführtes Gerät) (HuT) / punner* n, pummel* n, rammer* n ‖ ⁓ n (Masch) / compactor n ‖ ⁓ (Masch) / beater n ‖ ⁓ (Nahr) / masher n, beater n
**Stampf • herd** m (Hütt) / rammed bottom ‖ ⁓**kalander** m (Tex) / beetle* n ‖ ⁓**lehm** m (für den Pisébau) (Bau) / pisé n ‖ ⁓**masse** f (Keram) / ramming mix(ture) ‖ ⁓**feuerfeste** ⁓**masse** (Hütt) / monolithic refractory (a refractory which may be installed into place by ramming casting, gunning, or sintering without the formation of a joint) ‖ ⁓**mischung** f (Keram) / ramming mix(ture) ‖ ⁓**periode** f (Schiff) / pitching period* ‖ ⁓**volumen** f (DIN 55943) / tamped volume
**Stand** m (Niveau) / level* n ‖ ⁓ (Stillstand) / standstill* n, stand n, stillstand n / condition n, state n ‖ ⁓ (abgelesener) (Instr) / reading n, indicated value, indication n ‖ ⁓ (Landw) / stand n ‖ ⁓ (des Gewebes, des Leders) (Leder, Tex) / firmness n ‖ ⁓ (des Gewebes) (Tex) / firmness n, body n ‖ ⁓ (der Küpe) (Tex) / condition n ‖ ⁓ (Tex) / body n (of the fabric) ‖ **[Messe-, Taxi-]** ⁓ / stand n ‖ ⁓ **auf dem aktuellen** ⁓ **halten** (eine Datei) (EDV) / maintain v ‖ ⁓ **auf den neuesten** ⁓ **bringen** / update* v ‖ **heutiger** ⁓ **der Technik** / state of the art ‖ ⁓ m **der Technik** (bei Prüfung der Patentierbarkeit) / state of the art, prior art ‖ ⁓ **der Umwelt** (Umwelt) / environmental quality ‖ ⁓ **nach dem Hineindrücken des Chokers** (beim Start) (Kfz) / choke condition, de-choked condition ‖ ⁓ **per 1.1.2002** / as of 1 1 2002, effective date 1 1 2002
**Stand-alone-** (EDV) / stand-alone attr
**Standard** m (Normal) / standard* n, standard specification* ‖ ⁓ (Substanz) (Chem) / standard* n ‖ ⁓ (z.B. St. Petersburger, Gotenburger) (For, Schiff) / standard* n ‖ ⁓ **- off-the-shelf** attr ‖ ⁓ **-** (aus Baukastenelementen zusammengestellt) / modular adj, modularized adj, unitized adj ‖ ⁓ **-** / standard attr ‖ **[St. Petersburger]** ⁓ (für Schnittholz = 4,642 m³) (For) / St. Petersburg

standard, Petersburg standard, Petrograd standard ‖ **äußerer** ⁓ (in der Chromatografie) (Chem) / external standard ‖ **externer** ⁓ (in der Analytik) (Chem) / external standard ‖ **innerer** ⁓ (in der Chromatografie) (Chem) / internal standard ‖ **interner** ⁓ (in der Analytik) (Chem) / internal standard ‖ **radioaktiver** ⁓ (ein Präparat) (Kernphys) / radioactive standard*
**Standard Generalized Markup Language** (Datenformat-Standard zum Austausch strukturierter Dokumente zwischen Textsystemen und Document-Publishing Systemen) (EDV) / Standard Generalized Markup Language, SGML
**Standard • abweichung** f (des Mittelwertes) (Math) / mean-square(d) error*, standard error ‖ ⁓**abweichung** (Stats) / standard deviation*, root-mean-square deviation ‖ ⁓**antrieb** m (als Antriebskonzept) (Kfz) / conventional drive layout ‖ ⁓**atmosphäre** f (Meteor) / standard atmosphere ‖ ⁓**ausführung** f (Masch) / standard design ‖ ⁓**auslegung** f (Masch) / standard design ‖ ⁓**ausrüstung** f / standard equipment ‖ ⁓**ausrüstung** (EDV) / standard configuration ‖ ⁓**auswahl** f (KI) / default n ‖ ⁓**baustein** m (EDV, Eltronik) / off-the-shelf element (device), standard device ‖ ⁓**baustein** (Eltronik) / standard module ‖ ⁓**bedingungen** f pl (Phys) / standard conditions, standardized conditions (of temperature and pressure), standard temperature and pressure*, STP*, s.t.p.*, normal conditions ‖ ⁓**bezugselektrode** f (Chem) / standard electrode ‖ ⁓**bezugs-EMK** f (wenn sich die Elektrode im Normzustand befindet) (Chem) / standard electrode potential*, standard half-cell potential, normal electrode potential* ‖ ⁓**bezugsmaterial** n / standard reference material (distributed and certified by the appropriate national institute for standardization) ‖ ⁓**bezugssubstanz** f (Chem) / standard reference substance ‖ ⁓**bildungsenthalpie** f (Chem) / standard Gibbs energy of formation ‖ ⁓**brief** m (EDV) / form letter ‖ ⁓**brief aus Textbausteinen** (EDV) / boilerplate letter, boilerplate n ‖ ⁓**bus** m (standardisierter Bus bei Mikrocomputern, der als parallele Schnittstelle verwendet wird) (EDV) / general-purpose interface bus ‖ ⁓**datei** f (EDV) / standard file ‖ ⁓**datenformat** n (Cobol) (EDV) / standard data format ‖ ⁓**dienst** m (EDV, Fernm) / basic service, fundamental service, standard service ‖ ⁓**einstellung** f (Standardwerte für Schriftart, Layout usw., die automatisch in Kraft treten, wenn vom Anwender keine anderen Anweisungen eingegeben werden) (Druck, EDV) / default setting ‖ ⁓**elektrode** f (Chem) / standard electrode ‖ ⁓**elektrodenpotential** n (wenn sich die Elektrode im Normzustand befindet) (Chem) / standard electrode potential*, standard half-cell potential, normal electrode potential* ‖ ⁓**element** n (EDV, Eltronik) / off-the-shelf element (device), standard device ‖ ⁓**fehler** m (des Mittelwertes) (Math) / mean-square(d) error*, standard error ‖ ⁓**fehler der Differenz** (zweier Stichprobenmittelwerte) (Stats) / standard error of the difference ‖ ⁓**fehler des Mittelwertes** (Stats) / standard error of the mean ‖ ⁓**thermische flußdichte** (Kernphys) / 2200 metres per second flux ‖ ⁓**format** n (Film) / standard size ‖ ⁓**formular** n / standardized form ‖ ⁓**funktion** f (EDV) / standard function ‖ ⁓**funktionstaste** f (EDV) / garden-variety function key ‖ ⁓**-Gauge** n (in Großbritannien gebräuchliches Staubauffanggerät für Staubniederschlagsmessungen) (Umwelt) / standard gauge ‖ ⁓**gruppe** f (Math) / standard group ‖ ⁓**-IDE** f (EDV) / integrated drive electronics (hard-disk interface standard), IDE ‖ ⁓**impuls** m (Fernm) / reference pulse ‖ ⁓**-Instrumentenabflugstrecke** f (Luftf) / standard instrument departure route, SID route ‖ ⁓**-Instrumenteneinflugstrecke** f (Luftf) / standard terminal arrival route, STAR ‖ ⁓**interface** n (EDV) / standard interface ‖ ⁓**ionisationskammer** f (Radiol) / standard chamber*, standard ionization chamber
**standardisieren** v (im Rahmen der Baukastensystematik) / standardize v ‖ ⁓ s. auch normen
**standardisiert** adj / standard attr ‖ **nicht ⁓** / non-standard attr ‖ **⁓er Dienst** (für die direkte Teilnehmer-Teilnehmer-Kommunikation mit Festlegung der Kommunikationsfunktionen einschließlich der Endgeräte, wie Fernsprechen, Telefax und Faksimile) (Fernm) / teleservice n ‖ **⁓e Ladung** / unitized cargo ‖ **⁓e Normalverteilung** (Stats) / standard normal distribution*, standardized normal distribution ‖ **⁓e Verteilung** (Stats) / standardized distribution ‖ **⁓e Zufallsgröße** (Stats) / standardized random variable ‖ **⁓e Zufallsvariable** (Stats) / standardized random variable
**Standard • kalomelelektrode** f (Chem) / standard calomel electrode* ‖ ⁓**kammer** f (Ionisationskammer zur Absolutmessung von Strahlendosen in Röntgeneinheiten) (Radiol) / standard chamber*, standard ionization chamber ‖ ⁓**klasse** f (bei Segelflugmeisterschaften) (Luftf) / standard class ‖ ⁓**konfiguration** f (Standardzusammenstellung aus mehreren Optionen) (EDV) / standard configuration ‖ ⁓**konstruktion** f (Masch) / standard design ‖ ⁓**kopie** f (Film) / married print* ‖ ⁓**kosten** pl / scheduled costs, standard costs ‖ ⁓**kunststoff** m (Plast) / commodity resin, bulk resin ‖

⁓**leistungsgrad** m (F.Org) / standard rating ‖ ⁓**lösung** f (Chem) / standard solution* ‖ ⁓**-Manganinwiderstand** m nach Thomas (Eltech) / Thomas resistor* ‖ ⁓**maß** n (Masch) / standard dimension ‖ **⁓mäßig** adj (Ausrüstung) / as a standard feature, standard attr ‖ **⁓mäßig** (Default-Schließung) (KI) / default attr ‖ **mit Prüfzeugnis beglaubigtes ⁓material** (WP) / certified reference material ‖ ⁓**mensch** m (Radiol) / standard man ‖ ⁓**mikrofon** n (dessen Übertragungskoeffizient durch eine Primärkalibrierung bestimmt wurde) (Akus) / standard microphone ‖ ⁓**mineral** n (Min) / standard mineral, normative mineral, normative composition* ‖ ⁓**modell** n (Phys) / standard model ‖ ⁓**normalverteilung** f (Stats) / standard normal distribution*, standardized normal distribution ‖ ⁓**notation** f (Math) / standard notation ‖ ⁓**objektiv** n (mit einem maximal genutzten Bildwinkel zwischen 40° und 55°) (Foto) / normal lens, all-round lens, standard lens ‖ ⁓**-Play-Band** n (eine Tonbandsorte) (Akus) / SP band ‖ ⁓**potential** n (Gleichgewichtspotential für eine Elektrodenreaktion, bei der die Reaktionspartner im Standardzustand vorliegen) (Eltech) / standard potential ‖ **elektrochemisches ⁓potential** (wenn sich die Elektrode im Normzustand befindet) (Chem) / standard electrode potential*, standard half-cell potential, normal electrode potential* ‖ ⁓**probe** f / standard sample ‖ ⁓**programm** n (EDV) / standard program ‖ ⁓**programmierung** f (EDV) / standard programming ‖ ⁓**prozedur** f (die von einem Programm aufgerufen werden kann, ohne in diesem selbst deklariert sein zu müssen) (EDV) / standard operating procedure (SOP) ‖ ⁓**rad** n (Kfz) / standard wheel, O.E. wheel, original-equipment wheel ‖ ⁓**redoxpotential** n (Chem) / standard oxidation-reduction potential ‖ ⁓**referenzmaterial** n / standard reference material (distributed and certified by the appropriate national institute for standardization) ‖ ⁓**schnittstelle** f (EDV) / standard interface ‖ ⁓**schriftart** f (EDV) / standard font ‖ ⁓**seite** f (Druck) / standard page* ‖ ⁓**software** f (für Standardaufgaben) (EDV) / standard software ‖ ⁓**software** (Nullachtfünfzehnversion) (EDV) / plain vanilla software, pure vanilla software (having no special or extra features) ‖ ⁓**software für Auftragsabwicklung** (EDV) / standard software for order processing ‖ ⁓**solenoid** n (Eltech) / standard solenoid* ‖ ⁓**sprache** f (EDV) / common language ‖ ⁓**substanz** f (Chem) / standard n ‖ ⁓**teil** n (Masch) / standard part ‖ ⁓**temperatur** f (Phys) / standard temperature (ST) ‖ **bewerteter ⁓Trittschallpegel** (DIN 1320) (Akus) / weighted standardized impact-sound-pressure level ‖ ⁓**typvereinbarung** f (EDV) / predefined specification ‖ ⁓**unterprogramm** n (EDV) / standard subroutine ‖ ⁓**verteilung** f (Stats) / standardized distribution ‖ ⁓**wasserstoffelektrode** f (Chem) / normal hydrogen electrode, NHE, standard hydrogen electrode, SHE ‖ ⁓**weiß** n (zur Prüfung der Weiße) (Pap) / ideal white ‖ ⁓**wert** m (KI) / default value ‖ ⁓**zeichen** n (Typog) / standard character ‖ ⁓**zeit** f (die bürgerliche Ortszeit des Meridians, der der Festlegung einer Zonenzeit zugrunde gelegt wird) (Astr) / standard time*, ST ‖ ⁓**zellentwurf** n (ein automatisches Entwurfsverfahren für integrierte Schaltungen) (Eltronik) / standard cell design ‖ ⁓**zumischmethode** f (Chem) / standard addition method ‖ ⁓**zustand** m (Phys) / standard state
**Standarte, seitlich verstellbare** ⁓ (Foto) / cross front* ‖ **verstellbare ⁓** (in Höhe) (Foto) / rising front*
**Stand • baum** m (des Derricks) (Masch) / mast n ‖ ⁓**begrenzung** f (Landw) / stanchion n ‖ ⁓**bild** n (Film) / still n, action still ‖ ⁓**bildfotograf** m (Film) / still photographer ‖ ⁓**bildwiedergabe** f (TV) / stop-action replay ‖ ⁓**bogen** m (auf dem die Stellung der Satzteile und der Bilder innerhalb der Druckform markiert wird) (Druck) / imposition sheet, pull for position, line-up sheet, planning sheet
**Stand-by** n (Bereitschaftsdienst) / standby n ‖ ⁓**-Betrieb** m (der Zustand, in dem ein Handy nicht benutzt wird, aber eingeschaltet und empfangsbereit ist) (Fernm) / standby mode ‖ ⁓**-Boot** n (Rettungseinrichtung beim Offshore-Bohren) (Erdöl, Schiff) / standby vessel ‖ ⁓**-Modus** m (in Stand-by-Modus wird die Festplatte abgeschaltet und der Prozessortakt reduziert, die Stromsparschaltung des Monitors wird aktiviert; dieser Modus ist für kurze Unterbrechungen der Arbeit ausgelegt und wird nach einer definierten Inaktivitätszeit aktiviert) (EDV) / standby mode ‖ ⁓**-System** n (EDV) / fallback system, standby system ‖ ⁓**-System** (redundante Einheiten werden jeweils erst nach dem Ausfall der Grundeinheit bzw. der vorgesehenen Ersatzeinheit in Betrieb genommen) (Masch) / standby system
**Standentwicklung** f (Foto) / stand development
**Ständer** m / post n, stake n ‖ ⁓ (Arch, HuT) / column* n ‖ ⁓ (senkrecht stehende Stütze in Holzkonstruktionen) (Bau, Zimm) / upright* n, stud* n ‖ ⁓ (Drucker, Bildschirm) (EDV) / stand n ‖ ⁓ (DIN 42005) (Eltech) / stator n ‖ ⁓ (aufrechtstehende Gestellbauform der Werkzeugmaschine) (Masch) / frame n, column n ‖ ⁓**anlasser** m (Eltech) / stator starter ‖ ⁓**blechpaket** n (Eltech) / stator core* ‖ ⁓**blechung** f (Eltech) / stator-core lamination ‖ ⁓**bohrmaschine** f (in Kastenform) (Masch) / box-column drilling machine ‖ ⁓**eisen** n

**Ständerführung** (Eltech) / stator core* ‖ ≈**führung** f (Masch) / column guideway ‖ ≈**gehäuse** n (Eltech) / stator frame ‖ ~**gespeister Repulsionsmotor** (heute nicht mehr gebraucht) (Eltech) / doublyfed repulsion motor*, double-fed repulsion motor ‖ ≈**joch** n (Eltech) / frame yoke ‖ ≈**mikrofon** n (Akus) / stand microphone ‖ ≈**nut** f (Eltech) / stator slot ‖ ≈**presse** f (Masch) / built-up frame press
**Standerprobung** f (von Schiffsmaschinen) (Schiff) / dock trial
**Ständer•roboter** m (Industrieroboter in Ständerbauweise mit vorzugsweise translatorischen Bewegungen) / support robot ‖ ≈**schwabbelmaschine** f (Masch) / buffing stand ‖ ≈**support** m (Masch) / side head ‖ ≈**wicklung** f (DIN 42005) (Eltech) / stator winding*
**Standfast•-Färbemaschine** f (Tex) / standfast dyeing machine ‖ ≈**-Metal-Prozeß** m (Tex) / molten-metal dyeing ‖ ≈**-Verfahren** n (Tex) / molten-metal dyeing
**Standfernkopierer** m (DIN 32742, T 1) (Fernm) / free-standing facsimile equipment
**standfest** adj / stable* adj (statically) ‖ ~ (Getreide) (Landw) / lodging-resistant adj, lodge-resistant adj ‖ **nicht** ~ (Bergb) / caving adj, unstable adj ‖ ~**es Gebirge** (Bergb, HuT) / strong ground ‖ ~**es Gestein** (Bergb, HuT) / strong ground ‖ ~**es Hangendes** (Bergb) / green roof ‖ ~ **sein** (z.B. die Firste) (Bergb, HuT) / stand up v
**Standfestigkeit** f (beim Flor) (Tex) / stand n (static), standing power
**Stand•foto** n (bei Filmaufnahmen eine Fotografie, die Einrichtung, Kostümierung und Arrangement jeder Kameraeinstellung für die weiteren Dreharbeiten enthält) (Film) / still n, action still ‖ ≈**gefrierschrank** m / upright freezer ‖ ≈**gerät** n (TV) / console n ‖ ≈**geräusch** n (Kfz) / noise of stationary vehicle ‖ ≈**gerüst** n (Bau) / putlog scaffold, pole scaffold, bricklayer's scaffold*, mason's scaffold* (with standards) ‖ ≈**getriebe** n (DIN 868) (Masch) / fixed-axis gear transmission ‖ ≈**guß** m (kein Schleuderguß) (Gieß) / stand casting, stationary casting ‖ ≈**hahn** m (Bau) / pillar tap ‖ ≈**hahnmutterschlüssel** m (Klemp) / basin wrench
**standhalten** v / stand v, resist v, withstand v ‖ ~ (Belastung) (Mech) / hold out v, hold up v, resist v, withstand v, sustain v
**Stand•heizung** f (Kfz) / parking heating system ‖ ≈**höhe** f / level* n, filling level, fill level
**standig** adj (Gewebe, Leder) (Leder, Tex) / firm adj
**ständig•er Allradantrieb** (Kfz) / full-time four-wheel drive, permanent four-wheel drive ‖ ≈**e Auslagerungsdatei** (EDV) / permanent swap file, PSF ‖ ~ **eingeschalteter Reserverechner** (EDV) / hot standby ‖ ~**er Fehler** / persistent error ‖ ~**e Kupplung** (Masch) / fast coupling*, rigid coupling, permanent coupling
**Standigkeit** f (beim Flor) (Tex) / stand n
**Standing crop** f (in einem Biotop) (Landw, Umwelt) / standing crop*
**Stand•kolben** m (Chem) / flat-bottom flask, flat-bottomed flask ‖ ≈**kopierer** m / pedestal copier ‖ ≈**leitung** f (feste Verbindung zwischen zwei Endstellen nach DIN 44302) (EDV, Fernm) / dedicated line (leased or privately owned), non-switched line ‖ ≈**-Leseglas** n (Opt) / base reading glass, stand reading glass ‖ ≈**licht** n (das durch Begrenzungs- oder Parkleuchten erzeugte Licht) (Kfz) / sidelight n ‖ ≈**linie** f (durch Peilung ermittelte Linie, auf der sich das peilende Fahrzeug befindet) (Luftf, Nav, Radar) / line of position, LOP ‖ ≈**linie** (festgelegte Strecke, von der aus durch Messung mehrerer Winkel die Höhe oder Entfernung eines nicht zugänglichen Punktes ermittelt wird) (Verm) / base n ‖ ≈**linienmethode** f **von Sumner** (Nav) / Sumner method ‖ ≈**mast** m (Bau, HuT) / fixed post ‖ ≈**menge** f (Anzahl der Werkstücke, die in einer Vorrichtung hergestellt werden können, bis die Form über die zulässige Toleranz hinaus verschlissen ist) (Masch) / tool life (expressed in quantity units) ‖ ≈**menge** (während der Standzeit eines Gesenks) (Masch) / number of parts (pressings) per die ‖ ≈**moment** (bei der Berechnung der Standsicherheit) (Mech) / moment of stability, stability moment ‖ ≈**motor** m (V-Mot) / stationary engine ‖ ≈**off-Flugkörper** m (außerhalb der gegnerischen Waffenwirkung gestarteter FK) (Mil) / stand-off missile ‖ ≈**öl** n (ein ausschließlich durch Erhitzen eingedicktes, trocknendes Öl) / stand oil*
**Standort** m (einer Industrie, eines Unternehmens) / site n, location n, geographical location ‖ ≈ (Luftf, Nav) / position* n ‖ **angenommener** ≈ (Nav) / assumed position ‖ **den** ≈ **planen** / site v ‖ **durch Funk festgelegter** ≈ (Nav, Radio) / radio fix ‖ **durch Radar ermittelter** ≈ (Radar) / radar fix, radar position, radar position fix ‖ **ermittelter** ≈ (Luftf) / fix* n ‖ **günstiger** ≈ / geographical convenience ‖ **wahrscheinlicher** ≈ (Schiff) / probable position ‖ ≈ m **eines Kernkraftwerks** (Nukl) / nuclear power plant site ‖ ≈ **nach Funkpeilung** (Nav, Radio) / radio fix ‖ ≈ **über Grund** (Luftf, Nav) / ground position ‖ ≈**anzeiger** m (Luftf, Nav) / ground-position indicator*, GPI ‖ ≈**auslegung** f / site layout ‖ ≈**bestimmung** f (rechnerische) (Luftf, Nav) / groundplot* n ‖ ≈**bestimmung** (Nav, Radio) / position-finding* n, position-fixing n, location n, locating n ‖ ≈**einzeichnung** f (Nav) / position plotting ‖ ≈**entfernung** f **von Wohngebieten** / plant separation distance (from population centres) ‖ ≈**faktor** m (Anforderung sowie Bedingung bzw. Gegebenheit, die für die Standortwahl einer Industrieanlage oder gesellschaftlichen Einrichtung entscheidend ist) / site factor, siting factor ‖ ≈**fehler** m (Luftf) / fix error ‖ ≈**fehler** (Radio) / site error* ‖ ≈**klima** n (Umwelt) / ecoclimate* n ‖ ≈**meldung** f (Nav) / position report ‖ ≈**präferenz** f / locational preference ‖ ≈**reihe** f (Bot, Umwelt) / catena n ‖ ~**spezifisch** adj / site-specific adj ‖ ≈**studie** f / location study ‖ ~**unabhängige Industrie** / footloose industry, mobile industry (independent of any siting restriction) ‖ ≈**vorteil** m / locational advantage ‖ ≈**wahl** f / locational choice, siting n
**Stand•platz** m (Stand) / stand n, standing n ‖ ≈**platz** (Kfz) / site m, pitch n ‖ ≈**platz** (Luftf) / hardstanding n, hardstand (US) ‖ ≈**probe** f (Schiff) / dock trial ‖ ≈**exzentrischer** ≈**punkt** (Verm) / eccentric station*, satellite station* ‖ ≈**rinne** f (in Kastenform) (Bau) / parallel gutter*, parapet gutter, box gutter*, trough gutter* ‖ ≈**rohr** n (z.B. einer Sprühdose) / dip tube, standpipe n ‖ ≈**rohr** (Erdöl) / conductor n, conductor pipe, surface pipe ‖ ≈**rohr** (die Rohrtour mit dem größten Durchmesser, welche in einer Bohrung gebraucht wird) (Erdöl) / top casing*, conductor casing ‖ ≈**rohr** (des Unterflurhydranten) (Masch) / stand pipe*, pillar tap ‖ ≈**schrank** m (EDV) / floor-type cabinet ‖ ≈**schub** m (ohne Vorwärtsbewegung des Flugzeugs) (Luftf) / static thrust* ‖ **Meßgerät** n **zur** ≈**schubmessung** (Luftf) / statimeter n ‖ ≈**schütteln** n (des Fahrzeugs) (Kfz) / idle boom ‖ ≈**seilbahn** f (eine Bergbahn für gerade, meist kurze Strecken) / funicular railway*, funicular n, funicular railroad (US) ‖ ≈**seilbahn** (mit Oberleitung) / aerial funicular ‖ ~**sicher** adj (Masch, Mech) / stable adj ‖ ≈**sicherheit** f (von Böschungen und Geländesprüngen nach DIN 4084) (HuT) / stability n ‖ ≈**sicherheit** (Quotient des Kipp- und des Standmomentes) (Masch, Mech) / stability n ‖ ≈**spur** f (der Autobahn) (HuT, Kfz) / emergency lane, breakdown lane (US) ‖ ≈**streifen** m (neben der Fahrbahn auf gleicher Höhe liegende Spur zum Halten in Notfällen) (HuT, Kfz) / emergency lane, breakdown lane (US) ‖ ≈**- und Rutschsicherung** f (der Leiter) / safety feet ‖ ≈**ventil** n (HuT) / pillar tap ‖ ≈**verbindung** f (festgeschaltete Verbindung) (EDV, Fernm) / dedicated line (leased or privately owned), non-switched line ‖ ≈**verbindung** (Fernm) / point-to-point connection (GB), point-to-point circuit, dedicated connection (GB), fixed connection (GB) ‖ ≈**verbindungnetz** n (EDV, Fernm) / dedicated network ‖ ≈**vermögen** n (Masch, Mech) / stability* n (static), standing power ‖ ≈**versuch** m (zur Ermittlung von Festigkeitseigenschaften) (WP) / long-time creep test, long-time static test ‖ ≈**wasser** n (untertägige Wasseransammlung in Verwerfungszonen oder Klüften oder in alten Grubenbauen) (Bergb, Geol) / dead water, stagnant water ‖ ≈**weg** m (Vorschubweg des Fräsers, den dieser bis zu seiner Abstumpfung zurücklegt) (Masch) / life distance ‖ ≈**wirbel** m (Phys) / stationary vortex ‖ ≈**zeit** f (in einem Ofen) / staying time, hold-up time, retention time ‖ ≈**zeit** (Standvermögen des Zerspanungswerkzeugs, ausgedrückt in Zeiteinheiten) (Masch, Werkz) / endurance n (of a tool), tool life (expressed in time units), service life (of a tool) ‖ ≈**zeit am Umkehrpunkt** (Luftf) / turnaround time ‖ ≈**zeit eines Schneidwerkzeugs** (Werkz) / edge life, cutting time
**Stange** f (Hütt, Masch) / bar* n, rod n ‖ ≈ (Zimm) / pole n ‖ **billige Kleidung von der** ~ (Tex) / slop n (ready-made or cheap clothing) ‖ **kaufen** v **von der** ~ (Tex) / buy off the peg ‖ **mittels** ~**n reinigen** (Rohre) (Bau) / rod v ‖ **von der** ~ (Anzug, Kleider) (Tex) / made-up adj, ready-to-wear adj, RTW, ready-made adj ‖ **von der** ~ (Billigware) (Tex) / reach-me-down attr ‖ **von der** ~ f **zum Rohrreinigen** (Bau) / drain rod
**Stangen•abschnitt** m (Hütt, Masch) / blank* n, slug n ‖ ≈**anguß** m (beim Spritzgießen) (Plast) / sprue gate, sprue gating, direct gating ‖ ≈**arbeit** f (auf Drehautomaten und Revolverdrehmaschinen) (Masch) / bar work ‖ ≈**bohrer** m (nach Douglas oder Irwin - zum Eindrehen mit Hand, Gesamtlänge bis 60 cm) (Zimm) / long auger bit ‖ ≈**gerüst** n (Bau) / putlog scaffold, pole scaffold, bricklayer's scaffold*, mason's scaffold* (with standards) ‖ ≈**greifer** m (ein Zweischalengreifer der Krane) (Masch) / rod grab ‖ **schwaches** ~**holz** (For) / saplings pl, small poles ‖ ≈**leiter** f / rung ladder ‖ ~**rohrziehen** v (nur Infinitiv und Partizip Perfekt) (Hütt) / draw over mandrel ‖ ≈**rohrziehen** n (Hütt) / tube mandrel drawing, drawing over mandrel ‖ ≈**rost** m (Rostfeuerung) / bar grate, bar-type grate ‖ ≈**rost** (Deck einer Rostsiebmaschine) (Aufber) / rod deck ‖ ≈**rost** (Aufber, HuT) / grizzly* n ‖ ≈**satz** m (Masch) / rodding n ‖ ≈**scharnier** n / piano hinge, piano-style hinge ‖ ≈**scharnierband** n / butt hinge*, piano hinge ‖ ≈**stromabnehmerkopf** m (Eltech) / trolley head ‖ ≈**vorschub** m (an Stangenautomaten) (Masch) / bar feed ‖ ≈**ziehen** n (Hütt) / rod drawing ‖ ≈**zirkel** m (Zirkel mit einem langen Arm, an dessen einem Ende der Schwenkzapfen und am anderen Ende die Zeichenvorrichtung befestigt ist, zum Zeichnen großer Kreise oder zum Abstecken großer Strecken) / beam compasses* pl, trammels pl

**Stanley-Messer** *n* (mit Ersatzklingen) / sharp knife (Stanley - with disposable blades) ‖ ≈ (Messerheft aus zwei Schalen mit einem grau lackierten Aluminiumgußheft) / craft knife
**Stannan** *n* (Chem) / stannane*, tin(IV) hydride*
**Stannat** *n* (Salz der in freiem Zustand nicht bekannten Oxosäuren des Zinns) (Chem) / stannate *n* ‖ ≈**(IV)** (Chem) / stannate(IV)* *n* ‖ ≈**elektrolyt** *m* (Galv) / stannate plating bath, stannate plating solution
**stannieren** *v* (die Randschicht eines Werkstücks mit Zinn anreichern) / stannate *v*
**Stannin** *m* (Min) / stannite* *n*, tin pyrites*, bell-metal ore*
**Stanniol** (dünnausgewalztes Zinn) / tin foil ‖ **in** ≈ **einpacken** / tin-foil *v* ‖ **mit** ≈ **bedecken** / tin-foil *v* ‖ **mit** ≈ **belegen** / tin-foil *v*
**Stannit** *m* (Min) / stannite* *n*, tin pyrites*, bell-metal ore*
**Stannylen** *n* (Chem) / stannylene *n*
**St.-Antonius-Feuer** *n* (Chem, Med) / ergotism* *n*, St Anthony's fire*, Saint Anthony's fire
**Stantonzahl** *f* (St oder St' - DIN 1341 und 5491 - nach Th.E. Stanton, 1865-1931) (Phys) / Stanton number*, Margoulis number
**Stanz•abfall** *m* (EDV) / chad *n*, chip *n* ‖ ≈**abfall** (Hütt) / punching(s) *n(pl)* ‖ ≈**artikel** *n pl* (Hütt) / stampings *pl* ‖ ≈**bördeln** *n* (des Blechrandes) (Hütt) / flanging *n*, cupping *n*
**Stanze** *f* (EDV) / punch mechanism ‖ ≈ (eine Maschine der Bekleidungsindustrie) (Tex) / die cutting machine
**stanzen** *v* (mit einem Stempel) (Hütt) / stamp *v* ‖ ≈ (Rohteile aus Blech) (Masch) / blank *v* ‖ ≈ (Ronden) (Masch) / punch *v* ‖ ≈ (Eltronik) / dicing *n* ‖ ≈ (mit einem Stempel) (Hütt) / stamping *n* ‖ ≈ (von Rohteilen aus Blech) (Hütt) / blanking *n* ‖ ≈ (Herausstanzen von Ronden) (Masch) / punching *n* ‖ **magnetbandgesteuertes** ≈ **von Lochkarten** / magnetic-tape-fed card punching
**Stanzerei•maschine** *f* (mit Lochstempel und Schnitt- bzw. Lochplatte) (Masch) / punching machine* ‖ ≈**werkzeug** *n* (zum Blechumformen) (Masch) / press tool*
**Stanzlack** *m* (Metalleinbrennlack, mit dem Blechtafeln einschichtig deckend im Spritz- oder Walzauftrag lackiert werden) (Anstr) / stamping enamel
**Stanzling** *m* (Masch) / stamping *n*, stamped part
**Stanz•maschine** *f* (Leder) / cutting machine, cutter *n* ‖ ≈**maschine** (Tex) / die cutting machine ‖ ≈**öl** *n* (das bessere Gleitfähigkeit der Masse gewährleistet und ein Ankleben an der Preßform verhindert) (Keram) / punching oil ‖ ≈**sicken** *n* (des Mantels von Hohlkörpern) (Masch) / bulging *n* ‖ ≈**station** *f* (EDV) / punch station, punching station ‖ ≈**teil** *n* (Masch) / stamping *n*, stamped part ‖ ≈**teile** *n pl* (Hütt) / stampings *pl*
**Stapel** *m* (in der Stapelverarbeitung) (EDV) / batch *n* ‖ ≈ (Kartenstapel) (EDV) / pack *n*, deck *n* ‖ ≈ (For, Kernphys, Masch) / stack* *n* ‖ ≈ (z.B. von Kapseln) (Keram) / bung *n* (a group of saggers or pots stacked in a kiln) ‖ ≈ (von Ballen) (Landw) / stack *n* ‖ ≈ (Tex) / staple *n* ‖ **[aus] einem** ≈ **entnehmen** / destack *v* ‖ **auf** ≈ **absetzen** / stack *v*, pile *v*, pile up *v* ‖ **Elementarfäden auf** ≈ **schneiden oder reißen** (Spinn) / staple *v* ‖ **geschichtete** ≈ **der angegerbten Häute in Lohe** (beim Versatz) (Leder) / layers *pl* ‖ **nach** ≈ **sortieren** (Tex) / staple *v* ‖ **vom** ≈ **(laufen) lassen** (Schiff) / launch *v* ‖ ≈ **ungebrannter Ziegel** (in einem Feldbrandofen) (Keram) / clamp *n*
**Stapel•anleger** *m* (Druck) / pile feeder ‖ ≈**auslage** *f* (Tätigkeit) (Druck) / pile delivery* ‖ ≈**ausleger** *m* (Druck) / pile delivery
**stapelbar** *adj* (Stückgüter) / stackable *adj*
**Stapel•befehlsdatei** *f* (EDV) / batch command file ‖ ≈**betrieb** *m* (EDV) / batch processing*, batch-processing mode ‖ **im** ≈**betrieb verarbeiten** (EDV) / batch *v* ‖ ≈**druck** *m* (mechanisch-statische Beanspruchung, die durch den Druck anderer, über dem jeweiligen Packstück befindlicher Güter hervorgerufen wird) (Mech) / stacking pressure ‖ ≈**faktor** *m* (Eltech) / lamination factor, stacking factor, space factor ‖ ≈**faser** *f* (künstlich gekrempelte verspinnbare Faser) (Tex) / staple fibre* ‖ ≈**fehler** *m* (ein Flächendefekt zwischen zwei Partialversetzungen) (Krist) / stacking fault*, stacking disorder ‖ ≈**ferneingabe** *f* (EDV) / remote batch entry (RBE) ‖ ≈**ferneingabe im Dialogbetrieb** (EDV) / conversational remote-job entry, CRJE ‖ ≈**fernverarbeitung** *f* (EDV) / remote batch processing ‖ ≈**folge** *f* (Krist) / stacking sequence ‖ ≈**förderer** *m* (Masch) / staple conveyor ‖ **fahrbarer** ≈**förderer** (Masch) / stacker *n* ‖ ≈**gerät** *n* (Masch) / stacker *n*, stacking truck, stacking machine ‖ ≈**glasfaser** *f* (DIN 61850) (Glas, Tex) / glass staple fibre ‖ ≈**glasseide** *f* (Glas, Tex) / chopped glass strand ‖ ≈**guß** *m* (Herstellung von Gußteilen in waagerecht geteilten verlorenen Formen, die senkrecht übereinander gestapelt und mit einem gemeinsamen Einlauf verbunden sind) (Gieß) / stack moulding ‖ ≈**höhe** *f* (als Vorgabe) / level of stacking ‖ ≈**höhe** (konkrete) / stacking height, stack height ‖ ≈**job** *m* (EDV) / batch job ‖ ≈**kran** *m* (ein Brückenkran mit Drehlaufkatze zur Bedienung von Lagerräumen) (Masch) / stacker crane ‖ ≈**länge** *f* (Tex) / staple *n* ‖ ≈**latte** *f* (bei der Holztrocknung) (For) / sticker *n*, strip *n* ‖ ≈**latte** (Schiff) / dunnage* *n* ‖ ≈**lauf** *m* (Zuwasserlassen eines fertig gebauten Schiffsrumpfs auf geneigten Ablaufbahnen) (Schiff) / launching *n* ‖ ≈**laufbahn** *f* (Schiff) / launching ways, ways* *pl*, launchway *n*, standing ways* ‖ ≈**laufschlitten** *m* (Schiff) / sliding ways*, slide ways ‖ ≈**leiste** *f* (bei der Holztrocknung) (For) / sticker *n*, strip *n* ‖ ≈**leiste** (Schiff) / dunnage* *n* ‖ ≈**maschine** *f* (Masch) / stacker *n*, stacking truck, stacking machine
**stapeln** *v* (ungeordnet) / heap *v*, heap up *v* ‖ ≈ / stack *v*, pile *v*, pile up *v* ‖ ≈ (EDV) / batch *v* ‖ **Narben auf Narben** ≈ (Leder) / stack grain-to-grain *v* ‖ ≈ (standsicheres Übereinanderstellen von Stückgütern als spezielle Lagerungsart) / stacking *n*, tiering *n*, piling *n* ‖ **enges** ≈ (For) / close-piling *n*, close-stacking *n* ‖ ≈ *n* **der Rohlinge** (Ziegelrohlinge) **zum Trocknen** (von Ziegeln) (Bau, Keram) / hacking* *n* ‖ ≈ **des Brenngutes** (Keram) / decking *n* (the loading of ware in multiple layers on kiln cars preparatory for firing) ‖ ≈ **ohne Stapellatten** (Holz ohne Zwischenräume) (For) / solid piling, dead piling, bulking-down *n*, solid stacking, tight stacking
**stapelnder Höhenförderer** (heute durch den Universalförderer verdrängt) (Landw) / stacking elevator
**Stapel•palette** *f* / stacking pallet ‖ ≈**platte** *f* / skid *n*, pallet *n* ‖ ≈**platz** *m* / storage yard *n*, yard *n* ‖ ≈**salzen** *n* (von frisch abgezogenen Häuten mit festem Salz) (Leder) / green salting ‖ ≈**schacht** *m* (Bergb) / internal shaft, inside shaft, staple *n*, staple pit, blind shaft, subshaft *n* ‖ ≈**segmentregister** *n* (EDV) / stack segment (SS)
**Stapelspeicher** *m* (kaskadierbarer) (EDV, Math) / push-down storage, push-down store, nesting store, cellar *n*, running accumulator, stack *n*, stack storage ‖ **aus dem** ≈ **ausspeichern** (EDV) / pull *v* ‖ **Entnahme** *f* **der Informationen aus dem** ≈ (EDV) / popping* *n* ‖ **im** ≈ **einspeichern** (EDV) / stack *v*, push *v* ‖ **in den** ≈ **eingeben** (EDV) / stack *v*, push *v* ‖ **Informationen aus dem** ≈ **entnehmen** (EDV) / pop *v*
**Stapel•station** *f* (EDV) / batch terminal ‖ ≈**stütze** *f* (ein Brennhilfsmittel) (Keram) / prop *n*, upright *n*, post *n*
**Stapelung** *f* / stacking *n*, tiering *n*, piling *n* ‖ ≈ (Seismik) (Geol) / stack *n* ‖ ≈ (Krist) / stacking *n* ‖ ≈ (z.B. auf der Helling) (Schiff) / stocks* *pl*, slipway *n*
**Stapelungs•fehler** *m* (ein flächenhafter Gitterbaufehler) (Krist) / stacking fault*, stacking disorder ‖ ≈**möglichkeit** *f* (bei polytypen Strukturvarianten) (Krist) / stacking possibility
**Stapel•verarbeitung** *f* (Betriebsart eines Rechners) (EDV) / batch processing*, batch-processing mode ‖ ≈**verarbeitungsauftrag** *m* (EDV) / batch-processing job, batch job ‖ ≈**weise bearbeiten** (EDV) / batch *v* ‖ ≈**wender** *m* / stack inverter ‖ ≈**zeiger** *m* (der die Adresse der nächsten verfügbaren Stapelstelle im Speicher enthält) (EDV) / stack pointer (SP)
**Staphisagrin** *n* (Chem) / delphinine *n*
**Staphylokokkus** *m* (pl. -kokken) (Bakteriol) / staphylococcus *n* (pl. -cocci), staph *n*
**Stapler** *m* (ein Flurförderer) (Masch) / stacker *n*, stacking truck, stacking machine
**Star, grauer** ≈ **durch Wärmestrahlung** (Med) / heat cataract
**Starburst•-Galaxie** *f* (Astr) / starburst galaxy ‖ ≈**-Polymer** *n* (Chem) / star polymer, starburst polymer
**stark** *adj* (Licht) / intense *adj* ‖ ≈ / strong *adj* ‖ ≈ / vigorous *adj*, violent *adj* ‖ ≈ (Kaffee, Tee, Geruch) (Nahr) / strong *adj* ‖ ≈ **abfallend** / precipitous *adj*, declivitous *adj* ‖ ≈ **abgenutzt** / badly worn ‖ ~e **Abwärtsakzeleration** (Luftf, Raumf) / eyeballs up ‖ ~e **Abwärtsbeschleunigung** (Luftf, Raumf) / eyeballs up ‖ ~e **Akzeleration** (Beschleunigungsrichtung sitzend: von der Brust aus in Richtung Rücken) (Luftf, Raumf) / eyeballs in ‖ ~e **aschehaltig** (Chem, Kftst) / high-ash *attr*, rich in ash, with high ash content ‖ ~e **Aufwärtsakzeleration** (Luftf, Raumf) / eyeballs down ‖ ~e **Aufwärtsbeschleunigung** (Luftf, Raumf) / eyeballs down ‖ ~e **ausgefärbt, mit einer Intensitätserhöhung** / hyperchromic *adj* ‖ ~e **Base** (nach dem Dissoziationsgrad) (Chem) / strong base ‖ ~ **beeinflussen** / impact *v* (on) ‖ ~ **befahren** (Straße) (Kfz) / busy *adj* ‖ ~**es Campheröl** (mit Erdnußöl) (Pharm) / camphorated oil ‖ ~e **Dämpfung** (Eltech, Instr, Phys) / aperiodic damping ‖ ~e **Dezeleration** (der Verzögerungseffekt wirkt vom Rücken in Richtung Brust) (Luftf, Raumf) / eyeballs out ‖ ~ **einfallendes Flöz** (Bergb) / pitching seam, steep seam ‖ ~**er Elektrolyt** (Chem) / strong electrolyte* ‖ ~ **erlaubter Übergang** (Phys) / superallowed transition ‖ ~e **Fokussierung** (Nukl) / strong focusing, alternating-gradient focusing*, AG focusing ‖ ~ **gebundener Komplex** (ein Durchdringungskomplex) (Chem) / hyperligated complex ‖ ~ **gekrümmt** (Träger) / highly curved ‖ ~ **gemasertes Walnußbaumholz** (For) / Circassian walnut ‖ ~ **geneigt** (Windschutzscheibe) (Kfz) / steeply raked ‖ ~**es Gesetz der großen Zahlen** (Math) / strong law of large numbers ‖ ~ **holzhaltiges Papier** (Pap) / wood paper ‖ ~**e Konvergenz** (Math) / strong convergence ‖ ~**e Kopplung** (Kernphys) / tight coupling, strong coupling, tight binding ‖ ~**es Nutzholz** (For) / heavy timber (timber of all sizes over 75mm and over 150mm in width) ‖ ~ **plastischer Ton** (Geol, Keram) / fat clay, plastic clay ‖ ~ **radioaktiv** (Radiol) / hot* *adj* ‖ ~**er Rückgang**

1169

**stark**
/ slump *n* (in demand, investment, production, sales) ‖ ~ **saugfähiger Untergrund** (Anstr, Bau) / high-suction (back)ground ‖ **~e Säure** (nach dem Dissoziationsgrad) (Chem) / strong acid ‖ **~er Seidenzwirn** (Spinn) / tailor's twist ‖ **~es Signal** (Fernm) / high-level signal ‖ **~er Synergismus** (Pharm, Umwelt) / potentiation *n* ‖ ~ **tailliert** (Tex) / tight-fitting *adj* ‖ ~ **tonerdehaltiger Zement** (Bau, HuT) / high-alumina cement* (BS 915) ‖ **~e Topologie** (Math) / strong topology ‖ ~ **übelriechend** (Bot) / graveolent* *adj* ‖ ~ **überhitzter Wasserdampf** / steam gas ‖ ~ **vergrößerndes Stereomikroskop** (Mikros) / stereoscopic high-power microscope ‖ **~e Vergrößerung** (Mikros) / high-power magnification ‖ **~er Verkehr** (Kfz) / heavy traffic ‖ ~ **verschlissen** / badly worn ‖ ~ **verzerrt** (Akus) / badly distorted ‖ **~e Wechselwirkung** (der Hadronen) (Kernphys) / strong interaction*, strong nuclear interaction ‖ **~er Wind** (Windstärke 6 nach der Beaufort-Skala) (Meteor) / strong breeze ‖ ~ **zusammenhängender Graf** (wenn von jedem Knoten zu jedem anderen Knoten mindestens ein gerichteter Weg existiert) (EDV) / strongly connected graph ‖ **~e Zwirnung** (Spinn) / hard twist*
**stark•backend** *adj* (Kohle) / high-caking *adj* ‖ **~durchkupferung** *f* (Eltronik) / final plated-through copper
**Stärke** *f* / strength *n* ‖ ~ (Reservekohlenhydrat einer großen Zahl von Pflanzen) (Bot, Chem) / starch* *n* ‖ ~ (For, Pap) / calliper *n* ‖ ~ (des Erdbebens) (Geophys) / intensity *n* ‖ ~ (V-Mot) / power *n* ‖ ~ (des Erdbebens) (Geophys) s. auch Magnitude und Richter-Skala ‖ **[Draht-, Blech-]** ~ (Hütt) / gauge* *n*, gage *n* ‖ **acetylierte** ~ (Nahr) / starch acetate, acetylated starch ‖ **dünnkochende** ~ (Chem) / thin-boiling starch, starch fluid ‖ **lösliche** ~ (Chem) / soluble starch* ‖ **modifizierte** ~ (ein Umwandlungsprodukt der Stärke - E 1401-1402) (Nahr) / modified starch ‖ **native** ~ (Nahr) / native starch ‖ **unbehandelte** ~ (Nahr) / native starch ‖ **verkleisterte** ~ (Nahr) / gelatinized starch, swelling starch, pre-gelatinized starch ‖ **wachsige** ~ (amylopektinreiche Stärke aus Getreidehybriden) (Nahr) / waxy starch ‖ ~ *f* **der Sonnenstrahlung** (Geophys) / solar irradiance
**Stärke•abbau** *m* (Chem) / starch breakdown ‖ **~acetat** *n* (E 1420) (Nahr) / starch acetate, acetylated starch ‖ **~azetat** *n* (Nahr) / starch acetate, acetylated starch ‖ **~band** *m* (Buchb, Druck) / thickness dummy*, thickness copy ‖ **~band** (Buchb, Druck) / dummy* *n*, mock-up *n*, size copy ‖ **~binder** *m* (Gieß) / cereal binder ‖ **~einheit** *f* (in der Tierfütterung) (Landw) / starch unit ‖ **~ester** *m* (Chem) / starch ester ‖ **~ether** *m* (Chem) / starch ether
**Stark-Effekt** *m* (ein elektrooptischer Effekt nach J. Stark, 1874-1957) (Spektr) / Stark effect* ‖ **linearer** ~ (Phys) / linear Stark effect ‖ **quadratischer** ~ (Phys) / quadratic Stark effect
**stärke•führend** *adj* (Chem, Nahr) / amylaceous *adj*, starchy *adj* ‖ **~granulose** *f* (Chem) / amylopectin *n* ‖ **~gummi** *n* (Chem) / dextrin* *n*, starch gum*, British gum ‖ **~haltig** *adj* (Chem, Nahr) / amylaceous *adj*, starchy *adj* ‖ **~hydrolyse** *f* (Chem) / saccharification of starch, starch conversion ‖ **~hydrolyseprodukt** *n* (Chem) / starch hydrolysis product
**Stark-Einsteinsches Äquivalentgesetz** (Chem) / Stark-Einstein equation*, Stark-Einstein law, Einstein photochemical equivalence law
**Stärke•kleister** *m* / starch paste, starch glue (US) ‖ **~korn** *n* (Bot) / starch grain* ‖ **~körnchen** *n* (Bot) / starch grain* ‖ **~leim** *m* (Nahr) / starch glue (adhesive), starch adhesive ‖ **~leimung** *f* (Pap) / starch sizing ‖ **~mehl** *n* (Nahr) / starch flour ‖ **~milch** *f* (Suspension von nativer Stärke) (Chem) / starch milk ‖ **~muster** *n* (das nur die buchbinderische Gestaltung veranschaulicht) (Buchb, Druck) / dummy* *n*, mock-up *n*, size copy
**stärken** *v* (verstärken) / strengthen *v* ‖ ~ (mit Stärke) / starch *v*
**stärkend** *adj* (Pharm) / tonic *adj*
**Stärke•nitrat** *n* (ein Sprengstoff) (Chem) / starch nitrate, nitrostarch *n* ‖ **~papier** *n* (ein Indikatorpapier) (Chem) / starch paper ‖ **~phosphat** *n* (Chem, Nahr) / starch phosphate ‖ **~scheide** *f* (Bot) / starch sheath* ‖ **~sirup** *m* (Chem, Nahr) / glucose syrup ‖ **~spaltend** *adj* (Chem) / amylolytic* *adj* ‖ **~verzuckerung** *f* (Chem) / saccharification of starch, starch conversion ‖ **~verzuckerungsprodukt** *n* (Nahr) / starch-based sweetener, starch-conversion product ‖ **~verzuckerungssirup** *m* (Chem, Nahr) / glucose syrup ‖ **~wert** (St.w.) *m* / starch equivalent ‖ **~zucker** *m* (Nahr) / starch sugar
**Stark•gas** *n* (spezifischer Brennwert 31465 bis 35617 kJ/m$^3$) / rich gas, high-CV gas ‖ **~gas** (spezifischer Brennwert 15085 bis 23045 kJ/m$^3$) / rich gas ‖ **~gas** (Brenngas mit hohem spezifischem Brennwert) (Kftst) / fat gas ‖ **~geleimt** *adj* (Pap) / strongly sized ‖ **~holz** *n* (For) / heavy timber (timber of all sizes over 75mm and over 150mm in width)
**Stark-Kochsche Linie** (Astr, Spektr) / forbidden line* (inverse Stark effect)
**Stark•lauge** *f* (Chem) / concentrated lye ‖ **~lichtpflanze** *f* (Bot) / sun plant*

**Starkstrom•anlage** *f* (Eltech) / power installation ‖ **~gleichrichter** *m* (Eltech) / power rectifier ‖ **~kabel** *n* (DIN VDE 0289) (Eltech, Kab) / power cable, electric power cable ‖ **~kreis** *m* (Eltech) / power circuit* ‖ **~leitung** *f* (Eltech) / power feeder ‖ **~leitung** (übers Land) (Eltech) / power line ‖ **~leitung** (als Anlage) (Eltech) / power installation ‖ **~technik** *f* (Eltech) / power engineering, heavy-current engineering
**Stark-Verbreiterung** *f* (Spektrallinienverbreiterung - nach J. Stark, 1874-1957) (Spektr) / Stark broadening
**Stark-Verschiebung** *f* (eine Spektrallinienverschiebung) (Spektr) / Stark shift
**Stark-Zahl** *f* (Wärm) / Stefan number, Stark number, St, Sk
**Starlit** *m* (durch Brennen blaugefärbter Zirkon) (Min) / starlite* *n*
**starr** *adj* (Achse, Körper, Kupplung) / rigid *adj* ‖ ~ (inflexibel) / inflexible *adj* ‖ **~e Abbildung** (eine Bijektion, bei der die Größe von Strecken und Winkeln invariant ist) (Math) / congruence *n*, isometry *n* ‖ **~er Ausbau** (Bergb) / rigid support, non-yielding support ‖ **~e Decke** (HuT, Luftf) / rigid pavement ‖ **~e elektrochemische Doppelschicht** (Chem, Phys) / Helmholtz double layer*, Stern layer ‖ **~es Fachwerk** (Bau, HuT) / spatial framework structure, space truss ‖ ~ **fortlaufende Speicherorganisation** (EDV) / sequential organization ‖ ~ **geerdet** (Eltech) / solidly earthed, solidly grounded (US) ‖ **~er Keil** (einteiliger Absperrkörper in Keilform) (Masch) / solid wedge ‖ **~e (feste) Kupplung** (Masch) / fast coupling*, rigid coupling, permanent coupling ‖ **~er Rahmen** (Mech) / rigid frame, stiff frame ‖ **~er Rohrleiter** (Kab) / rigid CGI cable ‖ **~er Rotor** (Luftf) / rigid rotor ‖ **~er Stempel** (Bergb) / rigid prop ‖ **~e Verbindung** (Masch) / rigid connection ‖ **~e Verkettung** (bei Transferstraßen) (F.Org, Masch) / rigid interlinking
**Starr•achse** *f* (von Rad zu Rad durchgängige gelenklose Welle) (Kfz) / rigid axle, beam-type axle, live axle*, beam axle ‖ **schwere ~egge** (mit gebogenen Zinken) (die Starregge) (Landw) / drag harrow* ‖ **~flügelluftfahrzeug** *n* (Luftf) / fixed-wing aircraft, rigid-wing aircraft ‖ **~flügler** *m* (Luftf) / fixed-wing aircraft, rigid-wing aircraft ‖ **~fräsmaschine** *f* (eine Waagerechtfräsmaschine) (Masch) / rigid milling machine, bed-type milling machine (US)
**Starrheit** *f* (elastische Widerstandsfestigkeit fester Körper gegenüber Formänderungen) (Geol, Phys) / rigidity* *n*
**Starr•körpersystem** *n* (Phys) / rigid-body system ‖ **~luftschiff** *n* (z.B. nach dem Grafen v. Zeppelin) (Luftf) / rigid airship ‖ **~-plastischer Werkstoff** (WP) / plastic-rigid material, rigid-plastic material ‖ **~rotor** *m* (des Rotorflugzeugs) (Luftf) / rigid rotor
**Start** *m* (einer Reaktion) (Chem) / initiation *n*, start *n* ‖ ~ (eines Systems) (EDV) / start-up *n* (of a system) ‖ ~ (Kfz, Luftf) / start *n* ‖ ~ (Abheben) (Luftf) / take-off *n*, TO ‖ ~ (Raumf) / launching *n*, launch *n* ‖ **automatischer** ~ (EDV) / autoboot *n* ‖ **fliegender** ~ / flying start ‖ **stehender** ~ (bei Beschleunigungsmessungen) (Kfz) / standing start ‖ ~ **durch Luftfahrzeug** (eines Flugkörpers) (Mil) / airborne firing ‖ ~ **einer Mondrakete** (Raumf) / moon shot ‖ ~ **mit Anschieben** (Kfz) / push-start *n* ‖ ~ **mit Hilfsstrahlantrieb** (Luftf) / jet-assisted take-off, jato, JATO ‖ ~ **mit Raketenhilfe** (Luftf) / rocket-assisted take-off, rato, RATO ‖ ~ **nach rückwärts** (bei Hubschraubern) (Luftf) / backward take-off, rearward take-off
**Start•abbruch** *m* (Luftf) / aborted take-off ‖ **~ablaufsteuergerät** *n* (Mil) / launch sequencer ‖ **~anhebung** *f* (Kfz) / cranking enrichment ‖ **~anlage** *f* (als Gesamtkomplex) (Raumf) / launch complex, spaceport *n*, launching site, launch site ‖ **~anreicherung** *f* (als Gegensatz zu Nachstartanhebung und Warmlaufanreicherung) (Kfz) / cranking enrichment ‖ **~auflage** *f* (Druck) / initial run, first printing ‖ **~automatik** *f* (am Vergaser von Verbrennungsmotoren befindliche Einrichtung, die beim Kaltstart selbsttätig die Starterklappe schließt) (Kfz, V-Mot) / automatic choke system, automatic excess-fuel starting device, autochoke *n* ‖ **~bahn** *f* (Raumf) / rail *n* ‖ **~band** *n* (Film) / head leader, start leader, Academy leader (US) ‖ **~behälter** *m* (Mil) / launcher-container *n* ‖ **~bereit** *adj* (Luftf) / ready to take-off, ready to fly (in reference to the condition of the aircraft), ready for take-off ‖ **~bit** *n* (DIN 44302) (EDV) / start bit ‖ **~codon** *n* (Gen) / initiation codon, start codon ‖ **~dünger** *m* (Landw) / starter *n*, starter fertilizer ‖ **~einleitung** *f* (bei den FK) (Mil) / intent-to-launch *n*, ITL
**starten** *v* (Chem) / initiate *v*, start *v* ‖ ~ (booten) (EDV) / boot *v*, bootstrap *v* ‖ ~ (EDV) / initiate *v* ‖ ~ (Kfz) / start *v* ‖ ~ (Luftf) / lift off *v*, blast off *v*, unstick *v*, get off *v*, take off *v* ‖ ~ *vt* (Raumf) / launch *vt* ‖ ~ *n* (Raumf) / launching *n*, launch *n* ‖ ~ **der Rakete zu Versuchszwecken** (Raumf) / (also kein Standversuch) live testing ‖ ~ **mit Starthilfekabel** (Kfz) / jump starting
**Starter** *m* (bei der Nukleinsäuresynthese) (Biochem) / primer* *n* ‖ ~ (Chem) / initiator* *n* ‖ ~ (Eltech, Kfz) / starter* *n*, starting motor (US) ‖ ~ (einer Leuchtstofflampe) (Eltronik) / thermal starter, starting switch, starter *n* ‖ **~batterie** *f* (DIN 72310) (Kfz) / starter battery ‖ **~blech** *n* (Hütt) / starting sheet* ‖ **~dünger** *m* (Landw) / starter *n*, starter fertilizer ‖ **~klappe** *f* (V-Mot) / choke* *n*, choke-valve *n*, choke plate ‖ **~kultur** *f* (eine Mikroorganismenkultur, die man zur

Reifung bestimmter Käse- und Wurstsorten zusetzt) (Nahr) / starter culture ‖ ⁓**lösung** f (meist aus Essigsäure und Kalium- bzw. Natriumbromid bestehende Lösung, die bei Zusatz zur Lösung des Entwicklerregenerators den gebrauchsfertigen Entwickleransatz ergibt - für Röntgenfilme) (Foto) / starter solution ‖ ⁓**ritzel** n (Kfz) / starter pinion ‖ ⁓**zahnkranz** m (Kfz) / flywheel ring gear, starter ring gear

**Start•fenster** n (Zeitspanne von mehreren Stunden, Tagen oder /seltener/ Wochen, in der ein Raumflugkörper oder bemanntes Raumschiff starten muß, um das Ziel unter besonders günstigen Umständen erreichen zu können) (Raumf) / launching window, firing window, launch window* ‖ ⁓**folge** f (Luftf) / take-off sequence ‖ ⁓**freigabe** f (Luftf) / take-off clearance ‖ **mit** ⁓**freigabe** (Luftf) / cleared for take-off (a decision by the control tower) ‖ ⁓**gelände** n (Raumf) / launch complex, spaceport n, launching site, launch site ‖ ⁓**gelände für Raumfahrzeuge** (Großraketen) (Raumf) / space launching site, spaceport n ‖ ⁓**gerät** n (Raumf) / launcher n ‖ ⁓**gestell** n (Mil, Raumf) / launcher n, rocket launcher

**Starthilfe** f / starting aid ‖ ⁓ (Luftf) / take-off assist, assisted take-off* ‖ ⁓ (als technische Einheit) (Luftf) / jato unit, rato unit ‖ ⁓**batterie** f (Kfz) / booster battery ‖ ⁓**kabel** n (DIN 72553) (Kfz) / booster cable, jumper cable, jumper n, jump lead

**Start•hilfstriebwerk** n (Luftf, Raumf) / booster* n, booster engine ‖ ⁓**höchstgewicht** n (zulässiges) (Luftf) / maximum take-off weight, MTOW, max take-off weight*, max gross*, maximum weight* ‖ ⁓**höchstmasse** f (zulässige) (Luftf) / maximum take-off weight, MTOW, max take-off weight*, max gross*, maximum weight* ‖ ⁓**katalysator** m (Kfz) / primary catalytic converter ‖ ⁓**klappe** f (V-Mot) / choke* n, choke-valve n, choke plate ‖ ~**klar** adj (Luftf) / cleared for take-off (a decision by the control tower) ‖ ~**klar** (startbereit) (Luftf) / ready to take-off, ready to fly (in reference to the condition of the aircraft), ready for take-off ‖ ⁓**knoten** m (in der Grafentechnik) (KI) / starting node, start node, initial node

**Startlauf** m (Luftf) / ground run ‖ ⁓ (bis zu der Hindernisfreigrenze) (Luftf) / take-off run (from brake-release to end of ground run plus one-third of airborne distance to screen height) ‖ ⁓**strecke** f (nur der Bodenlauf) (Luftf) / ground run ‖ **verfügbare** ⁓**strecke** (Luftf) / take-off run available, TORA ‖ **erforderliche** ⁓**strecke** (Luftf) / take-off run required, TORR

**Start•leistung** f (Kfz) / starting power, cranking power ‖ ⁓**leistung** (Luftf) / take-off power ‖ ⁓**leistung eines militärischen Triebwerks** (Luftf) / military power ‖ ⁓**lichtbogen** m (Schw) / pilot arc ‖ ⁓**linie** f (in der Flüssigkeitschromatografie) (Chem) / starting line, start line ‖ ⁓**marke** f (Film) / start-mark n ‖ ⁓**masse** f (Luftf) / take-off weight ‖ ⁓**masse** (der Rakete) (Raumf) / launch weight, initial mass (as opposed to final mass) ‖ ⁓**- oder Landelauf** m (eines Wasserflugzeugs) (Luftf) / water run ‖ ⁓**organisation** f (EDV) / start organization ‖ ⁓**phase** f (von Raketen, die mit Hilfe von Startraketen gestartet werden) (Raumf) / boost phase ‖ ⁓**phase** (im allgemeinen) (Raumf) / launching phase ‖ ⁓**pilot** m (Anlaßhilfe bei Dieselmotoren) (Kfz) / starting air pilot valve, start pilot ‖ ⁓**plattform** f (Mil, Raumf) / launching pad, launch platform, launch pad*, LP ‖ **fliegende** ⁓**plattform** (Mil) / air-launch platform ‖ ⁓**platz** m (für Raketen) (Raumf) / launch complex, spaceport n, launching site, launch site ‖ ~**polarer Schritt** (EDV, Fernm) / start-polarity element ‖ ⁓**punkt** m / starting point, point of departure ‖ ⁓**punkt** (in der Flüssigkeitschromatografie) (Chem) / starting point, start point ‖ ⁓**punkt** (F.Org) / breakpoint n ‖ ⁓**punkt** (von Raketen) (Mil) / point of launch ‖ ⁓**rakete** f (Luftf) / take-off rocket*, booster rocket* ‖ ⁓**rampe** f (Raumf) / launching ramp, ramp n ‖ ⁓**reagens** n (Chem) / trigger* n ‖ ⁓**reaktion** f (einleitender Reaktionsschritt, z.B. bei Kettenreaktionen) (Chem) / start reaction, starting reaction ‖ ⁓**reibung** f (Masch) / starting friction ‖ ⁓**schacht** m (verbunkerte Startanlage für interkontinentale Fernwaffen) (Mil, Raumf) / silo* n (pl. silos) ‖ ⁓**schiene** f (Mil) / launching rail ‖ ⁓**schleuder** f (Luftf) / catapult* n, launching catapult ‖ ⁓**schwierigkeit** f (Kfz) / starting trouble ‖ ⁓**schwierigkeit** f pl (Kfz) / hard starting, starting ‖ ⁓**sequenzgeber** m (Mil) / launch sequencer ‖ ⁓**signal** n (Fernm) / start signal ‖ ⁓**silo** m n (unterirdische Startanlage für Raketen) (Mil, Raumf) / silo* n (pl. silos) ‖ ⁓**sperre** f (Kfz) / starter interlock, starting interlock ‖ ⁓**stellung** f (für Raketen) (Raumf) / launch complex, spaceport n, launching site, launch site ‖ ⁓**-Stopp-System** n (Teleg) / start-stop* n, start-stop system ‖ ⁓**-Stopp-Verfahren** n (der Beginn der Übertragung eines jeden Zeichens wird dem Empfänger durch einen Startschritt signalisiert und damit ein Synchronzustand zwischen Sender und Empfänger während der Übertragung des Zeichens hergestellt) (Fernm) / start-stop transmission ‖ ⁓**-Stopp-Zwischenraum** m (EDV) / interrecord gap (IRG) ‖ ⁓**strecke** f (Bodenstrecke) (Luftf) / take-off distance, TOD ‖ **verfügbare** ⁓**strecke** (Luftf) / take-off distance available, TODA ‖ **erforderliche** ⁓**strecke** (Luftf) / take-off distance required, TODR ‖

**verminderte** ⁓**- und Landestrecke** (Luftf) / reduced take-off and landing, restricted take-off and landing, RTOL ‖ ⁓**stufe** f (Raumf) / ascent stage ‖ ⁓**termin** m / start date ‖ ⁓**triebwerk** (Luftf, Raumf) / booster* n, booster engine ‖ ⁓**turm** m (Raumf) / tower launcher ‖ ⁓**überwachungsanlage** f (Luftf) / take-off monitoring system ‖ ⁓**- und Landebahn** f (Luftf) / runway n, RWY ‖ ⁓**- und Landebahn** (behelfsmäßige) (Luftf) / airstrip* n, flight-strip n ‖ ⁓**- und Landerecht** n (Luftf) / slot n (right to land or take off), right to land or take off ‖ ⁓**vergaser** m (V-Mot) / starting carburettor ‖ **automatischer** ⁓**vorgang** (EDV) / autoboot n ‖ ⁓**zeichen** n (Film) / start-mark n ‖ ⁓**zeit** f (DIN 66010) (EDV) / acceleration time, start time ‖ ⁓**zeit** (beim Reaktionsspritzgießen von Polyurethanschaumstoff) (Plast) / cream time

**Stase** f (Med) / stasis* n (pl. stases)
**Stassano-Ofen** m (ein indirekter Lichtbogenofen) (Eltech) / Stassano furnace
**Staßfurter Verfahren** (zur Gewinnung von Kaliumkarbonat) (Chem Verf) / Engel-Precht process
**Staßfurtit** m (ein Tiefborazit) (Min) / stassfurtite* n
**Statement Completion** f (Programmeditorfunktion, die automatisch häufig benutzte Statements vervollständigt) (EDV) / statement completion
**State-Variable-Filter** n (Filterstruktur, die man durch direkte Simulation der Zustandsgrößen eines gegebenen LC-Filternetzwerks gewinnt) (Eltronik) / state-variable filter
**Statik** f (als Lehrfach) (Bau) / theory of structures ‖ ⁓ (als Gesamt von statischen Berechnungen) (Bau, Mech) / structural analysis, structural statics ‖ ⁓ (Mech) / statics ‖ ⁓ **grafische** (Masch) / graphic statics* ‖ ⁓ f **starrer Körper** (Mech) / statics of rigid bodies
**Statikdruck** m (Hyd, Luftf) / static pressure*
**Statiker** m (Bau) / structural engineer
**statikfrei** adj (Eltech) / static-free adj
**Statin** n (Biochem) / inhibiting factor ‖ ⁓ (Biochem) / inhibiting factor, release inhibiting factor
**Station** f / station n ‖ ⁓ (Bahn) / depot n (US), (railway) station ‖ ⁓ (im Betriebssystem) (EDV) / partner n ‖ ⁓ (Eltech) / station* n ‖ ⁓ (Eltech) / substation* n, electric power substation ‖ ⁓ (Sender oder Empfänger) (Fernm, Radio) / station* n, radio station ‖ ⁓ (der Transfer- oder Fertigungsstraße) (F.Org) / workstation n, station ‖ ⁓ (eines Schiffes auf See) (Nav, Schiff) / station n ‖ ⁓ (Festpunkt auf einer abgesteckten Strecke) (Verm) / station n ‖ **auffordernde** ⁓ (EDV) / inquiring station ‖ **logisch abgehängte** ⁓ (EDV) / intercepted station ‖ **metallgekapselte** ⁓ (Eltech) / metal-clad substation

**stationär** adj / stationary adj ‖ ~ (zeitlich unveränderlich als Folge eines dynamischen, statischen oder statistischen Gleichgewichts) (Phys) / stationary adj ‖ **nicht** ~ (Wärmeleitung) / instationary adj, non-stationary adj ‖ ~**e Bahn** (bei Satelliten) (Raumf) / stationary orbit* ‖ ~**e Flamme** (wenn das zuströmende Frischgas gerade die Geschwindigkeit der Verbrennung hat) / stationary flame ‖ ~**e Front** (Meteor) / stationary front ‖ ~**er Gleichgewichtszustand** (offener Systeme) (Biol, Chem) / steady state, homeostasis* n ‖ ~**es Kriechen** (Bau, Hütt, Masch, WP) / secondary creep, steady-state creep ‖ ~**es Kriechen** (Hütt, WP) / secondary creep, stationary creep, standy-state creep ‖ ~**er Leser** (für Strichkode) (EDV) / stationary EAN scanner ‖ ~**e Modenleistungsverteilung** (DIN 57888, T 1) (Fernm) / equilibrium mode distribution ‖ ~**e Montage** (Masch) / stationary assembly ‖ ~**er Motor** (V-Mot) / stationary engine ‖ ~**e Nachrichtenquelle** (Fernm) / stationary message source, stationary information source ‖ ~**e Phase** (in der Chromatografie) (Chem) / stationary phase* ‖ ~**es Plasma** (das sich über einen hinreichend langen Zeitraum im gleichen stabilen Zustand befindet) (Plasma Phys) / stationary plasma ‖ ~**er Prozeß** (wenn die endlichdimensionalen Verteilungen gegen Zeitverschiebung unempfindlich sind) (Stats) / stationary process ‖ ~**es Prozeßmodell** (EDV) / steady-state process model ‖ ~**er Pumpautomat** (Vakuumt) / trolley exhaust system ‖ ~**e Pumpen** (mit stationären Pumpeinrichtungen) (Vakuumt) / trolley exhaust (system) ‖ ~**er Punkt** (Math) / stationary point* ‖ ~**es Radialgleitlager** (Masch) / plain journal bearing under steady radial load ‖ ~**er Satellit** (Fernm, Raumf) / synchronous satellite, geostationary satellite, geosynchronous satellite, stationary satellite, 24h-satellite, fixed satellite ‖ ~**er Schwebeflug** (des Hubschraubers) (Luftf) / spot-hover n ‖ ~**er Strom** (Eltech) / steady current ‖ ~**e Strömung** (eine Flüssigkeitsströmung, wenn das Geschwindigkeitsfeld der Strömung zeitunabhängig ist) (Phys) / steady flow*, time-invariant flow ‖ ~**er Verdichter** (Masch) / stationary compressor ‖ ~**e Wärmeleitung** (DIN 1341) (Phys) / steady-state heat conduction ‖ ~**er Wirbel** (Phys) / stationary vortex ‖ ~**er Zustand** (jeder Zustand eines physikalischen Systems, der gekennzeichnet ist durch zeitliche Konstanz gewisser Beobachtungsgrößen im Sinne eines dynamischen oder statistischen Gleichgewichts) (Phys) / stationary state

**Stationärbahn**

**Stationär•bahn** f (eine Satellitenkreisbahn) (Raumf) / geostationary orbit || ⁓**motor** m (V-Mot) / stationary engine || ⁓**zustand** m (Biol, Chem) / steady state, homeostasis* n || ⁓**zustand** (Phys) / stationary state
**stationieren** v (Mil) / deploy v
**Stationierung** f (Mil) / deployment n || ⁓ **von Waffen** (im Weltraum) (Mil) / weaponization n (of outer space)
**Stationierungsraum** m (z.B. bei Kernwaffen) (Mil) / deployment area
**Stations•abruf** m (in der Datenfernverarbeitung) (EDV) / stations cycle polling feature || ⁓**adresse** f (EDV) / station address || ⁓**aufforderung** f (der Sendestation an eine Empfangsstation) (EDV) / enquiry (ENQ) n || ⁓**aufforderung** (Aufforderung des Bedieners an eine Station) (EDV) / query n || ⁓**barometer** n (im Wetterdienst verwendetes Quecksilberbarometer zur Luftdruckmessung) (Meteor) / station barometer || ⁓**buchstabe** m (Fernm) / call letter || ⁓**kennzeichen** n (Radio, TV) / station-identification signal, interval signal || ⁓**manager** m (EDV) / station manager || ⁓**name** m (aus 3 oder 4 Buchstaben) (Fernm) / call letters || ⁓**schalter** m (Fernm) / station key || ⁓**tagebuch** n (Radio) / logbook n || ⁓**taste** f (Fernm) / station key || ⁓**taste** (zum Speichern und Abrufen von Sendern) (Kfz, Radio) / preset station button, channel preset butto, preset n (button)
**statisch** adj (Mech) / static* adj, statical adj || **nicht ⁓es Feld** (wenn zeitliche Änderungen auftreten) (Phys) / alternating field || ⁓**e Aufladung** (Elektr) / static charge, electrostatic charge* || ⁓**er Auftrieb** (bei Luftfahrzeugen leichter als Luft) (Luftf) / static lift || ⁓**e Auswuchtung** (Masch) / static equilibration, static balancing || ⁓**e Belastung** (Bau, HuT) / static loading, resting loading || ⁓ **bestimmt** (Mech) / perfect adj, statically determinate adj, isostatic adj || ⁓ **bestimmter Rahmen** (Mech) / perfect frame* || ⁓ **bestimmtes Rahmentragwerk** (Mech) / perfect frame* || ⁓**e Biegung** (For) / static bending || ⁓**er Druck** (in der Bernoullischen Druckgleichung) (Hyd, Luftf) / static pressure* || ⁓**er Druck** (bei strömenden Flüssigkeiten) (Phys) / hydrodynamical pressure || ⁓**er Druckabfall** (hinter der Drosselstelle) (Masch, Phys) / wire-drawing* n || ⁓**es Druckgefälle** (Mech) / static head, static pressure head || ⁓**e Druckhöhe** (in der Bernoullischen Gleichung für stationäre inkompressible Strömung) (Hyd) / pressure head || ⁓**e Druckhöhe** (Mech) / static head, static pressure head || ⁓**e Elektrizität** (Elektr) / static electricity* || ⁓**e Ermüdung** (Glas) / static fatigue || ⁓**er Fehler** (EDV) / static error || ⁓**es Feld** (wenn die Feldgröße an jedem Punkt im Raum zeitlich konstant bleibt) (Phys) / static field || ⁓**e Festigkeit** (Bruchspannung, die das Material bei langsam anwachsender Belastung erreicht) (WP) / static strength || ⁓**es Flipflop** (Eltronik) / static flip-flop || ⁓**e Gipfelhöhe** (Luftf) / absolute aerodynamic ceiling || ⁓**es Gleichgewicht** (Chem, Mech) / static equilibrium || ⁓**er Influenztransistor (SIT)** (Eltronik) / static induction transistor (SIT) || ⁓**es Kalorimeter** (Phys) / static calorimeter || ⁓**e Kennlinie** (z.B. einer Elektronenröhre) (Eltronik) / static characteristic* || ⁓**e Konvergenz** (TV) / static convergence* || ⁓**es Luftloch** (Luftf) / static vent || ⁓**es Magnetfeld** (Mag) / magnetostatic field || ⁓**er Mischer** (Chem Verf) / static mixer || ⁓**es Moment** (Mech) / static momentum || ⁓**e Prüfung** (EDV) / static check || ⁓**e Prüfung** (WP) / static test || ⁓**e Radunwucht** (Kfz) / static wheel imbalance, wheel wobble || ⁓**es RAM (SRAM)** (EDV) / static RAM (SRAM), static random-access memory || ⁓**es Rauschen** (Eltech) / static noise || ⁓**e Reibung** (Phys) / static friction, sticking friction, stiction* n, friction of rest, limiting friction*, starting friction || ⁓**es Relais** (Eltech) / static relay || ⁓**es Relais** (Eltech, Eltronik) / solid-state relay || ⁓**e Schweißmaschine** (Schw) / static welding machine || ⁓**er Speicher** (EDV) / static memory*, static store, static storage || ⁓**er Speicherauszug** (EDV) / static dump || ⁓**e Stabilität** (Luftf) / static stability* || ⁓**e Stabilität** (durch Gleichgewicht von krängendem und aufrichtendem Moment) (Schiff) / statical stability* || ⁓**es System** (Mech) / static system || ⁓**er Test** (Toxizitätstest, bei dem kein Austausch des Mediums stattfindet oder wenn doch, dann nur nach längeren Intervallen) (Umwelt) / static test || ⁓**e Tragfähigkeit** (eines Lagers) (Masch) / static load capacity || ⁓**e Tragzahl** (bei Lagern) (Masch) / static load rating || ⁓ **überbestimmt** (Mech) / overrigid* adj, statically overdeterminate adj, redundant* adj, hyperstatic adj || ⁓ **unbestimmt** (Mech) / indeterminate* adj, statically indeterminate adj, imperfect* adj || ⁓ **unbestimmter Rahmen** (Mech) / redundant frame, statically indeterminate frame || ⁓ **unbestimmtes Rahmentragwerk** (Mech) / redundant frame, statically indeterminate frame || ⁓ **unstabil** (Bau, Mech) / deficient* adj, unstable* adj || ⁓**es Verhalten** (ein Übertragungsverhalten) (Regeln) / steady-state response || ⁓**er Versuch** (WP) / static test
**statisch-magnetisches Feld** (Mag) / magnetostatic field
**Statist** m (Film) / extra n, supernumerary n, super n (US)
**Statistik** f (ein Teilgebiet der theoretischen Physik) (Phys) / statistical physics || ⁓ (Stats) / statistics n || **allgemeine** ⁓ (Stats) / descriptive statistics || **beschreibende** ⁓ (DIN 13303, T 1) (Stats) / descriptive statistics || **deskriptive** ⁓ (Stats) / descriptive statistics || **geologische** ⁓ (Geol, Stats) / geostatistics n || **mathematische** ⁓ (DIN 13 303, T 2) (Stats) / mathematical statistics || **multivariate** ⁓ (Methoden zur statistischen Analyse mehrdimensionaler Grundgesamtheiten anhand vektorwertiger Stichproben aus diesen Grundgesamtheiten) (Stats) / multivariate statistics || **repräsentative** ⁓ (Stats) / sampling n || ⁓ f **stochastischer Prozesse** (Stats) / statistics of stochastic processes
**Statistin** f (Film) / extra n, supernumerary n, super n (US)
**statistisch** adj (Stats) / statistical adj || ⁓**es Copolymer** (Chem) / random copolymer* || ⁓**es Copolymer** (Chem) / statistical copolymer || ⁓**e Copolymerisation** (Chem) / random copolymerization || ⁓**es Ensemble** (Mech, Stats) / statistical universe, statistical population || ⁓**e Entscheidungstheorie** (Stats) / statistical decision theory || ⁓**es Fadenelement** (zur Beschreibung der Knäueleigenschaften von Makromolekülen) (Chem) / statistical linear element || ⁓**er Fehler** (Radiol) / statistical error* || ⁓**e Gesamtheit** (Mech, Stats) / statistical universe, statistical population || ⁓**es Gewicht** (Stats) / statistical weight || ⁓**e Hypothese** (Stats) / statistical hypothesis || ⁓**e Inferenz** (KI) / statistical inference || ⁓**es Kopolymer** (dem Polymernamen wird das Infix "ran" hinzugefügt) (Chem) / random copolymer* || ⁓**es Kopolymer** (dem Polymernamen wird das Infix 'stat' hinzugefügt) (Chem) / statistical copolymer || ⁓**e Kopolymerisation** (Chem) / random copolymerization || ⁓**e Maßzahl** (Stats) / statistic* n, sample statistic, sample function || ⁓**e Mechanik** (Phys) / statistical mechanics || ⁓**es Mittel** (Stats) / statistical average || ⁓**es Modell** (ein Kernmodell) (Kernphys) / Fermi gas model, statistical model || ⁓**es Modell** (Stats) / statistical model || ⁓**er Multiplexer** (Multiplexer für die optimale Zuteilung des Übertragungsweges) (Fernm) / statistical multiplexer, statistical multiplexor, statmux || ⁓**er Operator** (ein quantenmechanischer Operator) (Phys) / density matrix || ⁓**er Parameter** (Stats) / statistic parameter || ⁓**e Physik** (Phys) / statistical physics || ⁓**es Programmpaket** (EDV) / statistical package || ⁓**e Qualitätskontrolle** / statistical quality control || ⁓**es Rauschen** (Eltech) / statistical noise || ⁓**e Schlußweise** (Stats) / statistical inferencing || ⁓**e Sicherheit** (Stats) / confidence probability || ⁓**e Tatsache** (Stats) / statistic n || ⁓**e Thermodynamik** (Gleichgewichtsstatistik) (Phys) / statistical thermodynamics || ⁓**e Versuchsplanung** (in der Qualitätstechnik) (Stats) / design of experiments || ⁓ **verteilte Impulsserie** (Fernm) / random pulse || ⁓ **verteiltes Signal** (Fernm) / random signal
**Stativ** n (im Labor) (Chem) / stand n, retort stand || ⁓ (dreibeiniges) (Foto, Verm) / tripod* n || ⁓ (Mikros) / stand n || ⁓**anschluß** m (Foto) / tripod bush*, tripod mount || ⁓**futteral** n (Film) / tripod case || ⁓**gewinde** n (Foto) / tripod bush*, tripod mount || ⁓**kamera** f (Foto) / stand camera || ⁓**kompaß** m (Bergb, Verm) / dial* n, mining dial* || ⁓**kopf** m (Foto) / tripod head* || ⁓**spinne** f (Film, Foto) / spider n, crow's foot || ⁓**spreize** f (Film, Foto) / spider n, crow's foot
**Stator** m (Eltech) / stator* || ⁓ (bei Innenmaschinen) (Eltech) / armature* n || ⁓**blechung** f (Eltech) / stator-core lamination || ⁓**loser Phasenkompensator** (Eltech) / expedor phase advancer* || ⁓**paket** n (der magnetisch aktive Eisenkreis des Stators) (Eltech) / stator core* || ⁓**schaufel** f (bei Verdichtern) (Masch) / stator blade || ⁓**wicklung** f (Eltech) / stator winding*
**Statuen•bronze** f (Hütt) / statuary bronze || ⁓**porzellan** n (Keram) / Parian, parian ware
**Status** m / state* n, status n || ⁓ (EDV, Fernm) / status n || ⁓ **Information Frame** (EDV) / Status Information Frame, SIF || ⁓**abfrage** f (EDV, Fernm) / status request || ⁓**anzeige** f (des allgemeinen Zustands eines Systems) (EDV) / status display || ⁓**anzeige** (Zustandsanzeige innerhalb des Registers eines Prozessors) (EDV) / status flag || ⁓**bit** n (EDV) / status bit, flag n || ⁓**-I-Netz** n (z.B. ein Telefon- oder ISDN-Netz) (Fernm) / status I network || ⁓**leiste** f (EDV) / status bar || ⁓**linie** f (EDV) / status line || ⁓**-II-Netz** n (z.B. festgeschaltete Verbindungen oder Mietleitungen) (Fernm) / status II network || ⁓**register** n (einer Zentraleinheit) (STR) (EDV) / status register || ⁓**register** (eines Mikroprozessors) (EDV) / flag register (a special-purpose register in which bits are set according to specified conditions that may occur during the execution of instructions) || ⁓**signal** n (EDV) / status signal || ⁓**vektor** m (EDV) / status vector || ⁓**wort** n (EDV) / status word
**Stau** m (Kfz) / traffic jam, tailback n, hold-up n, traffic hold-up, back-up n (US), jam n || ⁓ (um verstopfte Kreuzungen in der Stadt) (Kfz) / gridlock n || ⁓ (Verzögerung des Strömungsmediums vor Staupunkten) (Mech) / stagnation n, ram n || ⁓ (durch Wehre und Talsperren) (Wasserb) / impoundment n, impoundage n, ponding n
**Stauanlage** f (kleine) (Wasserb) / barrage* n || ⁓ (größere) (Wasserb) / dam n (erected across a valley)* || ⁓ **mit beweglichen Verschlüssen** (Wasserb) / barrage-mobile n || ⁓ **ohne bewegliche Verschlüsse** (Wasserb) / barrage-fixe* n
**Staub** m (Mehl) / flour* n || ⁓ (bis etwa $76\,\mu m$) / dust* n || ⁓ (Pap) / fines pl || **fibrogener** ⁓ (der zur Staublungenerkrankung führen kann) (Med) / fibrogenic dust || **gefährlicher** ⁓ (Med) / harmful dust || **interplanetarer** ⁓ (eine Art interplanetare Materie) (Astr) /

interplanetary dust ‖ **kosmischer** ⁓ (die staubförmige Komponente der interstellaren Materie) (Astr) / cosmic dust ‖ **mitgerissener** ⁓ / dust carry-over, fugitive dust ‖ **silikogener** ⁓ (ein gefährlicher Arbeitsstoff) / silica dust ‖ **voll** ⁓ / dust-laden *adj*, dusty *adj* ‖ ⁓ *m* **im Film** (Anstr) / nibs* *pl*, grits *pl* ‖ ⁓ **wischen** / dust *v*, dust off *v*
**Staub•abdichtung** *f* / dust sealing ‖ **absaugung** *f* (z.B. aus Bohrlöchern oder im allgemeinen zum Entstauben von Betriebspunkten mit besonders starkem Staubanfall) / dust extraction, dust aspiration ‖ ⁓**abscheider** *m* (Elektrofilter) / dust precipitator ‖ ⁓**abscheider** (Masch) / dust collector, dust separator, dust arrester
**Staubahn** *f* (Masch) / accumulating conveyor
**Staub•analyse** *f* / dust analysis, dust evaluation ‖ ⁓**anfall** *m* / occurrence of dust ‖ ⁓**auswurf** *m* (Umwelt) / dust emission, dust output
**Staubauwerk** *n* (Wasserb) / barrage* *n*
**Staub•bekämpfung** *f* / dust control, dust suppression ‖ ~**beladen** *adj* / dust-laden *adj*, dusty *adj* ‖ ⁓**beladung** *f* (Med, Umwelt) / dust concentration, dust loading, dust burden, dust content ‖ ⁓**belästigung** *f* / dust nuisance ‖ ⁓**benetzungsmittel** *n* / dust wetting agent ‖ ~**beständig** *adj* / dust-resistant *adj* ‖ ⁓**beutel** *n* (des Staubsaugers) / dust bag ‖ ⁓**beutel** (Bot) / anther *n* ‖ ⁓**beutel** (Gieß) / plumbago bag, dust bag ‖ ⁓**bildung** *f* (auf der Fahrbahn) (Kfz) / dusting *n*, dust formation ‖ ⁓**bildungverhindernder Zusatz** (Anstr) / antidust agent ‖ ~**bindendes Öl** / dust-binding oil, dust-laying oil, antidusting oil, dust oil ‖ ⁓**bindetuch** *n* (Anstr) / tack rag*, dust-trapping cloth, tack cloth ‖ ⁓**bindeverfahren** *n* (Bergb) / dust binding ‖ ⁓**blatt** *n* (Bot) / stamen* *n* (pl. -s or stamina) ‖ ⁓**brand** *m* (Bergb) / dust fire ‖ ⁓**brand** (Landw) / smut* *n* ‖ ⁓**brille** *f* / dust goggles ‖ ⁓**brüden** *m pl* (Masch) / fuel-laden vapours ‖ ⁓**bunker** *m* / dust hopper ‖ ⁓**devil** *m* (Meteor) / dust devil ‖ ⁓**dicht** *adj* / dust-proof* *adj*, dust-tight *adj*, dirt-proof *adj* ‖ ⁓**dichtung** *f* (Eltech) / dust seal, dust-proof seal
**Staubecken** *n* (von einer Stauanlage und dem Gelände umschlossener Raum zum Stauen von Wasser) (Wasserb) / impounding reservoir, storage reservoir, reservoir *n*, retaining basin
**Stäube•gerät** *n* (Landw) / duster *n* ‖ ⁓**geräte** *n pl* (Landw) / dusting equipment ‖ ⁓**maschinen** *f pl* (Landw) / dusting equipment
**Staubemission** *f* (Umwelt) / dust emission, dust output
**Stäubemittel** *n* / dusting agent
**stauben** *v* / dust *v* ‖ ⁓ *n* **des Papiers** (Druck, Pap) / fluffing* *n*, dusting *n*, linting *n*
**stäuben** *v* (mit Stäubemitteln) / dust *v* ‖ ⁓ *n* **aus der Luft** (Luftf) / aerial dusting ‖ ⁓ **mittels Flugzeug** (Luftf) / aerial dusting ‖ ⁓ **von der Luft aus** (Luftf) / aerial dusting
**Stäuber** *m* (Landw) / duster *n*
**Stauberieselung** *f* (Landw) / flood irrigation, flooding *n*
**Stäubermaschine** *f* (Landw) / duster *n*
**Staubewässerung** *f* (Landw) / border irrigation
**Staub•explosion** *f* (z.B. Kohlen-, Holz-, Getreide-, Mehl- usw.) / dust explosion* *f* ‖ ⁓**exposition** *f* (bei Menschen und Tieren) (Biol, Med) / dust exposure ‖ ⁓**faden** *m* (Bot) / filament *n* ‖ ⁓**fall** *m* (Umwelt) / dust fall ‖ ⁓**fänger** *m* / dust-trap *n*, dust-catcher *n*, dust collector ‖ ~**farben** *adj* / dust-coloured *adj*, dust-colour *attr*, dusty *adj* ‖ ⁓**farbig** *adj* / dust-coloured *adj*, dust-colour *attr*, dusty *adj* ‖ ⁓**fegen** *n* (unmittelbar in Bodennähe) (Meteor) / drifting dust ‖ ~**fein** *adj* / finely powdered ‖ **mahlen auf** ⁓**feinheit** / pulverize *v*, powder *v*, pulverise *v* (GB) / reduce to powder ‖ ⁓**feuerung** *f* (mit Kohlenstaub) / PF firing, pulverized-fuel firing, pulverized-coal firing ‖ ⁓**figuren** *f pl* (Akus) / Chladni figures*, sonorous figures ‖ **Kundtsche** ⁓**figuren** (akustisches Analogon zu den elektrischen stehenden Wellen) (Akus) / Kundt's powder (dust) figures ‖ ⁓**filteranlage** *f* / dust filter plant, dust filter installation ‖ ⁓**fließtechnik** *f* (Chem Verf) / fluid-bed technique, fluidized-bed technique ‖ ~**frei** *adj* / dust-free *adj*, dustless *adj* ‖ ⁓**füllanzeiger** *m* (des Staubsaugers) / dust-bag fullindicator ‖ ⁓**gefäß** *n* (Bot) / stamen* *n* (pl. -s or stamina) ‖ ⁓**gehalt** *m* (Med, Umwelt) / dust concentration, dust loading, dust burden, dust content ‖ ⁓**grau** *adj* / dusty grey, dusty *adj* ‖ ~**haltig** *adj* / dust-laden *adj*, dusty *adj* ‖ ~**haltige Luft** (F.Org, Med) / dust-laden air ‖ ⁓**haube** *f* / dust cover, dust sheet, dust hood ‖ ⁓**hose** *f* (Meteor) / dust devil
**staubig** *adj* / dust-laden *adj*, dusty *adj* ‖ ⁓ (Lackfilm) (Anstr) / bitty *adj*, nibby *adj* ‖ ⁓**es Glas** (Glas) / bloom* *n* ‖ ⁓**e Luft** (F.Org, Med) / dust-laden air
**Staub•inhalationskrankheit** *f* (Med) / pneumomoconiosis *n* (pl. pneumomoconioses), pneumoconiosis* *n* ‖ ⁓**kalk** *m* (Löschkalk) (Bau) / lime powder* ‖ ⁓**kammer** *f* (Masch) / dust chamber ‖ ⁓**kappe** *f* (des Ventils) / dust cap ‖ ⁓**kessel** *m* / PF boiler, pulverized-fuel boiler, pulverized-coal boiler ‖ ⁓**kohle** *f* (pulverisierte Kohle als Produkt) / pulverized coal, powdered coal, pulverized fuel, PF ‖ ⁓**kohle** (Bergb) / duff* *n* ‖ ⁓**kohlenbrenner** *m* / pulverized-coal burner* ‖ ⁓**konzentration** *f* (Anzahl der Staubteilchen je Liter Luft für eine bestimmte Staubteilchenklasse) (Med, Umwelt) / dust concentration, dust loading, dust burden, dust content ‖ ⁓**korn** *n* / dust particle ‖ ⁓**korn** (feine Körnung der Druckplatte) (Druck) / grain shading
**Stau•blech** *n* (für Flüssigkeiten) (Masch) / flight *n* ‖ ⁓**blech** (am Auslauf eines Sandfangs angebrachtes Blech, das so geformt ist, daß bei Änderung der Durchflußmenge und dadurch bedingter Änderung der Wasserspiegelhöhe eine bestimmte Fließgeschwindigkeit eingehalten wird) (Sanitär) / constant-velocity plate
**Staub•leitung** *f* (für Kohlenstaub) / PF-line *n*, pulverized-fuel line, pulverized-coal line ‖ ⁓**loses Strahlen** (eine Variante des Druckstrahlens) (Masch) / dust-free blasting ‖ ⁓**luft** *f* (F.Org, Med) / dust-laden air ‖ ⁓**lunge** *f* (Med) / pneumomoconiosis *n* (pl. pneumomoconioses), pneumoconiosis* *n* ‖ ⁓**lungenerkrankung** *f* (Med) / pneumomoconiosis *n* (pl. pneumomoconioses), pneumoconiosis* *n* ‖ ⁓**lupe** *f* (für die Anzeige des Füllgrades des Staubsaugers) / dust-bag fullindicator ‖ ⁓**mantel** *m* (Tex) / dust-coat *n*, duster *n* ‖ ⁓**maske** *f* (Atemschutzgerät mit einem am Maskenkörper angeschraubten mechanischen Filter) (Bergb) / dust respirator, aspirator *n* ‖ ⁓**messer** *m* (ein Handgerät) (Bergb) / impinger* *n* ‖ ⁓**messer** s. auch Konimeter und Staubzähler ‖ ⁓**meßgerät** *n* (Bergb) / impinger* *n* ‖ ⁓**mühle** *f* (Chem Verf, Masch) / pulverizer *n*, fine-grinding mill *n* ‖ ⁓**niederschlag** *m* (Umwelt) / dust precipitation ‖ ⁓**öl** *n* / dust-binding oil, dust-laying oil, antidusting oil, dust oil ‖ ⁓**partikel** *f* / dust particle ‖ ⁓**phasenreaktor** *m* (Nukl) / dust-fuel reactor ‖ ⁓**pinsel** *m* (zum Staubwischen) (Anstr) / duster *n*, dusting brush ‖ ⁓**reaktor** *m* (Nukl) / dust-fuel reactor
**Staubrett** *n* (Holzschlifferstellung) (Pap) / dam *n*
**Staub•sack** *m* (des Staubsaugers) / dust bag ‖ ⁓**sammler** *m* / dust-trap *n*, dust-catcher *n*, dust collector ‖ ⁓**saugen** *v* / vacuum-clean *v*, vacuum *v*, hoover *v* ‖ ⁓**sauger** *m* / vacuum cleaner, vac *n* (US), vacuum sweeper, Hoover *n* (GB) ‖ ⁓**schleier** *m* (Geol, Meteor) / dust-veil index ‖ ⁓**schleuse** *f* (EDV) / dust exclusion air lock ‖ ⁓**schutzhaube** *f* / dust cover, dust sheet, dust hood ‖ ⁓**schutzmanschette** *f* (Masch) / dust boot ‖ ⁓**schutzring** *m* (Masch) / dust washer ‖ ⁓**schweif** *m* (des Kometen) (Astr) / dust tail ‖ ⁓**silo** *m n* (mit Kohlenstaub) / PF bin, pulverized-fuel bin, pulverized-coal bin ‖ ⁓**sturm** *m* (Luftf, Meteor) / dust storm, duster *n* ‖ ⁓**teilchen** *n* / dust particle ‖ ⁓**teufel** *m* (eine Kleintrombe) (Meteor) / dust devil ‖ ~**trocken** *adj* (Lackschicht in der ersten Trockenstufe) (Anstr) / dust-dry *adj*, dust-free *adj* ‖ ⁓**überwachungsanlage** *f* (Nukl) / dust monitor* ‖ ⁓**- und Polierpaste** (für Möbel) (Tischl) / dusting paste ‖ ⁓**verzinkung** *f* (Galv) / dry galvanizing ‖ ⁓**wolf** *m* (Spinn) / dust willow, dust willey, dusting willey, shake willey, shaker *n* ‖ ⁓**zähler** *m* (Bergb, Meteor) / dust counter*, Kern counter ‖ ⁓**zucker** *m* (Nahr) / icing sugar, powdered sugar, confectioners' sugar (US), pounded sugar
**Stauchdruck** *m* (Hütt, WP) / upsetting pressure ‖ ⁓ (Schw) / push-up pressure
**stauchen** *v* (beim Walzen) (Hütt) / edge *v* ‖ ⁓ (in einer Hohlform) (Hütt) / swage *v* ‖ ⁓ (Längsausdehnung bei gleichzeitiger Querschnittszunahme verkürzen - DIN 8583, T 3) (Hütt, WP) / upset *v*, jump up *v* ‖ ⁓ (Schraubenköpfe) (Masch) / head *v* ‖ ⁓ (Blech durch Hammerschläge einziehen) (Masch) / shrink *v* ‖ ⁓ (Zahnspitzen schränken) (Werkz) / swage *v* ‖ ⁓ *n* (beim Walzen) (Hütt) / edging *n* ‖ ⁓ (Verkürzen der Längsausdehnung bei gleichzeitiger Querschnittszunahme - DIN 8583, T 3) (Hütt, WP) / upsetting* *n*, jumping-up* *n*, upset forging, upset *n* (US) ‖ ⁓ (von Schraubenköpfen) (Masch) / heading *n* ‖ ⁓ (Werkz) / swaging *n*
**Stauch•endmoräne** *f* (Geol) / ice-pushed ridge ‖ ⁓**falz** *m* (Buchb) / buckle-fold* *n* ‖ ⁓**falzung** *f* (Buchb) / buckle folding ‖ ⁓**garn** *n* (im Stauchkammerverfahren hergestelltes Bauschgarn) (Spinn) / stuffer-crimped yarn ‖ ⁓**gerüst** *n* (Hütt) / edger *n*, edging mill stand ‖ ⁓**grad** *m* (Hütt) / length-diameter ratio, L/D ratio ‖ ⁓**grad** (logarithmische Formänderung) (Mech) / degree of upsetting (logarithmic deformation) ‖ ⁓**grenze** *f* (WP) / compression limit ‖ ⁓**kaliber** *n* (Hütt) / edging pass, edge pass ‖ ⁓**kaliber beim Schienenwalzen** (Hütt) / dummy *n* ‖ ⁓**kammer** *f* (Spinn) / stuffer box* ‖ ⁓**kammertexturierung** *f* (Spinn) / stuffer-box crimping, stuffer-box method, stuffer-box process ‖ ⁓**kammerverfahren** *n* (ein Texturierverfahren) (Spinn) / stuffer-box crimping, stuffer-box method, stuffer-box process ‖ ⁓**längenverlust** *m* (Hütt) / upset length loss ‖ ⁓**moräne** *f* (Geol) / push moraine, shoved moraine, push-ridge moraine, upsetted moraine, thrust moraine ‖ ⁓**schmieden** *n* (negative Dehnung) (Hütt, WP) / upsetting* *n*, jumping-up* *n*, upset forging, upset *n* (US) ‖ ⁓**schrumpfung** *f* (Tex) / compressive shrinkage*, compression shrinkage ‖ ⁓**stempel** *m* (Masch) / header die, heading die, header *n*
**Stauchung** *f* (Hütt) / edging *n* ‖ ⁓ (ein Rahmenschaden) (Kfz) / mash *n* ‖ ⁓ *m* (indirekter Blechschaden in den Randzonen des beschädigten Bereichs) (Kfz) / buckle *n* ‖ ⁓ *f* (von Schraubenköpfen) (Masch) / heading *n* ‖ ⁓ (Werkz) / swaging *n*

**Stauchverhältnis**

**Stauch•verhältnis** n (Hütt) / length-diameter ratio, L/D ratio ‖ ~**verhältnis** (als Grenze gegen Ausknicken) (Mech) / upsetting ratio ‖ ~**versuch** m (an Rohren) (Hütt, Masch) / crushing test ‖ ~**versuch** (an Schmiedeteilen) (Hütt, WP) / upsetting test ‖ ~**versuch** (Mech, WP) / compression test ‖ ~**vorrichtung** f (zur Schränkung der Zahnspitzen) (Werkz) / swage n ‖ ~**wall** m (einer Endmoräne) (Geol) / ice-pushed ridge ‖ ~**wall** (eine Moräne) (Geol) / push moraine, shoved moraine, push-ridge moraine, upsetted moraine, thrust moraine ‖ ~**walze** f (Hütt) / edging roll ‖ ~**werkzeug** n (Hütt) / upsetting tool ‖ ~**werkzeug** (zur Schränkung der Zahnspitzen) (Werkz) / swage n
**Staudamm** m (Wasserb) / barrage* n, impounding dam
**Staudinger•-Gleichung** f (zur Berechnung der Molekularmasse makromolekularer Stoffe aus viskosimetrischen Daten) (Phys) / Staudinger equation ‖ ~**-Index** m (nach H. Staudinger, 1881-1965 - DIN 1342, T 1) (Phys) / intrinsic viscosity, Staudinger index, intrinsic viscosity number, limiting viscosity number, L.V.N.
**Staudruck** m (Luftf) / impact pressure, stagnation pressure, total pressure, total head* (static pressure + dynamic pressure) ‖ ~ (im Staustrahlrohr) (Luftf) / ram pressure ‖ ~**geber** m (Luftf) / Pitot head ‖ ~**log** n (Schiff) / hydrodynamical log ‖ ~**turbine** f (ein Hilfstriebwerk) (Luftf) / ram-air turbine*
**Staudüse** f (in der Strömungstechnik) / diffuser n ‖ ~ (ein pneumatischer Näherungssensor) / back-pressure nozzle
**stauen** v (Schiff) / stow v ‖ ~ (Wasserb) / dam v, dam up v, dike v, dyke v, stem v, impound v, pond v, back v, retain v, hold back v ‖ **sich** ~ (z.B. Wasser in verstopften Rohren) / back up vi ‖ **sich** ~ (Verkehr) (Kfz) / tail back v ‖ ~ v (Schiff) / stowage n ‖ ~ n (Wasserb) / impoundment n, impoundage n, ponding n
**Stauer** m (Schiff) / stevedore n, lumper n
**Staufaktor** m (der Ladung) (Schiff) / stowage factor*
**Stauffer•buchse** f (Masch) / grease cup* ‖ ~**büchse** (DIN 3411) (Masch) / grease cup* ‖ ~**fett** n (Schmierfett für gering belastete Gleitlager, mit niedrigem Tropfpunkt) (Masch) / cup grease, Stauffer grease
**Stau•flügler** m (Luftf, Schiff) / ramwing* n, ramwing vehicle, WIG vehicle, wing-in-ground vehicle, wing-in-ground-effect vehicle ‖ ~**förderer** m / accumulating roller conveyor ‖ ~**gerät** n (ein Durchflußmesser, z.B. Pitot- oder Prandtl-Rohr) (Masch) / impact-pressure counter ‖ ~**gerät** (zur aerodynamischen Windmessung) (Meteor) / static-tube instrument ‖ ~**gewässer** n (DIN 19700, T 13) / impoundment n ‖ ~**haltung** f (Wasserb) / pond n ‖ ~**handhabung** f (in der Fördertechnik) (Masch) / queue handling ‖ ~**höhe** f (Wasserb) / impounding head, height of raised water, storage level ‖ ~**holz** n (Schiff) / dunnage* n ‖ ~**inhaltskurve** f (Wasserb) / capacity curve ‖ ~**klappe** f (L-Jetronic) (Kfz) / sensor flap ‖ ~**klappe** (Wasserb) / gate n ‖ ~**klappe** (Wasserb) / balanced gate, balance gate ‖ ~**koeffizient** m (der Ladung) (Schiff) / stowage factor* ‖ ~**kopf** m (Plast) / storage head, accumulator head ‖ ~**kurve** f (Wasserb) / backwater curve* ‖ ~**kurve** (Wasserb) / capacity curve ‖ ~**latte** f (Pap) / slice* n ‖ ~**linie** f (Wasserb) / backwater curve* ‖ ~**marke** f (feste Markierung, welche das Stau- oder Absenkziel anzeigt) (Wasserb) / backwater mark ‖ ~**maß** n **der Gutart** (der Ladung) (Schiff) / stowage factor* ‖ ~**mauer** f (Wasserb) / barrage* n, impounding dam ‖ ~**mauer mit Sparräumen** (Wasserb) / hollow dam ‖ ~**plan** m (Schiff) / stowage diagram, stowage plan ‖ ~**punkt** m (ein Punkt an der Oberfläche eines umströmten Körpers, in dem die Geschwindigkeit auf Null verzögert wird) (Luftf) / stagnation point* ‖ ~**quelle** f (Geol) / barrier spring ‖ ~**rand** m (bei einem hydrostatischen Staurand-Axiallager) (Masch) / step n ‖ **hydrostatisches** ~**rand-Axiallager** (Masch) / hydrostatic step bearing ‖ ~**raum** m (z.B. im Auto) / stowage space ‖ ~**raum** (HuT, Wasserb) / pondage n, storage capacity ‖ ~**raumkanal** m (langgestreckte Bauform des Regenüberlaufbeckens nach DIN 4045) (Sanitär) / sewer with storage capacity and overflow ‖ ~**regelung** f (Wasserb) / canalization n ‖ ~**rohr** n (das außer dem Staudruck auch den statischen Druck des Mediums mißt) (Luftf, Phys) / pressure head*, Pitot-static tube* ‖ ~**rohr** (zur Messung des Staudrucks eines strömenden Mediums) (Phys) / impact pipe, impact tube ‖ **seitliche** ~**rohröffnung** (für den statischen Druck) (Luftf) / static opening ‖ **vordere** ~**rohröffnung** (für den Gesamtdruck) (Luftf) / pitot opening ‖ ~**rohrreihe** f (als Druckgeber in den Fahrtmessern) (Luftf) / pitot rake, pitot comb
**Staurolith** m (ein Nesosilikat) (Min) / staurolite* n, fairy stone
**Stau•rollenförderer** m / accumulating roller conveyor ‖ ~**schalter** m (EDV) / jam switch ‖ ~**scheibenförderer** m (Bremsförderer in der geneigten Lagerung im Abbau) (Bergb) / button rope conveyor, rope and button conveyor ‖ ~**schleuse** f (Wasserb) / flood gate ‖ ~**schwall** m (Wasserb) / positive surge because of decreased outflow ‖ ~**see** m (Geol) / dammed lake, ponded lake, impounded reservoir ‖ ~**spiegel** m (Wasserb) / impounding head, height of raised water, storage level ‖ ~**stellung** f (eines Wehrverschlusses) (Wasserb) / raised position ‖

~**strahlrohr** n (Luftf) / athodyd n, ramjet* n, aerothermodynamic duct, ramjet engine, Lorin duct, flying stovepipe ‖ ~**strahltriebwerk** n (mit Unterschallverbrennung) (Luftf) / athodyd n, ramjet* n, aerothermodynamic duct, ramjet engine, Lorin duct, flying stovepipe ‖ ~**strahlturbine** f (Luftf) / turboramjet* n, turboramjet engine ‖ ~**stufe** f (die der Stauregelung von Flüssen dient) (Wasserb) / weir* n, barrage n ‖ ~**stufenkraftwerk** n (Eltech) / barrage power station ‖ ~**temperatur** f (Luftf) / stagnation temperature* ‖ ~**- und Rieselverfahren** n (Landw) / surface irrigation
**Stauung** f (Wasserb) / impoundment n, impoundage n, ponding n ‖ ~ **des Holzes** (bei der Flößerei) (For, Wasserb) / logjam n
**stauungs•los** adj (z.B. Durchgang des Materials) / unimpeded adj ‖ ~**plan** m (Schiff) / stowage diagram, stowage plan
**Stau•vorrichtung** f (bei offenen Stoffaufläufen) (Pap) / slice* n ‖ ~**wand** f (des Wehrs) (Wasserb) / upflow baffle, standing baffle ‖ ~**wasser** n (kurze Zeit des Gezeitenwechsels) (Ozean) / slack water ‖ ~**wasser** (Wasserb) / backwater* n, impoundment n, impoundage n ‖ ~**wehr** n (Wasserb) / weir* n, barrage n ‖ ~**werk** n (Wasserb) / barrage* n ‖ ~**widerstand** m (Luftf) / ram drag ‖ ~**ziel** n (zulässiger Wasserstand im Oberwasser) (Wasserb) / planned impounding scheme, normal water level
**Stave** f (zur Kühlung eines Schachtofens) (Hütt) / stave cooler
**Stay-in-lane-System** n (bei dem derjenige Kraftfahrer das Risiko beim Überholen trägt, der den Fahrstreifen wechselt) (Kfz) / stay-in-lane system (US)
**Stay-log** n (Spannbalken zum Exzentrischschälen von Schälfurnierblöcken) (For) / stay log
**Staylog-Schälen** n (Herstellung von Exzenterschälfurnier) (For) / stay-log cutting, stay-log slicing
**StE** (Landw) / starch unit
**Steadit** m (Eutektikum in phosphorhaltigem Grauguß - nach J.E. Stead, 1851-1923) (Hütt) / steadite n
**Steady-state** n (z.B. chemischer Gleichgewichtszustand, Fließgleichgewichtszustand) (Biol, Chem) / steady state, homeostasis* n ‖ ~**-Kosmologie** f (eine veraltete kosmologische Theorie) (Astr) / steady-state theory*
**Stealth** n (verringerte Entdeckbarkeit) (Luftf, Mil) / stealth* n
**Stealth-Virus** m (EDV) / stealth virus
**Steam•cracken** n (Erdöl) / steam cracking ‖ ~**cracker** m (ein Röhrenspaltofen) (Erdöl) / steam cracker ‖ ~**cracking** (Erdöl) / steam cracking ‖ ~**-crack-Verfahren** n (Erdöl) / steam cracking ‖ ~**-jet-Methode** f (ein Bauschverfahren für Polyamide) (Spinn) / steam-jet texturing ‖ ~**kracker** m (Erdöl) / steam cracker
**Steapsin** n (eine Lipase) (Biochem) / steapsin* n
**Stearamid** n (Chem, Erdöl) / stearic acid amide, stearamide n
**Stearat** n (Salz oder Ester der Stearinsäure) (Chem, Nahr) / stearate n, octadecanoate n ‖ ~**seife** f (Chem) / stearate soap, stearin soap
**Stearin** n (meistens Tristearin) (Chem) / stearin* n ‖ ~**pech** n (eine zähe bis harte, schwarze Masse, die beim Destillieren von Fettsäuren als letzter Rückstand verbleibt) (Chem Verf) / stearin pitch ‖ ~**säure** f (Chem) / stearic acid*, octadecanoic acid ‖ ~**säureamid** n (Chem, Erdöl) / stearic acid amide, stearamide n ‖ ~**säurebutylester** m (Chem) / butyl stearate ‖ ~**säurechlorid** n (Chem) / stearoyl chloride ‖ ~**seife** f (Salz der Stearinsäure) (Chem) / stearate soap, stearin soap
**Stearolsäure** f (Chem) / stearolic acid, 9-octadecynoic acid
**Stearoylchlorid** n (Chem) / stearoyl chloride
**Stearylalkohol** m (Chem) / stearyl alcohol, 1-octadecanol n, octadecyl alcohol
**Steatit** m (Keram, Min) / steatite* n, steatite talc, soaprock n ‖ ~ (Keram, Min) s. auch **Talk** ‖ ~**keramik** f / steatite ceramics ‖ ~**porzellan** n (Keram) / steatite porcelain ‖ ~**weißware** f (Keram) / steatite whiteware (with magnesium metasilicate)
**Stech•beitel** m (Tischl, Zimm) / chisel* n, mortise chisel*, firmer chisel*, framing chisel*, heading chisel*, socket chisel* ‖ ~**drehmeißel** m (Masch) / parting tool, parting-off tool ‖ ~**drehmeißel** (DIN 4981) (Werkz) / recessing tool, parting tool, vee tool ‖ ~**eisen** n (mit seitlich abgeschrägten Fasen) (Tischl, Zimm) / chisel* n, mortise chisel*, firmer chisel*, framing chisel*, heading chisel*, socket chisel*
**stechen** v (mit einer Nadel) / stick vt, prick v ‖ ~ (Torf) / dig v ‖ ~ (die Stechuhr betätigen) (F.Org) / clock v ‖ ~ (bei Arbeitsantritt) (F.Org) / clock in v, clock on v ‖ ~ (bei Arbeitsschluß) (F.Org) / clock off v, clock out v ‖ ~ (Torf) / digging n ‖ ~ (Hütt) / plunging n, burring n (US)
**stechend** adj (Geruch) / pungent adj, acrid adj, sharp adj ‖ ~**es Schweißen** (Kfz, Schw) / pushing welding (technique)
**Stecher** m (für Feinarbeiten in Ecken und Winkeln, wie auch für Ausbesserungen) (Bau) / jointer n ‖ ~ (des Schützenwächters) (Web) / dagger n, knock-off dagger, warp protector ‖ ~**einrichtung** f (Sicherheitsvorrichtung an der Webmaschine, die das Anschlagen des Rietes an den Warenrand verhindert) (Web) / knock-off device
**Stech•fichte** f (Picea pungens Engelm.) (For) / Colorado spruce, Colorado blue spruce, silver spruce, blue spruce ‖ ~**flug** m (Luftf) /

dive* *n*, diving *n*, nose-down pitching, nose dive* ‖ ⁓**flugbremse** *f* (Luftf) / dive brake ‖ ⁓**hahn** *m* (Masch) / faucet* *n* ‖ ⁓**heber** *m* (zur Entnahme von Flüssigkeiten) / thief *n*, thief tube ‖ **rechtwinklig gebogener** ⁓**hobelmeißel** (DIN 4963) (Masch) / right-angle cranked tool ‖ ⁓**kahn** *m* (ein Prahm) (Schiff) / punt *n* ‖ ⁓**kamm** *m* **der Raschelmaschine** (Tex) / trace comb ‖ ⁓**karre** *f* (ein Handfahrgerät) / hand truck (two-wheel), truck *n* ‖ ⁓**karte** *f* (F.Org) / clock card, timecard *n* ‖ **elektronische** ⁓**karte** (EDV, Mag) / magnetic badge ‖ ⁓**marke** *f* (Geol) / prod mark, prod cast ‖ ⁓**messer** *n* (zum Schlachten) (Nahr) / sticking knife ‖ ~**mückentötendes Mittel** / culicide *n* ‖ ⁓**mückentötungsmittel** *n* / culicide *n* ‖ ⁓**pegel** *m* (Wasserb) / point gauge ‖ ⁓**pipette** *f* (Chem) / dropping pipette ‖ ⁓**uhr** *f* (F.Org) / time clock (automatic recording clock) ‖ ⁓**werkzeug** *n* (welches das Blech aufreißt und zu einem Kragen umformt) (Masch) / plunging tool ‖ ⁓**zirkel** *m* (Zirkel mit Stahlspitze zum Abgreifen und Abtragen der Maße) / dividers* *pl* ‖ ⁓**zirkel** *s.* auch Teilzirkel
**Steck•achse** *f* / wheel spindle (on motor cycles) ‖ ⁓**anschluß** *m* (ein Kabelanschluß) (Kab) / plug-in termination
**steckbar** *adj* (Eltronik) / plug-in *attr*, pluggable *adj*, plugin *attr* (US), pushin *n* (US) ‖ ~**er Endverschluß** (Kab) / plug-in termination ‖ ~**e Flachbaugruppe** *m* (EDV, Eltronik) / plug-in unit*, plug-in* *n* ‖ ~**e Lampe** (Eltech) / jack lamp ‖ ~**e Verbindungsleitung** (Fernm) / plug wire*, patch cord
**Steck•baustein** *m* (EDV, Eltronik) / plug-in module, plug-in unit*, pluggable module ‖ ⁓**bauweise** *f* (EDV, Eltronik) / plug-in construction ‖ ⁓**bindung** *f* (Buchb) / post binder ‖ ⁓**blende** *f* (bei Reprokameras) (Foto) / Waterhouse stop* ‖ ⁓**brett** *n* (EDV) / plugboard *n*, jack panel, patchboard *n* ‖ ⁓**brett** (Eltech) / plug-and-socket board ‖ ⁓**brett** (For) / peg-board *n* ‖ ⁓**brücke** *f* (EDV) / jumper *n*, device configuration block ‖ ⁓**buchse** *f* (Eltech) / socket connector, socket *n* ‖ ⁓**dose** *f* (ein Teil der Steckvorrichtung) (Eltech) / socket-outlet *n* (GB), receptacle outlet *n* (US), socket* *n* (GB), receptacle *n* (US), electric socket, convenience outlet, plug box, outlet *n*, electrical outlet ‖ ⁓**dose** (für die Schweißarbeiten) (Schw) / welding outlet ‖ **[ortsfeste]** ⁓**dose** (Eltech) / fixed socket-outlet ‖ ⁓**dosenleiste** *f* (Eltech) / plug-and-socket board ‖ ⁓**dosensäule** *f* (auf einem Campingplatz) (Kfz) / electric hook-up point ‖ ⁓**einheit** *f* (EDV, Eltronik) / plug-in unit*, plug-in* *n*
**Steckel-Walzwerk** *n* (ein Breitbandwalzwerk mit Brems- und Haspelzug) (Hütt) / Steckel mill
**stecken** *v* (mit Nadeln) / pin *v* ‖ ~ (EDV, Eltronik) / plug in(to) *v* ‖ ~ (Formstifte) (Gieß) / sprag *v* ‖ **Formerstifte** ~ (Gieß) / sprig *v* ‖ ~ *m* / stick *n*
**steckenbleiben** *vi* / stick *vi*, hang up *v*, get stuck ‖ ~ *v* (Bohrwerkzeug oder Bohrgestänge im Bohrloch) (Bergb) / sand up *vi*
**steckengeblieben•er Schuß** (Bergb) / failed hole, missed hole, misfire hole ‖ ~**er Stab** (Nukl) / stuck rod
**Stecker** *m* (ein Teil der Steckvorrichtung) (Eltech) / plug* *n*, electric plug ‖ ~ (einer Steckverbindung) (Eltech) / male connector, connector *m* ‖ ~ (im Druckguß) (Gieß) / plug *n* ‖ **den** ~ **herausziehen** (Eltech) / unplug *v* ‖ **dreipoliger** ~ (Eltech) / three-pin plug* ‖ **gepolter** ~ (Eltech) / polarized plug ‖ **mit** ~**n versehen** (Eltech) / connectorized *adj* ‖ **zweipoliger** ~ (Eltech) / two-pin plug, two-pin connector ‖ ~ *m* **für Wandsteckdose** (Eltech) / wall plug ‖ ~ **mit freier Zuleitung** (Eltronik) / flying-lead connector ‖ ~ **mit Schirmerde** (Fernm) / phonoplug* *n*
**Stecker- und Buchsenverbindung** *f* (Fernm) / jack connection, JC
**stecker•fertige Konstruktion** (Masch) / plug-in construction ‖ ⁓**gehäuse** *n* (Eltech) / plug housing ‖ ⁓**kabel** *n* (Fernm) / plug wire*, patch cord ‖ ~**kompatibel** *adj* (Ausrüstung) (EDV) / plug-compatible *adj*, plug-to-plug compatible ‖ ⁓**kontakt** *m* (Eltech) / plug contact, male contact ‖ ⁓**leiste** *f* (eines Leiterplattenchassis) (Eltronik) / edge connector, edgeboard connector ‖ ⁓**spitze** *f* (Fernsp) / tip *n* ‖ ⁓**stift** *m* (Eltech) / pin* *n*, contact tag, connector pin ‖ ⁓**stift** (Eltech) / male plug
**Steck•fassung** *f* (Eltech) / pin lamp cap ‖ ⁓**fassung zur Aufnahme von zwei Stiften** (Eltech) / bi-pin lamp cap ‖ ⁓**feld** *n* (Eltech) / plugboard *n*, patch board* ‖ ⁓**flansch** *m* (Eltech) / socket flange ‖ ⁓**griff** *m* (Masch) / nut driver ‖ ⁓**griff** (mit Antriebsvierkant) (Werkz) / spinner handle ‖ ⁓**hülse** *f* (Eltech) / push-on receptacle ‖ ⁓**karte** *f* (EDV) / plug-in card, plugin card, plug-in board, pc card ‖ ⁓**karte** (Eltronik) / piggyback board, daughter board ‖ **kurze** ⁓**karte** (EDV) / half-sized board ‖ **lange** ⁓**karte** (EDV) / full-length board ‖ ⁓**kasten** *m* (Eltech, Film) / cable-distribution box, socket box ‖ ⁓**kontakt** *m* (Eltech) / plug contact, male contact ‖ ~**kraftloses Bauelement** (Eltronik) / zero-insertion-force component, ZIF component ‖ ⁓**lasche** *f* (einer Faltschachtel) / tuck-in flap ‖ ⁓**leiste** *f* (Eltech) / feed-track strip ‖ ⁓**modul** *n* (EDV, Eltronik) / plug-in module, plug-in unit*, pluggable module ‖ ⁓**muffe** *f* (bewegliche Rohrverbindung von Muffenrohren mit Dichteelementen, die werkseitig in die Muffe eingebaut und gegebenenfalls auch mit dem Spitzende verbunden werden - DIN 4045) / flexible mechanical joint ‖ ⁓**nuß** *f* (Werkz) / socket *n* ‖

⁓**patronensicherung** *f* (Eltech) / plug fuse, plug type fuse ‖ ⁓**platz** *m* (EDV) / card slot, slot *n* (for system expansion), expansion slot ‖ ⁓**programmsteuerung** *f* (eine NC-Steuerung) (Masch) / plugboard control, plug-program control ‖ ⁓**rahmen** *m* (EDV) / modular frame ‖ ⁓**scheibe** *f* (Masch) / blind *n*, blank *n*, blank flange*, blind flange ‖ ⁓**schlüssel** *m* (Werkz) / socket spanner, socket wrench (US) ‖ ⁓**schlüssel** (für Unterflurarmaturen) (Werkz) / T-handle *n* ‖ ⁓**schlüsseleinsatz** *m* (Werkz) / socket *n* ‖ ⁓**schlüsselsatz** *m* (Werkz) / socket set ‖ **durch** ⁓**schnüre verbinden** (Eltech) / patch *v*, patch in* *v* ‖ ~**schnüren** *v* (Eltech) / patch *v*, patch in* *v* ‖ ⁓**schuh** *m* (Foto) / accessory shoe* ‖ ⁓**schuh mit Mittenkontakt** (Foto) / hot shoe* ‖ ⁓**sockel** *m* (Eltech) / pin-type cap, pin-type socket, pin base ‖ ⁓**spule** *f* (Eltech) / plug-in coil ‖ ⁓**stellenauswahl** *f* (EDV) / socket option ‖ ⁓**stift** *m* (Eltech) / prong *n* ‖ ⁓**tafel** *f* (EDV) / patch panel* ‖ ⁓**tafel** (Eltech) / plugboard *n*, patch board* ‖ ⁓**verbinder** *m* (Steckdose + Stecker) (Eltech) / pin-and-socket connector, plug-and-socket connector, pin and socket, plug-and-receptacle connector ‖ ⁓**verbinder** (Eltronik) / plug-in connector, pluggable connector ‖ ⁓**verbindung** *f* (als Bauteil) (Eltech) / pin-and-socket connector, plug-and-socket connector, pin and socket, plug-and-receptacle connector ‖ ⁓**verbindung** (Eltech) / plug-and-socket connection, plug-in connection ‖ ⁓**verbindung** (von Rohren) (Masch) / slip joint, clamped joint connection ‖ **konzentrische** ⁓**verbindung** (Eltech) / concentric plug-and-socket* ‖ ⁓**vorrichtung** *f* (Stecker oder Steckdose) (Eltech) / coupler *n*, connector *n*
**Steenbeck-Bedingung** *f* (zweite Grundbedingung des Betatrons) (Nukl) / Steenbeck condition
**Steenrodsche Algebra** (Math) / Steenrod algebra
**Stefan-Boltzmannsch•es Strahlungsgesetz** (DIN 5031, T 8) (Phys) / Stefan-Boltzmann law*, Stefan's law ‖ ~**e Strahlungskonstante** (nach J. Stefan, 1835-1893, und L. Boltzmann, 1844-1906 - DIN 5031, T 8) (Phys) / Stefan-Boltzmann constant*
**Stefan-Zahl** / im deutschen Sprachraum weniger gebräuchliche dimensionslose Kennzahl, die bei der Untersuchung des Wärmeübergangs durch Strahlung benutzt wird) (Wärm) / Stefan number, Stark number, St, Sk
**Steffen-Brühverfahren** *n* (in der Zuckerfabrikation) (Nahr) / Steffen scalding process, Steffen process
**Steg** *m* (der Schallplatte) (Akus) / land *n* (the record surface between two adjacent grooves of a mechanical recording) ‖ ~ (zwischen zwei Einkehlungen einer kannelierten Säule) (Arch) / facette* *n*, fillet* *n*, arris *n*, facet^ *n* ‖ ~ (zwischen den Schlitzen einer Triglyphe) (Arch) / meros* *n*, femur* *n* ‖ ~ (der Eisenbahnschiene) (Bahn) / web *n* ‖ ~ (des Lochziegels) (Bau) / web *n* ‖ ~ (an Profilstählen und Stahlträgern) (Bau, HuT) / web* *n*, stem *n* (of a tee-section), rib *n*, stalk *n* (of a tee-section) ‖ ~ (zum Zusammenhalten zweier Bretter) (Bergb) / cleat *n* ‖ ~ (der freie, unbedruckte Raum um die Kolumnen) (Druck) / margin *n* ‖ ~ (Abstand zwischen den Pits einer CD-Platte) (EDV) / land *n* ‖ ~ (Perforation) (EDV) / tie *n* ‖ ~ (Zellenverbinder einer Batterie) (Eltech) / cell connector ‖ ~ (Brücke für Fußgänger) (HuT, Kfz) / footbridge* *n*, pedestrian bridge ‖ ~ (des Planetengetriebes) (Kfz, Masch) / planet carrier, planetary carrier ‖ ~ (zwischen zwei Löchern eines Blechteils) (Masch) / ligament *n* ‖ ~ (der Kette) (Masch) / stud *n* ‖ ~ (unabgeschrägter Teil der Schweißkante) (Schw) / root face ‖ ~**e** *m pl* (rechteckige, mit Aussparungen versehene Eisenstücke zum Bilden der Druckform) (Typog) / furniture* *n* ‖ ~ (Typog) / stick *n* (piece of furniture)
**Stegabstand** *m* (Abstand der Werkstücke an der Stelle, an der sie nicht bearbeitet wurden) (Schw) / root opening, root gap, opening of the root of the weld
**Steganografie** *f* (Wissenschaft von der Verschleierung der Information durch chemische und physikalische Hilfsmittel) / steganography *n*
**Stegblech** *n* (HuT, Hütt) / web plate
**Stegetechnik** *f* (Eltronik) / beam-lead technology
**Steg•flanke** *f* (unabgeschrägter Teil der Schweißkante) (Schw) / root face ‖ ⁓**halterkopf** *m* (Plast) / spider head, spider *n* ‖ ⁓**höhe** *f* (unabgeschrägter Teil der Schweißkante) (Schw) / root face ‖ ⁓**hohlleiter** *m* (Elektr, Phys) / ridged waveguide ‖ ⁓**kette** *f* (Masch) / studded chain, stayed link chain ‖ ⁓**kettenförderer** *m* (Bergb) / scraper-chain conveyor ‖ ~**los** *adj* (Kette) / plain *adj* ‖ ⁓**naht** *f* (Schw) / joint with root face ‖ ⁓**rost** *m* (z.B. einer Abwasserleitung) (HuT, Sanitär) / cross-membered grating ‖ ⁓**schweißen** *n* (Schw) / web welding ‖ ⁓**spannung** *f* (Segmentspannung) (Eltech) / segment voltage ‖ ⁓**verbinder** *m* (bei Kastenträgern) (HuT) / diaphragm plate* ‖ ⁓**welle** *f* (Welle mit aufgeschweißten Stegen für Läufer mit größerem Durchmesser) (Eltech) / spider shaft
**Steh•-** / standing *adj* ‖ ⁓**achse** *f* (DIN 18718) (Verm) / vertical axis ‖ ⁓**bildkamera** *f* (Foto) / still camera, still-picture camera ‖ **elektronische** ⁓**bildkamera** (Film) / video still camera, frame grabber ‖ ⁓**bildprojektion** *f* (bei Dias) / still projection ‖ ⁓**bildprojektor** *m* (DIN 1940, T 10) (Foto) / still projector ‖ ⁓**bildwerfer** *m* (DIN 1940, T 10) (Foto) / still projector ‖ ⁓**blech** *n* (zwischen den Gurten eines

**Stehbolzen**

Blechträgers) (HuT, Hütt) / web plate ‖ ⁓**bolzen** *m* (Masch) / stud* *n*, stud bolt ‖ ⁓**bolzen** (Schraubenbolzen mit Gewinden an beiden Enden) (Masch) / stay bolt, stay *n* ‖ ⁓**bolzengewindebohrer** *m* (Werkz) / stay-bolt tap
**stehen** *v* (aufrecht) / stand *v* (upright) ‖ **zum** ⁓ **bringen** (Kfz) / stop *v*, pull up *v*
**stehenbleiben** *vi* (Kfz) / stall *vi* ‖ ⁓ *v* (Kfz) / stall *v*, run down *v*, break down *v* ‖ ⁓ (Kfz) s. auch sterben ‖ ⁓ *n* (der Maschine infolge Überlastung) (Masch) / stall* *n*
**stehend** *adj* / standing *adj* ‖ ⁓ (Kfz, Masch) / vertical *adj* ‖ ⁓ (Fahrerplatz bei den Flurförderzeugen) (Masch) / stand-on *attr* ‖ ⁓ (Wasser) (Umwelt) / lentic* *adj* ‖ ⁓**es, fauliges Wasser** (in einem Graben) (HuT) / ditchwater *n* ‖ ⁓ **ästen** (For) / lop *v*, limb *v* (US) ‖ ⁓**er Brand** (bei Flachware) (Keram) / reared firing, rearing *n* ‖ ⁓**es Dachfenster** (mit besonderem Aufbau auf dem Sparrenwerk) (Arch, Bau) / dormer* *n*, dormer window, lucarne *n* (US) ‖ ⁓**es Dachfenster** (mit vorgelagerter horizontaler Freifläche) (Arch, Bau) / internal dormer ‖ ⁓**e Dampfmaschine** (Masch) / vertical steam engine ‖ ⁓**e Ernte** (Landw) / standing crop ‖ ⁓**es Fahrzeug** (Kfz) / stationary vehicle ‖ ⁓**e Falte** (Geol) / upright fold ‖ ⁓**e Gewässer** *n pl* (Wasserb) / stagnant water ‖ ⁓**es Gut** (Tauwerk der Takelage, das mit Spannschrauben festgesetzt ist) (Schiff) / standing rigging ‖ ⁓**es Holz** (For) / standing timber, stumpage *n* ‖ ⁓**er Kessel** (Masch) / vertical boiler* ‖ ⁓**e Maschine** (Masch) / vertical-shaft machine ‖ ⁓**er Motor** (DIN 1940) (V-Mot) / vertical engine* ‖ ⁓**er Pfahl** (der die Last mit seiner Spitze auf die tragfähige Schicht überträgt) (HuT) / end-bearing pile, point-bearing pile ‖ ⁓**er Pfahl** s. auch schwebender Pfahl ‖ ⁓**e Schicht** (von Steinen, in einem Schmelzofen) (Glas, Keram) / soldier course (a course of refractory brick set on end in the bottoms of some types of ladles, furnaces, and glass tanks) ‖ ⁓**er Start** (bei Beschleunigungsmessungen) (Kfz) / standing start ‖ ⁓**er Streustrahlenraster** (Radiol) / stationary grid, Lysholm grid ‖ ⁓**es Ventil** (V-Mot) / side valve* ‖ ⁓**es Wasser** (Wasserb) / backwater *n*, catchment water ‖ ⁓**e Welle** (Fernm) / standing wave*, stationary wave*
**stehenlassen** *v* (Typog) / keep standing*, keep up* *v*
**Steh•fach** *n* (Web) / dwell shed ‖ ⁓**faden** *m* (Web) / standing end ‖ ⁓**feldbestrahlung** *f* (bei der das Nutzstrahlenbündel relativ zum Patienten ruht) (Radiol) / fixed-field therapy ‖ ⁓**höhe** *f* (z.B. in einem Caravan) (Kfz) / headroom *n* ‖ ⁓**kante** *f* (der Buchdecke, auf der das Buch steht) (Buchb) / bottom edge ‖ ⁓**kessel** *m* (Masch) / vertical boiler* ‖ ⁓**kolben** *m* (DIN 12347) (Chem) / flat-bottom flask, flat-bottomed flask ‖ ⁓**kragen** *m* (Tex) / stand-up collar ‖ ⁓**lager** *n* (Masch) / plummer-block* *n*, plummer-block bearing, pedestal bearing, pillow block, pillow bearing ‖ ⁓**lampe** *f* (Licht) / standard lamp, floor lamp (US) ‖ ⁓**leiter** *f* / step-ladder *n*, steps *pl*, pair of steps ‖ ⁓**satz** *m* (Typog) / standing formes*, live matter, standing type, standing matter ‖ ⁓**setzstock** *m* (Bauteil zur Abstützung eines langen Werkstücks) (Masch) / stationary support, back-rest* *n*, back-stay* *n*, steady *n*, steady rest, steady-rest follower ‖ ⁓**spannung** *f* (eine Spannung von gegebenem zeitlichem Verlauf, der die Isolierung eines Betriebsmittels noch standzuhalten vermag) (Eltech) / withstand voltage ‖ ⁓**stoßspannung** *f* (Eltech) / impulse withstand voltage ‖ ⁓**tank** *m* (Chem Verf) / vertical tank, upright tank ‖ ⁓**umlegekragen** *m* (Tex) / stiff double collar ‖ ⁓**velours** *m* (Tex) / upright-pile velvet ‖ ⁓**welle** *f* (Fernm) / standing wave*, stationary wave* ‖ ⁓**wellenanzeiger** *m* (Fernm) / standing-wave meter, standing-wave indicator, standing-wave detector ‖ ⁓**wellendetektor** *m* (Fernm) / standing-wave meter, standing-wave indicator, standing-wave detector ‖ ⁓**wellenfaktor** *m* (Kehrwert des Welligkeitsfaktors) (Fernm) / standing-wave ratio ‖ ⁓**wellenverhältnis** *n* (Fernm) / standing-wave ratio*, SWR, voltage standing-wave ratio, WSWR ‖ ⁓**zeit** *f* (Bergb, Nahr) / standing time ‖ ⁓**zeit** (innerhalb eines Prozesses) (Chem Verf, F.Org) / dwell time, hold-up time, residence time, dwell* *n*, retention time
**steif** *adj* / stiff *adj* ‖ ⁓ (Beton) (Bau, HuT) / harsh *adj* ‖ ⁓ (Tauwerk) (Schiff) / inflexible *adj*, non-flexible *adj* ‖ ⁓ (mit großem Aufrichtungsvermögen) (Schiff) / stiff *adj* ‖ ⁓**e Achse** (Bahn) / dead axle*, fixed axle, rigid axle ‖ ⁓**es Differentialgleichungssystem** (Math) / stiff equations, stiff system, set of stiff equations ‖ ⁓**e Einlage** (Mech) / stiffener *n*, stiffening *n* ‖ ⁓**e Einlage** (Tex) / stiffener *n* ‖ ⁓**er Einlagestoff** (Tex) / wigan *n*, interlining canvas ‖ ⁓**e Fahrgastzelle** (Kfz) / stiff cabin, rigid passenger compartment, rigid passenger cage ‖ ⁓**er geklüfteter Ton** (Geol) / slickensided clay, stiff-fissured clay ‖ ⁓**e Knotenverbindung** (Bau, Mech) / rigid joint ‖ ⁓**er Rahmen** (Mech) / rigid frame, stiff frame ‖ ⁓**es Schiff** (Schiff) / stiff ship* ‖ ⁓**e Schmelze** (Hütt) / cool melt ‖ ⁓**er Wind** (nach der Beaufort-Skala) (Meteor) / moderate gale
**Steif•appretur** *f* (Tex) / stiffening finish, stiffening treatment ‖ ⁓**ausrüstung** *f* (Tex) / stiffening finish, stiffening treatment ‖ ⁓**bildsam** *adj* / stiff-plastic *adj*

**Steife** (lotrecht stehender Druckstab) (Bau, Zimm) / prop* *n*, dead shore*, strut* *n*, post *n*, stud *n* ‖ ⁓ *f* (um das Ausknicken des dünnen Stegblechs zu verhindern) (Masch, Mech) / stiffener *n* ‖ ⁓ (Eigenschaft z.B. bei Bau- und Werkstoffen) (Mech, WP) / stiffness* *n*, rigidity* *n* ‖ **akustische** ⁓ (Akus) / acoustical stiffness*
**Steifeinlage** *f* (Tex) / stiffener *n*
**steifen** *v* (mit Stärke) / starch *v*
**Steifgaze** *f* (Tex) / stiffening *n* (cloth), gauze lining
**Steifheit** *f* (Widerstand gegen elastische, statische oder dynamische Verformung) (Mech, WP) / stiffness* *n*, rigidity* *n*
**Steifigkeit** *f* (Akus) / stiffness *n* ‖ ⁓ (Mech, WP) / stiffness* *n*, rigidity* *n* ‖ ⁓ (eines Teilchens im Magnetfeld) (Nukl) / magnetic rigidity* ‖ **magnetische** ⁓ (Nukl) / magnetic rigidity*
**Steifigkeits•kriterium** *n* (Luftf) / stiffness criterion* ‖ ⁓**matrix** *f* (Mech) / rigidity matrix
**Steif•leinen** *n* (Tex) / wigan *n*, interlining canvas ‖ ⁓**leinen** s. auch Schneiderleinen ‖ ⁓**plastisch** *adj* / stiff-plastic *adj* ‖ ⁓**rahmen** *m* (Mech) / rigid frame, stiff frame ‖ ⁓**säge** *f* (Sammelbegriff für Sägen mit einem steifen Blatt, das nur an einem Ende gehalten wird) (Tischl, Werkz) / stiff saw, rigid saw ‖ ⁓**ungsmittel** *n* (ein Präparat zum Stärken der Wäsche, das im Gegensatz zu den altbekannten Reis- und anderen Stärken geringere Steifheits- und Glanzeffekte gibt, dafür aber mehrere Waschgänge übersteht) (Tex) / wash-fast starch, permanent starch ‖ ⁓**vermögen** *n* (eines Werkstoffs oder Bauteils) (Mech, WP) / stiffness* *n*, rigidity* *n* ‖ ⁓**werden** *n* (von Kolloiden) / gelation* *n*, gelling *n*
**Steigbö** *f* (Luftf, Meteor) / up-gust *n*
**Steigeisen** *n* (auch in Schächten und Kaminen) (Bau, Eltech) / step-iron* *n*, foot iron*, climbing iron, creeper *n*, gaff *n* ‖ ⁓**gang** *m* (Masch) / manhole with steps
**steigen** *v* / rise *v* ‖ ⁓ **lassen** (Ballon) / release *v* ⁓ *n* / rise *n*, increase *n* (in) ‖ ⁓ (eines Speisers) (Gieß) / bleeding *n*, rising *n* ‖ ⁓ (Luftf) / climbing flight, climb *n*
**steigend** *adj* (Flut) / swelling *adj* ‖ ⁓**er Bogen** (bei dem die Kämpfer verschieden hoch liegen) (Arch, HuT) / rising arch*, rampant arch* ‖ ⁓**e Flanke** (Fernm) / leading edge*, positive edge, rising edge ‖ ⁓**e Funktion** (Math) / increasing function, monotonic non-decreasing function ‖ ⁓**gießen** (Gieß) / bottom-cast *v*, bottom-pour *v*, uphill-cast *v*, pit-cast *v* ‖ ⁓**e Gießweise** (Gieß) / bottom casting, bottom pouring, uphill casting, pit casting ‖ ⁓**er Guß** (Gieß) / bottom casting, bottom pouring, uphill casting, pit casting ‖ ⁓**es Handrad** (bei Schiebern) (Masch) / rising handwheel ‖ ⁓**es Schweißen** (Schw) / upward welding ‖ ⁓**e Tonne** (mit steigendem Scheitel) (Arch) / skewed arch barrel, skew barrel vault, inclined-arch barrel ‖ ⁓**e Wetterführung** (Bergb) / ascensional ventilation
**Steiger** *m* (der meistens für Grubensicherheit zuständig ist) (Bergb) / deputy* *n* ‖ ⁓ (selbstfahrender Kran) (Film) / cherry picker ‖ ⁓ (ein Metallreservoir, das den bei der Erstarrung des Gießmetalls entstehenden Lunker aufnimmt) (Gieß) / open feeder, open riser ‖ ⁓ (Masch) / elevating (articulated) platform, raising platform
**steigern** *v* (Empfindlichkeit) / enhance *v* ‖ ⁓ / increase *n* (speed, value, sales, consumption) ‖ ⁓ (Tempo) / put on *v* ‖ ⁓ (Temperatur) / raise *v*, elevate *v* ‖ ⁓ (Leistung, Produktion) / step up *v*, raise *v*, up *v* (US), increase *v* ‖ ⁓ enhance *v*
**Steigerung** *f* (der Empfindlichkeit) / enhancement *n* ‖ ⁓ / rise *n*, increase *n* (in) ‖ ⁓ (Eltronik) / enhancement *n* ‖ ⁓ **der Widerstandsfähigkeit** (gegen Beschädigung oder Störung) / ruggedization *n*
**Steigerungstyp** *m* (des Feldeffekttransistors) (Eltronik) / enhancement-mode transistor*, enhancement-mode FET
**Steigetrichter** *m* (Gieß) / open feeder, open riser
**Steig•fähigkeit** *f* (Kfz) / climbing ability ‖ ⁓**fähigkeit** (Luftf) / climb performance ‖ ⁓**filmverdampfer** *m* (in dem eine ringförmige Filmströmung mit einem Dampfkern entsteht) (Chem Verf) / rising-film evaporator, LTV evaporator, long-tube (vertical-film) evaporator, climbing-film evaporator, Kestner evaporator ‖ ⁓**flug** (Luftf) / climbing flight, climb *n* ‖ ⁓**flug nach dem Start** (Luftf, Mil) / after-launch climb ‖ ⁓**fluggradient** *m* (Luftf) / gradient of climb, climb gradient ‖ ⁓**geschwindigkeit** *f* (HuT) / casting velocity, pouring velocity ‖ ⁓**geschwindigkeit** (Luftf) / rate of climb*, rate of ascent ‖ ⁓**gießen** *n* (Keram) / overcast *n* ‖ ⁓**guß** *m* (Keram) / overcast *n* ‖ ⁓**höhe** *f* / lifting height, height of lift ‖ ⁓**höhe** (in der Kapillare bei der Kapillaraszension) (Phys) / height of capillary rise ‖ ⁓**kasten** *m* (Web) / drop box, change box ‖ ⁓**kastenwebmaschine** *f* (Web) / box loom* ‖ ⁓**leistung** *f* (Luftf) / climb performance ‖ ⁓**leiter** *m* / ladder *n* ‖ ⁓**leitung** (eine Gasleitung) (Bau) / service riser ‖ ⁓**leitung** (als Verbrauchs- oder Geräteanschlußleitung) (Bau) / installation riser ‖ ⁓**leitung** (Eltech) / rising mains*, mains *pl* ‖ ⁓**naht** *f* (Schw) / vertical-up weld ‖ ⁓**ort** *n* (Bergb) / brow-up *n* ‖ ⁓**quelle** *f* (Geol) / ascending spring ‖ ⁓**quelle** (Geol, Wasserb) / artesian spring ‖ ⁓**rad** *n* (des Aufziehmechanismus) (Uhr) / crown wheel* *n* ‖ ⁓**rad** (des Gehwerkes) (Uhr) / escape wheel ‖ ⁓**rohr** *n* / dip tube, standpipe *n* ‖

⁓**rohr** (Klemp) / riser *n*, riser pipe, rising pipe ‖ ⁓**rohrstrang** *m* (Erdöl) / production tubing, tubing *n*, flow line ‖ ⁓**speisung** *f* (Masch) / up-feed *n* ‖ ⁓**strecke** *f* (nach dem Start) (Luftf, Mil) / climbing distance, distance of climb, distance of ascent ‖ ⁓**strom-** (Vergaser) (V-Mot) / updraught* *attr* ‖ ⁓**trichter** *m* (z.B. Williams-Trichter) (Gieß) / open feeder, open riser
**Steigung** *f* / rise *n*, increase *n* (in) ‖ ⁓ (DIN 4174) (Bau, HüT) / rise* *n* ‖ ⁓ (HüT, Kfz) / uphill grade ‖ ⁓ (ein Verkehrszeichen) (Kfz) / steep hill (upwards) ‖ ⁓ *f* (der Flügelblätter der Luftschraube) (Luftf) / pitch* *n*, screw pitch ‖ ⁓ (Rampe) (Masch) / ascent *n*, ramp* *n*, onramp *n* (US) ‖ ⁓ (Kenngröße eines Gewindes nach DIN 13) (Masch) / lead *n* (li:d)*, flank lead *n* ‖ ⁓ (der Vollschnecke) (Masch) / lead* *n* (li:d) ‖ ⁓ (einer im Punkt differenzierbaren Funktion 1. Ordnung) (Math) / rate of change, gradient* *n* ‖ ⁓ (der Schraubenlinie) (Math) / pitch *n*, lead *n* (li:d) ‖ ⁓ (einer Kurve, einer Kennlinie) (Math) / slope* *n*, angular coefficient, gradient* *n* ‖ ⁓ (Differenzquotient) (Math) / divided difference, gradient *n* ‖ ⁓ (des Bugspriets) (Schiff) / steeve *n* ‖ ⁓ (der Naht) (Schw) / slope *n* ‖ **große** ⁓ (des Propellers) (Luftf) / coarse pitch ‖ **kleine** ⁓ (Luftf) / fine pitch ‖ **maßgebende** ⁓ (Bahn) / ruling up-gradient, limiting up-gradient, ruling-up grade ‖ **verlorene** ⁓ (Bahn) / loss in level ‖ **wirksame** ⁓ (der Flügelblätter der Luftschraube) (Luftf) / effective pitch
**Steigungs•einstellung** *f* (Luftf) / pitch setting*, pillar* *n* ‖ ⁓**strecke** *f* (im Straßenverlauf) (HüT) / uphill section, up-grade section ‖ ⁓**verhältnis** *n* (Verhältnis der Stufenhöhe zur Auftrittshöhe - bei Treppen) (Bau) / ratio of rise and thread ‖ ⁓**verhältnis** (Verhältnis der Stufenhöhe zur Auftrittsbreite - bei Treppen) (Bau) / pitch of stairs ‖ ⁓**winkel** *m* (der Luftschraube) (Luftf) / pitch angle ‖ ⁓**winkel** (des Gewindes, der Schnecke) (Masch) / lead angle ‖ ⁓**winkel** (eine geometrische Größe an Gewinden) (Masch) / helix angle
**Steig•vermögen** *n* (Kfz) / gradability *n* ‖ ⁓**winkel** *m* (Abweichung von der Horizontalen) (Luftf) / angle of climb ‖ ⁓**winkel** (eines Flugkörpers nach dem Start) (Mil) / ascent angle ‖ ⁓**zeit** *f* (Eltronik) / rise time*, build-up time* ‖ ⁓**zeit** (Luftf) / time to climb
**steil** *adj* / steep *adj* ‖ ~ (Felsen, Küste) / sheer *adj*, bluff *adj* ‖ ~ (Impuls) (Eltronik, Fernm) / fast-rise *attr* ‖ ~**abfallend** / precipitous *adj*, declivitous *adj* ‖ ~ **einfallend** *adj* (Bergb) / steep *adj*, steep-dipping *adj*, steeply inclined ‖ ~**es Flöz** (Bergb) / pitching seam, steep seam ‖ ~**e Neigung** (der Dammkrone) (Wasserb) / batter *n* ‖ ~**e Querlage** (Luftf) / steep-banked attitude
**Steil•-** / steep *adj* ‖ ⁓**abfall** *m* (der Kerbschlagarbeit von Metallen) (WP) / steep drop ‖ ⁓**abhang** *m* (Geol) / steep slope ‖ ⁓**bandförderer** *m* (Masch) / steep-gradient belt conveyor, high-angle belt conveyor, steep belt conveyor ‖ ⁓**bild** *n* (ein Luftbild) (Foto, Verm) / vertical photograph ‖ ⁓**böschung** *f* (Geol) / escarpment *n*, scarp *n* ‖ ⁓**brustflasche** *f* (zylindrische Glasflasche mit konischem Oberteil) (Chem) / bottle with conical shoulder ‖ ⁓**dach** *n* (bei dem die Dachneigung mehr als 22° beträgt) (Bau) / pitched roof*, high-pitched roof ‖ ⁓**einstellung** *f* (des Propellers) (Luftf) / coarse pitch ‖ ⁓**flankennaht** *f*(Schw) / open single-V butt joint (without root face) ‖ ⁓**förderer** *m* (Masch) / steep conveyor ‖ ⁓**gratköper** *m* (Web) / upright twill, steep twill ‖ ⁓**hang** *m* (Geol) / escarpment *n*, scarp *n* ‖ ⁓**heck** *n* (Luftf) / hatchback *n*
**Steilheit** *f* / steepness *n* ‖ ⁓ (Steigung einer Kennlinie) (Eltronik) / mutual conductance*, slope conductance, goodness *n*, slope* *n*, transconductance *n* (US)* ‖ ⁓ (Foto) / gradation *n* ‖ ⁓ (des Filters) (Opt) / steepness *n* ‖ ⁓ **der Absorptionskante** (Opt) / steepness of the transmission edge, sharpness of the cut
**Steil•kante** *f* (Opt) / cut-off slope (of optical filters), cut-off steepness ‖ ⁓**kegel** *m* (DIN 2079) (Masch) / taper 7 : 24 ‖ ⁓**köper** *m* (mit steilen Gratlinien) (Web) / upright twill, steep twill ‖ ⁓**köperbindung** *f* (Web) / whip-cord weave ‖ ⁓**kurve** *f* (meistens über 60°) (Luftf) / steep turn, sharp turn ‖ ⁓**rohrkessel** *m* (ein Naturumlaufkessel) (Masch) / vertical-tube boiler, bent-tube boiler ‖ ⁓**seitig** *adj* (Schiff) / wall-sided *adj* ‖ ⁓**sicht** *f* (Opt) / steep sight ‖ ⁓**sichtokular** *n* (Verm) / diagonal eyepiece* ‖ ⁓**stromspülung** *f* (von Zweitaktmotoren) (Kfz) / laminar-flow scavenging *n* ‖ ⁓**ufer** *n* (Geol) / bluff *n* ‖ ~**wandig** *adj* (Tal) / steep-sided *adj*
**Stein** *m* / stone *n*, rock *n* (US) ‖ ⁓ (Bauelement) (Bau) / building block ‖ ⁓ (Mauerstein) (Bau, Keram) / brick* *n*, building brick, block *n* (US) ‖ ⁓ (künstlich erschmolzenes Gemisch von Metallsulfiden) (Hütt) / matte* *n* ‖ ⁓ (mit 74% Cu) (Hütt) / sparkle metal ‖ ⁓ (im Lager der Uhr) (Instr, Uhr) / jewel* *n*, stone* *n* ‖ ⁓ (von Steinobst) (Nahr) / stone *n*, pit *n* (US) ‖ **letzter** ⁓ **der in einer Schicht gelegt wird** (Bau) / closure brick ‖ **abgespitzter** ⁓ (Bau) / pointed ashlar* ‖ **auf** ⁓**en lagern** (Instr, Uhr) / jewel *v* ‖ **aus** ⁓ / stone *attr*, stony *adj* ‖ **behauener** ⁓ (Bau) / cut-stone* *n* ‖ **blechummantelter** ⁓ (Hütt) / ferroclad brick ‖ **direktgebundener** ⁓ (Bau) / direct-bonded brick (a fired refractory in which the grains are bonded by solid-state diffusion) ‖ **elektrisch geschmolzener feuerfester** ⁓ (Keram) / electrocast brick ‖ **gespitzter** ⁓ (Bau) / nigged ashlar*, nidged ashlar* ‖ **grobbehauener** ⁓ (Bau) / rough ashlar* ‖ **halber** ⁓ (Bau) / snapped header*, snap header, half-bat *n*, blind header ‖ **natürlicher** ⁓ (Bau, HüT) / natural stone ‖ **säurefester** ⁓ (Keram) / acid-resisting brick ‖ **schmelzgegossener** ⁓ (Hütt) / fused block ‖ ⁓ *m* **in Großformat** (Bau, Keram) / jumbo brick, jumbo block ‖ ⁓ **mit hoher Maßhaltigkeit** (Bau) / gauged brick
**Stein•-** / stone *attr*, stony *adj* ‖ ⁓- (Geol) / lithic *adj*, stone *attr* ‖ ⁓**abscheider** *m* (Zuckerherstellung) (Nahr) / rock catcher ‖ ⁓**ausleser** *m* / stoner *n* ‖ ⁓**bett** *n* (HüT) / stone pitching, pitching *n*, penning *n*, soling *n* ‖ ⁓**bildhauer** *m* (Bau) / stonecutter *n*, scabbler *n*, stone dresser, stoneworker *n* ‖ ⁓**boden** *m* (Geol) / lithosol *n* ‖ ⁓**brand** *m* (verursacht durch Tilletia tritici) (Bot) / bunt *n* (of wheat)*, stinking smut
**Steinbruch** *m* (Bergb) / quarry* *n*, stone-pit *n* ‖ **im** ⁓ **arbeiten** (Bergb) / quarry *v* ‖ ⁓**arbeit** *f* (Bergb) / quarrying *n* ‖ ⁓**arbeiter** *m* (Bergb) / quarryman *n* ‖ ⁓**betrieb** *m* (Bergb) / quarrying *n* ‖ ⁓**maschine** *f* (Bergb) / quarry machine ‖ ⁓**material** *n* (Bau, Bergb) / quarry material
**Steinbühler Gelb** *n* (ein Chrompigment) (Anstr) / ultramarine yellow, yellow ultramarine
**Steinchen** *n* (Tonsteinchen, das im Glas gelöst wird, aber als Fremdstoff sichtbar bleibt) (Glas) / stone *n* ‖ ⁓**bildung** *f* (Glas) / stoning *n*
**Steindamm, geschütteter** ⁓ (Wasserb) / loose rock dam, rubble dam
**Stein•deckwerk** *n* (HüT, Wasserb) / stone revetment ‖ ⁓**drän** *m* (ein alter Sickerdrän) (Wasserb) / rubble drain, blind drain, stone drain, spall drain ‖ ⁓**druck** *m* (als Drucktechnik und Kunstblatt) (Druck) / lithography* *n*, litho* *n* ‖ ⁓**druckpapier** *n* (Pap) / lithographic paper*, litho paper, lithograph paper ‖ ⁓**eiche** *f* (Quercus ilex L.) (For) / evergreen oak, holm-oak *n*, holly oak ‖ ⁓-**Eisen-Meteorit** *m* (z.B. Lithosiderit) (Astr) / stony iron meteorite, stone iron
**Steinersche Kurve** (Math) / deltoid* *n*, Steiner's three-cusped hypocycloid*, Steiner's tricusp*, tricusp, tricuspid curve
**Steinerhitzer** *m* (Chem) / pebble heater
**steinern** *adj* / stone *attr*, stony *adj* ‖ ⁓**e Einfassung** / kerb *n*
**Steinersch•er Satz** (Zusammenhang zwischen den im Trägheitstensor zusammenfaßbaren Trägheits- bzw. Zentrifugalmomenten für einen beliebigen Bezugspunkt mit den entsprechenden Momenten für den Schwerpunkt) (Mech) / parallel-axis theorem*, Steiner's theorem ‖ ⁓**er Verschiebesatz** (Mech) / parallel-axis theorem*, Steiner's theorem
**Stein•fall** *m* (Geol) / rockfall *n*, stone-fall *n*, boulder-fall *n*, debris fall ‖ **leichter** ⁓**fall** (als Vorankündigung einer größeren Hangendbewegung) (Bergb) / dribbling *n* ‖ ⁓**fänger** *m* (z.B. bei der Rübenzuckergewinnung) (Nahr) / stone catcher ‖ ⁓**fangmulde** *f* (des Mähdreschers) (Landw) / stone catcher, stone trap ‖ ⁓**faser** *f* / mineral fibre ‖ ⁓**frucht** *f* (Obstsorten aus der Gattung Prunus) (Bot, Nahr) / drupe* *n*, stone fruit, pip fruit ‖ ⁓**führung** *f* (Masch) / slot link* ‖ ⁓**fülldamm** *m* (Wasserb) / rockfill dam ‖ ⁓**füllung** *f* **zwischen Mauerschalen** (Bau) / moellon *n* ‖ ⁓**galle** *f* (For) / rind gall ‖ ~**geglättetes Papier** (z.B. mit dem Achatstein) (Pap) / flint *n*, flint-glazed paper ‖ ~**gemahlen** *adj* (Nahr) / stone-ground *adj* ‖ ⁓**geröll** *n* (Geol, Ozean) / shingle* *n* ‖ ⁓**gewinnung** *f* (Bergb) / stone quarrying ‖ ⁓**gletscher** *m* (Geol) / rock glacier ‖ ~**grau** *adj* / stone-grey *adj* ‖ ⁓**gravur** *f* (eine Lithografietechnik) (Druck) / stone engraving, lithogravure *n* ‖ ⁓**grundlage** *f* (unter Fußböden) (Bau) / hard core ‖ ⁓**gut** *n* (Keram) / earthenware *n* ‖ **hartbrennendes** ⁓**gut** (Keram) / ironstone *n* (a kind of hard white opaque stoneware) ‖ ⁓**gutton** *n* (Keram) / white-burning ball clay ‖ ⁓**hammer** *m* (Bau) / knapping hammer ‖ ⁓**hauer** *m* (Bau) / stonecutter *n*, scabbler *n*, stone dresser, stoneworker *n* ‖ ⁓**hauerlunge** *f*(Med) / chalicosis *n* (pl. chalicoses) ‖ ⁓**heil-Objektiv** *n* (nach H.A. Steinheil, 1832-1893) (Opt) / Steinheil lens ‖ ⁓**holz** *n* (Bau) / xylolite *n* ‖ ⁓**holzfußboden** *m* (Magnesiaestrich mit einer Rohdichte von 1,2 - 1,6 kg/dm³ - DIN 272 und 273) (Bau) / magnesite flooring*, magnesium oxychloride flooring
**steinig** *adj* (felsig) / rocky *adj* ‖ ~ *adj* / stony *adj* ‖ ⁓**keit** *f* / stoneness *n*
**Steinimitation** *f* (z.B. Marmorstuck) (Bau) / stuc* *n*
**Steinitzer Austauschsatz** (in der linearen Algebra - nach E. Steinitz, 1871 - 1928) (Math) / Steinitz exchange theorem
**Stein•kasten** *m* (HüT, Wasserb) / cribwork* *n* ‖ ⁓**kern** *m* (eines Fossils) (Geol) / cast* *n*, pseudomorph *n* (a natural cast), internal mould, internal cast, steinkern *n* ‖ ⁓**kiste** *f* (HüT, Wasserb) / cribwork* *n* ‖ ⁓**klammer** *f* (an Ladern oder Staplern) (HüT) / block clamp
**Steinkohle** *f* (einschließlich bituminöse Kohle und Anthrazit) (Bergb) / hard coal, black coal (Australia) ‖ ⁓ (mit über 80 Gew.-% Kohlenstoffgehalt) (Bergb) / pit coal ‖ **bituminöse** ⁓ (ohne Anthrazit) (Bergb) / coal *n* (US)*, pit coal ‖ **gemahlene** ⁓ (Gieß) / sea coal ‖ ⁓ *f* **mit 15-50% flüchtigen Bestandteilen** (Bergb) / bituminous coal, soft coal ‖ ⁓**kraftwerk** *n* (Eltech) / bituminous-coal power station
**Steinkohlen•bergwerk** *n* (Bergb) / colliery *n*, coal mine ‖ ⁓**destillation** *f* (bituminöse Kohle) (Chem Verf, Kfstst) / carbonization of bituminous coal ‖ ⁓**einheit** *f* (= 29308 kJ/kg - ein nicht SI-konformes

**Steinkohlengas**

Vergleichsmaß zur statistischen Erfassung des Energieinhalts verschiedener Brennstoffe (Umwelt, Wärm) / coal equivalent, ce ‖ ˜**gas** *n* / coal-gas* *n*, straight coal gas ‖ ˜**grube** *f* (Bergb) / colliery *n*, coal mine ‖ ˜**klein** *n* (Durchfall bei 1/8' Maschenweite) (Bergb) / culm* *n* ‖ ˜**koks** *m* (als Endprodukt) / coal coke ‖ ˜**lager** *n* (Bergb) / coal-bed *n* ‖ ˜**teer** *m* (Chem Verf) / coal-tar* *n* ‖ ˜**teeröl** *n* (Bestandteil des Straßenpechs) (For, HuT) / coal-tar oil, dead oil, tar black ‖ ˜**teerpech** *n* (DIN 55946, T 2) / coal-tar pitch ‖ ˜**zeche** *f* (Bergb) / colliery *n*, coal mine

**Stein•lage** *f* (in einem Schmelzofen) / course *n* ‖ ˜**lage aus stehenden Steinen** (Glas, Keram) / soldier course (a course of refractory brick set on end in the bottoms of some types of ladles, furnaces, and glass tanks) ‖ ˜**lager** *n* (von Meßinstrumenten) (Instr) / jewelled bearing* ‖ ˜**mahlgang** *m* / buhr mill*, buhrstone mill, burr mill* ‖ ˜**mann-Trinität** *f* (eine Gesteinskombination, die als Beweis für ozeanische Kruste und damit für konvektive Plattengrenzen angesehen wird) (Geol) / Steinmann trinity* ‖ ˜**mark** *n* (Min) / nacrite* *n* ‖ ˜**mehl** *n* (<0,09mm) (Geol) / rock flour* ‖ ˜**meteorit** *m* (Astr) / aerolite* *n*, stony meteorite*, meteoric stone, meteorolite *n*

**Steinmetz** *m* (der Mauerwerk aus Natursteinen errichtet) (Bau) / stonemason *n*, mason *n* ‖ ˜**arbeit** *f* (Bau) / stone cutting ‖ ˜**hammer** *m* (Bau) / knapping hammer* ‖ ˜-**Koeffizient** *m* (nach Ch.P. Steinmetz, 1865-1923) (Mag) / Steinmetz coefficient*, hysteresis coefficient* ‖ ˜**mäßig bearbeiteter** (Natur)**Stein** / dressed stone ‖ ˜**zeichen** *n* (Bau) / mason's mark

**Stein•netz** *n* (im Strukturboden) (Geol) / stone net, sorted polygon ‖ ˜**netzboden** *m* (Geol) / sorted net ‖ ˜**netzboden** *n* (ein Strukturboden) (Geol) / sorted net ‖ ˜**nuß** *f* (Bot) / corozo-nut *n*, ivory-nut *n* ‖ ˜**nußpalme** *f* (Bot) / corzo palm, ivory-nut palm ‖ **nutgeschlagene** ˜**oberfläche** (Bau) / tooled finish ‖ ˜**obst** *n* (Bot, Nahr) / drupe* *n*, stone fruit, pip fruit ‖ ˜**packlage** *f* (HuT) / enrockment* *n*, rip-rap *n* (US), rubble mound ‖ ˜**packung** *f* (HuT) / enrockment* *n*, rip-rap *n* (US), rubble mound ‖ ˜**packung** (HuT) / stone pitching, pitching *n*, penning *n*, soling *n* ‖ ˜**packung** (HuT, Wasserb) / beaching *n* (a layer of stones for revetting below the level of stone pitching a reservoir or embankment) ‖ ˜**pappe** *f* (Pap) / carton pierre ‖ ˜**pflaster** *n* (als Böschungsschutz) (HuT, Wasserb) / pitched work*, pitching *n* ‖ ˜**grobes pflaster** (HuT) / pitching *n* ‖ ˜**platte** *f* (Bau) / flag* *n*, flagstone *n* ‖ ˜**platte** (HuT) / stone slab, slab* *n*, slab stone ‖ ˜**platte für Bodenbelag** (Bau, HuT) / paving flag*, flagstone *n*, paving stone*, paving slab, paving *n*, paver *n* ‖ **schwache** ˜**platte für Bodenbelag** (Bau) / pavior* *n*, paviour *n*, paving sett ‖ ˜**putz** *m* (Bau) / depeter* *n*, depreter* *n* ‖ ˜**putz** (mit Zugabe von gebrochenem Naturstein) (Bau) / slap dash* *n* ‖ ˜**regen** *m* (in der Erdatmosphäre) (Astr) / meteoric shower* *n* ‖ ˜**ring** *m* (im Strukturboden) (Geol) / stone ring, stone circle, sorted circle ‖ ˜**rodepflug** *m* (Landw) / stone lifter ‖ ˜**säge** *f* (Bau) / jointer saw ‖ ˜**säge** (Werkz) / grub saw* ‖ ˜**sägeblatt** *n* (Bau) / stone-saw* *n* ‖ ˜**salz** *n* (Min) / halite* *n*, rock-salt* *n* ‖ ˜**salzgitter** *n* (Krist) / rock-salt lattice, sodium-chloride lattice ‖ ˜**salzprisma** *n* (Opt) / rock-salt prisma ‖ ˜**sammler** *m* (Landw) / stone picker ‖ ˜**satz** *m* (mauerwerkartig aufgesetzte unbearbeitete Steine zur Sicherung von Böschungsfüßen und anderen Böschungen) (HuT) / rubble mound, rockfill ‖ ˜**satzdamm** *m* (Wasserb) / rockfill dam ‖ ˜**schere** *f* / nippers *pl*, crampon *n*, stone tongs*

**Steinschlag** *m* (für Unterbettung) (Bahn) / ballast* *n* ‖ ˜ (von Felswänden herabstürzende Gesteinstrümmer) (Geol) / rockfall *n*, stone-fall *n*, boulder-fall *n*, debris fall ‖ ˜ (z.B. für Terrazzo) (HuT) / spar *n* ‖ ˜ (ein Verkehrszeichen) (Kfz) / falling rocks ‖ ˜**blech** *n* (Kfz) / dog leg section, dog's leg ‖ ˜**schaden** *m* (Kfz) / stone-chip damage ‖ ˜**schutz** *n* (im allgemeinen) (Kfz) / protection against flying (falling) stones ‖ ˜**schutz** (Blech- oder Kunststoffteil) (Kfz) / stoneguard *n* ‖ ˜**schutz** (als Maßnahme) (Kfz) / stone-chip protection, gravel protection ‖ ˜**schutz** (vorne) (Kfz) / hood protector, nose protector, front mask, auto bra, nose bra ‖ ˜**schutzgrund** *m* (Anstr, Kfz) / antichip coating ‖ ˜**schutznetz** *n* (HuT) / protective net against flying (falling) stones ‖ ˜**zwischengrund** *m* (eine Schutzschicht) (Anstr, Kfz) / antichip coating

**Stein•schliff** *m* (Pap) / stone-ground wood, SWG ‖ ˜**schnitt** *m* (Bau) / stone cutting ‖ ˜**schotter** *m* (für Unterbettung) (Bahn) / ballast* *n* ‖ ˜**schraube** *f* (zum Einmauern im Mauerwerk) (HuT, Masch) / rag-bolt* *n*, Lewis bolt, lewis bolt*, barb bolt, jag-bolt* *n* ‖ ˜**schrift** *f* (Typog) / Gothic* *n* (US), grotesque* *n*, grot *n*, sanserif* *n*, doric* *n* ‖ ˜**schüttdamm** *m* (Wasserb) / loose rock dam, rubble dam ‖ ˜**schüttdamm** (Wasserb) / rockfill dam ‖ ˜**schüttung** *f* (HuT) / enrockment* *n*, rip-rap *n* (US), rubble mound ‖ ˜**schüttung** (z.B. bei den Molenbauwerken) (HuT) / pierre perdue ‖ ˜**schüttung** (im Uferbau) (HuT, Wasserb) / beaching *n* (a layer of stones for revetting below the level of stone pitching a reservoir or embankment) ‖ ˜**schüttwellenbrecher** *m* (Wasserb) / rubble-mound breakwater, mound breakwater ‖ ˜**splitter** *m* (zur Verkeilung des Natursteinmauerwerks) (Bau) / gallet* *n*, spall* *n*, garnet *n* ‖ ˜**splitter** (weiß oder natürlich leicht gefärbt) (HuT) / spar *n* ‖ ˜**splitter** (einzelner) (HuT) / stone chip, splinter of stone, gallet *n* ‖ ˜**splitter** (abgeplatzter) (HuT) / spall *n* ‖ ˜**streifen** *m pl* (im Strukturboden) (Geol) / stone stripes ‖ **eingespannter Teil der** ˜**stufe** (Bau) / tail* *n* ‖ ˜**e-und-Erden-Industrie** *f* / mineral industry (non-metallic), extractive industry, non-metal mining and quarrying industry, non-metallic mineral industry, pit-and-quarry industry ‖ ˜**verkleidung** *f* (HuT, Wasserb) / stone facing, stone pitching ‖ ˜**vorlage** *f* (als Böschungsschutz) (HuT, Wasserb) / pitched work*, pitching *n* ‖ ˜**weichsel** *f* (For) / Mahaleb cherry, St Lucie cherry ‖ ˜**wolf** *m* (meistens zweiteilig) (Bau) / lewis* *n*, lewisson* *n* ‖ ˜**wolle** *f* (Gesteinsfasern zur Schall- und Wärmedämmung) (Bau, Min) / rock-wool* *n*, mineral wool*, silicate cotton ‖ ˜**wurf** *m* (HuT) / enrockment* *n*, rip-rap *n* (US), rubble mound ‖ ˜**zelle** *f* (Bot) / stone cell*, sclereid* *n*, brachysclereid* *n*

**Steinzeug** *n* (Keram) / stoneware* *n* ‖ **braunes** ˜ (Keram) / brown ware ‖ **rotes** ˜ (Keram) / red pottery ‖ ˜ **für die chemische Industrie** (Chem, Keram) / chemical stoneware ‖ ˜**isolator** *m* (Eltech) / stone insulator ‖ ˜**rohr** *n* (Keram) / vitrified pipe, vitrified-clay pipe, ware pipe, stoneware pipe, glazed ware pipe ‖ ˜**ton** *m* (Keram) / stoneware clay ‖ **glasierte** ˜**waren** (Keram) / glazed stoneware

**Steißwolle, geringwertige** ˜ **und Schwanzwolle** (Tex) / abb wool, abb wool

**Stek** *m* (pl. -s) (Schiff) / hitch *n*, bend *n* ‖ ˜ (Schiff) s. auch Knoten

**Stele** (mit allen Leitungsbahnen) (Bot) / stele* *n*, central cylinder*

**Stella Polaris** (Astr, Verm) / Polaris* *n*, polestar* *n*

**Stellage** *f* / rack *n* ‖ ˜ (Lagerungsmittel für Stückgüter) / shelf *n* (pl. shelves), rack *n*, storage rack, stand *n* ‖ ˜ (Masch) / shelving *n*

**Stellantrieb** *m* (des Ventils) (Masch) / operating mechanism ‖ ˜ (eine Komponente der Stelleinrichtung) (Regeln) / servo-actuator *n* (a power unit) ‖ ˜ (Regeln) / servomechanism *n*, servo ‖ **hydraulischer** ˜ (Regeln) / hydraulic actuator

**stellar** *adj* (Astr) / stellar *adj* ‖ ~**er Wind** (Astr) / stellar wind

**Stellarastronomie** *f* (Teilgebiet der Astronomie, das sich mit den Sternen befaßt) (Astr) / stellar astronomy

**Stellarator** *m* (ein Gerät zum Studium der Kernfusion) (Nukl) / stellarator* *n* (Nukl) s. auch Tokamak ‖ **ein verbesserter** ˜ (zum Studium der Kernfusion) (Nukl) / etude *n*

**Stellarstatistik** *f* / stellar statistics

**Stell•bereich** *m* (innerhalb dessen sich die Stellgröße eines Reglers bewegt) (Regeln) / effective range ‖ ˜**bogen** *m* (Zirkel) / wing *n*

**Stelle** *f* / station *n* ‖ ˜ / place *n* ‖ ˜ (im Befehlswort) (EDV) / column *n* ‖ ˜ (Bedingung bei Petri-Netzen) (EDV) / place *n* ‖ ˜ (im Stellenwertsystem - als abstrakte Zuweisung) (Math) / place *n*, digit place ‖ ˜ (in der konkreten Ziffernfolge) (Math) / position *n*, digit position ‖ **dünne** ˜ (im Garn) (Spinn) / snick *n* ‖ **dünne** ˜ (im Gewebe) (Tex) / gall *n* ‖ **eingerissene** ˜ / closed chip, potential chip ‖ **freigelassene** ˜ (Anstrichfehler) (Anstr) / holiday* *n*, miss *n*, skip *n* ‖ **geschlossene** ˜ (Spinn) / tight spot ‖ **harte** ˜ (im Werkstoff) (Masch, WP) / hard patch ‖ **heiße** ˜ (bei Werkstoffen mit niedriger Wärmeleitfähigkeit) (WP) / hot spot ‖ **höchstwertige** ˜ (Math) / leftmost position ‖ **magnetisch isolierte** ˜ (Eltech) / magnetic discontinuity* ‖ **matte** ˜**n** (Keram) / matt glaze, dull glaze ‖ **niedrigstwertige** ˜ (Math) / rightmost position ‖ **schwarze** ˜ (Keram) / black speck (a defect in fired porcelain enamels) ‖ **singuläre** ˜ (Math) / singularity* *n*, singular point, branch point ‖ ˜ *f* **der maximalen Ablagerung** / depocentre *n* (an area or site of maximum deposition in a depositional basin) ‖ ˜ **mit Höhenbeschränkung** (Bahn, Kfz) / point of limited headroom ‖ ˜ **ohne Farbe** (Tex) / tailing *n* (in a pattern)

**Stell•einrichtung** *f* (Stellglied + Stellmotor) (Regeln) / servo equipment ‖ ˜**element** *n* (Regeln) / operator *n*

**stellen** *v* / place *v* ‖ **leiser** ~ (Radio, TV) / turn down *v* ‖ **niedriger** ~ (z.B. Heizung) / turn down *v* ‖ ˜ *n* (Regeln) / regulation* *n*

**Stellen•anzahl** *f* (Math) / arity *n* ‖ ˜**impuls** *m* (EDV) / P-pulse *n*, commutator pulse ‖ ˜**maschine** *f* (EDV) / character-oriented computer, character-oriented machine ‖ ˜**maschine** s. auch Wortmaschine ‖ ˜**schreibimpuls** *m* (EDV) / enable pulse ‖ ˜**schreibweise** *f* (ein Schema zur Darstellung reeller Zahlen nach dem Stellenwertsystem - DIN 44300) (EDV, Math) / positional notation, positional representation ‖ ˜**verschiebung** *f* (EDV) / arithmetic shift*, arithmetical shift ‖ ˜**verschiebung nach links** (EDV) / left shift ‖ ~**weise verstärkt** (Pap) / selectively thickened ‖ ˜**wert** *m* (Math) / positional value, place value ‖ **binärer** ˜**wert** (EDV, Math) / binary weight ‖ ~**wertig** *adj* (Math) / significant *adj* ‖ ˜**wertigkeit** *f* (Math) / significance ‖ ˜**wertsystem** *n* (Math) / positional notation*, place value system, positional system, denominational number system* ‖ ˜**wertverschiebung** *f* (arithmetische) (EDV) / arithmetic shift*, arithmetical shift ‖ **zyklische** ˜**wertverschiebung** (EDV) / cyclic shift*, cycle shift, circular shift*, end-around shift*, logical shift*, ring shift*, rotation shift* ‖ ˜**zahl** *f* (Math) / arity *n*

**Steller** *m* (Teil einer Steuer- oder Regelstrecke) (Regeln) / actuator *n*, control element, final control element, actuating element, positioning element
**Stell·fläche** *f* (EDV, Masch) / footprint *n* ‖ ~**gerät** *n* (Stellantrieb + Stellglied) (Regeln) / actuating system ‖ ~**glied** *n* (DIN 19226) (Teil einer Steuer- oder Regelstrecke) (Regeln) / actuator *n*, control element, final control element, actuating element, positioning element ‖ ~**größe** *f* (DIN 19226) (Regeln) / manipulated variable, actuating variable, control variable ‖ ~**größenänderung** *f* (Regeln) / corrective action ‖ ~**hahn** *m* (Regeln) / control cock ‖ ~**hefe** *f* (Brau) / pitching yeast
**Stelligkeit** *f* (Math) / arity *n*
**Stellimpuls** *m* (EDV, Regeln) / corrective action pulse
**Stellit** *m* (ein gegossenes Hartmetall) (Hütt) / stellite* *n*
**Stell·keil** *m* (Masch) / adjusting wedge ‖ ~**kolben** *m* (Masch) / set piston ‖ ~**kondensator** *m* (Eltech) / adjustable capacitor ‖ ~**leiste** *f* (Masch) / gib *n* ‖ ~**maß** *n* (Tischl, Werkz, Zimm) / bevel *n* (sliding) ‖ ~**mechanismus** *m* (Regeln) / servomechanism *n*, servo *n* ‖ ~**mittel** *n* (Stoff, der die Eigenschaften eines Materials in der gewünschten Weise beeinflußt) (Bau) / additive *n* ‖ ~**mittel** (in Farb- und Waschmitteln) (Chem Verf) / additive *n* ‖ ~**mittel** (Keram) / peptizer *n*, peptizing agent ‖ ~**motor** *m* (Eltech) / servomotor* *n* ‖ ~**mutter** *f* (Masch) / adjusting nut, checking nut ‖ ~**öl** *n* (Zusatzöl zu einem Grundöl zum "Einstellen" einer bestimmten Viskosität) / flux oil ‖ ~**organ** *n* (Teil einer Steuer- oder Regelstrecke) (Regeln) / actuator *n*, control element, final control element, actuating element, positioning element ‖ ~**ort** *m* (an dem das Stellglied in die Regel- oder Steuerstrecke eingreift - DIN 19226) / regulating point ‖ ~**platz** *m* (z.B. für einen Caravan) (Kfz) / site *m*, pitch *n* ‖ ~**platz** (Kfz) / parking space, parking stall ‖ ~**platz mit Schutzdach** (offene Garage) (Kfz) / carport *n*, garage-porch *n* ‖ ~**probe** *f* (Film) / run-through *n*, walk-through *n* ‖ ~**rad** *n* / setting wheel ‖ ~**ring** *m* (auf Wellen, Achsen, Rohre oder Bolzen aufgeschobener und befestigter Ring, der deren Axialspiel begrenzt) (Masch) / retaining ring, retainer *n* ‖ ~**ring** (Masch) / adjusting ring, setting ring ‖ ~**schalter** *m* (Regeln) / positioning switch ‖ ~**schraube** *f* (Klemmschraube) (Masch) / set screw*, set bolt ‖ ~**schraube** (Masch) / adjusting screw, regulating screw ‖ ~**schraube** (des Dreifußes des Theodolits) (Verm) / plate screw*, foot screw* ‖ ~**schrauben** *f pl* **des Stativtellers** (Verm) / centre adjustment* ‖ ~**signal** *n* (Regeln) / control signal, actuating signal ‖ ~**spindel** *f* (Hütt, Masch) / adjusting spindle ‖ ~**stab** *m* (Nukl) / control rod* ‖ ~**stift** *m* (Masch) / set pin, adjusting pin ‖ ~**trafo** *m* (Eltech) / regulating transformer, variable-voltage transformer ‖ ~**transformator** *m* (ein Sondertransformator, dessen Übersetzungsverhältnis durch quer zur Windungsrichtung bewegte Stromabnehmer auf Wicklungen mit Kontaktbahnen geändert werden kann) (Eltech) / regulating transformer, variable-voltage transformer
**Stellung** *f* / position *n* ‖ ~ (am Kontroller) (Eltech) / notch* *n* ‖ ~ (der Haut) (Leder) / structure *n*, condition *n* ‖ ~ (Mil) / site *n* ‖ **geöffnete** ~ (bei Ventilen) (Masch) / passing position ‖ **geschlossene** ~ (Masch) / closed position ‖ **in para-**~ (Chem) / para* *adj* ‖ **mit drei** ~**en** (Elektr) / tristate *adj* ‖ **mit guter** ~ (mit vorteilhaftem Größenverhältnis vom Kern zum Nichtkern) (Leder) / butty *adj* ‖ **nicht erregte** ~ (Eltech) / de-energized position ‖ **offene** ~ (Eltech) / open position ‖ **verklinkte** ~ (Endtaststellung, bei der die Wirkung der Speicherenergie durch eine Klinke blockiert wird) (Eltech) / latched position ‖ **verriegelte** ~ (eine definierte Stellung, in der der Drehschalter durch separate Betätigung festgehalten wird) (Eltech) / locked position ‖ ~ *f* **des** (Thomas-)**Konverters beim Entleeren** (Hütt) / converter tilted for tapping ‖ ~ **des** (Thomas-)**Konverters beim Füllen** (Hütt) / converter tilted for charging ‖ ~ **im Periodensystem** (Chem) / periodicity* *n*
**Stellungs·anzeiger** *m* (Masch) / position indicator ‖ ~**geber** *m* (Regeln) / position pick-up ‖ ~**isomerie** *f* (eine Form der Strukturisomerie) (Chem) / position isomerism, positional isomerism, substitution isomerism ‖ ~**melder** *m* (Masch) / position indicator ‖ ~**parameter** *m* (eine statistisches Häufigkeitsverteilung, z.B. arithmetisches Mittel oder Median) (Stats) / location parameter, position parameter, parameter of position ‖ ~**regler** *m* (Regeln) / positioner *n*
**stellvertretend** *adj* / substitutional *adj*, ersatz *adj* ‖ ~**er Empfänger** (Fernm) / substitute recipient
**Stell·wegbegrenzung** *f* (Regeln) / stop *n* ‖ ~**werk** *n* (Bahn) / interlocking cabin, interlocking box, signal box ‖ ~**werkswärter** *m* (Bahn) / signalman *n*, pointsman *n*, switchman *n* (US) ‖ ~**widerstand** *m* (Eltech) / variable resistance* ‖ ~**winkel** *m* (Tischl, Werkz, Zimm) / bevel* *n* (sliding) ‖ ~**zaun** *m* (der vor Schneeverwehungen schützen soll) / snow fence ‖ ~**zeit** *f* (Regeln) / actuation delay, actuation time
**Stelze** *f* / stilt *n*
**Stelzenschlepper** *m* (im allgemeinen) (Landw) / straddle-type tractor, stilt-type tractor, high-clearance tractor
**Stelzpflug** *m* (Landw) / Belgian plough

**Stelzradregner** *m* (Landw) / straddle-type sprinkler
**Stemma** *n* (pl. Stemmata) / stemma *n* (pl. stemmata), tree *n*
**Stemmaschine** *f* (For) / mortising machine ‖ ~ **mit Schwingmeißelwerkzeug** (For) / mortising machine with oscillating tool action
**Stemmeisen** *n* (Tischl, Zimm) / chisel *n*, mortise chisel*, firmer chisel*, framing chisel*, heading chisel*, socket chisel* ‖ ~ (zum Richten schmaler, enger Rundungen) (Werkz) / caulking iron
**stemmen** *v* (Bau, Masch) / caulk *v*, calk *v* (US) ‖ ~ *n* (Bau, Masch) / caulking* *n*, calking* *n*
**Stemm·knüppel** *m* (Werkz) / wooden hammer, mallet *n* ‖ ~**loch** *n* (für Zapfen) (Tischl, Zimm) / tenon hole, dowel hole, mortise* *n*, mortice* *n* ‖ ~**-Muffenverbindung** *f* (Klemp) / lead joint ‖ ~**tor** *n* (der Schleuse) (Wasserb) / mitre gate, miter gate (US), mitring gate
**Stempel** *m* (im Büro) / stamp *n* ‖ ~ (Bergb) / prop* *n*, post *n*, strut *n*, pit prop, puncheon *n* ‖ ~ (verspreizter) (Bergb) / soldier *n* ‖ ~ (Eltech) / plunger* *n*, piston* *n* ‖ ~ (Glas) / plug *n*, plunger *n* ‖ ~ (Abschneid-, Biege-, Loch-, Präge-, Schneid-, Zieh-) (Masch) / punch* *n* ‖ ~ (Preßstempel) (Masch) / ram* *n* ‖ ~ (Gesenk) (Masch) / male die ‖ ~ (Plast) / force plug, male form ‖ **abgesetzter** ~ (mit mehr als einem formgebenden Durchmesser) (Masch) / stepped punch ‖ **ausziehbarer** ~ (Bergb) / telescopic (hydraulic) prop ‖ **frühtragender** ~ / early-bearing prop ‖ **hydraulischer** ~ (Bergb) / hydraulic prop ‖ **nachgiebiger** ~ / yielding prop* ‖ **spättragender** ~ (Bergb) / late-bearing prop ‖ **starrer** ~ (Bergb) / rigid prop
**Stempel·aufnahmeplatte** *f* (mit Aussparungen für einen oder mehrere Schnittstempel) (Masch) / punch plate ‖ ~**dichte** *f* (Bergb) / prop density ‖ ~**farbe** *f* / pad ink, stamping ink, stamp-pad ink ‖ ~**farbe für Fleisch** (Chem, Nahr) / meat stamp ink ‖ **~frei** *adj* (Bergb) / prop-free end ‖ ~**freie Abbaufront** (Bergb) / prop-free front ‖ ~**führungsplatte** *f* (zur Führung des Schnittstempels) (Masch) / guide plate (for guiding the punch) ‖ ~**glanz** *m* / fleur de coin, FDC ‖ ~**hobeln** *n* (Masch) / stamp slotting ‖ ~**kennlinie** *f* (Charakteristik des Stempelverhaltens bei Belastung als Lastaufnahme in kN) (Bergb) / resistance-yield curve, load-yield curve (of pit-props) ‖ ~**kissen** *n* / ink-pad *n*, inking pad, pad *n* ‖ ~**kissenfarbe** *f* / pad ink, stamping ink, stamp-pad ink ‖ ~**lack** *m* (für wiederkehrende Dekore) (Keram) / stamping ink
**stempeln** *v* (Gold- und Silberwaren) / hallmark *v* ‖ ~ / stamp *v* ‖ ~ *n* / stamping *n*
**Stempel·presse** *f* (Masch) / stamping press ‖ ~**rauber** *m* (Bergb) / prop drawer ‖ ~**rolle** *f* (für Kantendekore) (Keram) / stamping roller ‖ ~**schaft** *m* (Masch) / punch stem ‖ ~**schloß** *n* (bei Reibungsstempeln) (Bergb) / yoke *n* ‖ ~**setzer** *m* (Bergb, For) / timberer *n*, timberman *n* ‖ ~**stoßen** *n* (Stoßvorgang, bei dem der Stoßmeißel während des letzten Teils des Arbeitshubes so geführt wird, daß eine konkave Werkstückfläche entsteht) (Masch) / stamp slotting ‖ ~**stützkraft** *f* (Nennlast als Fähigkeit zur Lastaufnahme) (Bergb) / prop resistance ‖ ~**technik** *f* (nach Lederberg) (Bakteriol) / replica plating ‖ ~**uhr** *f* (F.Org) / time clock (automatic recording clock) ‖ ~**wagenheber** *m* (Kfz) / pillar jack, bottle jack ‖ ~**zieher** *m* (Bergb) / prop drawer
**Stengel** *m* (krautig bleibende Sproßachse oder auch die später verholzende Sproßachse im krautigen, primären Zustand) (Bot) / stem* *n*, stalk *n* ‖ ~ (Bot, Landw) / haulm *m* (a stalk or stem) ‖ ~ (Krist) / column *n* ‖ **flacher** ~ (Krist) / blade *n* ‖ ~**ansatzmaschine** *f* (bei Glühlampen) (Eltech) / tubulating machine ‖ **~artig** *adj* (Krist) / stalk-like *adj* ‖ ~**brechmaschine** *f* (Flachs- und Hanfaufbereitung) (Tex) / decorticating machine, decorticator *n* ‖ ~**bruch** *n* (Geol) / pencil cleavage ‖ ~**faser (St)** *f* (aus den Stengeln oder der Rindenschicht gewonnene Faser) (Tex) / stem fibre, stalk fibre ‖ ~**festigkeit** *f* (Bot, Landw) / stalk strength, haulm strength ‖ ~**glied** *n* (blattfreier Abschnitt zwischen zwei Blattansätzen) (Bot) / internode* *n*
**stengelig** *adj* (Krist) / columnar *adj*, basaltiform *adj*
**Stengel·knicker** *m* (Landw) / forage crimper, forage crusher ‖ ~**korn** *n* (bei der Transkristallisation) (Krist) / columnar grain ‖ ~**kristall** *m* (Krist) / columnar crystal* ‖ ~**kristallisation** *f* (bei einer ungleichmäßigen Wärmeabfuhr) (Krist) / columnar crystallization ‖ ~**quetscher** *m* (Landw) / forage crimper, forage crusher ‖ ~**rost** *m* (Landw) / stem rust ‖ ~**-Verfahren** *n* (Herstellung von Ammoniumnitrat) (Chem Verf) / Stengel process ‖ ~**zerkleinerer** *m* (Landw) / stalk chopper
**Steno·grafiedienst** *m* (heute meistens in einem Textverarbeitungssekretariat) / stenographic pool ‖ ~**grafiermaschine** *f* / stenotype machine, stenotype *n*
**stenohalin** *adj* (empfindlich gegenüber Änderungen des Salzgehalts) (Biol) / stenohaline* *adj*
**stenök** *adj* (spezialisiert, nicht anpassungsfähig - Art) (Umwelt) / stenoecious, stenecious *adj*
**Steno-Regel** *f* (nach dem seligen Steno) (Krist) / law of constant interfacial angles, law of constancy of interfacial angles, law of constant angles ‖ ~ (nach N. Stensen, 1638-1686) (Krist) / law of

constant interfacial angles, law of constancy of interfacial angles, law of constant angles
**Stenosches Gesetz** (ein kristallografisches Grundgesetz) (Krist) / law of constancy of interfacial angles, law of constancy of interfacial angles, law of constant angles
**steno•therm** *adj* (nur bei gleichbleibenden Umgebungstemperaturen lebensfähig) (Umwelt) / stenothermal *adj*, stenothermic *adj* ‖ **~top** *adj* (auf engem, relativ gleichartigem Raum vorkommend) (Umwelt) / stenotopic *adj*
**Step-and-Repeat-Kamera** *f* (für die Fotolithografie, für Mikropublikationen) (Eltronik, Foto) / step-and-repeat camera
**Stephanit** *m* (Antimon(III)-silbersulfid) (Min) / stephanite* *n*, brittle silver ore*, black silver
**Stephanskörner** *n pl* (aus Delphinium staphisagria L.) / stavesacre seed(s)
**Stepp•decke** *f* (Tex) / continental quilt (GB), duvet *n*, quilt *n*, comforter *n* (US) ‖ **wattierte ~decke** (Tex) / quilted blanket ‖ **~deckenstoff** *m* (Tex) / quilt fabric
**Steppe** *f* (Geol, Landw) / steppe *n*
**steppen** *v* (Steppdecken) (Tex) / quilt *v* ‖ **~** (Tex) / stitch *v* ‖ **~** *n* (Schw) / stitch welding* ‖ **~** (Tex) / stitching *n*
**Steppenbleicherde** *f* (aus Solonetz entstanden) (Landw) / solod *n*, salt-earth podzol, Soloth soil
**Stepper** *m* (Masch) / stepping motor, step motor, stepper motor
**Stepperei** *f* (Tex) / quilting *n*
**Steppermotor** *m* (Masch) / stepping motor, step motor, stepper motor
**Stepping-Stone-Algorithmus** *m* (zur Lösung des Transportproblems) (EDV) / stepping-stone algorithm
**Stepp•maschine** *f* (Tex) / stitching machine ‖ **~matte** *f* (Glas, Tex) / needled mat, quilted mat, Bigelow mat ‖ **~naht** *f* (bei Steppdecken) (Tex) / quilting seam ‖ **~nahtschweißen** *n* (Schw) / stitch welding* ‖ **~nahtwiderstandsschweißen** *n* (Schw) / resistance stitch-welding* ‖ **~stich** *m* (Tex) / lock stitch ‖ **~stichnähmaschine** *f* (Tex) / lock-stitch sewing machine ‖ **~wirken** *n* (Tex) / lock-knitting *n*
**Steprate** *f* (Eltech) / step rate
**Step-recovery-Diode** *f* (ein Varaktor) (Eltronik) / step-recovery diode
**STEP-Schnittstelle** *f* (EDV, Masch) / STEP interface (standard for the exchange of product data)
**Step-Streß-Prüfung** *f* (WP) / step-stress test
**Step-stress-Test** *m* (eine zerstörende Zuverlässigkeitsprüfung) (WP) / step-stress test
**Ster** *m* (Raummeter) (For) / stere* *n*
**Steradiant** *m* (pl. -en) (gesetzliche abgeleitete SI-Einheit für den Raumwinkel - DIN 1315) (Math) / steradian* *n*, sr*, sterad
**Sterba-Antenne** *f* (die aus zwei im Abstand von λ/2 angeordneten Dipollinien besteht) (Radio) / Sterba antenna*, Sterba curtain array
**Sterbekreuz** *n* (Typog) / obelisk *n*, obelus *n* (pl. -li)
**sterben** *v* (Kfz) / die *v*, die out *v*, stall *v*
**Sterbe•rate** *f* (Med, Stats) / death rate, mortality rate ‖ **~tafel** *f* (ein bevölkerungsstatistisches Hilfsmittel) (Stats) / mortality table ‖ **~ziffer** *f* (in der Bevölkerungsstatistik) (Med, Stats) / death rate, mortality rate
**Sterblichkeit** *f* (Med, Stats) / lethality *n* ‖ **~** (Bevölkerungsverluste durch Tod in der definierten Zeiteinheit) (Med, Stats, Umwelt) / mortality* *n* ‖ **~ziffer** *f*
**Sterbling** *m* (Leder) / fallen hide
**Sterblingswolle** *f* (Tex) / fallen wool, dead wool, mortling wool
**Stercobilin** *n* (L-Urobilin) (Biochem, Physiol) / stercobilin *n*
**Sterculiagummi** *n m* (meist aus Sterculia urens Roxb.) (Nahr, Pharm) / karaya gum, sterculia gum, gum karaya, Indian tragacanth, kadaya gum
**Stereo** *n* (Akus) / stereophony* *n* ‖ **~** (Druck) / stereotype* *n*, plate* *n*, cast *n*, stereo plate ‖ **~ aus Duroplast** (Druck) / thermosetting plate* ‖ **~ aus Thermoplast** (Druck) / thermoplastic plate*
**Stereo•-** (Akus) / stereo* *adj*, stereophonic* *adj* ‖ **~anlage** *f* (Akus) / stereo system, stereo *n*, stereo set ‖ **~aufnahme** *f* (Akus) / stereophonic recording* ‖ **~aufnahme** (Foto) / stereoscopic photograph ‖ **~aufnahme mit zusätzlicher Rauminformation** (Akus) / magic dimension, MD ‖ **~aufzeichnung** *f* (Akus) / stereophonic recording* ‖ **~basis** *f* (Akus) / stereobase *n* ‖ **~bat** *m* (pl. -en) (abgestufter Unterbau eines griechischen Tempels) (Arch) / stereobate *n* ‖ **~bild** *n* (Foto, Opt) / stereo picture, stereo image ‖ **~bildpaar** *n* (stereoskopische Halbbilder) (Foto, TV) / stereogram* *n*, stereograph* *n*, stereoscopic pair ‖ **~blockpolymer** *n* (Chem) / stereoblock polymer ‖ **~box** *f* (Akus) / stereo speaker ‖ **~chemie** *f* (ein Teilgebiet der Chemie, das sich mit dem räumlichen Aufbau der Moleküle, den Abständen der Atome und Atomgruppierungen und den Bindungswinkeln befaßt) (Chem) / stereochemistry* *n* ‖ **~chemisch** *adj* (Chem) / stereochemical *adj* ‖ **~deskriptor** *m* (ein Präfix) (Chem) / stereodescriptor *n*, stereochemical descriptor ‖ **~dia** *n* (Foto) / stereoslide *n* ‖ **~diapositiv** *n* (Foto) / stereoslide *n* ‖ **~effekt** *m* (Akust, Foto, Opt) / stereo effect ‖ **~elektronisch** *adj* (Kontrolle) (Chem) / stereoelectronic *adj* ‖ **~fernsehen** *n* (TV) / stereo television ‖ **~ferntaste** *f* (Radio) / high-blend key ‖ **~film** *m* (Film) / three-dimensional film ‖ **~fon** *adj* (Akus) / stereo* *adj*, stereophonic* *adj* ‖ **~fonie** *f* (Akus) / stereophony* *n* ‖ **~fonisch** *adj* (Akus) / stereo* *adj*, stereophonic* *adj* ‖ **~fonische Aufnahme** (Akus) / stereophonic recording* ‖ **~formel** *f* (die die räumliche Anordnung der Atome im Molekül darstellt) (Chem) / space formula, stereoformula *n* ‖ **~fotografie** *f* (Nachahmung des plastischen Sehens durch die Fotografie) (Foto) / stereophotography *n*, stereoscopic photography ‖ **~fotogrammetrie** *f* (Verm) / stereophotogrammetry *n* ‖ **~genes Element** (Chem) / stereogenic element *n* ‖ **~grafische Projektion** (spezielle, umkehrbar eindeutig, winkeltreue Abbildung einer Kugelfläche auf eine Ebene, die senkrecht steht zu dem Durchmesser der Kugel, der das Projektionszentrum enthält) (Geog, Krist) / stereographic projection ‖ **~gramm** *n* (stereoskopische Halbbilder) (Foto, TV) / stereogram* *n*, stereograph* *n*, stereoscopic pair ‖ **~isomer** (Chem) / stereoisomeric *adj* ‖ **~isomer** *n* (Chem) / stereoisomer *n*, spatial isomer ‖ **~isomeres** *n* (Chem) / stereoisomer *n*, spatial isomer ‖ **~isomerie** *f* (Chem) / stereoisomerism* *n*, spatial isomerism ‖ **~kamera** *f* (eine Tubuskamera mit zwei Objektiven und doppelter Bildbühne, mit zwei Zentralverschlüssen oder mit Doppelschlitzverschluß) (Foto) / stereocamera* *n*, binocular camera*, stereoscopic camera* ‖ **~kartiergerät** *n* (Kart, Luftf) / stereoplotter *n*, stereoplotting machine ‖ **~kartografische Auswertungsmaschine** (Kart, Luftf) / stereoplotter *n*, stereoplotting machine ‖ **~kautschuk** *m* (ein Synthesekautschuk) (Chem Verf) / stereorubber *n* ‖ **~-Klinkensockel** *m* (Akus) / stereo jack base ‖ **~kompaktanlage** *f* (Steuergerät mit Kassettenrecorder und Plattenspieler) (Akus) / music centre ‖ **~komparator** *m* (terrestrische Fotogrammetrie und Aerotriangulation) (Opt) / stereocomparator *n* ‖ **~lithografie** *f* (EDV) / stereolithography *n*
**Stereom** *n* (Bot) / stereome* *n*, strengthening tissue, supporting tissue
**Stereo•metall** *n* (für Bleistereos) (Druck, Hütt) / stereotype alloy* ‖ **~meter** *n* / volumenometer *n*, stereometer *n* ‖ **~metrie** *f* (ein Teilgebiet der Geometrie, die Lehre von den räumlichen geometrischen Gebilden, insbesondere den Körpern) (Math) / stereometry *n*, solid geometry ‖ **~mikrofon** *n* (Akus) / stereomicrophone *n* ‖ **~mikroskop** *n* (zur räumlichen Beobachtung der Objekte) (Mikros) / stereomicroscope *n* ‖ **stark vergrößerndes ~mikroskop** (Mikros) / stereoscopic high-power microscope ‖ **~mikroskop nach Greenough** (Mikros) / Greenough (stereo)microscope, Greenough binocular microscope ‖ **~modell** *n* (nach A.S. Dreiding, 1919-) / stereo model, stereoscopic model (e.g. of Dreiding) ‖ **~projektor** *m* (Film) / stereoprojector *n* ‖ **~regulär** *adj* (Chem) / stereoregular *adj* ‖ **~reguläres Polymer** (Chem) / stereoregular polymer ‖ **~regularität** *f* (Chem) / stereoregularity *n* ‖ **~schrift** *f* (zweikanaliges Tonaufzeichnungsverfahren für Schallplatten) (Akus) / stereophonic recording* ‖ **~seitenbandfilter** *n* (Akus) / mpx filter ‖ **~selektive Reaktion** (bei der von zwei oder mehr möglichen Stereoisomeren jeweils eines bevorzugt gegenüber den anderen entsteht oder reagiert) (Chem) / stereoselective reaction ‖ **~selektivität** *f* (Chem) / stereoselectivity *n* ‖ **~skop** *n* (Foto, Opt) / stereoscope* *n*, stereo *n* ‖ **~skopie** *f* (DIN 19040, T 8) (Foto, Opt) / stereoscopy* *n* ‖ **~skopisch** *adj* (Foto, Opt) / stereoscopic *adj*, stereo *adj* ‖ **~skopische Parallaxe** (Opt) / absolute parallax, stereoscopic parallax, absolute stereoscopic parallax ‖ **~skopisches Sehen** (Opt, Physiol) / stereoscopic vision, binocular vision, stereopsis *n*, three-dimensional vision, stereovision *n* ‖ **~spektrogramm** *n* (Chem) / stereospectrogram *n* ‖ **~spezifisch** *adj* (Chem) / stereospecific *adj* ‖ **~spezifisches Polymer** (Chem) / stereospecific polymer ‖ **~spezifische Polymerisation** (Chem) / stereospecific polymerization ‖ **~spezifische Reaktion** (bei der von zwei oder mehr möglichen Stereoisomeren jeweils eines ausschließlich entsteht oder reagiert) (Chem) / stereospecific reaction ‖ **~spezifizität** *f* (Chem) / stereospecificity *n* ‖ **~statik** *f* (Mech) / statics of rigid bodies ‖ **~ton** *m* (Akus) / stereo sound, stereophonic sound ‖ **~-TV** *f* (TV) / stereo television ‖ **~typieplatte** *f* (Druck) / stereotype* *n*, plate* *n*, cast *n*, stereo plate ‖ **~typieren** *v* (Druck) / stereotype *v* ‖ **~typplatte** *f* (Druck) / stereotype* *n*, plate* *n*, cast *n*, stereo plate ‖ **~umsetzer** *m* **für Breitwand** (Akus) / panoramic attenuator* ‖ **~weitwinkel** *m* (Vergrößerung der Stereobasisbreite) / spatial stereo
**steril** *adj* (Biol) / infertile *adj*, sterile* *adj*, barren *pl* ‖ **~** (hygienisch) (Biol, Med) / sterile* *adj* ‖ **~** (Landw) / barren *adj*, unfruitful *adj*, unfertile *adj* ‖ **~e Zwischenschicht** (bei mehreren Förderhorizonten) (Erdöl) / dry horizon
**Sterilans** *n* (pl. -anzien) (Chem) / sterilant *n*
**Steril•filter** *n* (Chem Verf) / sterile filter ‖ **~filtration** *f* (Methode zur Konservierung von Flüssigkeiten) (Chem Verf) / sterilization by filtration, sterile filtration
**Sterilisation** *f* (DIN 58946, T 1) (Biol) / sterilization* *n* ‖ **kontinuierliche ~** (Nahr) / continuous sterilization
**Sterilisationspapier** *n* (Pap) / aseptic paper
**sterilisieren** *v* (Biol) / sterilize *v*

**Sterilisierung** *f* (Biol) / sterilization* *n*
**Sterilisierungsmittel** *n* (Chem) / sterilant *n*
**Sterilität** *f* (Biol, Med) / sterility *n*
**Steril•kupplung** *f* (lösbare Verbindung zwischen Rohren und Schläuchen bzw. Armaturen in den Fermentations-, Pharma- und Medizintechnik) (Chem Verf, Pharm) / sterile line connector || **~milch** *f* (Nahr) / sterilized milk || **~raum** *m* (in der Reinraumtechnik) (Eltronik) / clean room*, white room
**Sterin** *n* (Chem) / sterol* *n* || **tierisches ~** (z.B. Chinesterol) (Chem) / zoosterol *n*
**sterisch** *adj* (Chem) / steric *adj* || **~er Ausschluß** (Chem) / steric exclusion || **~er Effekt** (Chem) / steric effect || **~er Faktor** (Chem) / steric factor || **~e Hinderung** (Chem) / steric hindrance || **~e Stabilisierung** (von adsorbierten Polymeren an Pigment- und Füllstoffteilchen gegen Flockung) (Anstr, Chem) / steric stabilization
**Sterkobilin** *n* (L-Urobilin) (Biochem, Physiol) / stercobilin *n*
**Sterkuliagummi** *n m* (meist aus Sterculia urens Roxb.) (Nahr, Pharm) / karaya gum, sterculia gum, gum karaya, Indian tragacanth, kadaya gum
**Sterlingsilber** *n* (925 fein) (Hütt) / sterling silver
**Stern** *m* (Astr) / star* *n* || **~** (bei fotografischen Effekten) (Foto) / starburst *n* || **~** (in der Kernspuremulsion) (Kernphys) / emulsion star, star* *n*, nuclear star || **~** (Radkörper) (Kfz) / wheel spider, spider *n*, centre member *n* (Masch) / star wheel || **~** (ein Färbeapparat) (Tex) / star-dyeing machine, star frame || **~** (Uhr) / star wheel* || **mit bloßem Auge erkennbarer ~** (Astr) / naked-eye star || **Neuer ~** (Astr) / nova* *n* (pl. novas or novae), new star* || **nur durch ein Fernrohr erkennbare ~e** (Astr) / telescopic stars || **pulsierende ~e** (die größte Gruppe der physischen Veränderlichen) (Astr) / pulsating variable stars, pulsating stars || **Roter ~** (Astr) / red star || **veränderliche ~e** (Astr) / variable stars, variables *pl* || **verlängertes Bild eines ~s** (wenn mit Kameras ohne Nachführung fotografiert wird) (Astr) / trails *pl* || **~** *m* **vom späten Typ** (Astr) / late-type star
**Stern•-** (Astr) / stellar *adj* || **~** (Astr) / astronomical *adj* || **~antenne** *f* (Radio) / star antenna || **~artiger Kernriß** (For) / star shake*, star check || **~assoziation** *f* (lockere Gruppe von gemeinsam entstandenen, physikalisch ähnlichen Sternen) (Astr) / stellar association || **~atlas** *m* (pl. -se oder -atlanten) (Sammlung von Sternkarten) (Astr) / star atlas || **~atmosphäre** *f* (Astr) / stellar atmosphere || **~balkenlage** *f* (Zimm) / system of beams and joints in star forms || **~bild** *n* (Astr) / constellation* *n* || **~bildung** *f* (Kernphys) / star production || **~bogen** *m* (Arch) / tented arch
**Sternchen** *n* (Typog) / asterisk *n* || **~ drei** (Typog) / asterism *n*
**Stern•dämpfer** *m* (Tex) / star steamer || **~-Doppelschicht** *f* (Chem, Phys) / Helmholtz double layer*, Stern layer
**Sterndreieck•anlasser** *m* (Eltech) / star-delta starter* || **~schalter** *m* (Eltech) / star-delta switch, wye-delta switch || **~schaltung** *f* (Eltech) / star-delta connexion, star-delta connection || **~starter** *m* (Motorstarter für einen Drehstrommotor, der so ausgeführt ist, daß die Wicklungen des Ständers für den Anlauf in Stern geschaltet und dann für den Betrieb in Dreieck umgeschaltet werden) (Eltech) / star-delta starter* || **~übertragung** *f* (Fernm) / star-mesh transformation*
**Sternen•-** (Astr) / stellar *adj* || **~hell** *adj* / starry *adj*, starlit *adj* || **~klar** *adj* / starry *adj*, starlit *adj* || **~licht** *n* / star light
**Stern•entstehungsgalaxie** *f* (Astr) / starburst galaxy || **~entwicklung** *f* (Astr) / stellar evolution* || **~erzeugung** *f* (Kernphys) / star production || **~ferne** *f* (Apsiden) (Astr) / apastron *n* || **~finder** *m* (ein Gerät zur Ermittlung des Namens eines unbekannten Fixsterns) (Astr) / star finder, star identifier || **~förmig** *adj* / star-shaped *adj*, stellate *adj*, starry *adj* || **~förmiger Bruch** (Glas, Keram) / spider *n* / star-shaped fracture*, star mark, star-shaped fracture || **~fotografie** *f* / astrophotography *n* || **~fünfeck** *n* (Drudenfuß) (Math) / pentagram *n* || **~gebiet** *n* (der komplexen Ebene) (Math) / star-shaped domain, starlike region
**Stern-Gerlach-Versuch** *m* (O. Stern, 1888-1969, und W. Gerlach, 1889-1979) (Kernphys) / Stern-Gerlach experiment*
**stern•geschaltet** *adj* (Eltech) / star-connected *adj*, Y-connected *adj*, wye-connected *adj* || **~gewölbe** *n* (Arch) / stellar vault || **~gliederegge** *f* (Landw) / star-toothed harrow || **~griff** *m* (Masch) / star wheel || **~gruppe** *f* (kleine) (Astr) / asterism *n* || **offener ~haufen** (z.B. Plejaden) (Astr) / open cluster*, galactic cluster* || **~haufen** (z.B. Plejaden) (Astr) / open cluster*, cluster *n* || **~holz** *n* (mit der Faserrichtung symmetrisch von Schicht zu Schicht wechselnd angeordnete Furniere) (Tischl, Zimm) / plywood *n* (with the grains of adjacent sheets oriented at 15-45° to each other), radial plywood || **~interferometer** *n* (zur Messung des Winkelabstandes eines Doppelsterns sowie zur Bestimmung des Durchmessers eines Sterns) (Astr, Phys) / stellar interferometer* || **~jahr** *n* (Astr) / sidereal year* || **~karte** *f* (Astr) / star chart*, star map || **~kartenkunde** *f* (Astr) / uranography *n* || **~kartentechnik** *f* (Astr) / uranography *n* || **~katalog** *m* (systematisch geordnetes Sternverzeichnis) (Astr) / star catalogue || **~koppler** *m* (für sternförmige passive Lichtwellenleiternetze) (Fernm) / star coupler || **~krümelwalze** *f* (Landw) / star-wheel harrow || **~kurve** *f* (eine spitze Hypozykloide) (Math) / astroid *n* || **~leere** *f* (Astr) / dark area || **~maschine** *f* (Masch) / radial engine *n* || **~meißel** *m* (Bau, Werkz) / plugging chisel, star drill (US) || **~motor** *m* (mit sternförmig angeordneten Zylindern - heute nicht mehr benutzt) (Luftt, Masch, V-Mot) / radial engine*, radial *n* || **~nähe** *f* (Astr) / periastron* *n* || **~netz** *n* (Fernm) / star network*, star-type network, centralized (network) configuration || **~netz** (Fernm) s. auch Maschennetz || **~nußpalme** *f* (Astrocaryum tucum+o oder Astrocaryum vulgare Mart.) (For) / tucum *n*, tucum palm, tucuma *n* || **~operation** *f* (Iteration) (EDV) / Kleene star, Kleene closure, star closure || **~peiler** *m* (Astr) / astrotracker *n*, star tracker || **~polygon** *n* (Math) / star polygon || **~polymer** *n* (Chem) / star polymer, starburst polymer || **~population** *f* (Astr) / population *n*
**Sternpunkt** *m* (Eltech) / neutral point*, star point*, neutral* *n*, wye point || **geerdeter ~** (Eltech) / earthed neutral* || **herausgeführter ~** (Eltech) / brought-out neutral || **isolierter ~** (Eltech) / insulated neutral || **~anschluß** *m* (Eltech) / neutral terminal || **~erdung** *f* (Eltech) / neutral earthing || **~leiter** *m* (eines Drehstrom-Vierleitersystems nach DIN 40108) (Eltech) / neutral conductor*, middle conductor*, middle wire*, neutral wire*, neutral* *n* || **~transformator** *m* (Eltech) / earthing transformer
**Sternrad** *n* (des Sternradgetriebes) (Masch) / star gear || **~** (Masch) / star wheel || **~getriebe** *n* (Masch) / star-wheel mechanism || **~rechwender** *m* (Landw) / finger-wheel rake, star-wheel rake || **~schaltgetriebe** (ein Schaltgetriebe zur Umwandlung einer stetigen Drehbewegung des Antriebs in eine durch Stillstände unterbrochene Abtriebsbewegung) (Masch) / star-wheel mechanism
**Stern•revolver** *m* (Masch) / horizontal turret head, capstan tool head, star turret, turnstile turret || **~revolverdrehmaschine** *f* (Masch) / horizontal (vertical-axis) turret lathe || **~revolverkopf** *m* (Teil des Werkzeugträgers der Revolverdrehmaschine und der Revolverbohrmaschine) (Masch) / horizontal turret head, capstan tool head, star turret, turnstile turret || **~riß** *m* (For) / star shake*, star check || **~rubin** *m* (mugelig geschliffener Rubin) (Min) / star ruby* || **~saphir** *m* (mugelig geschliffener Saphir) (Min) / star sapphire* || **~schaltung** *f* (Eltech) / wye connexion, star connection*, Y connection* || **~schnitt** *m* (Glas) / star cut, star-shaped cut || **~schnuppe** *f* (Astr) / shooting star*, falling star, sporadic meteor || **~spannung** *f* (zwischen einem Außenleiter und dem Sternpunkt - nach DIN 40108) (Eltech) / Y-voltage *n*, star voltage*, voltage to neutral*, phase voltage* || **unsymmetrische ~spannungen** (Eltech) / neutral inversion* || **~spektrum** *n* (Astr) / stellar spectrum, star spectrum || **~-Stern-** (Eltech) / wye-wye *attr*, star-star *attr* || **~-Stern-Schaltung** *f* (Eltech) / star-star connection || **~strom** *m* (Astr) / star streaming *n*, star stream, star drift || **~system** *n* (Astr) / stellar system, galaxy *n* || **~system** (Astr) s. auch extragalaktischer Nebel || **~tag** *m* (Astr) / sidereal day* || **~test** *m* (Astr, Opt) / star test || **~topologie** *f* (EDV) / star topology || **~verfolger** *m* (Astr) / astrotracker *n*, star tracker || **~vieleck** *n* (Math) / star polygon || **~vierer** *m* (vier miteinander verseilte Adern, von denen jeweils zwei diametral gegenüberliegende einen Leitungskreis bilden - DIN 57981, T 1) (Eltech, Kab) / star-quad*, spiral four cable (US), spiral four (US) || **~viererkabel** *n* (Eltech, Kab) / star-quad* *n*, spiral four cable (US), spiral four (US) || **~walze** *f* (Landw) / Norwegian roller || **~wälzegge** *f* (Landw) / star-wheel harrow || **~warte** *f* (Astr) / astronomical observatory || **~wind** *m* (Astr) / stellar wind || **~wolke** *f* (homogene Ansammlung von Milliarden alten, kühlen Sternen) (Astr) / star cloud || **~zeit** *f* (wahre, mittlere) (Astr) / sidereal time* || **mittlere ~zeit** (Astr) / mean sidereal time || **Sekunde ~zeit** (Astr) / sidereal second
**Steroid** *n* (Chem) / steroid* *n* || **~-** (Chem) / steroidal *adj*, steroid *adj* || **anabolisches ~** (Pharm) / anabolic steroid || **~alkaloide** *n pl* (z.B. Solanum- oder Salamanderalkaloide) (Pharm) / steroid alkaloids, steroidal alkaloids || **~antibiotikum** *n* (z.B. Fusidinsäure) (Pharm) / steroid antibiotic || **~chemie** *f* (Chem) / steroid chemistry || **~hormon** *n* (Biochem) / steroid hormone || **~sapogenin** *n* (Chem) / steroid sapogenin || **~saponin** *n* (Chem) / steroid saponin
**Sterol** *n* (Chem) / sterol* *n* || **pflanzliches ~** (z.B. Sitosterol) (Chem) / phytosterol *n*
**Sterrometall** *n* (Legierung aus 60% Cu, 38% Zn und 2% Fe) (Hütt) / sterro metal
**Sterz** *m* (Führungs- und Haltevorrichtung am Pflug) (Landw) / plough handle, stilt *n* || **~pflug** (Gespannpflug) (Landw) / walking plough
**Stethoskop** *n* (ein Horchgerät) (V-Mot) / stethoscope *n*
**stetig** *adj* (beständig) / steady *adj* || **~** (Förderer, Funktion) / continuous* *adj* || **~** (glatt) (Math) / smooth *adj* || **~** (Math, Phys) / continuous* *adj* || **~ beidseitig** (Math) / bicontinuous *adj* || **gleichgradig ~** (eine Funktionenfolge) (Math) / equicontinuous *adj* || **~e Abhängigkeit** / continuous dependence || **~e Bewegung** (Mech) / continuous motion || **~ differenzierbare Funktion** (deren Ableitung

**stetig**

stetig ist) (Math) / continuously differentiable function ‖ **~e Funktion** (Math) / continuous function ‖ **~e gleichmäßige Verteilung** (Math, Stats) / continuous uniform distribution ‖ **~e Proportion** (mit gleichen Innen- und Außengliedern) (Math) / proportion with equal means ‖ **~e Regelung oder Steuerung** (wenn die Stellgröße innerhalb des Stellbereiches jeden beliebigen Zwischenwert annehmen kann) (Regeln) / continuous control* ‖ **~e Teilung** (nach dem Goldenen Schnitt) (Math) / golden section* ‖ **~e Verteilung** (Math, Stats) / continuous distribution

**Stetig•bahnsteuerung** f (Regeln) / continuous path control (system), contour control system, CP control ‖ **~förderer** m (DIN 15201 und 22101) (Masch) / continuous-flow conveyor, continuous-handling equipment ‖ **~förderung** f (Masch) / continuous system (of transport or handling)

**Stetigkeit** f (Beständigkeit) / steadiness n ‖ **~** (der Kurve) (Math) / smoothness ‖ **~** (Math, Phys) / continuity* n ‖ **mittlere ~** (Math) / mean continuity

**Stetigkeits•bedingung** f (Mech) / continuity condition ‖ **~gebiet** n (Math) / continuity domain

**Stetigschleifer** m (ein Holzschleifer) (Pap) / continuous grinder

**stets wiederkehrender Text** (EDV) / repetitive text

**Stetter-Reaktion** f (nach K.O. Stetter, geb. 1941) (Chem) / Stetter reaction

**Steuer** f / tax n ‖ **~** n (Kfz) / steering wheel ‖ **ökologische ~** (Umwelt) / environmental tax ‖ **~ausbeute** f (Eltech) / control ratio ‖ **~ausschlag** m (Luftf) / control deflection ‖ **~bar** adj (System) (EDV, Regeln) / controllable adj ‖ **~bare Antenne** (Radio) / steerable antenna*, steerable-beam antenna ‖ **~barer Reaktionsablauf bei der Kernfusion** (Nukl) / controlled thermonuclear reaction, CTR* ‖ **~befehl** m (im allgemeinen) (EDV) / control command ‖ **~befehle** m pl (innerhalb eines Programms) (EDV) / control instructions ‖ **~befreiung** f / tax exemption ‖ **~begünstigtes Leasing** / tax lease ‖ **~bereich** m (Regeln) / control range ‖ **~bit** n (EDV) / control bit, C-bit n ‖ **~block** n (ein DÜ-Block, der nur aus Steuerdaten besteht) (EDV) / control framer ‖ **~bord** n (rechte Seite in bezug auf die Längsachse, von hinten nach vorn gesehen) (Luftf, Schiff) / starboard n, starboard side ‖ **~bordschlagseite** f (Schiff) / list to starboard ‖ **~bus** m (der die Steuersignale überträgt) (EDV) / control bus ‖ **~daten** pl (bei Datenübermittlung) (EDV) / control data ‖ **~diagramm** n (Kfz, V-Mot) / timing diagram ‖ **~diagramm** (Regeln) / control chart ‖ **~draht** m (Bahn, Eltech) / pump-line* n ‖ **~druck** m (Regeln) / control pressure ‖ **~drucksimulatorsystem** n (Luftf) / feel system ‖ **~drucksimulatorsystem** s. auch Gefühl, künstliches ‖ **~düse** f (Luftf) / control nozzle ‖ **~dynamo** m (Eltech) / variable-voltage generator* ‖ **~einheit** f **der Maschine** (bei numerisch gesteuerten Maschinen) (Masch) / machine control unit, MCU ‖ **~einheit für den Drucker** (EDV) / printer control unit ‖ **~einrichtung** f (Regeln) / control mechanism, control device ‖ **~elektrode** f (Eltronik) / control electrode ‖ **~element** n (EDV) / control n (graphical element used to get user input and to display output /e.g. text boxes command buttons, list boxes/) ‖ **~element** (mit Fingersteuerstäben) (Nukl) / control element assembly, CEA ‖ **magnetisches ~element** (Eltech) / magnetic controller* ‖ **~erleichterung** f (z.B. für schadstoffarme Autos) / tax relief ‖ **~fähigkeit** f (Schiff) / steerage n ‖ **~fahrt** f (Fahrt, bei der ein Schiff gerade noch steuerfähig ist) (Schiff) / steerageway n ‖ **~fläche** f (Luftf) / control surface ‖ **~flucht** f / tax evasion ‖ **~fluß** m (in einem Programm) (EDV) / action flow (in a program) ‖ **~freiheit** f / tax exemption ‖ **~frequenz** f (Eltronik) / control frequency

**Steuergerät** n (in der Hi-Fi-Technik) (Akus) / receiver n ‖ **~** (Regeln) / controller* n, controlling device, control unit ‖ **elektronisches ~** (Eltronik) / electronic control unit, ECU ‖ **programmierbares ~** (Regeln) / programmable controller ‖ **~** n **für synchrone Übertragung** (Fernm) / synchronous communications controller, SCC

**Steuer•getriebe** n (Mechanismus der Ventilsteuerung) (V-Mot) / timing gear* ‖ **~gitter** n (Gitter 1 der Elektronenröhre) (Eltronik) / control grid ‖ **~gitter-Einsatzspannung** f (Eltronik) / grid base ‖ **~haus** n (Schiff) / wheelhouse n, pilot house ‖ **~hebel** m (EDV) / joystick* n ‖ **~hebel** (Luftf) / control stick, stick n, joystick n ‖ **~horn** n (Steuergriffe an einer Speiche) (Luftf) / spectacles pl ‖ **~information** f (welche die Initiative und den sequentiellen Ablauf innerhalb bestimmter Geräte oder auch Prozesse bestimmt) (EDV, Fernm) / control information ‖ **~jahr** n / tax year ‖ **~kabel** n (im allgemeinen) (Eltech, Kab) / control cable ‖ **~kabel** (des Aufzugs) (Eltech, Masch) / trailing cable ‖ **~kanal** m (ISDN) (Fernm) / D channel ‖ **~kante** f (des Pumpenkolbens) (Kfz) / helix n (pl. helices or -es) ‖ **~karte** f (EDV) / parameter card, control card ‖ **~keller** m (EDV) / control stack ‖ **~kennlinie** f (Eltech) / control characteristic* ‖ **~kennlinie** (bei einem Transistor) (Eltronik) / transfer characteristic* ‖ **~kette** f (offener Wirkungsweg ohne Rückführung von Ist-Werten und ohne Vergleich derselben mit vorgegebenen Sollwerten) (Regeln) / open-loop system ‖ **~kette** (zur Ventilsteuerung) (V-Mot) / timing

chain*, cam chain ‖ **geschlossene ~kette** (Regeln) / closed loop*, control loop ‖ **~klasse** f (Kfz) / tax rating ‖ **~knüppel** m (EDV) / joystick* n ‖ **~knüppel** (Luftf) / control stick, stick n, joystick n ‖ **~kolben** m (Hyd) / control piston ‖ **~kolben** (der Dampfmaschine) (Masch) / slide-valve* n ‖ **~kommando** n (Luftf) / steering command, control command ‖ **~kompaß** m (Nav, Schiff) / steering compass ‖ **~kompaßtochter** f (Nav, Schiff) / steering repeater ‖ **~kontakt** m (Eltech) / control contact ‖ **~kreis** m (Regeln) / control circuit* ‖ **~kugel** f (Radar) / roll ball, rolling ball, control ball ‖ **~kupplung** f (elektronische Lamellenkupplung) (Kfz) / electro-hydraulic clutch ‖ **~kurs** m (Luftf, Nav) / heading* n, course n (GB) ‖ **rechtweisender ~kurs** (Luftf) / true heading, true course ‖ **mißweisender ~kurs** (Luftf, Verm) / magnetic heading ‖ **~leistung** f (Radio) / driving power ‖ **~leistung in PS** (Kfz) / taxable horse power ‖ **~leitung** f (Bahn, Eltech) / pump-line* n ‖ **~leitung** (des Aufzugs) (Eltech, Masch) / trailing cable ‖ **~leitung** (Regeln) / control wire, control line

**steuerliche Entlastung** / tax relief

**Steuer•lochband** n (EDV) / control tape, paper tape loop, carriage tape, printer carriage tape ‖ **~lochstreifen** (z.B. in der NC-Technik) (EDV) / control tape ‖ **~lochung** f (EDV) / designation punch, control hole, function hole, control punch ‖ **~magnet** m (Eltech) / control magnet* ‖ **~mannskunst** f (Schiff) / navigation* n, marine navigation ‖ **~mechanismus** m (der Dampfmaschine) (Masch) / reversing gear*, reversing drive (US), reversing mechanism ‖ **~medium** n (Regeln) / control medium ‖ **~modus** m (EDV) / control mode

**steuern** v / pilot v ‖ **~** (Eltech) / drive v ‖ **~** (lenken) (Kfz) / drive v, steer v ‖ **~** (Luftf) / steer v, pilot v ‖ **~** (einen Prozeß, eine Steuerstrecke) (Regeln) / control v ‖ **~** (Schiff) / steer v ‖ **~** n (Eltech) / driving n ‖ **~** (Schiff) / steering n, steerage n

**Steuer•organ** n **für den Ladungswechsel** (V-Mot) / valve-train n, valve-gear* n ‖ **~organe** n pl (Kfz, Luftf) / controls pl ‖ **~oszillator** m (Radio) / master oscillator* ‖ **~plakette** f **für Kraftfahrer** (Kfz) / road fund licence, tax disc, car tax sticker (US) ‖ **~programm** n (z.B. auch in der NC-Technik) (EDV) / control program (the operating system program responsible for the overall management of the computer and its resources) ‖ **~pult** n (Regeln) / console* n, control-board* n, control panel*, control console, operator's desk, control desk ‖ **~quarz** m (als frequenzbestimmendes Element in Oszillatoren) (Radio) / oscillator crystal*, oscillating crystal, vibrating quartz crystal ‖ **~rad** n / control wheel ‖ **~rad** (Kfz) / steering wheel ‖ **~rad** (meistens ein Handrad) / handwheel n ‖ **~rakete** f (Raumf) / manoeuvring rocket ‖ **~rechner** m (EDV, Regeln) / control computer (used in either plant or process control) ‖ **~register** n (das Information zur Steuerung eines Geräts enthält) (EDV, Regeln) / control register ‖ **~relais** n (Eltech) / control relay ‖ **~riemen** m (zur Ventilsteuerung) (V-Mot) / timing belt ‖ **~ring** m (zur Potentialsteuerung) (Eltech) / grading shield*, arcing shield* ‖ **~säule** f (Luftf) / control column ‖ **~säule mit Rollenker** (Luftf) / yoke n ‖ **~säulenrüttler** m (Luftf) / stick shaker ‖ **~schalter** m (Bahn) / controller n ‖ **~schieber** m (in der Hydraulik) (Masch) / slide-valve n ‖ **~schieber** (V-Mot) / valve spool ‖ **~schirm** m (Eltech) / grading shield*, arcing shield* ‖ **~schirm** (Luftf) / drogue n ‖ **~schlitz** m (Kfz) / metering port ‖ **~schrank** m (bei Werkzeugmaschinen) (Masch) / control cabinet ‖ **~schraube** f (des Hubschraubers) (des Hubschraubers) (Luftf) / tail-rotor* n, antitorque rotor, auxiliary rotor* ‖ **~seilzug** m (bei älteren leichten Flugzeugen) (Luftf) / control cable ‖ **~sender** m (Sender ohne Endstufe) (Radio) / exciter n, driver unit ‖ **~signal** n (Eltech) / command ‖ **~signal** (am Steuereingang eines steuerbaren Elements bzw. eines gesteuerten Geräts anliegendes Signal) (Regeln) / control signal ‖ **~spannung** f (Eltech, Regeln) / control voltage* ‖ **~speicher** m (EDV) / control memory, control store ‖ **beschreibbarer ~speicher** (bei der Mikroprogrammierung) (EDV) / writeable control storage (WCS), writable control storage ‖ **~spur** f (eine Hilfsspur auf dem Videomagnetband) (Mag) / control track

**Steuerstab** m (DIN 25401) (Nukl) / control rod ‖ **~grauer ~** (Nukl) / grey rod ‖ **kreuzförmiger ~** (Nukl) / cruciform control rod ‖ **schwarzer ~** (Nukl) / black control rod ‖ **~antrieb** m (Nukl) / control rod drive (mechanism) ‖ **~versagen** n (Nukl) / control-rod failure ‖ **~wirksamkeit** f (Nukl) / control rod worth*, rod worth, reactivity worth n (of a control rod)

**Steuer•stand** m / control room, control station ‖ **~stand** (Eltech, F.Org) / control room ‖ **~stand** (Schiff) / steering stand ‖ **~strecke** f (DIN 19226) (Regeln) / controlled system, control system ‖ **~strich** m (der Strich im Kompaßgehäuse, nach dem gesteuert wird) (Nav) / lubber line, lubber's line

**Steuerstrom** m (eines Hallgenerators) (Eltronik) / control current ‖ **~** (Eltronik) / gate current* ‖ **~** (Eltronik, Regeln) / control current* ‖ **höchster nichtzündender ~** (des Thyristors) (Eltronik) / gate non-trigger current ‖ **~kreis** m (zur Gerätesteuerung durch den

Bediener) (Regeln) / control circuit* ‖ ⁓kreis (zur Übertragung von Steuersignalen) (Regeln) / pilot circuit
**Steuer•system** *n* **für periphere Geräte** (EDV) / peripheral control unit (PCU) ‖ ⁓**tafel** *f* (bei Werkzeugmaschinen) (Masch) / control panel ‖ ⁓**taste** *f* (auch der Schreibmaschine) (EDV) / function key, function control key ‖ ⁓**teil** *n* (einer Programmschleife) (EDV) / control part (in do statement) ‖ ⁓**tochter** *f* (Nav, Schiff) / steering repeater ‖ ⁓**triebwerk** *n* (Raumf) / vernier motor, vernier engine
**Steuerung** *f* (Akus) / drive *n* ‖ ⁓ (Vorrichtungen) (Kfz, Luftf) / controls *pl* ‖ ⁓ (als Gesamtanlage) (Luftf) / flight-control system, FCS ‖ ⁓ (Regeln) / control *n* ‖ ⁓ (Einrichtung nach DIN 19237) (Regeln) / control mechanism, control device ‖ ⁓ (Schiff) / steering *n*, steerage *n* ‖ **rückführungslose** ⁓ (Regeln) / open-loop system ‖ [**selbsttätige**] ⁓ (Regeln) / automatic control ‖ **adaptive** ⁓ (Regeln) / adaptive control*, AC ‖ **automatische** ⁓ (Regeln) / automatic control* ‖ **die** ⁓ **überziehen** (Luftf) / overcontrol *v* ‖ **direkte digitale** ⁓ (mit Hilfe eines Prozeßrechners) (Regeln) / direct digital control, DDC ‖ **eingebettete** ⁓ (EDV) / embedded control ‖ **externe** ⁓ (Regeln) / external control ‖ **hydraulische** ⁓ (Masch, Regeln) / hydraulic control* ‖ **lochstreifenlose numerische** ⁓ (Masch) / tapeless numerical control ‖ **mit elektrischer** ⁓ (Regeln) / electrically operated ‖ **multiplexierende** ⁓ (Fernm) / multiplexing control ‖ **numerische** ⁓ (Masch) / numerical control*, NC, N/C, numeric control ‖ **pneumatische** ⁓ (Masch, Regeln) / pneumatic control ‖ **sequentielle** ⁓ (EDV, Regeln) / sequential control, sequencing *n* ‖ **speicherprogrammierbare** ⁓ (speicherprogrammierbares Automatisierungsgerät mit anwenderorientierter Programmiersprache, das im Schwerpunkt zum Steuern eingesetzt wird - VDI-Richtlinie 2880) (Regeln) / programmable logic controller, PLC ‖ **verbindungsprogrammierte** ⁓ (Steuerungsart, deren Arbeitsweise durch die Verschaltung der einzelnen Bauelemente fest vorgegeben ist) (Regeln) / hard-wired control ‖ **völlig dezentralisierte** ⁓ (Regeln) / totally decentralized control, TDC ‖ **zeitliche** ⁓ / timing *n* ‖ **zentrale** ⁓ (Regeln) / central control, centralized control ‖ ⁓ *f* **der Irisblende** (Film) / iris control ‖ ⁓ **der Oberflächeneigenschaften der Mineralien durch Zusätze von Schäumern, Sammlern und regelnden Schwimmitteln** (Aufber) / conditioning *n* ‖ ⁓ **des Luft- oder Raumfahrzeuges** (Luftf, Raumf) / flight control* ‖ ⁓ **durch Absorption** (Nukl) / absorption control, absorber control ‖ ⁓ **durch äußeren Eingriff** (Regeln) / override control ‖ ⁓ **mittels Numerikrechner** (DIN 66257) (Offline-Verarbeitung mittels Kleinrechner) (EDV, Masch) / computerized numerical control, CNC ‖ ⁓ **von Hand** (Masch) / manual control, hand operation
**Steuerungs•ablauf** *m* (EDV, Regeln) / control sequence, control instruction sequence ‖ ⁓**algorithmus** *m* (Regeln) / control algorithm ‖ ⁓**art** *f* (DIN 19226) (Regeln) / type of control ‖ ⁓**einheit** *f* (EDV) / control unit* ‖ ⁓**elektronik** *f* (Eltronik, Regeln) / control electronics ‖ ⁓**gerät** *n* **für eine Gruppe von Terminals** (EDV) / cluster controller ‖ ⁓**kreis** *m* (Regeln) / control circuit* ‖ ⁓**logik** *f* (Regeln) / control logic ‖ ⁓**programm** *n* (EDV, Regeln) / controller program ‖ ⁓**pult** *n* (Regeln) / console *n*, control-board*, control panel*, control console, operator's desk, control desk ‖ ⁓**strategie** *f* (Regeln) / control strategy ‖ ⁓**system** *n* **ohne Rückführung** (Regeln) / open-loop system ‖ ⁓**taste** *f* (EDV) / Ctrl (key), control key ‖ ⁓**technik** *f* (derjenige Teil der Automatisierungstechnik, der sich mit der Realisierung von Steuerungen befaßt) (Regeln) / control engineering ‖ **aktive** ⁓**technik** (Luftf) / active control, active control system*, ACS* ‖ ⁓**umkehr** *f* (Luftf) / reversal of control* ‖ **kritische** ⁓**umkehrgeschwindigkeit** (Luftf) / reversal speed*
**Steuer•vektor** *m* (EDV) / control vector ‖ ⁓**ventil** *n* (Masch, V-Mot) / control valve ‖ ⁓**ventil** (Regeln) / control valve ‖ ⁓**wagen** *m* (an der Spitze eines Zugs fahrendes, jedoch nicht selbstfahrendes Schienenfahrzeug mit Steuereinrichtung zur Regelung der Antriebsleistung eines schiebenden Triebfahrzeugs) (Bahn) / driving-trailer* *n* ‖ ⁓**warte** *f* / central control room, control centre ‖ ⁓**welle** *f* (Masch, V-Mot) / camshaft* *n* ‖ ⁓**werk** *n* (die Komponente eines Rechnersystems, welche die Instruktion vom Speicher empfängt und interpretiert sowie deren Ausführung im Rechnersystem überwacht) (EDV) / control unit* ‖ ⁓**werk** (Kfz, Luftf) / controls *pl* ‖ ⁓**wicklung** (EDV) / drive winding ‖ ⁓**wicklung** (der Sättigungsdrossel) (Eltech) / control turns*, signal windings (US)*, control windings* ‖ ⁓**windung** *f* (bei Transduktoren) (Eltronik) / gate winding* ‖ ⁓**wort** *n* (EDV) / control word ‖ ⁓**zeichen** *n* (DIN 66233 - Geräte- oder Übertragungssteuerzeichen) (EDV) / control character*, CCH ‖ ⁓**zeichen zur Kodeerweiterung** (EDV) / code extension character ‖ ⁓**zeichenfolge** *f* (DIN 66254) (EDV) / control string
**Stevedor** *m* (Schiff) / stevedore *n*, lumper *n*
**Steven** *m* (vordere oder hintere Begrenzung des Schiffskörpers) (Schiff) / post *n* ‖ ⁓**rohr** *n* (Schiff) / stern tube ‖ ⁓**sohle** *f* (der untere Teil eines Einschrauben-Hintersteverns) (Schiff) / sole piece*

**Stevenson-Hütte** *f* (Meteor) / Stevenson screen*
**Stevens-Umlagerung** *f* (quartärer Ammoniumverbindungen) (Chem) / Stevens rearrangement
**Steviosid** *n* (Glykosid aus den Blättern der Stevia rebaudiana /Bertoni/ Hemsl. - in Deutschland als Süßstoff nicht zugelassen) (Nahr) / steviosíde *n*
**Stewardeß** *f* (pl. -dessen) (Luftf) / stewardess *n*, flight attendant (female), air hostess
**STH** (Biochem) / growth hormone*, GH, somatotropin *n*, somatotropic hormone, STH
**Stiban** *n* (Chem, Eltronik) / stibine* *n*, antimony hydride*
**Stibiconit** *m* (Antimonocker) (Min) / stibiconite *n*
**Stibin** *n* (Chem, Eltronik) / stibine* *n*, antimony hydride*
**Stibitzkode** *m* (EDV) / excess-3 code* (XS3), excess-three code
**Stibnit** *n* (Min) / stibnite* *n*, antimonite* *n*, antimony glance
**Stiboniumsalz** *n* (Chem) / stibonium salt
**Stich** *m* (Bau, HuT) / rise* *n*, versed sine*, sagitta *n* (pl. sagittae) ‖ ⁓ (Farbstich) (Foto) / cast *n* ‖ ⁓ (einmaliger Durchgang des Walzgutes durch die Walzen) (Hütt) / pass *n* ‖ ⁓ (ein Gesenkschmiedefehler, der dadurch entsteht, daß während der Umformung Werkstoff aus verschiedenen Richtungen zusammenstößt) (Masch) / cold shut ‖ ⁓ (Nahr) / taint *n* ‖ ⁓ (beim Nähen oder Sticken) (Tex) / stitch* *n* ‖ ⁓ (Färbung) / tinge *n*, tint *n* ‖ **ausgelassener** ⁓ (Tex) / skipped stitch ‖ **nachfolgender** ⁓ (beim Walzen) (Hütt) / consecutive pass ‖ **übersprungener** ⁓ (Tex) / missing stitch, skipped stitch
**Stich•abnahme** *f* (beim Walzen) (Hütt) / reduction *n* ‖ ⁓**art** *f* (Tex) / stitch type ‖ ⁓**balken** *m* (ein Balkenabschnitt, der mit einem Ende auf der Mauer oder auf dem Unterzug aufliegt und dessen anderes Ende mit Brustzapfen in einen Wechsel eingelassen ist) (Bau, Zimm) / trimmed joist (GB), tailpiece *n* (US), tail beam (US)*, trimmer* *n*, tail joist, strut *n* ‖ ⁓**bildung** (beim Nähen) (Tex) / stitch formation, stitch-forming action ‖ ⁓**blase** *f* (Glas) / gathering bubble ‖ ⁓**bogen** *m* (meistens in der Romanik) (Arch) / segmental arch*, scheme arch*, skene arch* ‖ ⁓**dichte** *f* (Tex) / stitch density ‖ ⁓**einzug** *m* (in das Nähgut) (Tex) / stitch setting ‖ ⁓**eisen** (Hütt) / tapping bar, tapping rod
**Stichel** *m* (zum Gravieren) / graver *n*, burin *n*
**Stichelastizität** *f* (Tex) / stitch elasticity
**Stichelhaar** *n* (Tex) / kemp *n*, dog hair, guard hair
**stichfest** *adj* (Joghurt) (Nahr) / set-firm *adj*, set-curd *attr* ‖ ~ (Klärschlamm) (Sanitär) / spadeable *adj*
**Stichflamme** *f* (Flamme, die bei einer explosionsartiger Verbrennung auftritt und eine ausgeprägte Richtung aufweist) / flash *n*, flash fire, darting flame
**stichhaltig** *adj* (These) / tenable *adj*
**Stichhöhe** *f* (Bau, HuT) / rise* *n*, versed sine*, sagitta *n* (pl. sagittae)
**Stichigwerden** *n* (des Weins) (Nahr) / souring *n*
**Stich•kabel** *n* (Kab) / spur cable ‖ ⁓**kappe** *f* (die in ein Tonnengewölbe einschneidende Gewölbekappe) (Arch) / transverse vault (in a barrel vault) ‖ ⁓**leitung** *f* (eine mit verschiebbarem Kurzschluß versehene Koaxial- oder Hohlleitung zur Erzeugung von Blindwiderständen) (Eltronik) / reactance circuit ‖ ⁓**leitung** (Masch) / branch main, branch line, lateral *n* (US), dead-end line (US) ‖ ⁓**leitung** (Radio) / stub-line *n*, stub* *n* ‖ ⁓**leitungsantenne** *f* (Radio) / stub antenna*, stub aerial
**Stichloch** *n* (Gieß, Hütt) / tap hole, tapping-hole* *n*, mouth *n* ‖ ⁓ (beim Laserschweißen) (Schw) / keyhole *n* ‖ ⁓**bildung** *f* (beim Laserschweißen) (Schw) / keyhole *n* ‖ ⁓**masse** *f* (Hütt) / plugging material for the tap hole, tap-hole mixture ‖ ⁓**pfropfen** *m* (Hütt) / bot(t) *n*, plug *n*, bod* *n* ‖ ⁓**schweißen** *n* (eine Art Laserschweißen) (Schw) / keyhole welding ‖ ⁓**stopfen** *m* (Hütt) / bot(t) *n*, plug *n*, bod* *n* ‖ ⁓**stopfmaschine** *f* (Hütt) / clay gun*, tap-hole gun ‖ ⁓**stopfmasse** *f* (Hütt) / plugging material for the tap hole, tap-hole mixture
**Stich•maß** *n* **für Sicherungen** (ein genormtes Längenmaß von Sicherungseinsätzen für deren Einsetzen in Sicherungsträgern) (Eltech) / fuse gauge ‖ ⁓**massierung** *f* (beim Nähen) (Tex) / bunching *n* ‖ ⁓**muster** *n* (Tex) / stitch design, stitch pattern ‖ ⁓**platte** *f* (bei Nähmaschinen) (Tex) / needle plate
**Stichprobe** *f* (Aufber) / aliquot part* ‖ ⁓ (Zufallsstichprobe aus einer Grundgesamtheit) (Stats) / sample *n* ‖ **balancierte** ⁓ (Stats) / balanced sample ‖ **geordnete** ⁓ (Stats) / ordered sample ‖ **gepaarte** ⁓**n** (im Wilcoxon-Test) (Stats) / matched pairs ‖ **geschichtete** ⁓ (Stats) / stratified sample ‖ **gestutzte** ⁓ (Stats) / truncated sample ‖ **mathematische** ⁓ (Stats) / random sample ‖ **systematische** ⁓ (Stats) / systematic sample
**stichproben•artig** *adj* (Stats) / sample *attr* ‖ ~**artig überprüfen** / spot-check *v* ‖ ⁓**artige Überprüfung** / spot check ‖ ⁓**einheit** *f* (Stats) / sampling unit, sample unit ‖ ⁓**entnahme** *f* (Stats) / sampling* *n* ‖ ⁓**entnahme mit Zurücklegen** (Stats) / sampling with replacement, drawing with replacement ‖ ⁓**entnahme ohne Zurücklegen** (Stats) / sampling without replacement, drawing without replacement ‖ ⁓**ergebnis** *n* (Stats) / sampling test result ‖ ⁓**erhebung** *f* (Stats) / sample survey ‖ ⁓**erhebungsschema** *n* (Stats) / sampling plan,

**Stichprobenfehler**

sampling design ‖ ˜**fehler** m (Stats) / sampling error* ‖ ˜**funktion** f (Stats) / statistic* n, sample statistic, sample function ‖ ˜**genauigkeit** f (Stats) / precision n ‖ ˜**korrelationskoeffizient** m **nach Spearman** (Stats) / Spearman's ρ, Spearman's rank correlation coefficient, Spearman's correlation coefficient ‖ ˜**median** m (Stats) / sample median ‖ ˜**mittel** n (Stats) / sample mean ‖ ˜**mittelwert** m (Stats) / sample mean ‖ ˜**nahme** f **zu verschiedenen Zeiten** (Stats) / multitime sampling ‖ ˜**plan** m (DIN 55350, T 31) (Stats) / sampling plan, sampling design ‖ ˜**prüfung** f (DIN 55350, T 31) (EDV) / sampling test ‖ ˜**raum** m (Stats) / sample space ‖ ˜**streuung** f (Stats) / standard deviation*, root-mean-square deviation ‖ ˜**streuung** (Stats) / sample variance ‖ ˜**umfang** m (Stats) / sample size ‖ ˜**varianz** f (Stats) / sample variance ‖ ˜**verfahren** n (Stats) / sampling method, random sampling ‖ **zufallsgesteuertes** ˜**verfahren** (Stats) / random sampling ‖ **systematisches** ˜**verfahren** (nach dem Stichprobenerhebungsschema) (Stats) / systematic sampling ‖ ˜**verfahren** n **für Abnahme** (von Losen nach qualitativen und quantitativen Kriterien) / acceptance sampling ‖ ˜**verteilung** f (Stats) / sampling distribution* ‖ ˜**ziehung** f (Stats) / sampling* n
**Stich•säge** f (eine Tischlersteifsäge mit einem vorn spitz zulaufenden Sägeblatt) (Tischl, Werkz) / padsaw* n, keyhole saw* ‖ ˜**steller** m (bei Nähmaschinen) (Tex) / stitch regulator ‖ ˜**straße** f (Arch, Kfz) / cul-de-sac n (pl. culs-de-sac or cul-de-sacs), dead-end street ‖ ˜**straße** (Verbindung zwischen Einbahnstraße und Stadtautobahn) (Kfz) / entrance ramp ‖ ˜**tagsinventur** f / periodic inventory ‖ ˜**tiefdruck** m (Druck) / line gravure printing
**Stichtit** m (Min) / stichtite* n
**Stich•verbindungsprogramm** n (EDV) / service connection program ‖ ˜**wort** n (das einem Text zu dessen inhaltlichen Kennzeichnung unmittelbar entnommen ist) (EDV) / keyword n ‖ ˜**wortfrage** f (EDV) / keyword query ‖ ˜**wortverzeichnis** n (Druck) / index n (pl. indexes or indices) ‖ ˜**zahl** f (bei Nähmaschinen - die Anzahl der in einer Zeiteinheit ausgeführten Stiche) (Tex) / number of stitches
**sticken** v (Tex) / embroider v ‖ ˜ n (Tex) / embroidery n
**stickend** adj (Wetter) (Bergb) / suffocating adj, asphyxiating adj, stifling adj
**Stickerei** f (als Tätigkeit) (Tex) / embroidery n ‖ ˜ (durch Sticken verzierter Gegenstand) (Tex) / embroidery* n, fancy needlework ‖ **Schweizer** ˜ (Tex) / Swiss embroidery, eyelet embroidery ‖ ˜**spitze** f (Tex) / Swiss embroidery, eyelet embroidery
**stickig** adj (Luft) / stuffy adj, stale adj ‖ ~ (Fleischreifung) (Nahr) / stuffy adj
**Stickland-Reaktion** f (eine paarweise Umwandlung von Aminosäuren) (Chem) / Stickland reaction
**Stickoxid** n (Chem) / nitrogen oxide ‖ ˜**echtheit** f (von Färbungen und Drucken nach DIN 54025) (Tex) / gas-fume fading resistance, gas fastness, gas fading resistance, fastness to gas fading, gas-fume fastness, fastness to gas-fume fading ‖ ˜**harz** n (im Rohgas) / gum n
**Stickseide** f (Spinn) / bourre de soie ‖ ˜ (Tex) / embroidery silk
**Stick-slip•-Bewegung** f (Masch) / stick-slip motion* ‖ ˜**-Effekt** m (ruckendes Gleiten von Maschinenschlitten bei sehr langsamen Bewegungen) (Masch) / stick-slip effect ‖ ˜**-Effekt** s. auch ruckendes Gleiten
**Stickstoff (N)** m (Chem) / nitrogen* n ‖ ˜ **enthaltend** (Chem) / nitrogenous adj ‖ ˜**abtrennung** f (Erdöl) / nitrogen separation ‖ ˜**-Äquivalentdruck** m / equivalent nitrogen pressure ‖ ˜**auswaschung** f (Landw, Sanität) / leaching-out of nitrogen, nitrate leaching ‖ ˜**base** f (Chem) / nitrogenous base ‖ ˜**befeuchter** m (der die Verstopfung der Düsenrohre durch Kristallisation verhindert - Badbewegung in den Entwicklungsmaschinen) (Foto) / nitrogen humidifier ‖ ˜**bestimmung** f **nach Dumas** (und Pregl - eine Methode der Elementaranalyse) (Chem) / Dumas' method ‖ ˜**bilanz** f (Differenz zwischen dem vom Organismus aufgenommenen Protein-N und dem in Harn und Stuhl abgegebenen Harnstoff-N) (Biochem, Physiol) / nitrogen balance* ‖ ~**bindend** adj (Bakteriol) / nitrogen-fixing adj, dinitrogen-fixing adj (Bakteriol) / ˜**bindung** f (Bakteriol) / fixation of nitrogen*, nitrogen fixation*, dinitrogen fixation ‖ ˜**chlorid** n (Chem) / nitrogen chloride* ‖ ˜**dioxid** n (NO₂) (Chem) / nitrogen(IV) oxide*, nitrogen dioxide*, dinitrogen tetroxide ‖ ˜**dioxid** (Chem) / dinitrogen tetroxide, nitrogen peroxide, nitrogen tetroxide ‖ ˜**düngemittel** n (Landw) / nitrogenous fertilizer, nitrogen fertilizer ‖ ˜**dünger** m (Landw) / nitrogenous fertilizer, nitrogen fertilizer ‖ ˜**entzug** m (aus Erdgas mit hohen Stickstoffanteilen) (Erdöl) / nitrogen separation ‖ ˜**(III)-fluorid** n (NF₃) (Chem) / nitrogen trifluoride ‖ ~**frei** adj / nitrogen-free adj ‖ ~**gekühlter Reaktor** (Nukl) / nitrogen-cooled reactor ‖ ˜**gleichgewicht** n (Biochem, Physiol) / nitrogen balance* ‖ ˜**gruppe** f (5. Hauptgruppe des Periodensystems) (Chem) / nitrogen group, nitrogen-phosphorus group ‖ ˜**halogenid** n (Chem) / nitrogen halide ‖ ~**haltig** adj (Chem) / nitrogenous adj ‖ ~**haltige Base** (Chem) / nitrogenous base ‖ ˜**heterocyclen** m pl (Chem) / nitrogen heterocycles

**stickstofffixierend** adj (Bakteriol) / nitrogen-fixing adj, dinitrogen-fixing adj
**Stickstofffixierung** f (biologische Ammoniaksynthese aus atmosphärischem Stickstoff) (Bakteriol) / fixation of nitrogen*, nitrogen fixation*, dinitrogen fixation
**Stickstoff•kalk** m (Landw) / nitrogenous lime (an artificial fertilizer), Nitrolime* n ‖ ˜**kreislauf** m (Bakteriol) / nitrogen cycle* ‖ ˜**laser** m (Phys) / nitrogen laser ‖ ˜**lost** m (Tris(2-chlorethyl)-amin; Trichlormethin) (Chem, Mil) / nitrogen mustard ‖ ˜**monoxid** n (NO) (Chem) / nitrogen(II) oxide*, nitric oxide*, nitrogen monoxide ‖ ˜**oxid** n (im allgemeinen = NO$_x$) (Chem) / nitrogen oxide ‖ ˜**(I)-oxid** n (Chem) / dinitrogen tetroxide, nitrogen peroxide, nitrogen tetroxide ‖ ˜**(II)-oxid** (NO) (Chem) / nitrogen(II) oxide*, nitric oxide*, nitrogen monoxide ‖ ˜**(V)-oxid** (Chem) / nitric anhydride*, dinitrogen pentoxide, nitrogen pentoxide*, nitrogen(V) oxide, nitrogen acid anhydride ‖ ˜**(I)-oxid** s. auch Lachgas ‖ ˜**oxidchlorid** n (Chem) / nitrosyl chloride ‖ ˜**quelle** f (Chem) / nitrogen source ‖ ˜**regel** f (Spektr) / nitrogen rule ‖ ˜**senfgas** n (Tris(2-chlorethyl)-amin; Trichlormethin) (Chem, Mil) / nitrogen mustard ‖ ˜**trichlorid** n (NCl₃) (Chem) / nitrogen trichloride ‖ ˜**trifluorid** n (NF₃) (Chem) / nitrogen trifluoride ‖ ˜**trophierung** f (Sanität) / nitrogen enrichment ‖ ˜**turbine** f (einer Luftzerlegungsanlage) / nitrogen turbine ‖ ˜**wasserstoffsäure** f (Chem) / hydrazoic acid*, azoimide n, hydrogen azide, hydronitric acid ‖ ˜**yperit** n (Tris(2-chlorethyl)-amin; Trichlormethin) (Chem, Mil) / nitrogen mustard ‖ ˜**zeiger** m pl (Bot) / nitrophytes pl
**Stickwetter** n pl (Bergb) / choke-damp*, afterdamp*
**Stiefel** m (am Durchlaß zwischen Läuterungs- und Arbeitswanne) (Glas) / potette* n, boot* n, hood* n ‖ **langer** ˜ (Gummi oder Kunststoff) / wellington n, wellington boot ‖ ˜**-Walzwerk** n (ein Stopfenwalzwerk) (Hütt) / Stiefel rolling mill ‖ ˜**wanne** f (Glas) / potette tank
**Stiege** f (Bau, Zimm) / staircase n, stairs pl, stairway n
**Stiel** m (eines Trichters) / stem n ‖ ˜ (Bau, Zimm) / upright* n, stud* n ‖ ˜ (die oberirdische Sprosse bei Kräutern) (Bot) / stem* n, stalk n ‖ ˜ (z.B. bei Pilzen) (Bot) / stipe* n ‖ ˜ (Bot, Landw) / haulm m (a stalk or stem) ‖ ˜ (Luftf) / interplane strut*, (in a multiplane structure)) ‖ ˜ (des Atompilzes) (Nukl) / column n, plume n ‖ ˜ (Tischl, Zimm) / stock n ‖ ˜ (kleiner Axt) (Werkz) / helve* n, haft* n, handle n ‖ ˜ (des Pinsels, des Hammers, der Axt, des Löffels) (Werkz) / handle n ‖ ˜ (Bau, Zimm) s. auch Rahmen ‖ ˜ **in Doppel-T-Form** (Luftf) / double-T strut ‖ ˜ **in N-Form** (Luftf) / N-strut n ‖ ˜**auskreuzung** f (bei Doppeldeckern) (Luftf) / incidence wires ‖ ˜**eiche** f (For) / pedunculate oak, English oak ‖ ˜**loch** n (des Werkstattbesens) (des Rechens) (Masch) / eye n ‖ ~**rund** adj (Bot) / terete* adj ‖ ˜**strahler** m (dielektrische Antenne) (Fernm, Radio) / dielectric antenna* ‖ ˜**strahlung** f (Röntgenstrahlung, die nicht vom Röhrenbrennfleck ausgeht) (Radiol) / extrafocal radiation (of an X-ray tube), stem radiation
**Stieltjes-Integral** n (Math) / Stieltjes integral
**Stieltjessches Integral** (eine Verallgemeinerung des Riemannschen Integrals - nach Th.J. Stieltjes, 1856-1894) (Math) / Stieltjes integral
**Stift** m / lead pencil, pencil n ‖ ˜ (Bau, Glas) / glazing sprig, glazier's point ‖ ˜ (des Pencomputers) (EDV) / (Drahtspitze des Elektrodenrasters beim elektrostatischen Drucker) (EDV) / nib n ‖ ˜ m (der Stifttraupe) (EDV) / pin n ‖ ˜ (EDV, Instr) / pen n ‖ ˜ (Bauelementanschluß) (Eltech) / pin* n, contact tag, connector pin ‖ ˜ (Masch) / peg n, pin* n ‖ ˜ (Masch) / tack* n ‖ ˜ (des Schlosses) (Masch) / pin* n ‖ ˜ (der Stiftmühle) (Masch) / pin n, finger n ‖ **konischer** ˜ (Masch) / taper pin* ‖ **markierender** ˜ / marking pen ‖ **mit** ˜**en befestigen** (Masch) / peg v
**Stift•abhebeformmaschine** f (Gieß) / pin-lift moulding machine ‖ ˜**ahle** f (Werkz) / bradawl n ‖ ˜**feile** f (Werkz) / pillar file ‖ ˜**feld** n (Eltronik) / pin-grid array (PGA) ‖ ˜**feldgreifer** m (Universalgreifer, der beliebig geformte und lageunbestimmte Objekte aufnehmen kann) (Masch) / shaft-array gripper ‖ ˜**kleber** m / glue stick ‖ ˜**lochbohrer** m (kegeliger Spiralbohrer zum Bohren von kegeligen Stiftlöchern - DIN 1898) (Masch) / taper-pin drill, machine pin ‖ ˜**löcherbildung** f (in einer Schutzschicht) (Galv, Masch) / pinholing n ‖ ˜**loch-Reibahle** f (Masch) / taper reamer ‖ ˜**mühle** f (Masch) / pin mill, pin-type mill ‖ ˜**mühle** s. auch Desintegrator ‖ ˜**öler** m (Masch) / pin oiler ‖ ˜**plotter** m (EDV) / pen plotter, pen-on-paper plotter ‖ ˜**raupe** f (EDV) / pin-feed tractor ‖ ˜**-Scheibe-Prüfmaschine** f (in der Schmiertechnik) / pin-on-disk wear machine ‖ ˜**schlüssel** m (Masch, Werkz) / pin spanner ‖ ˜**schraube** (DIN 938 bis DIN 948) (Masch) / stud* n, stud bolt ‖ ˜**schraube mit Freistich** (DIN ISO 1891) (Masch) / stud with undercut ‖ ˜**sockel** m (Eltech) / pin-type cap, pin-type socket, pin base* ‖ ˜**stecker** m (Eltech) / pin plug ‖ ˜**übertragungsmethode** f (Übertragung des Klebstoffs mit Hilfe eines Stiftes zur Aufnahme eines Chipbauelements) (Eltronik) / pin-transfer method ‖ ˜**walze** f (Uhr) / pin barrel*
**Stigma** n (pl. -s oder -ta) (Bot) / stigma n

**Stigmasterin** *n* (ein pflanzliches Sterol) (Chem) / stigmasterol *n*
**Stigmasterol** *n* (Chem) / stigmasterol *n*
**stigmatisch** *adj* (Opt) / stigmatic *adj* ‖ ~ (Opt) s. auch punktuelle Abbildung
**Stigmatismus** *m* (Spektr) / stigmatism *n*
**Stigmator** *m* (Masch, Mikros) / corrector lens ‖ ~ (der axialen Astigmatismus korrigiert) (Med, Opt) / stigmator *n* ‖ ~**spule** *f* (dient zur Korrektur des Strahlquerschnitts und richtet Strahlbahnen parallel zur optischen Achse aus zur Erzielung eines kleineren Brennflecks mit größerer Leistungsdichte) (Masch, Mikros) / corrector lens
**Stil** *m* (Arch, Bau) / style *n* ‖ **gotischer** ~ (Bau) / Gothic* *n* ‖ **internationaler** ~ (z.B. Wright, Garnier, Loos, Gropius, Hoffmann - die erste Hälfte des 20. Jahrhunderts) (Arch) / international modern ‖ ~ *m* **des Hauses** (Sprache, Werbeformen, Verpackungen usw.) / house style
**Stilben** *n* (1,2-Diphenylethylen) (Chem, Tex) / stilbene* *n* ‖ ~**farbstoff** *m* (Chem) / stilbene dyestuff
**Stilbestrol** *n* (Chem, Pharm) / stilboestrol* *n*, diethylstilbestrol *n*, DES
**Stilbit** *m* (ein Blätterzeolith) (Min) / stilbite* *n*, desmine* *n*
**Stiles-Crawford-Effekt** *m* (Opt) / Stiles-Crawford effect*
**stilisiert•e Darstellungsschrift** (für Preview) (EDV) / greek *n* ‖ ~**er Previewing-Font** (EDV) / greek *n*
**still** *adj* (Akus) / silent *adj* ‖ ~ (kohlensäurefrei oder mit nur wenig Kohlensäure - Getränk) (Nahr) / still *adj* ‖ ~**e Entladung** (Elektr) / dark discharge ‖ ~**e Verbrennung** (Oxidationsprozeß der ohne Flammenbildung vor sich geht) (Wärm) / cool flames, homogeneous combustion, slow combustion, flameless combustion ‖ ~ *n* (Film) / still *n*, action still
**Stille** *f* (Meteor) / calm *n* ‖ **fast** ~ (Meteor, Ozean) / light air
**stillegen** *v* (einen Betrieb) / shut down *v*, close down *v*, close *v* ‖ ~ (das Abgasreinigungssystem des Kraftwagens) (Kfz) / desmog *v* ‖ ~ (eine Piste) (Luftf) / sterilize *v* ‖ ~ (z.B. Ventile) (Masch) / blind off *v* ‖ ~ (einen Kessel) (Masch) / shut down *v* ‖ ~ (Nukl) / decommission *v* (a nuclear power plant)
**Stillegung** *f* (des Abgasreinigungssystems des Kraftwagens) (Kfz) / desmogging *n* ‖ ~ (Nukl) / decommissioning* *n* (of a nuclear power plant)
**Stille-Reaktion** *f* (Chem) / Stille reaction
**Stillingiatalg** *m* / stillingia oil, tallow-seed oil (from Chinese tallow tree) ‖ ~**öl** *n* / stillingia oil, tallow-seed oil (from Chinese tallow tree)
**stillsetzen** *v* / stop *v* ‖ ~ (Nukl) / shut down *v* ‖ ~ *n* (Nukl) / shutdown* *n* ‖ **ohne** ~ (z.B. die Reparatur der Maschine) (Masch) / on-the-fly *attr*, in-service *attr*
**Still•setzmoment** *n* (Eltech) / stalling torque* *n* ‖ **geplante** ~**setzung** (Eltech) / scheduled outage
**Stillson-Schlüssel** *m* (Masch, Werkz) / Stillson wrench, Stillson *n*
**Stillstand** *m* / standstill* *n*, stand *n*, stillstand *n* ‖ **kurzer, regelmäßiger** ~ (Masch) / dwell* *n* ‖ **nur im** ~ (Masch) / only when out of operation ‖ **ungeplanter** ~ (F.Org) / forced outage, unscheduled outage, unplanned outage ‖ **zum** ~ **kommen** (Reaktion) (Chem) / die down *v* ‖ ~ *m* **bei der Erhärtung** (des Betons) (Bau, HuT) / grab set ‖ ~**getriebe** *n* (Masch) / dwell mechanism ‖ ~**kleben** *n* (Eltech) / standstill locking ‖ ~**korrosion** *f* (Galv) / off-line corrosion
**Stillstands•kleben** *n* (Eltech) / standstill locking ‖ ~**korrosion** *f* (die nur während des betrieblichen Stillstands abläuft) (Galv) / off-line corrosion ‖ ~**moment** *n* (Eltech) / static torque, static stall torque ‖ ~**projektion** *f* (bei Filmprojektoren) (Film) / still projection ‖ ~**wächter** *m* (Masch) / zero-speed monitor ‖ ~**zeit** *f* (Eltech) / outage duration, outage time
**stillstehen** *v* / stand *v*
**Still-Video-Kamera** *f* (Film) / video still camera, frame grabber ‖ ~ (elektronische Stehbildkamera) (Foto) / still video camera
**Stilpnomelan** *m* (ein Phyllosilikat) (Min) / stilpnomelane* *n*
**Stilpnosiderit** *m* (ein Limonit) (Min) / stilpnosiderite *n*
**Stimm•abdruck** *m* (in Erkennungssystemen) (Akus, EDV) / voiceprint *n* ‖ ~**band** *n* (Akus) / vocal cord*, vocal fold ‖ ~**doubeln** (Film, TV) / voice-dub *v*
**Stimme** *f* (Akus) / voice* *n* ‖ **halbsynthetische** ~ (Akus, EDV) / half-synthetic voice ‖ **künstliche** ~ (Akus, EDV) / artificial voice* ‖ ~ *f* (der handelnden Person) **im Bild** (Film) / voice in ‖ ~ (der handelnden Person) **im Off** (Film) / voice off
**stimmen** *v* (Akus) / tune* *v*, voice *v* ‖ ~ (Musikinstrumente) (Akus) / tune *v*, pitch *v* ‖ ~ *n* (Akus) / tuning* *n*, voicing *n* ‖ ~**rekorder** *m* (Luftf) / voice recorder
**Stimmerkennung, auf** ~ **beruhendes Sicherheitssystem** / voice-recognition security system
**Stimm•erzeugung** *f* (Akus, Fernm) / voice synthesis ‖ ~**gabel** *f* (Akus) / tuning fork* ‖ ~**gabel-Frequenz-Steuerung** *f* (Radio) / tuning-fork control ‖ ~**gabeloszillator** *m* (Akus, Radio) / maintained tuning fork*, tuning-fork oscillator* ‖ ~**gabelsteuerung** *f* (Radio) / tuning-fork control ‖ ~**gattung** *f* (Akus) / register *n*

**stimmhaft** *adj* (Akus) / vocal *adj*, voiced *adj*, sonant *adj* ‖ ~**er Laut** (Akus) / voiced sound*
**Stimm•identifikation** *f* (im Rahmen eines Zugangskontrollsystems) (EDV, Mil) / voice-activated access (system) ‖ ~**lage** *f* (Akus) / register *n* ‖ ~**los** *adj* (Akus) / voiceless *adj*, unvoiced *adj*, non-voiced *adj* ‖ ~**probe** *f* (Film, TV) / voice test ‖ ~**synthese** *f* (Akus, Fernm) / voice synthesis ‖ ~**ton** *m* (Akus) / reference tone, reftone *n* ‖ ~**umfang** *m* (Akus) / range* *n* (of voice), vocal range
**Stimmung, reine** ~ (Stammtonleiter) (Akus) / natural scale*, just scale*, just temperament* ‖ **temperierte** ~ (bei Tasteninstrumenten) (Akus) / temperament *n*
**Stimulans** *n* (pl. Stimulanzien od. Stimulantia) (Pharm) / stimulant *n*
**Stimulation** *f* / stimulation* *n*
**Stimulator** *m* (Agens, das die Korrosion beschleunigt) (Galv) / stimulant *n*, stimulator *n*, stimulating agent
**stimulieren** *v* (z.B. das Immunsystem) (Med) / induce *v* ‖ ~ (Phys) / stimulate *v*
**stimulierte Emission** (Phys) / stimulated emission*, induced emission
**Stimulierung** *f* / stimulation* *n*
**Stimulus** *m* (pl. -muli) (Eingangsgröße eines Systems) (Phys) / input *n* ‖ ~ (pl. -muli) (Physiol) / stimulus *n* (pl. stimuli)*, irritation *n* (the stimulation of an organism, cell or organ to produce an active response)
**Stinger** *m* (eine abfallende Rampe, welche die Leitung beim Offshore-Bohren stützt oder zum Rohrverlegen dient) (Erdöl, Schiff) / stinger *n*
**Stink•asant** *m* (eingetrocknetes Gummiharz) (Pharm) / asafoetida *n*, asafetida *n* (US), devil's dung ‖ ~**äscher** *m* (Leder) / first pit, mellow lime liquor ‖ ~**brand** *m* (verursacht durch Tilletia tritici) (Bot) / bunt *n* (of wheat)*, stinking smut ‖ ~**eibe** *f* (For) / stinking cedar, Florida cedar, Florida nutmeg ‖ **Nußtragende** ~**eibe** (Torreya nucifera (L.) Siebold et Zucc.) (For) / stinking nutmeg
**stinken** *v* / stink *v*, reek *v*
**stinkend** *adj* (Bot) / graveolent* *adj* ‖ ~**e Wetter** (Bergb) / stink damp*
**Stink•holz** *n* (Ocotea bullata E. Mey.) (For, Tischl) / stinkwood* *n*, Cape walnut*, black stinkwood ‖ ~**kalk** *m* (ein Schleif- und Poliermittel) (Geol) / rottenstone* *n* ‖ ~**stein** *m* (durch Bitumen verunreinigtes Mineral) (Min) / stinkstone *n* ‖ ~**stoff** *m* (Riechstoff mit kakosmophoren Gruppen) (Chem) / malodorous substance, malodorous compound ‖ ~**wood** *n* (For, Tischl) / stinkwood* *n*, Cape walnut*, black stinkwood ‖ ~**zeder** *f* (Torreya taxifolia Arn.) (For) / stinking cedar, Florida cedar, Florida nutmeg
**Stippe•n** *f pl* (bei der Beschichtung) (Tex) / pinholes *pl* ‖ ~ *f* (lokal fixiertes einzelnes Farbstoffkörnchen und/oder Farbstoffagglomeration) (Tex) / speck *n* ‖ **mit** ~**n** (Färbung) (Tex) / specky *adj*
**Stippen•bildung** *f* (Anstr) / seediness *n*, pepperiness *n* ‖ ~**freie Färbung** (Kennzeichnung einer Unifärbung) (Tex) / speck-free dyeing
**stippig** *adj* (Kernobst) (Nahr) / speckled *adj*
**Stippigwerden** *n* (bei Orangen) (Nahr) / pitting *n*
**Stirling•-Formel** *f* (Näherungsformel zur Berechnung von n! - nach J. Stirling, 1692-1770) (Math, Stats) / Stirling's approximation*, Stirling's formula ‖ ~**kessel** *m* (Dreitrommelsteilrohrkessel) (Masch) / Stirling boiler ‖ ~**motor** *m* (entweder doppeltwirkend oder Verdränger-) (Masch) / Stirling engine
**Stirlingsch•e Formel** (Näherungsformel zur Berechnung von n! - nach J. Stirling, 1692-1770) (Math, Stats) / Stirling's approximation*, Stirling's formula ‖ ~**e Luftmaschine** (nach R. Stirling, 1790-1878) (Masch) / Stirling engine* ‖ ~**e Reihe** (Math) / Maclaurin's series*, Maclaurin expansion ‖ ~**e Zahl** (nach J. Stirling, 1692-1770) (Math) / factorial coefficient, Stirling's number
**Stirn** *f* / front *n*, front face, end *n* ‖ ~ (des Bogens) (Arch) / face *n* ‖ ~ (einer Schichtstufe) (Geol) / escarpment* *n*, scarp *n*, crest *n* (of a cuesta) ‖ ~ **-** *adj* (Masch) / frontal *adj* ‖ ~**abschreckversuch** *m* (nach Jominy) (Masch) / Jominy test*, end-quench hardenability test, end-quench test*, Jominy end-quench test*, Jominy hardenability test ‖ ~**blech** *n* / faceplate *n* ‖ ~**brennerwanne** *f* (Glas) / horseshoe-fired (tank) furnace, end-fired (tank) furnace, end-port furnace ‖ ~**brett** *n* (Arch, Bau) / fascia *n*, fascia board, gutter board ‖ ~**bügelwagen** *m* (ein Flurförderzeug) / platform truck with single upright end ‖ ~**drehen** *n* (Masch) / face turning, surfacing *n*, facing* ‖ ~**drehmaschine** *f* (Masch) / face lathe*, facing lathe ‖ ~**drehmeißel** *m* (DIN 4977) (Masch) / facing tool, end-cut turning tool ‖ ~**eingriffswinkel** *m* (bei Zahnrädern) (Masch) / pressure angle (transverse)*, transverse pressure angle
**Stirnen** *n* (die Fräserachse liegt senkrecht zur Arbeitsfläche) (Masch) / face milling, end milling
**Stirn•fläche** *f* / front *n*, front face, end *n* ‖ ~**fläche** (z.B. eines Werkstückes) / end face ‖ ~**fläche** (die Sichtfläche des Natursteins) (Bau) / face *n* ‖ ~**flächen bearbeiten** (Masch) / face *v* ‖ ~**flächenkopplung** *f* (Signalübertragung über stirnseitig

**Stirnflächenplanen**

miteinander verbundene Faserenden - in den LWL) (Fernm) / butt coupling, face-to-face coupling ‖ ⁓**flächenplanen** n (Masch) / end-facing n ‖ ⁓**flächenriß** m (For) / end shake ‖ ⁓**fräsen** n (DIN 6580) (Masch) / face milling, end milling ‖ ⁓**fräsen** (Masch) s. auch Umfangfräsen ‖ ⁓**fräser** m (stirnseitig schneidender Schaftfräser) (Masch) / face mill, facing cutter ‖ ⁓**holzhobel** m (Masch) / low-angle plane* ‖ ⁓**kehlnaht** f (Schw) / edge fillet weld ‖ ⁓**kurbel** f (Masch) / outside crank* ‖ ⁓**leuchte** f (Bergb) / headlamp* n, cap lamp ‖ ⁓**mauer** f (Arch) / spandrel wall* ‖ ⁓**mauer** f (Bau) / face-wall* n ‖ ⁓**moräne** f (Geol) / terminal moraine, end moraine ‖ ⁓**naht** f (Schweißnahtart für das Schmelzschweißen, bei der die Fügeteile im Schweißbereich breitflächig aufeinanderliegen und an ihren Stirnflächen miteinander verbunden werden) (Schw) / edge weld, edge joint ‖ ⁓**platte** f (Masch) / end plate ‖ ⁓**radgetriebe** n (DIN 3960) (Masch) / cylindrical gear ‖ ⁓**reibahle** f (zum Reiben von Sacklöchern) (Masch) / bottoming reamer, end-cutting reamer (US) ‖ ⁓**riß** m (For) / end check ‖ ⁓**schneidenfreiwinkel** m (eines einschneidigen Werkzeugs) (Masch) / front clearance* ‖ ⁓**schraubräder** n pl (Masch) / crossed helical gears ‖ ⁓**seite** f / front n, front side, front end ‖ ⁓**seite** (des Bogens) (Arch) / face n ‖ ⁓**seite** (Masch) / face* n ‖ ⁓**senken** n (Masch) / spot facing, end-facing n ‖ ⁓**senkkopf** m (Masch) / facing cutter, spotfacing cutter (US) ‖ ⁓**verbindung** f (Schw) / edge weld, edge joint ‖ ⁓**versatz** m (Tischl) / single-step joint, oblique tenon joint ‖ ⁓**walzenfräsen** n (Fräsen mit einem am Umfang und an der Stirn schneidenden Fräswerkzeug) (Masch) / shell end milling, side milling (US)

**Stirnwand** f (Bahn) / end n ‖ ⁓ (Bau) / face-wall* n ‖ ⁓ (der Arbeitswanne) (Glas) / gable wall, charging end wall (of the charging end), end wall ‖ ⁓ (des Motorraumes) (Kfz) / bulkhead n ‖ ⁓**klappe** f (Bahn) / drop end

**Stischowit** m (Min) / stishovite* n, stipoverite n

**Stishovit** m (Höchstdruckmodifikation des SiO₂) (Min) / stishovite* n, stipoverite n

**Stitchbonden** n (mit dem Anheften des Anschlußdrahtes) (Eltronik) / stitch bonding

**Stitchdownschuh** m / stitchdown shoe, flexible shoe, Veldtschoen n

**STM** (EDV) / station manager

**STN-Zelle** f (eine Flüssigkristallzelle) (Eltronik) / supertwisted nematic cell, STN cell

**Stoa** f (pl. Stoen) (eine Säulenhalle) (Arch) / stoa n (pl. stoae or stoas)*

**Stobbe•-Kondensation** f (von Bernsteinsäureester - nach H. Stobbe, 1860-1938) (Chem) / Stobbe reaction ‖ ⁓**-Reaktion** f (von Bernsteinsäureester - nach H. Stobbe, 1860-1938) (Chem) / Stobbe reaction

**Stöbern, unerlaubtes** ⁓ (EDV) / browsing n

**Stochastik** f (Wahrscheinlichkeitsrechnung + Statistik nach DIN 1303, T 2) (Stats) / stochastics n, stochastic calculus

**stochastisch** adj (Stats) / stochastic* adj ‖ **separabler ~er Prozeß** (Stats) / separable stochastic process ‖ **~e Approximation** (Stats) / stochastic approximation ‖ **~er Automat** (EDV) / stochastic automaton, probabilistic automaton ‖ **~e Differentialgleichung** (Math, Stats) / stochastic differential equation, SDE ‖ **~e dynamische Optimierung** (nach R. Bellman) (Stats) / stochastic dynamic programming ‖ **~e Funktion** (Stats) / random function ‖ **~es Integral** (Math) / stochastic integral ‖ **~e Kurvenermittlung** (Phys) / curve fitting* ‖ **~e Matrize** (Stats) / stochastic matrix ‖ **~es Modell** (bei dem die Variablen nicht streng deterministisch durch mathematisch-physikalische Gesetzmäßigkeiten verbunden sind) (Meteor) / stochastic model ‖ **~er Prozeß** (Stats) / random process, stochastic process ‖ **~es Rauschen** (Akus) / random noise*, stochastic noise*, fluctuation noise ‖ **~e Schranke** (für die Verteilungsfunktion interessierender Parameter) (Stats) / stochastic bound ‖ **~es Signal** (Fernm) / stochastic signal ‖ **~e Simulation** (EDV, Math) / stochastic simulation ‖ **~e Sprache** (die durch einen erkennenden endlichen stochastischen Automaten beschrieben werden kann) (EDV) / stochastic language

**Stocherloch** n (Masch) / poke-hole n

**stochern** v (Masch) / poke v ‖ ⁓ (von Frischbeton) (Bau, HuT) / punning* n, rodding n (US) ‖ ⁓ (Lokalisierung von Rostschaden an Karosserien) (Kfz) / prodding n ‖ ⁓ (Masch) / poking n

**Stocher•öffnung** f (Masch) / poke-hole n ‖ ⁓**vorrichtung** f (Masch) / poker n, rake* n

**Stöchiometrie** f (ein Arbeitsgebiet der Chemie) (Chem) / stoichiometry* n, stoicheiometry n (GB)

**stöchiometrisch** adj (Chem, Kfz) / stoichiometric adj, stoicheiometric adj (GB) ‖ **nicht ~** (Chem) / non-stoichiometric adj ‖ **~er Faktor** (Chem) / stoichiometric factor ‖ **~e Formel** (Chem) / stoichiometric formula, stoicheiometric formula ‖ **~er Koeffizient** (Chem) / stoichiometric factor ‖ **~e Wertigkeit** (Chem) / stoichiometric valency ‖ **~e Zahl** (DIN 13 345) (Chem) / stoichiometric factor

**Stock** m / stick n ‖ ⁓ (Obergeschoß) (Bau) / upper floor, upper storey ‖ ⁓ (Bau) / floor n, storey n, story n (US) ‖ ⁓ (Chem Verf) / stock n ‖ ⁓ (magmatisch) (Geol) / stock* n ‖ ⁓ (mit unregelmäßigen Konturen) (Geol) / boss* n ‖ ⁓ (des Ankers) (Schiff) / stock n ‖ **erster** ⁓ (Bau) / first floor (GB)

**Stock Car** m (Fahrzeug für Wettbewerbe auf geschlossenen Strecken) (Kfz) / stock car

**Stockausschlag** m (an den Stümpfen gefällter Bäume und Sträucher) (For) / coppice* n

**Stockbarger-Verfahren** n (verbesserte Bridgman-Methode der Kristallzüchtung) (Krist) / Stockbarger process, Bridgman-Stockbarger process

**Stockblender** m (in der Kautschukverarbeitung) (Chem Verf) / stock blender

**Stockeisen** n (Bau, Werkz) / pitching tool*, pitcher* n, pitching chisel

**stocken** v (Anstr) / set up v ‖ ⁓ (Bau) / scabble v, bush v, scapple v ‖ ⁓ n (beginnende unerwünschte Gelatinierung eines Anstrichstoffes) (Anstr) / setting-up n ‖ ⁓ (Einebnen und Nacharbeiten von Flächen, welche grobkörnig erscheinen sollen) (Bau) / scabbling* n, bush-hammering* n, scappling* n ‖ ⁓ (Anstr) s. auch Eindickung

**stockender Verkehr** (Kfz) / stop-and-go traffic, stop-and-go driving

**Stock•ende** n (als Gegensatz zu Zopfende) (For) / butt n, butt-end n ‖ ⁓**fäule** f (Zersetzung von Stöcken durch holzzerstörende Pilze) (For) / butt rot ‖ ⁓**fleck** m (Buchb, Pap) / fox-mark* n ‖ ⁓**fleck** (For) / spot of mould, mould stain ‖ **~fleckig** adj (Papier) (Pap) / foxy adj, fusty adj, foxed adj ‖ ⁓**fleckigkeit** f (Pap) / foxiness* n ‖ ⁓**form** f (Glas) / block mould ‖ **~förmige Erzlagerstätte** (Bergb) / stockwork* n ‖ ⁓**gurt** m (Arch) / string-course* n, ledgement* n, cordon n ‖ ⁓**hammer** m (Bau) / scabbling hammer*, bush hammer ‖ **mit ⁓hammer bearbeitet** (Naturstein, erhärteter Beton) (Bau) / pitch-faced adj ‖ ⁓**höhe** f (For) / stock height

**Stockholmer Teer** (aus Skandinavien kommender Meilerteer aus harzreichem Nadelholz) (Chem Verf) / Stockholm tar, Stockholm pine tar

**Stockholz** n (For) / stumpage n

**stockig** adj (Holz) (For) / doty adj, dosey adj, foxy adj ‖ ~ (Papier) (Pap) / foxy adj, fusty adj, foxed adj ‖ ⁓**keit** f (For) / foxiness* n

**Stock•lack** m (Schellackkruste samt umschlossenem Zweig) (Anstr) / stick-lac n ‖ ⁓**piling** v / stockpiling n ‖ ⁓**punkt** m (die Temperatur, bei der ein Öl so steif wird, daß es unter der Einwirkung der Schwerkraft nicht mehr fließt - DIN 51583) (Erdöl, Phys) / setting point*, solid point, congealing point ‖ ⁓**punkterniedriger** m (ein Schmierstoffadditiv) (Erdöl, Phys) / pour-point depressant, pour depressant, pour-point inhibitor ‖ ⁓**punktverbesserer** m (Erdöl, Phys) / pour-point depressant, pour depressant, pour-point inhibitor ‖ ⁓**rodegerät** n (For) / stump grubber, stumper n, stump puller ‖ **~roden** v (nur Infinitiv oder Partizip) (For) / stub v, stub out v, stub up v, stump v ‖ ⁓**rodung** f (For) / stump extraction, stump removal, stump grubbing, stump pulling, stubbing n

**Stocksche Bezeichnungsweise** (bei der Angabe der Mengenverhältnisse der Bestandteile) (Chem) / Stock notation

**Stock-System** n (in der anorganisch-chemischen Nomenklatur - nach A. Stock, 1876-1946) (Chem) / Stock system

**Stockwerk** n (Bau) / floor n, storey n, story n (US) ‖ ⁓ (im Grubenfeld - z.B. die 700-m-Sohle) (Bergb) / level* n, horizon n ‖ ⁓ (einer Antenne) (Radio) / bay* n ‖ ⁓**druckknopf** m (des Aufzugs) / landing push-button ‖ ⁓**garage** f (HuT, Kfz) / multistorey car park (GB), parkade n (Canada) ‖ ⁓**gesims** n (Arch) / string-course* n, ledgement* n, cordon n ‖ ⁓**rahmen** m (mehrstieliges stockwerkhohes Rahmentragwerk, bestehend aus Stützen und Riegeln) (Bau) / multistorey frame (a space frame)

**Stockwerksschalter** m (des Aufzugs) (Eltech) / floor switch*, landing-switch* n

**Stockwerk•unterzug** m (meistens I-Profil) (Bau) / joist* n, main beam* ‖ ⁓**vererzung** f (Geol) / chambered lode

**Stoddard-Solvent** n (als Reinigungs- und Lösungsmittel benutzte Erdölfraktion) (Chem Verf) / Stoddard solvent (dry cleaning)

**Stoff** m (Chem) / substance* n ‖ ⁓ (For, Pap) / pulp* n ‖ ⁓ (Pap) / paper stock, stock n, raw paper-making material ‖ ⁓ (Phys) / matter* n ‖ ⁓ (fertig ausgerüstetes Gewebe) (Tex) / cloth* n, fabric* n, textile* n, woven fabric, textile fabric (woven) ‖ **bedruckter** ⁓ (Tex) / printer n, printed fabric ‖ **beschwerter** ⁓ (Tex) / filled cloth ‖ ⁓**, der** m **durch das ganze Herstellungsverfahren** (mit Ausnahme der Verpackungsphase) **gelaufen ist** (Pharm) / bulk substance ‖ ⁓**, der sich nach Hookeschem Gesetz richtet** (Phys) / elastic medium* n ‖ **durchbrochener** ⁓ (Tex) / filet fabric ‖ **durchscheinender** ⁓ (Tex) / sheer n, sheer fabric ‖ **einseitig beschwerter** ⁓ (Tex) / backed cloth, backed fabric ‖ **federleichte ~e aus reiner Schurwolle** (Tex) / naked wools ‖ **feuerfeste ~e** (Hütt, Keram) / refractories* pl ‖ **Kante an Kante zusammengelegter** ⁓ (Tex) / rigged cloth ‖ **mit** ⁓ **bespannt** (Lufft) / fabric-covered adj ‖ **plastischer** ⁓ (dessen rheologisches Verhalten durch eine Fließgrenze gekennzeichnet ist - DIN 1342, T 1) (Phys, WP) / plastic material ‖ ⁓**e** m pl **aus stark gedrehten Garnen** (Tex) / twists pl ‖ ⁓ m **mit flauschiger Oberseite** (Tex) / fleecy fabric*

**Stoff•abschnitt** *m* (Tex) / cut *n* ‖ ⁓**abschnitt** (zweiter Qualität) (Tex) / fent* *n* ‖ ⁓**abschnitt** (als Muster) (Tex) / swatch* *n*
**Stoffänger** *m* (Aufber) / flotation saveall ‖ ⁓ (Pap) / pulp-saver *n*, saveall* *n*
**Stoff•arbband** *n* (der Schreibmaschine) / fabric ribbon, cloth ribbon ‖ ⁓**aufbereitungsanlage** *f* (Pap) / stock preparation plant ‖ ⁓**auflauf** *m* (Pap) / breast box, flow box*, head-box* *n* ‖ ⁓**auflaufkasten** *m* (Pap) / breast box, flow box*, head-box* *n* ‖ ⁓**aufschläger** *m* (Pap) / refiner* *n* ‖ ⁓**aufschwemmung** *f* (Pap) / stock suspension ‖ ⁓**austausch** *m* (Chem Verf) / mass transfer* ‖ ⁓**bahn** *f* (Pap) / web* *n*, paper web ‖ ⁓**bahn** (Nähmaschine + Fallschirm) (Tex) / panel *n* ‖ ⁓**bahn** (Tex) / cloth width, web of fabric ‖ zugeschnittene ⁓**bahn** (Tex) / fabric panel ‖ ⁓**ballen** *m* (Tex) / bolt* *n*, roll *n* ‖ ⁓**beschauer** *m* (Tex) / examiner *n* ‖ ⁓**bespannung** *f* (Tex) / cloth covering, fabric covering ‖ ⁓**bezug** *m* (Kfz) / fabric cover, upholstery cover ‖ ⁓**bilanz** *f* (z.B. für eine Verfahrensstufe) (Chem Verf) / mass balance ‖ ⁓**breite** *f* (Tex) / fabric width ‖ **doppelte oder dreifache** ⁓**breite, die nach dem Weben durchgeschnitten wird** (Web) / lump* *n* ‖ ⁓**bruch** *m* (Tex) / fabric fold ‖ ⁓**bütte** *f* (Pap) / stock chest*, chest *n* ‖ ⁓**dichte** *f* (Pap) / consistency* *n*, pulp consistency ‖ ⁓**druck** *m* (als Tätigkeit) (Tex) / printing *n*, textile printing ‖ **weiträumig angeordnete Motive im** ⁓**druck oder in der Jacquardweberei** (Tex) / wide-space design ‖ ⁓**drücker** *m* (Tex) / presser* *n* ‖ ⁓**drückerfuß** *m* (Tex) / presser foot ‖ ⁓**eigen** *adj* (Chem, Phys) / intrinsic *adj* ‖ ⁓**einsatz** *m* (bei einem Kleidungsstück, um es fülliger erscheinen zu lassen) (Tex) / godet* *n* ‖ ⁓**eintrag** *m* (DIN 6730) (Pap) / furnish *n*, pulp furnish ‖ ⁓**fremd** *adj* (Chem, Phys) / extrinsic *adj* ‖ ⁓**geleimt** *adj* (Pap) / stock-sized *adj* ‖ ⁓**gemisch** *n* / composition of substances, composition *n* ‖ ⁓**gewicht** *n* (Tex) / fabric weight ‖ ⁓**gewinnung** *f* (aus Abprodukten) (Umwelt) / recycling* *n* ‖ ⁓**grube** *f* (Pap) / blow-tank *n*, blow-pit *n* ‖ ⁓**grund** *m* (wet-in-wet process) (Tex) / blotch *n* ‖ ⁓**lage** *f* / fabric ply ‖ ⁓**länge** *f* (einer gewebten Stoffbahn) (Tex) / piece* *n*, length of fabric, cloth *n*, length *n*, fabric length ‖ ⁓**leger** *m* (Tex) / rigger *n*
**stofflich** *adj* (materiell) / material *adj* ‖ ⁓ (physisch) / physical *adj*
**Stoff•löser** *m* (ein Stoffauflösegerät) (Pap) / pulper *n*, hydrapulper *n* ‖ ⁓**mahlen** *n* (Pap) / beating *n*, stock beating ‖ ⁓**mahlung** *f* (Pap) / beating *n*, stock beating ‖ ⁓**masse** *f* (Tex) / fabric weight ‖ ⁓**menge** *f* (in mol gemessen - nach DIN 32625) (Chem) / amount of mass, amount of substance, chemical amount, mole number
**Stoffmengen•anteil** *m* (einer Stoffportion) (Chem) / mole fraction*, amount-of-substance fraction ‖ ⁓**bezogen** *adj* (Koeffizient) (Chem) / molar *adj*, molecular* *adj* ‖ ⁓**bezogener Absorptionskoeffizient** (Chem) / molar absorbance*, molar absorption coefficient, molar absorptivity, molar extinction coefficient ‖ ⁓**bezogene innere Energie** (Chem) / molar energy ‖ ⁓**bezogene Masse** (Chem) / molar mass ‖ ⁓**bruch** *m* (Chem) / mole fraction*, amount-of-substance fraction ‖ ⁓**durchfluß** *m* (Chem) / molar flow rate ‖ ⁓**konzentration** *f* (DIN 1310 und DIN 32625) (Chem) / molarity* *n*, amount-of-mass concentration, amount-of-substance concentration, molar concentration ‖ ⁓**verhältnis** *n* **eines gelösten Stoffes** (Chem) / mole ratio of a solute substance
**Stoff•mühle** *f* (schleiferlose Erzeugung von Holzschliff) (Pap) / refiner* *n* ‖ ⁓**muster** *n* (Tex) / swatch* *n* ‖ ⁓**niederhalter** *m* (der Nähmaschine) (Tex) / cloth retainer *n* ‖ ⁓**portion** *f* (makroskopische, kolloidale und submikroskopische nach DIN 32629) (Chem) / portion of substance ‖ ⁓**prüfer** *m* (WP) / materials tester ‖ ⁓**rest** *m* (Tex) / fent* *n* ‖ ⁓**rückgewinnungsanlage** *f* (Pap) / pulp-saver *n*, saveall* *n* ‖ ⁓**scheibe** *f* (eine Polierscheibe) (Masch) / fabric wheel ‖ ⁓**scheren** (Tex) / cropping *n*, shearing *n*, clipping *n* ‖ ⁓**schiebedach** *n* (Kfz) / (sliding) canvas sunroof ‖ ⁓**schieber** *m* (Tex) / fabric feeder, feed dog *n* ‖ ⁓**schlüssiges Verbinden durch Löten und/oder Schweißen** (Hütt) / metallurgical joining ‖ ⁓**rechte** ⁓**seite** (Tex) / face *n*, right side, fabric face, good side ‖ ⁓**suspension** *f* (Pap) / stock suspension ‖ ⁓**teilchen** *n* / particulate *n*, particulate matter ‖ ⁓**teilchen** *n pl* (Phys) / particulate matter ‖ ⁓**thermodynamik** *f* (Phys) / thermodynamics of substances ‖ ⁓**trennung** (Chem, Phys) / material separation ‖ ⁓**trennung** s. auch Stoffübergang ‖ ⁓**trog** *m* (Pap) / vat *n* ‖ ⁓**übergang** *m* (DIN 5491) (Chem Verf) / mass transfer* ‖ ⁓**übergangskoeffizient** *m* (DIN 5491) (Chem Verf) / mass-transfer coefficient ‖ ⁓**übertragung** *f* (DIN 5491) (Chem Verf) / mass transfer* ‖ ⁓**überzogen** *adj* (Tex) / fabric-covered *adj* ‖ ⁓**umsatz** *m* / Quotient aus der Substanzmenge, die tatsächlich reagiert hat, zu der verwendeten (Chem) / reaction ratio ‖ ⁓**umsatz** (Gesamtmenge der verwendeten Substanzen) (Chem) / turnover *n* ‖ ⁓**umwandlung** *f* (Chem) / transmutation* *n*
**Stoffuß** *m* (der Nähmaschine) (Tex) / sewing foot
**Stoff•verdeck** *n* (Kfz) / fabric top, canvas top ‖ ⁓**wanderung** *f* (bei elektrischen Kontakten) (Eltech) / contact material migration
**Stoffwechsel** *m* (Biol) / metabolism* *n* ‖ **den** ⁓ **betreffend** (Biol) / metabolic *adj* ‖ **im** ⁓ **umsetzen** (Biol) / metabolize *v* ‖ ⁓**antagonist** *m* (Med, Pharm) / antimetabolite* *n* ‖ ⁓**endprodukt** *n* (Biochem, Biol) / catabolite *n*, katabolite *n* ‖ ⁓**produkt** *n* (Biol) / metabolite* *n* ‖ ⁓**wärme** *f* (Physiol) / metabolic heat ‖ ⁓**zwischenprodukt** *n* (Biol) / metabolite* *n*
**Stoff•wert** *m* (feste Größe, die vom Material eines untersuchten Körpers abhängt) (WP) / material constant, matter constant ‖ ⁓**zentrale** *f* (in der die aufbereiteten Faserstoffe und Hilfsstoffe mit Wasser vermahlen und vermengt werden) (Pap) / proportioning system
**Stoker** *m* (Unterschubrost einer Feuerung) (Masch) / stoker *n* ‖ **automatischer** ⁓ (Masch) / automatic stoker*, mechanical stoker*, firing machine
**Stokes** *n* (nicht mehr zugelassene Einheit der kinematischen Viskosität = $10^{-4}$ m$^2$/s) (Phys) / stokes *n* (pl. stokes)* ‖ ⁓**-Gesetz** *n* (nach Sir G.G. Stokes, 1819-1903) (Chem Verf) / Stokes' law
**Stokessch•e Formel** (für die Kugelumströmung) (Phys) / Stokes' law*, Stokes's formula ‖ ⁓**es Gesetz** (nach Sir G.G. Stokes, 1819-1903) (Chem Verf) / Stokes' law ‖ ⁓**er Integralsatz** (Zusammenhang zwischen einem Oberflächenintegral und einem Kurvenintegral) (Math) / Stokes' theorem*, Stokes' integral theorem ‖ ⁓**e Linien** (Raman-Linien mit niedrigerer Frequenz) (Spektr) / Stokes' lines* ‖ ⁓**e Regel** (die Wellenlänge der Fotolumineszenzstrahlung ist in der Regel größer als die des erregenden Lichtes) (Phys) / Stokes' rule ‖ ⁓**es Reibungsgesetz** (Phys) / Stokes' law*, Stokes's formula
**Stokes•-Spektrum** *n* (Spektr) / Stokes' spectrum ‖ ⁓**-Streuung** *f* (Brillouin-Streuung, bei der das einfallende Phonon ein weiteres Phonon erzeugt) (Phys) / Stokes' scattering
**STOL** *n* (Luftf) / STOL aircraft*, short take-off and landing craft ‖ ⁓**-Flugplatz** *m* (Luftf) / stolport *n* ‖ ⁓**-Flugzeug** *n* (Luftf) / STOL aircraft*, short take-off and landing craft
**stollen** *v* (Leder) / stake *v* ‖ ⁓ *m* (Grubenbau, der in hügeligem Gelände von der Tagesoberfläche aus in die Lagerstätte führt) (Bergb) / adit* *n*, drift* *n*, side drift*, gallery* *n* ‖ ⁓ (für die Triebwasserleitung der Wasserkraftwerke) (Eltech, HuT) / rock tunnel, tunnel *n*, canal *n* ‖ ⁓ (im Reifenprofil) (Kfz) / lug *n*, cleat *n* ‖ ⁓ (Lederweichmachen) (Leder) / staking *n* ‖ ⁓ (in einer Schrankwand) (Tischl) / sidewall *n* ‖ ⁓ (für die Wasserversorgung) (Wasserb) / tunnel *n* ‖ ⁓**anbauwand** *f* (Tischl) / wall unit ‖ ⁓**ausbrüche** *m pl* (Kfz) / chunking *n* ‖ ⁓**ausgang** *m* (Bergb) / portal *n*, ingoing eye, entry *n* ‖ ⁓**bergbau** *m* (Bergb) / drift mining *n* ‖ ⁓**bergwerk** *n* (Bergb) / drift mining *n* ‖ ⁓**eingang** *m* (Bergb) / portal *n*, ingoing eye, entry *n* ‖ ⁓**fräser** *m* (scheibenförmiger Fräser, auch mit eingesetzten Zähnen, zum Fräsen der Span-Nuten von Wälzfräsern) (Masch) / form cutter, gushing cutter ‖ ⁓**mundloch** *n* (Ansatzpunkt eines Stollens an der Tagesoberfläche, der bei gebräch em Nebengestein durch Gewölbeausbau aus Stein gesichert ist) (Bergb) / portal *n*, ingoing eye, entry *n*
**Stoll•maschine** *f* (zum Weichmachen der Leder) (Leder) / staking machine ‖ ⁓**mond** *m* (eine stumpfe Eisenscheibe, über die das Leder gezogen wird - heute nicht mehr gebraucht) (Leder) / moon knife ‖ ⁓**rad** *n* (Leder) / staker *n*
**Stolo** *m* (pl. -nen) (Bot) / stolon* *n*, runner* *n*
**Stolon** *m* (pl. -en) (Bot) / stolon* *n*, runner* *n*
**Stolperdraht** *m* / tripwire *n*
**Stolzit** *n* (Min) / stolzite *n*
**Stoma** *n* (pl. -ta) (regulierbare Pore) (Bot) / stoma* *n* (pl. -s or -ta)
**Stomachikum** *n* (pl. -chika) (Pharm) / stomachic *n*
**stomatäre Transpiration** (Bot) / stomatal transpiration
**stonewashed** *adj* (Auswaschen von Jeansartikeln zusammen mit kleinen Bimssteinen, wodurch ein großflächiger Abscheueeffekt, vor allem in Nahtpartien, erzielt wird) (Tex) / stonewashed *adj*
**Stoney-Schütz** *n* (Wasserb) / roller gate, Stoney gate
**Stop•and-go-Verkehr** *m* (in der Stadt) (Kfz) / stop-and-go traffic, stop-and-go driving ‖ ⁓**-Anschlag** *m* (Masch) / shut-off stop ‖ ⁓**-Bit** (für die asynchrone serielle Datenübertragung) (EDV) / stop bit, stop element ‖ ⁓**-Codon** *n* (Gen) / stop codon*, chain terminator*, termination codon
**Stopfbit** *n* (EDV, Fernm) / justification bit, stuffing bit, bit rate justification bit
**Stopf•buchsbrille** *f* (Masch) / stuffing-box gland, gland* *n* ‖ ⁓**buchse** *f* (eine Bewegungsdichtung für zylindrische Körper bei Rotations- und Axialbewegungen) (Masch) / stuffing-box* *n*, packed gland ‖ ⁓**buchsenbrille** *f* (Masch) / stuffing-box gland, gland* *n* ‖ ⁓**buchsendampf** *m* (Masch) / gland steam, shaft-sealing steam, sealing steam, seal steam ‖ ⁓**buchsendichtung** *f* (Masch) / stuffing-box seal ‖ ⁓**buchsenpackung** *f* (Masch) / stuffing-box packing, gland packing ‖ ⁓**buchsenschott** *n* (Schiff) / stern tube bulkhead ‖ ⁓**buchsenschraube** *f* (Masch) / gland bolt* ‖ ⁓**buchsloser Hahn** (Masch) / glandless cock ‖ ⁓**buchspackung** *f* (Weich- oder Metall-) (Masch) / stuffing-box packing, gland packing
**stopfen** *v* (Sprengloch) / stem *v* ‖ ⁓ (Schwellen, Gleise) (Bahn) / tamp* *v*, pack *v* ‖ ⁓ (EDV) / pad *v* ‖ ⁓ (Stichloch) (Hütt) / stop *v* ‖ ⁓ (vor allem Strümpfe) (Tex) / darn *v*, mend *v* ‖ ⁓ *n* (von Schwellen und Gleisen) (Bahn) / tamping *n*, packing *n* ‖ ⁓ (Bahn) / tamping *n*,

## Stopfen

packing *n* ‖ ≃ (EDV) / padding *n* ‖ ≃ (in der Pulskodemodulation) (Fernm) / justification *n*
**Stopfen** *m* (der Stopfenpfanne) (Gieß) / stopper *n*, stopper-head *n* ‖ ≃ (Masch) / stopper *n*, plug* *n*, end plug
**Stopfen•schliff** *m* (Glas) / stoppering *n*, grinding-in *n* (of a stopper) ‖ ≃**stange** *f* (Hütt) / bott stick, bot stick (US), stopper rod, plug rod ‖ ≃**walzwerk** *n* (schwedische Straße) (Hütt) / automatic (plug) mill, plug mill ‖ ≃**ziehen** *n* (Hütt) / bar drawing
**Stopf•garn** *n* (Tex) / darning cotton, mending cotton, mending thread, darning yarn ‖ ≃**hacke** *f* (Bahn) / packer *n* ‖ ≃**maschine** *f* (Bahn) / tamping machine, packing machine ‖ ≃**stelle** *f* (Tex) / darn *n* ‖ ≃**verdichtungsverfahren** *n* (eine Art Tiefenrütteln) (HuT) / vibroreplacement *n*
**Stoping** *n* (Geol) / stoping* *n*
**Stop-over** *m* / stopover *n* ‖ ≃ (Luftf) / intermediate stop, stopover *n*, stopoff *n*
**Stopp** *m* / halt *n* ‖ **nichtprogrammierter** ≃ (in einer Schleife) (EDV) / hang-up *n*, unexpected halt, hang *n* ‖ **programmierter** ≃ (EDV) / programmed halt, coded stop, programmed stop, coded halt ‖ ≃**bad** *n* (mit Essigsäurelösung) (Foto) / stop-bath* *n*, shortstop *n*, acid stop* ‖ ≃**bahn** *f* (Luftf) / stopway *n* ‖ ≃**befehl** *m* (EDV) / halt instruction, stop instruction, checkpoint instruction, breakpoint instruction, pause instruction ‖ ≃**bit** *n* (DIN 44302) (für die asynchrone serielle Datenübertragung) (EDV) / stop bit, stop element ‖ ≃**codon** *n* (Gen) / stop codon*, chain terminator*, termination codon
**Stoppel** *f* (Halmrest) (Landw) / stubble *n* ‖ ≃ (Feld) (Landw) / stubble field ‖ ≃**feld** *n* (Landw) / stubble field ‖ ≃**frucht** *f* (nach der Ernte einer früh reifenden Hauptfrucht ohne Umpflügen ausgesäte Zwischenfrucht zur herbstlichen Nutzung, z.B. Hülsenfrüchtler) (Landw) / stubble crop ‖ ≃**mulchverfahren** *n* (Landw) / stubble mulching system ‖ ≃**sturz** *m* (Landw) / stubbling *n*, stubble-cleaning *n*, stubble-clearing *n*, stubble-breaking *n* ‖ ≃**umbruch** *m* (Landw) / stubbling *n*, stubble-cleaning *n*, stubble-clearing *n*, stubble-breaking *n*
**stoppen** *v* / stop *v* ‖ ≃ *n* **stochastischer Prozesse** (Stats) / stopping of random processes
**Stoppende** *n* (der Piste) (Luftf) / stop-end *n*
**Stopper** *m* (Chem) / chain terminator ‖ ≃ (Schiff) / stopper *n*
**Stopp•fläche** *f* (Luftf) / stopway *n* ‖ ≃**fläche** (Luftf) / runway-end safety area, RESA ‖ ≃**licht** *n* (Kfz) / stop-light *n*, brake light ‖ ≃**schritt** *m* (Stoppsignal bei Betrachtung des zeitlichen Ablaufs) (Fernm) / stop signal ‖ ≃**signal** *n* (DIN 66010) (Fernm) / stop signal ‖ ≃**straße** *f* (Kfz) / stop street ‖ ≃**strecke** *f* (die von einem Schiff benötigte Strecke, um mit rückwärtsgehender Maschine aus der Fahrt zum Stillstand gebracht zu werden) (Schiff) / stopway *n* ‖ ≃**strecke** (bei Notstoppen) (Schiff) / crash stopway ‖ ≃**trick** *m* (Film) / freeze effect, frame-freeze effect ‖ ≃**uhr** *f* (Uhr) / chronograph* *n*, stop-watch* *n* ‖ ≃**uhr** (die Sekundenbruchteile mißt) (Uhr) / split-seconds chronograph* ‖ **Zurückstellen** *n* **der** ≃**uhr auf Null** (Uhr) / snap-back *n* ‖ ≃**weg** *m* (Schiff) / stopway *n* ‖ ≃**weglänge** *f* (Schiff) / stopway *n* ‖ ≃**wort** *n* (das bei einem maschinellen Verfahren der inhaltlichen Erfassung von Texten ignoriert werden soll) (EDV) / stop word ‖ ≃**zeit** *f* (DIN 66010) (EDV) / deceleration time, stop time ‖ ≃**zylinderpresse** *f* (Druck) / stop-cylinder press, stop-cylinder* ‖ ≃**zylinderschnellpresse** *f* (Druck) / stop-cylinder press, stop-cylinder* *n*
**Stöpsel** *m* (Fernsp) / plug* *n* ‖ ≃ (Masch) / stopper *n*, plug* *n*, end plug ‖ ≃**ring** *m* (Fernsp) / ring *n* ‖ ≃**schnur** *f* (Eltech) / plug-ended cord ‖ ≃**sicherung** *f* (Eltech) / plug fuse, plug type fuse ‖ ≃**sicherung** (Eltech) / screw plug fuse, plug-type fuse ‖ ≃**unterbrecher** *m* (Eltech) / infinity plug*
**Stör•abstand** *m* (Pegelunterschied zwischen dem Nutzpegel und einem Störpegel in dB) (Akus, Radio) / noise ratio*, signal/noise ratio*, speech/noise ratio, signal-to-noise ratio, SNR, S/N ratio* ‖ ≃**abstand** (Störsicherheit) (Eltronik) / noise margin ‖ ~**anfällig** *adj* (im allgemeinen) / trouble-prone *adj*, liable to give trouble ‖ ~**anfällig** (Eltronik) / interference-prone *adj* ‖ ≃**anfälligkeit** *f* / fault liability, fault susceptibility ‖ ≃**anzeige** *f* (Eltronik) / failure indication, malfunction indication ‖ ≃**ausgleichverhalten** *n* (eines Systems) (EDV) / resilience *n* ‖ **mit dynamischem** ≃**ausgleichverhalten** (EDV) / resilient *adj* ‖ ≃**aussendung** *f* (Radio) / jamming *n* ‖ ≃**austastschaltung** *f* (Eltronik, Radio) / interference blanker ‖ **automatische** ≃**austastung** (Radio) / muting* *n*, desensitizing *n*
**Storax** *m* (Pharm) / storax *n*, liquidambar *n*, liquid storax, styrax *n* ‖ ≃**baum** *m* (Gattung Styrax) (For) / storax *n*, storax-tree *n*, styrax *n*
**stör•beeinflussungssicher** *adj* (Logik) (EDV, Eltronik) / high-noise-immunity *attr*, HNI ‖ ≃**begrenzer** *m* (Akus, Elektr) / noise limiter* ‖ ≃**bild** *n* (beim Fernsehempfang rechts neben dem Originalbild) (TV) / ghost *n*, double image (a spurious image), ghost image, multiple image

**Storchschnabel** *m* (nach den Parallelogrammgesetzen arbeitendes Gerät zum mechanischen Übertragen, Vergrößern oder Verkleinern von Zeichnungen) (Masch) / pantograph* *n*
**Store** *m* (Schiff) / store *n*, stockyard *n*
**Stör•echo** *n* (Radar) / unwanted echo ‖ ≃**echounterdrückung** *f* (Radar) / clutter cancellation, clutter suppression, clutter attenuation ‖ **totaler** ≃**einbruch** (EDV) / clustered errors ‖ ≃**einfluß** *m* (durch eine Störgröße hervorgerufene Wirkung) / perturbing action, disturbing action ‖ ≃**empfindlich** *adj* (Akus, Elektr) / noise-sensitive *adj* ‖ ≃**empfindlichkeit** *f* / cross-sensitivity *n*
**stören** *v* / interfere *v* (with) ‖ ~ (Fernm, Geol, HuT) / disturb *v*
**störend** *adj* (von vorgegebenen Parametern abweichend) / spurious *adj* ‖ ~ (Geräusch, Echo) / objectionable *adj*, unwanted *adj*, disturbing *adj* ‖ ~**e Filmschleife** (in der Kamera oder im Laufbildwerfer) (Film) / buckle *n* ‖ ~**e Kraft** (Mech) / disturbing force, perturbing force ‖ ~**er Parameter** (Stats) / deranging parameter, nuisance parameter
**Störfall** *m* (Ereignisablauf, bei dessen Eintreten der Betrieb der Anlage oder auch die Tätigkeit von Personen an ihr aus Sicherheitsgründen nicht fortgesetzt werden darf, für dessen sicherheitstechnische Beherrschung der Anlage jedoch ausgelegt ist und vorsorgliche Schutzvorkehrungen getroffen sind) (Nukl) / accident *n*, fault *n*, failure *n* ‖ ≃ (Nukl) s. auch Unfall ‖ ≃ **durch Einbringen von Reaktivität** (Nukl) / reactivity insertion accident ‖ ≃ **mit Kühlmittelverlust** (Nukl) / loss of coolant accident, LOCA* ‖ ≃ **mit Systemdruckerniedrigung** (Nukl) / blow-down accident, depressurization accident ‖ ≃ **mit Zusammenschmelzen des Reaktorkerns** (Nukl) / core meltdown accident ‖ ~**bedingte Freisetzung** (von Schadstoffen) (Nukl) / accidental release ‖ ≃**dosimetrie** *f* (Nukl) / accident dosimetry
**Stör•feld** *n* **durch Streuungen** (Eltech) / stray field* ‖ ≃**festigkeit** *f* (passives Störverhalten) (EDV, Eltronik) / noise immunity, immunity *n*, high noise immunity ‖ ≃**fleck** *m* (Radar) / clutter* *n*, radar clutter (from the ground, sea, rain, chaff etc.) ‖ ≃**flecke** *m pl* **durch Bodenechos** (Radar) / ground clutter*, terrain echoes ‖ ≃**frequenz** *f* (Fernm) / noise frequency
**Störgeräusch** *n* (Akus) / background noise*, ground noise* ‖ ≃ (Akus, Nav) / blur *n* (also in a null-type direction-finding system) ‖ ≃ (Fernm, Radio) / mush* *n* ‖ **rauschähnliches** ≃ (Akus) / pseudorandom noise ‖ **sehr lautes** ≃ (Fernm, Radio) / wipe-out *n*
**Stör•größe** *f* (die von einer Abweichung der Regelgröße von der Führungsgröße bewirkt - DIN 19226) (Regeln) / disturbance *n*, disturbance variable ‖ **kurzzeitiger** ≃**impuls** (EDV, Eltronik) / glitch *n* (a perturbation of the pulse waveform of relatively short duration and of uncertain origin) ‖ ≃**informationsentropie** *f* (der Teil einer Nachricht am Empfänger, der mit der gesendeten Nachricht keinen Zusammenhang hat, sondern nur aus Störungen im Übertragungskanal entstanden ist) (Fernm) / prevarication *n* ‖ ≃**klappe** *f* (auf der Tragflächenoberseite) (Luftf) / spoiler* *n* ‖ ≃**körper** *m* (Wasserb) / baffle block ‖ ≃**leistung** *f* (Fernm) / noise power* ‖ ≃**leistungsverhältnis** *n* (Verhältnis der gesamten Störleistung zur Signalleistung) (Eltronik) / noise power ratio (NPR) ‖ ≃**leitung** *f* (bei Halbleitern) (Eltronik) / extrinsic conductivity, defect conduction, conduction by defect* ‖ ≃**licht** *n* (Foto) / extraneous light ‖ ≃**lichtbogen** *m* (in einer Schaltanlage) (Eltech) / internal arcing, fault arc ‖ ≃**lichtbogenfestigkeit** *f* (Eltech) / internal fault strength ‖ ≃**lichtbogenstrom** *m* (Eltech) / fault arc current ‖ ≃**lückentechnik** *f* (bei Störsendern) (Mil, Radio) / look-through *n*
**Størmersche Theorie** (des Polarlichts - nach F.C.M. Størmer, 1874-1957) (Phys) / Størmer's theory
**stornieren** *v* / cancel *v*
**Stör•peak** *m* (Chem) / spurious peak, ghost *n* ‖ ≃**pegel** *m* (Stärke des meist auf Rauschen beruhenden Störeffekts bei Empfang oder Übertragung von Signalen) (Radio) / noise level* ‖ ≃**pegel im Schwarz** (TV) / noisy blacks ‖ ≃**puls** *m* (EDV, Eltronik) / glitch *n* (a perturbation of the pulse waveform of relatively short duration and of uncertain origin) ‖ ≃**quelle** *f* (Eltech) / noise source* ‖ ≃**reflexion** *f* (Opt) / undesired reflection ‖ ≃**schall** *m* (bei Mikrofonen) (Akus) / wind noise ‖ ≃**schutzfilter** *n* (Radio) / interference filter*, interference trap*, interference eliminator ‖ ≃**schwelle** *f* (Akus) / threshold of discomfort ‖ ≃**schwelle** (Maß für das zuverlässige Funktionieren digitaler Schaltungen) (Eltronik) / noise margin ‖ ≃**schwingung** *f* (Elektr, Phys) / spurious oscillation, parasitic oscillation* ‖ ≃**schwingungsunterdrücker** *m* (Eltronik) / parasitic stopper* ‖ ≃**sender** *m* (Mil, Radio) / jammer *n*, jamming transmitter ‖ **Zielanflug auf** ≃**sender** (Luftf, Mil) / home on jam, HOJ, homing on jamming ‖ ≃**sender** *m* (mit) **kleiner Leistung** (Radio) / pup *n* ‖ **einen Sender durch einen** ≃**sender überdecken** (Radio) / blanket *v* ‖ ≃**sendung** *f* (Radio) / jamming *n* ‖ ≃**sicher** *adj* (EDV, Eltronik) / high-noise-immunity *attr*, HNI ‖ ~**sicher** (Eltronik) / interference-proof *adj* ‖ ~**- und zerstörungssichere Logik (SZL)** (EDV) / noise-and-destroy immune logic ‖ ≃**sicherheit** *f* (EDV, Eltronik) / noise immunity, immunity *n*, high noise immunity ‖

⁓**signal** *n* (DIN 66010) (EDV) / drop-in* *n* ‖ ⁓**signal** (Störgröße oder unerwünschter Anteil eines Meßsignals) (Fernm, Radio) / interfering signal, disturbing signal, unwanted signal, noise *n* ‖ ⁓**signaleinrichtung** *f* **in der NF-Stufe** (Radio) / audio-circuit rectification ‖ ⁓**spannung** *f* (Radio) / interference voltage (produced by a radio disturbance) ‖ ⁓**spannungsabstand** *m* (Verhältnis von Signal zum Leitungsrauschen) (EDV, Eltronik, Fernm) / noise margin ‖ ⁓**spannungsspitze** *f* (Eltronik) / pulse spike* (an unwanted pulse of relatively short duration, superimposed on the main pulse) ‖ ⁓**sperre** *f* (Eltronik, Radio) / interference blanker ‖ ⁓**sperre** (bei atmosphärischen Störungen) (Fernm) / atmospheric suppressor ‖ ⁓**sperre** (bei Interferenzströmungen) (Fernm) / interference suppressor ‖ ⁓**spitze** *f* (EDV, Eltronik) / glitch *n* (a perturbation of the pulse waveform of relatively short duration and of uncertain origin) ‖ ⁓**spitze** (Eltronik) / pulse spike* (an unwanted pulse of relatively short duration, superimposed on the main pulse)

**Störstelle** *f* (DIN 1163, T 521) (Eltronik) / impurity* *n* ‖ ⁓ (mit atomarer Ausdehnung, wie Lücken, Besetzungen und Zwischengitterplätze) (Eltronik, Krist) / imperfection *n*, disorder *n* ‖ ⁓ (Krist) / defect* *n*, crystal defect

**Störstellen•empfindlichkeit** *f* (Eltronik) / extrinsic response ‖ ⁓**halbleiter** *m* (Eltronik) / extrinsic semiconductor*, impurity semiconductor ‖ ⁓**leitend** *adj* (Eltronik) / extrinsic* *adj* ‖ ⁓**leitung** *f* (Eltronik) / extrinsic conductivity, defect conduction, conduction by defect* ‖ ⁓**niveau** *n* (Eltronik) / donor level, impurity level*

**Stör•strahlung** *f* (an einem Ort außerhalb des Nutzstrahlenkegels auftretende unerwünschte Strahlung) (Kernphys, Radiol) / unwanted radiation, stray radiation ‖ ⁓**strahlung** (bei UKW-Empfängern) (Radio) / reradiation* *n* ‖ ⁓**substanz** *f* (bei der Analyse) (Chem) / interferent *n*, interfering substance

**Störung** *f* (Aussetzen einer Funktion) / malfunction *n* ‖ ⁓ / interference *n* ‖ ⁓ (der Bewegung) (Astr) / inequality* *n* ‖ ⁓**en** *f pl* (Astr, Raumf) / perturbations* *pl* ‖ ⁓ *f* (Elektr, Radio) / interference *n*, electrical interference ‖ ⁓ (Fernm) / disturbance* *n* ‖ ⁓ (Fernm, Radio) / mush* *n* ‖ ⁓ (Veränderung der ursprünglichen Lagerungsform eines Minerals oder Gesteins) (Geol) / fault* *n* ‖ ⁓ (im Maschinenlauf) (Masch) / interference *n* ‖ ⁓ (technische) (Masch) / trouble *n* ‖ ⁓ (Math, Phys) / perturbation *n* ‖ ⁓ (Radar) / clutter* *n*, radar clutter (from the ground, sea, rain, chaff etc.) ‖ ⁓ (Raumf) / glitch *n* ‖ ⁓ **[subjektive]** (Umwelt) / annoyance* *n* ‖ **elektromagnetische** ⁓ (Eltronik) / electromagnetic interference* (EMI) ‖ **elektromagnetische** ⁓ (Radio) / electromagnetic disturbance ‖ **ionosphärische** ⁓ (beim Ionosphärensturm) (Meteor) / ionospheric disturbance*, ionosphere disturbance ‖ **kurzzeitige** ⁓ / transient disturbance ‖ **magnetische** ⁓ / magnetic interference ‖ **passive** ⁓ (EloKa) (Mil) / passive jamming ‖ **periodische** ⁓**en** (Astr) / periodic perturbations ‖ **säkulare** ⁓**en** (fortwährende Änderungen des Orbits) (Astr) / secular perturbations ‖ **spektrale** ⁓ (Spektr) / spectral interference ‖ **vom Netz hervorgerufene** ⁓ (Eltech) / mains interference, mains-borne interference ‖ **zeitlich gebalt auftretende** ⁓ (EDV) / burst error, error burst ‖ ⁓ **des Flüssigkeitszuflusses bzw. der Förderung des Kraftstoffs durch Dampfblasenbildung** (Dampfsperre) (Kfz) / vapour lock* ‖ ⁓ **des Spiralarms** (der Seyfert-Galaxie NGC 262) (Astr) / plume *n* ‖ ⁓ **durch benachbarte Sender** (im Frequenzband) (Fernm) / interstation interference* ‖ ⁓ **durch elektrische Geräte** (Fernm) / man-made interference ‖ ⁓ **durch Erdschluß** (Eltech, Radio) / earth fault, ground fault (US) ‖ ⁓ **durch Nachbarkanal** (Fernm) / adjacent-channel interference ‖ ⁓ **durch nichtsynchrone Antworten** (Radar) / fruit pulse, fruit *n*, non-synchronous garbling ‖ ⁓ **durch synchrone Antworten** (Luftf) / synchronous garbling

**Störungsabstand, mittlerer** ⁓ (Quotient aus der Summe der Betriebszeiten eines Gerätes zur Gesamtzahl seiner Störungen über einen bestimmten Zeitraum) / mean time between malfunctions, MTBM

**Störungs•anzeige** *f* (Eltronik) / failure indication, malfunction indication ‖ ⁓**aufzeichner** *m* (Fernsp) / trouble recorder, fault recorder ‖ ⁓**aufzeichnung** *f* (EDV) / fault recording, fault logging ‖ ⁓**behebung** *f* / fault recovery, fault clearing ‖ ⁓**bericht** *m* / trouble report ‖ ⁓**beseitigung** *f* / fault recovery, fault clearing ‖ ⁓**buch** *n* / fault log ‖ ⁓**fläche** *f* (Geol) / fault-plane *n*

**störungsfrei** *adj* / trouble-free *adj* ‖ ⁓ (Elektr) / noise-free *adj* ‖ **aerodynamisch** ⁓ (Luftf) / clean *adj* ‖ **mittlere** ⁓**e Zeit** (Bauteilzuverlässigkeit als Funktion der Zeit) / mean time between failures, MTBF

**Störungs•linie** *f* (Geol) / fault-line *n* ‖ ⁓**meldung** *f* (schriftliche) / trouble report ‖ ⁓**protokollierung** *f* (EDV) / fault recording, fault logging ‖ ⁓**rest** *n* (Radar) / clutter residue ‖ ⁓**sicher** *adj* (Masch) / interference-proof *adj* ‖ ⁓**sicher** (Masch) / fail-safe *adj* ‖ ⁓**suche** *f* (Eltech) / fault-finding* *n*, trouble-shooting *n* (US)* ‖ ⁓**sucher** *m* (Eltech) / troubleshooter *n* ‖ ⁓**theorie** *f* (Math, Phys) / perturbation theory* ‖ ⁓**unempfindlichkeit** *f* (EDV, Eltronik) / noise immunity,

immunity *n*, high noise immunity ‖ ⁓**unterdrückung** *f* (Radio) / interference suppression ‖ ⁓**ursache** *f* / trouble source, fault source, cause of failure ‖ ⁓**zone** *f* (Geol) / fault-zone *n* ‖ ⁓**zustand** *m* (Fernm) / fault condition

**Störwelle** *f* (Phys) / disturbing wave, interference wave, interfering wave

**Storyboard** *n* (pl. -s) (zeichnerische oder fotografische Skizzierung /mit Standfotos/ des Ablaufs einer Werbesendung oder eines Drehbuchs) (Film, TV) / storyboard *n*

**Story-Methode** *f* (Ringreaktionen zur Synthese von makrocyclischen Verbindungen) (Chem) / Story method

**Stör•zielansteuerung** *f* (Mil) / home-on-jam *n*, HOJ ‖ ⁓**zone** *f* (Kernphys) / spike *n*, perturbed region ‖ **thermische** ⁓**zone** (DIN 25401) (Kernphys) / thermal spike*

**Stoß** *m* / collision *n* ‖ ⁓ (heftiger) / bump *n* ‖ ⁓**- bzw. Lagerfugenriß** *m* (der den Verlauf der verwendeten Wandbildner zeigt) (Bau) / crack-following pointing ‖ ⁓ (Angriffsfläche für die Gewinnung) (Bergb) / coal face, face* *n*, end* *n*, free end, breast* *n* ‖ ⁓ (seitliche Begrenzungsfläche eines Grubenbaues) (Bergb) / wall *n*, side *n*, sidewall *n* ‖ ⁓ (Eltech, Fernm) / pulse* *n*, impulse* *n* ‖ ⁓ (For) / woodpile *n*, wood stack ‖ ⁓ (ein Glasfehler) (Glas) / scrub marks (a surface blemish) ‖ ⁓ (Masch) / blow *n*, stroke *n*, impact *n*, shock *n* ‖ ⁓ (z.B. bei der Beschleunigung) (Masch) / jerk *n*, jolt *n*, jerky movement ‖ ⁓ (Mech) / concussion *n*, shock *n* ‖ ⁓ (Anordnung, in der die Werkstücke verschweißt werden sollen) (Schw) / joint *n* (of the metals to be welded), weld joint ‖ ⁓ (ein Längsverband) (Tischl, Zimm) / abutment joint, butt joint ‖ ⁓ (Zimm) / longitudinal joint* ‖ **[elastischer, unelastischer]** ⁓ (Kernphys, Phys) / collision* *n* ‖ **[vollkommen] elastischer** ⁓ (Phys) / elastic collision*, elastic impact ‖ **exzentrischer** ⁓ (wenn die Impulse der beiden Körper kurz vor dem Stoß unterschiedliche Richtung haben) (Mech) / eccentric impact ‖ **gerader zentraler** ⁓ (Phys) / direct central impact, collinear impact ‖ **hydrodynamische Stöße** (Schiff) / slamming *n* ‖ **schiefer** ⁓ (Phys) / oblique impact, offset impact ‖ **schiefer zentraler** ⁓ (Phys) / offset central impact ‖ **strahlender** ⁓ (Kernphys) / radiative collision* ‖ **tiefinelastischer** ⁓ (Kernphys, Phys) / deep inelastic collision ‖ **vollkommen unelastischer** ⁓ (Phys) / perfectly inelastic collision, completely inelastic collision ‖ **zentraler** ⁓ (zweier starrer Körper mit maximaler Impulsübertragung) (Phys) / central collision, central impact ‖ ⁓ *m* **erster Art** (Phys) / collision of the first kind, endoergic collision ‖ ⁓ **mit der Gefäßwand** (Chem, Phys) / wall collision ‖ ⁓ **mit Fotonenemission** (Kernphys) / radiative collision* ‖ ⁓ **zweiter Art** (Phys) / collision of the second kind, exoergic collision

**Stoß•-** (Kernphys, Phys) / collisional *adj* ‖ ⁓**abklappen** *n* (Bergb) / slabbing *n* ‖ ⁓**adiabate** *f* (Phys) / shock adiabatic line ‖ ⁓**aktivierung** *f* (Spektr) / collision activation, collisional activation, CA ‖ ⁓**amplitude** *f* (Eltech) / surge amplitude ‖ ⁓**anlassen** *n* (von gehärteten Werkstoffen) (Hütt) / shock tempering, flash tempering ‖ ⁓**anregung** *f* (Kernphys) / collisional excitation*, impact excitation ‖ ⁓**ansprechspektrum** *n* (Schwingung) (Phys) / shock-response spectrum ‖ ⁓**antwort** *f* (Ausgangssignal eines Systems, dessen Eingang mit einem Dirac-Stoß erregt wird) (EDV) / impulse response ‖ ⁓**art** *f* (z.B. Stumpf-, Eck- oder Schrägstoß) (Schw) / type of (weld) joint

**stoßartig** *adj* / impulsive *adj* ‖ **~e Bauweise** (mit schmalen Stößen) (Bergb) / shortwall working ‖ **~e Belastung** (Mech) / sudden load

**Stoß•aufnehmer** *m* (Eltech) / shock pick-up ‖ ⁓**ausbreitung** *f* (Phys) / shock propagation ‖ ⁓**bank** *f* (zur Herstellung von nahtlosen Rohren) (Hütt) / tube-piercing bench, push bench ‖ ⁓**bankverfahren** *n* (nach Ehrhardt) (Hütt) / Ehrhardt process, push-bench process ‖ ⁓**beanspruchung** *f* (Phys, WP) / impact loading, impact load ‖ **~bedingte Ablösung** (Luftf) / shock stall ‖ ⁓**bedingung** *f* (Phys) / shock condition ‖ ⁓**belastung** *f* (bei stürzenden Bauteilen) (Bau, Phys) / shock load ‖ ⁓**belastung** (Phys, WP) / impact loading, impact load ‖ ⁓**betrieb** *m* (EDV) / burst mode ‖ ⁓**bohren** *n* (Bergb) / percussion drilling*, percussive boring* ‖ ⁓**bohrer** *m* (HuT) / jumper* *n*, jumper bar ‖ ⁓**brenner** *m* (Wärm) / impact burner ‖ ⁓**bunker** *m* (Aufber, Bergb, Erdöl) / surge bin*, surge tank*, surge hopper ‖ **~dämpfend** *adj* (Kfz, Masch) / shock-absorbing *adj*

**Stoßdämpfer** *m* (Kfz, Masch) / damper* *n*, shock absorber*, shocker *n* ‖ **hydraulischer** ⁓ (Masch) / dash pot ‖ ⁓**luftunterstützter** *n* (Kfz) / air shock absorber, air-assisted shock absorber ‖ ⁓ *m* **mit Luftunterstützung** (Kfz) / air shock absorber, air-assisted shock absorber ‖ ⁓ **mit Niveauregulierung** (Kfz) / air shock absorber, air-assisted shock absorber ‖ ⁓**teil** *n* (Nukl) / dash-pot region (of a fuel element) ‖ ⁓**-Zusatzfeder** *f* (Kfz) / shock-absorber helper spring ‖ ⁓**zylinder** *m* (Nukl) / dash-pot region (of a fuel element)

**Stoß•dauer** *f* (Phys) / collision time ‖ ⁓**dichte** *f* (Phys) / collision density ‖ ⁓**diffusor** *m* (Luftf) / plenum chamber ‖ ⁓**druck** *m* (Gebirgsdruckeinwirkungen auf den Ausbau von Grubenbauen, die von den seitlichen Begrenzungsflächen des Grubenbaues ausgehen) (Bergb) / side pressure ‖ ⁓**druck** (in Strömungen) (Phys) / impact

**Stoßdurchmesser**

pressure ‖ ~**durchmesser** m (in der Reaktionskinetik) (Chem) / collision diameter*
**stößefrei** adj (Kernphys, Phys) / collisionless adj ‖ ~**es Plasma** (Plasma Phys) / Vlasov plasma
**Stoßeisen** n (rechteckige Glas-, Metall- oder auch Steintafel mit abgerundeten Kanten und zweigriffiger Halterung) (Leder) / slicker* n
**Stößel** m (im Mörser oder in der Reibschale) (Chem) / pestle* n ‖ ~ (der Presse, der Waagerecht-Stoßmaschine) (Masch) / ram n ‖ ~ (V-Mot) / tappet* n, cam follower ‖ **hydraulischer** ~ (V-Mot) / hydraulic valve tappet, hydraulic valve lifter ‖ **rollenloser** ~ (V-Mot) / mushroom follower*
**Stoßelastizität** f (von Weichgummi bei schlagartiger Beanspruchung) (Chem Verf) / resilience* n, rebound elasticity, rebound resilience, resiliency n
**Stößel·gesenk** n (Masch) / header die, heading die, header n ‖ ~**kopf** m (Waagerechtstoßmaschine) (Masch) / head n ‖ ~**stange** f (der OHV-Ventilsteuerung) (V-Mot) / valve pushrod, pushrod
**stoßempfindlich** adj / sensitive to shock, sensitive to impact, shock-sensitive adj, impact-sensitive adj
**stoßen** v / push v ‖ ~ (auf) (Bergb, Erdöl) / strike v ‖ ~ (überblatten) (For, Zimm) / scarf v ‖ ~ (fügen) (Masch) / joint v ‖ **stumpf** ~ / abut v, butt v ‖ ~ n / pushing n ‖ ~ (Pfropfenbildung in Wirbelschichten) (Chem Verf) / slugging n ‖ ~ (ein Zerspanungsverfahren nach DIN 8589, T 4) (Masch) / slotting n ‖ ~ (beim Siederverzug) (Phys) / bumping n
**Stoß·entladung** f (Eltech) / pulse discharge ‖ ~**erregung** f (Eltronik) / impulse excitation*, shock excitation* ‖ ~**faktor** m (Masch) / shock coefficient ‖ ~**fänger** m (DIN 70023) (Kfz) / bumper n, fender n (US) ‖ **fänger vorne** (Kfz) / front bumper ‖ ~**fängerträger** m (Kftst) / bumper bracket, bumper iron
**stoßfest** adj / shockproof adj ‖ ~**e Lampe** (Eltech) / rough-service lamp
**Stoßfestigkeit** f (des Reifens) (Kfz) / impact resistance (of the tyre) ‖ ~ (Masch) / joint efficiency* ‖ ~ (WP) / resistance to shock, shock resistance
**Stoß·fläche** f (der Setzstufe) (Bau) / riser* n ‖ ~**fläche** (Masch) / abutting end, abutting surface, abutting face ‖ **geneigte** ~**fläche** (der Setzstufe) (Bau) / raking riser ‖ ~**fluoreszenz** f (Phys) / impact fluorescence
**stoßfrei** adj (Gerät) / shock-free adj, shockless adj ‖ ~ (Umschaltung) (Fernm) / hitless adj ‖ ~ (Kernphys, Phys) / collisionless adj ‖ ~**er Rüttler** (Gieß) / impact-free jolter
**Stoß·frequenz** f (Kernphys) / collision rate, collision frequency ‖ ~**front** f (bei der Stoßwelle) (Phys) / shock front
**Stoßfuge** f (Bau) / joint n, abreuvoir n ‖ ~ (senkrechte Fuge zwischen Mauersteinen nach DIN 1045) (Bau) / cross-joint n, head-joint n (US) ‖ ~ (zwischen zwei parallelen Mauern) (Bau) / wall joint ‖ **ausgefugte** ~ (Bau) / perpend* n ‖ ~ f **auf Stoßfuge** (Bau) / straight joint*
**Stoß·fugenversatz** m (Bau) / joint displacement ‖ ~**funktion** f (Kernphys) / delta function, Dirac delta function ‖ ~**galvanometer** n (Eltech) / ballistic galvanometer ‖ ~**generator** m (Impulsgenerator zur Erzeugung von Blitzstoßspannungen und Blitzstoßströmen) (Eltech) / lightning generator ‖ ~**generator** (Impulsgenerator zur Erzeugung von hohen Stoßspannungen und Stoßströmen) (Eltech) / surge generator* ‖ ~**gesichert** adj / shockproof adj ‖ ~**gesicherte Uhr** (Uhr) / shockproof watch* ‖ ~**gleichung** f (in der kinetischen Gastheorie) (Phys) / collision equation ‖ **Boltzmannsche** ~**gleichung** (Phys) / Boltzmann collision equation ‖ ~**griff** m (für Türen) (Bau) / push pad ‖ ~**häufigkeit** f (Spektr) / collision frequency ‖ **Spitzersche** ~**häufigkeit** (Elektronenstoßhäufigkeit) (Kernphys) / Spitzer collision frequency, Spitzer's electron collision frequency ‖ ~**heber** m (Masch) / hydraulic ram, hydraulic ram pump ‖ ~**herd** m (Aufber) / concussion table, percussion table ‖ ~**hobel** m (über 40 cm lang) (Tischl, Werkz, Zimm) / jack plane*, rough plane, scrup plane ‖ ~**impuls** m (Phys) / moment of the impact ‖ ~**induziert** adj (Spektr) / collision-induced adj ‖ ~**integral** n (Phys) / collision integral ‖ ~**ionisation** f (Eltronik, Spektr) / impact ionization*, ionization by collision*, collision ionization ‖ ~**kamm** m (eine gerad- oder schrägverzahnte Zahnstange zum Wälzstoßen) (Masch) / rack cutter, cutting rack, rack-form cutter ‖ ~**kammer** f (beimn Fast-Atom Bombardement) (Kernphys, Spektr) / collision chamber, collision cell ‖ ~**kante** f (Schw) / abutting edge ‖ ~**komplex** m (das Ensemble von stoßendem und gestoßenem Teilchen im Moment des Zusammentreffens) (Phys) / collision complex ‖ ~**kopf** m (der Wälzstoßmaschine) (Masch) / cutter head, shaper head ‖ ~**kraft** f (Phys) / impact force ‖ ~**kratzer** m pl (Glas) / scrub marks (a surface blemish) ‖ ~**kreis** m (Eltech) / impulse circuit ‖ ~**kurzschluß** m (Eltech) / sudden short circuit ‖ ~**lade** f (Zimm) / shooting board* ‖ ~**lasche** f (Bahn) / fishplate* n, fish piece*, fish-bar* n, shin* n, splice piece*, fish n ‖ ~**lasche** (Masch) / butt strap* ‖ ~**last** f (Phys, WP) / impact load ‖ ~**leiste** f (Kfz) / impact strip ‖ ~**leistungsgenerator** m (ein Synchrongenerator) (Eltech) / surge-power generator, impulse generator ‖ ~**los** adj (Kernphys, Phys) / collisionless adj ‖ ~**lücke** f (Bahn, Masch) / joint gap, joint clearance ‖ ~**magnetisierung** f (Mag) / flash magnetization ‖ ~**marke** f (Geol) / prod mark, prod cast ‖ ~**maschine** f (eine Werkzeugmaschine) (Masch) / slotting machine* ‖ ~**meißel** m (Werkz) / shaper tool*, shaping tool, slotter n ‖ ~**moment** n (Höchstwert) (Eltech) / peak transient torque ‖ ~**moment** (Phys) / impulsive moment ‖ ~**naht** f (Schw) / butt seam, butt weld, butt joint ‖ ~**naht** (Tex) / rentering seam ‖ ~**normale** f (die Normale der Berührungsflächen beim Stoß) (Phys) / shock normal, line of impact ‖ ~**ofen** m (ein Schmiedeofen) (Hütt) / pusher furnace, pusher-type furnace ‖ ~**ofen** (Keram) / pusher kiln, pusher-type kiln ‖ ~**parameter** m (Phys) / impact parameter* ‖ ~**pendel** n (Phys) / ballistic pendulum* ‖ ~**platte** f (z.B. unten auf den Türen) (Bau) / kicking plate ‖ ~**prozeß** m (Phys, Spektr) / collision process ‖ ~**punkter** m (Schw) / push welding machine, poke welding machine, gun welding head ‖ ~**rad** n (zum Wälzstoßen) (Masch) / shaper cutter, cutter n ‖ **volumenbezogene** ~**rate** (Phys) / volume collision rate ‖ ~**räumen** n (bei dem der Räumdorn durch den Stößeldruck einer Presse durch das Werkstück oder am Werkstück vorbei gedrückt wird) (Masch) / push-broaching n ‖ ~**reiniger** m (Masch) / baffle-type separator ‖ ~**rekombination** f (Phys) / Auger recombination ‖ ~**rohr** n (ein Windkanal) (Luftf) / shock tunnel ‖ ~**schäler** n (zum Reppeln) (For) / barking iron, bark scraper ‖ ~**schaufellader** m (Bergb) / duckbill loader ‖ ~**sieb** n (Aufber) / impact screen ‖ ~**spachtel** m (Anstr) / stripping knife ‖ ~**spannung** f (Eltech) / surge n (voltage of an impulsive wave), impulse voltage*, surge voltage, pulse voltage ‖ ~**spannung** (bei einem Halbleiterbauelement) (Eltronik) / non-repetitive peak reverse voltage ‖ **Marxscher** ~**spannungsgenerator** (Radiol) / Marx generator ‖ ~**spindel** f (einer Wälzstoßmaschine) (Masch) / cutter slide, cutter ram ‖ ~**stange** f (Kfz) / bumper n, fender n (US) ‖ ~**stange** (in Rohr- oder Stangenform) (Kfz) / bumper bar ‖ ~**stangeneinlage** f (über die Breite der Stoßstange waagerecht eingelegte Gummileiste) (Kfz) / bumper insert ‖ ~**stangenhorn** n (Kfz) / overrider n (GB), bumper guard (US) ‖ ~**stangenträger** m (Kftst) / bumper bracket, bumper iron ‖ ~**strom** m (Eltech) / impulse current ‖ ~**stromkondensator** m (Eltech) / surge capacitor ‖ ~**stufe** f (bei aufgesattelten Stufen der Holztreppe) (Bau, Zimm) / riser* n, raiser* n ‖ ~**tank** m (Nukl) / surge tank, volume-control surge tank ‖ ~**term** m (Kernphys) / collision term ‖ ~**theorie** f (Chem, Phys) / collision theory ‖ ~**tränkrohr** n (HuT) / hydraulic cartridge* ‖ ~**tränkung** f (Bergb) / water infusion ‖ ~**überschlagsspannung** f (Eltech) / impulse flashover voltage* ‖ ~**verbreiterung** f (der Spektrallinie in Gasen) (Spektr) / collision broadening, impact broadening ‖ ~**verdampfung** f (Chem Verf) / flash evaporation, flash vaporization, vacuum flashing ‖ ~**verlust** m (Phys) / impact loss ‖ ~**verschleiß** m / impact wear ‖ ~**vervielfachung** f (Phys) / collision multiplication, collisional multiplication
**Stoßwelle** f (Eltech) / impulse wave, unidirectional surge ‖ ~ (eine starke Druckwelle DIN 1311, T 4) (Phys) / shock wave*, blast wave*, impact wave ‖ **streifende** ~ (Luftf, Phys) / grazing shock wave
**Stoßwellen·aufheizung** f (Kernphys) / shock heating* ‖ ~**erhitzung** f (Kernphys) / shock heating* ‖ ~**front** f (Phys) / shock front ‖ ~**kanal** m (spezieller Windkanaltyp mit intermittierender Arbeitsweise) (Luftf) / shock tunnel ‖ ~**metamorphose** f (Umwandlung von Gesteinen durch starke Druckwellen) (Geol) / shock metamorphism ‖ ~**rohr** n (ein Windkanal) (Luftf) / shock tunnel ‖ ~**rohr** (Luftf, Raumf) / shock tube*
**Stoßzahl** f (Zahl der Zusammenstöße eines beliebigen Gasmoleküls mit anderen Molekülen je Sekunde) (Kernphys) / collision rate, collision frequency ‖ ~ (bei der Berechnung von Maschinenteilen) (Masch) / shock coefficient ‖ ~ (bei den Stößen realer Körper) (Phys) / coefficient of restitution*, restitution coefficient ‖ **flächenbezogene** ~ (Kernphys) / impingement rate ‖ ~**dichte** f (Phys) / collision density
**Stoß·zeit** f (Zeit des Hauptverkehrs) (Kfz) / rush hour ‖ **mittlere** ~**zeit** (Phys) / mean free time* ‖ ~**zeit** f (Kfz) s. auch verkehrsstarke Zeit ‖ ~**zentrum** n (Mech) / centre of percussion* ‖ ~**ziffer** f (Mech) / impact coefficient
**Stotter·bewegung** f (durch den Slip-Stick-Effekt verursachte Bewegungsform) (Masch) / slip-stick motion ‖ ~**bremsen** n (Kfz) / pumping n, cadence braking
**stottern** v (beim Bremsen) (Kfz) / pump v ‖ ~ n (beim Bremsen) (Kfz) / pumping n, cadence braking ‖ ~ (wegen zu reichen Gemisches) (V-Mot) / galloping n (US)*
**STOVL-Technik** f (Einsatzverfahren für Kampfflugzeuge) (Mil) / short take-off and vertical-landing technique
**STP-Kabel** n (mit paarweise abgeschirmten und verdrillten Adern) (Kab) / shielded twisted pair, STP
**STR** (EDV) / status register ‖ ~ (Nukl) / split-table reactor, STR
**Straak** n (Schiff) / strake* n
**Strabismus** m (Med, Opt) / squint* n, strabismus* n
**Strafabschätzung** f (Stats) / penalty estimation

**straff** adj / tight adj, taut adj ‖ ~ / tensioned adj, taut adj ‖ **~er Trum** (Masch) / taut strand ‖ **~ ziehen** / stretch vt, tighten v

**Straffe** m (Deckbogen im feuchten Zustand) (Druck) / shim n, draw sheet*

**straffen** v / stretch vt, tighten v

**Straffheit** f / tension n, tightness n

**Straff•packung** f / stretch package (for produce, poultry and pallet wraps) ‖ **⁓seilschalter** m (Eltech, Masch) / tight-rope limit switch

**Straflo-Turbine** f (spezielle Bauform von axial durchströmten Turbinen, bei der Turbine und Generator eine Einheit bilden - Laufrad und Generator liegen unmittelbar zusammen) (Masch) / straight-flow turbine

**Straf•mandat** n (Kfz) / ticket n (an official notice of a traffic offence) ‖ **⁓zettel** m (bei Verkehrsverstößen) (Kfz) / ticket n (an official notice of a traffic offence) ‖ **zettel** (für falsches Parken) (Kfz) / parking ticket

**Straggling** n (Energieverteilung) (Kernphys) / straggling* n

**Strahl** m (in einem Strahlensystem eines Mondkraters) (Astr, Geol) / ray* n ‖ ⁓ (Luftf) / jet n, blast n (of a jet engine) ‖ ⁓ (dünner, scharfer) (Masch) / jet* n ‖ ⁓ (Menge aller Punkte einer Geraden, die bezüglich eines Punktes auf derselben Seite liegen) (Math) / ray n, half-line n ‖ ⁓ (Opt, Phys) / ray* n ‖ ⁓ (von Wasser, Luft, Gas, Anstrichstoff) (Phys) / stream n ‖ ⁓ (Phys) / beam* n ‖ α-⁓ (Kernphys) / alpha ray ‖ β-⁓ (Kernphys) / beta ray* ‖ **abgelenkter** ⁓ (Phys) / deflected ray ‖ **außeraxialer** ⁓ (Opt) / abaxial ray* ‖ **außergewöhnlicher** ⁓ (Licht, Opt) / extraordinary ray*, E ray ‖ **außerordentlicher** ⁓ (eine Teilwelle bei der Doppelbrechung) (Licht, Opt) / extraordinary ray*, E ray ‖ **austretender** ⁓ (Opt) / emergent beam, emerging beam ‖ **blauer** ⁓ (einer Farbfernsehröhre) (TV) / blue beam ‖ **Descartesscher** ⁓ (mindestgedrehter Strahl) (Opt) / Descartes ray ‖ **direktes Hineinsehen in den** ⁓ (z.B. des Lasers) / intrabeam viewing ‖ **einfachreflektierter** ⁓ (Phys) / once-reflected beam ‖ **einfallender** ⁓ (Opt) / incident beam* ‖ **fächerförmiger** ⁓ (der Antenne) (Radio) / fan beam ‖ **Gaußscher** ⁓ (ein Lichtstrahl, bei dem die Verteilung des elektrischen Feldes in einer Ebene senkrecht zur Ausbreitungsrichtung gaußförmig ist) (Licht) / Gaussian beam ‖ **gebeugter** ⁓ (Opt) / diffracted ray ‖ **gebündelter** ⁓ (Phys) / focused beam ‖ **grüner** ⁓ (einer Farbfernsehröhre) (TV) / green beam ‖ **herausgeführter** ⁓ (aus einem Beschleuniger oder aus einem Reaktor) (Nukl) / ejected beam ‖ **indirekter** ⁓ (Radio) / ionospheric ray, sky ray* ‖ **indirect ray** * ‖ **konjugierte** ⁓ **en** (Math) / conjugate lines (of a conic) ‖ **ordentlicher** ⁓ (der in optisch anisotropen Medien auftretende Strahl, der das Brechungsgesetz befolgt) (Licht, Opt) / ordinary ray*, O ray ‖ **projizierender** ⁓ (Math) / projector n, projection line ‖ **reflektierter** ⁓ (Opt) / return beam, reverse beam ‖ **roter** ⁓ (einer Farbfernsehröhre) (TV) / red beam ‖ **überfallender** ⁓ (bei Wehren) (Wasserb) / nappe n, overfall n (overpouring water) ‖ **windschiefer** ⁓ (seitlich vom Hauptstrahl liegender Strahl) (Opt) / skew ray ‖ ⁓ **en aussenden** (Phys) / radiate v, emit rays

**Strahl•ablenker** m (der Wasserturbine) (Masch) / deflector n ‖ **⁓ablenkung** f (z.B. als Landehilfe) (Luftf) / jet deflection* ‖ **⁓ablösung** f (bei der Strömung) (Phys) / jet separation ‖ **⁓ablösung** (beim Durchstrom des Arbeitsmediums durch den Motorzylinder) (V-Mot) / flow detachment, detachment of the flow ‖ **⁓absorber** m (Nukl) / beam stopper, beam dump ‖ **⁓abweiser** m (Luftf) / blast fence ‖ **⁓abweiser** (Regeleinrichtung bei Pelton-Wasserturbinen) (Masch) / deflector n ‖ **⁓anlage** f (Gieß) / blast unit, blasting plant ‖ **⁓antrieb** m (Luftf) / jet propulsion*, reaction propulsion*, duct propulsion ‖ **⁓apertur** f (Verhältnis D/f der Arbeitsoptik) (Masch) / focussing-lens aperture ‖ **⁓apparat** m (Vakuum) / jet pump ‖ **⁓aufprall** m (Masch) / jet impingement ‖ **⁓auftrefffleck** m (TV) / beam spot ‖ **⁓ausrichtung** f (TV) / beam alignment ‖ **⁓ausschleussystem** n (Nukl) / beam extraction system, beam ejection system ‖ **⁓bild** n (Anstr) / spray pattern ‖ **⁓blende** f (Phys) / beam stop ‖ **⁓bündler** m (Nukl) / beam buncher, buncher n ‖ **⁓dichte** f (DIN 5031, T 1 und 5496) (Opt) / radiance* n, radiancy n, steradiance n, steradiancy n ‖ **spektrale ⁓dichte** (spektrale Dichte der Strahlen) (Spektr) / spectral radiant excitance ‖ **⁓durchrechnung** f (rechnerische Bestimmung des Weges eines Strahls durch ein optisches System) (Opt) / ray tracing ‖ **⁓düse** f (Masch, V-Mot) / jet* n, jet nozzle ‖ **⁓dynamik** f (an Beschleunigern) (Kernphys) / beam dynamics ‖ **⁓einschnürung** f (Phys) / beam contraction, jet contraction ‖ **⁓elektrode** f (Elektronenröhren) (Eltronik) / beam-forming electrode*

**strahlen** v (mit Strahlmitteln nach DIN 50902) (Gieß) / blast v, blast-clean v ‖ ⁓ (Phys) / radiate v, emit rays ‖ ~ **mit Kies** (Gieß) / grit-blast v ‖ ⁓ n (mit Strahlmitteln nach DIN 50902) (Gieß) / blasting n, blast-cleaning n, abrasion blasting, abrasive blasting, abrasive blast cleaning* ‖ **staubloses** ⁓ (eine Variante des Druckstrahlens) (Masch) / dust-free blasting ‖ **trockenes** ⁓ / dry blasting, dry-blast cleaning ‖ ⁓ n **mit Glasperlen** / glass-bead blasting ‖ ⁓ **mit Sand** (mit Strahlgebläsen) (Gieß) / sandblasting* n

**Strahlen•achse** f (Krist) / biradial n ‖ **⁓ära** f (Astr) / radiation era ‖ **⁓austrittsfenster** n (Radiol) / ray exit window ‖ **⁓begrenzungsblende** f (Film, Foto) / barn doors ‖ **⁓behandlung** f (Oberbegriff) (Med) / actinotherapy* n, ray therapy, radiation therapy* ‖ **⁓belastung** f (Radiol) / radiation impact ‖ ~ **beständig** adj (Nukl, Radiol) / radioresistant* adj ‖ **⁓beständigkeit** f (Nukl, Radiol) / radiation resistance, radioresistance n ‖ **⁓biologie** f (Biol) / radiobiology* n, radiation biology ‖ ~ **biologisch** adj (Biol) / radiobiological adj ‖ **⁓biophysik** f (Phys) / radiophysics n, radiation biophysics ‖ **⁓blende** f (vor der Scheinwerferglühlampe) (Eltech, Licht) / bulb shield ‖ **terrestrische ⁓brechung** (Brechung der Lichtstrahlen beim Durchgang durch erdnahe Luftschichten) (Meteor, Opt) / terrestrial refraction ‖ **atmosphärische ⁓brechung** (Sammelbegriff für die mit der Krümmung der Lichtstrahlen in der Atmosphäre zusammenhängenden Erscheinungen) (Opt) / atmospheric refraction ‖ **⁓bündel** n (Phys) / beam ‖ **⁓bündelung** f (Phys) / beam focussing ‖ **⁓chemie** f (Chem) / radiation chemistry* n ‖ **⁓chemisch** adj (Chem) / radiation-chemical adj ‖ **⁓chemische Zersetzung** (Kernphys) / radiolysis* n (pl. -lyses) ‖ **⁓chemisch-thermisches Kracken** (Erdöl) / radiation thermal cracking, RTC

**strahlend** adj / radiant adj (heat, energy, intensity) ‖ ~ / radiative adj (properties, power, strength, collision) ‖ **~e Fläche** (Wärm) / radiating surface* ‖ **~er Stoß** (Kernphys) / radiative collision* ‖ **~er Übergang** (Kernphys) / radiative transition ‖ **~er Zerfall** (Kernphys) / radiative decay

**Strahlen•detektor** m (Kernphys, Radiol) / detector* n, radiation detector, particle detector ‖ **⁓dosis** f (Nukl, Radiol) / radiation dose ‖ **berufsbedingte ⁓dosis** (Radiol) / occupational (radiation) dose ‖ **⁓durchlässig** adj (Radiol) / radiolucent adj ‖ **⁓ellipsoid** n (Krist) / ray ellipsoid, Fresnel ellipsoid* n ‖ **⁓empfindlich** adj (Fernm, Med, Radio) / radiosensitive* adj ‖ **⁓exponiert** adj (Kernphys, Radiol) / exposed to radiation ‖ **⁓exposition** f (Kernphys, Radiol) / radiation exposure ‖ **zivilisatorische ⁓exposition** (Kernphys, Radiol) / man-made exposure ‖ **natürliche ⁓exposition** (Kernphys, Radiol) / natural background*, background radiation ‖ **innere natürliche ⁓exposition** (Umwelt) / internal natural radiation exposure ‖ **terrestrische ⁓exposition** (Umwelt) / terrestrial radiation exposure ‖ **⁓fläche** f (in der Kristalloptik) (Krist) / wave surface ‖ **⁓fläche** (Opt) / ray surface ‖ **⁓förmige Vorstadtentwicklung** (entlang von Straßen) (Arch) / ribbon development ‖ **⁓galvanisches Element** (Nukl) / nuclear battery, atomic battery, radioisotope battery, radionuclide battery, RNB, isotopic battery, radioisotope generator ‖ **⁓gang** m (in einem optischen System) (Opt) / optical path, ray path, path of rays ‖ **geknickter ⁓gang** (Opt) / coudé optical beam ‖ **⁓gefahr** f (Nukl, Radiol) / radiation hazard* (RADHAZ), radiation danger n ‖ **⁓gefährdete Zone** (Nukl, Radiol) / radiation danger zone* ‖ **⁓gefährdung** f (Nukl, Radiol) / radiation hazard* (RADHAZ), radiation danger n ‖ **⁓genetik** f (Gen) / radiation genetics n ‖ **⁓geschädigt** adj (Nukl, Radiol) / radiation-damaged adj ‖ **⁓geschwindigkeitsfläche** f (Krist) / wave surface ‖ **⁓gewölbe** n (Arch) / fan vaulting*, fan vault ‖ **⁓grenzwerte** m pl (Radiol) / radiation standards ‖ **⁓härte** f (Radiol) / penetrating power ‖ **⁓härtemeßgerät** n (Radiol) / penetrameter n ‖ **⁓härtendes System** (Materialien, die durch energiereiche Strahlen aktiviert werden können) (Anstr) / radiation curing system ‖ **⁓härtung** f (Anstr) / radiation curing ‖ **⁓heilkunde** f (mit Hilfe von ionisierender Strahlung) (eine Fachrichtung der Radiologie) (Radiol) / radiotherapy* n ‖ **⁓hygiene** f (Maßnahmen zum Strahlenschutz) (Nukl) / radiation hygiene ‖ **⁓induziert** adj (Biol, Nukl, Radiol) / radiation-induced adj ‖ **⁓induzierte Synthese** (Chem) / radiation synthesis ‖ **⁓kalk** m (eine Hochdruckmodifikation von Kalkgestein in Einschlagkratern von Meteoriten und in Kratern von Kernwaffensprengsätzen) (Geol) / shatter cones ‖ **⁓kanal** m (Nukl) / beam hole ‖ **⁓karzinogenese** f (Radiol) / radiation carcinogenesis, radiation-induced carcinogenesis ‖ **⁓kegel** m (Licht, Opt) / light cone, cone of (light) rays ‖ **⁓kongruenz** f (Math) / congruence of lines ‖ **⁓konservierung** f (Nahr) / radicidation n ‖ **⁓konvergenz** f (Phys) / beam convergence ‖ **⁓krankheit** f (eine Strahlenschädigung, die auf Bestrahlung mit ionisierender Bestrahlungen zurückzuführen ist) (Med, Radiol) / radiation syndrome, radiation sickness ‖ **⁓menge** f (Radiol) / quantity of radiation* n ‖ **⁓mutation** f (Gen) / radiomutation n ‖ **⁓nachweisgerät** n (Kernphys, Radiol) / detector* n, radiation detector, particle detector ‖ **⁓nekrose** f (Med, Radiol) / radionecrosis n ‖ **⁓netz** n (eine Versorgungsnetzart) (Eltech) / radial feeder*, independent feeder*, radial distribution feeder, dead-ended feeder*, radial system* ‖ **⁓netz** (Fernm) / multidrop network ‖ **⁓optik** f (Opt) / geometrical optics* ‖ **⁓pasteurisation** f (zur Zeit in Deutschland verboten) (Nahr) / radicidation n ‖ **⁓pasteurisation** (Nahr) s. auch Strahlensterilisation ‖ **⁓physik** f (Phys) / radiation physics, physics of radiation ‖ **⁓physikalische und/oder -biologische Einheit** (Biol, Radiol) / radiation unit ‖ **⁓pilze** m pl (Bakteriol) / actinomycetes pl ‖ **⁓polymerisation** f (Chem) / radiation polymerization ‖ **⁓qualität** f

**Strahlenraum**

(Quantenenergie einer Strahlung) (Radiol) / quality* n ‖ ~**raum** m (bei der geometrisch-optischen Abbildung der gesamte zwischen Ding und Bild liegende Raum, der von der Gesamtheit der zur Abbildung beitragenden Strahlen durchsetzt wird) (Opt) / ray space ‖ ~**resistent** adj (Nukl, Radiol) / radioresistant* adj ‖ ~**resistentes Glas** (das keine oder nur sehr geringe Verfärbung zeigt) (Glas) / non-browning glass ‖ ~**resistenz** f (Nukl, Radiol) / radiation resistance, radioresistance n ‖ ~**richtung** f (Opt) / ray direction ‖ ~**risiko** n (Nukl, Radiol) / radiation hazard* (RADHAZ), radiation danger ‖ ~**riß** m (For) / heart shake (BS 565)*, heart crack, rift crack, heart check ‖ ~**satz** m (erster, zweiter - in der Elementargeometrie) (Math) / intercept(s) theorem (on parallel lines) ‖ ~**schaden** m (ein Kristallfehler) (Krist, Phys) / irradiation damage ‖ [**biologischer**] ~**schaden** (Biol, Med) / radiation injury ‖ [**physikalisch-chemischer**] ~**schaden** (durch Einwirkung von ionisierenden Strahlungen) (Nukl, WP) / radiation damage ‖ ~**schädigung** f (Biol, Med) / radiation injury ‖ ~**schädigung** (Med, Radiol) / radiation syndrome, radiation sickness ‖ ~**schleuse** f (Nukl) / radiation trap*, maze* n ‖ ~**schliff** m (Glas) / mitre n

**Strahlenschutz** m (Radiol) / radiation protection, radiological protection, radioprotection n ‖ **beruflicher** ~ (Radiol) / health physics* ‖ ~**beauftragter** m (Radiol) / radiation safety officer, radiological safety inspector, radiological safety officer*, health physicist* ‖ ~**beton** m (mit einer Trockenrohdichte um 4,5 kg/dm³) (Nukl) / barium concrete*, barytite X-ray plaster, barytes concrete* ‖ ~**beton** (Radiol) / shielding concrete, radiation-shielding concrete ‖ ~**glas** n (das gegen schädliche oder zu intensive Strahlung schützt) (Glas) / radiation-shielding glass ‖ ~**handbuch** n (Radiol, Umwelt) / radiation-protection guide ‖ ~**leitfaden** m (Radiol, Umwelt) / radiation-protection guide ‖ ~**plakette** f (ein Monitor) (Radiol) / film badge*, badge meter, photographic dosemeter, film dosimeter ‖ ~**richtlinien** f pl (Radiol, Umwelt) / radiation-protection guide ‖ ~**techniker** m (Radiol) / radiation safety officer, radiological safety inspector, radiological safety officer*, health physicist* ‖ ~**zelle** f (Chem, Kernphys) / cave n, hot cell

**strahlen** • **sicher** adj (Radiol) / radiation-proof adj ‖ ~**sicher konservieren** (Nukl) / mothball v ‖ ~**star** m (ein Strahlenschaden) (Biol, Med) / irradiation cataract, cyclotron cataract, radiation cataract ‖ ~**sterilisation** f (mit über 2 Mrep) (Nahr) / radiation sterilization, radappertization n ‖ ~**symmetrie** f (Biol) / radial symmetry* ‖ ~**syndrom** n (Summe der Krankheitserscheinungen, die dann auftreten, wenn der Gesamtkörper oder eine ausgedehnte Körperpartie eine Äquivalentdosis von mehr als etwa 1 Sv kurzzeitig erhält) (Med, Radiol) / radiation syndrome, radiation sickness ‖ ~**synthese** f (Chem) / radiation synthesis ‖ ~**teilender Spiegel** (Opt) / beam-splitting mirror ‖ ~**teiler** m (Opt) / beam splitter*, beam divider ‖ ~**teilerprisma** n (Opt) / beam-splitting prism ‖ ~**teilung** f (Opt) / beam splitting, beam division ‖ ~**theorie** f (Akus) / ray theory* ‖ ~**therapie** f (Bestrahlung des Körpers oder einzelner Körperteile) (Med) / actinotherapy*, ray therapy, radiation therapy* ‖ ~**therapie** (eine Fachrichtung der Radiologie) (Radiol) / radiotherapy* n ‖ ~**tierchen** n pl (Zool) / Radiolaria* pl ‖ ~**tod** m (Med, Radiol) / radiation death

**Strahlentrostung** f (Hütt) / blast derusting

**Strahlen** • **überwachung** f **des Betriebspersonals** (Nukl, Radiol) / personnel monitoring* ‖ ~**undurchlässig** adj (Radiol) / radiopaque* adj, radio-opaque adj ‖ ~**verbrennung** f (ein Strahlenschaden) (Radiol) / radiation burn* ‖ ~**verfolgung** f (Verfahren zur Berechnung von Lichtbrechungseffekten in Grafiken) (EDV) / ray tracing ‖ ~**verlauf** m (als Diagramm) (Opt) / ray diagram ‖ ~**versprödung** f (des Stahls) (Hütt) / radiation embrittlement ‖ ~**waffe** f (im allgemeinen) (Mil) / directed-energy weapon, radiation weapon, beam weapon ‖ ~**zähler** m (Nukl) / counter* n, counter tube, radiation counter* (tube), counting tube*

**Strahler** m (Akus, Phys, Radio) / radiator* n ‖ **aktiver** ~ (Radio) / active aerial, primary radiator, active antenna, exciter n ‖ **akustischer** ~ (Akus) / acoustic radiator*, sound source ‖ **Lambertscher** ~ (strahlende Fläche, für die das Lambertsche Gesetz zutrifft - DIN 5031, T 8) (Phys) / Lambertian source, Lambertian radiator ‖ **passiver** ~ (Radio) / parasitic antenna*, passive antenna, secondary radiator, passive aerial ‖ **Planckscher** ~ (Phys) / full radiator*, Planck's radiator, ideal radiator, complete radiator*, Planckian radiator ‖ **Schwarzer** ~ (DIN 5031, T 8) (Phys) / full radiator*, Planck's radiator, ideal radiator, complete radiator*, Planckian radiator ‖ **selektiver** ~ (Phys) / non-black body

**Strahler** • **leiste** f (Eltech, Licht) / fixed-track strip (with fixtures) ‖ ~**oberfläche** f (Wärm) / radiating surface* ‖ ~**zeuger** m (Eltronik) / gun* n, beam-generation system ‖ ~**zeugungssystem** n (Eltronik) / gun* n, beam-generation system

**Strahl** • **flächenbelastung** f (des Bodens - bei Hubschraubern) (Luftf) / surface load ‖ ~**flugzeug** n (Luftf) / jet n, jet airplane, jet aircraft ‖ **mit dem** ~**flugzeug fliegen oder reisen** (Luftf) / jet v ‖ ~**formatbegrenzung** f (der Stoffbahn) (Pap) / jet deckle ‖ ~**formung** f (Eltronik) / beam shaping ‖ ~**formungsantenne** f (Richtantenne mit einer Hauptkeule, die von der mit gleichphasig erregter Apertur erreichbaren Hauptkeule abweicht) (Radio) / shaped-beam antenna ‖ ~**führung** f (die die Form und Abmessung des Strahlquerschnittes in gewünschter Weise beeinflußt) (Masch) / beam control ‖ ~**gebläse** n (für die Oberflächenbehandlung) (Gieß) / blasting machine (shot, sand) ‖ ~**heizofen** m (Wärm) / radiant heater ‖ ~**heizrohr** n (Einrichtung zur Erzeugung von Wärme aus verschiedenen Energieträgern, insbesondere durch Verbrennung von Gas, und zur Abgabe durch vorwiegend Strahlung an Behandlungsräume bzw. Behandlungsgut) / radiant heating tube ‖ ~**herausführungssystem** n (Nukl) / beam extraction system, beam ejection system ‖ ~**hubschrauber** m (Luftf) / jet helicopter, jet-power helicopter

**strahlig** adj (Biol) / polysymmetrical adj, actinomorphic* adj, star-shaped* adj ‖ ~ (Krist) / radiated-crystalline adj ‖ ~**e Symmetrie** (Math) / rotational symmetry, radial symmetry, rotation symmetry

**Strahl** • **impuls** m (in einem Synchrotron) (Nukl) / beam burst ‖ ~**justierung** f (TV) / beam alignment ‖ ~**kabine** f (Galv, Gieß) / blast cabinet ‖ ~**klappe** f (eine Landehilfe) (Luftf) / jet flap* ‖ ~**kontraktion** f (Verminderung des Strahlquerschnitts gegenüber dem Querschnitt einer Austrittsöffnung) (Phys) / beam contraction, jet contraction ‖ ~**korndraht** m (Gieß) / shot-peening wire ‖ ~**läppen** n (Spanen mit losem, in einem Flüssigkeitsstrahl hoher Geschwindigkeit geführten Korn zur Verbesserung der Oberfläche meist vorgearbeiteter Werkstücke) (Masch) / wet blasting ‖ ~**löschspannung** f (Katodenstrahlröhre) (Eltronik) / cut-off bias, black-out point ‖ ~**luftfahrzeug** n (Luftf) / jet n, jet airplane, jet aircraft ‖ ~**mischer** m (Masch) / jet mixer ‖ ~**mittel** n (grobes Material) (Gieß) / grit n ‖ ~**mittel** (Teilchen zum Strahlen) (Gieß) / abrasive n, blast compound, blast medium ‖ **metallisches** ~**mittel** / metallic abrasive ‖ ~**motor** m (Luftf) / jet n, jet engine ‖ **die vom** ~**motor zurückgeworfene Luft(menge)** (aus dem Strahlmotor ausströmende Masse) (Luftf) / wash n ‖ ~**mühle** f (Zerkleinerungsaggregat für die Feinstzerkleinerung) (Chem Verf) / jet mill* ‖ ~**-Plasma-System** n (Kernphys) / beam-plasma system ‖ ~**platte** f (des offenen Kamins) (Bau) / fireback n ‖ ~**prallmühle** f (mit einem Treibmittelstrom) (Chem Verf) / jet pulverizer, nozzle pulverizer ‖ ~**pumpe** f (Bergb) / jet pump* ‖ ~**pumpe** (verwendet, wenn bei zu tief liegendem Wasserspiegel kein Ansaugen mit einer normalen Pumpe möglich ist) (Masch) / jet pump ‖ ~**pumpe** (Vakuumt) / jet pump ‖ ~**querschnitt** m / beam cross-section ‖ ~**raum** m (Feuerraum des Dampferzeugers) (Masch) / radiation space ‖ ~**reinigung** f (Gieß) / blasting n, blast-cleaning n, abrasion blasting, abrasive blasting, abrasive blast cleaning*

**Strahlrohr** n / radiant heating tube ‖ ~ (eine Feuerlöscharmatur zur Brandbekämpfung nach DIN 14011, T 2 und 14365) / branch n, branch-pipe n, nozzle* n ‖ ~ (Bergb, Masch) / duct* n, metal tubing ‖ ~ (ein Luftstrahltriebwerk ohne bewegliche Teile) (Luftf) / ram-jet + pulse-jet n ‖ ~ (des Turbinentriebwerkes) (Luftf) / tailpipe n ‖ ~**schwenkbares** ~ (zum Feuerlöschen) / turret nozzle

**Strahl** • **rücklauf** m (Radar, TV) / flyback n, retrace* n ‖ ~**ruder** n (in den Abgasstrahl eintauchendes drehbares Ruder) (Luftf) / jetavator n, jetevator n, jet vane, jet tab ‖ ~**sauger** m (absaugende Dampfstrahlpumpe) (Masch) / ejector* n, ejector pump, eductor n, steam-ejector n, steam-jet ejector ‖ ~**saugpumpe** (Masch) / ejector n, ejector pump, eductor n, steam-ejector n, steam-jet ejector ‖ ~**schutt** m (Strahlmittelreste, Korrosionsprodukte und Rückstände von Beschichtungsstoffen) (Anstr, Galv) / waste of blasting, blasting waste ‖ ~**schutzwand** f (Luftf) / blast fence ‖ ~**schweißen** n (energiereiche gebündelte Strahlung erzeugt bei ihrem Auftreffen auf bzw. Eindringen in das Werkstück die für den Schweißprozeß erforderliche Wärme) (Schw) / beam welding ‖ **elektronische** ~**schwenkung** (Radio) / electronic scanning (of an antenna, by electronic or electric means without moving parts), inertialess scanning ‖ ~**spalten** n (Einstellfehler der Spritzpistole) (Anstr) / split spray ‖ ~**spalter** m (Opt) / beam splitter*, beam divider ‖ ~**spaltung** f (Opt) / beam splitting, beam division ‖ ~**speicher** m (Speicheranordnung mit Strahlabtastung) (EDV) / beam storage, beam store ‖ ~**sperrung** f (TV) / gating* n ‖ ~**spritzen** n (Gieß) / blasting n, blast-cleaning n, abrasion blasting, abrasive blasting, abrasive blast cleaning* ‖ ~**stärke** f (DIN 5031, T 1) (Phys) / radiant intensity* ‖ **spektrale Dichte der** ~**stärke** (Phys) / spectral energy distribution, spectral density ‖ ~**stein** m (Min) / actinolite* n ‖ ~**steuerung** f (Raumf) / jet control ‖ ~**stopper** m (Nukl) / beam stopper, beam dump

**Strahlstrom** m (Eltronik) / beam current* ‖ ~ (in der oberen Troposphäre und unteren Stratosphäre) (Geophys) / jet stream*, jet n ‖ **elektrischer** ~ (gebündelter elektrischer Strom in begrenzten Gebieten, die im Vergleich zu ihrer Umgebung gut elektrisch leitend sind und in denen die elektrische Stromdichte relativ groß ist) (Phys)

/ electrojet n ‖ gesamter ~ (Eltronik) / gun current* ‖ ~dichte f (in der Elektronenstrahlbearbeitung) (Masch) / beam current density
**Strahl•system** n (Eltronik) / gun* n, beam-generation system ‖ **~teiler** m (Opt) / beam splitter*, beam divider ‖ **~teilung** f (Opt) / beam splitting, beam division ‖ ~teilung (Spektr) / chopping n ‖ ~**trainer** m (Luftf) / jet trainer ‖ **~triebwerk** n (Luftf) / jet n, jet engine ‖ ~turbinentriebwerk n (ein Gasturbinentriebwerk) (Luftf) / turbojet* n, turbojet engine ‖ ~**umlenkung** f (Veränderung der Richtung des Schubvektors eines Raketen- oder eines Strahltriebwerks durch Strahlumlenkung) (Luftf, Raumf) / thrust deflexion* ‖ ~umlenkung (Opt) / ray deflection
**Strahlung** f (Erscheinungsform der Ausbreitung der Energie) / radiation* n ‖ γ-~ (Phys) / gamma radiation* ‖ **aktinische** ~ (Radiol) / actinic radiation* ‖ **aus kosmischer** ~ **entstanden** (Astr) / cosmogenic* adj ‖ **außerfokale** ~ (Radiol) / extrafocal radiation (of an X-ray tube), stem radiation ‖ **durchdringende** ~ (Phys) / penetrating radiation ‖ **durchdringende** ~ (Radiol) / hard radiation* ‖ **elektromagnetische** ~ (DIN 1301, T 2) (Phys) / electromagnetic radiation*, EMR ‖ **energiereiche** ~ (Phys) / high-energy radiation ‖ **extrafokale** ~ (Radiol) / extrafocal radiation (of an X-ray tube), stem radiation ‖ **harte** ~ (Radiol) / hard radiation* ‖ **homogene** ~ (eine Röntgenstrahlung) (Radiol) / homogeneous radiation* ‖ **infrarote** ~ (Phys) / infrared radiation*, infrared emission ‖ **ionisierende** ~ (die beim Einwirken auf Materie so viel Energie an deren Atome oder Moleküle abgibt, daß Elektronen abgelöst werden und somit eine Ionisation stattfindet - DIN 6814, DIN 2541) (Phys) / ionizing radiation* ‖ **kohärente** ~ (Phys) / coherent radiation ‖ **kosmische** ~ (Geophys) / cosmic radiation ‖ **monochromatische** ~ (DIN 5031, T 8) (Phys) / monochromatic radiation*, homogeneous radiation*, monoenergic radiation* ‖ **natürliche** ~ (die Gesamtheit der ionisierenden Strahlung, die ohne Zufuhr radioaktiver Stoffe oder sonstige Veränderungen durch den Menschen an der Erdoberfläche anzutreffen ist) (Kernphys, Radiol) / natural background*, background radiation ‖ **nicht ionisierende** ~ (Phys) / non-ionizing radiation ‖ **nichtschwarze** ~ (Phys) / radiation of non-black surfaces, selective radiation ‖ **optische** ~ (DIN 5031, T 7) (Opt) / optical radiation ‖ **polarisierte** ~ (Phys) / polarized radiation ‖ **schwarze** ~ (Phys) / black-body radiation*, black-body radiant energy, cavity radiation* ‖ **sichtbare** ~ (DIN 5031, T 7) (Phys) / visible radiation* ‖ **spontane** ~ (Phys) / spontaneous radiation ‖ **superkosmische** ~ (Astr) / supercosmic radiation ‖ **terrestrische** ~ (Meteor) / terrestrial radiation*, earth radiation, eradiation n, terrestrial radiant energy ‖ **ultraharte kosmische** ~ (Astr) / supercosmic radiation ‖ **ultraviolette** ~ (Phys) / ultraviolet radiation*, ultraviolet n, UV radiation ‖ **unsichtbare** ~ (Ultraviolett oder Infrarot) (Phys) / black light (invisible to the eye) ‖ **unsichtbare** ~ (im allgemeinen) (Phys) / invisible radiation ‖ **weiche** ~ (Radiol) / soft radiation* ‖ **zusammengesetzte** ~ (Phys) / complex radiation ‖ ~ f **von nichtschwarzen Körpern** (Phys) / radiation of non-black surfaces, selective radiation ‖ ~ **von selektiven Strahlern** (Phys) / radiation of non-black surfaces, selective radiation
**Strahlungs•- / radiant** adj (heat, energy, intensity) ‖ ~- / radiative adj (properties, power, strength, collision) ‖ **~absorption** f (Phys) / radiation absorption ‖ **fotometrisches ~äquivalent** (Kehrwert des energetischen Strahlungsäquivalents) (Opt) / luminous efficacy ‖ ~**ära** f (in der Big-Bang-Kosmologie) (Astr) / radiation era ‖ ~**ausbeute** f (als Strahlungsgröße) (Licht) / luminous efficacy ‖ ~**ausbruch** m (auf die Sonne bezogen) (Geophys) / burst n ‖ ~**bedingt** adj (Biol, Nukl, Radiol) / radiation-induced adj ‖ ~**belastung** f (Radiol) / radiation impact ‖ ~**bilanz** f (Geophys) / heat balance ‖ ~**bild** n (im Feuerraum) (Masch) / radiation pattern ‖ ~**bündler** m (in der Heliotechnik) / solar concentrator ‖ ~**chemie** f (Chem) / radiation chemistry* ‖ ~**chemisch** adj (Chem) / radiation-chemical adj ‖ ~**dämpfung** f (Energieverlust durch Abstrahlung elektromagnetischer Energie) (Elektr) / radiation damping ‖ ~**detektor** m (Kernphys, Radiol) / detector* n, radiation detector, particle detector ‖ ~**diagramm** n (einer Antenne) (Radio) / radiation pattern*, field pattern, antenna pattern, directional pattern, radiation diagram* (a graphical representation of the radiation properties of the antenna) ‖ **räumliches ~diagramm** (einer Antenne) (Radio) / solid pattern ‖ ~**druck** m (den eine Strahlung, insbesondere eine Wellenstrahlung ausübt, wenn sie absorbiert oder reflektiert wird) (Phys) / radiation pressure* ‖ ~**einfang** m (ein Einfang, bei dem unmittelbar Fotonen emittiert werden) (Kernphys) / radiative capture* ‖ ~**element** n (Radio) / radiating element ‖ ~**empfindlich** adj (Fernm, Med, Radio) / radiosensitive* adj ‖ ~**energie** f (in W.s gemessen - DIN 5031, T 1) (Phys) / radiant energy ‖ ~**energiedichte** f (Radiol) / radiant energy density ‖ ~**feld** n (Phys) / radiation field* ‖ ~**fluß** m (DIN 5031, T 1) (Phys) / radiant flux*, radiant power ‖ ~**flußdichte** f (Phys) / radiant-flux density*, radiant energy fluence rate, radiation flux density*, radiation intensity* ‖ ~**frei** adj / radiationless adj ‖ ~**frost** m (der bei klarem und heiterem Wetter entsteht, indem die nächtliche Wärmeausstrahlung die Nachtkälte bis zur Frostgrenze verschärft) (Meteor) / radiational frost ‖ ~**gekoppelte Antenne** (Radio) / parasitic antenna*, passive antenna, secondary radiator, passive aerial ‖ ~**gekoppelter Reflektor** (Radio) / parasitic reflector ‖ **Kirchhoffsches ~gesetz** (Phys) / Kirchhoff's law (for radiation), Kirchhoff radiation law ‖ ~**gesetz** n **von Rayleigh-Jeans** (DIN 5031, T 8) (Phys) / Rayleigh-Jeans law* ‖ ~**gleichgewicht** n (Zustand eines physikalischen Systems, in dem es genausoviel Strahlung emittiert wie absorbiert wird) (Phys) / radiative equilibrium* ‖ ~**gürtel** m pl **der Erde** (innerhalb der Magnetosphäre) (Astr) / Van Allen radiation belts*, Van Allen belts, radiation belts (of plasma surrounding the Earth that emit intense radiation) ‖ ~**härtemeßgerät** n (Radiol) / penetrameter n ‖ ~**härtung** f (Anstr) / radiation curing ‖ ~**haushalt** m (Geophys) / heat budget ‖ ~**heizkörper** m (Wärm) / radiant heater ‖ ~**heizung** f (z.B. eine Infrarotheizung) (Bau) / radiant heating, radiation heating ‖ ~**heizung** (Bau) s. auch Deckenheizung und Konvektionsheizung ‖ ~**hindernd** adj / antiradiating adj ‖ ~**höhe** f (Radio) / equivalent height* ‖ ~**impedanz** f (Akus, Phys) / radiation impedance* ‖ ~**induziert** adj (Biol, Nukl, Radiol) / radiation-induced adj ‖ ~**ionisation** f (Eltronik, Spektr) / radiation ionization ‖ ~**katalyse** f (Chem) / radiation catalysis ‖ ~**kessel** m (ein Großfeuerraumkessel) (Masch) / radiant-type boiler*, radiation boiler, radiant boiler ‖ ~**keule** f (eines Strahlungsdiagramms) (Fernsp, Radar, Radio) / lobe* n, radiation lobe ‖ **zweite Plancksche ~konstante** (Phys) / second radiation constant ‖ ~**kontrolle** f (Nukl) / frisking* n, radiation monitoring ‖ ~**kreis** m (Fernm) / radiating circuit* ‖ ~**kühlung** f / radiation cooling ‖ ~**kurve** f (Intensität der Sonneneinstrahlung) (Geophys) / Milankovitch curve ‖ **Milankovićsche ~kurve** (nach M. Milanković, 1879 - 1958) (Geophys) / Milankovitch curve ‖ ~**länge** f (Phys) / radiation length* ‖ ~**lappen** m (eines Strahlungsdiagramms) (Fernsp, Radar, Radio) / lobe* n, radiation lobe
**Strahlungsleistung** f (DIN 5031, T 1) (Phys) / radiant flux*, radiant power ‖ ~ (in J/sec.m²) (Phys) / irradiance n ‖ ~ (Phys, Radio) / radiated power* ‖ **äquivalente** ~ (Halbwellenstrahler) (Fernm) / effective radiated power* ‖ **effektive** ~ (Fernm) / effective radiated power* ‖ **rauschäquivalente** ~ (Eltronik) / noise-equivalent power (NEP)
**strahlungs•los** adj / radiationless adj ‖ ~**loser Übergang** (Kernphys) / radiationless transition ‖ ~**menge** f (Radiol) / radiant energy ‖ ~**menge** (ausgesandte, übertragene oder aufgefangene Strahlungsenergie) s. auch Integraldosis ‖ ~**meßgerät** n (Kernphys, Radiol) / detector* n, radiation detector, particle detector ‖ ~**messung** f / radiation measurement ‖ ~**nebel** m (infolge der intensiven Ausstrahlung des Erdbodens und der damit verbundenen Abkühlung der unteren Luftschichten) (Meteor) / radiation fog ‖ ~**normen** f pl (Nukl, Radiol) / radiation standards ‖ ~**ofen** m (ein Industrieofen) / radiant furnace, all-radiant furnace* ‖ ~**ofen** (Wärm) / radiant heater ‖ ~**pegel** m (Radiol) / radiation level ‖ ~**physik** f (DIN 5031) (Phys) / radiation physics, physics of radiation ‖ ~**physik im optischen Bereich** (DIN 5031) (Phys) / optical-radiation physics ‖ ~**polymerisation** f (bei der die Startreaktion durch Absorption energiereicher Strahlung ausgelöst wird) (Chem) / radiation polymerization ‖ ~**pyrometer** n (zum berührungsfreien Messen der Temperatur) (Wärm) / radiation pyrometer, radiation thermometer ‖ **schmalbandiges ~pyrometer** / narrowband pyrometer ‖ ~**quelle** f (ein Gerät oder Material, das ionisierende Strahlung emittiert oder emittieren kann) (Kernphys) / radiator* n, radiation source, radiant n ‖ ~**resistent** adj (Nukl, Radiol) / radioresistant* adj ‖ ~**resistenz** f (Nukl, Radiol) / radiation resistance, radioresistance n ‖ ~**rohrofen** m (Masch) / radiant-tube furnace* ‖ ~**schutzstoff** m (Nukl) / antirad n ‖ ~**sicher** adj (Radiol) / radiation-proof adj ‖ ~**strömung** f (Kernphys) / radiation streaming, streaming of radiation, channelling effect, streaming effect ‖ ~**temperatur** f (Astr, Phys) / radiation temperature ‖ ~**temperatur** (im sichtbaren Spektralbereich) (Phys) / optical temperature ‖ ~**tod** m (Med, Radiol) / radiation death ‖ ~**transport** m **durch Kanäle und Spalte** (Kernphys) / radiation streaming, streaming of radiation, channelling effect, streaming effect ‖ ~**transportgleichung** f (beim Durchgang elektromagnetischer Strahlung durch ein partikuläres Medium, in dem die Strahlung partiell gestreut und/oder absorbiert wird) (Phys) / equation of radiative transfer ‖ ~**trocknung** f (Anstr) / radiant heating, radiation drying ‖ ~**übergang** m (Kernphys) / radiative transition ‖ ~**überwachung** f (Nukl) / frisking* n, radiation monitoring ‖ ~**überwachungsgerät** n (Nukl, Radiol) / radiation survey meter, radiation monitor ‖ ~**unempfindlicher Speicher** (EDV) / radiation-hardened store ‖ ~**unfall** m (Nukl, Radiol) / radiation accident ‖ ~**vermögen** n (Phys) / radiating capacity, radiating power ‖ ~**vermögen** (Phys) s. auch Emissionsvermögen ‖ ~**wärme** f (Phys) / radiant heat* ‖ ~**widerstand** m (einer Antenne) (Radio) / radiation resistance* ‖ ~**winkel** m (einer Antenne) (Radio) / wave angle* ‖ ~**wirkungsgrad** m (der Antenne) (Verhältnis von abgestrahlter

**Strahlungszerfall**

Leistung zu zugeführter Leistung) (Fernm) / radiation efficiency ‖ ⁓**zerfall** *m* (Kernphys) / radiative decay ‖ ⁓**zone** *f* (Nukl) / radiation area*

**Strahl•vakuumpumpe** *f* (eine Treibmittelvakuumpumpe) (Vakuumt) / ejector pump ‖ ⁓**verbreiterung** *f* (Phys) / spreading of the beam ‖ ⁓**verdichter** *m* (Masch) / jet compressor ‖ ⁓**verfahren** *n* (zur Bestimmung der Dicke metallischer Schichten durch chemisches Auflösen der Metallschicht - DIN 50951) (Galv, WP) / jet test ‖ ⁓**verfahren** (Gieß) / blasting *n*, blast-cleaning *n*, abrasion blasting, abrasive blasting, abrasive blast cleaning* ‖ ⁓**verschleiß** *m* (Masch) / impact erosion, impact wear ‖ ⁓**verschleiß** (ein mechanischer Verschleißprozeß) (Masch) / abrasive wear ‖ ⁓**wäscher** *m* (ein Reaktionsapparat für Gas-Flüssigkeits-Reaktionen, der nach dem Prinzip der Wasserstrahlpumpe arbeitet) (Chem Verf) / jet scrubber ‖ ~**wassergeschützt** *adj* (Maschine) (Eltech) / hose-proof* *adj* ‖ mit ~**wasserschutz** (Maschine) (Eltech) / hose-proof* *adj* ‖ ⁓**winkel** *m* (des Verdüsungsmediums) / jet angle ‖ ⁓**winkel** (Eltronik) / beam angle, beam width ‖ **marginale** ⁓**zelle** (For) / marginal ray cell ‖ ⁓**zentrierung** *f* (TV) / beam alignment ‖ ⁓**zeolith** *m* (Min) / stilbite* *n*, desmine* *n*

**Strahn** *m* (Spinn) / hank* *n*, skein *n*, strand *n*, yarn hank
**Strähn** *m* (Spinn) / hank* *n*, skein *n*, strand *n*, yarn hank
**Strähne** *f* (Spinn) / hank* *n*, skein *n*, strand *n*, yarn hank
**strähnig** *adj* (Baumwolle) (Tex) / stringy *adj*
**Straightrun-Benzin** *n* (Erdöl) / straight-run gasoline, top gasoline, straight-run benzine, S.R.B.
**Strain** *m* (Geol) / strain *n* ‖ ⁓**-Ellipsoid** *n* (Bezugskörper zur Veranschaulichung der durch homogene elastische Deformationen hervorgerufenen Veränderungen von Volumen und Achsenverhältnis eines Kristalls) (Mech) / strain ellipsoid, deformation ellipsoid
**Strainer** *m* (eine Spritzmaschine) (Chem Verf, Plast) / strainer *n*
**Strain•-Seismometer** *n* (Geol) / strain seismometer ‖ ⁓**-Test** *m* (Bestimmung der Dehnung von Gummiproben unter konstanter Last) (Chem Verf) / strain test
**Straits-Zinn** *n* / Banka tin
**Strak** *n* (der Verlauf der Kurven des Linienrisses) (Schiff) / strake* *n*
**Strake-Flügel** *m* (Luftf) / hybrid wing, strake wing
**Straken** *n* (Luftf, Schiff) / fairing *n*
**strakender Verkleidungsübergang** (Rumpf zur Tragfläche) (Luftf) / fairing* *n*, fillet* *n*
**Straklatte** *f* (Schiff) / spline *n*
**Stramin** *m* (für Stickereien) (Tex) / canvas* *n* (pl. canvases or canvasses)
**strammgeschlagen** *adj* (Tau) / hard-laid *adj*
**Strand** *m* (nasser) (Geol, Ozean) / foreshore* *n* ‖ ⁓ (zwischen der Küsten- und der Uferlinie) (Geol, Ozean) / backshore *n*, back beach, backshore beach ‖ ⁓ (Ozean) / beach *n*, shore *n* ‖ **auf** ⁓ **setzen** (Schiff, Wasserflugzeug) / beach *v* ‖ **oberer** ⁓ (Geol) / berme *n*, berm *n*
**Strandboard** *m* (For, Tischl) / oriented structural board, OSB
**stranden** *v* (Schiff) / strand *v*, run aground *v*
**Strand•geröll** *n* (Geol) / beach gravel ‖ **Gewöhnlicher** ⁓**hafer** (Bot) / marram *n*, marram grass ‖ ⁓**holz** *n* (For, Wasserb) / stranded timber ‖ ⁓**kiefer** *f* (Pinus pinaster Aiton) (For) / maritime pine, cluster pine ‖ ⁓**kleidung** *f* (Tex) / beachware *n* ‖ ⁓**linie** *f* (Geol) / shoreline *n*, strandline *n* ‖ ⁓**mauer** *f* (Ozean) / sea-wall *n* ‖ ⁓**nah** *adj* (Geol, Ozean) / near-shore *adj* ‖ ⁓**riff** *n* (Geog, Geol) / fringing reef ‖ ⁓**rille** *f* (Geol) / rill mark ‖ ⁓**sand** *m* (Geol, HuT) / beach sand ‖ ⁓**see** *m* (Geophys) / étang *n* ‖ ⁓**seife** *f* (Bergb) / beach placer ‖ ⁓**terrasse** *f* (Geol) / marine terrace, sea terrace
**Strandung** *f* (Hängenbleiben von Triftholz an den Rändern der Triftstraße) (For, Wasserb) / stranding *n*
**Strand•verschiebung** *f* (Geol) / shift in the shoreline ‖ **negative** ⁓**verschiebung** (Zurückweichen des Meeres) (Geol) / regression *n*
**Strandverschiebung, positive** ⁓ (Geol) / transgression* *n*, progressive overlap, retrograding *n*, marine transgression, invasion *n*
**Strandwall** *m* (in der Wellenauflaufzone aufgeworfene küstenparallele Anhäufung von lockerem Sediment) (Geol, Ozean) / beach ridge
**Strang** *m* (von Rohren) (Erdöl, Masch) / string *n* (of pipes and tubes)* ‖ ⁓ (Gen) / strand *n* ‖ ⁓ (beim Strangguß) (Gieß) / strand *n* ‖ ⁓ (paralleler - einer Rohrleitung) (Masch) / leg *n* ‖ ⁓ (Masch) / strand *n* ‖ ⁓ (endloser Riemen) (Masch) / run *n* ‖ ⁓ (z.B. Antriebs-) (Masch) / train* *n* (Aufmachungsart des Rohmaterials bei Anlieferung an die Weberei) (Spinn) / hank* *n*, skein *n*, strand *n*, yarn hank ‖ ⁓ (Ware in Schlauchform) (Tex) / rope *n*, roping *n* ‖ **kodogener** ⁓ (der DNS-Doppelhelix) (Gen) / codogenic strand ‖ **krummer** ⁓ (Bahn) / curve *n*
**Strang•aufweitung** *f* (Querschnittsvergrößerung des frei aus einer Kapillare austretenden Strahls einer viskoelastischen Flüssigkeit - DIN 1342, T 1) (Phys) / Merrington effect, Barrus effect, die swell ‖

⁓**bruch** *m* (Gen) / strand break, nick *n* ‖ ⁓**dachziegel** *m* (DIN 456) (Bau, Keram) / extruded clay tile, extrusion clay tile
**Strange Particle** *n* (Kernphys) / strange particle ‖ ⁓ **particles** *pl* (Kernphys) / strange particles
**Strangelet** *n* (Kernphys) / strangelet *n*
**strängen** *v* (Web) / skein *v*, tie *v* (with tie bands)
**Strangeness** *f* (Fremdheitsquantenzahl) (Kernphys) / strangeness* *n*, strangeness number
**Strange-Quark** *n* (Kernphys) / s quark, strange quark, squark *n*
**Strang•färben** *n* (Stück) (Tex) / rope dyeing ‖ ⁓**färberei** *f* (Stück - mit bewegtem oder mit ruhendem Färbegut) (Tex) / rope dyeing ‖ ⁓**färbung** *f* (Färbung von Garnen in Strangform) (Tex) / hank dyeing, skein dyeing ‖ ⁓**form** *f* (bei Sequenzen) (Biochem) / strandedness *n* ‖ ~**gepreßtes Rohr** (Hütt, Masch) / extruded tube ‖ ~**gepreßte Spanplatte** (For) / extruded particle board ‖ ~**gepreßtes Teil** (Hütt, Masch) / extrusion part, extruded part, extrudate *n* ‖ ⁓**gießen** *n* (Herstellung von profiliertem Stangenmaterial aus flüssigem Metall durch Gießen) (Gieß) / continuous casting* ‖ **vertikales** ⁓**gießen** (Gieß) / vertical continuous casting ‖ **horizontales** ⁓**gießen** (Gieß) / horizontal continuous casting ‖ ⁓**gieß-Kreisbogenanlage** *f* (mit gebogenen und geraden Kokillen) (Gieß) / S-type continuous casting machine, bow-type continuous casting machine ‖ ⁓**granulator** *m* (Maschine zum Granulieren thermoplastischer Stränge) (Plast) / strand cutter, pelletizer *n* ‖ ⁓**guß** *m* (ein Verfahren zum Gießen von Metallen) (Gieß) / continuous casting* ‖ ⁓**guß mit beschränkter Stranglänge** (Hütt) / direct-chill casting*, dc casting, semicontinuous casting ‖ ⁓**kitt** *m* / rope putty ‖ ⁓**öffner** *m* (DIN 64990) (Tex) / scutcher *n*
**Strangpresse** *f* (für die Seifenherstellung) / plodder *n* ‖ ⁓ (zum Druckumformen nach DIN 8580) (Hütt, Masch, Plast) / extruder *n* ‖ ⁓ (Keram) / extrusion press, extruder *n* ‖ **hydraulische** ⁓ (Masch, Plast) / ram extruder, hydraulic extruder, stuffer *n* (US)
**Strangpressen** *n* (vornehmlich zur Erzeugung von Strängen mit vollem oder hohlem Profil - DIN 8583, T 6) (Hütt, Masch) / extrusion* *n* (of long products) ‖ ⁓ (Masch, Plast) / extrusion *n*, extrusion moulding ‖ **direktes** ⁓ (Hütt, Masch) / forward extrusion, direct extrusion ‖ **direktes** ⁓ **ohne Schmiermittel und ohne Schale** (Masch) / direct extrusion without lubricant or skull ‖ **hydrostatisches** ⁓ (z.B. von Wolfram oder Beryllium) (Hütt) / hydrostatic extrusion*, ramless extrusion ‖ **indirektes** ⁓ (Hütt, Masch) / back extrusion, backward extrusion, indirect extrusion, reverse extrusion, inverted extrusion ‖ ⁓ *n* **von Rohren** (Masch) / tube extrusion*, Hooker extrusion, Hooker process ‖ ⁓**erzeugnis** *n* / extrudate *n* ‖ ⁓**kopf** *m* (Plast) / extruder head, extrusion head
**Strangpreß•platte** *f* (For) / extruded particle board ‖ ⁓**teil** *n* (Hütt, Masch) / extrusion part, extruded part, extrudate *n* ‖ ⁓**verfahren** *n* (z.B. das OKAL-Verfahren) (For) / extrusion *n* ‖ ⁓**ziegel** *m* (mit einem Stahldraht geschnittener) (Keram) / wire-cut brick*
**Strang•schlichten** *n* (Garn) (Tex) / hank sizing, ball sizing ‖ ⁓**seide** *f* (Tex) / hank silk, skein silk ‖ ⁓**spannung** *f* (Spannung an einem Strang) (Eltech) / phase voltage ‖ ⁓**streifen** *m* (Tex) / rope mark ‖ ⁓**strom** *m* (Eltech) / phase current ‖ ⁓**walzen** (Hütt) / strand rolling, cast rolling ‖ ⁓**waschen** (Tex) / rope scouring ‖ ⁓**waschmaschine** *f* (zur Reinigung und Qualitätsgestaltung von Tuchen und Stückfilzen) (Tex) / rope-scouring machine*, rope-washer *n* ‖ ⁓**waschmaschine** (für Garn - DIN 64950) (Tex) / hank-washing machine, skein washer ‖ ⁓**wicklung** *f* (Eltech) / phase winding
**strapazierfähig** *adj* (Einband) (Buchb) / sturdy *adj* ‖ ⁓ (z.B. Teppich) (Tex) / hard-wearing *adj* (GB), long-wearing *adj* (US), crush-resistant *adj* ‖ ⁓ (Kleid) (Tex) / knockabout *adj* (suitable for rough use)
**Strapazierwert** *m* (eines textilen Bodenbelags) (Tex) / wear class
**Strass** *m* (Chem, Glas) / strass* *n*, rhinestone *n*, paste *n*
**Straß** *m* (Nachahmung von Diamanten durch hochbleihaltiges Glas - nach G.F. Stras, 1700-1773) (Chem, Glas) / strass* *n*, rhinestone *n*, paste *n*
**Straßburger Terpentin** (von der Weißtanne) / Strasbourg turpentine
**Straße** *f* (HuT, Kfz) / road *n* ‖ ⁓ (in der Stadt) (HuT, Kfz) / street *n* ‖ **mit Bäumen umsäumte** ⁓ / tree-lined street ‖ **unbefestigte** ⁓ (HuT) / unsealed road ‖ **unbefestigte** ⁓ (HuT, Kfz) / cart-road *n*, dirt road (US), cart track ‖ **untergeordnete** ⁓ (Kfz) / minor road ‖ **verkehrsberuhigte** ⁓ (Kfz) / street with restricted motor traffic, traffic-calmed zone ‖ ⁓ *f* **erster Ordnung** (Kfz) / first-grade road, priority road ‖ ⁓ **höherer Ordnung** (Kfz) / major road ‖ ⁓ **im Abtrag** (HuT) / sunken road, road in cut(ting) ‖ ⁓ **im Auftrag** (HuT) / embanked road, road in embankment ‖ ⁓ **im Einschnitt** (HuT) / sunken road, road in cut(ting) ‖ ⁓ **in Dammlage** (HuT) / embanked road, road in embankment ‖ ⁓ **mit getrennten Fahrbahnen** (meistens eine Fernverkehrsstraße) (Kfz) / dual carriageway* (GB), divided highway (US) ‖ ⁓ **niedrigerer Ordnung** (Kfz) / minor road ‖ ⁓ **zweiter Ordnung** (Kfz) / second-grade road
**Straßen•ablauf** *m* (DIN 1213 und 4052) (Sanitär) / gulley* *n*, gully *n*, inlet *n* (US), street inlet (US), gully-hole *n*, street gully ‖ ⁓**arbeiten** *f*

*pl* (ein Warnschild) (HuT, Kfz) / roadworks ahead ‖ ⁓**arbeiten** (HuT, Kfz) / roadworks *pl* ‖ ⁓**aufbruch** *m* (Zerbröckeln der Oberfläche nach dem Versagen des Bindemittels) (HuT) / fretting *n*, ravelling *n* ‖ ⁓**aufreißer** *m* (HuT) / ripper *n*, road ripper, road breaker, scarifier *n* ‖ ⁓**ausbau** *m* (HuT) / road improvement ‖ ⁓**ausrüstung** *f* (HuT, Kfz) / street furniture ‖ ⁓**ausstattung** *f* (Verkehrssignalanlagen, Notrufsäulen, Wegweiser, Beleuchtung, Fahrbahnmarkierung) (HuT, Kfz) / street furniture ‖ ⁓**bahn** *f* / tramway *n*, tram system, tramline *n*, streetcar line (US) ‖ ⁓**bahnwagen** *m* / tram *n*, tramcar *n*, streetcar *n* (US)

**Straßenbau** *m* (als Ingenieurwissenschaft) (HuT) / road engineering, highway engineering ‖ ⁓ (HuT) / road construction, road-making *n*, road building, highway construction ‖ ⁓**arbeiten** *f pl* (HuT, Kfz) / roadworks *pl* ‖ ⁓**behörde** *f* (HuT) / highway authority ‖ ⁓**bitumen** *n* (DIN 1995) (HuT) / road bitumen ‖ ⁓**-Bitumenspritzmaschine** *f* (HuT) / tank sprayer (a pressure tank on wheels), blacktop paver ‖ ⁓**maschine** *f* (HuT) / road-making machine, road-making plant ‖ ⁓**stelle** *f* (HuT, Kfz) / road-construction site ‖ ⁓**technik** *f* (HuT) / road engineering, highway engineering

**Straßen•begleitgrün** *n* (HuT) / roadside vegetation ‖ ⁓**begrenzungslinie** *f* (Bau) / road-line *n* (UK), street line ‖ ⁓**belag** *m* (HuT) / road surface, pavement *n* (BS 892), roadbed *n* ‖ ⁓**beleuchtung** *f* (Eltech) / street lighting, road lighting, road and street lighting ‖ ⁓**benutzungsgebühr** *f* (z.B. auf italienischen, tschechischen und französischen Autobahnen) (Kfz) / toll *n*, pike *n* ‖ ⁓**nutzerbezogene Zurechnung von ⁓benutzungskosten** (Kfz) / road pricing ‖ ⁓**beschilderung** *f* (HuT) / road signing ‖ ⁓**beton** *m* (zur Herstellung von Verkehrsflächen) (HuT) / pavement concrete ‖ ⁓**bett** *n* (HuT) / roadbed *n* ‖ ⁓**bezeichnungsschild** *n* (Kfz) / road identification sign ‖ ⁓**brücke** *f* (HuT) / road bridge ‖ **geschweißte vollwandige ⁓brücke** (DIN 4101) (HuT) / welded-plate road bridge ‖ ⁓**decke** *f* (HuT) / road surface, pavement *n* (BS 892), roadbed *n* ‖ **elastische ⁓decke** (HuT) / flexible pavement ‖ **fugenlose ⁓decke** (HuT) / sheet pavement* ‖ ⁓**dienst** *m* (z.B. in den ADAC-Vertragswerkstätten) (Kfz) / breakdown service ‖ ⁓**ecke** *f* (HuT) / street corner ‖ ⁓**einmündung** *f* (ein Verkehrszeichen) (Kfz) / road junction ‖ ⁓**fahrzeug** *n* (Kfz) / road vehicle ‖ ⁓**fahrzeug mit Dieselantrieb** (Kfz) / diesel-engined road vehicle, derv ‖ ⁓**fertiger** *m* (schienengeführt oder auf Rampen fahrend) (HuT) / finisher *n* ‖ ⁓**fluchtlinie** *f* (Bau) / road-line *n* (UK), street line ‖ ⁓**fräse** *f* (HuT) / road miller *n* ‖ ⁓**front** *f* (meistens die Vorderseite eines Gebäudes) (Bau) / front *n*, frontal *n*, street front, frontage *n*, facade *n*, face *n* ‖ ⁓**gabelung** *f* (Kfz) / bifurcation *n* ‖ ⁓**gebühr** *f* (Kfz) / toll *n*, pike *n* ‖ ⁓**gebunden** *adj* (Verkehr) / road-bound *adj* ‖ ⁓**geräusch** *n* (Akus) / road noise ‖ ⁓**graben** *m* (HuT) / roadside ditch ‖ ⁓**güterverkehr** *m* (Kfz) / road transport, road haulage, transportation by road (US) ‖ ⁓**haftung** *f* (Kfz) / road grip ‖ ⁓**hobel** *m* (HuT) / grader *n*, blade grader ‖ ⁓**instandhaltung** *f* / maintenance of roads (highways) ‖ ⁓**kappe** *f* (des Unterflurhydranten nach DIN 4055) (Masch, Sanitär) / valve box (US), surface box ‖ ⁓**kappendeckel** *m* (Masch) / surface box cover ‖ ⁓**karte** *f* (Kart) / road-map *n* ‖ ⁓**kehrmaschine** *f* / street-sweeper *n* ‖ ⁓**kehrmaschine** (Kfz) / mechanical sweeper ‖ ⁓**kehrmaschine mit Wassersprühanlage** (HuT) / sweeper-sprinkler ‖ ⁓**koffer** *n* (Kfz) / roadbed *n* ‖ ⁓**kreuzung** *f* (Kfz) / crossing *n*, crossroad *n* ‖ ⁓**krone** *f* (HuT) / crown *n* ‖ ⁓**kühlfahrzeug** *n* (Kfz) / refrigerated truck, refrigerator truck, reefer *n* ‖ ⁓**kuppe** *f* (Kfz) / brow *n* (of the hill) ‖ ⁓**lage** *f* (Verhalten des Kraftfahrzeugs gegenüber den Antriebs-, Brems- und Seitenkräften) (Kfz) / roadholding *n*, roadability *n* ‖ ⁓**lampe** *f* (der innerstädtischen Beleuchtung) / streetlighting luminaire, street lamp ‖ ⁓**laterne** *f* / streetlighting luminaire, street lamp ‖ ⁓**leuchte** *f* / streetlighting luminaire, street lamp ‖ ⁓**markiermaschine** *f* (HuT) / road-marking machine ‖ ⁓**markierungsfarbe** *f* (Anstr) / road-line composition*, road-line paint*, road paint, traffic paint ‖ ⁓**markierungslack** *m* (meistens Spritzlack auf der Basis von Kunstharzkombinationen) (Anstr) / road-line composition*, road-line paint*, road paint, traffic paint ‖ ⁓**maut** *f* (Kfz) / toll *n*, pike *n* ‖ ⁓**oktanzahl** *f* (ein Maß für die Klopffestigkeit) (Kftst) / road octane number ‖ ⁓**öl** *n* / road oil (a heavy residual petroleum oil usually one of the slow-curing grades of liquid asphalt) ‖ ⁓**pech** *n* (DIN 55946, T 2) (HuT) / road tar ‖ ⁓**pflaster** *n* (HuT) / pavement *n* ‖ ⁓**preis** *m* (Endverkaufspreis des Fachhandels, üblicherweise niedriger als der Listenpreis des Herstellers) (EDV) / street price ‖ ⁓**randbereich** *m* (HuT) / roadside *n* ‖ ⁓**reinigung** *f* (HuT, Sanitär) / street cleaning ‖ ⁓**roller** *m* (Bahn, Kfz) / low-loading trailer, low loader, multiwheel trailer (according to Culemeyer) ‖ ⁓**schild** *n* (Kfz) / signpost *n* ‖ ⁓**schmutz** *m* (auf dem Autolack) (Kfz) / road film ‖ ⁓**schotter** *m* (HuT) / road-metal* *n*, metal* *n*, metalling* *n* ‖ ⁓**sperre** *f* (HuT) / roadblock *n* ‖ ⁓**system** *n* (HuT, Kfz) / road system, system of highways ‖ ⁓**teer** *m* (HuT) / road tar ‖ ⁓**transport** *m* (Kfz) / road transport, road haulage, transportation by road (US) ‖ ⁓**tunnel** *m* (HuT) / vehicular tunnel ‖ ⁓**überführung** *f* (HuT) / flyover *n*, overpass *n* (US) ‖ ⁓**unterführung** *f* (HuT) / flyunder *n*, underpass *n* (US) ‖ ⁓**verhältnisse** *n pl* (Kfz) / road conditions ‖ ⁓**verkehr** *m* (Kfz) / road traffic

**Straßenverkehrs•ordnung (StVO)** *f* (Kfz) / Highway Code (GB), Rules of the road ‖ ⁓**recht** *n* / road traffic law ‖ ⁓**signalanlage** *f* / road-traffic signal system ‖ ⁓**technik** *f* (eine Fachrichtung des Hoch- und Tiefbaus) (HuT) / traffic engineering ‖ ⁓**teilnehmer** *m* (Kfz) / road user

**Straßen•wacht** *f* (Pannenhilfe, "Gelbe Engel") (Kfz) / road patrol service, road (mechanical) service ‖ ⁓**walze** *f* (HuT) / roadroller *n*, roller *n* ‖ ⁓**wärter** *m* (HuT) / lengthman (*pl.* -men), road mender, road surface man, maintenance man ‖ ⁓**wäschung** *f* (HuT) / street washing ‖ ⁓**winterdienst** *m* (HuT) / snow clearing + defrosting + gritting ‖ ⁓**zubehör** *n* (HuT, Kfz) / street furniture ‖ ⁓**zug** *m* (Arch) / street *n* ‖ ⁓**zustand** *m* (Kfz) / road conditions ‖ ⁓**zustand** (Kfz) / road conditions

**Stratameter** *n* (Instrument zur Feststellung von Bohrlochabweichungen aus der vorgegebenen Richtung) (Erdöl) / stratameter *n*

**Strategie** *f* (in der Spieltheorie) (KI, Math) / strategy *n* ‖ **gemischte ⁓** (KI) / mixed strategy ‖ **reine ⁓ eines Spielers** (KI) / pure strategy of a player ‖ ⁓ *f* **der geringeren Dichte** (zur Hypothesenbewertung) / shortfall density strategy ‖ ⁓ **des geringsten Kostenaufwands** (KI) / minimum-cost strategy ‖ ⁓ **des geringsten Risikos** (KI) / minimum-risk strategy

**Strategie•raum** *m* (KI) / strategy space ‖ ⁓**spiel** *n* (KI) / strategy game

**strategisch** *adj* (Spiel, Rohstoff, Waffe) / strategic *adj*, strategical *adj* ‖ ~**er Aufklärer** (Mil) / strategic reconnaissance aircraft ‖ ~**er Flugkörper** (Mil) / strategic missile (SM) ‖ ~**e Navigation** (Nav) / strategic navigation ‖ ~**es offensives Kernwaffeneinsatzmittel** (Mil) / strategic offensive nuclear delivery vehicle ‖ ~**es Verhalten** / strategic behaviour

**Stratifikation** *f* / stratification *n* ‖ ⁓ (schichtweise Einlagerung von Saatgut in feuchtem Sand zur Beschleunigung der Keimung) (Landw) / stratification *n* ‖ ⁓ (eines Lebensraumes) (Umwelt) / stratification* *n*

**stratifizieren** *v* (Saatgut oder Stecklinge) (Landw) / stratify *v*

**stratiforme Wolke** (Meteor) / layer cloud, stratiform cloud

**Stratigrafie** *f* (ein Teilgebiet der Geologie) (Geol) / stratigraphy* *n*, stratigraphic geology (the science of rock strata)

**stratigrafisch** *adj* (Geol) / stratigraphical *adj*, stratigraphic *adj* ‖ ~**e Falle** (Erdöl) / stratigraphic trap ‖ ~**e Unterbrechung** (Geol) / stratigraphical break*, stratigraphic break, gap *n*

**Strato•cumulus** *m* (Meteor) / stratocumulus* *n* (pl. stratocumuli) ‖ ⁓**kumulus** *m* (Meteor) / stratocumulus* *n* (pl. stratocumuli) ‖ ⁓**pause** *f* (oberste Schicht der Stratosphäre) (Geophys, Meteor) / stratopause *n* ‖ ⁓**sphäre** *f* (die statisch stabile Schicht oberhalb der Tropopause) (Geophys, Meteor) / stratosphere* *n* ‖ ⁓**sphärenballon** *m* (Luftf) / stratosphere balloon ‖ ⁓**typ** *m* (Geol) / stratotype *n*, type section ‖ ⁓**vulkan** *m* (Geol) / composite volcano, stratovolcano *n* (pl. -oes), composite cone

**Stratus** *m* (pl. Strati) (Meteor) / stratus* *n* (pl. strati), ST

**Strauch** *m* (For) / shrub *n* ‖ ⁓**schneidemaschine** *f* (For) / shrub cutter ‖ ⁓**schneidemaschine** (For, Landw) / shrub cutter ‖ ⁓**schutzhecke** *f* (Landw) / shelter-belt *n*, windbreak *n*

**Straumanis-Jevins-Verfahren** *n* (eine Variante des Debye-Scherrer-Verfahrens) (Krist) / Straumanis method

**Straumanis-Methode** *f* (bei der Kristallstrukturanalyse) (Krist) / Straumanis method

**Straußgras** *n* (Agrostis L.) (Landw) / bent *n*

**Strauß-Test** *m* (mit Kupfersulfat und Schwefelsäure auf interkristalline Korrosion - DIN 50914) (Chem, Galv) / Strauss test, Hatfield test

**Streak-Kamera** *f* (ein Fotodetektor, mit dem der zeitliche Verlauf von sehr kurzen Lichtimpulsen registriert werden kann - Einsatz in der Hochgeschwindigkeitsfotografie) (Eltronik, Foto) / streak camera

**Stream•barker** *m* (eine Wasserstrahlentrindungsmaschine) (For) / stream-barker *n* ‖ ⁓**-Editor** (Editor unter Linux) (EDV) / stream editor

**Streamer** *m* (EDV) / streamer *n*, cartridge streamer ‖ ⁓ (Eltech) / streamer *n*, streaming *n* ‖ ⁓ (Ionisierungswelle) (Eltech) / streamer *n*, Trichel streamer ‖ ⁓ (seeseismischer Kabelbaum) (Geol) / streamer *n* ‖ ⁓**band** (EDV) / streamer tape, streaming tape ‖ ⁓**bandtransport** (EDV) / streaming tape transport ‖ ⁓**entladung** *f* (stromstarke Gasentladung) (Eltech) / streamer discharge ‖ ⁓**kammer** *f* (eine Gasspurkammer) (Kernphys) / streamer chamber ‖ ⁓**laufwerk** *n* (EDV) / streamer drive ‖ ⁓**magnetband** (EDV) / streamer tape, streaming tape ‖ ⁓**tape** *n m* (EDV) / streamer tape, streaming tape

**Streaming•-Betrieb** *m* (EDV) / streaming mode, streaming operation ‖ ⁓**-Current-Detektor** *m* (zur Bestimmung der effektiven Oberflächenladung von Pigmenten und Füllstoffen durch Titration

1195

**Streaming-Modus**
mit einem Polyelektrolyten) (Anstr) / streaming-current detector, SCD ‖ ~-**Modus** m (bei Magnetbandgeräten) (EDV) / streaming mode, streaming operation
**Stream-Socket** m (EDV) / stream socket
**Streb** m (langer, schmaler Abbauraum) (Bergb) / longwall n (face) ‖ **belegter** ~ (Bergb) / manned face ‖ ~**ausbau** m (entweder Einzelstempelausbau oder Schreitausbau) (Bergb) / face support ‖ **[langfrontiger]** ~**bau** (Bergb) / longwall working*, longwall system, longwalling n, longwork n ‖ ~**bewetterung** f (Bergb) / face-airing* n, flushing* n ‖ ~**bruch** m (Bergb) / face collapse ‖ ~**bruch** (bis zum Haupthangenden) (Bergb) / gutter-cup n ‖ ~**bruchbau** m (Bergb) / longwall caving
**Strebe** f (Bau, HuT) / brace* n, strut* n, shore n ‖ ~ (Bergb) / sprag* n, raking prop, spreader n, stull n, gib* n, raker n ‖ ~ (schrägliegender Druckstab) (Zimm) / raking shore*, raker* n, inclined shore* ‖ **doppelt gegabelte** ~ (HuT) / K-strut n
**Strebebogen** m (im Strebewerk der gotischen Kathedralen) (Arch) / flying buttress*, arch buttress*, arched buttress*, arc-boutant n ‖ ~ (Arch) s. auch Strebewerk
**Strebende, oberes** ~ (Bergb) / face head ‖ **unteres** ~ (Bergb) / face tail
**Streben•fachträger** m (Bau, Masch) / Warren girder*, half-lattice girder*, Warren truss ‖ ~**fachwerkträger** m (Bau, Masch) / Warren girder*, half-lattice girder*, Warren truss ‖ **~loser Fachwerkträger** (Masch) / open-frame girder*, Vierendeel girder, Vierendeel n, Vierendeel truss
**Strebe•pfeiler** m (nach außen vorspringender) (Arch) / buttress* n ‖ ~**pfeiler** (eingezogener) (Arch) / counterfort n ‖ ~**stempel** m (Bergb) / sprag* n, cocker-sprag n, gib* n, watch prop ‖ ~**werk** n (Gesamtheit der Pfeiler und Mauervorlagen, die den Seitenschub der Gewölbe auffangen) (Arch) / system of buttresses and flying buttresses ‖ ~**werk** (Bau) / struts pl
**Streb•förderband** n (Bergb) / face belt conveyor ‖ ~**länge** f (Begrenzung des Strebraumes der Länge nach zwischen den begleitenden Ausbaustrecken) (Bergb) / face length ‖ ~**maschine** f (eine Gewinnungsmaschine) (Bergb) / longwall coal-cutting machine* ‖ ~**mechanisierung** f (Voll- oder Teil-) (Bergb) / face mechanization ‖ ~**stempel** m (Bergb) / sprag* n, cocker-sprag n, gib* n, watch prop
**Streckaggregat** n (Hütt) / stretch-reducing facility
**streckbar** adj / stretchable adj, extensible adj, tensile adj, tractile adj ‖ ~ s. auch duktil
**Streckdrücken** n (Masch) / shear spinning
**Strecke** f (Straßen- oder Wegstrecke) / section n, run n, stretch n ‖ ~ (Weg) / way n ‖ ~ (Bahn) / line n, railway line, railroad line ‖ ~ (Streckenabschnitt) (Bahn) / section n, track section ‖ ~ (ein Grubenbau zur Fahrung, Wetterführung, Förderung und zum Transport - meistens söhliger) (Bergb) / road n, gallery n, gateway n, roadway n ‖ ~ (Ergebnis des Streckenauffahrens) (Bergb) / drive* n ‖ ~ (bei Großgemeinschafts-Antennenanlagen) (Fernm) / trunk line ‖ ~ (HuT) / field n ‖ ~ (Luftf) / air route* n, route n ‖ ~ (Abschnitt einer Geraden zwischen zwei Punkten) (Math) / segment of line, line segment ‖ ~ (Regeln) / controlled system ‖ ~ (DIN 64050) (Spinn) / drawing frame, drawframe n, drawing rollers*, drafting equipment ‖ **durchlaufene** ~ (Bergb) / distance covered, distance travelled ‖ **einfallende** ~ (Bergb) / dip n, slope road, downcast gate ‖ **elektrifizierte** ~ (Bahn) / electrified track, electrified line ‖ **enge** ~ (Bahn) / strait work* ‖ **fallend aufgefahrene** ~ (Bergb) / brow-down n, dip-head n, dip-heading n ‖ **freie** ~ (Bahn) / open line ‖ **gerichtete** ~ (Math) / directed (line) segment ‖ **im Alten Mann aufgefahrene** ~ (Bergb) / gob road*, gob heading* ‖ **kurvenreiche** ~ (HuT, Kfz) / series of bends ‖ **landschaftlich schöne** ~ (Hinweis auf Autokarten) (Kfz) / scenic road ‖ **rekonstruierte** ~ (Bahn) / reconstructed line ‖ **schwebend aufgefahrene** ~ (Bergb) / brow-up n ‖ **verkehrsreiche** ~ (Bahn, Kfz) / busy line ‖ **vorgesetzte** ~ (Bergb) / advanced gallery, fore drift ‖ **zurückgelegte** ~ / distance covered, distance travelled ‖ ~ f **im Alten Mann** (Bergb) / gob road*, gob heading* ‖ ~ **im Versatz** (Bergb) / gob road*, gob heading* ‖ ~ **mit Geschwindigkeitsbeschränkung** (Kfz) / restricted area
**strecken** v (Chemikalien durch Zusatzstoffe) (Chem) / extend v ‖ ~ (gestreckt programmieren) (EDV) / unwind v, use the straight-line coding (method) ‖ ~ (Hütt) / rough down v, rough v, break down v ‖ ~ (auf dem Gerberbaum) (Leder) / beam v ‖ ~ (auf dem Gerberbaum) (Leder) / beam v ‖ ~ vt (Mech, WP) / stretch vt, extend vt ‖ ~ v (Fleisch) (Nahr) / extend v ‖ ~ (mit Wasser) (Wein) (Nahr) / water v, water down v ‖ ~ (Spinn) / draw v, draft v ‖ **sich** ~ (Phys) / stretch vi, extend vi ‖ ~ n (Buchstaben in der Breite und in der Höhe) (EDV) / stretching n ‖ ~ (Hütt) / roughing-down n, roughing n, breaking-down n ‖ ~ (auf dem Gerberbaum) (Leder) / beaming n ‖ ~ (Mech, WP) / stretch n, stretching n, extension n ‖ ~ (als Tätigkeit) (Spinn) / drawing* n, drafting n ‖ ~ **auf der Nadelstabstrecke** (Tex) / gilling n ‖ ~ **auf der Nadelwalzenstrecke** (Spinn) / porcupine drawing, Continental system of drawing, French system of drawing

**Strecken•abschnitt** m (Bahn) / section n, track section ‖ ~**abschnitt** (Luftf) / flight leg ‖ ~**abschnitt** (zwischen zwei Wegpunkten) (Luftf) / route segment ‖ ~**abschnitt zwischen zwei Flughäfen** (in Meilen) (Luftf) / mileage n ‖ ~**arbeiter** m (Bahn) / platelayer n, fettler n, track-layer n, section hand (US), trackman n (US) ‖ ~**arbeiter** (Bahn) / fettler n (GB) ‖ ~**auffahren** (Bergb) / drifting* n ‖ ~**auffahren** (Bergb) / drivage n, driving* n ‖ ~**auffahrmaschine** f (Bergb) / tunneling machine (US), tunnelling machine, tunneler n (US), tunneller n ‖ ~**ausbau** (Bergb) / roadway support, road timbering ‖ ~**band** n (Spinn) / drawframe sliver, drawing sliver ‖ ~**bau- und -instandhaltungsgerät** n (Bahn) / track equipment ‖ ~**befeuerung** f (Luftf) / route lighting ‖ **drahtloser** ~**block** (Bahn, Radio) / radio block ‖ ~**bogen** m **aus Stahl** (Bergb) / steel arch ‖ ~**dämpfung** f (Fernm) / path attenuation* ‖ ~**einführung** f (Bahn) / junction n ‖ ~**einmündung** f (Bahn) / junction n ‖ ~**einrichtung** f (Bahn) / wayside equipment ‖ ~**ende** n **ohne Bewetterung** (Bergb) / dead end ‖ ~**fahrdienstleiter** m (Bahn) / dispatcher n ‖ ~**flug** m (Luftf) / en-route flight ‖ ~**flugplatz** m (auf dem auf der geflogenen Strecke die Zwischenlandung vorgenommen werden soll) (Luftf) / regular aerodrome ‖ ~**freigabe** f (Luftf) / routing clearance ‖ ~**führung** f (Bahn) / location of the railway line ‖ ~**führung** (konkrete Trasse) (Luftf) / route n ‖ ~**führung** (Luftf) / routing n ‖ ~**gewölbe** n (HuT) / crown n, roof n, back n ‖ ~**höchstgeschwindigkeit** f (Bahn) / speed limit ‖ ~**instandhaltungstrupp** m (Bahn) / section gang ‖ **söhlige** ~**länge** (Bergb) / run n ‖ ~**läufer** m (Streckenwärter bei Überlandrohrleitungen) / pipeline walker, lineriden n (US) ‖ ~**läufer** (Bahn) / ganger n, lineman n (pl. -men), patrol man, lengthman n (pl. -men) ‖ **~messende Triangulation** (Eltronik, Verm) / trilateration* n ‖ **~messende Triangulation mit Hilfe einer Radaranlage** (Verm) / radar trilateration ‖ ~**messung** f (Math, Verm) / linear measurement ‖ ~**messung** (Verm) / telemetry* n, distance measurement ‖ **optische** ~**messung** (mit der Basislatte) (Verm) / subtense technique ‖ ~**ort** n (Bergb) / gate-end* n ‖ ~**schicht** f (EDV) / data link layer, link layer ‖ ~**schwingung** f (IR-Spektrometrie) (Phys) / stretch n, stretching n ‖ ~**signal** n (Bahn) / wayside signal, lineside signal ‖ ~**steuerung** f (DIN 66025) (Masch, Regeln) / straight-cut system (along a path parallel to the linear or circular machine ways) ‖ ~**steuerung** (bei Robotern) (Masch, Regeln) / straight-line control ‖ ~**stillegung** f (Bahn) / railway closure ‖ ~**stoß** m (Bergb) / drift wall ‖ ~**stummel** m (von einer größeren Strecke abzweigend) (Bergb) / offset n ‖ ~**suchverfahren** n (Luftf) / track crawl search ‖ ~**teil** (Luftf) / route segment ‖ ~**trassierung** f (Bahn) / location of the railway line ‖ ~**trenner** m (Eltech) / section insulator ‖ ~**trennung** f (Bahn, Eltech) / section gap*, overlap span* ‖ ~**verbindung** f (im Funkverkehr) (Radio) / point-to-point communication ‖ ~**verstärker** m (Fernm) / trunk amplifier ‖ ~**vorhersage** f (Luftf, Meteor) / route forecast, ROFOR ‖ ~**vortrieb** m (in Gestein) (Bergb) / drifting* n ‖ ~**vortrieb** (in der Lagerstätte) (Bergb) / drivage n, driving* n ‖ ~**vortriebsmaschine** f (Bergb) / tunneling machine (US), tunnelling machine, tunneler n (US), tunneller n ‖ ~**wärter** m (bei Überlandrohrleitungen) / pipeline walker, lineriden n (US) ‖ ~**wärter** (Bahn) / ganger n, lineman n (pl. -men), patrol man, lengthman n (pl. -men) ‖ ~**wettervorhersage** f (Luftf, Meteor) / route forecast, ROFOR

**Strecker** m (Bau) / header* n ‖ ~-**Aldehyd** m (Chem) / Strecker aldehyde ‖ ~-**Synthese** f (zur Darstellung von α-Aminosäuren - nach A. Strecker, 1822-1871) (Chem) / Strecker synthesis ‖ ~**verband** m (Bau) / chimney bond*

**Streck•fleisch** n (Leder) / fleshings n pl ‖ ~**formen** n (eines flachen oder stabförmigen Zuschnitts) (Masch) / stretch-forming* n ‖ ~**formen** (Plast) / draping n, drape forming ‖ ~**gerüst** n (der Bandverzinkungsanlage) (Galv) / leveller n, leveler n (US) ‖ ~**gesenk** n (Masch) / fuller n, swager n ‖ ~**grenze** f (beim Zugversuch) (WP) / tensile yield point, yield point ‖ ~**kaliber** n (Hütt) / roughing pass, roughing-out pass ‖ ~**maschine** f (Spinn) / drawing frame, drawframe n, drawing rollers*, drafting equipment ‖ ~**metall** n (mit kurzen, versetzten Einschnitten versehenes und zu einem Gitter mit rhombenförmigen Maschen umgeformtes Blech) (Bau, HuT) / expanded metal*, rib mesh ‖ **versteiftes** ~**metall** (Bau, HuT) / self-centring lathing*, stiffened expanded metal* ‖ ~**metall** n **mit rautenförmigen Maschen** (Bau, HuT) / diamond mesh* ‖ ~**metalleinlage** f (Bau, HuT) / mattress* n, mesh* n ‖ ~**metallunterlage** f (für den Putz) (Bau) / metal lathing* (plain or ribbed) ‖ ~**ofen** m (Glas) / flattening kiln, flattening oven ‖ ~**ovalkaliber** n (Hütt) / oval roughing pass ‖ ~**reduzierwalzverfahren** n (in Reduzierwalzverfahren zur Herstellung verhältnismäßig dünner Stahlrohre, bei dem das Rohr in verschiedenen, nacheinander angeordneten Gerüsten durch Änderung der Geschwindigkeiten der Walzen in die Länge gezogen, daß heißt gestreckt wird) (Hütt) / stretch reduction rolling ‖ ~**richten** n (Umformen durch Zugkraft zum Herstellen ebenen Halbzeugs)

(Masch) / patent flattening, stretcher levelling ‖ ⁓säge f (Handsäge mit hoher Blattvorspannung) (For) / bow-saw*, span saw*, frame saw* ‖ ⁓schwingung f (eines Moleküls, die in der Valenzrichtung der miteinander gebundenen Atome erfolgt und zu Atomabstandsänderungen führt) (Phys, Spektr) / stretching vibration(s), stretching n, stretch n ‖ ⁓spannung f (WP) / yield stress (YS) ‖ ⁓spinnen n (wenn Spinnen und Verstrecken der Filamente zusammengefaßt werden) (Spinn) / spinning-stretching process, stretch-spinning n, draw spinning, draft spinning, spin-drawing n ‖ ⁓spinnverfahren n (Spinn) / spinning-stretching process, stretch-spinning n, draw spinning, draft spinning, spin-drawing n ‖ ⁓texturierung f (Spinn) / draw texturizing ‖ ⁓texturierung (um die Dehnbarkeit und Elastizität zu steigern) (Spinn) / stretch texturizing

**Streckung** f (Verhältnis von Spannweite zu Flügeltiefe) (Luftf) / aspect ratio ‖ ⁓ (axiale, zentrische) (Math) / stretching n ‖ ⁓ (Mech, WP) / stretch n, stretching n, extension n ‖ ⁓ f Verdrehung (auf die ursprüngliche Länge bezogen) (Phys) / extension n, elongation n ‖ ⁓ f **in einer Richtung** (Math) / simple elongation

**Streck • verhältnis** n (Spinn) / draw ratio* ‖ ⁓weite f (Spinn) / ratch n (distance between feed rollers and drawing rollers) ‖ ⁓werk n (Spinn) / drawing frame, drawframe n, drawing rollers*, drafting equipment ‖ ⁓ziehen n (DIN 8585) (eines flachen oder stabförmigen Zuschnitts) (Masch) / stretch-forming* n ‖ ⁓zwirnmaschine f (meist doppelseitige Ringzwirnmaschine) (Spinn) / draw-twister n, draw-twisting machine

**Streetwear** f (Tex) / everyday wear, streetwear n
**strehlen** v (Gewinde) (Masch) / chase v
**Strehler** m (Masch) / chaser* n, comb tool
**Streich • anlage** f (Pap) / coating machine*, coating plant ‖ ⁓**anstrichstoff** m (Anstr) / brushing coating (material), brushing paint ‖ ⁓**auftrag** m (Anstr) / brush coating ‖ ⁓**balken** m (der neben der durchgehenden Wand liegt) (Bau, Zimm) / beam touching the wall (laterally)
**streichbar** adj (Anstr) / brushable adj
**Streichbarkeit** f (eines Anstrichstoffes) (Anstr) / slide n, slip n
**Streich • baum** m (DIN 63000) (Web) / back-rest n ‖ ⁓**blech** n (des Scharpfluges) (Landw) / mould-board* n, breast* n, breast board ‖ ⁓**eisen** (Bau) / jointer* n, frenchman* n
**streichen** v (in Formularen) / delete v, cross out v ‖ ⁓ (Anstr, Bau) / paint v ‖ ⁓ (eine Eintragung in der Datenbank) (EDV) / cancel (CNCL) v (information), delete (DEL) v, CNL, erase v ‖ ⁓ (Leder) / scud v ‖ ⁓ (auftragen) (Nahr) / spread v ‖ ⁓ (Spinn) / card v ‖ ⁓ **neu** ⁓ (Anstr, Bau) / repaint v, redecorate v (with paint) ‖ ⁓ n (Anstr, Bau) / painting n ‖ ⁓ (Richtung, die die Schnittlinie einer Lagerstätte mit der Horizontalebene hat) (Bergb, Geol) / strike* n, level course, bearing n ‖ ⁓ (um die noch im Narben der Blöße enthaltenen Haar-, Pigment- und Fettreste zu entfernen) (Leder) / scudding n ‖ ⁓ (mit einem füllstoffhaltigen Strich, um die Bedruckbarkeit zu verbessern) (Pap, Plast) / coating* n ‖ ⁓ (Spinn) / carding* n ‖ ⁓ **einer Verwerfung** (Geol) / fault strike* ‖ ⁓ **über Rost** (Anstr) / painting over rust ‖ ⁓ **und Fallen** (als Gesamtheit der Lagerungsform) (Geol) / attitude n
**streichend** adj (Bergb) / on the strike, parallel to strike, strikewise adj
**Streicher-Test** m (Chem) / electrolytic oxalic acid etch test (for intergranular corrosion), Streicher test
**streichfähig** adj (mit dem Pinsel) (Anstr) / brushable adj ‖ ⁓ (Nahr) / spreadable adj
**Streichfähigkeit** f (eines Anstrichstoffes) (Anstr) / slide n, slip n ‖ ⁓ (Nahr) / spreadability n
**streich • fertig** adj (Anstr) / ready-mixed adj, ready to apply, ready-to-brush attr, formulated for brushing ‖ ⁓**fett** n (Nahr) / spreadable table fat
**Streichgarn** n (Spinn) / carded yarn*, woollen-spun yarn ‖ ⁓**artig versponnen** (Spinn) / woollen-spun adj ‖ ⁓**krempeln** n (Spinn) / wool-carding n ‖ ⁓**maschine** f (Spinn) / woollen spinning frame ‖ **auf der ⁓maschine versponnen** (Spinn) / woollen-spun adj ‖ ⁓**spinnerei** f (DIN 60412) (Spinn) / carded wool spinning, woollen spinning, woollen system spinning, woollen spinning ‖ ⁓**spinnverfahren** n (Spinn) / carded wool spinning, woollen spinning, woollen system spinning ‖ ⁓**streckwerk** n (Spinn) / woollen yarn drafting system ‖ ⁓**verfahren** n (Spinn) / carded wool spinning, woollen spinning, woollen system spinning, woollen system
**Streich • gerät** n (für Dünnschichtplatten) (Chem) / spreader n ‖ ⁓**holz** n / match n ‖ ⁓**hölzerholz** n (For) / matchwood* n ‖ ⁓**lack** n (Anstr) / brushing lacquer ‖ ⁓**lehre** f (ein Schrankprüfwerkzeug) (For) / saw-set gauge ‖ ⁓**leiste** f (einer Langsiebpapiermaschine) (Pap) / hydrofoil n, drainage foil ‖ ⁓**linie** f (eines Flusses) (Wasserb) / thread of current ‖ ⁓**linien** f pl (Geol) / strike lines*, stratum contours* ‖ ⁓**maschine** f (Leder) / scudding machine ‖ ⁓**maschine** (zur Gummierung von Textilien) (Plast) / spreading machine, spreader n ‖ ⁓**maß** n (Masch) / margin from outside of angle to rivet centre ‖ ⁓**maß** n (Zimm) / marking gauge* ‖ **schneidendes ⁓maß** (Zimm) / cutting gauge* ‖ ⁓**masse** f (DIN 6730) (Pap) / coating slip ‖ breiige ⁓**masse** / slurry n ‖ **veredelte mineralische ⁓masse** (meistens Kaolin) (Pap) / coating-grade clay ‖ **mineralische ⁓masse** (Pap) / coating clay ‖ ⁓**papier** n (Pap) / coated paper, surface(d) paper, enamel paper, enamelled paper ‖ ⁓**richtung** f (rechtwinklig zum Einfallen) (Bergb, Geol) / strike* n, level course, bearing n ‖ ⁓**riegel** m (Web) / rocking beam ‖ ⁓**satz** m (Typog) / overmatter n, overset matter n ‖ ⁓**schiene** f (des Pflugs) (Landw) / tailpiece n, mould-board extension ‖ ⁓**sektor** m **eines Radarstrahls** (Luftf, Radar) / bar n ‖ ⁓**stange** f (Bau) / putlog* n, putlock n ‖ ⁓**stange** (Bau) / ledger* n
**Streichung** f (z.B. der Mittel im Werbeetat) / cut n
**Streich • verfahren** n (Pap, Plast) / coating* n ‖ ⁓**verfahren** (Plast) / spread coating ‖ ⁓**walze** f (Pap) / coating roll ‖ ⁓**wehr** n (Wasserb) / side weir, side-flow weir ‖ ⁓**winkel** m (zwischen der Streichlinie einer Lagerstätte und der magnetischen Nordrichtung) (Bergb, Geol) / angle of strike ‖ ⁓**wolle** f (Spinn) / carding wool, wool for carded spinning ‖ ⁓**wollkrempeln** n (Spinn) / wool-carding n
**Streifband** n (bei Postsendungen) / wrapper n ‖ ⁓ / package band, tape n ‖ ⁓ (des Buches) (Druck) / book-band n, jacket band
**streifen** vt / stripe v ‖ ⁓ v (ein anderes Auto) (Kfz) / sideswipe v ‖ ⁓ m (dünner, unregelmäßiger) / streak* n, stria n (pl. striae)* ‖ ⁓ (auch im Papier) / stripe n ‖ ⁓ m pl / striation n ‖ ⁓ (Pinselstriche) (Anstr) / ropiness* n, tramlines* pl (visible brushmarks), ribbiness n (due to faulty workmanship) ‖ ⁓ m (ein Galvanisierfehler) (Galv) / streak n ‖ ⁓ (Strukturboden) (Geol) / stripe n ‖ ⁓ (Hütt) / strip n ‖ ⁓ (von einer Blechtafel) (Hütt) / sheared strip ‖ ⁓ (Krist) / lamella n (pl. lamellae) ‖ ⁓ (an der Piste) (Luftf) / stripe n ‖ ⁓ (Teleg) / tape n ‖ ⁓ (ein Fehler bei textilen Flächengebilden) (Web) / broken weave, crack n, open place, thin spot ‖ **dünner** ⁓ (Farbe, Licht) / thread n ‖ **mit ⁓ bemalen** / stripe v ‖ **mit ⁓ versehen** / stripe v ‖ **Saniosche** ⁓ (Crassulae und Trabeculae) (For) / bars of Sanio (crassulae and trabeculae) ‖ ⁓ m pl **gleicher Neigung** (Opt) / Haidinger fringes*, constant-deviation fringes, constant-angle fringes, fringes of equal inclination
**Streifen • abtaster** m (EDV) / paper tape reader, tape reader* ‖ ⁓**anbau** m (Landw) / strip cropping ‖ ⁓**art** (in der Steinkohle - z.B. Vitrit) (Geol) / lithotype n, microlithotype n ‖ ⁓**bewässerung** f (Landw) / border irrigation ‖ ⁓**bildung** f / striation n, streaking n ‖ ⁓**bildung** (Ausbildung einer in der Laufrichtung diffus begrenzten Zone in der Papier- und Dünnschichtchromatografie) (Chem) / tailing n, trailing n ‖ ⁓**bildung** (Eltronik) / banding* n ‖ ⁓**bildung** (Licht, Opt) / fringing n ‖ ⁓**boden** m (ein Strukturboden) (Geol) / striped soil, striated ground, striated soil
**streifend • er Einfall** (Opt) / grazing incidence, glancing incidence ‖ ⁓**e Elektronenbeugung** (Eltronik) / reflection diffraction ‖ ⁓**e Stoßwelle** (Luftf, Phys) / grazing shock wave ‖ ⁓**er Winkel** (Opt, Phys) / grazing angle*
**Streifen • damast** m (Tex) / striped damask ‖ ⁓**doppler** m (EDV) / reperforator n, paper tape reproducer n ‖ ⁓**drucker** m (z.B. für die Börse) (Teleg) / ticker* n ‖ ⁓**drucker** (Teleg) / tape printer ‖ ⁓**filter** n (bei Farbkatodenstrahlröhren) (TV) / stripe filter* ‖ ⁓**förmiger Glaskeil** (zur Keildistanzmessung) (Verm) / optical wedge ‖ ⁓**fundament** n (aus Bruchsteinen) (Bau) / ground table*, grass table*, earth table ‖ ⁓**gründung** f (eine Flächengründung) (Bau) / strip foundation, strip footing ‖ **Sibirisches ⁓hörnchen** (Leder, Zool) / barounduki n, burunduki n ‖ ⁓**kamera** f (Spezialkamera zur Aufnahme eines kontinuierlichen Streifenbildes des Geländes aus einem schnellfliegenden Luftfahrzeug) (Luftf) / continuous-strip camera ‖ ⁓**klaffen** f pl (das Springen an sich stetiger Linien in der Fotogrammetrie) (Verm) / mismatches pl ‖ ⁓**kohle** f (z.B. Vitrit, Durit, Fusit usw.) (Bergb) / banded coal ‖ ⁓**kontrast** m (Opt) / fringe contrast ‖ ⁓**laser** m (Phys) / stripe laser ‖ ⁓**laserdiode** f (Phys) / stripe laser diode ‖ ⁓**leitung** f (Eltronik) / stripline* n, strip-type transmission line, strip n ‖ **miniaturisierte ⁓leitung** (Eltronik) / microstrip* n, microstrip line ‖ ⁓**leser** m (EDV) / paper tape reader, tape reader* ‖ ⁓**modell** n (Modellvorstellung in der Plastizitätstheorie - nach Siebel und von Kármán) (Phys) / strip model ‖ ⁓**muster** n (Tex) / stripe pattern, striping n ‖ ⁓**musterung** f (Tex) / stripe pattern, striping n ‖ ⁓**plakat** n **für Schaufenster** / window streamer, window banner ‖ ⁓**probe** f (Galv) / strip specimen ‖ ⁓**probe** (für die Zugfestigkeitsprüfung) (Tex, WP) / test strip ‖ ⁓**rost** m (ine Rostkrankheit - Puccinia striiformis glumarum (Schm.) Erikss.) (Chem, Landw) / stripe rust, yellow rust, yellow stripe rust ‖ ⁓**satin** m (ein Bettwäschestoff für Oberbett- und Kissenbezüge) (Tex) / striped damask ‖ ⁓**schere** f (Rundmesserschere mit paralleler Achsenlage des Messerpaares zueinander und zur Blechebene) (Hütt) / strip shears ‖ ⁓**schneider** m (Tex) / slitter n ‖ ⁓**schreiber** m (EDV) / strip chart recorder ‖ ⁓**schreiber** (Teleg) / tape printer ‖ ⁓**schrift** f (Akus) / variable-density sound track* ‖ ⁓**textur** f (For) / ribbon figure, ribbon grain, striped grain ‖ ⁓**verpackung** f / strip package ‖ ⁓**verschiebungs-Interferogramm** n (TV) / smear interferogram ‖ ⁓**vorschub** m (EDV, Teleg) / tape feed ‖ ⁓**wagen** m / radio patrol car, squad car (GB), panda car (GB), cruiser car (US), cruiser n (US), prowl car (US) ‖ ⁓**walzwerk** n (Hütt) / band mill ‖

1197

**Streifenzugprüfung**

⁓**zugprüfung** *f* (DIN 53857) (Tex) / tensile test on strips of textile fabrics
**Streifer** *m* (durch Wechseldrehwuchs auf dem Radialschnitt auftretende streifige Textur) (For) / raised grain
**streifig** *adj* / striped *adj*, stripy *adj*, stripe *attr* ‖ ⁓ (Geol) / striate *adj*, striated *adj* ‖ ⁓**keit** *f* (Pinselstriche) (Anstr) / ropiness* *n*, tramlines* *pl* (visible brushmarks), ribbiness *n* (due to faulty workmanship) ‖ ⁓**keit** (Anstr) s. auch Pinselstrich
**Streifschaden** *m* (ein Karosserieschaden) (Kfz) / sideswipe *n*
**Streifung** *f* / striation *n*, streaking *n* ‖ ⁓ / striation *n* ‖ ⁓ (z.B. des Pyrits) (Min) / striae* *pl* ‖ **gedrängte** ⁓ (Tex) / crammed stripe
**Streik** *m* (F.Org) / strike *n* ‖ **wilder** ⁓ (F.Org) / wildcat strike
**streiken** *v* / strike *v*, be on strike
**Streik • häufigkeit** *f* / strike incidence ‖ ⁓**kasse** *f* / strike fund ‖ ⁓**posten** *m* / picketer *n*, picket *n* ‖ ⁓ **posten aufstellen** / picket *v* ‖ **mit** ⁓**posten besetzen** / picket *v* ‖ ⁓**postenkette** *f* / picket line
**streng** *adj* (Regel, Anforderung) / rigorous *adj*, stringent *adj*, strict *adj* ‖ ⁓ (Kontrolle) / tough *adj*, severe *adj* ‖ ⁓ (Nahr) / hard *adj*, harsh *adj* ‖ ⁓ (im Geschmack) (Nahr) / sour *adj*, tart *adj*, pungent* *adj*, acrid *adj*, sharp *adj*, astringent *adj* ‖ ⁓**er, aber trockener Frost** (Meteor) / frost without snow (cover) ‖ ⁓**e Beweisführung** (Math) / rigorous argumentation *n* ‖ ⁓**e Implikation** (eine Aussagenverbindung) / strict implication ‖ ⁓**e Lösung** (Chem) / exact solution ‖ ⁓ **monoton fallende Funktion** (Math) / strictly decreasing function ‖ ⁓ **monoton wachsende Funktion** (Math) / strictly increasing function ‖ ⁓ **natriumarmes Kochsalz** (Nahr) / reduced-sodium salt ‖ ⁓**e Ungleichung** (Math) / strict inequality*
**Strenge** *f* (des Stils) (Arch) / precision *n* ‖ ⁓ (Math) / rigour *n*, rigor *n* (US)
**strengflüssig** *adj* (Material) / sluggish *adj*
**Strepto • coccus** *m* (pl. -cocci) (Biol) / streptococcus *n* (pl. -cocci) ‖ ⁓**kinase** *f* (von Streptokokken gebildetes Enzym) (Biochem, Pharm) / streptokinase* *n* ‖ ⁓**kokke** *f* (Biol) / streptococcus *n* (pl. -cocci) ‖ ⁓**kokkus** *m* (pl. -kokken) (Biol) / streptococcus *n* (pl. -cocci) ‖ ⁓**mycin** *n* (ein Oligosaccharid- Antibiotikum) (Pharm) / streptomycin* *n* ‖ ⁓**myzin** *n* (ein Oligosaccharid- Antibiotikum) (Pharm) / streptomycin* *n*
**Streß** *m* (starker gerichteter Druck, der bei gebirgsbildenden Vorgängen auftritt) (Geol) / stress *n* ‖ **oxidativer** ⁓ (der lebenden Zelle) (Biochem) / oxidative stress, oxidant stress *n* ‖ ⁓ *m* **am Arbeitsplatz** (F.Org) / job stress
**Stress-coat-Verfahren** *n* (spezielles Reißlackverfahren) (Anstr) / stress-coat process
**Streß • faktor** *m* (bei der Ausfallratenberechnung) / stress factor, load factor ‖ ⁓**faktor** (F.Org, Med) / stress factor ‖ ⁓**faser** *f* (Biol) / stress fibre ‖ ⁓**feld** *n* (Geol) / stress field ‖ ⁓**mineral** *n* (das sich im Streßfeld anpaßt) (Min) / stress mineral*
**Stressor** *m* (F.Org, Med) / stress factor
**Stress-sampling-Test** *m* (eine zerstörende Zuverlässigkeitsprüfung) (WP) / stress-sampling test
**Stretch** *m* (pl. -es) (hochelastische Web- und Wirkwaren) (Tex) / stretch *n*
**Stretchen** *n* (EDV) / stretching *n*
**Stretcher** *m* (ein Netzwerk im Dolby-System) (Akus, Eltronik) / stretcher *n*
**Stretch • garn** *n* (Spinn) / stretch yarn* (a generic term for thermoplastic filament or spun yarns having a high degree of potential elastic stretch and rapid recovery, and characterized by a high degree of yarn curl) ‖ ⁓**garn** (nicht torsionsgebauscht) (Spinn) / non-torque yarn (a stretch yarn that has no tendency to rotate when permitted to hang freely) ‖ ⁓**gewebe** *n* (Querelastik) (Tex) / stretch fabric* ‖ ⁓**kabel** *n* (Eltech) / coiled flex, coil cord ‖ ⁓**limousine** *f* (Kfz) / stretch limousine, stretch limo ‖ ⁓**naht** *f* (Tex) / stretch seam ‖ ⁓**-out** *n* (Nukl) / stretch-out *n* ‖ ⁓**text** *n* (EDV) / stretch text ‖ ⁓**zone** *f* (vor der Rißfront) (Mech, WP) / stretch zone
**Stretford-Verfahren** *n* (zur Entschwefelung von Gasen) (Chem Verf, Umwelt) / Stretford process
**Streu** *f* (Landw) / litter *n*, bedding *n* ‖ ⁓**amplitude** *f* (Phys) / scattering amplitude* ‖ ⁓**ausbreitung** *f* (Radio) / scatter propagation ‖ **ionosphärische** ⁓**ausbreitung** (Radio) / ionospheric scatter(ing) ‖ **troposphärische** ⁓**ausbreitung** (Radio) / tropospheric scatter(ing)*, troposcattering *n*, troposcatter *n* ‖ ⁓**bebauung** *f* (Bau) / sporadic building ‖ ⁓**bereich** *m* (Stats) / spread *n* ‖ ⁓**bild** *n* (Stats) / scatter diagram (a useful aid in estimating the type of regression functions), scatter plot ‖ ⁓**blumenmuster** *n* (Keram, Tex) / millefleurs *n* ‖ ⁓**dose** *f* / sprinkler can, spraying can ‖ ⁓**echo** *n* (unterschiedliche Reflexionen elektromagnetischer Wellen an ungleichmäßig starken Teilchenkonzentrationen in der Ionosphäre) (Radio) / scattering *n*, radio scattering, scatter echo ‖ ⁓**-EMK** *f* (Eltech) / spurious electromotive force, semf
**streuen** *v* (Eltech, Opt) / stray *v*, disperse *v* ‖ ⁓ (Dünger) (Landw) / spread *v* ‖ ⁓ (Math, Phys) / scatter *v*

**streuend • er Meniskus** (Opt) / diverging meniscus, negative meniscus ‖ ⁓**er Reflektor** / scattering reflector
**Streuer** *m* (für Stalldung) (Landw) / manure distributor, manure spreader, farmyard manure spreader
**Streu • fähigkeit** *f* (Galv) / throwing power* (of a plating solution) ‖ ⁓**fahrzeug** *n* (HuT, Kfz) / gritter *n* (towed or self-propelled), grit spreader ‖ ⁓**faktor** *m* (Eltech) / leakage coefficient*, leakage factor* ‖ ⁓**faktor** (Eltech) / circle coefficient* (the leakage factor of an induction motor), dispersion coefficient ‖ ⁓**feld** *n* (Eltech) / stray field* ‖ **magnetisches** ⁓**feld** (Mag) / flux leakage field ‖ ⁓**feuerung** *f* (Wanderrost mit rückläufiger Bewegung und mit Wurfbeschickung) (Masch) / spreader stoker ‖ ⁓**fluß** *m* (in den Wechselstrommaschinen und in den Transformatoren) (Eltech) / stray flux* ‖ ⁓**fluß** (magnetischer) (Mag) / leakage flux*, lost flux*, magnetic leakage flux ‖ ⁓**flußinduktion** *f* (Eltech) / stray induction* ‖ ⁓**formel** *f* (Kernphys) / scattering formula ‖ **Mottsche** ⁓**formel** (Phys) / Mott's scattering formula ‖ **Rutherfordsche** ⁓**formel** (Spektr) / Rutherford formula ‖ ⁓**funktion** *f* (DIN 1349, T 2) (Opt) / scattering function ‖ ⁓**gebiet** *n* (der Kerbschlagarbeit/Temperatur-Kurve) (WP) / transition region ‖ ⁓**gerät** *n* (HuT, Kfz) / gritter *n* (towed or self-propelled), grit spreader ‖ ⁓**glas** *n* (Opt) / diffusing glass ‖ ⁓**grad** *m* (im Magnetkreis einer elektrischen Maschine usw.) (Eltech) / leakage coefficient*, leakage factor* ‖ ⁓**grad** (Eltech) / circle coefficient* (the leakage factor of an induction motor), dispersion coefficient ‖ ⁓**grenze** *f* (Phys) / scattering limit ‖ ⁓**gut** *n* (HuT) / grit *n*, gritting material ‖ ⁓**induktivität** *f* (Eltech) / leakage inductance ‖ ⁓**kapazität** *f* (Eltronik, Radio) / stray capacitance* ‖ ⁓**koeffizient** *m* (Eltech) / leakage coefficient*, leakage factor* ‖ ⁓**koeffizient** (Eltech) / circle coefficient* (the leakage factor of an induction motor), dispersion coefficient ‖ ⁓**kopf** *m* (For) / forming head, spreading head ‖ ⁓**körper** *m* (Akus) / diffuser* *n*, diffusor *m* ‖ ⁓**körper** (Opt) / diffuser *n* ‖ ⁓**kraft** *f* (Galv) / throwing power* (of a plating solution) ‖ ⁓**kreisradius** *n* (Mil) / circular error probable, circular probable error, CEP, circle of probable error ‖ ⁓**länge** *f* (Kernphys) / scattering length ‖ **Fermische** ⁓**länge** (Kernphys) / scattering length
**Streulicht** *n* (Foto) / flare* *n*, flare light ‖ ⁓ (durch Lichtstreuung abgelenktes Licht) (Foto, Opt) / scattered light, spurious light, spill light, diffused light ‖ ⁓**blende** *f* (Opt) / baffle *n* ‖ ⁓**frei** *adj* (Objektiv) (Foto) / flare-free *adj* ‖ ⁓**messung** *f* (Opt) / tyndallimetry* *n* ‖ ⁓**schirm** *m* (Seidenblende) (Film, TV) / bolting-silk *n*, butterfly* *n*, diffuser* *n*, silk scrim, diffusing screen ‖ ⁓**schirm** (Licht) / scattered-light shield
**Streu • makadam** *m* (HuT) / dry-bound macadam ‖ ⁓**maschine** *f* (Aggregat zur Bildung eines Spanvlieses bzw. einer Schicht im Bereich der Formstation der Spanplattenanlage) (For) / mat-forming machine, spreading machine ‖ ⁓**material** *n* (HuT) / grit *n*, gritting material ‖ ⁓**matrix** *f* (Phys) / scattering matrix, S matrix *n* ‖ ⁓**mittel** *n* (HuT) / grit *n*, gritting material ‖ ⁓**mittel** (gegen Schnee- oder Eisglätte auf Autostraßen, Gehsteigen und anderen Verkehrswegen) (Kfz) / antiskid material ‖ ⁓**operator** *m* (Kernphys) / scattering operator ‖ ⁓**operator** (Kernphys) s. auch S-Matrix ‖ ⁓**parameter** *m* (Phys) / impact parameter* ‖ ⁓**puder** *m* / dusting powder ‖ ⁓**querschnitt** *m* (Wirkungsquerschnitt für einen Streuprozeß) (Kernphys) / scattering cross-section ‖ **differentieller** ⁓**querschnitt** (Kernphys) / differential scattering cross-section ‖ ⁓**reaktanz** *f* (Eltech) / leakage reactance* ‖ ⁓**salz** *n* (HuT) / de-icing salt, thawing salt, road salt, highway salt, ice-control salt ‖ ⁓**salzbedingte Korrosion** (Galv, Kfz) / salt corrosion ‖ ⁓**sand** *m* (zum Verhindern des Durchdrehens der Treibräder bei schweren Anfahrten und des Gleitens der Räder beim Bremsen) (Bahn) / traction sand ‖ ⁓**sand** (Gieß) / parting sand* ‖ ⁓**sand** (Keram) / placing sand (used in the placement of ware in kilns) ‖ ⁓**scheibchen** *n* (Opt) / circle of confusion ‖ ⁓**scheibe** *f* (ein Teil eines Scheinwerfers) (Opt) / diffusing screen, diffusing glass, diffusion screen ‖ ⁓**schicht** *f* (Opt) / scattering layer ‖ ⁓**signal** *n* (Fernm) / stray signal ‖ ⁓**spannung** *f* (die Komponente einer Kurzschlußspannung, die dem Strom zeitlich um 90° vorauseilt) (Eltech) / reactance voltage ‖ ⁓**stelle** *f* (Eltech) / scatterer *n* (in a conductor) ‖ ⁓**strahlenblende** *f* (Radiol) / Potter-Bucky grid*, Bucky diaphragm, antidiffusion grid ‖ **unbewegte** ⁓**strahlenblende** (Radiol) / stationary grid, Lysholm grid ‖ ⁓**strahlenraster** *n* (Radiol) / Potter-Bucky grid*, Bucky diaphragm, antidiffusion grid ‖ ⁓**strahlenraster für unbewegte Anwendung** (mit Aluminium als Zwischenmedium) (Radiol) / stationary grid, Lysholm grid ‖ ⁓**strahlrichtverbindung** *f* (Radio) / scatter link ‖ ⁓**strahlung** *f* (Fernm) / spurious radiation*, spurious emission, unwanted radiation ‖ ⁓**strahlung** (Röntgenstrahlung, die im Objekt durch die von einer Röntgenröhre herrührende primäre Strahlung erzeugt wird) (Radiol) / scattered radiation ‖ ⁓**strahlungsmesser** *m* (Meteor) / scatterometer* *n*
**Streustrom** *m* (der aus stromführenden Leitern in den Erdboden unbeabsichtigt austretende Strom) (Eltech) / leakage current*, leak

current, stray current, tracking current ‖ ⁓**ableitung** *f* (Eltech) / electric drainage, drainage *n* ‖ **gerichtete** ⁓**ableitung** (Korrosionsschutz) (Galv) / polarized drainage ‖ **polarisierte** ⁓**ableitung** (Galv) / polarized drainage ‖ ⁓**absaugung** *f* (eine erzwungene Streustromableitung, bei der im Streustromkreiter eine Gleichstromquelle liegt) (Eltech) / forced electrical drainage, forced drainage ‖ ⁓**korrosion** *f* (Eltech, Galv) / stray-current corrosion

**Streu•substanz** *f* (Phys) / scattering substance ‖ ⁓**theorie** *f* (in der Quantenmechanik) (Phys) / scattering theory ‖ ⁓**transformator** *m* (Eltech) / constant-current transformer

**Streuung** *f* (Verluststrom) (Eltech) / leak* *n*, leakage *n* ‖ ⁓ (statistische) (Kernphys) / straggling* *n* ‖ ⁓ (des Düngers) (Landw) / spreading *n* ‖ ⁓ (Licht) / diffusion *n* ‖ ⁓ (Ablenkung eines Anteils eines in einer bestimmten Richtung laufenden Teilchenstrahls bzw. einer Welle mit fester Wellenzahl beim Durchgang durch Materie) (Phys) / scattering* *n* ‖ ⁓ (einer Peilung) (Radio) / spread *n*, scattering *n* ‖ ⁓ (Stats) / variance* *n*, dispersion* *n*, spread *n*, scatter *n*, straggling *n* ‖ ⁓ (zahlenmäßige Veränderung einer Größe) (Stats) / variability *n* ‖ **compoundelastische** ⁓ (Kernphys) / compound-elastic scattering ‖ **doppelt verkettete** ⁓ (Eltech) / double-linkage leakage ‖ **dynamische** ⁓ (bei Flüssigkristallanzeigen) (EDV) / dynamic scattering (mode) ‖ **elastische** ⁓ (bei der die Summe der kinetischen Energie vor und nach dem Stoß unverändert bleibt) (Kernphys) / elastic scattering* ‖ **elastische** ⁓ **von thermischen Neutronen** (in Festkörpern) (Kernphys) / neutron elastic scattering* ‖ **empirische** ⁓ (Stats) / empirical dispersion ‖ **falsche** ⁓ (Kernphys) / spurious scattering ‖ **geschlossene** ⁓ (beim Schleifpapier) / closed coat(ing), closed grain ‖ **inkohärente** ⁓ (Kernphys) / incoherent scattering ‖ **isotrope** ⁓ (DIN 1319, T 2) (Opt) / isotropic scattering ‖ **klassische** ⁓ (von unpolarisierten Lichtwellen) (Phys) / Thomson scattering*, classical scattering* ‖ **kohärente** ⁓ (eine Art Lichtstreuung) (Licht) / coherent scattering ‖ **magnetische** ⁓ (Eltech) / magnetic leakage* ‖ **Mottsche** ⁓ (Phys) / Mott scattering ‖ **offene** ⁓ (beim Schleifpapier) / open coat(ing), open grain ‖ **troposphärische** ⁓ (Radio) / tropospheric scatter(ing)*, troposcattering *n*, troposcatter *n* ‖ **unelastische** ⁓ (Kernphys) / inelastic scattering* ‖ **unelastische** ⁓ **von thermischen Neutronen** (in Festkörpern) (Kernphys) / neutron inelastic scattering* ‖ ⁓ *f* **der magnetischen Feldlinien** (Eltech) / fringing* *n* ‖ ⁓ **des magnetischen Kraftflusses** (Eltech) / magnetic leakage* ‖ ⁓ **langsamer Neutronen** (Kernphys) / neutron scattering, NS

**Streuungs•analyse** *f* (Stats) / analysis of variance*, ANOVA ‖ ⁓**diagramm** *n* (Stats) / scatter diagram (a useful aid in estimating the type of regression functions), scatter plot ‖ ⁓**lichthof** *m* (Foto) / diffuse halo ‖ ⁓**maß** *n* (Stats) / measure of dispersion ‖ ⁓**matrix** *f* (Stats) / dispersion matrix ‖ ⁓**verhalten** *n* (Stats) / scedasticity *n*

**Streu•verlust** *m* (Eltech) / leakage loss ‖ ⁓**vermögen** *n* (Galv) / throwing power* (of a plating solution) ‖ ⁓**vermögen** *n* (Fähigkeit eines Körpers, auffallende Strahlung zu remittieren) (Licht, Phys) / scattering power ‖ ⁓**wagen** *m* (für Splitt) (HuT, Kfz) / gritter *n* (towed or self-propelled), grit spreader *n* ‖ ⁓**weg** *m* (Eltech) / leakage path ‖ ⁓**weglänge** *f* (mittlere freie - die ein Teilchen in einem Streumedium durchschnittlich zwischen zwei Streuakten durchläuft) (Kernphys) / scattering mean free path* ‖ ⁓**winkel** *m* (unter dem ein Teilchen oder eine Strahlung aus der ursprünglichen Richtung gestreut wird) (Kernphys) / scattering angle ‖ ⁓**zentrum** *n* (Phys) / scattering centre, point of scattering ‖ ⁓**ziffer** *f* (eines Asynchronmotors) (Eltech) / circle coefficient* (the leakage factor of an induction motor), dispersion coefficient ‖ ⁓**zucker** *m* (Nahr) / castor sugar, caster sugar, berry sugar

**Strg-Taste** *f* (für eine Tastenkombination) (EDV) / Ctrl (key), control key

**Striation** *f* (Manifestation der lokalen Schwankungen von Kristalldefekten in Einkristallen) (Krist, Min) / striation *n*

**Stribeck-Kurve** *f* (die die Reibungszustände darstellt - nach R. Stribeck, 1861-1950) / Stribeck curve

**Strich** *m* (Linie) / line *n* ‖ ⁓ / bar *n* ‖ ⁓ (Anstr, Typog) / stroke *n* ‖ ⁓ (z.B. in der Valenzstrichformel) (Chem) / dash *n* ‖ ⁓ (optische Zeichenerkennung) (EDV) / stroke *n* ‖ ⁓ (der Skale) (Instr, Masch) / index *n* (pl. indexes or indices), scale division, scale mark ‖ ⁓ (Fahrbahnmarkierung) (Kfz) / barrier *n* ‖ ⁓ (Feilstrich) (Masch) / stroke *n* ‖ ⁓ (z.B. als Zeichen für die Winkeleinheiten) (Math, Phys) / prime *n* ‖ ⁓ (Strichfarbe auf dem Probierstein) (Min) / streak* *n* ‖ ⁓ (eingeritzter - des Gitters) (Opt) / line *n*, groove *n* ‖ ⁓ (Pap, Plast) / coating* *n* ‖ ⁓ (am Kompaß = 1/8 Quadrant = 11° 15') (Schiff) / point *n* ‖ ⁓ (Teleg) / dash *n*, Morse dash, dah *n* ‖ ⁓ (des Gewebes) (Tex) / nap* *n*, pile* *n*, run *n* ‖ ⁓ (Tex) / grain *n* (of fabric) ‖ **durchgehender** ⁓ (Fahrbahnmarkierung) (Kfz) / continuous stripe ‖ **weißer** ⁓ (auf der Straße) (HuT) / white line ‖ ⁓ *m* **als Überstreichung** (Typog) / vinculum *n* (pl. -la)

**Strich•abstand** *m* (des Strichgitters) (Opt) / line spacing, groove spacing ‖ ⁓**appretur** *f* (Tex) / nap finish, raised brush finish, napping *n* ‖ ⁓**ätzung** *f* (eine nach einer Strichvorlage hergestellte Originaldruckplatte für den Buchdruck) (Druck) / line block*, line cut, line etching, line plate ‖ ⁓**ausrüstung** *f* (Tex) / nap finish, raised brush finish, napping *n* ‖ ⁓**bildung** *f* (bei Veloursteppichen) (Tex) / water marking, pile reversing, shading *n* ‖ ⁓**breite** *f* (Spektr) / line weight, line width ‖ ⁓**code** *m* (EDV) / bar code* ‖ ⁓**eingabegerät** *n* (EDV) / stroke device ‖ ⁓**element** *n* (EDV) / line element

**stricheln** *v* (feine Striche machen) / sketch in *v* (in short lines) ‖ ⁓ s. auch schraffieren

**Strich•fokus** *m* (Eltronik, Radiol) / line focus* ‖ ⁓**formel** *f* (in der Kohlenstoffketten und -ringe als Zickzacklinien und Vielecke symbolisiert und alle an C gebundenen H-Atome weggelassen werden) (Chem) / bond-line formula, line-segment formula, carbon-skeleton formula ‖ ⁓**gitter** *n* (Opt) / groove grating, line grating ‖ ⁓**karte** *f* (Kart) / line map ‖ ⁓**kode** *m* (für Warenidentifizierung nach DIN 66236) (EDV) / bar code* ‖ ⁓**kodeleser** *m* (EDV) / bar-code reader*, optical bar reader, wand* *n*, bar-code scanner ‖ ⁓**kreuz** *n* (Instr, Opt, Verm) / crosshair* *n*, hairline* *n* ‖ ⁓**kreuzplatte** *f* (Opt, Verm) / graticule* *n*, reticule* *n*, reticle *n*

**strichlieren** *v* (A) / sketch in *v* (in short lines)

**Strich•linie** *f* (DIN 15) / dash line, dashed line ‖ ⁓**linie** (für verdeckte Kanten nach DIN 15, T 1) / phantom line ‖ ⁓**marke** *f* / mark *n*, graduation mark, graduation line ‖ ⁓**markierungsleser** *m* (EDV) / mark reader, mark detection device ‖ ⁓**maske** *f* (Druck) / line mask ‖ ⁓**maßstab** *m* (die Verkörperung einer Längeneinheit; die Länge ist dabei durch Striche gegeben) (Phys) / line standard* ‖ **~punktierte Linie** / dot-dash line, dash-dot line ‖ ⁓**punktlinie** *f* / dot-dash line, dash-dot line ‖ ⁓**raster** *m n* (TV) / bar pattern ‖ ⁓**rasterschrift** *f* (eine digitale Schrift, die nicht aus Rasterpunkten, sondern aus Strichen zusammengesetzt ist) (EDV) / stroke font ‖ ⁓**raupe** *f* (Schw) / string bead ‖ ⁓**reihe** *f* (als kartografisches Ausdrucksmittel) (Kart) / pecked line ‖ ⁓**skale** *f* (DIN 1319, T 2 und DIN 2257, T 1) / line-graduated scale, division scale ‖ ⁓**spektrum** *n* (Spektr) / bar graph ‖ ⁓**stärke** *f* (Spektr) / line weight, line width ‖ ⁓**tafel** *f* (unglasiertes Porzellan) (Min) / streak plate ‖ **feines** ⁓**tuch** (Tex) / facecloth *n* ‖ ⁓**velours** *m* (Tex) / nap velour, nap velours ‖ ⁓**vorlage** *f* (die nur aus gleichmäßig gedeckten schwarzen oder farbigen oder weißen Flächen oder Strichen besteht) (EDV, Typog) / line original, line art ‖ ⁓**zeichengenerator** *m* (EDV) / stroke character generator ‖ ⁓**zeichnung** *f* (Druck) / line-drawing *n*, line illustration ‖ ⁓**ziehapparat** *m* (Anstr) / lining tool ‖ **~ziehen** *v* (nur Infinitiv oder Partizip Perfekt) (Anstr) / line *v* ‖ ⁓**ziehen** (Anstr) / lining *n* ‖ ⁓**zieher** *m* (Anstr) / lining pen, lining pencil (a type of signwriting brush), rigger *n*, lining fitch*

**Strick** *m* / string *n*, cord *n*, twine *n*

**stricken** *v* (wenn aus einem Faden eine Masche nach der anderen gebildet wird) (Tex) / knit *v*

**Strickerei** *f* (Tex) / knitting *n*

**Strick•garn** *n* (zum Handstricken) (Spinn) / knitting yarn, knit yarn ‖ ⁓**lava** *f* (Geol) / ropy lava, corded lava, pahoehoe *n* ‖ ⁓**leiter** *f* / rope ladder ‖ ⁓**maschine** *f* (einbettige, zweibettige) (Tex) / knitting machine ‖ **zweibettige** ⁓**maschine** (Tex) / rib-knitting machine ‖ ⁓**muster** *n* (Tex) / knitting pattern ‖ ⁓**nadel** *f* (Tex) / knitting needle ‖ ⁓**schloß** *n* (Tex) / cam assembly, knitting lock, lock *n* ‖ **Anordnung** *f* **der** ⁓**schlösser** (Tex) / camming *n*, camming arrangement ‖ ⁓**spannung** *f* (Tex) / knitting tension ‖ ⁓**verhalten** *n* (der Wolle) (Tex) / knitting property (of wool) ‖ ⁓**ware** *f* (Tex) / knits *pl*, knitwear* *n*, hosiery *n* (GB)* ‖ **doppelflächige** ⁓**ware** (Tex) / double-knit fabrics (made by interlocking the loops from two strands of yarn with a double stitch), double knits ‖ ⁓**-, Wirk- und Häkelwaren** *f pl* (Tex) / knitted fabrics, knit fabrics, jersey goods, jersey fabrics* ‖ ⁓**wolle** *f* (Tex) / knitting wool

**striegeln** *v* (mit dem Unkrautstriegel) (Landw) / weed *v*

**Strike** *m* (Verfahren bzw. Elektrolyte zum Abscheiden der ersten Schicht, besonders auf passiven Oberflächen) (Galv) / striking* *n*, strike *n*

**strikt•e Implikation** / strict implication ‖ **~e Majorante** (Math) / strict majorant ‖ **~e Minorante** (Math) / strict minorant ‖ **~e Regel** (absolut bindende) / hard and fast rule ‖ **~e Ungleichung** (Math) / strict inequality*

**Striktionslinie** *f* (einer Kurvenschar zugeordnete Linie, längs derer benachbarte Scharkurven einen extremalen Abstand haben) (Math) / striction line (of a family of curves), line of striction

**String** *n* (Astr) / string *n*, cosmic string ‖ ⁓ (geordnete Teilfolge eines zu sortierenden Datenbestandes) (EDV) / string* *n* ‖ ⁓ (EDV, Typog) / character string ‖ ⁓ (theoretisches Gebilde in der Stringtheorie) (Phys) / string *n* ‖ ⁓ (bei magnetischen Monopolen) (Phys) / string *n* ‖ ⁓**array** *n m* (EDV) / string array ‖ ⁓**behandlung** *f* (EDV) / string manipulation

**stringent** *adj* / rigorous *adj*, stringent *adj*, strict *adj* ‖ **~e Regel** / hard and fast rule

**Stringenz** *f* (Math) / rigour *n*, rigor *n* (US)

**Stringer**

**Stringer** m (Längsversteifung in Schalenbauteilen) (Luftf) / stringer* n ‖ ⁓ (längsschiffs verlaufendes Bauteil an Bordwänden und in Decks) (Schiff) / stringer n
**String•theorie** f (Phys) / string theory ‖ ⁓**variable** f (alphanumerische Zeichenkette) (EDV) / string variable
**Stringy-Floppy** f (eine Kassette mit einem Endlosband, die sich wie eine Diskette benutzen läßt) (EDV) / stringy floppy
**Strip•film** m (Druck, EDV, Foto) / stripping film ‖ ⁓**line** f (Eltronik) / stripline* n, strip-type transmission line, strip n ‖ ⁓**line-Filter** n (gekoppelte Streifenleiter halber Wellenlänge) (Eltronik) / stripline filter ‖ ⁓**-mask-Verfahren** n (Kart) / strip-mask process ‖ ⁓**-mining** n (Abbauverfahren im Tagebaubetrieb, bei dem der Abbau in Form eines Grabens quer zu seiner Längserstreckung fortschreitet, wobei der Abraum auf kürzestem Wege mit Hilfe von Schürfkübelbaggern in den leeren Abbauraum verbracht wird) (Bergb) / strip mining
**Strippe, an der** ⁓ **bleiben** (Fernsp) / hang on v
**strippen** v (Chem Verf) / strip v ‖ ⁓ (Druck, EDV, Foto) / strip v ‖ ⁓ (Zierteile) (Kfz) / shave v ‖ ⁓ (die Bakterienmasse) (Sanitär) / strip v ‖ ⁓ n (zeilengenaues Einfügen von Textänderungen in fertige Fotosatzfilme) (Druck, EDV, Foto) / stripping n ‖ ⁓ (der Zierteile) (Kfz) / shaving n ‖ ⁓ **von Ammoniak** (Chem Verf, Sanitär) / ammonia stripping
**Stripper** m (Rektifizierkolonne, in der man hochsiedende Stoffe temperatursschonend verarbeitet) (Chem Verf, Erdöl) / stripper n, stripping column ‖ ⁓ (eine Blockabstreifvorrichtung in Stahlwerken) (Hütt) / stripper n ‖ ⁓ (eine Baumwollpflückmaschine) (Landw, Tex) / stripper n ‖ ⁓**bohrung** f (mit weniger als 10 Barrels je Tag) (Erdöl) / stripper n, stripper well ‖ ⁓**halle** f (Hütt) / stripper bay, stripping bay ‖ ⁓**kran** m (Hütt) / stripper crane, ingot stripping crane ‖ ⁓**säule** f (Chem Verf, Erdöl) / stripper n, stripping column
**Stripping** n (Druck, EDV, Foto) / stripping* n ‖ ⁓**atom** n (hochionisiertes Atom) (Phys) / stripped atom*, fully ionized atom ‖ ⁓**emulsion** f (Foto, Kernphys) / strippable photographic emulsion, pellicle n ‖ ⁓**film** n (dessen Schicht sich im nassen und im trockenen Zustand als feines, zähes Häutchen abziehen läßt) (Druck, EDV, Foto) / stripping film ‖ ⁓**neutron** n (Kernphys) / stripped neutron n ‖ ⁓**reaktion** f (Kernreaktion, die durch Wechselwirkung von Deuteronen mit Atomkernen ausgelöst wird) (Kernphys) / stripping* n
**STRIPS** (KI) / Stanford Research Institute Problem Solver (STRIPS)
**Strips** pl (kurze Fasern, die auf einer Spinnereimaschine durch Arbeitswalzen abgestreift werden) (Spinn) / strips pl
**Strobe** m (ein Impuls, der aus einem Signal ein Stück herausblendet, welches mit seiner Dauer übereinstimmt) (Eltronik) / strobe* n ‖ ⁓ f (For) / eastern white pine, Weymouth pine, northern white pine, white pine ‖ ⁓**Griechische** ⁓ (For) / Macedonian pine, Balkan pine ‖ **Rumelische** ⁓ (For) / Macedonian pine, Balkan pine ‖ ⁓**-Impuls** m (Eltronik) / strobe pulse ‖ ⁓**-Laufzeit** f (EDV) / strobe propagation time
**Strobilurin** n (ein Antibiotikum) (Pharm) / strobilurin n
**Strobilus** m (pl. -li) (Bot) / strobilus* n (pl.` -bili), strobile* n, cone* n
**Strobochromatografie** f (Foto) / stroboscopic photography, strobe photography, flash photography
**Stroboskop** n (optische Vorrichtung zum Messen von Frequenzen und zum Sichtbarmachen periodischer Bewegungsabläufe hoher Frequenz) / stroboscope* n, strobe* n ‖ ⁓ (V-Mot) / timing light, strobe light ‖ ⁓**fotografie** f (Aufnahmetechnik, in der bei offenem Kameraverschluß und mit Hilfe einer intermittierenden Beleuchtung in dunklen Räumen Bewegungsabläufe in mehreren Phasen auf einem Bild sichtbar gemacht werden) (Foto) / stroboscopic photography, strobe photography, flash photography
**stroboskopisch** adj (Opt) / stroboscopic adj, stroboscopical adj ‖ ⁓**er Effekt** (Opt) / stroboscopic effect ‖ ⁓**e Scheibe** (Opt) / stroboscopic disk
**Stroboskoplampe** f (eine Blitzröhre) (Opt) / stroboscopic lamp, strobe lamp, flash-lamp n
**Stroboskopscheibe** f (Opt) / stroboscopic disk
**Ströderwäscher** m (Chem Verf) / Stroeder scrubber, cross-current haze scrubber
**Stroh** n (Bau, Landw, Pap) / straw n ‖ ⁓**ballen** m (Landw) / straw bale ‖ ⁓**ballenpresse** f (Landw) / straw baler ‖ ⁓**dach** n (Bau) / straw roof (a kind of thatch) ‖ ⁓**einleger** m (bei Pflügen) (Landw) / straw skimmer ‖ ⁓**farben** adj / straw-coloured adj ‖ ⁓**farbig** adj / straw-coloured adj ‖ ⁓**faser** f / straw fibre ‖ ⁓**gelb** adj / straw-yellow adj ‖ **gelb** f (eine Anlauffarbe um 220°) (Hütt) / dark straw colour ‖ ⁓**häcksel** n m (Landw) / chopped straw ‖ ⁓**häcksler** m (Landw) / straw chopper ‖ ⁓**halm** m (Landw) / straw
**strohig** adj (Geschmack) (Nahr) / strawy adj, straw-like adj
**Stroh•matte** f (zum Abdecken von frischen Betonflächen im Rahmen der Nachbehandlung) (HuT) / straw matting ‖ ⁓**mulch** m (ein Deckmulch) (Landw) / straw-mulch n ‖ ⁓**papier** n (unter Verwendung des Strohzellstoffs hergestelltes hochwertiges Schreibpapier) (Pap) / straw paper (a quality writing paper) ‖ ⁓**papier** (Pap) / straw paper ‖ ⁓**pappe** f (DIN 6730) (Pap) / strawboard* n ‖ ⁓**reißer** m (Landw) / straw cutter ‖ ⁓**sammler** m (Landw) / straw collector ‖ ⁓**schüttler** m (Landw) / straw walker, straw shaker, shaker n ‖ ⁓**seil** n (Gieß) / straw-rope* n ‖ ⁓**stein** m (Min) / carpholite n ‖ ⁓**stoff** m (gelber) (Pap) / straw pulp ‖ **gelber** ⁓**stoff** (nicht gebleichter) (Pap) / yellow straw pulp, yellow pulp, yellow mechanical straw pulp ‖ ⁓**wein** m (aus Trauben, die nach der Lese zum Trocknen aufgehängt oder auf Stroh oder Schilf ausgebreitet werden) (Nahr) / straw wine ‖ ⁓**zellstoff** m (vollaufgeschlossener) (Chem Verf) / straw cellulose, fine straw pulp, straw pulp ‖ ⁓**zellulose** f (Chem Verf) / straw cellulose, fine straw pulp, straw pulp

**Strom** m / current* n, stream n ‖ ⁓ (DIN 5485) (Elektr) / current* n ‖ ⁓ (Geog, Wasserb) / river n, stream n ‖ ⁓ (reißender) (Wasserb) / torrent n ‖ **einsinniger** ⁓ (Eltech) / unidirectional current* ‖ **elektrischer** ⁓ (Elektr) / electric current* ‖ **erzwungener** ⁓ (Eltronik) / forced current ‖ **fotoelektrischer** ⁓ (Eltronik) / photocurrent* n, photoelectric current ‖ **galvanischer** ⁓ (Gleichstrom für therapeutische Zwecke) (Med) / galvanic current*, voltaic current* ‖ **gleichgerichteter** ⁓ (Eltech) / rectified current ‖ **induzierter** ⁓ (Elektr) / induced current* ‖ **kapazitiver** ⁓ (Eltech) / capacitive current ‖ **kinetischer** ⁓ (Chem) / kinetic current ‖ **lichtelektrischer** ⁓ (Eltronik) / photocurrent* n, photoelectric current ‖ **nacheilender** ⁓ (Eltech) / lagging current* ‖ **neutrale Ströme** (bei der schwachen Wechselwirkung) (Kernphys) / neutral currents ‖ **neutraler zeitartiger** ⁓ (Phys) / neutral timelike current ‖ **periodischer** ⁓ (Fernm) / periodic current* ‖ **pulsierender** ⁓ (Eltech) / pulsating current*, PC ‖ **sinusförmiger** ⁓ (Eltech) / sinusoidal current*, sine current ‖ **stationärer** ⁓ (Eltech) / steady current ‖ **tellurischer** ⁓ (Eltech) / earth current*, telluric current* ‖ **thermoelektrischer** ⁓ (Eltech) / thermoelectric current, thermocurrent n ‖ **ungestörter** ⁓ (Phys) / free stream ‖ **unter** ⁓ (stehend) (Eltech) / live* adj, alive adj, hot adj, energized adj, current-carrying adj ‖ **unter** ⁓ **setzen** (Eltech) / energize v, energise v (GB) ‖ **vagabundierender** ⁓ (Eltech) / leakage current*, leak current, stray current, tracking current ‖ **voreilender** ⁓ (Eltech) / leading current* ‖ ⁓ **mit gleichbleibender Richtung** (Eltech) / unidirectional current* ‖ ⁓ **in Durchlaßrichtung** (Eltronik) / forward current ‖ ⁓ **in Sperrichtung** (Eltronik) / reverse current
**Strom•abfallzeit** f (Schw) / downslope time ‖ ⁓**abgabe** f (Eltech) / current delivery
**Stromabnehmer** m (bei Elektrofahrzeugen mit Oberleitungsbetrieb) (Eltech) / current collector* ‖ ⁓ (Konsument) (Eltech) / current consumer, power consumer ‖ ⁓ **für unterirdische Stromschiene** (Eltech) / plough*, underground collector*, plow n (US) ‖ ⁓**bügel** m (Eltech) / bow n, bow-shaped contact strip ‖ ⁓**gleitschuh** m (des Stromnehmers) (Eltech) / shoe n ‖ ⁓**kreis, der** m **in Belastungsspitzen abgeschaltet werden kann** (Eltech) / dispensable circuit* ‖ ⁓**rolle** f (Eltech) / trolley wheel ‖ ⁓**schuh** m (des Stromabnehmers) (Eltech) / shoe n ‖ ⁓**stange** f (Eltech) / trolley pole
**Strom•abschaltung** f (Eltech) / power cut, power cut-off ‖ ⁓**abschwächung** f (Eltech) / current attenuation ‖ ⁓**abwärts** adv (Wasserb) / downstream adv, down the river ‖ ⁓**algebra** f (ein theoretischer Zugang zur Hochenergiephysik) (Phys) / current algebra ‖ ⁓**anker** m (Schiff) / stream-anchor* n ‖ ⁓**anschluß** m (Eltech) / power connection, power connexion (GB) ‖ ⁓**anschlußkabel** n (Eltech) / power cord ‖ ⁓**anschlußpunkt** m (Bau, Eltech) / electric outlet*, outlet n (US), power point, supply point* ‖ ⁓**apparat** m (mit Wasserstrom) (Aufber) / hydraulic classifier* ‖ ⁓**art** f (Elektr) / kind of current ‖ ⁓**atolith** m (Kalkausscheidungen mariner Algen) (Geol) / stromatolite* n, fossil calcareous algae, cryptozoon n ‖ ⁓**atoporenkalk** m (Geol) / stromatoporoid limestone* ‖ ⁓**aufnahme** f (bei TTL-Schaltungen) (Eltronik) / supply current ‖ ⁓**aufwärts** adv (Wasserb) / upstream adv, up the river
**Stromausbeute** f (Wirkungsgrad von Elektrolyseprozessen) (Eltech, Galv) / current efficiency* ‖ **anodische** ⁓ (Eltronik) / anode efficiency* ‖ **katodische** ⁓ (Eltronik) / cathode efficiency* ‖ ⁓ f **an der Anode** (Eltronik) / anode efficiency* ‖ ⁓ **an der Katode** (Eltronik) / cathode efficiency*
**Strom•ausfall** m (Eltech) / power failure, power fail, mains failure, power outage (US) ‖ **kurzer** ⁓**ausfall** (Eltech) / glitch n (brief power failure) ‖ ⁓**ausgleichrelais** n (Eltech) / current-balance relay ‖ ⁓**bahn** f (Teil des Strompfades zwischen den Anschlüssen) (Eltech) / current path ‖ ⁓**bauch** m (bei Stehwellen) (Eltech) / current antinode* ‖ ⁓**bedarf** m (Eltech) / electric power demand ‖ ⁓**begrenzende Sicherung** (Eltech) / current-limiting fuse ‖ ⁓**begrenzer** m (Eltech) / current limiter* ‖ ⁓**begrenzungsdrossel** f (Eltech) / current-limiting reactor ‖ ⁓**begrenzungssicherung** f (Eltech) / current-limiting fuse ‖ ⁓**begrenzungswiderstand** m (Eltech) / load-limiting resistor, LLRES ‖ ⁓**belag** m (elektrischer - DIN 1301, T 2 und DIN 1324, T 1) (Elektr) / specific electric loading*, average ampere conductors per unit length, specific loading (per unit

**Stromstrich**

length), linear current density ‖ **~belastbarkeit** *f* (in Ampere) (Eltech) / ampacity *n* ‖ **~belastbarkeit** (des Kabels) (Kab) / current-carrying capacity*
**Stromberg-Vergaser** *m* (ein Firmenname) (Kfz) / Stromberg carburettor
**Strom•betriebslogik** *f* (Eltronik) / emitter-coupled logic, ECL, current-mode logic, CML ‖ **~bettrelief** *n* (Wasserb) / roughness *n*, rugosity *n* ‖ **~bezugstarif** *m* (Eltech) / tariff *n* ‖ **~bezugstarif basierend auf Grund- und Arbeitspreis** (Eltech) / two-part tariff*, contract-rate tariff* ‖ **~bezugstariftabelle** *f* (Eltech) / tariff *n*, current-rate schedule ‖ **~blatt** *n* (Phys) / current sheet ‖ **~blende** *f* (zum Abschirmen von Kanten in der Galvanotechnik) (Galv) / robber *n*, thief *n* ‖ **~bolianische Tätigkeit** (Ausstoßen von Dampf- und Aschenwolken, Auswurf von Schlacken und Bomben) (Geol) / Strombolian eruption* ‖ **~brecher** *m* (für Flüssigkeiten) (Masch) / flight *n* ‖ **~brecher** (Masch) / baffle* *n* ‖ **~dichte** *f* (auf die geometrische Flächeneinheit bezogener Strom) (Elektr) / current density*, CD ‖ **elektrische ~dichte** (DIN 1301, T 2) (Elektr) / current density*, CD ‖ **~differentialschutz** *m* (Eltech) / current phase-balance protection ‖ **~durchflossen** *adj* (Eltech) / live* *adj*, alive *adj*, hot *adj*, energized *adj*, current-carrying *adj* ‖ **~durchgang** *m* (Eltech) / current passage, passage of current ‖ **~effektivität** *f* (Eltech, Galv) / current efficiency* ‖ **~einstellbereich** *m* (eines Überstromauslösers) (Eltech) / current-setting range ‖ **~element** *n* (z.B. im Ampèreschen Gesetz) (Elektr) / current element ‖ **~empfindlichkeit** *f* (Eltech) / current sensitivity*
**strömen** *v* / flow *v* ‖ **~** *n* (Phys) / flow *n*, flowing *n*
**strömend•er Abfluß** (Phys, Wasserb) / subcritical flow ‖ **~e Quecksilberelektrode** / streaming Hg-electrode ‖ **~er Wärmeträger** (Wärm) / heat transfer fluid, heat-carrying fluid ‖ **~e Wassermasse** (Wasserb) / water flow
**Strom•entnahme** *f* (Eltech) / current drain, drain *n* ‖ **~entwendung** *f* (Eltech) / current theft, theft of (electrical) energy ‖ **~erfüllter Schritt** (Fernm) / current bit ‖ **~erzeuger** *m* (Eltech) / electric generator ‖ **vollselbsttätiger ~erzeuger** (Eltech) / automatic generating plant ‖ **dampfbetriebener ~erzeuger** (Eltech) / steam-electric generating set* ‖ **~erzeugersatz** *m* (Eltech) / generating set* ‖ **~erzeugung** *f* (Eltech) / electric power generation ‖ **~erzeugung im Kernkraftwerk** (Eltech, Nukl) / nuclear electricity generation ‖ **~erzeugungskapazität** *f* (eines Kraftwerks) (Eltech) / generating capacity ‖ **~erzeugungsleistung** *f* (pro Reaktor) (Eltech, Nukl) / generation output
**Stromeyerit** *m* (Min) / stromeyerite *n*
**Strom•faden** *m* (der flüssige Inhalt der Stromröhre bei Rohrströmungen idealer Flüssigkeiten) (Phys) / thread of stream ‖ **~fahne** *f* (Kfz) / current-carrying lug ‖ **~fehler** *m* (eines Stromwandlers) (Eltech) / current error ‖ **~feld** *n* (Phys) / field of flow, flow field ‖ **~fläche** *f* (Phys) / current sheet ‖ **~fluß** *m* (Eltech) / current flow ‖ **~flußwinkelsteuerung** *f* (Eltronik) / phase control, phase-angle control ‖ **~führend** *adj* (Eltech) / live* *adj*, alive *adj*, hot *adj*, energized *adj*, current-carrying *adj* ‖ **~führend** (leitend) (Eltech) / conducting *adj*, conductive *adj* ‖ **~führende Verbindung** (Eltech) / conductor* *n* ‖ **~funktion** *f* (die ein rein horizontales Stromfeld in einer Fläche beschreibt) (Math, Phys) / stream function ‖ **~gebiet** *n* (das sich längs eines Stromes erstreckende und vom ihm beeinflußte Gebiet) (Wasserb) / basin *n* (of a river) ‖ **~gefälle** *n* (Wasserb) / stream gradient, slope of stream ‖ **~gegenkopplung** *f* (eine Gegenkopplung des Vierpols) (Eltech) / negative current feedback ‖ **~gesteuert** *adj* (Eltech) / current-controlled *adj* ‖ **~gesteuerte Spannungsquelle** (DIN 5489) (Eltech) / current-controlled voltage source ‖ **~gesteuerte Logik** (Eltronik) / emitter-coupled logic, ECL, current-mode logic, CML
**Strömgren-Sphäre** *f* (strahlungsionisierte Zone) (Astr) / Strömgren sphere
**Strom•impuls** *m* (Elektr) / current pulse ‖ **~kabel** *n* (Kab) / electricity cable ‖ **~karte** *f* (Wasserb) / current chart ‖ **~klassieren** *n* (nach der Gleichfälligkeit in einem Medium) (Aufber) / free-settling* *n* ‖ **~klassieren** (im Wasserstrom) (Aufber) / hydraulic classification, sluicing *n* ‖ **~klassieren im fast waagerechten Strom** (Aufber) / film sizing *n* ‖ **~klassierer** *m* (mit Wasserstrom) (Aufber) / hydraulic classifier* ‖ **~knoten** *m* (Eltech) / current node* ‖ **~kopplung** *f* (bei Antennen) (Radio) / current feed* ‖ **~korrosion** *f* / anodic corrosion, anode corrosion
**Stromkreis** *m* (Elektr, Eltech) / circuit* *n* ‖ **~** (Elektr, Eltech) s. auch Schwingkreis ‖ **angekoppelte ~e** (Elektr) / coupled circuits ‖ **äußerer ~** (Eltech) / external circuit* ‖ **einphasiger ~** (DIN 40 110) / single-phase circuit ‖ **elektrischer ~** (im allgemeinen) (Elektr) / electrical circuit, electric circuit ‖ **geerdeter ~** (Eltech) / earthed circuit*, grounded circuit* (US), earthy circuit ‖ **geschlossener ~** (Eltech) / closed circuit*, cc ‖ **in Reihe geschalteter ~** (Eltech) / series circuit ‖ **induktiver ~** (Eltech) / inductive circuit* ‖ **innerer ~** (Eltech) / internal circuit ‖ **mehrphasiger ~** (DIN 40 110) (Elektr) / polyphase circuit ‖ **offener ~** (Eltech) / open circuit*, OC ‖ **parallelgeschalteter ~** (Eltech) / shunt circuit*, parallel circuit* ‖ **primärer ~** (Eltech) / primary circuit ‖ **seriengeschalteter ~** (Elektr) / series circuit ‖ **symmetrischer ~** (Eltech) / balanced circuit* ‖ **unkompensierter ~** (Eltech) / unbalanced circuit* ‖ **verzweigter ~** (Teleg) / divided circuit, branched circuit ‖ **virtueller ~** (Elektr) / virtual circuit ‖ **~parameter** *m pl* (Eltech) / circuit parameters*
**Strom•laufplan** *m* (übersichtliche Darstellungsart für elektrische Schaltungen nach DIN 40719) (Eltech) / circuit diagram*, wiring diagram ‖ **~leckpfad** *m* (Eltech) / current leakage path ‖ **~leiter** *m* (Eltech) / conductor* *n*, wire *n* ‖ **~leitung** *f* (als physikalische Eigenschaft) (Elektr) / current conduction
**Stromlinie** *f* (die in einem bestimmten Augenblick an jeder Stelle von den Geschwindigkeitsvektoren tangiert wird) (Phys) / streamline* *n* ‖ **Stromlinien•-** (Masch) / streamlined *adj* ‖ **~formgebung** *f* / streamlining *n* ‖ **~förmig** *adj* (Masch) / streamlined *adj* ‖ **~ventil** *n* (Masch) / full-way valve ‖ **~verkleidung** *f* (Masch) / streamlining *n*
**stromlos** *adj* (Eltech) / cold *adj*, dead *adj*, de-energized *adj*, dry *adj*, currentless *adj* ‖ **~ abgeschiedene Grundschicht** (Galv) / strike *n* ‖ **~es Ende** (Eltech) / dead end ‖ **~ machen** (Eltech) / de-energize* *v*, disconnect *v*, cut off *v*, cut *v*, cut out *v*, power down *v*, shut down *v* ‖ **~er Schritt** (Fernm) / no-current bit ‖ **~e Vergoldung** / electroless gilding ‖ **~e Vernickelung** (in chemischen Reduktionsbädern) (Galv) / electroless nickel plating
**Stromlosigkeit** *f* (Eltech) / absence of current
**Strom•messer** *m* (Eltech) / ammeter* *n*, amperemeter *n* ‖ **widerstandsloser ~messer** (Eltech) / zero-resistance ammeter ‖ **~moment** *n* (Elektr) / meter ampere ‖ **~netz** *n* (Eltech) / electric power network, mains *pl*, powerline *n* (US) ‖ **~nulldurchgang** *m* (Eltech) / zero current ‖ **~pfad** *m* (im allgemeinen) (Eltech) / current path ‖ **~pfad** (in einem Meßgerät) (Eltech) / current circuit*, series circuit ‖ **~pfeiler** *m* (der Brücke) (HuT, Wasserb) / river pier ‖ **~pfeilerkopf** *m* (HuT, Wasserb) / starling *n*, cutwater* *n*, pier cap ‖ **~phase** *f* (Eltech) / current phase ‖ **~quelle** *f* (z.B. DIN 5489) (Eltech) / source of current, current source ‖ **abgetrennt von der ~quelle** (Elektr) / cold *adj*, dead *adj*, de-energized *adj*, dry *adj*, currentless *adj* ‖ **ideale ~quelle** (Elektr) / ideal current source ‖ **~rauschen** *n* (Akus) / fluctuation noise* ‖ **~rauschen** (Eltronik) / thermal noise*, Johnson noise*, output noise*, resistance noise*, thermal agitation noise ‖ **~regelventil** *n* (Phys, Wasserb) / flow-control valve, flow regulator, flow-rate controller ‖ **~regler** *m* (Eltech) / current regulator* ‖ **~relais** *n* (Eltech) / current relay ‖ **~resonanz** *f* (Eltech) / parallel resonance*, current resonance, antiresonance *n*, shunt resonance*, tunance* *n*, voltage resonance ‖ **~resonanzfrequenz** *f* (Eltech) / antiresonance frequency* ‖ **~resonanzpunkt** *m* (bei Filtern) (Eltech) / antiresonance peak
**Stromrichter** *m* (Gleichrichter, Wechselrichter und Umrichter nach DIN 41750) (Eltech) / static converter, converter *n* ‖ **~lokomotive** *f* (Bahn) / rectifier electric locomotive, rectifier locomotive ‖ **~motor** *m* (Eltech) / converter-fed motor, thyristor-fed motor, inverter motor ‖ **~ventil** *n* (Eltech) / converter valve
**Strom•richtungsumkehr** *f* (Eltech) / reversal of current ‖ **~richtungswechsel** *m* (Eltech) / reversal of current ‖ **~röhre** *f* (die Gesamtheit der durch eine kleine geschlossene Kurve gehenden Stromlinien) (Phys) / stream tube ‖ **~rückkopplung** *f* (Eltech, Eltronik) / current feedback ‖ **~rückleitungsschiene** *f* (Bahn, Eltech) / fourth rail* ‖ **~schaltlogik** *f* (Eltronik) / emitter-coupled logic, ECL, current-mode logic, CML ‖ **~schiene** *f* (Bahn, Eltech) / live rail*, conductor rail*, contact rail*, third rail ‖ **~schiene** (einer Schaltanlage) (Eltech) / busbar* *n*, omnibus-bar* *n*, bus *n*, bus-conductor *n* ‖ **~schlüssel** *m* (bei der Messung der EMK an den Grenzflächen zwischen Elektrolytlösungen) (Chem) / salt bridge ‖ **~schnelle** *f* (Wasserb) / rapids zone, race *n*, rapids *pl*, riffles *pl* (US) ‖ **ruhiges Wasser unter der ~schnelle** (Wasserb) / tail *n* ‖ **~schreiber** *m* (Eltech) / current recorder ‖ **~schutz** *m* (Eltech) / current protection ‖ **~schwankung** *f* (Eltech) / current fluctuation ‖ **~-Spannung-Charakteristik** *f* (Eltech) / volt-ampere characteristics, VA characteristics ‖ **~-Spannung-Kennlinie** *f* (Eltech) / volt-ampere characteristics, VA characteristics ‖ **~-Spannung-Kennlinie** (einer Röhre) (Eltronik) / anode characteristic* ‖ **~-Spannungs-Messung** *f* (Eltech) / voltmeter-ammeter method ‖ **~sparend** *adj* / reduced-energy *attr* ‖ **~sparmodus** *m* / sleep mode ‖ **~sparschlafmodus** *m* / sleep mode ‖ **~sperre** *f* (Eltech) / power cut, power cut-off ‖ **~spule** *f* (des elektrischen Leistungsmessers) (Eltech) / current coil* ‖ **~stabilisierende Z-Diode** (eine Halbleiterdiode) (Eltronik) / field-effect diode, FED, Zener diode regulator ‖ **~stärke** *f* (elektrische) (Elektr) / current* ‖ **elektrische ~stärke** (in Ampere) (Elektr) / amperage* *n* ‖ **~störer** *m* (z.B. im Rührwerk) (Masch) / baffle* *n* ‖ **~stoß** *m* (Eltech) / surge *n* (voltage of an impulsive wave), impulse voltage*, surge voltage, pulse voltage ‖ **~stoßrelais** *n* (Eltech) / surge relay ‖ **~stoßschweißen** *n* (Schw) / multiple-impulse welding, pulsation welding ‖ **~strich** *m* (Linie der

größten Oberflächenfließgeschwindigkeiten entlang einer Fließgewässerstrecke) (Hyd) / line of maximum velocity, thread n ‖ ~system n (DIN 40108) (Eltech) / current system ‖ ~tarif m (Eltech) / tarif n ‖ ~teiler m nach Ayrton (Eltech) / Ayrton shunt, universal shunt ‖ ~tor n (gasgefülltes) (Eltronik) / thyratron* n ‖ ~tordekade f (Eltech) / gated decade counter ‖ ~trockner m (Plast) / pneumatic conveying drier, flash drier ‖ ~trocknung f / pneumatic drying, flash drying*, dispersion drying ‖ ~trocknung s. auch Zerstäubertrocknung ‖ ~übergangsverluste m pl an den Bürsten (Eltech) / brush-contact loss ‖ ~übertragungsverhältnis n (bei den Optokopplern) / coupling efficiency, coupling coefficient ‖ ~unfall m (Eltech, Med) / electrical accident ‖ tödlicher ~unfall (Eltech, Med) / electrocution n
**Strömung** f / current* n, stream n ‖ ~ (Phys) / flow n, flowing n ‖ ~ (starke) (Wasserb) / race n ‖ **abgerissene** ~ (Luftf, Phys) / separated flow ‖ **akustische** ~ (Akus) / acoustic streaming ‖ **Bereich m der starken** ~ (Wasserb) / rapids zone, race n, rapids pl, riffles pl (US) ‖ **blockierte** ~ (Phys) / choked flow ‖ **die** ~ **reißt am Flügel ab** (Luftf) / the airfoil is stalled, the wing is stalled ‖ **drallfreie** ~ (Phys) / irrotational flow, irrotational motion ‖ **drehungsfreie** ~ (Phys) / irrotational flow, irrotational motion ‖ **dreidimensionale** ~ (Phys) / three-dimensional flow, 3-D flow ‖ **ebene** ~ (Phys) / two-dimensional flow, 2-Dflow, two-D flow ‖ **eindimensionale** ~ (Phys) / one-dimensional flow, 1-D flow ‖ **eindimensionale** ~ **idealer Flüssigkeiten** (Phys) / one-dimensional flow of ideal fluids ‖ **eindimensionale** ~ **zäher Newtonscher Flüssigkeit** (Phys) / one-dimensional flow of viscous Newtonian fluid ‖ **gleichmäßige** ~ (Phys) / uniform flow ‖ **ideale** ~ (Phys) / ideal flow, inviscid flow, frictionless flow ‖ **inkompressible** ~ (Phys) / incompressible flow ‖ **kompressible** ~ (Phys) / compressible flow ‖ **kritische** ~ (Wasserb) / critical flow ‖ **küstenparallele** ~ (Ozean) / littoral current ‖ **laminare** ~ (stationäre Strömung reibungsbehafteter Flüssigkeiten oder Gase, bei der die Schichten der strömenden Substanz ohne Wirbelbildung aneinandergleiten - DIN 1342, T 1) (Phys) / laminar flow* ‖ **nichtstationäre** ~ (Phys) / unsteady flow ‖ **pulsierende** ~ (Phys) / pulsating flow ‖ **reibungsbehaftete** ~ (Phys) / viscous flow*, real flow ‖ **reibungsfreie inkompressible** ~ (nach den Blasiusschen Formeln) (Phys) / Blasius flow ‖ **schleichende** ~ (die Reibungskräfte sind wesentlich größer als die Trägheitskräfte - DIN 1342, T 1) (Phys) / creeping flow ‖ **schwallförmige** ~ (in Rohren) / slug flow, piston flow, plug flow ‖ **stationäre** ~ (eine Flüssigkeitsströmung, wenn das Geschwindigkeitsfeld der Strömung zeitunabhängig ist) (Phys) / steady flow*, time-invariant flow ‖ **sublaminare** ~ (Phys) / sublaminar flow ‖ **transsonische** ~ (bei der die Machzahl in den Grenzen 0,8 bis 1,3 liegt) (Phys) / transonic flow ‖ **turbulente** ~ (ungeordnete Bewegung von Flüssigkeits- oder Gasteilchen) (Phys) / turbulent flow*, tortuous flow, sinuous flow, eddy flow* ‖ **ungleichmäßige** ~ (Hyd) / non-uniform flow* ‖ **viskosimetrische** ~ (DIN 1342, T 1) (Phys) / viscometric flow ‖ **vom Flügel abgelöste** ~ (Luftf) / wing wake ‖ **wandnahe** ~ (Phys) / flow near the wall ‖ **windererzeugte** ~ (Ozean) / wind-generated current ‖ **zweidimensionale** ~ (Phys) / two-dimensional flow, 2-Dflow, two-D flow ‖ ~ **im Überschallbereich** (Phys) / supersonic flow ‖ ~ **im Unterschallbereich** (Phys) / subsonic flow ‖ ~ **in der Übergangsphase** (Phys) / transient flow ‖ ~ **mit Rotation** (des Geschwindigkeitsfeldes) (Phys) / rotational flow ‖ ~ **von Flüssigkeiten** (Phys) / liquid flow
**Strömungs•ablösung** f (Phys) / flow separation, burbling n ‖ ~abreißwinkel m (Luftf) / angle of stall*, stalling angle, stall angle ‖ ~abriß m (bei Verdichtern) (Masch) / stall ‖ ~abriß (Phys) / flow separation, burbling n ‖ ~abriß im Kompressor (Luftf) / compressor stall, compressor stalling ‖ umlaufender ~abriß in einzelnen Schaufelkanälen (des Axialverdichters) (Masch) / rotating stall ‖ ~bild n (Phys) / flow pattern, flow diagram ‖ ~diagramm n (Phys) / flow pattern, flow diagram ‖ ~divergenz f (Meteor) / divergence* n ‖ ~doppelbrechung f (die durch die in einem Schergefälle eintretende Orientierung anisometrischer Teilchen hervorgerufene optische Doppelbrechung) (Opt) / Maxwell effect, streaming birefringence, stream double refraction ‖ ~druck m (Phys) / flow pressure ‖ ~düse f / flow nozzle, agitating nozzle ‖ ~energie f (Energiekonstante in der Bernoullischen Gleichung) (Hyd) / hydraulic head ‖ ~energie (Phys) / energy of flow ‖ ~feld n (das gesamte mit Flüssigkeit angefüllte Gebiet, das durch die Angabe des Geschwindigkeitsfeldes gekennzeichnet ist) (Phys) / field of flow, flow field ‖ ~figur f (Phys) / flow pattern, flow diagram ‖ ~förderer m (hydraulischer oder pneumatischer Stetigförderer) (Masch) / flow conveyor (pneumatic or hydraulic conveyor) ‖ ~funktion f (in der Strömungslehre) (Math, Phys) / stream function ‖ ~geräusch m (Akus) / flow noise ‖ ~getragen adj (Luftfahrzeug) (Luftf) / heavier-than-air* adj ‖ ~getriebe n (Masch) / Föttinger speed transformer* n (Masch), hydrodynamic power transmission*, hydraulic torque converter*, fluid flywheel* / Föttinger converter ‖ ~gleichrichter m (Bauteil, das zur Erzeugung eines der Strömung in einem geraden Rohr vergleichbaren Strömungsprofils in den Rohrquerschnitt eingebracht wird) (Phys) / straightener n ‖ ~günstig adj (ohne störende Übergänge) (Luftf) / blended adj ‖ ~günstig (Masch) / streamlined adj ‖ ~günstige Verkleidung (Luftf) / blister n ‖ ~haube f (Luftf) / blister n ‖ ~kalorimeter n (z.B. nach Callendar) / flow calorimeter ‖ ~kanal m (Luftf) / duct n ‖ ~konvergenz f (Meteor) / convergence n, negative divergence ‖ ~kupplung f (Masch) / hydraulic coupling*, fluid coupling, Föttinger coupling*, Föttinger transmitter* ‖ ~lehre f (ein Teilgebiet der Mechanik, die Lehre von der Bewegung der Flüssigkeiten und der Gase) (Mech) / fluid dynamics ‖ ~leitkammer f (behälterförmige Einrichtung, die am Heck des Schiffs zur Maschinenerprobung angebracht ist) (Schiff) / flow chamber ‖ ohne ~lenkende Leit- oder Störeinbauten (Prallflächen, Leitbleche usw.) (Masch) / unbaffled adj ‖ ~maschine f (eine Maschine, die von einem Medium stetig durchströmt wird und von diesem Energie annimmt oder Energie an das Medium abgibt - Turbinen, Kompressoren, Pumpen) (Masch) / fluid-flow machine, turbo-machine n, fluid dynamic machine, fluid mover, fluid dynamic-type machine ‖ ~maschinen f pl (Masch) / fluid machinery ‖ ~mechanik f (Lehre vom Gleichgewicht und der Bewegung der Fluide) (Mech) / fluid mechanics ‖ ~mechanische Schaltkreistechnik (Regeln) / fluidics* n, fluid logic, fluerics n, pneumatic logic ‖ ~messer m (Instr, Masch) / flowmeter* n, flow-measuring device ‖ ~methode f (zur Ermittlung der Reaktionsgeschwindigkeit) (Chem) / stopped-flow method, flow method ‖ ~potential n (eine elektrokinetische Erscheinung) (Chem, Phys) / streaming potential*, stream potential ‖ ~potential (eine skalare Funktion bei einer wirbelfreien Strömung) (Phys) / velocity potential ‖ ~querschnitt m (Phys) / flow cross-section ‖ ~richtung f (Phys) / flow direction ‖ ~richtung (Wasserb) / set* n ‖ ~richtung des Hochwassers (Wasserb) / flood axis ‖ ~sonde f (Phys) / flow probe ‖ ~sonde, die f mit Druckdifferenz arbeitet (Luftf) / differential-pressure flowmeter ‖ ~sonde f zur Messung des Gesamtdruckes (Pitotrohr, Kammsonde) (Luftf) / facing gauge, total-pressure tube, total-head tube ‖ ~sonde zur Messung des statischen Druckes (Luftf) / static-pressure tube, static tube ‖ ~umlenkender Leit- oder Störeinbau (Luftf, Wasserb) / baffle* n ‖ ~vektor m (Eltech) / Poynting vector* n ‖ ~vorhang m (beim Düsenauftrag) (Pap) / curtain coating ‖ ~wächter m (Gerät, das die Unterschreitung einer Mindestdurchflußmenge in einem Gerinne oder Rohr feststellt und meist einen Impuls abgibt, um zur Verhinderung des Trockenlaufens einer Pumpe diese abzuschalten) (Masch) / flow indicator ‖ ~wächter (Mengenregler) (Phys, Wasserb) / flow-control valve, flow regulator, flow-rate controller ‖ ~widerstand m (einer Flüssigkeit) (Hyd) / hydraulic friction ‖ ~widerstand (im allgemeinen) (Luftf, Phys) / drag* n, flow resistance, fluid resistance, head resistance* ‖ ~widerstand des Wassers (Hyd) / water resistance
**Strom•unterbrechung** f (Eltech) / current interruption ‖ ~ventil n (ein Hydroventil zur Beeinflussung eines Druckmittelstromes, z.B. Drossel oder Stromregelventil) / metering valve, volume-control valve ‖ ~verband m (ein alter Mauersteinverband bei starken Backsteinfundamentmauern) (Bau) / raking bond*, diagonal bond*, herring-bone bond* ‖ ~verbrauch m (Eltech) / current consumption, power consumption ‖ ~verbraucher m (Eltech) / load* n ‖ ~verbraucher (Eltech) / current consumer, power consumer ‖ ~verbrauchszähler m (Eltech) / supply meter* ‖ ~verdrängung f (Eltech) / skin effect*, conductor skin effect, Kelvin skin effect ‖ ~vergleichsregler m (Eltech) / current regulator* ‖ unterbrechungsloser ~verlauf (Elektr) / continuity n ‖ ~versorgung f (Eltech) / power supply*, energy supply ‖ gepufferte ~versorgung (EDV) / buffered power supply, buffered power system (supply) ‖ unterbrechungsfreie ~versorgung (Eltech) / uninterruptible power system (supply), UPS, electric uninterruptible power system, uninterruptible power supply ‖ vollständiger Ausfall der normalen ~versorgung (Kernphys) / total loss of power, loss of all power ‖ ~versorgungsgeräusch n (Fernm) / hum n ‖ ~versorgungsnetz n (Eltech) / electric power network, mains pl, powerline n (US) ‖ ~verstärker m (Eltech) / current amplifier ‖ ~verstärkung f (Eltech) / current amplification*, current gain* ‖ ~verstimmung f (Eltech) / pushing n ‖ ~verteilsystem n (Leitungssystem mit den erforderlichen Schutzeinrichtungen für den Transport elektrischer Energie) (Eltech) / power distribution system, current distribution system ‖ ~verteilungsrauschen n (Eltronik) / partition noise* ‖ ~waage f (eine Meßeinrichtung zur fundamentalen Bestimmung der elektrischen Stromstärke) (Eltech) / current balance*, current weigher*, electric balance* ‖ ~waage nach Kelvin (Eltech) / Kelvin ampere-balance* ‖ ~wandler m (Eltech) / current transformer ‖ ~wärme f (Elektr) / Joule heat, Joulean heat, current heat ‖ ~wärmeverlust m (nach dem bisher am häufigsten verwendeten Leitungsmaterial wird er sehr oft als Kupferverlust bezeichnet) (Eltech) / $I^2R$ loss* ‖ ~wender m (Eltech) / commutator* n ‖

⁓**wenderlamelle** *f* (Eltech) / segment* *n*, commutator bar*, commutator segment*, bar *n* ‖ ⁓**wendermaschine** *f* (Eltech) / commutator machine, commutating machine* ‖ ⁓**wendermotor** *m* (Eltech) / commutator motor* ‖ ⁓**wendung** *f* (Eltech) / commutation *n* ‖ **beschleunigte** ⁓**wendung** (Eltech) / forced commutation* ‖ **funkenfreie** ⁓**wendung** (Eltech) / sparkless commutation* ‖ ⁓**zähler** *m* (Eltech) / electricity meter*, integrating meter*, electricity supply meter* ‖ ⁓**zeit** *f* (beim Stromschweißen diejenige Zeit, während der der Schweißstrom tatsächlich fließt) (Schw) / current-on period, on-period *n* ‖ ⁓**zufuhr** *f* (Eltech) / power supply*, energy supply ‖ ⁓**zuführung** *f* **durch dritte Schiene** (Eltech) / third-rail system* ‖ ⁓**zuführungskabel** *n* (ein Gerätekabel) (Kab) / trailing cable* ‖ ⁓**zuleitung** *f* (Eltech) / feeder* *n*, incoming feeder*, supply line, lead* *n* (li:d), supply line

**Strontian** *n* (SrO) (Chem) / strontia *n* ‖ ⁓**erde** *f* (SrO) (Chem) / strontia *n*

**Strontianit** *m* (Strontiumkarbonat, isotyp mit Aragonit) (Min) / strontianite *n*

**Strontium (Sr)** *n* (Chem) / strontium* *n* ‖ ⁓ **90** (Chem) / strontium 90 ‖ ⁓**alter** (absolutes Alter, nach der Rubidium-Strontium-Methode bestimmt) (Geol) / strontium age ‖ ⁓**borid** *n* (Chem) / strontium boride ‖ ⁓**bromid** *n* (Chem) / strontium bromide ‖ ⁓**carbonat** *n* (Chem) / strontium carbonate ‖ ⁓**chlorid** *n* (SrCl$_2$) (Chem) / strontium chloride ‖ ⁓**chromat** *n* (Chem) / strontium chromate ‖ ⁓**einheit** *f* (Kernphys) / strontium unit*, SU ‖ ⁓**fluorid** *n* (SrF$_2$) (Chem) / strontium fluoride ‖ ⁓**gelb** *n* (ein Chrompigment) (Anstr) / strontium yellow ‖ ⁓**hydroxid** *n* (Chem) / strontium hydroxide, strontium hydrate ‖ ⁓**karbonat** *n* (Chem) / strontium carbonate ‖ ⁓**nitrat** *n* (Chem) / strontium nitrate ‖ ⁓**oxid** *n* (Chem) / strontium oxide ‖ ⁓**sulfat** (Anstr, Chem) / strontium sulphate ‖ ⁓**sulfid** *n* (als blau leuchtendes Pigment für Leuchtfarben gebraucht) (Chem) / strontium sulphide, strontium monosulphide ‖ ⁓**titanat** *n* (SrTiO$_3$) (Chem, Eltronik) / strontium titanate ‖ ⁓**zirkonat** *n* (Chem) / strontium zirconate

**Strophanthin** *n* (herzwirksames Glykosid aus den Samen von Strophanthusarten) (Pharm) / strophanthin *n* ‖ **g-**⁓ (Pharm) / ouabain *n*, strophanthin-G *n*, G-strophanthin *n*

**Strophanthusglykosid** *n* (Pharm) / strophanthin *n*

**Strophoide** *f* (eine rationale Kurve) (Math) / strophoid *n*

**Stropp** *m* (Anschlagmittel aus Hanf oder Draht) (Schiff) / sling *n*

**stroppen** *v* (Schiff) / sling *v*

**Strosse** *f* (beim untertägigen Streckenvortrieb) (Bergb) / underhand stope* ‖ ⁓ (Abbaustufe im Tagebau) (Bergb) / bank *n*, bench *n* (HuT) / gullet *n*, terrace *n* (in unconsolated material), bench *n* (in solid rock)

**Strossen•band** *n* (Gurtförderer im Braunkohlentagebau auf der Strosse) (Bergb) / bench belt conveyor ‖ ⁓**bau** *m* (Bergb) / underhand stoping ‖ ⁓**bau** (HuT) / gulleting* *n*, benching *n* ‖ ⁓**sprengung** *f* (Bergb) / bench blasting

**Strouhal-Zahl** *f* (charakteristische Kenngröße der Strömungstechnik bzw. der Strömungsakustik - nach Č. Strouhal, 1850-1923) (Phys) / Strouhal number

**Strowger-System** *n* (Fernsp) / step-by-step system, Strowger system

**Strowger-Wähler** *m* (Fernsp) / two-motion selector*, Strowger selector, two-motion switch

**Struck** *m n* (ein dem Kord ähnliches Doppelgewebe) (Tex) / twill backed cloth

**Struckbindung** *f* (eine Hohlschußbindung) (Web) / twill-backed weave

**Structured Query Language** *f* (von IBM entwickelte Standard-Abfragesprache für Datenbanken) (EDV) / Structured Query Language, SQL

**Strudel** *m* / eddy* *n*, vortex *n* (pl. vortices or vortexes) ‖ ⁓ (kreis- oder spiralförmige abwärtssaugende Bewegung im Wasser) (Wasserb) / whirlpool *n*, vortex *n* (pl. vortices or vortexes), whirl *n* ‖ ⁓**loch** *n* (in Kohlenflözen) (Bergb) / blister *n* ‖ ⁓**loch** (Wasserb) / pothole *n*

**strudeln** *vt* / churn *vt* ‖ ⁓ *v* / eddy *v*

**Strudel•punkt** *m* (einer Kurvenschar) (Math) / focus* *n* (pl. foci or -es), spiral point ‖ ⁓**topf** *m* (Wasserb) / pothole *n*

**Struktogramm** *n* (EDV) / structure chart, structured chart, structogram *n*

**Struktur** *f* (ein Gesamt an Formelementen eines Systems, die durch Strukturprinzipien bestimmt werden) / structure *n* ‖ ⁓ (Konstitution) (Chem) / constitution* *n* ‖ ⁓ (EDV) / structure *n* ‖ ⁓ (das charakteristische Bild einer Holzart) (For) / texture *n* ‖ ⁓ (eine geologische Bauform) (Geol) / structure *n* ‖ ⁓ (geometrische Beziehungen zwischen den konstituierenden Mineralen eines Gesteins) (Geol) / texture* *n* ‖ ⁓ s. auch Gefüge und Textur ‖ ⁓ **(von) gleicher** ⁓ / isostructural *adj* ‖ **absolute** ⁓ (Krist) / absolute structure ‖ **algebraische** ⁓ (Math) / algebraic structure **dichtgepackte** ⁓ (Krist) / close-packed structure ‖ **die** ⁓ **verändern** / restructure *v* ‖ **dissipative** ⁓ (eine Nichtgleichgewichtsstruktur) (Math, Phys) / dissipative structure ‖ **hierarchische** ⁓ / hierarchical structure ‖ **körnige** ⁓ / grain structure, granular structure ‖ **logische** ⁓ (EDV) /

logical design*, logic design ‖ **planare** ⁓ (Eltronik) / plane-surface structure, planar structure ‖ **poikilitische** ⁓ (Geol) / poikilitic texture*, poecilitic structure* ‖ **topologische** ⁓ (Math) / topological structure ‖ **zuckerkörnige** ⁓ (Geol) / saccharoidal texture*, sucrose texture ‖ ⁓ *f* **des Schleifmittels** (auf einem Schleifkörper) / grain spacing

**Struktur•-** / structural *adj* ‖ ⁓**abhängig** *adj* (Datenfeld) (EDV) / contiguous *adj* ‖ ⁓**amplitude** *f* (Betrag des Strukturfaktors) (Krist) / structure amplitude ‖ ⁓**analyse** *f* (z.B. Kristallstrukturanalyse, Röntgenstrukturanalyse) (Krist) / structure analysis, structural analysis ‖ ⁓**analyse** s. auch Röntgenkristallstrukturanalyse ‖ ⁓**änderung** *f* / structural change, change in structure ‖ ⁓**attribut** *n* (EDV) / structural attribute ‖ ⁓**aufklärung** *f* (Chem) / structure elucidation, structure determination ‖ ⁓**aufklärung** (z.B. Kristallstrukturanalyse, Röntgenstrukturanalyse) (Krist) / structure analysis, structural analysis ‖ ⁓**beschreibung** *f* (von einem Parser) (EDV) / structural description ‖ ⁓**beton** *m* (Ergebnis einer gezielten Formgebung der Schalung, der nachträglichen Bearbeitung der Betonoberfläche oder der Gestaltung von Frischbetonflächen) (Arch, Bau, HuT) / textured concrete ‖ ⁓**bezogen** *adj* (z.B. Polymernomenklatur) (Chem) / structure-based *adj* ‖ **poikilitisches** ⁓**bild** (Geol) / poikilitic texture*, poecilitic structure* ‖ ⁓**block** *m* (in der strukturierten Programmierung) (EDV) / module *n* ‖ ⁓**boden** *m* (der durch Scheidung der steinigen und erdigen Bodenbestandteile bestimmte Strukturformen angenommen hat) (Geol) / patterned ground ‖ ⁓**bruch** *m* (Plast) / melt fracture ‖ ⁓**chemie** *f* (Chem) / structural (inorganic) chemistry ‖ ⁓**effekt** *m* (Tex) / texture effect ‖ ⁓**einheit** *f* (als konkrete Realisierung) / structural element ‖ ⁓**element** *n* (eine Relation) / structural element ‖ ⁓**element** (als konkrete Realisierung) / structural element

**strukturell** *adj* / structural *adj* ‖ ⁓**e Arbeitslosigkeit** / structural unemployment ‖ ⁓**e Dämpfung** (Lufft) / structural damping* ‖ ⁓**e Falle** (Erdöl) / structural trap ‖ ⁓**e Korrosion** (Bau) / structural corrosion ‖ ⁓**e Mehrdeutigkeit** / structural ambiguity

**struktur•empfindlich** *adj* (Reaktion) (Chem) / structure-sensitive *adj*, demanding *adj* ‖ ⁓**empfindlicher Ton** (Geol) / sensitive clay ‖ ⁓**ermittlung** *f* (Chem) / structure elucidation, structure determination ‖ ⁓**faktor** *m* (Fourier-Koeffizient der dreidimensional periodischen Dichteverteilung eines Kristalls) (Krist) / structure factor ‖ ⁓**formel** *f* (die die stereochemischen Gegebenheiten widerspiegelt) (Chem) / constitutional formula*, structural formula*, graphic formula*, valency-dash formula ‖ ⁓**gebundener Editor** (EDV) / structurally bounded editor, conceptually bounded editor ‖ ⁓**gen** *n* (Gen) / structural gene* ‖ ⁓**gewebe** *n* (fülliges und für den Sommer meist poröses Gewebe in Bindungen, die eine mustermäßig erhabene Oberfläche und oft einen kernigen Griff hervorrufen) (Tex) / structural fabric, structured fabric, fancy weave fabric ‖ ⁓**gleich** *adj* / isostructural *adj* ‖ ⁓**hilfsmittel** *n* (zur Erzielung einer bestimmten Oberflächenstruktur) (Anstr) / texturing aid

**strukturierbar** *adj* / structurable *adj*

**strukturieren** *v* / structure *v* ‖ ⁓ (Hintergrund) (EDV) / texture *v* ‖ ⁓ (Spinn) / texture *v*, texturize *v* ‖ ⁓ *n* (Spinn) / texturing *n*, texturizing *n*

**strukturiert•e Daten** (EDV) / structured data ‖ ⁓**e Menge** (Math) / structured set ‖ ⁓**e Programmierung** (EDV) / structured programming* (SP) ‖ ⁓**er Sichtbeton** (Arch, Bau, HuT) / textured concrete ‖ ⁓**e Sprache** (EDV) / structured language

**Strukturierung** *f* / structuring *n* ‖ ⁓ (in Muster) / patterning *n* ‖ ⁓ **durch Belichten** (eines Wafers) (Eltronik) / photodelineation *n*

**Strukturierungs•attribut** *n* (EDV) / structural attribute ‖ ⁓**mittel** (Nahr) / texturizer *n*, texturizing agent ‖ ⁓**programm** *n* (EDV) / structuring program

**Struktur•instabilität** *f* (Instabilität eines Systems, die in seiner Struktur begründet ist und durch Verändern der Strukturparameter in vorgegebenen Grenzen nicht behoben werden kann) (EDV) / structure instability ‖ ⁓**isomerie** *f* (Chem) / structural isomerism, constitutional isomerism ‖ ⁓**klebstoff** *m* / structural adhesive (a bonding agent) ‖ ⁓**klebstoff** (Masch) / construction adhesive, structure adhesive, engineering adhesive ‖ ⁓**loser Martensit** (Hütt) / hardenite *n* ‖ ⁓**vorgeschriebenes muster** (bei der maschinellen Übersetzung) (EDV) / canonical form ‖ ⁓**papier** *n* (Strukturtapete) (Bau) / relief paper ‖ ⁓**polymer** *n* (ein Hochleistungspolymer) (Plast) / structural polymer ‖ ⁓**programm** *n* (EDV) / structured program ‖ ⁓**proteine** *n pl* (z.B. Kollagen, Elastin oder Keratin) (Biochem) / scleroproteins* *pl* ‖ ⁓**putz** *m* (Bau) / textured plaster, textural finish ‖ ⁓**rauschen** *n* (des Bandes) (Radio) / structural noise ‖ ⁓**resonanz** *f* (Chem) / mesomerism* *n*, resonance *n* (in molecules)* ‖ ⁓**rheologie** *f* (Phys) / microrheology *n* ‖ ⁓**schaumstoff** *m* (Plast) / structural foam, integral skin foam, integral foam, self-skinning foam ‖ ⁓**speicher** *m* (EDV) / non-erasable memory (paper tapes, punched cards), non-erasable storage, permanent memory (of which the contents cannot be erased during processing) ‖ ⁓**steifigkeit** *f* (Mech) /

**Struktur-Stückliste**

structural stiffness, structural rigidity ‖ ~-**Stückliste** f (F.Org) / structural parts list (which reproduces product structure with all assemblies and components) ‖ ~**stufe** f (Geol) / structural stage ‖ ~**tapete** f (Bau) / relief paper ‖ ~**unabhängig** adj (Datenfeld) (EDV) / non-contiguous adj ‖ ~**unempfindlich** adj (Reaktion) (Chem) / structure-insensitive adj, facile adj ‖ ~**vernadelung** f (Tex) / structure needling ‖ ~**viskos** adj (Phys) / structurally viscous ‖ ~**viskoses Fließverhalten** (Phys) / structural viscosity, shear thinning ‖ ~**viskosität** f (die insbesondere bei Hochpolymeren auftretende Erscheinung, daß die Viskosität mit zunehmender Verformungsgeschwindigkeit abnimmt - DIN 1342, T 1) (Phys) / structural viscosity, shear thinning ‖ ~**wandel** m / structure change, change of structure, structural change ‖ **quantitative ~-Wirkung-Beziehung** (zahlenmäßige Darstellung der Beziehungen zwischen der Struktur von Molekülen und ihrer Wirkungen) (Chem) / QSAR, quantitative structure-activity relationship ‖ ~**zonale Analyse** / optical spatial frequency analysis

**Strumpf•fixiermaschine** f (Tex) / stocking setting machine ‖ ~**formmaschine** f (Tex) / stocking setting machine ‖ ~**garn** n (Tex) / fingering* n ‖ ~**längenmaschine** f (Tex) / legger n, legging machine ‖ ~**ware(n)** f(pl) (Tex) / hosiery* n, stockings and socks

**Strunk, [Baum-, Pflanzen-]**~ (Bot) / stock* n, trunk* n

**Strusen** f pl (Seidenabfall, der in der Schappespinnerei verarbeitet wird - ungebräuchliche Einzahl = Strusa) (Tex) / floss n

**Struvit** m (Min) / struvite* n

**Strychnin** n (Indolalkaloid des Brechnußbaumes bzw. der Ignatiusbohne) (Chem) / strychnine* n ‖ ~**basen** f pl (Chem, Pharm) / strychnine bases*

**Strychnosalkaloide** n pl (z.B. Strychnin, Curare oder Bruzin) (Chem, Pharm) / strychnos alkaloids, nux-vomica alkaloids

**STTL** f (eine Schaltkreisfamilie) (Eltronik) / Schottky transistor-transistor logic, STTL, Schottky TTL*

**Stuart-Briegleb-Modell** n (nach H.A. Stuart, 1899-1974, und G. Briegleb, 1905-1991) (Chem) / Stuart-Briegleb atomic model

**Stub** m (Leitungsstück zur Kompensation von Blindkomponenten der KW-Antennen) (Radio) / stub n

**Stubben** m (Bot) / stump n, tree-stump n ‖ ~**höhe** f (For) / stock height ‖ ~**roder** m (For) / stump grubber, stumper n, stump puller

**Stubble-Mulching-System** n (Landw) / stubble mulching system

**Stuccolustro** m (eine Technik der Wandverkleidung) (Arch) / stuccolustro n (pl. -stri)

**Stuck** m (eine aus Gips, Kalk und Sand bestehende, rasch härtende Masse zur Formung von Plastiken und Ornamenten an verputzten Wänden, Gewölben und Decken) (Bau) / stucco n (pl. -s or stuccoes) ‖ **mit ~ verzieren** (Bau) / stucco v ‖ ~ **anbringen** (Bau) / stucco v

**Stück** m / item n ‖ ~ (oder andere handelsübliche Mengeneinheit, z.B. eine Tapetenrolle) / piece n, pc ‖ ~ (großes) / lump n ‖ ~ (z.B. eines Ziegels) (Bau) / bat* n, batt n ‖ **aus (in) einem ~ gebaut** (Masch) / integral adj ‖ **vom ~ schmieden** (Masch) / forge from a billet ‖ **zehn Euro pro ~** / ten Euros apiece ‖ ~ n **Vieh** (Landw) / head n ‖ ~**abschluß-Markierfäden** m pl (Web) / felling marks, headings pl

**Stuckateur** m (Arch, Bau) / stucco worker, plasterer n

**Stuckator** m (Arch, Bau) / stucco worker, plasterer n

**Stuck•decke** f (Arch, Bau) / stucco ceiling ‖ ~**dekoration** f (Arch) / moulding n

**Stück•durchschuß** m (Typog) / cut lead ‖ ~**erz** n (Bergb, Hütt) / lump ore, ore in pieces ‖ ~**färben** n (Tex) / piece dyeing* ‖ ~**färberei** f (Tex) / piece dyeing ‖ ~**farbig** adj (Tex) / piece-dyed adj, dyed in the piece ‖ ~**färbung** f (Tex) / piece dyeing* ‖ ~**gefärbt** adj (Tex) / piece-dyed adj, dyed in the piece

**Stuckgips** m (Gemisch aus viel Halbhydrat und wenig Anhydrit) (Bau) / class A plaster, hemihydrate plaster (+ anhydrite plaster), plaster of Paris (as a mould material)

**Stückglas** n (Wasserglas) (Chem) / solid water-glass

**Stückgut** n (als Teilmenge) / part load ‖ ~ (Bahn) / part-load n, less-than-carload freight (US) ‖ ~ (als Seefracht oder Schiffsladung) (Schiff) / general cargo ‖ **nicht unifiziertes ~** (Schiff) / break bulk, break-bulk cargo ‖ ~**container** m (Schiff) / dry-freight container ‖ ~**frachter** m (Schiff) / general cargo carrier, general cargo vessel ‖ ~**frachtschiff** n (Schiff) / general cargo carrier, general cargo vessel ‖ ~**hubwerk** n (Masch) / hoist for individual items ‖ ~**ladung** f (Schiff) / general cargo ‖ ~**tarif** m (Bahn) / LCL rate (US)

**stückig** adj (Aufber, Bergb) / lumpy adj, blocky adj, coarse adj, lump attr ‖ ~**es Uran** (Chem, Nukl) / lumped uranium ‖ ~**er Zucker** (Nahr) / lump sugar

**Stück•kalk** m (Bau) / shell n, shells pl ‖ **[hochwertiger] ~kalk** (Bau) / lump lime*, best hand-picked lime ‖ ~**kohle** f (Steinkohle über 80 mm) (Bergb) / large coal (over 6 in.), large cobbles (6 to 3 in.), block coal ‖ ~**koks** m (Bau) / lump coke ‖ ~**kosten** pl / piece-cost, cost per piece, unit cost(s) ‖ ~**länge** f (eine aufgegebene Stoffbahn) (Tex) / cut n ‖ ~**liste** f (eine Fertigungsunterlage, die die Art und die Menge der eindeutig bezeichneten Teile ausweist - DIN 199, T 2 und 3, DIN 6771) (Masch) / parts list, list of parts, bill of materials ‖ ~**listenauflösung** f (Bedarfsauflösung) (F.Org) / explosion of bill of materials ‖ ~**listensatz** m (DIN 6789) (F.Org) / set of parts list, bill-of-material set ‖ ~**lohnarbeit** f (F.Org) / piece-work n, job-work n ‖ ~**lohnsatz** m (F.Org) / piece-rate n ‖ ~**lohnsatzermittlung** f (Masch) / rate fixing* ‖ ~**lohnsatzfestsetzung** f (Masch) / rate fixing*

**Stuck•marmor** m (aus Gips, Leim und Pigmentfarben) (Arch) / imitation (stucco) marble ‖ ~**marmor** (Arch) s. auch Scagliola und Stuccolustro ‖ ~**masse** f (Wasser + tierischer Leim + Leinöl + Harz) (Bau) / composition n, compo n ‖ ~**plastik** f (Bau) / mould* n ‖ ~**plastik** (geschnitten oder gedrechselt) (Bau) / stuck moulding*, stucco n (pl. -s or stuccoes) ‖ ~**angesetzte ~plastik** (mit Schrauben, Stahlnägeln, durch Anrödeln) (Bau) / planted moulding*

**Stück•preis** m / price per piece, price per unit ‖ ~**preis** (Leistungslohnsatz) (F.Org) / piece-rate n ‖ ~**produktion** f (mit der Auftragsmenge "1") (F.Org) / individual production, one-off production, single-part production, unit production, customer production

**Stuckprofil** n (Bau) / mould* n

**Stück•prüfung** f (Eltech) / routine test (test made for quality control by the manufacturer on every device or representative samples, or on parts or materials, as required, to verify that the product meets the design specifications) ‖ ~**schlacke** (Hütt) / lump slag ‖ ~**verzinken** n (Galv) / batch galvanizing ‖ ~**ware** f (Tex) / piece-goods* pl ‖ **wegen fehlerhaften Färbens beanstandete und der Färberei zurückgegebene ~ware** (Tex) / cobblers pl ‖ **nicht appretierte ~ware** (Tex) / lump n ‖ ~**weise** adv / piecewise adv, in pieces ‖ ~**weise glatt** (Math) / piecewise smooth, sectionally smooth ‖ ~**zucker** m (Nahr) / lump sugar

**studentisierte Variationsbreite** (Stats) / studentized range

**Studentisierung** f (Stats) / studentization n

**Studentsche Verteilung** (Stats) / t-distribution* n, Student's t-distribution

**Student•-Test** m (Stats) / Student's-test n, t-test n, Student's t-test ‖ ~**-Verteilung** f (Stats) / t-distribution* n, Student's t-distribution

**Studio** m / studio n ‖ ~ (abgeschlossene Einzimmerwohnung) (Bau) / studio flat, studio apartment (US), studio n ‖ ~ (Film) / film studio, studio n ‖ ~ (Radio, TV) / studio n ‖ ~ **mit Nachhall** (Film, Radio, TV) / live studio ‖ ~ **ohne Nachhall** (Film, Radio, TV) / dead studio

**Studio•arbeiter** m (Film) / grip n (a member of a camera crew responsible for moving and setting up equipment) ‖ ~**aufnahme** f (Film, TV) / studio shot ‖ ~**außengelände** n (Film) / back lot ‖ ~**gelände** n (Film) / studio lot, studio area ‖ ~**gerät** n (Akus) / professional studio quality machine, studio quality machine ‖ ~**mikrofon** n (Akus, Radio, TV) / studio microphone ‖ ~**pumpe** f (ein besonders stabiles Fahrstativ) (Film) / pedestal n ‖ ~**sendung** f (Radio, TV) / studio broadcast ‖ ~**videokonferenz** f (TV) / studio videoconference ‖ ~**wart** m (Film, TV) / studio attendant

**Studium** n **der Ausführbarkeit** / feasibility study ‖ ~ **der autonomen Systeme** (Eltronik) / autonomics* n

**Stufe** f / step n ‖ ~ (der Stufenleiter) / step n ‖ ~ (gerade - der Treppe) (Bau) / flyer* n, flier n ‖ ~ (z.B. des Portals) (Bau) / order n ‖ ~ (in dem Reaktionsablauf) (Chem) / step n ‖ ~ (COBOL) (EDV) / level n ‖ ~ (Eltech, Masch) / stage n ‖ ~ (des Stufenkeils) (Foto, Opt) / step n ‖ ~ (ein stratigrafischer Abschnitt) (Geol) / stage* n ‖ ~ (einer Rakete) (Raumf) / rocket stage ‖ ~ (einer mehrstufigen Rakete) (Raumf) / stage n ‖ ~ **auf ~ rollen** (Wasserflugzeug) (Luftf) / hydroplane v ‖ **erste ~** (eines Treppenlaufs) (Bau) / first step, bottom step, bottom-most step, starting step ‖ **fliegende ~** (einseitig eingespannt) (Bau) / cantilevered step ‖ **letzte ~** (eines Treppenlaufs) (Bau) / last step, landing step, end step ‖ **letzte ~** (einer Reaktion) (Chem Verf) / comßpleting step ‖ **marine ~** (Geol) / marine stage ‖ **physikalische ~** (Betriebssystem) (EDV) / physical level ‖ **polarografische ~** (Chem, Eltech) / polarographic wave ‖ **theoretische ~** (der Destillationskolonne) (Chem Verf) / theoretical plate* ‖ ~ f **der Nahrungskette** (Biol) / trophic level*, tropic adj

**Stufen•bau** m (HuT) / gulleting* n, benching n ‖ ~**belüftung** f (verteilte Abwasserzuführung) (Sanitär) / step aeration ‖ ~**belüftung** (eine Betriebsweise des Belebungsverfahrens) (Sanitär) / step aeration ‖ ~**bezeichnung** f (COBOL) (EDV) / level indicator ‖ ~**bohrer** m (mit mehreren Schneidteilen von verschiedenen Durchmessern) (Masch) / step drill, multidiameter drill, subland drill ‖ ~**boot** n (Schiff) / hydroplane* n, glider n, gliding boat ‖ ~**breite** f (z.B. bei geneigter Stoßfläche) (Bau) / tread* n ‖ ~**dämpfer** m (Fernm) / step attenuator ‖ ~**entwicklung** f / stepwise development ‖ ~**entwicklung** (mit unterschiedlichen mobilen Phasen) (Chem) / step elution ‖ ~**erz** n (Bergb, Hütt) / lump ore ‖ ~**faktor** m (Eltech) / grading coefficient* ‖ ~**faser** f (eine Lichtleitfaser, deren Brechzahl sich in radialer Richtung sprunghaft verändert - DIN 58140, T 1) / step-index fibre, stepped-index fibre*, step-index optical fibre ‖ ~**filter** n (HuT) / graded filter ‖ ~**fläche** f (einer Schichtstufe) (Geol) / backslope n (of a cuesta) ‖ ~**folge** f / gradation n

**stufenförmig** *adj* / stepped *adj*, stepping *adj* ‖ ~**es Anschneiden eines Geländes** (HuT) / benching *n* ‖ ~ **ausgeschnittene Treppenwange** (einer eingestemmten oder eingeschobenen Treppe) (Bau) / bridge board*, notch board* ‖ ~ **ausgesattelte Treppenwange** (einer aufgesattelten Treppe) (Zimm) / cut string*, open string*

**Stufen•form-Plotter** *m* (mit der Bewegung der Schreibvorrichtung in Richtung jeder der vier Achsen um ein bestimmtes Inkrement) (EDV) / incremental plotter ‖ ~**fräsen** *n* (Masch) / step milling ‖ ~**fundament** *n* (Bau, HuT) / benched foundation*, stepped foundation ‖ ~**gezogener Transistor** (Eltronik) / rate-grown transistor, graded-junction transistor ‖ ~**gitter** *n* (Opt) / echelon grating*, echelon *n* ‖ ~**graukeil** *n* (mit stufenweise zunehmender Absorption) (Foto, Opt) / step wedge*, step tablet ‖ ~**grenze** *f* (bei der Kreuzklassifikation) (Stats) / cell boundary ‖ ~**heck** *n* (Kfz) / three-box body (GB), notchback *n* (US) ‖ ~**höhe** *f* (eines Integralchromatogramms) (Chem) / step height ‖ ~**indexprofil** *n* / step-index profile ‖ ~**kante** *f* (Bau, Zimm) / nosing* *n* ‖ ~**keil** *m* (mit stufenweise zunehmender Absorption) (Foto, Opt) / step wedge*, step tablet ‖ ~**kolben** *m* (Kfz) / recessed-skirt piston ‖ ~**kolben** (Masch) / differential piston, step piston, stepped piston, double-diameter piston ‖ ~**kolbenverdichter** *m* (ein Kreuzkolbenverdichter) (Masch) / stepped-piston compressor ‖ ~**köper** *m* (Tex) / stepped twill, elongated twill ‖ ~**landung** *f* (bei Wasserflugzeugen) (Luftf) / step landing ‖ ~**lehne** *f* (einer Schichtstufe) (Geol) / backslope *n* (of a cuesta) ‖ ~**leiter** *f* / step-ladder *n*, steps *pl*, pair of steps ‖ ~**linse** *f* (Foto, Opt) / Fresnel lens, fresnel *n* ‖ **Fresnelsche** ~**linse** (Foto, Opt) / Fresnel lens*, fresnel *n*

**stufenlos** *adj* / stepless *adj* ‖ ~**er Antrieb** (Masch) / infinitely variable drive, steplessly variable drive ‖ ~ **einstellbar** (Masch) / infinitely variable, steplessly adjustable, continuously variable ‖ ~ **einstellbares Getriebe** (Masch) / infinitely variable drive, steplessly variable drive ‖ ~ **regulierbar** (Masch) / infinitely variable, steplessly adjustable, continuously variable ‖ ~ **stellbar** (Masch) / infinitely variable, steplessly adjustable, continuously variable ‖ ~**es Verkleinern oder Vergrößern** (bei Kopierern) (Foto) / zooming *n*

**Stufen•matte** *f* (zum Schutz der Treppenstufen) (Bau, Tex) / stairs matting ‖ ~**meßmarke** *f* (Radar) / step-strobe marker ‖ ~**presse** *f* (eine mechanische Presse) (Masch) / multiple-die press, progressive press (GB), transfer press (US) ‖ ~**prinzip** *n* (des Raketenaufbaus) (Raumf) / step principle ‖ ~**profil** *n* (bei dem sich der Brechungsindex der Faser in diskreten Stufen ändert) / step-index profile ‖ ~**punkt** *m* (Math) / saddle point ‖ ~**rakete** *f* (Raumf) / multistage vehicle, multistage rocket, staging vehicle, step rocket, multistep rocket ‖ ~**reaktion** *f* (Chem) / step reaction ‖ **Ostwaldsche** ~**regel** (eine thermodynamische Regel) (Phys) / Ostwald's rule, Ostwald rule, rule of intermediate reactions (stages), Ostwald step rule ‖ ~**reibahle** *f* (Masch) / stepped reamer, multiple-diameter reamer (US) ‖ ~**schalter** *m* (Einrichtung zum Einstellen auf Anzapfungen einer Wicklung und bei Last) (Eltech) / tap switch, tap changer ‖ ~**schalter** (Eltech) / on-load tap changer ‖ ~**scheibe** *f* (Masch) / stepped pulley, step-cone pulley, stepped-cone pulley, step pulley ‖ ~**scheibe für Leerlaufanhebung** (Kfz) / fast-idle cam ‖ ~**scheibenantrieb** *m* (Masch) / cone drive*, cone gear* (system) ‖ ~**senker** *m* (Masch) / step countersink/boring tool ‖ ~**spannzange** *f* (Masch) / stepped collet chuck ‖ ~**sprung** *m* (Verhältnis zweier benachbarter Drehzahlen bei geometrisch gestuften Getrieben) (Masch) / speed step ‖ ~**stehleiter** *f* / step-ladder *n*, steps *pl*, pair of steps ‖ ~**steigflug** *m* (Luftf) / stepped climb, step climb ‖ ~**stirn** *f* (Geol) / escarpment* *n*, scarp *n*, crest *n* (of a cuesta) ‖ ~**struktur** *f* / step structure ‖ ~**trennung** *f* (bei mehrstufigen Raketen) (Raumf) / staging* *n*, separation *n* ‖ ~**trommel** *f* (der Turbine) (Masch) / stepped drum ‖ ~**turbine** *f* (Masch) / stage turbine ‖ ~**verbrennung** *f* / progressive combustion ‖ ~**versetzung** *f* (zweidimensionale Gitterstörung durch eine zusätzlich eingeschobene Halbebene) (Krist) / edge dislocation ‖ ~**verstärkung** *f* (bei Hochpolymeren) (Chem) / stage gain ‖ ~**wachstum** *n* (bei Hochpolymeren) (Chem) / step growth ‖ ~**wachstumspolymerisation** *f* (Chem) / step-growth polymerization

**stufenweise Auflösung** (bei der strukturierten Programmierung verwendete Methode der Programmentwicklung, Programmdokumentation und Programmierung unter stufenweise erfolgender Verfeinerung einer zunächst umfassenden Beschreibung des zu programmierenden Systems) (EDV) / stepwise refinement ‖ ~ **Anregung** (Phys) / step-by-step excitation ‖ ~**s Ausschleusen** (der Arbeiter aus dem Caisson bei der Druckluftgründung) (HuT) / decanting *n* ‖ ~ **Verbrennung** / progressive combustion ‖ ~**s Vorbohren** (Kegelstiftbohrung) (Masch) / step drilling

**Stufen•wicklung** *f* (Eltech) / bank winding, banked winding ‖ ~**winkel** *m pl* (Schnittwinkel) (Math) / corresponding angles* ‖ ~**ziehen** *n* (abwechselndes Dotieren von Kristallen beim Ziehen aus der Schmelze) (Krist) / rate growth ‖ ~**ziehverfahren** *n* (Krist) / rate growth

**Stuffing-Technik** *f* (Kompensation von Taktfrequenzabweichungen) (Eltech) / stuffing *n*

**Stuhl** *m* (Befestigungselement der Doppelkopfschiene) (Bahn) / chair*, rail chair ‖ ~ (Glas) / shop *n* ‖ ~ (Web) / loom* *n*, weaving machine* ‖ ~**entleerung** *f* (Physiol) / defecation* *n*, defaecation *n* ‖ ~**flug** *m* (Web) / loom fly ‖ ~**hobel** *m* (Tischl) / spokeshave *n* (for shaping curved edges) ‖ ~**lehne** *f* (Tischl) / back *n*, chair-back *n* ‖ ~**rohes Gewebe** (Tex) / grey fabric, greycloth *n*, loomstate fabric, loom-finished cloth, raw cloth ‖ ~**rohr** *n* (Calamus L.) (Bot, Tex) / rattan *n* ‖ ~**säule** *f* (die die Mittelpfette stützt) (Bau, Zimm) / central post ‖ ~**tuch** *n* (Gewebe, das nach dem Weben keine Ausrüstung mehr durchmacht) (Tex) / grey fabric, greycloth *n*, loomstate fabric, loom-finished cloth, raw cloth ‖ ~**ware** *f* (Tex) / grey fabric, greycloth *n*, loomstate fabric, loom-finished cloth, raw cloth ‖ ~**zettel** *m* (Hebeplan der Kettfäden) (Web) / tie-up (directions for weaving), lifting plan

**Stukkateur** *m* (Arch, Bau) / stucco worker, plasterer *n*

**Stukkatur•rohr** *n* (A) (als Putzträger) (Bau) / reed mat ‖ ~**schalung** *f* (Bau) / strapping* *n* ‖ ~**schmuck** *m* (Bau) / dressings* *pl*

**Stulp** *m* (auf der Schmalfläche des Einsteckschlosses) (Tischl) / face-plate *n*

**Stülp•deckel** *m* (im allgemeinen) / slip-on cover ‖ ~**deckel** (Masch) / hooded lid, slip lid

**Stulp•dichtung** *f* (Masch) / U-packing* *n* ‖ ~**liderung** *f* (Masch) / hat-leather packing ‖ ~**manschette** *f* (Masch) / hat-leather packing

**Stülprohr** *n* (bei der Längswelle) (Kfz) / collapsing tube ‖ ~**schalung** *f* (Bau) / weatherboarding *n*, weatherboards* *pl*, siding *n* (US) ‖ ~**verschalbrett** *n* (Bau) / shiplap board, shiplap siding ‖ ~**ziehen** *n* (Zwischenziehen in entgegengesetzter Richtung zum vorhergehenden Ziehen) (Masch) / reverse drawing ‖ ~**zug** *m* (Masch) / reverse drawing

**stumm** *adj* / mute* *adj* ‖ ~**e Aufnahme** (Film) / mute shot* ‖ ~**e Einstellung** (Film) / wild picture ‖ ~**es Gen** (Gen) / silent gene ‖ ~**e Kamera** (Film) / silent camera, mute camera ‖ ~**e Kopie** (Film) / mute print ‖ ~**e Rolle** (Film) / walking-on part, walk-on *n*, walk-on part

**Stummabstimmung** *f* (Radio) / quiet tuning, interstation muting ‖ **automatische** ~ (Fernm) / interstation noise suppression*

**Stummel** *m* (der Elektrode) (Schw) / stub *n* ‖ ~**flügel** *m* (Luftf) / stub plane*, stub wing ‖ ~**heck** *n* (Kfz) / short rear end *n*, bustle back, short notchback

**Stumm•film** *m* (Film) / silent film, silent movie ‖ ~**filmkamera** *f* (Film) / silent camera, mute camera ‖ ~**filmprojektor** *m* (Film) / silent-film projector, silent-movie projector ‖ ~**kamera** *f* (Film) / silent camera, mute camera ‖ ~**projektor** *m* (Filmprojektor nur mit Bildwiedergabe) (Film) / silent-film projector, silent-movie projector ‖ ~**schaltung** (Radio) / muting* *n*, desensitizing *n* ‖ ~**schwefeln** *n* (des Weins) (Nahr) / desliming *n*

**Stumpen** *m* (eines Filzhutes) (Tex) / body *n*

**stumpf** *adj* (Farbton) / matte* *adj*, dead *adj*, flat *adj*, dull *adj*, matt* *adj*, mat *adj* ‖ ~ / lustreless *adj*, lacklustre *adj*, matt *adj*, mat *adj*, dull *adj*, dead *adj* ‖ ~ (Messer, Schneidwerkzeug) (Werkz) / blunt *adj*, dull *adj*., obtuse *adj* ‖ ~ **aneinanderfügen** / butt *v* ‖ ~ **aneinanderstoßen** / abut *v*, butt *v* ‖ ~ **anfangender Absatz** (Druck, EDV, Typog) / flush paragraph ‖ ~**e Bisektrix** (Krist, Math, Opt) / obtuse bisectrix ‖ ~**e Gehrung mit Hirnholzfeder** (Zimm) / tongued mitre ‖ ~ **machen** / blunt *v*, dull *v* ‖ ~**er Sand** (Bau) / soft sand, bricklayer's sand, builder's sand ‖ ~**e Spitze** (der Nadel) (Tex) / stub point ‖ ~ **stoßen** / abut *v*, butt *v* ‖ ~**e Tonne** (Schiff) / can buoy, cylindrical buoy ‖ ~**er Winkel** (Math) / obtuse angle*

**Stumpf** *m* (Bot) / stump *n*, tree-stump *n*

**stumpf•befahréne Weiche** (Bahn) / trailing points* (GB), trailing switch (US) ‖ ~**gleis** *n* (nur einseitig an andere Gleise angebundenes, meist kurzes Gleis mit Abschluß durch einen Prellbock) (Bahn) / dead-end track, dead-end siding, dead-end line

**Stumpfheit** *f* (Anstr, Keram) / dullness *n*

**stumpf•kantig** *adj* / blunt-edge *attr* ‖ ~**kegel** *m* (Math) / frustum (pl. frustums or frusta) of a cone*, truncated cone ‖ ~**naht** *f* (Sammelbegriff für alle Schweißnahtarten, bei denen die Fügeteile in der gleichen Ebene liegen und in der Regel mit planen oder angeschrägten Stirnflächen zueinander positioniert sind) (Schw) / butt weld (seam) ‖ ~**pyramide** *f* (Math) / frustum of a pyramid, truncated pyramid ‖ ~**schweißen** *n* (Schweißen mit Stumpfstoß) (Schw) / butt-welding* *n* ‖ ~**schweißung** *f* (Schw) / butt-welding* *n* ‖ ~**stoß** *m* (DIN 1912, T 1) (Schw) / butt joint (welding), abutting joint ‖ ~**stoß** (eine Längsverbindung) (Tischl, Zimm) / abutting joint*, butt joint* ‖ **beiderseitig geschweißter** ~**stoß** (Schw) / double-welded butt joint ‖ **einseitig geschweißter** ~**stoß** (Schw) / single-welded butt joint ‖ ~**tonne** *f* (Schiff) / can buoy, cylindrical buoy ‖ ~**verbindung** *f* (Tischl, Zimm) / abutting joint*, butt joint* ‖ ~**verzahnung** *f* (mit verminderter Zahnkopfhöhe) (Masch) / short-addendum teeth ‖

**stumpfwerden**

**~werden** v (nur Infinitiv oder Partizip) (von Lacken) (Anstr) / go flat ‖ **~winkliges Dreieck** (Math) / obtuse-angled triangle, obtuse triangle ‖ **~zahnrad** n (mit Stumpfverzahnung) (Masch) / stub-tooth gear*
**Stunde** f / hour n ‖ **~ Sternzeit** (Astr) / sidereal hour
**Stunden•achse** f (bei äquatorialer Montierung) (Astr, Instr) / polar axis* ‖ **~angabe** f (markscheiderisch festgelegte Richtung) (Bergb) / indication of direction, alignment n ‖ **~einstellung** f (Astr, Opt) / right-ascension adjustment ‖ **15-~-Entspannungstemperatur** (Glas) / strain point ‖ **~geschwindigkeit** f / speed per hour ‖ **~kreis** m (Großkreis durch die Himmelspole) (Astr) / hour circle* ‖ **~kreis** (bei der äquatorialen Montierung ein auf der Deklinationsachse angebrachter Teilkreis, mit dem die Deklination eines Gestirns eingestellt werden kann) (Astr, Opt) / declination circle*, hour circle* ‖ **~leistung** f (Eltech) / one-hour rating* ‖ **~leistung** (im allgemeinen) (Masch) / hourly output, output per hour ‖ **~lohnsatz** m (F.Org) / timework rate, time wage rate ‖ **~planproblem** n (EDV, Math) / timetable problem ‖ **24-~-Rhythmus** (Biol) / circadian rhythm*, diurnal rhythm ‖ **im ~takt verarbeiten** (F.Org) / process in one-hour cycle ‖ **~winkel** m (sphärischer Winkel am Himmelspol, gerechnet vom Schnittpunkt des Himmelsäquators mit dem nullten Stundenkreis bis zum Schnittpunkt mit dem Stundenkreis durch das Gestirn) (Astr) / hour angle*, H. A. ‖ **~zähler** m (EDV) / power-on time meter
**Stuntman** m (pl. -men) (Double für gefährliche, akrobatische o.ä. Szenen) (Film) / stuntman m (pl. -men)
**Stupfbürste** f (Anstr) / stippler* n, hair stippler*
**stupfen** v (mit einer Stupfbürste oder mit einem Tupfschwamm) (Anstr) / stipple v ‖ **~ n** (mit dem Tupfschwamm) (Anstr) / sponge stippling ‖ **~ /** stippling* n
**Stupp** f (aus Quecksilber, Quecksilbersalzen, Flugstaub, Ruß und Teer bestehender Staub) (Hütt) / stupp n
**Sturm** m (Windstärke 9 nach der Beaufort-Skala) (Luftf, Meteor) / gale* n ‖ **~** (Meteor) / storm* n (between gale and hurricane) ‖ **~** (Windstärke 9) (Meteor) / strong gale ‖ **~** (Radio) / storm n ‖ **elektrischer ~** (Meteor) / electric storm* ‖ **magnetischer ~** (durch Sonneneruptionen verursacht) (Meteor) / magnetic storm*, geomagnetic storm ‖ **orkanartiger ~** (Meteor) / violent storm ‖ **schwerer ~** (nach der Beaufort-Skala) (Meteor) / whole gale
**sturm•fest** adj / storm-resistant adj, antistorm attr, storm-proof adj ‖ **~flut** f (an Meeresküsten und Tidenflüssen) (Meteor, Ozean, Schiff) / storm-tide n, tidal flood ‖ **~flutablagerung** f (Geol) / tempestite n ‖ **~flutsperrwerk** n (Ozean) / jetty n ‖ **~gold** n / transfer gold (leaf) ‖ **~hochwasser** n (Ozean) / storm flood
**stürmisch** adj (Reaktion) / vigorous adj, violent adj ‖ **~** (Gärung) (Nahr) / stormy adj, tumultuous adj ‖ **~e Nachfrage** / rush n (a sudden strong demand for a commodity) ‖ **~es Regenwetter** (Meteor) / rainstorm n ‖ **~er Wind** (Windstärke 8 nach der Beaufort-Skala) (Meteor) / fresh gale
**Sturm•-Kette** f (Math) / Sturm sequence ‖ **~leiter** f (Zugang zum Schiff als Strickleiter mit viereckigen Sprossen zum Ersteigen des Schiffs von einem Boot aus) (Schiff) / pilot's ladder, storm ladder
**Sturm-Liouvillesches Eigenwertproblem** (Math) / Sturm-Liouville problem, eigenvalue problem
**Sturm•regen** m (Meteor) / storm rainfall ‖ **~-Satz** m (Math) / Sturm's theorem*
**Sturmscher Satz** (nach Ch. Sturm, 1803-1858) (Math) / Sturm's theorem*
**sturm•sicher** adj / storm-resistant adj, antistorm attr, storm-proof adj ‖ **~tief** n (Meteor) / storm low ‖ **~warnung** f (Meteor) / storm warning, gale warning ‖ **~welle** f (Ozean) / storm surge, storm wave, surge n ‖ **~wirbel** m (Meteor) / storm low ‖ **~zentrum** n (Meteor) / storm-centre* n ‖ **~zone** f (Meteor) / storm area, storm belt, storm lane n ‖ **~zyklone** f (Meteor) / storm low
**Sturz** m (Meteor) / breastsummer* n, breastsummer* n ‖ **~** (Träger über einer Maueröffnung) (Bau) / lintel* n, head* n, headpiece n ‖ **~** (beim Feinblechwalzen) (Hütt) / pack n ‖ **~** (Neigung des Rades gegen die Fahrzeuglängsebene, gemessen in der Fahrzeugquerebene) (Kfz) / camber* n ‖ **~** (der Temperatur) (Phys) / drop n ‖ **~** (Bau) s. auch Unterzug ‖ **gemauerter ~** (Bau) / brick lintel ‖ **wandstarker ~** (Bau) / through lintel ‖ **~becken** n (mit Schikanen) (Wasserb) / stilling pool, stilling basin, water cushion, absorption basin ‖ **~boden** m (Wasserb) / apron* n ‖ **~brecher** m (Ozean) / surging breaker, plunging breaker, collapsing breaker, spilling breaker, breaker wave ‖ **~brett** n (bei Wehren) (Wasserb) / spillway floor ‖ **~bühne** f (Hütt) / tipping stage
**stürzen** v / tumble n ‖ **~** (Matrize) (Math) / transpose v ‖ **~ n** (von Furnierblättern) (For) / matching n ‖ **~** (der Gicht) (Hütt) / slip n ‖ **~** (Masch) / tipping n ‖ **~ "Stürzen"** (Anstr, Bau) / reversing alternate lengths ‖ **~ n des Bildes** (Foto, Opt) / picture tumbling
**stürzende Linien** (im Objekt senkrechte Linien, die auf dem Bild perspektivisch wiedergegeben werden) (Foto) / converging verticals
**Sturzenwalzwerk** n (Hütt) / pack rolling mill

**Sturzfestigkeit** f (von Koks) / shatter index, shatter strength
**Sturzflug** m (Luftf) / dive* n, diving n, nose-down pitching, nose dive* ‖ **im ~ fliegen** (Luftf) / dive v ‖ **~ m mit Triebwerkleistung** (Luftf) / power-dive n ‖ **~bremse** f (Luftf) / dive-recovery flap* ‖ **~bremse** (Luftf) / dive brake ‖ **~klappe** f (um ein Flugzeug aus einer Sturzfluglage in die normale Fluglage zurückzubringen) (Luftf) / dive-recovery flap*
**Sturz•gießen** n (Plast) / slush moulding*, hollow casting, slush casting ‖ **~guß** m (Plast) / slush moulding*, hollow casting, slush casting ‖ **~helm** m (Kfz) / crash-helmet n, safety helmet ‖ **~probe** f (zur Ermittlung der Sturzfestigkeit von Koks) (Kfstf) / shatter test, drop shatter test ‖ **~prüfung** f (Kfstf) / shatter test, drop shatter test ‖ **~see** f (Ozean) / surging breaker, plunging breaker, collapsing breaker, spilling breaker, breaker wave ‖ **~siebtrommel** f (Aufber, Bergb) / Bradford breaker ‖ **~sohle** f (Wasserb) / apron* n ‖ **~strom** m (beim Bergsturz) (Geol) / sturzstrom n ‖ **~unterfläche** f (Bau) / soffit* n ‖ **~versatz** m (Bergb) / gravity stowing ‖ **~versuch** m (Kfstf) / shatter test, drop shatter test ‖ **~welle** f (hohe, sich überstürzende Welle) (Ozean) / breaker n ‖ **~winkel** m (Masch) / mounting of inserted tooth cutter
**Stützbalken, waagerechter ~** (z.B. zwischen 2 Häusern) (Zimm) / flying-shore* n, flyer* n, flier* n
**Stütz•blech** n (Klemp, Masch) / gusset plate*, gusset* n ‖ **~bock** m (HuT) / trestle n ‖ **~bock** (für Anhänger) (Kfz) / trailer jack ‖ **~bock** (für Caravan) (Kfz) / camper jack ‖ **~damm** m (HuT) / bulkhead* n ‖ **~dorn** m (beim Biegen) (Masch) / mandrel n
**Stütze** f (aufrechtes, meist stabförmiges Bauglied, das je nach seinem Querschnitt als Säule oder als Pfeiler bezeichnet wird) (Bau, HuT, Zimm) / support pillar n, pillar n, post n, support n ‖ **~** (Bau, Zimm) / prop* n, dead shore*, strut* n, post n, stud n ‖ **~** (ein Brennhilfsmittel) (Keram) / prop n, upright n, post n ‖ **~** (in einem Laufwerk) (Mag) / post n ‖ **~** (Bau, HuT, Zimm) s. auch Mast und Ständer ‖ **dreieckige ~** (ein Brennhilfsmittel) (Keram) / saddle n (a kiln furniture) ‖ **lange ~** (Masch) / strut* n, spur n ‖ **tragende ~** (im allgemeinen) (HuT) / bearing pile* ‖ **~ f für Glasmacherpfeife** (Glas) / pig* n
**Stützelement, zentrales ~** (bei Mehrfaserkabeln) (Kab) / central strength-member
**stutzen** v (Haare, Wolle, Hörner von Tieren, Baumkrone) / poll v ‖ **~** (For) / trim v, shorten v ‖ **~** (einen Baum) (Landw) / prune v, truncate v, cut off v ‖ **~** (am Kühlmantel, eines Verdichters) (Masch) / nozzle n ‖ **~** (z.B. an der Öffnung einer Retorte) (Masch) / tubulure n ‖ **~** (große Schraubzwinge) (Tischl, Werkz) / G clamp* n, G cramp* n
**stützen** v / bear v, sustain v ‖ **~** / support v
**stützendes steigendes Karnies** (Arch) / cyma reversa*, cyma inversa*, reverse ogee moulding
**stützen•frei** adj / clear-span attr ‖ **~isolator** m (mit einem Schirm oder mehreren Schirmen) (Eltech) / pin insulator*
**Stützer** m (eine Ausführungsform von Tragisolatoren, die außer der elektrischen Beanspruchung noch mehr oder minder großen mechanischen Beanspruchungen ausgesetzt sind) (Eltech) / post insulator*
**Stütz•feld** n (Arch) / bay* n ‖ **~feld** (zwischen zwei Stützen) (Bau, HuT) / aisle n ‖ **~fläche** f / bearing area, bearing surface ‖ **~flüssigkeit** f (HuT) / mud n (for holding up the sides of deep trenches) ‖ **~gerade** f (Math) / supporting line, line of support, tac-line n ‖ **~gerüst** n (aus einzelnen Stützböcken) (HuT) / trestle n ‖ **~gewebe** n (Bot) / stereome* n, strengthening tissue, supporting tissue ‖ **~gewebe** (eines Anschwemmfilters) (Chem) / septum (pl septa) n ‖ **~glied** n (Mech) / supporting member, support n ‖ **~hülle** f (Zweitverpackung) (Nahr) / overwrap n ‖ **~isolator** m (Eltech) / pin insulator* ‖ **~konstruktion** f (Bau, HuT) / support structure, bearing structure, load-bearing structure, supporting structure ‖ **~körper** m (bei Lagern) (Masch) / backing n ‖ **~kraft** f (Mech) / reaction n, support force, supporting force
**Stutzkuppel** f (Arch) / Bohemian vault
**Stütz•lagerung** f (wenn jede Lagerstelle die Axialkraft nach je einer Richtung übernimmt) (Mech) / support bearing ‖ **~last** f (bei Anhängern) (Kfz) / trailer nose weight, tongue load ‖ **~masse** f (der Rakete) (Raumf) / ejected matter, particle jet ‖ **~mast** m (HuT) / trestle n ‖ **~mast** (einer der zwei Masten in dem Stützgerüst des Derricks) (Masch) / anchor tower ‖ **~mauer** f (Bau, HuT) / retaining wall*, breast-wall n (a breast-high, retaining wall for earth) ‖ **~menge** f (für die Set-of-support-Strategie) (KI) / support set, set of support ‖ **~moment** n (das Biegemoment über der Unterstützung eines Durchlaufträgers oder Kragträgers) (Bau, Mech) / moment at support, moment at point of support ‖ **~punkt** m (Teil der oberirdischen Leitung) (Eltech) / point of support ‖ **~punkt** (Mech) / reaction point, point of support ‖ **~punkt** (Mil) / base n ‖ **~punkt** (befestigte Feldstellung) (Mil) / strong point ‖ **~räder** n pl (des Einachsanhängers) (Kfz) / landing gear ‖ **~reaktion** f (Mech) /

reaction n, support force, supporting force ‖ ⁓ring m (Eltech) / support ring ‖ ⁓ring (des Hydraulikkolbens) (Masch) / back-up ring ‖ ⁓rohr n für Unterfangen (z.B. bei Hochhäusern) (HuT) / cylinder n ‖ ⁓schale f (Gieß) / backplate n ‖ ⁓schale (des Lagers) (Masch) / liner backing ‖ ⁓schalenmaskenformverfahren n (Gieß) / backplate shell moulding ‖ ⁓schaufeln f pl (Wasserb) / stay vanes ‖ ⁓schlauchkonstruktion f (Arch) / air-inflated structure ‖ ⁓schwimmer m (Luftf) / wing float ‖ ⁓schwimmer unter den Tragflügeln (Luftf) / wing-tip float* ‖ ⁓stelle f (bei der Interpolation) (Math) / interpolation node ‖ ⁓träger m (Masch) / support beam
**Stützungspreis** m / supported price, support price
**Stütz•walze** f (Hütt) / backing roll, back-up roll ‖ ⁓wand f (Bau, HuT) / retaining wall*, breast-wall n (a breast-high, retaining wall for earth) ‖ ⁓weite f (eines Balkens) (Bau) / bearing distance*, clear span* ‖ ⁓weite (Bau, HuT) / span n ‖ ⁓weite (einer Freileitung) (Eltech) / span* n (the distance between two transmission-line towers), opening n, open width ‖ **freie** ⁓**weite** (Bau) / unstayed span ‖ **[vertikale]** ⁓**weite** (der Schieferplatten und der Dachziegel) (Bau) / margin n ‖ ⁓winkel m (Masch) / bracket n ‖ ⁓wurzel f (Bot, For) / supporting root ‖ ⁓zapfen m (bei Lagern in Meßinstrumenten) (Instr) / pivot* n ‖ ⁓ziffer f (die sich aus der Last-Dehnungs-Kurve ergibt) (Mech) / support parameter, support index
**Stüve-Diagramm** n (Abszisse = lineare Skale der Lufttemperatur, Ordinate = nichtlineare Luftdruckskale, die annähernd einer linearen Höhenskale entspricht - nach G. Stüve, 1888-1935) (Meteor) / Stüve diagram*
**St.-Venantsch•es Prinzip** (Mech) / Saint-Venant principle, St Venant principle ‖ ⁓**e Torsion** (Mech) / Saint-Venant torsion, St Venant torsion
**StVO** (Kfz) / Highway Code (GB), Rules of the road
**St.w.** / starch equivalent
**Stw** (Bahn) / interlocking cabin, interlocking box, signal box
**STX** (Chem, Nahr) / saxitoxin n
**Styling** n (äußere Gestaltung, Formgebung) / styling n
**Stylobat** m (pl. -en) (oberste Stufe des Stereobats) (Arch) / stylobate* n
**Stylolith** m (pl. -e oder -en) (zapfenähnliches, meist seitlich längsgerieftes Gebilde in Kalksteinen) (Geol) / stylolite* n
**S-Typ** m (des Feldeffekttransistors) (Eltronik) / enhancement-mode transistor*, enhancement-mode FET
**Styphnat** n (Chem) / styphnate n
**Styphninsäure** f (2,4,6-Trinitroresorcin) (Chem) / styphnic acid
**styptisch** adj (Med) / styptic* adj, haemostatic* adj, astringent* adj
**Styracin** n (Chem) / styracine n
**Styrax** m (For) / storax n, storax-tree n, styrax n ‖ ⁓ (Exsudat aus Holz und Rinde des Amberbaums) (Pharm) / storax n, liquidambar n, liquid storax, styrax ‖ **Türkischer** ⁓ (aus dem Orientalischen Amberbaum - Liquidambar orientalis Mill.) (Pharm) / Levant storax, liquid storax
**Styraxbaum** m (For) / storax n, storax-tree n, styrax n
**Styren** n (Chem) / styrene* n, vinylbenzene n, phenylethene* n, phenylethylene n
**Styroflex** n (Polystyrol in Folienform) (Kab, Plast) / Styroflex n
**Styrol** (Phenylethylen) (Chem) / styrene* n, vinylbenzene n, phenylethene* n, phenylethylene n ‖ ⁓**akrylnitrilkopolymere** n pl (Chem) / styrene acrylonitrile copolymers, SAN copolymers* ‖ ⁓**-Butadien-Kautschuk** m (Plast) / styrene-butadiene rubber*, SBR ‖ ⁓**harz** n (Plast) / styrene resin
**styrolisieren** v (Chem) / styrenate v
**styrolisiertes Alkydharz** (Chem) / styrenated alkyd
**Styrolisierung** f (Einsatz von Styrol) (Chem) / styrenation n, styrene modification
**Styrolpolymerisat** n (Chem) / polystyrene* n
**Styrylpyron** n (Pharm) / styrylpyrone n
**Suakingummi** n (Arabisches Gummi aus Acacia stenocarpa Hochst. oder Acacia seyal Delile) / talha gum, talh gum, Suakin gum, talca gum, talki gum
**SUB** (EDV) / subaddressing n, SUB
**Sub•acidität** f (Med) / subacidity n, hypoacidity n ‖ ⁓**additive Funktion** (Math) / subadditive function*, subadditive set function ‖ **abzählbare** ⁓**additivität** f (Math) / countable subadditivity ‖ ⁓**adresse** f (EDV) / subaddressing n ‖ ⁓**adressieren** v (EDV) / subaddress v ‖ ⁓**adressierung** f (EURO-ISDN-Leistungsmerkmal) (EDV) / subaddressing n, subaddressing feature ‖ ⁓**adressierung** (Euro-ISDN-Leistungsmerkmal) (EDV) / subaddressing n, SUB ‖ ⁓**aeril**, sub**aerial** adj (an der Erdoberfläche, an freier Luft gebildet, auftretend) / subaerial adj ‖ ⁓ **akut** adj (Med) / subacute* adj ‖ ⁓**aqual** adj (Geol) / subaqueous adj, subaquatic adj ‖ ⁓**aquatisch** adj (Geol) / subaqueous adj, subaquatic adj ‖ ⁓**aquatisches Abgleiten** (Geol) / subaqueous gliding, subaqueous solifluction, subsolifluction n, slump under water ‖ ⁓**aquatische Rutschung** (Geol) / subaqueous gliding, subaqueous solifluction, subsolifluction n, slump under water ‖ ⁓**atomar** adj (z.B. Physik) /

subatomic* adj ‖ ⁓**atomares Teilchen** (im allgemeinen) (Kernphys) / subatomic particle ‖ ⁓**atomare Teilchen** (die durch den Atombeschuß entstanden sind) (Nukl) / debris n ‖ ⁓**azidität** f (Med) / subacidity n, hypoacidity n ‖ ⁓**basis** f (Math) / subbase n ‖ ⁓**bild** n (Foto) / subimage n ‖ ⁓**bituminöse Kohle** (eine Art Braunkohle) (Bergb) / subbituminous coal ‖ ⁓**cadmium-Neutronen** n pl (Kernphys) / subcadmium neutrons ‖ ⁓**carrier** m (TV) / subcarrier* n ‖ ⁓**chronisch** adj (Umwelt) / subchronic adj ‖ ⁓**chunk** m (EDV) / subchunk n (a chunk in a chunk) ‖ ⁓**cutis** f (Zool) / subcutis n ‖ ⁓**directory** n (EDV) / subdirectory n ‖ ⁓**division** f (Bot) / subdivision n
**Subduktion** f (der Platte in der Subduktionszone) (Geol) / subduction n
**Subduktionszone** f (Geol) / subduction zone*
**Suberin** n (Bot) / suberin* n ‖ ⁓**säure** f (Chem) / suberic acid, octanedioic acid
**Suberol** n (Chem) / suberyl alcohol, suberol n
**Suberose** f (Med) / suberosis n (pl. -oses)
**Suberylalkohol** m (Chem) / suberyl alcohol, suberol n
**Sub•frame** m (KI) / sub-frame n ‖ ⁓**geostrophischer Wind** (Meteor) / subgeostrophic wind ‖ ⁓**glazial** adj (Geol) / subglacial adj, infraglazial adj ‖ ⁓**glazialer Bach** (Geol) / subglacial stream ‖ ⁓**glaziär** adj (Geol) / subglacial adj, infraglazial adj ‖ ⁓**graf** m / section graph, subgraph n ‖ ⁓**grauwacke** f (Geol) / subgraywacke n ‖ **konjugierte** ⁓**gruppe** (Math) / conjugate subgroup*
**subharmonisch** adj (Akus) / subharmonic* adj ‖ ⁓**e Funktion** (Math) / subharmonic function ‖ ⁓**e Resonanz** (Akus, Mech) / subharmonic resonance ‖ ⁓**e Schwingung** (Phys) / subharmonic oscillation
**Sub•harmonische** f (DIN 1311, T 1) (Akus) / subharmonic* n ‖ ⁓**humid** adj (Klimazone) / subhumid adj ‖ ⁓**hydrierte Kohle** (z.B. Fusit) (Bergb, Kftst) / subhydrous coal ‖ ⁓**hydrischer Boden** (Gyttja, Dy, Sapropel) (Geol) / underwater soil
**subjektiv** adj (Bewertung, Prüfung) / subjective adj ‖ ⁓**er Fehler** / personal error, human error ‖ ⁓**es Fotometer** (Licht) / visual photometer, subjective photometer ‖ ⁓**er Geräuschmesser** (Akus) / subjective noise meter* ‖ ⁓**e Information** (EDV, Stats) / subjective information ‖ ⁓**e Kamera** (Aufnahmetechnik, bei der alle Einstellungen aus der Sicht eines Betrachters aufgenommen werden) (Film) / subjective camera ‖ ⁓**e Kamera** (Film) s. auch Substitution
**Subjunktion** f (DIN 44300) (logische - eine zweistellige extensionale Aussagenverbindung nach DIN 5474) / implication n (material), if-then operation, inclusion n, conditional n, conditional implication operation
**subjunktiver Verband** (Math) / Brouwerian lattice
**Sub•kadmium-Neutronen** n pl (deren kinetische Energie die der Kadmium-Schwellenenergie unterschreitet) (Kernphys) / subcadmium neutrons ‖ ⁓**kapillar** adj / subcapillary adj ‖ ⁓**klasse** f / subclass n ‖ ⁓**klimax** f (Bot) / subclimax* n ‖ ⁓**kollektor** m (bei integrierten Schaltungen) (Eltronik) / subcollector n ‖ ⁓**kompartiment** n (ein Teil eines einzelnen Kompartiments) (Umwelt) / subcompartment n ‖ ⁓**kontinent** m (z.B. Vorderindien, Arabien) (Geog) / subcontinent n ‖ ⁓**korn** n (solcher Gitterbereich, der einen Einkristall oder ein durch Großwinkelkorngrenzen begrenztes Korn nochmals aufteilt) (Hütt, Krist) / subgrain n ‖ ⁓**korngrenze** f (Hütt, Krist) / subgrain boundary ‖ ⁓**korngrenze** (als Größenordnung) (Hütt, Krist) / subgrain size ‖ ⁓**kosmisch** adj (Strahlung) (Astr) / subcosmic adj ‖ ⁓**kritisch** adj (Flügel) (Luftf) / subcritical adj ‖ ⁓**kritischer Flügel** (Luftf) / subcritical wing ‖ ⁓**kritisches Rißwachstum** (WP) / subcritical crack growth (SCG) ‖ ⁓**krustal** adj (unterhalb der Erdkruste gelegen oder entstanden) (Geol) / subcrustal adj ‖ ⁓**kultur** f (Nach- oder Folgekultur von Mikroorganismen, die durch Abimpfung von der Ausgangskultur auf einen frischen Nährboden entsteht) (Biol) / subculture* n ‖ ⁓**kutan** adj (Med, Pharm) / subcutaneous adj ‖ ⁓**kutikulärer Rückstand** (von Pflanzenschutzmitteln) (Landw, Umwelt) / subcuticular residue ‖ ⁓**kutis** f (Zool) / subcutis n ‖ ⁓**laminare Strömung** (Phys) / sublaminar flow ‖ ⁓**laptop** m (EDV) / sublaptop n ‖ ⁓**letal** adj (Dosis, Faktor) (Pharm) / sublethal adj
**Sublimat** n (Quecksilber(II)-chlorid) (Chem, Pharm) / corrosive sublimate* ‖ ⁓ (Produkt der Sublimation) (Chem, Phys) / sublimate* n
**Sublimation** f (Chem, Phys) / sublimation* n
**Sublimations•apparat** m (Chem Verf, Phys) / sublimer n, sublimator n ‖ ⁓**druck** m (Phys) / sublimation pressure ‖ ⁓**enthalpie** f (Phys) / specific latent heat of sublimation, enthalpy of sublimation ‖ ⁓**kern** m (Meteor) / ice nucleus ‖ ⁓**produkt** n (Chem, Phys) / sublimate* n ‖ ⁓**pumpe** f (eine Getterpumpe) (Vakuumt) / sublimation pump ‖ ⁓**punkt (Sbp.)** m (Chem, Phys) / sublimation point, sublimation temperature ‖ ⁓**punkt m im Vakuum** (Vakuumt) / vacuum condensing point, vcp ‖ ⁓**temperatur** f (Chem, Phys) / sublimation point, sublimation temperature ‖ ⁓**trocknung** f / freeze-drying* n (a process whereby the material is frozen, a vacuum applied, and the water and low-boiling compounds removed by sublimation), freeze

**Sublimationswärme**

concentration, lyophilisation n, sublimation from the frozen state, dehydrofreezing n ‖ ~**wärme** f (eine Umwandlungswärme) (Chem, Phys) / heat of sublimation
**Sublimator** m (Chem Verf, Phys) / sublimer n, sublimator n
**Sublimatverstärker** m (Foto) / mercury intensifier
**sublimierbar** adj (Chem, Phys) / sublimable adj
**Sublimierechtheit** f (DIN 56056) (Tex) / fastness to sublimation
**sublimieren** v (Chem, Phys) / sublimate v ‖ ~ n (Chem, Phys) / sublimation* n
**sublimierter Schwefel** (Chem) / flowers of sulphur*, sulphur flowers
**subliminal** adj (Physiol) / subliminal adj
**sublitoral** adj (Geol, Ozean) / sublittoral adj ‖ ~**er Meeresbereich** (etwa 0 - 180 m Wassertiefe) (Geol, Ozean) / neritic zone* ‖ ~**er Seebereich** (in Binnenseen) (Geol, Umwelt) / sublittoral zone*, sublittoral n
**Sub•litoral** n (Geol, Umwelt) / sublittoral zone*, sublittoral n ‖ ~**lunarpunkt** m (Astr) / sublunar point ‖ ~**magische Zahl** (Kernphys) / submagic number
**submarin** adj (Geol, Ozean) / submarine adj ‖ ~**e Aufschüttungsterrasse** (Geol) / wave-built terrace ‖ ~**er Berg** (Geol, Ozean) / seamount n ‖ ~**er Canyon** (vom Schelf in den Kontinentalhang) (Geol) / submarine canyon* ‖ ~**e Gipfelkuppe** (Geol) / seapeak n ‖ ~**es pyroklastisches Gestein** (Geol) / hyaloclastite n
**Submarining** n (Kfz) / submarining n
**Sub•martingal** n (Stats) / submartingale n ‖ ~**matrix** f (Math) / submatrix n ‖ ~**menü** n (EDV) / submenu n
**Submerged-culture-Verfahren** n (Biol) / submerged-culture method, submersion process
**Submergenzdecke** f (Geol) / onlap* n, transgressive overlap
**submers** adj / submerged adj ‖ ~ (Wasserpflanze) (Bot) / submersed adj
**Submersion** f / submersion n
**Submers•kultur** f (Tiefenkultur von Mikroorganismen in Nährlösungen unter starker Belüftung und Durchmischung) (Biol) / submerged culture ‖ ~**verfahren** n (Biol) / submerged-culture method, submersion process
**Sub•mikroanalyse** f (bei Erfassungsbereich bis $10^{10}$ g) (Chem) / submicroanalysis n ‖ ~**mikrogrammethode** f (der Analyse) (Chem) / ultramicroanalysis n (pl. ultramicroanalyses) ‖ ~**mikrometertechnik** f (Eltronik) / submicrometer technology ‖ ~**mikron** n (das für das Lichtmikroskop nicht mehr wahrnehmbare oder auflösbare Teilchen) (Mikros, Phys) / submicron* n ‖ ~**mikrontechnik** f (Eltronik) / submicrometer technology ‖ ~**mikroskopisch** adj (Teilchen im Lichtmikroskop) (Mikros, Phys) / submicroscopic adj, ultramicroscopic adj ‖ ~**millimeterastronomie** f (ein Teilgebiet der Infrarotastronomie) (Astr) / submillimeter astronomy ‖ ~**millimeterspektroskopie** f (eine Art Hochfrequenzspektroskopie) (Spektr) / submillimeter spectroscopy ‖ ~**millimeterwellen** f pl (Fernm) / submillimetric waves*, sub-mm waves ‖ ~**millimeterwellenastronomie** f (Astr) / submillimeter astronomy ‖ ~**miniaturisierung** f (Eltronik, Masch) / subminiaturization ‖ ~**miniaturröhre** f (Kleinströhre mit Oktalsockel) (Eltronik) / bantam tube ‖ ~**miniatursteckverbinder** n (Eltronik) / subminiature connector
**Submission** f (öffentliche Ausschreibung) / call for tender
**Sub•-mm-Wellen** f pl (Fernm) / submillimetric waves*, sub-mm waves ‖ ~**modul** m (EDV, Math) / submodule n ‖ ~**modular** adj (Struktur) (Eltronik) / submodular adj ‖ ~**molekül** n (Chem) / submolecule n ‖ ~**multiplum** n (z.B. einer Einheit, z.B. Dezibel zu Bel) (Math) / submultiple n, factor n
**Submunition** f (Mikros) / submunition n ‖ **endphasengelenkte** ~ (Mil) / terminally guided submunition, TGSM
**Sub•netz** n (untergeordnetes Netz, das Netzwerksegment) (EDV, Fernm) / subnetwork n, subnet n, communication subnetwork ‖ ~**niveau** n (von Elektronen) (Kernphys) / sublevel n ‖ ~**normal** adj (Math) / subnormal adj ‖ ~**normale** f (Math) / subnormal* n ‖ ~**notebook** m (EDV) / subnotebook n ‖ ~**notizbuchcomputer** m (EDV) / subnotebook n ‖ ~**nuklear** adj (Phys) / subnuclear adj ‖ ~**objekt** n (Math) / subobject n ‖ ~**optimal** adj (z.B. mit einem niedrigen Fehlerprozentsatz) / suboptimal adj ‖ ~**optimierung** f (z.B. Optimierung eines Teilsystems) / suboptimization n ‖ ~**orbitaler Flug** (unterhalb der Zirkulargeschwindigkeit) (Raumf) / suborbital flight ‖ ~**oxid** n (Oxid, das je Atom des oxidbildenden Elements weniger Sauerstoff enthält, als es der normalen Wertigkeit entspricht) (Chem) / suboxide n ‖ ~**ozeanisch** adj (Ozean) / suboceanic adj ‖ ~**polar** adj (Geog) / subpolar adj ‖ ~**proportional** adj (Abschwächer - der vor allem niedrige Schwärzungen abschwächt) (Foto) / subproportional* adj ‖ ~**quark** n (Kernphys) / subquark n ‖ ~**rahmen** m (EDV) / subframe n ‖ ~**rate** f (EDV) / subrate n (transmission rate below 64 kbits/s) ‖ ~**raten-Crossconnect** n (EDV) / subrate-cross-connect unit ‖ ~**reflektor** m (der Antenne nach Gregory) (Radio) / subreflector n ‖ ~**rezent** adj (Geol) / subrecent adj ‖ ~**rosion** f (Auslaugung und Auflösung von Salzgesteinen unter der Erdoberfläche durch die Grundwässer) (Geol) / subrosion n

~**routine** f (EDV) / subroutine* n ‖ ~**satellit** m (Satellit eines Trabanten) (Astr, Raumf) / subsatellite n ‖ ~**satellitärer Punkt** (Raumf) / subsatellite point ‖ ~**satellitenpunkt** m (derjenige Punkt der Erdoberfläche, der von der Verbindungslinie Satellit - Erdmassenmittelpunkt durchstoßen wird) (Raumf) / subsatellite point ‖ ~**scriber Network Interface** n (Schnittstelle zwischen Anschlußleitung und Datex-M-Teilnehmernetz) (EDV) / subscriber network interface, SNI ‖ ~**sequenter Fluß** (Geol) / subsequent river, subsequent stream, strike stream, longitudinal stream ‖ ~**serie** f (subseries) (Bot) / subseries n
**subsidiär** adj / subsidiary adj
**Subsistenzlandwirtschaft** f (Landwirtschaft, die den Eigenbedarf deckt) (Landw) / subsistence farming, subsistence agriculture
**Subskribent** m (pl. -en) / subscriber n
**Subskription** f / subscription n
**sub•solarer Punkt** (Astr) / subsolar point ‖ ~**solarpunkt** m (Astr) / subsolar point ‖ ~**solidusbereich** m (Hütt) / subsolidus region ‖ ~**solidusgleichgewicht** n (Hütt) / subsolidus equilibrium ‖ ~**solifluktion** f (Geol) / subaqueous gliding, subaqueous solifluction, subsolifluction n, slump under water
**Subsolution** f (subaquatische Auflösung von Karbonatgesteinen am Meeresboden) (Geol) / subsolution n
**Sub•sonic-Filter** n (Akus) / subsonic filter ‖ ~**spektrum** n (Spektr) / subspectrum n ‖ ~**spezies** f (Bot, Zool) / subspecies* n ‖ ~**split-Verfahren** n (in der Breitbandtechnik) (Fernm) / subsplit process ‖ ~**spurenanalyse** f (Chem) / subtrace analysis ‖ ~**standardschiff** n (meistens "billige Flaggen") (Schiff) / substandard vessel
**substantiver Farbstoff** (wasserlöslicher Farbstoff, der auf Zellulosefasern direkt aufzieht) (Tex) / direct dye, substantive dye*
**Substantivfarbstoff** m (wasserlöslicher Farbstoff, der auf Zellulosefasern direkt aufzieht) (Tex) / direct dye, substantive dye*
**Substantivität** f (bei Farbstoffen oder Textilhilfsmitteln) (Tex) / substantivity* n
**Substanz** f (eine aristotelische Seinskategorie) / substance n ‖ ~ (Chem) / substance* n ‖ ~ (Phys) / matter* n ‖ ~ (Tex) / body n (of the fabric) ‖ **färbende** ~ / colouring n, colouring matter ‖ **refraktäre organische** ~ (Umwelt) / refractory organic substance ‖ **unlösliche** ~ (Chem) / insoluble matter, insoluble n ‖ **wasserlösliche** ~ (im Holz) (For) / water-soluble extractive ‖ ~ f **P** (Biochem) / pain-producing substance, PPS
**Substanz•bereich** m (im Chromatogramm oder Elektropherogramm) (Chem) / solute band, band n, zone n ‖ ~**identifizierung** f (Chem) / substance identification ‖ ~**polymerisation** f (Chem) / bulk polymerization, mass polymerization ‖ ~**probe** f **für das Labor** (Chem) / laboratory sample ‖ ~**schiffchen** n (Chem) / boat n, combustion boat ‖ ~**schiffchen** (beim Zonenschmelzen) (Chem, Hütt) / graphite boat ‖ ~**strahl** m (Spektr) / sample beam ‖ ~**verlust** m (Masseverlust, z.B. durch die Korrosion) / mass loss, weight loss ‖ ~**verlust** (Phys) / mass loss, weight loss
**Substate** m (Kernphys) / substate n
**substellarer Punkt** (Astr) / substellar point*
**Substellarpunkt** m (Astr) / substellar point*
**Substituent** m (pl. -en) (Chem) / substituent n ‖ **erster** ~ (Chem) / first substituent ‖ **zweiter** ~ (Chem) / second substituent ‖ ~ m **mit desaktivierender Wirkung** (Chem) / deactivating group, electron-abstracting group
**Substituenteneffekt, mesomerer** ~ (Chem) / mesomeric effect, resonance effect
**substituieren** v (Chem) / substitute v
**substituiert, zweifach** ~ (Chem) / disubstituted adj ‖ ~**es Atom** (Phys) / substitutional atom
**Substitution** f (in der Logik) / substitution n ‖ ~ (Chem) / substitution* n ‖ ~ (eine Aufnahmetechnik, die dem Zuschauer den subjektiven Blick eines Schauspielers vermittelt) (Film) / subjective camera treatment ‖ ~ (einer Variablen) (Math) / substitution n, change n ‖ **elektrophile** ~ (Chem) / electrophilic substitution ‖ **monoalphabetische** ~ (EDV) / monoalphabetic substitution ‖ **nukleophile** ~ (Chem) / nucleophilic substitution ‖ **polyalphabetische** ~ (EDV) / polyalphabetic substitution ‖ **radikalische** ~ (die über Radikale verläuft) (Chem) / radical substitution
**substitutionell** adj / substitutional adj, ersatz adj
**Substitutions•baufehler** m (Krist) / substitutional disorder ‖ ~**feldmodul** n (Eltronik) / substitution field module, SF module ‖ ~**gitter** n (Krist) / substitution lattice, substitutional lattice ‖ ~**grad** (Chem) / degree of substitution (DS) ‖ ~**isomerie** f (eine Form der Strukturisomerie) (Chem) / position isomerism, positional isomerism, substitution isomerism ‖ ~**legierung** f (Hütt) / substitutional alloy ‖ ~**leitung** f (Eltech) / substitution conduction ‖ ~**methode** f (Math) / substitution method ‖ ~**mischkristall(e)** m(pl) (wenn einige Grundstoffatome des Kristallgitters durch

Fremdatome ersetzt werden) (Krist, Phys) / substitutional solid solution, substitutional mixed crystal ‖ ≈**name** *m* (bei dem der angeführte Substituent ein H ersetzt, wie z.B. Chlorbenzol) (Chem) / substitutive name ‖ ≈**reaktion** *f* (Chem) / substitution reaction, displacement reaction ‖ ≈**regel** *f* (Math) / substitution rule, substitution formula ‖ ≈**störstelle** *f* (Eltronik, Krist) / substitutional impurity ‖ ≈**verfahren** *n* (Math) / substitution method ‖ ≈**wägung** *f* (bei der der Hebel der Hebelwaage auf beiden Hebelarmen stets gleichmäßig belastet ist) (Phys) / substitution weighing, counterpoise weighing ‖ ≈**zeichen** *n* (DIN 66303) (EDV) / substitute character (SUB)
**substöchiometrisch** *adj* (Chem) / substoichiometric *adj*
**Substrat** *n* (ein im Bindemittel unlöslicher, meist unbunter Stoff, der mit Pigmenten vermischt wird oder am Aufbau bestimmter Farblacke beteiligt ist - DIN 55945) (Anstr) / base *n*, extender* *n* ‖ ≈ (Kulturmedium) (Bakteriol) / nutrient medium, culture medium ‖ ≈ (Bakteriol) / solid nutrient medium ‖ ≈ (jede, bei einer Katalysatorreaktion mit dem Katalysator umgesetzte Stoffart) (Biochem, Biol) / substrate* *n* ‖ ≈ (Traägerwerkstoff) (Eltronik) / base material ‖ ≈ (Träger, Trägermaterial) (Eltronik, Galv, Glas, Keram) / substrate* *n* ‖ ≈ (DIN 28400, T 4) (Vakuumt) / substrate *n* (BS 2951, P. 2 : 1975) ‖ **trojanisches** ≈ (Biochem) / suicide substrate
**Substrat•farbe** *f* (Pigment, das auf nassem Wege auf ein Substrat niederschlägt oder mit Füllstoffen versehen wird) (Anstr) / substrate pigment, carrier pigment ‖ ~**gespeiste Logik** (integrierte Injektionslogik) (Eltronik) / substrate-fed logic (SFL) ‖ ≈**hemmung** *f* (Hemmung der katalytischen Reaktion eines Enzyms durch sein eigenes, im Überschuß vorhandenes Substrat) (Biochem) / substrate inhibition ‖ ≈**metall** *n* (Galv) / substrate metal, parent metal ‖ ≈**osphäre** *f* (der untere Teil der Stratosphäre) (Geophys, Meteor) / substratosphere *n* ‖ ≈**strom** *m* (Eltronik) / substrate current ‖ ≈**überschußhemmung** *f* (Biochem) / substrate inhibition
**Sub•string** *m* (EDV) / substring *n* ‖ ≈**stringvariable** *f* (EDV) / substring variable ‖ ≈**struktur** *f* / substructure *n* ‖ ≈**sturm** *m* (magnetosphärischer) (Geophys) / substorm *n* ‖ **magnetosphärischer** ≈**sturm** (Geophys) / magnetospheric substorm
**Subsumtion** *f* (beim Theorembeweisen) / subsumption *n*
**sub•synchron** *adj* (Eltech) / subsynchronous* *adj* ‖ ~**synchroner Kommunikationssatellit** (Raumf) / subsynchronous communications satellite ‖ ≈**system** *n* (Bestandteil eines Gesamtsystems) / subsystem *n* ‖ ≈**system** (Raumf) / subsystem *n* ‖ ≈**tangente** *f* (Math) / subtangent* *n* ‖ ≈**task** *m* (EDV) / subtask *n* ‖ ~**terminal** *adj* (Oxidation) (Biochem) / subterminal *adj* ‖ ~**terran** *adj* / subterranean *adj*, underground *attr*, subsurface *attr*
**subtil** *adj* (Farbton) (Tex) / quiet *adj*, subdued *adj*, refined *adj*, discreet *adj*
**Subtilin** *n* (ein Peptidantibiotikum) (Pharm) / subtilin
**Subtrahend** *m* (pl. -en) (Zahl, die von einer anderen Zahl abgezogen wird) (Math) / subtrahend* *n*
**Subtrahiereinrichtung** *f* (EDV) / subtractor *n*, subtracter *n*, subtraction unit
**subtrahieren** *v* (Math) / subtract *v*, deduct *v*
**Subtrahierer** *m* (EDV) / subtractor *n*, subtracter *n*, subtraction unit
**Subtrahier•glied** *n* (EDV) / subtractor *n*, subtracter *n*, subtraction unit ‖ ≈**kreis** *m* (ein digitaler Schaltkreis) (Eltronik) / subtractor *n*, subtracter *n* ‖ ≈**werk** *n* (EDV) / subtractor *n*, subtracter *n*, subtraction unit
**Subtraktion** *f* (Umkehroperation der Addition) (Math) / subtraction* *n*
**Subtraktions•farbe** *f* (Phys) / minus colour*, subtractive colour* ‖ ≈**gitter** *n* (Krist) / subtraction lattice ‖ ≈**name** *m* (Chem) / subtractive name ‖ ≈**substitution** *f* (Krist) / substitution by subtraction
**subtraktiv•e Farbe** (Phys) / minus colour*, subtractive colour* ‖ ~**e Farbmischung** (Phys) / subtractive colour mixture ‖ ~**es Farbverfahren** (Foto) / subtractive process* ‖ ~**e Modulation** (Radio) / downward modulation* ‖ ~**es Verfahren** (der Leiterplattenherstellung) (Eltronik) / subtractive method ‖ ~**es Verfahren** (Foto) / subtractive process*
**Subtraktiv•ätzung** *f* (Eltronik) / subtractive etching ‖ ≈**filter** *n* (Foto) / subtractor* *n* ‖ ≈**leiterplatte** *f* (im Subtraktivverfahren hergestellt) (Eltronik) / subtractive printed circuit board ‖ ≈**name** *m* (mit Endungen -en oder -in sowie mit Vorsilben Anhydro-, Dehydro-, Desoxy- oder Nor-, bei dem also ein Bestandteil des Stammnamens abzuziehen ist) (Chem) / subtractive name ‖ ≈**verfahren** *n* (zur Herstellung von Leiterplatten) (Eltronik) / subtractive process ‖ ≈**verstärker** *m* (Eltronik) / subtractive amplifier
**subtransient•e Reaktanz** (bei einer Synchronmaschine im nichtstationären Betrieb, nach DIN 40121) (Eltech) / subtransient reactance* *n* ‖ ≈-**Kurzschluß-Zeitkonstante** *f* **der Querachse** (Eltech) / quadrature-axis subtransient short-circuit time constant ‖ ≈-**Längsreaktanz** *f* (Eltech) / direct-axis subtransient reactance ‖ ≈-**Leerlauf-Zeitkonstante** *f* **der Querachse** (Eltech) / quadrature-axis subtransient open-circuit time constant ‖ ≈-**Querreaktanz** *f* (Eltech) / quadrature-axis subtransient reactance
**Sub•tropen** *pl* (Geog) / subtropics *pl*, semi-tropics *pl* ‖ ~**tropisch** *adj* (Geog) / subtropical *adj*, semitropical *adj* ‖ ~**tropischer Regenwald** (For) / subtropical forest, temperate rainforest ‖ ≈**unternehmer** *m* (der vom Hauptunternehmer beauftragt ist, Teile des Gesamtauftrages auf dessen Rechnung auszuführen) / subcontractor *n*
**Suburb** *f* (amerikanische Trabantenstadt) (Arch) / suburb *n* (US)
**Suburbanisation** *f* (flächenhafte Verstädterung des Umlandes einer Stadt) (Arch) / suburbanization *n*
**Suburbanisierung** *f* (Arch) / suburbanization *n*
**subventionieren** *v* / subsidize *v*, grant-aid *v*
**subventionierter Preis** (z.B. bei Agrarprodukten) / supported price, support price
**Subventionierung** *f* (staatliche) / subsidizing *n*, grant aid
**subvulkanisch** *adj* (Geol) / subvolcanic *adj*
**Subway** *f* (HuT) / subway *n*
**Subweb** *n* (bei semantischen Netzen) (KI) / subweb *n*
**Subwoofer** *m* (Lautsprecher, der ausschließlich tiefe Töne wiedergibt) (Akus) / subwoofer *n*
**Sub•zeile** *f* (= 6 Mikrozeilen) (EDV) / subline *n* ‖ ≈**zeilenverfahren** *n* (EDV) / subline method ‖ ≈**ziel** *n* (KI) / subgoal *n* ‖ ≈**zone** *f* (Geol) / subzone *n*, stratum *n* (pl. strata)
**SU(3)$_c$-Gruppe** *f* (Kernphys) / SU(3)$_c$-group *n*, colour symmetry group, colour group SU(3)
**Succinaldehyd** *m* (Chem) / succindialdehyde *n*, 1,4-butanedial *n*
**Succinat** *n* (Chem) / succinate *n* ‖ ≈**dehydrogenase** *f* (ein oligomeres Flavinenzym des Krebs-Zyklus zur Oxidation von Sukzinat zu Fumarat) (Biochem) / succinic acid dehydrogenase, succinic dehydrogenase
**Succinimid** *n* (2,5-Pyrrolidindion) (Chem, Landw) / succinimide *n*
**Succinit** *m* (baltischer Bernstein) / amber* *n*, succinite* *n*
**Succinonitril** *n* (Chem) / succinonitrile *n*, ethylene cyanide
**Succinylchlorid** *n* (Chem) / succinyl chloride
**succinylieren** *v* (Chem) / succinylate *v*
**Such•anker** *m* (Schiff) / drag-anchor *n* ‖ ≈**antenne** *f* (Radio) / sensing antenna ‖ ≈**baum** *m* (eine hierarchische Struktur) (Struktur der im Btx-System befindlichen Information) / access tree ‖ ≈**baum** (EDV) / search tree, selection tree ‖ ≈**bedingung** *f* (ein Merkmalbündel, das die Kriterien festlegt, die bei der Suche in einem Datenbestand die gewünschte Zielmenge bestimmen) (EDV) / qualification *n* ‖ ≈**befehl** *m* (EDV) / search instruction ‖ ≈**begriff** *m* (ein Schlagwort, mit dem in einem Datenbestand oder Dokumentenbestand gesucht wird) (EDV) / search word ‖ ≈**bereich** *m* (des FK-Zielsuchkopfes) (Mil) / pattern *n*
**Suche** *f* (EDV) / search *n*, searching *n* ‖ **Baum** *m* **der vorausschauenden** ≈ (KI) / look-ahead tree ‖ **boolesche** ≈ (EDV) / Boolean search ‖ **eliminierende** ≈ (EDV) / dichotomizing search ‖ **iterative** ≈ (EDV) / iterative search ‖ **kaskadierte** ≈ (EDV) / cascaded search ‖ **phonetische** ≈ (es werden Zeichenfolgen gesucht, deren korrekte Schreibweise unbekannt ist) (EDV) / phonetic search ‖ ≈ *f* **aus der Luft** (Luftf) / aerial search ‖ ≈ **durch Luftfahrzeuge** (Luftf) / aerial search ‖ ≈ **mit Backtracking** (KI) / backtracking search ‖ ≈ **mit Luftfahrzeugen** (Luftf) / aerial search
**suchen** *v* / search *v*, look for *v*, seek *v* ‖ ≈ *n* (EDV) / search *n*, searching *n* ‖ ≈ (Fernsp) / hunting* *n* ‖ **direktes** ≈ (EDV) / direct search ‖ **großflächiges** ≈ (EDV) / browsing ‖ ≈ **in geketteten Liste** (EDV) / chaining search ‖ ≈ **in verknüpfter Liste** (EDV) / chaining search
**Sucher** *m* (Astr) / finder* *n* ‖ ≈ (Film, Foto) / viewfinder* *n* ‖ ≈ (schwenkbarer Zusatzscheinwerfer) (Kfz) / spotlight *n*, spot *n* ‖ ≈ (des Folgeschnitts) (Masch) / pilot pin* ‖ ≈**fernrohr** *n* (Astr) / finder* *n* ‖ ≈**kamera** *f* (Foto) / rangefinder-type camera ‖ ≈**lupe** *f* (Film, Foto) / viewfinder magnifier ‖ ≈**lupenhalterung** *f* (Film) / eyepiece leveller ‖ ≈**objektiv** *n* (der zweiäugigen Spiegelreflexkamera) (Foto) / viewing lens ‖ ≈**parallaxe** *f* (Foto, Opt) / parallax error ‖ ≈**stift** *m* (Masch) / pilot *n* ‖ ≈**teleskop** *n* (Astr) / finder* *n*
**Such•frage** *f* (bei einem Rechercheauftrag) (EDV) / search query, retrieval query ‖ **verschlüsselte** ≈**frage** (in die Sprache des Dokumentationssystems übersetzte Suchfrage) (EDV) / retrieval query ‖ ≈**genauigkeit** *f* (EDV) / search accuracy ‖ ≈**kette** *f* (EDV) / finder chain ‖ ≈**kopf** *m* (in der Spitze von Flugkörpern, Raketen, Torpedos, gelenkten Geschossen und Bomben) (Luftf, Mil) / homing head, seeker head ‖ ≈**kopf-Sendebeginn** *m* (Zeitpunkt des Einschaltens des aktiven Radarzielsuchkopfes) (Radar) / seeker turn-on time ‖ ≈**kriterium** *n* (Merkmal eines Datensatzes, nach dem dieser erkannt werden kann) (EDV) / search key ‖ ≈**lauf** *m* (Vergleich einer verschlüsselten Suchfrage mit den Dateneinheiten eines Datenbestandes) (EDV) / search run ‖ ≈**lauf** (Werkzeugwechselsteuerung) (Masch) / search *n* ‖ ≈**lauf** (mit sichtbarem Bild) (TV) / search *n* ‖ **schneller** ≈**lauf** (zum Auffinden einzelner Titel beim CD-Abspielgerät) / high-speed access ‖

**Suchlaufwerk**

⁓**laufwerk** n (EDV) / search drive ‖ ⁓**licht** n (z.B. bei dem Klopfsauger) / front light ‖ ⁓**logik** f (Analyse und Festlegung des Ablaufs von Suchvorgängen für gleichartige Suchfragen in einem bestimmten Retrievalsystem) (EDV) / search strategy*, retrieval strategy ‖ ⁓**maschine** f (im Internet) (EDV) / search engine ‖ ⁓**modul** n (EDV) / search module ‖ ⁓**pfad** m (in einem hierarchischen Dateiverwaltungssystem) (EDV) / search path ‖ ⁓**radar** m n (Radar) / search radar* ‖ ⁓**schalter** m (Fernsp) / finder* n, line finder* ‖ ⁓**scheinwerfer** m (Kfz) / spotlight n, spot n ‖ ⁓**scheinwerfer** (Licht) / projector, searchlight n ‖ ⁓**schleife** f (EDV) / search cycle ‖ ⁓**schlüssel** m (EDV) / search key ‖ ⁓**spule** f (Eltech) / exploring coil*, search coil*, test coil ‖ ⁓**stellung** f (Fernsp) / choice n ‖ ⁓**stift** m (in der Stempelaufnahmeplatte von Folgeschnitten) (Masch) / pilot n ‖ ⁓**strategie** f (EDV) / search strategy*, retrieval strategy ‖ ⁓**strecke** f (Bergb) / pilot drift

**Sucht** f (der zwanghafte Mißbrauch von Rauschmitteln) (Pharm) / addiction n ‖ ⁓ (Gewohnheitsbildung mit psychischer und physischer Abhängigkeit) (Pharm) / habituation n ‖ ⁓- (Pharm) / addictive adj

**Suchtaste** f (EDV) / search key

**Sucht•droge** f (Pharm) / drug of abuse, drug of addiction ‖ ⁓**erregend** adj (Droge) (Pharm) / habit-forming adj ‖ ⁓**erzeugend** adj (Droge) (Pharm) / habit-forming adj ‖ ⁓**gift** n (Pharm) / drug of abuse, drug of addiction

**Suchtiefe** f (vom Zielsuchkopf abgesuchter Entfernungsbereich) (Mil) / depth of ranging

**süchtig** adj (Pharm) / addicted adj

**Süchtiger** m (Med) / drug addict, head n

**Suchtmittel** n (Pharm) / drug of abuse, drug of addiction

**Such•- und Rettungsflugzeug** n (Luftf) / search and rescue aircraft, SAR aircraft ‖ ⁓**- und Rettungsluftfahrzeug** n (Luftf) / search and rescue aircraft, SAR aircraft ‖ ⁓**- und Rettungssatellit** m (Raumf) / search and rescue satellite ‖ ⁓**- und Rettungszentrale** f (A) (Luftf) / search and rescue coordination centre, rescue coordination centre, SAR centre, RCC ‖ **tiefenorientiertes** ⁓**verfahren** (EDV, KI) / depth-first search, DFS ‖ **breitenorientiertes** ⁓**verfahren** (KI) / breadth-first-search n, BFS ‖ **konisches** ⁓**verfahren** (bei einem Zielverfolgungsradar) (Radar) / conical scan-tracking ‖ ⁓**vorgang** m (EDV) / search, searching n ‖ ⁓**wort** n (Zeichenfolge, nach der in einem Text gesucht wird) (EDV) / text string (to be searched for in a text), search word ‖ ⁓**zeit** f (die zur Durchführung eines Suchlaufs benötigt wird) (EDV) / search time ‖ ⁓**zyklus** m (EDV) / search cycle

**Sucralose** f (ein Süßstoff) (Nahr) / sucralose n

**Sucrochemie** f (Erforschung der Einsatzmöglichkeiten der Saccharose als Rohstoff) (Chem) / sucrochemistry n

**Sucrol** n (4-Ethoxyphenylharnstoff) (Chem) / dulcin* n, sucrol* n, p-ethoxyphenylurea* n

**Sucrose** f (Chem, Nahr) / sucrose* n, saccharose n, saccharobiose* n

**Sud** m (Gebräu) / brew n ‖ ⁓ (die auf einmal gebraute Biermenge) (Brau) / gyle n ‖ ⁓ (Zuckerfabrikation) (Nahr) / strike n ‖ ⁓ (Pharm) / decoction* n

**Südafrikanischer Buchsbaum** (Buxus macowani Oliv.) (For) / East London boxwood, African boxwood, gonioma kamassi, Cape box

**Sudhaus** n (Brau) / brewhouse n

**Südlich•es Kreuz** (eine bekannte Konstellation des Südhimmels) (Astr) / Southern Cross* ‖ ⁓**er Polarkreis** (Geog) / Antarctic Circle ‖ ⁓**er Zürgelbaum** (Celtis australis L.) (For) / nettle tree

**Südlicht** n (ein Polarlicht) (Geophys) / aurora australis, southern lights

**sudorifer** adj (Pharm) / sudorific* adj, diaphoretic* adj

**Sudoriferum** n (pl. -fera) (Pharm) / sudorific* n, diaphoretic* n

**Süd•ostpassat** m (auf der Südhalbkugel) (Meteor) / south-east trade ‖ ⁓**pol** m (eines Magneten) (Phys) / south-seeking pole, south pole*

**Sudsalz** n (Nahr) / grainer salt

**Südsee-Arrowroot** n (aus Tacca leontopetaloides (L.) Kuntze) (Nahr) / otaheite arrowroot, Indian arrowroot

**Sud•vergoldung** f (Galv) / immersion gilding, hot gilding, gold dipping ‖ ⁓**vergoldung** (Galv) s. auch stromlose Vergoldung ‖ ⁓**versilberung** f (stromlose Abscheidung) (Galv) / silver dipping, immersion silvering

**Suèdeleder** n (Leder) / suede n, napped leather ‖ ⁓ s. auch Veloursleder

**Suevit** m (eine vor allem im Bereich des Nördlinger Rieses vorkommende Brekzie mit ungeschmolzenem Kristallgestein in Gestalt von fladenartigen Glasbomben) (Geol) / suevite n

**SU(3)**$_f$**-Gruppe** f (Kernphys) / SU(3)$_f$-group n, flavour symmetry group, flavour group (SU)

**Suffix** n (Chem, EDV, Math) / suffix n

**suffizient** adj (Math, Stats) / sufficient adj ‖ ⁓**er statistischer Schätzer** (Stats) / sufficient estimator, sufficient estimating function

**Suffizienzkriterium** n (KI) / sufficiency criterion

**suggestiver Werbetext** / suggestive copy

**Suggestivwerbung** f / suggestive advertising

**SU(n)-Gruppe** f (Math, Phys) / SU (special unitary group)

**Suhl-Effekt** m (der auf dem Zusammenwirken eines äußeren magnetischen und elektrischen Feldes auf die Bewegung von injizierten Ladungsträgern in einem Halbleiter beruht) (Eltronik) / Suhl effect*

**Suite** f (Zimmerflucht in einem erstklassigen Hotel) (Bau) / suite n ‖ ⁓ (EDV) / software suite, suite n

**Suizidsubstrat** n (Biochem) / suicide substrate

**Sukkade** f (kandierte Fruchtschale) (Nahr) / candied peel (of Citrus medica)

**sukkulent** adj (fleischig-saftig) (Bot) / succulent* adj

**Sukzedens** n (pl. -tien) / conclusion part, 'then' part, consequence n, consequent n (the second part of a conditional proposition)

**Sukzession** f (Bot) / succession n

**Sukzessionsabfolge** f (Umwelt) / sere* n

**sukzessiv** adj / successive adj, succeeding adj ‖ ~**e Approximation** (schrittweise Verbesserung von Näherungswerten oder Näherungsfunktionen durch wiederholte Anwendung eines Verfahrens) (Math) / successive approximation, stepwise approximation

**Sukzessiv•kontrast** m (Nachbild) (Opt) / successive contrast ‖ ⁓**reaktion** f (Chem) / successive reaction

**Sukzinamidsäure** f (Chem) / succinamic acid*, monoamidobutandioic acid*

**Sukzinat** n (Salz oder Ester der Bernsteinsäure) (Chem) / succinate n ‖ ⁓**dehydrogenase** f (Biochem) / succinic acid dehydrogenase, succinic dehydrogenase

**Sukzindialdehyd** m (Chem) / succindialdehyde n, 1,4-butanedial n

**Sukzinimid** n (2,5-Pyrrolidindion) (Chem, Landw) / succinimide n

**Sukzinit** n / amber* n, succinite* n

**Sukzinonitril** n (Chem) / succinonitrile n, ethylene cyanide

**Sukzinylchlorid** n (Chem) / succinyl chloride

**sukzinylieren** v (Chem) / succinylate v

**Sulfacetamid** n (Pharm) / sulphacetamide n

**Sulfadiazin** n (Pharm) / sulphadiazine n

**Sulfadimerazin** n (Pharm) / sulphadimidine n

**Sulfadimidin** n (Pharm) / sulphadimidine n

**Sulfaguanidin** n (Pharm) / sulphaguanidine n

**Sulfamat** n (Salz oder Ester der Sulfamidsäure) (Chem) / amidosulphate n, sulphamate n

**Sulfamerazin** n (Langzeit-Sulfonamid) (Pharm) / sulphamerazine n

**Sulfamethoxazol** n (Mittelzeit-Sulfonamid) (Pharm) / sulphamethoxazole n

**Sulfamethoxypyridazin** n (Pharm) / sulphametoxypyridazine n

**Sulfamethyldiazin** n (Pharm) / sulphamerazine n

**Sulfamid** n (Chem) / sulphamide* n ‖ ⁓**säure** f (Chem) / sulphamic acid*

**Sulfan** n (ein kettenförmiger Polyschwefelwasserstoff) (Chem) / sulphane* n, sulphur hydride* ‖ ⁓ (ein kettenförmiger Polyschwefelwasserstoff) s. auch Schwefelwasserstoff

**Sulfanil•amid** n (p-Aminobenzolsulfonamid) (Pharm) / sulphanilamide n, sulphonamide P n ‖ ⁓**guanidin** n (Pharm) / sulphaguanidine n ‖ ⁓**säure** f (Chem) / sulphanilic acid* (4-amino-benzenesulphonic acid)

**Sulfapyridin** n (4-Aminobenzolsulfonsäure) (Pharm) / sulphapyridine n

**Sulfat** n ($M^I_2SO_4$) (Chem) / sulphate* n, sulfate* n (US) ‖ ⁓ (Salz der Schwefelsäure - Mineral) (Min) / sulphate mineral ‖ ⁓ (Chem) s. auch Natriumsulfat ‖ ⁓**angriff** m (Gefügelockerung und Zerreiben des Betons) (Chem, HuT) / sulphate attack ‖ ⁓**angriff** (Chem, Hütt) s. auch Ettringit ‖ ⁓**asche** f (Erdöl) / sulphated ash

**Sulfatase** f (zu den Esterasen gehörendes Enzym) (Biochem) / sulphatase n

**Sulfatation** f (Eltech) / sulphation* n, sulphating n

**Sulfat•atmung** f (Biol) / sulphate respiration n ‖ ⁓**blase** f (ein Glasfehler) (Glas) / sulphate scab ‖ ⁓**bleiweiß** n (basisches Bleisulfat - ein altes, nicht mehr benutztes Weißpigment) (Anstr, Chem) / sublimed white lead* ‖ ⁓**delle** f (ein Emailfehler) / sulphur pitting ‖ ⁓**hiazol** n (Pharm) / sulphathiazole n ‖ ⁓**Holzterpentinöl** n / sulphate turpentine, sulphate wood turpentine ‖ ⁓**hüttenzement** m (in der BRD nicht mehr hergestellt) (HuT) / supersulphated cement* (BS 4248) ‖ ⁓**hüttenzement** (HuT) s. auch Hüttenzement

**Sulfatid** n (Schwefelsäureester der Zerebroside) (Biochem) / sulphatide n

**Sulfatieren** n (Veresterung von Alkoholen mit Schwefelsäure) (Chem) / sulphation n

**sulfatiertes Öl** / sulphated oil

**Sulfatierung** f (Veresterung von Alkoholen mit Schwefelsäure) (Chem) / sulphation n

**Sulfation** f (Eltech) / sulphation* n, sulphating n

**Sulfatisieren** n (Bildung von kristallinem Blei(II)-sulfat im Bleiakkumulator infolge natürlicher Alterung oder mangelhafter Ladung) (Eltech) / sulphation* n, sulphating n

**sulfatisierend • es Rösten** (Hütt) / sulphating roasting*, sulphate roasting ‖ **~e Röstung** (Hütt) / sulphating roasting*, sulphate roasting
**Sulfat • maskierung** f (Modifizierung von Sulfatgerbstoffen mit organischen Säuren) (Leder) / sulphate masking ‖ **~mineral** n (eine Mineralklasse) (Min) / sulphate mineral ‖ **~pech** n (vom Tallöl) (Chem) / sulphate pitch, tall oil pitch ‖ **~prozeß** m (Verfahren zur Herstellung von Titandioxidpigmenten aus titanhaltigen Erzen) (Chem Verf) / sulphate process ‖ **~reduzierende Bakterien** (Bakteriol, Sanitär) / sulphate-reducing bacteria ‖ **~-Terpentinöl** n / sulphate turpentine, sulphate wood turpentine ‖ **~titration** f (Chem) / sulphate titration ‖ **~treiben** n (Chem, HuT) / sulphate attack ‖ **~verfahren** n (alkalisches Aufschlußverfahren zur Gewinnung von Zellstoff) (Pap) / sulphate process, kraft process, alkali (sulphate) process **mit hohem ~widerstand** (Zement) (HuT) / sulphate-resisting adj ‖ **~zellstoff** m (nach dem Sulfatverfahren gewonnener Zellstoff - DIN 6730) (Pap) / sulphate wood pulp, sulphate pulp ‖ **~zellstoff** (Pap) / sulphate cellulose ‖ **~zellstoffkocher** m (Pap) / sulphate digester ‖ **~zellulose** f (Pap) / sulphate cellulose ‖ **~zellulosekocher** m (Pap) / sulphate digester
**Sulfazetamid** n (Kurzzeit-Sulfonamid) (Pharm) / sulphacetamide n
**Sulfen • amid** n (Chem) / sulphenamide n ‖ **~säure** f (Chem) / sulphenic acid, sulfenic acid
**Sulfhydrat** n (wäßrige Lösung von Hydrogensulfiden) (Chem) / sulphydrate n
**Sulfhydrylgruppe** f (Chem) / sulphydryl group, mercapto group, thiol group
**Sulfid** n (primäres oder sekundäres) (Chem) / sulphide* n, sulfide n (US) ‖ **~** (mineralogische Verbindung Schwefel + Metall, z.B. Blende, Kies usw.) (Min) / sulphide mineral ‖ **organisches ~** (R-S-R') (Chem) / thio-ether* n, sulphide n ‖ **~armer Äscher** (Leder) / low-sulphide liming liquor, low-sulphide lime (liquor) ‖ **~äscher** m (Leder) / sulphide lime (liquor), sodium-sulphide lime (liquor) ‖ **~einschluß** n (Hütt) / sulphide-type inclusion, sulphide inclusion ‖ **~erz** n (Min) / sulphide ore ‖ **~fällung** f (Chem) / sulphide precipitation ‖ **~fleck** m (Leder) / sulphide stain ‖ **~glas** n (ein Chalkogenidglas) (Glas) / sulphide glass
**sulfidieren** v (Hütt) / sulphidize v ‖ **~** (Tex) / churn v ‖ **~** n (Anreichern der Randschicht eines Werkstückes, in der Regel aus Stahl oder Gußeisen, mit Schwefel durch thermochemische Behandlung) (Hütt) / sulphidizing n
**Sulfidierung** f (Chem) / sulphurization n ‖ **~** (Hütt) / sulphidizing n ‖ **~** (Bildung von Cellulosexanthogenat bei der Herstellung von Viskosefasern) (Tex) / churning n
**sulfidisch** adj (Chem) / sulphidic adj ‖ **~es Erz** (Min) / sulphide ore
**Sulfid • kontraktion** f (Chem) / sulphide contraction ‖ **~mineral** n (Min) / sulphide mineral
**sulfiertes Öl** / sulphated oil
**Sulfierung** f (Chem) / sulphation n
**Sulfin** n (S-Oxid der Thioaldehyde und -ketone) (Chem) / sulphine n
**Sulfinat** n (Salz oder Ester der Sulfinsäure) (Chem) / sulphinate n
**Sulfinol-Prozeß** m (zur Entfernung saurer Gasbestandteile) (Chem Verf) / Sulfinol process
**Sulfinsäure** f (Chem) / sulphinic acid*
**Sulfinylgruppe** f (Atomgruppierung SO) (Chem) / sulphinyl n, sulphinyl group
**Sulfisomezol** n (Pharm) / sulphamethoxazole n
**Sulfit** n (Chem) / sulphite* n, sulphate(IV) n ‖ **~ablauge** f (Pap) / sulphite liquor, sulphite lye, sulphite waste liquor, SWL ‖ **~ablaugenlacton** n (Chem, For) / conidendrin n ‖ **~aufschluß** m (saures Aufschlußverfahren zur Gewinnung von Zellstoff) (Pap) / sulphite process*, acid process*, sulphite pulping (acid pulp digestion) n ‖ **~-Holzterpentinöl** n / sulphite turpentine, sulphite wood turpentine
**sulfitieren** v (Chem) / sulphite v
**Sulfitkulör, kaustische ~** (hergestellt durch kontrollierte Hitzeeinwirkung auf Kohlenhydrate mit sulfithaltigen Verbindungen) (Nahr) / caramel colour II, caustic sulphite-process caramel
**Sulfit • laugenzuckerkulör** f (Nahr) / caramel colour II, caustic sulphite-process caramel ‖ **~sprit** m (der durch Vergären von Sulfitablauge gewonnen wird) (Chem) / sulphite spirits ‖ **~-Terpentinöl** n / sulphite turpentine, sulphite wood turpentine ‖ **~verfahren** n (saures Aufschlußverfahren zur Gewinnung von Zellstoff) (Pap) / sulphite process*, acid process*, sulphite pulping (acid pulp digestion) n ‖ **~zellstoff** m (DIN 6730) (Pap) / sulphite wood pulp*, sulphite pulp ‖ **~zellstoffkocher** m (Pap) / sulphite digester ‖ **~zellstoff-Packpapier** n (Pap) / sulphite packaging paper ‖ **~zellulosekocher** m (Pap) / sulphite digester
**Sulfo • bernsteinsäureamid** n (Chem) / sulphosuccinamate n ‖ **~bernsteinsäureester** m (Chem) / sulphosuccinate n ‖ **~betain** n (Chem) / sulphobetaine n ‖ **~chlorid** n (Chem) / sulphonyl chloride ‖

**~chloridgerbung** f (Gerbung mit sulfochlorierten Kohlenwasserstoffen in Verbindung mit der Lederfettung) (Leder) / sulphochloride tannage ‖ **~chlorieren** v (Chem) / sulphochlorinate v ‖ **~chloriertes Polyethylen** (Chem) / chlorosulphonated polyethylene ‖ **~essigsäuredodecylester** m (Chem) / sodium lauryl sulphoacetate ‖ **~fettsäureester** m (Chem) / ester sulphonate, sulpho fatty acid ester
**Sulfolan** n (Chem, Erdöl) / sulpholane n, tetramethylenesulphone n, tetrathiophen-1,1-dioxide n
**Sulfomonopersäure** f (Chem) / permonosulphuric(VI) acid*, peroxymonosulphuric acid, peroxomonosulphuric acid, Caro's acid*
**Sulfon** n (Chem) / sulphone* n ‖ **~amid** n (Amidderivat der Sulfonsäure - ein Chemotherapeutikum) (Pharm) / sulphonamide* n, sulfonamide n (US) ‖ **~amidpräparat** n (Pharm) / sulpha drug
**Sulfonat** n (Salz und Ester der Sulfonsäure) (Chem) / sulphonate n
**sulfonieren** v (Chem) / sulphonate v ‖ **~** n (Einführung der Sulfogruppe in organische Verbindungen) (Chem) / sulphonation* n
**sulfoniertes Öl** / sulphonated oil
**Sulfonierung** f (Einführung der Sulfogruppe in organische Verbindungen) (Chem) / sulphonation* n
**Sulfonitrieren** n (Anreichern der Randschicht eines Werkstückes, in der Regel aus Stahl oder Gußeisen, mit Stickstoff und Schwefel durch thermochemische Behandlung) (Hütt) / sulphonitriding n
**Sulfonium • salz** n (Chem) / sulphonium salt ‖ **~verbindung** f (eine Oniumverbindung) (Chem) / sulphonium compound
**Sulfon • säure** f (z.B. Benzol-, Benzoldi- oder Aminobenzol-) (Chem) / sulphonic acid*, sulphacid n, sulpho acid ‖ **~säureester** m (Chem) / sulphonic-acid ester ‖ **(öl)unlösliche ~säuren** (Chem) / green acids
**Sulfonyl • chlorid** n (Chem) / sulphonyl chloride ‖ **~harnstoff** m (Pharm) / sulphonylurea* n ‖ **~harnstoffherbizid** n (Chem, Landw) / sulphonylurea herbicide
**sulfo • philes Element** (Geophys) / sulphophile element, thiophile element ‖ **~salicylsäure** f (Chem) / sulphosalicylic acid, salicylsulphonic acid ‖ **~salizylsäure** f (Chem) / sulphosalicylic acid, salicylsulphonic acid ‖ **~salz** n (gemischtes Metallarsenid- und Metallantimonsulfid, z.B. Fahlerz oder Spießglanz) (Min) / sulphosalt n ‖ **~succinamat** n (Chem) / sulphosuccinamate n ‖ **~succinat** n (Chem) / sulphosuccinate n ‖ **~sukzinat** n (Chem) / sulphosuccinate n
**Sulfotep** n (Insektizid und Akarizid) (Chem) / sulfotep* n, dithio n, thiotep* n, dithioTEPP* n
**Sulfoxid** n ($R_2SO$) (ein Synergist) (Chem) / sulphoxide* n
**Sulfoxidation** f (von Paraffinen) (Chem Verf) / sulphoxidation n
**Sulfoxylat** n (Chem) / sulphoxylate n
**Sulfoxylsäure** f (Chem) / sulphoxylic acid*
**Sulfur** n (Chem) / sulphur* n, sulfur n (US)*
**sulfurieren** v (Chem) / sulphonate v ‖ **~** n (Einführung der Sulfogruppe in organische Verbindungen) (Chem) / sulphonation* n
**sulfuriertes Öl** / sulphonated oil
**Sulfurierung** f (Einführung der Sulfogruppe in organische Verbindungen) (Chem) / sulphonation* n
**Sulfurikation** f (mikrobielle Oxidation von organisch gebundenem Schwefel zu Sulfat) (Landw) / sulphofication n
**Sulfuröl** n (aus den Olivenölrückständen mit Schwefelkohlenstoff extrahiert) / sulphur oil
**Sulfurylchlorid** n (das Dichlorid der Schwefelsäure, $SO_2Cl_2$) (Chem) / sulphuryl chloride, sulphuryl dichloride, sulphur dichloride dioxide
**Sulfuryldiamid** n (Chem) / sulfamide* n
**Süll** n (Schiff) / hatch coaming*, coaming n
**Sultain** n (Chem) / sulphobetaine n
**Sulvanit** m (ein Vanadiummineral) (Min) / sulvanite n
**Sulzeis** n (Meteor) / frazil ice*, brash n
**Sulzer • -Einrohr-Kessel** m (Masch) / Sulzer boiler ‖ **~-Kessel** m (Masch) / Sulzer boiler ‖ **~-Packung** f (ein Kolonneneinbauteil) (Chem Verf) / Sulzer packing
**Sumach** m (besonders von Rhus coriaria L.) (Bot) / sumac n, sumach n
**sumachieren** v (Leder) / sumach v
**Sumachtalg** m / Japan wax*, Japan tallow, sumac wax, Japanese beeswax
**Sumatrakampfer** m (aus Dryanops aromatica Gaertn.) / Borneo camphor*, Malayan camphor, Sumatra camphor
**Sumbulöl** n (von Ferula moschata (Reinsch) Kozo-Polj.) (Chem) / sumbul oil
**summabel** adj (Math) / summable adj
**Summabilität** f (Math) / summability n
**Summand** m (zweiter) (Math) / addend* n
**Summation** f (Math) / summation n ‖ **beschränkte ~** (EDV) / bounded summation ‖ **Cesarosche ~** (nach E. Cesaro, 1859 -1906) (Math) / Cesaro summation
**Summations • konvention** f (Übereinkunft, daß über zwei Indizes, die in einem Ausdruck doppelt auftreten, summiert wird, ohne daß ein Summenzeichen ausführlich hingeschrieben wird) (Math) / summation convention ‖ **~schaltung** f (Eltech) / adding network,

1211

**Summationston**

summing network ‖ ⁓**ton** *m* (eine Art Kombinationston) (Akus) / summation tone*

**Summator** *m* (EDV) / summer *n*, analogue adder ‖ ⁓ (diskretes Analog des Integrators) (Fernm) / summing integrator

**Summe** *f* (Ergebnis einer Addition) (Math) / sum *n* ‖ **algebraische** ⁓ (Math) / algebraic sum ‖ **endliche** ⁓ (Math) / finite series, finite sum ‖ **laufende** ⁓ (EDV, Math) / subtotal *n*, batch total ‖ **laufende digitale** ⁓ (EDV) / running digital sum ‖ **Riemannsche** ⁓ (Integralsumme) (Math) / Riemannian sum ‖ **tensorielle** ⁓ (Math) / tensorial sum ‖ **vektorielle** ⁓ (Math) / vector sum, vectorial sum, geometric sum ‖ ⁓ *f* **bis Unendlich** (Math) / sum to infinity, sum of infinite series* ‖ ⁓ **der Abweichungen in der Gruppe** (Stats) / within-group sum of squares ‖ ⁓ **der Abweichungen zwischen den Gruppen** (Stats) / between-groups sum of squares ‖ ⁓ **der Abweichungsquadrate** (Stats) / sum of squares (sum of the squared deviations of a set of elements about their mean), deviance* *n* ‖ ⁓ **der Summen** (EDV, Math) / grand total, total *n*, sum total ‖ ⁓ **Erdalkalien** (Chem) / total hardness (of water)

**Summen•bitrate** *f* (EDV) / aggregate bit rate ‖ ⁓**charakteristik** *f* (Eltech) / overall characteristic ‖ ⁓**diagramm** *n* (Radio) / sum pattern ‖ ⁓**dosis** *f* (Radiol) / cumulative dose* ‖ ⁓**einsteller** *m* (Einstellorgan am Ausgang eines Tonmischpults) (Akus) / group fader ‖ ⁓**fehler** *m* (HuT, Math) / cumulative error*, accumulative error ‖ ⁓**fläche** *f* **nach Coons** (Math) / Coons' surface ‖ ⁓**formel** *f* (Chem) / summation formula ‖ ⁓**formel** (Chem) / empirical formula* ‖ ⁓**frequenz** *f* (Akus, Spektr) / sum frequency ‖ ⁓**geschwindigkeit** *f* / cumulative speed (important for lubrication pressure) ‖ ⁓**häufigkeit** *f* (Integral der Häufigkeitsdichte) (Stats) / cumulative frequency ‖ ⁓**karte** *f* (EDV) / summary card ‖ ⁓**kennwert** *m* / total characteristic value ‖ ⁓**kontrolle** *f* (EDV) / summation check*, sum check ‖ ⁓**kurve** *f* (Stats) / ogive* *n*, cumulative frequency curve ‖ ⁓**kurve** (der Zuflüsse) (Wasserb) / mass curve, mass diagram ‖ ⁓**kurve der Verweilzeitverteilung** *f* (z.B. in chemischen Reaktoren) (Chem Verf) / F-diagram* *n* ‖ ⁓**parameter** *m* (Chem) / sum parameter, summary parameter ‖ ⁓**peak** *m* (Chem) / sum peak ‖ ⁓**probe** *f* (EDV) / summation check*, sum check ‖ ⁓**prüfung** *f* (EDV) / summation check*, sum check ‖ ⁓**punkt** *m* (Fernm) / summing point ‖ ⁓**regel** *f* **für endliche Energien** (Phys) / finite-energy sum rule, FESR ‖ ⁓**signal** *n* (in der Stereophonie) (Akus) / sum signal ‖ ⁓**stanzen** *n* (EDV) / summary punching ‖ ⁓**teilungsfehler** *m* (DIN 3960) (Masch) / total pitch error ‖ ⁓**ton** *m* (Akus) / summation tone ‖ ⁓**wert** *m* **aller Kohlenwasserstoffe** (Umwelt) / total hydrocarbons, THC ‖ ⁓**wirkung** *f* / cumulative effect, cumulative action ‖ ⁓**zähler** *m* (Fernsp) / totalizing meter ‖ ⁓**zählertafel** *f* (Eltech) / summation panel* ‖ ⁓**zeichen** *n* (Math) / summation sign

**Summer** *m* (Eltech, Fernm) / buzzer* *n*

**Summerdark** *m* (sommerlich-leichtes Gewebe in warmen, dunklen Farben) (Tex) / summerdark *n*

**summier•bar** *adj* (Math) / summable *adj* ‖ ⁓**barkeit** *f* (Math) / summability *n* ‖ ⁓**einrichtung** *f* (Instr) / summator *n*

**summieren** *v* (Zähler, Relais) / totalize *v* ‖ ~ (eine Summe bilden) (Math) / totalize *v*, add up *v*

**summierend•er Integrator** (EDV, Fernm) / summing integrator ‖ ~**er Integrierverstärker** (EDV, Fernm) / summing integrator ‖ ~**es Meßinstrument** (Eltech) / summation instrument* ‖ ~**e Schaltung** (Eltech) / adding network, summing network

**Summierer** *m* (EDV) / summer *n*, analogue adder ‖ ⁓ (Fernm) / summing circuit

**Summier•glied** *n* (EDV, Regeln) / summing element ‖ ⁓**integrator** *m* (EDV, Fernm) / summing integrator ‖ ⁓**punkt** *m* (Fernm) / summing point

**Summierung** *f* (Math) / summation *n*

**Summierverstärker** *m* (EDV, Eltronik) / summing amplifier

**Summton** *m* (z.B. beim Drücken von Tasten) (Regeln) / beep *n*

**SU(5)-Modell** *n* (Kernphys) / Georgi-Glashov theory

**Sumpf** *m* (Bergb) / sump* *n*, foot *n*, water lodge, standage *n*, sump pit, lodge *n* ‖ ⁓ (einer Destillations- und Rektifizierkolonne) (Chem Verf) / bottom *n* ‖ ⁓ (im Ofen, in der Pfanne) (Chem Verf, Hütt) / pool *n*, liquid pool ‖ ⁓ (Geol, Umwelt) / bog *n*, slough *n*, swamp *n*, morass *n*, marsh *n* ‖ ⁓ (HuT) / sump* *n* ‖ ⁓ (eines Containments) (Nukl) / sump *n* ‖ ⁓- (Bot, Zool) / paludicolous *adj*, palustrine *adj* ‖ **Sümpfe oder Marschen bewohnend** (Bot, Zool) / paludicolous *adj*, palustrine *adj* ‖ ⁓**becken** *n* (Keram) / soaking pit (to obtain thorough wetting) ‖ ⁓**bildung** *f* (Geol) / paludification *n*, swamp formation ‖ ⁓**boden** *m* (Geol) / quagmire *n*, quag *n* ‖ **auf ⁓böden wachsend** (Bot, Zool) / paludicolous *adj*, palustrine *adj* ‖ ⁓**eiche** *f* (Quercus palustris Muenchh.) (For) / pin oak ‖ ⁓**eisenerz** *n* (Min) / bog iron ore*, morass ore, meadow ore

**sümpfen** *v* (den Wasserspiegel in überfluteten Gruben- oder Tagebauen auspumpen oder teilweise absenken) (Bergb) / bail *v*, drain *v*, dewater *v*

**sumpfen** *v* (Keram) / soak *v*, wet *v* ‖ ⁓ *n* (ein altes Verfahren zum Aufschließen und gleichmäßigen Durchfeuchten von Tonen) (Keram) / soaking *n*, wetting *n*

**Sumpf•erz** *n* (Min) / bog iron ore*, morass ore, meadow ore ‖ ⁓**fahrweise** *f* (Hütt) / hot heel ‖ ⁓**gas** *n* (Methan-Kohlendioxid-Gemisch) / marsh gas ‖ ⁓**grube** *f* (Keram) / soaking pit (to obtain thorough wetting)

**sumpfig** *adj* (Geol) / marshy *adj*, swampy *adj* ‖ ~ (Umwelt) / paludal *adj* ‖ **~er Boden** (Geol) / quagmire *n*, quag *n*

**Sumpf•kalk** *m* (Bau) / pit lime ‖ **dünnflüssiger, weißer, gelöschter** ⁓**kalk** (zum Putzen des Sichtmauerwerks) (Bau) / lime water ‖ ⁓**kiefer** *f* (Pinus palustris Mill.) (For) / longleaf pine, long-leaved pine, Southern pine

**Sümpfkübel** *m* (Bergb) / dan *n*, bailer *n*, bailing bucket, chest *n*

**Sumpf•lärche** *f* (For) / tamarack *n*, Eastern larch, hackmatack *n* ‖ ⁓**lärchenholz** *n* (For) / tamarack *n* ‖ **~liebend** *adj* (Bot) / uliginose* *adj*, uliginous* *adj* ‖ ⁓**moos** *n* (Geog, Geol) / peat moss, sphagnum* *n* (pl. sphagna), sphagnum moss ‖ ⁓**ofen** *m* (Chem Verf) / liquid-phase converter ‖ ⁓**ofen** (Hütt) / pool furnace ‖ ⁓**phase** *f* (bei Kohlehydrierung) (Chem Verf) / liquid phase ‖ ⁓**phasehydrierofen** *m* (Chem Verf) / liquid-phase converter ‖ ⁓**phasehydrierung** *f* (Chem Verf) / liquid-phase hydrogenation ‖ ⁓**phaseofen** *m* (Chem Verf) / liquid-phase converter ‖ ⁓**produkt** *n* (Chem Verf) / bottoms *pl*, bottom product ‖ **Zweizeilige ⁓zypresse** (Taxodium distichum (L.) Rich.) (For) / bald cypress, swamp cypress

**Sund** *m* (Ozean) / sound *n* (a narrow stretch of water), strait(s) *n pl*

**Sunk** *m* (fortschreitende Senkung des Wasserspiegels in einem offenen Gerinne) (Wasserb) / receding of the water level, negative surge

**Sunn** (DIN 60001, T 1) (Bot, Tex) / Bengal hemp, janapan *n*, sunn hemp, madras *n*, Bombay hemp, sunn *n*

**Sunnhanf** *m* (Crotalaria juncea L.) (Bot, Tex) / Bengal hemp, janapan *n*, sunn hemp, madras *n*, Bombay hemp, sunn *n*

**Supadriv-Kreuzschlitz** *m* (bei Schraubwerkzeugen) (Werkz) / Supadriv *n*

**Supaglypta** *f* (eine stark geprägte Strukturtapete aus Baumwollfasern) (Bau) / Supaglypta *n*

**Super** *n* (Benzin) (Kfz) / premium gasoline (US), 4-star fuel, 4-star petrol (GB) ‖ ⁓ *m* (Radio) / superheterodyne receiver, superhet* *n*, superhet receiver*, double-detection receiver ‖ ⁓**acid** *n* (dessen Acidität größer ist als diejenige von 100%iger Schwefelsäure) (Chem) / superacid *n* ‖ ⁓**acidität** *f* (vermehrter Säuregehalt des Magensaftes) (Med) / hyperacidity* *n*, superacidity *n* ‖ ⁓**actinide** *n pl* (mit Ordnungszahlen 122-153) (Chem) / superactinide elements, superactinides *pl* ‖ ⁓**actinoide** *n pl* (Chem) / superactinide elements, superactinides *pl* ‖ ⁓**actinoide** (Chem) s. auch superschweres Element ‖ **~additive Funktion** (Math) / superadditive function*, superadditive set function ‖ ⁓**additivität** *f* (Math) / superadditivity *n* ‖ **abzählbare ⁓additivität** (Math) / countable superadditivity ‖ ⁓**aerodynamik** *f* (Strömungen in der hohen Atmosphäre) (Luftf) / superaerodynamics* *n* ‖ **Liesche ⁓algebra** (Math) / Lie superalgebra ‖ ⁓**alloy** *n* (hochlegierte, hochtemperaturfeste Mehrstofflegierung, wie z.B. Inconel, Nimonic oder Hastelloy) (Hütt) / superalloy* *n* ‖ ⁓**antigen** *n* (Biochem) / superantigen *n* ‖ ⁓**austausch** *m* (Chem, Mag) / superexchange *n* ‖ ⁓**austauschwechselwirkung** *f* (Kernphys) / superexchange interaction ‖ ⁓**auswahlregeln** *f pl* (Kernphys) / superselection rules ‖ ⁓**azidität** *f* (vermehrter Säuregehalt des Magensaftes) (Med) / hyperacidity* *n*, superacidity *n* ‖ ⁓**ballonreifen** *m* (PKW-Niederdruckreifen mit großem Volumen, Luftdruck 1,2 bis 1,8 at) (Kfz) / superballoon *n*, superballoon tyre ‖ ⁓**bananenregime** *n* (Nukl) / superbanana regime ‖ ⁓**base** *f* (Chem) / superbase *n* ‖ ⁓**benzin** *n* (Kfz) / premium gasoline (US), 4-star fuel, 4-star petrol (GB) ‖ ⁓**brechung** *f* (Opt) / superrefraction *n* ‖ **~breiter Reifen** (Kfz) / superwide tyre ‖ ⁓**brightener** *m* (gute Chlorbeständigkeit in der Waschflotte und hohe Chlor- und Lichtechtheit) (Tex) / superbrightener *n* ‖ **~chemischer Treibstoff** (z.B. atomarer und metallischer Wasserstoff, metastabiles Helium) (Raumf) / superchemical fuel *n* ‖ ⁓**chip** *n* (mit einer Kapazität von mehreren Millionen Bits) (EDV, Eltronik) / super chip *n* ‖ ⁓**chipkarte** *f* (EDV, Eltronik) / super smart card ‖ ⁓**colour** *f* (Kernphys) / supersymmetric technicolour, supercolour *n* ‖ ⁓**computer** *m* (mit mehr als 10 Milliarden Gflops) (EDV) / supercomputer* *n*, number cruncher ‖ ⁓**conducting Supercollider** *m* (ein amerikanischer Teilchenbeschleuniger) (Kernphys) / Superconducting Supercollider, SCC ‖ **~diagonal** *adj* (EDV) / superdiagonal *plt* ‖ **~direktive Antenne** (Fernm) / spot-beam antenna ‖ ⁓**dominanz** *f* (Gen) / superdominance *n* ‖ ⁓**familia** *f* (pl. -ae) (Zool) / superfamily *n* ‖ ⁓**farbe** *f* (Kernphys) / supersymmetric technicolour, supercolour *n* ‖ **~fein** *adj* / superfine *adj* ‖ ⁓**feld** *n* (Kernphys) / superfield *n* ‖ ⁓**finish** *n* (Masch) / superfinishing* *n* ‖ ⁓**finish-Verfahren** *n* (Masch) / superfinishing* *n*

**superfiziell** *adj* / superficial *adj*, surficial *adj*, surface *attr*

**super·flink** *adj* (Schmelzeinsatz) (Sicherung) (Eltech) / super-quick-acting *adj*, superfast *adj* ‖ **~fluid** *adj* (Phys) / superfluid\* *adj* ‖ **~fluidität** *f* (Eigenschaft von Quantenflüssigkeiten) (Phys) / superfluidity\* *n* ‖ **~flüssig** *adj* (Phys) / superfluid\* *adj* ‖ **~flüssigkeit** *f* (Phys) / superfluidity\* *n* ‖ **~galaxienhaufen** *m* (Astr) / supercluster *n* ‖ **~gene Erzanreicherung** (Geol) / secondary enrichment (by precipitation from downward-percolating waters)\*, supergene enrichment\*, downward enrichment ‖ **~gen** *n* (aus mehreren Genen bestehender Abschnitt eines Chromosoms) (Gen) / supergene *n* ‖ **~geostrophischer Wind** (Meteor) / supergeostrophic wind ‖ **~gitter** *n* (Eltronik) / supergrid *n* ‖ **~gitter** (in Festkörpern) (Krist) / superlattice *n*, SL ‖ **~gravitation** *f* (Phys) / supergravity\* *n* ‖ **~grid** *n* (Eltronik) / supergrid *n* ‖ **~harmonisch** *adj* (Akus) / superharmonic *adj* ‖ **~harmonische** *f* (DIN 1311, T 1) (Akus) / superharmonic *n* ‖ **~haufen** *m* (von Galaxien) (Astr) / supercluster *n* ‖ **~helix** *f* (pl. -helices) (durch Verdrillen entstandene Struktur doppelsträngiger DNA) (Biochem) / superhelix *n* (pl. -helices) ‖ **~het** *m* (Radio) / superheterodyne receiver, superhet\* *n*, superhet receiver\*, double-detection receiver ‖ **~heterodynempfänger** *m* (Radio) / superheterodyne receiver, superhet\* *n*, superhet receiver\*, double-detection receiver ‖ **~-Higgs-Mechanismus** *m* (bei Gravitinos) (Kernphys) / super-Higgs mechanism ‖ **~hilac** *m* (Nukl) / superhilac *n*, superheavy ion linear accelerator ‖ **~hochfrequenz (SHF)** *f* (zwischen 3 - 30 GHz) (Radio) / superhigh frequency (SHF) ‖ **~hohe Frequenz** (zwischen 3 - 30 GHz) (Radio) / superhigh frequency (SHF) ‖ **~hump** *m* (periodische Oszillation bei einer Zwergnova) (Astr) / superhump *n* ‖ **~hydrid** *n* (Li[B(C$_2$H$_5$)$_3$H]) (Chem) / lithium triethyl boron hydride ‖ **~ikonoskop** *n* (Bildaufnahmeröhre mit Vorabbildung) (TV) / image iconoscope ‖ **~industriell** *adj* (Gesellschaft) / superindustrial *adj* ‖ **~invar** *n* (ein Bimetallwerkstoff - 58 % Fe, 42 % Ni) / Superinvar ‖ **~ionenleiter** *m* (Festkörper, der in einem breiten Temperaturintervall unterhalb des Schmelzpunkts eine den flüssigen Elektrolyten und Salzschmelzen vergleichbare reine Ionenleitfähigkeit besitzt und die Leitfähigkeit normaler Ionenkristalle um etwa 20 Größenordnungen übertrifft) (Phys) / super-ion conductor, superionic conductor ‖ **~ionenleitung** *f* (Phys) / extra conductivity (of hydronium and hydroxide ions) ‖ **~kalander** *m* (Pap) / supercalender *n* ‖ **~kapillar** *adj* (Geol) / supercapillary *adj* ‖ **~kargo** *m* (auf einem Schiff mitfahrender Vertreter des Befrachters, dessen Interessen er wahrnimmt) (Schiff) / supercargo *n*, freight clerk (US) ‖ **~kavitation** *f* (Schiff) / supercavitation *n* ‖ **~kavitationspropeller** *m* (im überkavitierenden Bereich arbeitende Schiffsschraube für Hochgeschwindigkeitswasserfahrzeuge) (Schiff) / supercavitating propeller ‖ **~klasse** *f* / superclass *n* ‖ **~kops** *m* (eine Riesenspule, die an schützenlosen Webmaschinen als Schußvorlagekörper eingesetzt wird) (Web) / supercop *n* ‖ **~kosmische Strahlung** (Astr) / supercosmic radiation ‖ **~kritisch** *adj* (Flügel) (Luftf) / supercritical *adj* ‖ **~kritischer Flügel** (mit erhöhter kritischer Machzahl) (Luftf) / supercritical wing ‖ **~kritische Fluidchromatografie** (ein chromatografisches Verfahren, bei dem Gase im superkritischen Zustand als mobile Phase benutzt werden) (Chem) / supercritical fluid chromatography ‖ **~krustal** *adj* (Geol) / supercrustal *adj* ‖ **~legierung** *f* (die noch bei hohen Temperaturen beständig ist) (Hütt) / superalloy\* ‖ **pulvermetallurgisch hergestellte ~legierung** (Hütt) / mechanical alloyed product, MAP ‖ **~leicht** *adj* / ultralight *adj*, microlight *adj* ‖ **~lumineszenzdiode** *f* (Eltronik) / superluminescent diode (SLD), superradiant diode, SRD ‖ **~malloy** *n* (79,5 % Ni, 15,5 % Fe und 5 % Mo - ein weichmagnetischer Magnetwerkstoff) (Eltech, Hütt) / Supermalloy *n* ‖ **~martingal** *n* (Stats) / supermartingale *n*, decreasing semi-martingale *n* ‖ **~mikrocomputer** *m* (EDV) / supermicrocomputer *n*, supermicro *n* ‖ **~-8-mm-Film** *m* (ein Schmalfilm) (Film) / Super-8\*, single-eight film ‖ **~molekulares System** (Chem) / supermolecule *n*, supramolecule *n* ‖ **~multiplett** *n* (Phys) / supermultiplet *n* ‖ **~nieren-** (Richtwirkungskurve des Mikrofons) (Akus) / hypercardioid *adj* ‖ **~nova** *f* (pl. -ä) (Astr) / supernova\* *n* (pl. -ae), SN ‖ **~nova-Überrest** *m* (Astr) / remnant *n*, SN-remnant *n* ‖ **~opak** *m* (Anstr) / superopaque *adj* ‖ **~orthikon** *n* (Fernsehaufnahmeröhre mit Ladungsspeicher) (TV) / image orthicon\* (IO) (a low-electron-velocity camera tube) ‖ **~oskulation** *f* (bei Kurven zweiter Ordnung) (Math) / superosculation *n* ‖ **~-Ottokraftstoff** *m* (Kfz) / premium gasoline (US), 4-star fuel, 4-star petrol (GB) ‖ **~oxid** *n* (Chem) / superoxide *n* ‖ **~oxid** (Chem) s. auch Hyperoxid und Peroxid ‖ **~oxid-Dismutase (SOD)** *f* (Biochem) / superoxide dismutase (SOD) ‖ **~paramagnetismus** *m* (magnetisches Verhalten sehr kleiner ferromagnetischer Teilchen, das charakterisiert ist durch einen eindeutigen Zusammenhang zwischen dem gemessenen Wert der Magnetisierung und dem Feld) (Phys) / superparamagnetism *n*, collective paramagnetism ‖ **~phantomschaltung** *f* (Fernm) / double phantom circuit ‖ **~phosphat** *n* (ein Phosphatdünger) (Chem, Landw) / superphosphate\* *n* ‖ **normales ~phosphat** (mit 16-22% P$_2$O$_5$) (Landw) / single superphosphate ‖ **~phosphat** *n* aus Knochenmehl (Landw) / bone superphosphate ‖ **~phosphorsäure** *f* (Naßphosphorsäure mit 70% P$_2$O$_5$) (Chem, Landw) / superphosphoric acid ‖ **~plastizität** *f* (extrem hohen plastischen Umformgrad ermöglichende Eigenschaft von Metallen und Legierungen) (Hütt, WP) / superplasticity *n* ‖ **~polyamid** *n* (ein Superpolymer) (Chem) / superpolyamide *n* ‖ **~polyester** *m* (ein Superpolymer) (Chem) / superpolyester *n* ‖ **~polymer** *n* (veraltete Bezeichnung für Polymere mit relativ hohen Molmassen und ausgeprägten Werkstoffeigenschaften) (Chem) / superpolymer *n* ‖ **~positionsprinzip** *n* (DIN 1342, T 1) (Phys) / superposition theorem\*, principle of superposition, superposition principle ‖ **~positionssatz** *m* (Phys) / superposition theorem\*, principle of superposition, superposition principle ‖ **~potential** *n* (Kernphys) / superpotential *n* ‖ **~proportional** *adj* (Abschwächer - setzt hauptsächlich die hohen Schwärzungen herab) (Foto) / superproportional *adj* ‖ **~-Protonenkollisionsmaschine** *f* (Kernphys) / Superconducting Supercollider, SCC ‖ **~-Protonensynchrotron** *n* (Kernphys) / Super Proton Synchrotron\*, SPS\* ‖ **~qualität** *f* / superquality *n*, super *n* ‖ **~regeneration** *f* (Radio) / superregeneration\* *n*, superreaction *n* ‖ **~regenerativempfänger** *m* (Radio) / superregenerative receiver\* ‖ **~sauergas** *n* (schwefelreiches Erdgas) (Erdöl) / super acid gas ‖ **~saugfähig** *adj* (Phys) / superabsorbent *adj* ‖ **~säure** *f* (mit extremer Protonierungsaktivität) (Chem) / superacid ‖ **~schallgedämpft** *adj* / whispering *adj* (e.g. compressor) ‖ **~schweres Element** (hypothetisches Transactinoid mit Kernladungszahl > 109 - bis Ende 2001 nicht nachgewiesen) (Chem) / superheavy element, supertransactinoid *n*, supertransuranic *n* ‖ **~sender** *m* (für drahtloses Fernsehen, dessen Programm zugleich auch über Satellit an verschiedene Kabelfernsehsysteme übertragen wird) (TV) / superstation *n* (US) ‖ **~shift-Taste** *f* (eine zusätzliche Shift-Taste, die weitere Kodekombinationen ermöglicht) (EDV) / supershift key ‖ **~slurper** (ionisches Polymer, dessen Wasserabsorptionskapazität durch Elektrolyte sehr stark reduziert wird) (Chem, Med, Pap) / superslurper *n* ‖ **~sonisch** *adj* (Phys) / supersonic\* *adj* ‖ **~strahlende Diode** (Eltronik) / superluminescent diode (SLD), superradiant diode, SRD ‖ **~strahlendes Licht** (intensiver Lichtblitz sehr kurzer Impulsdauer /etwa 2 ns/, der durch einen mit schnellen Elektronen gepumpten Laserprozeß in Halbleiterstoffen erzeugt wird - in der Hochgeschwindigkeitsfotografie) (Foto) / superradiant light ‖ **~strahlung** *f* (bei Lasern) (Kernphys) / superradiation *n* ‖ **~string** *m* (Kernphys) / superstring ‖ **~stringtheorie** *f* (eine Quantentheorie) (Kernphys) / superstring theory ‖ **~symmetrie** *f* (kontinuierliche innere Symmetrie) (Kernphys) / supersymmetry\*, SUSY ‖ **~symmetriealgebra** *f* (Kernphys) / supersymmetry algebra ‖ **~symmetrisch** *adj* (Kernphys) / supersymmetric *adj* ‖ **~symmetrische Technicolour** (Kernphys) / supersymmetric technicolour, supercolour *n* ‖ **~symmetrisches Teilchen** (Kernphys) / supersymmetric particle ‖ **~symmetrisierung** *f* (Kernphys) / supersymmetrization *n* ‖ **~synchron** *adj* (Eltech) / supersynchronous *adj*, hypersynchronous *adj* ‖ **~synthese** *f* (Astr) / supersynthesis *n* ‖ **~tanker** *m* (mit Tragfähigkeit über 100 000 t Erdöl) (Schiff) / supertanker *n*, large crude-carrying vessel, LCCV ‖ **Tiefwasserhafen für ~tanker** (Schiff) / superport *n* ‖ **~thermisch** *adj* (Kernphys) / superthermal *adj*, suprathermal *adj* ‖ **~tief** *adj* (Bohren) (Erdöl) / superdeep *adj* ‖ **~toxin** *n* (Chem, Med) / supertoxin *n* ‖ **~transuran** *n* (hypothetisches Transactinoid mit Kernladungszahl > 109 - bis Ende 2001 nicht nachgewiesen) (Chem) / superheavy element, supertransactinoid *n*, supertransuranic *n* ‖ **~turnstile-Antenne** *f* (Radio) / batwing antenna ‖ **~-Turnstile-Antenne** *f* (wenn zwei Schmetterlingsantennen zu einer Drehkreuzantenne zusammengeschaltet werden) (Radio) / super-turnstile antenna ‖ **hinterleuchtetes ~twist-Display** (EDV) / backlit supertwist display ‖ **~vereinheitlichung** *f* (Phys) / superunification *n* ‖ **~visor** *m* (externer Berater im sozialen Bereich) / supervisor *n* ‖ **~visor** *m* (Ablaufteil des Organisationsprogramms) (EDV) / supervisor *n* ‖ **~visor** *m* (eine Steuerroutine mit bestimmten Aufgaben - z.B. Verwalter eines Mehrbenutzersystems oder eines Netzwerkes) (EDV) / supervisory routine, supervisor *n*, monitor\* *n*, surveillance program ‖ **~volttherapie** *f* (Med, Radiol) / supervoltage therapy, megavoltage therapy ‖ **~weitwinkelobjektiv** *n* (Bildwinkel meistens größer als 100°) (Foto) / ultrawide-angle lens, superwide-angle lens ‖ **~zeichen** *n* (in der Kybernetik) (KI) / supersign *n*

**Suppe, thermische ~** (in der Big-Bang-Theorie) (Astr) / thermal soup
**"Suppenstern"** *m* (EDV) / lozenge *n*
**Suppenwürze** *f* (Nahr) / seasoning *n* ‖ **~** (ein Proteinhydrolysat) (Nahr) / seasoning *n*
**Supplementärsehnen** *f pl* (Math) / supplemental chords\*
**Supplementwinkel** *m pl* (die am Schnittpunkt zweier Geraden liegenden Nebenwinkel) (Math) / supplementary angles\*

**Support**

**Support** *m* (technische Unterstützung von Software- oder Hardware-Kunden durch Hersteller oder Händler) (EDV) / technical support, customer support ‖ ⁓ (der Bohrmaschine) (Masch) / movable table, workpiece carriage ‖ ⁓ (Werkzeugspanner) (Masch) / tool-rest ‖ ⁓**schleifer** *m* (Masch) / tool-post grinder* ‖ ⁓**software-Programm** *n* (EDV) / support software program ‖ ⁓**-Techniker** *m* (EDV) / support engineer
**Suppression** *f* (das Verschwinden einer Mutation im Erscheinungsbild, ohne daß eine Rückmutation erfolgt ist) (Gen) / suppression *n*
**Suppressor** *m* (Gen) / suppressor *n* ‖ ⁓**gen** *n* (Gen) / suppressor *n* ‖ ⁓**mutation** *f* (Gen) / suppressor mutation ‖ ⁓**säule** *f* (eine zweite Ionenaustauschersäule in der Detektionseinheit der Ionenchromatografie mit Suppressortechnik) (Chem) / suppressor column, suppressor *n*, stripper column, scrubber column ‖ ⁓**zelle** *f* (Biol) / suppressor cell*
**supra•aural** *adj* (auf dem Ohr aufliegend) / supra-aural *adj* ‖ ⁓**facial** *adj* (Prozeß - bei sigmatropen Wanderung eines H-Atoms) (Chem) / suprafacial *adj* ‖ ⁓**fazial** *adj* (Chem) / suprafacial *adj* ‖ ⁓**fluid** *adj* (Phys) / superfluid* *adj* ‖ ⁓**fluidität** *f* (Phys) / superfluidity* *n* ‖ ⁓**fluiditätsmodell** *n* (Phys) / superfluidity model ‖ ⁓**flüssig** *adj* (Phys) / superfluid* *adj* ‖ ⁓**flüssigkeit** *f* (Phys) / superfluidity* *n* ‖ ⁓**ionenleiter** *m* (Phys) / super-ion conductor, superionic conductor
**supraleitend** *adj* (Phys) / superconducting *adj*, superconductive *adj* ‖ ⁓**er Generator** (Eltech) / superconducting generator ‖ ⁓**es Interferometer** (Phys) / superconducting quantum interference device*, squid* *n* ‖ ⁓**es Kabel** (Kab) / superconducting cable ‖ ⁓**e Legierung** (Hütt) / superconducting alloy ‖ ⁓**er Magnet** (aus harten Supraleitern) (Eltronik) / superconducting magnet* ‖ ⁓**er Quanteninterferenzdetektor** (Phys) / superconducting quantum interference device*, squid* *n* ‖ ⁓**er Schichtspeicher** (EDV) / cryogenic memory, cryogenic storage, cryogenic store, superconducting memory*, cold store* ‖ ⁓**er Verstärker** (Eltronik) / superconducting amplifier* ‖ ⁓**er Zustand** (Elektr) / superconducting state
**Supraleiter** *m* (Elektr, Eltronik) / superconductor *n* ‖ **harter** ⁓ (Elektr) / type II superconductor*, hard superconductor ‖ **keramischer** ⁓ (Elektr, Keram) / ceramic superconductor ‖ **organischer** ⁓**leiter** (bestimmte Ladungsübertragungskomplexe des Tetramethyltetraselenafulvalins mit AsP$_5$ und ClO$_4$) (Elektr) / organic superconductor ‖ **weicher** ⁓ (Elektr, Eltronik) / type I superconductor ‖ ⁓ *m* **2. Art** (nichtidealer) (Elektr) / type II superconductor*, hard superconductor ‖ ⁓ **1. Art** (Elektr, Eltronik) / type I superconductor ‖ ⁓ **I** (Elektr, Eltronik) / type I superconductor ‖ ⁓ **II** (Elektr) / type II superconductor*, hard superconductor ‖ ⁓**kabel** *n* (Kab) / superconducting cable
**supra•leitfähig** *adj* (Phys) / superconducting *adj*, superconductive *adj* ‖ ⁓**leitfähigkeit** *f* (Elektr, Phys) / superconductivity* *n* ‖ ⁓**leitung** *f* (Elektr, Phys) / superconductivity* *n* ‖ ⁓**leitungsmodell** *n* (Phys) / superfluidity model ‖ ⁓**leitungsspeicher** *m* (EDV) / cryogenic memory, cryogenic storage, cryogenic store, superconducting memory*, cold store* ‖ ⁓**leitungszustand** *m* (Elektr) / superconducting state ‖ ⁓**litoral** *n* (Geol, Umwelt) / breaker zone, surf zone ‖ ⁓**magnetismus** *m* (Kernphys) / supermagnetism *n* ‖ ⁓**molekulare Chemie** (Chem) / supramolecular chemistry
**Supramylverfahren** *n* (ein energiesparendes Verfahren zum kontinuierlichen Stärkeaufschluß) (Chem Verf) / supramyl process
**Supraporte** *f* (Bau) / overdoor* *n*, supraporta *n*
**Supra•strom** *m* (der in einem Supraleiter dauernd fließende elektrische Strom) (Elektr, Phys) / supercurrent *n* ‖ ⁓**vitale Färbung** (Mikros) / supravital staining ‖ ⁓**vitalfärbung** *f* (eine Art Vitalfärbung) (Mikros) / supravital staining
**Supremum** *n* (pl. Suprema) (Math) / greatest upper bound, supremum *n* (pl. -s or suprema), g.u.b. ‖ ⁓ (pl. Suprema) (Math) / least upper bound, suprema *n* (pl. suprema or supremums)
**Supremumsbildung** *f* (Math) / supremum formation
**Surah** *m* (ein Seidenköper) (Tex) / surah *n* ‖ ⁓**seide** *f* (Tex) / surah *n*
**Suramin** *n* (Germanin) (Pharm) / suramin* *n*
**Surface-Barrier-Transistor** *m* (Eltronik) / surface-barrier transistor, SB transistor
**Surface-Effekt-Schiff** *n* (Schiff) / surface-effect ship, SES
**Surfactant** *n* *m* (DIN 53908) (Chem, Phys) / surface-active agent, surfactant* *n*, surface-active detergent, tenside *n*, surface-tension depressant
**surfen** *v* (durch den Internet) (EDV) / surf *v*
**Surform-Raspel** *f* (Werkz) / Surform file
**Surge** *n* (Materieauswurf bei chromosphärischen Eruptionen) (Astr) / surge *n*
**Surimi** *n* (minderwertiges Zwischenprodukt bei der Herstellung typischer japanischer Fischereierzeugnisse) (Nahr) / surimi *n*
**Surinam-Bitterholz** *n* (ein Bitterholz) (For) / quassia *n*

**Surinamesische Schabe** (Pycnoscelis surinamensis) (Med, Nahr) / Surinam cockroach
**Surjektion** *f* (eindeutige Abbildung einer Menge A auf einer Menge B) (Math) / surjection *n*, onto function, mapping onto, surjective mapping
**surjektiv** *adj* (Abbildung) (Math) / surjective *adj*, onto ‖ ⁓**er Homomorphismus** (Math) / epimorphism *n*
**Surrogat** *n* / substitute *n*, ersatz *n* (of inferior kind)
**Survey** *m* (Durchmusterung des Himmels mit instrumentellen Hilfsmitteln) (Astr) / survey *n* ‖ ⁓ (Umfrage in der Markt- und Meinungsforschung) (Stats) / survey *n*
**Surveyor-Dienst** *m* (Kontrolle der Laderäume der Transportmittel sowie der Lagerplätze in Seehäfen durch Kontrollfirmen) (Schiff) / surveyor service
**Suspended-substrate-Leitung** *f* (eine Streifenleitung) (Eltronik) / suspended-substrate line
**suspendieren** *v* (Chem) / suspend *v* (bring into suspension)
**Suspendiermittel** *n* (Chem) / suspending agent, suspender *n*, suspension agent
**Suspension** *f* (großdisperses System) (Chem) / suspension* *n*
**Suspensions•kultur** *f* (Biol) / suspension culture* ‖ ⁓**mittel** *n* (Chem) / suspending agent, suspender *n*, suspension agent ‖ ⁓**polymerisation** *f* (Chem) / bead polymerization, suspension polymerization, pearl polymerization, granular polymerization ‖ ⁓**reaktor** *m* (Nukl) / slurry reactor*, slurry-fuel reactor, suspension reactor ‖ ⁓**reaktor mit Flüssigmetallbrennstoff** (Nukl) / liquid-metal fuel suspension reactor, LMSFR ‖ ⁓**strom** *m* (Gemisch aus Wasser und festen Gesteinsbestandteilen der Verwitterung und der Abtragung) (Ozean) / turbidity current* (a density current), suspension current ‖ ⁓**technik** *f* (in der IR-Spektroskopie) (Spektr) / mull method ‖ ⁓**verfahren** *n* (in der Chromatografie) (Chem) / slurry-packing technique ‖ ⁓**verfahren** (in der Chromatografie) (Chem) / slurry-packing technique
**Suspensoid** *n* (ein kolloides System) (Chem) / suspensoid* *n*
**süß** *adj* / sweet *adj* ‖ ⁓ (mit negativem Doktortest) (Erdöl) / sweet *adj* ‖ ⁓**e Maische** (Nahr) / sweet mash ‖ ⁓**es Orangenöl** / sweet orange oil ‖ ⁓**es Rohöl** (Erdöl) / sweet crude ‖ ⁓**es Sorghum** (Nahr) / sorgo *n*, sweet sorghum, sugar sorghum ‖ ⁓ **werden** / sweeten *vi*
**süßen** *v* (um Schwefelverbindungen zu entfernen bzw. in Disulfide zu überführen) (Chem Verf, Erdöl) / sweeten *v* ‖ ⁓ (den natürlichen Säurevorrat des normalen Vegetabilgerbstoffs durch Neutralisation verringern, um die Adstringenz herabzusetzen) (Leder) / sweeten *v* ‖ ⁓ (Nahr) / sweeten *v* ‖ ⁓ (Entschwefelung von Kohlenwasserstoffen aus der Erdöldestillation) (Chem Verf, Erdöl) / sweetening *n* (the conversion of the mercaptans present in sour gasoline into non-smelling sulphides)
**Süßerde** *f* (Berylliumoxid) (Chem, Min) / beryllia *n*
**Sussexit** *m* (ein Borat) (Min) / sussexite *n*
**Süß•gas** *n* (vermarktungsfähiges Erdgas) / sweet gas ‖ ⁓**gerinnung** *f* (von Milch) (Nahr) / sweet curdling ‖ ⁓**geschmack** *m* (Nahr) / sweet taste, sweetness *n* ‖ ⁓**gras** *n* (Bot) / grass* *n* ‖ ⁓**holzsaft** *m* (Nahr, Pharm) / liquorice *n*, licorice *n* (US) ‖ ⁓**holzzucker** *m* (Chem) / glycyrrhizine *n* ‖ ⁓**kraft** *f* (des Süßstoffs) (Nahr) / sweetness intensity, sweetness value, sweetness equivalent, relative sweetness to sucrose, sweetness potency, power of sweetness, sweetening power
**süßlich** *adj* / sweetish *adj*
**Süß•maische** *f* (Nahr) / sweet mash ‖ ⁓**molke** *f* (Nahr) / sweet whey ‖ ⁓**most** *m* (meistens aus säuerlichen Früchten) (Nahr) / fruit juice ‖ ⁓**rahmbutter** *f* (der auch nach der Herstellung keine Bakterienkultur zugesetzt wurde) (Nahr) / sweat-cream butter ‖ ⁓**reserve** *f* (kleine Menge Traubenmost, die dem durchgegorenen Jungwein zugesetzt wird) (Nahr) / grape must addition (for sweetening of wine) ‖ ⁓**stoff** *m* (mit einem vernachlässigbar kleinem energetischen Wert) (Nahr) / non-nutritive sweetener
**Süßung** *f* (Chem Verf, Erdöl) / sweetening *n* (the conversion of the mercaptans present in sour gasoline into non-smelling sulphides) ‖ ⁓ **von Destillaten** (Chem Verf, Erdöl) / distillate sweetening
**Süßungsmittel** *n* (Zuckeraustauschstoff + Süßstoff) (Nahr) / nutritive sweetener
**Süßverfahren** *n* (Chem Verf, Erdöl) / sweetening *n* (the conversion of the mercaptans present in sour gasoline into non-smelling sulphides)
**Süßwasser** *n* (salzarmes Wasser der Binnengewässer und Niederschläge) (Sanitär) / freshwater *n*, sweet water ‖ **Zugabe** *f* **von** ⁓ (Frischwasser) (Umwelt) / freshening *n* ‖ ⁓**ablagerung** *f* (Geol) / lacustrine deposits, lacustrine sediments ‖ ⁓**biologie** *f* (Biol) / limnology *n* ‖ ⁓**kalk** *m* (Geol) / fresh-water limestone ‖ ⁓**quarzit** *m* (Geol) / limnoquartzite *n* ‖ ⁓**see** *m* (Geol) / fresh-water lake
**Sustain** *n* (Zeit des Abfallens des Tons bis zu einem vorbestimmten Niveau beim Synthesizer) (Akus) / sustain *n* ‖ ⁓ (Akus) / sustain *n* (an effect or facility on a keyboard or electronic instrument whereby a note can be sustained after the key is released)
**Sustainable Development** *n* (Umwelt) / sustainable development

**SUSY** (Kernphys) / supersymmetry* $n$, SUSY
**SUSY-Teilchen** $n$ (Kernphys) / supersymmetric particle
**Suszeptanz** $f$ (DIN 5489) (Elektr) / susceptance* $n$
**suszeptibel** adj / susceptible adj
**Suszeptibilität** $f$ / susceptibility* $n$ ‖ **elektrische** ≃ (DIN 1324) (Eltech) / electric susceptibility* ‖ **magnetische** ≃ (der Quotient des Betrages der Magnetisierungsstärke zum Betrag der magnetischen Feldstärke, DIN 1325) (Eltech) / magnetic susceptibility* ‖ **spezifische** ≃ (Geol, Mag) / specific susceptibility, mass susceptibility
**Suszeptibilitätsaddition, Wiedemannsches Gesetz der** ≃ (Chem) / Wiedemann's additivity law
**Suszeptibilitätseffekt** $m$ (in der NMR-Spektroskopie) (Spektr) / susceptibility effect
**Sutherland-Formel** $f$ (Phys) / Sutherland formula
**Sutherland-Modell** $n$ (ein Molekülmodell der Gastheorie) (Phys) / Sutherland model
**Sutur** $f$ (Geol) / suture $n$
**suturiert** adj (Kornverzahnung) (Geol) / sutured adj
**SUZ** (Fernsp) / totalizing meter
**Suzuki•-Effekt** $m$ (Anreicherung von Atomen einer Legierungskomponente in Stapelfehlerbereichen) (Krist) / Suzuki effect ‖ ≃**-Kupplung** $f$ (Chem) / Suzuki reaction ‖ ≃**-Reaktion** $f$ (Chem) / Suzuki reaction
**Sv** (J/kg; abgeleitete SI-Einheit der Äquivalentdosis nach dem schwedischen Physiker R.M. Sievert, 1896-1966) (Radiol) / sievert* $n$
**SVA** (HuT, Kfz) / road-traffic signal system
**Svala-Schalter** $m$ (Zeitmultiplexsystem) (EDV) / Svala switch
**SVC** (EDV) / switched virtual circuit
**Svedberg** $m$ (nichtgesetzliche Einheit für die Sedimentationskonstante) (Chem) / svedberg $n$, Svedberg unit, S value ‖ ≃**-Einheit** $f$ ($= 10^{-13}$ s - nach T. Svedberg, 1884-1971) (Chem) / svedberg $n$, Svedberg unit, S value ‖ ≃**-Gleichung** $f$ (der relativen Molekülmasse eines sedimentierenden Teilchens) (Chem, Phys) / Svedberg equation
**SVK** (Plast) / self-reinforcing plastic, SRP
**sv-Motor** $m$ (mit seitlich stehenden Ventilen) (V-Mot) / side-valve motor, L-head engine
**SW** / black-and-white adj, b. & w. ‖ ≃ (EDV) / software* $n$
**Swabbing** $n$ (Erdöl) / swabbing $n$
**Swab-Test** $m$ (Keram) / swab test (a low-voltage test in which an electrical discharge is fanned across a porcelain-enamelled surface to detect a discontinuity in the coating by means of a spark concentrating in the discontinuity)
**Swage-Lining-Verfahren** $n$ (bei Sanierung von Rohrleitungen) (HuT, Wasserb) / swage lining
**Swainsonin** $n$ (ein Indolizidinalkaloid) (Chem, Pharm) / swainsonine $n$
**Swamps** pl (nasse, poröse, nach Entwässerung fruchtbare Böden) / swamps pl
**Swanboy** $n$ (dickes moltonähnliches Baumwollgewebe) (Tex) / swanboy $n$
**Swandown** $m$ (baumwollener Barchent in Leinwand- oder Köperbindung) (Tex) / swansdown $n$ ‖ ≃ (Tex) s. auch Dimity
**Swanskin** $m$ (feiner weicher geköperter Flanell aus Baumwolle) (Tex) / swanskin $n$
**Swan-Sockel** $m$ (ein Glühlampensockel) (Eltech) / bayonet cap*, bayonet lamp cap, BC*, bayonet base
**Swap-Datei** $f$ (EDV) / swap file
**Swapping** $n$ (ein Seitenaustauschverfahren) (EDV) / swapping $n$
**Swarts-Reaktion** $f$ (Umsetzung von Chlor- oder Bromalkanen mit anorganischen Fluoriden zu Fluoralkanen - nach F. Swarts, 1866-1940) (Chem) / Swarts reaction
**Sweep** $m$ (Spektr) / sweep $n$
**Sweepen** $n$ (Strahlverfahren, das lediglich zur Reinigung und/oder Aufrauhung von Beschichtungen und Überzügen dient, aber nicht zum Abtrag von Oberflächenbestandteilen) (Anstr) / sweep $n$, sweeping $n$
**Sweep•-Spule** $f$ (eines NMR-Spektrometers) (Spektr) / sweep coil ‖ ≃**-Strahlen** $n$ (Spektr), sweeping $n$ ‖ ≃**-Weite** $f$ (durchfahrener Frequenzbereich) / sweep width
**Sweetener** $m$ (süß schmeckende Verbindung mit energetischem Wert = Süßungsmittel oder ohne energetischen Wert = Süßstoffe) (Nahr) / sweetener $n$
**Sweetgum** $m$ (For) / American red gum*, red gum, sweet gum, gum* $n$, satin walnut
**Sweetland-Filter** $f$ (ein Blattfilter) (Chem Verf) / Sweetland filter, Sweetland filter press
**Sweetland-Filterpresse** $f$ (Chem Verf) / Sweetland filter, Sweetland filter press
**S-Welle** $f$ (beim Erdbeben) (Geophys) / S wave (a type of seismic body wave), rotational wave, shear wave, secondary wave, distortional wave, transverse wave, tangential wave
**Swelling** $n$ (Volumenzunahme) (Nukl) / swelling* $n$

**Swern-Oxidation** $f$ (Chem) / Swern oxidation
**S-Wert** $m$ (Nukl) / S-value* $n$ ‖ ≃ (TV) / synchronizing-signal level
**SWFD** (Fernsp) / STD, direct distance dialling, DDD, intertoll dialling, subscriber trunk dialling, toll-line dialing (US), through-dialling $n$
**SWF-Dienst** $m$ (Fernsp) / STD, direct distance dialling, DDD, intertoll dialling, subscriber trunk dialling, toll-line dialing (US), through-dialling $n$
**SW•-Flußkontrolle** $f$ (EDV) / software flow control (software-driven method to regulate the data flow between two devices) ‖ ≃**-Handshaking** $n$ (EDV) / software flow control (software-driven method to regulate the data flow between two devices)
**Swift-Test** $m$ (Nahr) / swift test
**s-Wiggs** $n$ (Kernphys) / swiggs $n$, wiggsino $n$
**Swimmingpool** $m$ **im Haus** (Bau) / indoor pool
**Swimmingpool-Reaktor** $m$ (Nukl) / swimming-pool reactor*, pool reactor*
**Swing-by** $n$ (Technik in der Raumfahrt, bei der die Freiflugbahn eines Raumflugkörpers bei Annäherung an einen Planeten durch dessen Gravitation und Bewegung geändert wird) (Raumf) / fly-by $n$, swingby $n$
**Swing-Lift** $m$ (bordgebundene Umschlageinrichtung für Container-Transportfahrzeuge) / swing lift
**Swirl-Matte** $f$ (eine Textilglasmatte) (Glas, Tex) / swirl mat
**Swirl-Pot** $m$ (Kfz) / swirl pot
**Swissen** $n$ (Tex) / swissing $n$
**Switchboard** $n$ (EDV) / switchboard $n$
**Switched Megabit Data Service** $n$ (EDV) / SMDS, Switched Megabit Data Service ‖ ≃ **Virtual Circuit** $m$ (EDV) / switched virtual circuit
**switchen** $v$ (TV) / zap $v$, flick $v$, switch $v$
**Switcher** $m$ (TV) / zapper $n$, switcher $n$
**SW•-Polarograf** $m$ (Chem, Eltech) / square-wave polarograph ‖ ≃**-Polarografie** $f$ (Chem, Eltech) / square-wave polarography, SWP
**SWR** (mit $D_2O$ als Moderatorsubstanz) (Nukl) / deuterium reactor, heavy-water reactor*, HWR ‖ ≃ (Nukl) / boiling-water reactor*, BWR*
**SwRK** (Galv) / corrosion fatigue*, vibration-induced corrosion cracking, CF
**SWV** (Fernm) / standing-wave ratio*, SWR, voltage standing-wave ratio, VSWR
**SXAPS** (Spektr) / soft X-ray appearance potential spectroscopy, SXAPS
**Syenit** $m$ (ein körniges Tiefengestein) (Geol) / syenite* $n$
**Syenitporphyr** $m$ (porphyrisches Ganggestein mit gleichem Mineralbestand wie Syenit) (Geol) / syenite-porphyry* $n$
**Sykomore** $f$ (Ficus sycomorus L.) (For) / sycomore $n$, sycamore fig, mulberry fig
**SYLK-Format** $n$ (EDV) / Symbolic Link file format
**syllabisch** adj / syllabic adj
**Syllogismus** $m$ (Form des logischen Schlusses) / syllogism $n$
**Sylvanit** $m$ (Silbergoldtellurid) (Min) / sylvanite* $n$, yellow tellurium*
**Sylvester-Satz** $m$ (nach J.J. Sylvester, 1814-1897) (Math) / Sylvester's law of inertia, law of inertia
**Sylvestersche Determinante** (Math) / Sylvester determinant
**Sylvestren** $n$ (ein zyklisches Terpen) (Chem) / sylvestrene $n$
**Sylvin** $n$ (Kaliumchlorid) (Min) / sylvine* $n$, sylvite* $n$
**Sylvinit** $n$ (Kalirohsalz mit hohem Anteil an Steinsalz und Sylvin) (Geol) / sylvinite* $n$
**Sylvinsäure** $f$ (Chem) / sylvic acid
**Symba-Prozeß** $m$ (zur Herstellung von Biomasse aus Stärke) (Chem Verf) / Symba process
**Symbiont** $m$ (pl. -en) (Partner einer Symbiose) (Biol) / symbiont* $n$, symbiote $n$
**Symbiose** $f$ (ein enges räumliches Zusammenleben artverschiedener Organismen, aus dem alle Partner einen Vorteil ziehen) (Biol) / symbiosis* $n$ (pl. symbioses)
**symbiotischer Stern** (veränderlicher Stern, in dessen Spektrum im wesentlichen zwei Strahlungsquellen mit sehr unterschiedlichen Temperaturen hervortreten) (Astr) / symbiotic object
**Symbol** $n$ (Ding, Bild, sprachliches Zeichen, das für ein anderes steht, ein anderes vertritt - DIN 44300) / symbol* $n$ ‖ ≃ (im Blockdiagramm) (EDV) / box $n$ ‖ **grafisches** ≃ / graphic symbol ‖ **internationales** ≃ (Krist) / international symbol ‖ **3j-**≃ (Phys) / three-j number, Wigner three-j symbol ‖ **logisches** ≃ / logical symbol*, logical sign (for Boolean functions), logic symbol ‖ **Schoenfliessches** ≃ (zur Symmetriebeschreibung von Molekülen) (Chem, Krist) / Schoenflies symbol ‖ ≃**e** $n$ pl **für die Bodenklassifizierung** (HuT) / soil legend, soil symbols
**Symbolcode** $m$ (EDV) / symbol code
**Symbolik** $f$ **der Isotopen** (Massenzahl links oben, Ordnungszahl links unten und die Anzahl der Atome rechts unten) (Chem) / isotopic symbols*

**symbolisch**

**symbolisch** *adj* / symbolic *adj* ‖ **~e Adresse** (Speicherstelle im RAM, die nur über die Adressenumwandlung bzw. unter Verwendung von Symbolen angesprochen werden kann) (EDV) / symbolic address* ‖ **~e Adressierung** (EDV) / symbolic addressing ‖ **~e Logik** (Math) / mathematical logic*, symbolic logic* ‖ **~e Programmiersprache** (EDV) / symbolic language ‖ **~e Programmierung** (EDV) / symbolic programming* ‖ **~es Verfahren** (Eltech) / symbolic method*
**symbolisieren** *v* / symbolize *v*, symbolise *v* (GB)
**Symbol•kode** *m* (EDV) / symbol code ‖ **~leiste** *f* (EDV) / toolbar *n*, control bar, ribbon *n* ‖ **~manipulation** *f* (EDV) / symbol manipulation ‖ **~sprache** *f* (EDV) / symbolic language, symbolic programming language ‖ **~tabelle** *f* (die der Übersetzung bzw. der Verarbeitung von Bezeichnungen der Variablen, Konstanten u.a. Elemente eines Programms dient) (EDV) / symbol table* ‖ **~verarbeitung** *f* (EDV, KI) / symbol processing
**Symmediane** *f* (Spiegelbild einer Seitenhalbierenden eines Dreiecks an der durch dieselbe Ecke gehenden Winkelhalbierenden) (Math) / symmedian *n*
**Symmedianpunkt** *m* (in dem sich die drei Symmedianen eines Dreiecks schneiden) (Math) / Lemoine point
**Symmetrie** *f* (von Gegentaktverstärkern) (Fernm) / balance *n* ‖ **~** (Krist, Math) / symmetry* *n* ‖ **~** (DIN 7184, T 1) (Masch) / symmetry *n*, tolerance on symmetry ‖ **äußere ~** (die mit Transformationen in Raum und Zeit verknüpft ist) (Phys) / space-time symmetry ‖ **axiale ~** (Krist) / axial symmetry, holoaxial symmetry ‖ **axiale ~** (bezüglich einer Achse) (Math) / axial symmetry ‖ **bilaterale ~** (Biol) / bilateral symmetry* (about a line) ‖ **diagonale ~** (in Drehstromnetzen nach DIN 13 321) (Eltech) / diagonal symmetry ‖ **diagonal-zyklische ~** (in Drehstromnetzen nach DIN 13 321) (Eltech) / diagonal-cyclic symmetry ‖ **fünfzählige ~** (Chem, Phys) / fivefold symmetry ‖ **innere ~** (die durch Transformationen in abstrakten, unserer Anschauung nicht zugänglichen Räumen dargestellt wird) (Phys) / internal symmetry ‖ **polare ~** (Krist) / polar symmetry ‖ **radiäre ~** (Biol) / radial symmetry* ‖ **spontan gebrochene ~** (Phys) / spontaneously broken symmetry ‖ **strahlige ~** (Math) / rotational symmetry, radial symmetry, rotation symmetry ‖ **unitäre ~** (Phys) / unitary symmetry ‖ **zyklische ~** (in Drehstromnetzen nach DIN 13 321) (Eltech) / cyclic symmetry ‖ **zyklische ~** (Math) / cyclosymmetry *n*, cyclic symmetry ‖ **~** *f* **gegenüber zyklischer Vertauschung** (Math) / cyclosymmetry *n*, cyclic symmetry
**Symmetrie•achse** *f* (Math) / axis of reflection, axis of symmetry*, symmetry axis ‖ **~äquivalent** *adj* (Punkt, Gerade, Ebene, Fläche oder Teile eines Körpers) (Math) / symmetry-equivalent *adj* ‖ **~brechen** *n* (Verletzung einer Symmetrie von physikalischen Zuständen oder Naturgesetzen - explizite oder spontane) (Phys) / symmetry breaking ‖ **~brechung** *f* (Phys) / symmetry breaking ‖ **spontane ~brechung** (Phys) / spontaneous symmetry breaking ‖ **~bruch** *m* (Phys) / symmetry breaking ‖ **~ebene** *f* (Symmetrieelement einer räumlichen Spiegelung) (Krist) / plane of symmetry*, plane of mirror symmetry, symmetry plane, mirror plane of symmetry ‖ **~element** *n* (z.B. Drehachse, Spiegelebene, Inversionszentrum usw.) (Krist, Math) / symmetry element ‖ **~gesetz** *n* (Phys) / symmetry law ‖ **~glied** *n* (Fernm) / BALUN *n*, balancing transformer, bazooka* *n*, balance-to-unbalance transformer ‖ **~gruppe** *f* (Math) / symmetry group ‖ **~klasse** *f* (Krist) / symmetry class*, crystal class, crystallographic class ‖ **~lose Kristallklasse** (Krist) / pedial class ‖ **~messung** *f* (Kfz) / symmetrical squaring, symmetrical analysis ‖ **~operation** *f* (einfach oder zusammengesetzt) (Krist) / symmetry operation ‖ **~parameter** *m* (Math) / symmetry parameter ‖ **~prinzip** *n* (Phys) / symmetry principle
**Symmetrierung** *f* (Fernm) / balancing *n* ‖ **~** (Phys) / symmetrization *n*
**Symmetrie•stufe** *f* (Fernm) / balancer *n* ‖ **~translation** *f* (Krist) / symmetry translation ‖ **~übertrager** *m* (Fernm) / BALUN *n*, balancing transformer, bazooka* *n*, balance-to-unbalance transformer ‖ **~zentrum** *n* (Krist) / centre of symmetry*, symmetry centre ‖ **~zentrum** *n* (Math) / centre of symmetry, symmetry centre
**symmetrisch** *adj* / symmetrical* *adj*, symmetric *adj* ‖ **~** (Verstärker) (Fernm) / balanced *adj*, push-pull *attr* ‖ **~** (Luftf) / handed *adj* (items on left of aircraft are mirror-image of those on right) ‖ **~e Antenne** (z.B. mittengespeister Dipol) (Radio) / symmetrical antenna ‖ **~es Antennenkabel** (Radio) / twin-lead cable ‖ **~e Belastung** (liegt in einem Drehstromnetz vor, wenn alle drei Außenleiter identische Ströme führen) (Eltech) / balanced load* ‖ **~er Binärkanal** (Fernm) / binary symmetric channel (BSC) ‖ **~e Differenz** (DIN 5473) (Math) / symmetric difference ‖ **~e Falte** (gleichschenklige Falte) (Geol) / symmetrical fold ‖ **~er Fehler** (EDV) / balanced error ‖ **~e Funkstörspannung** (Eltech) / symmetrical terminal voltage ‖ **~e Funktion** (gerade, ungerade) (Math) / symmetrical function, symmetric function ‖ **~ gegen Erde** (Fernm) / balanced to earth ‖ **~e Gruppe** (volle Permutationsgruppe) (Math) / symmetrical group, symmetric group ‖ **~er Kanal** (Fernm) / symmetrical channel ‖ **~e Klemmenspannung** (Eltech) / symmetrical terminal voltage ‖ **~e Komponenten** (Eltech) / symmetrical components* ‖ **~er Kreis** (Fernm) / balanced circuit ‖ **~er Kreisel** (ein Molekül) (Chem, Spektr) / symmetric-top molecule ‖ **~es Kreiselmolekül** (in der Rotationsspektroskopie) (Chem, Spektr) / symmetric-top molecule ‖ **~e Leitung** (die aus zwei Adern besteht, deren anliegende Spannung immer gleich groß und entgegengesetzt ist) (Fernm) / balanced line ‖ **~e Matrix** (DIN 5486) (Math) / symmetrical matrix, symmetric matrix ‖ **~e Membrane** / symmetric membrane, symmetric diaphragm ‖ **~er Mikrofoneingang** (Akus) / balance microphone input ‖ **~es Multiprocessing** (Multiprocessing-Modus, bei dem Betriebssystem und Anwendungen je nach Bedarf auf einem oder mehreren Prozessoren ablaufen können) (EDV) / symmetrical multiprocessing, SMP ‖ **~es Netzwerk** (Eltech) / symmetrical network* ‖ **~es Netzwerk aus Einzelbauteilen** (Eltech) / symmetrical lumped network ‖ **~es Objektiv** (Opt) / symmetrical lens ‖ **~e Relation** (logische) (Math) / symmetric relation* ‖ **~e Schaltung** (Eltech) / balanced circuit* ‖ **~er Stromkreis** (Eltech) / balanced circuit* ‖ **~es T-Glied** (Fernm) / H-network* *n* ‖ **~er Verstärker** (Fernm) / balanced amplifier*, push-pull amplifier* ‖ **~e Verteilung** (Stats) / symmetrical distribution ‖ **~er Wandler** (Eltronik) / symmetrical transducer *n* ‖ **~e Weiche** (Bahn) / symmetrical turnout ‖ **~e Wimpelschaltung** (Eltech) / symmetrical pennant cycle ‖ **~e Zelle** (ein Raumteil eines Kristalls) (Krist) / Wigner-Seitz cell (a specific choice of primitive unit cell for a Bravais lattice) ‖ **~ zur Nullinie liegendes Toleranzfeld** (Masch) / limits spaced equally above and below the nominal size ‖ **~es Zweitor** (Elektr) / balanced two-port network
**symmetrisierbar** *adj* (Math) / symmetrizable *adj*
**Symmetrisierung** *f* (Phys) / symmetrization *n*
**Symons-Kegelbrecher** *m* (ein von den Brüdern Symon entwickelter Flachkegelbrecher zur Mittelzerkleinerung von Hartgut) / Symon's cone crusher, standard cone crusher
**sympathetische Tinte** / invisible (writing) ink
**Sympathie•saite** *f* (Akus) / aliquot string, sympathetic string ‖ **~streik** *m* (zur Unterstützung anderer Streikender) / sympathy strike, sympathetic strike
**Sympathikolytikum** *n* (pl. -tika) (Pharm) / sympatholytic *n*
**sympathikolytisch** *adj* (Pharm) / sympatholytic *adj*
**Sympathikomimetikum** *n* (pl. -gika) (Pharm) / sympathomimetic *n*
**sympathikomimetisch** *adj* (Pharm) / sympathomimetic* *adj*
**sympathikoplegisch** *adj* (Pharm) / sympathoplegic *adj*
**sympathikusanregend** *adj* (Pharm) / sympathomimetic* *adj*
**sympathikushemmend** *adj* (Pharm) / sympathoplegic *adj*
**Sympatholytikum** *n* (pl. -tika) (Pharm) / sympatholytic *n*
**sympatholytisch** *adj* (Pharm) / sympatholytic *adj*
**Sympathomimetikum** *n* (pl. -tika) (Pharm) / sympathomimetic *n*
**sympathomimetisch** *adj* (Pharm) / sympathomimetic* *adj*
**sympathoplegisch** *adj* (Pharm) / sympathoplegic *adj*
**Sympatrie** *f* (Pflanzen- und Tierverbreitung mit Überlappung von Arten) (Umwelt, Zool) / sympatry *n*
**sympatrisch** *adj* (Umwelt, Zool) / sympatric* *adj*
**symplektisch** *adj* (Math, Min) / symplectic *adj* ‖ **~e Gruppe** (Kernphys) / SP group, symplectic group
**Symport** *m* (gekoppelter Transport von zwei verschiedenen Molekülen oder Ionen durch eine Membran) (Chem, Phys) / symport *n*
**Symposium** *n* (pl. -sien) / symposium *n* (pl. symposiums or symposia), clinic *n* (US)
**Symptom** *n* (Med) / symptom* *n*
**Symptomatologie** *f* (Med) / semeiology* *n*, symptomatology *n*, semiology *n*
**Synapse** *f* (Berührungsstelle, Übergangsstelle) (Biol, KI) / synapse* *n*, synapsis *n* (pl. -pses)
**Synapsis** *f* (pl. -pses) (Biol, KI) / synapse* *n*, synapsis *n* (pl. -pses) ‖ **~** (pl. -pses) (Paarung homologer Chromosomen bei der Meiose) (Gen) / synapsis* *n* (pl. -pses), syndesis *n*
**Synärese** *f* (das Altern von Gelen makromolekularer Verbindungen und von Koagulationsstrukturen) (Chem) / synaeresis *n* (pl. synaereses), syneresis *n* (US)*
**Synäresis** *f* (Chem) / synaeresis *n* (pl. synaereses), syneresis *n* (US)*
**synartetischer Effekt** (ein Proximitätseffekt) (Chem) / neighbouring-group effect
**Synchro** *m* (Eltronik, Regeln) / synchro* *n*
**synchron** *adj* / synchronous *adj*, synchronic *adj*, sync, synchronal *adj* ‖ **~** (Eltech) / in step* ‖ **~e Datenübertragung** (EDV) / synchronous data transmission ‖ **~e Datenübertragungssteuerung** (EDV) / synchronous data-link control*, SDLC ‖ **~e digitale Hierarchie** (Fernm) / synchronous digital hierarchy, SDH ‖ **~e Drehzahl** (Eltech) / synchronous speed ‖ **~e Logik** / synchronous logic ‖ **~er Motorgenerator** (Eltech) / synchronous converter* ‖ **~es optisches Netz** (Fernm) / synchronous optical network, SONET ‖ **~e Reaktanz**

(Eltech) / synchronous reactance* ‖ ~e **Rotation** (Astr) / synchronous rotation ‖ ~**er Satellit** (Fernm, Raumf) / synchronous satellite, geostationary satellite, geosynchronous satellite, stationary satellite, 24h-satellit, fixed satellite ‖ ~**e Übertragung** (DIN 44302) (EDV) / synchronous transmission (mode)

**Synchron•-** / synchronous adj, synchronic adj, sync, synchronal adj ‖ ~**antrieb** m (Eltech) / synchronous drive ‖ ~**betrieb** m (EDV, Eltech) / synchronous operation, synchronous working ‖ ~**-Blindleistungsmaschine** f (DIN 42005) (DIN 42005) (Eltech) / synchronous capacitor* ‖ ~**detektor** m (Radio) / synchronous demodulator, synchronous detector* ‖ **für doppelte** ~**drehzahl** (Eltech) / bisynchronous adj ‖ ~**falle** f (Fernm) / sync trap ‖ ~**generator** m (Maschine zur Erzeugung von Wechselstrom, wobei Drehzahl und Wechselfrequenz einander proportional sind) (Eltech) / synchronous generator* ‖ ~**generator** s. auch Wechselstromgenerator ‖ ~**getriebe** n (mit einer Gleichlaufschaltung ausgestattetes Wechselgetriebe) (Kfz) / synchromesh gear*, synchromesh transmission (US) ‖ ~**gleichrichter** m (Radio) / synchronous demodulator, synchronous detector* ‖ ~**impedanz** f (Eltech) / synchronous impedance* ‖ ~**induktionsmotor** m (Eltech) / synchronous-asynchronous motor*, synchronous induction motor*, autosynchronous motor*

**Synchronisation** f (EDV, Eltech, Film, TV) / synchronization* n, sync* n ‖ ~ (Eltech) / synchronizing* n, syncing n ‖ ~ (eines Filmes aus einer Fremdsprache in die eigene Sprache) (Film) / dubbing ‖ **die** ~ **aufheben** (EDV, Eltech) / desynchronize v ‖ ~ f **durch das Netz** (Fernm) / network timing, network synchronization

**Synchronisations•fehler** m (Zittern) (TV) / jitter n ‖ ~**fehler** (im allgemeinen) (TV) / synchronization error ‖ ~**fehler** (Schaukeleffekt) (TV) / horizontal hunting ‖ ~**glied** n (EDV) / synchronizer* n ‖ ~**impuls** m (TV) / synchronizing signal*, synchronizing pulse, sync signal, sync pulse*

**Synchronisator** m (EDV) / synchronizer* n

**Synchronisier•bit** n (EDV) / alignment bit n ‖ ~**einheit** f (DIN 44302) (EDV) / timing generator ‖ ~**einrichtung** f (EDV) / synchronizer* n

**synchronisieren** v (Eltech, Film, TV) / synchronize v ‖ ~ (Schwinger) (Eltronik) / lock in v ‖ ~ (einen fremdsprachigen Film) (Film) / dub v

**synchronisierendes Moment** (Eltech) / synchronizing torque*

**Synchronisier•gerät** n (EDV) / synchronizer* n ‖ ~**impuls** m (TV) / synchronizing signal*, synchronizing pulse*, sync signal, sync pulse* ‖ ~**leitung** f **zwischen zwei Zählern, die den periodischen Meßzyklus definiert** (Eltronik) / slip line ‖ ~**schnittstelle** f (EDV) / synchronizing interface ‖ ~**signal** n (Eltronik) / synchronization signal ‖ ~**signal** (TV) / synchronizing signal*, synchronizing pulse*, sync signal, sync pulse*

**synchronisiert•er Asynchronmotor** (Eltech) / synchronous-asynchronous motor*, synchronous induction motor*, autosynchronous motor* ‖ ~**e Fassung** (Film) / dubbed version, dub n ‖ ~**er Satellit** (dessen Umlaufzeit so abgestimmt ist, daß er einen gewissen charakteristischen Punkt der Umlaufbahn zum bestimmten Zeitpunkt durchläuft) (Raumf) / phased satellite, synchronized satellite ‖ ~**e Überblendung mit Ton** (Film, TV) / super in sync

**Synchronisierung** f (DIN 66303) (EDV) / synchronous idle ‖ ~ (EDV, Eltech, Film, TV) / synchronization* n, sync* n ‖ ~ (als Tätigkeit) (Eltech) / synchronizing* n, syncing n ‖ ~ (eines fremdsprachigen Films) (Film) / dubbing n

**Synchronisierungs•drossel** f (Eltech) / synchronizing reactor ‖ ~**einheit** f (EDV) / timing generator ‖ ~**marke** f (EDV) / sync mark ‖ ~**schaltung** f (Eltech) / synchronizing circuit, sync circuit

**Synchronisierzeichen** n (EDV) / synchronous idle character, idle character

**Synchronismus** m (EDV, Fernm, Masch) / synchronism* n ‖ **aus dem** ~ **kommen** (Eltech) / pull out v ‖ **in den** ~ **kommen** (Eltech) / pull in v

**Synchronität** f (EDV, Fernm, Masch) / synchronism* n

**Synchron•kabel** n (Foto) / flash extension cable ‖ ~**kegel** m (Kfz) / synchromesh cone, synchronizer cone, synchronizing cone ‖ ~**klappe** f (Film) / clapperboard* n, clappers* pl, clap stick ‖ ~**klappe** (an der Kamera) (Film) / scene-slating attachment*, slate n, number board (US) ‖ ~**längsreaktanz** f (Eltech) / direct-axis synchronous reactance ‖ ~**linearmotor** m (ein dem konventionellen /rotierenden/ Synchronmotor entsprechender Linearmotor) (Eltech) / linear synchronous motor, LSM ‖ ~**marke** f (Film) / synchronization mark ‖ ~**marke durch Klappe** (Film) / clapper mark ‖ ~**maschine** f (Synchrongenerator oder Synchronmotor) (Eltech) / synchronous machine ‖ ~**wechselstromerregte** ~**maschine** (Eltech) / reaction generator ‖ ~**messer** m (Eltech) / synchronometer n ‖ ~**motor** m (dessen Drehzahl der synchronen Drehzahl entspricht - ohne Schlupf) (Eltech) / synchronous motor* ‖ ~**linearer** ~**motor** (Eltech) / linear synchronous motor (LSM) ‖ ~**motor** m **mit Dämpferkäfig** (Eltech) / cage synchronous motor ‖ ~**orbit** m (um die Erde) (Raumf) / synchronous orbit*, geosynchronous orbit*

**Synchronoskop** n (ein Prüfgerät zur Bestimmung des Synchronismus zweier Drehstromsysteme) (Eltech) / synchroscope* n, synchronizer* n

**Synchron•-Phasenschieber** m (DIN 42005) (Eltech) / synchronous capacitor* ‖ ~**puffer** m (EDV) / synchronous buffer ‖ ~**querreaktanz** f (Eltech) / quadrature-axis synchronous reactance ‖ ~**reaktionen** f pl (Chem) / concerted reactions, synchronous reactions ‖ ~**rechner** m (EDV) / synchronous computer* (in which the timing of all operations is controlled by equally spaced signals from a clock) ‖ ~**riegel** m (TV) / genlock* ‖ ~**satellit** m (auf der Erdumlaufbahn) (Fernm, Raumf) / synchronous satellite, geostationary satellite, geosynchronous satellite, stationary satellite, 24h-satellit, fixed satellite ‖ ~**signal** n (Eltronik) / synchronous signal ‖ ~**signal** (TV) / synchronizing signal*, synchronizing pulse*, sync signal, sync pulse* ‖ ~**sprecher** m (Film) / dubbing speaker ‖ ~**startband** n (Film) / sync leader ‖ ~**studio** n (Film) / dubbing theatre ‖ **externer** ~**takt** (Fernm) / external sync clock ‖ ~**taktgeber** m (EDV) / synchronous clock pulse generator ‖ ~**tor** n (EDV) / synchronous gate* ‖ ~**übertragung** f (eine Übertragungsart, bei der alle Binärzeichen in einem festen Zeitraster liegen) (EDV) / synchronous transmission (mode) ‖ ~**uhr** f (Eltech) / synchronous clock ‖ ~**uhrmotor** m (Eltech) / synchronous time motor ‖ ~**umroller** m (bei der Schnittbearbeitung) (Film) / synchronizer n ‖ ~**verschluß** m (Foto) / flash-synchronized shutter ‖ ~**verstärker** m (Eltech) / synchronous amplifier ‖ ~**wert** m (Höchstwert des Synchronsignals) (TV) / synchronizing-signal level ‖ ~**zähler** m (bei dem alle Flipflops durch den eingehenden Taktimpuls gleichzeitig angesteuert werden) (Eltech) / synchronous counter ‖ ~**zeichen** n (Fernm) / synchronizing character, sync character ‖ ~**zeichen** (Film) / synchronization mark

**Synchroskop** n (Kfz) / distributor tester, synchroscope n

**Synchrotron** n (z.B. SSC in Dallas) (Nukl) / synchrotron* n ‖ ~ **mit alternierendem Gradienten** (Nukl) / alternating-gradient synchrotron*, AG synchrotron ‖ ~**strahlung** f (polarisierte elektromagnetische Strahlung, die von Elektronen in Kreisbeschleunigern emittiert wird, wenn sie in den Magneten senkrecht zu ihrer Flugrichtung abgelenkt werden) (Nukl) / synchrotron radiation*, magnetobremsstrahlung n, cyclotron radiation

**Synchrozyklotron** n (ein Teilchenbeschleuniger) (Nukl) / synchrocyclotron* n, frequency-modulated cyclotron*, phasotron n, FM cyclotron

**Syncrude** n (Erdöl) / syncrude n

**Sync-Zeichen** n (Eltronik) / synchronization signal

**Syndet** n (Chem) / synthetic organic detergent, syndet n, detergent* n

**Syndetseife** f (tensidhaltige Seife) / syndet soap

**syndiataktisch** adj (Chem) / syndiotactic* adj, syndyotactic adj

**Syndiataxie** f (Chem) / syndyotaxy* n, syndiotaxy n

**Syndiazoverbindungen** f pl (Chem) / syndiazo compounds*

**syndiotaktisch** adj (Chem) / syndiotactic* adj, syndyotactic adj

**Syndiotaxie** f (Chem) / syndyotaxy* n, syndiotaxy n

**Syndrom** n (Symptomenkomplex, Krankheitsbild mit mehreren charakteristischen Symptomen) (Med) / syndrome* n, symptom complex

**Syneklise** f (großräumige Senkungsform auf einem Kraton) (Geol) / syneclise n (a negative cratonic structure of large areal extent)

**Synektik** f (dem Brainstorming ähnliche Methode zur Lösung von Problemen) / synectics n

**Synentropie** f (EDV) / average transinformation content

**Synergiekurve** f (optimale Aufstiegsbahnkurve) (Raumf) / synergy curve, synergic curve

**Synergismus** m (gegenseitige Beeinflussung mehrerer Wirk- und Schadstoffe im Sinne einer gesteigerten oder neuartigen Wirkung) (Umwelt) / synergism* n, synergistic effect, synergy n ‖ **starker** ~ (Pharm, Umwelt) / potentiation n

**Synergist** m (z.B. Sulfoxid) (Biol, Chem, Pharm) / synergist* n

**synergistisch** adj (Biol, Chem, Pharm) / synergistic adj

**Synform** f (Geol) / synform n (a fold which closes downward)

**Synfuel** n (Brenn- oder Kraftstoff, der nicht aus Erdöl oder Erdgas hergestellt worden ist) (Kftst) / synthetic fuel, synfuel n

**Syngenese** f (Geol) / syngenesis n (pl. -geneses)

**syngenetisch** adj (Bildung, die gleichzeitig mit ihrer Umgebung entstanden ist) (Geol) / syngenetic* adj

**synkinematisch** adj (Geol) / synkinematic adj

**synklinal** adj (Geol) / synclinal adj

**Synklinalachse** f (Geol) / synclinal axis

**Synklinale** f (die Einbiegung einer Falte) (Geol) / syncline n

**Synkline** f (Geol) / syncline* n

**Synklinorium** n (pl. Synklinorien) (Geol) / synclinorium n

**Synmetal** n / synthetic metal, synmetal n

**synodisch** adj (Astr) / synodic adj ‖ ~**er Erdsatellit** (der um die Erde in der Entfernung von 0,84 der Mond-Erde-Achse kreist) (Raumf) / synodic satellite ‖ ~**er Monat** (von Neumond zu Neumond = 29,53

**synodisch**

d) (Astr) / synodic month*, lunar month* ‖ ~e **Umlaufzeit** (Astr) / synodic period*
**Synökologie** f (Lehre von der Beziehung der Organismen zueinander) (Biol) / synecology* n
**Synonym** n (bedeutungsgleiches oder -ähnliches Wort) (EDV) / synonym n
**Synoptik** f (Meteor) / synoptic meteorology*
**synoptisch** adj / synoptic adj, synoptical adj ‖ ~e **Meteorologie** (Meteor) / synoptic meteorology* ‖ ~e **Wetterkarte** (Meteor) / synoptic chart*
**synorogen** adj (Geol) / synorogenic adj
**synperiplanar** adj (Chem) / synperiplanar adj
**Synproportionierung** f (das Gegenteil der Disproportionierung) (Chem) / coproportionation n, synproportionation n
**synsedimentär** adj (Geol) / synsedimentary adj ‖ ~ (Min) / penecontemporaneous adj ‖ ~es **Schichtfallen** (Geol) / original dip, primary dip ‖ ~e **Verwerfung** (Geol) / synsedimentary fault
**Syntaktik** f (ein Teilgebiet der Semiotik) / syntactics n
**syntaktisch** adj (EDV) / syntactic adj, syntactical adj ‖ ~ (Schaum) (Plast) / syntactic adj ‖ ~e **Analyse** (EDV) / syntax analysis*, syntactic analysis ‖ ~ **analysieren** (EDV) / parse v ‖ ~er **Analysierer** (EDV) / parser n, syntax analyser ‖ ~er **Baum** (zum Parsing) (EDV) / parse tree, syntax tree ‖ ~er **Fehler** (EDV) / syntax error*, syntactical error ‖ ~e **Regel** (EDV) / syntactic rule ‖ ~e **Widerspruchsfreiheit** / syntactic consistency
**Syntan** n (Chem, Leder) / syntannin n, synthetic (organic) tannin, syntan n
**Syntax** f (System von Regeln einer Sprache) (EDV) / syntax* n ‖ **abstrakte** ~ (analysierende Syntax bei von einer konkreten Notation unabhängigen Sprachen) (EDV) / abstract syntax ‖ ~**baum** m (EDV) / parse tree, syntax tree ‖ **farbige** ~**darstellung** (Compiler-Feature, die es erlaubt, die Elemente des Sourcecodes zur Erhöhung der Übersichtlichkeit farblich unterschiedlich darzustellen) (EDV) / syntax colouring ‖ ~**fehler** m (EDV) / syntax error*, syntactical error ‖ ~**gesteuerter Editor** (zum Edieren von Programmtext) (EDV) / syntax-directed editor ‖ ~**graf** m (anschauliche Darstellung der Grammatik einer problemorientierten Programmiersprache) (EDV) / syntax diagram ‖ ~**prüfung** f (EDV) / syntax checking, syntax check ‖ ~**regel** f (EDV) / syntactic rule
**syntektonisch** adj (Geol) / syntectonic adj
**Syntexis** f (Aufnahme von festem Nebengesteinsmaterial durch ein Magma) (Geol) / syntexis n
**Syntexit** m (Geol) / hybrid rock*, syntectite n, contaminated rock*
**Synthese** f (Chem) / synthesis n (pl. syntheses) ‖ **asymmetrische** ~ (Chem) / asymmetric synthesis* ‖ **biologische** ~ (Biol) / biosynthesis* n (pl. -theses) ‖ **durch** ~ **herstellen** (Chem) / synthesize v ‖ **Fittigsche** ~ (Chem) / Fittig's synthesis*, Wurtz synthesis* ‖ **geteilte** ~ (Chem) / split synthesis ‖ **harmonische** ~ (die Umkehrung der harmonischen Analyse - DIN 1311, T 1) (Math, Phys) / harmonic synthesis ‖ **Kolbesche** ~ (Verfahren zum Aufbau höherer gesättigter Kohlenwasserstoffe - nach H. Kolbe, 1818-1884) (Chem) / Kolbe hydrocarbon synthesis, Kolbe's method ‖ **kombinatorische** ~ (Chem) / combinatorial chemistry ‖ **organische** ~ (Chem) / organic synthesis ‖ **strahleninduzierte** ~ (Chem) / radiation synthesis
**Synthese•-** / synthetic adj ‖ ~**alkohol** m (Chem) / synthetic alcohol ‖ ~**äquivalent** n (Chem) / synthetic equivalent ‖ ~**chemie** f (Chem) / synthetic chemistry ‖ ~**chemiker** m (Chem) / synthetic chemist ‖ ~**erdgas** n / substitute natural gas, synthetic natural gas, SNG ‖ ~**fasern** f pl (nicht auf Zellulosebasis) (Tex) / synthetics pl, synthetic fibres* ‖ ~**faserpapier** n (DIN 6730) (Pap) / synthetic paper* ‖ ~**gas** n (Mischung aus CO, N und H₂) (Chem) / synthesis gas, syngas n ‖ ~**kautschuk** m (Chem Verf, Plast) / synthetic rubber*, artificial rubber*, SR ‖ ~**naturgas** n / substitute natural gas, synthetic natural gas, SNG
**Synthesenumfeld** n (Chem) / synthetic environment
**Synthese•öl** n (Chem Verf) / synthetic oil ‖ ~**produkt** n (Chem Verf) / synthetic n ‖ ~**sprit** m (Chem) / synthetic alcohol ‖ ~**test** m (zur Prüfung der Wirksamkeit einer Bildzerlegungsprozedur) (EDV) / synthesis test
**Synthesizer** m (ein Gerät zur elektronischen Musik-, Geräusch- und Spracherzeugung) (EDV, Eltronik) / synthesizer n ‖ ~ (zur Erzeugung sehr reiner, sinusförmiger Wechselspannungen) (Eltech, Eltronik) / synthesizer n, frequency synthesizer n ‖ ~ (phasengeregelter Oszillator mit Quarzreferenz) (Eltronik, Radio) / variable-frequency mixer (VFM), variable-frequency oscillator (VFO)
**Synthetics** pl (Tex) / synthetics pl, synthetic fibres*
**Synthetik** n (Chem Verf) / synthetic n ‖ ~**öl** n (Chem Verf) / synthetic oil
**Synthetiks** pl (Tex) / synthetics pl, synthetic fibres*
**Synthetisator** m (Eltech, Eltronik) / synthesizer n, frequency synthesizer
**synthetisch** adj / synthetic adj ‖ ~ (Geol) / synthetic adj ‖ ~ (Edelstein) (Min) / scientific adj, synthetic adj ‖ **auf ~em Wege darstellen** (Chem) / synthesize v ‖ ~e **Adresse** (EDV) / synthetic address, generated address ‖ ~e **Anzeige** (Radar) / synthetic display ‖ ~er **Baustein** (meistens aus Kunststoff mit entsprechender Oberflächenbehandlung) (Bau) / synthetic tile ‖ ~e **Bildschirmlandkarte** (Luftf) / synthetic video map ‖ ~er **Brenn- oder Kraftstoff** (Kftst) / synthetic fuel, synfuel n ‖ ~e **Chemiefasern** (Tex) / synthetics pl, synthetic fibres* ‖ ~e **Darstellung** (Radar) / synthetic display ‖ ~es **Erdgas** / substitute natural gas, synthetic natural gas, SNG ‖ ~es **Erdöl** (Erdöl) / syncrude n ‖ ~es **erukareiches Öl** / Lorenzo's oil ‖ ~es **Filamentgarn** (Spinn) / artificial silk ‖ ~es **Gen** (Gen) / synthesized gene, synthetic gene ‖ ~e **Geometrie** (axiomatisch begründete Geometrie, meistens als Gegensatz zu analytischer Geometrie) (Math) / synthetic geometry, pure geometry* ‖ ~er **Gerbstoff** (Chem, Leder) / syntannin n, synthetic (organic) tannin, syntan n ‖ ~ **gewonnene Substanz** (Chem Verf) / synthetic n ‖ ~es **Harz** (Plast) / synthetic resin* ‖ ~ **herstellen** (Chem) / synthesize v ‖ ~er **Kautschuk** (Chem Verf, Plast) / synthetic rubber*, artificial rubber* ‖ ~er **Klebstoff** (Plast) / synthetic-resin adhesive* ‖ ~es **Metall** / synthetic metal, synmetal n ‖ ~es **Öl** (Chem Verf) / synthetic oil ‖ ~es **Öl** (Erdöl) / syncrude n ‖ ~es **Papier** (Pap) / synthetic paper* ‖ ~es **Polymer** (Chem) / synthetic polymer ‖ ~e **Prüfschaltung** (zur Prüfung des Schaltvermögens von Leistungsschaltern) (Eltech) / synthetic circuit ‖ ~es **Roheisen** (das nicht aus Eisenerzen, sondern durch Aufkohlen von Stahlschrott im offenen Elektroschachtofen gewonnen wird) (Hütt) / synthetic iron ‖ ~er **Rubin** (Min) / synthetic ruby* ‖ ~er **Sand** (ein Formsand) (Gieß) / synthetic sand*, synthetic moulding sand ‖ ~er **Saphir** (Min) / synthetic sapphire* ‖ ~e **Schaltung** (zur Prüfung des Schaltvermögens von Leistungsschaltern) (Eltech) / synthetic circuit ‖ ~es **Schleifmittel** (z.B. Bornitrid, Siliziumkarbid) (Masch) / manufactured abrasive, artificial abrasive ‖ ~es **Schmiermittel** / synthetic lubricant ‖ ~er **Schmierstoff** / synthetic lubricant ‖ ~er **Smaragd** (Min) / scientific emerald* ‖ ~er **Spinell** (meistens aquamarinfarbig) (Min) / synthetic spinel* ‖ ~es **Sprachsignal** (EDV) / synthetic speech signal ‖ ~e **Stimme** (Akus, EDV) / artificial voice* ‖ ~es **Tensid** (Chem) / synthetic organic detergent, syndet n, detergent* n ‖ ~es **Wachs** (teil-, voll-) / synthetic wax
**synthetisieren** v (Chem) / synthesize v
**synthetisierter Oszillator** (Eltronik, Radio) / variable-frequency mixer (VFM), variable-frequency oscillator (VFO)
**Synthol-Verfahren, Flugstaubsynthese nach dem** ~ (eine Art Fischer-Tropsch-Synthese) (Chem Verf) / synthol process
**Synthon** n (Fragment bei der retrosynthetischen Analyse) (Chem) / synthon n
**Synusie** f (Teilgesellschaft von Organismen verschiedener Artzugehörigkeit) (Umwelt) / synusia* n (pl. -ae)
**SYN-Zeichen** n (EDV) / synchronous idle character, idle character
**Syquest-Laufwerk** n (EDV) / Syquest drive
**Syrakus-Problem** n (Math) / Syracuse problem
**Syringaaldehyd** m (aromatischer Aldehyd, der bei der alkalischen Nitrobenzoloxidation von Laubholzligninen neben Vanillin und p-Oxybenzaldehyd entsteht) (For) / syringa aldehyde
**Syrosem** n (Rohboden der gemäßigten Breiten) (Geol, HuT, Landw) / syrozem n
**Syrosjom** n (Geol, HuT, Landw) / syrozem n
**Sysop** m (der Betreuer einer Mailbox) (EDV) / system operator, sysop n
**Syssertskit** m (Min) / iridosmine* n, siserskite n, sysertskite n
**System** n (eine Ordnungsform, die ein Elementegesamt in einen Strukturzusammenhang bringt) / system* n ‖ ~ (Gesamtheit von technischen Einrichtungen gleicher Funktion) (Eltech, Masch) / system* n ‖ ~ (stratigrafisches) (Geol) / formation* n, terrane n ‖ ~ (Netz von Transportwegen und Leitungen) (Kfz, Schiff) / system* n ‖ ~ (Masch) / assembly n ‖ **abbildendes** ~ (Opt) / image-forming system ‖ **abgeschlossenes** ~ (Phys) / closed system ‖ **abgeschlossenes** ~ (das mit der Umgebung keinerlei Materie austauscht) (Phys) / closed system ‖ **absolut abgeschlossenes** ~ (Phys) / isolated system ‖ **astatisches** ~ (Mag) / astatic system ‖ **außerbetriebliches** ~ (EDV) / out-plant system ‖ **autonomes** ~ (Phys, Regeln) / autonomous system ‖ **axiomatisches** ~ / axiomatic system ‖ **chaotisches** ~ (Phys) / chaotic system ‖ **dekadisches** ~ (Math) / decimal (number) system* ‖ **dezimales** ~ (Math) / decimal (number) system* ‖ **disperses** ~ (DIN 53900) (Chem, Phys) / disperse system ‖ **disperses** ~ **aus flüssigem Dispersionsmittel und festem dispersem Anteil** (Chem) / soliquid n ‖ **dynamisches** ~ / dynamic system ‖ **eigenbetätigtes** ~ (ein Fluidgetriebe - z.B. eine hydraulische Kfz-Bremse) (Masch) / self-controlled system ‖ **ekliptikales** ~ (Astr) / ecliptic coordinate system, ecliptic system of coordinates ‖ **freies** ~ (Phys) / closed system ‖ **fremdbetätigtes** ~ (ein Fluidgetriebe) (Masch) / remote-controlled system ‖ **galaktisches** ~ (ein astronomisches Koordinatensystem) (Astr) / galactic system ‖ **geerdetes** ~ (Eltech) / earthed system ‖ **gemischtes** ~ (z.B. zur Schaffung einer vertikalen Schubkomponente bei Senkrechtstartflugzeugen) (Luftf) / mixed-thrust system, mixed thrust ‖ **geschlossenes** ~

(On-line-Prozeßkopplung, bei der der Mensch an der Datenübertragung keinerlei Anteil hat) (EDV) / closed-loop system ‖ **geschlossenes ~** (Phys) / closed system ‖ **Hillsches ~** (Reihungssystem für Bruttoformeln) (Chem) / Hill system ‖ **induktives ~** (KI) / induction system, example-driven system, example-based system ‖ **innerhalb des ~s** / intrasystem *attr* ‖ **integrables ~** (Math, Mech) / integrable system (of partial differential equations) ‖ **intelligentes ~** (KI) / intelligent system ‖ **kubisches ~** (Kristallsystem - DIN 13316) (Krist) / cubic system*, isometric system*, regular system ‖ **kybernetisches ~** / cybernetic system ‖ **lernendes ~** (das nach Aufnahme von Informationen sein Verhalten zur Umwelt verbessert) (EDV, KI) / learning system ‖ **linear unabhängiges ~** (Math) / linearly independent system ‖ **mehrgliedriges optisches ~** (Opt) / lens system ‖ **metrisches ~** (das von der Längeneinheit Meter ausgeht und bei dem die Einheiten dezimal geteilt werden) / metric system* ‖ **monoklines ~** (Kristallsystem - nach DIN 13316) (Krist) / monoclinic system*, monosymmetric system*, oblique system* ‖ **nicht integrables ~** (Mech) / non-integrable system ‖ **offenes ~** (Online-Prozeßkopplung, bei der die Datenübertragung allein in einer Richtung automatisch erfolgt) (EDV) / open-loop system ‖ **offenes ~** (= ausbaufähiges ~) (EDV) / open-ended system, OES ‖ **offenes ~** (das seinen Zustand in ständigem Energie- und Materieaustausch mit der Umgebung stationär beibehält) (Phys) / open system ‖ **offenes ~** (Phys, Regeln) / open system ‖ **ohne ~** / systemless *adj* ‖ **optisches ~** (Gesamtheit der bei einer optischen Abbildung wirksamen Elemente) (Opt) / optics *n*, optical train, optical system ‖ **periodisches ~** (Chem) / periodic system*, periodic table ‖ **physikalische Objekte außerhalb des ~s** (Astr) / surroundings *pl* (the rest of the universe) ‖ **quantisiertes ~** (Phys) / quantized system ‖ **quasiternäres ~** (Phys) / quasi-ternary system ‖ **rechnergesteuertes ~** (EDV, F.Org) / computer-controlled system ‖ **regelbasiertes ~** (EDV, KI) / rule-based system*, RBS ‖ **rheonomes ~** (das seinen Zustand in ständigem Energie- und Materieaustausch mit der Umgebung stationär beibehält) (Phys) / rheonomic system ‖ **rhombisches ~** (Krist) / orthorhombic system, rhombic system ‖ **schwingendes ~** (Phys) / vibrating system, oscillatory system, oscillating system ‖ **statisches ~** (Mech) / static system ‖ **textverarbeitendes ~** (DIN 2140, T 1) (EDV) / word processor (WP)*, word processing system, text processor, text processing system (on mainframe computers) ‖ **unterbestimmtes ~** (von Gleichungen) (Math) / underdeterminate system ‖ **zentriertes optisches ~** (Opt) / centred optical system ‖ **zusammengeschustertes ~** (EDV) / kludge *n* ‖ **~ n für das Verstehen von Szenen** (EDV) / scene-understanding system ‖ **~ für elektronische Bildverarbeitung** (EDV) / electronic-imaging system ‖ **~ in Einträgerbauweise** (ein fortschrittliches Schwebebahnsystem) / monobeam system ‖ **~ innerbetrieblicher Verrechnungspreise** / transfer pricing ‖ **~ mit einem Freiheitsgrad** (Mech) / one-degree-of-freedom system ‖ **~ mit geerdetem Nullpunkt** (Eltech) / earthed neutral system ‖ **~ mit mehreren Freiheitsgraden** (Mech) / multi-degree-of-freedom system ‖ **~ mit mehreren Vermittlungsstellen** (Fernm) / multi-exchange system* ‖ **~ mit reduziertem Betrieb** (nach dem Ausfall von einigen Teilen) (EDV) / fail-soft system ‖ **~ mit Rückführung** (Regeln) / closed-loop system*, feedback control system (US)* ‖ **~ starrer Körper** (Mech) / system of rigid bodies ‖ **~ unverträglicher Gleichungen** (Math) / incompatible equations, inconsistent equations ‖ **~ vorgegebener Bewegungszeiten** (F.Org) / predetermined motion time system* ‖ **~ zur Beruhigung und zur gleichmäßigeren Strömungsverteilung des Abflusses** (Wasserb) / baffles *pl*

**System•abfrage** *f* (EDV) / system request ‖ **~abhängig** *adj* (Software) (EDV) / system-dependent *adj*, machine-dependent *adj* ‖ **~ablaufplan** *m* (EDV) / systems flowchart, system chart ‖ **~absturz** *m* (eine abnormale Beendigung des Systemablaufs) (EDV) / system crash*, system failure, crash of the system, abnormal system end ‖ **~analyse** *f* (EDV) / systems analysis* ‖ **computergestützte ~analyse** (EDV) / computer system analysis, CASA ‖ **~analytiker** *m* (EDV) / systems analyst*, analyst programmer ‖ **~analytischer Ansatz** (EDV) / systems approach ‖ **~anforderung** *f pl* (Mindestanforderungen eines Programmes an das System, um ablaufen zu können) (EDV) / system requirements ‖ **~anschlußbaugruppe** *f* (EDV) / terminator board ‖ **~anzeige** *f* (EDV) / hardware indicator ‖ **~architektur** *f* / architecture *n*, system architecture ‖ **~architektur** (EDV) / system architecture (the structure and relationship among the components of a system)

**Systematik** *f* (Einordnung der Lebewesen in das System des Pflanzen- oder Tierreiches) (Biol) / systematics* *n*

**systematisch** *adj* (ein System verfolgend, einem System innewohnend, auf einem Lehrgebäude beruhend, klassifizierend) / systematical *adj* ‖ **~e Abweichung** (in der Meßtechnik nach DIN 1319, T 3) / systematic deviation ‖ **~er Ausfall** (eines Systems - in der Zuverlässigkeitstheorie) / systematic failure ‖ **~e Beurteilungsabweichung** (Stats) / bias *n* ‖ **~er Bruch** (Math) / systematic fraction ‖ **~er Fehler** (DIN 1319, T 3) (Math) / systematic error*, bias *n* ‖ **~er Fehlerprüfkode** (EDV) / group code ‖ **~er Kode** (EDV) / weighted code ‖ **~er Name** (Gegensatz: Trivialname) (Chem) / systematic name (that consists of selected syllables, letters, numbers and graphic symbols expressing the structure at a constitutional and configurational level) ‖ **~e Stichprobe** (Stats) / systematic sample ‖ **~es Stichprobenverfahren** (nach dem Stichprobenerhebungsschema) (Stats) / systematic sampling ‖ **~e Übersicht** / systematic survey

**systematisieren** *v* (in ein System bringen) / systemize *v*, systematize *v*, systemise *v* (GB), systematise *v* (GB)

**System•aufbau** *m* (EDV) / system design, systems design ‖ **~ausfall** *m* (EDV) / system crash*, system failure, crash of the system, abnormal system end ‖ **~auslegung** *f* (als Vorgang im Sinne von Systemplanung) (EDV) / system design (i.e., the process of defining the hardware and software architectures, components, modules, interfaces, and data for a system to satisfy specified system requirements), systems design ‖ **~band** *n* (EDV) / system tape ‖ **~bedingte Ausfallzeit** (z.B. Warten auf Reparatur, Reparatur selbst, Wiederanlauf) (F.Org) / inoperable time ‖ **~berater** *m* (EDV) / systems engineer ‖ **~beschreibung** *f* (EDV) / system definition, system description ‖ **~bibliothek** *f* (EDV) / system library ‖ **~blockade** *f* (EDV) / deadly embrace, hang-up *n* ‖ **~bruch** *m* (Math) / systematic fraction ‖ **~bus** *m* (Gesamtheit von Datenbus und Adreßbus inklusive der dazugehörigen Steuerleitungen innerhalb eines Systems) (EDV) / system bus ‖ **~buspuffer** *m* (Fernsp) / system bus buffer (SBB) ‖ **~crash** *m* (EDV) / system crash*, system failure, crash of the system, abnormal system end ‖ **~datei** *f* (die zur Funktion eines Systems notwendig ist) (EDV) / system file ‖ **~definition** *f* (als Phase eines Projekts) / definition phase, systems definition, systems specification ‖ **~diskette** *f* (EDV) / system diskette ‖ **~druckerniedrigung** *f* (Masch, Nukl) / blow-down *n*, depressurization *n* ‖ **~eigengeräusch** *n* (Akus) / background noise*, ground noise* ‖ **~einheit** *f* (Eltronik, Masch) / system unit ‖ **~entwickler** *m* (EDV) / system developer ‖ **~entwicklung** *f* (umfassender als Systementwurf) (EDV) / system development ‖ **~entwurf** *m* (EDV) / system design (i.e., the process of defining the hardware and software architectures, components, modules, interfaces, and data for a system to satisfy specified system requirements), systems design ‖ **~eröffnungsprogramm** *n* (EDV) / initial program loader (IPL) ‖ **~durch Fehler ermöglichter Zugriff** (EDV) / failure access ‖ **~fremd** *adj* (im allgemeinen) / non-system *attr* ‖ **~fremd** *adj* (EDV) / cross *adj* (as opposed to 'resident') ‖ **~funktionstaste** *f* (EDV) / system function key ‖ **~gastronomie** *f* (Nahr) / food service industry ‖ **~gehäuse** *n* (EDV) / system case ‖ **~generator** (SG) *m* (EDV) / system generator, sysgen *n* ‖ **~generierung** *f* (EDV) / system generation, sysgen *n* ‖ **~geschäft** *n* (Kauf bzw. Verkauf von aufeinander abgestimmten und miteinander zu einem System verknüpften Teilleistungen, z.B. verschiedener Hard- und Softwarekomponenten eines DV-Systems) (EDV) / systems selling ‖ **~haus** *n* (spezialisiertes Unternehmen zur Erstellung von Programmen für bestimmte Hardware-Systeme) (EDV) / system house ‖ **~integration** *f* (Zusammenfassung von Teilsystemen bzw. Einzelfunktionen zu einem Gesamtsystem) (EDV, F.Org) / system integration ‖ **~integrität** *f* (aufeinander abgestimmtes Zusammenwirken der Elemente des Sicherungssystems und der reibungslose Ablauf des Systems herbeiführen) (EDV) / system integrity

**systemisch** *adj* (Herbizid) (Chem, Umwelt) / systemic* *adj*

**System•kamera** *f* (für Objektiv-, Film- und Formatwechsel, z.B. Combiphot Automatic Leitz) (Foto) / system camera ‖ **~kern** *m* (EDV) / kernel *n* ‖ **~kombination** *f* / system combination ‖ **~kompatibel** *adj* / resident *adj* (as opposed to 'cross') ‖ **~komplexitätsmaß** *n* (EDV) / system complexity measure ‖ **~komponente** *f* / system component ‖ **~konfiguration** *f* (EDV) / system configuration ‖ **~lexikon** *n* (zur Korrekturhilfe in Textsystemen) (EDV) / system dictionary ‖ **~liniengitter** *n* (Bau) / grid* *n* ‖ **~liniennetz** *n* (Maßordnung) (Bau) / grid* *n* ‖ **~log** *n* (EDV) / system log

**systemlos** *adj* / systemless *adj*

**System•management** *n* (DIN ISO 7498) (EDV) / system management ‖ **~matrix** *f* (bei Schwingungssystemen) (Mech) / system matrix ‖ **~meldung** *f* (Meldung des Betriebssystems) (EDV) / system notice ‖ **~menü** *n* (EDV) / control menu (the menu in the top left-hand corner of a Windows window, symbolized by a hyphen), application control menu ‖ **~menüfeld** *n* (EDV) / control-menu box ‖ **~merkmal** *n* / system feature, feature of the system ‖ **~mischung** *f* (als Gegensatz zu Intimmischung) (Spinn) / system blending ‖ **~nahe Software** (EDV) / system-oriented software ‖ **~oberfläche** *f* (EDV) / system interface ‖ **~operator** *m* (EDV) / system operator, sysop *n* ‖

**Systemperipherie**

~peripherie f (EDV) / system peripherals ‖ ~planer m (EDV) / system designer, system planner ‖ ~prädikat n / system predicate ‖ ~programm n (EDV) / system program ‖ ~programmbibliothek f (EDV) / system library ‖ ~programmierer m (der Betriebssysteme, Software für Rechnernetze oder Datenbanken herstellt oder ändert) (EDV) / systems programmer* ‖ ~protokoll n (EDV) / system log ‖ ~resident adj (EDV) / system-resident adj
**Systems engineering** n (Regeln) / system engineering*, systems engineering
**System • schlepper** m (Landw) / system tractor ‖ ~schnittstelle f (EDV) / system standard interface ‖ ~service n (EDV) / system service ‖ ~software f (EDV) / systems software*, system software ‖ ~software s. auch Anwendersoftware ‖ ~spur f (die ausschließlich für den Gebrauch durch das System reserviert ist) (EDV) / system track ‖ ~stabilität f (Regeln) / dependability n ‖ ~start m (EDV) / system start ‖ ~steuerungsbefehl m (EDV) / system control command ‖ ~takt m (EDV) / system clock, internal clock ‖ ~technik f (Regeln) / system engineering*, systems engineering ‖ ~technisch adj (EDV) / system-oriented adj ‖ ~technisch ansteuerbarer **Normalpapierkopierer** / system-controllable plain-paper copier ‖ ~teil m (Mitteilungsübermittlung) (Fernm) / agent n ‖ ~test m (eine Testphase bei der Programmerstellung) (EDV) / total test, system test ‖ allgemeine ~theorie / general systems theory ‖ ~-Tuning n (EDV) / system tuning ‖ ~überlastung f (EDV) / thrashing n ‖ ~uhr f (EDV) / master clock*, main clock, master synchronizer, master timer ‖ ~uhr (EDV, Fernm) / clock* n, clock signal generator, clock generator, CLK ‖ ~umgebung f (EDV) / environment n ‖ ~umstellungsprogramm n (EDV) / system conversion program ‖ ~unabhängig adj / not affiliated with a specific system, system-independent adj ‖ ~unabhängig (Software) (EDV) / portable* adj ‖ ~unterstützung f (EDV) / system support ‖ ~variable f (EDV) / system variable ‖ ungesicherte ~verbindung (DIN ISO 7498) (EDV) / physical connection ‖ ~verfügbarkeit f / system availability ‖ ~verfügbarkeit (EDV) / system availability ‖ ~verhalten n (EDV) / system behaviour ‖ ~verklemmung f (EDV) / deadly embrace, hang-up n ‖ ~verwalter m (EDV) / system manager ‖ ~verwaltung f (EDV) / system management ‖ ~wirksamkeit f / system effectiveness ‖ ~zusammenbruch m (EDV) / system crash*, system failure, crash of the system, abnormal system end ‖ ~zustand m / system state, system status ‖ ~zuverlässigkeit f / system reliability, system serviceability
**systolisches Feld** (Rechnerarchitektur für hochparallele Verarbeitung nach dem SIMD-Prinzip, bei der eine große Anzahl gleichartiger Prozessoren regelmäßig angeordnet und nur mit ihren Nachbarn verschaltet ist) (EDV) / systolic array
**Systylos** m (Säulenstellung, deren Interkolumnium zwei untere Säulendurchmesser beträgt) (Arch) / systyle* n
**Syzygie** f (Astr) / syzygy* n
**Syzygium** n (pl. -gien) (Astr) / syzygy* n
**SZ** (Chem, Nahr) / acid value*, acid number (US) ‖ ~ (Kfz, V-Mot) / battery-coil ignition*, coil ignition*
**Szenario** n (pl. -ien) (EDV) / scenario n
**Szene** f (eine Ansammlung dreidimensionaler Objekte, von denen ein zweidimensionales Bild ausgegeben werden soll) (EDV) / scene n ‖ ~ (Kameraeinstellungen einer Aktion oder eines Motivs) (Film) / scene* n ‖ **System** n **für das Verstehen von** ~n (EDV) / scene-understanding system
**Szenen • analyse** f (bei IR - Interpretation von komplexen Darstellungen, die mit visuellen Sensoren aufgenommen wurden und in denen HHO enthalten sein können) (EDV) / scene analysis ‖ ~klappe f (an der Kamera) (Film) / scene-slating attachment*, slate n, number board (US) ‖ ~tafel f (an der Kamera) (Film) / scene-slating attachment*, slate n, number board (US)
**Szilard-Chalmers-Verfahren** n (nach L. Szilard, 1898-1964, und T.A. Chalmers) (Kernphys) / Szilard-Chalmers process*
**Szintigrafie** f (ein nuklearmedizinisches Verfahren nach DIN 6814, T 10) (Med) / scintigraphy n
**Szintigramm** n (bildliche Darstellung der Verteilung eines Radionuklids im Körpergewebe bei der Szintigrafie) (Med) / scintigram n
**Szintillation** f (Glitzern und Funkeln der Sterne) (Astr) / scintillation* n, twinkling n ‖ ~ (Fernm, Kernphys) / scintillation* n ‖ **terrestrische** ~ (Opt) / optical haze, terrestrial scintillation, atmospheric boil, atmospheric shimmer
**Szintillations • blitz** m (Licht) / flash n, light flash ‖ ~cocktail m (ein Lösungsmittel für die Flüssigkeitsszintillationszählung) (Nukl, Radiol) / scintillation cocktail ‖ ~detektor m (Nukl) / scintillation counter*, scintillometer n, scintillation detector ‖ ~kamera f (z.B. nach Anger) (Radiol) / scintillation camera*, gamma camera* ‖ ~spektrometer n (in der Betaspektrometrie) (Nukl) / scintillation spectrometer* ‖ ~zähler m (ein Detektor zum Nachweis von Korpuskeln und Quanten der Kernstrahlung und zur Bestimmung ihrer Energie) (Nukl) / scintillation counter*, scintillometer n, scintillation detector ‖ ~zähler mit flüssigem Szintillator (Nukl) / liquid scintillation counter, LSC ‖ ~zähler mit Natriumiodidkristall (Radiol) / sodium-iodide detector, sodium-iodide scintillation detector
**Szintillator** m (im Szintillationszähler) (Nukl) / scintillator* n ‖ ~ (Leuchtstoff) (Phys) / scintillator n
**szintillieren** v (Astr, Opt) / scintillate v
**szintillierende Faser** / scintillating fibre
**SZL** (EDV) / noise-and-destroy immune logic
**SZR** / special drawing rights, SDR
**SZ-Verseilung** f (Kab) / SZ stranding

# T

**T** (nach DIN ISO 1629 ein Gruppenbuchstabe für Kautschuke mit Schwefel in der Polymerkette) / T
**T** (Kurzzeichen, Vorsatz für Einheiten mit selbständigem Namen, bedeutet den Faktor $10^{12}$) / tera-*
**T** (das schwerste, einzige radioaktive Isotop des Wasserstoffs) (Chem, Kernphys) / tritium* $n$
**T 1** (Chem) / cellulose acetate*, acetylcellulose* $n$, CA, cellulose ethanoate
**T$^2$** (Eltronik) / transistor-transistor logic, TTL*
**T$^3$** (Eltronik) / transistor-transistor-transistor logic, T$^3$L, TTTL
**T$_3$** (Biochem) / triiodo-L-thyronine $n$ (a thyroid hormone)
**T$_4$** (Biochem, Med) / thyroxine $n$
**T$_{1/2}$** (Kernphys) / half-life* $n$ (pl. half-lives), period of decay*, half-value period
**T, 2,4,5-$\sim$** (Spritz- und Streumittel zur Unkrautbekämpfung in Pflanzenkulturen) (Landw) / 2,4,5-T* $n$
**T,s-Diagramm** $n$ (ein Zustandsdiagramm) (Phys) / temperature-entropy diagram, temperature-entropy chart
**Ta** (Chem) / tantalum* $n$
**TA** (Chem, Hütt) / thermal analysis*, thermographic analysis, thermoanalysis $n$ ‖ $\sim$ (Kernphys) / separative work*, SW ‖ $\sim$ (Umwelt) / technology assessment, TA
**Tab** $m$ (der Leitkarte in der Kartei) / tab $n$
**TAB** (EDV) / clock-pulse processing
**Tabak•alkaloid** $n$ (Chem) / tobacco alkaloid ‖ $\sim$**amblyopie** $f$ (Med) / tobacco amblyopia* ‖ $\sim$**braun** adj / tobacco brown ‖ $\sim$**entwöhnungsmittel** $n$ (Med) / tobacco deterrent ‖ $\sim$**extrakt** $m$ $n$ (Spritzmittel gegen saugende Insekten im Zierpflanzenbau) (Landw) / tobacco water, tobacco liquor ‖ $\sim$**farben** adj / tobacco brown ‖ $\sim$**inhaltsstoff** $m$ / tobacco component ‖ $\sim$**mosaikvirus** $n$ $m$ (Landw) / tobacco mosaic virus, TMV ‖ $\sim$**samenöl** $n$ / tobacco oil, tobacco-seed oil, oil from tobacco seed ‖ $\sim$**zusatzstoff** $m$ / tobacco additive
**Tabasco-Mahagoni** $n$ (For) / Honduras mahogany, baywood* $n$, Tabasco mahogany
**tabellarisch** adj / tabular adj ‖ $\sim$**e Anzeige** / tabular display ‖ $\sim$**e Aufstellung** / tabulation $n$ ‖ $\sim$**e Darstellung** / tabular display
**tabellarisieren** $v$ / tab $v$, tabulate $v$
**Tabelle** $f$ (Liste) / schedule $n$ ‖ $\sim$ (tabellarische Aufstellung) (Druck, Math) / table* $n$ ‖ $\sim$ **eingebundene** $\sim$ (EDV) / attached table (stored in an outside database) ‖ $\sim$ $f$ **der Unterscheidungswerte** (Druck, EDV) / kerning table ‖ $\sim$ **des periodischen Systems** (Chem) / periodic table*, periodic chart ‖ $\sim$ **zur Bestimmung der Schnittholzausbeute** (For) / log rule
**Tabellen•blatt** $n$ (EDV) / worksheet $n$ ‖ $\sim$**definition** $f$ (Druck) / table definition ‖ $\sim$**editor** $m$ (EDV) / table editor ‖ $\sim$**feld** $n$ (Druck, EDV) / tabular field, table field ‖ **in** $\sim$**form** / tabular adj ‖ $\sim$**format** $m$ (EDV) / table format ‖ $\sim$**funktion** $f$ (EDV) / worksheet function ‖ $\sim$**generator** $m$ (EDV) / table generator ‖ $\sim$**gesteuert** adj (EDV) / table-driven adj ‖ $\sim$**kalkulation** $f$ (EDV) / spreadsheet program, spreadsheet $n$ ‖ $\sim$**kopf** $m$ (Typog) / heading* $n$ ‖ $\sim$**mehrspaltiger** $\sim$**kopf** (Druck, EDV) / straddle $n$ ‖ $\sim$**lesen** $n$ (EDV) / table look-up (TLU) ‖ $\sim$**modell** $n$ (EDV) / worksheet model ‖ $\sim$**parser** $m$ (EDV) / chart parser ‖ $\sim$**satz** $m$ (Typog) / tabular matter*, table matter* ‖ $\sim$**suchen** $n$ (EDV) / table look-up (TLU) ‖ $\sim$**wert** $m$ / tabular value ‖ $\sim$**zeile** $f$ (Druck) / table line, table row
**tabellieren** $v$ / tab $v$, tabulate $v$
**Tabellierer** $m$ (EDV) / tabulator* $n$
**Tabellier•maschine** $f$ (EDV) / tabulator* $n$ ‖ $\sim$**papier** $n$ (Pap) / tabulating paper, tabulation paper
**Taber-Scheuerprüfgerät** $n$ (Tex, WP) / Taber abrader
**Tabetisol** $n$ (nichtgefrorener Boden zwischen Permafrost und jährlicher Frostzone - in Rußland) (Geol) / talik $n$, tabetisol $n$
**Tabletop-Fotografie** $f$ (Aufnahmetechnik mit Nivellier-Tischstativ) (Foto) / table-top photography
**Tablett** $n$ (ein grafisches Eingabegerät) (EDV) / data tablet, tablet* $n$
**Tablette** $f$ (Kftst, Plast) / pellet* $n$ ‖ $\sim$ (Form des Kernbrennstoffs) (Nukl) / fuel pellet, pellet $n$ ‖ $\sim$ (Pharm, Med) / tablet* $n$
**Tabletten•sprengmittel** $n$ (Pharm) / tablet disintegrant ‖ **amerikanischer** $\sim$**test** (der Flammenschutzausrüstung) (Tex) / pill test
**Tablettieren** $n$ (Pharm, Plast) / tabletting $n$

**Tablettierhilfsmittel** $n$ (z.B. bei Brausetabletten) (Pharm) / tabletting aid
**Tablettierung** $f$ (Pharm, Plast) / tabletting $n$
**Tab•stop** $m$ (EDV) / tabulation stop, tab stop ‖ $\sim$**taste** $f$ (EDV) / tabulator key, tab key
**Tabtoxin** $n$ (ein Phytotoxin, das die Wildfeuerkrankheit der Tabakpflanze auslöst) (Bot) / tabtoxin $n$
**Tabulator** $m$ (auch der Schreibmaschine) (EDV) / tabulator $n$, tab $n$ ‖ $\sim$**löschtaste** $f$ (der Schreibmaschine) / tabulator clear key ‖ $\sim$**setzen** $n$ (EDV) / tabulator setting, tab setting ‖ $\sim$**speicher** $m$ (EDV) / tab memory ‖ $\sim$**sprung** $m$ (EDV) / high-speed skip, slew $n$ ‖ $\sim$**stopp** $m$ (DIN 66254) (EDV) / tabulation stop, tab stop ‖ $\sim$**taste** $f$ (auch der Schreibmaschine) (EDV) / tabulator key, tab key ‖ $\sim$**zeichen** $n$ (DIN 66257) (EDV) / tabulator character, tabulation character, TABC
**tabulieren** $v$ (auch auf der Schreibmaschine) (EDV) / tabulate $v$, tab $v$ ‖ $\sim$ $n$ (Verlagern der Beschriftungsstelle auf eine vorherbestimmte Zeichenstelle - DIN 66254) (EDV) / tabulation $n$
**Tabuliertaste** $f$ (EDV) / tabulator key, tab key
**Tabun** $n$ (Dimethylphosphoramidocyanidsäureethylester - ein Kampfstoff) (Chem) / tabun $n$ (a tasteless odourless nerve gas), GA agent
**TAC** (EDV) / transaction code
**Tacamahac** $m$ (Sammelbezeichnung für wohlriechende Harze verschiedener Pflanzen, z.B. Bursera, Calophyllum, Populus und Protium) / tacamahac $n$, tacamahaca $n$
**Tacamahak** $m$ / tacamahac $n$, tacamahaca $n$
**TACAN** $n$ (ein Mittelstrecken-Funkortungsverfahren mit Standlinien: Gerade und Kreis) (Mil, Nav) / tacan $n$, tactical air navigation system
**Taccastärke** $f$ (Nahr) / otaheite arrowroot, Indian arrowroot
**Tacheometer** $n$ (ein theodolitähnliches, als Zielwinkelentfernungsmesser ausgebildetes Gerät zur geodätischen Schnellmessung) (Instr, Verm) / tacheometer* $n$, tachymeter* $n$
**Tachistoskop** $n$ (Foto, Opt) / tachistoscope $n$
**Tacho** $m$ (Kfz) / speedometer $n$, clock $n$, speedo $n$ (pl. speedos) ‖ $\sim$**generator** $m$ (Generator, der Wechsel- oder Gleichstrom drehzahlabhängig erzeugt und abgibt) (Eltech) / tachogenerator $n$ ‖ $\sim$**generator** $m$ (z.B. eines Industrieroboters) (Masch) / tachometer $n$ ‖ $\sim$**graf** $m$ (Kfz) / tachograph $n$ ‖ $\sim$**meter** $m$ (Kfz) / speedometer $n$, clock $n$, speedo $n$ (pl. speedos) ‖ $\sim$**metrisches Elektrometer** (Eltech) / tachometric electrometer ‖ $\sim$**stand** $m$ (Kfz) / mileage $n$, milage $n$ ‖ $\sim$**welle** $f$ (Kfz) / speedometer flexible cable drive
**Tachydrit** $m$ (störende Beimengung in Kalisalzlagern) (Min) / tachyhydrite $n$, tachydrite $n$
**Tachyhydrit** $m$ (störende Beimengung in Kalisalzlagern) (Min) / tachyhydrite $n$, tachydrite $n$
**Tachykinin** $n$ (Oligopeptid - z.B. Eledoisin) (Biochem) / tachykinin $n$
**Tachylit** $m$ (ein Basaltglas) (Geol) / basalt glass*, tachylite* $n$, tachylyte* $n$, basalt obsidian, sideromelane $n$
**Tachylyt** $m$ (Geol) / basalt glass*, tachylite* $n$, tachylyte* $n$, basalt obsidian, sideromelane $n$
**Tachymeter** $n$ (ein theodolitähnliches, als Zielwinkelentfernungsmesser ausgebildetes Gerät zur geodätischen Schnellmessung) (Instr, Verm) / tacheometer* $n$, tachymeter* $n$ ‖ $\sim$**theodolit** $m$ (Verm) / transit theodolite* ‖ **Bedienungsperson** $f$ **des** $\sim$**theodolits** (Verm) / transitman* $n$ (US)
**Tachymetrie** $f$ (Verm) / tacheometry* $n$, stadia works, tacheometric surveying, tachymetry $n$
**Tachyon** $n$ (hypothetisches Teilchen, das sich von Natur aus stets mit Überlichtgeschwindigkeit bewegen soll) (Kernphys) / tachyon* $n$
**Tacitron** $n$ (mit Xenon gefülltes und über das Gitter auch nach der Zündung steuerbares Thyratron) (Eltronik) / tacitron $n$
**Tack** $n$ (Widerstand von Buch- und Offsetdruckfarben) (Druck, Pharm) / tack $n$
**Tacker** $m$ (Handwerkszeug mit einem Schlagstößel zum Einbringen von U-förmigen Metallklammern und kurzen Nägeln) (Werkz) / tacker $n$
**Tackifier** $m$ (Additiv zu Elastomeren, das deren Tack erhöht) (Chem Verf) / tackifier $n$
**Tackmeter** $n$ (Druck, Pharm) / tackoscope $n$
**Tacks** $m$ / tack $n$, peg $n$
**Täcks** $m$ (ein Schuhmachernagel) / tack $n$, peg $n$
**täcksen** $v$ (Schuhe) / tack $v$
**Taconit** $m$ (Geol) / taconite $n$
**Taconiterz** $n$ (metamorphes Bändereisenerz aus dem Gebiet des Oberen Sees / Nordamerika) (Geol) / taconite $n$
**Tacrolimus** $m$ (Pharm) / FK-506 $n$, tsukubaenolide $n$
**Tacticität** $f$ (Chem) / tacticity* $n$
**Tactit** $m$ (ein Gestein im Bereich von Kontaktlagerstätten) (Geol) / skarn* $n$, tactite $n$
**tadellos** adj (z.B. Zustand) / immaculate adj ‖ $\sim$ (Zustand des Wagens) (Kfz) / immaculate adj, absolutely mint, pristine adj, excellent adj ‖ $\sim$**er Zustand** (z.B. eines Buches) / mint condition

## TAE

**TAE** (Fernsp) / TAE socket (German analogue line socket)
**Taedaföhre** f (For) / loblolly pine, frankincense pine
**Taenia** f (pl. Taenien) (Leiste am Architrav der dorischen Ordnung) (Arch) / taeinia n (pl. taeniae), tenia n (US)
**Taenit** m (Bandeisen) (Astr, Min) / taenite* n
**Tafel** f (Platte) / plate* n ‖ ~ / table n ‖ ~ (dünne Platte) (Bau, Glas) / pane n ‖ ~ (z.B. in einem Tafelwerk) (Druck) / plate* n ‖ ~ (im Videotext) (EDV, Fernm, TV) / frame n ‖ ~ (Eltronik) / panel* n ‖ ~ (Brücke, Fahrbahn) (HuT) / deck n ‖ ~ (Schliffform eines Diamanten) (Min) / table n ‖ ~ (Lieferungsform von Leim) (Tischl) / tablet n ‖ **Cayleysche** ~ (Math) / Cayley table, group table ‖ **Cayleysche** ~ (nach A. Cayley, 1821-1895) (Math) / multiplication table, Cayley (multiplication) table ‖ **formbare** ~ (Plast) / post-forming sheet* ‖ **nautische** ~**n** (für die Lösung von Aufgaben der Navigation und der Nautik) (Schiff) / nautical tables ‖ **2 x 2-**~ (Stats) / fourfold table ‖ ~ **des Periodensystems** (Chem) / periodic table*, periodic chart
**Tafel•berg** m (eine isolierte, plateauartige Bergform, z.B. in Kapstadt) (Geol) / table mountain (a flat-top mountain), mesa n ‖ ~**blei** n (Hütt) / milled lead*, rolled lead ‖ ~**deckgebirge** n (Geol) / platform cover ‖ ~**einbau** m (Eltronik) / panel mounting* ‖ ~**fertig** adj (Nahr) / ready-to-eat adj, instant adj, ready to serve ‖ ~**förmig** adj / tabular adj ‖ ~**förmige Erosionsebene** (Geol) / panplane n, panplain n ‖ ~**förmiger Gesteinskörper** (Geol) / bed* n ‖ ~**förmige Lagerstätte** (Bergb) / bed n, blanket deposit ‖ ~**-Gerade** f (wenn man die Stromdichte logarithmisch gegen die Überspannung aufträgt) (Chem) / Tafel line ‖ ~**geschirr** n (Keram) / dinnerware n, tableware n ‖ ~**glas** n (von hoher Qualität nach DIN 1259, T 1) (Glas) / plate glass* ‖ ~**glas** (von geringer Qualität nach DIN 1259) (Glas) / sheet glass* ‖ ~**land** n (Geol) / tableland n, mesa* n ‖ ~**leim** m (eine Handelsform des Glutinleims) / sheet glue
**Täfeln** n (Tischl) / wainscoting* n, wooden panelling, panelling n, timber panelling, wainscotting n
**Tafel•-Neigung** f (Chem) / Tafel slope ‖ ~**öl** n (qualitativ hochwertiges Speiseöl) (Nahr) / table oil ‖ ~**-Reaktion** f (Chem) / Tafel reaction (during electrolysis) ‖ ~**restberg** m (Geol) / tableland n, mesa* n ‖ ~**salz** n (besonders rein, in Korn gleichmäßig) (Nahr) / table salt ‖ ~**schere** f **mit abgeschrägter Schneide des Obermessers** (Masch) / guillotine shears ‖ ~**schere mit Kurbelantrieb** (Masch) / guillotine shears ‖ ~**schere mit Parallelantrieb** (eine Blechtafelschere) (Masch) / guillotine n ‖ ~**schmiere** (zum Kaltfetten) (Leder) / dubbing* n, dubbin n, stuffing mixture ‖ ~**schmieren** n (Leder) / hand stuffing ‖ ~**spat** m (Min) / wollastonite* n, tabular spar* ‖ ~**-Steigung** f (Elektr) / Tafel slope ‖ ~**süßstoffzubereitung** f (Nahr) / table-top sweetener ‖ ~**system** n (integrierendes Interaktionsmodell zwischen verschiedenen wissensbasierten Systemen) (KI) / blackboard system ‖ ~**-Umlagerung** f (Chem) / Tafel rearrangement
**Täfelung** f (als Tätigkeit) (Tischl) / wainscoting* n, wooden panelling, panelling n, timber panelling, wainscotting n ‖ ~ (Verkleidung als Ergebnis) (Tischl) / sheet wall covering
**Tafelwasser** n (künstliches Mineralwasser) (Nahr) / table (mineral) water
**Täfelwerk** n (Verkleidung von Innenwänden) (Tischl) / wainscot* n ‖ ~ **unter der Brüstung** (Bau) / breast lining*
**Taffet** m (Gewebe aus Naturseide oder Chemiefaserfilamenten) (Tex) / taffeta* n
**Tafoni** plt (Bröckelhöhlen) (Geol) / tafoni plt
**Taft** m (Tex) / taffeta* n ‖ **papierharter** ~ (Tex) / paper taffeta
**Taft-Gleichung** f (eine LFE-Beziehung) (Chem) / Taft equation
**Tag** m (DIN 1301, T 1) (Astr) / day* n ‖ ~ m n (Markierung oder Trennzeichen zur Kennzeichnung variabler Datensätze) (EDV) / tag n ‖ ~ m **der offenen Tür** / open day, open house (US) ‖ ~ **des Eingangs** (einer Patentanmeldung) / date of receipt
**Tagatose** f (eine Ketose) (Chem) / tagatose n
**Tag•blindheit** f (Med) / day blindness ‖ ~**bogen** m (Astr) / diurnal arc
**Tage, über** ~ (Bergb) / aboveground attr, surface attr, superficial adj
**Tagebau** m (Tätigkeit) (Bergb) / open-pit mining, open-cut mining, opencast mining* ‖ ~ (Anlage) (Bergb) / open cut, opencast* n, open-cut mine, surface mine, open pit, open diggings ‖ **im** ~ **zu gewinnen** (Bergb) / strippable adj ‖ ~ m **mit Auswaschtechnik** (Goldmine) (Bergb) / placer mine ‖ ~**anlage** f (Bergb) / open cut, opencast* n, open-cut mine, surface mine, open pit, open diggings ‖ ~**betrieb** m (Bergb) / surface mining ‖ ~**förderung** f (Bergb) / surface mining ‖ ~**kohle** f (Bergb) / strip coal, open-cut coal ‖ ~**maschine** f (Bergb) / quarry machine ‖ ~**würdig** adj (Bergb) / strippable adj
**Tagelohn** m (F.Org) / day's pay
**Tages•-** / diurnal* adj ‖ ~**anlage** f (bauliche oder maschinelle) (Bergb) / surface installation, heapstead* n, surface equipment ‖ ~**beleuchtung** f (Licht) / daylighting n, natural lighting ‖ ~**belichtung** f **hinter Glas** (DIN 53388) (Tex) / exposure to daylight behind glass ‖ ~**bunker** m (mit Fassungsvermögen für rund eine Tagesproduktion) / day bin, production bin ‖ ~**datendatei** f (EDV) / working file ‖ ~**dosis** f (Pharm) / daily intake, daily dose ‖ ~**fahrlicht** n (Kfz) / day-running light, daytime-running light ‖ ~**förderung** f (Bergb) / daily output, production per day ‖ ~**förderung** (in Tonnen) (Bergb) / daily tonnage ‖ ~**gezeit** f (Ozean) / diurnal tide ‖ ~**kilometerzähler** m (Kfz) / trip odometer, odometer n, tripmeter n, hodometer n ‖ ~**leuchtfarbe** f (z.B. für Reflexfolien) (Anstr) / daylight fluorescent colour, dayglow colour, dayglo color (US), Day-Glo n ‖ ~**leuchtpigment** n (Anstr) / fluorescent pigment ‖ ~**leuchtpigment** (Anstr) / daylight fluorescent pigment
**Tageslicht** n (Licht) / daylight n ‖ **künstliches** ~ (Licht) / artificial daylight* ‖ **mit** ~ **beleuchten** (Licht) / daylight v ‖ ~**anzeige** f (EDV) / daylight display ‖ ~**beleuchtung** f (Licht) / daylighting n, natural lighting ‖ ~**filter** n (Foto) / daylight filter ‖ ~**lampe** f / daylight lamp*, artificial daylight lamp ‖ ~**leuchtstofflampe** f (Eltech) / daylight fluorescent lamp ‖ ~**magazin** n (Film) / daylight magazine ‖ ~**papier** n (z.B. Aristopapier) (Foto) / printing-out paper*, POP*, heliograph paper, heliogravure paper ‖ ~**quotient** m (bei verglasten Fenstern im Innenraum) (Bau, Licht) / daylight factor*, sky factor, window efficiency ratio*
**Tagesmenge, empfohlene** ~ (Nahr, Pharm) / recommended daily amount, recommended daily intake, recommended daily allowance, RDA, RDI
**Tages•oberfläche** f (Bergb) / day n, grass n, ground surface ‖ ~**peilspiegel** m (Signalübermittlung mittels in einem Spiegel reflektierter Sonnenstrahlen) (Schiff, Verm) / heliograph* n ‖ ~**produktion** f **von 1000 Einheiten** (Bergb) / daily output of 1000 units ‖ **tonnlägiger** ~**schacht** (Bergb) / slant n, ramp n ‖ **weitergeteufter** ~**schacht** (Bergb) / subshaft n ‖ ~**sehen** (DIN 5031, T 3) (Opt) / photopic vision* ‖ ~**signal** n (ein Signalkörper) (Schiff) / day signal ‖ ~**signal** (Ball oder Kegel) (Schiff) / day shape, day mark ‖ ~**silo** m n (als Gegensatz zu Lagersilo) / day bin, production bin ‖ ~**soll** n (Bergb) / stint n ‖ ~**speicher** m (Eltech, Wasserb) / daily storage basin ‖ ~**stempel** m / date-stamp n, dater n ‖ ~**tank** m (der den Bunkern und Verbrauchern zwischengeschaltet ist und einen Tagesvorrat an Kraftstoff aufnehmen kann) (Schiff) / day tank ‖ ~**tonne** f (Angabe der Produktionsrate nach DIN 1301, T 3) (F.Org) / tonne per day, metric tonne/day ‖ **magnetische** ~**variation** (Geophys) / magnetic diurnal variation ‖ ~**wanne** f (Schmelzaggregat zur diskontinuierlichen Glasschmelze) (Glas) / day tank (a periodic glass-melting tank consisting of a single compartment designed to be charged, fired, and emptied during each day of hand gathering) ‖ ~**wert** m / advertising value, current value
**Tagetesöl** n (gewonnen durch Wasserdampfdestillation aus dem blühenden Kraut von Tagetes minuta L. und Tagetes erecta L.) / tagetes oil
**Tag•-Feld** n (Markierung oder Trennzeichen zur Kennzeichnung variabler Datensätze) (EDV) / tag field ‖ ~**fertigkeit** f (EDV) / up-to-dateness n ‖ ~**-Flammpunktprüfer** m (Chem) / Tag closed-cup tester, Tagliabue closed tester
**Tagged-Architektur** f (in der die Daten gewisse Zusatzinformationen enthalten) (EDV) / tagged architecture
**Tagging** n (Chem, EDV) / tagging n ‖ ~ (von α-Quanten) (Phys) / tagging n
**Taghimmelslicht** n (Geophys) / dayglow n
**Tagilit** n (Min) / pseudomalachite* n, tagilite n
**Tagkranz** m (Bergb) / shaft mouth, shaft collar, collar n, pit mouth, eye* n
**Tagliabue-Tiegel** m (Chem) / Tag closed-cup tester, Tagliabue closed tester
**täglich** adj / diurnal* adj ‖ ~**e Aberration** (Astr) / diurnal aberration ‖ ~**e Bewegung** (die scheinbare Bewegung der Himmelssphäre im Verlauf eines Tages in Ost-West-Richtung, verursacht durch die in umgekehrter Richtung erfolgende Erdrotation) (Astr) / diurnal motion ‖ ~**e Förderung in Barrels** (Erdöl) / barrels per day ‖ ~**e Parallaxe** (Astr) / diurnal parallax*, geocentric parallax*
**Tag•marke** f (ein Tagsignal) (Schiff) / day mark ‖ ~**-Nacht-Rhythmus** m (Biol) / circadian rhythm*, diurnal rhythm ‖ ~**neutrale Pflanze** (Bot) / day-neutral plant* ‖ ~**neutrale** f (meistens zu den Kosmopoliten gehörend) (Bot) / day-neutral plant* ‖ ~**schicht** f (F.Org) / day shift ‖ ~**signal** n (Signal bei Tag) (Schiff) / day signal ‖ ~**- und Nachteinsatzfähigkeit** f (Mil) / day-and-night capability ‖ ~**undnachtgleiche** f (Astr) / equinox* n
**Tagushi-Sn₂-Sensor** m / Tagushi Sn#2 sensor
**Tahiti-Arrowroot** n (Nahr) / otaheite arrowroot, Indian arrowroot
**Tahitikastanie** f (Inocarpus fagifer (Parkinson ex Du Roi) Fosberg) (For) / Tahitian chestnut, Polynesian chestnut, rata n
**TAI** (Phys) / International Atomic Time, IAT
**Taifun** m (tropischer Wirbelsturm im Bereich des westlichen Pazifiks) (Meteor) / typhoon* n
**Tail-End** n (letzter Verfahrensschritt der Wiederaufbereitung) (Nukl) / tail end

**Taileron** n (wenn die gesamte Höhenflosse bewegt wird) (Luftf) / taileron n, stabilator* n, all-moving tail*, flying tail*

**Tailing** n (Ausbildung einer in der Laufrichtung diffus begrenzten Zone in der Papier- und Dünnschichtchromatografie) (Chem) / tailing n, trailing n

**Taille** f (engster Schalenquerschnitt eines hyperbolischen Kühlturms) / throat n, neck n ‖ ≃ (Tex) / waist n

**Taillenfeder** f (aus verkupfertem Stahldraht hergestellte Sprungfeder mit verknoteten Enden, deren Durchmesser sich nach der Mitte hin verjüngt) (Masch) / hourglass spring

**tailliert** adj (Tex) / fitted adj, form-fitting adj ‖ **leicht** ~ (Tex) / semi-fitted adj ‖ **stark** ~ (Tex) / tight-fitting adj

**tailored Blank** (maßgeschneiderter Feinblechzuschnitt aus Streifen verschiedener Dicke und Festigkeit, lasergeschweißt) (Masch) / tailored blank

**Tails** pl (Nukl) / tails* pl, waste n

**Takagi-Gleichung** f (Krist) / Takagi equation

**Takamahak** m / tacamahac n, tacamahaca n

**Take** m n (Film, TV) / take* n

**Takel** n (schwere Talje) (Schiff) / purchase n (a pulley or similar device for moving heavy objects)

**Takelage** f (Masten, Rahen und Stengen eines Schiffes + das dazugehörende stehende und laufende Gut) (Schiff) / rigging n ‖ **obere** ≃ (Schiff) / top hamper*

**Takelung** f (Schiff) / rigging n

**Take-off** n m (pl. -s) (Luftf) / take-off n, TO

**Take-or-Pay-Verpflichtung** f / take or pay

**Take-over** n (pl. -s) / take-over n

**Take-over-Angebot** n (z.B. beim Kauf eines Betriebes) / take-over bid

**Takling** m (Sicherung des Endes einer Leine gegen Aufdrehen, aus dünnem Tauwerk) (Schiff) / whipping n

**Takonit** n (Geol) / taconite n

**Takt** m (regelmäßige Folge von Impulsen zur Steuerung oder Synchronisation digitaler Schaltungen) (EDV) / clock n, clock pulse ‖ ≃ (in der Fließfertigung) (F.Org) / cycle n ‖ ≃ (Hub als Phase innerhalb des Gesamtablaufs) (V-Mot) / stroke n ‖ **netzinterner** ≃ (Fernm) / internal-network clock, internal-network timing ‖ ≃**ablauf** m (EDV) / cycling n ‖ ≃**aufbereitung** f (EDV) / clock-pulse processing ‖ ≃**auslage** f (Druck) / paced delivery

**takten** v (Regeln) / clock v

**Takt•feuer** n (Schiff) / rhythmic light, rhythmical light, periodical light ‖ ~**flankengesteuertes Flipflop** (Eltronik) / edge-triggered flip-flop ‖ ~**flankengetriggert** adj (Eltronik) / edge-triggered adj ‖ ≃**folge** f (als Zeiteinheit) (EDV) / clock rate*, clock pulse rate ‖ ≃**frequenz** f (periodisches Signal bestimmter Frequenz zur Synchronisation des Zusammenwirkens von Schaltungen, Baugruppen und Geräten, insbesondere in der Digitaltechnik) (EDV) / clock frequency*

**Taktgeber** m (EDV, Fernm) / clock* n, clock signal generator, clock generator, CLK ‖ ≃ (Zeitschalter) (Eltech, Regeln) / timer* n (in equipment) ‖ **lokaler** ≃ (EDV) / slave clock ‖ ≃**betrieb** m (EDV) / fixed-cycle operation ‖ ≃**maß** n (EDV) / clock rate*, clock pulse rate

**takt•gebunden** adj ‖ ≃**generator** m (EDV, Fernm) / clock* n, clock signal generator, clock generator, CLK ‖ ~**gesteuert** adj (EDV) / clock-pulse controlled, under clock control ‖ ~**gesteuertes Flipflop** (Eltronik) / clocked flip-flop

**Taktik** f (auch in der Spieltheorie) / tactics n

**taktil** adj (Sensor des Industrieroboters) / tactile adj ‖ ~ (den Tastsinn betreffend) (Physiol) / tactile* adj, haptic adj ‖ ~**er Sensor** (der bei Berührung Kräfte, Momente oder Formen erfaßt und in ein äquivalentes elektrisches Signal umwandelt) / touch sensor, tactile sensor

**Takt•impuls** m (EDV) / clock pulse ‖ ≃**impuls** (Eltronik) / strobe pulse ‖ ≃**insel** f (EDV) / independent clock

**Taktionsproblem** n (Math) / problem of Apollonius, Apollonius' problem

**taktisch** adj (Chem) / tactic adj ‖ ~ (Mil) / tactical adj ‖ ~**er Atomsprengkörper** (Mil) / tactical nuclear weapon, theatre nuclear weapon ‖ ~**er Block** (bei Blockpolymeren) (Chem) / tactic block ‖ ~**es Kampfflugzeug** (Angriffs- oder Abfangflugzeug, das im Gegensatz zu den strategischen Bombern ohne Betankung in der Luft über einen nur begrenzten Aktionsradius verfügt) (Luftf, Mil) / tactical fighter, tactical aircraft ‖ ~**e Navigation** (Mil) / tactical navigation ‖ ~**es Polymer** (Chem) / tactic polymer

**Taktit** m (ein Gestein im Bereich von Kontaktlagerstätten) (Geol) / skarn* n, tactite n

**Taktizität** f (Anordnung der Stereoisomeriezentren in der Hauptkette eines Makromoleküls) (Chem) / tacticity* n

**takt•mäßiger Wechsel** / pulsation n ‖ ≃**montage** f (F.Org) / cyclic assembly

**Taktoid** n (Chem, Phys) / tactoid* n

**Taktosol** n (mit Parallelanordnung der Partikeln) (Chem, Phys) / tactosol* n

**Takt•rate** f (EDV) / clock speed ‖ ≃**signal** n (aus immer wieder gleichen Taktzyklen) (EDV) / clock pulse ‖ ≃**spur** f (EDV) / clock track*, clock marker track ‖ ≃**stufe** f (pneumatisches Steuerelement, das in Ablaufsteuerungen Verwendung findet) (Regeln) / sequence module ‖ ~**synchron** adj (EDV) / clock-synchronous adj, in clock-controlled synchronism ‖ ≃**zeit** f (EDV) / clock-pulse period ‖ ≃**zeit** f (F.Org) / cycle time ‖ ≃**zentrale** f (EDV) / central clock ‖ ≃**zyklus** m (der aus einer High- and Low-Phase besteht) (EDV) / clock cycle, clock tick

**Tal** n (im Leitungsband bei Halbleitern) (Eltronik) / valley n ‖ ≃ (Einsenkung) (Geog) / hollow n ‖ ≃ (Geol) / valley* n ‖ **antezedentes** ≃ (Geol) / antecedent valley ‖ **breitsohliges** ≃ (Geol) / broad-floored valley, wide-bottomed valley ‖ **epigenetisches** ≃ (Geol) / superimposed (river) valley ‖ **kleines, abgelegenes** ≃ (Geol) / rincon n ‖ **reifes** ≃ (Geol) / mature valley ‖ **tektonisches** ≃ (Geol) / tectonic valley ‖ **vermurtes** ≃ (Geol) / debris-filled valley ‖ ≃ n **zwischen zwei Überschiebungseinheiten** (Geol) / ramp valley

**Talalay-Prozeß** m (zur Erzeugung von Schaumgummi ohne mechanische Schäumung - nach J.A. Talalay, 1882 - 1961) (Chem Verf) / Talalay process

**Tal•asymmetrie** f (mit ungleichseitigem Talquerschnitt) (Geol) / valley asymmetry ‖ ≃**aue** f (Geol) / valley flat, valley plain ‖ **aufschüttung** f (Geol) / valley fill ‖ ≃**bereich** m (im Mikroprofil einer Oberfläche) (Eltech) / valley n ‖ ≃**bildung** f (Geol) / valley formation ‖ ≃**boden** m (Geol) / valley floor, valley bottom, floor of the valley

**Talbot-Außenrückspiegel** m (Kfz) / European design racing mirror

**Talbotsches Gesetz** (nach W.H.F. Talbot, 1800 - 1877) (Opt) / Talbot's law

**Talbot-Spiegel** m (Kfz) / European design racing mirror

**Talbrücke** f (HuT) / viaduct n

**Talcott-Methode** f (Astr, Verm) / Horrebow-Talcott method

**Talentsucher** m / talent scout

**Tal•fahrt** f (Kfz) / downhill run ‖ ≃**fahrt** (Schiff) / downstream navigation ‖ ≃**form** f (Geol) / thalweg* n

**Talg** m (Fett von Wiederkäuern) (Chem, Nahr) / tallow n (a hard fatty substance made from rendered animal fat, used in making candles and soap) ‖ ≃ (Klemp) / touch n ‖ ≃ (Hammel oder Rind) (Nahr) / suet n ‖ ≃ (Physiol, Zool) / sebaceous* adj ‖ ≃**artig** adj / tallowy adj ‖ ~**artig** (Physiol, Zool) / sebaceous* adj ‖ **Chinesischer** ≃**baum** (Sapium sebiferum (L.) Roxb.) (For) / Chinese tallow-tree n, vegetable tallow tree ‖ ≃**baumsamenöl** n (aus dem Chinesischen Talgbaum - Sapium sebiferum (L.) Roxb.) (For) / stillingia oil, tallow-seed oil (from Chinese tallow tree) ‖ ≃**fettsäurenester** m (Chem) / tallowate n

**talgig** adj / tallowy adj ‖ ~ (Physiol, Zool) / sebaceous* adj ‖ ≃**werden** (von Fetten) / tallowiness n

**Tal•gletscher** m (mit deutlichen, oft sehr langen Gletscherzungen) (Geol) / valley glacier ‖ ≃**grund** m (Geol) / valley floor, valley bottom, floor of the valley

**Tali** n (gelbliches bis rotbraunes Holz von Erythrophleum ivorense A. Chev. oder Erythrophleum micranthum Harms) (For) / tali n, sissoo n

**Talipotpalme** f (die Schopfpalme Corypha umbraculifera L.) (For) / talipot n, talipot palm

**Talisayöl** n (das Samenfett des Katappenbaumes - Terminalia catappa L.) / Java almond oil, Malabar almond oil, Indian almond oil

**Talje** f (ein Flaschenzug) (Schiff) / tackle n ‖ ≃**block** m (Masch, Schiff) / tackle block

**taljen** v (Schiff) / tackle v (lift heavy objects)

**Taljenblock** m (Masch, Schiff) / tackle block

**Talk** m (Min) / talc n, talcum n

**Talker** m (EDV) / talker n

**Talkerde** f (MgO) (Chem, Min) / magnesia* n (magnesium oxide), bitter-earth n

**Talkose** f (Staublungenerkrankung infolge Ablagerung von Talk oder Magnesiumsilikat in der Lunge) (Med) / talcosis n (pl. -ses)

**Talkpuder** m (feiner weißer Talk als Streupulver) / French chalk*, talcum powder, talcum n

**Talkum** n (als Streupuder) / French chalk*, talcum powder, talcum n ‖ ≃ (Min) / talc n, talcum n

**talkumieren** v (mit Talkum bestreuen, einpudern) / powder v, soapstone v

**Tallängsprofil** n (Geol) / valley profile

**Tallat** n (Metallseife aus Tallölfettsäuren) (Chem) / tallate n

**Tallharz** n (Naturharz, das durch fraktionierte Destillation mit Wasserdampf aus rohem Tallöl gewonnen wird) / tall resin

**tallieren** v (Stückzahl der Güter prüfen) (Schiff) / tally v

**Tallierung** f (eine Dienstleistung der Ladekontrolle im Seehafen) (Schiff) / tallying n

**Tallöl** *n* (Nebenprodukt bei der Zellstoffgewinnung aus Nadelhölzern) / tall oil, tallol *n*, finn oil, liquid rosin, sylvic oil ‖ ⁓**fettsäure** *f* (Chem) / tall-oil acid ‖ ⁓**pech** *n* (Chem) / sulphate pitch, tall oil pitch ‖ ⁓**seife** *f* (Chem) / tall-oil soap
**Tallowwood** *n* (Eucalyptus microcorys F. Muell.) (For) / tallow-wood* *n*
**Tally•licht** *n* (ein Kontrollicht bei Kameras) (TV) / tally light ‖ ⁓**man** *m* (pl. -men) (Kontrolleur, der beim Be- und Entladen von Schiffen die Stückzahl der Güter prüft) (Schiff) / tallyman *n* (pl. -men), tally clerk ‖ ⁓**mann** *m* (pl. -leute) (Schiff) / tallyman *n* (pl. -men), tally clerk
**Talmäander** *m* (Geol) / entrenched meander, intrenched meander, incised meander*, valley meander
**Talmi** *n* (schwach vergoldeter Tombak) / gilded pinchbeck (alloy), talmi gold
**Talmoor** *n* (Geol) / valley bog*
**Talosche** *f* (S) (Bau) / float* *n*, hand float, skimming float, plasterer's float
**Talose** *f* (eine Hexose) (Chem) / talose* *n*
**Tal•punkt** *m* (bei Tunneldioden) (Eltronik) / valley point ‖ ⁓**quelle** *f* (Geol, Wasserb) / valley spring ‖ ⁓**rinne** *f* (Geog, Geol) / gully *n* ‖ ⁓**schutt** *m* (Geol) / valley fill ‖ ⁓**sohle** *f* (Geol) / valley floor, valley bottom, floor of the valley ‖ ⁓**spannung** *f* (bei Tunneldioden) (Eltronik) / valley point voltage ‖ ⁓**sperre** *f* (Wasserb) / dam (erected across a valley)* ‖ ⁓**sporn** *m* (Geol) / meander spur ‖ ⁓**terrasse** *f* (Geol) / valley terrace ‖ ⁓**terrasse** (schmale) (Geol) / bench *n*
**Talung** *f* (Geol) / valley formation
**Talus** *m* (in der Umgebung von Riffen abgelagertes Schuttmaterial) (Geol) / scree* *n*, talus* *n* (pl. -es)
**Tal•verlauf** *m* (Geol) / thalweg* *n* ‖ ⁓**weg** *m* (die Verbindungslinie der tiefsten Punkte in einem Flußbett) (Geol) / thalweg* *n*, valley line ‖ ⁓**wert** *m* / minimum value, trough value ‖ ⁓**wind** *m* (Meteor) / valley wind
**Tamarak** *n* (Holz der Amerikanischen Lärche - Larix laricina (Du Roi) K. Koch) (For) / tamarack *n*
**Tamarakholz** *n* (For) / tamarack *n*
**Tamarindenkernmehl** *n* (Nahr) / tamarind seed gum
**Tamarugit** *m* (Entwässerungsprodukt des Mendozits) (Min) / tamarugite *n*
**Tambour** *m* (zwischen Zwickeln und Kuppel) (Arch) / tambour *n*, drum *n* ‖ ⁓ (Maschinenrolle) (Druck, Pap) / jumbo reel, mill reel ‖ ⁓ (mit Stahlzähnen besetzte Trommel der Karde) (Tex) / swift *n*, cylinder *n*
**Tambur** *m* (Sticktrommel) (Tex) / tambour *n* ‖ **auf dem** ⁓**rahmen hergestellte Limerickspitze** (Tex) / tambour lace ‖ ⁓**spitze** *f* (Tex) / tambour lace
**Tammann-Ofen** *m* (mit Widerstandsheizung) (Keram) / kryptol furnace (in which heat is generated by passing an electric current through a tammed refractory of high electrical resistance)
**Tammann-Regel** *f* (intermetallische Verbindungen werden nicht gebildet zwischen Metallen derselben Gruppe des Periodensystems) (Chem, Hütt) / Tammann rule
**Tammann-Temperatur** *f* (nach G. Tammann, 1861-1938) (Wärm) / Tammann's temperature*
**Tamm-Dancoff-Gleichung** *f* (Kernphys) / Tamm-Dancoff equation
**Tamm-Zustand** *m* (nach I. Je. Tamm, 1895 - 1971) (Krist) / Tamm state
**Tamo** *n* (Holz der Japanischen Esche) (For) / tamo *n*
**Tamoxifen** *n* (internationaler Freiname für ein zytostatisches und antiestrogenes Mittel) (Pharm) / tamoxifen* *n*
**Tamp** *m* (Schiff) / rope's end
**Tampen** *m* (Schiff) / rope's end
**Tamper** *m* (ein massiver Neutronenreflektor in Kernwaffen, der bei der Explosion durch seine Trägheit die Expansion des Spaltmaterials verzögert) (Mil, Nukl) / tamper *n*
**Tampon** *m* (Druckerballen) (Druck) / ink ball, inking ball, dabber *n*, tampon *n* ‖ ⁓ (Galv) / brush *n* ‖ ⁓ (Med) / swab* *n* ‖ ⁓ (z.B. ein Gazebausch) (Med) / tampon* *n*
**Tamponage** *f* (Erdöl) / packing *n*
**Tampon•druck** *m* (ein indirekter Tiefdruck) (Druck) / tampon printing ‖ ⁓**galvanisieren** *n* (mit einem Tampon, der die Anode darstellt und gleichzeitig den Elektrolyten aufnimmt - z.B. zur Reparatur und Ausbesserung von beschädigten und verschlissenen Teilen) (Eltech) / tampon plating
**tamponieren** *v* (Druck) / tampon *v* ‖ ⁓ (ein Bohrloch gegen Gas oder Wasser abdichten) (Erdöl) / pack *v*
**Tamponprintdruckfarbe** *f* (Druck) / tampon printing ink
**Tamtam-Metall** *n* (Hütt) / gong metal
**TAN** (EDV) / transaction number, TAN
**Tanaceton** *n* (Gemisch von Thujon und Isothujon) (Chem) / tanacetone *n*
**Tanazetöl** *n* (**aus Tanacetum vulgare (L.)**) / tansy oil
**Tandel** *n* (Eltronik) / temperature autostabilizing non-linear dielectric element
**tan-delta-Prüfung** *f* (Eltech) / loss-tangent test, dissipation-factor test

**Tandem** *n* (Eltech) / tandem generator, tandem electrostatic accelerator, tandem accelerator ‖ ⁓ (Fernm) / tandem* *n* ‖ ⁓**achse** *f* (bei Vierradanhängern) (Kfz) / tandem axle, twin axle ‖ ⁓**anordnung** *f* **der Sitze** (Luftf) / tandem seating ‖ ⁓**beschleuniger** *m* (ein zweistufiger van-de-Graaf-Generator) (Eltech) / tandem generator, tandem electrostatic accelerator, tandem accelerator ‖ ⁓**betrieb** *m* (Fernsp) / tandem working* ‖ ⁓**bürste** *f* (Eltech) / paired brushes, pair of brushes ‖ ⁓**datenverbindung** *f* (EDV) / tandem data circuit ‖ ⁓**fahrwerk** *n* (an jedem Fahrwerksbein befinden sich zwei oder mehr gleiche Räder hintereinander) (Luftf) / bogie landing gear*, tandem-wheel gear ‖ ⁓**hauptzylinder** *m* (bei Zweikreisbremsanlagen) (Kfz) / tandem master cylinder, dual master cylinder ‖ ⁓**hubschrauber** *m* (mit 2 Rotoren in Tandemanordnung) (Luftf) / tandem-rotor helicopter ‖ ⁓**maschine** *f* (Masch) / tandem engine* ‖ ⁓**massenspektrometer** *n* (Spektr) / tandem mass spectrometer ‖ ⁓**ofen** *m* (kippbarer Siemens-Martin-Ofen mit zwei Herden nebeneinander) (Hütt) / tandem furnace ‖ ⁓**region** *f* (Gen) / tandem region ‖ ⁓**schaltung** *f* (Eltronik) / Darlington circuit, Darlington arrangement, Darlington configuration ‖ ⁓**scheibenegge** *f* (Landw) / tandem disk harrow ‖ ⁓**schlepper** *m* (Landw) / four-wheel drive tandem tractor ‖ ⁓**spektrometer** *n* (Spektr) / tandem mass spectrometer ‖ ⁓**spiegel** *m* (ein Spezialfall des magnetischen Spiegels) (Plasma Phys) / tandem mirror* ‖ ⁓**transistor** *m* (Eltronik) / Darlington amplifier ‖ ⁓**walze** *f* (HuT) / tandem roller ‖ ⁓**walzwerk** *n* (Hütt) / tandem mill* ‖ ⁓**wandler** *m* (Sensorbaustein als Gasflußsensor) / tandem converter ‖ ⁓**zylinder** *m* (pneumatischer Kraftspannantrieb mit zwei hintereinander angeordneten Kolben) / tandem cylinder
**Tang** *n* (helles Olivgrün) / tang-green *n* ‖ ⁓ *m* (pl. Tange) (Bot) / seaweed* *n*, wrack *n*
**Tangelo** *f* (Kreuzung von Tangerine und Grapefruit) (Bot, Nahr) / tangelo *n*
**Tangens** *m* (eine Winkelfunktion) (Math) / tangent* *n* ‖ ⁓ **hyperbolicus** (tanh, th) (Math) / hyperbolic tangent, tanh* *n* ‖ ⁓**funktion** *f* (Math) / tangent* *n* ‖ ⁓**satz** *m* (Math) / law of tangents, tangent law
**Tangente** *f* (Math) / tangent* *n*, tangent line ‖ ⁓ **in zwei verschiedenen Punkten einer Kurve** (Math) / bitangent *n*
**Tangenten•abstand** *m* (Verm) / tangent distance* ‖ ⁓**bussole** *f* (Geophys) / tangent galvanometer* ‖ ⁓**ebene** *f* (Math) / tangent plane, tangent *n*, tangential plane ‖ ⁓**fläche** *f* (Math) / tangent surface, tangential developable ‖ ⁓**polygon** *n* (Math) / tangent polygon ‖ ⁓**punkt** *m* (Verm) / tangent point ‖ ⁓**satz** *m* (Math) / secant-tangent theorem ‖ ⁓**skale** *f* (Eltech) / tangent scale* ‖ ⁓**vektor** *m* (bei Raumkurven, bei Flächen) (Math) / tangential vector ‖ ⁓**verfahren** *n* (eine Nullstellenberechnung) (Math) / Newton's method, Newton-Raphson method ‖ ⁓**viereck** *n* (Math) / circumscribed quadrangle
**tangential** *adj* / tangential *adj* ‖ ⁓ (Hauptschnitt durch ein optisches System, in dem ein außeraxialer Objektpunkt, sein konjugierter Bildpunkt sowie die optische Achse liegen) (Opt) / meridional *adj* ‖ ⁓**es Bildfeld** (Opt) / tangential field* ‖ ⁓**er Drehwuchs** (For) / tangential twist ‖ ⁓**er Holzschnitt** (For) / back sawing, flat-sawing *n*, slash-sawing *n*, plain sawing, flat grain sawing (US) ‖ ⁓**e Spursteuerung** (bei Bildplattenspielern) (Eltronik) / tangential tracking control ‖ ⁓**er Vorschub** (Masch) / tangential feed
**Tangential•beschleunigung** *f* (die ein Körper auf einer Kreisbahn in tangentialer Richtung erfährt) (Phys) / tangential acceleration ‖ ⁓**blattfeder** *f* (der Kupplung) (Kfz) / tangential leaf spring ‖ ⁓**drehmeißel** *m* (Masch) / tangential turning tool ‖ ⁓**ebene** *f* (Math) / tangent plane, tangent *n*, tangential plane ‖ ⁓**feuerung** *f* (Masch) / tangential firing system ‖ ⁓**fräsen** *n* (Masch) / tangential hobbing ‖ ⁓**geschwindigkeit** *f* (Masch) / tangential velocity ‖ ⁓**kraft** *f* (Phys) / tangential force ‖ ⁓**landung** *f* (Luftf) / tangential landing ‖ ⁓**meißelhalter** *m* **mit Gegenführung** (Masch) / box tool* (set tangentially) ‖ ⁓**paßfeder** *f* (Masch) / Lewis key ‖ ⁓**punkt** *m* (Verm) / tangent point ‖ ⁓**raum** *m* (Math) / tangent vector space, tangent space ‖ ⁓**schnitt** *m* (Biol) / tangential section, tangential cut ‖ ⁓**schnitt** (das Ergebnis des tangentialen Holzschnitts) (For) / tangential section ‖ ⁓**schnitt** (Opt) / tangential focus* ‖ ⁓**schwindung** *f* (For) / tangential shrinkage ‖ ⁓**spannung** *f* (Masch, Mech) / shear stress*, shearing stress ‖ ⁓**turbine** *f* (eine Freistrahl- oder Gleichdruckturbine mit becherartigen Schaufeln) (Masch) / Pelton-type hydraulic turbine, Pelton turbine ‖ ⁓**vorschub** *m* (beim Tangentialfräsen) (Masch) / tangential feed
**Tangent•keile** *m pl* (DIN 271) (Masch) / tangential keys, tangent keys ‖ ⁓**keilnut** *f* (DIN 268) (Masch) / tangent keyway
**Tangerine** *f* (Citrus reticulata Blanco) (Bot, Nahr) / tangerine *n*
**tangierender Vektorraum** (Math) / tangent vector space, tangent space
**Tangierraster** *m* (Druck) / Ben Day tint*, tint *n*
**Tangmehl** *n* (Landw) / seaweed meal
**Tangor** *f* (Kreuzung von Tangerine und Orange) (Bot, Nahr) / tangor *n*

**Tanguile** *n* (Holz der Shorea curtisii oder Shorea pauciflora King) (For) / red lauan, dark red meranti, tanguile *n*, tangile *n*
**Tanguis-Baumwolle** *f* (von einer perennierenden Staude stammende peruanische Baumwollsorte, die Fasern von hohem Weißgrad ergibt) (Tex) / Tanguis cotton
**Tank** *m* (des Füllhalters) / fount *n* ‖ ~ (Fernm) / tank *n* ‖ ~ (Foto) / tank *n*, developing tank *n* ‖ ~ (des selbstfahrenden Teerspritzgeräts) (HuT) / pressure tank *n* ‖ ~ (Kfz) / fuel tank* *n* ‖ ~ (Masch) / tank *n* ‖ **umwallter** ~ / mounded tank, dyked tank ‖ ~**anlage** *f* (Erdöl) / tank farm (a large group of tanks) ‖ ~**batterie** *f* (mehrere Lagertanks) (Erdöl) / tank battery ‖ ~**bodenrückstand** *m* / tank bottoms ‖ ~**bodenwachs** *n* / tank bottom wax ‖ ~**container** *m* / tank container ‖ ~**deckel** *m* (des Benzinbehälters) (Kfz) / filler cap, tank cap ‖ ~**deckelbefestigung** *f* (meist flexibler Kunststoffriemen) (Kfz) / tether *n* ‖ ~**einbaupumpe** *f* (Luftf) / immersed pump*
**tanken** *v* (Kftst) / refuel *v*, fuel *vi*, tank *v*
**tankendes Flugzeug** (bei der Luftbetankung) (Luftf) / receiving aircraft
**Tank•entlüftung** *f* (Kftst, Kfz) / fuel-tank venting ‖ ~**entwicklung** *f* (Foto) / tank development, reel and tray processing
**Tanker** *m* (Schiff) / tanker* *n*, tank ship ‖ ~**luftfahrzeug** *n* (Luftf) / flight refuelling tanker, tanker *n* ‖ ~**luke** *f* (Schiff) / tanker hatch ‖ ~**terminal** *n* (Schiff) / tanker terminal
**Tank•fahrzeug** *n* (Kesselwagen für den Transport flüssiger oder staubförmiger Güter) (Kfz) / tanker *n*, road tanker, tank truck ‖ ~**farm** (Erdöl) / tank farm (a large group of tanks) ‖ ~**flugzeug** *n* (Luftf) / flight refuelling tanker, tanker *n* ‖ ~**füllung** *f* (Menge) / tankage *n* ‖ ~**gärung** *f* (bei der Sektherstellung) (Nahr) / tank process, Charmat process, bulk fermentation method ‖ ~**holz** *n* (zur Holzvergasung) / gas wood ‖ ~**inhalt** *n* / tankage *n* ‖ ~**inhalt** (Raumf) / tankage *n* ‖ ~**klappe** *f* (des Benzinbehälters) (Kfz) / filler cap, tank cap ‖ ~**kreis** *m* (Fernm) / tank circuit* ‖ ~**lager** (Erdöl) / tank farm (a large group of tanks) ‖ ~**lastkraftwagen** *m* (Kesselwagen für den Transport flüssiger oder staubförmiger Güter) (Kfz) / tanker *n*, road tanker, tank truck ‖ ~**lastzug** (Kfz) / tanker *n*, tank truck ‖ ~**leerraum** *m* (Luftf) / ullage space ‖ ~**mischung** *f* (z.B. von Pflanzenschutzmitteln) (Landw) / tank mix ‖ ~**reaktor** *m* (Nukl) / tank reactor* ‖ ~**reinigung** *f* / tank cleaning ‖ ~**rückstand** *m* / tank bottoms ‖ ~**säule** *f* (Kfz) / petrol pump (GB), gasoline pump (US) ‖ ~**schiff** (Kfz) / tanker* *n*, tank ship ‖ ~**spritzgerät** *n* (HuT) / tank sprayer (a pressure tank on wheels), blacktop paver ‖ ~**stelle** *f* (Kfz) / filling station, petrol (filling) station (GB), gas station (US), gasoline station (US) ‖ ~**stelle mit Reparaturwerkstatt** (Autohaus) (Kfz) / garage *n* ‖ ~**stopp** *m* (Kfz) / refuelling stop ‖ ~**stopp** (Luftf) / refuelling stop ‖ ~**umwallung** *f* (meistens ein Erdwall) / tank dike ‖ ~**verschluß** *m* (des Benzinbehälters) (Kfz) / filler cap, tank cap ‖ **abschließbarer** ~**verschluß** (Kfz) / lockable tank cap, fuel-tank locking cap, locking gas cap (US) ‖ **gasdichter** ~**verschluß** (Kfz) / sealed filler cap ‖ ~**wagen** *m* (Kesselwagen für den Transport flüssiger oder staubförmiger Güter) (Kfz) / tanker *n*, road tanker, tank truck ‖ ~**wagen** (Luftf) / hydrant truck ‖ ~**wall** *n* (meistens ein Erdwall) / tank dike ‖ ~**wart** *m* (Kfz) / petrol pump attendant, service-station attendant, serviceman *n* (US) ‖ ~**zug** *m* (Kfz) / tanker *n*, tank truck
**Tannase** *f* (gerbstoffspaltendes Enzym) (Leder) / tannase *n*
**Tannat** *n* (Salz oder Ester des Tannins) (Chem, Leder) / tannate *n*
**Tanne** *f* (For) / fir* *n* (genus Abies) ‖ **Edle** ~ / noble fir ‖ **Prächtige** ~ (For) / California red fir, golden fir ‖ **Spanische** ~ (Abies pinsapo Boiss.) (For) / Spanish fir
**Tannenbaum•antenne** *f* (Radio) / fishbone antenna* ‖ ~**antenne** (ein Längsstrahler mit gespeisten Einzelstrahlern) (Radio) / pinetree antenna ‖ ~**antennen-Anordnung** *f* (Radio) / pinetree array, Kooman's array* ‖ ~**antennen-System** *n* (Radio) / pinetree array, Kooman's array* ‖ ~**antennen-Wand** *f* (Radio) / pinetree array, Kooman's array* ‖ ~**kristall** (Hütt, Min) / dendrite* *n*, arborescent crystal
**Tannen•blättling** *m* (Gloeophyllum abietinum - ein holzzerstörender Pilz) (For) / Gloeophyllum abietinum ‖ ~**grün** *adj* (dunkelgrün) / fir-green *adj*, spruce-green *adj*
**Tannieren** *n* (Leder) / mordanting with tannic acid, treatment with tannic acid, tanning* *n*
**Tannin** *n* (Chem, Leder) / tannin* *n*, tannic acid* ‖ ~-**Acylhydrolase** *f* (Leder) / tannase *n* ‖ ~**haltig** *adj* (For, Leder) / tanniferous *adj*, tannic *adj*
**Tansanit** *m* (blauer Zoisit) (Min) / tanzanite *n*
**Tantal (Ta)** *n* (Chem) / tantalum* *n* ‖ ~-(Chem) / tantalic *adj* ‖ ~-(Chem) / tantalous *adj*
**Tantalat** *n* (Chem) / tantalate *n*
**Tantal•carbid** *n* (Chem) / tantalum carbide (melting at 3875 °C) ‖ ~**elektrode** *f* / tantalum electrode ‖ ~-**Elektrolytkondensator** *m* (dessen Anode aus gesintertem Tantalpulver besteht) (Eltech) / tantalum capacitor*, tantalum-bead capacitor ‖ ~**gleichrichter** *m* (Eltronik) / tantalum rectifier

**Tantalit** *m* (Ta-reichstes Glied der Columbit-Reihe) (Min) / tantalite* *n*
**Tantal•karbid** *n* (Chem) / tantalum carbide (melting at 3875 °C) ‖ ~**nitrid** *n* (TaN) (Chem) / tantalum nitride (melting at 3360 °C) ‖ ~**(V)-oxid** *n* (Chem) / tantalum(V) oxide, ditantalum pentaoxide, tantalum pentoxide ‖ ~**pentachlorid** *n* (Ta Cl$^5$) (Chem) / tantalum chloride, tantalum pentachloride, tantalic chloride ‖ ~**pentoxid** *n* (Chem) / tantalum(V) oxide, ditantalum pentaoxide, tantalum pentoxide ‖ ~**säureanhydrid** *n* (Chem) / tantalum(V) oxide, ditantalum pentaoxide, tantalum pentoxide
**T-Antenne** *f* (einfache Form einer kapazitiv verkürzten, beschwerten Antenne) (Radio) / T antenna*
**Tantieme** *f* (bei Komponisten und Musikern) / royalty *n*
**T-Antigene** *n pl* (Med) / T-antigens* *pl*
**Tanzeffekt** *m* (TV) / jumping *n*
**Tanzen** *n* (der Leiterseile) (Eltech) / galloping *n*
**Tänzerwalze** *f* (Druck) / jockey roller*, dancing roller*, spring-loaded idler*
**TAP** (EDV) / terminal access point ‖ ~ (Eltronik) / test access port, TAP
**Tap** *n* (ein Anschlußstück) (Eltronik) / tap *n*
**Tapa** *f* (Stoff aus dem Bast bestimmter exotischer Bäume) (Tex) / tapa *n*, tapa cloth
**Tape** *n* *m* (Akus) / audio tape, sound tape ‖ ~ (Akus, EDV, Mag) / magnetic tape*, mag tape ‖ ~ (Akus, Mag) / tape* *n* ‖ ~ (Papierstreifen zum Aufzeichnen empfangener Morsesignale - heute obsolet) (Teleg) / tape *n* ‖ ~**deck** *n* (Tonbandgerät ohne eigenen Verstärker und Lautsprecher) (Akus) / tape deck* *n* ‖ ~-**Klebepresse** *f* (Film) / tape-splicer *n*
**Taper** *m* (Querschnittsanpasser für Lichtleitkabel mit sich änderndem Faserkerndurchmesser) / taper *n* ‖ ~ (ein Formstück) (Klemp, Masch) / reducing socket*, reducing coupling, reducing pipe-joint*, taper pipe, reducer* *n*, increaser *n*, diminishing pipe*, bushing* *n*, reducer fitting, taper *n* ‖ **bikonischer** ~**koppler** (EDV, Fernm) / bitaper *n*
**Tapestry-Teppich** *m* (kettgemusterter Rutenteppich mit unaufgeschnittenem Pol /Tapestry-Brüssel/ oder mit aufgeschnittenem Flor /Tapestry-Velours/) (Tex) / tapestry *n*
**Tapete** *f* / wallpaper *n*, wallcovering *n* ‖ **kantenbeschnittene** ~ (Bau, Pap) / fully-trimmed wallpaper ‖ **klebefertig beschichtete** ~ (mit einer rückseitigen trockenen Kleisterbeschichtung, die spontan wasserlöslich ist) (Bau, Pap) / prepasted paper, ready-pasted paper ‖ **schallschluckende** ~ (Bau) / acoustic wallpaper
**Tapeten•ablösegerät** *n* (Bau) / wallpaper stripper ‖ ~**ablöser** *m* (z.B. Dufix, TAB) (Bau) / wallpaper remover, liquid for removing wallpaper(s) ‖ ~**bahn** *f* (Bau) / wallpaper (sheet) ‖ ~**Brennelement** *n* (Nukl) / wallpaper fuel element ‖ ~**druck** (Druck) / wallpaper printing ‖ ~**fischchen** (Lepisma saccharina L.) (Chem, Landw, Pap, Zool) / silverfish *n* ‖ ~**gewebe** (Tex) / tapestry *n* ‖ ~**kleister** (Bau) / paperhanger's paste, wallpaper paste ‖ ~**muster** (als Untergrund) (Druck) / wallpaper colour* ‖ ~**papier** (Pap) / hanging paper ‖ ~**schoner** *m* (um die Schalter) (Bau, Eltech) / finger plate ‖ ~**tür** *f* (Bau) / jib door* ‖ ~**zuschneider** *m* (Bau, Werkz) / wallpaper cutter
**Tape-Test** *m* (halbquantitatives Verfahren zur Messung der Haftfestigkeit) (Galv) / tape test
**Tapezier** *m* (Bau) / paperhanger *n* ‖ ~**bürste** *f* (Bau, Werkz) / paperhanging brush, papering brush, paperhanger *n*, smoothing brush, laying-on brush
**tapezieren** *v* (Bau) / paper *v* ‖ **neu** ~ (Bau) / repaper *v*, redecorate *v* (with wallpapers)
**Tapezierer** *m* (Bau) / paperhanger *n*
**Tapezier•messer** *n* (Bau, Werkz) / wallpaper cutter ‖ ~**nagel** *m* (Bau, Werkz) / cut nail ‖ ~**schere** *f* (Bau) / paperhanger's scissors ‖ ~**tisch** *m* (Bau) / pasting table ‖ ~**zwirn** *m* (Tex) / bonnet cotton
**Taphrogenese** *f* (Genese von Großgräben und Großgrabensystemen) (Geol) / taphrogenesis* *n* (pl. -nes), taphrogeny *n*
**TAPI** *n* (eine von der Firma Microsoft definierte Programmierschnittstelle zur Nutzung verschiedener ISDN-Leistungsmerkmale) (EDV, Fernsp) / Windows Telephony API, TAPI *n*
**Taping-Maschine** *f* (Spezialmaschine, mit der gefügte Furnierblätter durch Klebstreifen zusammengeheftet werden) (For) / taping machine
**Tapioka** *f* (teilverkleisterte gereinigte Stärke aus Maniokwurzeln - Manihot esculenta Crantz) (Nahr) / tapioca *n*, manioc *n*
**Tapiolit** *m* (Mischkristalle wie Tantalit, aber tetragonal; ein Trirutil) (Min) / tapiolite* *n*
**Tapisserie** *f* (Tex) / tapestry carpet, tapestry *n*, tapisserie *n* ‖ ~**garn** *n* (Spinn) / tapestry yarn
**Tappi-Weißgrad** *m* (Technical Association of the Pulp and Paper Industry) (Pap) / T.A.P.P.I. degree of whiteness
**Tara** *f* (Masse der Verpackung einer Ware) / tare* *n*, tare weight, light weight ‖ ~ (Gerbmittel aus Caesalpinia spinosa (Molina) Kuntze) (Leder) / tara *n* ‖ ~**gewicht** *n* / tare* *n*, tare weight, light weight ‖

**Taragummi**

⁓**gummi** n (aus Caesalpinia spinosa (Molina) Kuntze) (ein Galaktomannan) (Nahr) / tara gum ‖ ⁓**kernmehl** n (Nahr) / tara gum
**Tarar** m (Landw) / winnower n
**Tarbuttit** m (Min) / tarbuttite* n
**Targa-Format** n (Grafikformat, das hauptsächlich bei der professionellen Bildverarbeitung Einsatz findet) (EDV) / TGA format, Targa format
**Target** n (der Röntgenröhre) (Eltronik) / anticathode* n, target* n, target electrode ‖ ⁓ (einer Speicherröhre, einer Kameraröhre) (Eltronik) / target* n, target plate ‖ ⁓ (ein Stoff, den man der Einwirkung /gebündelter/ elektromagnetischer Strahlung aussetzt) (Eltronik, Phys) / target n ‖ ⁓ (ein Medium bei Streu-, Stoß- und Umwandlungsprozessen) (Phys) / target* n ‖ **dickes** ⁓ (Kernphys) / thick target* ‖ **dünnes** ⁓ (Kernphys) / thin target* ‖ **spurempfindliches** ⁓ (Kernphys) / track-sensitive target, TST
**Target•kern** m (Kernphys) / target nucleus ‖ ⁓**zelle** f (Med) / target cell*
**Tarichatoxin** n (Chem) / tetrodotoxin n, tetraodontoxin n
**tarieren** v (Waage) / tare v
**Tarierwaage** f / tare balance
**Tarif** m / rate n ‖ ⁓ (Zolltarif) / tariff n ‖ **ermäßigter** ⁓ (Bahn) / reduced tariff, cheaped rate ‖ ⁓ m **für die Landwirtschaft** (Eltech) / rural rate ‖ ⁓ **mit Einheitsgebühren** (Eltech) / flat-rate tariff*
**Tarif•festsetzung** f (Masch) / rate fixing* ‖ ⁓**gerät** n (Fernsp) / tariff zoner, rate meter ‖ ⁓**partner** m pl / management and unions ‖ ⁓**umschaltzähler** m (Eltech) / clock meter* ‖ ⁓**vergünstigung** f **bei Luftfrachtgeschäften** (Luftf) / commodity rate ‖ ⁓**verhandlungen** f pl (der tariffähigen Spitzenorganisationen der Arbeitgeberverbände und Gewerkschaften) / collective bargaining
**Tarihülse** f (Leder) / teri pod
**Tarlatan** m (ein leicht und durchsichtig gewebtes leinwandbindiges Baumwoll- oder Zellwollgewebe, teilweise mit Lahnschüssen, stark appretiert) (Tex) / tarlatan n
**Tarn•bemalung** f / camouflage n ‖ ⁓**farbe** f (Anstr) / camouflage paint, dazzlepaint n ‖ ⁓**kappe** f (gegen Radarkontrollen) (Kfz) / stealth bra ‖ ⁓**kappenvirus** m (EDV) / stealth virus ‖ ⁓**programm** n (bei Viren) (EDV) / camouflaged originator ‖ ⁓**scheinwerfer** m (Kfz) / masked headlamp
**Tarnung** f / camouflage n ‖ ⁓ (eines Spurenelements) (Geol) / camouflage* n
**Taro** m (Nahr) / taro n, old cocoyam, eddo n
**Tarostärke** f (Nahr) / arum n, Portland arrowroot
**Tarpaulin** m (Tex) / tarpaulin n, tarp n
**Tarskisches Axiom der unerreichbaren Mengen** (nach A. Tarski, 1901 - 1983) (Math) / Tarski's axiom for inaccessible sets
**Tartan** m (ein Tuch der Bergschotten) (Tex) / tartan n
**Tartrat** n (Salz oder Ester der vier strukturisomeren Formen der Weinsäure) (Chem) / tartrate* n ‖ **DL-**⁓ (Salz oder Ester der Traubensäure) (Chem) / racemate n ‖ ⁓ **des Ethylendiamins** (Chem, Eltronik) / ethylenediamine tartrate* (EDT)
**Tartrazin** n (E 102) (saurer Pyrazolonfarbstoff) (Chem, Nahr, Tex) / tartrazine n, buffalo yellow, Acid Yellow 23, Food Yellow 4
**Tartronsäure** f (Chem) / tartronic acid, hydroxymalonic acid
**Tasche** f (Beutel) / bag n ‖ ⁓ (Buchb) / portfolio n ‖ ⁓ (zum Aufbewahren und Transport einer Diskette) (EDV) / envelope n ‖ ⁓ (in einer nicht korrosionsgeschützten Konstruktion) (Masch) / moisture trap, moisture and soilage pocket, soilage pocket* ‖ ⁓ (Tex) / pocket n ‖ **aufgesetzte** ⁓ (Tex) / patch pocket ‖ **französische** ⁓ (steil, fast senkrecht eingeschnittene Tasche an Jeans) (Tex) / slash pocket, Italian pocket
**Taschen•-** / pocket attr, pocket-sized adj ‖ ⁓**atlas** m (Moleskin) (Tex) / pocket moleskin ‖ ⁓**dosimeter** n (Radiol) / pocket chamber*, pocket dosemeter, pocket dosimeter ‖ ⁓**dosismeßgerät** n (Radiol) / pocket chamber*, pocket dosemeter, pocket dosimeter ‖ ⁓**falz** m (Buchb) / buckle-fold* n ‖ **in**-**format** / pocket attr, pocket-sized adj ‖ ⁓**lampe** f (Licht) / flash lamp*, electric torch (GB), flashlight n (US), torch n (GB) ‖ ⁓**leuchte** f (Licht) / flash lamp*, electric torch (GB), flashlight n (US), torch n (GB) ‖ ⁓**meßinstrument** n (Instr) / pocket meter n ‖ ⁓**-PC** m (EDV) / pocket PC ‖ ⁓**platte** f (Eltech) / pocket-type plate (of a storage cell) ‖ ⁓**rechner** m (DIN 9757) (EDV) / pocket calculator, hand-held calculator, calculator n ‖ ⁓**rechner auf einem Glassubstrat** (in Dünnfilm- und Dickschichttechnik) (EDV) / calculator on substrate ‖ ⁓**separator** (der wartungsfreien Batterie) (Eltech) / envelope separator ‖ ⁓**tuchversuch** m (WP) / double-folding test ‖ ⁓**uhr** f (Uhr) / pocket watch
**Täschnerleder** n (Leder) / bag leather
**TASI** n (ein Zeitmultiplexverfahren bei transozeanischen Fernsprechkabeln und -satellitenverbindungen) (Fernm) / time-assignment speech interpolation (TASI)
**Task** m (eine Arbeitseinheit für die Zeintraleinheit aus der Sicht des Steuerprogramms) (EDV) / task n ‖ ⁓**abhängig** adj (EDV) / task-critical adj, task-dependent adj ‖ ⁓**-Analyse** f (EDV) / task analysis ‖ ⁓**-Dekomposition** f (EDV) / task decomposition ‖ ⁓**-Liste** f (EDV) / task list ‖ ⁓**-Management** n (EDV) / task management ‖ ⁓**unabhängig** adj (EDV) / task-noncritical adj, task-independent adj ‖ ⁓**-Zuteiler** m (EDV) / task dispatcher
**Taslan-Verfahren** n (Spinn) / air-jet texturing, air-bulk texturing
**Tasmanit** m (Zwischenstufe zwischen Kännelkohle und Ölschiefer) (Geol) / tasmanite* n, Mersey yellow coal, yellow coal, white coal
**tassen•fertig** adj (Tee) (Pharm) / instant adj ‖ ⁓**sohle** f (Boden der Kühlturmtasse) / basin floor ‖ ⁓**stößel** m (bei Ventilen) (Kfz) / bucket tappet
**Tastatur** f (DIN 2148) (EDV) / keyboard* (KBD) n, keyset n ‖ **abgesetzte** ⁓ (EDV) / detached keyboard ‖ **herausklappbare** ⁓ (EDV) / fold-out keyboard ‖ **intelligente** ⁓ (EDV) / intelligent keyboard, programmable keyboard ‖ **numerische** ⁓ (DIN 9757) (EDV) / numeric keyboard ‖ **programmierbare** ⁓ (EDV) / user-defined keyboard ‖ **über** ⁓ **ausgelöste Übertragung** (Fernm) / keyboard-operated transmission, KOX ‖ **voll ausgestattete** ⁓ (EDV) / full-featured keyboard ‖ ⁓ f **mit allen Funktionen** (EDV) / full-featured keyboard ‖ ⁓ **mit motorangetriebenen Wählschienen** (in der Fernschreibtechnik) (Fernm) / motorized keyboard ‖ ⁓ **ohne Anzeige** (EDV) / blind keyboard
**Tastatur•abfrage** f (EDV) / keyboard inquiry, operator inquiry ‖ ⁓**befehl** m (EDV) / shortcut n, shortcut key ‖ ⁓**belegung** f (EDV) / keyboard layout ‖ **die**-**belegung völlig ändern** (EDV) / remap the keyboard ‖ **lokaler** ⁓**betrieb** (EDV) / local keyboard operation ‖ ⁓**block** m (EDV) / keypad n, pad n ‖ ⁓**editor** m (EDV) / keyboard editor ‖ ⁓**event** n (EDV) / keyboard event ‖ ⁓**feld** n (EDV) / keyboard* (KBD) n, keyset n ‖ ⁓**gesteuert** adj (EDV) / key-driven adj, key-controlled adj ‖ ⁓**plan** m (EDV) / keyboard layout ‖ ⁓**programmierbarer Speicher** (mit wahlfreiem Zugriff) (EDV) / keyboard-programmable RAM (KPRAM) ‖ ⁓**programmierter Speicher mit wahlfreiem Zugriff** (EDV) / keyboard-programmable RAM (KPRAM) ‖ ⁓**schablone** f (EDV) / template n ‖ ⁓**speicher** m (EDV) / keyboard buffer ‖ ⁓**sperre** f (EDV) / keylock n, keyboard lock-up, keyboard lock ‖ ⁓**stecker** m (EDV) / keyboard connector ‖ ⁓**treiber** m (EDV) / keyboard driver ‖ ⁓**wahl** f (Fernsp) / push-button dialling, push-button selection, keyboard selection, key pulsing (KP)
**tastbar** adj (Korngröße) / palpable adj
**Tastbildschirm** m (EDV) / touch screen, touch-sensitive screen
**Taste** f (EDV, Fernm, Teleg, Typog) / key* n ‖ ⁓ (Druckknopf zur Betätigung eines Geräts) (Eltech, Masch) / push-button n, press-button n ‖ **arretierbare** ⁓ (EDV) / staydown key ‖ **halbautomatische** ⁓ (Teleg) / bug key* ‖ **heiße** ⁓ (EDV) / hot key, shortcut key, shortcut n, accelerator n ‖ **nichtschreibende** ⁓ (die keine Veränderung der aktuellen Schreibposition bewirkt) (EDV) / non-printing key, control key ‖ **schreibende** ⁓ (EDV) / printing key, print key ‖ **schreibende** ⁓ **mit Vorschub** (EDV) / advancing key, escaping key ‖ **schreibende** ⁓ **ohne Vorschub** (EDV) / non-advancing key, non-escaping key ‖ **selbsthaltende** ⁓ (EDV, Typog) / locking key ‖ ⁓ f **mit Wiederholfunktion** / typamatic key, autorepeat key ‖ ⁓ **"schneller Rücklauf"** (bei Autoradio) (Radio) / fast-rewind button, FR button ‖ ⁓ ⁓ **"schneller Vorlauf"** (bei Autoradio) (Radio) / fast-forward button, FF button
**Taste** m (Kernphys) / taste n
**Tasteingabevorrichtung** f (EDV) / touch input device (TID)
**tasten** v (EDV) / type in v, keyboard v, key in v, key v ‖ **elektronisches** ⁓ (Fernm) / electronic keying* ‖ ⁓**anschlag** m (EDV) / stroke n, key depression, key-stroke n, touch n, impression n ‖ ⁓**belegung** f (EDV) / keyboard layout ‖ ⁓**beschriftung** f (erläuternde Zeichenfolge) (EDV) / key legend ‖ ⁓**block** m (EDV) / keypad n, pad n ‖ **numerischer** ⁓**block** (EDV) / numeric pad, numeric keypad ‖ ⁓**druckschalter** m (Eltech) / push-button n, push-button switch ‖ ⁓**feld** n (DIN 40100, T 16) (EDV) / keyboard* (KBD) n, keyset n ‖ ⁓**feldbelegung** f (EDV) / keyboard layout ‖ ⁓**folge** f (EDV) / key sequence ‖ ⁓**gesteuert** adj (EDV) / key-driven adj, key-controlled adj ‖ ⁓**hebel** m (der Schreibmaschine) / key lever ‖ ⁓**hub** m (EDV) / key drop ‖ ⁓**kombination** f (im allgemeinen) (EDV) / key combination ‖ ⁓**kombination** (Shortcut) (EDV) / shortcut n, shortcut key ‖ ⁓**reihe** f (einer Schreibmaschine) / bank n ‖ ⁓**sperre** f (EDV) / keylock n, keyboard lock-up, keyboard lock ‖ ⁓**wahl** f (Fernsp) / push-button dialling, push-button selection, keyboard selection, key pulsing (KP) ‖ **tonfrequente** ⁓**wahl** (Fernsp) / touch-tone dialling, VF/AF push-button selection ‖ ⁓**werk** n **mit Tastenfeldsperre** (EDV) / shift-lock keyboard
**Taster** m (Bedienungsperson) (EDV, Typog) / keyboard operator ‖ ⁓ (Tastschalter) (Eltech) / push-button n, push-button switch ‖ ⁓ (Masch) / callipers* pl, calliper n, calipers* pl, calliper compasses ‖ ⁓ (des Meßgeräts, der die Oberfläche des Prüfstückes während des Meßvorgangs berührt) (Masch) / stylus n (pl. -li or -uses), probe n ‖ ⁓ (Masch, Tex) / feeler* n ‖ ⁓ (an alten Setzmaschinen) (Typog) / keyboard n ‖ ⁓**draht** m (Masch) / feeler wire
**Tast•fehler** m (EDV) / keying error ‖ ⁓**filter** n (Fernm) / keying filter ‖ ⁓**finger** m (ein mit dem Werkzeugschlitten verbundener Stift, der

die Leitkurve in Richtung der Vorschubbewegung abtastet) (Masch) / follower n ‖ ⁓funk m (Radio, Teleg) / radio-telegraphy n, cw telegraphy, wireless telegraphy ‖ ⁓funker m (Lufft) / radio-telegraphy operator ‖ ⁓funksendung f (Radio) / cw transmission ‖ ⁓gerät n (Fernm, Radar) / keyer* n ‖ ⁓geräusch n (Fernm) / key click*, key chirp* ‖ ⁓geschwindigkeit f (Fernm) / keying rate, keying speed ‖ ⁓grad m (das Verhältnis von Impulsdauer zu Impulsperiodendauer) (Eltronik) / duty cycle ‖ ⁓klick m (Fernm) / key click*, key chirp* ‖ ⁓kopf m (eines Oszilloskops) (Eltronik) / probe n ‖ ⁓kopf (Masch) / sensing head ‖ ⁓kufe f (des Mähdreschers) (Landw) / skid n ‖ ⁓polarografie f (Chem) / contact polarography ‖ ⁓rolle f (zur mechanischen Abtastung) (Masch) / follower roll ‖ ⁓schalter m (Eltech) / push-button n, push-button switch ‖ ⁓schnittgerät n (zur Bestimmung der Oberflächenrauheit) (Masch) / stylus instrument ‖ ⁓sensor m (bei Industrierobotern) / touch sensor, tactile sense ‖ ⁓sinn m (Physiol) / tactile sense, sense of touch ‖ ⁓spule f (Eltech) / exploring coil*, search coil*, test coil ‖ ⁓steuerung f / touch control ‖ ⁓stift m (Masch) / follower n ‖ ⁓stift (Masch) / tracer finger, tracer n, tracing pin, tracer point, stylus n (US)

**Tastung** f (Fernm) / keying n ‖ **isochrone** ⁓ (Teleg) / isochronous modulation, isochronous restitution

**Tast • vergleich** m (WP) / comparison by touch ‖ ⁓**verhältnis** n (Kehrwert des Tastgrades) (Eltronik) / pulse duty factor, duty factor ‖ ⁓**verhältnis** (Fernm) / mark/space ratio*, keying interval ‖ ⁓**wahl** f (Fernsp) / push-button dialling, push-button selection, keyboard selection, key pulsing (KP) ‖ ⁓**wahlblock** m (Fernsp) / push-button dialling block ‖ ⁓**welle** f (Fernm) / keying wave ‖ **negative** ⁓**welle** (Fernm) / spacing wave*, back wave* ‖ ⁓**zirkel** m (Masch) / callipers* pl, calliper n, calipers* pl, calliper compasses ‖ ⁓**zirkel** (einseitiger) (Masch) / odd legs* pl, odd-leg calliper (having the points of its length bent in the same direction for measurements on stepped surfaces or similar surfaces) ‖ ⁓**zirkel** (Masch) / hermaphrodite calliper (drawing instrument having one calliper and one divider leg) ‖ ⁓**zirpen** n (Fernm) / key click*, key chirp*

**TATA-Box** f (DNA-Konsensussequenz im Bereich von Promotoren) (Gen) / TATA box

**Tatajubaholz** n (aus Chlorophora tinctoria - ein Farbholz) (For) / old fustic, fustic n

**tätig** adj / active adj, acting adj

**Tätigkeit** f (EDV) / verb n ‖ **erfinderische** ⁓ (bei patentfähigen Erfindungen) / inventive step ‖ ⁓ f **außerhalb des Raumfahrzeugs** (außerhalb des Satelliten) (Raumf) / extravehicular activity*, EVA* ‖ ⁓ **des Eises** (Geol, Umwelt) / ice action*

**Tätigkeits • bericht** m / progress report ‖ ⁓**merkmale** n pl (Erdöl) / job characteristics

**tato** (F.Org) / tonne per day, metric tonne/day

**tatsächlich** adj (z.B. Gehalt, Leistung, Wert) / actual adj (amount, cost, earnings, loss, value, wage) ‖ ⁓ / effective adj (yield, demand) ‖ ⁓ / real adj (not imaginary) ‖ ⁓**e Adresse** (EDV) / real address (contrasted with "virtual address") ‖ ⁓**e Belastung** / actual load ‖ ⁓ **geleistete Arbeit** (F.Org) / work done

**Tatzenlager** n (Masch) / nose bearing ‖ ⁓**motor** m (Eltech) / nose-suspended motor, axle-hung motor (a traction motor)

**Tatzlager** n (Masch) / nose bearing

**Tau** n (Masch) / cable* n, cable-laid rope (with an ordinary lay)*, water-laid rope ‖ ⁓ m (Meteor) / dew* n ‖ ⁓ (Goldpunkt) (Phys) / gold point, gold freezing point, freezing point of gold ‖ ⁓ n (Schiff) / rope n, rode n (US) ‖ **geschlagenes** ⁓ (Schiff) / laid rope ‖ **trossenartig geschlagenes** ⁓ (Schiff) / hawser-laid rope ‖ **weißer** ⁓ (weiß aussehende, gefrorene Tautropfen) (Meteor) / white dew

**taub** adj (Bergb, Geol) / barren adj, dead adj ‖ ⁓**es Gestein** (Bergb) / dead ground*, deads* pl, non-value n, waste rock, dirt* n, muck* n (US), barren rock, colliery spoil ‖ ⁓**es Gestein** (Bergb) s. auch Gangart

**tauben • blau** adj / pigeon-blue adj ‖ ⁓**blutrot** adj (z.B. ein Rubin) / pigeon's blood attr ‖ ⁓**grau** adj / dove-shade attr, dove-colour attr, dove-coloured adj

**Taubodenrutschung** f **über Frostboden** (Geol, HuT) / gelifluxion n, gelifluction n

**Tauch •** - / submerged adj ‖ ⁓**alitieren** v (nur Infinitiv und Partizip Perfekt) (Galv) / hot-dip aluminize, dip-aluminize v, aluminium-dip coat ‖ ⁓**alitieren** n (Galv) / aluminium-dip coating, hot-dip aluminizing, dip aluminizing ‖ ⁓**aluminieren** v (nur Infinitiv und Partizip Perfekt) (Galv) / hot-dip aluminize, dip-aluminize v, aluminium-dip coat ‖ ⁓**aluminieren** n (Galv) / aluminium-dip coating, hot-dip aluminizing, dip aluminizing ‖ ⁓**anzug** m / diving-suit n ‖ ⁓**ätzen** n (in einem Ätzbad) (Masch) / dip etching ‖ ⁓**bad** n (zur Tauchreinigung) / soaking bath ‖ ⁓**bad** (Galv) / dipping* n, dip bath, dipping bath, dip n ‖ ⁓**becken** n (Reinigung, Vorbehandlung, Tauchlackierung) / dipping tank ‖ ⁓**behandlung** f / dip-treatment n, dipping n ‖ ⁓**benetzung** f (z.B. bei der Tauchnetzmethode) / immersion wetting, dip wetting ‖ ⁓**beschichten** n (Eltronik, Plast) / dip coating, dipping mandrel blowing ‖ ⁓**beschichtung** f (Eltronik, Plast) / dip coating, dipping mandrel blowing ‖ ⁓**blasen** n (Plast) / dip blow moulding ‖ ⁓**brenner** m (Wärm) / submerged burner, immersion burner ‖ ⁓**brennsystem** n (mit Tauchbrennkammer) (Wärm) / submerged combustion system ‖ ⁓**desinfektionspräparat** n (Landw) / dip n ‖ ⁓**elektrode** f (Schw) / dipped electrode ‖ ⁓**elektroden-Lichtbogenschmelzofen** m (Hütt) / submerged-arc furnace

**tauchen** v (bei Tauchreinigung) / soak v ‖ ⁓ vt / dip v, submerge vt, immerse v ‖ ⁓ v / dive v, plunge v, duck v ‖ **in kalte Flüssigkeit** ⁓ (um dekorative Glasurrisse zu erzielen) (Keram) / dunk v (to produce decorative crazing in the glaze) ‖ ⁓ n (bei der Tauchreinigung) / soaking n ‖ ⁓ (senkrechtes Schwingen eines Schienenfahrzeugs) (Bahn) / bouncing n ‖ ⁓ (Masch, Plast) / dipping* n ‖ ⁓ (der Papierbahn - Beschichtung, Streichen, Färbung, Imprägnierung - DIN 6730) (Pap) / dipping n ‖ ⁓ (Schiff) / heaving n

**tauchende Säule** (bei Flachschleifmaschinen) (Masch) / plunging pillar

**Taucher** m / skin-diver n ‖ **Cartesischer** ⁓ (oft in Form eines Teufelchens) / Cartesian diver ‖ ⁓**glocke** f (wiedergewinnbarer Senkkasten) (HuT) / diving-bell* n ‖ ⁓**krankheit** f (eine Luftdruckkrankheit) / divers' paralysis*, divers' palsy*, decompression sickness

**tauch • fähig** adj / submersible adj ‖ ⁓**falte** f (Geol) / plunging fold*, pitching fault ‖ ⁓**färbung** f (Pap) / tub colouring ‖ ⁓**färbung** (Tex) / dip dyeing ‖ ⁓**formung** f (Gieß) / dip-forming n ‖ ⁓**formverfahren** n (zur kontinuierlichen Herstellung von Draht) (Hütt) / dip-forming n ‖ ⁓**fräsen** (zur Herstellung von unten her Scheibenfedern) (Masch) / plunge-cut milling*, plunge milling, plunge cutting ‖ ⁓**gefrierverfahren** n / dip freezing, immersion freezing ‖ ⁓**gerät** n / diving gear ‖ ⁓**gewicht** n (Gewicht der nach dem Trocknen am Scherben haftender Glasur pro Maßflächeneinheit) (Keram) / dipping weight (of a coating retained on dipped ware per unit of area, reported either as wet or dry weight, the dry weight being the more accurate) ‖ ⁓**grund** m (Anstr) / dip primer ‖ ⁓**grundierung** f (Material) (Anstr) / dip primer ‖ ⁓**grundmittel** n (Anstr) / dip primer ‖ ⁓**härten** n (thermisches Randschichthärten nach DIN 17014) (Hütt) / immersion hardening ‖ ⁓**kernrelais** n (Eltech) / plunger relay ‖ ⁓**kernspule** f (Eltech) / sucking coil

**Tauchkolben** m (in Arbeitsmaschinen) (Masch) / plunger* n ‖ ⁓ (in Verbrennungsmotoren) (V-Mot) / trunk piston* ‖ ⁓**motor** m (DIN 1940) (V-Mot) / trunk-piston engine ‖ ⁓**pumpe** f (Masch) / plunger pump ‖ ⁓**verdichter** m (Masch) / trunk-piston compressor

**Tauch • kontaktrelais** n (Eltech) / dipper relay ‖ ⁓**körper** m (in der Abwasserreinigung) (Sanitär, Umwelt) / contact aerator, submerged contact aerator ‖ ⁓**lack** m (der durch Tauchen appliziert wird) (Anstr) / dipping paint, dip paint ‖ ⁓**lackieren** n (Anstr) / dipping* n, dip-painting n, dip-coating n ‖ ⁓**lackierung** f (Anstr) / dipping* n, dip-painting n, dip-coating n ‖ ⁓**lackierung von Teilen, die sich im Tauchbecken drehen** (Anstr) / rotation dip, roto-dip n ‖ ⁓**lösung** f / dip solution n ‖ ⁓**löten** n (Hütt) / dip soldering* ‖ ⁓**löten** (Hütt) / dip brazing ‖ ⁓**mantelelektrode** f (Schw) / dipped electrode ‖ ⁓**methode** f **mit Drehung** (Prüfung der Beschichtungen auf Leiterplatten) (Eltronik) / rotary dip method ‖ ⁓**motor** m (Eltech) / submersible motor ‖ ⁓**netzmethode** f (standardisierte Methode zur Ermittlung des Netzvermögens von Tensiden) (Chem) / dip-wetting method ‖ ⁓**netzvermögen** n (DIN 53901) (Tex) / dip-wetting ability, impregnating power ‖ ⁓**patentieren** n (DIN 17014, T 1) (Galv, Hütt) / dip patenting ‖ ⁓**phosphatieren** n (Galv) / immersion phosphating, phosphate dip ‖ ⁓**probe** f (Galv) / immersion test ‖ ⁓**prüfung** f / immersion test ‖ ⁓**pumpe** f (Masch) / submersible pump ‖ **elektrische** ⁓**pumpe** (Masch) / electric submersible pump, ESP ‖ ⁓**reinigung** f / soak cleaning n ‖ ⁓**rohr** n / dip pipe ‖ ⁓**schaben** n (mit radialer Zustellung von Schab- gegen Werkrad) (Masch) / plunge shaving, radial feed shaving ‖ ⁓**schleuderverfahren** n (ein organisches Beschichtungsverfahren) / dip-spin coating ‖ ⁓**schleuse** f (die aus einem vom Unter- bis in das Oberwasser reichenden Wasserbehälter besteht, in dem sich ein dicht abgeschlossener zylinderförmiger Trog auf- und abbewegt, der das Schiff aufnimmt) (Schiff, Wasserb) / diving lock ‖ ⁓**schmierung** f (DIN 6267) (Kfz) / oil-sump lubrication ‖ ⁓**schmierung** (Verfahren, bei dem die Reibflächen partiell, ständig oder periodisch in einem flüssigen Schmierstoff eintauchen) (Masch) / dip-feed lubrication ‖ ⁓**schwingen** n (Schiff) / heaving n ‖ ⁓**sieder** m (Eltech) / immersion heater* ‖ ⁓**sonar** n (Akus) / dipping sonar, dunking sonar ‖ ⁓**sonargerät** n (Akus) / dipping sonar, dunking sonar ‖ ⁓**spule** f (des Lautsprechers, des Mikrofons) (Akus) / voice coil*, speech coil (GB), moving coil ‖ ⁓**spullautsprecher** m (Akus) / electrodynamic loudspeaker*, dynamic loudspeaker*, moving-coil loudspeaker*, moving-conductor loudspeaker* ‖ ⁓**spulmikrofon** n (Akus) / electrodynamic microphone*, moving-coil microphone*, moving-conductor microphone*, dynamic microphone ‖ ⁓**stampfen** n (eines Wasserluftfahrzeugs) (Lufft) / porpoising* n ‖ ⁓**strahlbelüfter** m (in der Abwasserbehandlung) (Sanitär) / plunging-jet aerator ‖ ⁓**streichverfahren** n (DIN 6730) (Pap) / dip

**Tauchteiler**

coating ‖ ~**teiler** *m* (Fernm) / flap attenuator* ‖ ~**test** *m* / immersion test ‖ ~**tiefe** *f* (Masch) / submergence *n* ‖ ~**topf** *m* (Schwimmergehäuse beim Durchflußregler) / float chamber ‖ ~**topf** (Sanitär) / bottle trap ‖ ~**tropfkörper** *m* (Sanitär) / rotating biological contactor, rotating biological surface ‖ ~**veraluminieren** *v* (nur Infinitiv und Partizip Perfekt) (Galv) / hot-dip aluminize, dip-aluminize, aluminium-dip coat ‖ ~**verbrennung** *f* (Wärm) / submerged combustion ‖ ~**verfahren** *n* (ein Holzschutzverfahren) (For) / steeping *n* ‖ ~**verfahren** (Galv) / dipping method ‖ **im** ~**verfahren abgeschiedenes Nickel** (Galv) / displacement nickel ‖ **(stromlos) im** ~**verfahren erzeugte Schicht** (Galv) / immersion plate ‖ ~**verflüssiger** *m* (für Kältemitteldampf) (Masch) / submerged-coil condenser ‖ ~**vernickeln** *n* (Galv) / nickel dipping, nickel flashing, nickel pickling ‖ ~**versuch** *m* / immersion test ‖ ~**verzinnen** *n* (Galv) / hot-dip tinning ‖ ~**vorbehandlung** *f* (Galv) / dip pretreatment ‖ ~**walze** *f* (Anstr) / pick-up roll, fountain roll(er) ‖ ~**walze** (Druck) / dip roller, dipping roller ‖ ~**wand** *f* (von oben her in eine Gerinneströmung eintauchende, unterströmte Wand, die vom Wasser mitgeführtes Treibgut zurückhält) (Wasserb) / scum board, trash board

**tauen** *v* (ein Schiff) (Schiff) / tow *v* ‖ ~ (Wärm) / thaw *vt* ‖ ~ *n* (Wärm) / thawing* *n* ‖ ~**papier** *n* (holzfreies oder leicht holzhaltiges, scharf satiniertes Packpapier, im allgemeinen aus Sulfitzellstoff, meist getönt, teilweise auch gemustert) (Pap) / sulphite wrapping, rope paper, hemp paper, jute paper ‖ ~**papier aus Jutefasern** (Pap) / jute (bag) paper

**tau•feucht** *adj* / dewy *adj* ‖ ~**fliege** *f* (Gen, Nahr, Zool) / vinegar fly, fruit fly ‖ ~**fries** *m* (ein Ornament) (Arch) / rudenture* *n* ‖ ~**garn** *f* (Spinn) / rope-yarn *n* ‖ ~**mehrfacher** ~**-Gefrier-Prozeß** (Geol) / multigelation *n*
**tauglich** *adj* / fit for purpose
**Tauglichkeit** *f* (zu) / capability *n* (for)
**Tau•kappe** *f* (Astr, Opt) / dew cap ‖ ~**kurve** *f* (Phys) / dew-point curve ‖ ~**kurve** (Phys) s. auch Siedekurve
**Taumel•fehler** *m* (Rund- und Stirnlaufabweichung) (Masch) / wobble *n* ‖ **mit** ~**fehler** (Masch) / drunken *adj* ‖ ~**gerät** *n* (Nahr) / tumbler *n* ‖ ~**kolbenpumpe** *f* (ventillose Dosierpumpe zur Förderung aller Medien) (Masch) / tumble-plunger pump ‖ ~**kreissägeblatt** *n* (Zimm) / drunken blade, wobble blade
**taumeln** *v* / stagger *v* ‖ ~ (EDV, Masch, Raumf) / tumble *v* ‖ ~ *n* / staggering *n* ‖ ~ (grafische Datenverarbeitung) (EDV) / tumbling *n* ‖ ~ (der Räder) (Kfz) / wobble *n* ‖ ~ (Raumf) / tumbling *n*
**Taumel•presse** *f* (Fließpresse, die für das Oberwerkzeug einen mechanischen Antrieb besitzt, der eine Pendelkreisbewegung um eine vertikale Achse erteilt, welche ein Formen der Teile durch Querfließpressen ermöglicht, wobei die Umformkraft von einem hydraulisch betätigten Kolben aufgebracht wird, der das Unterwerkzeug nach oben gegen das Oberwerkzeug drückt) (Masch) / wobble press ‖ ~**(kreis)säge** *f* (Zimm) / drunken saw*, wobble saw* ‖ ~**scheibe** *f* (runde Scheibe, deren Ebene schräg zu ihrer Drehachse steht) (Masch) / swash plate*, wobbling disk, wobble plate*
**Taumelscheiben•antrieb** *m* (Radar) / nutating feed* ‖ ~**maschine** *f* (Antriebswelle und Trommel gleichachsig, Trommel feststehend, Antrieb der Stützscheibe) (Masch) / swash-plate pump ‖ ~**motor** *m* (Masch) / wobble-plate engine* ‖ ~**pumpe** *f* (Masch) / swash-plate pump ‖ ~**zähler** *m* / nutating-disk meter
**Taumel•siebmaschine** *f* / tumbler sieving machine, tumbler screening machine ‖ ~**zentrifuge** *f* (bei der der Siebkorb eine oszillierende Taumelbewegung erfährt) (Masch) / tumble centrifuge
**Tau•messer** *m* (Meteor) / drosometer* ‖ ~**naß** *adj* / dewy *adj*
**Tau-Neutrino** *n* (Kernphys) / tau neutrino
**Taungya-System** *n* (des Waldfeldbaus in den Tropen) (Landw, Umwelt) / taungya* *n*
**Tauon** *n* (Kernphys) / tau particle (the most massive lepton), tauon* *n*
**taupe** *adj* (Tex) / taupe *adj*, mole-grey *adj*
**Taupunkt** *m* (DIN 4108) (Meteor, Phys) / dew-point* *n*, dew-point temperature ‖ ~**differenz** *f* (Differenz zwischen Lufttemperatur und Taupunkt) (Lufft, Meteor) / dew-point spread ‖ ~**fühler** *m* (Meßeinrichtung für den Wasserdampfgehalt der Luft) (Meteor) / dew-point sensor ‖ ~**hygrometer** *n* (Meteor) / dew-point hygrometer*, dew-cell hygrometer, condensation hygrometer ‖ ~**korrosion** *f* (die bei Taupunktunterschreitung zur Kondensation von Wasser oder Säure führt - z.B. bei Blechschornsteinen) (Galv) / dew-point corrosion ‖ ~**spiegel** *m* (Meteor) / dew-point hygrometer*, dew-cell hygrometer, condensation hygrometer ‖ ~**temperatur** *f* (Meteor, Phys) / dew-point* *n*, dew-point temperature
**Taurigor** *m* (eine rasche Muskelkontraktion bei sehr rasch eingefrorenem schlachtfrischem Fleisch) (Nahr) / thaw rigor
**Taurin** *n* (Biochem, Nahr, Pharm) / taurine *n*
**Taurocholsäure** *f* (eine zu den Steroiden gehörende Gallensäure) (Biochem, Physiol) / taurocholic acid, cholaic acid, cholyltaurine *n*

**Tau•röste** *f* (Tex) / dew retting ‖ ~**röstewerg** *n* (Tex) / dew-retted tow ‖ ~**rotte** *f* (Tex) / dew retting ‖ ~**salz** *n* (z.B. vergälltes Steinsalz) (HuT) / de-icing salt, thawing salt, road salt, highway salt, ice-control salt
**Tauschgas** *n* / substitute natural gas, synthetic natural gas, SNG
**Tauschierung** *f* (Verzierung der Oberfläche von unedlen Metallgegenständen durch Einlagen andersfarbiger Drähte aus meist edlem Metall) / damaskeen *n*, damascening *n*
**Tauschlägerei** *f* / rope making, rope manufacture, rope-laying *n*
**Täuschung, elektronische** ~ (Mil) / electronic deception ‖ **Heringsche** ~ (optische Täuschung, bei der zwei Parallelen durch ein Strahlengitter konkav gekrümmt erscheinen - nach E. Hering, 1834 - 1918) (Opt) / Hering's illusion ‖ **Müller-Lyer-**~ (Opt) / Müller-Lyer illusion ‖ **okulogyrale** ~ (Raumf) / oculogyral illusion ‖ **optische** ~ (Opt) / optical illusion, geometrical illusion ‖ **Poggendorffsche** ~ (Opt) / Poggendorff illusion ‖ **Ponzosche** ~ (Opt) / Ponzo illusion ‖ **Zöllnersche** ~ (optische Täuschung, bei der die Parallelgeraden zusammenlaufen - nach K.F. Zöllner, 1834-1882) (Opt) / Zöllner's lines, Zöllner illusion
**Täuschungssignal** *n* (Fernm) / deception signal
**Tauschutzkappe** *f* (Astr, Opt) / dew cap
**Täuschziel** *n* (ein Köderflugkörper) (Mil) / decoy *n*
**Tausender•preis** *m* (Werbekosten pro 1000 Zielgruppeneinheiten, die ein Werbemittel oder -träger erreicht) / cost per thousand ‖ ~**stelle** *f* (Math) / thousands place
**Tausend•kornmasse** *f* (Brau, Landw) / thousand-corn weight ‖ ~**punktkarte** *f* (Punktstreuungskarte, die in der Gesamtmenge des dargestellten Gegenstandes durch eintausend Mengenpunkte ausgedrückt wird) (Kart) / mille map
**Tausendstelmasseeinheit** *f* (Kernphys) / millimass unit*, mmu, mu*, mamu*
**Tau•stab** *m* (Arch) / cable moulding, cable ‖ ~**stropp** *m* (Schiff) / rope sling ‖ ~**teilchen** *n* (Kernphys) / tau particle (the most massive lepton), tauon* *n*
**tauten** *v* (spannen) / stretch *v*
**Tauto•chrone** *f* (Kurve konstanter Fallzeit vom tiefsten Punkt, unabhängig vom Ausgangspunkt) (Math) / tautochrone *n* ‖ ~**logie** *f* (aussagenlogische Identität) / tautology *n* ‖ ~**mer** *adj* (Chem) / tautomeric *adj* ‖ ~**merie** *f* (Chem) / tautomerism* *n*, dynamic isomerism* ‖ ~**meriegleichgewicht** *n* (Chem) / tautomeric equilibrium ‖ ~**merisieren** *v* (Chem) / tautomerize *v* ‖ ~**merisierung** *f* (Chem) / tautomerization *n* ‖ ~**zonal** *adj* (Fläche) (Krist) / tautozonal *adj*
**Tau•wasser** *n* / condensed water, condensed moisture, sweat *n*, condensation water ‖ ~**werk** *n* (im allgemeinen) / cordage *n* ‖ ~**werk** (Schiff) / cordage *n* ‖ ~**werkkonservieren** *n* (Schiff) / rope preservation ‖ ~**wetter** *n* (Meteor) / thaw *n*, thaw weather
**Tavoulistärke** *f* (Nahr) / otaheite arrowroot, Indian arrowroot
**Tawaholz** *n* (aus Beilschmiedia tawa) (For) / tawa* *n*
**Taxameter** *m n* (Fahrpreisanzeiger) (Kfz) / taximeter *n*
**Taxan** *n* (Pharm) / taxane *n*
**Taxator** *m* (For) / cruiser *n*, timber cruiser
**Taxie** *f* (von freibeweglichen pflanzlichen oder tierischen Organismen - z.B. Chemo- oder Fototaxis) (Biol) / taxis* *n*, tactic movement*
**Taxifolin** *n* (ein Flavonoid) (Chem, For) / taxifolin *n*
**Taxin** *n* (in Nadeln, Zweigen und im Holz der Eibe vorkommendes Alkaloid) (Pharm) / taxine *n*
**Taxis** *f* (pl. Taxen) (Biol) / taxis* *n*, tactic movement*
**Taxiway** *f m* (Luftf) / taxi track (not necessarily paved)*, taxiway *n* (paved), TWY, twy
**Taxoid** *n* (durch Sauerstoff funktionalisiertes Taxan) (Chem) / taxoid *n*
**Taxol** *n* (Pharm) / taxol *n*
**Taxon** *n* (pl. Taxa) (Gruppe von Lebewesen, die als Einheit der Systematik dient) (Biol) / taxon* *n* (pl. taxa)
**Taxonomie** *f* (Biol) / taxonomy* *n* ‖ **numerische** ~ (Biol) / numerical taxonomy*
**taxonomisch** *adj* (Biol) / taxonomic *adj* ‖ ~**e Einheit** (Biol) / taxonomic unit
**Taxusalkaloide** *n pl* (Bezeichnung für Taxol- und Taxanderivate, die Stickstoffatome enthalten) (Pharm) / taxus alkaloids
**Taylor•-Bug** *m* (Schiff) / bulbous bow ‖ ~**-Diffusion** *f* (die bei der Bewegung einer in einem Flüssigkeitsstrom eingebrachten Substanzprobe in einer Kapillare eintretende Ausbreitung dieser Probe in axialer Richtung) (Phys) / Taylor diffusion ‖ ~**-Faktor** *m* (in der Theorie der Plastizität von Vielkristallen) (Krist) / Taylor factor
**Taylorismus** *m* (nach F.W. Taylor, 1856 - 1915) (F.Org) / taylorism *n*, Taylor system
**Taylor•-Langmuir-Effekt** *m* (die Ionisation von Atomen beim Aufprall auf glühende Metalloberflächen) (Phys) / Taylor-Langmuir effect ‖ ~**-Satz** *m* (nach B. Taylor, 1685-1731) (Math) / Taylor's theorem ‖ ~**-Säule** *f* (eine relativ stabile Flüssigkeitssäule, die sich in einer rotierenden Flüssigkeit über einem Hindernis bildet) (Phys) / Taylor effect

**Taylorsch • er Grundsatz** (Gestaltung und Anwendung von Lehren zur Prüfung von Paßteilen nach DIN 2257, T 1) (Masch) / Taylor principle ‖ **⁓e Reihe** (Math) / Taylor's series*, Taylor series ‖ **⁓er Satz** (Math) / Taylor's theorem ‖ **⁓es Triplett** (Opt) / Cooke triplet, Cooke objective
**Taylor • -System** $n$ (F.Org) / taylorism $n$, Taylor system ‖ **⁓-Wulst** $m$ (Schiff) / bow bulb
**TAZ-Unterdrücker-Diode** $f$ (Eltronik) / transient absorption Zener diode, TAZ diode
**Tb** (Chem) / terbium* $n$
**TB** (EDV) / terabyte $n$, TB, Tb
**TBA** (Chem) / 2-thiobarbituric acid
**T-Belag** $m$ (Opt) / antireflection coating, blooming* $n$, bloom $n$, blooming coat
**TBG** (Eltech) / turbogenerator* $n$, turbo-alternator $n$, turbine generator, turbine-driven generator, inductor alternator
**T-Bone-Anode** $f$ (besonders geeignet für Elektrolyte, die mit Lufteinblasung betrieben werden) (Galv) / T-bone anode
**TBP** (Chem) / tributyl phosphate (TBP)
**TBPA** (Chem, Tex) / tetrabromophthalic anhydride
**TBT** (Chem) / tetrabutyltitanate, TBT
**TBTO** (Chem) / tributyltin oxide, TBTO
**Tc** (Chem) / technetium* $n$
**TCA** (die stärkste der Chloressigsäuren) (Chem) / trichloroacetic acid* (TCA), trichloroethanoic acid*
**TCB** (Hütt) / thermochemical treatment
**TCC-Verfahren** $n$ (Erdöl) / Thermofor catalytic cracking
**TCD-Alkohol** $m$ (ein Löse- und Extraktionsmittel) (Anstr, Chem) / TCD alcohol
**TCDD** (Chem) / 2,3,7,8-tetrachlorodibenzo-p-dioxin $n$
**TCNE** (Chem) / tetracyanoethylene* (TCNE) $n$
**TCP** (ein Weichmacher) (Chem, Kfz, Plast) / tricresyl phosphate (TCP) ‖ **⁓** (Erdöl) / Thermofor continuous percolation, TCP ‖ **⁓** (Schw) / tool-centre point (TCP) ‖ **⁓-Harz** $n$ (Chem) / tetrachlorophthalate resin
**TCP/IP** $n$ (vom US Department of Defense definierte Protokolle für Verbindungen und Datenaustausch in heterogenen Rechnernetzen) (EDV) / Transmission Control Protocol/Internet Protocol, TCP/IP
**Tct** (Pharm) / tincture $n$
**TD** (Chem, Phys) / thermal desorption ‖ **⁓** (Kernphys) / theoretical density ‖ **⁓** (Pharm) / daily intake, daily dose ‖ **⁓** (Radiol) / depth dose
**T-Dämpfungsglied** $n$ (Eltech) / T-attenuator* $n$, T-pad $n$
**TDCB-Probe** $f$ (WP) / tapered double-cantilever beam specimen, TDCB specimen
**TDF-Faktor** $m$ (Radiol) / time, dose and fractionation factor
**TDI** (Chem) / toluene diisocyanate* (TDI), tolylene diisocyanate, toluylene diisocyanate ‖ **⁓** (TDI-65, TDI-80, TDI-100) (Chem) / toluene diisocyanate* (TDI), tolylene diisocyanate, toluylene diisocyanate
**TDM** (Fernm, Fernsp) / time-division multiplex*, TDM
**t-d-Prozeß** $m$ (eine Art Kernfusion, bei der beschleunigte Atomkerne des allerschweren Wasserstoffs, die Tritonen, mit Deuteriumatomen, den Atomen des schweren Wasserstoffs, wechselwirken) (Nukl) / t-d process, t-d reaction
**t-d-Reaktion** $f$ (Nukl) / t-d process, t-d reaction
**TDR-Satellit** $m$ (1982 zum ersten Mal von der NASA in die Umlaufbahn gebracht) (Raumf) / tracking and data relay satellite* (system) (TDRS(S))
**TDR-Verfahren** $n$ (Meßverfahren, das die Grundlage für Kabeltester bildet) (Kab) / time-domain reflectometry, TDR
**Te** (Chem) / tellurium* $n$
**TEA** (Chem) / triethylamine $n$ ‖ **⁓** (ein Aminoalkohol) (Chem, Tex) / triethanolamine* $n$
**TEAC** (Chem) / tetraethylammonium chloride, TEA chloride, TEAC
**Teach-Box** $f$ (tragbares Bedienungsgerät für die Vor-Ort-Programmierung) (EDV) / teach box
**Teach-in • -Programmierung** $f$ (eine Möglichkeit der Roboterprogrammierung) (EDV) / teach-in programming ‖ **⁓-Roboter** $m$ / playback machine ‖ **⁓-Tableau** $n$ (pl. -s) (bewegliches tragbares Handgerät für die Programmierung von Industrierobotern) (Masch) / teach pendant, teach box, teach gun ‖ **⁓-Verfahren** $n$ (bei Schweißrobotern) (Schw) / teach-in process
**Teachware** $f$ (Unterrichts-, Lernprogramme) (EDV) / teachware $n$, courseware $n$, educational software, training software
**Teak** $n$ (For) / teakwood $n$, teak* $n$ ‖ **⁓baum** $m$ (Tectona grandis L.) (For) / teak $n$ ‖ **⁓holz** $n$ (For) / teakwood $n$, teak* $n$
**TEA-Laser** (Gaslaser, bei dem die Gasentladung quer zur Laserachse angeregt wird) (Phys) / transverse-excited atmosphere laser, TEA laser, transversally excited laser
**Teamlicht** $n$ (Grundlicht für die aktuelle Berichterstattung) (TV) / team light

**Tearing-Instabilität** $f$ (eine resistive Plasmainstabilität) (Plasma Phys) / tearing instability
**Teaser** $m$ (Neugier weckendes Werbeelement) / teaser $n$
**Tebbe-Grubbs-Reagens** $n$ (Chem) / Tebbe-Grubbs reagent
**Technetium (Tc)** $n$ (Chem) / technetium* $n$ ‖ **⁓(VII)-säure** $f$ (Chem) / pertechnetic acid
**Technicolor** $n$ (ein älteres Kinofarbfilmverfahren) (Film) / Technicolor* $n$ ‖ **⁓** $f$ (Kernphys) / technicolour $n$, technicolor $n$
**Technicolour** $f$ (Kernphys) / technicolour $n$, technicolor $n$ ‖ **supersymmetrische ⁓** (Kernphys) / supersymmetric technicolour, supercolour $n$ ‖ **⁓-Wechselwirkung** $f$ (Kernphys) / technicolour interaction
**Technifarbe** $f$ (Kernphys) / technicolour $n$, technicolor $n$
**Technihadron** $n$ (Kernphys) / technihadron $n$
**Technik** $f$ (als praktisches Verfahren) / technique $n$, procedure $n$, process $n$, technic $n$ ‖ **⁓** (als Theorie) / technology* $n$, technics $pl$ ‖ **⁓** (als Verbindung von Theorie und Praxis) / engineering $n$ ‖ **⁓** (z.B. Stanzereitechnik) (Masch) / practice $n$ ‖ **beste verfügbare ⁓ die wirtschaftlich erreichbar ist** (das Kriterium ist Kostenminimum) / best available technology economically achievable, B.A.T.E.A. ‖ **allgemein anerkannte Regeln der ⁓** / generally accepted technical conventions ‖ **beste verfügbare ⁓** / best available technology, B.A.T. ‖ **gaschromatografische ⁓** (Chem) / GC technique ‖ **heutiger Stand der ⁓** / present state of the art ‖ **hochentwickelte ⁓** / high technology, high-tech $n$, hi-tech $n$, top-of-the-line technology ‖ **intelligente ⁓** (Eltronik) / smart technology ‖ **mittlere ⁓** (keine Spitzentechnik, kein Handwerk) / intermediate technology ‖ **optische ⁓** (Opt) / optical engineering ‖ **saubere ⁓** (umweltfreundliche) (Umwelt) / clean technology ‖ **umweltschonende ⁓** (Umwelt) / environmental technology ‖ **⁓** $f$ **der integrierten Schaltkreise** (Eltronik) / solid-logic technology, SLT, integrated electronics ‖ **⁓ der synthetischen Apertur** (WP) / synthetic-aperture focussing technique, SAFT ‖ **⁓ für die Sprachindustrie** (EDV) / language technology
**Technikbewertung** $f$ (Umwelt) / technology assessment, TA
**Techniker** $m$ / engineer* $n$ ‖ **⁓** (Berufsschule + Technikerschule oder Fachschule) / technician $n$ (full or lower secondary education)
**Technik • folgenabschätzung** $f$ (Umwelt) / technology assessment, TA ‖ **⁓folgenbewertung** $f$ (eines Projekts) (Umwelt) / technology assessment, TA
**Technikum** $n$ (Pilotplant) (Chem Verf, Masch) / pilot plant* ‖ **⁓versuch** $m$ / semicommercial scale test
**Technipion** $n$ (Kernphys) / technipion $n$
**Techniquark** $n$ (Kernphys) / techniquark $n$
**technisch** adj / technical adj, technological adj, technologic adj ‖ **⁓** (Reinheitsgrad der Chemikalien) (Chem) / technical-grade attr (any of a number of purity standards for chemicals and chemical products) ‖ **aus ⁓en Gründen** / for technical reasons ‖ **⁓e Akustik** (Akus) / engineering acoustics ‖ **⁓er Alkohol** (Chem Verf) / industrial alcohol ‖ **⁓es Aluminiumsulfat** (mit $Fe^{II}$ und $Fe^{III}$) (Chem Verf) / aluminoferric $n$ ‖ **⁓es Aluminiumsulfat** (Hydrat) (handelsübliches) (Pap) / alum $n$, acid alum ‖ **⁓es Anilin** (mit etwa 99% Reinheit) (Chem) / aniline oil* (commercial grade of aniline) ‖ **⁓e Anleitung** / technical instruction ‖ **⁓e Anwendbarkeit** / practicability $n$ ‖ **⁓e Besonderheit** / technicality $n$ ‖ **⁓e Biologie** (Biol) / industrial biology, technical biology ‖ **⁓e Chemie** (Chem Verf) / technical chemistry ‖ **⁓e Daten** / specifications $pl$ ‖ **⁓e Datenbank** (EDV) / engineering database ‖ **⁓er Diamant** / industrial diamond* ‖ **⁓e Einzelheit** / technicality $n$ ‖ **⁓e Elastizitätsgrenze** (Masch, WP) / practical elastic limit ‖ **⁓e Energetik** / energy (-producing) technology ‖ **⁓er Fachausdruck** / technical term, technicality $n$ ‖ **⁓e Faulgrenze** (technischer Abbaugrad bei Faulung nach DIN 4045) (Sanitär) / technical digestion limit ‖ **⁓er Fehler** (Masch) / trouble $n$ ‖ **⁓e Funkstörung** (alle Störungen, die von Geräten/Maschinen ausgehen) (Radio) / man-made noise ‖ **⁓es Gas** (Chem Verf) / industrial gas ‖ **⁓es Gas** (künstlich hergestelltes) (Chem Verf) / manufactured gas ‖ **⁓es Geschoß** (Bau) / mechanical floor ‖ **⁓es Gewebe** (Tex) / industrial fabric ‖ **⁓es Harz** (Grundstoff für Anstriche, Lacke, Klebstoffe, Bindemittel usw.) (Plast) / engineering plastic (e.g. nylon, acetal resins, polycarbonate resins, ABS resins) ‖ **⁓er Hilfsstoff** (Masch) / processing aid ‖ **⁓er Hilfsstoff** (Nahr) / technical aid ‖ **⁓e Keramik** (für Anwendungen in technischen Bereichen) (Keram) / engineering ceramics ‖ **⁓e Konstruktion optische Systeme** (Opt) / optical engineering ‖ **⁓e Kulturen** (Landw) / non-food agriculturals ‖ **⁓er Kundendienst** (als Servicedienst) / customer field service, field engineering service ‖ **⁓er Kunststoff** (Grundstoff für Anstriche, Lacke, Klebstoffe, Bindemittel usw.) (Plast) / engineering plastic (e.g. nylon, acetal resins, polycarbonate resins, ABS resins) ‖ **⁓es Leder** (meistens für die Textilindustrie) (Leder) / mechanical leather ‖ **⁓e Lieferbedingungen** (Masch) / specifications $pl$, specs ‖ **⁓es Lösemittel** (Chem) / technical-grade solvent ‖ **⁓es Lösungsmittel** (Chem) / technical-grade solvent ‖ **⁓es**

**technisch**

(industrielles) **Lösungsmittel** (Chem) / commercial solvent (of an average or inferior quality) ‖ **~e Mechanik** (Mech) / engineering mechanics ‖ **~es Meßwesen** / engineering metrology ‖ **~es Natriumsulfat** (Chem) / salt cake ‖ **~e Notation** (Exponentialdarstellung, bei der der Exponent gleich oder kleiner ein Vielfaches von +* 3 ist) / engineering units ‖ **~e Oberfläche** / engineering surface ‖ **~es Öl** / industrial oil ‖ **~e Ölsäure (70 %)** (Chem) / red oil (with different commercial grades) ‖ **~er Polyvinylester** (als Werkstoff) (Plast, WP) / compar ‖ **~er Raster** (Druck) / mechanical $n$ ‖ **~ reines Eisen** (Hütt) / ingot iron* ‖ **~er Sauerstoff** (bis 99,8% $O_2$) (Hütt) / tonnage oxygen ‖ **~es (Schafs)Leder für Balgenherstellung** (bei Gaszählern) (Leder) / meter leather ‖ **~e Sicherheitseinrichtung** / guard* $n$, safeguard $n$, mechanical guard ‖ **~e Spannungs-Dehnungs-Kurve** (WP) / engineering stress-strain curve ‖ **~er Spinnwert** (Spinn) / spinning performance, spinnability $n$ ‖ **~er Terminus** / technical term, technicality $n$ ‖ **~e Textilien** (Tex) / industrial textiles ‖ **~e thermische Holztrocknung** (For) / oven seasoning, oven drying, kiln drying, kiln seasoning ‖ **~e Thermodynamik** (Phys) / engineering thermodynamics ‖ **~e Umwelt** (Umwelt) / technosphere $n$ ‖ **~er Umweltschutz** (als Ingenieurdisziplin) (Umwelt) / environmental engineering ‖ **~er Umweltschutz** (als konkrete Maßnahmen) (Umwelt) / environmental technology ‖ **~e Unterstützung** / technical support ‖ **~e Verchromung** (Hütt) / hard plating*, hard chrome plating, hard chromium plating ‖ **~es Weißleder** (alaungegerbtes Rindleder, vor allem zur Herstellung von Schnüren aller Art für technische Zwecke) (Leder) / white hide leather, white lace leather ‖ **~ weiterentwickelt** / follow-on *attr* ‖ **~es Windhindernis** (Landw) / shelter-belt $n$, windbreak $n$ ‖ **~es Zeichnen** / engineering drawing, technical drawing, mechanical drawing ‖ **~e Zwischenlandung** (Luftf) / operational stop

**Technische** (das) / technicality $n$
**technisch-wissenschaftliche Datenverarbeitung** (z.B. Forschung, Energieversorgung, mathematische Modelle usw.) (EDV) / scientific data processing
**Technisierung** $f$ / technicization $n$, technicalization $n$
**Technokratie** $f$ (Vorherrschaft der Technik/er/ über Politik und Wirtschaft) / technocracy $n$
**Technokunststoff** $m$ (Grundstoff für Anstriche, Lacke, Klebstoffe, Bindemittel usw.) (Plast) / engineering plastic (e.g. nylon, acetal resins, polycarbonate resins, ABS resins)
**Technologe** $m$ / process planning engineer, methods engineer
**Technologie** $f$ / technology* $n$, process technology ‖ **chemische ~** (Chem Verf) / technical chemistry ‖ **grafische ~** (Druck) / printing technology, printing* $n$ ‖ **mechanische ~** (ursprünglich als Gegensatz zur chemischen Technologie) (Hütt, Masch) / mechanical (process) technology ‖ **mechanische ~ im Hüttenwesen** (Hütt) / mechanical metallurgy
**Technologie•bewertung** $f$ (Umwelt) / technology assessment, TA ‖ **~park** $m$ / science park ‖ **~transfer** $m$ (in die Praxis, in die Entwicklungsländer) / technology transfer, transfer of technology ‖ **~zentrum** $n$ / science park
**technologisch** *adj* / technological *adj* ‖ **~e Fertigungsvorbereitung** (F.Org) / work scheduling ‖ **~es Fließschema** (F.Org) / engineering flow sheet ‖ **~e Lücke** (zwischen verschiedenen Ländern bzw. Ländergruppen) / technological gap
**Tecke** $f$ (Melophagus ovinus) (Landw, Zool) / ked $n$ (sheep ked)
**Teclubrenner** $m$ (nach dem österreichischen Chemiker N. Teclu, 1839-1916) (Chem) / Teclu burner
**Tecnazen** $n$ (ein Fungizid) (Chem) / tecnazene $n$, TCNB
**Tecnetron** $n$ (Feldeffekt-Unipolar-Transistor aus einem zylindrischen Halbleiterstück) (Eltronik) / tecnetron $n$
**Tecomin** $n$ (Chem) / lapachol $n$
**Teddy** $m$ (leichter flauschiger Plüsch für warme Kinder- und Damenmäntel) (Tex) / teddy-bear cloth
**Teddy-Futter** $n$ (Tex) / pile lining
**Tee•baumöl** $n$ (das etherische Öl des australischen Teebaums) / melaleuca oil (a medicinal oil) ‖ **~beutelpapier** $n$ (Pap) / tea bag paper ‖ **~butter** $f$ (A) (Nahr) / best butter (legally defined first-grade proprietary article) ‖ **~gerbstoff** $m$ (Nahr) / tea tannin ‖ **~kannenpfanne** $f$ (Gieß) / teapot ladle ‖ **~löffel(voll)** $m$ (bei Flüssigkeiten etwa 5 ml) (Pharm) / teaspoonful $n$ (pl. teaspoonfuls), tsp., tspn.
**Teepol** $n$ (Warenzeichen von Shell für grenzflächenaktive sekundäre Alkylsulfate) (Chem) / Teepol* $n$
**Teer** $m$ / tar* $n$ ‖ **Gemisch aus ~ und Bitumen** (z.B. Teerbitumen oder Teerpech) (HuT) / blacktop $n$ ‖ **nach ~ riechend** (oder schmeckend) / tarry *adj* ‖ **präparierter ~** (Straßenteer aus Steinkohlenteerpech durch Zurückmischen mit Teerölen) (Chem Verf) / blended tar ‖ **Stockholmer ~** (aus Skandinavien kommender Meilerteer aus harzreichem Nadelholz) (Chem Verf) / Stockholm tar, Stockholm pine tar ‖ **~ abscheiden** (Chem Verf) / detar $v$

**Teer•abscheider** $m$ (Chem Verf) / detarrer $n$, tar separator, tar extractor ‖ **~artig** *adj* / tarry *adj* ‖ **~asphalt** $m$ (im allgemeinen) / tar asphalt ‖ **~asphaltbeton** $m$ (für Straßenbau) (HuT) / tar/bitumen concrete, tar/bitumen asphalt ‖ **~base** $f$ (Chem) / tar base ‖ **~beton** $m$ (für Straßenbau) (HuT) / tar concrete ‖ **~betondecke** $f$ (HuT) / dense tar surfacing, DTS ‖ **~dachpappe** $f$ (Bau) / asphalt-prepared roofing, roofing felt, rag felt (US), bituminous roofing felt ‖ **~dachpappe** (besandete) (Bau) / tar-gravel roofing ‖ **~destillation** $f$ (Chem Verf) / tar distillation ‖ **~dolomit** $m$ (HuT) / tar-bonded dolomite, tar-bearing dolomite, tar dolomite
**teeren** $v$ / tar $v$ ‖ **~ $n$** / tarring $n$
**Teer•entferner** $m$ (Chem, Tex) / tar remover ‖ **~farbe** $f$ (Anstr) / coal-tar pigment ‖ **~farbstoff** $m$ (Anstr) / coal-tar dye, coal-tar dyestuff ‖ **~farbstoff** (Anstr) s. auch Azofarbstoff ‖ **~gebunden** *adj* (Straßenbelag) (HuT) / tarviated* *adj* ‖ **~getränktes Dolomiterzeugnis** (Hütt) / semi-stable dolomite refractory ‖ **~haltig** *adj* / tarry *adj*
**teerig** *adj* / tarry *adj*
**Teer•kessel** $m$ (HuT) / tar boiler ‖ **~kocher** $m$ (HuT) / tar boiler ‖ **~krebs** $m$ (Med) / tar cancer ‖ **~makadam** $m$ $n$ (ein Straßenbelag) (HuT) / tarmacadam* $n$, Tarmac* $n$ ‖ **eine ~makadamschicht einbauen** (HuT) / tarmac $v$ ‖ **~öl** $n$ (ölige Flüssigkeit, die bei der fraktionierten Destillation des Teeres entsteht) (Chem) / tar oil ‖ **~ölhaltiges Holzschutzmittel** (Kreosot) **anwenden** (For) / creosote $v$ ‖ **~ölhaltiges Holzschutzmittel** (saure, phenolhaltige Teeröl-Fraktionen von Steinkohlen- und Braunkohlenteer) (For) / creosote $n$ ‖ **~papier** $n$ (mit Kohlenteer behandelt) (Bau, Pap) / tar paper ‖ **~pappe** $f$ (Dach- oder Abdichtungspappe) (Bau) / tar felt (mopped with hot coal tar), tar board, tarred felt, tar-saturated felt ‖ **~pappe** (Bau, Pap) / tar paper (a heavy paper), rag felt ‖ **~pech** $n$ / tar pitch ‖ **~pigment** $n$ (unlösliches synthetisches organisches Pigment) (Anstr) / coal-tar pigment ‖ **~sand** $m$ (erdölführender Sand in Kanada) (Geol) / tar sand ‖ **~säure** $f$ (Chem) / tar acid ‖ **~scheider** $m$ (Chem Verf) / detarrer $n$, tar separator, tar extractor ‖ **~seife** $f$ (Med) / tar soap ‖ **~splitt** $m$ (HuT) / tarred chippings ‖ **~spritzgerät** $n$ (selbstfahrendes) (HuT) / tank sprayer (a pressure tank on wheels), blacktop paver ‖ **~spritzmaschine** $f$ (HuT) / tank sprayer (a pressure tank on wheels), blacktop paver ‖ **~strick** $m$ (Dichtung) / tarred string
**Teerung** $f$ / tarring $n$
**Teervorlage** $f$ (Chem Verf) / tar-cleaning tube, tar-collecting main
**Tee•samenöl** $n$ (Sasanqua-Öl oder Tsubaki-Öl) / tea oil ‖ **~staubglasur** $f$ (Keram) / tea-dust glaze (an opaque, iron oxide-bearing stoneware glaze of greenish colour) ‖ **~zeremonieproblem** $n$ (KI) / tea-ceremony problem
**TE/F** (Chem) / formazine nephelometric unit
**Teflon** $n$ (Polytetrafluorethylen der Firma Du Pont de Nemours) (Plast) / Teflon* $n$
**TEG** (Chem) / triethylene glycol (TEG), triglycol $n$
**TEGFET-Transistor** $m$ (extrem schneller Feldeffekttransistor mit Heterostruktur) (Eltronik) / TEGFET $n$
**Teich** $m$ (Umwelt) / pond* $n$ ‖ **~aerober** (Sanitär) / aerobic pond, aerobic lagoon ‖ **anaerober ~** (Sanitär) / anaerobic pond, anaerobic lagoon ‖ **~dünger** $m$ (Landw) / pond fertilizer ‖ **~folie** $f$ (Plast) / pond liner, flexible sheet liner ‖ **~lagerung** $f$ (For) / pond storage ‖ **~onsäure** $f$ (Baustein der Membran- und Zellwand grampositiver Bakterien) (Biochem, Zyt) / teichoic acid ‖ **~pumpe** $f$ / pond pump ‖ **~röste** $f$ (eine biologische Röste) (Tex) / pond retting
**Teig** $m$ / dough $n$, paste $n$ ‖ **~** (Nahr) / dough $n$ ‖ **~artige Masse** / dough $n$, paste $n$ ‖ **~ausbeute** $f$ (Nahr) / dough yield ‖ **~farbe** $f$ (Anstr) / paste paint ‖ **~farbstoff** $m$ (Tex) / paste dyestuff
**teigig** *adj* / pasty *adj*, paste-like *adj* ‖ **~** (Nahr) / doughlike *adj*, doughy *adj* ‖ **~e Beschaffenheit** / doughiness $n$ ‖ **~keit** $f$ / doughiness $n$
**Teig•kneter** $m$ (Nahr) / dough kneader, dough kneading machine ‖ **~konsistenz** $f$ (Nahr) / **~lockerung** $f$ (Einbringen eines Gases in die Teigmasse) (Nahr) / dough leavening ‖ **~lockerung mittels Backpulver** (Nahr) / chemical leavening ‖ **~lockerungsmittel** $n$ (meistens Kalium- oder Natriumhydrogenkarbonat) (Nahr) / leavening agent, saleratus $n$ (US), aerating agent, blowing agent, leaven $n$, raising agent ‖ **~mischer** $m$ (Nahr) / dough mixer ‖ **~säuerungsmittel** $n$ (Nahr) / dough acidifier ‖ **~triebmittel** $n$ (meistens Kalium- oder Natriumhydrogenkarbonat) (Nahr) / leavening agent, saleratus $n$ (US), aerating agent, blowing agent, leaven $n$, raising agent ‖ **~ware** $f$ (Nahr) / pasta $n$, paste $n$, alimentary paste ‖ **~warenindustrie** $f$ / pasta industry, macaroni industry
**Teil** $m$ (Portion) / portion $n$ ‖ **~** (Chem) / moiety $n$ ‖ **~** (Math) / submultiple $n$, factor $n$ ‖ **~** (eines Objektivs) (Opt) / element* $n$, lens element ‖ **~-** / partial *adj* ‖ **~-** / fractional *adj* ‖ **~-** / sectional *adj* ‖ **ganzer ~** (Math) / integral part, integer part ‖ **gebrochener ~** (einer reellen Zahl) (Math) / fractional part
**Teil** $n$ (Masch) / part $n$ ‖ **~** (bei Mehrstärkengläsern) (Opt) / segment $n$, portion $n$ ‖ **bewegliches ~** (der Maschine) (Masch) / moving part ‖ **einzeln angefertigtes ~** (Masch) / one-off part ‖ **fertigbearbeitetes**

1230

(Masch) / finished part ‖ **durch Kaltumformung hergestelltes** ~ (Masch) / cold-formed element (part) ‖ **leitendes** ~ (Eltech) / conducting part ‖ **loses** ~ (Gieß) / loose piece* ‖ **pulvermetallurgisches** ~ (Pulv) / powder metallurgy part ‖ **treibendes** ~ (Masch) / driver n ‖ **umlaufendes** ~ (Masch) / rotating part ‖ **~e auf eine Billion** / parts per trillion, ppt ‖ **~e auf eine Milliarde** / parts per billion (US), ppb, parts per milliard ‖ **~e auf eine Million** / parts per million, ppm ‖ **~ n ohne Zeichnung** (Masch) / part without drawing, part not represented

**Teil•amt** n (Fernm) / satellite exchange* ‖ **~anmeldung** f (eine Patentanmeldung) / divisional application ‖ **~ansicht** f (die vergrößerte Darstellung eines Details mit allen Einzelheiten) / detail view ‖ **~ansicht** (als Gegenteil zu Gesamtansicht) / partial view ‖ **~apparat** m (Masch) / divider n ‖ **~ausfall** m (eines Systems) / partial failure, partial breakdown ‖ **~ausfall** s. auch Totalausfall ‖ **~automatisch** adj / partial-automatic adj ‖ **~band** n (Eltronik, Fernm) / subband n

**teilbar** adj / divisible adj ‖ **unbeschränkt ~** (Math) / infinitely divisible ‖ **~e Länge** (ohne Rest) (Masch) / multiple length ‖ **~er Reißverschluß** (Tex) / separable zipper ‖ **~es Schwimmdock** (Schiff) / self-docking dock

**Teilbarkeits•kasten** m (des Reißverschlusses) (Tex) / fixed retainer ‖ **~regel** f (Math) / divisibility rule

**Teil•baum** m (EDV) / subtree n ‖ **~baum** (Tex) / sectional beam, sectional warping beam, section beam ‖ **~beaufschlagung** f (ein Beaufschlagungsgrad der Dampfturbine) (Masch) / partial admission ‖ **~bereich** m / subrange n ‖ **~bereich** (Math) / subdomain n ‖ **~bereichsicherung** f (Eltech) / accompanied fuse ‖ **~besetztes Energieband** (Phys) / partially occupied band

**Teilbild** n (in technischer oder künstlerischer Absicht) / part image, split image ‖ **~** (TV) / frame n (GB), field n (US)* ‖ **~flimmern** n (Zwischenzeilenflimmern) (TV) / line flicker ‖ **~frequenz** f (TV) / frame frequency*, field frequency* (US) ‖ **~linse** f (ein Teil der Linse ist als Nahlinse ausgebildet und ermöglicht es, kleine Dinge, welche sich im unscharfen Nahbereich befinden, in die Schärfe des Gesamtbildes miteinzubeziehen) (Foto) / multifocal lens

**Teil•biozönose** f (Umwelt) / synusia* n (pl. -ae) ‖ **~brett** n (zum Anreißen von Treppenwangen) (Zimm) / pitch board, step mould, gauge board ‖ **~bruch** m (Math) / partial fraction ‖ **~charter** f (Schiff) / partial charter

**Teilchen** n (DIN 53206, T 1 und 66160) / particle* n, corpuscle n ‖ **~** s. auch Korn ‖ **(Dispersions)~** / particulate n, particulate matter ‖ **angezogenes ~** (die Erscheinungsform eines mit Masse behafteten Elementarteilchens oder Quasiteilchens) (Kernphys) / bound particle ‖ **aus einzelnen ~ bestehend** / particulate adj β-**~** (Kernphys) / beta particle ‖ **beschleunigtes ~** (Nukl) / accelerated particle ‖ **eingefangene ~** (Geophys, Kernphys) / trapped particles ‖ **formales ~** (Kernphys) / formal particle ‖ **heißes ~** (Nukl) / hot particle ‖ **instabiles ~** (Kernphys) / unstable particle ‖ **kurzlebiges ~** (Kernphys) / unstable particle ‖ **kurzreichweitiges ~** (Kernphys) / short-range particle ‖ **langlebiges ~** (Kernphys) / stable particle ‖ **materielles ~** (Phys) / material particle ‖ **nacktes ~** (Kernphys) / mathematical particle, bare particle ‖ **neutrales ~** (ungeladenes) (Kernphys) / neutral particle, neutral n ‖ **punktförmiges ~** (Kernphys) / point particle, pointlike particle ‖ **quasistabiles ~** (Kernphys) / quasi-stable particle ‖ **relativistisches ~** (Kernphys) / relativistic particle* ‖ **seltsame ~** (Kernphys) / strange particles ‖ **solares ~** (Phys) / solar particle ‖ **stabiles ~** (Kernphys) / stable particle ‖ **subatomares ~** (Kernphys) / subatomic particle ‖ **subatomares ~** (Nukl) / debris n ‖ **supersymmetrisches ~** (Kernphys) / supersymmetric particle ‖ **vektorielles ~** (Kernphys) / vecton n, vector particle, vectorial particle ‖ **virtuelles ~** (Kernphys) / virtual particle* ‖ **~ n auf einer Spiralbahn** (Kernphys) / spiralling particle ‖ **~ mit Grace** (Kernphys) / grace particle ‖ **~ mit verdecktem Charm** (Kernphys) / particle with hidden charm, hidden-charm particle ‖ **~ von der Sonne** (Phys) / solar particle

**Teilchen•absorption** f (Kernphys) / particle absorption ‖ **~abstand** m / interparticle spacing, interparticle distance ‖ **~-Antiteilchen-Konjugation** f (eine formale Operation in der Quantenfeldtheorie) (Phys) / charge conjugation ‖ **~anzahl** f / particle number ‖ **~ausschleusung** f (Kernphys) / particle extraction, particle ejection ‖ **~austausch** m (Kernphys) / particle exchange* ‖ **~bahn** f (Kernphys) / particle orbit ‖ **~bahndehner** m (Kernphys) / orbit expander, particle-orbit expander ‖ **~bahnexpander** n (Kernphys) / orbit expander, particle-orbit expander ‖ **~bahnkontraktor** m (Kernphys) / particle-orbit contractor ‖ **~beschleuniger** m (Nukl) / accelerator* n, accelerating machine*, particle accelerator ‖ **zyklischer ~beschleuniger** (Nukl) / cyclic accelerator ‖ **~beschleuniger m vom Spiraltyp** (Nukl) / spiral accelerator, spiral-ridge accelerator ‖ **~bild** n (der Materie) (Kernphys) / particle aspect ‖ **effektive ~dichte** (Pulv) / effective particle density* ‖ **~dynamik** f (Kernphys) / particle dynamics ‖ **~einfang** m (Kernphys) / particle capture ‖ **~energie** f (Kernphys) / particle energy ‖ **~erzeugung** f (Kernphys) / particle production ‖ **~fluenz** f (Radiol) / particle fluence ‖ **~flußdichte** f (Kernphys) / flux density*, fluence rate, particle-flux density ‖ **~flußleistung** f (Kernphys) / flux density*, fluence rate, particle-flux density ‖ **~größe** f / particle size* ‖ **~größenanalyse** f (Pulv) / particle-size analysis* ‖ **~größenverteilung** f (Pulv) / particle-size distribution, size distribution* ‖ **~induziert** adj (Kernphys) / particle-induced adj ‖ **~ladung** f (Kernphys) / particle charge ‖ **~paket** n (Nukl) / bunch n ‖ **~physik** f (Kernphys) / particle physics ‖ **~resonanzen** f pl (äußerst kurzlebige Elementarteilchen) (Kernphys) / mass resonances ‖ **~spektrum** n (Kernphys) / particle spectrum ‖ **~spur f der kosmischen Strahlung** (Astr) / cosmic-ray track ‖ **~strahl** m (Kernphys) / particle beam ‖ **~strahlung** f (Kernphys) / particulate radiation, corpuscular radiation ‖ **~strahlwaffe** f (zur Bekämpfung angreifender Flugkörper mittels Partikelstrahlen) (Mil) / particle-beam weapon ‖ **~streuung** f (Kernphys) / particle scattering* ‖ **~umlaufbahn** f (Kernphys) / particle orbit ‖ **~verbundstoff** m (z.B. Dispersionslegierung) (Masch) / particle composite material ‖ **~verbundwerkstoff** m (WP) / dispersion-strengthened material ‖ **~zahl** f / particle number ‖ **~zähler** m (Kernphys) / particle counter

**Teil•datei** f (EDV) / subfile n ‖ **~druck** m (Chem, Phys) / partial pressure* ‖ **~druckanzug** m (Luftf) / partial pressure suit* ‖ **~durchlässiger Spiegel** (des Lasers) (Phys) / partially reflecting end-plate ‖ **~durchriß** m / part-through crack

**Teile•austausch** m (Masch) / changing n ‖ **~familie** f (Masch) / parts family ‖ **~fertigung** f (Masch) / parts production

**Teileinrichtung** f (an Werkzeugmaschinen) (Masch) / dividing apparatus, indexing apparatus

**Teilelackierung** f (Kfz) / partial respray

**Teilelektroplattierung** f (nur einer bestimmten Fläche der Katode) (Eltech) / parcel plating*

**teilen** v (abtrennen) / part v, part off v, sever v ‖ **~** / divide v ‖ **~** (Bildschirm) (EDV) / split v ‖ **~** (mit der Teileinrichtung) (Masch) / index v, divide v ‖ **~** (eichen) (Masch, Phys) / calibrate v, gauge v ‖ **~** (Math) / **sich gabelförmig ~** / fork v, furcate v ‖ **~** n / parting n ‖ **~** (Herstellung von genauen Kreisteilungen) (Masch) / dividing n, indexing n

**Teil•entladung** f (Elektr) / partial discharge ‖ **~entladungsmessung** f (DIN 57434) (Eltech) / partial-discharge measurement ‖ **~entrahmt** adj (Milch) (Nahr) / semi-skimmed adj, partially skimmed ‖ **~entsalzung** f (ein Wasser von Trinkwassergüte aus dem salzreichen Meerwasser herstellen) (Chem Verf) / desalination*  n, desalting n

**Teileprogramm** n (CNC-Steuerungsprogramm für die Fertigung) (Masch) / part program

**Teiler** m (Frequenzteiler, Spannungsteiler) (Eltech) / divider* n ‖ **~** (Eltech, Fernm) / demultiplier n ‖ **~** (Math) / divisor* n ‖ **~** (der nur einen Teil des Lichts durchläßt) (Opt) / divider n ‖ **gemeinsamer ~** (Math) / common divisor, common factor ‖ **größter gemeinsamer ~** (Math) / greatest common divisor, gcd, highest common factor, G.C.D.

**Teilerdkapazität** f (Eltech) / partial earth capacity

**teiler•frei** adj (Math) / relatively prime, prime to each other, mutually prime, coprime adj ‖ **~fremd** adj (Zahlen, die als größten gemeinsamen Teiler die Zahl 1 haben) (Math) / relatively prime, prime to each other, mutually prime, coprime adj

**Teilergebnis** n (Math) / partial result

**Teiler•prisma** n (Opt) / splitting prisma ‖ **~takt** m (EDV) / clock rate*, clock pulse rate

**Teile•satz** m (Masch) / components kit, parts kit ‖ **~stammdatei** f (F.Org) / parts master file ‖ **~stammsatz** m (F.Org) / part(s) number master record

**teil•evakuiert** adj (Vakuumt) / partially evacuated ‖ **~expertensystem** n (KI) / semi-expert system ‖ **~farbandrucke** m pl (Druck) / progressive proofs (for showing the results of colour separation), progressives pl, progs pl ‖ **~farbennegativ** n (Foto) / separation negative ‖ **~farbenpositiv** n (Foto) / separation positive ‖ **~filter** n (Opt) / subfilter n ‖ **~flächenspezifische Bewirtschaftung** (wenn die Bestellung auf großen Ackerschlägen mit Hilfe von Rechnern nach Unterschieden in Boden und Pflanzenbestand bemessen wird) (Landw) / computer-aided farming, precision farming ‖ **~flächig** adj (Krist) / merohedral adj ‖ **~flankenwinkel** m (bei Gewinden) (Masch) / flank angle* ‖ **~flugstrecke** f (Luftf) / flight leg ‖ **~folge** f (Math) / subsequence n, partial sequence ‖ **~fuge** f (der Matrize) (Masch) / die-parting line ‖ **~funktion** f (die auf einer Teilmenge definiert ist) (Math) / partial function ‖ **~gebiet** n (Chem, Eltech) / subarea n ‖ **~gebunden** adj (Buchb) / part-bound adj ‖ **~gehärtet** adj (Nahr) / partially hydrogenated ‖ **~gesamtheit** f (Stats) / subpopulation n, stratum n (pl strata) ‖ **~geschälter Reis** (Nahr) / brown rice, husked rice, hulled rice ‖ **~geschlossen** (Maschine) (Eltech) / semi-enclosed* adj ‖ **~getauchter Propeller** (Schiff) / surface-piercing propeller ‖ **~getriebe** n (der Verzahnmaschine) (Masch) / generating train

1231

**Teilgitter**

~**gitter** n (Krist) / sublattice n ‖ ~**graf** m / section graph, subgraph n ‖ ~**grundgesamtheit** f (Stats) / subpopulation n, stratum n (pl strata)
**Teilhabe** f / sharing n
**teilhaben** v (an einer Sache) / share v
**Teil•halbgruppe** f (Math) / subsemigroup n ‖ ~**halogeniert** adj (Chem) / partially halogenated ‖ ~**höchstgrenze** f (z.B. bei strategischen Offensivwaffen) (Mil) / subceiling n ‖ ~**integrierte Datenverarbeitung** (EDV) / part-integrated data processing ‖ ~**kamm** m (DIN 62500) (Web) / expanding comb ‖ ~**kapazität** f (Eltech) / partial capacitance* (between all pairs of conductors in a circuit) ‖ ~**kapazität** (Eltech) / direct capacitance* (between two conductors, as if no other conductors are present), element capacitance ‖ ~**kasko** f (Kfz) / third party, fire, and theft (cover) ‖ ~**kaskoversicherung** f (Kfz) / third party, fire, and theft (cover) ‖ ~**kaskoversicherung** (Kfz) / third-party, fire and theft insurance ‖ ~**kegel** m (eines Kegelrades nach DIN 3971) (Masch) / pitch cone ‖ ~**kegelwinkel** m (halber Öffnungswinkel des Teilkegels - DIN 3971) (Masch) / pitch cone angle ‖ ~**kettbaum** m (für Endlosgarne) (Tex) / sectional beam, sectional warping beam, section beam ‖ ~**kette** f (EDV) / substring n ‖ ~**kompatibilität** f (EDV, TV) / partial compatibility ‖ ~**kondensation** f (Chem) / dephlegmation n, partial condensation ‖ ~**kondensation** (Chem Verf) / partial condensation ‖ ~**kondensator** m (Chem Verf) / partial condenser ‖ ~**kopf** m (zur Herstellung von genauen Kreisteilungen) (Masch) / dividing head*, indexing head* ‖ ~**körper** m (Math) / subfield n ‖ ~**körperdosis** f (Radiol) / partial body dose ‖ ~**körperzähler** m (Kernphys, Radiol) / partial body counter ‖ ~**kraft** f (Mech) / component* n
**Teilkreis** m (Definitionsgröße des Zahnrads nach DIN 3960) (Masch) / pitch circle* (BS 2519) ‖ ~ (Verm) / graduated circle* ‖ **[horizontaler]** ~ (im Unterbau des Theodoliten) (Verm) / limb* n, horizontal circle*, lower plate ‖ ~**durchmesser** m (Masch) / pitch-circle diameter ‖ ~**-Teilungsfehler** m (Masch) / pitch-circle dividing error
**teil•kristallines Polymer** (Chem) / semi-crystalline polymer ‖ ~**kundenspezifisch** adj / semi-custom attr ‖ ~**lackierung** f (Kfz) / partial respray ‖ ~**lärmexposition** f (Akus) / partial noise exposition ‖ ~**last** f (Eltech, Mech) / part load, partial load ‖ ~**lastbereich** m (Kfz) / part throttle, part load ‖ ~**legiert** adj (Pulv) / semi-alloyed adj, partially alloyed ‖ ~**legiertes Pulver** (Pulv) / semi-alloyed powder, partially alloyed powder ‖ ~**leiterisolation** f (Eltech) / strand insulation ‖ ~**lieferung** f / instalment n, installment n (US) ‖ ~**lochwicklung** f (Eltech) / fractional-slot winding ‖ ~**los** n (bei der Losteilung) (F.Org) / split lot, sublot n ‖ ~**maschine** f (Masch) / dividing engine*, ruling machine, dividing machine ‖ ~**maschine** (Opt) / grating ruling engine, linear ruling engine, ruling engine ‖ ~**massivholz** n (For) / partially solid wood ‖ ~**matrix** f (Math) / submatrix n ‖ ~**mechanisiert** adj (Masch, Regeln) / partially mechanized ‖ ~**menge** f (z.B. einer Lieferung) / partial quantity ‖ ~**menge** (Math) / subset* n ‖ **leere** ~**menge** (Math) / vacuous subset ‖ **magere** ~**menge** (Math) / meager subset ‖ ~**mengenentgasung** f (in der Vakuummetallurgie) (Hütt) / partial-quantity degassing ‖ ~**mengensatz** m (Math) / Cantor theorem ‖ ~**modul** m (EDV, Math) / submodule n ‖ ~**montage** f (Masch) / preassembly n, subassembly n
**teilnehmen** v / share v
**Teilnehmer** m (z.B. in einem Time-Sharing-System) (EDV) / user n ‖ ~ (Fernsp) / subscriber n, telephone party (US), party n (US), telephone subscriber ‖ ~**empfangender** ~ (Fernm) / recipient n ‖ **gerufener** ~ (Fernsp) / called party, called subscriber ‖ **rufender** ~ (Fernsp) / caller n, calling party, calling subscriber
**Teilnehmer•abzweigung** f (Fernsp, TV) / subscriber's tap ‖ **digitaler** ~**anschluß** (Fernm) / digital subscriber line ‖ ~**anschlußleitung** f (Fernm) / local line ‖ ~**anschlußleitung** (Fernsp) / subscriber's line*, local line, customer's loop (US) ‖ ~**apparat** m (Fernsp) / subset n, customer set, subscriber set ‖ ~**außenstelle** f (Fernsp) / out-station n ‖ ~**bezogen** adj (EDV, Fernm) / user-related adj ‖ ~**eigene Fernsprechhandvermittlung** (Fernsp) / private manual exchange*, PMX* ‖ ~**einrichtung** f (eine Endeinrichtung) (Fernm) / customer premises equipment, CPE, subscriber installation, customer equipment ‖ ~**fernsprechstelle** f (Fernsp) / telephone station, call station ‖ ~**fernwahl** f (Fernsp) / STD, direct distance dialling, DDD, intertoll dialling, subscriber trunk dialling, toll-line dialing (US), through-dialling n ‖ ~**hauptanschluß** m (Fernsp) / subscriber's main station ‖ ~**kabel** n (Fernsp) / local subscriber's connection cable, telephone distribution cable, subscriber's cable, local cable ‖ ~**kennung** f (EDV, Fernm) / network user identification ‖ ~**klinke** f (Fernm) / subscriber's jack*, answering jack* ‖ ~**koppelfeld** n (Fernsp) / extension matrix ‖ ~**leitung** f (Fernsp) / subscriber's line*, local line, customer's loop (US) ‖ ~**nebenstelle** f (Fernsp) / subscriber's extension station* ‖ ~**rechensystem** n (DIN 44300) (EDV) / time-sharing system, multiaccess system ‖ ~**rufnummer** f (Fernsp) / telephone number, subscriber's (telephone) number, call number, subscriber number ‖ ~**schnittstelle** f (teilnehmerseitiger Netzabschluß des Systems) (Fernm) / subscriber interface unit (SIU) ‖ ~**schnittstelle** (Fernsp) / subscriber interface ‖ ~**sprechstelle** f (Fernsp) / subset n, substation* n, subscriber's station*, station n ‖ ~**-Teilnehmer-Protokoll** n (Fernm) / user-to-user protocol ‖ ~**-Teilnehmer-Signalisierung** f (Fernm) / user-to-user signalling ‖ ~**ursprungsverkehr** m (Fernm) / subscriber-originated traffic ‖ ~**verzeichnis** n (Fernsp) / telephone book, telephone directory, phone book ‖ ~**zentrale** f (Fernsp) / private branch exchange* (PBX*)
**Teil•nenner** m (bei Kettenbrüchen) (Math) / partial denominator ‖ ~**netz** n (EDV, Fernm) / subnetwork n, subnet n, communication subnetwork ‖ ~**obergrenze** f (Mil) / subceiling n ‖ ~**pacht, bei der der Pächter freie Wohnung, Arbeitsgeräte und einen Teil der Ernte erhält** (Landw) / share cropping (US) ‖ ~**problem** n / subproblem n, partial problem ‖ ~**produkt** n (Math) / partial product ‖ ~**programm** n (EDV) / partial program ‖ ~**rapport** m (Tex) / partial repeat ‖ ~**raum** m (einer isolierstoffgekapselten Anlage) (Eltech) / compartment n ‖ ~**raum** (Math) / subspace n ‖ ~**reaktion** f (Chem) / partial reaction ‖ **polarografische Stufe einer reversiblen** ~**reaktion** (Chem, Eltech) / reversible polarographic wave ‖ ~**rösten** n (Hütt) / partial roasting* ‖ ~**röstung** f (Hütt) / partial roasting* ‖ ~**ruten** f pl (Web) / lease rods*, leasing rods ‖ ~**schaltung** f (Eltech) / subcircuit* n ‖ ~**schären** n (Web) / section warping, sectional warping ‖ ~**scheibe** f (des Teilkopfs) (Masch) / division plate*, dividing plate, index plate ‖ ~**schema** n (EDV) / subschema n ‖ ~**schere** f (Masch) / dividing shears ‖ ~**schicht** f (Eltronik) / sublayer n ‖ ~**schmierung** f (unvollständige Schmierung) / thin-film lubrication*, incomplete lubrication ‖ ~**schnecke** f (Masch) / dividing screw, indexing worm screw ‖ ~**schnittvortriebsmaschine** f (Bergb) / part-face heading machine, face trace tunnelling machine ‖ ~**schritt** m (einer Reaktion) (Chem) / step n ‖ ~**schrittwicklung** f (eine gesehnte Wicklung, bei der die Spulenweite kleiner ist als die Polteilung) (Eltech) / short-pitch winding, fractional-pitch winding ‖ ~**schwingung** f (des Stromes zwischen zwei aufeinanderfolgenden Nulldurchgängen) (Eltech) / loop n ‖ ~**schwingung** (DIN 1311, T 1) (Phys) / partial oscillation, partial vibration ‖ ~**sohle** f (die nur in einem Teil des Grubengebäudes aufgefahren ist) (Bergb) / sublevel n, intermediate level, sub n ‖ ~**sohlenbau** m (Bergb) / sublevel stoping ‖ ~**sohlenbau** (von oben nach unten) (Bergb) / top slicing (a method of stopping and cover caving) ‖ ~**sohlenbruchbau** m (wenn die Schichten unterhöhlt und zum Einsturz gebracht werden) (Bergb) / sublevel caving* ‖ ~**steigung** f (mehrgängiger Schnecken) (Masch) / divided pitch* ‖ ~**stichprobe** f (Stats) / subsample n ‖ ~**stichprobenverfahren** n (Stats) / subsampling n f ‖ ~**strahlungspyrometer** n (Wärm) / narrow-band pyrometer ‖ ~**strecke** f (Fernsp) / section n, line section ‖ ~**streckenbetrieb** m (EDV) / store-and-forward switching ‖ ~**streckensystem** n (Fernm) / tape relay (a method used for relaying messages between transmitting and receiving stations, using perforated tape as the intermediate storage) ‖ ~**streckenverfahren** n (EDV) / store-and-forward principle ‖ ~**streckenvermittlung** f (EDV) / store-and-forward switching ‖ ~**strich** m (der Skale) / mark n, graduation mark, graduation line ‖ ~**strichabstand** m (DIN 1319, T 2 und 2257, T 1 - der längs des Weges der Marke in Längen- oder Winkeleinheiten gemessene Abstand zweier benachbarter Teilstriche) / scale interval ‖ ~**string** m (EDV, Phys) / substring n
**Teilstrom** m (Chem) / split n ‖ ~ (Eltech) / partial current ‖ ~ (Hyd) / split stream ‖ ~ (angereicherter - bei der Anreicherung von Isotopen) (Nukl) / cut* n ‖ ~**filter** n / partial-flow filter n ‖ ~**verhältnis** n (Gaschromatografie) (Chem) / split ratio, splitter ratio, splitting ratio
**Teil•struktur** f (Chem) / partial structure ‖ ~**stück des Ziegels** (Bau) / clip n ‖ ~**summe** f (Math) / partial sum, subsum n, subtotal n ‖ ~**system** n (Bestandteil eines Gesamtsystems) / subsystem n ‖ ~**system** (EDV) / split-off system part (i.e. part that is split from the system) ‖ ~**system** (Raumf) / subsystem n ‖ ~**ton** m (DIN 1311, T 1) (Akus) / partial* n, partial tone ‖ ~**übereinstimmung** f / partial match ‖ ~**übertrag** m (EDV) / partial carry
**Teilung** f / division* n ‖ ~ (von Wetterströmen) (Bergb) / splitting n ‖ ~ (Instr, Masch, Phys) / calibration* n, gauging n ‖ ~ (Zahnteilung, Nietteilung) (Masch) / pitch* n ‖ ~ (DIN 13; bei eingängigem Gewinde = Steigung, bei n-gängigem Gewinde = Steigung/n) (Masch) / pitch n, thread pitch ‖ ~ (der Zahnspitzen - bei einer Säge) (Tischl, Zimm) / space n ‖ ~ (Web) / pitch n ‖ ~ **harmonische** ~ (mit übereinstimmendem innerem und äußerem Teilungsverhältnis) (Math) / harmonic division ‖ **mit** ~**(en)** (Registrierblatt) / ruled adj ‖ **stetige** ~ (nach dem Goldenen Schnitt) (Math) / golden section* ‖ ~ f **der BE-Kanäle** (Nukl) / pitch* n
**Teilungs•fehler** m (Instr, Verm) / index error* ‖ ~**fehler** (bei einem Gitter) (Opt) / ruling error ‖ ~**koeffizient** m (Nukl) / cut* n, splitting ratio* ‖ ~**kurve** f (Aufber) / partition curve ‖ ~**platte** f (in der Interferometrie) (Opt) / splitter plate, splitter n ‖ ~**sprung** m (DIN

3960) (Masch) / tooth-to-tooth pitch error ‖ ~**zahl** f (die durch eine andere Zahl geteilt werden kann) (Math) / dividend* n
**Teil•verbrennung** f (mit größeren Rückständen) (Chem, Wärm) / partial combustion ‖ ~**verfahren** n (beim Verzahnen) (Masch) / indexing method ‖ ~**vergasung** f / partial gasification ‖ ~**verhältnis** n (Math) / affine ratio, division ratio ‖ ~**vermittlungsstelle** f (Fernm) / satellite exchange* ‖ ~**versagen** n / partial failure, partial breakdown ‖ ~**versetzung** f (Krist) / partial dislocation ‖ ~**vorgang** m (F.Org) / element n, elemental operation ‖ ~**web** n (KI) / subweb n ‖ ~**wechselräder** n pl (der Verzahnmaschine) (Masch) / generating train
**teilweise•r** (galvanischer) **Überzug** (Galv) / parcel plating* ‖ ~ **Demontage** (der Kernanlage) (Nukl) / entombment n ‖ ~ **durchgehender Riß** / part-through crack ‖ ~ **durchlaufender Riß** / part-through crack ‖ ~ **Entsalzung** (des Wassers) / partial demineralization ‖ ~ **gemeinsame Abnehmerleitung** (Fernm) / partial common (trunk)* ‖ ~ **geordnete Menge** (Math) / partially ordered set, poset n ‖ ~ **Ionisation** (Phys) / partial ionization ‖ ~ **löschen** (Schiff) / lighten v ‖ ~ **s Pyritschmelzen** (Hütt) / partial pyritic smelting* ‖ ~ **stabilisiertes Zirkonium(IV)-oxid** (Chem) / partially stabilized zirconia ‖ ~**r** (waagerechter, lotrechter) **Verbau** (HuT) / open sheeting ‖ ~ **Vorspannung** (in Deutschland nicht zugelassenes Verfahren, bei dem der eingelegte Spannstahl nur mit geringen Kräften vorgespannt wird) (HuT) / partial prestressing
**Teil•wetterstrom** m (Bergb) / air split ‖ ~**wicklungsanlauf** m (Eltech) / part-winding starting ‖ ~**wort** n (EDV) / part-word n ‖ ~**zähler** m (bei Kettenbrüchen) (Math) / partial numerator ‖ ~**zahlung** f / instalment n, installment n (US) ‖ ~**zeichenpapier** n (Masch, Pap) / detail paper*, layout paper ‖ ~**zeichner** m / detailer n ‖ ~**zeichnung** f (eines Details) / detail drawing* ‖ ~**zeichnung** (separat auf der Gesamtzeichnung) (Luftf) / scrap view ‖ ~**zeit-** / part-time attr ‖ ~**zeitbeschäftigung** f (F.Org) / part-time work, part-time employment ‖ ~**zeitkraft** f (F.Org) / part-timer n ‖ ~**ziel** n / subgoal n ‖ ~**zirkel** m / spring dividers with fine adjustment ‖ ~**(e)zuführung** f **durch Teilzuführungseinrichtung** (Masch) / hopperfeed* n ‖ ~**zustand** m (Kernphys) / substate n ‖ ~**zylinder** m (DIN 3960 und DIN 8000) (Masch) / pitch cylinder*
**Tein** n (ein Alkaloid) (Pharm) / theine n
**Teinochemie** f (Zweig der physikalischen Chemie, der sich mit der Erzeugung von mechanischer Energie durch chemische Reaktionen befaßt) (Chem) / teinochemistry n
**T-Eisen** n (HuT) / T-iron* n
**Tekko** f (Bau) / tekko n
**Teklan** n (modifizierte Akrylfaser aus 60% Akrylnitril und 40% Vinylidenchlorid, besonders für Damenoberbekleidung) (Plast, Tex) / Teklan* n
**Tektit** m (Glasmeteorit, Moldavit, Australit, Bouteillenstein) (Geol) / tektite* n
**Tekto•fazies** f (Geol) / tectofacies n ‖ ~**genese** f (Geol) / tectogenesis n ‖ ~**genese** (Geol) s. auch Orogenese
**Tektonik** f (Baukonstruktionslehre) (Arch, Bau) / tectonics n ‖ ~ (Lehre vom Bau der Erdkruste und den Bewegungen und Kräften, die diesen erzeugt haben) (Geol) / tectonics* n, geotectonics n ‖ **physikalische** ~ (Schwerkraft) (Geol) / gravity tectonics*
**tektonisch** adj (Geol) / tectonic* adj ‖ ~**e Aktivität** (eines regionalen Strukturelementes) (Geol) / tectonism n ‖ ~**e Analyse** (Geol) / tectonic analysis, structural analysis ‖ ~**es Becken** (Geol) / fault basin ‖ ~**e Brekzie** (Geol) / crush breccia*, fault breccia* ‖ ~**es Erdbeben** (Geol) / dislocation (tectonic) earthquake* ‖ ~**e Falle** (Erdöl) / structural trap ‖ ~**es Fenster** (in dem die Unterlage der Decke sichtbar wird) (Geol) / window* n, fenster n ‖ ~**es Geröll** (Geol) / crush conglomerate* ‖ ~**er Graben** (ein eingesunkenes Rindenstück) (Geol) / graben* n, trough n ‖ ~**e Klippe** (Erosionsrest einer Decke) (Geol) / klippe* n ‖ ~**e Linie** (Geol) / line of displacement ‖ ~**e Linie** s. auch Erdnaht ‖ ~**es Tal** (Geol) / tectonic valley ‖ ~**er Zyklus** (Geol) / tectonic cycle
**Tektonit** m (durch tektonische Beanspruchung verändertes Gestein) (Geol) / tectonite n
**Tektonitgefüge** n (Geol) / tectonite fabric
**Tektonophysik** f (Geol) / tectonophysics n
**Tektonosphäre** f (Zone der Erde, in der tektonische Bewegungen stattfinden) (Geol) / tectonosphere n
**Tekto•silikat** n (z.B. Albit) (Min) / tectosilicate* n, tektosilicate* n, framework silicate, scaffold silicate ‖ ~**sphäre** f (Geol) / tectosphere n ‖ ~**sphäre** s. auch Lithosphäre ‖ ~**top** n (Geol) / tectotope n
**TEL** (Chem) / lead tetraethyl*, tetraethyl lead, lead tetraethyl(IV), TEL
**Telamon** m n (pl. -en) (männliche Stützfigur) (Arch) / atlas n (pl. atlantes), telamon n (pl. telamones), Persian n
**tele•-** (ein Präfix) / tele-*, remote adj ‖ ~**-** (ein Präfix) / tele-*, remote adj ‖ ~**ansatz** m (Foto) / telephoto attachment (with a collective front component and a dispersive rear component) ‖ ~**arbeit** f (Mitarbeiter eines Unternehmens arbeiten zu Hause, sind jedoch über Kommunikationsleitungen mit ihrem Büro verbunden) (EDV) / telecommuting n, telework n, teleworking n ‖ ~**arbeiter** m (EDV) / telecommuter n, teleworker n, telecommuting worker ‖ ~**arbeitsplatz** m (EDV) / telecottage n, electronic cottage n ‖ ~**aufnahme** f (Radiol) / teleroentgenogram n ‖ ~**banking** n (EDV) / telebanking n, direct banking, telephone banking ‖ ~**boxdienst** m (der Deutschen Bundespost) (Fernm) / telebox service ‖ ~**brief** m (Fernm) / TV-letter n ‖ ~**briefdienst** m (Fernm) / Intelpost service (US) ‖ ~**curietherapie** f (mit Kobalt 60) (Med, Radiol) / cobalt-beam therapy, cobalt therapy ‖ ~**curietherapie** (mit Zäsium 137) (Med, Radiol) / caesium-137 therapy ‖ ~**dienste** m pl (Standarddienste, höhere Dienste und Sonderdienste) (EDV) / teleservices pl ‖ ~**extender** m (eine in Verbindung mit einem Okular benutzte Linse, welche die effektive Brennweite vergrößert) (Opt) / tele-extender* n, range-extender* n, teleconverter* n ‖ ~**fax** n (EDV, Fernm) / telecopier n (a Xerox trade name), remote copier, facsimile terminal, facsimile unit, telefax machine, facsimile equipment ‖ ~**fax** (öffentlicher TK-Dienst der Deutschen Bundespost) (Fernm) / Telefax n ‖ ~**faxen** v (EDV, Fernm) / fax v ‖ ~**faxpapier** n (Pap) / facsimile paper
**Telefon** n (Fernsprecher) (Fernsp) / telephone set, telephone n ‖ **mobiles** ~ (Fernsp) / mobile telephone, mobile phone, mobile n ‖ ~**anschlußdose** f (Fernsp) / telephone outlet ‖ ~**anschlußeinheit** f (Steckersystem der Telekom für den analogen Telefonanschluß) (Fernsp) / TAE socket (German analogue line socket) ‖ ~**anwenderteil** m (Fernsp) / telephone user part, TUP ‖ ~**apparat** m (Fernsp) / telephone set, telephone n ‖ **internationale** ~**auskunft** (Fernsp) / international directory inquiry ‖ ~**benutzerteil** m (Fernsp) / telephone user part, TUP ‖ ~**betrieb** m (Fernsp) / working* n, telephone communication, telephone traffic ‖ ~**buch** n (Fernsp) / telephone book, telephone directory, phone book ‖ **elektronisches** ~**buch** (Fernsp) / electronic telephone directory, ETD ‖ ~**datendienst** m (Fernsp) / telephone data service ‖ ~**hörer** m (Fernsp) / receiver* n, telephone receiver
**Telefonie** f (Fernsp) / telephony* n
**telefonieren** v (Fernsp) / telephone v, phone v, call v
**telefonisch** adj (Fernsp) / telephonic adj, telephone attr ‖ ~ **aufgegebene Anzeige** (Druck) / tele-ad n
**Telefon•kanal** m (Fernsp) / telephone channel, voice channel ‖ ~**karte** f (zur Benutzung von Kartentelefonen) (Fernsp) / phonecard n, calling card (US) ‖ ~**marketing** n (aktives, passives) / telephone marketing, telemarketing n ‖ ~**seelsorge** f (Fernsp) / Samaritans' call service, Samaritans pl ‖ ~**stecker** m (Akus, Fernm) / phonoplug n ‖ ~**verbindung** f (Fernsp) / telephone link ‖ ~**verkauf** m / telephone selling, teleselling n ‖ ~**verstärker** m (Fernsp) / telephone amplifier ‖ ~**zange** f (Werkz) / long-nose pliers, radio pliers, snipe-nose pliers ‖ ~**zelle** f (Fernsp) / callbox (GB) (a public telephone box or kiosk), telephone box (GB), phone booth (US), telephone kiosk (GB), phone box (GB), kiosk n (GB), telephone booth (GB)
**Tele•fotografie** f (Foto) / telephotography* n, telephoto n ‖ ~**gammatherapie** f (mit Kobalt 60) (Med, Radiol) / cobalt-beam therapy, cobalt therapy ‖ ~**gammatherapie** (mit Zäsium 137) (Med, Radiol) / caesium-137 therapy ‖ ~**gen** adj (für Fernsehaufnahmen geeignet) (TV) / telegenic* adj, visiogenic adj, videogenic adj
**Telegraf** m (Teleg) / telegraph n
**Telegrafen•alphabet** n (Teleg) / telegraph alphabet ‖ **Internationales** ~**-Alphabet** (Teleg) / International Telegraph Alphabet ‖ ~**gleichung** f (verallgemeinerte Wellengleichung) (Phys) / equation of telegraphy, telegraphic equation ‖ ~**kode** (Teleg) / telegraph code ‖ ~**leitung** f (Teleg) / telegraph circuit ‖ ~**mast** m (Teleg) / telegraph pole ‖ ~**papier** n (für den Morse-Telegrafen - heute nicht mehr benutzt) (Pap) / Morse paper ‖ ~**papier** (Pap) / telegraph paper ‖ ~**relais** n (Teleg) / telegraph relay ‖ ~**relais** (Teleg) s. auch gepoltes Relais ‖ ~**sender** m (Teleg) / telegraph transmitter, telegraph sender n ‖ ~**stange** f (Teleg) / telegraph pole ‖ ~**technik** f (Teleg) / telegraphy* n ‖ ~**übertragungseinrichtung** f (Teleg) / telegraph repeater ‖ ~**wiederholer** m (Teleg) / telegraph repeater
**Telegrafie** f (Teleg) / telegraphy* n ‖ **drahtlose** ~ (Radio, Teleg) / radio-telegraphy n, cw telegraphy, wireless telegraphy ‖ ~ f **mit ungedämpften Wellen** (Teleg) / continuous-wave telegraphy ‖ ~ **tonlos** (A1) (Teleg) / keyed cw ‖ ~**kanal** m (Teleg) / telegraph channel ‖ ~**kreis** m **über Telefonkabel** (Fernm) / composite circuit ‖ ~**modulation** f (Teleg) / telegraph modulation
**telegrafieren** v (Teleg) / telegraph v, wire v, cable v
**Telegrafier•frequenz** f (Teleg) / dot frequency* ‖ ~**geräusch** n (Teleg) / thump n, telegraph noise ‖ ~**geschwindigkeit** f (Teleg) / telegraph speed
**Telegrafieverfahren** n **auf unter 300 Hz liegenden Frequenzen** (Teleg) / subaudio telegraphy
**telegrafisch** adj (Teleg) / telegraphic adj ‖ ~**es Angebot** (Teleg) / cable offer, cabled offer

**Telegramm** *n* (meistens nur im Inland - per Telefon oder Telex) (Fernsp, Teleg) / telemessage *n* (GB) ‖ ≈ (früher im Überseeverkehr) (Teleg) / cable *n*, cablegram *n* ‖ ≈ (in Deutschland nicht mehr benutzt) (Teleg) / telegram *n*, wire *n* ‖ **über Telex(anschluß) aufgegebenes** ≈ (Teleg) / printergram *n* ‖ ≈**adresse** *f* (Teleg) / telegraphic address *n* ‖ ≈**kopf** *m* (Teleg) / preamble *n* ‖ ≈**stil** *m* (früher bei Abfassung von Telegrammen) (Teleg) / telegraphese *n*, telegram style ‖ ≈**wähldienst** *m* (Teleg) / gentex service, general telegraph exchange service
**Tele•heimarbeit** *f* (EDV) / telecommuting *n*, telework *n*, teleworking *n* ‖ ≈**karte** *f* (Fernsp) / phonecard *n*, calling card (US) ‖ ≈**kommunikation** *f* (der Austausch von Informationen bzw. Nachrichten über größere Entfernungen mit Hilfe von Telekommunikationsmitteln) (Fernm) / telecommunication* *n* ‖ ≈**kommunikation** (Fernm) s. auch Fernmeldewesen ‖ ≈**kommunikationsleitung** *f* (Fernm) / telecommunication circuit ‖ ≈**kommunikationsnetz** *n* (Fernm) / communication network, communication transmission network, telecommunications network ‖ ≈**kommunikationstechnik** *f* (Fernm) / communication(s) engineering, signal engineering (US), telecommunications *pl*, communication technology ‖ ≈**kompressor** *m* (eine in den Strahlengang eines Fernrohrs eingeschaltete Sammellinse, welche dessen effektive Brennweite zugunsten eines größeren Öffnungsverhältnisses und Gesichtsfeldes verringert) (Opt) / telecompressor *n* ‖ ≈**konferenz** *f* (Oberbegriff für Fernsprechkonferenz, Videokonferenz und Bildfernsprechkonferenz) (Fernm) / teleconference *n* ‖ ≈**kopie** *f* (EDV, Fernm) / telecopy *n* ‖ ≈**kopieren** *n* (EDV, Fernm) / telefacsimile *n*, telefax *n*, telecopying *n* ‖ ≈**manipulator** *m* (Masch) / teleoperator *n* ‖ ≈**matik** *f* (Kombination von Datenverarbeitung und Fernmeldetechnik) (EDV, Fernm) / telematics *n*, compunication *n* ‖ ≈**matikdienst** *m* (EDV, Fernm) / telematic service ‖ ≈**meter** *n* (Verm) / telemeter* *n* ‖ ≈**metrie** *f* (Regeln) / telemetry* *n*, telemetering *n* ‖ ≈**objektiv** *n* (mit einem genutzten Bildwinkel kleiner als 20°) (Foto) / telephoto lens*, true telephoto lens, telephotographic lens, long lens, telephoto *n* ‖ ≈**operator** *m* (ferngesteuerter Manipulator) (Masch) / teleoperator *n* ‖ ≈**operator** (Antriebsaggregat zum Transport von Satelliten vom Raumtransporter) (Raumf) / teleoperator *n*
**Telepathin** *n* (Chem) / harmine *n*
**Tele•phongespräch** *n* (Fernsp) / call* *n*, telephone call ‖ ≈**port** *m* (privates Zugangsnetz zu einem Satellitennetz) (Fernm) / teleport *n* (a centre providing interconnections between different forms of telecommunications, especially one which links satellites to ground-based communications) ‖ ≈**port** (Gebäudekomplex mit komplexem Telematikverbund für mietende Unternehmen) (Fernm) / teleport *n* ‖ ≈**processing** (Anschluß verschiedener Druckereien über Fernsprech- oder Telexkabel an eine Datenverarbeitungsanlage) (Druck, EDV) / teleprocessing *n* ‖ ≈**programmierung** *f* (dezentrale Programmierung) (EDV) / teleprogramming *n* ‖ ≈**prompter** *m* (Vorrichtung, die es Fernsehmoderatoren und -ansagern ermöglicht, beim Blick in die Studiokamera Texte ablesen zu können - optischer Souffleur) (Film, TV) / Teleprompter* *n* ‖ ≈**prompter** (Film, TV) s. auch Autocue ‖ ≈**publishing** *n* (Druck, EDV) / telepublishing *n* ‖ ≈**rezeptor** *m* (Biol) / teleceptor* *n*, telereceptor* *n* ‖ ≈**röntgenogramm** *n* (Röntgenaufnahme, die mit großem Brennfleck-Objekt-Abstand angefertigt wurde) (Radiol) / teleroentgenogram *n*
**Telescoping** *n* (bei den aus hochliegenden Magmenherden stammenden subvulkanisch-hydrothermalen Erzlagerstätten) (Bergb, Geol) / telescoping *n*
**tele•seismisch** *adj* (Geol) / teleseismic *adj* ‖ ≈**selling** *n* / telephone selling, teleselling *n* ‖ ≈**shopping** *n* (per Internet) (EDV, TV) / teleshopping *n*, home shopping, electronic shopping (over the internet)
**Teleskop** *n* (Zählrohrkombination) (Kernphys) / counter tube telescope, telescope *n*, counter telescope ‖ ≈ (Opt) / telescope* *n*, optical telescope ‖ ≈- / telescopic *adj* ‖ ≈ **ausfahren** / telescope *v* ‖ ≈**antenne** *f* (Kfz) / retractable car aerial, retractable car antenna ‖ ≈**antenne** (Radio) / telescopic antenna, telescoping antenna ‖ **~artig zusammenschiebbare Sicherheitslenksäule** (Kfz) / collapsible steering-column, energy-absorbing steering column, Japanese-lantern-type steering-column ‖ ≈**ausleger** *m* (Masch) / telescopic boom ‖ ≈**blech** *n* (Späneschutz für die Führungsbahnen an Werkzeugmaschinen) (Masch) / telescoping sliding guard ‖ ≈**gasbehälter** *m* / telescopic gasholder, multilift gasholder
**teleskopisch** *adj* / telescopic *adj* ‖ **~es System** (Opt) / afocal system
**Teleskop•mast** *m* (eines Gabelstaplers) / telescoping mast ‖ ≈**rohr** *n* (Masch) / telescopic tube ‖ ≈**spindel** *f* (des Konsolgetriebes) (Masch) / knee spindle, telescoping spindle ‖ ≈**stempel** *m* (hydraulischer Stempel in Schreitausbaueinheiten, dessen Innenstempel aus einem hydraulisch verlängerbaren Doppelrohr besteht, um die Verstellhöhe und damit die Anpassung an größere Schwankungen der Flözmächtigkeit zu verbessern) (Bergb) / telescopic (hydraulic) prop ‖ ≈**stoßdämpfer** *m* (Kfz) / telescopic shock absorber ‖ ≈**tür** *f* (Tischl) / telescopic type door ‖ ≈**waage** *f* (Verm) / dumpy level* ‖ ≈**welle** *f* (Masch) / telescopic shaft*
**Tele•software** *f* (die über die Bildschirmtextzentrale zur Anwendung im Btx-Terminal abgerufen werden kann) (EDV) / telesoftware *n* ‖ ≈**spektion** *f* (Fernerkundung, -beobachtung und -messung aus Flugzeugen und Satelliten) / telespection *n* ‖ ≈**spiel** *n* (Eltronik, TV) / TV game, video game, electronic game ‖ ≈**teaching** *n* (EDV) / teleteaching *n*
**Teletex (Ttx)** *n* (EDV) / Teletex *n* ‖ ≈**-Endgerät** *n* (Fernm) / teletex terminal
**Tele•therapie** *f* (Radiol) / teletherapy* *n* ‖ **~thermal** *adj* (Temperaturbereich der Mineralausscheidung unterhalb etwa 100 °C) (Min) / telethermal *adj* ‖ **~thermale Erzlagerstätte** (die in großer Entfernung vom Magma bei sehr niedriger Temperatur entstanden ist) (Bergb, Geol) / telethermal ore deposit ‖ ≈**vision** *f* (TV) / television* *n*, TV, teevee *n* ‖ ≈**vorsatz** *m* (Foto) / telephoto attachment
**Telex** *m* (Fernm) / telex* *n*, Telex *n* ‖ ≈**kopf** *m* (Teleg) / preamble *n* ‖ ≈**netzkennzahl** *f* (Fernm) / telex destination code ‖ ≈**system** *n* (Fernm) / telex* *n*, Telex *n*
**telezentrisch** *adj* (Opt) / telecentric *adj* ‖ **~e Blende** (Opt) / telecentric stop*
**Telfener Zahnstange** (HuT) / Telfener rack
**Telidon** *n* (kanadisches Videotex-System) / Telidon *n*
**Telinit** *m* (ein Mazeral) (Bergb, Min) / telinite *n*
**Telink** *n* (Protokoll, das hauptsächlich bei FIDO-Mailboxen eingesetzt wird) (EDV) / Telink *n*
**Tellan** (Chem) / hydrogen telluride, tellurium hydride
**Teller** *m* (Tonband-) (Film) / reel* *n*, spool *n* (GB) ‖ ≈**beschicker** *m* / disk feeder ‖ ≈**bohrer** *m* (ein Handbohrer) (HuT) / post-hole auger, Iwan auger, hand auger ‖ ≈**feder** *f* / diaphragm spring ‖ ≈**feder** (Masch) / diaphragm spring ‖ ≈**feder** (Masch) / conical disk spring, Belleville spring ‖ ≈**feder** (scheibenförmige Biegefeder nach DIN 2092) (Masch) / disk spring ‖ ≈**filter** *n* (Chem Verf) / table filter ‖ ≈**hebel** *m* (im Kurvengetriebe) (Masch) / flat-face follower ‖ ≈**magazin** *n* (ein Werkzeugmagazin) (Masch) / revolving magazine ‖ ≈**messer** *n* (Druck) / slitter* *n*, disk knife, cutting disk* ‖ ≈**mischer** *m* (für Beton und Mörtel) (Bau, HuT) / pan mixer ‖ ≈**großes** ≈**rad** (des Ausgleichsgetriebes) (Kfz) / crown wheel, ring gear, axle drive gear ‖ ≈**rohr** *n* (in der Glühlampe) (Eltech) / stem tube ‖ ≈**scheibe** *f* (eine Unterlegscheibe) (Masch) / plate washer ‖ ≈**schleifer** *m* (Masch) / disk sander ‖ ≈**schleifer** (Tischl) / random orbital sander ‖ ≈**schleifmaschine** *f* (Tischl) / disk sander ‖ ≈**schleifscheibe** *f* (DIN 69149 und 69151) (Masch) / dish wheel* ‖ ≈**schraube** *f* **mit Nasen** (Masch) / belting bolt, elevator bolt ‖ ≈**separator** *m* / disk centrifuge* ‖ ≈**spinnmaschine** *f* (Spinn) / centrifugal pot spinning machine, can spinning machine, can spinning frame, pot spinning frame, centrifugal spinning machine ‖ ≈**stütze** *f* (für Flachwaren) (Keram) / crank *n* (a refractory support for the firing of glazed flatware) ‖ ≈**trockner** *m* (zur kontinuierlichen Trocknung bzw. Kühlung rieselfähiger oder zumindest schaufelbarer Güter) / disk drier ‖ ≈**ventil** *n* (Masch) / disk valve* ‖ ≈**ventil** (V-Mot) / poppet valve*, mushroom valve* ‖ ≈**ventil mit Geradsitz** (Masch) / globe valve ‖ ≈**wäscher** *m* (ein Gaswäscher) (Chem Verf) / plate scrubber ‖ ≈**zentrifuge** *f* (mit Tellereinbauten) / disk centrifuge*
**Tellur (Te)** *n* (Chem) / tellurium* *n*
**Tellurat** *n* (Salz der Oxosäuren des Tellurs - entweder (IV)- oder (VI)-) (Chem) / tellurate *n* ‖ ≈ (Chem) s. auch Tellurit
**Tellur•bismut** *m* (Min) / tetradymite* *n* ‖ ≈**(II)-chlorid** *n* (Chem) / tellurium dichloride ‖ ≈**dioxid** *n* ($TeO_2$) (Chem) / tellurium dioxide, tellurium(IV) oxide
**Tellurid** *n* (Salz des Tellurwasserstoffs) (Chem) / telluride* *n*
**tellurige Säure** (Chem) / tellurous acid
**Tellurik** *f* (Erdöl, Geol) / telluric-current prospecting, magnetotelluric method
**Tellurimeter** *n* (Verm) / Geodimeter *n*, geodetic-distance meter
**tellurisch•e Linien** (Spektrallinien oder -banden, die beim Durchgang des Lichts durch die Erdatmosphäre dem Sonnen-, Stern- bzw. Planetenspektrum aufgeprägt werden) (Astr) / telluric lines* ‖ **~er Strom** (Eltech) / earth current*, telluric current*
**Tellurit** *n* (Salz der tellurigen Säure) (Chem) / tellurate(IV) *n*, tellurite *n* ‖ ≈ ($TeO_2$) (Min) / tellurite *n*, telluric ochre ‖ ≈**glas** *n* (ein optisches Glas) (Glas, Opt) / tellurite glass
**Tellurobismutit** *m* (Min) / telluric bismuth*, tellurobismuth* *n*
**Tellurometer** *n* (elektronisches Mikrowellen-Streckenmeßgerät mit Phasenwinkeldifferenzmessung) (Verm) / tellurometer* *n*
**Tellur•(IV)-oxid** *n* (Chem) / tellurium dioxide, tellurium(IV) oxide ‖ ≈**(VI)-oxid** (Chem) / tellurium trioxide, tellurium(VI) oxide ‖ ≈**säure** *f* ($H_6TeO_6$) (Chem) / telluric acid, orthotelluric acid, hydrogen tellurate, hexaoxotelluric acid ‖ ≈**trioxid** *n* ($TeO_3$) (Chem) /

tellurium trioxide, tellurium(VI) oxide ‖ ~**wasserstoff** *m* (TeH$_2$) (Chem) / hydrogen telluride, tellurium hydride

**Telnet** *n* (TCP/IP-Dienstprogramm und -Protokoll zum Aufbau einer Terminal-Emulation) (EDV) / Telnet *n*

**Telomer** *n* (Produkt der Telomerisation) (Chem) / telomer *n*

**Telomerase** *f* (Biochem) / telomerase *n*

**Telomeres** *n* (Produkt der Telomerisation) (Chem) / telomer *n*

**Telomerisat** *n* (Produkt der Telomerisation) (Chem) / telomer *n*

**Telomerisation** *f* (eine besondere Form der Polymerisation) (Chem) / telomerization *n*

**Telophase** *f* (Endphase der Zellteilung) (Zyt) / telophase* *n*

**Telsmith-Kreiselbrecher** *m* (Masch) / Telsmith breaker

**Telvar** *n* (Totalherbizid aus Monuron zur Verwendung auf Nichtkulturland) (Landw) / telvar *n*

**Temazepam** *n* (internationaler Freiname eines Tranquilizers) (Pharm) / temazepam* *n*

**Tembusu** *n* (Fagraea ssp.) (For) / tembusu *n* (a heavy hardwood)

**Temex** *n* (Übermittlung von Fernwirksignalen zwischen privaten End- und Leitstellen - ein Dienst der Deutschen Bundespost) (Fernm) / Temex *n* (telemetry exchange - telecontrol service of the Deutsche Bundespost)

**TEMEX-Dienst** *m* (Fernm) / Temex *n* (telemetry exchange - telecontrol service of the Deutsche Bundespost)

**TEM-Mode** *m* (Wellenleiter) (Fernm) / transverse electromagnetic mode, TEM mode

**Temnisation** *f* (Glas) / temnisation *n* (GB), temnization *n*

**TE-Mode** *m* (Wellenleiter) (Fernm) / transverse electric mode, H mode (GB), TE mode

**Tempel** *n* (zur Ausbreitung der Ware vor der Aufwicklung auf den Warenbaum) (Web) / temple* *n*, expander *n*

**Tempera** *f* (Technik der Malerei mit Temperafarben) (Anstr) / tempera *n* ‖ ~ (Künstlerfarbe) (Anstr) / distemper* *n*, tempera *n* ‖ ~**farbe** *f* (Künstlerfarbe mit in Wasser verdünntem Eigelb, Leim oder Honig als Bindemittel, die nach dem Trocknen wasserunlöslich ist) (Anstr) / distemper* *n*, tempera *n*

**temperat** *adj* (Zone) (Bot) / temperate *adj*

**Temperatur** *f* (Akus) / temperament *n* ‖ ~ (physikalische Basisgröße mit der SI-Einheit Kelvin - DIN 1345 und 13346) (Phys) / temperature* *n*, temp ‖ 0$^{7\cdot6}$-$^{6}$- ~ (Glas) / Littleton softening point, 7.6 temperature ‖ ~, **bei der unter Belastung in einem Bad eine bestimmte Durchbiegung erreicht ist** (Formbeständigkeit von Kunststoffen in der Wärme) (Plast) / heat deflection temperature, HDT ‖ **charakteristische** ~ (Phys) / characteristic temperature ‖ **empfohlene** ~ / recommended temperature ‖ **kritische** ~ (Phys) / critical temperature* ‖ **negative** ~ (Phys) / negative temperature ‖ **negative absolute** ~ (die in thermodynamischen Systemen mit begrenztem Energiespektrum auftreten kann) (Phys) / negative temperature ‖ **schwarze** ~ (spektrale Strahlungstemperatur nach DIN 5496) (Phys) / black-body temperature* ‖ **thermodynamische** ~ (DIN 1345 und 5498) (Phys) / absolute temperature*, thermodynamic temperature ‖ **virtuelle** ~ (diejenige Temperatur, die trockene Luft annehmen müßte, um bei gleichem Druck die gleiche Dichte wie feuchte Luft zu haben) (Meteor) / virtual temperature* ‖ ~ *f* **am Erdboden** (in 5 cm über Grund) (Meteor) / surface temperature ‖ ~ **am heißesten Punkt** (Eltronik) / hot(test) spot temperature ‖ ~ **des Rinneneisens** (beim Abstich aus dem Kupolofen) (Gieß) / cupola tapping temperature ‖ ~ **des trockenen Thermometers** (Phys) / dry-bulb temperature ‖ ~ **im Schatten** (Meteor) / shade temperature ‖ ~ **nach der Rankine-Skale** (veraltet; 1 K = 1,8 °R) (Phys) / Rankine temperature ‖ ~ **unter null Grad** (Phys) / subzero temperature

**Temperatur•abfall** *m* (Phys) / temperature drop, drop in temperature, fall in temperature ‖ ~**abhängig** *adj* (Chem, Phys) / temperature-dependent *adj*, depending on temperature ‖ ~**abhängiger Vorwiderstand** (in Meßgeräten) (Eltech) / swamping resistance ‖ ~**abnahme** *f* (Phys) / temperature drop, drop in temperature, fall in temperature ‖ ~**änderung** *f* (Phys) / temperature change ‖ ~**anstieg** *m* (Phys) / increase in temperature, temperature rise, rise in temperature ‖ ~**anstiegsrate** *f* (Nukl) / thermal response* ‖ ~**anzeigende Anstrichfarbe** (Anstr) / thermo-indicator paint, temperature-indicating paint ‖ ~**ausgleich** *m* (Phys) / temperature balance ‖ ~**ausgleichsthermostat** *m* (bei SU-Vergasern) (Kfz) / temperature compensator, capstat *n* ‖ ~**ausgleichswiderstand** *m* (in Meßgeräten) (Eltech) / swamping resistance ‖ ~**begrenzt** *adj* (Eltronik) / temperature-limited* *adj* ‖ ~**beiwert** *m* (Phys) / temperature coefficient*, temp co ‖ ~**bereich** *m* (Phys) / temperature range ‖ ~**bereich** (eines Thermometers) (Phys) / range of a thermometer ‖ ~**berücksichtigung** *f* (bei Konstruktion und Betrieb) (Lufft) / temperature accountability ‖ ~**bestimmung** *f* (Phys) / temperature determination ‖ ~**bewegung** *f* (Phys) / thermal motion, thermal agitation ‖ ~**differenz** *f* (DIN 1345 und 13346) (Phys) / temperature difference ‖ ~**einstellung** *f* (Masch) / temperature setting ‖ ~**empfinden** *n* (Physiol) / temperature sense ‖ ~**empfindlich** *adj* (Chem, Phys) / temperature-sensitive *adj* ‖ ~**-Entropie-Diagramm** *n* (Phys) / temperature-entropy chart ‖ ~**ermittlung** *f* (Phys) / temperature determination ‖ ~**fühler** *m* (Phys) / temperature sensor, thermosensitive element ‖ ~**führung** *f* (Beeinflussung - als aktive Tätigkeit) / temperature control ‖ ~**führung** (als Ergebnis) / temperature profile ‖ **trockenadiabatisches** ~**gefälle** (Meteor) / dry-adiabatic lapse rate* (DALR) ‖ ~**geregelte Raumeinheit** (bei Klimaanlagen) (Bau) / zone *n* ‖ ~**geregelte Warmumformung** (Hütt) / temperature-controlled hot forming

**Temperaturgradient** *m* (die räumliche Änderung der Temperatur in einem thermodynamischen System) (Phys) / temperature gradient ‖ **adiabatischer** ~ (Meteor) / adiabatic lapse rate*, adiabatic rate ‖ **feuchtadiabatischer** ~ (Meteor) / saturated adiabatic lapse rate*, SALR*, moist-adiabatic lapse rate, saturation-adiabatic lapse rate ‖ **negativer** ~ (Meteor) / temperature lapse rate* ‖ **senkrechter** ~ (Meteor) / lapse rate* ‖ **trockenadiabatischer** ~ ~ (Meteor) / dry-adiabatic lapse rate* (DALR)

**Temperatur•hysterese** *f* (Hütt) / thermal hysteresis, thermal lag ‖ ~**kennlinie** *f* (Phys) / temperature characteristic ‖ ~**koeffizient** *m* (die relative Änderung einer physikalischen Größe bei einer Temperaturänderung um 1 K) (Phys) / temperature coefficient*, temp co ‖ ~**kompensation** *f* (Verm) / temperature correction*, temperature compensation ‖ ~**kompensierter Quarzoszillator** (Eltronik) / temperature-compensated crystal oscillator (TCXO) ‖ ~**kontrolle** *f* (Regeln) / temperature monitoring ‖ ~**korrektur** *f* (Verm) / temperature correction*, temperature compensation ‖ ~**kurve** *f* (Phys) / temperature curve ‖ ~**leitfähigkeit** *f* (Wärm) / thermal diffusivity*, diffusivity* *n*, thermometric conductivity ‖ ~**leitzahl** *f* (Wärm) / thermal diffusivity*, diffusivity* *n*, thermometric conductivity

**Temperaturmeß•farbe** *f* (Anstr) / thermo-indicator paint, temperature-indicating paint ‖ ~**farbstift** *m* (Anstr) / thermocolour pencil, temperature-indicating crayon, tempilstick *n* ‖ ~**körper** *m* (z.B. Segerkegel) (Hütt, Keram) / thermometric device, thermometric body ‖ ~**körper** (zylindrischer) (Keram) / sentinel pyrometer ‖ ~**stift** *m* (Anstr) / thermocolour pencil, temperature-indicating crayon, tempilstick *n* ‖ ~**stutzen** *m* (mit dem Temperatursensor) (Kfz) / thermowell *n*

**Temperaturmessung** *f* (im Bohrloch) (Erdöl) / temperature well logging, thermal logging, temperature survey, temperature logging ‖ ~ *f* / temperature measuring ‖ ~ **mit Hilfe des Thermometers** (bis etwa 500 °C) (Phys) / thermometry* *n*

**temperatur•programmierte Gaschromatografie** (Chem) / programmed-temperature gas chromatography (TPGC), temperature-programmed gas chromatography ‖ ~**regelung** *f* / temperature control (with feedback), attemperation *n* ‖ ~**regime** *n* (des Bodens) (Landw) / temperature regime ‖ ~**registrierung** *f* (mit dem Thermografen) (Phys) / thermography *n*, thermal imaging* ‖ ~**regler** *m* **mit Temperaturfühler** (Phys, Wärm) / heat detector*, heat-sensitive detector ‖ ~**regulation** *f* (Physiol) / temperature regulation ‖ ~**rückgang** *m* (Phys) / temperature drop, drop in temperature, fall in temperature ‖ ~**schalter** *m* (Eltech) / thermoswitch *n* ‖ ~**schreiber** *m* (Meteor, Phys) / thermograph* *n*, temperature recorder ‖ ~**schreibung** *f* (mit dem Thermografen) (Phys) / thermography *n*, thermal imaging* ‖ ~**schwankung** *f (pl)* (Phys) / fluctuation in temperature ‖ ~**sensor** *m* (Phys) / temperature sensor, thermosensitive element ‖ ~**sinn** *m* (Fähigkeit eines Lebewesens, Temperaturunterschiede wahrzunehmen) (Physiol) / temperature sense ‖ ~**skala** *f* (Phys) / temperature scale

**Temperaturskale** *f* (Phys) / temperature scale ‖ **Avogadrosche** ~ (Phys) / ideal gas temperature scale, Avogadro temperature scale ‖ **empirische** ~ (z.B. Celsiusskale nach DIN 1345) (Phys) / empirical temperature scale ‖ **optische** ~ (mit Schmelztemperatur von Gold als Bezugspunkt) (Opt) / optical temperature scale ‖ **thermodynamische** ~ (Phys) / thermodynamic scale of temperature*, absolute temperature scale, scientific temperature scale, Kelvin thermodynamic scale of temperature

**Temperatur•spannung** *f* (Mech, WP) / thermal stress, heat stress ‖ ~**sprungmethode** *f* (zur Untersuchung der Reaktionsmechanismen schneller Reaktionen) (Chem) / temperature jump method ‖ ~**sprungschicht** *f* (Ozean, Umwelt) / thermocline* *n*, thermal-discontinuity layer ‖ ~**steigerung** *f* (Phys) / increase in temperature, temperature rise, rise in temperature ‖ ~**steuerung** *f* (Regeln) / temperature control (without feedback) ‖ ~**strahler** *m* (DIN 5031, T 8) (Phys) / thermal radiator ‖ ~**strahlung** *f* (Wärmestrahlung, bei der sich der Strahler und Empfänger im thermodynamischen Gleichgewicht befinden - DIN 1341) (Wärm) / temperature radiation ‖ ~**sturz** *m* (Phys) / sudden fall in temperature ‖ ~**überschreitung** *f* (Masch) / temperature excursion ‖ ~**überwachung** *f* (Übertemperaturschutz) (Eltech) / thermal protection ‖ ~**überwachung** (Regeln) / temperature monitoring ‖

**Temperaturumkehr**

⁓**umkehr** f (Meteor) / inversion* n, temperature inversion, inversion of temperature gradient ‖ ⁓**unempfindlich** adj (Chem, Phys) / temperature-insensitive adj ‖ ⁓**unterschied** m (Phys) / temperature difference ‖ ⁓**verlauf** m / temperature profile ‖ ⁓**verwitterung** f (Geol) / insolation weathering, destruction by insolation
**Temperaturwechsel** m (Nukl) / temperature cycle* ‖ ⁓ (Phys) / thermal cycle* ‖ **plötzlicher** ⁓ (Phys) / sudden change in temperature ‖ ⁓**beanspruchung** f (WP) / thermal cycling ‖ ⁓**beständiger Stahl** (Hütt) / temperature steel ‖ ⁓**beständigkeit** f (WP) / thermal shock resistance*, resistance to thermal shocks, temperature cycle resistance ‖ ⁓**prüfung** f (WP) / alternating-temperature test
**Temperatur•welle** f (Phys) / temperature wave ‖ ⁓**welligkeit** f (Schwankung der Innentemperatur als Folge des Regelvorganges bei gleichbleibenden Betriebsbedingungen) / temperature ripple ‖ ⁓**-Zeit-Folge** f (WP) / thermal cycle ‖ ⁓**zunahme** f (Phys) / increase in temperature, temperature rise, rise in temperature ‖ ⁓**zyklus** m (Nukl) / temperature cycle* ‖ ⁓**zyklus** (Phys) / thermal cycle*
**temperenter Phage** (Gen) / temperate phage
**Temperenz** f (bei Phagen) (Bakteriol) / temperance n
**Temper•gießerei** f (Gieß) / malleable foundry (US) ‖ ⁓**glühen** n (Hütt) / malleablizing n ‖ ⁓**guß** m (DIN 1692) (Hütt) / malleable cast-iron*, malleable iron (US)* ‖ **weißer** ⁓**guß** (Hütt) / white malleable iron, white-heart malleable cast iron ‖ **nicht entkohlend geglühter** ⁓**guß** (DIN 1692) (Hütt) / black-heart malleable cast iron, black malleable iron ‖ **schwarzer** ⁓**guß** (Hütt) / black-heart malleable cast iron, black malleable iron
**Temperierbad** n (Chem) / constant-temperature bath
**temperieren** v (die Temperatur konstant halten) / keep the temperature constant ‖ ⁓ (mäßigen) / temper ‖ ⁓ (Akus) / temper v ‖ ⁓ (Schokoladenmasse) (Nahr) / temper v ‖ ⁓ (Wärm) / control the temperature (by heating or cooling) ‖ ⁓ n (der Schokoladenmasse bei 27 - 29 °C) (Nahr) / tempering n
**temperiert•es Gewächshaus** (beheiztes - 12-18 °C) (Landw) / stove n (GB) (used expecially for the cultivation of tropical exotics), forcing house, hothouse n ‖ ⁓**es Glashaus** (Landw) / temperate glasshouse ‖ ⁓**es Haus** (12 - 18 °C) (Landw) / temperate glasshouse ‖ ⁓**er Phage** (Gen) / temperate phage ‖ ⁓**er Regenwald** (For, Umwelt) / dry rainforest ‖ ⁓**e Stimmung** (bei Tasteninstrumenten) (Akus) / temperament n
**Temperkohle** f (beim Temperguß ausgeschiedener Kohlenstoff) (Hütt) / temper-carbon n
**tempern** v (Hütt) / malleablize v ‖ ⁓ n (Glühen von weißem Gußeisen zum Zerfall des Zementits bei einer Temperatur oberhalb des unteren Umwandlungspunktes $Ac_1$ - nach DIN 17014) (Hütt) / malleablizing n ‖ ⁓ (Plast) / annealing n (US), tempering n
**Temper•ofen** m (für Glashäfen) (Glas) / pot arch ‖ ⁓**ofen** (Hütt) / annealing furnace*, annealing oven ‖ **(einen Hafen) im** ⁓**ofen wärmen** (Glas) / arch v ‖ ⁓**topf** m (Hütt) / annealing pot, annealing box
**Temperung** f (Plast) / annealing n (US), tempering n
**Tempervorbau** m (Glas) / start-up brazier
**Tempestit** m (Geol) / tempestite n
**tempestsicher** adj (Gerät, das sicherheitsempfindlichen Klartext verarbeitet) (EDV, Mil) / tempest-proof adj
**Templat(e)** n (Chem) / template n
**Template•-Effekt** m (bei organischen Reaktionen in Gegenwart von Metall-Ionen) (Chem) / template effect ‖ ⁓**-Polymerisation** f (Chem) / template polymerization, matrix polymerization ‖ ⁓**-Synthese** f (Chem) / template synthesis
**Tempolimit** n (Kfz) / speed limit
**Tempomat** m (Kfz) / cruise control (a system in a road vehicle that automatically maintains a selected speed until cancelled)
**temporale Logik** / temporal logic
**Temporal•-** / temporal adj ‖ ⁓**logik** f (zweiwertige Logik mit zeitgebundener Gültigkeit) / temporal logic
**temporär** adj / temporary adj ‖ ⁓**e Datei** (DIN 66230) (EDV) / temporary data set, temporary file ‖ ⁓**e Härte** / carbonate hardness, temporary hardness* ‖ ⁓**er Korrosionsschutz** (passive Schutzmaßnahme) (Galv) / temporary corrosion protection ‖ ⁓**e Last** (vorwiegend ruhend) (Bau) / live load*, superload n, superimposed load n ‖ ⁓**er Magnetismus** (Phys) / temporary magnetism ‖ ⁓**e Schutzhaut** (Hütt) / temporary film* ‖ ⁓**e Schutzschicht** / temporary protective coating ‖ ⁓**e Überspannung** (Eltech) / overshoot* n
**Temporär•kleber** m / temporary adhesive ‖ ⁓**klebstoff** m / temporary adhesive
**TEM-Typ** m (Wellenleiter) (Fernm) / transverse electromagnetic mode, TEM mode
**TEM-Welle** f (DIN 1324, T 3) (Eltech) / TEM wave, transverse electromagnetic wave
**Tenakel** n (Typog) / copyholder* n, manuscript holder, paper holder

**Tenazität** f (WP) / toughness* n (resistance to fracture by blows), tenacity* n
**Tendenz** f (Stats) / tendency n ‖ ⁓**gleichung** f (Meteor) / tendency equation ‖ ⁓**karte** f (Karte der 3stündigen Luftdruckänderungen) (Meteor) / tendency chart ‖ ⁓**umschwung** m / change of tendency
**Tender** m (von der Dampflokomotive mitgeführter Vorratsbehälter für Brennstoff und Speisewasser) (Bahn) / tender n ‖ ⁓ (eine längsseits einer Bohrplattform verankerte Barge) (Erdöl) / tender n ‖ ⁓ (Hilfsfahrzeug der Marine) (Schiff) / tender n
**Tenderizer** m (pflanzliches proteolytisches Enzym, das nach dem Einspritzen das Fleisch schneller zum Reifen bringt) (Nahr) / tenderizer n
**Tenderlokomotive** f (Bahn) / tank engine ‖ ⁓ (mit vorderen und hinteren Laufachsen) (Bahn) / double ender
**Teneriffa•-Arbeit** f (Tex) / Teneriffe lace ‖ ⁓**-Spitze** f (Tex) / Teneriffe lace ‖ ⁓**-Stickerei** f (eine Art Lochstickerei) (Tex) / Teneriffe embroidery
**Tenkawangfett** n (Nahr) / Borneo tallow, tenkawang n
**Tennantit** m (Min) / tennantite* n
**Tenne** f (Brau) / malt-floor n, floor n
**Tennenmälzerei** f (Brau) / flooring n, floor malting
**Tennenmälzung** f (Brau) / flooring n, floor malting
**Tennisflannel** m (Tex) / tennis flannel
**Tenor** m (z.B. der Werbung) / theme n
**Tenorit** m (Kupfer(II)-oxid) (Min) / tenorite* n
**Tensid** n (DIN 53908) (Chem, Phys) / surface-active agent, surfactant* n, surface-active detergent, tenside n, surface-tension depressant ‖ **ampholytische** ⁓**e** (Chem) / amphoteric tensides, amphoteric detergents, ampholytic detergents ‖ **amphotere** ⁓**e** (Chem) / amphoteric tensides, amphoteric detergents, ampholytic detergent ‖ **anionische** ⁓**e** (Chem, Tex) / anionic detergents, anionic tensides, anionic surfactants ‖ **kation(en)aktive** ⁓**e** (Chem, Tex) / cationic detergents*, cationic tensides, cationic surfactants ‖ ⁓**fluten** n (Erdöl) / tenside flooding (ternary oil recovery)
**Tensimeter** n (ein Dampfdruckmesser) (Chem) / tensimeter* n
**Tensiometer** n (zur Bestimmung der Oberflächen- oder Grenzflächenspannung) / tensiometer n ‖ ⁓ (zur Bestimmung der Bodenfeuchte) (Landw, Wasserb) / tensiometer n, tensometer n
**Tensometer** n (Masch, Mech) / tensometer* n, extensometer n
**Tensor** m (DIN 1303 - eine mathematisch-physikalische Größe, die im allgemeinen eine Funktion des Ortes und der Zeit ist und eine Verallgemeinerung des Vektorbegriffes darstellt) (Math, Phys) / tensor* n ‖ ⁓ (n-ter Stufe) (Math) / tensor of rank n, tensor of order n ‖ **alternierender** ⁓ (Math) / alternating tensor ‖ **antimetrischer** ⁓ (Math) / alternating tensor ‖ **antisymmetrischer** ⁓ (Math) / alternating tensor ‖ **kontravarianter** ⁓ (Math) / contravariant tensor ‖ **kovarianter** ⁓ (Math) / covariant tensor ‖ **metrischer** ⁓ (Math) / fundamental metric tensor* ‖ **verjüngter** ⁓ (Math, Phys) / contracted tensor ‖ **vollständig alternierender** ⁓ (Phys) / multivector n, alternating tensor ‖ ⁓ m **der Trägheitsmomente** (Mech) / inertia tensor, moment of inertia tensor, inertial tensor ‖ ⁓ **erster Stufe** (Math, Phys) / first-rank tensor ‖ ⁓ **zweiter Stufe** (Math, Phys) / dyad* n, double tensor, second-rank tensor
**Tensor•algebra** f (ein Teil des Tensorkalküls) (Math) / tensor algebra, algebra of tensors ‖ ⁓**analysis** f (ein Teil des Tensorkalküls) (Math) / tensor analysis ‖ ⁓**arm** m (Bewegungseinheit mit elefantenrüsselähnlicher Beweglichkeit - bei IR) (Masch) / tensor arm ‖ ⁓**dichte** f (Math) / tensor density ‖ ⁓**feld** n (Phys) / tensor field ‖ ⁓**gleichung** f (Math, Phys) / tensor equation
**tensoriell** adj (Math, Phys) / tensorial adj ‖ ⁓**e Abbildung** (Math) / tensorial mapping ‖ ⁓**es Feld** (Phys) / tensor field ‖ ⁓**e Größe** (DIN 1313) (Phys) / tensor quantity ‖ ⁓**e Potenz** (Math) / tensorial power ‖ ⁓**es Produkt** (Math) / tensor product (of vector spaces, modules) ‖ ⁓**e Summe** (Math) / tensorial sum
**Tensor•invariante** f (Math) / tensor invariant ‖ ⁓**kalkül** m n (Math) / tensor calculus, calculus of tensors ‖ ⁓**kraft** f (eine besondere Wechselwirkungskraft) (Nukl) / tensor force* ‖ ⁓**meson** n (Kernphys) / tensor meson ‖ ⁓**potenz** f (Math) / tensorial power ‖ ⁓**produkt** n (Math) / tensor product (of vector spaces, modules) ‖ ⁓**rechnung** f (Math) / tensor calculus, calculus of tensors ‖ ⁓**schicht** f (Phys) / pseudotensor n
**Tentakelaustauscher** m (zur Trennung von Biopolymeren) (Chem) / tentacle exchanger
**Tenuazonsäure** f (Chem) / tenuazonic acid
**Teosinte** f (in Mittelamerika beheimatetes hochwüchsiges Süßgras, das als Grünfutter verwendet wird - Zea mexicana (Schrad.) Reeves et Mangelsd.) (Bot, Landw, Nahr) / teosinte n
**Tepa** n (ein Chemosterilans) (Chem) / tepa n
**Tepalum** n (pl. -len) (Bot) / tepal* n
**Tephigramm** n (thermodynamisches Diagramm zur Auswertung aerologischeer Aufstiege) (Meteor) / tephigram* n
**Tephra** f (Vulkanoklastit) (Geol) / tephra* n, volcanic ejecta

**Tephrit** *m* (ein Basalt) (Geol) / tephrite* *n*
**tephritisch** *adj* (Geol) / tephritic *adj*
**Tephrochronologie** *f* (Methode, die in Gebieten mit kräftigem ascheförderndem Vulkanismus stratigrafische Zeitgliederungen mittels Typisierung und Parallelisierung von vulkanischen Aschen vorzunehmen erlaubt) (Geol) / tephrochronology *n*
**Tephroit** *m* ($Mn_2SiO_4$) (Min) / tephroite* *n*
**TEPP** (Insektizid und Aphizid - heute nicht mehr gebräuchlich) (Chem) / tetraethyl pyrophosphate, TEPP*
**Teppich** *m* (dünner Belag) (HuT) / carpet *n* ‖ ~ (Tex) / carpet *n* ‖ ~ (kleiner, dicker) (Tex) / rug *n* ‖ **Brüsseler** ~ (Tex) / Brussels carpet ‖ **gewirkter** ~ (Tex) / knitted carpet ‖ ~ *m* **aus vor dem Weben gefärbter Wolle** (Tex) / ingrain carpet ‖ ~ **für den Objektbereich** (Tex) / contract carpet, commercial carpet (US) ‖ ~ **für den Wohnbereich** (Tex) / residential carpet, domestic carpet
**Teppich • -Auslegeware** *f* (Tex) / wall-to-wall carpet, fitted carpet ‖ ~**boden** *m* (Tex) / wall-to-wall carpet, fitted carpet ‖ **langfloriger** ~**boden** (Tex) / shag *n* ‖ ~**färberei** *f* (Tex) / carpet dyeing ‖ ~**fliese** *f* (Tex) / carpet tile, carpet square ‖ ~**flor** *m* (Tex) / carpet pile ‖ ~**garn** *n* (Tex) / carpet yarn ‖ ~**grund** *m* (Tex) / backing *n*, primary backing ‖ ~**halteleiste** *f* (Bau) / carpet strip ‖ ~**käfer** *m* (ein Speckkäfer der Gattung Anthrenus) (Tex, Zool) / carpet beetle ‖ ~**klebstoff** *m* / carpet adhesive ‖ ~**knoten** *m* (Tex) / carpet knot ‖ ~**läufer** *m* (Bau, Tex) / stair carpet(ing) ‖ ~**reinigung** *f* (Tex) / carpet cleaning ‖ ~**rücken** *m* (Tex) / carpet back, carpet backing ‖ ~**rückseite** *f* (Tex) / carpet back, carpet backing ‖ ~**satz** *m* (Kfz, Tex) / carpeting *n*, carpet kit ‖ ~**schiene** *f* (Bau) / carpet rail ‖ ~**shampooniergerät** *n* (Tex) / shampooer *n* ‖ ~**stange** *f* (Bau) / carpet rail ‖ ~**stoff** *m* (Tex) / carpet fabric ‖ ~**unterlage** *f* (Tex) / underlay *n* ‖ ~**ware** *f* (Tex) / carpeting *n*, carpeting goods ‖ ~**waren** *fpl* (DIN 61151) (Tex) / carpeting *n*, carpeting goods ‖ **amerikanische** ~**wäsche** (Tex) / American carpet wash ‖ ~**wolle** *f* (grobe und lange Wolle für Teppichgarne) (Tex) / carpet wool
**tera-** (Kurzzeichen, Vorsatz für Einheiten mit selbständigem Namen, bedeutet den Faktor $10^{12}$) / tera-* ‖ ~ (Kurzzeichen, Vorsatz für Einheiten mit selbständigem Namen, bedeutet den Faktor $10^{12}$) / tera-*
**Terabyte** *n* (EDV) / terabyte *n*, TB, Tb
**Teracrylsäure** *f* (Chem) / teracrylic acid
**Teraflops** *pl* (Maß der Leistungsfähigkeit eines Rechners in bezug auf Fließkommaoperationen) (EDV) / teraflops *pl*
**Terahertz** *n* (Elektr) / terahertz* *n*, THz, fresnel** *n*
**Terakrylsäure** *f* (Chem) / teracrylic acid
**teratogen** *adj* (Gen, Pharm) / teratogenic *adj* ‖ ~**es Mittel** (Gen, Pharm) / teratogen *n* ‖ ~ *n* (Gen, Pharm) / teratogen* *n*
**Teratogenese** *f* (Gen, Pharm) / teratogeny *n*
**Teratolith** *m* (eine Varietät des Bols) (Min) / teratolite *n*
**Terbia** *f* ($Tb_2O_3$) (Chem) / terbia *n*
**Terbinerde** *f* ($Tb_2O_3$) (Chem) / terbia *n*
**Terbium (Tb)** *n* (Chem) / terbium* *n* ‖ ~**molybdat** *n* (Chem) / terbium molybdate ‖ ~**(III)-oxid** *n* ($Tb_2O_3$) (Chem) / terbium oxide
**Terbutryn** *n* (ein Herbizid) (Chem, Landw) / terbutryn *n*
**TERCOM** *f* (ein Lenkverfahren für militärische Flugkörper) (Mil) / terrain-contour matching*, TERCOM*, terrain-profile matching*, terprom* *n*
**TERCOM-Rechner** *m* (Mil) / TERCOM computer
**Tereben** *n* (Lösungsmittel und Verdünner) (Anstr) / terebine* *n*, terebene *n*, terebanthene *n*
**Terephthalsäure** *f* (Chem) / terephthalic acid*, TPA ‖ ~**dimethylester** *m* (Chem) / dimethyl terephthalate (DMT)
**Terischote** *f* (gerbstoffreiche Hülse der Caesalpinia digyna Rottler) (Leder) / teri pod
**Term** *m* (sprachliches Zeichen, das nicht die Funktion einer Aussage hat) / term *n* ‖ ~ (Zahlenausdruck, Rechenausdruck) (Math) / term *n* ‖ ~ (in der Gleichung) (Math) / side *n*, member *n* ‖ ~ (Math) / term *n* ‖ ~ (dem Energieniveau eines quantenmechanischen Systems zugeordnete Größe) (Phys) / energy level, (energy) term *n* ‖ ~ (Spektr) / spectral term ‖ **primitiver** ~ (Grundbegriff) (Math) / primitive term ‖ **ungerader** ~ (Spektr) / odd term
**Term • algebra** *f* (in der Semantik) / term algebra ‖ ~**aufspaltung** *f* (Kernphys) / term splitting ‖ ~**bezeichnung** *f* / term symbol ‖ ~**ersetzung** *f* (bei Termgleichungen) (KI) / rewriting *n* ‖ ~**ersetzung** (wenn man eine Variable an allen Stellen, an denen sie frei vorkommt, durch einen Term ersetzt) (Math) / replacement of a term ‖ ~**ersetzungssystem** *n* (KI) / rewrite rules
**Termin** *m* (DIN 69900) / deadline *n*, due date ‖ ~ (Leistungsmerkmal) (Fernsp) / appointment *n* ‖ **vorgesehener** ~ / target date ‖ ~**abhängiger Bestellpunkt** (F.Org) / time-phased order point
**terminal** *adj* / terminal *adj* ‖ **nicht ~er Knoten** (KI) / non-terminal node ‖ ~**er Knoten** (KI) / terminal node, end node ‖ ~**er Knoten** (eines Baumes) (KI) / leaf node, leaf *n* (end node of a tree), terminal node, external node, tip node, terminal vertex ‖ ~**es Zeichen** (EDV) / terminal *n*
**Terminal** *n* (DIN 44302) (EDV) / data terminal, terminal* *n*, data communication terminal ‖ ~ *m n* (Luftf) / terminal *n*, terminal building ‖ ~ (Luftf) / passenger terminal ‖ ~ (ein Umschlagplatz) (Schiff) / terminal *n* ‖ ~ (Schiff) s. auch Containerterminal ‖ **entferntes** ~ (EDV) / remote station, remote terminal ‖ **grafisches** ~ (EDV) / graphics terminal, graphic display terminal ‖ **intelligentes** ~ (das als eigenständige Arbeitsstation benutzt werden kann) (EDV) / intelligent terminal* (IT), intelligent workstation, smart terminal ‖ **intelligentes** ~ (EDV) ‖ **nichtintelligentes** ~ (EDV) / dumb terminal ‖ **unintelligentes** ~ (EDV) / dumb terminal ‖ **virtuelles** ~ (EDV) / high-level terminal, virtual terminal, VT ‖ **zeichenorientiertes** ~ (Fernm) / character-oriented terminal ‖ **zeichenweise arbeitendes** ~ (Fernm) / character-oriented terminal ‖ ~ *n* **für Stapelbetrieb** (EDV) / batch terminal ‖ ~ **mit Berührungsbildschirm** (EDV) / touch-screen terminal, touch terminal
**Terminal Access Point** *m* (in einem Ethernet-Netzwerk) (EDV) / terminal access point
**Terminal • adapter** *m* (Fernm) / terminal adapter ‖ ~**drucker** *m* (Hardcopy-Einheit mit Tastatur) (EDV) / keyboard printer ‖ ~**drucker** (EDV) / printer terminal, print station ‖ ~**emulation** *f* (EDV) / terminal emulation (feature of communication programs to make a PC act like a specific terminal type) ‖ ~**emulation** (wenn ein Terminal das Verhalten eines anderen kopiert) (EDV) / terminal emulation ‖ ~**emulator** *m* (EDV) / terminal emulator ‖ ~**intelligenz** *f* (EDV) / terminal intelligence ‖ ~**server** *m* (der die nichtintelligenten Terminals im Netz versorgt) (EDV) / terminal server ‖ ~**tastatur** *f* (EDV) / terminal keyboard
**Terminate-and-Stay-Resident-Programm** *n* (EDV) / TSR program
**Termination** *f* (bei der Translation) (Biochem) / termination *n* ‖ ~ (ein Schritt, der bei lebenden Polymeren fehlt) (Chem) / termination *n* ‖ ~ (Beendigung einer Reaktionssequenz, insbesondere bei Kettenreaktionen) (Chem) / termination *n*
**Terminationscodon** *n* (Folge von drei Nukleotiden in der mRNS, die die Beendigung und Freisetzung eines während der Proteinbiosynthese gebildeten Polypeptids signalisiert) (Gen) / stop codon*, chain terminator*, termination codon
**Terminationskodon** *n* (Gen) / stop codon*, chain terminator*, termination codon
**Terminator** *m* (die Trennlinie zwischen beleuchtetem und unbeleuchtetem Gebiet auf der Oberfläche des Mondes oder eines Lichtphasen zeigenden Planeten) (Astr) / terminator* *n* ‖ ~ (Abschlußwiderstand bei SCSI-Bussen) (EDV) / terminator *m* ‖ ~ (EDV) / terminator *n* ‖ ~ (EDV) / terminator *n* ‖ ~**sequenz** (Gen) / terminator *n*
**termin • gebundener Auftrag** / deadlined job ‖ ~**gerecht** *adj* / in due time, on-schedule *attr* ‖ ~**handel** *m* (an der Börse) / futures *pl*, forward business
**Terminierung** *f* / scheduling *n* ‖ **verteilte** ~ (bei nebenläufigen Prozessen) (EDV) / distributed termination
**Terminkoordination** *f* / traffic management
**Terminologie** *f* (DIN 2330) / terminology *n* ‖ ~**bank** *f* (EDV) / terminology bank, term bank ‖ ~**datenbank** *f* (eine Datenbank, in der terminologische Daten nach einem vorgegebenen Eintragsschema gespeichert sind) (EDV) / terminology bank, term bank
**Terminologisierung** *f* / terminologization *n*, terminologisation *n* (GB)
**Termin • plan** *m* (z.B. Balkendiagramm, Wege-Zeit-Diagramm oder Netzplan) (Bau) / construction progress chart, progress chart ‖ ~**plan** (F.Org, KI, Regeln) / time schedule ‖ ~**planung** *f* (in einer Werbeagentur) / traffic management ‖ ~**planung** (F.Org, KI, Regeln) / time scheduling ‖ ~**treue** *f* / adherence to deadlines ‖ ~**überwacher** *m* (in einer Werbeagentur) / accelerator *n*, traffic manager ‖ ~**überwachung** *f* / deadline monitoring
**Terminus** *m* (pl. -ini) (festgelegte /Fach/Bezeichnung) / term *n* ‖ **technischer** ~ / technical term, technicality *n*
**Terminwesen** *n* / scheduling *n*
**termiten • abtötend** *adj* (Chem, Zool) / termiticidal *adj* ‖ **befall** *m* (Bau) / termite attack ‖ ~**beständig** *adj* (Bau) / termite-proof *adj*, termite-resistant *adj* ‖ ~**resistent** *adj* (Bau) / termite-proof *adj*, termite-resistant *adj* ‖ ~**schaden** *m* (Bau) / termite damage ‖ ~**schild** *m* (Bau) / termite shield* ‖ ~**schutzschicht** *f* (Bau) / termite shield* ‖ ~**schutzschild** *m* (Bau) / termite shield* ‖ ~**tötend** *adj* (Chem, Zool) / termiticidal *adj*
**termitizid** *adj* (Chem, Zool) / termiticidal *adj*
**Termmultiplett** *n* (Kernphys) / term multiplet
**termolekular** *adj* (Chem) / termolecular* *adj*, trimolecular *adj*
**Term • reduktion** *f* (bei der Arbeit mit Termersetzungssystemen) (KI) / term reduction ‖ ~**schema** *n* (Kernphys) / term diagram* ‖ ~**symbol** *n* / term symbol ‖ ~**system** *n* (Kernphys) / term diagram*

**ternär**

**ternär** *adj* (Chem, Hütt, Masch) / ternary* *adj* ‖ ~ (Prädikat) (Math) / ternary *adj* ‖ **~es Gemisch** (Chem) / ternary mixture ‖ **~e Kernspaltung** (Kernphys) / ternary fission, tripartition *n* ‖ **~e Legierung** (Hütt) / ternary alloy, tertiary alloy ‖ **~e Nomenklatur** (Biol) / ternary nomenclature ‖ **~e Spaltung** (Kernphys) / ternary fission, tripartition *n* ‖ **~es System** (Hütt) / ternary system*, three-component system ‖ **~e Verbindung** (aus drei chemischen Elementen oder drei Molekül- bzw. Ionensorten) (Chem) / ternary compound ‖ **~es Zustandsdiagramm** (Hütt, Phys) / ternary diagram*, triangular diagram
**Ternär•code** *m* (EDV) / ternary code ‖ **~kode** *m* (EDV) / ternary code ‖ **~system** *n* (mit der Basis 3) (Math) / ternary system
**Terneblech** *n* (Masch) / terne plate* (sheet of iron or steel coated with a lead-tin alloy containing small amounts of antimony)
**Terotechnik** *f* (Masch) / terotechnology *n*
**Terotechnologie** *f* (Masch) / terotechnology *n*
**Terpadien** *n* (Chem) / terpadiene* *n*
**Terpen** *n* (Polymerisationsprodukt des Kohlenwasserstoffs Isopren) (Chem) / terpene* *n* ‖ **monocyklisches ~** (Chem) / monocyclic terpene ‖ **monozyklisches ~** (Chem) / monocyclic terpene ‖ **trizyklisches ~** (Chem) / tricyclic terpene ‖ **~alkohol** *m* (Chem) / terpene alcohol ‖ **~harz** *n* (ein Kohlenwasserstoffharz) (Chem) / terpene resin ‖ **~kohlenwasserstoff** *m* (Chem) / terpene hydrocarbon ‖ **~lösungsmittel** *n* (Chem) / terpene solvent
**terpenoid•e Verbindung** (Chem) / terpenoid *n*, terpenoid compound ‖ **~** *n* (Chem) / terpenoid *n*, terpenoid compound
**Terpen-Phenol-Harz** *n* (DIN 16 916, T 1) (Chem) / terpene-phenol resin
**Terpentin** *n m* (Terpentinharz) / crude turpentine, gum turpentine ‖ **~** (Chem) / turpentine* *n* ‖ **aus totem Kernholz der Stümpfe und Äste gewonnenes ~** (Chem) / wood turpentine ‖ **Kanadischer ~** (Balsamum canadense) (Chem) / Canada balsam*, Canada turpentine, balsam of fir* ‖ **Straßburger ~** (von der Weißtanne) / Strasbourg turpentine ‖ **Venezianischer ~** (aus Larix decidua Mill.) (Anstr) / Venice turpentine (the oleoresin of the Tyrolean larch), larch turpentine
**Terpentin•beize** *f* (zum Lasieren) (Anstr, For) / turpentine varnish ‖ **~essenz** *f* / rosin spirit(s) ‖ **~farm** *f* (die die Box-Raubbaummethode bei der Harzung anwendet) (For) / turpentine farm ‖ **~harzöl** *n* / rosin oil, resin oil ‖ **~öl** *n* (DIN 53248) / oil of turpentine*, turps *n*, turpentine *n* ‖ **durch Wasserdampfdestillation gewonnenes ~öl** / steam-distilled wood turpentine ‖ **~ölersatz** *m* (Chem) / turpentine substitute ‖ **~pistazie** *f* (Pistacia terebinthus L.) (For) / terebinth *n*
**Terphenyl** *n* (Chem) / terphenyl *n* ‖ **polychloriertes ~** (Chem) / polychlorinated terphenyl
**Terpin** *n* (*p*-Menthan-1,8-diol) (Chem) / terpin *n*
**Terpinen** *n* (monozyklischer Monoterpenkohlenwasserstoff) (Chem) / terpinene *n*
**Terpineol** *n* (monozyklischer Monoterpenalkohol) (Chem) / terpineol* *n*
**Terpinhydrat** *n* (Pharm) / terpin hydrate
**Terpinolen** *n* (Chem) / terpinolene *n*
**Terpinum** *n* **hydratum** (Pharm) / terpin hydrate
**Terpolymer** *n* (Kopolymer aus drei verschiedenen Monomeren) (Chem) / terpolymer *n*
**Terpolymeres** *n* (Kopolymer aus drei verschiedenen Monomeren) (Chem) / terpolymer *n*
**Terpolymerisation** *f* (Chem) / terpolymerization *n*
**Terra** *f* (pl. Terrae) (eine Oberflächenformation des Erdmondes) (Astr) / terra *n* (pl. terrae), continent *n* ‖ **gebrannte ~ di Siena** (gebrannter Bolus) (Anstr) / burnt sienna* ‖ **~ di Siena** *f* (eine schön gefärbte Bolus-Art) (Anstr) / sienna *n*, raw sienna* ‖ **~ fusca** (ein Bodentyp) (Geol, Landw) / terra fusca ‖ **~ rossa** (mediterrane Roterde) (Geol) / terra rossa ‖ **~ sigillata** (dünnwandiges römisches Tafelgeschirr aus Ton mit glänzend rotbraunem Schlickerüberzug) (Keram) / terra sigillata
**Terrainfolgeflug** *m* (Luftf) / contour flying, hedgehopping *n*, contour flight
**Terrainfolgeradar** *m n* (Radar) / terrain-following radar
**terrakotta** *adj* / brick-red *adj*, tile-red *adj*, terracotta *attr* ‖ **~** *f* (pl. -tten) (ein keramisches Erzeugnis aus gebranntem Ton mit porösem, wetterfestem, nicht durchscheinendem, bei 900 bis 1000 °C braunrot bis braun gebranntem Scherben, meist ohne Glasur) (Bau, Keram) / terracotta* *n* ‖ **~** (als Baustoff) (Bau, Keram) / architectural terracotta ‖ **~farben** *adj* / brick-red *adj*, tile-red *adj*, terracotta *attr*
**Terrakotte** *f* (Bau, Keram) / terracotta* *n*
**Terramycin** *n* (Oxytetrazyklin) (Pharm) / Terramycin *n*
**Terrasse** *f* (der Freitreppe) (Arch) / perron *n* ‖ **~** *f* (überdachte) (Bau) / patio *n* ‖ **~** (Geol, HuT) / terrace *n* ‖ **durch Abtragung beim Wellenangriff gebildete ~** (Geol, Wasserb) / wave-cut terrace, wave-cut platform, wave-cut plain ‖ **niveaugleiche ~n** (beiderseits des Flusses) (Geol) / paired terraces, matched terraces ‖ **~n anlegen** (Bau, HuT) / terrace *v*

**Terrassen•anbau** *m* (Landw) / terrace cultivation ‖ **~bildung** *f* **durch Abtragung beim Wellenangriff** (Geol, Wasserb) / wave-cut terracing ‖ **~bruch** *m* (bei Beanspruchung des Werkstoffes auf Zug in Dickenrichtung lamellenförmige Risse und Brüche parallel zur Blechoberfläche infolge von langgestreckten metallischen Einschlüssen, vorzugsweise von Sulfiden) (Hütt, WP) / lamellar tearing, lamellar fracture ‖ **~haus** *n* (Bau) / stepped hillside building ‖ **~kultur** *f* (Landw) / terrace cultivation ‖ **~schnitt** *m* (HuT) / terracing cut ‖ **~stufenbau** *m* (für Einschnitte) (HuT) / notching* *n* ‖ **~tür** *f* (Arch) / French window*, French door*, casement door
**terrassieren** *v* (Bau, HuT) / terrace *v* ‖ **~** (HuT) / step *v*
**Terrassierung** *f* (künstliche Abstufung steiler Hänge) (HuT) / contour ploughing, terracing *n*
**Terrazzo** *m* (pl. Terrazzi) (Zementestrich mit Zusatz von eingewalztem mehrfarbigem Steinschlag, dessen Oberfläche nach Erhärten geschliffen wird) (Bau) / terrazzo* *n*, Venetian mosaic* ‖ **~ mit Granitsplitt** (Bau) / granolithic* *n*, grano *n*, granolithic screed ‖ **~beton** *m* (Bau) / granolithic concrete
**terrestrisch** *adj* / terrestrial *adj* ‖ **~es Eisen** (Geol) / terrestrial iron ‖ **~e Elektrizität** (Elektr, Geol) / terrestrial electricity, geoelectricity *n* ‖ **~es Fernrohr** (Opt) / terrestrial telescope* ‖ **~es Fernsehen** (TV) / terrestrial television, terrestrial TV ‖ **~e Fotogrammetrie** (Verm) / photographic surveying*, phototopography* *n* ‖ **~e Navigation** (mit Hilfe von Ortungsverfahren, die auf visueller Beobachtung von terrestrischen Objekten beruht) (Nav) / terrestrial navigation, pilotage *n*, visual navigation ‖ **~er Planet** (Astr) / terrestrial planet *n* ‖ **~e Refraktion** (Brechung der Lichtstrahlen beim Durchgang durch erdnahe Luftschichten) (Meteor, Opt) / terrestrial refraction ‖ **~e Strahlenbrechung** (Brechung der Lichtstrahlen beim Durchgang durch erdnahe Luftschichten) (Meteor, Opt) / terrestrial refraction ‖ **~e Strahlenexposition** (Umwelt) / terrestrial radiation exposure ‖ **~e Strahlung** (Meteor) / terrestrial radiation*, earth radiation, eradiation *n*, terrestrial radiant energy ‖ **~e Szintillation** (Opt) / optical haze, terrestrial scintillation, atmospheric boil, atmospheric shimmer ‖ **~es Wasser** (Geol) / terrestrial water
**terrigen** *adj* (Geol) / terrigenous *adj* ‖ **~e Ablagerungen** *f pl* (Geol) / terrigenous sediments*, terrigenous deposits
**terrikol** *adj* (Bot) / terricolous *adj*
**Territorialgewässer** *n pl* (Meeresteile, die der Herrschaft des Uferstaates unterstehen, aber anderen Staaten für die Durchfahrt offenstehen) (Geog) / territorial waters
**Territorium** *n* (Geog) / territory* *n*
**tert-Butanol** *n* (Anstr, Chem, Kftst) / tert-butyl alcohol, 2-methyl-2-propanol *n*
**tert-Butyl•alkohol** (Anstr, Chem, Kftst) / tert-butyl alcohol, 2-methyl-2-propanol *n* ‖ **~tert-Butylhydroxyanisol** *n* (E 320) (Chem, Nahr) / tert-butylmethoxyphenol, butylated hydroxyanisole, BHA ‖ **~tert-Butylmethoxyphenol** (Chem, Nahr) / tert-butylmethoxyphenol, butylated hydroxyanisole, BHA ‖ **~tert-Butylmethylether** *m* (Chem, Kftst, Kfz) / methyl-tert-butyl-ether (MTBE) *n*
**tertiär** *adj* / tertiary *adj* ‖ **~** (bei Salzen mehrbasiger Säuren) (Chem) / tribasic *adj* ‖ **~e Alkohole** (Chem) / tertiary alcohols* ‖ **~e Amine** (Chem) / tertiary amines* ‖ **~e Fördertechnik** (Erdöl) / tertiary recovery*, tertiary production* ‖ **~e Gewinnung** (Erdöl) / tertiary recovery*, tertiary production* ‖ **~e Gewinnungsphase** (dem Flutwasser werden Chemikalien zugesetzt oder das Erdöl wird in der Lagerstätte erwärmt) (Erdöl) / tertiary recovery*, tertiary production* ‖ **~es Kaliumphosphat** (Chem) / neutral potassium phosphate, potassium phosphate (tribasic form), tripotassium orthophosphate ‖ **~es Kalziumphosphat** (Chem) / calcium orthophosphate ‖ **~es Kriechen** (Hütt, WP) / tertiary creep (until failure occurs) ‖ **~es Natriumphosphat** (Chem) / trisodium phosphate(V), TSP, sodium orthophosphate ‖ **~e Rekristallisation** (Hütt) / tertiary recrystallization ‖ **~e Verbindung** (Chem) / tertiary compound
**Tertiär•-** / tertiary *adj* ‖ **~farben** *f pl* / tertiary colours* ‖ **~förderung** *f* (Erdöl) / tertiary recovery*, tertiary production* ‖ **~gruppe** *f* (fünf Sekundärgruppen in der Frequenzmultiplex-Übertragungstechnik) (Fernm) / 5-supergroup, master group ‖ **~gruppenverbindung** *f* (Fernm) / master-group link ‖ **~lamelle** *f* (For) / tertiary wall, tertiary lamella ‖ **~luft** *f* / tertiary air ‖ **~speicher** *m* (bei Rechnersystemen mit Speicherhierarchie) (EDV) / tertiary memory ‖ **~struktur** *f* (der Proteine) (Biochem) / tertiary structure* ‖ **~wand** *f* (For) / tertiary wall, tertiary lamella ‖ **~wärmepumpe** *f* (die innerhalb eines Energiekreislaufs zur Wärmerückgewinnung dient - z.B. bei der Klimatisierung von Großgebäuden) (Wärm) / tertiary-energy driven heat pump ‖ **~wicklung** *f* (Eltech) / tertiary winding* ‖ **~zementit** *m* (beim Abkühlen von der Perlittemperatur unterhalb 723 °C) (Hütt) / tertiary cementite
**tervariant** *adj* (Phys) / tervariant *adj*, trivariant *adj*
**Terylen** *n* (Chem) / Terylene* *n*

**Terylene** *n* (ein Polyesterfaserstoff der ICI Fibres Ltd.) (Chem) / Terylene* *n*
**Terz** *f* (ein Frequenzmaßintervall, dessen Frequenzverhältnis die 3. Wurzel 2 ist - DIN 13320) (Fernm) / third *n*
**Terzaghi-Analogie** *f* (nach K. Terzaghi, 1883-1963) (HuT) / Terzaghi analogy
**Terzband** *n* (Fernm) / one-third octave band
**Tesatest** *m* (halbquantitatives Verfahren zur Messung der Haftfestigkeit) (Galv) / tape test
**Teschenit** *n* (ein Alkaligestein) (Geol) / teschenite* *n*
**Tesla** *n* (abgeleitete SI-Einheit der magnetischen Flußdichte = 1 Wb/m², nach dem kroatisch-amerikanischen Physiker Nikola Tesla, 1856-1943) (Elektr) / tesla* *n* ‖ ~**spule** *f* (Sekundärspule des Teslatransformators) (Eltech) / Tesla coil* ‖ ~**strom** *m* (Eltech) / Tesla current ‖ ~**transformator** *m* (eine Anordnung zur Erzeugung hochfrequenter Wechselspannungen von sehr großer Amplitude) (Eltech) / Tesla transformer
**tesseral** *adj* (Math) / tesseral *adj* ‖ ~**e Kugelfunktion** (Math) / tesseral harmonic, tesseral Legendre function
**Test** *m* / test *n* (using standard methods), testing *n*, TST ‖ **auxanografischer** ~ (zur Ermittlung des Spektrums assimilierbarer Substrate) / auxanographic test ‖ **einseitiger** ~ (ein Signifikanztest) (Stats) / one-tailed test, one-tail test, one-sided test ‖ χ²-~ (Stats) / chi-squared test ‖ **nichtparametrischer** ~ (Stats) / distribution-free method*, non-parametric method ‖ **nichtrandomisierter** ~ (Stats) / non-randomized test ‖ **parameterfreier** ~ (z.B. Kolmogorow-Smirnow-Test) (Stats) / distribution-free method*, non-parametric method ‖ **randomisierter** ~ (Stats) / randomized test ‖ **robuster** ~ (Stats) / robust test (to outliers) ‖ **sequentieller** ~ (Stats) / sequential test ‖ **statischer** ~ (Toxizitätstest, bei dem kein Austausch des Mediums stattfindet oder wenn doch, dann nur nach längeren Intervallen) (Umwelt) / static test ‖ **trennschärfster** ~ (Stats) / most powerful test ‖ **vom Gesetz vorgeschriebener** ~ **zur Prüfung des Einhaltens von Auflagen** (Umwelt) / legal test ‖ **widerstandsfähiger** ~ (Stats) / robust test (to outliers) ‖ **zweiseitiger** ~ (ein Signifikanztest) (Stats) / two-tailed test, two-tail test, two-sided test ‖ ~ **auf akute Toxizität** / acute toxicity test ‖ ~ **unter Betriebsbedingungen** (WP) / service test
**Test Access Port** *m* (Eltronik) / test access port, TAP
**Testa** *f* (pl. -ae) (Bot) / testa* *n* (pl. -ae)
**Test•anforderung** *f* / test request ‖ ~**areal** *n* (Eltech, Kfz) / proving ground, test area, testing ground ‖ ~**band** *n* (Film) / test strip ‖ ~**benzin** *n* (DIN 51632) (Anstr) / white spirit*, W.M. & P. naphtha, white *n*, light gasoline (US), petroleum spirit, V.M. & P. ‖ ~**betrieb** *m* (EDV) / test mode ‖ ~**bild** *n* (Opt) / test pattern ‖ ~**bild** (TV) / test card*, pattern *n* (test) (US), test chart*, test pattern*, colour bar ‖ ~**bildgeber** *m* (TV) / test pattern generator ‖ ~**daten** *pl* / test data* ‖ ~**datengenerator** *m* (EDV) / test data generator, test case generator, automated test generator ‖ ~**datensatz** *m* (EDV) / test case ‖ ~**-Dummy** *m* (Platzhalter für noch nicht programmierte Moduln, um den Test einzelner Komponenten zu ermöglichen) (EDV) / test dummy ‖ ~**einheit** *f* (die aus einem oder mehreren Testobjekten besteht) (Masch) / piece *n*
**testen** *v* / test *v*, prove *v*
**Tester** *m* (Instr) / testing apparatus, tester *n*
**Test•ergebnis** *n* / test result ‖ ~**figur** *f* (z.B. Liniengitter, Kreisfigur, Sektorenraster) (Opt) / test pattern ‖ ~**film** *m* (Film) / test film ‖ ~**flug** *m* (Luftf) / proving flight, test flight (made to observe the performance of a new aircraft or spacecraft) ‖ **einen** ~**flug durchführen** (Luftf) / test-fly *v* ‖ ~**folge** *f* / test sequence ‖ ~**funktion** *f* (ein bestimmter zeitlicher Verlauf eines Signals, das an den Eingang eines Übertragungsgliedes gegeben wird mit dem Ziel, aus dem zeitlichen Verlauf des Ausgangssignals auf das Zeitverhalten des Übertragungsgliedes zu schließen) (Eltronik) / test function *n* ‖ ~**gas** *n* (Vakuum) / search gas ‖ ~**gelände** *n* (Eltech, Kfz) / proving ground, test area, testing ground ‖ ~**gerät** *n* (Instr) / testing apparatus, tester *n* ‖ ~**gewebe** *n* (Tex, WP) / test fabric (specially made for fastness testing) ‖ ~**größe** *f* (Stats) / test statistic (variable) ‖ ~**gruppe** *f* (bei Korrosionsprüfungen) (Galv) / set *n* ‖ ~**hilfe** *f* (Hardware) (EDV) / debugging aid ‖ ~**hilfe** (EDV) / diagnostic program, diagnostic routine, malfunction routine
**Testimonial** *n* (Radio, TV) / testimonial advertising ‖ ~**-Werbesendung** *f* (Bekundung von Zufriedenheit eines tatsächlichen oder fiktiven Kunden mit einem Produkt oder einer Dienstleistung) (Radio, TV) / testimonial commercial ‖ ~**-Werbung** *f* (mit Aussagen und Urteilen bestimmter Personen) (Radio, TV) / testimonial advertising
**Testkit** *m* (analytischer) (Chem) / test kit
**Test•klemme** *f* (Eltech) / test terminal*, hooker *n* ‖ ~**kriterium** *n* (Stats) / test statistic (variable) ‖ ~**lauf** *m* / trial run, test run, dummy run ‖ ~**-Liner** *m* (für Deckschichten von Wellpappe oder Vollpappe - DIN 6730) (Pap) / test linerboard, test liner ‖ ~**marke** *f* (Opt) / test pattern ‖ ~**markt** *m* (ein lokaler oder regionaler Markt, der dazu dient, die Marktchancen eines neuen Produkts vor seiner Einführung im Gesamtmarkt zu testen) / test market ‖ ~**negativ** *n* (Foto) / focusing negative ‖ ~**objekt** *n* (Opt) / target *n* ‖ ~**objekt** (z.B. Liniengitter, Kreisfigur, Sektorenraster) (Opt) / test pattern

**Testosteron** *n* (ein männliches Geschlechtshormon) (Biochem, Gen, Med) / testosterone* *n*
**Test•papier** *n* (Chem) / indicator paper, test paper, reaction paper (US) ‖ ~**person** *f* / testee *n* ‖ ~**pilot** *m* (der Testflüge durchführt) (Luftf) / test pilot ‖ ~**programm** *n* (EDV) / check program, checking program, test program ‖ ~**programm** (Masch, Nukl) / test schedule ‖ ~**protokoll** *n* (EDV) / test log ‖ ~**punkt** *m* (EDV) / test access point ‖ ~**puppe** *f* (Kfz) / dummy *n*, manikin *n* (US), mannikin *n* (US) ‖ ~**referenzjahr** *n* (für einen Ort oder für eine Klimaregion aus 12 Einzelmonaten/ Januar bis Dezember/ verschiedener Jahre synthetisch erzeugtes, aus stündlichen Datensätzen bestehendes Datenkollektiv) (Meteor) / test reference year, TRY ‖ ~**signal** *n* (Fernm, Regeln) / test signal ‖ ~**sperre** *f* (EDV) / test inhibit signal ‖ ~**sperrquittung (TSPQ)** *f* (EDV) / test inhibit acknowledgement ‖ ~**spule** *f* (eine kleine Spule oder ein Spulenaufbau, die/der auf oder nahe der Oberfläche des Testobjektes plaziert wird) (Eltech) / probe coil ‖ ~**stäbchen** *n* (für Umwelt- und Wasseranalytik) (Chem) / test stick ‖ ~**stopp** *m* (nach dem Teststoppabkommen) (Mil, Nukl) / test ban ‖ ~**stoppabkommen** *n* (Mil, Nukl) / test-ban treaty ‖ ~**strecke** *f* (Fahrbahn) (Kfz) / test track ‖ ~**streifen** *m* (Med, Pharm) / test strip ‖ ~**substanz** *f* (Reagens) (Chem) / test substance, test *n* ‖ **Rohrschneidersche** ~**substanz** (Chem) / Rohrschneider test probe ‖ ~**tafel** *f* (zur Prüfung des Sehvermögens) (Med, Opt) / acuity chart ‖ ~**tafel** (bei der Seh- oder Objektivprüfung) (Opt) / target *n* ‖ ~**umgebung** *f* (für die Prüfung eines Programms) (EDV) / test bed ‖ ~**verbrauch** *m* (Kfz) / observed fuel economy ‖ ~**verfahren** *n* / testing method, testing process ‖ **rechnergestütztes** ~**- und Prüfverfahren** (EDV) / computer-aided testing, CAT ‖ ~**verteilung** *f* (bei statistischen Prüfverfahren) (Stats) / test distribution ‖ ~**vordruck** *m* (EDV) / test plan ‖ ~**vorlage** *f* (Anordnung von Testfiguren und Prüftafeln zum Feststellen der Bildqualität über das gesamte Bild) (Druck) / test pattern ‖ ~**wagen** *m* (Kfz) / test car ‖ ~**zyklus** *m* (Kfz) / test cycle
**Tetanie** *f* (Med) / tetany* *n*
**Tetanus** *m* (Med) / tetanus* *n*
**tetartoedrisch** *adj* (Krist) / tetartohedral *adj* ‖ ~**e Klasse** (Kristallklasse des kubischen Kristallsystems) (Krist) / tetartohedral class
**Tetartoid** *n* (tetraedrisches Pentagondodekaeder - z.B. Ullmannit und Langbeinit) (Min) / tetartoid *n*, tetrahedral pentagonal dodecahedron
**tetartoidische Klasse** (Krist) / tetartohedral class
**TETD** (internationaler Freiname: Disulfiram) (Chem) / tetraethylthiuram disulphide (TETD, TTD), bis(diethylthiocarbamyl)sulphide *n*
**Tetra** *n* (Chem) / carbon tetrachloride*, tetrachloromethane* *n* ‖ ~**-** (Bestimmungswort von Zusammensetzungen mit der Bedeutung "vier") / tetra-* ‖ ~**-** (Bestimmungswort von Zusammensetzungen mit der Bedeutung "vier") / tetra-* ‖ ~**alkylzinn** *n* (Chem) / tetraalkyltin *n* ‖ ~**aminoethylen** *n* (Chem) / tetraaminoethylene *n* ‖ ~**borat** *n* (Chem) / tetraborate *n* ‖ ~**borsäure** *f* (in freiem Zustand nicht nachweisbare Polyborsäure) (Chem) / pyroboric acid*, tetraboric acid*, tetrahydroxo-monoxodiboric(III) acid ‖ ~**bromethan** *n* (Chem) / tetrabromoethane *n* ‖ ~**bromkohlenstoff** *m* (Chem) / tetrabromomethane *n*, carbon tetrabromide ‖ ~**brommethan** *n* (Chem) / tetrabromomethane *n*, carbon tetrabromide ‖ ~**bromphthalsäureanhydrid** *n* (Chem, Tex) / tetrabromophthalic anhydride ‖ ~**butylammoniumsalz** *n* (Chem) / tetrabutylammonium salt ‖ ~**butylthiurammonosulfid** *n* (Chem) / tetrabutylthiuram monosulphide (used as rubber accelerator) ‖ ~**butyltitanat** *n* (Chem) / tetrabutyltitanate, TBT ‖ ~**butylzinn** *n* (eine zinnorganische Verbindung) (Chem) / tetrabutyltin *n* ‖ ~**cain** *n* (Pharm) / tetracaine ‖ ~**cainhydrochlorid** *n* (Pharm) / tetracaine hydrochloride ‖ ~**zen** *n* / tetrazene *n*
**Tetrachlor•benzol** *n* (Chem) / tetrachlorobenzene *n* ‖ **2,3,7,8-** ~**dibenzo-1,4-dioxin** (Chem) / 2,3,7,8-tetrachlorodibenzo-p-dioxin *n* ‖ ~**dibenzodioxin** *n* (ein Derivat des 1,4-Dioxins mit starker mutagener, teratogener und kanzerogener Wirkung) (Chem) / 2,3,7,8-tetrachlorodibenzo-p-dioxin *n* ‖ **1,1,2,2-** ~**ethan** (nicht brennbares technisches Lösungsmittel) (Chem) / acetylene tetrachloride, tetrachloroethane* *n* ‖ ~**ethen** *n* (ein LHKW) (Chem) / tetrachloroethene* *n*, tetrachloroethylene *n*, perchloroethylene* *n*, perchloroethene* *n* ‖ ~**ethylen** *n* (Chem) / tetrachloroethylene* *n*, tetrachloroethylene *n*, perchloroethylene* *n*, perchloroethene* *n* ‖ ~**id** *n* (Chem) / tetrachloride *n* ‖ ~**isophthalonitril** *n* (Anstr, Landw) / chlorothalonil *n* ‖ ~**kohlenstoff** *m* (Chem) / carbon tetrachloride*, tetrachloromethane* *n* ‖ ~**methan** *n* (ein LHKW) (Chem) / carbon tetrachloride*, tetrachloromethane* *n*

**Tetrachlorogold(III)-säure**

**Tetrachloro‧gold(III)-säure** f (Chem) / chloroauric(III) acid*, tetrachloroauric(III) acid ‖ ⁓**palladium(II)-säure** f / tetrachloropalladous acid ‖ ⁓**platin(II)-säure** f (Chem) / tetrachloroplatinic acid
**Tetrachlor‧phthalatharz** n (Chem) / tetrachlorophthalate resin ‖ ⁓**phthalsäure** f (Chem) / tetrachlorophthalic acid ‖ ⁓**phthalsäureanhydrid** n (Chem) / tetrachlorophthalic anhydride ‖ ⁓**silan** n (Chem) / silicon tetrachloride*, tetrachlorosilane* n
**tetra‧chorisch** adj (Stats) / tetrachoric adj ‖ ⁓**cosactid** n (internationaler Freiname für ein synthetisches Polypeptid) (Pharm) / tetracosactide n ‖ ⁓**cosansäure** f (Chem) / tetracosanoic acid, lignoceric acid ‖ ⁓**cyanethen (TCNE)** n (Chem) / tetracyanoethylene* (TCNE) n ‖ ⁓**cyclin** n (ein Breitbandantibiotikum) (Pharm) / tetracycline* n ‖ ⁓**cyclisch** adj (Chem) / tetracyclic adj
**Tetrade** f (Kokken in einer Viergruppe) (Bakteriol) / tetrad n ‖ ⁓ (Biol, Gen) / tetrad* n ‖ ⁓ (EDV) / tetrad n (a group of four bits or pulses, used to express a decimal or hexadecimal number in binary form) ‖ ⁓ (Kernphys, Math) / tetrad n ‖ **unbenutzte** ⁓ (EDV) / pseudotetrad n
**Tetra‧decan** n (Chem) / tetradecane n ‖ ⁓**decansäure** f (Chem) / myristic acid*, tetradecanoic acid* ‖ ⁓**dekan** n (Chem) / tetradecane n ‖ ⁓**dekansäure** f (Chem) / myristic acid*, tetradecanoic acid* ‖ ⁓**deuterierte Verbindung** (Chem, Kernphys) / tetradeuterocompound n
**tetradischer Kode** (Binärkode mit vierstelligen Wörtern) (EDV) / tetrad code
**Tetradymit** m (Min) / tetradymite* n
**Tetraeder** n (Krist, Math) / tetrahedron* n (pl. -s or -hedra), triangular pyramid ‖ ⁓- (Math) / tetrahedral* adj ‖ ⁓-**Gerüstsilikat** n (z.B. Albit) (Min) / tectosilicate* n, tektosilicate* n, framework silicate, scaffold silicate ‖ ⁓**koordinaten** f pl (Math) / tetrahedral co-ordinates ‖ ⁓**lücke** f (in kubischen Gittern) (Krist) / tetrahedral site, A site ‖ ⁓**modell** n (des Kohlenstoffs) (Chem) / tetrahedral model ‖ ⁓**winkel** m (Math) / tetrahedral angle ‖ ⁓**zahl** f (Math) / tetrahedral number
**tetra‧edrisch** adj (Math) / tetrahedral* adj ‖ ⁓**edrit** m (Min) / tetrahedrite* n, gray copper ore, stylotypite n
**Tetraethyl‧ammoniumchlorid** n (Chem) / tetraethylammonium chloride, TEA chloride, TEAC ‖ ⁓**blei** n (Chem) / lead tetraethyl*, tetraethyl lead, lead tetraethyl(IV), TEL ‖ ⁓**diphosphat (TEPP)** n (Insektizid und Aphizid - heute nicht mehr gebräuchlich) (Chem) / tetraethyl pyrophosphate, TEPP*
**Tetraethylenglykol** n (Chem) / tetraethylene glycol, TEG
**Tetraethylthiuramdisulfid (TETD)** n (internationaler Freiname: Disulfiram) (Chem) / tetraethylthiuram disulphide (TETD, TTD), bis(diethylthiocarbamyl)sulphide n
**Tetra‧fluorethen** n (CF$_2$=CF$_2$) (Chem) / tetrafluoroethylene n, TFE ‖ ⁓**fluorethylen** n (CF$_2$=CF$_2$) (Chem) / tetrafluoroethylene n, TFE ‖ ⁓**fluoroborat** n (Chem) / tetrafluoroborate n, fluoroborate n ‖ ⁓**fluoroborsäure** f (Chem) / fluoroboric acid*, fluoboric acid, tetrafluoroboric acid ‖ ⁓**fluorsilan** n (Chem) / silicon tetrafluoride*, tetrafluorosilane* n
**tetrafunktional** adj (Chem) / tetrafunctional adj
**tetrafunktionell** adj (Chem) / tetrafunctional adj
**Tetra‧glykol** n (Chem) / tetraethylene glycol, TEG ‖ ⁓**gon** n (pl. -e) (Math) / quadrilateral* n, quadrangle n ‖ ⁓**gonal** adj (DIN 13316) / tetragonal adj ‖ ⁓**gonales Kristallsystem** (Krist) / tetragonal system*, quadratic system*, pyramidal system* ‖ ⁓**gonalität** f (Krist) / tetragonality n ‖ ⁓**gyre** f (um 90°) (Krist) / tetrad n (axis), tetragyre n ‖ ⁓**hedran** n (ein platonischer Kohlenwasserstoff) (Chem) / tetrahedrane n ‖ ⁓**hydrat** n (Chem) / tetrahydrate n ‖ ⁓**hydro-1,4-dioxin** n (Chem) / diethylene dioxide, dioxan n ‖ ⁓**hydrocannabinol** n (farbloses, halluzinogenes Öl aus Haschisch und Marihuana) (Pharm) / tetrahydrocannabinol n, THC ‖ ⁓**hydrofolsäure** f (ein Koenzym) (Biochem) / tetrahydrofolic acid, THF ‖ ⁓**hydrofuran (THF)** n (Chem) / tetrahydrofuran n, tetramethylene oxide*, THF ‖ ⁓**hydro-2-furanmethanol** n (Chem) / tetrahydrofurfuryl alcohol ‖ ⁓**hydrofurfurylalkohol** m (ein Furanderivat, meistens als Lösungsmittel verwendet) (Chem) / tetrahydrofurfuryl alcohol ‖ **1,2,3,4-**⁓**naphthalin** (ein partiell hydrierter aromatischer Kohlenwasserstoff) (Chem) / tetralin* n, tetrahydronaphthalene* n ‖ ⁓**hydropyran-2,6-dion** n (Chem) / glutaric anhydride n ‖ ⁓**hydropyrrol** n (Chem) / pyrrolidine* n, tetrahydropyrrole n ‖ ⁓**hydrothiophen (THT)** n (Chem) / tetrahydrothiophene (THT) n, tetramethylene sulphide n ‖ ⁓**hydrothiophen-1,1-dioxid** n (Chem, Erdöl) / sulpholane n, tetramethylenesulphone n, tetrathiophen-1,1-dioxide n ‖ ⁓**iod-L-Thyronin** n (Biochem, Med) / thyroxine n ‖ ⁓**junction-Transistor** m (mit vier Sperrschichten in der Zonenfolge npnpn) (Eltronik) / tetrajunction transistor ‖ ⁓**kain** n (ein Lokalanästhetikum) (Pharm) / tetracaine n ‖ ⁓**kainhydrochlorid** n (Pharm) / tetracaine hydrochloride
**Tetrakisazofarbstoff** m (Chem) / tetrakisazo dyestuff

**Tetrakishexaeder** n (vierundzwanzigflächige Kristallform) (Krist) / tetrakishexahedron n (pl. -s or tetrakishexahedra)
**Tetralin** n (Chem) / tetralin* n, tetrahydronaphthalene* n
**Tetra‧mer** n (Chem) / tetramer n ‖ ⁓**meres** n (Chem) / tetramer n ‖ ⁓**merisieren** v (Chem) / tetramerize v
**Tetramethyl‧-4,4'-diaminobenzophenon** n (Chem) / tetramethyldiaminobenzophenone n ‖ ⁓**blei** n (Chem) / lead tetramethyl, tetramethyl lead, TML
**Tetramethylen** n (ein Kohlenwasserstoff der Cycloalkanreihe) (Chem) / cyclobutane* n ‖ ⁓**diamin** n (Chem) / putrescine* n, tetramethylenediamine n ‖ ⁓**oxid** n (Chem) / tetrahydrofuran* n, tetramethylene oxide*, THF ‖ ⁓**sulfid** n (Chem) / tetrahydrothiophene (THT) n, tetramethylene sulphide ‖ ⁓**sulfon** n (Chem, Erdöl) / sulpholane n, tetramethylenesulphone n, tetrathiophen-1,1-dioxide n
**Tetramethyl‧harnstoff** m (Chem) / tetramethylurea n, TMU ‖ ⁓**rhodaminisothiocyanat** n (Chem, Med) / tetramethyl rhodamine isothiocyanate*, TRITC* ‖ ⁓**rhodaminisothiozyanat** n (Chem, Med) / tetramethyl rhodamine isothiocyanate*, TRITC* ‖ ⁓**silan (TMS)** n (Chem, Lufft) / tetramethylsilane (TMS)* n ‖ ⁓**thiurammonosulfid** n (ein Ultrabeschleuniger in der Kautschukindustrie) (Chem) / tetramethylthiuram monosulphide (containing a R$_2$NCS radical)
**Tetramminkupfer(II)-sulfat** n (Chem) / tetrammine copper(II) sulphate(VI)
**tetramorph** adj (Chem, Krist) / tetramorphous* adj
**Tetramsäure** f (Chem) / tetramic acid
**Tetra‧natriumdiphosphat** n (Chem, Nahr) / sodium pyrophosphate, tetrasodium pyrophosphate, TSPP ‖ ⁓**nitromethan** n (Chem, Raumf) / tetranitromethane n
**Tetrapak** / Tetra Pak (a type of plasticized cardboard carton for packing milk and other drinks, folded from a single sheet into a box shape), tetrapack n
**Tetra‧peptid** n (Peptid mit vier Aminosäureeinheiten) (Biochem) / tetrapeptide n ‖ ⁓**phenylzinn** n (Chem) / tetraphenyltin n ‖ ⁓**phosphor** m (Chem) / tetraphosphorus n ‖ ⁓**phosphor** s. auch weißer Phosphor ‖ ⁓**phosphordekasulfid** n (Chem) / phosphorus(V) sulfide, phosphorus pentasulphide, thiophosphoric anhydride ‖ ⁓**phosphortrisulfid** n (Chem) / tetraphosphorus trisulphide, phosphorus sesquisulphide ‖ ⁓**ploid** adj (Gen) / tetraploid* adj ‖ ⁓**pode** m (sperriger Betonformkörper ohne Bewehrung, der hauptsächlich im Seewasserbau zum Schutz der Ufer und Molen gegen Brandungsangriffe eingesetzt wird) (Ozean, Wasserb) / tetrapod n ‖ ⁓**polymer** n (Chem) / tetrapolymer n ‖ ⁓**polymeres** n (Kopolymer aus vier verschiedenen Monomeren) (Chem) / tetrapolymer n ‖ ⁓**pyrrol** n (Chem) / tetrapyrrole n ‖ ⁓**saccharid** n (Chem) / tetrasaccharide n ‖ ⁓**sacharid** n (Chem) / tetrasaccharide n ‖ ⁓**silan** n (Chem) / tetrasilane n ‖ ⁓**somie** f (das vierfache Auftreten eines bestimmten Chromosoms im sonst diploiden Chromosomenbestand von Zellen oder Individuen - eine Chromosomenanomalie) (Biol) / tetrasomy n ‖ ⁓**terpen** n (aus acht Isopreneinheiten aufgebautes Terpen) (Chem) / tetraterpene n ‖ ⁓**thiofulvalen** n (Chem) / tetrathiofulvalene n, TTF ‖ ⁓**thionsäure** f (eine Polythionsäure) (Chem) / tetrathionic acid n ‖ ⁓**vakzine** f (Med) / tetravaccine n ‖ ⁓**valent** adj (Chem) / quadrivalent* adj, tetravalent* adj
**tetraxial** adj / tetraxial adj
**Tetrazen** n (ein Initialsprengstoff) (Chem) / tetracene n, tetrazene n
**Tetrazin** n (heterozyklischer Sechsring mit vier Stickstoffatomen) (Chem) / tetrazine n
**Tetrazol** n (Chem) / tetrazole* n
**Tetrazolium‧blau** n (Chem) / blue tetrazolium ‖ ⁓**salze** n pl (ein Reduktionsindikator) (Biol, Chem) / tetrazolium salts
**Tetrazotieren** n (Chem) / tetrazotization n
**Tetrazotierung** f (Chem) / tetrazotization n
**Tetra‧zyanethylen** n (Chem) / tetracyanoethylene* (TCNE) n ‖ ⁓**zyanoplatinat(II)** n (Chem) / platinocyanide n, cyanoplatinate(II) n ‖ ⁓**zyklin** n (ein Breitbandantibiotikum) (Pharm) / tetracycline* n ‖ ⁓**zyklisch** adj (Chem) / tetracyclic adj
**Tetrit** n (vierwertiger Zuckeralkohol) (Chem) / tetritol n
**Tetrode** f (vier Elektroden + zwei Gitter) (Eltronik) / tetrode* n
**Tetrodentransistor** m (Eltronik) / tetrode transistor*
**Tetrodotoxin** n (ein Fischgift, z.B. Fugu-Gift der Kugelfische) (Chem) / tetrodotoxin n
**Tetrose** f (Monosaccharid mit vier Sauerstoffatomen) (Chem) / tetrose* n, tetraose* n
**Tetroxid** n (Chem) / tetraoxide n
**Tetroxokieselsäure** f (Chem) / orthosilicic acid*
**Tetroxoosmat(VI)** n (Chem) / osmate(VI) n
**Tetryl** n (N-Methyl-N,2,4,6-tetranitroanilin) (Chem) / tetryl* n
**TE-Typ** m (Wellenleiter) (Fernm) / transverse electric mode, H mode (GB), TE mode

**T.E.U.** (ein Vergleichsmaß zur statistischen Erfassung der Containereinheiten, z.B. bei Vermessung von Schiffen) (Schiff) / twenty-foot equivalent unit, TEU, T.E.U.
**teuer** *adj* (Ware) / high-cost *attr*, high-priced *adj*, expensive *adj*
**Teufe** *f* (eines Schachtes, einer Bohrung) (Bergb) / depth *n*
**Teufelsdreck** *m* (Pharm) / asafoetida *n*, asafetida *n* (US), devil's dung
**Teufelsklaue** *f* (zum Versetzen der Werksteine) / nippers* *pl*, crampon *n*, stone tongs* *pl* ⸺ ≈ (zweiteiliger Haken, der am Ring und Hals mit den glatten Seiten der beiden Teile aufeinanderliegt) (Schiff) / match hooks, devil's claw
**Teufen** *n* (Herstellen eines Schachtes) (Bergb, HüT) / sinking* *n* ‖ ≈**zeiger** *m* (an der Fördermaschine) (Bergb) / depth indicator
**Teufkübel** *m* (Bergb) / kibble* *n*, hoppit *n*, sinking bucket, skip *n*, bowk* *n*
**Tevatron** *n* (Kernphys) / tevatron *n*
**TE-Welle** *f* (Fernm) / TE-wave* *n*, H-wave* *n*, transverse electric wave*
**tex** *n* (DIN 60900, 60905 und 1301, T 1) (Spinn) / tex* *n* ‖ ≈ *n* (DIN 60900, 60905 und 1301, T 1) (Spinn) / tex* *n*
**Texel** *f* (Zimm) / adze* *n*, adz *n*
**Tex-System** *n* (der Garnfeinheit nach DIN 60900, 60905 und 1301, T 1) (Spinn) / tex-system *n* (1000 m yarn weigh 1 gram)
**Text** *m* (in der Textverarbeitung) (EDV) / text* *n* ‖ ≈ (der eigentliche Inhalt von Büchern, im Gegensatz zur Titelei, zum Bildanhang usw.) (Typog) / text* *n*, body* *n*, letterpress *n*, text section (EDV) / running text ‖ **gespeicherter** ≈ (EDV) / stored text ‖ **immer wiederkehrender** ≈ (EDV) / repetitive text ‖ **keinen** ≈ **zulassend** (ein Bereich auf dem Bildschirm) (EDV) / text-repellent *adj* ‖ **laufender** ≈ (EDV) / running text ‖ **maschinegeschriebener** ≈ (EDV) / typescript *n* ‖ **umlaufender** ≈ (EDV) / runaround *n* ‖ ≈ *m* **in Fettschrift** (Druck) / boldfaced text ‖ ≈ **in Klarschrift** / clear text, plain text, plain language ‖ ≈ **in offener Sprache** / clear text, plain text, plain language ‖ ≈ **Mail** *n* (ISDN) (EDV) / text mail
**Text•abbildung** *f* (Druck) / text figure, text illustration ‖ ≈**absatz** *m* (Druck, EDV, Typog) / paragraph *n*, PAR ‖ ≈**analyse** *f* (EDV) / text analysis *n* ‖ ≈**anfang** *m* (Fernm) / start of text, SOT, STX ‖ ≈**aufbereitungssystem** *n* (EDV) / text-editing system, text editor (TE) ‖ ≈**ausgabe** *f* (z.B. auf Papier) (EDV) / text output *n* ‖ ≈**ausrichtung** *f* (EDV) / text alignment ‖ ≈**austausch** *m* / text exchange ‖ ≈**auszeichnungssprache** *f* (bei Desktop publishing) (EDV) / mark-up language ‖ ≈**automat** *m* (EDV) / word processor (WP)*, word processing system, text processor, text processing system (on mainframe computers) ‖ ≈**baustein** *m* (in der Textverarbeitung) (EDV) / text module ‖ ≈**baustein** (EDV) s. auch vorformulierter Satz ‖ ≈**bausteinbibliothek** *f* (EDV) / text module library ‖ ≈**be- und -verarbeitung** *f* (besonders in Verlagen und Zeitungsredaktionen) (EDV) / text processing (TP)* ‖ ≈**bearbeitung** *f* (inhaltliche) (EDV) / text editing ‖ ≈**bearbeitung** (Korrektur durch entsprechende Programme) (EDV) / text correction ‖ ≈**bearbeitung** (Behandlung von Textdateien) (EDV) / text handling, text manipulation ‖ ≈**bearbeitung** s. auch Textverarbeitung ‖ ~**bezogen** *adj* / text-related *adj*, text-oriented *adj* ‖ ~**bezogene Fachwörterliste** (Liste von Fachwörtern mit ihren zielsprachigen Entsprechungen, die sich ausschließlich auf einen zu übersetzenden Text beziehen, gewöhnlich nach der Reihenfolge ihres Auftretens im Originaltext sortiert) (EDV) / text-oriented (specialized) glossary* ‖ ≈**block** *m* (Druck, EDV) / block of text, text block ‖ **untrennbarer** ≈**block** (EDV) / no-break block ‖ ≈**datei** *f* (EDV) / text file ‖ ≈**daten** *pl* (EDV) / text data, textual data, text matter ‖ ≈**datenbank** *f* (EDV) / textual data bank, textual data base ‖ ≈**derivation** (Erstellung eines neuen, abhängigen Textes, z.B. bei den Abstracts) (EDV) / text derivation ‖ ≈**dichte** *f* (Druck, EDV) / text density ‖ ≈**drehbuch** *n* (Film) / dialogue continuity ‖ ≈**editor** *m* (EDV) / text-editing system, text editor (TE) ‖ ≈**eindruck** *m* (Druck) / text imprinting, imprinting of text, filling-in impression ‖ ≈**eingabe** *f* (EDV) / text entry, text input ‖ ≈**einheit** *f* (EDV) / text unit ‖ ≈**element** *n* (EDV) / text element ‖ ≈**ende** *n* (EDV) / end of text (ETX) ‖ ≈**erfasser** *m* (EDV, Typog) / keyboard operator ‖ ≈**erfassung** *f* (EDV) / text entry, text input ‖ ≈**erfassung mit Bedienerführung** (EDV) / menu-prompt text entry ‖ ≈**ergänzung** *f* (EDV) / text addition, addition of text ‖ ≈**erstellung** *f* / text production ‖ ≈**erstellung** (ursprüngliche) (EDV) / text creation ‖ ≈**fax** *n* (punktweise Übertragung von Bildern und zeichenkodierte Übertragung von Text) (Fernm) / textfax *n* ‖ ≈**fax-Server** *m* (Fernm) / text/fax server, TFS ‖ ≈**feld** *n* (EDV) / text field ‖ ≈**fenster** *n* (EDV) / text window ‖ ≈**fluß** *m* (um Bilder herum) (Druck, EDV) / flowing of text (around images) ‖ ≈**formatierungsprogramm** *n* (EDV) / text formatting program, text formatter ‖ ≈**geber** *m* (ein Eingabegerät, das als Ergebnis einen Text liefert) (EDV) / string device ‖ ≈**gestaltung** *f* (EDV) / text editing ‖ ≈**handbuch** *n* (EDV) / text manual ‖ ≈**hervorhebung** *f* **durch stärkere Helligkeit** (EDV) / text highlighting, highlighting of text
**textil** *adj* (Tex) / textile *adj* ‖ ~**e Bespannung** (Tex) / cloth covering, fabric covering ‖ ~**er Bodenbelag** (DIN/ISO 61151) (Tex) / textile floor covering ‖ ~**e Fasern** (Tex) / textile fibres ‖ ~**e Faserstoffe** (Tex) / textile fibres ‖ ~**e Fläche** (gewebte) (Tex) / cloth* *n*, fabric* *n*, textile* *n*, woven fabric, textile fabric (woven) ‖ ~**es Flächengebilde** (Tex) / cloth* *n*, fabric* *n*, textile* *n*, woven fabric, textile fabric (woven) ‖ ~**es Gurtband** (Tex) / fabric belt, textile belt ‖ ~**er Rohstoff** (Tex) / textile raw material
**Textil** *n* (Tex) / textiles* *pl*, soft goods (GB), textile products ‖ ≈ s. auch Textilien ‖ ~- (Tex) / textile *adj* ‖ **beschichtetes** ≈ (Tex) / coated fabric* ‖ ≈**ausrüstung** *f* (Tex) / textile finishing ‖ ≈**band** *n* (Eltech, Tex) / textile tape ‖ ≈**band** (Tex) / fabric belt, textile belt ‖ ≈**beton** *m* (dem als Zuschlag Stoffetzen beigemischt werden) (HuT) / textile concrete ‖ ≈**chemie** *f* (Chem, Tex) / textile chemistry ‖ ≈**druck** *m* (Tex) / printing *n*, textile printing ‖ ≈**erzeugnisse** *n pl* (Tex) / textiles* *pl*, soft goods (GB), textile products ‖ ≈**farbband** *n* / fabric ribbon, cloth ribbon ‖ ≈**farbstoff** *m* (Chem, Tex) / textile dyestuff, textile dye ‖ ≈**fasern** *f pl* (verspinnbare Fasern) (Tex) / textile fibres ‖ ≈**faserstoffe** *m pl* (Tex) / textile fibres ‖ **metallisiertes** ≈**garn** (Spinn) / metallized yarn*, metal-coated yarn ‖ ≈**gewerbe** *n* (Tex) / textile industry
**Textilglas** *n* (Sammelbegriff für Glasfasern und Glasfasererzeugnisse nach DIN 61850) (Glas, Tex) / textile glass ‖ **geschnittenes** ≈ (DIN 61850) (Glas, Tex) / chopped glass strand ‖ **vorimprägniertes** ≈ (mit härtbaren Kunststoffen) (Glas, Plast) / prepreg *n*, sheet moulding compound ‖ ≈**gelege** *n* (DIN 61850) / glass yarn layer ‖ ≈**gestrick** *n* (DIN 61850) / knitted glass fabric ‖ ≈**gewebe** *n* (Web) / glass cloth, glass fabric ‖ ≈**gewirk** *n* (DIN 61850) / knitted glass fabric ‖ ≈**kunststoff** *m* (Plast) / glass-reinforced plastics, GRP ‖ ≈**roving** *m n* (Strang aus ungedrehter Glasseide, der verwebt z.B. zur Herstellung von Matten verwendet wird) (Glas, Tex) / roving *n*, glass-fibre roving ‖ ≈**-Rovinggewebe** *n* (DIN 61850) (Glas, Tex) / woven-glass-roving fabric, roving cloth ‖ ≈**-Schichtstoff** *m* (Glas, Tex) / glass-fibre laminate
**Textil•gurt** *m* (Tex) / fabric belt, textile belt ‖ ≈**gurtbandförderer** *m* (Masch) / fabric belt conveyor ‖ ≈**hilfsmittel** *n* (Tex) / textile auxiliary ‖ ≈**hülsenpapier** *n* (Papier, meist einseitig glatt, naturfarben oder farbig, auch dampfecht eingefärbt, aus Zellstoff und Altpapier oder aus 100% Altpapier - DIN 6730) (Pap) / paper for formers for yarn packages
**Textilien** *pl* (DIN 60000) (Tex) / textiles* *pl*, soft goods (GB), textile products ‖ ≈ (Tex) / dry goods (US), drapery *n*, mercery *n* (GB) ‖ **flammensichere** ≈ (entweder durch nachträgliche Behandlung oder als Substanzeigenschaft der Fasern - z.B. Asbest oder Glas) (Tex) / flameproof textiles ‖ **medizinische** ≈ (Tex) / medical textiles ‖ **raumgestaltende** ≈ (Tex) / furnishing fabrics ‖ **schaumstoffverbundene** ≈ (Tex) / foambacks* *pl*, foam-backed fabrics*, foam-laminated fabrics ‖ **technische** ≈ (Tex) / industrial textiles ‖ ≈ *f pl* **mit erhöhtem Haltevermögen** (Masch, Tex) / power fabrics
**Textil•industrie** *f* (Tex) / textile industry ‖ ≈**kennzeichnung** *f* (Tex) / textile labelling ‖ ≈**kennzeichnungsgesetz** *n* (am 1.9.1972 in Kraft getretenes Bundesgesetz) (Tex) / German textile labelling act ‖ ≈**maschine** *f* (Masch, Tex) / textile machine ‖ ≈**pflanze** *f* (Faserpflanze, die der Textilindustrie verspinnbare Fasern liefert) (Bot, Tex) / textile (fibre) plant ‖ ≈**pflege** *f* (Tex) / textile care ‖ ~**physikalische Werte** (von Fasern) (Tex) / physical data (of textile fibres) ‖ ≈**prüfung** *f* (DIN 60000 - physikalisch-technologische, chemische und biologische) (Tex, WP) / testing of textiles ‖ ≈**reinigung** *f* (Chem, Tex) / dry cleaning ‖ ≈**schlitzverschluß** *m* (Foto) / cloth focal plane shutter ‖ ≈**seife** *f* (Tex) / textile soap ‖ ≈**stopfer** *m* (Tex) / darner *n* ‖ ≈**tapete** *f* (Tex) / fabric wallcovering, fabric wall hanging ‖ ≈**verbundstoffe** *m pl* (nicht gewebte) (Tex) / non-woven fabrics*, formed fabrics (US) ‖ ≈**veredlung** *f* (Tex) / textile finishing ‖ ≈**waren** *f pl* (Tex) / textiles* *pl*, soft goods (GB), textile products ‖ ≈**zellstoff** *m* (Pap, Tex) / dissolving pulp*
**Text•kennung** *f* (EDV) / text label ‖ ≈**kommunikation** *f* (DIN 32743) (EDV) / text communication(s), written communication ‖ ≈**kompression** *f* (EDV) / text compression ‖ ≈**konvertierung** *f* (z.B. wenn Texte von anderen Systemen übernommen werden) (EDV) / text conversion ‖ ≈**kopf** *m* (EDV) / text header ‖ ≈**korpus** *n* (pl. -ora) (Grundgesamtheit der Texte) (EDV) / corpus *n* (pl. -ora or -es), textual corpus, text base ‖ ≈**korrektur** *f* (EDV) / text correction ‖ ≈**lesbarkeit** *f* (EDV) / text legibility ‖ ≈**marker** *m* / marker *n* ‖ ≈**modus** *m* (wenn nur alphanumerische Texte verarbeitet werden können) (EDV) / text mode
**Textor** *m* (ein Tokamak) (Nukl) / Textor *n*
**Text•produktion** *f* (EDV) / text production ‖ ≈**programmierung** *f* (EDV) / text programming ‖ ≈**retrieval** *n* (eine Form der Informationswiedergewinnung) (EDV) / free-text retrieval, text retrieval ‖ ≈**rezeption** *f* (EDV) / text reception ‖ ≈**rolle** *f* (Film, TV) / crawl roll ‖ ≈**scanner** *m* (EDV, Eltronik) / text scanner ‖ ≈**schrift** *f* (Typog) / main type, body type ‖ ≈**speicherung und -verteilung** *f* (EDV) / text mail ‖ ≈**station** *f* (telexfähiges Textbearbeitungssystem) (EDV) / text terminal ‖ ≈**system** *n* (DIN 2140, T 1) (EDV) / word

**Textteil**

processor (WP)*, word processing system, text processor, text processing system (on mainframe computers) ‖ ~**teil** m (EDV) / textual part ‖ ~**transfer** m (EDV) / text transfer ‖ ~**übermittlung** f (EDV) / text transmission, text transfer ‖ ~**übertragung** f (EDV) / text transmission, text transfer ‖ ~**umbruch** m (Druck, EDV) / wordwrap n, wraparound n ‖ ~**umfangsberechnung** f (Typog) / cast-off* n

**Textur** f (Verhalten des Pigmentes bei der Dispergierung) (Anstr) / texture n ‖ ~ (Merkmal bei der Bildsegmentierung in der Bildverarbeitung) (EDV) / texture n ‖ ~ (For) / wood texture, wood grain ‖ ~ (räumliche Anordnung und Verteilung der Gemengeteile in einem Gestein) (Geol, Min) / texture* n ‖ ~ (Häufigkeitsverteilung der Kristallite eines Vielkristalls bezüglich ihrer kristallografischen Orientierung) (Hütt, Krist) / texture n ‖ ~ (Orientierungsverteilung von Kristallen, die zu Produktionsausfällen führen kann) (Keram) / laminations pl ‖ ~ (struktureller Feinbau, bei welchem eine ausgeprägte statistische Anisotropie auftritt - DIN 13 316) (Mech, WP) / texture n ‖ **blumige** ~ (z.B. bei Mahagoni-Pommelé) (For) / pommele n ‖ **flaserige** ~ (Geol) / flaser structure* ‖ **gebänderte** ~ (Geol) / banded structure*, bands pl., banding n ‖ **gefladerte** ~ (For) / bastard grain ‖ **geflammte** ~ (z.B. bei der finischen Birke) (For) / flame figure, flamy figure, curl figure, curl grain ‖ **perlitische** ~ (Geol) / perlitic structure* ‖ **porphyrische** ~ (Geol) / porphyritic texture* ‖ **sphäroidische** ~ (Geol) / orbicular structure* (with spherical orbs up to several centimetres in diameter), spheroidal structure (large rounded masses) ‖ **sphärolithische** ~ (Geol) / spherulitic texture*

**texturbelebend** adj (Beize) (For) / grain-raising adj ‖ ~**e Beizung** (For) / grain-raising staining

**Texturblech** n (im allgemeinen) (Eltech) / textured sheet ‖ ~ (Mag) / grain-oriented electrical sheet, grain-oriented sheet steel ‖ ~ (mit Goss-Textur) (Eltech) / Goss-textured sheet

**Texturé** n (Gewebe aus texturierten Garnen) (Tex) / textured-yarn fabric

**Textur•garn** n (Spinn) / abraded yarn ‖ ~**goniometer** n (Gerät zur Messung von Polfiguren mit Hilfe der Beugung von Röntgenstrahlen oder von Neutronen) (Krist) / texture goniometer

**texturieren** v (Nahr) / texturize v ‖ ~ (Spinn) / texture v, texturize v ‖ ~ n (physikalisches und/oder chemisches Verändern von Fäden zur Erhöhung ihres Volumens und/oder ihrer elastischen Dehnung) (Spinn) / texturing n, texturizing n

**texturiert•es Garn** (durch ein Texturierverfahren permanent verformtes Kräusel- bzw. Stretchgarn - ein Bauschgarn) (Spinn) / textured spun yarn, textured yarn (a generic term for filament or spun yarns) ‖ ~**e Lebensmittel** (nach dem Spinn- oder Extrusionsprozeß) (Nahr) / texturized food, food analogue ‖ ~**es Pflanzeneiweiß** (Nahr) / textured vegetable protein, TVP ‖ ~**es Protein** (Nahr) / textured protein, texturized protein ‖ ~**e Proteine** (nach dem Extrusionsprozeß) (Nahr) / plastic fat

**Texturizer** m (ein Sammelbegriff für Hydrokolloide, die als strukturgebende Stoffe in der Lebensmittelproduktion eingesetzt werden) (Nahr) / texturizing agent

**text•verarbeitbares Format** (EDV) / text-processable format (TPF) ‖ ~**verarbeitendes System** (DIN 2140, T 1) (EDV) / word processor (WP)*, word processing system, text processor, text processing system (on mainframe computers) ‖ ~**verarbeitung (TV)** f (mit Hilfe von textverarbeitenden Systemen) (EDV) / word processing (WP) ‖ **[automatische]** ~**verarbeitung** (EDV) / text editing and processing ‖ ~**verarbeitungsausgabe** f **auf Mikrofilm** (EDV) / word processing output to microfilm, WPOM ‖ ~**verarbeitungsprogramm** n (EDV) / word processor, WP ‖ ~**verarbeitungssekretariat** n / typing pool, typing centre ‖ ~**verkehr** m (EDV) / text communication(s), written communication ‖ ~**verstehen** n (EDV, KI) / text understanding ‖ ~**verstehende Maschine** (EDV, KI) / text-understanding machine ‖ ~**verwaltungssystem** n (EDV) / text management system ‖ ~**walze** f (Film, TV) / crawl roll ‖ ~**werkzeug** n (EDV) / text tool ‖ ~**wort** n (jede in einem Text vorkommende, nicht durch Begrenzungszeichen unterbrochene Folge von alphanumerischen Zeichen - in der linguistischen Statistik) (EDV) / token n ‖ ~**zeichen** n (EDV) / text character

**TF** (Fernm) / carrier frequency, carrier* n, CF

**T-Faktor** m (Biochem) / transfer factor

**TF-Grundleitung** f (Fernm) / multichannel circuit

**TFH•-Kanal** m (Fernm) / power-line carrier channel ‖ ~**-Sperre** f (ein Betriebsmittel, das in den Zug der Hochspannungsleitungen eingefügt wird) (Eltech) / line trap ‖ ~**-Technik** f (Fernsp) / power-line carrier telephony (the use of radiofrequency energy, generally below 600 kilohertz, to transmit information over transmission lines whose primary purpose is the transmission of power)

**T-Flipflop** n (mit nur einer einzigen Eingangsvariablen - bei Anliegen eines H-Signals) (Eltronik) / toggle flip-flop, symmetric flip-flop, elementary counter, T-flip-flop n, trigger flip-flop

**TFLOPS** pl (EDV) / teraflops pl

**TFM** (Fernm) / tamed frequency modulation, TFM

**T-förmiger Fluchtstab** (Verm) / boning-rod* n

**Tg** (Plast) / $T_g$-point* n, glass-transition temperature

**TG** (gravimetrische Verfolgung der Masseänderung einer Probe, solange diese einem Temperaturprogramm unterworfen wird - DIN 51006) (Chem) / thermogravimetry n, thermal gravimetric analysis* (TGA), themogravimetric analysis

**TGK** (Umwelt) / toxic limit concentration

**TGL** (= Symbol für die ehemaligen DDR-Standards) (früher Technische Normen, Gütevorschriften und Lieferbedingungen) s. auch DIN

**T-Glied** n (ein Zweitor aus drei, zu einem Stern zusammengeschalteten Impedanzen im Längszweig und einer Impedanz im Querzweig) (Eltech) / T-network* n, Y-network* n, T-section n ‖ ~ (ein Frequenzfilter) (Fernm) / T-section n ‖ **symmetrisches** ~ (Fernm) / H-network* n ‖ **überbrücktes** ~ (Eltech) / bridged T-network, bridged T-section

**TGS** (Chem) / triglycin sulphate (TGS)

**TGS-Element** n (Eltronik) / temperature autostabilizing non-linear dielectric element

**Th** (Chem) / thorium* n

**TH** = technische Hochschule

**thalassogen** adj (durch das Meer entstanden) (Geog, Geol) / thalattogenic adj

**thalassokrat** adj (Geol) / thalassocratic adj

**thalassokratisch** adj (Geol) / thalassocratic adj

**thalattokrat** adj (Geol) / thalassocratic adj

**thalattokratisch** adj (Geol) / thalassocratic adj

**Thaleskreis** m (der Umkreis eines rechtwinkligen Dreiecks - nach Thales von Milet, um 625 - um 547 v.Chr.) (Math) / Thales circle

**Thalidomid** n (phthalyl-glutaminsäure-imidhaltiges Sedativum - heute verboten) (Pharm) / thalidomide* n

**Thallat** n (Chem) / thallate n

**Thallium (Tl)** n (Chem) / thallium* n ‖ ~**(I)-** (Chem) / thallous adj ‖ ~**(III)-** (Chem) / thallic adj ‖ ~**acetat** n (Chem) / thallium acetate ‖ ~**azetat** n (Chem) / thallium acetate ‖ ~**(I)-bromid** n (Chem) / thallium(I) bromide, thallous bromide ‖ ~**(I)-carbonat** (Chem) / thallium(I) carbonate, thallous carbonate ‖ ~**(I)-chlorid** (Chem) / thallium(I) chloride, thallous chloride ‖ ~**(III)-chlorid** (Chem) / thallium(III) chloride ‖ ~**(I)-formiat** (Chem) / thallium(I) formate ‖ ~**(I)-hydroxid** (Chem) / thallium(I) hydroxide, thallous hydroxide ‖ ~**(I)-iodid** (Chem) / thallium(I) iodide, thallous iodide ‖ ~**(I)-karbonat** ($Tl_2CO_3$ - das einzige in Wasser leicht lösliche Schwermetallkarbonat) (Chem) / thallium(I) carbonate, thallous carbonate ‖ ~**malonat** n (Chem) / thallium malonate ‖ ~**(I)-oxid** n ($Tl_2O$) (Chem) / thallium monoxide, thallous oxide, thallium(I) oxide ‖ ~**(III)-oxid** ($Tl_2O_3$) (Chem, Glas) / thallium(III) oxide ‖ ~**(I)-sulfat** (ein Rodentizid) (Chem) / thallous sulphate, thallium(I) sulphate ‖ ~**(III)-sulfat** (Chem) / thallium(III) sulphate ‖ ~**sulfid-Widerstandszelle** f (mit teiloxidierten $Tl_2S$) (Eltronik) / thalofide cell* ‖ ~**(III)-trifluoracetat** n (Chem) / thallium(III) trifluoroacetate ‖ ~**(III)-trifluorazetat** (Chem) / thallium(III) trifluoroacetate ‖ ~**vergiftung** f (Schädigungen des Nervensystems, des Verdauungstraktes, der Nieren und der Haut) (Med) / thallotoxicosis n (pl. -ses), thallium disease, thallium poisoning

**Thallofid** n (teiloxidiertes $Tl_2O$ für Fotozellen) (Chem, Eltronik) / thalofide n ‖ ~**zelle** f (Eltronik) / thalofide cell*

**Thallus** m (pl. Thalli) (vielzelliger Vegetationskörper der niederen Pflanzen) (Bot) / thallus n (pl. thalli)

**THAM** (Chem, Pharm) / trometamine n, THAM, TRIS, tris buffer, trisamine n, trimethylol aminomethane

**Thanatozönose** f (an einem Fundort lagernde Fossilien aus verschiedenen Lebensbereichen) (Geol) / thanatocoenosis* n

**Thaumatin** n (ein Süßstoff und Geschmacksverstärker - E 957) (Nahr) / thaumatin n

**THC** (ein Cannabinoid) (Pharm) / tetrahydrocannabinol n, THC

**Theaterglas** n (Opt) / opera glasses

**Theaterkopie** f (Film) / release print*

**Thebain** n (ein Opiumalkaloid) (Pharm) / thebaine n, paramorphine n

**THEED** (eine Methode zur Untersuchung der Dünnschichten, die auf Durchstrahlungsmikroskopie mit Hilfe von energiereichen Elektronen beruht) / transmission high-energy electron diffraction, THEED

**Thein** n (Chem, Pharm) / caffeine* n ‖ ~ (ein Alkaloid) (Pharm) / theine n

**Theisen-Gaswäscher** m (Chem Verf) / Theisen disintegrator

**Thema** n (z.B. der Werbung) / theme n ‖ ~ (die von einem DDE-Server offerierte Servicefunktion) (EDV, KI) / topic n ‖ ~**karte** f (in ihrer Erscheinungen und Sachverhalte zur Erkenntnis ihrer selbst dargestellt sind) (Kart) / thematic map, special-subject map

**thematisch gruppierte Arbeiten** (EDV) / work cluster ‖ ~**e Karte** (z.B. Geologie, Vegetation, Klima, Bevölkerung, Wirtschaft) (in der

Erscheinungen und Sachverhalte zur Erkenntnis ihrer selbst dargestellt sind) (Kart) / thematic map, special-subject map ‖ ~e Seiten (Online-Publishing) (EDV) / thematic pages
**Themenbaum** *m* (Online-Publishing) (EDV) / subject tree
**Thenard-Blau** *n* (nach L.J. Baron Thenard, 1777-1857) / cobalt blue, cobalt ultramarine, Thenard's blue, Dumont blue
**Thenardit** *m* (ein wasserfreies Natriumsulfat) (Min) / thenardite* *n*
**Thenoyltrifluoraceton** *n* (Chem) / thenoyltrifluoroacetone (TTA) *n*
**Thenoyltrifluoraceton (TTA)** *n* (Chem) / thenoyltrifluoroacetone (TTA) *n*
**Theobromin** *n* (3,7-Dimethylxanthin - ein Purinalkaloid) (Pharm) / theobromine *n*
**Theodolit** *m* (DIN 18718) (Verm) / theodolite* *n*, engineer's transit (US), surveyor's transit ‖ **zweiachsiger** ≃ (Verm) / repeating theodolite, American transit, double-centre theodolite ‖ ≃ *m* **mit durchschlagbarem Fernrohr** (Verm) / transit theodolite*, transit *n* ‖ ≃ **ohne Vertikalkreis** (Verm) / railway transit
**Theopesin** *n* (Chem) / gossypol
**Theophyllin** *n* (1,3-Dimethylxanthin - ein Purinalkaloid) (Pharm) / theophylline* *n*
**Theorem** *n* (Math, Phys) / theorem* *n*, tenet *n*, law ‖ **Babinetsches** ≃ (ein Satz der Beugungstheorie - nach J.Babinet, 1794-1872) (Phys) / Babinet's principle* ‖ **Carnotsches** ≃ (Aussage über den Wirkungsgrad einer Wärmekraftmaschine) (Phys) / Carnot's theorem*, Carnot law, Carnot's principle ‖ **Lüderssches** ≃ (fundamentales Theorem der Quantenfeldtheorie) (Phys) / CPT theorem ‖ **Pomeranchuksches** ≃ (Kernphys) / Pomeranchuk theorem (the theorem that if the total cross section both for scattering of a particle by a given target particle and for scattering of its antiparticle by the same target particle, approach a limit at high energies, and do so sufficiently rapidly, then these limits must be the same) ‖ ≃ *n* **von Foster** (Fernm) / Foster's reactance theorem
**Theorema** *n* **egregium** (die Gaußsche Krümmung einer Fläche bleibt bei isometrischen Abbildungen invariant) (Math) / Gauss' equation
**Theorem·beweis** *m* (KI, Math) / theorem proving ‖ ≃**beweiser** *m* (EDV, KI) / theorem prover
**theoretisch** *adj* (rechnerisch ermittelt) / rated *adj*, design *attr* ‖ ~ / theoretical *adj*, theoretic *adj* ‖ ~**er Boden** (der Destillationskolonne) (Chem Verf) / theoretical plate* ‖ ~**e Dichte** (Kernphys) / theoretical density ‖ ~**es dreieckiges Gewinde-Grundprofil** (Masch) / fundamental triangle ‖ ~**er Kreisprozeß** (V-Mot) / air standard cycle* ‖ ~**er Kreisprozeß idealer Gase** (z.B. nach Carnot, Otto usw.) (Phys) / ideal cycle with perfect gases ‖ ~**er Luftbedarf** (für die Verbrennung) (Masch) / stoichiometric air, theoretical air ‖ ~**e Luftmenge** (für die Verbrennung) (Masch) / stoichiometric air, theoretical air ‖ ~**e Meteorologie** (Meteor) / dynamic meteorology, dynamical meteorology ‖ ~**e Physik** (Phys) / theoretical physics ‖ ~**e Stufe** (der Destillationskolonne) (Chem Verf) / theoretical plate*
**Theorie** *f* (Phys) ‖ **Große vereinheitlichte** ≃ (Phys) / Grand Unified Theory* (GUT*) ‖ **klassenfreie** ≃ (Math) / no-class theory ‖ **Redfieldsche** ≃ (kernmagnetische Resonanzspektroskopie) (Spektr) / Redfield theory ‖ ≃ *f* **der Adsorption nach Brunauer, Emmett und Teller** (Chem) / BET adsorption theory* ‖ ≃ **der Algorithmen** (EDV, Math) / algorithm theory, theory of algorithms ‖ ≃ **der Kontinentaldrift** (nach A. Wegener, 1880-1930) (Geol) / Wegener theory, theory of continental drift ‖ ≃ **der Kontinentalverschiebung** (nach A. Wegener, 1880-1930) (Geol) / Wegener theory, theory of continental drift ‖ ≃ **der Partialvalenzen** (nach J. Thiele, 1865 - 1918) (Chem) / partial-valency theory ‖ ≃ **der Polymere** (Chem) / polymer science ‖ ≃ **der Programmierung** (EDV) / programmatics *n* ‖ ≃ **der strategischen Spiele** (ein Teilgebiet der Kybernetik, das sich mit solchen Spielen beschäftigt, deren Ergebnis nicht nur vom Zufall abhängt, sondern auch von den Strategien der Spieler) (EDV, Math) / theory of games, game theory, games theory ‖ ≃ **der Wissensdarstellung** (KI) / knowledge-representation theory ‖ ≃ **des aktivierten Komplexes** (Chem) / absolute rate theory, activated-complex theory, ACT, transition-state theory, TST ‖ ≃ **des nuklearen Winters** (Mil, Umwelt) / nuclear winter theory* ‖ ≃ **des stationären Kosmos** (eine veraltete kosmologische Theorie) (Astr) / steady-state theory* ‖ ≃ **des Übergangszustands** (Chem) / absolute rate theory, activated-complex theory, ACT, transition-state theory, TST ‖ ≃ **elektrischer Schaltungen** (Elektr) / electric circuit theory, circuit theory
**Theralith** *m* (ein Tiefengestein) (Geol) / theralite* *n*
**Therapeutikum** *n* (pl. -tika) (Pharm) / therapeutic *n*, therapeutic agent
**therapeutisch** *adj* (Med, Pharm) / therapeutic* *adj* ‖ ~ **wirksamer Stoff** (Pharm) / therapeutic *n*, therapeutic agent
**Therapie** *f* (Med) / therapy *n*, treatment *n* ‖ **physikalische** ≃ (Med) / physiotherapy* *n*, physical therapy (US), physiatrics *n* (US) ‖ ≃ *f* **mittels Bewegungsbestrahlung** (Radiol) / moving-field therapy* ‖

~**resistent** *adj* (Med) / resistant to treatment, resistant to therapy, therapy-resistant *adj* ‖ ≃**verhältnis** *n* (Radiol) / therapeutic ratio*
**Therblig** *n* (von F.B. Gilbreth /1868-1924/ durch Umkehrung seines Namens gebildete Bezeichnung für die Klassifizierung des Hauptzwecks einer Bewegung, z.B. Suchen, Finden, Halten usw.) (F.Org) / therblig *n* (an elemental motion)
**thermaktin** *adj* (Phys) / thermo-actinic *adj*
**thermale Desorption** (Chem, Phys) / thermal desorption
**Thermal Black** *n* (Chem Verf) / thermal black, thermal decomposition black, thermal carbon black
**Thermal·abscheider** *m* / thermal precipitator ‖ ≃**härten** *n* (Hütt) / hot-bath hardening
**thermalisieren** *v* (Neutronen) (Nukl) / thermalize *v*
**Thermalisierung** *f* (der Moleküle durch Abgabe von Überschußenergie in Form von Rotations- und Schwingungsquantenzahlen - in der Fotochemie) (Chem) / thermalization *n* ‖ ≃ (von Neutronen nach DIN 25401, T 2) (Nukl) / thermalization* *n* ‖ ≃ (bei dem Übergang eines Moleküls vom Grund- in den angeregten Singulett- und Triplettzustand) (Spektr) / thermalization *n*
**Thermalloy** *n* (eine weichmagnetische Legierung) (Eltech, Hütt) / Thermalloy *n*
**Thermal·präzipitator** *m* (Staub) / thermal precipitator ‖ ≃**quelle** *f* (Geol) / hot spring, thermal spring ‖ ≃**ruß** *m* (ein Industrieruß) (Chem Verf) / thermal black, thermal decomposition black, thermal carbon black ‖ ≃**wind** *m* (Meteor) / thermal wind*
**Therme** *f* (mit Wassertemperatur über 36,7° C) (Geol) / hot spring, thermal spring
**Thermik** *f* (Luftf, Meteor) / thermal* *n*, thermal lift ‖ ≃**effekt** *m* (über dem Aufwindgebiet) (Luftf, Meteor) / chimney effect ‖ ≃**schlauch** *m* (ein Aufwindfeld) (Luftf, Meteor) / thermal* *n*, thermal up-current ‖ ≃**-Segelflug** *m* (Luftf) / thermal soaring, soaring on thermal up-currents
**Thermion** *n* (Phys) / thermion* *n*
**Thermionik·element** *n* (zur direkten Umwandlung thermischer Energie in elektrische Energie) (Eltech, Phys) / thermionic converter, thermionic element ‖ ≃**element** (Eltronik) / thermionic fuel-cell ‖ ≃**generator** *m* (in Reihe geschaltete Thermionikelemente) (Eltronik) / thermionic generator ‖ ≃**reaktor** *m* (Nukl) / thermionic reactor
**thermionisch** *adj* (Eltronik) / thermionic *adj* ‖ ~**er Energiewandler** (zur direkten Umwandlung thermischer Energie in elektrische Energie) (Eltech, Phys) / thermionic converter, thermionic element ‖ ~**er Generator** (Eltronik) / thermionic generator ‖ ~**er Konverter** (zur direkten Umwandlung thermischer Energie in elektrische Energie) (Eltech, Phys) / thermionic converter, thermionic element ‖ ~**er Umwandler** (zur direkten Umwandlung thermischer Energie in elektrische Energie) (Eltech, Phys) / thermionic converter, thermionic element ‖ ~**er Wandler** (zur direkten Umwandlung thermischer Energie in elektrische Energie) (Eltech, Phys) / thermionic converter, thermionic element
**thermisch** *adj* (Wärm) / thermal *adj*, thermic *adj*, caloric *adj* ‖ **Lehre** *f* **von der** ~**en Elektronenemission** (Eltronik, Phys) / thermionics* *n* ‖ ~**e Abschirmung** (Nukl) / thermal shield* ‖ ~**e Abstimmung** (Radio) / thermal tuning* ‖ ~**es Abtragen** (Masch) / removal by thermal operations ‖ ~**er aktivierter Tunnel** (Eltronik) / hopping process ‖ ~**es Altern** / thermal ageing, thermosenescence *n* ‖ ~**e Alterung** / thermal ageing, thermosenescence *n* ‖ ~**e Analyse** (die über temperaturabhängige Änderungen an ausgewählten Eigenschaften Rückschlüsse auf das untersuchte System zieht - DIN 15005) (Chem, Hütt) / thermal analysis*, thermographic analysis, thermoanalysis *n* ‖ ~**e Anregung** (Kernphys) / thermal excitation* ‖ ~**er Äquator** (Meteor) / thermal equator, heat equator ‖ ~**er Aufwind** (Luftf, Meteor) / thermal* *n*, thermal lift ‖ ~**e Ausdehnung** (Phys) / thermal expansion, thermoexpansion *n* ‖ ~**er Ausdehnungskoeffizient** (Phys) / thermal expansion coefficient ‖ ~**er Auslöser** (Eltech) / thermal trip* ‖ ~**e Auslösung** (Eltech) / thermal tripping ‖ ~**e Austrittsarbeit** (Eltronik) / thermionic work function* ‖ ~**e Beanspruchung** (Phys) / thermal stress, heat stress ‖ ~**e beeinflußte Zone** (Schw) / heat-affected zone (the zone within a base metal that undergoes structural changes but does not melt during welding, cutting, or breaking), HAZ ‖ ~**e Belastbarkeit** (Wärm) / thermal load capacity ‖ ~**e Belastung** (Wärm) / thermal load ‖ ~ **beständig** / heat-resistant *adj*, heat-resisting *adj*, heatproof *adj*, heat-durable *adj* ‖ ~ **beständig** (Chem, Phys) / thermostable* *adj* ‖ ~**e Beständigkeit** / heat resistance, heat stability ‖ ~**e Bewegung** (Phys) / thermal motion, thermal agitation ‖ ~**e Blinkschalteinrichtung** (Phys) / thermal flasher* ‖ ~**es Bohren** (Erdöl, HuT) / thermic boring (boring holes into concrete by means of a high temperature, produced by a steel lance packed with steel wool which is ignited and kept burning by oxyacetylene or other gas), thermal boring ‖ ~**e Dehnung** (Phys) / thermal expansion, thermoexpansion *n* ‖ ~**e Desorption** (Chem, Phys) / thermal desorption ‖ ~**er dielektrischer**

**thermisch**

**Durchschlag** (Eltech) / thermal dielectric breakdown ‖ **~e Dissoziation** (reversibler Zerfall einer Verbindung durch Zuführung von thermischer Energie) (Chem) / thermal dissociation* ‖ **~er Durchbruch** (unbegrenztes Anwachsen der inneren Ersatztemperatur bzw. der Sperrschichttemperatur infolge Abhängigkeit der Verlustleistung von der Temperatur - DIN 41862) (Eltech) / thermal breakdown ‖ **~e** (dielektrische) **Durchschlagspannung** (Eltech) / thermal dielectric breakdown voltage ‖ **~e Eigenschaft** (eines Werkstoffs) (WP) / thermal property ‖ **~er Einfang** (Kernphys) / thermal capture ‖ **~e Elektronenemission** (Eltronik) / thermionic emission*, thermal emission, Edison effect, Richardson effect* ‖ **~er Emissionsfaktor** (Eltronik) / thermal-emission coefficient ‖ **~e Energie** (Wärme, innere Energie, Enthalpie) (Phys) / thermal energy, thermic energy, heat energy ‖ **~e Ermüdung** (als Folge einer periodischen Änderung der Temperaturverteilung in einer Probe) (WP) / thermal fatigue* ‖ **~er Fluß** (ein Neutronenfluß) (Kernphys) / thermal flux, thermal neutron flux, flux of thermal neutrons ‖ **~e Gitterbewegung** (der Atome und der Moleküle in einem Festkörper in der Nähe ihrer thermischen Gleichgewichtslage) (Krist) / lattice vibration* ‖ **~es Gleichgewicht** (Phys) / thermal equilibrium, heat equilibrium ‖ **~e Höchstlast** (Eltech) / heating limit*, thermal limit* ‖ **~e Hysterese** ($A_C$- und $A_1$-Punkte) (Hütt) / thermal hysteresis, thermal lag ‖ **~e Inaktivierung** (Phys) / thermal inactivation ‖ **~ initiierte Polymerisation** (Chem) / self-initiated polymerization, purely thermally initiated polymerization ‖ **~e Instabilität** (Eltronik) / thermal runaway*, thermal breakdown, thermal catastrophe ‖ **~e Ionisation** (Phys) / thermal ionization, Saha ionization ‖ **~e Konvektion** (Meteor) / thermal convection, free convection, gravitational convection ‖ **~es Kracken** (heute praktisch ohne Bedeutung) (Erdöl) / thermal cracking ‖ **~es Kraftwerk** (Eltech) / thermal station* ‖ **~er Krümmungskoeffizient** (analog zum thermischen Ausdehnungskoeffizienten) (Phys) / flexivity $n$ ‖ **~er kubischer Ausdehnungskoeffizient** (des Gay-Lussac-Gesetzes) (Phys) / coefficient of thermal expansion, volume coefficient ‖ **~e Lebensdauer** (Eltech) / thermal life ‖ **~e Leitfähigkeit** (Wärm) / thermal conductivity*, K-value $n$, heat conductivity ‖ **~er Leitwert** (Phys) / thermal conductance ‖ **~e Nachbehandlung von feuerverzinkten Erzeugnissen** (Galv) / galvannealing $n$ ‖ **~e Nachverbrennung** (ein Abluftreinigungsverfahren) (Umwelt) / thermic incineration ‖ **~es Neutron** (Kernphys) / thermal neutron* ‖ **~er Neutronenquerschnitt** (Kernphys) / thermal cross section* ‖ **~er Nutzfaktor** (Kernphys) / thermal utilization factor* ‖ **~e Nutzung** (DIN 25401) (Kernphys) / thermal utilization factor* ‖ **~es Ohm** (Phys) / thermal ohm* ‖ **~es Plasma** (Plasma Phys) / thermal plasma ‖ **~e Polymerisation** (Chem) / thermal polymerization ‖ **~es Rauschen** (durch die Wärmebewegung des Ladungsträgers) (Eltronik) / thermal noise*, Johnson noise*, output noise*, resistance noise*, thermal agitation noise ‖ **~er Reaktor** (mit thermischen Neutronen) (Nukl) / thermal reactor* (a nuclear reactor using neutrons), slow reactor* ‖ **~es Reformieren** (Chem Verf, Erdöl) / thermal reforming ‖ **~er Reformierungsprozeß** (Chem Verf, Erdöl) / thermal reforming ‖ **~es Reforming** (mit Erhitzung unter Druck) (Chem Verf, Erdöl) / thermal reforming ‖ **~es Relais** (Eltech) / thermal relay* ‖ **~e Säule** (Nukl) / thermal column* ‖ **~e Schädigung** (Chem, Nahr, Pharm) / thermal degradation ‖ **~er Schild** (Nukl) / thermal shield* ‖ **~es Schneiden** (z.B. Brenn- oder Lichtbogenschneiden nach DIN 2310, T 1) (Masch) / thermal cutting ‖ **~er Schock** (schroffer Temperaturwechsel) (Wärm) / thermal shock*, thermoshock $n$ ‖ **~er Schutzauslöser** (Vorrichtung, die bei unzulässig hohen Temperaturen schaltet) (Eltech) / thermal circuit-breaker*, thermal cut-out* ‖ **~er Selbstmord** (eines Halbleiterelements bei Temperaturerhöhung) (Eltronik) / thermal runaway*, thermal breakdown, thermal catastrophe ‖ **~e Spaltung** (durch thermische Neutronen) (Nukl) / thermal fission, thermofission $n$ ‖ **~er Spaltungsfaktor** (Nukl) / thermal fission factor ‖ **~e Spannung** (Mech, WP) / thermal stress, heat stress ‖ **~er Spike** (Kernphys) / thermal spike* ‖ **~es Spritzen** (Flammspritzen, Lichtbogenspritzen, Detonationsspritzen, Plasmaspritzen) / thermal spraying, thermospraying $n$, thermal spray* ‖ **~e Sprungschicht** (Ozean, Umwelt) / thermocline* $n$, thermal-discontinuity layer ‖ **~e Stabilität** (Phys) / thermal stability ‖ **~e Standardflußdichte** (Kernphys) / 2200 metres per second flux ‖ **~e Störzone** (DIN 25401) (Kernphys) / thermal spike* ‖ **~e Suppe** (in der Big-Bang-Theorie) (Astr) / thermal soup ‖ **~e Trägheit** (reziproke Temperaturanstiegsrate) (Nukl) / thermal inertia*, thermal lag ‖ **~e Transpiration** (Vakuum) / thermal transpiration ‖ **~es Trennen** (Masch) / thermal cutting ‖ **~e Übergangsimpedanz** (Impulswärmeimpedanz bei einem Halbleiterventil) (Eltronik) / transient thermal impedance ‖ **~e Überlastung** (eines Katalysators) (Kfz) / overheating $n$ ‖ **~e Verfestigung** (Glas) / tempering $n$, toughening $n$ ‖ **~er Verlustfaktor** (Nukl) / thermal leakage factor* ‖ **~ vorgespanntes Glas** (Glas) / heat-treated glass, tempered safety glass ‖ **~e Wechselbeanspruchung** (WP) / thermal cycling ‖ **~er Widerstand** (DIN 1341) (Eltech) / thermal resistance* ‖ **~er Wind** (Meteor) / thermal wind* ‖ **~er Wirkungsgrad** (z.B. in Kreisprozessen) (Phys) / thermal efficiency* ‖ **~er Wirkungsquerschnitt** (Kernphys) / thermal cross section* ‖ **~e Zersetzung** (Phys) / thermal degradation, thermal decomposition ‖ **~e Zerstörung** (Eltronik) / thermal runaway*, thermal breakdown, thermal catastrophe ‖ **~e Zielsuchlenkung** (auf Wärmekontrast ansprechende) (Mil) / heat homing ‖ **~e Zustandsgleichung** (Phys) / thermal equation of state ‖ **~e Zustandsgröße** (Phys) / thermal property of state

**Thermistor** $m$ (Heiß- oder Kaltleiter) (Eltronik) / thermistor* (QTM) $n$

**Thermit** $n$ (ein Gemisch von Eisenoxiden und Aluminiumpulver, bei dessen Verbrennung sehr hohe Temperaturen entstehen) (Hütt, Schw) / thermite* $n$, thermit $n$, welding thermite ‖ **≈schweißen** $n$ (Schw) / aluminothermic welding, thermit welding

**Thermo•-** (Wärm) / thermal $adj$, thermic $adj$, caloric $adj$ ‖ **~adhäsiv** $adj$ / thermoadhesive $adj$ ‖ **≈akustometrie** $f$ (eine Methode der thermischen Analyse) (Chem, Hütt) / thermoacoustometry $n$ ‖ **≈amperemeter** $n$ (Eltech) / thermoammeter* $n$ ‖ **≈analyse (TA)** $f$ (Chem, Hütt) / thermal analysis*, thermographic analysis, thermoanalysis $n$ ‖ **~analytisch** $adj$ (Chem, Hütt) / thermoanalytical $adj$ ‖ **≈auslöser** $m$ (Vorrichtung, die bei unzulässig hohen Temperaturen schaltet) (Eltech) / thermal circuit-breaker*, thermal cut-out* ‖ **≈auslöser** (ein Relais) (Eltech) / thermal trip* ‖ **≈barometrie** $f$ (Arbeitsgebiet der Petrologie, das aus Druck-Temperatur-Diagrammen die Bildungebedingungen von metamorphen Gesteinen berechnet) (Geol) / thermobarometry $n$ ‖ **≈bimetall** (DIN 1715, T 1) (Eltech) / thermobimetal*, thermocouple bimetal ‖ **≈bohren** $n$ (Erdöl, HuT) / thermic boring (boring holes into concrete by means of a high temperature, produced by a steel lance packed with steel wool which is ignited and kept burning by oxyacetylene or other gas), thermal boring ‖ **≈bonden** $n$ (Eltronik) / thermocompression bonding, TC bonding ‖ **≈chemie** $f$ (Chem) / thermochemistry* $n$, chemical thermodynamics ‖ **~chemisch** $adj$ (Chem) / thermochemical $adj$ ‖ **~chemische Behandlung** (Wärmebehandlung, bei der die chemische Zusammensetzung eines Werkstoffs durch Ein- oder Ausdiffundieren eines oder mehrerer Elemente absichtlich geändert wird) (Chem) / thermochemical treatment ‖ **≈chromie** $f$ (Auftreten von reversiblen Farbänderungen bei Temperaturänderungen) (Chem) / thermochromism $n$ ‖ **≈desorption** $f$ (Chem, Phys) / thermal desorption ‖ **≈detektor** $m$ (Eltech) / thermal detector* ‖ **≈diffusion** $f$ (Nukl, Phys) / thermodiffusion $n$, thermal diffusion* ‖ **~druck** $m$ (mit Folien als Farbträger) (Tex) / heat-transfer printing, thermal transfer printing ‖ **≈drucker** $m$ (EDV) / thermal printer* ‖ **≈druckkopf** $m$ (EDV) / thermal print head, print head (of a thermal printer) ‖ **≈druckverfahren** $n$ (Tex) / heat-transfer printing, thermal transfer printing ‖ **~dur** $adj$ (Mikroorganismus) (Bakteriol) / thermoduric* $adj$

**Thermodynamik** $f$ (Phys) / thermodynamics* $n$ ‖ **≈** (Phys) s. auch Wärmelehre ‖ **chemische ≈** (Chem) / thermochemistry* $n$, chemical thermodynamics ‖ **erster Hauptsatz der ≈** (eine Methode der thermodynamics ‖ **statistische ≈** (Gleichgewichtsstatistik) (Phys) / statistical thermodynamics ‖ **technische ≈** (Phys) / engineering thermodynamics ‖ **≈** $f$ **irreversibler Prozesse** (Phys) / thermodynamics of irreversible processes

**thermodynamisch** $adj$ (Phys) / thermodynamic $adj$, thermodynamical $adj$ ‖ **~e Funktion** (Phys) / thermodynamic potential*, thermodynamic function ‖ **~es Gleichgewicht** (Phys) / thermodynamic equilibrium ‖ **~e Kelvin-Temperaturskale** (mit der Einheit Kelvin) (Phys) / thermodynamic scale of temperature*, absolute temperature scale, scientific temperature scale, Kelvin thermodynamic scale of temperature ‖ **~er Kondensatableiter** (Masch) / thermodynamic steam trap ‖ **~e Kontrolle** (der chemischen Reaktion) (Chem) / thermodynamic control ‖ **~er Kreisprozeß** (Phys) / thermodynamic cycle, heat cycle ‖ **~es Potential** (Phys) / thermodynamic potential*, thermodynamic function ‖ **~e Temperatur** (DIN 1345 und 5498) (Phys) / absolute temperature*, thermodynamic temperature ‖ **~e Temperaturskale** (Phys) / thermodynamic scale of temperature*, absolute temperature scale, scientific temperature scale, Kelvin thermodynamic scale of temperature ‖ **~er Vergleichsprozeß** (z.B. Ericsson-Prozeß für Gasturbinen) (Phys) / ideal thermodynamic cycle ‖ **~e Wahrscheinlichkeit** (Maxwell-Boltzmann-Statistik) (Phys) / statistical weight*, thermodynamic probability ‖ **~er Zustand** (Maxwell-Boltzmann-Statistik) (Phys) / macrostate $n$, macroscopic state*

**thermo•elastisch** $adj$ (Phys) / thermoelastic $adj$ ‖ **≈elastizität** $f$ (Gesamtheit der thermoelastischen Erscheinungen) (Phys) / thermoelasticity $n$

**thermoelektrisch** adj (Eltech, Phys) / thermoelectric adj ‖ **~er Detektor** (Eltech) / thermal detector* ‖ **~er Effekt** (Seebeck-Effekt, Peltier-Effekt, Bridgman-Effekt, Thomson-Effekt, Benedicks-Effekt) (Phys) / thermoelectric effect* ‖ **~er Energiewandler** (Eltech) / thermal converter*, thermocouple converter, thermoelectric generator ‖ **~es Galvanometer** (Eltech) / thermogalvanometer* n ‖ **~er Generator** (Eltech) / thermoelectric generator (a device that converts thermal energy into electric energy by direct interaction of a heat flow and the charge carriers in an electric circuit, and that requires for this process the existence of a temperature difference in the electric circuit) ‖ **~es Gerät** (Meßgerät) (Instr) / thermocouple instrument*, thermel n ‖ **~er Konverter** (Eltech) / thermal converter*, thermocouple converter, thermoelectric generator ‖ **~e Korrosion** (Galv) / thermogalvanic corrosion ‖ **~e Kraft** (Eltech) / thermoelectric power*, thermal e.m.f., thermoelectric coefficient, thermoelectric voltage, thermal electromotive force*, Seebeck electromotive force ‖ **~es Kühlelement** (Phys) / thermoelectric cooling device ‖ **~er Kühlschrank** (mit thermoelektrischem Kältesatz) (Eltech) / thermoelectric refrigerator ‖ **~e Kühlung** (unter Ausnutzung des Peltier-Effekts) (Phys) / thermoelectric cooling*, Peltier cooling ‖ **~es Pyrometer** (Eltech) / thermocouple pyrometer*, thermocouple pyrometer ‖ **~e Spannungsreihe** (Eltech) / thermoelectric series ‖ **~er Strom** (Eltech) / thermoelectric current, thermocurrent n ‖ **~er Wandler** (ein Energiewandler) (Eltech) / thermal converter*, thermocouple converter, thermoelectric generator

**Thermo•elektrizität** f (Eltech) / thermoelectricity* n ‖ **≈element** n (ein Meßwandler, der zur Temperaturmessung im Bereich von etwa 100 bis zu 3200 K herangezogen wird und Wärmeenergie direkt in elektrische Energie umwandelt) (Eltech) / thermoelement n, thermocouple element ‖ **gekapseltes ≈element** (Eltech) / sheathed thermoelement ‖ **≈elementwärmeleitungsvakuummeter** n (Vakuumt) / thermocouple gauge ‖ **≈emission** f (Eltronik) / thermionic emission*, thermal emission, Edison effect, Richardson effect* ‖ **≈-EMK** f (Eltech) / thermoelectric power*, thermal e.m.f., thermoelectric force, Seebeck coefficient, thermoelectric voltage, thermal electromotive force*, Seebeck electromotive force ‖ **~fixieren** v (Tex) / thermofix v ‖ **≈fixieren** n (von thermoplastischen Chemiefasern bzw. der aus ihnen hergestellten Textilien) (Tex) / heat-setting* n, thermosetting n ‖ **≈fixieren** (von Farbstoffen) (Tex) / thermofixation n, thermofixing n ‖ **≈fixierung-Wirkungsgrad** m (Tex) / heat-set efficiency

**Thermofon** n (Akus) / thermophone* n, thermal receiver*

**Thermofor•-Catalytic-Cracking** n (ein Fließbettverfahren zur Herstellung von Krackbenzin) (Erdöl) / Thermofor catalytic cracking ‖ **≈-Continuous-Percolation** f (Erdöl) / Thermofor continuous percolation, TCP

**Thermo•formen** n (Plast) / thermoforming n ‖ **≈formung** f (Plast) / thermoforming n ‖ **≈formverfahren** n (Plast) / thermoforming n

**Thermofor-Prozeß** m (ein Bleichungsprozeß) (Erdöl) / Thermofor continuous percolation, TCP

**Thermo•fusion** f (Tex) / thermobonding n, thermal bonding ‖ **~galvanisch** adj (Galv) / thermogalvanic adj ‖ **~galvanische Korrosion** (Galv) / thermogalvanic corrosion ‖ **≈galvanometer** n (Eltech) / thermogalvanometer* n ‖ **≈gefäß** n / Thermos flask n, Thermos n, Thermos bottle (US), vacuum flask, flask n

**Thermogenin** n (Biochem) / uncoupling protein

**Thermo•graf** m (Meteor, Phys) / thermograph* n, temperature recorder ‖ **≈graf** (Opt, Phys) / thermograph n ‖ **≈grafie** f (Sofortdruckverfahren zur Herstellung von Kopien unter Verwendung wärmeempfindlicher Schichten auf Papier) (Druck) / thermography* n, thermal imaging* ‖ **≈grafie** (berührungsfreies Verfahren der Infrarottechnik, um die Temperaturverteilung auf Oberflächen zu ermitteln) (Foto, Med, Phys) / thermography* n ‖ **≈gramm** n (Opt, Phys) / thermogram n ‖ **≈gravimetrie (TG)** f (gravimetrische Verfolgung der Masseänderung einer Probe, solange diese einem Temperaturprogramm unterworfen wird - DIN 51006) (Chem) / thermogravimetry n, thermal gravimetric analysis* (TGA), themogravimetric analysis ‖ **derivative ≈gravimetrie** (Chem) / derivative thermogravimetry, DTG, differential thermogravimetry ‖ **~gravimetrisch** adj (Chem) / thermogravimetric adj ‖ **~gravimetrische Analyse** (gravimetrische Verfolgung der Masseänderung einer Probe, solange diese einem Temperaturprogramm unterworfen wird - DIN 51006) (Chem) / thermogravimetry n, thermal gravimetric analysis* (TGA), themogravimetric analysis ‖ **~halin** adj (Ozean) / thermohaline adj ‖ **≈hydraulik** f (Strömungsvorgänge in Flüssigkeiten unter Berücksichtigung thermischer Eigenschaften) (Phys) / thermohydraulics n ‖ **~hydraulisch** adj (Phys) / thermohydraulic adj ‖ **≈hygrograf** m (in der Thermometerhütte untergebrachte, aus einem Thermografen und einem Hygrografen bestehende Instrumentenkombination zur selbsttätigen Aufzeichnung von Lufttemperatur und relativer Luftfeuchte auf einer gemeinsamen Registriertrommel) (Meteor) / thermohygrograph n ‖ **≈ionisation** f (Phys) / thermal ionization, Saha ionization ‖ **≈ionisationsdetektor** m (Chem) / thermionic detector, nitrogen-phosphorus detector ‖ **~ionischer Detektor** (für die gaschromatografische Spurenanalyse, vorwiegend für P und N) (Chem) / thermionic detector, nitrogen-phosphorus detector ‖ **~kalorischer Effekt** (Umkehrung des mechanokalorischen Effekts) (Phys) / thermocaloric effect ‖ **≈karst** m (Geol) / thermokarst n (with hollows produced by the selective melting of permafrost) ‖ **≈kette** f (Eltech) / thermopile* n, pile* n ‖ **≈kline** f (Ozean, Umwelt) / thermocline* n, thermal-discontinuity layer ‖ **≈kolorfarbe** f (Anstr) / thermo-indicator paint, temperature-indicating paint ‖ **≈kompression** f (Verbindung von Halbleiterelementen bei hoher Temperatur und unter Druck) (Eltronik) / thermocompression n, thermal compression ‖ **≈kompressionskontaktierung** f (Eltronik) / thermocompression bonding, TC bonding ‖ **≈kompressionsschweißen** n (eine Art Mikroschweißens) (Eltronik) / thermocompression bonding, TC bonding ‖ **≈kompressor** n / thermocompressor n ‖ **≈kontakt** m (Eltech) / thermally actuated contact ‖ **≈kopf** m (eines Thermodruckers) (EDV) / thermal print head, print head (of a thermal printer) ‖ **≈kopierer** n / thermal copier ‖ **≈kopiergerät** n / thermal copier ‖ **≈kraft** f (Eltech) / thermoelectric power*, thermal e.m.f., thermoelectric force, Seebeck coefficient, thermoelectric voltage, thermal electromotive force*, Seebeck electromotive force ‖ **≈kreide** f (Anstr) / thermocolour pencil, temperature-indicating crayon, tempilstick n ‖ **≈kreuz** n (Anordnung von Thermoelementen zum Messen der Stromstärke) (Eltech) / thermal cross, thermoelectric cross, thermocross n ‖ **≈kreuz** (Eltech) / thermoelement n, thermocouple element ‖ **~labil** adj (Biol, Chem) / thermolabile* adj ‖ **≈labilität** f (Biol, Chem) / thermolability n ‖ **~lumineszent** adj (Licht) / thermoluminescent adj

**Thermolumineszenz** f (Licht) / thermoluminescence* n, TL ‖ **≈-**(Licht) / thermoluminescent adj ‖ **≈datierung** f / thermoluminescent dating ‖ **≈dosimeter** n (das aus einem der Thermolumineszenz fähigen Leuchtstoff und einer Ausheiz- und Lichtmeßapparatur besteht) (Radiol) / thermoluminescent dosemeter, thermoluminescence dosimeter (TLD)

**Thermolyse** f (durch thermische Dissoziation bewirkter spontaner Zerfall oder gezielte Spaltung organischer Verbindungen) (Chem, Phys) / thermolysis* n (pl. thermolyses) ‖ **≈** (Chem, Phys) s. auch Pyrolyse

**thermo•magnetisch** adj (Mag) / thermomagnetic adj ‖ **~magnetischer Effekt** (z.B. Righi-Leduc-Effekt, Ettingshausen-Nernst-Effekt) (Wärm) / thermomagnetic effect* ‖ **≈magnetometrie** f (eine Methode der thermischen Analyse) / thermomagnetometry n ‖ **~magnetooptische Technik** (Eltronik) / thermomagneto-optical technology, TMO technology, CD-MO technology

**thermomechanisch** adj / thermomechanical adj ‖ **~e Analyse** (Phys) / thermomechanical analysis ‖ **~e Behandlung** (eine Verbindung von Umformvorgängen mit Wärmebehandlungen, um bestimmte Werkstoffeigenschaften zu erzielen) (Hütt) / thermomechanical treatment ‖ **~er Effekt** (in supraflüssigem Helium II) (Phys) / fountain effect ‖ **~er Effekt** (Phys) / thermomechanical effect ‖ **~er Holzstoff** (DIN 6730) (Pap) / thermomechanical pulp, TMP

**Thermo•mechanometrie** f (eine Methode der thermischen Analyse) / thermomechanometry n ‖ **≈melder** m (Brandwarn- und Meldeanlage) / thermal fire-indicator ‖ **≈metallurgie** f (Hütt) / pyrometallurgy* n, igneous metallurgy, melting metallurgy ‖ **≈metamorphose** f (Variante der Kontaktmetamorphose) (Geol) / thermal metamorphism*, thermometamorphism n

**Thermometer** n (Phys, Wärm) / thermometer* n ‖ **akustisches ≈** (Phys) / sonic thermometer ‖ **geologisches ≈** (Geol) / geothermometer n, geologic thermometer ‖ **kugel- oder zylinderförmige Erweiterung des Kapillarröhrchens des ~s** (am unteren Ende) (Phys) / bulb n ‖ **magnetisches ≈** (für Temperaturen unter 1 K) (Phys) / magnetic thermometer ‖ **registrierendes ≈** (Meteor, Phys) / thermograph* n, temperature recorder ‖ **trockenes ≈** (des Psychrometers) / dry-bulb thermometer ‖ **≈** n **mit runder Skale** / dial thermometer

**Thermometer•glas** n (Glas) / thermometer glass ‖ **≈hütte** f (mit jalousieartigen Seitenwänden) (Meteor) / Stevenson screen* ‖ **≈hütte** (im allgemeinen) (Meteor) / thermometer screen, thermometer shelter, thermoscreen n, instrument shelter ‖ **≈meßkapillare** f (Phys) / thermometer stem ‖ **≈skala** f (Phys) / thermometric scale* ‖ **≈skale** f (Phys) / thermometric scale* ‖ **≈substanz** f (der zur Temperaturmessung benutzte Stoff in einem Thermometer) (Phys) / thermometric substance ‖ **≈tasche** f / thermometer pocket

**Thermo•metrie** f (Phys) / thermometry* n ‖ **~metrische Titration** (Chem) / thermometric titration, calorimetric titration, thermal titration, enthalpy titration ‖ **≈mikroskopie** f (eine Art Thermooptometrie) / thermomicroscopy n

**Thermonastie**

**Thermonastie** f (Bot) / thermonasty* n
**Thermonatrit** m (Min) / thermonatrite n
**thermonuklear** adj (Kernphys, Mil) / thermonuclear adj ‖ **~e Bombe** (Mil) / fusion bomb*, thermonuclear bomb ‖ **~e Energie** (Nukl) / fusion energy*, thermonuclear energy* ‖ **~e Reaktion** (DIN 25401) (Kernphys) / thermonuclear reaction* ‖ **~er Sprengkörper** (Mil) / thermonuclear weapon, fusion weapon
**Thermo•optometrie** f (eine Methode der thermischen Analyse) (Chem) / thermooptometry n ‖ **~osmose** f (Stofftransport durch eine Membran als Folge einer beiderseits unterschiedlicher Temperatur) (Chem, Phys) / thermoosmosis n (pl. -osmoses) ‖ **~oxidation** f (Chem) / thermal oxidation ‖ **~oxidativ** adj (Chem) / thermal-oxidative adj ‖ **~oxidiertes Sojaöl** (Nahr) / thermooxidized soybean oil ‖ **~paar** n (ein Thermoelement) (Eltech) / thermocouple* n, thermoelectric couple, thermojunction* n, couple n ‖ **~papier** n (Pap) / thermal paper, thermographic paper ‖ **~periodismus** m (Bot) / thermoperiodism* n ‖ **~phil** adj (Bakteriol, Bot) / thermophile* adj, thermophilic* adj, thermophilous* adj, thermophil adj ‖ **~philer Abbauprozeß** (biologische Reinigung hochkonzentrierter Abwässer) (Sanitär, Umwelt) / thermophile digestion ‖ **~phon** n (eine zur Eichung von Mikrofonen geeignete Normalschallquelle - heute restlos veraltet) (Akus) / thermophone* n, thermal receiver* ‖ **~phorese** f (Bewegungsvorgänge kleiner Teilchen in einem Temperaturgefälle) (Phys) / thermophoresis n (pl. -reses) ‖ **~physikalisch** adj (Phys) / thermophysical adj
**Thermoplast** m (DIN 7724, T 1, 7730 und 9724) (Plast) / thermoplastic* n, thermoplastic resin
**thermoplastisch** adj (Plast) / thermoplastic* adj ‖ **~es Elastomer** (Chem Verf) / thermoplastic rubber, TR, thermoplastic elastomer, TPE ‖ **~er Kautschuk** (ein Elastomer, das ohne Vulkanisation bei Raumtemperatur elastische, kautschukähnliche Eigenschaften besitzt, jedoch bei höherer Temperatur thermoplastisch verformbar ist) (Chem Verf) / thermoplastic rubber, TR, thermoplastic elastomer, TPE ‖ **~er Klebstoff** / hot-melt adhesive, fusion adhesive, dry adhesive (US), thermoplastic adhesive, hot-setting adhesive ‖ **~er Kunststoff** (Plast) / thermoplastic* n, thermoplastic resin ‖ **~er Kunststoffverbund** (Plast) / thermoplastic composite
**Thermo•plastizität** f (Plast) / thermoplasticity n ‖ **~plastschaum-Guß** m (Plast) / structural foam moulding, integral foam moulding ‖ **~platte** f (für Computer-to-Plate) (EDV) / thermoplate n ‖ **~reaktor** m (Abgasreinigungseinrichtung zur thermischen Nachverbrennung von CO und HC) (Kfz) / thermal reactor, thermactor n ‖ **~regulation** f (Physiol) / temperature regulation ‖ **~relais** n (zur Verstärkung von Galvanometerausschlägen bei der Messung kleinster elektrischer Ströme) (Elektr) / thermorelay n ‖ **~relais** (z.B. mit Bimetall) (Eltech) / thermal relay* ‖ **~remanenz** f (bei der Abkühlung magmatischer Schmelzen) (Geol) / thermoremanent magnetism ‖ **~resistent** adj / heat-resistant adj, heat-resisting adj, heatproof adj, heat-durable adj ‖ **~resistent** (z.B. Mikroorganismen bei der Pasteurisation) (Bakteriol) / thermostable* adj ‖ **~resistenz** f / heat resistance, heat stability ‖ **~rezeption** f (Physiol) / thermoreception n ‖ **~rückfederung** f (Plast) / thermal resilience ‖ **~säule** f (mehrere elektrisch in Reihe und thermisch parallel geschaltete Thermoelemente) (Eltech) / thermopile* n, pile* n ‖ **~schalter** m (zumeist Bimetallschalter) (Eltech) / thermoswitch n ‖ **~scheibe** f (des Fensters) (Bau, Glas) / thermopane unit ‖ **~schock** m (schroffer Temperaturwechsel) (Wärm) / thermal shock*, thermoshock n ‖ **~schockbeanspruchung** f (WP) / thermal-shock stress ‖ **~schockbeständigkeit** f (WP) / resistance to thermal shock, thermal-shock resistance ‖ **~schockfestigkeit** f (WP) / resistance to thermal shock, thermal-shock resistance
**Thermosflasche** f (Handelsname für ein Dewar-Gefäß) / Thermos flask n, Thermos n, Thermos bottle (US), vacuum flask, flask n
**Thermosiphon** m (Masch) / thermosiphon* n, thermosyphon n, thermal siphon n
**Thermosit** m (leichte, geschäumte Hochofenschlacke) (Bau) / thermosite n
**Thermosolieren** n (Tex) / thermosol process, thermosoling n, thermosol method, thermosol dyeing method
**Thermosol•/Thermofixierverfahren** n (Tex) / TT dyeing process, thermosol/thermofixation dyeing process ‖ **~verfahren** n (ohne Carrier arbeitendes Trockenfixierverfahren zum kontinuierlichen Färben und Bedrucken von Synthesefasern) (Tex) / thermosol process, thermosoling n, thermosol method, thermosol dyeing method
**Thermosonikschweißen** n (eine Art Mikroschweißens) (Eltronik) / thermosonic bonding
**Thermo•spannung** f (elektrische Spannung zwischen zwei Kontaktstellen zweier unterschiedlicher elektrischer Leiter, die sich auf verschiedener Temperatur befinden) (Eltech) / thermoelectric power*, thermal e.m.f., thermoelectric force, Seebeck coefficient, thermoelectric voltage, thermal electromotive force*, Seebeck electromotive force ‖ **~sphäre** f (Region oberhalb der Mesopause, in der die Temperatur mit der Höhe im allgemeinen zunimmt) (Astr, Geophys) / thermosphere* n ‖ **~spray-Interface** n (Zwischenglied für Kopplungen Gaschromatografie - Massenspektrometrie) (Chem) / thermospray interface ‖ **~spray-Ionisation** f (Spektr) / thermospray ionization ‖ **~spray-Massenspektrum** n (Spektr) / thermospray mass spectrum, TSP spectrum ‖ **~stabil** adj (z.B. Enzym) / thermostable adj
**Thermostat** m (der Zentralheizung in den Räumen) (Bau, Wärm) / roomstat n ‖ **~** (DIN 58966, T 1) (Phys, Wärm) / thermostat* n ‖ **~ mit Bimetall-Temperaturregler** (Wärm) / pilotherm* n ‖ **~ mit Dehnstoffelement** (Kfz) / wax-type thermostat ‖ **~geregeltes Luftfilter** (Kfz) / thermal air cleaner, thermac n, thermostatic air cleaner, TAC ‖ **~gesteuertes Luftfilter** (Kfz) / thermal air cleaner, thermac n, thermostatic air cleaner, TAC
**Thermostatik** f (Teilgebiet der Thermodynamik) (Phys) / thermostatics n
**thermostatisch** adj (Phys) / thermostatic adj ‖ **~ geregelter Kondensatableiter** (Masch) / thermostatic steam trap
**Thermostat•-Kondensatableiter** m (Masch) / thermostatic steam trap ‖ **~-Luftfilter** n (Kfz) / thermal air cleaner, thermac n, thermostatic air cleaner, TAC ‖ **~schalter** m (Wärm) / thermostatic switch ‖ **~ventil** n (an Heizkörpern - zur Einzelraumregelung) (Bau) / thermostatic radiator valve
**Thermo•strom** m (z.B. beim Seebeck-Effekt) (Eltech) / thermoelectric current, thermocurrent n ‖ **~therapie** f (Med) / thermotherapy n ‖ **~tinte** f (EDV) / thermo ink ‖ **~tolerant** adj (Biochem, Bot) / thermotolerant* adj ‖ **~topografie** f (Veranschaulichung des Temperaturverlaufs auf größeren Flächen) / thermotopography n, topothermography n ‖ **~transferdruck** m (mit einem Zwischenträger) (mit einem Zwischenträger) (Druck, EDV, Tex) / thermal transfer printing ‖ **~transferdrucker** m (Druck, EDV) / thermal transfer printer ‖ **~trop** adj (Phys) / thermotropic adj ‖ **~trope Phase** (Krist) / thermotropic phase ‖ **~tropie** f (Änderung einer Stoffeigenschaft unter der Einwirkung einer Temperaturänderung) (Phys) / thermotropy n ‖ **~umformer** m (ein mit einem Heizdraht verbundenes Thermoelement zum Messen von Gleich- und Wechselströmen) (Eltech) / thermal converter* ‖ **~umformer-Instrument** n (Eltech) / thermocouple meter* ‖ **~variabel** adj (V-Mot) / thermovariable adj ‖ **~ventil** n (das temperaturgesteuert öffnet und schließt) (Masch) / thermovalve n, temperature valve ‖ **~verzögerungsventil** n (Kfz) / thermal delay valve ‖ **~viskose Flüssigkeit** (bei der der Spannungstensor vom Deformationsgeschwindigkeitstensor und vom Temperaturgradienten abhängig ist) (Phys) / thermoviscous fluid ‖ **~vulkanisation** f (kontinuierliche, diskontinuierliche) (Chem Verf) / thermal vulcanization ‖ **~waage** f (die Gewichtsänderungen in Abhängigkeit von der Erwärmung der Probe registriert, z.B. in der Thermogravimetrie) (Chem) / thermobalance n
**Therophyt** m (Bot) / therophyte* n
**Thesaurus** m (pl. -en oder -ri) (eine geordnete Menge von Bezeichnungen, die ein offenes System zur fach- und/oder problemorientierten Klassifizierung und Ordnung von Begriffen bilden - DIN 1463) / thesaurus n (pl. thesauri or -es) ‖ **~programm** n (EDV) / thesaurus program
**Theta•funktionen** f pl (Math) / theta functions ‖ **~gramm** n (Diagrammpapier mit linearer Temperaturskale als Abszisse und linearer Druckskale als Ordinate zur Auswertung aerologischer Aufstiege) (Meteor) / thetagram n ‖ **~-Pinch** m (magnetisches Kompressionsverfahren zur Erzeugung eines Plasmas sehr hoher Temperatur) (Nukl) / theta pinch* (current-carrying coils run round the plasma and the magnetic field is axial) ‖ **~temperatur** f (Chem) / Flory temperature, theta temperature
**Thevenin'sches Theorem** (nach L. Thevenin, 1857 - 1926) (Eltech) / Thevenin's theorem*, Helmholtz's theorem*, Thevenin-Helmholtz theorem
**Thexylboran** n (1,1,2-Trimethylpropylboran) (Chem) / thexyl borane
**THF** (Biochem) / tetrahydrofolic acid, THF ‖ **~** (Chem) / tetrahydrofuran* n, tetramethylene oxide*, THF
**THFA** (Chem) / tetrahydrofurfuryl alcohol
**Thi-** (eine Vorsilbe, die zur Kennzeichnung schwefelhaltiger Verbindungen verwendet wird) (Chem) / thi-*
**Thia•-** (Chem) / thi-* ‖ **~bendazol** n (Konservierungsstoff und Fruchtbehandlungsmittel - E 233) (Landw, Nahr, Pharm) / thiabendazole n ‖ **~boran** n (Chem) / thiaborane n
**Thiamin** n (Biochem) / thiamin* n, thiamine n, vitamin $B_1$*, aneurin n ‖ **~chlorid-Hydrochlorid** n (Pharm) / thiamin hydrochloride ($C_{12}H_{18}Cl_2N_4OS$) ‖ **~diphosphat** n (Diphosphorsäureester von Thiamin) (Biochem, Pharm) / thiamin pyrophosphate, co-carboxylase n, aneurin diphosphate ‖ **~pyrophosphat** n (Diphosphorsäureester von Thiamin) (Biochem, Pharm) / thiamin pyrophosphate, co-carboxylase n, aneurin diphosphate

**Thianthren, polychloriertes** ⁓ (Chem) / polychlorinated thianthrene, PCTA
**Thiaziddiuretika** *n pl* (eine Gruppe von Saluretika) (Med) / thiazide diuretics*
**Thiazin** *n* (Chem) / thiazine* *n* ‖ ⁓**farbstoffe** *m pl* (die sich von Phenothiazin herleiten) (Tex) / thiazine dyestuffs
**Thiazol** *n* (Chem) / thiazole* *n* ‖ ⁓**farbstoffe** *m pl* (Tex) / thiazole dyestuffs* ‖ ⁓**gelb** *n* (Anstr) / titanium yellow
**Thieles Reagens** (Natriumphosphinat) (Chem) / Thiele reagent
**Thiele-Schmelzpunktapparat** *m* (nach J. Thiele, 1865-1918) (Chem) / Thiele melting-point apparatus
**Thiel-Stoll-Lösung** *f* (gesättigte wäßrige Lösung von Bleiperchlorat - als Schwerflüssigkeit zur Bestimmung der Dichte von Mineralien) (Aufber, Min) / Thiel-Stoll solution
**Thienamycine** *n pl* (Pharm) / thienamycins *pl*
**Thienylgruppe** *f* (Chem) / thienyl group
**Thiepin** *n* (Chem) / thiepin *n*
**Thigmonastie** *f* (Bot) / thigmonasty *n*
**Thigmotropismus** *m* (Bot) / haptotropism* *n* ‖ ⁓ (Wachstumskrümmung nach der berührten Seite hin) (Bot) / thigmotropism* *n*
**Thiiran** *n* (Chem) / ethylene sulphide, thiirane *n*, sulphide *n*, episulphide olefin ‖ ⁓ (Chem) / thiirane *n*, olefin sulphide, episulphide *n*
**Thin-Client** *m* (EDV) / thin client (in a client/server architecture, a client computer that performs little or no data processing)
**Thin-Server** *m* (EDV) / thin server (a client/server architecture in which most of an application is run on the client machine, which is called a fat client, with occasional data operations on a remote server)
**Thio•-** (ein Vorsatz, der in den systematischen Namen den Ersatz eines Sauerstoffatoms durch ein Schwefelatom kennzeichnet) (Chem) / thio*- ‖ ⁓**acetal** *n* (Gruppenbezeichnung für die Schwefelanaloga der Acetale und der Halbacetale, die aus Aldehyden oder Ketonen und Thiolen oder Sulfiden entstehen können) (Chem) / thioacetal *n* ‖ ⁓**acetamid** *n* (Chem) / thioacetamide *n* ‖ ⁓**aldehyd** *m* (Chem) / thioaldehyde *n* ‖ ⁓**alkohol** *m* (ein Thiol) (Chem) / thiol *n*, mercaptan* *n*, thio-alcohol* *n* ‖ ⁓**alkoholat** *n* (Metallsalz der Thiole und Thiophenole) (Chem) / thiolate *n* ‖ ⁓**amid** *n* (Chem) / thioamide* *n* ‖ ⁓**äpfelsäure** *f* (Chem) / thiomalic acid, mercaptosuccinic acid ‖ ⁓**azetal** *n* (Chem) / thioacetal *n* ‖ ⁓**azetamid** *n* (Chem) / thioacetamide *n* ‖ ⁓**bakterien** *f pl* (Bakteriol, Sanitär) / sulphur bacteria* *n* ‖ ⁓**barbiturat** *n* (Derivat der 2-Thiobarbitursäure) (Pharm) / thiobarbiturate *n* ‖ **2-**⁓**barbitursäure** (Chem) / 2-thiobarbituric acid ‖ ⁓**carbamat** *n* (Salz und/oder Ester der im freien Zustand nicht bekannten Thiocarbamidsäure) (Chem) / thiocarbamate *n* ‖ ⁓**carbamid** *n* (Chem) / thiourea* *n*, thiocarbamide* *n* ‖ ⁓**carbamidsäurehydrazid** *n* (Chem, Foto) / thiosemicarbazide *n* ‖ ⁓**carbanilid** *n* (Chem Verf, Pharm) / thiocarbanilide *n*, sulphocarbanilide *n* ‖ ⁓**carbonat** *n* (Chem) / thiocarbonate *n* ‖ ⁓**carbonsäure** *f* (Chem) / thiocarboxylic acid ‖ ⁓**carbonsäureamid** *n* (Chem) / thioamide* *n* ‖ ⁓**carbonyl** *n* (Chem) / thiocarbonyl *n*, thiocarbonyl complex ‖ ⁓**chrom** *n* (eine vom Vitamin B₁ abgeleitete Verbindung) (Chem, Pharm) / thiochrome *n*
**Thioctamid** *n* (Pharm) / liponamide *n*
**Thioctansäure** *f* (Biochem) / lipoic acid, thioctic acid
**Thioctsäure** *f* (1,2-Dithiolan-3-valeriansäure) (Biochem) / lipoic acid, thioctic acid ‖ ⁓ (Biochem) / lipoic acid, thioctic acid
**Thio•cyanat** *n* (Derivat der Isothiozyansäure) (Chem) / thiocyanate* *n*, rhodanide *n*, sulphocyanate *n*, sulphocyanide* *n* ‖ ⁓**cyansäure** *f* (Chem) / rhodanic acid, thiocyanic acid, sulphocyanic acid ‖ ⁓**diazol** *n* (Chem) / thiodiazole *n* ‖ ⁓**diessigsäure** *f* (Chem) / thiodiglycolic acid ‖ ⁓**diglykolsäure** *f* (Chem) / thiodiglycolic acid ‖ ⁓**essigsäure** *f* (Chem) / thioacetic acid, thiacetic acid ‖ ⁓**ethanol** *n* (der wichtigste Thioalkohol) (Chem) / ethane thiol*, ethyl mercaptan* ‖ ⁓**ether** *m* (Chem) / thio-ether* *n*, sulphide *n* ‖ ⁓**furan** *n* (Chem) / thiophen* *n*, thiofuran *n*, thiophene *n* ‖ ⁓**glucosidase** *f* (Biochem) / myrosinase *n*, thioglucoside glucohydrolase *n* ‖ ⁓**glycerol** *n* (Chem) / thioglycerol *n* ‖ ⁓**glycolsäure** *f* (Chem) / thioglycolic acid*, mercaptoethanoic acid, mercaptoacetic acid ‖ ⁓**glycolsäurelignin** *n* (Chem, For) / thioglycolic-acid lignin, TGA-L ‖ ⁓**glykolsäure** *f* (Chem) / thioglycolic acid*, mercaptoethanoic acid, mercaptoacetic acid ‖ ⁓**glykolsäurelignin** *n* (Chem, For) / thioglycolic-acid lignin, TGA-L ‖ ⁓**harnstoff** *m* (Chem) / thiourea* *n*, thiocarbamide* *n* ‖ ⁓**harnstoffharz** *n* (Chem) / thiourea resin* ‖ ⁓**indigo** *n* (Chem) / thioindigo *n*, thioindigoid dye ‖ ⁓**indigopigment** *n* (Anstr) / thioindigo pigment ‖ ⁓**indigorot** *n* **B** (Chem) / thioindigo *n*, thioindigoid dye ‖ ⁓**karbamat** *n* (Chem) / thiocarbamate *n* ‖ ⁓**karbamid** *n* (Chem) / thiourea* *n*, thiocarbamide* *n* ‖ ⁓**karbanilid** *n* (N,N'-Diphenyl-thioharnstoff) (Chem Verf, Pharm) / thiocarbanilide *n*, sulphocarbanilide *n* ‖ ⁓**karbonat** *n* (Chem) / thiocarbonate *n* ‖ ⁓**karbonsäure** *f* (Chem) / thiocarboxylic acid ‖ ⁓**karbonyl** *n* (Komplex mit der Gruppe CS) (Chem) / thiocarbonyl *n*, thiocarbonyl complex ‖ ⁓**keton** *n* (Chem) / thioketone *n* ‖ ⁓**kohlensäure** *f* (Chem) / thiocarbonic acid
**Thiokol** (Warenzeichen der Fa. Morton International für Polysulfidelastomere) (Plast) / Thiokol* *n* ‖ ⁓**dichtung** *f* / polysulphide sealant
**-thiol** (Suffix, das die Verbindungen mit der Gruppe -SH kennzeichnet) (Chem) / -thiol ‖ ⁓ *n* (organische Schwefelverbindung, die die Thiolgruppe enthält) (Chem) / thiol *n*
**Thiolan-1,1-dioxid** *n* (Chem, Erdöl) / sulpholane *n*, tetramethylenesulphone *n*, tetrathiophen-1,1-dioxide *n*
**Thiolat** *n* (Metallsalz der Thiole und Thiophenole) (Chem) / thiolate *n*
**Thiolgruppe** *f* (Chem) / sulphydryl group, mercapto group, thiol group
**Thiolyse** *f* (Spaltung im flüssigen Schwefelwasserstoff) (Chem) / thiolysis *n* (pl. -lyses)
**Thio•mebumal** *n* (Pharm) / thiopentone *n*, thiopental *n* (US) ‖ ⁓**mersal** *n* (eine quecksilberorganische Verbindung) (Chem, Pharm) / thiomersalat *n*, thiomersal *n* ‖ ⁓**naphthen** (Chem) / thionaphthene *n*, thianaphthene *n*, benzothiofuran *n*
**Thionierung** *f* (Substitution eines Sauerstoffatoms durch ein Schwefelatom in einem Molekül) (Chem) / thionation *n*
**Thionin** *n* (Biol, Mikros) / thionine *n*
**Thionyl•chlorid** *n* (SOCl₂) (Chem) / sulphur dichloride oxide, thionyl chloride ‖ ⁓**gruppe** *f* ( =SO; in Halogenverbindungen) (Chem) / thionyl *n*
**Thio•pental** *n* (Pharm) / thiopentone *n*, thiopental *n* (US) ‖ ⁓**pental-Natrium** *n* (Chem, Pharm) / thiopental sodium *n* ‖ ⁓**penton** (Pharm) / thiopentone *n*, thiopental *n* (US) ‖ ⁓**phen** *n* (eine fünfgliedrige heterozyklische Verbindung mit einem Schwefelatom im Ring) (Chem) / thiophen* *n*, thiofuran *n*, thiophene *n* ‖ ⁓**phenol** *n* (eine farblose, widerlich riechende Flüssigkeit - ein Thiol) (Chem) / thiophenol *n*, phenyl mercaptan, phenylthiol *n*, mercaptobenzene *n* ‖ ⁓**phenolat** *n* (Metallsalz der Thiole und Thiophenole) (Chem) / thiolate *n* ‖ ⁓**phosgen** *n* (eine hochtoxische rote Flüssigkeit mit üblem Geruch) (Chem) / thiophosgene *n* ‖ ⁓**phosphat** *n* (Chem) / thiophosphate *n* ‖ ⁓**phosphorsäure** *f* (Chem) / thiophosphoric acid ‖ ⁓**plast** *m* (Plast) / thioplast *n*, polysulphide rubber, PR ‖ ⁓**ridazin** *n* (ein Tranquilizer) (Pharm) / thioridazine *n* ‖ ⁓**salicylsäure** *f* (Chem) / thiosalicylic acid ‖ ⁓**salizylsäure** *f* (Chem) / thiosalicylic acid ‖ ⁓**säure** *f* (Säure, die sich von einer Oxosäure durch Ersatz von Sauerstoff durch Schwefel ableitet) (Chem) / thio-acid* *n*, sulpho acid *n* ‖ ⁓**schwefelsäure** *f* (Monosulfanmonosulfonsäure) (Chem) / thiosulphuric acid* ‖ ⁓**semicarbazid** *n* (Chem, Foto) / thiosemicarbazide *n* ‖ ⁓**semikarbazid** *n* (Chem, Foto) / thiosemicarbazide *n* ‖ ⁓**sinamin** (Chem) / allylthiourea *n* ‖ ⁓**sulfat** *n* (Salz oder Ester der in wäßriger Lösung unbeständigen Thioschwefelsäure) (Chem) / thiosulphate *n* ‖ ⁓**sulfonat** *n* (Chem) / thiosulphonate *n* ‖ ⁓**sulfonsäure** *f* (Chem) / thiosulphonic acid ‖ ⁓**tepa** (ein Chemosterilans) (Chem) / thiotepa *n* ‖ **2-**⁓**uracil** (ein Antagonist des Uracils) (Chem, Pharm) / thiouracil *n* ‖ ⁓**urethan** *n* (Chem) / thiourethane *n* ‖ ⁓**zyanat** *n* (Derivat der Isothiozyansäure) (Chem) / thiocyanate* *n*, rhodanide *n*, sulphocyanate *n*, sulphocyanide* *n* ‖ ⁓**zyansäure** *f* (Chem) / rhodanic acid, thiocyanic acid, sulphocyanic acid
**Thiram** *n* (Fungizid und Saatbehandlungsmittel) (Chem Verf, Landw) / thiram *n*, TMT, TMTD
**Thirring-Modell** *n* (nach W. Thirring, geb. 1927) (Kernphys) / Thirring model
**Thiuram** *n* (Thiuramsulfid) (Chem) / thiuram *n* (a chemical compound containing a R₂NC5 radical) ‖ ⁓**disulfid** *n* (Vulkanisationsbeschleuniger und Fungizid) (Chem) / thiuram disulphide
**Thixocasting** *n* (Gieß) / thixocasting *n*
**thixo•trop** *adj* (Anstr, Chem) / thixotropic *adj* ‖ **~tropes Gel** (Chem) / thixotrope* *n* ‖ ⁓**troper Lack** (Anstr) / thixotropic paint, thixotropic varnish ‖ ⁓**tropie** *f* (die bei mechanischen Einwirkungen eintretende "Verflüssigung" von Gelen oder Pasten, die vorher steif und zäh waren - DIN 1342, T 1) (Anstr, Chem) / thixotropy* *n* ‖ **negative** ⁓**tropie** (Zunahme der Scherviskosität bei zunehmender Beanspruchung) (Phys) / rheopexy *n*, negative thixotropy, antithixotropy *n* ‖ ⁓**tropiermittel** (Anstr, Chem) / thixotroping agent
**Tholeiit** *m* (Geol) / tholeiite* *n*
**tholeiitischer Basalt** (Geol) / tholeiite* *n*
**Tholeyit** *m* (basaltähnliches Ergußgestein) (Geol) / tholeiite* *n*
**Tholos** *f* (pl. -loi oder -len) (antiker Rundtempel, dessen Cella von einem Säulenkranz umgeben war) (Arch) / tholos *n* (pl. tholoi)
**Thoma-Kennzahl** *f* (zur Beurteilung der Kavitationsgefahr) (Masch) / Thoma cavitation coefficient
**Thomas•birne** *f* (Hütt) / basic Bessemer converter, Thomas converter ‖ ⁓**-Fermi-Modell** *n* (Kernphys) / Fermi gas model, statistical model ‖ ⁓**konverter** *m* (Hütt) / basic Bessemer converter, Thomas converter ‖ ⁓**mehl** *n* (nach S.G. Thomas, 1850-1885) (Hütt, Landw) / Thomas meal, Thomas phosphate ‖ ⁓**phosphat** *n* (Hütt, Landw) / Thomas

meal, Thomas phosphate ‖ ~**schlacke** f (Hütt) / basic slag*, Thomas cinder, Thomas slag ‖ ~**verfahren** n (Stahlerzeugung in einem Konverter mit basischem Futter - heute restlos veraltet) (Hütt) / basic Bessemer process, Thomas process, Thomas-Gilchrist process* ‖ ~**-Zyklotron** n (nach L.H. Thomas, 1903-1992) (Nukl) / Thomas cyclotron, Thomas-shim cyclotron
**Thomson•-Brücke** f (eine Gleichstrommeßbrücke) (Eltech) / Kelvin bridge*, Kelvin double bridge, Thomson bridge ‖ ~**-Effekt** m (ein thermoelektrischer Effekt) (Eltech) / Thomson effect*, Kelvin effect* ‖ ~**-Formel** f (Eltech) / Thomson's formula, Kelvin's formula
**Thomsonit** m (ein Silikat) (Min) / thomsonite* n
**Thomson•-Kirchhoff-Gleichung** f (Eltech) / Thomson's formula, Kelvin's formula ‖ ~**-Koeffizient** m (der Proportionalitätsfaktor beim Thomson-Effekt) (Eltech) / Thomson coefficient
**Thomsonsch•er Minimalsatz** (Phys) / Kelvin's minimum-energy theorem ‖ ~**e Schwingungsgleichung** (Zusammenhang zwischen Induktivität, Kapazität und Resonanzfrequenz) (Eltech) / Thomson's formula, Kelvin's formula ‖ ~**e Stromwaage** (Eltech) / Kelvin ampere-balance*
**Thomson•-Streuung** f (Phys) / Thomson scattering*, classical scattering* ‖ ~**-Wärme** f (beim Thomson-Effekt) (Eltech, Phys) / Thomson heat ‖ ~**-Wirkungsquerschnitt** m (für die Thomson-Streuung) (Phys) / Thomson scattering cross section, Thomson cross section
**t'Hooft-Polyakov-Monopol** m (Kernphys) / topological monopole
**Thorerde** f (Chem) / thoria n
**Thorex-Verfahren** n (zur Wiederaufbereitung verbrauchter Kernbrennstoffe, die ursprünglich angereichertes Uran und Thorium 232 als Brutstoff enthalten hatten) (Nukl) / Thorex process
**Thoria** f (ThO$_2$) (Chem) / thoria n
**Thorianit** m (ein radioaktives Mineral) (Min) / thorianite* n
**Thorid** n (Mitglied einer Teilreihe mit Thorium) (Chem, Kernphys) / thoride* n
**thorieren** v / thoriate v
**thorierte Katode** (Eltronik) / thoriated cathode*
**Thorin** n (ein Reagens) (Chem) / thorin n
**Thorit** m (radioaktives Thoriumorthosilikat) (Min) / thorite* n
**Thorium (Th)** n (Chem) / thorium* n ‖ ~ **228** (Chem) / radiothorium* n ‖ ~**blei** n (das Bleiisotop Pb 208) (Chem) / thorium lead ‖ ~**brennstoff** m (Nukl) / thorium fuel ‖ ~**brüter** m (dessen brütbarer Stoff Thorium ist) (Nukl) / thorium reactor*, thorium breeder, thorium breeder reactor ‖ ~**carbid** n (Chem) / thorium carbide ‖ ~**dioxid** n (Chem) / thorium(IV) oxide, thorium dioxide, thorium oxide, thorium anhydride (ThO$_2$) ‖ ~**emanation** f (alter Name für das Radonisotop 220) (Kernphys) / thoron* n ‖ ~**fluorid** n (ThF$^4$) (Chem, Keram) / thorium fluoride ‖ ~**-Hochtemperaturreaktor** m (Nukl) / thorium high-temperature reactor, THTR ‖ ~**karbid** n (ThC oder ThC$_2$) (Chem) / thorium carbide ‖ ~**kugelhaufenreaktor** m (Nukl) / thorium-fuelled pebble-bed reactor ‖ ~**(IV)-nitrat** n (Chem) / thorium(IV) nitrate ‖ ~**(IV)-oxid** n (Chem) / thorium(IV) oxide, thorium dioxide, thorium oxide, thorium anhydride (ThO$_2$) ‖ **epithermischer** ~**reaktor** (Nukl) / epithermal thorium reactor ‖ ~**reaktor m mit epithermischen Neutronen** (Nukl) / epithermal thorium reactor ‖ ~**reihe** f (Chem) / thorium series*, thorium decay series ‖ ~**tetranitrat** n (Th(NO$_3$)$_4$) (Chem) / thorium tetranitrate ‖ ~**-Uran-Kreislauf** m (Nukl) / thorium-uranium cycle ‖ ~**-Uran-Zyklus** m (Nukl) / thorium-uranium cycle ‖ ~**zerfallsreihe** f (eine radioaktive Familie) (Chem) / thorium series*, thorium decay series
**Thoron** n (ein Reagens) (Chem) / thorin n ‖ ~ (alter Name für das Radonisotop 220) (Kernphys) / thoron* n
**Thorpe-Prüfung** f (zur Bestimmung der Löslichkeit einer Fritte aufgrund der Verhältniszahl aus den molaren Mengen) (Keram) / Thorpe test
**Thorpe-Reaktion** f (nach Sir J.F. Thorpe, 1872-1940) (Chem) / Thorpe reaction
**Thortveitit** m (ein wichtiges Scandium-Mineral) (Min) / thortveitite* n
**Thr** (eine proteinogene, essentielle Aminosäure) (Biochem) / threonine* n, Thr
**Thrashing** n (EDV) / thrashing n
**Thraustik** f (spezielle Technologie spröder Werkstoffe) (WP) / thraustics n
**Thread** m (in einem Task) (EDV) / thread n
**Three-state-Ausgang** m (EDV) / tri-state output, three-state output
**Three-state-Technik** f (eine Abart der TTL-Technik) (Eltronik) / tri-state technique, three-state technique
**Threonin (Thr)** n (eine proteinogene, essentielle Aminosäure) (Biochem) / threonine* n, Thr
**Threose** f (ein Monosaccharid) (Chem) / threose* n
**Threshold-Spannung** f (bei deren Erreichen ein Umschaltvorgang ausgelöst wird) (Eltronik) / threshold voltage (of an enhancement-type field-effect transistor)

**Thrombin** n (ein Fibrinferment aus Prothrombin) (Biochem) / thrombin* n
**Thrombocyt** m (pl. -en) (Zyt) / platelet n, thrombocyte* n, blood-platelet n
**Thromboxane** n pl (cyclische Eicosanoide, die in allen Körpergeweben vorkommen) (Physiol) / thromboxanes pl
**Thrombozyt** (pl -en) m (Zyt) / platelet n, thrombocyte* n, blood-platelet n
**Through-bond** n (über mehrere Sigmabindungen) (Chem) / through bond
**Through-bond-Wechselwirkung** f (eine Proximitätseffekt) (Chem) / through-bond interaction
**Through-space** n (Chem) / through space
**Through-space-Wechselwirkung** f (ein Proximitätseffekt) (Chem) / through-space interaction
**THT** (Chem) / tetrahydrothiophene (THT) n, tetramethylene sulphide
**THTR** (Nukl) / thorium high-temperature reactor, THTR
**Thucholith** m (pseudomorphosierte Uranpechkristalle) (Min) / uraniferous carbonaceous matter, thucholite n, tucholite n
**Thue-System** n (ein Semi-Thue-System, das zu jeder Semi-Thue-Produktion die zu ihr inverse Produktion enthält) (EDV) / Thue system
**Thujan** n (Grundkörper der Bicyclo[3.1.0]-hexan-Monoterpene) (Chem) / thujane n
**Thujanol** n (bizyklischer Monoterpenalkohol mit Thujanstruktur) (Chem) / thujanole n
**Thujan-3-on** n (Chem) / thujone n, thujan-3-one n
**Thujaöl** n (aus dem Abendländischen Zedernbaum) / thuja oil, cedar-leaf oil, arborvitae oil
**Thujol** n (Chem) / thujyl alcohol, thujol n
**Thujon** n (Chem) / thujone n, thujan-3-one n
**Thujylalkohol** m (z.B. im Wermut- oder Salbeiöl) (Chem) / thujyl alcohol, thujol n
**Thulit** m (rosaroter Zoisit) (Min) / thulite* n
**Thulium (Tm)** n (Chem) / thulium* n
**Thunking** n (EDV) / thunking n
**Thuringit** m (ein Chlorit) (Min) / thuringite* n
**Thy** (Biochem) / thymine* n
**Thybet-Reißwolle** f (aus neuen Stoffen, insbesondere aus den Abfällen der Kleidungsfabrikation) (Tex) / Thybet wool, Tibet wool
**Thylle** f (For) / tylosis n (pl. tyloses)*, thylosis n (pl. thyloses)
**Thylox-Verfahren** n (zur Entfernung von Schwefelwasserstoff) (Chem Verf) / Thylox process
**Thymiankampfer** m (aus den etherischen Ölen verschiedener Thymianarten) (Chem, Pharm) / thymol* n, thyme camphor
**Thymianöl** n (aus verschiedenen Thymianvarietäten) (Nahr, Pharm) / thyme oil
**Thymidin** n (Biochem) / thymidine n
**Thymin** n (5-Methyluracil) (Biochem) / thymine* n
**Thyminose** f (Chem) / deoxyribose n
**Thymol** n (p-Cymen-3-ol) (Chem, Pharm) / thymol* n, thyme camphor ‖ ~**blau** n (Thymolsulfonphthalein) (Chem, Med) / thymol blue* ‖ ~**iodid** n (Chem) / thymoliodid n ‖ ~**phthalein** (pH-Indikator) (Chem) / thymolphthalein* n
**Thymosin** n (zu den Thymushormonen gehörendes Polypeptid) (Physiol) / thymosin* n
**Thymozyt** m (pl. -en) (Med) / thymocyte* n
**Thyrator** m (ein Vierschichttransistor) (Eltronik) / thyrator n
**Thyratron** n (durch ein oder mehrere Gitter steuerbare Ionenröhre mit Glühkatode) (Eltronik) / thyratron* n
**Thyreocalcitonin** n (Biochem) / calcitonin* n, thyrocalcitonin n
**Thyreoglobulin** n (Physiol) / thyroglobulin n
**thyreoidstimulierendes Hormon** (Biochem, Med) / thyroid-stimulating hormone, thyrotropin n, TSH, thyrotropic hormone, thyrotrophin n
**Thyreostatikum** n (pl. -tika) (das die Schilddrüsenfunktion hemmt) (Pharm) / thyrostatic n, antithyroid drug
**thyreotropes Hormon** (Biochem, Med) / thyroid-stimulating hormone, thyrotropin n, TSH, thyrotropic hormone, thyrotrophin n
**Thyreotropin** n (Biochem, Med) / thyroid-stimulating hormone, thyrotropin n, TSH, thyrotropic hormone, thyrotrophin n
**Thyristor** m (steuerbares Halbleiterbauelement nach DIN 41786) (Eltronik) / thyristor* n ‖ **abschaltbarer** ~ (Eltronik) / gate-controlled switch (GCS) ‖ **anodenseitig steuerbarer** ~ (Eltronik) / n-gate thyristor ‖ **antiparallel geschaltete** ~**en** (Eltronik) / back-to-back thyristors ‖ **katodenseitig steuerbarer** ~ (Eltronik) / p-gate thyristor ‖ **optisch gezündeter** ~ (Eltronik) / light-activated silicon-controlled rectifier, LASCR, photothyristor n
**Thyristor•diode** f (Eltronik) / diode thyristor ‖ **rückwärts sperrende** ~**diode** (Eltronik) / reverse-blocking diode-thyristor ‖ **rückwärts leitende** ~**diode** (Eltronik) / reverse-conducting diode-thyristor ‖ ~**effekt** m (Eltronik) / thyristor effect ‖ ~**konverter** m (Eltronik) / thyristor converter ‖ ~**schalter** m (mit antiparallelgeschalteten

**Thyristoren**) (Eltronik) / thyristor switch ‖ ~**stromrichter** *m* (Eltronik) / thyristor converter ‖ ~**tetrode** *f* (beidseitig steuerbarer Thyristor) (Eltronik) / tetrode thyristor ‖ ~**triode** *f* (Eltronik) / triode thyristor ‖ **rückwärts sperrende** ~**triode** (Eltronik) / semiconductor-controlled rectifier, SCR, reverse-blocking triode-thyristor ‖ ~**zündung** *f* (Kfz) / capacitor-discharge ignition system, CD ignition, CDI
**Thyrit** *m* (ein spannungsabhängiger Widerstand) (Eltronik) / Thyrite *n*, thyrite\* *n* ‖ ~**-Widerstand** *m* (Eltronik) / Thyrite *n*, thyrite\* *n*
**Thyroidhormon** *n* (Biochem) / thyroid hormone
**Thyroliberin** *n* (Biochem, Med) / thyroliberin *n*, thyrotropin-releasing hormone, thyrotropic hormone-releasing factor, TRF
**Thyronin** *n* (ein Schilddrüsenhormon) (Biochem, Med) / thyronine *n*
**Thyrotrophin** *n* (Biochem, Med) / thyroid-stimulating hormone, thyrotropin *n*, TSH, thyrotropic hormone, thyrotrophin *n*
**Thyrotropin** *n* (Biochem, Med) / thyroid-stimulating hormone, thyrotropin *n*, TSH, thyrotropic hormone, thyrotrophin *n*
**Thyrotropin-Releasing-Hormon** *n* (Biochem, Med) / thyroliberin *n*, thyrotropin-releasing hormone, thyrotropic hormone-releasing factor, TRF
**Thyroxin** *n* (ein Schilddrüsenhormon) (Biochem, Med) / thyroxine *n*
**THz** ($10^{12}$ Hz) (Elektr) / terahertz\* *n*, THz, fresnel\*\* *n*
**Th-Zerfallsreihe** *f* (Chem) / thorium series\*, thorium decay series
**Ti** (Chem) / titanium\* *n*
**TIA** (For) / tiama *n*, gedu nohor, edinam *n*
**Tiama** *n* (aus Entandrophragma angolense (Welw.) C.DC.) (For) / tiama *n*, gedu nohor, edinam *n* ‖ ~**-Mahagoni** *n* (For) / tiama *n*, gedu nohor, edinam *n*
**TIBA** (Chem) / triisobutylaluminium *n*
**Tibet** *m* (ein weicher Kleiderstoff aus dem Haar der Kaschmirziege oder als Imitat aus feinem Wollkammgarn) (Tex) / Tibet cloth ‖ ~ (pl. -e) (eine Reißwollqualität aus ungewalkten Tuchen) (Tex) / Thybet wool, Tibet wool
**TiBP** (Chem) / triisobutyl phosphate (TiBP)
**ticken** *v* / tick *v*
**Ticker** *m* (Elektr) / ticker *n* ‖ ~**zeichen** *n* (Warteton) (Fernsp) / ticking tone, ticker *n*
**Ticket** *n* (pl. -s) (Luftf) / ticket *n* ‖ ~**schalter** *m* (Luftf) / ticket counter
**TICT** (Chem) / twisted intramolecular charge transfer, TICT
**TICT-Zustand** *m* (Chem) / twisted-intramolecular charge transfer, TICT
**TID** (Chem) / thermionic detector, nitrogen-phosphorus detector
**Tide** *f* (der Ablauf der Gezeiten zwischen den beiden benachbarten Niedrigwassern) (Astr, Ozean) / tide\* *n* ‖ **ablaufende** ~ (Ozean) / falling tide, ebb tide ‖ **auflaufende** ~ (Ozean) / rising tide ‖ **fallende** ~ (Ozean) / falling tide, ebb tide ‖ **halbtägige** ~ (Ozean) / semi-diurnal tide ‖ **Rote** ~ (Ozean) / red tide\*, red water
**Tide•becken** *n* (Ozean) / tidal basin ‖ ~**becken** (Schiff) / tidal dock ‖ ~**grenze** *f* (Einflußgrenze der Gezeiten und der Gezeitenströme in Flüssen) (Ozean) / tidal limit ‖ ~**hochwasserstand** *m* (höheres der beiden Hochwasser des Gezeitentags) (Ozean, Wasserb) / higher high water, H.H.W. ‖ ~**hub** *m* (Ozean) / tidal range, range of tide, tidal lift ‖ ~**kurve** *f* (Ausschnitt der Gezeitenkurve zwischen zwei Niedrigwassern) (Ozean) / tidal curve ‖ ~**messer** *m* (Ozean, Verm) / tide gauge\*
**Tiden•fall** *m* (Ozean) / tidal fall, fall of the tide ‖ ~**fluß** *m* (Wasserb) / tidal river (a river whose lower part for a considerable distance is influenced by the tide of the body of water into which it flows) ‖ ~**hub** *m* (Ozean) / tidal range, range of tide, tidal lift ‖ ~**kurve** *f* (Ozean, Schiff) / marigram ‖ ~**niedrigwasserstand** *m* (höheres der beiden Niedrigwasser des Gezeitentags) (Ozean, Wasserb) / higher low water, H.L.W. ‖ ~**stieg** *m* (Ozean) / tidal rise
**Tie-dyeing** *n* (Tex) / tie-dyeing *n*, tie-and-dye *n*, bandanna dyeing
**tief** *adj* / deep *adj* ‖ ~ (niedrig) / low *adj* ‖ ~ (Farbton) / deep *adj*, full *adj*, rich *adj* ‖ ~ (Ton) (Akus) / low-pitched *adj* ‖ ~**er legen** / lower *v* ‖ ~**es Bohrloch** (Bergb, Erdöl) / deep well ‖ ~**er Durchlaß** (Glas) / submarine throat, submerged throat, sump throat ‖ ~**er gelegen** (unter einer anderen Schicht) (Geol) / subjacent *adj* ‖ ~**e Haftstelle** (Eltronik) / deep trap ‖ ~**inelastisch** (Phys) / deep inelastic ‖ ~**er machen** / deepen *v* ‖ ~**er setzen** (eine Zeile) (Druck) / take down *v* ‖ ~ **umbrechen** (umgraben) (HuT, Landw) / trench *v* ‖ ~**e Wolken** (eine Wolkenfamilie, meistens unter 1800 m) (Luftf, Meteor) / low clouds
**Tief** *n* (Zyklone) (Meteor) / cyclone\* *n* ‖ ~ (Meteor) / low *n*, low-pressure area, L ‖ ~**ätzung** *f* (Druck) / intaglio etching ‖ ~**ätzung** (Eltronik, Hütt) / deep etch\*, deep etching ‖ ~**aufbohren** (Masch) / deep-hole boring ‖ ~**aufreißer** *m* (Bergb, Erdöl) / ripper *n* ‖ ~**bagger** *m* (HuT) / backhoe excavator, backacter *n*, drag shovel, hoe *n*, pull-shovel *n*, backhoe *n* ‖ ~**bau** *m* (ohne Plural) (Bergb) / underground mining, deep mining, underground working ‖ ~**bau** (HuT) / civil engineering\*, structural engineering ‖ **im** ~**bau gewinnbar** (Bergb) / deep-minable *adj* ‖ ~**bauzeche** *f* (Bergb) / deep mine ‖ ~**beben** *n* (Geol) / deep earthquake ‖ ~**behälter** *m* / underground tank, buried tank ‖ ~**bett** *n* (Kfz) / drop centre, DC, full-drop center (US) ‖ ~**bettfelge** *f* (DIN 70023) (Kfz) /

drop centre rim, full-drop centre rim (US), well-base rim, DC-rim, 5-degree DC rim ‖ ~**blau** *adj* / deep-blue *adj* ‖ ~**blauvioletter oder farbloser Fluorit** (Min) / blue-john\* *n* ‖ ~**bohren** *n* (Masch) / deep-hole drilling ‖ ~**bohrloch** *n* (Bergb, Erdöl) / deep well ‖ ~**bohrmaschine** *f* (Masch) / deep-hole boring machine ‖ ~**bohrpumpe** *f* (HuT) / deep-well pump\*, subsurface well ‖ ~**bohrung** *f* (Bergb, Erdöl) / deep well ‖ ~**bordstein** *m* (HuT) / flush kerb ‖ ~**brandelektrode** *f* (Schw) / deep-penetration electrode ‖ ~**brunnen** *m* (HuT) / deep well ‖ ~**brunnenpumpe** *f* (HuT) / deep-well pump\*, subsurface well ‖ ~**decker** *m* (Flugzeug mit einem Tragflügel, der an der Unterseite des Rumpfes angebracht ist) (Luftf) / low-wing monoplane (with a wing mounted low on body, usually so that undersurfaces coincide)\*
**Tiefdruck** *m* (DIN 13528) (Druck) / gravure printing, intaglio\* *n*, gravure *n* ‖ **indirekter** ~ (Druck) / offset gravure ‖ **Zusammenstellung der Kopiervorlagen für den** ~ (auf einer Glasplatte) (Druck) / planning *n* ‖ ~**ätzung** *f* (Druck) / intaglio etching ‖ ~**-CVD** *n* (Galv) / low-pressure CVD, LPCVD ‖ ~**farbe** *f* (Druck) / gravure ink ‖ ~**furche** *f* (Meteor) / trough\* *n* (of low pressure) ‖ ~**gebiet** *n* (in dem niedriger Luftdruck herrscht) (Meteor) / low *n*, low-pressure area, L ‖ ~**gebiet** (Meteor) s. auch Zyklone ‖ ~**maschine** *f* (Druck) / gravure press ‖ ~**netzraster** *m* (Backsteinraster, Kreuzraster) (Druck) / screen *n* (photogravure), screen for printing-in the network for doctor-blade photogravure or intaglio ‖ ~**papier** *n* (meistens mit über 20 % Füllstoffgehalt - DIN 6730) (Pap) / intaglio paper, gravure paper, rotogravure paper ‖ ~**presse** *f* (Druck) / gravure press ‖ ~**raster** *m* (Druck) / gravure screen ‖ ~**rinne** *f* (in äquatorialen Breiten) (Meteor) / trough\* *n* (of low pressure) ‖ ~**steg** *m* (der die Rasternäpfchen begrenzt) (Druck) / screen wall
**Tiefe** *f* / depth *n* ‖ ~ (Bergb) / depth *n* ‖ **ewige** ~ (Geol) / unlimited depth ‖ **kritische** ~ (bei der Strömung) (Hyd) / critical depth ‖ **mit geringer** ~ / shallow *adj*, shoaly *adj* ‖ **ungestörte** ~ **unter dem Wellental** (Ozean) / wave base
**Tief•einbrandeffekt** *m* (Schw) / deep-penetration effect ‖ ~**einbrandelektrode** *f* (Schw) / deep-penetration electrode ‖ ~**einbrandschweißen** *n* (Schmelzschweißen, bei dem größere Einbrandtiefen, etwa 10 mm, erreicht werden können, wodurch der Einsatz wirtschaftlicher Fugenformen mit entsprechend großen Stegen möglich wird) (Schw) / deep-penetration welding
**tiefen** *v* (Vertiefungen in einem ebenen oder gewölbten Blech anbringen) (Hütt, Masch) / chase *v*, emboss *v*
**Tiefen•anhebung** *f* (Akus) / bass boost\* ‖ ~**anschlag** *m* (Masch) / bit gauge\*, bit stop\*, depth gauge\* ‖ ~**dosis** *f* (biologischer Strahlenschutz) (Radiol) / depth dose ‖ ~**einstellung** *f* (Masch) / depth control ‖ ~**erder** *m* (der lotrecht in größeren Tiefen eingebracht wird) (Eltech) / depth earth electrode ‖ ~**erosion** *f* (eine Flußerosion) (Geol) s. auch Seitenerosion ‖ ~**filter** *n* (Chem Verf) / depth filter ‖ ~**filtration** *f* (Abscheidung fein- bis feinstdisperser Trübungsteilchen aus Flüssigkeiten und Gasen im inneren Gefüge und an der Oberfläche der einzelnen Teilchen eines relativ dicken Filtermittels) (Chem Verf) / filter-medium filtration ‖ ~**geologie** *f* (Geol) / subsurface geology ‖ ~**gerade** *f* (Math) / depth line ‖ ~**gestein** *n* (Geol) / plutonic rock, plutonite\* *n* ‖ ~**information** *f* (über die Lage eines Körpers bezüglich anderer Körper in dreidimensionalen Raum bei einer zweidimensionalen Projektion durch perspektivische Darstellungen, Elimination von verdeckten Linien oder verdeckten Flächen, Schattierungen usw.) (EDV) / depth cue ‖ ~**karte** *f* (Kart, Ozean) / bathymetric chart ‖ ~**lehre** *f* (Masch) / depth gauge ‖ ~**linie** *f* (in der Zentralperspektive) (Math) / depth line ‖ ~**linienkarte** *f* (Kart, Ozean) / isobath chart ‖ ~**maß** *n* (Masch) / depth gauge ‖ ~**maßstab** *m* (Opt) / longitudinal magnification\* ‖ ~**messer** *m* (Masch) / depth gauge ‖ ~**messer** (Ozean) / bathometer *n*, bathymeter *n* ‖ ~**meßschieber** *m* (Instr) / vernier depth gauge ‖ ~**meßschraube** *f* (Instr) / depth micrometer ‖ ~**mikrometer** *n* (Instr) / depth micrometer ‖ ~**orientierendes Suchverfahren** (EDV, KI) / depth-first search, DFS ‖ ~**punkt** *m* (ein Kartenzeichen zur Lageangabe) (Kart) / sounding *n* ‖ ~**rausch** *m* (Med) / rapture of the deep\*, nitrogen narcosis\* ‖ ~**regulierung** *f* (Masch) / depth control ‖ ~**ruder** *n* (Schiff) / depth rudder, diving rudder ‖ ~**rütteln** *n* (Rütteldruckverfahren) (HuT) / Vibroflotation\* *n*, Vibroflot *n*, vibrocompaction *n* ‖ ~**schärfe** *f* (Foto, Opt) / depth of field\* (of a three-dimensional object), depth of focus\* (between the lens and the film), focal depth, D/F ‖ ~**schrift** *f* (Akus) / hill-and-dale recording, vertical recording ‖ ~**schwimmer** *m* (Wasserb) / subsurface float, double float ‖ ~**staffelung** *f* (der Zähne eines Räumwerkzeugs) (Masch) / offset in depth ‖ ~**stop** *m* (Masch) / bit gauge\*, bit stop\*, depth gauge\* ‖ ~**strom** *m* (Geol) / underflow *n*, underground stream ‖ ~**struktur** *f* (einer Sprache) / deep structure ‖ ~**stufe** *f* (Kart) / depth *n* ‖ **geothermische** ~**stufe** (Geol) / geothermal gradient\* ‖ ~**stufe** *f* **der Metamorphose** (Geol) / depth zone of metamorphism ‖ ~**suche** *f* (Suchstrategie, bei der der Lösungsraum zuerst bis in die tiefste Ebene durchsucht wird) (EDV, KI) / depth-first

**Tiefentektonik**

search, DFS ‖ ~**tektonik** f (Geol) / deep tectonics ‖ ~**therapie** f (mit ionisierender Strahlung) (Radiol) / deep therapy*
**Tiefentladung** f (einer Batterie) (Eltech) / total discharge
**Tiefen•verhältnis** n (Opt) / longitudinal magnification* ‖ ~**verkehrt** adj (Opt) / pseudoscopic adj ‖ ~**verstellbar** adj / depth-adjustable adj ‖ ~**wachstum** n (von Gleitstufen) (Hütt, Krist) / depth growth ‖ ~**winkel** m (Verm) / angle of depression* ‖ ~**wirkung** f (eines Elektrolyten - mit der Haring-Zelle gemessen) (Galv) / throwing power* (of a plating solution)
**tiefer•liegend** adj / inferior* adj ‖ ~**stehend** adj / inferior* adj
**Tiefe-zuerst-Suche** f (Suchstrategie, bei der der Lösungsraum zuerst bis in die tiefste Ebene durchsucht wird) (EDV, KI) / depth-first search, DFS
**Tief•fach** n (bei der Fachbildung) (Web) / bottom shed, lower shed ‖ ~**fach-Jacquardmaschine** f (Web) / bottom-shedding Jacquard loom ‖ ~**fachmaschine** f (Web) / bottom-shedding dobby ‖ ~**fliegender Flugkörper** (Mil) / low-flying missile ‖ ~**flieger** m (Mil) / low-level attack aircraft ‖ ~**flug** m (Mil) / low-level flight, lo* ‖ **mit Bordkanonen im ~flug angreifen** (Luftf, Mil) / strafe v ‖ ~**fluggebiet** n (Luftf) / low-flying area
**Tiefgang** m (Schiff) / draught* n, draft n (US) ‖ **mittlerer ~** (Schiff) / mean draught* ‖ **vorderer ~** (Schiff) / draught forward ‖ ~ m **achtern** (Schiff) / draught aft ‖ ~ **hinten** (Schiff) / draught aft ‖ ~ **vorn** (Schiff) / draught forward
**Tief•garage** f (HuT, Kfz) / underground car park ‖ ~**gefrorene Lebensmittel** (Nahr) / deep-frozen food ‖ ~**gelegter Schaltkreis** (Eltronik) / flush circuit ‖ ~**gelegte Schaltung** (eine gedruckte Schaltung) (Eltronik) / impressed circuit ‖ ~**gestellt** adj (Typog) / inferior adj ‖ ~**gestelltes Zeichen** (Druck, EDV) / subscripted character, subscript n ‖ ~**grau** adj / deep grey, clerical grey ‖ ~**greifend** (Änderung) / sweeping adj, wide-ranging adj, profound adj, far-reaching adj ‖ ~**greifende Verschmutzung** (Tex) / dirt penetration ‖ ~**grund** (Einlaßmittel bei mineralischen Untergründen) / sealer n ‖ ~**grundmittel** n / sealer n ‖ ~**gründung** f (wenn die Bauwerkslasten über besondere Gründungselemente, z.B. Pfähle oder Brunnen, in tieferliegende, ausreichend dicke und tragfähige Schichten eingeleitet werden) (HuT) / deep foundation ‖ **flächenhafte ~gründung** (HuT) / caisson foundation ‖ ~**herdbeben** n (mit Epizentrum über 300 km) (Geol) / deep-focus earthquake ‖ ~**herdbeben** (Geol) / deep earthquake ‖ ~**inelastisch** adj (Phys) / deep inelastic ‖ ~**inelastischer Stoß** (Kernphys, Phys) / deep inelastic collision ‖ ~**kellergeschoß** n (Bau) / subbasement n
**Tief•kühlabteil** n (im Haushaltskühlschrank) / frozen-food compartment, ice-making compartment ‖ ~**kühlen** n (Nahr) / freezing* n, deep-freezing n ‖ ~**kühlfach** n (im Haushaltskühlschrank) / frozen-food compartment, ice-making compartment ‖ ~**kühlkost** f (Nahr) / frozen food(s) ‖ ~**kühllebensmittel** n pl (Nahr) / frozen food(s) ‖ ~**kühltruhe** f / chest freezer ‖ ~**kühltruhe** / chest food freezer, chest freezer n ‖ ~**kühltruhe** (in Warenhäusern) / coffin case ‖ ~**kühlung** f (Chem) / deep cooling
**Tief•kulturpflug** m (Landw) / deep-digger plough ‖ ~**ladeanhänger** m (Kfz) / low loader, low-bed truck ‖ ~**ladelinie** f (bis zu der das Schiff im Höchstfall eintauchen darf) (Schiff) / load waterline, L.W.L. ‖ ~**lademarke** (Schiff) / load-line mark ‖ ~**lader** m (Kfz) / low loader, low-bed truck ‖ ~**lader für Großflächenscheiben** (Glas) / sheet truck ‖ ~**lader-Bergungsfahrzeug** n (Kfz) / flat-bed recovery vehicle ‖ ~**ladewagen** n (Bahn, Kfz) / low-loading trailer, low loader, multiwheel trailer (according to Culemeyer) ‖ ~**lage** f (des Kernkraftwerks) (Nukl) / deep sitting, underground sitting ‖ ~**lage der Gleise** (Bahn) / deep track bed ‖ ~**lassen** v (Häute im Farbengang) (Leder) / lower v
**tiefliegend** adj / deep adj ‖ ~**er Belüfter** (bei der Druckbelüftung) (Sanitär) / bottom diffuser ‖ ~**e Fuge** (meistens im Natursteinmauerwerk) (Bau) / rustic joint*
**Tiefloch•bohren** n (aus dem vollen) (Masch) / deep-hole drilling ‖ ~**bohren mit Ausspänen** (Masch) / peck drilling ‖ ~**bohrer** m (Masch) / deep-hole drill ‖ ~**bohrmaschine** f (eine Ausbohrmaschine) (Masch) / deep-hole boring machine
**tief•lockern** v (Landw) / chisel v, rip v, bust v ‖ ~**lockerung** f (Landw) / chiselling n, ripping n, busting n, chisel ploughing ‖ ~**löffel** m (des Tiefbaggers) (HuT) / drag shovel (a face showel acting in reverse), backacter n, pull shovel ‖ ~**löffelbagger** m (HuT) / backhoe excavator, backacter n, drag shovel, hoe n, pull-shovel n, backhoe n ‖ ~**matt** adj / extra dull ‖ ~**nutankermotor** m (Eltech) / deep-bar cage motor ‖ ~**nutläufer** m (Eltech) / deep-bar rotor ‖ ~**nutläufer** (Elektromotor) (Eltech) / deep-bar cage motor ‖ ~**ofen** m (Hütt) / soaking pit, pit furnace ‖ ~**paß (TP)** m / (ein Netzwerk nach DIN 40100, T 17) (Fernm) / low-pass filter, high-stop filter* ‖ ~**paßfilter** n (Fernm) / low-pass filter*, high-stop filter* ‖ ~**pflug** m (Landw) / deep digger plough ‖ ~**prägung** f (z.B. der Buchtitel) (Buchb, Pap) / debossing n, die stamping* ‖ ~**pumpe** f (Erdöl) / bottom-hole pump*

‖ ~**pumpe** (HuT) / deep-well pump*, subsurface well ‖ ~**quarz** m (< 573 °C) (Min) / low-quartz n, alpha quartz ‖ ~**raum** m (Astr, Raumf) / deep space (beyond the gravitational influence of the Earth) ‖ ~**raumstation** f (Raumf) / deep-space station, DSS ‖ ~**sauger** m (HuT) / deep-well pump*, subsurface well ‖ ~**schleifen** n (verfahrensübergreifende Bezeichnung für ein Schleifverfahren, bei dem der einzustellende Zustellweg relativ groß und die Vorschubgeschwindigkeit entsprechend klein ist - DIN 8589, T 11) (Masch) / deep grinding ‖ ~**schwarz** adj / dead black, deep black, jet-black adj
**Tiefsee** f (Ozean) / deep sea, deep water ‖ ~**ablagerungen** f pl (Geol) / deep-sea deposits*, pelagic deposits ‖ ~**becken** n (Geol, Ozean) / oceanic trench, ocean trench ‖ ~**berg** m (Geol, Ozean) / seamount n ‖ ~**bergbau** m (Bergb) / sea-bed mining, ocean mining, marine mining ‖ ~**bohrung** f (Bergb, Erdöl) / deep-sea drilling ‖ ~**-Ebene** f (Geol) / abyssal plain ‖ ~**graben** m (rinnenförmige Einsenkung des Meeresbodens) (Geol, Ozean) / oceanic trench, ocean trench ‖ ~**graben** (z.B. Marianengraben) (Geol, Ozean) / deep n, ocean deep ‖ ~**hügel** m (Geol, Ozean) / abyssal hill ‖ ~**rinne** f (Geol, Ozean) / oceanic trench, ocean trench ‖ ~**rücken** m (Geol, Ozean) / mid-ocean ridge, median ridge, mid-oceanic ridge, ridge n, mid-ocean rise ‖ ~**sedimente** n pl (Geol) / deep-sea deposits*, pelagic deposits ‖ ~**roter ~ton** (toniges Meeressediment) (Geol) / red clay*
**tiefster Punkt** (einer Grube) (Bergb) / bottom n
**tiefstehend** adj (Typog) / inferior adj ‖ ~**e Buchstaben** (eine Art Index) (Druck, EDV, Typog) / inferior letters* ‖ ~**er Index** (Druck, EDV, Typog) / subscript n, suffix n ‖ ~**es Zeichen** (Druck, EDV) / subscripted character, subscript n ‖ ~**e Ziffern** (eine Art Index) (Druck, EDV, Typog) / inferior figures*, inferior numbers
**Tiefstellen** n (Regulierung der Überschußreaktivität) (Nukl) / setback n
**tiefstfliegender Seezielflugkörper** (Mil) / sea skimmer
**Tief•strahler** m (ein Spotstrahler mit 5 - 10°) (Licht) / narrow spot, NSP ‖ ~**strahler** (ein Tiefstrahler mit weniger als 5°) (Licht) / very narrow spot, VNSP ‖ ~**strahler** (Licht) / downlight fitting, narrow-angle lighting fitting, narrow-beam reflector ‖ ~**strahlreflektor** m (Eltech) / intensive reflector* ‖ ~**strombelüftung** f (in einem Belebungsbecken von 65 bis 150 m Tiefe) (Sanitär) / deep-shaft aeration ‖ ~**tankmethode** f (ein Verfahren der technischen Mikrobiologie) (Biol) / submerged-culture method, submersion process ‖ ~**tankverfahren** n (in der Mikrobiologie) (Biol) / submerged-culture method, submersion process
**Tieftemperatur•behandlung** f (unter dem Gefrierpunkt) / low-temperature treatment, subzero treatment ‖ ~**beständig** adj / low-temperature resistant ‖ ~**blasenkammer** f (Kernphys) / cryogenic bubble chamber ‖ ~**chemie** f (bei sehr tiefen Temperaturen etwa im Bereich -196 bis -270 °C) (Chem) / cryochemistry n, low-temperature chemistry ‖ ~**-CVD** f (Galv) / low-temperature CVD ‖ ~**druckdestillation** f (Chem Verf) / low-temperature pressure distillation ‖ ~**entgasung** f (Kftst) / low-temperature carbonization*, low-temperature distillation, LTC ‖ ~**forschung** f / cryogenics* n ‖ ~**hydrierung** (TTH) f (in Verfahren zur raffinierend-katalytischen Hydrierung) (Chem Verf) / low-temperature hydrogenation ‖ ~**hydrierung** f (Erdöl) / cold hydrogenation ‖ ~**isomerisierung** f (Chem) / low-temperature isomerization ‖ ~**kabel** n (Kab) / low-temperature cable, cryogenic cable ‖ ~**kautschuk** m (z.B. Cold Rubber oder AC-Kautschuk) (Chem Verf) / cold rubber ‖ ~**koks** m (Kftst) / low-temperature coke* ‖ ~**maser** m (Phys) / cryogenic maser ‖ ~**physik** f (Phys) / cryophysics n, low-temperature physics ‖ ~**schaltelement** n (Eltronik) / cryotron* n ‖ ~**speicher** m (der bei der Temperatur von flüssigem Helium arbeitet) (EDV) / cryogenic memory, cryogenic storage, cryogenic store, superconducting memory*, cold store ‖ ~**spektrum** n (Spektr) / low-temperature spectrum ‖ ~**sprödigkeit** f (Hütt) / low-temperature brittleness ‖ ~**technik** f (Phys) / cryogenics n ‖ ~**teer** m (Chem Verf) / low-temperature tar ‖ ~**trennung** f / low-temperature separation f ‖ ~**verkokung** f (Kftst) / low-temperature carbonization*, low-temperature distillation, LTC ‖ ~**zerkleinerung** f (Aufber) / cryocomminution n
**Tief•töner** m (Akus) / woofer* n, boomer m, bass loudspeaker, bass speaker ‖ ~**tonlautsprecher** m (Akus) / woofer* n, boomer m, bass loudspeaker, bass speaker ‖ ~**unelastischer Stoß** (Kernphys, Phys) / deep inelastic collision
**Tiefungs•prüfung** f (DIN ISO 1520 - mit der man das Verhalten von Beschichtungen bei Verformung ermittelt) (Anstr) / cupping test ‖ ~**versuch** m (technologische Prüfung nach DIN 50101) (Hütt) / cupping test, ductility test ‖ ~**versuch nach Engelhardt** (mit zylindrischem Preßstempel) (Hütt, Masch, WP) / Engelhardt ductility test ‖ ~**versuch nach Erichsen** (Hütt, WP) / Erichsen test*, Erichsen cupping test ‖ ~**versuch nach Olsen** (Hütt, WP) / Olsen ductility test*
**Tief•wasserhafen** m **für Supertanker** (Schiff) / superport n ‖ ~**wasserwellen** f pl (Ozean) / deep-water waves ‖ ~**ziehbarkeit** f (von Blechen) (Hütt) / Erichsen value ‖ ~**ziehblech** n (kaltgewalztes

Flachzeug zum Kaltumformen, vor allem zum Tiefziehen) (Hütt) / deep-drawing sheet
**Tiefziehen** *n* (kleiner Hohlteile) (Hütt) / cupping *n* ‖ ⁓ (Umwandlung ebener Blechzuschnitte in einen Hohlkörper nach DIN 8584) (Hütt) / deep drawing* ‖ ⁓ (mit Patrize und Ziehring) (Plast) / plug-and-ring forming ‖ **flacher Teile** (Hütt) / shallow drawing ‖ ⁓ **im Erstzug** (Hütt) / first drawing (deep drawing), first-operation drawing ‖ ⁓ **im Weiterzug** (DIN 8584) (Hütt) / redrawing *n* (deep drawing), second-operation drawing ‖ ⁓ **mit gleitendem Niederhalter** (Plast) / slip forming
**tiefzieh•fähig** *adj* (Hütt) / deep-drawable *adj* ‖ ⁓**presse** *f* (Hütt) / deep-drawing press ‖ ⁓**stahl** *m* (Hütt) / deep-drawing steel ‖ ⁓**teil** *n* (Hütt) / deep-drawn part, deep-drawn pressing ‖ ⁓**teppich** *m* (Kfz, Tex) / mouldable needle-punch carpet ‖ ⁓**werkzeug** *n* (Hütt) / deep-drawing tool
**Tiefzwiesel** *m* (Gabelung in Bodennähe) (For) / twin stem (near ground level), forking *n* (near ground level
**Tiegel** *m* (Chem Verf, Hütt) / crucible* *n*, melting crucible ‖ ⁓ (Druck) / platen *n* ‖ **offener** ⁓ (eines Flammpunktgeräts) / open cup ‖ **offener** ⁓ **nach Cleveland** / Cleveland open-cup tester, Cleveland open-cup apparatus ‖ ⁓**druckmaschine** *f* (Druck) / platen machine, platen press ‖ ⁓**druckpresse** *f* (Fläche gegen Fläche) (Druck) / platen machine, platen press ‖ ⁓**ofen** *m* (elektrisch oder mit Brennstoffen beheiztes Schmelzaggregat, das sich durch geringe Badoberfläche bei großer Badtiefe auszeichnet) (Hütt) / crucible furnace* ‖ ⁓**rähmchen** *n* (Druck) / frisket* *n* ‖ ⁓**schere** *f* (Hütt) / shank *n*, bow *n*, supporting trestle ‖ ⁓**stahl** *m* (Hütt) / crucible steel* ‖ ⁓**zange** *f* (Chem, Hütt) / crucible tongs* ‖ ⁓**ziehverfahren** *n* (z.B. nach Czochralski, Bridgman usw.) (Krist) / crucible pulling method
**Tiemannit** *m* (Quecksilber(II)-selenid) (Min) / tiemannite *n*
**Tier, transgenes** ⁓ (Gen) / transgenic animal ‖ **wildlebende** ⁓**e und Pflanzen** (Bot, Umwelt, Zool) / wildlife *n* ‖ **[durch Aussterben] bedrohte** ⁓**art** (Umwelt, Zool) / endangered species ‖ ⁓**experiment** *n* (Med) / animal test, animal experiment, experiment on animals ‖ ⁓**faser** *f* (z.B. Wolle oder Seide) (Tex) / animal fibre ‖ ⁓**fett** *n* (Nahr) / animal fat ‖ ⁓**gift** *n* (Chem) / zootoxin *n* ‖ ⁓**haare** *n pl* (DIN 60001, T 1) (Tex) / animal hair ‖ ⁓**haltung** *f* (Landw) / animal husbandry
**tierisch** *adj* / animal *adj* ‖ ⁓**er Eiweißfaktor** (Landw) / animal protein factor ‖ ⁓**e Eiweißfaser** (Tex) / natural protein fibre ‖ ⁓**e Faser** (Tex) / animal fibre ‖ ⁓**es Fett** (Nahr) / animal fat ‖ ⁓**es Gift** (Chem) / zootoxin *n* ‖ ⁓**er Leim** (z.B. Knochen-, Leder- und Hautleim) / animal glue, Scotch glue ‖ ⁓**er Leim** (Pap) / animal size ‖ ⁓**e Stärke** (Biochem) / glycogen *n*, animal starch ‖ ⁓**es Sterin** (z.B. Chinesterol) (Chem) / zoosterol *n* ‖ ⁓**es Toxin** (Chem) / zootoxin *n* ‖ ⁓**es Wachs** (z.B. Walrat und Bienenwachs) / animal wax
**Tier•kohle** *f* (Blutkohle oder Knochenkohle) (Chem) / animal charcoal* ‖ ⁓**körperbeseitigung** *f* (Sanitär) / animal rendering ‖ ⁓**körperbeseitigungsanstalt** *f* (Sanitär) / rendering plant ‖ ⁓**körpermehl** *n* (Landw) / tankage *n* ‖ ⁓**körperverwertungsbetrieb** *m* / flaying-house *n* ‖ ⁓**kreis** *m* (Astr) / zodiac *n*, Zodiac* *n* ‖ ⁓**kreisgürtel** *m* (Astr) / zodiac *n*, Zodiac* *n* ‖ ⁓**kreislicht** *n* (Astr) / zodiacal light* ‖ ⁓**kreiszeichen** *n* (Astr) / zodiacal sign, sign of the zodiac ‖ ⁓**leim** *m* / animal glue, Scotch glue ‖ ⁓**leim** (Pap) / animal size ‖ ⁓**mehl** *n* (in Deutschland zur Verfütterung verboten) (Landw) / tankage *n* ‖ ⁓**öl** *n* (gewonnen durch trockene Destillation tierischer Stoffe, wie Klauen, Horn, Knorpel, Haut, Wolle usw.) / animal oil ‖ **etherisches** ⁓**öl** *n* / Dippel's oil, hartshorn oil, Jeppel's oil, volatile animal oil ‖ ⁓**öl** *n* s. auch Knochenöl ‖ ⁓**industrielle** ⁓**produktion** (intensive Tierhaltung) (Landw) / large-scale livestock farming ‖ ⁓**reich** *n* (Zool) / animal kingdom ‖ ⁓**versuch** *m* (Med) / animal test, animal experiment, experiment on animals ‖ ⁓**waage** *f* / animal balance ‖ ⁓**welt** *f* (Zool) / animal kingdom ‖ ⁓**zellkultur** *f* (Biochem) / animal cell culture ‖ ⁓**zucht** *f* (Landw) / animal breeding ‖ ⁓**züchten** *n* (Landw) / animal breeding
**Tietzescher Erweiterungssatz** (nach H.F.F. Tietze, 1880 - 1964) (Math) / Tietze extension theorem
**TIFF** *n* (von Aldus entwickelter, erweiterbarer Standard für die Beschreibung und Speicherung von Rasterbildern) (EDV) / tagged image file format, TIFF
**Tiffany-Glas** *n* (nach L.C. Tiffany, 1848 - 1933) (Glas) / Tiffany glass ‖ ⁓ s. auch Favrile-Glas
**Tiffany-Technik** *f* (Herstellung von Lampen, Glasbildern und Gewächshäusern) (Glas) / Tiffany technology
**TIFF-Datei** *f* (EDV) / TIFF file
**Tiffeneau-Umlagerung** *f* (Chem) / Tiffeneau rearrangement
**TIFF-Format** *n* (EDV) / tagged image file format, TIFF
**TIF-Format** *n* (EDV) / tagged image file format, TIFF
**Tigerauge** *n* (ein Schmuckstein - verquarzter Krokydolith) (Min) / tiger's eye*
**Tigerplüsch** *m* (Tex) / tiger-skin plush
**Tiglinsäure** *f* (eine Methyl-2-butensäure) (Chem) / tiglic acid
**Tigonin** *n* (ein Steroidsaponin) (Chem) / tigonin *n*

**Tikormehl** *n* (Nahr) / tikor *n*, curcuma starch
**Tilde** *f* (ein diakritisches Zeichen im Spanischen und im Portugiesischen, ein lexikografisches Zeichen nach DIN 2336) (Typog) / tilde *n*, swung dash
**Tilger** *m* (schwingende Gegenmasse zur Reduzierung der Schwingungsspitzen) (Phys) / absorber *n*
**Tiling** *n* (EDV) / tiling *n*, tile option
**Till** *m* (abgelagerter Gesteinsschutt) (Geol) / till* *n*
**Tillandsiafaser** *f* (z.B. Spanisches Moos, Baumhaar, Louisianamoos) (Tex) / tillandsia fibre
**Tillit** *m* (Geschiebemergel) (Geol) / tillite* *n*, glacial till
**Tillmans Reagens** (2,6-Dichlorphenol-indophenol-natrium) (Chem) / Tillman's reagent
**Tilt** *m* (Film) / tilt *n* ‖ ⁓**container** *m* / tilt-tainer *n* ‖ ⁓**dozer** *m* (HuT) / tilt-dozer *n* ‖ ⁓**einrichtung** *f* (hydraulisch betätigte Vorrichtung zum Verschwenken des Schildes einer Planierraupe) (HuT) / tilting device
**tilten** *v* (den Schild querneigen) (HuT) / tilt *v*
**Tilt•-Top-Container** *m* / tilt-top container ‖ ⁓**-up-Bauweise** *f* (Bau) / tilt-up construction (method)
**TIM** (Biochem) / triose phosphate isomerase
**Timbre** *m* (Klangfarbe, besonders der Singstimme) (Akus) / timbre* *n*, tone colour, tone quality (the characteristic of a musical tone that distinguishes one musical instrument from another playing the same tone)
**Time•-averaging-Verfahren** *n* (Spektr) / time-averaging process, TA process ‖ ⁓**-base-Korrektor** *m* (Akus) / time-base corrector, TBC* ‖ ⁓**-code** *m* (Film) / time code ‖ ⁓**-kode** *m* (Film) / time code ‖ ⁓**-kode in der vertikalen Austastlücke** (bei Camcodern) (Film) / vertical interval time-code (VITC) ‖ ⁓**-lag** *m* (zeitliche Verschiebung zwischen der Änderung wirtschaftlicher Größen und der dadurch bewirkten Änderung anderer ökonomischer Größen) / time lag ‖ ⁓**-lag** s. auch Jet-lag ‖ ⁓**-line** (Ablaufprogramm von wissenschaftlichen oder technischen Prozessen) / time line ‖ ⁓**-out** *n* (Fernm) / time-out *n*
**Timer** *m* (Eltech, Foto) / time-switch* (TS) *n*, TS
**Time•-Sampling** *n* / time sampling ‖ ⁓**-sharing** *n* (Benutzung einer Datenverarbeitungsanlage durch mehrere Benutzer mit eigenen Ein- und Ausgabegeräten, wobei alle Benutzer dasselbe System und dieselben Dateien benutzen) (EDV) / time-sharing* (TS) *n* ‖ ⁓**-slice** *f* (EDV) / time slice* ‖ ⁓**-slicing** *n* (ein Teilnehmerbetrieb) (EDV) / time slicing ‖ ⁓**-stamp** *m* (pl. -s) (das als Attribut an Nachrichten, Daten, Aufträge usw. angefügt wird, um in Netzwerken, Betriebssystemen und Datenbanksystemen eine Synchronisierung paralleler Aktivitäten zu ermöglichen) (EDV) / time-stamp *n*
**Timing** *n* (Festlegung eines Zeitpunktes im Rahmen einer Abfolge) / timing *n* ‖ ⁓ (zeitliches Abstimmen von Abläufen) / timing *n* ‖ ⁓**-sensor** *m* (intelligenter Kraftfahrzeugsensor als präzises Einspritzsignal) (Kfz) / timing sensor
**Tincalconit** *m* (Min) / tincalconite *n*, mohavite *n*
**Tinctura** *f* (pl. Tincturae) (Pharm) / tincture *n*
**tinged** *adj* (fleckig oder dunkel verfärbt - Rohbaumwolle) (Tex) / tinged *adj*
**Tinguait** *m* (Alkalisyenit) (Geol) / tinguaite *n*
**Tinkal** *m* (aus Kaschmir und Tibet) (Min) / borax* *n* (sodium tetraborate decahydrate), tincal* *n*
**Tinkalkonit** *m* (Min) / tincalconite *n*, mohavite *n*
**Tinktion** *f* (Färbung) / tinction *n*
**Tinktur** *f* (ein [farbiger] Extrakt) (Pharm) / tincture *n*
**Tinte** *f* (Druck, EDV) / ink* *n* ‖ **leitfähige** ⁓ (EDV) / electrographic ink ‖ **mit** ⁓ **schwärzen oder beschmieren** / ink *v* ‖ **reflektierende** ⁓ / reflective ink ‖ **sympathische** ⁓ / invisible (writing) ink ‖ **unverlöschliche** ⁓ (wisch- und wasserfest) / permanent ink, indelible ink ‖ **voller** ⁓ / inky *adj*
**Tinten•behälter** *m* (des Füllhalters) / fount *n* ‖ ⁓**beschmiert** *adj* / inky *adj* ‖ ⁓**blau** *n* (zur Verstärkung der Eisengallustinte) / ink blue ‖ ⁓**entferner** *m* (Chem, Tex) / ink-stain remover ‖ ⁓**festigkeit** *f* (Pap) / ink resistance ‖ ⁓**fleck** *m* / ink stain, ink blot ‖ ⁓**fresser** *m* (Chem, Tex) / ink-stain remover ‖ ⁓**killer** *m* (Chem, Tex) / ink-stain remover ‖ ⁓**klecks** *m* / ink stain, ink blot ‖ ⁓**patrone** *f* (im allgemeinen) / ink cartridge ‖ ⁓**patrone** (des Tintenstrahldruckers) (EDV) / print cartridge ‖ ⁓**roller** *m* / inkroller pen ‖ ⁓**schreiber** *m* (bei dem der Meßgrößenverlauf durch eine Tintenfeder auf einem Filzstift auf Registrierpapier aufgezeichnet wird) (Instr) / pen-and-ink recorder, ink recorder ‖ ⁓**spritzdrucker** *m* (EDV) / ink-jet printer* ‖ ⁓**strahldrucker** *m* (EDV) / ink-jet printer* ‖ ⁓**strahldruckverfahren** *n* (EDV) / ink-jet printing ‖ ⁓**strahlplotter** *m* (EDV) / ink-jet plotter ‖ ⁓**strahlschreiber** *m* (Fax) (Fernm) / ink-jet facsimile printer
**Tintinait** *m* (Min) / tintinaite *n*
**Tintometer** *n* (Chem) / tintometer *n* ‖ ⁓ **nach Lovibond** (ein Farbmeßgerät) (Chem) / Lovibond tintometer*
**T-Invarianz** *f* (Phys) / T invariance
**Tiny-protected-Koppelpunkt** *m* (Eltech) / tiny-protected contact

**TIP**

**TIP** n (Bot) / tumour-inducing principle*, tumor-inducing principle (US)
**Tip** m (besonders markierter Textabschnitt in Handbüchern, in dem praktische Hinweise oder Beispiele für die Durchführung einer Aufgabe gegeben werden) (EDV) / tip n ‖ ⁓**-Kontakt** m (Eltech) / tiny-protected contact
**Tipp** m (EDV) / tip n ‖ ⁓**betrieb** m (Eltech) / inching n, jogging n ‖ ⁓**betrieb** (einer Maschine - zu Wartungs- oder Prüfzwecken) (Masch) / inching n
**tippen** v / type v ‖ ⁓ n / typing n ‖ ⁓ (Eltech) / inching n, jogging n
**Tipp•fehler** m (ein Fehler beim Maschinenschreiben) / typing error ‖ ⁓**schaltung** f (Eltech) / finger-tip control ‖ ⁓**steuerung** f / touch control
**tip•-sheared** adj (bei Teppichboden - Muster, die sich durch die unterschiedliche Lichtbrechung auf Schlingen- oder Veloursflor ergeben) (Tex) / tip-sheared adj ‖ ⁓**tank** m (ein Abwurfbehälter unter den Tragflächenspitzen) (Luftf) / tip-tank n, tip n, wing-tip fuel tank
**Tiragekorken** m (für Sektflaschen) (Nahr) / tirage cork
**Tirillregler** m (für Generatorspannungen) (Eltech) / Tirill regulator
**Tirodit** m (manganhaltiger Cummingtonit) (Min) / tirodite* n
**Tirolit** m (Min) / tirolite n
**Tirtey** m (billiger Buckskin für Arbeitshosen) (Tex) / tirtey n
**Tisane** f (eine Arzneiform, die im wesentlichen einem Infusum entspricht, meist durch Sirup, Honig oder Zucker gesüßt) (Pharm) / tisane n
**Tisch** m (EDV) / desk n ‖ ⁓ (in der Mesatechnik nach DIN 41852) (Eltronik) / mesa* n ‖ ⁓ (der Hobelmaschine) (Masch) / platen* n ‖ ⁓ (Masch) / table* n ‖ ⁓ (Schreibtisch) (Tischl) / desk n ‖ ⁓ **mit Teileinrichtung** (Masch) / indexing table ‖ ⁓**apparat** m (Fernsp) / table telephone, desk phone ‖ ⁓**-Bandsägemaschine** f (For) / vertical band saw ‖ ⁓**belagstoff** m (Plast, Tex) / table-covering cloth ‖ ⁓**bewegung** f (Masch) / table travel ‖ ⁓**bezugsstoff** m (Plast, Tex) / table-covering cloth ‖ ⁓**bohr- und -fräswerk** n (Waagerecht-Bohr und Fräswerk mit einem auf dem Tischformmaschinenbett geführten Werkstücktisch) (Masch) / table-type horizontal boring and milling (facing) machine ‖ ⁓**bohrmaschine** f (Masch) / bench-type drilling machine ‖ ⁓**bohrwerk** n (Masch) / table-type horizontal boring and milling (facing) machine ‖ ⁓**brenner** m (Glas) / internal burner ‖ ⁓**computer** m (EDV) / desktop computer ‖ ⁓**drucker** m (EDV) / table-top printer ‖ ⁓**feder** f (eines Mikroskops) (Mikros) / slide clip ‖ ⁓**fels** m (Geol) / pedestal rock, pedestal boulder, mushroom rock ‖ ⁓**fernkopierer** m (DIN 32742, T 1) (Fernm) / desktop facsimile equipment ‖ ⁓**fernsprecher** m (Fernsp) / table telephone, desk phone ‖ ⁓**fernsprecher mit Wählscheibe** (Fernsp) / rotary-dial desk phone ‖ ⁓**formen** n (mit der Tischformmaschine) (Gieß) / bench work*, bench moulding ‖ ⁓**formmaschine** f (Gieß) / bench-type moulding machine ‖ ⁓**fräsmaschine** f (For) / spindle moulder ‖ ⁓**gerät** n (EDV) / desktop model ‖ ⁓**gerät** (Instr) / bench instrument ‖ ⁓**glas** n (Glas) / table glassware, tableware ‖ ⁓**kopierer** m / desk copier ‖ ⁓**kreissäge** f (Tischl) / table saw, bench circular saw ‖ ⁓**kreissägemaschine** f (Tischl) / table saw, bench circular saw ‖ ⁓**kühlschrank** m / table-top refrigerator ‖ ⁓**lampe** f (Licht) / table lamp
**Tischler** m (Tischl) / joiner n ‖ ⁓**arbeit** f (Tischl) / joinery* n
**Tischlerei** f (Bau, Tischl) / joinery* n, finishing carpentry (US)
**Tischler•handwerk** n (Bau, Tischl) / joinery* n, finishing carpentry (US) ‖ ⁓**platte** f (DIN 68791) (Tischl) / coreboard* n, blockboard* n, lumber core (plywood) (US), solid-wood-core plywood ‖ ⁓**qualität** f (Schnittholzgüteklasse) (For) / joinery grade ‖ ⁓**steifsäge** f (Tischl, Werkz) / back saw* ‖ ⁓**verbindung** f (auch mit Verdübelung, Verschraubung oder Nagelung) (Tischl) / reinforced joint
**Tisch•lippe** f (das der Messerwelle zugewandte Tischende des Auflagetischs, z.B. bei Abrichtmaschinen) (Masch) / surfacing table lip plate ‖ ⁓**mechanikerdrehmaschine** f (Masch) / bench lathe ‖ ⁓**mikrofon** n (Akus) / table microphone ‖ ⁓**plotter** m (flacharbeitend) (EDV) / plotting board, plotting table ‖ ⁓**plotter** (Plotter als Tischgerät) (EDV) / desktop plotter ‖ ⁓**positionierung** f (Masch) / table positioning ‖ ⁓**rechenmaschine** f (meistens eine Vierspeziesrechenmaschine) / desk calculator (hand-operated), desktop calculator ‖ ⁓**rechner** m / desk calculator (hand-operated), desktop calculator ‖ ⁓**rechner** (Kleinrechner als Tischgerät) (EDV) / desktop computer ‖ ⁓**schleifmaschine** f (kleinere Ausführung) (Masch) / bench grinder ‖ ⁓**stativ** n (das die Höhe eines Hutes hat) (Film, Foto) / hi-hat n ‖ ⁓**stativ** (Film, Foto) / table stand
**Tischtschenko-Reaktion** f (zur Disproportionierung aliphatischer Aldehyde) (Chem) / Tischenko reaction
**Tisch•tuchpapier** n (Pap) / table-top paper ‖ ⁓**verfahren** n (Glas) / table casting (process) ‖ ⁓**versatz** m (Masch) / table offset ‖ ⁓**versetzung** f (Masch) / table offset ‖ ⁓**walzverfahren** n (Glas) / table casting (process)

**Tiselius-Elektrophorese** f (Chem) / moving-boundary electrophoresis (Tiselius method)
**Tiselius-Methode** f (nach A. Tiselius, 1902-1971) (Chem) / moving-boundary method
**Tissue** n (DIN 6730) (Pap) / tissue paper n, soft tissue, tissue n ‖ ⁓**-Papier** n (ganz oder überwiegend aus Zellstoffasern) (Pap) / tissue paper n, soft tissue, tissue n
**Titan** m (der größte Mond des Saturns) (Astr) / Titan* n ‖ ⁓ **(Ti)** n (Chem) / titanium* n ‖ ⁓**-** (Chem) / titanic adj ‖ ⁓**-** (Chem) / titanous adj ‖ **justierbare aktivierte** ⁓**anode** (für das Diaphragmaverfahren) / dimensionally stable anode (of titanium covered with platinum or ruthenium oxide)
**Titanat** n (Chem) / titanate* n
**Titan•augit** m (mit bis 5% Ti) (Min) / titanaugite* n ‖ ⁓**blech** n (Hütt) / titanium sheet, sheet titanium ‖ ⁓**carbid** n (Chem) / titanium carbide ‖ ⁓**carbonitrid** n (Chem) / titanium carbonitride ‖ ⁓**(II)-chlorid** n (Chem) / titanium dichloride, titanium(II) chloride ‖ ⁓**-chlorid** (Chem, Tex) / titanium trichloride, titanous chloride, titanium(III) chloride ‖ ⁓**(IV)-chlorid** (Chem, Leder, Tex) / titanium tetrachloride, titanic chloride, titanium(IV) chloride ‖ ⁓**diborid** n (TiB$_2$) (Chem, Keram) / titanium diboride, titanium boride ‖ ⁓**dichlorid** n (Chem) / titanium dichloride, titanium(II) chloride ‖ ⁓**dioxid** n (als Lebensmittelfarbstoff = E 171) (Chem, Nahr) / titanium(IV) oxide*, titanium dioxide*, titania oxide, titania n, titanic anhydride ‖ **nichtpigmentäres** ⁓**dioxid** (Anstr) / ultra-fine titanium dioxide ‖ ⁓**dioxidelektrode** f (Schw) / titania electrode, titania-coated electrode, titanium-dioxide electrode ‖ ⁓**dioxidhydrat** n (Chem) / titanic acid, titanic hydroxide, metatitanic acid ‖ ⁓**eisen** n (Min) / ilmenite* n, titaniferous iron ore* ‖ ⁓**eisenerz** n (Min) / ilmenite* n, titaniferous iron ore* ‖ ⁓**email** n / titanium enamel ‖ ⁓**erde** f (TiO$_2$) (Chem) / titania* n ‖ **elektrolytisches Diffusionsbeschichten mit Titan über** ⁓**fluorid als Zwischenschicht** (Galv) / titaniding n ‖ ⁓**gelb** n (Anstr) / titanium yellow ‖ ⁓**haltig** adj (Erz) (Bergb, Geol) / titaniferous adj ‖ ⁓**hydrid** n (Chem) / titanium hydride
**Titanisierung** f (mit Titandioxid) (Glas) / titanizing* n
**Titanit** n (Min) / sphene* n, titanite* n
**Titanium** n (Chem) / titanium* n
**Titan•karbid** n (TiC) (Chem) / titanium carbide ‖ ⁓**karbonitrid** n (Chem) / titanium carbonitride ‖ ⁓**kernlot** n / titanium-cored wire ‖ ⁓**legierung** f (DIN 17860 bis 17864) (Hütt) / titanium alloy ‖ ⁓**(III)-nitrid** n (Chem) / titanium nitride ‖ ⁓**nitrid** n (TiN) (Chem) / titanium nitride
**Titanocene** n pl (titanorganische Verbindungen mit Cyclopentadieny-π-Liganden, die einen sandwichähnlichen Aufbau haben) (Chem) / titanocenes pl
**Titano•magnetit** m (titanreicher Magnetit) (Chem) / titanomagnetite n ‖ ⁓**metrie** f (eine oxidimetrische Methode der Maßanalyse) (Chem) / titanometry n
**Titan•(III)-oxalat** n (Chem) / titanium oxalate, titanous oxalate ‖ ⁓**(III)-oxid** n (Chem) / titanium(III) oxide, titanium trioxide, dititanium trioxide, titanellow n, titanium peroxide ‖ ⁓**(IV)-oxid** (Chem, Nahr) / titanium(IV) oxide*, titanium dioxide*, titania oxide, titania n, titanic anhydride ‖ ⁓**(IV)-oxidhydrat** (Chem) / titanic acid, titanic hydroxide, metatitanic acid ‖ ⁓**oxidsulfat** n (Chem) / titanyl sulphate ‖ ⁓**pigment** n (Anstr) / titanium pigment ‖ ⁓**plasmakanone** f (Plasma Phys) / titanium plasma gun ‖ ⁓**porzellan** n (mit TiO$_2$) (Keram) / titania porcelain ‖ ⁓**-Saphir-Laser** m (ein Festkörperlaser) (Phys) / titanium-sapphire laser ‖ ⁓**säure** f (Chem) / titanic acid, titanic hydroxide, metatitanic acid ‖ ⁓**schlacke** f (Anstr, Hütt) / titanium slag ‖ ⁓**(III)-sulfat** n (Chem, Tex) / titanous sulphate, titanium sesquisulphate ‖ ⁓**tetrachlorid** n (Chem, Leder, Tex) / titanium tetrachloride, titanic chloride, titanium(IV) chloride ‖ ⁓**trichlorid** n (Chem, Tex) / titanium trichloride, titanous chloride, titanium(III) chloride ‖ ⁓**weiß** n (Mischpigment, dessen wesentlicher farbbestimmender Anteil Titandioxid ist) (Anstr) / titanium white ‖ ⁓**weißware** f (mit TiO$_2$) (Keram) / titania whiteware
**Titanyl** n (Chem) / titanyl n
**Titel** m (Druck, Film) / title n ‖ **einkopierte** ⁓ (Film) / superimposed titles, supered titles ‖ ⁓ **des Dialogfelds** (EDV) / dialogue-box title ‖ ⁓**-background** m (Film) / textless background ‖ ⁓**bild** n (Druck) / frontispiece* n ‖ ⁓**blatt** n (DIN 1429) (Druck, Typog) / title-page n ‖ ⁓**bogen** m (mit Schmutztitel, Haupttitel, Impressum, Vorwort usw.) (Druck, Typog) / preliminary matter*, title signature*, title sheet, prelims* pl, front matter (US), oddments pl (GB) ‖ ⁓**gerät** n (Film) / titler n, title generator ‖ ⁓**hintergrund** m (Film) / textless background ‖ ⁓**kupfer** n (Druck) / copper frontispiece ‖ ⁓**leiste** f (EDV) / title bar ‖ ⁓**rolle** f (Film) / title roll, title drum ‖ ⁓**schild** n (für den Rückentitel) (Buchb) / panel* n ‖ ⁓**schrift** f (Typog) / titling font* ‖ ⁓**schriften** f pl (Typog) / display types ‖ ⁓**ständer** m (Film) / caption stand ‖ ⁓**vorspann** m (einem Film bzw. einer Sendung vorangestellte Angaben über Titel, Hersteller, Darsteller, u.ä.) (Film, TV) / credits* pl, credit titles, screen credits, cast and credits

**Titer** *m* (Bakteriol) / titre* *n* ‖ ≃ (Gehalt einer Maßlösung nach DIN 32625) (Chem) / titre* *n*, titer *n* (US) ‖ ≃ (Temperatur, bei der die Schmelze eines Fettes oder ein fettes Öl erstarrt) (Chem) / titre *n*, titer *n* (US) ‖ ≃ (Feinheitsbezeichnung) (Spinn) / number *n* ‖ ≃ (längenbezogene Masse - heute vom Tex-System verdrängt) (Spinn) / titre *n*, linear density, mass per unit length ‖ **legaler** ≃ (Gewicht von 9000 m eines Garnes) (Spinn) / legal titer ‖ ≃**lösung** *f* (Chem) / standard solution* ‖ ≃**pumpe** *f* (Plast) / metering pump ‖ ≃**substanz** *f* (Chem) / titrant *n*, standard reagent, titration agent (used for analytical titration)
**Titius-Bodesch•e Beziehung** (Astr) / Titius-Bode law*, Bode's law* ‖ ≃**e Reihe** (Regel, die die mittleren Abstände der Planeten von der Sonne beschreibt - nach J.D. Titius, 1729-1796, und J.E. Bode, 1747-1826) (Astr) / Titius-Bode law*, Bode's law*
**Titrand** *m* (pl. -en) (Chem) / titrand *n* (substance that is analysed in a titration)
**Titrans** *n* (pl. -anzien) (Chem) / titrant *n*, standard reagent, titration agent (used for analytical titration)
**Titrant** *m* (pl. -en) (Chem) / titrant *n*, standard reagent, titration agent (used for analytical titration)
**Titration** *f* (Chem) / titration* *n* ‖ **amperometrische** ≃ (ein Verfahren der Elektroanalyse) (Chem) / amperometric analysis, amperometric method, amperometry *n* ‖ **fotometrische** ≃ (Chem) / spectrophotometric titration, photometric titration ‖ **konduktometrische** ≃ (ein Verfahren der Maßanalyse) (Chem) / conductometric titration ‖ **potentiometrische** ≃ (potentiometrische Endpunktbestimmung in der Maßanalyse) (Chem) / potentiometric titration*, electrometric titration* ‖ **potentiometrische** ≃ **mit gesteuertem Strom** (Chem) / controlled-current potentiometric titration ‖ **radiometrische** ≃ (Chem) / radiometric titration ‖ **spektralfotometrische** ≃ (Chem) / spectrophotometric titration ‖ **spektrofotometrische** ≃ (Chem) / spectrophotometric titration ‖ **thermometrische** ≃ (Chem) / thermometric titration, calorimetric titration, thermal titration, enthalpy titration ‖ **turbidimetrische** ≃ (Chem) / turbidimetric titration ‖ ≃ *f* **in nichtwäßriger Lösung** (Chem) / non-aqueous titration* ‖ ≃ **nach Andrews** (mit Kaliumiodat) (Chem) / Andrews titration ‖ ≃ **nach Fajans** (Chem) / Fajans titration (nach K. Fajans, 1887 - 1975), Fajans method (titration)
**Titrations•diagramm** *n* (Chem) / titration plot ‖ ≃**fehler** *m* (Chem) / titration error ‖ ≃**kurve** *f* (Chem) / titration curve ‖ ≃**spektrum** *n* (Chem) / titration spectrum ‖ ≃**zelle** *f* (Chem) / titration cell
**Titrier•analyse** *f* (Chem) / volumetric analysis*, titrimetry *n* ‖ ≃**automat** *m* (Chem) / automatic titrator ‖ ≃**bares Alkali** (einer alkalischen Reinigungslösung) (Tex) / titratable alkali ‖ ≃**becher** *m* (Chem) / titrating beaker ‖ ≃**bürette** *f* (Chem) / titrating burette
**titrieren** *v* (Chem) / titrate *v* ‖ ≃ *n* (Chem) / titration* *n*
**Titrier•fehler** *m* (Chem) / titration error ‖ **aufzeichnendes** ≃**gerät** (Chem) / titrigraph *n* ‖ ≃**tisch** *m* (Chem) / titration table
**Titrimeter** *n* (Chem) / titrimeter* *n*, titrator *n*
**Titrimetrie** *f* (Chem) / volumetric analysis*, titrimetry *n*
**titrimetrisch** *adj* (durch Titration) (Chem) / volumetric *adj*, titrimetric *adj*
**Tizianrot** *n* / Titian red
**Tjäle** *f* (Geol) / ground ice, tjäle *n*, tjaele *n*, fossil ice ‖ **perenne** ≃ (Geol) / permafrost* *n*, permanently frozen ground, pergelisol *n*, perennially frozen ground
**Tjujamunit** *m* (Min) / tyuyamunite *n*
**TK** (Biochem) / tachykinin *n*
**Tk** (EDV) / tool kit, TK
**TK** (Fernm) / telecommunication* *n*
**TKB** (Tex) / sectional beam, sectional warping beam, section beam
**TKD** / customer field service, field engineering service
**TKG** (am 1.9.1972 in Kraft getretenes Bundesgesetz) (Tex) / German textile labelling act
**tkm** / tonne-kilometer *n*, ton-kilometer *n*
**TKM** (Brau, Landw) / thousand-corn weight
**TK-Netz** *n* (Fernm) / communication network, communication transmission network, telecommunications network
**T-Koppler** *m* (ein LWL-Sternkoppler mit 3 Toren) (Fernm) / tee coupler
**TKP** (ein Weichmacher) (Chem, Kfz, Plast) / tricresyl phosphate (TCP)
**TKTS** (Phys) / thermodynamic scale of temperature*, absolute temperature scale, scientific temperature scale, Kelvin thermodynamic scale of temperature
**TK-Wert** *m* (Phys) / temperature coefficient*, temp co
**Tl** (Chem) / thallium* *n*
**TL** (HuT) / drag shovel (a face showel acting in reverse), backacter *n*, pull shovel ‖ ≃ (Pharm) / teaspoonful *n* (pl. teaspoonfuls), tsp., tspn.
**TLA** (Chem) / trilaurylamine (TLA) *n*
**T-Leitwerk** *n* (Luftf) / T-tail* *n*, T-tail unit
**TL-Staustrahltriebwerk, kombiniertes** ≃ (Luftf) / turboramjet* *n*, turboramjet engine

**TL-Triebwerk** *n* (Luftf) / turbojet* *n*, turbojet engine ‖ ≃ **in Einwellenbauart** (Luftf) / single-spool jet engine ‖ ≃ **in Zweiwellenbauart** (Luftf) / two-spool jet engine, split-compressor engine
**T-Lymphozyt** *m* (pl. -en) (Med) / T-lymphocyte *n*, thymus-derived lymphocyte
**Tm** (Chem) / thulium* *n*
**TM** (Luftf, Masch) / turboshaft engine
**TMA** (Phys) / thermomechanical analysis
**TMB** (Hütt) / thermomechanical treatment
**TME** (Chem) / trimethylolethane *n*, pentoglycerine *n*, methyltrimethylolmethane *n* ‖ ≃ (Kernphys) / millimass unit*, mmu, mu*, mamu*
**TMM** (Chem) / trimethoxymethyl melamine (TMM)
**TM-Mode** *m* (Wellenleiter) (Fernm) / transverse magnetic mode, TM mode
**TMO-Technik** *f* (Eltronik) / thermomagneto-optical technology, TMO technology, CD-MO technology
**TMP** (Anstr, Chem) / trimethylolpropane *n* ‖ ≃ (Chem) / trimethylpropane *n*
**TMP-Zellstoff** *m* (Pap) / thermomechanical pulp, TMP
**TMR** (EDV) / triplicated modular redundancy (system), TMR system
**TMR-System** *n* (EDV) / triplicated modular redundancy (system), TMR system
**TMS** (Chem) / trimethylsilyl *n*, TMS ‖ ≃ (Chem, Luftf) / tetramethylsilane (TMS)* *n*
**TMTD** (Fungizid und Saatbehandlungsmittel) (Chem Verf, Landw) / thiram *n*, TMT, TMTD
**TM-Typ** *m* (Wellenleiter) (Fernm) / transverse magnetic mode, TM mode
**T-Muffe** *f* (zur Verbindung eines Abzweigkabels mit einem Hauptkabel, wobei die Achsen beider Kabel annähernd im rechten Winkel zueinander stehen) (Kab) / T joint, tee joint
**TMV** (Landw) / tobacco mosaic virus, TMV
**TM-Welle** *f* (Wellenleiter - DIN 1324, T 3) (Fernm) / TM-wave* *n*, transverse magnetic wave*, E-wave* *n*
**Tn** (Biochem) / troponin* *n*, TN
**T$_N$** (Mag) / Néel temperature*, Néel point
**TN-Anzeige** *f* (mit TN-Zellen) (EDV, Eltronik) / twisted nematic display (TND, TN-LCD)
**T-Netz** *n* (Eltech) / T-network* *n*, Y-network* *n*, T-section *n*
**T-Netz, überbrücktes** ≃**werk** (Eltech) / bridged T-network, bridged T-section
**TNM** (Chem, Raumf) / tetranitromethane *n*
**TN-Netz** *n* (mit einem direkt geerdeten Punkt; die Körper der elektrischen Anlage sind über Schutzleiter bzw. PEN-Leiter mit diesem Punkt verbunden) (Elektr, Eltech) / TN protective scheme, protective multiple earthing, PME (PME)
**T-Notch-Filter** *n* (ein Lochfilter zur Unterdrückung von Störträgern) (Radio) / T-notch filter
**TNRS** (als Booster in Bleiazid-Sprengkapseln) (Chem) / lead styphnate
**TNT** (Chem) / trinitrotoluene* *n*, TNT*, trotyl *n*, triton *n*
**T-Nut** *f* (DIN 650 und DIN 851) (Masch) / T-slot *n*, tee slot
**T-Nutenfräser** *m* (DIN 851) (Masch) / T-slot cutter, tee-slot cutter
**T-Nutenschraube** *f* (DIN 787) (Masch) / T-bolt* *n*, tee bolt*, tee-headed bolt
**TNV** (Umwelt) / thermic incineration
**TN-Zelle** *f* (Eltronik) / twisted nematic cell
**Tobel** *m* (Abzugskanal eines Wildbaches) (Geol) / flume *n*, ravine *n*, gulch *n*
**Tobermorit** *m* (ein CSH-Mineral) (Min) / tobermorite *n*
**Tochter** *f* (ein Nachkomme in einem binären Baum) (EDV) / daughter *n* ‖ ≃**aktivität** *f* (Kernphys) / daughter activity ‖ ≃**antrieb** *m* (Masch) / slave drive, follower drive ‖ ≃**atom** *n* (Kernphys) / daughter atom ‖ ≃**board** *n* (EDV, Eltronik) / daughter board ‖ ≃**firma** *f* / subsidiary *n*, subsidiary company ‖ ≃**generation** *f* (Gen) / filial generation (F) ‖ ≃**gerät** *n* (Kreiselkompaß, Fahrtmeßanlage) (Schiff) / repeater *n* ‖ ≃**gesellschaft** *f* / subsidiary *n*, subsidiary company ‖ ≃**ion** *n* (Spektr) / daughter ion ‖ ≃**kern** *m* (Kernphys) / daughter nucleus ‖ ≃**kompaß** *m* (Schiff) / gyro repeater, compass repeater, repeater compass ‖ ≃**maske** *f* (Kopie einer Muttermaske, die zur Herstellung von Arbeitsmasken dient) (Eltronik) / submaster *n* ‖ ≃**platte** *f* (Eltronik) / piggyback board, daughter board ‖ ≃**produkt** *n* (DIN 25401) (Kernphys) / daughter product*, daughter *n*, radioactive daughter ‖ ≃**prozeß** *m* (EDV) / child process ‖ ≃**sender** *m* (Luftf, Nav) / slave station ‖ ≃**substanz** *f* (Kernphys) / daughter product*, daughter *n*, radioactive daughter ‖ ≃**uhr** *f* (der Zentraluhranlage) / slave clock
**Tocopherol** *n* (Biochem) / vitamin E*, tocopherol* *n*
**Tod** *m* **durch elektrischen Strom** (Eltech, Med) / electrocution *n*
**Todd-AO-Verfahren** *n* (ein Breitwandverfahren nach M. Todd, 1907-1958) (Film) / Todd-AO* *n*
**Todesfallrate** *f* / fatality rate

**tödlich**

**tödlich** *adj* (Biol) / lethal* *adj* ‖ ~ (Verletzung, bei einem Unfall) (Med) / fatal *adj* ‖ **fast ~** (Pharm) / sublethal *adj* ‖ **~er Elektroschock** (Eltech, Med) / electrocution *n* ‖ **~er Stromunfall** (Eltech, Med) / electrocution *n*
**Todorokit** *m* (Min) / todorokite* *n*
**Toepler-Pumpe** *f* (eine Quecksilberluftpumpe nach A.J.I. Toepler, 1836-1912) (Vakuumt) / Toepler pump
**Tofu** *m* (Nahr) / tofu *n* (a curd made from mashed soya beans)
**TO-Gehäuse** *n* (genormte Gehäuseform für Transistoren und integrierte Schaltungen) (Eltronik) / TO package (transistor outline package), TO can (the leads are arranged in a circle in the base - frequently used for bipolar ICs)
**Toile** *m* (aus Schappe- oder Kunstseide) (Tex) / toile *n*
**Toilette, öffentliche** ~ / public toilet, comfort station (US) ‖ ~ *f* **mit Waschbecken** (Bau) / half bath, half-bath *n*
**Toiletten•druckspüler** *m* / flush valve*, flushing valve, flushometer *n* (US) ‖ **~papier** *n* (Pap) / toilet paper, toilet tissue ‖ **~wagen** *m* (Luftf) / toilet-cleaning vehicle
**Tokamak** *m* (von den russischen Physikern A.D. Sacharow und I.E. Tamm entwickelte Experimentieranlage für die Fusionsforschung) (Nukl) / Tokamak* *n* ‖ ~ s. auch Stellarator und Textor
**Token** *n* (eine zwischen zwei aufeinanderfolgenden Wortbegrenzungszeichen stehende Zeichenfolge) (EDV) / token *n* ‖ ~ (ein Datenpuffer mit Adreß- und Steuerzeichen der Token-Ring- und Busarchitektur) (EDV, Fernm) / token *n* ‖ ~ (ein Bitmuster, das ständig in einer Richtung das Ring- oder Busnetzwerk durchläuft) (EDV, Fernm) / token *n* ‖ **~ Passing** (EDV, Fernm) / token passing ‖ **~-Bus** *m* (EDV, Fernm) / token bus (according to IEEE 802.4) ‖ **~-Passing-Verfahren** *n* (EDV, Fernm) / token passing ‖ **~-Ring** *m* (ein in Ring-Topologie aufgebautes LAN) (EDV, Fernm) / token ring (according to IEEE 802.5)
**Tola** *n* (For) / agba *n* ‖ ~ **branca** (For) / agba *n*
**Tolan** *n* (Diphenylacetylen - ein arensubstituiertes Ethinderivat) (Chem) / tolan *n*
**Tolbutamid** *n* (internationale Bezeichnung für Antidiabetika) (Pharm) / tolbutamide* *n*
**tolerabel** *adj* / tolerable *adj*
**Toleranz** *f* (DIN 7182, T 1) (Masch) / tolerance* *n* ‖ ~ (Differenz zwischen den zugelassenen Größt- und Kleinstwerten einer meßbaren Eigenschaft) (Masch) / allowance *n* ‖ ~ (begrenzte Widerstandsfähigkeit des Organismus gegenüber schädlichen äußeren Einwirkungen, insbesondere gegenüber Giftstoffen oder Strahlen) (Med) / tolerance* *n* ‖ ~ (Masch) s. auch zulässiges Abmaß ‖ **ökologische** ~ (Umwelt) / ecological potency, range of tolerance ‖ **~en eintragen** (Masch) / tolerance *v* ‖ ~ *f* **nur im Plus- oder Minus-Bereich** (Masch) / unilateral tolerance*
**Toleranz•analyse** *f* (Eltronik) / tolerance analysis ‖ **~bereich** *m* (Masch) / range of tolerance ‖ **~dosis** *f* (Radiol) / tolerance dose ‖ **~eintragung** *f* (Masch) / tolerancing *n* ‖ **~feld** *n* (das Intervall zwischen Höchstmaß und Mindestmaß nach DIN 7182, T 1) (Masch) / tolerance* *n*, limits of tolerance ‖ **symmetrisch zur Nullinie liegendes ~feld** (Masch) / limits spaced equally above and below the nominal size ‖ **~ frei** *adj* (Masch) / with no tolerance ‖ **~grenze** *f* (Masch) / tolerance limit ‖ **~grenze** (die niedrigste O₂-Konzentration bzw. die höchste Schadstoffkonzentration, die unbegrenztes Überleben erlaubt) (Umwelt) / tolerance limit ‖ **~haltigkeit** *f* (Masch) / tolerance compliance ‖ **~klasse** *f* (Masch) / tolerance class ‖ **~rahmen** *m* (DIN ISO 1101) (Masch) / tolerance frame ‖ **~raum** *m* (Masch) / tolerance zone ‖ **~reihe** *f* (Masch) / series of tolerances, group of tolerances
**tolerierbar** *adj* / tolerable *adj*
**tolerieren** *v* (Abweichungen) / tolerance *v*
**Tolerierung** *f* **in Richtung der Spanabnahme** (Masch) / metal limit
**tolerogen** *adj* (Biochem) / tolerogenic *adj*, tolerogen* *adj* ‖ ~ *n* (ein Antigen in der Immunologie) (Biochem) / tolerogen *n*
**Tolidin** *n* (Dimethylbenzidin) (Chem) / tolidine *n*
**Tollens-Probe** *f* (nach B.Ch. Tollens, 1842-1918) (Chem) / Tollens' aldehyde test
**Tollens-Reagens** *n* (zum Zuckernachweis durch Reduktion von Metallionen) (Chem) / Tollens' reagent (ammoniacal solution of silver nitrate)
**Toller-Pol** *m* (Kernphys) / Toller pole
**Tollhonig** *m* (Rhododendron-Honig) / mad honey
**Tolomanstärke** *f* (Nahr) / achira starch, tous-les-mois *n*
**Tolualdehyd** *m* (Methylbenzaldehyd) (Chem) / tolualdehyde *n*
**Tolubalsam** *m* (aus Myroxylon balsamum (L.) Harms) (Chem) / balsam of Tolu*, tolu *n*, Tolu balsam*
**Toluidin** *n* (Chem) / toluidine* *n* ‖ **~blau** *n* (Chem) / toluidine blue
**Tolunitril** *n* (Methylbenzonitril) (Chem) / tolunitrile *n*
**Toluol** (aromatischer Kohlenwasserstoff) (Chem) / toluene* *n*, methylbenzene* *n*, tol., toluol* *n* ‖ **~-3,4-dithiol** *n* (Chem) / toluene-3,4-dithiol *n* ‖ **~diisocyanat (TDI)** *n* (Chem) / toluene diisocyanate* (TDI), tolylene diisocyanate, toluylene diisocyanate ‖ **~sulfochlorid** *n* (Chem) / toluenesulphonyl chloride ‖ **~sulfonylchlorid** *n* (Chem) / toluenesulphonyl chloride
**Toluylenblau** *n* (Chem) / toluylene blue
**Toluylendiisozyanat** *n* (Chem) / toluene diisocyanate* (TDI), tolylene diisocyanate, toluylene diisocyanate
**Toluylenrot** *n* (ein Phenazinfarbstoff) (Chem) / toluylene red, neutral red
**Tolylaldehyd** *m* (Chem) / tolyl aldehyde
**Tomatenmark** *n* (Nahr) / tomato pulp
**tomatenrot** *adj* / tomato-red *adj*
**Tomatin** *n* (Tomatenalkaloid) (Chem) / tomatine *n*, tomatin *n*
**Tombak** *m* (Messing mit über 70% Cu) (Hütt) / tombac *n* ‖ ~ (Hütt) s. auch Talmi
**Tombolo** *m* (Geol) / tie bar, tying bar, tombolo *n* (pl. tombolos)
**Tomograf** *m* (Radiol) / tomograph *n*
**Tomografie** *f* **mit Radionukliden** (Radiol) / radioisotope tomography, isotope tomography
**Tomonaga-Bild** *n* (nach S.I. Tomonaga, 1906-1979) (Kernphys) / interaction representation, interaction picture, Tomonaga-Schwinger picture
**Tomonaga-Darstellung** *f* (Kernphys) / interaction representation, interaction picture, Tomonaga-Schwinger picture
**Tomoskopie** *f* (bei Nachtsehgeräten) (Opt) / gated viewing
**Ton** *m* (sinusförmige Schallschwingung im Hörbereich - DIN 1311, T 1) (Akus, Physiol) / pure tone*, simple tone ‖ ~ (Farbton) (Anstr, Tex) / shade* *n*, tint* *n*, tone *n* ‖ ~ (als Klärmittel) (Chem, Sanitär) / absorbent clay ‖ ~ (feinkörniges Sedimentgestein, das durch mechanische und chemische Verwitterung feldspathaltiger Gesteine entstanden ist) (Geol, Keram) / clay* *n*, argil *n* ‖ **aktivierter** ~ (Keram) / activated clay (a clay, such as bentonite, which is treated with acid to improve its bleaching and adsorptive properties) ‖ **asynchroner** ~ (Tonaufnahme ohne Bildaufnahme) (Film) / wild track* *n* ‖ **aus** ~ (Keram) / of clay, earthen *adj* ‖ ~ **aus angeschwemmten Ablagerungen des Hudson-Flusses der Region Albany im Staate New York** (Keram) / Albany slip ‖ **fetter** ~ (stark plastischer) (Geol, Keram) / fat clay (a highly plastic clay) ‖ **feuerfester** ~ (Keram) / fireclay* *n*, calcined clay, refractory clay, chamotte *n* ‖ **ganzer** ~ (Akus) / whole tone, whole step ‖ **halber** ~ (Akus) / half tone ‖ **klebriger, zäher** ~ (Geol) / gumbo *n* (US) ‖ **krächzender** ~ (Akus) / rasping sound ‖ **magerer** ~ (unplastischer) ~ (Geol, Keram) / short clay, lean clay (a clay of low plasticity and poor green strength) ‖ **mergeliger** ~ (Geol) / mudstone* *n* ‖ ~ **mit ~ verschmieren** / clay *v* ‖ **organische Substanz führender** ~ (Geol, Keram) / organoclay *n* ‖ **plastischer** ~ (Bau, Keram) / foul clay*, plastic clay*, pure clay*, strong clay* ‖ **reiner** ~ (das durch eine harmonische Schallwelle hervorgerufene Grundelement aller Gehörsempfindungen) (Akus, Physiol) / pure tone*, simple tone ‖ **sehr plastischer** ~ (mit starker Schrumpfung beim Trocknen) (Geol) / gumbo *n* (US) ‖ **steifer geklüfteter** ~ (Geol) / slickensided clay, stiff-fissured clay ‖ **strukturempflicher** ~ (Geol) / sensitive clay ‖ **untergelagerter** ~ (Geol) / underclay *n*, seat earth, coal clay, warrant *n* ‖ **weißbrennender** ~ (Keram) / white-burning clay ‖ **zerruschelter** ~ (Geol) / slickensided clay, stiff-fissured clay ‖ ~ **ab!** (Film) / roll sound! ‖ ~ *m* **auf primärer Lagerstätte** (Geol, Keram) / residual clay (which remains at the site of its formation) ‖ ~ **eines Zeitzeichens** (Fernm) / time tick, tick *n* ‖ ~ **für Baukeramik** (Bau, Keram) / structural clay ‖ ~ **läuft!** (Antwort auf "Ton ab!") (Film) / tape is on speed ‖ ~ *m* **mit geringer Plastizität** (Geol, Keram) / short clay, lean clay (a clay of low plasticity and poor green strength) ‖ ~ **mit großer Plastizität** (Geol, Keram) / fat clay, plastic clay
**Ton•-** (Akus) / sonic *adj* ‖ **~-** (Geol, Keram) / argillaceous *adj*, clayey *adj* ‖ **~-** (Keram) / fictile *adj* (made of earth or clay) ‖ **~abbau** *m* (Bergb) / clay mining, clay winning
**Tonabnehmer** *m* (magnetischer, dynamischer, piezoelektrischer) (Akus) / sound pick-up ‖ ~ (zum Abtasten von Schallplatten) (Akus) / phonograph pick-up, gramophone pick-up*, pick-up *n* ‖ **piezoelektrischer** ~ (bei Plattenspielern) (Akus) / crystal pick-up*, piezoelectric pick-up* ‖ **~einsatz** *m* (Akus) / pick-up cartridge, cartridge *n* ‖ **~kopf** *m* (Akus) / pick-up head*
**Tonader** *f* (Bergb, Geol) / clay vein (a body of clay, usually roughly tubular in form, that fills a crevice in a coal seam)
**tonal** *adj* (Akus) / tonal *n*
**Tonalit** *m* (Geol) / tonalite* *n*
**Ton•angler** *m* (Akus) / boom operator (GB) ‖ **~archiv** *n* (Film) / record office, sound library ‖ **~arm** *m* (schwenkbarer Arm des Plattenspielers) (Akus) / tone arm, pick-up arm ‖ **~armwaage** *f* (Akus) / tone-arm balance ‖ **~art** *f* (die Bestimmung des Tongeschlechts als Dur und Moll auf einer bestimmten Tonstufe) (Akus) / key *n* ‖ **~aufbereitung** *f* (Keram) / clay preparation, clay processing
**Tonaufnahme** *f* (für die Tonkonserve) (Akus) / canning *n* ‖ ~ (einer Szene mit zugeordnetem Ton) (Film) / sound take, sound recording, record of sound ‖ ~ (Akus) s. auch Schallaufzeichnung ‖ ~ **ohne Bild**

(Akus, Film) / wild track ‖ ⁓**gerät** *n* (Akus) / sound recorder ‖ ⁓**spalt** *m* (einer Lichttonkamera) (Akus) / slit *n* (recording) ‖ ⁓**wagen** *m* (Film, TV) / mobile recording unit
**Ton•aufzeichnung** *f* (Akus) / sound record(ing) ‖ **magnetische** ⁓**aufzeichnung** (Akus) / magnetic recording* ‖ ⁓**aufzeichnungsgerät** *n* (Akus) / sound recorder
**Tonband** *n* (Magnetband für Schallaufzeichnung) (Akus) / audio tape, sound tape ‖ ⁓ (Akus) s. auch Magnetband ‖ **digitales** ⁓ (Akus) / digital audio tape, DAT ‖ **vierspuriges** ⁓ (Akus) / four-track tape ‖ ⁓**gerät** *n* (Akus) / tape recorder ‖ ⁓**koffer** *m* (tragbares Tonbandgerät) (Akus) / portable tape recorder
**Ton•bank** *f* (Bergb, Geol) / clay bank, clay seam ‖ ⁓**bildung** *f* (Geol) / argillization ‖ ⁓**-Bild-Versatz** *m* (beabsichtigter) (Film) / sound advance, sound-track advance ‖ ⁓**blende** *f* (Fernm, Radio) / tone control, tonalizer *n* ‖ ⁓**boden** *m* (ein schwerer Boden) (Landw) / clay soil ‖ ⁓**brösel** *m* (Keram) / clay bit ‖ ⁓**charakter** *m* (Akus) / tone chroma, tone quality ‖ ⁓**cutter** *m* (Film) / sound editor ‖ ⁓**decoder** *m* (Fernsp) / tone decoder ‖ ⁓**dekoder** *m* (Fernsp) / tone decoder ‖ ⁓**dreieck** *n* (Chem) / pipeclay triangle ‖ ⁓**effekt** *m* (Film) / sound effect ‖ ⁓**eisenstein** *m* (Min) / clay ironstone*, ironstone clay, argillaceous haematite, spherosiderite *n*
**Tonen** *n* (das Mitdrucken von außerhalb des Druckbildes liegenden Stellen der Druckform infolge des Ansetzens von Druckfarbe - DIN 16515, T 1) (Druck) / scumming *n*, greasing *n* ‖ ⁓ (direktes, indirektes) (Foto) / toning* *n*, dye toning*, chemical toning*
**tönend** *adj* (Akus) / sonorous *adj*, resonant *adj* ‖ ~**er Lichtbogen** (Eltech) / Duddell arc, singing arc ‖ ~**er Sand** (Geol) / sounding sand, singing sand
**Toner** *m* (pigmentiertes Pulver, das im elektrografischen Verfahren zur Bild- und Schrifterzeugung verwendet wird) / toner *n* ‖ ⁓ **mit feinstgemahlenen Partikeln kontrollierter Größe** (für Laserdrucker) (EDV) / micrograded toner
**Tonerde** *f* (Chem) / aluminium oxide, alumina* *n* ‖ **essigsaure** ⁓ (Chem) / aluminium ethanoate, aluminium acetate ‖ **säureaktivierte** ⁓ (Bleicherde) (Chem) / acid clay ‖ ⁓**gel** *n* (Chem) / alumina gel, gelatinous aluminium hydroxide ‖ ⁓**modul** *m* (in der Zementchemie) (Chem) / modulus of alumina (relation of $Al_2O_3$ to $Fe_2O_3$) ‖ ⁓**schmelzzement** *m* (für tragende Bauteile nicht zugelassen) (Bau, HuT) / alumina cement, Ciment Fondu*, aluminous cement* ‖ ⁓**weißware** *f* (Keram) / alumina whiteware (any ceramic product with an essentially white body, such as artware, dinnerware, wall tiles, sanitary ware, spark plugs, and other products in which the major crystalline phase is aluminium oxide) ‖ ⁓**zement** *m* (für tragende Bauteile nicht zugelassen) (Bau, HuT) / alumina cement, Ciment Fondu*, aluminous cement* ‖ ⁓**zement mit hohem Aluminiumoxidgehalt** (Bau, HuT) / high-alumina cement* (BS 915)
**Toner•flasche** *f* / toner bottle ‖ ⁓**kassette** *f* / toner cartridge
**tönern** *adj* (Keram) / of clay, earthen *adj* ‖ ~ (Keram) / fictile *adj* (made of earth or clay)
**Tonerpulver** *n* (Druck) / toner powder
**Tonfenster** *n* (Film) / sound gate*
**Tonfilm** *m* (Film) / sound-film *n*, talking film, talking picture ‖ ⁓ **mit Lichtspur** (Film) / comopt* *n* ‖ ⁓ **mit Magnetspur** (Film) / commag* *n* ‖ ⁓**kamera** *f* (Film) / sound camera*, sound-recording camera ‖ ⁓**projektor** *m* (Filmprojektor für die Bildwiedergabe und Tonaufnahme und -wiedergabe) (Film) / sound projector
**tonfrei** *adj* (Geol, Keram) / non-clay *attr*
**tonfrequent** *adj* (Akus) / audio *adj* ‖ ~**e Tastenwahl** (Fernsp) / touch-tone dialling, VF/AF push-button selection
**Tonfrequenz** *f* (Akus) / audio frequency*, AF* ‖ ⁓**band** *n* (Fernsp) / voice-band *n*, voice-frequency band, speech band ‖ ~**gesteuerter Schalter** (Eltech) / electrosyntonic switch* ‖ ⁓**spektrum** *n* (Akus) / audible spectrum, audio spectrum, audio-frequency spectrum ‖ ⁓**verstärker** *m* (Eltronik) / audio amplifier, audio-frequency amplifier
**Ton•galle** *f* (Geol) / clay gall (resulting from the drying and cracking of mud) ‖ ⁓**gang** *m* (Bergb, Geol) / clay vein (a body of clay, usually roughly tubular in form, that fills a crevice in a coal seam) ‖ ~**gebunden** *adj* (Geol, Keram) / clay-bonded *adj* ‖ ⁓**gedächtnis** *n* (Keram) / clay memory ‖ ⁓**gehalt** *m* (Geol, Keram) / clay content ‖ ⁓**gemisch** *n* (DIN 1320) (Akus) / complex tone* ‖ ⁓**generator** *m* (Akus, EDV) / tone generator ‖ ⁓**gestein** *n* (Geol) / claystone *n* (an indurated clay having the texture and composition of shale but lacking its fine lamination or fissility) ‖ ⁓**gewinnung** *f* (Bergb) / clay mining, clay winning ‖ ~**gleiches Aufziehen** (beim Färben) (Tex) / on-tone exhaustion ‖ ⁓**-Graphit-Tiegel** *m* / clay-graphite crucible ‖ ⁓**grube** *f* (Geol, Keram) / clay pit ‖ ⁓**gut** *n* (zusammenfassende Bezeichnung für alle porösen feinkeramischen Werkstoffe) (Keram) / fine-ceramics raw material ‖ ~**haltig** *adj* (Geol, Keram) / argillaceous *adj*, clayey *adj* ‖ ⁓**hobel** *m* (eine kontinuierlich arbeitende Maschine zum Zerkleinern grubenfeuchten oder lederharten, auch

gefrorenen, stückigen Tones) (Keram) / clay cutter ‖ **[subjektive]** ⁓**höhe** (Stimmung) (Akus) / pitch* *n*
**Tonhöhen•abstimmung** *f* (Radio) / note tuning* ‖ ⁓**empfindung** *f* (Akus) / pitch perception ‖ ⁓**regler** *m* (Fernm, Radio) / tone control, tonalizer *n* ‖ ⁓**schwankung** *f* (Akus) / fluctuation of pitch of a tone, pitch fluctuation ‖ ⁓**schwankung durch Gleichlaufschwankungen** (beim Plattenspieler) (Akus) / wow and flutter ‖ **schnelle** ⁓**schwankungen** (Akus) / flutter* *n*
**Ton•hohlplatte** *f* (für Decken nach DIN 278) (Bau, Keram) / hollow tile, pot *n*, hollow block ‖ ⁓**holz** (For) / resonant wood, resonance wood ‖ ⁓**-Humus-Komplex** *m* (Landw) / organoclay complex
**tonig** *adj* (Geol, Keram) / argillaceous *adj*, clayey *adj* ‖ ~**er Schlamm** (Geol) / slum *n*
**Tonigkeit** *f* (Akus) / tone chroma, tone quality
**tonig-sandig** *adj* (Geol) / argilloarenaceous *adj*
**Tonika** *f* (der Grundton einer Tonart, die nach ihm benannt wird) (Akus) / tonic *n* (the first note in a scale which, in conventional harmony, provides the keynote of a piece of music)
**Tonimpuls** *m* (Ton, dessen Amplitude einen impulsförmigen Zeitverlauf hat - DIN 5483, T 1) (Akus) / tone impulse ‖ ⁓ (zu Prüfzwecken) (Akus, Fernm) / toneburst *n* (used in testing the transient response of audio components)
**Toning-Blau** *n* (Chem) / Turnbull's blue
**Toningenieur** *m* (im allgemeinen) (Akus) / audio engineer, sound engineer, balance engineer ‖ ⁓ (bei den Aufnahmearbeiten) (Akus) / recordist* *n*
**Ton-in-Ton-Färbung** *f* (Unifärbung bei Mischgeweben bzw. Garnmischungen) (Tex) / tone-in-tone dyeing, tone-on-tone dyeing
**tonisch** *adj* (Pharm) / tonic *adj*
**tonisierend** *adj* (Pharm) / tonic *adj*
**Tonkabohne** *f* (von Dipteryx-Arten) / tonka bean
**Ton•kamera** *f* (Film) / sound camera*, sound-recording camera ‖ ⁓**kanal** *m* (TV) / sound channel*, audio-frequency channel ‖ ⁓**knacker** *m* (Film) / clapper mark ‖ ⁓**kneten** *n* (Keram) / pugging *n* ‖ ⁓**konserve** *f* (Aufzeichnung) (Akus) / canning *n* ‖ ⁓**konserve** (Akus) / canned music ‖ ⁓**kopf** *m* (z.B. ein Sprechkopf oder Hörkopf nach DIN 45510) (Akus, Eltech, Mag) / head* *n*, sound-head* *n* ‖ ⁓**krümel** *m* (Keram) / clay bit ‖ ⁓**lampe** *f* (die Lichtquelle in einem Aufnahme- oder Wiedergabesystem für Lichtton) (Film) / exciter lamp* ‖ ⁓**leiter** *f* (Tonfolge, die durch bestimmte Frequenzverhältnisse der einzelnen Töne zu einem Grundton definiert ist) (Akus) / scale* *n* ‖ **chromatische** ⁓**leiter** (mit zwölf Halbtönen in der Oktave) (Akus) / chromatic scale ‖ **[diatonische]** ⁓**leiter** (Akus) / gamut* ‖ ⁓**leitung** *f* (Fernm) / sound-program circuit ‖ ⁓**maskierung** *f* (Akus) / aural masking* ‖ ⁓**meister** *m* (Akus) / audio engineer, sound engineer, balance engineer ‖ ⁓**menger** *m* (Keram) / clay mixer, blunger *n* (a mixer with revolving paddles or other mixing device employed to produce slurries or slips) ‖ ⁓**mineral** *n* (ein Hydrosilikat des Aluminiums und einiger anderer Metalle) (Min) / clay mineral ‖ ⁓**mischer** *m* (Keram) / clay mixer, blunger *n* (a mixer with revolving paddles or other mixing device employed to produce slurries or slips) ‖ ⁓**mischpult** *n* (Akus) / sound mixer, mixing console, audio mixer ‖ ⁓**mischung** *f* (Originalton + Musik + Kommentar + zusätzliche Geräusche usw.) (Akus, Film) / sound mixing ‖ ⁓**modell** *n* / clay model ‖ ⁓**modulation** *f* (Akus) / sound modulation ‖ ⁓**motor** *m* (des Tonbandgeräts) (Akus, Mag) / capstan motor, tape driving motor
**Tonne** *f* / (wooden) barrel *n*, cask *n* ‖ ⁓ (1000 kg - eine Einheit der Masse außerhalb des SI) / tonne* *n*, metric ton (megagram) ‖ ⁓ (eine altе angelsächsische Einheit der Masse) / ton* *n* (long, short) ‖ ⁓ (des Tonnengewölbes) (Arch) / barrel *n* ‖ ⁓ (verankertes, schwimmendes Seezeichen) (Schiff) / buoy *n* ‖ **spitze** ⁓ (Schiff) / nun buoy ‖ **steigende** ⁓ (mit steigendem Scheitel) (Arch) / skewed arch barrel, skew barrel vault, inclined-arch barrel ‖ **stumpfe** ⁓ (Schiff) / can buoy, cylindrical buoy
**Tonnegativ** *n* (Film) / sound negative
**Tonnen•dach** *n* (Bau, HuT) / barrel-vault roof* ‖ **flaches** ⁓**dach** (Bau, HuT) / tilt roof* ‖ ~**förmig** *adj* / barrel-shaped *adj* ‖ ~**förmige Verzeichnung** (Opt) / barrel distortion*, negative distortion ‖ ⁓**gewölbe** *n* (Arch) / barrel vault*, annular vault*, wagon vault*, tunnel vault*, cradle vault, cylindrical vault ‖ ⁓**gewölbe** (steigendes) (Arch) / skewed arch barrel, skew barrel vault, inclined-arch barrel ‖ ⁓**gewölbedach** *n* (Bau, HuT) / barrel-vault roof* ‖ ⁓**kilometer** *m* (Maßeinheit für die Transportleistungen im Güterverkehr, die die Beförderung einer Last von einer Tonne Masse über eine Wegstrecke von einem Kilometer bezeichnet) / tonne-kilometer *n*, ton-kilometer *n* ‖ ⁓**lager** *n* (ein Rollenlager nach DIN 635) (Masch) / spherical roller-bearing*, barrel-shaped roller bearing, barrel roller bearing ‖ ⁓**legen** (Schiff) / buoying *n* ‖ ⁓**leger** *m* (ein Seezeichenschiff) (Schiff) / buoy-laying vessel, buoy layer ‖ ⁓**rolle** *f* (eine Kunstflugfigur) (Luftf) / barrel roll ‖ ⁓**schale** *f* (Arch, HuT) / barrel shell

**Tonnlage**

Tonn•lage f (75° bis 45°-Neigung zur Waagerechten) (Bergb, Geol) / hade n, inclination n ‖ ⁓lagerschacht m (Bergb) / inclined shaft, incline n, slope n, hading shaft ‖ ⁓lägig adj (75° bis 45° zur Waagrechten geneigt) (Bergb) / sloping adj, inclined adj, hading adj ‖ ⁓lägiger Schacht (Bergb) / inclined shaft, incline n, slope n, hading shaft ‖ ⁓lägiger Tagesschacht (Bergb) / slant n, ramp n
Tonometer n (zur Messung des Augeninnendrucks) (Med) / tonometer* n
Ton•papier n (Pap) / tinted paper ‖ ⁓positiv n (Film) / sound positive ‖ ⁓programm n (Fernm) / sound program ‖ ⁓qualität f (Akus) / tone chroma, tone quality ‖ ⁓raspler m (eine kombinierte Aufbereitungs- und Beschickungsmaschine zum intensiven Aufbereiten und Mischen steinfreier, weicher, nicht allzu fetter, nicht zu trockener Tone) (Keram) / clay shredder ‖ ⁓regie f (Akus, Film, TV) / sound control ‖ ⁓regieraum m (Akus, Film, TV) / sound-control room, sound-apparatus room ‖ ⁓regler m (bei Tonaufnahme oder -wiedergabe) (Film) / fader* n ‖ ⁓rohr n (für Dränagen) (Keram, Landw) / clay pipe ‖ ⁓rolle f (Antriebselement, über das dem Magnettonträger eine gleichförmige Geschwindigkeit erteilt wird - DIN 45510) (Akus, Mag) / capstan* n ‖ ⁓rückverformung f (Keram) / clay memory ‖ ⁓ruf m (Ergebnis) (Fernsp) / tone ringer, ringer n, tone caller ‖ ⁓ruf (Vorgang) (Fernsp) / VF ringing, tone ringing ‖ ⁓rundfunk m (auf Tonprogramme begrenzter Rundfunk) (Radio) / sound broadcasting, sound radio, audio broadcasting ‖ ⁓rundfunkempfänger m (Radio) / radio set, broadcast receiver, radio n (pl. radios) ‖ ⁓sandstein m (Geol) / argillaceous sandstone ‖ ⁓säule f (stufenförmiges Gehäuse, das mehrere Lautsprecher enthält) (Akus) / column speaker, sound column, sound stack ‖ ⁓schärfe f (Akus) / definition* n ‖ ⁓scherbenmehl n (Keram) / shard n (fired pottery milled to a powder form suitable for use as a replacement for grog or silica to reduce shrinkage without altering the composition of a ceramic body), sherd n ‖ ⁓schiefer m (Verwendung meistens als Dachschiefer) (Geol) / clay slate, clay schist ‖ ⁓schlag m (mit Wasser angemacht - wasserseitig im Deich eingebaut zur Bildung eines wasserdichten Abschlusses) (Wasserb) / clay puddle*, puddle* n ‖ ⁓schleife f (Film, TV) / sound loop ‖ ⁓schnecke f (Keram) / pugging worm n ‖ ⁓schneiden n (Keram) / pugging n ‖ ⁓schneider m (Keram) / pug mill ‖ ⁓schnitt m (Film) / sound editing ‖ ⁓schutzmittel n (Druck) / scum inhibitor ‖ ⁓seite f (des Skripts) (Film) / sound n ‖ ⁓sender m (Akus) / sound transmitter ‖ ⁓signal n (Akus) / acoustic signal, audio signal, sound signal ‖ ⁓skala f (Tonfolge, die durch bestimmte Frequenzverhältnisse der einzelnen Töne zu einem Grundton definiert ist) (Akus) / scale* n ‖ ⁓skale f (Tonfolge, die durch bestimmte Frequenzverhältnisse der einzelnen Töne zu einem Grundton definiert ist) (Akus) / scale* n ‖ ⁓spur f (Licht- oder Magnet-) (Film) / sound-track* n, audio track, stripe n ‖ ⁓stanze f (Film) / bloop n ‖ ⁓stärke f (Akus) / loudness n, volume n ‖ ⁓stein m (Bergb, Geol) / tonstein n (a compact argillaceous rock, commonly occurring as a thin band in a carboniferous seam) ‖ ⁓stein (Geol) / claystone n (an indurated clay having the texture and composition of shale but lacking its fine lamination or fissility) ‖ ⁓steingut n (Keram) / earthenware n ‖ ⁓strang m (bei der Ziegelherstellung) (Keram) / clay column ‖ ⁓substanz f (tonige Anteile der Rohstoffe bzw. der Massen) (Keram) / clay substance ‖ ⁓sumpf m (Keram) / soaking pit (to obtain thorough wetting) ‖ ⁓suspension f (Bergb, Erdöl) / drilling fluid, flushing fluid, drilling mud*, circulating fluid, circulation fluid, driller's mud ‖ ⁓system n (Akus) / gamut n ‖ ⁓technik f (Akus) / acoustic engineering, audio engineering ‖ ⁓techniker m (Akus) / audio engineer, sound engineer, balance engineer ‖ ⁓teller m (eines Schneidetisches) (Film) / sound turntable ‖ ⁓träger m (Fernm) / sound carrier, audio carrier ‖ ⁓trägersperre f (Fernm) / sound trap, sound-carrier trap ‖ ⁓trennung f (Foto) / tone separation ‖ ⁓treppe f (TV) / sound carrier attenuation ‖ ⁓trübe f (Bergb) / clay mud, slurry n ‖ dünne ⁓trübe (Bergb) / clash n ‖ ⁓überblendung f (Film) / sound change-over, sound fading, cross-fade n ‖ ⁓umfang m (bei Musikinstrumenten und bei der menschlichen Singstimme) (Akus) / tone range, tonal range
Tonung f (Foto) / toning* n, dye toning*, chemical toning*
Tonunterdrückung f (Akus) / sound suppression, sound rejection ‖ ⁓ (Bildteil) (TV) / take-off n
Tonus m (pl. -ni) (der durch Nerveneinfluß ständig wachgehaltene Spannungszustand der Gewebe, besonders der Muskeln) (Physiol) / tone* n, tonus* n
ton•verarmt adj (Geol, Landw) / lessivated adj ‖ ⁓veredlung f (Akus) / tone correction ‖ ⁓verstärkung f (Akus) / sound reinforcement ‖ ⁓vorrat m (Akus) / gamut n ‖ ⁓wahlverfahren n (Fernsp) / dual-tone multifrequency dialling (signalling), DTMF (signalling) ‖ ⁓ware f (Keram) / earthenware n, pottery n ‖ ⁓waren f pl (Sammelbezeichnung für Artikel aus Ton) (Keram) / clayware n ‖ ⁓welle f (Akus, Mag) / capstan* n

Tonwert m (Akus) / pitch* n ‖ ⁓ (Akus, Fernm, Radio) / tonal value ‖ ⁓ (Foto) / density step ‖ ⁓blende f (Fernm, Radio) / tone-control aperture ‖ ⁓korrektur f (TV) / gamma correction*, gammation n ‖ ⁓skale f (Akus, Fernm, Radio) / tonal scale
Ton•wiedergabegerät n (Akus) / reproducer* n, sound reproducer ‖ ⁓wiedergabesystem n (Akus) / sound-reproducing system* ‖ ⁓zelle f (Eltech) / porous pot*, porous cell, porous cup ‖ ⁓zeug n (Porzellan und Steinzeug) (Keram) / china and stoneware ‖ ⁓zylinder m (Eltech) / porous pot*, porous cell, porous cup
Tool n (EDV) / software tool, tool n ‖ ⁓-Center-Point m (Schw) / tool-centre point (TCP)
Tooljoint n (Erdöl) / tool joint
Toolkit n m (EDV) / tool kit, TK ‖ ⁓ n (EDV) / add-on n
Toolmanagement n / tool management
top adj (Gruppe) (Chem) / topic adj ‖ ⁓ n (pl. -s) (Tex) / top n
Topas m (Min) / topaz* n ‖ Böhmischer ⁓ (Min) / false topaz*, Bohemian topaz* ‖ Falscher ⁓ (gelber Flußspat) (Min) / false topaz*, Bohemian topaz* ‖ gebrannter ⁓ (rosafarbener) (Min) / rose topaz* ‖ Orientalischer ⁓ (ein gelber Korund) (Min) / Oriental topaz* ‖ Indian topaz* ‖ Schottischer ⁓ (ein Zitrin) (Min) / Scottish topaz* ‖ Spanischer ⁓ (ein durch Erhitzen gelbbraun bis braunrot gewordener Amethyst) (Min) / occidental topaz, Spanish topaz*, Madeira topaz*
Topazolith m (hellgelbe bis hellgrüne klare Kristalle des Minerals) (Min) / topazolite* n
Topbenzin n (Erdöl) / straight-run gasoline, top gasoline, straight-run benzine, S.R.B.
Top-down•-Entwicklung f (EDV) / top-down design ‖ ⁓-Methode f (EDV) / top-down design ‖ ⁓-Prinzip n (Zerlegung einer Aufgabe in Teilaufgaben zum Bilden von Hierarchien) (EDV) / top-down principle ‖ ⁓-Verfahren n (eine Entwurfsmethode in der Programmierungstechnik) (EDV) / top-down design ‖ ⁓-Verfahren (bei der Syntaxanalyse) (EDV) / top-down parsing
Topf m (Kochtopf) / pot n ‖ ⁓ (Masch) / cup n ‖ ⁓anode f (Eltronik) / can anode ‖ ⁓ballen m (der Topfblume) / pot ball ‖ ⁓blume f (Bot) / pot plant ‖ ⁓bürste f (Bohrervorsatzgerät) / cup-shaped wire brush ‖ gezopfte ⁓bürste / spiral twist wire cup brush ‖ ⁓dekatur f (Tex) / blown finish ‖ ⁓drahtbürste f / cup-shaped wire brush
Töpfer•blei n (Chem) / black lead ‖ ⁓drehscheibe f (Keram) / potter's wheel
Töpferei f (Handwerk) (Keram) / pottery n, potting n ‖ ⁓ (Werkstatt) (Keram) / pottery n
Töpfer•glasur f (leichtflüssige, bleihaltige oder bleifreie Glasur) (Keram) / pot glaze ‖ ⁓handwerk n (Keram) / pottery n, potting n
töpfern v (drehen) (Keram) / throw v (on a potter's wheel)
Töpfer•scheibe f (Drehscheibe zum Formen rotationssymmetrischer Gefäße) (Keram) / potter's wheel ‖ ⁓scheibe mit Fußantrieb (Keram) / kick wheel (operated by a foot pedal) ‖ ⁓ton m (Keram) / potters' clay* (any ball clay used in the production of pottery) ‖ ⁓ware f (irdenes Geschirr für den Haushalt) (Keram) / crockery n ‖ rotbrennende ⁓ware (Keram) / red ware (a type of porcelain body made of iron-bearing clay which fires to a characteristic red colour) ‖ einfache ⁓ware (mit porösem Scherben) (Keram) / earthenware n, pottery n ‖ mit Glasurfehlern behaftete ⁓ware (durch Verdampfen von Bestandteilen) (Keram) / aired ware (defective ceramic ware on which the glase hast become partially devitrified or some volatilization of glaze ingredients has occurred) ‖ ⁓werkstatt f (Keram) / pottery n
Topf•glühen n (Hütt) / close annealing*, box annealing*, pot annealing* ‖ ⁓kreis m (Resonator, bei dem die Leitungslänge durch die kapazitive Last verkürzt ist) (Eltronik) / cavity resonator* ‖ ⁓kurare n (trockener, schwarzbrauner Extrakt, nach dem Aufbewahrungsgefäß genannt) (Pharm) / pot curare ‖ ⁓magnet m (Eltech) / pot magnet* ‖ ⁓manschette f (Masch) / cup leather*, U-packing n, U-leather n, ram leather ‖ ⁓manschette (Lederdichtung) (Masch) / cup leather*, cup packing, cup n, cup seal
Topformer-Verfahren n (Spritzprägen + Thermoformung) (Plast) / topforming n, topformer process
Topf•pflanze f (Bot) / pot plant ‖ ⁓räumen n (Masch) / peripheral broaching, tubular broaching, cup broaching, pot broaching ‖ gerade ⁓schleifscheibe (DIN 69139) (Masch) / cup wheel*, saucer* n, straight cup grinding wheel, dish wheel* ‖ ⁓spinnen n (Plast, Spinn) / centrifugal pot spinning, pot spinning, can spinning ‖ ⁓spinnmaschine f (Spinn) / centrifugal pot spinning machine, can spinning machine, can spinning frame, pot spinning frame, centrifugal spinning machine ‖ ⁓stein m (dichter Talk) (Min) / potstone* n ‖ ⁓turbine f (Masch) / barrel-type turbine ‖ ⁓verdichter m (mit vertikaler Teilfuge im Gehäuse) (Erdöl, Masch) / barrel-type centrifugal compressor ‖ ⁓zeit f (die Zeit, in welcher Zwei- und Mehrkomponentenlacke verarbeitungsfähig bleiben) (Anstr) / pot life, spreadable life, working life, usable life, useful life ‖ ⁓zeit (Verarbeitungsdauer von kalthärtenden Reaktionsharzmassen,

Reaktionslacken und Reaktionsklebern nach dem Vermischen der Komponenten oder nach Zugabe des Härters) (Anstr, Chem Verf) / pot life

**Topical-Magnetresonanz** f (spezielle Technik der NMR-Spektroskopie zur Untersuchung am lebenden Organismus) (Chem, Spektr) / topical magnetic resonance

**Topinambur** m f (Helianthus tuberosus L.) (Bot, Landw) / Jerusalem artichoke

**Topizität** f (Chem) / topicity n

**Top•ladekassette** f (EDV) / top-loader cassette ‖ **∼lader** m (Kassetten- oder Videorekorder, dessen Kassettenfach und Bedienelemente sich im Gegensatz zum Frontlader auf der waagerechten Oberseite des Geräts befinden) / top-loader n ‖ **∼lader** (ein Waschautomat) / top-loading washer ‖ **∼management** n (die oberste Leitungsebene in einem Unternehmen) / top management, senior management

**TOPO** (Chem) / trioctylphosphine oxide, TOPO

**Topo•chemie** f (Wechselbeziehungen zwischen Chemie und Raum) (Chem) / topochemistry* n ‖ **∼chemisch** adj (Chem) / topochemical adj ‖ **∼chemische Polymerisation** (Chem) / topochemical polymerization, lattice-controlled polymerization

**topogen** adj (lagebedingt entstanden, z.B. von einem Flachmoor im Bereich des Grundwassers) (Geol) / topogenic adj

**Topografie** f (Eltronik, Geog, Verm) / topography* n

**topografisch** adj (Eltronik, Geog, Verm) / topographic adj, topographical adj ‖ **∼e Greisenformen** (am Ende eines Erosionszyklus) (Geol) / senile topography ‖ **∼e Karte** (komplexe Abbildung der Landschaft) (Kart) / topographic map ‖ **∼e Lage** (bei Siedlungsplätzen) (Geog) / site n ‖ **∼e Lage** (Verm) / site n

**Topoisomerase** f (Biochem) / topoisomerase* n

**Topologie** f (Stern, Baum, Ring, Bus) (EDV) / topology n ‖ **∼** (geometrische Anordnung der Schaltfunktionen und Leiterbahnen auf dem Halbleiterkristall) (EDV, Eltronik) / topology n ‖ **∼** (Math) / topology* n ‖ **algebraische ∼** (Math) / algebraic topology ‖ **allgemeine ∼** (Math) / set topology ‖ **analytische ∼** (Math) / set topology ‖ **diskrete ∼** (Math) / discrete topology ‖ **indiskrete ∼** (Math) / indiscrete topology ‖ **induzierte ∼** (Math) / relative topology, induced topology ‖ **Jacobsonsche ∼** (Math) / Jacobson topology ‖ **kombinatorische ∼** (Math) / combinatorial topology ‖ **mengentheoretische ∼** (Math) / set topology ‖ **schwache ∼** (Math) / weak topology ‖ **starke ∼** (Math) / strong topology ‖ **∼** f **der Netze** (Elektr) / topology of nets ‖ **∼ der Punktmengen** (Math) / point set topology

**topologisch** adj (Chem, EDV, Math) / topological adj ‖ **∼e Abbildung** (Math) / topological homeomorphism, topological mapping, homeomorphic mapping, homeomorphism* n, topological transformation ‖ **∼ äquivalent** (Math) / topologically equivalent ‖ **∼e Dynamik** (Math) / topological dynamics ‖ **∼ enthaltener Raum** (Math) / topologically contained space ‖ **∼es Erhaltungsgesetz** (Kernphys) / topological conservation law ‖ **∼e Gruppe** (Math) / topological group ‖ **∼e Halbgruppe** (Math) / topological semi-group ‖ **∼e Isomerie** (Chem) / topological isomerism ‖ **∼er Körper** (Math) / topological field ‖ **∼er Monopol** in nichtabelschen Eichfeldtheorien) (Kernphys) / topological monopole ‖ **∼es Polymer** (ein Spezialfall der Austauschreaktion) (Chem) / topological polymer ‖ **∼e Quantenzahl** (Phys) / topological quantum number ‖ **∼er Raum** (Math) / topological space*, T-space n ‖ **∼er Ring** (Math) / topological ring ‖ **∼e Struktur** (Math) / topological structure

**topologisieren** v (Math) / topologize v

**Topomerisierung** f (Chem) / topomerization n, degenerate isomerization

**Toponium** n (gebundenes System aus Top- und Antitop-Quark) (Kernphys) / toponium n

**Toposequenz** f (reliefabhängige Bodensequenzdarstellung) (Bot, Umwelt) / catena n

**topotaktisch** adj (Chem, Krist) / topotactic adj

**Topotaxie** f (Reaktion innerhalb eines Festkörpers, bei der die kristallografischen Orientierungen des Endproduktes in Beziehung zu denen des Ausgangsmaterials stehen) (Chem, Krist) / topotaxis n, topotaxy n

**Topothermografie** f / thermotopography n, topothermography n

**topozentrisch** adj (auf den Beobachtungsort als Mittelpunkt bezogen) (Astr) / topocentric adj

**Topp** m (oberes Ende von Mast und Stengen) (Schiff) / top n ‖ **∼anlage** f (atmosphärische Destillationsanlage) (Erdöl) / topping plant ‖ **∼destillation** f (Erdöl) / topping n

**Topped Crude** n (Erdöl) / topped crude, topped crude oil

**toppen** v (Erdöl) / top v ‖ **∼** n (Destillieren unter Atmosphärendruck) (Erdöl) / topping n

**topp•lastig** adj (Schiff) / top-heavy adj ‖ **∼produkte** n pl (Erdöl) / tops pl ‖ **∼zeichen** n (Aufsatz des Seezeichens) (Ozean, Schiff) / topmark n, top mark

**Top•-Quark** n (das sechste, schwerste Quarkteilchen) (Kernphys) / top quark, truth quark, t quark ‖ **∼rückstand** m (Erdöl) / topped crude, topped crude oil

**Topside•-Sondierung** f (Untersuchung der Ionosphäre von einem Satelliten aus, dessen Bahn oberhalb der Ionosphärenschichten verläuft) (Radar, Radio) / topside sounding ‖ **∼-Sounder** m (eine Ionosonde) (Radar, Radio) / topside sounder

**Toptakelage** f (Schiff) / top hamper*

**Top-to-bottom-Verfahren** n (eine Parsing-Technik) (EDV) / top-to-bottom parsing technique

**TOP-Verpflichtung** f / take or pay

**Topzustand** m (des Wagens) (Kfz) / immaculate condition, absolutely mint condition

**Tor** n (Bau) / gate* n ‖ **∼** (EDV) / AND element*, AND gate*, conjunction gate, AND circuit ‖ **∼** (Klemmenpaar in einem Netzwerk) (Elektr) / port n ‖ **∼** (der elektrische Zugang eines Systems oder Systemteiles nach DIN 4899) (Eltech) / port n ‖ **∼** (Steuerelektrode beim Thyristor und beim Feldeffekttransistor) (Eltronik) / gate* n, gate electrode ‖ **∼** (der Schiffsschleuse) (Wasserb) / lock-gate* n, gate n ‖ **n-∼** (Eltronik) / multiport ‖ **wasserdichtes ∼** (des Trockendocks) (Schiff) / caisson n

**Tor•anlage** f (Bau) / gate installation ‖ **∼bagger** m (ein Eimerkettenbagger) (Masch) / portal bucket-ladder excavator (wagons and lorries can pass under the portal) ‖ **∼band** n (Bau) / gate hinge ‖ **∼bandschraube** f (Masch) / cup square bolt

**Torbanit** m (Bogheadkohle von Torbane Hill, Schottland) (Min) / torbanite* n, bitumenite n, kerosine shale

**Torbernit** m (Kupferuranglimmer) (Min) / torbernite* n, copper uranite*, cupruronite* n

**Torchon** n (Klöppelspitzengrund aus engen, viereckigen Maschen oder Zellen) (Tex) / torchon n

**tordieren** v (Mech) / twist v

**tordiertes Garn** (Spinn) / torque yarn (a stretch yarn that, when permitted to hang freely, rotates in the direction of the nonrelieved torque resulting from previous deformation)

**Torduktor** m (magnetoelastischer Sensor, der insbesondere zum Erfassen des Drehmoments an umlaufenden Wellen eingesetzt wird) / torductor n

**Tor•durchfahrt** f (Arch) / gateway n ‖ **∼einfahrt** f (Arch) / gateway n ‖ **∼einfahrt** (meistens mit einem Durchlaß) (Arch) / porte cochère (a covered entrance large enough for vehicles to pass through, typically opening into a courtyard)

**toren** v (Eltronik) / gate v

**Toreutik** f (Kunst der Metallbearbeitung auf kaltem Wege - durch Ziselieren, Hämmern usw.) / toreutics n

**Torf** m (z.B. als Brennmaterial) (Geol) / peat n ‖ **∼** (Ablagerung der Reste von Moosen und höheren Pflanzen, die sich in allmählicher Inkohlung befinden und dabei ihre Gewebsstruktur lange erhalten kann - DIN 4047, T 4) (Geol) / peat* n ‖ **handgestochener ∼** / hand-cut peat ‖ **∼artig** adj (Geol) / peaty adj ‖ **∼ballen** m / turf n (pl. turfs or turves) ‖ **∼bank** f / peat bank, peatery n ‖ **∼brikett** n / peat briquette ‖ **∼dolomit** m (mineralisierte Knolle im Kohlenflöz) (Bot, Landw) / coal ball*

**Torfeuer** n (Leuchtfeuer, das aus jeweils zwei sich gegenüberstehenden Leuchtfeuern besteht, zwischen denen das Fahrwasser hindurchgeht) (Ozean) / pair lights

**Torf•gas** n (Kftst) / peat gas ‖ **∼gewinnungsstätte** f (Bergb) / turbary n, peat pit, peatery n, peat bank ‖ **∼grube** f (Bergb) / turbary n, peat pit, peatery n, peat bank ‖ **∼haltig** adj (Geol) / peaty adj

**torfig** adj (Geol) / peaty adj

**Torf•koks** m (Hütt) / peat coke ‖ **∼moor** n (Geog, Geol) / peat bog, peat moor, peatland n, peatlands pl ‖ **∼moos** n (Geog, Geol) / peat moss, sphagnum* n (pl. sphagna), sphagnum moss ‖ **∼moosbewohnend** adj (Umwelt) / sphagnicolous* adj ‖ **∼mudde** f (organischer Schlamm, der aus pflanzlichem Detritus mit Algenresten und ausgeflocktem Humus besteht) (Umwelt) / dy n ‖ **∼mulch** m (Landw) / peat mulch ‖ **∼mull** (Landw) / peat dust, peat powder ‖ **∼schlamm** m (Umwelt) / dy n ‖ **∼stechen** n / peat cutting ‖ **∼stich** m (Stechen von Torf) / peat cutting ‖ **∼stich** (Stelle, an der Torf gestochen wird) (Bergb) / turbary n, peat pit, peatery n, peat bank ‖ **∼streu** f / litter peat ‖ **∼stück** n / piece of turf, piece of peat, peat n (pl. -s) ‖ **∼teer** m / peat tar ‖ **∼vergasung** f / peat gasification ‖ **∼werk** n (Bergb) / turbary n, peat pit, peatery n, peat bank

**Torimpuls** m (EDV) / gate pulse

**torisch** adj (brechende Fläche bei Brillengläsern) (Math, Opt) / toric adj, toroidal adj ‖ **∼e Fläche** (Opt) / toroidal surface* ‖ **∼es Glas** (Opt) / toric lens ‖ **∼e Linse** (Opt) / toric lens

**torkeln** v / stagger v ‖ **∼** n / staggering n

**Torkret** m (Bau) / gunite* n, sprayed concrete, shotcrete n (US), jetcrete n, air-placed concrete ‖ **∼beton** m (nach der Firma Torkret GmbH, Essen) (Bau) / gunite* n, sprayed concrete, shotcrete n (US), jetcrete n, air-placed concrete

**torkretieren** *v* (Bau) / gun *v*, gunite *v* ‖ ~ *n* (Verarbeitung von Spritzbeton) (Bau) / guniting *n*, gunning *n* (US), shotcret *n*
**Torkretiergerät** *n* (Bau, HuT) / cement gun*
**Torkret•verfahren** *n* (Bau) / guniting *n*, gunning *n* (US), shotcret *n* ‖ ~**zementmörtelkanone** *f* (Bau, HuT) / cement gun*
**Torlader** *m* (For) / straddle carrier
**Tormentillwurzel** *f* (aus der Potentilla erecta (L.) Raeusch. = Blutwurz) (Bot, Pharm) / tormentil root
**Tornado** *m* (pl. -s) (kleinräumiger, den Großtromben zugeordneter verheerender Wirbelsturm, der meistens in den Staaten des Mittleren Westens der USA entsteht) (Meteor) / tornado* *n* (pl. -s or -es)
**Tornische** *f* (Wasserb) / gate-chamber* *n*
**Tornisterfunkgerät** *n* (Radio) / walkie-talkie *n*
**Törnvorrichtung** *f* (Eltech) / barring gear, barrier gear*
**Toroid** *n* (Eltech) / toroid* *n*, toroidal coil, torus* *n* (*pl tori*), annular coil ‖ ~ (Math) / toroid* *n*
**toroidal** *adj* / toroidal *adj* ‖ ~**e Entladung** (Elektr) / ring discharge, toroidal discharge
**Toroid•entladung** *f* (Elektr) / ring discharge, toroidal discharge ‖ ~**kammer** *f* (im Betatron) (Kernphys) / doughnut* *n*, donut* *n*, toroid* *n* ‖ ~**spule** *f* (Eltech) / toroid* *n*, toroidal coil, torus* *n* (pl tori), annular coil
**Torpedieren** *n* (zur Erleichterung des Erdölzuflusses zu einer Bohrung) (Erdöl) / well shooting, shooting *n*
**Torpedo** *m* (Mil) / torpedo *n* (pl. torpedoes) ‖ ~ (Materialverdrängungskopf) (Plast) / torpedo *n* (pl. torpedoes) ‖ ~**akustischer** ~ (aktiver oder passiver) (Mil) / acoustic torpedo ‖ ~**blaskopf** *m* (Plast) / torpedo head ‖ ~**pfanne** *f* (fahrbarer Vorratsroheisenmischer zum Sammeln und Transportieren mehrerer Hochofenabstiche - Fassungsvermögen bis zu 300 t) (Hütt) / torpedo ladle
**Torque-Garn** *n* (modifiziertes Falschdrahtgarn) (Spinn) / torque yarn (a stretch yarn that, when permitted to hang freely, rotates in the direction of the nonrelieved torque resulting from previous deformation)
**Torquemotor** *m* (Eltech) / torque motor*
**Torr** (nicht mehr zugelassene Einheit des Druckes = 1,33322 mbar (Phys) / torr* *n* ‖ ~ (Zeichen) (nicht mehr zugelassene Einheit des Druckes = 1,33322 mbar (Phys) / torr* *n*
**torrentikol** *adj* (Geol, Umwelt) / torrenticole *adj*, lotic *adj*
**Torricelli-Ausflußformel** *f* (Ausströmen aus einem Gefäß unter dem Einfluß der Schwere) (Phys) / Torricelli's law, Torricelli's theorem, Torricelli's law of efflux
**Torricellisch•e Leere** (nach E. Torricelli, 1608-1647) (Phys) / Torricellian vacuum* ‖ ~**er Raum** (Phys) / Torricellian vacuum* ‖ ~**es Vakuum** (Phys) / Torricellian vacuum*
**Torricelli-Theorem** *n* (Ausströmen aus einem Gefäß unter dem Einfluß der Schwere) (Phys) / Torricelli's law, Torricelli's theorem, Torricelli's law of efflux
**Torschaltung** *f* (Fernm) / gate* *n*
**Torschiff** *n* (eines Trockendocks oder einer Schleuse) (Schiff) / ship caisson*, sliding caisson*
**Torse** (eine spezielle Regelfläche, die Tangentenfläche einer Kurve ist) (Math) / developable surface* (that can be rolled out flat onto a plane without any distortion)
**Torsendifferential** *n* (Kfz) / Torsen differential
**Torsiograf** *m* (Instrument zur Messung und Aufzeichnung der Torsionsschwingungen rotierender Maschinenteile) (Masch) / torsiograph* *n*
**Torsiometer** *n* (Masch) / torsiometer *n*, torsion meter*, torquemeter* *n*
**Torsion** *f* (zweite Krümmung) (Math, Mech) / torsion* *n* ‖ ~ (DIN 13316) (Mech) / torsion* *n* ‖ ~ (Spinn) / twist* *n*, torque *n* ‖ **aerodynamische** ~ (Luftf) / aerodynamic twist ‖ **reine** ~ (Mech) / Saint-Venant torsion, St Venant torsion ‖ **St.-Venantsche** ~ (Mech) / Saint-Venant torsion, St Venant torsion
**Torsions•bauschung** *f* (ein Texturierverfahren) (Spinn) / torsion crimping, torsion texturizing ‖ ~**beanspruchung** *f* (Mech, WP) / torsional stress, twisting stress ‖ ~**belastung** *f* (Mech) / torsional load ‖ ~**bruch** *m* (Masch, WP) / torsion fracture ‖ ~**dämpfer** *m* (in der Kupplungsscheibe) (Kfz) / torque cushion springs, damper springs ‖ ~**dämpfer** (Masch) / torsion damper, torsional damper ‖ ~**dauerbeanspruchung** *f* (Mech, WP) / torsional fatigue loading ‖ ~**draht** *m* (Masch) / torsion wire ‖ ~**dynamometer** *n* (Masch) / transmission dynamometer* ‖ ~**feder** *f* (Masch) / spring subjected to torsion, torsion spring ‖ ~**festigkeit** *f* (Masch) / torsional strength, twisting strength, torsion strength ‖ ~**flächenmoment** *n* (Mech) / torsional moment of area ‖ ~**frei** *adj* (Mech) / torsion-free *adj*, torsionsless *adj* ‖ ~**galvanometer** *n* (Eltech) / torsion galvanometer* ‖ ~**gebauschtes Garn** (ein Stretchgarn) (Spinn) / torque yarn (a stretch yarn that, when permitted to hang freely, rotates in the direction of the nonrelieved torque resulting from previous deformation) ‖

~**gewaltbruch** *m* (Mech) / torsion overload fracture ‖ ~**gruppe** *f* (wenn jedes der Elemente eine endliche Ordnung hat) (Math) / periodic group ‖ ~**knicken** *n* (Mech) / torsion and buckling, torsional buckling, twist buckling ‖ ~**kraft** *f* (Mech) / twisting force ‖ ~**kräuselung** *f* (z.B. Helanca-Verfahren) (Spinn) / torsion crimping, torsion texturizing ‖ ~**kritische Drehzahlen** (Masch) / critical torsional speeds ‖ ~**los** *adj* (Mech) / torsion-free *adj*, torsionsless *adj* ‖ ~**magnetometer** *m* (Mag, WP) / torsion magnetometer ‖ ~**messer** *m* (Masch) / torsion meter, torsiometer *n* ‖ ~**moment** *n* (DIN 13316) (Mech) / torsional moment ‖ ~**moment** (Mech) / twisting moment ‖ ~**moment** (Mech) / torque* *n*, rotation moment (moment of a force or couple), torsional moment ‖ ~**momentenmesser** *m* (Masch) / torsiometer *n*, torsion meter*, torquemeter* *n* ‖ ~**pendel** *n* (Phys) / torsion pendulum*, torsional pendulum ‖ ~**schwingbruch** *m* (Mech, WP) / torsion fatigue fracture ‖ ~**schwingung** *f* (aus der Ebene) (Chem) / twisting vibration ‖ ~**schwingung** (Mech) / torsional vibration ‖ ~**schwingungsschreiber** *m* (Masch) / torsiograph* *n* ‖ ~**schwingungsversuch** *m* (DIN 53445) (Plast) / torsion vibration test, torsional vibration test ‖ ~**schwingversuch** *m* (Plast) / torsion vibration test, torsional vibration test ‖ ~**schwingversuch** (WP) / torsional vibration test ‖ ~**stab** *m* (Kfz) / torsion bar, torsion-bar spring, bar spring ‖ ~**steif** *adj* (DIN 13316) (Mech) / torsionally stiff, torsion-resistant *adj*, torsionally rigid ‖ ~**steifheit** *f* (DIN 13316) (Mech) / torsional stiffness, torsional rigidity ‖ ~**steifigkeit** *f* (Mech) / torsional stiffness, torsional rigidity ‖ ~**versuch** *m* (eine mechanisch-technologische Prüfung - statische, dynamische) (WP) / torsional test, torsion test ‖ ~**viskosimeter** *n* (Phys) / torsion viscosimeter, torsion viscometer ‖ ~**waage** *f* (Federwaage, die die Last aus der Verformung einer Torsionsfeder ermittelt) (Phys) / torsion balance* ‖ ~**wechselfestigkeit** *f* (WP) / torsional fatigue strength ‖ ~**widerstandsmoment** *n* (Mech) / section modulus
**Torsionswinkel** *m* (bei der Konformation) (Chem) / dihedral angle
**Torsionswinkel** *m* (Masch) / angle of twist*, angle of torsion
**Tor•sprechstelle** *f* (Fernsp) / gate station ‖ ~**strom** *m* (Eltronik) / gate current
**Torten•diagramm** *n* / circle graph, pie chart (US), circular diagram, sector chart ‖ ~**grafik** *f* / circle graph, pie chart (US), circular diagram, sector chart ‖ ~**menü** *n* (EDV) / pie menu ‖ ~**schachtelantenne** *f* (wenn der Abstand der metallischen Platten größer als eine Wellenlänge ist) (Radio) / cheese antenna
**Torula utilis** *f* (Pharm) / torula yeast, torula *n* ‖ ~**hefe** *f* (die in großem Maßstab zur Gewinnung von Futterhefen gezüchtet wird) (Pharm) / torula yeast, torula *n*
**Torus** *m* (halbrunder Wulst an der Basis der ionischen und korinthischen Säulen) (Arch) / torus *n* (pl. tori or -ses) ‖ ~ (pl. Tori) (des Hoftüpfels) (For) / torus *n* (pl. tori or -ses), tore *n* ‖ ~ (Math) / torus* *n* (pl. tori or -ses), anchor-ring* *n*, tore *n* ‖ ~ (des Stellarators) (Nukl) / torus *n* (pl. tori or -ses) ‖ ~ (Phys) / torus (pl. tori or -ses) ‖ ~**förmig** *adj* / toroidal *adj* ‖ ~**förmiger Beschleunigungsraum** (im Betatron) (Kernphys) / doughnut* *n*, donut* *n*, toroid* *n*
**Torweg** *m* (Arch) / gateway *n*
**Torx•-Außenangriff** *m* (Werkz) / external TORX ‖ ~**-Innenangriff** *m* (Werkz) / internal TORX
**TORX-Schraube** *f* (Masch) / TORX screw
**Tosbecken** *n* (mit Schikanen) (Wasserb) / stilling pool, stilling basin, water cushion, absorption basin
**TOSCOAL-Verfahren** *n* (eine moderne Kohleschwelung) / TOSCOAL process
**Tosen** *n* (der Brandung) (Ozean) / roaring *n*, raging *n*
**toskanisch•er Bogen** (Arch) / Florentine arch*, Tuscan arch ‖ ~**e Säulenordnung** (Arch) / Tuscan order
**Tosyl** *n* (aus der Toluen-4-sulfonsäure abgeleitete Atomgruppe) (Chem) / tosyl* ‖ ~**chloramidnatrium** *n* (Pharm, Sanitär) / chloramine T*
**Tosylierung** *f* (Einführung des Tosylrestes in Moleküle) (Chem) / tosylation *n*
**tot** *adj* (Ende, Gleis) / dead *adj* ‖ ~ (schalldämpfend) (Akus) / dead* *adj* ‖ ~ (ein nichtterminales Zeichen bei kontextfreien Grammatiken) (EDV) / dead *adj* ‖ ~ (Elektr) / cold *adj*, dead *adj*, de-energized *adj*, dry *adj*, currentless *adj* ‖ ~ (Wein) (Nahr) / dead *adj* ‖ ~ **mit** (ungewolltem) ~**em Gang** (Masch) / loose *adj* ‖ ~**er Äscher** (Leder) / dead lime, rotten lime, slacked lime ‖ ~**er Ast** (For) / dead knot ‖ ~**er Ast** (For) s. auch loser Ast ‖ ~**er Draht** (Eltech) / idle wire* ‖ ~**e Dünung** (Ozean) / dead swell ‖ ~**e Ecke** (reinigungstechnisch schlecht erfaßbar) / blind spot ‖ ~**es Ende** (Masch) / dead end*, dead leg* ‖ ~**er Gang** (Lose) (Masch) / backlash* *n*, play* *n*, free play, lash *n* (US) ‖ ~**er Gang** (des Gewindes) (Masch) / end play ‖ ~**es Gewicht** (Kfz) / dead weight ‖ ~**e Lamelle** (Eltech) / dead segment* ‖ ~**er Mann** (Bergb) / goaf* *n*, old workings, self-fill *n* (US) ‖ ~**e Masse** (Kfz) / dead weight ‖ ~**es Öl** (Erdöl) / dead oil* ‖ ~**es Polymer** (das nicht wachstumsfähig ist) (Chem) / dead polymer ‖ ~**er Punkt**

(V-Mot) / dead centre\*, dead point\* ‖ ~e Saison (bei saisonbedingten Arbeiten) / off-season n ‖ ~e Spule (Eltech) / dummy coil\* ‖ ~ (geschlachtet) vermarkten (Vieh) / sell on the hook ‖ ~es Wasser (Wasserb) / backwater n, catchment water ‖ ~es Wasser s. auch Totwasser ‖ ~es Werk (die über der Konstruktionswasserlinie liegenden Teile des Schiffs /Überwasserschiff/) (Schiff) / upper works, dead works ‖ ~er Winkel (Raum, der durch den Rückspiegel nicht eingesehen werden kann) (Kfz) / blind spot ‖ ~er Winkel (Masch) / dead angle\* ‖ ~er Winkel (beim Faxen) (Teleg) / clip position, dead sector ‖ ~e Zone (Fernm, Nav) / cone of silence\*, silent zone ‖ ~e Zone (im Reflexionsschatten der Ionosphäre) (Radar, Radio, TV) / blind spot\*, shadow\* n
**total** adj / overall adj, total adj ‖ ~er Abriß (Nukl) / dismantlement n ‖ ~er Ausfall (EDV) / complete failure n ‖ ~es Differential (Math) / complete differential\*, total derivative, total differential\* ‖ ~ durchmischtes Becken (Sanitär) / well-mixed reactor, complete-mix reactor ‖ ~e Elektronenbindungsenergie (Kernphys) / total electron binding energy\* ‖ ~e Finsternis (Astr) / total eclipse ‖ ~ geordnete Menge (Math) / linearly ordered set, chain n ‖ ~es Massenbremsvermögen (Kernphys) / total mass stopping power ‖ ~er Rückfluß (Chem) / total reflux ‖ ~er Rücklauf (Chem) / total reflux ‖ ~er Schwefel (der im Vulkanisat enthaltene Gesamtschwefel ungeachtet der chemischen Form und der Herkunft) (Chem Verf) / total sulphur ‖ ~er Störeinbruch (EDV) / clustered errors ‖ ~e Unschärfe (Foto) / total blurring ‖ ~ unzusammenhängende Menge (Math) / totally disconnected set, pointlike set ‖ ~e Variation (Math) / total variation, absolute variation ‖ ~er Wirkungsquerschnitt (Kernphys) / total cross section\*
**Total Organic Carbon** n (Kenngröße für den Gehalt von organisch gebundenem Kohlenstoff in Abwasser) (Sanitär) / total organic carbon, TOC ‖ ~ **Productive Maintenance** (F.Org) / total productive maintenance, TPM ‖ ~ **Quality Management** (F.Org) / total quality management, TQM
**Total•ausfall** m (eines Systems) / complete breakdown, complete failure n ‖ ~ausfall (Eltech) / blackout n ‖ ~ausfall s. auch Teilausfall ‖ ~beschränkte Menge (Math) / precompact set, totally bounded set ‖ ~druck m (Phys) / total pressure
**Totale** f (weiteste Einstellung eines Motivs) (Film) / long shot\*, distance shot, distant shot, vista shot
**Total•erhebung** f (wenn die Stichprobe der Grundgesamtheit gleicht) (Stats) / total count, total enumeration, complete enumeration, exhaustive enumeration n ‖ ~herbizid n (das jeglichen Pflanzenwuchs vernichtet - z.B. Natriumchlorat) (Chem, Landw) / non-selective herbicide, total herbicide n ‖ ~intensität f (der als magnetische Flußdichte oder Feldstärke angegebene Gesamtbetrag des erdmagnetischen Feldes) (Geophys) / total intensity, total field ‖ ~ionenstrom m (Chem) / total ion current, TIC
**Totalisator** m (ein Niederschlagsmesser in entlegenen Gebieten, der in bestimmten Zeitabständen abgelesen wird - meistens mit einem Nipher-Ring) (Meteor) / totalizer n, totalizator n, deposit gauge
**Totalität** f (Vollständigkeit einer Finsternis) (Astr) / totality n
**totalreflektierendes Prisma** (Opt) / totally reflecting prism, total-reflection prism
**Totalreflexion** f (vollständige Reflexion von Wellen an der Grenzfläche eines Mediums) (Phys) / total reflection ‖ **[innere]** ~ (Phys) / total internal reflection\* ‖ **abgeschwächte** ~ (in der Infrarotspektroskopie) (Chem) / attenuated total reflectance (ATR), frustrated internal reflection ‖ **gestörte** ~ (Phys) / frustrated total reflection, frustrated internal reflectance, FTR ‖ **mehrfache** ~ (Opt) / multiple internal reflection, MIR ‖ **verhinderte** ~ (in der Faseroptik) (Phys) / frustrated total reflection, frustrated internal reflectance, FTR
**Total•spannungsausfall** m (Kernphys) / total loss of power, loss of all power n ‖ ~statistik f (Stats) / census n ‖ ~symmetrische Schwingungen (die bezüglich aller Symmetrieelemente des Moleküls symmetrisch sind) (Spektr) / totally symmetric vibration(s) ‖ ~synthese f (Chem) / total synthesis ‖ ~unkrautvertilgungsmittel n (Chem, Landw) / non-selective herbicide, total herbicide ‖ ~zählung f (Stats) / census of population
**Tot•bereich** m (Regeln) / dead zone ‖ ~brennen v (Gips od. Kalk) / dead-burn v ‖ ~eis n (in Moränen der Eisrandlagen) (Geol) / dead ice
**Totem-Pole-Schaltung** f (eine Endstufenschaltung bei integrierten Digitalschaltungen) (Eltronik) / totem pole circuit
**töten** v (Tiere) (Landw, Nahr) / slaughter v, kill v
**Totenuhr** f (Anobium punctatum de Geer.) (For) / death-watch beetle, furniture beetle, furniture borer, common furniture beetle, death-watch n
**tot•gebrannt** adj / dead burnt\*, dead-burned adj ‖ ~gepumpte Bohrung (Erdöl) / killed well ‖ ~gerbung f (die Gerbung kommt zum Stillstand und die Haut bleibt Blöße) (Leder) / case hardening
**Totipotenz** f (der Zellen) (Biol) / totipotency\* n

**Tot•kegel** m (bei Funkfeuern) (Luftf) / dead cone ‖ ~lage f (V-Mot) / dead centre\*, dead point\* ‖ **innere** ~lage (Kolbenstellung am Ende des Kolbenhubs im Gegenkolbenmotor, bei der der Abstand der beiden Kolben zueinander am geringsten ist) (V-Mot) / inner dead centre\* ‖ ~last f (Kfz) / dead weight ‖ ~mahlen v / overgrind v ‖ ~manneinrichtung f (Bahn, Eltech) / dead man's handle\*, vigilance button ‖ ~mannschalter m (der selbständig ausschaltet, sobald das Betätigungsorgan losgelassen wird und der keine Vorrichtung zur Verriegelung in der Einschaltstellung besitzt) (Eltech) / biased-off switch ‖ ~mannsknopf m (Bahn, Eltech) / dead man's handle\*, vigilance button ‖ ~pumpen v (Erdöl) / kill v ‖ ~pumpleitung f (Erdöl) / injection string\*, kill string\*, injection line, kill line ‖ ~punkt m (Umkehrpunkt des Kolbens am jeweiligen Ende des Kolbenhubs) (V-Mot) / dead centre\*, dead point\* ‖ **innerer** ~punkt (der Kurbelwelle zuliegender Umkehrpunkt) (V-Mot) / bottom dead centre\*, outer dead centre\*, BDC ‖ **unterer** ~punkt (der Kurbelwelle zuliegender Umkehrpunkt) (V-Mot) / bottom dead centre\*, outer dead centre\*, BDC ‖ **oberer** ~punkt (V-Mot) / top dead centre\*, TDC ‖ ~raum m (Chem) / headspace\* ‖ ~raum (des Kurbelkastens eines Zweitaktmotors) (Kfz) / dead space, free-air space ‖ ~raum (einer Talsperre) (Wasserb) / dead storage (capacity) ‖ ~rösten (Hütt) / dead roasting\*, sweet roasting ‖ ~röstung f (Hütt) / dead roasting\*, sweet roasting ‖ ~seilende n (das unten am Bohrturm befestigt ist) (Erdöl) / dead line ‖ ~söhlig adj (Bergb) / absolutely level, dead horizontal ‖ ~volumen n (in der Gaschromatografie) (Chem) / dead volume ‖ ~wasser n (Gebiet abgelöster Strömung, in dem die Flüssigkeit stark abgebremst wird) (Phys) / wake n ‖ ~weiche f (in der Mälzerei) (Brau) / dead steep ‖ ~zeit (die Zeit, die nach einem Registrierakt vergehen muß, bis das Meßinstrument für weitere Messungen bereit ist) (Akus) / rearm delay time ‖ ~zeit (Zeitverschiebung bei der Übertragung eines Eingangssignals auf den Ausgang) (Fernm) / dead time ‖ ~zeit (die Zeit, die nach einem Registrierakt vergehen muß, bis der Detektor /das Zählrohr/ für weitere Messungen bereit ist) (Kernphys) / dead time\*, insensitive time\*, insensitive interval, paralysis time ‖ ~ziehen n (Hütt) / dead drawing ‖ ~zone (Entfernungsbereich eines Rückstreumeßgeräts) (Phys) / dead zone
**Touchbetätigung** f / activation by touching
**Touchpad** n (EDV) / touchpad n (an alternative pointing device)
**Touchscreen** m (EDV) / touch screen, touch-sensitive screen
**Tour** f (von Rohren) (Erdöl, Masch) / string n (of pipes and tubes)\* ‖ ~ (Masch) / revolution n, turn\* n, rev. ‖ **auf** ~en bringen (Motor) (Kfz) / rev up vt ‖ **auf** ~en kommen (Motor) (Kfz) / rev up vi
**Touren•caravan** m (mit einer Aufbaulänge bis etwa 4,50 m) (Kfz) / touring caravan, tourer n ‖ ~wagen m (Kfz) / touring car, phaeton n (US), tourer n
**Tourer** m (Kfz) / touring caravan, tourer n
**Tourill** n (pl. -s) (ein Absorptionsgefäß) (Chem Verf) / tourill n
**Touristenklasse** f (eine preiswerte Reiseklasse) (Luftf, Schiff) / economy class, tourist class
**Tournai** m (nach der Technik des Brüssels mit eingelegten Ruten - aus Tournai/Hennegau) (Tex) / Tournay carpet
**Tournaiteppich** m (Tex) / Tournay carpet
**Tournantöl** n (Olivenöl, das durch lange Lagerung einen hohen Gehalt an freien Fettsäuren erhalten hat - Vorläufer des Türkischrotöls) (Tex) / tournant oil, rancid olive oil
**Tous-les-Mois** n (Nahr) / achira starch, tous-les-mois n
**Toussaintsche Formel** (zur Bestimmung der Temperatur in der freien Atmosphäre unterhalb der Tropopause) (Geophys) / Toussaint's formula
**Tower** m (Gehäuse) (EDV) / tower n ‖ ~ (des Flughafens) (Luftf) / control tower, tower n, airport traffic control tower, TWR ‖ ~gehäuse n (Standmodell) (EDV) / tower n
**Towgarn** n (Werggarn, bestehend aus kurzen Fasern aus Flachs, Hanf oder sonstigen Hartfasern) (Spinn) / tow yarn (flax or hemp yarn), tow n
**Townend-Ring** m (Verkleidung von Sternmotoren in Form eines Ringes mit Profilquerschnitt) (Luftf) / Townend ring\*
**Townsend•-Entladung** (nach Sir J.S.E. Townsend, 1868-1957) (Eltech) / Townsend discharge\*, dark discharge ‖ ~-Koeffizient m (Kernphys) / Townsend coefficient, Townsend ionization coefficient ‖ ~-Lawine f (Phys) / Townsend avalanche\*
**Toxalbumin** n (eiweißartiger Giftstoff) (Biochem) / toxalbumin n
**Toxämie** f (Blutvergiftung) (Med) / toxaemia\* n, toxemia\* n
**Toxaphen** n (Chem) / toxaphene n (technical chlorinated camphene)\*
**Toxhämie** f (Blutvergiftung) (Med) / toxaemia\* n, toxemia\* n
**Toxiferin** n (ein Curare-Alkaloid) (Pharm) / toxiferine n
**toxigen** adj (Pharm) / toxigenic adj
**Toxikologie** f (Lehre von den Giften und Vergiftungen) (Med) / toxicology\* n ‖ **ökologische** ~ (Umwelt) / ecotoxicology n ‖ ~ f **der wäßrigen Medien** (Med) / aquatic toxicology
**toxikologisch** adj (Med) / toxicological adj

**Toxikum**

**Toxikum** *n* (pl. Toxika) (Pharm) / toxicant *n*, poison* *n*, toxic *n*
**Toxin** *n* (giftiges Stoffwechselprodukt von Mikroorganismen, Pflanzen oder Tieren) (Physiol) / toxin* *n* ‖ **tierisches** ~ (Chem) / zootoxin *n* ‖ **~fixierend** *adj* (Med) / toxicopectic *adj*
**toxisch** *adj* (Chem) / poisonous *adj*, toxic *adj* ‖ **~es Äquivalent** (Chem, Pharm) / toxic equivalent (value), TE ‖ **~e Erscheinung** / toxicity *n*, toxic potential ‖ **~e Grenzkonzentration** (Umwelt) / toxic limit concentration ‖ **~er Stoff** (Pharm) / toxicant *n*, poison* *n*, toxic *n*
**Toxizität** *f* / toxicity *n*, toxic potential ‖ **innewohnende** ~ / inherent toxicity
**Toxizitäts•äquivalent** *n* (Chem, Pharm) / toxic equivalent (value), TE ‖ **~test** *m* (Umwelt) / toxicity test
**toxogen** *adj* (Pharm) / toxigenic *adj*
**Toxoid** *n* (entgiftetes Toxin) (Med) / toxoid* *n*, anatoxin *n*
**toxophore Gruppe** (Träger der Giftwirkung) (Biochem) / toxophoric group
**TP** (Fernm) / low-pass filter*, high-stop filter* ‖ ~ (Verm) / trig point, trigonometrical station, triangulation point, triangulation station, trigonometric point, trigonometrical point, revision point
**TPE** (Chem Verf) / thermoplastic rubber, TR, thermoplastic elastomer, TPE
**TPE-Faltenbalg** *m* (Kfz) / TPE boot (thermoplastic elastomer)
**TPF** (ein Weichmacher) (Chem, Plast) / triphenyl phosphate
**TPM** (F.Org) / total productive maintenance, TPM
**TPO** (Chem) / triphenylphosphine oxide (TPO)
**TPP** (Diphosphorsäureester von Thiamin) (Biochem, Pharm) / thiamin pyrophosphate, co-carboxylase *n*, aneurin diphosphate ‖ ~ (Chem) / triphenyl phosphite ‖ ~ (Chem) / triphenyl phosphine ‖ ~ (ein Weichmacher) (Chem, Plast) / triphenyl phosphate
**T-Probe** *f* (Chem Verf) / dumbbell specimen, dumbbell *n*
**T-Produkt** *n* (von zeitabhängigen Operatoren) (Phys) / chronological product, Dyson's chronological product, time-ordered product
**T-Profil** *n* (Formstahl) (HuT, Hütt) / T-beam *n*, tee beam
**T$_{pt}$** (Phys) / platinum point
**TQM** (F.Org) / total quality management, TQM
**t-Quark** *m* (Kernphys) / top quark, truth quark, t quark
**Trabant** *m* (Astr) / satellite* *n*, natural satellite
**Trabanten•stadt** *f* (baulich ist geschlossene Stadt mittlerer Größe in der Nachbarschaft einer Großstadt, mit der sie durch leistungsfähige Verkehrsmittel eng verbunden ist) (Arch) / satellite town, suburb *n* (US) ‖ **~station** *f* (EDV) / tributary station, slave station
**Trabeculae** *f pl* (stäbchen- oder spindelförmige Verdickungen der Zellwand verschiedener Nadelhölzer, in radialer Richtung in das Lumen hineinragend und oft die Tangentialwände miteinander verbindend) (For) / trabeculae *pl*
**Trace** *n* (eine Betriebsart des Rechners) (EDV) / trace *n* ‖ **~-Äquivalenz** *f* (in der Theorie der nebenläufigen Prozesse) (EDV) / trace equivalence
**Tracer** *m* (radioaktiver) (Chem, Kernphys) / radioactive tracer*, radiotracer *n*, radioactive indicator ‖ ~ (ein Stoff, der durch eine bestimmte Eigenschaft erkennbar ist und der in kleinen Mengen einem anderen Stoff beigefügt wird, damit Verteilung oder Lage des letzteren bestimmt werden kann) (Chem, Kernphys) / tracer *n*, indicator *n* ‖ ~ (Chem, Kernphys) / tracer element* ‖ ~ (Programm zur schrittweisen Protokollierung der Ausführung eines Programms) (EDV) / trace routine, trace program, tracer *n*, tracing routine ‖ ~ (bei Durchflußmessungen) (Hyd) / tracer *n*, indicator *n* ‖ ~ (markierter in der Isotopenverdünnungsanalyse) (Kernphys) / spike *n* ‖ **isotoper** ~ (konträr dazu: nichtisotoper Tracer) (Kernphys) / isotopic tracer ‖ **nichtisotoper** ~ (Kernphys) / non-isotopic tracer ‖ **physikalischer** ~ (Chem, Phys) / physical tracer
**Tracer•atom** *n* (Kernphys) / tracer atom*, label atom, labelled atom*, tagged atom ‖ **~chemie** *f* (Chem) / tracer chemistry* ‖ **~labor** *n* (Kernphys) / tracer laboratory ‖ **~laboratorium** *n* (Kernphys) / tracer laboratory ‖ **~methode** *f* (Chem, Med) / tracer method ‖ **~verfahren** *n* (Chem, Med) / tracer method
**Trachee** *f* (Bot, For) / vessel* *n*
**tracheidal** *adj* (Bot, For) / tracheidal *adj*
**Tracheide** *f* (in dem Leitbündel) (Bot, For) / tracheid* *n*, tracheide* *n*
**Tracht** *f* (Krist) / tracht *n*
**Trachyandesit** *m* (Zwischenglied zwischen Trachyt und Andesit) (Geol) / trachyandesite* *n*
**Trachybasalt** *m* (Geol) / trachybasalt* *n*
**Trachyt** *m* (ein Ergußgestein) (Geol) / trachyte* *n*
**trachytisch** *adj* (Geol) / trachytic *adj*
**Track** *m* (pl.: -s) (EDV) / track *n* ‖ ~ (pl. -s) (vielbefahrener Seeweg) (Schiff) / track *n*
**Trackability** *f* (mechanische Abtastfähigkeit eines Tonabnehmersystems) (Akus) / tracking ability, trackability *n*
**Trackball** *m* (EDV) / track ball, control ball, tracker ball

**Tracking** *n* (Spurtreue) (Akus) / tracking *n* ‖ ~ (bei Industrierobotern) (Masch) / tracking *n* ‖ **~-Station** *f* (eine Bodenstation) (Raumf) / tracking station
**Tracta-Gelenk** *n* (ein altes französisches Festgelenk) (Kfz) / Tracta joint
**Tractus** *m* (pl. Tractus ) (Zool) / tract* *n*
**Trading-up** *n* (Maßnahmen von Marketing besonders von Handelsbetrieben zur Verbesserung des Leistungsstandards, um die Kundenbindung zu erhöhen sowie höhere Preise durchsetzen und höhere prozentuale Handelsspannen erzielen zu können) / trading-up *n*
**Traffic-Message-Channel** *m* (Kanal für den Verkehrsfunk) (Kfz, Radio) / traffic-message channel
**Trafo** *m* (Eltech) / transformer* *n* ‖ **~blech** *n* (Eltech) / lamination* *n*, stamping* *n* ‖ **~öl** *n* (Eltech) / transformer oil*
**Trag-** *adj* (Bau) / bearing *adj*, structural *adj*, support *attr*
**Tragacantin** *n* (Chem) / tragacantine *n* (uronic acid) ‖ **~säure** *f* (ein Bestandteil des Tragants) (Chem) / tragacantine *n* (uronic acid)
**Tragachse** *f* (Masch) / axle* *n*
**Tragant** *m* (von Astragalus-Arten - E 413) (Nahr) / tragacanth *n*, gum tragacanth ‖ **Indischer** ~ (meist aus Sterculia urens Roxb.) (Nahr, Pharm) / karaya gum, sterculia gum, gum karaya, Indian tragacanth, kadaya gum
**Traganteil** *m* (der Oberfläche) (Masch) / contact area
**Tragantgummi** *n* (von Astragalus-Arten - E 413) (Nahr) / tragacanth *n*, gum tragacanth
**Tragbalken** *m* (Bau, Mech) / girder* *n*, beam* *n*
**tragbar** *adj* / portable *adj*, transportable *adj* ‖ **~e Fernsehkamera** (TV) / walkie-lookie *n* ‖ **~es Gerät** (Radio, Fernsehgerät usw.) / portable *n* (e.g. a portable TV) ‖ **~es Instrument** (Eltech, Instr) / portable instrument* ‖ **~er Lötofen** (Klemp) / devil *n* ‖ **~es Meßgerät** (Eltech, Instr) / portable instrument* ‖ **~e schallschluckende Wand** (Film) / wild wall ‖ **~e Weiche** (Bahn, HuT) / drop-on *n*
**Tragbild** *n* (Abbildung des tragenden Flächenanteiles von zusammengehörigen Flächen von Maschinenteilen, meistens durch Tuschieren sichtbar gemacht) (Masch) / contact pattern ‖ ~ (die sich unter Belastung ausbildende Druckfläche an den Zahnflanken) (Masch) / tooth contact pattern, gear-tooth contact pattern
**träge** *adj* (Chem) / low-reactivity *attr*, slow-reacting *adj*, sluggish *adj*, slow *adj* ‖ ~ (Kfz) / sluggish *adj*, spongy *adj* ‖ ~ (Mech) / inert* *adj* ‖ **~s Anfahren** (einer Maschine) (Masch) / sluggish starting ‖ **~fließendes Gewässer** (Wasserb) / sluggish stream ‖ **~s Fließgewässer** (Wasserb) / sluggish stream ‖ ~ **Masse** (Mech) / inertial mass ‖ **~r Regler** (Masch) / inertia governor* ‖ ~ **Sicherung** (Eltech) / delayed-action fuse, slow-blow fuse, slo-blo fuse, slowacting fuse, S.B. fuse
**Tragechtheit** *f* (Tex) / wear resistance
**Trage•griff** *m* / carrying handle, handle *n* ‖ **~komfort** *m* (von Kleidung) (Tex) / wear comfort, wearability *n*, wear behaviour
**tragen** *v* / bear *v*, sustain *v* ‖ ~ (Kräfte) (Mech) / carry *v*
**tragend** *adj* (z.B. Wand) / load-bearing *adj*, bearing *adj* ‖ ~ (z.B. Konstruktion) (Bau) / bearing *adj*, structural *adj*, support *attr* ‖ **~e Bauteile** (Luftf) / primary structure* ‖ **~e Breite** (Masch) / supporting width ‖ **~e Fläche** (im allgemeinen) (Bau) / bearing surface* ‖ **~e Fläche** (die Summe aller Flächenteile einer Istoberfläche, die innerhalb eines bestimmten Bezugsbereiches von der geometrisch vollkommenen Fläche eines Gegenkörpers unter definierten Bedingungen berührt werden) (Masch) / bearing area ‖ **~e Konstruktion** (Bau, HuT) / support structure, bearing structure, load-bearing structure, supporting structure ‖ **~e Schicht** (HuT) / bearing stratum ‖ **~e Stütze** (im allgemeinen) (HuT) / bearing pile* ‖ **~e Wand** (Bau) / load-bearing wall, bearing wall*, structural wall
**Träger** *m* (Medium) / medium *n* (pl. media or mediums) ‖ ~ (Bauholz nach DIN 4070) (Bau, Mech) / girder* *n*, beam* *n* ‖ ~ (Biol, Chem, Kernphys) / carrier* *n* ‖ ~ (für Katalysatoren) (Chem) / support *n* ‖ ~ (elektrisch geladenes atomares Teilchen) (Elektr) / charge-carrier *n* ‖ ~ (Trägerwerkstoff) (Eltronik) / base material ‖ ~ (ISDN) (Fernm) / bearer *n* ‖ ~ (bei der Modulation) (Fernm, Radio) / carrier* *n* ‖ ~ (Masch) / support *n*, holder *n* ‖ ~ (einer reellwertigen Funktion) (Math) / support *n* ‖ ~ (von Auslegewaren) (Tex) / backing *n*, primary backing ‖ **abgesprengter** ~ (Zimm) / strut frame, truss-beam* *n*, trussed beam, strutted frame, strut bracing ‖ **aufgefrischter** ~ (Eltronik) / reconditioned carrier* ‖ **doppelstegiger** ~ (Masch) / double-webbed girder* ‖ **durchlaufender** ~ (Bau, Masch) / continuous beam*, continuous girder* ‖ **einseitig eingespannter** ~ (Bau) / cantilever* *n*, beam fixed at one end ‖ **frei aufliegender** ~ (Bau) / beam supported at both ends ‖ **gläserner** ~ (in der Glühlampe) (Eltech) / glass support-rod, button rod ‖ **isotoper** ~ (Kernphys) / isotopic carrier ‖ **überhöhter** ~ (Fernm) / exalted carrier* ‖ **vollwandiger** ~ (HuT, Masch) / plate girder*, solid-web girder, web girder ‖ **zusammengesetzter** ~ (aus mehreren Teilen) (Bau) / built-up girder ‖ **zweistegiger** ~ (Masch) / double-webbed girder* ‖ ~ *m* **auf zwei Stützen** (Bau, Mech) / simple beam ‖ ~ **für das Hängegerüst**

(Bau) / outrigger* n ‖ ≈ **für Hubschrauber** (Mil, Schiff) / helicopter carrier ‖ ≈ **mit durchbrochenem Steg** (Bau) / open-web girder ‖ ≈ **mit eingespannten Enden** (Bau) / fixed beam*, restrained beam, beam fixed at both ends
**Träger•ampholyt** m (Galv) / carrier ampholyte ‖ ≈**amplitude** f (Fernm) / carrier amplitude ‖ ≈**ausfachung** f (Bau, HuT) / lacing n, infilling n ‖ ≈**band** n (eines Vordrucksatzes) (EDV) / hole tape ‖ ≈**bauwerk** n (ohne gewölbeartige Elemente - mit Trägern und Stützen) (Arch) / trabeation ‖ ≈**bereich** m (Erdöl, Geol) / pay zone ‖ ≈**beweglichkeit** f (Phys) / carrier mobility* ‖ ≈**brücke** f (HuT) / girder bridge*, beam bridge ‖ ≈**dichte** f (Anzahl der Ladungsträger je Raumeinheit) (Eltronik) / carrier density ‖ ≈**dienst** m (ISDN) (Fernm) / bearer service ‖ ≈**diffusion** f (Wanderung von Ladungsträgern als Folge eines Konzentrationsgefälles) (Eltronik) / carrier diffusion ‖ ≈**elektrophorese** f (Chem) / electropherography n, stabilized electrophoresis (in a fixed supporting medium) ‖ ≈**element** n (Biol, Chem, Kernphys) / carrier* n ‖ ≈**fachwerk** n (Bau, HuT) / lacing n, infilling n ‖ ≈**fahrzeug** n (in einem Flurfördersystem) / unit load carrier ‖ ≈**flugzeug** n (ein Militärflugzeug, das von Flugzeugträgern aus zum Einsatz kommt) (Luftf, Mil) / ship plane, shipboard aircraft*, carrier-borne aircraft ‖ ≈**folie** f (des Magnetbandes - meistens Polyethylenterephthalat) (Mag) / backing n
**trägerfrei** adj (ohne inaktive Beimengungen) (Chem) / carrier-free adj ‖ ~ (Radionuklid) (Radiol) / carrier-free adj ‖ ~**e Elektrophorese** (Chem) / moving-boundary electrophoresis (Tiselius method)
**trägerfrequenter Sprechweg** (Fernsp) / voice channel, speech channel
**Trägerfrequenz** f (Fernm) / carrier frequency, carrier* n, CF ‖ ≈**fernsprechen** n (Fernsp) / carrier telephony ‖ ≈**kanal** m **auf Hochspannungsleitungen** (Fernm) / power-line carrier channel ‖ ≈**technik** f **auf Hochspannungsleitungen** (Fernsp) / power-line carrier telephony (the use of radiofrequency energy, generally below 600 kilohertz, to transmit information over transmission lines whose primary purpose is the transmission of power) ‖ ≈**telefonie** f (Fernsp) / carrier telephony ‖ ≈**telegrafie** f (Teleg) / carrier telegraphy* ‖ ≈**unterdrückung** f (Fernm) / carrier suppression*
**Träger•gas** n (z.B. in der Gaschromatografie) (Chem) / carrier gas ‖ ≈**gasaufkohlen** n (Hütt) / carrier-gas carburization ‖ ≈**gasgeschwindigkeit** f (Chem, Phys) / carrier-gas velocity ‖ ~**gestütztes Flugzeug** (das von einem Flugzeugträger aus eingesetzt wird; mit baulichen Besonderheiten, z.B. beiklappbaren Flügeln) (Luftf, Mil) / ship plane, shipboard aircraft*, carrier-borne aircraft ‖ ≈**injektion** f (Einbringen von Minoritätsladungsträgern in eine dotierte Halbleiterzone) (Eltronik) / carrier injection ‖ ≈**katalysator** m (Kfz) / supported catalyst ‖ ≈**kennung** f (EDV) / carrier sense ‖ ≈**lawine** f (in einem Halbleiter /insbesondere in einer Sperrschicht/ in Bewegung befindliche Ladungsträger, deren Zahl sich aufgrund ihrer hohen Geschwindigkeiten durch ständiges Freischlagen weiterer Ladungsträger längs des Driftweges der Ladungsträger kontinuierlich erhöht) (Eltronik) / carrier avalanche ‖ ≈**leistung** f (an der Antennenzuleitung) (Radio) / carrier power output, carrier power* ‖ ≈**leiterplatte** f (in deren Sockel weitere Karten eingesteckt werden können) (Eltronik) / motherboard n, system-board n, platter n
**trägerlos** adj (Folie) (Plast) / unsupported adj ‖ ~ (Tex) / strapless adj ‖ ~**e Betondeckenkonstruktion** (Bau, HuT) / beamless floor, plate floor
**Träger•lösemittel** n (das das Einarbeiten von Stoffen erleichtert, die man nur in sehr kleinen Konzentrationen zusetzt, z.B. Wasser oder Ethanol) (Chem, Nahr) / carrier solvent ‖ ≈**luftfahrzeug** n (Raumf) / launching aircraft ‖ ≈**material** n (Eltronik) / base material ‖ ≈**medium** n (z.B. Ölaufschwemmung bei der magnetischen Rißprüfung) (WP) / carrier fluid ‖ ≈**multiplikation** f (Vervielfachung der Zahl der beweglichen Ladungsträger längs ihres Driftweges in Form einer Trägerlawine) (Eltronik) / carrier multiplication ‖ ≈**rakete** f (z.B. "Ariane") (Raumf) / carrier rocket, rocket vehicle, booster n, launch vehicle ‖ ≈**rakete großer Tragkraft** (Mil, Raumf) / heavy-lift launch vehicle, HLLV ‖ ≈**rakete mittlerer Tragkraft** (Mil, Raumf) / medium-lift launch vehicle, MLLV ‖ ≈**reagens** n (Chem) / supported reagent ‖ ≈**-RNS** f (Biochem) / t-RNA* n, transfer RNA*, s-RNA, soluble RNA ‖ ≈**rost** m (Gründung) (Bau) / grill* n, grillage n, crib n ‖ ≈**schiff** n (Spezialfrachtschiff, das Güter in schwimmfähigen Behältern, die auch als Schubleichter auf Binnenwasserstraßen einsetzbar sind, befördert) (Schiff) / barge carrier, lighter-aboard-ship carrier, LASH ‖ ≈**schwebung** f (Fernm) / carrier beat* ‖ ≈**schwingung** f (bei der Modulation) (Fernm, Radio) / carrier* n ‖ ≈**signal** n (Fernm) / carrier signal ‖ ≈**staueffekt** m (Eltronik) / suppressor circuit ‖ ≈**stoffdestillation** f (Chem Verf) / carrier distillation ‖ ≈**substanz** f (Biol, Chem, Kernphys) / carrier* n ‖ ≈**-Träger-Wechselwirkung** f (Eltronik) / carrier-carrier interaction ‖ ≈**vervielfachung** f (Eltronik) / carrier multiplication ‖ ≈**wanderung** f (Eltronik) / carrier migration ‖ ≈**welle** f (Fernm) / carrier wave, CW ‖ ~**wellengesteuerter Geräuschunterdrücker** (Fernm) / Codan* n, carrier-operated device anti-noise* ‖ ≈**werkstoff** m (Eltronik) / base material ‖ ≈**zusatz** m (Fernm) / reinsertion of carrier

**Trage•test** m (Tex) / wear test ‖ ≈**zyklus** m (bei Kleidern) (Tex) / wear-refurbishing cycle
**Tragfähigkeit** f (eines Ölfilms) / load-carrying capacity (of a lubricant) ‖ ≈ (Bau, HuT) / maximum load ‖ ≈ (der Freileitung) (Eltech) / basic loading* ‖ ≈ (z.B. des Bodens) (HuT) / safe load*, soil-bearing capacity ‖ ≈ (z.B. des Seils) (Masch) / safe working load ‖ ≈ (im allgemeinen) (Masch) / load-bearing capacity, load capacity, bearing strength, bearing capacity, load-carrying capacity, capacity n ‖ ≈ (errechnete) (Masch) / load rating ‖ ≈ (Gesamtzuladung) (Schiff) / dead weight*, deadweight tonnage, deadweight capacity, d.w.t. ‖ **statische** ≈ (eines Lagers) (Masch) / static load capacity ‖ ≈ f **des Bodens** (HuT) / soil bearing capacity, safe load ‖ ≈ **des Bodens** (z.B. in einer Werkstatt) (Masch) / safe floor load ‖ ≈ (zulässige) **des Lasthakens** (Masch) / hook load capacity ‖ ≈ **unter Zeitstandbeanspruchung** (WP) / load-bearing capability under creep conditions
**Tragfähigkeitsverhältnis, Kalifornisches** ≈ (HuT) / California bearing ratio, C.B.R.
**Tragfähigkeitszahl** f (Luftf) / load classification number*, LCN*
**Trag•feder** f (Masch) / suspension spring ‖ ≈**festigkeit** f (Tex) / wear resistance
**Tragfläche** f (Bau, Masch) / bearing surface* ‖ ≈ (Luftf) / aerofoil* n, plane n, airfoil n (US) ‖ ≈ **des Tragflächenbootes** (Schiff) / hydrofoil* n, hydrovane* n, foil n
**Tragflächen•abstand** m (bei den Doppeldeckern) (Luftf) / gap* n ‖ ≈**anordnung** f (Luftf) / wing arrangement, wing position ‖ ≈**antenne** f (Luftf) / wing antenna, wing aerial ‖ ≈**boot** n (Schiff) / hydrofoil boat, hydrofoil craft ‖ ≈**boot mit halbgetauchten Tragflügeln** (Schiff) / hydrofoil boat with surface-piercing foils ‖ ≈**boot mit vollgetauchten Tragflügeln** (Schiff) / submerged-foil hydrofoil ‖ ≈**kühler** m (Luftf) / wing radiator ‖ ≈**kurve nach Abbott und Firestone** (die als Funktion des Abstandes verschiedener paralleler Schnittlinien durch das Istprofil aufgetragene Summe aller innerhalb des Istprofils liegender Strecken) (Masch) / Abbott bearing curve
**Tragflügel** m (Luftf) / wing* n ‖ ≈ (Schiff) / hydrofoil* n, hydrovane* n, foil n ‖ **endlicher** ≈ (Luftf) / finite wing ‖ **halbgetauchter** ≈ (Schiff) / surface-piercing hydrofoil ‖ **luftgespeister** ≈ (Schiff) / air-fed hydrofoil ‖ ≈ m **des Schulterdeckers** (dessen Oberkante in gleicher Höhe mit der Oberkante des Rumpfes liegt) (Luftf) / shoulder wing ‖ ≈ **mit endlicher Spannweite** (Luftf, Phys) / finite wing ‖ ≈ **mit Lufteinbruch** (Schiff) / ventilated hydrofoil ‖ ≈**boot** n (Schiff) / hydrofoil boat, hydrofoil craft **veränderbare** ≈**geometrie** (Luftf) / variable sweep*, swing-wing* n, variable geometry*, VG ‖ ≈**profil** n (Luftf) / aerofoil section
**Trag•führung** f (an der Werkzeugmaschine) (Masch) / supporting guideway ‖ ≈**gaszelle** f (Luftf) / gas-bag* n, gas cell ‖ ≈**gerüst** n (Bau, HuT) / supporting framework ‖ ≈**gerüst** (Bau, HuT) s. auch Lehrgerüst ‖ ≈**gewebe** n (Tex) / backing n, primary backing
**Trägheit** f (Langsamkeit) / slowness n ‖ ≈ (Phys) / inertia* n ‖ **akustische** ≈ (Akus) / acoustical mass*, acoustic inertance ‖ **thermische** ≈ (reziproke Temperaturanstiegsrate) (Nukl) / thermal inertia*, thermal lag ‖ ≈ f **der Sehempfindung** (Opt, Physiol) / persistence of vision*
**Trägheits•achse** f (Phys) / axis of inertia ‖ ≈**achsenkreuz** n (Phys) / inertial frame ‖ ≈**bahn** f (Phys) / free-flight trajectory ‖ ≈**bahn** (Raumf) / inertial orbit ‖ ≈**einschließung** f (ein Einschlußprinzip bei der Kernfusion) (Plasma Phys) / inertial confinement* ‖ ≈**einschluß** m (Plasma Phys) / inertial confinement ‖ ≈**ellipse** (zweidimensionale Methode zur Darstellung der Trägheitsradien für ein gedrehtes Koordinatensystem) (Mech) / inertia ellipse, ellipse of inertia, momental ellipse, moment ellipse ‖ ≈**ellipsoid** n (nach der Poinsot-Konstruktion) (Mech) / inertia ellipsoid, Poinsot ellipsoid, momental ellipsoid ‖ ≈**faktor** m (das Verhältnis des gesamten Trägheitsmomentes eines Antriebssystems zum Eigenträgheitsmoment des Antriebsmotors) (Phys) / factor of inertia, FI ‖ ≈**faktor** (in der demografischen Entwicklung) (Stats) / population moment ‖ ≈**flug** m (Raumf) / inertial flight ‖ ≈**frei** adj (Phys) / inertialess adj ‖ ≈**gesetz** n (das erste Newtonsche Axiom) (Phys) / Newton's first law of motion, Galileo's law of inertia ‖ ≈**glied** n (Phys) / inertial term ‖ ≈**halbmesser** m (Math, Mech) / radius of gyration* ‖ ≈**halterung** f (Plasma Phys) / inertial confinement ‖ ≈**konstante** f (Maß für das Trägheitsmoment einer Drehfeldmaschine) (Eltech) / inertia constant ‖ ≈**kraft** f (Phys) / force of inertia, vis inertiae, inertial force ‖ ≈**kreis** m (Mech) / circle of inertia ‖ ≈**lenkung** f (Nav) / inertial guidance*, inertial guiding, IG ‖ ~**los** adj (Phys) / inertialess adj ‖ ≈**matrix** f (Phys) / inertia matrix ‖ ≈**mittelpunkt** m (Phys) / centre of inertia, inertia centre ‖ ≈**moment** n (axiales, polares - DIN 13317) (Math, Mech) / moment of inertia*, second moment of area* ‖ ≈**navigation** f (Nav) / inertial navigation (system), INS ‖ ≈**plattform** f (Luftf, Raumf) / inertial platform, gyroplatform n, gyrostabilized platform ‖ ≈**produkt** n (Phys) / product of inertia* ‖ ≈**radius** m

**Trägheitsradius**

(eines Moleküls) (Chem) / radius of gyration ‖ ~**radius** (eines starren Körpers nach DIN 13317) (Math, Mech) / radius of gyration* ‖ ~**satz** *m* (von Sylvester) (Math) / Sylvester's law of inertia, law of inertia ‖ ~**schalter** *m* (Eltech) / inertia switch* ‖ ~**tensor** *m* (DIN 13317) (Mech) / inertia tensor, moment of inertia tensor, inertial tensor ‖ ~**verkauf** *m* (von unaufgefordert zugesandten Produkten) / inertia selling ‖ ~**wellen** *f pl* (Geophys) / waves of inertia ‖ ~**widerstand** *m* (Phys) / force of inertia, vis inertiae, inertial force

**Trag•kettenförderer** *m* (mit Buchsenketten) (Masch) / carrying-chain conveyor, drag bar feeder ‖ ~**konstruktion** *f* (Bau, HuT) / support structure, bearing structure, load-bearing structure, supporting structure ‖ ~**körper** *m* (Opt) / block *n*, grinding block ‖ ~**körper des Kommutators** (Eltech) / commutator core ‖ ~**kraft** *f* (eines Magneten) (Mag, Masch) / portative force ‖ ~**kraft** (der Trägerrakete) (Mil, Raumf) / lift *n* ‖ **maximale** ~**kraft** (Masch) / lifting capacity ‖ ~**kranz** *m* (beim Schachtausbau) (Bergb) / walling crib (a heavy timber or cast-iron ring built into the wall of a mine shaft to support the lining) ‖ ~**last** *f* (in der Plastizitätstheorie) (Bau, HuT, Mech) / limit load ‖ **fiktive** ~**last** (Bau, Mech) / fictitious load, dummy load ‖ **maximale** ~**last** (des Kranes) (Masch) / lifting capacity ‖ ~**lastverfahren** *n* (in der Stahlbetontheorie - bei statisch unbestimmten Rahmen) (Bau, HuT) / limit design ‖ ~**lastverfahren** (das die im plastischen Bereich auftretenden Fließ- und Deformationsvorgänge bei Bauelementen und Tragwerken im Stahlbau einer analytischen Beschreibung zugänglich macht) (Bau, HuT, Mech) / plastic design, collapse design ‖ ~**lufthalle** *f* (eine Tragluftkonstruktion, wie z.B. eine Sport- oder Ausstellungshalle) (Bau, HuT) / air-supported hall (e.g. Krupp Air-house) ‖ ~**luftkonstruktion** *f* (Baukonstruktion aus geschweißten, regendichten und sturmfesten Kunststoffolien oder aus beschichteten synthetischen Geweben, deren Form durch Gasüberdruck stabilisiert wird) (Bau, HuT) / pneumatic structure, pressurized structure ‖ ~**organ** *n* (z.B. das Band des Bandförderers) (Masch) / load-supporting device ‖ ~**pfanne** *f* (Hütt) / shank* *n*, hand shank*, shank ladle ‖ ~**riemen** *m* (Schulterriemen) / shoulder strap ‖ ~**ring** *m* (bei Axiallagern) (Masch) / thrust block ‖ ~**ring mit Schneide** (HuT) / curb *n*, cutting curb, drum-curb *n* ‖ ~**rolle** *f* (des Bandförderers nach DIN 22112) (Masch) / idler *n*, idler pulley ‖ **obere** ~**rolle** (des Bandförderers) (Masch) / carrying idler ‖ **untere** ~**rolle** (des Bandförderers) (Masch) / return idler ‖ ~**rost** *n* (im Kühlschrank) / shelf *n*

**Tragschicht** *f* (unterste Schicht im Mauerwerkbau) (Bau) / base course* ‖ ~ (obere) (HuT) / road-base *n*, base course ‖ ~ (untere) (HuT) / subbase *n*, subbase course ‖ ~ (aus Grobschotter) (HuT) / pitching* *n*, penning* *n*, soling *n* ‖ ~ (HuT) / bearing stratum

**Trag•schiene** *f* (HuT) / monorail *n* ‖ ~**schlaufe** *f* (Foto) / wrist strap ‖ ~**schnabel** *m* (Bahn) / cantilever arm ‖ ~**schraube** *f* (Luftf) / rotor* *n*, lifting rotor, main rotor* ‖ ~**schraubenfallschirm** *m* (Luftf) / rotachute* *n*, rotochute *n* ‖ ~**schrauber** *m* (Luftf) / gyroplane* *n*, autogyro*, rotaplane* *n*, autogiro *n*

**Tragseil** *n* (Eltech) / bearer cable*, messenger wire*, messenger cable ‖ ~ (bei der Seilkranbringung) (For) / skyline *n* ‖ ~ (z.B. einer Zeltdachkonstruktion) (HuT) / load cable ‖ ~ (der Zweiseil-Umlaufbahn) (HuT) / track cable, main cable ‖ ~ (Masch) / supporting cable ‖ ~**-Luftkabel** *n* (HuT) / catenary wire aerial cable

**Trag•stützlager** *n* (Masch) / Jordan bearing ‖ ~**tiefe** *f* (Masch) / depth of engagement (GB), height of engagement (US) ‖ ~**wand** *f* (Bau) / load-bearing wall, bearing wall*, structural wall ‖ ~**weite** *f* (Luftf, Mil) / range* *n*, shot *n* ‖ ~**werk** *n* (System aus Trägern oder anderen Bauelementen, das die Wirkungen aus ständigen Lasten, Verkehrs- und Nutzlasten aufnimmt und an die Auflager überträgt) (Bau, HuT) / support structure, bearing structure, load-bearing structure, supporting structure ‖ ~**werk** (alle tragenden Flächen, die den Auftrieb liefern) (Luftf) / supporting surfaces ‖ ~**werk** (die Haupttragfläche, die den größten Teil des Auftriebs liefert) (Luftf) / wing unit, main plane structure ‖ ~**werk-Mittelstück** *n* (Luftf) / centre section* ‖ ~**zahl** *f* (Lager) / rated load ‖ **statische** ~**zahl** (bei Lagern) (Masch) / static load rating ‖ ~**zapfen** *m* (Masch) / pivot *n* ‖ ~**zustand** *m* (in der Plastizitätstheorie) (Bau, HuT) / limit state

**Trail** *m* (Zurückverfolgung) (EDV) / history *n* (hypertext)

**Trailer** *m* (Werbevorspann für einen neuen Film) (Film) / trailer* *n*, preview trailer ‖ ~ (nicht belichteter Filmstreifen am inneren Ende einer Filmrolle) (Film) / trailer* *n* ‖ ~ (Kfz) / trailer *n*, towed vehicle ‖ ~ (Container auf Sattelaufliegern oder LKW-Anhängern mit festmontiertem Kofferaufbau) (Kfz) / trailer *n* ‖ ~ (z.B. zum Transport kleiner Segel- oder Motorboote) (Kfz) / trailer *n* ‖ ~**-Etikett** *n* (EDV) / trailer *n*, trailer label ‖ ~**-Etikett** (EDV) / end-of-file label, file trailer label, EOF label

**Trainee** *m* (der innerhalb eines Unternehmens eine praktische Ausbildung in allen Abteilungen erhält und auf eine spätere Tätigkeit in einer dieser Abteilungen vorbereitet wird) / trainee *n*

**Trainieren** *n* (beim Dauerschwingversuch) (Hütt) / coaxing *n* (improving fatigue strength of a metal by increasing the strength range, beginning just below the fatigue limit)

**Training** *n* (Supraleiter) (Elektr) / training *n*

**Trainingsanzug** *m* (Tex) / tracksuit *n*

**Trajekt** *m n* (Eisenbahnfährschiff) (Schiff) / train-ferry *n* ‖ ~ (Schiff) / ferry *n* (pl. -ies), ferry boat

**Trajektorie** *f* (Math, Raumf) / trajectory* *n* ‖ ~ (eines individuellen Luftteilchens während eines längeren Bewegungsablaufs) (Meteor) / trajectory* *n*

**Trakt** *m* (pl.: -e) (Arch, Bau) / section *n*, block *n*, wing *n* ‖ ~ (Gebäudetrakt) (Bau) / section *n* ‖ ~ (pl. -e) (Zool) / tract* *n*

**Traktion** *f* (Bahn) / traction *n* ‖ ~ (Kfz, Schiff) / traction *n* ‖ **elektrische** ~ (Bahn) / electric traction*

**Traktor** *m* (Stachelrädervorrichtung bei Druckern, die für einen Papiervorschub mit konstant exaktem Abstand sorgt) (EDV) / tractor *n* ‖ ~ (Zugmaschine) (Kfz) / tractor *n* ‖ **bidirektionaler** ~ (EDV) / bidirectional tractor ‖ ~ *m* **mit Ladeschwinge oder Drehkran** (ein Fahrlader mit einem Traktorfahrwerk) (HuT) / tractor loader, tractor-mounted loader ‖ ~**anbaugeräte** *n pl* (Landw) / tractor-mounted implements, integral (mounted) implements, tractor-mounted implements

**Traktoren•kerosin** *n* (Kftst) / tractor vaporizing oil, TVO, power kerosine ‖ ~**kraftstoff** *m* (Kftst) / engine distillate, tractor fuel ‖ ~**lader** *m* (HuT) / tractor loader, tractor-mounted loader ‖ ~**öl** *n* (Kftst) / tractor vaporizing oil, TVO, power kerosine ‖ ~**petrol** *n* (Kftst) / tractor vaporizing oil, TVO, power kerosine ‖ ~**petroleum** *n* (Kftst) / tractor vaporizing oil, TVO, power kerosine ‖ ~**schmieröl** *n* (vorwiegend legiertes Motorenöl) / tractor lube oil

**Traktorie** *f* (Kurve, deren Tangenten von einer zweiten Kurve stets im gleichen Abstand vom jeweiligen Tangentenberührungspunkt geschnitten werden) (Math) / tractory *n*

**Traktorist** *m* (Kfz) / tractor operator, tractor driver

**Traktor•vorschub** *m* (EDV) / tractor feed* (paper drive) ‖ ~**winde** *f* (Landw) / tractor winch

**Traktrix** *f* (pl. -izes) (Math) / tractrix* *n* (pl. tractrices) ‖ ~ (Math) s. auch Pseudosphäre und Traktorie

**Traktus** *m* (pl. Traktus ) (Zool) / tract* *n*

**Trambahn** *f* / tramway *n*, tram system, tramline *n*, streetcar line (US)

**Trame** *f* (leicht gedrehte, als Schußfaden verwendete Naturseide) (Spinn) / tram *n*, tram silk ‖ ~**seide** *f* (Spinn) / tram *n*, tram silk

**Trametes, mit den Fruchtkörpern der** ~ **behaftet** (For) / conky *adj*

**Tramp** *m* (pl. -s) (Schiff) / tramp *n* (a cargo vessel), ocean tramp, tramp steamer ‖ ~**dampfer** *m* (Schiff) / tramp *n* (a cargo vessel), ocean tramp, tramp steamer ‖ ~**element** *n* (Chem, Hütt) / tramp element

**Trampeln** *n* (der Starrachse) (Kfz) / tramping *n*, tramp *n* ‖ ~ (des Vorderrades) (Kfz) / wheel tramp, high-speed shimmy ‖ ~ (des Vorderrades) s. auch Flattern

**Tramp•schiff** *n* (Schiff) / tramp *n* (a cargo vessel), ocean tramp, tramp steamer ‖ ~**schiffahrt** *f* (eine Betriebsform der Handelsschiffahrt) (Schiff) / tramp shipping, tramping *n*

**Tran** *m* (Nahr) / oil *n* (fish, whale, train)

**tranchieren** *v* (Nahr) / carve *v* (cut into slices for eating)

**Träne** *f* (Anstr) / tear *n* ‖ **Bologneser** ~ (rasch erstarrter Glastropfen mit fadenförmigem Stiel, der bei Beschädigung des Stiels brisant zerplatzt) (Glas) / Bologna flask, Bologna phial, Bologna vial

**Tränen•blech** *n* (als Bodenbelag) (Bau) / tear-drop flooring ‖ ~**frei** *adj* (Anstr) / without runs and sags ‖ ~**gas** *n* (Chem, Mil) / tear-gas* *n* ‖ ~**kiefer** *f* (Pinus wallichiana A.B. Jacks.) (For) / Himalayan pine, Asiatic white pine, Bhutan pine, Bhotan pine (a very resinous pine that resembles the American white pine and is native to Himalayas but grown in Australia for timber and turpentine) ‖ ~**reizend** *adj* (Chem, Med) / lachrymatory *adj*, lacrimatory *adj* ‖ ~**reizstoff** *m* (Chem, Mil) / lachrymator *n*, lacrimator *n* (US)

**Tranexamsäure** *f* (ein Antifibrinolytikum) (Chem, Pharm) / tranexamic acid

**Trangerbung** *f* (meistens mit Dorschlebertran) (Leder) / fish-oil tannage

**tranig** *adj* (Nahr) / fishy *adj*

**Tränke** *f* (natürliche) (Landw) / watering-place *n*

**tränken** *v* / impregnate *v*, imbibe *v*, saturate *v*, steep *v*, penetrate *v* ‖ ~ (For) / impregnate *v* ‖ ~ (Vieh) (Landw) / water *v* ‖ ~ *n* (im Wasser) / watering *n*, soaking *n* ‖ ~ *n* / impregnation* *n*, imbibition* *n*, saturation* *n*, steeping *n*, penetration *n* ‖ ~ (Pulv) / infiltration* *n*

**Tränk•harz** *n* / impregnating resin ‖ ~**harzmasse** *f* (eine Isolierharzmasse) / impregnating-resin compound ‖ ~**kessel** *m* (für Kesseldruckverfahren im Holzschutz) (For) / pressure tank ‖ ~**lack** *m* (Isolierlack, der zum Tränken von elektrischen Wicklungen und Spulen dient) (Anstr, Eltech) / impregnating varnish* ‖ ~**makadam** *m n* (HuT) / penetration macadam ‖ ~**metall** *n* (Eltech) / impregnated (porous) metal ‖ ~**mittel** *n* / impregnating agent, impregnation

compound ‖ ≈**mittel** (For) / impregnant n, impregnating agent ‖ ≈**öl** n / impregnating oil ‖ ≈**salz** n (For) / impregnating salt
**Tränkung** f (im Wasser) / watering n, soaking n ‖ ≈ / impregnation* n, imbibition* n, saturation* n, steeping n, penetration n ‖ ≈ (des Kohlenstoßes mit Hilfe von Tränksonden) (Bergb) / infusion n ‖ ≈ **mit Kreosotöl** (For) / creosoting n
**Tranöl** n (Nahr) / oil n (fish, whale, train)
**Tranquilizer** m (schwach: Ataraktikum; stark: Neuroleptikum) (Pharm) / tranquilliser n, tranquilizer n, tranquilizer n (US), trank n
**Tranquillans** n (pl. -anzien) (Pharm) / tranquilliser n, tranquilizer n, tranquilizer n (US), trank n ‖ **kleines** ≈ (ein Psychotherapeutikum) (Pharm) / ataractic n, ataraxic n, minor tranquilizer
**trans•-** (Chem) / trans-* ‖ ≈- (Chem) / trans-* ‖ ≈**actinoide** n pl (chemische Elemente mit den Ordnungszahlen über 104) (Chem) / transactinides pl, postactinide elements, transactinoids pl ‖ ≈**actionscode** n (EDV) / transaction code ‖ ≈**acylase** f (Biochem) / transacylase n ‖ ≈**admittanz** f (bei einem Vierpol) (Eltech) / transadmittance n ‖ ≈**aktinidenelemente** n pl (Chem) / transactinides pl, postactinide elements, transactinoids pl
**Transaktion** f (EDV) / transaction* n ‖ **globale** ≈ (in einem verteilten Datenbanksystem) (EDV) / global transaction
**Transaktions•auftrag** m (EDV) / transaction job ‖ ≈**kode** m (EDV) / transaction code ‖ **universeller** ≈**monitor** (EDV) / universal transaction monitor, UTM ‖ ≈**nummer** f (beim Online-Banking) (EDV) / transaction number, TAN ‖ ≈**subschicht** f (Fernm) / transaction sublayer ‖ ≈**verarbeitung** f (EDV) / transaction processing (TP)*
**Trans•aminase** f (eine Transferase) (Biochem) / transaminase* n, aminotransferase n ‖ ≈**aminierung** f (die Übertragung der Aminogruppe von Aminosäuren auf Ketosäuren) (Biochem) / transamination* n
**transannular** adj (Chem) / transannular adj ‖ ~e **Spannung** (Chem) / transannular tension ‖ ~e **Wechselwirkung** (ein Proximitätseffekt) (Chem) / transannular interaction
**Transaxle-Bauweise** f (von Kfz mit Frontmotor und Hinderradantrieb, bei der das Getriebe an der Hinterachse angeordnet ist) (Kfz) / transaxle construction
**Transceiver** m (ein kombiniertes Sende- und Empfangsgerät) (EDV, Fernm) / transceiver* n, transreceiver* n
**Transcoder** m (TV) / transcoder* n
**Trans-Container** m (der ISO-Abmessungsreihe 1) (Schiff) / transcontainer n
**Transcortin** n (Biochem) / transcortin n
**Transcriptase** f (Biochem, Gen) / transcriptase n, RNA polymerase
**Transdiode** f (als Diode geschalteter Transistor) (Eltronik) / transdiode n
**Transducer** m (EDV, Eltronik, Regeln) / transducer* n, xducer n, electric transducer
**Transduktion** f (Übertragung von genetischem Material von einer Bakterienzelle in eine andere mittels Bakteriophagen) (Gen) / transduction* n
**Transduktor** m (Akus) / magnetic amplifier*, magamp* n ‖ ≈ (gleichstromvormagnetisierbare Drosselspule) (Eltech) / transductor n ‖ ≈**verstärker** m (Akus) / magnetic amplifier*, magamp* n
**Trans-Effekt** m (trans-dirigierender Einfluß der Liganden) (Chem) / trans-effect n
**Transekt** n (Probestreifen zur Vegetationsanalyse) (Bot) / transect* n, vegetation profile
**Transept** m n (Arch) / transept* n
**Transfektion** f (eine spezielle Form der Transformation) (Gen) / transfection* n
**Transfer** m (z.B. eines radioaktiven Stoffes in die Nutzpflanzen) (Bot, Landw) / transfer n ‖ ≈ (in der maschinellen Sprachübersetzung) (EDV) / transfer n ‖ ≈ (z.B. der Radionukliden) (Kernphys) / transfer n ‖ ≈ (Reise eines Fluggastes oder Beförderung einer Luftfrachtsendung, die über den Zwischenlandeflughafen hinausgeht und bei der das Flugzeug und/oder das Luftverkehrsunternehmen gewechselt werden) (Luftf) / transfer n ‖ ≈ (gleichzeitig ablaufende Auf- und Abbauprozesse und Transportvorgänge, z.B. durch eine Membran in zwei Richtungen oder zwischen zwei Phasen) (Phys) / transfer n
**Transferase** f (eine Hauptklasse von Enzymen) (Biochem) / transferase* n, transferring enzyme
**Transfer•befehl** m (EDV) / transfer instruction ‖ ≈**beschichtung** f (Tex) / transfer coating ‖ ≈**charakteristik** f (der Verlauf der Ausgangsspannung von Schaltgliedern beim Übergang vom High-(H-)Zustand in den Low-(L-)Zustand und umgekehrt, wenn die Eingangsspannung nicht sprunghaft, sondern stetig geändert wird) (Eltronik) / transfer characteristic ‖ ≈**druck** m (Tex) / transfer n, reprint n ‖ ≈**druckverfahren** n (Tex) / transfer printing ‖ ≈**faktor** m (ein katalytisch wirkendes Protein) (Biochem) / transfer factor ‖

≈**funktion** f (Elektr) / transfer function ‖ ≈**gate** n (eine Transistoranordnung) (Eltronik) / transfer gate ‖ ≈**geschwindigkeit** f (DIN 44302) (EDV) / data transfer rate ‖ ≈**gold** n (Blattgold, das an der Seidenpapierunterlage leicht befestigt ist) / transfer gold (leaf) ‖ ≈**maschine** f (in der vollautomatischen Fließstraße) (Masch) / transfer machine* ‖ ≈**methode** f (Leiterplattenherstellung nach dem Übertragungsprinzip) (Eltronik) / transfer method
**Transfermiumelement** n (mit den Ordnungszahlen 110 - 112) (Chem) / transfermium element
**Transfermodus, asynchroner** ≈ (**ATM**) (bei dem eine feste Anzahl von Bits in regelmäßig wiederkehrenden Abständen für jede Verbindung zur Verfügung steht) (Fernm) / asynchronous transfer mode
**Transfer•-Moulding** n (Formverfahren, bei dem die Gummimischung erst beim Schließen der Formen durch den hierbei erforderlichen Druck aus einem Füllraum durch Kanäle in die Preßform transportiert wird) (Chem Verf) / transfer moulding ‖ ≈**muster** n (Tex) / transfer pattern, transfer stitch pattern, transfer design ‖ ≈**normal** n (Gasmessung) / transfer prover ‖ ≈**presse** f (Masch) / transfer press ‖ ≈**pressen** n (Plast) / transfer moulding* ‖ ≈**-Ribonucleinsäure** f (Biochem) / t-RNA* n, transfer RNA*, s-RNA, soluble RNA ‖ ≈**-Ribonukleinsäure** f (Biochem) / t-RNA* n, transfer RNA*, s-RNA, soluble RNA
**Transferrin** n (ein Eisentransporteiweiß) (Biochem) / transferrin n
**Transfer•-RNA** f (Biochem) / t-RNA* n, transfer RNA*, s-RNA, soluble RNA ‖ ≈**-RNS** f (Biochem) / t-RNA* n, transfer RNA*, s-RNA, soluble RNA ‖ ≈**straße** f (F.Org, Masch) / transfer line, in-line transfer machine ‖ ≈**verfahren** n (Tex) / transfer process, release-paper process
**transfinit** adj (Math) / infinite adj ‖ ~e **Kardinalzahl** (Math) / infinite cardinal (number) ‖ ~e **Zahlen** (Kardinalzahlen, Ordinalzahlen) (Math) / transfinite numbers*, transfinites pl
**Transfluxor** m (ein elektronisches Bauelement, aus dem Ferritringkern entwickelt) (Eltronik) / Transfluxor n
**Transformation** f (Biol, Glas) / transformation* n ‖ ≈ (Eltech) / transformation n ‖ ≈ (Gen) / transformation n ‖ ≈ (Math) / transform* n, transformation* n ‖ **inverse** ≈ (Math) / inverse transformation ‖ **kanonische** ≈ (Math) / canonical transformation ‖ **lineare** ≈ (Math) / linear transformation*, linear mapping ‖ **meßbare** ≈ / measurable transformation ‖ **orthogonale** ≈ (die durch eine orthogonale Matrix vermittelte Transformation) (Math) / orthogonal transformation, orthogonal mapping ‖ **singuläre meßbare** ≈ (Stats) / singular measurable transformation ‖ **uneigentliche orthogonale** ≈ (Math) / improper orthogonal mapping ‖ **unitäre** ≈ (Math) / unitary transformation
**transformationelle Programmierung** (bei der ein Programm schrittweise durch Anwendung von Programmtransformationen aus einer formalen Spezifikation entwickelt wird) (EDV) / transformational programming
**Transformations•bereich** m / transformation temperature range, transformation range ‖ ≈**-EMK** f (Elektr) / transformer electromotive force ‖ ≈**grammatik** f (KI) / transformational grammar, TG ‖ ≈**kodierung** f (eine Quellenkodierung) (EDV) / transform coding ‖ ≈**matrix** f (bei einer Koordinatentransformation - DIN 13321) (Math) / transformation matrix, matrix of the transformation ‖ ≈**punkt** m (Glas) / transformation point*, transformation temperature ‖ ≈**regel** f (KI, Math) / transformation rule ‖ ≈**temperatur** f (Glas) / transformation point*, transformation temperature ‖ ≈**temperatur** (Plast) / $T_g$-point* n, glass-transition temperature ‖ ≈**theorie** f (von Dirac und Jordan) (Phys) / transformation theory
**Transformator** m (DIN 57532, T 1) (Eltech) / transformer* n ‖ **abgestimmter** ≈ (Eltech) / tuned transformer, resonance transformer ‖ **geschlossener** ≈ (der so abgedichtet ist, daß zwischen seinem Innern und der Außenluft praktisch kein Austausch stattfindet) (Eltech) / sealed transformer ‖ **selbstgekühlter** ≈ (Eltech) / self-cooled transformer ‖ **spannungsumschaltbarer** ≈ (Eltech) / dual-voltage transformer ‖ ≈ m **für Sonderbetrieb** (Eltech) / specialty transformer ‖ ≈ **für Sonderzwecke** (Eltech) / specialty transformer ‖ **mit geschlossenem Eisenkern** (Eltech) / closed-core transformer ‖ ≈ **mit getrennten Wicklungen** (Eltech) / separate winding transformer ‖ ≈ **mit Gleichrichter** (Eltech) / transrector n ‖ ≈ **mit 90°-Phasenverschiebung des Sekundärstroms** (Eltech) / quadrature transformer ‖ ≈ **mit Spannungserhöhung** (Eltech) / transformer booster* ‖ ≈ **mit vergossener Wicklung** (Eltech) / encapsulated transformer ‖ ≈ **mit Wasserkühlung** (Eltech) / water-cooled transformer*
**Transformator•abzweig** m (eine Anschlußschaltung für einen Transformator, bestehend aus Leistungsschalter, Lastschalter oder Sicherung einschließlich umfangreicher Schutzeinrichtungen) (Eltech) / transformer tap ‖ ≈**anzapfung** f (Eltech) / transformer

**Transformatorblech**

tapping* ‖ ~**blech** *n* (Eltech, Hütt) / transformer sheet, transformer plate* ‖ ~**brücke** *f* (Eltech) / transformer bridge
**Transformatoren•blech** *n* (ein Magnetwerkstoff) (Eltech, Hütt) / transformer sheet, transformer plate* ‖ ~**blechschnitte** *m pl* (Eltech) / transformer stampings* ‖ ~**prüfung** *f* **im Rückarbeitsverfahren** (Eltech, Hütt) / Sumpner test* ‖ ~**station** *f* (Eltech) / transforming station*, transformer substation
**Transformator•kern** *m* (Eltech) / transformer core* ‖ ~**kessel** *m* (Eltech) / transformer tank* ‖ ~**kopplung** *f* (Eltech) / transformer coupling* ‖ ~**öl** *n* (eine Isolierflüssigkeit) (Eltech) / transformer oil* ‖ ~**pappe** *f* (Eltech, Pap) / transformer board ‖ ~**schutz** *m* (Eltech) / transformer protection (system) ‖ ~**schutzsystem** *n* (Eltech) / transformer protection (system) ‖ ~**spannung** *f* (Eltech) / transformer voltage ‖ ~**stufenschalter** *m* (Eltech) / on-load tap changer ‖ ~**stufenschaltung** *f* (Eltech) / tap changing* ‖ ~**verlust** *m* (Eltech) / transformer loss ‖ ~**verlustleistung** *f* (Eltech) / transformer loss ‖ ~**wicklung** *f* (Eltech) / transformer winding* ‖ ~**(en)zelle** *f* (Eltech) / transformer vault ‖ ~**-Zusatzregler** *m* (Eltech) / transformer booster*
**transformieren** *v* / transform *v* ‖ ~ (Eltech) / transform *v* ‖ ~ (Math) / transform *v* ‖ **auf Dreiecksform** ~ (Math) / reduce to a triangular form (a matrix)
**Trans•formierte** *f* (Math) / transform* *n* ‖ ~**formismus** *m* (Theorie der Bildung magmatischer Gesteine durch Metamorphose) (Geol) / transformism *n* ‖ ~**formstörung** *f* (Horizontalverschiebung des Ozeanbodens) (Geol, Ozean) / transform fault* ‖ ~**formverwerfung** *f* (Geol, Ozean) / transform fault*
**Transfusion** *f* (Med) / transfusion* *n*, blood transfusion* ‖ ~ (Diffusion von Gasen durch eine poröse Scheidewand) (Phys) / transfusion *n*
**Transfusions•besteck** *n* (Med) / transfusion set ‖ ~**zwischenfall** *m* (Med) / transfusion reaction*
**transgen** *adj* (Gen) / transgenic* *adj* ‖ ~**er Baum** (Bot, For) / transgenic tree ‖ ~**es Tier** (Gen) / transgenic animal
**trans•gredieren** *v* (Geol) / transgress *v* ‖ ~**gredierendes Meer** (Geol) / transgressing sea ‖ ~**gredierende Schichtlagerung** (Geol) / onlap* *n*, transgressive overlap ‖ ~**gression** *f* (Gen) / transgression *n* ‖ ~**gression** (Vorrücken des Meeres in Landgebiete) (Geol) / transgression* *n*, progressive overlap, retrograding *n*, marine transgression, invasion *n* ‖ ~**gressiv** *adj* (Geol) / transgressive *adj* ‖ ~**gressive Lagerung** (Geol) / onlap* *n*, transgressive overlap
**Transhorizontausbreitung** *f* (eine Funkwellenausbreitung) (Radio) / transhorizon propagation, beyond-the-horizon propagation, over-the-horizon propagation, OTH propagation
**Transieden** *n* (z.B. beim Seal) (Leder) / blubbering* *n*
**transient** *adj* / transient* *adj* ‖ ~ (z.B. Radikale) (Chem) / transient *adj* ‖ ~**er Fehler** (EDV) / transient error, recoverable error ‖ ~**e Reaktanz** (Eltech) / transient reactance ‖ ~**e Stabilität** (Phys) / transient stability ‖ ~**e Wärmeimpedanz** (Eltronik) / transient thermal impedance
**Transient** *m* (pl. -en) (z.B. Radikale oder Radikalionen) (Chem) / intermediate* *n*, transient *n*, reaction intermediate ‖ **koronale** ~**s** (rasche Struktur- und Helligkeitsänderungen in der Sonnenkorona) (Astr) / coronal transients
**Transiente** *f* (Eltech) / transient *n*, transient phenomenon
**Transienten•recorder** *m* (Eltronik) / transient recorder ‖ ~**speicher** *m* (zur schnellen digitalen Speicherung und Analyse elektrischer Meßsignale) (Eltronik) / transient recorder
**Transient•-Kurzschluß-Zeitkonstante** *f* **der Querachse** (Eltech) / quadrature-axis transient short-circuit time constant ‖ ~**-Leerlauf-Zeitkonstante** *f* **der Querachse** (Eltech) / quadrature-axis transient open-circuit time constant ‖ ~**reaktanz** *f* (Eltech) / transient reactance*
**Trans•impedanz** *f* (Vierpol) (Eltronik) / transimpedance *n* ‖ ~**information** *f* (EDV) / transinformation *n* ‖ ~**informationsgehalt** *m* (DIN 44301) (EDV) / transinformation content ‖ **mittlerer** ~**informationsgehalt** (EDV) / average transinformation content ‖ ~**-Isomer(es)** *n* (Chem) / trans isomer
**Transistor** *m* (DIN 41855) (Eltronik) / transistor* *n* ‖ ~**, bei dem die Halbleiterbereiche ringförmig um den Emitterbereich angeordnet sind** (Eltronik) / annular transistor ‖ **bipolarer** ~ (Eltronik) / bipolar transistor* ‖ **diffundierter** ~ (Eltronik) / diffused transistor ‖ **diffusionslegierter** ~ (Eltronik) / diffused-alloy transistor ‖ **diskreter** ~ (Eltronik) / discrete transistor ‖ **gezogener** ~ (Eltronik) / grown junction transistor ‖ **legierter** ~ (Eltronik) / alloy-junction transistor, alloyed transistor ‖ **mit** ~**en bestücken** (Eltronik) / transistorize *v*, transistorise *v* (GB) ‖ **oberflächengesteuerter** ~ (Steuerung der Oberflächenrekombination und damit des Stromverstärkungsfaktors mittels Feldelektrode) (Eltronik) / surface-controlled transistor (SCT), surface-charge transistor ‖ **optischer** ~ (Eltronik) / optotransistor *n*, optical transistor ‖ **stufengezogener** ~ (Eltronik) / rate-grown transistor, graded-junction transistor ‖ **unipolarer** ~ (Eltronik) / unipolar transistor* ‖ ~ *m* **für Hf-Eingangsstufen im UKW-Bereich** (Eltronik) / high-frequency input transistor, HIFIT ‖ ~ **mit diffundierter Basis** (Eltronik) / diffused-base transistor, diffusion transistor ‖ ~ **mit hoher Ladungsträgerbeweglichkeit** (Eltronik) / high-electron-mobility transistor (HEMT) ‖ ~ **mit negativem Kennlinienbereich (NEGIT)** (Eltronik) / negative-impedance transistor (NEGIT)
**Transistor•alterung** *f* (Eltronik) / transistor ageing ‖ ~**ersatzschaltbild** *n* (Eltronik) / transistor equivalent circuit* ‖ ~**-Gegentaktstufe** *f* (Eltronik) / push-pull transistor
**transistorieren** *v* (Eltronik) / transistorize *v*, transistorise *v* (GB)
**transistorisieren** *v* (Eltronik) / transistorize *v*, transistorise *v* (GB)
**Transistor•kenngrößen** *f pl* (Eltronik) / transistor parameters* ‖ **direktgekoppelte** ~**logik** (Eltronik) / direct-coupled transistor logic (DCTL) ‖ ~**parameter** *m pl* (Eltronik) / transistor parameters* ‖ ~**pentode** *f* (Eltronik) / transistor pentode ‖ ~**physik** *f* (Eltronik, Phys) / transistor physics ‖ ~**radio** *n* (Radio) / transistor radio, transistor *n* ‖ ~**rauschen** *n* (Eltronik) / transistor noise ‖ ~**schaltung** *f* (Eltronik) / transistor circuit ‖ ~**-Signalkenngrößen** *f pl* (Eltronik) / transistor parameters* ‖ ~**spulenzündung** *f* (Kfz) / inductive-type semiconductor ignition system, inductive semiconductor ignition ‖ ~**spulenzündung (vollelektronische) mit Hall-Generator** (Kfz) / inductive semiconductor ignition with Hall generator ‖ ~**spulenzündung (vollelektronische) mit Induktionsgeber** (Kfz) / inductive semiconductor ignition with induction-type pulse generator ‖ ~**technik** *f* (Eltronik) / transistor technology ‖ ~**technologie** *f* (Eltronik) / transistor technology ‖ ~**tetrode** *f* (mit zwei Basiselektroden) (Eltronik) / transistor tetrode ‖ ~**thermometer** *n* / transistor thermopmeter ‖ ~**-Transistor-Logik (T²,  TTL)** *f* (Eltronik) / transistor-transistor logic, TTL* ‖ ~**-Transistor-Logik** *f* **mit hoher Schaltgeschwindigkeit (HSTTL)** (Eltronik) / high-speed transistor-transistor logic (HSTTL) ‖ ~**-Transistor-Transistor-Logik (T³, TTTL)** *f* (Eltronik) / transistor-transistor-transistor logic, T³L, TTTL ‖ ~**verstärker** *m* (Eltronik) / transistor amplifier* ‖ ~**voltmeter** *n* (analoger Spannungsmesser) (Eltronik) / transistor voltmeter, TVM ‖ ~**zündung** *f* (elektronische Zündung im Ottomotor) (Kfz) / transistor ignition, transistorized coil ignition, TCI ‖ **kontaktlos arbeitende** ~**zündung** (Kfz) / breakless transistorized ignition system ‖ **kontaktgesteuerte** ~**zündung** (V-Mot) / breaker-triggered transistorized ignition system, contact-controlled transistorized ignition
**Transit** *m* (im Transithandel) / transit *n* ‖ ~ (bei Bedeckungsveränderlichen - wenn der kleinere Stern vor dem größeren steht) (Astr) / transit* *n* ‖ ~ (Reise eines Fluggastes oder Beförderung einer Luftfrachtsendung, die über den Zwischenlandeflughafen hinausgeht und bei der das Flugzeug und/oder das Luftverkehrsunternehmen nicht gewechselt werden) (Luftf) / transit *n* ‖ ~**amt** *n* (Fernsp) / trunk-switching facility, transit exchange, through-exchange *n*, tandem exchange* ‖ ~**fluggast** *m* (Luftf) / transit passenger ‖ ~**frequenz** *f* (die maximale Frequenz eines Transistors, wobei noch die höchstmögliche Verstärkung sichergestellt ist) (Eltronik) / transition frequency* ‖ ~**grenzfrequenz** *f* (bei der die Kleinsignal-Kurzschlußstromverstärkung bei 1 extrapoliert ist - bei Bipolartransistoren) (Eltronik) / transition frequency
**Transition** *f* (Knoten in einem Petri-Netz) (EDV) / transition *n* ‖ ~ (spontaner oder durch Basenanaloga induzierter Ersatz einer Pyrimidin- oder einer Purinbase durch eine andere an einer oder mehreren Stellen des DNS-Stranges eines Gens) (Gen) / transition *n* ‖ ~ (Luftf) / transition* *n*
**Transitions•energie** *f* (Eltronik) / transition energy* ‖ ~**flug** *m* (Übergang vom Schwebeflug in den Horizontalflug bei Senkrechtstartern) (Luftf) / transition* *n* ‖ ~**funktion** *f* (Math) / transition function ‖ ~**system** *n* (der nebenläufigen Prozesse) (EDV) / transition system
**transitiv** *adj* (Math) / transitive* *adj* ‖ ~**e Erweiterung** (Math) / transitive closure ‖ ~**e Relation** (Math) / transitive relation
**Transitivität** *f* (Eigenschaft einer zweistelligen Relation R auf einer Menge M, die transitiv ist, d.h., für alle a, b, c aus M folgt aus aRb und bRc stets aRc) (Math) / transitivity *n*
**Transitivitäts•hülle** *f* (Math) / transitive closure ‖ ~**klasse** *f* (Math) / orbit *n*, transitivity class
**Transit•knoten** *m* (Fernm) / intermediate knot ‖ ~**leitung** *f* (zur Übertragung von Elektroenergie) (Eltech) / transit line
**transitorisch** *adj* / transitory *adj* ‖ ~**e Röntgenquelle** (Astr) / transient x-ray source, transient *n*
**Transit•peptid** *n* (Biochem) / transit peptide ‖ ~**straße** *f* (Kfz) / transit way ‖ ~**verkehr** *m* (Kfz) / by-passable traffic, transit traffic, non-resident traffic, through-traffic *n* ‖ ~**vermittlungsstelle** *f* (Fernm) / transit exchange
**Trans•kanal** *m* (Luftf) / transonic tunnel ‖ ~**ketolase** *f* (Enzym des Kohlenhydratstoffwechsels, das im Pentosephosphatzyklus die

Transketolierung katalysiert) (Biochem) / transketolase n ‖ **~koder** m (zur Umsetzung der Farbinformation eines Systems in ein anderes) (TV) / transcoder n ‖ **~kontinental** adj (einen Erdteil durchziehend, durchquerend) (Geog) / transcontinental adj ‖ **~kortin** (Biochem) / transcortin n
**transkribieren** v / transcribe v
**Transkriptase** f (Biochem, Gen) / transcriptase n, RNA polymerase ‖ **reverse ~** (bei den Retroviren vorkommendes Enzym) (Biochem, Gen) / reverse transcriptase*
**Transkription** f (lautgetreue Übertragung einer Schrift in eine andere Schrift, z.B. nach DIN 1460, 31635 oder 31636) / transcription n ‖ **~** (der genetischen Information) (Biochem, Gen) / transcription* n ‖ **phonetische ~** (Akus) / phonetic transcription ‖ **~ f in lateinische Schriftzeichen** (z.B. des Japanischen) / romanization n
**transkristallin** adj / transcrystalline adj, transgranular adj ‖ **~er Bruch** (Hütt, WP) / transcrystalline failure ‖, intracrystalline fracture ‖ **~e Korrosion** (Galv, WP) / transcrystalline corrosion ‖ **~e Spannungsrißkorrosion** (Galv, WP) / transgranular stress-corrosion cracking
**Transkristallisation** f (Ausbildungsform des Makrogefüges, wie es nach der Erstarrung entstehen kann) (Hütt, Krist) / transcrystallization n
**Translaser** m (Transistor und Laser als optisch gekoppeltes Schaltelement) (Eltronik) / translaser n
**Translation** f (Dolmetschen + Übersetzen) / translation n (+ interpreting) ‖ **~** ("Übersetzung" der in der Basensequenz der m-RNS gespeicherten genetischen Information in die Aminosäuresequenz der zu bildenden Proteine) (Biochem) / translation* n ‖ **~** (die eigentliche Synthese der Proteine, welche im Zytoplasma an den Ribosomen stattfindet) (Biochem, Zyt) / translation n ‖ **~** (Parallelverschiebung eines Kristallgitters in Richtung einer der Gittergeraden, und zwar um den Abstand zweier Gitterpunkte) (Krist) / translation n, translation gliding ‖ **~** (Math) / parallel displacement, translation n ‖ **~** (DIN 13317) (räumliche Bewegung von Massepunktsystemen in einer bestimmten Richtung, wobei alle Massepunkte jeweils gleiche Verschiebungen erfahren) (Phys) / translation n, translatory motion
**Translations•bahn** f **der Sonne** (Astr) / sun's way ‖ **~bewegung** f (räumliche Bewegung von Massepunktsystemen in einer bestimmten Richtung, wobei alle Massepunkte jeweils gleiche Verschiebungen erfahren) (Phys) / translation n, translatory motion ‖ **~ebene** f (eine affine Ebene) (Math) / translation plane ‖ **~energie** f (Phys) / translational energy ‖ **~fläche** f (eine Fläche des euklidischen Raumes, die durch Parallelverschiebung einer Kurve längs einer sogenannten Leitkurve erzeugt werden kann) (Math) / translation surface ‖ **~gitter** n (dreidimensional-periodische Punktanordnung, die durch Translationen mit sich selbst zur Deckung gebracht werden kann) (Krist) / translation lattice ‖ **~gruppe** f (Krist, Math) / translation group ‖ **~invarianz** f (Phys) / translation invariance ‖ **~richtung** f (Krist) / slip direction, direction of slip, glide direction ‖ **~schale** f (Arch) / shell of translation, translation shell, translational shell ‖ **~spektroskopie** f (Spektr) / translational spectroscopy ‖ **~symmetrie** f (Math) / translation symmetry
**translatorisch•e Bewegung** (Mech) / translational motion ‖ **~er Vektor** (im Unterschied zum axialen Vektor) (Phys) / polar vector
**Trans•literation** f (buchstabengetreue Wiedergabe eines Wortes in einer anderen Schrift - DIN 1460) / transliteration n ‖ **~literieren** v / transliterate v
**translokal wirkendes Herbizid** (das nur mit einem Teil einer Pflanze in Kontakt kommen muß und sich dann auf die gesamte Pflanze ausdehnt, einschließlich der Wurzel) (Bot, Chem, Landw, Umwelt) / translocated herbicide
**Translokation** f / translocation n ‖ **~** (bei der Eiweißsynthese) (Biochem) / translocation n ‖ **~** (Bot) / translocation* n ‖ **~** (eine strukturelle Chromosomenaberration) (Gen) / translocation* n
**translucidus** adj (Wolke) (Meteor) / translucid adj
**translunar** adj (jenseits des Mondes bzw. der Erdmondbahn - von der Erde aus gesehen) (Astr) / translunar adj
**transluzent** adj (Opt) / translucent* adj, translucid adj
**Transluzenz** f (Opt) / translucency n, translucence n ‖ **~eigenschaften** f pl (von realen Objekten) (EDV) / translucency n, translucence n
**trans•luzid** adj (Opt) / translucent* adj, translucid adj ‖ **~marin** adj (Ozean) / transmarine adj, oversea adj, overseas adj ‖ **~metallierung** f (eine Reaktionsweise bei metallorganischen Verbindungen) (Chem) / transmetallation n ‖ **~methylase** f (Biochem) / transmethylase n ‖ **~methylierung** f (Übertragung der Methylgruppe) (Chem) / transmethylation n
**Transmission** f (in %) (Geophys) / transmission coefficient ‖ **~** (Licht, Opt) / transmission n ‖ **~** (Vorrichtung zur Kraftübertragung) (Masch) / gear n ‖ **~** (Masch) / transmission n ‖ **~** (als Eigenschaft) (Opt, Phys) / transmission* n ‖ **~** (als Anteilwert) (Opt, Phys) / coefficient of transmission, transmittance* n, luminous transmittance ‖ **~** (im allgemeinen - Hindurchlassen einer Strahlung) (Phys) / transmission n ‖ **~** (Durchlässigkeit einer Probenlösung für das Meßlicht) (Spektr) / transmission n ‖ **~** (Umwelt) / transmission n ‖ **genäherte ~** (Opt) / transmittancy n ‖ **spektrale ~** (Foto, Opt) / spectral transmission*
**Transmissionsdichte, innere** (Chem) / absorbance* n, absorbancy n
**Transmissions•elektronenmikroskop** n (Mikros) / transmission electron microscope, TEM ‖ **~-Energieverlust-Spektrometrie** f (Spektr) / transmission electron energy loss spectrometry, TEELS ‖ **~experiment** n (Kernphys) / transmission experiment* n ‖ **~faktor** m (der natürliche Logarithmus seines Kehrwerts = natürliche Extinktion) (Phys) / transmission factor ‖ **~faktor** (Verhältnis von tatsächlicher zu maximaler Verdampfungsrate) (Vakuumt) / evaporation coefficient ‖ **~gate** n (eine Schaltung zur bidirektionalen Signalübertragung, insbesondere aus zwei parallelgeschalteten komplementären MOSFET) (Eltronik) / transmission gate ‖ **~gerechte Blendenzahl** (Foto) / T-stop n ‖ **~gitter** (ein Beugungsgitter) (Opt) / transmission grating ‖ **~grad** m (Opt, Phys) / coefficient of transmission, transmittance* n, luminous transmittance ‖ **~grad** (DIN 5496) (Phys) / transmission factor, transmittance, transmittancy n, transmissivity n, transmission ratio* ‖ **spektraler ~grad** (Foto, Opt) / spectral transmittance ‖ **~kette** f (Masch) / transmission chain* ‖ **~koeffizient** m (Maß für die spektrale Durchlässigkeit der Atmosphäre) (Geophys) / transmission coefficient ‖ **~öl** n / gear-lubrication oil, gear oil, transmission oil ‖ **~riemen** m (Masch) / transmission belt, drive belt, driving belt ‖ **~sonografie** f (ein Verfahren der Ultraschalldiagnostik) (Med) / transmission sonography ‖ **~spektrum** n (Spektr) / transmission spectrum ‖ **~stufengitter** n (ein Beugungsgitter) (Opt) / transmission echelon ‖ **~vermögen** n (Spektr) / transmittance n ‖ **~welle** f (zum Gruppenantrieb; heute durch Einzelantrieb abgelöst) (Masch) / line shafting*, shafting* n
**Transmissometer** n (z.B. zur Ermittlung der Landebahnsicht) (Luftf) / transmissometer n, visibility meter, telephotometer n
**Transmitter** m (Physiol) / neurotransmitter n, transmitter n ‖ **~** (Regeln) / transmitter n
**transmontan** adj (jenseits der Berge) (Geog) / transmontan adj
**Transmutation** f (Chem) / transmutation* n ‖ **~** (Transformation einer Abbildung) (Math) / transmutation n ‖ **nukleare ~** (Kernphys) / atomic transmutation*, nuclear transmutation
**Trans•mutationsglasur** f (Keram) / transmutation glaze (a flambé or flow glaze containing copper to produce a variegated appearance) ‖ **~mutierungsdotierung** f (Eltronik) / transmutation doping
**transoid** adj (Chem) / transoid adj ‖ **~e Konjugation** (Chem) / transoid conjugation
**transozeanisch** adj (jenseits des Ozeans liegend, über den Ozean hinweg) (Ozean) / transoceanic adj
**transparent** adj (durchscheinend, lichtdurchlässig) (Opt) / transparent adj ‖ **~e Kartenauflage** (Radar) / map overlay ‖ **~er Modus** (EDV) / transparent mode ‖ **~es Pigment** (Anstr) / transparent pigment
**Transparent•auflage** f (beim Zeichnen) (Masch) / overlay* n ‖ **~ausrüstung** f (ein Ausrüstungsverfahren für Baumwollbatiste) (Tex) / organdy finish, organdy transparentizing ‖ **~chromatierungsschicht** f (Galv) / clear chromate coating ‖ **~ierung** f (ein Ausrüstungsverfahren für Baumwollbatiste) (Tex) / organdy finish, organdy transparentizing ‖ **~kopie** f (Foto) / transparency n ‖ **~lack** m (mit Farbstoffen angefärbter Klarlack) (Anstr) / transparent lacquer ‖ **~leder** n (z.B. zur Bespannung von Trommeln) (Leder) / transparent leather ‖ **~modus** m (eine Betriebsart der Datenübertragung) (EDV) / transparent mode ‖ **~papier** n (Anstr, Masch) / pouncing paper ‖ **~seife** f (aus reinsten Fetten oder Fettsäuren mit analysenreiner Natronlauge) (Druck) / transparent soap ‖ **~weiß** n (Druck) / transparent white ‖ **~zeichenpapier** n (zur Herstellung pausbarer Zeichnungen nach DIN 6730) (Pap) / tracing paper, tracing tissue, translucent tracing paper, translucent drawing paper
**Transparenz** f (Lichtdurchlässigkeitsgrad) (Opt) / transparency* n ‖ **~** (Pap) / transparency n ‖ **~ des Schließens** (KI) / transparency of reasoning ‖ **~belag** m (Opt) / antireflection coating, blooming* n, bloom n, blooming coat ‖ **~eigenschaft** f (von realen Objekten und Gasen) (Opt) / transparency n
**trans•passiv** adj (nach dem Überschreiten des Durchbruchspotentials) (Galv, Phys) / transpassive adj ‖ **~passivität** f (Zustand eines passivierbaren Metalls, der nach Überschreitung des Durchbruchspotentials für die Transpassivität vorliegt) (Galv, Phys) / transpassivity n ‖ **~phasor** m (optischer Transistor, optischer Schalter) (Eltronik) / transphasor n
**Transpiration** f (Bot, Meteor, Physiol, Wasserb) / transpiration* n ‖ **stomatäre ~** (Bot) / stomatal transpiration ‖ **thermische ~** (Vakuumt) / thermal transpiration
**Transpirations•koeffizient** m (das Verhältnis von Wasserverbrauch zur damit erzeugten Trockensubstanz der Erntemasse einer

**Transpirationskühlung**
Pflanze) (Landw) / transpiration ratio, water-use ratio, transpiration coefficient ‖ ~**kühlung** f (Chem Verf, Luftf) / sweat cooling*, transpiration cooling
**Transplantat** n (Med) / transplant* n, graft* n ‖ **heterologes** ~ (Med) / heterograft n, xenograft n ‖ **homologes** ~ (Med) / homograft* n, allograft* n
**Transplantationsantigen** n (Med) / histocompatibility antigen*
**transplantieren** v (Med) / transplant* v, graft v
**Transplutoniumelement** n (das eine höhere Ordnungszahl als Plutonium hat) (Chem) / transplutonium element, transplutonide n
**Transponder** m (aktives Funkantwortgerät) (Fernm, Nav) / transponder* n, transmitter responder, xponder n, XPR, TXP, TPDR, XPDR ‖ ~ (Empfangs-Sendegerät, das nach dem Abfrage-Antwort-System arbeitet) (Radar) / squawk n ‖ ~ s. auch Relaisstation und Sekundärradar ‖ ~ **mit Frequenzumsetzung** (Radar) / cross-band transponder (a transponder which replies in a different frequency band from that of the received interrogation) ‖ **unerwünschte** ~**auslösung** (Radar) / squitter n (random output pulses) ‖ ~**mitnahme** f (Radar) / capture n
**trans•ponierbares Element** (z.B. Transposon) (Gen) / transposable element ‖ ~**ponieren** v (eine Matrix) (Math) / transpose v ‖ ~**ponierte Matrix** (Math) / transpose n of a matrix* (by interchanging the rows and columns), conjugate matrix* ‖ ~**ponierte simpliziale Abbildung** (Math) / transposed homomorphism (of a simplicial map)
**Transport** m (innerbetrieblich) / handling n ‖ ~ (von Waren) / transport n, carriage n, conveyance n, transportation n, cartage n ‖ ~ (EDV) / transport* n ‖ ~ (des Filmes) (Film) / pulling down ‖ ~ (von Sedimenten) (Geol) / transportation n ‖ ~ (von Wärme, Elektronen) (Phys) / transport n ‖ **fluviatiler** ~ (Geol) / stream transportation, stream transport, channel process ‖ **kombinierter** ~ (mit Übergang von einem Transportmittel auf ein anderes) / intermodal transport, intermodal traffic ‖ **kombinierter** ~ (in Flugzeugen) (Luftf) / birdyback n, birdieback n ‖ **kombinierter** ~ (auf Schiffen oder Bargen) (Schiff) / fishyback n ‖ ~ m **durch Anheftung an Eis oder anderes Schwimmgut** (Geol) / rafting n ‖ ~ **mit Zugtieren** / carting n ‖ ~ **per Achse** (Kfz) / road transport, road haulage, transportation by road (US) ‖ ~ **von Wasser und Mineralstoffen** (in der Pflanze) (Bot) / translocation* n ‖ ~ **zu Wasser** (Schiff, Wasserb) / water-carriage n
**transportabel** adj / portable adj, transportable adj
**transportable Lichtsignalanlage** (Kfz) / temporary traffic lights, temporary traffic signals
**Transport•anlage** f (Bau) / transport facility ‖ ~**arbeiter** m / transporter n ‖ ~**band** n (Masch) / conveyor band, conveyor belt ‖ ~**bänder** n pl (Druck) / tapes* pl ‖ ~**befehl** m (EDV) / transfer instruction ‖ ~**behälter** m (für abgebrannte BE) (Nukl) / coffin* n, flask* n, nuclear cask, cask n ‖ ~**bestimmungen** f pl / transport regulations ‖ ~**bestimmungen für gefährliche Güter** (herausgegeben von der IATA) (Luftf) / Restricted Articles Regulation, RAR ‖ ~**beton** m (dessen Bestandteile außerhalb der Baustelle zugemessen werden und der in Fahrzeugen an der Baustelle in einbaufertigem Zustand übergeben wird) (Bau, HuT) / ready-mixed concrete ‖ **werkgemischter** ~**beton** (der von der Mischstelle zur Baustelle befördert wird - DIN 1045) (Bau, HuT) / ready-mixed concrete*, central mix concrete ‖ **fahrzeuggemischter** ~**beton** (der nach DIN 1045 in Mischfahrzeugen zur Baustelle befördert und in diesen auch gemischt wird, und zwar während der Fahrt oder nach Eintreffen auf der Baustelle) (Bau, HuT) / transit-mixed concrete, truck-mixed concrete ‖ ~**betonmischer** m (Bau, HuT) / truck mixer, transit mixer, agitating truck, agitating lorry, agitator n ‖ ~**betonwerk** n (das Transportbeton herstellt und zur Baustelle liefert oder an Abholer abgibt) (Bau, HuT) / ready-mix plant ‖ ~**betonwerk** (Bau, HuT) / batching plant ‖ ~**bitrate** f (EDV) / transport bit rate ‖ ~**detektor** n (Chem) / transport detector ‖ ~**dienst** m (DIN ISO 7498) (EDV) / transport service ‖ ~**eigenschaft** f (Phys) / transport property ‖ ~**einrichtung** f (EDV) / transport* n ‖ ~**einsatz** m (Foto) / rack n, material rack
**Transporter** m (z.B. Volkswagen) (Kfz) / van n, delivery van, wagon n, medium van ‖ ~ (Mil) / transporter n ‖ ~-**Aufrichter-Starter** m (Mil) / transporter-erector-launcher, TEL
**Transportererscheinung** f (Phys) / transport phenomenon, transport effect
**Transporteur** m (der dem Güterfrachtverkehrsgesetz unterliegt) / carrier n ‖ ~ (ein Winkelmesser) (Instr) / protractor* n ‖ ~ (Vorrichtung an der Nähmaschine, die den Stoff unter der Nadel weiterbefördert) (Tex) / fabric feeder, feed dog
**Transport•fähigkeit** f (z.B. eines Flusses - für den Transport des Gerölls) (Wasserb) / competence n, transport competence ‖ ~**flugzeug** n (Luftf) / cargo aircraft, air freighter, freight aeroplane, freight aircraft, transport aircraft ‖ ~**flugzeug** (Mil) / transporter n ‖ ~**gesichert** adj (Wagen der Schreibmaschine) / locked adj ‖ ~**gleichung** f (Eltech) / transportation function ‖ ~**gleichung** (allgemeine quantitative Beschreibung des Transportes von Masse,

Ladung, Energie und Impuls) (Phys) / transport equation ‖ ~**greifer** m (im Laufbildwerfer oder in der Kamera) (Film) / pull-down claw ‖ ~**hebel** m (Foto) / winding lever, cocking lever ‖ ~**hubschrauber** m (Luftf) / transport helicopter
**transportieren** v / convey v, transport v, carry v, ship v (US) ‖ ~ (innerbetrieblich) / handle v ‖ ~ (Phys) / transfer v
**Transport•kapazität** f (Wasserb) / capacity n ‖ **bestellte** (vertraglich abgesicherte) ~**kapazität** / contracted carrying capacity ‖ ~**kennzahl** f (DIN 54115) (Radiol) / transport index ‖ ~**kette** f (Masch) / transport chain, transportation chain ‖ ~**koeffizient** m (Phys) / transfer coefficient, transport coefficient ‖ ~**kosten** pl (zu Lande) / cost of transport, carriage n, transport costs ‖ ~**leistung** f (Fördern des Bodens) (HuT) / haul* n ‖ ~**leitung** f (eine Rohrleitung) / transmission pipeline ‖ ~**loch** n (für den Papiertransport) (EDV) / feed hole, centre hole, sprocket hole ‖ ~**loch** (Film, Foto) / perforation n, sprocket hole*, feed-hole n ‖ ~**mischer** m (Bau, HuT) / truck mixer, transit mixer, agitating truck, agitating lorry, agitator n ‖ ~**mittel** n pl (Masch) / means of transport ‖ ~- **oder Lagerbehälter** m (für radioaktive Stoffe) (Nukl) / cask* n (US), casket* n ‖ ~**öse** f (Masch) / ring bolt, lifting eye bolt ‖ ~**phänomen** n (Phys) / transport phenomenon, transport effect ‖ ~**problem** n (ein Spezialproblem der linearen Optimierung) (Math) / transportation problem ‖ ~**protein** n (Biochem) / carrier protein, transport protein ‖ ~**protokoll** n (DIN ISO 7498) (EDV) / transport protocol, transmission control protocol (TCP) ‖ ~**querschnitt** m (der totale Wirkungsquerschnitt, vermindert um das Produkt aus Streuquerschnitt und mittlerem Kosinus des Streuwinkels im Laborsystem) (Kernphys) / transport cross-section* ‖ ~**reaktion** f (Chem) / transport reaction ‖ ~**rolle** f (Film) / sprocket* n, sprocket-wheel n, feed sprocket, sprocket drum ‖ ~**rolle** (Masch) / castor n, caster n ‖ ~**schicht** f (Schicht 4 im ISO-Referenzmodell) (EDV) / transport layer ‖ ~**sperre** f (Vorrichtung an einer Farbbandkassette usw., um unbeabsichtigtes Abrollen vor Gebrauch zu verhindern) (EDV) / transport blocker ‖ ~**spurteilung** f (EDV) / sprocket hole pitch, feed hole pitch ‖ ~**station** f (EDV) / transport station ‖ ~**störung** f (alle Effekte, welche die Wirksamkeit der Überführung der Analysenprobe bis in den Atomisator beeinflussen - hauptsächlich in der FAAS) (Spektr) / transport interference ‖ ~**system** n (Beförderungssystem) / conveying system ‖ ~**system** (Verkehrssystem) / transportation n, transport system ‖ ~**tetanie** f (Landw) / transit tetany*, railroad sickness, railroad disease*, transport staggers ‖ ~**theorie** f (Kernphys, Phys) / transport theory* ‖ ~**totzeit** f (Regeln) / transportation lag ‖ ~- f **und Vorratsflasche für Flüssigkeiten** (Glas) / winchester* n ‖ ~**unternehmen** n / carrier n (a company undertaking to convey goods or passengers for payment) ‖ ~**unternehmen** (im Frachtgutbereich) / haulier n, haulage contractor, hauler n (US) ‖ ~**verpackung** f (z.B. Fässer oder Kisten) / shipping packing, dispatch packing ‖ ~**versicherung** f / transport insurance ‖ ~**vorschriften** f pl / transport regulations ‖ ~**weg** m (Straße) / transport road, traffic road ‖ ~**weg** (Entfernung) / haulage distance ‖ ~**weg** (für den Aushub) (HuT) / lead n (li:d)*, haul distance, haulage distance ‖ ~**weg** (Masch) / travel* n ‖ ~**weglänge** f (Kehrwert des makroskopischen Transportquerschnitts) (Kernphys) / transport mean free path ‖ ~**weite** f (Fördern des Bodens) (HuT) / haul distance*, hauling distance ‖ ~**wirt** (Biol) / intermediate host* ‖ ~**wirt** (bei Parasiten) (Biol) / carrier host
**Transposition** f (Math) / transposition n
**Transpositionsverfahren** n (in der Kryptografie) (EDV) / transposition method
**Transposon** n (Gen) / jumping gene, transposon n
**Transputer** m (die Rechnerarchitektur der 5. Generation mit Mehrfachparallelverarbeitung von Tasks) (EDV) / transputer n
**Transrob** m (induktiv spurgeführtes fahrerloses Flurförderzeug) / robotrailer n, robocarrier n
**transsonisch** adj (Akus) / transonic adj, trans-sonic adj ‖ ~**e Potentialströmung** / transonic potential flow ‖ ~**e Strömung** (bei der die Machzahl in den Grenzen 0,8 bis 1,3 liegt) (Phys) / transonic flow ‖ ~**er Windkanal** (Luftf) / transonic tunnel ‖ ~**er Windkanal mit durchbrochenen Wänden** (Luftf) / ventilated wind tunnel*
**trans•ständig** adj (Chem) / trans-* ‖ **in** ~**stellung** (Chem) / trans-* ‖ ~**taktisch** adj (Polymer) (Chem) / transtactic adj ‖ ~**urane** n pl (radioaktive chemische Elemente mit Ordnungszahlen größer als 92) (Chem) / transuranic elements*, transuranium elements
**Transvaal-Jade** m (Grossular) (Min) / Transvaal jade*, South-African jade
**transversal** adj / transverse* adj, transversal* adj ‖ ~**e Magnetisierung** (Eltech) / lamellar magnetization* ‖ ~**e Masse** (Masseveränderlichkeit) (Phys) / transversal mass ‖ ~**e Relaxation** (Spektr) / transversal relaxation
**Transversalbeschleunigung** f (senkrecht zur Radialbeschleunigung gerichtet) (Mech) / transversal acceleration

**Transversale** *f* (die eine algebraische Mannigfaltigkeit in einem Raum in einem Punkt schneidet) (Math) / transversal *n* ‖ ~ (eines Dreiecks) (Math) / transversal of a triangle *n*
**transversal • elektromagnetischer Mode** (Wellenleiter) (Fernm) / transverse electromagnetic mode, TEM mode ‖ **~-magnetischer Mode** (Wellenleiter) (Fernm) / transverse magnetic mode, TM mode ‖ **~-optisches Phonon** (Phys) / transversal optical phonon, TO phonon ‖ **~schieferung** *f* (Geol) / axial-plane cleavage* ‖ **~schieferung** (eine spezielle Form, vor allem erkennbar an der Einregelung flächiger Minerale, also nicht durch konkrete Flächen) (Geol) / slaty cleavage*, flow cleavage ‖ **~schwingung** *f* (Mech) / transversal vibration ‖ **~tomografie** *f* (Radiol) / transaxial tomography* ‖ **~verschiebung** *f* (Geol) / strike-slip fault*, strike-shift fault, tear fault*, wrench fault, transcurrent fault, torsion fault, flaw *n*, transverse fault ‖ **welle** *f* (wenn die Schwingung senkrecht zur Ausbreitungsrichtung erfolgt) (Phys) / transverse wave*
**Transversion** *f* (Basenaustauschmutation - Purinbase gegen Pyrimidinbase oder umgekehrt) (Biochem) / transversion *n*, transversion mutation
**Transverter** *m* (UKW-Erweiterungsgerät für KW-Stationen) (Radio) / transverter *n*
**transzendent** *adj* (als Gegenteil zu algebraisch) (Math) / transcendent *adj*, transcendental *adj* ‖ **~e Funktion** (eine nichtalgebraische Funktion) (Math) / transcendental function* ‖ **~e Gleichung** (Math) / transcendental equation ‖ **~e Zahl** (z.B. die Kreiszahl e) (Math) / transcendental number, transcendent number
**Transzendenz** *f* (Math) / transcendence *n*, transcendency *n*
**trans-Zitral** *n* (Chem) / geranial* *n* (an isomer of citral), citral* *a*, trans-citral *n*
**Trap** *m* (Vektoradresse für nichtmaskierbare Adresse) (EDV) / trap *n* ‖ ~ (Programmunterbrechung, die durch das Einlesen eines ungültigen Maschinenbefehls eingeleitet wird) (EDV) / trap *n* ‖ ~ (Eltronik) / trap* *n* (Eltronik) / recombination centre ‖ ~ *m f* (ein Resonanzkreis zur Sperrung bestimmter Frequenzen) (Fernm, TV) / trap *n* ‖ ~ *m* (Sanitär) / air trap*, drain-trap* *n*, siphon trap, stench trap*, interceptor* *n*, U-bend* *n*, running trap*, siphon* *n*, intercepting trap*, disconnector* *n* ‖ ~ (Sanitär) / trap* *n*
**Trapatt-Diode** *f* (eine Lawinendiode) (Eltronik) / trapped-plasma avalanche transit time diode*, TRAPATT diode*
**Trapez** *n* (Viereck, in dem zwei Seiten zueinander parallel sind) (Math) / trapezium* *n* (pl. trapeziums or trapezia), trapezoid* *n* (US) ‖ **gleichschenkliges ~** (Math) / isosceles trapezium ‖ **~approximation** *f* (bei der Peakflächenberechnung) (Chem) / trapezoidal approximation ‖ **~blech** *n* (Hütt) / troughed sheet, trapezoidal sheet ‖ **~effekt** *m* (Eltronik) / trapezium effect* ‖ **~feder** *f* (Masch) / trapezoid spring ‖ **~fehler** *m* (in monochromatischer Abbildungsfehler) (Eltronik) / trapezium distortion* ‖ **~flügel** *m* (bei dem die Flügeltiefe von der Flügelwurzel am Rumpf nach dem Flügelende zu allmählich abnimmt) (Luftf) / trapezoidal wing, tapered wing ‖ **~formel** *f* (numerische Integration) (Math, Verm) / trapezium rule, trapezoidal rule* ‖ **~förmig** *adj* / trapezoidal *adj*, trapeziform *adj* ‖ **~förmige Meßblende** (des Cipolletti-Meßwehrs) (Wasserb) / trapezoidal notch ‖ **~förmige Verzerrung** (bei der Projektion) (Film, Opt, TV) / keystone distortion* ‖ **~gewinde** *n* (ein Sondergewinde nach DIN 103, 378, 379 und 6063, T 2) (Masch) / trapezoidal thread, trapezoidal screw thread ‖ **[Acme-]~gewinde** (ein amerikanisches Bewegungsgewinde) (Masch) / acme screw-thread* ‖ **flaches ~gewinde** (Masch) / stub acme screw thread (US) ‖ **~impuls** *m* (DIN 40146, T 3) (Eltronik) / trapezoidal pulse ‖ **~lenkerachse** *f* (Kfz) / short-arm, long-arm suspension *n*, SALA-suspension *n* ‖ **~methode** *f* (bei der Peakflächenberechnung) (Chem) / trapezoidal approximation
**Trapezoeder** *n* (Krist, Math, Min) / trapezohedron* *n* (pl. -hedra or -hedrons)
**trapezoedrisch** *adj* (Krist, Math, Min) / trapezohedral *adj*
**Trapezoid** *n* (Viereck, das keine parallelen Gegenseiten besitzt) (Math) / trapezoid* *n*, trapezium* *n* (pl. trapeziums or trapezia) (US)
**Trapezoidalkörper** *m* (Math) / prismoid* *n*
**Trapez • paßfeder** *f* (Masch) / Barth key ‖ **~profil** *n* (Hütt) / trapezoidal sheeting ‖ **~rahmen** *m* (ein einfeldriger Rahmen mit geneigten Stielen und horizontalem Riegel) (Bau, HuT) / trapezoid frame ‖ **~rahmen** (symmetrische Konstruktion aus zwei Längsträgern mit Querversteifungen) (Kfz) / ladder-type frame ‖ **~regel** *f* (numerische Integration) (Math, Verm) / trapezium rule, trapezoidal rule* ‖ **einseitiger ~ring** (V-Mot) / half-keystone ring ‖ **~überfallwehr** *n* **nach Cipolletti** (Wasserb) / Cipolletti weir, trapezoidal weir ‖ **~verzeichnung** *f* (ein monochromatischer Abbildungsfehler) (Eltronik) / trapezium distortion* ‖ **~verzeichnung** (bei der Projektion) (Film, Opt, TV) / keystone distortion*
**Trapp** *m* (vulkanische Decke aus Trapp- oder Flutbasalt) (Geol) / trappean rock, traprock *n*, trapp *n*, trap *n* ‖ **~basalt** *m* (Geol) / plateau basalt*, flood basalt*

**Trapping** *n* (Druck) / ink trapping, trapping *n*
**Trashcan** *n* (ein Grafikzeichen in grafisch unterstützten Benutzeroberflächen) (EDV) / trash can
**Trashing** *n* (Systemzustand, bei dem die CPU fast ausschließlich mit dem Auslagern bzw. Nachladen von Programmsegmenten beschäftigt ist) (EDV) / trashing *n* ‖ ~ (beim Mehrprogrammbetrieb) (EDV) / trashing *n*
**Traß** *m* (trachytischer Tuff - DIN 51043) (Bau, Geol) / trass* *n*, tarras *n*
**Trasse** *f* (HuT) / route *n* ‖ ~ (des Förderbandes) (Masch) / routing *n*
**Trassen • band** *n* (gelbes Kunststoffband) (Fernm, HuT, Kab) / warning tape (yellow synthetic tape placed in earth over buried telecommunications cables and telecommunications cable ducts as a warning to take care) ‖ **~gebunden** *adj* (Landfahrzeug) / tracked *adj*, guided *adj*, track-guided *adj* ‖ **~warnband** *n* (Kunststoffband und dergleichen, das ca. 30 cm oberhalb von in Längsrichtung verlegten /Gas/Leitung verlegt wird, um die Leitungslage erkennen zu lassen) (Fernm, HuT, Kab) / warning tape (yellow synthetic tape placed in earth over buried telecommunications cables and telecommunications cable ducts as a warning to take care)
**Traßhochofenzement** *m* (ein bauaufsichtlich zugelassener Zement, der aus Zementklinker, Gips und/oder Anhydrit, bis zu 25 Gew.-% Traß und bis zu 50 Gew.-% Hüttensand besteht) (Bau, HuT) / trass blast-furnace cement
**trassieren** *v* (Leiterplatten) (Eltronik) / track *v*, route *v* ‖ ~ (Verm) / peg out *v*, stake *n*, mark out *v*, set out *v* ‖ **neu** ~ (Bahn, HuT, Verm) / realign *v* ‖ ~ (Verm) / pegging-out *n*, staking *n*, marking-out *n*, setting-out *n*
**Trassierstab** *m* (Verm) / picket* *n*, range pole, range rod, banderole *n*, ranging rod, ranging pole, flag-pole *n*, line rod
**Traß • kalk** *m* (Bindemittel aus Traß und Kalkpulver oder Kalkteig) (Bau) / trass lime ‖ **~mörtel** *m* (Bau, HuT) / trass mortar* ‖ **~zement** *m* (ein Puzzolanzement nach EN 197, T 1) (Bau) / trass cement
**Traube** *f* (Kernphys) / blob *n*
**Trauben • eiche** *f* (For) / sessile oak, durmast oak ‖ **~förmig** *adj* / grape-shaped *adj* ‖ **~förmig** (Biol, Min) / botryoidal* *adj* ‖ **~kernöl** *n* (Nahr) / grape-seed oil, raisin seed oil ‖ **~most** *m* (Nahr) / stum *n*, must *n* ‖ **rektifiziertes ~mostkonzentrat** (Nahr) / rectified concentrated grape must ‖ **~presse** *f* (Nahr) / winepress *n* ‖ **~saft** *m* (Nahr) / grape juice ‖ **~säure** *f* (2,3-Dihydroxybutandisäure) (Chem) / racemic acid*, uvic acid, the racemic form of the tartaric acid ‖ **~zucker** *m* (Chem) / D-glucose* *n*, dextrose *n*, grape-sugar* *n*, Glu*
**Traube-Regel** *f* (nach der innerhalb einer homologen Reihe von Tensiden mit steigender Kettenlänge die Lipophilie und Oberflächenaktivität zunehmen, die Oberflächenspannung von Tensidlösungen also abnimmt) (Chem) / Traube's rule
**Traubesche Purinsynthese** (Chem) / Traube synthesis, Traube purine synthesis
**Traube-Synthese** *f* (nach W. Traube, 1866-1942) (Chem) / Traube synthesis, Traube purine synthesis
**Trauerflor** *m* (Tex) / crape *n*
**Trauerpapier** *n* (Pap) / mourning paper
**Trauf** *m* (einer Schichtstufe) (Geol) / escarpment* *n*, scarp *n*, crest *n* (of a cuesta) ‖ **~brett** *n* (Arch, Bau) / fascia* *n*, fascia board, gutter board
**Traufe** *f* (Bau) / eave* *n*, eaves *pl*
**Traufel** *f* (eines Putzers) (Bau) / plasterer's trowel, plastering trowel, laying-on trowel
**Träufellack** *m* (Tränklack oder Überzugslack) (Anstr, Eltech) / enamel* *n*, insulating varnish, insulating lacquer, magnet-wire enamel, electrical insulating varnish
**träufeln** *v* / dribble *v*, trickle *v* ‖ ~ (Wicklung) (Eltech) / drop *v*
**Träufelwicklung** *f* (Eltech) / fed-in winding, mush winding*, drop-in winding
**Traufen • haus** *n* (das der Straße die Traufe zukehrt) (Bau) / eaves-fronted house ‖ **~leiste** *f* (unter dem Traufgesims) (Arch) / thickness moulding*
**Trauf • kante** *f* (Bau) / eave* *n*, eaves *pl* ‖ **~linie** *f* (Bau) / eave* *n*, eaves *pl* ‖ **~pfette** *f* (Bau, Zimm) / platt* *n*, plate* *n* ‖ **~rinne** *f* (Bau, Klemp) / eaves gutter*, gutter* *n*, shuting* *n* ‖ **~streifen** *m* (Arch, Bau) / fascia* *n*, fascia board, gutter board ‖ **~ziegel** *m pl* (Bau) / heads* *pl* ‖ **~ziegel** *m* (ein Zubehörziegel zu Flachdachpfannen zur Eindeckung des Dachfußes) (Bau) / eaves tile
$T_2$**-Raum** *m* (Math) / Hausdorff space*, $T_2$-space *n*, separated space
**Trauma** *n* (pl. -men oder -ta) (Med) / trauma* *n* (pl. -s or -ta), shock *n* (emotional)* ‖ **akustisches ~** (Akus, Med) / acoustic trauma
**Traumatinsäure** *f* ([E]-2-Dodecendisäure) (Chem) / traumatic acid, trans-2-dodecenedioic acid
**traumatisch** *adj* (Ring, Streifen) (For) / traumatic *adj*
**Trauzl-Block** *m* (zur Ermittlung der Sprengkraft von Sprengstoffen) / lead block
**Travan** *m* (EDV) / Travan *n* (tape standard proposal to the QIC committee by 3M and Colorado Memory Systems)
**Travée** *f* (Bau) / trave *n*, severy* *n*, civery* *n*
**Travelling-matte-Aufnahme** *f* (Film) / travelling matte shot*

1267

**Travelling-wave-Magnetron**

**Travelling-wave-Magnetron** n (Eltronik) / travelling-wave magnetron*
**Traverse** f (Eltech) / cross-arm* n ‖ ≃ (im Kreiselbrecher) (Keram) / spider n (in a pug mill) ‖ ≃ (Gestellbauteil an Werkzeugmaschinen) (Masch) / cross-beam n, transverse beam
**traversierende Walze** (Druck) / oscillating roller
**Travertin** m (ein Kalktuff) (Geol) / travertine* n
**Trawl** n (Ozean) / trawl n
**Trawler** m (Fischereifahrzeug der Schleppnetzfischerei in der Hochsee- und Küstenfischerei) (Schiff) / trawler n
**Trax** m (HuT) / traxcavator n
**Traxcavator** m (HuT) / traxcavator n ‖ ≃ (HuT) s. auch Bagger
**Tray** n (ein Stanzzuschnitt als Verpackungsmaterial) (Verpackung) (Pap) / tray n
**TRbF** = Technische Regeln für brennbare Flüssigkeiten
**Treater** m (Erdöl) / treater n
**Treatment** n (literarische Vorstufe des Drehbuchs) (TV) / treatment n
**Treber** pl (Rückstände bei der Bierherstellung) (Brau, Landw) / draff pl, spent grains, brewer's grains
**Treble** n (Klangfarbregler im Hochtonbereich) (Akus) / treble n
**Trecker** m (Kfz) / tractor n
**Tree-of-Concentrators-Topologie** f (EDV) / tree of concentrators topology
**treffen** v (Mil) / hit v ‖ ≃ n **von Entscheidungen** (KI) / decision taking, decision making
**Treffer** m (als relevant beurteilte Dateneinheit, die bei einem Suchlauf selektiert worden ist) (EDV) / hit* n ‖ ≃ (Mil) / hit n ‖ ≃ (Mil) / target diagram ‖ ≃**quote** f (Zahl der nachgewiesenen relevanten Dokumentationseinheiten im Verhältnis zu den insgesamt im System vorhandenen relevanten Dokumentationseinheiten) (EDV) / recall ratio ‖ ≃**rate** f (EDV) / hit rate ‖ ≃**theorie** f (biophysikalische Theorie zur Interpretation der Dosis-Wirkungs-Beziehung bei der biologischen Strahlenwirkung) (Radiol) / target theory*
**Treff•genauigkeit** f (Mil) / accuracy of fire, hitting accuracy ‖ ≃**plattenintensität** f (Akus) / target strength*
**Trehalose** f (ein nichtreduzierendes, süß schmeckendes Disaccharid) (Bakteriol, Chem) / trehalose n
**Treib•achse** f (Masch) / driving axle*, drive axle, live axle ‖ ≃**anker** m (bei Flugbooten und Wasserflugzeugen) (Luftf, Schiff) / drag anchor, drogue* n ‖ ≃**anker** (Schiff) / sea anchor*, floating anchor*, driving anchor ‖ ≃**apparat** m (der hydraulischen Presse) (Masch) / booster n, pressure intensifier ‖ ≃**arbeit** f (das Herstellen oder Verzieren von Gegenständen aus Metallblech) / repoussé work ‖ ≃**beet** n (Landw) / forcing bed ‖ ≃**dampfpumpe** f (Vakuumt) / booster n ‖ ≃**dauer** f (Bergb) / hoist cycle ‖ ≃**dorn** m (Werkzeug vergleichbar mit Durchtreibern und Spitztreibern zum Ein- und Austreiben von Teilen beim Ein- und Ausbau) (Masch, Werkz) / drift n, driver n, punch n ‖ ≃**eis** n (auf Gewässern schwimmende Eisschollen) / drift ice, floating ice
**treiben** v (Metall mit dem Treibhammer) / chase v, emboss ‖ ~ vi (Bau) / expand v ‖ ~ v (Kohle bei Verkokung) (Bergb) / swell vi ‖ ~ (Bergb) / drive v, drift v, run vt ‖ ~ (Eltech) / drive v ‖ ~ vi (Form) (Gieß) / swell vi ‖ ~ v (Pfähle) (HuT) / drive v, drive in v, pile v, spile v (US) ‖ ~ (Landw, Nahr) / force v ‖ ~ (Maschine) (Masch) / drive v ‖ ~ (Hohlteile aus Blech durch Schläge mit einem Treibhammer) (Masch) / stretch v, beat out v, hollow v ‖ ~ (vorwärtstreiben) (Masch) / propel v ‖ ~ vi (Phys) / float v ‖ ~ (in (Kalk-, Gips-, Magnesia-, Alkali-, Sulfat- und Chlor-) (Bau) / expansion n ‖ ~ (jedes Bewegen eines Fördermittels bis zum Stillsetzen) (Bergb) / winding n, hoisting n ‖ ~ (der Kohle bei Verkokung) (Bergb) / swelling n ‖ ~ (Eltech) / driving n ‖ ~ (Gieß) / swelling n ‖ ~ (Hütt) / cupellation* n ‖ ~ (Freiformen) (Hütt) / embossing n ‖ ~ (z.B. im Frühbeet, im Treibhaus) (Landw, Nahr) / forcing n ‖ ~ (mit dem Treibhammer) (Masch) / stretching n
**treibend** adj (Putz) (Bau) / unsound adj ‖ ~ (Kohle) (Bergb) / swelling adj ‖ ~ (Schwimmsand) (Bergb) / quick adj, running adj ‖ ~ (Masch) / propelling adj, propellent adj ‖ ~**e Spannung** (wirksame Spannung nach Abzug der Polarisation) (Eltech) / driving potential, driving voltage ‖ ~**es Teil** (Masch) / driver n ‖ ~**er Zement** (HuT) / expanding cement*, expansive cement, Lossier's cement
**Treiber** m (kraterförmige Aussprengung) (Bau) / blowing* n, spalling n, popping n ‖ ≃ (EDV) / driver* n, device driver* ‖ ≃ (Masch, Werkz) / drift n, driver n, punch n ‖ ≃ (Leistungsvorverstärker im Sender) (Radio) / driver stage*, driver n ‖ ≃ (Web) / picker* n ‖ **peripherer** ≃ (EDV) / peripheral driver ‖ ≃ m **in Dreizustandslogik** (EDV) / tristate driver, three-state driver ‖ ≃**elektronik** f (Eltronik) / drive electronics ‖ ≃**leitung** f (EDV) / drive winding ‖ ≃**röhre** f (in einem Verstärker, nach DIN 44400) (Eltronik) / driver tube ‖ ≃**routine** f (EDV) / driver routine ‖ ≃**software** f (EDV) / driver software ‖ ≃**stufe** f (EDV) / driver stage*, driver n ‖ ≃**stufenleistung** f (Radio) / driving power ‖ ≃**virus** m (EDV) / driver virus
**Treib•gas** n (in der Aerosolpackung - früher Chlorfluorkohlenstoffe) (Chem) / aerosol propellant, propellant n ‖ ≃**gas** (Motorkraftstoff) (Kfz) / power gas ‖ ≃**gas** (Luftf) / blau gas ‖ ≃**gas** (Nahr, Plast) / blowing gas, foaming gas ‖ ≃**hammer** m (Richthammer für grobe Ausbeularbeiten) (Kfz, Werkz) / bumping hammer ‖ ≃**hammer** (Masch, Werkz) / chasing hammer, embossing hammer
**Treibhaus** n (in dem Gewächse getrieben werden) (Landw) / stove n (GB) (used expecially for the cultivation of tropical exotics), forcing house, hothouse n ‖ ≃ (Landw, Nahr) / glasshouse n, greenhouse n ‖ **im** ≃ **züchten** (Landw, Nahr) / force v ‖ ≃**effekt** m (Reduktion der Ausstrahlung) (Umwelt) / greenhouse effect* ‖ ≃**gas** n (Umwelt) / forcing-house gas, greenhouse gas ‖ ≃**potential** n (Maßstab zur Beurteilung der Klimawirksamkeit von Spurengasen im Vergleich zu Kohlendioxid oder dem FCKW R11 unter Berücksichtigung der atmosphärischen Lebensdauer der jeweiligen Stoffe) (Umwelt) / greenhouse warming potential
**Treib•holz** n (For, Wasserb) / driftwood n ‖ ≃**kapsel** f (Gurtstraffer) (Kfz) / propellant capsule ‖ ≃**keil** m (DIN 6886) (Masch) / taper key*, taper-sunk key ‖ ≃**kette** f (Masch) / driving chain* ‖ ≃**kette** (Masch) / transmission chain* ‖ ≃**kraft** f (Kfz, Masch, Phys) / driving force, motive power, propulsive force ‖ ≃**kultur** f (Landw) / forcing crop, forced crop ‖ ≃**ladung** f (Bergb, Mil) / propellant charge ‖ ≃**ladungspulver** n / gunpowder n ‖ ≃**ladungspulver** (Mil) / propellant powder ‖ ≃**mistkanal** m (Landw) / slurry channel
**Treibmittel** n (für Geschosse) / low explosive, propellant n ‖ ≃ (porenbildendes) (Chem Verf, Plast) / blowing agent, expanding agent ‖ ≃ (meistens Kalium- oder Natriumhydrogenkarbonat) (Nahr) / leavening agent, saleratus n (US), aerating agent, blowing agent, leaven n, raising agent ‖ ≃**konzentrat** n (Plast) / concentrate blowing agent ‖ ≃**pumpe** f (Vakuumt) / jet pump ‖ ≃**vakuumpumpe** f (Vakuumt) / fluid entrainment pump
**Treib•(e)prozeß** m (Hütt) / cupellation* n ‖ ≃**rad** n (Bahn) / driving wheel*, traction-wheel n ‖ ≃**riegelverschluß** m (Bau, Tischl) / cremorne bolt ‖ espagnolette* n, cremone bolt ‖ ≃**riemen** m (zur Übertragung von Drehbewegung und Drehmoment von einem Antriebsmotor auf eine oder mehrere Werkzeugwellen) (Masch) / transmission belt, drive belt, driving belt ‖ ≃**riemenadhäsionsfett** n (Masch) / belt grease ‖ ≃**sand** m (Bergb, HuT) / quicksand* n, running sand* ‖ ≃**sandführend** adj (Bergb, HuT) / quicksandy adj ‖ ≃**satz** m (schiebend wirkender Schießstoff in Munition und Raketentreibstoff in der Pyrotechnik) / propelling charge ‖ ≃**scheibe** f (nach Koepe) (Bergb) / Koepe sheave, Koepe wheel ‖ ≃**scheibenförderung** f (Bergb) / Koepe winding system ‖ ≃**schieberverdichter** m (Drehkolbenverdichter mit einem exzentrischen Kolben, der von Schieberplatten getrieben wird, die mit der zentrisch im Zylinder liegenden Welle umlaufen) / rotating-vane reciprocating rotary compressor ‖ ≃**schmieden** (Hütt) / embossing ‖ ≃**schnee** m (Kfz, Meteor) / drifting snow ‖ ≃**schraube** f (Masch) / screw nail*, drive screw, drivenail* n ‖ ≃**schraube** (mit grober Steigung) (Masch) / hammer-drive screw* ‖ ≃**sitz** m (Masch) / drive fit, tight fit, class 6 fit ‖ ≃**spannung** f (wirksame Spannung nach Abzug der Polarisation) (Eltech) / driving potential, driving voltage ‖ ≃**spiegel** m (Mil) / sabot n ‖ ≃**stange** f (Kfz, Masch) / connecting rod*, con rod, pitman n (US) ‖ ≃**stange** (des Drillbohrers) (Masch) / drill stem
**Treibstoff** m (flüssiger) (Kftst, Kfz) / fuel n ‖ ≃ (für thermische Raketentriebwerke) (Luftf, Raumf) / propellant* n ‖ **chemischer** ≃ (der sowohl als Stützmasse als auch Energieträger dient) (Raumf) / chemical fuel ‖ **doppelbasiger** ≃ (Raumf) / double-base propellant ‖ **nicht wandgebundener** ≃ (Luftf, Raumf) / free-standing propellant ‖ **superchemischer** ≃ (z.B. atomarer und metallischer Wasserstoff, metastabiles Helium) (Raumf) / superchemical fuel
**Treibstoff•ablassen** n (Luftf) / fuel jettisoning, fuel dumping ‖ ≃**behälter** m (Kfz) / fuel tank* ‖ ≃**menge** f (die es erlaubt, sicher zum Heimatflugplatz zurückzukehren) (Mil) / bingo fuel ‖ **nichtausfliegbare** ≃**menge** (Luftf) / unusable fuel ‖ **mitgeführte** ≃**menge** (Raumf) / tankage n ‖ ≃**nullmasse** f (Luftf) / zero fuel weight*, ZFW ‖ ≃**schnellablaß** m (während des Fluges - Tätigkeit) (Luftf) / fuel jettisoning, fuel dumping ‖ ≃**schnellablaß** (Mechanismus) (Luftf) / fuel jettison* ‖ ≃**schwappen** n (Schwingungen flüssiger Treibstoffe mit freier Oberfläche) (Raumf) / sloshing n ‖ ≃**tank** m (Kfz) / fuel tank* ‖ ≃**verhältnis** n (Kennziffer, die aus dem Quotienten von Treibstoffmasse beim Start und Leermasse einer Rakete gebildet wird) (Raumf) / fuel-weight ratio, fuel-structure ratio ‖ ≃**zufuhrunterbrecher** m (Luftf) / fuel cut-off*, slow-running cut-out* ‖ ≃**zusatz** m **zur Schubverstärkung** (Luftf) / boost fluid ‖ ≃**zuschlag** m (Luftf) / fuel-related fare increase
**Treib•strahl** m (Luftf) / efflux* n ‖ ≃**umformmaschine** f (Masch) / spinning lathe, lathe n ‖ ≃**zeug** n (auf dem Wasser schwimmendes Treibgut) (Sanitär) / drift n, driftings pl
**treideln** v (ein Schiff vom Ufer mit menschlicher oder tierischer Kraft vorwärtsbewegen) (Schiff) / tow v
**Treidelpfad** m (Wasserb) / horse path*, towing path, towpath n, canal towing-path

**Treidelweg** *m* (Wasserb) / horse path*, towing path, towpath *n*, canal towing-path
**Trema** *n* (pl. Tremas oder Tremata) (DIN 66009) (Typog) / diaeresis *n* (pl. diaereses), trema *n*
**Tremolit** *m* (ein Strahlstein) (Min) / tremolite* *n*, grammatite* *n* ∥ ~**asbest** *m* (ein Hornblendeasbest) (Min) / Italian asbestos*
**Trenbolon** *n* (ein Anabolikum - ein Masthilfsmittel oder Dopingmittel im Sport) (Landw, Pharm) / trenbolon *n*
**Trench** *m* (senkrechter Graben oder senkrechtes Loch im Silicium) (Eltronik) / trench *n*
**Trend** *m* (Stats) / trend *n* (a broad underlying movement in a time series) ∥ ~**analyse** *f* / trend analysis ∥ ~**setter** *m* (Person oder Sache, die trendbildend wirken) / trendsetter *n* ∥ ~**simulation** *f* (EDV, Stats) / trend simulation ∥ ~**test** *n* (Stats) / test of trend
**Trenkerkord** *m* (ein Kordsamt - nach L. Trenker, 1892 - 1990) (Tex) / Trenker velvet
**Trenn•algorithmus** *m* (bei Silbentrennung) (EDV) / hyphenation algorithm ∥ ~**arbeit** *f* (in der Isotopentrennung) (Kernphys) / separative work*, SW ∥ ~**automat** *m* (für Endlosformulare) (EDV) / burster *n*, decollator *n* ∥ ~**bandsägemaschine** *f* (For) / band resawing machine
**trennbar** *adj* / separable *adj*
**Trenn•blech** *n* (für Flüssigkeiten) (Masch) / flight *n* ∥ **abnehmbarer** ~**boden** (Masch) / false bottom* ∥ ~**bruch** *m* (Hütt, WP) / separation fracture, cleavage fracture, fracture by cleavage, rupture *n* ∥ ~**bruchfläche** *f* (Aussehen) (Hütt, WP) / crystalline fracture (a pattern of brightly reflecting crystal facets on the fracture surface of a polycrystalline metal, resulting from cleavage fracture of many individual crystals) ∥ ~**diaphragma** *n* (Nukl) / diffusion barrier* ∥ ~**düse** *f* (zur Isotopentrennung) (Nukl) / separation nozzle, separation jet ∥ ~**düsenverfahren** *n* (Isotopentrennung) (Nukl) / jet nozzle process*, separation nozzle process, nozzle process ∥ ~**ebene** *f* (Geol) / parting *n*, parting plane ∥ ~**ebene** (Gieß) / parting plane ∥ **mitlaufende** ~**einrichtung** (Hütt) / flying cut-off machine ∥ ~**element** *n* (in einem Container) / divider *n* ∥ ~**element** (des Akkumulators) (Eltech) / separator* *n*, diaphragm *n* ∥ ~**element** (Masch) / distance block*, distance piece*, spacer *n*, separator* *n*, spacer block, spacing piece ∥ ~**element** (Nukl) / separative element* *n* ∥ ~**emulsion** *f* (Nahr) / releasing emulsion, tin-greasing emulsion
**trennen** *v* / part *v*, part off *v*, sever *v* ∥ ~ (mechanisch oder chemisch) / separate *v* ∥ ~ (z.B. eine Rohrleitung, einen Stromkreis) / isolate *v* ∥ ~ (etwas Geleimtes) / unglue *vt* ∥ ~ (nach Korngrößenklassen) (Aufber, Chem Verf) / size *v*, fractionate *v*, grade by sizes ∥ ~ (Endlosformulare in einzelne Formularblätter) (EDV) / burst *v* ∥ ~ (Mehrfach-Schnelldruckerpapier) (EDV) / decollate* *v* (separate multipart sets of continuous stationery) ∥ ~ (Elektr) / disconnect *v*, isolate *v* ∥ ~ (Fernsp) / switch off *v* ∥ ~ (Schnittholz) (For) / deep *v*, resaw *v* **von der Stromquelle** ~ (Eltech) / de-energize* *v*, disconnect *v*, cut off *v*, cut *v*, cut out *v*, power down *v*, shut down *v* ∥ ~ *n* / separation *n* ∥ ~ *n* (von Schnelldruckerformularen) (EDV) / bursting* *n* ∥ **thermisches** ~ (Masch) / thermal cutting ∥ ~ **mit Lichtbogen** (Masch) / arc cutting ∥ ~ **unter Wasser** (Masch) / underwater cutting*
**Trennentwässerung** *f* (getrennte Ableitung von Schmutzwasser und Niederschlagswasser in der Kanalisation) (Sanitär) / separate system*
**Trenner** *m* (Eltech) / disconnector *n*
**Trenn•faktor** *m* (der angibt, wie sich die Zusammensetzung des Isotopengemischs am Ausgang aus einer einfachen Anreicherungsapparatur von der am Eingang unterscheidet - Kurzzeichen f) (Kernphys) / separation factor*, enrichment factor* (US) ∥ **elementarer** ~**faktor** (Nukl) / simple process factor (SPF) ∥ ~**faktor** *m* **einer Einzelstufe** (Nukl) / stage separation factor* ∥ ~**faktor einer Stufe** (Nukl) / stage separation factor* ∥ ~**fläche** *f* (Kontaktfläche) (Geol) / contact *n* ∥ ~**fläche** (Geol) / parting *n*, parting plane ∥ ~**folie** *f* (die beim Pressen von Mehrlagenleiterplatten zwischen die Preßbleche und das äußere Basismaterial /im Falle fehlender Kupferkaschierung/ gelegt wird, um ein Kleben des Kunstharzes am Preßblech zu verhindern) (Eltronik) / release film, release sheet ∥ ~**fuge** *f* (die nur dann vom Satzprogramm aktiviert wird, wenn am Zeilenende eine Trennung nötig ist) (EDV) / soft hyphen, discretionary hyphen, ghost hyphen ∥ ~**fuge** (im Gestein) (Geol) / joint* *n*, lithoclase *n* ∥ ~**funktion** *f* (in der Diskriminanzanalyse) (Stats) / discriminance function ∥ ~**gefäß** *n* (getrennte Abscheidefläche in einem Zwangdurchlaufkessel) (Masch) / separating vessel ∥ ~**gelpuffer** *m* (bei der Elektrophorese) (Chem) / separation buffer ∥ ~**gitter** *n* (Bau) / grille *n*, grill *n* ∥ ~**glied** *n* (Nukl) / separative element* *n* ∥ ~**grenze** *f* (bei der Filtration) (Chem Verf) / cut-off *n* ∥ ~**häufigkeit** *f* (EDV, Typog) / frequency of hyphenation ∥ ~**kalorimeter** *n* (Phys) / separating calorimeter* ∥ ~**kammer** *f* (in der Chromatografie) (Chem) / chromatography chamber, chromatography tank (a glass-vessel) ∥ ~**kanalisation** *f* (getrennte Ableitung von Schmutzwasser und Niederschlagswasser in der Kanalisation) (Sanitär) / separate system* ∥ ~**kaskade** *f* (Kernphys) / cascade *n* (an arrangement of separation devices, such as isotope separators, connected in series so that they multiply the effect of each individual device) ∥ ~**klinke** *f* (Fernsp) / break jack* ∥ ~**kondensator** *m* (Eltech) / isolating capacitor ∥ ~**kraft** *f* (beim Trennen einer Steckverbindung) (Eltronik) / separation force, withdrawal force ∥ ~**lasche** *f* (beim Trennschalter - wenn kein Sicherungsunterteil eingebaut wird) (Eltech) / isolating link ∥ ~**leiste** *f* (Zink oder Holz - bei Hubfenstern) (Bau) / parting slip*, mid-feather* *n*, wagtail* *n* ∥ ~**leiste** (in einem Block oder Schnelltrennsatz) (EDV) / stub *n* ∥ ~**leistung** *f* / separating efficiency ∥ ~**linie** *f* (Film) / barrier *n* ∥ ~**linie** (auf Karosserieblechen) (Kfz) / cutting line ∥ ~**mittel** *n* (im allgemeinen) / adherent *n* ∥ ~**mittel** (elektrisch leitender Überzug bei der Herstellung der Vaterplatte) (Akus, Galv) / stripping agent ∥ ~**mittel** (in der Chromatografie) (Chem) / (mobile) solvent system, solvent *n*, mobile liquid, mobile solvent ∥ ~**mittel** (das die Adhäsionskräfte zwischen zwei aneinandergrenzenden Oberflächen verringert) (Chem Verf) / mould release agent, release agent, parting agent, mould lubricant, bond breaker ∥ ~**molch** *m* (an der Grenzfläche zwischen zwei Produkten) (Erdöl) / separator *n* ∥ ~**nahtschweißen** *n* (Plast, Schw) / hot-wire welding, hot-filament sealing ∥ ~**papier** *n* (Nahr) / parting paper ∥ ~**papier** (allgemeiner Ausdruck für nicht-klebendes Papier nach DIN 6730) (Pap) / anti-adhesive paper ∥ ~**phasenbahn** *f* (Phys) / separatrix *n* (pl. -ices), stability boundary ∥ ~**potential** *n* (Nukl) / value function*, separation potential*, separative potential ∥ ~**rohr nach Clusius-Dickel** (nach K.Clusius, 1903-1963, und G.Dickel, 1913- ) (Chem Verf) / Clusius column*, Clusius-Dickel column, thermogravitational column, Clusius separation tube ∥ ~**röhre** *f* (Eltronik) / isolation valve ∥ ~**säge** *f* (Werkz) / cut-off saw ∥ ~**sand** *m* (Gieß) / parting sand* ∥ ~**säule** *f* (in der Gaschromatografie) (Chem) / separation column, separating column ∥ ~**säule** (Chem Verf) / column *n* ∥ ~**schalter** *m* (DIN 57866) (Eltech) / circuit breaker* ∥ ~**schalter** (mechanisches Schaltgerät, das in der Offenstellung für Sicherheitszwecke Trennstecker in Übereinstimmung mit festgelegten Anforderungen hat) (Eltech) / disconnector *n* ∥ ~**schalter für Freiluftaufstellung** (Eltech) / outdoor disconnector ∥ ~**scharf** *adj* / selective *adj* ∥ ~**scharf** (Stats) / powerful *adj*
**Trennschärfe** *f* (Radio) / discrimination* *n* ∥ ~ *f* / Maß für Selektion (Radio) / selectivity ∥ ~ (beim Testen) (Stats) / power *n* ∥ **einfache** ~ (Opt) / minimum separable ∥ **mangelnde** ~ (Radio) / flat tuning* ∥ **optimale** ~ (Fernm) / skirt selectivity ∥ ~**regelung** *f* (Radio) / selectivity control
**trenn•schärfster Test** (Stats) / most powerful test ∥ ~**scheibe** *f* (Masch) / parting-off wheel, parting wheel, abrasive wheel (for cutting-off machines) ∥ ~**scheibe** (für freihändiges Trennen, z.B. "Sonnenflex") (Masch) / cut-off wheel* ∥ ~**scheibe** (rotierende - bei der Isotopenanreicherung) (Nukl) / separation disk ∥ ~**schicht** *f* (in Kapseln - Sand oder Flintsplitter) (Keram) / bit stone (refractory particles, such as flint fragments or sand, placed in saggers to prevent ware from sticking to the sagger bottoms during firing) ∥ **zwischenliegende** ~ **oder Dämmschicht** (unter dem Estrich) (Bau) / underlay *n*, underlayment *n* ∥ ~**schichtpapier** *n* (Pap) / anti-adhesive paper ∥ ~**schleifmaschine** *f* (Klemp, Masch) / abrasive-wheel cutting-off machine ∥ ~**schleifscheibe** *f* (Masch) / parting-off wheel, parting wheel, abrasive wheel (for cutting-off machines) ∥ ~**schleuder** *f* (Nahr) ∥ ~**schnitt** *m* (For) / resawing cut ∥ ~**schnittprobe** *f* (ein Prüfkörper zur Beurteilung der Deformation des Trocknungsgutes nach der Trocknung) (For) / strip test piece ∥ ~**sicherung** *f* (in Steckdosen) (Eltech) / bridge fuse* ∥ ~**stäbe** *m pl* (Web) / lease rods*, leasing rods ∥ ~**stelle** *f* (ein Webfehler) (Web) / pick-out mark, rip-out *n* ∥ ~**strecke** *f* (beim Trennschalter) (Eltech) / isolating gap ∥ ~**streifen** *m* (der Autobahn) (HuT, Kfz) / central reservation, central reserve, mall *n* (chiefly Upstate New York), median strip (US), median *n* (US)
**Trennstrich** *m* (EDV, Typog) / hyphen *n* ∥ **echter** ~ (ein Trenn- oder Bindestrich, der in dem Satz auf jeden Fall sichtbar wird) (EDV) / hard hyphen ∥ **geschützter** ~ (EDV) / non-breaking hyphen ∥ **harter** ~ (EDV) / hard hyphen ∥ **unbedingter** ~ (EDV) / required hyphen ∥ **weicher** ~ (EDV) / soft hyphen
**Trenn•strom** *m* (Teleg) / spacing current ∥ ~**stromüberhang** *m* (beim Fernschreiber) (Fernm) / space bias ∥ ~**stück** *n* (Masch) / distance block*, distance piece*, spacer *n*, separator* *n*, spacer block, spacing piece
**Trennstufe** *f* (Aufber, Chem Verf) / separation stage ∥ ~ (Chem Verf) / distillation stage ∥ ~ (Nukl) / stage* *n*, separation stage ∥ ~ (gegen Rückwirkungen) (Radio) / buffer stage*, buffer *n* ∥ ~ (TV) / separator circuit
**Trenn•stufenhöhe** *f* (bei Füllkörperkolonnen) (Chem) / height equivalent to a theoretical plate, H.E.T.P.* ∥ ~**symbol** *n* (EDV) / separator* (SEP) *n*, separating character ∥ ~**system** *n* (der Stadtentwässerung) (getrennte Ableitung von Schmutzwasser und

**Trenntaste**

Niederschlagswasser in der Kanalisation) (Sanitär) / separate system* ‖ ⁓taste f (Fernsp) / cut-off key ‖ ⁓**transformator** m (dessen Ein- und Ausgangswicklung elektrisch nicht verbunden sind) (Eltech) / isolation transformer*, isolating transformer, one-to-one transformer ‖ ⁓**trichter** m (Chem) / separating funnel*
**Trennung** f / separation n ‖ ⁓ (durch Auflösung) (Chem) / resolution* n, resolving power ‖ ⁓ (Eltech) / disconnection* n, isolation n ‖ ⁓ (des Satelliten von der Trägerrakete) (Raumf) / separation n, kick-off n ‖ ⁓ (bei Fernschreibern) (Teleg) / spacing n ‖ **chemische** ⁓ (Chem) / chemical separation ‖ **gravitative** ⁓ (Aufber) / gravity separation*, gravity concentration ‖ **schichtenweise** ⁓ / delamination n, lamination n ‖ ⁓ f **aufgrund von Adsorptionsvorgängen** (Phys) / adsorptive separation ‖ ⁓ **der Veränderlichen** (Math) / separation of variables ‖ ⁓ **nach der Masse** (Phys) / gravity separation ‖ ⁓ **von Gasen** / gas separation, gas fractionation, separation of gases
**Trennungsanlage, ein Forschungsprojekt, das sich mit einer fortschrittlichen** ⁓ (mit verbesserten Trennwänden und hochleistungsfähigen Kompressoren) **beschäftigt** (Nukl) / cascade uprating program (US)
**Trennungs•bruch** m (Hütt, WP) / separation fracture, cleavage fracture, fracture by cleavage, rupture n ‖ ⁓**energie** f (Kernphys) / separation energy* ‖ ⁓**fläche** f / interface* n ‖ ⁓**gang** m (bei der anorganisch-chemischen qualitativen Analyse) (Chem) / analytical separation procedure ‖ ⁓**hieb** m (For) / severance felling ‖ ⁓**lagerstätte** f (Reservoir mit Trennung in Gas-Öl-Wasser-Schichten entsprechend Dichte) (Erdöl) / gravity drainage reservoir ‖ ⁓**leuchten** n (Phys) / triboluminescence* n ‖ ⁓**licht** n (Phys) / triboluminescence* n ‖ ⁓**logik** f (bei Silbentrennung) (EDV) / hyphenation logic ‖ ⁓**vorgaben** f pl (EDV) / user-defined hyphens ‖ ⁓**weiche** f (Bahn) / diverging points ‖ ⁓**wörterbuch** n (EDV) / hyphenation dictionary
**Trenn•ventil** n **für den Umkehrschub** (Luftf) / reverser isolating valve ‖ ⁓**verfahren** n / separation technique ‖ ⁓**verfahren** (getrennte Ableitung von Schmutzwasser und Niederschlagswasser in der Kanalisation) (Sanitär) / separate system* ‖ ⁓**verfahren** (nach R.A. Fisher) (Stats) / discriminant analysis*, discriminance analysis, discriminatory analysis ‖ ⁓**vermögen** n (Nukl) / separative power*, separating power ‖ ⁓**verstärker** m (Eltech) / insulation amplifier ‖ ⁓**verstärker** (Eltronik) / buffer amplifier ‖ ⁓**versuch** m (DIN 53357) (Plast) / adhesive test ‖ ⁓**vorlage** f (bei Messungen an korrosiven Medien) (Galv) / liquid seal
**Trennwand** f / divider n ‖ ⁓ (auch in einem Schrank) / division wall ‖ ⁓ (eine Innenwand) (Bau) / partition n, screen n ‖ ⁓ (zum Nachbarhaus) (Bau) / party wall, partition wall, parting wall, common wall (US) ‖ ⁓ (im Kraftomnibus) (Kfz) / bulkhead* n ‖ **feuerschützende** ⁓ (Bau) / fire barrier*, fire stop*, draft stop (US)*, draught stop ‖ **leichte** ⁓ (DIN 4103) (Bau) / non-loadbearing partition, panel partition ‖ ⁓**diffusion** f (bei der Isotopenanreicherung) (Nukl) / barrier diffusion ‖ ⁓**verfahren** n (bei der Isotopenanreicherung) (Nukl) / barrier diffusion
**Trenn•ware** f (For) / resawn material ‖ ⁓**wirkung** f (Radio) / selection n ‖ ⁓**wörterlexikon** n (EDV) / hyphenation dictionary ‖ ⁓**zeichen** n (trennt Parameterteilfolgen voneinander - DIN 66354) (EDV) / parameter separator ‖ ⁓**zeichen** (EDV) / separator* (SEP) n, separating character ‖ ⁓**zeichen** (EDV) / data delimiter, delimiter n ‖ ⁓**zentrifuge** f (Nahr) / separator n ‖ ⁓**zwirnverfahren** n (Spinn) / duo-twist method, separated yarn process (texturing)
**Treppe** f (DIN 18064) (Bau, Zimm) / staircase n, stairs pl, stairway n ‖ **freitragende** ⁓ (Bau) / hanging steps*, cantilevered steps* ‖ **gerade, zweiläufige** (gegenläufige) ⁓ **mit Richtungswechsel** (Arch) / dog-legged stair*, dog-leg staircase ‖ **gerade** ⁓ (Arch) / straight flight ‖ **gestemmte** ⁓ (Zimm) / housed-stringer staircase ‖ **hochschiebbare** ⁓ (zum Dachboden) (Bau) / loft ladder (folding or concertina), disappearing stair, attic stairs (US), attic ladder ‖ ⁓ f **mit gewendelten oder gewundenen Läufen oder Armen** (Bau) / winding stair*, cockle-stairs* pl ‖ ⁓ **zwischen zwei hochgeführten Wänden** (z.B. eine Kellertreppe mit einer Tür) (Bau, Zimm) / closed stair, box stair (US)
**Treppen•absatz** m (Bau) / landing n ‖ ⁓**anlage** f (Stufenanlage mit mehr als drei Steigungen) (Bau, Zimm) / staircase n, stairs pl, stairway n ‖ ⁓**arm** m (Bau, Zimm) / flight n (of stairs) ‖ ⁓**auftritt** m (Bau) / going* n, go* n ‖ ⁓**auge** n (vom Treppenlauf umschlossener freier Raum - DIN 18064, T 1) (Bau) / stairwell n, well n ‖ ⁓**auge** (einer Wendeltreppe) (Bau) / open newel, hollow newel* ‖ ⁓**balken** m (Zimm) / carriage* n, carriage piece*, rough-string* n, bearer n, stair horse ‖ **aufgesattelter** ⁓**baum** (Zimm) / cut string*, open string*, bracketed string ‖ ⁓**belag** m (Teppiche) (Bau, Tex) / stairs carpeting ‖ ⁓**form** f (Bau, Zimm) / staircase configuration ‖ ~**förmige Energiefunktion** (Eltronik) / staircase energy function, staircase energy dependence ‖ ⁓**funktion** f (eine reellwertige Funktion, deren Definitionsbereich sich in endlich viele konstante Intervalle zerlegen läßt) (Math) / step function*, staircase function ‖ ⁓**funktionssignal** n (Eltronik) / staircase signal ‖ ⁓**giebel** m (Bau) / corbie-step gable*, crow-step gable*, corbie gable ‖ ⁓**handlauf** m (eine Griffhilfe) (Bau) / handrail n ‖ ⁓**handlauflänge** f (Bau, Zimm) / handrail run ‖ ⁓**haus** n (Bau) / staircase n ‖ ⁓**hausautomat** m (Bau, Eltech) / automatic staircase lighting switch ‖ ⁓**hausbeleuchtung** f (Bau, Eltech) / staircase lighting ‖ ⁓**holm** m (Treppenteil, das die Stufen trägt oder unterstützt) (Zimm) / carriage* n, carriage piece*, rough-string* n, bearer n, stair horse ‖ ⁓**holm** (Zimm) s. auch Treppenwange ‖ ⁓**impuls** m (Eltronik) / staircase pulse ‖ [**abgerundete**] ⁓**kante** (Bau, Zimm) / nosing* n ‖ ⁓**kurve** f **der Summenhäufigkeiten** (Stats) / step curve of cumulative frequencies ‖ ⁓**länge** f (Bau) / going n (of the flight) ‖ ⁓**lauf** m (Bau, Zimm) / flight n (of stairs) ‖ ⁓**läuferhaltestange** f (Bau) / stair rod (for fixing) ‖ ⁓**läuferklammer** f (Bau) / stair clip ‖ ⁓**lauflänge** f (Bau) / going n (of the flight) ‖ ⁓**lauflinie** f (gedachte stetige Linie, in der das zulässige Steigungsverhältnis gemessen werden muß - DIN 18064, T 1) (Bau) / walking line*, going line* ‖ ⁓**laufträger** m (Zimm) / carriage* n, carriage piece*, rough-string* n, bearer n, stair horse ‖ ⁓**leiter** f / step-ladder n, steps pl, pair of steps ‖ ⁓**lift** m (für Behinderte) (Bau) / stairlift n (a lift in the form of a chair that can be raised or lowered at the edge of a domestic staircase, used for carrying a person who is unable to go up or down the stairs) ‖ ⁓**lifter** m (Bau) / stairlift n (a lift in the form of a chair that can be raised or lowered at the edge of a domestic staircase, used for carrying a person who is unable to go up or down the stairs) ‖ ⁓**loch** n (zwischen den Lichtwangen einer mehrläufigen Treppe) (Bau) / well n, stairwell n ‖ ⁓**loch** (die Öffnung einer Geschoßdecke oder Balkenlage, durch die eine Treppe führt) (Bau, Zimm) / stair opening, stair shaft ‖ ⁓**öffnung** f (zwischen den Lichtwangen einer mehrläufigen Treppe) (Bau) / well n, stairwell n ‖ ⁓**pegel** m (Wasserb) / slope gauge ‖ ⁓**pfosten** m (Bau) / newel* n, newel post (at the head or foot of a flight of stairs, supporting a handrail), rail post*, stair post ‖ **voller** ⁓**pfosten** (Bau) / solid newel* ‖ ⁓**podest** n m (Bau) / landing ‖ ⁓**polygon** n (Stats) / histogram* n ‖ ⁓**profilschablone** f (Bau) / pitchboard* n, step mould, gauge board ‖ ⁓**raum** m (Bau) / staircase n ‖ ⁓**rost** m (Masch) / step grate ‖ [**offener**] ⁓**schacht** (großes Treppenauge) (Bau) / open well* ‖ ⁓**schalter** m (für Treppenhausautomaten) (Eltech) / floor-switch n, landing-switch n ‖ ⁓**signal** n (das in Abhängigkeit von der Zeit die Form einer Treppenfunktion annimmt) (Eltronik) / staircase signal ‖ ⁓**spannung** f (Spannung in der Form einer Treppenfunktion) (Eltech) / staircase voltage ‖ ⁓**spindel** f (Kern in der Mitte einer Wendeltreppe - DIN 18064, T 1) (Bau) / newel* n ‖ **volle** ⁓**spindel** (Bau) / solid newel* ‖ ⁓**stange** f (die den Teppich hält) (Bau) / stair rod (for fixing) ‖ ⁓**steigen** n (Bau) / walk-up n ‖ ⁓**steigung** f (senkrechter Abstand zweier aufeinanderfolgender Stufen) (Bau, HuT) / rise* n ‖ ⁓**stufe** f (mit rechteckiger Trittfläche) (Bau) / flyer* n, flier n ‖ ⁓**stufe** (im allgemeinen) (Bau) / stair n, step n ‖ ⁓**stufenpolarografie** f (Chem) / staircase polarography ‖ ⁓**stufenverfahren** n (Versuchsauswertung) (WP) / staircase method ‖ ⁓**untermauerungsfläche** f (Bau) / spandrel n ‖ ⁓**verwerfung** f (Geol) / step faults n, in echelon fault
**Treppenwange** f (Bau, Zimm) / string* n, stair string, stair stringer, string-board n, stringer n (US) ‖ **wandseitige** ⁓ (Zimm) / wall string ‖ **genutete** ⁓ (der Holztreppe) (Bau) / close string*, housed string*, let-in n ‖ **gestemmte** ⁓ (Bau) / close string*, housed string*, let-in n ‖ **stufenförmig ausgeschnittene** ⁓ (einer eingestemmten oder eingeschobenen Treppe) (Bau) / bridge board*, notch board* n ‖ **stufenförmig ausgeschnittene** ⁓ (einer aufgesattelten Treppe) (Zimm) / cut string, open string ‖ **wandseitige** ⁓ (Zimm) / wall string
**Treppen•wangenfräser** m (Werkz, Zimm) / staircase housing jig ‖ ⁓**wangenkrümmling** m (Bau) / wreathed string*, wreath piece ‖ ⁓**wangenstück** (einer Holztreppe) (Bau) / wreathed string*, wreath piece
**Tresca-Fließhypothese** f (WP) / Tresca yield hypothesis
**Tresor•anlage** f / safe installation, strongroom n ‖ ⁓**beton** m (Beton B 55 mit Zuschlägen aus Kiessand oder Hartgestein) (Bau) / strongroom concrete, safe concrete
**Tresse** f (ein elastisches, meist gemustertes Besatzband) (Tex) / galloon n
**Trester** m pl (Rückstände beim Keltern) (Nahr) / marc n ‖ ⁓ pl (Rückstände bei der Bereitung von Obst-, Gemüsesäften) (Nahr) / pomace n ‖ ⁓**wein** m (Nahr) / rape wine
**Tretamin** n (ein Cytostatikum) (Chem, Pharm) / tretamine n, triethylenemelamine n, TEM
**Treteimer** m / pedal bin
**treten** v (den Fahrfußhebel) (Kfz) / depress v
**Tretpumpe** f (eine Luftpumpe) / foot pump, tiptoe pump
**Tretschalter** m (Eltech) / foot switch*
**treu** adj (Math) / faithful adj ‖ ~**er Modul** (Math) / faithful module
**Trevorit** m (ein Ferritspinell) (Min) / trevorite n
**TRgA** = Technische Regeln für gefährliche Arbeitsstoffe

**TRH** (Biochem, Med) / thyroliberin *n*, thyrotropin-releasing hormone, thyrotropic hormone-releasing factor, TRF
**TrHOZ** (Bau, HuT) / trass blast-furnace cement
**tri-** (Bestimmungswort von Zusammensetzungen mit der Bedeutung "drei") / tri-* ‖ ~ (Bestimmungswort von Zusammensetzungen mit der Bedeutung "drei") / tri-*
**Tri** *n* (Chem) / trichloroethylene *n* ‖ ~ (Chem) / trisodium phosphate(V), TSP, sodium orthophosphate
**Triac** *m n* (DIN 41786, DIN 41855) (Eltronik) / bidirectional triode-thyristor, Triac *n* (General Electric Company)
**Triacetat** *n* (vollständig azetylierte Zellulose) (Chem, Tex) / triacetate* *n*, triacetyl cellulose ‖ ~**faser** *f* (Chem Verf, Tex) / triacetate fibre ‖ ~**film** *m* (Foto) / triacetate film
**Triacetin** *n* (Anstr, Chem, Nahr) / triacetin* *n*, glycerol triacetate*
**Triacetylcellulose** *f* (vollständig azetylierte Zellulose) (Chem, Tex) / triacetate* *n*, triacetyl cellulose
**Triacontanol, 1-**~ (Chem) / melissyl alcohol, myricyl alcohol, 1-hentriacontanol *n*
**Triacontansäure** *f* (Chem) / melissic acid, triacontanoic acid
**Triacylglycerin** *n* (Chem) / triglyceride* *n*, triacylglycerol *n*
**Triade** *f* (EDV) / triad *n* ‖ ~ (Kernphys, Math) / triad *n*
**triadisch** *adj* (Math) / triadic *adj*
**Triage-Kaffee** *m* (Nahr) / triage coffee
**Triakis•dodekaeder** *n* (Krist) / triakisdodecahedron *n* (pl. -s or -hedra) ‖ ~**tetraeder** *n* (Krist) / triakistetrahedron (pl. -s or -hedra), pyramidal tetrahedron
**Trial** *n* (pl.: -s) (fahrtechnische Geschicklichkeitsprüfung für Motorradfahrer) (Kfz) / trial *n* ‖ ~ **and error** *m* (Form des Verhaltens zielstrebiger Systeme zu einer Blackbox) (KI) / trial and error ‖ ~**-and-error-Methode** *f* (KI) / trial-and-error method
**Trialität** *f* (Kernphys) / triality *n*
**Tri•alkohol** *m* (Chem) / trihydric alcohol*, triol *n* ‖ ~**alkylboran** *n* (R₃B) (Chem) / boron alkyl ‖ ~**allylcyanurat** *n* (Chem) / triallyl cyanurate ‖ ~**allylzyanurat** *n* (Chem) / triallyl cyanurate ‖ ~**amcinolon** *n* (ein Corticosteroid) (Pharm) / triamcinolone ‖ ~**amylborat** *n* (Anstr, Chem) / triamyl borate
**Triangelsäure** *f* (Chem) / deltic acid, triangle acid
**triangulär** *adj* / triangular* *adj*, trigonal *adj*, triangulate *adj*
**Triangulation** *f* (Peakflächenauswertung bei symmetrischen Peaks in der Gaschromatografie) (Chem) / triangulation *n* ‖ ~ (ein altes Verfahren der Landesvermessung) (Verm) / triangulation* *n* ‖ **streckenmessende** ~**mit Hilfe einer Radaranlage** (Verm) / radar trilateration ‖ **streckenmessende** ~ (elektronische, Verm) / trilateration* *n* ‖ ~ *f* **dritter Ordnung** (mit den Netzen III. Ordnung) (Verm) / third-order triangulation, tertiary triangulation ‖ ~ **erster Ordnung** (mit den Netzen I. Ordnung) (Verm) / first-order triangulation, primary triangulation ‖ ~ **mit Netzen niedriger Ordnung** (Verm) / lesser triangulation ‖ ~ **zweiter Ordnung** (vermittelnde Triangulation mit den Netzen II. Ordnung) (Verm) / second-order triangulation, secondary triangulation
**Triangulations•netz** *n* (Verm) / triangulation net ‖ ~**punkt** *m* (Verm) / trig point, trigonometrical station, triangulation point, triangulation station, trigonometric point, trigonometrical point, revision point ‖ ~**sensor** *m* (Sensor nach dem Grundprinzip der Triangulation, der zum Abstands- und Wegmessen im Nahbereich mit Meßgenauigkeiten im Millimeter- bzw. Submillimeterbereich eingesetzt wird) (Verm) / triangulation sensor
**triangulieren** *v* (Verm) / triangulate *v*
**Triangulierung** *f* (Verm) / triangulation* *n*
**Triarylcarbenium-Farbstoff** *m* (Tex) / triarylmethane dyestuff, triarylmethane pigment, triarylmethane dye
**Triarylmethanfarbstoff** *m* (z.B. Triphenylmethanfarbstoff) (Tex) / triarylmethane dyestuff, triarylmethane pigment, triarylmethane dye
**triaxial** *adj* / triaxial *adj* ‖ ~**er Spannungszustand** (Mech) / triaxial state of stress ‖ ~**es Weben** (Web) / triaxial weaving ‖ ~**e Webmaschine** (Web) / triaxial loom, triaxial weaving machine
**Triaxialversuch** *m* (HuT) / triaxial cylinder test ‖ ~ (ein Druck- oder Scherversuch) (HuT) / triaxial test (of soils), triaxial compression test, triaxial shear test
**Triazen** *n* (Chem) / triazene *n*
**Tri•azetat** *n* (vollständig azetylierte Zellulose) (Chem, Tex) / triacetate* *n*, triacetyl cellulose ‖ ~**azetatfaser** *f* (bei der mindestens 92% der Hydroxylgruppen azetyliert sind) (Chem Verf, Tex) / triacetate fibre ‖ ~**azetatfilm** *m* (ein Sicherheitsfilm mit Triazetatunterlage) (Foto) / triacetate film ‖ ~**azetylzellulose** *f* (vollständig azetylierte Zellulose) (Chem, Tex) / triacetate film, triacetyl cellulose ‖ ~**azin** *n* (sechsgliedrige heterocyclische Verbindung, die drei Stickstoffatome im Molekülring enthält) (Chem) / triazine *n* ‖ ~**azinherbizid** *n* (z.B. Anilazin, Atraton, Propazin, Prometryn, Simazin usw.) (Chem, Landw, Umwelt) / triazine herbicide ‖

~**azinpolymer** *n* (Chem) / polytriazine *n*, triazine polymer, triazine resin ‖ ~**azol** *n* (ein heterocyklischer Fünfring mit drei N-Atomen) (Chem) / triazole* *n*
**Tribo•chemie** *f* (ein Teilgebiet der Mechanochemie) (Chem) / tribochemistry *n* ‖ ~**chemischer Verschleiß** / mechanochemical wear ‖ ~**elektrisch** *adj* (Eltech) / triboelectric ‖ ~**elektrische Spritzpistole** (Anstr) / triboelectric spray gun ‖ ~**elektrizität** *f* (entgegengesetzte Aufladung zweier elektrisch nichtleitender Körper durch Reibung) (Eltech) / frictional electricity*, triboelectricity *n* ‖ ~**galvanischer Korrosionsschutz** (Galv) / peen-plating *n* ‖ ~**korrosion** *f* (fretting corrosion*, chafing corrosion, friction oxidation, false brinelling ‖ ~**korrosion** (Galv) / wear corrosion, wear oxidation ‖ ~**logie** *f* (Wissenschaft über Reibung, Verschleiß und Schmierung - DIN 50323, T 1) (Phys) / tribology* *n* ‖ ~**logisches System** (Phys) / tribosystem *n* ‖ ~**lumineszent** *adj* (Phys) / triboluminescent *adj* ‖ ~**lumineszenz** *f* (bei Anregung durch mechanische Deformation, durch Reiben oder Zerbrechen der Kristalle) (Phys) / triboluminescence* *n* ‖ ~**meter** *n* (Prüfgerät zur Untersuchung von Reibung und Verschleiß) (WP) / tribometer *n* ‖ ~**oxidation** *f* (Masch) / oxidative wear ‖ ~**pistole** *f* (Anstr) / triboelectric spray gun ‖ ~**system** *n* (Gesamtheit der für Reibung und Verschleiß wichtigen Einflußgrößen, die sich mit der Methodik der Systemanalyse ordnen lassen) (Phys) / tribosystem *n* ‖ ~**technik** *f* (praktische Anwendung der Tribologie) (Masch, Phys) / tribology* *n* (as applied science)*
**Tribrom•acetaldehyd** *m* (Chem) / tribromoethanal *n*, bromal *n*, tribromoacetaldehyde *n* ‖ ~**azetaldehyd** *m* (Chem) / tribromoethanal *n*, bromal *n*, tribromoacetaldehyde *n* ‖ ~**ethanal** *n* (Chem) / tribromoethanal *n*, bromal *n*, tribromoacetaldehyde *n* ‖ ~**methan** *n* (Chem, Pharm) / bromoform* *n*, tribromomethane* *n*
**Tribüne** *f* (Arch) / gallery* *n* ‖ ~ (Bau, Masch) / platform *n*
**Tribus** *f* (systematischer Begriff - zwischen Gattung und Familie) (Biol) / tribe* *n*
**Tri•butylalan** *n* (Chem) / tributylaluminium *n* ‖ ~**butylaluminium** *n* (Chem) / tributylaluminium *n* ‖ ~**butylphosphat** *n* (Chem) / tributyl phosphate (TBP) ‖ ~**butylzinn** *n* (eine zinnorganische Verbindung) (Chem) / tributyltin compound, tributyltin *n* ‖ ~**butylzinnoxid** *n* (Chem) / tributyltin oxide, TBTO ‖ ~**butyrin** *n* (Chem) / tributyrin *n* ‖ ~**calciumaluminat** *n* (Chem, HuT) / tricalcium aluminate ‖ ~**calciumsilicat** *n* (Chem, HuT) / tricalcium silicate ‖ ~**carbonsäure** *f* (Chem) / tricarboxylic acid ‖ ~**carbonsäurezyklus** *m* (von Sir H.A. Krebs [1900-1981] entdeckt) (Biochem) / citric acid cycle*, Krebs cycle, TCA cycle, tricarboxylic acid cycle* ‖ ~**chalcit** *m* (Min) / trichalcite *n*
**Trichinose** *f* (Med, Nahr) / trichinosis *n*
**Trichit** *m* (haarförmiger Mikrolith) (Geol) / trichite* *n*
**Trichlor•acetaldehyd** *m* (das älteste künstlich hergestellte Schlafmittel) (Chem) / chloral* *n*, trichloroethanal* *n*, trichloroacetic aldehyde, trichloroacetaldehyde *n* ‖ ~**benzol** *n* (Chem) / trichlorobenzene *n* ‖ ~**boran** *n* (Chem) / boron trichloride ‖ ~**essigsäure** *f* (die stärkste der Chloressigsäuren) (Chem) / trichloroacetic acid* (TCA), trichloroethanoic acid* ‖ ~**ethan** *n* (ein LHKW) (Chem) / trichloroethane *n*, trichloroethane *n*, vinyl trichloride ‖ ~**ethanal** *n* (Chem) / chloral* *n*, trichloroethanal* *n*, trichloroacetic aldehyde, trichloroacetaldehyde *n* ‖ ~**ethansäure** (TCA) *f* (die stärkste der Chloressigsäuren) (Chem) / trichloroacetic acid* (TCA), trichloroethanoic acid* ‖ ~**ethen** *n* (ein LHKW) (Chem) / trichloroethylene *n* ‖ ~**ethylen** *n* (Chem) / trichloroethylene *n* ‖ ~**fluormethan** *n* (Chem) / trichloromonofluoromethane *n*, Freon 11*, fluorocarbon-11 *n*, trichlorofluoromethane *n*, fluorotrichloromethane *n*
**Trichlorid** *n* (Chem) / trichloride *n*
**Trichlor•methan** *n* (Chem) / chloroform* *n*, trichloromethane* *n* ‖ ~**methansulfenylchlorid** *n* (Chem) / trichloromethane sulphenyl chloride ‖ ~**methylsilan** *n* (ein Chlormethylsilan) (Chem) / chlortrimethylsilane *n*, trimethylchlorosilane *n* ‖ ~**monofluormethan** *n* (CCl₃F-Freon 11, R 11) (Chem) / trichloromonofluoromethane *n*, Freon 11*, fluorocarbon-11 *n*, trichlorofluoromethane *n*, fluorotrichloromethane *n* ‖ ~**nitromethan** *n* (Chem) / trichloronitromethane *n*, chloropicrin *n*, nitrotrichloromethane *n*, nitrochloroform *n* ‖ ~**phenol** *n* (ein Phenolderivat) (Chem) / trichlorophenol *n* ‖ ~**phenoxyessigsäure** *f* (Chem) / trichlorophenoxyacetic acid *n* ‖ ~**silan** *n* (Chem) / silicochloroform *n*, trichlorosilane *n*
**Trichothecene** *n pl* (Gruppe von Sesquiterpenen aus verschiedenen auf Getreide wachsenden Schimmelpilzen) (Chem, Landw, Nahr) / trichothecenes *pl*
**Trichotomie** *f* (Math) / trichotomy *n* ‖ ~**gesetz** *n* (Math) / trichotomy law, law of trichotomy
**Trichroismus** *m* (Krist) / trichroism *n*

**trichromatisch**

**trichromatisch** *adj* / trichromatic *adj*, three-colour *attr*, tricolour *adj* ‖ ~**er Farbkoeffizient** (Phys) / trichromatic coefficient* ‖ ~**e Maßzahl** (Phys) / trichromatic coefficient*
**Trichter** *m* (über- oder untertägig) (Bergb) / glory-hole* *n*, mill *n*, mill hole ‖ ~ (Chem) / funnel *n* ‖ ~ (Fernm) / mouthpiece *n* ‖ ~ (zur Beschickung) (Gieß, Hütt) / feed hopper, hopper* *n*, feeding hopper ‖ ~ (fahrbarer, ortsfester - für das Einbringen des Betons unter Wasser) (HuT) / tremie *n*, tremmie *n* (US) ‖ ~ (beim Anflug) (Lufft) / funnel *n* ‖ ~**gefalteter** ~ (Akus) / re-entrant horn* ‖ **logarithmischer** ~ (ein Lautsprechergehäuse) (Akus) / exponential horn*, logarithmic horn* ‖ **Parryscher** ~ (ein Gichtverschluß) (Hütt) / Parry-type cup and cone, bell and hopper ‖ ~ *m* **für O-Leitung** (Fernm) / launcher *n* ‖ ~ **nach Hirsch** (Chem) / Hirsch funnel
**Trichter•bau** *m* (übertägiger) (Bergb) / milling system, milling *n* ‖ ~**bau** (untertägiger) (Bergb) / glory-hole method, glory-holing *n* ‖ ~**becken** *n* (Sanitär) / Dortmund tank* ‖ ~**einlage** *f* **zum Filtrieren** (Chem Verf) / filter cone ‖ ~**falz** *m* (ein durch Falzen über dem Falztrichter in Rollen- Rotationsdruckmaschinen entstandener Längsfalz) (Druck) / former fold ‖ ~**feder** *f* (mit Federdraht und Röhrchen) / lettering pen (tubular), stencil pen (tubular)
**trichterförmig** *adj* / funnel-shaped *adj* ‖ ~ **aufweiten** / funnel *vt* ‖ ~**e Aufweitung** (Akus, Hütt) / flaring* *n* ‖ ~ **ausbilden** *v* (Masch) / funnel *v*
**Trichter•gewölbe** *n* (Arch) / squinch* *n*, scoinson arch* ‖ ~**hals** *m* (z.B. bei einem Exponentialtrichter) (Akus) / throat *n* (of a horn) ‖ ~**kammer** *f* (des Bodenentladewagens) (HuT) / hopper *n* ‖ ~**lautsprecher** *m* (Akus) / horn loudspeaker* ‖ ~**mundstück** *n* (des Schlauchs beim Lufttanken) (Lufft) / drogue *n* ‖ ~**nische** *f* (Arch) / squinch* *n*, scoinson arch* ‖ ~**öffnung** *f* (Akus) / flare* *n*, mouth *n* ‖ ~**rohr** *n* (Chem, Glas) / funnel tube (with a conical or bulging thistle-shaped top) ‖ ~**rohr** (Lufft) / flare tube ‖ ~**schmiernippel** *m* (Masch) / lubricating nipple cupped type ‖ ~**spinnmaschine** *f* (Spinn) / centrifugal pot spinning machine, can spinning machine, can spinning frame, pot spinning frame, centrifugal spinning machine ‖ ~**spinnverfahren** *n* (ein Naßspinnverfahren) (Plast) / funnel spinning ‖ ~**trockner** *m* (Plast) / hopper drier ‖ ~**wagen** *m* (offener Spezialgüterwagen mit trichterförmigen Behältern zur Beförderung von fein- und grobkörnigen Gütern) (Bahn) / hopper *n*, hopper waggon ‖ ~**zinken** *n* (Sonderform einer Flächeneckverbindung durch Zinken) (Tischl) / hopper dovetail joint
**Trick** *m* (Film, TV) / special effect* (optical, physical), special FX ‖ **[figürlicher]** ~ (Film, TV) / animation* *n* ‖ ~**bank** *f* (Film, TV) / animation stand, animation bench, rostrum bench ‖ ~**blende** *f* (Film) / fading strip ‖ ~**effekt** *m* (Film, TV) / special effect* (optical, physical), special FX ‖ ~**film** *m* (Film) / animated film ‖ ~**filmgrafik** *f* (EDV, Film) / animation graphics, animated graphics ‖ ~**filter** *n* (Foto) / trick filter ‖ ~**kamera** *f* (Film) / rostrum camera
**Trickle-Server** *m* (Rechner im Internet, der Public-Domain-Software vorhält) (EDV) / trickle server
**Trickle-Verfahren** *n* (eine Mitteldruck-Hydroraffination) (Erdöl) / Trickle hydrodesulphurization
**Trick•meister** *m* (Film, TV) / special-effects man ‖ ~**mischer** *m* (Film, TV) / special-effects generator ‖ ~**schieber** *m* (in der Allan-Steuerung der alten Kolbendampfmaschinen) (Masch) / Allan valve*, trick valve* ‖ ~**taste** *f* (z.B. eines Tonfilmprojektors) / trick button, blend-in button ‖ ~**tisch** *m* (Film, TV) / animation stand, animation bench, rostrum bench ‖ ~**überblendung** *f* (Film, TV) / animation superimposition ‖ ~**zeichner** *m* (Film) / animator *n*
**Tricone-Mühle** *f* / tricone mill
**Tri•cosan** *n* (Chem) / tricosane *n* ‖ ~**cresylphosphat (TCP)** *n* (ein Weichmacher) (Chem, Kfz, Plast) / tricresyl phosphate (TCP) ‖ ~**cyclisch** *adj* (Chem) / tricyclic *adj* ‖ ~**cyclisches Terpen** (Chem) / tricyclic terpene ‖ ~**decanal** *n* (Chem) / tridecanal *n* ‖ ~**decanol** (Chem) / tridecyl alcohol, tridecanol *n* ‖ ~**decylkohol** *m* (Chem) / tridecyl alcohol, tridecanol *n* ‖ ~**dekanal** *n* (Chem) / tridecanal *n* ‖ ~**dekanol** *n* (Chem) / tridecyl alcohol, tridecanol *n*
**Tridymit** *m* (Hochtridymit, Tieftridymit) (Min) / tridymite* *n*
**Trieb** *m* (Bot) / shoot *n* ‖ ~ (Brau) / condition* *n* ‖ ~ (Erdöl, Geol) / drive *n* ‖ ~ (einer Getreidepflanze) (Landw) / tiller *n* ‖ ~ (Masch) / driver *n* ‖ ~**drehgestell** *n* (Bahn) / motor-bogie* *n* ‖ ~**fahrzeugbesandungseinrichtung** *f* (Bahn) / traction sanding equipment ‖ ~**feder** *f* (Masch) / power spring ‖ ~**kopf** *m* (eines ICE-Zuges) (Bahn) / driving unit ‖ ~**kranz** *m* (Masch) / ring gear, scroll gear ‖ ~**mittel** *n* (meistens Kalium- oder Natriumhydrogenkarbonat) (Nahr) / leavening agent, saleratus *n* (US), aerating agent, blowing agent, leaven *n*, raising agent ‖ ~**rad** *n* (Bahn) / driving wheel*, traction-wheel *n* ‖ ~**rückstrom** *m* (Bahn) / return traction current ‖ ~**sand** *m* (ein Flottsand) (Bergb, HuT) / quicksand* *n*, running sand* ‖ ~**sandführend** *adj* (Bergb, HuT) / quicksandy *adj* ‖ ~**stock** *m* (Spinn) / headstock ‖ ~**stockkranz** *m* (Masch) / lantern pinion* ‖ ~**strom** *m* (Bahn, Eltech) / traction current ‖ ~**wagen** *m* (Bahn) / rail car, motor coach ‖ ~**wagen** (der Straßenbahn) (Eltech) / tram motor coach ‖ ~**wagenzug** *m* (Bahn) /

motor coach train, motor train set ‖ ~**wasserkanal** *m* (Wasserb) / head race* (a channel along which water flows to a turbine form a forebay) ‖ ~**welle** *f* (zum Aufnehmen der Schlagexzenter) (Web) / picking shaft, tappet shaft
**Triebwerk** *n* (Lufft) / power unit*, power plant ‖ ~ (Verbrennungsmotor; Elektromotor) (Masch) / motor* *n* ‖ ~ (Masch) / driving gear*, propulsion gear ‖ **[leistungsschwaches] [Raketen]** ~ (Raumf) / thruster *n*, thrustor *n* ‖ **elektromagnetisches** ~ (Raumf) / arc jet engine ‖ **elektromagnetisches** ~ (in dem ein Plasma durch elektromagnetische Felder beschleunigt wird) (Raumf) / plasma engine ‖ **elektrothermisches** ~ (in dem der Treibstoff durch ein Widerstandselement aufgeheizt wird) / resistojet engine ‖ **elektrothermisches** ~ (in dem Treibstoff durch einen Lichtbogen aufgeheizt wird) (Raumf) / arc jet engine ‖ **kritisches** ~ (Lufft) / critical engine ‖ **luftatmendes** ~ (z.B. Kolben-, Gasturbinen- und Strahltriebwerk) (Lufft) / air-breathing engine, air-breather *n* ‖ **nukleares** ~ (Mil, Raumf) / nuclear power plant ‖ **von der Erdatmosphäre abhängiges** ~ (Lufft) / air-breathing engine, air-breather *n* ‖ ~ **in Gondel** (Lufft) / podded engine ‖ ~**abzapfluft** *f* (z.B. bei Senkrechtstartflugzeugen) (Lufft) / engine bleed air ‖ ~**bremse** *f* (Kfz) / exhaust brake ‖ ~**einlaß** *m* (Lufft) / inlet *n* ‖ ~**gondel** *f* (Lufft) / pod* *n*
**Triebwerks•anlage** *f* (Lufft) / power plant ‖ **kritische** ~**ausfallgeschwindigkeit** (Lufft) / critical engine failure speed ‖ ~**bremse** *f* (eine Eisenbahnbremse) (Bahn) / motor brake ‖ ~**bündel** *n* (Raketenantrieb) (Raumf) / cluster *n* ‖ ~**einlaß** *m* (Lufft) / inlet *n* ‖ **Leitblech** *n* **am Flugzeugrumpf vor dem** ~**einlaß** (Lufft) / inlet ramp ‖ ~**zelle** *f* (Lufft) / engine bay
**Trieb•zahn** *m* (Uhr) / pinion leaf* ‖ ~**zug** *m* (Bahn) / motor coach train, motor train set
**Tri•eder** *n* (Krist, Math) / trihedron *n* (pl. -s or -hedra) ‖ ~**edrisch** *adj* (Krist) / trihedral *adj*
**Trien** *n* (Kohlenwasserstoff mit dreifacher Kohlenstoffbindung) (Chem) / triene *n*
**Tri•-Entfettung** *f* (Anstr, Chem) / trichloroethylene degreasing ‖ ~**ergol** *n* (Dreistoffsystem - Raketentreibstoff) (Raumf) / triergol *n* ‖ ~**ethanolamin** *n* (2,2',2''-Nitrilotriethanol) (Chem, Tex) / triethanolamine* *n* ‖ ~**ethoxymethan** *n* (Chem) / triethylorthoformate *n*, orthoformic ester, triethoxymethane *n*
**Triethyl•alan** *n* (Chem) / triethylaluminium *n* ‖ ~**aluminium** *n* (eine aluminiumorganische Verbindung) (Chem) / triethylaluminium *n* ‖ ~**amin** *n* (Chem) / triethylamine *n* ‖ ~**boran** *n* (Chem, Kfstt) / triethylborane *n*, boron triethyl, triethylborine *n* ‖ ~**citrat** *n* (Chem) / triethyl citrate
**Triethylen•diamin** *n* (1,4-Diazabicyclo[2.2.2]octan; DABCO) (Chem) / triethylene diamine (TEDA) ‖ ~**glycol** *n* (Chem) / triethylene glycol (TEG), triglycol *n* ‖ ~**glykol** *n* (2,2'-Ethylendioxydiethanol) (Chem) / triethylene glycol (TEG), triglycol *n* ‖ ~**glykolester** *m* (Chem) / triethylene glycol ester ‖ ~**glykol-monoethylester-methacrylat** *n* (Chem) / ethyl triglycol methacrylate ‖ ~**glykol-monoethylether** *m* (Chem) / ethyltriglycol *n*
**Triethyl•orthoformiat** *n* (Chem) / triethylorthoformate *n*, orthoformic ester, triethoxymethane *n* ‖ ~**phosphat** *n* (Chem) / triethyl phosphate, TEP ‖ ~**phosphit** *n* (Chem) / triethyl phosphite ‖ ~**zitrat** *n* (Chem) / triethyl citrate
**Trieur** *m* (Landw) / grader *n*, grain grader, grain sorter
**Triflatrest** *m* (Chem) / triflate *n*
**Trifluor•boran** *n* (Chem) / boron trifluoride, boron fluoride ‖ ~**essigsäure** *f* (eine der stärksten organischen Säuren) (Chem) / trifluoroacetic acid, trifluoroethanoic acid ‖ ~**essigsäureanhydrid** *n* (Chem) / trifluoroacetic anhydride
**Trifluorid** *n* (Chem) / trifluoride *n*
**Trifluor•methan** *n* (Chem) / fluoroform *n*, trifluoromethane *n*, refrigerant 23, propellant 23 ‖ ~**methansulfonsäure** *f* (Chem) / trifluoromethanesulphonic acid ‖ ~**methyliodid** *n* (Chem) / trifluoromethyl iodide ‖ ~**trichlorethan** *n* (Freon 113, R 113) (Chem) / trichlorotrifluoroethane *n*, Freon 113*
**Tri•fokalglas** *n* (Opt) / trifocal glass, trifocal lens (an ophthalmic lens) ‖ ~**forium** *n* (pl. -rien) (Laufgang zwischen den Arkaden oder Emporen und der Fensterzone einer Basilika - z.B. im Prager St.-Veits Dom) (Arch) / triforium *n* (pl. -ria)
**Trift** *f* (Landw) / drift *n* ‖ ~ (Lufft) / drift* *n* ‖ ~ (auf der Meeresoberfläche) (Meteor, Ozean) / drift currents* ‖ ~**ballon** *m* (Lufft) / constant-level balloon ‖ ~**eis** *n* / drift ice, floating ice
**Triften** *n* (stammweises Treibenlassen von Rohholz auf Wasserwegen) (For) / loose floating (of wood)
**triftendes Holz** (For, Wasserb) / driftwood *n*
**Trift•holz** *n* (For, Wasserb) / driftwood *n* ‖ **gestrandetes** ~**holz** (For, Wasserb) / stranded timber ‖ ~**raum** *m* (des Zweikammerklystrons) (Eltronik) / drift space ‖ ~**röhre** *f* (eine Laufzeitröhre) (Eltronik) / klystron *n* (a velocity-modulated tube)* ‖ ~**stauung** *f* (For, Wasserb) /

logjam n ‖ ⁓**straße** f (For, Wasserb) / driftway n ‖ ⁓**strom** m (Meteor, Ozean) / drift currents*
**tri•funktional** adj (Chem) / trifunctional adj ‖ ⁓**funktionell** adj (Chem) / trifunctional adj ‖ ⁓**furkation** f / trifurcation n
**Trigatron** n (Impulsmodulationsröhre) (Eltronik, Radar) / trigatron* n
**Trigerman** n (Chem) / trigermane n
**Trigger** m (EDV, Eltronik) / trigger* n, trigger pulse*, stimulus n (pl. stimuli) ‖ ⁓ (Prozedur, die mit Klassen verknüpft ist) (KI) / trigger n ‖ ⁓**abfangen** n (Eltronik) / trigger hold ‖ ⁓**baustein** m (Eltronik) / trigger module ‖ ⁓**diode** f (ein nicht steuerbares Halbleiterbauelement) (Eltronik) / trigger diode, triggering diode ‖ **bidirektionale** ⁓**diode** (Eltronik) / bidirectional diode-thyristor (thyristor ac power controller), Diac n (General Electric Company) ‖ ⁓**impuls** m (EDV, Eltronik) / trigger* n, trigger pulse*, stimulus n (pl. stimuli) ‖ **durch** ⁓**impuls umschalten** (Eltronik) / retrigger v ‖ ⁓**jet** m (Kernphys) / trigger jet
**triggern** v (durch ein Steuersignal) (Eltronik) / trigger v ‖ ⁓ (einen Vorgang bei Eintreten eines definierten Zustandes auslösen) (Regeln) / trigger v ‖ ⁓ n (Eltronik) / triggering n
**Trigger•pegel** m (Eltronik) / triggering level, trigger level ‖ ⁓**prädikat** n (KI) / triggering predicate ‖ ⁓**röhre** f (Eltronik) / trigger tube ‖ ⁓**schaltung** f (eine Impulsgeberschaltung) (Eltronik, Fernm) / trigger circuit* ‖ **monostabile** ⁓**schaltung** (Eltronik) / single-shot trigger circuit, single-trip trigger circuit ‖ ⁓**signal** n (EDV, Eltronik) / triggering signal ‖ ⁓**signal** n (Eltronik) / triggering signal
**Triggerung** f (zeitlich genau festgelegtes Auslösen eines Vorganges durch ein Steuersignal) (Eltronik) / triggering n
**Trigger•zähler** m (Kernphys) / trigger counter, TC ‖ ⁓**zündanlage** f (bei Leuchtstoffröhren) (Eltronik) / trigger-starting system (fluorescent lamps)
**Tri•glycerid** n (Chem) / triglyceride* n, triacylglycerol n ‖ ⁓**glycinsulfat** n (Chem) / triglycin sulphate (TGS) ‖ **deuteriertes** ⁓**glycinsulfat** (Spektr) / deuterized triglycin sulphate, DTGS ‖ ⁓**glycol** n (Chem) / triethylene glycol (TEG), triglycol n ‖ ⁓**glykol** n (Chem) / triethylene glycol (TEG), triglycol n ‖ ⁓**glykolester** m (Chem) / triethylene glycol ester ‖ ⁓**glyph** n (dreiteiliges Feld am Fries des dorischen Tempels) (Arch) / triglyph* n ‖ ⁓**glyphe** f (dreiteiliges Feld am Fries des dorischen Tempels) (Arch) / triglyph* n ‖ ⁓**glyzerid** n (Chem) / triglyceride* n, triacylglycerol n ‖ ⁓**glyzinsulfat (TGS)** n (Chem) / triglycin sulphate (TGS) ‖ ⁓**gonal** adj / triangular* adj, trigonal adj, triangulate adj ‖ ⁓**gonalmatrix** f (Math) / tridiagonal matrix n ‖ ⁓**gonalschein** m (eine Konstellation) (Astr) / trigonal aspect ‖ ⁓**gonalzahl** f (Math) / triangular number ‖ ⁓**gonellin** n (ein Alkaloid aus den Samen des Bockshornklees) (Chem) / trigonelline n
**Trigonometrie** f (Math, Verm) / trigonometry n, trig n, trigon. ‖ **ebene** ⁓ (Math) / plane trigonometry ‖ **sphärische** ⁓ (Lehre von der Berechnung sphärischer Dreiecke mit Hilfe von Winkelfunktionen) (Math) / spherical trigonometry
**trigonometrisch** adj (Math, Verm) / trigonometric adj, trigonometrical adj ‖ ⁓**e Form** (der komplexen Zahlen) (Math) / trigonometric form, polar form ‖ ⁓**e Funktionen** (Math) / trigonometric functions*, circular functions* ‖ ⁓**e Gleichung** (Math) / trigonometric equation ‖ ⁓**e Höhenmessung** (Verm) / trigonometric levelling ‖ ⁓**er Punkt** (Verm) / trig point, trigonometrical station, triangulation point, triangulation station, trigonometric point, trigonometrical point, revision point ‖ ⁓**e Reihe** (Math) / trigonometrical series
**Tri•gyre** f (um 120°) (Krist) / triad n (axis), trigyre n ‖ ⁓**halogenid** n (Chem) / trihalide n ‖ ⁓**hydrogen-** (Chem) / triacid adj ‖ ⁓**hydrogenphosphododecawolframat** n (Chem) / phosphotungstic acid, PTA, phosphowolframic acid, heavy acid ‖ ⁓**hydroxid** n (Chem) / trihydroxide n ‖ **3,4,5-**⁓**hydroxybenzoesäure** (Chem) / gallic acid*, 3,4,5-trihydroxybenzoic acid* ‖ ⁓**hydroxypalmitinsäure** f (Chem) / aleuritic acid ‖ ⁓**iodid** n (Chem) / triiodide n ‖ ⁓**iodmethan** n (Antiseptikum) (Chem) / iodoform* n, triiodomethane n ‖ ⁓**iodthyronin** n (3,3'-5-Triiod-L-thyronin) (Biochem) / triiodo-L-thyronine n (a thyroid hormone) ‖ ⁓**isobutylalan** n (Chem) / triisobutylaluminium n ‖ ⁓**isobutylaluminium** n (Chem) / triisobutylaluminium n ‖ ⁓**isobutylphosphat (TiBP)** n (Chem) / triisobutyl phosphate (TiBP) ‖ ⁓**jet** n (Luftf) / trijet n, three-jet aeroplane ‖ ⁓**kaliumphosphat** n (Chem) / neutral potassium phosphate, potassium phosphate (tribasic form), tripotassium orthophosphate ‖ ⁓**kaliumzitrat** n (Chem, Pharm) / potassium citrate ‖ ⁓**kalziumaluminat** n (Stoff, der den Sulfatwiderstand von Zement verringert) (Chem, HuT) / tricalcium aluminate n ‖ ⁓**kalziumphosphat** n (Chem) / calcium orthophosphate ‖ ⁓**kalziumsilikat** n (Klinkerphase des Zements) (Chem, HuT) / tricalcium silicate ‖ ⁓**karbonsäure** f (mit drei Karboxylgruppen) (Chem) / tricarboxylic acid ‖ ⁓**karbonsäurezyklus** m (von Sir H.A. Krebs [1900-1981] entdeckt) (Biochem) / citric acid cycle*, Krebs cycle, TCA cycle, tricarboxylic acid cycle*

**triklin** adj (DIN 13 316) (Krist) / triclinic adj ‖ ⁓**es System** (Kristallsystem) (Krist) / triclinic system*, asymmetric system*, anorthic system*
**triklinisch** adj (Krist) / triclinic adj
**Tri•kohlenstoffdioxid** n (Chem) / carbon suboxide*, tricarbon dioxide ‖ ⁓**kohlenstoffdisulfid** n (Chem) / tricarbon disulphide ‖ ⁓**kolor** adj (Chem) / trichromatic adj, three-colour attr, tricolour adj ‖ ⁓**komponentenfasern** f pl (Spinn) / tricomponent fibres
**Trikot** m (Sammelbegriff für alle einflächigen Kulierwaren) (Tex) / tricot* n, tricot fabric
**Trikotagen** f pl (Gewirke, besonders für Unterwäsche) (Tex) / knitted fabrics, knit fabrics, jersey goods, jersey fabrics*
**Trikot•bindung** f (der Trikotgewebe) (Web) / tricot weave ‖ ⁓**gewebe** n (Tex) / tricot* n, tricot fabric
**Trikotine** m (trikotartiger gewebter Wollstoff) (Tex) / tricotine n
**Trikot•legung** f (bestimmte Art Fadenlegung bei der Herstellung der Kettenwirkware) (Tex) / tricot stitch ‖ ⁓**stoff** m (Tex) / tricot* n, tricot fabric
**Tri•kresylphosphat (TKP)** n (ein Weichmacher) (Chem, Kfz, Plast) / tricresyl phosphate (TCP) ‖ ⁓**lateration** f (Eltronik, Verm) / trilateration* n ‖ ⁓**laurylamin (TLA)** n (Chem) / trilaurylamine (TLA) n ‖ ⁓**level-Logik** f / three-state logic, three-level logic, ternary logic n ‖ ⁓**linear** adj / trilinear adj
**Trillion** f (Math) / trillion* n (GB), quintillion n
**Trillo** n (getrocknete Schuppen der Valoneen als Gerbfrucht) (Bot, Leder) / trillo n
**tri•lobal** adj (Querschnittsform von Profilfasern aus Synthetics) (Tex) / trilobal n ‖ ⁓**magnesiumdicitrat** n (Chem, Nahr) / magnesium citrate ‖ ⁓**magnesiumphosphat** n (tertiäres Magnesiumphosphat) (Chem) / magnesium phosphate, trimagnesium phosphate, tertiary magnesium phosphate ‖ ⁓**mangantetroxid** n (in der Natur als Hausmannit) (Chem) / mangano-manganic oxide*, manganese(II, III) oxide*, red manganese oxide ‖ ⁓**mellitsäure** f (Chem) / trimellitic acid, benzene-1,2,4-tricarboxylic acid, TMA ‖ ⁓**mer** adj (Chem) / trimeric* adj ‖ ⁓**mer** n (Chem) / trimer* n ‖ ⁓**meres** n (Chem) / trimer* n ‖ ⁓**merisation** f (Chem) / trimerization n ‖ ⁓**merisieren** v (Chem) / trimerize v ‖ ⁓**merisierung** f (Chem) / trimerization n ‖ ⁓**metallplatte** f (Druckplatte für den Offsetdruck, die aus drei verschiedenen Metallen besteht) (Druck) / trimetallic plate ‖ ⁓**methoprim** n (ein Chemotherapeutikum, das als Inhibitor der Dehydrofolsäurereduktase wirkt und meist zusammen mit Sulfonamiden in der antibakteriellen Therapie verwendet wird) (Pharm) / trimethoprim n ‖ ⁓**methoxymethylmelamin (TMM)** n (Chem) / trimethoxymethyl melamine (TMM) n
**Trimethyl•aluminium** n (Chem) / trimethyl aluminium, aluminium trimethyl ‖ ⁓**amin** n (Chem) / trimethylamine (TMA) n ‖ ⁓**chlorsilan** n (Chem) / chlorotrimethylsilane n, trimethylchlorosilane n
**Trimethylen** n (Chem, Med) / cyclopropane* n, trimethylene n ‖ ⁓**glykol** n (1,3-Propandiol) (Chem) / trimethylene glycol
**Trimethyl•essigsäure** f (eine Valeriansäure) (Chem) / pivalic acid, 2,2-dimethylpropanoic acid, trimethylacetic acid ‖ ⁓**glykokoll** n (Trimethylammonioacetat) (Biochem) / trimethylglycine* n, betaine* n, trimethyl-amino-ethanoic acid* ‖ ⁓**glyzin** n (Biochem) / trimethylglycine* n, betaine* n, trimethyl-amino-ethanoic acid*
**Trimethylol•ethan** n (2-Hydroxymethyl-2-methyl-1,3-propandiol) (Chem) / trimethylolethane n, pentoglycerine n, methyltrimethylolmethane n ‖ ⁓**propan** (Anstr, Chem) / trimethylolpropane n
**Trimethyl•penten** n (Chem) / trimethyl pentene ‖ ⁓**phosphat** n (Chem) / trimethyl phosphate ‖ ⁓**propan** n (Chem) / trimethylpropane n ‖ ⁓**silyl** n (Chem) / trimethylsilyl n, TMS
**Tri•metrie** f (ein Spezialfall der Axonometrie) (Math) / trimetry n, trimetric projection* ‖ ⁓**metrogon-Verfahren** n (Luftf, Verm) / trimetrogon n, trimetrogon method
**Trimm** m (Neigung des Schiffs in Längsrichtung, bezogen auf die normale Schwimmlage in ruhigem Wasser) (Schiff) / trim* n ‖ ⁓**automat** m (mit Ober- und Untermesser) (Pap) / trimmer n, trimmer press ‖ ⁓**bereich** m (Eltech) / trimming range ‖ ⁓**einrichtung** f für hohe Machzahlen (Luftf) / Mach trim system
**trimmen** v (Pfeiler) (Bergb) / trim v ‖ ⁓ (EDV) / clip v ‖ ⁓ (Luftf, Schiff) / trim* v ‖ ⁓ (Mag, Nukl) / shim v ‖ ⁓ n (Mag, Nukl) / shimming* n, compensation n ‖ ⁓ (Ändern der Längsschwimmlage; vorsätzliche Bewegung von Schüttgutladung im Laderaum) (Schiff) / trimming n ‖ ⁓ **chemisches** ⁓ (Nukl) / chemical shim
**Trimmer** m (ein manuell veränderbarer Kondensator) (Eltech) / trimming capacitor*, trimmer capacitor, trimmer* n ‖ ⁓ (Vorrichtung zum Trimmen von Flugkörpern, meistens ein Trimmruder) (Luftf) / trimmer* n ‖ ⁓ (Bandförderer für gleichmäßige Verteilung von Schüttgut in Lagern, Schiffsladeräumen und gedeckten Eisenbahnwagen) (Masch) / trimmer n ‖ ⁓**kondensator** m (ein Abstimmkondensator nach DIN

**Trimmerkondensator**

41950) (Eltech) / trimming capacitor*, trimmer capacitor, trimmer* n ‖ **[Serien-]~kondensator** (Eltech) / pad* n, padder n, padding capacitor
**Trimm•kante** f (Luftf) / trimming strip* ‖ **~klappe** f (Luftf) / trimming tab*, trimmer* n, trim tab* ‖ **~moment** n **für einen Zoll Tauchungsänderung** (Schiff) / moment to change trim one inch*, M.T. 1 ‖ **~potentiometer** n (Eltech) / trimmer potentiometer ‖ **~potentiometer** (Eltronik) / preset potentiometer ‖ **~ruder** n (Trimmeinrichtung) (Luftf) / trimming tab*, trimmer* n, trim tab* ‖ **~stab** m (Nukl) / shim rod* ‖ **~tank** m (durch Umpumpen des Kraftstoffs können Schwerpunktverlagerungen herbeigeführt werden) (Luftf) / trimming tank
**Trimmung** f (Ausgleich der Verschiebung des Flugzeugschwerpunktes oder der Seitenverschiebung durch ein Trimmruder) (Luftf, Schiff) / trim* n, trimming n
**trimodal** adj (Verteilung) (Math) / trimodal adj
**trimolekular** adj (Chem) / termolecular* adj, trimolecular adj ‖ **~e Reaktion** (Chem) / trimolecular reaction, three-molecule reaction
**trimorph** adj (Bot) / trimorphic* adj ‖ ~ (Chem, Krist) / trimorphous adj, trimorphic adj
**Trinatrium•hydrogendicarbonat** n (Chem) / sodium sesquicarbonate ‖ **~hydrogendikarbonat** n (z.B. im Badesalz) (Chem) / sodium sesquicarbonate ‖ **~(ortho)phosphat** n (Chem) / trisodium phosphate(V), TSP, sodium orthophosphate
**Trineutron** n (Kernphys) / trineutron n
**Trinidad•-Asphalt** m (ein Naturasphalt aus dem Pitch Lake bei La Brea Point auf Trinidad) (Geol, HuT) / Trinidad asphalt, Trinidad pitch ‖ **~-Epuré** m (Geol, HuT) / epuré n
**Trinistor** m (Vierschicht-Halbleiterbauelement) (Eltronik) / trinistor n
**Trinitrid** n (Chem) / trinitride* n
**Trinitrobenzol** n (ein Trinitroderivat des Benzols) (Chem) / trinitrobenzene n
**Trinitron** n (TV) / trinitron tube, Trinitron* n ‖ **~röhre** f (eine alte Farbbildröhre, bei der für die Strahlerzeugung nur ein Strahlerzeugungssystem verwendet wurde) (TV) / trinitron tube, Trinitron* n
**Trinitrophenol, 2,4,6-~** (Chem) / picric acid*, 2,4,6-trinitrophenol* n
**Trinitrotoluol (TNT)** n (Chem) / trinitrotoluene* n, TNT*, trotyl n, triton n
**trink•fertig** adj (Nahr) / ready-to-drink adj ‖ **~halm** m / drinking straw ‖ **~halmpapier** n (Pap) / drinking-straw paper ‖ **~milch** f (in verschiedenen handelsüblichen Sorten) (Nahr) / market milk, consumers' milk
**Trinkwasser** n (DIN 2000 und 2001) (Med, Nahr, Sanitär) / drinking water, potable water ‖ **~aufbereitungsanlage** f (Sanitär) / drinking-water conditioning plant ‖ **~biologie** f (Biol) / biology of drinking water ‖ **~fluoridierung** f (Med, Sanitär) / drinking-water fluoridation ‖ **~pumpanlage** f (Sanitär) / drinking-water pumping station ‖ **~pumpe** f (Sanitär, Schiff) / drinking-water pump ‖ **~schutzgebiet** n (Med, Sanitär, Umwelt) / drinking-water protection area, potable-water protection area ‖ **~stelle** f (Landw) / watering-place n ‖ **~werk** n (Sanitär) / drinking-water processing plant
**trinokular** adj (Mikros) / trinocular adj
**Tri•nom** n (Polynom vom Grade 3) (Math) / trinomial n ‖ **~nom-** (Math) / trinomial adj ‖ ~**nomial** adj (Math) / trinomial adj ‖ ~**nomisch** adj (Math) / trinomial adj ‖ **~octylphosphanoxid** n (Chem) / trioctylphosphine oxide, TOPO
**Triode** f (Eltronik) / triode valve*, three-electrode valve*, triode n ‖ **~-Hexode-Mischröhre** f (Eltronik) / triode-hexode n
**Triodenzerstäuben** n (Sonderform des Vakuumzerstäubens) (Galv) / triode sputtering
**Trioktylphosphanoxid** n (Chem) / trioctylphosphine oxide, TOPO
**Triol** n (Chem) / trihydric alcohol*, triol n
**Triolefin-Prozeß** m (mit dem man das beim Kracken anfallende Propylen in Ethylen und Buten überführt) (Erdöl) / Triolefin process
**Triolein** n (Chem) / triolein* n
**Triose** f (Monosaccharid mit drei Kohlenstoffatomen) (Chem) / triose* n ‖ **~phosphat** n (Chem) / triose phosphate ‖ **~phosphatisomerase** f (Biochem) / triose phosphate isomerase
**Triowalzwerk** n (Hütt) / three-high mill*, trio rolling mill
**Trioxan, 1,3,5-~** (das Trimere des Formaldehyds) (Chem) / trioxane n, sym-trioxane n
**Tri•oxid** n (chemische Verbindung von einem Atom eines chemischen Elements mit drei Atomen Sauerstoff, z.B. $SO_3$) (Chem) / trioxide n ‖ **~oxoplumbat** n (Chem) / metaplumbate n ‖ **~oxosilikat** n (Chem) / metasilicate n, bisilicate n ‖ **~oxymethylen** n (das Trimere des Formaldehyds) (Chem) / trioxane n, sym-trioxane n
**triözisch** adj (mit zwittrigen, männlichen und weiblichen Blüten auf drei Pflanzen derselben Art) (Bot) / trioecious* adj
**Tripack-Film** m (Film, Foto) / tripack* n
**Tripalmitin** n (Chem) / tripalmitin n, glycerol tripalmitate

**tripartit** adj / tripartite adj
**Tripel** n (Math) / triple n ‖ **~** m (geschichtete Diatomeenerde) (Kieselgur mit Verunreinigung an Tonerde und Eisenoxid) (Min) / tripolite* n, tripoli n, Tripoli powder* ‖ **~** n (drei Punkte verschiedener Leuchtstoffe) (TV) / triad* n, trio n ‖ **~**- / triple adj, treble adj ‖ **pythagoreisches ~** (a,b,c mit $c^2 = a^2 + b^2$) (Math) / Pythagorean numbers, Pythagorean triple ‖ **~-Alpha-Prozeß** m (energieliefernder Kernprozeß nach E.E. Salpeter, geb. 1924) (Astr) / Salpeter process, three-alpha process, triple-alpha process ‖ **~erde** f (Min) / tripolite* n, tripoli n, Tripoli powder* ‖ **~färbung** f (Mikros) / triple staining ‖ **~punkt** m (Treffpunkt dreier Lithosphärenplatten) (Geol) / triple junction* ‖ **~punkt** (ausgezeichneter Punkt eines Einkomponentensystems, bei dem drei Phasen im Gleichgewicht miteinander stehen - z.B. Wasser = 273,16 K) (Phys) / triple point* ‖ **~quantenfilter** n (Chem, Phys) / triple quantum filter, TQF ‖ **~resonanz** f (in der Kernresonanzspektroskopie) (Spektr) / triple resonance ‖ **~salz** n (Verbindung aus drei Salzen) (Chem) / triple salt ‖ **~salz** (Monokaliumsalz der Peroxomonoschwefelsäure) (Chem) / potassium hydrogenperoxomonosulphate ‖ **~spiegel** m (ein Winkelinstrument) (Opt) / corner reflector, triple mirror, triple reflector ‖ **~superphosphat** n (mit mehr als 46% $P_2O_5$) (Landw) / triple superphosphate ‖ **~superphosphat** (Phosphorsäuredüngemittel mit etwa 44-47% $P_2O_5$) (Landw) / triple superphosphate* ‖ **~wasser** n (Abpoliermittel, das gemahlenen Tripel enthält) / tripoli fluid (water)
**Tri•pentylborat** n (Anstr, Chem) / triamyl borate ‖ **~peptid** n (Peptid mit drei Aminosäureeinheiten) (Biochem) / tripeptide n
**Triphenyl** n (beständiges freies Radikal) (Chem) / trityl* n (radical), triphenylmethyl n (radical) ‖ **~amin** n (Chem) / triphenylamine n ‖ **~formazan** n (für die Synthese von 2,3,5-Triphenyltetrazoliumchlorid) (Chem) / triphenyl-formazan n ‖ **~methan** n (Chem) / triphenylmethane n ‖ **~methanfarbstoffe** m pl (eine Unterteilung der Triarylmethanfarbstoffe) (Tex) / triphenylmethane dyes*, triphenylmethane dyestuffs, triphenylmethane pigments ‖ **~methanfarbstoffe** m pl (Tex) s. auch Triarylmethanfarbstoff ‖ **~methanol** n (Chem) / triphenylmethanol n ‖ **~methyl** n (beständiges freies Radikal) (Chem) / trityl* n (radical), triphenylmethyl n (radical) ‖ **~phosphan** n (Chem) / triphenyl phosphine n ‖ **~phosphat** n (ein Weichmacher) (Chem, Plast) / triphenyl phosphate ‖ **~phosphin** (Chem) / triphenylphosphine n ‖ **~phosphinoxid (TPO)** n (Chem) / triphenylphosphine oxide (TPO) ‖ **~phosphit** n (Chem) / triphenyl phosphite ‖ **~tetrazoliumchlorid (TTC)** n (ein Tetrazoliumsalz, das als Reduktionsindikator dient) (Chem) / triphenyltetrazolium chloride (TTC) ‖ **~zinn** n (eine zinnorganische Verbindung) (Chem) / triphenyltin n
**tri•phibisch** adj (Operation, Kriegführung) (Mil) / triphibian adj ‖ **~phosphat** n (E 451) (Chem, Nahr) / triphosphate n ‖ **~phylin** m (eisen- und manganhaltiges Lithiumphosphat) (Min) / triphylite* n
**Triple-ported-RAM** n (EDV) / triple-ported RAM
**Triplet** n (Opt) / triplet n, triplet lens ‖ **achromatisches ~** (Opt) / achromatic triplet
**Triplett** n (mit einer genetischen Information) (Biochem, Gen) / triplet n ‖ **~** (Opt) / triplet n, triplet lens ‖ **~** (Gruppe von Linien in Atomspektren) (Spektr) / triplet n ‖ **Cookesches ~** (Opt) / Cooke triplet, Cooke objective n ‖ **~generator** m (Verbindung, die mit hoher Effektivität zur Triplett-Triplett-Übertragung befähigt ist) (Chem) / triplet generator ‖ **~kode** m (mit einer genetischen Information) (Biochem, Gen) / triplet n ‖ **~sauerstoff** m (der elektrische Grundzustand des Sauerstoffmoleküls) (Chem) / triplet oxygen ‖ **~zustand** m (Spektr) / triplet* n, triplet state
**Triple-Vakzine** f (Med) / triple vaccine*
**Triplex•-Glas** n (dreischichtiges Sicherheitsglas) (Glas) / Triplex glass* ‖ **~karton** m (DIN 6730) (Pap) / three-layer board, triplex board ‖ **~kette** f (Rollenkette mit drei parallelen Ketten) (Masch) / triplex chain, triple roller chain ‖ **~papier** n **mit Leinwandeinlage** (Pap) / cloth-centred paper ‖ **~verfahren** n (Hütt) / triplex process
**Triplit** n (Mineral der Zwieselit-Wolfeit-Gruppe mit Fe > Mn) (Min) / triplite n
**tri•ploid** adj (Gen) / triploid* adj ‖ **~ploidit** m (Mineral der Zwieselit-Wolfeit-Gruppe mit Mn > Fe) (Min) / triploidite n
**Tripode** m (Betonformkörper) (Ozean, Wasserb) / tripod n ‖ **~gelenk** n (ein Gleichlaufgelenk) (Kfz) / tripod joint, constant-velocity tripod joint ‖ **~gleichlaufgelenk** n (Kfz) / tripod joint, constant-velocity tripod joint
**Tripropylenglykol** n (ein Polyalkylenglykol) (Chem) / tripropylene glycol
**Triptan** n (ein Zusatzstoff für Flugkraftstoffe) (Kftst, Luftf) / triptane n
**Triptik** n (pl. -s) / triptyque n
**Tripton** n (Biol) / detritus* n
**Triptycen** n (9,10-Dihydro-9,10-o-benzenoanthracen) (Chem) / triptycene n

**Triptyk** *n* (pl. -s) (dreiteiliger Grenzübertrittsschein für Kraft- und Wasserfahrzeuge) / triptyque *n*
**Tripus** *m* (Glas) / pig* *n*
**Tris** *n* (Chem, Pharm) / tromethamine *n*, THAM, TRIS, tris buffer, trisamine *n*, trimethylol aminomethane
**Tri•saccharid** *n* (Chem) / trisaccharide* *n* ‖ ~**sacharid** *n* (Chem) / trisaccharide* *n*
**Tris(hydroxymethyl)-aminomethan** *n* (Chem) / trimethylol aminomethane
**Trisauerstoff** *m* ($O_3$) (Chem) / trioxygen *n* ‖ ~ ($O_3$) (Chem) s. auch Ozon
**Trisazofarbstoffe** *m pl* (Tex) / trisazo dyes, trisazo dyestuffs
**Trisektion** *f* (Math) / trisection *n* ‖ ~ **des Winkels** (Math) / trisection of an angle
**Trisektrix** *f* (pl. -izes) (Math) / trisectrix *n* (pl. trisectrices) ‖ **Catalansche** ~ (Math) / Catalan's trisektrix, Tschirnhausen trisectrix, l'Hôpital cubic ‖ **Maclaurinsche** ~ (Math) / Maclaurin's trisectrix, trisectrix of Maclaurin
**Trisilan** *n* (Chem) / trisilane *n*
**Trisistor** *m* (Schalttransistor mit ähnlichen Eigenschaften wie ein Thyristor) (Eltronik) / trisistor *n*
**Trismus** *m* (pl. -men) (Med) / trismus* *n*, lockjaw*
**trisom** *adj* (Gen) / trisomic* *adj*
**Trispuffer** *m* (Chem, Pharm) / tromethamine *n*, THAM, TRIS, tris buffer, trisamine *n*, trimethylol aminomethane
**T-Risse** *m pl* (die sich aus zwei geraden senkrecht zueinander stehenden Rissen zusammensetzen und die Form eines "T" bilden) / T cracks
**Tristate** *m* (elektronische Schaltung, die zusätzlich zu den Ausgangspegeln "L" und "H" einen hochohmigen /passiven/ Ausgangspegel "Z" annehmen kann) (Eltronik) / tristate *n* ‖ ~**-Gatter** *n* (EDV) / tri-state gate ‖ ~**-Logik (TSL)** *f* (Eltronik) / tri-state logic, TSL ‖ ~**-Prüfung** *f* (bei Bussystemen innerhalb digitaler Schaltungen) (EDV) / tri-state testing ‖ ~**-Schaltkreis** *m* (Eltronik) / tri-state circuit ‖ ~**-Technik** *f* (Eltronik) / tri-state technique, three-state technique
**Tri•stearan** *n* (Chem) / tristearate *n* ‖ ~**stearin** *n* (kristallines Gemisch des Glyzerintripalmitats mit den Triglyzeriden der Stearin- und Ölsäure) (Chem) / tristearin *n*
**Tristetraeder** *n* (Krist) / triakistetrahedron (pl. -s or -hedra), pyramidal tetrahedron
**trisubstituiert** *adj* (Chem) / trisubstituted *adj*
**Trisulfid** *n* (Chem) / trisulphide *n*, tersulphide *n*
**tritaktisch** *adj* (Polymer) (Chem) / tritactic *adj*
**Tritan** *n* (Chem) / triphenylmethane *n*
**Tritanomalie** *f* (angeborene Farbensinnstörung in Form eines gestörten Unterscheidungsvermögens für Blau und Grün) (Opt) / tritanomaly *n*
**Tritanopie** *f* (Opt) / tritanopia *n*, blue-yellow blindness
**tritanopisch** *adj* (Opt) / tritanopic* *adj*
**Tri•tauchlack** *m* (mit Trichlorethylen) (Anstr) / trichloroethylene dipping paint ‖ ~**terpen** *n* (aus sechs Isopreneinheiten aufgebautes Terpen) (Chem) / triterpene *n* ‖ ~**terpensaponin** *n* (Chem) / triterpene saponin *n* ‖ ~**-Tet-Oszillator** *m* (Phys) / tri-tet oscillator (crystal-controlled, electron-coupled, vacuum-tube oscillator circuit which is isolated from the output circuit through use of the screen grid electrode as the oscillator anode) ‖ ~**thionsäure** *f* (eine Polythionsäure) (Chem) / trithionic acid
**Triticale** *n* (Bot, Landw) / triticale *n* (a hybrid cereal produced by crossing wheat and rye, grown as a fodder crop)
**tritiieren** *v* (Chem) / tritiate *v*
**tritiiert** *adj* (Chem) / tritiated *adj* ‖ ~**es Wasser** (Nukl) / tritiated water
**Tritium (T)** *n* (das schwerste, einzige radioaktive Isotop des Wasserstoffs) (Chem, Kernphys) / tritium* *n* ‖ **mit** ~ **kontaminiert** (Nukl) / tritiated *adj* ‖ **mit** ~ **markiert** (Nukl) / tritiated *adj* ‖ **organisch gebundenes** ~ (Biol, Chem) / organic-bound tritium ‖ ~**angereichertes Wasser** (Nukl) / tritiated water ‖ ~**einheit** *f* (Chem) / tritium unit* ‖ ~**haltig** *adj* (Abfall) (Nukl) / tritiated *adj* ‖ ~**kontaminiert** *adj* (Abfall) (Nukl) / tritiated *adj* ‖ ~**methode** *f* (der Altersbestimmung) (Geol) / tritium method ‖ ~**wasser** *n* (Nukl) / tritiated water
**Tritol** *n* (Chem) / trinitrotoluene* *n*, TNT*, trotyl *n*, triton *n*
**Triton** *n* (Atomkern des Tritiums) (Chem, Kernphys) / triton* *n* ‖ ~ **X-100** (ein Warenzeichen für Tenside) (Chem) / Triton X-100*
**Tritonierung** *f* (Chem) / tritonation *n*
**Tritt** *m* (transportable Kleintreppe) / step stool, step-platform ladder ‖ ~ (Trittbrett) / foot-board *n*, running board ‖ ~ (Web) / treadle *n* ‖ **außer** ~ **fallen** (Eltech) / pull out *v* ‖ **im** ~ (Eltech) / in step* ‖ **in** ~ **fallen** (Eltech) / pull in *v* ‖ ~**brett** *n* / foot-board *n*, running board ‖ ~**brettschiene** *f* (Kfz) / side sill ‖ ~**fest** *adj* (z.B. Teppich) (Tex) / hard-wearing *adj* (GB), long-wearing *adj* (US), crush-resistant *adj* ‖ ~**fest** (Tex) / resilient *adj* ‖ ~**fläche** *f* (Bau) / tread* *n* ‖ ~**platte** *f* (im Garten) (Bau) / stepping stone

**Trittschall** *m* (Akus, Bau) / impact sound, footfall *n* (sound) ‖ ~**pegel** *m* (DIN 1320) (Akus) / impact-sound level, impact-sound-pressure level ‖ **bewerteter Standard-**~**pegel** (DIN 1320) (Akus) / weighted standardized impact-sound-pressure level ‖ ~**schutz** *m* (Akus, Bau) / impact-sound insulation, footfall-sound insulation ‖ ~**-Verbesserungsmaß** *n* (bei Teppichen) (Bau, Tex) / sound absorption
**Tritt•sicherheit** *f* / safe footing ‖ ~**spur** *f* / tread *n* ‖ ~**stein** *m* (im Garten) / stepping stone ‖ ~**stufe** *f* (ohne Setzstufe - bei hohlen Treppen) (Bau) / skeleton step* ‖ **ausgeglichene** ~**stufenfläche** (bei gewundenen Treppen) (Bau, Zimm) / balanced step, dancing step
**Trituration** *f* (Anstr, Pharm) / grinding *n*, trituration *n*, milling *n*
**triturieren** *v* (Anstr, Pharm) / grind *v*, triturate *v*, mill *v*
**Trityl** *n* (beständiges freies Radikal) (Chem) / trityl* *n* (radical), triphenylmethyl *n* (radical)
**Triuranoktoxid** *n* ($U_3O_8$) (Chem) / triuranium octoxide, uranous-uranic oxide, uranyl uranate
**trivalent** *adj* (Chem) / trivalent* *adj*, tervalent* *adj*
**Trivalenz** *f* (Chem) / trivalency *n*
**trivariant** *adj* (Phys) / tervariant *adj*, trivariant *adj*
**trivial** *adj* (Chem, Math) / trivial *adj* ‖ ~**e Lösung** (Math) / trivial solution
**Trivialisierung** *f* (Math) / trivialization *n*
**Trivialname** *m* (Gegensatz: systematischer Name) (Chem) / trivial name, common name
**Triwolframoxid** *n* ($W^3O$) (Chem) / tritungsten oxide
**Trizinat** *n* (ein Initialsprengstoff) (Chem) / lead styphnate
**Trizinkdiphosphid** *n* ($Zn_3P_2$) (ein Rodentizid) (Chem) / zinc phosphide
**trizyklisch** *adj* (Chem) / tricyclic *adj* ‖ ~**es Terpen** (Chem) / tricyclic terpene
**t-RNA** *f* (Biochem) / t-RNA* *n*, transfer RNA*, s-RNA, soluble RNA
**t-RNS** *f* (Biochem) / t-RNA* *n*, transfer RNA*, s-RNA, soluble RNA
**Trochilus** *m* (Hohlkehle) (Arch) / trochilus *n*, scotia* *n*
**Trochoide** *f* (eine Zykloide) (Math) / trochoid* *n*
**trochoiden•förmig** *adj* (z.B. Gehäuse des Wankel-Motors) / trochoidal *adj* ‖ ~**massenspektrometer** *n* (Nukl, Spektr) / trochoidal mass analyser*, cycloidal mass spectrometer ‖ ~**pumpe** *f* (eine Vakuumpumpe, die nach dem Wankel-Prinzip konstruiert ist) (Vakuum) / trochoidal vacuum pump
**Trochoidmassenspektrometer** *n* (Nukl, Spektr) / trochoidal mass analyser*, cycloidal mass spectrometer
**Trochotron** *n* (eine Schaltröhre) (Nukl) / trochotron* *n*
**trocken** *adj* (Chem) / dry *adj* ‖ ~ (z.B. Standort) (Bot) / xeric* *adj* ‖ ~**es Abgas** (aus dem Ofen) / dry flue gas* ‖ ~**es Abstrahlen** / dry blasting, dry-blast cleaning ‖ ~ **abziehbar** (Tapete) / dry-strippable *adj* ‖ ~**e Aufbereitung** (Aufber) / dry cleaning ‖ ~**e Bohrung** (Erdöl) / duster *n* (a completely dry hole), dry hole, dry well ‖ ~**e Deposition** (wenn die Spurenstoffe an Stäube gebunden oder direkt an Oberflächen abgelagert werden) (Meteor, Umwelt) / dry deposition* ‖ ~**e Destillation** (Chem, For) / dry distillation, pyrogenic distillation ‖ ~**es Durchbruchstal** (Geol) / wind gap, wind valley, air-gap *n* ‖ ~**es Erdgas** (> + $10g/m^3$ kondensierbare Kohlenwasserstoffe) / dry gas *n* ‖ ~ **fallen** *v* (bei Ebbe) (Schiff) / take the ground ‖ ~**er Fallout** (Nukl, Umwelt) / dry deposit, dry fallout ‖ ~**er Gaszähler** / dry-type gas meter, diaphragm meter, dry gas meter ‖ ~ **geladene Batterie** (Eltech) / dry-charged battery ‖ ~**es heißes Gestein** (zur Gewinnung geothermischer Energie) (Geol) / hot-dry rock, HDR ‖ ~**e Karbonisation** (der Wolle) (Tex) / dry carbonizing ‖ ~**es Karbonisieren** (der Wolle) (Tex) / dry carbonizing ‖ ~**e Korrosion** (DIN 50900) (Galv) / dry corrosion ‖ ~**e Kritikalität** (ohne Kühlmittel) (Nukl) / dry criticality ‖ ~**e Laufbuchse** (V-Mot) / dry liner*, dry cylinder sleeve ‖ ~**er Nebel** (Meteor) / dry fog ‖ ~**e Probe** (Chem, Hütt) / dry assay* ‖ ~**e Reibung** (wenn die Flächen ohne Schmierung aufeinander gleiten) (Masch) / dry friction ‖ ~**e Schlacke** (ohne schmelzflüssigen Anteil) (Hütt) / dry slag ‖ ~**e Sektion** (des Labors) (Foto) / dry section ‖ ~**es Strahlen** / dry blasting, dry-blast cleaning ‖ ~**es Thermometer** (des Psychrometers) / dry-bulb thermometer ‖ ~**er Toner** (Druck) / dry toner ‖ ~ **und aschefrei** / dry and ash-free ‖ ~ **und kühl aufbewahren!** / keep dry and cool ‖ ~ **und mineralstofffrei** (Kohle) / dry, mineral-matter free *adj*, dmmf ‖ ~ **Veraschen** (Chem Verf) / dry ashing ‖ ~**e Zylinderlaufbuchse** (V-Mot) / dry liner*, dry cylinder sleeve
**Trocken•abort** *m* (Sanitär) / chemical closet* *n* ‖ ~**abscheider** *m* / dry separator *n* ‖ ~**abscheidung** *f* / dry separation ‖ ~**adiabate** *f* (Meteor) / dry adiabatic* ‖ ~**adiabatisches Temperaturgefälle** (Meteor) / dry-adiabatic lapse rate* (DALR) ‖ ~**adiabatischer Temperaturgradient** (Meteor) / dry-adiabatic lapse rate* (DALR) ‖ ~**apparat** *m* **nach Abderhalden** (E. Abderhalden, 1877 - 1950) (Chem) / Abderhalden drying pistol ‖ ~**appretur** *f* (Tex) / dry finishing ‖ ~**appretur** (Tex) s. auch Nachappretur ‖ ~**asche** *f* / dry ash ‖ ~**ast** *m* (For) / dead knot ‖ ~**ätzen** *n* (Eltronik) / dry etching technique ‖ ~**ätzverfahren** *n* (für die Strukturübertragung auf Halbleiterbauelemente) (Eltronik) / dry etching technique ‖ ~**aufbereitung** *f* (Aufber) / dry cleaning ‖ ~**aufbereitung** (ohne

**Trockenaufbereitung**

**Trockenautomat**

nennenswerte Zusätze von Feuchtigkeit) (Keram) / dry mixing, dry mix, dry process ‖ ~**automat** *m* / automatic drier ‖ ~**bagger** *m* (HuT) / excavator* *n*, universal excavator* ‖ ~**batterie** *f* (aus Trockenelementen - DIN IEC 86, T 1) (Eltech) / dry battery* ‖ ~**bauweise** *f* (Bau) / dry construction* ‖ ~**beerenauslese** *f* (Nahr) / Trockenbeerenauslese *n* (a sweet German white wine made from selected individual grapes picked later than the general harvest and affected by noble rot) ‖ ~**beet** *n* (zur natürlichen Schlammentwässerung) (Sanitär) / drying bed ‖ ~**behandlung** *f* (z.B. Chloren oder Bleichen) (Tex) / dry chemicking ‖ ~**beizung** *f* (eine Saatgutbeizung) (Landw) / powder dressing, dry (seed) treatment ‖ **auf dem** ~**boden getrocknet** (Pap, Zimm) / loft-dried *adj* ‖ ~**bohren** *n* (mit trockenem Bohrgutaustrag) (Bergb) / dry drilling ‖ ~**bohrer** *m* **für Schußbohrungen** (Geophys) / auger *n* ‖ ~**brett** *n* (für keramische Erzeugnisse) (Keram) / pallet *n* ‖ ~**bruchfestigkeit** *f* (Widerstandsfähigkeit getrockneter Formlinge gegen äußere Kräfte) (Keram) / dry rupture strength, dry fracture strength ‖ ~**bügelautomat** *m* (ein Bügeleisen ohne Dampfentwicklung) / dry iron ‖ ~**bürsten** *n* (Tex) / dry brushing* ‖ ~**busch** *m* (For) / thorn forest, thorn bush ‖ ~**chemie** *f* (Analyse von Körperflüssigkeiten mit getrockneten Reagenzträgern) (Chem) / dry chemistry ‖ ~**chemische Wiederaufbereitung** (Nukl) / pyrochemical reprocessing ‖ ~**dampf** *m* / dry steam* ‖ ~**dampfanteil** *m* (Masch) / dryness fraction* ‖ ~**destillation** *f* (Chem, For) / dry distillation, pyrogenic distillation ‖ ~**dichte** *f* (des Bodens) (HuT) / dry density ‖ ~**dichtendes kegeliges Rohrgewinde** (ein Feingewinde) (Masch) / dry-seal fine taper pipe thread (US) ‖ ~**dienst** *m* (Bergb) / dry service ‖ ~**dock** *n* (durch Ausbaggerung entstandenes) (Schiff) / dry dock*, graving dock* ‖ ~**eis** *n* (Kohlensäureschnee) / dry ice* ‖ ~**elektrolytkondensator** *m* (Eltech) / dry electrolytic capacitor* ‖ ~**element** *n* (Eltech) / dry cell* ‖ ~**elko** *m* (Eltech) / dry electrolytic capacitor* ‖ ~**entfettung** *f* / dry degreasing ‖ ~**entrindung** *f* (For) / dry barking ‖ ~**entstaubung** *f* / dry dedusting ‖ ~**entwickler** *m* (feiner saugfähiger Puder, mit dem die Oberfläche des Prüfstücks beim Eindringverfahren eingepudert wird) (WP) / dry developer ‖ ~**extrakt** *m n* (Pharm) / dry extract ‖ ~**farmerei** *f* (Landw) / dry farming ‖ ~**farmsystem** *n* (Landw) / dry farming ‖ ~**fäule** *f* (Endzustand einer Destruktionsfäule) (For) / dry rot* (by water-conducting fungi) ‖ ~**feldbau** *m* (bewässerungsloser, z.B. auf Lanzarote) (Landw) / dry farming ‖ ~**festigkeit** *f* (Gieß) / baked strength ‖ ~**festigkeit** (Tex) / dry strength, strength in the dry state ‖ ~**film** *m* (Anstr) / dry film, dried film ‖ ~**filmschmierung** *f* / dry-film lubrication ‖ ~**filter** *n* (Sanitär) / dry filter (water treatment) ‖ ~**filter** (ein Elektrofilter) (Umwelt) / dry precipitator, dry electrofilter, dry electrostatic filter ‖ ~**filz** *m* (Pap) / dry felt ‖ **genadelter** ~**filz** (Tex) / needled dry felt ‖ ~**form** *f* (Gieß) / dry-sand mould ‖ ~**frachter** *m* (Schiff) / dry-cargo freighter, dry-cargo ship ‖ ~**futter** *n* / dry feed ‖ ~**futterautomat** *m* (Landw) / dry feeder ‖ ~**gas** *n* / dry gas ‖ ~**gehalt** *m* (DIN 6730) (Pap) / dry content, dry-solids content ‖ ~**gemüse** *n* (Nahr) / dehydrated vegetables, dried vegetables ‖ ~**gepreßt** *adj* (mit maximal 1,5% Wasser) (Keram) / dust-pressed *adj* ‖ ~**gepreßt** (mit 5 - 10% Wasser) (Keram) / dry-pressed *adj* ‖ ~**gesättigter Dampf** / dry steam* ‖ ~**gestell** *n* / drying rack ‖ ~**gewicht** *n* (Phys) / dry weight ‖ ~**gleichrichter** *m* (Eltech) / dry-plate rectifier*, metal rectifier*, metallic rectifier, dry rectifier, dry-disk rectifier ‖ ~**gleichrichter** (Eltech) s. auch Selengleichrichter und Sperrschichtgleichrichter ‖ ~**grad** *m* (z.B. staubtrocken oder klebfrei - DIN 53150) (Anstr) / drying degree, drying stage ‖ ~**guß** *m* (in getrockneten verlorenen Formen) (Gieß) / dry-sand casting ‖ ~**gußform** *f* (Gieß) / dry-sand mould ‖ ~**gußformen** *n* (Gieß) / dry moulding*, dry-sand moulding ‖ ~**gußformsand** *m* (Gieß) / dry sand* ‖ ~**hefe** *f* (Nahr) / dry yeast, yeast powder, dried yeast

**Trockenheit** *f* / dryness *n* ‖ ~ (Meteor) / drought* *n* ‖ ~ **liebend** (Bot) / xerophilous *adj*

**Trocken**~**holz** *n* (For) / dry wood ‖ **liegendes** ~**holz** (For) / down timber ‖ ~**holzinsekten** *n pl* (holzbewohnende Insekten, die trocknendes oder trockenes, berindetes Holz oder trockenes Werkholz befallen) (For) / dry-wood insects ‖ ~**holzmaß** *n* / dry-wood weight ‖ ~**kabine** *f* (der Lackierstraße) (Anstr) / low-bake booth ‖ ~**kammer** *f* (Aufber, Hütt) / kiln* *n*, dry kiln ‖ ~**kammer** (Plast) / plenum chamber ‖ ~**kammer** (in der Textildruckerei) (Tex) / drying chamber ‖ ~**karbonisation** *f* (der Wolle) (Tex) / dry carbonizing ‖ ~**klebefolie** *f* (Foto) / dry-mounting tissue ‖ ~**klosett** *n* (Sanitär) / chemical closet* ‖ ~**kollergang** *m* (Keram) / dry pan a muller-type mixer in which materials are ground or blended with a minimum amount of moisture) ‖ ~**kompaß** *m* / dry-type compass, dry compass ‖ ~**kopie** *f* (die ohne Verwendung von Flüssigkeit entwickelt wird) / dry copy ‖ ~**kopierer** *m* (Bür) / dry copier ‖ ~**kugeltemperatur** *f* (Phys) / dry-bulb temperature ‖ ~**kühlturm** *m* (der die 3,5fache Luftmenge eines Naßkühlturms benötigt und daher im Bauvolumen und Grundflächenbedarf wesentlich aufwendiger ist) / non-evaporative cooling tower, dry cooling tower ‖ ~**kupplung** *f* (Kfz) / dry clutch ‖

~**lackierung** *f* (z.B. Pulverlackierung) (Anstr) / dry coating process ‖ ~**lauf** *m* (einer Maschine ohne Produkt) (Masch) / dry running, no-load running, dry run ‖ ~**laufkompressor** *m* (Masch) / oil-free compressor, dry-piston compressor, non-lubricated compressor, oilless compressor ‖ ~**lauflager** *n* (Masch) / dry bearing ‖ ~**laufverdichter** *m* (Masch) / oil-free compressor, dry-piston compressor, non-lubricated compressor, oilless compressor ‖ ~**legung** *f* (von Sümpfen) (HuT) / drainage *n*, draining *n* ‖ ~**löscher** *m* / dry-powder extinguisher ‖ ~**löschmittel** *n* (sehr oft NaCl + NaHCO$_3$) / dry chemical (for fire fighting), dry powder* ‖ ~**luftfilter** *n* (Kfz) / dry air cleaner ‖ ~**mansarde** *f* (in der Textildruckerei) (Tex) / drying chamber ‖ ~**maschine** *f* (für Gewebe) (Tex) / drying machine, drying apparatus, drier *n* ‖ ~**maß** *n* (Hohlmaß für Trockensubstanzen oder Schnittgüter) / dry measure ‖ ~**masse** *f* (eines Triebwerks ohne Kraft-, Schmier- und Kühlstoff) (Luftf) / dry weight*, dry mass* ‖ ~**masse** (Nahr) / dry substance, dry bulk, dry matter, dry basis, solids *pl* ‖ ~**masse** (als Gewichtskraft) (Phys) / dry weight ‖ ~**mater** *f* (in der Trockenstereotypie) (Druck) / dry flong ‖ ~**mauer-** (Bau) / laid-dry *adj* ‖ ~**mauerung** *f* (ohne Mörtelverbund) (Bau) / dry masonry ‖ ~**mauerwerk** *n* (als Ergebnis der Trockenmauerung) (Bau) / dry masonry, drystone wall, dry-walling *n* ‖ ~**metallurgie** *f* (Hütt) / pyrometallurgy* *n*, igneous metallurgy, melting metallurgy ‖ ~**milch** *f* (Nahr) / dry milk, milk powder, powdered milk ‖ **auf Milchkonzentration verdünnte** ~**milch** (Nahr) / reconstituted milk, reconstituted powdered milk ‖ ~**mischung** *f* (aus mehreren Kunststoffen oder aus Kunststoffen mit Weichmachern sowie Mischung aus mehreren Einzeldüngern) (Plast) / dry blend, powder blend ‖ ~**mittel** *n* (das Wasser und Feuchtigkeit aufnimmt) / desiccant* *n*, drying agent ‖ ~**molke** *f* (Nahr) / whey powder, powdered whey ‖ ~**mörtel** *m* (Bau) / dry mortar ‖ ~**objektiv** *n* (Mikros) / dry objective ‖ ~**obst** *n* (Nahr) / dried fruit ‖ ~**ofen** *m* (im allgemeinen) / stove *n* ‖ ~**ofen** (Aufber, Hütt) / kiln* *n*, dry kiln ‖ ~**ofen** (Gieß) / drying stove*, foundry stove*, baking oven ‖ ~**offset** *n* (von einer Hochdruckform über einen Gummizylinder auf das Papier) (Druck) / letterset printing*, dry offset*, indirect letterpress, driography* *n* ‖ ~**partie** *f* (einer Langsiebpapiermaschine) (Pap) / drier section, dry end, dry section, dry part ‖ ~**paste** *f* (Anstr, Chem, Druck) / paste drier, patent drier ‖ ~**pause** *f* (deren Entwicklung durch Gase oder Wärme erfolgt) / dry diazo copy ‖ ~**pektin** *n* (Nahr) / solid pectin ‖ ~**periode** *f* (Zeitraum mit ausgeprägter trockener Witterung) (Meteor) / drought* *n* ‖ ~**pflanze** *f* (Bot) / xerophyte* *n* ‖ ~**pistole** *f* (ein Laborgerät) (Chem) / drying pistol ‖ ~**platte** *f* (Foto) / dry plate ‖ ~**plattengleichrichter** *m* (Eltech) / dry-plate rectifier*, metal rectifier*, metallic rectifier, dry rectifier, dry-disk rectifier ‖ ~**platz** *m* (zur Rohhautkonservierung) (Leder) / dry loft ‖ ~**pökelung** *f* (mit Pökelsalz, das 0,5-0,6% Natriumnitrit enthält) (Nahr) / dry curing, shelf curing ‖ ~**polieren** *v* (nur Infinitiv und Partizip) / polish till dry ‖ ~**präparat** *n* / dry preparation ‖ ~**presse** *f* / print drier, drier *n*, rapid print drier, heated print drier ‖ ~**presse** (Foto) / glazing machine ‖ ~**pressen** *v* (nur Infinitiv und Partizip) (Foto) / glaze *v* ‖ ~**pressen** *n* (Foto) / glazing* *n* ‖ ~**pressen** (mit 5-10% Wasser) (Keram) / dry pressing ‖ ~**pressen** (mit maximal 1,5% Wasser) (Keram) / dust pressing ‖ ~**preßmasse** *f* (Keram) / dry body (for dry pressing) ‖ ~**preßziegel** *m* (Keram) / dry-presses brick ‖ ~**probe** *f* (Chem, Hütt) / dry assay* ‖ ~**punkt** *m* (bei der Destillationsanalyse) (Chem) / dry point ‖ ~**putzplatte** *f* (Bau) / wallboard* *n* ‖ ~**rahmen** *m* (Tex) / stenter* *n*, tenter* *n*, tenter frame ‖ ~**rasierer** *m* / electric shaver, electric razor ‖ ~**raum** / stove *n* ‖ ~**raum** (For) / seasoning kiln **einfacher** ~**raum** (der sich oberhalb des Brennofens befindet) (Keram) / mangle *n* ‖ ~**reibechtheit** *f* (von Drucken und Färbungen) (Tex) / dry rub fastness ‖ ~**reibung** *f* (Masch) / dry friction ‖ ~**reinigen** *v* (nur Infinitiv oder Partizip Perfekt) (Chem, Tex) / dry-clean *v* ‖ ~**reinigungsbeständig** *adj* (Tex) / unaffected by dry cleaning ‖ ~**reinigungsecht** *adj* (Tex) / unaffected by dry cleaning ‖ ~**reinigungsverstärker** *m* (Tex) / dry-cleaning promoter, cleaning intensifier, dry-cleaning detergent, dry-cleaning aid ‖ ~**rindfleisch** *n* (ungesalzenes, an der Sonne gedörrt) (Nahr) / jerked beef, charqui *n* ‖ ~**riß** *m* (Anstr) / drying crack ‖ ~**riß** (Schrumpfungsriß im Boden bei natürlicher Austrocknung) (Geol) / desiccation crack, mud crack, sun crack* ‖ ~**rohr** *n* (Chem) / drying tube ‖ ~**rückstand** *m* (Anteil der Trockenmasse an der gesamten Masse des Schlammes in kg/kg - DIN 4045) (Sanitär) / rate of dried solid matter ‖ ~**salzung** *f* (von Fleisch und Häuten) (Leder, Nahr) / dry salting ‖ ~**salzung** (von Fischen) (Nahr) / kenching *n*, kench curing ‖ ~**sand** *m* (Gieß) / dry sand* ‖ ~**sandformen** *n* (Gieß) / dry moulding*, dry-sand moulding ‖ ~**sandkern** *m* (Gieß) / dry-sand core ‖ ~**schleifen** *v* (nur Infinitiv oder Partizip) (For) / sand *v* ‖ ~**schleifen** *n* (mit Schleifpapier, Stahlwolle oder Bimsstein) (Anstr) / rubbing-down *n*, flatting-down *n*, sanding *n*, sanding-down *n* ‖ ~**schleuder** *f* / spin-drier *n*, whizzer *n*, hydroextractor *n*, centrifugal drier ‖ ~**schlucht** *f* (Geol) / draw *n* (US) (a coulee whose water results from periodic rainfall) ‖ ~**schmiermittel** *n* (z.B. Graphit,

Molybdändisulfid) / dry lubricant, solid lubricant || ~schnee m (Handelsbezeichnung für Kohlendioxid in fester Form) / dry ice*
**Trockenschrank** m (Bau, Foto, Tex) / drying cabinet* || ~ (Chem) / drying cupboard || ~ (in der Labortechnik) (Chem) / (drying) oven n || ~ (Kernphys, Masch) / dry box* || **im ~ getrocknet** / oven-dry adj, kiln-dry adj || ~ m **mit feststehender Horde und festsitzenden Heizblechen** / shelf drier || ~ **mit herausnehmbaren Trockenblechen** / tray drier
**Trocken•schwindung** f (Keram) / drying shrinkage || ~**span** m (For) / dry chip || ~**spinnen** n (Plast, Spinn) / dry spinning || ~**spinnverfahren** n (Plast, Spinn) / dry spinning* || ~**spritzen** n (Fehler) (Anstr) / dry spray || ~**stanzmasse** f (Keram) / dry body (for dry pressing) || ~**steigleitung** f (Feuerlöschanlagen) (Bau) / dry standpipe || ~**stellen** v (Griff - nur Infinitiv und Partizip) (Leder) / impart a dry handle || ~**stoff** m (DIN EN 971-1 (Anstr, Chem) / drier* n, siccative n || ~**stoff in fester Form** (DIN 55901) (Anstr, Chem, Druck) / paste drier, patent drier || ~**stoffpaste** f (Anstr, Chem, Druck) / paste drier, patent drier || ~**strahlen** n / dry blasting, dry-blast cleaning
**Trockensubstanz** f (Nahr) / dry substance, dry bulk, dry matter, dry basis, solids pl || **bezogen auf die** ~ (Nahr) / dry-basis attr || ~**gehalt** m (Nahr) / dry-substance content(s), dry-matter content(s) || ~**gehalt** (DIN 4045) (Sanitär) / sludge dry solids || ~**masse** f (Phys) / dry weight
**Trocken•sumpfschmierung** f (das zuviel geförderte Öl sammelt sich am Boden der Kurbelgehäuses und wird durch die Trockensumpfpumpe wieder zum Öltank zurückgepumpt) (V-Mot) / dry sump (lubrication)* || ~**tal** n (Geol) / dry valley*, dead valley (a streamless valley) || ~**tal** (Geol) / draw n (US) (a coulee whose water results from periodic rainfall) || ~**tauchzug** n (der den Körper nicht direkt in Berührung mit dem Wasser kommen läßt) / dry suit || ~**temperatur** f (Phys) / dry-bulb temperature || ~**thermik** f (Luftf) / blue-sky thermal || ~**thermometer** n / dry-bulb thermometer || ~**thermometertemperatur** f (Phys) / dry-bulb temperature || ~**toner** m (Druck) / dry toner || ~**transformator** m (dessen Kern und Wicklungen sich nicht in einer Kühl- und Isolierflüssigkeit befinden - bis etwa 1 MVA) (Eltech) / dry-type transformer, air-cooled transformer || ~**trommel** f (Masch) / drum drier, roller drier, rotary drum drier || ~**turm** m (senkrecht stehendes zylindrisches, mit körnigem Trockenmittel gefülltes Absorptionsgefäß (Chem Verf) / drying tower || ~**turm** (für Zerstäubungstrocknung) (Chem Verf) / spray drier, spray tower || ~**überschlagsspannung** f (Eltech) / dry flashover voltage* || ~**verfahren** n (Zementherstellung) / dry method, dry process || ~**verlegt** adj (Bau) / laid-dry* adj || ~**versatz** m (Vorgang) (Bergb) / filling* n, stowing n, packing n || ~**versponnen** adj (Tex) / dry-spun adj || ~**verzinkung** f (Galv) / dry galvanizing || ~**vlies** n (Tex) / dry-laid non-wovens || ~**vorrichtung** f / drier* n, dryer n || ~**walkmaschine** f (DIN 64 990) (Tex) / dry-milling machine || ~**wetterabfluß** m (von Abwässern nach DIN 4045) (Sanitär) / dry-weather flow, dwf, DWF || ~**wetterabflußsumme** f (DIN 4045) (Sanitär) / total volume of discharged water during dry-weather period || ~**wetterzufluß** m (DIN 4045) (Sanitär) / dry-weather flow || ~**wetterzufluß** (DIN 4045) (Sanitär) / dry-weather flow, dwf, DWF || ~**wickelverfahren** n (mit Prepregs) (Plast) / dry winding || ~**zentrifuge** f / spin-drier n, whizzer n, hydroextractor n, centrifugal drier || ~**ziehen** n (Hütt) / dry drawing || ~**zucker** m (polymeres Produkt der Holzverzuckerung) (Chem, Landw) || ~**zuckerung** f (Anreicherung des Mostes vor der Gärung) (Nahr) / chaptalization || ~**zug** m (Hütt) / dry drawing || ~**zylinder** m (Pap, Tex) / drying cylinder*
**trocknen** v / dry v, desiccate v, exsiccate v, dehydrate v || ~ (For) / season v || ~ (Kerne) (Gieß) / bake v || ~ (Obst) (Nahr) / dry v || ~ (Wäsche - nicht bügeln) (Tex) / rough-dry v || ~ n / drying n, desiccation* n, exsiccation* n, drying-out n || ~ (For) / seasoning* n, desiccation* n, drying n || ~ **an der Luft** / air drying* (the removal of moisture from a product by naturally occurring evaporation to air), open-air drying, sun drying || ~ **auf der Wäscheleine** (Tex) / line drying
**trocknendes Öl** (ein fettes Öl mit IZ > 170) (Anstr) / drying oil*
**Trockner** m / drier* n, dryer n || ~ (For) / kiln n || ~**ausfallende** n / drier exit || ~**ausfallseite** f / drier exit || ~**austragende** n / drier exit || ~**austragseite** f / drier exit
**Trocknung** f / drying n, desiccation* n, exsiccation* n, drying-out n || ~ (bestimmte Temperatur für ein Einbrennsystem) (Anstr) / baking temperature (US) || ~ (For) / seasoning* n, desiccation* n, drying n || **atmosphärische** ~ (Anstr) / open-air drying || **beschleunigte** ~ (Anstr) / forced drying, accelerated drying || **chemische** ~ (Härtung durch chemische Reaktion, z.B. oxidative Vernetzung) (Anstr) / chemical drying || **dielektrische** ~ (Eltech) / high-frequency (dielectric) drying, dielectric drying || **forcierte** ~ (DIN EN 971-1) (Anstr) / forced drying, accelerated drying || **natürliche** ~ (For) / natural (air) seasoning, air drying || **oxidative** ~ (der Anstrichfarbe) (Anstr) / drying by oxidation (of oil content) || **physikalische** ~ (einfaches Zusammenfließen der Bindemittelteilchen nach Verdunsten der Lösungsmittel) (Anstr) / physical drying, drying by evaporation of the solvent || ~ f **mittels Lösungsmitteln** / solvent drying

**Trocknungs•dauer** f (Anstr) / drying time || ~**diagramm** n (nach dem Trocknungsplan) (For) / drying curve || ~**fehler** m (For) / defect due to seasoning, seasoning defect, drying defect || ~**gefälle** n / drying gradient || ~**grad** m (Anstr) / drying degree, drying stage || ~**mittel** n (chemisch oder physikalisch wirkendes) / desiccant* n, drying agent || ~**plan** m (For) / kiln-drying schedule || ~**programm** n (For) / kiln-drying schedule || ~**verhalten** n / drying properties || ~**verlauf** m (in grafischer Darstellung) (For) / drying curve || ~**verlust** m (im allgemeinen) / loss on drying, loss by drying || ~**verlust** (bei der Holztrocknung) (For) / drying degradation, seasoning degradation || ~**verwerfung** f (For) / seasoning set || ~**verzögerung** f (Anstr) / drying retardation || ~**zeit** f (die Zeitdauer zwischen dem Aufbringen des Anstrichstoffes und dem Erreichen eines bestimmten Trocknungszustandes unter definierten Prüfbedingungen - DIN 55945) (Anstr) / drying time
**Troddel** f (Tex) / tassel n
**troff** (EDV) / troff n, nroff n, UNIX formatter
**Trog** m / vat n, back* n, tub n, beck* n, bark n || ~ / trough n || ~ (Geol) / canoe fold, synclinal closure || ~ (Gebiet tiefen Luftdrucks hinter der Kaltfront mit besonders starker Isobarenkrümmung) (Meteor) / trough* n (of low pressure) || **doppelwandiger** ~ (Tex) / jacketed trough || **elektrolytischer** ~ (in dem Potential- und Kraftlinienverläufe durch den Verlauf von Strömen nachgebildet werden) (Eltech) / electrolytic tank*, electric tank, potential-flow analyser || ~**bandförderer** m (Masch) / troughed belt conveyor*, trough conveyor || ~**blech** n (Hütt) / trough sheet || ~**brücke** f (HuT) / through bridge*, bottom-road bridge || ~**entrinder** m (For) / pocket barker, bag barker || ~**entrindung** f (For) / pocket barking
**Tröger-Base** f (Chem) / Tröger's base
**Tröger-Schaltung** f (eine Löschschaltung mit Kondensatorlöschung zur Einzellöschung von Thyristoren in selbstgeführten Stromrichtern) (Eltronik) / Troeger connexion
**trog•förmig** adj / troughed adj || ~**gurtförderer** m (Masch) / troughed belt conveyor*, trough conveyor || ~**kettenförderer** m (Masch) / Redler conveyor*, Redler n, Redler continuous-flow conveyor || ~**mischer** m (für Beton und Mörtel) (Bau) / trough mixer, open-pan mixer || ~**tal** n (Geol) / U-shaped valley, trough valley || ~**tränkung** f (ein Tauchverfahren, das mehrere Stunden bis Tage dauert) (For) / open-tank treatment || ~**tränkverfahren** n **mit Wärmestandsänderung** (ein Tauch-Holzschutzverfahren) (For) / hot-and-cold open-tank method, hot-and-cold tank steeping
**Troilit** m (eine Strukturvarietät von Pyrrhotin in Eisen- oder Steinmeteoriten) (Min) / troilite* n
**Trojaner** m pl (eine Gruppe von über 700 Planetoiden mit himmelsmechanisch interessanten Bahnen) (Astr) / Trojan group*, Trojan asteroids || **die nachfolgenden** ~ (die nach den Verteidigern von Troja benannt sind) (Astr) / Pure Trojans || **die vorangehenden** ~ (die nach den griechischen Kriegern vor Troja benannt sind) (Astr) / Achilles group, Greek group
**trojanisch•es Substrat** (Biochem) / suicide substrate || ~**es Pferd** n (ein Programm mit zerstörerischer Wirkung, das als Spiel, Dienstprogramm oder Anwendung getarnt ist) (EDV) / Trojan horse
**Troktolith** m (eine Varietät von Gabbro) (Geol) / troctolite* n, troutstone* n
**Troland** n (Einheit der relativen Netzhautbeleuchtungsstärke oder Pupillenlichtstärke) (Opt) / troland* n
**Trolley** n / courtesy vehicle, trolley n
**Trolleytruck** m (Truck mit Elektroantrieb, bei dem die Energiezufuhr bei der Hauptstreckenförderung über eine Oberleitung mit Stromabnehmer erfolgt) (Bergb) / trolley truck
**Trombe** f (heftiger lokaler Wirbelsturm in Form eines Trichters) (Meteor) / whirlwind* n || ~**-Wand** f (für die Heliotechnik) / Trombe wall, Trombe-Michel wall, solar wall
**Trometamol** n (internationaler Freiname für Tris(hydroxymethyl)-aminomethan (Chem, Pharm) / tromethamine n, THAM, TRIS, tris buffer, trisamine n, trimethylol aminomethane
**Trommel** f (einer Säule) (Arch) / tambour n || ~ (zwischen Zwickel und Kuppel) (Arch) / tambour n, drum n || ~ (Hütt, Masch) / barrel n || ~ (zur Trommelprobe) (Keram) / rattler n (a cylinder filled with steel balls) || ~ (des Förderers) (Masch) / pulley n || ~ (der Trommelmühle) (Masch) / shell n || ~ (Hütt) (Masch, Tex) / drum n || ~ (des Revolvers) (Mil) / cylinder n || **in** ~**n putzen** (Zunder entfernen) (Gieß, Hütt) / barrel v, tumble v, rumble v || **Y-segmentierte** ~ (Leder) / Y-sectioned drum || ~ **f der Entrindungsmaschine** (For) / barking drum || ~ **der Trommelfördermaschine** (Bergb, Masch) / drum* n, winding drum*, hoisting drum || ~ **mit Teilung** (der Bügelmeßschraube) (Masch) / thimble n
**Trommel•adresse** f (EDV) / drum address || ~**anker** m (Eltech) / drum-type armature, cylindrical armature, drum armature* || ~**automat** m (Galv) / automatic barrel machine || ~**bahnanlasser** m (bei dem die feststehenden Schaltstücke einen Zylinder bilden) (Eltech) / drum starter*, drum controller* || ~**beschlag** m (der

**Trommelbremse**

Kammwollkrempel) (Spinn) / cylinder clothing ‖ ⁓**bremse** f (Bremsenbauart nach DIN 70012 und DIN 15431) (Kfz) / drum brake ‖ ⁓**druck** m (bei Kesseln) (Masch) / drum pressure ‖ ⁓**druck** (Tex) / drum printing ‖ ⁓**drucker** m (ein mechanischer Drucker) (EDV) / barrel printer*, drum printer ‖ ⁓**entrinder** m (Pap) / drum barker ‖ ⁓**färben** n (Tex) / drum dyeing ‖ ⁓**filter** n (die Filterfläche befindet sich auf dem Mantel einer Trommel, die während einer Drehung mehrere Behandlungsstufen durchläuft und einen konstanten Durchsatz an Filterkuchen und Filtrat erzeugen kann) (Chem Verf) / drum filter* ‖ ⁓**fräsmaschine** f (mit einer Trommel als Werkstückträger) (Masch) / drum milling machine ‖ ⁓**galvanisierung** f (Galv) / barrel-plating* n ‖ ⁓**gaszähler** m / wet-type gas meter, wet gas meter ‖ ⁓**gerät** n (Fernm) / drum apparatus ‖ ⁓**hackmaschine** f (For) / drum chipper, drum hog ‖ ⁓**hülse** f (Spinn) / winding head ‖ ⁓**kessel** m (Masch) / drum-type boiler ‖ ⁓**konverter** m (Hütt) / rotor n, barrel converter ‖ ⁓**kopfisolierung** f (bei Kesseln) (Masch) / drum-head insulation ‖ ⁓**kreiselrührer** m (Chem Verf) / rotor cage impeller, squirrel-cage impeller, cyclone impeller ‖ ⁓**kurve** f (für die Kurvensteuerung) (Masch) / drum-type cam ‖ ⁓**lackierung** f (ein Tauchverfahren) (Anstr) / tumbling n, rumbling n, barreling n (US), barrelling n ‖ ⁓**läufermaschine** f (Eltech) / cylindrical-rotor machine ‖ ⁓**magnetscheider** m (Aufber) / magnetic drum separator, drum-type magnetic separator ‖ ⁓**mälzerei** f (Brau) / drum malting ‖ ⁓**matte** f (Glas, Tex) / parallel mat ‖ ⁓**mischer** m (für Beton und Mörtel) (Bau) / drum mixer, gravity mixer, tumbling mixer ‖ ⁓**mühle** f (Oberbegriff für Kugel-, Rohr- und Stabmühle) (Masch) / drum mill, tumbling mill ‖ **konische ⁓mühle** (Aufber) / Hardinge mill* (a continuous-type ball mill of tri-cone construction) ‖ ⁓**mühle** f **mit zylindrischem Mahlraum** (Masch) / cylindrical mill

**trommeln** v (scheuern in der Trommel) / barrel-polish v ‖ ⁓ (Gieß, Hütt) / barrel v, tumble v, rumble v ‖ ⁓ n (Gieß) / barrel finishing, tumbling n, rumbling n

**Trommel•ofen** m (eine spezielle Form der Drehrohröfen) (Hütt) / drum-type furnace ‖ ⁓**pfanne** f (Gieß) / pouring drum ‖ ⁓**plotter** m (EDV) / drum plotter ‖ ⁓**polieren** n (Gieß) / tumbling burnishing, barrel burnishing, barrelling n, barrel polishing ‖ ⁓**polierung** f (Oberflächenbearbeitung) (Gieß) / tumbling burnishing, barrel burnishing, barrelling n, barrel polishing ‖ ⁓**probe** f (WP) / tumbler test ‖ ⁓**putzen** n (Gieß) / barrel finishing, tumbling n, rumbling n ‖ ⁓**rechen** m (beweglicher Abwasserrechen aus einer um eine lotrechte Welle drehbaren im Abwasser stehenden Trommel, deren Mantel aus ringförmigen Rechenstäben gebildet wird) (Sanitär) / drum screen, revolving screen ‖ ⁓**revolver** m (Werkzeug-Wechseleinrichtung mit koaxial angeordneten Werkzeugen) (Masch) / drum turret ‖ ⁓**säge** f (Werkz) / crown saw, cylinder saw ‖ ⁓**schälmaschine** f (Pap) / drum barker ‖ ⁓**scheider** m (Aufber) / drum separator, barrel washer ‖ ⁓**schleifmaschine** f (For) / drum sander, drum sanding machine ‖ ⁓**schreiber** m / drum-chart recorder ‖ ⁓**seilwinde** f (für den Holztransport) (For) / yarder n ‖ ⁓**sieb** n (rotierendes) / revolving sieve, revolving screen, trommel* n, drum screen ‖ ⁓**skala** f / drum scale ‖ ⁓**skale** f / drum scale ‖ ⁓**speicher** m (heute nicht mehr benutzt) (EDV) / magnetic drum*, magnetic drum storage, magnetic drum memory ‖ ⁓**trockner** m (von Briketten) / rotary drier ‖ ⁓**trockner** (ein Kontakttrockner) (Masch) / drum drier, roller drier, rotary drum drier ‖ ⁓**turbine** f (Masch) / drum turbine ‖ ⁓**wehr** n (Wasserb) / drum weir* ‖ ⁓**wicklung** f (Eltech) / drum winding*, barrel winding* ‖ ⁓**winde** f (Masch) / drum winch ‖ ⁓**zellenfilter** n (aus drehbaren, in Zellen eingeteilten Trommeln mit gelochter Mantelfläche, die mit Filtertuch bespannt ist) (Chem Verf) / drum filter ‖ ⁓**zentrifuge** f / basket centrifuge ‖ ⁓**zetter** m (eine Heuwerbemaschine) (Landw) / cylinder tedder ‖ ⁓**ziehmaschine** f (Hütt) / bull-block n

**Trommsdorff-Effekt** m (der bei bis zu hohen Umsätzen durchgeführten radikalischen Polymerisationen auftritt und zu einem starken Anstieg der Polymerisationsgeschwindigkeit führt) (Chem) / Trommsdorff effect, gel effect

**Trommsdorff-Norrish-Effekt** m (Chem) / Trommsdorff effect, gel effect

**Trompe** f (Bogen, der die oberen Ecken eines quadratischen Raumes überbrückt) (Arch) / squinch* n, scoinson arch* ‖ ⁓ (Arch) s. auch Gewölbezwickel ‖ ⁓ **l'Oeil** n m (Raumgestaltung, die sich bestimmte Effekte des Trompe-l'Oeil in der Malerei zunutze macht) (Arch) / trompe l'oeil (pl.: -s)

**Trompete** f (eine Autobahnabzweigung) (HuT, Kfz) / trumpet junction, trumpet interchange, T interchange

**Trompeten•baum** m (Catalpa Scop.) (For) / catalpa n ‖ ⁓**förmig** adj / trumpet-shaped adj ‖ ⁓**gewölbe** n (Sanitär) / junction chamber*

**Trona** f (ein Bestandteil der Natursoda) (Min) / trona n, urao n

**Trondhjemit** m (verbreitetes helles Tiefengestein aus Oligoklas, Quarz und wenig Biotit - Abart des Quarzdiorits) (Geol) / trondhjemite* n

**Troostit** m (alte Bezeichnung für ein Gefüge aus Perlit, das sich im Bereich des Maximums der Umwandlungsgeschwindigkeit noch unterhalb des Sorbits bildet und das lichtmikroskopisch nicht mehr auflösbar ist) (Hütt) / troostite n ‖ ⁓ (rosa gefärbter Willemit mit hohem Gehalt an Mn) (Min) / troostite n

**troostitisch•es Gefüge** (aus feinlamellarem Perlit) (Hütt) / troostitic structure ‖ ⁓**e Struktur** (Hütt) / troostitic structure

**Tropan** n (Grundkörper der Tropanalkaloide) (Chem) / tropane n ‖ ⁓**alkaloid** n (mit Tropan-Ringsystem) (Chem, Pharm) / tropane alkaloid

**Tropanol** n (Hydroxyderivat des Tropans) (Chem) / tropanol n

**Tropäolin** n (Trivialname für eine Reihe von Farbstoffen) (Chem) / tropaeoline n

**Tropasäure** f (3-Hydroxy-2-phenylpropionsäure) (Chem) / tropic acid

**Tropenausführung, in** ⁓ (Eltech) / tropicalized adj (fully), persistant to tropical conditions

**Tropen•band** n (das vor allem für den regionalen Rundfunk in den Tropen verwendet wird) (Radio) / tropical band ‖ ⁓**beständig** adj (Eltech) / tropicalized adj (fully), persistant to tropical conditions ‖ **Vorbereitung** f **für den ⁓einsatz** (Eltech) / tropicalization n, tropical finish ‖ ⁓**entwickler** m (Foto) / tropical developer ‖ ⁓**fest** adj (funktionstüchtig unter tropischen Klimabedingungen) (Eltech) / tropicalized adj (fully), persistant to tropical conditions ‖ ⁓**festausrüstung** f (Eltech) / tropicalization n, tropical finish ‖ ⁓**festmachen** n (Eltech) / tropicalization n, tropical finish ‖ ⁓**holz** n (For) / tropical wood, tropical timber ‖ ⁓**krankheit** f (Infektionskrankheit, die durch in tropischen Gegenden beheimatete Erreger und/oder Übertrager hervorgerufen wird) (Bakteriol, Med, Pharm) / tropical disease ‖ ⁓**merkblatt** n (zur Behandlung des Films im Tropenklima) (Foto) / tropical leaflet ‖ ⁓**tauglich** adj (Eltech) / tropicalized adj (fully), persistant to tropical conditions

**Tropfarbeit** f **des Regens** / raindrop impact

**tropfbar** adj / liquid adj ‖ ⁓ **flüssiges Wasser** (unter dem Einfluß der Schwerkraft in den Hohlräumen der Gesteine frei bewegliches Wasser) (Geol) / gravitational water, free water

**Tropf•bewässerung** f (für Obst- und Gemüseanlagen sowie Staudenkulturen - das Wasser wird durch am Boden liegende, mit Löchern versehene Schläuche oder Rohre tropfenweise den Pflanzen zugeführt) (Landw) / drip irrigation ‖ ⁓**blech** n (Masch) / drip-plate n, drip tray ‖ ⁓**brettverschalung** f (Bau) / drop siding, rustic siding ‖ ⁓**bühne** f (Masch) / drip-plate n

**Tröpfchen** n (kleiner Tropfen) (Meteor) / droplet n ‖ ⁓**abscheider** m (im Kühlturm) / drift eliminator, carry-over eliminator, spray eliminator ‖ ⁓**abscheider** (Kfz) / liquid-vapour separator ‖ ⁓**bewässerung** f (für Topfpflanzen) / spaghetti irrigation ‖ ⁓**modell** n (ein Kernmodell) (Kernphys) / liquid-drop model*

**Tropf•einbau** m (eines Naßkühlturms) / splash-type packing, splash-type fill ((US)) ‖ ⁓**elektrode** f (Chem) / drop electrode*, dropping electrode

**tröpfeln** v (Wasserhahn) / drip v, leak v ‖ ⁓ / dribble v, trickle v ‖ ⁓ s. auch tropfen ‖ ⁓ n / dropping n, dripping n, drip n

**tropfen** v / drop v, drip v, fall in drops ‖ ⁓ (Wasserhahn) / drip v, leak v ‖ ⁓ m / drop* n ‖ ⁓ n / dropping n, dripping n, drip n ‖ ⁓ n (beim Tauchlackieren) (Anstr) / tear n ‖ ⁓ (Glas) / knot n (an imperfection in glass resulting from an inhomogeneity in the form of a vitreous lump of a composition different from that of the surrounding glass) ‖ ⁓ (Schw) / globule n ‖ ⁓**abfallmoment** n / instant of drop fall ‖ ⁓**abscheider** m (im allgemeinen) / drop separator ‖ ⁓**abscheider** / drift eliminator, carry-over eliminator, spray eliminator ‖ ⁓**abscheider** (Monsanto-Müllverbrennung) (Masch) / demister n, mist eliminator ‖ ⁓**abziehen** n (elektrostatisches) (Anstr) / detearing n

**tropfend** adj (Wasserhahn) / dripping adj

**Tropfen•elektrizität** f (Elektr) / balloelectricity n ‖ ⁓**fallkühlturm** m / splash-filled cooling tower ‖ ⁓**fallmoment** n / instant of drop fall ‖ ⁓**fang** m (eine Schikane im Kühlturm) / drift eliminator, carry-over eliminator, spray eliminator ‖ ⁓**fänger** m (Reitmaieraufsatz) (Chem) / splash-head adapter ‖ ⁓**form** f / drop shape ‖ ⁓**förmig** adj / drop-shaped adj, guttiform adj ‖ ⁓**förmiger Ballon** (Luftf, Meteor) / teardrop balloon ‖ ⁓**Gegenstromchromatografie** f (DCCC) / droplet countercurrent chromatography (DCCC), DCC chromatography ‖ ⁓**größe** f (und Form) (Meteor) / drop size ‖ ⁓**kondensation** f (Phys) / dropwise condensation ‖ ⁓**korrosion** f (Galv) / drop corrosion ‖ ⁓**kühlung** f / splash cooling ‖ ⁓**kuppe** f / drop head ‖ ⁓**lichtbogen** m (Schw) / globular arc ‖ ⁓**schlag** m / impingement n (of drops) ‖ ⁓**schliere** f (Glas) / knot n (an imperfection in glass resulting from an inhomogeneity in the form of a vitreous lump of a composition different from that of the surrounding glass) ‖ ⁓**speisung** f (z.B. beim Speisertropfen-Blasverfahren) (Glas) / gob process*, flow process*, feeder process, gravity process* ‖ ⁓**trichter** m (mit Hahn) (Glas) / drop guide funnel, drop funnel ‖ ⁓**weise** adv / dropwise adv, drop by drop ‖ ⁓**zähler** m (Chem, Pharm) / drop counter ‖ ⁓**zähler** s. auch Tropfer und Tropfflasche

**Tropfer** m (Chem) / dropping pipette, dropper n, drop glass

**Tropf•fänger** *m* / drip catcher ‖ **⁓fläschchen** *n* (Chem) / dropping bottle ‖ **⁓flasche** *f* (Chem) / dropping bottle ‖ **⁓flüssigkeit** *f* / drip *n*, dripping *n* ‖ **⁓frei** *adj* / drip-proof *adj* ‖ **⁓freier Anstrichstoff** (Anstr) / non-drip paint ‖ **⁓glas** *n* (Chem) / dropping bottle ‖ **hochbelasteter ⁓körper** (Sanitär) / high-rate trickling filter ‖ **geschlossener ⁓körper** (Sanitär) / closed trickling filter, covered trickling filter ‖ **⁓körper** *m* **zur Vorbehandlung konzentrierter industrieller Abwässer** (Sanitär) / roughing filter ‖ **⁓körperanlage** *f* (zur biologischen Reinigung von Abwässern) (Sanitär) / trickling filter (plant) ‖ **⁓körperschlamm** *m* (der beim Tropfkörperverfahren gebildete Zuwachs an biologischem Schlamm, der in der Regel im Nachklärbecken entfernt wird - DIN 4045) (Sanitär) / trickling-filter sludge ‖ **⁓körperstein** *m* (für den Innenraum der Tropfkörperanlage) (Keram, Sanitär) / filter block (a hollow rectangular, vitrified-clay masonry unit) ‖ **⁓körperverfahren** *n* (Sanitär) / trickling-filter process, biofiltration *n*, filtration *n* ‖ **⁓korrosion** *f* (in strömenden Flüssigkeiten) (Galv) / drop corrosion ‖ **⁓latte** *f* (des Tropfenfallkühlturms) / splash bar ‖ **⁓naß** *adj* (Kleidung) (Tex) / dripping wet, wringing wet, soaking wet ‖ **⁓öler** *m* (Masch) / drip-feed lubricator*, drop-feed oiler ‖ **⁓öler** (Nadelschmierapparat) (Masch) / needle lubricator* ‖ **⁓öler mit sichtbarem Tropfenfall** (Masch) / sight-feed oiler ‖ **⁓ölschmierung** *f* / drip-feed lubrication, drop-feed lubrication ‖ **⁓pipette** *f* (Chem) / dropping pipette, dropper *n*, drop glass ‖ **⁓punkt** *m* (bei teigigen, salben- und brikettartigen Schmierstoffen nach DIN 51801) (Chem) / dropping point, drop point ‖ **⁓punktapparat** *m* (Chem) / drop-point apparatus ‖ **⁓punktapparat nach Ubbelohde** (nach L. Ubbelohde, 1876 - 1964) (Chem) / Ubbelohde apparatus ‖ **⁓rinne** *f* (bei der Harznutzung) (For) / gutter *n* ‖ **⁓rohr** *n* (Chem) / drip tube ‖ **⁓saft** *m* (aus dem Fleisch) (Nahr) / dripping *n* (fat that has melted and dripped from roasting meat, used in cooking or eaten cold as a spread), drippings *n* (US), drip loss ‖ **⁓schale** *f* (Masch) / drip pan ‖ **⁓schlagerosion** *f* (Geol) / liquid impingement erosion ‖ **⁓schmierung** *f* / drip-feed lubrication, drop-feed lubrication ‖ **⁓sperre** *f* (der Spritzpistole) (Anstr) / antdrip device ‖ **⁓stein** *m* (z.B. Stalagmit oder Stalaktit) (Geol) / dripstone *n* ‖ **⁓steinsäule** *f* (Geol) / stalacto-stalagmite *n* ‖ **⁓trichter** *m* (mit Hahn) (Chem) / dropping funnel, tap funnel ‖ **⁓trocken** *adj* (Tex) / drip-dry* *adj* ‖ **⁓verfahren** *n* (zur Schichtdickenmessung von Metallüberzügen) (Anstr, Galv) / dropping test ‖ **⁓versuch** *m* (zur Bestimmung der Schichtdicke) (Anstr, Galv) / dropping test ‖ **⁓wasser** *n* / dripping water ‖ **⁓wasser** *n* (aus der Firste) (Bergb) / rain *n* ‖ **⁓wasserdicht** *adj* (Eltech) / drip-tight *adj* ‖ **⁓wassergeschützt** *adj* (DIN 42005) (Eltech) / drip-proof* *adj*, drip-tight *adj*

**Trophieebene** *f* (Biol) / trophic level*, tropic *adj*

**trophisch** *adj* (Med, Nahr) / trophic* *adj* ‖ **⁓e Ebene** (Biol) / trophic level*, tropic *adj* ‖ **⁓es Niveau** (Biol) / trophic level*, tropic *adj*

**trophogen** *adj* (obere Schicht der Gewässer) (Umwelt) / trophogenic *adj*, trophogeneous *adj*

**tropholytisch** *adj* (Tiefenschicht der Gewässer) (Umwelt) / tropholytic *adj*

**Tropical** *m* (leichtes kammgarnartig wirkendes Gewebe in Leinwandbindung) (Tex) / tropical cloth ‖ s. auch Fresko

**Tropiliden** *n* (1,3,5-Cycloheptatrien) (Chem) / tropilidene *n*, cycloheptatriene *n*

**Tropin** *n* (3-Tropanol) (Chem) / tropine *n*

**Tropinon** *n* (3-Tropanon) (Chem) / tropinone *n*

**Tropintropat** *n* (Chem, Pharm) / atropine* *n*

**tropisch** *adj* (auf die Tropen bezogen, aus den Tropen stammend, für die Tropen charakteristisch) / tropical *adj*, tropic *adj* ‖ **⁓es Holz** (For) / tropical wood, tropical timber ‖ **⁓es Jahr** (365 d 5 h 48 min 45,51 s) (Astr) / solar year, astronomical year, equinoctial year, tropical year* ‖ **⁓er Monat** (die Zeit zwischen zwei aufeinanderfolgenden Durchgängen des Mondes durch den Stundenkreis des Frühlingspunktes) (Astr) / tropical month* ‖ **⁓er Regenwald** (in Äquatornähe) (For) / equatorial rainforest ‖ **⁓er Regenwald** (entweder Tiefland-Regenwald oder montaner Regenwald) (For) / tropical rainforest, hylaea *n*, selva *n* ‖ **⁓e und subtropische Schwarzerde** (siallitischer Quelltonboden) (Geol, Landw) / vertisol *n* ‖ **⁓er Wirbelsturm** (z.B. Hurrikan, Taifun oder Willy-Willy) (Meteor) / tropical revolving storm*, tropical cyclone *n* ‖ **⁓e Wüste** (Geog, Geol) / trade-wind desert

**Tropismus** *m* (Krümmungsbewegung festgewachsener Organismen oder Organe, die durch einen einseitigen Reiz induziert und in ihrer Richtung bestimmt wird) (Bot) / tropism* *n*

**Tropokollagenmolekül** *n* (Basisstruktur der Kollagene) (Biochem) / tropocollagen molecule

**Tropolon** *n* (in der Natur verbreitete, aromatisches Verhalten zeigende Verbindung mit siebengliedrigem Ringsystem, drei konjugierten Doppelbindungen, je einer Karbonyl- und Hydroxylgruppe) (Bot, Chem) / tropolone *n* (2-hydroxy-2,4,6-cycloheptatrien-1-one)

**Tropomyosin** *n* (ein Faserprotein von Myosincharakter) (Biochem) / tropomyosin* *n*

**Tropon** *n* (2,4,6-Cycloheptatrienon) (Chem) / tropone *n*

**Troponin** *n* (Biochem) / troponin* *n*, TN

**Tropo•pause** *f* (obere Begrenzung der Troposphäre) (Geophys, Meteor) / tropopause* *n* ‖ **⁓sphäre** *f* (unteres Stockwerk der Erdatmosphäre) (Geophys, Meteor, Radio) / troposphere* *n*

**troposphärisch** *adj* (Geophys, Meteor, Radio) / tropospheric* *adj* ‖ **⁓e Chemie** (Chem) / tropospheric chemistry ‖ **⁓er Duct** (Radio) / radio duct, tropospheric (radio) duct ‖ **⁓e Streuausbreitung** (Radio) / tropospheric scatter(ing)*, troposcattering *n*, troposcatter *n* ‖ **⁓e Streuung** (Radio) / tropospheric scatter(ing)*, troposcattering *n*, troposcatter *n* ‖ **⁓e Welle** (Radio) / tropospheric wave* *n* ‖ **⁓er Wellenleiter** (Radio) / radio duct, tropospheric (radio) duct

**Tropyliden** *n* (Chem) / tropilidene *n*, cycloheptatriene *n*

**Tropyliumbromid** *n* (Chem) / tropylium bromide

**Trosse, schwere ⁓** (Schiff) / hawser *n*

**trossen•artig geschlagenes Tau** (Schiff) / hawser-laid rope ‖ **⁓haspel** *f* (Schiff) / hawser reel ‖ **⁓schlag** *m* (Schiff) / hawser-laid construction (of a rope)

**Trottoir** *n* (HuT) / pavement *n* (GB), footway *n* (GB), sidewalk *n* (US), walkway *n* (US), footpath *n* (GB)

**Trotyl** *n* (Chem) / trinitrotoluene* *n*, TNT*, trotyl *n*, triton *n*

**Trotzkopf** *m* (For) / anobium pertinax

**Trousseau** *m* (eine aus mehreren genau zusammenpassenden Einzelteilen bestehende komplette Garderobe) (Tex) / trousseau *n*, coordinated look

**Troutonsche Regel** (nach F.Th. Trouton, 1863-1922) (Chem) / Trouton's rule*

**Trouton-Verhältnis** *n* (Verhältnis von Dehnviskosität zu Scherviskosität nach DIN 1342, T 1 und 13342) (Phys) / Trouton ratio

**Troy-System** *n* (ein veraltetes System von Massen- bzw. Gewichtseinheiten für Edelmetalle und Edelsteine) / troy weight (system)

**Trp** *n* ($\alpha$-Aminoindol-3-propionsäure) (Biochem) / tryptophan* *n*, tryptophane *n*, Try*

**Trub** *m* (in Fruchtsäften) (Nahr) / lees *pl* ‖ **⁓** (beim Wein, Bier) (Nahr) / lees *pl*, sediment *n*, cloud *n*, sludge *n*

**trüb** *adj* / turbid *adj*, thick *adj* ‖ **⁓** (Beleuchtung) (Licht) / dim *adj* ‖ **⁓** (Chem, Glas, Keram, Licht) s. auch matt und opak

**trübe** *adj* (Flüssigkeit) / turbid *adj*, thick *adj* ‖ **⁓** (Min) / sleepy *adj* ‖ **sich ⁓n** (Glas) / mist up *vi*, cloud over *v*, steam *v*, steam up *v*, fog *v* ‖ **⁓r Stoff** (im allgemeinen) / turbid matter ‖ **⁓r Stoff** (Opt) / turbid medium ‖ **⁓s Wasser** (Bau, Sanitär) / foul water* *n* ‖ **⁓** (Aufber) / heavy medium, dense medium, heavy liquid* ‖ **⁓** (Aufber, Chem) / pulp* *n*, slurry *n*, mud *n*, suspension *n*, sline *n* ‖ **⁓** (Flüssigkeit mit aufgeschwemmten Feststoffteilchen in feinverteilter, meist kolloidaler Form) (Keram) / opaque slurry

**trüben** *v* (Licht) / dim *v*

**Trubenisieren** *n* (Spezialverfahren zur Herstellung versteifter Gewebe) (Tex) / trubenizing *n*

**Trübestrom** *m* (Gemisch aus Wasser und festen Gesteinsbestandteilen der Verwitterung und der Abtragung) (Ozean) / turbidity current* (a density current), suspension current

**Trüb•glas** *n* (als Oberbegriff für Alabasterglas, Opal/eszenz/glas, Milchglas und Opakglas) (Glas) / opal glass ‖ **⁓glasur** *f* (Keram) / opaque (ceramic) glaze

**Trübheit** *f* / turbidity* *n*, thickness *n*

**Trübkraft** *f* (Chem, Glas, Keram) / opacifying power

**Trubstabilisator** *m* (Nahr) / antisettling agent

**Trüb•stoff** *m* / turbid matter ‖ **im Rohwasser befindliche ⁓stoffe** (Sanitär) / raw-water turbidities ‖ **⁓strom** *m* (Gemisch aus Wasser und festen Gesteinsbestandteilen der Verwitterung und der Abtragung) (Ozean) / turbidity current* (a density current), suspension current

**Trübung** *f* (milchige) / milkiness *n* ‖ **⁓** / turbidity* *n*, thickness *n* ‖ **⁓** (glänzender Metalloberflächen) / tarnish *n* ‖ **⁓** (Brau, Plast) / haze *n* ‖ **⁓** (Chem, Glas, Keram) / opacity ‖ **⁓** (Verdunkelung) (Licht) / dimming *n* ‖ **⁓** (Meteor) / clouding *n*, overcast *n* ‖ **opaleszente ⁓** (opalartiges Schillern der Luft) (Meteor) / opacity ‖ **wolkenförmige ⁓** (z.B. an Formteilen) (Plast) / cloud *n*

**Trübungs•einheit** *f* **Formazin** (Chem) / formazine nephelometric unit ‖ **⁓frei** *adj* (Luftf, Meteor) / clear air ‖ **⁓messer** *m* / turbidimeter *n*, turbidometer *n* ‖ **⁓messung** *f* (wenn die Intensität des austretenden Lichts in der optischen Achse gemessen wird) (Chem, Opt) / turbidimetric analysis*, turbidimetry *n*, photoextinction method ‖ **⁓mittel** *n* (Chem, Glas, Keram) / opacifier *n*, opalizer *n* ‖ **⁓punkt** *m* (Erdöl) / cloud point ‖ **⁓strom** *m* (Gemisch aus Wasser und festen Gesteinsbestandteilen der Verwitterung und der Abtragung) (Ozean) / turbidity current* (a density current), suspension current ‖ **⁓titration** *f* (Chem) / turbidimetric titration

**Truck**

**Truck** m (pl. -s) (dieselgetriebenes Fahrzeug für die Förderung im Abbau sowie in der Zwischen- und Hauptstreckenförderung im Steinsalz- und Erzbergbau mit 6 bis 30 t Nutzlast in Verbindung mit LHD-Geräten und Baggern) (Bergb) / truck n ‖ ~ (pl. -s) (Kfz) / lorry n (GB), truck n (US), motortruck n (US) ‖ ~**-dump-Hopper** m (HuT) / truck dump hopper
**Trucker** m (Kfz) / lorry-driver n, teamster n (US), trucker n (US), truck driver (US)
**Truck•system** n (Bezahlung des Arbeitnehmers durch Waren, die er hergestellt hat oder durch Gutscheine, die zum Kauf von Waren berechtigen, die der Arbeitgeber verkauft) (F.Org) / truck system ‖ ~**-to-truck** attr (Bezeichnung für horizontalen Umschlag, bei dem ein Gabelstapler an dem Kai die Ladeeinheiten einem im Schiff befindlichen Zwischendeck-Gabelstapler durch die Seitenpforte oder kombinierte Seitenladeluken übergibt) (Schiff) / truck-to-truck attr ‖ ~**-Truck-Handling** (Schiff) / truck-truck handling
**Trudel•fallschirm** m (Luftf) / antispin parachute*, spin chute* ‖ ~**kanal** m (Luftf) / vertical wind tunnel*, spinning tunnel*, spin tunnel, vertical spin tunnel
**trudeln** v (Luftf) / spin vi ‖ **[steiles]** ~ (stationäre Flugzeugbewegung im stark überzogenen Zustand bei vollständig abgerissener Strömung; eine Kunstflugfigur) (Luftf) / spin* n ‖ **beherrschtes** ~ (Luftf) / controlled spin ‖ **flaches** ~ (Luftf) / flat spin ‖ **gesteuertes** ~ (Luftf) / controlled spin
**trudelsicher** adj (Luftf) / non-spinning adj
**True-Color-Wiedergabe** f (EDV) / true-color display
**Truffel** f (Gieß) / trowel n
**Trum** m n (pl. Trume oder Trümer) (eine Aufteilung des Schachtquerschnittes) (Bergb) / compartment n ‖ ~ (pl. Trume oder Trümer) (kleiner Erz- oder Mineralgang) (Bergb, Geol) / vein* n ‖ ~ (eines Bandförderers) (Masch) / strand n ‖ ~ (der Riemenstrang beim Riemengetriebe) (Masch) / side n (of a belt), end n (of a belt) ‖ **ablaufender** ~ (bei der Analyse der an den Umlenkrollen wirkenden Kräften) (Masch) / lower strand, return strand, slack strand, slack side ‖ **oberer** ~ (als konstruktiver Teil des Bandförderers) (Masch) / upper strand, carrying strand, tight strand, tight side ‖ **straffer** ~ (Masch) / taut strand ‖ **unterer** ~ (als konstruktiver Teil des Bandförderers) (Masch) / lower strand, return strand, slack strand, slack side ‖ **für das Gegengewicht** m n (Bergb) / balance pit
**Trumholz** n (Zimm) / bolster n, corbel-piece* n, head tree*, crown plate, saddle n
**Trumm** m n (pl. Trumme oder Trümmer) (eine Aufteilung des Schachtquerschnittes) (Bergb) / compartment n ‖ ~ n (am Ende der Kette) (Web) / thrum n
**Trümmer** pl (Geol) / debris n, detritus* n, fragments pl, fragmental products ‖ ~**achat** n (bei dem die Bänder in einzelne streng voneinander getrennte Stücke aufgelöst sind) (Min) / ruin agate ‖ ~**erz** n (Geol) / fragmental ore ‖ ~**gesteine** n pl (Geol) / clastic rocks*, fragmental rocks ‖ ~**schutt** m (Geol) / debris n, detritus* n, fragments pl, fragmental products ‖ ~**schutz** m (als allgemeiner Begriff) (Nukl) / missile protection ‖ ~**schutz** (konkrete Baumaßnahme bei kerntechnischen Anlagen) (Nukl) / missile shield, missile barrier ‖ ~**sedimente** n pl (Geol) / mechanical sediments* ‖ ~**splitt** m (Geol) / debris n, detritus* n, fragments pl, fragmental products ‖ ~**stück** n (Geol) / clast n
**Truncationsfehler** m (bei der Digitalisierung analoger Meßsignale oder bei digitalem Messen entstehender Meßfehler) (Instr) / truncation error, discretization error, global discretization error
**Trunk** m (geschlossener Bau auf dem Oberdeck von Schiffen) (Schiff) / trunk n
**Trunkation** f (EDV) / truncation n
**Trunkationsfehler** m (Instr) / truncation error, discretization error, global discretization error
**Trunkenheit** f **im Verkehr** (Kfz) / drink-driving n
**trunkiert** adj (Polynomalgebra) (Math) / truncated adj
**Truppentransporter** m (Mil, Schiff) / troopship n ‖ **gepanzerter** ~ (Mil) / armoured troop carrier
**Trustee-Rechte** n pl (EDV) / trustee rights
**Truth** f (ladungsartige Quantenzahl von Elementarteilchen) (Kernphys) / truth* n, topness n ‖ ~**-maintenance** f (KI) / truth maintenance, truth preserving ‖ ~**-Quark** m (Kernphys) / top quark, truth quark, t quark
**Truxillsäure** f (Strukturisomer der Truxinsäure) (Chem) / truxillic acid
**Truxinsäure** f (Fotodimerisierungsprodukt der Zimtsäure) (Chem) / truxinic acid
**Try** n ($\alpha$-Aminoindol-3-propionsäure) (Biochem) / tryptophan* n, tryptophane n, Try*
**Trypaflavin** n (Akridin - ein Anthrazenabkömmling) (Chem, Med) / trypaflavine n
**Trypanblau-Färbung** f (Mikros) / trypan blue stain
**Tryparsamid** n (ein altes Arsenpräparat) (Pharm) / tryparsamide n, tryparsone n

**Trypsin** n (zu den Serinproteinasen gehörendes Verdauungsenzym) (Biochem) / trypsin* n
**Trypsinogen** n (inaktive Vorstufe des Trypsins) (Biochem) / trypsinogen n
**Tryptamin** n (ein biogenes Amin) (Biochem) / tryptamine* n
**Tryptophan** n ($\alpha$-Aminoindol-3-propionsäure) (Biochem) / tryptophan* n, tryptophane n, Try*
**Tryptophanase** f (ein Enzym) (Biochem) / tryptophanase n
**TrZ** (Bau) / trass cement
**TS** (Masch) / drive fit, tight fit, class 6 fit
**TSA** (Kernphys) / total loss of power, loss of all power
**T-Schaltung** f (Eltech) / T-network*, Y-network* n, T-section n ‖ **parallele ~en** (Eltech) / parallel-T network*, twin-T network*
**Tschebyscheff•-Filter** n (Radio) / Chebyshev filter* ‖ ~**-Polynome** n pl (Math) / Chebyshev polynomials, Tchebycheff's polynomials
**Tschebyschow-Approximation** f (Math) / min-max technique, minimax technique, Chebyshev approach, Chebyshev approximation, minimax procedure ‖ ~**-Filter** n (Radio) / Chebyshev filter* ‖ ~**-Laguerre-Polynome** n pl (nach P.L. Tschebyschow, 1821-1894, und E. Laguerre, 1834-1886) (Math) / Laguerre polynomials ‖ ~**-Polynome** n pl (eine für die Approximation und für das Gaußsche Quadraturverfahren wichtige Polynomklasse) (Math) / Chebyshev polynomials, Tchebycheff's polynomials
**Tschebyschowsch•e Anordnung** (bei Antennen) (Radio) / Dolph-Chebyshev distribution ‖ ~**e Differentialgleichung** (Math) / Chebyshev differential equation, Tchebycheff's differential equation ‖ ~**e Ungleichung** (Math) / Chebyshev inequality*, Tchebycheff's inequality
**Tscherenkow•-Detektor** m (nach P.A. Tscherenkow, 1904-1990) / Cerenkov counter*, Cherenkov counter* ‖ ~**-Effekt** m (Phys) / Cerenkov effect ‖ ~**-Strahlung** f (bei dem Tscherenkow-Effekt) (Phys) / Cerenkov radiation* ‖ ~**-Zähler** m / Cerenkov counter*, Cherenkov counter*
**Tschermigit** m (Min) / tschermigite n
**Tschernikef-Log** n (Schiff) / Chernikeef log*
**Tschernosem** n (Landw) / black earth*, chernozem* n
**Tschernosjom** n (Landw) / black earth*, chernozem* n
**Tschirnhaus-Transformation** f (nach E. W. von Tschirnhaus, 1651-1708) (Math) / Tschirnhaus' transformation
**Tschitschibabin-Synthese** f (nach A. Je. Čičibabin) (Chem) / Chichibabin synthesis ‖ ~ (Chem) s. auch Bodroux-Tschitschibabin-Synthese
**T-Schlitzkolben** m (Kfz, V-Mot) / T-slot piston
**Tschugajew•-Reagens** n (nach L.A. Čugajew, 1873-1922) (Chem) / Chugaev reagent ‖ ~**-Reaktion** f (zur Darstellung von Alkenen durch thermische Spaltung von Xanthogensäureestern) (Chem) / Chugaev reaction
**TSE-Beschaltung** f (bei Halbleiterventilen) (Eltronik) / suppressor circuit
**TSG** (Plast) / structural foam moulding, integral foam moulding
**TS-Gehalt** m (Nahr) / dry-substance content(s), dry-matter content(s)
**TSH** (Biochem, Med) / thyroid-stimulating hormone, thyrotropin n, TSH, thyrotropic hormone, thyrotrophin n
**TSI** (Spektr) / thermospray ionization
**TSL** (Eltronik) / tri-state logic, TSL
**TSP** (EDV) / test inhibit signal
**TSPI** (eine Ionisierungsmethode) (Spektr) / thermospray ionization
**TSPQ** (EDV) / test inhibit acknowledgement
**T-Spur** f (Kernphys) / hammer track*, T-track n
**TSR-Programm** n (EDV) / TSR program
**T-Stahl** m (HuT, Hütt) / T-beam n, tee beam ‖ ~ (ein Walzstahlprofil) (Hütt) / tee n, tee-section n, tee-iron n ‖ ~ (ein Walzstahlprofil) s. auch T-Träger
**T-Stoß** m / tee joint (a joint in which members meet at right angle, forming a T) ‖ ~ (beim Feuerschweißen) (Schw) / jump joint* ‖ ~ (DIN 1912, T 1) (Schw) / T-butt joint
**T-Stück** n (ein Fitting) (Klemp, Masch) / tee* n, T-piece n, T-fitting n, T connector n ‖ ~ (Flanschstück mit Flanschstutzen) (Masch) / all-flanged tee ‖ **geteiltes** ~ (aus zwei Teilen bestehendes Abzweigstück) (Masch) / split tee ‖ ~ **mit Außengewinde an einem Durchgangsende** (Klemp, Masch) / service tee* ‖ ~ **mit einseitiger Muffe** (Klemp, Masch) / street tee ‖ ~ **mit Innengewinde** (Klemp, Masch) / tapped tee ‖ ~ **mit langer Abzweigung** (Klemp, Masch) / bullhead tee*
**Tsuga** f (For) / hemlock n ‖ ~ **heterophylla** (Raf.) **Sarg.** (For) / western hemlock, West Coast hemlock ‖ ~**lacton** n (Lignan) (Chem, For) / conidendrin n ‖ ~**resinol** n (Chem, For) / conidendrin n
**Tsukubaenolid** n (Pharm) / FK-506 n, tsukubaenolide n
**Tsunami** m (plötzliches Auftreten von hohen Meereswellen) (Geol) / tsunami* n
**TSZ** (für tragende Bauteile nicht zugelassen) (Bau, HuT) / alumina cement, Ciment Fondu*, aluminous cement* ‖ ~ (Kfz) /

inductive-type semiconductor ignition system, inductive semiconductor ignition
**TSZ-h** (Kfz) / inductive semiconductor ignition with Hall generator
**TSZ-i** (Kfz) / inductive semiconductor ignition with induction-type pulse generator
**TT** = Tieftemperatur...
**TTA** (Chem) / thenoyltrifluoroacetone (TTA) n
**TTC** (ein Tetrazoliumsalz, das als Reduktionsindikator dient) (Chem) / triphenyltetrazolium chloride (TTC)
**t-Test** m (ein Signifikanztest) (Stats) / Student's-test n, t-test n, Student's t-test ‖ **kritischer t-Wert bei einseitigem** ~ (Stats) / t-critical one-tail
**TTF** (Chem) / tetrathiofulvalene n, TTF
**TTFA** (Chem) / thallium(III) trifluoroacetate
**TT-Färbeverfahren** n (Tex) / TT dyeing process, thermosol/thermofixation dyeing process
**TTH** (ein Verfahren zur raffinierend-katalytischen Hydrierung) (Chem Verf) / low-temperature hydrogenation
**TTL** (Eltronik) / transistor-transistor logic, TTL* ‖ ~**-Messung** f (Foto, Opt) / through-the-lens metering, TTL
**TT-Netz** n (Schutzerdung, FI- oder FU-Schutzschaltung) (Eltech) / TT protective scheme
**T-Träger** m (HuT, Hütt) / T-beam n, tee beam
**TT-Stück** n (Masch) / all-flanged cross
**TTTL** (Eltronik) / transistor-transistor-transistor logic, T³L, TTTL
**TTX** (Chem) / tetrodotoxin n, tetraodontoxin n
**Ttx** (EDV) / Teletex v
**TU** (Chem) / transuranic elements*, transuranium elements ‖ ~ = technische Universität
**Tubatoxin** n (Chem) / rotenone* n
**Tübbing** m (ein Ringsegment aus Gußeisen, Stahl oder Stahlbeton für den Ausbau von Schachtwandungen in wasserführenden, lockeren Gebirgsschichten) (Bergb) / tubbing* n ‖ **deutscher** ~ (Bergb) / German tubbing ‖ ~**säule** f (von Keilkranz zu Keilkranz) (Bergb) / tub n ‖ ~**segment** n (Bergb) / tubbing plate, tubbing segment
**Tube** f / collapsible tube ‖ ~ (Fernm) / tube n ‖ ~ (Verbindung der Rahmensysteme der Außenwände an den Ecken - bei Hochhäusern) (HuT) / tube n
**Tube-and-Tank•-Kracken** n (Erdöl) / tube-and-tank cracking process ‖ ~**-Verfahren** n (Erdöl) / tube-and-tank cracking process
**Tubenkurare** n (pastenförmige oder harte dunkle Masse, im Handel in Bambusröhren aufbewahrt) (Pharm) / tube curare
**Tuberin** n (Globulin aus den Kartoffeln) (Chem) / tuberin n
**Tuberkel** m f (Med) / tubercle* n
**Tuberkulin** n (Substanz zum Nachweis der Tuberkulose) (Pharm) / tuberculin* n
**Tuberkulintest** m (Med) / tuberculin test*
**Tuberkulostatikum** n (pl. -tika) (Arzneimittel gegen Tuberkulose, das hemmend auf das Wachstum von Tuberkelbakterien einwirkt) (Pharm) / tuberculostatic n, antituberculosis compound
**tuberkulostatisch** adj (Pharm) / tuberculostatic adj
**Tubifex** m (pl. -fizes) (Sanitär) / sludge worm, tubifex n
**Tubocurare** n (Pharm) / tube curare
**Tubocurarin** n (normalerweise als Dichlorid, Tubocurarinchlorid; Pfeilgift und Muskelrelaxans) (Pharm) / tubocurarine;n.
**Tubocurarinchlorid** n (ein Inhaltsstoff des Curare) (Pharm) / tubocurarine n
**Tubokurare** n (Pharm) / tube curare
**Tubokurarin** n (ein Bisbenzylisochinolin-Alkaloid) (Pharm) / tubocurarine;n.
**Tubulin** n (aus Nervengewebe des Gehirns oder aus anderem Zellmaterial isolierbares dimeres Protein) (Biochem, Physiol) / tubulin* n
**Tubulus** m (pl. -li) (Med) / tubule* n
**Tubus** m (Mikros, Opt) / tube n, body of the tube ‖ **binokularer** ~ (Mikros) / binocular tube, binocular body ‖ ~**faktor** m (Opt) / body magnification ‖ ~**kamera** f (Foto) / rigid camera ‖ ~**räumen** n (Masch) / peripheral broaching, tubular broaching, cup broaching, pot broaching ‖ ~**träger** m (Mikros) / stand n
**Tuch** n (Aufber) / blanket n ‖ ~ (pl. Tuche) (Tex) / cloth* n, fabric* n, textile* n, woven fabric, textile fabric (woven) ‖ **gewalktes** ~ (Tex) / milled cloth* ‖ **Lincolner** ~ (Tex) / Lincoln green ‖ ~**baum** n (Web) / cloth beam, cloth roller ‖ ~**bespannung** f (Tex) / cloth covering, fabric covering ‖ ~**bindung** f (Web) / plain weave, calico weave, tabby weave
**Tuchel-Kontakt** m (Steckverbindung, bei der die Kanten eines geschlitzten federnden Rohres den Steckerstift mit hohem Kontaktdruck zangenartig umfassen) (Masch) / Tuchel contact
**Tuch•filter** n / fabric filter, cloth filter, woven-fabric filter ‖ ~**karbonisierungsanlage** f (mit einer Breitsäureanlage) (Tex) / cloth-carbonization plant ‖ ~**samt** m (Tex) / worsted velvet ‖ ~**scheren** n (Tex) / cropping n, shearing n, clipping n ‖ ~**scherer** m (Tex) / cropper n ‖ ~**seite** f (Tex) / face n, right side, fabric face, good side ‖ ~**sieb** n (besonders für Mehl) (Nahr) / bolting sieve, bolter n, bolt n ‖ ~**walker** n (Tex) / fuller n
**Tucker•falz** m (ein Rotationsfalz) (Buchb) / tucker fold ‖ ~**falzapparat** m (Druck) / tip-cat folder*
**Tucksring** m (Masch) / Tucks packing ring
**Tucumöl** n (aus den Kernen der brasilianischen Sternnußpalme Astrocaryum tucuma Mart.) (Nahr) / tucum oil
**Tudorbogen** m (in der englischen Spätgotik) (Arch) / Tudor arch
**Tue-Befehl** m (EDV) / execute instruction
**Tuff** m (vulkanischer) (Geol) / tuff* n (of volcanic origin) ‖ ~ (sedimentärer) (Geol) / tufa* n ‖ ~ (Geol) s. auch Sinter
**Tuffit** m (Geol) / tuffite n
**Tuffkalk** m (Geol) / tufa* n (calc), calcareous tufa, calc-tufa n
**Tufted•-Teppich** m (Tex) / tufted carpet* ‖ ~**-Ware** f (Tex) / tufting goods, tufted fabrics
**tuften** v (Tex) / tuft v
**Tufting•-Maschine** f (eine Vielnadelmaschine, die mit einer Nadelreihe in eine vorgelegte Textilfläche Florfäden mit Blindstichen einnäht) (Tex) / tufting machine ‖ ~**-Methode** f (zum Feststellen und Sichtbarmachen von Strömungsverhältnissen an Körpern durch Anbringen von Wollfäden) (Luftt) / tufting method ‖ ~**-Teppich** m (Tex) / tufted carpet* ‖ ~**-Ware** f (Tex) / tufting goods, tufted fabrics
**Tug** m (Raumf) / tug n
**Tugmaster** m (eine spezielle Sattelzugmaschine) (Kfz, Schiff) / tugmaster n
**Tujamunit** n (ein Uranglimmer) (Min) / tyuyamunite n
**Tulafaser** f (eine Blattfaser aus Agave lechuguilla) (Tex) / tula fibre, tula n, tula istle
**tulieren** v / niello v
**Tüll** m (lockeres, netzartiges Gewebe) (Tex) / tulle* n, malines n ‖ **ungemusterter** ~ (Tex) / plain net fabric
**Tülle** f / spray n, sprinkler n, rose n, spray-head n, shower-head n ‖ ~ spout n ‖ ~ (Eltech, Masch) / grommet* n ‖ ~ (des Rechens) (Masch) / eye n
**Tullgren-Apparat** m (zur Austreibung der Mikroorganismen aus den Bodenproben) (Umwelt) / Tullgren funnel
**Tüllschirm** m (Film, TV) / bolting-silk n, butterfly* n, diffuser* n, silk scrim, diffusing screen
**Tulpenbaum** m (meistens Liriodendron tulipifera L.) (For) / tulip tree, tulip-poplar n, yellow poplar (US)
**Tulpenbaumholz** n (von Liriodendron tulipifera L.) (For) / tulipwood n, whitewood n, American whitewood
**Tulpennaht** f (Schw) / single-U butt joint, single-U groove weld, U-groove weld
**Tumble Home** n (Verringerung der Decksweite) (Schiff) / tumble-home* n
**Tumbler** m (Tex) / tumbler n, tumbler-drier n, tumble-drier n
**Tumbler-Schalter** m (Eltech) / tumbler switch*, toggle switch, lever switch, tumbler n
**Tumor** m (Med) / tumour* n, tumor* n (US) ‖ ~**induzierendes Prinzip** n (Bot) / tumour-inducing principle*, tumor-inducing principle (US) ‖ ~**-Nekrose-Faktor** m (Biochem) / TNF cachectin
**Tümpel** m (Gieß, Masch) / pouring basin*
**Tünchbürste** f (Anstr, Bau) / kalsomine n, kalso n
**Tünche** f (Kalkfarbe) (Anstr) / limewash* n, whitewash n, whitening n
**tünchen** v (Anstr) / limewash v, whitewash v
**Tünchpinsel** m (Anstr, Bau) / kalsomine n, kalso n
**Tundish** m (Gieß) / tundish n
**Tundra** f (pl. -ren) (baumlose Kältesteppe jenseits der arktischen Waldgrenze) (Geog, Umwelt) / tundra* n
**Tunell** n (A,S) (Luftf) / tunnel n
**tunen** v (zur Leistungssteigerung) (Kfz) / tune v (for performance), tune up v, soup up v, hot up v
**Tuner** m (Fernm) / tuner* n ‖ ~ (Spezialist für Tuning) (Kfz) / tuner n (a person who tunes car engines)
**Tungar-Gleichrichter** m (Eltech) / Tungar rectifier
**Tungöl** n (aus verschiedenen Aleurites-Arten) (aus Aleurites fordii Hemsl.) (Anstr, Chem) / tung oil, China wood oil
**Tungölbaum** m (For) / tung tree, wood oil tree
**Tungstein** m (Kalziumwolframat) (Min) / scheelite* n, natural calcium tungstate
**Tungstit** m (Min) / tungstite* n, tungstic ochre*
**Tung-Verteilung** f (Polymercharakterisierung) (Chem) / Tung distribution
**Tunica** f (pl. -ae) (die das Corpusgewebe umschließt) (Bot) / tunica* n (pl. -ae)
**Tuning** n (Maßnahmen zur Leistungssteigerung oder Verbesserung des Fahrverhaltens) (Kfz) / tuning n ‖ ~**-Kit** m (Kfz) / tuning kit ‖ ~**teile** n pl (Kfz) / performance accessories
**Tunkpapier** n (Pap) / marble paper, marbled paper

## Tunnel

**Tunnel** m (HuT) / tunnel n ‖ ~ (Luftf) / tunnel n ‖ ~ (Nukl) / canyon* n ‖ einen ~ bauen (HuT) / tunnel v ‖ ~ m unter dem Fluß (ein Unterwassertunnel) (HuT) / tunnel under river (a tunnel underwater), subriver tunnel ‖ ~auffahren n (HuT) / tunnel-driving n, tunnelling n, tunneling n (US) ‖ ~auffahrmaschine f (HuT) / tunnelling machine, tunneling machine (US), tunnel heading machine ‖ ~ausbau m (Bergb, HuT) / ground support ‖ ~auskleidung f (HuT) / tunnel lining ‖ ~bau m (HuT) / tunnel-driving n, tunnelling n, tunneling n (US) ‖ ~bauer m (HuT) / tunneller n, tunneler n (US), tunnel miner ‖ ~bauweise f (unterirdische, offene) (HuT) / tunnelling method, tunneling method (US) ‖ ~bohrwagen m (Bergb) / jumbo* n ‖ ~brenner m (Masch) / tunnel burner* ‖ ~diode f (DIN 41856) (Eltronik) / Esaki diode*, tunnel diode* ‖ ~effekt m (Eltronik, Phys) / tunnel effect* ‖ ~eingang m (HuT) / tunnel entrance ‖ ~entrinder m (For) / tunnel barker ‖ ~fermenter m (Biochem) / tunnel fermenter ‖ ~finisher m (Tex) / tunnel finisher ‖ ~gewölbe n (HuT) / crown n, roof n, back n
**tunnelieren** v (HuT) / tunnel v
**Tunnelierung** f (A) (HuT) / tunnel-driving n, tunnelling n, tunneling n (US)
**Tunnel•krankheit** f (Med) / ankylostomiasis* n (pl. -ases), hookworm disease*, miners' anaemia*, tunnel disease ‖ ~mikroskop m (Mikros) / scanning tunnelling microscope, STM, tunnelling microscope ‖ ~mikroskopie f (Mikros) / scanning tunnelling microscopy
**tunneln** v (Elektronen oder Cooper-Paare beim Einelektronen-Tunneleffekt oder beim Josephson-Effekt) (Eltronik) / tunnel v ‖ ~ n (Eltronik) / tunnelling n, tunneling n (US)
**Tunnel•nut** f (Eltech) / closed slot*, tunnelling slot, tunnel slot* ‖ ~ofen m (mit Wagen) (ein Industrieofen zum Brennen keramischer Erzeugnisse, zum Einbrennen von Farben und Kobaltfonds) (Keram) / car tunnel kiln ‖ ~ofen (im allgemeinen) (Masch) / tunnel furnace*, tunnel kiln ‖ ~portal n (HuT) / tunnel portal (the hillside entrance to a tunnel) ‖ abgesenktes ~rohr (das an Land betoniert, an den Stirnseiten wasserdicht geschlossen, und an den Einsatzpunkt geschleppt wird) (HuT) / immersed tube ‖ ~scheitel m (Bau, HuT) / soffit n, crown n, vertex n (pl. vertices or vertexes) ‖ ~schild n (HuT) / shield* n (tunnelling) ‖ ~sohlbruch m (HuT) / drift bottom sinking ‖ ~spektroskopie f (Spektr) / tunnelling spectroscopy, TS ‖ **unelastische ~spektroskopie** (Spektr) / inelastic tunnelling spectroscopy, ITS ‖ **inelastische ~spektroskopie** (Spektr) / inelastic tunneling spectroscopy, ITS ‖ ~transistor m (Eltronik) / tunnel triode ‖ ~triode f (Eltronik) / tunnel triode ‖ ~trockner m (Plast) / tunnel drier ‖ ~trocknung f in Säcken (Landw) / in-sack tunnel drying ‖ ~türstock m (Bergb) / set* n ‖ ~übergang m (Eltronik) / tunnel junction ‖ ~vollbohrmaschine f (HuT) / automatic tunnelling machine, full-face tunnelling machine ‖ ~vortriebsmaschine f (HuT) / tunnelling machine, tunneling machine (US), tunnel heading machine
**3-Tupel** n (Math) / triple n
**Tupel, n-~** (geordnete Menge von Elementen) (Math) / n-tuple n, n-tuplet n
**Tupelo** m (For) / tupelo n ‖ ~baum m (Nyssa L.) (For) / tupelo n
**Tüpfchen** n (Tex) / spot n, dot n
**Tupfeffekt** m (ungewollter - ein Anstrichfehler) (Anstr) / mottling n
**Tüpfel** m n (unverdickte Stelle der Sekundärwand) (For) / pit* n ‖ **behöfter ~** (For) / bordered pit ‖ **einfacher ~** (For) / simple pit* ‖ **pinoider ~** (For) / pinoid pit
**Tüpfel•analyse** f (Chem) / spot test, spot analysis ‖ ~bildung f (For) / pitting n ‖ **primäres ~feld** (For) / primary pit field ‖ ~hohlraum m (For) / pit cavity
**tüpfelig** adj / spotted adj, dotted adj
**Tüpfel•indikator** m (für die Maßanalyse) (Chem) / spot indicator ‖ ~membran f (For) / pit membrane ‖ ~methode f (Chem) / spot test, spot analysis ‖ ~mündung f (For) / pit opening
**tüpfeln** v / spot v, dot v ‖ ~ (Chem) / test by spotting ‖ ~ (Tex) / speck v ‖ ~ n (absichtlicher Effekt) (Anstr) / spattering n, splattering n, spatter finish
**Tüpfel•paar** n (zwei sich ergänzende Tüpfel aneinandergrenzender Zellen) (For) / pit pair ‖ **einseitig behöftes ~paar** (For) / half-bordered pit pair ‖ ~platte f (Porzellanplatte mit näpfchenartigen Vertiefungen) (Chem) / spot plate, spotting plate ‖ ~probe f (Chem) / spot test, spot analysis ‖ ~prüfung f (Chem) / spot test, spot analysis ‖ ~reaktion f (zum Ermitteln von Legierungsbestandteilen und Verunreinigungen) (Chem, Hütt) / drop reaction
**Tüpfelung** f (Bildung, Form und Anordnung der Tüpfel oder Tüpfelpaare) (For) / pitting n ‖ **gegenständige ~** (For) / opposite pitting ‖ **opponierende ~** (For) / opposite pitting ‖ **opponierende ~** (For) / opposite pitting ‖ **wechselständige ~** (For) / alternate pitting
**tupfen** v (Anstr) / stipple v ‖ ~ n (Anstr) / stippling* n ‖ ~ m (Tex) / spot n, dot n ‖ **annehmen** / spot vi ‖ ~ n **mit dem Schwammtupfer** (mit dem Tupfschwamm) (Anstr) / sponge stippling ‖ ~mull m (Tex) / dotted swiss, dotted muslin ‖ ~musselin m (Tex) / dotted swiss, dotted muslin
**Tupfer** m (Pinsel-, Gummi-) (Anstr) / stippler* n, hair stippler* ‖ ~ (in einem Vergaser) (Kfz) / needle valve ticker ‖ ~ (Med) / swab* n
**Tupfschwamm** m (Anstr) / sponge n
**Tür** f (Bau) / door n ‖ ~ (als komplette bestückte Einheit) (Bau) / door assembly, door set, door unit ‖ ~ (kleine) (Bau) / wicket n, wicket-door* n, wicket-gate* n ‖ ~ (des Hofmannschen Ringofens) (Keram) / doorway n, wicket n ‖ **doppelflügelige ~** (Bau) / double-wing door, double door ‖ **einbruchhemmende ~** (DIN 18103) (Bau) / antiburglary door, burglar-proof door ‖ **einflügelige ~** (Bau) / single door ‖ **eingeschobene ~** (Tischl) / framed and braced door* ‖ **eingestemmte ~** (Tischl) / framed and braced door* ‖ **gekröpfte** (um die Ecke gezogene) **~** (Bau) / wraparound door, wrapround door ‖ **glatte ~** (Bau, Tischl) / flush door ‖ **hängende ~** (ein Passungsfehler an Fahrzeugtüren) (Kfz) / sagging door, dragging door ‖ **HF-dichte ~** (Radio) / RF-screened door ‖ **linke ~** (Kfz) / nearside door (left-hand driving - GB) ‖ **links aufschlagende ~** (Bau) / left-hand door ‖ **linkshändige ~** (Bau) / left-hand door ‖ **nach links aufgehende ~** (Bau) / left-hand door ‖ **nach rechts aufgehende ~** (Bau) / right-hand door ‖ **quergeteilte ~** (Bau) / Dutch door, stable door ‖ **rahmenlose ~** (Bau, Tischl) / unframed door ‖ **rechte ~** (Kfz) / offside door (left-hand driving - GB) ‖ **rechts aufschlagende ~** (Bau) / right-hand door ‖ **rechtshändige ~** (Bau) / right-hand door ‖ **verglaste ~** (wenn der Glaseinsatz über die volle Höhe geht) (Bau, Tischl) / glazed door ‖ **zugemauerte ~** (Bau) / dead door ‖ **zweiflügelige ~** (Bau) / double-wing door, double door ‖ **zweiteilige ~** (des Aufzugs) / bi-parting door ‖ **zweiteilige ~** (horizontal geteilt) (Bau) / Dutch door, stable door ‖ ~ f **mit Doppelfüllung** (Bau) / two-panel door ‖ ~ **mit Drehkreuz** (Bau) / wicket n ‖ ~ **mit Glasausschnitt** (meistens in der oberen Hälfte) (Bau) / sash door, half-glass door ‖ ~ **mit Glaseinsatz** (Bau) / glazed door* ‖ ~ **mit Glasfüllung** (Bau) / sash door*, half-glass door ‖ ~ **mit glattem Blatt** (Bau, Tischl) / flush door ‖ ~ **mit Oberlicht** (Bau) / sash door* ‖ ~ **vom Warteraum zum Vorfeld** (Luftf) / gate n
**Tür•ablageschale** f (z.B. in einem Badezimmerschrank, im Kühlschrank) / door-back shelf ‖ ~angel f (Bau) / pintle* n, pivot n ‖ **verschränkte ~angel** (Bau) / offset pivot f ‖ ~anlage f (Bau) / door assembly, door set, door unit
**Turanose** f (ein aus je einem Molekül Glukose und Fruktose aufgebautes Disaccharid) (Chem) / turanose n
**Türanschlag** m (ein um die Türöffnung umlaufender Falz) (Bau) / rebate n ‖ ~ (zum Offenhalten der Tür) (Tischl, Zimm) / stop* n, doorstop* n, doorstopper n ‖ ~schräge f (Bau, Tischl) / door bevel
**Turas** m (pl. Turasse) (Maschinenelement zum Umlenken bzw. zum Antrieb von Förderketten) (HuT, Masch) / drive tumbler n, bull wheel, tumbler n
**Tür•ausschnitt** m (Kfz) / door aperture, door frame ‖ ~außenrahmen m (Zimm) / door frame ‖ ~band n (Bau) / hinge n (of a door) ‖ ~bekleidung f (Zimm) / door casing ‖ ~beschläge m pl (Bau) / door furniture, door fittings
**Turbidimeter** n (Chem, Opt) / turbidimeter* n, turbidometer n
**Turbidimetrie** f (wenn die Intensität des austretenden Lichts in der optischen Achse gemessen wird) (Chem, Opt) / turbidimetric analysis*, turbidimetry n, photoextinction method
**turbidimetrisch** adj (Chem, Opt) / turbidimetric adj ‖ **~e Titration** (Chem) / turbidimetric titration
**Turbidit** m (Sediment aus Trübströmen) (Geol) / turbidite* n
**Turbine** f (Masch) / turbine* n (acceleration-type prime mover) ‖ **doppelflutige ~** (Masch) / double-flow turbine* ‖ **einstufige ~** (Masch) / single-stage turbine ‖ **freifahrende ~** (Luftf) / free turbine* ‖ **mehrkränzige ~** (Masch) / multirow turbine ‖ **mehrstufige ~** (Masch) / multistage turbine* ‖ **zweiflutige ~** (eine Wasserturbine) (Masch) / double-flow turbine* ‖ ~ **mit diagonaler Durchströmrichtung** (Masch) / mixed-flow turbine ‖ ~ **ohne Zwischenüberhitzung** (Masch) / non-reheat turbine ‖ ~ **ohne ZWÜ** (Masch) / non-reheat turbine
**Turbinen•belüfter** m (Sanitär) / turbine aerator ‖ ~belüftung f (in der Abwasserreinigung) (Sanitär) / submerged-turbine aeration ‖ ~bohren n (drehendes Bohrverfahren, bei dem der Bohrkopf durch eine von Spülmittel angetriebene Turbine gedreht wird) (Bergb) / turbodrilling n ‖ ~bohrer m (Bergb) / turbodrill n ‖ ~eintrittstemperatur f (Luftf) / turbine gas temperature, turbine entry temperature ‖ ~gehäuse n (Masch) / turbine housing, turbine cylinder ‖ ~haus n (des Kraftwerks) (Bau, Eltech) / turbine house ‖ ~kraftstoff m (Kraftstoff für Gasturbinen) (Kftst, Luftf) / turbine fuel ‖ ~kraftwagen m (Kfz) / turbo-car ‖ ~läufer m (der Turbine) (Luftf) / turbine wheel, turbine drum, turbine rotor ‖ ~laufrad n (mit Schaufeln) (der Turbine) (Luftf) / turbine wheel, turbine drum, turbine rotor ‖ ~laufscheibe f (Masch) / turbine disk ‖ ~leitung f (meistens eine Druckrohrleitung) (Masch) / penstock* n ‖ ~luftstrahltriebwerk n (Luftf) / turbojet* n, turbojet engine ‖ ~luftstrahltriebwerk mit veränderbarem Arbeitszyklus (Luftf) /

variable cycle engine* || ~**mantel** *m* (Masch) / turbine housing, turbine cylinder || ~**mischer** *m* / turbine mixer, turbomixer *n* || ~**öl** *n* (meistens alterungsbeständiges Mineralöl) / turbine oil || ~**petroleum** *n* (Erdöl, Kftst, Luftf) / aviation kerosine*, avtur* *n* (Jet-A1), aviation turbine fuel, Jet-A 1 || ~**-Propeller-Flugzeug** *n* (Luftf) / turboprop* *n*, turboprop aircraft || ~**-Propeller-Luftstrahltriebwerk** *n* (Luftf) / turboprop* *n*, prop-jet *n*, prop-jet engine, turboprop engine, turbo-propeller engine, turbine-airscrew unit, propeller turbine engine* || ~**pumpe** *f* (Masch) / turbine (diffuser) pump || ~**rad** *n* (des Druckmittelgetriebes) (Masch) / turbine *n*, runner *n*, turbine wheel || ~**radgaszähler** *m* (bei dem die Zahl der Umdrehungen eines von der Gasströmung in Drehung versetzten Turbinenrades ein Maß für das durchgeströmte Volumen ist) / turbine gas meter || ~**rührer** *m* (mit 6 bis 12 Schaufeln) (Chem Verf) / turbine-type stirrer || ~**schaufel** *f* (Masch) / turbine blade, turbine vane (US), turbine bucket (US)* || ~**schiff** *n* (Schiff) / turbine ship, turbine boat, T.S., turbine-powered ship || ~**schnellabschaltung** *f* (Masch) / trip-out *n*, trip *n* || ~**schnellschluß** *m* (Masch) / trip-out *n*, trip *n* || ~**staustrahltriebwerk** *n* (Luftf) / turboramjet* *n*, turboramjet engine || ~**strahlflugzeug** *n* (Luftf) / turbojet* *n*, turbojet aircraft || ~**strahltriebwerk** *n* (Luftf) / turbojet* *n*, turbojet engine || ~**stufe** *f* (Masch) / turbine stage, turbine wheel (US) || ~**tanker** *m* (Schiff) / turbine tanker, TT || ~**tankschiff** *n* (Schiff) / turbine tanker, TT || ~**treibstoff** *m* (Erdöl, Kftst, Luftf) / aviation kerosine*, avtur* *n* (Jet-A1), aviation turbine fuel, Jet-A 1 || ~**treibstoff** (mit einem Siedebereich zwischen 52 und 220 ° C) (Kftst, Luftf) / wide-cut fuel*, wide-cut aviation turbine fuel, avtag* *n*, aviation wide-cut turbine fuel* || ~**triebwerk** *n* (entweder PTL oder TL) (Luftf) / turbine aero-engine* || ~**unterbrecher** *m* (Eltech) / mercury-circuit breaker, mercury breaker || ~**welle** *f* (Masch) / turbine shaft || ~**zug** *m* (Bahn) / turbotrain *n*
**Türblatt** *n* (der bewegliche Verschluß der Öffnung einer Tür) (Bau, Tischl) / door leaf || ~**querholz** *n* (einer Rahmenfüllungstür) (Bau, Tischl) / middle rail
**Turbo** *m* (Auto mit Turbomotor) (Kfz) / turbo *n* (a motor vehicle equipped with a turbocharger) || ~ **Pascal** *n* (ein Pascal-Programmiersystem mit Programmiereditor, Compiler und Linker) (EDV) / Turbo Pascal
**Turbo•aufladung** *f* (Kfz) / turbocharging *n*, exhaust turbosupercharging || ~**bohren** *n* (Bergb) / turbodrilling *n* || ~**bohrer** *m* (bei dem der Bohrkopf durch eine vom Spülmittel angetriebene Turbine gedreht wird) (Bergb) / turbodrill *n* || ~**compoundmotor** *m* (Luftf) / compound engine, turbo-compound *n* || ~**diesel** *m* (V-Mot) / turbo diesel || ~**dieselmotor** *m* (V-Mot) / turbo diesel || ~**dynamo** *m* (Eltech) / turbodynamo *n* || ~**elektrisch** *adj* / turbo-electric *adj* || ~**elektrischer Antrieb** (Eltech) / turbo-electric propulsion* || ~**elektrischer Energiewandler** (Rankine oder Brayton) (Eltech) / turbo-electric converter || ~**elektrische Lokomotive** (Bahn) / turbine-electric locomotive || ~**fan** *n* (die Zusatzluft durchströmt einen Niederdruckverdichter) (Luftf) / turbofan* *n*, fan-jet *n*, by-pass turbojet* || ~**feile** *f* (mechanisch angetriebene Umlauffeile) (Masch, Werkz) / turborotary file || ~**gebläse** *n* (Masch) / paddle-wheel fan*, turboblower *n* || ~**generator** *m* (Drehstromsynchrongenerator, der von einer Dampf- oder Gasturbine angetrieben wird) (Eltech) / turbogenerator* *n*, turbo-alternator *n*, turbine generator, turbine-driven generator, inductor alternator *n* || ~**generator mit Umformer** (Eltech) / turboconvertor *n* || ~**glattanker** *m* (Eltech) / smooth-core armature, smooth-core rotor* || ~**gridboden** *n* (Chem Verf) / Turbogrid plate, turbogrid tray *n* || ~**jet** *m* (Luftf) / turbojet* *n*, turbojet engine || ~**kompressor** *m* (Luftf) / turbojet* *n*, turbojet engine || ~**kompressor** (meist als Radialverdichter ausgeführt) (Masch) / centrifugal compressor*, turbocompressor *m* || **doppelflutiger** ~**kompressor** (Masch) / double-entry turbocompressor *n* || ~**kupplung** *f* (Masch) / hydraulic coupling*, fluid coupling, Föttinger coupling*, Föttinger transmitter* || ~**lader** *m* (V-Mot) / exhaust-driven supercharger*, turbosupercharger* *n*, turbocharger* *n*, turbo *n*, turboblower *n*, turbo-drive supercharger* || ~**ladung** *f* (Kfz) / turbocharging *n*, exhaust turbosupercharging || ~**löser** *m* (ein Stoffauflösegerät) (Pap) / pulper *n*, hydrapulper *n* || ~**luftstrahltriebwerk** *n* (Luftf) / turbojet* *n*, turbojet engine
**Türbolzen** *m* (Kfz) / door pin
**Turbo•maschine** *f* (eine Strömungsmaschine) (Masch) / turbomachine *n* || ~**molekularpumpe** *f* (eine mechanische kinetische Vakuumpumpe) (Vakuumt) / turbomolecular pump || ~**molekularvorvakuumpumpen-Station** *f* (Nukl, Vakuumt) / turbomolecular roughing station || ~**motor** *m* (Kfz, V-Mot) / turbocharged engine, turboengine *n* || ~**motor** *m* (Luftf, Masch) / turboshaft engine || ~**pause** *f* (Geophys) / turbopause *n* || ~**prop** *m* (ein Gasturbinenflugzeugtriebwerk) (Luftf) / turboprop* *n*, prop-jet *n*, prop-jet engine, turboprop engine, turbo-propeller engine, turbine-airscrew unit, propeller turbine engine* || ~**prop-Flugzeug**

*n* (Luftf) / turboprop* *n*, turboprop aircraft || ~**prop-Triebwerk** *n* (Luftf) / turboprop* *n*, prop-jet *n*, prop-jet engine, turboprop engine, turbo-propeller engine, turbine-airscrew unit, propeller turbine engine* || ~**pumpe** *f* (Luftf) / turbopump *n* || ~**pumpe** (Masch) / centrifugal pump*, turbine pump, kinetic pump || ~**rakete** *f* (Luftf) / turborocket* *n* || ~**-Ram-Jet** *m* (Luftf) / turboramjet* *n*, turboramjet engine || ~**satz** *m* (eine Maschinengruppe) (Eltech, Masch) / turbo set || ~**satz** (Eltech, Masch) s. auch Turbogenerator || ~**stapler** *m* (der die Spinnkabel auf die gewünschte Länge reißt und sodann kräuselt) (Tex) / turbostapler *n* || ~**stratisch** *adj* (Chem) / turbostratic *adj* || ~**triebwerk** *n* (Luftf) / turbojet* *n*, turbojet engine || ~**umformer** *m* (Eltech) / turboconvertor *n* || ~**vakuumpumpe** *f* (Vakuumt) / turbine pump, turbopump *n* || ~**verdichter** *m* (als Radial-, Diagonal- oder Axialverdichter ausgeführt) (Luftf) / gas producer*, gas generator* || ~**verdichter** (meist als Radialverdichter ausgeführt) (Masch) / centrifugal compressor*, turbocompressor *m* || **zweigehäusiger** ~**verdichter** (Masch) / two-casing centrifugal compressor* || ~**verdichter** *m* **in doppelflutiger Bauweise** (Masch) / double-entry turbocompressor *n* || ~**zug** *m* (ein Hochgeschwindigkeitszug mit Gasturbinen) (Bahn) / turbotrain *n*
**turbulent** *adj* / turbulent *adj* || ~**e Flamme** (bei nichtlaminaren Gasströmen) / turbulent flame || ~**e Grenzschicht** (Luftf) / turbulent boundary layer || ~**e Nachströmung** (Luftf) / wake turbulence || ~**e Scheindiffusion** (Chem Verf) / eddy diffusion* || ~**e Strömung** (ungeordnete Bewegung von Flüssigkeits- oder Gasteilchen) (Phys) / turbulent flow*, tortuous flow, sinuous flow, eddy flow* || ~**e Vermischung** / turbulent mixing
**Turbulenz** *f* (dynamische, thermische) (Meteor) / turbulence *n* || ~ (ungeordnete Störungen einer größerskaligen, geordneten Bewegung im Meer) (Ozean) / turbulence *n* || ~ (Strömung bei hohen Reynolds-Zahlen nach DIN 1342, T 1) (Phys) / turbulence *n* || **anisotrope** ~ (Phys) / anisotropic turbulence || **isotrope** ~ (Phys) / isotropic turbulence
**Turbulenz•ballen** *m* (einheitlich bewegte Fluidmasse auf dem Prandtl-Mischungsweg) (Phys) / transferable quantity of the fluid (turbulent flow), pocket of turbulence || ~**blech** *n* (auf der Oberseite der Tragfläche vor Querruder oder Landeklappe) (Luftf) / vortex generator || ~**erzeuger** *m* (Phys) / turbulence generator, turbulator || ~**frei** *adj* (Phys) / vortex-free *adj*, turbulence-free *adj* || ~**generator** *m* (für Turbulenzversuche) (Phys) / turbulence generator, turbulator || ~**mischen** *n* / turbulent mixing || ~**-Prandtlzahl** *f* (Phys) / turbulent Prandtl number || ~**raum** *m* (Masch) / turbulence zone || ~**sieb** *n* (des Windkanals) (Luftf) / turbulence screen || ~**theorie** *f* (eine obsolete kosmogonische Theorie nach C.F. von Weizsäcker, 1912 - ) (Astr) / Weizsäcker's theory || ~**theorie** (Phys) / turbulence theory, theory of turbulence || ~**überlagerte Diffusion** (Chem Verf) / eddy diffusion* || ~**windkanal** *m* (Luftf) / turbulence wind tunnel || ~**wolke** *f* (Meteor) / turbulence cloud
**Tür•dichtschiene** *f* (mit Kunststoffborsten) (Bau) / brush seal (for doors) || ~**dichtung** *f* (Bau) / door gasket, door seal || ~**dichtung** (Kfz) / door seal || ~**dichtungsbrett** *n* (unten) (Bau) / weather-board *n*, weather-board moulding || ~**dichtungsstreifen** *m* (Kfz) / door weather strip, door strip* || ~**drücker** *m* (Bau) / door handle || ~**einfassung** *f* (Zimm) / door casing || ~**fangband** *n* (Kfz) / door check strap || ~**fensterheber** *m* (Kfz) / window winder, window regulator, window lifter || ~**flügel** *m* (mit Öffnungsmechanismen) (Bau, Tischl) / active leaf, active door || ~**flügel** (Bau, Tischl) / door leaf || ~**flügelrahmen** *m* (Tischl) / head casing of a door || ~**freispracheinrichtung** *f* (Fernsp) / entrance telephone system || ~**freisprecheinrichtung** (Fernsp) s. auch Türsprechanlage || ~**fries** *m* (Tischl) / head casing of a door || ~**führung** *f* (Bau, Tischl) / door guide || ~**füllung** *f* (bei gestemmten Türen) (Tischl) / door panel || ~**futter** *n* (Zimm) / door case*, door lining, lining *n* || ~**gerüst** *n* (Zimm) / door case* || ~**gesims** *n* (Bau) / hood mould*, label* *n*, dripstone* *n*, hood moulding
**Turgeszenz** *f* (Volumenzunahme von Geweben bzw. Organen, bedingt durch vermehrten Blut- und Flüssigkeitsgehalt) (Biol, Med) / turgescence* *n*
**Turgor** *m* (bei lebenden pflanzlichen Zellen) (Bot) / turgor pressure*, turgor *n* || ~**bewegung** *f* (Bot) / turgor motion || ~**druck** *m* (Bot) / turgor pressure*, turgor *n*
**Tür•griff** *m* (Bau) / door handle || ~**guckloch** *n* (Bau) / door viewer, judas *n* || ~**haut** *f* (das äußere Blech am Türrahmen) (Kfz) / door skin, door outer panel || ~**heber** *m* (ein Beschlag, z.B. bei Balkontüren) (Bau) / door-lifting mechanism, door lifter, door-lifting bar || ~**holm** *m* (Kfz) / doorpost *n*, door pillar || **senkrechtes** ~**holz** (in der Mitte der Rahmentür) (Tischl) / muntin *n*
**Turing -aufzählbar** *adj* (EDV) / Turing-enumerable *adj* || ~**-Band** *n* (der Turingmaschine) (EDV) / Turing tape || ~**-berechenbar** *adj* (EDV) / computable by a Turing machine, Turing-computable *adj* || ~**-entscheidbar** *adj* (EDV) / Turing-decidable *adj* || ~**maschine** *f* (nach A.M. Turing (1912-1954) benannte idealisierte

**Turingmaschine**
Rechenmaschine, die den Begriff des mechanischen oder algorithmischen Rechenverfahrens präzisiert) (EDV) / Turing machine (TM) ‖ **mehrdimensionale ~maschine** (EDV) / multidimensional Turing machine ‖ **mehrdimensionale ~maschine** (EDV) / multidimensional Turing machine ‖ **universelle ~maschine** (EDV) / universal Turing machine ‖ **~test** m (EDV, KI) / Turing test (test for intelligence in a computer, requiring that a human being should be unable to distinguish the machine from another human being by using the replies to questions put to both)
**Tür·innenverkleidung** f (Kfz) / door trim, door lining ‖ **~kämpfer** m (Bau) / head-rail* n ‖ **~kantenschoner** m (Kfz) / door-edge moulding ‖ **~kantenschutzleiste** f (Kfz) / door-edge moulding
**Türken** m (A) (Bot, Landw) / maize* n, corn* n (US), Turkey corn (US), Indian corn (US)
**Türkis** m (ein Edelstein) (Min) / turquoise* n, Turkey stone, callaite* n ‖ **okzidentalischer ~** (künstlich blaugefärbtes fossiles Elfenbein) (Min) / bone turquoise*, odontolite* n ‖ **~blau** adj (grünlich blau) / turquoise blue
**Türkisch·er Styrax** (aus dem Orientalischen Amberbaum - Liquidambar orientalis Mill.) (Pharm) / Levant storax, liquid storax ‖ **~rot** n (Anstr) / Turkey red, Adrianople red ‖ **mit ~rot gefärbtes Baumwollgewebe** (Tex) / Turkey red ‖ **~rotfärberei** f (Tex) / Turkey-red dyeing ‖ **~rotöl** n (sulfoniertes Rizinusöl) (Chem, Tex) / Turkey-red oil*, sulphonated castor oil, soluble castor oil, sulphated castor oil, aquasol *
**türkis·farben** adj (wie der Rücken des Eisvogels) / turquoise adj ‖ **~farbig** adj / turquoise adj ‖ **~grün** adj (bläulich grün) / turquoise green
**Tür·klinke** f (Bau) / door handle ‖ **~klopfer** m (ein Baubeschlag) (Bau, Tischl) / knocker n, doorknocker n ‖ **~knopf** m (ein Türbeschlag) (Bau, Tischl) / doorknob n ‖ **~kontaktschalter** m (im Aufzug) (Eltech) / gate switch*, door switch* ‖ **~laibung** f (Bau, Tischl) / reveal n, door casing n ‖ **~lautsprecher** m (Kfz) / in-door speaker, door speaker ‖ **~leibung** f (Bau, Tischl) / reveal n, door casing n ‖ **~leiste** f (an der Brettertür) (Bau, Tischl) / batten* n, ledge* n
**Turm** m (Arch) / tower n ‖ **~** f (Landmarke) (Luftf) / pylon n ‖ **abgespannter ~** (für Off-shore-Bohrungen) (Erdöl) / guyed tower
**Turmalin** m (ein Ringsilikat) (Min) / tourmaline* n
**Turmalinisierung** f (Geol) / tourmalinization* n, turmalinization n
**Turmalinzange** f (zwei Turmalinplatten als Polarisationsinstrument - heute außer Gebrauch gekommen) (Min) / tourmaline tongs
**Türmchen** n (kleiner, spitzer Turm) (Arch) / turret n
**Turmdach, kegeliges ~** (Arch) / spire* n (conical)
**Turm·drehkran** m (Masch) / tower slewing crane, hammerhead crane, slewing tower crane, rotary tower crane ‖ **~faulbehälter** m (in Eiform) (Sanitär) / egg-shaped sewer* ‖ **~fördermaschine** f (Bergb) / tower-type winder, tower-mounted winder ‖ **~haus** n (mit betonter Vertikalentwicklung auf kleiner Grundfläche) (HuT) / tower block ‖ **~helm** m (Arch) / spire* n (polygonal) ‖ **~karst** m (Geol) / tower karst, turmkarst n ‖ **~kegeldach** n (Arch) / spire* n (conical) ‖ **~knopf** m (kugelförmiger Abschluß eines Turmhelmes oder Turmdaches) (Arch) / orb n ‖ **~kran** m (Masch) / tower crane*, monotower crane ‖ **~rolle** f (Erdöl) / crown block ‖ **~rollenblock** m (Erdöl) / crown block ‖ **~rollenlager** n (Bergb, Erdöl) / poppet head ‖ **~säure** f (Pap) / tower acid, raw acid ‖ **~säure** (Pap) s. auch Glover-Turm ‖ **~schrämmaschine** f (Bergb) / turret coal cutter ‖ **~silo** m n (Landw) / tower silo, above-ground silo ‖ **~spitze** f (meistens achtseitige, mit abgewalmten Eckseiten) (Arch) / broach spire* ‖ **~stellwerk** n (eine Stellwerksbauform) (Bahn) / switch tower, signal tower n (US) ‖ **~stück** n (zur Aufstockung des Turmes bei Turmdrehkranen) (Masch) / tower extension ‖ **~teleskop** n (Astr) / tower telescope ‖ **~wäscher** m (Chem Verf) / scrubber column, washing tower
**Turn** m (eine hochgezogene Kehrtkurve nach dem deutschen Jagdflieger M. Immelmann, 1890-1916) (Luftf) / Immelmann n, Immelmann turn ‖ **~** (Luftf) / stall turn, hammerhead stall (US)
**Turnbulls Blau** (rotes Blutlaugensalz + Eisen(II)-salzlösung) (Chem) / Turnbull's blue
**Turneinrichtung** f (der Dampfturbine) (Masch) / barring gear
**Turnerit** m (aufgewachsener Monazit) (Min) / turnerite n
**Turnier** n (in der Grafentheorie) / tournament n
**Turnkey-Geschäft** n / turnkey business
**Türnotschalter** m (Eltech) / gate by-pass switch*
**Turnover** m n (des Bades in der Elektrotauchlackierung) (Anstr) / turnover n ‖ **~** (der Wechsel der stofflichen Bestandteile der Zelle oder des Organismus) (Biochem, Biol) / turnover n
**Turnpike** f (pl. -s) (Bezeichnung bestimmter US-amerikanischer Autobahnen) (Kfz) / turnpike n, tpk, pike n
**Turnstile-Antenne** f (Radio) / turnstile antenna*, turnstile n
**Turnstile-Prozeß** m (Platzwechselprozeß von Liganden am Zentralatom) (Chem) / turnstile process
**Tür·oberlicht** n (Bau) / fanlight n ‖ **~öffner** m (Bau) / door opener ‖ **~öffnung** f (Bau) / doorway n, door opening ‖ **~öffnungsbegrenzer** m (Tischl, Zimm) / stop* n, doorstop* n, doorstopper n ‖ **~passung** f (Kfz) / door alignment ‖ **~pfosten** m (ein Seitenteil des Stockes) (Bau) / door cheek*, jamb post*, doorpost* n, doorjamb n ‖ **~pfosten** (zum Einhängen des Tores) (Bau) / hingeing post*, hanging post*, swinging post* ‖ **~pfosten** (Kfz) / doorpost n, door pillar ‖ **~pfosten** (bei doppelflügeliger Türanlage) (Tischl) / mullion n ‖ **~polsterung** f (Kfz) / door trim, door lining ‖ **unteres ~querschutzholz** (Bau) / weather-board n, weather-board moulding ‖ **~rahmen** m (Kfz) / door aperture, door frame ‖ **~rahmen** (Zimm) / door frame ‖ **~rahmenabschluß** m (Tischl) / door head (the horizontal wood member forming the top of a door frame) ‖ **waagerechtes Glied des ~rahmens** (Tischl) / impage n ‖ **~riegel** m (Bau) / door bolt ‖ **~säule** f (Kfz) / doorpost n, door pillar ‖ **~schalter** m (im Aufzug) (Eltech) / gate switch*, door switch* ‖ **~scharnier** n (Kfz) / door hinge ‖ **~schließer** m (Vorrichtung zum langsamen, geräuscharmen Schließen einer Tür) (Bau) / door closer*, door check and spring, door check ‖ **~schließer** (im Aufzug) (Bau) / gate closer*, door closer* ‖ **~schließzylinder** m (Bau, Kfz, Tischl) / door-lock cylinder ‖ **~schloß** n (Bau, Kfz, Tischl) / door lock ‖ **~schloß mit Besetztanzeige** (an WC-Türen) (Bau) / indicator bolt ‖ **~schloß mit Kindersicherung** (Kfz) / childproof lock ‖ **~schnalle** f (A) (Bau) / door handle ‖ **~schoner** m (gegen Fingerabdrücke) (Bau, Tischl) / finger plate* ‖ **~schwelle** f (Tischl, Zimm) / door sill ‖ **~schweller** m (Kfz) / sill n, body sill, rocker panel (US), body rocker panel (US) ‖ **~sprechanlage** f (Fernsp) / door speaker, doorphone n ‖ **~stein** m (mit abgerundeter Ecke) (Hütt) / jamb brick ‖ **~stock** m (zwei Stempel + Kappe) (Bergb) / frame set, set* n ‖ **stählerner ~stock** (I-Träger für die Kappe, H-Träger für Stempel und Unterzüge) (Bergb) / steel set ‖ **~stockausbau** m (deutscher, polnischer) (Bergb) / framing n, frame timbering ‖ **~stockverkleidung** f (Bau) / jamb linings* ‖ **~sturz** m (Bau, Zimm) / lintel n (over a door head), door lintel
**Turtle** f (EDV) / turtle* n
**Tür·unterkante** f (Kfz) / door bottom ‖ **~verkleidung** f (z. B. Kunststoff oder textile Materialien) (Kfz) / door trim, door lining ‖ **automatische ~verriegelung** (Eltech) / automatic gate lock* ‖ **~zarge** f (Stahltürrahmen) (Zimm) / door case*
**TUSA** (Masch) / trip-out n, trip n
**Tusche** f (für Siebdruck) (Druck) / tusche n ‖ **[chinesische] ~** / Indian ink*, Chinese ink, India ink (US), sumi ink ‖ **schwarze ~** / Indian ink*, Chinese ink, India ink (US), sumi ink
**Tuschen** n (einer Kartenfläche) (Kart) / tinting n
**tuschieren** v (Masch) / test the flatness (with a straight edge or a surface plate)
**Tuschier·lineal** n (Masch) / straight edge ‖ **~platte** f (Verkörperung der Ebene) (Masch) / surface plate*, face plate*
**Tuschzeichnung** f / wash drawing
**tuskische Ordnung** (eine Säulenordnung) (Arch) / Tuscan order
**Tussah** f (Tex) / tussah n (US), tussah-silk* n, tussore silk, tusser silk ‖ **~seide** f (eine wilde Seide) (Tex) / tussah n (US), tussah-silk* n, tussore silk, tusser silk
**Tussor** m (Handelsname für Tussahseidengewebe, im Handel auch für leichte Zellwollgewebe mit ungleichmäßiger Garnstärke) (Tex) / tussore n
**Tutenkalk** m (Geol) / cone-in-cone limestone
**Tütenkalk** m (Geol) / cone-in-cone limestone
**Tutenmergel** m (Geol) / cone-in-cone limestone
**Tütenmergel** m (Geol) / cone-in-cone limestone
**Tutenmergelstruktur** f (Geol) / cone-in-cone structure*
**Tutored-Effekt** m (örtlicher Schrumpfeffekt) (Tex) / tutored effect
**Tutorsystem** n (EDV, KI) / tutoring system
**TÜV** = Technischer Überwachungsverein ‖ **[in etwa] ~-Untersuchung** (Kfz) / MOT test (GB)
**TÜZ** (Chem) / absolute rate theory, activated-complex theory, ACT, transition-state theory, TST
**TV** (mit Hilfe von textverarbeitenden Systemen) (EDV) / word processing (WP) ‖ **~** (Tex) / textile finishing ‖ **~** = Fernsehen
**T-Ventil** n (Masch) / screw-down stop valve, spindle valve, stop valve*
**T-Verbindung** f / tee joint (a joint in which members meet at right angle, forming a T)
**T-Verbindungsstück** n (ein Fitting) (Klemp, Masch) / tee* n, T-piece n, T-fitting n, T connector
**T-Verbindungsstutzen** m (ein Fitting) (Klemp, Masch) / tee* n, T-piece n, T-fitting n, T connector
**T-Verschraubung** f (Masch) / tee union
**t-Verteilung** f (die von W.S. Gosset (Pseudonym: Student) 1907-1908 angegebene Verteilung einer stetigen Zufallsvariablen) (Stats) / t-distribution* n, Student's t-distribution
**TV-Hoppen** n (TV) / zapping n
**TVOR** (Luftf) / terminal VOR
**TVP** n (aus pflanzlichen Proteinen gefertigtes fleischartiges Lebensmittel) (Nahr) / textured vegetable protein, TVP

**TV-Sendungen am Morgen vor Arbeitsbeginn** (TV) / breakfast TV, breakfast television
**Twaddell-Grad** *m* (alte Einheit der Dichte von Flüssigkeiten) (Chem) / Twaddle scale*, Twaddell scale*
**TWB** (WP) / thermal shock resistance*, resistance to thermal shocks, temperature cycle resistance
**Tweed** *m* (bunte, garngefärbte, lockere, grobfädige Streichgarnstoffe) (Tex) / tweed* *n* || **rötlich gesprenkelter ~** (Tex) / heather-mixture *n*
**Tweeter** *m* (Akus) / tweeter* *n*, high-frequency speaker
**t-Wert, kritischer ~ bei einseitigem t-Test** (Stats) / t-critical one-tail || **~ (die Menge der austauschbaren Kationen und /selten/ Anionen eines Bodens, ausgedrückt in Milliäquivalenten je 100 g Boden /** exchange capacity || **~** *m* (Min) / sorption capacity
**Twill** *m* (Web) / twill* *n* || **~** (pl. Twills oder Twille) (Herrentuch in Twillbindung) (Web) / twill* *n* || **~** (pl. Twills oder Twille) (Web) / twill weave, twill *n* || **~bindung** *f* (sechsbindiger gleichseitiger Köper) (Web) / twill weave, twill *n*
**Twindrive** *m* (für Walzstraßen) (Hütt) / twin-drive *n*, dual drive
**Twiner** *m* (Spinn) / twiner mule, mule doubler
**Twin•-Lead-Kabel** *n* (Radio) / twin-lead cable || **~plex** *n* (Vierfrequenz-Diplex-Telegrafie) (Teleg) / twinplex *n* || **~polieranlage** *f* (Glas) / twin polisher || **~rad** *n* (Kfz) / JJD wheel, twin wheel, wheel with double rim || **~set** *n* *m* (Tex) / twinset *n* || **~-Shaft-Turboprop** (Luftf) / twin-shaft turboprop
**Twist** *m* (Kernphys) / twist *n* || **~** (Muletwist = in loser Drehung, Mediotwist = halbhart gedreht, Watertwist = festgedrehtes Kettgarn) (Spinn) / twist* *n*, twisted yarn || **~** (strapazierfähiger Kammgarnstoff in Köperbindung) (Tex) / twist *n*
**Twistan** *n* (verdrillter Kohlenwasserstoff) (Chem) / twistane *n*
**Twisted pair** *n* (verdrillte Zweidrahtleitung zur Übertragung impulsförmiger elektrischer Signale, z.B. zwischen zwei Platinen oder zwei Stationen eines Netzes) (EDV, Eltronik) / twisted pair
**Twistform** *f* (eine Konformation von zyklischen Verbindungen) (Chem) / twist form
**Twisting-Schwingung** *f* (Chem) / twisting vibration
**Twistor** *m* (EDV, Eltronik) / twistor *n*
**Twistzelle** *f* (eine Flüssigkristallzelle) (Eltronik) / twisted nematic cell
**TWT** (eine Lauffeldröhre) (Eltronik) / travelling-wave tube* (TWT)
**Twyman-Green-Interferometer** *n* (eine abgewandelte Form des Michelson-Interferometers - nach F. Twyman, 1876-1959, und A.G. Green, 1864-1941) (Opt) / Twyman-Green interferometer
**TX** (Fernm) / telex* *n*, Telex *n* || **~** (Physiol) / thromboxanes *pl*
**Tybet** *m* (Tex) / Thybet wool, Tibet wool
**Tychonoff-Satz** *m* (ein topologischer Produktraum ist genau dann quasikompakt bzw. kompakt, wenn die Faktoren quasikompakt oder kompakt sind) (Math) / theorem of Tychonoff
**Tyler•-Normalsiebskale** *f* (Bergb, Chem) / Tyler standard grade scale || **~-Siebreihe** *f* (Bergb, Chem) / Tyler sieves* || **~-Skale** *f* (Bergb, Chem) / Tyler standard grade scale || **~-Standardsiebskale** *f* (Bergb, Chem) / Tyler standard grade scale
**Tylophora-Alkaloide** *n pl* (Chem, Pharm) / tylophora alkaloids
**Tympanon** *n* (pl. -pana) (Arch) / tympanum* *n* (pl. tympana or tympanums), tympan *n*
**Tympanum** *n* (pl. -pana) (Arch) / tympanum* *n* (pl. tympana or tympanums), tympan *n*
**Tyndall-Effekt** *m* (Opt) / Tyndall effect*, Faraday-Tyndall effect
**Tyndallisation** *f* (fraktionelle Sterilisation hitzeempfindlicher Substrate) (Nahr) / Tyndallization *n*
**Tyndallisierung** *f* (Nahr) / Tyndallization *n*
**Tyndall•-Kegel** *m* (Lichtkegel an suspendierten Teilchen) (Licht) / Tyndall cone, Tyndall beam || **~meter** *n* (Opt) / nephelometer *n*
**Tyndallometrie** *f* (Nephelometrie mit direkter Messung) (Opt) / tyndallimetry* *n*
**Tyndall•-Phänomen** *n* (Opt) / Tyndall effect*, Faraday-Tyndall effect || **~-Streuung** *f* (nach J. Tyndall, 1820-1893) (Opt) / Tyndall effect*, Faraday-Tyndall effect
**Typ** *m* (Biol) / type* *n* || **~** (Masch) / type *n*
**Typamatiktaste** *f* (Wiederholungstaste, Dauerfunktionstaste) / typamatic key, autorepeat key
**Type** *f* (Stellvertreter für eine Menge identischer Textwörter - in der linguistischen Statistik) (EDV) / type *n* || **~** (Einzelbuchstabensatz) (Typog) / movable type*, type* *n* || **~** (an Büromaschinen) (Typog) / type* *n*
**typen** *v* (Erzeugnisse) / standardize *v* || **~bezeichnung** *f* (Kfz) / model designation || **~bezeichnung** (Bestellformel) (Typog) / type designation || **~drucker** *m* (ein mechanischer Drucker) (EDV) / solid-font printer || **~hammer** *m* (EDV) / impact hammer, print hammer* || **~hebel** *m* (der Schreibmaschine) / type-bar *n* || **~kassette** *f* (EDV) / train cartridge || **~kette** *f* (des Kettendruckers) (EDV) / print chain, type chain || **~korb** *m* (EDV) / thimble wheel, thimble *n*, tulip *n* || **~korbdrucker** *m* (EDV) / thimble printer || **~körper** *m* (der Schreibmaschine) / typing element || **~körper** (Typog) / body* *n*, shank* *n*, stem* *n* || **~leistung** *f* (Eltech) / kVA rating, unit rating, kilovolt-ampere rating || **~rad** *n* (EDV) / type-wheel *n*, print-wheel *n* || **~raddrucker** *m* (EDV) / type-wheel printer, wheel printer, pin-wheel printer, print-wheel printer || **~reihe** *f* (von Maschinen) (Masch) / series *n* || **~reiniger** *m* (meistens als knetbare Paste) / type cleaner || **~satzdrucker** *m* (EDV) / solid-font printer || **~scheibe** *f* (z.B. des elektronischen Fernschreibers) / daisywheel *n*, daisy printwheel || **~scheibendrucker** *m* (EDV) / daisywheel printer* || **~schild** *n* (Masch) / name-plate *n* || **~stab** *m* (Druck, EDV) / print bar, type bar || **~stange** *f* (Druck, EDV) / print bar, type bar || **~träger** *m* (EDV) / print-member *n* || **~trommel** *f* (eines Trommeldruckers) (EDV) / print drum, type drum || **~vielfalt** *f* / type variety || **~walzendrucker** *m* (EDV) / barrel printer*, drum printer
**typgeprüft** *adj* (Kfz) / type-approved *adj*
**Typhon** *n* (ein Signalhorn) (Schiff) / typhon *n*, Tyfon *n*
**typisch** *adj* / typical *adj* || **~ sein** (für etwas) / typify *v*
**typisieren** *v* / standardize *v*
**Typkonformität** *f* / type conformity
**Typo•gestaltung** *f* (Typog) / typographical arrangement || **~graf** *m* (gestaltender Setzer) (Typog) / typographer* *n* || **~grafie** *f* (Buchdruckerkunst) (Typog) / typography* *n* || **~grafisch** *adj* (Typog) / typographic *adj*, typographical *adj* || **~grafischer Punkt** (veraltete kleinste Einheit des typografischen Maßsystems, Europa = 0,376065 mm, GB + US = 0,351 mm - DIN 16507) (Typog) / point* *n* || **~grafischer Zeilenmesser** (Typog) / type gauge, type scale || **~logie** *f* (Lehre von den Typen, Gliederung nach Typen) / typology *n* || **~logisch** *adj* / typological *adj* || **~meter** *n* (Typog) / type gauge, type scale || **~morphes Mineral** (Geol) / index mineral*, typomorphic mineral, symptomatic mineral || **~skript** *n* (maschinengeschriebenes Manuskript als Satzvorlage) (Druck) / typescript *n*, typewritten manuscript
**Typprüfung** *f* (Prüfung durch anerkannte Prüfstellen, die den Nachweis erbringen soll, daß ein Gerät oder ein Bauteil den Anforderungen einer oder mehrerer Normen entspricht) / type approval test || **~** (Kfz) / homologation *n*
**Typus** *m* (einer ganzen Funktion) (Math) / type *n* || **~lokalität** *f* (Geol) / type locality (the place at which a stratotype is situated and from which it ordinarily derives its name), type site
**Tyr** (eine nichtessentielle proteinogene Aminosäure) (Biochem) / tyrosine* *n*, Tyr*
**Tyramin** *n* (4-(2-Aminoethyl)-phenol) (Biochem) / tyramine *n*
**Tyraminase** *f* (Biochem) / monoamine oxidase*, MAO
**Tyre Rubber** *n* (Allzweck-NK-Typ mit guten Verarbeitungseigenschaften, ursprünglich für die Reifenindustrie entwickelt) (Chem Verf) / tyre rubber, TR
**Tyrischer Purpur** / Tyrian purple
**Tyrocidin** *n* (von Bacillus brevis produziertes Peptidantibiotikum) (Chem, Pharm) / tyrocidine *n*, tyrocidin *n*
**Tyrode-Lösung** *f* (Ersatzlösung für Gewebsflüssigkeit nach M.V. Tyrode, 1878 - 1930) (Pharm) / Tyrode solution
**Tyrosin** *n* (Biochem) / tyrosine* *n*, Tyr*
**Tyrosinase** *f* (Biochem) / phenolase *n*, tyrosinase *n*
**Tyrothricin** *n* (von Bacillus brevis produziertes Peptidantibiotikum) (Chem, Pharm) / tyrothricin *n*
**Tysonit** *m* (Min) / tysonite *n*
**Tyton-Muffe** *f* (DIN 28516) (Masch) / Tyton joint
**Tyuyamunit** *n* (Min) / tuyamunite *n*
**TZ** (EDV) / central clock
**T-Zahl** *f* (Foto) / T-stop *n*
**T-Zelle** *f* (eine zu den Lymphozyten gehörende Zelle, die vorwiegend an der zellulären Immunität beteiligt ist und einige niedermolekulare Substanzen produziert) (Zyt) / T-cell* *n*
**T-Zustand** *m* (Spektr) / triplet* *n*, triplet state
**T-Zweitor** *n* (Eltech) / T-network* *n*, Y-network* *n*, T-section *n*

# U

**u** (der zwölfte Teil der Masse eines Atoms des Nuklids $^{12}$C) (Kernphys) / (unified) atomic mass unit*
**U** (Biochem) / uridine *n*
**U** (Biochem) / enzyme unit
**U** (Chem) / uranium* *n*
**U** (nach DIN-ISO 1629 ein Gruppenbuchstabe für Kautschuke mit Kohlenstoff, Sauerstoff und Stickstoff in der Polymerkette) (Chem Verf) / U
**238$_U$** (Chem) / uranium 238*
**U-Anweisung** *f* (EDV) / utility modifier statement, utility modifier parameter, U parameter
**UART** *n* (Schnittstelle zur asynchronen bitseriellen Ein- und Ausgabe von Daten, z.B. in ein Mikroprozessorsystem oder aus diesem) (EDV) / stall *n* || ~(EDV) / universal asynchronous receiver/transmitter, UART
**U-Bahn** *f* (Bahn) / underground *n*, underground railway, tube *n* (GB), subway *n* (US) || ~ **in Röhrenbauweise** (HuT) / tube railway*, tube* *n*
**Ubbelohde-Viskosimeter** *n* (DIN 51562) (Phys) / Ubbelohde viscometer
**Übelkeit erregend** (Geruch) / malodorous *adj*, foul-smelling *adj*, evil-smelling *adj*, ill-smelling *adj*, offensive *adj*, fetid *adj*, foetid *adj*, nauseous *adj*, objectionable *adj*, with a revolting smell
**übelriechend** *adj* / malodorous *adj*, foul-smelling *adj*, evil-smelling *adj*, ill-smelling *adj*, offensive *adj*, fetid *adj*, foetid *adj*, nauseous *adj*, objectionable *adj*, with a revolting smell **stark ~** (Bot) / graveolent* *adj*
**über•abzählbare Menge** (Math) / non-denumerable set, uncountable set || ~**abzählbarkeit** *f* (Math) / non-denumerability *n*, non-enumerability
**überall dicht** (Menge) (Math) / everywhere dense, dense *adj* || ~ **dichte Menge** (Math) / everywhere dense set, dense set* *n* || ~**zünder** *m pl* (mit Tetraphosphortrisulfid) / strike-anywhere matches || ~-**Zündhölzer** *n pl* / strike-anywhere matches
**Überalterung** *f* (bei warmausgelagerten Legierungen) (Hütt) / overageing *n* || ~ (Hütt) s. auch Ostwald-Reifung
**Über•anpassung** *f* (Fernm) / overmatching *n* || ~**anstrengung** *f* **der Augen** / eye-strain *n* || ~**arbeitbarkeit** *f* (DIN 55945) (Anstr) / possibility to rework, reworkability *n* || ~**arbeitbarkeit** (Anstr) s. auch Überlackierbarkeit || ~**ätzungssicherheitsfaktor** *m* (Eltronik) / overetch safety factor || ~**auflösbar** *adj* (Gruppe) (Math) / supersolvable *adj*, supersoluble *adj* || ~**bau** *m* (Verletzung der Grenze zum Nachbargrundstück) (Bau) / building over the boundary line || ~**bau** (HuT) / superstructure* *n* || ~**baut** *adj* / built-up *adj* || ~**baute Fläche** (Bau) / covered area, roofed-over area, coverage *n*, built-up area || ~**beanspruchen** *v* (Masch) / overstress *v* || ~**beanspruchung** *f* (des Systems) (EDV) / stall *n* || ~**beanspruchung** (Masch) / overstress *n* || ~**beizen** *v* (im allgemeinen) (Chem) / overpickle *v* || ~**beizung** *f* (Chem) / overpickling *n* || ~**beizung** (Leder) / excessive bating || ~**belasten** *v* / surcharge *v* || ~**belasten** (Eltech, Mech) / overload *v* || ~**belastung** *f* (Eltech, Mech) / overload* *n*, overloading *n* || ~**belastungsventil** *n* (Masch) / overload valve || ~**belichtung** *f* (Foto) / overexposure* *n* || ~**bemessen** *v* (Masch) / overdimension *v*, oversize *v* || ~**bemessung** *f* (Masch) / overdimensioning *n*, oversizing *n* || ~**benutzen** *v* (mißbräuchlich) / overuse *v* || ~**beschäftigung** *f* (F.Org) / overemployment *n* || ~**beschleunigung** *f* (ungewollte) (Masch) / jerk *n* || ~**besetzung** *f* (personelle) (F.Org) / overstaffing *n* || ~**besetzung** (eines Energieniveaus) (Phys) / overpopulation *n* || ~**bestimmt** *adj* (Mech) / overdetermined *adj* || ~**statisch** ~**bestimmt** (Mech) / overrigid* *adj*, statically overdeterminate *adj*, redundant* *adj*, hyperstatic *adj* || ~**bestrahlte Person** (Nukl, Radiol) / person overexposed to penetrating radiation || ~**beton** *m* (Bau, HuT) / topping *n* || ~**betrieblicher Einsatz** (von Landmaschinen) (Landw) / multifarm use || ~**bevölkerung** *f* (Umwelt) / overpopulation *n* || ~**bewässerung** *f* (Landw) / overirrigation *n* || ~**blasen** *v* (Charge im Konverter) (Hütt) / overblow *v* || ~**blasener Stahl** (Hütt) / overblown steel || ~**blasen** *n* (einer Charge im Konverter) (Hütt) / overblowing* *n* || ~**blatten** *v* (For, Zimm) / scarf *v* || ~**blattete Rahmeneckverbindung** (durchgehende) (For, Zimm) / L-halving *n* || ~**blattung** *f* (rechtwinklige) (For, Zimm) / halving* *n* || ~**blattung** (Stoß) (For, Zimm) / scarf* *n*, scarfed joint, scarf joint, splice *n* || ~**bleibsel** *n* / remnant *n*, relic *n*, relict* *n* || ~**bleichen** *v* (Tex) / overbleach *v*

**überblenden** *v* (Akus) / cross-fade *v*

**Überblend•projektor** *m* (Opt) / lap-dissolve projector || ~**regler** *m* (zum Einstellen des Lautstärkeverhältnisses vorn/hinten) (Kfz, Radio) / fader *n*
**Überblendung** *f* (Akus) / cross-fading *n*, cross-fade *n* || ~ (bei zwei Projektoren im Bildwerferraum) (Film) / changeover* *n* || ~ (Film) / dissolve* *n*, lap dissolve, fade-over *n*, changeover *n* || **pausenlose** ~ (in einem Stehbildwerfer) (Foto) / cross-fade *n*, fade-over *n* || **synchronisierte** ~ **mit Ton** (Film, TV) / super in sync
**Überblendzeichen** *n* (Film) / change-over mark
**Über•blick** *m* / survey *n* || ~**blick** / summary *n* || ~**brennen** *v* (Anstr) / overbake *v*, overstove *v* || ~**brennen** (Keram) / overfire *v*, overburn *v* || ~**brennen** *n* (Keram) / overfiring *n*, overburning *n* || ~**bruch** *m* (Bergb) / raise *n*, rise heading, rising *n*, box-hole *n*, rise shaft
**überbrücken** *v* (Risse durch Anstriche) (Anstr) / bridge *v* || ~ (Chem) / bridge *v* || ~ (Elektr, Eltech) / bridge *v* || ~ (z.B. einen Fluß) (HuT) / bridge *v*, span *v* (with a bridge) || ~ *n* (von Rissen durch Anstriche) (Anstr) / bridging *n*
**überbrückt•es T-Glied** (Eltech) / bridged T-network, bridged T-section || ~**es T-Netzwerk** (Eltech) / bridged T-network, bridged T-section
**Überbrückung** *f* (Eltech) / bridging connection
**Überbrückungs•draht** *m* (Eltech) / jumper* *n* || ~**flockung** *f* (Anstr) / bridging flocculation || ~**kondensator** *m* (Eltech) / by-pass capacitor* || ~**widerstand** *m* (Eltech) / transition resistor*
**über•brühen** *v* / scald *v* || ~**brühen** (blanchieren) (Nahr) / blanch *v* || ~**buchen** *v* / overbook *v* || ~**chlorsäure** *f* (Chem) / chloric(VII) acid*, perchloric acid* || ~**compoundierung** *f* (Eltech) / overcompound excitation || ~**dach** *n* (Bau) / shelter *n* || ~**dachen** *v* (Bau) / roof *v*, roof over *v*, put the roof on || ~**dacht** (Bau) / roofed *adj*, roofed-over *adj*, covered *adj* || ~**dachter Eingang(sbaldachin)** (z.B. am Hoteleingang) (Arch) / porte cochère || ~**dachte Fläche** (Bau) / covered area, roofed-over area, coverage *n*, built-up area || ~**dämpfung** *f* (Fernm, Phys) / overdamping *n* || ~**decken** *v* (teilweise) (Masch) / overlap *v*, lap *v*, overlay *v* || ~**decken** *n* (Masch) / overlap *n*, overlapping *n*, overlay *n* || ~**deckte Fläche** (Bau) / covered area, roofed-over area, coverage *n*, built-up area
**Überdeckung** *f* (Bau) / lintel* *n*, head* *n*, headpiece *n* || ~ (beim Offset-Crashtest) (Kfz) / overlap *n* || ~ (bei geteilten Gleitlagerschalen) (Masch) / bearing crush || ~ (bei Zahnrädern) (Masch) / profile overlap, contact ratio || ~ (teilweise) (Masch) / overlap *n*, overlapping *n*, overlay *n* || ~ (bei Gewinden nach DIN 13) (Masch) / depth of engagement (GB), height of engagement (US) || ~ (von Teilmengen) (Math) / covering *n* || ~ (Radar) / coverage *n* || ~ (von Radarzielen) (Radar) / merging *n* || **räumliche** ~ (Radar) / volume coverage, volumetric coverage || ~ *f* **der Ebene** (überlappungsfreie vollständige - mit regulären Vielecken) (Math) / tessellation *n*, tiling *n*, tesselation *n* || ~ **eines Senders durch einen Störsender** (Nav, Radio) / blanketing *n*
**Überdeckungs•bereich** *m* (bei der Peilung) (Nav) / coverage area || ~**grad** *m* (Masch) / profile overlap, contact ratio || ~**satz** *m* (ein Lehrsatz der Topologie) (Math) / covering theorem
**über•dehnen** *v* (z.B. Seilzug) / overstretch *v*, stretch *v* || ~**dimensionieren** *v* (Masch) / overdimension *v*, oversize *v* || ~**dimensionierung** *f* (Methode zur Erhöhung der Sicherheit von Geräten, Maschinen, Bauwerken u.ä.) (Masch) / overdimensioning *n*, oversizing *n* || ~**dominanz** *f* (Gen) / superdominance *n* || ~**dosieren** *v* (Med, Pharm) / overdose *v* || ~**dosis** *f* (Med, Pharm) / overdose *n*
**überdrehen** *v* (mit mehr als 24 Aufnahmen pro s) (Film) / overcrank *v* || ~ (Motor) (Kfz) / overspeed *v*, overrev *v* || ~ (Gewinde) (Masch) / strip *v* || ~ (Mutter) (Masch) / overtighten *v* || ~ (Spinn) / overtwist *v* || ~ *n* (Gewinde) (der Gewindegänge) (Masch) / stripping *n* || ~ (Spinn) / overtwisting *n*
**Über•drehmaschine** *f* (Keram) / jigger *n* || ~**dreht** *adj* (Garn - ein Fehler) (Spinn) / overtwisted *adj*, twitty *adj*, overspun *adj* || ~**drehtes Garn** (mit etwa 2000 Drehungen) (Spinn) / crêpe yarn || ~**drehung** *f* (Krist) / supertwisting *n* || ~**drehzahl** *f* (Eltech, Masch) / overspeed *n* || ~**drehzahlschutz** *m* (Eltech) / overspeed protection*
**Überdruck** *m* (Deckdruck) (Druck, Tex) / overprint *n*, cover print || ~ (der Reifen) (Kfz) / overinflation *n* || ~ (Luftf) / superpressure* *n* || ~ (in einer Anlage) (Masch) / excess pressure || ~ (atmosphärische Druckdifferenz nach DIN 1314) (Phys) / gauge pressure*, pressure above atmospheric, overpressure *n* || ~ **mit innerem** ~ / pressurised *adj* (GB), pressurized *adj* (US), pressure-exposed *adj*, exposed to pressure || **unter** ~ **gesetzt** / pressurized *adj*, pressurised *adj* (GB) || **unter** ~ **stehend** / overpressurized *adj*
**Überdruck•alarm** *m* (Masch) / pressure alarm || ~**dampfhärtung** *f* (von Beton) (Bau) / autoclaving *n*, high-pressure steam curing, autoclave curing || ~**-Dünnschichtchromatografie** *f* (Chem) / overpressure thin-layer chromatography, forced-flow TLC, OPTLC || ~**erkrankung** *f* (Med, Raumf) / hyperbarism* *n* || ~**kabine** *f* (Luftf) / pressure cabin*, pressurized cabin || ~**kammer** *f* (Med, Radiol) / hyperbaric chamber* || ~**kanal** *m* (Luftf) / variable-density wind tunnel*, compressed-air wind tunnel* || ~**-Kesselraum** *m* (Schiff)

1286

closed stokehold* ‖ ⁓-**Klimaanlage** f (Bau) / plenum system* ‖ ⁓**reserve** f (Tex) / overprint reserve ‖ ⁓**schnellschlußventil** n (Masch) / pop valve*, blow-up valve ‖ ⁓**schweißen** n (bei Unterwasserschweißungen) (Schw) / hyperbaric welding, excessive-pressure welding ‖ ⁓**turbine** f (z.B. Parsons- oder Francis-Turbine) (Masch) / reaction turbine* ‖ ⁓**ventil** n (im allgemeinen) (Masch) / pressure-relief valve ‖ ⁓**ventil** (bei Kesseln) (Masch) / pop valve*, blow-up valve ‖ ⁓**windkanal** m (Luftf) / variable-density wind tunnel*, compressed-air wind tunnel*

**Über·düngung** f (des Wasserökosystems) (Umwelt) / overfertilization n ‖ ⁓**eckmaß** n (Masch) / across-corner dimension

**übereinander anordnen** / superpose v, superimpose v ‖ ⁓**drucken** n (von mehreren Zeichen) (Druck) / overstriking n, overprinting n ‖ ⁓**greifen** v (Masch) / overlap v, lap v, overlay v ‖ ⁓**greifen** n (Masch) / overlap n, overlapping n, overlay n ‖ ⁓**greifendes Brett** (bei der Stülpschalung) (Bau) / shiplap board, shiplap siding ‖ ⁓**kopie** f (Druck, Foto) / superimposition n, super n ‖ ⁓**kopieren** v (Druck, Foto) / superimpose* v ‖ ⁓**kopieren** n (Film) / double printing* ‖ ⁓**legen** v / superimpose n ‖ ⁓**montieren** n (Druck, Foto) / superimposition n, super n ‖ ⁓**schichten** v / sandwich v (between) ‖ ⁓**schichten** n / stack v, tier v

**über·einstimmen** v / correspond v ‖ **farblich ⁓einstimmen** (mit vorhandener Lackschicht) (Anstr) / blend in v ‖ **in ⁓einstimmung bringen** / line up v ‖ ⁓**einstimmung** f **des Farbtons bei Mischfärbungen** (Tex) / solidity n ‖ ⁓**einstimmung mit den Normbedingungen** (bei Versuchen) / conformance n, conformity n ‖ ⁓**empfindlich** adj / hypersensitive adj, supersensitive adj ‖ ⁓**entwicklung** f (Foto) / overdevelopment n ‖ **erlaubter Übergang** (Phys) / superallowed transition ‖ ⁓**erregen** v (Eltech) / overexcite v ‖ ⁓**eutektisch** adj (Hütt) / hypereutectic adj ‖ ⁓**eutektoid** adj (Hütt) / hypereutectoid adj ‖ **eutektoider Stahl** (Hütt) / hypereutectoid steel* ‖ ⁓**exposition** f (Foto) / overexposure* n

**überfahr·bar** adj / traversable adj ‖ ⁓**blech** n (zum Befahren mit Flurförderern) / dam n

**überfahren** v (Last - Portalstapler) / straddle v ‖ ⁓ (Bergb) / overwind v ‖ ⁓ (bei numerischer Steuerung) (Masch) / overtravel v, overtraverse v ‖ ⁓ n (der Abzugstellung, indem es zum Abfeuern der Patrone kommt) (Mil) / overtravel n

**Überfahrt** f (Schiff) / pass n, passage n

**Überfall** m (ein Schließelement) (Bau) / hasp* n ‖ ⁓ (überströmtes Bauwerk) (HuT, Wasserb) / spillway dam*, overflow dam, overfall dam ‖ ⁓ (beim Textildruck) (Tex) / overlapping n, overlap n ‖ ⁓ (als Vorgang) (Wasserb) / overfall n ‖ ⁓ (als Bauwerk) (Wasserb) / uncontrolled weir, free weir, free-discharge weir, free-flow weir, ungated weir, overflow weir ‖ **gesteuerter** ⁓ (mit beweglichem Verschlußorgan) (Wasserb) / controlled weir, controlled spillway ‖ **unvollkommener** ⁓ (wenn es nicht zm Schießen kommt) (Wasserb) / submerged overfall, diving overfall ‖ **vollkommener** ⁓ (bei Eintritt eines Fließwechsels vom Strömen zum Schießen) (Wasserb) / free flow, free overflow, drop spillway ‖ ⁓ **mit flachem Rücken** (Wasserb) / broad-crested weir ‖ ⁓ **mit Schußrinne** (bei Talsperren) (Wasserb) / chute spillway ‖ ⁓ **mit Seiteneinschnürung** (Wasserb) / contracted weir (a measuring weir) ‖ ⁓ **ohne Seiteneinschnürung** (Wasserb) / suppressed weir (a measuring weir)

**Überfallbeiwert** m (Wasserb) / weir coefficient

**Überfalle** f (Beschlag für Türen, Tore und Lattenverschläge) (Bau) / padlock hasp

**Überfallen** n (Wasserb) / overfall n

**überfallender Strahl** (bei Wehren) (Wasserb) / nappe n, overfall n (overpouring water)

**Überfall·formel** f (Berechnungsformel für das Abfuhrvermögen von Überfällen) (Wasserb) / weir formula ‖ ⁓**höhe** f (bei einem Wehr) (Wasserb) / weir head, head over spillway

**überfällig** adj (Verkehrsmittel, Wechsel) / overdue adj

**Überfall·krone** f (Wasserb) / overflow crest ‖ ⁓**quelle** f (Geol) / overflow spring, pocket spring ‖ ⁓**schwellenbeschickung** f (Abfluß bezogen auf die Länge der Überfallschwelle eines Absetzbeckens in m³/m . h nach DIN 4045) (Wasserb) / weir overflow rate ‖ ⁓**verschluß** n (Wasserb) / crest gate ‖ ⁓**wasser** n (bei Wehren) (Wasserb) / nappe n, overfall n (overpouring water) ‖ ⁓**wehr** n (Wehrkrone liegt über Unterwasserspiegel) (Wasserb) / uncontrolled weir, free weir, free-discharge weir, free-flow weir, ungated weir, overflow weir

**Über·faltung** f (extrem überentwickelte Faltung der Decke) (Geol) / overfold ‖ ⁓**falz** m (Druck, Pap) / overfold*, overlap fold ‖ ⁓**fälzte Fuge** (For) / rabbet joint ‖ ⁓**falzung** f (Zimm) / shiplapping n, shiplap siding ‖ ⁓**familie** f (Zool) / superfamily n ‖ ⁓**fang** m (Glas) / flash n ‖ ⁓**fangbogen** m (Bau, HuT) / discharging arch*, relieving arch, rough arch, safety arch* ‖ ⁓**fangen** n (bei mehrschichtigen Gläsern) (Glas) / flashing n ‖ ⁓**fangglas** n (Flach- oder Hohlglaserzeugnis, das aus einem Grundglas und einem dünnen Überzug aus einem anderen farbigen, farblosen oder getrübten Glas besteht) (Glas) / flashed glass*, cased glass, case glass ‖ ⁓**fangschicht** f (obere Farb- bzw. Trübglasschicht bei Überfanggläsern) (Glas) / flash n ‖ ⁓**farbechtheit** f (Widerstandsfähigkeit von Flocke- und Garnfärbungen gegen die Einwirkung der für Wolle in der Stückfärbung üblichen Färbeverfahren) (Tex) / fastness to cross-dyeing, overdye fastness ‖ ⁓**färben** v (Tex) / top v, cross-dye v, top-dye v, overdye v ‖ ⁓**färben** n (einer Komponente in Faserstoffmischungen) (Tex) / cross-dyeing* n, topping n, top-dyeing n, overdyeing n ‖ ⁓**färben** (im allgemeinen) (Tex) / overdyeing n ‖ ⁓**färbung** f (einer Komponente in Faserstoffmischungen) (Tex) / cross-dyeing* n, topping n, top-dyeing n, overdyeing n ‖ ⁓**feinstruktur** f (Kernphys, Spektr) / hyperfine structure*, hfs ‖ ⁓**fetten** v / superfat v ‖ ⁓**fettete Feinseife** (Chem, Med) / superfatted soap ‖ ⁓**fettete Seife** (Chem, Med) / superfatted soap ‖ ⁓**fettungsmittel** n / superfatting agent, refatting agent ‖ ⁓**feuchten** v / overwet v ‖ ⁓**feuchten** (Druck) / overdamp v ‖ ⁓**fischung** f (Nahr, Umwelt) / overfishing n ‖ ⁓**fliegen** v (Luftf) / overfly v, fly over v ‖ **in geringer Höhe ⁓fliegen** (Luftf) / buzz vt (fly very close to the ground at high speed) ‖ ⁓**fließen** v / overflow v, run over v, flow over v ‖ ⁓**fließen** (Wasserb) / overflow* n ‖ ⁓**fließendes Material** (bei einem Abquetschwerkzeug) (Plast) / excess material

**Überflug** m (Luftf) / non-stop transit flight ‖ ⁓**genehmigung** f (Luftf) / overflight clearance ‖ **pauschale ⁓genehmigung** (Luftf) / blanket overflight clearance ‖ ⁓**lärm** m (Luftf) / flyover noise ‖ ⁓**verbot** n (Luftf) / overflight interdiction

**Überflur·bunker** m / overhead hopper ‖ ⁓**feuer** n (Luftf) / elevated light ‖ ⁓**hydrant** m (DIN 3222) / pillar hydrant, surface hydrant, fire pillar, street hydrant, standpost hydrant ‖ ⁓**hydrantenschlüssel** m / pillar hydrant key (GB)

**überflutbar** adj / submersible adj ‖ ⁓**e Brücke** (HuT, Wasserb) / submersible bridge ‖ ⁓**er Motor** (Eltech) / submersible motor

**überfluten** v (Wasserb) / inundate v, flood v, swamp v

**Überflutung** f (von Verkehrsflächen) (HuT) / ponding n ‖ ⁓ (Wasserb) / inundation n, flooding n

**überflutungssicher** adj (Wasserb) / safe from flooding, safe from inundation

**über·fördern** v (Erdöl) / overproduce v ‖ ⁓**format** n (Druck) / oversize n ‖ ⁓**frierend** adj (Meteor) / freezing adj ‖ ⁓**frierende Nässe** (Kfz, Meteor) / black ice, ground ice ‖ ⁓**frischen** v (Stahlschmelze) (Hütt) / overblow v ‖ ⁓**frischen** n (Chem Verf, Hütt) / overoxidation n ‖ ⁓**frischen** (von Stahlschmelzen) (Hütt) / overblowing* n ‖ ⁓**frischung** f (Chem Verf, Hütt) / overoxidation n

**Überführung** f / conversion* n, transformation* n ‖ ⁓ (ein Verkehrsweg, der als Brücke über eine Eisenbahn-, Straßenbahnlinie oder eine Straße hinwegführt) (HuT) / overhead crossing, overpass n ‖ ⁓ (HuT) / flyover n, overpass n (US) ‖ ⁓ (von Ionen) (Phys) / transference n ‖ **Konzentrationszelle mit** ⁓ (Eltech, Galv) / concentration cell with transport ‖ ⁓ **eines ungesättigten Kohlenwasserstoffs in ein Alkan** (Chem) / alkanization n ‖ ⁓ **von Monomeren in Polymere** (Chem) / polymerization* n

**Überführungs·flug** m (Luftf) / ferry flight ‖ ⁓**funktion** f (Regeln) / transfer function ‖ ⁓**kilometerstand** m (Kfz) / delivery mileage ‖ ⁓**kosten** pl (Kfz) / delivery charge ‖ ⁓**zahl** f (das Verhältnis der Leitfähigkeit einer Ionensorte zur Gesamtleitfähigkeit eines Elektrolyten) (Chem) / transport number*, transference number ‖ **Hittorfsche ⁓zahl** (der Beitrag einer Ionenart in einer festen oder flüssigen Lösung zur gesamten elektrolytischen Leitfähigkeit) (Chem) / Hittorf transport number, Hittorf transference number

**Über·füllschutz** m (Kftst, Kfz) / overfill protection ‖ ⁓**füllsicherung** f (bei Zapfpistolen) (Kftst, Kfz) / overfill protection ‖ ⁓**furnieren** v (mit einem Edelfurnier) (For, Tischl) / overveneer v

**Übergabe** f / handover n, handing over n ‖ ⁓ (Übermittlung) / transmission n ‖ ⁓ (Fernm) / delivery n ‖ ⁓ **der Radarkontrolle** (Luftf) / radar hand-off, transfer of radar control, radar hand-over ‖ ⁓ **der Radarleitung** (S) (Luftf) / radar hand-off, transfer of radar control, radar hand-over ‖ ⁓ **der Verkehrsleitung** (S) (Luftf) / transfer of control ‖ ⁓**bericht** m (bei der Mitteilungsübermittlung) (Fernm) / delivery report ‖ ⁓**gleis** n (Bahn) / interchange track ‖ ⁓**stelle** f (Luftf) / release point

**Übergang** m (die Randzone des Reparaturbereichs zu dem benachbarten, nicht behandelten Lackbereich) (Anstr) / feather edge ‖ ⁓ (Bahn) / (level) crossing, grade crossing (US) ‖ ⁓ (zwischen den Wagen) (Bahn) / bridge n ‖ ⁓ (bei Halbleitern) (Eltronik) / junction* (JC) n, semiconductor junction* n ‖ ⁓ (als Prozeß) (Phys) / transition n, transformation n ‖ ⁓ (bei Raumflügen) (Raumf) / transfer n ‖ ⁓ (vom Schweißgut zum Grundmaterial) (Schw) / toe n ‖ ⁓ (z.B. bei Linienführung von der Geraden zur Kurve) (Verm) / transition n ‖ **diffundierter** ⁓ (Eltronik) / diffused junction ‖ **erlaubter** ⁓ (zwischen zwei Energieniveaus) (Phys, Spektr) / allowed transition*, permitted transition ‖ **gezogener** ⁓ (Eltronik) / grown junction, ground junction ‖ **ionenimplantierter** ⁓ (Eltronik) / ion-implanted junction ‖ **kerbfreier** ⁓ / notch-free transition ‖ **kollektiver** ⁓ (Kernphys) / collective transition ‖ **planarer** ⁓ (Eltronik) / planar junction ‖ **stark**

**Übergang**

**erlaubter** ~ (Phys) / superallowed transition ‖ **strahlender** ~ (Kernphys) / radiative transition ‖ **strahlungsloser** ~ (Kernphys) / radiationless transition ‖ **übererlaubter** ~ (Phys) / superallowed transition ‖ **unique-verbotener** ~ (Kernphys) / unique forbidden transition ‖ **verbotener** ~ (Kernphys) / forbidden transition* ‖ **zulässiger** ~ (Phys, Spektr) / allowed transition*, permitted transition ‖ ~ *m* **von einem tieferen** (energieärmeren) **auf ein höheres** (energiereicheres) **Niveau** (Phys) / upward transition ‖ ~ **des Schelfs zum Kontinentalhang** (Geol) / shelf edge ‖ ~ **in die kreisförmige Umlaufbahn** (Raumf) / circularization *n* (by apogee kicks) ‖ ~ **in einen niedrigeren Energiezustand** (Kernphys) / de-excitation *n* ‖ ~ **von einem höheren** (energiereicheren) **auf ein tieferes** (energieärmeres) **Niveau** (Phys) / downward transition ‖ ~ **zum Behältertransport** / containerization *n*
**Übergangs•** - / transient* *adj* ‖ ~**analoga** *n pl* (Biochem) / transition-state analogues ‖ ~**bahn** *f* (auf der ein Raumflugkörper von einer Umlaufbahn in eine andere gebracht wird - z.B. nach Hohmann) (Raumf) / transfer orbit ‖ ~**bereich** *m* (bei Legierungen) (Hütt) / transition range ‖ ~**bereich** (Phys, WP) / transition range ‖ ~**bogen** *m* (von der Bogenkrümmung in die Gerade mit einem flachen Bogenstück) (Bahn, HuT, Verm) / transition curve*, easement curve* ‖ **vertikaler** ~**bogen** (Bahn, HuT, Verm) / vertical curve* ‖ **Entwurf** *m* **des** ~**bogens** (Bau, HuT, Verm) / easing* *n* ‖ ~**bohrung** *f* (im Vergaser) (V-Mot) / by-pass *n* ‖ ~**dipolmoment** *n* (Phys) / transition dipole moment ‖ ~**einrichtung** *f* (zwischen den Eisenbahnwagen) (Bahn) / intercommunication gangway, vestibule gangway connection ‖ ~**element** *n* (das im Grundzustand oder in wichtigen Oxidationsstufen partiell gefüllte d- oder f-Niveaus hat) (Chem) / transition metal*, transition element* ‖ ~**elementcluster** *m* (Chem) / transition-metal cluster ‖ ~**ellipse** *f* (eine Übergangsbahn) (Raumf) / transfer ellipse* ‖ ~**energie** *f* (Eltronik) / transition energy* ‖ ~**fehler** *m* (EDV) / ambiguity error ‖ ~**formstück** *n* (ein Formstück) (Klemp, Masch) / reducing socket*, reducing coupling, reducing pipe-joint*, taper pipe, reducer* *n*, increaser *n*, diminishing pipe*, bushing* *n*, reducer fitting, taper *n* ‖ ~**frequenz** *f* (Akus) / turnover frequency*, cross-over frequency* ‖ ~**funktion** *f* (um auch beliebige Punkte erfassen zu können, die nicht auf Berandung der Teilfläche liegen) (EDV) / blending function ‖ ~**funktion** (Fernm) / transfer function* ‖ ~**funktion** (Math) / transition function ‖ ~**funktion** (die Sprungantwort) (Regeln) / response *n* ‖ ~**gebiet** *n* (Eltronik) / transition region* (of a doped semiconductor) ‖ ~**hydrid** *n* (Chem) / transition-metal hydride ‖ **thermische** ~**impedanz** (Impulswärmeimpedanz bei einem Halbleiterventil) (Eltronik) / transient thermal impedance ‖ ~**kriechen** *n* (Kriechen mit abnehmender Geschwindigkeit) (Hütt, WP) / primary creep, transient creep ‖ ~**kurve** *f* (Bahn, HuT, Verm) / transition curve*, easement curve* ‖ ~**lamelle** *f* (Außenschicht der Sekundärwand mit überkreuzenden Mikrofibrillen, ähnlich der Primärwand, jedoch dichter und mit der Zentralschicht der Sekundärwand lose verbunden) (For) / secondary wall 1 ‖ ~**manöver** *n* (Raumf) / transfer manoeuvre ‖ ~**matrix** *f* (Matrix der Übergangswahrscheinlichkeiten einer Markowschen Kette) (Stats) / transition matrix ‖ ~**metall** *n* (das im Grundzustand oder in wichtigen Oxidationsstufen partiell gefüllte d- oder f-Niveaus hat) (Chem) / transition metal*, transition element* ‖ ~**metallhydrid** *n* (Chem) / transition-metal hydride ‖ ~**metallkomplex** *m* (Chem) / transition-metal complex ‖ ~**metalloxidglas** *n* (halbleitendes Glas mit eingebauten Übergangsmetalloxiden) (Glas) / transition-metal oxide glass ‖ ~**muffe** *f* (die Kabel unterschiedlicher Bauart verbindet) (Kab) / transition joint ‖ ~**muffe** (ein Formstück) (Klemp, Masch) / reducing socket*, reducing coupling, reducing pipe-joint*, taper pipe, reducer* *n*, increaser *n*, diminishing pipe*, bushing* *n*, reducer fitting, taper *n* ‖ ~**netzwerk** *n* (KI) / transition network, transition net ‖ **augmentiertes** ~**netzwerk** (KI) / augmented-transition network, ATN ‖ **erweitertes** ~**netzwerk** (KI) / augmented-transition network, ATN ‖ ~**passung** *f* (Über- oder Untermaß nach DIN 7182) (Masch) / transition fit* (over- or undersize) ‖ ~**periode** *f* / transition period ‖ ~**potential** *f* (bei Halbleitern) (Eltronik) / junction potential ‖ ~**potential** *n* (Phys) / transition potential ‖ ~**prozeß** *m* (bei einer Änderung des Zustandes eines Systems) (Eltech) / transient *n*, transient phenomenon ‖ ~**punkt** *m* (Krümmungsanfangs- oder Krümmungsendpunkt) (Bahn, HuT, Verm) / tangent point* ‖ ~**region** *f* (Magnetosheath) (Geophys) / magnetosheath *n* ‖ ~**rohr** *n* (ein Formstück) (Klemp, Masch) / reducing socket*, reducing coupling, reducing pipe-joint*, taper pipe, reducer* *n*, increaser *n*, diminishing pipe*, bushing* *n*, reducer fitting, taper *n* ‖ ~**schatten** *m* (bei flächigen Lichtquellen) (Licht) / transition shadow ‖ ~**schichten** *f pl* (Geol) / passage beds, transition beds ‖ ~**stecker** *m* (Eltech) / adapter* *n*, plug adapter, adapter plug, attachment plug ‖ ~**stelle** *f* (z.B. an einem Fluß) / crossing site ‖ ~**stelle** (in einem Programmablaufplan) (EDV) / connector *n*, flowchart connector ‖ ~**strahlung** *f* (elektromagnetische Strahlung, die beim Durchgang schneller, energiereicher Teilchen durch die Grenzfläche zweier Medien mit verschiedenen Dielektrizitätskonstanten /und damit unterschiedlichen Brechzahlen/ auftreten kann, insbesondere auch an der Grenzfläche eines Festkörpers zum Vakuum) (Phys) / transition radiation ‖ ~**strömung** *f* (Phys) / transient flow ‖ ~**stück** *n* (ein Formstück) (Klemp, Masch) / reducing socket*, reducing coupling, reducing pipe-joint*, taper pipe, reducer* *n*, increaser *n*, diminishing pipe*, bushing* *n*, reducer fitting, taper *n* ‖ ~**stück mit einseitigem Gewindeanschluß** (Klemp, Masch) / street fitting ‖ ~**stück mit einseitiger Muffe** (Klemp, Masch) / street fitting ‖ ~**temperatur** *f* (bei hochpolymeren Stoffen) (Chem) / transition temperature ‖ ~**temperatur** (bei der die Kerbschlagzähigkeit eines Stahls einen Steilabfall erfährt) (Hütt, WP) / transition temperature ‖ ~**temperatur** (bei der Sprödbruchprüfung) (Hütt, WP) / brittleness transition temperature, NDT temperature, TNDT, nil-ductility transition temperature ‖ ~**temperatur** (eines Supraleiters) (Phys) / transition temperature (at which a substance becomes superconducting)*, transition point, critical transition temperature ‖ ~**verhalten** *n* (Kernphys, WP) / transition behaviour ‖ ~**verhalten** (der zeitliche Verlauf des Ausgangssignals eines technischen oder kybernetischen Systems während eines Ausgleichsvorgangs) (Regeln) / transient response, dynamic response ‖ ~**vorgang** *m* (Eltech) / transient *n*, transient phenomenon ‖ ~**wahrscheinlichkeit** *f* (die auf die Zeiteinheit bezogene Wahrscheinlichkeit dafür, daß ein physikalisches System von einem quantenmechanischen Zustand in einen anderen übergeht) (Kernphys, Stats) / transition probability* ‖ ~**widerstand** *m* (Eltech) / contact resistance* ‖ ~**winkel** *m* (Klemp) / reducing elbow ‖ ~**zone** *f* / zone of transition, transition zone ‖ ~**zone** (Eltronik) / junction* (JC) *n*, semiconductor junction* ‖ ~**zone** (Eltronik) / transition region* (of a doped semiconductor) ‖ ~**zone** (Schw) / fusion zone ‖ ~**zustand** *m* (eine transiente Spezies in der Reaktionstechnik) (Chem) / activated complex, encounter complex ‖ ~**zustand** (Reaktionskinetik) (Chem) / transition state* ‖ ~**zustand** (bei numerischer Steuerung) (Masch) / transient condition
**übergar** *adj* (Roheisen) (Hütt) / black *adj* ‖ ~ (Stahl) (Hütt) / overrefined *adj* ‖ ~ (Nahr) / overdone *adj*
**über•geben** *v* (Fernm) / deliver *v* ‖ **~gehen** *v* (EDV) / ignore *v*, skip *v* ‖ **~gelaufenes Öl** / spilled oil ‖ **~gelaufenes Schweißgut** (Schw) / overlap *n* ‖ **mineralischer** ~**gemengteil** (Geol, Min) / accessory mineral*
**übergeordnet** *adj* (Amt) (Fernm) / higher-ranking *adj* ‖ **~er Knoten** (KI) / parent node (ISO/IEC 2382-17 : 1991) ‖ **~e Regelung** (Regeln) / imposed control ‖ **~e Straße** (Kfz) / major road ‖ **~es Verzeichnis** (EDV) / parent directory
**über•geostrophischer Wind** (Meteor) / supergeostrophic wind ‖ ~**gepäck** *n* (Luftf) / excess baggage ‖ ~**gerbung** *f* (Leder) / overtannage *n* ‖ ~**geschlossenes Wort** (z.B. im Satz von Wörterbüchern) (Typog) / turnover* *n* ‖ ~**geschwindigkeit** *f* (Masch) / overspeed *n* ‖ ~**gewicht** *n* (der Ware) / excess weight ‖ ~**gewichtseffekt** *m* (des Spülungssäulengewichts) (Erdöl) / overbalance effect ‖ ~**gießen** *v* (Nahr) / rinse *v* ‖ ~**gigant** *m* (pl. -en) (Astr) / supergiant star*, supergiant *n* ‖ ~**gitter** *n* (bei Mischkristallen und Legierungen) (Krist) / superlattice *n*, SL ‖ ~**glasurfarbe** *f* (Keram) / overglaze colour, enamel colour ‖ **~greifen** *v* (Masch) / overlap *v*, lap *v*, overlay *v* ‖ **~greifende Kante** (des Einbands) (Buchb) / overhang *n*, overlap *n* ‖ **~greifende Lagerung** (Geol) / onlap* *n*, transgressive overlap ‖ **~großes Zeichen** (EDV) / extra-high character ‖ ~**größe** *f* (Masch) / overdimension *n*, oversize *n* ‖ ~**gruppe** *f* (Math) / supergroup *n* ‖ ~**gruppenkanal** *m* (Fernm) / supergroup-band channel ‖ ~**gruppenkontrolle** *f* (in der Lochkartentechnik) (EDV) / major control ‖ ~**gruppenkontrollfeld** *n* (EDV) / major-control field ‖ ~**hälter** *m* (For) / hold-over *n*, reserve tree, remnant tree, veteran tree
**Überhang** *m* (an unerledigten Aufgaben) / backlog *n* (an accumulation of uncompleted work or matters needing to be dealt with) ‖ ~ (z.B. des Tonarms) (Akus) / overhang *n* ‖ ~ (Vorsprung der oberen Geschosse) (Bau) / overhang *n* ‖ ~ (gedruckte Schaltung) (Eltronik) / overhang *n* ‖ ~ (der Sägeblätter der Vollgattersäge) (For) / hang *n* ‖ ~ (die über ein bestimmtes Maß hinausragenden Fahrzeugteile) (Kfz) / overhang *n* ‖ ~ (bei einem Mehrdecker) (Luftf) / overhang* *n* ‖ ~ (Masch) / overhang *n* ‖ ~ (Typog) / kern* *n* ‖ **hinterer** ~ (Kfz) / rear overhang, aft overhang ‖ **vorderer** ~ (Kfz) / front overhang
**überhängend** *adj* / overhanging *adj*, pendent *adj*, pendant *adj* ‖ **~er Vorsteven** (Schiff) / raking stem
**Über•hangmeßgerät** *n* (For) / posting plumb ‖ **~harte Röntgenstrahlung** (mehr als 248 keV) (Radiol) / extremely hard X-radiation, extremely hard X-rays ‖ **~härten** *v* (Anstr, Plast) / overcure *v* ‖ **~hauen** *n* (von unten nach oben hergestellte Aufhauen - im Erzbergbau) (Bergb) / raise *n*, rise heading, rising *n*, box-hole *n*, rise *n* ‖ **~häuftes Spektrum** (Spektr) / crowded spectrum ‖ ~**heben** *n* (in der Galvanotechnik) (Galv) / transfer *n* ‖ ~**hebevorrichtung** *f* (Hütt) / pull-over device, pass-over device,

lift-off and carry-over mechanism ‖ ⁓heften n (seitliche Fadenheftung) (Buchb) / overcasting* n, whipping* n, whipstitsching* n ‖ ~heizen v / overheat v, superheat v ‖ ⁓heizung f / overheating n, superheating n

überhitzen v / overheat v, superheat v ‖ ~ (metallische Schmelzen) (Hütt) / burn vt

Überhitzer m (eine Baugruppe des Dampfkessels) (Masch) / superheater n ‖ rauchgasbeheizter ⁓ (Masch) / flue-gas-driven superheater

überhitzt adj (Hütt, Masch) / overheated* adj ‖ ~er Dampf (Masch) / superheated steam* ‖ ~er Stahl (Hütt) / burnt steel

Überhitzung f / overheating n, superheating n ‖ ⁓ (metallisches Schmelzen) (Hütt) / burning n ‖ ⁓ (des Lagers) (Masch) / firing* n ‖ kritische ⁓ (Nukl) / departure from nucleate boiling, DNB

überhitzungs•frei adj (Hütt) / superheating-free adj, overheating-free adj ‖ ⁓rissigkeit f / heat checking ‖ ⁓schutz m / overheating protection ‖ ⁓stelle f (im allgemeinen) / hot spot* ‖ ⁓temperatur f (Luftf) / superheat* n ‖ ⁓wärme f (Phys) / superheat n

überhöht adj (Naht) (Schw) / reinforced adj ‖ ~e Naht (mit konvex gewölbter Fläche) (Schw) / convex fillet weld, reinforced seam, weld with reinforcement, camber weld ‖ ~er Spitzbogen (Arch) / Tudor arch ‖ ~er Träger (Fernm) / exalted carrier*

Überhöhung f (Anordnung der beiden Fahrschienen eines Eisenbahngleises im Gleisbogen in unterschiedlichem Niveau - zur Aufnahme der Fliehkraftwirkung) (Bahn) / cant* n, superelevation* n, banking n ‖ ⁓ (einseitige) (HuT) / cross-fall* n ‖ ⁓ (in der Mitte) (HuT, Masch) / camber* n

Überhöhungsrampe f (Bahn) / gradient due to superelevation

überholen v (ein anderes Fahrzeug) (Kfz) / overtake v, pass v ‖ ~ (Masch) / overhaul v, recondition v, restore v, rebuild v, remanufacture f, reservice v ‖ links ~ (Kfz) / overtake on the left ‖ rechts ~ (Kfz) / overtake on the right

überholender Zahn (in der Kinematik) (Masch) / hunting tooth*

Überhol•gleis n (Bergb) / turn-off n, lay-by n, turnout* n, pass-by n ‖ ⁓kupplung f (die entkuppelt, wenn die Abtriebsdrehzahl vorübergehend größer ist als die Antriebsdrehzahl) (Masch) / overrunning clutch ‖ kurzes ⁓manöver (Kfz) / quick pass ‖ ⁓-Prozeßsteuerung f (Regeln) / overriding process control ‖ ⁓reserve f (Kfz) / passing power ‖ ⁓sichtweite f (Kfz) / passing sight distance ‖ ⁓spur f (Kfz) / fast lane, overtaking lane

überholte Information (EDV) / obsolete information

Überholung f (Maßnahme zur Wiederherstellung des Sollzustandes) (Masch) / overhauling n, overhaul n, heavy maintenance, reconditioning n, restoring n

Überholungs•gleis n (Hauptgleis eines Bahnhofs, das für Überholvorgänge vorgesehen und sicherungstechnisch entsprechend ausgerüstet ist) (Bahn) / siding* n, hole* n ‖ ⁓kupplung f (die entkuppelt, wenn die Abtriebsdrehzahl vorübergehend größer ist als die Antriebsdrehzahl) (Masch) / overrunning clutch

Überholverbot (ein Verkehrszeichen) (Kfz) / no overtaking

Über•hörfrequenz f (Fernm) / ultrasonic frequency ‖ ⁓horizontausbreitung f (auf der Scatterstrecke) (Radio) / transhorizon propagation, beyond-the-horizon propagation, over-the-horizon propagation, OTH propagation n ‖ ⁓horizontrichtverbindung f (Radio) / scatter link ‖ ⁓horizonttreffgenauigkeit f (Mil) / over-the-horizon hitting accuracy, OTH hitting accuracy ‖ ~ (in) -iod- (Chem) / periodic adj (syllabification: per-i-o-dic) ‖ ⁓iodsäure f (Meta-, Ortho-) (Chem) / periodic acid*, iodic(VII) acid ‖ ⁓jahresspeicher m (Wasserb) / carry-over storage ‖ ~kalken v (Landw) / overlime v ‖ ⁓kapazität f / excess capacity, overcapacity n, surplus capacity ‖ ~karo n (z.B. bei Esterhazy) (Tex) / overcheck n ‖ ⁓kavitation f (Schiff) / supercavitation n ‖ ~kavitierend adj (Phys, Schiff) / supercavitating adj ‖ ~kavitierender Propeller (Schiff) / supercavitating propeller ‖ ⁓kehr f (Landw) / chaff n, tailings pl (US) ‖ ⁓kehrschnecke f (des Mähdreschers) (Landw) / tailings auger, returns auger ‖ ~ kippt adj (mehr als 180°) (Geol) / underthrust attr ‖ ~kippte Falte (Geol) / overturned fold, recumbent fold*, reclined fold ‖ ⁓kippung f (Aufrichtung von Gesteinsschichten um mehr als 90°, wodurch inverse Lagerung entsteht) (Geol) / inversion n ‖ ~kleben v / paste over v ‖ ~kochen vi / boil over v ‖ ~kohlung f (ein Wärmebehandlungsfehler) (Hütt) / supercarburization n ‖ ~kompensieren v / overcompensate v

Überkopf•abzug m (Kab) / flyer pay-off ‖ ⁓beregnung f (Landw) / overhead irrigation, overhead sprinkling, overhead watering ‖ ⁓drehen (bei dem die Spanfläche des Meißels nach unten gerichtet ist) (Masch) / overhead turning ‖ ⁓lader m (Bergb) / overhead shovel loader, flip-over bucket loader, rocker shovel ‖ ⁓lader (ein Schaufellader, eine Abart des Frontladers) (HuT) / overloader n, overhead loader ‖ ⁓massen f pl (bei Stützmauern)

(HuT) / surcharge*, surcharged earth ‖ ⁓schweißen n (Schw) / overhead welding ‖ ⁓schweißung f (Schw) / overhead welding

Über•kopieren n (bei Kopierern) / image overlay ‖ ⁓korn n (DIN 66100) (bei der Siebanalyse) (Masch) / oversize n, overflow n, overs pl, plus mesh, plus sieve ‖ ~kragen v / hang over v, overhang v, jut out v ‖ ~kragen (Bau) / sail-over v, project over v ‖ ~kragend adj / cantilevered adj ‖ ⁓kragungsschichten f pl (Arch, Bau) / oversailing courses*, sailing courses*, cantilevering courses ‖ ⁓kreuzlage f / crossed position ‖ ⁓kreuzschweißen n (beim Widerstandsschweißen) (Schw) / cross-welding n ‖ ⁓kritikalität f (Kernphys) / supercriticality n

überkritisch adj (Eltech, Kernphys) / overcritical adj (binding, electric field) ‖ ~ (Kernphys) / divergent* adj (nuclear chain reaction) ‖ ~ (Zustand eines Kernreaktors) (Nukl) / supercritical* adj ‖ ~e Anordnung (Kernphys) / supercritical assembly ‖ ~e Ballung (Paketierung) (Eltronik) / overbunching n ‖ ~e Dämpfung (Fernm, Phys) / overdamping n ‖ ~e Drehzahl (Masch) / speed above the critical ‖ ~es Fluid (auch in der Chromatografie) (Chem, Phys) / supercritical fluid, SF ‖ ~e Flüssigkeit (Chem, Phys) / supercritical fluid, SF ‖ ~es Gas (unter hohem Druck und hoher Temperatur) (Phys) / supercritical gas ‖ ~e Kopplung (Eltech) / overcoupling n, overcritical coupling ‖ ~er Zustand (Kernphys) / supercriticality n

Über•kronenerntemaschine f (für Obst) (Landw) / straddle harvester ‖ ~krusten / incrust vt, encrust vt ‖ ⁓lackierbarkeit f (Anstr) / recoatability n, repaintability n ‖ ⁓lackierechtheit f (Anstr) / fastness to repainting ‖ ~lackieren v (Anstr) / recoat v, repaint v, overcoat v ‖ ~lackieren (Anstr) s. auch überspritzen ‖ ⁓lackierung f (Anstr) / recoating n, repainting n, overcoating n

überladen v (Eltech) / overcharge v ‖ ~ (Eltech, Mech) / overload v ‖ ~ (den Zylinder) (Kfz) / supercharge v ‖ ~e Struktur (Arch) / gingerbread n (fancy decoration) ‖ ~ n (Eltech) / overcharging n

Überladung f (Eltech) / overload* n

Überlage f (bei Dachverglasungen, bei kittlosen Verglasungen) (Glas) / lap n

überlagerbar adj / overlayable adj

Überlagerer m (Radio) / heterodyne oscillator* ‖ frequenzkonstanter ⁓ (Eltronik) / stable local oscillator, STALO ‖ ⁓oszillator m (Radio) / heterodyne oscillator*

überlagern v / superpose v, superimpose v ‖ ~ / overlie v ‖ ~ (EDV, Fernm) / beat v ‖ ~ (Geol) / overlay v ‖ ~ (Masch) / overlap v, lap v, overlay v ‖ ~ (Radio) / heterodyne* v

überlagernd adj / overlying adj ‖ ~ (Geol) / overlaying adj, incumbent adj ‖ ~e Gesteinsschicht (Geol) / cap rock*

überlagert adj / overlaid adj, overlain adj ‖ ~es Breitbandnetz (Fernm) / broadband overlay network ‖ ~es Fernsehbild (TV) / ghost n, double image (a spurious image), ghost image, multiple image ‖ ~e Umwälzung (in einem Zwangdurchlaufkessel) (Masch) / superimposed circulation

Überlagerung f (z.B. von zwei Programmsegmenten) (EDV) / overlay n ‖ ⁓ (z.B. bei Phantomleitungen) (Fernm) / superposition n ‖ ⁓ (Masch) / overlap n, overlapping n, overlay n ‖ ⁓ (in der Topologie) (Math) / covering n ‖ ⁓ (von Lebensmitteln) (Nahr) / excess storage (time) ‖ ⁓ (von zwei Bildern) (TV) / overlay* n, fade-over n ‖ ungestörte ⁓ (Interferenz) (Phys) / undisturbed superposition ‖ ~ f von Kriech- und Ermüdungsschädigung (WP) / creep-fatigue interaction ‖ ~ von Stoßspannungen (TV) / bounce n ‖ ~ von Zugspannungen beim Biegen (Masch) / superposition of tensile stresses during bending

Überlagerungs•druck m (Gebirgsdruck im unverritzten Gebirge) (Bergb) / overburden pressure, roof pressure (in an unworked rock) ‖ ⁓empfang m (Radio) / heterodyne reception, beat reception ‖ ⁓empfänger m (Radio) / superheterodyne receiver, superhet* n, superhet receiver*, double-detection receiver ‖ ⁓empfänger (Radio) / autodyne receiver* (a device that is both an oscillator and detector) ‖ ⁓frequenz f (Fernm) / beat frequency* ‖ ⁓frequenz (Fernm) / overlaid frequency ‖ ⁓oszillator m (Radio) / local oscillator*, LO ‖ ⁓oszillator (Radio) / heterodyne oscillator* ‖ ⁓pfeifen n (Radio) / heterodyne whistle*, heterodyne interference* ‖ ⁓prinzip n (Phys) / superposition theorem*, principle of superposition, superposition principle ‖ ⁓schaltung f mit einer Zwischenfrequenz, die höher ist als die empfangene Frequenz (Fernm) / infradyne* n ‖ ⁓segment n (EDV) / overlay module, overlay segment ‖ ⁓störung f (Radio) / heterodyne whistle*, heterodyne interference* ‖ ⁓struktur f (Möglichkeit, Programmsegmente zu überlagern) (EDV) / overlay structure ‖ ⁓telegrafie f (Teleg) / superimposed telegraphy, superaudio telelgraphy ‖ ⁓wellenmesser m (Radio) / heterodyne wavemeter*, beat-frequency wavemeter*, heterodyne frequency meter

überland•brennen (nur Infinitiv und Partizip)v. (For) / burn broadcast v ‖ ⁓flug m (Luftf) / cross-country flight ‖ ⁓kommunikation f (Fernm) / rural communication ‖ ⁓rohrleitung f / on-land pipeline ‖

**Überlandunternehmen**

~**unternehmen** n (Eltech) / rural long-distance power station ‖ ~**werk** n (Unternehmen der Elektrizitätswirtschaft, das gewöhnlich mehrere Gemeinden und dabei großflächige, ländliche Gebiete versorgt) (Eltech) / rural long-distance power station ‖ ~**zentrale** f (Eltech) / rural long-distance power station
**überlappen** v (Masch) / overlap v, lap v, overlay v ‖ ~ n (Masch) / overlap n, overlapping n, overlay n
**überlappend•e Brachzeit** (bei Mehrstellenarbeit) (F.Org) / machine interference ‖ ~**er Druck** (bei Nadeldruckern) (EDV) / overlapped printing ‖ ~**e Einfassungsbleche** (Bau) / passings pl, laps pl ‖ ~**e Fenster** (EDV) / cascading windows (overlapping arrangement of several open windows where the title bar of each window is visible), overlapping windows ‖ ~**e Mengen** (Math) / overlapping sets ‖ ~**e Verarbeitung** (EDV) / pipelining* n, pipeline processing
**Überlapp•naht** f (Schw) / overlapping weld, lap seam ‖ **schräge** ~**naht** (beim Feuerschweißen) (Schw) / scarf joint ‖ ~**nietung** f (Masch) / lap riveting ‖ ~**schweißen** n (Plast) / seam welding*, jig welding* ‖ ~**schweißen** (Schw) / lap welding, overlap welding ‖ ~**stoß** m (DIN 1912, T 1) (Schw) / lap joint*
**überlappt•es Nähen** (Tex) / lapseaming n ‖ ~ **nieten** (Masch) / lap-rivet v ‖ ~**e Schichtung** / lapped stacking ‖ ~ **schweißen** (Schw) / lap-weld v ‖ ~**e Stapelung** / lapped stacking ‖ ~**e Verarbeitung** (EDV) / overlapped processing ‖ ~**er Verband** (Zimm) / shiplapping n, shiplap siding
**Überlappt•schweißen** n (Schw) / lap welding, overlap welding ‖ ~**stoß** m (Schw) / lap joint*
**Überlappung** f (bei der Kommutierung) (Eltech) / overlap* n ‖ ~ (Geol) / overlap* n ‖ ~ (ein Gußfehler) (ein Gußfehler) (Gieß) / cold shut*, cold lap ‖ ~ (ein Oberflächenschaden an Schmiedestücken und Walzwerkerzeugnissen in Form von verzundertem Werkstofftrennungen mit stumpfem Auslauf) (Hütt, Masch) / lap* n ‖ ~ (Masch) / overlap n, overlapping n, overlay n ‖ ~ (Math) / overlap ‖ ~ (beim Zeugdruck) (Tex) / overlapping n, overlap n **einschnittige** ~ (Masch) / single-shear lap ‖ **einseitig glatte** ~ (Masch) / joggle* n ‖ **ohne** ~ **verklebt** (Pap) / butted splice, buttsplice n ‖ **zweischnittige** ~ (Masch) / double-shear lap ‖ ~ f **der Anschlußstreifen** (Klemp) / passings* pl, laps pl ‖ ~ **der Dachbelagsbahnen** (Bau) / shingling n ‖ ~ **der Einfassungsbleche** (Klemp) / passings* pl, laps pl
**Überlappungs•integral** n (z.B. bei der Überlappung zwischen den Atomorbitalen) (Kernphys) / overlap integral, overlapping integral ‖ ~**konzentration** f (Chem) / overlap concentration ‖ ~**länge** f (Schw) / length of lap ‖ ~**maß** n (ein Ähnlichkeitsmaß bei experimentellen Dokumenten-Retrieval-Systemen) (EDV) / overlap measure ‖ ~**naht** f (beim Feuerschweißen) (Schw) / scarf joint ‖ ~**nietung** f (Masch) / lap riveting ‖ ~**schweißung** f (beim Feuerschweißen) (Schw) / scarf joint ‖ ~**stoß** m (Schw) / lap joint*
**Überlast** f (Zustand eines elektrischen Stromkreises) (Eltech) / overload n ‖ ~ (bei Akkumulatoren) (Eltech) / overcharge n ‖ ~ (Eltech) / overload* n ‖ ~ (Mech) / overload n ‖ ~**auslöser** m (Eltech) / overload release ‖ ~**ausschalter** m (Eltech) / overload circuit breaker ‖ ~**bar** adj (Eltech, Mech) / overload-proof adj ‖ ~**barkeit** f (Eltech, Mech) / overload capacity*, overload capability
**überlasten** v (Eltech, Mech) / overload v ‖ ~ (mit Formänderung) (Masch) / overstrain v ‖ **durch** ~ **blockierter Motor** (Eltech) / stalled motor
**überlastet•er Fluß** (mit transportierten Stoffen) (Umwelt) / overloaded stream ‖ ~**e Leitung** (Fernsp) / congested line
**Überlast•faktor** m (Eltech, Radio) / overload factor ‖ ~**fest** adj (Eltech, Mech) / overload-proof adj ‖ ~**kupplung** f (Masch) / overload coupling ‖ ~**relais** n (Eltech) / overload relay ‖ ~**schalter** m (Eltech) / overload circuit breaker ‖ ~**schutz** m (im weiteren Sinne) (Eltech) / overload protective system*, overload protection ‖ ~**sicherungskupplung** f (Masch) / overload coupling ‖ ~**störfall** m (Nukl) / transient overpower accident, TOP accident, overpower transient accident ‖ ~**strom** m (Eltech) / overload current
**Überlastung** f (Fernsp) / all-trunks busy state, congestion n, route congestion ‖ ~ (mit Formänderung) (Masch) / overstrain* n ‖ ~ (Mech) / overload n ‖ **thermische** ~ (eines Katalysators) (Kfz) / overheating n
**überlastungs•fähig** adj (Eltech, Mech) / overload-proof adj ‖ ~**fähigkeit** f (Eltech, Mech) / overload capacity*, overload capability ‖ ~**feder** f (Masch) / overload protection spring
**Überlauf** m (beim Klassieren) (Aufber) / tailings pl, overs pl ‖ ~ (auf dem Dach) (Bau) / scupper n ‖ ~ (z.B. des Soxhlet-Extraktors) (Chem) / liquid return siphon ‖ ~ (EDV) / overflow n (arithmetic) (that portion of a numeric word expressing the result of an arithmetic operation by which its word length exceeds the word length provided for the number representation) ‖ ~ (Fernsp) / spill-over* n (in a switched system) ‖ ~ (Glas) / weir n ‖ ~ (Hütt) / skimmer n ‖ ~ (z.B. des Hobelmeißels) (Masch) / overrun n ‖ ~ (Überfahren einer Zielposition bei der numerischen Steuerung) (Masch) / overshoot n ‖ ~ (z.B. der Schleifscheibe) (Masch) / run-out n ‖ ~ (Wasserb) / overflow* n ‖ ~ **der örtlichen Warteschlange** (Netzmeldung) (Fernm) / local DCE queue overflow ‖ ~ **im Gießtümpel** (Gieß) / dam n ‖ ~ **mit Seiteneinschnürung** (Wasserb) / contracted weir (a measuring weir) ‖ ~ **ohne Seiteneinschnürung** (Wasserb) / suppressed weir (a measuring weir)
**Überlauf•anzeige** f (EDV) / overflow indicator, overflow flag* ‖ ~**bit** n (EDV) / overflow bit, overflow tag ‖ ~**damm** m (HuT, Wasserb) / spillway dam*, overflow dam, overfall dam ‖ ~**deich** m (HuT, Wasserb) / spillway dam*, overflow dam, overfall dam
**überlaufen** v (Flüssigkeit) / spill over v ‖ ~ (über den Rand beim Kochen) / boil over v ‖ ~ / overflow v, run over v, flow over v ‖ ~ (eine Endstellung überfahren) (Masch) / overrun v ‖ ~ **lassen** / spill v, slop vt
**überlaufende Menge** (beim Füllen) / spillage n
**Überlauf•erhitzer** m (ein Heißwasserbereiter) (Bau) / boiler n (with an overflow pipe) ‖ ~**form** f (Plast) / flash mould ‖ ~**gewindebohrer** m (DIN 374 und 2183) (Masch) / tap with reduced shank, nut tap (US) ‖ ~**produkt** n (beim Klassieren) (Aufber) / tailings pl, overs pl ‖ ~**quelle** f (Geol) / overflow spring, pocket spring ‖ ~**register** n (EDV) / overflow register ‖ ~**rinne** f (zur Einfärbung des Zylinders im Tiefdruck) (Druck) / cascade n ‖ ~**rohr** n (der Warmwasser-Heizanlage) (Bau) / expansion pipe* ‖ ~**rohr** (im allgemeinen) (Masch) / overflow pipe ‖ ~ **[stehendes]** ~**rohr** (Masch) / stand pipe* ‖ ~**satz** m (EDV) / overflow record, no-home record ‖ ~**schmelze** f (Hütt) / continuous flow melting ‖ ~**spur** f (EDV) / overflow track ‖ ~**stein** n (Glas) / spout n, flow block ‖ ~**tank** m (Nukl) / quench tank ‖ ~**tank** (mit Verbindung durch Überlaufleitungen zu den Brennstoffbunkern) (Schiff) / expansion tank ‖ ~**wehr** n (Wasserb) / overflow weir
**Überlebens•chance** f (bei Menschen) (Med) / survivability n ‖ ~**dauer** f / survival time ‖ ~**fähigkeit** f (von Einrichtungen) (Masch) / survivability n ‖ ~**kurve** f (Radiol) / survival curve* ‖ ~**möglichkeit** f (Med) / survivability n ‖ ~**raum** m (Sicherheitsfahrgastzelle) (Kfz) / crash survival space ‖ ~**wahrscheinlichkeit** f (komplementäre Größe zur Ausfallwahrscheinlichkeit) (Masch) / survival probability, surviving probability
**Überleimer** m (in Sperrholz) (For) / overlap n
**Überleitung** f / pass-over n ‖ ~ (Bahn) / overhead cable ‖ ~ (z.B. auf die Fahrbahn für den Gegenverkehr) (Kfz) / change to opposite carriageway ‖ ~ **des Stromes durch Nässe von einer Leitung zur anderen** (Eltech) / weather-cross n ‖ ~ **in ein anderes Einzugsgebiet** (Wasserb) / interbasin diversion
**Überleitungs•damm** m (Wasserb) / diversion dam (a barrier constructed across a stream to divert all or some of the water into another channel or water supply conduit) ‖ ~**strömung** f (Masch) / by-pass flow
**über•lesen** v (EDV) / ignore v, skip v ‖ ~**lichtgeschwindigkeit** f (Phys) / superluminal velocity ‖ ~**liegezeit** f (Schiff) / demurrage n ‖ ~**loch** n (der Lochkarte) (EDV) / overpunch n, zone punch ‖ ~**lochen** v (EDV) / overpunch v ‖ ~**löst** adj (Malz) / overmodified adj
**Übermaß** n (bei der Überdimensionierung) (Masch) / overdimension n, oversize n ‖ ~ (Differenz zwischen den Maßen der Bohrung und der Welle vor der Paarung, wenn diese Differenz negativ ist - DIN 7182, T 1) (Masch) / negative allowance, interference n ‖ ~ **mit (etwas)** ~ (Masch) / full* adj
**übermäßig•es Abweiden** (Landw) / overgrazing n ‖ ~**e Düngung** (des Wasserökosystems) (Umwelt) / overfertilization n ‖ ~**e Entnahme des Brunnenwassers** (Wasserb) / overpumping n, overdevelopment n ‖ ~**e Verdichtung von Wohnstätten, Arbeitsstätten und Verkehr** (Arch) / congestion n
**Übermaß•kolben** m (Masch) / oversize piston, oversized piston ‖ ~**toleranzfeld** n (Höchstpassung positiv, Mindestpassung negativ) (Masch) / changeover tolerance
**Übermikroskop** n (Mikros) s. Elektronenmikroskop und Ultramikroskop
**Übermitteln** n (von Daten) (EDV) / dissemination n
**Übermittlung** f / transmission n ‖ ~ (Fernm) / transmission n ‖ **ungestörte** ~ (Fernm) / correct transmission
**Übermittlungs•abschnitt** m (EDV) / data link (DL) ‖ ~**abschnitt** (Fernm) / link n, circuit section ‖ ~**kennung** f (Fernm, Luftf) / transmission identification ‖ ~**verschlüsselung** f (EDV) / end-to-end encryption ‖ ~**vorgang** m (Fernm) / transmission n
**über•modierter Wellenleiter** (Fernm) / overmoded waveguide ‖ ~**modulation** f (Radio) / overmodulation* n ‖ ~**molekül** n (Chem) / supermolecule n, supramolecule n ‖ ~**möllerung** f (Hütt) / overburden n ‖ ~**nächster Kanal** (Radio) / second channel
**Übernahme** f / take-over n ‖ ~ (Zündung von Gasentladungsstrecken) (Eltronik) / transfer n ‖ ~ **feindliche** ~ (eines Unternehmens) / hostile takeover n ‖ ~**angebot** n (z.B. beim Kauf eines Betriebes) / take-over bid
**über•normaler Auslöser** (Biol) / supernormal stimulus ‖ ~**normale Brechung** (Meteor, Radar) / superrefraction* n, superstandard refraction ‖ ~**ordnung** f (Superordo) (Bot, Zool) / superordre n ‖

≈**oxidation** *f* (Chem) / overoxidation *n* ‖ ≈**oxidation** (Chem Verf, Hütt) / overoxidation *n* ‖ ≈**oxidierung** *f* (Chem) / overoxidation *n* ‖ ≈**oxidierung** (Chem Verf, Hütt) / overoxidation *n* ‖ ≈**parasit** *m* (Biol) / hyperparasite* *n* ‖ ≈**pflanzenberegnung** *f* (Landw) / overhead irrigation, overhead sprinkling, overhead watering ‖ ~**pigmentieren** *v* (Anstr) / overpigment *v* ‖ ≈**plattung** *f* (For, Zimm) / halving* *n* ‖ ~**poltes Kupfer** (zuviel Sauerstoff entfernt) (Hütt) / overpoled copper* ‖ ~**prägen** *v* (Geol) / superprint *v* ‖ ~**pressen** *v* (Glas) / overpress *v* ‖ ≈**pressung** *f* (Glas) / fin *n* (a thin, feather-edged protrusion or projection) ‖ ~**produzieren** *v* / overproduce *v*
**überprüfen** *v* / inspect *v* ‖ ~ (auf etwas) / check *v* (for) ‖ **formal** ~ (EDV) / format-check *v*
**Überprüfung** *f* / check *n*, inspection *n* ‖ **stichprobenartige** ≈ / spot check ‖ ~ *f* **der elektronischen Einrichtung** (Eltronik) / Easter-egging *n* ‖ ~ **und Validierung** (EDV) / verification and validation (V and V)
**über•pudern** *v* (Keram) / dust on *v*, dust over *v* ‖ ≈**pumpwerk** *n* (zur Hebung von Abwasser in weiträumigen Kanalisationssystemen) (Sanitär) / intermediate pumping station, booster (pumping) station ‖ ~**quadratisch** *adj* (V-Mot) / undersquare *adj* ‖ ~**ragen** *v* / top *v* ‖ ≈**raschungsangriff** *m* (Mil) / surprise attack ‖ ≈**raschungswert** *m* / surprisal value ‖ ~**regeln** *v* (Regeln) / overshoot *v* ‖ ≈**regeln** *n* (Regeln) / overshoot* *n* ‖ ≈**regelung** *f* (Regeln) / overshoot* *n* ‖ ~**reiben** *n* **des Anstrichs** (meistens mit Schlämmkreide, um das Kriechen zu verhindern) (Anstr) / cissing down ‖ ~**reiben des Anstrichs** (Anstr) s. auch Kriechen ‖ ≈**reichweite** *f* (Radio) / overreach *n*, overshoot *n* ‖ ≈**reichweiten-Scatterverbindung** *f* (eine Rundfunkverbindung) (Radio) / scatter link ‖ ≈**reichweitenstörung** *f* (Radio) / overreach interference ‖ ~**reif** *adj* (meistens Birnen) (Nahr) / sleepy *adj* ‖ ~**reif** (Nahr) / overripe *adj* ‖ ≈**rest** *m* / remnant *n*, relic *n*, relict* *n* ‖ ≈**rest** (Aufber, Chem, Umwelt) / residuum *n* (pl. residua), residue *n* ‖ ≈**rest** (F.Org) / rest *n*, remainder *n* ‖ ≈**riese** *n* (im Hertzsprung-Russell-Diagramm) (Astr) / supergiant star*, supergiant *n* ‖ ≈**rollbügel** *m* (der den Insassen Schutz bieten soll, falls das Fahrzeug sich überschlägt) (Kfz) / roll bar, crash bar ‖ ~**rollen** *v* (Luftf) / overrun *v* ‖ ≈**rollkäfig** *m* (Kfz) / roll-over cage ‖ ≈**rollschutz** *m* (Kfz) / roll-over protective structure ‖ ~**sättigen** *v* (Chem, Phys) / supersaturate *v*, oversaturate *v* ‖ ≈**sättigen** *n* (Chem, Phys) / supersaturation* *n*, oversaturation *n* ‖ ≈**sättigtes Gestein** (Geol) / oversaturated rock* ‖ ~**sättigte Lösung** (Chem) / supersaturated solution ‖ ≈**sättigung** *f* (ein metastabiler Zustand) (Chem, Phys) / supersaturation* *n*, oversaturation *n* ‖ ≈**sättigung** *f* (bei der Zuckerherstellung) (Nahr) / oversaturation *n* ‖ ~**saturieren** *v* (bei der Zuckerherstellung) (Nahr) / oversaturate *v* ‖ ~**satz** *m* (Typog) / overmatter *n*, overset matter *n* ‖ ~**saure Lösung** (wenn a$_H$ größer ist als 1) (Chem) / superacid solution ‖ ≈**säure** *f* (Chem) / peracid* *n*
**Überschall** *m* (Phys) / ultrasound* *n* ‖ ≈- (Phys) / supersonic* *adj* ‖ ≈**düse** *f* (Luftf) / convergent-divergent nozzle*, con-di nozzle* ‖ ≈**flug** *m* (Luftf) / supersonic flight ‖ ≈**flugkörper** *m* **für niedrige Höhen** (Mil) / supersonic low-altitude missile, SLAM ‖ ≈**flugzeug** *n* (Luftf) / supersonic aircraft ‖ ≈**geschwindigkeit** *f* (Luftf) / supersonic speed ‖ ≈**kanal** *m* (Luftf) / supersonic wind tunnel*, supersonic tunnel ‖ ≈**knall** *m* (Luftf, Phys) / sonic boom*, supersonic boom, sonic bang, supersonic bang ‖ ≈-**Luftpistole** *f* (Web) / supersonic air gun ‖ ≈**profil** *n* (Luftf) / supersonic airfoil ‖ ≈**strömung** *f* (Phys) / supersonic flow ‖ ≈**verdichter** *m* (Luftf, Masch) / supersonic compressor ‖ ≈**verkehr** *m* (Luftf) / supersonic transport, SST*
**Über•schaltwiderstand** *m* (am beweglichen Kontakt) (Eltech) / preventive resistance* ‖ ≈**schaltwiderstand** (Transformatorwicklung) (Eltech) / transition resistor* ‖ ~**schärfte Küpe** (Tex) / sharp vat ‖ ~**schätzen** *v* / overestimate *v* ‖ ~**schäumen** *v* / froth over *v*, foam over *v* ‖ ≈**schichtung** *f* (Anstr) / overcoating *n*, multiple coating
**überschiebbares Flanschmuffenstück** (Masch) / flanged socket
**überschieben** *v* (Masch) / overlap *v*, lap *v*, overlay *v*
**Überschiebmuffe** *f* (Eltech, Masch) / plain coupler*, sleeve* *n*, connector *n*, coupling sleeve ‖ ≈ (Masch) / collar *n*, sleeve *n* ‖ **geteilte** ≈ (Masch) / split collar, split sleeve
**Überschiebung** *f* (Falten-, Schollen-) (Geol) / overthrust fault, overthrust* *n* ‖ ≈ (Masch) / overlap *n*, overlapping *n*, overlay *n*
**Überschiebungs•decke** *f* (Geol) / nappe* *n*, decke *n* ‖ ≈**fläche** *f* (Geol) / thrust plane ‖ ≈**muffe** *f* (Masch) / collar *n*, sleeve *n*
**Überschlag** *m* (eines Funkens) (Eltech) / flashover* *n*, sparkover* *n* ‖ ≈ (bei Katodenstrahlröhren) (Eltronik) / soft flash ‖ ≈ (Autounfall) (Kfz) / roll-over *n* ‖ ≈ (Luftf) / loop* *n*, looping *n* ‖ ≈ (näherungsweise Berechnung einer zusammengesetzten Größe) (Math) / rough estimate, guesstimate *n*, guestimate *n*
**überschlagen** *adj* (Wasser) / lukewarm *adj*, warmish *adj*, tepid *adj* ‖ ~ *vi* (Waage) / topple over *vi* ‖ **sich** ~ (Kfz) / roll over *v*, overturn *vi*
**Überschlags•prüfung** *f* (Eltech) / flashover test*, sparkover test* ‖ ≈**spannung** *f* (Eltech) / flashover voltage* ‖ ≈**spannung bei nassem Isolator** (Eltech) / wet flashover voltage*, wet sparkover voltage* ‖ ≈**spannungsspitze** *f* (Kfz) / firing line, firing spike, ignition peak
**Überschlagversuch** *m* (Kfz) / roll-over test
**Über•schließen** *n* (meistens hinter einer eckigen Klammer) (Typog) / hook-up* *n* ‖ ~**schmieren** *v* / overlubricate *v* ‖ ~**schnappen** *v* / trip *vi* ‖ **sich** ~**schneiden** (z.B. zwei Operationen) (F.Org) / overlap *v* ‖ **sich** ~**schneiden** (zwei Geraden) (Math) / intersect *vi* ‖ ~**schneidungsfreie Kreuzung** (HuT, Kfz) / flyover *n*, overpass *n*, grade-separated junction (US) ‖ ~**schreibbare CD** (EDV) / compact disk ReWritable, CD-RW ‖ ~**schreiben** *v* (gespeicherte Informationen durch neue ersetzen) (EDV) / overwrite *v* ‖ ≈**schreiben** *n* (EDV) / overwriting* *n* ‖ ≈**schreibmodus** *m* (beim Editieren von Texten) (EDV) / overstrike mode ‖ ~**schreiten** *v* (Plankosten) / exceed *v* ‖ ≈**schreiten** *n* **des Zeitlimits** (Fernm) / time-out *n* ‖ ≈**schreitung** *f* (der Emissionswerte - kurzfristige) (Umwelt) / excursion *n* ‖ **zugelassene** ≈**schreitung** (der Emissionswerte - kurzfristige) (Umwelt) / permissible excursion ‖ ≈**schreitungsausgleich** *m* (bei miteinander verbundenen abhängigen Größen) / trade-off* *n* ‖ ≈**schrift** *f* (Druck, Typog) / headline* *n*, heading *n*, rubric* *n*, head *n*, header line, heading line ‖ **mehrspaltige** ≈**schrift** (Druck, EDV) / straddle *n* ‖ ≈**schrift auf der Seite mit Vorschlag** (Druck) / dropped head* ‖ ≈**schriftzeile** *f* (Druck) / deck *n* ‖ ≈**schubfeuerung** *f* (Masch) / overfeed firing ‖ ≈**schubrost** *m* (Masch) / overfeed stoker* ‖ **[Schutz-]schuh** *n* / overshoe *n*
**Überschuß** *m* (an) / surplus *n* (of) ‖ ≈ (z.B. Schnittholz) (For) / overrun *n* (e.g. of sawnwood) ‖ ≈**elektron** *n* (Eltronik) / excess electron* ‖ ≈**energie** *f* / surplus energy, excess energy ‖ ≈**energie** (Eltech) / dump energy (which is in excess of the needs of the electric system and which cannot be stored or conserved) ‖ ≈**gas** *n* / excess gas, surplus gas ‖ ≈**halbleiter** *m* (Eltronik) / n-type semiconductor*
**überschüssige Luft** (Masch) / excess air*, air excess
**Überschuß•kapazität** *f* / excess capacity, overcapacity *n*, surplus capacity ‖ ≈**kondensator** *m* (Nukl) / dump condenser* ‖ ≈**leitung** *f* (Eltronik) / excess conduction*, n-type conduction ‖ ≈**reaktivität** *f* (k$_{eff}$ - 1) (Nukl) / reserve of reactivity ‖ ≈**schlamm** *m* (der im biologischen Verfahren gebildete Zuwachs an belebtem Schlamm, der entfernt wird - DIN 4045) (Sanitär) / excess sludge, waste sludge ‖ ≈**schlammproduktion** *f* (DIN 4045) (Sanitär) / excess sludge production ‖ ≈**strom** *m* (Eltech) / excess current
**Über•schüttungswächter** *m* (ein Sensor) (HuT) / overflow monitor ‖ ~**schwefelt** *adj* (Nahr) / sulphury *adj* ‖ ≈**schweißbarkeit** *f* (der Beschichtungen, die bei den hohen Temperaturen des Schweißens keine gesundheitsgefährdenden oder toxischen Substanzen abgeben dürfen) (Schw) / weldability ‖ ~**schwemmen** *v* (Wasserb) / inundate *v*, flood *v*, swamp *v* ‖ ≈**schwemmung** *f* (Geol) / submergence *n*, submersion *n* ‖ ≈**schwemmung** (Wasserb) / flood *n*, flowage *n*, spate *n* (GB), freshet *n* ‖ ≈**schwemmung** (Wasserb) / inundation *n*, flooding *n* ‖ ≈**schwemmungsgebiet** *n* (Wasserb) / floodplain* *n*, bottomland *n* (US), flood district *n* ‖ ≈**schwer** *adj* (Kernphys) / extra-heavy *adj* ‖ ≈**schweres Elektron** (ein Lepton) (Kernphys) / tau particle (the most massive lepton), tauon* *n* ‖ ~**schweres Element** (hypothetisches Transactinoid mit Kernladungszahl > 109 - bis Ende 2001 nicht nachgewiesen) (Chem) / superheavy element, supertransactinoid *n*, supertransuranic *n*
**überschwingen** *v* (positiv) (Phys) / overshoot *v* ‖ ~ (Regeln) / overshoot *v* ‖ ≈ *n* (Eltech) / overshoot* *n* ‖ ≈ (positives) (Phys) / overshoot* *n* ‖ ≈ (negatives) (Phys) / undershoot* *n* ‖ ≈ (Impuls) (Radio) / overshoot *n* ‖ ≈ (Regeln) / overshoot* *n*
**Überschwingspitze** *f* (Eltech) / spike* *n*
**Überschwingung** *f* (Regeln) / overshoot* *n*
**überschwingungsfrei** *adj* (Meßinstrument) (Eltech, Instr) / dead-beat *attr*
**Überschwingweite** *f* (größte vorübergehende Regelabweichung beim Einschwingvorgang) / overshoot *n*
**Übersee•** (Ozean) / transmarine *adj*, oversea *adj*, overseas *adj* ‖ ≈**holz** *n* (tropische und subtropische Holzarten) (For) / overseas timber (exotic timber)
**überseeisch** *adj* (Ozean) / transmarine *adj*, oversea *adj*, overseas *adj* ‖ ~**er Markt** / overseas market
**Überseemarkt** *m* / overseas market
**Übersendung** *f* / transmission *n*
**übersetzen** *v* (sauer gefärbte Leder mit basischen Farbstoffen) (Leder) / top *v* ‖ ~ (mit einer Fähre) (Schiff) / ferry *v* ‖ **Assemblersprache** ~ (EDV) / assemble *v* ‖ ~ (sauer gefärbter Leder mit basischen Farbstoffen) (Leder) / topping *n* ‖ ~ **mit maschineller Hilfe** (der Mensch übersetzt, die Maschine übernimmt Hilfsfunktionen) (EDV) / machine-aided human translation
**Übersetzer** *m* (DIN 44300) (EDV) / language processor, language translator, translator* *n*, translating program ‖ ≈ (der den Kranführer einweist) (Schiff) / hatch signal man ‖ ≈**phase** *f* (EDV) / compile phase, compiling phase (of a run) ‖ ≈**programm** *n* (EDV) /

**Übersetzerprogramm**

Übersetzfähre

language processor, language translator, translator* *n*, translating program
**Übersetzfähre** *f* (Schiff) / transfer ferry
**übersetzt, kurz** ~ (Getriebe) (Kfz) / low-gear *attr* ‖ **lang** ~ (Getriebe) (Kfz) / high-gear *attr* ‖ **niedrig** ~ (mit niedriger Übersetzung) (Masch) / low-gear *attr*
**Übersetzung, Getriebe mit einfacher** ⁓ (Masch) / simple gearing ‖ **momentengetreue** ⁓ (DIN 868) (Masch) / true-torque ratio ‖ **rechnergestützte** ⁓ (EDV) / computer-aided translation, CAT ‖ **rechnerunterstützte** ⁓ (EDV) / computer-aided translation, CAT ‖ **ungleichmäßige** ⁓ (der Zahnräder) (Masch) / non-uniform transmission ‖ **winkelgetreue** ⁓ (DIN 868) (Masch) / true-angle ratio ‖ ⁓ *f* (bei Zahnrädern nach DIN 5479) (Kfz, Masch) / gear ratio, gearing ratio ‖ ⁓ **ins Langsame** (als Verhältniszahl) (Masch) / speed-reducing ratio ‖ ⁓ **ins Schnelle** (als Verhältniszahl) (Masch) / speed-increasing ratio
**Übersetzungs·anweisung** *f* (DIN 44300) (EDV) / directive *n* ‖ ⁓**fehler** *m* (bei einem Transformator) (Eltech) / ratio error* *n* ‖ ⁓**programm** *n* (EDV) / language processor, language translator, translator* *n*, translating program ‖ ⁓**protokoll** *n* (EDV) / assembly list
**Übersetzungsverhältnis** *n* (des Transformators nach DIN 5479) (Eltech) / ratio *n* (of a transformer), turns ratio*, transformer ratio*, transformation ratio* ‖ ⁓ (bei Zahnrädern) (Kfz, Masch) / gear ratio, gearing ratio ‖ ⁓ (Getriebe gesamt) (Masch) / transmission ratio ‖ ⁓ (Masch, Mech) / velocity ratio* ‖ **kurzes** ⁓ (Kfz) / low gearing ratio, low gearing, low gear ratio ‖ **langes** ⁓ (Kfz) / high gearing ratio, high gearing, high gear ratio
**Übersetzungszeit** *f* (EDV) / compilation time, compiling time, compile duration
**Übersichbrechen** *n* (bei der Aufstemmungshypothese) (Geol) / stoping* *n*
**Übersicht** *f* (Darstellung) / survey *n* ‖ ⁓ (anschauliche grafische Darstellung) / schema* *n* (pl. -ta or -s) ‖ **systematische** ⁓ / systematic survey
**übersichtig** *adj* (Opt) / long-sighted *adj*, far-sighted *adj* (US) ‖ ⁓**keit** *f* (eine Art Fehlsichtigkeit) (Opt) / hypermetropia* *n*, hyperopia* *n*, long-sightedness* *n*
**Übersichts·aufnahme** *f* (Einführung in eine Szenenfolge) (Film) / establishing shot ‖ ⁓**plan** *m* / layout* *n* ‖ ⁓**plan** (einer Fernmeldeanlage) (Fernm) / communication chart ‖ ⁓**schaltbild** *n* (für Schaltwarten) (Eltech) / mimetic diagram*, mimic diagram ‖ ⁓**schaltplan** *m* (Eltech) / block diagram ‖ ⁓**zeichnung** *f* / general arrangement drawing
**überspannen** *v* (zwei Auflager) / span *v*
**Überspannung** *f* (Scheitelwert der Spannung gegen Erde, der größer ist als der normale Scheitelwert der entsprechenden höchsten Netzspannung) (Eltech) / overvoltage* *n*, excess voltage*, overpotential *n* ‖ ⁓ (ein Elektrodenvorgang) (Eltech) / overvoltage* *n*, overpotential *n*, excess voltage* ‖ **momentane** ⁓ (Eltech) / transient* *n*, voltage transient ‖ **temporäre** ⁓ (Eltech) / overshoot* *n*
**Überspannungs·ableiter** *m* (Eltech) / surge arrester*, lightning arrester*, lightning protector*, surge diverter ‖ ⁓**ableiter** (mit einem Wasserstrahl von einem geerdeten Rohr zum spannungsführenden Leiter) (Eltech) / spray arrester* ‖ ⁓**auslösung** *f* (Eltech) / overvoltage release*, high-volt release, overvoltage tripping ‖ ⁓**Crowbar-Schutz** *m* (eine Schaltung, die den Ausgang eines Netzgerätes steuert) (Eltech) / overvoltage crowbar, crowbar *n* ‖ ⁓**relais** *n* (Eltech) / overvoltage relay
**Überspannungsschutz** *m* (vor plötzlich auftretender Stoßspannung) (Eltech) / surge suppressor *n* ‖ ⁓ (Einrichtung, die Schutz vor Spannungen bietet, die über die zulässige Normalspannung hinausgehen) (Eltech) / overvoltage protective device* ‖ ⁓ (Gesamtheit der Maßnahmen zum Schutz von Leitungen, Anlagen und Betriebsmitteln gegen Überspannung) (Eltech) / overvoltage protective system, overvoltage protection, surge protection ‖ ⁓**einrichtung** *f* (Eltech) / surge suppressor ‖ ⁓**einrichtung** (Eltech) / overvoltage protective device* ‖ ⁓**gerät** *n* (Eltech) / surge arrester*, lightning arrester*, lightning protector*, surge diverter ‖ ⁓**gerät mit einer Schutzfunkenstrecke** (Eltech) / gap arrester*
**Überspannungs·stoß** *m* (Eltech) / surge *n* (voltage of an impulsive wave), impulse voltage*, surge voltage, pulse voltage ‖ ⁓**welle** *f* (Eltech) / surge* *n*
**Über·spielen** *n* (ein nochmaliges Aufnehmen) (Akus) / rerecording* *n* ‖ ⁓**spielung** *f* (auf ein neues Medium) (Akus) / transfer *n* ‖ ~**sponnenes Glas** (Glas) / spun glass ‖ ⁓**sprechdämpfung** *f* (Fernm, Radio) / crosstalk attenuation, crosstalk damping ‖ ⁓**sprechen** *n* (unerwünschter Übertritt von Signalenergie einer Leitung auf eine benachbarte Leitung) (Fernm, Radio) / crosstalk* *n* ‖ ⁓**sprechkopplung** *f* (Fernm) / transverse crosstalk coupling, side-to-side unbalance ‖ ⁓**sprechtaste** *f* / trick button, blend-in button ‖ ⁓**springbefehl** *m* (EDV) / do-nothing instruction, no-op instruction, skip instruction, pass instruction, blank instruction ‖

⁓**springbefehl** (EDV) s. auch Blindbefehl ‖ ~**springen** *v* (EDV) / ignore *v*, skip *v* ‖ ~**springender Einzug** (Web) / skip draft ‖ ⁓**springer** *m* (ein Webfehler) (Web) / missed filling thread, skipped filling thread ‖ ⁓**springerwechsel** *m* (Web) / skip box motion ‖ ⁓**spritzbarkeit** *f* (formal Unterbegriff der "Überarbeitbarkeit", der sich auf das Auftragsverfahren Spritzen bezieht, in der Praxis aber, weil stärker problembezogen, weit häufiger, als jener verwendet wird) (Anstr, Kfz) / sprayability *n* ‖ ~**spritzen** *v* (Anstr, Kfz) / respray *v* ‖ ~**sprühen** *v* (mit Spritzmitteln) / spray *v* ‖ ⁓**sprühverlust** *m* (Anstr) / overspray *n*, overspray loss, spray-dust loss ‖ ⁓**sprung** *m* (kleiner als 45°) (Geol) / overthrust fault, overthrust* *n* ‖ ⁓**sprungbefehl** *m* (EDV) / do-nothing instruction, no-op instruction, skip instruction, pass instruction, blank instruction ‖ ~**sprungener Stich** (Tex) / missing stitch, skipped stitch ‖ ⁓**stabilität** *f* (Mech) / overstability *n* ‖ ⁓**stand** *m* (bei entmischten Flüssigkeitsgemischen) (Chem) / supernatant liquid*, supernatant *n*, supernatant liquor ‖ ⁓**stand** (bei Lagerschalen) (Masch) / crush height, gap size ‖ ⁓**standard-Brechung** *f* (Meteor, Radar) / superrefraction* *n*, superstandard refraction ‖ ⁓**abgekehrte ⁓stände** (bei Blattmetallen) / sweeps* *pl* ‖ ~**stanzen** *v* (EDV) / overpunch *v* ‖ ⁓**stau** *m* (ein Bewässerungsverfahren) (Landw) / submergence *n* ‖ ⁓**staubewässerung** *f* (Landw) / check flooding, check irrigation, irrigation by flooding, flood irrigation ‖ ~**stautes Filter** (Sanitär) / submerged filter ‖ ⁓**stauung** *f* (HuT) / ponding *n* ‖ ⁓**stauung** (Landw) / flood irrigation, flooding *n*
**überstehend** *adj* (Flüssigkeit) / supernatant *adj* ‖ ~ (Balken, Dach) / salient *adj* ‖ ~ (Dach) (Bau) / overhung *adj* ‖ ~**e Flüssigkeit** (Chem) / supernatant liquid*, supernatant *n*, supernatant liquor ‖ ~**e Ladung** (z.B. bei Kraftfahrzeugen) (Kfz) / projecting load ‖ ~**e Lamelle** (Eltech) / high segment ‖ ~**e Umrahmung** (einer Öffnung) (Arch) / label* *n*
**übersteigen** *v* / exceed *v*
**übersteilt** *adj* (Wand) (Geol) / oversteepened *adj*
**Überstellungsflug** *m* (Luftf) / delivery flight
**Übersteuerung** *f* (Akus) / blasting* *n* ‖ ⁓ (Veränderung der Eigenschaften eines Verstärkers oder Regelkreisgliedes, hervorgerufen durch einen Wert der Steuergröße, der oberhalb des zulässigen Wertes liegt) (Eltronik) / overdriving *n* ‖ ⁓ (bei kurvenwilligen Fahrzeugen) (Kfz) / oversteer* *n* ‖ ⁓ (Masch, Regeln) / override *n*
**Übersteuerungsfaktor** *m* (im Schaltbetrieb bei Bipolartransistoren) (Eltronik) / overdriving factor
**Überstrahlen** *n* (Reinigungsgrad beim Strahlen) / whip blasting
**überstrahlt** *adj* (Anstr) / whip-blast *adj*
**Überstrahlung** *f* (Eltronik) / blooming* *n* ‖ ⁓ (Licht) / glare* *n* ‖ ⁓ (Opt, TV) / flare* *n*
**überstrecken** *v* (Spinn) / overextend *v*
**Überstreichbarkeit** *f* (Anstr) / recoatability *n*, repaintability *n*
**überstreichen** *v* (mit Bürste) / brush *v* (over), rebrush *v* ‖ ⁓ / sweep *v* ‖ ~ (Anstr) / recoat *v*, repaint *v*, overcoat *v* ‖ ~ (z.B. gleiche Fläche im 2. Keplerschen Gesetz) (Astr) / sweep out *v*, sweep over *v*, sweep across *v* ‖ ~ (Radar) / scan *v* ‖ ⁓ *n* (Radar) / scan* *n*, scanning* *n*
**Überstreichung** *f* (mit Bürste) / brushing *n* (over), rebrushing *n* ‖ ⁓ (als Klammerzeichen) (Math) / vinculum *n* (pl. -cula), bar *n*, rule *n*
**überstrichener Winkel** (Math) / described angle
**Überstrom** *m* (der den Wert des Nennstroms überschreitet) (Elektr, Eltech) / excess current, overcurrent *n* ‖ ⁓**aufnahme** *f* (Eltronik) / current hogging ‖ ⁓**auslöser** *m* (ein Meßauslöser, der bei Überschreiten eines bestimmten Stromwertes anspricht) (Eltech) / overcurrent release*, overload release*
**überströmen** *v* / overflow *v*, run over *v*, flow over *v* ‖ ⁓ *n* (bei Zweitaktmotoren) (Kfz) / transfer *n*
**Überströmleitung** *f* (einer Turbine) (Nukl) / cross-over pipe
**Überstromrelais** *n* (Eltech) / overcurrent relay*, overload relay*
**Überströmschlitz** *m* (bei Zweitaktmotoren) (V-Mot) / transfer port
**Überstrom·schutz** *m* (Gesamtheit der Maßnahmen zum Schutz elektrischer Anlagen und Geräte gegen die Folgen von Überströmen) (Eltech) / overload protective system, overcurrent protection ‖ ⁓**schutz** (Einrichtung) (Eltech) / overcurrent protective device ‖ ⁓**schutzorgan** *n* / overcurrent protective device
**Überströmung** *f* (Wasserb) / overflow *n*
**Überströmventil** *n* (Masch) / overflow valve
**Über·struktur** *f* (Fernordnung bei Mischkristallen und Legierungen) (Krist) / superstructure *n* (Krist), superlattice *n*, SL ‖ ⁓**strukturgitter** *n* (Krist) / superlattice *n*, SL ‖ ⁓**stück** *n* (ein Formstück) (Klemp, Masch) / reducing socket*, reducing coupling, reducing pipe-joint*, taper pipe, reducer* *n*, increaser *n*, diminishing pipe*, bushing* *n*, reducer fitting, taper *n* ‖ ~**stumpfer Winkel** (zwischen 180° und 360°) (Math) / reflex angle*, convex angle ‖ ⁓**stunden** *f pl* (F.Org) / overtime *n* ‖ ⁓**stundenvergütung** *f* (F.Org) / overtime pay ‖ ⁓**stundenzuschlag** *m* (F.Org) / overtime bonus, overtime premium ‖ ⁓**stürzen** *v* (der Mahlkugeln in einer Trommelmühle) / cataracting *n* ‖ ~**synchron**

*adj* (Eltech) / supersynchronous *adj*, hypersynchronous *adj* ‖ ~**tageausrüstung** *f* (Erdöl) / surface equipment ‖ ~**tägige Ausrüstung** (Erdöl) / surface equipment ‖ ~**takten** *n* (EDV) / overclocking *n* ‖ ~**temperatur** *f* (Masch) / temperature excursion ‖ ~**temperaturschutz** *m* (Eltech) / thermal protection ‖ ~**tief** *adj* (Erdöl) / superdeep *adj* ‖ ~**tippen** *v* (auf der Schreibmaschine) / overtype *v* ‖ ~**titrieren** *v* (Chem) / overtitrate *v* ‖ ~**tönen** *v* (Akus) / drown *v*, drown out *v* ‖ ~**tönen** *n* (Fernm) / capture effect
**Übertrag** *m* (die von Stelle zu Stelle weitergeleitete Eins bei der Addition oder bei der Subtraktion) (Math) / carry (CY) *n* ‖ ~ **des Überlaufs in die niederste Stelle** (EDV) / endaround-carry *n* ‖ ~**rückwärts** (EDV) / carry-down *n* ‖ ~**vorwärts** (EDV) / carry-up *n*
**übertragbar** *adj* (von Software, die einen raschen Übergang von einem System auf ein anderes ermöglicht, und zwar so, daß sie auf dem neuen System lauffähig ist) (EDV) / portable* *adj*
**übertragen** *v* (Daten) (EDV) / transfer *v*, move *v* ‖ ~ (über Relaisstationen) (Fernm, Radio, TV) / relay *v* ‖ ~ (Fernm, Radio, TV) / transmit *v* ‖ ~ (Mech) / carry *v* ‖ ~ (Wärme, Elektronen) (Phys) / transfer *v* ‖ **durch die Luft** ~ / airborne *adj* ‖ **nochmalig** ~ (Fernm) / retransmit *v* ‖ **über (im) Fernsehen** ~ (TV) / televise *v*, telecast *v*, transmit by television ‖ ~ *n* (ein Befehl) (EDV) / move (mode)
**Übertrager** *m* (ein Transformator zur Übertragung von Tonfrequenzspannungen) (Akus, Fernm) / transformer* *n* ‖ **leistungssymmetrischer** ~ (Akus) / reciprocal transducer ‖ ~**brücke** *f* (Eltech) / transformer bridge
**Überträger • substanz** *f* (Physiol) / neurotransmitter *n*, transmitter *n* ‖ ~**walze** *f* (zum Färben) (Tex) / carrier roller ‖ ~**wirt** *m* (Biol) / carrier host
**Übertragung** *f* (auf ein neues Medium) (Akus) / transfer *n* ‖ ~ (einer Aufführung) (Akus) / relay *n* ‖ ~ (EDV) / copy* *n* ‖ ~ (Eltech, Fernm) / transfer *n* ‖ ~ (Fernm, Radio, TV) / transmission* *n* ‖ ~ (von Wärme) (Phys) / transfer *n* ‖ **anisochrone** ~ (EDV) / anisochronous transmission ‖ **asynchrone** ~ (DIN 44302) (EDV) / asynchronous transmission ‖ **fernmeldetechnische** ~ (Fernm) / telecommunication* *n* ‖ **isochrone** ~ (EDV) / isochronous transmission ‖ **parallele** ~ (Fernm) / parallel transmission, parallel transfer ‖ **serielle** ~ (Fernm) / serial transmission, serial transfer ‖ **sprachgesteuerte** ~ (Fernm) / voice-operated transmission, VOX ‖ **synchrone** ~ (DIN 44302) (EDV) / synchronous transmission (mode) ‖ **über Tastatur ausgelöste** ~ (Fernm) / keyboard-operated transmission, KOX ‖ **verzerrungsfreie** ~ (Fernm) / undistorted transmission* ‖ **zeilensequentielle** ~ (TV) / line-sequential system* ‖ ~ *f* **mit mehrfachem Sprung** (in der Ionosphäre) (Radio) / multiple hop transmission* ‖ ~ **mit unterdrückter Trägerwelle** (Radio) / suppressed carrier system* ‖ ~ **über Nebenwege** (Akus, Bau) / flanking transmission*
**Übertragungs • abschnitt** *m* (Fernm) / transmission link ‖ **digitaler** ~**abschnitt** (Fernm) / digital transmission link, digital link ‖ ~**art** *f* (als Typ) (Fernm) / transmission mode* ‖ ~**bandbreite** *f* (Fernm) / transmission bandwidth ‖ ~**bereich** *m* (Fernm) / transmission range ‖ ~**bitrate** *f* (EDV, Fernm) / bit rate ‖ ~**bucht** *f* (Fernsp) / transmission shelf ‖ ~**dämpfung** *f* (zwischen einer Sende- und einer Empfangsantenne) (Fernm) / sound reduction factor, transmission loss* ‖ ~**effekt** *m* (bei Schadstoffen) (Umwelt) / carry-over effect ‖ ~**einheit** *f* (Fernm) / transmission unit, TU* ‖ ~**faktor** *m* (Akus) / response *n* ‖ ~**faktor** (Fernm) / transfer factor, transfer constant ‖ ~**faktor für das diffuse Feld** (Akus) / diffuse-field sensitivity, random-incidence sensitivity, random sensitivity ‖ ~**fehler** *m* (Fernm) / transmission error ‖ **höchste brauchbare** ~**frequenz** (Radio) / maximum usable frequency*, MUF* ‖ ~**frequenzband** *n* (Fernm) / transmission band* ‖ ~**frequenzbereich** *m* (Fernm) / transmission band* ‖ ~**funktion** *f* (Quotient aus der Laplace-Transformierten eines Ausgangssignals und der Laplace-Transformierten des entsprechenden Eingangssignals) (Elektr) / transfer function ‖ **optische** ~**funktion** (eine Gütefunktion für die bilderzeugenden Eigenschaften eines optischen Systems) (Opt) / optical transfer function*, OTF ‖ ~**funktion** *f* **des geschlossenen Regelkreises** (Regeln) / closed-loop transfer function ‖ ~**funktion des offenen Regelkreises** (Regeln) / open-loop transfer function ‖ ~**geschwindigkeit** *f* (Produkt aus Schrittgeschwindigkeit und der Anzahl der Binärzeichen, die je Schritt übertragen werden, angegeben in Bit pro Sekunde - DIN 44302) (EDV) / data signalling rate* ‖ ~**geschwindigkeit** (Bits/s) (EDV, Fernm) / bit rate ‖ ~**geschwindigkeit** (Fernm) / transmission speed ‖ **effektive** ~**geschwindigkeit** (EDV) / data transfer rate ‖ ~**gewinn** *m* (Fernm) / transmission gain* ‖ **proportionales** ~**glied** (Regeln) / p-transfer element ‖ ~**güte** *f* (Fernm) / merit *n* (gain-bandwidth merit or signal-to-noise merit) ‖ ~**güte** (beim Mobilfunk) (Fernm) / transmission quality ‖ **Verminderung der** ~**güte durch Leitungsgeräusche** (Fernm) / noise transmission impairment, NTI ‖ ~**impedanz** *f* (Fernm) / transfer impedance, transfer resistance ‖ ~**kanal** *m* (für Signale, Daten) (EDV, Fernm) / channel* *n*,

transmission channel, communication channel ‖ ~**kennlinie** *f* (im allgemeinen) (Eltronik) / transfer characteristic* ‖ ~**konstante** *f* (je Längeneinheit) (Phys) / propagation constant* (per unit length) ‖ ~**leistungsverstärkung** *f* (Fernm) / transmission gain* ‖ ~**leitung** *f* (Eltech) / transmission line* ‖ ~**leitung mit mehreren Stationen** (Gruppenverbindung) (Fernm) / multidrop line, multipoint line ‖ **Anzapfen** *n* **von** ~**leitungen** (Fernm) / passive wire-tapping (form of wire-tapping in which the intruder listens only and does not originate any data on the line) ‖ ~**leitwert** *m* (Fernm) / beam transadmittance, forward transadmittance* ‖ ~**maß** *n* (Akus) / sensitivity level ‖ ~**maß** (Fernm) / transfer factor, transfer constant ‖ ~**maß** (für die gesamte Leitung) (Phys) / propagation constant (for the whole line) ‖ ~**matrix** *f* (Fernm) / transfer matrix ‖ ~**modus** *m* (EDV) / move mode ‖ ~**möglichkeit** *f* (Fernm) / transmission capability ‖ ~**netz** *n* (Eltech) / primary distribution network ‖ ~**netz** (für elektrische Energieübertragung) (Fernm) / transmission network ‖ ~**papier** *n* (für das Sofortbildverfahren) (Foto) / transfer paper ‖ ~**papier** (Pap) / transfer paper ‖ ~**pegel** *m* (relativer Leistungspegel) (Fernm) / transmission level*, power level* ‖ ~**protokoll** *n* (EDV) / protocol *n* (formal set of conventions between communicating processes on the format and content of messages to be exchanged) ‖ ~**rahmen** *f* (ISO 2382/25) (EDV) / beam transadmittance ‖ ~**rate** *f* (Menge der übertragenen Informationen pro Zeiteinheit) / transmission rate ‖ ~**schicht** *f* (Schicht 2 des ISO-Modells) (EDV, Fernm) / link layer ‖ ~**spannung** *f* (Fernm) / transmission voltage ‖ ~**steuerzeichen** *n* (EDV) / transmission control character, TC character, communication control character ‖ ~**steuerzeichen** (EDV) / transmission control character, TC ‖ ~**system** *n* (im allgemeinen nach DIN 40148) (Fernm) / transmission system ‖ **faseroptisches** ~**system** (Fernm, Opt) / fibre-optic transmission system, FOTS ‖ **optisches** ~**system** (Opt) / relay optical system ‖ ~**tor** *n* (eine Transistoranordnung) (Eltronik) / transfer gate ‖ ~**verfahren** *n* (zur Anfertigung von Kopiervorlagen nach metallischen Hochdruckformen) (Druck) / conversion system ‖ ~**verfahren** (Fernm) / transmission mode* ‖ ~**verhalten** *n* (zeitabhängiger Zusammenhang zwischen der Änderung der Ein- und Ausgangsgröße) (Regeln) / transient response ‖ ~**vorlage** *f* (Fernm) / document to be transmitted ‖ ~**wagen** *m* (Fernm, Radio, TV) / OB van *n* ‖ ~**weg** *m* (Fernm) / transmission path, transmission route, link *n* ‖ ~**widerstand** *m* (Fernm) / transfer impedance, transfer resistance
**Übertragzylinder** *m* (Druck) / impression cylinder
**Über • treiben** *n* (des Förderkorbes) (Bergb) / overwinding *n*, overtravel *n* ‖ ~**treibgas** *f* (Pap) / relief gas, relief *n* ‖ ~**trocknen** *v* / overdry *v* ‖ ~**verbunderregung** *f* (Eltech) / overcompound excitation ‖ ~**vergrößerung** *f* (über die obere Grenze der förderlichen Vergrößerung) (Opt) / empty magnification, magnification beyond the useful limit ‖ ~**vernetzung** *f* (Chem) / excessive cross-linking ‖ ~**versetzung** *f* (eine in der Gleitebene verlaufende Stufe in einer Versetzung) (Krist) / dislocation of higher order ‖ ~**völkerung** *f* (Umwelt) / overpopulation *n* ‖ ~**vulkanisieren** *v* (Kautschuk) (Chem Verf) / overcure *v*, overvulcanize *v* ‖ ~**wachen** *v* / control *v*, supervise *v*, monitor *v* ‖ ~**wacher** *m* (Programm zur Prüfung neu eingelesener Programme) (EDV) / check program, checking program, test program ‖ ~**wacher** (für die Überwachung des Programmlaufs) (EDV) / trace routine, trace program, tracer *n*, tracing routine ‖ ~**wacher** (ein Programm, das die operativen Fähigkeiten eines Rechensystems erweitert) (EDV) / supervisor* *n*, supervisor program*, executive program, monitor *n* ‖ ~**wachsung** *f* (Krist) / overgrowth* *n* ‖ ~**wachter Anflug** (Lufft) / monitored approach
**Überwachung** *f* (z.B. von Prozeßabläufen) / control *n*, supervision *n*, monitoring *n* ‖ ~ (Fernsp) / supervision *n*, monitoring *n* ‖ ~ (der Radioaktivität) (Kernphys) / surveillance *n*, survey *n* ‖ ~ (Radiol, Regeln) / monitoring* *n* ‖ **individuelle** ~ (personendosimerische) (Nukl, Radiol) / personnel monitoring* ‖ **seismische** ~ **(z.B. einer Talsperre)** (HuT) / seismic surveillance
**überwachungs • bedürftig** *adj* (Anlage - durch sachverständige Personen, grundsätzlich von amtlichen oder amtlich zu diesem Zweck anerkannten Sachverständigen) / requiring surveillance ‖ ~**elektronik** *f* (z.B. beim Verschleiß) (Eltronik) / monitoring electronics ‖ ~**gerät** *n* (bei Prozeßrechnern) (EDV) / invigilator *n* (device which checks the performance of a control unit and generates a signal if the response to control action does not conform to specified limits) ‖ ~**gerät** (Instr) / watchdog *n* (Lufft, Radar) / monitor* *n* ‖ ~**gerät für mehrere Stoffströme** (Chem Verf) / multistream monitor ‖ ~**lampe** *f* (Fernsp) / pilot-lamp* *n* ‖ ~**plattform** *f* (Fernm) / monitoring platform ‖ ~**platz** *m* (Fernm) / supervision position ‖ ~**radar** *m* *n* (Radar) / surveillance radar ‖ ~**relais** *n* (Eltech) / monitoring relay ‖ ~**richtung** *f* (vom überwachten Objekt zur überwachenden Stelle) / monitoring direction ‖ ~**taste** *f* (Fernm) / supervisory button ‖ ~**warte** *f* (Masch) / monitoring station ‖ ~**wert** *m* (nach dem Wasserabgabengesetz) (Sanitär) / control value ‖

Überwachungszählregister

~zählregister n (EDV) / monitoring count register ‖ ~zeitgeber m (bei der Prozeßdatenverarbeitung) (EDV) / watchdog n, watchdog timer
Über•wallung f (Wundverschluß bei Holzgewächsen durch Gewebewucherung aus dem Wundrand) (For) / callus* n (pl. calluses), callous n (pl. callouses), occlusion n ‖ ~wallung (For) s. auch Kallus ‖ ~wallungswulst m (z.B. nach tierischen Beschädigungen) (For) / callus* n (pl. calluses), callous n (pl. callouses), occlusion n ‖ ~walzung f (beim Walzen entstehender Oberflächenfehler) (Hütt) / lap* n, rolling burr, back fin, seam n, lap seam ‖ ~walzung (Vorgang) (Hütt) / overlapping n ‖ ~wärmen v / overheat v, superheat v ‖ ~waschrohr n (Erdöl) / wash-over pipe
Überwasser•kriegsschiff n (Mil) / surface warship ‖ ~schiff n (Schiff) / surface craft, surface ship ‖ ~schiffsanstrichstoff m (Anstr, Schiff) / topsides paint ‖ ~teil n des Schiffskörpers (Schiff) / upper works
Über•weg m (höhengleiche Kreuzung eines Fußweges mit einem anderen Verkehrsweg) (HuT) / crossing n (of a footpath, of a footway) ‖ ~weiche Röntgenstrahlung (5 - 20,6 keV) (Radiol) / extremely soft X-radiation, extremely soft X-rays ‖ ~weiche f (Brau) / oversteeping n (of malt) ‖ ~weichen v (Malz) (Brau) / oversteep v ‖ ~weichen (Leder) / presoak v ‖ ~weidung f (Landw) / overgrazing n ‖ ~weisungsleitung f (Fernsp) / trunk junction circuit* n ‖ ~weit geschnitten (Tex) / oversized adj ‖ ~weitwinkelobjektiv n (Bildwinkel meistens größer als 100°) (Foto) / ultrawide-angle lens, superwide-angle lens
überwendlich adj (Tex) / overlock attr, overcast adj ‖ ~ nähen (Tex) / serge v, overcast v, overlock v, overedge v ‖ ~e Naht (Tex) / serged seam, overcast seam, overlock seam ‖ ~maschine f (Tex) / overlock machine ‖ ~nähen v (z.B. zum Umstechen und Sichern von Stoffrändern) (Tex) / cup seaming ‖ ~nähmaschine f (eine Schuhnähmaschine) / whipping machine ‖ ~nähmaschine (Tex) / overedging machine, overedger n ‖ ~naht f (Tex) / serged seam, overcast seam, overlock seam ‖ ~stich (Tex) / overlock stitch
Überwendlingmaschine f (Tex) / overlock machine
Überwendlings•nähen n (Tex) / cup seaming ‖ ~nähmaschine f (Tex) / overedging machine, overedger n ‖ ~naht f (Tex) / serged seam, overcast seam, overlock seam
Überwendlingstich m (Tex) / overlock stitch
über•winden v (Steigung, Hindernis) / negotiate v ‖ ~windung f (der Totlage) (Masch) / override n
über•wintern v (Bot, Landw, Zool) / overwinter v ‖ ~winterung f (Bot, Landw, Zool) / hibernation* n, winter sleep
überwölben v (Arch) / vault v, arch v ‖ ~ (Arch) / arch v ‖ ~ n (Bau) / vaulting n, arching n
überwölbt adj (Schw) / reinforced adj ‖ ~er Abzugskanal (HuT) / culvert* n ‖ ~er Raum (Arch) / vaultage n
Überwölbung f (Bau) / vaulting n, arching n
Überwuchs m (bei gedruckten Schaltungen) (Eltronik) / outgrowth n
Überwurf•muffe f (Masch) / jointing tube ‖ ~mutter f (bei den Schraubverbindungen von Rohren) (Masch) / union nut, spigot nut, swivel nut ‖ ~mutter (Masch) / sleeve nut ‖ ~rahmen m (Gieß) / jacket n, slip jacket, mould frame jacket
über•zählig adj / supernumerary adj ‖ ~zähliger Stab (Bau, Masch) / redundant bar ‖ ~zeiten n (Hütt) / heating with too long holding times, excessive holding ‖ ~zeitung f (Erwärmen mit so langen Haltezeiten, daß bei üblichen Temperaturen eine unerwünschte Kornvergröberung auftritt, welche jedoch durch Wärmebehandlung oder Verformung wieder rückgängig gemacht werden kann - DIN 17014, T 1) (Hütt) / heating with too long holding times, excessive holding
überziehen v / coat v ‖ ~ (mit einer Schutzschicht) / plate v ‖ ~ vt (ein Flugzeug in den Bereich zu großer Anstellwinkel steuern) (Luftf) / stall* vt ‖ ~ v (Mutter) (Masch) / overtighten v ‖ ~ die Steuerung ~ (Luftf) / overcontrol v ‖ mit Wachs ~ / wax v ‖ ~ n / overdrawing n (zu großer Anstellwinkel als Fehler des Piloten) (Luftf) / stall* n ‖ ~ mit Japan-(Ofen)Lack (Anstr) / japanning* n
Überzieh•flugfähigkeit f (Luftf) / stalling capability ‖ ~geschwindigkeit f (beim Stall) (Luftf, Phys) / stalling speed* ‖ ~warnanlage f (Luftf) / stall-warning indicator*
Überzirkulation f (Luftf) / supercirculation* n
überzogen adj (Draht) (Hütt) / cuppy adj, cupped* adj ‖ unkontrollierter ~er Flugzustand (mit dem Leitwerk in der abgelösten Strömung des Flügels) (Luftf) / superstall* n ‖ ~er Flugzustand mit dem Leitwerk in der abgelösten Strömung des Flügels (Luftf) / deep stall
Überzug m / coating n, coat n ‖ ~ (ein Entlastungsträger, der im Gegensatz zum Unterzug über der Balkenlage oder Decke liegt) (Bau, Zimm) / upstand beam, upstand n ‖ ~ (eine Schutzschicht) (Galv) / deposit* n ‖ ~ (der Form) (Gieß) / facing n, coating n, dressing n ‖ ~ (für Textilspulen) (Web) / sleeve n ‖ [galvanischer] ~ (als Oberflächenschutzschicht) (Galv) / plate n, plating n, electrodeposit n ‖ anodischer ~ (Galv) / anodic coating ‖ den galvanischen ~ entfernen (Galv) / deplate v, strip v ‖ einwandfreier ~ (galvanischer) (bei der elektrochemischen Metallabscheidung) (Galv) / reguline deposit* ‖ metallischer ~ (Galv) / metallic coating ‖ nichtmetallischer ~ (eine Schutzschicht, wie z.B. Email, Anstrich usw.) / non-metallic coating ‖ partieller ~ (galvanischer) (Galv) / parcel plating* ‖ schützender ~ (Galv, Plast) / protective coating*, protective finish ‖ ~ m auf Glas (z.B. CVD- oder PVD-Verfahren) (Glas) / coating on glass
Überzüge, abstreifbare ~ (Anstr) / strippable coatings*
Überzugs•lack m (Anstr) / finishing varnish, top-coat varnish ‖ mit ~lack versehen (Anstr) / finish v ‖ ~masse f (z.B. für Back- und Süßwaren) (Nahr) / coating n, cover coating ‖ ~material n (vorgefertigt) (Masch) / veneer n ‖ ~metall n (Galv) / coating metal ‖ ~mittel n (z.B. Bienen- oder Carnaubawachs, Schellack usw.) (Nahr) / coating agent, edible coating film ‖ ~papier n (DIN 6730) (Buchb, Pap) / covering paper, lining paper, liner n
Überzündung f (Zündvorgang, bei dem ein Brenner durch die Wach-und/oder Zündflamme gezündet wird) / cross-lighting n
Ubichinon n (Biochem) / ubiquinone* n, coenzyme Q
Ubiquist m (pl. -en) (an kein bestimmtes Biotop gebundene Pflanzen- oder Tierart) (Bot, Umwelt, Zool) / ubiquist n
ubiquitär adj (überall vorkommend, verbreitet) (Min) / ubiquitous adj
Ubiquitin n (ATP-abhängiger Proteolysefaktor 1) (Biochem) / ubiquitin n
üblich adj / conventional adj
U-Bogen m (Klemp) / return bend, U-bend n
Uboot n (Mil) / submarine n
U-Boot n (Mil) / submarine ‖ atombetriebenes ~ (Mil) / nuclear-powered submarine ‖ ~ mit Nuklearantrieb (Mil) / nuclear-powered submarine ‖ ~-Antenne f (Radio) / submarine antenna, submarine aerial ‖ ~-Bekämpfungsrakete f (Mil) / antisubmarine rocket, ASROC
u-boot•gestützter ballistischer Flugkörper (Mil) / submarine-launched ballistic missile, SLBM ‖ ~gestützter interkontinentaler Flugkörper (Mil) / submarine-launched intercontinental missile
Übung, praktische ~ en (am Gerät usw.) (EDV) / hands-on training
Übungs•anflug m (Luftf) / training approach, practice approach ‖ ~aufgabe f (Math) / exercise n ‖ ~flug m (Luftf) / training flight ‖ ~flugzeug n (Luftf) / training airplane
UC-Gerüst n (ein Sechs-Walzen-Gerüst mit einer positiven und einer negativen Arbeitswalzen- und Zwischenwalzenbiegung) (Hütt) / UC mill, universal-crown mill
UCP (Biochem) / uncoupling protein
Ucuhubafett n / ucuuba butter, ucuuba tallow, ucuuba oil
UDMH (Raumf) / unsymmetrical dimethyl hydrazine, UDMH, 1,1-dimethylhydrazine n, unsymdimethylhydrazine n, uns-dimethylhydrazine n
Udometer m (Meteor) / rain gauge*, precipitation gauge, pluviometer n, ombrometer n, udometer n
UDP (Biochem) / uridine diphosphate, UDP
UDS (Kfz) / crash recorder, black box
U-duct-System n (doppelschenklige Bauweise eines Luft-Abgas-Schornsteines, bei dem die Verbrennungsluft über einen senkrechten Schacht, der vom Dach des Gebäudes ausgeht, zugeführt und das Abgas-Luft-Gemisch über einen Schornstein, der mit dem Schacht verbunden ist, abgeführt wird) (Bau) / U duct (system)
UD-Verstärkung f (mit paralleler Lage der Fasern) / unidirectional reinforcement
UEB (Fernsp) / supervision n, monitoring n
Uehlingsche Wechselwirkungskraft (der Moleküle) (Phys) / Uehling force
UF (Chem Verf) / ultrafiltration* n ‖ ~ (Plast) / urea resins*, urea-formaldehyde resins, UF resins
UFB (Landw) / subirrigation n, subbing n
Ufer•- (Fluß, Binnensee, Kanal) (Geog) / riparian adj, riverine adj ‖ ~ n (eines Sees) (Geog) / shore n ‖ ~ (Fluß, Binnensee) (Geog) / bank n ‖ ~ (ein Verkehrszeichen nach StVO) (Kfz) / quayside or river bank ‖ ~ n (Küste) (Ozean) / shore n, coast n, seashore n ‖ gewachsenes ~ (Wasserb) / raw bank (a river or other bank in its natural state or where the protective surface has been eroded or stripped off) ‖ nichtgeschütztes ~ (Wasserb) / raw bank (a river or other bank in its natural state or where the protective surface has been eroded or stripped off)
Ufer•abbruch m (Wasserb) / caving n, coast failure ‖ ~angriff m durch Wellenbewegung (Wasserb) / wave wash ‖ ~anliegend adj (Geog) / riparian adj, riverine adj ‖ ~anlieger m / riparian n, riparian owner ‖ ~bau m (Wasserb) / bank protector* ‖ ~befestigung f aus dreieckigen Drahtbehältern mit Steinschüttung, die mit Weiden bepflanzt sind (Wasserb) / hencooping n (a form of cribwork) ‖ ~bereich m der Gewässer (Bot, Geog, Zool) / littoral zone*, littoral n ‖ ~böschung f (Geol, Wasserb) / bank slope ‖ ~deckwerk n (Wasserb) / revetment n

≈**einfassung** f (Wasserb) / waterfront structure ‖ ≈**filtrat** n (Rohwasser zur Wasserversorgung) (Sanitär, Umwelt) / bank-filtered water, bed-filtered water ‖ ≈**filtration** f (das Eindringen von Wasser oberirdischer Gewässer durch das Gewässerbett/Sohle, Ufer/in den Untergrund) (Sanitär, Umwelt) / bank filtration, bed filtration ‖ ≈**linie** f (Geol) / shoreline n, strandline n ‖ ≈**mauer** f (Wasserb) / river wall ‖ ≈**moräne** f (Geol) / lateral moraine* ‖ ≈**schutz** m (Ozean) / coastal protection ‖ ≈**schutz** (bei Flüssen und Kanälen) (Wasserb) / bank protection ‖ ≈**schutzmauer** f (bei Flüssen) (Wasserb) / river wall ‖ ≈**sicherung** f (als Anlage) (Wasserb) / bank protector* ‖ ≈**sicherung** (Wasserb) / bank protection ‖ ≈**speicherung** f (Wasserb) / bank storage, lateral storage ‖ ≈**staat** m / littoral state ‖ ≈**verkleidung** f (Wasserb) / bank revetment (to protect the bank and minimise erosion) ‖ ≈**zone** f (Bot, Geog, Zool) / littoral zone*, littoral* n

**U-Flammenwanne** f (Glas) / horseshoe-fired (tank) furnace, end-fired (tank) furnace, end-port furnace

**UFO** (Astr) / unidentified flying object* (UFO), flying saucer

**U-förmig** adj / U-shaped adj ‖ ≈**e Dichtung** (eine Bewegungsdichtung) (Masch) / U-packing* n ‖ ≈**er Umkehrtunnelofen** (Keram) / hairpin furnace, U-type furnace

**UF-Schaum** m (Plast) / urea-formaldehyde foam

**Ugi-Reaktion** f (bei der Kondensation) (Chem) / Ugi reaction

**Ugi-Vierkomponentenreaktion** f (nach I.K. Ugi, geb. 1930) (Chem) / Ugi-four-component reaction

**ug-Kerne** m pl (Kerne mit ungerader Protonenzahl und gerader Neutronenzahl) (Kernphys) / odd-even nuclei*

**Ugrandit** m (Mischkristallreihe: Uwarowit + Grossular + Andradit) (Min) / ugrandite* n

**UHF** (zwischen 300 und 3000 MHz) (Radio) / ultra-high frequency*, UHF* ‖ ≈**-Antenne** f (Radio) / UHF antenna ‖ ≈**-Brenner** m (ein Plasmabrenner) / UHF burner

**UHP-Elektrostahlwerk** n (Hütt) / UHP electric steel plant

**Uhr** f (Armband-, Taschen-) (Uhr) / watch n ‖ ≈ (ohne Schlagwerk) (Uhr) / timepiece* n ‖ **astronomische** ≈ (z.B. Straßburger Münster, Altstädter Rathaus in Prag) (Arch, Uhr) / astronomical clock* ‖ **astronomische** ≈ (die die Sternzeit angibt) (Astr, Uhr) / astronomical clock* ‖ **physiologische** ≈ (endogener Tagesrhythmus) (Biol) / biological clock*, internal clock ‖ **stoßgesicherte** ≈ (Uhr) / shockproof watch*

**Uhren•** (Uhr) / horologic adj, horological adj ‖ ≈**bau** m (Uhr) / horology* n ‖ ≈**gehäuse** n (Uhr) / watch case ‖ ≈**öl** n (alterungsbeständiges Schmieröl für Uhren und feinmechanische Präzisionsinstrumente) (Instr, Uhr) / watch oil ‖ ≈**paradoxon** n (Phys) / clock paradox, twin paradox ‖ ≈**radio** n / clock radio, alarm clock radio ‖ ≈**vergleich** m / time check

**Uhr•feder** f (Uhr) / watch spring ‖ ≈**glas** n (Uhr) / watch glass ‖ ≈**glasschale** f (Uhr) / watch glass ‖ ≈**(en)impuls** m (EDV) / clock pulse ‖ ≈**macherdrehstuhl** m (Uhr) / turn* n ‖ ≈**macherei** f (Uhr) / horology* n ‖ ≈**werk** n (z.B. auch in Meßgeräten) (Uhr) / clockwork n ‖ ≈**werk** (bewegliche Teile einer Uhr) (Uhr) / movement* n ‖ **im** ≈**zeigersinn** / clockwise adj adv, cw, ckw ‖ **entgegen dem** ≈**zeigersinn** / counterclockwise adj adv (US), anticlockwise adj adv (GB) ‖ ≈**zeit** f (EN 28 601) (Phys, Uhr) / time n ‖ ≈**zeitanzeige** f / time display

**UHT-Milch** f (Nahr) / ultra heat treated milk, UHT milk, long-life milk

**UHV** (Eltronik, Vakuumt) / ultra-high vacuum (0,1 μ Pa and less), UHV

**Uintait** m (Min) / uintaite* n, gilsonite* n, uintahite n

**U-Jagd•-Atom-U-Boot** n (Mil) / nuclear attack submarine ‖ ≈**rakete** f (Mil) / antisubmarine rocket, ASROC ‖ ≈**-U-Boot** n (Mil) / antisubmarine submarine, hunter-killer submarine, killer submarine ‖ ≈**waffe** f (Mil) / antisubmarine weapon, ASW

**UK** (Bau, HuT) / bottom edge, lower edge ‖ ≈ (Fläche) (Bau, HuT) / bottom level

**U-Kammer** f (in der Chromatografie) (Chem) / U-chamber n

**U-Kerb** m (beim Kerbschlagbiegeversuch) (WP) / U notch, keyhole notch

**UKW** (Radio) / ultrashort waves

**UL** (Luftt) / microlight* adj (GB) ‖ ≈ (Luftt) / ultralight* adj (US)

**ULA-Array** n (Eltronik) / uncommitted logic array, ULA

**Ulbrichtsche Kugel** (ein Teil des Integralfotometers nach F.R. Ulbricht, 1849-1923) (Licht) / photometric integrator*, integrating sphere, Ulbricht sphere

**Ulexin** (Chem, Pharm) / cytisine n, sophorine n, ulexine n, baptitoxine n

**Ulexit** m (nach G.L. Ulex, 1811-1883) (Min) / ulexite* n, cotton ball*

**Ulichsche Näherung** (Näherungsgleichung zur thermodynamischen Berechnung der Massenwirkungskonstanten - nach H. Ulich, 1895 - 1945) (Wärm) / Ulich's approximation formula

**Ullage** f (Abstand von Unterkante Tankdeck bis zur Oberfläche einer Tankladung) (Schiff) / ullage* n ‖ ≈ (Flüssigkeitsverlust durch Auslaufen, auch beschädigte Güter) (Schiff) / ullage n

**Ullmannit** m (Nickelantimonsulfid) (Min) / ullmanite* n, nickel antimony glance*

**Ullmann-Reaktion** f (nach F. Ullmann, 1875-1939) (Chem) / Ullmann reaction

**Ulm** f (Bergb) / drift wall

**Ulme** f (Bergb) / drift wall ‖ ≈ (For) / elm* n ‖ **Englische** ≈ (Ulmus procera Salisb.) (For) / English elm, European elm

**Ulmen•krankheit** f (For) / Dutch elm disease* ‖ **Kleiner** ≈**splintkäfer** (Scolytus multistriatus Marsh.) (For) / European elm bark-beetle ‖ **Großer** ≈**splintkäfer** (Scolytus scolytus - der durch den Pilz Ceratocystis ulmi hervorgerufene Ulmensterben überträgt) (For, Zool) / elm bark beetle, Dutch elm beetle ‖ ≈**sterben** n (verursacht durch Ceratocystis ulmi) (For) / Dutch elm disease*

**Ulmin** n (Chem, Geol) / ulmin n, fundamental jelly, vegetable jelly, carbohumin n, ulmic acid

**Ulminit** m (ein Kohlemazeral) (Bergb) / ulminite n

**ULSI-Integrationsgrad** m (Eltronik) / giant-scale integration, ultralarge-scale integration, ULSI

**Ulster** m (ein Herrenwintermantel - vom Chesterfield durch gesteppte Kanten und oft durch aufgesetzte Taschen zu unterscheiden) (Tex) / ulster n

**Ultisol** m (Geol, Landw) / ultisol n, acrisol n

**Ultra•abyssal** n (eine Gewässerregion) (Ozean) / hadal zone (region)*, hadal n ‖ ~**basisch** adj (Geol) / ultrabasic adj, ultramafic adj ‖ ~**basisches Gestein** (Erstarrungsgestein mit einem $SiO_2$-Gehalt von weniger als 45%) (Geol) / ultrabasic rock* ‖ ≈**basit** m (Erstarrungsgestein mit einem $SiO_2$-Gehalt von weniger als 45%) (Geol) / ultrabasic rock* ‖ ≈**beschleuniger** m (z.B. Zinkethylphenyldithiokarbamat) (Chem Verf) / ultra-accelerator n ‖ ~**dünn** adj / ultrathin adj ‖ ~**dünne Kupferfolie** (Eltronik, Hütt) / ultrathin copper foil, UTC-foil ‖ ≈**fiche** n m (Druck, EDV) / ultrafiche n, ultramicrofiche n ‖ ≈**filter** m (für die diskontinuierliche Ultrafiltration) (Chem Verf) / membrane filter*, molecular filter*, controlled pore filter ‖ ≈**filter** (Math) / ultrafilter n ‖ ≈**filtration** f (Molekularfiltration - ein Verfahren der Membrantrenntechnik) (Chem Verf) / ultrafiltration* n ‖ ≈**filtrieren** v (Chem Verf) / ultrafilter v ‖ ≈**formen** n (Erdöl) / ultraforming n ‖ ≈**forming** (Veränderung der Zusammensetzung und Struktur der im Benzin enthaltenen Kohlenwasserstoffe) (Chem Verf, Erdöl) / reforming process*, reforming n ‖ ≈**forming** (eine Abart des katalytischen Reformierens) (Erdöl) / ultraforming n ‖ ~**giftig** adj / supertoxic adj ‖ ~**harmonisch** adj (Akus) / ultraharmonic adj ‖ ~**harmonische Resonanz** (Akus, Mech) / ultraharmonic resonance* n ‖ ~**harte kosmische Strahlung** (Astr) / supercosmic radiation ‖ ≈**histochemie** f (Chem, Mikros) / ultrahistochemistry n

**Ultrahoch•erhitzung** f (der UHT-Milch) (Nahr) / uperization n ‖ ≈**erhitzung** (z.B. Uperisation) (Nahr) / ultra-high-temperature sterilization, UHT sterilization, ultra-heat treatment ‖ ≈**frequenz** f (zwischen 300 und 3000 MHz) (Radio) / ultra-high frequency*, UHF* ‖ ≈**temperatur** f (Phys) / ultra-high temperature, U.H.T., UHT ‖ ≈**temperaturreaktor** m (Nukl) / ultra-high temperature reactor ‖ ≈**vakuum** n (Eltronik, Vakuumt) / ultra-high vacuum (0,1 μ Pa and less), UHV

**ultra•kaltes Neutron** (Nukl) / ultracold neutron ‖ ≈**kurzwellen** (UKW) f pl (Radio) / ultrashort waves ‖ ≈**kurzwellen** f pl (Radio) s. auch Meterwelle ‖ ~**leicht** adj (Flugzeug bis 150 kg) (Luftt) / microlight* adj (GB) ‖ ~**leicht** (Flugzeug bis 115 kg) (Luftt) / ultralight* adj (US) ‖ ~**linear** adj (Eltech) / ultralinear* adj ‖ ≈**linear-** (Eltech) / ultralinear* adj

**Ultramarin** n (ein anorganisches Pigment) (Anstr) / ultramarine n ‖ **gelbes** ≈ ($BaCrO_4$) (Anstr) / lemon yellow, ultramarine yellow ‖ **gelbes** ≈ (Handelsbezeichnung für Baryt- und Strontiumgelb - Ba- und Sr-Chromat) (Anstr) / ultramarine yellow, yellow ultramarine ‖ ≈**blau** (ein rötliches Blau) (Anstr) / ultramarine blue, French blue, new blue ‖ ≈**gelb** n ($BaCrO_4$) (Anstr) / lemon yellow, ultramarine yellow

**Ultra•metamorphose** f (Geol) / ultrametamorphism n ‖ ~**metrisch** adj (Math) / ultrametric adj ‖ ≈**mikroanalyse** f (Chem) / ultramicroanalysis n (pl. ultramicroanalyses) ‖ ≈**mikrofiche** n m (Druck, EDV) / ultrafiche n, ultramicrofiche n ‖ ≈**mikroskop** n (ein Dunkelfeldmikroskop nach Zsigmondy und Siedentopf) (Mikros, Opt) / ultramicroscope* n ‖ ≈**mikroskopie** f (Mikros, Opt) / ultramicroscopy n ‖ ≈**mikrotom** n (Mikros) / ultramicrotome* n ‖ ≈**mikrowaage** f (Chem) / ultramicrobalance n ‖ ≈**mikrowelle** f (300 bis 3000 GHz) (Radio) / ultramicrowave n ‖ ≈**pore** f / ultrapore n ‖ ~**rein** adj / ultrapure adj

**Ultrarot•divergenz** f (im Rahmen der Quantenelektrodynamik) (Phys) / infrared catastrophe, infrared divergence, IR divergence ‖ ≈**katastrophe** f (im Rahmen der Quantenelektrodynamik) (Phys) / infrared catastrophe, infrared divergence, IR divergence ‖ ≈**spektrometer** n (Spektr) / infrared spectrometer* ‖ ≈**spektroskopie** f (Spektr) / infrared spectroscopy ‖ ≈**strahlung** f (Phys) / infrared radiation*, infrared emission

**Ultraschall**

**Ultraschall** *m* (DIN 1320) (Phys) / ultrasound* *n* ‖ ⁓- (Phys) / ultrasonic* *adj* ‖ ⁓**abtragung** *f* (Masch) / ultrasonic machining*, ultrasonic removal ‖ ⁓**-Abwasserreinigung** *f* (Sanitär) / ultrasonic waste-water treatment ‖ ⁓**aufbruch** *m* (von Zellen) (Gen) / ultrasonication *n* ‖ ⁓**(metall)bearbeitung** *f* (Masch) / ultrasonic machining, ultrasonic removal ‖ ⁓**behandlung** *f* (Med) / ultrasonic therapy, ultrasound therapy ‖ ⁓**bestrahlung** *f* (Phys) / ultrasonic irradiation ‖ ⁓**bild** *n* (Med, WP) / ultrasonogram *n*, sonogram *n* (a visual image produced from an ultrasound examination) ‖ ⁓**bild** (Phys) / ultrasonic image ‖ ⁓**bohren** *n* (Masch) / ultrasonic drilling, sonic drilling ‖ ⁓**bonden** *n* (Eltronik) / ultrasonic bonding ‖ ⁓**chemie** *f* (Sonochemie, die sich ausschließlich mit den chemischen Wirkungen des Ultraschalls befaßt) (Chem) / chemical ultrasonics, ultrasonic chemistry ‖ ⁓**-C-Scanmethode** *f* (WP) / ultrasonic C-scan method ‖ ⁓**defektoskopie** *f* (WP) / ultrasonic testing* (UT), ultrasonic flaw detection, ultrasonic material testing, ultrasonic (material) inspection ‖ ⁓**desintegration** *f* (Gen) / ultrasonication *n* ‖ ⁓**detektor** *m* (Fernm) / ultrasonic detector* ‖ ⁓**dispersion** *f* (Chem) / ultrasonic dispersion* ‖ ⁓**echolot** *n* (Akus) / fathometer* *n* ‖ ⁓**energie** *f* (Phys) / ultrasonic energy ‖ ⁓**entfetten** *n* (Masch) / ultrasonic degreasing ‖ ⁓**feld** *n* (Phys) / ultrasonic field ‖ ⁓**frequenz** *f* (Fernm) / ultrasonic frequency ‖ ⁓**geber** *m* (magnetostriktiver, piezoelektrischer) (Phys) / ultrasonic generator* ‖ ⁓**generator** *m* (Phys) / ultrasonic generator* ‖ ⁓**holografie** *f* (Phys) / ultrasonic holography, acoustical holography ‖ ⁓**kamera** *f* / Sokolov camera ‖ ⁓**koagulation** *f* (in starken Ultraschallfeldern) (Phys) / ultrasonic coagulation* ‖ ⁓**kontaktierung** *f* (Eltronik) / ultrasonic bonding ‖ ⁓**-Lehre** *f* (Phys) / ultrasonics* *n*, supersonics *n* ‖ ⁓**-Lot** *n* (Masch, Schiff) / ultrasonic depth finder*, supersonic sounding set ‖ ⁓**-Löten** *n* (bei dem der Lötkolben oder ein Tauchbad mittels Ultraschall in mechanische Schwingungen versetzt wird) (Masch) / ultrasonic soldering* ‖ ⁓**materialprüfung** *f* (WP) / ultrasonic testing* (UT), ultrasonic flaw detection, ultrasonic material testing, ultrasonic (material) inspection ‖ ⁓**mikroskop** *n* (mit Eindringtiefen bis 10 mm unter die Oberfläche) (Mikros, WP) / ultrasonic microscope, acoustic microscope ‖ ⁓**ortung** *f* (Ortsbestimmung von Inhomogenitäten und Phasengrenzen im sonst homogenen Schallausbreitungsmedium durch die Erfassung der von diesen Stellen zu einem Sender reflektierten Ultraschallwellen) (WP) / ultrasonic location *n* ‖ ⁓**prüfung** *f* (eine zerstörungsfreie Werkstoffprüfung nach DIN 5411) (WP) / ultrasonic testing* (UT), ultrasonic flaw detection, ultrasonic material testing, ultrasonic (material) inspection ‖ ⁓**prüfung von metallischen Werkstoffen** (WP) / ultrasonic metal testing, ultrasonic metal inspection ‖ ⁓**quelle** *f* (Phys) / ultrasonic generator* ‖ ⁓**reinigung** *f* (Masch) / ultrasonic cleaning* ‖ ⁓**schweißen** *n* (Plast) / ultrasonic sealing ‖ ⁓**schweißen** (ein Kaltpreßschweißverfahren nach DIN 1910, T 2) (Schw) / ultrasonic welding* ‖ ⁓**sender** *m* (Phys) / ultrasonic generator* ‖ ⁓**sensor** *m* (der nach dem Impuls-Echo-Prinzip arbeitet) (Phys) / ultrasonic sensor ‖ ⁓**sichtverfahren** *n* (Phys) / ultrasonic imaging, acoustic imaging ‖ ⁓**strahl** *m* (Phys) / ultrasonic beam ‖ ⁓**stroboskop** *n* (Einrichtung zur Modulation einer Lichtwelle durch eine stehende Ultraschallwelle der Frequenz $f_s$) (Masch) / ultrasonic stroboscope* ‖ ⁓**therapie** *f* (Med) / ultrasonic therapy, ultrasound therapy ‖ ⁓**tomographie** *f* (Med, WP) / ultrasonic tomography ‖ ⁓**trocknung** *f* / ultrasonic drying, sonic drying ‖ ⁓**verfahren** *n* (beim Reinigen und Fügen) (Masch) / ultrasonic processing ‖ ⁓**verzögerungsleitung** *f* (Fernm) / ultrasonic delay line* ‖ ⁓**wandler** *m* (Schallwandler zum Erzeugen von Frequenzen über 20 kHz, die damit oberhalb des Hörfrequenzbereichs liegen) / ultrasonic transducer, ultrasonic converter ‖ ⁓**wellen** *f pl* (Phys) / ultrasonic waves ‖ ⁓**werkstoffprüfung** *f* (WP) / ultrasonic testing* (UT), ultrasonic flaw detection, ultrasonic material testing, ultrasonic (material) inspection

**ultra•schwarz** *adj* (TV) / infrablack* *adj* ‖ ~**sensitiv** *adj* / ultrasensitive *adj* ‖ ⁓**sonografie** *f* (Med) / ultrasonography* *n* ‖ ⁓**spur** *f* (in der Ultraspurenanalyse) (Chem) / ultratrace *n*, ultramicrotrace *n* ‖ ⁓**spur** (Chem) / ultratrace *n* ‖ ⁓**spurenanalyse** *f* (bis hinab in den Femtogrammbereich) (Chem) / ultratrace analysis ‖ ⁓**spurenbereich** *m* (Chem) / femtogram range, ultratrace range (femtograms) ‖ ⁓**spurenelement** *n* (Chem) / ultratrace element, ultramicroelement *n* ‖ ⁓**stabilität** *f* (sich selbst erhaltende Stabilität eines Systems) (Phys) / ultrastability *n* ‖ ⁓**strahlung** *f* (Geophys) / cosmic radiation ‖ ⁓**struktur** *f* (Biol) / ultrastructure* *n*

**ultraviolett** *adj* (Phys) / ultraviolet* *adj*, U.V., UV ‖ ~**es Spektrum** (Spektr) / ultraviolet spectrum ‖ ~**e Strahlung** (Phys) / ultraviolet radiation*, ultraviolet *n*, UV radiation

**Ultraviolett•-** (Phys) / ultraviolet* *adj*, U.V., UV **extremes** ⁓ (Phys) / extreme ultraviolet, EUV ‖ **fernes** ⁓ (DIN 5031, T 7) (Phys) / far ultraviolet ‖ **mittleres** ⁓ (DIN 5031, T 7) (Phys) / middle ultraviolet ‖ **nahes** ⁓ (320-400 nm) (Phys) / near ultraviolet, black light ‖ ⁓**absorption** *f* (Phys) / UV absorption, ultraviolet absorption ‖ ⁓**astronomie** *f* (Untersuchung astronomischer Objekte unter Ausnutzung ihrer ultravioletten Strahlung, z.B. mit dem Hubble-Weltraum-Teleskop) (Astr) / ultraviolet astronomy* ‖ ⁓**bestrahlung** *f* (beim Prospektieren oder beim Aufbereitungsgut) (Aufber, Bergb) / lamping* *n* ‖ ⁓**bestrahlung** (Med) / treatment by ultraviolet radiation, ultraviolet irradiation ‖ ⁓**detektor** *m* / ultraviolet detector, UV detector ‖ ⁓**divergenz** *f* (Phys) / ultraviolet divergence, UV divergence ‖ ⁓**durchlässig** *adj* (Phys) / ultraviolet-transmitting *adj* ‖ ~**durchlässiges Glas** (Glas) / ultraviolet (radiation) transmitting glass ‖ ⁓**filter** *n* (Foto) / ultraviolet-absorbing filter, UV filter ‖ ⁓**filter nach Wood** (Glas, Phys) / Wood's glass screen ‖ ⁓**-Fotoelektronenspektroskopie** *f* (Spektr) / UV photoelectron spectroscopy, ultraviolet photoelectron spectroscopy, UPS ‖ ⁓**fotografie** *f* (Foto) / ultraviolet photography* ‖ ⁓**fotozelle** *f* (Eltronik) / ultraviolet cell* ‖ ⁓**härtung** *f* (Anstr) / ultraviolet curing ‖ ⁓**katastrophe** *f* (Phys) / ultraviolet catastrophe ‖ ⁓**lampe** *f* / ultraviolet lamp ‖ ~**lampe** s. auch Analysenlampe ‖ ⁓**laser** *m* (Phys) / ultraviolet laser ‖ ⁓**mikroskop** *n* (in dem die zu untersuchenden Objekte mit ultravioletter Strahlung abgebildet werden) (Mikros) / ultraviolet microscope* ‖ ⁓**mikroskopie** *f* (Mikros) / ultraviolet microscopy ‖ ⁓**spektroskopie** *f* (Spektr) / ultraviolet spectroscopy, UV spectroscopy ‖ ⁓**sperrfilter** *n* (Foto) / ultraviolet-absorbing filter, UV filter ‖ ⁓**strahler** *m* (eine Strahlungsquelle, die Strahlung unterhalb 400 nm liefert) (Phys) / ultraviolet radiator ‖ ⁓**strahlung** *f* (DIN 5031, T 7) (Phys) / ultraviolet radiation*, ultraviolet *n*, UV radiation

**ultra•visibel** *adj* (Mikros) / ultravisible *adj* ‖ ~**weiß** *adj* / ultra-white *adj*, extra-white *adj*, bright white ‖ ~**weiß** (TV) / whiter-than-white* *adj* ‖ ⁓**zentrifuge** *f* (präparative oder analytische) (Chem) / ultracentrifuge* *n* ‖ ⁓**zentrifuge** (Chem) s. auch Sedimentationszentrifuge

**Ulvöspinell** *m* (der sich als feinstes Entmischungsprodukt in vielen "Titanomagnetiten" findet, wo der Sauerstoff nicht zur Bildung von Ilmenit ausreichte) (Min) / ulvöspinel* *n*

**ULV-Verfahren** *n* (wasserloses Versprühen von Pflanzenschutzmitteln mit nur 0,1 bis 0,6 l je ha Wirkstofflösung und Druckluft als Dispersionsmittel) (Landw) / ultralow volume method (spraying)

**UM** (Nukl) / loading and unloading machine*, fuel-handling machine, reactor refuelling machine

**Umami-** (eine Geschmacksnote) (Nahr) / umami *adj*

**U-Marke** *f* (Radar) / well-strobe marker

**umbandeln** *v* (Kab) / lap *v*, tape *v*, wrap *v*, serve *v*

**Umbandelung** *f* (Kab) / taping *n*, wrapping *n*, lapping *n*

**Umbau** *m* / remodelling *n*, remodeling *n* (US), reconstruction *n*, rebuilding *n* ‖ ⁓ (zu einem anderem Zweck) (Masch) / conversion *n* ‖ ⁓ (Umkonstruierung) (Masch) / redesign *n*, redesigning *n*

**umbauen** *v* (Partizip: umbaut) / enclose *v*, wall in *v* ‖ ~ / reconstruct *v*, remodel *v*, rebuild *v* ‖ ~ (zu einem anderen Zweck) (Masch) / convert *v* ‖ ~ (umkonstruieren) (Masch) / redesign *v*

**Umbauhobel** *m* (Bergb) / conversion plough

**umbäumen** *v* (Web) / rebeam *v*

**Umbau•satz** *m* (für Tuningzwecke) (Kfz) / tuning kit ‖ ⁓**satz** (Masch) / conversion unit

**umbauter Raum** (Bau) / walled-in volume, yardage *n*, building volume, walled-in volume, cubage *n*, cubic content(s)

**Umbauung** *f* (Bau) / enclosure *n*

**Umbellatin** *n* (Chem) / berberine* *n*, jamaicin* *n*, xanthopicrite* *n*

**Umbelliferron** *n* (ein Hydroxykumarin) (Chem) / umbelliferrone *n*

**umbenennen** *v* (z.B. eine Datei) / rename *v*

**Umber** *m* (Anstr) / umber *n*

**umbeschreiben** *v* (einen Kreis) (Math) / circumscribe *v*

**umbeschrieben** *adj* (Kreis) (Math) / circumscribed* *adj* ‖ ~**er Kegel** (Math) / circumcone *n* ‖ ~**er Kreis** (Math) / circumcircle* *n*, circumscribed circle* ‖ ~**es Viereck** (Math) / circumscribed quadrangle

**Umbesetzung** *f* (F.Org) / shake-up *n*

**umbiegen** *v* / bend over *v*

**Umbiegungspunkt** *m* **einer gefalteten Schicht** (auf der Karte) (Geol) / nose *n*

**umbilden** *v* / transform *v*, transshape *v*, reshape *v*, re-form *v* ‖ ⁓ *n* (Fotogrammetrie) (Verm) / projection printing

**Umbildgerät** *n* (Verm) / sketchmaster *n*

**Umbildung** *f* / transformation* *n*, reshaping *n* ‖ ⁓ (Vergrößerung oder Verkleinerung) (Foto) / ratio print ‖ ⁓ (Fotogrammetrie) (Verm) / projection printing

**Umbilikale** *f* (Math) / umbilical *n*, umbilical line

**umbinden** *v* / strap *v*

**umblocken** *v* (EDV) / reblock *v*

**Umbra** *f* (Anstr) / umber *n* ‖ ⁓ (der dunkle Kern der großen Sonnenflecke) (Astr) / umbra* *n* (pl. umbrae or umbras) ‖ ⁓ (ein Erdfarbstoff) (Min) / raw umber ‖ **gebrannte** ⁓ (gebrannter Bolus) (Anstr) / burnt umber* ‖ ⁓**braun** *n* (Anstr) / umber *n*

**umbrechen** v (Partizip: umbrochen) (Typog) / make up v ‖ ~ n (Typog) / make-up* n, upmake* n
**Umbrecher** m (Druck) / make-up man
**Umbrella-Anbieter** m (beim Bildschirmtext) (EDV) / umbrella information provider
**Umbruch** m (um einen Schacht oder um einen anderen steil einfallenden Grubenbau) (Bergb) / bypass n, round-around n, pass-by n ‖ ~ (Typog) / make-up* n, upmake* n ‖ ~**entscheidung** f **am Zeilenende** (bei automatischen Trennungsprogrammen) (EDV) / end-of-line decision ‖ ~**korrektur** f (Typog) / page proof*, made-up proof, proof in sheets ‖ ~**pflug** m (Landw) / breaker plough, breaker n, breaking plough ‖ ~**programm** n (EDV) / page make-up program, pagination program ‖ **elektronisches** ~**terminal** (EDV) / electronic make-up terminal
**umbuchen** v (die im Flugschein eingetragene Flugstrecke ändern) (Luftf) / reroute v
**umbuggen** v / bead v ‖ ~ (Leder) / edge-fold v, fold v ‖ ~ n (Umlegen und Festkleben der Kante eines Lederteils) (Leder) / edge-folding n, folding n
**Umbuggmaschine** f (Leder) / edge-folding machine, folding machine
**umdecken** v (Dach) (Bau) / reroof v, retile v
**umdefinieren** v (Tastatur) (EDV) / remap v
**Umdefinition** f (der Tastatur) (EDV) / remapping n
**umdestillieren** v (Chem) / redistil v, rerun v
**umdisponieren** v (woanders einsetzen - Arbeitskräfte, Ressourcen) / redeploy v
**umdocken** v (Tex) / rebatch v
**umdrehen** v (ruckartig) / flip v ‖ ~ / turn v (round, over) ‖ ~ n (wenn die Seiten- und die Vorderanlage gewechselt werden) (Druck) / work-and-twist* n
**Umdrehung** f (Masch) / revolution n, turn* n, rev. ‖ ~**en** f pl **je Minute** (Masch) / revolutions per minute, rpm, r.p.m., RPM, rev/min, turns per minute, tpm
**Umdrehungs•achse** f (Masch) / spin axis ‖ ~**frequenz** f (Produkt aus Drehzahl und Polpaarfrequenz) (Eltech) / speed-frequency* n ‖ ~**frequenz** f (DIN 1301, T 2) (Masch) / rotational speed, rotational frequency ‖ ~**geschwindigkeit** f (Phys) / speed of rotation*, rotational speed ‖ ~**körper** m (Math, Phys) / body of revolution, solid of revolution ‖ ~**zähler** m (Masch) / revolution counter, revolution indicator
**Umdruck** m (Druck) / transfer* n ‖ ~ (durch Erhitzen oder Pressen) (Tex) / transfer n, reprint n ‖ ~**abzug** m (Druck) / transfer proof
**umdrucken** v (Tex) / transfer v, reprint v
**Umdruck•flüssigkeit** f (Druck) / duplicator fluid ‖ ~**papier** n (DIN 6730) (Pap) / transfer paper ‖ ~**presse** f (Druck) / transfer press ‖ ~**verfahren** n (Foto) / transfer process* ‖ ~**verfahren** (Tex) / transfer printing
**Umeichung** f (Instr) / gauge transformation
**Umentwicklung** f (Foto) / second development*
**umestern** v (Chem) / transesterify v, interesterify v
**Umesterung** f (Chem) / transesterification n, ester interchange, interesterification n
**umfahren** v (einen Fußgänger) (Kfz) / knock down vt, knock over vt
**Umfahrgleis** n (Nebengleis einer Bahnhofsanlage, das vornehmlich zur Umsetzung der Lok dient) (Bahn) / siding n, railway siding
**Umfahrungs•gleis** n (Bahn) / siding n, railway siding ‖ ~**strecke** f (Bergb) / bypass n
**umfällen** v (Chem) / reprecipitate v
**Umfallgleichgewicht** n (Mech) / unstable equilibrium*, labile equilibrium
**Umfang** m (des Begriffes) / extension n ‖ ~ (des Rundholzes) (For) / girth* n ‖ ~ (die Länge der Begrenzungslinie einer Fläche, einer geometrischen Figur) (Math) / perimeter n ‖ ~ (Schwärzung, Dichte) (Opt) / scale n ‖ ~ (des Testes) (Stats) / size n ‖ **am** ~ / peripheral* adj ‖ **benetzter** ~ (Hyd) / wetted perimeter n ‖ ~ m **der Lieferpflicht** / scope of obligation to supply ‖ ~ **der Meldung** (Fernm) / message length
**Umfang•band** m (der die Stärke des Buches veranschaulicht) (Buchb, Druck) / thickness dummy*, thickness copy ‖ ~**fräsen** n (bei dem die Fräserachse parallel zur Arbeitsfläche liegt) (Masch) / plain milling, roll milling, peripheral milling (US) ‖ ~**fräsen** (ein Nachformfräsverfahren in zwei Koordinatenrichtungen) (Masch) / contour milling ‖ ~**reich** adj / voluminous adj
**Umfangs•** ~ **berechnung** f (nach dem Manuskript) (Typog) / cast-off* n ‖ ~**freifläche** f (bei einem Bohrer) (Masch) / diametral clearance ‖ ~**geschwindigkeit** f (eines Punktes am Rande eines rotierenden Körpers) (Masch) / circumferential velocity, peripheral velocity ‖ ~**kraft** f (Kfz) / rim pull ‖ ~**kraft** (z.B. beim Riemengetriebe) (Masch, Phys) / peripheral force ‖ ~**kräfte** f pl (Kfz) / longitudinal forces, circumferential forces ‖ ~**räumen** n (auf Senkrechträummaschinen) (Masch) / peripheral broaching, tubular broaching, cup broaching, pot broaching ‖ ~**register** n

(Veränderung der Papierbahnlänge zwischen zwei Druckwerken mittels Schwenkwalzen) (Druck) / length register, circumferential register ‖ ~**schleifen** n (mit dem Umfang eines zylindrischen, rotationssymmetrischen Schleifkörpers) (Masch) / peripheral grinding, edge grinding ‖ ~**stirnfräsen** n (Masch) / shell end milling, side milling (US) ‖ ~**winkel** m (Math) / angle at the circumference, periphery angle, inscribed angle (of a circle)
**umfassen** v / comprise v ‖ ~ / include v, take in v, encompass v
**Umfassungs•mauer** f (Bau) / external (masonry) wall, exterior wall, outer wall ‖ ~**wand** f (Außenwand eines Gebäudes) (Bau) / enclosing wall
**Umfeld•helligkeit** f (z.B. bei Anzeigegeräten) (Licht) / background luminance ‖ ~**leuchtdichte** f (Licht) / surroundings luminance
**umfliegen** v / fly round v
**umfließen** v / flow round v, flow around v
**umflochten•er Draht** (Eltech) / braided conductor, braided wire ‖ ~**er Leiter** (Eltech) / braided conductor, braided wire
**Umfluter** m (Wasserb) / floodway n
**Umflutkanal** m (Wasserb) / floodway n
**Umformarbeit** f (Mech) / work of deformation, deformation work
**umformatieren** v (EDV) / reformat v
**umformbar** adj (Mech, WP) / ductile adj
**umformen** v / transform v, transshape v, reshape v, re-form v ‖ ~ (eine Gleichung) (Math) / transform v, rewrite v ‖ ~ n (neues Formen im allgemeinen) / reshaping n, transshaping n, re-forming n ‖ ~ (Hütt) / mechanical metallurgy ‖ ~ (umformende Fertigung nach DIN 8580) (Masch) / forming n (non-cutting), (plastic, mechanical) working n, metal forming ‖ **elektromagnetisches** ~ (z.B. von Rohren) (Masch) / electromagnetic forming
**Umformentfestigung** f (Hütt) / strain softening, work softening, cold softening
**Umformer** m (Eltech) / converter* n ‖ ~ (Eltech) / composite electric machine ‖ ~ (ein Wandler, bei dem die Eingangs- und die Ausgangsgrößen analog sind) (Instr, Regeln) / converter n ‖ ~ (Masch) / former n ‖ ~ **mit umlaufenden Bürsten** (Eltech) / transverter n ‖ ~**lokomotive** f (Eltech) / motor-generator locomotive ‖ ~**werk** n (Eltech) / converter station, converting station*
**Umform•geschwindigkeit** f (Mech) / deformation rate, rate of deformation ‖ ~**grad** m (Mech) / degree of deformation, logarithmic deformation ‖ ~**gut** n / material being formed ‖ ~**kraft** f (Masch, Mech) / deformation force ‖ ~**maschine** f (eine Werkzeugmaschine der Umformtechnik) (Masch) / metal-forming machine tool ‖ ~**maschine** (im allgemeinen) (Masch) / machine working without stock removal
**Umformung** f / reshaping n, transshaping n, re-forming n ‖ ~ (Formänderung von festen Körpern durch plastisches Fließen) (Masch) / forming n (non-cutting), (plastic, mechanical) working n, metal forming ‖ ~ (einer Gleichung) (Math) / transformation n, rewriting n ‖ ~ (Deformation) (Mech) / deformation n, strain* n ‖ **[äquivalente]** ~ / transposition n ‖ **elektrohydraulische** ~ (eine Hochleistungsumformung nach DIN 8585) (Masch) / hydrospark process ‖ **elektromagnetische** ~ (Masch) / magnetic forming* ‖ **isothermische** ~ (Hütt) / isothermal treatment ‖ ~ f **im Magnetfeld** (Masch) / magnetic forming*
**Umform•verfestigung** f (Hütt) / strain-hardening* n, work-hardening* n, cold hardening* ‖ ~**werkzeug** n (für die Blechbearbeitung) (Masch) / forming tool, shaping die ‖ ~**wirkungsgrad** m (Verhältnis der reibungsfrei gedachten Umformarbeit zur tatsächlichen Arbeit) (Mech) / deformation efficiency ‖ ~**zone** f (Masch) / forming zone ‖ ~**zone** (der Teil eines Werkstücks, der während eines Umformvorganges in einen bildsamen Zustand gekommen ist) (Masch) / deformed zone, deformation zone, zone of deformation ‖ **Spannungen** f pl **in der** ~**zone** (Masch) / stresses in the forming zone
**umführen** v / bypass v, divert v
**Umführung** f (Bau, Wasserb) / bypass* n, diversion n ‖ ~ (Walzgut) (Hütt) / loop n, repeater n
**Umführwalzgerüst** n (das Walzgut wird über die Oberwalze zurückgeführt) (Hütt) / pull-over mill*, drag-over mill
**umfüllen** v / decant v, pour into another vessel
**Umgang** m (z.B. mit chemischen Stoffen) / handling n ‖ ~ (überdachter Gang um ein Gebäude) (Arch) / roofed gallery round a building ‖ **sicherer** ~ (um Gesundheits- und Sachschäden zu verhindern) / safe handling, safe practice
**umgären** v (Wein durch Zusatz von Most wieder zum Gären bringen) (Nahr) / stum vt
**umgeben** v / surround v
**Umgebung** f / surroundings pl ‖ ~ (eines Systems) (EDV) / environment n ‖ ~ (Math) / neighbourhood* n ‖ **hochkorrosive** ~ (Galv) / severe corrosion environment ‖ **reduzierte** ~ (Math) / deleted neighbourhood*
**Umgebungs•basis** f (Basis des Umgebungsfilters) (Math) / neighbourhood basis, neighbourhood base ‖ ~**bedingte Ausfallzeit** /

**Umgebungsbeleuchtung**

environmental loss time, external loss time ‖ ≈**beleuchtung** f (Licht) / ambient illumination* ‖ ≈**einfluß** m (Umwelt) / environmental influence ‖ ≈**filter** n (in einem topologischen Raum) (Math) / neighbourhood filter ‖ ≈**licht** n (Foto) / ambient light ‖ ≈**luft** f / ambient air ‖ ≈**temperatur** f / ambient temperature* ‖ ≈**variable** f (EDV) / environment variable
**umgehen** v (Partizip: umgangen - durch Umgehungs- oder Nebenschlußleitungen) / bypass v, divert v ‖ ~ (Partizip: umgegangen - z. B. mit gefährlichen Stoffen) / handle v ‖ ~ (bei der Konstruktion - potentielle Fehlerquellen) (Masch) / design out v
**Umgehungs•kanal** m (Wasserb) / bye-channel* n, diversion cut*, bye-wash* n, by-channel n ‖ ≈**straße** f (die z.B. tangential an einer Stadt vorbeiführt) (Kfz) / bypass* n ‖ ≈**straße** (eine Hauptverkehrsstraße, die eine Stadt oder einen Stadtkern nicht berührt - z.B. Kölner Ring) (Kfz) / ring road (GB), relief road ‖ ≈**ventil** n (Masch) / bypass valve*
**umgekehrt** adj / inverse* adj ‖ ~ (Bild) / inverted adj ‖ ~ / reverse adj ‖ ~es Bild (das auf dem Kopf steht) (Opt) / inverted image, reversed image ‖ ~er Carnotscher Kreisprozeß (Masch, Phys) / vapour compression cycle* (a refrigeration cycle) ‖ ~er Carnotscher Kreisprozeß (Phys) / reverse Carnot cycle ‖ ~e F-Antenne (Radio) / inverted F antenna ‖ ~er Hartguß (Gieß) / internal chill, inverse chilled casting, reverse chill ‖ ~er Knickflügel (der Innenflügel bildet mit dem Flugzeugrumpf ein umgekehrtes V) (Luftf) / inverted gull wing ‖ ~ konisch (Block) (Gieß) / big-end-up attr, wide-end-up attr ‖ ~es Mikroskop (das Objektiv befindet sich unter dem Objekttisch) (Mikros) / inverted microscope ‖ ~e Netzwerke (Eltech) / inverse networks* ‖ ~e Osmose (Chem) / hyperfiltration n, reverse osmosis, RO ‖ ~e Phase (Chem, Phys) / reversed phase, RP ‖ ~e polnische Notation (EDV) / postfix notation, suffix notation, reverse Polish notation, RPN ‖ ~e Polung (Lichtbogenschweißen) (Schw) / reverse polarity ‖ ~ proportional (Math) / inversely proportional ‖ ~e Proportionalität (Math) / inverse proportionality ‖ ~er Schrägstrich (EDV) / backslash n ‖ ~e Seigerung (Hütt) / inverse segregation* ‖ ~e V-Antenne (Eltech) / inverted vee, inverted-V antenna* ‖ ~es Verhältnis (Math) / inverse ratio, inverse proportion ‖ ~konisch adj (Gieß) / big-end-up attr, wide-end-up attr ‖ ~konische Kokille (Hütt) / wide-end-up mould, W.E.U. mould, big-end-up mould
**umgekrempelter Rand** (Blech) / flanged rim
**umgelegt•e Kante** (Tex) / folded edge ‖ ~er Rand (Glas) / reinforced rim, turned rim
**umgeleiteter Flug** (Luftf) / diverted flight
**umgeschlagene Nagelspitze** (Zimm) / clenched point, clinched point
**umgestalten** v / rearrange v ‖ ~ / refashion v
**Umgestaltung** f / rearrangement n
**umgießen** v (Partizip: umgegossen) / pour v (into another container or bottle) ‖ ~ (einen Körper - Partizip umgossen) / pour v (round something) ‖ ~ (Gieß) / recast v
**Umgipserei** f (Glas) / jointing yard, laying yard
**Umgrabspaten** m (Werkz) / spade n (with a square blade)
**umgrenzen** v (z.B. Röntgenstrahlen) (Radiol) / define v
**Umgrenzungs•feuer** n pl (Luftf) / boundary lights* ‖ ≈**marker** m pl (Luftf) / boundary markers* ‖ ≈**schnitt** m (Masch) / blanking tool
**Umgriff** m (eines Elektrotauchanstrichstoffs beim elektrophoretischen Lackieren) (Anstr) / throwing power ‖ ≈ (Masch) / wraparound n
**umgruppieren** v / turn over v ‖ ~ / regroup v
**Umgruppierung** f / turnover n
**Umgußwulst** m f (beim Thermitschweißen) (Schw) / collar n
**umhacken** v (den Boden) (Landw) / hoe up v
**Umhänge•mikrofon** n (Akus) / Lavalier microphone*, lavaliere microphone, lavaliere n ‖ ≈**riemen** m (Foto) / neck strap
**umhaspeln** v (Tex) / rereel v, rewind v
**umhüllen** v (ein Rohr) / sleeve v ‖ ~ / wrap v, wrap up v, envelop v ‖ ~ / cover v, envelop v, sheath v, jacket v ‖ ~ (Gieß) / precoat v ‖ ~ (Kab) / lap v, tape v, wrap v, serve v ‖ ~ (den Kernbrennstoff) (Nukl) / can v, jacket v ‖ ~ (Schw) / coat v, cover v ‖ ~ (des Kernbrennstoffs) (Nukl) / canning n, jacketing n
**Umhüllende** f (die alle Kurven einer gegebenen Schar berührt) (Math) / envelope* n
**umhüllte Elektrode** (Schw) / covered electrode*, coated electrode
**Umhüllung** f / cover n, covering n, sheath n, jacket* n ‖ ≈ / casing n ‖ ≈ / wrapping n ‖ ≈ (von Rohren - im Werk hergestellter passiver Korrosionsschutz nach DIN 30 670 bis 30 675) (Galv, Masch) / sleeve n, sleeving n ‖ ≈ (der Elektrode) (Schw) / coating n, covering n ‖ **dicke** ≈ (Schw) / heavy coating, heavy covering ‖ **oxidische** ≈ (heute bedeutungslos) (Schw) / iron oxide covering, iron oxide coating ‖ **saure** ≈ (Schw) / acid covering, acid coating
**Umhüllungs•garn** n (bei Bikomponentenfasern) (Tex) / sheath n ‖ ≈**pseudomorphose** f (Krist) / perimorphism n ‖ ≈**trieb** m (Masch) / flexible drive

**U/min** (Masch) / revolutions per minute, rpm, r.p.m., RPM, rev/min, turns per minute, tpm
**Umkehr** f / inversion* n ‖ ≈ / reversion n, reversal n, reversing n ‖ ≈ (der Elektronen im Reflexklystron) (Eltronik) / reflection n ‖ ≈ / inverse* adj ‖ ≈ / reverse adj ‖ ≈**antrieb** m (Eltech) / reversing drive, reversible drive
**umkehrbar** adj (in beiden Richtungen verlaufend, ablaufend) / reversible* adj ‖ ~ (Math) / invertible* adj ‖ **nicht ~** / irreversible adj ‖ ~e Eindeutigkeit (Math) / one-to-one correspondence, bi-uniform correspondence*, one-one correspondence, one-to-one transformation, injection n, one-to-one function, one-to-one mapping, biunique correspondence, bi-uniform mapping* ‖ ~e Elektrode (Chem) / reversible electrode ‖ ~e Palette / reversible pallet ‖ ~e Reaktion (Chem) / reversible reaction*, balanced reaction*, equilibrium reaction*
**Umkehr•barkeit** f (Chem, Phys) / reversibility n ‖ ≈**betrieb** m (Eltech) / reversing duty ‖ ≈**bogen** m (Klemp) / return bend, U-bend ‖ ≈**dienst** m (Foto) / reversal station ‖ ≈**effekt** m (der früher zur Bestimmung der vertikalen Verteilung des Ozons vom Boden aus benutzt wurde) (Meteor) / umkehr effect, Umkehr effect ‖ ≈**einrichtung** f (für die Schubumkehr) (Luftf) / thrust reverser*, reverser n, thrust spoiler
**umkehren** v / invert v
**umkehrende Schicht** (untere Chromosphäre, in der die Fraunhofer-Linien entstehen) (Astr) / reversing layer*
**Umkehrer** m (Schaltungsanordnung zur Realisierung der Negation) (EDV) / negater* n, negator n, inverter* n, negation element, NOT element, NOT gate
**Umkehr•farbfilm** m (Foto) / reversal colour film* ‖ ≈**film** m (Foto) / reversal colour film* ‖ ≈**fläche** f (Luftf) / turnaround area ‖ ≈**flammenwanne** f (Glas) / horseshoe-fired (tank) furnace, end-fired (tank) furnace, end-port furnace ‖ **Möbiussche** ≈**formel** (Math) / Möbius inversion formula ‖ ≈**funktion** f (Math) / inverse function ‖ ≈**getriebe** n (Masch) / reverse gear ‖ ≈**grenzpunkt** m (Luftf) / point of no return ‖ ≈**identität** f (Math) / inverse identity ‖ ≈ (zur Bildaufrichtung) (Foto, Opt) / erector* n ‖ ≈**matrix** f (DIN 5486) (Math) / inverse of a matrix*, inverse matrix ‖ ≈**mischer** m (ein Betontrommelmischer mit Entleeren durch Umkehr der Drehrichtung) (HuT) / reverse mixer, reversing-drum mixer ‖ ≈**motor** m (dessen Drehrichtung durch Betätigen eines Schalters umgekehrt werden kann) (Eltech) / reversing motor ‖ ≈**ofen** m / U-type furnace ‖ ≈**operation** f (Math) / inverse n, inverse operation ‖ ≈**osmose** f (Chem) / hyperfiltration n, reverse osmosis, RO ‖ ≈**osmosemembran** f (Chem) / reverse-osmosis membrane ‖ ≈**palette** f / reversible pallet ‖ ≈**pendel** n (Phys) / reversible pendulum ‖ ≈**phase** f (Chem, Phys) / reversed phase, RP ‖ ≈**relation** f (Math) / inverse relation, converse relation ‖ ≈**riemenscheibe** f (Masch) / back-drive pulley ‖ ≈**schalter** m (Eltech) / reversing switch*, reverser n ‖ ≈**spanne** f (quantitatives Maß für die Hysterese eines Meßgerätes nach DIN 1319, T 1) (Instr) / friction error, hysteresis error, elastic-aftereffect error ‖ ≈**spülung** f (spezielles Spülverfahren zum Ladungswechsel bei Zweitaktmotoren) (V-Mot) / loop scavenging, Schnürle scavenging, reverse scavenging, tangential-flow scavenging ‖ ≈**station** f (Bergb, Masch) / return station ‖ ≈**stromrichter** m (Eltronik) / reversing rectifier ‖ ≈**transformation** f (Math) / inverse transformation ‖ ≈**trommel** f (Masch) / tail pulley, foot-section pulley, tail drum ‖ **U-förmiger** ≈**tunnelofen** (Keram) / hairpin furnace, U-type furnace
**Umkehrung** f / inversion* n ‖ ≈ / reversion n, reversal n, reversing n ‖ ≈ (einer Relation) / inversion n, conversion n ‖ ≈ **der Polarität** (Mag) / magnetic reversal* ‖ ≈ **des Sprechfrequenzbandes** (ein Verschlüsselungsverfahren) (Fernm) / speech inversion ‖ ≈ **des Steuerungsmomentes** (Luftf) / control reversal* ‖ ≈**sprinzip** n (Opt) / reversibility principle
**Umkehr•verfahren** n (zur Beschichtung von dehnbaren und elastischen Textilien) (Tex) / transfer process, release-paper process ‖ ≈**verstärker** m (invertierte Schaltungsart eines Operationsverstärkers) (Eltronik) / inverse amplifier ‖ ≈**walzwerk** n (Hütt) / reversing mill* ‖ ≈**zone** f (Luftf) / reversal zone
**umketteln** v (Tex) / seam v
**umkippen** v (Mech) / tip over v, overturn v, topple over v ‖ ≈ n (von Gewässern - durch Eutrophierung) (Umwelt) / turnover n, upsetting n (of bodies of water followed by a mass development of phytoplankton)
**umklammern** v / clutch v, clasp v, grip v
**umklappbar** adj (Griff) / fold-away attr ‖ ~er Rücksitz (Kfz) / folding rear seat, hinged rear seat
**umklappen** v (die Rücksitzlehne) (Kfz) / fold v, fold away v ‖ ≈ n (von Bindungen bei der Waldenschen Umkehrung) (Chem) / turnover n ‖ ≈ **des Spins** (Kernphys) / spin flip

**Umklappprozeß** m (Streuprozeß unter Mitbeteiligung eines Vektors im reziproken Gitter in der Impulsbilanz) (Phys) / Umklapp process*, flip-over process, umklapp process, U-process n
**umkleiden** v (Bau, Masch) / cover v, case v, jacket v, encase v
**Umkleideraum** m (Bau) / locker room
**Umkleidung** f (Bau, Masch) / cover n, case n, casing n, jacketing n
**umkneten** v (Butter) (Nahr) / rework v
**umknicken** v (Buchseite) / turn down v
**Umkodierer** m (EDV) / code converter
**Umkodierung** f (EDV) / code conversion
**umkonstruieren** v (Masch) / redesign v
**umkopieren** v (auf) / copy v (on)
**Umkreis** m (ein Kreis, auf dem alle Ecken eines Vielecks liegen) (Math) / circumcircle* n, circumscribed circle*
**umkreisen** v (Raumf) / orbit vi
**Umkreis • halbmesser** m (Math) / circumradius n (pl. -ii or -uses) ‖ ~**mittelpunkt** m (Schnittpunkt der Mittelsenkrechten der drei Dreiecksseiten) (Math) / circumcentre of a triangle* ‖ ~**radius** m (Math) / circumradius n (pl. -ii or -uses))
**Umkristallisation** f (Verfahren zur Reinigung kristallisierbarer Stoffe) (Chem) / recrystallization n ‖ ~ (Chem, Hütt, Krist) / recrystallization* n ‖ **isophase** ~ (Min) / isophased recrystallization
**Umlade • gepäck** n (Luftf) / transfer baggage ‖ ~**maschine** f (Nukl) / loading and unloading machine*, fuel-handling machine, reactor refuelling machine
**umladen** v / reload v
**Umladung** f (Elektr) / charge reversal ‖ ~ (Übergang der Elektronen von einem neutralen Atom oder Ion auf ein anderes) (Phys) / umladung n ‖ ~ (Schiff) / transshipment n, transhipment n, transfer n ‖ ~ **des Brennstoffs** (im Kernreaktor) (Nukl) / refuelling n, fuel recharge, reactor refuelling, fuel recharging
**Umlage** f (der Kosten) (F.Org) / allocation n, reallocation n
**umlagern** v / relocate v, displace v ‖ ~ (Chem) / rearrange v
**Umlagerung** f / relocation n, displacement n ‖ ~ (Chem) / rearrangement n ‖ **anionotropische** ~ (Chem) / anionotropic rearrangement ‖ **dyotrope** ~ (Chem) / dyotropic rearrangement ‖ **kationotropische** ~ (Chem) / cationotropic rearrangement ‖ ~**en** f pl **je Atom** (Nukl) / displacements per atom, dpa
**Umlagerungsreaktion** f (Chem) / rearrangement n
**Umland** n (der Stadt) / urban fringe
**Umlauf** m (eines Packmittels) / trip n ‖ ~ (ein Bedienungssteg) / running board, foot-plate n ‖ ~ (eines Planeten) (Astr) / revolution* n ‖ ~ (in der grafischen Datenverarbeitung) (EDV) / wraparound n ‖ ~ (Masch, Phys) / circulation n ‖ ~ (geschlossener - einer Figur) (Math) / traversal n ‖ ~ (eines Satelliten) (Raumf) / pass n (a single circuit of the Earth by a spacecraft or satellite) ‖ **im** ~ / circulating adj ‖ **kanalartiger** ~ (an den Wänden oder in der Sohle einer Schiffsschleuse) (Wasserb) / culvert system
**Umlaufbahn** f (HuT) / continuous ropeway ‖ ~ (elliptisch oder kreisförmig) (Raumf) / orbit* n ‖ **äquatoriale** ~ (Astr, Raumf) / equatorial orbit ‖ **auf eine** ~ **gelangen** (Raumf) / orbit vi, go into orbit ‖ **die** ~ **ändern** (Raumf) / deorbit v ‖ **die** ~ **verlassen** (Raumf) / deorbit v ‖ **exzentrische** ~ (Raumf) / eccentric orbit ‖ **geostationäre** ~ (bei Erdsatelliten) (Raumf) / geostationary orbit ‖ **in eine** ~ **bringen** (Raumf) / put into orbit, orbit vt, boost into orbit, bring into orbit, inject into orbit, insert into orbit, kick into orbit, power into orbit, thrust into orbit ‖ **in eine** ~ **einschießen** (Raumf) / put into orbit vt, boost into orbit, bring into orbit, inject into orbit, insert into orbit, kick into orbit, power into orbit, thrust into orbit ‖ **in seine** ~ **gelangen** (Raumf) / get into orbit ‖ **kreisförmige** ~ (Raumf) / circular orbit ‖ **sich auf einer** ~ **bewegen** (Raumf) / orbit vi ‖ **Übergang** m **in die kreisförmige** ~ (Raumf) / circularization n (by apogee kicks) ‖ ~ f **des Teilchens** (Kernphys) / particle orbit
**Umlaufbahn •** - (Chem, Phys, Raumf) / orbital adj ‖ ~**flugkörper** m (Raumf) / orbital vehicle
**Umlauf • belebungsbecken** n (Sanitär) / continuous channel ‖ ~**berg** m (in einem Tal isoliert aufragende Erhebung, von einer ehemaligen Flußschlinge umgeben) (Geol) / meander core ‖ ~**bestand** m (Vorräte an Material, unfertigen Erzeugnissen, im Betrieb gelagerten Fertigerzeugnissen oder schnell verschleißenden Werkzeugen) (F.Org) / work in progress ‖ ~**bewässerung** f (Landw) / rotation irrigation, rotating irrigation ‖ ~**bewegung** f (Mech) / rotation n ‖ **eine** ~**bewegung ausführen** (Phys) / rotate vi, circle v, gyrate v ‖ ~**bewegung erteilen** (Raumf) / rotate vt ‖ ~**blende** f (Film) / rotary shutter* ‖ ~**blende** (Film) / shutter* n ‖ ~**dauer** f (Astr) / period of revolution*, period n
**umlaufen** v / circulate vi ‖ ~ (Phys) / rotate vi, circle v, gyrate v ‖ ~ (Raumf) / orbit vi ‖ ~ n (Typog) / overrun* n
**umlaufend abgedichtet** / sealed around ‖ ~**e Funkenstrecke** (Eltech) / rotary spark gap, rotary gap ‖ ~**e Maschinen** (Eltech) / rotating machinery ‖ ~**e Reitstockspitze** (die radial und axial wälzgelagert ist und auch axial zum Ausgleich der Wärmedehnung gefedert sein kann) (Masch) / live centre* ‖ ~**e Reserve** (eines Generators) (Eltech) / spinning reserve ‖ ~**e Scheibe** (Masch) / rotating disk, rotating plate ‖ ~**er Stab** (Mech) / rotating bar ‖ ~**er Strömungsabriß in einzelnen Schaufelkanälen** (des Axialverdichters) (Masch) / rotating stall ‖ ~**es Teil** (Masch) / rotating part ‖ ~**er Text** (EDV) / runaround n ‖ ~**er Wechselrichter** (Eltech) / inverted rotary converter*
**Umlauf • gas** n / recycle gas ‖ ~**geschwindigkeit** f (meistens eine Kreisbahngeschwindigkeit) (Raumf) / orbital velocity, orbital speed ‖ ~**getriebe** n (DIN 3998) (Masch) / planetary gear train, sun-and-planet gear(ing), epicyclic gear*, epicycloidal gear, planetary gear-set ‖ ~**heizung** f (Wärm) / recirculating heating system*
**Umläufigkeit** f (bei Talsperren oder Wehren) (Wasserb) / side underflow, seepage through valley flanks
**Umlauf • kanal** m (der Schleuse) (Wasserb) / culvert n ‖ ~**kolbengebläse** n (Masch) / rotary blower ‖ ~**kolbenpumpe** f (eine Verdrängerpumpe) (Masch) / rotary pump*, rotary-type pump ‖ ~**kolbenverdichter** m (Masch) / rotary (piston) compressor (a positive-displacement machine), rotary vane compressor ‖ ~**kühlung** f / closed-circuit cooling, closed-cycle cooling ‖ ~**kühlung mit Pumpe** (Kfz) / forced-circulation cooling, pump-circulated cooling ‖ ~**mahlung** f (Aufber) / closed-circuit grinding ‖ ~**motor** m (Verbrennungs-Sternmotor, bei dem sich der Zylinderstern um die feststehende Kurbelwelle dreht) (V-Mot) / rotary (radial) engine ‖ ~**öl** n / circulating oil, recycle oil, cycle oil ‖ ~**periode** f (Raumf) / orbital period ‖ ~**potentiometer** n (Eltech) / stopless potentiometer ‖ ~**rad** n (DIN 3998) (Kfz, Masch) / planet gear, planet wheel ‖ ~**rädergetriebe** n (DIN 3998) (Masch) / planetary gear train, sun-and-planet gear(ing), epicyclic gear*, epicycloidal gear, planetary gear-set ‖ ~**reaktor** m (Chem Verf) / loop reactor ‖ ~**register** n (EDV) / circulating register, cyclic shift register ‖ ~**relais** n (Eltech) / rotary relay ‖ ~**richtung** f (Raumf) / direction of circulation ‖ ~**sand** m (Gieß) / recirculation sand, recirculating sand, return sand ‖ ~**schmierung** f (als System) (Masch) / circulating system (of lubrication), circular lubrication (a system) ‖ ~**schmierung** (Vorgang) (Masch) / circulating lubrication, recirculating lubrication ‖ ~**schrott** m (Gieß, Hütt) / return scrap, circulating scrap, plant-returned scrap ‖ ~**schrott** (Hütt) / revert scrap, plant-returned scrap, process scrap, circulating scrap ‖ ~**seilbahn** f / continuously running ropeway ‖ ~**sinn** m (bei geschlossenen Linienzügen) (Math) / sense class, orientation class ‖ **magnetische** ~**spannung** (Eltech) / magnetic potential difference along a closed path, line integral of magnetic field strength along a closed path ‖ **elektrische** ~**spannung** (DIN 1323) (Eltech) / line integral of electric field strength along a closed path ‖ ~**speicher** m (EDV) / circulating memory*, cyclic storage ‖ ~**stern** m (Fern) / sprocket nose ‖ ~**strömung** f (Phys) / helical-type flow ‖ ~**verschluß** m (Film) / blade shutter, disk shutter (GB) ‖ ~**verzögerung** f (Fernm) / round-trip delay ‖ ~**wasser** n / circulating water ‖ ~**zeit** f (Astr) / period of revolution*, period n ‖ ~**zeit** (Raumf) / orbital period ‖ **siderische** ~**zeit** (Astr) / sidereal period* ‖ **synodische** ~**zeit** (Astr) / synodic period*
**Umlautzeichen** n (z.B. in "Löß") (Typog) / diaeresis n (pl. diaereses), trema n
**umlegbar** adj (Rücksitzbank) (Kfz) / folding adj ‖ ~**e** (versenkbare) **Kurbel** (Masch) / folding handle ‖ ~**er Rücksitz** (Lehne) (Kfz) / folding rear seat, hinged rear seat ‖ ~ **sein** (von Sitzen) (Kfz) / fall down v
**Umlegekragen** m (Tex) / lay-down collar, turn-down collar, wing-collar n, double collar
**umlegen** v (ein Relais) (Eltech) / reverse v ‖ ~ (eine bestehende Verbindung) (Fernsp) / transfer v ‖ ~ (HuT) / re-lay v ‖ ~ (Kfz) / fold v, fold away v ‖ ~ (Hebel - ein- oder ausschalten, ein- oder ausrücken) (Masch) / throw v ‖ ~ (eine Kante) (Plast) / fold v, crease v ‖ ~ n (Leistungsmerkmal bei Nebenstellenanlagen) (Fernsp) / transfer n ‖ ~ (des Fernrohrs) (Verm) / transit* n ‖ ~ **der Kante** (Plast) / folding n, creasing n
**Umleger** m (der Nähmaschine) (Tex) / folder n
**Umlegung** f (nach Paragraf 45 ff. des Bundesbaugesetzes) (Bau) / (compulsory) reallocation of land (in order to produce plots which have a more rational location, shape or size) ‖ ~ (Fernsp) / transfer n ‖ ~ (Drehung der projizierenden Ebene um die Bildgerade in die Zeichenebene - darstellende Geometrie) (Math) / rotation n (of a plane)
**Umleimer** m (For) / edging n ‖ ~ (For, Tischl) / edge band
**umleiten** v / bypass v, divert v ‖ ~ (Verkehr) (Fernm) / reroute v, divert v, redirect v ‖ ~ (einen Ruf) (Fernm) / redirect v ‖ ~ (Strahlen) (Opt) / redirect v
**Umleitung** f (einer Strömung) (Bau, Wasserb) / bypass* n, diversion n ‖ ~ (Kfz) / diversion n (an alternative route for use by traffic when the usual road is temporarily closed), detour n ‖ ~ (die z.B. tangential an einer Stadt vorbeiführt) (Kfz) / bypass* n ‖ ~ (des Verkehrs) (Luftf) / diversion n

**Umleitungskanal**

**Umleitungs•kanal** *m* (Wasserb) / bye-channel* *n*, diversion cut*, bye-wash* *n*, by-channel *n* ‖ ≃**stollen** *m* (der oft das Triebwasser zum Maschinenhaus einer Wasserkraftanlage zuführt) (Wasserb) / diversion tunnel ‖ ≃**ventil** *n* (Masch) / bypass valve*
**Umleitventil** *n* (Masch) / bypass valve*
**Umlenkblech** *n* (Masch) / baffle *n*
**umlenken** *v* (Opt) / redirect *v*
**Umlenk•gitter** *n* (in einem Windkanal) / corner vanes *pl*, cascades* *pl* ‖ ≃**kraft** *f* (Phys) / radial force ‖ ≃**prisma** *n* (das die Abbildungsrichtung ändert) (Opt) / redirection prism, deviating prism ‖ ≃**rolle** *f* (auch zur Veränderung der Laufrichtung der Ankertrossen) (Erdöl, Masch) / fairlead *n* ‖ ≃**rolle** (der Sägeschienenspitze) (For) / sprocket nose ‖ ≃**rolle** (eines Gurtbandförderers) (Masch) / tail-end roller ‖ ≃**scheibe** *f* (Bergb) / return sheave, tail sheave ‖ ≃**scheibe** (Masch) / guide pulley*, idler pulley* ‖ ≃**stern** *m* (For) / sprocket nose ‖ ≃**trommel** *f* (ohne Spannfunktion) (Masch) / bend pulley ‖ ≃**trommel** (Masch) / tail pulley, foot-section pulley, tail drum ‖ ≃**trommel** (zum Spannen des Fördergurtes) (Masch) / take-up pulley
**Umlenkung** *f* (Fernm) / route diversion
**Umlenkwelle** *f* (des Riemengetriebes) (Masch) / deflection shaft
**Umlicht** *n* (Foto) / existing light, XL
**umliegend** *adj* / surrounding *adj*
**umlösen** *v* (bei Zuckergewinnung) (Nahr) / melt *v*
**Umlösung** *f* (Phys) / dissolving and reprecipitation (growth) (in a multiphase system)
**Umluft** *f* / recirculation air, recirculating air ‖ ≃**backofen** *m* (Nahr) / forced-convection oven ‖ ≃**heizgerät** *n* (Wärm) / fan heater ‖ ≃**heizung** *f* (im Caravan) (Kfz) / warm-air heating, blown-air heating ‖ ≃**ofen** *m* (Masch) / forced-air oven
**ummagnetisieren** *v* (Mag) / reset *v* (magnetic core)
**Ummagnetisierung** *f* (Mag) / magnetic reversal*
**Ummagnetisierungs•verlust** *m* (angegeben in W/kg bei 50 Hz - DIN 46400) (Eltech, Mag) / iron loss*, core loss* ‖ ≃**zeit** *f* (z.B. eines Magnetkerns) (EDV, Mag) / setting time
**ummanteln** *v* (Bau, Masch) / cover *v*, case *v*, jacket *v*, encase *v* ‖ ~ (Masch) / encase* *v*, case *v*
**ummantelt•e Elektrode** (Schw) / covered electrode*, coated electrode ‖ ~**er Gneisdom** (Geol) / mantled gneiss dome* ‖ ~**e Packung** (eine Weichpackung) / braided packing ‖ ~**er Propeller** / carinated propeller ‖ ~**es Thermoelement** (Eltech) / sheathed thermoelement ‖ ~**e Vorlage** (Chem) / jacketed distilling receiver
**Ummantelung** *f* / casing *n* ‖ ≃ (Bau, Masch) / cover *n*, case *n*, casing *n*, jacketing *n* ‖ ≃ (Masch) / jacket* *n*, shroud *n*, skirt *n* ‖ ≃ (des Raketentreibstoffs) (Raumf) / restrictor *n*
**Ummantelungsstoff** *m* (Bau, HuT, Wärm) / lagging* *n*, heat insulator, insulant* *n*
**ummauern** *v* (Bau) / surround with walls, wall *v*
**UMML** (Fernm) / switch-over logic
**Umnähen** *n* (Tex) / whipping *n* (a textile floor covering)
**Umnetzverfahren** *n* (zur Trennung von gesättigten und ungesättigten Fettsäuren gleicher C-Kettenlänge) (Chem) / rolling-up process
**umordnen** *v* / rearrange *v*
**Umordnung** *f* / rearrangement *n*
**Umordnungssatz, Riemannscher** ≃ (Math) / Riemann rearrangement theorem
**Umorganisation** *f* / reorganization *n*, restructuring *n*
**Umorganisierung** *f* / reorganization *n*, restructuring *n*
**umorientieren** *v* / reorient *v*
**U-Motor** *m* (Eltech) / submersible motor ‖ ≃ (Kfz) / underfloor engine, underfloor motor ‖ ≃ (Zweitaktmotor mit zwei Kolben, die in parallelen Zylindern laufen und einen gemeinsamen Verbrennungsraum haben) (V-Mot) / U-cylinder engine
**UMP** (Biochem) / uridine monophosphate, UMP
**Umpackung** *f* / outer package, exterior package
**umpflanzen** *v* (junge Pflanzen verziehen und in größeren Abständen pflanzen) (Landw) / prick off *v*, prick out *v*, transplant *v*, prick *v* ‖ ~ (Landw) / transplant *v*, replant *v*
**umpolen** *v* (Chem) / umpole *v*
**Umpolung** *f* (der Reaktivität) (Chem) / umpolung *n* ‖ ≃ (Eltech) / pole changing ‖ ≃ (Umkehrung der Polarität einzelner Zellen einer Batterie als Folge einer Kapazitätserschöpfung) (Eltech) / reversion *n*, reversal *n*, reversing *n* ‖ ≃ (Fernm) / turnover* *n*, poling* *n* ‖ ≃ **geomagnetische** ≃ (Geophys) / geomagnetic reversal
**Umpolungsreagens** *n* (Chem) / umpolung reagent
**Umprogrammierung** *f* (EDV) / reprogramming *n*
**Umrahmung** *f* / framing *n* ‖ ≃ (Typog) / box-in* *n*, rule border*, frame *n* ‖ **überstehende** ≃ (einer Öffnung) (Arch) / label* *n*
**umranden** *v* / surround *v* ‖ ~ (Typog) / rule *v*
**Umrandung** *f* (beim Gießen von Gipsformen) (Keram) / cottle *n* (the frame placed around a model to hold a plaster slurry until the plaster has set to form a mould) ‖ ≃ (Vorgang) (Typog) / ruling *n* ‖ ≃ (Einfassung) (Typog) / box-in* *n*, rule border*, frame *n*
**umrechnen auf Zufallszeichen** (Math) / randomize *v*
**Umrechnung** *f* (in andere Einheiten) / conversion *n*
**Umrechnungs•faktor** *m* (Math, Phys) / conversion factor* (BS 350) ‖ ≃**tabelle** *f* (Math) / conversion table
**umreifen** *v* (z.B. ein Faß) / strap *v*
**Umreifung** *f* (mit einem Reifen) (Masch) / strapping *n*
**Umreifungs•band** *n* (am Faß) (Masch) / strap *n*, hoop *n* ‖ ≃**maschine** *f* (Masch) / strapping machine, strapper *n*
**Umrichter** *m* (bei bestimmten batteriegetriebenen Fahrzeugen) (Eltech) / autoconverter* *n* ‖ ≃ (Gleichrichter + Wechselrichter) (Eltronik) / converter *n* ‖ ≃**schaltung** *f* (Eltronik) / converter *n* ‖ ≃**station** *f* (Eltech) / converter station, converting station*
**umringen** *v* / surround *v*
**Umriß** *m* / contour *n*, outline *n*, contour line ‖ ≃**bandsägen** *n* / profile sawing ‖ ≃**fräsen** *n* (Masch) / contour milling ‖ ≃**karte** *f* / outline chart, skeleton chart ‖ ≃**linie** *f* / contour *n*, outline *n*, contour line ‖ ≃**schärfe** *f* / contour sharpness ‖ ≃**versteilerung** *f* (TV) / crispening *n*
**umrollen** *v* (Druck, Pap) / rewind *v*, rereel *v*
**Umroller** *m* (Druck, Pap) / rereeler* *n*
**Umrollmaschine** *f* (Druck, Pap) / rereeler* *n*
**Umrötehilfsmittel** *n* (zur Farbstabilisierung der Wurstmasse) (Nahr) / reddening agent, curing agent, curing ingredient
**Umrötung** *f* (eines Pökelfleischerzeugnisses) (Nahr) / reddening *n*, curing *n*
**Umrötungsmittel** *n* (Nahr) / reddening agent, curing agent, curing ingredient
**umrühren** *v* / stir *v*, agitate *v* ‖ ≃ *n* (Brau) / rousing *n*
**umrüstbar, schnell ~e Maschine** (Masch) / quick-changeover machine
**umrüsten** *v* (eine Fabrik) / rejig *v* ‖ ~ (Mil) / retrofit *v*
**Umrüstsatz** *m* (Masch) / conversion kit
**Umrüstung** *f* (einer Anlage, eines Betriebs) (Masch) / changeover *n* ‖ ≃ (Werkzeugwechsel) (Masch) / retooling *n*, conversion *n*, rejigging *n* ‖ ≃ (Mil) / retrofitting *n* ‖ **nachträgliche** ≃ / retrofitting *n*, backfitting *n*, retrofit *n*
**Umsatz** *m* (die Summe der verkauften Leistungseinheiten eines Unternehmens) / turnover *n* ‖ ≃ (ein Quotient)(Chem) / turnover *n* ‖ ≃**geschwindigkeit** *f* (Chem) / rate of conversion ‖ ≃**gleichung** *f* (Chem) / chemical equation*, reaction equation
**umsäumen** *v* (Tex) / hem *v*, seam *v*, fringe *v*
**Umschalt-** (Eltech) / switch-over *attr*, double-throw *attr*, changeover *n*
**umschaltbar** *adj* / reversible *adj* ‖ **durch Löten ~** (Eltronik) / solder-strappable *adj* ‖ **~er Lader** (Luftf) / multispeed supercharger*
**Umschaltelogik** *f* (Fernm) / switch-over logic
**umschalten** *v* (Eltech, Fernm) / switch over *v*, change over *v* ‖ **dauernd ~** (um ein interessantes Programm zu suchen) (TV) / zap *v*, flick *v*, switch *v* ‖ ≃ *n* (Eltech) / switching *n*, switching operation, switching action ‖ ≃ (Eltech, Fernm) / changeover *n*, switch-over *n* ‖ ≃ (bei Mobilkommunikationsnetzen) (Fernm) / handover *n*, hand-off *n* ‖ **externes** ≃ *n* (Radio) / intercell hand-off
**Umschalter** *m* (der Schreibmaschine) / shift key ‖ ≃ (Eltech) / double-throw switch*, changeover switch* ‖ ≃ (für zwei Stromkreise) (Eltech) / two-way switch ‖ ≃ (bei Satellitenanlagen) (TV) / changeover unit
**Umschalt•feststeller** *m* (der Schreibmaschine) / shift lock ‖ ≃**feststelltaste** *f* (EDV) / shift lock key ‖ ≃**kabel** *n* (Eltech) / switch cable ‖ ≃**knarre** *f* (Werkz) / reversible ratchet (wrench) ‖ ≃**kontakt** *m* (Eltech) / two-way contact ‖ ≃**kontakt** (ein Relaiskontakt, der einen Schließkontakt und einen Öffnungskontakt ohne galvanische Trennung in sich vereinigt) (Fernsp) / changeover contact ‖ **unterbrechungsloser ~kontakt** (Fernsp) / make-before-break contact* ‖ ≃**kontakt** *m* **mit Unterbrechung** (Eltech) / break-before-make contact* ‖ ≃**logik** *f* (Fernm) / switch-over logic ‖ ≃**moment** *n* (Eltech) / switching torque ‖ ≃**punkt** *m* (geometrischer Ort der Realisierung einer Schaltinformation) (Eltech) / switching point ‖ ≃**schütz** *n* (Eltech) / reversing contactor
**Umschaltung** *f* (Eltech) / switching* *n*, switching operation, switching action ‖ ≃ (Eltech, Fernm) / changeover *n*, switch-over *n* ‖ ≃ (z.B. Hand - Automatik) (Regeln) / transfer *n* ‖ ≃ (bei doppelter Belegung verschiedener Kombinationen in dem Telegrafenalphabet des CCIT Nr. 2) (Teleg) / shift* *n*
**Umschalt•ventil** *n* (Masch) / changeover valve, switch-over valve ‖ ≃**zeichen** *n* (jegliches, in einem Zeichenstrom verwendete Zeichen, um die Verschiebung zu ändern) / shift character* ‖ ≃**zeichen** (EDV) / escape character ‖ ≃**zeichen für andere Schriftart** (EDV) / font change character, FC ‖ ≃**zeit** *f* (bei dem Wechselbetrieb) (Fernm) / turnaround time, turnround time
**umschichten** *v* / turn over *v*
**Umschichtung** *f* / turnover *n*
**umschießen** *v* (nach einem neuen Ausschießschema) (Typog) / reimpose *v*

**Umschlag** *m* (der Farbe) / change *n* ‖ ⁓ (Druck) / jacket*  *n*, wrapper *n* ‖ ⁓ (eines Taschenbuchs, einer Zeitschrift) (Druck) / cover *n* ‖ ⁓ (Pap) / envelope* *n* ‖ ⁓ (der Übergang von der laminaren Strömungsform in die turbulente) (Phys) / transition *n* ‖ ⁓ (Schiff) / transshipment *n*, transhipment *n*, transfer *n* ‖ ⁓ (des Ärmels) (Tex) / cuff *n* ‖ ⁓ (der Hose) (Tex) / turn-up *n* ‖ ⁓ (am Kleid) (Tex) / hem *n* ‖ ⁓ (Tex) / turn-up *n* ‖ **indirekter** ⁓ (Güterumschlag über Lager) (Schiff) / indirect cargo handling ‖ **mit gelöstem** ⁓ (Buchb) / disbound *adj* ‖ **vertikaler** ⁓ (Be- und Entladung des Schiffs mit Kaikranen, Mobilkranen oder Ladegeschirr durch die an Deck befindlichen Luken) (Schiff) / lift-on-lift-off *n* ‖ ⁓ *m* **für die Zusendung des belichteten Films an das Kopierwerk** (zur Entwicklung) (Film, Foto) / mailer *n* [envelope], mailing envelope
**Umschlag•arbeiter** *m* (Schiff) / stevedore *n*, lumper *n* ‖ ⁓**bereich** *m* (der Indikatoren) (Chem) / indicator range* *n* ‖ ⁓**druckwerk** *n* (Druck) / cover unit* ‖ ⁓**eisen** *n* (ein Hilfswerkzeug zum Schmieden) (Masch) / hatchet stake
**umschlagen** *v* (Farbe) / change *v* ‖ ⁓ (Wein) (Nahr) / turn *v* ‖ **im Kaliber** ⁓ (Hütt) / tilt over *v* ‖ ⁓ *n* / turnover *n*, turning over ‖ ⁓ (einer Emulsion) (Chem) / reversion *n* ‖ ⁓ (Wechsel der Seitenanlage vor Bedrucken der Rückseite; die Vorderanlage bleibt an der gleichen Papierkante) (Druck) / work-and-turn* *n* ‖ ⁓ (des Weins) (Nahr) / turning *n* ‖ ⁓ (des Fernrohrs) (Verm) / transit* *n*
**Umschlag•papier** *n* (Pap) / cover paper* *n* ‖ ⁓**punkt** *m* (Übergang von der laminaren Strömungsform in die turbulente) (Luftf, Phys) / transition point*
**Umschlags•dosis** *f* (Radiol) / colour-changing dose ‖ ⁓**intervall** *n* (ein Konzentrationsbereich, in dem das Auge die Änderung am Indikator wahrnimmt) (Chem) / transition interval (of an indicator) ‖ ⁓**punkt** *m* (in der Volumetrie) (Chem) / end-point* *n*
**Umschlagzeit** *f* (im Stapelbetrieb die Zeit von der Abgabe des Auftrags im Rechenzentrum bis zum Vorliegen der Ergebnisse) (EDV) / turnaround time, turnround time ‖ ⁓ (eines Relais) (Eltech) / transit time
**umschließen** *v* / surround *v*
**Umschließungsgebäude** *n* (Nukl) / containment *n*, containment vessel
**Umschlingung** *f* (der Riemenscheibe) (Masch) / wrap *n*, wrapping *n*, contact *n*, belt wrap
**Umschlingungs•bogen** *m* (des Riemens) (Masch) / arc of contact ‖ ⁓**reibung** *f* (bei Hüllgetrieben) (Masch) / frictional grip ‖ ⁓**winkel** *m* (Masch) / angle of contact*, angle of wrap, contact angle
**umschlungener Winkel** (bei Treibriemen) (Masch) / angle of contact*, angle of wrap, contact angle
**Umschmelzblei** *n* (DIN 1719) (Hütt) / remelt lead
**umschmelzen** *v* (Gieß) / recast *v* ‖ ⁓ (Hütt) / remelt *v*, resmelt *v*, refuse *v*
**Umschmelz•härten** *n* (ein Randschichthärten) (Hütt) / remelt hardening ‖ ⁓**legierung** *f* (Hütt) / remelt alloy ‖ ⁓**metall** *n* (Hütt) / secondary metal*, remelt metal ‖ ⁓**schlacke** *f* (Hütt) / remelting slag ‖ ⁓**verfahren** *n* (zur Herstellung von besonders hochwertigen Stählen und Sonderwerkstoffen) (Hütt) / remelting *n*, remelting process, refining process ‖ ⁓**zink** *n* (Hütt) / remelted zinc
**Umschneiden** *n* (Akus) / rerecording* *n*
**Umschnitt** *m* (Akus) / rerecording *n*
**Umschnüren** *n* (mit Band) / banding *n* ‖ ⁓ (mit Draht oder Schnur) / binding *n*
**umschnürter Hohlzylinder** (Mech) / bound hollow cylinder
**umschreiben** *v* (lautgetreu übertragen) / transcribe *v* ‖ ⁓ (einen Text neu schreiben) / rewrite *v*, recast *v* ‖ ⁓ (Math) / circumscribe *v*
**Umschreiber** *m* (EDV) / transcriber *n* (a device used to transfer information from one medium to another)
**Umschreibung** *f* (KI) / circumscription *n*
**Umschrift** *f* (lautgetreue Übertragung einer Schrift in eine andere Schrift, z.B. nach DIN 1460, 31635 oder 31636) / transcription *n*
**umschulen** *v* / retrain *v* ‖ ⁓ (For) / replant *v*
**Umschulung** *f* / retraining *n* ‖ ⁓ (nach der Haftentlassung oder eines Körperbehinderten) / rehabilitation *n*
**umseitig** *adv* (Druck) / overleaf *adv*
**umsetzen** *v* / transform *v* ‖ ⁓ (z.B. eine Schrämmaschine) (Bergb) / flit *v* ‖ ⁓ (Fernm) / translate *v* ‖ ⁓ (der Räder) (Kfz) / rotate *v*
**Umsetzer** *m* (DIN 44300) (EDV) / converter* *n*, convertor *n*, conversion equipment ‖ ⁓ (Fernm) / translator *n* ‖ ⁓ (ein Wandler, der mit mindestens einer digitalen Größe arbeitet) (Instr, Regeln) / converter *n* ‖ ⁓ (Radio) / rebroadcasting transmitter ‖ **elektrooptischer** ⁓ (Eltronik) / electrooptic transmitter
**Umsetz•fehler** *m* (durch die Umsetzung eines analogen Signalwertes in ein digitales Signal bedingter Fehler - er ist bestenfalls gleich dem Quantisierungsfehler) (Instr) / conversion error ‖ ⁓**programm** *n* (EDV) / conversion program
**Umsetzung** *f* (Umwandlung) / transformation *n* ‖ ⁓ (im allgemeinen) / conversion* *n* ‖ ⁓ (Fernm) / translation* *n* ‖ ⁓ (der Brennstoffkassetten) (Nukl) / shuffling *n* ‖ **digitale** ⁓ (die Wiederholung) (EDV) / digipeating *n*, digital repeating ‖ **doppelte** ⁓ (Chem) / double decomposition*, metathesis *n* (pl. metatheses)
**Umsetzungs•tabelle** *f* (EDV) / translation table ‖ ⁓**tafel** *f* (EDV) / translation table
**Umsetz•verfahren** *n* (zur Trennung von gesättigten und ungesättigten Fettsäuren gleicher C-Kettenlänge) (Chem) / rolling-up process ‖ ⁓**zeit** *f* (zur Umsetzung eines analogen Signalwertes in den entsprechenden digitalen Wert durch einen Umsetzer benötigte Zeit) (Instr) / conversion time
**umspannen** *v* (Eltech) / transform *v* ‖ ⁓ (Werkstück im Futter) (Masch) / rechuck *v*
**Umspanner** *m* (bei größeren Einheiten in der Stromversorgung) / transformer *n* ‖ ⁓ (für Stromversorgung) (Eltech) / transformer* *n*
**Umspannstation** *f* (Eltech) / transforming station*, transformer substation
**Umspannung** *f* (Eltech) / transformation *n*
**Umspannungswinkel** *m* (Masch) / angle of contact*, angle of wrap, contact angle
**Umspannwerk** *n* (Eltech) / transforming station*, transformer substation ‖ ⁓ (Eltech) s. auch Unterstation
**umspeichern** *v* (EDV) / re-store *v*
**Umspeicherung** *f* (EDV) / copy* *n*
**Umspielen** *n* (Akus) / rerecording* *n*
**umspinnen** *v* / cover by spinning ‖ ⁓ (mit Schmalband) (Kab) / lap *v*, tape *v*, wrap *v*, serve *v* ‖ ⁓ (Typog) / run around* *v*
**Umspinnmaschine** *f* (Kab) / spinning machine
**Umspinnung** *f* (Kab) / spinning *n* ‖ ⁓ **mit Band** (als Außenschutz) (Kab) / lapping *n*, taping *n*, wrapping *n*, serving* *n*
**Umspinnungszwirn** *m* (elastisch) (Spinn) / core-spun yarn*
**Umspinnzwirn** *m* (Tex) / spinning covering twist, twist for covering by spinning, covering twist
**umsponnen•er Faden** (Tex) / covered thread ‖ **~es Garn** (Spinn) / core-spun yarn* ‖ **~es Garn** (Spinn) / covered yarn ‖ **~e Stahlsaite** (mit Kupferdraht) (Akus) / overspun wire*
**umspulen** *v* (nach der Vorführung) (Film) / respool *v* ‖ ⁓ (Tex) / rereel *v*, rewind *v* ‖ ⁓ *n* **auf Kopse oder Kanetten** (Spinn) / copping *n* ‖ ⁓ **auf Trommelspulmaschinen** (Tex) / drum winding
**umspülen** *v* / flow round *v*, flow around *v*
**Umspulung** *f* (nach der Vorführung) (Film) / respooling *n*
**umständehalber zu verkaufen** (Anzeigetext) / reluctant sale
**Umstandskleidung** *f* (Tex) / maternity wear, maternity clothing, maternity clothes
**umstechen** *v* (Tex) / serge *v*, overcast *v*, overlock *v*, overedge *v*
**umsteckbare Knarre** (Werkz) / coupler ratchet
**Umstecken** *n* (der Räder) (Kfz) / rotation *n* ‖ ⁓ **am Bus** (EDV) / bus changeover
**Umsteck•knarre** *f* (Werkz) / coupler ratchet ‖ ⁓**walzwerk** *n* (Hütt) / looping mill*
**umstehend** *adv* (Druck) / overleaf *adv*
**Umsteigegeschoß** *n* (des Hochhauses), **von dem aus andere Aufzugbatterien die einzelnen Geschosse anfahren** (Arch) / sky lobby
**umsteigen** *v* (auf eine bessere Version) (EDV) / upgrade *v*
**umstellen** *v* / rearrange *v* ‖ ⁓ **auf Robotertechnik** / robotize *v*
**Umstellung** *f* (Gesamtheit aller technischen und organisatorischen Maßnahmen, die beim Übergang von der Versorgung mit einem Medium auf die Versorgung mit einem anderen Medium notwendig sind) / conversion *n* ‖ ⁓ (Richtungsänderung) / reversal *n* ‖ ⁓ / rearrangement *n* ‖ ⁓ (eines Geräts) (Instr) / conversion *n* ‖ ⁓ (einer Anlage, eines Betriebs) (Masch) / changeover *n* ‖ ⁓ (zweier Elemente) (Math) / transposition *n* ‖ ⁓ (der Brennstoffkassetten) (Nukl) / shuffling *n* ‖ ⁓ **auf andere Energieträger** (Kftst) / fuel switching ‖ ⁓ **auf mechanisiertes Fördersystem** (Masch) / conveyorization *n* ‖ ⁓ **auf metrisches** (Maß-, Einheiten-)**System** / metrication *n* ‖ ⁓ **auf Winterbetrieb** (Luftf) / winterization *n*
**umstellungs•fähig** *adj* / versatile *adj* ‖ ⁓**fähigkeit** *f* / versatility *n* ‖ ⁓**möglichkeit** *f* / versatility *n* ‖ ⁓**zone** *f* (in Entwicklungsplänen) (Arch) / redevelopment area
**Umsteueranschlag** *m* (Masch) / reversing stop
**umsteuerbar** *adj* / reversible *adj* ‖ **~es Druckwerk** (Druck) / reversible unit*
**umsteuern** *v* (die Verkehrsrichtung) (EDV, Fernm) / reroute *v*, alternate-route *v* ‖ ⁓ (Eltech) / reverse *v*
**Umsteuerpropeller** *m* (Schiff) / reversible propeller
**Umsteuerung** *f* (Richtungsänderung) / reversal *n* ‖ ⁓ (der Flamme) (Glas) / changeover *n*, reversal *n*
**Umsteuerungswelle** *f* (der Dampfmaschine) (Masch) / weigh shaft, way shaft, reversing shaft
**Umsteuer•ventil** *n* (Masch) / reversal valve, reversing valve ‖ ⁓**wähler** *m* (Fernsp) / discriminator* *n*
**umstoßen** *v* / overturn *vt*, turn over *v*, tip over *v*, topple over *v*
**umströmter Körper** (in der Strömungslehre) (Luftf, Phys) / aerofoil *n*, airfoil *n* (US)

**Umströmung** f (Luftf, Phys) / fly-around n, fly-past n
**umstrukturieren** v / restructure v
**umstülpbare Okularmuschel** (Opt) / fold-down rubber eyecup, fold-back rubber eyecup, roll-away rubber eyecup
**Umstülpen** n (die Änderung der Vorderanlage des Druckbogen vor Bedrucken der Rückseite; die Seitenanlage bleibt an der gleichen Papierkante) (Druck) / work-and-tumble* n
**umstürzen** vt / overturn vt, turn over v, tip over v, topple over v || ~ n / turnover n, turning over
**Um•topfen** n (von Pflanzen) (Landw) / repotting n || ~**trieb** m (ein planmäßig festgelegter Zeitraum, in dem sämtliche Bestände einer Betriebsklasse unter normalen Verhältnissen einmal abgetrieben werden müssen) (For) / rotation n
**Umtriebszeit** f (For) / rotation n
**umtriggern** v (Eltronik) / retrigger v
**UMTS** m (Standard für Handies) (Fernsp) / UMTS n, Universal Mobile Telecommunications Service
**Umverpackung** f / outer package, exterior package
**umwallter Tank** / mounded tank, dyked tank
**Umwälz•becken** n (Sanitär) / spiral-flow tank || ~**belüftung** f (Sanitär) / circulation aeration
**umwälzen** v / circulate vt || ~ (Chem, Umwelt) / turn over v || ~ (die Arbeitsmengen von Adreßräumen austauschen) (EDV) / swap v || ~ n (Chem, Umwelt) / turnover n
**Umwälz•pumpe** f (Masch) / circulating pump* n || ~**schlamm** m (Sanitär) / return sludge, returned sludge || ~**schleife** f (des Kühlmittels) (Nukl) / recirculation loop, coolant recirculation loop
**Umwälzung** f (Masch) / circulation n
**Umwälzungsbecken** n (Sanitär) / spiral-flow tank
**Umwälz•verlust** m / circulation loss || ~**wasser** n (in einem Kreislauf) / circulation water, circulating water
**umwandelbar** adj / convertible adj, transformable adj
**umwandeln** v (in) / convert v, transform v, turn v (into) || ~ (z.B. in eine andere Modifikation) / transform v || **ineinander** ~ / interconvert vt || **sich** ~ (Kristalle) (Krist) / invert vi || ~ n **und Ausführen** (EDV) / load-and-go n
**Umwandler** m (EDV) / converter* n, convertor n, conversion equipment || **thermionischer** ~ (zur direkten Umwandlung thermischer Energie in elektrische Energie) (Eltech, Phys) / thermionic converter, thermionic element
**Umwandlung** f / transformation n || ~ (im allgemeinen) / conversion* n, transformation* n || ~ (Chem) / conversion n || ~ (Hütt, Kernphys) / transformation* n || ~ (durch radioaktiven Zerfall) (Kernphys) / devolution n || **biologische** ~ **von Kohle** (Chem Verf) / bioprocessing of coal || **fotochemische** ~ (Chem) / photochemical conversion || **gegenseitige** ~ (ineinander) (Chem Verf) / interconversion n || **hydrothermale** ~ (Geol, Min) / hydrothermal alteration (of rocks or minerals by the reaction of hydrothermal water with pre-existing solid phases) || **innere** ~ (Kernphys) / internal conversion*, IC || **isotherme** ~ (Phys) / isothermal change*, isothermal transformation || **isothermische** ~ **in der Bainitstufe** (Hütt) / isothermal transformation in the bainite stage || **magnetische** ~ (z.B. bei der Curie-Temperatur) / magnetic transformation || **polymorphe** ~ (Hütt) / polymorphic transformation* || ~ f **in Pegmatit** (Geol) / pegmatitization n || ~ **von Anhydrit zu Gips** (Geol) / gypsification n || ~ f **von Fahrbahnen in Fußgängerzonen** (Fußgängerbereiche) (Kfz) / pedestrianization n || ~ **von Meereswärmeenergie** (bei der der Wassertemperaturunterschied ausgenutzt wird) (Ozean) / ocean thermal energy conversion, OTEC || ~ **zweiter Ordnung** (der Übergang eines Polymers von einem viskosen oder elastischen in einen spröden, glasartigen Zustand) (Chem Verf) / vitrification n, glass transition
**Umwandlungs•bereich** m / transformation temperature range, transformation range || ~**elektron** n (das bei der inneren Konversion emittierte Elektron) (Eltronik, Kernphys) / conversion electron* || ~**element** n **in Hohlleitern** (zur Veränderung der Schwingungsform) (Fernm) / sheath-reshaping converter || ~**enthalpie** f (Erstarrungs-, Verdampfungs-, Kondensations- und Sublimationsenthalpie) (Phys) / latent heat*, phase-change heat, transformation heat, transition heat || ~**gesteine** n pl (Geol) / metamorphic rocks || ~**härten** n (Hütt) / quench-hardening n || ~**produkt** n (Chem Verf) / conversion product || ~**punkt** m (Chem) / transition point*, transformation point || ~**punkt** (Unstetigkeit auf der Erhitzungs- oder Abkühlungskurve bei reinen Metallen und eutektischen Legierungen) (Hütt) / arrest point*, critical point* || ~**punkt A** (Hütt) / A-point* n || ~**rate** f (Kernphys) / disintegration rate, decay rate || ~**rate** (Kfz) / conversion rate || ~**schicht** f (Galv) / conversion coat(ing), surface-conversion coat(ing) || ~**schicht** (schützende) (Galv) / conversion coating || ~**spannungen** f pl (Eigenspannungen in gehärteten Teilen infolge der Volumenzunahme bei der Martensitumwandlung - sie überlagern sich mit Wärmespannungen) (Hütt) / transformation stress || ~**temperatur** f (Hütt, Masch) / transformation temperature* ||

~**verfahren** n (Druck) / conversion system || ~**wärme** f (die bei jedem Phasenübergang 1. Art freigesetzt oder verbraucht wird) (Phys) / latent heat*, phase-change heat, transformation heat, transition heat || **molare** ~**wärme** (Chem, Phys) / molar latent heat || **spezifische** ~**wärme** (Chem, Phys) / specific latent heat* || ~**wirkungsgrad** m (der Solarzelle) / cell conversion efficiency, photovoltaic efficiency || ~**zwilling** m (Krist) / transformation twin
**Umwegschaltung** f (Fernsp) / alternative routing*
**Umwehrung** f (eine Schutzeinrichtung nach DIN 31001, T 1) / barrier n, safety barrier
**Umweifen** n (Spinn) / reeling n
**Umwelt** f (Umwelt) / environment* n || **gegenständliche** ~ (natürliche und von Menschen geschaffene) (Umwelt) / physical environment || **marine** ~ (Ozean, Umwelt) / marine environment || **natürliche** ~ (Umwelt) / natural environment || **Schutz** m **und Erhalt der natürlichen** ~ (Umwelt) / protection and conservation of natural resources (of the natural environment) || **technische** ~ (Umwelt) / technosphere n
**Umwelt•** ~ (Umwelt) / ecological adj, environmental adj || ~**analyse** f (ein Arbeitsschritt der Unternehmensplanung) (Bau, Umwelt) / environmental forecasting, environmental scanning || ~**analytik** f (Umwelt) / environmental analysis || ~**audit** n (Umwelt) / environmental audit (a systematic, documented verification process of objectively obtaining and evaluating audit evidence to determine whether specified environmental activities or management systems conform with audit criteria)
"**Umweltauto**" n (Kfz) / low-pollutant car, emission-controlled car
**umwelt•bedingt** adj (Umwelt) / ecological adj, environmental adj || ~**beeinträchtigung** f (Umwelt) / environmental impact || ~**belastbarkeit** f (Umwelt) / environmental capacity || ~**belastend** adj (Umwelt) / pollutive adj, harmful to the environment, polluting adj, ecologically harmful || ~**belastung** f (z.B. durch bauliche Maßnahmen) (Umwelt) / environmental impact || ~**beobachtung** f (Umwelt) / environmental monitoring || ~**beschaffenheit** f (Umwelt) / environmental quality || ~**bewußtsein** n (Umwelt) / ecological awareness, eco-awareness n || ~**bilanz** f (Umwelt) / ecological balance || ~**chemie** f (Umwelt) / environmental chemistry, ecological chemistry || ~**chemikalien** f pl (Stoffe, welche in die Umwelt gebracht werden und in Mengen und Konzentrationen auftreten können, die geeignet sind, Lebewesen, insbesondere den Menschen, zu gefährden) (Chem) / environmental chemicals || ~**einfluß** m (physikalischer, organisatorischer, sozialer) (Umwelt) / environmental influence || ~**einflüsse** m pl (Psychol) / umwelt* n || ~**einwirkung** f (Umwelt) / environmental impact || ~**faktor** m (Umwelt) / environmental factor, ecofactor n || ~**fazies** f (Geol) / ecologic facies, environmental facies || **Globale** ~**fazilität** (Umweltfonds für Entwicklungsländer) (Umwelt) / Global Environment Facility, GEF || ~**feindlich** adj (Einstellung) (Umwelt) / anti-environmental adj || ~**feindlich** (Umwelt) / pollutive adj, harmful to the environment, polluting adj, ecologically harmful || ~**forschung** f (Umwelt) / environmental research || ~**freundlich** adj (Umwelt) / non-polluting adj, not harmful to the environment, environmentally acceptable, environmentally safe, pro-enviromental adj, eco-friendly adj, environmentally sound || ~**freundliches Auto** (Kfz) / low-pollutant car, emission-controlled car || ~**freundliches Fahrzeug** (Kfz) / low-emission vehicle || ~**freundlicher Motor** (Kfz, Masch) / "clean" engine || ~**freundlichkeit** f (Umwelt) / environmental acceptability || ~**gefahr** f (Umwelt) / environmental hazard || **chemische** ~**gefahr** (Chem, Umwelt) / chemical hazard || ~**gefährdend** adj (Umwelt) / environmentally hazardous || ~**geologie** f (Geol) / environmental geology || ~**gerechte Entwicklung** (Umwelt) / sustainable development || ~**hygiene** f (Med, Umwelt) / environmental hygiene, environmental health || ~**kapazität** f (Umwelt) / carrying capacity* || ~**katastrophe** f (Umwelt) / ecocatastrophe n, ecodoom n, ecological disaster || ~**konform** adj (Umwelt) / non-polluting adj, not harmful to the environment, environmentally acceptable, environmentally safe, pro-enviromental adj, eco-friendly adj, environmentally sound || **geschätzte** ~**konzentration** (Umwelt) / estimated environmental concentration, EEC, predicted environmental concentration, PEC || ~**krankheit** f (die durch umweltbedingte Faktoren verursacht wurde - z.B. Itai-Itai-Krankheit) (Med) / environmental disease || ~**monitoring** n (Umwelt) / environmental monitoring
"**Umweltmord**" m (Umwelt) / ecocide n
**Umwelt•ökonomie** f (Umwelt) / environmental economy || ~**pflege** f (Umwelt) / environment protection (by pollution control), environmental protection, environmental control, protection of the environment || ~**physik** f (Phys, Umwelt) / environmental physics || ~**planung** f (Umwelt) / environmental forecasting || ~**qualität** f (Umwelt) / environmental quality || ~**recht** n (Umwelt) / environmental law (the legal regulation of human conduct in relation to air, water, land, plant and animal life and natural

resources) ‖ **~relevant** adj (Umwelt) / environmentally relevant ‖ **≃sanierung** f (Umwelt) / ecological recovery n (man-made) ‖ **≃schaden** m (Umwelt) / environmental deterioration, environmental damage ‖ **~schädigende Industrie** (Umwelt) / offensive industry, offensive trade, noxious industry ‖ **~schädlich** adj (Umwelt) / pollutive adj, harmful to the environment, polluting adj, ecologically harmful ‖ **~schadstoff** m (Umwelt) / pollutant n, polluting agent, contaminant n ‖ **~schonend** adj (Umwelt) / non-polluting adj, not harmful to the environment, environmentally acceptable, environmentally safe, pro-environmental adj, eco-friendly adj, environmentally sound ‖ **~schonende Technik** (Umwelt) / environmental technology

**Umweltschutz** m (Umwelt) / environment protection (by pollution control), environmental protection, environmental control, protection of the environment ‖ **produktionsintegrierter ≃** (Umwelt) / production-integrated environmental protection ‖ **technischer ≃** (als Ingenieurdisziplin) (Umwelt) / environmental engineering ‖ **vorbeugender ≃** (Umwelt) / pollution prevention

**Umweltschützer** m (Umwelt) / environmentalist n ‖ **≃** s. auch Naturschützer und Ökologe

**Umweltschutz•experte** m (Umwelt) / environmentalist n ‖ **≃gesetzgebung** f (Umwelt) / antipollution legislation, environmentally relevant legislation ‖ **≃ingenieur** m (Umwelt) / environmental engineer ‖ **≃technik** f (Umwelt) / antipollution technology, pollution control technology ‖ **≃technologie** f (Umwelt) / antipollution technology, pollution control technology

**umwelt•sensibel** adj (Umwelt) / environmentally sensitive ‖ **≃steuer** f (Umwelt) / environmental tax ‖ **≃sünder** m (Umwelt) / polluter n ‖ **≃technik** f (Umwelt) / environmental engineering ‖ **≃technik** (Umwelt) / environmental technology ‖ **≃toxikologie** f (Umwelt) / ecotoxicology n ‖ **≃toxizität** f (die biologische Wirkung von Chemikalien auf die belebte Umwelt) (Umwelt) / ecotoxicity n ‖ **≃überwachung** f (Umwelt) / environmental monitoring ‖ **~vernichtend** adj (Umwelt) / ecocidal adj ‖ **~verschmutzend** adj (Umwelt) / pollutive adj, harmful to the environment, polluting adj, ecologically harmful ‖ **≃verschmutzer** m (Umwelt) / polluter n ‖ **≃verschmutzung** f (Umwelt) / pollution* n, contamination n ‖ **~verträglich** adj (Umwelt) / non-polluting adj, not harmful to the environment, environmentally acceptable, environmentally safe, pro-enviromental adj, eco-friendly adj, environmentally sound ‖ **≃verträglichkeitsgutachten** n (Umwelt) / environmental impact statement, EIS ‖ **≃verträglichkeitsprüfbericht** m (Umwelt) / environmental impact statement, EIS ‖ **≃verträglichkeitsprüfung** f (Umwelt) / environmental impact assessment, EIA ‖ **≃widerstand** m (Umwelt) / environmental resistance ‖ **≃wissenschaft** f (Umwelt) / environmental science ‖ **~zerstörend** adj (Umwelt) / ecocidal adj ‖ **≃zerstörung** f (Umwelt) / ecocide n

**Umwendung** f (Math) / point reflection

**umwerfen** v / overturn vt, turn over v, tip over v, topple over v ‖ **≃** n / turnover n, turning over

**umwerten** v (Fernm) / translate v

**Umwerter** m (Fernm) / translator n

**Umwertespeicher** m (Signalisierung) (Fernm) / translator n

**Umwertung** f / revaluation n ‖ **≃** (Signalisierung) (Fernm) / translation* n

**umwickeln** v / wrap v ‖ **~** (Druck, Pap) rewind v, rereel v ‖ **~** (Kab) / lap v, tape v, wrap v, serve v ‖ **~** (Knopfstiel) (Tex) / shank v ‖ **mit Band ~** / tape v

**Umwicklung** f (des Förderseiles auf der Scheibe) (Bergb) / lap* n ‖ **≃** (Kab) / taping n, wrapping n, lapping n

**Umwidmung** f / conversion n

**Umwindungsgarn** n (Spinn) / covered yarn

**umzäunen** v / fence v

**Umzäunung** f / fence* n, fencing n

**Umzeichengerät** n (bei mechanisch-grafischer Arbeitsweise) (Verm) / sketchmaster n

**Umzug** m / removal n

**umzwirntes Garn** (Spinn) / covered yarn

**un** (Meteor) / billow cloud

**unabgeglichen** adj (Brücke) (Eltech) / unbalanced* adj, out-of-balance attr

**unabgesättigt** adj (Chem) / unsaturated* adj

**unabgestimmte Antenne** (Radio) / aperiodic antenna*, non-resonant antenna*, untuned antenna*, broadband antenna

**unabhängig** adj / independent adj ‖ **~** (Taste) (EDV) / local adj ‖ **~er Abnahmebeamter** / authorized inspector ‖ **~er Ausfall** (eines Systems) / non-relevant failure ‖ **~er Ausfall** (eines Systems) s. auch Folgeausfall ‖ **~er Betrieb** (EDV) / local mode ‖ **~e Ereignisse** (Stats) / independent events ‖ **~e Löschwasserversorgung** (Wasserb) / non-piped water supply ‖ **~es Rechnersystem** (EDV) / stand-alone computer system ‖ **~e Variable** (in der Analysis) (Math) / independent variable* ‖ **~ von der Umgebungsatmosphäre** wirkendes Atemschutzgerät (z.B. Schlauchgerät, Behältergerät, Regenerationsgerät mit Kreislaufatmung usw.) (Bergb) / self-contained breathing apparatus ‖ **~ von der Zeit** / time-independent adj ‖ **~er Wartebetrieb** (DIN 44302) (EDV) / asynchronous disconnected mode, ADM ‖ **~e Wasserversorgung** (Wasserb) / non-piped water supply

**Unabhängigkeit** f / independence n ‖ **affine ≃** (von Punkten) (Math) / linear independence ‖ **≃** f **von der Windrichtung** (z.B. beim Darrieus-Rotor) / insensitivity to wind direction ‖ **≃ zufälliger Variabler** (Stats) / independence of random variables

**Unabhängigkeitsprinzip** n (Phys) / superposition theorem*, principle of superposition, superposition principle

**unabtrennbar** adj / inseparable adj

**unähnliche Glieder** (die einander nicht entsprechen) (Math) / dissimilar terms*

**Unähnlichkeit** f (Math) / dissimilarity n

**U-Naht** f (Schw) / single-U butt joint, single-U groove weld, U-groove weld

**Unakit** m (epidotreicher Granit aus Unaka Range, östl. Tennessee) (Geol) / unakite n

**unangenehm** adj (z.B. Geruch) / unpleasant adj

**unär** adj (Operation) (EDV) / unary adj, monadic adj

**unartikulierter Laut** (beim Sprechen) (Akus) / unvoiced sound*

**unaufdringlich** adj (Farbe) (Tex) / unobtrusive adj

**unaufgeschlossen** adj (Zellstoff) (Pap) / uncooked adj

**unaufgeschnitten•e Kanten** (Buchb) / bolts* pl, uncut edges, untrimmed edges ‖ **~e Wicklung** (Eltech) / closed-coil winding*

**unauflösbar** adj (Math) / insoluble adj, unsolvable adj

**unausgeglichen** adj (Eltech) / unbalanced* adj ‖ **~** (Masch, Mech) / unbalanced adj, out of balance* attr

**unausgewuchtet** adj (Rad) (Kfz, Masch) / unbalanced adj, out of balance*

**unausmeßbar** adj / immeasurable adj, measureless adj, immensurable adj

**unbeabsichtigt** adj / accidental adj ‖ **~e Abschaltung** (Nukl) / unintentional shutdown ‖ **~e Offenlegung** (von Daten) (EDV) / accidental disclosure ‖ **~e Weitergabe** (EDV) / accidental disclosure

**unbeachtet lassen** / neglect v

**unbearbeitet** adj / raw adj, rough adj, untreated adj, unprocessed adj, unwrought adj, undressed adj, crude adj, unfinished adj ‖ **~** (z.B. Gußstück) (Masch) / black* adj ‖ **~er Baumstamm** (For) / log n ‖ **~er Einkristallkörper** (Krist) / boule* n ‖ **~er Holzstamm** (For) / log n

**unbebaut** adj (Gelände) (Bau) / clear adj, undeveloped adj

**Unbedenklichkeitsgrenze** f (EDV) / reliable-operation threshold

**unbedient** adj / unmanned adj

**unbedingt** adj / unconditional adj ‖ **~** (Programmsatz, Anweisung) (EDV) / imperative adj ‖ **~er Block** (läßt nur einen Zug auf dem Blockabschnitt zu) (Bahn) / absolute block system* ‖ **~e Konvergenz** (Math) / permanent convergence ‖ **~er Sprung** (EDV) / unconditional jump, unconditional branch, unconditional transfer ‖ **~ stabil** (Fernm) / unconditionally stable* ‖ **~er Trennstrich** (EDV) / required hyphen ‖ **~e Verzweigung** (EDV) / unconditional jump, unconditional branch, unconditional transfer

**unbedrahtet** adj (EDV) / wireless adj

**unbedruckt** adj / not printed upon ‖ **~es Papier** (auch farbiges) (Druck) / white paper

**unbeeinflußter Strom** (eines Stromkreises, bezogen auf den G-Sicherungseinsatz) (Eltech) / prospective current (of a circuit)

**unbefestigt** adj (Arch, HuT, Luftf) / unpaved adj (not paved) ‖ **~er Fahrweg** (HuT, Kfz) / cart-road n, dirt road (US), cart track ‖ **~e Straße** (HuT) / unsealed road ‖ **~e Straße** (Fahrweg) (HuT, Kfz) / cart-road n, dirt road (US), cart track

**unbefugt** adj / illicit adj, unauthorized adj

**unbegehbar** adj (HuT) / inaccessible adj

**unbegleitetes Gepäck** (Luftf) / unaccompanied baggage

**unbegrenzt** adj (Math) / unlimited adj ‖ **~e Mischbarkeit** / miscibility in all proportions, total miscibility, complete miscibility ‖ **~ teilbar** (Math) / infinitely divisible ‖ **~e Verschachtelungstiefe von Unterprogrammen** (EDV) / unlimited subroutine nesting

**unbehaart** adj (Larve) (For) / hairless adj

**Unbehaglichkeitsschwelle** f (Akus) / threshold of discomfort

**unbehandelt•e Baumwolle** (Tex) / natural cotton ‖ **~er Kristall** (bei der Kristallzüchtung) (Krist) / as-grown crystal ‖ **~e Stärke** (Nahr) / native starch

**unbeheizt** adj / unheated adj

**unbeherrschbarer Raum** (Wasserb) / uncontrolled flood-protection storage

**unbehindert** adj / unimpeded adj ‖ **~ sichtbares Licht** (Luftf) / unobstructed light

**unbekannt** adj / unknown adj

**Unbekannte** f (Math) / unknown n, unknown quantity

**unbeladen**

**unbeladen** *adj* (Kfz) / empty *adj*, unladen *adj*, unloaded *adj* ‖ ~**es Schiff** (Schiff) / light ship
**unbelastet** *adj* (Eltech) / at no-load ‖ ~ (Eltech) / free* *adj*, unloaded *adj* ‖ ~**e Antenne** (Radio) / unloaded antenna*
**unbelegt** *adj* (Bau) / vacant *adj*, empty *adj*, unoccupied *adj*
**unbelichtet** *adj* (Foto) / unexposed *adj*
**unbelüftet** *adj* (Bremsscheibe) (Kfz) / solid *adj* ‖ ~**e Maschine** (Eltech) / non-ventilated machine
**unbemannt** *adj* (Luftf) / unmanned *adj*, pilotless *adj*, autonomous *adj* ‖ ~ (Masch, Regeln) / unattended *adj* ‖ ~**e Fertigung** (für die kein Bedien- und Überwachungspersonal mehr erforderlich ist) (F.Org, Masch) / unmanned production ‖ ~**es Flugzeug** (Luftf) / pilotless aircraft, PA ‖ ~**er Zug** (Bahn) / unmanned train
**unbemaßter Radius** (auf technischen Zeichnungen) / radius without dimensions
**unbenannt** *adj* / dimensionless *adj*, non-dimensional *adj* ‖ ~**es Datenfeld** (EDV) / filler *n*, filler item
**unbenutzbar** *adj* / unserviceable *adj*
**unbenutzte Tetrade** (EDV) / pseudotetrad *n*
**unberäumte Schlagfläche** (For) / slashing *n* (US)
**unberechtigt** *adj* / illicit *adj*, unauthorized *adj* ‖ ~**er Empfänger** (EDV) / illicit receiver ‖ ~**er Zugriff** (EDV) / unauthorized access
**unberichtigt** *adj* (das Meßergebnis nach DIN 1319, T 1) / uncorrected *adj*
**unberuhigter Stahl** (als Gegensatz zu killed steel) (Hütt) / rimming steel*, rimmed steel*, unkilled steel
**unberührt** *adj* / virgin *adj* ‖ ~**e Aushubmasse** (in der Mitte der Aushubgrube) (HuT) / dumpling* *n* ‖ ~**e Landschaft** (Umwelt) / virgin landscape, unspoilt landscape, unspoiled countryside
**unbesandet** *adj* (Oberfläche) / not sanded
**unbesäumt** *adj* (For) / unedged *adj*, undressed *adj*, unwrought *adj*
**unbeschaltete Faser** (Fernm) / dark fibre
**unbeschaufelt** *adj* (Masch) / vaneless *adj*
**unbeschnitten** *adj* (Buchb) / uncut* *adj*, untrimmed *adj* ‖ ~**e Kanten** (Buchb) / bolts* *pl*, uncut edges, untrimmed edges
**unbeschränkt** *adj* / unrestricted *adj*
**unbeschrankter Bahnübergang** (ein Verkehrszeichen) (Bahn, Kfz) / level crossing without barrier or gate ahead
**unbeschränkt•e Mischbarkeit** / miscibility in all proportions, total miscibility, complete miscibility ‖ ~ **teilbar** (Math) / infinitely divisible ‖ ~**e Zahlenfolge** (Math) / unbounded sequence
**unbeschrieben** *adj* / blank *adj*, clean *adj* ‖ ~ (Akus, EDV) / blank *adj*, unrecorded *adj*, empty *adj*
**unbeschriftet** *adj* / blank *adj*, clean *adj* ‖ ~**e Datenträger** (EDV) / virgin media, blank media, empty media
**unbesetzt** *adj* (ohne Bedienungspersonal) / unmanned *adj* ‖ ~ / vacant *adj* ‖ ~ (Fernsp) / free *adj* ‖ ~**es Band** (Kernphys) / unoccupied band ‖ ~**es Datenfeld** (EDV) / filler *n*, filler item ‖ ~**es Energieband** (Phys) / empty band*
**unbespielt** *adj* (Akus, EDV) / blank *adj*, unrecorded *adj*, empty *adj*
**unbespult** *adj* (Kab) / non-loaded *adj*
**unbeständig** *adj* / unstable *adj*, instable *adj* ‖ ~ (z.B. Radikale) (Chem) / transient *adj* ‖ ~ (Wetter) (Meteor) / unsettled *adj* ‖ **zeitlich** ~ (Chem) / tempolabile* *adj* ‖ ~**keit** *f* / unstability* *n*, instability* *n*, negative stability
**unbestimmt** *adj* (Math) / indeterminate *adj* ‖ **statisch** ~ (Mech) / indeterminate* *adj*, statically indeterminate *adj*, imperfect* *adj* ‖ ~**er Ausdruck** (Math) / indeterminate form ‖ ~**es Integral** (Newtonsches - die Menge aller Stammfunktionen einer gegebenen Funktion) (Math) / indefinite integral*, primitive *n*, antiderivative *n* ‖ ~**er Term** (Math) / indeterminate form
**Unbestimmte** *f* (Math) / indeterminate *n*
**Unbestimmtheit** *f* / uncertainty *n* ‖ **Grad** *m* **der statischen** ~ (Bau, HuT, Mech) / redundancy *n*
**Unbestimmtheitsmaß** *n* (in der Korrelationsrechnung) (Math) / coefficient of non-determination
**unbestockte Waldfläche** (For) / blank *n*
**unbetretbar** *adj* / inaccessible *adj*
**unbewacht** *adj* (Eingang) / unmanned *adj* ‖ ~ (Bahn) / unmanned *adj* ‖ ~ (Parkplatz) (Kfz) / unattended *adj* ‖ ~**es Feuer** (Schiff) / unwatched light, unattended light
**unbewaffnet** *adj* (Auge) / naked *adj*, unaided *adj*
**unbewegt** *adj* / still *adj* ‖ ~**e Luft** (Meteor) / calm air ‖ ~ **sein** / stand *v* ‖ ~**e Streustrahlenblende** (Radiol) / stationary grid, Lysholm grid
**unbewehrter Beton** (ohne Stahleinlage) (HuT) / plain concrete
**unbewertetes Rauschen** (Fernm) / unweighted noise
**unbewohnt** *adj* (Bau) / vacant *adj*, empty *adj*, unoccupied *adj*
**unbiased** *adj* (Stats) / unbiased *adj*, unbiassed *adj*
**unbiegsam** *adj* / inflexible *adj*
**unbranched** *adj* (Chem) / straight-chain *attr*, unbranched-chain *attr*
**unbrauchbar** *adj* (Anlage) / unserviceable *adj* ‖ ~ / useless *adj*
**unbrennbar** *adj* / incombustible *adj*, non-combustible *adj*

**Unbundling** *n* (EDV) / unbundling *n*
**unbunt** *adj* (Farbe) (TV) / achromatic *adj*, non-chromatic *adj* ‖ ~**e Reihe** (Foto, Opt) / grey scale*, grey step scale ‖ ~**bereich** *m* (TV) / achromatic locus, achromatic region ‖ ~**punkt** *m* (in der Farbmetrik) / achromatic point
**UNC** (EDV) / universal naming convention, UNC, uniform naming convention
**unconstructed** *adj* (Bekleidungsstück ohne formerhaltende Einlagen, teils ohne Futter oder halbgefüttert) (Tex) / unconstructed *adj*
**Und, kommerzielles** ~ (Typog) / ampersand *n*
**UND, verdrahtetes** ~ (Eltronik) / wired AND
**Undation** *f* (Geol) / undation *n*
**Undecan** *n* (Chem) / undecane *n*, hendecane *n* ‖ ~**säure** *f* (Chem) / undecanoic acid, undecylic acid, hendecanoic acid
**Undecensäure** *f* (Chem) / undecylenic acid, undecenoic acid, hendecenoic acid
**Undecylensäure** *f* (Chem) / undecylenic acid, undecenoic acid, hendecenoic acid
**undefinierbar** *adj* / indefinable *adj*
**Undekan** *n* (Chem) / undecane *n*, hendecane *n* ‖ ~**säure** *f* (Chem) / undecanoic acid, undecylic acid, hendecanoic acid
**Under•achievement** *n* (schlechtes Abschneiden in einem bestimmten Leistungsbereich) (F.Org) / underachievement *n* ‖ ~**done** *adj* (Nahr) / underdone *adj*, rare *adj* (lightly cooked, so that the inside of the meat is still red) ‖ ~**flow** *n* (das Auftreten eines Zahlenwertes, der kleiner ist als die kleinste vom Rechner darstellbare Zahl) (EDV) / underflow *n* ‖ ~**flow** (EDV) / underflow* *n* ‖ ~**lay** *n* (mit Tränkharzen imprägniertes weißes oder fast weißes Spezialpapier, das, als Unterlage mit hellfarbigen Dekorfilmen verpreßt, deren Deckkraft erhöht) (Pap, Plast) / underlay *n* ‖ ~**wear** *f* (Tex) / underwear *n* ‖ ~**writer** *m* (Bevollmächtigter des Versicherers zur Zeichnung von Risiken) / underwriter *n*
**undeutlich** *adj* (verschwommen, unscharf) / fuzzy *adj*, blurred *adj* ‖ ~ (unklar) / indistinct *adj*, unclear *adj* ‖ ~ (Druck) / faint *adj*
**Undezensäure** *f* (Chem) / undecylenic acid, undecenoic acid, hendecenoic acid
**Undezylensäure** *f* (Chem) / undecylenic acid, undecenoic acid, hendecenoic acid
**Undezylsäure** *f* (Chem) / undecanoic acid, undecylic acid, hendecanoic acid
**UND-Glied** *n* (EDV) / AND element*, AND gate*, conjunction gate, AND circuit
**undicht** *adj* / pervious *adj*, permeable *adj* ‖ ~ / leaky *adj* ‖ ~ (eine Schutzschicht) (Galv) / porous *adj* ‖ ~**er Behälter** / leaker *n* ‖ ~ **sein** / leak *v* ‖ ~**e Stelle** / leak *n*
**Undichtheit** *f* / leakiness *n*, leak *n*
**Undichtigkeit** *f* / leak *n* ‖ ~ / leak *n*, leakage *n* ‖ ~ / leakiness *n*, leak *n*
**Undichtsein** *n* / leak *n*, leakage *n*
**Undo** *n* (EDV) / undo *n* ‖ **mehrstufiges** ~ (Funktion in Anwenderprogrammen, die es erlaubt, Eingaben oder Kommandos /auch globale Änderungen / in mehrfachen Stufen rückgängig zu machen) (EDV) / multilevel undo ‖ ~**-Funktion** *f* (Programmfunktion zur Widerrufung von Eingaben oder Kommandos) (EDV) / undo *n*
**undokumentierte Funktion** (Funktion, die im Betriebssystem oder in einer Applikation enthalten ist, aber aus unterschiedlichen Gründen vom Hersteller nicht beschrieben wird) (EDV) / undocumented function
**undotiert** *adj* (Eltronik) / undoped *adj*
**undränierter Versuch** (HuT) / undrained shear test, quick test, undrained test
**UND-Schaltung** *f* (EDV) / AND element*, AND gate*, conjunction gate, AND circuit
**Undulator** *m* (eine Magnetstruktur) (Nukl) / undulator *n*, interference wiggler ‖ ~ (Teleg) / undulator *n*
**Undulatus** *m* (Meteor) / billow cloud
**undulöse Auslöschung** (Min) / wavy extinction, undulatory extinction
**undurchdringlich** *adj* / impassable *adj*, impenetrable *adj* ‖ ~ (undurchlässig) / impenetrable *adj*, impervious *adj* (not able to be penetrated, as by water and light)
**undurchführbar** *adj* (technisch) / impracticable *adj*
**undurchlässig** *adj* / impermeable* *adj* ‖ **[sehr oft auch]** ~ **für Röntgenstrahlen** (Radiol) / radiopaque* *adj*, radio-opaque *adj* ‖ ~**es Gestein** (Geol) / retainer *n*
**undurch•sichtig** *adj* (Foto, Opt) / opaque* *adj*, light-proof *adj* ‖ ~**sichtigkeit** *f* (Kehrwert des Durchlassgrades) (Foto, Licht) / opacity* *n*, light-proofness *n*
**UND-Verknüpfung** *f* / and operation, logical product, conjunction *n*
**Und-Zeichen** *n* (&) (Typog) / ampersand *n*
**uneben•er Bruch** (z.B. bei Zinnkies oder Kryolith) (Min) / uneven fracture ‖ ~**e Fahrbahn** (ein Verkehrszeichen) (Kfz) / uneven road

**Unebenheit** f (Abweichung von der Ebenheit) / out-of-flatness n ‖ ~ **der Lötfläche** (Fehler) (Eltronik, Klemp) / solder projection
**unecht** adj (Farbstoff) / fugitive adj, not fast*, unstable adj ‖ ~ / false adj, spurious adj ‖ ~ / dummy adj ‖ ~ (Holz, Leder, Pelz, Stein) / sham adj ‖ ~ (Math) / improper adj ‖ **~es Blattgold** / gilding metal (leaf) ‖ **~er Bruch** (Math) / improper fraction* ‖ **~e Fläche** (Krist) / vicinal face*, vicinal plane ‖ **~e Heftbünde** n pl (schmale Leder- oder Pappstreifen) (Buchb) / false bands* ‖ **~er Jade** (Serpentin) (Min) / serpentine-jade* n ‖ **~er Kork** (Bot) / phalloid n
**Unedelmetall** n (Chem) / base metal*, common metal
**Unedlerwerden** n (des Potentials) (Elektr) / shift in a less noble direction
**unedles Metall** (Chem) / base metal*, common metal
**unegale Anfärbung an den Salleisten** (Tex) / listing* n (defect)
**uneigentlich** adj (Math) / improper adj ‖ **~e Gerade** (die Menge der uneigentlichen Punkte einer projektiven Ebene) (Math) / line at infinity* ‖ **~es Integral** (Riemannsches) (Math) / improper integral ‖ **~e Kreispunkte** (Math) / circular points* (at infinity) ‖ **~e orthogonale Transformation** (Math) / improper orthogonal mapping ‖ **~er Punkt** (in der projektiven Geometrie) (Math) / point at infinity ‖ **~e Verteilung** (Stats) / degenerated distribution
**uneingeschränkt** adj / unrestricted adj
**unelastisch** adj / inelastic adj, anelastic adj ‖ **(vollkommen) ~er Stoß** (Phys) / inelastic collision*, inelastic impact ‖ **~e Neutronenstreuung** (am Einzelkern oder an Substanzen) (Kernphys) / inelastic neutron scattering, INS ‖ **~e Streuung** (Kernphys) / inelastic scattering* ‖ **~e Streuung von thermischen Neutronen** (in Festkörpern) (Kernphys) / neutron inelastic scattering* ‖ **~e Tunnelspektroskopie** (Spektr) / inelastic tunnelling spectroscopy, ITS
**unelektrisch** adj (Elektr) / anelectric* adj, non-electric adj
**unempfindlich** adj (gegen, gegenüber) / insensitive adj (to) ‖ ~ (gegen Bechädigung oder Störung) / rugged adj, robust adj, sturdy adj
**Unempfindlichkeit** f / ruggedness n, robustness* n, sturdiness n ‖ ~ **gegen Pilzbildung** / funginertness n ‖ ~ **gegen Schimmelbildung** / funginertness n
**Unempfindlichkeits•punkt** m (Regeln) / dead spot ‖ **~zone** f (Regeln) / dead spot
**unendlich** adj (Math) / infinite adj ‖ **für ~ korrigiert** (Opt) / infinity-corrected adj ‖ ~ **ferne Gerade** (ein uneigentliches Element in der projektiven Geometrie) (Math) / line at infinity* ‖ ~ **ferne Kreispunkte** (Math) / circular points* (at infinity) ‖ ~ **ferner Punkt** (Math) / point at infinity ‖ **~e Folge** (Math) / infinite sequence ‖ ~ **große Dämpfung** (Phys) / infinite attenuation* ‖ **~e Gruppe** (mit unendlich viel Elementen) (Math) / infinite group ‖ ~ **klein** (Math) / infinitesimal* adj ‖ ~ **lange Leitung** (Eltech) / infinite line* ‖ **~e Menge** (Math) / infinite set* ‖ **~es Produkt** (Math) / infinite product ‖ **~e Progression** (Math) / infinite progression ‖ **~e Reihe** (Math) / infinite series ‖ **~e Verdünnung** (Chem) / infinite dilution ‖ ~ (Einstellung) (Foto) / infinity n
**Unendlich** n (Math) / infinity* n ‖ **~dimensionaler Raum** (Math) / infinite-dimensional space ‖ **~keit** f (Math) / infinity* n ‖ **~keitszeichen** n (Math) / infinity sign
**unentgeltlich** adj / free of charge
**unentscheidbar** adj (KI) / undecidable adj
**Unentscheidbarkeit** f (KI) / undecidability n
**unentzifferbar** adj / indecipherable adj
**unergiebig** adj (Boden) / poor adj ‖ ~ (Bergb) / barren adj, sterile adj
**unerkundetes Grubenfeld** (Bergb, Geol) / prospect* n
**unerlaubt•es Entfernen vom Unfallort** (nach 142 des StGB) (Kfz) / hit-and-run driving (failure to stop after being involved in an accident), failure to report an accident ‖ **~es Stöbern** (EDV) / browsing n
**unerreichbar** adj / unattainable adj ‖ ~ (Math) / inaccessible adj ‖ **~keitsaxiom** n (Math) / Tarski's axiom for inaccessible sets
**unerschlossen** adj (Gebiet) (Bau) / undeveloped adj
**unerschöpfbar** adj (Bremse) (Bahn) / inexhaustible adj
**Unerschöpfbarkeits•probe** f (Bahn) / inexhaustibility test ‖ **~prüfung** f (der Bremse) (Bahn) / inexhaustibility test
**unerschöpflich** adj (Vorrat) / inexhaustible adj
**unerwarteter Fehler** (EDV) / illogical error
**unerwünscht** adj / unwanted adj, undesired adj ‖ **~e Ausstrahlung** (Fernm) / spurious radiation*, spurious emission, unwanted radiation ‖ **~e Bodenechos** (Radar) / ground clutter*, terrain echoes ‖ **~es Ereignis** (als Spitze des Fehlerbaumes - DIN 25 424) / top event (random output pulses from a transponder caused by ambient noise, or by an intentional random triggering system but not by the interrogation pulses) ‖ **~e Transponderauslösung** (Radar) / squitter n (random output pulses)
**Unfähigkeit** f / inability n
**unfair** adj (Spiel in der Spieltheorie) / unfair adj
**Unfall** m (DIN 14011, T 4) / accident n ‖ ~ (ein Ereignisablauf, der nicht mehr beherrscht werden kann) (Nukl) / accident n ‖

**anzunehmender ~** (Nukl) / credible accident, conceivable accident ‖ **elektrischer ~** (Eltech, Med) / electrical accident ‖ **größter anzunehmender ~** (Nukl) / maximum credible accident, maximum conceivable accident, MCA, worst hypothetical accident, China syndrome, maximum hypothetical accident, MHA ‖ **leichter ~** (Luftf) / minor accident ‖ **schwerer ~** (Kfz) / crash n, collision n ‖ **schwerer ~** (Luftf) / major accident ‖ **vorstellbarer ~** (Nukl) / credible accident, conceivable accident ‖ **~ durch elektrischen Strom** (Eltech, Med) / electrical accident ‖ **~ im Flugverkehr** (Luftf) / air accident, flight accident ‖ **~ mit Kühlmittelverlust** (Nukl) / loss of coolant accident*, LOCA* ‖ **~ mit Leitungsbruch** (Nukl) / line-break accident
**unfall•anfällig** adj / accident-prone adj ‖ **~anzeige** f / accident notification ‖ **~bericht** m / accident report ‖ **~datenschreiber** m (Kfz) / crash recorder, black box ‖ **~dosimetrie** f (Nukl) / accident dosimetry ‖ **~flucht** f (Kfz) / hit-and-run driving (failure to stop after being involved in an accident), failure to report an accident ‖ **~folgen** f pl / effects of an accident ‖ **~frei** (Fahren) / accident-free adj ‖ **~kran** m (Masch) / breakdown crane*, accident crane ‖ **~mäßig** adj (Auslösung) / accidental adj ‖ **~maßnahmen** f pl (Nukl) / accident management ‖ **~meldeverfahren** n (Luftf) / accident notification procedure ‖ **~meldung** f / accident notification ‖ **unerlaubtes Entfernen vom ~ort** (nach 142 des StGB) (Kfz) / hit-and-run driving (failure to stop after being involved in an accident), failure to report an accident ‖ **~risiko** n (F.Org) / risk of accidents, accident risk, risk of an accident ‖ **~schaden** m / accident damage ‖ **~verhütung** f (F.Org) / accident prevention, accident control ‖ **~verhütungsvorschriften** f pl (F.Org, Med) / safety regulations, safety code, safety standards
**unfertig** adj / unfinished adj
**unfreie Schwingung** (Phys) / forced oscillations*, forced vibrations*, constrained oscillation, constrained vibration
**unfruchtbar** adj (nicht fortpflanzungsfähig) (Biol) / infertile adj, sterile* adj, barren pl ‖ ~ (Boden) (Landw) / barren adj, unfruitful adj, unfertile adj
**Ungänze** f (Zone oder Stelle im Metall, die kein Kristallgefüge aufweist) / flaw n
**ungarisch•e Methode** (zur Lösung des Zuordnungsproblems) (EDV, Math) / Hungarian method (of solving the transportation problem) ‖ **~e Eiche** (For) / Hungarian oak
**ungebänderte Kohle** (Bergb, Geol) / non-banded coal
**ungebeutelt** adj (Mehl) (Nahr) / unbolted adj
**ungebleicht** adj (Pap) / unbleached adj ‖ ~ (Tex) / grey* adj, unbleached adj, greige* adj ‖ **~e Ware** (Tex) / greige goods*, grey goods*, gray goods (US)
**ungeblimpte Filmkamera** (Film) / wild camera
**ungeblockter Satz** (dessen Länge gleich der Blocklänge ist) (EDV) / unblocked record
**ungebrannt** adj (Bau, Keram) / raw adj, unfired adj, green adj, unburnt adj, unburned n ‖ **~e keramische Ware** (Formlinge) (Keram) / greenware n (a formed but unfired ceramic body) ‖ **~er Scherben** (Keram) / green body ‖ **~er Ziegel** (Bau) / unburned brick, unburnt brick, green brick
**ungebunden** adj / free* adj ‖ ~ (Korn) / loose adj ‖ ~ (nicht mit einem Einband versehen) (Buchb) / unbound adj ‖ **~e Arbeit** (bei der die Ausbringung des Arbeiters nur durch Faktoren bestimmt wird, die innerhalb seines Einflußbereiches liegen) (F.Org) / unrestricted work ‖ **~er Kohlenstoff** (Chem, Hütt) / free carbon ‖ **~es Schleifmittel** / free abrasive
**ungedämpft** adj (Schwingung) (Phys, Radio) / undamped adj, continuous adj ‖ **~e Schwingungen** (von außen aufrechterhalten) (Phys) / sustained oscillations* ‖ **~e Schwingungen** (nicht durch äußere Einflüsse gedämpft) (Phys, Radio) / undamped oscillations*, continuous oscillations* ‖ **~e Welle** (Elektr) / continuous wave, CW
**ungedreht** adj (Spinn) / twistless adj, untwisted adj, twist-free adj, zero-twist attr, non-torque attr ‖ **~es Garn** (Spinn) / non-torque yarn (a stretch yarn that has no tendency to rotate when permitted to hang freely)
**ungeeignet** adj / unsuitable adj, unfit adj
**ungeerdet** adj (Eltech) / earth-free adj, isolated from earth, floating adj
**ungefährlich** adj / harmless adj (disease) ‖ ~ / no-risk attr, dangerless adj, free from danger
**ungefalzt** adj (Druck) / flat adj, unfolded adj, broad adj ‖ **~er Druckbogen** (Typog) / flat sheet (in flat sheets), unfolded sheet, open sheet
**ungefärbt** adj (Wolle) (Tex) / undyed adj ‖ **~es Glas** (Glas) / colourless glass
**ungefederte Masse** (Kfz) / unsprung mass
**ungefrittete bleihaltige Glasur** (Keram) / jardiniere glaze
**ungeführter Mode** (Eltronik) / unbound mode, unguided mode
**ungefüllte geladene Batterie** (Eltech) / dry-charged battery
**ungegerbt** adj (Leder) / undressed adj, green adj, raw adj

**ungeglättet**

ungeglättet *adj* (Pap) / unfinished *adj*
ungegliederte Kuppel (Bau, HuT) / unbraced dome
ungeheizt *adj* / unheated *adj*
ungehopft *adj* (Brau) / unhopped *adj* || ~e Würze (Brau) / sweet wort
ungekerbt *adj* (Probe) (WP) / unnotched *adj*
ungekocht *adj* (Nahr) / raw *adj*, uncooked *adj*, crude *adj*
ungekürzt *adj* (Druck, Film) / unabridged *adj*
ungeleimt *adj* (Pap) / unsized *adj* || ~es Papier (Pap) / unsized paper || ~es und ungefülltes Papier (Pap) / waterleaf *n*, waterleaf paper
ungelenkte Rakete (eine Raketenwaffe) (Mil) / free rocket
ungelernt *adj* (Arbeiter) (F.Org) / unskilled *adj*
ungelocht *adj* (Karte) (EDV) / blank *adj* || ~e Gipskarton-Putzträgerplatte (Bau) / plain gypsum lath
ungemünztes Gold oder Silber (Hütt) / bullion* *n*
ungemustert *adj* (Tex) / plain *adj* || ~er Tüll (Tex) / plain net fabric
ungenadeltes Filztuch (DIN 61 205) (Tex) / non-needled woven felt
ungenau *adj* / inaccurate *adj*, inexact *adj*
ungenießbar *adj* (Nahr) / inedible *adj* (not suitable for human consumption)
ungenügend gefüllt (Plast) / short *adj*
ungenutzt *adj* / unused *adj* || ~e Filterfläche (Kfz) / dead area, blind spot || ~er Raum (EDV) / dead space || ~e Zeit (bei Betriebssystemen) (EDV) / idle time || ~e Zeit (F.Org) / idle time
ungeöffneter Plüsch (Tex) / uncut plush
ungeordnet•e Deponie (Sanitär, Umwelt) / fly dumping, indiscriminate dumping || ~e Gerüstkonformation (bei denaturierten Proteinen, bei Helix-Coil-Übergängen oder bei synthetischen Polyaminosäuren) (Gen) / random coil* || ~e Menge (Math) / plain set, unordered set || ~es Paar (Math) / plain pair, unordered pair || ~e Schwingung (Lufft, Mech) / random vibration
ungepaartes Elektron (Kernphys) / unpaired electron
ungepackt•e Dezimalzahlen (EDV) / zoned decimal data || ~es Format (EDV) / unpacked format, zoned format
ungepanzertes Kabel (Kab) / unarmoured cable*
ungepfeilt *adj* (Lufft) / unswept *adj*
ungeplant *adj* / unplanned *adj* || ~er Stillstand (F.Org) / forced outage, unscheduled outage, unplanned outage
ungeplatzte Blase (Anstr) / enclosed blister
ungepoltes Relais (Fernm) / non-polarized relay*, neutral relay (US)*
ungerade *adj* (Math) / odd *adj*, uneven *adj* || ~ Funktion (Math) / odd function* || ~ Parität (Kernphys) / uneven parity, odd parity || ~ Permutation (wenn die Anzahl der Inversionen einer Permutation eine ungerade Zahl ist) (Math) / odd permutation || ~r Term (Spektr) / odd term || ~ Zahl (eine ganze Zahl, welche nicht durch 2 teilbar ist) (Math) / odd number, uneven number
Ungerade•-gerade-Kerne *m pl* (Kernphys) / odd-even nuclei* || ~-ungerade Kerne (Kernphys) / odd-odd nuclei*
ungeradzahlig *adj* (Math) / odd *adj*, uneven *adj* || ~e Paritätskontrolle (EDV) / odd-parity check
ungeregelter Katalysator (als chemische Funktionseinheit) (Kfz) / open-loop catalyst
ungereinigt *adj* (Getreide) (Landw) / dirty *adj*
ungerichtete betriebene Leitung (Fernm) / both-way trunk || ~es Funkfeuer (Lufft) / non-directional beacon, NDB*, omnidirectional radio beacon*, ORB || ~er Graf / undirected graph || ~es Mikrofon (Akus) / non-directional microphone*, astatic microphone, omnidirectional microphone*, polydirectional microphone || ~e Rundstrahlantenne (Nav) / omnidirectional antenna*, omni-aerial *n*, omnibearing antenna, omni antenna
ungesalzen *adj* (Butter) (Nahr) / fresh *adj*, sweet *adj* (US), unsalted *adj*
ungesättigt *adj* (Chem) / unsaturated* *adj* || doppelt ~ (Chem) / di-unsaturated *adj* || einfach ~ (Chem) / monosaturated *adj* || ~e Basis (deren Ladung im Falle eines auf Durchlaß geschalteten Transistors nicht ganz oder nur gerade ausreicht, um die Kollektor-Emitter-Schaltung auf die zu dem Kollektorstrom gehörende Restspannung herunterzudrücken) (Eltronik) / non-saturated base || ~es Keton (Chem) / non-saturated ketone || ~e Logik (digitale Logikschaltungen, die mit Ansteuerungen mit H-Pegel nicht in den Sättigungsbereich gelangen können) (Eltronik) / unsaturated logic || ~e Lösung (Chem) / non-saturated solution || ~er Polyester (UP) (Chem) / unsaturated polyester (UP) || ~es Polyesterharz (Plast) / unsaturated polyester resin, UP resin
ungesäumte Kante (Tex) / raw edge
ungeschält *adj* (For) / non-debarked *adj*
ungeschichtet *adj* (Geol) / unstratified *adj* || ~ (Erzlagerstätte) (Geol) / ataxic *adj* || ~e Sprache (EDV) / unstratified language (that can be used as its own metalanguage) || ~e Zufallsstichprobe (Stats) / simple random sample
ungeschlechtliche Fortpflanzung (Biol) / asexual reproduction*
ungeschlichtet *adj* (Tex) / unsized *adj*
ungeschliffen *adj* (Diamant) / uncut *adj*

ungeschmiertes Lager (für den Betrieb ohne Schmierstoff) (Masch) / unlubricated bearing
Ungeschmolzenes *n* (Glas) / batch stone
ungeschnitten *adj* / uncut *adj* || ~er Plüsch (Tex) / uncut plush
ungeschrühte Platte (Keram) / biscuit *n* (a small setter composed of refractory clays on which pots are placed for firing)
ungeschützt *adj* / exposed *adj* || ~e Datei (EDV) / scratch file || ~es Feld (EDV) / unprotected field
ungesicherte Systemverbindung (DIN ISO 7498) (EDV) / physical connection
ungesiebt *adj* (Nahr) / unbolted *adj* || ~er Grubenkies (Bergb) / pit-run gravel
ungesintert *adj* (Hütt) / green *adj*, unsintered *adj*
ungespalten *adj* (Geol) / aschistic *adj*
ungespannt *adj* (Grundwasser) (Geol) / non-artesian *adj*, unconfined *adj*, phreatic *adj* || ~e Säge / saw not under tension
ungespeister Reflektor (Radio) / parasitic reflector
ungesteuerte Rolle (eine Kunstflugfigur) (Lufft) / flick roll*, snap roll
ungestielt *adj* (Bot) / sessile* *adj*
ungestört *adj* / trouble-free *adj* || ~ (z.B. eine Strömung) / undisturbed *adj*, smooth *adj*, non-disturbed *adj* || ~e Bahn (Astr) / non-disturbed orbit || ~e Bodenprobe (Lagerungszustand und Wassergehalt wurden durch die Probenahme nicht geändert) (Bau, HuT) / undisturbed sample || ~e Dimensionen (von knäuelförmigen Makromolekülen) (Chem) / unperturbed dimensions || ~e Geschwindigkeit (der Strömung) (Phys) / remote velocity || ~er Strom (Phys) / free stream || ~e Tiefe unter dem Wellental (Ozean) / wave base || ~e Überlagerung (Interferenz) (Phys) / undisturbed superposition || ~e Übermittlung (Fernm) / correct transmission
ungestrichenes Papier (ohne Oberflächenbeschichtung) (Druck, Pap) / uncoated paper, uncoated stock
ungesund *adj* (Meteor, Nahr) / unwholesome *adj*
ungeteertes Werg (Schiff) / white oakum
ungeteilt *adj* (Dichtungsring) / solid *adj* || ~es Lager (Masch) / bushed bearing || ~es Modell (Gieß) / one-piece pattern, single-piece pattern
ungetrocknete Form (Gieß) / green-sand mould
ungewalkt *adj* (Tex) / unmilled *adj* (GB), unfulled *adj* (US), rough *adj*
ungewollt *adj* / unwanted *adj*, undesired *adj* || ~es Abschalten (Fernm) / spurious switch-off (SSO) || ~e Abschaltung (Nukl) / unintentional shutdown || ~e Bremsung / ill-timed braking || ~e Wirkung / spurious effect
Ungeziefer, gegen ~ geschützt / vermin-proof *adj* || ~bekämpfung *f* / vermin control || ~beständig *adj* / vermin-proof *adj* || ~vertilgung *f* / disinsection *n*
ungezwirnt *adj* (Spinn) / twistless *adj*, untwisted *adj*, twist-free *adj*, zero-twist *attr*, non-torque *attr* || ~e Seide (Tex) / ravelled silk, raveled silk (US)
ungiftig *adj* / non-poisonous *adj*, non-toxic *adj*
ungleich *adj* (Math) / unequal *adj* || ~e Anzahl von Kett- und Schußfäden (Web) / off-square sett || ~er Boden (Glas) / slugged bottom (of a bottle or container) || ~e Einstelldichte (Web) / off-square sett || ~ Null / non-zero *attr* || ~ Null (Math) / non-vanishing *adj* || ~e Polarität / opposite polarity
ungleicharmige Balkenwaage / unequal-arm balance
ungleichförmig *adj* (Geol) / unconformable *adj*, discordant *adj*, discomformable *adj* || ~ (Mech) / irregular *adj* || ~ beschleunigte Bewegung (Phys) / non-uniformly accelerated motion || ~e Kreisbewegung (Phys) / non-uniform circular motion || ~e Lagerung (Geol) / angular unconformity, disconformity* *n*, nonconformity *n*, angular discordance
Ungleichgewicht *n* (Masch, Phys) / imbalance *n*, unbalance *n* || ~ (Mech) / non-equilibrium *n*
Ungleichheit *f* (der Bewegung) (Astr) / inequality* *n*
ungleichkörnig *adj* / inequigranular *adj*, heterogranular *adj*
ungleichmäßig *adj* (Färbung) (Tex) / uneven *adj*, unlevel *adj* || ~e Dicke (des Tafelglases) (Glas) / snaking *n* (the variation in the width of a sheet during the drawing of sheet glass), snake *n* || ~er Druck (Tex) / uneven printing || ~e Flächenkorrosion (Galv, Masch) / shallow-pit corrosion, shallow pit formation, wide pitting || ~ körnig / inequigranular *adj*, heterogranular *adj* || ~e Korrosion (Galv) / non-uniform corrosion, regional corrosion || ~er Maschinenlauf (Masch) / interference *n* || ~er Reifenabrieb (z.B. durch Kurvenbeanspruchung) (Kfz) / cornering wear || ~e Setzung (Bau, HuT) / differential settlement, relative settlement || ~e Spannungsverteilung (Mech) / non-uniform distribution of stress || ~e Strömung (Hyd) / non-uniform flow || ~ übersetzendes Zahnrad (Masch) / gear for non-uniform transmission || ~e Übersetzung (der Zahnräder) (Masch) / non-uniform transmission || ~e Wanddicke (im Behälterglas) (Glas) / settle mark (a wrinkled surface appearing on glassware as a result of uneven cooling during the forming process)
Ungleichmäßigkeit *f* im Bildschwarz (TV) / shading* *n*

**Ungleichmäßigkeitsgrad** m (bei Wasserturbinen) (Regeln) / speed droop
**ungleich•namig** adj (Zeichen, Bruch) (Math) / unlike adj ‖ **~namige Pole** (Elektr) / opposite poles ‖ **~schenkliger Winkelstahl** (Hütt) / unequal-sided angle steel, angle with unequal legs ‖ **~seitiges Dreieck** (Math) / scalene triangle*
**Ungleichung** f (Math) / inequality* n ‖ **Bernoullische ~** (nach J. Bernoulli I, 1654 - 1705) (Math) / Bernoulli inequality ‖ **Cauchysche ~** (Math) / Cauchy's inequality* ‖ **Cauchy-Schwarzsche ~** (Math) / Schwarz's inequality*, Cauchy-Schwarz inequality, Buniakowski's inequality ‖ **Hadamardsche ~** (bei Determinanten) (Math) / Hadamard's inequality ‖ **Jensensche ~** (Math) / Jensen's inequality ‖ **Kolmogorowsche ~** (nach A.N. Kolmogorow, 1903 - 1987) (Stats) / Kolmogorov inequality ‖ **lineare ~** (Math) / linear inequality ‖ **Minkowskische ~** (Math) / Minkowski's inequality* ‖ **nichtlineare ~** (Math) / non-linear inequality ‖ **strenge ~** (Math) / strict inequality* ‖ **Tschebyschowsche ~** (Math) / Chebyshev inequality*, Tchebycheff's inequality ‖ **~ f von Bernoulli** (Math) / Bernoulli inequality
**Ungras** n (unerwünschtes Wildgras in einem Nutzpflanzenbestand) (Bot, Landw) / weed-grass n ‖ **~** (Bot, Landw) s. auch Unkräuter
**Ungräser** n pl (die auf bearbeitetem Kulturland neben den Nutzpflanzen wachsenden unerwünschten Pflanzen) (Bot, Landw) / weeds pl
**Ungt.** (Pharm) / ointment n
**Unguentum** n (pl. -enta) (Pharm) / ointment n
**ungültig** adj / invalid adj ‖ **für ~ erklären** / invalidate v ‖ **~er Datenübertragungsblock** (EDV) / invalid frame ‖ **~e Leistungsmerkmalanforderung** (Netzmeldung) (Fernm) / invalid facility request, IFR ‖ **~ machen** / invalidate v
**Ungültigkeitszeichen** n (EDV) / ignore character, ignore v
**ungünstig** adj (Bedingungen im Lager, Entwicklung) / adverse adj ‖ **~e Eigenschaft** (z.B. einer Organisationsstruktur, einer Legierung) / demerit n
**Unh** (Chem) / unnilhexium n
**unhaltig** adj (Bergb) / barren adj, sterile adj
**unhandlich** adj (Gut) / unmanageable adj
**unharmonisch** adj (Phys) / anharmonic* adj ‖ **~er Oszillator** (Eltronik, Phys) / anharmonic oscillator
**Unholz** n (For) / weed n ‖ **~** (waldbaulich wertlose Baumart) (For) / secondary species
**unhörbar tiefe Frequenz** (Akus) / subaudio frequency*, subsonic frequency
**unhygienisch** adj (Med, Sanitär) / insanitary adj
**uni** adj (Tex) / uni adj ‖ **~axial** adj (Zug, Druck, Dehnung) / uniaxial* adj, unconfined adj, monaxial adj
**Uniconer** m (ein Kreuzspulautomat) (Spinn, Web) / uniconer n
**unidirektional** adj / unidirectional adj
**Unifärbung** f (Tex) / plain dyeing, solid dyeing, solid-shade dyeing
**Unified-Zollgewinde** n (eine alte amerikanische Gewindeart) (Masch) / unified screw thread (US)
**Unifikation** f (von Ausdrücken, von Variablen) (KI) / unification n
**unifikationsbasierte Grammatik** (KI) / unification-based grammar
**Unifikator** m (KI) / unifier n ‖ **allgemeinster ~** (KI) / most general unifier, mgu
**Unifil** m (Web) / loom winder
**unifilar** adj (Eltech) / unifilar adj ‖ **~ wechselsinnige Wicklung** (Eltech) / Ayrton-Perry winding
**Unifining** n (Variante der hydrierenden Raffination von Erdölprodukten) (Erdöl) / Unifining n
**unifizieren** v / unify v, unitize v
**unifiziert , nicht ~es Stückgut** (Schiff) / break bulk, break-bulk cargo
**uniform** adj (Raum, Struktur) (Math) / uniform adj
**Uniform Naming Convention** f (EDV) / uniform naming convention, UNC, uniform naming convention ‖ **~ Resource Locator** m (ein Adressierungssystem für World Wide Web-Dokumente) (EDV) / Uniform Resource Locator, URL
**Uniformitarianismus** m (Geol) / actualism n, uniformitarianism* n
**Uniformität** f / uniformity n
**Unigewebe** n (Tex) / solid-colour fabric, plain fabric
**Unijunction-Transistor** m (Eltronik) / unijunction transistor (UJT), double-base diode
**Unijunktion-Transistor** m (Eltronik) / unijunction transistor (UJT), double-base diode
**unikal** adj / unique adj
**Unikode** m (EDV) / Unicode n (a 16 bit international character set)
**unikursal•er Graf** / unicursal graph, closed graph, Eulerian graph (a connected graph) ‖ **~e Kurve** (als Träger mehrerer Skalen) (Math) / unicursal curve
**Uni•lackierung** f (Anstr) / unicoloured coating ‖ **~lateraler Wandler** (Eltech) / unilateral transducer*, unidirectional transducer ‖ **~modal** adj (Verteilung) (Math, Stats) / unimodal adj ‖ **~modulare Matrix** (eine quadratische Matrix) (Math) / unimodular matrix ‖ **~molekulare Reaktion** (Chem) / monomolecular reaction*
**unintelligentes Terminal** (EDV) / dumb terminal
**Union Europäischer Rundfunkanstalten** (Sitz: Genf) (Radio) / European Broadcasting Union*, E.B.U.*
**Union-Carbide-Test** m (ein Benetzbarkeitstest) (Chem) / Union carbide test
**unionisiert** adj (Chem) / un-ionized adj
**Uniontown-Methode** f (zur Ermittlung der Straßenoktanzahl) (Kftst) / Uniontown method ‖ **modifizierte ~** (zur Ermittlung der Straßenoktanzahl) (Kftst) / modified Uniontown method
**Unipol** m (Radio) / unipole antenna*
**Unipol-Antenne** f (Radio) / unipole antenna*
**unipolar** adj (Eltech) / homopolar adj ‖ **~** (Eltech) / single-pole* attr, unipolar adj, one-pole attr ‖ **~er Impuls** (Fernm) / unidirectional pulse ‖ **~e Induktion** (bei der Bewegung einer Metallplatte durch ein Magnetfeld) (Eltech) / unipolar induction ‖ **~er Transistor** (Eltronik) / unipolar transistor* ‖ **~e Zelle** (Eltech) / monopolar cell
**Unipolar•generator** m (Eltech) / homopolar generator* ‖ **~induktion** f (Eltech) / unipolar induction ‖ **~maschine** f (Eltech) / acyclic machine, unipolar machine, homopolar machine ‖ **~transistor** m (dessen Wirkprinzip auf dem gesteuerten Transport nur einer Ladungsträgerart beruht) (Eltronik) / unipolar transistor* ‖ **~transistor** s. auch Feldeffekttransistor ‖ **~zelle** f (Eltech) / monopolar cell
**unipotent** adj (Math) / unipotent adj
**unique-verbotener Übergang** (Kernphys) / unique forbidden transition
**unisolierter Leiter** (Eltech) / uninsulated conductor*, plain conductor, bare conductor*
**unitär** adj (Matrix, Operator, Raum) (Math) / unitary adj ‖ **~e Abbildung** (Math) / unitary transformation ‖ **~e Geometrie** (Math) / unitary geometry ‖ **~e Gruppe** (Math) / unitary group ‖ **~e Matrix** (Math) / unitary matrix ‖ **~er Raum** (Math) / unitary space, inner-product space ‖ **~e Symmetrie** (Phys) / unitary symmetry ‖ **~e Transformation** (Math) / unitary transformation
**Unitarität** f / unitarity n
**Unitaritätsschranke** f (Kernphys) / unitarity threshold
**Unitärsymmetrie** f (Phys) / unitary symmetry
**Unität** f (Eindeutigkeit) (Math) / unicity n, uniqueness n
**Unit•-melter** m (Glas) / unit melter ‖ **~-operation** f (z.B. Übertragung von Wärme, Trennen, Formen usw.) (Chem Verf, Phys) / unit operation ‖ **~-preference-Strategie** f (eine Beweisstrategie) (KI) / unit preference strategy ‖ **~-process** m (Chem Verf) / unit process ‖ **~-record** n (EDV) / unit record (UR)
**Unitunneldiode** f (Eltronik) / backward diode*, unitunnel diode, AU diode*, back diode*
**univalent** adj (Chem) / monovalent* adj, univalent adj ‖ **~e Funktion** (Math) / simple function
**univariant** adj (Phys) / univariant* adj, monovariant adj ‖ **~es Gleichgewicht** (nach dem Gibbsschen Phasengesetz) (Phys) / univariant equilibrium, monovariant equilibrium
**univariate Verteilung** (Stats) / univariate distribution (a single distribution consisting of one variate, which may be either continuous or discontinuous)
**universal** adj / all-purpose attr, universal adj ‖ **~-** / all-purpose attr, universal adj ‖ **~e Dezimalklassifikation** / Universal Decimal Classification, UDC ‖ **~ Naming Convention** f (zur Benennung von nichtlokalen Ressourcen) (EDV) / universal naming convention, UNC, uniform naming convention ‖ **~ Serial Bus** m (EDV) / universal serial bus, USB ‖ **~e Transversale Mercatorabbildung** (konforme transversale Zylinderabbildung des Internationalen Erdellipsoids in 60 Meridianstreifensystemen) (Kart) / Universal Transversal Mercator Projection, UTM projection ‖ **~e f Transversale Mercatorprojektion** (Kart) / Universal Transversal Mercator Projection, UTM projection
**Universal•allessauger** m / wet/dry vacuum ‖ **~bagger** m (HuT) / excavator* n ‖ **~drehmaschine** f (Drehmaschine mit Zug- und Leitspindel) (Masch) / universal lathe ‖ **~drehtisch** m (Krist) / universal stage, Fedorov stage, U-stage n ‖ **~eigenschaft** f (Math) / universal property ‖ **~fernsehen** n (Farben- und Schwarzweiß-) (TV) / compatible colour television* ‖ **~fräsmaschine** f (Masch) / universal milling machine* ‖ **~funktion** f (Math) / universal function ‖ **~futter** n (Masch) / combination chuck* ‖ **~gelenk** n (Masch) / universal joint*, U-joint n, UJ ‖ **~großrechner** m (EDV) / mainframe* n, mainframe computer, large computer ‖ **~hobelmaschine** f (für Vor- und Rückwärtsschnitt) (Masch) / universal planer* ‖ **~indikator** m (aus Gemischen von Indikatorfarbstoffen aufgebaut) (Chem) / universal indicator* ‖ **~instrument** n (Astr, Instr, Verm) / altazimuth* n, universal instrument
**Universalität** f (Phys, Stats) / universality n

**Universalkleber**

**Universal·kleber** *m* / all-purpose adhesive, universal adhesive ‖ **⁓konstante** *f* (Phys) / universal constant, fundamental constant ‖ **⁓konstante** s. auch Naturkonstante ‖ **⁓lack** *m* (Anstr) / universal varnish ‖ **⁓menge** *f* (eine Obermenge) (Math) / universal set* ‖ **⁓meßbrücke** *f* (Eltech) / universal bridge ‖ **⁓messer** *n* (mit Ersatzklingen) / sharp knife (Stanley - with disposable blades) ‖ **messer** *m* (Eltech, Eltronik) / multimeter *n*, multirange (measuring) instrument, multipurpose meter, volt-ohm-milliammeter* (VOM) ‖ **⁓motor** *m* (DIN 42005) (Eltech) / universal motor* ‖ **⁓netzteil** *n* (Eltech) / a.c./d.c. adapter ‖ **⁓prüfmaschine** *f* (WP) / general-purpose testing machine ‖ **⁓rechenanlage** *f* (EDV) / general-purpose computer, all-purpose computer, GP computer ‖ **⁓rechner** *m* (EDV) / general-purpose computer, all-purpose computer, GP computer ‖ **⁓reiniger** *m* (Chem) / all-purpose cleaner, universal cleaner ‖ **⁓reißer** *m* (Masch) / scribing block ‖ **⁓reißer** (Masch) s. auch Parallelreißer ‖ **⁓schleifmaschine** *f* (Masch) / universal grinder* ‖ **⁓schlüssel** *m* (Werkz) / combination wrench ‖ **⁓schraubstock** *m* (Masch) / universal vice, toolmaker's vice, universal vice*, toolmaker's rise* ‖ **⁓spannfutter** *n* (Masch) / self-centring chuck*, concentric chuck*, universal chuck* ‖ **⁓sucher** *m* (Foto) / universal viewfinder* ‖ **⁓verbinder** *m* (ein Stahlblechteil) (Zimm) / framing anchor (steel bracket which is used to make butt joints with timbers) ‖ **⁓walzwerk** *n* (Hütt) / universal mill ‖ **⁓waschmittel** *n* (Chem, Tex) / laundry compound ‖ **⁓windeisen** *n* (für Handgewindebohrer) (Masch) / universal tap holder, universal tap wrench ‖ **⁓zange** *f* (Masch, Werkz) / engineer's pliers, combination pliers, general-purpose pliers
**universell** *adj* (Math) / universal *adj* ‖ **⁓e Algebra** (Math) / abstract algebra, universal algebra ‖ **⁓e Eigenschaft** (Math) / universal property ‖ **⁓e Funktion** (Math) / universal function ‖ **⁓e Gaskonstante** (Phys) / molar gas constant, universal gas constant ‖ **⁓e Naturkonstante** (Phys) / universal constant, fundamental constant ‖ **⁓er Transaktionsmonitor** (EDV) / universal transaction monitor, UTM ‖ **⁓e Turingmaschine** (EDV) / universal Turing machine ‖ **⁓e Zeit** (die von über den Raum verteilten, mit Lichtsignalen synchronisierten Uhren gemessen wird) (Phys) / universal time
**Universum** *n* / cosmos *n*, universe *n* ‖ **inflationäres ⁓** (nach Guth, Linde, Steinhard und Albrecht) (Astr) / inflationary universe*
**Univibrator** *m* (Eltronik) / monostable multivibrator, one-shot multivibrator, single-shot multivibrator, single shot, univibrator* *n*, Kipp relay, monostable flipflop ‖ **⁓-Kippschaltung** *f* (Eltronik) / single-shot trigger circuit, single-trip trigger circuit
**UNIX** *n* (ein Mehrbenutzer-Betriebssystem - mit im wesentlichen 2 Derivaten: UNIX System V von AT & T und UNIX 4.4 BCD der University of California in Berkeley) (EDV) / UNIX* *n* ‖ **⁓-Formatierer** *m* (Textsoftware) (EDV) / troff *n*, nroff *n*, UNIX formatter ‖ **⁓-Portierung** *f* (EDV) / UNIX port
**Unix-to-Unix Copy** *f* (EDV) / Unix-to-Unix copy, UUCP (protocol for Unix-to-Unix communication)
**unizellulär** *adj* (Biol) / one-celled *adj*, unicellular *adj*, single-cell *attr*
**UNJ-Gewinde** *n* (Masch) / UNJ screw thread
**unklar** *adj* / indistinct *adj*, unclear *adj*
**unklassierter Grubenkies** (Bergb) / pit-run gravel
**unkompensiertes Plasma** (Plasma Phys) / non-compensated plasma ‖ **⁓er Stromkreis** (Eltech) / unbalanced circuit*
**unkompetitive Hemmung** (Biochem) / uncompetitive inhibition, incompetitive inhibition, non-competitive enzyme inhibition
**unkomprimiert** *adj* (Datei) (EDV) / unsqeezed
**unkontrolliert·e Leistungssteigerung ohne Schnellabschaltung** (Nukl) / anticipated transient without scram, ATWS ‖ **⁓e Reaktion** (Nukl) / runaway reaction ‖ **⁓er überzogener Flugzustand** (mit dem Leitwerk in der abgelösten Strömung des Flügels) (Luftf) / superstall* *n*
**unköpfiger Hals** (Leder) / squared shoulder
**Unkorreliertheit** *f* (Math, Stats) / absence of correlation, non-correlation *n*, alienation *n*
**unkorrigiert·e angezeigte Fluggeschwindigkeit** (Luftf) / air-speed indicator reading, ASIR ‖ **⁓er Korrekturabzug** (Druck) / uncorrected proof
**Unkosten, allgemeine ⁓** / on-costs* *pl*, overhead expenses*, overheads *pl*, loading* *n*, overhead costs, establishment charges*
**Unkraut** *n* (Bot, Landw) / weed* *n* ‖ **von ⁓ überwachsen** (Landw) / weedy *adj*, weedgrown *adj* ‖ **⁓ bekämpfen** (Landw) / weed *v* ‖ **⁓ vernichten** (Landw) / weed *v* ‖ **⁓artig** *adj* (Landw) / weedy *adj* ‖ **⁓befall** *m* (Landw) / weed infestation, weed development ‖ **⁓bekämpfung** *f* (Landw, Umwelt) / weed-control *n* ‖ **⁓bekämpfungsmittel** *n* (Chem, Landw, Umwelt) / herbicide *n*, weedkiller *n*, weedicide *n* (a chemical weedkiller) ‖ **⁓brenner** *m* (Landw) / flame weeder, flame cultivator ‖ **⁓egge** *f* (Landw) / weeder *n*, weeder harrow, weed harrow
**Unkräuter** *n pl* (unerwünschte Wildpflanzen oder auch zufällig wachsende Kulturpflanzen in einem Nutzpflanzenbestand) (Bot, Landw) / weeds *pl*

**Unkraut·jätmaschine** *f* (Landw) / weeder *n*, weeding machine ‖ **⁓samen** *m* (Getreidebesatz) (Landw) / weed seed ‖ **⁓stecher** *m* (Landw) / spud *n* ‖ **⁓striegel** *m* (Landw) / weeder harrow, weed harrow ‖ **⁓vertilgungsmittel** *n* (Chem, Landw, Umwelt) / herbicide *n*, weedkiller *n*, weedicide *n* (a chemical weedkiller)
**unkreiszylindrisches Gleitlager** (Masch) / hybrid bearing, multishaped bearing
**unl.** (Chem) / insoluble* *adj*, indissoluble *adj*, insol
**Unland** *n* (Landw) / wasteland *n*
**unlauterer Wettbewerb** / unfair competition
**unlegiert** *adj* (Hütt) / unalloyed *adj*, plain *adj* ‖ **⁓er Werkzeugstahl** (0,5-1,5% C) (Hütt) / plain carbon tool steel
**unlini(i)ert** *adj* (Pap) / plain *adj*
**unliniertes Papier** (Pap) / plain paper
**unlösbar** *adj* (mechanisch) (Masch) / permanent *adj* ‖ **⁓** (Math) / insoluble *adj*, unsolvable *adj* ‖ **Bauart** *f* **mit ⁓en Verbindungen** / closed construction ‖ **⁓es Gleichungssystem** (Math) / incompatible equations, inconsistent equations ‖ **⁓e Verbindung** (Schweiß-, Niet-, Klebe- oder Lötverbindung) (Masch) / permanent joint
**unlöschbare Speicherung** (z.B. auf Lochkarten) (EDV) / non-erasable storage
**unlöslich** *adj* (Chem) / insoluble* *adj*, indissoluble *adj*, insol ‖ **⁓** (Chem) s. auch säureunlöslich ‖ **⁓es Aggregat** (in der Zelle - bei der Produktaufbereitung in der Biotechnologie) (Chem Verf) / inclusion body ‖ **⁓e Anode** (Galv) / inert anode*, insoluble anode ‖ **⁓ machen** (Chem) / insolubilize *v* ‖ **⁓er Rückstand** (Chem) / insoluble residue ‖ **⁓e Substanz** (Chem) / insoluble matter, insoluble *n*
**Unlösliches** *n* (Chem) / insoluble matter, insoluble *n*
**unmagnetisch** *adj* (Mag) / non-magnetic *adj* ‖ **⁓e Schwerstange** (Erdöl) / monel *n* ‖ **⁓er Stahl** (Hütt) / non-magnetic steel*, antimagnetic steel
**unmaskierte Brühe** (Leder) / straight liquor
**unmaßstäblich** *adj* / not to scale, out of scale, NTS*
**unmeßbar** *adj* / immeasurable *adj*, measureless *adj*, immensurable *adj*
**Unmischbarkeit** *f* (Chem) / immiscibility* *n*
**unmittelbar** *adj* / direct *adj* ‖ **⁓e Adresse** (EDV) / immediate address* ‖ **⁓e Adressierung** (EDV) / immediate addressing ‖ **⁓ am Meer gelegener Teil einer Stadt** / sea front ‖ **⁓e Arbeiten** (die für den direkten Ablauf des Fertigungsprozesses erforderlich sind) (F.Org) / productive work ‖ **⁓e Beheizung** (Wärm) / direct heating ‖ **⁓er Empfänger** (einer Mitteilung) (Fernm) / immediate recipient ‖ **⁓es Messen** / direct measurement ‖ **⁓e Regelung** (Regeln) / direct control ‖ **⁓ übertragen** (Radio, TV) / live* *adj* ‖ **⁓e Verarbeitung** (EDV) / demand processing, immediate processing, in-line processing
**unmodifiziert** *adj* (Adresse, Befehl) (EDV) / presumptive *adj*, unmodified *adj*
**unmoduliert** *adj* (Fernm, Radio) / unmodulated *adj*, unmod* *n* ‖ **⁓e Wellen** (Fernm) / unmodulated waves
**unmögliches Ereignis** (Stats) / impossible event
**unnatürliche Parität** (Kernphys) / unnatural parity
**Unnilhexium** *n* (Element 106) (Chem) / unnilhexium *n*
**Unnilpentium (Unp)** *n* (Chem) / hahnium *n*, unnilpentium (Unp) *n*, nielsbohrium *n*
**Unnilquadium** *n* (radioaktives, nur künstlich darstellbares chemisches Element der Ordnungszahl 104) (Chem) / rutherfordium *n* (US)*
**Unnilseptium** *n* (Element 107) (Chem) / unnilseptium *n*
**unnötige Belegung** (Fernsp) / unnecessary seizure
**unnütz** *adj* / useless *adj*
**Unordnung** *f* / disorder *n* ‖ **⁓** (Krist) / randomness *n*
**Unordnungsparameter** *m* (Phys) / disorder parameter
**Unp** (Chem) / hahnium *n*, unnilpentium (Unp) *n*, nielsbohrium *n*
**unpaariges Elektron** (Kernphys) / unpaired electron
**unparallel** *adj* / non-parallel *adj*, out-of-parallel *attr*
**unplastifiziertes PVC** (Plast) / rigid PVC*, unplasticized PVC, UPVC
**unplastisch** *adj* / non-plastic *adj*, NP
**unplattiertes Loch** (bei Leiterplatten) (Eltronik) / plain hole
**unpolar** *adj* (Verbindung, Lösungsmittel) (Anstr, Chem) / non-polar *adj* ‖ **⁓** (Chem) / homopolar* *adj*, covalent *adj* ‖ **⁓e Bindung** (Chem) / covalent bond, atomic bond*, homopolar bond, electron-pair bond ‖ **⁓er Kristall** (Krist) / non-polar crystal ‖ **⁓es Molekül** (Chem) / non-polar molecule
**unpolarisiert·es Licht** (Licht) / ordinary light ‖ **⁓es Relais** (Fernm) / non-polarized relay*, neutral relay (US)*
**unproduktive Formation** (bei deren Vorhandensein "die Koffer gepackt werden") (Erdöl) / suitcase rock
**unpunktierte Indizes** (eines Spinors) (Math) / undotted indices
**Unq** (radioaktives, nur künstlich darstellbares chemisches Element der Ordnungszahl 104) (Chem) / rutherfordium *n* (US)*
**unregelmäßig** *adj* / irregular *adj* ‖ **⁓** (Verschleiß) (Masch) / uneven *adj* ‖ **⁓** (Bindung) (Web) / grainy *adj* ‖ **⁓e Abtastgeschwindigkeit** (Fernm) / judder *n* ‖ **⁓ bearbeiteter Bruchstein** (Bau) / random-tooled ashlar* ‖ **⁓e Bewegungen** (Stats) / erratic movements ‖ **⁓er Block** (bei Blockpolymeren) (Chem) / irregular block ‖ **⁓e Risse** (HuT) / pattern

1308

cracking, map cracking, random cracking ‖ ~e **Veränderliche** (Astr) / irregular variables* ‖ ~ **verlegt** (Bau) / skintled* adj (brickwork) ‖ ~e **Verzerrung** (Fernm) / fortuitous distortion
**Unregelmäßigkeit** f / irregularity n
**Unregelmäßigkeitsmeldung** f (Luftf) / irregularity report, IRP
**unreif** adj / immature adj ‖ ~ (Nahr) / green adj, unripe adj, immature adj ‖ ~**en Formen** (Geol) / immature adj ‖ ~e **Baumwolle** (Tex) / immature cotton* ‖ ~**er Käse** (Nahr) / green cheese
**unrein** adj / impure adj ‖ ~es **Fach** (bei der Fachbildung) (Web) / unbalanced shed, uneven shed ‖ ~es **Weiß** (Anstr) / off-white n ‖ ~es **Werkblei** (Hütt) / work lead*, base bullion*
**Unreinheit** f / impurity n ‖ ~ / speck n (a small particle of a substance) ‖ ~ (auf dem Film) (Film) / fuzz n
**Unruh** f (Uhr) / balance* n
**Unruhe** f (eines Zeigers) (Instr) / flutter n, wobble n, flicker n ‖ ~ (Regeln) / dither n ‖ **magnetische** ~ (unregelmäßige Schwankungen des Erdmagnetfeldes) (Geophys) / magnetic variations* ‖ ~**signal** n (einem Signal absichtlich überlagertes periodisches oder stochastisches "Unruhe"-Signal, meist von vergleichsweise geringer Amplitude und wesentlich höherer Frequenz) (Regeln) / dither n
**Unruhfeder** f (als Teil des Unruhschwingsystems) (Uhr) / hairspring* n, balance spring
**unruhig** adj (Färbung) (Tex) / uneven adj, unlevel adj ‖ ~**er Flattersatz** (Typo) / broken matter ‖ ~**er Schwenk** (Film) / skipping n ‖ ~**vergossener Stahl** (als Gegensatz zu killed steel) (Hütt) / rimming steel*, rimmed steel*, unkilled steel
**Unruhwelle** f (an der die Spiralfeder befestigt ist) (Uhr) / staff n
**unrund** adj / non-circular adj, out-of-round attr ‖ ~ **laufen** v (Masch) / run out of true ‖ ~**er Leerlauf** (V-Mot) / rough idle, rough idling ‖ ~**drehen** (durch periodische Steuerung der Schnittrichtung nach DIN 8589, T 1) (Masch) / turning non-circular workpieces, cam turning ‖ ~**heit** f (Abweichung von Rundheit - z.B. durch Verschleiß verursacht) (Masch) / out-of-roundness n ‖ ~**heit des Mantels** (bei den LWL-Systemen) / non-circularity of cladding ‖ ~**lauf** m (exzentrischer Lauf) (Masch) / run-out n, eccentricity n ‖ ~**werden** n (durch Verschleiß) (Masch) / wearing out-of-truth
**Uns** (Chem) / unnilseptium n
**unsachgemäß, gegen** ~e **Eingriffe geschützt** / tamper-proof adj (made so that it cannot be interfered with or changed) ‖ ~**er Eingriff** (meistens böswilliger) / tampering n ‖ ~e **Lagerung** / inadequate storage
**unsachgerechte Handhabung** / handling malpractice
**unsauber** adj / dirty adj, foul adj ‖ ~ (aerodynamische Form) (Luftf) / dirty adj ‖ ~**er Kernsprengkörper** (Mil) / salted nuclear weapon
**unschädlich** adj / harmless adj, innocuous adj, innoxious adj ‖ ~e **Neigung** (Bahn) / easy gradient
**unscharf** adj / fuzzy adj, blurred adj ‖ ~ (Bild, Maske) / unsharp adj ‖ ~ (ausgefranste Kontur) (Foto) / jagged adj ‖ ~ (Foto, Opt) / out of focus ‖ ~ (Werkz) / blunt adj, dull adj., obtuse adj ‖ ~e **Abstimmung** (Radio) / flat tuning* ‖ ~e **Logik** (Regeln) / fuzzy logic ‖ ~e **Menge** (Math) / fuzzy set ‖ ~**er Quantor** (z.B. 'fast nie') / fuzzy quantor
**Unschärfe** f (Opt) / blur n, blurring n ‖ **Bild aus der** ~ **in die Schärfe ziehen** (Film) / refocus v, focus up v ‖ **geometrische** ~ (die Zone des allmählichen Übergangs von der Zone völligen Schattens zur belichteten Zone) (Foto) / geometric blurring ‖ **innere** ~ (die Zone des allmählichen Übergangs zwischen Zonen verschiedener Dichte) (Foto) / internal blurring ‖ **totale** ~ (Foto) / total blurring
**Unschärfenkreis** m (Foto, Opt) / circle of confusion*, circle of least confusion*, confusion circle*, blur circle
**Unschärfe·phänomen** n (EDV) / aliasing effect ‖ ~**relation** f (nach W. Heisenberg, 1901-1976) (Phys) / uncertainty principle*, Heisenberg principle*, Heisenberg uncertainty relation, indeterminacy principle*, principle of indeterminism, Heisenberg's uncertainty principle
**Unschlitt** n (Chem, Nahr) / tallow n (a hard fatty substance made from rendered animal fat, used in making candles and soap)
**unschmelzbar** adj / infusible* adj
**Unschnürigkeit** f (Form der Krummschaftigkeit) (For) / compound curvature
**Unsicherheit** f / uncertainty n
**Unsicherheits·faktor** m / uncertainty factor ‖ [**Peil**] ~**winkel** (Radio) / swing n
**unsichtbar** adj / invisible adj ‖ ~**er Bund** (Buchb) / sunken cord, recessed cord ‖ ~e **Kante** (bei technischen Zeichnungen) / hidden edge ‖ ~e **Strahlung** (Ultraviolett oder Infrarot) (Phys) / black light (invisible to the eye) ‖ ~e **Strahlung** (im allgemeinen) (Phys) / invisible radiation
**unsinkbar** adj (Schiff) / unsinkable adj
**unsinnige Daten** (EDV) / hash n, garbage n, gibberish n, junk n
**unsortiert** adj / unsorted adj ‖ ~es **gebrochenes Gestein** (HuT) / crusher run (stone) ‖ ~**er Schotter** (HuT) / crusher run (stone)
**unspezifisch** adj (Med, Pharm) / non-specific adj

**Unstabilität** f (Luftf) / instability* n
**unstarres Luftschiff** (z.B. nach A.v. Parseval, 1861-1942) (Luftf) / non-rigid airship
**unstetig** adj (Math) / discontinuous adj ‖ ~e **Funktion** (Math) / discontinuous function ‖ ~e **Regelung** (Fernm) / intermittent control*, discontinuous control ‖ ~e **Sieblinie** (wenn einzelne Korngruppen fehlen) / discontinuous grading curve ‖ ~e **Verbrennung** (bei Feststoffraketen) (Luftf, Raumf) / chuffing n ‖ ~**förderer** m (Fördermittel, dessen Hauptantriebe vorwiegend im Aussetzbetrieb arbeiten) (Masch) / intermittently operated conveyor, intermittent-flow conveyor
**Unstetigkeit** f (einer Funktion im allgemeinen) (Math) / discontinuity* n ‖ **hebbare** ~ (einer Funktion) (Math) / removable discontinuity
**Unstetigkeits·fläche** f (Geol, Phys) / unconformity* n, discontinuity surface, surface of discontinuity ‖ ~**fläche** (Luftf) / surface of discontinuity ‖ ~**punkt** m (z.B. Pol) (Math) / point of discontinuity, discontinuity point ‖ ~**stelle** f (in der Strömungslehre) (Luftf, Phys) / burst point ‖ ~**stelle** (Math) / point of discontinuity, discontinuity point ‖ ~**stelle** (bei rationalen Funktionen) (Math) / gap n
**unstrukturiert** adj / unstructured adj
**Unsymmetrie** f / asymmetry* n, dissymmetry n
**unsymmetrisch** adj / asymmetric* adj, asymmetrical* adj, unsymmetrical adj, dissymmetrical* adj, nonsymmetrical* adj ‖ ~ (Eltech) / unbalanced* adj ‖ ~ (Eltech) / single-ended* adj, single-end attr ‖ ~e **beidseitig abzweigende Doppelweiche** (Bahn) / tandem turnout diverging from opposite hand ‖ ~e **Belastung** (Eltech) / unbalanced load* ‖ ~es **Dimethylhydrazin** (Raketentreibstoff) (Raumf) / unsymmetrical dimethyl hydrazine, UDMH, 1,1-dimethylhydrazine n, unsymdimethylhydrazine n, uns-dimethylhydrazine n ‖ ~**er Fehler** (EDV) / unbalanced error ‖ ~e **Funkstörspannung** (Eltech) / V-terminal voltage ‖ ~ **gegen Erde** (Fernm) / unbalanced to earth ‖ ~e **Klemmenspannung** (Eltech) / V-terminal voltage ‖ ~es **Netzwerk** (Eltech) / unbalanced network* ‖ ~es **Satteloberlicht** (Bau) / double-pitch skylight ‖ ~e **Sternspannungen** (Eltech) / neutral inversion* ‖ ~**er Verstärker** (Eltech, Fernm) / single-end amplifier, single-ended amplifier, single-sided amplifier
**unsystematischer Abbau** (Bergb) / gophering n, coyoting n, overmining n
**untätig** adj (Vulkan) (Geol) / dormant adj, quiescent adj ‖ ~**keitszeit** f (EDV) / idle time
**unteilbar** adj / indivisible adj
**unten** (Aufschrift auf der Kiste) / bottom ‖ ~**antrieb** m (z.B. für Rührbehälter) / bottom-entry drive ‖ ~**dreher** m (ein Turmdrehkran, dessen Turm auf einem Fahrwerk angeordnet ist) (Masch) / rotating in bottom bearings (crane) ‖ ~**entnahmefräse** f (Landw) / bottom unloader ‖ ~**liegende Fahrbahn** (einer Brücke) (HuT) / lower deck
**unter·e Abbaustrecke** (Bergb) / bottom gate ‖ ~es **Abmaß** (algebraische Differenz zwischen Kleinstmaß und Nennmaß) (Masch) / lower deviation, allowance below nominal size ‖ ~**er Adressenbereich** (EDV) / low-order memory locations ‖ ~**er Anrampungsknick** (HuT) / ramp-slope departure (point) ‖ ~**er Bainit** (dem Martensit ähnlich) (Hütt) / lower bainite ‖ ~**er Belastungsgrenze** (einer Rektifizierkolonne) (Chem Verf) / loading point ‖ ~**er Bereich** (eines binären Signals nach DIN 41859, T 1) (EDV, Instr) / low range ‖ ~es **Deck** (Schiff) / lower deck* ‖ ~ **der Achse liegende Blattfeder** (Kfz) / underslung leaf spring ‖ ~**er Drehzahlbereich** (Kfz) / bottom end (of rpm range) ‖ ~e **Dreiecksmatrix** (eine quadratische Matrix, bei der alle unterhalb der Hauptdiagonalen stehenden Elemente Null sind) (Math) / lower triangular matrix ‖ ~e **Durchgang** (Astr) / lower culmination*, lower transit* ‖ ~e **Empfindlichkeitsgrenze** (Physiol) / threshold of detectability ‖ ~es **Ende** (Bau) / heel n ‖ ~**er Entspannungspunkt** (ein Viskositätsfixpunkt) (Glas) / strain point ‖ ~e **Entspannungstemperatur** (Glas) / strain point ‖ ~e **Explosionsgrenze** / lower explosive limit, LEL ‖ ~e **Fließgrenze** (unterhalb deren keine merkliche plastische Verformung auftritt) (WP) / lower yield point ‖ ~**er Flügel** (bei Doppeldeckern) (Luftf) / lower wing ‖ ~e **Fugeneinlage** (Bau, HuT) / bond breaker ‖ ~e **Glocke** (Hütt) / bottom bell, lower bell ‖ ~e **Grenze** (Math) / greatest lower bound, infimum n (pl. infima or infimums), g.l.b. ‖ ~e **Grenzfrequenz** (Elektr, Kernphys) / threshold frequency ‖ ~**er Grenzpegel** / threshold level ‖ ~e **Gurtplatte** (Arch, HuT) / sole plate ‖ ~e **Haltung** (Wasserb) / tail-bay* n, tailwater n ‖ ~e **Häufungsgrenze** (Math) / limit inferior, lower limit ‖ ~es **Kapitalband** (Buchb) / tailband* n, foot-band n ‖ ~e **Konjunktion** (Astr) / inferior conjunction* ‖ ~**er Kühlpunkt** (Glas) / strain point ‖ ~e **Kühltemperatur** (Glas) / strain point ‖ ~e **Kulmination** (Astr) / lower culmination*, lower transit* ‖ ~**er Kulminationspunkt** (Astr) / lower culmination*, lower transit* ‖ ~**er Limes** (Math) / limit inferior, lower limit ‖ ~e **Luftspiegelung** (Meteor) / looming* n, inferior

mirage ‖ ~es **Management** (F.Org) / lower management, junior management ‖ ~**er Mantel** (Geol) / lower mantle ‖ ~**er Nachbar** (in einer geordneten Menge) (Math) / immediate predecessor ‖ ~ **null Grad** (Temperatur) (Phys) / subzero *adj* ‖ ~**e Planeten** (Merkur und Venus) (Astr) / inferior planets* ‖ ~**es Quartil** (Stats) / lower quartile* ‖ ~**es Reißverschlußendstück** (Tex) / bottom stop ‖ ~**es Schleusentor** (Wasserb) / tailgate* *n* ‖ ~**e Schranke** (einer beschränkten Funktion, einer Punktmenge) (Math) / lower bound* ‖ ~**er Schützenschlag** (Web) / underpick *n* ‖ ~**es Seitenband** (Radio) / lower sideband ‖ ~**es Strebende** (Bergb) / face tail ‖ ~**er Totpunkt** (der Kurbelwelle zuliegender Umkehrpunkt) (V-Mot) / bottom dead centre*, outer dead centre*, BDC ‖ ~**e Tragrolle** (des Bandförderers) (Masch) / return idler ‖ ~**e Tragschicht** (der Fahrbahnkonstruktion) (HuT) / bottoming* *n* ‖ ~**er Trum** (als konstruktiver Teil des Bandförderers) (Masch) / lower strand, return strand, slack strand, slack side ‖ ~**es Türquerschutzholz** (Bau) / weather-board *n*, weather-board moulding ‖ ~**es Umfangsdrittel** (z.B. eines Rohres) (Masch) / haunch *n* ‖ ~**es Umfangsdrittel des Rohres** (Masch) / pipe haunch ‖ ~**er Wertebereich** (EDV, Instr) / low range ‖ ~**er Wetterweg** (Bergb) / undercast *n* ‖ ~**e Zwischenstufe** (Hütt) / lower bainite

**Unter•abteilung** *f* (Bot) / subdivision *n* ‖ ~**additive Funktion** (Maßfunktion) (Math) / subadditive function*, subadditive set function ‖ ~**amt** *n* (Fernm) / minor exchange*, subexchange *n*, suboffice *n*, tributary office ‖ ~**anlage** *f* (Fernsp) / satellite PABX, secondary PABX ‖ ~**anpassung** *f* (Fernm) / undermatching *n* ‖ ~**anspruch** *m* (Patentanspruch, mit dem im Kennzeichen eines selbständigen Anspruchs angegebene Merkmale in vorteilhafter Weise konkretisiert werden) / subclaim *n*, dependent claim ‖ ~**aperiodische Dämpfung** (Fernm, Phys) / underdamping* *n*, periodic damping* ‖ ~**art** *f* (Biol) / variety* *n* (a taxonomic category that ranks below subspecies /where present/ or species) ‖ ~**art** (Rasse) (Bot, Zool) / subspecies* *n* ‖ ~**ätzung** *f* (beim Ätzen von dünnen Metallschichten auftretendes, nicht gewünschtes seitliches Wegätzen des durch Ätzresist geschützten Teiles der Metallschicht) (Druck, Eltronik) / undercutting* *n*, underetching *n* ‖ ~**aufgabe** *f* (EDV) / subtask *n* ‖ ~**auftrag** *m* (EDV) / subjob *n* ‖ ~**ballung** *f* (Eltronik) / underbunching* *n* ‖ ~**band** *n* (des Bandförderers) (Masch) / return belt, return strand (of belt) ‖ ~**bank** *f* (eines Flözes) (Bergb) / lower leaf, bottom coal

**Unterbau** *m* (des Spitzturms) (Arch) / broach* *n* ‖ ~ (Bau) / subfloor *n* ‖ ~ (eines Mauerwerks) (Bau) / base course* *n* ‖ ~ (Bau, HuT) / foundation* *n*, footing* *n* ‖ ~ (der Straße - aufgeschütteter Dammkörper) (HuT) / subgrade *n* ‖ ~ (HuT, Schiff) / substructure *n* ‖ ~ (Tischl) / backings* *pl*, strappings *pl* ‖ ~**krone** *f* (HuT) / formation *n*, subgrade *n*, grade *n* (US)

**Unterbaum** *m* (EDV) / subtree *n*

**Unterbau•sanierung** *f* (Bahn) / rehabilitation of the substructure ‖ ~**schicht** *f* (HuT) / subbase *n*, subbase course

**Unter•becken** *n* (des Pumpspeicherwerkes) (Eltech, Wasserb) / low-level reservoir ‖ ~**beheizung** *f* (Bau) / bottom heating ‖ ~**beheizung** (Masch) / down firing ‖ ~**belichten** *v* (Foto) / underexpose *v* ‖ ~**belichtung** *f* (Foto) / underexposure* *n* ‖ ~**bemessen** *v* (Masch) / underdimension *v*, undersize *v* ‖ ~**bemessen** *adj* (Masch) / undersized *adj* ‖ ~**bemessen** (leistungsmäßig) (Masch) / underrated *adj* ‖ ~**bereich** *m* / subrange *n* ‖ ~**bereich** (Math) / subdomain *n* ‖ ~**beschäftigung** *f* (F.Org) / underemployment *n* ‖ ~**besetzt** *adj* (personell) / shorthanded *adj*, understaffed *adj*, short-staffed *adj* ‖ ~**bestimmtes System** (von Gleichungen) (Math) / underdeterminate system ‖ ~**beton** *m* (unter der Estrichschicht in Räumen, deren Fußboden unmittelbar auf das Erdreich aufgebracht wird) (Bau) / concrete underbed, subconcrete *n* ‖ ~**beton** (im Stahlbetonfundament) (HuT) / blinding concrete ‖ ~**bettungsbeton** *m* (Bau, HuT) / oversite concrete* ‖ ~**bietung** *f* (Angebot zu konkurrenzlosen Preisen) / undercutting *n* ‖ ~**blech** *n* (bei der Überlappungsschweißung) (Schw) / bottom sheet ‖ ~**bleichen** *v* (Pap) / underbleach *v*

**Unterboden** *m* (Bau) / subfloor *n* ‖ ~ (Kfz) / underbody *n*, floorpan *n*, undercarriage *n* ‖ ~ (im allgemeinen) (Landw) / subsoil *n* ‖ ~ (des Bodenprofils) (Landw) / illuvial horizon, B-horizon *n*, horizon B, subsoil* *n* ‖ ~**lockerer** *m* (HuT, Landw) / subsoiler *n* ‖ ~**lockerung** *f* (HuT, Landw) / subsoiling *n*, subsoil tillage *n* ‖ ~**schutz** *m* (Vorgang) (Kfz) / underbody protection, underbody coating, underbody treatment *n* ‖ ~**schutz** (Material) (Kfz) / underseal *n*, underbody sealing compound *n* ‖ ~**wäsche** *f* (Kfz) / underbody wash

**Unter•brand** *m* (Keram) / underfiring *n*, underburning *n* ‖ ~**brannte** (lachsfarbene) **Ziegelsteine** (Bau) / chuffs* *pl*, shuffs* *pl*, merch bricks, chuff bricks

**unterbrechbar** *adj* / interruptible *adj* ‖ ~**er Vertrag** (Gaslieferung) / interruptible contract ‖ ~**keit** *f* / interrupt capability, interruptibility *n*

**unterbrechen** *v* / interrupt *v*, break *v* ‖ ~ (z.B. Sturm die Fernsprechleitungen) / knock out *v* ‖ ~ (ein Programm) (EDV) / interrupt *v* ‖ ~ (den Betätigungskreis des Relais) (Eltech) / de-energize* *v*

**Unterbrecher** *m* (z.B. thermischer) (Eltech) / interrupter* *n*, interruptor *n* ‖ ~ (Eltech, Fernm) / buzzer* *n* ‖ ~ (Kfz) / breaker *n*, contact breaker ‖ [**selbsttätiger**] ~ (Eltech) / cut-out* *n*, miniature circuit breaker, automatic cut-out* ‖ ~**arm** *m* (Kfz) / breaker arm ‖ ~**bad** *n* (Foto) / stop-bath* *n*, shortstop *n*, acid stop* ‖ ~**hebel** *m* (schwenkbares Teil des Unterbrechers) (Eltech, Kfz) / breaker level ‖ ~**kontaktabstand** *m* (Kfz) / contact breaker gap, CB gap, breaker-point gap, point gap, points gap ‖ ~**kontakte** *m pl* (Kontaktsatz als Ersatzteil) (Kfz) / contact-point set, set of contact points ‖ ~**kontakte** (einzelne Kontakte) (Kfz) / breaker points, distributor contact points, contact breaker points, CB points ‖ ~**leistung** *f* (Eltech) / breaking capacity*, rupturing capacity* ‖ ~**nocken** *m* (Kfz) / breaker cam ‖ ~**strom** *m* (Eltech, Kfz) / contact-breaker current

**Unterbrechung** *f* / interruption* *n*, break* *n* ‖ ~ (Trennung) (Eltech) / disconnection* *n*, isolation *n* ‖ ~ (des Stromkreises) (Eltech) / discontinuity* *n*, dis* ‖ ~ (eines Signals) (Fernm) / split *n* ‖ **anstehende** ~ (EDV) / pending interrupt ‖ **gerichtete** ~ (eine Interruptstruktur) (EDV) / vector interrupt, vectored interrupt ‖ **maskierbare** ~ (auf Softwareanweisung von der CPU ignorierbares Unterbrechungssignal) / maskable interrupt ‖ **mit** ~**en** / intermittent *adj*, discontinuous *adj* ‖ **schwebende** ~ (EDV) / pending interrupt ‖ **stratigrafische** ~ (Geol) / stratigraphical break*, stratigraphic break, gap *n* ‖ **vektorisierte** ~ (EDV) / vector interrupt, vectored interrupt ‖ ~ *f* **durch höhere Priorität** (EDV) / priority interrupt ‖ ~ **im magnetischen Kreis** (Eltech) / magnetic discontinuity* ‖ ~ **wegen Netzausfall** (Eltech) / power-fail interrupt

**Unterbrechungs•anforderung** *f* (EDV) / interrupt request (IRQ) ‖ ~**ebene** *f* (eine Gruppe von Unterbrechungseingängen mit gleicher Priorität) (EDV) / interrupt level ‖ ~**frei** *adj* (EDV) / uninterruptible *adj*, interruption-free *adj*, no-break *attr* ‖ ~**freie Stromversorgung** (Eltech) / uninterruptible power system (supply), UPS, electric uninterruptible power system, uninterruptible power supply ‖ ~**freigabe** *f* (EDV) / interrupt enable ‖ ~**gesteuert** *adj* (ein Mikrocomputersystem) (EDV) / interrupt-driven *adj* ‖ ~**loser Stromverlauf** (Elektr) / continuity *n* ‖ ~**loser Umschaltkontakt** (Fernsp) / make-before-break contact* ‖ ~**marke** *f* (EDV) / interrupt flag ‖ ~**maske** *f* (EDV) / interrupt mask ‖ ~**maskenregister** *n* (EDV) / interrupt-mask register (IMR) ‖ ~**möglichkeit** *f* / interrupt capability, interruptibility *n* ‖ ~**routine** *f* (EDV) / interrupt routine ‖ ~**signal** *n* (EDV) / interrupt signal ‖ ~**sperre** *f* (EDV) / interrupt disable ‖ ~**steuerungsprogramm** *n* (EDV) / interrupt handler (IH), interrupt control routine ‖ ~**strom** *m* (DIN ISO 6518) (Eltech) / breaking current ‖ ~**taste** *f* (EDV) / break key (programmable keyboard function - when actuated, a break character is sent, stopping the current operation) ‖ ~**vektor** *m* (EDV) / interrupt vector

**unterbrennen** *v* (Anstr) / underbake *v*, understove *v* ‖ ~ (Keram) / underfire *v*, underburn *v*

**unterbrochen** *adj* (im allgemeinen) / interrupted *adj* ‖ ~ (periodisch - Arbeitslauf, Signal) / intermittent *adj* ‖ ~ (Leitung, Kontakt) (Eltech) / open-circuited *adj*, open-circuit *attr* ‖ ~ (Fernm) / disconnected *adj* ‖ ~ (diskontinuierlich) (Math) / discontinuous *adj* ‖ ~**e Belegzufuhr** (EDV) / discontinuous feed ‖ ~**es Feuer** (Luftf) / occulting light ‖ ~**es Feuer** (Schiff) / occulting light* (the period of light is longer than the period of darkness) ‖ ~**es Fließpressen** (das in zeitlicher Unterbrechung durchgeführt wird) (Hütt, Masch) / incremental extrusion ‖ ~**e Linie** (eine Straßenmarkierung) (HuT, Kfz) / broken line ‖ ~**e Naht** (Schw) / intermittent weld ‖ ~**es Schweißen** (Schw) / intermittent welding ‖ ~**e Schweißnaht** (mehrmals) (Schw) / intermittent weld ‖ ~**e ungedämpfte Wellen** (Radio) / interrupted continuous waves* (I.C.W.), chopped continuous waves*, tonic train ‖ ~**er Widerstand** (Eltech) / open-circuit resistor

**Unter•dämpfung** *f* (Fernm, Phys) / underdamping* *n*, periodic damping* ‖ ~**deck** *n* (Schiff) / lower deck* ‖ ~**decke** *f* (nichttragende Decke zur unterseitigen Bekleidung einer tragenden Decke, z.B. aus Drahtputz, Gipsdeckenplatten, Gipskartonplatten usw.) (Bau) / false ceiling, counterceiling *n*, drop ceiling ‖ ~**decke** (Bau) s. auch untergehängte Decke ‖ ~**deckraumgehalt** *m* (Schiff) / underdeck tonnage ‖ ~**deckung** *f* (mit Rohstoffen) (F.Org) / shortfall *n*, undercoverage *n* ‖ ~**determinante** *f* (Math) / minor* *n*, minor determinant ‖ ~**dimensionieren** *v* (Masch) / underdimension *v*, undersize *v* ‖ ~**dimensioniert** *adj* (Masch) / undersized *adj* ‖ ~**dimensioniert** (leistungsmäßig) (Masch) / underrated *adj* ‖ ~**diphosphorsäure** *f* (Chem) / hypophosphoric acid*, hypodiphosphoric acid ‖ ~**dischwefelsäure** *f* (Chem) / dithionic acid*, hyposulphuric acid* ‖ ~**domain** *f* (EDV) / subdomain *n* ‖ ~**domäne** *f* (EDV) / subdomain *n* ‖ ~**drehen** *v* (mit weniger als 24 Bildern pro Sekunde) (Film) / undercrank *v* ‖ ~**drehen** s. auch Zeitraffer ‖ ~**drehpflug** *m* (Landw) / Scandinavian plough

**Unterdruck** m (unterhalb des Normdrucks) (Eltronik, Phys, Vakuumt) / vacuum* n (pl. vacuums or vacua) ‖ ⁓ (der Reifen) (Kfz) / underinflation n ‖ ⁓ (Masch) / subatmospheric pressure, underpressure n ‖ ⁓ (in einem Kessel mit Unterdruckfeuerung) (Masch) / balanced draught* ‖ ⁓ (Meteor) / depression n (an area of low pressure) ‖ ⁓ (Wasserb) / subnormal pressure ‖ ⁓**anschluß** m (Masch) / vacuum port, vacuum nipple ‖ ⁓**anschlüsse** m pl (im Vergaser) (Kfz) / vacuum vents ‖ ⁓**aufkohlen** n (Hütt) / vacuum carburizing ‖ ⁓**bremskraftverstärker** m (Kfz) / vacuum brake booster, vacuum-powered brake servo ‖ ⁓**dampfheizung** f (Bau) / vacuum heating ‖ ⁓**dose(n)** f (pl) (des Aneroidbarometers) (Instr) / vacuum chamber unit ‖ ⁓**dose** f **der Zündzeitpunkt-Vorverstellung** (Kfz) / vacuum advance unit, advance capsule

**unterdrücken** v (eine Eintragung in der Datenbank) (EDV) / cancel (CNCL) v (information), delete (DEL) v, CNL, erase v ‖ ⁓ (EDV, Math) / suppress v ‖ **ungewünschte Eigenschaften des Materials** ⁓ (Chem Verf) / kill v

**Unterdruck•fühler** m / vacuum sensor ‖ ⁓**geregeltes AGR-System** (Kfz) / vacuum-modulated EGR ‖ ⁓**gesteuerte Abgasrückführung** (Kfz) / vacuum-modulated EGR ‖ ⁓**kammer** f (EDV, Mag) / vacuum chamber ‖ ⁓**lagerung** f (z.B. des Obsts) (Nahr) / low-pressure storage ‖ ⁓**leitung** f (Masch, Vakuumt) / vacuum line ‖ ⁓**reduzierventil** n (Kfz) / vacuum reducer valve (VRV) ‖ ⁓**säule** f (EDV, Mag) / vacuum column (employed to tension the tape by immersing it in a vacuum chamber), vacuum bin ‖ **elektromagnetisch betätigter** ⁓**schalter** (Kfz) / vacuum solenoid (in an EGR system) ‖ ⁓**setzung** f / pressurization n ‖ ⁓**steuerventil** n (Kfz) / ported vacuum switch

**unterdrückter Nullpunkt** (der Skale) (Instr) / suppressed zero

**Unterdrückung** f / suppression n ‖ ⁓ (EDV, Math) / suppression* n ‖ ⁓ (der Schwingung) (Phys) / damping-out n ‖ ⁓ **der Spiegelfrequenz** (Fernm) / image rejection ‖ ⁓ **der Wirkung von Versorgungsspannungsänderungen** (als Verhältnisgröße) (Eltech) / supply voltage rejection ratio ‖ ⁓ **der Zwischenräume** (Druck, EDV) / space suppression ‖ ⁓ **nichtsynchroner Antworten** (Radar) / defruiting n (deletion of random non-synchronous unintentional returns in a beacon system)

**Unterdruck•versteller** m **für Frühzündung** (Kfz) / vacuum advance unit, advance capsule ‖ ⁓**versteller für Spätzündung** (Kfz) / vacuum retard unit ‖ ⁓**verstellung** f (Kfz) / vacuum timing control, vacuum control ‖ ⁓**zündverstellung** f (Kfz) / vacuum timing control, vacuum control

**Untere-Grenze-Funktion** f (eingebaute) (EDV) / lbound function (builtin)

**untereinander abgeglichen** (Mikroobjektive) (Mikros) / parfocal adj

**Unter•einheit** f / subunit n, SU ‖ ⁓**entwicklung** f (Foto) / underdevelopment n ‖ ⁓**eutektisch** adj (Hütt) / hypoeutectic adj ‖ ⁓**eutektoid** adj (Hütt) / hypoeutectoid adj ‖ ⁓**eutektoider Stahl** (Hütt) / hypoeutectoid steel* ‖ ⁓**exponieren** v (Foto) / underexpose v ‖ ⁓**exposition** f (Foto) / underexposure* n ‖ ⁓**fach** n (Web) / lower shed, bottom shed ‖ ⁓**fahren** v (Bergb) / undercut v, undercast v ‖ ⁓**falz** m (Druck) / underfold* n ‖ ⁓**familie** f (Subfamilia) (Bot, Zool) / subfamily n ‖ ⁓**fangen** v (Unterstützen eines Bauteiles oder Bauwerkes zur Sicherung gegen Absinken) (Bau, HuT) / underpinning* n ‖ **eine amerikanische Methode des** ⁓**fangens von Hochhäusern** (HuT) / pretesting n ‖ ⁓**fangung** f (Bau, HuT) / underpinning n ‖ ⁓**fangungsbauweise** f (HuT) / top-heading method ‖ **mit** ⁓**feuerung** (Ofen) / underfired adj ‖ ⁓**flammenfeuerung** f / underfiring n ‖ **mit** ⁓**flammenfeuerung** / underfired adj ‖ ⁓**flammenführung** f / underfiring n ‖ ⁓**flansch** m (Masch) / bottom flange ‖ ⁓**flanschlaufkatze** f (Masch) / trolley running on bottom flange ‖ ⁓**flasche** f (des Flaschenzugs, die sich mit der Last auf und ab bewegt - DIN 15142) (Masch) / fall block, bottom hook block ‖ ⁓**flasche** (mit einem Loch versehener Seilrollenblock zur Befestigung z.B. an einem Gerüst) (Masch) / return block, snatch block ‖ ⁓**fließen** v / underflow v, run under v

**Unterflur•** - / subterranean adj, underground attr, subsurface attr ‖ ⁓**bewässerung** f (Landw) / subirrigation n, subbing n ‖ ⁓**drän** m (HuT) / subsoil drain*, subsurface drain ‖ ⁓**elektroinstallation** f (Eltech) / underfloor electrical installation ‖ ⁓**feuer** n pl (z.B. der Startbahnbefeuerung) (Lufft) / flush lights pl, inset lights, embedded lights, surface lights ‖ ⁓**feuer** n (linsenförmiges, fladenförmiges) (Lufft) / pancake light ‖ ⁓**förderer** m (Masch) / underfloor conveyor, underground conveyor ‖ ⁓**haspel** f m (Hütt) / underfloor coiler ‖ ⁓**hydrant** m (DIN 3221) (Masch) / underground fire hydrant, ground hydrant, pit hydrant ‖ ⁓**labor** n (auf der Teststrecke) (Kfz) / glass road facility ‖ ⁓**motor** m (in Omnibussen) (Reihenmotor mit liegenden Zylindern, der im Rahmen zwischen den Achsen unter dem Fahrzeugboden eingebaut ist) (Kfz) / underfloor engine, underfloor motor ‖ ⁓**stromabnehmer** m (Eltech) / plough* n, underground collector*, plow (US)

**Unter•fräse** f (Tischl) / spindle moulder* ‖ ⁓**frästmaschine** f (For) / spindle moulder ‖ ⁓**frequenzschutz** m (Eltech) / underfrequency

protection ‖ ⁓**führte Wetterkreuzung** (Bergb) / undercast n ‖ ⁓**führter Wetterweg** (Bergb) / undercast n ‖ ⁓**führung** f (Verkehrsweg, der unter einer Brücke oder einem anderen Verkehrsweg hindurchführt) (HuT) / subway n ‖ ⁓**führung** (HuT) / flyunder n, underpass n (US) ‖ ⁓**furnier** n (DIN 68330) (For, Tischl) / crossband n, crossband veneer, cross veneer, diagonal-band veneer ‖ ⁓**futter** n (Tex) / underlining n ‖ ⁓**füttern** v (Masch) / shim v ‖ ⁓**füttern** (mit Holz) (Zimm) / fur v ‖ ⁓**fütterung** f (mit Futterholz) (Zimm) / furring n, firring* n ‖ ⁓**gang** m (Astr) / setting* n ‖ ⁓**gärige Hefe** (die bei 5 - 10 °C gärt) (Brau) / lager yeast, bottom yeast* ‖ ⁓**garn** n (der Nähmaschine) (Tex) / lower thread, underthread n ‖ ⁓**garn** (Web) / lower yarn ‖ ⁓**gärung** f (Brau) / bottom fermentation ‖ ⁓**gattung** f (subgenus) (Biol) / subgenus n (pl. subgenera) ‖ ⁓**gebilde** n (Math) / substructure n ‖ ⁓**gehängte Decke** (Bau) / dropped ceiling, false ceiling, drop ceiling, suspended ceiling ‖ ⁓**gehen** v (Sonne) (Astr) / set vi ‖ ⁓**gelagerter Ton** (Geol) / underclay n, seat earth, coal clay, warrant n

**untergeordnet** adj / subordinate adj ‖ ⁓**es** (nicht wichtiges) **Erz** (Min) / minor ore ‖ ⁓**e Straße** (Kfz) / minor road ‖ ⁓**es Verzeichnis** (EDV) / subdirectory n

**unter•geostrophischer Wind** (Meteor) / subgeostrophic wind ‖ ⁓**geschlossenes Wort** (Typog) / turnover* n ‖ ⁓**geschoß** n (Werkzeughälfte, die an der Hammerschabotte bzw. dem Pressentisch befestigt ist) (Bau) / basement n, basement storey, cave n ‖ ⁓**gesenk** n (Masch) / lower die, bottom die ‖ ⁓**gestell** n (Masch) / foot n ‖ ⁓**getaucht** adj / submerged adj ‖ ⁓**getaucht** (Wasserpflanze) (Bot) / submersed adj ‖ ⁓**gewicht** n / underweight n, short weight, deficiency in weight, shortage in weight ‖ ⁓**gewichtig** adj / underweight attr ‖ ⁓**glasurdekor** m n (auf den hartgetrockneten oder verglühten Formling aufgetragen) (Keram) / underglaze decoration ‖ ⁓**glasurdekoration** f (auf den hartgetrockneten oder verglühten Formling aufgetragen) (Keram) / underglaze decoration ‖ ⁓**glazial** adj (Geol) / subglacial adj, infraglazial adj ‖ ⁓**gliedern** v / partition v (divide into parts) ‖ ⁓**gliederte Daten** (EDV) / partitioned data set, PDS ‖ ⁓**graben** m (des Kraftwerks) (Wasserb) / tail race* ‖ ⁓**graf** m / section graph, subgraph n ‖ ⁓**größe** f (Masch) / undersize n

**Untergrund** m (Hintergrund) / background* n ‖ ⁓- / subterranean adj, underground attr, subsurface attr ‖ ⁓ m (Substrat einer Lackschicht) (Anstr) / ground n (a surface to which paint is to be applied) ‖ ⁓ (des Bodenprofils) (Geol) / C horizon (weathered parent material), horizon n C ‖ ⁓ (der natürliche Boden unter der Straße) (HuT) / subgrade n (the natural ground below a road) ‖ **nicht gefrorener überfahrender Gletscher** (Geol) / warm glacier, temperate glacier ‖ **stark saugfähiger** ⁓ (Anstr, Bau) / high-suction (back)ground ‖ **vom (gesättigten)** ⁓ **isolierter Fluß** (Wasserb) / insulated stream ‖ ⁓**absorption** f (Spektr) / background absorption ‖ ⁓**bahn** f (Bahn) / underground n, underground railway, tube n (GB), subway n (US) ‖ ⁓**benetzung** f (Anstr) / substrate wetting ‖ ⁓**berieselung** f (Landw) / subsurface irrigation, subsoil irrigation ‖ ⁓**fließen** n (Geol) / subaqueous gliding, subaqueous solifluction, subsoliflucton n, slump under water ‖ ⁓**geologie** f (Geol) / subsurface geology ‖ ⁓**lockerer** m (HuT, Landw) / subsoiler n ‖ ⁓**lockerung** f (HuT, Landw) / subsoiling n, subsoil tillage ‖ ⁓**mangel** m (DIN 18363) (Anstr) / ground defect ‖ ⁓**packer** m (Landw) / furrow press, land packer, undersoil packer ‖ ⁓**sanierung** f (nach dem mikrobiellen Befall) (Anstr) / antiseptic (fungicidal) ground wash ‖ ⁓**speicherung** f (Geol) / geological storage, underground storage, subsurface storage ‖ ⁓**strahlung** f (in einem Zählrohr) (Radiol) / background radiation* ‖ ⁓**verrieselung** f (Landw) / subsurface irrigation, subsoil irrigation ‖ ⁓**vorbehandlung** f (Anstr) / preparation n ‖ ⁓**vorbereitung** f (Anstr) / preparation n ‖ ⁓**zählrate** f (Kernphys, Radiol) / background counts

**Untergruppe** f (Teilzusammenbau) (Masch) / subassembly* n ‖ ⁓ (Math) / subgroup n ‖ ⁓**echte** (Math) / proper subgroup ‖ **invariante** ⁓ (Math) / normal subgroup*, invariant subgroup*, self-conjugate subgroup*

**Untergruppen•kontrolle** f (in der Lochkartentechnik) (EDV) / minor control ‖ ⁓**kontrollfeld** n (EDV) / minor control field ‖ ⁓**trenner** m (EDV) / record separator (RS) ‖ ⁓**trennzeichen** n (DIN 66303) (EDV) / record separator (RS)

**Unter•gurt** m (des Fachwerkträgers) (Arch, HuT) / bottom chord, bottom boom, lower chord ‖ ⁓**haar** n (Tex) / bottom hair, undergrowth n ‖ ⁓**haar** (eines Pelzes) (Tex) / underfur n

**unterhalb der Haupt•diagonale** (Element einer quadratischen Matrix) (Math) / off-diagonal adj ‖ ⁓**gruppe** f (Math) / subsemigroup n

**Unterhalt** m (S) (F.Org, Masch) / maintenance n, servicing n, upkeep n

**unterhalten** v (Verbrennung) / support v ‖ ⁓ (Masch) / maintain v, service v

**unterhaltend, sich selbst** ⁓ (Kettenreaktion) (Kernphys) / self-sustained adj, self-maintaining adj, self-sustaining adj

**Unterhaltsbescheinigung** f (Lufft) / maintenance release

**Unterhaltung**

**Unterhaltung, instandsetzende** ≈ (EDV, Masch) / corrective maintenance
**Unterhaltungselektronik** f (Eltronik) / electronics for leisure, entertainment electronics
**unter•handeln** v / negotiate v ‖ **~härten** v (Anstr, Plast) / undercure v ‖ **≈haupt** n (der Schiffsschleuse) (Wasserb) / downstream end ‖ **~haut** f (Zool) / subcutis n ‖ **≈hautgewebe** n (Zool) / subcutaneous tissue ‖ **≈hefe** f (die bei 5 - 10 °C gärt) (Brau) / lager yeast, bottom yeast* ‖ **≈hefen** f pl (die bei 5 - 10 °C gärt) (Brau) / lager yeast, bottom yeast* ‖ **~hieb** m (der Feile) (Masch) / first cut (of the double-cut file) ‖ **≈höhlung** f (HuT) / undermining n ‖ **≈holz** n (For) / undergrowth n (bushes, shrubs, and small trees growing under large trees in woods and forests), underwood n, underbrush n ‖ **≈holz** (Buschholz) (For) / brushwood n
**unterirdisch** adj / subterranean adj, underground attr, subsurface attr ‖ **~er Fluß** (Geol) / subterranean river ‖ **~es Kernkraftwerk** (Eltech, Nukl) / underground nuclear powerstation ‖ **~er Kernwaffenversuch** (Mil) / underground nuclear weapon test ‖ **~e Kohlevergasung** / underground gasification of coal ‖ **~es Kraftwerk** (Eltech) / underground power station ‖ **~e Speicherung** (Geol) / geological storage, underground storage, subsurface storage ‖ **~e Verrieselung** (Landw) / subsurface irrigation, subsoil irrigation ‖ **~er Wasserlauf** (Wasserb) / subterranean stream
**Unter•kanal** m (Fernm) / subchannel n ‖ **≈kanal** (meistens ein Freispiegelkanal) (Wasserb) / tail race* ‖ **≈kante** f (Bau, HuT) / bottom edge, lower edge ‖ **≈kante (UK)** f (Fläche) (Bau, HuT) / bottom level ‖ **≈kasten** m (Gieß) / drag* n, nowel n, drag box ‖ **≈kasten-Formteil** n (Gieß) / drag* n, nowel n, drag box ‖ **nicht ~kellert** (Bau) / basementless adj ‖ **≈klasse** f / subclass n ‖ **≈klebepapier** n (Druck) / backing paper ‖ **≈kommutierung** f (Eltech) / undercommutation n ‖ **~kompensieren** v / undercompensate v ‖ **≈konstruktion** f (für die Holzverkleidung) (Tischl) / backings* pl, strappings pl ‖ **metallische ≈konstruktion** (ein Teil der Dacheindeckung) (Bau) / grillage n ‖ **≈korn** n bei der Siebanalyse (DIN 66160) (bei der Siebanalyse) (Masch) / undersize* n, fells* pl, smalls* pl, minus material, minus sieve sizes, throws pl, fines pl, screenings* pl, subsieve material, minus mesh, sievings pl, subsieve fraction ‖ **≈körper** m (eine Teilmenge eines Körpers) (Math) / subfield n ‖ **≈kritikalität** f (Kernphys) / subcriticality n
**unterkritisch** adj (Zustand eines Kernreaktors) (Kernphys) / subcritical* adj ‖ **~** (Kernphys) / convergent adj (nuclear chain reaction) ‖ **~e Anordnung** (Kernphys) / subcritical assembly ‖ **~e Ballung** (Eltronik) / underbunching* n ‖ **~e Dämpfung** (Fernm, Phys) / underdamping* n, periodic damping* ‖ **~e Drehzahl** (Masch) / speed below the critical ‖ **~e Kopplung** (Eltech) / undercoupling n, undercritical coupling ‖ **~es Rißwachstum** (WP) / subcritical crack growth (SCG) ‖ **~er Zustand** (Kernphys) / subcriticality n
**unter•kühlen** v / overcool v, supercool v, subcool v ‖ **~kühlt** adj / overcooled adj, supercooled adj, subcooled adj ‖ **~kühlter Regen** (der beim Eintreffen auf den Erdboden oder auf Gegenstände sofort zu Eis gefriert und häufig zur Bildung von Glatteis führt) (Meteor) / freezing rain ‖ **≈kühlungsgefüge** n (Hütt) / supercooled structure n ‖ **≈künfte** f pl (und Freizeitanlagen) (Erdöl) / accommodation rig*
**Unterlage** f (des Druckstocks) (Druck) / mount* n ‖ **≈** (z.B. Polyethylenterephthalat) (Foto) / support n, emulsion support ‖ **≈** (von Überschiebungsdecken) (Geol) / substratum (pl. -ata) ‖ **≈** (Tex) / backing n ‖ **metallische ≈** (beim Emaillieren) / base metal ‖ **≈** f des Schleifpapiers (Masch, Pap) / backing paper, backing n ‖ **≈ zum Ausgleich** (z.B. ein Holzkeil) (Bau) / skid* n ‖ **≈ zum Glasschneiden** (Glas) / nest* n
**Unterlagenfilz** m (Bau, Tex) / carpet felt, carpet brown, carpet lining
**Unterlagepapier** n (Pap) / underlay paper
**unter•lagern** v / underlie v ‖ **~lagernd** adj (Geol) / subjacent adj ‖ **~lagernde Schicht** (Geol) / substratum n (pl. -ata), sublayer n ‖ **≈lagerungstelegrafie** f (Teleg) / subaudio telegraphy
**Unterlags•folie** f (im Straßenbau) (HuT, Pap) / concreting paper ‖ **≈papier** n (unter Betondecken) (HuT, Pap) / concreting paper ‖ **≈platte** f (zwischen Schwelle und Schiene) (Bahn) / tie plate* ‖ **≈scheibe** f (Masch) / plain washer, flat washer, washer* n ‖ **≈stück** n (HuT, Masch) / sole* n
**Unter•länge** f (bei Buchstaben) (EDV, Typog) / descender n ‖ **≈lastausschalter** m (Eltech) / underload circuit breaker ‖ **≈lastschalter** m (Eltech) / underload circuit breaker ‖ **≈lastung** f (eines Bauelements, z.B. mit dem Ziel der Verbesserung der Zuverlässigkeit) (Eltech) / derating* n
**Unterlauf** m (Aufber) / underflow n ‖ **≈** (EDV) / underflow* n ‖ **≈** (der Teil des Flußlaufs, der nahe der Mündung liegt) (Geog) / lower reaches n ‖ **≈** (bei der Siebanalyse) (Masch) / undersize* n, fells* pl, smalls* pl, minus material, minus sieve sizes, throws pl, fines pl, screenings* pl, subsieve material, minus mesh, sievings pl, subsieve fraction ‖ **≈** (Wasserb) / underflow n

**unter•laufen** v / underflow v, run under v ‖ **≈läufigkeit** f (bei Talsperren) (Wasserb) / underflow n ‖ **≈laufprodukt** n (beim Klassieren) (Aufber) / underflow n ‖ **≈lauge** f (wäßrige, mit Glycerin-Seifenherstellung) (Chem) / nigre n, spent soap lye ‖ **≈leder** n (Leder) / sole leather, bottom leather, bottoming leather ‖ **≈legen** v (mit) / underlay vt ‖ **~legen** (Masch) / shim v
**Unterleg•keil** m / chock n ‖ **≈keile** m pl (HuT) / casing wedges*, striking wedges*, lowering wedges*, slack blocks ‖ **≈platte** f (zum Formen) (Gieß) / bottom board ‖ **≈platte** (als Brennhilfsmittel für Häfen) (Keram) / biscuit n (a small setter composed of refractory clays on which pots are placed for firing) ‖ **≈scheibe** f (nach DIN 918) (Masch) / plain washer, flat washer, washer* n ‖ **≈scheibe in grober Ausführung** (DIN 126) (Masch) / coarse washer ‖ **mit ≈scheibe oder Dichtungsscheibe** (Masch) / washered adj ‖ **≈schwelle** f (Bau) / mudsill n
**unter•lieferte Menge** / quantity short ‖ **~liegend** adj (Math) / underlying adj (Aufber) ‖ **≈litze** f (Web) / hanger n ‖ **≈lizenz** f / sublicence n ‖ **≈luftmaschine** f (Bauart Denver) (Aufber) / Denver cell n ‖ **≈makro** m (EDV) / submacro n ‖ **≈malungsmusik** f (Film) / background music ‖ **~maß** n (Masch) / undersize n ‖ **≈maß** (notwendige Differenz zwischen Nennmaß und Werkzeugelektrodendurchmesser bei einer elektrochemischen Bohrung) (Masch) / radial overcut ‖ **mit ~maß** (Masch) / bare* adj ‖ **~mäßig** adj (For) / scant-size attr, scant-measure attr, scant adj ‖ **≈matrix** f (Math) / submatrix n ‖ **≈meerisch** adj (Geol, Ozean) / submarine adj ‖ **≈menge** f (Math) / subset* n ‖ **leere ≈menge** (Math) / vacuous subset ‖ **echte ≈menge** (Math) / proper subset ‖ **≈menü** n (EDV) / submenu n ‖ **≈messer** n (der Schere) (Hütt, Werkz) / lower blade ‖ **≈modul** m (EDV, Math) / submodule n ‖ **≈modulierung** f (Film, Radio) / undermodulation* n ‖ **≈nahtriß** m (Rißbildung unter der Nahtoberfläche) (Schw) / underbead crack
**Unternehmen** n (Betrieb - juristische und wirtschaftliche Einheit) / entreprise n ‖ **≈** (Raumf) / mission n ‖ **federführendes ≈** (beim Konsortialgeschäft) / pilot contractor
**Unternehmens•bereich** m (EDV) / division n ‖ **~eigener Wettbewerbsvorteil** (z.B. auch die Organisation) / proprietary advantage ‖ **~forschung** f (zweckmäßiges Vorbereiten, Durchführen, Kontrollieren und Einschätzen von Entscheidungen mit Hilfe von mathematischen Methoden) / operations research (US), OR, operational research* (GB), system research ‖ **≈identität** f / corporate identity ‖ **≈image** n / corporate image ‖ **≈kommunikation** f / corporate communications ‖ **≈planspiele** n pl / operational gaming, experimental gaming, planning gaming ‖ **≈spiel** n (ein Planspiel) (EDV) / management game, business game ‖ **≈zusammenschluß** m / merger n, business combination
**Unternehmer** m / entrepreneur n ‖ **≈** / entrepreneurial adj ‖ **landwirtschaftlicher ≈** (Landw) / farmer n
**unternehmerisch** adj / entrepreneurial adj
**Unternehmungsführung** f (F.Org) / management n
**Unter•netz** n (EDV, Fernm) / subnetwork n, subnet n, communication subnetwork ‖ **≈niveau** n (von Elektronen) (Kernphys) / sublevel n ‖ **≈normalbrechung** f (Fernm) / subrefraction n ‖ **≈objekt** n (Math) / subobject n ‖ **≈ofen** m (EDV) (alle Teile eines Glasschmelzofens, die sich üblicherweise unter Hüttenflur befinden) (Glas) / substructure n ‖ **≈ordner** m (EDV) / subfolder n (a folder contained in a folder) ‖ **≈ordnung** f (subordo) (Bot, Zool) / suborder n ‖ **≈pflasterstraßenbahn** f / underground tramway ‖ **≈pflasterstromabnehmer** m (Eltech) / plough* n, underground collector*, plow n (US) ‖ **~pflügen** v (z.B. Schmetterlingsblütler mit Knöllchenbakterien) (Landw) / plough under v, plow under v (US) ‖ **~phosphorige Säure** (Chem) / hypophosphorous acid*, phosphinic acid ‖ **≈probe** f (Stats) / subsample n
**Unterprogramm (UP)** n (EDV) / subprogram* n, subroutine n ‖ **geschlossenes ≈** (das nur einmal im Speicher vorhanden ist und beliebig oft von jedem Programm aufgerufen und durchlaufen werden kann) (EDV) / closed subroutine*, linked subroutine ‖ **normiertes ≈ (NUP)** (EDV) / standard subroutine ‖ **offenes ≈** (das zwar nur einmal programmiert, aber in anderen Programmfolgen so oft eingesetzt werden kann, wie es nötig ist) (EDV) / open subroutine*, direct insert subroutine ‖ **rekursives ≈** (EDV) / recursive subprogram* ‖ **≈ n zweiter Stufe** (EDV) / second-remove subroutine, second-order subroutine ‖ **≈aufruf** m (EDV) / subroutine call, cue n ‖ **≈bibliothek** f (EDV) / subroutine library ‖ **unbegrenzte Verschachtelungstiefe von ≈en** (EDV) / unlimited subroutine nesting ‖ **≈sprungbefehl** m (EDV) / subroutine call, cue n ‖ **≈verwaltung** f (EDV) / subroutine management
**Unterpulver•-Bandschweißen** n (Schw) / submerged-arc strip welding ‖ **≈schweißen** n (Schw) / submerged-arc welding*, SAW ‖ **≈schweißverfahren** n (Schw) / submerged-arc welding*, SAW
**Unterputz** m (im zweilagigen Putz) (Bau) / laying* n ‖ **≈** (Schicht) (Bau) / pricking-up coat, scratch-coat* n, base coat, rendering coat, rough coat*, rendering* n, render n ‖ **nichtanziehender ≈** (Bau) / short-working plaster ‖ **zu trockener ≈** (Bau) / short-working plaster

‖ ⁓**hahn** *m* (Bau) / embedded tap ‖ ⁓**lage** *f* (Bau) / pricking-up coat, scratch-coat* *n*, base coat, rendering coat, rough coat*, rendering* *n*, render *n* ‖ ⁓**schalter** *m* (Eltech) / flush switch*, sunk switch, recessed switch*, panel switch*, plaster-depth switch ‖ ⁓**schicht** *f* (Bau) / pricking-up coat, scratch-coat* *n*, base coat, rendering coat, rough coat*, rendering* *n*, render *n* ‖ **zweite** ⁓**schicht** (beim dreilagigen Außenputz) (Bau) / floating coat, browning coat, topping coat, floating* *n*, brown coat, browning *n* ‖ ⁓**steckdose** *f* (Eltech) / flush socket

**unter•quadratisch** *adj* (Motor, wenn das Verhältnis Hub und Bohrung kleiner als 1 ist) (V-Mot) / oversquare *adj* ‖ ⁓**rahmen** *m* (EDV) / subframe *n* ‖ ⁓**raum** *m* (ein Raum, der aus einer Teilmenge und der darauf induzierten Struktur eines Raumes besteht) (Math) / subspace *n* ‖ ⁓**raum** (abgeschlossene lineare Mannigfaltigkeit) (Math) / closed linear manifold ‖ ⁓**reich** *n* (subregnum) (Bot) / subkingdom *n*

**Unterricht** *m* / training* *n*, instruction *n* ‖ **programmierter** ⁓ (EDV) / programmed instruction* *n*, PI **rechnergeleiteter** ⁓ (EDV) / computer-managed instruction* ‖ **rechnerunterstützter** ⁓ (EDV) / computer-aided instruction, computer-assisted instruction*, CAI ‖ ⁓ **geben** / teach *v*

**unterrichten** *v* / teach *v*

**Unterrichtsfernsehen** *n* (TV) / educational television, instructional television, ITV, ETV

**Unter•riese** *m* (im Hertzsprung-Russell-Diagramm) (Astr) / subgiant star *n* ‖ ⁓**rostung** *f* (Korrosionsangriff unter einer unbeschädigten Beschichtung) (Galv) / underfilm corrosion, underfilm rusting, rust undercutting, subsurface rusting, scab corrosion ‖ ⁓**sagen** *v* / prohibit *v* ‖ ⁓**salpetrige Säure** (Chem) / hyponitrous acid *v* ‖ ⁓**sättigen** *n* (Chem, Geol, Phys) / subsaturation *n*, undersaturation *n* ‖ ⁓**sättiges Gestein** (Geol) / undersaturated rock* ‖ ⁓**sättigung** *f* (Chem, Geol, Phys) / subsaturation *n*, undersaturation *n* ‖ ⁓**schale** (Kernphys) / subshell *n* ‖ ⁓**schallflugzeug** *n* (Luftf) / subsonic airplane *n* ⁓**schallgeschwindigkeit** *f* (Luftf) / subsonic speed* ‖ ⁓**schallprofil** *n* (Luftf) / subsonic airfoil ‖ ⁓**schallströmung** *f* (bis 0,8 Mach) (Phys) / subsonic flow ‖ ⁓**schätzen** *v* / underestimate *v*

**unterscheidbar, nicht** ⁓ / indistinguishable *adj*

**unterscheiden, sich** ⁓ / differ *v*

**Unterscheidung** *f* / discrimination *n*

**Unterscheidungs•analyse** *f* (Stats) / discriminant analysis*, discriminance analysis, discriminatory analysis* ‖ ⁓**bit** *n* (EDV) / qualifier bit, Q bit ‖ ⁓**name** *m* (Fernm) / distinguished name

**Unter•schicht** *f* (Anstr) / bottom layer ‖ ⁓**schicht** (Geol) / substratum *n* (pl. -ata), sublayer *n* ‖ ⁓**schichtkorrosion** *f* (Galv) / underfilm corrosion, underfilm rusting, rust undercutting, subsurface rusting, scab corrosion ‖ ⁓**schiebung** *f* (einer Liegendscholle) (Geol) / underthrust *n* (a thrust fault in which the footwall was the active element)

**Unterschied** *m* (Ergebnis einer Subtraktion) (Math) / difference* *n* ‖ **jahreszeitlicher** ⁓ (Ozean) / annual inequality ‖ ⁓ *m* **der optischen Weglängen** (Opt) / optical path difference, OPD, retardation *n*, difference in path

**unterschiedlich•e Brechung** (z.B. der verschiedenen Lichtkomponenten) (Opt) / differential refraction ‖ ⁓**er Sandstrahlabtrag** (Glas) / shaded sandblast ‖ ⁓**e Schüttung** (einer Quelle) (Wasserb) / variability *n* ‖ ⁓**es Setzungsverhalten** (Bau, HuT) / differential settlement, relative settlement

**Unterschieds•empfindlichkeit** *f* (TV) / contrast sensitivity* ‖ ⁓**schwelle** *f* (Leuchtdichteunterschiedswahrnehmung) (Opt) / contrast threshold ‖ ⁓**schwelle** (bei normaler Beobachtung) (Opt, Physiol) / just noticeable difference*, JND*, difference threshold*, difference limen

**Unter•schienenschweißen** *n* (Schw) / firecracker welding ‖ ⁓**-Schiene-Schweißen** *n* (Schw) / firecracker welding ‖ ⁓**schlächtiges Wasserrad** (Wasserb) / undershot wheel* ‖ ⁓**schlag** *m* (Web) / underpick *n* ‖ ⁓**schläger** *m* (Web) / underpick loom ‖ ⁓**schlagvorrichtung** *f* (DIN 63 000) (Web) / underpick device ‖ ⁓**schlagwebstuhl** *m* (mit unterem Schützenschlag) (Web) / underpick loom ‖ ⁓**schleifen** *n* (des Sägeblattes) (For) / hollow grinding ‖ ⁓**schließen** (meistens hinter einer eckigen Klammer) (Typog) / hook-down* *n* ‖ ⁓**schmieren** *v* / underlubricate *v*

**unterschneiden** *v* (ein Bohrloch) (Erdöl) / underream *v* ‖ ⁓ (Masch) / undercut *v* ‖ ⁓ *n* (Vermindern des normal vorgesehenen Abstands zwischen bestimmten Buchstabenkombinationen, um das Schriftbild zu verbessern) (EDV) / kerning *n*, pair kerning ‖ **automatisches** ⁓ (EDV, Typog) / automatic kerning, autokerning *n* ‖ **manuelles** ⁓ (EDV, Typog) / spot kerning, manual kerning

**Unterschneidung** *f* (die als Wassernase dient) (Bau) / drip* *n*, weather check*, throat* *n* ‖ ⁓ (ein Stufenmaß) (Bau) / nosing *n* ‖ ⁓ (EDV) / kerning *n*, pair kerning

**Unterschneidungs•hang** *m* (Geol, Wasserb) / undercut slope, concave bank, concave slope, outer bank ‖ ⁓**tabelle** *f* (Druck, EDV) / kerning table ‖ ⁓**werte** *m pl* (Druck, EDV) / kerning values

**Unter•schnitt** *m* (DIN 868) (Masch) / grinding relief ‖ ⁓**schnitt** (Abweichung des Flankenprofils am Zahnfuß von der theoretischen Form durch den Eingriff der Werkzeugkopfkante, wodurch nutzbares Flankenprofil verkürzt wird) (Masch) / undercut* *n* ‖ ⁓**schnittene Setzstufe** (einer Winkelstufe) (Bau, Zimm) / raking riser ‖ ⁓**schnittwinkel** *m* (Masch) / undercut angle

**unterschrämen** *v* (Bergb) / cut *v*, hole *v*, underhole *v* ‖ ⁓ (Bergb) / undercut *v* ‖ ⁓ *n* (Bergb) / undercutting *n* ‖ ⁓ (Bergb) / holing *n*, underholing *n* (working of a lower part of a bed of coal to bring down the upper mass)

**unterschrämt•e Kohle** (Bergb) / hanging coal ‖ ⁓**er und geschlitzter Steinblock** (Bergb) / jad* *n*, jud* *n*

**Unter•schrank** *m* (Fernsp) / lower cabinet ‖ ⁓**schreiben** *v* / sign *v* ‖ ⁓**schreiten** *v* (nicht erreichen) / fall short *v* (of) ‖ ⁓**schreiten** (Plankosten) / undershoot *v* ‖ ⁓**schubfeuerung** *f* (Masch) / underfeed firing ‖ ⁓**schubrost** *m* (Masch) / underfeed stoker* ‖ ⁓**schuß** *m* (Web) / back-filling *n* (US) ‖ ⁓**schwellig** *adj* (Reiz) (Physiol) / subliminal *adj* ‖ ⁓**schwellige Werbung** (die die Umworbenen unterhalb der Schwelle ihrer bewußten Wahrnehmung zu beeinflussen versucht) / subliminal advertising ‖ ⁓**schwingung** *f* (Phys) / subharmonic oscillation ‖ **harmonische** ⁓**schwingung** (Phys) / subharmonic oscillation ‖ ⁓**schwung** *m* (Überschwingen in negativer Richtung) (Fernm) / undershoot* *n* (a distortion which precedes a major transition) ‖ ⁓**schwung** (Fernm) / preshoot *n* ‖ ⁓**seeboot** *n* (Mil) / submarine *n* ‖ ⁓**seeisch** *adj* (Geol, Ozean) / submarine *adj* ‖ ⁓**seil** *n* (der Schachtförderanlage) (Bergb) / tail-rope *n*

**Unterseite** *f* / underside *n*, bottom side ‖ ⁓ (Boden) / bottom *n* ‖ ⁓ (des Gewölbes) (Bau) / intrados* *n* ‖ ⁓ (der Leiterplatte) (Eltronik) / bottom side, solder side, opposite side ‖ ⁓ (des Flügels) (Luftf) / lower surface ‖ ⁓ (eines Papiers) (Pap) / wire side, wrong side

**unterseitig beschwert** (Tex) / back-filled *adj*

**Untersetzer** *m* (Eltech, Fernm) / demultiplier *n* ‖ **dekadischer** ⁓ (Fernm) / decade scaler, scale-of-ten* *n*, decascaler *n*, decimal scaler

**untersetzt•e Luftschraube** (Luftf) / geared-down propeller ‖ ⁓**er Propeller** (Luftf) / geared-down propeller

**Untersetzung** *f* (eine Verhältniszahl) (Kfz, Masch) / reduction ratio

**Untersetzungs•getriebe** *n* (Masch) / reduction gear ‖ ⁓**verhältnis** *n* (Kfz, Masch) / reduction ratio

**Untersicht** *f* (DIN 6, T 1) / bottom view ‖ ⁓ (des Kranzgesimses in der dorischen Säulenordnung) (Arch) / corona *n* (pl. coronas or coronae)* ‖ ⁓ (einer Decke) (Bau) / ceiling *n* ‖ ⁓ (Film, Foto) / low-angle *n*

**Untersitzmotor** *m* (Kfz) / underseat engine

**Unterspannung** *f* (bei Transformatoren) (Eltech) / secondary voltage*, output voltage ‖ ⁓ (Eltech) / undervoltage *n*

**Unterspannungs•auslöser** *m* (Eltech) / undervoltage release, low-volt release ‖ ⁓**auslösung** *f* (Eltech) / undervoltage release*, low-volt release*, undervoltage trip(ping) ‖ ⁓**auslösung mit Einschaltsperre** (Eltech) / undervoltage no-close release* ‖ ⁓**relais** *n* (Eltech) / undervoltage relay ‖ ⁓**schutz** *m* (Gesamtheit der Maßnahmen zum Schutz von Leitungen, Anlagen und Betriebsmitteln gegen Unterspannung) (Eltech) / undervoltage protection, low-voltage protection ‖ ⁓**wicklung** *f* (Eltech) / low-voltage winding, lower-voltage winding

**unter•spülen** *v* (Geol, Wasserb) / scour *v*, undermine *v*, undercut *v*, wash out *v* ‖ ⁓**spülung** *f* (Geol, Wasserb) / scouring* *n*, undermining *n*, undercutting *n*, wash-out *n*, scour *n*

**unterst•e Scheibe** (im Abbau) (Bergb) / bottom slice ‖ ⁓**er Siedepunkt** (untere Grenze des Siedeintervalls bei mehrkomponentigen Systemen) (Chem, Phys) / minimum boiling point ‖ ⁓**er Stammteil** (For) / butt *n*, butt log

**Unter•station** *f* (eine an einer Mehrpunktverbindung betriebene Datenstation zu der Zeit, zu der sie aufgefordert ist, bestimmte Daten zu empfangen, und nachdem sie ihre Betriebsbereitschaft hierzu gemeldet hat - DIN 44302) (EDV) / tributary station, slave station ‖ ⁓**station** (Eltech) / substation* *n*, electric power substation ‖ ⁓**station** (Raumf) / out-station *n* ‖ ⁓**stellbock** *m* (mit einem Stift verstellbar - für Wagenreparaturen) (Kfz) / pin-lock stand ‖ ⁓**stempel** *m* (der Pulverpresse) (Pulv) / lower punch ‖ ⁓**sterilisation** *f* (Nahr) / underprocessing *n* ‖ ⁓**steuerung** *f* (bei kurvenwilligen Fahrzeugen) (Kfz) / understeer* *n* ‖ ⁓**stichwort** *n* (im Text eines Wörterbuchsartikels) / run-on entry ‖ ⁓**strahlung** *f* (z.B. durch zu langes Belichten) (Eltronik, Foto) / image spread ‖ ⁓**streichen** *v* (Druck) / underline *v*, underscore *v* ‖ ⁓**streichung** *f* (Druck) / underline *n*, underscore *n* ‖ ⁓**streichungszeichen** *n* (EDV) / underscore character

**Unterstrom** *m* (der den Wert des Nennstroms unterschreitet) (Eltech) / undercurrent *n* ‖ ⁓**auslöser** *m* (ein Meßauslöser, der bei

**unterströmen**

Unterschreiten eines bestimmten Stromwertes anspricht) (Eltech) / undercurrent release
**unterströmen** v / underflow v, run under v
**Unterstrom•relais** n (Eltech) / undercurrent relay ‖ ⁓**schutz** m (Einrichtung) (Eltech) / undercurrent protective device ‖ ⁓**schutz** (Eltech) / undercurrent protection system, undercurrent protection ‖ ⁓**schutzorgan** n (Eltech) / undercurrent protective device
**unterströmt** adj (Wasserb) / undershot adj
**Unterströmung** f (Geol) / underflow n, underground stream ‖ ⁓ (Wasserb) / undercurrent n ‖ ⁓ (Wasserb) / underflow n
**Unterstruktur** f (Math) / substructure n
**unterstützend** adj / subsidiary adj
**Unterstützung** f / backing n ‖ **logistische** ⁓ / logistic support ‖ **technische** ⁓ / technical support
**Unterstützungs•menge** f (KI) / support set, set of support ‖ ⁓**punkt** m (eines Trägers) (Mech) / reaction point, point of support
**untersuchen** v / examinate v, investigate v ‖ ⁓ / explore v, research v ‖ **geologisch** ⁓ (Geol) / geologize v, geologise v
**Untersuchung** f / examination n, investigation n ‖ ⁓ / exploration n ‖ ⁓ (Chem) / analysis n (pl. analyses) ‖ **ärztliche** ⁓ (Med) / medical examination ‖ **mikroskopische** ⁓ (Mikros) / microscopic examination ‖ ⁓ f **nach Ausfall** (einer Maschine) (Masch) / postmortem examination
**Untersuchungs•gebiet** n (Umwelt) / area subjected to investigation ‖ ⁓**gebiet** (verschmutztes) (Umwelt) / polluted area ‖ ⁓**gut** m (das zu untersuchen ist) (WP) / material to be tested, test material ‖ ⁓**gut** (das gerade untersucht wird) (WP) / material under test, material under examination ‖ ⁓**lösung** f (die zu untersuchende Lösung) (Chem) / test solution (T.S.) ‖ ⁓**wagen** m (Bahn) / inspection car
**Unter•summe** f (in der Integralrechnung) (Math) / lower sum ‖ ⁓**synchron** adj (Eltech) / subsynchronous* adj ‖ ⁓**synchrone Stromrichterkaskade** (Eltech) / static Kraemer system, static Kraemer drive ‖ ⁓**system** n (Bestandteil eines Gesamtsystems) / subsystem n
**Untertage•anlage** f (Bergb) / underground working ‖ ⁓**bau** m (Bergb) / underground mining, deep mining, underground working ‖ ⁓**deponie** f (Sanitär, Umwelt) / underground disposal facility ‖ ⁓**laugung** f (Bergb) / solution mining* ‖ ⁓**speicherung** f (von Rohöl oder Erdgas) (Geol) / geological storage, underground storage, subsurface storage ‖ ⁓**vergasung** f (von Steinkohle und Ölschiefer) (Bergb) / underground gasification*, pyrolytic mining*
**untertägig** adj (Bergb) / underground attr, below ground, subsurface attr ‖ ⁓**e Anlage** (Bergb) / underground working
**Unter•tapete** f (Papier) (Bau) / backing paper ‖ **fliegende** ⁓**tasse** (Astr) / unidentified flying object* (UFO), flying saucer ‖ ⁓**tauchen** vt / dip v, submerge vt, immerse v ‖ ⁓**tauchen** n / submersion n ‖ ⁓**teil** n (Masch) / foot n
**unterteilen** v / subdivide v ‖ ⁓ / partition v (divide into parts) ‖ ⁓ (in kleinere Abteilungen) / compartment v
**unterteilt** adj (in Abschnitte) / segmental adj ‖ ⁓**er Fermenter** (Bioreaktor mit mehreren Teilräumen, die strömungsmäßig voneinander getrennt sind) (Chem Verf) / partitioned fermenter ‖ ⁓**er** (loser) **Kern** (beim Druckguß) (Gieß) / collapsible core
**Unterteilung** f (im allgemeinen) / subdivision n ‖ ⁓ (eines Intervalls) (Math) / partition n, subdivision n ‖ ⁓ **in Zonen** / zoning* n
**Unter•tischdetektor** m (Kernphys) / undertable detector ‖ ⁓**titel** m (Druck, Film) / subtitle* n, sub-head n, subheading n ‖ ⁓**titel** (eingeblendete Übersetzung) (Film, TV) / caption n, subtitle n ‖ ⁓**titeln** v (Film, TV) / subtitle v ‖ **mit** ⁓**titeln versehen** (Film, TV) / subtitle v ‖ ⁓**titelungsliste** f (Film) / subtitle cue sheet* ‖ ⁓**ton** m (im Liegenden) (Geol) / underclay n, seat earth, coal clay, warrant n ‖ ⁓**tonfrequent** adj (Phys) / infrasonic adj, subsonic* adj ‖ ⁓**tor** n (Wasserb) / tailgate* n ‖ ⁓**tourig** adj (Motorbetrieb) (Kfz) / lugging adj ‖ ⁓**transport** m (bei Nähmaschinen - eine ungenügende Nähgutvorschubart, bei der die Vorschubbewegung auf der Nähgutunterseite eingeleitet wird) (Tex) / drop feed ‖ ⁓**tuch** n (Druck) / underblanket* n ‖ ⁓**tunnelung** f (HuT) / tunnelling n ‖ ⁓**vektorraum** m (Math) / vector subspace ‖ ⁓**vermietung** f / sublease n ‖ ⁓**verzeichnis** n (EDV) / subdirectory n ‖ ⁓**vulkanisation** f (Chem Verf) / undercuring n ‖ ⁓**wagen** m (bei Baggern) (Masch) / undercarriage n ‖ ⁓**walze** f (z.B. eines Walzgerüsts) (Hütt) / bottom roll ‖ ⁓**ware** f (bei Doppelgeweben) (Tex) / bottom cloth, back cloth, bottom web ‖ ⁓**wäsche** f (Tex) / underwear n ‖ ⁓**waschen** v (Geol, Wasserb) / scour v, undermine v, undercut v, wash out v ‖ ⁓**waschung** f (Geol, Wasserb) / scouring* n, undermining n, undercutting n, wash-out n, scour n
**Unterwasser** n (Gewässerstrecke unterhalb einer Staustufe oder Schleuse) (Wasserb) / tail-bay* n, tailwater n ‖ ⁓- (Geol) / subaqueous adj, subaquatic adj ‖ ⁓**akustik** f (Akus) / underwater acoustics, submarine acoustics (under the surface of the sea) ‖ ⁓**anlage** f (Erdöl) / subsea installation ‖ ⁓**anstrichfarbe** f (Anstr, Schiff) / underwater paint ‖ ⁓**arbeiter** m (z.B. bei Druckluftgründungen usw.) (HuT) / sandhog n (US) ‖ ⁓**baggern** n (HuT, Schiff) / dredging* n ‖

‖ ⁓**beton** m (unter Wasser eingebauter Beton nach DIN 1045) (HuT) / underwater concrete ‖ ⁓**blitzgerät** n (Foto) / underwater flashlight ‖ ⁓**boden** m (Geol) / underwater soil ‖ ⁓**bohrung** f (in der See) (Erdöl) / submarine drilling ‖ ⁓**buhne** f (Wasserb) / low-crested groin ‖ ⁓**erdölleitung** f (Erdöl) / submarine pipeline, sea-line n ‖ ⁓**fahrzeug** n (ferngesteuert) (Erdöl, Ozean) / remotely operated vehicle, ROV ‖ ⁓**fahrzeug** (Schiff) / underwater craft ‖ ⁓**fernsehen** n (TV) / underwater television ‖ ⁓**funke** m (zwischen zwei unter Wasser befindlichen Elektroden brennende kurzzeitige Bogenentladung) (Phys) / underwater spark ‖ ⁓**gehäuse** n **für die Kamera** (Foto) / underwater camera housing, underwater camera case ‖ ⁓**gerät** n (Eltech) / immersible apparatus* ‖ ⁓**gestütztes Flugkörpersystem großer Reichweite** (Mil) / undersea long-range missile system, ULMS, underwater long-range missile system* ‖ ⁓**graben** m (Wasserb) / mill tail ‖ ⁓**granuliervorrichtung** f / underwater granulator, underwater pelletizer ‖ ⁓**gründung** f (HuT) / underwater foundation ‖ ⁓**härtende Eigenschaften** (Bau, HuT) / hydraulicity* n ‖ ⁓**haus** n (Ozean) / underwater habitat, Sealab n ‖ ⁓**horchgerät** n (Akus, Geol, Phys) / hydrophone* n, subaqueous microphone* ‖ ⁓**kabel** n (für die See) (Kab) / submarine cable* ‖ ⁓**kamera** f (Film, Foto) / underwater camera, submarine camera ‖ ⁓**kanal** n (ein Triebwasserkanal) (Wasserb) / tail race* ‖ ⁓**labor** n (Tauch- und Arbeitsstation) (Ozean) / underwater habitat, Sealab n ‖ ⁓**lautsprecher** m (Akus) / subaqueous loudspeaker* ‖ ⁓**mikrofon** n (Akus) / subaqueous microphone* ‖ ⁓**motor** m (Eltech) / submersible motor ‖ ⁓**pumpe** f (Masch) / submersible pump ‖ ⁓**riff** n (eines Eisbergs) (Geol) / spur n (an underwater ledge or projection from an ice wall or iceberg) ‖ ⁓**roboter** m (Erdöl, Ozean) / underwater robot ‖ ⁓**rohrleitung** f / underwater pipeline ‖ ⁓**schallempfänger** m (Akus) / subaqueous microphone* ‖ ⁓**schallimpuls** m (sowie das entsprechende Zeichen auf dem Bildschirm des Gerätes) (Akus) / ping* ‖ ⁓**schiffsanstrichstoff** m (Anstr, Schiff) / underwater paint ‖ ⁓**schneiden** n (Masch) / underwater cutting* ‖ ⁓**schweißen** n (Schw) / underwater welding, wet welding ‖ ⁓**seitig** adj (Wasserb) / downstream attr ‖ ⁓**simulator** m (z.B. "Gusy" in Geesthacht) (Ozean) / underwater simulator ‖ ⁓**sprengung** f / submarine blasting ‖ ⁓**steuerventil** n (Erdöl) / subsea control valve ‖ ⁓**strand** m (aus abgelagerten Meeressedimenten aufgebauter flacher Küstenstreifen, der seewärts an die Mitteltide-Niedrigwasserlinie anschließt und die Zone des brandungsbedingten Längstransports umfaßt) (Ozean) / fore shore, beach face ‖ ⁓**tunnel** m (HuT) / subaqueous tunnel ‖ ⁓-**Unterwasser-Flugkörper** m (Mil) / underwater-to-underwater missile, UUM ‖ ⁓**verstärker** m (bei Seekabeln) (Kab) / submarine repeater*
**Unterwegs•bestand** m (stichtagsbezogener tatsächlicher Bestand an Material, Erzeugnissen, Handelswaren und Teilen zwischen den Erfassungsstellen bzw. Kostenstellen) (F.Org) / stock in transit ‖ ⁓**bestand** (Werk - Kunde) (F.Org) / pipeline stock ‖ ⁓**bestand** (F.Org) s. auch Umlaufbestand ‖ ⁓**verstärker** m (Fernm) / wayside repeater station
**unter•weisen** v / teach v ‖ **programmierte** ⁓**weisung** (EDV) / programmed instruction*, PI ‖ ⁓**welle** f (Akus) / subharmonic* n ‖ ⁓**welle** (zum Aufnehmen der Schlagkurvenscheiben) (Web) / picking shaft, tappet shaft ‖ ⁓**werk** n (Eltech) / substation* n, electric power substation ‖ ⁓**werksbau** m (Abbau unterhalb einer Fördersohle, bei dem das gewonnene Mineral aufwärts zur Fördersohle gefördert wird) (Bergb) / dip working, deep working ‖ ⁓**werkzeug** n (Masch) / female die ‖ ⁓**wind** m (Hütt) / underblast n, bottom blowing ‖ ⁓**windfrischkonverter** m (Hütt) / bottom-blown converter, bottom-blowing converter ‖ ⁓**wort** n (EDV) / subword n ‖ ⁓**zange** f (der Kämmaschine) (Spinn) / nipper plate ‖ ⁓**zeichenvorrat** m (EDV) / subrepertory n ‖ ⁓**zeichnen** v / sign v ‖ ⁓**zelle** f (EDV) / subcell n ‖ ⁓**zeug** n (Tex) / underwear n ‖ ⁓**zug** m (meistens I-Profil) (Bau) / joist* n, main beam* ‖ ⁓**zug** (ein Träger, der die Last einer über ihm liegenden Balkenlage, Decke oder Wand aufnimmt und auf Wände, Stützen oder Pfeiler überträgt) (Bau, Zimm) / bridging joist*, bearer n, common joist*, downstand beam ‖ ⁓**zügiger Ofen** (Keram) / down-draught kiln, downdraft kiln ‖ ⁓**zugunterstützungsmauer** f (niedrige, unter der Oberfläche) (Bau) / sleeper wall* ‖ ⁓**zwerg** m (im Hertzsprung-Russell-Diagramm) (Astr) / subdwarf n, subdwarf star
**untief** adj / shallow adj, shoaly adj
**Untiefe** f (für die Schiffahrt gefährliche flache Stelle) (Schiff) / shallows pl, shoal n ‖ **voller** ⁓**n** / shallow adj, shoaly adj
**untrennbar** adj / inseparable adj ‖ ⁓**er Textblock** (EDV) / no-break block
**unübersichtliche Verdrahtung** (Eltronik) / haywire circuit
**unübertrefflich** adj (Leistung) / unmatched adj, unrivalled adj
**unüberwacht** adj (Masch, Regeln) / unattended adj
**ununterscheidbar** adj / indistinguishable adj
**Ununterscheidbarkeit** f (Kernphys) / undistinguishability n

**unveränderlich** adj / invariable adj ‖ ~**e Brennebene** (Opt) / stationary focal plane ‖ ⸺**keit** f / invariability n
**unverankert** adj (Spundwand) (HuT) / cantilevered adj
**unverarbeitete Daten** (EDV) / raw data
**unverbleit** adj (Benzin) (Kftst) / non-leaded adj, unleaded adj, leadless adj, lead-free adj, white adj (gasoline) (US)
**unverbrannt** adj / unburned adj, unburnt adj
**unverbrennbar** adj / incombustible adj, non-combustible adj
**unverbunden** adj / free* adj
**unverdrahtet** adj (EDV) / wireless adj
**unverdünnt** adj / undiluted adj ‖ ~ (Nahr) / straight adj, neat adj, pure adj
**unvereinbar** adj / incompatible adj ‖ ~**e Ereignisse** (Stats) / incompatible events, mutually exclusive events ‖ ⸺**keit** f / incompatibility* n
**unverfälscht** adj (Konfidenzschätzung, Test) (Stats) / unbiased adj, unbiassed adj
**unverfängliche Daten** (die frei eingesehen werden können und nicht der Kontrolle durch den Betroffenen unterliegen) (EDV) / innocuous data
**unverfestigt** adj (Geol) / incoherent adj, loose adj ‖ ~ (künstlich) (HuT) / unconsolidated adj
**unverfügbar** adj / unavailable adj, unavbl
**unverhauen** adj (Bergb) / unworked adj, maiden adj, virgin adj, unwrought adj, whole adj
**unverkäuflich** adj (nicht für den Verkauf bestimmt) / not for sale ‖ ~ (Ware, die sich nicht verkaufen läßt) / unsaleable adj, unsalable adj (US) ‖ ~**es Muster** / sample not for sale
**unverkaufte Exemplare** (Druck) / unsolds pl
**Unverkoktes** n (bei der Gaserzeugung) (Chem Verf, Kftst) / black ends, green coke
**unverleimt** adj (For) / unglued adj
**unverletzlich** adj (eine Anlage) / tamper-proof adj
**unverlierbar befestigen** (Masch) / captivate v ‖ ~**e Schraube** (Masch) / captive screw*
**unverlöschliche Tinte** (wisch- und wasserfest) / permanent ink, indelible ink
**unvermeidbar** adj / inevitable adj
**Unvermischbarkeit** f (Chem) / immiscibility* n
**unvermischt** adj / unmixed adj ‖ ~ / unblended adj
**Unvermögen** n / inability n
**unverpackt** adj / unpacked adj ‖ ~**e Lebensmittel** (Nahr) / bulk foods
**unverrauscht** adj (Akus, Radio) / noiseless adj, noise-free adj
**unverritzt** adj (Gebirge) (Bergb) / unworked adj, maiden adj, virgin adj, unwrought adj, whole adj ‖ ~**es Abbaufeld** (Bergb) / maiden field
**unverrohrt** adj (Bohrung) (Erdöl) / uncased adj ‖ ~**er Teil eines Bohrlochs** (Erdöl) / open hole
**unverschiebbares Programm** (EDV) / non-relocatable program
**unverschiebliches Programm** (EDV) / non-relocatable program
**unverschnitten** adj (Whisky) (Nahr) / straight adj
**unverschweißter Lunker** (Gieß) / seam* n
**Unversehrtheit** f (des Systems und der darin enthaltenen Daten) (EDV) / integrity* n
**unverseifbar** adj (Chem) / non-saponifiable adj, unsaponifiable adj
**unverspannter Derrickkran** (Masch) / Scotch derrick, derrick crane, stiffleg derrick
**unverständliches Nebensprechen** (Fernsp) / unintelligible crosstalk, inverted crosstalk
**unverstärkt** adj / non-reinforced adj
**unverstellbar** adj (Masch) / non adjustable
**unverstreckt** adj (Spinn) / undrawn adj
**unverträglich** adj / incompatible adj
**Unverträglichkeit** f / incompatibility* n
**Unverwechselbarkeitsnut** f (bei gedruckten Schaltungen) (Eltronik) / polarizing slot
**unverzerrt** adj / free from distortion, distortion-free adj, distortionless adj, undistorted adj ‖ ~ (Opt) / orthoscopic adj ‖ ~ (Stats) / unbiased adj, unbiassed adj
**unverzinkt** adj (Galv) / ungalvanized adj
**unverzögert•e automatische Verstärkungsregelung** (Radar) / instantaneous automatic gain control*, IAGC ‖ ~**es Hilfsschütz** (Eltech) / instantaneous contactor relay
**unverzüglich** adj / instantaneous adj, momentary adj
**unverzweigt** adj (Chem) / straight-chain attr, unbranched-chain attr
**unvollkommen•es Bündel** (Fernm) / limited-availability group ‖ ~**es Dielektrikum** (Elektr) / imperfect dielectric*
**unvollkommener Erdschluß** (Eltech) / partial earth (fault)*
**unvollkommen•er Überfall** (wenn es nicht zm Schießen kommt) (Wasserb) / submerged overfall, diving overfall ‖ ~**e Verbrennung** (Chem, Wärm) / partial combustion
**unvollständig** adj (Masch, Math, Stats) / incomplete adj ‖ ~**e Gerbung** (Leder) / slack tannage ‖ ~**e Verbrennung** (Chem, Wärm) / incomplete combustion (the process of oxidizing a fuel incompletely) ‖ ~**e Verchromung** (mit stellenweise freiliegender Nickelschicht) (Galv) / whitewashing n ‖ ~ **verdichtet** / semi-dense adj ‖ ~**e Versetzung** (Krist) / partial dislocation
**Unvollständigkeit** f (Math) / incompleteness n
**Unvollständigkeitssatz, Gödelscher** ⸺ (nach K. Gödel, 1906-1978) (Math) / Gödel's (incompleteness) theorem, Gödel's proof, incompleteness theorem
**unvorbereitete Datenträger** (EDV) / virgin media, blank media, empty media
**unvorgesehen•er Ausfall** (F.Org) / forced outage, unscheduled outage, unplanned outage ‖ ~**e Ausgaben** / contingencies pl ‖ ~**er Halt** (Bahn) / unexpected stop
**unvulkanisierte** (Kautschuk)**Mischung** (Chem Verf) / green compound
**unwegsam** adj / impassable adj, impenetrable adj
**unwesentlich** adj / irrelevant adj ‖ ~**er Zustand** (Stats) / inessential state
**un•widerruflich** adj / irrevocable adj ‖ ~**willkürliche Augenbewegung** (Opt) / involuntary eye movement
**Unwinding-Protein** n (Biochem) / swivelase n, unwinding protein
**unwirksam** adj / ineffective adj, ineffectual adj ‖ ~**e Dosis** (eines Wirkstoffs) (Pharm) / no-effect level, no-effect dose ‖ ~ **machen** / disable v ‖ ~**e Menge** (von Herbizidrückständen) (Landw) / no-effect level
**unwirtschaftlich** adj / uneconomic adj, uneconomical adj ‖ ~**er Einsatz** (von Mitteln) / waste n
**unwissenschaftlich** adj / unscientific adj ‖ ~**es Lagerstättensuchgerät** (Geol) / doodlebug n
**Unwucht** f (statische, dynamische) (Mech) / out-of-balance n, imbalance n ‖ **dynamische** ⸺ (Mech) / dynamic imbalance ‖ ~**erregte Schwingungen** (Masch) / out-of-balance vibration(s)
**unwuchtig** adj (Kfz, Masch) / unbalanced adj, out of balance*
**Unwuchtmotor** m (zum Antrieb von Schwingförderrinnen) (Eltech) / unbalanced motor
**Unze** f (28,3495 g) / ounce n (US), oz ‖ ⸺ (Apothekerunze = 31,103481 g) (Pharm) / ounce n
**unzeitige Bremsung** / ill-timed braking
**Unzengewicht** n (der Kupferbleche - heute veraltet) (Hütt) / ounce-weight n (in ounces per square foot) (US)
**unzerbrechlich** adj / unbreakable adj, shatter-proof adj, fracture-safe adj
**unzerlegbares** (nicht faktorierbares) **Polynom** (Math) / irreducible polynomial, non-factorable polynomial
**unzersetzter Destillationsrückstand** (als Einsatzmaterial für weitere Stufen) (Erdöl) / virgin stock, straight-run stock
**unzerstörbar** adj / indestructible adj
**Unzialschrift** f (für Sonderarbeiten) (Typog) / uncial types
**unzubereitet** adj (Nahr) / raw adj, uncooked adj, crude adj
**unzugänglich** adj / inaccessible adj
**unzulässig** adj (Lösung, Strategie) / non-feasible adj ‖ ~ (EDV) / illegal adj, forbidden adj ‖ ~**er Befehl** (EDV) / illegal instruction ‖ ~**e Kodekombination** (EDV) / forbidden (code) combination
**unzureichend** adj (Energiezufuhr) / short adj
**unzusammendrückbar** adj / incompressible adj
**Unzuverlässigkeit** f / unreliability n ‖ ⸺ s. auch Ausfallwahrscheinlichkeit
**U-Ofen** m / U-type furnace
**UP** (Chem) / unsaturated polyester (UP) ‖ ⸺ (EDV) / subprogram* n, subroutine n
**Up- und Download-Viren** m pl (EDV) / up and download viruses
**Upas** n (Pfeilgift aus dem Milchsaft der Antiaris toxicaria (Pers.) Lesch.) (Pharm) / upas n
**UPC-Kode** m (ein amerikanischer und kanadischer Strichkode - mit dem EAN-Kode kompatibel) (EDV) / Universal Product Code* (UPC)
**Update** n (EDV) / update n, update routine, update program, updating program
**updaten** v / update* v
**Up-down-Loading** n (EDV) / up-down loading
**Uperisation** f (mit überhitztem Wasserdampf) (Nahr) / uperization n
**uperisieren** v (die UHT-Milch) (Nahr) / uperize v
**Upflow Anaerobic Sludge Blanket-Prozeß** m (zur Biomasse-Rückhaltung) (Sanitär) / upflow anaerobic sludge blanket process, USAB process
**Upgrade** n (neue Version eines DV-Produkts) (EDV) / upgrade n
**UP•-Harz** n (Plast) / unsaturated polyester resin, UP resin ‖ ⸺**-Lack** m (Anstr) / polyester coating
**Upland Cotton** m n (Gossypium hirsutum L.) (Bot, Tex) / Upland cotton ‖ ⸺**-Baumwolle** f (Gossypium hirsutum L.) (Bot, Tex) / Upland cotton
**Uplink** n (Fernm) / uplink n
**Upload** n (EDV) / upload n (the data sent via uploading) ‖ ⸺ (EDV) / upload n (an upload session)

## UPN

**UPN** (EDV) / postfix notation, suffix notation, reverse Polish notation, RPN
**Up-Quark** $n$ (eine Quark-Art) (Kernphys) / up-quark $n$, u quark
**U-Presse** $f$ (für Längsnahtrohre) (Schw) / U-ing press
**U-Profil** $n$ (**Walzstahlprofil mit angewalztem Schloß**) (HuT) / Larssen sheet pile ‖ ~ (Hütt, Masch) / channel* $n$, U-section $n$ (a rolled-steel section)
**U-Prozeß** $m$ (Phys) / Umklapp process*, flip-over process, umklapp process, U-process $n$
**UP•-Schweißen** $n$ (Schw) / submerged-arc welding*, SAW ‖ ~-**Schweißung** $f$ (verdecktes Lichtbogenschweißen) (Schw) / submerged-arc welding*, SAW
**Upsilon-Meson** $n$ (Kernphys) / upsilon particle, Y particle
**Upsizing** $n$ (Ersetzen eines Systems durch durch ein leistungsfähigeres anderes) (EDV) / upsizing $n$
**Upstreamprocessing** $n$ (in der Biotechnologie) (Biochem, Chem Verf) / upstream processing
**Uptake** $n$ (Aufnahme chemischer Stoffe im Körpergewebe) (Physiol) / uptake $n$ ‖ ~ (Radiol) / uptake* $n$
**u-Quark** $n$ (Kernphys) / up-quark $n$, u quark
**Uracil** $n$ (Biochem) / uracil* $n$ ‖ ~**ribosid** $n$ (Biochem) / uridine $n$
**Uralgranat** $m$ (Min) / demantoid* $n$, Uralian emerald*, Bobrovska garnet
**Uralit** $m$ (aus Pyroxenen entstandene faserige Hornblende) (Min) / uralite* $n$
**Uralitisierung** $f$ (Bildung von Pseudomorphosen faseriger gemeiner Hornblende nach Augit) (Geol) / uralitization* $n$
**Uramil** $n$ (Chem) / uramil $n$
**Uran (U)** $n$ (Chem) / uranium* $n$ ‖ ~**(IV)-** (Chem) / uranous* $adj$ ‖ ~**(VI)-** (Chem) / uranic* $adj$ ‖ **abgereichertes** ~ (bei der Uranisotopentrennung) (Nukl) / depleted uranium* ‖ **angereichertes** ~ (heute meistens durch Laseranreicherung) (Nukl) / enriched uranium* ‖ **hochangereichertes** ~ (Nukl) / high-enriched uranium, highly enriched uranium, HEU ‖ **nicht abgebranntes** ~ (Nukl) / unburned uranium ‖ **schwachangereichertes** ~ (Nukl) / low-enriched uranium, LEU ‖ ~ **I** $n$ (natürliches Isotop 238 mit 99,276% U) (Chem) / uranium 238* ‖ ~ **in Blöcken** (Chem, Nukl) / lumped uranium
**Uran•aluminidbrennstoff** $m$ (Nukl) / uranium aluminide fuel ‖ ~**anreicherung** $f$ (des Uranisotops $^{235}$U) (Nukl) / uranium enrichment ‖ ~**anreicherungsanlage** $f$ (Nukl) / uranium enrichment plant
**Uranat(VI)** $n$ (Salz der Uransäure) (anionischer Komplex des Urans) (Chem) / uranate(VI) $n$
**Uran•bergbau** $m$ (Bergb) / uranium ore mining ‖ ~**-Blei-Methode** $f$ (radiometrische Altersbestimmung) (Geol) / uranium-lead dating* ‖ ~**blüte** $f$ (Min) / zippeite $n$ ‖ ~**brennelement** $n$ (Nukl) / uranium fuel element ‖ ~**brennstoffelement** $n$ (Nukl) / uranium fuel element ‖ ~**carbid** $n$ (Chem) / uranium carbide ‖ ~**dioxid** $n$ (Chem) / uranium dioxide, uranium(IV) oxide, uranic oxide ‖ ~**erz** $n$ (Bergb, Geol) / uranium ore ‖ ~**erzbergbau** $m$ (Bergb) / uranium ore mining ‖ ~**(IV)-fluorid** $n$ (Chem) / uranium tetrafluoride, uranium(IV) fluoride, green salt ‖ ~**(VI)-fluorid** (UF$_6$ - die wichtigste Ausgangssubstanz für Verfahren zur Anreicherung des Isotops U-235 im natürlichen Uran) (Chem) / uranium hexafluoride, uranium(VI) fluoride* ‖ ~**gelb** $n$ (Chem, Keram) / uranium yellow ‖ ~**glas** $n$ (fluoreszierendes uranhaltiges Glas) (Glas) / uranium glass ‖ ~**glimmer** $m$ (Min) / uran-mica $n$, uranglimmer $n$ ‖ ~**haltig** $adj$ (Chem, Min) / uraniferous $adj$ ‖ ~**haltige Munition** (Mil) / DU ammunition, depleted-uranium ammunition ‖ ~**hexafluorid** $n$ (Chem) / uranium hexafluoride*, uranium(VI) fluoride*
**Uraniagrün** $n$ (Chem) / Schweinfurt green, emerald green*, Paris green*, Neuwieder green
**Uranin** $n$ (Handelsbezeichnung für das Dinatriumderivat des Fluoresceins) (Chem) / sodium fluorescein, uranin $n$, uranine $n$, uranine yellow
**Uraninit** $m$ (idiomorphes Uranpecherz) (Min) / uraninite* $n$
**Uran•isotopentrennung** $f$ **mit Lasern** (Nukl) / atomic vapour laser isotope separation, AVLIS ‖ ~**karbid** $n$ (UC oder UC$_2$) (Chem) / uranium carbide ‖ ~**konzentrat** $n$ (mit 70 bis 80% U - das zu Brennstoff für Kernreaktoren verarbeitet wird - meistens Ammoniumdiuranat) (Nukl) / yellow-cake $n$
**Uranocircit** $m$ (ein Uranglimmer) (Min) / uranocircite $n$
**Uranocker** $m$ (Min) / uranopilite $n$
**Uranoide** $n$ $pl$ (ein Sammelname) (Chem) / uranides* $pl$
**Urano•metrie** $f$ (Messung der Sternörter) (Astr) / uranometry $n$ ‖ ~**metrie** (Astr) / star catalogue ‖ ~**phan** $m$ (ein radioaktives Uranylsilikat) (Min) / uranophane $n$, uranotil $n$ ‖ ~**pilit** $m$ (Min) / uranopilite $n$ ‖ ~**sphärit** $m$ (Min) / uranosphaerite $n$ ‖ ~**spinit** $m$ (ein Uranglimmer) (Min) / uranospinite $n$ ‖ ~**thallit** $m$ (Min) / liebigite $n$
**Uranotil** $m$ (Min) / uranophane $n$, uranotil $n$
**Uran•(IV)-oxid** $n$ (Chem) / uranium dioxide, uranium(IV) oxide, uranic oxide ‖ ~**(IV,VI)-oxid** $n$ (Chem) / triuranium octoxide,

uranous-uranic oxide, uranyl uranate ‖ ~**(VI)-oxid** (Chem) / uranium trioxide, orange oxide ‖ **mit Sulfiden vergesellschaftetes** ~**pecherz** (Colorado Plateau) (Geol) / black ore ‖ ~**pecherz** $n$ s. Pechblende und Uraninit ‖ ~**-Radium-Reihe** $f$ (Chem) / uranium series, uranium decay series, uranium-radium series* ‖ ~**-Radium-Zerfallsreihe** $f$ (Chem) / uranium series, uranium decay series, uranium-radium series* ‖ ~**reaktor** $m$ (Nukl) / uranium reactor* ‖ ~**spaltung** $f$ (Nukl) / uranium fission ‖ ~**tetrafluorid** $n$ (UF$_4$ - grüne, nichtflüchtige, in Wasser schwerlösliche, trikline, nadelförmige Kristalle) (Chem) / uranium tetrafluoride, uranium(IV) fluoride, green salt ‖ ~**trennarbeit** $f$ (bei der Isotopentrennung) (Nukl) / separative work unit, SWU ‖ ~**trioxid** $n$ (Chem) / uranium trioxide, orange oxide
**Uranus** $m$ (der siebte Planet des Sonnensystems) (Astr) / Uranus* $n$
**Uranvitriol** $m$ (ein Uranylsulfat) (Min) / johannite $n$
**Uranyl** $n$ (Atomgruppe oder Ion) (Chem) / uranyl* $n$ ‖ ~**acetat** $n$ (Chem) / uranyl acetate, uranium acetate ‖ ~**azetat** $n$ (Chem) / uranyl acetate, uranium acetate ‖ ~**hexacyanoferrat** $n$ (Chem) / uranyl hexacyanoferrate(II) $n$ ‖ ~**hexazyanoferrat** $n$ (Chem) / uranyl hexacyanoferrate(II) $n$ ‖ ~**nitrat** $n$ (Hexahydrat - UO$_2$(NO$_3$)$_2$ · 6 H$_2$O) (Chem, Foto, Nukl) / uranyl nitrate hexahydrate (UNH), uranium nitrate, yellow salt, uranyl nitrate ‖ ~**oxalat** $n$ (Chem) / uranyl oxalate ‖ ~**salz** $n$ (Chem) / uranyl salt ‖ ~**sulfat** $n$ (Chem) / uranyl sulphate, uranium sulphate
**Uranzerfallsreihe** $f$ (eine radioaktive Familie) (Chem) / uranium series, uranium decay series, uranium-radium series*
**Urara** $n$ (Eucalyptus maculata Hook.) (For) / spotted gum*
**Urat** $n$ (Salz der Harnsäure) (Chem) / urate* $n$ ‖ ~**oxidase** $f$ (Biochem) / uricase $n$
**Uraufführung** $f$ (Film) / première* $n$, premiere $n$, first showing
**Urazil** $n$ (2,4-Dioxotetrahydropyrimidin) (Biochem) / uracil* $n$
**Urbach-Regel** $f$ (eine Aussage über die Abhängigkeit des Absorptionskoeffizienten von der Wellenlänge bei der Absorption von Licht in Festkörpern) (Opt, Phys) / Urbach rule
**urbane Grenzschicht** (Meteor) / urban boundary layer
**Urband** $n$ (Akus, EDV) / master tape
**Urbanisation** $f$ (der Bevölkerung in Industrieländern) (Arch, Umwelt) / urbanization $n$
**urbanisieren** $v$ / urbanize $v$
**Urbanisierung** $f$ (der Bevölkerung in Industrieländern) (Arch, Umwelt) / urbanization $n$
**urbanistische Planung** (Arch) / town planning, urban planning
**Urbarmachung** $f$ (Landw) / reclamation $n$, cultivation $n$
**Urbarmachungskrankheit** $f$ (bei Getreide) (Landw) / reclamation disease (caused by Cu shortage)
**Urbeleg** $m$ (EDV) / source document, original document
**Urbild** $n$ (Math) / inverse image, antecedent $n$, prototype $n$ ‖ **volles** ~ (Math) / full inverse image, inverse-image set ‖ ~**menge** $f$ (Math) / full inverse image, inverse-image set ‖ ~**punkt** $m$ (Math) / counterimage $n$ (of a mapping)
**Urblei** $n$ (bei der Isotopenmethode der Altersbestimmung) (Geol) / common lead, ordinary lead
**Urca-Prozeß** $m$ (ein hypothetischer Prozeß in heißen Sternen) (Astr) / Urca process
**Urd** (Biochem) / uridine $n$
**Urease** $f$ (harnstoffspaltendes Enzym) (Biochem) / urease $n$
**Ureichkreis** $m$ (CCITT, Genf) (Fernsp) / master telephone transmission reference system*
**Ureid** $n$ (Chem) / ureide* $n$ ‖ **zyklisches** ~ (z.B. Barbitursäure) (Chem) / cyclic ureide
**Ureidosäure** $f$ (Chem) / ureido acid
**Ureingabe** $f$ (EDV) / bootstrap* $n$ ‖ ~**programm** $n$ (EDV) / bootstraploader $n$
**Urenafaser** $f$ (Bastfaser aus den Stengeln der Urena lobata L. - DIN 60001, T 4) (Tex) / urena fibre
**Urethan** $n$ (Karbamidsäureethylester) (Nahr, Pharm) / urethane $n$, urethan $n$, ethyl carbamate, ethyl urethane ‖ ~**acrylat** $n$ (ein strahlenhärtendes System) (Anstr, Chem) / urethane acrylate ‖ ~**akrylat** $n$ (Anstr, Chem) / urethane acrylate ‖ ~**alkyd** $n$ (Anstr, Chem) / urethane alkyd ‖ ~**kautschuk** $m$ (Plast) / polyurethane rubber ‖ ~**schaumstoff** $m$ (Plast) / urethane foam
**Ureyit** $n$ (aus Eisenmeteoriten und Jade) (Min) / kosmochlor $n$, cosmochlore $n$, ureyite $n$
**Urfarbe** $f$ (z.B. Urgrün) (Licht) / primary colour
**Urformen** $n$ (z.B. Gießen, Pressen oder Sintern - DIN 118580 und 8581) (Masch) / primary shaping, primary forming
**Urformung** $f$ (Masch) / primary shaping, primary forming
**Urgebirge** $n$ (Geol) / basement* $n$, basement complex, substratum (pl. -ata) of old rock, bedrock* $n$
**Urgestein** $n$ (Geol) / mother rock
**Urheberrecht** $n$ / copyright $n$, Copr.
**Uricase** $f$ (Biochem) / uricase $n$

**Uridin** *n* (ein Nukleosid) (Biochem) / uridine *n* ‖ ~-5'-**diphosphat** *n* (Biochem) / uridine diphosphate, UDP ‖ ~-5'-**monophosphat** *n* (Biochem) / uridine monophosphate, UMP ‖ ~-**phosphat** *n* (Biochem) / uridine phosphate ‖ ~-5'-**triphosphat** *n* (Biochem) / uridine triphosphate, UTP
**Uridylat** *n* (Biochem) / uridine monophosphate, UMP
**Uridylsäure** *f* (Biochem) / uridylic acid
**Urikase** *f* (kupferhaltiges Enzym) (Biochem) / uricase *n*
**Urikuriwachs** *n* (von der Scheelea martiana Burret) / ouricury wax, licury wax
**Urin** *m* (Physiol) / urine* *n* ‖ ~-**bleiwert** *m* (Biochem, Med) / urinary lead level ‖ ~-**küpe** *f* (Tex) / urine vat
**Urknall** *m* (in der Big-Bang-Kosmologie) (Astr, Biol) / big bang *n*, Big Bang* ‖ ~-**kosmologie** *f* (Astr) / big-bang theory, superdense theory
**Urkontinent** *m* (in der Kontinentalverschiebungstheorie) (Geol) / protocontinent *n*, supercontinent *n*
**urkunden•echtes Papier** (DIN 6730) (Pap) / document paper ‖ ~-**fähiges Papier** (DIN 6730) (Pap) / document paper ‖ ~-**papier** *n* (Pap) / document paper
**URL** (EDV) / Uniform Resource Locator, URL
**Urladefestspeicher, programmierbarer** ~ (EDV) / bootstrap PROM
**Urladeformat** *n* (EDV) / initial-program loader format
**urladen** *v* (nur Infinitiv und Partizip) (EDV) / boot *v*, bootstrap *v* ‖ ~ *n* (EDV) / initial program loading
**Urlader** *m* (mit dem der Rechner in Betrieb genommen wird und der das Laden weiterer Programme ermöglicht) (EDV) / initial program loader (IPL)
**Urlaub, bezahlter** ~ (F.Org) / paid leave
**Urlaubsanspruch, angesparter** ~ (F.Org) / cumulative earned leave (CEL)
**Urlaubsgeld** *n* / holiday pay, leave allowance
**Urleseprogramm** *n* (Programm im Urladeformat, das durch Ureingabe mit Hilfe des Urladers in den Zentralspeicher einer Zentraleinheit geladen wird) (EDV) / bootstrap loader
**Urliste** *f* (ein Verzeichnis, das die erfaßten Untersuchungseinheiten mit Laufnummer und den Ausprägungen der erfragten Merkmale enthält) (Stats) / prime notation
**URL-Moniker** *m* (EDV) / URL moniker
**Urlösung** *f* (Chem) / original solution, initial solution
**Urmaß** *n* (z.B. das Urkilogramm im Pavillon de Breteuil beim Bureau International des Poids et Mesures in Sèvres) / primary standard
**Urmaterial** *n* (EDV) / raw data
**Urmodell** *n* (Gieß) / grand master pattern, basic master pattern ‖ ~ (Keram) / original model
**Urne** *f* (Stats) / urn *n*
**Urnenmodell** *n* (eine Darstellungsweise zur Veranschaulichung von Wahrscheinlichkeitsmodellen) (Stats) / urn model
**Urobilin** *n* (Abbauprodukt des Gallenfarbstoffs Bilirubin) (Biochem) / urobilin *n*
**Urocaninsäure** *f* (Biochem, Pharm) / urocanic acid
**Urocansäure** *f* (Biochem, Pharm) / urocanic acid
**Urografie** *f* (Radiol) / urography* *n*
**U-Rohr•-Bogen** *m* (zum Dehnungsausgleich bei Rohrleitungen) / U-shaped expansion pipe, horseshoe bend ‖ ~-**Manometer** *n* (ein Flüssigkeitsmanometer) (Phys) / U-tube manometer, U-gauge *n*, open-end manometer
**Urokinase** *f* (trypsinähnliches Enzym) (Biochem) / urokinase *n*
**Uronsäure** *f* (eine Aldehydkarbonsäure der Zuckerreihe) (Chem, Nahr) / uronic acid (oxidation product of the sugars in which a primary alcohol group has been oxidized to a carboxyl without changing the reducing functional group)
**Uroporphyrin** *n* (Zwischenprodukt der Porphyrinbiosynthese) (Biochem) / uroporphyrin *n*
**Urotropin** *n* (ein Warenzeichen) (Chem, For, Med) / hexamethylenetetramine* *n*, hexamine* *n*, methenamine*, urotropine* *n*, cystamine *n*
**Urplasma** *n* (Big-Bang-Kosmologie) (Kernphys) / ylem* *n*
**Urrücksetzen** *n* (totales Rücksetzen der PE) (EDV) / initial reset
**Ursan** *n* (Triterpen-Grundgerüst der Ursolsäure) (Chem) / ursane *n*
**Ursolsäure** *f* (eine einfach ungesättigte Karbonsäure aus der Gruppe der pentazyklischen Terpene) (Chem) / ursolic acid
**Urspannung** *f* (Elektr) / electromotive force*, e.m.f.*, electromotance *n* ‖ ~ (die Leerlaufspannung einer Spannungsquelle) (Elektr) / electromotive force*, e.m.f.*
**Urspannungsquelle** *f* (Eltech) / constant-voltage source
**UR-Spektrometer** *n* (Spektr) / infrared spectrometer*
**UR-Spektroskopie** *f* (Spektr) / infrared spectroscopy
**Ursprung** *m* (des Koordinatensystems) (Math) / origin* *n*
**ursprünglich** *adj* / initial *adj*
**Ursprungs•adresse** *f* (EDV) / source address ‖ ~-**daten** *pl* (EDV) / raw data ‖ ~-**daten** (die auf einem Originalbeleg enthalten sind) (EDV) / source data ‖ ~-**kartensatz** *m* (EDV) / source deck* ‖ ~-**kennung** *f*

(EDV) / origin code ‖ ~-**land** *n* / country of origin ‖ ~-**programm** *n* (EDV) / source program ‖ ~-**stellung** *f* / initial position, starting position, original position ‖ ~-**verkehr** *m* (Fernsp) / originating traffic ‖ ~-**vermittlung** *f* (Fernm) / originating exchange ‖ ~-**zeugnis** *n* / certificate of origin
**Urstart** *m* (EDV) / initial program loading
**Urstromquelle** *f* (Eltech) / constant-current source (a source whose output current is independent of the load impedance) ‖ ~ (Eltech) / current generator* (whose impedance is much higher than that of its load)
**Urstromtal** *n* (Geol) / urstromt(h)al *n*, proglacial channel, glacial spillway
**Ursubstanz** *f* (Chem) / primary standard, titrimetric standard substance, titrimetric standard
**Ursuppe** *f* (nach dem Urknall) (Astr, Biol, Phys) / primordial soup, primitive soup, prebiotic soup, primeval soup
**Urteer** *m* (Chem Verf) / low-temperature tar
**Urtikaria** *f* (Med) / urticaria* *n*, hives* *pl*, nettlerash *n*
**Urtit** *n* (ein basisches Tiefengestein) (Geol) / urtite* *n*
**Urtiterlösung** *f* (Chem) / primary-standard solution
**Urtitersubstanz** *f* (Chem) / primary standard, titrimetric standard substance, titrimetric standard
**Urtyp** *m* (Masch) / prototype* *n*
**U-Rührer** *m* / horseshoe mixer, anchor agitator
**Urundayholz** *n* (ein hartes Gerbholz von Astronium balansae Engl.) (For) / glassy wood, urunday *n*
**Urushibara-Katalysator** *m* (ein Hydrierungskatalysator) (Chem Verf) / Urushibara catalyst
**Urushilack** *m* (Anstr) / Japanese lacquer, Chinese lacquer, japan *n*
**Urushiol** *n* (Toxicodendrol) (Anstr, Pharm) / urushiol *n*
**Urvirus** *m* (EDV) / original virus
**Urvorlage** *f* (Eltronik) / master drawing, master artwork
**Urwald** *m* (For) / virgin forest, primeval forest, primaeval forest
**Urweltmammutbaum** *m* (Metasequoia glyptostroboides Hu et W.C. Cheng) (For) / dawn redwood
**Urysonsches Lemma** (Math) / Uryson lemma
**US** (Phys) / ultrasound* *n* ‖ ~- (Phys) / ultrasonic* *adj*
**ÜS** (Sanitär) / excess sludge, waste sludge
**USART** *n* (Ein-Ausgabe-Baustein oder Gerät zur seriellen Datenübertragung) (EDV) / universal synchronous/asynchronous receiver/transmitter, USART
**USB** (EDV) / universal serial bus, USB
**USB-Bus** *m* (EDV) / universal serial bus, USB
**US-Bus** *m* (EDV) / universal serial bus, USB
**U-Schale** *f* (Bau, Keram) / U-shaped brick, U-moulded brick (block)
**U-Schall-Mikroskop** *n* (mit Eindringtiefen bis 10 mm unter die Oberfläche) (Mikros, WP) / ultrasonic microscope, acoustic microscope
**U-Scheibe** *f* **für Wellblech** (Bau) / limpet washer*
**U-Schelle** *f* (Eltech) / saddle* *n*
**U-Schnittstelle** *f* (ISDN) (Fernm) / line interface
**U-Schweißen** *n* (Schw) / firecracker welding
**Used-Look** *m* (bei Kleidungsstücken aus vorgewaschenen Stoffen) (Tex) / used look, worn look, worn-out look
**Usenet** *n* (EDV) / Usenet *n* (a collection of thousands of topically named newsgroups, the computers which run the protocols, and the people who read and submit Usenet news) ‖ ~-**Suchsystem** *n* (EDV) / search engine
**User** *m* (z.B. in einem Time-Sharing-System) (EDV) / user *n* ‖ ~-**Bit** *n* (beim Schnitt) (Film) / user bit ‖ ~-**ID** *f* (EDV) / user identification, user ID, USERID
**Usninsäure** *f* (ein Dibenzofuranderivat) (Chem) / usnic acid
**U-Spant** *m* (Schiff) / U-shaped frame
**USP-Chemikalie** *f* (nach der US-amerikanischen Pharmakopöe) (Chem, Pharm) / USP chemical
**US•-Prüfung** *f* (WP) / ultrasonic testing* (UT), ultrasonic flaw detection, ultrasonic material testing, ultrasonic (material) inspection ‖ ~-**Schweißen** *n* (Schw) / ultrasonic welding*
**U-Stahl** *m* (z.B. DIN 1026) (Hütt, Masch) / U-steel *n*
**Uster-Ungleichmäßigkeit** *f* (Faserdurchmesser in Mikrometern) (Spinn) / Uster irregularity
**UST-Gewinde** *n* (im allgemeinen nach DIN 918) (Masch) / unified screw thread*
**U-Strab** *f* / underground tramway
**U-Straßenbahn** *f* / underground tramway
**U-Stück** *n* (DIN 25824) (Masch) / collar *n*, sleeve *n*
**US-Wicklung** *f* (mit der niedrigsten Nennspannung) (Eltech) / low-voltage winding, lower-voltage winding
**UT** / Greenwich Mean Time*, G.M.T.*, Greenwich Civil Time, Greenwich time, Universal Time*, zebra time, zulu time*, UT ‖ ~ (der Kurbelwelle zuliegender Umkehrpunkt) (V-Mot) / bottom dead centre*, outer dead centre*, BDC

**UTA** (Nukl) / separative work unit, SWU
**Utahit** *m* (Min) / utahite *n*
**U-Tal** *n* (Geol) / U-shaped valley, trough valley
**UTC** / Universal Time Coordinated (UTC), Universal Coordinated Time, Coordinated Universal Time
**UTC-Zeit** *f* / Universal Time Coordinated (UTC), Universal Coordinated Time, Coordinated Universal Time
**UTD** (Sanitär, Umwelt) / underground disposal facility
**U-Test** *m* (Stats) / Mann-Whitney U-test, Wilcoxon-Mann-Whitney test, U test
**Utility** *f* (EDV) / utility *n* (a software designed to fill in functionality gaps left by operating systems or application programs)
**Utilizer** *m* (Rotorentrinder + Hackmaschine) (For) / utilizer *n*
**U-Tisch** *m* (Krist) / universal stage, Fedorov stage, U-stage *n*
**UTM** (EDV) / universal transaction monitor, UTM ‖ ~ (Kart) / Universal Transversal Mercator Projection, UTM projection
**UTP** (Biochem) / uridine triphosphate, UTP
**UTP-Kabel** *n* (vieradriges Kabel, bei dem jede Ader isoliert ist - die Adern sind paarweise verseilt) (Kab) / unshielded twisted pair, UTP
**U-Treppe, zweiläufige** ~ (mit Halbpodest) (Bau) / open-newel stair*
**UUCP** (EDV) / Unix-to-Unix copy, UUCP (protocol for Unix-to-Unix communication)
**uu-Kerne** *m pl* (Kerne mit ungerader Protonenzahl und ungerader Neutronenzahl) (Kernphys) / odd-odd nuclei*
**UV** (Phys) / ultraviolet* *adj*, U.V., UV
**UV-A** *n* (Phys) / near ultraviolet, black light
**UV•-Absorber** *m* (ein Mittel mit ausgeprägtem Absorptionsvermögen für UV-Strahlung) (Phys) / UV absorber ‖ ~**-Absorption** *f* (Phys) / UV absorption, ultraviolet absorption ‖ ~**-Absorptionsfilter** *n* (Foto) / ultraviolet-absorbing filter, UV filter
**Uvala** *f* (pl. -s) (schüsselförmige seichte geschlossene Hohlform in den Karstgebieten) (Geol) / uvala *n*
**Uvaser** *m* (der Strahlung im ultravioletten Spektralgebiet emittiert) (Phys) / ultraviolet-light laser
**UV-Astronomie** *f* (Astr) / ultraviolet astronomy*
**UV-B** *n* (280 - 315 nm) (Phys) / middle ultraviolet
**UV, ferner** ~**-Bereich** (Phys) / far ultraviolet ‖ ~**-Bestrahlung** *f* (Med) / treatment by ultraviolet radiation, ultraviolet irradiation ‖ ~**-B-Strahlung** *f* (Phys) / middle ultraviolet, Dorno radiation, ultraviolet radiation in erythemal region
**UV-C** (FUV + VUV) (fernes Ultraviolett + Vakuumultraviolett nach DIN 5031, T 7) (Phys) / UV-C (FUV + VUV) ‖ ~ *n* (Phys) / far ultraviolet
**UVCB-Stoff** *m* (Altstoff, der als unzulänglich definiert gilt und nicht durch eine vollständige chemische Formel dargestellt werden kann) (Umwelt) / UVCB substance, substance of unknown or variable composition
**UV•-Detektor** *m* (Fotodetektor, dessen spektrale Empfindlichkeit im UV-Bereich liegt) / ultraviolet detector, UV detector ‖ ~**-Divergenz** *f* (Phys) / ultraviolet divergence, UV divergence ‖ ~**-durchlässig** *adj* (Phys) / ultraviolet-transmitting *adj*
**U-Verschluß** *m* (Sanitär) / air trap*, drain-trap* *n*, siphon trap, stench trap*, interceptor* *n*, U-bend* *n*, running trap*, siphon* *n*, intercepting trap*, disconnector* *n*
**U-Versuch** *m* (in der Bodenmechanik) (HuT) / undrained shear test, quick test, undrained test
**UV•-Filter** *n* (Foto) / ultraviolet-absorbing filter, UV filter ‖ ~**-Fotoelektronenspektroskopie** *f* (Spektr) / UV photoelectron spectroscopy, ultraviolet photoelectron spectroscopy, UPS ‖ ~**-Glas** *n* (Glas) / ultraviolet (radiation) transmitting glass ‖ ~**-Härtung** *f* (Anstr, Plast) / UV curing, ultraviolet curing
**Uviolglas** *n* (Markenname für ein Spezialglas mit Bariumphosphat und Chromoxid) (Glas) / uviol glass (which is highly transparent to ultraviolet radiation)
**UV•-Lack** *m* (Anstr) / UV paint ‖ ~**-Lack** (Anstr) s. auch ESH-Lack ‖ ~**-Lampe** *f* / ultraviolet lamp ‖ ~**-Lampe** (Analysenlampe) (Chem) / quartz lamp ‖ ~**-Laser** *m* (Phys) / ultraviolet-light laser ‖ ~**-löschbares PROM** (EDV) / ultraviolet erasable PROM, UVPROM ‖ ~**-Mikroskop** *n* (in dem die zu untersuchenden Objekte mit ultravioletter Strahlung abgebildet werden) (Mikros) / ultraviolet microscope* ‖ ~**-Mikroskopie** *f* (Mikros) / ultraviolet microscopy
**UVP** (Umwelt) / environmental impact assessment, EIA
**UV•-Reflektor** *m* (bei UV-Lampen) (Phys) / UV reflector ‖ ~**-Spektroskopie** *f* (Spektr) / ultraviolet spectroscopy, UV spectroscopy ‖ ~**-Sperrfilter** *n* (Foto) / ultraviolet-absorbing filter, UV filter
**UVS-Spektroskopie** *f* / ultraviolet and visible spectroscopy, UV-VIS spectroscopy
**UV•-Strahlen-Trocknung** *f* (Anstr) / ultraviolet curing ‖ ~**-Strahler** *m* (Phys) / ultraviolet radiator ‖ ~**-Strahlung** *f* (Phys) / ultraviolet radiation*, ultraviolet *n*, UV radiation

**UVV** (F.Org, Med) / safety regulations, safety code, safety standards
**UV-VIS-Spektroskopie** *f* / ultraviolet and visible spectroscopy, UV-VIS spectroscopy
**UVW-Regel** *f* (Elektr, Phys) / Fleming's rule*
**Ü-Wagen** *m* (Fernm, Radio, TV) / OB van ‖ **kleiner** ~ (Fernm, Radio, TV) / window unit
**Uwarowit** *m* (ein sehr seltener Granat von dunkler smaragdgrüner Farbe) (Min) / uvarovite* *n*, ouvarovite *n*, uwarowite *n*
**UWL** (Ozean) / underwater habitat, Sealab *n*
**UW-Trennen** *n* (Masch) / underwater cutting*
**Uzarin** *n* (Pharm) / uzarin *n*
**U-Zentrum** *n* (mit eingebauten H⁻-Ionen) (Eltronik, Krist) / U-centre* *n*
**ÜZR** (EDV) / monitoring count register

# V

**V** (Chem) / vanadium* n
**V** (abgeleitete SI-Einheit des elektrischen Potentials = J/C - DIN 1301, T 1) (Elektr) / volt* n
**VA** (DIN 1301, T 2) (Elektr) / volt-ampère* (VA) n ‖ ~ (Kfz) / front axle
**VAC** (Chem) / ethenyl ethanoate, vinyl acetate, vinyl ethanoate
**Vaccensäure** f (eine trans-Monocarbonsäure) (Chem) / vaccenic acid
**Vachetteleder** n (aus Rindhäuten) (Leder) / dressing leather
**vados** adj (Geol) / vadose adj ‖ ~**es Wasser** (in der Erdkruste zirkulierendes, dem Wasserkreislauf angehörendes (v.a. Grund-)Wasser, das aus Sicker- und Niederschlagswasser entsteht) (Geol) / vadose water, wandering water, suspended (subsurface) water, held water
**VAD-Verfahren** n / axial vapour-phase oxidation process, AVPO ‖ ~ (Hütt) / vacuum arc degassing, VAD
**vagabundierend**·**es Elektron** (Kernphys) / stray electron ‖ ~**es Licht** (Foto) / flare* n, flare light ‖ ~**er Strom** (Eltech) / leakage current*, leak current, stray current, tracking current
**vager Limes** (Math) / vague limit
**vagiles Benthos** (Biol) / vagrant benthos
**vakant** adj / vacant adj
**Vakanz** f (Subtraktionsbaufehler) (Kernphys, Krist) / vacancy* n, lattice vacancy
**Vakat** n (Druck) / blank page, blind page* ‖ ~**seite** f (leere Seite) (Druck) / blank page, blind page*
**V-A-Kopplung** f (Kernphys) / vector-axial-vector coupling, V-A coupling
**Vakuole** f (Hohlraum im Plasma oder im Kern einer Zelle, der mit wäßriger oder dickflüssiger Substanz gefüllt ist) (Zyt) / vacuole* n
**Vakuum** n (pl. Vakua oder Vakuen) (Eltronik, Phys, Vakuumt) / vacuum* n (pl. vacuums or vacua) ‖ ~- (Nahr) / sous vide ‖ **absolutes** ~ (Vakuumt) / absolute vacuum, perfect vacuum ‖ **geringes** ~ (Eltronik, Vakuumt) / low vacuum ($10^2$ Pa to $10^5$ Pa) ‖ **Torricellisches** ~ (Phys) / Torricellian vacuum* ‖ ~**abstichentgasung** f (wenn die Schmelze vom Frischgefäß in eine evakuierte Gießpfanne abgelassen wird) (Hütt) / vacuum degassing during tapping ‖ ~**aufbau** m (Vakuumt) / vacuum build-up ‖ ~**aufdampfen** n / evaporation coating (BS 2951, Part 2 : 1975) ‖ ~**aufkohlen** n (Hütt) / vacuum carburizing ‖ ~**aufkohlung** f (Hütt) / vacuum carburizing ‖ ~**bedampfen** n (DIN 28400, T 4) / evaporation coating (BS 2951, Part 2 : 1975) ‖ ~**bedampfen** (mit Metalldampf) / vacuum metallization, vacuum metallizing ‖ **reaktives** ~**bedampfen** (DIN 28400, T 4) / reactive evaporation coating, vacuum coating by reactive evaporation (BS 2951, Part 2 : 1975) ‖ ~**behandelter Beton** (dem unmittelbar nach dem Einbau, meist beim Rütteln, überschüssiges Anmachwasser und Luft durch Unterdruck entzogen werden) (HuT) / vacuum concrete* ‖ ~**behandlung** f (Vakuumt) / vacuum treatment, vacuumization n ‖ **oxidierende** ~**behandlung** (Hütt) / vacuum oxidation, vacuum oxidizing ‖ ~**bereich** m (z.B. Grob-, Fein-, Hoch- und Ultrahochvakuum) (Vakuumt) / vacuum range ‖ ~**beschichten** n (DIN 28400, T 4) (Galv) / vacuum coating, vacuum deposition (BS 2951, Part 2 : 1975) ‖ ~**bestäuben** n (Eltronik) / sputter coating, sputtering* n ‖ ~**beton** m (dem unmittelbar nach dem Einbau, meist beim Rütteln, überschüssiges Anmachwasser und Luft durch Unterdruck entzogen werden) (HuT) / vacuum concrete* ‖ ~**bitumen** n / vacuum bitumen ‖ ~**blitzthermolyse** f (Chem, Phys) / flash vacuum thermolysis ‖ ~**bremse** f (Masch) / vacuum brake* ‖ ~**dampfapparat** m (Chem Verf, Phys, Vakuumt) / vacuum evaporator ‖ ~**dämpfen** n (Tex) / vacuum steaming ‖ ~**destillat** n (Chem Verf) / vacuum distillate ‖ ~**destillation** f (Chem Verf) / vacuum distillation*, reduced-pressure distillation ‖ ~**destillationsapparatur** f (Erdöl) / vacuum still ‖ ~**destillationsrückstand** m (Chem Verf) / bottoms pl, bottom product ‖ ~**entgasung** f (Vakuumt) / vacuum degassing ‖ ~**erwartungswert** m (in der Quantentheorie) (Phys) / vacuum expectation value ‖ ~**exsikkator** m (Chem) / vacuum desiccator ‖ ~**faktor** m (bei Mehrelektrodenröhren) (Vakuumt) / gas ratio ‖ ~**fett** n (Vakuumt) / vacuum grease ‖ ~**filtration** f (Chem Verf) / vacuum filtration* ‖ ~**filtrieren** n (Chem Verf) / vacuum filtration* ‖ ~**fluktuationen** f pl (in der Quantenfeldtheorie) (Phys) / fluctuation in vacuum, vacuum fluctuation ‖ ~**folienverfahren** n (Plast) / vacuum bag moulding, vacuum bag method ‖ ~**formen** n (aus thermoplastischen Folien) (Plast) / vacuum forming* ‖ ~**formung** f (Plast) / vacuum forming* ‖ ~**formverfahren** n (eine Methode zur Herstellung von Formteilen, bei denen binderfreier, rieselfähiger Sand durch Unterdruck im Formkasten verfestigt wird) (Gieß) /

**Vakuumverfahren**

vacuum moulding process, Mitsubishi process ‖ ~**fotodiode** f (Eltronik) / vacuum photodiode ‖ ~**fotozelle** f (Eltronik) / vacuum photocell* ‖ ~**frischen** n (Hütt) / vacuum oxidation, vacuum oxidizing ‖ ~**geschmolzen** adj (Hütt) / vacuum-melted adj ‖ ~**gießen** n (Gieß) / vacuum pouring, vacuum casting ‖ ~**gießverfahren** n (Gieß) / vacuum pouring, vacuum casting ‖ ~**glocke** f (Vakuumt) / bell jar ‖ ~**greifer** m (Masch) / vacuum gripper ‖ ~**gummisackverfahren** n (Plast) / vacuum bag moulding, vacuum bag method ‖ ~**hartlöten** n (Hütt) / vacuum brazing ‖ ~**heber** m (Lastaufnahmemittel für glatte, flache Lasten wie Glasscheiben oder Bleche, bei dem die Haftkraft durch ein Vakuum zwischen Saugteller und Last erzeugt wird) / vacuum pad lifter ‖ ~**heizung** f (eine Dampfheizung) (Bau) / vacuum heating ‖ ~**hubwagen** m / vacuum lift truck ‖ ~**imprägnierung** f (von Transformatoren und Kondensatoren) (Eltech) / vacuum impregnation* ‖ ~**induktionsschmelzen** n (Hütt) / vacuum induction melting* ‖ ~**kalorimeter** n (Nernstsches) (Phys) / vacuum calorimeter ‖ **Nernstsches** ~**kalorimeter** (Phys) / Nernst-Lindemann calorimeter ‖ ~**kammer** f (Vakuumt) / bell jar ‖ **ringförmige** ~**kammer** (Phys) / torus m (pl. tori or -ses) ‖ ~**kitt** m (Vakuumt) / vacuum cement, vacuum putty ‖ ~**kolben** m (Chem) / vacuum flask ‖ ~**kondensator** m (der in einem evakuierten Behälter betrieben wird) (Eltech) / vacuum capacitor ‖ ~**konstanten** f pl (Lichtgeschwindigkeit im Vakuum und Wellenwiderstand des Vakuums) (Phys) / vacuum constants ‖ ~**konstanthalter** m (Vakuumt) / vacuostat n ‖ ~**kopierrahmen** m (Druck) / vacuum printing frame* ‖ ~**kristallisation** f (Chem Verf) / vacuum crystallization* ‖ ~**kristallisator** m (Chem, Chem Verf) / vacuum crystallizer ‖ ~**kühlung** f (z.B. bei großblättrigem Gemüse) (Nahr) / vacuum cooling ‖ ~**lackierung** f (Anstr, For) / vacuum coating ‖ ~**lampe** f (Eltech) / vacuum filament lamp ‖ ~**leitung** f (Vakuumt) / vacuum line ‖ ~**lichtbogenentgasung** f (Hütt) / vacuum arc degassing, VAD ‖ ~**lichtbogenofen** m (Hütt) / vacuum arc furnace* ‖ ~**lichtbogenumschmelzen** n (Hütt) / vacuum arc remelting, VAR ‖ ~**lichtgeschwindigkeit** f (DIN 5031, T 8) (Phys) / speed of light in vacuum, velocity of light in vacuo, electromagnetic constant ‖ ~**löten** n (Löten im Vakuumofen ohne Flußmittel) (Eltronik, Raumf) / vacuum soldering ‖ ~**mantel** m (der Kolonne) (Chem Verf) / vacuum jacket ‖ ~**metallurgie** f (Bezeichnung für alle metallurgischen Prozesse, die unter vermindertem Druck durchgeführt werden) (Hütt) / vacuum metallurgy ‖ ~**meter** n (Luftdruckmesser für kleinste Drücke) (Phys, Vakuumt) / vacuum-gauge n ‖ ~**mikroelektronik** f (Eltronik) / vacuum microelectronics ‖ ~**mischer** m (Chem Verf) / vacuum mixer ‖ ~**nutsche** f (Chem) / vacuum nutsch ‖ ~**ofen** m (Eltech) / vacuum oven ‖ ~**ofen** (Hütt, Masch) / vacuum furnace* ‖ ~**permeabilität** f (Phys) / vacuum permeability, free-space permeability ‖ ~**permittivität** f (Elektr) / vacuum permittivity ‖ ~**pfannenentgasung** f mit einer Lichtbogenheizung (Hütt) / vacuum arc degassing, VAD ‖ ~**pfannenentgasungsverfahren** n (Hütt) / vacuum ladle degassing, VLD ‖ ~**physik** f (Phys) / vacuum physics ‖ ~**polarisation** f (virtuelle Erzeugung von Elektron-Positron-Paaren durch das elektromagnetische Feld) (Phys) / vacuum polarization ‖ ~**pumpe** f (Vakuumt) / vacuum pump* (VACP) ‖ **gasbindende** ~**pumpe** / entrapment pump ‖ **mechanische kinetische** ~**pumpe** (Vakuumt) / drag pump ‖ **kinetische** ~**pumpe** / kinetic pump ‖ ~**relais** n (dessen Kontakte im Vakuum betrieben werden) (Eltech) / vacuum relay ‖ ~**röhre** f (z.B. Fernseh- oder Röntgenröhre) (Eltronik) / vacuum tube ‖ ~-**Sauerstoff-Aufblasverfahren** n (mit Badbewegung durch Inertgas) (Hütt) / VOD process, vacuum oxygen decarburization process ‖ ~**schalter** m (dessen Kontakte sich zwecks verringerter Funkenbildung im Vakuum befinden) (Eltech) / vacuum switch*, vacuum circuit breaker ‖ ~**schmelzen** n (Hütt) / vacuum melting*, vacuum fusion ‖ ~**schmelzverfahren** n (Hütt) / vacuum melting*, vacuum fusion ‖ ~**schwankungen** f pl (Phys) / fluctuation in vacuum, vacuum fluctuation ‖ ~**speicher-Windkanal** m (Luftft) / vacuum tunnel ‖ ~**spülungsentgaser** m (Erdöl) / vacuum mud degasser ‖ ~**stahl** m (Hütt) / vacuum steel ‖ ~**strahlen** n / vacuum blasting ‖ ~**strangpresse** f (Keram) / vacuum extrusion press ‖ ~**stutzen** m (Vakuumt) / pump-out tubulation, pumping stem, exhaust tubulation ‖ ~**sublimationstrocknung** f / sublimation drying ‖ **dynamisches** ~**system** (Vakuumt) / pumped vacuum system ‖ ~**technik** f (Vakuumt) / vacuum technology ‖ ~**tiegelofen** m (Hütt) / vacuum crucible furnace ‖ ~**tränkung** f (Eltech) / vacuum impregnation* ‖ ~**trockenschrank** m (Chem) / vacuum drying cabinet ‖ ~**trocknung** f (For) / vacuum drying ‖ ~**trommelfilter** n (Vakuumt) / rotary vacuum filter ‖ ~**ultraviolett** n (100-200 nm - DIN 5031, T 7) (Phys, Vakuumt) / vacuum ultraviolet, VUV, vacuum UV ‖ ~**ultraviolettspektroskopie** f (Spektr) / vacuum ultraviolet spectroscopy ‖ ~-**UV-Spektroskopie** f (Spektr) / vacuum ultraviolet spectroscopy ‖ ~**verdampfer** m (Chem Verf, Phys, Vakuumt) / vacuum evaporator ‖ ~**verdampfung** f (Chem Verf, Phys, Vakuumt) / vacuum evaporation* ‖ ~**verfahren** n (um den Zutritt schädlicher Gase zu verhindern und im Stahl gelöste Gase zu entfernen) (Hütt) / vacuum

1319

**Vakuumverfahren**

process || **≈verfahren** (Hütt) s. auch Vakuummetallurgie || **≈vergießen** n (Gieß) / vacuum pouring, vacuum casting || **~verpackt** adj / vacuum-packed adj || **≈verpackung** f / vacuum packing* || **≈wärmebehandlung** f (Hütt) / vacuum heat treatment || **≈zerstäuben** n (Eltronik) / sputter coating, sputtering* n || **≈zusatzpumpe** f (eine Ejektorpumpe) (Vakuumt) / vacuum augmenter* || **≈zustand** m (Grundzustand in der Quantenfeldtheorie) (Phys) / vacuum state
**Vakzin** n (Med, Pharm) / inoculum* n (pl. -la), vaccine* n
**Vakzine** f (gegen Viren) (EDV) / vaccine n || **≈** (Med, Pharm) / inoculum* n (pl. -la), vaccine* n
**Val** (eine essentielle Aminosäure) (Biochem) / valine* (Val) n, Val* || **≈** n (Chem) / gram-equivalent n
**Valence-Bond-Methode** f (Chem) / valence-bond theory (a method of applying quantum theory to the calculation of chemical bonding), VB theory
**Valenciennestüll** m (Tex) / lace tulle
**Valentinit** m (neben Senarmontit zweite natürlich vorkommende Modifikation des Sb₂O₃) (Min) / valentinite* n
**Valenz** f (die Zahl der Haftstellen eines Antigens für Antikörper) (Biochem, Med) / valence n, valency n || **≈** (Chem, Phys, Umwelt) / valence n, valency* n || **≈** (eines Knotenpunkts) (Math) / degree n, valence n, valency n || **gerichtete ≈** (Chem) / directed valency || **ökologische ≈** (Umwelt) / ecological valency || **≈band** n (in dem Energiebändermodell) (Eltronik, Phys) / valence band* || **≈bandkante** f (das absolute energetische Maximum der Valenzbänder) (Eltronik, Phys) / valence band edge || **≈bindung** f (Chem) / valence bond || **≈bindungstheorie** f (Chem) / valence-bond theory (a method of applying quantum theory to the calculation of chemical bonding), VB theory || **≈elektron** n (ein an einer Bindung beteiligtes Elektron, das in der äußersten Elektronenschale eines Atoms enthalten ist) (Chem, Kernphys) / valence electron* (in the outermost shell of an atom) || **≈** (Chem, Kernphys) s. auch Leuchtelektron || **≈elektronenkonzentrationsregel** f (Phys) / Hume-Rothery rule || **≈elektronenregel** f (Chem, Phys) / Matthias rule, valence-electron rule || **≈frequenz** f (Phys) / stretching frequency || **≈gitter** n (z.B. im Kohlenstoffgitter des Diamanten) (Krist) / valence lattice || **≈isomerie** f (Chem) / valence isomerism || **≈isomerie** (Chem) s. auch Valenztautomerie || **≈isomerisierung** f (Chem) / valence isomerization || **≈kraftkonstante** f (Chem) / stretching force constant || **≈kristall** m (Krist) / valence crystal || **≈quark** n (Kernphys) / valence quark || **≈schale** f (Chem, Kernphys) / valence shell, outer shell, peripheral shell || **≈schwingung** f (eines Moleküls, die in der Valenzrichtung der miteinander gebundenen Atome erfolgt und zu Atomabstandsänderungen führt) (Phys, Spektr) / stretching vibration(s), stretching n, stretch n || **≈strich** m (Chem) / valence dash || **≈strichformel** f (Chem) / constitutional formula*, structural formula*, graphic formula*, valency-dash formula || **≈strukturtheorie** f (Chem) / valence-bond theory (a method of applying quantum theory to the calculation of chemical bonding), VB theory || **≈stufe** f (Chem, Phys) / valence state, valence stage || **≈tautomerie** f (Chem) / valence tautomerism || **≈theorie** f (Chem) / valence theory || **≈winkel** m (Chem) / valence angle || **≈winkel** (Chem) / bond angle* || **≈zahl** f (elektrochemische Wertigkeit) (Chem) / valence number || **≈zustand** m (hypothetischer Zustand eines Atoms innerhalb eines Moleküls) (Chem, Phys) / valence state, valence stage
**Valepotriat** n (ein Iridoid) (Chem) / valepotriate n
**Valeraldehyd** m (Chem) / valeraldehyde n, pentanal n
**Valerat** n (Salz oder Ester der Valeriansäure) (Chem) / valerate n
**Valerianat** n (Salz oder Ester der Valeriansäure) (Chem) / valerate n
**Valerian•säure** f (eine der vier isomeren gesättigten Monocarbonsäuren der allgemeinen Formel C₄H₉ - COOH) (Chem) / valeric acid*, valerianic acid || **n-≈säure** (Chem) / n-valeric acid*, n-pentanoic acid*
**Valerol** n (Chem) / valerol n
**valid** adj / valid adj
**validieren** v (Gültigkeit feststellen) / validate v
**Validierung** f (Feststellung der Gültigkeit) / validation* n || **≈** (Nachweis und die Dokumentation der Zuverlässigkeit einer Methode) (Chem Verf) / validation n || **≈** (in der chargenorientierten Arzneimittelherstellung) (Pharm) / validation n
**Validierungstest** m (EDV) / validation test
**Validität** f (Math) / validity n
**Valin (Val)** n (eine essentielle Aminosäure) (Biochem) / valine* (Val) n, Val*
**Valium** n (Sedativum und Ataraktikum der Fa. Roche) (Pharm) / Valium n
**Valley** n (Eltronik) / valley n
**Valonea** f (gerbstoffreiche Fruchtbecher mehrerer orientalischer Eichenarten) (Bot) / valonia n, valonea n
**Value-added network** n (Fernmeldenetz, das mehr als den reinen Informationsaustausch bietet) (EDV, Fernm) / value-added network, 

VAN || **≈-Reseller** m (Vertriebsfirma, die Standardprodukte durch eigene Entwicklungsleistungen ergänzt) (EDV) / value-added reseller, VAR, value-added retailer, value-adding reseller
**VA-Meter** n (Eltech) / voltammeter n
**Van** m (pl. -s) (Freizeitfahrzeug) (Kfz) / van n || **≈** (Großraumlimousine) (Kfz) / minivan n
**Vanadat** n (Chem) / vanadate* n || **≈-Molybdat-Reagens** n (Chem) / vanadate-molybdate reagent
**Vanadieren** n (thermochemisches Verfahren /1000 °C in FeV-Pulver/ für C-haltige Stähle) / vanadizing n
**Vanadinbleierz** n (Min) / vanadinite* n
**Vanadinit** m (natürlich vorkommendes Orthovanadat) (Min) / vanadinite* n
**Vanadium (V)** n (Chem) / vanadium* n || **≈-** (niederwertigem Vanadium entsprechend) (Chem) / vanadous* adj || **≈-** (höherwertigem Vanadium entsprechend) (Chem) / vanadic* adj || **≈(III)-** (Chem) / vanadous* adj || **≈(V)-** (Chem) / vanadic* adj || **≈carbid** n (Chem) / vanadium carbide || **≈(II)-chlorid** n (Chem) / vanadium dichloride, vanadous chloride || **≈dioxidrelais** n (Eltronik) / vanadium-tetroxide relay || **≈(V)-fluorid** n (Chem) / vanadium pentafluoride, vanadium(V) fluoride || **≈karbid (VC)** n (Chem) / vanadium carbide || **≈korrosion** f / fuel-ash corrosion, oil-ash corrosion || **≈legierung** f (Hütt) / vanadium alloy || **~organische Verbindung** (Chem) / organovanadium compound || **≈(V)-oxid** n (Chem) / vanadium pentoxide, vanadium(V) oxide, vanadic acid anhydride || **≈(IV)-oxidchlorid** (Chem) / vanadium(IV) oxide dichloride || **≈oxiddichlorid** n (Chem) / vanadium(IV) oxide dichloride || **≈(IV)-oxidsulfat** n (Chem) / vanadyl sulphate, vanadic sulphate || **≈pentafluorid** n (Chem) / vanadium pentafluoride, vanadium(V) fluoride || **≈pentoxid** n (Chem) / vanadium pentoxide, vanadium(V) oxide, vanadic acid anhydride || **≈pentoxidkorrosion** f (eine Sonderform der Belagkorrosion) / fuel-ash corrosion, oil-ash corrosion || **≈säure** f (Chem) / vanadic acid || **≈stahl** m (mit maximal 1% V) (Hütt) / vanadium steel*
**Vanadyl** n (Vanadiumoxidkation) (Chem) / vanadyl* n || **≈dichlorid** n (Chem) / vanadium(IV) oxide dichloride || **≈sulfat** n (Chem) / vanadyl sulphate, vanadic sulphate
**Van-Allen-Gürtel** m pl (nach J.A. Van Allen, 1914- ) (Astr) / Van Allen radiation belts*, Van Allen belts, radiation belts (of plasma surrounding the Earth that emit intense radiation)
**Van-Arkel-de-Boer-Verfahren** n (zur Gewinnung von hochreinen Metallen und Halbmetallen) (Eltronik) / epitaxial growth technique, van Arkel-de Boer process
**Van-Atta-Antenne** f (Radio) / van Atta array
**Van•-Carrier** m (Gerät, das Container innerhalb des Hafens befördert) / van carrier || **≈-Carrier** (zum Bewegen von Containern auf dem Terminal) (Masch) / straddle carrier, straddle carrier truck (US)
**Vancomycin** n (Glykopeptid-Antibiotikum aus Amycolatopsis orientalis) (Pharm) / vancomycin n
**van-Deemter-Gleichung** (für jedes chromatografische Trennsystem gibt es nur eine Strömungsgeschwindigkeit, bei der die Trennstufenhöhe ein Minimum aufweist und somit die Trennstufenzahl ihren Maximalwert erreicht) (Chem) / van Deemter equation
**Van-de-Graaff-Generator** m (nach R.J. Van de Graaff, 1901-1967) (Eltech) / Van de Graaff generator*
**Vandermonde-Determinante** f (Math) / Vandermonde determinant
**Vandermondesche Determinante** (nach A.T. Vandermonde, 1735-1796) (Math) / Vandermonde determinant
**van-der-Pol-Oszillator** m (nichtlineare Schwingungen) (Eltech) / van der Pol oscillator*
**van-der-Waals•-Bindung** f (Chem) / secondary-valency bond || **≈-Gleichung** f (eine Zustandsgleichung, mit der reale Gase beschrieben werden - nach J.D. van der Waals, 1837-1923) (Chem) / van der Waals' equation*, van der Waals' equation of state
**van-der-Waalssch•e Kräfte** (zwischenmolekulare Anziehungskräfte) (Kernphys) / van der Waals' forces* || **~e Zustandsgleichung** (Chem) / van der Waals' equation*, van der Waals' equation of state
**Van-Dijk-Braun** n (Anstr) / Vandyke brown (a deep brown richer in colour than burnt umber)
**Van-Dyck-Braun** n (eine stark dunkelbraune, besonders fein geschlämmte Sorte von Kasseler Braun) (Anstr) / Vandyke brown (a deep brown richer in colour than burnt umber)
**Van-Dyck-Rot** n (Kupferhexazyanoferrat(II)) / Florence brown, Vandyke red
**van-Hove-Singularität** f (die in der Frequenzverteilungsfunktion der Normalschwingungen eines Gitters auftritt) (Krist) / van Hove singularity
**Vanillaldehyd** m (Chem) / vanillin* n, vanillic aldehyde

**Vanillin** *n* (4-Hydroxy-3-methoxy-benzaldehyd) (Chem) / vanillin* *n*, vanillic aldehyde ‖ ~**säure** *f* (4-Hydroxy-3-methoxybenzoesäure) (Chem) / vanillic acid
**Vanner** *m* (ein Aufbereitungsherd - z.B. Frue Vanner) (Aufber) / vanner* *n*, vanning machine
**Vanoxit** *m* (Min) / vanoxite *n*
**V-Antenne** *f* (eine Langdrahtantenne) (Radio) / vee antenna*, V-antenna *n* ‖ **umgekehrte** ~ (Eltech) / inverted vee, inverted-V antenna*
**van't-Hoff-Isochore** *f* (Chem) / van't Hoff's reaction isochore*, reaction isochore*
**van't-Hoffsch•er Faktor** (Chem) / van't Hoff factor* ‖ **~es Gesetz** (Chem) / van't Hoff's law* ‖ **~e Reaktionsisotherme** (Massenwirkungsgesetz nach J.H. van't Hoff, 1852-1911) (Chem) / van't Hoff's reaction isotherm*, reaction isotherm*
**Van-Vleckscher Paramagnetismus** (nach J.H. Van Vleck, 1899-1980) (Mag) / Van Vleck paramagnetism
**Vaporimeter** *n* (Chem) / vaporimeter *n*
**Vaporware** *f* (EDV) / vapourware *n* (soware or hardware that has been advertised but is not yet available to buy, either because it is only a concept or because it is still being written or designed), vaporware *n* (US)
**Vapourware** *f* (EDV) / vapourware *n* (soware or hardware that has been advertised but is not yet available to buy, either because it is only a concept or because it is still being written or designed), vaporware *n* (US)
**var** (gebräuchliche Einheit der Blindleistung nach DIN 1301, T 1) (Eltech) / volt-ampere reactive*, reactive volt-ampere, var *n*, VAr* ‖ ~ *n* (gebräuchliche Einheit der Blindleistung nach DIN 1301, T 1) (Eltech) / volt-ampere reactive*, reactive volt-ampere, var *n*, VAr*
**Varaktor** *m* (Halbleiterbauelement, das in Rückwärtsrichtung vorgespannt ist) (Eltronik) / varactor* *n* (a two-terminal semiconductor device in which the electrical characteristic of primary interest is a voltage-dependent capacitance) ‖ **als pn-Diode** (Eltronik) / variable-capacitance diode, Varicap *n*, varactor diode, parametric diode*
**Varaktordiode** *f* (Eltronik) / variable-capacitance diode, Varicap *n*, varactor diode, parametric diode*
**variabel** *adj* / variable *adj* ‖ **variable Datenlängen** (EDV) / V-format *n*, variable data-length (format) ‖ **variable Festlegung des Geltungsbereichs** (des Gültigkeitsbereichs) (KI) / variable scoping ‖ **variables Format** (EDV) / variable format ‖ **variable Geometrie** (Fähigkeit eines Flugzeuges, in der Luft die Tragflügelstellung abzuändern, um die Leistungsfähigkeit der Maschine zu verbessern) (Luftf) / variable sweep*, swing-wing* *n*, variable geometry*, VG ‖ **variabler Kondensator** (Eltech) / variable capacitor ‖ **variable Logik** (bei der ein Programm die Art und Reihenfolge der Verknüpfungen bestimmt) (EDV) / variable logic ‖ **variable Region** (Biochem) / variable region ‖ **variable Rotationsmaschine** (Druck) / variable-size rotary press ‖ **variable Satzlänge** (EDV) / variable record length ‖ **variable Schwellwertlogik** (veränderliche Größe eines Systems bzw. deren Abbild im Rahmen einer entsprechenden mathematischen Theorie) (EDV) / variable threshold logic (VTL) ‖ **variable Verdichtung** (V-Mot) / variable compression ‖ **variabler Widerstand** (Eltech) / variable resistance* ‖ **variable Wortlänge** (EDV) / variable word length ‖ **variabler Zeichenabstand** (EDV) / proportional pitch
**Variabilität** *f* / variability *n* ‖ ~ (diskontinuierliche, kontinuierliche, modifikatorische) (Biol) / variability *n* ‖ ~ (Stats) / variability *n* ‖ **alternative** ~ (Stats) / dichotomy *n*
**Variable** *f* (EDV, Math, Phys) / variable* *n* ‖ **Boolesche** ~ (Math) / Boolean variable ‖ **dynamische** ~ (Mech) / dynamic variable ‖ **freie** ~ (Math) / free variable, unbound variable ‖ **gebundene** ~ (Math) / bound variable ‖ **gesuchte** ~ (Math) / task variable ‖ **globale** ~ (EDV) / global variable* ‖ **indizierte** ~ (EDV) / subscripted variable* ‖ **kanonisch konjugierte ~n** (bei der Quantisierung) (Phys) / canonically conjugate variables ‖ **komplexe** ~ (Math) / complex variable ‖ **linear ansteigende oder veränderliche** (Eltech) / ramp *n* ‖ **lokale** ~ (EDV) / local variable* ‖ **unabhängige** ~ (in der Analysis) (Math) / independent variable* ‖ **zufällige** ~ (Math) / random variable*, variate* *n* ‖ ~ *f* **mit oberem Index** (Math) / superscripted variable ‖ ~ **mit unterem Index** (Math) / subscripted variable
**Variablen•deklaration** *f* (EDV) / variable declaration ‖ ~**prüfung** *f* (EDV, Fernm, Stats) / variables inspection, inspection by variables ‖ ~**vereinbarung** *f* (Festlegung einer Variablen auf einen bestimmten Zahlentyp, z.B. ganze oder gebrochene Zahlen) (EDV) / variable declaration
**Variac** *m* (ein Spartransformator) (Fernm) / Variac* *n*
**varianter Satzteil** (EDV) / variant part (of a record), variant field
**Variante** *f* / variant *n*
**Varianten•katalog** *m* (EDV) / variants catalogue ‖ ~**konstruktion** *f* (innerhalb der Grenzen vorausgedachter Systeme) (Masch) / variant design ‖ ~**prinzip** *n* (für die Erzeugung grafischer Darstellungen in CAD-Systemen) (EDV) / variational design ‖ ~**stückliste** *f* (eine Zusammenfassung von mehreren Stücklisten auf einem Vordruck, um verschiedene Gegenstände mit einem in der Regel hohen Anteil identischer Bestandteile gemeinsam aufführen zu können) (F.Org) / variant bill of materials ‖ ~**technik** *f* (Beschreibung von dimensions- oder gestaltvariablen Geometrieobjekten durch die Eingabe von Parametern) (EDV) / parametric design ‖ ~**vergleich** *m* / variant comparison
**Varianz** *f* (Stats) / variance* *n*, dispersion* *n*, spread *n*, scatter *n*, straggling *n* ‖ **relative** ~ (Stats) / relative variance, relvariance *n* ‖ ~**analyse** *f* (statistisches Analyseverfahren zur quantitativen Untersuchung der Einflüsse eines oder mehrerer Faktoren auf Versuchsergebnisse) (Stats) / analysis of variance*, ANOVA
**Variation** *f* (Störung der Mondbewegung durch die Sonne) (Astr) / variation* *n* ‖ ~ (Abweichung von Individuen einer Art von der ererbten Form) (Biol) / variation* *n* ‖ ~ (Math) / variation *n* ‖ **absolute** ~ (Math) / total variation, absolute variation ‖ **beschränkte** ~ (Math) / bounded variation ‖ **säkulare** ~ (Astr, Geol) / secular variation ‖ **totale** ~ (Math) / total variation, absolute variation ‖ ~ *f* **der Konstanten** (eine Methode zur Bestimmung einer speziellen Lösung einer gewöhnlichen linearen inhomogenen Differentialgleichung) (Math) / variation of constants
**Variations•bereich** *m* (der Beleuchtungsstärke) (Licht) / diversity ratio ‖ ~**bewegung** *f* (Bot) / turgor motion ‖ ~**breite** (ein Streuungsmaß) (Stats) / range *n* ‖ **studentisierte ~breite** (Stats) / studentized range ‖ ~**koeffizient** *m* (eine zum Vergleich der Variabilität von Verteilungen benutzte Maßzahl - DIN 1319, T 3) (Stats) / coefficient of variation*, variation coefficient ‖ ~**prinzip** *n* (Math) / variational principle ‖ ~**prinzip** (Mech) / minimal principle, integral variational principle ‖ ~**rechnung** *f* (Teilgebiet der höheren Analysis) (Math) / calculus of variations* ‖ ~**töne** *m pl* (bei periodischer Änderung der Amplitude eines reinen Tones entstehende sekundäre Töne) (Akus) / variation tones ‖ ~**zahl** *f* (Stats) / coefficient of variation*, variation coefficient
**Variator** *m* (ein Halbleiter) (Eltronik) / variable resistor ‖ ~ (stufenlos regelbares Kegelscheibengetriebe) (Masch) / variator *n*
**Varicap** *n* (Eltronik) / variable-capacitance diode, Varicap *n*, varactor diode, parametric diode*
**Variegation** *f* (Mosaikfleckung - unregelmäßige Ausfärbung von Blättern und Blüten als Folge von Krankheiten oder Erbdefekten) (Bot) / variegation* *n*
**Varietät** *f* (Gesamtheit der Individuen einer Tier- oder Pflanzenart, die in geringen erblichen Merkmalen von anderen derselben Art abweichen) (Biol) / variety* *n* (a taxonomic category that ranks below subspecies /where present/ or species) ‖ ~ (der Mineralart - farbliche, chemische, strukturelle) (Min) / variety *n*, varietal mineral
**Varignon-Satz** *m* (nach P. Varignon, 1654-1722) (Math, Mech) / Varignon's theorem
**variieren** *v* (Math) / vary *v*
**Vario•bereich** *m* (Film) / zoom range ‖ ~**graf** *m* (selbsttätig registrierendes Variometer) (Eltech) / variograph *n* ‖ ~**koppler** *m* (Eltech) / variocoupler* *n*, variometer *n* ‖ ~**lith** *m* (Geol) / variolite *n* ‖ ~**lithisch** *adj* (Geol) / variolitic* *adj* ‖ ~**losser** *m* (regelbares Dämpfungsglied) (Eltech) / variolosser *n* (a device whose loss can be controlled by a voltage or current) ‖ ~**meter** *n* (eine Anordnung zur Erzielung stetig veränderlicher Selbstinduktivitätswerte) (Eltech) / variometer* *n* (a form of variable inductor) ‖ ~**meter** (ein Meßgerät, das die zeitlichen oder räumlichen Unterschiede von physikalischen Feldern registriert) (Geophys) / variometer *n* ‖ ~**meter** (Gerät zur Anzeige der Steig- und Sinkgeschwindigkeit) (Luftf) / rate-of-climb indicator*, variometer *n*, vertical speed indicator*, v.s.i., VSI ‖ ~**objektiv** *n* (Film, Foto) / zoom lens*, variable-focus lens*, varifocal lens*, zoom *n*, pancratic lens ‖ **der von dem ~objektiv zuviel Gebrauch macht** (Kameramann) (Film) / zoom-happy *adj* ‖ ~**optik** *f* (Film, Foto) / zoom lens*, variable-focus lens*, varifocal lens*, zoom *n*, pancratic lens
**Variscit** *n* (Aluminiumorthophosphat) (Min) / variscite* *n* ‖ ~ **aus Utah** (als Schmuckstein) (Min) / utahite *n*
**Varistor** *m* (Sammelbezeichnung für alle nichtlinearen und ohne mechanisches Verstellen beeinflußbaren Widerstände, wozu auch die Thermistoren gehören) (Eltronik) / varistor* *n* ‖ ~ (spannungsabhängiger Widerstand) (Eltronik) / varistor* (QVR) *n*, voltage-dependent resistor, VDR
**Variszit** *n* (nach Variszia = Vogtland benannt) (Min) / variscite* *n*
**Varityper** *m* (ein Lichtsetzgerät oder eine Schreibsetzmaschine) (Typog) / VariTyper* *n*, Varityper *n*
**Varmeter** *n* (Eltech) / varimeter* *n*, varmeter* *n*, varometer* *n*
**Varstundenzähler** *m* (Eltech) / idle-current wattmeter, reactive energy meter, wattless component meter, var-hour meter
**Vaselin** *n* (Chem) / Vaseline* *n* (a trade name for soft paraffin)
**Vaseline** *f* (Chem) / Vaseline* *n* (a trade name for soft paraffin)

**Vaska-Komplex** *m* (der am besten untersuchte Iridium(I)-komplex) (Chem) / Vaska's compound
**vaso•aktives Intestinalpeptid** (Physiol) / vasoactive intestinal polypeptide, VIP ‖ ~**dilatans** *n* (pl. -tia) (Pharm) / vasodilator *n* ‖ ~**dilatator** *m* (Arzneimittel, das eine Gefäßerweiterung bewirkt) (Pharm) / vasodilator *n* ‖ ~**dilatatorisch** *adj* (Pharm) / vasodilating *adj*, vasodilator *adj* ‖ ~**konstriktivum** *n* (pl. -iva) (Arzneimittel, das eine Gefäßverengerung bewirkt) (Pharm) / vasoconstrictor *n* ‖ ~**konstriktor** *m* (Pharm) / vasoconstrictor* *n* ‖ ~**konstriktorisch** *adj* (Pharm) / vasoconstrictive *adj* ‖ ~**motorisch** *adj* (Med) / vasomotor* *adj* ‖ ~**pressin** *n* (Physiol) / vasopressin* *n*, antidiuretic hormone, ADH
**Vater** *m* (erstes Negativ bei Schallplatten, auf galvanischem Wege verkupfert und metallisch verstärkt) (Akus) / master* *n*, original master, metal master, number 1 master ‖ ~**band** *n* (Band der Vatergeneration) (EDV) / father tape ‖ ~**datei** *f* (EDV) / father file* ‖ ~**flugzeug** *n* (ein Huckepackflugzeug) (Luftf) / parent *n* (carrier of parasite) ‖ ~**iafett** *n* / malabar tallow, piney tallow
**Vaterit** *m* (μ-CaCO₃, strukturell verwandt mit Bastnäsit) (Min) / vaterite* *n*
**Vater•knoten** *m* (KI) / parent node (ISO/IEC 2382-17 : 1991) ‖ ~**platte** *f* (erstes Negativ bei Schallplatten, auf galvanischem Wege verkupfert und metallisch verstärkt) (Akus) / master* *n*, original master, metal master, number 1 master ‖ **eine neue** ~**platte prägen** (mit besserer Tonqualität) (Akus) / remaster *v* ‖ ~**-und-Sohn-Anlage** *f* (ein Antriebsaggregat für Schiffe) (Schiff) / father-and-son drive, man-and-lad drive ‖ ~**-und-Sohn-Flugzeug** *n* (Luftf) / composite aircraft
**V-ATE-Verfahren** *n* (in der Bipolartechnik ein Verfahren zur Herstellung integrierter Bipolarschaltungen mittels dielektrischer Isolation) (Eltronik) / vertical anisotropic etch
**V-A-Theorie** *f* (Kernphys) / vector-axial-vector theory
**Vauquelinit** *m* (Doppelsalz von Pb- und Cu-Chromat und Phosphat, monoklin) (Min) / vauquelinite *n*
**Vauquelinsches Salz** (ein Derivat der Tetrachloropalladium(II)-säure - nach N.L. Vauquelin, 1763 - 1829) (Chem) / Vauquelin salt
**V-Austastung** *f* (TV) / vertical blanking, vertical scanning*
**Vauxit** *m* (Min) / vauxite *n*
**VB** / cut-back bitumen, cut back, cut-back asphalt (US), fluxed bitumen, fluxed asphalt (US) ‖ ~ (Chem) / valence bond ‖ ~ (HuT) / traffic-load coefficient ‖ ~ (Kfz) / or nearest offer (o.n.o.)
**V-Band** *n* (4,6 - 5,6 · 10¹⁰ Hz) (Radar) / V-band *n*
**V.-B.-Konsistenzmeßgerät** *n* (für den Setzzeitversuch) (HuT) / V.-B. consistometer, vebe apparatus
**VB-Methode** *f* (Chem) / valence-bond theory (a method of applying quantum theory to the calculation of chemical bonding), VB theory
**VB-Theorie** *f* (Chem) / valence-bond theory a method of applying quantum theory to the calculation of chemical bonding), VB theory
**VC** (Chem) / vanadium carbide ‖ ~ (Chem) / vinyl chloride, chloroethene *n*, chloroethylene *n*, VC ‖ ~ (Chem) / vinylidene chloride (traditional name for 1,1-dichloroethene) ‖ ~ (EDV) / virtual channel, VC ‖ ~ (ein Halbporzellan) (Keram, Sanitär) / vitreous china, vitrified china
**VCOMM-Treiber** *m* (EDV) / virtual communications driver, VCOMM driver
**VCR** (Pharm) / vincristine* *n*, leurocristine *n* ‖ ~ (TV) / video cartridge recorder, video cassette recorder (VCR) ‖ ~**-Kolben** *m* (zur Veränderung des Verdichtungsverhältnisses) (V-Mot) / variable-compression ratio piston
**VD** (Chem, Phys) / evaporation number
**VDE** (EDV) / generalized drawing primitive, GDP ‖ ~ = Verband Deutscher Elektrotechniker e.V.
**VDI** = Verein Deutscher Ingenieure e.V.
**VDR-Widerstand** *m* (Eltronik) / varistor* (QVR) *n*, voltage-dependent resistor, VDR
**VE** / unit of account
**Vebe-Konsistenzmesser** *m* (HuT) / V.-B. consistometer, vebe apparatus
**Vector-processing** *n* (EDV) / vector processing
**Vector-scan** *m* (Eltronik) / vector scan
**Vedunkelung** *f* (Licht) / dimming *n*
**Végardsche Regel** (für Substitutionsmischkristalle) (Hütt, Krist) / Vegard's law
**Vegetabilgerbstoff** *m* (Leder) / tannin *n*, vegetable tanning agent
**vegetabilisch** *adj* / vegetable* *adj* (dye, fat, glue, oil), plant *attr* ‖ ~**es Elfenbein** (das in der Drechslerei verarbeitete Sameninnere der Elfenbein- oder Steinnußpalme) / vegetable ivory ‖ ~**e Faser** (Tex) / vegetable fibre, plant fibre ‖ ~**es Fleisch** (Nahr) / textured vegetable protein, TVP ‖ ~**e Gerbung** (mit Rinde als Gerbmittel) (Leder) / bark tannage, bark tanning, barking *n* ‖ ~**e Gerbung** (mit pflanzlichen Gerbmitteln wie Rinde, Holz, Blätter, Früchte und Fruchtschuppen) (Leder) / vegetable tanning ‖ ~**er Naturfarbstoff** / vegetable dye, vegetable dyestuff ‖ ~**es Pergament** (Pap) / vegetable parchment* ‖ ~**er Schwefel** (Gieß, Pharm) / lycopodium *n* ‖ ~**es Wachs** / vegetable wax ‖ ~**e Wolle** (Tex) / kapok* *n*, Java cotton, ceiba *n*, capoc *n*, silk cotton
**Vegetation** *f* (Bot, Umwelt) / vegetation *n*, plant cover, vegetation cover, vegetative cover, cover *n*
**Vegetations•abfolge** *f* (Bot) / succession *n* ‖ ~**bewirtschaftung** *f* / vegetation management ‖ **natürliche** ~**decke** (Umwelt) / natural vegetation ‖ ~**periode** *f* (derjeniger Zeitraum des Jahres, in dem Pflanzen fotosynthetisch aktiv sind) (Bot) / vegetative period, growing season ‖ ~**profil** *n* (Bot) / transect* *n*, vegetation profile ‖ ~**rückhalt** *m* (Bot) / interception *n* ‖ ~**ruhe** *f* (Landw) / vegetative rest ‖ ~**transekt** *n* (zur Vegetationsanalyse) (Bot) / transect* *n*, vegetation profile ‖ ~**zeit** *f* (derjenige Zeitraum des Jahres, in dem Pflanzen fotosynthetisch aktiv sind) (Bot) / vegetative period, growing season
**vegetativ** *adj* (Bot, Physiol) / vegetative *adj* ‖ ~**es Verdunstungswasser** (Wasserb) / vegetal discharge (the emission of groundwater) ‖ ~**e Vermehrung** (durch Zerfall und Zerteilung) (Bot) / vegetative propagation*
**VE-Harz** *n* (Plast) / vinyl resin, polyvinyl resin, vinyl plastic
**Vehiculum** *n* (pl. Vehicula) (wirkungsloser Stoff, in dem die wirksamen Stoffe gelöst bzw. verteilt sind) (Pharm) / vehicle *n*
**Vehikel** *n* (Anstr) / medium* *n* (pl. media or mediums), vehicle* *n*, paint vehicle, paint base ‖ ~ (wirkungsloser Stoff, in dem die wirksamen Stoffe gelöst bzw. verteilt sind) (Pharm) / vehicle *n*
**Veilchen•blau** *n* / violet *n* ‖ ~**holz** *n* (Australisches - aus Acacia homalophylla A. Cunn. ex Benth.) (For) / yarran *n* ‖ ~**wurzelöl** *n* (das etherische Öl des Rhizoms der Iris sp.) / orris oil, oil of orris, orrisroot oil, violet-root oil, iris oil
**V-Einschnitt** *m* / V-cut *n*
**Vektograf** *m* (Opt) / vectograph *n*
**Vekton** (Kernphys) / vecton *n*, vector particle, vectorial particle
**Vektor** *m* (pl. -en - Überträger von Krankheitserregern) (Biol, Med) / vector* *n* ‖ ~ (eindimensionales Feld geordneter gleichartiger Größen) (EDV) / vector *n* ‖ ~ (mathematisch-physikalische richtungsabhängige Größe nach DIN 1303) (Eltech, Math, Phys) / vector* *n* ‖ ~ (replizierbares DNS-Molekül, das zur In-vivo-Klonierung von Nukleinsäuren dient) (Gen) / vector *n* ‖ **axialer** ~ (z.B. der Winkelgeschwindigkeit) (Phys) / axial vector ‖ **axialer** ~ (Phys) ‖ **freier** ~ (Phys) / free vector ‖ **gebundener** ~ (mit festem Anfangspunkt) (Mech) / bound vector* ‖ **inkrementaler** ~ (EDV) / incremental vector ‖ **komplanare** ~**en** (Math, Phys) / coplanar vectors* ‖ **komplexer** ~ (DIN 5483, T 3) / complex vector ‖ **Lenzscher** ~ (Phys) / Runge vector ‖ **lichtartiger** ~ (Vierervektor mit dem Betrag Null) (Math, Phys) / null vector ‖ **orthogonale** ~**en** (wenn sie senkrecht aufeinander stehen) (Math) / orthogonal vectors* ‖ **p-**~ (Phys) / multivector *n*, alternating tensor ‖ **polarer** ~ (im Unterschied zum axialen Vektor) (Phys) / polar vector ‖ **Poyntingscher** ~ (Eltech) / Poynting vector* ‖ **projektiver** ~ (Math) / projective vector ‖ **vom Nullvektor verschiedener** ~ (Math, Phys) / non-zero vector ‖ **zeitartiger** ~ (Phys) / timelike vector ‖ **zusammengesetzter** ~ (in der grafischen Datenverarbeitung) (EDV) / composite vector, line segment
**Vektor•addition** *f* (Math, Phys) / vector addition*, vector coupling ‖ ~**additionskoeffizient** *m* (der die Kopplung zweier Drehimpulseigenfunktionen beschreibt) (Phys) / vector coupling coefficient, Clebsch-Gordan coefficient, Wigner coefficient ‖ ~**algebra** *f* (algebraische Regeln für das Rechnen mit Vektoren) (Math) / vector algebra* ‖ ~**analysis** *f* (Math) / vector analysis ‖ ~**anzeige** *f* (EDV) / vector display ‖ ~**artig** *adj* (Phys) / vector-like *adj* ‖ ~**-Axialvektor-Kopplung** *f* (Kernphys) / vector-axial-vector coupling, V-A coupling ‖ ~**-Axialvektor-Theorie** *f* (Kernphys) / vector-axial-vector theory ‖ ~**bild** *n* (EDV) / vector image ‖ ~**bildschirm** *m* **mit Bildwiederholung** (EDV) / calligraphic display, directed-beam display ‖ ~**boson** *n* (hypothetisches Elementarteilchen) (Kernphys) / vector boson, vectorial boson ‖ ~**darstellung** *f* (Math) / vector representation ‖ ~**dichte** *f* (Math) / vector density ‖ ~**display** *n* (EDV) / vector display ‖ ~**dominanzmodell** *n* (Kernphys) / vector dominance model, VDM ‖ ~**dreieck** *n* (Mech) / triangle of vectors ‖ ~**elektrokardiogramm** *n* (Eltronik, Med) / vector electrocardiogram, vectorcardiogram *n*, monocardiogram
**Vektorenbekämpfung** *f* (Landw, Med) / vector control
**Vektor•feld** *n* (eine Abbildung, die jedem Punkt einer Menge einen Vektor zuordnet, Math, Phys) / vector field (a function that assigns to each point of a multidimensional region a multidimensional vector) ‖ ~**feld in der Maxwellschen Nahwirkungstheorie** (Elektr) / field near a current ‖ ~**feldröhre** *f* (Phys) / vector tube ‖ ~**fluß** *m* (durch die Fläche) (Math) / flux* *n* ‖ ~**funktion** *f* (Math) / vector function *n* ‖ ~**generator** *m* (eine Funktionseinheit zur Vereinfachung der Dateneingabe bei grafischen Ausgabegeräten) (EDV) / vector generator ‖ ~**gleichung** *f* (in den Vektoren auftreten) (Math, Phys) / vector equation (of a line, of a plane) ‖ ~**gradient** *m* (Math) / vector

gradient ‖ ⁓**grafik** f (Grafik bei professionellen Zeichenprogrammen, die nicht aus einzelnen Pixeln gebildet wird, sondern aus Vektoren) (EDV) / vector graphics* ‖ ⁓**grafisches Touchscreen-Bildschirmterminal** (EDV) / vectographic touch-screen CRT display terminal ‖ ⁓**größe** f (Phys) / vector quantity, directed quantity

**vektoriell** adj (Eltech, Math, Phys) / vectorial adj ‖ ~e **Darstellung** (Math) / vector representation ‖ ~e **Dichte** (Math) / vector density ‖ ~es **Feld** (Math, Phys) / vector field (a function that assigns to each point of a multidimensional region a multidimensional vector) ‖ ~e **Größe** (DIN 1313) (Phys) / vector quantity, directed quantity ‖ ~e **Summe** (Math) / vector sum, vectorial sum, geometric sum ‖ ~es **Teilchen** (Kernphys) / vecton n, vector particle, vectorial particle

**Vektorinterrupt** n (eine Interruptstruktur) (EDV) / vector interrupt, vectored interrupt

**vektorisieren** v (EDV) / vectorize v

**vektorisiert • er Programmteil** (EDV) / vectored program section ‖ ~e **Unterbrechung** (EDV) / vector interrupt, vectored interrupt

**Vektor • iteration** f (Math) / vector iteration ‖ ⁓**kardiogramm** n (Eltronik, Med) / vector electrocardiogram, vectorcardiogram n, monocardiogram n ‖ ⁓**komponenten** f pl (Projektionen auf die Koordinatenachsen des zugehörigen Raumes) (Phys) / component vectors ‖ ⁓**kopplung** f (Phys) / vector coupling ‖ ⁓**meson** n (Kernphys) / vector meson ‖ ⁓**modell** n (der Atomhülle - zusammenfassende Bezeichnung für die verschiedenen Verfahren zur Kopplung der Bahnimpulse und der Spindrehimpulse der Elektronen der Atomhülle zum Gesamtdrehimpuls) (Kernphys) / vector model ‖ ⁓**plotter** m (EDV) / vector plotter ‖ ⁓**polygon** n (Phys) / vector polygon, polygon of vectors ‖ ⁓**potential** n (Hilfsgröße zur Berechnung des magnetischen Feldes) (Eltech) / vector potential* ‖ **magnetisches** ⁓**potential** (DIN 1324, T 1) (Mag) / magnetic vector potential ‖ ⁓**processing** n (EDV) / vector processing ‖ ⁓**produkt** n (im engeren Sinne) (Math) / cross product (of a vector)*, vector product* ‖ ⁓**produkt** (als Oberbegriff) (Math) / vector product* ‖ ⁓**prozessor** m (EDV) / array processor* ‖ ⁓**raum** m (Math) / vector space*, tangent space ‖ **tangierender** ⁓**raum** (Math) / tangent vector space, tangent space ‖ **normierter** ⁓**raum** (Math) / normed linear space, normed vector space ‖ ⁓**rechnung** f (Vektoralgebra + Vektoranalysis) (Math) / vector calculus ‖ ⁓**-Refresh-Bildschirm** m (EDV) / vector-refresh screen ‖ ⁓**röhre** f (Phys) / vector tube ‖ ⁓**scan** m (eine Methode der Bild- und Zeichendarstellung, bei der im Gegensatz zum Rasterscan die darzustellenden Figuren und Zeichen mit dem Elektronenstrahl als zusammenhängende Linien geschrieben werden) (Eltronik) / vector scan ‖ ⁓**-scan-Verfahren** n (Eltronik) / vector scan ‖ ⁓**schriftart** f (Zeichensatz, dessen einzelne Zeichen nicht durch Pixel sondern durch Vektoren gebildet werden) (EDV) / vector font ‖ ⁓**skop** n (TV) / vectorscope* n ‖ ⁓**steuerung** f (Raumf) / vector steering ‖ ⁓**strom** m (Phys) / vector current ‖ ⁓**summe** f (Math) / vector sum, vectorial sum, geometric sum ‖ ⁓**unterbrechung** f (EDV) / vector interrupt, vectored interrupt ‖ ⁓**verband** m (Math) / Riesz space ‖ ⁓**wertig** adj (Math, Stats) / vector-valued adj ‖ ⁓**zerleger** m (Regeln) / vector resolver, resolver n

**Velin** n (weiches Schreibpergament) / vellum* n, parchment n ‖ (eine Art von dickem Schreibpapier) (Pap) / vellum* n ‖ ⁓**-Egoutteur** m (Pap) / wove dandy ‖ ⁓**glasur** f (Keram) / vellum glaze (a semi-matte glaze having a satin-like appearance due to the presence of minute crystals of zinc silicate, zinc titanate, or lead titanate in the fired glaze surface) ‖ ⁓**papier** n (DIN 6730) (Pap) / wove paper*, wire-wove paper ‖ ⁓**papier** (Pap) / vellum* n

**Vellapineytalg** m / malabar tallow, piney tallow

**Vello-Verfahren** n (Formgebungsverfahren zum Herstellen von Rohren durch Auslaufen des Glases aus einer Ringdüse vertikal nach unten und Umlenken des Rohrstranges vor dem Erstarren in die Horizontale) (Glas) / Vello process

**Vellumglasur** f (Keram) / vellum glaze (a semi-matte glaze having a satin-like appearance due to the presence of minute crystals of zinc silicate, zinc titanate, or lead titanate in the fired glaze surface)

**velourieren** v (Maschenware für Wäschestoffe) (Tex) / nap v, raise v, suede v ‖ ⁓ n / flocking n, flock coating, flock finishing, flock spraying ‖ ⁓ (von Maschenwaren für Wäschestoffe) (Tex) / napping n, raising* n, sueding n, suede finish

**velourisieren** v (Maschenware für Wäschestoffe) (Tex) / nap v, raise v, suede v ‖ ⁓ n (Tex) / napping n, raising* n, sueding n, suede finish

**Velourleder** n (gefettetes Leder aus Kalbsfellen) (Leder) / reversed calf, hunting calf, trench calf ‖ **kräftig gebeiztes** ⁓ (aus Lammfell) (Leder) / French antelope lambskin, French antelope finish

**Velours** n (Leder) / reversed calf, hunting calf, trench calf ‖ ⁓ m (Kammgarn oder Streichgarn aus Wolle - ein Gewebe mit Unterschuß) (dickes Wollstreichgarngewebe mit gerauhter samtartiger Oberfläche - ein Doppelgewebe) (Tex) / velour* n, velours n, velours de laine, suede-cloth n ‖ ⁓ (Florgewebe) (Web) / pile fabric ‖ **gerauhter** ⁓ (Tex) / brushed velvet, brushed velours ‖ ⁓ **de laine** m (dickes Wollstreichgarngewebe mit gerauhter samtartiger Oberfläche - ein Doppelgewebe) (Tex) / velour* n, velours n, velours de laine, suede-cloth n ‖ ⁓**ausrüstung** f (Tex) / velours finish, velvet finish, suede finish ‖ ⁓**leder** n (Leder) / reversed calf, hunting calf, trench calf ‖ ⁓**papier** n (Pap) / velour paper*, suede paper, flock paper ‖ ⁓**schleifen** v (nur Infinitiv oder Partizip) (Leder) / suede v ‖ ⁓**spalt** m (Leder) / suede split ‖ ⁓**tapete** f (Pap) / flock-paper n, flock-wallpaper n ‖ ⁓**teppich** m (kurzpolig) (Tex) / velvet carpet, velvet-pile carpet ‖ ⁓**teppich** (hochpolig) (Tex) / cut-pile carpet

**Veloutine** m (ripsartig wirkender halbseidener Kleiderstoff in Leinwandbindung) (Tex) / veloutine n

**Velox-Kessel** m (ein Zwangumlaufkessel) (Masch) / Velox boiler

**Velozipedkran** m (Masch) / monorail crane

**Velpel** n (ein Samtgewebe) (Tex) / feather shag, nap n (of a hat), velpel n (silk plush used for men's hat)

**Velveret** m (Tex) / velveret n

**Velvet** m n (glatter Schußsamt) (Tex) / velvet n (with weft face)

**Velveteen** m (eine stärkere Qualität von Schußsamt) (Tex) / velveteen* n

**Velvetine** f (eine stärkere Qualität von Schußsamt) (Tex) / velveteen* n

**Velvet • leder** n (narbenseitig samtartig geschliffenes Leder aus ungespaltenen Fellen) (Leder) / velvet leather ‖ ⁓**mattierung** f (Glas) / velvet finish, satin finish

**Velveton** m (eine Samtimitation als Wildledererersatz) (Tex) / velveton n

**Vendor-independent Messaging** n (EDV) / vendor-independent messaging, VIM

**Venetianischrot** n (eine dunkle Sorte von natürlichem Eisenoxidrot, dunkler als Englischrot) (Anstr) / Venetian red ‖ s. auch Polierrot

**Venezianerbogen** m (Arch) / Venetian arch*

**venezianisch • er Bogen** (von einem Faszienrundbogen überfangener Zwillingsbogen mit Scheitelkreis und Spandrillen) (Arch) / Venetian arch* ‖ ~es **Fenster** (nach Palladio und Serlio) (Arch) / Venetian window*, Palladian window ‖ ~es **Glas** (z.B. Faden- oder Flügelgläser) (Glas) / Venetian glass ‖ ~er **Terpentin** (aus Larix decidua Mill.) (Anstr) / Venice turpentine (the oleoresin of the Tyrolean larch), larch turpentine

**Venezianischrot** n (eine dunkle Sorte von natürlichem Eisenoxidrot, dunkler als Englischrot) (Anstr) / Venetian red

**Veneziano-Modell** n (Kernphys) / Veneziano model

**Venn** n (Geol) / fen* n, bog* n, moor* n (US), swamp n, moorland* n, marsh n ‖ ⁓**-Diagramm** n (nach J. Venn, 1834-1923) (Math) / Venn diagram* (a method of displaying relations between subsets of some universal set), Euler diagram

**Vent Extruder** (Plast) / vent(ed) extruder

**Ventil** n (Stellventil) (Fernm) / valve n ‖ ⁓ (Hahn) (Masch) / cock valve, valve cock ‖ ⁓ (als Absperrorgan) (Masch) / valve* n (shutoff) ‖ ⁓**e** n pl (deren Gesamtheit in einer Anlage) (Masch) / valving n ‖ ⁓ (als Regel- und Steuerungsorgan) (Masch, Regeln) / valve* n (regulating)* ‖ **doppelsitziges** ⁓ (Masch) / double-seated valve ‖ **elektrisches** ⁓ (Eltech) / rectifier* n ‖ **elektrohydraulisches** ⁓ (Eltech) / electrohydraulic valve ‖ **elektromagnetisches** ⁓ (Eltech, Kfz) / solenoid-operated valve, solenoid valve, electrovalve n ‖ **hängendes** ⁓ (V-Mot) / overhead valve*, OHV ‖ **hilfsgesteuertes** ⁓ (Masch) / pilot-operated valve ‖ **hinter dem** ⁓ (z.B. Druck) / downstream the valve ‖ **hydraulisches** ⁓ (Masch) / hydraulic valve (for hydraulic control) ‖ **keramisches** ⁓ (Masch) / ceramic valve ‖ **natriumgefülltes** ⁓ (V-Mot) / sodium-cooled exhaust valve ‖ **parallele** ⁓ (Kfz) / parallel valves ‖ **säurefestes** ⁓ (Chem Verf) / acid valve ‖ **stehendes** ⁓ (V-Mot) / side valve* ‖ **vor dem** ⁓ (z.B. Druck) (Masch) / upstream the valve ‖ ⁓ **des Gasmotors** (Masch) / ignition valve, ignition slide ‖ ⁓ **mit Antrieb** (Masch) / power-operated valve, motor-operated valve ‖ ⁓ **mit Eisengefäß** (Eltech) / steel-tank rectifier* ‖ ⁓ **mit kugeligem Gehäuse** (Masch) / globe valve ‖ ⁓ **mit Mebranabschluß** (Masch) / diaphragm valve ‖ ⁓ **ohne Stopfbuchse** (Masch) / glandless valve

**Ventil • ableiter** m (Einrichtung zum Ableiten einer die Isolation gefährdenden elektrischen Überspannung) (Eltech) / valve arrester n ‖ ⁓**anbohrapparat** m (für Anbohrschellen) (Masch) / pipe-boring apparatus, pipe-boring box ‖ ⁓**anbohrschelle** f (DIN 3750) (Masch) / pipe-boring saddle with stop valve ‖ ⁓**anordnung** f (Kfz) / valve arrangement, valve layout

**Ventilations • farbe** f (für Holzaußenflächen - die die Feuchtigkeit in höherem Maße diffundieren läßt) (Anstr) / paint permeable to water vapour (migration) ‖ ⁓**öffnung** f (Masch) / louver n, louvre n ‖ ⁓**verlust** m (Eltech) / windage loss

**Ventilator** m (Kfz) / cooling fan ‖ ⁓ (Masch) / fan* n, ventilating fan ‖ **drückender** ⁓ (eines Kühlturms) / forced-draught fan ‖ **oszillierender** ⁓ / oscillating fan ‖ **saugender** ⁓ (Masch) / suction fan, induced-draught fan ‖ ⁓**deck** n (obere Abdeckung eines saugbelüfteten Kühlturms, auf der die maschinelle Einrichtung und der Ventilatorschacht angeordnet sind) / fan deck ‖ ⁓**gebläse** n (Masch) / fan blower ‖ ⁓**keilriemen** m (Kfz) / fan belt, vee belt ‖

**Ventilatorkühlturm**

~**kühlturm** m / mechanical-draught cooling tower, induced-draught cooling tower, forced-draught cooling tower ‖ ~**kühlturm mit Naturzugunterstützung** / fan-assisted natural draught cooling tower ‖ ~**kühlung** f (Kfz, Masch) / fan cooling* ‖ ~**lüftung** f (Masch) / fan ventilation, mechanical ventilation, forced ventilation ‖ ~**nabe** f (Masch) / fan hub ‖ ~**rundkühlturm** m / round mechanical draught cooling tower ‖ ~**rundkühlturm mit einem saugenden Ventilator** / single-fan round induced-draught cooling tower ‖ ~**rundkühlturm mit mehreren saugenden Ventilatoren** / multifan round induced-draught cooling tower

**Ventil•ausheber** m (V-Mot) / decompressor n ‖ ~**betätigung** f (Masch) / valve actuation, valve operation ‖ ~**block** m (Masch) / valve set ‖ ~**boden** m (ein Kolonneneinbau, z.B. System Glitsch) (Chem Verf) / valve tray, valve plate ‖ ~**bohrer** m (für Sand und Kies) (Bergb) / valve wimble, valve auger ‖ ~**bohrung** f (Kfz, Masch) / valve bore ‖ ~**brunnen** m (eine öffentliche Zapfstelle) (HuT) / self-closing fountain ‖ ~**deckel** m (Masch) / valve cover, valve cap ‖ ~**deckel mit Spindelführung** (Masch) / valve bonnet ‖ ~**diagramm** n (Masch) / valve diagram* ‖ ~**einsätze** m pl (V-Mot) / valve inserts*, valve-seat inserts ‖ ~**einschleifpaste** f (Kfz) / valve-grinding compound, valve-lapping compound, valve-seating abrasive ‖ ~**einstellschlüssel** m (Kfz, Werkz) / valve-adjusting wrench, valve-adjusting tool ‖ ~**einstellung** f (V-Mot) / valve setting, valve adjustment ‖ ~**erhebung** f (Masch, V-Mot) / valve lift ‖ ~**feder** f (die das Ventil auf seinen Sitz drückt) (Masch, V-Mot) / valve spring* ‖ ~**federheber** m (zum Spannen der Ventilfeder beim Aus- und Einbau) (V-Mot, Werkz) / valve-spring lifter ‖ ~**federhebezange** f (V-Mot, Werkz) / valve-spring lifter ‖ ~**flattern** n (Masch) / valve bounce*, valve float, valve flutter ‖ ~**führung** f (V-Mot) / valve guide ‖ ~**führungsbuchse** f (V-Mot) / valve guide ‖ ~**gehäuse** n (Masch) / valve box, valve body, valve chest, valve chamber ‖ ~**gesteuert** adj (Masch) / valve-controlled adj ‖ ~**gewinde** n (nach DIN 7756) (Masch) / valve thread ‖ ~**gitter** n (Luftf) / flap-valve grid ‖ ~**hub** m (als Vorgang) (Masch, V-Mot) / valve lift

**ventilieren** v (Masch) / aerate v, vent* v, ventilate v

**Ventil•kammer** f (Masch) / valve box*, valve body, valve chest*, valve chamber ‖ ~**kammer** (im Zylinderkopf seitlich angeordnete Kammer zur Aufnahme stehender Ventile) (V-Mot) / valve chamber ‖ ~**kanal** m (Masch) / valve port ‖ ~**kegel** m (bei Auslaufventilen) (Masch) / jumper n ‖ ~**kegel** (Form des Ventils) (Masch) / valve cone ‖ ~**kegel** (Masch) / valve disk (the movable portion of a valve), valve plug, plug-type disk (of a valve) ‖ ~**kegelstück** n (Kfz) / valve keeper, valve lock, valve-locking key, split keeper ‖ ~**keil** m (Kfz) / valve keeper, valve lock, valve-locking key, split keeper ‖ ~**keil** (Halterung des Ventilfedertellers) (V-Mot) / valve key ‖ ~**kennlinie** f (Masch) / valve characteristic* ‖ ~**klappe** f (Masch) / flap-valve* n ‖ ~**körper** m (Masch) / valve body ‖ ~**leine** f (des Freiballons) (Luftf) / valve line ‖ ~**loch** n (in der Felge) (Kfz) / valve hole ‖ ~**lose Radialkolbenpumpe** (Masch) / pintle-ported radial-piston pump, valve-spindle radial-piston pump ‖ ~**öffnungsdiagramm** n (V-Mot) / valve-opening diagram* ‖ ~**prellen** n (Masch) / valve bounce*, valve float, valve flutter ‖ ~**sack** m (Masch) / valve sack, valve paper bag ‖ ~**schaft** m (V-Mot) / valve stem (with axial lift), valve shaft, valve rod, valve spindle ‖ ~**schaftabdichtung** f (mit einem Dichtring) (V-Mot) / valve-stem seal, valve-guide seal ‖ ~**schleifpaste** f (Kfz) / valve-grinding compound, valve-lapping compound, valve-seating abrasive ‖ ~**schwingung** f (Masch) / valve bounce*, valve float, valve flutter ‖ ~**sitz** m (zur Auflage des Ventiltellers) (V-Mot) / valve seat ‖ ~**sitzfläche** f (am Ventil) (Masch) / valve face* ‖ ~**sitzfräser** m (ein Formfräser) (Masch, V-Mot) / valve-seat cutter ‖ ~**sitzringe** m pl (V-Mot) / valve inserts*, valve-seat inserts ‖ ~**sitzwinkel** m (V-Mot) / valve-seat angle ‖ ~**spiel** n (Unterbrechung der Kraftschlüssigkeit zwischen Ventilantrieb und Ventil) (V-Mot) / valve clearance, valve lash, valve play ‖ ~**spieleinstellung** f (zwischen Ventilschaftende und Ventilstößel) (V-Mot) / valve setting, valve adjustment ‖ ~**spindel** f (V-Mot) / valve stem (with axial lift), valve shaft, valve rod, valve spindle ‖ ~**stahl** m (für Ventile von Verbrennungsmotoren) (Hütt) / valve steel ‖ ~**stellung** f (Masch) / valve position ‖ ~**steuerung** f (als Mechanismus) (Kfz, Masch) / valve-gear* ‖ ~**steuerung** (als Tätigkeit) (Kfz, Masch) / valve timing, valve control ‖ ~**steuerung** (der Dampfmaschine) (Masch) / trip gear* ‖ ~**stopfen** m (Masch) / valve plug ‖ ~**stößel** m (zwischen Nocken und Ventil) (V-Mot) / tappet* n, cam follower ‖ ~**teller** m (bei Umschalt- und Klappventilen) (Masch) / valve disk ‖ ~**teller** (Teil des Ventils, der auf dem Ventilsitz den Verbrennungsraum gegen den Einlaß- oder Auslaßkanal abdichtet) (V-Mot) / valve head ‖ ~**trieb** m (Kfz, Masch) / valve gear ‖ ~**überdeckung** f (V-Mot) / valve overlap ‖ ~**überschneidung** f (V-Mot) / valve overlap ‖ ~**verzögerung** f (Masch) / valve lag ‖ ~**voröffnung** f (Masch) / valve lead ‖ ~**werkstoff** m (WP) / valve material

**Ventrikulografie** f (Radiol) / ventriculography* n

**Venture-Kapital** n / risk capital, venture capital

**Venturi•Abscheider** m (Chem Verf, Hütt) / Venturi scrubber ‖ ~**-Düse** f (nach G.B. Venturi, 1746-1822) (Luftf) / venturi* n, Venturi tube ‖ ~**-Düse** (zur Mengenmessung nach dem Wirkdruckprinzip) (als Meßgerät) (Masch) / venturi meter* ‖ ~**-Kanal** m (mit speziell definiertem Abflußquerschnitt) (Wasserb) / venturi flume*, Venturi flume ‖ ~**-Kanal** (verbesserter Bauweise) (Wasserb) / improved Venturi flume, Parshall measuring flume ‖ ~**-Rohr** n (Luftf) / venturi* n, Venturi tube ‖ ~**-Rohr** (als Meßgerät) (Masch) / venturi meter* ‖ ~**-Wascher** m (Chem Verf, Hütt) / venturi scrubber ‖ ~**-Wäscher** m (zum Kühlen und Entstauben von Abgasen sowie zum Auswaschen und Absorbieren von Dämpfen oder in Naß-Spritzkabinen) (Chem Verf, Hütt) / Venturi scrubber

**Ventzke-Skale** f (bei Sacharimetern) (Chem) / Ventzke scale

**Venushaar** n (Min) / flèches d'amour*, Venus' hair stone*, love arrows*, cupid's darts*

**Venussonde** f (z.B. Magellan) (Raumf) / Venus probe

**VEP** (For) / verawood n

**Vera** n (For) / verawood n

**verabfolgen** v (Pharm) / administer v, apply v

**Verabfolgung** f (Pharm) / administration n, application n

**verabreichen** v (Pharm) / administer v, apply v

**Verabreichung(sart)** f (Pharm) / administration n, application n

**Veracevin** n (Chem, Med) / cevadine n, crystalline veratrine

**verallgemeinern** v / generalize v

**verallgemeinert** adj (Math, Phys) / generalized adj ‖ ~**es Darstellungselement** (EDV) / generalized drawing primitive, GDP ‖ ~**e Funktion** (Math) / distribution n ‖ ~**es Hooke-Gesetz** (Phys) / generalized Hooke's law ‖ ~**e Koordinaten** (Phys) / generalized coordinates, generalized coordinates ‖ ~**e Kraft** (in den Lagrangeschen Bewegungsgleichungen) (Phys) / generalized force

**Verallgemeinerung** f / generalization n

**veraltet** adj (Daten) (EDV) / aged adj, decaying adj ‖ ~**e Information** (EDV) / obsolete information

**veraluminieren** v / aluminize v

**Veranda** f (pl. -den) (Arch) / veranda n, verandah n, porch n (US) ‖ **offene** ~ (Bau) / stoop* n, stoep* n

**veränderbar** adj / variable adj ‖ ~**es Dämpfungsglied** (Fernm) / variable-loss attenuator ‖ ~**er Kondensator** (Eltech) / variable capacitor ‖ ~**e Tragflügelgeometrie** (Luftf) / variable sweep*, swing-wing* n, variable geometry*, VG ‖ ~**er Widerstand** (als Gerät) (Eltech) / rheostat* n ‖ ~**er Widerstand** (als Erscheinung) (Eltech) / variable resistance*

**veränderlich** adj / variable adj ‖ ~**e Besuchsschaltung** (Fernsp) / flexible call transfer ‖ ~**es Feld** (Phys) / variable field ‖ ~**e** (durchstimmbare) **Frequenz** (Fernm) / variable frequency ‖ ~**e Kapazität** (Eltech) / variable capacitance ‖ ~**er Keil** (Opt) / variable-power prism, Risley prism, variable-deviation prism ‖ ~**e Kopplungsspule** (Eltech) / variocoupler* n, variometer n ‖ ~**e Pfeilung** (Luftf) / variable sweep*, swing-wing* n, variable geometry*, VG ‖ ~**er Präzisionswiderstand** (Gerät) (Eltech) / variable resistance* ‖ ~**e Sterne** (Astr) / variable stars*, variables pl ‖ ~**e Tragflügelgeometrie** (Luftf) / variable sweep*, swing-wing* n, variable geometry*, VG

**Veränderliche** m pl (Astr) / variable stars*, variables pl ‖ ~ f (EDV, Math, Phys) / variable* n ‖ **halbregelmäßige** ~ (eine Untergruppe der Pulsationsveränderlichen) (Astr) / semi-regular variables, SR variables ‖ **langperiodische** ~ (Mira-Sterne) (Astr) / long-period variables ‖ **pulsierende** ~ (Astr) / pulsating variable stars, pulsating stars ‖ **unregelmäßige** ~ (Astr) / irregular variables* ‖ **zufällige** ~ (Math) / random variable*, variate* n

**Veränderlichkeit** f / variability n

**verändernder Virus** (EDV) / manipulation virus

**Veränderung, physikalische** ~ (Phys) / physical change

**veränderungs•fähiger Ausbau** (Bergb) / yielding support, flexible support ‖ ~**satz** m (EDV) / change record, transaction record

**verankern** v (abspannen) / grapple v ‖ ~ (HuT, Masch) / anchor v ‖ ~ (Luftfahrzeuge auf dem Abstellplatz sicher befestigen) (Luftf) / picket v

**Verankerung** f (HuT) / deadman n, deadman* pl, anchor element, anchor block, anchor log, snub n ‖ ~ (HuT, Masch) / anchorage n, anchoring n, stay n, staying n ‖ ~ (sichere Befestigung eines Luftfahrzeugs auf dem Abstellplatz) (Luftf) / picketing n

**Verankerungs•grund** m (für abgeschiedene Schichten) (Anstr, Galv) / keying surface, key n ‖ ~**pfahl** m (für lotrechten Verbau der Baugrube) (HuT) / guide pile ‖ ~**obere schiene** (Gieß) / box bar ‖ ~**system** n (Erdöl) / mooring system, mooring pattern ‖ **in allen Richtungen gleich wirksames** ~**system** (Erdöl) / omnidirectional attack mooring system

**Veranschaulichung** f (einer Idee, einer Konzeption) / visualization n

**verantwortlich•er Luftfahrzeugführer** (Luftf) / pilot-in-command (PIC) n ‖ ~**e Person** (EDV) / controller n ‖ ~**er Pilot** (Luftf) / pilot-in-command (PIC) n

**Verantwortlichkeit** f / responsibility n

**Verantwortung** f / responsibility n
**Verantwortungsebene** f / responsibility level, RL
**verarbeitbar** adj / workable adj, processable adj, processible adj
**Verarbeitbarkeit** f / working property, workability n, processability n, processibility n, fabrication property ‖ ≈ (der Betonmasse) (HuT) / placeability n, plasticity n ‖ ≈ (meistens durch Zerspanung) (Masch) / machinability* n ‖ ≈ **des Betons** (Beweglichkeit, Zusammenhalt und Verdichtbarkeit des Frischbetons) (HuT) / concrete workability
**verarbeiten** v / process v, work v ‖ ~ **im Stapelbetrieb** (EDV) / batch v
**verarbeitete(s) Lebensmittel** (meistens industriell) (Nahr) / processed food(s)
**Verarbeitung** f (Vorgang) / processing n, treatment n, working n ‖ ≈ (von Daten) (EDV) / reduction n ‖ ≈ (der Getreide zu Stärke) (Nahr) / milling n ‖ **dateiabhängige** ≈ (EDV) / file-oriented processing ‖ **fortlaufende** ≈ (EDV, F.Org) / consecutive processing ‖ **gemeinsame** ≈ (EDV, F.Org) / coprocessing ‖ **massiv-parallele** ≈ / massive-parallel processing, MPP ‖ **nachrangige** ≈ (EDV) / background processing, backgrounding n, low-priority processing, BGP ‖ **parallele** ≈ (EDV) / parallel processing*, parallel running, simultaneous processing ‖ **rechnerabhängige** ≈ (EDV) / on-line processing* ‖ **sequentielle** ≈ (EDV) / sequential processing ‖ **serielle** ≈ (EDV) / serial processing ‖ **überlappte** ≈ (EDV) / overlapped processing ‖ **unmittelbare** ≈ (EDV) / demand processing, immediate processing, in-line processing ‖ **verriegelte** ≈ (EDV) / interlocked operation ‖ **verzahnt ablaufende** ≈ (EDV) / concurrent processing ‖ **volldigitale** ≈ (Eltronik) / fully digital processing ‖ **vorrangige** ≈ (EDV) / foreground processing*, foregrounding n ‖ ≈ f **der Pigmente** (z.B. durch Durchmischen, Rühren, Kneten) (Anstr) / knocking-up n ‖ ≈ **gesprochener Sprache** (EDV) / speech processing ‖ ≈ **im Direktzugriff** (EDV) / random-access processing, random processing ‖ ≈ **nach Prioritäten** (EDV) / priority processing ‖ ≈ **von Dateien** (EDV) / file processing
**Verarbeitungs•additiv** n (Masch) / processing aid ‖ ≈**anlage** f / processing plant ‖ ≈**bereich** m (Glas) / working range ‖ ≈**deck** n (Nahr, Schiff) / fish-factory deck, factory deck ‖ ~**fähig** adj / workable adj, processable adj, processible adj ‖ ≈**fähigkeit** f / working property, workability n, processability n, processibility n, fabrication property ‖ ≈**fähigkeit** (Masch) / machinability* n ‖ ~**gerecht** adj / suitable for processing ‖ ≈**geschwindigkeit** f (Instruktionen pro Zeiteinheit) (EDV) / processing speed ‖ ≈**güte** f / workmanship n, sound workmanship, craftsmanship n, workmanlike manner ‖ ≈**hilfe** f (die im Endprodukt nicht mehr vorhanden ist oder dort keine Wirkung mehr hat) (Masch) / processing aid ‖ ≈**hilfe** (Nahr) / technical aid ‖ ≈**hilfsmittel** (Masch) / processing aid ‖ ~**hilfsstoff** m (Masch) / processing aid ‖ ≈**industrie** f / processing industry ‖ ≈**instanz** f (Fernm) / application entity ‖ ≈**leistung** f (Eigenschaft eines Rechnersystems) (EDV) / processing power ‖ ≈**objekt** n (EDV) / processing object ‖ ≈**öl** n / processing oil ‖ ≈**pause** f (EDV) / hesitation n (a brief automatic suspension of a main program in order to carry out all or part of another operation, e.g. a fast transfer of data to or from a peripheral unit) ‖ ≈**programm** n (EDV) / processing program ‖ ≈**rechner** m (EDV) / host computer, central computer ‖ ≈**schiff** n (Nahr, Schiff) / fish-factory ship, factory ship ‖ ≈**temperatur** f / processing temperature ‖ ≈**überlappung** f / processing overlap ‖ ≈**verlust** m (bei Wollwäsche) (Tex) / sinkage n ‖ ≈**verlust** (Tex) / shrinkage* n (undesirable) ‖ ≈**viskosität** f (eines Beschichtungsstoffs) (Anstr) / spraying consistency, spraying viscosity ‖ ≈**werk** n (EDV) / arithmetic unit*
**verarmen** v (Eltronik, Nukl) / deplete v
**Verarmung** f (Eltronik, Nukl) / depletion* n ‖ ≈ (des Bodens) (Landw) / impoverishing n
**Verarmungs•randschicht** f (eine Randschicht, bei der die Dichte der freien Ladungsträger an der Halbleiteroberfläche kleiner als im Innern des Halbleiters ist) (Eltronik) / depletion layer, junction depletion layer ‖ ≈**typ** m (Eltronik) / depletion-mode transistor*, depletion-mode field-effect transistor, depletion-mode FET
**veraschen** v / ash vt, reduce to ashes ‖ **nasses** ≈ (Chem Verf) / wet ashing ‖ **trockenes** ≈ (Chem Verf) / dry ashing ‖ ≈ n **auf nassem Wege** (Chem Verf) / wet ashing ‖ ≈ **auf trockenem Wege** (Chem Verf) / dry ashing
**Veraschungs•anlage** f / incineration plant, incinerator n ‖ ≈**probe** f (Tex) / ashing test
**verästelnd, sich** ~ (For) / deliquescent adj
**Verästelung** f / ramification n, branching n ‖ ≈ (Durchschlagmechanismus beim Festkörperdielektrikum) (Eltech) / treeing n
**Veratrin** n (ein Gemisch von Veratrum-Steroidalkaloiden) (Chem) / veratrine n
**Veratrinum** n (Chem) / veratrine n
**Veratrol** n (ein Dimethoxybenzol) (Chem) / veratrol n, veratrole n (catechol dimethyl ether)
**Veratrum•aldehyd** m (3,4-Dimethoxybenzaldehyd) (Chem) / veratraldehyde n, veratrum aldehyde n ‖ ≈**alkaloide** n pl (Chem) / veratrum alkaloids ‖ ≈**-Steroidalkaloide** n pl (Chem) / veratrum alkaloids
**verätzen** v (Med) / burn v (by caustic media)
**Verätzung** f (an Pflanzen) (Landw) / scorch n, scorching n ‖ ≈ (Verletzung durch Ätzmittel) (Med) / burn n (by caustic media), chemical burn ‖ ≈ f (der Wunde) (Med) / cauterization n, cauterizing n
**Veräußerungswert** m / sale value
**Verawood** n (Bulnesia arborea Jacq.) (For) / verawood n
**Verb** n (COBOL) (EDV) / verb n
**verbacken** v (zusammen) / bake v (together)
**verbal** adj (Akus, KI) / verbal adj
**Verband** m (Bau) / bond* n, brick bond ‖ ≈ (Luftf) / formation n ‖ ≈ (Math) / lattice* n ‖ ≈ (Med) / bandage n, dressing* n ‖ ≈ (Längs-, Quer-, Eck- oder Schräg-) (Zimm) / joint n ‖ **atomarer** ≈ (bei dem jedes vom Nullelement verschiedene Element mindestens ein Atom umfaßt) (Kernphys) / atomic lattice ‖ **Boolescher** ≈ (Math) / Boolean algebra* ‖ **distributiver** ≈ (Math) / distributive lattice ‖ **gotischer** ≈ (in jeder Schicht wechseln ein Binder und ein Läufer und von Schicht zu Schicht liegen Binder und Läufer blockartig übereinander) (Bau) / Gothic bond ‖ **komplementärer** ≈ (Math) / complemented lattice ‖ **komplementärer distributiver** ≈ (Math) / complemented distributive lattice ‖ **märkischer** ≈ (Bau) / monk bond, Yorkshire bond, flying bond ‖ **mechanischer** ≈ (mit Bewehrung) (HuT) / mechanical bond ‖ **modularer** ≈ (Math) / modular lattice ‖ **semimodularer** ≈ (Math) / semi-modular lattice ‖ **subjunktiver** ≈ (Math) / Brouwerian lattice ‖ **überlappter** ≈ (Zimm) / shiplapping n, shiplap siding ‖ **vollständiger** ≈ (Math) / complete lattice ‖ ≈ m **mit den Binderschichten** (in Längsachse des Mauerwerks) (Bau) / heart bond*
**Verband•kasten** m (Med) / first-aid kit, first-aid box ‖ ≈**material** n (Med, Tex) / materials for dressings, antiseptic dressing, bandaging material, surgical bandage, bandage cloth, surgical cloth
**Verbands•deck** n (Schiff) / main deck* ‖ ≈**festigkeit** f **von Gestein** (Bergb) / rock factor, resistivity of rock, resistance to blasting ‖ ≈**flug** m (Luftf) / formation flight ‖ ≈**kasten** m (Med) / first-aid kit, first-aid box ‖ ≈**mull** m (Tex) / absorbent gauze, dressing gauze, mull n
**Verbandstein** m (Bau) / bondstone* n, bonder* n
**Verbandstheorie** f (Math) / lattice theory
**Verband•stoff** m (Med, Tex) / dressing n (a piece of material placed on a wound to protect it), bandaging material, surgical bandage ‖ ≈**watte** f (Med) / medicated cotton wool, cotton wool*, absorbent cotton, surgery wool, cotton n (US)
**Verbau** m (Bergb, HuT) / timbering* n, support n ‖ ≈ (der Baugrube mit Brettern oder Bohlen nach DIN 18303) (HuT) / sheathing* n, sheeting* n, timbering* n ‖ **nahtloser** ≈ (mit Bohlen) (HuT) / close timbering* n ‖ **teilweiser** ≈ (waagerechter, lotrechter) (HuT) / open sheeting
**verbauen** v (zum Bauen verbrauchen) (Bau) / use up v ‖ ~ (mit Stempeln) (Bergb) / prop v ‖ ~ (Bergb, HuT) / support v, timber v, set supports ‖ ~ (Bergb, HuT) s. auch verzimmern
**verbaut** adj / built-up adj
**Verbauteil, vertikales** (verspreiztes) ≈ (HuT) / soldier n, runner n (vertical timber sheet pile)
**Verbauung** f (Bau) / development n (of site)
**verbeißen** v (junge Bäume, Triebe) (For, Landw) / browse v, crop vt ‖ ≈ n (For, Landw) / browsing n, browse n
**Verbenenöl** n (aus Aloysia triphylla (L'Hér.) Britton) / verbena oil ‖ **Spanisches** ≈ (aus Thymus hiemalis) / Spanish verbena oil
**Verbenol** n (2-Pinen-4-ol) (Chem) / verbenol n
**Verbenon** n (2-Pinen-4-on) (Chem) / verbenone n
**verbessern** v / correct v ‖ ~ (Eigenschaften eines Werkstoffs) (WP) / improve v, upgrade v ‖ **punktuell** ~ (ein Programm) (EDV) / patch v
**Verbesserung** f / correction n ‖ ≈ (durch Nährstoffe) (Nahr) / fortification n, enrichment n, complementation n, supplementation n, nutrification n (US) ‖ ≈ (der Eigenschaften eines Werkstoffs) (WP) / improvement n, upgrading n ‖ ≈ **des Nährwertes** (z.B. Anreicherung, Vitaminierung) (Nahr) / fortification n ‖ ≈ **des Programms** (punktuelle) (EDV) / patching n
**verbesserungs•fähig** adj (Eigenschaft eines Werkstoffs) (WP) / upgradeable adj, upgradable adj ‖ ≈**mittel** n / improver n ‖ ≈**vorschlag** m (aus den Reihen der Belegschaft) / employee's suggestion
**verbeulen** v (Blech) (Kfz) / dent v
**verbeulte Felge** (Kfz) / dented rim
**Verbeulung** f / bulge n, bulging n
**verbiegbare Flächen** (Math) / applicable surfaces, isometric surfaces
**verbiegen** v / bend v, flex v
**Verbiegung** f (in äußeren Bereichen der Scheibe einiger Spiralgalaxien) (Astr) / warp n
**verbieten** v / prohibit v
**Verbildlichung** f (einer Idee, einer Konzeption) / visualization n

**verbilligen**

**verbilligen** v (Tarife, Gebühren) (Fernm) / reduce v
**verbilligter Nachttarif** (Fernsp) / reduced night-time rate
**verbinden** v / combine vt, compound v ‖ ~ / couple v ‖ ~ (Elemente) (Chem) / combine vt ‖ ~ (Chem) / interlink v, link v ‖ ~ (Fernsp) / connect v ‖ ~ (durch Rohre) (Masch) / pipe v ‖ ~ (fügen - auch mechanisch) (Masch) / connect v, join v ‖ sich ~ (Chem) / combine vi ‖ ~ durch Kerben (Masch) / stake v ‖ stoffschlüssiges ~ durch Löten und/oder Schweißen (Hütt) / metallurgical joining
**Verbinder** m (Eltech) / continuity-fitting* n ‖ ~ (Eltech, Masch) / connector n
**verbindlich** adj / mandatory adj
**Verbindung** f / connexion n (GB), connection n ‖ ~ (von chemischen Stoffen) (Chem) / compound* n ‖ ~ (Vorgang) (Chem) / linkage* n, interlinkage n, concatenation n, link-up n, linking n, catenation n ‖ ~ (als Prozeß) (Chem) / combination* n ‖ ~ (Eltech) / bridging connection ‖ ~ (Eltech, Radar) / joint* n ‖ ~ (Fernm) / nexus n ‖ ~ (Masch) / junction n ‖ ~ (Zimm) / joint n ‖ **abgehende** ~ (Fernm) / outgoing connection ‖ **additive** ~ (Chem) / additive compound ‖ **aliphatische** ~ (Chem) / aliphatic compound* ‖ **anorganische** ~ (Chem) / inorganic compound ‖ **aufgalvanisierte** ~ (Eltronik, Galv) / plated-up interconnection ‖ **berthollide** ~ (nach C.L. Graf von Berthollet, 1748-1822) (Chem) / berthollide n, Berthollide compound, nonstoichiometric compound* ‖ **bicyclische** ~ (Chem Verf) / bicyclic compound ‖ **binäre** ~ (Chem) / binary compound ‖ **bizyklische** ~ (Chem Verf) / bicyclic compound ‖ **chemische** ~ (Chem) / chemical compound* ‖ **direkte** (feste) ~ (Teleg) / direct circuit* ‖ **druckgespannte** (selbstdichtende) ~ (Masch) / pressure-seal joint ‖ **eine** ~ **eingehen** (Chem) / combine vi ‖ **eine** ~ **herstellen** (Fernm) / connect v, set up v (a connection) ‖ **einseitig gerichtete** ~ (Fernm) / one-way connexion ‖ **feste** ~ (Fernm) / point-to-point connection (GB), point-to-point circuit, dedicated connection (GB), fixed connection (GB) ‖ **feste** ~ (Masch) / static contact ‖ **feste elektrische** ~**en** (Eltech) / bonding* n ‖ **festgeschaltete** ~ (EDV, Fernm) / dedicated line (leased or privately owned), non-switched line ‖ **festgeschaltete** ~ (Fernm) / point-to-point circuit ‖ **formaldehydspaltende** ~ (Chem) / formaldehyde-releasing compound ‖ **geschweißte** ~ (Schw) / welded joint*, weld n, welded connection ‖ **gewählte virtuelle** ~ (Protokollvariante in der Paketvermittlungstechnik) (EDV) / virtual call facility ‖ **heiße** ~ (EDV) / hot link, automatic link ‖ **intermediäre** ~ (Chem) / intermediate* n, intermediate compound, intermediate product, intermediate substance ‖ **intermetallische** ~ (Chem, Hütt) / intermetallic compound*, intermediate constituent*, intermetallic n, intermetallic phase, intermediate phase, electron compound ‖ **keilgespundete** ~ (Tischl, Zimm) / vee joint* ‖ **komplexe** ~ (Chem) / complex compound, complex n ‖ **kupferorganische** ~ (Chem) / organocopper compound ‖ **leitende** ~ (Eltech) / ohmic contact (resistive contact between two conductors), conductive connection ‖ **makrozyklischen** ~**en** (Chem) / macrocyclic compounds, macrocycles* pl ‖ **mehrkernige** ~ (Chem) / polynuclear compound ‖ **nickelorganische** ~ (Chem) / organonickel compound ‖ **optische** ~ (Fernm, Opt) / line-of-sight link ‖ **organische** ~ (Chem) / organic compound ‖ **polare** ~ (Chem) / heteropolar compound, polar compound ‖ **quartäre** ~ (Chem) / quaternary compound ‖ **quaternäre** ~ (Chem) / quaternary compound ‖ **razemische** ~ (Chem) / racemic compound ‖ **spirocyclische** ~ (eine Verbindung, in der ein Kohlenstoffatom zwei Ringen gemeinsam angehört) (Chem) / spiro compound, spiran n ‖ **spirozyklische** ~ (eine Verbindung, in der ein Kohlenstoffatom zwei Ringen gemeinsam angehört) (Chem) / spiro compound, spiran n ‖ **starre** ~ (Masch) / rigid connection ‖ **ternäre** ~ (aus drei chemischen Elementen oder drei Molekül- bzw. Ionensorten) (Chem) / ternary compound ‖ **terpenoide** ~ (Chem) / terpenoid n, terpenoid compound ‖ **tertiäre** ~ (Chem) / tertiary compound ‖ **unlösbare** ~ (Schweiß-, Niet-, Klebe- oder Lötverbindung) (Masch) / permanent joint ‖ **vanadiumorganische** ~ (Chem) / organovanadium compound ‖ **verbrückte** ~ (Chem) / bridged compound ‖ **vierfach deuteriumsubstituierte** ~ (Chem, Kernphys) / tetradeuterocompound n ‖ **virtuelle** ~ (Paketvermittlungsverbindung gemäß CCITT-Empfehlung X.25) (EDV) / virtual circuit, VC, virtual route ‖ **Weitervermittlung der** ~ (Fernsp) / calling deflection ‖ **zyklische** ~ (Chem) / cyclic compound*, ring compound ‖ ~ f **durch Kerben** (Masch) / staking* n ‖ ~ **durch Kleben** / adhesive bonding, bonding n ‖ ~ **hergestellt** (Dienstsignal) (EDV, Fernm) / connected adj, COM ‖ ~ **hergestellt** (Teil des Verbindungsaufbaus) (EDV, Fernm) / call connected, call established ‖ ~ f **mit Dübeln** (Bau, Zimm) / dowel jointing ‖ ~ **mit fluktuierender Bindung** / fluxional compound
**Verbindungs•abbau** m (bei Videotex-Systemen) / log-off n ‖ ~**abbau** (EDV, Fernm) / disconnection n, disconnexion n (GB) ‖ ~**abhängiges Leistungsmerkmal** (Fernsp) / connection-dependent service feature ‖ ~**anforderung** f (EDV) / call request ‖ ~**aufbau** m (EDV, Fernm) / call set-up, connection set-up, call establishment ‖ ~**aufbaumeldung** f (Fernm) / set-up message ‖ ~**auflösung** f (Fernsp) / call clearing ‖ ~**aufspalten** n (ein Übermittlungsereignis) (Fernm) / splitting n ‖ ~**brücke** f (Schiff) / flying bridge ‖ **gebührenpflichtige** ~**dauer** (Fernsp) / billing time ‖ ~**dose** f (Eltech) / conduit box* ‖ ~**draht** m (Eltech) / jumper* n ‖ ~**element** n (Eltech, Masch) / connector n ‖ **[mechanisches]** ~**element** (z.B. Schraube, Niet - nach DIN 918) (Masch) / fastener* n ‖ ~**feld** n (Fernm) / patch bay* ‖ ~**gang** m / passageway n (that allows access between buildings or to different rooms within a building) ‖ ~**gerade** f (in einem Phasendiagramm) (Phys) / tie line ‖ ~**glied** n (Eltech, Masch) / connector n ‖ ~**glied** (mit Gelenken) (Masch) / link* n ‖ ~**glied** (für Ketten, Drahtseile) (Masch, Schiff) / shackle* n ‖ ~**halbleiter** m (aus wenigstens zwei chemischen Elementen verschiedener Wertigkeit) (Eltronik) / compound semiconductor, semiconducting compound ‖ ~**herstellung** f (Bau) / jointing* n ‖ ~**herstellung** (EDV, Fernm) / call set-up, connection set-up, call establishment ‖ ~**herstellungsdauer** f (EDV, Fernm) / set-up time, setting-up time ‖ ~**individuelle Gebührenübernahme** (allgemein) (Fernsp) / reverse charging, freephone service ‖ ~**kabel** n (Eltech, Kab) / connecting cable, interconnecting cable ‖ ~**kabel** (Rangierschnur) (Fernm) / plug wire*, patch cord ‖ ~**kabel zwischen Triebwagen** (Bahn) / jumper* n ‖ ~**klasse** f (z.B. Iodide) (Chem) / compound class ‖ ~**klemme** f (Eltech) / terminal n ‖ ~**klemme** (für metallische Teile) (Eltech) / bonding clip ‖ ~**kontakt** m (Eltronik) / via n ‖ ~**leitung** f (Sammelbezeichnung für Leitungen zwischen Vermittlungsstellen) (EDV, Fernsp) / trunk line*, trunk circuit*, intermode link, link* n ‖ **steckbare** ~**leitung** (Fernm) / plug wire*, patch cord ‖ **[gebündelte]** ~**leitung** (Fernm) / trunking* n ‖ ~**leitung** f **des Thermoelements** / extension lead wire, extension wire ‖ ~**leitung zwischen Kraftwerken** (oder zwischen einem Kraftwerk und einer Unterstation) (Kab) / trunk feeder*, trunk main*, trunk* n ‖ ~**leitungsbetrieb** m (Fernsp) / trunking n ‖ ~**linie** f (in einem Phasendiagramm) (Phys) / tie line ‖ ~**loch** n (bei der Durchkontaktierung) (Eltronik) / via hole ‖ ~**loch auf Innenebenen** (Eltronik) / buried via hole ‖ ~**logik** f (EDV) / interconnecting logic ‖ ~**los** adj (Vermittlungsdienst) (Fernm) / connectionless adj ‖ ~**löten** n (Fügen durch Löten) (Hütt) / solder joining ‖ ~**merkmal** n (Fernsp) / connection attribute ‖ **stählernes** ~**mittel** (z.B. Stahllasche oder Stahldollen) (Zimm) / timber connector*, connector* n ‖ ~**muffe** f (Eltech, Masch) / plain coupler*, sleeve* n, connector n, coupling sleeve ‖ ~**muffe** (die Kabel gleicher Bauart und gleichen oder unterschiedlichen Leiterquerschnitts verbindet) (Kab) / straight joint ‖ ~**netzbetreiberkennzahl** f (Fernsp) / carrier code ‖ ~**programmierte Steuerung** (Steuerungsart, deren Arbeitsweise durch die Verschaltung der einzelnen Bauelemente fest vorgegeben ist) (Regeln) / hard-wired control ‖ ~**schicht** f (EDV) / session layer ‖ ~**schicht** (Schicht 2 im ISO-Referenzmodell) (EDV, Fernm) / link layer ‖ ~**schicht** f (beim Nitrieren entstehende, bis 30 $\mu$m dicke Schicht aus Fe-Nitriden mit einem Porensaum, der etwa 30-50% der Dicke einnimmt) (Hütt) / compound (nitriding) layer ‖ ~**schiene** f (einer Batterie) (Eltech) / cell connector ‖ ~**schlauch** m / connecting hose ‖ ~**schnur** f (Fernsp) / cord n ‖ ~**schweißen** n (Schw) / joining by welding, junction welding, joint welding ‖ ~**schweißen** s. auch Auftragsschweißen ‖ ~**sicherungsschicht** f (EDV, Fernm) / link layer ‖ ~**stange** f (Masch) / link rod ‖ ~**stelle** f (Eltech, Radar) / joint* n ‖ ~**stelle** (eines Kabels) (Kab) / cable joint ‖ ~**stelle** (Nieten, Schweißen) (Masch) / junction n ‖ ~**stoß** (schräger) (For, Zimm) / scarf n, scarfed joint, scarf joint, splice n ‖ ~**straße** f (HuT, Kfz) / feeder road, accommodation road, feeder n ‖ ~**strecke** f (Bergb) / passageway n ‖ ~**stück** n (Eltech) / continuity-fitting* n ‖ ~**stück** (Masch) / coupling* n ‖ ~**stück** (Masch) / joint n, junction n, connecting piece, joint piece ‖ **Y-förmiges** ~**stück** (Klemp) / Y-tube n, Y-shape connecting tube ‖ ~**stück** n (Masch) s. auch Formstück ‖ ~**(form)stück** n **für Röhren** (Klemp, Masch) / pipe coupling* ‖ ~**stutzen** m (Klemp) / union* n, plumber's union ‖ ~**stutzen** (Masch) / pipe nipple ‖ ~**technik** f (Masch) / assembling n ‖ ~**trakt** m (Arch) / concourse n ‖ ~**tür** f (Bau) / communicating door, connecting door ‖ ~**übergang** m (Wellenleiter) (Fernm) / junction* n ‖ ~**verlust** m (Fernm) / junction loss ‖ ~**versuch** m (Fernsp) / call attempt ‖ ~**vierkant** m (für Schraubendreher nach DIN 3122) (Masch) / square coupler ‖ ~**weg** m / passageway n (that allows access between buildings or to different rooms within a building) ‖ ~**weg** (Eltech) / connection path ‖ ~**welle** f (zwischen zwei Maschinen) (Eltech) / spacer shaft ‖ ~**welle** (Masch) / connecting shaft ‖ ~**zug** m (im SM-Ofen) (Hütt) / fantail n ‖ ~**zusammenstoß** m (EDV) / call collision ‖ ~**zweig** m (Elektr) / link n
**Verbiß** m (Beschädigung von Pflanzen durch die Bisse von Tieren) (For, Landw) / browsing n, browse n ‖ ~**schutzmittel** n (For) / deer repellent
**verblasen** v (im Konverter) (Hütt) / convert v ‖ ~ n (im Konverter) (Hütt) / air converting, converting* n, converter refining ‖ ~ (Verblaseofen) (Hütt) / fuming n ‖ ~ **des Kupfersteins** (Hütt) / airing* n

**Verblassen der reparierten Stelle** n (z.B. nach einem Strahlenschaden) (Opt, Raumf) / bleaching n, annealing n
**Verblattung** f (For, Zimm) / scarf* n, scarfed joint, scarf joint, splice n
**Verblauung** f (des Holzes) (For) / blue stain* (a sapstain), blueing n
**verbleibend** adj / residual adj || **~er Fehler** (Math) / residual error*, residual n || **~e Magnetisierung** (magnetische Remanenz) (Eltech, Mag) / residual magnetization*
**Verbleibwahrscheinlichkeit** f (daß ein Neutron nicht aus einem Reaktor austritt) (Kernphys) / non-leakage probability* || **~ für ein thermisches Neutron** (Kernphys) / thermal non-leakage probability
**verbleichen** v (Tex) / fade v, lose colour, discolour vi || **~ n** (des Farbtones) (Tex) / fading* n, discolouration n
**verbleien** v / lead v (led)* || **~** (Benzin) (Kftst, Kfz) / lead v (led)* || **~ n** / lead coating, leading n (led-)
**verbleit, niedrig ~** (Kftst) / low-leaded adj || **~er Kraftstoff** (heute nicht mehr benutzt) (Kftst, Kfz) / leaded fuel, leaded gasoline, ethyl gasoline, leaded petrol
**Verbleiung** f (als Oberflächenschutz) / lead coating, leading n (led-) || **~** (des Benzins nach dem Benzinbleigesetz vom 8.8.1971 - höchstens 0,15 g pro Liter Ottokraftstoff) (Kftst, Kfz) / leading n (led-)
**Verbleiungsanlage** f / lead-coating line
**Verblendbauweise** f (Verblendmauerwerk) (Bau) / veneered construction*
**verblenden** v / face v || **~** (Kfz) / trim v || **~** (Staumauer) (Wasserb) / pitch v
**Verblender** m (Vorderziegel, Profilziegel, Verblendziegel) (Bau) / facing brick* (designed for use on the exterior or facing of a structure or wall), face brick (US)
**verblend • fähig** adj (Ziegel) (Bau) / facing adj || **~mauerwerk** n (Bau) / faced brickwork || **~stein** m (Bau) / facing brick* (designed for use on the exterior or facing of a structure or wall), face brick (US)
**Verblendung** f (Bau) / incrustation f || **~** (von Außenseiten der Backsteinbauten) (Bau) / vertical tiling*, weather tiling*, tile hanging* || **~** (mit Holz, Stein oder Metall) (HuT) / facing n, steining* n, steaning* n, steening n (the lining of a well or soakaway with stones or bricks laid usually dry, sometimes with mortar)
**Verblitzen** n (der Augen) (Physiol) / flash n
**verblocken** v (z.B. Aggregate zu einer Einheit) / combine to one unit
**Verblockung** f (eines Gutes als Folge von Temperaturschwankungen, Wasserdampfabgabe, Feuchtigkeit, chemischen Reaktionen usw.) / blocking n || **~** (Eltech) / interlock* n, blocking n
**Ver • blockungsschraube** f (Masch) / locking screw, binding screw, clamping screw || **~bolzen** v / bolt v
**verborgen • er Fehler** (der gelieferten Ware nach Paragr. 377 des Handelsgesetzbuches) / latent defect, hidden flaw || **~er Mangel** (der gelieferten Ware nach Paragr. 377 des Handelsgesetzbuches) / latent defect, hidden flaw
**Verborkung** f (For) / obliteration n
**Verbot der Einfahrt** (ein Verkehrszeichen) (Kfz) / no entry || **~ für Fahrzeuge, deren tatsächliche Achslast das angegebene Maß überschreitet** (ein Verkehrszeichen) (Kfz) / axle weight limit || **~ für Fahrzeuge aller Art** (ein Verkehrszeichen) (Kfz) / no vehicles
**verboten** adj (EDV) / illegal adj, forbidden adj || **~es Band** (DIN 41852 - im Energiebändermodell) (Phys) / forbidden band*, band gap || **~e Kombination** (EDV) / forbidden (code) combination || **~e Linie** (im Spektrum auftretende Linie geringer Intensität, die verbotenem Übergang entspricht) (Astr, Spektr) / forbidden line* (inverse Stark effect) || **~er Übergang** (Kernphys) / forbidden transition* || **~e Zone** (Phys) / forbidden band*, band gap
**Verbots- oder Beschränkungszeichen** n (Kfz) / prohibitory or restrictive sign
**verbrannter Stahl** (Hütt) / burnt steel
**Verbrauch** m / consumption n || **~** (der Opferanode) (Galv) / consumption n || **schwankender ~** / fluctuating consumption || **spezifischer ~** / specific consumption
**verbrauchen** v / consume v || **~** (Vorräte) / use up v, exhaust v || **~ (ausgeben)** / spend v || **zu ~ bis..** (Nahr) / best-before date, use-by date
**Verbraucher** m (Abnehmer) / consumer n || **~** consumer n || **~ (Belastung)** / load || **~anschlußleitung** f (Eltech) / service mains* || **~anschlußrohr** n (Klemp) / service pipe, supply pipe || **~beratung** f / consumer advice || **~forschung** f / consumer research || **~leitung** f / consumer's main, consumer pipe || **~markt** m (meistens außerhalb der Stadt) (Bau) / shopping centre, hypermarket n, convenience store (US) || **~nachfrage** f / consumer demand || **~nutzen** m / consumer benefit || **~panel** n (eine Panelbefragung) / consumer panel || **~schutz** m / consumer protection || **~vereinigung** f / consumer association || **~verhalten** n / consumer behaviour || **~widerstand** m (Eltech) / load resistance
**Verbrauchs • datum** n (Nahr) / best-before date, use-by date || **~erhöhend** adj (Kftst, Kfz) / fuel-consuming adj || **~faktor** m (ein Kraftwerkkennwert) (Eltech) / demand factor* || **~gesteuerte**

**Materialdisposition** (F.Org) / material planning by order-point technique || **~güter** n pl / consumer goods, commodities pl || **~leitung** f / consumer's main, consumer pipe || **elektrisches ~mittel** (Betriebsmittel, die die Aufgabe haben, elektrische Energie in einer nichtelektrischen Energieart oder zur Nachrichtenübertragung nutzbar zu machen) (Eltech) / electrical appliance || **~orientiert** adj / usage-oriented adj || **~schmierung** f (Kftst, Kfz) / total-loss lubrication || **~schmierung** (Masch) / once-through lubrication || **~senkend** adj (Kftst, Kfz) / fuel-saving adj
**verbraucht** adj (Luft) / stale adj, vitiated adj || **~** (Chem) / spent adj, exhausted adj || **~** (Batterie) (Eltech) / dead adj, flat adj, run-down adj, discharged adj, low adj || **~es Bad** / exhausted bath, spent bath || **~e Beize** (Anstr, Hütt) / pickle liquor (spent, waste) || **~er Elektrolyt** (Chem, Galv) / foul electrolyte || **~e Lauge** (in der Zyanidlaugerei) (Hütt) / foul solution*
**verbreiten** v / propagate v || **~ n** (Multicasting) (EDV, Fernm) / multicasting n
**verbreitern** v / broaden v, widen v || **~** (Straße - durch das Anlegen von Banketten oder Randstreifen) (HuT) / shoulder v || **~ n** / broadening n, widening n
**Verbreiterung** f / broadening n, widening n || **~** (des Rohrendes) (Hütt) / flare n || **~** (der Spektrallinie) (Spektr) / broadening n || **inhomogene ~** (Spektr) / inhomogeneous broadening || **~ f des Strahls** (Phys) / spreading of the beam
**Verbreitung** f (neuer Techniken) / dissemination n || **~** (von Kernwaffen) (Mil, Nukl) / proliferation* n || **~** (in der Natur) (Umwelt) / distribution* n
**Verbreitungsgebiet** n (Umwelt) / range n
**verbrennbar** adj / combustible adj, flammable adj
**verbrennen** v (versengen) / scorch v || **~** (Hütt) / overheat v || **~** (Wärm) / combust v, burn v, fire vt || **unter Luftabschluß ~** / burn with restricted air || **~ n** (Erwärmen über den oberen Umwandlungspunkt Ac$_3$) (Hütt) / burning n || **~** (Wärm) / combustion* n, burning n
**Verbrennung** f (Bearbeitungsfehler im allgemeinen) / burn n || **~** (Veraschung) / incineration n || **~** (an Pflanzen) (Landw) / scorch n, scorching n || **~** (Hautläsion durch Feuer oder große Hitze) (Med) / burn n || **~** (Wärm) / combustion* n, burning n || **flammenlose ~** (Wärm) / cool flames, homogeneous combustion, slow combustion, flameless combustion || **programmierte ~** (Kfz) / programmed combustion, PROCO || **stille ~** (Oxidationsprozeß der ohne Flammenbildung vor sich geht) (Wärm) / cool flames, homogeneous combustion, slow combustion, flameless combustion || **stufenweise ~** / progressive combustion || **unstetige ~** (bei Feststofffraketen) (Luftf, Raumf) / chuffing n || **unvollkommene ~** (Chem, Wärm) / partial combustion || **unvollständige ~** (Chem, Wärm) / incomplete combustion (the process of oxidizing a fuel incompletely) || **vollkommene ~** (Wärm) / perfect combustion* || **vollständige ~** (Chem, Wärm) / complete combustion* || **zweistufige ~** (bei Dieselmotoren) (Kfz) / two-stage combustion || **~ f bei ungenügender Luftzufuhr** (Wärm) / restricted combustion || **~ in der Wirbelschicht** / fluidized-bed combustion, fluidized combustion || **~ unter vermindertem Sauerstoffzutritt** (Wärm) / restricted combustion
**Verbrennungs • analyse** f (Chem) / combustion test method, combustion analysis || **~anlage** f / incineration plant, incinerator n || **~aussetzer** m (V-Mot) / combustion miss || **~gase** n pl (Chem, Wärm) / combustion gases || **~geschwindigkeit** f (mit der der Abbrand eines festen Brennstoffes, z.B. eines Pulvers, fortschreitet) / burning rate, burning velocity || **~instabilität** f (Luftf, Raumf) / bumping n || **~kraftmaschine** f (Masch) / combustion engine* (e.g. a Stirling engine), internal-combustion engine || **~löffel** m (Chem) / deflagrating spoon || **~luft** f (Masch, Wärm) / air for combustion, combustion air || **~luftvorwärmung** f (Masch, Wärm) / combustion air preheating || **~motor** m (eine Kolbenmaschine nach DIN 1940) (V-Mot) / internal-combustion engine*, I.C. engine || **~motor mit hängenden Ventilen** (V-Mot) / overhead-valve engine, I-head engine, valve-in-head engine, OHV engine || **~motor mit Selbstzündung** (V-Mot) / compression-ignition engine*, C.I. engine*, oil engine || **~motorischer Antrieb** (V-Mot) / internal-combustion power || **~ofen** m (Masch) / combustion furnace || **~produkt** n (Chem, Wärm) / product of combustion, combustion product || **~raum** m (Kfz, Masch) / combustion chamber*, firing chamber || **~reaktor** m (Chem Verf) / combustion reactor || **~regelung** f (Masch) / combustion control* || **~rohr** n (für die quantitative Elementaranalyse) (Chem) / combustion tube || **~rückstand** m (V-Mot, Wärm) / combustion residue || **deponierte ~rückstände** (aus Verbrennungsanlagen) (Sanitär, Umwelt) / landfill incinerator residues || **~schwingungen** f pl (mit einer Frequenz von etwa 100 Hz) (Luftf, Raumf) / chugging n || **~schwingungen** (Luftf, Raumf) / bumping n || **~spektrum** n (Spektr) / combustion spectrum || **ohne ~technische Nachteile** / without detriment to combustion || **~verfahren** n nach Wickbold

1327

**Verbrennungsvorrichtung**

(Bestimmung des Schwefelgehalts der Mineralölerzeugnisse) (Erdöl) / Wickbold combustion method || ~**vorrichtung** f (für die quantitative Elementaranalyse) (Chem) / combustion furnace || ~**wärme** f (die bei einer Verbrennung entstehende Reaktionswärme) (Wärm) / combustion heat || ~**wärme** (Wärm) s. auch spezifischer Brennwert || ~**zone** f / combustion zone
**verbrettern** v (Zimm) / fur v
**Verbretterung** f (Zimm) / furring* n, firring* n
**verbringen** v (Zeit) / spend v
**verbrochenes Hangendes** (Bergb) / shut n
**verbrücken** v (Chem) / bridge v
**verbrückte Verbindung** (Chem) / bridged compound
**Verbrückung** f (bei Schüttgut) (Aufber, Bergb) / bridging* n, arching n
**verbrühen** v / scald v
**Verbrühung** f (Verletzung durch heißes, kochendes Wasser) (Med) / scald n
**Verbund** m (zwischen Beton und Stahl, der auf Adhäsion oder Kapillarkräften beruht) (HuT) / bond* n || ~**bagger** m (HuT) / compound dredger* || ~**bauart** f (Bau) / composite construction || ~**bauweise** f (Bau) / composite construction || ~**bergwerk** n (Zusammenschluß bisher selbständiger Bergwerke, die wegen zu geringer Restkohlenvorräte nicht mehr wirtschaftlich betrieben werden können) (Bergb) / compound mine || ~**betrieb** m (Masch) / compounding* n || ~**decke** f (Bau) / composite floor, assembled floor || ~**drehen** n (mit zwei z.B. diametral angeordneten Drehmeißeln) (Masch) / compound turning
**Verbunden-Kennzeichen** n (Fernsp) / call-connected signal
**Verbund•erregung** f (Eltech) / compound excitation || ~**erregung für gleichbleibende Spannung** (Eltech) / flat-compound excitation, level-compound excitation || ~**erregung mit lastabhängig steigender Spannung** (Eltech) / overcompound excitation || ~**estrich** m (mit dem tragenden Untergrund verbundener Estrich) (Bau) / monolithic screed || [**hydraulische**] ~**federung** f / hydroelastic suspension || ~**folie** f (Metall) / laminated foil || ~**folie** (Plast) / multilayer film, composite film || ~**gießverfahren** n (Gieß) / composite casting || ~**glas** n (Glas) / laminated (safety) glass* || **eingeklebte** ~**glasfrontscheibe** (Kfz) / bonded laminated windscreen (GB), bonded laminated windshield (US) || ~**guß** m (z.B. Nüral-Verfahren oder auf der Basis Metall/Keramik) (Gieß) / composite casting || ~**gußkolben** m (Kfz) / composite cast piston || ~**haftung** f **der einzelnen Schichten** (eines Schichtstoffs) (Plast, WP) / interlaminar bonding, interlayer adhesion || ~**hubschrauber** m (Luftf) / compound helicopter || ~**keilriemenscheibe** f (Masch) / multigroove V-belt sheave || ~**kern** n (Kernphys) / compound nucleus* || ~**kettenfahrleitung** f (Eltech) / compound catenary construction* || ~**korrosionsschutz** m (gemeinsamer elektrochemischer Korrosionsschutz mehrerer Schutzobjekte durch eine oder mehrere katodische Schutzanlagen) (Galv) / joint cathodic protection || ~**lager** n (Masch) / composite bearing || ~**leitung** f (zwischen Systemeinheiten) (Eltech) / interconnector* n, interconnecting feeder* || ~**lochkarte** f (auf der zusätzlich Daten in Klarschrift angegeben sind) (EDV) / dual-purpose card || ~**lokomotive** f (Bergb) / compound locomotive || ~**lose Vorspannung** (HuT) / no-bond tensioning || ~**maschine** f (als Tandem- oder Zweikurbelmaschine) (Masch) / compound engine* || ~**metall** n (Hütt) / composite metal || ~**mittel** n (eines Verbundträgers) (Masch) / connector n || ~**motor** m (Eltech) / compound motor* || ~**mühle** f (Masch) / multicompartment mill || ~**netz** n (beim Stromverbund) (Eltech) / interconnected power system, interconnected grid || [**nationales**] ~**netz** (Eltech) / grid* n (interconnected) || ~**pflasterstein** m (Verbundwirkung durch Ineinandergreifen) (Bau, HuT) / interlocking slab, interlocking paver || ~**platte** f (Füllplatte Holz, Außenplatten Metall) (For, Tischl) / plymetal n, armoured plywood, armour-ply n || ~**platte** (For, Tischl) / composite panel, sandwich board, composite board || ~**platte** (die einen Horizontal- und/oder Vertikalverbund ermöglicht) (HuT) / interlocking concrete slab || ~**platte mit Hohlraummittellage**) (Tischl) / lightweight board (with economy core) || ~**platte mit Hohlraummittellage** (For, Tischl) / cellular board || ~**platte mit Vollholzmittellage** (Tischl) / coreboard* n, blockboard* n, lumber core (plywood) (US), solid-wood-core plywood || ~**plattenbauweise** f (mit Wabenmittellage) (Luftf) / honeycomb structure* || ~**preßling** m (Pulv) / compound compact || ~**röhre** f (mit mehreren Röhrensystemen) (Eltronik) / multi-electrode valve*, multiple valve* || ~**schichtstoff** m (Tex) / sandwich laminate || ~**sicherheitsglas** n (Glas) / laminated (safety) glass* || ~**stahl** m (Hütt) / composite steel || ~**stein** m (Bau, HuT) / interlocking slab, interlocking paver || ~**stoff** m (WP) / composite n, composite material* || ~**polymerer** ~**stoff** (in dem mindestens eine Komponente ein Polymer ist) (Chem) / polymer composite, polymeric composite || ~**system** n (Eltech) / pool n || ~**system** (Kombination von Werkstoffen) (Hütt, WP) / compound system, composite system || ~**träger** m (schubfest mit den Ortbetonplatten verbundener Stahlträger) (Bau) / composite beam* || ~**träger** (Holz + Stahl) (Bau) / flitch beam* || ~**triebwerk** n (Luftf) / compound engine, turbo-compound n || ~**verdichter** m (Luftf, Masch) / multistage compressor* || ~**verdichter** (Hubkolbenverdichter, in dem das Kältemittel zweistufig in einem oder mehreren Zylindern je Stufe verdichtet wird) (Masch) / compound compressor || ~**verhalten** n (Eltech) / compounding characteristic || ~**verteilung** f (Zusammenhang zwischen den Amplitudenverteilungen mehrerer Signale) (Fernm) / multidimensional distribution, joint distribution || ~**werkstoff** m (Kombination von mindestens zwei Werkstoffen mit unterschiedlichen Eigenschaften) (WP) / composite n, composite material* || ~**werkzeug** n (Masch, Werkz) / compound tool || ~**wicklung** f (Eltech) / compound winding || ~**wirkung** f (Bau) / adhesion* n
**verbunkert•er Flugkörper** (Mil) / hard missile || ~**e Flugkörperstellung** (Mil) / hard missile base, hardened missile launching site
**verbuttern** v (Nahr) / churn v
**Verchromen** n (in einem Verchromungsbad) (Galv) / chromium plating, chrome plating
**Verchromung** f (Galv) / chromium plating, chrome plating || **technische** ~ (Hütt) / hard plating*, hard chrome plating, hard chromium plating || **unvollständige** ~ (mit stellenweise freiliegender Nickelschicht) (Galv) / whitewashing n
**Verdachung** f (Arch, Bau) / fronton n, frontispiece n || ~ (bei einer Tür) (Bau) / overdoor* n
**verdämmen** v (Schußbohrungen) (Bergb, HuT) / tamp* v
**Verdampfen** n (Chem Verf, Phys) / evaporation* n, vaporization n || ~ **im Vakuum** (Chem Verf, Phys, Vakuumt) / vacuum evaporation*
**Verdampfer** m (Chem Verf) / evaporator* n || ~ **mit kurzen Rohren** (z.B. Robertverdampfer) (Chem Verf) / short-tube vertical evaporator || ~**pumpe** f (eine Getterpumpe) (Vakuumt) / sublimation pump
**Verdampfung** f (die über der Flüssigkeit vorhandene Dampfspannung ist gleich dem Systemdruck) (Chem Verf, Phys) / evaporation* n, vaporization n || ~ **retrograde** (Chem Verf) / retrograde vaporization
**Verdampfungs•anlage** f (Chem Verf) / evaporator* n || ~**apparat** m (Chem Verf) / evaporator* n || ~**endpunkt** m (Phys) / liquid-vapour phase transition point || ~**enthalpie** f (Phys) / enthalpy of evaporation || ~**gas** n (das bei der Verladung und Lagerung von verflüssigtem Erdgas oder Erdölbegleitgas unter Atmosphärendruck entsteht) (Erdöl) / boil-off gas || ~**geschwindigkeit** f (Vakuumt) / evaporation rate*, evaporative capacity* || ~**getter** m (Barium, Magnesium usw.) (Eltronik) / evaporation getter || ~**koeffizient** m (Vakuumt) / evaporation coefficient || ~**kristallisator** m / evaporative crystallizer, evaporation crystallizer, evaporator crystallizer || ~**kühlung** f (Chem Verf, Phys) / evaporation cooling || ~**ölbrenner** m / vaporizing oil burner || ~**punkt** m (Phys) / liquid-vapour phase transition point || ~**rate** f (Erdöl) / boil-off rate || ~**rate** (Vakuumt) / evaporation rate*, evaporative capacity* || ~**rückstand** m (Chem) / total dissolved solids (TDS) || ~**störung** f (Effekte, die in Anwesenheit einer Begleitsubstanz zu einer Veränderung der Überführungsrate oder -effizienz des Analyten von der kondensierten in die Gasphase führen) (Spektr) / volatilization interference || ~**tiegel** m (beim Vakuumbedampfen) (Vakuumt) / boat n || ~**trocknung** f (in der Nähe des Siedepunktes) (Chem Verf, Phys) / drying by evaporation || ~**trocknung** (For) / oven seasoning, oven drying, kiln drying, kiln seasoning || ~**trocknung im Vakuum** (Nahr) / puff drying || ~**verlust** m / evaporation loss, volatile loss || ~**verlust** (Erdöl) / boil-off n || ~**wärme** f (Phys) / heat of evaporation, heat of vaporization
**verdaten** v (EDV) / convert into data
**verdauen** v (Nahr, Physiol) / digest v
**verdaulich** adj (Nahr, Physiol) / digestible adj
**Verdauung** f (Nahr, Physiol) / digestion* n
**Verdauungs•enzym** n (Nahr, Physiol) / digestive ferment || ~**ferment** n (Nahr, Physiol) / digestive ferment || ~**förderndes Mittel** (Nahr) / liqueur n (usually drunk after a meal)
**Verdeck** n (bei Lastwagen) (Kfz) / canvas cover || ~ (bewegliches Dach) (Kfz) / top n, convertible top, hood n (GB) || ~ **elektrisches** ~ (Kfz) / electric top || **voll versenkbares** ~ (Kfz) / fully retractable top
**verdecken** v (Akus) / mask v || ~ (Hindernisse) (Luftf) / shield v
**Verdeckspiegel** m (Kfz) / convertible top bow, hood stick (GB)
**verdeckt** adj (Ausbiß, Gang, Lagerstätte) (Bergb, Geol) / blind adj || ~ (Schw) / submerged adj || ~**es Ausstreichen** (Geol) / blind apex*, suboutcrop* n || ~**er Bogen** (Arch) / back arch || ~**e Falte** (Geol) / buried fold || ~**er Frontverschluß** (bei Lederjacken) (Tex) / storm flap || ~**er Gang** (Bergb) / blind lode*, blind vein* || ~**er Grubenbrand** (Flöz- oder Versatzbrand) (Bergb) / concealed fire || ~**e Kanten** (technisches Zeichnen) / hidden outlines, hidden lines || ~**e Konformation** (Chem) / eclipsed conformation || ~**e Linie** (EDV) / hidden line || ~**e Nagelung** (Zimm) / blind nailing, secret nailing, concealed nailing || ~**e Schlitz-Zapfen-Verbindung** (Tischl) / housed mortise and tenon || ~**er Schwalbenschwanz** (Tischl) / secret

dovetail* ‖ ~e **Schwalbenschwanzzinke(nverbindung)** (Tischl) / secret dovetail* ‖ ~e **Verschraubung** (eingelassene) (Zimm) / secret screwing ‖ ~e **Zeichen** (beabsichtigte Funkstörung) (Mil, Radio) / clouded signals

**Verdeckung** f (wenn Störgeräusche bei genügend großer Nutzlautstärke nicht mehr wahrgenommen werden) (Akus) / masking n ‖ ~ (von Hindernissen) (Luftf) / shielding n

**Verdehnbarkeit** f (Masch, Phys) / elongation potential

**Verdehnungsfähigkeit** f (Masch, Phys) / elongation potential

**Verdelith** m (grüner Turmalin) (Min) / verdelite n

**Verderb** m (von Lebensmitteln) (Nahr) / spoilage n, deterioration n ‖ **aerober** ~ **(der Lebensmittel)** (Nahr) / decay n ‖ ~ m **von Lebensmitteln** (Nahr) / food spoilage, food deterioration, food decay

**verderben** vi (Nahr) / taint vi

**verderblich**, [leicht]~ (Nahr) / perishable adj ‖ ~e **Ladung** (Schiff) / perishable cargo

**Verdet-Konstante** f (Licht) / Verdet's constant*

**Verdetsche Konstante** (nach M.E. Verdet, 1824-1866) (Licht) / Verdet's constant*

**verdichtbar** adj (Boden) (HuT) / compactible adj

**verdichten** v (Struktur) / densify v ‖ ~ / compact v, compress v ‖ ~ (EDV) / pack v ‖ ~ (anodische Oxidschichten) (Galv) / seal v ‖ ~ (Schweißeisen) (Hütt) / shingle v ‖ ~ (Phys) / compress v (air or other gas) ‖ **durch Rütteln** ~ / vibrocompact v ‖ ~ n (EDV) / packing n ‖ ~ (von anodisch erzeugten Oberflächenschichten) (beim Eloxieren) (Galv) / sealing n (of anodic coatings) ‖ ~ (von festen Stoffen) (HuT) / compaction* n, compression n ‖ ~ (Phys, Pulv) / compaction n, densification* n ‖ ~ s. auch Eindicken und Verdicken ‖ ~ **durch Festtreten** (Formsand) (Gieß) / tramping n

**verdichtende Aufnahme** (bei der Zoomfahrt) (Film) / zoom-in shot

**Verdichter** m (mit einem Druckverhältnis von über 3,0 - DIN 1945) (Masch) / compressor* n, compression machine ‖ ~ (mit einem Druckverhältnis bis 12 pro Stufe) (Masch) / fan* n, ventilating fan ‖ **einflutiger** ~ (Luftf, Masch) / single-entry compressor* ‖ **einseitiger** ~ (Luftf, Masch) / single-entry compressor* ‖ **einstufiger** ~ (Luftf, Masch) / single-stage compressor* ‖ **fahrbarer** ~ (Masch) / mobile compressor ‖ **mehrstufiger** ~ (Luftf, Masch) / multistage compressor* ‖ **ölfreier** ~ (ein Hubkolbenverdichter) (Masch) / oil-free compressor, dry-piston compressor, non-lubricated compressor, oilless compressor* ‖ **stationärer** ~ (Masch) / stationary compressor ‖ **zweistufiger** ~ (Masch) / two-stage compressor

**Verdichter·abriß** m (Luftf) / compressor stall, compressor stalling ‖ ~**blockierung** f (Luftf) / compressor stall, compressor stalling ‖ ~**düse** f (der Ölnebelanlage) (Masch) / restrictor n ‖ ~**gehäuse** n (Masch) / compressor casing ‖ ~**medium** n (Masch) / process medium (in a compressor), process gas (in a compressor) ‖ ~**modul** m (Masch) / compressor module ‖ ~**öl** n (Masch) / compressor oil ‖ ~**prüffeld** n (Masch) / compressor test bed ‖ ~**pumpen** (Kfz, Luftf, V-Mot) / surging* n, surge* n ‖ ~**satz** m (ein kältetechnischer Maschinensatz) (Masch) / compressor unit ‖ ~**schaufel** f (Masch) / compressor blade ‖ ~**-Skid** m (Masch) / compressor skid ‖ ~**station** f **für Gas-Gathering** / gas gathering station, compressor station for gas gathering ‖ ~**strang** m (Masch) / compressor train ‖ ~**stufe** f (Masch) / compressor stage

**verdichteter Leiter** (verseilter Leiter mit verkleinerten Zwischenräumen zwischen den Einzeldrähten) (Kab) / compacted conductor

**Verdichtung** f / compression n ‖ ~ (Kondensation) (Chem, Phys) / condensation* n ‖ ~ (des Bodens) (HuT) / soil consolidation, soil compaction ‖ ~ (des Schweißeisens durch Hämmern oder Walzen) (Hütt) / shingling n, nobbing n ‖ ~ (Phys, Pulv) / compaction n, densification* n ‖ **adiabatische** ~ (im Carnot-Prozeß) (Phys) / adiabatic compression ‖ **isotherme** ~ (im Carnot-Prozeß) (Phys) / isothermal compression ‖ **rüttelnde** ~ (HuT) / vibrational compaction ‖ **übermäßige** ~ **von Wohnstätten, Arbeitsstätten und Verkehr** (Arch) / congestion n ‖ **variable** ~ (V-Mot) / variable compression

**Verdichtungs·frosch** m (zum Abrammen des lockeren Bodens) (HuT) / frog rammer, trench compactor ‖ ~**gerät** n (HuT) / compactor n ‖ ~**grad** m (Plast) / bulk factor* ‖ ~**hub** m (V-Mot) / compression stroke ‖ ~**kurs** m (Luftf) / supplementary flight ‖ ~**mittel** n (für anodisch erzeugte Schichten) (Galv) / sealer n, sealant n ‖ ~**pfahl** m (HuT) / consolidation pile*, sand pile, compaction pile ‖ ~**programm** n (EDV) / condensing routine n ‖ ~**punkt** m (des topologischen Raumes) (Math) / condensation point ‖ ~**raum** m (Raum zwischen Kolbenboden bei OT-Stellung und Zylinderkopf) (Kfz, Masch) / clearance volume* ‖ ~**ring** m (V-Mot) / compression ring ‖ **Cauchyscher** ~**satz** (Math) / Cauchy condensation test ‖ ~**stoß** m (beim Überschreiten der Schallgeschwindigkeit) (Luftf) / pressure shock, compression shock ‖ ~ (an einer Unstetigkeitsfläche) (Phys) / shock n ‖ **schräger** ~**stoß** (Phys) / inclined shock ‖ **senkrechter** ~**stoß** (Phys) / normal shock ‖ **schiefer** ~**stoß** (Phys) / oblique shock wave,

oblique shock ‖ ~**stoß** m (Phys) s. auch Stoßwelle ‖ ~**stufe** f (Masch) / compression stage ‖ ~**takt** m (V-Mot) / compression stroke ‖ ~**verhältnis** n (Luftf) / pressure ratio* ‖ ~**verhältnis** (Masch, V-Mot) / compression ratio*, ratio of compression* ‖ ~**wärme** f (bei der Verdichtung von Gasen frei werdende Wärme) (Phys) / compression heat, heat of compression ‖ ~**wärmepumpe** f (Masch, Wärm) / compression heat pump ‖ ~**welle** f (Geophys) / P-wave n, compressional wave, pressure wave, primary wave (a type of seismic body wave) ‖ ~**welle** (Luftf) / shock wave* ‖ ~**welle** (eine Druckwelle in Gasen) (Phys) / compression wave, compressional wave

**verdicken** v (eine Flüssigkeit) (Chem, Nahr, Phys) / inspissate v, thicken v, condensate v, reduce v ‖ ~ (Nahr) / thicken v, bind v ‖ ~ n (einer Flüssigkeit) (Chem, Phys) / inspissation n, thickening n, condensation n, reduction n

**verdickt·er Elektrolyt** (Eltech) / paste n ‖ ~**er Fuß** (HuT) / enlarged base ‖ ~**e Stelle** (bei Glasfasern) (Glas, Tex) / piecing n, bunch n, lump n, slough-off n, slub n

**Verdickung** f (örtliche - der Papierbahn) (Pap) / lump n

**Verdickungsmittel** n (Anstr, Chem, Nahr, Phys) / thickener n, thickening agent ‖ ~ (Anstr, Chem, Nahr, Phys) s. auch Gelbildner und Quellmittel

**verdieseln** v (V-Mot) / dieselize v

**Verdingung** f / call for tender

**Verdingungsordnung** f **für Bauleistungen** (Bau) / contract procedure for building works, contracting procedure for construction work(s)

**Verdol-Jacquard-Maschine** f (eine Fachbildevorrichtung an Webmaschinen) (Web) / paper-tape Jacquard machine, Verdol jacquard

**Verdol-Maschine** f (Web) / paper-tape Jacquard machine, Verdol jacquard

**verdoppeln** v / double vt, duplicate v ‖ **sich** ~ / double vi ‖ ~ n / doubling n, duplication n

**Verdoppelung** f (Opt) / shearing n

**Verdopplerschaltung** f (Eltech) / doubler circuit*

**Verdopplung** f / doubling n, duplication n ‖ ~ **eines Würfels** (Math) / duplication of a cube

**Verdopplungszeit** f (in der sich der Spaltstoffeinsatz eines Brutreaktors verdoppelt) (Nukl) / doubling time*, breeding doubling time ‖ ~ (Neutronenflußverdopplung) (Nukl) / doubling time* ‖ ~ (Zyt) / generation time, doubling time

**verdorben** adj (Lebensmittel) (Nahr) / off adv (no longer fresh), perished adj

**verdorren** v (Landw) / wither v, become parched

**verdrahten** v (Eltech) / wire v

**verdrahtet** adj (Eltech) / wired adj ‖ ~**e Logik** (EDV) / wired logic ‖ ~**es Programm** (EDV) / wired program ‖ ~**es UND** (Eltronik) / wired AND

**Verdrahtung** f (Eltech) / wiring n, electric wiring ‖ ~ (als konkretes Gebilde) (Eltech) / wiring pattern, wire pattern ‖ **blanke** ~ (Eltech) / bare wiring ‖ **gedruckte** ~ (Eltech) / printed wiring (PW) ‖ **rechnergestützte** ~ (Eltech) / computer-aided wiring, CAW ‖ **unübersichtliche** ~ (Eltronik) / haywire circuit ‖ ~ f **mit abgeschirmten Leitern** (Eltech) / shielded wiring ‖ ~ **nach Kundenwunsch** (Eltronik) / customized wiring ‖ ~ **von Platte zu Platte** (Eltronik) / interboard wiring

**Verdrahtungs·bild** n (Eltech) / wiring pattern, wire pattern ‖ ~**ebene** f (Eltech) / wiring plane ‖ ~**gebilde** n (Eltech) / wiring pattern, wire pattern ‖ ~**maske** f (für die Herstellung von integrierten Schaltungen) (Eltronik) / interconnection mask ‖ ~**plan** m (Eltech) / wiring diagram ‖ ~**platte** f (Eltronik, Fernm) / wiring plate, wiring board ‖ ~**rahmen** m (Eltronik) / wiring frame ‖ ~**seite** f (Eltech) / wiring side ‖ ~**stelle** f (Eltech) / wiring point*

**verdrallen** v (Mech) / twist v

**verdrängen** v / displace v ‖ **durch Konkurrenzwirkung** ~ (z.B. Unkräuter) (Bot, Landw) / outcompete v

**Verdrängendes** n (bei Migmatiten) (Geol, Min) / metasome n

**Verdränger** m (der Pumpe) (Masch) / impeller n ‖ ~ (Verdrängungskörper) (Masch) / displacer n ‖ ~**pumpe** f (nach dem Verdrängungsprinzip arbeitende Pumpe, z.B. eine Kolbenpumpe) (Masch) / displacement pump*, volume-displacement pump ‖ ~**schleuse** f (Schiff, Wasserb) / diving lock ‖ ~**vakuumpumpe** f (Vakuumt) / positive-displacement pump ‖ ~**verdichter** m (Masch) / positive-displacement compressor

**verdrängte Flüssigkeit** (Phys) / displaced liquid

**Verdrängung** f (eine Lageabweichung) / displacement n ‖ ~ (Bildung neuer Minerale mit abweichender chemischer Zusammensetzung an Stelle eines ursprünglichen Mineralbestandes) (Geol) / metasomatism* n, replacement n

**Verdrängungs·chromatografie** f (chromatografische Arbeitsmethode, bei der ein Eluent wirksamer zurückgehalten wird als die Bestandteile der Probe) (Chem) / displacement chromatography ‖ ~**hemmung** f (seitens eines Inhibitors) (Biochem) / competitive inhibition, competitive enzyme inhibition ‖ ~**kolben** m (Masch) / displacer piston (in some gas engines) ‖ ~**lagerstätte** f (eine

**Verdrängungslagerstätte**

1329

**Verdrängungsmittelpunkt**

Erzlagerstätte) (Bergb) / replacement deposit ‖ **~mittelpunkt** m (Schiff) / centre of buoyancy ‖ **~name** m (Chem) / replacement name ‖ **~pfahl** m (HuT) / displacement pile ‖ **~reaktion** f (Chem) / substitution reaction, displacement reaction ‖ **~ruder** n (Schiff) / profile rudder, displacement rudder ‖ **~schwerpunkt** m (Hyd, Schiff) / centre of buoyancy* ‖ **~schwerpunkt** (Schiff) / centre of buoyancy ‖ **~technik** f (Chem) / displacement chromatography ‖ **~titration** f (von Anionen schwacher Säuren mit starken Säuren) (Chem) / displacement titration ‖ **~verdichter** m (Masch) / positive-displacement compressor ‖ **~wettbewerb** m / cut-throat competition ‖ **~zähler** m (unmittelbarer Volumenzähler mit beweglichen Meßkammerwänden) (Masch) / displacement meter, positive-displacement meter

**Verdreh•beanspruchung** f (Mech, WP) / torsional stress, twisting stress ‖ **~bruch** m (Masch, WP) / torsion fracture ‖ **~empfindlicher Piezokristall** (Eltronik) / twister n

**verdrehen** v (Mech) / twist v ‖ ~ n (z.B. beim Trocknen) (For) / twist n ‖ ~ (Schubumformen nach DIN 8587 mit drehender Werkzeugbewegung) (Masch) / twisting n, twist n

**Verdreh•feder** f (Masch) / spring subjected to torsion, torsion spring ‖ **~festigkeit** f (Mech) / torsional strength, twisting strength, torsion strength ‖ **~kraft** f (Mech) / torsional force, torsion force ‖ **~kraftmesser** m (Masch) / transmission dynamometer* ‖ **~sicherung** f (Masch) / location n

**Verdrehungs•beanspruchung** f (Mech, WP) / torsional stress, twisting stress ‖ **~bruch** m (Masch, WP) / torsion fracture ‖ **~festigkeit** f (Mech) / torsional strength, twisting strength, torsion strength ‖ **~frei** adj (Mech) / torsion-free adj, torsionsless adj ‖ **~messer** m (Masch) / torsion meter, torsiometer n ‖ **~messer** (Med) / twist-measuring device, tropometer n ‖ **~steifigkeit** f (Mech) / stiffness in torsion ‖ **~versuch** m (WP) / torsional test, torsion test

**Verdreh•versuch** m (WP) / torsional test, torsion test ‖ **~winkel** m (Masch) / angle of twist*, angle of torsion ‖ **~winkel** (Mech) / twist angle

**verdreifachen** v / triple v, treble v, triplicate v
**Verdreifacher** m (Spannungs-, Frequenz-) (Eltech) / tripler n
**Verdrillbeanspruchung** f (Mech, WP) / torsional stress, twisting stress
**verdrillen** v / transpose v ‖ ~ (Mech) / twist v
**Verdrillfestigkeit** f (Mech) / torsional strength, twisting strength, torsion strength
**verdrillt, paarweise** ~ (Kab) / twisted in pairs ‖ **~e Doppelleitung** (Eltech) / twisted pair ‖ **~es Leitungspaar** (EDV, Eltronik) / twisted pair ‖ **~e nematische Sichtanzeige** (EDV, Eltronik) / twisted nematic display (TND, TN-LCD) ‖ **~e Zweidrahtleitung** (EDV, Eltronik) / twisted pair ‖ **~e Zweidrahtleitung** (EDV, Eltronik) / twisted pair
**Verdrillung** f / transposition n ‖ ~ (des Stabes) (Mech) / twisting n, twist n
**Verdrillungsgrenze** f (Mech, WP) / twist boundary
**verdrucken** v (Druck) / misprint v
**verdrücken** v (feuchte Papierbahn oder Papier im Glättwerk oder im Kalander) (Pap) / crush v
**verdrücken , sich** ~ (Gang) (Bergb) / feather vi
**Verdrückung** f (sich verschmälernde Gänge) (Bergb) / nipping n, nip-out n ‖ ~ (Kohlenflöz) (Bergb) / wash-out n, fouls* pl ‖ ~ (Geol) / pinch-out n, thinning n
**verdübeln** v (Bau, Zimm) / dowel v, plug v, peg v
**verdübelter Balken** (ein zusammengesetzter Balken) (Zimm) / keyed beam, key beam
**Ver•dübelung** f (Bau, Zimm) / dowel jointing ‖ **~dumpen** v (Umwelt) / dump v
**verdunkeln** v (Licht) / dim v
**Verdunkelung** f (Phys) / obscuration* n
**verdünnbar** adj (Flüssigkeit) (Chem) / dilutable adj ‖ ~ (Phys) / rarefiable adj ‖ **~keit** f (Anstr) / thinnability n
**verdünnen** v (Anstr, Math) / thin v ‖ ~ (Chem) / dilute v ‖ ~ n (Anstr, Math) / thinning n ‖ ~ (Chem) / dilution* n ‖ ~ (von Gasen) (Phys) / rarefaction* n, rarefication n
**Verdünner** m (Anstr, Chem) / diluent* n, thinner* n, diluting agent, thinning agent
**verdünnt•e Lösung** (Chem) / dilution n ‖ **~e Matrix** (Math) / sparse matrix ‖ **~e Salzsäure** (Chem) / dilute hydrochloric acid (about 7 -12.5% HCl, density 1.035 to 1.065) ‖ **~e Säure** (Chem) / dilute acid
**Verdünnung** f (einer Flüssigkeit) (Chem) / dilution* n ‖ ~ (einer Schicht) (Geol) / pinch-out n, thinning n ‖ ~ (Math) / thinning n ‖ ~ (Phys) / rarefaction* n, rarefication n ‖ **unendliche** ~ (Chem) / infinite dilution
**Verdünnungs•analyse** f (Kernphys) / isotopic dilution analysis* ‖ **~enthalpie** f (eine Mischungsenthalpie) (Chem, Phys) / enthalpy of dilution ‖ **~fächer** m (bei Prandtl-Meyer-Strömung) (Phys) / Prandtl-Meyer expansion fan, Prandtl-Meyer expansion cone ‖ **~faktor** m (der Speisewürze) (Nahr) / flavour-dilution factor, FD factor ‖ **Ostwaldsches ~gesetz** (nach W. Ostwald, 1853-1932) (Chem) / Ostwald's dilution law*, dilution law* ‖ **~grenze** f (Chem) / maximal dilution ratio ‖ **~luft** f (für schädliche Gase - zur Senkung der Konzentration der Schadstoffe) (Bau) / diluent air*, diluting air ‖ **~mittel** n (Anstr, Chem) / diluent* n, thinner* n, diluting agent, thinning agent ‖ **~reihe** f (z.B. zur Gewinnung von Reinkulturen in der Mikrobiologie) (Biol) / dilution series ‖ **~teich** m (in der Abwasserbehandlung) (Sanitär) / dilution pond
**Verdünnungsverhältnis** n (Chem) / ratio of dilution
**Verdünnungs•wärme** f (Chem) / heat of dilution ‖ **~welle** f (z.B. in der Prandtl-Meyer-Strömung) (Luftf) / expansion wave, rarefaction wave
**Verdunstung** f (des Anmachwassers) (Bau, HuT) / evaporation n ‖ ~ (die über der Flüssigkeit vorhandene Dampfspannung ist kleiner als der Systemdruck) (Phys) / evaporation* n
**Verdunstungs•abgabe** f (Geophys) / evaporation discharge ‖ **~emissionen** f pl (Kfz) / evaporative emissions ‖ **~haube** f (Chem Verf) / fume hood, hood n ‖ **~koeffizient** m (eine empirisch ermittelte Kenngröße für die Flüchtigkeit von Riechstoffen und etherischen Ölen) (Chem) / evaporation coefficient ‖ **~koeffizient** (Meteor) / pan coefficient ‖ **~kühlturm** m (Chem Verf) / evaporative cooling tower, wet cooling tower, wet-type cooling tower ‖ **~kühlung** f (Chem Verf, Luftf) / evaporative cooling* ‖ **~messer** m (Meteor) / evaporimeter* n, atmidometer n, atmometer n, evaporometer n, evaporation gauge ‖ **~nebel** m (Meteor) / steam fog, steam mist ‖ **~thermometer** n (z.B. in einem Aspirations-Psychrometer-Thermometer) (Phys) / wet-bulb thermometer ‖ **~trocknung** f (mit einem gasförmigen Trockenmittel, das die erforderliche Wärme heranführt) (Chem Verf, Phys) / drying by evaporation ‖ **~trocknung** (For) / oven seasoning, oven drying, kiln drying, kiln seasoning ‖ **~wärme** f (Phys) / heat of evaporation, heat of vaporization ‖ **vegetatives ~wasser** (Wasserb) / vegetal discharge (the emission of groundwater) ‖ **~zahl** f (Verhältnis der Verdunstungszeit eines Stoffes zu der von Ethylether - DIN 53170) (Chem, Phys) / evaporation number ‖ **~zeit** f (Chem, Phys) / evaporation time, flash-off time
**Verdursten** n (Vorgang, bei dem dem erhärtenden Beton das für die Hydratation des Zementes notwendige Wasser entzogen wird /z.B. durch Hitze oder Wind/) (Bau, HuT) / grab set
**verdüsen** v / spray v
**Verebnung** f (von Gebirgen durch Denudation) (Geol) / planation n, peneplanation n
**veredeln** v (Naturharz) / modify v ‖ ~ (Rohstoffe und Halbfabrikate weiterverarbeiten) / process v, finish v ‖ ~ (Kohle) (Aufber, Bergb) / upgrade v ‖ ~ (pfropfen) (Bot, Landw) / graft v ‖ ~ (Potential) (Elektr) / ennoble v, shift in the noble direction ‖ ~ (z.B. eine Al-Si-Legierung) (Gieß) / modify v ‖ ~ (Schmelze) (Hütt) / refine v, fine v ‖ ~ (Pap) / refine v ‖ ~ (Pap, Tex) / finish v ‖ ~ (ein Produkt) (WP) / improve v, upgrade v
**veredelt** adj (Pflanze) (Landw) / tame adj ‖ **~er Brennstoff** (z.B. Koks, Stadtgas) (Kftst) / secondary fuel ‖ **~e mineralische Streichmasse** (meistens Kaolin) (Pap) / coating-grade clay ‖ **~e Ware** (Tex) / converted goods, converted fabrics ‖ **~es** (Natur)**Harz** / modified resin
**Veredelung** f (von Rohstoffen und Halbfabrikaten) / processing n, finishing n ‖ ~ (der Kohle) (Aufber, Bergb) / upgrading n ‖ ~ (z.B. einer Al-Si-Legierung) (Gieß) / modification n ‖ ~ (Schmelze) (Hütt) / refining n, fining n ‖ ~ (Pap) / refining n ‖ ~ (eines Produkts) (WP) / improvement n, upgrading n
**Veredelungs•maschine** f (Tex) / finishing machine ‖ **~messer** n (für den Gärtner) / billhook n ‖ **~verkehr** m (im Außenhandel) (aktiver) / processing n (inward)
**Veredlung** f / processing n, finishing n ‖ ~ (Umwandlung) / conversion n ‖ ~ (durch Pfropfen) (Bot, Landw) / grafting n ‖ ~ (des Potentials) (Elektr) / shift in a noble direction ‖ ~ (des Leichtmetalls) (Hütt) / age hardening*
**veredlungsfähig** adj (Eigenschaft eines Werkstoffs) (WP) / upgradeable adj, upgradable adj
**V-Ereignis** n (Kernphys) / V-event n
**Verein** m (Math) / partially ordered set, poset n
**Vereinbarung** f (EDV) / declaration n ‖ ~ (Programmiersprache) (EDV) / declaration n ‖ **implizite** ~ (bei einigen höheren Programmiersprachen) (EDV) / implicit declaration ‖ **vertragliche** ~ / contract n
**Vereinbarungssymbol** n (EDV) / declarator n
**vereinfachen** v / simplify v
**Vereinfachung** f / streamlining n ‖ ~ / simplification n
**vereinheitlichen** v / unify v, unitize v
**vereinigen** v (kombinieren) / combine vt, compound v ‖ ~ / unite vt ‖ ~ (EDV) / coalesce vt, conflate v ‖ **sich** ~ (Chem) / combine vi ‖ ~ n (Herstellen eines Stoffgemisches aus einzelnen Komponenten dieses Stoffes oder aus verschiedenen Phasen) (Chem, Phys) / combination* n ‖ ~ (ein Übermittlungsereignis) (Fernm) / joining n
**vereinigt•e Axial- und Radialturbine** (Masch) / mixed-flow turbine ‖ **~es Kernmodell** (Kernphys) / collective model* (of the nucleus),

1330

unified model* (of the nucleus) ‖ **~es Modell** (ein Kernmodell) (Kernphys) / collective model* (of the nucleus), unified model* (of the nucleus)
**Vereinigung** *f* (der Betriebe) / amalgamation *n*, merger *n* ‖ ~ (als Prozeß) (Chem) / combination* *n* ‖ ~ (der Verkehrsströme) (Kfz) / merging *n* ‖ ~ (A ∪ B) (Math) / union* *n* ‖ ~ (verbandstheoretische) (Math) / join *n*
**Vereinigungs•element** *n* (der optischen Leistung mehrere Eingangsfasern an einem gemeinsamen Punkt - in der Optoelektronik) / combiner *n* ‖ **~menge** *f* (A ∪ B) (Math) / union* *n*
**vereinzeln** *v* (Druckbogen im Anlegeapparat) (Druck) / separate *v* ‖ ~ (Landw) / single *v* ‖ ~ *n* (Landw) / singling *n*
**Vereinzelung** *f* (des Druckbogens in dem Anlegeapparat) (Druck) / separation *n*
**vereisen** *vi* (Schloß) / freeze up *v* ‖ ~ (Tragfläche) (Luftf) / ice up *v* ‖ ~ *v* (Meteor) / frost *vi*, ice *vi* ‖ ~ *n* (von Form- oder Kernsanden - ein Gußfehler) (Gieß) / penetration *n*, metal penetration
**vereisend, nicht** ~ / iceproof *adj* ‖ **~er Sprühregen** (Meteor) / freezing drizzle
**vereist** *adj* / icy *adj* ‖ ~ / ice-covered *adj*, iced *ajd*
**Vereisung** *f* / ice formation, icing *n*, formation of ice ‖ **vorbeugende Maßnahme gegen** ~ (Luftf) / anti-icing* *n*
**Vereisungs•gefahr** *f* / ice hazard ‖ **~gefahr** (Kfz, Luftf) / danger of icing ‖ **~höhe** *f* (Luftf) / icing level ‖ **~inhibitor** *m* (Kfz) / anti-icing agent, anti-icing additive ‖ **~korrektur** *f* (Luftf) / anti-icing correction ‖ **~netz** *n* (Luftf) / ice guard* ‖ **geschlossenes ~netz** (vor oder in der Ansaugöffnung) (Luftf) / gapless ice guard ‖ **offenes ~netz** (Luftf) / gapped ice guard ‖ **~schutz** *m* (vor oder in der Ansaugöffnung) (Luftf) / ice guard* ‖ **~schutzanlage** *f* (zur Vorbeugung) (Luftf) / anti-icing device ‖ **~schutzeinrichtung** *f* (Kfz, Luftf) / anti-icing system ‖ **~schutzmittel** *n* (Kfz) / anti-icing agent, anti-icing additive ‖ **~warngerät** *n* (Luftf) / icing indicator
**verengen, sich** ~ / narrow *vi*
**verengt** *adj* / throated *adj* ‖ **~e Fahrbahn** (ein Verkehrszeichen) (Kfz) / road narrows (on both sides) ‖ **~er Hals** (Glas) / choke *n* (an insufficient opening in the neck of a glass container), choked neck
**Verengung** *f* / narrowing *n* ‖ ~ (des Querschnitts) / contraction *n* ‖ ~ (des Rohrs) (Masch) / reduction *n*
**Verengungsverhältnis** *n* (Luftf) / contraction ratio*
**Vererbbarkeit** *f* (Gen) / heritability* *n*
**Vererbung** *f* (Gen) / heredity* *n*
**Vererbungslehre** *f* (Gen) / genetics* *n*
**Vererzen** *n* (von Form- oder Kernsanden - ein Gußfehler) (Gieß) / penetration *n*, metal penetration
**Vererzung** *f* (Geol) / metallization *n*, mineralization *n*
**verestern** *v* (Chem) / esterify *vt* ‖ ~ *n* (Chem) / esterification* *n*
**Veresterung** *f* (Chem) / esterification* *n*
**verethern** *v* (Chem) / etherify *v*
**Verfachungszahl** *f* (Spinn) / doubling ratio
**verfahrbar** *adj* / mobile *adj*, moving *adj*, movable *adj* ‖ **~er Portalkran** (HuT) / traveller gantry*, travelling crane ‖ **~er Portalkran** (schwerer) (HuT) / Goliath crane
**verfahren** *v* (vorgehen) / proceed *v* ‖ ~ *n* / technique *n*, procedure *n*, process *n*, technic *n* ‖ ~ (Chem Verf) / process *n* ‖ ~ (Luftf) / procedure *n* ‖ **abgekürztes ~** / short-cut method ‖ **additives ~** (z.B. Kornrasterverfahren, Linsenrasterverfahren - ein veraltetes Verfahren der Farbfotografie) (Foto) / additive process* ‖ **kontinuierliches ~** (F.Org) / continuous process ‖ **Mohrsches ~** (Mech) / Maxwell-Mohr method, unit-load method, dummy-load method ‖ **zweistufiges ~** / two-stage process, two-step process ‖ ~ *n* **bei Zeitaufnahmen und Zeitstudien** (z.B. Einzelzeit- oder Fortschrittszeitverfahren) (F.Org) / timing technique ‖ ~ **der schnellen Erstarrung** (Gieß) / rapid solidification processing, RSP ‖ ~ **für die Zuweisung von Zeitrastern** (Fernm) / slot-allocation procedure, SLAP ‖ ~ **ohne Druckanwendung** (ein Holzschutzverfahren) (For) / non-pressure process, non-pressure method ‖ ~ **von Cholesky** (Math) / Cholesky method, Cholesky method, Cholesky's method, Choleski's method ‖ ~ **von Crout** (Math) / Crout reduction ‖ ~ **von Gauß-Jordan** (Math) / Gaussian reduction, Gauss-Jordan elimination ‖ ~ **zum Verbinden metallischer Werkstücke** (meistens mit Hilfe eines geschmolzenen Zusatzmetalls) (Hütt) / joining metallurgy ‖ ~ **zur Bodenverbesserung** (Bau, HuT) / geotechnical process* ‖ ~ **zur direkten Eisengewinnung** (Hütt) / direct process*, direct-reduction process ‖ ~ **zur Übertragung von Einzelbuchstaben und Zeichen** (mittels eines spezialbeschichteten Transparentpapiers - z.B. Letraset) (Typog) / transfer lettering system*
**Verfahrens•anlage** *f* / process plant ‖ **~auslegung** *f* / process design ‖ **~kunde** *f* / technology* *n*, process technology ‖ **~kurve** *f* (Luftf) / procedure turn, PTN ‖ **~kurve** (tropfenförmige) (Luftf) / tear-drop turn ‖ **~mäßig** *adj* / procedural ‖ **~öl** *n* / process oil ‖ **mäßig raffiniertes Schmier- oder ~öl** (Erdöl) / pale oil ‖ **~orientierte Programmiersprache** (EDV) / procedure-orientated language, procedure-oriented language ‖ **~patent** *n* / process patent, method patent ‖ **~roboter** *m* (Masch) / process robot, material-processing robot ‖ **~stufe** *f* / process stage, processing stage ‖ **vorgeschaltete ~stufe** (Chem Verf) / upstream process stage ‖ **nachgeschaltete ~stufe** (Chem Verf) / downstream process stage ‖ **~technik** *f* (ein Teilgebiet der industriellen Produktionstechnik - biologische, chemische, mechanische, thermische) / process engineering, process technology ‖ **chemische ~technik** (Chem Verf) / chemical engineering* ‖ **elektrochemische ~technik** (Chem Verf) / electrochemical engineering ‖ **mechanische ~technik** (Masch) / mechanical process engineering ‖ **metallurgische ~technik, Metallgewinnung und Metallscheidung** (Hütt) / process metallurgy*, production metallurgy ‖ **~technisch** *adj* / processing *adj*, relating to a process ‖ **~technischer Vorteil** / process-related advantage ‖ **~variable** *f* (Masch, Math) / process variable ‖ **~vorschriften** *f pl* / procedural rules ‖ **~wissen** *n* (KI) / procedural knowledge
**Verfahr•gasse** *f* (For) / extraction way (between stacks of timber) ‖ **~weg** *m* (For) / extraction way (between stacks of timber)
**Verfall** *m* (der Werbewirkung) / decay effect, wear-out *n* ‖ ~ (Bau) / ruin *n*, dilapidation *n* ‖ **~datum** *n* (Nahr, Pharm) / expiration date, expiry date ‖ **~datum** *n* (verschlüsseltes) (Nahr, Pharm) / code date
**verfallen** *v* (Bauwerk) (Bau) / fall into ruins ‖ ~ *n* (der Blöße) (Leder) / depletion *n*, falling *n* ‖ **~sein** *n* (von Blößen) (Leder) / flaccidity *n*
**Verfallsdatum** *n* (Nahr, Pharm) / expiration date, expiry date
**Verfalltag** *m* (Nahr, Pharm) / expiration date, expiry date
**Verfallung** *f* (Grat, der dort entsteht, wo zwei verschieden hohe Dächer aufeinanderstoßen) (Bau) / connecting hip (between two ridges)
**verfälschen** *v* / falsify *v* ‖ ~ (Klangfarbe) (Akus) / colour *v* ‖ ~ (Proben) (Bergb) / salt *v* ‖ ~ (Daten) (EDV) / corrupt *v* ‖ ~ (Frequenzgang, Spektrum) (Fernm) / alias *v* ‖ ~ (Nahr) / adulterate *v*
**Verfälschung** *f* / falsification *n* ‖ ~ (von Daten) (EDV) / corruption *n* ‖ ~ (Frequenzgang, Spektrum) (Fernm) / aliasing* *n*
**verfälschungs•hemmendes Papier** (DIN 6730) (Pap) / antifalsification paper, paper incorporating protection against falsification ‖ **~sicher** *adj* / tamper-proof *adj* (made so that it cannot be interfered with or changed) ‖ **~sicheres Papier** (Pap) / antifalsification paper, paper incorporating protection against falsification
**Verfaltung** *f* (ein Fehler) (Glas) / fold *n*, lap *n*
**verfärbbar** (leicht) (For) / liable to stain
**verfärben, sich dunkel** ~ / darken *vi*
**verfärbte Wolle** (Tex) / stained wool
**Verfärbung** *f* (durch Lichteinwirkung) / fading *n* ‖ ~ (unerwünschter Zustand) / off-colour *n*, discolouration *n* ‖ ~ (punktuelle) / staining *n* ‖ ~ (als Fehler, z.B. Bläue) (For) / stain *n* (a discolouration) ‖ **braune ~ (durch holzverfärbende Pilze)** (For) / brown stain (a sapstain) ‖ ~ *f* **des Holzes** (ein Trocknungsfehler - bei natürlicher Holztrocknung) (For) / yard stain ‖ ~ **des Holzes** (ein Trocknungsfehler - bei technischer Holztrocknung) (For) / kiln stain ‖ ~ **durch Eisengegenstände** / iron stain
**verfaulbar** *adj* / putrescible *adj*
**verfaulen** *v* (Biol) / rot *vi*, rot away *v*, rot down *v*, decay *v*, putrefy *v* ‖ ~ (Heu) (Landw) / ret *vi* (to be spoiled by exposure to wet)
**verfault** *adj* (Biol) / decayed *adj*, putrid *adj*, rotten *v*
**Verfaulung** *f* (Biol) / decay *n*, decomposition *n*, putridity *n*, putridness *n*
**verfehlen** *v* / miss *v* ‖ ~ **der Spur** (Rille) (Akus) / tracking error, mistracking *n*
**verfeinern** *v* (Verfahrenstechniken) / improve *v* ‖ ~ (Math) / refine *v*
**verfestigen** *v* (den Boden) (HuT) / stabilize *v*
**verfestigt•er Bohrschlamm** (Bergb) / cake *n* ‖ **~er Schnee** (auf dem Boden) (Kfz, Meteor) / compacted snow
**Verfestigung** *f* (Geol) / induration* *n* ‖ ~ (des Bodens) (HuT) / stabilization *n* ‖ ~ (durch Kaltbearbeitung - Tätigkeit) (Hütt) / strain-hardening* *n*, work-hardening* *n*, cold hardening ‖ ~ (durch Kaltbearbeitung - Ergebnis) (Hütt) / strain-hardness *n*, work-hardness *n* ‖ ~ (Phys) / solidification *n* ‖ ~ (der Werkstoffe im allgemeinen) (WP) / hardness increase, hardening *n* ‖ **chemische ~** (Glas, Opt) / chemical tempering ‖ **thermische ~** (Glas) / tempering *n*, toughening *n* ‖ ~ *f* **durch Nadeln** (Tex) / needle-punching *n* ‖ ~ **durch Verformung** (Hütt) / strain-hardening* *n*, work-hardening* *n*, cold hardening*
**Verfestigungs•exponent** *m* (der den Anstieg der Fließkurve bestimmt) / consolidation index ‖ **~strahlen** *n* (mit runden oder gerundeten Strahlmittelkörnern) (Gieß, Masch) / shot-peening* *n*, peening* *n*, shot-blasting *n*
**verfeuern** *v* (Wärm) / combust *v*, burn *v*, fire *vt*
**Verfeuerung** *f* (als Prozeß) (Bau, Masch) / firing* *n*
**Verfilmung** *f* (der Anstrichschicht) (Anstr) / film forming, film building, film formation *n* ‖ ~ (filmische Umsetzung) (Film) / filmization *n*, filming *n*, picturization *n* (adaptation for a film) ‖ ~ (Film) s. auch Filmbearbeitung

**Verfilmungsrechte** n pl (Film) / screen rights
**verfilzbar** adj (Tex) / feltable adj
**Verfilzbarkeit** f (Tex) / feltability n
**verfilzen** vt (zu Filz machen) (Tex) / mat v, felt vt ‖ **sich** ~ / tangle vi, entangle vi ‖ ~ n (Pap, Tex) / felting* n, interfelting n, matting n ‖ ~ (Tex) / blocking n (during washing)
**Verfilzung** f (des Keimguts) (Brau) / matting n ‖ ~ (Pap, Tex) / felting* n, interfelting n, matting n ‖ **pneumatische** ~ (For) / air felting, air felting process
**Verfilzungsverfahren** n (bei der Herstellung von Faserplatten) (For) / felting n
**Verfirnung** f (Geol) / firnification n
**verfischen** v (den Setzkasten) (Typog) / pie vt, pi v (US)
**verflechten** v / tangle v ‖ ~ / interlace v, interweave v ‖ ~ / plait v ‖ **sich** ~ / intertwine vi ‖ ~ n / interlacing n, interweaving n, intertwining n
**Verflechtung** f / interlacing n, interweaving n, intertwining n
**Verfleckung** f (Tex) / formation of stains, specking n
**Verflüchtigung** f (Chem) / volatilization* n
**verflüssigen** v (Chem, Phys) / liquefy v, liquify v ‖ **sich wieder** ~ / reliquify v
**Verflüssiger** m (z.B. für Erdgas) (Chem Verf) / liquefier n ‖ ~ (von Kältemitteldampf) (Chem Verf, Masch) / condenser* n
**verflüssigt•es Erdgas** (Kftst) / liquefied natural gas (LNG) ‖ **~es Gas** (Chem Verf) / liquefied gas, liquid gas ‖ **~er Sauerstoff** (Chem) / liquid oxygen*, lox* n
**Verflüssigung** f (von Gasen) (Chem, Phys) / liquefaction* n ‖ ~ s. auch Peptisierung ‖ **hydrierende** ~ (Bergb) / hydroliquefaction n ‖ **direkte** ~ (Kohle, Holz) (Chem Verf) / direct liquefaction
**Verflüssigungssatz** m (ein kältetechnischer Maschinensatz) (Masch) / condensing unit
**verfolgen** v (Bahn, Ziel) / track v
**Verfolgescheinwerfer** m (Film) / follow spotlight, follow spot
**Verfolgung** f (mit bloßem Auge) (Nav) / pursuit n ‖ ~ (Radar) / tracking* n ‖ ~ (Raumf) / tracking* n ‖ **adaptive** ~ (Radar) / adaptive tracking ‖ ~ f **des Strahlengangs** (durch ein optisches System) (Opt) / ray tracing
**Verfolgungs•aufnahme** f (bei der die Kamera der Handlung nachfolgt) (Film) / follow shot ‖ ~**kurve** f (Luftf) / dog-curve n, curve of pursuit*, dog-leg path ‖ ~**kurve** (Luftf, Math) s. auch Traktrix ‖ ~**radar** m n (Radar) / tracking radar
**verformbar** adj / plastic adj ‖ ~ (Keram) / workable adj
**Verformbarkeit** f / plasticity* n ‖ ~ (Keram) / workability n ‖ ~ (Mech, WP) / deformability n ‖ ~ **unter Druck- und/oder Stoßbeanspruchung** (Hämmerbarkeit, Stauchbarkeit, Schmiedbarkeit, Walzbarkeit) (Hütt) / malleability* n
**verformen** v / form vt, shape v ‖ ~ / deform v ‖ ~ (verzerren) (Fernm) / distort v
**verformt** adj (deformiert) / out-of-shape attr
**Verformung** f (als absichtliche Formgebung) / forming n, shaping n ‖ ~ (Verzerrung) (Fernm) / distortion* n ‖ ~ (Gestalt- und Volumenänderung eines Körpers nach DIN 13316 und 13343) (Mech) / deformation n, strain* n ‖ **elastische** ~ (Mech) / elastic deformation* ‖ **plastische** ~ (Mech) / plastic deformation* ‖ ~ f **unter Belastung** (Mech) / deformation under load
**Verformungs•amplitude** f (Mech) / strain amplitude ‖ ~**arbeit** f (elastische) (Masch) / resilience* n, resiliency n ‖ ~**arbeit** (volumenbezogen - nach DIN 13 343) (Phys) / strain work ‖ ~**beginn** m (Mech) / yielding n ‖ ~**bruch** m (Mech, WP) / ductile fracture, plastic fracture ‖ ~**energie** f (Mech) / energy of deformation, deformation energy, strain energy ‖ ~**geschwindigkeit** f (Mech) / deformation rate, rate of deformation ‖ **kritischer** ~**grad** (Mech) / critical deformation ‖ ~**lager** n (Masch) / elastic bearing ‖ ~**leistung** f (volumenbezogen - nach DIN 13 343) (Phys) / rate of strain work ‖ **~los** adj (Bruch, Zustand) (Mech, WP) / non-deformed adj ‖ ~**modul** m (bei Stoffen, für die das Hookesche Gesetz nicht anwendbar ist) (Mech, WP) / modulus of deformation ‖ ~**rest** m (Mech) / permanent set*, durable set ‖ ~**tensor** m (Mech) / strain tensor, deformation tensor ‖ ~**textur** f (WP) / deformation texture ‖ ~**verhalten** n (Fähigkeit eines Werkstoffs, sich vor dem Bruch plastisch zu verformen) (Mech, WP) / deformational behaviour, deformation behaviour ‖ ~**weg** m (bei einem Crash) (Kfz) / displacement n ‖ ~**widerstand** m (Mech) / deformation resistance ‖ ~**zustand** m (Mech) / deformation state ‖ ~**zwillinge** m pl (Krist) / deformation twins
**Verfrachter** m (Frachtführer in Seefrachtgeschäften) (Schiff) / carrier n
**Verfrachtung** f (Geol) / transportation n
**Verfrühung** f **und Verspätung der Gezeit** (Ozean) / priming and lagging of tide
**verfügbar** adj (disponibel) / available adj ‖ ~ / on-hand attr ‖ **~e Betriebszeit** / up-time n, operable time ‖ **~es Chlor** (Chem) / available chlorine, active chlorine, free available chlorine ‖ **~er Laderaum** (Luftf) / disposable load capacity ‖ **~e Leistung** (Eltech) / available power ‖ **~e Startlaufstrecke** (Luftf) / take-off run available, TORA ‖ **~e Startstrecke** (Luftf) / take-off distance available, TODA ‖ **~e Warteschlange** (EDV) / available queue ‖ **~e Zeit** (Produktivzeit + Leerlaufzeit) / available time
**Verfügbarkeit** f (Disponibilität) / availability n ‖ ~ (der Anlage) / availability n ‖ ~ (durchschnittlicher Zeitraum zwischen zwei Ausfällen eines Gerätes /einer Maschine/) (Instr, Masch) / availability n ‖ **biologische** ~**keit** (Pharm, Physiol) / bioavailability n ‖ ~ f **von Maschinen und Gerätschaften** (Bau, HuT) / job-site mobilization, mobilization of the job site
**Verfügbarkeits•faktor** m (ein Kraftwerkkennwert) (Eltech) / availability factor ‖ ~**verhältnis** n / availability ratio
**verfugen** v (im frischen Zustand) (Bau, HuT) / joint v ‖ ~ (mit Auskratzen) (Bau, HuT) / point v ‖ ~ n (mit Auskratzen) (Bau) / pointing* n ‖ ~ (im frischen Zustand) (Bau, HuT) / jointing* n
**Verfugmörtel** m (Bau) / joint mortar
**Verfügung, zur** ~ **stellen** (Geld, Leistungen) / provide v
**Verfügungsfrequenz** f (für die jeweilige Funkstelle) (Radio) / assigned frequency*
**Verfüllarbeiten** f pl (mit vorhandenem Mutterboden bis zur ursprünglichen Geländehöhe - als Grobplanum) (HuT) / resoiling n, soiling n ‖ ~ **mit einer Humusdecke** (HuT) / resoiling n, soiling n
**verfüllen** v (Fugen) (Bau) / slush up v ‖ ~ (HuT) / backfill v, back v ‖ ~ (mit vorhandenem Mutterboden) (HuT) / resoil v, soil v ‖ ~ (HuT) / fill v ‖ ~ **mit Humusdecke** (HuT) / resoil v, soil v
**Verfüllsteine** m pl (HuT) / riprap n
**Verfüllung** f (Bau, HuT) / made ground*, fill n ‖ ~ (HuT) / filling n ‖ ~ (HuT) / back-filling n, backing n
**Vergabe** f (von Bauleistungen) (Bau) / allocation n ‖ **freihändige** ~ (von Aufträgen der öffentlichen Hand - ohne Ausschreibung) / negotiated tender ‖ ~ f **von Aufträgen** / awarding of contracts
**vergällter Alkohol** (Chem) / denatured alcohol*
**Vergällung** f (z.B. des Ethanols) (Chem, Nahr) / denaturation n ‖ ~ (mit Methanol) (Chem, Nahr) / methylation n
**Vergällungsmittel** n (Chem, Nahr) / denaturant n, denaturing agent
**vergärbar** adj (Biochem, Nahr) / fermentable adj
**vergären** v (Biochem, Nahr) / ferment v
**Vergärung** f (Biochem, Nahr) / fermentation* n, zymosis n (pl zymoses), zymolysis n (pl. -lyses) ‖ ~ (Brau) / attenuation n
**vergasbares Modell** (beim Vollformgießen) (Gieß) / heat-disposable pattern
**vergasen** v / gasify v ‖ ~ (Chem, Landw, Med) / fumigate v ‖ ~ n (Chem, Landw, Med) / fumigation* n
**Vergaser** m (heute zunehmend durch Benzineinspritzung ins Ansaugrohr verdrängt) (Aufber, Bergb) / gasifier n ‖ ~ (V-Mot) / carburettor* n, carburetor* n, carburetter* n, carb ‖ **geregelter** ~ (mit definiertem Lambda-Wert) (V-Mot) / feedback carburettor, electronically controlled carburettor, controlled A/F ratio carburettor, electrical solenoid-controlled carburettor, FBC ‖ ~ m **mit konstantem Lufttrichterquerschnitt** (V-Mot) / fixed-venturi carburettor ‖ ~**durchlaß** m (V-Mot) / carburettor venturi, carburettor throat ‖ ~**düse** f (V-Mot) / jet* n ‖ ~**knaller** m (V-Mot) / popping-back* n (DIN 51600) (Kftst) / petrol n (GB)*, gasoline* n (US), gas* n (US), motor spirit (GB)* ‖ ~**kraftstoff** (Kftst) / carburettor fuel (for carburetted fuel system) ‖ ~**motor** m (V-Mot) / carburettor engine ‖ ~**-Ottomotor** m (heute fast obsolet) (V-Mot) / carburettor engine ‖ ~**venturi** m (V-Mot) / carburettor venturi, carburettor throat ‖ ~**vereisung** f (Kfz) / carburettor icing ‖ ~**vereisung** (Luftf) / throttle icing ‖ ~**vorwärmung** f (Kfz, Luftf) / anti-icing system
**vergast** adj / gassy adj ‖ ~ (Bohrspülung) (Erdöl) / gas-cut adj ‖ **~e Bohrspülung** (Erdöl) / gas-cut mud
**Vergasung** f (durch Verdampfung, Pyrolyse usw.) / gasification n ‖ ~ (des Kraftstoffs) (Kftst) / carburation* n, carburetion n ‖ **drucklose** ~ (Bergb) / atmospheric gasification ‖ **hydrierende** ~ (Bergb) / hydrogasification n, gas-phase hydrogenolysis ‖ ~ f **in der Lagerstätte** (entweder Bohrloch- oder Strömungsverfahren) (Bergb) / underground gasification*, pyrolytic mining* ‖ ~ **unter Druck** (Bergb) / pressure gasification, pressurized gasification
**Vergasungs•apparat** m (Aufber, Bergb) / gasifier n ‖ ~**mittel** n (Chem, Landw) / fumigant* n, fumigator n
**vergeben** v / place v, award v ‖ ~ (Bauleistungen) (Bau) / allocate v
**vergehen** v / pass v, elapse v
**Vergeilung** f (Bot) / etiolation* n
**vergelte Pflanzensubstanz** (Chem, Geol) / ulmin n, fundamental jelly, vegetable jelly, carbohumin n, ulmic acid
**Vergeltung** f (Mil) / retaliation n
**Vergenz** f (die Kipprichtung geneigter Falten in einem Faltengebirge) (Geol) / vergence n
**vergießbar** adj / castable adj, pourable adj
**vergießen** v (Eltech) / fill v (with compound) ‖ ~ (Eltronik, Plast) / pot v ‖ ~ (Gieß, Glas, Keram) / cast v, pour v, found v ‖ ~ (Glas, Hütt) / teem* v ‖

1332

‖ ⁓ n (Eltronik, Plast) / potting n ‖ ⁓ (des Stahls) (Hütt) / casting n ‖ ⁓ unter Vakuum (Eltronik, Plast) / vacuum encapsulation, vacuum potting
**Vergießungsart** f (Merkmal bei der Prüfung der Schweißeignung des Stahls) (Schw) / casting process (mode)
**vergiften** v (Med) / intoxicate v, poison v
**Vergiftung** f (Med) / intoxication* n, poisoning n ‖ ⁓ (Umwelt) / contamination n ‖ s. auch Reaktorgift ‖ **alimentäre** ⁓ (Med, Nahr) / food poisoning* ‖ **instationäre** ⁓ (Nukl) / transient poisoning
**vergilben** v / yellow vi ‖ ⁓ n (durch Hilfsmittelrückstände auf der Faser) (Tex) / oxidized oil staining, yellowing* n
**Vergilbung** f (DIN 6167 und 55980) (Anstr) / yellowing n (the discolouration of a paint on ageing)
**vergilbungs•beständig** adj / non-yellowing adj ‖ ⁓**krankheit** f (eine Viruskrankheit) (Bot, Landw) / yellows* pl, yellows disease (YD)
**verglasen** vi (glasig werden) / vitrify vi ‖ ⁓ (Schleifmittel) / glaze vi ‖ v (Oberfläche) / glass vi ‖ ⁓ (Bau) / glaze v ‖ **wieder** ⁓ (Bau) / reglaze v
**verglast** adj (Keram) / vitrified adj ‖ ⁓**e Fläche in der Innenmauer** (zur indirekten Beleuchtung) (Bau) / borrowed light ‖ ⁓**e Tür** (wenn der Glaseinsatz über die volle Höhe geht) (Bau, Tischl) / glazed door
**Verglasung** f (Glasigwerden) / vitrification n ‖ ⁓ (Bau) / glazing* n ‖ ⁓ (Luftf) / transparency n ‖ ⁓ (Kabinenhaube) (Luftf) / canopy* n ‖ ⁓ (der radioaktiven Spaltprodukte) (Nukl) / vitrification* n, conversion to glassy solids, glassification* n ‖ **einbruchhemmende** ⁓ (Bau) / antiburglary glazing, burglar-proof glazing, security glazing (US)
**Verglasungsbereich** m (Keram, Phys) / vitrification range
**Vergleich** m / comparison n ‖ ⁓ (KI) / matching n (for recognition purposes) ‖ **visueller** ⁓ / comparison by sight
**vergleichbar** adj / comparable adj
**Vergleichbarkeit** f / comparability n ‖ ⁓ (einzelner Ergebnisse bei der Qualitätskontrolle - DIN ISO 6879) (Stats) / reproducibility* n
**vergleichen** v / compare v
**vergleichend** adj / comparative adj ‖ ⁓**e Bewertung** (z.B. von Hypothesen) (Stats) / scoring n ‖ ⁓**e Werbung** / comparative advertising, comparison advertising
**Vergleicher** m (der durch fortlaufende Differenzbildung zwischen Regelgröße und Führungsgröße die Regelabweichung berechnet) (Regeln) / comparator n
**Vergleichmäßigung** f **des Erzes** (Aufber) / ore blending
**Vergleichs•-** / comparative adj ‖ ⁓**-** (Verm) / fiducial* adj ‖ ⁓**analyse** f (Chem) / reference analysis ‖ ⁓**bedingungen** f pl (DIN 1319, T 3 und DIN 55350, T 13) / reproducibility conditions ‖ ⁓**brücke** f (z.B. Wheatstone-Brücke) (Eltech) / comparison bridge ‖ **kritischer** ⁓**differenzbetrag** / reproducibility critical difference ‖ ⁓**fläche** f (Opt) / comparison surface* ‖ ⁓**frequenz** f (Fernm) / reference frequency ‖ ⁓**glied** n (Regeln) / comparator n ‖ ⁓**grenze** f (bei der Qualitätssicherung nach DIN 55 350, T 13) (Stats) / reproducibility limit ‖ ⁓**kriterium** n (ein Konvergenzkriterium für Reihen - Majoranten-, Minoranten-) (Math) / comparison test ‖ **Weierstraßsches** ⁓**kriterium** (Math) / M-test of Weierstrass for uniform convergence*, Weierstrass' test for uniform convergence*, Weierstrass' M test ‖ ⁓**lampe** f (Licht) / comparison lamp* ‖ ⁓**lehre** f (Masch, Werkz) / master* n, master gauge*, reference gauge ‖ ⁓**lichtquelle** f (Licht) / comparison lamp* ‖ ⁓**lösung** f (Chem) / reference solution, comparison solution ‖ ⁓**lötstelle** f (Wärm) / cold junction*, reference junction ‖ ⁓**moment** n (Mech) / comparison moment ‖ ⁓**muster** n / reference sample, check sample ‖ ⁓**pegel** m (Fernm) / reference level* ‖ ⁓**periode** f (Stats) / base period, reference period ‖ ⁓**präzision** f (DIN 55350, T 13) (Stats) / reproducibility* n ‖ ⁓**prisma** n (Opt) / comparison prism*, reference prism ‖ ⁓**probe** f / comparative test ‖ ⁓**prozeß** m (z.B. beim Erkennen fließender Rede) (EDV, KI) / matching n ‖ ⁓**prozeß** (bei einem Indikatordiagramm) (Masch) / theoretical conditions of the cycle ‖ ⁓**prozeß** (idealisierter - der die Zustandsänderungen des Arbeitsgases im Motor zeigt) (V-Mot) / ideal cycle ‖ **thermodynamischer** ⁓**prozeß** (z.B. Ericsson-Prozeß für Gasturbinen) (Phys) / ideal thermodynamic cycle ‖ ⁓**prüfung** f / comparative test ‖ ⁓**punkt** m (EDV) / benchmark n ‖ ⁓**schaltung** f (ein analoges oder digitales Element) (EDV, Eltech) / comparator n ‖ ⁓**schaltung** (Regeln) / comparison circuit ‖ ⁓**schutzsystem** n (ein Relaisschutzsystem, z.B. Differential- oder Phasenvergleichsschutzsystem) (Eltech) / comparison protective system ‖ ⁓**schutzsystem** (Eltech) / differential protective system* ‖ ⁓**selektor** m (EDV) / recode selector ‖ ⁓**signal** n (Regeln) / reference signal ‖ ⁓**spannung** f (Eltech) / reference voltage* ‖ ⁓**spannung** (bei Festigkeitshypothesen) (Mech) / equivalent stress ‖ ⁓**spannungsröhre** f (Eltronik) / voltage reference tube*, voltage-stabilizing tube*, voltage-regulator tube*, VR tube ‖ ⁓**spektrum** n (Licht, Spektr) / comparison spectrum* ‖ ⁓**standardabweichung** f (DIN55350, T 13) (Stats) / reproducibility standard deviation ‖ ⁓**stelle** f (des Thermoelements) (Wärm) / cold junction*, reference junction ‖ ⁓**strahl** m (Spektr) / reference beam ‖

⁓**streubereich** m (nach DIN 51849) (Stats) / reproducibility n ‖ ⁓**test** m / comparative test ‖ ⁓**test** (verschiedener Geräte) (EDV) / benchmark test, benchmark n ‖ ⁓**ton** m (Akus) / reference tone, reftone n ‖ ⁓**versuch** m (im allgemeinen) / comparative test ‖ ⁓**zahl** f / comparative figure n ‖ ⁓**zeichen** n (EDV) / relational operator ‖ ⁓**zeichen** (=, <, >) (Math) / relation character
**Vergletscherung** f (Bedeckung mit Gletschern) (Geol) / glaciation* n, glacierization n
**Vergleyung** f (durch Grundwasser) (Geol) / gleying n, gleyization n, gleization n
**Verglimmerung** f (Min) / micatization n
**Verglühbrand** m (Keram) / bisque fire, biscuit firing, biscuiting n
**Vergoldemesser** n / gilder's knife*
**vergolden** v (Anstr) / gild v ‖ ⁓ n (Anstr) / gilding* n ‖ ⁓ (Galv) / gold plating
**Vergolder•kissen** n (Bau, Buchb) / gold cushion*, gilder's cushion* ‖ ⁓**leim** m (z.B. Hausenblase, Quittenkernabkochung) (Anstr) / gold-size* n ‖ ⁓**leim** (Hausenblase) (Anstr) / isinglass gold-size, isinglass* n
**Vergoldung** f (Anstr) / gilding* n ‖ **stromlose** ⁓ / electroless gilding
**vergossen** adj (Eltech) / compound-filled adj
**vergraben•es Durchgangsloch** (ohne Anschluß zu einer Außenebene) (Eltronik) / buried via hole ‖ ⁓**e N⁺-Schicht** (z.B. im CDI-Verfahren) (Eltronik) / buried layer
**Vergraben** n (von Atommüll) (Nukl) / burial n, land burial
**vergrauen** v (Anstriche) (Anstr, Tex) / grey vi, turn grey, gray v (US) ‖ ⁓ n (Anstr, Tex) / greying n, graying n (US) ‖ ⁓ (des Holzes) (For) / greying n, grey discolouration
**Vergrauung** f (Anstr, Tex) / greying n, graying n (US)
**Vergrauungsinhibitor** m (z.B. Carboxymethylcellulose) (Tex) / anti-redeposition agent
**vergriffen** adj (Druck) / out of print, o.p. ‖ **zur Zeit** ⁓ (Buch) (Druck) / out of print at present, OPP
**Vergrößerung** f (z.B. des Korns) / coarsening* n
**vergrößern** v (Foto) / enlarge v, blow up v ‖ ⁓ (vor allem Tanker durch Ersetzen des mittleren Schiffskörpers) (Schiff) / jumboise v (GB), jumboize v ‖ **[maßstabgerecht]** ⁓ / scale up v, upsize v
**vergrößert** adj (größer dimensioniert) / upsized adj ‖ ⁓**er Bildausschnitt** (EDV) / zoom window ‖ ⁓**e Breite** (Kart, Luftf, Schiff) / mercator sailing ‖ ⁓**es Kursdreieck** (Abbildung des loxodromischen Dreiecks in die Seekarte) (Kart, Schiff) / mercator sailing triangle
**Vergrößerung** f (Foto) / blow-up* n, enlargement n ‖ ⁓ (Opt) / magnification n ‖ ⁓ (förderliche) (Opt) / magnifying power* (of an optical system) ‖ **förderliche** ⁓ (500- bis 1000faches der Apertur) (Opt) / useful magnification ‖ **leere** ⁓ (Opt) / empty magnification, magnification beyond the useful limit ‖ **maßstabsgerechte** ⁓ / scaling-up n, upsizing n ‖ **schwache** ⁓ (Mikros, Opt) / low-power magnification ‖ **starke** ⁓ (Mikros) / high-power magnification
**Vergrößerungs•apparat** m (optisches Projektionsgerät zur Herstellung von Vergrößerungen) (Opt) / enlarger* n, photoenlarger n, projection printer ‖ ⁓**faktor** m (Opt) / enlargement ratio ‖ ⁓**gerät** n (optisches Projektionsgerät zur Herstellung von Vergrößerungen) (Opt) / enlarger* n, photoenlarger n, projection printer ‖ ⁓**glas** n (Opt) / magnifier n, magnifying glass, hand-glass magnifier ‖ ⁓**linse** f (Opt) / magnifier n, magnifying glass, hand-glass magnifier ‖ ⁓**objektiv** n (Opt) / enlarging lens*, enlarger lens ‖ ⁓**verhältnis** n (Opt) / enlargement ratio
**vergrünen** v / green vi, turn green
**Vergrünung** f (Bot) / virescence* n
**Vergrusung** f (Gesteinszerfall) (Geol) / gravel building
**Verguß** m (Ofenauskleidung) (Hütt) / grouting n ‖ ⁓**birne** f (Befestigungsart von Seilkauschen an Drahtseilen) / cast gib and cotter ‖ ⁓**harz** n (Rohstoff) (Plast) / casting resin*, potting resin ‖ ⁓**masse** f / pouring compound ‖ ⁓**masse** (die als Bindemittel Bitumen oder Steinkohlenteerpech enthält und heiß vergossen wird) (Bau, HuT) / compound n ‖ ⁓**material** n (für Ofenauskleidung) (Hütt) / grouting n ‖ ⁓**mörtel** m (zum Verguß von Aussparungen) (Bau, HuT) / grout n
**vergütbar** adj (Hütt) / heat-treatable adj ‖ **nicht** ⁓ (Hütt) / non-heat-treatable adj
**vergüten** v (Hütt) / quench and temper v, harden and temper v ‖ ⁓ (ein Produkt) (WP) / improve v, upgrade v ‖ ⁓ n (Härten mit nachfolgendem Anlassen zum Erzielen einer optimalen Kombination von hoher Festigkeit und guter Zähigkeit) (Hütt) / quenching and tempering, hardening and tempering
**vergütet•es Holz** (For) / modified wood, improved wood ‖ ⁓**es Objektiv** (Film, Foto) / coated lens* ‖ ⁓**er Stahl** (Hütt) / heat-treated steel
**Vergütung** f (der gegen Luft stehenden Linsenoberfläche) (Film, Foto, Opt) / lens coating, coating n, blooming* n ‖ ⁓ (Hütt) / quenching and tempering, hardening and tempering ‖ ⁓ (eines Produkts) (WP) /

improvement n, upgrading n ‖ ⁓ **bei höherer Temperatur** (Hütt) / temper-hardening* n
**Vergütungsstahl** m (DIN 17200 und EN 83-70) (Hütt) / tempering steel, steel for hardening and tempering
**verhaken, sich** ⁓ (Teilchen beim Spritzmetallisieren) (Anstr) / interlock v
**Verhakung** f (von Teilchen beim Spritzmetallisieren) (Anstr) / interlocking n ‖ ⁓ (von Polymerketten) (Chem) / entanglement n ‖ **gegenseitige** ⁓ (Plast) / mutual interlocking
**verhallen** v (Akus, Phys) / die away v, die out v ‖ ⁓ n (Akus) / reverberation n ‖ ⁓ (Akus, Phys) / dying-away n, dying-out n
**Verhalten** n (Biol) / behaviour n ‖ ⁓ (Regeln) / action n, response n ‖ ⁓ (des Materials) (WP) / behaviour n, properties pl ‖ **differenzierendes** ⁓ (Regeln) / derivative (control) action, D-action n ‖ **dynamisches** ⁓ (Masch) / dynamic behaviour ‖ **ideal-elastisch-plastisches** ⁓ (WP) / ideal elastic plastic behaviour ‖ **proportionales** ⁓ (Regeln) / proportional (control) action, P-action n ‖ **statisches** ⁓ (ein Übertragungsverhalten) (Regeln) / steady-state response ‖ **strategisches** ⁓ / strategic behaviour ‖ **vollplastisches** ⁓ (Mech) / perfectly plastic behaviour ‖ ⁓ n (des Schiffes) **bei Seegang** (Schiff) / seakeeping n ‖ ⁓ **bei Zugbeanspruchung** (Mech) / tensile behaviour
"**Verhalten**" n **des Motors** (schlechte Gasannahme) (Kfz) / flat spot*, hesitation n, sag n
**Verhalten** n **gemäß der Nernstschen Gleichung** (Chem, Phys) / Nernst behaviour, Nernstian response
**Verhaltens•forschung** f (vergleichende) (Biol) / ethology* n ‖ ⁓**muster** n (z.B. eines IR) (Masch) / action pattern
**Verhältnis** n / relation* n, relationship n ‖ ⁓ (Math) / ratio* n ‖ **anharmonisches** ⁓ (Math) / cross-ratio* n, anharmonic ratio*, double ‖ **gyromagnetisches** ⁓ (Kernphys) / gyromagnetic ratio*, gyromagnetic coefficient, magnetogyric ratio ‖ **im** ⁓ **1 : 10** / in a ratio of 1 : 10 ‖ **magnetomechanisches** ⁓ (Kehrwert des gyromagnetischen Verhältnisses) (Kernphys) / magnetomechanical ratio ‖ **umgekehrtes** ⁓ (Math) / inverse ratio, inverse proportion ‖ ⁓ n **der direkten zur indirekten Lautstärke** (Akus) / acoustic ratio* ‖ ⁓ **der E-Module von Stahl und Beton** (HuT) / modular ratio* ‖ ⁓ **gaskinetischer Plasmadruck/Magnetfelddruck** (Nukl) / beta value*, plasma beta*, beta ratio ‖ ⁓ **klastisch zu nichtklastisch** (Geol) / clastic ratio, detrital ratio ‖ ⁓ **Öl/Harz** (in der klassischen Ölkopallacktechnik) (Anstr) / oil length* ‖ ⁓ **von** ¹²C **zu** ¹³C **bzw.** ¹⁴C (Chem) / carbon ratio
**Verhältnis•demodulator** m (Radio, TV) / ratio detector* ‖ ⁓**diskriminator** m (Radio, TV) / ratio detector* ‖ ⁓**formel** f (Chem) / stoichiometric formula, stoicheiometric formula ‖ ⁓**gleich** adj (Math) / proportional adj ‖ ⁓**gleichheit** f (Math) / proportionality n ‖ ⁓**gleichrichter** m (Diskriminatorschaltung zur Demodulation frequenzmodulierter Schwingungen) (Radio, TV) / ratio detector* ‖ ⁓**gleichung** f (a:b = c:d) (Math) / proportion n ‖ ⁓**koordinaten** f pl (Math) / homogeneous co-ordinates* n ‖ ⁓**pyrometer** n (Wärm) / ratio pyrometer, two-colour pyrometer ‖ ⁓**regelung** f (ein Sonderfall der Mehrgrößenregelung) (Regeln) / ratio control ‖ ⁓**registrierend** adj (Spektr) / ratio-recording adj ‖ ⁓**zahl** f (in der beschreibenden Statistik) (Stats) / ratio n (pure number) ‖ ⁓**zweig** m (der Wheatstone-Brücke) (Eltech) / ratio arm*
**Verhaltung** f (auf Grund von Abflußhindernissen oder bei zeitlich veränderlichem Durchfluß) (Hyd, Med) / retention* n, solute retention
**verhandeln** v / negotiate v
**Verhandlungs•basis (VB)** f (z.B. bei Gebrauchtwagen) (Kfz) / or nearest offer (o.n.o.) ‖ ⁓**unterstützung** f (EDV, KI) / group decision support, negotiation support
**verhängen** v (Sanktionen) / impose v
**verhängnisvoller Ausfall** (eines Systems in der Zuverlässigkeitstheorie) / catastrophic failure
**verharscht** adj (Schnee) (Meteor) / crisp adj
**Verhärtung** f (krankhafte - eines Gewebes oder Organs) (Med) / induration* n
**verharzbar** adj / resinifiable adj
**verharzen** v / resinify vi ‖ ⁓ vi (Bot, Erdöl) / gum vi
**Verharzung** f (im allgemeinen) / resinification n ‖ ⁓ (Bot, Erdöl) / gumming n, gum formation ‖ ⁓ (For) s. auch Verkienung
**Ver•harzungsprobe** f (bei Ölen, Benzol und Kraftstoffen) (Erdöl) / gum test ‖ ⁓**hau** m (Bergb) / cutting n, working n
**verheddern** v / snarl vt ‖ **sich** ⁓ / tangle vi, entangle vi
**Verhefung** f (Biochem) / yeastification n
**verheilt** adj (Gang) (Geol) / crustified adj (said of a vein which the mineral filling is deposited in layers on the wall rock), healed adj
**verheizen** v (Kftst) / burn v (use as fuel)
**Verhieb** m (Art und Weise, in der der in Angriff genommene Lagerstättenteil hereingewonnen wird) (Bergb) / cutting n, working n
**verhindern** v / prevent v (from)

**verhinderte Totalreflexion** (in der Faseroptik) (Phys) / frustrated total reflection, frustrated internal reflectance, FTR
**Verhinderung** f **eines Durchlaufs** (bei Pressen) (Masch) / press disabling ‖ ⁓ **lokaler Gebührenerfassung** (Fernm) / local-charging prevention
**Verhinderungsschaltung** f (EDV) / inhibit circuit, lock-out circuit
**verhitzte Haut** (Leder) / heated hide
**Verholanker** m (Schiff) / warp anchor
**verholen** v (ein Schiff im Hafen) (Schiff) / warp v
**Verhol•klampe** f (Schiff) / fairlead n (a ring mounted on a boat to guide a rope, keeping it clear from obstructions and preventing it from cutting or chafing) ‖ ⁓**leine** f (Schiff) / warping line ‖ ⁓**spill** n (Schiff) / warping capstan
**verholzt•e Faser** (Bot, For) / wood-fibre* n, xylem fibre ‖ ⁓**es Gewebe** (Bot, For) / woody tissue*
**Verholzung** f (durch Ligineinlagerung) (Bot, For) / lignification* n
**Verhornung** f (Zyt) / keratinization n, cornification n, hornification n
**verhungerte Klebfuge** (Tischl, Zimm) / starved joint
**verhüten** v / prevent v (from)
**verhütten** v (Hütt) / smelt v ‖ ⁓ n (Hütt) / smelting* n
**Verhüttung** f (Hütt) / smelting* n
**verhüttungsfähig•es Erzkonzentrat** (Hütt) / mill-head ore, run-of-mill n, mill head* ‖ ⁓**es Konzentrat** (Hütt) / smelting concentrate
**Verifikation** f (EDV, Mil) / verification n
**verifizierbar** adj / verifiable adj
**verifizieren** v (EDV, Mil) / verify v
**Verifizierer** m (EDV) / verifier n
**Verifizierung** f (EDV, Mil) / verification n ‖ ⁓ **der Zugriffsberechtigung zum Zeitpunkt der Anforderung** (EDV) / dynamic verification of the authorization
**verjagen** v (Landw) / scare away v, scare off v
**verjüngen** v (For) / reproduce v (GB), regenerate v ‖ **sich** ⁓ / narrow vi
**verjüngt** adj (kegelig zugespitzt) (Masch) / tapered adj ‖ ⁓**er Fluß** (Geol, Wasserb) / rejuvenated stream ‖ ⁓**er Tensor** (Math, Phys) / contracted tensor
**Verjüngung** f (Böschung) / batter n, rake n ‖ ⁓ (einer Probe) (Aufber, Hütt) / heap sampling ‖ ⁓ (einer Probe) (Bergb) / coning n ‖ ⁓ (meistens natürliche Erneuerung des Waldes) (For) / reproduction (GB), regeneration n ‖ ⁓ (des Flusses) (Geol, Wasserb) / rejuvenation n ‖ ⁓ (meistens bei Pyramidenformen) (Masch) / taper* n, conicity n ‖ ⁓ (Masch) / tapering n ‖ ⁓ (eines Tensors oder Spinors) (Math, Phys) / contraction n
**Verjüngungs•fläche** f (For) / regeneration area ‖ ⁓**hieb** m (For) / regeneration felling, reproduction cutting ‖ ⁓**schlag** m (For) / regeneration felling, reproduction cutting
**verkabeln** v (Kab) / cable v
**verkabeltes Verteilungssystem** (TV) / cabled distribution system
**Verkabelung** f (Kabelsatz) (Kab) / harness n
**Verkadmen** n (galvanisches) (Galv) / cadmium-plating n
**Verkalkung** f (des Bodens) (Landw) / calcification n
**verkämmen** v (einfach, doppelt, schwalbenschwanzförmig) (Zimm) / cock v, cog v, cork v, caulk v
**Verkämmung** f (von Balken) (Zimm) / cogging* n, caulking* n, cocking* n, corking* n ‖ **schräge** ⁓ (Zimm) / bevelled cogging
**verkanten** v / tilt v ‖ ⁓ n (z.B. der Meßfläche bei Grenzlehrdornen) (Instr) / wedging n ‖ ⁓ (Masch, V-Mot) / canting* n, tilting n
**Verkantung** f / tilt n, tilting n
**verkapseln** v / encapsulate v ‖ ⁓ n **unter Vakuum** (Eltronik, Plast) / vacuum encapsulation, vacuum potting
**Verkarstung** f (Geol) / karst formation
**Verkauf, getrennter** ⁓ (**eines Softwareprodukts**) (EDV) / unbundling n ‖ **zum** ⁓**bereithalten** / sell v, carry v, keep v (GB) ‖ ⁓ **an Selbstpflücker** (Landw) / pick-your-own sale ‖ ⁓ m **im Paket** (eines gebündelten Softwareprodukts) (EDV) / bundling n
**verkaufen** v / sell v ‖ **getrennt** ⁓ (ein Softwareprodukt) (EDV) / unbundle v ‖ **im Paket** (EDV) / bundle v ‖ **sich gut** ⁓ **lassen** / sell well vi ‖ **umständehalber zu** ⁓ (Anzeigetext) / reluctant sale
**Verkäufer** m (Hdl) (pl. -men) ‖ ⁓**markt** m / seller's market
**verkäuflich** adj (mit gutem Absatz) / saleable adj, salable adj (US) ‖ ⁓ (zum Verkauf bestimmt) / for sale, saleable adj, salable adj (US) ‖ ⁓ (begebbar) / negotiable adj
**Verkaufsargument, einzigartiges** ⁓ / unique selling proposition, USP
**Verkaufs•automat** m (z.B. Briefmarken-, Fahrkarten-, Parkscheinautomaten usw.) / vending machine ‖ ⁓**experte** m / merchandiser n, merchandizer n ‖ ⁓**fördernd** adj / selling adj ‖ ⁓**förderung** f / sales promotion ‖ ⁓**kühltruhe** f (ein oben offenes Verkaufskühlmöbel) / refrigerated open-top display cabinet ‖ ⁓**lackierung** f (vor dem Verkauf) (Anstr, Kfz) / sales respray ‖ **aggressive** ⁓**politik** / hard selling ‖ ⁓**preis** m / sales price, on-the-road price ‖ ⁓**schulung** f / sales training ‖ **fahrbarer** ⁓**stand** / mobile shop ‖ ⁓**stimulierend** adj (Argument) / selling adj ‖ ⁓**training** n / sales training ‖ ⁓**unterlagen** f pl / sales documentation ‖ ⁓**verpackung** f / retail packaging

**Verkehr** m (materieller) / traffic n ‖ ~ (Fernm) / traffic n ‖ ~ s. auch Transport ‖ **abgehender** ~ / outward traffic (GB), outbound traffic (US) ‖ **abgezweigter** ~ (Fernm) / add-drop traffic ‖ **ankommender** ~ / inward traffic (GB), inbound traffic (US), inward-bound traffic ‖ **ausfahrender** ~ / outward traffic (GB), outbound traffic (US) ‖ **auslaufender** ~ / outward traffic (GB), outbound traffic (US) ‖ **ausstrahlender** ~ / outward traffic (GB), outbound traffic (US) ‖ **einlaufender** ~ / inward traffic (GB), inbound traffic (US), inward-bound traffic ‖ **einstrahlender** ~ / inward traffic (GB), inbound traffic (US), inward-bound traffic ‖ **einströmender** ~ / inward traffic (GB), inbound traffic (US), inward-bound traffic ‖ **fließender** ~ (Kfz) / moving traffic, passing traffic ‖ **grenzüberschreitender** ~ / border-crossing traffic ‖ **in den** ~ **bringen** (Chemikalien) (Chem) / release into circulation ‖ **kombinierter** ~ / intermodal transport, intermodal traffic ‖ **öffentlicher** ~ (Bahn, Kfz) / local public transport, mass transport, mass transit, mass transportation ‖ **ruhender** ~ (Kfz) / stationary traffic, standing traffic ‖ **schwacher** ~ (Fernsp) / slack traffic ‖ **schwacher** ~ (Kfz) / light traffic ‖ **starker** ~ (Kfz) / heavy traffic ‖ **stockender** ~ (Kfz) / stop-and-go traffic, stop-and-go driving ‖ **wahlfähiger** ~ (Fernsp) / dial traffic ‖ **zähflüssiger** ~ (Kfz) / slow-moving traffic ‖ ~ m (Förderung) **auf einer Ebene, die unter der Erdoberfläche liegt** / below-surface handling ‖ ~ **mit dem Hilfsplatz** (Fernsp) / assistance traffic ‖ ~ **mit öffentlichen Verkehrsmitteln** (Bahn, Kfz) / local public transport, mass transport, mass transit, mass transportation ‖ ~ **ohne Wartezeiten** (Fernsp) / demand working

**verkehren** v (regelmäßig) (Schiff) / ply v (vessel or vehicle)

**Verkehrs•abwicklung** f (Fernm) / handling of traffic ‖ **~ader** f (HuT, Kfz) / arterial road, artery n ‖ **~ampel** f (Kfz) / traffic light(s), traffic signal, lights pl, road traffic signal system ‖ **~angebot** n (Fernm) / offered traffic ‖ **~anlage** f (Bau) / transport facility ‖ **~arbeit** f / traffic performance, traffic n (the persons or goods transported) ‖ **~art** f (HuT) / type of traffic ‖ **~aufkommen** n (Kfz) / traffic volume, traffic density, traffic load, density of traffic, volume of traffic ‖ **hohes ~aufkommen** (Kfz) / heavy traffic, bumper-to-bumper traffic, high traffic ‖ **~aufwand** n / traffic performance, traffic n (the persons or goods transported) ‖ **~ausscheidungszahl** f (im internationalen Bereich) (Fernsp) / prefix n (code), dial prefix ‖ **~ausscheidungsziffer** f (im nationalen Bereich) (Fernsp) / prefix n (code), dial prefix ‖ **~bauten** m pl (HuT) / traffic structures, traffic facilities ‖ **~behinderung** f (Kfz) / obstruction to traffic, traffic obstruction ‖ **~belastbarkeit** f (eines Geländes) (HuT) / trafficability n ‖ **~belastung** f (HuT) / traffic load, trafficking n ‖ **~belastungszahl** f (HuT) / traffic-load coefficient ‖ **~belegung** f (Fernm) / traffic occupancy n ‖ **~beruhigter Bereich** (Kfz) / environmental zone ‖ **~beruhigte Straße** (Kfz) / street with restricted motor traffic, traffic-calmed zone ‖ **~beruhigte Zone** (aus Gründen des Umweltschutzes) (Kfz) / environmental zone ‖ **~beruhigung** f (Kfz) / traffic calming ‖ **~betrieb** m / carrier n (a company undertaking to convey goods or passengers for payment) ‖ **~chaos** n (Kfz) / snarl-up n, traffic snarl ‖ **~deckenlast** f (Bau) / superimposed load (a live load which is imposed by building regulations on the design of floors) ‖ **~delikt** n (Kfz) / motoring offence, motoring offense (US) ‖ **~dichte** f (Kfz) / traffic volume, traffic density, traffic load, density of traffic, volume of traffic ‖ **~durchsage** (Kfz, Radio) / road message, traffic announcement, traffic message ‖ **~durchsagekanal** (Kfz, Radio) / traffic-message channel, TMC ‖ **~einheit** f (Fernsp) / traffic unit* (TU) ‖ **~empfänger** m (Fernm) / communication receiver ‖ **~engpaß** m (Kfz) / traffic bottleneck ‖ **~erhebung** f (Kfz) / traffic census, traffic count, traffic survey ‖ **~erziehung** f (Kfz) / road safety campaign, kerb drill ‖ **~fähig** adj (Sache im rechtlichen Sinne) / negotiable adj ‖ **~fläche** f (z.B. Flur - DIN 277, T 2) (Bau) / circulation area ‖ **~fläche** (die von Fußgängern oder Fahrzeugen beansprucht wird) (Bau, HuT) / circulation space, circulation area ‖ **~flughafen** (Luftf) / airport n ‖ **~flugzeug** n (Luftf) / airliner, liner n ‖ **~fluß** f (Kfz) / flow of traffic, traffic flow ‖ **~fluß angepaßtes System der Verkehrsführung** (Kfz) / tidal flow ‖ **dem Verkehrsfluß angepaßtes System der ~führung** (Kfz) / tidal flow ‖ **~funk** m (Service der Rundfunkveranstalter zur regelmäßigen Information über die Straßenverkehrslage) (Kfz, Radio) / radio traffic service ‖ **~funkkanal** m (Kfz, Radio) / traffic-message channel ‖ **~güte** f (Fernm) / grade of service*, quality of service, level of service ‖ **~hubschrauber** m (ein Polizeihubschrauber zur Verkehrsüberwachung aus der Luft) / traffic helicopter ‖ **~insel** f (HuT, Kfz) / traffic island ‖ **~kanalisierung** f (durch bauliche Maßnahmen) (HuT, Kfz) / channelization n ‖ **~karte** f (Kart) / traffic circulation map, circulation map ‖ **~knotenpunkt** m (HuT, Kfz) / junction n ‖ **~kreisel** m (Kfz) / roundabout n, traffic circle (US), rotary n (US) ‖ **~lärm** n (Kfz) / traffic noise ‖ **~last** f (als Gegenteil zu der ständigen Belastung aus Eigengewicht - DIN 1055, T 3) (Bau) / live load*, superload n, superimposed load ‖ **~last** (nicht ruhend) (Bau) / moving load*, rolling load*, travelling load ‖ **~last** (Fernsp) / traffic load ‖ **~leistung** f (in Personen- oder Tonnenkilometern) / traffic performance, traffic n (the persons or goods transported) ‖ **~leitleitung** f (Kfz) / traffic management, traffic control ‖ **~leitung** f (Kfz) / traffic management, traffic control ‖ **~leitzentrale** f (Kfz) / traffic control centre ‖ **~lotse** m (für Kinder - Erwachsene oder ältere Schüler) / school crossing patrol, lollipop (wo)man (a road-crossing patrol) (GB), lollipop lady, crossing guard (US) ‖ **~lotse** (Kfz) / traffic pilot ‖ **~management** n (Kfz) / traffic management, traffic control ‖ **~menge** f (Kfz) / traffic volume, traffic density, traffic load, density of traffic, volume of traffic ‖ **~messung** f (Kfz) / traffic count, traffic monitoring ‖ **im Pendelverkehr eingesetztes ~mittel** (Bahn, Kfz, Schiff) / shuttle n ‖ **~mittelwerbung** f / transit advertising, transportation advertising ‖ **~nachrichten** f pl (Kfz, Radio) / radio traffic news, traffic news n ‖ **~netz** n / transportation network, transport network ‖ **~radar** m n (Radar) / traffic radar ‖ **~raum** n (HuT) / traffic space (carriageway) ‖ **befestigte ~raumbreite** (HuT) / carriageway n, roadway n, travelled way ‖ **~rechner** m (der das Verkehrsaufkommen und die Fahrgeschwindigkeit mißt) (EDV, Kfz) / traffic control computer ‖ **~reich** adj (Straße) (Kfz) / busy adj ‖ **~reiche Strecke** (Bahn, Kfz) / busy line ‖ **~richtung** f (Kfz) / direction of traffic ‖ **~rowdy** m (Kfz) / road hog ‖ **~schutzkleidung** f (Tex) / signal clothing (luminescent apparel for the protection of schoolchildren, roadworkers, airfield personnel etc.) ‖ **~schwache Zeit** (Kfz) / off-peak hours, light hours (US) ‖ **~sicher** adj (Kraftfahrzeug) (Kfz) / roadworthy adj ‖ **nicht ~sicher** (Kfz) / unroadworthy adj ‖ **~sicherheit** f (Kfz) / road safety, safety in traffic, safety on the road, traffic safety ‖ **~signal** n / traffic signal, traffic light ‖ **~signal** s. auch Lichtsignalanlage ‖ **Gespür für (gefährliche) ~situationen** (Kfz) / road sense ‖ **~starke Zeit** (Kfz) / rush hour ‖ **~stärke** f (Kfz) / traffic volume, traffic density, traffic load, density of traffic, volume of traffic ‖ **~statistik** f (Stats) / traffic statistics ‖ **~stau** n (Fernsp) / traffic congestion ‖ **~stau** (Kfz) / traffic jam, tailback n, hold-up n, traffic hold-up, back-up n (US), jam n ‖ **~stauung** f (Fernsp) / traffic congestion ‖ **~stauung** (Kfz) / traffic jam, tailback n, hold-up n, traffic hold-up, back-up n (US), jam n ‖ **~steuerung** f (Kfz) / traffic control ‖ **landschaftlich schöne ~straße** (die z.B. durch eine Grünzone führt) (Kfz) / scenic road ‖ **~strom** m / traffic stream n ‖ **~system** n / transportation n, transport system n ‖ **~technik** f (im allgemeinen) / traffic engineering ‖ **~teiler** m (HuT, Kfz) / channelizing island ‖ **~teilnehmer** m (Kfz) / road user ‖ **~tüchtig** adj (Kraftfahrzeug) (Kfz) / roadworthy adj ‖ **~übungsplatz** m (Kfz) / driver-training field ‖ **~unfall** m / traffic accident, car accident ‖ **~unfallflucht** f (Kfz) / hit-and-run driving (failure to stop after being involved in an accident), failure to report an accident ‖ **~verstoß** m (Kfz) / traffic offence ‖ **~wasserbau** m (Wasserb) / waterway engineering (for navigation) ‖ **~wert** m (eines Wirtschaftsgutes) / market value n ‖ **~wert** (Fernsp) / traffic flow*, traffic intensity n ‖ **~widrig** adj / violating the traffic regulations, contrary to road traffic regulations ‖ **~zähler** m (Fernsp) / traffic meter* ‖ **~zählung** f (Kfz) / traffic census, traffic count, traffic survey ‖ **~zeichen** n (Kfz) / road sign, traffic sign

**verkehrt** adj (Bild) / reverse adj ‖ **~ bombiert** (Walze) (Hütt) / concave adj ‖ **~ gekröpft** adj (Werkz) / back-bent adj

**"verkehrtes Mischen"** (Füllung von Füllstoff zuerst und kurze Zeit später von Kautschuk) (Chem Verf) / upside-down mixing

**Verkehrtspülung** f (beim Bohren) (Bergb) / reverse circulation, counterflush n

**verkeilen** v (mit Unterlegkeilen, z.B. ein Fahrzeug) / chock v ‖ **~** (Masch) / cotter v ‖ **~** (Masch) / wedge v, wedge up v ‖ **~** (bei der Keilwellenverbindung) (Masch) / key v ‖ **~** n (bei der Keilwellenverbindung) (Masch) / keying* n

**Verkeilung** f (Verbindung) (For, Masch) / wedging n

**verkerben** v (Bleche) (Hütt, Masch) / stake v ‖ **~** (Masch) / stake v ‖ **~** n (Masch) / staking* n

**Verkernung** f (For) / duraminization n, duramination n, heartwood formation

**verketten** v / chain v ‖ **~** (Chem) / interlink v, link v

**verkettet•e Busstruktur** (EDV) / daisy-chain bus structure, chained bus structure ‖ **~e Spannung** (Eltech) / voltage between lines* (in a single- or three-phase system), voltage of the system*, voltage between phases*, line voltage* ‖ **~e Spannung** (zwischen zwei Leitungsdrähten eines symmetrischen Mehrphasensystems) (Eltech) / mesh voltage* (in a symmetrical polyphase sysem) ‖ **~e Spannung im 6-Phasensystem** (Eltech) / diametrical voltage*

**Verkettung** f (Vorgang) (Chem) / linkage* n, interlinkage n, concatenation n, link-up n, linking n, catenation n ‖ **~** (eine Methode zur Speicherung von Sätzen) (EDV) / chaining* n ‖ **~** (zweier Zeichenfolgen) (EDV) / concatenation n ‖ **~** (Daisy-Chain-Betrieb) (EDV) / daisy chain ‖ **~** (der einzelnen Stationen der Transferstraße) (F.Org, Masch) / interlinking n, interlinkage n ‖ **~** (die Verknüpfung zweier Abbildungen) (Math) /

**Verkettung**

composition *n* ‖ ≃ (Stats) / linkage *n* ‖ **lose** ≃ (bei Transferstraßen) (F.Org, Masch) / loose interlinking ‖ **starre** ≃ (bei Transferstraßen) (F.Org, Masch) / rigid interlinking
**Verkettungs•anlage** *f* (z.B. im Automobilbau) (Kfz) / assembly line ‖ ≃**faktor** *m* (bei den LWL) / concatenation factor ‖ ≃**operator** *m* (EDV) / string operator ‖ ≃**relation** *f* (Math) / composition *n*, relative product
**verkient** *adj* (For) / resinous *adj* ‖ **~es Holz** (For) / resinous pine-wood, resinous wood
**Verkienung** *f* (besonders starke Harzanreicherung) (For) / resin soaking
**verkieseln** *v* (Geol) / silicify *v*
**verkieselt** *adj* (Geol) / cherty *adj*. ‖ **~es Holz** (For) / silicified wood, opalized wood
**Verkieselung** *f* (Geol) / silicification* *n*
**verkippen** *v* (Bergb, HuT) / dump *v*, stack *v* ‖ ≃ *n* (Bergb, HuT) / dumping *n*, stacking *n*
**verkirnen** *v* (Nahr) / churn *v*
**verkitten** *v* / cement *v* ‖ ~ (Bau) / putty *v*, lute *v* ‖ ~ s. auch Kitt
**verkittetes zweiteiliges Objektiv** (Opt) / cemented doublet
**verklammern** *v* / cramp *v*
**Verklammerung** *f* (Bau) / joggle *n* (as a web stiffener)
**verklappen** *v* (Umwelt) / dump *v*
**Verklappung** *f* (Umwelt) / ocean dumping, ocean disposal, dumping at sea
**Verklauung** *f* (Tischl, Zimm) / tenon-and-slot mortise*
**verkleben** *v* (Oberstoffe mit Einlagen) (Tex) / fuse *v* ‖ ≃ *n* (von Oberstoffen mit Einlagen) (Tex) / fusion *n* ‖ **punktweises** ≃ (For) / point bonding
**verklebter Balken** (ein zusammengesetzter Balken) (Zimm) / glued beam
**Verklebung** *f* (von Fasern) / conglutination *n* ‖ ≃ (Anstr) / agglutination* *n*
**verkleiden** *v* (auskleiden) / line *v* ‖ ~ (verblenden) / face *v* ‖ ~ (mit Brettern oder Bohlen) (Bau, HuT) / board *v* ‖ ~ (ummanteln) (Bau, Masch) / cover *v*, case *v*, jacket *v*, encase *v* ‖ ~ (z.B. zur Bekämpfung der Wassererosion) (HuT) / revet *v* ‖ ~ (z.B. mit Zierblenden) (Kfz) / trim *v* ‖ ~ (Masch) / encase *v*, case *v* ‖ ~ (Masch) / clad *v* (provide or encase a covering or coating) ‖ **mit Rasen** ~ (HuT, Umwelt) / turf *v*, sod *v* (cover with sods or pieces of turf)
**verkleidet•er Lattenverschlag** (Bau, Zimm) / sheathed crate ‖ **~e Wand** (Bau) / veneered wall (a wall having a facing which is attached to the backing but, not being bonded to it, it cannot resist load equally with the backing)
**Verkleidung** *f* (Auskleidung) / lining* *n*, liner *n* ‖ ≃ (als Material) / facing material, facing *n* ‖ ≃ (des Heizkörpers) (Bau) / skirting *n* ‖ ≃ (eines Stahlskelettbaus) (Bau) / clothing* *n* ‖ ≃ (von Mauern) (Bau) / vertical tiling*, weather tiling*, tile hanging* ‖ ≃ (Ummantelung) (Bau, Masch) / cover *n*, case *n*, casing *n*, jacketing *n* ‖ ≃ (mit Holz, Stein oder Metall) (HuT) / facing *n*, steining* *n*, steaning* *n*, steening *n* (the lining of a well or soakaway with stones or bricks laid usually dry, sometimes with mortar) ‖ ≃ (z.B. zur Bekämpfung der Wassererosion) (HuT) / revetment *n* (a protective covering to a soil or rock surface to prevent scour by water or weather) ‖ ≃ (Ummantelung von Flugzeugteilen zur Verringerung des Luftwiderstandes) (Kfz, Luftf, Schiff) / fairing* *n* ‖ ≃ (z.B. NACA-Haube) (Luftf) / cowling* *n*, cowl *n* ‖ **schallisolierende** ≃ (Akus) / noise-reducing casing ‖ **strömungsgünstige** ≃ (Luftf) / blister *n* ‖ **wasserundurchlässige** ≃ (der Uferböschung) (Wasserb) / lining* *n* (to minimise seepage losses, resist erosion, withstand pressure, and in general improve flow conditions) ‖ ≃ *f* **der Uferböschung** (Wasserb) / bank revetment (to protect the bank and minimise erosion)
**Verkleidungs•material** *n* (meistens Blech) (Masch) / sheeting *n* ‖ ≃**papier** *n* (für Skelettkonstruktionen - mit Asphaltzwischenschicht) (Bau) / sheathing paper* *n* ‖ ≃**stoff** / facing material, facing *n* ‖ ≃**stoff** (zur Isolierung) (Akus) / lagging *n* ‖ ≃**stoff** (Masch) / surfacing material ‖ **strakender** ≃**übergang** (Rumpf zur Tragfläche) (Luftf) / fairing* *n*, fillet* *n*
**verkleinern** *v* (DIN 19060) (Foto) / reduce *v* ‖ [**maßstabgerecht**] ~ / scale down *v*, downsize *v*
**verkleinerter Maßstab** / reduced scale
**Verkleinerung** *f* (DIN 19060) (Foto) / reduction *n* (of size) ‖ **maßstabsgerechte** ≃ / scaling-down *n*, downsizing *n*
**Verkleinerungs•einrichtung** *f* (Foto) / reducer *n* ‖ ≃**faktor** *m* (Eltech) / reduction factor
**verkleisterte Stärke** (Nahr) / gelatinized starch, swelling starch, pre-gelatinized starch
**Verkleisterung** *f* (des Stärkekörpers) / gelatinization *n*
**verklemmen** *v* (Masch) / block *v*, jam *v*, interlock *v* ‖ **sich** ~ / stick *vi*, hang up *v*, get stuck ‖ ≃ *n* (des Filmes in der Kamera) (Film) / jamming *n* ‖ ≃ (Masch) / blocking *n*, jamming *n*, jam *n*, interlock *n*

**verklemmter Stab** (Nukl) / stuck rod
**verklemmungsfreies Fügen** (Masch) / jointing without jamming
**verklinken** *v* (EDV, Eltech) / latch *v*
**Verklinkrelais** *n* (Eltech) / latch-in relay
**verklinkt•es Schütz** (Schütz, dessen bewegbare Teile bei Erregung des Antriebes die Ruhestellung verlassen, jedoch durch die Verklinkung daran gehindert werden, bei Aufhörung der Erregung in die Ruhestellung zurückzukehren) (Eltech) / latched contactor ‖ **~e Stellung** (Endtaststellung, bei der die Wirkung der Speicherenergie durch eine Klinke blockiert wird) (Eltech) / latched position
**verklumpen** *v* / clot *v*
**Verknappung** *f* (z.B. von Energie) / shortage *n*
**verknittern** *v* (Tex) / crease *v*, crumple *v*, rumple *v*, wrinkle *v*, scrumple *v*
**verknittert** *adj* (Tex) / creased *adj*, crumpled *adj*
**Verknöcherung** *f* (Geol, Med, Zool) / ossification* *n*
**verknoten** *v* / knot *v* ‖ ~ / knot *v*
**verknüpfen** *v* (Chem) / interlink *v*, link *v* ‖ **neu** ~ (EDV) / relink *v*
**verknüpft, progressiv** ~ (Übergänge im Differenzspektrum) (Spektr) / progressively linked ‖ **regressiv** ~ (Übergänge im Differenzspektrum) (Spektr) / regressively linked ‖ **~e Liste** (EDV) / chained list, linked list
**Verknüpfung** *f* (Vorgang) (Chem) / linkage* *n*, interlinkage *n*, concatenation *n*, link-up *n*, linking *n*, catenation *n* ‖ ≃ (DDE) (EDV) / link *n* ‖ ≃**(en)** *f* (pl) (logische) (EDV, Regeln) / logic* *n* ‖ ≃ *f* (Verkopplung) (Masch) / coupling* *n* ‖ ≃ (Math) / composition *n* (of arrows or morphisms) ‖ **additive** ≃ (Math) / additive composition ‖ **automatische** ≃ (DDE-Verbindung, bei der der Server im Falle einer Datenaktualisierung alle Clientprogramme automatisch und unaufgefordert mit den geänderten Daten versorgt) (EDV) / hot link, automatic link ‖ **glykosidische** ≃ (Chem) / glycosidic link ‖ **logische** ≃**en** (EDV, Math) / logical operations*, logic operations ‖ ≃ *f* **von Schmutzpartikeln durch Brückenbildung** (bei der Flockung) (Chem Verf) / interparticle bridging
**Verknüpfungs•gebilde** *n* (EDV, Math) / operational system ‖ ≃**gebilde** (algebraische Struktur) (Math) / algebraic structure ‖ ≃**gebilde** (Math) / lattice* *n* ‖ ≃**gesetz** *n* (Math) / multiplication law, rule of combination, law of composition ‖ ≃**glied** *n* (EDV) / logic gate, gate *n*, logic element*, logic unit* ‖ ≃**indikator** *m* (semantisch-syntaktisches Hilfsmittel der Inhaltserschließung von Dokumenten) (EDV) / link indicator, link *n* ‖ ≃**operation** *f* (EDV) / elementary operation (EO) ‖ ≃**schaltung** *f* **mit Kollektorverstärker** (Eltronik) / emitter follower logic ‖ **tafel** *f* (Math) / Cayley table, group table ‖ ≃**vorschrift** *f* (Math) / multiplication law, rule of combination, law of composition
**verkochen** *v* (Öle) (Anstr) / boil down *v* ‖ ~ (Nahr) / boil down *v* ‖ ≃ *n* (bei der Zuckerfabrikation) (Nahr) / boiling *n*, boiling-down *n*
**verkohlen** *v* / carbonize *v* ‖ ~ *vi* (verschwelen) / char *vi* ‖ ~ *vt* (organische Stoffe bei Sauerstoffmangel) (Chem Verf) / char *vt* ‖ ≃ *n* (Geol) / carbonization* *n*
**verkohlte Partikel** (des Ablationsschildes) (Raumf) / char *n*
**Verkohlung** *f* (organische Stoffe bei Sauerstoffmangel) (Chem Verf) / charring *n* ‖ ≃ (Geol) / carbonization* *n*
**Verkohlungszahl** *f* (bei Schmierölen) / carbon value*
**verkokbar** *adj* (Kfst) / coking *adj*
**verkoken** *vt* (Kfst) / coke *vt*, carbonize *v* (coal) ‖ ≃ *n* (Kfst) / coking *n*, carbonization* *n* (of coal) ‖ **verzögertes** ≃ (Chem Verf) / delayed coking
**verkokendes Verfahren** (Kfst) / coking *n*, carbonization* *n* (of coal)
**Verkokung** *f* (Kfst) / coking *n*, carbonization* *n* (of coal)
**Verkokungs•batterie** *f* (Chem Verf) / coke-oven battery, retort bench, bench *n*, carbonization bench, carbonizing bench ‖ ≃**eigenschaften** *f pl* (Kokungsvermögen von Steinkohlen, meist dargestellt durch den Dilatationsverlauf und den Blähgrad) (Bergb, Kfst) / coking properties ‖ **~fähig** *adj* (Kfst) / coking *adj* ‖ ≃**fähigkeit** *f* / coking power ‖ ≃**kammer** *f* / coking chamber ‖ ≃**kohle** *f* (Bergb) / coking coal* ‖ ≃**neigung** *f* (Kfst) / coking tendency ‖ ≃**ofen** *m* (Chem Verf) / coke oven*, gas retort ‖ ≃**rückstand** *m* / carbon residue, coke residue
**verkollern** *v* (Anstr) / grind *v* ‖ ≃ *n* (bei der Pigmentanreibung) (Anstr) / grinding* *n*
**verkoppeln** *v* (Masch) / link *v*, interlink *v*
**Verkopp(e)lung** *f* / interconnexion *n* (GB), interconnection *n*
**Verkopplung** *f* (Masch) / coupling* *n* ‖ ≃ (im allgemeinen) (Masch) / linking *n*, interlinking *n*, linkage *n*, interlinkage *n* ‖ ≃ (von Videosignalen) (TV) / genlock* *n*
**verkorken** *v* / cork *vt*
**Verkorkung** *f* (sekundäre Änderung der Zellwand) (Bot) / suberization* *n*, suberification *n*
**Verkosten** *n* (Nahr) / degustation *n*
**verkratzen** *v* (Fußboden) / scuff *v*, mark *v*

**Verkrätzung** *f* (Bildung von Oxiden an der Oberfläche) (Hütt) / dross formation, drossing *n*
**Verkrautung** *f* (des Flußbetts) (Wasserb) / weedage *n*, weediness *n*
**verkreuzter Harnisch** (Web) / London tie, cross-tie *n*
**verkröpfen** *v* (Bau) / reverse *v* ‖ ~ (Masch) / offset *v*, crank *v*
**Verkröpfung** *f* (Masch) / offset *n*, cranking *n*
**Verkrümmung** *f* (DIN 13 316) (Mech) / warpage *n*, distortion *n*
**verkrusten** *v* / crust *vi*, crust *vt* ‖ ~ / incrust *v*, encrust *v* ‖ ~ (z.B. Kesselrohre) / scale *vi*
**Verkrustung** *f* / incrustation *n*, encrustation *n*, scaling *n* ‖ ⁓ (in Wasserrohren) (Klemp) / furring *n*
**verküpen** *v* (Tex) / vat *v*
**verkupfern** *v* / copper *v* ‖ ~ (galvanisch) (Galv) / copper-plate *v*
**verkupferte Kohle** (Licht) / coppered carbon
**verkürzen** *v* / shorten *v*
**verkürzt•e Anschriftenzeile** / short address, shortened address ‖ **~er Block** (EDV) / short block ‖ **~es Element** (Bau) / cripple *n* ‖ **~e Zykloide** (Math) / curtate cycloid*
**Verkürzung** *f* / shortening *n* ‖ ⁓ (Zusammenschub) (Geol) / shortening *n*
**Verkürzungskondensator** *m* (Radio) / shortening capacitor*
**verlackt•es Azopigment** (Anstr) / azopigment lake ‖ **~es Pigment** (Anstr) / pigment lake
**Verlackung** *f* (an Zylinderlaufflächen) (Kfz) / glaze *n*
**Verlade•bandausleger** *m* (HuT, Masch) / discharge-conveyor boom ‖ **⁓brücke** (ein großer Bockkran) (HuT) / transporter loading bridge, transporter crane, transporter *n*, travelling bridge, loading bridge ‖ **⁓brücke für Container** / container bridge ‖ **⁓hafen** *m* (Schiff) / port of shipment
**verladen** *v* / load *v* ‖ ~ (in einen Zug) (Bahn) / entrain *v* ‖ ⁓ *n* / loading* *n*, lading *n*
**Verlade•papiere** *n pl* (Schiff) / shipping documents ‖ **⁓platz** *m* (HuT) / loading station ‖ **⁓rampe** *f* (Bahn, Kfz) / loading platform, loading rack, loading ramp, loading bank ‖ **⁓stelle** *f* (HuT) / loading station ‖ **~trocken** *adj* (Holz) (For) / rough dry, partially air-dry, PAD, shipping-dry *adj*
**Verlag** *m* (Druck) / publishing house ‖ ⁓ (in der Regel nur in der Verbindung mit einem Namen) (Druck) / publishers *pl*
**verlagern** *v* (Verkehr) / divert *v* ‖ ~ / relocate *v*, displace *v* ‖ ~ (EDV) / relocate *v* (a routine) ‖ ~ (eine Verbindung) (Fernm) / re-arrange *v* ‖ ~ (Gleichgewicht) (Mech) / shift *v*
**verlagert** *adj* (durch unsachgemäße Lagerung) / shop-soiled *adj*
**Verlagerung** *f* (des Verkehrs) / diversion *n* ‖ ⁓ (Ortswechsel) / relocation *n*, displacement *n* ‖ ⁓ / translocation *n* ‖ ⁓ (einer Verbindung) (Fernsp) / rearrangement *n* ‖ ⁓ (des Gleichgewichts) (Mech) / shift *n*, shifting *n* ‖ **vertikale** ⁓ (von Funktionen in hierarchisch geschichteten Software/Firmware-Systemen) (EDV) / vertical migration *n* ‖ **⁓en** *f pl* **pro Atom** (Nukl) / displacements per atom, dpa
**Verlags•einband** *m* (ein vom Verlag in Auftrag gegebener Einband, der maschinell in größerer Auflage gefertigt wird) (Buchb) / edition binding*, publisher's binding*, trade binding ‖ **⁓haus** *n* (Druck) / publishing house ‖ **⁓lektor** *m* / editor *n*, publisher's reader ‖ **⁓nummer** *f* (für die ISBN von der Gruppenagentur vergeben) / publisher prefix ‖ **⁓signet** *n* (z.B. der Greifvogel der O. Brandstetter Verlag GmbH & Co. KG) (Druck) / device *n* ‖ **⁓vermerk** *m* (Druck) / publisher's imprint
**verlanden** *v* (Wasserb) / silt up *v*, silt *v* (fill or block with silt)
**Verlandung** *f* (Geol) / fill *n* (e.g. a silt-fill) ‖ ⁓ (Wasserb) / silting *n*, warping *n*, silt-fill *n*, silting-up *n*, mud silting, mud filling, siltation *n*
**verlängern** *v* (Flotte) (Leder) / lengthen *v* ‖ ~ (Wirkung von Arzneimitteln) (Pharm) / protract *v* ‖ ~ (die Nutzungsdauer eines Werkzeugs) (Werkz) / extend *v* (the life of a tool) ‖ ~ / lengthen *v*, elongate *v*
**verlängert•es Bild eines Sterns** (wenn mit Kameras ohne Nachführung fotografiert wird) (Astr) / trails *pl* ‖ **~es Ellipsoid** (Math) / prolate ellipsoid*, prolate spheroid ‖ **~e Lebensdauer** (Masch) / improved service life, extended service life ‖ **~er Zementmörtel** (S) (Bau) / cement mortar* (1 cement : 2 lime : 9 sand), compo* *n* (1 cement: 2 lime: 9 sand) ‖ **~e Zykloide** (Math) / prolate cycloid*
**Verlängerung** *f* (Masch, Math) / lengthening *n*, elongation *n*, increase in length ‖ ⁓ (Zimm) / longitudinal joint* ‖ ⁓ **der Lebensdauer** (z.B. bei Werkzeugen) / extension of life ‖ ⁓ **des Brennstoffzyklus** (Nukl) / stretch-out *n*
**Verlängerungs•faktor** *m* (bei dem Einsatz eines lichtreduzierenden Aufnahmefilters) (Foto) / filter factor* ‖ **⁓kabel** *n* (Eltech) / extension lead, continuation lead, continuation line ‖ **⁓leitung** *f* (Eltech) / extension lead, continuation lead, continuation line ‖ **⁓schnur** *f* (Eltech) / extension cord ‖ **⁓stück** *n* (Instr) / lengthening bar, extension piece, extension bar ‖ **⁓tubus** *m* (Opt) / extension tube*

**verlangsamen** *v* (z.B. eine Reaktion) / decelerate *v*, slow down *v* ‖ ~ (Kfz) / decelerate *v*, slow down *v*
**Verlangsamer** *m* (dritte Bremse) (Kfz) / retarder *n* (third brake)
**Verlangsamung** *f* (Kfz) / deceleration *n*, slowing-down *n*
**verlangt•es Angebot** (Kostenvoranschlag) / quotation *n* ‖ **~es Sehvermögen** / visual requirements
**Verlappen** *n* (Fügeverfahren bei Blechen) (Masch) / lock forming
**Verlärmung** *f* (Akus) / noise pollution
**verlaschen** *v* (Bahn) / fish *v*, splice *v*, strap *v* (with a fish-plate) ‖ ⁓ *n* (Bahn) / fishing *n*, splicing *n*, strapping *n*
**Verlaschung** *f* (Bahn) / fishing *n*, splicing *n*, strapping *n*
**verlassen** *v* / leave *v* ‖ ~ (ein Programm) (EDV) / quit *v*, exit *v* ‖ ⁓ *n* **der Spur** (Akus) / tracking error, mistracking *n*
**verläßliches Wasserdargebot** (Wasserb) / economic yield, safe yield (from a well or aquifer)
**Verlauf** *m* (einer Kurve) / shape *n*, form *n* ‖ ⁓ (eines noch flüssigen Anstriches, um Unebenheiten auszugleichen) (Anstr) / flow *n*, levelling *n*, spreading *n* ‖ ⁓ (eines Gangs) (Bergb) / run *n* ‖ ⁓ (Kab) / run *n* ‖ ⁓ (Verm) / course* *n* ‖ **aperiodischer** ⁓ / aperiodicity *n* ‖ **zeitlicher** ⁓ (einer Kurve) / history *n*, time history ‖ **zeitlicher** ⁓ (des Überschallknalls) (Phys) / signature *n*
**verlaufen** *v* (Anstr) / level *v*, level out *v*, flow *v*, spread *v* ‖ **schräg** ~ (Linie) / slant *v* ‖ **~e Bohrung** (Masch) / off-centre hole, untrue hole ‖ ~ **lassen** (Opt) / vignette *v*, shade *v* ‖ ~ (von Schriftzeichen) (Druck, EDV) / bleeding *n* ‖ ~ (der Säge) (For) / wandering *n*, running-out *n* ‖ ⁓ (des Bohrers) (Masch) / drift *n*, wandering *n*, running-out *n* (of centre)
**Verlauf•filter** *n* (Opt) / variable-density filter, graded-density filter ‖ **⁓hilfsmittel** *n* (Anstr) / flow agent, flow-control agent, levelling agent ‖ **⁓mittel** *n* (das Naßlacken zu eben verlaufenden Filmen verhilft - DIN 55945) (Anstr) / flow agent, flow-control agent, levelling agent ‖ **⁓protokoll** *n* (EDV) / history file ‖ **⁓störung** *f* (Anstr) / levelling defect ‖ **⁓verbesserer** *m* (Anstr) / flow agent, flow-control agent, levelling agent
**Verlegebarge** *f* (für Erdölrohrleitungen) (Erdöl, Schiff) / lay barge*
**verlegen** *v* (Teppiche, Linoleum, Rohre, Kabel) / lay *v* (pipe, cable, railway track, carpet, tiles) ‖ ~ (als Verleger) / publish *v* ‖ ~ (Drähte) (Eltech) / string *v* ‖ ~ (Kabel) (HuT, Kab) / lay *v*, run *vt* ‖ ~ (Teppichboden) (Tex) / fit *v* ‖ ~ (einen Wasserlauf) (Wasserb) / divert *v* ‖ ~ (das Flußbett) (Wasserb) / shift *v* ‖ **in die Erde** ~ (Kabel, Versorgungsleitungen) (HuT, Kab) / underground *vt* ‖ **neu** ~ (HuT) / re-lay *v* ‖ ⁓ *n* (von Teppichen, Linoleum, Rohren, Kabeln usw.) / laying *n*
**Verlegeplan** *m* (Bau, HuT) / laying drawing
**Verleger** *m* (Druck, Eltronik) / publisher *n* ‖ **⁓zeichen** *n* (z.B. der Greifvogel der O. Brandstetter Verlag GmbH & Co. KG) (Druck) / device *n*
**Verlege•schiff** *n* (Erdöl, Schiff) / lay barge* ‖ **⁓zeichnung** *f* (Plan) (Bau, HuT) / laying drawing ‖ **⁓zeichnung** (HuT) / placing drawing
**verlegt, frei** ~ (auf Putz - Leitungen) (Bau, Eltech) / exposed *adj* ‖ **~er textiler Bodenbelag** (Tex) / fitted textile floor covering
**Verlegung** *f* (von Rohren) (Bau, Klemp) / installation *n*, internal installation ‖ ⁓ (des Teppichbodens) (Tex) / fitting *n* ‖ ⁓ (eines Wasserlaufs) (Wasserb) / diversion *n* ‖ **falsche** ⁓ (der Schläuche) (Masch) / misrouting *n* ‖ **lose** ⁓ / loose laying *n* ‖ ⁓ *f* **auf Putz** (Bau, Eltech) / surface mounting, surface installation, surface wiring* ‖ ⁓ **unter Putz** (Bau, Eltech) / concealed installation, flush mounting ‖ ⁓ **von Rohren** (Erdöl, HuT, Sanitär) / pipe-laying *n*, piping *n*, pipelining *n*
**Verlehmung** *f* (Geol, Landw) / loamification *n*, weathering to loam
**Verleih** *m* (Film) / distribution *n*
**verleihen** *v* (dem Werkstoff eine bestimmte Eigenschaft) / give *v*
**Verleihkopie** *f* (Film) / release print*
**Verleihung** *f* **des Gewinnungsrechts** (Bergb) / grant *n*
**verleimbar** *adj* (Holz, For, Tischl) / gluable *adj*
**Verleimbarkeit** *f* (For, Tischl) / gluability *n*
**verleimen** *v* / glue *v* (together)
**verleimter Balken** (Zimm) / glued beam
**Verleseband** *n* (Aufber, Bergb) / picking belt*, picking conveyor, inspection belt ‖ ⁓ (z.B. eines Roders) (Landw) / picking belt
**verlesen** *v* (Aufber) / pick *v*, sort *v*, wale *v* (GB), cull *v* ‖ ~ (Nahr) / sort *v* ‖ ⁓ *n* (Aufber) / picking *n*, sorting *n*, waling *n* (GB), culling *n*
**verletzbar** *adj* (System) (EDV) / vulnerable *adj* ‖ **⁓keit** *f* (des Systems) (EDV) / vulnerability *n*
**verletzen** *v* (ein Patent) / infringe *v* (patent, law, agreement) ‖ ~ (Vorschrift, Parität, Prinzip) / violate *v* ‖ ~ (eine Lackschicht) (Anstr) / rupture *v*, damage *v*
**Verletzung** *f* (des Patentrechts) / infringement *n* ‖ ⁓ (eines Prinzips, einer Vorschrift) / violation *n*, breach *n* (of) ‖ ⁓ / violation *n*, non-conservation *n* ‖ ⁓ (der Beschichtung) (Anstr) / blemish *n* ‖ ⁓ (der Lackschicht) (Anstr) / rupture *n*, damage *n* ‖ ⁓ **der beruflichen Schweigepflicht** / violation of professional secrecy, breach of professional secrecy ‖ ⁓ **der Integrität der Daten** (beabsichtigte

1337

**Verletzung**
oder irrtümliche) (EDV) / data contamination, data corruption ‖ ~ **der Parität** (Kernphys) / parity violation, parity non-conservation ‖ ~ **der Privatsphäre** (EDV) / invasion of privacy, intrusion into privacy ‖ ~ **der Sicherheit** (EDV) / security breach, breach *n*

**Verletzungs•potential** *n* (Eltech) / injury potential, demarcation potential ‖ ~**spannung** *f* (Eltech) / injury potential, demarcation potential

**verliehen•e Goldseife** (Bergb) / placer claim *n* (US) ‖ ~**es Grubenfeld** (Bergb) / claim *n* (US), mining claim

**verlieren** *v* (z.B. Energie) / lose *v*

**verlierender Wasserlauf** (der einen Teil seines Wassers in das Grundwasser abgibt) (Geol, Wasserb) / influent stream, losing stream

**verloren•e Energie** (in einem irreversiblen Prozeß) (Phys) / unavailable energy* ‖ ~**e Form** (die nach dem Gießen zerstört wird) (Gieß) / temporary mould ‖ ~**er Kopf** (unmittelbar auf das Gußteil aufgesetzter, offener Speiser) (Hütt) / feeder head*, dead head, shrinking head, shrink head, feeding head*, feed head ‖ ~**e Lebenstage** (einer Risikogruppe) (Umwelt) / lost days of life ‖ ~**es Modell** (nur einmal verwendbares Modell, das in der Gießform verbleibt und beim bzw. von dem Gießen zerstört wird) (Gieß) / disposable pattern, consumable pattern ‖ ~**e Palette** / one-way pallet, expendable pallet ‖ ~**e Schalung** (im Betonbau) (Bau) / permanent shuttering ‖ ~**er Schuß** (Web) / misspick *n*, mispick *n* (US), wrong pick ‖ ~**er Speicherraum** (Wasserb) / dead storage (capacity) ‖ ~**e Steigung** (Bahn) / loss in level

**Verlust** *m* (Fernm) / loss* *n*, transmission lost ‖ ~ *n* ‖ ~ (bei Flüssigkeiten) / leakage *n* ‖ **dielektrischer** ~ (Ursache für die dielektrische Erwärmung eines Dielektrikums in einem elektrischen Wechselfeld) (Elektr) / dielectric loss* ‖ **lastabhängige** ~**e** (Eltech) / load loss ‖ **magnetische** ~**e** (durch ein zeitlich verändertes Magnetfeld in Wärme umgewandelte Energie) (Eltech) / magnetic losses ‖ **mit** ~ **behaftet** (Elektr) / lossy* *adj*, dissipative *adj* ‖ **ohmscher** ~ (Eltech) / ohmic loss*, wattful loss*, ohmic dissipation, resistance loss ‖ ~ *m* **bei** (nach) **der Erwärmung** / loss on heating ‖ ~ **beim Schälen** (Nahr) / peeling loss ‖ ~ **der optischen Wirkung** (in der Faseroptik - z.B. durch gestörte Totalreflexion) (Fernm, Opt) / crosstalk *n* ‖ ~ **des peripheren Sehens** (Luftf, Mil) / greyout *n*, grayout *n* (US) ‖ ~ **durch Ausschuß** (F.Org) / reject loss ‖ ~ **durch mitgerissene Wassertropfen** (z.B. in einem Kühlturm) / drift loss

**Verlust•arbeit** *f* (Mech) / redundant work ‖ ~**arm** *adj* / low-loss *attr* ‖ ~**armes Kabel** (Kab) / low-capacitance cable, LoCap cable ‖ ~**behaftet** *adj* (Elektr) / lossy* *adj*, dissipative *adj* ‖ ~**behaftetes Dielektrikum** (Elektr) / imperfect dielectric* ‖ ~**behaftete Kompression** (EDV) / lossy compression ‖ ~**belegung** *f* (Fernsp) / lost call ‖ ~**diagramm** *f* (ein Wärmeflußbild - nach M.H.Ph.R. Sankey, 1853-1921) (Chem Verf) / Sankey diagram ‖ ~**faktor** *m* (der reziproke Wert des Gütefaktors DIN 1344) (Eltech) / dissipation factor*, lost tangent, tan δ ‖ ~**faktor** *f* ‖ **thermischer** ~**faktor** (Nukl) / thermal leakage factor* ‖ ~**faktormeßbrücke** *f* (eine Wechselstrommeßbrücke) (Eltech) / loss-factor bridge ‖ ~**faktormessung** *f* (Eltech) / loss-tangent test, dissipation-factor test ‖ ~**freie Leitung** (Fernm) / dissipationless line*, lossless line*, ideal line, zero-loss line ‖ ~**kegel** *m* (Plasma Phys) / loss cone ‖ ~**kegelinstabilität** *f* (Plasma Phys) / loss-cone instability ‖ ~**leistung** *f* (DIN 45030) (EDV, Eltech) / power loss* ‖ ~**leistung** (Eltech) / dissipation* *n* (loss of electric energy as heat), power dissipation ‖ ~**leistung** (Radio) / leakage power ‖ ~**leistung durch Reibung** (Phys) / friction energy, friction power ‖ ~**leistungsfaktor** *m* (bei der Hochfrequenztitration) (Chem) / power-loss factor ‖ ~**leistungshyperbel** *f* (Eltech) / power-dissipation curve

**verlustlose•e Dampfmaschine** (Masch) / ideal steam engine ‖ ~**er Isolator** (Elektr) / perfect dielectric*, ideal dielectric ‖ ~**e Kapazität** (Eltech) / pure capacitance ‖ ~**e Kompression** (EDV) / non-lossy compression (compression method where the decompressed version is exactly the same as the original), lossless compression ‖ ~**e Leitung** (Fernm) / dissipationless line, lossless line*, ideal line, zero-loss line ‖ ~**es Netzwerk** (Fernm) / non-dissipative network*

**Verlust•modul** *m* (Chem Verf, Mech) / loss modulus, viscous modulus, hysteretic modulus, imaginary modulus, out-of-phase modulus ‖ ~**mutant** *m* (Gen) / auxotrophic mutant, auxotroph mutant, defect mutant ‖ ~**rate** *f* (bei der zeitmultiplexierten Sprachübertragung) (Fernm) / freeze-out fraction, FOF ‖ ~**regler** *m* (Fernm) / dissipative regulator ‖ ~**reiche Kompression** (die Originalbilder nicht vollständig erhält) (EDV) / lossy compression ‖ ~**schmierung** *f* (durch Zusatz des Motoröls zum Kraftstoff) (Kftst, Kfz) / total-loss lubrication ‖ ~**schmierung** (Masch) / once-through lubrication ‖ ~**system** *n* (ein Vermittlungssystem) (Fernsp) / loss system ‖ ~**verkehr** *m* (Fernsp) / lost traffic ‖ ~**wahrscheinlichkeit** *f* (Wahrscheinlichkeit, daß eine eintreffende Anforderung weder bedient noch gespeichert werden kann, da das System momentan blockiert ist) (EDV) / probability of loss, probability of overflow ‖ ~**wärme** *f* (Phys) / thermal waste, dissipated heat ‖ ~**wasser** *n* (in der Schleuse) (Wasserb) / lockage* *n* ‖ ~**winkel** *m* (bei Spulen oder Kondensatoren nach DIN 1344) (Elektr) / loss angle*, dielectric loss angle*, phase defect angle ‖ ~**zahl** *f* (bei Transformatoren) (Eltech) / figure of loss* ‖ **dielektrische** ~**zahl** (Produkt aus Dielektrizitätszahl und dem Verlustfaktor) (Elektr) / loss index, dielectric loss index ‖ ~**zeit** *f* / lost time ‖ ~**ziffer** *f* (bei Transformatoren) (Eltech) / figure of loss* ‖ ~**ziffer** (Fernm) / loss factor*

**Vermachstein** *m* (Glas) / tuckstone *n*

**Vermahlbarkeit** *f* (Aufber) / grindability* *n*

**vermahlen** *v* / mill *v* ‖ ~ (Pigmente) (Anstr) / grind *v* ‖ ~ *n* (Nahr) / milling *n*

**Vermahlung** *f* (bei der Pigmentanreibung) (Anstr) / grinding* *n*

**Vermälzung** *f* (Brau) / malting* *n*

**vermarken** *v* (das Land) (Landw, Verm) / demarcate *v*, demarkate *v*, demark *v* ‖ ~ (mit Steinen, Bolzen und Rohren) (Landw, Verm) / mark *v*, mark out *v* ‖ ~ (das Land) (Verm) s. auch vermessen

**vermarkten** *v* / commercialize *v*, market *v*

**Vermarkung** *f* (Landw, Verm) / boundary marking ‖ ~ (mit Steinen, Bolzen oder Rohren) (Verm) / marking *n*

**Vermarkungselement** *n* (Stein, Bolzen, Rohr usw.) (Verm) / monument *n*, beacon *n*

**vermaschen** *v* (Fernm) / intermesh *v* ‖ ~ (Regeln) / interconnect *v* ‖ ~ (beim Stricken und Wirken) (Tex) / jam *v*

**vermascht** *adj* (Eltech) / multiloop *attr*

**Vermaschung** *f* (Fernm) / intermeshing *n*

**vermasert** *adj* (For) / curled *adj*

**vermaßen** *v* / dimension *v*, rate *v*, size *v*, proportion *v*

**Vermaßung** *f* (von Mauerwerk) (Bau) / dimensioning *n*

**Vermattung** *f* (Anstr) / loss of gloss

**vermauern** *v* (eine Öffnung) (Bau) / wall up *v*, block up *v*, brick up *v*

**vermehren** *v* / propagate *v*

**Vermehrung** *f* (starke) / proliferation *n* ‖ ~ (von Mikroorganismen - gelenkte) (Biol) / propagation *n* ‖ ~ (Kernphys) / multiplication* *n* ‖ **vegetative** ~ (durch Zerfall und Zerteilung) (Bot) / vegetative propagation*

**Vermehrungsfaktor** *m* (Neutronenvermehrung) (Kernphys) / multiplication constant*, multiplication factor, reproduction constant*

**vermeiden** *v* (Masch) / design out *v* ‖ ~ *n* **der Austrocknung** (um den Dürreschäden zu entgehen) (Bot) / drought avoidance ‖ ~ **des Resonanzeinfangs** (Kernphys) / resonance escape

**Vermeidungs- und Verwertungsverfahren** (Anstr) / avoidance and scrap recovery process

**vermeil** *adj* (hochrot, hellrot) / vermeil *attr* (bright red) ‖ ~ *n* (feuervergoldete Waren) / vermeil *n*

**Vermeille** *f* (bräunlich roter Pyrop oder Almandin) (Min) / vermeil *n*

**vermengen** *v* / mingle *v*, commingle *v* ‖ ~ (verquicken) / confound *v*

**vermessen** *v* (Bohrloch) (Erdöl) / log *v* ‖ ~ (Verm) / survey *v* ‖ **neu** ~ / remeasure *v*

**Vermesser** *m* (Verm) / geometer *n*, land surveyor, topographical surveyor, surveyor *n*

**vermessingen** *v* / brass *v*

**Vermessung** *f* / measurement *n*, mensuration *n*, measuring *n*, metering *n*, gauging *n* ‖ ~ (Aufnahme) (Verm) / survey *n* ‖ ~ (Tätigkeit) (Verm) / surveying* *n* ‖ **aeromagnetische** ~ (Verm) / aeromagnetic surveying ‖ ~ *f* **mit dem Markscheiderkompaß** (Bergb, Verm) / dialling* *n*, dialing *n* (US) ‖ ~ **von landwirtschaftlichen Flächen** (Verm) / agrarian measurement

**Vermessungs•arbeit** *f* (Verm) / surveying* *n* ‖ ~**breite** *f* (Schiff) / tonnage breadth* ‖ ~**flugzeug** *n* (Luftf, Verm) / aerial survey craft ‖ ~**formel** *f* (Schiff) / tonnage formula ‖ ~**gehilfe** *m* (Verm) / rodman* *n*, staffman* *n* ‖ ~**gerät** *n* (Verm) / surveying instrument ‖ ~**heft** *n* (Verm) / level book ‖ ~**ingenieur** *m* (Verm) / geometer *n*, land surveyor, topographical surveyor, surveyor *n* ‖ ~**kunde** *f* (in der die Krümmungsverhältnisse der Erde nicht berücksichtigt werden müssen) (Verm) / plane surveying*, lesser surveying ‖ ~**kunde** (Verm) / geodesy* *n*, geodetic surveying*, geodetics *n* ‖ ~**länge** *f* (Schiff) / registered length* ‖ ~**punkt** *m* (Verm) / station *n* ‖ **Neubemessung** *f* **eines zerstörten** ~**punktes** (Verm) / referencing *n* ‖ ~**riß** *m* (DIN 18702) (Verm) / survey plan ‖ ~**satellit** *m* (Verm) / geodetic satellite ‖ ~**schiff** (Schiff) / survey(ing) vessel ‖ ~**tiefe** *f* (Schiff) / registered depth*, tonnage depth* ‖ ~**trupp** *m* (Verm) / survey party ‖ ~**vorrichtung** *f* **zur Kennzeichnung eines Festpunktes** (Verm) / signal* *n* ‖ **provisorisches** ~**zeichen** (z.B. ein Schalm) (Verm) / blaze* *n*

**Vermiculargraphit** *m* (Gieß) / compacted graphite, compact-flake graphite, vermicular-type graphite

**Vermiculit** *m* (ein Tonmineral der Montmorillonit-Saponit-Gruppe) (Min) / vermiculite* *n* (a micaceous mineral)

**Vermifugum** *n* (pl. -fuga) (Pharm) / anthelmintic* *n*

**Vermikulargraphit** m (eine Graphitausbildung) (Gieß) / compacted graphite, compact-flake graphite, vermicular-type graphite
**Vermikulit** m (Min) / vermiculite* n (a micaceous mineral) ‖ ≃ (Min) s. auch Illit
**Vermillon** n (gefälltes blutrotes Quecksilber(II)-sulfid) (Chem) / vermilion n, vermillion n
**vermindern** v / diminish v, reduce v ‖ ~ / reduce v, abate v, cut v
**vermindert•e Dienstgüte** (Fernm) / degraded service ‖ **~es Hörvermögen** (Akus, Med) / auditory defect, hearing defect ‖ **~e Start- und Landestrecke** (Luftf) / reduced take-off and landing, restricted take-off and landing, RTOL ‖ **~er Verschleiß** (Masch) / reduced wear
**Verminderung** f / reduction n, abatement n ‖ ≃ **der Übertragungsgüte durch Leitungsgeräusche** (Fernm) / noise transmission impairment, NTI
**Verminderungsfaktor** m (in der Beleuchtungstechnik) (Eltech) / depreciation factor*
**vermischen** v (zu) / make up v (into) ‖ ~ / mix v ‖ ~ (Nahr) / concoct v ‖ ≃ n (Tätigkeit) / mixing* n
**Vermischung** f (von Erzen) (Hütt) / alligation n ‖ **schichtweise** ≃ (Spinn) / sandwich blending ‖ **turbulente** ≃ / turbulent mixing
**vermischungsfähig** adj / miscible adj
**vermißtes Flugzeug** (Luftf) / missing aircraft
**vermitteln** v (Fernm) / relay v ‖ ~ (Fernm) / switch v ‖ ~ (Gespräch) (Fernsp) / put through v
**vermittelnde Abbildung** (die zwischen der konformen, der flächentreuen und der abstandstreuen Abbildung vermittelt) (Kart) / arbitrary projection, aphylactic projection
**vermittelt, nicht** ~ (Fernm) / not switched adj, non switched ‖ **~es Netz** (auf Wählleitung bei Ausfall der Standleitung) (Fernm) / switched network
**Vermittlung** f (Fernm) / switching* n ‖ **digitale** ≃ (als Tätigkeit) (Fernsp) / digital switching
**Vermittlungs•amt** n (Fernm) / switching centre, switching office, central office (US), CO, exchange n ‖ **≃amt** (Fernsp) / station n, office n, exchange n ‖ **private ≃anlage** (Fernsp) / private branch exchange* (PBX*) ‖ **≃dienst** n (DIN ISO 7498) (Fernm) / network service ‖ **≃einheit** f (ISDN) / switching unit, SWU ‖ **digitale ≃einrichtung** (Fernsp) / digital exchange, digital switching facility ‖ **≃güte** f (Fernm) / switching quality, grade of switching performance ‖ **≃knoten** m (Fernm) / switching node, exchange n, station n ‖ **≃kraft** f (Fernsp) / operator n, central n (US), telephonist n (GB), switchboard operator, telephone operator ‖ **≃leistung** f (Fernsp) / call-processing rate ‖ **≃netz** n (ein Telekommunikationsnetz) (Fernsp) / switching network ‖ **≃programm** n (EDV) / switching program ‖ **≃prozessor** m (EDV) / switching computer ‖ **≃rechner** m (EDV) / switching computer ‖ **≃schicht** f (DIN ISO 7498) (EDV) / network layer ‖ **≃schrank** m (Fernsp) / switchboard n ‖ **≃stelle** f (Fernm) / switching centre, switching office, central office (US), CO, exchange n ‖ **≃stelle** (Fernsp) / exchange n, central n (US), telephone exchange central n (US) ‖ **eigene ≃stelle** (Fernm) / own exchange ‖ **digitale ≃stelle** (Fernsp) / digital exchange, digital switching facililty ‖ **≃tisch** m (Fernm) / operator desk, operator console
**Vermizid** n (Chem, Med) / vermicide n, vermifuge n
**vermodern** v / moulder v, go mouldy v, putrefy v, molder v (US)
**Vermögen** n (Eigenschaft) / property n ‖ ~ / power n ‖ ≃**, bei Motor(en)ausfall die Höhe zu halten** (Luftf) / stay-up ability
**Vermögens•gegenstand** m / asset n ‖ **materielle ≃gegenstände** (als Bilanzposten) / tangible assets, tangibles pl
**vermooren** v (Schiff) / moor v
**vermorschen** v (For) / rot v, crumble v
**vermuffen** v (Masch) / join by sleeves, joint by sleeves
**ver•muren** v (Schiff) / moor v ‖ **~murtes Tal** (Geol) / debris-filled valley
**vermuten** v (KI, Math) / presume v, assume v
**vermuteter Name** (in einem Verzeichnis) (Fernm) / purported name
**Vermutung, Goldbachsche** ≃ (daß jede gerade Zahl /außer 2/ die Summe der Primzahlen ist - nach Ch. Goldbach, 1690-1764) (Math) / Goldbach conjecture, Goldbach's conjecture ‖ **Mordellsche** ≃ (nach J.L. Mordell, 1888-1972, von G. Faltings 1983 bewiesen) (Math) / Mordell's conjecture ‖ **Poincarésche** ≃ (Math) / Poincaré conjecture ‖ **Riemannsche** ≃ (Math) / Riemann hypothesis ‖ **Waringsche** ≃ (nach E. Waring, 1734 - 1798) (Math) / Waring's conjecture
**vernachlässigbar** adj / negligible adj ‖ **~er Rückstand** (von Pestiziden) (Umwelt) / negligible residue
**vernachlässigen** v / neglect v
**vernadeln** v / needle v ‖ ~ (Faservlies verfestigen) (Tex) / needle v
**Vernadelung** f (Tex) / needle-punching n
**vernageln** v / nail down v, nail up v
**vernähen** v (Masch) / sew v ‖ ~ (des Riemens) (Masch) / sewing v
**Vernakularname** m (Biol) / vernacular name
**Vernalisation** f (Bot, Landw) / vernalization* n
**vernalisieren** v (Bot, Landw) / vernalize v

**vernarben** v / scar over v, scar vi
**Vernässung** f (des Bodens) (HuT, Landw) / waterlogging n
**Vernässungsstelle** f / wet spot
**Vernation** f (Bot) / vernation* n
**vernebeln** v / aerosolize v, nebulize v
**verneinen** v / negate v
**Verneinung** f (Nichtverknüpfung) / negation n
**vernetzbar** adj (Chem) / cross-linkable adj
**vernetzen** v (EDV) / network v ‖ **räumlich** ≃ (z.B. Stärkemoleküle) (Chem) / enmesh v
**Vernetzer** m (Chem) / cross-linking agent
**vernetztes Polymer** (Chem) / network polymer*, cross-link polymer, cross-linked polymer
**Vernetzung** f (eine Oberflächenbeschaffenheit) / reticulation n ‖ ≃ (von Polymeren) (Chem) / cross-linking* n, cross-linkage n ‖ ≃ (EDV, Fernm) / networking n ‖ **intermolekulare** ≃ (Chem) / intermolecular cross-linking ‖ **intramolekulare** ≃ (Chem) / intramolecular cross-linking ‖ **oxidative** ≃ (Anstr, Chem) / oxidative cross-linking
**Vernetzungs•dichte** f (Anstr, Chem) / degree of cross-linking, cross-linking density ‖ ≃**grad** m (Angabe über die Zahl der Vernetzungsstellen in einem gegebenen Volumen des Polymers) (Anstr, Chem) / degree of cross-linking, cross-linking density ‖ ≃**mittel** n (Chem) / cross-linking agent ‖ ≃**reaktion** f (Chem) / cross-linking reaction ‖ ≃**stelle** f (Anstr, Chem) / cross-link n
**Verneuil-Verfahren** n (bei der Kristallzüchtung, nach A.V.L. Verneuil, 1856-1913) (Min) / Verneuil process*, Verneuil flame-fusion process, Verneuil method (of crystal growth), flame melt process (single-crystal growth)
**vernichten** v / destruct v, destroy v ‖ ~ (Landw) / eradicate v, exterminate v
**vernichtend** adj / destructive adj
**Vernichter** m (Reißwolf) / shredder n
**Vernichtungs•operator** m (in der Quantentheorie) (Kernphys) / destruction operator, annihilation operator ‖ ≃**strahlung** f (Kernphys) / annihilation radiation* ‖ ≃**wahrscheinlichkeit** f (z.B. bei einem Satelliten) (Mil) / kill probability
**vernickeln** v / nickel v, nickelize v ‖ ~ (galvanisch) (Galv) / nickel-plate v ‖ **galvanisches** ~ (Galv) / nickel-plating n
**Vernickelung, elektrochemische** ≃ (Galv) / nickel-plating n ‖ **stromlose** ≃ (in chemischen Reduktionsbädern) (Galv) / electroless nickel plating
**Vernickelungselektrolyt** m (Galv) / nickel (plating) bath (solution)
**Vernicklung** f (galvanische) (Galv) / nickel-plating n
**Vernier** m (Instr) / vernier* n, Vernier scale
**Vernieren** n (der für Konservendosenherstellung bestimmten Blechtafeln und -bänder) (Hütt) / resin coating
**Vernier•-Phase** f (Krist) / vernier phase, vernier structure ‖ **≃-Skale** f (nach P. Vernier, etwa 1584-1638) (Instr) / vernier* n, Vernier scale ‖ **≃-Struktur** f (Krist) / vernier phase, vernier structure ‖ **≃-Triebwerk** n (Raumf) / vernier motor, vernier engine
**vernieten** v (zusammen) (Masch) / rivet together ‖ ≃ n (Umformen von Nietschäften durch Stauchen ihrer Schaftenden mit Nietstempel zum Verbinden von Teilen) (Masch) / staking n
**Vernolsäure** f (Chem) / vernolic acid
**Verockerung** f (Ausfällung von Eisenoxidhydraten) / ferric incrustation
**veröffentlichen** v (z.B. Erklärung, Stellungnahme) / publish v, bring out v, put out v, issue v ‖ ~ (einen Aufsatz in einer Zeitung) / publish v, run v ‖ **in Fortsetzungen** ~ (Druck) / serialize v
**Veröffentlichung** f / publication n
**Veröffentlichungssprache** f (EDV) / publication language
**Verölen** n **der Zündkerzen** (V-Mot) / plug oiling, oil fouling (of plugs)
**Verolung** f (Bildung von Nebenvalenzbrücken zwischen Metallatomen und OH-Gruppen) (Chem) / olation n
**Verölung** f (von Zündkerzen) (V-Mot) / oiling n, oil fouling
**Veronal** n (ein Markenname für Barbital, Ethylbarbital) (Pharm) / veronal* n ‖ ≃**-Natrium** n (Pufferlösung) (Chem) / sodium barbitone
**Veroneser Gelb** / Cassel's yellow*, mineral yellow, Turner's yellow, Verona yellow ‖ ≃ **Grün** (Chromoxidhydratgrün für Malfarben zur Tempera-, Fresko- und Ölmalerei sowie für Anstrichstoffe mit wäßrigen Bindemitteln) (Anstr) / Verona green, Veronese green
**verordnen** v / regulate v ‖ ~ (Pharm) / prescribe v
**Verordnung** f / regulation n ‖ ≃ (Pharm) / recipe n, prescription n, script n
**Verotoxin** n (Chem) / verotoxin n, shiga-like toxin, SLT
**Verpächter** m / lessor n, landlord n
**verpacken** v (in Kisten) / box v ‖ ~ / pack v ‖ ≃ n / packing n
**verpackt** adj (Kraftwerk) (Eltech) / packaged* adj ‖ **bahnmäßig** ~ / packed for rail ‖ **~e Ware** / wrapped goods
**Verpackung** f (DIN 55405) / packaging n ‖ **flexible** ≃ / flexible packing, flexible package ‖ **kindersichere** ≃ / child-resistant package ‖ ≃ f **von mehreren Stücken** (Nahr) / bulk packaging

**Verpackungsabfall**

Verpackungs•abfall *m* (Umwelt) / packing waste, packaging waste ‖ ≃datum *n* / packaging date, packing date ‖ ≃folie *f* (Plast) / film pack, packaging film ‖ ≃gas *n* (Nahr) / packaging gas ‖ ≃haube *f* / blister cap ‖ ≃maschine *f* / packaging machine, packing machine ‖ ≃material *n* / packaging material, pack *n* ‖ mikrowellenfestes ≃material / microwave packaging materials ‖ ≃material *n* mit hohen Sperreigenschaften / high-barrier packaging material ‖ ≃roboter *m* / packing robot ‖ ≃straße *f* / packaging line ‖ ≃wesen *n* (DIN 55405) / packaging *n*
verperlen *v* (Plast) / shot *v*
verperltes Produkt (Plast) / shot *n*
Verpfählen *n* zur Bodenfestigung (HuT) / piling *n*, consolidation by piles
Verpfählung, (vorläufige) ≃ (Bergb) / lagging *n*
verpflanzen *v* (Landw) / transplant *v*, replant *v*
Verpflanzungsspaten *m* (Landw, Werkz) / spade *n* (with a round mouth)
verpichen *v* (mit Pech) / pitch *v*
verplanken *v* (Bau) / plank *v*
Verpolungsschutz *m* (bei Batterien) (Eltech) / reverse protection, reverse voltage protection
verpreßbar *adj* (HuT, Plast, Pulv) / mouldable *adj*
Verpreßbarkeit *f* (Pulv) / compressibility* *n*
verpressen *v* (Bau, Bergb, Erdöl, HuT) / grout *v* (under pressure), inject *v* (under pressure) ‖ ~ (Bergb, Erdöl, HuT) / squeeze *v* ‖ ≃ *n* (Bergb, Erdöl, HuT) / squeeze *n*, squeeze cementing, squeeze job ‖ ≃ (Plast) / moulding* *n*, molding *n* (US)
Verpreßmittel *n* (Bau, Bergb, HuT) / grout *n*, grouting *n*
Verpressung *f* (von Zementsuspension) (Bau, HuT) / grouting* *n*, artificial cementing, injection *n* (under pressure) ‖ ≃ ohne Mörtelrücklauf (HuT) / open-circuit grouting
Verpressungsmörtel *m* (Bau, HuT) / grout *n* (a mortar or paste for filling crevices)
Verpuffung *f* (Chem Verf) / flash *n*, flush *n* ‖ ≃ s. auch Deflagration
Verpuffungstriebwerk *n* (Luftf) / pulse-jet* *n*, pulsating jet engine, aeropulse *n*, intermittent jet*, intermittent duct ‖ ≃ (ohne einseitig öffnende Klappventile) (Luftf) / resonance jet engine, resonant pulse-jet, resojet engine, aeroresonator *n*, resonant duct, resojet *n*
Verpuppungshormon *n* (ein Ecdysteroid) (Biochem) / ecdysone *n*, moulting hormone, molting hormone (US)
Verputz *m* (A) (Bau) / plaster *n* ‖ ≃ des Schornsteinschachts (Bau) / pargeting* *n*, pargetting *n*, pergeting* *n*
verputzbare Gipskartonplatte (großflächige, quadratische) (Bau) / gypsum baseboard
verputzen *v* (Bau) / plaster *v* ‖ ~ (Keram) / fettle *v* ‖ ~ (Dekor mit einem Schwamm) (Keram) / sponge *v* (with a damp sponge), sponge off *v* ‖ ~ (Schweißnähte) (Schw) / cut down *v* ‖ ≃ *n* (Keram) / fettling *n* (by cutting, scraping, or abrasion) ‖ ≃ (Keram) / fettling *n* (by cutting, scraping or abrasion)
Verputzmaschine *f* (Bau) / plastering machine
verquarzt *adj* (Min) / quartziferous *adj*
Verquetschen *n* (beim Stoffdruck) (Tex) / haloing *n*
verquicken *v* / confound *v*
Verquickung *f* (Galv) / quicking* *n*
verrasten *v* (Masch) / lock *v*, stop *v*, arrest *v*
Verrastung *f* (Masch) / arrest *n*, arrestment *n*, detent* *n*, lock* *n*, stop *n*
Verrauchung *f* (der einseitig abgleitende Verlauf der Rauchfahne basiert auf thermischen Ursachen, die lokal bedingt sind) / fumigation *n*
verrauscht *adj* (Akus, Radio, Regeln) / noisy *adj* ‖ ~ (Bild) (TV) / grainy *adj* ‖ ~es Schwarz (TV) / noisy blacks
Verrechnungs•einheit *f* / unit of account ‖ System *n* innerbetrieblicher ≃preise / transfer pricing
verregnen *v* (Landw) / rain *v*, sprinkle *v*
Verregnung *f* (Landw) / spray irrigation, spraying *n*, sprinkling *n*
Verreibwalzen *f pl* (Druck) / distributor rollers*
Verreißen *n* (des Lenkrads - bei einem großen Hindernis auf der Straße, gegen das man fährt) (Kfz) / kickback* *n*, steering kickback
Verreißschwenk *m* (Film) / whip-pan *n*, zip pan, swish pan, whizz-pan* *n*
verriegeln *v* (Bahn, Eltech, Eltronik, Kfz, Masch) / block *v*, lock *v*, interlock *v* ‖ ~ (Masch) / lock *v*, stop *v*, arrest *v* ‖ ~ (Tex) / tack *v*
verriegelt *adj* / locked *adj* ‖ ~es Schütz (Eltech) / latched contactor, locked contactor ‖ ~e Stellung (eine /definierte/ Stellung, in der der Drehschalter durch separate Betätigung festgehalten wird) (Eltech) / locked position ‖ ~e Verarbeitung (EDV) / interlocked operation ‖ ~e Weiche (Bahn) / locked switch (US), locked points (GB)
Verriegelung *f* (gegenseitige Abhängigkeit) / interlock *n*, interlocking *n* ‖ ≃ (Eltech) / interlock* *n*, blocking *n* ‖ ≃ (Fernm) / latching* *n*, locking* *n* ‖ ≃ (Masch) / arrest *n*, arrestment *n*, detent* *n*, lock* *n*, stop *n* ‖ ≃ (Tex) / tacking *n*
Verriegelungsschaltung *f* (bei einem Zähler) (Instr) / paralysis circuit

Verrieselung *f* (eine Abwasserbehandlung) (Sanitär) / broad sewage irrigation, spray irrigation ‖ unterirdische ≃ (Landw) / subsurface irrigation, subsoil irrigation
verringern *v* (Geschwindigkeit) / slow down *v*, slack up *v* ‖ ~ / diminish *v*, reduce *v* ‖ ~ / reduce *v*, abate *v*, cut *v*
Verringerung *f* / reduction *n*, abatement *n* ‖ ≃ / diminution *n*, decrease *n*, regression *n*, reduction *n* ‖ ≃ (der Schwingungen) (Phys) / decrement* *n* ‖ ≃ des Zeilendurchschusses (Typog) / feathering *n*
Verringerungshülse *f* (für Bohrer) (Masch) / adaptor *n*
verrippen *v* (zur Versteifung) (Masch) / rib *v* ‖ ~ (zur Oberflächenvergrößerung) (Masch, V-Mot) / fin *v*
Verrippung *f* (zur Versteifung) (Masch) / ribbing *n* ‖ ≃ (zur Oberflächenvergrößerung) (Masch, V-Mot) / finning *n*
verrohren *v* / pipe *v* ‖ ~ (Bohrloch) (Bergb, Erdöl) / case in *v*, case *v*, set casings
Verrohrung *f* (Bergb, Erdöl) / casing* *n*, well casing
Verrohrungs•programm *n* (Erdöl) / casing program ‖ ≃schneidvorrichtung *f* (Erdöl) / casing-cutting equipment ‖ ≃teufe *f* (Erdöl) / casing depth
verrollen *v* / roll away *v*
verrosten *v* (Anstr, Chem, Hütt) / rust *v*, go rusty, get rusty, become rusty ‖ ≃ *n* (Anstr, Chem, Masch) / rusting *n*, rust formation
verrostet *adj* (Anstr, Chem, Hütt) / rusty *adj*
verrotten *v* (Biol) / rot *vi*, rot away *v*, rot down *v*, decay *v*, putrefy *v* ‖ ~ (Landw) / ret *v*
verrottet *adj* (Biol) / decayed *adj*, putrid *adj*, rotten *v*
Verrottung *f* (Biol) / decay *n*, decomposition *n*, putridity *n*, putridness *n* ‖ ≃ (Masch, Tex) / rotting *n*
verrottungs•feste Ausrüstung (Tex) / rot resistance finish, rot-resistant finish ‖ ≃festappretur *f* (Tex) / rot resistance finish, rot-resistant finish ‖ ~sichere Ausrüstung (Tex) / rot resistance finish, rot-resistant finish ‖ ~sichere Ausrüstung s. auch antimikrobielle Ausrüstung
Verrücken *n* (Tex) / shogging *n*
Verrückung *f* (DIN 13316) (Krist, Mech) / displacement *n*
Verrückung *f* (Krist, Mech) s. auch Verschiebung und Verdrehung
Verrückung, virtuelle ≃ (Mech) / virtual displacement
Verrückungsvektor *m* (Mech) / displacement vector
verrühren *v* (Nahr) / stir together *v*, stir into *v*, mix *v*
Verrundungsfläche *f* (Übergangsfläche zwischen zwei oder mehreren Flächen) / surface fillet
verrußen *v* (mit Ruß füllen oder bedecken) / soot *vt* ‖ ~ (sich mit Ruß füllen oder bedecken) / soot *vi*
verrußt *adj* / sooty *adj*, sooted up ‖ ≃ (Zündkerze) (Kfz) / carbon-fouled *adj*, sooty *adj*, sooted *adj*
Verrutschen *n* der Fäden (Tex) / slippage *n*
versagen *v* (Sprengung) (Bergb) / miss *v* ‖ ≃ (EDV, Masch) / fail *v* ‖ ~ (Werkstoff) (WP) / fail *v* ‖ ≃ *n* (meistens bei Software und Funktionseinheiten) (EDV) / failure *n* ‖ ≃ (des Werkstoffs) (WP) / failure *n* ‖ duktiles ≃ (WP) / ductile failure
Versagens•art *f* (Masch) / failure mode ‖ ≃grenzfall *m* (Masch) / limit case of failure ‖ ≃hypothese *f* (Mech, WP) / failure hypothesis ‖ ≃last *f* (Mech, WP) / failure load ‖ ≃mechanismus *m* (der das Versagen beschreibt) (Mech, WP) / failure mechanism
Versager *m* (nicht oder nur teilweise umgesetzte Sprengladung) (Bergb) / hangfire* *n*, misfire *n*
Versalbuchstaben *m pl* (Typog) / upper case*, upper-case letters, capitals *n pl*, caps *n pl*, majuscules* *pl*
Versalhöhe *f* (Typog) / cap height
Versalien *n pl* (Typog) / upper case*, upper-case letters, capitals *n pl*, caps *n pl*, majuscules* *pl* ‖ in ≃ setzen (Typog) / capitalize *v* ‖ ≃satz *m* (Typog) / all-caps setting
versalzen *vt* (den Boden und die Gewässer) (Landw, Wasserb) / salinize *vt*
Versalzung *f* (des Bodens und der Gewässer) (Landw, Wasserb) / salinization *n*
Versand *m* / shipment *n*, consignment *n* (shipment of consigned goods) ‖ ≃ (z.B. der bestellten Ware) / shipment *n* ‖ zum ≃ bringen / ship *v* ‖ ≃anweisung *f* / routing order ‖ ≃anzeige *f* / dispatch note ‖ ≃bahnhof *m* (Bahn) / forwarding station ‖ ≃beutel *m* (Film, Foto) / mailer *n* [envelope], mailing envelope ‖ ≃geschäft *n* / mail-order house ‖ ≃gewicht *n* (z.B. in Warenkatalogen) / shipping weight ‖ ≃haus *n* / mail-order house ‖ ≃hefe *f* (Frischbackhefe in Versandverpackung) (Nahr) / commercial yeast ‖ ≃partie *f* / shipment lot ‖ ≃raum *m* (Versandabteilung) / mailroom *n* ‖ ≃stelle *f* / shipping point ‖ ≃tag *m* / date of forwarding
Versandung *f* (Geol) / sanding up, sand silting, sandfilling *n* ‖ ≃ (Wasserb) s. auch Verschlammung ‖ ≃ (Wasserb) / sand filling, silting *n*
Versandverpackung *f* / shipping packing, dispatch packing
Versatat *n* (Ester oder Salz der Versatic-Säure) (Chem) / versatate *n* ‖ ≃-Copolymer *n* (Anstr, Chem) / versatate copolymer ‖ ≃-Kopolymer *n* (Polyvinylversatat) (Anstr, Chem) / versatate copolymer

**Versatic-Säure** f (Warenzeichen von Shell für tertiäre, gesättigte Monokarbonsäuren mit längeren Seitenketten und tertiären COOH-Gruppen) (Chem) / Versatic acid

**Versatz** m (Verfüllen der beim Abbau von Lagerstätten entstandenen Hohlräume) (Vorgang) (Bergb) / filling* n, stowing n, packing n ‖ ~ (Material) (Bergb) / gob* n, pack* n, deads* pl, waste n, fill* n, back fill*, filling material ‖ ~ (Distanzadresse) (EDV) / displacement n ‖ ~ (für Rund- und Kanthölzer geeignete Verbindung) (For) / step joint ‖ ~ (an Gußstücken) (Gieß) / mismatch n, offset n ‖ ~ (der beiden Formhälften) (Gieß) / shift n ‖ ~ (bei Formen) (Glas) / offset n ‖ ~ (Keram) / batch n (a quantity of raw materials blended together for subsequent processing) ‖ ~ (in dem die angegerbten Häute abwechselnd mit viel Lohe in einer Gerbgrube aufgesetzt und dann erst mit Wasser oder Brühe abgetränkt werden) (Leder) / layers pl ‖ ~ (spezieller Fall der Außenmittigkeit) (Masch) / mismatch n ‖ ~ (von Bauteilen gegeneinander) (Masch) / offset n, mismatch n ‖ ~ (von Wellen) (Masch) / misalignment n, displacement n ‖ ~ (bei Maschenwaren) (Tex) / rack n, racking n ‖ ~ (der Lochnadelbarre) (Tex) / shogging n ‖ **eine Schicht im** ~ (Leder) / layer n ‖ **einbringen** (Bergb) / fill v, stow v, pack v, gob v ‖ ~**brand** m (Bergb) / gob fire*, goaf fire ‖ ~**gut** n (Material) (Bergb) / gob* n, pack* n, deads* pl, waste n, fill* n, back fill*, filling material ‖ ~**maschine** f (Bergb) / gobber n, goaf stower, packing machine ‖ ~**muster** n (Tex) / racked pattern, racking pattern, shog pattern ‖ ~**strecke** f (Bergb) / gob road*, gob heading* ‖ ~**verfahren** n (in der Kryptografie) (EDV) / transposition method ‖ ~**winkel** m (der Kurbelzapfen von Reihen-V-Motoren) (V-Mot) / offset angle

**versäubern** v (wenn lose Fäden abgeschnitten werden) (Tex) / trim v ‖ ~ (Nahtränder) (Tex) / neaten v ‖ **die beim** ~ **anfallenden Blattgoldüberstände** / skewings pl

**Versäuberung** f (Tex) / trimming n

**Versäuberungsapparat** m (Tex) / trimmer n

**versauern** vi (Boden) (Landw) / sour vi, become acid ‖ ~ vt (Boden) (Landw) / acidify vt

**versaufen** vt (eine Grube) (Bergb) / flood vt, drown vt, inundate vt

**verschachteln** v (EDV) / nest v (a subroutine) ‖ ~ (EDV) / interlace v (storage locations) ‖ **ineinander** ~ / interleave v

**verschachtelt** adj (Arch) / rambling adj ‖ ~ (EDV) / nested adj ‖ ~**e Schleife** (EDV) / nested loop*

**Verschachtelung** f (EDV) / nesting n (of a subroutine)

**verschalen** v (Bau, HuT) / board v ‖ ~ (eine Betonkonstruktion) (Bau, HuT) / shutter v, form v ‖ ~ (mit Schalbrettern) (Bau, HuT) / timber v

**verschalken** v (Luken wasserdicht verschließen) (Schiff) / batten down v

**Verschaltung** f (als Fehler) (Eltech) / faulty connection ‖ ~ (Eltech) / interconnexion n (GB), interconnection n

**Verschalung** f (provisorische) (Bergb) / lagging n ‖ ~ (der am häufigsten vorkommende Trocknungsfehler) (For) / case-hardening* n ‖ ~ (der Baugrube) (HuT) / sheathing* n, sheeting* n, timbering* n ‖ ~ (der Kabeltrommel) (Kab) / lagging* n

**Verschalungs•brett** n (an einer Dachkastenunterseite) (Bau) / planceer piece*, plancier piece, soffit board ‖ ~**probe** f (For) / prong-shaped test piece ‖ ~**umkehr** f (ein Trocknungsfehler) (For) / reverse case-hardening

**Verschandelung** f **der Umwelt** (optische) (Umwelt) / visual pollution

**Verschanzung** f (Schiff) / bulwark n

**verschärfen** v (Leder) / skive v

**Verschattung** f (Licht) / value n

**verschäumbar** adj (Plast) / expandable adj, foamable adj

**Verschäumen** n (Plast) / foaming n, expanding n ‖ ~ **von Schmelzen** (Plast) / foam-melt method

**Verschäumung** f (Plast) / expansion ratio (of the fire foam) ‖ ~ (Plast) / foaming n, expanding n

**Verschäumungs•grad** m (Plast) / blow ratio ‖ ~**mittel** n (Nahr) / whipping agent, foaming agent ‖ ~**zahl** f (Plast) / expansion ratio (of the fire foam)

**verscheuchen** v (Landw) / scare away v, scare off v

**verschicken** v (Schiff) / ship v

**Verschickungshafen** m (Schiff) / port of shipment

**verschiebbar** adj (Gewicht) / sliding adj, riding adj ‖ ~ / shiftable adj ‖ ~ (EDV) / relocatable adj ‖ ~**er Fensterrahmen** (Tischl) / sash* n ‖ ~**es Programm** (EDV) / relocatable program*, position-independent code

**Verschiebe•adresse** f (EDV) / relocation address ‖ ~**bahnhof** m (Bahn) / marshalling yard, switch-yard n, classification yard, shunting yard ‖ ~**befehl** m (EDV) / shift instruction, shifting instruction ‖ ~**gelenk** n (Kfz) / plunging joint, slip joint (US) ‖ ~**gleis** n (Bahn) / shunting siding, shunt track ‖ ~**impuls** m (EDV) / shift pulse ‖ ~**lokomotive** f (Bahn) / banking locomotive, shunting locomotive, shunter n, switching engine, switcher n, booster locomotive (US), helper n (US)

**verschieben** v (sich) / slide v, shift v ‖ ~ / shift vt ‖ ~ (EDV) / translate v (i.e., to move a display image on the display surface from one location to another location) ‖ ~ (Bild, Datei, Fenster, Text) (EDV) / move v ‖ ~ (EDV) / relocate v (a routine) ‖ ~ (EDV) / reposition v ‖ **auf ein anderes Gleis** ~ (Bahn) / shunt* v, switch v (US), marshal v ‖ **zyklisches** ~ (EDV) / cyclic shift, cycle shift, circular shift*, end-around shift*, logical shift*, ring shift*, rotation shift* ‖ ~ n **der Fäden** (Tex) / slippage n

**Verschiebesatz, Steinerscher** ~ (Mech) / parallel-axis theorem*, Steiner's theorem

**verschieblich** adj (EDV) / relocatable adj ‖ ~**es Programm** (EDV) / relocatable program*, position-independent code

**Verschiebung** f (eine Lageabweichung) / displacement n ‖ ~ (im allgemeinen) / shift n ‖ ~ (EDV) / relocation n ‖ ~ (zweier Punkte entlang einer Verschiebungsfläche) (Geol) / slip n (measured in the fault surface), total displacement ‖ ~ (Geol) / shear n ‖ ~ (DIN 13316 und 13317) (räumliche Bewegung von Massepunktsystemen in einer bestimmten Richtung, wobei alle Massepunkte jeweils gleiche Verschiebungen erfahren) (Phys) / translation n, translatory motion ‖ **arithmetische** ~ (EDV) / arithmetic shift*, arithmetical shift ‖ **chemische** ~ (in der Kernresonanzspektroskopie) (Spektr) / chemical shift, shift n, isomeric shift, isomer shift ‖ **elektrische** ~ (DIN 1324) (Elektr) / displacement* n, electric flux density*, dielectric strain*, electric displacement ‖ **hypsochrome** ~ (Spektr) / hypsochromic shift, hypsochromatic shift ‖ **logische** ~ (EDV) / logical shift*, logic shift ‖ **radioaktive** ~ (nach Fajans, Soddy und Russell) (Chem, Kernphys) / radioactive displacement ‖ **rückbildbare** ~ **der Hörschwelle** (Akus) / temporary threshold shift* (TTS) ‖ **zyklische** ~ (EDV) / circular shift, end-around shift, ring shift ‖ ~ f **der Absorptionsbanden nach dem kurzwelligen Spektralbereich hin** (Hypsochromie) (Spektr) / hypsochromic shift, hypsochromatic shift ‖ ~ **der Absorptionsbanden nach dem langwelligen Spektralbereich hin** (Bathochromie) (Spektr) / bathochromic shift, bathochromatic shift ‖ ~ **der Phase um 90°** (Eltech, Fernm) / quadrature* n, phase quadrature ‖ ~ **in Längsrichtung** (Masch) / traversing* n, traverse n ‖ ~ **nach rechts** (EDV) / shift right ‖ ~ **von Textblöcken** (EDV) / block move

**Verschiebungs•adresse** f (EDV) / relocation address ‖ ~**beschleunigung** f (Mech) / translational acceleration ‖ ~**betrag** m (sichtbare relative Verschiebung eines Bruchs, in beliebiger Richtung gemessen) (Geol) / separation n (horizontal, vertical) ‖ ~**bruch** m (Geol) / shear fracture, sliding fracture ‖ ~**bruch** (Geol, Ozean) / transform fault* ‖ ~**bruch** (Masch, WP) / shear fracture, shearing n (failure of materials under shear) ‖ ~**fluß** m (Elektr) / electric flux*, flux of displacement, displacement flux ‖ ~**gleich** adj (geordnete Punktpaare) (Math, Phys) / equipollent adj ‖ ~**invariant** adj / shift-invariant adj ‖ ~**polarisation** f (Elektr) / displacement polarization n ‖ ~**reagens** n (für die Kernresonanzspektroskopie) (Chem, Spektr) / NMR shift reagent, shift reagent ‖ ~**satz** m (beim Vergleich verschiedener Spektren) (Spektr) / displacement law* ‖ **spektroskopischer** ~**satz** (Spektr) / spectroscopic displacement law ‖ ~**strom** (Elektr) / displacement current ‖ ~**technik** f (Spektr) / shift technique ‖ ~**vektor** m (Mech) / displacement vector

**verschieden•artig** adj / heterogeneous adj ‖ ~**farbig** adj / coloured adj, many-coloured adj, variocoloured adj, particoloured adj ‖ ~**farbig** (Opt) / heterochromatic adj ‖ ~**heit** f / variety n ‖ ~**heitsfaktor** m (Kehrwert des Gleichzeitigkeitsfaktors - ein Kraftwerkkennwert) (Eltech) / diversity factor*

**verschießen** v (die Wände) (Bau) / render v, lay v ‖ ~ (von Farben) (Tex) / fade v, lose colour, discolour vi ‖ ~ n (der Wände) (Bau) / rendering* n, laying* n ‖ ~ (Tex) / fading* n, discolouration n

**verschiffen** v (Schiff) / ship v

**Verschiffung** f (Schiff) / shipping n

**Verschiffungs•agent** m (Schiff) / shipping agent ‖ ~**gewicht** n / shipping weight ‖ ~**hafen** m (Schiff) / port of shipment ‖ ~**papiere** n pl (Schiff) / shipping documents ‖ ~**trocken** adj (Holz) (For) / shipping-dry adj, SD

**verschimmeln** v / mould vi, go mouldy

**verschimmelt** adj (mit Schimmel bedeckt, voll Schimmel) / mouldy adj, mildewy adj

**Verschimmelung** f / mouldiness n

**verschlacken** v (Hütt) / slag vi, scorify vi

**Verschlackung** f (ein Gußfehler) (Gieß) / vitrification n ‖ ~ (auch bei der Treibarbeit) (Hütt) / slagging n, scorification* n

**Verschlackungsbeständigkeit** f (Hütt) / resistance to slagging

**Verschlag** m (Verpackungsmittel aus Schnittholz) / crate n ‖ ~ (eine trennende Bretterwand) (Bau) / board partition, wooden partition ‖ ~ (Landw) / pen n ‖ **geschlossener** ~ (Bau, Zimm) / sheathed crate

**verschlagen** adj (Wasser) / lukewarm adj, warmish adj, tepid adj ‖ ~ v (mit Brettern oder Bohlen) (Bau, HuT) / board v

**verschlammen** v / mud up vi ‖ ~ (z.B. Flußbett) (Wasserb) / silt up v, silt v (fill or block with silt)

**Verschlammung** f (des Flußbettes) (Wasserb) / silting n, warping n, silt-fill n, silting-up n, mud silting, mud filling, siltation n

1341

**Verschlankung**

**Verschlankung** f (der Verwaltung) / shake-out n, streamlining n
**verschlechtern** v (Qualität) / downgrade v, deteriorate v
**Verschlechterung** f / deterioration n, degradation n
**verschleiern** v / veil v
**verschleierte Explosion** (Mil, Nukl) / evasive explosion
**verschleifen** v (die Oberfläche glätten) (Masch) / linish v
**Verschleiß** m (DIN 50320) / wear n ‖ **adhäsiver** ~ (Masch) / adhesive wear* ‖ **gasabrasiver** ~ (durch die Wirkung harter Körper oder Partikeln, die in einem gasförmigen Medium mitgeführt werden) / gas-abrasive wear ‖ **korrosiver** ~ (z.B. Erosions-, Kavitations- oder Reibkorrosion) (Galv) / wear corrosion, wear oxidation ‖ **mechanischer** ~ / mechanical wear (removal of surface material due to mechanical action such as abrasion) ‖ **mechanisch-chemischer** ~ / mechanochemical wear ‖ "**moralischer**" ~ (durch technische oder wirtschaftliche Überholung) / obsolescence n ‖ **psychischer** ~ / obsolescence n ‖ **verminderter** ~ (Masch) / reduced wear ‖ ~ **durch Kornausbruch** (der Schleifscheibe) / mechanical wheel wear
**Verschleiß•absatz** m **am Kolbenringwendepunkt** (Kfz) / ring ridge ‖ **~anzeiger** m (der Reifenlauffläche) (Kfz) / tread-wear indicator, wear bar ‖ **~anzeiger** (WP) / wear indicator ‖ **~art** f / type of wear ‖ **~ausfall** m (eines Systems) / wear-out failure ‖ **~behaftete schleifende Dichtung** (bei Wälzlagern) (Masch) / grinding seal subject to wear ‖ **~beständig** adj (Masch) / resistant to wear, wear-resistant adj, hard-wearing adj, hard-working adj ‖ **~beständigkeit** f (Masch, WP) / resistance to wear, wear resistance ‖ **~betonlage** f (Bau, HuT) / topping n (concrete), topping coat ‖ **~betrag** m (Ergebnis eines Verschleißprozesses, ausgedrückt in speziellen Einheiten) (Masch) / wear n ‖ **~bild** n (Tragbild) (Masch) / contact pattern ‖ **~dauerperiode** f (der Badewannenkurve) / wear-out period ‖ **~decke** f (oberste Schicht der Fahrbahndecke) (HuT) / wearing course*, crust n ‖ **~deckeneinbau** m (HuT) / surfacing n
**verschleißen** v / wear v, wear out v, abrade v
**verschleiß•fest** adj (Masch) / resistant to wear, wear-resistant adj, hard-wearing adj, hard-working adj ‖ **~feste Auflage** (durch Schweißen oder Spritzen) / surfacing n ‖ **~feste Auskleidung** (einer Mühle) (Masch) / liner n, lining* n ‖ **~fest sein** / stand up to wear ‖ **~festigkeit** f (Eigenschaft eines Werkstoffs, einem verschleißenden Angriff zu widerstehen) (Masch, WP) / resistance to wear, wear resistance ‖ **~frei** adj (Masch) / non-wearing adj, wear-free adj, non-wearout adj ‖ **~fühler** m (Masch) / wear sensor ‖ **~grenze** f (Masch) / wear limit ‖ **~hemmender Zusatz** (Erdöl) / friction-reducing additive, antiwear additive ‖ **~intensität** f (Verhältnis des Verschleißbetrages zum Gleitweg oder zur geleisteten Arbeit) / wear intensity ‖ **~korrosion** f (ein Abnutzungsvorgang bei Werkstoffen, hervorgerufen durch gleichzeitige Verschleißbeanspruchung und chemische Beanspruchung) (Galv) / wear corrosion, wear oxidation ‖ **~lebensdauer** f (Tex) / wear life ‖ **~loses Lager** (bei dem Welle und Lagerschale durch einen Schmierfilm getrennt sind) (Masch) / fluid-film bearing ‖ **~marke** f (der Spanfläche) (Masch) / wear land ‖ **~mechanismus** m (der Verschleiß beschreibt) / wear mechanism ‖ **~prozeß** m (Masch, WP) / wear process ‖ **~prüfung** f (WP) / wear test ‖ **~prüfung nach Timken** (Masch, WP) / Timken wear test ‖ **~rate** f (Verhältnis des Verschleißbetrags zum Zeitintervall, in dem er entstanden ist) (Masch, WP) / wear rate ‖ **~schicht** f (oberste mit Hartzuschlägen bzw. Hartstoffen hergestellte Schicht einer Verkehrsfläche) (HuT) / wearing course*, crust n ‖ **~schutzadditiv** n (bei Schmierölen) (Erdöl) / friction-reducing additive, antiwear additive ‖ **~schutzschicht** f / anti-abrasion layer, antiwear layer ‖ **~schutzzusatz** m (Erdöl) / friction-reducing additive, antiwear additive ‖ **~sicherheit** f / wear safety ‖ **~teil** n (Masch) / part subject to wear, component subject to wear, wearing part ‖ **~teilchen** n pl (Masch) / debris n, wear debris ‖ **~tiefe** f (Eltech) / wearing depth* ‖ **~widerstand** m (Verschleißmeßgröße, die durch den Reziprokwert des Verschleißbetrages gegeben ist) (Masch, WP) / resistance to wear, wear resistance ‖ **relativer ~widerstand** (Verhältnis der Verschleißwiderstände zweier Werkstoffe unter gleichen Bedingungen) (Masch) / relative wear resistance
**Verschlichten** n (Anstr) / crossing n
**Verschlickung** f (Versandung) (Geol) / sanding up, sand silting, sandfilling n ‖ ~ (Wasserb) / silting n, warping n, silt-fill n, silting-up n, mud silting, mud filling, siltation n
**verschließen** v / close v, shut v ‖ ~ / lock v ‖ ~ (abdichten) / seal v ‖ **neu** ~ / reclose v ‖ **neu** ~ (Kunststoffbeutel) (Plast) / reseal v ‖ ~ n (Abdichten) / sealing n ‖ ~ / closure n, closing n
**Verschließmaschine** f (Nahr) / capping machine, capper n
**verschlingen** v / interlace v, interweave v ‖ **sich** ~ / intertwine vi ‖ ~ n / interlacing n, interweaving n, intertwining n
**Verschlingung** f / interlacing n, interweaving n, intertwining n ‖ ~ (wirres Knäuel) / tangle n
**verschlissen** adj / worn-out adj, worn adj ‖ **stark** ~ / badly worn

**verschlossen** adj / locked adj ‖ ~ / sealed adj ‖ **~es Leiterseil** (Eltech) / locked-coil conductor* ‖ **~er Schalter** (Eltech) / locked-cover switch*, asylum switch, locking switch ‖ **~es Seil** (wenn durch Formdrähte in der Außenlage eine glatte Oberfläche und ein dichter Abschluß des Seiles erreicht werden) / locked cable
**verschlungen•e Kette** (Web) / chain warp ‖ **~e Zykloide** (Math) / prolate cycloid*
**Verschluß** m (Abdichtung) / seal n ‖ ~ (im allgemeinen) / closure n ‖ ~ (Foto) / shutter* n ‖ ~ (Masch) / lock n ‖ ~ (Nukl) / plug* n ‖ ~ (des Wehrs) (Wasserb) / gate n ‖ **Schalter unter** ~ (Eltech) / locked-cover switch*, asylum switch, locking switch ‖ ~ **mit regelbarer Öffnung** (Film) / variable-aperture shutter* ‖ **~aufzugshebel** m (Foto) / winding lever, cocking lever ‖ **~auslöser** m (Mechanismus) (Foto) / shutter release ‖ **~auslösung** f (Tätigkeit) (Foto) / shutter release ‖ **~deckel** m (des Benzinbehälters) (Kfz) / filler cap, tank cap ‖ **~deckel** (Masch) / cap n ‖ **~element** n (Masch) / stopper n ‖ **~element** (Tex) / fastener n ‖ **~element** (Wasserb) / paddle n (a wooden panel used in a lock or sluice or other hydraulic chanel to close a water passage)
**verschlüsseln** v / encipher v, encrypt v
**verschlüsselt•es Fernsprechen** (Fernsp) / ciphony n, cipher telephony, ciphered telephony, enciphered telephony ‖ **~e Suchfrage** (in die Sprache des Dokumentationssystems übersetzte Suchfrage) (EDV) / retrieval query
**Verschlüsselung** f (TV) / scrambling n ‖ **(konkrete)** ~ / cryptography n, encryption n ‖ ~ **der Telemetriedaten** / telemetry encryption ‖ ~ **von Daten** (EDV) / data encryption, data cryptographic transformation ‖ ~ **von Daten von Endstelle zu Endstelle** (EDV) / end-to-end encryption
**Verschlüsselungsalgorithmus** m (EDV) / encryption algorithm, cryptographic algorithm
**Verschluß•geschwindigkeit** f (die gleich der Belichtungszeit ist) (Foto) / shutter speed ‖ **~kappe** f (Masch) / cap* n ‖ **~kappe** (mit Gewinde) (Masch) / screw-cap n ‖ **~kapsel** f (zum Schutz der Kommutator- bzw. Schleifringseite von umlaufenden Maschinen) (Eltech, Kfz) / end cover ‖ **~klemme** f (Masch) / locking clip ‖ **~los** adj (Kamera) (Foto) / shutterless adj ‖ **~pfropfen** m (Hütt) / bot(t) n, plug n, bod* n ‖ **~raum** m (Schiff) / lock-up space n ‖ **~rollo** n (Foto) / blind m, shutter blind ‖ **~scheibe** f (Deckel, der ein Rohr abschließt) (Masch) / blind n, blank n, blank flange*, blind flange ‖ **~schraube** f (Masch) / screw plug ‖ **~schraube** (des Deckels) (Nukl) / stud n ‖ **~schweißen** n (von Beuteln) (Plast) / end sealing ‖ **~spannhebel** m (Foto) / cocking lever ‖ **~stopfen** m (einer Batterie nach DIN 40729) (Eltech) / vent cap, vent plug ‖ **~stopfen** (Hütt) / bot(t) n, plug n, bod* n ‖ **~stopfen** (Masch) / stopper n, plug* n, end plug ‖ **~stöpsel** n (bei Batterien) (Eltech) / inspection plug ‖ **~stück** n (ein Fitting) (Masch) / cap n ‖ **~stück** (Masch) / stopper n ‖ **~synchronisiert** adj (Foto) / shutter-synchronized adj ‖ **~tafel** f (Bahn) / interlocking diagram, interlocking table, interlocking plan ‖ **~teil** n (z.B. Knopf) (Tex) / fastener n ‖ **~vorhang** m (Foto) / blind m, shutter blind ‖ **~vorrichtung** f / closure n ‖ **~zeit** f (Foto) / shutter speed
**verschmelzen** v (Eltech) / seal in v, seal* v ‖ ~ (Film, Hütt, Opt, TV) / fuse v ‖ ~ n (Eltech) / sealing-in* n, seal* n
**Verschmelzfläche** f (zwischen Fern- und Nahteil und Ergänzungsstärke bei Mehrstärken-Brillengläsern) (Opt) / critical surface (interface between multifocal segments, buttons and majors)
**Verschmelzung** f (von Erzen) (Hütt) / smelting* n ‖ ~ (Hütt, Opt, TV) / fusion* n ‖ ~ (von Radarzielen) (Radar) / merging n ‖ ~ **mit Zwischengläsern** (Glas) / graded seal
**Verschmelzungs•frequenz** f (Film, Licht, Opt, TV) / flicker-fusion frequency*, fff, critical fusion frequency, critical flicker frequency, cff, fusion frequency ‖ **~linie** f (mit dem Grundstoff) (Schw) / fusion line ‖ **~name** m (Chem) / fusion name ‖ **~sätze** m pl (bei Halbverbänden) (Math) / idempotent laws, idempotence laws
**verschmieren** v (mit Kitt) / lute v ‖ ~ (Fugen) (Bau) / slush up v ‖ ~ v (Schrift) (Druck) / smear vt ‖ ~ v (Kontakte) (Eltech) / soot v ‖ ~ (ein Ofenmauerwerk mit plastischer Tonmasse) (Keram) / daub v ‖ **sich** ~ (Schleifscheibe) (Masch) / load v, glaze vi, foul v, clog v ‖ ~ v (der Schleifscheibe) (Masch) / loading n, glazing n, fouling n, clogging n ‖ ~ (des Musters beim Stoffdruck) (Tex) / haloing n
**verschmiert** adj (Glas, Schrift) / smeary adj ‖ ~ (Zeichen) (Teleg) / mushy adj
**Verschmierung** f (Druck, Masch) / smearing n, smear n
**verschmoren** v / burn vi, char vi ‖ ~ (Kontakte) (Eltech) / scorch vi
**verschmorter Kontakt** (Eltech) / scorched contact
**verschmutzen** v / soil vt ‖ ~ (Harz, Filter) (Chem Verf) / foul v ‖ ~ (Kontakte) (Eltech) / soot v ‖ ~ (Zündkerzen) (Kfz) / foul v ‖ ~ (Tex) / soil v
**verschmutzt** adj / soiled adj ‖ ~ / dirty adj, foul adj ‖ **~er Buchstabe** (Typog) / pick n

1342

**Verschmutzung** f (Harz, Filter) (Chem Verf) / fouling n ∥ ~ (des Kopfes bei der Aufzeichnung) (Eltronik) / clogging n ∥ ~ (der Zündkerze) (Kfz) / fouling n ∥ ~ (Tex) / soil n, soiling n ∥ ~ (als Tatsache) (Tex) / dirt retention ∥ ~ (Umwelt) / pollution* n, contamination n ∥ **bakterielle** ~ (Med) / bacterial contamination ∥ **tiefgreifende** ~ (Tex) / dirt penetration ∥ **visuelle** ~ (z.B. durch falsch lokalisierte Großanlagen) (Umwelt) / visual pollution ∥ **vom Meer ausgehende** ~ (Umwelt) / sea-based pollution ∥ ~ **f der maritimen Umwelt** (Ozean, Umwelt) / marine pollution ∥ ~ **des Meeres** (Ozean, Umwelt) / marine pollution ∥ ~ **durch Chemikalien** (Umwelt) / chemical pollution
**Verschmutzungs•indikator** m (Umwelt) / pollution(al) indicator ∥ ~**neigung** f (Tex) / dirt retention ∥ ~**stoff** m (Umwelt) / pollutant n, polluting agent, contaminant n
**Verschneidbarkeit** f (Anstr) / dilution power
**verschneiden** v (Anstr) / dilute v, thin v ∥ ~ (alkoholische Getränke) (Nahr) / blend v, mix v ∥ ~ (Verminderung des Farbmittelanteils in der Druckfarbe durch Zugabe von Verschnitt) (Druck) / reduction n, dilution n, blending n ∥ ~ (von Benzin mit Butan zur Dampfdruckerhöhung) (Erdöl) / repressuring n ∥ ~ (von alkoholischen Getränken) (Nahr) / blending n, mixing n
**Verschneidfähigkeit** f (Anstr) / dilution power
**Verschneidung** f (zweier Gewölbe) (Arch) / intersection n
**Verschnitt** m (für Druckfarben) (Druck) / blend n, diluent n, reducer n, blending agent ∥ ~ (gedrehte Szenen, die nicht in die Endfassung eines Films eingehen) (Film) / out-takes* pl ∥ ~ (unbelichtete Filmabfälle) (Film) / stock waste, waste n ∥ ~ (Abfall bei Schneidoperationen) (Hütt, Masch) / scrap n, scrap off-cut ∥ ~ (Vermischen von zwei oder mehr verschiedenen Weinen zur Qualitätsverbesserung) (Nahr) / blending n ∥ ~ (von alkoholischen Getränken) (Nahr) / blend n ∥ ~ (Holzabfall) (Tischl) / trim waste, off-cuts pl ∥ ~ (Nahr) s. auch Cuvée ∥ ~**bitumen** n (dessen Zähigkeit durch Verschnittmittel herabgesetzt ist) / cut-back bitumen, cut back, cut-back asphalt (US), fluxed bitumen, fluxed asphalt (US)
**verschnitten•e Farbe** / blended colour ∥ ~**er Formsand** (Gieß) / blended moulding sand ∥ ~**es Öl** / compound oil, compounded oil, blend oil
**Verschnitt•meister** m (bei Whiskysorten) (Nahr) / blendmaster n ∥ ~**mittel** n (eine unzulässige Bezeichnung für Füllstoff für Pigmente) (Anstr) / filler* n, extender* n ∥ ~**mittel** (für Lösemittel - DIN EN 971-1) (Anstr, Chem) / diluent* n, thinner* n ∥ ~**mittel** (Druck) / blend n, diluent n, reducer n, blending agent ∥ ~**pigment** n (Anstr) / filler* n, extender* n ∥ ~**pigment** (mit Füllstoffen verschnittenes Pigment) (Anstr) / extended pigment ∥ ~**wein** n (Nahr) / blend wine
**verschnüren** v / lace v, lace up v ∥ ~ (Tex) / tie v
**verschönern** v (Arch, Bau) / enrich v, embellish v
**Verschönerung** f (Arch, Bau) / enrichment* n, embellishment* n
**verschossen** adj / washy adj (having a faded look)
**Verschotterung** f (Geol) / gravel building
**verschrammen** v / scuff v, mark v
**verschrammte Kopie** (Film) / scratched print
**verschränken** v (verdrillen) / transpose v
**verschränkt•e Türangel** (Bau) / offset pivot ∥ ~**es** (Kontakt)**Vielfachfeld** (Fernsp) / slipped bank multiple*
**Verschränkung** f (Verdrillung) / transposition n
**Verschränkungs•fähigkeit** f (Maß, um welches ein Vorderrad angehoben werden kann, ohne daß eines der übrigen Räder die Standebene verläßt) (Kfz) / lift n ∥ ~**korngrenze** f (bei der Drehachse und Korngrenzenebene senkrecht aufeinanderstehen) (Krist) / twist boundary
**verschrauben** v (Masch) / screw v ∥ ~ n (mit Durchsteckschrauben) (Masch) / bolting n ∥ ~ (mit Kopfanziehschrauben) (Masch) / screwing n
**Verschraubung** f (Masch) / threaded joint ∥ ~ (mit Durchsteckschrauben) (Masch) / bolted joint, bolted connection ∥ **verdeckte** ~ (eingelassene) (Zimm) / secret screwing
**Verschraubungs•automat** m / power tool for tightening of fasteners ∥ ~**länge** f (Masch) / reach of a screw, thread reach, engagement length, length of engagement, screw penetration
**verschreiben** v (Pharm) / prescribe v
**Verschreibung** f (Pharm) / recipe n, prescription n, script n
**verschreibungspflichtig** adj (Pharm) / prescription-only attr ∥ **nicht** ~ (Pharm) / non-prescription attr, over-the-counter attr ∥ ~**es Arzneimittel** (Pharm) / ethical drug, ethical preparation, ethical medicine, prescription drug ∥ ~**es Medikament** (Pharm) / ethical drug, ethical preparation, ethical medicine, prescription drug
**verschrotten** v (Hütt) / scrap v ∥ ~ (Schiff) / scrap ∥ ~ n (Schiff) / scrapping n, shipbreaking n
**Verschrottung** f (Hütt) / scrapping n
**verschuldensabhängig** adj (Produzentenhaftung) / culpability-dependent adj
**verschulen** v (For) / replant v
**verschütten** v / spill v, slop vt

**verschüttet, die ~e Menge** (Flüssigkeit) / spillage n ∥ ~**e Flüssigkeit** / slop n
**Verschwächung** f (bei der Festigkeitsberechnung) (Mech, WP) / weakening n
**verschwämmen** v (Keram) / sponge v (with a damp sponge), sponge off v
**verschweißbar** adj (Schw) / weldable adj
**Verschweißbarkeit** f (Schw) / weldability n, weldability characteristics, weldability properties
**verschweißen** v (Schw) / weld v (together) ∥ ~ n (von Metallteilchen, z.B. beim Spritzmetallisieren) / welding n
**verschwelen** vi / char vi ~ vt (Chem Verf) / char vt
**Verschwelung** f (Chem Verf) / charring n
**verschwemmen** v (Karosseriezinn) (Kfz) / fill v, load with cover lead
**verschwerten** v (eine Holzkonstruktion gegen horizontal wirkende Kräfte sichern) (Bau, Zimm) / brace v
**verschwinden** v / disappear v ∥ ~ (Math) / vanish v
**Verschwindungspunkt** m (ein Punkt der Verschwindungsgeraden) (Math) / vanishing point, neutral point
**verschwommen** adj / fuzzy adj, blurred adj ∥ ~**e Oberflächentextur** (Keram) / fuzzy texture (an indistinct or fuzzy-appearing imperfection occurring on porcelain-enamelled ware due to the presence of minute closed and broken bubbles, dimples, and the like, on the surface)
**Verschwommenheit** f (Foto) / smearing n ∥ ~ (Opt) / blur n, blurring n
**Versegelung** f (die Strecke, die ein Luft- oder Wasserfahrzeug in der Zeitspanne zwischen zwei Peilungen zurücklegt) (Luftf, Nav, Schiff) / distance covered between bearings taken
**Versegelungspeilung** f (Schiff) / doubling the angle of the bow
**Verseglung** f (Luftf, Nav, Schiff) / distance covered between bearings taken
**versehen** v (mit) / furnish v ∥ ~ (mit etwas) / provide v ∥ ~ **mit** / fit with v
**verseifbar** adj (Chem) / saponifiable adj ∥ ~**es Lipid** (Biochem) / saponifiable lipid
**Verseifen, oberflächiges** ~ (Tex) / surface saponification
**verseifter Azetatelementarfaden** (Tex) / saponified acetate filament ∥ ~**e Azetatseide** (Tex) / saponified acetate filament
**Verseifung** f (Anstr, Chem) / saponification* n
**Verseifungs•äquivalent** n (Chem) / saponification equivalent ∥ ~**beständigkeit** f (Chem) / resistance to saponification ∥ ~**produkt** n (Chem) / saponification product ∥ ~**zahl** (VZ) f (eine Kennzahl der Fette und fetten Öle sowie der Mineralöle - DIN 53401) (Chem) / saponification number*
**verseilen** v (Kab, Masch) / lay v, strand v
**Verseil•faktor** m (Kab) / stranding effect*, Jona effect ∥ ~**korb** m (Kab) / stranding cage ∥ ~**maschine** f (Kab, Masch) / rope-laying machine, strander n, rope-making machine ∥ ~**maschine ohne Rückdrehung** (Kab) / rigid strander
**verseilt•es Kabel** (Eltech) / stranded cable* ∥ ~**er Leiter** (Kab) / rope-lay conductor, rope-lay cable
**Verseilung** f (in einem ovalen nahtlosen Kupfer- oder Aluminiumrohr) (Eltech) / McIntyre joint, twisting joint ∥ ~ (Kab, Masch) / stranding n, layer-stranding n
**Versen** n (Warenzeichen von Dow für Ethylendiamintetraessigsäure und deren Salze mit 1-4 Na bzw. Ca und 2 Na) (Chem) / versene* n
**versenden** v / ship v
**versengen** v / scorch v
**Versenk** m n (Grube, auf deren Brühe ein Lattenrost schwimmt) (Leder) / handlers pl, lay-away pit, layer pit ∥ ~**antenne** f (Kfz) / retractable car aerial, retractable car antenna
**versenkbar** adj (Klinge bei Schabern) / pull-back attr ∥ ~**er Scheinwerfer** (Kfz) / retracting headlamp
**versenken** v / sink vt, submerge vt (cause or allow to sink) ∥ ~ (Masch) / sink v (nail, rivet)
**Versenkgrube** f (Leder) / handlers pl, lay-away pit, layer pit
**versenkt** adj (Türgriff) (Kfz) / recessed adj ∥ ~**e Antenne** (Luftf, Radio) / flushed antenna, suppressed antenna, flush antenna, flush-mounted antenna ∥ ~**er Durchlaß** (Glas) / submarine throat, submerged throat, sump throat ∥ ~**er Grenzzaun** (der nicht die Aussicht stört) (Bau) / ha-ha* n, sunk fence* ∥ ~**er Leiter** (Eltech) / flush conductor ∥ ~**e Leuchte** (Licht) / recessed fitting, flush-mounted fitting, recessed luminaire (US)
**Versenkungsmetamorphose** f (Geol) / burial metamorphism (a kind of regional metamorphism which affects sediments and interbedded volcanic rocks in a geosyncline without the factors of orogenesis or magmatic intrusions)
**versetzbar** adj / mobile adj, moving adj, movable adj
**versetzen** v (Rohr) / clog v, plug v, blind v, lock v, choke v, block v ∥ ~ / step v, stagger v ∥ ~ (verschmieren, z.B. ein Filter) / clog v, blind v ∥ ~ / relocate v, displace v ∥ ~ (verschieben) / offset v ∥ ~ (Bergb) / fill v, stow v, pack v, gob v ∥ ~ (mit) (Masch) / add v ∥ ~ (Masche) (Tex) / shog v ∥ **gegeneinander** ~ (z.B. Niete) (Masch) / stagger v ∥ **mit**

**angemessener Menge Wasser** ~ / temper v ‖ **mit einem Kran heben oder** ~ (Masch) / crane v ‖ ~ n (Tex) / shogging n ‖ **mit einer radioaktiven Substanz** (z.B. des Plutoniums) (Nukl) / spiking n ‖ ~ **zwischen Eingang und Ausgang** (Eltronik) / offset between input and output
**versetzt** adj (verschoben) / offset adj ‖ ~ / clogged adj, plugged adj, blocked adj ‖ ~**e Abstimmung** (z.B. bei gekoppelten Schwingkreisen) (Radio) / staggered tuning* ‖ ~ **anordnen** (z.B. Niete) (Masch) / stagger v ‖ ~**e Fuge** (Bau) / break joint*, breaking joint*, staggering joint, staggered joint, shift n ‖ ~**e Impulsfolgefrequenz** (Fernm) / staggered pulse repetition frequency ‖ ~**er Köper** (Tex) / irregular twill, transposed twill, offset twill (weave) ‖ ~**er Köper** (Web) / cross twill, crossed twill, transposed twill ‖ ~**er Mittelpunkt** (Masch) / offset centre ‖ ~**es Rohrbündel** (im Kessel) (Masch) / staggered tube bank ‖ ~**e Schaltung** (Eltech) / staggered circuit ‖ ~**e Schwelle** (Luftf) / displaced threshold
**Versetzung** f / relocation n, displacement n ‖ ~ / stepping n, staggering n ‖ ~ (ein zweidimensionaler Gitterfehler) (Krist) / dislocation* n ‖ ~ (Verschiebung des Oberwerkzeuges zum Unterwerkzeug beim Gesenkschmieden mit Grat) (Masch) / offset n, mismatch n ‖ **eingeschnürte** ~ (Krist) / pinching dislocation ‖ **eingewachsene** ~ (Krist) / grown-in dislocation ‖ **nichtgleitfähige** ~ (Krist) / sessile dislocation ‖ **unvollständige** ~ (Krist) / partial dislocation ‖ **zeitliche** ~ (Phys, TV) / time shift*
**Versetzungs•dosis** f (F.Org, Radiol) / standing-off dose* ‖ ~**frei** adj (Krist) / dislocation-free adj ‖ ~**knäuel** m n (Krist) / tangle n, dislocation tangle ‖ ~**knoten** m (Mech) / dislocation node ‖ ~**linie** f (Krist) / dislocation line, line of dislocation ‖ ~**quelle** f (Krist) / dislocation source ‖ ~**ring** m (Krist) / dislocation ring ‖ ~**schleife** f (Krist) / dislocation loop ‖ ~**sprung** m (Krist) / jog n ‖ ~**wald** m (Krist) / dislocation forest ‖ ~**zellwand** f (annähernd lineares versetzungsreiches Gebiet) (Krist) / cell boundary
**Verseuchung** f (Umwelt) / contamination n
**Verseuchungsmeßgerät** n (Radiol) / contamination meter*
**Versicherer** m / underwriter n, insurer n
**versichern** v / insure v
**Versicherungs•medizin** f (Med) / insurance medicine ‖ ~**statistik** f (Stats) / actuarial statistics, insurance statistics ‖ ~**statistiker** m (Stats) / actuary n
**Versicken** n (Fügeverfahren bei Blechen) (Masch) / lock beading, canneluring n
**versickern** v (Wasserb) / seep v, soak v (away), percolate v ‖ ~ n (Wasserb) / seepage n, percolation n
**Versickerung** f (Einsickerung von atmosphärischen Niederschlägen in den Poren- und Spaltenraum der Gesteine) (Wasserb) / seepage n, percolation n ‖ **durch** ~ **anreichern** (Grundwasser) (Wasserb) / recharge v
**Versickerungs•graben** m (Wasserb) / infiltration ditch ‖ ~**koeffizient** m (Wasserb) / infiltration coefficient ‖ ~**schacht** m (für Oberflächenwasser) (Bau, Sanitär) / soakaway* n, dry well (US), seepage pit (for surface water), rummel n
**versiegeln** v (Bau) / seal v, weatherseal v ‖ ~ (poröse Oberflächen) (Bau) / seal v ‖ ~ n (Bau, For) / sealing n
**versiegeltes Kühlsystem** (Kfz) / sealed-for-life cooling system
**Versiegelung** f (Bau) / seal n, sealing n, weathersealing n ‖ ~ (von porösen Oberflächen, von Holzfußböden) (Bau, For) / sealing n
**Versiegelungsbeschichtung** f (Bau, For) / sealing coat, seal coat
**Versiera** f (der Agnesi) (Math) / witch of Agnesi*, witch n, versiera n, Agnesi's versiera
**versilbern** v / silver v ‖ ~ (galvanisch) (Galv) / silver-plate v ‖ ~ n (elektrochemisches) (Galv) / silver-plating n ‖ ~ (Glas) / silvering* n ‖ ~ (Glas) s. auch Spiegelbelag ‖ **galvanisch** ~ (Galv) / silver-plating n
**Versilberung** f (Glas) / silvering* n
**versinken** v / sink vi
**versinkender Fluß** (in Flußschwinden) (Geol, Wasserb) / disappearing stream
**Versinkung** f (Eindringen von Wasser durch weite Hohlräume in den Untergrund) (Geol) / influence n
**Version** f (überarbeitete, verbesserte oder fehlerbereinigte Version eines Software-Produkts) (EDV) / version n, release n ‖ ~ (Herstellungsart) (Masch) / make n, version n, build n ‖ **abgemagerte** ~ (ein System, das nur einen Teil der Funktionen einer anderen Version umfaßt) (EDV) / crippled version ‖ **die zuletzt gesicherte** ~ (eines Textes) (EDV) / last-saved version ‖ **gekürzte** ~ (EDV) / pony version (of a software package program) ‖ **vollausgebaute** ~ (eines Systems, d.h. mit allen Funktionen) (EDV) / full-bore version
**Versions•nummer** f (DIN 66289) (EDV) / version number ‖ ~**raum** m (von Begriffsbeschreibungen) (KI) / version space
**Verson-Wheelon-Verfahren** n (ein Gummikissen-Ziehverfahren) (Masch) / Verson-Wheelon process
**Versor** m (Eltech) / rotary phasor
**versorgen** v / supply vt ‖ ~ (versehen mit) / provide v

**Versorger** m (Schiff) / supply ship, supply boat
**Versorgung** f (mit Material, mit Energie) / supply n ‖ ~ (Fernm) / coverage n (of a network) ‖ ~ (Fernm, Radio) / servicing n ‖ **flächendeckende** ~ (Fernm) / blanket coverage ‖ **kontinuierliche** ~ **ohne Unterbrechung** (Fernm) / no-break supply ‖ ~ f **ohne Unterbrechung** / no-break supply
**Versorgungs•aggregat** n / utility block ‖ ~**bereich** m (Fernm) / management domain (in a message-handling system), MD, domain n ‖ ~**bereich** m (Fernm, Radio) / service area*, area n, coverage area, served area ‖ **privater** ~**bereich** (Fernm) / private management domain, PRMD ‖ ~**bereich** m **eines Verzeichnisses** (Fernm) / directory management domain (DMD) ‖ **öffentlicher** ~**betrieb** (meistens in unselbständiger Regiebetrieb) / public utility ‖ ~**gebiet** n (im allgemeinen) / supply area ‖ ~**gebiet** (Fernm, Radio) / service area*, area n, coverage area, served area ‖ ~**kabine** f (Raumf) / service module, SM ‖ ~**kapsel** f (Raumf) / service module, SM ‖ ~**leitung** f (Eltech) / supply line ‖ ~**leitung** (Hausanschlußkabel) (Eltech) / service cable, consumer's cable, service line ‖ ~**netz** n (Eltech) / grid* n (interconnected) ‖ ~**netz** (Eltech) / electric power network, mains pl, powerline n (US) ‖ ~**schiff** n (Schiff) / supply ship, supply boat ‖ ~**spannung** f (Eltech) / supply voltage ‖ ~**tornister** m (Raumf) / portable life-support subsystem (attached to the back of the hard upper torso) ‖ ~**treppe** f (Bau) / service stair ‖ ~**- und Geräteteil** m (Raumf) / service module, SM
**Versottung** f (des Schornsteins auf Grund des Niederschlags der Rauchgase) (Bau) / sooting n
**verspannen** v (Glas) / temper* v ‖ ~ (mit Seilen) (HuT, Radio) / guy v ‖ ~ n (Glas) / tempering n, toughening n ‖ ~ (mit Seilen) (HuT, Radio) / guying* n
**verspannter Derrickkran** (Masch) / guy derrick*, pole derrick, guyed mast derrick, gin-pole derrick, guyed derrick
**Verspannung** f (bei Luftschiffen und Ballons) (Luftf) / rigging* n ‖ ~ (durch Spanndrähte - bei alten Flugzeugen) (Luftf) / bracing n ‖ ~**en** f pl **im Antriebsstrang** (Kfz) / strain in the drivetrain, distortion of the drivetrain, strain in the transmission
**verspannungsfrei** adj (Mech) / strain-free adj, strainless adj ‖ ~**es Gitter** (Krist) / strain-free lattice
**Verspätung** f (Bahn, Luftf) / delay n ‖ ~ **der Gezeit** (Ozean) / lag of tide, lagging of tide
**Verspätungsmeldung** f (Bahn, Luftf) / delay message
**Versperrung** f **im Antriebsstrang** (Kfz) / strain in the drivetrain, distortion of the drivetrain, strain in the transmission
**verspiegeln** v / mirror vt
**verspiegelt** adj (Opt) / mirrored adj
**Verspiegelung** f (Glas, Opt) / mirror coating, reflector coating, reflective coating, reflecting coating
**verspinnbar** adj (Spinn) / spinnable adj, fit for spinning ‖ ~**er Faseranteil** (Spinn) / non-lint content
**Verspinnbarkeit** f (Spinn) / spinning performance, spinnability n
**verspinnen** v (zu) (Spinn) / spin vt ‖ ~ n (Spinn) / spinning* n
**verspleißen** v / splice v ‖ ~ (Seile) / twist together ‖ ~ n (Schiff) / splicing n
**versplinten** v (Masch) / cotter v
**versponnener Spinnabfall** (Spinn) / hard waste
**versprengen** v / sprinkle v, water v, sparge v
**verspritzbar** adj / sprayable adj
**Verspritzbarkeit** f / sprayability n
**verspritzen** v / splash v (in irregular drops) ‖ ~ (Anstr, Hütt, Landw) / spray v, apply by spraying ‖ ~ n (Hütt) / spattering n
**Versprödung** f (Verlust der Zähigkeit) (WP) / embrittlement* n ‖ ~ **durch flüssige Metalle** (an Schweiß- und Lötstellen) (Hütt, Schw) / liquid-metal embrittlement, LME, solder embrittlement ‖ ~ **von Metallen und Legierungen beim Kontakt mit anderen (spezifischen) schmelzflüssigen Metallen** (Hütt, Schw) / liquid-metal embrittlement, LME, solder embrittlement
**Versprödungs•punkt** m (Hütt, WP) / brittle point ‖ ~**temperatur** f (Hütt, WP) / brittleness temperature, brittle-fracture temperature
**versprühbar** adj / sprayable adj
**Versprühbarkeit** f / sprayability n
**versprühen** v / atomize v, spray v, pulverize v, pulverise v (GB), nebulize v
**verspunden** v (Faß) / spigot v, bung v, plug v, stop v, spile v
**Verstaatlichung** f / nationalization n
**verstäbte Kannelierung** (Arch) / cabling* n
**Verstädterung** f (der Bevölkerung in Industrieländern) (Arch, Umwelt) / urbanization n
**Verstählen** n (Beschichten mit Stahl) / acieration n, steel facing, steeling n
**Verstählung** f / acieration n, steel facing, steeling n
**Verstampfung** f (Hütt) / ram-off n
**Verständigung** f / communication* n ‖ **vertikale** ~ (zwischen einzelnen OSI-Schichten) (Fernm) / vertical communication

**verständlich** *adj* / intelligible *adj*, understandable *adj* ‖ ~ (deutlich) / distinct *adj* ‖ **~es Nebensprechen** (Fernsp) / intelligible crosstalk, uninverted crosstalk ‖ **⌁keit** *f* (Fernsp) / articulation* *n*
**Verständlichkeit** *f* (prozentuale) (Fernsp) / intelligibility* *n* ‖ **prozentuale ⌁ von Logatomen** (Fernsp) / percentage articulation*
**verstärken** *v* / strengthen *v* ‖ ~ / beef up *v* ‖ ~ (intensivieren) / intensify *v* ‖ ~ (Bau, HuT, Masch) / reinforce *v* ‖ ~ (Eltech, Eltronik, Fernm) / amplify *v* ‖ ~ (Foto) / intensify *v* ‖ ~ (Kochsäure) (Pap) / fortify *v* ‖ ~ (Pap, Plast) / reinforce *v* ‖ ~ (Folie) (Plast) / back up *v* ‖ ~ (unterlegen) (Tex) / back *v* ‖ ~ (an Ferse und Zehen) (Tex) / splice *v* ‖ **rückseitig ~** (Tex) / back *v* ‖ **metallisches ⌁** (chemisches oder elektrochemisches Auftragen von Metall auf das ganze Leiterbild oder auf Teile davon) (Eltronik) / plating *n*
**verstärkend•es Medium** (z.B. bei einem Laserverstärker) / amplifying medium ‖ **~es Medium** (für Laser) (Phys) / laser medium, lasing medium, active laser medium, lasing material, active medium (for lasers) ‖ **~e Schicht der Behäutung** (Luftf) / doubler *n* ‖ **~e Wirkung** / reinforcing action
**Verstärker** *m* (Biochem, Chem) / promoter* *n* ‖ **⌁** (Chem, Plast) / reinforcing agent ‖ **⌁** (Chem, Raumf) / booster *n* ‖ **⌁** (Funktionseinheit, deren Ausgangsgröße ein höheres Energieniveau als die Eingangsgröße besitzt) (Eltech, Eltronik, Fernm) / amplifier* *n*, amp, AM, AMPL ‖ **⌁** (Zwischenverstärker) (Fernm) / repeater* *n*, regenerative repeater ‖ **⌁** (chemischer) (Foto, Tex) / intensifier *n* ‖ **direktgekoppelter ⌁** (Eltronik) / direct-coupled amplifier ‖ **dreistufiger ⌁** (Eltronik) / three-stage amplifier ‖ **driftarmer ⌁** (Eltronik) / low-drift amplifier ‖ **durch Gegenkopplung stabilisierter ⌁** (Eltronik) / stabilized feedback amplifier* ‖ **dynamikbegrenzender ⌁** (Akus, Radio) / volume-limiting amplifier ‖ **elektronischer ⌁** (Radiol) / magnifier* *n* ‖ **ferromagnetischer ⌁** (Eltech) / ferromagnetic amplifier, garnet maser ‖ **gegengekoppelter ⌁** (Eltronik) / stabilized feedback amplifier* ‖ **invertierender ⌁** (ein Operationsverstärker, bei dem der n-Eingang beschaltet und der p-Eingang auf Masse gelegt ist) (Eltronik) / inverting amplifier ‖ **linearer ⌁** (Radio) / linear amplifier* ‖ **logarithmischer ⌁** (dessen Ausgangsgröße immer proportional zum Logarithmus der jeweiligen Eingangsgröße ist) (Akus) / logarithmic amplifier* ‖ **nicht invertierender ⌁** (Eltronik) / non-inverting amplifier ‖ **nichtlinearer ⌁** (Radio) / non-linear amplifier ‖ **optischer parametrischer ⌁** (Opt) / optical parametric amplifier ‖ **parametrischer ⌁** (Fernm) / parametric amplifier, reactance amplifier, mavar *n*, MAVAR *n*, paramp* *n* ‖ **rückgekoppelter ⌁** (Eltronik) / regenerative amplifier, regenerator *n*, feedback amplifier ‖ **supraleitender ⌁** (Eltronik) / superconducting amplifier* ‖ **unsymmetrischer ⌁** (Eltech, Fernm) / single-end amplifier, single-ended amplifier, single-sided amplifier ‖ **vorgespannter ⌁** (Spektr) / biased amplifier
**Verstärker•amt** *n* (Fernm) / repeater station, repeater* *n*, satellite station ‖ **⌁amtverteiler** *m* (Fernsp) / repeater distribution frame*, R.D.F. ‖ **⌁batterie** *f* (Eltech) / booster battery ‖ **⌁folie** *f* (Radiol) / intensifying screen* ‖ **⌁maschine** *f* (Eltech) / rotary amplifier*, rotating amplifier* ‖ **⌁modul** *n* (Eltronik) / amplifier module ‖ **⌁säule** *f* (Nukl) / rectifier *n*, rectifying section, enriching section (of a column) ‖ **⌁schaltung** *f* (Eltronik) / amplifying circuit ‖ **⌁schaltung** (Fernm) / repeater circuit ‖ **⌁spritze** *f* (Feuerlöschspritze, die in eine Druckleitung zur Druckverstärkung eingebaut wird) / relay pump ‖ **⌁stelle** *f* (Betriebsstelle, in der leitungebundene Übertragungseinrichtungen aufgebaut sind) (Fernm) / repeater station, repeater* *n*, satellite station ‖ **⌁wirkung** *f* / reinforcing action
**verstärkt** *adj* (für besondere Belastung ausgelegt) / heavy-duty *attr*, beefed-up *adj* ‖ **stellenweise ~** (Pap) / selectively thickened ‖ **~es Gewebe** (Tex) / reinforced cloth, wadding cloth ‖ **~er Griff** (des Axtholms) / fawn foot ‖ **~e Kunststoffe** (Plast) / reinforced plastics* ‖ **~es Papier** (Gewebe, Metall) (Pap) / reinforced paper ‖ **~es Profil** (mit größeren Steg- und Flanschdicken als bei dem Mutterprofil) (Hütt) / heavy section ‖ **~er Reifen** (Kfz) / reinforced tyre, extra-ply tyre ‖ **~er Schuß** (Web) / back-filling *n* (US) ‖ **~e spontane Emission** (z.B. bei Farbstofflasern) (Eltronik, Phys) / amplified spontaneous emission (ASE) ‖ **~er Werbeeinsatz** / advertising drive (an organized effort)
**Verstärkung** *f* / backing *n* ‖ **⌁** (Bau, HuT) / reinforcement *n* ‖ **⌁** (Verstärkungsfaktor) (Eltronik) / amplification factor, mu-factor *n* ‖ **⌁** (Eltronik) / amplification *n*, gain *n* ‖ **⌁** (Foto) / intensification* *n* ‖ **⌁** (sichtbar als helle Streifen) (Licht) / constructive interference ‖ **⌁** (Pap) / fortification *n* ‖ **⌁** (Tex) / backing *n* ‖ **⌁** (an Ferse und Zehen) (Tex) / splicing *n* ‖ **differentielle ⌁** (Fernm) / differential gain ‖ **differenzierte ⌁** (in einem größeren Raum mit mehreren Lautsprechern, um den Haas-Effekt auszuschalten) (Akus) / reinforcement ‖ **⌁** *f* **durch Ausrunden** (Masch) / fillet* *n* ‖ **⌁ durch elektrisches Feld** (Phys) / field enhancement* ‖ **⌁ ohne Gegenkopplung** (eines Operationsverstärkers) (Radio) / open-loop gain

**Verstärkungs•abfall** *m* (Fernm) / decrease of gain, fall-off in gain ‖ **⌁band** *n* (bei Näharbeiten) (Tex) / stay tape ‖ **⌁band** (bei Holzverbindungen) (Zimm) / strap* *n*, cover strap, fish-plate *n*, splice plate, splice piece ‖ **⌁destillation** *f* (Chem) / codistillation *n*, amplified distillation ‖ **⌁effekt** *m* / reinforcing action ‖ **⌁faktor** *m* (zwischen Elektroden) (Eltech) / voltage factor ‖ **⌁faktor** (Verhältnis der Ausgangsgröße zur Eingangsgröße) (Eltronik) / amplification factor, mu-factor *n* ‖ **⌁faktor Eins** (Fernm) / unity gain ‖ **⌁faser** *f* (Plast) / reinforcing fibre ‖ **⌁feder** *f* **für Stoßdämpfer** (Kfz) / shock-absorber helper spring ‖ **⌁gradsteuerung** *f* **zwischen Multiplexkanälen** (EDV, Fernm) / channel-to-channel gain scatter ‖ **⌁karton** *m* (Pap) / reinforcement board ‖ **⌁kranz** *m* (Masch) / shroud* *n* ‖ **⌁kranz** (der die volle Zahnhöhe deckt) (Masch) / full shroud* ‖ **⌁kranz** (der die halbe Zahnhöhe deckt) (Masch) / half shroud* ‖ **⌁maß** *n* (logarithmische Angabe des Verstärkungsfaktors in dB) (Fernm) / gain* *n* ‖ **⌁mittel** *n* (Chem, Plast) / reinforcing agent ‖ **⌁naht** *f* / reinforcing seam ‖ **⌁platte** *f* (bei Holzverbindungen) (Zimm) / strap* *n*, cover strap, fish-plate *n*, splice plate, splice piece ‖ **⌁rand** *m* (Masch) / shroud* *n* ‖ **⌁regelung** *f* (Fernm) / gain control ‖ **unverzögerte automatische ⌁regelung** (Radar) / instantaneous automatic gain control*, IAGC ‖ **⌁säule** *f* (Chem Verf) / rectifying section (of a column), enriching section ‖ **⌁säule** (Nukl) / rectifier *n*, rectifying section, enriching section (of a column) ‖ **⌁träger** *m* (HuT) / stiffening girder (of a suspension bridge) ‖ **⌁überhöhung** *f* (Radio) / peaking *n* ‖ **⌁verhältnis** *n* (Chem Verf) / plate efficiency, tray efficiency (US) ‖ **⌁ziffer** *f* (Fernsp) / repeater gain ‖ **⌁zug** *m* (Bahn) / additional train, second train
**verstäuben** *v* (Flüssigkeit) / atomize *v*, spray *v*, pulverize *v*, pulverise *v* (GB), nebulize *v* ‖ ~ (Landw) / dust *v* ‖ **⌁** *n* (Landw) / dusting *n*, crop dusting
**verstaubt** *adj* / dust-laden *adj*, dusty *adj*
**verstauen** *v* (Schiff) / stow *v* ‖ **⌁** *n* (Schiff) / stowage *n*
**versteckt•es Angebot** (der in Werbetests häufig verwendet wird, um die Aufmerksamkeit oder das Interesse von Lesern zu messen) / blind offer, buried offer, hidden offer ‖ **~e Datei** (die dem Benutzer angezeigt wird) (EDV) / hidden file ‖ **~e Kamera** (Film) / candid camera ‖ **~er Mangel** (der gelieferten Ware nach Paragr. 377 des Handelsgesetzbuches) / latent defect, hidden flaw
**Verstehen** *n* / comprehension *n*, understanding *n* ‖ **eingehendes ⌁** (eines Textes) (KI) / in-depth understanding ‖ **⌁** *n* **gesprochener Sprache** (von Äußerungen) (EDV) / speech understanding
**versteifen** *v* / stiffen *v* ‖ ~ (mit Holz) (HuT) / timber *v*
**versteifendes Element** (des Mastenkrans) (Masch) / girt *n* (a stiffening element)
**versteift•e Hängebrücke** (HuT) / stiffened suspension bridge* ‖ **~es Streckmetall** (Bau, HuT) / self-centring lathing*, stiffened expanded metal*
**Versteifung** *f* / stiffening *n*
**Versteifungs•blech** *n* (z.B. in geschweißten Stahlträgern) (Masch) / diaphragm *n* ‖ **⌁blech** (Masch) / stiffening sheet ‖ **⌁einlage** *f* (Mech) / stiffener *n*, stiffening *n* ‖ **⌁element** *n* (z.B. eine Versteifungsrippe) (Luftf) / stiffener* *n* ‖ **⌁glied** *n* (z.B. eine Versteifungsrippe) (Luftf) / stiffener* *n* ‖ **⌁mauerwerk** *n* (eine Stützwand) (Bau, HuT) / abamurus* *n* ‖ **⌁rippe** *f* (des Tragflügels) (Luftf) / rib* *n* (Tex) / wigan *n*, interlining canvas ‖ **⌁rigidizer** *n* ‖ **⌁struktur** *f* (die den Einfluß von Vibrationen mindert) (Instr) / rigidizer *n* ‖ **⌁teil** *n* (z.B. eine Versteifungsrippe) (Luftf) / stiffener* *n* ‖ **⌁träger** *m* (der Hängebrücke) (HuT) / stiffening truss ‖ **⌁wand** *f* (Masch) / diaphragm *n*
**versteinen** *v* (Wasserleitungen) / scale *v*
**versteinert•es Holz** (For) / petrified wood, fossilized wood, woodstone *n*, dendrolith *n* ‖ **~es Holz** (For) s. auch verkieseltes Holz
**Versteinerung** *f* (versteinertes Objekt) (Geol) / fossil* *n* ‖ **⌁** (Tätigkeit) (Geol) / petrifaction* *n*, fossilization *n*
**Versteinung** *f* (des Bodens) (Bau, HuT) / grouting* *n*, artificial cementing, injection *n* (under pressure)
**Versteinungsverfahren** *n* **beim Schachtabteufen** (Bergb) / grouting method of shaft sinking, cementation method of shaft sinking
**verstellbar** *adj* (Instr, Masch) / adjustable *adj*, variable *adj* ‖ **~e Antenne** (Radio) / steerable antenna*, steerable-beam antenna ‖ **~er Bock** (für Arbeitsbühne) (Bau) / trestle *n* ‖ **~er Bohrer** (Bau) / expanding bit* ‖ **~e Düse** (mit verstellbarem Austrittsquerschnitt) (Luftf) / variable-area propelling nozzle* ‖ **~er Einmaulschlüssel** (Masch, Werkz) / adjustable spanner, monkey-wrench *n*, adjustable wrench ‖ **~es Lenkrad** (Kfz) / tilt steering wheel ‖ **~er Schraubenschlüssel** (Masch, Werkz) / adjustable spanner, monkey-wrench *n*, adjustable wrench ‖ **~e Schubdüse** (Luftf) / variable-area propelling nozzle* ‖ **~er Sitz** / barber chair ‖ **~e Standarte** (in Höhe) (Foto) / rising front*
**Verstellbereich (Vsb)** *m* (der Bereich der Meßgröße, um den der Meßbereich verlagert werden kann) / range of adjustment

1345

**verstellen**

**verstellen** v (Hebel) / shift v, relocate v ‖ ~ (Instr) / adjust v ‖ **sich ~** (Schaltkreis oder Netzwerk) (Eltronik) / go hay-wire ‖ ~ n **des Propellers auf Bremsstellung** (Luftf) / propeller pitch reversing
**Verstell•gabel** f (des Gabelstaplers) / adjustable fork ‖ ~**gelenk** n (bei Hubschraubern) (Luftf) / feathering hinge* ‖ ~**luftschraube** f (Luftf) / controllable-pitch airscrew, variable-pitch airscrew, controllable-pitch propeller*, variable-pitch propeller*, VP propeller* ‖ ~**propeller** m (Luftf) / controllable-pitch airscrew, variable-pitch airscrew, controllable-pitch propeller*, variable-pitch propeller*, VP propeller* ‖ ~**propeller** (Schiff) / variable-pitch propeller, VP propeller ‖ ~**propeller mit konstanter Drehzahl** (Luftf) / constant-speed airscrew, constant-speed propeller* ‖ ~**schraube** f (bei der man die Ausstellwinkel der Flügel verstellen kann) (Schiff) / variable-pitch propeller, VP propeller
**verstellt** adj (z.B. Zündung) / out-of-tune attr
**Verstellung** f (Masch) / shift n, relocation n ‖ **automatische ~** (der Luftschraube) **auf große Steigung** (Luftf) / auto coarse pitch*, automatic pitch coarsening ‖ ~ f **des Sucherokulars** (zur Korrektur eines Sehfehlers) (Film) / dioptre adjustment
**Verstell•weg** m (Masch) / travel* n ‖ ~**winkel** m (Winkel der Kurbelwelle vom Zündzeitpunkt bis zum oberen Totpunkt) (V-Mot) / angle of advance*, advance angle
**verstemmen** v (Bau, Masch) / caulk v, calk v (US) ‖ ~ n (Bau, Masch) / caulking* n, calking* n ‖ ~ (Masch) / fullering n
**versteppen** v (Tex) / quilt v
**Versteppung** f (Geol, Landw) / steppization n, transformation into steppes
**verstiften** v (Masch) / dowel v, pin v
**verstimmt** adj (Akus) / off-tune attr, out-of-tune attr
**Verstimmung** f (relative Abweichung von der Resonanzfrequenz) (Fernm) / off-resonance n ‖ ~ (Radio) / detuning* n
**Verstockung** f (durch Pilzbefall bei Laubbäumen) (For) / dote n, doat n, incipient deterioration, incipient decay
**verstoffwechseln** v (Biol) / metabolize v
**verstopfen** v (Rohr) / clog v, plug v, blind v, lock v, choke v, block v ‖ ~ (Erdöl) / plug v, seal v ‖ ~ n (eines Siebes) (Masch) / blinding n, clogging n, blocking n, plugging n
**verstopft** adj (Düse) / choked adj ‖ ~ (versetzt) / clogged adj, plugged adj, blocked adj
**Verstopfung** f (der Geotextilien) (HuT, Tex) / blinding n, clogging n
**verstopfungsfrei** adj / non-chokeable adj
**Verstopfungsmittel** n (zur Verhütung und Bekämpfung von Verlusten an Spülflüssigkeit) (Erdöl) / plugging agent, sealing agent
**Verstoß** m (gegen) / infringement n (of) ‖ ~ (gegen) / violation n, breach n (of)
**verstoßen** v (gegen das Gesetz) / offend v (against), violate v, break v
**verstrahlen** v (Med, Nahr, Nukl) / irradiate v ‖ ~ n (Med, Nahr, Nukl) / irradiation n
**Verstrahlung** f (radioaktive Verseuchung der Lebensmittel, z.B. nach der Reaktorkatastrophe in Tschernobyl / Ukraine) (Med, Nahr, Nukl) / irradiation n
**Verstrammen** n (Zug-/Dehnungsverhalten) (Leder) / stiffening n
**verstreben** v (Bau, Zimm) / brace v, fasten by crossties, strut v
**Verstrebung** f (durch Streben) (Bau) / bracing* n, strutting* n, fastening by cross ties
**Verstrebungs•element** n (Bau, HuT) / brace* n, strut* n ‖ ~**schwelle** f (Bau) / straining sill*
**verstrecken** vt (Mech, WP) / stretch vt, extend vt ‖ ~ n (Mech, WP) / stretch n, stretching n, extension n
**Verstreckung** f (Mech, WP) / stretch n, stretching n, extension n ‖ ~ (als Verhältniszahl) (Spinn) / degree of drawing, draw ratio* ‖ ~ (Spinn) / drawing* n, drafting n ‖ ~ (Spinn) / draught n, draft n
**Verstreckungs•grad** m (Spinn) / degree of drawing, draw ratio* ‖ ~**hals** m (Querschnittsverminderung) (Tex) / neck* n ‖ **Bildung** f **des ~halses** (bei Fasern) (Tex) / necking* n ‖ ~**verhältnis** n (Spinn) / draw ratio*
**verstreichen** v (Zeit) / pass v, elapse v ‖ ~ (mit Mörtel) (Bau) / butter v ‖ ~ (Fugen) (Bau) / join up v ‖ ~ n **von Fugen** (Bau, HuT) / jointing* n
**verstreut vorkommend** / sporadic adj
**Verstrich** m (der Fugen) (Bau) / pointing* n, rejointing n
**Verstromung** f (Eltech) / electric power generation ‖ ~ **der Kohle** (Eltech) / generation of power from coal, use of coal for the generation of electric energy
**verstümmeltes Signal** (Fernm) / mutilated signal
**verstürzen** v (Abraum) (Bergb, HuT) / dump v, stack v ‖ ~ n (von Abraum) (Bergb, HuT) / dumping n, stacking n
**Versuch** m / experiment n, test* n, trial n ‖ ~ (Chem, Hütt) / assay* n ‖ **dreiaxialer ~** (zur Ermittlung bodenmechanischer Kennwerte) (HuT) / triaxial test (of soils), triaxial compression test, triaxial shear test ‖ **entwässerter ~** (HuT) / drained shear test, slow test, drained test, S-test ‖ ~ m **mit einer Pendelmaschine** (Bremsversuch, Motorbetrieb) (Eltech) / dynamometer test ‖ ~ **unter Einsatzbedingungen** (WP) / service test
**versuchen** v / experiment v, try v, test v
**Versuchs•anlage** f (F.Org) / experimental facility ‖ ~**anordnung** f / experimental arrangement, test arrangement ‖ ~**anordnung** f / test set, test set-up, test rig ‖ ~**aufbau** m (EDV) / breadboard n ‖ **funktionierender ~aufbau** (Eltronik) / brassboard n ‖ ~**auswertung** f (Stats) / test evaluation, evaluation of tests ‖ ~**bedingungen** f pl (WP) / test conditions, testing conditions ‖ ~**betrieb** m (Chem Verf, Masch) / pilot plant* ‖ ~**betrieb** (F.Org) / semiworks n(pl) ‖ ~**explosion** f (Mil) / test explosion ‖ ~**fehler** m / experimental error, error in experimentation ‖ ~**feld** n (Eltech, Kfz) / proving ground, test area, testing ground ‖ ~**flug** m (Luftf) / proving flight, test flight (made to observe the performance of a new aircraft or spacecraft) ‖ ~**flug** (um z.B. neue Erkenntnisse in einem Bereich zu gewinnen) (Luftf) / experimental flight ‖ ~**flug** (ohne Meßdatenregistrierung) (Luftf) / shakedown flight ‖ ~**gelände** n (Eltech, Kfz) / proving ground, test area, testing ground ‖ ~**körper** m (WP) / sample n, specimen n, test piece, test specimen ‖ ~**kreislauf** m (ein Rohrsystem) (Nukl) / experimental loop n ‖ ~**ort** m / test site ‖ **freiwillige ~person** (Med, Pharm) / volunteer n ‖ ~**pilot** m (Luftf) / test pilot ‖ **statistische ~planung** (in der Qualitätstechnik) (Stats) / design of experiments ‖ ~**protokoll** n / test record, test log ‖ ~**puppe** f (Kfz) / dummy n, manikin n (US), mannakin n (US) ‖ ~**sicherheitsauto** n (Kfz) / experimental safety (research) vehicle, ESV, ESRV ‖ ~**substanz** f (Reagens) (Chem) / test substance, test n ‖ ~**tier** n (Biol, Pharm) / experimental animal, test animal ‖ ~**werte** m pl / test data*
**Versuch-und-Irrtum-Methode** f (KI) / trial-and-error method
**Versumpfung** f (Geol) / paludification n, swamp formation
**versüßter Salpetergeist** (Chem, Pharm) / sweet nitre
**Vert** n **des Alpes** (Sammelbegriff für grüne Alpenmarmore) (Geol) / verd-antique n, verde antico (a serpentine marble)
**vertäfeln** v (verschalen) (Bau, HuT) / board v
**Vertäfelung** f (Tischl) / wainscot* n ‖ ~ (als Tätigkeit) (Tischl) / wainscoting* n, wooden panelling, panelling n, timber panelling, wainscotting n ‖ ~ (als Ergebnis) (Tischl) / sheet wall covering
**Vertäuboje** f (Erdöl, Schiff) / mooring buoy ‖ ~ (Schiff) / cable buoy*
**Vertaubung** f (im Flöz) (Bergb) / dead ground* (US)
**vertauschbar** adj (Elemente) (Math) / commutable adj, permutable adj
**vertauschen** v (Adern) (Eltech, Kab) / reverse v ‖ ~ n (von Adern) (Eltech, Kab) / reversing n ‖ ~ **von Anschlüssen** (z.B. CAD) (Eltronik) / pin swapping
**vertauschte Adern** (Eltech, Kab) / reversed wires
**Vertauschung** f / interchange n, permutation n ‖ **zyklische ~** (Math) / cyclic permutation
**Vertauschungs•gesetz** n (Math) / commutative law ‖ ~**regeln** f pl (Phys) / commutation rules ‖ ~**verfahren** n (Doppelwägung) (Phys) / double weighing, Gauss method (of weighing), Gaussian weighing method, transposition n ‖ ~**wägen** n (Phys) / double weighing, Gauss method (of weighing), Gaussian weighing method, transposition n
**Vertäuwinde** f (Schiff) / mooring winch
**Verteidigung** f **im Weltall** (Mil) / space defence
**Verteidigungselektronik** f (Eltronik, Mil) / defense electronics
**verteigen** v / paste v, paste up v
**Verteildienst** m (Telekommunikationsdienst, der eine Verteilung nicht adressierter Nachrichten vornimmt) (Fernm) / distribution service
**verteilen** v (distributive) / distribute v ‖ ~ (über eine Fläche) / spread v ‖ ~ (mit der Verteilerflüssigkeit) (Anstr) / pull over v ‖ ~ (Falten) (Leder) / flatten out v ‖ **gleichmäßig ~** (einen Anstrichstoff) (Anstr) / lay off v ‖ ~ (mit der Verteilerflüssigkeit) (Anstr) / pulling-over n ‖ ~ (ein Leistungsmerkmal, das dem Benutzer die Möglichkeit gibt, eine Verbindung mit n + 1 DEEs herzustellen) (EDV, Fernm) / broadcasting n ‖ ~ (in Niederspannungsnetzen) (Eltech) / distribution in low-voltage networks)
**Verteiler** m (EDV) / hub n (a kind of wiring centre in a star wiring arrangement; a hub supports Ethernet, Token-Ring, or FDDI, whereas a concentrator supports all or combinations of these), wiring hub n ‖ ~ (für Gestellreiheneinbau) (EDV) / distributing frame (for rack rows) ‖ ~ (beim Programmieren, z.B. in ALGOL) (EDV) / switch n, SW ‖ ~ (in der Speichertechnik) (EDV) / dispatcher n ‖ ~ (Konstruktion zur Aufnahme von Löt- und Trennleisten) (Eltech) / splitter n ‖ ~ (Eltech) / distributor* n, distributing main* ‖ ~ (einer GGA-Anlage) (Fernm) / splitter n ‖ ~ (ein Rohrstück) (Masch) / manifold* n, pipe manifold ‖ ~ (beim Spritzgießen) (Plast) / runner n ‖ ~ (beim Extrudieren) (Plast) / manifold n ‖ ~ (V-Mot) / distributor n, ignition distributor ‖ ~ **im Verstärkeramt** (Fernsp) / repeater distribution frame*, R.D.F. ‖ ~**anlage** f (Kombination von Verteilern) (Eltech) / switching station ‖ ~**becken** n (eines Querstromkühlturms) / hot water basin, distribution basin, distribution pan ‖ ~**bewehrung** f (HuT) / distribution steel, lacing n, distribution reinforcement ‖ ~**deckel** m (Kfz) / distributor cap ‖

1346

⁓**dose** f (Eltech) / distribution box, conduit box ‖ ⁓**finger** m (Kfz) / distributor rotor, rotor arm, rotor* n ‖ ⁓**flüssigkeit** f (Anstr) / pull-over solution ‖ ⁓**gefäß** n (beim Strangguß) (Gieß) / tundish n, trough n, transfer ladle ‖ ⁓**gehäuse** n (Kfz) / distributor housing, distributor body ‖ ⁓**gestell** n (Fernsp) / distribution frame* ‖ ⁓**getriebe** n (Kfz) / transfer case, transfer box, transfer gear (US) ‖ ⁓**halle** f (z.B. eine Bahnhofshalle) (Arch) / concourse n ‖ ⁓**kabel** n (Kab) / distribution cable* ‖ ⁓**kappe** f (Kfz) / distributor cap ‖ ⁓**kasten** m (EDV) / hub n (a kind of wiring centre in a star wiring arrangement; a hub supports Ethernet, Token-Ring, or FDDI, whereas a concentrator supports all or combinations of these), wiring hub ‖ ⁓**kasten** (Eltech) / distribution box, conduit box ‖ ⁓**kasten** (für Schotter, Splitt, Kies) (HuT) / spreading box, spreader box ‖ ⁓**läufer** m (ein umlaufender Kontakt) (Kfz) / distributor rotor, rotor arm, rotor* n ‖ ⁓**leitung** f (eine Ölleitung) (Kfz) / gallery n ‖ ⁓**lose Zündung** (V-Mot) / distributorless ignition ‖ ⁓**mast** m (Eltech) / distribution pole ‖ ⁓**mast** (der Autobetonpumpe) (HuT) / placing boom, distributor boom ‖ ⁓**ring** n (Kfz) / roundabout n, traffic circle (US), rotary n (US) ‖ ⁓**rohr** n (für Kraftstoff) (Kfz) / fuel rail, fuel manifold, fuel header ‖ ⁓**rohr** (als Gegensatz zu Sammelrohr) (Masch) / header* n ‖ ⁓**säule** f (Elech) / distribution pillar* ‖ ⁓**schaltdraht** m (Fernsp) / jumper* n, jumper wire* ‖ ⁓**schalttafel** f (Eltech) / distribution switchboard* ‖ ⁓**sicherungstafel** f (Eltech) / distribution fuse-board* ‖ ⁓**stäbe** n (Bewehrungsstäbe, die die Querzugkräfte der Hauptbewehrung aufnehmen) (HuT) / distribution steel, lacing n, distribution reinforcement ‖ ⁓**stecker** m (V-Mot) / distributor connector ‖ ⁓**stein** m (Gieß, Keram) / cluster n, cluster bottom mould, king brick ‖ ⁓**stück** n (ein Rohrstück) (Masch) / manifold* n, pipe manifold ‖ ⁓**tafel** f (Eltech) / distribution panel ‖ ⁓**- und Fertigergerät** n (HuT) / placing boom ‖ ⁓**werk** n (Eltech) / switching station ‖ ⁓**zapfen** m (Druckguß) (Gieß) / sprue pin

**Verteil • netz** n (Eltech, Fernm) / secondary distribution network ‖ ⁓**platine** f (die den zugeführten Faden über den Nadelschaften in Schleifen legt) (Tex) / sinker divider, dividing sinker, divider n, division sinker ‖ ⁓**rinne** f (Gieß) / distributing launder

**verteilt • e** (dezentralisierte) **Datenverarbeitung** (mit räumlich getrennten Rechnern) (EDV) / distributed data processing, DDP ‖ ⁓**e Anwendung** (EDV) / distributed application ‖ ⁓**e Entscheidungsunterstützung** (EDV, KI) / group decision support, negotiation support ‖ ⁓ **gewickelt** (Eltech) / distributed-wound adj ‖ ⁓**e Intelligenz** (bei nicht-von-Neumannschen Rechnerarchitekturen) (EDV) / distributed intelligence, dispersed intelligence ‖ ⁓**e Kapazität** (Eltech) / distributed capacitance* ‖ ⁓**e KI** (KI) / distributed AI ‖ ⁓**e Konstanten** (bei Systemen mit nicht konzentrierten Gliedern) (Phys) / distributed constants* ‖ ⁓**e Logik** (EDV) / distributed logic ‖ ⁓**e Parameter** (bei Systemen mit nicht konzentrierten Gliedern) (Phys) / distributed constants* ‖ ⁓**er Sensor** (mehrkanaliger faseroptischer Sensor, welcher die Werte einer Meßgröße über Lichtleiter erfaßt) / distributed sensor ‖ ⁓**es System** (Rechnersystem, in dem eine Reihe einzelner Funktionseinheiten, unter denen Zusammenhänge bestehen, in verschiedenen Standorten in Zusammenarbeit Anwendungen bewältigen) (EDV) / distributed system ‖ ⁓**e Terminierung** (bei nebenläufigen Prozessen) (EDV) / distributed termination ‖ ⁓**er Werkstoff** (Erz) (Bergb) / disseminated values* ‖ ⁓**e Wicklung** (Eltech) / distributed winding* ‖ ⁓**e Windung** (Eltech) / distributed winding*

**Verteilung** f (von Kosten auf einzelne Kostenträger) / allocation n ‖ ⁓ (z.B. Bernoullische) (Stats) / distribution f ‖ ⁓ s. auch Wahrscheinlichkeitsverteilung ‖ **asymmetrische** ⁓ (Stats) / asymmetric distribution ‖ **ausgeartete** ⁓ (Stats) / degenerated distribution ‖ **bedingte** ⁓ (Stats) / conditional distribution ‖ **Bernoullische** ⁓ (Stats) / binomial distribution*, Bernoulli's distribution, Bernoulli distribution ‖ **binormale** ⁓ (Stats) / bivariate normal distribution ‖ **Cauchysche** ⁓ (Stats) / Cauchy distribution (a particular case of Students t distribution, but it has no finite moments apart from the mean) ‖ **Chi-Quadrat-**⁓ (Stats) / chi-squared distribution* ‖ **diskrete** ⁓ (z.B. Bernoullische) (Math, Stats) / discontinuous distribution, discrete distribution ‖ **eindimensionale** ⁓ (Stats) / univariate distribution (a single distribution consisting of one variate, which may be either continuous or discontinuous) ‖ **endlichdimensionale** ⁓ (eines stochastischen Prozesses) (Stats) / finite-dimensional distribution ‖ **entartete** ⁓ (Stats) / degenerated distribution ‖ **flachgipflige** ⁓ (Stats) / platykurtic distribution ‖ **Gaußsche** ⁓ (Stats) / normal distribution*, Gaussian distribution* ‖ **geometrische** ⁓ (eine diskrete Verteilung) (Math) / geometric distribution ‖ **gestutzte** ⁓ (Stats) / truncated distribution ‖ **gitterförmige** ⁓ (in der Theorie der Grenzwertsätze) (Stats) / lattice distribution ‖ **gleichmäßige** ⁓ (Stats) / uniform distribution ‖ **hochgipflige** ⁓ (Stats) / leptokurtic distribution, peaked distribution ‖ **hypergeometrische** ⁓ (Stats) / hypergeometric distribution ‖ **leptokurtische** ⁓ (Stats) / leptokurtic distribution, peaked distribution ‖ **logarithmische normale** ⁓ (DIN 55350, T 22) (Stats) / lognormal distribution, logarithmic normal distribution ‖ **mesokurtische** ⁓ (Stats) / mesokurtic distribution ‖ **Pearsonsche** ⁓ (nach K. Pearson, 1857-1936) (Stats) / Pearson distribution ‖ **platykurtische** ⁓ (Stats) / platykurtic distribution ‖ **räumliche** ⁓ / spatial distribution ‖ **rechteckige** ⁓ (Stats) / rectangular distribution (depicted graphically by means of a single rectangle), skewed distribution ‖ **schiefe** ⁓ (Stats) / skew distribution ‖ **schlechte** ⁓ / maldistribution n ‖ **S-förmige** ⁓ (Stats) / S-shaped distribution, sigmoid distribution ‖ **spektrale** ⁓ (spektrale Dichte der Strahlungsgröße als Funktion der Wellenlänge - DIN 5031, T 8) (Opt) / spectral distribution ‖ **standardisierte** ⁓ (Stats) / standardized distribution ‖ **stetige** ⁓ (Math, Stats) / continuous distribution ‖ **stetige gleichmäßige** ⁓ (Math, Stats) / continuous uniform distribution ‖ **Studentsche** ⁓ (Stats) / t-distribution* n, Student's t-distribution ‖ **symmetrische** ⁓ (Stats) / symmetrical distribution ‖ **zweidimensionale** ⁓ (Stats) / bivariate distribution ‖ ⁓ f **der Spuren** (Mag) / track organization ‖ ⁓ **nach (Korn)Größen** (Stats) / fractional distribution* ‖ ⁓ **von Frequenzen auf Gebiete oder Länder** (Radio) / frequency allotment ‖ ⁓ **von Laugenlösung auf Halden mittels Gräben** (Hütt) / farming n ‖ ⁓ **von Merkmalen** (Stats) / distribution of variables

**Verteilungs • chromatografie** f (Chem) / partition chromatography*, partition column chromatography ‖ ⁓**chromatografie mit umgekehrten Phasen** (dabei ist Wasser die mobile Phase) (Chem) / reversed-phase (partition) chromatography, RPC, chromatography n ‖ ⁓**dichte** f (Math, Stats) / probability density*, density function, probability density function, p. d. f. ‖ ⁓**ende** n (Stats) / tail n (of a distribution) ‖ ⁓**frei** adj / distribution-free adj, non-parametric adj ‖ ⁓**freier Test** (Stats) / distribution-free method*, non-parametric method ‖ ⁓**funktion** f (statistische Mechanik) (Mech) / partition function ‖ ⁓**funktion** (Phys, Stats) / distribution function, cumulative distribution function* ‖ **empirische** ⁓**funktion** (Stats) / empirical distribution function ‖ **bedingte** ⁓**funktion** (Stats) / conditional distribution function ‖ ⁓**gesetz** n (Chem) / distribution law* ‖ ⁓**gesetz** (Math) / distributive law ‖ ⁓**gleichgewicht** n (Chem) / distribution equilibrium ‖ ⁓**graben** m (Landw) / distributary n ‖ ⁓**koeffizient** m (nach dem Nernstschen Verteilungssatz) (Chem) / partition coefficient*, distribution coefficient* ‖ ⁓**kurve** f (Stats) / distribution curve ‖ **Gaußsche** ⁓**kurve** (Stats) / normal distribution curve, Gaussian curve, normal curve ‖ **mesokurtische** ⁓**kurve** (Stats) / mesokurtic curve, mesokurtosis n ‖ ⁓**kurve** f **mit negativem Exzeß** (Math, Stats) / platykurtic curve, platykurtosis n ‖ ⁓**kurve mit positivem Exzeß** (Math, Stats) / leptokurtic curve, leptokurtosis n ‖ ⁓**leitung** f (Eltech) / subfeeder n ‖ ⁓**netz** n (ein Telekommunikationsnetz) (Eltech, Fernm) / secondary distribution network ‖ ⁓**parameter** m (Stats) / distribution parameter ‖ ⁓**problem** n (ein Spezialproblem der linearen Optimierung) (Math) / transportation problem ‖ ⁓**rohr** n (Masch) / manifold* n, pipe manifold ‖ ⁓**satz** m (nach Nernst) (Chem) / distribution law* ‖ **Nernstscher** ⁓**satz** (Chem) / Nernst's distribution law* ‖ ⁓**schalter** m (Eltech) / section switch ‖ ⁓**schiene** f (Tex) / catch bar ‖ ⁓**summenfunktion** f (DIN 66160) (Phys, Stats) / distribution function, cumulative distribution function* ‖ ⁓**tafel** f (Eltech) / distribution board* ‖ ⁓**temperatur** f (einer Strahlungsquelle) (Phys) / distribution temperature ‖ ⁓**transformator** m (Eltech) / distribution transformer ‖ **stabiler** ⁓**typ** (Stats) / stable type of distribution

**Vertex** m (pl. Vertices) (Punkt der Sphäre, in dessen Richtung sich die Sterne eines Sternstroms zu bewegen scheinen) (Astr) / vertex n (pl. vertices or vertexes) ‖ ⁓ (pl. Vertices - Knickpunkt, an dem drei Linien des Feynman-Grafen zusammentreffen) (Phys) / vertex n (pl. vertices or vertexes)

**Vertical-lift-Gate** n (Wasserb) / vertical gate, vertical-lift gate

**vertiefen** v / deepen v ‖ ⁓ (Bergb) / deepen v ‖ ⁓ (Masch) / recess v ‖ ⁓ (Tischl) / sink vt ‖ **schüsselartig** ⁓ / dish v

**vertieft • e Fuge** (Bau) / rustic joint* ‖ ⁓**e Sichtfläche** (Bau) / sunk face* (SF) ‖ ⁓ **unterbringen** / recess vt

**Vertiefung** f (der Platte) (Druck) / sink* n ‖ ⁓ (Eltech) / valley n ‖ ⁓ (in dem Halbleiterplättchen, mit einem Durchmesser als 3 mm) (Eltronik) / dimple n ‖ ⁓ (ein Fehler bei Leiterplatten) (Eltronik) / indentation n, dent n ‖ ⁓ (Masch) / recess n, hollow n, cavity n, relief n ‖ ⁓ (kleine, leichte) (Masch) / dimple n ‖ ⁓ (Masch) / depression n ‖ ⁓ (als Tätigkeit) (Masch) / recessing n, hollowing n, relieving n ‖ ⁓ (Tischl) / sinking* n

**vertikal** adj / vertical adj ‖ ⁓ (stehend) / standing adj ‖ ⁓**e Antenne** (mit vertikalem Strahler) (Radio) / vertical antenna, Marconi antenna* ‖ ⁓**e Antenne** (Radio) s. auch Stabantenne ‖ ⁓**e Aufzeichnung** (Mag) / perpendicular magnetic recording, vertical magnetic recording ‖ ⁓**er Ausschluß** (Typog) / vertical justification ‖ ⁓**e Austastlücke** (TV) / vertical blanking interval*, field blanking*, field-blanking interval ‖ ⁓**e Austastung** (TV) / vertical blanking, vertical scanning* ‖ ⁓**er Bilddurchlauf** (EDV) / vertical scrolling,

**vertikal**

rolling n ‖ ~**er Bildstandfehler** (Film) / projection jump ‖ ~**e Bildverschiebung** (TV) / slip* n ‖ ~**er Eberhard-Effekt** (Foto) / interimage effect ‖ ~**e Elektrophorese** (Chem) / vertical electrophoresis ‖ ~**e Formatsteuerung** (EDV) / vertical format control (VFC) ‖ ~**es Gefälle** (Meteor) / lapse rate* ‖ ~**e Gesimsbegrenzung** (Arch) / corona n (pl. coronae or coronas) ‖ ~**e Komponente** (der Schwerebeschleunigung) (Phys) / vertical n ‖ ~**e Luftfuge** (For) / chimney n ‖ ~**e Parität** (Parität eines Zeichens nach Ergänzung durch ein Prüfbit, im Gegensatz zur Block- oder Längsparität) (EDV) / vertical parity ‖ ~**e Polarisation** (vertikale Lage der elektrischen Feldlinien des elektromagnetischen Feldes) (Elektr) / vertical polarization* ‖ ~**e Redundanzprüfung** (EDV) / vertical redundancy check (VRC), transverse parity check ‖ ~**er Sanddrän** (vor der Dammschüttung auf wenig tragfähigem Untergrund) (HuT) / vertical sand drain (enabling the soil to drain more easily) ‖ ~**es Scrolling** (EDV) / vertical scrolling, rolling n ‖ ~**es Stranggießen** (Gieß) / vertical continuous casting ‖ ~**er Übergangsbogen** (Bahn, HuT, Verm) / vertical curve* ‖ ~**er Umschlag** (Be- und Entladung des Schiffs mit Kaikranen, Mobilkranen oder Ladegeschirr durch die an Deck befindlichen Luken) (Schiff) / lift-on-lift-off n ‖ ~**es** (verspreiztes) **Verbauteil** (HuT) / soldier n, runner n (vertical timber sheet pile) ‖ ~**e Verlagerung** (von Funktionen in hierarchisch geschichteten Software/Firmware-Systemen) (EDV) / vertical migration ‖ ~**e Verständigung** (zwischen einzelnen OSI-Schichten) (Fernm) / vertical communication

**Vertikal** m (Astr, Verm) / vertical circle* ‖ **Erster** ~ (der durch den Ost- und Westpunkt geht) (Astr, Verm) / prime vertical, prime vertical circle ‖ ~**ablenkelektrode** f (Eltronik) / vertical deflection electrode, vertical deflection plate, Y plate ‖ ~**ablenkplatte** f (Eltronik) / vertical deflection electrode, vertical deflection plate, Y plate ‖ ~**ablenkung** f (TV) / vertical scanning*, vertical sweep ‖ ~**achse** f (Verm) / vertical axis ‖ ~**antenne** f (Radio) / vertical antenna, Marconi antenna* ‖ ~**auflösung** f (TV) / vertical resolution, vertical definition ‖ ~**aufnahme** f (Verm) / vertical aerial photograph* ‖ ~**ausrundung** f (Bahn, HuT, Verm) / vertical curve* ‖ ~**austastlücke** f (TV) / vertical blanking interval*, field blanking*, field-blanking interval ‖ ~**automat** m (Anstr) / automatic vertical paint application machine (system) ‖ ~**beschleunigung** f (Kfz) / vertical (cab) acceleration ‖ ~**bö** f (Fallbö, Steigbö) (Luftf) / vertical gust* ‖ ~**diagramm** n (Radio) / vertical pattern

**Vertikale** f (Bau, Zimm) / upright* n, stud* n ‖ ~ (Math) / vertical n, vertical line

**Vertikal•ebene** f (Math) / vertical plane ‖ ~**elektrophorese** f (Chem) / vertical electrophoresis ‖ ~**fräsmaschine** f (Masch) / vertical milling machine* ‖ ~**frequenz** f (TV) / frame frequency* ‖ ~**gattersägemaschine** f (For) / vertical gang saw, vertical frame-sawing machine ‖ ~**geschwindigkeit** f (Luftf) / vertical speed ‖ ~**intensität** f (Stärke des erdmagnetischen Feldes in senkrechter Richtung) (Geophys) / vertical intensity ‖ ~**kamera** f (für fotografische Reproduktionen) (Druck, Foto) / vertical camera ‖ ~**komponente** f (Eltech) / vertical component* ‖ ~**kreis** m (DIN 18718) (Astr, Verm) / vertical circle* ‖ ~**kurve** f (Luftf) / vertical turn ‖ ~**landung** f (Luftf) / vertical landing ‖ ~**maschine** f (Anstr) / automatic vertical paint application machine (system) ‖ ~**reihe** f (Druck, Math) / column n ‖ ~**schwenk** m (Film) / tilt n ‖ ~**seismograf** m (Geol) / vertical seismograph ‖ ~**sicht** f (Luftf) / vertical visibility ‖ ~**stab** m (Bau, Zimm) / upright* n, stud* n ‖ ~**starter** m (Luftf) / VTOL* n, VTOL plane, VTOL aircraft, vertical take-off and landing aircraft ‖ ~**startflugzeug** n (Luftf) / VTOL* n, VTOL plane, VTOL aircraft, vertical take-off and landing aircraft ‖ ~**strahlungsdiagramm** n (Radio) / vertical pattern ‖ ~**stranggießanlage** f (Gieß) / vertical continuous caster, vertical continuous casting machine, vertical continuous casting plant ‖ ~**strangguß** m (Gieß) / vertical continuous casting ‖ ~**tabulator** m (EDV) / vertical tabulator ‖ ~**verstärker** m (Eltronik) / Y-axis amplifier, vertical amplifier (for signals intended to produce vertical deflection) ‖ ~**ziehverfahren** n (Glas) / updraw process

**Vertikutierer** m (Landw) / scarifier-aerator n

**Vertikutier•gerät** n (mit vertikal rotierenden Werkzeugen zum Regenerieren von Rasenflächen) (Landw) / scarifier-aerator n ‖ ~**roller** m (zum Regenerieren von Grasnarben der Rasenflächen) (Landw) / roller-aerator rake

**vertilgen** v (Ungeziefer) (Landw) / eradicate v, exterminate v

**vertippen, sich** ~ / mistype v

**Vertisol** m (siallitischer Quelltonboden) (Geol, Landw) / vertisol n

**vertonen** v (Akus, Film) / add sound, set to music, add a soundtrack ‖ ~ vi (Geol, Keram) / weather to clay ‖ **nachträgliches** ~ (Film) / postsynchronization* n, post-sync n

**Vertonung** f (Akus, Film) / adding a soundtrack ‖ ~ (Geol, Keram) / weathering to clay

**Vertorfung** f (Umbildung pflanzlicher Stoffe zu Torf) (Bot, Geol) / peat formation, peatification n

**vertörnte Ankertrossen** (beim Ankersetzen) (Erdöl, Schiff) / fouled mooring lines

**Vertrag** m / contract n ‖ **unterbrechbarer** ~ (Gaslieferung) / interruptible contract ‖ ~ m **über die Nichtverbreitung von Kernwaffen** (Mil) / non-proliferation treaty, Treaty on the Non-Proliferation of Nuclear Weapons

**vertragliche Vereinbarung** / contract n

**verträglich** adj / compatible adj ‖ ~**e Gleichungen** (Math) / consistent equations*, compatible equations* ‖ ~**es Gleichungssystem** (Math) / consistent equations*, compatible equations*

**Verträglichkeit** f (Chem) / compatibility n ‖ ~ (Fähigkeit eines Lagerwerkstoffs, Adhäsion mit dem Wellenwerkstoff zu vermindern) (Masch) / frictional compatibility ‖ **durchgehende** ~ (Fernm) / end-to-end compatibility ‖ **elektromagnetische** ~ (Eltronik) / electromagnetic compatibility, EMC ‖ ~ f **zwischen Schmierstoffen** / lubricant compatibility

**Verträglichkeitsbedingung** f (DIN 13316) (Mech) / compatibility condition

**Vertrags•anspruch** m / contractual claim ‖ **handelsübliche** ~**formeln** / terms of trade, trade terms ‖ ~**forschung** f (z.B. Battelle-Institut) / contract research, research under contract ‖ ~**händler** m / appointed dealer, franchised dealer, authorized dealer ‖ **handelsübliche** ~**klauseln** (z.B. ab Fabrik, fob, fas, frei Bahnhof, frei Waggon) / terms of trade, trade terms ‖ ~**menge** f (in der Spieltheorie) (KI) / bargaining set ‖ ~**partei** f / contractor n, contracting party ‖ ~**partner** m / contractor n, contracting party ‖ ~**pflicht** f / contractual commitment ‖ ~**preis** m / contract price ‖ **der** ~**schließende** / contractor n, contracting party ‖ ~**staat** m (bei Patenten) / contracting state ‖ ~**verpflichtung** f / contractual commitment ‖ ~**werkstatt** f / appointed workshop, authorized repairer ‖ ~**werkstätte** f / appointed workshop, authorized repairer

**Vertrauen** n (Stats) / confidence n

**Vertrauens•bereich** m (DIN 1319, T 3) (Stats) / confidence region ‖ ~**intervall** n (DIN 1319, T 3) (Stats) / confidence interval* (between the confidence limits) ‖ ~**niveau** n (DIN 1319, T 3) (Stats) / confidence level

**vertraulich** adj / confidential adj ‖ ~**e Daten** (EDV) / confidential data ‖ ~**keit** f **des Nachrichtenflusses** (Fernm) / message flow confidentiality

**vertreiben** v (flüchtiges Öl) / expel v, dispel v, drive off v, drive out v ‖ ~ (Insekten) / repel v ‖ ~ (Anstr) / level v, level out v ‖ ~ n (Verteilen frisch aufgetragener Anstrichmittel mit weichhaarigen, langborstigen Pinseln, sogenannten Vertreibern) (Anstr) / levelling n, leveling n (US)

**Vertreiber** m (breiter, weichhaariger Pinsel zum gleichmäßigen Verteilen und Aufnehmen nicht eingezogener Flüssigkeit nach dem Einstreichen oder Aufsprühen der Beize oder des Färbemittels) (Anstr, For) / levelling brush

**vertretbar** adj (bewegliche Sache, die im Rechtsverkehr nach Maß, Zahl und/oder Gewicht bestimmt wird) / fungible adj ‖ ~**e Kosten** / justifiable cost(s) ‖ ~**e tägliche Aufnahme** (Nahr) / acceptable daily intake

**Vertretbarkeit, wirtschaftliche** ~ / economic practicability

**Vertreter** m (z.B. bei Patentanmeldungen) / representative n ‖ ~ (bei Klasseneinteilung) (Math) / representative n ‖ ~ (bei Klasseneinteilung) s. auch Repräsentant

**Vertretungsschaltung** f (Chef-Sekretär-Anlage) (Fernsp) / secretarial function transfer

**Vertrieb** m (Absatz) / sales pl

**Vertriebsunterlagen** f pl / sales documentation

**vertrimmt** adj (Luftf, Schiff) / out-of-trim attr

**Vertrimmventil** n (Masch) / trimming valve

**Verunedlung** f (des Potentials) (Elektr) / shift in a less noble direction

**verunglimpfend** adj (Werbung) / denigratory adj, knocking adj

**verunkrautet** adj (Landw) / weedy adj, weedgrown adj

**Verunkrautung** f (Vorgang) (Landw) / weed infestation, weed development ‖ ~ (Zustand des Feldes) (Landw) / weediness n

**verunreinigen** v / soil vt

**verunreinigt** adj (mit fremden Bestandteilen, Beimischungen) / impure adj

**Verunreinigung** f / impurity n ‖ ~ (Chem Verf) / crud n (a substance which is considered disgusting or unpleasant, typically because of its dirtiness) ‖ ~ (auf dem Film) (Film) / fuzz n ‖ ~**en** f pl (Pap) / contraries ‖ ~ f (Tex) / soil n, soiling n ‖ ~ (in den Baumwollballen) (Tex) / foreign matter, trash n ‖ ~ (pflanzliche - z.B. Samen in der Baumwolle) (Tex) / mote n, mote trash, trash n, moit n ‖ **feste nichtmetallische** ~ (Hütt) / solid non-metallic impurity, sonim n ‖ ~ f **durch Spurenstoffe** (Sanitär) / trace contamination

**Verunreinigungen** f pl (mit einem Stoff) (Nahr) / contaminants pl, incidental additives (US), unintentional food additives (US)

**Verunreinigungs•meßgerät** n (Radiol) / contamination meter* ‖ ~**niveau** n (Eltronik) / donor level, impurity level* ‖ ~**stoff** m (giftiger) (Umwelt) / contaminant n ‖ ~**stoff** (giftiger) (Umwelt) / pollutant n, polluting agent, contaminant n ‖ ~**substanz** f (Umwelt) / contaminant n
**verunstalten** v (durch Kratzen) / mar v
**verursachen** v / cause v
**Verursacher** m (Nachrichtenübermittlung) (Fernm) / originator n ‖ ~ **von Umweltschäden** (Umwelt) / polluter n ‖ ~**prinzip** n (nach dem der Verursacher von Umweltschäden für die entstandenen Schäden und deren Beseitigung haftbar gemacht wird) (Umwelt) / polluter pays principle, pay-as-you-pollute principle, ppp
**vervielfachen** v / multiply v
**vervielfachend** adj (Math) / multiplicative adj, multiplying adj
**Vervielfacher** m (Eltech) / multiplier n
**Vervielfachung** f / multiplication n
**vervielfältigen** v / duplicate v, copy v ‖ ~ (ein Tonband) (Akus) / reproduce v ‖ ~ n / duplicating n, copying n
**Vervielfältigung** f / duplicating n, copying n
**Vervielfältigungs•maschine** f / duplicating machine, duplicator n ‖ ~**matrize** f (z.B. eine Wachsmatrize im Schablonendruck) / stencil n ‖ ~**papier** n (Pap) / duplicating paper, duplicator paper*
**Vervollkommnung** f / perfection n
**vervollständigen** v / complement v ‖ ~ (einen metrischen Raum) (Math) / complete v
**Vervollständigung** f (F.Org, Masch) / make-up n, compensation n ‖ ~ (eines metrischen Raumes) (Math) / completion n
**verwachsen** v / intergrow v, grow together v ‖ ~**er Ast** (For) / intergrown knot, red knot ‖ ~**es Erz** (Geol) / stuff n ‖ ~**e Kohle** (Bergb, Geol) / bone* n, bony coal*
**Verwachsenes** n (Bergb, Geol) / bone* n, bony coal*
**Verwachsung** f (Bergb, For, Krist) / intergrowth n
**Verwachsungs•grad** m (der prozentuale zahlenmäßige Ausdruck für den verwachsenen Anteil eines Minerals oder technisch kristallisierten Feststoffes in einem Haufwerk) (Aufber) / degree of interstratification ‖ ~**kurve** f (bei der Dichte-Asche-Analyse) (Aufber) / ash curve f
**Verwachsungszwillinge** m pl (Min) / interpenetration twins*, penetration twins*
**verwackeln** v (eine Aufnahme) (Foto) / blur v
**verwackelt** adj (Aufnahme) (Foto) / fuzzy adj, blurred adj
**Verwacklung** f (Fernm) / judder n ‖ ~ (Bewegung, deren Ergebnis die verwackelten Bilder sind) (Foto) / judder n, shake n, blurring n
**verwählen, sich** ~ (Fernsp) / misdial v
**Verwahrlosung** f **der Bausubstanz** (Bau) / permissive waste*
**Verwahrung** f (Einfassungsblech) (Klemp) / flashing* n ‖ **abgestufte** ~ (Klemp) / skeleton flashing, stepped flashing ‖ **abgetreppte** ~ (Klemp) / skeleton flashing, stepped flashing
**verwalten** v (EDV) / administer v ‖ ~ (EDV) / manage v
**Verwalter** m (EDV) / network administrator (person responsible for network management), network manager
**Verwaltung** f (EDV) / management n
**Verwaltungs•bibliothek** f (EDV) / management library ‖ ~**kosten** pl / administration costs ‖ ~**routine** f (EDV) / housekeeping routine
**Verwalzungsgrad** m (Hütt) / degree of roll-out, roll-out degree
**Verwandlungs•flugzeug** n (Luftf) / convertiplane* n ‖ ~**hubschrauber** m (Luftf) / convertiplane* n
**verwandt** adj / related adj ‖ ~ (Stoff) (Chem) / allied adj ‖ ~**e Produkte** / kindred products ‖ ~**e Zahlen** (Math) / friendly numbers*, amicable numbers*
**verwanzen** v (ein Gebäude) (Eltronik) / bug v
**verwaschen** adj (Farbe) / washy adj, washed-out adj, faded adj ‖ ~ v (Linien, Umrisse) / blur v
**Verwaschenheit** f (Foto) / smearing n
**Verwaschung** f (von Linien, Umrissen) / blurring n
**verwässern** v / water v ‖ ~ (Erdöllagerstätten) (Erdöl) / water out v ‖ ~ (zu viel Wasser zugeben) (Nahr) / drown v the miller
**verwebbar** adj (Web) / weavable adj
**Verwebbarkeit** f (Web) / weavability n, weaving behavior
**verweben** v (Web) / interweave v, inweave v, intertwine v, enweave v, interlace v
**verwechselt•er Schuß** (farblich) (Web) / discoloured pick, wrong-colour pick ‖ ~**er Schuß** (farblich, stofflich) (Web) / mixed filling, change-in filling, filling band
**Verweigerung** f **von Rechenleistung** (EDV) / denial of service
**Verweil•behälter** m (Chem Verf) / holding tank ‖ ~**dauer** f (in einem Reaktionsapparat) (Chem Verf, F.Org) / dwell time, hold-up time, residence time, dwell* n, retention time ‖ ~**zeit** f (Chem Verf, F.Org) / dwell time, hold-up time, residence time, dwell* n, retention time
**verwelken** v (Bot, Landw) / wilt vi, shrivel v, wither v ‖ ~ **lassen** (Bot, Landw) / wilt vt

**verwendbar** adj / applicable adj ‖ ~ s. auch brauchbar ‖ ~**es Abprodukt** / salvage n
**Verwendbarkeit** f / usability n, serviceability n ‖ ~ (als zeitliche Einheit) (Masch) / lifetime n ‖ **vielseitige** ~ / versatility n
**Verwendbarkeitsdauer** f (Masch) / working life
**verwenden** v / apply v, use v
**Verwendung** f / application n, use n ‖ ~ (z.B. dreimonatige ~) (Mil) / tour of duty ‖ **ersatzweise** ~ / substitution n, replacement n ‖ **gewerbliche** ~ (z.B. eines Patents) / commercial utilization ‖ **industrielle** ~ / industrial utilization, industrial use
**Verwendungs•liste** f (EDV) / where-used list ‖ ~**nachweis** m (EDV) / where-used list
**verwerfen** v (als Ausschuß) / reject v ‖ ~ (z.B. eine Hypothese) / reject v ‖ ~ n (For) / warp* n, warpage n ‖ ~ **quer zur Holzfaser** (For) / cupping n, cup n, transverse warping
**Verwerfer** m (Verwerfungskluft) (Geol) / riser n
**Verwerfung** f (bei einer Authentifizierungsprozedur) (EDV, Fernm) / repudiation n ‖ ~ (For) / warp* n, warpage n ‖ ~ (bei der Kontrolle) (F.Org) / rejection n ‖ ~ (die tektonische Störung einer ursprünglich intakten Gesteinslagerung) (Geol) / fault* n ‖ ~ (kleine schichtenparallele) (Geol) / slide* n ‖ ~ (Geol) s. auch Bruch und Störung ‖ **gebogene** ~ (U-förmige, z.B. ein Trocknungsfehler) (For) / bowing n, bow n ‖ **kleine** ~ (im Flöz) (Bergb) / hitch* n ‖ **konjugierte** ~**en** (Geol) / conjugated faults ‖ **synsedimentäre** ~ (Geol) / synsedimentary fault ‖ ~ f **aufwärts** (Bergb, Geol) / upcast n, upthrow n ‖ ~ **ins Hangende** (Bergb, Geol) / upcast n, upthrow n ‖ ~ **mit diagonaler Verschiebung** (Geol) / oblique-slip fault
**Verwerfungs•falle** f (Erdöl, Geol) / fault trap ‖ ~**fläche** f (Geol) / fault-plane n ‖ ~**linie** f (Geol) / fault-line n ‖ ~**quelle** f (Quellaustritt an einer Verwerfungslinie) (Geol) / fault spring ‖ ~**richtung** f (Geol) / fault strike ‖ ~**schar** f (Geol) / fault set
**verwertbar** adj (Nahrungsbestandteil) (Nahr) / available adj ‖ ~**es Abprodukt** / salvage n
**Verwertbarkeit** f (von Nahrungsbestandteilen) (Nahr, Physiol) / availability n
**verwerten** v (Abprodukte) (Umwelt) / recycle v
**Verwertung** f (des Patents) / exploitation n ‖ ~ (z.B. der Abhitze) / recovery n
**verwesen** vi (Biol) / decay v, decompose v
**verwest** adj (Biol) / decayed adj, putrid adj, rotten v
**Verwesung** f (der unter Luftzufuhr stattfindende Abbau organischer Substanz durch Mikroorganismen) (Biol) / decay n, decomposition n, putridity n, putridness n
**verwiegen** v (abwiegen) / weigh v
**verwilderter Fluß** (Wasserb) / wild-running river
**verwinden** v (Mech) / twist v ‖ ~ n (Masch) / twisting n, twist n
**Verwindung** f (zweite Krümmung) (Math, Mech) / torsion* n ‖ ~ (der Baumwollfasern) (Tex) / convolution n ‖ **negative** ~ (Luftf) / wash-out* n ‖ **positive** ~ (Luftf) / wash-in* n ‖ ~ f (des Stabes nach DIN 13 316) (Mech) / twisting n, twist n ‖ ~ (der Flügelspitzen) **nach oben** (Luftf) / wash-out* n ‖ ~ (der Flügelspitzen) **nach unten** (Luftf) / wash-in* n
**verwindungs•steif** adj (Mech) / torsionally stiff, torsion-resistant adj, torsionally rigid ‖ ~**steifheit** f (Mech) / torsional stiffness, torsional rigidity
**verwinkelt** adj / angled adj, angling adj, angular adj
**verwirbeln** v (Wirbel erzeugen) / whirl v ‖ ~ (z.B. eine Flüssigkeit) (Chem Verf, Phys) / vortex v ‖ ~ (bei Texturierung) (Spinn) / tanglelace v, mingle v, intermingle v, vortex v, commingle v ‖ ~ n (Chem Verf, Phys) / vortexing n
**verwirbelt** adj (Hyd) / rotational adj
**Verwirbelung** f (Mischen) / turbulent mixing ‖ ~ (Chem Verf, Phys) / vortexing n ‖ ~ (Texturieren ohne Verdrehungstendenz) (Spinn) / tanglelacing n, mingling n, intermingling n, vortexing n, comingling n ‖ ~**sbelüfter** m (beim Belebungsverfahren) (Sanitär) / upflow aerator ‖ ~**sdüse** f (Spinn) / vortexing jet
**Verwirklichung** f / realization n ‖ ~ (des Patents - konstruktive Unterlagen, Prototyp) / reduction to practice
**Verwirrstoff** m (Mil) / incapacitant n
**Verwirrungszone** f (über der VOR-Station) (Luftf) / zone of confusion, cone of confusion, cone of ambigniy
**verwischen** vi (sich) / smear vi
**verwittern** v / weather vi
**verwittert** adj (Bau) / weathered adj, weather-beaten adj (damaged or worn by exposure to the weather) ‖ ~ (Geol, Landw) / brash adj ‖ **gut** ~ (Boden) (Landw) / mature adj ‖ **nicht** ~**es Gestein** (Geol) / fresh rock ‖ ~**e Kohle** (Bergb) / weathered coal ‖ ~**e Schicht** (Geol) / weathered layer
**Verwitterung** f (mechanische, chemische, biologische, biochemische) (Geol) / weathering* n ‖ **biologische** ~ (Geol, Umwelt) / bioerosion n ‖ **chemische** ~ (Geol) / chemical weathering, rotting n ‖ **mechanische** ~ (Geol) / mechanical weathering, physical weathering ‖ **organische**

**Verwitterung**

⁓ (Geol) / organic weathering ‖ **physikalische** ⁓ (Geol) / mechanical weathering, physical weathering ‖ **schalige** ⁓ (Geol) / exfoliation* n, flaking n, sheeting n, spalling n (US) ‖ **selektive** ⁓ (Geol) / differential weathering ‖ **zwiebelschalige** ⁓ (Geol) / onion-skin weathering, onion weathering ‖ ⁓ f **unter Kristallwasserverlust** (Chem) / efflorescence* n
**Verwitterungs•boden** m (Geol) / residual soil ‖ ⁓**fest** adj (Masch, Meteor) / weatherproof adj, non-weathering adj ‖ **kugelige** ⁓**formen** (Geol) / concentric weathering ‖ ⁓**gestein** n (Geol) / weathered rock ‖ ⁓**klasse** f (bei optischen Gläsern) (Glas, Opt) / staining class, dimming class ‖ ⁓**lagerstätte** f (unlösliche oder besonders widerstandsfähige In-situ-Rückstände von Gesteinen als Folge einer chemischen oder physikalischen Verwitterung) (Bergb) / residual deposit* ‖ ⁓**lehm** m (Geol) / loam* n, mild clay*, clay* n, sandy clay* ‖ ⁓**produkt** n / product of weathering, weathering product ‖ ⁓**schicht** f (Geol) / weathered layer ‖ ⁓**ton** m (Geol) / residual clay (a clay which remains at the site of its formation) ‖ ⁓**zone** f (im allgemeinen) (Geol) / zone of weathering*, belt of weathering
**Verwohnen** n (übermäßiges) (Bau) / permissive waste*
**Verwundbarkeit** f (Mil) / vulnerability n
**Verwurf** m (Bergb, Geol) / drop* n, throw n (horizontal)
**verwürfeln** v (Fernm) / scramble v ‖ ⁓ n (Fernm) / scrambling n
**Verwürfler** m (Fernm) / scrambler* n, speech scrambler*
**verwüsten** v / devastate v
**Very Long Baseline Interferometry** f (Astr) / very-long-baseline interferometry, VLBI
**Verzahnbreite** f (Masch) / tooth width, facewidth n
**verzahnen** v (verschiedene Vorgänge zeitlich ineinander verschachteln) / interleave v ‖ **sich wechselseitig** ⁓ / interlock v ‖ ⁓ n (Masch, Uhr) / gear-tooth forming*, gear manufacturing, gear-tooth generating, toothing n, gear manufacture
**Verzahnmaschine** f (zur Herstellung verzahnter Werkstücke) (Masch) / gear manufacturing machine
**verzahnt, wechselseitig** / interlocking adj ‖ ⁓ **ablaufende Verarbeitung** (EDV) / concurrent processing ‖ ⁓**er Balken** (Zimm) / joggle beam ‖ ⁓**e Fuge** (Bau) / slip joint ‖ ⁓**es Räderpaar** (Masch) / conjugate gears ‖ ⁓**er Ring** (Masch) / annular gear*
**Verzahnung** f (Mauerwerksanschluß an Wandenden oder wenn eine Innenwand auf eine Außenwand stößt) (Bau) / tusscs* pl, tusks* n pl, toothing n (at the end of a wall), indenting n, joggling n ‖ **Hirthsche** ⁓ (Masch) / serration n, groove toothing, channel toothing ‖ **konische** ⁓ (Masch) / tapered teeth ‖ **kopfkorrigierte** ⁓ (Masch) / addendum-corrected gearing ‖ **profilverschobene** ⁓ (von Zahnrädern) (Masch) / gearing with modified profile ‖ **wechselseitige** ⁓ (Geol) / interfingering n
**Verzahnungs•abweichung** f (Masch) / tooth error ‖ ⁓**fehler** m (Masch) / gearing fault, gearing error, gear error ‖ ⁓**genauigkeit** f (DIN 3961 bis 3967) (Masch) / tooth accuracy ‖ ⁓**geometrie** f (Masch) / geometry of gears, gear-tooth geometry, gear geometry ‖ ⁓**gesetz** n (Masch) / rule of the common normal ‖ ⁓**größe** f (Masch) / gear parameter ‖ ⁓**herstellung** f (Masch, Uhr) / gear-tooth forming*, gear manufacturing, gear-tooth generating, toothing n, gear manufacture ‖ ⁓**stelle** f (Anschluß im Mauerwerksverband) (Bau) / joggle n, groutnick n (in blockwork or masonry walls) ‖ ⁓**toleranz** f (Masch) / gearing tolerance
**Verzahn•vorrichtung** f (der Drehmaschine) (Masch) / gear-cutting attachment ‖ ⁓**werkzeug** n (Masch, Werkz) / gear cutter*, finishing gear milling cutter, gear-cutting tool
**verzapfen** v (Balken) (Zimm) / cock v, cog v, cork v, caulk v ‖ ⁓ (einen Winkelverband bilden) (Zimm) / mortise v
**Verzapfung** f (von Balken) (Zimm) / cogging* n, caulking* n, cocking* n, corking* n ‖ ⁓ (ein Winkelverband) (Zimm) / mortise-and-tenon joint, mortise joint
**Verzehr, zum** ⁓ **geeignet** (Nahr) / fit to be eaten
**verzehren** v (Stöße) (Masch) / absorb v
**Verzehrer** m pl (Umwelt) / consumers* pl
**verzehrfertig** adj (Nahr) / ready-to-eat adj, instant adj, ready to serve ‖ ⁓**e Lebensmittel** (industriell bearbeitete) (Nahr) / ready-to-eat food products
**Verzehrung** f (z.B. von Stößen) (Masch) / absorption n
**verzeichnen** adj (Foto, Opt, TV) / distort v
**Verzeichnis** n (Liste) / schedule n ‖ ⁓ / register n ‖ ⁓ (zur Lokalisierung von einem oder mehreren sequentiellen Programminformationsblöcken) (EDV) / directory* n ‖ ⁓ (Fernm) / directory n ‖ **elektronisches** ⁓ (CCITT-Empfehlung F.500) (EDV) / electronic directory ‖ **privates** ⁓ **zweiter Ordnung** (eine Tabelle im Supervisor, welche die höchsten Phasennamen der zugehörigen Verzeichnisspuren der privaten Bibliothek für Lademoduln enthält) (EDV) / private second-level directory ‖ **übergeordnetes** ⁓ (EDV) / parent directory ‖ **untergeordnetes** ⁓ (EDV) / subdirectory n ‖ ⁓ n **der Leuchtfeuer und Signalstellen** (Schiff) / light list ‖ ⁓**baum** m (EDV) / directory tree ‖ ⁓**eintrag** m (Fernm) / directory entry ‖

⁓**-End-Systemteil** m (Fernm) / directory user agent (DUA) ‖ ⁓**hierarchie** f (EDV) / directory hierarchy, directory structure
**Verzeichnung** f (Foto, TV) / distortion* n ‖ **tonnenförmige** ⁓ (Opt) / barrel distortion*, negative distortion
**verzeichnungsfrei** adj / free from distortion, distortion-free adj, distortionless adj, undistorted adj ‖ ⁓ (Opt) / orthoscopic adj
**verzerren** v (Fernm) / distort v
**verzerrende Schätzung** (Stats) / biased estimator
**verzerrt, stark** ⁓ (Akus) / badly distorted ‖ ⁓**es Gitter** (Krist) / strained lattice, perturbed lattice ‖ ⁓**e Wellenform** (Eltech) / distorted waveform
**Verzerrung** f (Fernm) / distortion* n ‖ ⁓ (unregelmäßige Abtastgeschwindigkeit) (Fernm) / judder n ‖ ⁓ (von Form- oder Kernsanden - ein Gußfehler) (Gieß) / penetration n, metal penetration ‖ ⁓ (DIN 13316) (Mech) / distortion n ‖ ⁓ (Stats) / bias n (a systematic and non-random /but not necessarily intentional/ distortion in a result or sample) ‖ **lineare** ⁓ (Fernm) / curvilinear distortion*, linear distortion* ‖ **lineare** ⁓ **infolge Frequenzganges der Leitung** (Fernm) / line distortion* ‖ **nichtlineare** ⁓ (Fernm) / non-linear distortion* ‖ **trapezförmige** ⁓ (bei der Projektion) (Film, Opt, TV) / keystone distortion* ‖ **unregelmäßige** ⁓ (Fernm) / fortuitous distortion ‖ ⁓ f **durch die Auswahlmethode** (Stats) / selection bias ‖ ⁓ **durch Ein- und Ausschwingen** (Fernm) / transient distortion* ‖ ⁓ **durch Zwischenmodulation** (Akus) / intermodulation distortion* ‖ ⁓ **II. Art** (Akus, Elektr) / frequency distortion*
**verzerrungs•arm** adj (Fernm) / low-distortion attr ‖ ⁓**ellipse** f (nach Tissot) (Math) / indicatrix n (pl. indicatrices) ‖ ⁓**empfindlichkeit** f (Mech) / strain resolution, strain sensitivity ‖ ⁓**energie** f (Mech) / distortion energy
**verzerrungsfrei** adj / free from distortion, distortion-free adj, distortionless adj, undistorted adj ‖ ⁓**e Leitung** (Eltech) / distortionless line* ‖ ⁓**e Modulation** (Radio) / linear modulation* ‖ ⁓**e Übertragung** (Fernm) / undistorted transmission*
**Verzerrungs•freiheit** f **eines Signals** (Fernm) / signal fidelity ‖ ⁓**geschwindigkeit** f (Mech) / rate of strain, strain rate ‖ ⁓**reich** adj (Fernm) / high-distortion attr ‖ ⁓**tensor** m (Mech) / strain tensor, deformation tensor ‖ ⁓**verhältnis** n (Mech) / strain ratio
**verziehen, sich** ⁓ (For) / warp vi ‖ ⁓ n (Formänderung als Folge des Quellens und Schwindens oder des Freiwerdens von inneren Spannungen, auch als Arbeiten des Holzes bezeichnet - besonders bei Schnittholz) (For) / warp* n, warpage n ‖ ⁓ (ein Rahmenschaden) (Kfz) / misalignment n ‖ ⁓ (Masch) / distortion n ‖ ⁓ (des Stoffes) (Tex) / dragging n ‖ **gebogenes** ⁓ (For) / bowing n, bow n ‖ ⁓ n **der Naht** (Tex) / seam slippage ‖ ⁓ **quer zur Faser** (For) / cupping n, cup n, transverse warping
**Verziehung** f (Web) / buckling n
**verzieren** v / ornament v, decorate v ‖ ⁓ (Arch, Bau) / enrich v, embellish v
**Verzierung** f (Arch, Bau) / enrichment* n, embellishment* n
**verzimmern** v (Bergb) / timber v, crib v
**verzinken** v (Galv, Hütt) / zinc v, galvanize v ‖ **elektrochemisch** ⁓ (Galv) / electrogalvanize v ‖ ⁓ n (Galv, Hütt) / galvanizing* n, zincing n, galvanization n ‖ **galvanisches** ⁓ (DIN 50961) (Galv) / electrogalvanizing n, cold galvanizing
**verzinkt, nicht** ⁓ (Galv) / ungalvanized adj ‖ ⁓**es Eisenblech** (Galv) / galvanized iron*, galvanized steel, zinc-dipped steel ‖ ⁓**er Nagel** (Zimm) / galvanized nail, zinc nail
**Verzinkung** f (Galv, Hütt) / galvanizing* n, zincing n, galvanization n ‖ **elektrochemische** ⁓ (DIN 50961) (Galv) / electrogalvanizing n, cold galvanizing ‖ **galvanische** ⁓ (DIN 50961) (Galv) / electrogalvanizing n, cold galvanizing ‖ **gerade** ⁓ (Zimm) / combed joint, cornerlocked joint, laminated joint
**Verzinkungsanlage** f (Galv, Kfz) / galvanizing line
**Verzinkungs•bad** n (Galv) / zinc (plating) bath, bath of molten zinc, galvanizing bath ‖ ⁓**straße** f (Galv, Kfz) / galvanizing line
**verzinnen** v (Galv, Hütt) / tin v, tin-plate v ‖ **elektrochemisch** ⁓ (Galv) / electrotin v
**Verzinnungs•elektrolyt** m (Galv) / tin bath ‖ ⁓**paste** f (Klemp, Masch) / soldering paste, soldering grease
**Verzinsungsfaktor** m / growth factor (of interests)
**verzogen** adj / out-of-true attr ‖ ⁓**es Modell** (Gieß) / distorted pattern
**Verzögerer** m (Zusatzmittel für Mörtel) (Bau) / retarder n ‖ ⁓ (Chem Verf) / retarder* n, retardant n ‖ ⁓ (Eltech, Fernm, Fernsp) / slug* n ‖ ⁓ (z.B. Kaliumbromid) (Foto) / restrainer* n
**verzögern** v (verlangsamen) / decelerate v, slow down v ‖ ⁓ / delay v ‖ ⁓ (Chem, Phys) / retard v, inhibit v ‖ ⁓ (Pharm) / protract v
**verzögert•es Ansprechen** (Eltech) / delayed action* ‖ ⁓**es Arbeiten** (Eltech) / delayed action* ‖ ⁓**e Bewegung** (Phys) / retarded motion, decelerated motion ‖ ⁓**e Fluoreszenz** (Phys) / delayed fluorescence ‖ ⁓**e Formfixierung** (bei Permanent-Press-Verfahren) (Tex) / deferred curing, delayed curing ‖ ⁓**er Halbhydratplaster** (Bau) / retarded hemihydrate plaster* ‖ ⁓**es Hilfsschütz** (Eltech) / time-delay

contactor relay ‖ ~e **Keimung** (Bot) / delayed germination ‖ ~e **Koinzidenz** (Chem) / delayed coincidence ‖ ~e **Kommutierung** (Eltech) / undercommutation $n$ ‖ ~e **Kondensation** (Tex) / deferred curing, delayed curing ‖ ~e **Neutronen** (diejenigen Neutronen, die nicht unmittelbar bei der Kernspaltung entstehen) (Nukl) / delayed neutrons* ‖ ~e **Öffnung** (Luftf) / delayed opening* (of a parachute) ‖ ~es **Relais** (Eltech) / timing relay, time relay, time-lag relay, delay relay ‖ ~e **Rückführung** (Regeln) / delayed feedback ‖ ~es **Verkoken** (Chem Verf) / delayed coking ‖ ~e **Viskosität** (DIN 13 343) (Phys) / retarded viscosity ‖ ~e **Wartung** (EDV) / deferred maintenance (i.e., maintenance which is designed to correct an existing fault, which does not necessarily prevent continued operation of the system)

**verzögert-kritisch** adj (Reaktor) (Nukl) / delayed critical*
**Verzögerung** $f$ / time delay ‖ ~ (Akus) / delay* $n$ ‖ ~ (bei Flüssigkeiten mit verzögerter Elastizität - DIN 1342, T 1) (Chem, Phys) / retardation $n$ ‖ ~ (der begrenzte Zeitraum, während der oder die äußeren Stromkreise durch den Zeitschalter geschlossen bleiben) (Eltech) / delay $n$ ‖ ~ (beim Einsatz) (Eltech) / delayed action* ‖ ~ (Fernm) / lag* $n$ ‖ ~ (Phys) / deceleration* $n$, negative acceleration ‖ **einstellbare** ~ (eines Schaltgliedes) (Eltech) / adjustable delay ‖ **nicht einstellbare** ~ (eines Schaltgliedes) (Eltech) / fixed delay ‖ ~ $f$ "d" (eines Schaltgliedes) (Eltech) / d-delay $n$ (of a contact element) ‖ ~ "e" (eines Schaltgliedes) (Eltech) / e-delay $n$ (of a contact element)
**Verzögerungs•einrichtung** $f$ / timer $n$ ‖ ~**einrichtung mit Bremszylinder** (Eltech) / sucker $n$ ‖ ~**element** $n$ (Eltech) / time element, time-lag device ‖ ~**glied** $n$ (das das Eingangssignal verzögert weitergibt) (Eltech) / time element, time-lag device ‖ ~**leitung** $f$ (mit definierter Signallaufzeit) (Fernm) / delay line* ‖ ~**leitung** (ein akustisches Oberflächenwellenbauelement, das aus einem Substrat und den aufgebrachten Interdigitalwandlern besteht) (Fernm) / SAW delay line ‖ **akustische** ~**leitung** / acoustic delay line*, sonic delay line ‖ ~**leitung** $f$ **für Mikrowellen** (Eltech) / slow-wave structure* ‖ ~**linse** $f$ (Radio) / metallic lens* ‖ ~**mittel** $n$ (Chem Verf) / retarder* $n$, retardant $n$ ‖ ~**parameter** $m$ / deceleration parameter, braking parameter ‖ ~**relais** $n$ (Schaltrelais ohne Einstellskala) (Eltech) / time-delay relay*, delay relay ‖ ~**schaltung** $f$ (Eltech) / delay network, retardation network ‖ ~**schaltung** (Fernm) / time-delay circuit, delay circuit*, low-pass delay network ‖ ~**schicht** $f$ (Geol) / aquitard $n$ ‖ ~**speicher** $m$ (der die endliche Ausbreitungsgeschwindigkeit elektrischer oder mechanischer Schwingungen in einem Medium nutzt) (EDV) / delay-line store*, delay-line memory, delay-line storage ‖ ~**sprung** $m$ (Luftf) / delayed drop* ‖ ~**spur** $f$ (Kfz) / deceleration lane ‖ ~**strecke** $f$ (für Gase) (Nukl) / delayed bed ‖ ~**streifen** $m$ (Kfz) / deceleration lane ‖ ~**teil** $n$ (bei Turboverdichtern) (Masch) / diffuser* $n$ ‖ ~**ventil** $n$ (in den Abgasrückführungssystemen) (Kfz) / thermal delay valve ‖ ~**ventil** (z.B. für Unterdruck) (Kfz) / delay valve ‖ ~**winkel** $m$ (Eltech, Fernm) / angle of lag*, lag angle ‖ ~**zeit** $f$ (Eltronik) / delay time ‖ ~**zeit** (Geol) / delay time (in seismic refraction work), intercept time ‖ ~**zeit** (Radar) / recovery time*
**Verzoner** $m$ (Fernsp) / zoner $n$ ‖ ~ **mit Richtungsabgriff** (EDV) / zoner with route tap
**Verzonung** $f$ / zoning* $n$
**verzuckern** $v$ (Stärke) (Chem) / dextrinize $v$, dextrinate $v$ ‖ ~ (Chem) / saccharify $vt$, sugar $v$
**verzuckerte Würze** (bei der Herstellung des amerikanischen Whiskeys) (Nahr) / wort $n$
**Verzuckerung** $f$ (Chem) / saccharification $n$
**Verzug** $m$ (Akus) / delay* $n$ ‖ ~ (Bergb) / sheathing $n$, fencing $n$ ‖ ~ (mit Holz) (Bergb) / boarding $n$, lagging $n$ ‖ ~ (For) / warp* $n$, warpage $n$ ‖ ~ (ungewünschte Maß-, Form- und Gestaltänderung) (Masch) / distortion $n$ ‖ ~ (als Verhältniszahl) (Spinn) / degree of drawing, draw ratio* ‖ ~ (als Tätigkeit) (Spinn) / drawing* $n$, drafting $n$ ‖ ~ (als Ergebnis) (Spinn) / draught $n$, draft $n$ ‖ ~ **der Auslösungsanzeige** (Fernsp) / clear indication delay ‖ ~ **der Verbindungsherstellung** (Fernsp) / call connection delay
**verzugs•frei** adj / free from distortion, distortion-free adj, distortionless adj, undistorted adj ‖ ~**holz** $n$ (Bergb) / boarding $n$, lagging $n$ ‖ ~**kanal** $m$ (beim Ambler-Streckwerk) (Spinn) / flume guide ‖ ~**zeit** $f$ (bei Übergangsfunktionen höherer Ordnung die Zeit, die vergeht bis der Anstieg des Ausgangssignals beginnt) (Regeln) / delay time
**verzundern** $v$ (Chem, Hütt) / oxidize $vi$ ‖ ~ (Hütt) / scale $v$
**Verzunderung** $f$ (Hütt) / scaling $n$, formation of scale, scale formation
**verzunderungs•beständig** adj (Hütt) / non-scaling adj, scaling-resistant adj ‖ ~**verlust** $m$ (Hütt) / scale loss
**verzurren** $v$ (Kfz) / tie down $v$
**Verzurrgurt** $m$ (Kfz) / tie-down strap
**verzweigen** $v$ (nach) (EDV) / go to $v$
**verzweigend, sich** ~ (For) / deliquescent adj
**verzweigt** adj (Rißbildung, Polymer) / branched adj ‖ ~**es, pendelndes Flußbett** (Geol, Wasserb) / anastomosing stream ‖ ~**e Kette** (Chem) / branched chain, branching chain ‖ ~**er Kreis** (Fernm) / forked circuit, channel circuit ‖ ~**es Molekül** (Chem) / branched molecule ‖ ~**er Stromkreis** (Teleg) / divided circuit, branched circuit ‖ ~**es Verwerfungssystem** (Geol) / distributive faulting ‖ ~**er Zerfall** (Kernphys) / multiple decay*, multiple disintegration*, branching $n$ ‖ ~**kettig** adj (Chem) / branched-chain attr
**Verzweigung** $f$ / ramification $n$, branching $n$ ‖ ~ (ohne Rückkehr) (EDV) / branch* $n$, jump* $n$ ‖ ~ (Wellenleiter) (Fernm) / junction* $n$ ‖ **bedingte** ~ (EDV) / conditional jump* ‖ **gabelförmige** ~ / bifurcation $n$, furcation $n$, dichotomy $n$ ‖ **gabelige** ~ / bifurcation $n$, furcation $n$, dichotomy $n$ ‖ **unbedingte** ~ (EDV) / unconditional jump, unconditional branch, unconditional transfer
**Verzweigungs•anweisung** $f$ (EDV) / GOTO statement, go-to statement ‖ ~**befehl** $m$ (EDV) / jump instruction (an instruction that specifies a jump), branch instruction ‖ ~**grad** $m$ (Phys) / degree of branching ‖ ~**koeffizient** $m$ (bei Polykondensation oder Polyaddition) (Chem) / branching coefficient ‖ ~**leitung** $f$ (nach der Hauptsicherung) (Eltech) / branch circuit* ‖ ~**prinzip** $n$ (im Verzweigungsverfahren) (Math) / branch-and-bound principle ‖ ~**prozeß** $m$ (Stats) / branching process ‖ ~**punkt** $m$ (EDV, Eltech) / branching point, branch point ‖ ~**punkt** (einer Riemannschen Fläche) (Math) / branch point* ‖ ~**satz** $m$ (Eltech) / Kirchhoff's current law (currents meeting at a point) ‖ ~**stelle** $f$ (EDV, Eltech) / branching point, branch point ‖ ~**stelle** (Wellenleiter) (Fernm) / junction* $n$ ‖ ~**struktur** $f$ (eine besondere Form der Baufehler) (Krist) / branch structure ‖ ~**verhältnis** $n$ (in der Quantenphysik) (Phys) / branching ratio
**Verzwergung** $f$ (Biol) / nanism* $n$, dwarfism* $n$
**verzwillingen** $v$ (Krist) / twin $v$
**Verzwillingung** $f$ (Krist) / twinning* $n$ ‖ **polysynthetische** ~ (Krist) / polysynthetic twinning, oscillatory twinning
**verzwirnen** $v$ (Spinn) / twist $v$, ply $v$, twine $v$
**Vesicula** $f$ (pl. -ae) (Med, Zyt) / vesicle* $n$
**Vesikel** $f$ (Med, Zyt) / vesicle* $n$
**Vesikula** $f$ (pl. -ae) (Med, Zyt) / vesicle* $n$
**vesikulär** adj (Med, Zyt) / vesicular* adj
**Vesikularfilm** $m$ (Foto) / vesicular film
**Vesikulartextur** $f$ (Geol) / vesicular structure*
**Vestibül** $n$ (Bau) / vestibule* $n$
**Vesuvian** $m$ (ein Neso- oder Sorosilikat) (Min) / vesuvianite* $n$, vesuvian $n$ ‖ ~ (aus Georgetown, Cal.) (Min) / Californian jade*, californite* $n$
**Vesuvin** $n$ (Mikros) / vesuvin $n$
**Vetivazulen** $n$ (4,8-Dimethyl-2-isopropyl-azulen) (Chem, Pharm) / vetivazulene $n$
**Vetiveröl** $n$ (aus Vetiveria zizanioides (L.) Nash) / vetiver oil, cuscus oil, oil of vetiver, khus-khus oil, vetiver $n$
**VE-Wasser** $n$ / demineralized water, deionized water*, demin water, deionate $n$
$V_f$ (Chem) / vulcanized fibre*
**VF** (TV) / video frequency*
**VFA-Zahl** $f$ (in g KOH angegeben) (Chem) / volatile fatty acid number, VFA number
**VF-Kabel-Entzerrer** $m$ (Fernm) / video cable equalizer
**V-Form** $f$ (die Tragflächen sind gegenüber der Querachse geneigt) (Luftf) / dihedral angle* ‖ **mit negativer** ~ (die Tragflächen steigen nach den Enden zu an) (Luftf) / anhedral* adj, cathedral adj
**V-Format** $n$ (EDV) / V-format $n$, variable data-length (format)
**V-förmig** adj / V-shaped adj ‖ ~**er Einbruch** (für die Sprengarbeiten) (Bergb) / gusset $n$ ‖ ~**e Fugenausbildung** (Bau) / tooled V joint ‖ ~**er Weg** (des Strahls bei der Spiegelung) (Opt) / vee path
**V-Frequenz** $f$ (TV) / frame frequency*
**VFR-Flug** $m$ (Luftf) / VFR flight, visual flight
**V-Führung** $f$ (eine Prismenführung an Werkzeugmaschinen) (Masch) / vee guides, vee ways
**VGA•-Buchse** $f$ (EDV) / VGA connector ‖ ~**-Karte** $f$ (EDV) / videographics array card, VGA card
**V-Getriebe** $n$ (Paarung zweier Stirnräder, deren Teilkreise nicht auch ihre Betriebswälzkreise sind - nach DIN 3960) (Masch) / V-gearing $n$
**VG-Flugzeug** $n$ (mit veränderlicher Tragflügelgeometrie) (Luftf) / variable-geometry aircraft, VG aircraft
**vH** (Math) / per cent, per hundred, percent $n$
**VHF•-Drehfunkfeuer** $n$ (Nav) / VOR $n$ (VHF omnidirectional radio range) ‖ ~**-Drehfunkfeuer für Sprechverkehr** (Nav, Radio) / VHF rotating talking beacon* ‖ ~**-Vierkursfunkfeuer** $n$ **mit optisch-akustischer Anzeige** (Nav) / VAR $n$, visual-aural (radio) range
**VHS-System** $n$ (Videokassettensystem mit 1/2 Zoll Band, entwickelt von Victor Company of Japan) (TV) / Video Home System (VHS)
**VI** (Phys) / viscosity index, VI
**Vi** (DIN 60 001, T 1 (Tex) / vicuña* $n$, vicuna $n$
**via** (Kennzeichnung eines Beförderungsweges, z.B. via Fürstenfeldbruck = über Fürstenfeldbruck) / via

## Viadukt

**Viadukt** *m* (eine Straßen- oder Eisenbahnbrücke über große Taleinschnitte) (HuT) / viaduct *n*
**Vial** *n* (Glas, Pharm) / vial *n*, medicine bottle
**Vianello-Verfahren** *n* (Bau, HuT) / method of fictitious bars
**Vi-Antigen** *n* (Med) / Vi antigen*
**Vibration** *f* (Phys) / vibration *n*
**Vibrations•alarm** *m* (Fernsp) / vibration(al) alarm ‖ ~**aufgeber** *m* (For, Masch) / vibrating feeder ‖ ~**beständig** *adj* / vibration-resistant *adj* ‖ ~**egge** *f* (Landw) / vibrating cultivator, vibrating tine cultivator ‖ ~**elektrometer** *n* (Eltech) / vibrating-reed electrometer ‖ ~**fertiger** *m* (HuT) / concrete-vibrating compactor ‖ ~**fest** *adj* / vibration-resistant *adj* ‖ ~**förderer** *m* (Schwingförderer, der Werkstücke durch Mikrowurfbewegungen auf Rinnen oder Wendelbahnen bewegt) (elektromagnetische Sortiereinrichtung beim automatischen Montieren) (Masch) / vibratory bowl feeder* ‖ ~**frei** *adj* / free from vibrations, vibration-free *adj*, vibrationless *adj* ‖ ~**frequenzmesser** *m* (Eltech) / vibrating-reed instrument, vibration-reed frequency meter, vibrating-reed frequency meter ‖ ~**galvanometer** *n* (ein Lichtmarkengalvanometer zur Messung von Wechselspannungen) (Eltech) / vibration galvanometer* ‖ ~**gleitschleifen** *n* (Masch) / vibratory finishing ‖ ~**magnetometer** *n* (Geophys) / vibration magnetometer ‖ ~**meßgerät** *n* (Eltech) / vibrating-reed instrument, vibration-reed frequency meter, vibrating-reed frequency meter ‖ ~**mischer** *m* (Masch) / vibratory agitator ‖ ~**niveau** *n* (Energieniveau des Atomkerns) (Kernphys) / vibration(al) level ‖ ~**platte** *f* (selbstbewegend, gezogen oder angebaut) (HuT) / vibrating plate (compactor), plate vibrator ‖ ~**quantenzahl** *f* (Kernphys, Spektr) / vibrational quantum number ‖ ~**ramme** *f* (HuT) / vibrating piledriver, sonic piledriver (US) ‖ ~**rammen** (HuT) / vibrodriving *n* ‖ ~**relaxation** *f* (im Jabłoński-Diagramm) / vibrational relaxation ‖ ~**rinne** *f* (Förderrinne für Späne oder anderes rieselfähiges Schüttgut) (For) / vibration trough ‖ ~**schleifen** *n* (Masch) / vibratory finishing ‖ ~**schleifer** *m* (auf dessen hin- und herschwingendem Werkzeugträger der auswechselbare Schleifkörper gespannt ist) (Werkz) / sander *n*, sanding machine, high-speed orbital pad sander, orbital sander, vibrating grinder, jitterbug-typ sander ‖ ~**sieb** *n* / shaking screen, shaker screen, vibrating screen, vibroscreen *n*, jigging screen ‖ ~**verdichtung** *f* (HuT) / vibrational compaction ‖ ~**walze** *f* (eine Straßenbaumaschine) (HuT) / vibrating roller
**Vibrator** *m* (zur Verdichtung kohäsionsarmer Haufwerke oder des Betons) (Bau, HuT) / vibrator* *n* ‖ ~ (für die Reflexions- und Refraktionsseismik) (Geol, Geophys) / vibrator vehicle (a specially designed tractor-like vehicle used to produce shock waves for geophysical and seismic surveys) ‖ ~ (z.B. bei Schwingförderern) (Masch) / vibrator* *n* ‖ ~ (Masch) / vibrator *n* ‖ **elektromagnetischer** ~ (ein Vibrationsantrieb) / electromagnetic vibrator ‖ **Kappscher** ~ (Eltech) / Kapp phase advancer*, Kapp vibrator*
**Vibrierbeton** *m* (Bau, HuT) / vibrated concrete (compacted by vibration from an internal or external vibrator)
**vibrieren** *v* / vibrate *v* ‖ ~ (stark) / judder *vi*
**vibrierend** *adj* (Eltech, Phys) / vibrating *adj*, vibrational *adj*, vibratory *adj*
**vibrierter Beton** (Bau, HuT) / vibrated concrete (compacted by vibration from an internal or external vibrator)
**Vibriertisch** *m* (Bau, HuT) / vibrating table
**Vibrio** *m* (pl. -nen oder -nes) (Schrauben-, Kommabakterium, begeißelt) (Bakteriol) / vibrio *n* (pl. -s or -nes)
**Vibro•graf** *m* (Gerät zum Messen und Aufzeichnen von Schwingungen) (Instr) / vibrograph *n* ‖ ~**meter** *n* (Eltech) / vibrometer* *n* ‖ ~**rührer** *m* (der im Rhythmus der Frequenz des Wechselstromes schwingt) (Chem Verf) / vibrostirrer *n* ‖ ~**skop** *n* (Demonstrationsgerät zum Studium von Schwingungen) (Instr) / vibroscope *n* ‖ ~**walze** *f* (HuT) / vibrating roller
**Vicat•-Apparat** *m* (ein Prüfgerät nach L. Vicat, 1786-1861) (HuT) / Vicat needle* ‖ ~**-Erweichungspunkt** *m* (Plast) / Vicat softening point, Vicat softening temperature, V.S.P. ‖ ~**-Erweichungstemperatur** *f* (Plast) / Vicat softening point, Vicat softening temperature, V.S.P. ‖ ~**-Nadel** *f* (ein Prüfgerät nach L. Vicat, 1786-1861) (HuT) / Vicat needle* ‖ ~**-Wert** *m* (Plast) / Vicat softening point, Vicat softening temperature, V.S.P. ‖ ~**-Zahl** *f* (Plast) / Vicat softening point, Vicat softening temperature, V.S.P.
**Vichy** *m* (baumwollener kleinkarierter Stoff in Leinwandbindung) (Tex) / vichy *n*
**vicinal** *adj* (Chem, Krist) / vicinal* (vic-) *adj* ‖ ~**e Kopplung** (Spektr) / vicinal coupling ‖ ~**fläche** *f* (Krist) / vicinal face*, vicinal plane ‖ ~**kopplung** *f* (über drei Bindungen) (Spektr) / vicinal coupling
**Vicious-circle-Prinzip** *n* (Math) / vicious-circle principle
**Vickershärte** *f* (DIN 50133) (WP) / diamond-pyramid hardness, d.p.h., Vickers hardness, DPH ‖ ~ (konkret ermittelter Wert) (WP) / Vickers hardness number, V.H.N., HV
**Victoria•blau** *n* / Victoria blue (Basic Blue) ‖ ~**gelb** *n* / metanil yellow ‖ ~**rot** *n* / Victoria red
**Vicuñawolle** *f* (Tex) / vicuña* *n*, vicuna *n*

**Vidal-Schwarz** *n* (der erste technisch hergestellte schwarze Schwefelfarbstoff - nach Henri R. Vidal, 1862-1930) (Chem) / vidal black
**Video Only** (Bezeichnung der Taste an der Videoschnittsteuereinheit für einen Bildinsertschnitt, wobei der Ton unverändert bleibt) (Film, TV) / video only
**Video•-** (in der Unterhaltungselektronik) / video* *adj* ‖ ~**abspielgerät** *n* / videoplayer *n* ‖ ~**aufnahme** *f* (Film, TV) / videogram *n*, video* *n* ‖ ~**aufzeichnung** *f* (TV) / video recording ‖ ~**band** *n* (Magnetband für Spulen- oder Kassetten-Videobandgeräte) (Film, TV) / videotape *n*, VT, video *n* ‖ **auf** ~**band aufnehmen** (Film, TV) / videotape *v* ‖ ~**bandbreite** *f* (TV) / viedotape width ‖ ~**bandgerät** *n* (Film, TV) / videotape recorder, video recorder ‖ ~**bandgerät mit Schrägspuraufzeichnung** / helical videotape recorder ‖ **interaktive** ~**bildplatte** (EDV) / interactive videodisk ‖ ~**clip** *m* (TV) / clip* *n*, video *n* ‖ ~**controller** *m* (der aus den Daten des Bildwiederholspeichers das Videosignal liefert) (TV) / videocontroller *n* ‖ ~**daten** *n pl* (die zur Erzeugung bewegter oder unbewegter Bilder benötigt werden) (EDV) / videodata *pl* ‖ ~**digitalisierer** *m* (EDV) / video digitizer ‖ ~**digitzer** *m* (der die Signale eines Videoausgangs digitalisiert und einem Rechner zuführt) (EDV) / video digitizer ‖ ~**drucker** *m* (EDV) / video printer ‖ ~**editor** *m* (Cutter, der ausschließlich Video schneidet) (Film, TV) / video editor ‖ ~**filmen** *v* (nur Infinitiv und Partizip) (Film, TV) / video *v* ‖ ~**frequenz (VF)** *f* (TV) / video frequency* ‖ ~**game** *n* (Eltronik, TV) / TV game, video game, electronic game ‖ ~**grafie** *f* (Speicherung einer Bildinformation durch visualisierte Auswertung von Videosignalen, die mittels einer Fernsehkamera gewonnen werden) (Film, TV) / videography *n* ‖ ~**grafieren** *v* (mit dem Camcorder) (Film, TV) / video *v* ‖ ~**-Graphics-Array** *m n* (Grafikstandard für Bildschirmkarten) (EDV) / video graphics array (VGA) ‖ ~**integration** *f* (Radar) / video integration ‖ ~**jockey** *m* (der Videoclips präsentiert) / video jockey, VJ ‖ ~**kabel** *n* (einadriges abgeschirmtes Kabel, das Videosignale überträgt) (Kab, TV) / video cable ‖ ~**kamera** *f* (Film) / video camera ‖ ~**kamera (magnetische)** (Film) / magnetic video camera ‖ ~**kamera, die einzelne Bilder aufnehmen kann** (Film) / video still camera, frame grabber ‖ ~**kamerarecorder** *m* (Film) / camcorder* *n*, camera recorder ‖ ~**karte** *f* (EDV) / videocard *n* ‖ ~**kassette** *f* (geschlossenes, flaches Gehäuse mit auf Wickelkerne gespultem Videoband) (TV) / video cassette* ‖ ~**kassettenrecorder (VCR)** *m* (TV) / video cartridge recorder, video cassette recorder (VCR) ‖ ~**konferenz (VK)** *f* (Form der Telekonferenz, bei der speziell ausgerüstete Konferenzräume über Breitbandstromwege zusammengeschaltet sind) (Fernm) / videoconference *n* ‖ ~**konferenzteilnehmer** *m* (Fernm) / videoconference party ‖ ~**kontroller** *m* (ein Peripherie-IC, das aus den Daten eines Bildwiederholspeichers, und meist noch aus einem Zeichensatz-ROM, die Signale für das entsprechende Bild liefert) (EDV) / videocontroller *n* ‖ ~**kopf** *m* (elektromagnetischer Wandler in Form einer elektromagnetischen Spule - in Videokameras oder Videorekordern) / video head ‖ ~**kopfrad** *n* (schnelldrehendes Rad im Videorecorder, auf dem sich die Videoköpfe befinden) / video head wheel ‖ ~**kopfträger** *m* / video head assembly ‖ ~**langspielplatte** *f* (EDV, Opt) / optical videodisk, OVD, optical disc, video long-play disk, VLP disk, OD ‖ ~**leitung** *f* (Fernm) / video link ‖ ~**magnetband** *n* (Film, TV) / videotape *n*, VT, video *n* ‖ ~**mixing** *n* (Mischen von Btx-Informationen mit Videobildern) (EDV, TV) / videomixing *n* ‖ ~**modulator** *m* (ein Bildgleichrichter) (TV) / video modulator ‖ ~**neiger** *m* (Film) / video head ‖ ~**platte** *f* (EDV) / videodisk* *n*, videodisc* *n* ‖ ~**platten-Abspielgerät** *n* (EDV) / videodisk player (VDP) ‖ ~**plattengerät** *n* (EDV) / videodisk recorder, VDR ‖ ~**port** *m* (EDV, Film) / video port ‖ ~**printer** *m* (EDV) / video printer ‖ ~**prozessor** *m* (z.B. der Grafikkarte) (EDV) / video processor ‖ ~**querspuraufzeichnung** *f* (Akus, Mag) / quadruplex* *n* ‖ ~**recorder** *m* / video recorder, videotape recorder ‖ ~**rekorder** *m* / video recorder, videotape recorder ‖ ~**scanner** *m* (EDV, TV) / scanner *n*, video scanner ‖ ~**signal** *n* (TV) / video signal*, composite (video) signal, composite picture signal ‖ **negativ moduliertes** ~**signal** (TV) / negative video signal* ‖ **positiv moduliertes** ~**signal** (TV) / positive video signal* ‖ ~**speicher** *m* (der vom System für den Bildschirm des Rechners benutzt wird) (EDV) / video memory ‖ ~**speicher** (EDV) s. auch Bildwiederholspeicher und Grafikspeicher ‖ ~**spiel** *n* (Eltronik, TV) / TV game, video game, electronic game ‖ ~**spielkassette** *f* (Eltronik, TV) / video-game cartridge ‖ ~**spur** *f* (in der Mitte des Magnetbandes, zwischen Cue- und Tonspur) (Mag) / video track ‖ ~**synthesizer** *m* (zur Umsetzung von akustischen Ereignissen in optische) (Akus, Opt) / video synthesizer *n* ‖ ~**telefonie** *f* (Fernsp) / videotelephony *n*, videophony *n* ‖ ~**tex** *m* (internationale Bezeichnung für elektronische Textkommunikation, z.B. T-Online) (EDV, Fernm, TV) / videotex *n* ‖ ~**text** *m* (Telekommunikation, bei der Textnachrichten innerhalb des Fernsehbildsignals von den Fernsehsendern ausgestrahlt, am

Empfangsort in Zusatzbausteinen des Fernsehempfängers dekodiert und auf dem Bildschirm sichtbar - Bildschirmtext + Bildschirmzeitung) (EDV, Fernm, TV) / videotext* n, broadcast videotex, one-way videotex ‖ ~**trägerwelle** f (TV) / video carrier* ‖ ~**trennverstärker** m (TV) / video distribution amplifier ‖ ~**überwachung** f / video monitoring ‖ ~**verbindung** f (Fernm) / video link ‖ ~**verstärker** m (TV) / video amplifier*, video-frequency amplifier ‖ ~**wand** f (TV) / videowall* n
**Vidicon** n (TV) / Vidicon* n
**Vidie-Dose** f (nach L. Vidie, 1805 - 1866) (meistens aus Kupfer-Beryllium gefertigtes flaches dünnwandiges dosenförmiges Gefäß von 3 - 15 mm Höhe und 30 - 200 mm Durchmesser, aus dem die Luft teilweise ausgepumpt wurde) (Meteor) / sylphon bellows* (of the aneroid barometer), pressure capsule*, aneroid capsule, bellows n (or pl.)
**Vidikon** n (Bildaufnahmeröhre, die nach dem Prinzip des inneren Fotoeffekts arbeitet) (TV) / Vidicon* n
**Vieh** n (Landw) / livestock n, stock n (farm animals) ‖ **notgeschlachtetes** ~ (Landw) / deadstock n ‖ ~ **oder Jungvieh gegen Entgelt in Pensionsweide nehmen** (Landw) / agist v ‖ ~**besatz** m (in Großvieheinheiten) (Landw) / stock n, stocking n ‖ ~**bestand** m (Landw) / headage n (the number of animals held as stock on a farm) ‖ ~**bestand** (Landw) / livestock n, stock n (farm animals) ‖ ~**farm** f (Landw) / ranch n ‖ ~**futter** n (Landw) / fodder n, animal feed, forage n, feedstuff n, feedstuffs pl ‖ ~**haltung** f (Landw) / animal husbandry, stock breeding, livestock farming, raising of livestock ‖ ~**salz** n (mit roten Eisenoxiden denaturiertes Kochsalz) (Landw) / fodder salt, cattle salt ‖ ~**sicher** adj (Zaun) (Landw) / stock-proof adj ‖ ~**transporter** m (Kfz) / cattle transporter ‖ ~**wagen** m (Bahn) / railway cattle-truck, cattle wagon, stock car (US) ‖ ~**wirtschaft** f (Landw) / animal husbandry, stock breeding, livestock farming, raising of livestock ‖ ~**zucht** f (Landw) / animal husbandry, stock breeding, livestock farming, raising of livestock
**viel•-** / multi- ‖ ~**-** / multi- ‖ ~**adrige Bauweise** (Eltech) / multiwire technology ‖ ~**atomig** adj / polyatomic adj ‖ ~**bereichsinstrument** n (Eltech, Eltronik) / multimeter n, multirange (measuring) instrument, multipurpose meter, volt-ohm-milliammeter* (VOM) ‖ ~**blattsäge** f (For) / multiblade saw ‖ ~**deutig** adj (KI, Math) / many-valued adj, multivalued adj ‖ ~**deutige Zahl** (EDV) / polyvalent number ‖ ~**deutigkeit** f (KI, Regeln) / ambiguity n
**Vieleck** n (Math) / polygon* n ‖ **konkaves** ~ (Math) / re-entrant polygon* ‖ **konvexes** ~ (Math) / convex polygon ‖ **regelmäßiges** ~ (Math) / regular polygon*
**vieleckig** adj (Math) / polygonal adj
**Vieleck•walmdach** n (Bau) / polygonal roof* ‖ ~**zahl** f (Math) / polygonal number
**vielfach** adj / multiple adj ‖ ~ / multi- ‖ ~**er Punkt** (Math) / multiple point*, singular point ‖ **lötstellenfreies** ~ (Eltronik) / solderless multiple ‖ ~**bogenmauer** f (eine aufgelöste Staumauer) (Wasserb) / multiple-dome dam, multiple-arch dam, multiple-arch-type dam ‖ ~**diode** f (Eltronik) / multiple diode ‖ ~**Doppeladerkabel** n (Fernm) / multiple-twin cable* ‖ ~**emittertransistor** m (Eltronik) / multiemitter transistor ‖ ~**emittertransistor** (ein Bipolartransistor mit mehreren Emittern, aber mit gemeinsamen Basis- und Kollektorgebieten) (Eltronik) / multiemitter transistor
**Vielfaches** n (Math) / multiple* n ‖ **gemeinsames** ~ (Math) / common multiple ‖ **kleinstes gemeinsames** ~ (k.g.V.) (Math) / least common multiple, lowest common multiple*, L.C.M.
**Vielfach•feld** n (Fernm) / bank multiple* ‖ ~**funkenstrecke** f (Blitzschutz) (Eltech) / multigap arrester ‖ ~**gerät** n (eine Hackmaschine) (Landw) / lister n (US) ‖ ~**heit** f (einer Nullstelle) (Math) / multiplicity n ‖ ~**heit** (Anzahl der zu einem Multiplett von Termen gehörenden Terme) (Phys) / multiplicity n ‖ ~**jobverarbeitung** f (EDV) / multijob processing ‖ ~**koinzidenz** f (Kernphys) / multiple coincidence ‖ ~**leitung** f (EDV) / bus* n, highway*, HW, trunk* n ‖ ~**magnetron** n (Eltronik) / cavity magnetron* ‖ ~**meßgerät** n (Eltech, Eltronik) / multimeter n, multirange (measuring) instrument, multipurpose meter, volt-ohm-milliammeter* (VOM) ‖ ~**meßinstrument** n (bei dem mehrere Meßbereiche einer Meßgröße eingestellt und/oder wahlweise verschiedene Meßgrößen gemessen werden können) (Eltech, Eltronik) / multimeter n, multirange (measuring) instrument, multipurpose meter, volt-ohm-milliammeter* (VOM) ‖ ~**punkt** m (Math) / multiple point ‖ ~**reflexion** f (Opt) / multiple reflection, repeated reflection ‖ **digitale** ~**regelung** (mit Hilfe eines Prozeßrechners) (Regeln) / direct digital control, DDC ‖ ~**schalten** v (nur Infinitiv oder Partizip) (Eltech) / multiple v ‖ ~**schaltung** f (Eltech) / multiple connection ‖ ~**schicht** f / multilayer n ‖ ~**spaltung** f (Kernphys) / iterated fission ‖ ~**spannungssteuerung** f (z.B. bei Aufzügen) (Regeln) / multivoltage control ‖ ~**stecker** m (Eltech) / multiple plug, socket-outlet adapter, multiple (cavity) connector, multiway plug ‖ ~**steckverbindung** f (Eltech) / unitor n ‖ ~**stern** m

(z.B. Castor) (Astr) / multiple star*, multiple n ‖ ~**steuerung** f (bei Triebfahrzeugen) (Bahn, Eltech) / multiple-unit control* ‖ ~**streuung** f (DIN 1349, T 2) (Kernphys, Opt) / multiple scattering, plural scattering ‖ ~**übertragung** f (gleichzeitige Übertragung mehrerer Nachrichten in demselben Kanal) (Fernm) / multiplex transmission*, multiplex* n, multiplex mode ‖ ~**zerlegung** f (eine Kernreaktion) (Kernphys) / spallation* n, nuclear spallation ‖ ~**zucker** m pl (Chem) / polysaccharides* pl, glycans pl
**Vielfachzugriff** m (EDV) / multiple access*, multiaccess* n ‖ ~ **im Frequenzmultiplex** (Fernm) / frequency-division multiple access, FDMA ‖ ~ **im Zeitmultiplex** (Fernm) / time-division multiple access* (TDMA) ‖ ~ **mit Frequenzteilung** (Fernm) / frequency-division multiple access, FDMA ‖ ~ **mit Leitungsabfrage und Kollisionserkennung** (EDV) / carrier sense multiple access with collision detection (CSMA/CD) ‖ ~ **mit Leitungsüberwachung** (EDV) / carrier sense multiple access, CSMA ‖ ~ **mit Trägererkennung** (EDV) / carrier sense multiple access, CSMA
**Vielfachzugriff** m **mit Trägererkennung** (EDV) / carrier sense multiple access, CSMA
**Vielfachzugriffs•netz** n (EDV) / multi-access network ‖ ~**protokoll** n (EDV) / multi-access protocol ‖ ~**system** n (EDV) / multiple-access system, multiaccess system
**Viel•falt** f / variety n ‖ ~**fältigkeit** f / variety n ‖ ~**farbig** adj / polychromatic adj, multicolour attr ‖ ~**farbig** (Bot, Zool) / versicolorous*, versicoloured adj ‖ ~**flach** n (Math) / polyhedron* n (pl. -hedrons or -hedra) ‖ ~**flächig** adj (Math) / polyhedral adj ‖ ~**flächner** m (Math) / polyhedron* n (pl. -hedrons or -hedra) ‖ ~**gestaltig** adj / multiform adj ‖ ~**gestaltig** (Chem, Min) / polymorphic adj, polymorphous adj ‖ ~**gruppentheorie** f (Nukl) / multigroup theory* ‖ ~**kammermagnetron** n (Eltronik) / multicavity magnetron*, multisegment magnetron
**Vielkanal•analysator** m (ein Diskriminator) (Fernm) / kicksorter* n (a pulse height analyser) ‖ ~**analysator** (Impulshöhenanalysator, der die Impulse energieproportionaler Detektoren entsprechend der Amplitude und damit der Strahlenenergie sortiert und im entsprechenden Kanal registriert) (Nukl) / multichannel analyser ‖ **optischer** ~**analysator** (ein Fotodetektor) (Opt) / optical multichannel analyser, OMA ‖ **optischer** ~**analysator** (Fotodetektor) (Opt, Spektr) / optical multichannel analyser, OMA ‖ **optische** ~**analyse** (bilderfassender Nachweis) (Opt) / optical multichannel analysis ‖ ~**spektrometer** n (Spektr) / multichannel spectrometer, polychromator n ‖ ~**theorie** f (ein Näherungsverfahren zur Lösung der allgemeinen Strahlungstransportgleichung - eine Verallgemeinerung der Kubelka-Munk-Theorie) (Phys) / multichannel theory
**Viel•kern-** (Biol) / polynucleate* adj, multinucleate* adj, polynuclear adj, multinuclear adj ‖ ~**kernig** (Biol) / polynucleate* adj, multinucleate* adj, polynuclear adj, multinuclear adj ‖ ~**komponentensystem** n / polycomponent system, multicomponent system ‖ ~**körperproblem** n (Phys) / n-body problem, many-body problem ‖ ~**kreismagnetron** n (Eltronik) / multicavity magnetron*, multisegment magnetron ‖ ~**kristall** m (Krist) / polycrystal n ‖ ~**lagennaht** f (Schw) / multilayer weld, multipass weld, multirun weld, multiple-pass weld ‖ ~**lagenschweißen** n (Schw) / multilayer welding, multipass welding, multirun welding
**Vielling** n (Krist) / polycrystal n
**Viel•linienspektrum** n (Kernphys, Spektr) / band spectrum* ‖ ~**linsiges Objektiv** (Foto, Opt) / multielement lens, multicomponent lens ‖ ~**meißeldrehmaschine** f (Masch) / multiple-tool lathe*, multitool lathe ‖ ~**modenbetrieb** n (Phys) / multimode operation ‖ ~**modengaslaser** m (Phys) / multimode gas laser, multiline laser ‖ ~**modenlaser** m (Phys) / multimode laser ‖ ~**niveausystem** n (Eltronik) / multilevel system ‖ ~**paßbogen** m (Arch) / multifoil arch ‖ ~**polig** adj / multipolar adj ‖ ~**polig** (Stecker) (Eltech) / multipin attr, multicontact attr ‖ ~**poliger Normstecker** (Eltech) / standard multipin plug ‖ ~**prozessorsystem** n (EDV) / multiprocessing n, multiprocessor system, multiprocessing system ‖ ~**punktsteuerung** f (Regeln) / multipoint control, MPC, multipoint n, MP ‖ ~**schichtig** adj / multilayer attr, multi-ply attr, multi-ply attr (plywood) ‖ ~**schichtige Spanplatte** (For, Tischl) / multilayer particle board ‖ ~**schichtspanplatte** f (For, Tischl) / multilayer particle board ‖ ~**schichtsperrholz** n (aus mindestens fünf Furnierlagen) (For, Tischl) / multi-plywood n, multi-ply n ‖ ~**schlitzmagnetron** n (Eltronik) / multicavity magnetron* ‖ ~**schneckenextruder** m (Plast) / multi-screw extruder ‖ ~**schnittdrehmaschine** f (Masch) / multiple-tool lathe*, multitool lathe ‖ ~**schreiber** m (Fernsp) / high-volume user, high-calling-rate subscriber ‖ ~**seitig** adj / versatile adj ‖ ~**seitige Verwendbarkeit** / versatility n ‖ ~**seitigkeit** f / versatility n ‖ ~**spindelbohrmaschine** f (Masch) / multiple-spindle drilling machine*, multiple boring machine ‖ ~**sprecher** m (Fernsp) / high-calling-rate subscriber ‖ ~**spurig** adj (Akus) / multitrack attr ‖ ~**stammentrindungsmaschine** f (For) / multiple-stem barking

**Vielstoffmotor**

machine ‖ ~**stoffmotor** m (Kfz) / multifuel engine ‖
~**strahlinterferometer** n (Phys) / multiple-beam interferometer ‖
~**strahlinterferometer nach Fabry-Pérot** (nach Ch. Fabry, 1867-1945, und A. Pérot, 1863-1925) (Phys) / Fabry-Pérot interferometer* ‖ ~**strahlinterferometrie** f / multiple-beam interferometry ‖ ~**strahlspektrometer** n (Spektr) / multichannel spectrometer, polychromator n ‖
~**stufen-Entspannungsverdampfung** f (Chem Verf, Phys) / multistage flash evaporation ‖ ~**stufenverdampfer** m (Chem Verf) / multiple-effect evaporator ‖ ~**teilchensystem** n (Kernphys) / many-particle system ‖ ~**typwellenleiter** m (Fernm) / multimode waveguide ‖ ~**verzweigter Fluß** (in fluvioglazialen Gebieten) (Geol) / braided stream* ‖ ~**walzenwalzwerk** n (mit größeren und kleineren Walzen) (Hütt) / cluster mill* ‖ ~**zellengebläse** n (Kfz) / vane-type supercharger ‖ ~**zellenlader** m (Kfz) / vane-type supercharger ‖
~**zellenlautsprecher** m (Akus) / multicellular loudspeaker ‖
~**zellenverdichter** m (Masch) / sliding-vane compressor ‖ ~**zellig** adj / multicellular* adj ‖ ~**zweck-** / multi-purpose attr., multiple-function attr, polyfunctional adj

**Vier•achsen-Bearbeitungszentrum** n (Masch) / four-axis machining centre ‖ ~**achsig** adj / tetraxial adj ‖ ~**adreßbefehl** m (EDV) / three-plus-one address instruction, four-address instruction ‖
~**adreßkode** m (EDV) / three-plus-one address code, four-address code ‖ ~**atomig** adj (Chem, Kernphys) / tetratomic adj ‖ ~**backenfutter** n (mit unabhängig voneinander geführten und verstellbaren Spannbacken) (Masch) / four-jaw chuck*, four-jaw independent chuck, four-jawed chuck ‖ ~**bandvertauschung** f (Mobilfunk) (Radio) / four-band inversion ‖ ~**basig** adj (Chem) / tetrabasic adj ‖ ~**basisch** adj (Säure) (Chem) / tetrabasic adj ‖ ~**-Bit-Byte** n (EDV) / quartet n ‖ ~**blatt** n (im gotischen Maßwerk) (Arch) / quatrefoil n ‖ ~**blatt** (Math) / four-leafed rose, quadrifolium n (pl. -folia) ‖
~**blattpropeller** m (Luftf) / four-bladed propeller ‖ ~**dimensional** adj (Math, Phys) / four-dimensional adj, tetradimensional adj ‖
~**drahtbetrieb** m (in beiden Richtungen über getrennte Stromkreise) (Fernsp) / four-wire operation ‖ ~**drähtig** adj / four-wire attr ‖ ~**drahtsystem** n (Eltech) / four-wire system*
**Viereck** n (ein ebenes Vieleck mit vier Eckpunkten, von denen keine drei auf einer Geraden liegen) (Math) / quadrilateral*, quadrangle n ‖ **umbeschriebenes** ~ (Math) / circumscribed quadrangle ‖ **vollständiges** ~ (Math) / complete quadrangle ‖ ~**antenne** f (Radio) / quad antenna, cubical-quad antenna ‖
**viereckig** adj (Masch, Math) / quadrangular adj, quadrilateral adj, quadrangled adj ‖ ~**er Ansatz** (bei Schrauben) (Masch) / square point ‖ ~**er Pflasterstein** (Bau) / sett* n ‖
**Viereckwähler** m (Fernsp) / two-motion selector*, Strowger selector, two-motion switch
**Vierendeelträger** m (Masch) / open-frame girder*, Vierendeel girder, Vierendeel n, Vierendeel truss
**Vierer** m (Eltech, Kab) / quad* n, quaded cable ‖ ~**dichte** f (ein Vierervektor) (Eltech) / four-current density ‖ ~**geschwindigkeit** f (Verallgemeinerung des Geschwindigkeitsvektors in der vierdimensionalen Raum-Zeit-Welt der Relativitätstheorie) (Phys) / four-velocity n ‖ **Kleinsche ~gruppe** (Math) / Klein four-group ‖
~**kabel** n (Eltech, Kab) / quad* n, quaded cable ‖ ~**kreis** m (Fernm) / phantom circuit, superposed circuit ‖ ~**leitung** f (Fernm) / phantom circuit, superposed circuit ‖ ~**potential** n (Kernphys) / four potential ‖
~**strom** m (Eltech) / four-current density ‖ ~**vektor** m (in der vierdimensionalen Raum-Zeit-Welt der Relativitätstheorie) (Phys) / four-vector n ‖ ~**verseiltes Kabel** (Fernm) / multiple-twin cable* ‖
~**verseilung** f (Kab) / quadding n, quad twisting
**vierfach** adj / quadruple adj ‖ ~ **deuteriumsubstituierte Verbindung** (Chem, Kernphys) / tetradeuterocompound n ‖ ~ **koordinativ gebunden** (Chem) / tetracoordinate(d) adj ‖ ~ **koordiniert** (Chem) / tetracoordinate(d) adj ‖ ~ **redundant** (Instr, Luftf) / quad redundant ‖ ~**e Schreibdichte** (bei Disketten) (EDV) / quad density ‖ ~**e Spur** (EDV, Mag) / quadruple track
**Vierfach•expansionsdampfmaschine** f (Masch) / quadruple-expansion engine* ‖ ~**heißkanalwerkzeug** n (Plast) / four-cavity hot-runner mould ‖ ~**meißelhalter** m (ein Werkstückspanner) (Masch) / four-way tool post* ‖ ~**vakzine** f (Med) / tetravaccine n ‖ ~**zug** m (wenn ein Gestängezug an jeder vierten Verbindung getrennt wird) (Erdöl) / fourble stand
**Vier•faktorenformel** f (für Neutronenbilanz) (Kernphys) / four-factor formula* ‖ ~**fältig** adj / quadruple adj
**Vierfarben•druck** m (der durch Übereinanderdrucken der drei Grundfarben Gelb, Purpur und Cyan sowie einer vierten Druckfarbe, meist Schwarz, entsteht) (Druck) / four-colour process, four-colour printing n ‖ ~**druckmaschine** f (Druck) / four-colour press* ‖ ~**problem** n (ein topologisches Problem, von W. Haken, geb. 1928, und K. Appel, geb. 1932 bewiesen) (Kart, Math) / four-colour problem ‖ ~**rasterdruck** m (Druck) / four-colour process printing ‖ ~**satz** m (Kart, Math) / four-colour problem

**Vier•feldertafel** f (für das Vierfelderverfahren) (Stats) / fourfold table ‖
~**fermionen-Wechselwirkung** f (Kernphys) / four-fermion interaction ‖ ~**flächig** adj (Math) / tetrahedral* adj ‖ ~**flügelige Luftschraube** (Luftf) / four-bladed propeller ‖ ~**flügeliger Propeller** (Luftf) / four-bladed propeller ‖ ~**gelenkhinterachse** f (Aufhängung) (Kfz) / four-link rear suspension ‖ ~**gelenkkette** f (Mech) / four-bar chain* ‖ ~**gliedrig** adj (heterocyclische Verbindung) (Chem) / four-membered adj ‖ ~**gliedriges Drehgelenkgetriebe** (Masch, Mech) / four-link turning-pair linkage ‖ ~**gliedriges Gelenkgetriebe** (Masch, Mech) / four-bar linkage
**Vierkant** n m (an dem Schraubenschaft) (Masch) / square n (US) ‖
~**ansatz** m (Masch) / square neck ‖ ~**balken** m (eine Seite 5 - 18 cm) (For, Zimm) / quartering* n, quarter n ‖ ~**draht** m (Hütt) / square wire ‖ ~**feile** f (Werkz) / square file ‖ ~**hohlschlüssel** m (Bahn) / Berne barred key, four-sided hollow socket key ‖ ~**holz** n (eine Seite 5 - 18 cm) (For, Zimm) / quartering* n, quarter n ‖ ~**kaliber** n (Hütt) / square groove, square pass ‖ ~**kopf** m (der Schraube) (Masch) / square head ‖ ~**messerwelle** f (For) / square cutter block ‖ ~**mutter** f (Masch) / square nut ‖ ~**schlüssel** m (Masch) / square spanner, square wrench (US) ‖ ~**schoner** m (Masch) / stem square cap ‖ ~**schraube** f (DIN ISO 1891) (Masch) / square-head bolt ‖ ~**schraube mit Bund** (DIN ISO 1891) (Masch) / collar-head screw, collar screw, collar-headed screw, square-head bolt with collar ‖ ~**schraube mit Bund und Ansatzkuppe** (DIN ISO 1891) (Masch) / square-head bolt with collar and half dog point ‖ ~**stahl** m (Hütt) / square n, square steel
**Vier•klappenvorsatz** m (Film, Foto) / barn doors ‖ ~**kräfteverfahren** (Mech) / Culmann's method ‖ ~**kreisdiffraktometer** n (in der Kristallstrukturanalyse) (Krist) / four-circle diffractometer f ‖
~**kugelapparat** m (Ölprüfgerät zur Prüfung von Schmierölen an belasteten Schmierstellen, auch als Verschleißprüfgerät verwendet) (Erdöl, Instr) / four-ball tester ‖ ~**kurbelgetriebe** n (Masch) / four-crank mechanism ‖ ~**kursfunkfeuer** n **mit Sicht- und Höranzeige** (Nav) / VAR n, visual-aural (radio) range ‖ ~**lagiges Papier** (EDV) / four-part paper, four-part form ‖ ~**leiternetz** n (Eltech) / four-wire system ‖ ~**leitersystem** n (Eltech) / four-wire system* ‖ ~**mantelkabel** n (Drehstrom) (Kab) / S.L.-type cable ‖
~**neunermetall** n (mit 99,99% Reinheit) (Hütt) / four-nines metal ‖
~**niveaulaser** m (Elektronik, Phys) / four-level laser ‖
~**-Parameter-Festkörper** m (Phys) / four-parameter solid ‖
~**-Parameter-Flüssigkeit** f (DIN 13 343) (Phys) / four-parameter liquid ‖ ~**pendelmühle** f (Aufber) / Huntington mill* ‖ ~**phasen-** (Eltech) / four-phase attr ‖ ~**phasensystem** n (Eltech) / four-phase system*, 4-phase system ‖ ~**phasig** adj (Eltech) / four-phase attr
**Vierpol** m (ein Netzwerk mit zwei Eingangs- und zwei Ausgangsklemmen (DIN 4899) (Eltech) / quadripole* n, four-pole n, two-terminal pair network*, two-port network ‖ ~ **in H-Schaltung** (Fernm) / H-network* n ‖ ~**dämpfung** f (Fernm) / image loss, image attenuation ‖ ~**dämpfungsmaß** n (Fernm) / image-attenuation coefficient, image-attenuation constant (US) ‖ ~**gleichungen** f pl (Fernm) / two-port equations ‖ ~**phasenmaß** n (Fernm) / image phase constant* ‖ ~**winkelmaß** n (Fernm) / image phase constant*
**Vier•prismenspektrograf** m (Spektr) / four-prism spectrograph ‖
~**punktbiegeversuch** m (WP) / four-point bend test ‖
~**punktlagerung** f (HuT, Masch) / four-point bearing ‖ ~**radantrieb** m (ein Mehrachsantrieb) (Kfz) / four-wheel drive, fwd ‖ ~**rädrig** adj / four-wheel attr ‖ ~**ring** m (Chem) / four-membered ring ‖
~**säulenschmiedepresse** f (hydraulische Schmiedepresse zum Freiformen und Gesenkschmieden, deren Holme durch vier Säulen verbunden sind) (Masch) / four-column forging press ‖ ~**säurig** (Base) (Chem) / tetracid ‖ ~**schäftig** (Köper) (Tex) / four-shaft attr ‖ ~**schichtdiode** f (Eltronik) / four-layer diode ‖
~**schneckenextruder** m (Masch, Plast) / four-screw extruder ‖
~**schraubenfutter** n (Masch) / cup chuck*, bell chuck*
**Vierseit** n (in der projektiven Geometrie die zum Viereck duale Figur) (Math) / quadrilateral n ‖ ~ (Math) / quadrilateral* n ‖ **vollständiges** ~ (Math) / complete quadrilateral ‖ **windschiefes** ~ (Math) / skew quadrilateral
**vierseitig** adj (Masch, Math) / quadrangular adj, quadrilateral adj, quadrangled adj ‖ ~ (z.B. ein Prisma) (Math) / four-sided adj ‖ ~ **mindestens sägegestreiftes Schnittholz mit einer Dicke und einer Breite über 15 cm** (For) / whole timber*
**Vier•speziesrechenmaschine** f / calculator n, four-function calculator ‖ ~**spinsystem** n (Spektr) / four-spin system ‖ ~**spuriges Tonband** (Akus) / four-track tape ‖ ~**stellig** adj (Prädikat) (Math) / quaternary adj ‖ ~**stellig** (Zahl) (Math) / four-figure attr, four-digit attr ‖
~**strichpeilung** f (Schiff) / bow-and-beam bearing, four-point bearing
**viert, in die ~e Potenz erheben** (Math) / raise to the fourth power ‖ ~**e Dimension** (Math, Phys) / fourth dimension ‖ ~**en Grades** (Math) / biquadratic adj, quartic adj ‖ ~**er Ordnung** (Math) / biquadratic adj, quartic adj ‖ ~**er Schall** (eine Druckwelle in supraflüssigem Helium) (Phys) / fourth sound ‖ ~**e Schiene** (Bahn, Eltech) / fourth rail*

**Vier•takter** m (V-Mot) / four-stroke engine, four-cycle engine, four-stroker n || ⁓**taktmotor** m (V-Mot) / four-stroke engine, four-cycle engine, four-stroker n || ⁓**taktprozeß** m (V-Mot) / four-stroke cycle*, four-cycle n || ⁓**taktverfahren** n (bei Viertaktmotoren) (V-Mot) / four-stroke cycle*, four-cycle n || ⁓**teilen** v (Aufber, HuT) / quarter v || ⁓**teilig** adj (Gewölbe) (Arch) / quadripartite adj || ⁓**teilungsverfahren** n (bei einer Probe) (Aufber, HuT) / quartering* n, coning and quartering*
**Viertel** n (vierter Teil) / quarter n || ⁓ (HuT) / quarter n || ⁓**elliptikfeder** f (eine Blattfeder) (Kfz, Masch) / quarter-elliptic (leaf)spring || ⁓**elliptische Blattfeder** (eine Blattfeder) (Kfz, Masch) / quarter-elliptic (leaf)spring || ⁓**falzapparat** m (Druck) / quarter page folder || ⁓**flächig** adj (Krist) / tetartohedral adj || ⁓**gedreht** adj (Treppe) (Bau, Tischl) / quarter-turn attr, quarter-space attr || ⁓**holz** n (eine Seite 5 - 18 cm) (For, Zimm) / quartering* n, quarter n || ⁓**kompaßstrich** m (2° 48' 45") (Schiff) / quarter n || ⁓**kreis** m (Math) / quadrant* n || ⁓**kreisbogenskala** f (Verm) / quadrant* n || ⁓**kreisfläche** f (Math) / quadrant* n || ⁓**kreisfräser** m (DIN 6513) (Masch) / radius form cutter || ⁓**kreisige Funkfehlweisung** f (Nav, Radar) / quadrantal error || ⁓**kreisiger Peilfehler** (Nav, Radar) / quadrantal error || ⁓**kreisscheibe** f (Math) / quadrant* n
**vierteln** v (Aufber, HuT) / quarter v || ⁓ (Rundholz) (For) / quarter v || ⁓ n (Aufber, HuT) / quartering* n, coning and quartering* || ⁓ (For) / quarter-sawing f, quartering n, silver-grain cut, edge-grain cut
**Viertel•podest** n m (Treppenabsatz zwischen rechtwinklig zueinander angeordneten Treppenläufen) (Bau) / quarter-space landing*, quarter landing || ⁓**schnitt** m (For) / quarter-sawing f, quartering n, silver-grain cut, edge-grain cut || ⁓**stab** m (Rundstab mit einem Viertelkreisprofil) (Arch, For) / quarter round (moulding) || ⁓**stein** m (Bau, Keram) / quarter brick, one-quarter brick || ⁓**stundenschlagwerk** n (mit zwei Glocken) (Uhr) / ting-tang || ⁓**ton** m (Akus) / quarter tone || ⁓**wellenantenne** f (Radio) / quarter-wave antenna* || ⁓**wellenlängeplättchen** n (Opt) / quarter-wave plate* || ⁓**wellenleitung** f (abgestimmte Resonanzleitung) (Fernm) / quarter-wave line*, quarter-wave bar* || ⁓**wellenleitung** f (als Frequenzstabilisator in UKW-Kreisen) (Radio) / tank line*, tank circuit || ⁓**wellenstrahler** m (Radio) / quarter-wave antenna* (QWA) || ⁓**zollmikrofon** n (Akus) / quarter-inch microphone
**vier•türig** adj (Kfz) / four-door attr || ⁓**undzwanzigflächner** m (Krist, Math) / icositetrahedron* n (pl. -hedrons or -hedra)
**Vierung** f (Raumteil einer Kirche) (Arch) / crossing n (the space at the intersection of the nave, chancel, and transepts of a church)
**Vier•ventiler** m (Kfz) / four-valve engine || ⁓**ventilmotor** m (Kfz) / four-valve engine || ⁓**walzenkalander** m (Pap) / four-roll calender, four-bowl calender || ⁓**wegehahn** m (Masch) / four-way valve || ⁓**wegepalette** f (Einfahrt aus allen vier Richtungen) / four-way (entry) pallet (entry from all four directions) || ⁓**wegeventil** n (Masch) / four-way valve || ⁓**weg-Pinselverfahren** n (ein altes Mehrstufen-Strichätzverfahren) (Druck) / dragon's blood process
**vierwertig** adj (Chem) / quadrivalent* adj, tetravalent* adj || ⁓**er Alkohol** (Chem) / tetrahydric alcohol || ⁓**e Atomgruppe** (Chem) / tetrad n || ⁓**e Logik** (eine mehrwertige Logik) / quaternary logic, four-state logic || ⁓**es Zinn** (Chem) / stannic tin
**vier•zählig** adj (Symmetrieachse) (Krist) / fourfold adj || ⁓**zählige (Drehungs)Achse** (Krist) / tetrad n (axis), tetragyre n || ⁓**zentrenpolymerisation** f (Chem) / four-centre polymerization || ⁓**zustandslogik** f (eine mehrwertige Logik) / quaternary logic, four-state logic || ⁓**zylinder** m (Kfz, Luftf) / four-cylinder engine || ⁓**zylinderboxermotor** m (Kfz, Luftf) / flat four*, flat four-cylinder engine || ⁓**zylindermotor** m (Kfz, Luftf) / four-cylinder engine || ⁓**zylinderspinnerei** f (Baumwollfeinspinnerei) (Spinn) / four-cylinder cotton spinning
**Vieta-Formel** f (Math) / Vieta formula
**Vietascher Satz** (nach F. Viète, 1540-1603) (Math) / Vieta formula
**Vieta-Wurzelsatz** m (Math) / Vieta formula
**View** n (virtuelle Tabelle oder Fenster der Tabelle einer relationalen Datenbank) (EDV) / view n
**Viewer** m (Anzeigeprogramm) (EDV) / viewer n
**Viewport** m (EDV) / viewport n
**Vigesimalsystem** n (Math) / vicenary number system
**Vignette** f (typografischer Schmuck) (Typog) / vignette n
**vignettieren** v (Opt) / vignette v, shade v
**Vignettierung** f (Opt) / vignetting n, shading n
**Vignolschiene** f (nach Ch.B. Vignoles, 1793-1875) / flanged rail*, flat-bottomed rail*, foot-rail n, Vignoles rail, inverted-T rail
**Vigogne** f (Tex) / vicuña* n, vicuna n || ⁓**spinnerei** f (Spinn) / mixed shoddy spinning || ⁓**wolle** f (Tex) / vicuña* n, vicuna n
**Vigoureux•druck** m (Tex) / vigoureux printing, melange printing || ⁓**verfahren** n (Tex) / vigoureux printing, melange printing
**Vigreux-Kolonne** f (eine Füllkörperkolonne mit Vakuummantel) (Chem Verf) / Vigreux column

**Vikarianz** f (Erscheinung, daß zwei verwandte Tier- oder Pflanzenarten sich in verschiedenen Gebieten wechselseitig vertreten oder im gleichen Gebiet unterschiedliche Standorte besiedeln) (Umwelt) / vicariance n
**Viktoria•blau** n (Basic Blue) / Victoria blue (Basic Blue) || ⁓**gelb** / metanil yellow || ⁓**grün** n B (wasserlöslicher grüner Triacrylmethanfarbstoff) / malachite green*, mineral green, Hungarian green, Olympian green || ⁓**reinblau** n (kationischer Triarylmethanfarbstoff) / Victoria blue (Basic Blue) || ⁓**rot** n (basisches Bleichromat als Chrompigment) / Victoria red
**Vikunja** f (Tex) / vicuña* n, vicuna n || ⁓**wolle** f (hochwertige feine Wolle aus der südamerikanischen Kamelart Lama vicugna) (Tex) / vicuña* n, vicuna n
**Villain-Wirkung** f (Kernphys) / Villain action
**Villard•Effekt** m (bei einem Röntgenbild tritt eine Aufhellung ein, wenn es diffus nachbelichtet wird - nach P.U. Villard, 1860-1934) (Foto) / Villard effect || ⁓**-Schaltung** f (Eltech) / cascade connexion, tandem connexion
**Villari-Effekt** m (Umkehrung der Magnetostriktion) (Mag) / Villari effect*
**Vilsmeier-Reagens** n (ein Formylierungsreagens) (Chem) / Vilsmeier reagent
**VIM** (EDV) / vendor-independent messaging, VIM
**V-Impuls** m (TV) / field-synchronizing impulse*
**Vinal** n (eine Polyvinylkoholfaser) (Plast) / vinal n
**Vinalfaser** f (Plast) / vinal n
**Vinblastin** n (ein Vincaalkaloid) (Pharm) / vinblastine* n, vincaleukoblastine
**Vinca•alkaloide** n pl (aus Catharanthus roseus (L.) G. Don) (Pharm) / vinca alkaloids* || ⁓**leukoblastin** n (Pharm) / vinblastine* n, vincaleukoblastine
**Vincent•-Presse** f (eine besondere Art der Schwungradspindelpresse - mit zwei kegeligen Seitenscheiben und ortsfester Spindel) (Masch) / Vincent friction screw press || ⁓**-Spindelpresse** f (Masch) / Vincent friction screw press
**Vincristin** n (ein Vincaalkaloid - 22-Oxo-vinblastin) (Pharm) / vincristine* n, leurocristine
**Vindolin** n (Pharm) / vindoline n
**Vinyl** n (eine Kohlenwasserstoffgruppe) (Chem) / vinyl n || ⁓**acetat** (Chem) / ethenyl ethanoate, vinyl acetate, vinyl ethanoate || ⁓**acetylen** n (Chem) / vinyl acetylene, monovinyl acetylene, but-1-en-3-yne n
**Vinylalfaser** f (Chemiefaser auf der Basis von Polyvinylacetalen) (Plast) / vinylal fibre
**Vinyl•alkohol** m (nur in Form von Ethern und Estern bekannter Alkohol) (Chem) / vinyl alcohol, ethenol n || ⁓**aminpolymer** n (Chem) / vinylamine polymer || ⁓**azetat** n (Chem) / ethenyl ethanoate, vinyl acetate, vinyl ethanoate || ⁓**azetylen** n (Chem) / vinyl acetylene, monovinyl acetylene, but-1-en-3-yne n || ⁓**belag** m (Bau) / vinyl floor covering, vinyl flooring || ⁓**benzol** n (Chem) / styrene* n, vinylbenzene n, phenylethene* n, phenylethylene n || ⁓**bromid** n (Chem) / vinyl bromide || ⁓**carbazol** n (Chem) / vinyl carbazole || ⁓**chlorid** n (Chem) / vinyl chloride, chlorethene n, chloroethylene n, VC || ⁓**chloridcopolymer** n (Chem) / vinyl-chloride copolymer || ⁓**chloridkopolymer** n (Chem) / vinyl-chloride copolymer || ⁓**essigsäure** f (3-Butensäure) (Chem) / vinylacetic acid || ⁓**ester** m (Ester des im freien Zustand nicht stabilen Vinylalkohols) (Chem) / vinyl ester || ⁓**esterharz** n (Plast) / vinyl resin, polyvinyl resin, vinyl plastic || ⁓**esterpolymer** n (Chem) / vinyl-ester polymer || ⁓**ether** m (Ether des im freien Zustand nicht stabilen Vinylalkohols) (Chem) / vinyl ether, divinyl ether || ⁓**fluorid** n (Chem) / vinyl fluoride || ⁓**gruppe** f (Chem) / vinyl group* || ⁓**harz** n (Plast) / vinyl resin, polyvinyl resin, vinyl plastic || ⁓**harzanstrich** m (Anstr) / vinyl coating || ⁓**harzanstrichstoff** m (Anstr) / vinyl coating*
**Vinyliden•chlorid** n (1,1-Dichlorethen) (Chem) / vinylidene chloride (traditional name for 1,1-dichloroethene) || ⁓**cyanid** n (Chem) / vinylidene cyanide || ⁓**dicyanid** n (Chem) / vinylidene dicyanide || ⁓**dizyanid** n (Chem) / vinylidene dicyanide || ⁓**fluorid** n (1,1-Difluorethen) (Chem) / vinylidene fluoride || ⁓**zyanid** n (Chem) / vinylidene cyanide || ⁓**zyanid** n (1,1-Dizyanethen) (Chem) / vinylidene cyanide
**Vinylierung** f (Reppe-Chemie) (Chem) / vinylation n
**Vinyl•karbazol** n (Chem) / vinyl carbazole || ⁓**karbonsäure** f (Chem) / acrylic acid*, propenoic acid || ⁓**kation** n (Chem) / vinyl cation || ⁓**monomer** n (Chem) / vinyl monomer
**Vinylogie** f (partielle Übertragung der Eigenschaften eines Atoms, z.B. eines C-Atoms, das einer Carbonylgruppe benachbart ist, auf das endständige C-Atom eines konjugierten Systems) (Chem) / vinylogy n
**Vinyl•polymer** n (eine Sammelbezeichnung) (Chem) / vinyl polymer || ⁓**polymerisat-Anstrichstoff** m (Anstr) / vinyl coating* || ⁓**polymerisation** f (Chem) / vinyl polymerization || ⁓**propionat** n (Chem) / vinyl propionate || ⁓**pyridin** n (Chem) / vinylpyridine n || **N-**⁓**pyrrolidon** n (1-Vinyl-pyrrolidin-2-on) (Chem) /

N-vinylpyrrolidone *n* || ≃**rest** *m* (Chem) / vinyl group* ||
≃**sulfonfarbstoff** *m* (Chem, Tex) / vinylsulphone dyestuff,
vinylsulphone dye || ≃**sulfonsäure** *f* (Chem) / ethionic acid, ethylene
sulphonic acid || ≃**tapete** *f* (Bau) / vinyl wallpaper, vinyl wallcovering
|| ≃**toluol** *n* (Chem) / vinyltoluene *n*, methyl styrene || ≃**zyanid** *n*
(Chem) / acrylonitrile* *n*, propenonitrile *n*, vinyl cyanide*
**Vinyon** *n* (PVC) (Plast) / Vinyon *n* || ≃**faser** *f* (mit mehr als 85%
Vinylchlorideinheiten) (Plast) / Vinyon *n*
**Violan** *m* (blaue bis violette Varietät des Diopsids) (Min) / violane* *n*
**Violaxanthin** *n* (ein Carotinoid - E 161e) (Bot, Chem, Nahr) /
violaxanthin *n*
**violett** *adj* / violet *adj* || ~ (eine Anlauffarbe) (Hütt) / dark-purple *adj* ||
~**er Phosphor** (Chem) / violet phosphorus, Hittorf phosphorus,
red-violet phosphorus
**Violett** *n* / violet *n* || **Lauthsches** ≃ (Thioninhydrochlorid) (Biol, Mikros)
/ Lauth's violet || **Nürnberger** ≃ (Anstr) / manganese violet,
Nuremberg violet, Burgundy violet, mineral violet, permanent violet
|| **Williamsons** ≃ (Anstr) / Berlin blue, Prussian blue, iron blue,
ferrocyanide blue, Chinese blue, bronze blue
**violett•blind** *adj* (Opt) / tritanopic* *adj* || ≃**blindheit** *f* (Opt) / tritanopia
*n*, blue-yellow blindness || ≃**holz** *n* (For) / purpleheart* *n*, amaranth*
*n*, violetwood* *n* || ≃**verschiebung** *f* (die durch den Doppler-Effekt
bedingte Verschiebung einer Spektrallinie zu kürzeren
Wellenlängen hin) (Chem, Spektr) / violet shift (Doppler) || ≃**zelle** *f*
(Zelle mit erweiterter Violettempfindlichkeit in der Heliotechnik) /
violet cell
**Violursäure** *f* (Chem) / violuric acid
**VIP** (Physiol) / vasoactive intestinal polypeptide, VIP
**V.I.P.-Papier** *n* (Pap) / V.I.P. paper (with antirust, antitarnish, and
anticorrosion qualities)
**viral** *adj* (Bot, Med) / viral *adj*
**Viren•programm** *n* (EDV) / viral program, virus program || ≃**schutz** *m*
(EDV) / virus protection || ≃**schutzdiskette** *f* (EDV) / antiviral disk ||
≃**schutzexpertensystem** *n* (EDV) / antiviral expert system ||
≃**schutzprogramm** *n* (EDV) / antiviral utility, virus-protection
program || ≃**suchprogramm** *n* (EDV) / virus-detection program ||
~**tötendes Mittel** (Chem, Landw, Pharm) / viricide *n*, virucide *n*,
virucidal agent || ≃**vektor** *m* (Phys) / viral vector
**Vireszenz** *f* (Bot) / virescence* *n*
**Virga** *f* (pl. -ae) (Niederschlag, der während des Fallens verdunstet)
(Meteor) / virga* *n*, precipitation trail, Fallstreifen *n*
**Virgation** *f* (fächerartiges Auseinanderstreben von Faltenzügen in
einem Faltengebirge) (Geol) / virgation *n*
**Virginia-Eiche** *f* (For) / live oak
**Virginisch•e Bleistiftzeder** (Juniperus virginiana L.) (For) / Virginia
pencil cedar, Eastern red cedar || ≃**e Dattelpflaume** (For) / common
persimmon, American persimmon || ≃**er Wacholder** (For) / Virginia
pencil cedar, Eastern red cedar
**Virial** *n* (ein zeitlicher Mittelwert) (Phys) / virial *n* || ≃**entwicklung** *f*
(die Reihenentwicklung der thermischen Zustandsgleichung eines
Gases) (Phys) / virial expansion || ≃**form** *f* **der thermischen
Zustandsgleichung** (Phys) / virial theorem, virial law (due to
Clausius), virial equation || ≃**gleichung** *f* (Phys) / virial theorem, virial
law (due to Clausius), virial equation || ≃**koeffizient** *m* (ein
Virialsatz) (Phys) / virial coefficient || ≃**satz** *m* (Phys) / virial theorem,
virial law (due to Clausius), virial equation
**Viridian** *n* (Chrom(III)-oxid-Hydrat) (Chem) / Guignet's green,
Guinea green, viridian green
**Viridin** *n* (eine grüne Varietät des Andalusits mit mehreren % $Mn_2O_3$
und $Fe_2O_3$) (Min) / viridine* *n*
**Virion** *n* (pl. Viria oder Virionen) (einzelnes infektionsfähiges
Virusteilchen außerhalb der Zelle) (Biochem, Bot, Med) / virion *n* (a
single, fully assembled virus particle)
**Virizid** *n* (Chem, Landw, Pharm) / viricide *n*, virucide *n*, virucidal agent
**Viroid** *n* (aus einem einzelnen RNS-Strang bestehender
Krankheitserreger ohne Proteinhülle) (Bot) / viroid *n*
**Virola** *n* (For, Tischl) / banak* *n*, virola *n* || ≃**fett** *n* (aus den Samen der
Virola sebifera) / virola butter
**Virologe** *m* (Med) / virologist *n*
**Virologie** *f* (Wissenschaft und Lehre von den Viren) (Med) / virology* *n*
**virologisch** *adj* (Med) / virological *adj*
**Virose** *f* (bei Menschen, Tieren und Pflanzen) (Biol, Med) / virus
disease, virosis *n* (pl. viroses)
**Virostatikum** *n* (pl. -statika) (Pharm) / antiviral agent
**Virozid** *n* (Substanz, die krankheitserregende Viren unwirksam
macht) (Chem, Landw, Pharm) / viricide *n*, virucide *n*, virucidal agent
**Virtual Reality** *f* (EDV) / virtual reality, VR || ≃ **Reality Markup
Language** (EDV) / virtual-reality-markup language (language for
creating 3-D Web sites), VRML, virtual reality modelling language ||
≃ **Reality Modelling Language** (EDV) / virtual-reality-markup
language (language for creating 3-D Web sites), VRML, virtual
reality modelling language || ≃**-Call-Dienst** *m* (einer der Dienste,

die durch ein Paketvermittlungsnetz gestellt werden können) (EDV)
/ virtual call service
**Virtualisierung** *f* (ein Verfahren beim Betriebssystementwurf, um für
bestimmte Betriebsmittel identische Kopien, Erweiterungen oder
Ersatzlösungen zu erhalten) (EDV) / virtualization *n*
**virtuell** *adj* / virtual *adj* || **gemeinsam benutzbarer ~er Bereich** (EDV) /
shared virtual area (SVA) || **~es ISDN-Modem** (Modememulation,
die die Nutzung der ISDN-Karte mit TAPI-konformen
Kommunikationsapplikationen erlaubt) (EDV) / virtual ISDN
modem || **~e Adresse** (eine Adresse im virtuellen Speicher) (EDV) /
virtual address, immediate address, zero-level address || **~e Anode**
(Eltronik) / virtual anode || **~e virtuellen Verrückungen**
(Phys) / virtual work || **~er Bereich** (EDV) / virtual space || **~es Bild**
(Opt) / virtual image* || **~er Brennpunkt** (Opt) / virtual focus || **~er
Container** (in der SDH) (Fernm) / virtual container, VC || **~e
Funktionstaste** (EDV) / virtual push button, light button || **~es Gerät**
(EDV) / virtual device || **~es Geräte-Interface** (EDV) / virtual device
interface (VDI) || **~er Gerätetreiber** (EDV) / virtual device driver,
VxD || **~er Kanal** (der eingerichtet, aber physikalisch nicht
vorhanden ist) (EDV) / virtual channel, VC || **~e Katode** (Eltronik) /
virtual cathode || **~es LAN** (EDV) / virtual LAN, VLAN || **~es
Laufwerk** (Laufwerk an einem anderen Rechner, das so genutzt
werden kann, als sei es physikalisch im lokalen Rechner vorhanden)
(EDV) / virtual drive || **~er Leitweg** (EDV) / virtual route, VR || **~e
Maschine** (eine scheinbar vorhandene Datenverarbeitungsanlage)
(EDV) / virtual machine (VM) || **~es Orbital** (Phys) / virtual orbital ||
**~er Prozeß** (in der Quantentheorie) (Phys) / virtual process* || **~es
Quant** (Phys) / virtual quantum* || **~e Realität** (EDV) / virtual reality,
VR || **~er Speicher** (ein für den Benutzer scheinbar vorhandener
Hauptspeicher) (EDV) / virtual store, virtual storage, virtual memory
(VM) || **~e Speicherzugriffsmethode** (EDV) / virtual storage access
method, VSAM, virtual store access method || **~er Stromkreis**
(Elektr) / virtual circuit || **~es Teilchen** (Kernphys) / virtual particle* ||
**~e Temperatur** (diejenige Temperatur, die trockene Luft annehmen
müßte, um bei gleichem Druck die gleiche Dichte wie feuchte Luft
zu haben) (Meteor) / virtual temperature* || **~es Terminal** (EDV) /
high-level virtual terminal, VT || **~e Verbindung**
(Paketvermittlungsverbindung gemäß CCITT-Empfehlung X.25)
(EDV) / virtual circuit, VC, virtual route || **~e Verrückung** (Mech) /
virtual displacement || **~er Zustand** (Kernphys) / virtual state
**Virtuellgerät** *n* (EDV) / virtual device
**virulent** *adj* (Krankheitserreger) (Med) / virulent *adj*
**Virulenz** *f* (schädliche Aktivität von Krankheitserregern im
Organismus bzw. die Gesamtheit ihrer krankmachenden
Eigenschaften) (Med) / virulence* *n*
**Virus** *n m* (pl. Viren) (Bakteriol, Med) / virus* *n* || ≃ *m* (pl. Viren) (ein
meist auf Datenveränderung, -löschung usw. ausgelegtes
Programm, das sich selbst in Dateien kopiert oder auf sonstige
Weise vermehrt) (EDV) / virus *n*, computer virus (with a detrimental
effect) || **aufrufender** ≃ (EDV) / call virus || **bösartiger** ≃ (EDV) /
malicious virus || **filtrierbares** ≃ (Bakteriol) / filterable virus, filtrable
virus || **gepufferter** ≃ (EDV) / CMOS virus || **gutartiger** ≃ (EDV) /
benign virus || **latenter** ≃ (EDV) / latent virus || **manipulierender** ≃
(EDV) / manipulation virus || **plattenresidenter** ≃
(EDV) / disk-resident virus || **resetfester** ≃ (der einen Warmstart überlebt)
(EDV) / reset-resistant virus || **verändernder** ≃ (EDV) / manipulation
virus || **zerstörerischer** ≃ (EDV) / destructive virus
**Virus•befall** *m* (EDV) / viral attack || **~befallen** *adj* (EDV) / thoroughly
infected, struck by a virus || ≃**erkennung** *f* (EDV) / virus recognition ||
≃**familie** *f* (EDV) / virus family || **~freie Pflanze** (Bot, Landw) /
virus-free plant || ≃**hülle** *f* (Bakteriol) / envelope *n* || **~infiziert** *adj*
(EDV) / virus-infected *adj* || ≃**krankheit** *f* (Biol, Med) / virus disease,
virosis *n* (pl. viroses) || ≃**programm** *n* (EDV) / viral program, virus
program || **crashauslösendes** ≃**programm** (EDV) / crasher virus
program || ≃**programmierer** *m* (EDV) / creator of a virus ||
≃**spezialist** *m* (Med) / virologist *n*
**Viruzid** *n* (Chem, Landw, Pharm) / viricide *n*, virucide *n*, virucidal agent
**VIS** (Phys) / visible radiation* || ≃ (Spektr) / visible spectroscopy, VIS
**Visbreaken** *n* (Erdöl) / visbreaking *n*, viscosity breaking
**Visbreaking** *n* (Warenzeichen der Firma UOP für einen leichten
Krackprozeß) (Erdöl) / visbreaking *n*, viscosity breaking
**Viscacha** *f* (Gattung Lagostomus oder Lagidium) (Leder, Zool) / plains
viscacha, viscacha *n*
**Visco-Kupplung** *f* (eine gekapselte Lamellenkupplung, bei der die
Lamellen in einer hochviskosen Flüssigkeit laufen) (Kfz) / viscous
coupling, Ferguson-patented viscous coupling, fluid-in-shear device
**Visibilitätsalgorithmus** *m* (EDV) / hidden-line algorithm
**Visible Speech** *n* (synthetische Sprache - grafisch oder als Programm
dargestellter Sprachvorgang, der mithilfe eines Konverters hörbar
gemacht werden kann) (EDV) / visible speech

**Visier** *n* (des Schutzhelms nach DIN 58218) (Kfz) / visor *n*, vizor *n* ‖ ~ (Mil) / sight *n*, backsight *n*, peep-sight *n* ‖ ~**einrichtung** *f* (Mil) / sight *n*, backsight *n*, peep-sight *n*
**visieren** *v* / aim *v*, sight *v*
**Visier•fernrohr** *n* (Verm) / telescopic sight ‖ ~**gerüst** *n* (Verm) / sight rail* ‖ ~**graupe** *f* (knieförmige Zwillinge des Zinnsteins) (Min) / visor tin, beak of tin ‖ ~**kreuz** *n* (Verm) / sight rail* ‖ ~**latte** *f* (Verm) / sight rail* ‖ ~**linie** *f* (Opt, Verm) / line of collimation*, line of sight*, sight line ‖ ~**tafel** *f* (ein altes Höhenmeßgerät) (HuT) / boning rod*
**Visioplastizität** *f* (Methode zur Bestimmung des Werkstoffflusses) (WP) / visioplasticity *n*
**Visko•-Differential** *n* (ein Sperrdifferential) (Kfz) / viscous coupling differential, viscous-coupled limited-slip differential, Ferguson differential ‖ ~**elastisch** *adj* (DIN 13343) (Phys) / viscoelastic* *adj* ‖ ~**elastisches Medium** (Phys) / viscoelastic substance, elastoviscous substance ‖ ~**elastizität** *f* (Phys) / viscoelasticity *n* ‖ ~**gramm** *n* (für Viskositätsbestimmung von Mischungen) (Chem Verf, Phys) / blending chart, viscosity chart ‖ ~-**Kupplung** *f* (eine gekapselte Lamellenkupplung, bei der die Lamellen in einer hochviskosen Flüssigkeit laufen) (Kfz) / viscous coupling, Ferguson-patented viscous coupling, fluid-in-shear device ‖ ~**plastisch** *adj* (Phys) / viscoplastic *adj* ‖ ~**plastizität** *f* (Sammelbegriff für das Verhalten von Werkstoffen, die sowohl beachtliche viskose als auch plastische Eigenschaften haben) (Phys) / viscoplasticity *n*
**viskos** *adj* (Masch, Phys) / viscous *adj*
**viskös** *adj* (Masch, Phys) / viscous *adj*
**viskös•e Dämpfung** (Phys) / viscous damping* ‖ ~**es Fließen** (Phys) / viscous flow* ‖ ~**e Hysterese** (Eltech) / viscous hysteresis* ‖ ~**e Strömung** (Phys) / viscous flow*, real flow
**Viskose** *f* (zähflüssige, wäßrige alkalische Masse aus Cellulosexanthogenat) (Chem) / viscose* *n* ‖ ~**faser** *f* (eine Chemiefaser nach DIN 60 001, T 4) (Chem Verf, Tex) / viscose fibre* ‖ ~**filament** *n* (Tex) / rayon* *n*, viscose filament ‖ ~**filamentfaser** *f* (Tex) / rayon* *n*, viscose filament ‖ ~**kupplung** *f* (eine gekapselte Lamellenkupplung, bei der die Lamellen in einer hochviskosen Flüssigkeit laufen) (Kfz) / viscous coupling, Ferguson-patented viscous coupling, fluid-in-shear device ‖ ~**spinnfaser** *f* (Tex) / staple rayon, viscose rayon, viscose staple (fibre) ‖ ~**verfahren** *n* (zur Herstellung der Spinnlösung) (Spinn) / viscose process
**Viskosi•meter** *n* (zur Bestimmung des Fließverhaltens von Substanzen) (Phys) / viscometer* *n*, viscosimeter *n* ‖ ~**meterdruckelement** *n* (Phys) / bob *n* ‖ ~**metrie** *f* (DIN 51562) (Phys) / viscometry *n*, viscosimetry *n* ‖ ~**metrisch** *adj* (Phys) / viscometric *adj* ‖ ~**metrische Strömung** (DIN 1342, T 1) (Phys) / viscometric flow
**Viskosität** *f* (DIN 1342, T 1 und 51550) (DIN 51550) (Masch, Phys) / viscosity* *n* ‖ **dynamische** ~ (DIN 1342) (Masch, Phys) / dynamic viscosity*, shear viscosity ‖ **kinematische** ~ (in m²s⁻¹) (DIN 1342, T 1) (Masch, Phys) / kinematic viscosity* ‖ **relative** ~ (DIN 1342) (Phys) / viscosity ratio, relative viscosity ‖ **scheinbare** ~ (DIN 1342) (Phys) / anomalous viscosity*, apparent viscosity ‖ **verzögerte** ~ (DIN 13 343) (Phys) / retarded viscosity
**Viskositäts•abbau** *m* (Phys) / viscosity breaking ‖ ~**anomalie** *f* ("Wasserberg") (Phys) / anomalous viscosity behaviour ‖ ~**brechen** *n* (Phys) / viscosity breaking ‖ ~**dämpfung** *f* (Akus) / viscous damping* ‖ ~**erhöhendes Mittel** (Anstr, Chem, Nahr, Phys) / thickener *n*, thickening agent ‖ **niederer** ~**grad** (Phys) / low viscosity index, LVI ‖ ~**index** *m* (Kennzahl für Mineral- und Schmieröle - DIN ISO 2909) (Phys) / viscosity index, VI ‖ ~**indexverbesserer** *m* (Zusatz, der die Temperaturabhängigkeit der Viskosität vermindert und damit den Viskositätsindex eines Öles erhöht) (Phys) / viscosity-index improver, VI improver ‖ **relatives** ~**inkrement** (Phys) / specific viscosity ‖ ~**koeffizient** *m* (stoffspezifische Konstante in rheologischen Stoffgesetzen) (Phys) / coefficient of viscosity*, viscosity coefficient ‖ ~**kurve** *f* (grafische Darstellung der Scherviskositätsfunktion über dem Geschwindigkeitsgefälle oder über der Schubspannung - DIN 1342, T 1 und 13342) (Phys) / viscosity curve ‖ ~**meßbecher** *m* (z.B. Ford-Becher) (Phys) / viscosity cup ‖ ~**modul** *m* (Chem Verf, Mech) / loss modulus, viscous modulus, hysteretic modulus, imaginary modulus, out-of-phase modulus ‖ ~**operator** *m* (DIN 13 343) (Phys) / viscosity operator ‖ ~**stabilisator** *m* (Chem, Phys) / viscosity stabilizer ‖ ~**verhältnis** *n* (Phys) / viscosity ratio, relative viscosity ‖ ~**zahl** *f* (relative Viskositätsänderung, geteilt durch die Konzentration der Lösung in g/ml) (Phys) / viscosity number, reduced viscosity
**Visual Basic** *n* (EDV) / Visual Basic *n* (object-oriented Basic programing evironment by Microsoft)
**Visualisierung** *f* / visualization *n*
**visuell** *adj* (Sensor des Industrieroboters) / visual *adj* ‖ ~ (Opt) / macroscopic* *adj* ‖ ~ (Opt, Physiol) / optic* *adj*, visual *adj* ‖ ~**e Auswertung** (z.B. von Fernerkundungsaufnahmen) / visual interpretation ‖ ~**e Bemusterung** (Aufber) / eye assay, eyeball assay ‖ ~**er Doppelstern** (Astr) / visual binary*, visual double ‖ ~**es Fotometer** (Licht) / visual photometer, subjective photometer ‖ ~**es**

**Gedächtnis** (KI) / iconic memory ‖ ~**e Kommunikation** (z.B. mit Fahnen, Rauch, Heliograf) (Fernm, Opt) / visual communication ‖ ~**er Nutzeffekt** (einer zusammengesetzten Strahlung) (Phys) / luminous efficiency (of complex radiation) ‖ ~**e Prüfung** (WP) / visual inspection, sight check, visual examination ‖ ~**e Raumwahrnehmung** (Math, Opt) / space perception ‖ ~**er Sensor** / visual sensor ‖ ~**er Vergleich** / comparison by sight ‖ ~**e Verschmutzung** (z.B. durch falsch lokalisierte Großanlagen) (Umwelt) / visual pollution ‖ ~ **wahrnehmbare Eigenschaft** (z.B. Glanz, Farbe, Deckvermögen) (WP) / appearance property
**Visur** *f* (Verm) / sight* *n*
**vital** *adj* (Biol) / vital *adj*
**vitale Färbung** (Biochem, Mikros) / vital staining
**Vital•farbstoff** *m* (Biochem, Mikros) / vital stain* ‖ ~**färbung** *f* (Biochem, Mikros) / vital staining ‖ ~**ität** *f* (Energiepotential eines Organismus) (Biol) / vitality *n* ‖ ~**kapazität** *f* (der Lunge) (Med) / vital capacity* ‖ ~**kleber** *m* (Nahr) / vital gluten ‖ ~**mikroskopie** *f* (Med) / vital microscopy
**Vitamin** *n* (Biochem) / vitamin* *n* ‖ **antiinfektiöses** ~ (Vitamin A) (Pharm) / anti-infective vitamin ‖ **fettlösliches** ~ (Biochem, Pharm) / fat-soluble vitamin ‖ **mit** ~**en anreichern** (Nahr) / vitaminize *v*, vitaminise *v* (GB) ‖ **wasserlösliches** ~ (Biochem, Pharm) / water-soluble vitamin ‖ ~ **n A₁** (Biochem) / retinol *n*, axerophthol* *n*, vitamin *n* A₁ ‖ ~ **A** (Epithelschutzvitamin) (Biochem) / vitamin A* ‖ ~ **B₂** (Biochem) / riboflavin* *n*, vitamin B₂*, lactoflavin* *n*, vitamin G, riboflavine *n* ‖ ~ **B₁** (Biochem) / thiamin* *n*, thiamine *n*, vitamin B₁*, aneurin *n* ‖ ~ **B₁₂** (Biochem) / vitamin B₁₂*, extrinsic factor ‖ ~ **B_T** (Biochem) / carnitine *n*, vitamin B_T ‖ ~ **C** (Askorbinsäure) (Biochem) / vitamin C*, antiscorbutic acid ‖ ~ **E** (Tokopherol) (Biochem) / vitamin E*, tocopherol* *n* ‖ ~ **H** (Biochem) / biotin* *n*, vitamin H ‖ ~ **K₁** (Biochem) / phylloquinone *n* ‖ ~ **K** (Sammelbezeichnung für die antihämorrhagischen Vitamine K₁ bis K₆) (Biochem) / vitamin K* ‖ ~ **P** (Biochem) / vitamin *n* P ‖ ~**antagonist** *m* (z.B. Avidin gegen Biotin usw.) (Biochem) / antivitamin *n*, vitagonist *n* ‖ ~-**B-Gruppe** *f* (Biochem) / vitamin B complex* ‖ ~**haltig** *adj* (Biochem, Nahr) / vitamin-containing *adj*
**vitaminieren** *v* (Nahr) / vitaminize *v*, vitaminise *v* (GB)
**vitaminisieren** *v* (Nahr) / vitaminize *v*, vitaminise *v* (GB)
**Vitaminmangel** *m* (Med) / vitamin deficiency ‖ ~**krankheit** *f* (Med) / vitamin-deficiency disease
**Vitellin** *n* (besonders im Eidotter enthaltenes Phosphoprotein) (Chem) / vitellin* *n*
**Vitreosol** *n* (Chem) / rigid sol
**Vitreous China** *n* (ein Halbporzellan) (Keram, Sanitär) / vitreous china, vitrified china
**Vitrine** *f* / showcase *n*, glass cabinet (case), vitrine *n*
**Vitrinit** *n* (ein Mazeral) (Bergb, Geol, Min) / vitrinite* *n* (the predominant maceral in most coals)
**Vitriol** *n* (veraltete Bezeichnung für ein kristallwasserhaltiges Sulfat eines zweiwertigen Metalls) (Min) / vitriol* *n* ‖ ~ **gebeiztes Bergahornholz** (Tischl) / harewood *n* ‖ ~**küpe** *f* (Tex) / blue vat ‖ ~**öl** *n* (Chem) / oil of vitriol* ‖ **Nordhäuser** ~**öl** (rauchende Schwefelsäure) (Chem) / Nordhausen acid ‖ ~**säure** *f* (Chem) / oil of vitriol*
**Vitrit** *m* (ein Streifenart - petrografische Bezeichnung für Glanzkohle) (Bergb, Geol) / vitrite *n*, vitrain *n*
**Vitroid** *n* (Stoff, der durchsichtige, glasartig erstarrende Schmelzflüsse bildet) (Chem) / vitroid *n*
**vitro•keramisch** *adj* (Glas, Keram) / vitroceramic *adj* ‖ ~**klastisch** *adj* (Geol) / vitroclastic *adj* ‖ ~**phyr** *m* (vulkanisches Ergußgestein mit Einsprenglingen in einer glasartigen Grundmasse) (Geol) / vitrophyre *n* ‖ ~**phyrisch** *adj* (Geol) / vitrophyric *adj*
**VI-Verbesserer** *m* (ein Schmierstoffadditiv, üblicherweise ein Polymer) (Phys) / viscosity-index improver, VI improver
**Vivianisch•es Fenster** (Math) / Viviani's curve, Viviani's window ‖ ~**e Kurve** (nach V. Viviani, 1622 - 1703) (Math) / Viviani's curve, Viviani's window
**Vivianit** *m* (Min) / vivianite* *n*
**vizinal** *adj* (Chem, Krist) / vicinal* (vic-) *adj* ‖ ~**fläche** *f* (Kristalloberfläche, deren Orientierung sich nur wenig von der einer niedrig indizierten Kristallfläche unterscheidet) (Krist) / vicinal face*, vicinal plane ‖ ~**kopplung** *f* (Spektr) / vicinal coupling
**VJ** / video jockey, VJ
**VK** (Chem) / evaporation coefficient ‖ ~ (Anteil des gebundenen Schwefels in Prozenten, bezogen auf den Kautschukgehalt) (Chem Verf) / vulcanization coefficient, degree of vulcanization ‖ ~ (Form der Telekonferenz, bei der speziell ausgerüstete Konferenzräume über Breitbandstromwege zusammengeschaltet sind) (Fernm) / videoconference *n* ‖ ~ (Kftst) / carburettor fuel (for carburetted fuel system)
**VKA** *m* (ein Ölprüfgerät) (Erdöl, Instr) / four-ball tester
**V-Kampfstoff** *m* (Mil) / V-agent *n*, V-nerve agent
**V-Karton** *m* (Pap) / V board

1357

**V-Kerb** *m* / V-cut *n*
**VKG** (Eltronik, Med) / vector electrocardiogram, vectorcardiogram *n*, monocardiogram *n*
**V-Kopplung** *f* (Phys) / vector coupling
**VK-Teilnehmer** *m* (Fernm) / videoconference party
**V-Kurve** *f* (Eltech) / V-curve* *n*
**V-Lager** *n* (Masch) / V bearing, vee bearing
**VLAN** (EDV) / virtual LAN, VLAN
**Vlasov•-Gleichung** *f* (Plasma Phys) / Vlasov equation, collisionless Boltzmann equation ‖ ~-**Plasma** *n* (Plasma Phys) / Vlasov plasma
**VLB** (Pharm) / vinblastine* *n*, vincaleukoblastine *n*
**VLBI** (Astr) / very-long-baseline interferometry, VLBI
**VLBI-Interferometrie** *f* (Astr) / very-long-baseline interferometry, VLBI
**VLd** (Vollasttag bei Kraftwerken) / full-load day
**VLD-Verfahren** *n* (Hütt) / vacuum ladle degassing, VLD
**V-Leitwerk** *n* (eine Vereinigung von Höhen- und Seitenleitwerk) (Luftf) / butterfly tail*, vee-tail* *n*, V-tail *n*
**Vley** *n* (flache Hohlform südafrikanischer Trockengebiete) (Geol) / vley *n*
**VLF-Emission** *f* (sehr niederfrequente Radiowellen natürlicher Herkunft von nur einigen bis $10^4$ Hz, die in der Ionosphäre, der Troposphäre oder der Magnetosphäre entstehen) (Radio) / very low frequency emission, VLF emission
**Vlies** *n* (an der Innenseite der Diskettenhülle) (EDV) / special liner (that provides a wiping action to remove wear products, etc.), protective lubricant ‖ ~ (Faservlies, Spanvlies) (For) / mat *n* ‖ ~ (ein Vorprodukt der Karde) (Spinn) / web *n* (fibrous) ‖ ~ (DIN 60004) (Wolle) (Tex) / fleece *n* ‖ ~ (loser Pelz) (Tex) / mat *n* ‖ **niedrig belastbares** ~ (Tex) / light-duty non-wovens ‖ ~ **aus Faserschichten** (DIN 61210) (Tex) / fibre fleece ‖ ~ **mit paralleler Faserlage** (Tex) / parallel-laid nonwoven fabric, parallel nonwoven ‖ ~**abriß** *m* (DIN 60004) (Tex) / footlocks *pl*, skirtings *pl* ‖ ~**bildemaschine** *f* (Tex) / webber *n* ‖ ~**bildung** *f* **auf nassem Wege** (Tex) / wet laying ‖ ~**bildung auf trockenem Wege** (Tex) / dry laying* ‖ ~**bildungsaggregat** *n* (Faserplattenherstellung) (For, Tischl) / felter *n* ‖ ~-**Glimmerband** *n* (Eltech) / mica fleece tape ‖ ~**krempel** *f* (Spinn) / intermediate card, second breaker (card) ‖ ~**kunstleder** *n* (Tex) / non-woven leather ‖ ~**nadelfilztuch** *n* (Tex) / batt-on-base woven felt ‖ **adhäsive** ~**verfestigung** (Tex) / adhesive bonding ‖ ~**verteiler** *m* (Tex) / web divider ‖ ~**wäsche** *f* (Tex) / fleece washing
**V$_\lambda$l-Kurve** *f* (Licht, Opt) / photopic luminosity curve, photopic spectral luminous efficiency curve
**VLP** (EDV, Opt) / optical disk, optical videodisk, OVD, optical disc, video long-play disk, VLP disk, OD ‖ ~-**Bildplatte** *f* (optischer Speicher, der sich zum Lesen der Informationen eines Lasers bedient) (EDV, Opt) / optical disk, optical videodisk, OVD, optical disc, video long-play disk, VLP disk, OD
**VLT** / full-load day
**VMC** (Luftf) / visual meteorological conditions*, VMC*, visual met conditions
**V-Meson** *n* (Kernphys) / V-particle *n*
**V-Meßblende** *f* (des Dreiecksüberfallwehrs) (HuT, Wasserb) / vee notch*, triangular notch, V-notch *n*
**VMOS-Transistor** *m* (ein Feldeffekttransistor, bei dem ein V-förmiger Graben in das Material geätzt wird, der die n-Schicht durchstößt) (Eltronik) / VMOS transistor
**V-Motor** *m* (DIN 1940) (V-Mot) / V-type engine, V-engine *n*, vee engine
**V6-Motor** *m* (V-Mot) / V-six cylinder engine, V-six engine, Vee-six *n*
**VM-Reagens** *n* (salpetersaure Lösung von Ammoniumvanadatmolybdat zum Nachweis und zur Bestimmung von Phosphat, insbesondere in Kesselspeisewasser) (Chem) / vanadate-molybdate reagent
**V-Naht** *f* (eine Stumpfnaht nach DIN 1912, T 5) (Schw) / single-V butt joint (without root face), V-weld *n*, V-butt joint, vee weld, single-V groove weld, single-V butt weld ‖ **halbe** ~ (Schw) / single-bevel butt joint (without root face), single-bevel groove weld, single-bevel butt weld
**v-n-Diagramm** *n* (erlaubter Flugbereich) (Luftf) / flight envelope*, V-n diagram
**V-Netznachbildung** *f* (für Zweileiter-Stromversorgung) (Eltech) / V-network *n*
**V-Null-Getriebe** *n* (Zahnräder kämmen miteinander ohne Profilverschiebung, ihre Teilkreise berühren sich im Wälzpunkt) (Masch) / V-O gear, long-and-short addendum gears
**V-Nut** *f* (Masch) / vee groove
**V-nut-Zerstäuber** *m* (Chem Verf) / V-nut nebulizer
**VOB** (Bau) / contract procedure for building works, contracting procedure for construction work(s)
**V-Oberflächenschliff** *m* (Glas) / V-cut *n*
**VOC** (Chem) / volatile organic compounds

**Vocoder** *m* (ein Gerät zur Sprachfrequenzkompression und zur künstlichen Erzeugung von Sprache - DIN 1320) (Akus, Fernm) / vocoder* *n*
**VOD-Anlage** *f* (Hütt) / vacuum oxygen decarburization plant, VOD plant
**Vodas** *n* (sprachgesteuerter Sende-Empfang-Umschalter für drahtlosen Übersee-Fernsprechverkehr über einen Kanal in beiden Sprechrichtungen) (Fernm) / voice-operated device anti-sing*, vodas* *n*
**VODC-Verfahren** *n* (sekundärmetallurgisches Konverterverfahren) (Hütt) / VOD process, vacuum oxygen decarburization process
**Voder** *m* (ein Sprachsimulator) (Fernm) / voice operation demonstrator*, voder* *n*
**VODK-Verfahren** *n* (Hütt) / VOD process, vacuum oxygen decarburization process
**Vogad** *n* (sprachgesteuerte Verstärkungsregelung im drahtlosen Fernsprechverkehr) (Fernm) / voice-operated gain-adjusting device*, vogad* *n*
**Vogel•abwehrmittel** *n* (Landw) / bird repellent ‖ ~**auge** *n* (Tex) / bird's eye ‖ ~**augenbindung** *f* (Web) / bird's eye weave ‖ ~**augenmuster** *n* (Tex) / bird's eye pattern ‖ ~**augentextur** *f* (des Holzes, z.B. beim Zuckerahorn) (For) / bird's-eye grain, bird's-eye figure, bird's eyes ‖ ~**beerbaum** *m* (Sorbus aucuparia L.) (For) / rowan *n*, rowan-tree *n* (GB), mountain ash ‖ ~**griff** *m* (offenes Heft ungefähr in der Form eines S) (For) / crutch handle
**Vogel-Ossag-Viskosimeter** *n* (DIN 51561 und 51569) (Phys) / V.O. visco(si)meter
**Vogel•perspektive** *f* (eine kartenverwandte Darstellung, die dem schrägen Blick aus einer Landschaft aus einer größeren Höhe entspricht) / bird's-eye view, high-angle view ‖ ~**schau** *f* / bird's-eye view, high-angle view ‖ ~**schaubild** *n* / bird's-eye view, high-angle view ‖ ~**schlag** *m* (Zusammenstoß mit einem Vogel bzw. das Ansaugen eines Vogels in einem Triebwerkeinlaß) (Luftf) / bird strike, bird impact ‖ ~**schlaggefahr** *f* (Luftf) / bird-strike hazard ‖ ~**zungenfeile** *f* (Werkz) / file with lenticular cross section
**Vogesensäure** *f* (Chem) / racemic acid*, uvic acid, the racemic form of the tartaric acid
**Vogesit** *m* (Geol) / vogesite* *n*
**Voice Mail** *n* (das nach AMIS-Standards aufgebaut ist) (EDV, Fernm) / voice mail
**Voice•box** *f* (im Mobilfunk) (Fernsp) / voice box ‖ ~**computer** *m* (Gerät, das selbständig Telefongespräche wie ein Anrufbeantworter annimmt und aufzeichnet) (EDV, Fernsp) / voice computer ‖ ~**dialing** *n* (Fernsp) / voice dialling, voice dialing (US) ‖ ~**recorder** *m* (Luftf) / voice recorder ‖ ~**-response-unit** *f* (die die routinemäßige Beantwortung häufig wiederkehrender Fragen, für die kein speziell geschultes Personal erforderlich ist, übernimmt) (Fernm) / voice response unit
**Void** *n* (pl. -s) (bei Bestrahlung von Metallen und anderen kristallinen Körpern) (Hütt, Kernphys) / void *n*
**Voigt•-Effekt** *m* (starke transversale magnetische Doppelbrechung im Bereich einer Absorptionslinie - nach W. Voigt, 1850-1919) (Phys) / Voigt effect* *f* ‖ ~-**Kelvin-Körper** *m* (in der Modelldarstellung der Rheologie - DIN 13343) (Phys) / Kelvin body ‖ ~-**Kelvin-Modell** *n* (Phys) / Voigt model, Kelvin model, Voigt-Kelvin model ‖ ~-**Körper** *m* (in der Modelldarstellung der Rheologie - DIN 13343) (Phys) / Kelvin body ‖ ~-**Profil** *n* (Verbreiterungsform des Spektrallinien) (Spektr) / Voigt profile (when Doppler broadening and Lorentz damping both apply)
**Voile** *m* (schleierartig licht eingestelltes Gewebe in Leinwandbindung aus hartgedrehten Voilezwirnen) (Tex) / voile* *n* ‖ ~-**Garn** *n* (Spinn) / voile yarn ‖ ~-**Zwirn** *m* (Spinn) / voile yarn
**Voith-Schneider-Propeller** *m* (Schiff) / cycloidal propeller, Voith-Schneider propeller
**Vokabular** *n* (EDV) / vocabulary *n*
**Vokal** *m* (Akus) / vowel *n*
**vokalisieren** *v* (Sprache) (Akus) / voice *vt*
**Vokoder** *m* (Akus, Fernm) / vocoder* *n*
**Vol.-%** *n* / volume percentage, percentage by volume
**Volant** *m* *n* (Kfz) / steering wheel ‖ ~ (der Kammwollkrempel - seine Aufgabe ist es, ein Vollsetzen des Trommelbeschlages zu verhindern und die Fasern möglichst nahe der Kratzenoberfläche zu halten) (Tex) / fancy *n*
**volatil** *adj* (Halbleiterspeicher, dessen Inhalt bei Netzausfall verlorengeht) (EDV) / volatile* *adj*
**Volatile Organic Compounds** (Chem) / volatile organic compounds
**Volksname** *m* (für Pflanzen und Tiere) (Biol) / vernacular name
**volkswirtschaftlich** *adj* / economic *adj* ‖ ~**e Gesamtrechnung** *f* / national accounting, overall accounting ‖ ~**e Kosten** (die von der Wirtschaft verursacht, jedoch von Dritten oder der Allgemeinheit getragen werden - z.B. Wasser- und Luftverschmutzung) / social costs

**Volkszählung** *f* (Stats) / census of population
**voll** *adj* (massiv) / solid *adj*, massive *adj*, massy *adj* ‖ **~** / full *adj* ‖ **~ ausgestattete Tastatur** (EDV) / full-featured keyboard ‖ **~e Betriebsfähigkeit** (als Zeiteinheit) / qualified life ‖ **~er Bildschirm** (Inhalt) (EDV) / screenful *n* ‖ **~er Blasen** / blistery *adj* ‖ **~er Durchgang** (bei Armaturen) (Masch) / full bore ‖ **~ eingespannter Bogen** (Arch, HuT) / rigid arch* ‖ **~er Einschlag** (der Vorderräder) (Kfz) / full lock ‖ **~e Fuge** (Bau) / flat joint, flush joint ‖ **~er Garnträger** (Spinn) / spool *n*, package* *n* ‖ **~e Größe** / actual size, full size, natural size ‖ **~e Halbwertsbreite** (ein Kriterium für die Beobachtung von zwei Spektrallinien) (Phys, Spektr) / full-width half maximum, FWHM ‖ **~er Klumpen** / lumpy *adj* ‖ **~e Kompatibilität** (TV) / full compatibility ‖ **~e Ladung** / full charge ‖ **~e Lorentz-Gruppe** (Math) / Poincaré group, inhomogeneous Lorentz group ‖ **~e Öffnung** (Foto) / full aperture* ‖ **~e Satzspiegelbreite** (Druck) / spread* *n* ‖ **~ Staub** / dust-laden *adj*, dusty *adj* ‖ **~er Tinte** / inky *adj* ‖ **~er Treppenpfosten** (Bau) / solid newel* ‖ **~e Treppenspindel** (Bau) / solid newel* ‖ **~er Untiefen** / shallow *adj*, shoaly *adj* ‖ **~es Urbild** (Math) / full inverse image, inverse-image set ‖ **~ versenkbares Verdeck** (Kfz) / fully retractable top ‖ **~e Vorspannung** (im Betonquerschnitt dürfen keine Zugspannungen auftreten, der Querschnitt ist voll überdrückt) (HuT) / final stress ‖ **~ Wasserdampf** / steamy *adj* ‖ **~er Wurzeln** (Bot, For, Landw) / rooty *adj*, rooted *adj* ‖ **~er Zeigerausschlag** (Instr) / full-scale deflection, FSD*, full deflection ‖ **~e Zwangsschmierung** (einschließlich Kolbenbolzen und Zylinderwänden) (Masch) / full-force feed*
**Voll•-** / full *adj* ‖ **⁓achse** *f* (Masch) / solid axle ‖ **⁓addierer** *m* (EDV) / full-adder* *n*, digital adder, three-point adder* ‖ **⁓addierglied** *n* (EDV) / full-adder* *n*, digital adder, three-point adder*, three-input adder* ‖ **⁓additivität** *f* (Math) / countable additivity ‖ **⁓additivleiterplatte** *f* (Eltronik) / fully additive printed circuit board, fully additive PC board
**Volladung** *f* / full charge
**Vollager** *n* (Masch) / solid bearing
**Voll•amt** *n* (Fernsp) / main exchange* ‖ **~amtsberechtigt** *adj* (Fernsp) / non-restricted *adj* ‖ **~amtsberechtigte Nebenstelle** (Fernsp) / non-restricted extension ‖ **~amtsberechtigung** *f* (Fernsp) / direct outward dialling, DOD ‖ **~aromatisch** *adj* / full-flavour *attr*
**Vollast** *f* (Masch) / full load* ‖ **~anlauf** *m* (des Motors) (Kfz) / full-load starting ‖ **⁓anreicherung** *f* (Kfz) / full-throttle enrichment ‖ **⁓drehzahl** *f* (einer Turbine) (Masch) / speed under full load ‖ **⁓tag** *m* (bei Kraftwerken) / full-load day
**Voll•ausbau** *m* (EDV, Fernsp) / fully equpped configuration ‖ **⁓ausbruch** *m* (beim Tunnelbau) (HuT) / full-face driving, full-face advance ‖ **~ausgebaute Version** (eines Systems, d.h. mit allen Funktionen) (EDV) / full-bore version ‖ **~ausgeschnittenes Gewinde** (Masch) / full thread* ‖ **~ausschlag** *m* (bei Meßinstrumenten) (Instr) / full-scale deflection, FSD*, full deflection ‖ **⁓automat** *m* (Drehmaschine) (Masch) / fully automatic lathe, chucking automatic lathe, bar automatic lathe, automatic bar machine
**vollautomatisch** *adj* (Nahr) / fully automatic *adj*, fully automated *adj* ‖ **~e Flachmustererkennung** (EDV) / machine recognition of patterns ‖ **~es Landesystem** (Luftf) / automatic landing, autoland* *n* ‖ **~e Landung** (Luftf) / automatic landing, autoland* *n* ‖ **~er Satz** (Druck, Typog) / automated typesetting
**Voll•automatisierung** *f* (F.Org) / complex automatization, automation* *n* ‖ **⁓automatisierung** s. auch Automation und Automatisierung ‖ **⁓badappretur** *f* (Tex) / full-bath finish, ordinary-bath finish ‖ **⁓balken** *m* (Bau, HuT) / solid beam ‖ **⁓beaufschlagung** *f* (in Beaufschlagungsgrad) (Masch) / full admission ‖ **⁓beflockung** *f* (Plast, Tex) / overall flocking ‖ **~beruhigter Stahl** (Hütt) / killed steel* ‖ **~besetztes Band** (Phys) / filled band* ‖ **~besetztes Energieband** (Phys) / filled band* ‖ **~besetzte Schale** (Kernphys) / closed shell ‖ **~bewegliche Höhenflosse** (wenn die gesamte Höhenflosse bewegt wird) (Luftf) / taileron *n*, stabilator* *n*, all-moving tail*, flying tail* ‖ **~bezug** *m* (Kfz) / slip-on seat cover* ‖ **⁓bild** *n* (TV) / picture* *n*, frame *n* (US) ‖ **⁓bildfrequenz** *f* (TV) / frame frequency (US)*, scanning frequency*, picture frequency*, framing rate, frame rate ‖ **⁓bildschirmanzeige** *f* (EDV) / full-screen display, full-frame display ‖ **⁓blasen** *n* (Glas) / hot mould, hot-mould blowing ‖ **⁓bohren** *n* (Bergb) / plugging *n*, non-core drilling, solid drilling, full-hole drilling ‖ **⁓bohren** (Masch) / drilling *n* (from the solid) ‖ **⁓bohrkrone** *f* (die das Gestein im gesamten Bohrlochquerschnitt zerstört) (Bergb) / plug bit, non-coring bit, solid-crown bit, solid bit, non-core bit, B.H. bit, blasthole bit, blind bit ‖ **⁓bremsung** *f* (Kfz) / full-braking *n*, flat-out braking, all-out braking ‖ **⁓bremsung** (schreckbedingte Notbremsung) (Kfz) / panic braking, emergency braking ‖ **⁓brücke** *f* (Eltech) / four-arm bridge ‖ **⁓charter** *f* (Schiff) / complete charter ‖ **~digital** *adj* (Eltronik) / fully digital ‖ **~digitale Verarbeitung** (Eltronik) / fully digital processing ‖ **~draht** *m* (Eltech) / solid wire, solid conductor ‖ **⁓dreher** *m* (Tex) / double leno, double gauze, douped crossing gauze ‖ **⁓drehpflug** *m* (mit getrennten rechts- und linkswendenden Pflugkörpern) (Landw) / reversible brabant plough ‖ **⁓druckanzug** *m* (Luftf) / full-pressure suit, pressurized suit ‖ **⁓dünger** *m* (ein Mehrnährstoffdünger mit den drei Kernnährstoffen Stickstoff, Phosphor und Kalium, der die vollständige Nährstoffversorgung der Pflanze in einem Arbeitsgang möglich macht) (Landw) / complete fertilizer ‖ **⁓duplexbetrieb** *m* (EDV, Fernm) / duplex* *n*, duplexing *n*, duplex transmission, full duplex, duplex operation ‖ **⁓durchgang** *m* (bei Armaturen) (Masch) / full bore ‖ **⁓ei** *n* (Nahr) / whole egg ‖ **⁓eipulver** *n* (Nahr) / whole-egg powder ‖ **~elastisch** *adj* / fully elastic ‖ **~elektrisch** *adj* (Elektr) / all-electric ‖ **~elektrische Flugsteuerung** (Luftf) / flying by wire, flight by wire, fly-by-wire* *n* ‖ **~elektrische Schmelze** (Glasschmelzverfahren unter ausschließlicher Nutzung des Energieträgers Elektroenergie und deren Umwandlung in Joulesche Wärme bei ausreichender elektrischer Leitfähigkeit des Glases) (Glas) / all-electric melting ‖ **~elektronische Luftfahrzeugsteuerung** (Luftf) / flying by wire, flight by wire, fly-by-wire* *n* ‖ **~elektronischer Wagen** (Kfz) / electronic car, all-electronic car ‖ **~elektronische Zündung** (V-Mot) / distributorless ignition ‖ **~enthärtung** *f* **im Na-Austauscher** (Chem Verf) / zeolite process*, sodium-cycle softening ‖ **~entsalztes Wasser** / demineralized water, deionized water*, demin water, deionate *n* ‖ **⁓entsalzung** *f* (Chem Verf) / demineralization* *n*, deionization *n* (complete) ‖ **⁓entsalzung mittels Mischbettaustauschers** (Chem Verf) / mixed-bed demineralization ‖ **⁓erhebung** *f* (Stats) / total count, total enumeration, complete enumeration, exhaustive enumeration ‖ **⁓erntemaschine** *f* (For) / harvester *n* ‖ **⁓ernter** *m* (For) / harvester *n*
**Vollerwerden** *n* (reale Punktvergrößerung im Rasterdruck) (Druck) / ink spread
**voll•farbfähiges Display** (EDV) / full-colour display ‖ **⁓feuer** *n* (etwa über 1000 °C) (Keram) / hard-fire *n*, hard-burning *n*, full-fire *n*, sharp fire ‖ **⁓flächig** *adj* (Krist) / holohedral* *adj*, holosymmetrical *adj*, holosystemic *adj* ‖ **⁓flächner** *m* (Krist) / holohedron *n* (pl. -dra or -drons) ‖ **~fliegende Hinterradachse** (Achswelle nur auf Verdrehung beansprucht) (Kfz) / full-floating rear axle ‖ **⁓fließpressen** *n* (vorwärts oder rückwärts) (Masch) / rod extrusion ‖ **~flüssige Schmierung** (mittels Flüssigkeiten) (Masch) / hydrodynamic lubrication*, complete lubrication, thick-film lubrication*, viscous lubrication ‖ **⁓form** *f* (Glas) / plate mould ‖ **⁓formatanzeige** *f* (EDV) / full-screen display, full-frame display ‖ **⁓formatdarstellung** *f* (auf dem Bildschirm) (EDV) / full-screen display, full-frame display ‖ **⁓formateingabe** *f* (EDV) / full-screen data input ‖ **⁓format-Texteditor** *m* (der das Editieren einer ganzen Bildschirmseite gestattet) (EDV) / full-screen text editor ‖ **⁓formgießen** *n* (mit Kunststoffmodellen, die bei Gießtemperatur restlos vergasen) (Gieß) / full-mould casting, cavityless casting ‖ **⁓formgießverfahren** *n* (Gieß) / full-mould casting, cavityless casting ‖ **⁓gas** *n* (Kfz) / full throttle, full bore (pedal to the metal) ‖ **⁓gasflug** *m* (Luftf) / flight with engine all out, flight with full throttle ‖ **⁓gatter** *n* (For) / frame sawing machine, gang saw*, frame-saw *n*, log frame saw ‖ **⁓gattersägemaschine** *f* (For) / frame sawing machine, gang saw*, frame-saw *n*, log frame saw ‖ **fahrbare ⁓gattersägemaschine** (For) / portable log frame saw ‖ **~geleimt** *adj* (Pap) / strongly sized ‖ **~geleimtes Papier** (Pap) / hard-sized paper ‖ **~geschliffen** *adj* (Messerschneide) (Werkz) / flat ground ‖ **⁓geschwister** *n pl* (Biol) / full sibs* ‖ **~getränkte Papierisolierung** (Eltech) / mass-impregnated paper insulation ‖ **~glasig** *adj* (Geol) / holohyaline *adj* ‖ **⁓glastür** *f* (Bau) / solid glass door ‖ **~gummibereift** *adj* (Kfz) / solid-tyred *adj* ‖ **⁓gummireifen** *m* (für hochbelastete Fahrzeuge mit niedriger Geschwindigkeit sowie für Standfahrzeuge) (Kfz) / solid tyre ‖ **⁓guß** *m* (Keram) / solid casting ‖ **⁓hartguß** *m* (Hütt) / fully white (cast) iron ‖ **⁓holz** *n* (For, Tischl) / solid wood ‖ **~holzig** *adj* (For, Tischl, Zimm) / full-bodied *adj*, full-boled *adj*, non-tapering *adj* ‖ **⁓holzigkeitszahl** *f* (in der Baum- und Bestandesschätzung, z.B. Brusthöhen-Formzahl) (For) / form factor, tree form factor ‖ **⁓hub-Sicherheitsventil** *n* (Masch) / full-lift safety valve
**völlig abbauen** (Bergb) / mine out *v*, work out *v* ‖ **~ abgefahrener Reifen** (Kfz) / bald tyre ‖ **~ ausgefüllter Raum** (Phys) / plenum *n* ‖ **~ dezentralisierte Steuerung** (Regeln) / totally decentralized control, TDC ‖ **~ diffus strahlender Körper** (Licht, Phys) / perfect diffuser ‖ **~ durchnäßt** *adj*, sodden *adj* ‖ **~er Erdschluß** (Eltech) / dead earth*, dead ground (US), complete ground (US)
**Völligkeit** *f* (des Propellers) (Luftf) / solidity *n*
**Völligkeitsgrad** *m* (eine Verhältniszahl zur Kennzeichnung der Form des Unterwasserteils von Schiffen und zur Beurteilung der Schwimmkörpereigenschaften) (Schiff) / coefficient of fineness*, form parameter ‖ **~ der Konstruktionswasserlinie** (Schiff) / waterline coefficient ‖ **~ der Verdrängung** (Schiff) / block coefficient*
**Vollinie** *f* (technisches Zeichnen - DIN 15) / continuous line, full line

1359

**voll•ionisiertes Plasma** (Plasma Phys) / fully ionized plasma ‖
~**kammerpolster** n (bei den alten Bodeneffektgeräten) / plenum chamber air cushion ‖ ~**kantig** adj (Schnittklasse des Bauholzes) (For) / full-edged adj ‖ ~**kasko** f (Kfz) / full insurance cover ‖
~**kaskoversicherung** f (Kfz) / fully comprehensive vehicle insurance, comprehensive vehicle insurance ‖ ~**kaskoversicherung** (Kfz) / full insurance cover ‖ ~**kavitierend** adj (Phys, Schiff) / supercavitating adj ‖ ~**keilriemen** m / solid V belt, solid vee belt ‖ ~**kernig** adj (Kernholzbaum) (For) / all-heart attr ‖ ~**kernisolator** m (Eltech) / solid-core insulator

**vollkommen** adj / ideal adj ‖ ~e **Benetzung** (Chem) / complete wetting ‖ ~ **elastisch-plastischer Werkstoff** (WP) / perfectly plastic-elastic material ‖ ~ **glatte Oberfläche** / perfectly smooth surface ‖ ~ **glatte See** (Schiff) / mirror sea, dead-smooth sea ‖ ~e **Gruppe** (die gleich ihrer Kommutatorgruppe ist) (Math) / perfect group ‖ ~e **Mischung** / perfect mix ‖ ~es **Quadrat** (Math) / perfect square ‖ ~ **selbsthemmende Lenkung** (Kfz) / irreversible steering* ‖ ~er **Überfall** (bei Eintritt eines Fließwechsels vom Strömen zum Schießen) (Wasserb) / free flow, free overflow, drop spillway ‖ ~ **unelastischer Stoß** (Phys) / perfectly inelastic collision, completely inelastic collision ‖ ~e **Verbrennung** (Wärm) / perfect combustion* ‖ ~e **Zahl** (eine natürliche Zahl n, die gleich der Summe ihrer natürlichen Teiler einschließlich 1, aber außer n ist) (Math) / perfect number*

**Voll•kontrolle** f / complete inspection ‖ ~**kornbrot** n (Nahr) / wholegrain bread, wholemeal bread, wholemeal n ‖ ~**kornmehl** n (das alle Kornbestandteile enthält) (Nahr) / wholemeal flour, wholemeal n ‖ ~**kornreis** m (Nahr) / brown rice, husked rice, hulled rice ‖ ~**körpermodell** n (ein Volumenmodell) (EDV) / constructive solid geometry ‖ ~**kristallin** adj (Geol) / eucrystalline adj ‖ ~**kristallin** (Geol, Krist) / holocrystalline adj, fully crystalline ‖ ~**kristalline Gesteine** (Geol) / holocrystalline rocks* ‖ ~**kundenschaltung** f (EDV, Eltronik) / full-custom IC ‖ ~**kundenspezifisch** adj / full-custom attr ‖ ~**mantelschleuder** f (in welcher der Schleuderraum durch einen ungelochten Mantel umgrenzt ist) / solid-wall centrifuge, solid-bowl centrifuge ‖ ~**mantelzentrifuge** f (in welcher der Schleuderraum durch einen ungelochten Mantel umgrenzt ist) / solid-wall centrifuge, solid-bowl centrifuge ‖ ~**maske** f (Schw) / full-face shield ‖ ~**maßbohrer** m (Masch) / size drill ‖ ~**material** n (nicht hohl) / solid material ‖ ~**material** (massiv) / bulk material ‖ ~**mauer** f (ohne Hohlräume) (Bau) / solid wall(ing), solid masonry wall ‖ ~**mechanisiert** adj (Masch, Regeln) / fully mechanized, comprehensively mechanized ‖ ~**milch** f (Nahr) / whole milk, full-cream milk, unskimmed milk ‖ ~**montage** f (Masch) / complete assembly ‖ ~**mundig** adj (voll im Geschmack - alkoholisches Getränk) (Nahr) / palateful adj ‖ ~**narbig** adj (Leder) / full-grain attr ‖ ~**niet** m (Masch) / solid rivet, full rivet

**Vollochwicklung** f (Eltech) / integral slot winding

**Voll•operation** f (EDV) / complete operation ‖ ~**pappe** f (massive Pappe nach DIN 6730) (Pap) / solid fibreboard ‖ ~**pipette** f (Chem) / volumetric pipette, transfer pipette, ordinary pipette ‖ ~**plastisches Verhalten** (Mech) / perfectly plastic behaviour ‖ ~**plastizität** f (Mech) / perfect plasticity ‖ ~**plattierung** f (gedruckte Schaltungen) (Eltronik) / panel plating ‖ ~**pol** m (DIN 42005) (Eltech) / non-salient pole ‖ ~**polläufer** m (Eltech) / smooth-core rotor*, non-salient-pole rotor ‖ ~**polmaschine** f (Eltech) / cylindrical-rotor machine ‖ ~**portalkran** m (Masch) / full-portal crane ‖ ~**portalkran als Laufkran** (HuT) / traveller gantry*, travelling crane ‖ ~**prägen** n (Gesenkformen mit ganz umschlossenem Werkstück) (Masch) / massive coining ‖ ~**prägen** (mit reliefartiger Oberfläche) (Plast) / coining n ‖ ~**profil** n (Hütt) / full section ‖ ~**rahmen** m (Mech) / solid frame ‖ ~**raupe** f (ein Schlepper) (HuT, Kfz) / track-laying tractor, tracked tractor, track-type tractor, crawler tractor ‖ ~**regulär** adj (Maschenware) (Tex) / fully fashioned ‖ ~**regulär** adj, fully-fashioned adj ‖ ~**regulär** (Flachstrick- und Cottonwirkware - formgerecht hergestellt und dann genäht) (Tex) / fully fashioned*, fully-fashioned adj ‖ ~**regulär** s. auch Schneidware ‖ ~**reife** f / full maturity ‖ ~**reinigung** f (Chem, Tex) / dry cleaning ‖ ~**reis** m (ein polierter Reis in Form von ganzen Körnern ohne Bruchanteil) (Nahr) / head rice ‖ ~**retusche** f (Druck) / overall retouching, global retouching, complete retouching ‖ ~**rindig** adj (For) / non-debarked adj ‖ ~**rollenlager** n (Masch) / full-type cylindrical bearing ‖ ~**schachtbohren** n (Bergb) / full-face shaft drilling ‖ ~**schaft** m (der Schraube; Schaftdurchmesser = Gewindedurchmesser) (Masch) / normal shank ‖ ~**schaftkolben** m (bei alten Motoren) (Kfz) / full-skirt piston, solid-shaft piston ‖ ~**schaumsitz** m **in Schalenbauweise** (Kfz) / fully foamed bucket seat ‖ ~**scheibe** f **konstanter Dicke** (Mech) / circular plate with constant thickness ‖ ~**scheibenrad** n (wenn keine Löcher oder Schlitze in der Radscheibe sind) (Kfz) / plain-disk wheel, solid-disk wheel ‖ ~**schlämmen** n (von Ritzen) (Wasserb) / sludging* ‖ ~**schmierung** f (mittels Flüssigkeiten) (Masch) / hydrodynamic lubrication*, complete lubrication, thick-film lubrication*, viscous lubrication

**Vollschnitt** m (bei technischen Zeichnungen nach DIN 6) / full section ‖ ~ (Vortriebsweise beim Tunnelbau) (HuT) / full-section driving, full-thickness driving ‖ ~**maschine** f (zum Auffahren von Strecken - heute mindestens 40 m pro Tag) (Bergb) / full-thickness cutting machine ‖ ~**schleifen** n (Masch) / deep grinding ‖ ~**vortriebsmaschine** f (im Tunnelbau) (HuT) / automatic tunnelling machine, full-face tunnelling machine

**voll•schreiben** v / fill with writing ‖ ~**schreiben** (eine Tafel) / write all over, cover with writing ‖ ~**schrotausbau** m (bei nicht standhaftem Gestein) (Bergb, HuT) / cribbing* n ‖ ~**schutzhelm** m (Kfz) / full-face helmet ‖ ~**schweißen** n (nicht Heften) (Schw) / solid welding ‖ ~**schwenkbarer Kran** (um 360°) (Erdöl) / whirley n ‖ ~**schwenkbarer Kran** (um 360°) (Masch) / fully revolving crane ‖ ~**seil** n (des Schrappers) (HuT) / main rope ‖ ~**selbsttätiger Stromerzeuger** (Eltech) / automatic generating plant* ‖ ~**sortieren** n (EDV) / full sorting, full sort ‖ ~**sperre** f (Fernsp) / all calls barred, calls barred ‖ ~**spur** f (Spurweite für Eisenbahngleise mit einem Abstand der beiden Fahrschienen von 1435 mm) (Bahn) / standard gauge* ‖ ~**stab** m / massive bar

**vollständig** adj (Raum) (Math) / complete adj ‖ **nahezu** ~ / near-complete adj ‖ ~**er alternierender Tensor** (Phys) / multivector n, alternating tensor ‖ ~**e analytische Funktion** (Math) / monogenic function* ‖ ~**er Arbeitszyklus** (F.Org) / closed cycle ‖ ~**er Ausfall der normalen Stromversorgung** (Kernphys) / total loss of power, loss of all power ‖ ~**ausgeblocktes Erz** (Bergb) / positive ore*, blocked-out ore ‖ ~**es Differential** (Math) / complete differential*, total derivative, total differential* ‖ ~**es Farbbildsignal** (TV) / colour video signal, composite color picture signal (US) ‖ ~**geordneter Ring** (Math) / fully ordered ring, linearly ordered ring ‖ ~**er Graf** (wenn je zwei verschiedene Knoten eines ungerichteten Grafen durch eine Kante verbunden sind) / complete graph, symmetrical complete graph ‖ ~**e Gruppe** (Math) / complete group ‖ ~**er Halt** (EDV) / halt n, drop dead ‖ ~**e Induktion** (bei der Beweisführung) (KI, Math) / mathematical induction*, complete induction ‖ ~**es Integral** (bei partiellen Differentialgleichungen) (Math) / complete integral* ‖ ~ **ionisiertes Atom** (Phys) / stripped atom*, fully ionized atom ‖ ~ **ionisiertes Plasma** (Plasma Phys) / fully ionized plasma ‖ ~**e Konkurrenz** (eine Marktform) / perfect competition ‖ ~**er linearer Operator** (Math) / completely continuous linear operator ‖ ~**er Maschinenbefehl** (EDV) / absolute instruction ‖ ~**es Mischbecken** (Sanitär) / well-mixed reactor, complete-mix reactor ‖ ~**er Name** / full name ‖ ~**e Operation** (EDV) / complete operation ‖ ~**e Paketfolge** (EDV) / complete packet sequence ‖ ~**es primes Restsystem** (Math) / complete set of residues ‖ ~**er Raum** (Math) / complete space ‖ ~ **trocken** (Anstr) / hard-dry adj ‖ ~**er Verband** (Math) / complete lattice ‖ ~**e Verbrennung** (Chem, Wärm) / complete combustion* ‖ ~**es Viereck** (Math) / complete quadrangle ‖ ~**es Vierseit** (Math) / complete quadrilateral

**Vollständigkeit** f (z.B. eines Logikkalküls) / completeness n
**Vollständigkeitsrelation** f / Parseval's equation, completeness relation
**Voll•stein** m (Bauelement) (Bau) / building block ‖ ~**stereokombination** f (Radio) / stereo/cassette receiver ‖ ~**steuergatt-Thyristor** m (Eltronik) / gate turn-off SCR, GTO ‖ ~**strangpressen** n (Hütt, Masch) / rod extrusion ‖ ~**subtrahierer** m (EDV) / full subtractor, full subtracter, three input subtractor ‖ ~**synthetisch** adj (z.B. Kunststoff) (Chem) / fully synthetic ‖ ~**tanken** v (Kfz) / fill up v, gas up v (US) ‖ ~**tastatur** f (EDV) / full keyboard, complete keyboard ‖ ~**tauchen** n (Galv) / full dipping

**Volltext** m (EDV) / full text ‖ ~**datenbank** f (EDV) / full-text data base ‖ ~**recherche** f (EDV) / full-text retrieval ‖ ~**speicherung** f (EDV) / full-text storage ‖ ~**suche** f (EDV) / full-text searching, full-text search

**Voll•ton** m (Anstr) / mass colour, overtone n, mass tone ‖ ~**tonfarbe** f (Anstr) / full colour ‖ ~**tönig** adj (Akus) / rich in tone ‖ ~**tränkverfahren** n (ein Kesseldruckverfahren, bei dem die Hohlräume der Zellen in den durchtränkbaren Bereichen nahezu vollständig mit Holzschutzmitteln gefüllt werden) (For) / full-cell process ‖ ~**transformator** m (Eltech) / separate winding transformer ‖ ~**transistoriert** adj (Eltronik) / all-transistor attr ‖ ~**transistorierte Logikschaltung** (Eltronik) / solid-state logic circuit ‖ ~**transistorisiert** adj (Eltronik) / all-transistor attr ‖ ~**transparenz** f / full transparency (i.e., a data communication mode which enables the equipment to send and receive bit patterns of any form, without restrictions on code and speed, up to the rated maximum) ‖ ~**trockenreinigung** f (Chem, Tex) / dry cleaning ‖ ~**tür** f (Bau) / solid door ‖ ~**übertrag** m (EDV) / complete carry ‖ ~**umlauf** m (Masch) / turnover n ‖ ~**vermittlungsstelle** f (Fernsp) / main exchange* ‖ ~**versatz** m (Bergb) / solid stowing, solid packing ‖ ~**verseift** adj (Chem) / completely saponified ‖ ~**verzinkt** adj (Galv) / fully galvanized ‖ ~**wagen** m (Bergb) / loaded car ‖ ~**wand** f (ohne Hohlräume) (Bau) / blank wall ‖ ~**wand** (Luftf) / bulkhead n ‖ ~**wandig** adj (Träger) (HuT, Masch) / solid-webbed adj, solid-web attr

|| ~wandiger Träger (HuT, Masch) / plate girder*, solid-web girder, web girder || ˜wandsturz m (Bau) / through lintel || ˜wandträger m (mit voller Wandung zwischen den Gurten) (HuT, Masch) / plate girder*, solid-web girder, web girder || ˜wärmeschutz m (Bau) / integral thermal insulation, optimum thermal insulation || ˜waschmittel n (im allgemeinen) / heavy-duty detergent || ˜waschmittel (für den Haushalt) (Chem, Tex) / laundry compound || ˜weggleichrichter m (Eltech) / full-wave rectifier || ˜weggleichrichter für Drehstrom (Eltech) / wye rectifier* || ˜wegthyristor m (DIN 41786, DIN 41855) (Eltronik) / bidirectional triode-thyristor (a three-terminal thyristor, Triac n (General Electric Company)) || ˜welle f (Masch) / solid shaft, bar shaft || ˜welle (Phys) / full wave || ˜wellendipol m (Eltronik, Radio) / full-wave dipole || ˜wellengleichrichter m (Eltech) / full-wave rectifier || ˜wertkost f (Nahr) / whole foods, whole food || ˜winkel m (360°) (Math) / round angle*, perigon* || ˜räumlicher ˜winkel (Math) / full solid angle || ˜wort n (EDV) / full word || ˜zapfen m (Zimm) / through-tenon n || ˜zeit- / full-time attr, whole-time attr || ˜zellstoff m (Pap) / chemical pulp* || ˜ziegel m (Bau) / solid brick || gewöhnlicher ˜ziegel (Bau) / common brick* || ˜zug m (Bahn) / block train || ˜zugsgarantie f (Masch) / performance bond, fulfilment bond, execution bond || ˜zugsordnungen f pl für den Funkdienst (Fernm) / radio regulations

**Volmet-Rundfunk** m (Luftf) / Volmet n
**Volt (V)** n (abgeleitete SI-Einheit des elektrischen Potentials = J/C - DIN 1301, T 1) (Elektr) / volt* n
**Volta-Effekt** m (nach dem Grafen A. Volta, 1745-1827) (Elektr) / Volta effect*
**voltaisch** adj (Eltech) / voltaic adj
**Voltait** m (eisen(II)- und eisen(III)-haltiges Mineral der Alaun-Reihe) (Min) / voltaite n
**Volta•meter** n (Eltech) / coulometer* n, voltameter* n || ˜metrie f (Chem) / controlled-current potentiometric titration || ~metrisch adj (Chem, Eltech) / coulometric adj, voltametric adj
**Voltammetrie** f (Verfahren der Elektroanalyse) (Chem) / voltammetry n || **inverse** ˜ (Chem) / stripping voltammetry ˜ f **mit hängender Tropfelektrode** (Chem) / stripping voltammetry
**Voltampere (VA)** n (DIN 1301, T 2) (Elektr) / volt-ampere* (VA) || ˜meter n (Eltech) / voltammeter n || ˜stunde f (VAh) (Eltech) / volt-ampere-hour* n
**Volta-Potential** n (Elektr) / Volta potential, outer potential, psi potential, Volta tension
**Voltasche Säule** (Eltech) / voltaic pile*
**Volta•-Spannung** f (Elektr) / Volta potential, outer potential, psi potential, Volta tension || ˜spannung f (Eltech, Phys) / contact voltage
**Volterrasche Integralgleichungen** (in denen der Integrationsbereich variabel ist - nach V. Volterra, 1860-1940) (Math) / Volterra integral equations, Volterra equations
**Volterra-Versetzung** f (ein Spezialfall der Somigliana-Versetzung) (Phys) / Volterra dislocation
**Voltmeter** n (Eltech) / voltmeter* n || **elektronisches** ˜ (Eltech) / electronic voltmeter* || **elektrostatisches** ˜ (Eltech) / electrostatic voltmeter* || **hochohmiges** ˜ (Eltech) / high-resistance voltmeter* || ˜ n **mit automatischem Bereichswähler** (Eltech) / autoranging voltmeter
**Voltsekunde** f s. Weber
**Volume-Etikett** n (EDV) / volume label, VOL, volume header label
**Volumen** n (DIN 1301, T 2) (Math, Phys) / volume* n || ˜ (Pap) / bulk* n || ˜ s. auch Fassungsvermögen || **ausgeschlossenes** ˜ (bei Hochpolymeren) (Chem) / excluded volume || **kritisches** ˜ (meistens kritisches Molvolumen) (Phys) / critical volume* || **spezifisches** ˜ (DIN 1306) (Phys) / specific volume*, sp vol || ˜ **zwischen den Gelpartikeln** (Chem) / interstitial void volume, interparticle volume, void volume, interstitial volume || ˜abfluß m (Hyd) / discharge n || ˜abnahme f (Phys) / decrease in volume || ˜abnahme s. auch Schwund || ˜aktivität f (Phys) / volume activity || ˜änderung f (DIN 13316) (Phys) / volume change, change of volume || **relative** ˜änderung (Phys) / volume strain, bulk strain || **durch** ˜änderung **gesteuerte Nebelkammer** (Kernphys) / volume-defined cloud chamber || ˜anteil m (DIN 1310) (Chem) / volume fraction || ˜arbeit f (die Arbeit, die man verrichten muß, um das Volumen eines Systems zu ändern) (Phys) / volumetric work || ˜ausdehnung f (Phys) / volume expansion* || ˜ausfluß m (Hyd) / discharge n || ˜ausgleichsbehälter m (Nukl) / surge tank, volume-control surge tank || ˜belüfter m (Sanitär) / volume aerator || ˜belüftung f (bei der biologischen Abwasserreinigung) (Sanitär) / volume aeration || ˜beständigkeit f (Phys) / volume constancy || ~bezogene **Stoßrate** (Phys) / volume collision rate || ~bezogene **Verformungsarbeit** (Phys) / strain work || ~bezogene **Verformungsleistung** (Phys) / rate of strain work || ˜bruch m (Chem) / volume fraction || ˜diffusion f (Phys) / volume diffusion || ˜dilatation f (Phys) / volume expansion* || ˜durchfluß m (bei Verdichtern) (Masch) / volume flow, capacity n || ˜durchfluß (Durchsatz) (Masch, Phys) / volume flow rate, volume rate of flow, volumetric flow (rate) || ˜durchsatz m (pro Zeiteinheit) (Masch, Phys) / volume flow rate, volume rate of flow, volumetric flow (rate) || ˜effekt m (physikalischer Effekt in einem Halbleiter) (Eltronik) / bulk effect || ˜einheit f (Math, Phys) / unit volume || ˜elastizität f (Phys) / elasticity of bulk*, volume elasticity, bulk elasticity || ˜elastizität (Spinn) / bulk elasticity || ˜elastizitätsmodul m (Masch, Phys) / modulus of volume elasticity, bulk modulus of elasticity || ˜element n (Phys) / volume element || ˜ergiebigkeit f (Hyd) / discharge n || ˜ermittlung f (Math, Phys) / volume determination || ˜fließindex m (DIN 53 735) (Plast) / melt-volume index, MVI || ~gleich adj (Math, Phys) / of equal volume || ˜härten (nach durchgreifendem Erwärmen auf Austenitisierungstemperatur) (Hütt) / bulk hardening || ˜härten (Hütt) / full hardening, through-hardening n || ˜hologramm n (holografische Aufnahme mit großer Dicke der das Hologramm tragenden Schicht) / volume hologram || ˜integral n (Math) / volume integral, space integral || ˜ionisation f (Phys) / volume ionization* || ˜konstanz f (Phys) / volume constancy || ˜kontraktion f (DIN 13343) (Phys) / shrinkage* n (volumetric), contraction n, shrinking n, volume contraction || ˜konzentration f (DIN 1310) (Chem) / volume concentration || ˜kraft f (die an den Volumenelementen des Körpers angreift) (Mech) / volume force || ˜lebensdauer f (Eltronik) / volume lifetime* || ˜magnetostriktion f (Volumenänderung bei gleicher Gestalt) (Mag) / volume magnetostriction, bulk magnetostriction || ˜messer m (Radio) / volume indicator* (V.I.), volume unit meter, VU meter* || ˜minderung f (Schrumpfung) (Phys) / shrinkage* n (volumetric), contraction n, shrinking n, volume contraction || ˜modell n (Form zur Beschreibung räumlicher geometrischer Gebilde auf der Basis analytisch beschreibbarer Grundkörper oder das Objekt umhüllender Flächen) / solid model || ˜modul m (DIN 13316) (Phys) / volume module || ~molare **Lösung** (Chem) / molar solution, M solution

**Volumenometer** n / volumenometer n, stereometer n
**Volumen•prozent** n / volume percentage, percentage by volume || ˜quellmaß n (For) / volume swelling, volumetric swelling || ˜regel f (bei der Metamorphose) (Geol) / volume law, volume rule || ˜rekombination f (Rekombination innerhalb eines Halbleiters im Gegensatz zu der Oberflächenrekombination) (Eltronik) / volume recombination, bulk recombination || ˜schwindmaß n (For) / volume shrinkage, volumetric shrinkage || ˜schwund m **beim Brennprozeß** (Keram) / firing shrinkage, burning shrinkage || ˜stoßrate f (Phys) / volume collision rate || ˜strahler m (ein Temperaturstrahler nach DIN 5496, T 2) (Phys) / volume radiator || ˜streustärke f (DIN 1320) (Akus) / volume scattering strength || ˜strom m (bei Verdichtern, Pumpen) (Masch) / volume flow, capacity n || ˜vergrößerung f (Phys) / increase in volume || ˜viskosität f (DIN 1342 und 13343) (Phys) / bulk viscosity* || ˜wellenelement n (in der Akustoelektronik) (Akus, Eltronik) / bulk acoustic wave element, BAW element || ˜zunahme f (Phys) / increase in volume || ˜zunahme **zwischen gewachsenem und gebrochenem Zustand** (Aufber, Bergb) / swell* n
**Volumetrie** f (Chem) / volumetric analysis*, titrimetry n
**volumetrisch** adj / volumetric adj || ~e **Analyse** (Chem) / volumetric analysis*, titrimetry n || ~e **Lösung** (Chem) / volumetric solution (VS)* || ~er **Sauerstoffübergangskoeffizient** (Chem Verf) / $k_L$ a value || ~er **Wirkungsgrad** (bei Strömungsmaschinen) (Masch) / volumetric efficiency*
**volumgleich** adj (Math, Phys) / of equal volume
**voluminös** adj / voluminous adj || ~ (Pap) / bulky adj, high-bulking adj || ~ (Spinn) / bulky adj, lofty adj || ~ (Griff) (Tex) / lofty adj, voluminous adj
**Voluminosität** f (Spinn) / bulkiness n, loft n, bulk n
**Volumprozent** n / volume percentage, percentage by volume
**Volute** f (z.B. am Kapitell ionischer Säulen) (Arch) / volute n, scroll n
**Vomitiv** n (Pharm) / emetic n
**Von Kindern fernhalten!** / Keep away from children!
**voneinander abhängig** / interdependent adj
**vor OT** (V-Mot) / btdc, BTDC
**Vor-** (vorbereitend) / preparatory adj
**VOR** n (ein Funkortungssystem, das mit Polarkoordinaten arbeitet) (Luftf, Nav) / vor n || ˜ **für den Landeanflug** (Luftf) / terminal VOR
**Vorabansicht** f (Druck) / preview n
**Vor•abbild** n (EDV) / before-image n || ˜abdruck m (eines wissenschaftlichen Aufsatzes) (Druck) / preprint n || ˜altern (Eltronik) / burn-in n (of components) || ˜anbringen v (ein Projekt) / advance v || ˜angeritzte **Ampulle** (Glas) / pre-scored ampoule n || ˜ankündigungszeichen n (Kfz) / advance sign || ˜anmeldegespräch n (Fernsp) / personal call, person-to-person call (US) || ˜anreicherung f (Aufber) / roughing* || ˜anschlag m / estimate n (rough), cost estimate || ˜ansicht f (z.B. beim Scannen) (Druck) / preview n || ˜anstrich m (erste Schicht) (Anstr) / ground coat*, first coat, undercoat n || ˜anzeige f (eines Buches) (Druck) / preliminary announcement, prospectus n || ˜appretur f (Tex) / preliminary finish,

1361

**Vorappretur**
preparatory finish, grey finish ‖ ~**appretur** s. auch Naßappretur ‖ ~**arbeiter** *m* / chargehand *n* (GB) (a worker, ranking below a foreman, in charge of others on a particular job) ‖ ~**arbeiter** (Masch) / foreman *n* (pl. foremen), ganger *n* (the foreman of a gang of labourers), gaffer *n* (GB) ‖ ~**arbeiter in der Glasbläserei** (Glas) / gaffer *n* ‖ ~**aufbereitung** *f* (Aufber) / roughing* *n* ‖ ~**aufführung** *f* (eines Films) (Film) / preview* *n*, preview screening ‖ ~**aufladung** *f* (Eltech) / precharge *n* ‖ ~**auflaufherbizid** *n* (bevor die ersten Blätter an die Oberfläche gelangen) (Chem, Landw) / preemergence herbicide

**Voraus•band** *m* (Druck) / advance copy ‖ ~**berechnete Flugbahn** (Raumf) / precalculated trajectory, precomputed trajectory ‖ ~**bestimmen** *v* / predetermine *v*, pre-establish *v* ‖ ~**bohren** *v* (Bergb) / drill ahead *v* ‖ ~**exemplar** *n* (vor Auslieferung des Werkes zu Besprechungs- und ähnlichen Zwecken versandtes Exemplar) (Druck) / advance copy ‖ ~**härtedruck** *m* (Eltronik) / low-pressure cycle ‖ ~**kopplung** *f* (von Aktivatoren) (Biochem) / feed-forward activation

**Vor•auslaßperiode** *f* (Kfz) / blow-down period ‖ ~**auslaßphase** *f* (Kfz) / blow-down period

**voraus•planen** *v* / preplan *v* ‖ ~**planung** *f* / preliminary planning
**Vorauspuff** *m* (Kfz) / blow-down period
**voraus•sagbar** *adj* / predictable *adj* ‖ **ionosphärische** ~**sage** (Radio) / ionospheric prediction ‖ ~**sagen** *v* / predict *v* ‖ ~**setzen** *v* (KI, Math) / presume *v*, assume *v*

**voraussichtlich•e Abflugzeit** (Luftf) / estimated time of departure, ETD* ‖ ~**e Anflugzeit** (Luftf) / expected approach time, EAT ‖ ~**er Anflugzeitpunkt** (Luftf) / expected approach time, EAT ‖ ~**e Ankunftszeit** (Luftf) / estimated time of arrival, ETA* ‖ ~**e Flugdauer** (Luftf) / estimated elapsed time, EET ‖ ~**e Lebensdauer** / life expectancy, estimated service life

**Voraus•sichtradar** *m n* (mit Abstrahlung in Flugrichtung) (Radar) / forward-looking radar, FLR, forward-looking airborne radar, FLAR ‖ ~**strömphase** *f* (Kfz) / blow-down period

**vor•backen** *v* (Nahr) / prebake *v* ‖ ~**bad** *n* (Foto) / forebath *n* ‖ ~**batteur** *m* (Spinn) / breaking scutcher

**Vorbau** *m* (überdachter - z.B. Portikus) (Arch, Bau) / porch *n* ‖ ~ (Bergb) / advancing *n* ‖ ~ (HuT) / launching *n* (of a bridge)

**Vor•beben** *n* (vor dem Erdbeben) (Geol) / foreshock *n* ‖ ~**bedingung** *f* (eine Bedingung, die vor Eintreten eines Ereignisses erfüllt werden muß) (EDV) / precondition *n* ‖ ~**begasen** *v* (Plast) / pregas *v* ‖ ~**begaste Perle** (Plast) / pregassed bead *n* ‖ ~**behandeln** *v* (Masch) / pretreat *v*, precondition *v*, condition *v*

**Vorbehandlung** *f* (des Untergrunds) (Anstr) / preparatory treatment, preliminary treatment ‖ ~ (Masch) / pretreatment *n*, preparatory treatment, preliminary treatment ‖ ~ **der Holzfläche** (beim Polieren) (Anstr, For) / bodying in ‖ ~ **der Oberfläche** (beim Galvanisieren) (Galv) / conditioning *n*

**Vorbei•fahrgeräusch** *n* (Kfz) / passing noise ‖ ~**flug** *m* (Luftf, Raumf) / fly-by* *n* (pl. fly-bys), fly-past *n* ‖ ~**flug an der Venus** (Raumf) / Venus fly-by ‖ ~**führen** *v* (For) / prestain *v* ‖ ~ (Tex) / premordant *v* ‖ ~**laufen** *n* (des Gangzahnrades) (Uhr) / tripping* *n* ‖ ~**strömen** *v* (z.B. Verbrennungsgase an den Kolbenringen) (V-Mot) / blow by *v*

**Vorbeize** *f* (Tex) / preliminary mordant, bottom mordant, premordant *n*
**vorbeizen** *v* (For) / prestain *v* ‖ ~ (Tex) / premordant *v*
**vorbelasten** *v* (den Baugrund) (Bau) / preload *v*
**Vorbelastung** *f* (des Baugrundes) (Bau) / preload *n*, preloading *n*
**Vorbelastungswiderstand** *m* (für Gleichrichter) (Eltech) / bleeder resistor*, bleeder *n*
**vorbelegen** *v* (Speicherplatz) (EDV) / preallocate *v*
**Vorbelegung** *f* (standardmäßig vorgegebene, ausgewählte) (EDV) / default *n* ‖ ~ (der erste Diffusionsvorgang in der Zweischrittdiffusion) (Eltronik) / predeposition *n* ‖ ~ **von Amtsleitungen** (Fernsp) / preselection of external lines

**Vorbelichtung** *f* (vor der eigentlichen bildmäßigen Belichtung) (Foto) / pre-exposure *n* ‖ **diffuse** ~ (Film, Foto) / preflash *n*

**Vorbelüftung** *f* (das Auffrischen des Abwassers vor der eigentlichen Behandlung in der Kläranlage) (Sanitär) / pre-aeration *n*

**Vorbenutzung** *f* (vor der Anmeldung zum Patent) / prior use ‖ **offenkundige** ~ (im Patentrecht) / public prior use

**Vorbereich** *m* (Math) / domain* *n* (left)

**vorbereiten** *v* (ein Experiment) / set up *v*, prepare *v* ‖ ~ (ein Magnetband) (Mag) / initialize *v* ‖ ~ / prepare *v* ‖ ~ *n* (des Magnetbandes) (Mag) / initialization *n*

**vorbereitend** *adj* / preliminary *adj* ‖ ~ / preparatory *adj*
**vorbereitet für DMI** (EDV) / DMI-ready *adj*
**Vorbereitung** *f* / preparation *n* ‖ ~ **der Inbetriebsetzung** (einer Anlage) / precommissioning *n* ‖ ~ **des Putzgrundes** (durch Aufrauhen, durch Spritzbewurf, durch Überspannung von Putzträgern) (Bau) / pricking-up* *n* ‖ ~ **des Untergrunds** (Anstr, Bau) / making good, MG* ‖ ~ **für den Tropeneinsatz** (Eltech) / tropicalization *n*, tropical finish

**Vorbereitungs•betrieb** *m* (DIN 44302) (Fernm) / initialization mode, IM, initial mode ‖ ~**flug** *m* (Luftf) / preparatory flight ‖ ~**strecke** *f* (Spinn) / breaker drawing frame, first drawing frame ‖ **französisches** ~**verfahren** (Spinn) / Continental (spinning) system, continental system ‖ ~**verfahren** *n* **bei der Erzaufbereitung** (Zerkleinern + Aufschließen) (Aufber) / liberation* *n* ‖ ~**wolf** *m* (Spinn) / rag beater

**Vorberg** *m* (Geol) / outlier* *n*, farewell rock
**vorberuflich** *adj* / prevocational *adj*
**vorbeschichten** *v* / precoat *v*
**vorbeschichtetes Metall** (meistens Stahl) / precoated metal
**Vorbeschichtung** *f* / precoating *n*
**Vorbeschleuniger** *m* (Teil einer Beschleunigeranlage) (Nukl) / injector *n*, injector accelerator

**vorbesetzt** *adj* (Default-Schließen) (KI) / default *attr* ‖ ~**er Parameter** (EDV) / preset parameter

**Vorbesetzung** *f* (plausible Annahme) (KI) / default *n*
**Vorbesichtigung** *f* (Film, TV) / location hunt, location survey
**vorbestimmen** *v* / predetermine *v*, pre-establish *v*
**vorbeugen** *v* (einer Sache) / prevent *v*
**vorbeugend** *adj* / prophylactic* *adj*, preventive *adj* ‖ ~**es Abholzen** (eine Art Flußräumung) (Wasserb) / preventative snagging, preventive snagging, stumping-off *n* ‖ ~**er Brandschutz** (Bau) / fire prevention ‖ ~**e Instandhaltung** (Masch) / preventive maintenance, PM ‖ ~**e Maßnahme gegen Vereisung** (Luftf) / anti-icing* *n* ‖ ~**er Umweltschutz** (Umwelt) / pollution prevention ‖ ~**e Wartung** (nach einem Zeitplan) (F.Org, Masch) / scheduled maintenance ‖ ~**e Wartung** (Masch) / preventive maintenance, PM

**Vorbeugung** *f* / prevention *n*
**vorbilden** *v* (vorformen) / preform *v*, preshape *v* ‖ ~ *n* / preforming *n*, preliminary shaping, preshaping *n*

**vorblasen** *v* (Glas) / preblow *v*, puff *v* ‖ ~ (Glas) / preblow *v*, puff *v* ‖ ~ (Hütt) / foreblow *v*, preblow *v*, pre-refine *v*, prefine *v* ‖ ~ *n* (Glas) / preblowing *n*, first blow, first puff, puffing *n* ‖ ~ (Hütt) / foreblowing *n*, preblowing *n*, prefining *n*

**Vorblick** *m* (Nivellierlatte) (Verm) / fore sight*, forward sight, minus sight

**Vorblock** *m* (Hütt) / bloom* *n*, cog *n*, cogged ingot
**vor•blocken** *v* (zu einem Vorblock) (Hütt) / bloom *v*, cog *v*, cog down *v* ‖ ~**blocken** *n* (Hütt) / blooming *n*, cogging* *n*, billeting *n*

**Vorboden** *m* (Bodenplatte für die Vorform) (Glas) / baffle *n* (a part of a glass-forming mould)

**vorbohren** *v* (anbohren) (Bergb) / spud *v*, spud in *v*, collar *v* ‖ ~ (Bergb) / drill ahead *v* ‖ ~ (Masch) / predrill *v* ‖ ~ *n* (Bergb) / spudding *n* ‖ ~ (Bergb) / pilot drilling ‖ ~ (Masch) / predrilling *n* ‖ **Vorbohren stufenweises** ~ (Kegelstiftbohrung) (Masch) / step drilling

**Vorbohrer** *m* (Bergb) / pilot bit
**Vorbohrloch** *n* (meistens ein Großbohrloch) (Bergb) / pilot borehole ‖ ~ (Erdöl) / rat hole ‖ ~ (For) / pilot hole ‖ ~ (zur Standwassererkundung) (HuT) / relief hole

**Vorböschung** *f* (HuT) / foreslope *n*
**Vorbramme** *f* (Hütt) / roughed slab
**Vorbrand** *m* (Keram) / bisque fire, biscuit firing, biscuiting *n*
**Vorbrechen** *n* (Aufber) / primary crushing*, preliminary crushing, primary breaking, prebreaking *n*, scalping *n*

**Vorbrecher** *m* (Aufber) / primary crusher, sledger* *n*, scalper *n*, coarse crusher, primary breaker, prebreaker *n* ‖ ~ (Aufber) / crusher* *n*

**Vorbreite** *f* (Leeraum links des Zeichens) (EDV, Typog) / left blank
**Vorbrennen** *n* (Hütt) / preliminary treatment (of copper and its alloys)
**vorbügeln** *v* (Leder) / preplate *v* ‖ ~ *n* (Tex) / first pressing
**Vorbühne** *f* (Bau) / proscenium* *n* (pl -s or -nia) *n*
**Vorcode** *m* (EDV) / pilot code
**Vordac** *n* (ein Funkortungssystem, das mit Polarkoordinaten arbeitet) (Nav) / VORDAC *n* (VHF Omnidirectional Range and Distance Measuring Equipment for Area Coverage)

**Vordach** *n* (Arch, Bau) / porch *n* (a covered shelter projecting in front of the entrance of a building) ‖ ~ (Bau) / canopy* *n* ‖ ~ (Bau, Kfz, Schiff) / station roof (a roof carried on a single row of stanchions)

**vordämpfen** *v* (For, Pap, Tex) / presteam *v*
**Vordämpfung** *f* (For, Pap, Tex) / presteaming *n*
**Vordeck** *n* (Schiff) / forecastle deck
**vordefinieren** *v* / predefine *v*
**vordefiniert** *adj* / predefined *adj*
**Vordehnung** *f* (WP) / prestrain *n*, prestraining *n*
**vorder•Ableitung** (Math) / right derivative, right-hand derivative ‖ ~**er Achsantrieb** (Kfz) / front-axle final drive ‖ ~**e Brennebene** (Opt) / object-side principal focal plane, first principal focal plane ‖ ~**e Brennebene** (Opt) / front focal plane ‖ ~**e Brennweite** (Opt) / front focal length, FFL ‖ ~**er Buchdeckel** (Buchb) / front cover, front board ‖ ~**er Dachpfosten** (Kfz) / A-pillar *n*, front pillar ‖ ~**e Dreherlitze** (Web) / front crossing heald ‖ ~**es Ende** / front *n*, front side, front end

‖ ~er Hilfswagen (des Gatters) (For) / front auxiliary carriage ‖ ~er Laufradsatz (Bahn) / leading truck ‖ ~es Lot (Schiff) / forward perpendicular, F.P. ‖ ~e Motoraufhängung (Kfz) / front engine mount ‖ ~e Schwarzschulter (TV) / front porch* ‖ ~e Seite / front n, front side, front end ‖ ~e Staurohröffnung (Luftf) / impact opening ‖ ~e Staurohröffnung (für den Gesamtdruck) (Luftf) / pitot opening ‖ ~er Tiefgang (Schiff) / draught forward ‖ ~er Überhang (Kfz) / front overhang

**Vorder • -** / frontal adj ~achsantrieb m (Kfz) / front-end drive, front-wheel drive, fwd, front drive ‖ ~achse f (der Lokomotive) (Bahn) / leading axle ‖ ~achse (Kfz) / front axle ‖ höherer Anteil an der ~achse (Antriebskraftverteilung) (Kfz) / forward bias ‖ ~achsgeometrie f (Kfz) / front geometry ‖ ~ansicht f (Arch) / front view, principal view, front elevation ‖ ~blatt n (des Schuhs) (Leder) / vamp n ‖ ~deck n (Schiff) / forecastle deck ‖ ~deckel m (Buchb) / front cover, front board ‖ ~drehgestell n (Bahn) / leading bogie ‖ ~fach n (Web) / front shed ‖ ~flächenspiegel m (Opt) / front-surface mirror, surface mirror, first-surface mirror ‖ ~flanke f (des Impulses) (Fernm) / leading edge*, positive edge, rising edge ‖ ~glied n (eines optischen Linsensystems) (Foto, Opt) / front component ‖ ~glied (erstes Glied) (Math) / first component ‖ ~glied (eines Verhältnisses) (Math) / antecedent* n ‖ ~grund m (EDV) / dynamic image, foreground image, display foreground ‖ ~grundbearbeitung f (EDV) / foreground processing*, foregrounding ‖ ~grundprogramm n (als Gegensatz zu Hintergrundprogramm) (EDV) / foreground program ‖ ~kante f (Stehkante) / square n ‖ ~kante (des Buchdeckels oder des Buchblocks) (Buchb, Druck) / front-edge n, leading edge ‖ ~kante (eines Belegs, einer Lochkarte) (EDV) / leading edge ‖ [Flügel] ~kante (Luftf) / leading edge* ‖ ~kappe f (eines Schuhs) / toe cap ‖ ~klappe f (des Schutzumschlags) (Buchb) / front flap ‖ ~kotflügel m (Kfz) / front wing (GB), front fender (US) ‖ ~linse f (Foto, Opt) / front component ‖ ~marke f (des Bogenanlegers) (Druck) / front lay, front gauge ‖ ~maschine f (Eltech) / primary machine ‖ ~mast m (der Seilbringungsanlage) (For) / home spar ‖ ~rad n (Kfz) / front wheel ‖ ~radantrieb m (Kfz) / front-end drive, front-wheel drive, fwd, front drive ‖ ~radgabel f (bei den Motorrädern) (Kfz) / front wheel fork ‖ ~satz m (Aussage, von der ausgegangen wird) / premise n, premiss n (GB) ‖ ~schnitt m (Buchb, Druck) / fore-edge* n ‖ ~schnittbemalung f (Buchb, Druck) / fore-edge painting* ‖ ~schnittverzierung f (Buchb, Druck) / fore-edge painting ‖ ~seil n (am Bremsberg) (Bergb) / main rope* ‖ ~seil (des Schrappers) (HuT) / pull rope

**Vorderseite** f / front n, front side, front end ‖ ~ (der Lochkarte) (EDV) / face n ‖ ~ (von Sperrholz) (For) / face n (e.g. oak-faced) ‖ ~ (Masch) / face* n ‖ ~ (Tex) / face n, right side, fabric face, good side

**Vorder • sitz** m (Kfz) / front seat ‖ ~sitz mit Liegesitzvorrichtung (Kfz) / fully reclining front seat ‖ ~steven m (Schiff) / stem bar*, stem post*, stem n ‖ ~teil m (der Klappschaufel) (Masch) / lip n ‖ ~tiefe f (vordere Begrenzung der Schärfentiefe) (Foto) / near limit (of depth of field) ‖ ~tisch m (der Abrichthobelmaschine) (For) / infeed table ‖ ~tür f (Kfz) / front door ‖ ~wand f (Bau) / face-wall* n ‖ ~wand (ein Teil der Rohbaukarosserie) (Kfz) / cowl section ‖ ~wandzelle f (Eltronik) / front-wall (photovoltaic) cell* ‖ ~würze f (Brau) / first wort

**Vordetachieren** n (Tex) / prespotting n
**Vordetachiermittel** n (Tex) / prespotter n
**Vordetachur** f (Tex) / prespotting n
**vordispergiertes Pigment** / predispersed pigment, pigment preparation
**Vordraht** m (einfacher Zwirn, als Ausgangsmaterial für mehrfachen Zwirn) (Spinn) / preliminary twist
**Vordrallierung** f (Kab) / prespiralling n
**vordrehen** v (Masch) / rough-turn v
**Vordringen** n (des Wassers in Speicherhorizonte) (Erdöl) / encroachment n
**vordringliches Projekt** / priority project
**Vordrossel** f (in der Mischkammer des Vergasers) (V-Mot) / choke* n, choke-valve n, choke plate
**Vordruck** m (z.B. in Formularen) / preprint n ‖ ~ (der vor einer Armatur anstehende Druck) (Masch) / upstream pressure ‖ ~ (Pap) / form n, blank n, printed form ‖ ~ (Tex) / bottom print, first print ‖ ~breite f (EDV) / form width ‖ ~reserve f (Tex) / preprinted resist ‖ ~station f (EDV) / forms overlay station ‖ ~walze f mit glattem Siebgewebeüberzug (Pap) / wove dandy

**Voreilaufnadelgerät** n (DIN 64990) (Tex) / overfeed pinning equipment
**voreilen** v (Walzen) / slip forward v ‖ ~ (Phase) (Eltech) / lead v (li:d) ‖ ~ (Masch) / advance v ‖ ~ n (der Phase) (Eltech) / lead (li:d)
**voreilend • e Phase** (Eltech) / leading phase* ‖ ~e Spule (Tex) / leading bobbin ‖ ~er Strom (Eltech) / leading current*
**Voreilung** f (Druck) / excess feed*, making paper ‖ ~ (der Phase) (Eltech) / lead n (li:d) ‖ ~ (Masch) / advance n
**Voreilungswinkel** m (Eltech) / angle of lead*, lead angle

**Voreilwinkel** m (Eltech) / angle of lead*, lead angle
**Voreindicker** m (dem Faulbehälter oder anderen Behandlungsstufen vorgeschalteter Eindicker zur Frischschlammeindickung) (Sanitär) / prethickener n
**Voreinflug • -Markierungsfunkfeuer** n (beim Instrumentenlandesystem) (Luftf) / outer marker beacon* ‖ ~zeichen n (beim Instrumentenlandesystem) (Luftf) / outer marker, OM
**voreingestellt** adj (Default-Schließen) (KI) / default attr ‖ ~ (Masch, Regeln) / preset adj ‖ ~er Zähler (Instr) / preset counter
**Voreinspritzung** f (V-Mot) / preinjection n
**voreinstellbar** adj (Masch) / presettable adj
**voreinstellen** v (Masch) / preset* v
**Voreinstellung** f (als Standardoption) (EDV) / default option*
**VO₂-Relais** n (ein Hybridrelais) (Eltronik) / vanadium-tetroxide relay
**vorentfetten** v (Anstr) / predegrease v
**Vorentflammung** f (vor dem elektrischen Zündzeitpunkt) (V-Mot) / pre-ignition* n
**vorentfleischen** v (Leder) / green-flesh v (before liming)
**Vorenthärtung** f (des Wassers) (Chem Verf) / prior softening
**Vorentladung** f (Geophys) / leader n
**Vorentzerrer** m (Fernm) / deaccentuator* n
**Vorentzerrungsschaltung** f (in der Frequenzmodulationstechnik) (Fernm) / deaccentuator* n
**Vorerhebung** f (Stats) / pilot survey
**vorerhitzen** v / preheat v ‖ ~ n / preheating n
**Vorerhitzung** f (z.B. der zu verkokenden Kohle) / preheating n
**Vorerkundung** f (Bergb, Erdöl) / scouting n
**Vorernteverlust** m (Landw) / preharvest loss
**voreutektoid** adj (Hütt) / proeutectoid adj
**Vorexpandierer** m (Plast) / pre-expander n (for expandable-bead moulding)

**Vorfahrt** f (Kfz) / right of way, give-way right, priority n ‖ die ~ lassen (Kfz) / give way v, yield v (give right of way to other traffic) ‖ ~ mißachten (Kfz) / fail to observe give-way right, fail to observe right of way
**Vorfahrts • recht** n (Kfz) / right of way, give-way right, priority n ‖ ~straße f (in der Stadt) (Kfz) / through street ‖ ~straße (im allgemeinen) (Kfz) / priority road ‖ ~zeichen n (Kfz) / priority sign, give-way sign
**Vorfahrtzeichen** n (Kfz) / priority sign, give-way sign
**vorfallen** v / occur v
**Vorfalz** m (Druck, Pap) / overfold* n, overlap fold
**vorfärben** v (Tex) / ground v ‖ ~ n (Tex) / predyeing n
**Vorfärbung** f (Tex) / grounding n
**Vorfeinfrotteur** m (Spinn) / third-bobbin drawing box
**Vorfeld** n (Luftf) / apron* n, tarmac n (paved apron) ‖ ~straße f (z.B. für Vorfeldbusse) (Luftf) / apron taxi-track, apron taxiway
**Vorfenster** n (Bau) / storm-window* n
**vorfertigen** v / preform v, preshape v ‖ ~ (z.B. Betonfertigteile) (HuT) / pre-cast* v ‖ ~ n / preforming n, preliminary shaping, preshaping n
**Vorfertigstich** m (Hütt) / leader pass
**Vorfertigung** f (nach der Fertigungsfreigabe) (F.Org, Masch) / preproduction n
**Vorfertigungsmuster** n (F.Org, Masch) / preproduction sample
**Vorfeuchte** f (des Bodens) (Meteor) / antecedent moisture, antecedent wetness
**Vorfeuer** n (Keram) / prefire n
**vorfiltern** v / prefilter v, rough v
**vorfiltrieren** v / prefilter v, rough v
**vorfixieren** v (mineralische poröse Untergründe) (Anstr) / preset v ‖ ~ (Tex) / preset v
**vorfixiert** adj (Tex) / preset adj
**Vorfläche** f (z.B. bei der Doppelspaltklappe) (Luftf) / foreflap n
**Vorflügel** m (fester oder ausfahrbarer Hilfsflügel an der Tragflügelvorderkante - ein Hochauftriebsmittel) (Luftf) / slat* n
**Vorflugrecht** n (Luftf) / right of way
**Vorflutdrän** m (Sanitär) / main drain, main sewer
**Vorfluter** m (Umwelt, Wasserb) / outfall* n, receiving water
**Vorflyer** m (Spinn) / billy n
**Vorform** f (Glas) / preform n, blank n, blank mould, parison mould ‖ ~ (Glaskörper, der zur Faser ausgezogen wird) (Glas) / fibre preform, optical-fibre preform
**vorformatieren** v (EDV) / preformat v
**Vorformatierung** f (EDV) / preformatting n ‖ ~ (EDV) / high-level formatting
**Vorformboden** m (Glas) / baffle n (a part of a glass-forming mould) ‖ ~marke f (Glas) / baffle mark (a mark) ‖ ~naht f (Glas) / baffle mark (a seam line)
**vorformen** v / preform v, preshape v ‖ ~ n / preforming n, preliminary shaping, preshaping n ‖ ~ (Vorschmieden) (Masch) / dummying* n ‖ ~ im Rollgesenk (Masch) / fullering n

**Vorformgesenk**

**Vorformgesenk** n (Masch) / blocking die, rougher n, fullering tool, blocker n
**Vorformling** m (Plast) / preform n, parison n ‖ **bandartiger** ≃ (Plast) / strip parison, sheet parison
**vorformuliert•er Brief** (im Gegensatz zum individuell formulierten Brief) (EDV) / boilerplate letter ‖ **~e Sätze oder Absätze** (bei der Textverarbeitung - Textbausteine) (EDV) / boilerplates pl, canned paragraphs, standard paragraphs
**Vorfräsen** n (Masch) / rough milling
**Vorfräser** m (zum Vorfräsen der Zahnlücken im Teilverfahren) (Masch) / rougher n
**vorfrischen** v (Hütt) / foreblow v, preblow v, pre-refine v, prefine v ‖ ~ n (Hütt) / foreblowing n, preblowing n, prefining n
**Vorfrost•abteil** n / quick-freeze compartment, fast-freeze compartment ‖ ≃**fach** n / quick-freeze compartment, fast-freeze compartment
**vorführen** v (Film) (Film) / show v, project v, screen v ‖ ~ (gerücktes Holz oder gerückte Rinde) (For) / skid v ‖ ~ n (von gerücktem Holz oder gerückter Rinde) (For) / skidding n
**Vorführer** m (Film) / projectionist n
**Vorführr•geschwindigkeit** f (Film) / projection speed ‖ ≃**kopie** f (Film) / viewing print ‖ ≃**modell** n / demonstration model, demonstrator* n ‖ ≃**raum** m (Film) / review room*, screening room ‖ ≃**startband** n (Film) / projection leader
**Vorführung** f (Film) / presentation n, showing n, projection n, screening n
**Vorführungs•flug** m (Luftf) / demonstration flight ‖ ≃**raum** m (Film) / review room*, screening room ‖ ≃**zeit** f (eines Films) (Film) / running time, showing time, screening time
**Vorführ•wagen** m (Kfz) / demonstration car, demonstrator n (US) ‖ ≃**zeit** f (eines Films) (Film) / running time, showing time, screening time
**Vorfunkzeit** f (optische Atomspektroskopie) (Spektr) / prespark period
**Vorgabe** f (Bergb) / burden* n ‖ ≃ (Bergb) / heel of a shot, toe n ‖ ≃ (KI) / default n ‖ ≃- (mit voreingestellten Parametern) (EDV, KI) / default attr ‖ ≃**drucker** m (EDV) / default printer ‖ ≃**font** m (EDV) / default font ‖ ≃**schriftart** f (EDV) / default font ‖ ≃**wert** m (KI) / default value ‖ ≃**zeit** f (der analytisch-experimentell ermittelte, technologisch notwendige Zeitaufwand zur Ausführung einer Arbeitsverrichtung unter Beachtung des Leistungsbezugsmaßes) (F.Org) / time standard
**Vorgang** m / process n, operation n ‖ ≃ (Abarbeitung eines in sich geschlossenen Auftrags, den der Benutzer der Transaktionsanwendung erteilt) (EDV) / transaction* n ‖ **flüchtiger** ≃ (Eltech) / transient n, transient phenomenon
**Vorgänger** m (in einem Baum) (EDV) / ancestor n, predecessor n ‖ ≃ (in einem binären Baum) (EDV) / parent n, father n ‖ ≃ (Math) / predecessor n (in a directed graph) ‖ ≃**knoten** m (KI) / parent node ‖ ≃**version** f (EDV) / prior release
**Vorgangsnummer** f (in der NC-Steuerung) (Masch) / operation number
**Vorgäransatz** m (in der Weizenbrotherstellung) (Nahr) / preferment n
**Vorgarn** n (auf dem Flyer entstanden) (Spinn) / rove n, roving* n, flyer yarn n (Spinn) s. auch Lunte ‖ ≃**kanne** f (Spinn) / coiler can ‖ ≃**spule** f (Spinn) / condenser bobbin ‖ ≃**strecke** f (Spinn) / dandy rover ‖ ≃**wickel** m (Spinn) / condenser bobbin
**Vorgarten** m (Gelände zwischen der Baulinie und der Straßenfluchtlinie, das nicht zur Straße, sondern zum Grundstück des Anliegers gehört) (Bau) / front garden, frontyard n (US), frontage n
**vorgealterte Säulenfüllung** (in der Gaschromatografie) (Chem) / PC packing, preconditioned packing
**vorgebackene Elektrode** / prebaked electrode
**vorgeben** v / predetermine v, pre-establish v ‖ ~ (z.B. Toleranzen) (Masch) / prescribe v ‖ ~ (Masch) / preset* v
**Vorgebirge** n (Geol) / promontory n, headland n, head n
**vorgebrannt•e Elektrode** / prebaked electrode ‖ **~e Elektrodenkohle** / prebaked electrode
**vorgefällter Niederschlag** (Nukl) / preformed precipitate
**vorgefertigt** adj (Bau) / prefabricated adj, prefab adj ‖ **~es Bauelement** (Bau) / prefabricated section, prefabricated part ‖ **~e Expertensystemkomponenten** (Vielfalt von Wissensrepräsentationsschemen und Inferenzmechanismen zur Entwicklung von Expertensystemen) (KI) / tool kit ‖ **~es Mauersteinelement** (Bau) / prefabricated masonry panel
**vorgeformter Niederschlag** (Nukl) / preformed precipitate
**vorgeführte Strecke** (Bergb) / advanced gallery, fore drift
**vorgegeben** adj (Default-Schließen) (KI) / default attr ‖ ≃ (Masch, Regeln) / preset adj ‖ **~e Abweichung** / given error ‖ **~e Bibliothek** (EDV) / predetermined library ‖ **~er Fehler** / given error ‖ **~er fester Zeitraum** (F.Org) / time fence ‖ **~er Flugweg** (Luftf) / flight pattern ‖ **~e Größe** (Math) / given quantity ‖ **~er Parameter** (EDV) / preset

parameter ‖ **~e Zeitverzögerung** / definite time-lag*, constant time-lag*, fixed time-lag*, independent time-lag*
**vorgegerbt** adj (Häute aus Indien) (Leder) / India-tanned adj ‖ **~es Schafleder** (aus Indien) (Leder) / Persian n
**vorgegossenes Loch** (Gieß, Masch) / cored hole*, cast hole*
**vorgehängte Glasfassade** (Bau) / cladding glass
**vorgekerbte Probe** (WP) / pre-notched specimen
**vorgekocht** adj (Nahr) / ready cooked, pre-cooked adj
**vorgekragt** adj / cantilevered adj
**Vorgelege** n (ein Zahnradgetriebe als Zusatzgetriebe bei Werkzeugmaschinen) (Masch) / back gear*, back gearing ‖ ≃ (Masch) / transmission n ‖ ≃**welle** f (Masch) / countershaft* n, intermediate shaft, lay shaft*
**vorgemischte Flamme** (bei der ein homogenes Gemisch der reagierenden Gase vorliegt - z.B. beim Bunsenbrenner) / premixed flame
**vorgeordnete Menge** (Math) / pre-ordered set
**vorgepfeilter Flügel** (Luftf) / forward-swept wing, swept-forward wing
**vorgerben** v (Leder) / pretan v
**Vorgerbstoff** m (Leder) / pretanning material
**Vorgerbung** f (Leder) / pretannage n
**vorgerichtetes Erz** (Bergb) / blocked-out ore*, developed ore
**Vorgerüst** n (Hütt) / blooming stand, roughing stand, rougher n, cogging stand
**vorgeschaltet•es Gleichgewicht** / pre-equilibrium n ‖ **~e Verfahrensstufe** (Chem Verf) / upstream process stage
**vorgeschäumt** adj (Plast) / prefoamed adj, pre-expanded adj
**Vorgeschichte** f (z.B. rheologische eines Stoffes) (Phys) / history n
**Vorgeschirr** n (ein Teil des Schleppnetzfanggeschirrs) (Schiff) / rig n (of a trawl), foregear n (of a trawl)
**vorgeschoben•e bewegliche Radarstation** (Mil) / radar picket ‖ **~e Luftraumüberwachung** (Luftf, Mil) / forewarn air control
**vorgeschrieben** adj / mandatory adj ‖ **~e Fahrtrichtung links** (ein Verkehrszeichen) (Kfz) / turn left ‖ **~e Mindestgeschwindigkeit** (Kfz) / prescribed minimum speed
**vorgeschrumpft** adj (Tex) / pre-shrunk* adj
**vorgesehener Termin** / target date
**Vorgesenk** n (Masch) / blocking die, rougher n, fullering tool, blocker n
**vorgesetzte Strecke** (Bergb) / advanced gallery, fore drift
**vorgespannt, in Sperrrichtung** ~ (Eltronik) / reverse-biased adj ‖ **nicht** ~ (Eltronik) / unbiased adj, unbiassed adj ‖ **~er Formschluß** (Masch) / prestressed positive locking ‖ **~es Glas** (durch thermisches Abschrecken oder durch chemische Veränderungen der Oberfläche) (Glas) / prestressed glass, toughened glass*, hardened glass, case-hardened glass ‖ **~es Lager** (Masch) / preloaded bearing ‖ **~e Schraube** (Masch) / pretensioned bolt ‖ **~e schwimmende Plattform** (für Offshore-Bohrungen) (Erdöl) / tension-leg platform (TLP) ‖ **~es Sicherheitsglas** (durch thermisches Abschrecken) (Glas) / heat-treated glass, tempered safety glass ‖ **~er Verstärker** (Spektr) / biased amplifier
**Vorgespinst** n (Spinn) / rove n, roving n
**vorgestanzte Umrißlinie** (bei Ausschneidebögen) (Pap) / score line, scored line
**vorgesteuert** adj (Hydraulik- und Pneumatikventile) (Regeln) / pilot-controlled adj
**vorgestroppte Ladung** (Schiff) / preslung cargo
**vorgetrocknet** adj (Anstr) / flash-dry adj
**vorgewalzter Block** (Hütt) / bloom* n, cog n, cogged ingot
**vorgezogen** adj (nach vorne verlegt) / projected adj
**vorglühen** v (Brennraum bzw. Ansaugluft in dem Dieselmotor vorwärmen) (V-Mot) / preheat v
**vorgranulieren** v (Düngemittel) (Landw) / condition v
**Vorgriff** m (Bergb) / buttock n ‖ ≃ (in den Lesebereich) (EDV) / look-ahead n
**Vorgriffsbau** m (oberste Scheibe beim Festenbau in Stufen) (Bergb) / heading* n, top heading
**Vorgruppe** f (Fernm) / pregroup n
**Vorhafen** m (Schiff) / outer port
**Vorhalle** f (Arch) / entrance hall ‖ ≃ (Arch, Bau) / porch n ‖ ≃ (offene Veranda) (Bau) / stoop* n, stoep* n
**Vorhalt** m (Masch) / prestop n ‖ ≃ (die Aufschaltung einer Größe auf den Reglereingang, die der Änderungsgeschwindigkeit der Regelgröße proportional ist) (Regeln) / derivative control action, lead n (li:d), D-action n ‖ **proportional-integral wirkender Regler mit** ≃ (Regeln) / proportional-floating-derivative controller, three-action controller, PID-controller n
**Vorhalten** n (des Nietes) (Masch) / holding-up* n
**Vorhaltezeit** f (Bestimmungsgröße des PD-Reglers) (Regeln) / rate time, derivative-rate time, derivative-action time
**Vorhaltglied, dynamisches** ≃ (Regeln) / lead element
**Vorhalt•winkel** m (Korrektur, mit der das Abtreiben des Schiffs durch den Einfluß des Windes und der Strömung korrigiert werden soll)

(Schiff) / drift-correction angle ‖ ⁓**wirkung** f (Regeln) / derivative (control) action, D-action n ‖ ⁓**zeit** f (Regeln) / rate time, derivative-rate time, derivative-action time
**vorhanden** adj / on-hand attr ‖ ~**er, überschüssiger** (nicht gebrauchter) **Erdaushub** (HuT) / spoil* n, waste* n ‖ ~**es Harz** (Abdampfrückstand der Benzine) (Chem Verf) / existent gum ‖ ~**e materielle Werte** / material resources ‖ ~**e Schrift** (mit der das Gerät standardmäßig versehen ist) (EDV) / resident font, built-in font
**Vorhandensein** n (von Erdöl oder Erdgas) (Erdöl) / show n
**Vorhang** m (unruhige Lackoberfläche) (Anstr) / curtain n, sag n ‖ ⁓ (beim Schlitzverschluß) (Foto) / blind m, shutter blind ‖ ⁓**antenne** f (eine Dipolwand für den Kurzwellenbereich) (Radio) / curtain antenna* ‖ ⁓**bildung** f (Anstr) / curtaining n, sagging n ‖ ⁓**bogen** m (Arch) / tented arch
**Vorhängeschloß** n / padlock n ‖ **mit** ⁓ **sichern** / padlock v
**Vorhang•fassade** f (Arch) / curtain wall* ‖ ⁓**schiene** f / curtain rail ‖ ⁓**stoffwebmaschine** f (Web) / curtain machine* ‖ ⁓**wand** f (eine nichttragende vorgehängte Fassadenhaut) (Arch) / curtain wall*
**vorheizen** v (Ofen) / preheat v ‖ ~ / preheat v ⁓ n / preheating n ‖ ⁓ (Eltronik) / preheating n, heat-up n
**Vorheizer** m / preheater n
**Vorheizzeit** f (einer Röhre) (Eltronik) / preheating time*
**vorher festlegen** / predetermine v, pre-establish v
**Vorherd** m (Glas) / forehearth n, feeder forehearth ‖ ⁓ (des Kupolofens) (Hütt) / receiver n, forehearth n
**vorherrschend•er Wind** (Meteor) / prevailing wind ‖ ~**e Windrichtung** (Meteor) / prevailing wind direction
**Vorhersage** f / prediction n ‖ ⁓ **für morgen** (Meteor) / outlook for tomorrow ‖ ⁓**funktion** f (Math) / predictor n, prediction function ‖ ⁓**karte** f (Luftf, Meteor) / prognostic chart*
**vorhersagen** v / predict v
**Vorhersagevariable** f (Math) / predictor variable, explanatory variable
**vorhersehbar** adj / predictable adj
**Vorhersehbarkeit** f / predictability n
**vorhersehen** v / predict v
**Vorhof** m (einer Kirche) (Arch, Bau) / parvis n (in front of a cathedral or church) ‖ ⁓ (Arch, Bau) / forecourt n, outer court
**Vorhub** m (des Pumpenkolbens von UT bis Förderbeginn) (V-Mot) / prestroke n
**Vorhydrolysat** n (Chem Verf, For, Pap) / prehydrolysate n
**Vorhydrolyse** f (Chem Verf, For, Pap) / prehydrolysis n (pl. -lyses)
**vorimprägnieren** v (Papierisolierung) (Kab) / pre-impregnate v
**vorimprägniert•es Glasfasermaterial** (Glas, Plast) / prepreg* n, sheet moulding compound ‖ ~**es Textilglas** (mit härtbaren Kunststoffen) (Glas, Plast) / prepreg* n, sheet moulding compound
**Vorkaliber** m (Hütt) / roughing pass, roughing-out pass
**Vorkalkulation** f / preliminary calculation, precalculation n
**Vorkammer** f (beim Spritzgießen) (Plast) / antechamber n, hot well ‖ ⁓ (im Angußsystem) (Plast) / tab n ‖ ⁓ (bei Dieselmotoren) (V-Mot) / precombustion chamber*, prechamber n, precombustion chamber* ‖ ⁓**diesel** m (V-Mot) / indirect-injection engine, precombustion engine ‖ ⁓**dieselmotor** m (V-Mot) / indirect-injection engine, precombustion engine ‖ ⁓**dieselmotor** (V-Mot) s. auch Wirbelkammerdieselmotor ‖ ⁓**motor** m (ein Dieselmotor) (V-Mot) / indirect-injection engine, precombustion engine ‖ ⁓**verfahren** n **mit geradem Anguß** (Plast) / straight-tab gating ‖ ⁓**verfahren mit rechtwinklig abgelenktem Anguß** (Plast) / rectangular-tab gating
**Vorkatalysator** m (Kfz) / primary catalytic converter
**Vorkegel** m (der die Vergangenheit eines Ereignisses darstellende Teil des Lichtkegels im Minkowski-Raum) (Phys) / past interior of light cone
**vorkeimen** v (Bot, Landw) / pregerminate v ‖ ~ (Kartoffeln) (Landw) / chit v
**Vorkeimkiste** f (für Kartoffeln) (Landw) / potato chitting tray
**Vorkittung** f (vor der Glashalteleiste) (Bau) / front putty
**Vorklärbecken** n (Sanitär) / primary settling tank, primary sedimentation tank
**Vorklären** n (des Weins) (Nahr) / desliming n
**Vorklärschlamm** m (Sanitär) / primary sewage sludge, primary sludge
**Vorklassieren** n (Aufber) / prescreening n, primary classification, preliminary screening
**vorkochen** v (Nahr) / parboil v, parcook v, pre-cook v
**Vorkode** m (EDV) / pilot code
**vorkommen** v / occur v ‖ ⁓ n / occurrence n ‖ ⁓ (abbauwürdiger Fundort von Bodenschätzen) (Bergb, Geol) / deposit n (of economic value)
**Vorkompensation** f (Eltronik) / precompensation n
**Vorkompilierer** m (EDV) / precompiler n
**Vorkondensat** n (Chem Verf, Plast) / precondensate n
**Vorkondensation** f (Chem Verf, Plast) / precondensation n, precuring n
**Vorkondensationsprodukt** n (Chem Verf, Plast) / precondensate n
**vorkonsolidieren** v (Boden) (HuT) / preconsolidate v

**Vorkonsolidierung** f (des Bodens) (HuT) / preconsolidation n
**Vorkonzentrat** n (Aufber, Chem) / preconcentrate n, rough concentrate
**Vorkonzentration** f (Aufber, Chem) / preconcentration n, rough concentration
**Vorkopf** m (HuT, Wasserb) / starling n, cutwater* n, pier cap ‖ ⁓**aufstellung** f (der Großflugzeuge zwischen zwei Fingerflugsteigen) (Luftf) / nose-in system
**Vorkoppler** m (Fernm) / precoupler n
**vorkragen** v (hervortreten) (Arch, Bau) / project vi, protrude v
**vorkragend** adj / cantilevered adj
**Vorkragung** f (Arch, Bau) / cantilever n
**Vorkrempel** f (Spinn) / scribbler n, scribbler card ‖ ⁓ (Spinn) / breaker card, first breaker
**vorkritisch** adj (Nukl) / precritical adj ‖ ~**er Zustand** (Nukl) / precriticality n
**Vorkröpfgesenk** n (Masch) / snaker n
**Vorkühler** m / precooler n, forecooler n
**Vorkultur** f (Bakteriol) / preculture n
**Vorlack** m (unpigmentierter Zwischenanstrichstoff) (Anstr) / undercoat lacquer, undercoater n, undercoat* n
**vorlackieren** v (Anstr) / undercoat v
**Vorlage** f (in Gaswerken) / hydraulic main ‖ ⁓ (Modell) / model n, pattern* n ‖ ⁓ (DIN 19060) (das zu reproduzierende Objekt) / original n ‖ ⁓ (z.B. Pfeiler oder Risalit) (Arch) / projecting part (support) ‖ ⁓ (die bei der Destillation das Destillat auffängt) (Chem Verf, Hütt) / distilling receiver, receiver n ‖ **siehe** ⁓ (eine Satzanweisung) (Druck) / follow copy! ‖ ⁓ (Chem) / jacketed distilling receiver ‖ ⁓ **f für gedruckte Schaltungen** (Eltronik) / artwork drawing, artwork n ‖ ⁓**druck** m (Turbine) (Masch) / back-pressure* n ‖ **montierte** ⁓**form** (Typog) / flat n ‖ ⁓**muster** n (ein für die Qualität repräsentatives Muster) (Pap) / outturn sample, outturn n
**Vorlagen•halter** m (Typog) / copyholder* n, manuscript holder, paper holder ‖ ⁓**sperre** f (in der Durchlaufkamera) / document stop
**Vorlagerungsbehandlung** f (Landw) / prestorage treatment
**Vorland** n (Geol) / piedmont n ‖ ⁓**gletscher** m (der aus dem Gebirge ins Vorland reicht) (Geol) / piedmont glacier* ‖ ⁓**speicherung** f (in einer Talebene) (Wasserb) / valley storage
**Vorläppen** n (Masch) / rough lapping
**Vorlast** f (Mech) / preload n
**Vorlastigkeit** f (Luftf) / nose heaviness* ‖ ⁓ (Schiff) / trim by the bow
**Vorlauf** m (des Magnetbandes, des Films) / forward run, forward motion ‖ ⁓ (zu Beginn einer Destillation oder Reaktion anfallendes Produkt) / front-end material ‖ ⁓ (erste Fraktion bei der Destillation) (Chem Verf) / first runnings* pl, forerun n ‖ ⁓ (leichtsiedender Anteil) (Chem Verf) / light end[s] ‖ ⁓ (erste Fraktion bei der Alkoholdestillation) (Chem Verf) / foreshot n ‖ ⁓ (des bewegbaren Schaltstücks) (Eltech) / pretravel n ‖ ⁓ (Verlängerung bei bandförmigen Kopiermaterialien) (Film) / leader* n ‖ ⁓ (Neigung des Achses des Achsschenkelbolzens) (Kfz) / negative castor, negative caster ‖ ⁓ (Voreilung) (Masch) / advance n ‖ ⁓ (des Werkzeugs) (Masch) / advance n, approach n, forward motion ‖ ⁓ (ohne Anwendung von mechanischem Druck aus der Kelter ablaufender Most) (Nahr) / free run, pre-run ‖ **rastbarer schneller** ⁓ (Akus, Eltronik) / locking fast forward ‖ **schneller** ⁓ (bei gedrückter Wiedergabetaste) (Akus, Eltronik) / cueing n ‖ **schneller** ⁓ (des Tonbandes) (Akus, Mag) / fast forward, FF ‖ **Taste f "schneller** ⁓" (bei Autoradio) (Radio) / fast-forward button, FF button
**vorlaufen** v (Masch) / advance v
**vorlaufende Welle** (Phys) / forward wave* (FW)
**Vorläufer** m (Biochem, Chem) / precursor n ‖ ⁓ (erster, zweiter) (Geol) / forerunner n ‖ ⁓ m pl (P- und S-Wellen) (Geol) / preliminary waves ‖ ⁓ m (in der Textilfärbung) (Tex) / end cloth, forerunner n ‖ ⁓ (Geol) s. auch Vorbeben ‖ ~**dirigierte Biosynthese** (Biochem) / precursor-directed biosynthesis
**Vorlauf•faser** f (Fernm) / pigtail n (a short length of optical fibre, permanently fixed to a component, used to couple power between it and transmission fibre) ‖ ⁓**faser** (die zwischen einer Lichtquelle und einer anderen Faser eingefügt wird, um dem Moden auf eine bestimmte Art anzuregen) (Licht) / launching fibre, injection fibre ‖ ⁓**gefäß** n (unter Läuterbottichniveau) (Brau) / underback n ‖ ⁓**gerbstoff** m (Leder) / initial-phase tanning material
**vorläufige Zusammenschaltung** (Fernm) / lash-up* n, hook-up* n
**Vorlauf•leitung** f (in der Warmwasserheizung) (Bau) / flow pipe* ‖ ⁓**programm** n (EDV) / preparatory program ‖ ⁓**strecke** f (DIN 70020) (Kfz) / negative castor, negative caster ‖ ⁓**zeit** f (für einen Fertigungsauftrag) (F.Org) / preparation time (of a shop order)
**vorlegen** v (Komponente eines Ansatzes) (Leder) / fill in first
**Vorleger** m (Tex) / rug n
**Vorlegeschloß** n / padlock n
**vorlegieren** v (Hütt) / prealloy v

**Vorlegierung** f (die das Legierungselement in relativ großer Menge enthält und die der Schmelze des Basismetalls dosiert zugesetzt wird) (Hütt) / master alloy*, foundry alloy
**Vorleim** m / primer glue
**Vorleitschaufeln** f pl (der Kaplanturbine) (Wasserb) / stay vanes
**Vorlicht** n (die aus der Raumbeleuchtung herrührende Beleuchtungsstärke auf dem Bildschirm eines Fernsehempfängers) (TV) / ambient light ‖ ⁓**bogendauer** f (bei Sicherungen) (Eltech) / pre-arcing time
**vorlochen** v / prepunch v
**vorlockern** v (Druckbogen im Anlegeapparat) (Druck) / separate v
**Vorlockerung** f (des Druckbogens in dem Anlegeapparat) (Druck) / separation n
**vormagnetisieren** v (Eltronik) / bias v
**Vormagnetisierung** f (Akus, Eltronik) / magnetic bias*, biasing n ‖ ⁓ (Eltronik) / bias* n
**Vormagnetisierungs•induktion** f (Eltech) / polarized induction ‖ ⁓**strom** m (Eltech, Eltronik) / bias current*
**Vormauer•stein** m (Bau) / facing brick*, face brick (US) / fair face brick ‖ ⁓**ziegel** m (frostbeständiger) (Bau) / facing brick*, face brick (US) / fair face brick
**Vormerkgespräch** n (Fernsp) / delayed call
**vormetallisieren** v (im Tauchbad) (Galv) / pre-dip v
**vormischen** v / premix v
**Vormischung** f (granulatförmiges, staubfreies Konzentrat von Kautschuk oder einem Kunststoff-Rohstoff) (Chem Verf) / master batch ‖ ⁓ (Chem Verf) / batch n
**Vormontage** f (Masch) / preassembly n, subassembly n ‖ ⁓ (Schiff) / prefabrication n
**vorn, nach ⁓ zu** (Schiff) / ahead adv
**vornässen** v (Schalung beim Betonieren) (HuT) / moisten previously
**Vorneigung** f **des Abtasters** (Akus) / rake of stylus
**vornetzen** v (Chem) / prewet v
**Vorneverteidigung** f (Mil) / forward defence
**Vornorm** f (nach der versuchsweise gearbeitet werden soll - DIN 820) / preliminary standard, draft standard
**Voröffnen** n (von Ballen) (Spinn) / blooming n
**vorölen** v (Holz) (Anstr, For) / preoil v, pretreat with wetting oil ‖ ⁓ n (Tränkung eines porösen Untergrundes mit je nach Saugfähigkeit mit Testbenzin verdünntem unpigmentiertem Leinölfirnis vor dem ersten deckenden Zwischenanstrich) (Anstr) / wetting-oil pretreatment, preoilling n
**Voronoi-Typ** m (ein Polyedertyp) (Krist) / Voronoi polyhedron, Voronoy polyhedron
**Voronojsches Polyeder** (Krist) / Voronoi polyhedron, Voronoy polyhedron
**vor•orientiertes Garn** (Spinn) / preoriented yarn (POY*), partially oriented yarn* ‖ ⁓**orientierung** f (von Fasern) (Spinn) / pre-stretch orientation, preorientation n
**Vorort** m (Arch) / suburb n ‖ ⁓**pumpe** f (Pumpe, die das einem Betriebspunkt zulaufende Wasser abpumpt und der Hauptwasserhaltung zuführt) (Bergb) / gathering pump, sloping pump ‖ ⁓**zug** m (Bahn) / commuter train, local train, stopping train, suburban train
**Vorperiode** f (einer kalorimetrischen Messung) (Phys) / pre-period n
**vorpfänden** v (das Hangende und die Stöße vor Einbringen des Ausbaus absichern) (Bergb) / forepole v
**Vorpiek** f (Raum vor dem Kollisionsschott) (Schiff) / forepeak* n ‖ ⁓**tank** m (Schiff) / forepeak tank
**vorplanen** v / preplan v
**Vorplanung** f / preliminary planning
**vorplastifizieren** v (Plast) / preplasticate v ‖ ⁓ n (Plast) / preplastication n
**vorplastizieren** v (Plast) / preplasticate v ‖ ⁓ n (Plast) / preplastication n
**Vor•polymer** n (Chem) / prepolymer n ‖ ⁓**polymerisat** n (Chem) / prepolymer n ‖ ⁓**polymerisation** f (Chem) / prepolymerization n
**Vorpressen** n (Masch) / rough pressing
**Vorpreßgesenk** n (beim Gesenkformen) (Masch) / rougher n, prestamp n
**Vorpreßling** m (Plast) / preform n, parison n ‖ ⁓ (vorverdichteter ungesinterter Pulverkörper) (Pulv) / green compact, green* n, green pellet, green body
**Vorprobe** f **nach Lassaigne** (Chem) / Lassaigne's test*
**Vorprodukt** n (bei der Faserherstellung) (Tex) / precursor n
**vorprofilieren** v / preform v, preshape v ‖ ⁓ n / preforming n, preliminary shaping, preshaping n
**Vorprogramm** n (EDV) / interlude n (a routine or program designed to perform minor preliminary operations usually of a housekeeping type, before the main routine is entered), pre-program n
**vorprogrammieren** v (EDV) / pre-program v
**vorprogrammiert•e Drohne** (Mil) / pre-programmed drone ‖ ⁓**er Landfall** (eines MFK) (Mil) / intended landfall

**Vorprogrammierung** f (EDV) / pre-programming n
**Vorprozessor** m (EDV) / pre-processor n
**Vorputzen** n (Gieß) / rough dressing
**Vorrang** m (bei der nomenklatorischen Bezeichnung) (Chem) / seniority n ‖ ⁓ (EDV) / priority n, precedence n ‖ ⁓ (Kfz) / priority n ‖ ⁓ **vor dem Gegenverkehr** (Kfz) / priority over vehicles from opposite direction, priority over oncoming traffic ‖ ⁓**anzeiger** m (EDV) / priority indicator ‖ ⁓**gespräch** n (Fernsp) / precedence call, priority call
**vorrangig•e Datei** (EDV) / priority file ‖ **⁓e Regel** / precedence rule ‖ **⁓e Verarbeitung** (EDV) / foreground processing*, foregrounding n
**Vorrang•-Jobbearbeitung** f (EDV) / priority job scheduling ‖ ⁓**schaltung** f (bei der ein Signal Vorrang vor allen anderen hat) (Eltronik) / priority circuit ‖ ⁓**steuerung** f (z.B. bei Multiprogramming) (EDV) / priority control, precedence control ‖ ⁓**verarbeitung** f (EDV) / priority processing ‖ ⁓**vermerk** m (EDV) / priority prefix, priority indicator ‖ ⁓**zeichen** n (Kfz) / sign regulating priority in narrow sections of road
**Vorrat** m / store n, stock n ‖ ⁓ (Bergb, Erdöl, Geol) / reserve n, reserves pl ‖ **möglicher ⁓ an Erz** (der in geologisch bekannten Strukturen vermutet wird) (Bergb, Geol) / possible ore*, future ore
**Vorräte** m pl (geologische) (Bergb, Erdöl, Geol) / reserve n, reserves pl ‖ **gewinnbare** (erschlossene, nachgewiesene) ⁓ (Bergb) / developed reserves, assured mineral ‖ **wahrscheinliche ⁓ an Erz** (Bergb) / probable ore reserves ‖ ⁓ **anlegen** / store v, stockpile v
**vorrätig** adj / on-hand attr ‖ ⁓ / in stock
**Vorrats•behälter** m / reservoir n ‖ ⁓**behälter** (der Drillmaschine) (Landw) / tank n, hopper n ‖ ⁓**bunker** m / storage bin, supply bin, storage bunker ‖ ⁓**bürette** f (Chem) / dispensing burette ‖ ⁓**dünger** m (Landw) / slow-release fertilizer, slow-acting fertilizer ‖ ⁓**flasche** f (Chem) / storage bottle ‖ ⁓**halde** f (Reservevorrat, Reservebestand, Bevorratungsform) (Aufber, Bergb) / stock pile*, dump stock ‖ ⁓**haltung** f (wichtiger Rohstoffe, Waffen usw.) **durch den Staat** / stockpiling n ‖ ⁓**kantholz** n (in jeweils bekannten handelsüblichen Abmessungen) (For) / square timber stock ‖ ⁓**katode** f (eine Metallfilmkatode mit einem durch konstruktive Maßnahmen gegen Entladungseinflüsse geschützten Vorrat an Emissionssubstanz, der innerhalb eines Metallgerippes oder in einer Vorratskammer unmittelbar oder aus einer Verbindung abscheidbar bereitgehalten wird - DIN 44400) (Eltronik) / dispenser cathode* ‖ ⁓**katode** (mit Wolframschwammkörper) (Eltronik) / impregnated cathode ‖ ⁓**klasse** f (Bergb) / reserves category, reserves class ‖ ⁓**lager** n (Schiff) / store n, stockyard n ‖ ⁓**lösung** f (Chem) / stock solution ‖ ⁓**roder** m (eine Kartoffelerntemaschine) (Landw) / digging and riddling machine ‖ ⁓**schädling** m (vorwiegend tierische Schädlinge, aber auch einige Pilze) (Landw, Nahr, Tex) / storage pest, pest of stored products ‖ ⁓**schutz** m (stored-products protection ‖ ⁓**vierer** m (bei Außenkabeln) (Kab) / spare quad
**Vorreaktionszeit** f (Anstr) / waiting period
**Vorrechner** m (der den Verarbeitungsrechner entlastet) / front-end processor*, front-end computer (FEP), satellite processor
**Vorredaktion** f (EDV) / pre-editing n
**Vorreiber** m (drehbarer Verschlußbolzen an einer Tür oder Klappe) (Bau) / sliding bolt, fastener n, swivelling locking bolt ‖ ⁓ (ein Fensterbeschlag, der den Fensterflügel an den Blendrahmen drückt) (Bau) / catch n
**Vorreibzahn** m (der Reibahle) (Masch) / semi-finishing tooth
**vorreinigen** v / preclean v
**Vorreinigung** f / precleaning n ‖ ⁓ (grobmechanische - der Abwässer) (Sanitär) / pretreatment n, preliminary treatment
**Vorreißer** m (der Walzenkrempel) (Tex) / licker-in n, taker-in n
**Vorreklame** f (Film) / trailer* n, preview trailer
**vorrichten** v (Bergb) / develop v, open v
**Vorrichterei** f (als Druckereiabteilung) (Buchb, Druck) / warehouse* n
**Vorrichtung** f (Auffahrung der Grubenbaue, die zur Freilegung der Abbaufront für den planmäßigen Abbau dienen) (Bergb) / development n ‖ ⁓ (Instr) / apparatus n (pl. -tuses or -tus), device n ‖ ⁓ (der Drehmaschine) (Masch) / attachment n ‖ ⁓ (vom Konstrukteur im Vorrichtungsbau entworfen) (Masch) / fixture* n, attachment n ‖ **[werkzeugführende] ⁓** (Masch) / jig* n ‖ **zusätzlich eingebaute ⁓** / add-on device
**Vorrichtungsstrecke** f (Bergb) / development road
**vorritzen** v / score v
**Vorritzsäge** f (For) / scoring saw
**Vorrollen** n (EDV) / scroll-up n, roll-up n
**Vorröste** f (Tex) / preparatory retting, preliminary retting
**vorrücken** v (Zeiger) / put on v ‖ ⁓ / advance v
**Vor-Rück-Verhältnis** n (Fernm) / front-to-back ratio*
**Vorruhestandsregelung** f / early retirement scheme
**Vorrundepresse** f (Schw) / U-ing press
**Vorsaatanwendung** f (von Herbiziden) (Chem, Landw) / presowing application, preplant application

**Vorsaison** f / start of the season, early season
**vorsättigen** v (Eltronik) / presaturate v
**Vorsatz** m (z.B. bei Teilen und Vielfachen der SI-Einheiten nach DIN 1301, T 1) / prefix n ‖ ~ n m (wenn das erste Blatt des vorderen bzw. das letzte Blatt des hinteren Bogens als Vorsätze benutzt werden) (Buchb, Druck) / self-endpapers*, own ends* ‖ ~ m (Fernm) / message header, header n ‖ ~ (für Platten oder Filme) (Foto) / adapter* n ‖ ~ (mit einem Minusvorzeichen) (Math) / submultiple n ‖ **buntes** ~ (Buchb, Druck) / fancy leaf ‖ **freies** ~ (Buchb.) / fly leaf* ‖ ~ n **aus Seide** (Buchb, Druck) / liner n, lining n ‖ ~ **für** $10^{-6}$ (Kurzzeichen $\mu$) / micro-* ‖ ~ **für** $10^{-12}$ (Kurzzeichen p) / pico-*, micromicro-* ‖ ~ **von Einheiten mit selbständigem Namen** ($10^6$) (Kurzzeichen M) / mega-*, M* ‖ ~**anamorphot** m (am Objektiv) (Film) / anamorphic attachment, anamorphotic n, anamorphic n (US) ‖ ~**beton** m (die dem tragenden Beton vorgesetzte Betonschicht anderer Zusammensetzung) (HuT) / face concrete
**Vorsätze** n pl (die meist an Titel- und Endbogen angeklebten, mitunter auf der Innenseite bedruckten Doppelblätter, welche dazu beitragen, die Verbindung zwischen Buchblock und Buchdecke herzustellen) (Buchb, Druck) / end-papers* pl, lining-papers* pl, endsheets pl (US)
**Vorsatz•gerät** n (Foto) / attachment n ‖ ~**kuchen** m (Glas) / tweel n, tweel block, tuile block, tuile n, stopper n ‖ ~**linse** f (z.B. für Nah- und Trickaufnahmen) (Foto) / supplementary lens*, attachment lens ‖ ~**papier** n (Buchb, Druck) / end-leaf paper, book end-paper, art paper ‖ ~**zeichen** n / prefix n
**Vorsäule** f (in der Gaschromatografie) (Chem) / precolumn n
**Vorschäler** m (am Scharpflug) (Landw) / skim coulter, jointer n (US), skimmer n
**Vorschalldämpfer** m (vorderer Auspufftopf) (Kfz) / front muffler (US), premuffler n (US), front silencer n, presilencer n
**Vorschalt•drossel** f (der Leuchtstofflampe) (Eltech) / ballast reactor ‖ ~**faser** f (Fernm) / pigtail n (a short length of optical fibre, permanently fixed to a component, used to couple power between it and transmission fibre) ‖ ~**faser** (Licht) / launching fibre, injection fibre ‖ ~**gerät** n (mit einer Entladungslampe in Reihe geschaltetes elektrisches Gerät zur Begrenzung des Lampenstroms) (Eltech) / ballast resistor*, electric ballast, ballast n ‖ ~**kraftwerk** n (Eltech) / topping power station ‖ ~**turbine** f (Masch) / topping turbine ‖ ~**verdichter** m (im allgemeinen) (Masch) / booster n ‖ ~**verdichter** (ein Kältemittelverdichter, der Kältemittel niedrigen Druckes auf den Saugdruck eines anderen Verdichters verdichtet) (Masch) / booster n ‖ ~**widerstand** m (der Leuchtstofflampe) (Eltech) / ballast resistor*, electric ballast, ballast n
**vorschäumen** v (Plast) / pre-expand v, prefoam v ‖ ~ n (Plast) / frothing n
**Vorschäumer** m (Aufber) / rougher n
**Vorschaumonitor** m (TV) / preview monitor
**Vorscheidung** f (in der Zuckergewinnung) (Nahr) / preliming n, predefecation n
**Vorschein, wieder zum** ~ **kommen** / reappear v
**vorschieben** v (Masch) / feed v
**Vorschiff** n (der vordere Teil eines Überwasserschiffs, in dem dessen Breite zum Bug hin stark abnimmt) (Schiff) / forebody n, forward quarter
**Vorschlag** m (leerer Raum zwischen oberem Satzspiegelrand und Kapitelanfang) (Druck) / sinkage n, drop n ‖ ~**hammer** m (großer, schwerer Schmiedehammer) (Werkz) / sledge-hammer* n, uphand sledge, sledge n ‖ ~**hammer** (die Finne steht senkrecht zum Stiel) (Werkz) / cross-pane hammer (the wedge is horizontal when the handle is vertical)*, cross-peened hammer ‖ **schwerer** ~**hammer** (Masch) / aboutsledge* n
**Vorschlagswesen, betriebliches** ~ (F.Org) / suggestion system
**Vorschleifen** n (Masch) / rough grinding
**vorschlichten** v (Hütt) / block v, rough v ‖ ~ n (Hütt) / blocking n, roughing n
**Vorschlicht•kaliber** n (Hütt) / leader n, first finishing pass ‖ ~**stich** m (Hütt) / leader pass ‖ ~**walzwerk** n (Hütt) / planisher* n, planishing mill, finisher n
**vorschmelzen** v / premelt v, prefuse v
**Vorschmelzofen** m (Hütt) / premelting furnace
**Vorschmiede•gesenk** n (Masch) / blocking die, rougher n, fullering tool, blocker n ‖ ~**gravur** f (der Gesenkteil, in dem der Werkstoff so verteilt wird, daß er die folgende Gravur füllt) (Masch) / edger n, breaker n
**vorschmieden** v (vorschlichten) (Hütt) / block v, rough v ‖ ~ (vorformen) (Masch) / dummy v ‖ ~ n (Hütt) / blocking n, roughing n ‖ ~ (Masch) / dummying* n
**Vorschneider** m (am Scharpflug) (Landw) / skim coulter, jointer n (US), skimmer n ‖ ~ (Masch) / taper tap*, first-cut tap ‖ ~ (des Zentrumbohrers) (Tischl, Zimm) / nicker* n, spur n
**Vorschneidezahn** m (bei Sägen) (Masch) / roughing tooth ‖ ~ (des Zentrumbohrers) (Tischl, Zimm) / nicker* n, spur n

**Vorschnitt** m (beim Doppelschnitt erster Maschinendurchgang) (For) / opening cut, preliminary cut, roughig cut ‖ ~ (HuT) / pioneer tunnel, pilot drift ‖ ~**gatter** n (For) / headframe saw, roughing frame ‖ ~**gattersäge** f (For) / headframe saw, roughing frame ‖ ~**säge** f (For) / head saw
**vorschneiden** v (Bergb) / precut v
**vorschreiben** v (anordnen) / prescribe v ‖ ~ / specify v ‖ ~ (durch eine Verordnung) / regulate v
**Vorschrift** f (Verordnung) / regulation n ‖ ~ (Regel) / rule n ‖ ~ (Pharm) / formula* n (pl. formulas or formulae) ‖ ~ **zur umweltfreundlichen Konstruktion von Maschinen** (Lärm, Emission) (Masch, Umwelt) / design rule
**Vorschub** m (bei den Flurförderzeugen) / reach distance ‖ ~ (im Brückenbau) (HuT) / launching n (of a bridge) ‖ ~ (bei den Werkzeugmaschinen nach DIN 6580) (Masch) / feed* n, feeding n ‖ **axialer** ~ (Masch) / axial feed ‖ **radialer** ~ (Masch) / radial feed ‖ **schreibende Taste mit** ~ (EDV) / advancing key, escaping key ‖ **schreibende Taste ohne** ~ (EDV) / non-advancing key, non-escaping key ‖ **schrittweiser** ~ (Masch) / pick feed ‖ **selbsttätiger** ~ (Masch) / power feed* ‖ **tangentialer** ~ (Masch) / tangential feed ‖ ~ m **des Papiers** (EDV) / paper feed, paper advance, paper transport, paper movement, paper motion, paper drive ‖ ~ **geben** (Masch) / feed v
**Vorschub•achse** f (Masch) / feed axis ‖ ~**anschlag** m (Masch) / feed stop ‖ ~**bereich** m (Bereich der gestuft oder stufenlos einstellbaren Vorschübe) (Masch) / feed range ‖ ~**bewegung** f (eine Wirkbewegung nach DIN 6580) (Masch) / feed motion ‖ ~**einrichtung** f (bei Lochstreifengeräten) (EDV) / paper tape drive, tape feed (device) ‖ **automatische** ~**einrichtung** (EDV) / automatic carriage ‖ ~**geschwindigkeit** f (DIN 6580) (Masch) / feed speed, feed rate ‖ ~**getriebekasten** m (Masch) / feed box ‖ ~**kasten** m (Masch) / feed box ‖ ~**kraft** f (DIN 6584) (Masch) / feed force ‖ ~**leistung** f (Produkt aus Vorschubkraft und Vorschubgeschwindigkeit) (Masch) / feed power ‖ ~**loch** n (für den Papiertransport) (EDV) / feed hole, centre hole, sprocket hole ‖ ~**loch** (für den Raupenvorschub) (EDV) / tractor hole ‖ ~**lochband** n (EDV) / control tape, paper tape loop, carriage tape, printer carriage tape ‖ ~**mechanismus** m (Masch) / feed* n, feed mechanism n ‖ ~**motor** m (der die Vorschub- bzw. Zustellbewegung bewirkt) (Masch) / feed motor ‖ ~**patrone** f (an Stangenautomaten) (Masch) / bar-feed mechanism ‖ ~**raupe** f (EDV) / tractor ‖ ~**richtung** f (Masch) / direction of feed motion ‖ ~**rolle** f (Schw) / feed roll, drive roll ‖ ~**rußbläser** m (drucklose Ausrüstung von Dampferzeugern) (Masch) / short retractable soot blower, short retractable furnace wall soot blower ‖ ~**scheibe** f (beim spitzenlosen Außenrundschleifen) (Masch) / workwheel n ‖ ~**spindel** f (Masch) / feed screw ‖ ~**steuerung** f (For, Masch) / feed control ‖ ~**zange** f (Masch) / bar-feed mechanism
**Vorschüttungslagen** f pl (von Deltaablagerungen) (Geol) / foreset beds*, foresets pl
**Vorschüttungssedimente** n pl (eines Deltas) (Geol) / foreset beds*, foresets pl
**Vorschweiß•boden** m (des Dampferzeugers) (Masch) / welded end, welded head, weld-on end, weld-on head ‖ ~**flansch** m (Masch) / welding-neck flange
**Vorschwingen** n (eine Längsschiffsschwingung) (Schiff) / pitching n
**Vorschwinger** m (meistens vor der Vorderflanke) (Fernm) / preshoot n
**Vorseil** n (bei der Montage von Freileitungsseilen) (Eltech) / pulling line (a conductor stringing equipment)
**Vorselektion** f (Radio) / preselection* n
**vorsensibilisieren** v / presensitize v
**Vorsensibilisierung** f / presensitizing n
**Vorserie** f (F.Org) / pilot lot
**Vorserienflugzeug** n (Luftf) / preproduction aircraft (US)
**Vorsicherung** f (Eltech) / power fuse
**Vorsicht!** (Aufschrift auf einer Kiste) / handle with care
**vorsichtig** adj (Schätzung) / conservative adj
**Vorsichtsmaßnahme** f / precaution n, caution n
**Vor•sieb** n / scalper, scalper screen ‖ ~**sieben** n (Aufber) / scalp v ‖ ~**siebung** f **grober Stücke** (Aufber) / scalping n
**Vorsignal** n (das den Signalbegriff des zugehörigen Hauptsignals ankündigt) (Bahn) / distant signal, warning signal ‖ ~**bake** f (Bahn) / warning sign ‖ ~**tafel** f (Bahn) / warning sign
**vorsintern** v / presinter v
**Vorsorge** f (Vorbeugung) / prevention n ‖ ~ / provision n (for, against) ‖ ~**maßnahme** f / precaution n, caution n ‖ ~**prinzip** n (Umwelt) / precaution principle, principle of providence ‖ ~**untersuchungen** f pl (im Rahmen der Gesundheitsvorsorge) (Med) / medical check-up ‖ ~**untersuchungen** (Med) s. auch Reihenuntersuchung
**vorsorglich** adj / prophylactic* adj, preventive adj ‖ ~**e Landung** (Luftf) / precautionary landing
**vorsortieren** v / presort v
**Vorsortierung** f (Aufber) / ragging* n

1367

**Vorspann**

**Vorspann** m (an Schuhen) / lower instep, waist n ‖ ~ (einem Film bzw. einer Sendung vorangestellte Angaben über Titel, Hersteller, Darsteller, u.ä.) (Film, TV) / credits* pl, credit titles, screen credits, cast and credits ‖ **~band** n (eines Magnettongerätes) (EDV, Mag) / leader tape
**vorspannen** v (Eltech, Eltronik) / bias v ‖ ~ (Glas) / temper* v ‖ ~ (Mech) / prestress v, pretension v, preload v ‖ ~ n (Eltech, Eltronik) / biasing* n ‖ ~ (Glas) / tempering n, toughening n
**Vorspann • glied** n **im vorgespannten Balken** (HuT) / tendon n ‖ **~kraft** f (Tex) / pretension n ‖ **~rahmen** m (für Sägen) (Werkz) / saw bow, saw frame, saw gate ‖ **~titel** m pl (einem Film bzw. einer Sendung vorangestellte Angaben über Titel, Hersteller, Darsteller, u.ä.) (Film, TV) / credits* pl, credit titles, screen credits, cast and credits
**Vorspannung** f (Eltech, Eltronik) / biasing* n ‖ ~ (des Gitters) (Eltronik) / bias* n, bias voltage ‖ ~ (des Felsankers) (HuT) / prestraining n ‖ ~ (der Feder) (Masch) / biasing n, preload n ‖ ~ (des Lagers) (Masch) / preload n ‖ ~ (bei der Zugfestigkeitsprüfung) (Tex) / pretension n ‖ **magnetische** ~ (Akus, Eltronik) / magnetic bias*, biasing n ‖ **negative** ~ (Eltronik) / negative bias* ‖ **ohne** ~ (Eltronik) / unbiased adj, unbiassed adj ‖ **partielle** ~ (Glas) / temnization n (GB), temnization n ‖ **teilweise** ~ (in Deutschland nicht zugelassenes Verfahren, bei dem der eingelegte Spannstahl nur mit geringen Kräften vorgespannt wird) (HuT) / partial prestressing ‖ **verbundlose** ~ (HuT) / no-bond tensioning ‖ **volle** ~ (im Betonquerschnitt dürfen keine Zugspannungen auftreten, der Querschnitt ist voll überdrückt) (HuT) / final stress ‖ ~ f **in Rückwärtsrichtung** (Eltronik) / reverse bias ‖ ~ **in Vorwärtsrichtung** (Eltronik) / forward bias* ‖ ~ **mit nachträglichem Verbund** (in Hüllrohren) (HuT) / post-tensioning n ‖ ~ **mit sofortigem Verbund** (HuT) / pretensioning n, Hoyer method of prestressing ‖ ~ **ohne Verbund** (das Spannglied einer Spannbetonkonstruktion wird im Gegensatz zum nachträglichen Verbund nicht ausgepreßt) (HuT) / unbounded prestressing
**Vorspannungs • abfall** m (HuT) / loss of prestress (losses of prestressing force after transfer arise mainly through elastic shortening, shrinkage and creep of the concrete and creep of the steel) ‖ **~bestäuben** n (DIN 28400, T 4) (Vakuumt) / bias sputtering ‖ **~kraftübertragung** f (beim Spannbeton) (HuT) / transfer n (the moment when the concrete is stressed and some of the load is transferred from the steel to the concrete) ‖ **~strom** m (Eltech, Eltronik) / bias current*
**vorspeichern** v (EDV) / prestore v
**Vorspeicherung** f (EDV) / prestoring n
**Vorsperre** f (bei großen Speicherbecken - zum Abfangen von Geschiebe und Schlamm und zum örtlichen Ausgleich des im Hauptspeicherbecken stark schwankenden Wasserspiegels) (Wasserb) / pre-impoundment basin
**Vorsperr-Röhre** f (Radar) / pre-TR cell*
**Vorspinnabfall** m (Spinn) / soft waste
**Vorspinnen** n (Spinn) / preparatory spinning, first spinning, slubbing n, prespinning n
**Vorspinn • karde** f (Spinn) / carding machine for slubbing ‖ **~maschine** f (Spinn) / billy n ‖ **~maschine** (in der Feinspinnerei) (Spinn) / fly frame, roving frame, speed frame, flyer n, speeder n
**vorspringen** v (hervortreten) (Arch, Bau) / project vi, protrude v ‖ ~ n (eines Bauteiles) (Arch) / jetting-out* n
**vorspringend • er Rand** (Masch) / shoulder n ‖ **~e Teile** (Masch) / projecting parts, protruding parts ‖ **~er Winkel** (Bau) / salient angle
**vorspritzen** v (z.B. Hohlräume vor dem elektrostatischen Beschichten) (Anstr) / touch in v ‖ ~ (im allgemeinen) (Anstr) / prepaint v (before spraying)
**Vorsprung** m (Arch) / projection n ‖ ~ (äußere, vorspringende Ecke) (Bau) / external angle*, salient junction* ‖ ~ (Masch) / nose n, lug n ‖ ~ (am Flansch) (Masch) / boss* n ‖ ~ (Masch) / bump n ‖ ~ (Masch) / shoulder n ‖ **~blech** n (zur Befestigung der Traufkanten) (Klemp) / weather bar ‖ **~flansch** m (raised flange, male flange, male-facing flange ‖ **~streifen** m (zur Befestigung der Traufkanten) (Klemp) / weather bar
**Vorspur** f (die Einwärtsdrehung der Mittelebene der Räder gegenüber der Fahrzeuglängsachse) (Kfz) / toe-in* n
**vorstabilisieren** v (Tex) / preset v
**vorstabilisiert** adj (Tex) / preset adj
**Vorstadt** f (Arch) / suburb n ‖ **strahlenförmige ~entwicklung** (entlang von Straßen) (Arch) / ribbon development
**Vorstecher** m (Werkz) / awl* n
**Vorstechort** m n (Werkz) / awl* n
**Vorstecker** m (zur Sicherung eines Maschinenteils) (Masch) / cotter pin*, split-pin* n
**Vorsteck • scheibe** f (DIN 6372) (Masch) / C-washer n ‖ **~widerstand** m (Eltech) / dropping resistor*, dropper n
**vorstehen** v (Arch, Bau) / project vi, protrude v
**vorstehende Lamelle** (Eltech) / high segment
**vorstellbarer Unfall** (Nukl) / credible accident, conceivable accident

**Vorstellen, gegenseitiges** ~ (Fernm) / mutual introduction
**vorsteuern** v (Ventile) (Masch) / pilot v, pilot-actuate v, pilot-operate v
**Vorsteuer • pumpe** f (Masch) / hydraulic governor ‖ **~ventil** n (DIN 24300) (Masch, Regeln) / pilot valve
**Vorsteven** m (Schiff) / stem bar*, stem post*, stem n ‖ **ausfallender** ~ (Schiff) / raking stem
**Vorstollen** m (HuT) / pilot drift
**Vorstoß** m (z.B. "Euter" oder "Spinne") (Chem) / condenser adapter, adapter n, receiver adapter, receiver tube ‖ ~ (Tex) / piping n, edging n, braid* n
**Vorstrand** m (Ozean) / fore shore, beach face
**Vorstreckstempel** m (Plast) / plug n, helper n, assisting plug
**Vorstreckung** f (beim Vakuumsaugverfahren) (Plast) / prestretching n
**vorstreichen** v (Anstr) / prepaint v
**Vorstrom** m (einer Gasentladungsröhre) (Eltronik) / preconduction current, preconducting current ‖ ~ (Laser) (Phys) / bias current
**vorstroppen** v (Ladung) (Schiff) / presling v
**Vorstufe** f (z.B. Prothrombin als Vorstufe des Thrombins) (Biol) / precursor n
**Vorstufenmodulation** f (in einer der Vorverstärkerstufen des Senders) (Radio) / low-power modulation, low-level modulation
**vorsynchronisieren** v (Film) / presynchronize v, prescore v
**Vorsynchronisierung** f (Film) / presynchronization n, prescoring* n
**Vortac** n (ein Funkortungssystem, das mit Polarkoordinaten arbeitet) (Nav) / vortac n (VOR collocated with TACAN), VOR/TAC
**Vortasche** f (bei Koffern) (Tex) / outside pocket
**Vortäuschen** n **einer Zugangsberechtigung** (EDV) / spoofing n
**Vortäuschung** f **von Zielen** (Eloka) (Eltronik, Mil) / spoofing n, spoofing traffic, spoof jamming
**Vorteig** m (Nahr) / preferment n
**Vorteil** m / merit n ‖ **verfahrenstechnischer** ~ / process-related advantage
**Vorteiler** m (Fernm) / scaler n
**Vorteilfaktor** m (Nukl) / advantage ratio*
**Vortest** m **nach Lassaigne** (Chem) / Lassaigne's test*
**Vorticity** f (Maß für die Wirbelbildung im Stromfeld) (Meteor) / vorticity n ‖ **absolute** ~ (Meteor) / absolute vorticity ‖ **potentielle** ~ (Meteor) / potential vorticity ‖ **~-Gleichung** f (die einen Zusammenhang zwischen Vorticity und Divergenz herstellt) (Meteor) / vorticity equation*
**Vortiefe** f (Geol) / foredeep n (an elongate depression bordering an island arc or other orogenic belt)
**Vortitel** m (Typog) / half-title* n, bastard-title*, fly-title n
**Vortitration** f (Chem) / pretitration n
**Vortitrierung** f (Chem) / pretitration n
**vortragender Nonius** (Verm) / retrograde vernier*
**vortreiben** v (Bergb) / drive v, drift v, run vt
**Vortreibrohr** n (HuT) / driving tube
**Vortrieb** m (Bergb, HuT) / advance workings*, advance drift ‖ ~ (Luftf, Masch) / propulsion n ‖ ~ (Kraft, die die Vorwärtsbewegung eines Schiffs oder eines Flugzeugs bewirkt) (Luftf, Schiff) / propulsive force
**Vortriebs, mit geringster ~energie** (Hohmann-Übergang) (Raumf) / most energy-efficient ‖ **~hauer** m (in Gesteinsstrecken) (Bergb) / stoneman n ‖ **~kraft** f (Kfz) / propulsive power ‖ **~maschine** f (Bergb) / header n ‖ **~schild** m (HuT) / shield* n (tunnelling) ‖ **~schrämmaschine** f (Bergb) / slabbing machine ‖ **~strecke** f (Bergb) / heading n ‖ **~wirkungsgrad** m (Luftf) / propulsive efficiency*
**Vortriggerimpuls** m (Fernm) / pretriggering signal
**vortrocknen** v / predry v
**Vortrockner** m (dem Haupttrockner vorgeschalteter Trockner) / predrier n
**Vortrocknung** f / predrying n
**Vortrommel** f **der Kammwollkrempel** (Spinn) / breast cylinder of a worsted card
**vorübergehend** adj / temporary adj ‖ **~er Fehler** (EDV) / transient error, recoverable error ‖ **~er Fehler** (Eltech) / transient fault ‖ **~e Härte** (Magnesiahärte des Wassers) / carbonate hardness, temporary hardness* ‖ **~er Magnetismus** (Phys) / temporary magnetism ‖ **~e Zusammenschaltung** (mit Hilfe von Steckerkabeln oder Steckschnüren) (Eltech) / patch* n
**Vor • - und Nachsaison** f (für Charterflüge) (Luftf) / shoulder season ‖ **~- und Rückgang** m (Masch) / reciprocating motion ‖ **~- und Zurückschwingen** n (eines Schiffes im Seegang) (Schiff) / pitching period n (pitching + scending)
**Vorvakuum • behälter** m (Vakuumt) / ballast tank ‖ **~druck** m (Vakuumt) / backing pressure, forepressure n ‖ **~kessel** m (Vakuumt) / ballast tank ‖ **~leitung** f (Vakuumt) / foreline n ‖ **~pumpe** f (Vakuumt) / backing pump, fore pump ‖ **~pumpenstation** f (Nukl) / roughing station ‖ **~stutzen** m (z.B. bei der Diffusionspumpe) (Vakuumt) / forepump connection

**vorverdichten** v (Boden) (HuT) / preconsolidate v ‖ ~ (bei Zweitaktmotoren) (V-Mot) / precompress v ‖ ~ (die Ladung durch die Ladepumpe) (V-Mot) / supercharge v, boost v
**Vorverdichtung** f (Sofortsetzung des Bodens) (HuT) / initial consolidation, initial compression ‖ ~ (HuT) / preconsolidation n ‖ ~ (der Ladung durch die Ladepumpe) (V-Mot) / supercharging* n, boosting* n, pressure-charging n ‖ ~ (bei Zweitaktmotor) (V-Mot) / precompression n, crankcase compression
**vorverdrahten** v (Eltech) / prewire v
**Vorverformkraft** f (bei einer Flanschdichtung) (Masch) / gasket seating load
**vorverkupfern** n (elektrochemisches) (Galv) / copper striking
**vorverlegtes Datenträgerende** (EDV) / forced end of volume (FEOV)
**Vorvernickeln** n (elektrochemisches) (Galv) / nickel striking
**Vorvernickelungsschicht** f (elektrochemisch hergestellte) (Galv) / nickel strike
**Vorveröffentlichung** f (im Patentrecht) / prior publication
**vorverpacken** v / pre-pack v, pre-package v
**vorverschieben** v (bei der Phasenverschiebung) (Eltech) / advance v
**Vorversilbern** n (elektrochemisches) (Galv) / silver striking
**Vorversilberungsschicht** f (elektrochemisch hergestellt) (Galv) / silver strike
**Vorverstärker** m (Akus) / preamplifier* n, preliminary amplifier, preamp n ‖ ~ (Eltronik) / head amplifier*
**vorverstrecktes Garn** (beim Schnellspinnverfahren) (Spinn) / preoriented yarn (POY*), partially oriented yarn*
**Vorverzahnen** n (Grobbearbeitung der Verzahnung) (Masch) / gear roughing
**vorverzerren** v (Fernm) / predistort v
**Vorverzerrer** m (Fernm) / predistorting network*
**Vorverzerrung** f (Akus, Eltronik) / pre-emphasis* n, accentuation* n ‖ ~ (Fernm) / predistortion* n
**vorverziehen** v (Spinn) / predraw v
**Vorverzinnen** n (elektrochemisches) (Galv) / tin striking
**Vorvlies** n (Tex) / preweb n
**Vor-vor-Seil** n (bei der Montage von Freileitungsseilen) (Eltech) / P-line n, pilot line, lead line, leader n, straw line (a lightweight line, normally synthetic-fibre rope, used to pull heavier pulling lines which in turn are used to pull the conductor)
**Vorwahl** f (Voreinstellung eines gewünschten Betriebszustandes) (Fernsp, Kfz, Masch) / preselection* n ‖ ~ (Radio) / preselection* n ‖ **doppelte** ~ (Fernsp) / tandem selection* ‖ **~blende** f (Foto) / preset iris, preset diaphragm
**vorwählen** v (Fernsp, Kfz, Masch) / preselect v ‖ ~ (Stationen) (Radio) / pretune v
**Vorwähler** m / preselector n ‖ ~ (ein Zusatzteil für Stufenschalter) (Eltech) / changeover selector
**Vorwählgetriebe** n (Kfz) / preselector gearbox*
**Vorwahl·nummer** f (Fernsp) / area code, area code number ‖ **~zähler** m (EDV) / programmable counter
**vorwalzen** v (herunterwalzen) (Hütt) / bloom v, cog v, cog down v ‖ ~ (Hütt) / rough down v, rough v, break down v ‖ ~ n (Hütt) / blooming n, cogging* n, billeting n ‖ ~ (Herunterwalzen) (Hütt) / roughing-down n, roughing n, breaking-down n
**Vorwalzwerk** n (Hütt) / blooming mill*, cogging mill, bloomer n, primary mill
**vorwärmen** v / preheat v ‖ ~ n / preheating n ‖ ~ (Eltronik) / preheating n, heat-up n
**Vorwärmer** m / preheater n ‖ ~ (des SM-Ofens) (Hütt) / bank n ‖ **rekuperativer** ~ (Gieß, Hütt, Masch) / recuperative air heater*, recuperative air preheater, recuperator* n (a continuous-flow heat exchanger) ‖ **~straße** f (für Speisewasser) (Masch) / feed-heating train
**Vorwärm·flamme** f (Schw) / preheating flame ‖ **~muffe** f (zum Vorwärmen während des Schweißvorganges) (Schw) / preheat wraparound ‖ **~zone** f (des Hochofens) (Hütt) / preheating zone ‖ ~zone (in der Pyrometallurgie) (Hütt) / precalcining zone
**Vorwarnungszeit** f **für Räumung** (Nukl) / warning time for evacuation
**vorwärts blättern** (Text auf Bildschirm) (EDV) / page up v, page forward v ‖ ~ **gekrümmte Schaufeln** (bei Trommelrädern de Lüfter) (Masch) / forwardly curved blades, forward leaning blades ‖ ~ **genommene Differenz** (Math) / forward difference, descending difference ‖ **~auslösung** f (Fernsp) / calling-party release, forward release ‖ **~differenz** f (Math) / forward difference, descending difference ‖ **~einschneiden** n (Verm) / forward intersection, long-base method ‖ **~einschnitt** m (Verm) / forward intersection, long-base method ‖ **~fahrt** f (Schiff) / headway n ‖ **~fehlerkorrektur** f (Übertragungssicherungsverfahren mit Möglichkeiten zur Fehlerkorrektur, das im Gegensatz zum ARQ eine nachträgliche Fehlerkorrektur ohne Datenwiederholung gestattet) / forward error correction ‖ **~fließpressen** n (in Wirkrichtung des Stößels) (Hütt, Masch) / forward extrusion, direct extrusion ‖ **~gang** m (Kfz) /

forward gear ‖ **~infrarotausrüstung** f (Luftf) / forward-looking infrared*, forward-looking IR, FLIR* ‖ **~kanal** m (EDV) / forward channel ‖ **~korrekturverfahren** n (ein Fehlerkorrekturverfahren) / forward error correction ‖ **~kurzschluß-Übertragungsadmittanz** f (Eltech) / transconductance n (a real part of the transadmittance) ‖ **~pfad** m (Regeln) / forward path ‖ **~projektion** f (Film) / forward projection ‖ **~richtung** f (Diode = Durchlaßrichtung, Thyristor = Schaltrichtung; DIN 41783 und 41853) (Eltronik, Fernm) / forward direction ‖ **durch eine Diode in ~richtung fließender Strom** (Eltronik) / forward current ‖ **~schauendes Radar** (Radar) / forward-looking radar, FLR, forward-looking airborne radar, FLAR ‖ **~schauendes Radargerät** (Radar) / forward-looking radar, FLR, forward-looking airborne radar, FLAR ‖ **~spannung** f (Eltronik) / forward voltage* ‖ **höchstzulässiger ~spitzensteuerstrom** (bei Thyristoren) (Eltronik) / peak gate current ‖ **~steilheit** f (Eltech) / transconductance n (a real part of the transadmittance) ‖ **~strangpressen** n (Hütt, Masch) / forward extrusion, direct extrusion ‖ **~streuung** f (Kernphys, Phys, Radio) / forward scatter*, forward scattering n ‖ **~strom** m (Eltronik) / forward current ‖ **~treiben** v (Masch) / propel v ‖ **~treibend** adj (Masch) / propelling adj, propellent adj ‖ **~verkettung** f (Inferenzstrategie bei regelbasiertem Schließen) (KI) / forward chaining ‖ **~verteidigung** f (Mil) / forward defence ‖ **~vorspannung** f (Eltronik) / forward bias* ‖ **~welle** f (Phys) / forward wave* (FW) ‖ **~zählen** v / count up v
**Vorwäsche** f (vor der Hauptwäsche) (Tex) / prewashing n
**Vorwegparameter** m (EDV) / preset parameter
**Vorweiche** f (Leder) / presoak n
**vorwelken** v (Bot, Landw) / wilt vt
**Vorwickel·Filmzahntrommel** f (des Laufbildwerfers) (Film) / feed sprocket, supply sprocket, film-feed sprocket ‖ **~rolle** f (Film) / take-off drum, take-off roller
**Vorwiderstand, temperaturabhängiger** ~ (in Meßgeräten) (Eltech) / swamping resistance ‖ ~ m **der Haltespule** (z.B. bei Relais) (Eltech) / economy resistance*
**vorwiegend direkte Beleuchtung** (Licht) / semi-direct lighting ‖ ~ **indirekte Beleuchtung** (Licht) / semi-indirect lighting
**Vorwuchten** n (Masch) / initial balancing
**Vorzeichen** n (Minus- oder Pluszeichen) (EDV, Math) / sign n ‖ **entgegengesetztes** ~ (Math) / opposite sign ‖ **mit** ~ (Math) / signed adj ‖ **mit** ~ **versehen** (Math) / sign v ‖ **mit** ~ **versehene Zahl** (Math) / relative number, signed number ‖ **ohne** ~ (Math) / unsigned adj, signless adj ‖ **optisches** ~ (+ = rechtsdrehend) (Min, Opt) / optic sign*
**vorzeichen·begabt** adj (Math) / signed adj ‖ **~behaftet** adj (Math) / signed adj ‖ **~bit** n (EDV) / sign bit* ‖ **~funktion** f (Math) / signum function, sgn ‖ **~los** adj (Wert) (Math) / unsigned adj, signless adj ‖ **~lose Zahl** (Math) / signless number, unsigned number ‖ **~regel** f (Math) / rule of signs ‖ **~regel beim Optikrechnen** (Opt) / convention of signs*, sign convention, optic-sign convention ‖ **~stelle** f (EDV) / sign position ‖ **~system** n (Opt) / convention of signs*, sign convention, optic-sign convention ‖ **~test** m (Math, Stats) / sign test (e.g. Wilcoxon's matched pairs signed rank test) ‖ **~umkehrer** m (EDV) / sign changer ‖ **~ziffer** f (dem Vorzeichen entsprechende Ziffer) (EDV) / sign digit
**vorzeitig·es Abbinden** (eines Bindemittels - Fehler) (HuT) / false set, early stiffening, grab set, premature stiffening, hesitation set, rubber set ‖ **~ abbrechen** (EDV) / abort v ‖ **~er Ausfall** / premature failure n ‖ **~ beenden** (laufendes Programm) (EDV) / abort v ‖ **~e Beendigung** (des Programmlaufs) (EDV) / abnormal termination, abortion n (of program execution), abnormal end
**Vorzelt** n (für Caravan) (Kfz, Tex) / awning n
**Vorzerkleinerung** f (Aufber) / preliminary crushing, coarse crushing, primary crushing, primary reduction
**Vorzerklüftung** f (durch Sprengen) (Bergb) / presplitting n
**Vorzerstäuber** m (Kfz) / boost venturi
**vorziehen** v (Hütt) / predraw v ‖ ~ n (Hütt) / preliminary drawing, predrawing n, drawdown drawing, pulling n
**Vorzimmer·anlage** f (Fernsp) / secretary system, executive system ‖ **~system** n (Fernsp) / secretary system, executive system
**Vorzugs·milch** f (Rohmilch mit besonderen Anforderungen) (Nahr) / certified milk ‖ **~orientierung** f (Geol, Hütt, Krist, WP) / preferred orientation* ‖ **~regel** f / precedence rule ‖ **~toleranzreihe** f / recommended series of tolerances ‖ **~zahlen** f pl (Masch, Math) / preferred numbers*, preferred values*
**Vorzündung** f (Kfz) / ignition advance*
**Vorzwirn** m (einfacher Zwirn, als Ausgangsmaterial für mehrfachen Zwirn) (Spinn) / preliminary twist
**Votator** m (Chem Verf, Nahr) / votator n ‖ **~anlage** f (Rohr- oder Kratzkühler für kontinuierliche Margarineherstellung) (Chem Verf, Nahr) / votator n

**Voting** n (ein Verfahren zur Fehlerkorrektur, bei dem mit dem Ergebnis weitergearbeitet wird, das von der Mehrzahl der Geräte ermittelt wurde) (EDV) / voting n

**Voute** f (Verstärkung bei zwischengestützten Balken oder Platten, um die Belastung aus Momenten an den Stützen vollständig aufnehmen zu können) (HuT) / haunch n

**Voutenbalken** m (Bau) / haunched beam

**VP** (Chem) / vinyl propionate || ~ (Eltronik, Fernm) / wiring plate, wiring board || ~ (ein Neurohormon des Hypophysenhinterlappens) (Physiol) / vasopressin* n, antidiuretic hormone, ADH

**V-Packung** f (Masch) / V-packing n

**VPE-Isolierung** f (aus vernetztem Polyethylen) (Kab) / cross-linked polyethylene insulation

**VPI-Stoff** m (über die Dampf-/Gas-/Phase wirksamer Korrosionsschutzstoff) (Chem) / vapour-phase inhibitor* (V.P.I.) (VPI), volatile corrosion inhibitor (VCI)

**V-Prozeß** m (Gieß) / vacuum moulding process, Mitsubishi process

**V-Pyrol** n (Chem) / N-vinylpyrrolidone n

**VR** (EDV) / virtual reality, VR

**V-Rad** n (Stirnrad mit Profilverschiebung nach DIN 3960) (Masch) / spur gear with pitch displacement, V-gear n

**V-Reihenmotor** m (V-Mot) / VR engine

**V-Rille** f (Akus) / V-groove n

**Vrille** f (S) (Luftf) / spin* n

**V-Ring** m (Packung) (Masch) / V-ring n

**VRML** (EDV) / virtual-reality-markup language (language for creating 3-D Web sites), VRML, virtual reality modelling language

**VR-Motor** m (V-Mot) / VR engine

**Vs**

**VSAT-Stelle** f (in der Satellitenkommunikation) (Fernm) / very small aperture terminal (VSAT)

**Vsb** (der Bereich der Meßgröße, um den der Meßbereich verlagert werden kann) / range of adjustment

**V-Schaltung** f (Eltech) / V-connection* n, open delta connection*

**V.24-Schnittstelle** f (DIN 66020,T 1) (EDV) / RS-232C interface

**v-Schwingung** f (eines Moleküls, die in der Valenzrichtung der miteinander gebundenen Atome erfolgt und zu Atomabstandsänderungen führt) (Phys, Spektr) / stretching vibration(s), stretching n, stretch n

**V-Sechszylindermotor** m (V-Mot) / V-six cylinder engine, V-six engine, Vee-six n

**VSEPR•-Modell** n (Chem, Kernphys) / valence shell electron pair repulsion model, VSEPR model, Gillespie model || ~-Theorie f (zur Erklärung der geometrischen Strukturen von Molekülen) (Chem) / VSEPR theory, valence-shell electron-pair repulsion theory

**V.-Serie der CCITT-Empfehlungen** (Empfehlungen der Studiengruppe XVII zum Thema Datenübertragung) (Fernm) / V.-series of recommendations

**VSG** (ein Sicherheitsglas) (Glas) / laminated (safety) glass*

**VSOP-Gehäuse** n (Eltronik) / very small outline package, VSOP

**VSP** m (ein Flügelradpropeller) (Schiff) / cycloidal propeller, Voith-Schneider propeller

**V-Stellung** f (positive, negative) (Luftf) / dihedral angle*

**V/STOL-Flugzeug** n (VTOL + STOL) (Luftf) / V/STOL aircraft, V/STOL n

**V-Stoß** m (Schw) / vee butt joint, single-V butt joint

**V-Strahl** m (Radar) / V-beam n

**VSWR** (Fernm) / standing-wave ratio*, SWR, voltage standing-wave ratio, WSWR

**V-Tal** n (Geol) / V-shaped valley, V-valley n

**V-Teilchen** n (Kernphys) / V-particle n

**VTL** (Logikfamilie, deren Schwellenspannung veränderlich ist) (EDV) / variable threshold logic (VTL)

**VTOL-Flugzeug** n (Luftf) / VTOL* n, VTOL plane, VTOL aircraft, vertical take-off and landing aircraft

**VTX** (EDV, Fernm, TV) / videotext* n, broadcast videotex, one-way videotex

**Vulcan-Kupplung** f (Masch, Schiff) / Vulcan coupling*

**Vulkameter** n (Meßgerät zur Untersuchung des Vulkanisationsverhaltens von Kautschukmischungen bei unterschiedlichen Temperaturen) / curemeter n

**Vulkan** m (Geol) / volcano* n (pl. volcanoes or volcanos) || ~- (Geol) / volcanic adj || **gemischter** ~ (Geol) / composite volcano, stratovolcano n (pl. -oes), composite cone || ~**ausbruch** m (Geol) / eruption n, volcanic eruption || ~**echtgelb** n (Chem Verf, Druck) / vulcan fast yellow (C.I. Pigment Yellow 13) || ~**fiber** f (DIN 7737) (Chem) / vulcanized fibre* || ~**glasscherbe** f (Geol) / shard* n, glass shard || ~**gürtel** m (Geol) / volcanic chain, volcanic belt || ~**herd** m (Geol) / volcanic focus

**Vulkanisat** n (Chem Verf) / vulcanizate n

**Vulkanisation** f (Umwandlung des Kautschuks aus dem vorwiegend plastischen in den elastischen Zustand durch dreidimensionale Vernetzung) (Chem Verf) / vulcanization n (of rubber*), curing* n || ~ **mit Schwefel** (Chem Verf) / sulphur curing

**Vulkanisations•beschleuniger** m (Chem Verf) / accelerator* n, vulcanization accelerator, accelerating agent || ~**geschwindigkeit** f (gemessen mit dem Mooney-Viskometer) (Chem Verf) / cure time || ~**kessel** m (Chem Verf) / vulcanizing autoclave, open steam vulcanizer || ~**koeffizient (VK)** m (Anteil des gebundenen Schwefels in Prozenten, bezogen auf den Kautschukgehalt) (Chem Verf) / vulcanization coefficient, degree of vulcanization || ~**verzögerer** m (bei der Kautschukvulkanisation) (Chem Verf) / retarder n, antiscorcher n, antiscorching agent

**vulkanisch** adj (Geol) / volcanic adj || ~**e Asche** (Geol) / volcanic ash* || ~**es Beben** (Geol) / volcanic earthquake || ~**e Bombe** (Geol) / volcanic bomb* || ~**er Dom** (Geol) / volcanic dome, cumulo dome || ~**es Erdbeben** (Geol) / volcanic earthquake || ~**e Gesteine** (Geol) / extrusive rocks*, volcanics pl, volcanic rocks, vulcanites* pl, effusive rocks, extrusives pl || ~**es Glas** (vulkanisches Schmelzprodukt wie z.B. Lavatropfen, Lavatränen, Pelés Haar usw.) (Geol) / volcanic glass || ~**er Sand** (Geol) / volcanic sand* || ~**e Schlacke** (Geol) / scoria* n (pl. scoriae), volcanic slag, volcanic cinder || ~**e Tätigkeit** (Geol) / volcanic activity, volcanic action || ~**es Wasser** (Geol) / volcanic water (water in or derived from magma at the earth's surface or at a relatively shallow depth)

**Vulkaniseur** m (Chem Verf) / retreader n

**vulkanisieren** v (Chem Verf) / vulcanize v, cure v || **in Formen** ~ (Kautschuk) (Chem Verf) / mould v

**Vulkanisier•kessel** m (Chem Verf) / vulcanizing autoclave, open steam vulcanizer || ~**presse** f (Etagen-, Maul-, Kessel- und Autoklavenpresse) (Chem Verf) / vulcanizing press, curing press

**vulkanisiert•er Kautschuk** (Chem Verf) / vulcanizate n || ~**er Latex** (Chem Verf) / vultex* n

**Vulkanisierung** f (Umwandlung des Kautschuks aus dem vorwiegend plastischen in den elastischen Zustand durch dreidimensionale Vernetzung) (Chem Verf) / vulcanization n (of rubber*), curing* n

**Vulkanismus** m (Geol) / volcanism n, vulcanism n, volcanicity n, vulcanicity n

**Vulkanite** m pl (Geol) / extrusive rocks*, volcanics pl, volcanic rocks, vulcanites* pl, effusive rocks, extrusives pl

**Vulkan•kegel** m (Geol) / volcanic cone, cone n || ~**kraftwerk** n (Eltech, Geophys) / geothermal power plant, geothermal electric power station || ~**kuppe** f (Geol) / volcanic dome, cumulo dome || ~**landschaft** f (Geol) / volcanic landform, volcanic landscape

**vulkanogen** adj (durch vulkanische Vorgänge entstanden) (Geol) / volcanogenic adj

**Vulkanologie** f (Geol) / volcanology n, vulcanology n

**vulkanotektonisch** adj (Geol) / volcanotectonic adj

**Vulkanschlot** m (Geol) / volcanic vent*, vent* n, conduit n || **Gruppe von** ~**en** (Geol) / volcanic cluster || ~**brekzie** f (Geol) / vent breccia (a volcanic breccia)

**Vulpinsäure** f (Chem) / vulpinic acid, vulpic acid

**Vultex** m (Chem Verf) / vultex* n

**VU-Meter** n (Radio) / volume indicator* (V.I.), volume unit meter, VU meter*

**VUP** (Umwelt) / polluter pays principle, pay-as-you-pollute principle, ppp

**VUV** (Phys, Vakuumt) / vacuum ultraviolet, VUV, vacuum UV

**VUV-Spektroskopie** f (Spektr) / vacuum ultraviolet spectroscopy

**V-Verdichter** m (Masch) / V-type compressor

**V-Verzahnung** f (Masch) / V-gearing tooth form

**VxD** (der Buchstabe x steht für den Gerätetyp, z.B. steht VDD für "virtual display driver") (EDV) / virtual device driver, VxD

**Vycorglas** n (ein Handelsname für ein aus entmischtem Borosilicatglas hergestelltes Kieselglas) (Glas) / Vycor glass

**VZ** (Bau, HuT) / retarder n (of set)*, retarding admixture, retardant n || ~ (eine Kennzahl der Fette und fetten Öle sowie der Mineralöle - DIN 53401) (Chem) / saponification number*

**V-Zentrum** n (das zum F-Zentrum inverse Zentrum) (Eltronik, Krist) / H-centre n || ~ (Farbzentrum mit eingefangenen Defektelektronen) (Eltronik, Krist) / V-centre n

**V-Zwölfzylinder** m (V-Mot) / V-12 engine, V-twelve engine, Vee-twelve n, V-12

# W

**w** (HuT) / water-cement ratio
**W** (Chem) / tungsten* *n*, wolfram* *n*
**W** (abgeleitete SI-Einheit der Leistung und des Wärmestroms, nach J. Watt, 1736-1819) (Phys) / watt* *n*
**W3** *n* (EDV) / World Wide Web*, WWW*
**WAA** (Nukl) / reprocessing plant, fuel reprocessing plant, FRP
**Waage** *f* (Masch) / balance *n*, scales *pl* ‖ ⁓ (nach dem Substitutionsprinzip arbeitende) (Masch) / substitution balance ‖ **[analytische]** ⁓ (Chem) / analytical balance*, chemical balance* ‖ **aerodynamische** ⁓ (in einem Windkanal) (Luftf) / aerodynamic balance*, wind-tunnel balance ‖ **elektronische** ⁓ (Eltronik) / electronic balance ‖ **hydrostatische** ⁓ (zur Dichtebestimmung von Festkörpern und Flüssigkeiten durch Ermittlung des Auftriebs) (Phys) / hydrostatic balance ‖ **Langmuirsche** ⁓ (zur direkten Messung partieller Oberflächenspannungen von Filmen) / Langmuir's film balance ‖ **magnetische** ⁓ (Chem, Eltech) / magnetic balance* ‖ **Mohrsche** ⁓ (zur Bestimmung der Dichte von Flüssigkeiten nach C.F. Mohr, 1806-1879) (Phys) / Mohr balance*, Westphal balance ‖ ⁓ *f* **mit Dämpfungseinrichtung** (Masch) / damped balance* ‖ ⁓ **mit ebener Lastfläche** (z.B. Brückenwaage, Neigungswaage) (Masch) / platform balance, platform scale ‖ ⁓ **mit optischer Ablesung** (Masch) / projection balance
**Waage•balkenrelais** *n* (Eltech) / balanced-beam relay* ‖ ⁓**punkt** *m* (Astr) / First Point of Libra*
**waagerecht** *adj* / horizontal* *adj*, level *attr* ‖ **fast** ⁓ / subhorizontal *adj* ‖ ⁓**es Glied des Türrahmens** (Tischl) / impage *n* ‖ ⁓**es Schweißen** (von Stumpf- und Kehlnähten in Wannenposition) (Schw) / downhand welding ‖ ⁓**e Spannvorrichtung** (für den Gesteinsbohrer) (Bergb) / stretcher *n* ‖ ⁓**er Stützbalken** (z.B. zwischen 2 Häusern) (Zimm) / flying-shore* *n*, flyer* *n*, flier* *n* ‖ ⁓ **verschiebbarer Fensterrahmen** (Bau) / sliding sash*, sliding window ‖ ⁓**er Wurf** (Phys) / horizontal throw
**Waagerecht•bohr- und -fräsmaschine** *f* (Masch) / horizontal boring and milling machine, horizontal drilling, boring and milling machine ‖ ⁓**bohr- und -fräswerk** *n* (Masch) / horizontal boring and milling machine, horizontal drilling, boring and milling machine ‖ ⁓**bohrmaschine** *f* (mit waagerechter Bohrspindel) (Masch) / horizontal boring machine, horizontal drilling machine ‖ ⁓**fräsmaschine** (mit waagerechter Frässpindel) (Masch) / horizontal milling machine ‖ ⁓**gatter** *n* (For) / horizontal gang saw, horizontal frame-saw ‖ ⁓**räummaschine** *f* (mit waagerechtem Arbeitshub) (Masch) / horizontal broaching machine ‖ ⁓**start-Raumfahrzeugträger** *m* (Raumf) / horizontal take-off and landing vehicle, HOTOL vehicle* ‖ ⁓**stauchmaschine** (Hütt) / horizontal die-forging maschine ‖ ⁓**stoßmaschine** (Masch) / shaping machine* ‖ ⁓**ziehverfahren** *n* (nach Colburn oder Libbey-Owens) (Glas) / horizontal drawing process
**Waage•schneide** *f* (Instr) / knife edge* ‖ ⁓**speiser** *m* (Spinn) / hopper *n*, hopper feeder
**Waagrechtstart-Trägerrakete** *f* (Raumf) / horizontal take-off and landing vehicle, HOTOL vehicle*
**Waag•schale** *f* (Instr) / pan *n*, scale-pan *n*, scale *n* ‖ ⁓**scheit** *n* (Bau, Zimm) / straight edge
**waben•artig** *adj* / honeycombed *adj*, honeycomb *attr* ‖ ⁓**bandtrockner** *m* (Bandtrockner, bei dem das zu trocknende Gut durch Walzen unter leichtem Druck in die Zellen eines endlosen Bandes gefüllt wird) (Sanitär) / open-mesh belt drier ‖ ⁓**bauweise** *f* (mit Wabenmittellage) (Luftf) / honeycomb structure* ‖ ⁓**bruch** *m* (Galv) / dimple fracture ‖ ⁓**fäule** *f* (von Eichenkernholz) (For) / honeycomb rot ‖ ⁓**fäule** (For) / pecky dry rot, peckiness *n*, pocket (dry) rot, white pocket rot ‖ ⁓**förmig** *adj* / honeycombed *adj*, honeycomb *attr* ‖ ⁓**förmige Rißbildung** (in einer Betonwand) (Bau) / honeycombing *n* ‖ ⁓**fundament** *n* (Druck) / honeycomb base* ‖ ⁓**gleichrichter** *m* (vor der Meßstrecke im Windkanal) (Luftf) / honeycomb* *n*, straighteners *pl* ‖ ⁓**grill** *m* (ein Kühlergrill) (Kfz) / eggcrate grille ‖ ⁓**keramik** *f* (des Katalysators) (Kfz) / ceramic honeycomb unit ‖ ⁓**kern** *m* (Stützzelle der Leichtverbundkonstruktionen) (Zimm) / honeycomb core ‖ ⁓**körper** *m* / honeycomb *n* ‖ ⁓**kühler** *m* (Kfz) / honeycomb radiator ‖ ⁓**spule** *f* (Eltech) / honeycomb coil*, lattice coil* ‖ ⁓**struktur** *f* (Hohlraumkoaleszenz infolge Beanspruchung) / dimpled structure ‖ **mit** ⁓**struktur** / honeycombed *adj*, honeycomb *attr* ‖ ⁓**verwitterung** *f* (löcherige, wabenförmige Verwitterungserscheinung an porösen Gesteinen) (Geol) / differential weathering (of sandstones), honeycomb weathering ‖ ⁓**wicklung** *f* (Eltech) / honeycomb winding, lattice winding*
**wabigartig** *adj* / honeycombed *adj*, honeycomb *attr* ‖ ⁓**e Durchlöcherung** (For) / honeycombing *n*
**Wabigwerden** *n* (des Holzes) (For) / honeycombing *n*
**Wacapou** *n* (Holz aus Vouacapoua americana Aubl., Vouacapoua macropetala Sandw. oder Vouacapoua pallidior Ducke) (For) / acapau, acapu *n*, partridge wood
**Wache** *f* / watch *n*
**Wach•flamme** *f* (die einen Flammenfühler, z.B. Thermoelement, beeinflußt) / pilot flame ‖ ⁓**frequenz** *f* (Fernm) / watch frequency ‖ ⁓**kanal** *m* (Fernm, Luftf) / guard channel
**Wacholder•beeröl** (das durch Wasserdampfdestillation aus reifen getrockneten Wacholderbeeren gewonnen wird) (Nahr, Pharm) / oil of juniper berries, juniper oil, juniper-berry oil ‖ ⁓**holzöl** *n* (Pharm) / juniper wood oil ‖ ⁓**teer** *m* (Pharm) / cade oil, juniper-tar oil ‖ ⁓**teeröl** *n* (Pharm) / cade oil, juniper-tar oil
**Wachs** *n* (natürliches, synthetisches, chemisch modifiziertes) / wax* *n* ‖ **aus** ⁓ / waxy *adj* ‖ **Grünes** ⁓ / bayberry wax, bayberry tallow, laurel wax, myrtle wax, myrica tallow ‖ **mikrokristallines** ⁓ (ein Erdölwachs) / microwax *n*, microcrystalline wax ‖ **mikronisiertes** ⁓ / micronized wax ‖ **mineralisches** ⁓ (z.B. Montanwachs) / mineral wax ‖ **mit** ⁓ **einreiben** / wax *v* ‖ **mit** ⁓ **überziehen** / wax *v* ‖ **pflanzliches** ⁓ / vegetable wax ‖ **synthetisches** ⁓ (teil-, voll-) / synthetic wax ‖ **tierisches** ⁓ (z.B. Walrat und Bienenwachs) / animal wax ‖ ⁓ **der Carandaypalme** (Copernicia australis - dem Carnaubawachs sehr ähnlich) / carandá *n* ‖ ⁓ **erzeugend** (Bot, Zool) / ceriferous* *adj*, wax-producing *adj*
**Wachs•abdruck** *m* / wax impression ‖ ⁓**ähnlich** *adj* / waxy *adj*, wax-like *adj*
**Wachsamkeitstaste** *f* (Bahn, Eltech) / dead man's handle*, vigilance button
**Wachs•appretur** *f* (um eine Wasserundurchlässigkeit zu erzielen) (Tex) / wax finish ‖ ⁓**artig** *adj* / waxy *adj*, wax-like *adj* ‖ ⁓**ausrüstung** *f* (Tex) / wax finish ‖ ⁓**ausscheidend** (Bot, Zool) / ceriferous* *adj*, wax-producing *adj* ‖ ⁓**ausschmelzgenauigießverfahren** *n* (Gieß) / lost wax casting, lost wax process ‖ ⁓**ausschmelzverfahren** (ein Feingußverfahren) (Gieß) / lost wax casting*, lost wax process ‖ **auf** ⁓**basis** / wax-based *adj* ‖ ⁓**baumwolldraht** *m* (Eltech) / waxed cotton-cored wire ‖ ⁓**behandlung** *f* / waxing *n*, wax treatment ‖ ⁓**beize** *f* (Dispersion oder Lösung von organischen oder anorganischen Farbstoffen oder Pigmenten in Wachsemulsionen mit Anteilen von Beiztonentwicklern) (Tex) / wax stain ‖ ⁓**beschichtung** *f* / wax-coating *n* ‖ ⁓**cracken** (Erdöl) / wax cracking ‖ ⁓**draht** *m* / waxed wire, wax-coated wire ‖ ⁓**emulsion** *f* (Pap) / wax emulsion
**wachsen** *v* / wax *v* ‖ ⁓ (Biol, Krist) / grow *v* ‖ ⁓ (Druck) / wax *v* ‖ ⁓ (Formsand) (Gieß) / expand *vi*, increase *v*, grow *v* ‖ ⁓ *n* (mit Wachs) / waxing *n*, wax treatment ‖ ⁓ (Biol, Krist) / growth* *n*, growing *n* ‖ ⁓ **des Sandes** (Volumenvergrößerung der Sandkörner in der Gießhitze, besonders stark bei Quarzen) (Gieß) / growth of sand
**wachsend** *adj* (Flut) / swelling *adj* ‖ ⁓**e Funktion** (Math) / increasing function, monotonic non-decreasing function ‖ ⁓**es Halbmartingal** (Stats) / submartingale *n*
**Wachs•entferner** *m* / wax remover ‖ ⁓**glanz** *m* (Min) / waxy lustre
**wachsige Stärke** (amylopektinreiche Stärke aus Getreidehybriden) (Nahr) / waxy starch
**wachs•kaschiertes Papier** (Pap) / wax-laminated duplex paper ‖ ⁓**kaschierung** *f* / wax-coating *n* ‖ ⁓**kohle** *f* (Liptobiolit) / wax coal, waxy coal ‖ ⁓**kohle** s. auch Pyropissit ‖ ⁓**kracken** (Erdöl) / wax cracking ‖ ⁓**leinen** *n* (Tex) / waxcloth *n*, American cloth, oilcloth* *n*, waxed cloth ‖ ⁓**leinwand** *f* (Tex) / cerecloth *n* (cloth treated with wax or gummy matter and formerly used especially for wrapping a dead body) ‖ ⁓**malstift** *m* / wax crayon *n* ‖ ⁓**maschine** *f* (Druck) / waxing machine ‖ ⁓**maschine** (Tex) / waxing machine ‖ ⁓**matrize** *f* / wax matrix ‖ ⁓**modell** *n* (Gieß) / wax pattern (an investment pattern) ‖ ⁓**palme** *f* (Ceroxylon alpinum Bonpl. ex DC.) (For) / wax palm ‖ ⁓**papier** *n* (Pap) / waxed paper, wax paper ‖ ⁓**phantom** *m* (Radiol) / wax phantom ‖ ⁓**reife** *f* (der Früchte) (Bot, Landw) / wax ripeness ‖ ⁓**reservedruck** *m* (für Batikartikel) (Tex) / wax print ‖ ⁓**rückstand** *m* / wax residue ‖ ⁓**säure** *f* (höhermolekulare Fettsäure mit mindestens 22 Kohlenstoffatomen) (Chem) / wax acid ‖ ⁓**schnur** *f* (als Einlage in Kerne zur Luftabfuhr) (Gieß) / wax vent*, wax braid, vent wax ‖ ⁓**schnureinlage** *f* (Gieß) / wax vent*, wax braid, vent wax ‖ ⁓**tränkung** *f* (Pap) / wax impregnation ‖ ⁓**tuch** *n* (Tex) / cerecloth *n* (cloth treated with wax or gummy matter and formerly used especially for wrapping a dead body) ‖ ⁓**tuch** (wasserdichte Packleinwand, Tischtuch) (Tex) / waxcloth *n*, American cloth, oilcloth* *n*, waxed cloth
**Wachstum** *n* (Biol, Krist) / growth* *n*, growing *n* ‖ ⁓ (z.B. durch Wigner-Effekt) (Kernphys) / growth* *n* ‖ **dendritisches** ⁓ (Eltronik, Phys) / dendritic (web) growth ‖ **orientiertes** ⁓ (Krist) / oriented

**Wachstum**

growth ‖ ~ *n* **der Bevölkerung** (Stats) / population growth, population increase, demographic increase
**Wachstums•ebene** *f* (Krist) / growth plane ‖ **~fähig** *adj* (Biol) / viable* *adj* ‖ **epidermaler ~faktor** (Biochem) / epidermal growth factor, EGF ‖ **insulinartiger ~faktor** (Biochem) / insuline-like growth factor, IGF ‖ **~fehler** *m* (Krist) / growth defect ‖ **~geschwindigkeit** *f* (Chem) / rate of propagation (of polymer chains) ‖ **~hormon** *n* (Biochem) / growth hormone*, GH, somatotropin *n*, somatotropic hormone, STH ‖ **menschliches ~hormon** (Biochem) / human growth hormone, HGH ‖ **~industrie** *f* / growth industry ‖ **~periode** *f* (derjenige Zeitraum des Jahres, in dem Pflanzen fotosynthetisch aktiv sind) (Bot) / vegetative period, growing season ‖ **~rate** *f* / rate of growth, growth rate ‖ **parabolische ~rate** (die den parabolischen Verlauf bei großen Oxiddicken bestimmt) / parabolic thickening rate ‖ **~regulator** *m* (meistens Pflanzenhormonpräparate - im Obstbau) (Biol, Landw) / growth regulator* ‖ **~regulator** (Bot, Chem, Landw) / plant growth regulator, plant growth substance ‖ **~richtung** *f* (Krist) / growth direction ‖ **~ring** *m* (eine rhythmische Zuwachszone) (Bot) / growth ring*, tree ring ‖ **~tempo** *n* / rate of growth, growth rate ‖ **~textur** *f* (Hütt) / growth texture ‖ **~transistor** *m* (Eltronik) / rate-grown transistor, graded-junction transistor ‖ **~typ** *m* (Krist) / mode of growth ‖ **~zwilling** *m* (Krist) / growth twin
**Wachsüberzug** *m* / wax-coating *n*
**Wächte** *f* (an Hochgebirgskämmen eine über den Grat auf der Leeseite hinausragende Schnee- oder Firnmasse) (Geol) / cornice *n*
**Wächter** *m* (ein Grenzsignalgeber) (Eltech) / pilot switch, monitor *n*, watchdog *n* ‖ **~protokolleinrichtung** *f* (Fernsp) / watchman feature ‖ **~rundgangsmeldung** *f* / watchman's round report
**Wacke** *f* (Geol) / wacke* *n* (a "dirty" sandstone)
**Wackel•boden** *m* (Glas) / rocker *n*, rocker bottom ‖ **~kontakt** *m* (Eltech) / loose connection, loose contact, defective contact
**wackeln** *v* (an) / jiggle *v* ‖ / wobble *v*, wabble *v* ‖ ~ (mit den Flügeln) (Luftf) / rock *v* ‖ ~ *n* (wiederholte ungewollte Kamerabewegung) (Film) / shudder *n* ‖ ~ (mit den Flügeln) (Luftf) / rocking *n*
**Wackelstein** *m* (Geol) / rocking-stone *n*, roggan *n*
**Wackenroder-Lösung** *f* (Chem) / Wackenroder's solution, Wackenroder liquid
**Wackenrodersche Flüssigkeit** (eine hauptsächlich Tetra- und Pentathionsäure enthaltende wäßrige Lösung - nach H.W.F. Wackenroder 1798-1854) (Chem) / Wackenroder's solution, Wackenroder liquid
**Wacker-Verfahren** *n* (ein technisches Verfahren zur Herstellung von Ethanal) (Chem Verf) / Wacker process
**Wackestone** *m* (Kalk mit Partikeln, die in Matrix schwimmen) (Geol) / wackestone *n*, floatstone *n*
**Wad** *n* (ein lockerer, federleichter Manganomelan) (Min) / wad* *n*, bog manganese*
**Wadenminderung** *f* (bei Strümpfen) (Tex) / calf narrowing
**Wadsley-Defekt** *m* (ein zweidimensionaler Baufehler) (Krist) / Wadsley defect
**Wadsworth•-Aufstellung** *f* (des Monochromators) (Opt) / Wadsworth mounting* ‖ **~-Emmons-Reaktion** *f* (Chem) / Wittig-Horner reaction, Wittig-Emmons reaction
**waf** / dry, ash-free *adj*, DAF, daf, moisture- and ash-free, maf
**Wafer** *m* (eine hochreine, polierte und geätzte Scheibe aus einem Halbleiter, in die durch Diffusion und andere Prozeßschritte Halbleiterbauelemente eingebaut werden) (Eltronik) / wafer *n* ‖ ~ (großflächiger, breiter Schneidspan) (For) / wafer *n* ‖ **~board** *n* (eine Bauspanplatte aus großflächigen, breiten Schneidspänen) (Bau, For) / waferboard *n* ‖ **~-Direktbelichtung** *f* (Eltronik) / wafer stepping ‖ **~-Maske** *f* (die aus Einzelmasken besteht) (Eltronik) / wafer mask ‖ **~-Platte** *f* (eine Bauspanplatte aus großflächigen, breiten Schneidspänen) (Bau, For) / waferboard *n* ‖ **~-prober** *m* (zum Kontaktieren von Schaltungsstrukturen mit Meßspitzen oder Prüfkarten) (Eltronik) / wafer prober ‖ **~-Scale-Integration** *f* (EDV, Eltronik) / wafer-scale integration (WSI) ‖ **~-stepper** *m* (führt die zu belichtenden Halbleiterscheiben schrittweise mit hoher Präzision durch das Belichtungsfeld) (Eltronik) / wafer stepper ‖ **~-stepper-Objektiv** *n* (Opt) / wafer-stepper lens
**Waffe** *f* (Mil) / weapon *n*, arm *n* ‖ ~ **mit erhöhter Strahlung** (Mil) / neutron weapon ‖ ~ **mit Splitterwirkung** (Mil) / fragmentation weapon
**waffel•ähnlicher Baumwollstoff** (Tex) / brighton *n* ‖ **~bindung** *f* (Web) / waffle weave, honeycomb weave ‖ **der ~bindung ähnliche Bindung** (Web) / brighton weave ‖ **~blech** *n* (Hütt) / goffered plate ‖ **~gewebe** *n* (Tex) / honeycomb fabric, waffle cloth ‖ **~kopf** *m* (des Karosseriehammers) (Kfz) / cross-milled serrated face, cross-hatched face ‖ **~muster** *n* (Tex) / honeycomb* *n*, waffle *n*, honeycomb pattern ‖ **~stoff** *m* (Tex) / honeycomb fabric, waffle cloth
**Waffen•embargo** *n* (Mil) / arms embargo ‖ **~fähig** *adj* (z.B. Plutonium) (Mil) / nuclear-weapons-grade *attr*, weapons-grade *attr* ‖ **~fähiges Material** (Mil) / weapons-usable material ‖ **~konfiguration** *f* (Mil) /

weapon configuration ‖ **~leitsystem** *n* (Mil) / weapon control system ‖ **~öl** *n* / firearm oil ‖ **~plattform** *f* (Mil) / weapon platform ‖ **~system** *n* (Mil) / weapons system*, weapon system, WS ‖ **~systemoffizier** *m* (Luftf, Mil) / weapon-system officer, WSO ‖ **~taugliches Material** (zur Herstellung von Waffen) (Mil) / weapons-usable material ‖ **~technik** *f* (Mil) / weapons technology
**wägbar** *adj* / ponderable *adj*, weighable *adj* ‖ **~e Menge von radioaktiven Isotopen** (Kernphys) / ponderable *n* (US)
**Wäge•bürette** *f* (Chem) / weight burette ‖ **~fläschchen** *n* (Chem) / density bottle* ‖ **~fläschchen** s. auch Pyknometer
**Wage-Gap** *n* (die absolute Differenz zwischen dem Tarif- und dem Effektivlohn) (F.Org) / wage gap
**Wäge•glas** *n* (Chem) / weighing bottle*, massing bottle ‖ **~gut** *n* / material to be weighed ‖ **~maschine** *f* (Abfüllwaage zum Abwägen von trockenen, pulverförmigen, körnigen, kleinstückigen wie auch sperrigen Füllgütern) / weighing machine
**Wagen** *m* (der Schreibmaschine) / carriage *n* ‖ ~ / carriage *n* ‖ ~ (Bahn) / railway carriage, car *n* (US), railway coach, coach *n* (GB), railroad car (US), rail car (US) ‖ ~ (Bergb) / tram* *n*, tub* *n* ‖ ~ (Kfz) / passenger car ‖ ~ (Kfz) / car *n*, automobile *n* ‖ ~ (Spinn, Web) / carriage *n* ‖ **[schienenloser] ~** / truck *n* ‖ **[Firmen-, Dienst-]~ der gehobenen Preisklasse** (häufig mit Fahrer) (Kfz) / executive car ‖ **geländegängiger ~** (Kfz) / off-road vehicle, off-roader *n*, all-terrain car, all-terrain vehicle, ATV, rough-terrain vehicle ‖ **in Zahlung gegebener ~** (Kfz) / trade-in car ‖ **kippfähiger ~** (HuT) / jubilee waggon, tipping waggon, tipping car ‖ **vollelektronischer ~** (Kfz) / electronic car, all-electronic car ‖ ~ *m* **am Lager** (der nicht überführt werden muß) (Kfz) / stock car ‖ ~ **der Mittelklasse** (Kfz) / mid-size car, intermediate *n* (US) ‖ ~ (Bergb) / tram* *n*, tub* *n* ‖ ~ (EDV) / front-feed carriage ‖ ~ **für Urlaubs- und Freizeitgestaltung** (Campingwagen, Wohnmobil) (Kfz) / recreational vehicle, rec vehicle, RV, recreation vehicle ‖ ~ **für Zugbegleitpersonal** (in Güterzügen) (Bahn) / caboose *n* ‖ ~ **mit hohem Laufwiderstand** (Bahn) / bad runner, slow-mover *n*, slow-moving wagon ‖ ~ **mit Verbrennungsmotor** (für Hoftransporte und Werkundverkehr) (Kfz) / truck powered by an internal-combustion engine
**wägen** *vt* (eine Masse mit der Waage feststellen) / weigh *vt* ‖ ~ *n* / weighing *n* ‖ ~ (Math, Stats) / weighting *n*, weight *n*
**Wagen•auslösung** *f* (bei der Schreibmaschine) / carriage release ‖ **~bremse** *f* (Spinn) / checking motion ‖ **~bremsvorrichtung** *f* (Bergb) / car retarder ‖ **~einbruchsicherungsanlage** *f* (Kfz) / car burglar alarm, security alarm system ‖ **~fähre** *f* (Kfz, Schiff) / car transfer ferry, car ferry ‖ **~fahrwerk** *n* (Luftf) / bogie landing gear, bogie *n* ‖ **in ~farbe** (Kfz) / in body colour ‖ **auf ~farbe abgestimmt** (Kfz) / in body colour ‖ **~feder** *f* / carriage spring* ‖ **~fenster** *n* (Kfz) / car window, light *n* ‖ **~fett** *n* / axle grease, cart grease ‖ **~gruppe** *f* (am Ablaufberg) (Bahn) / cut *n* ‖ **~halle** *f* / barn *n* (US)
**Wagenheber** *m* (Kfz) / jack* *n*, car lift (US) ‖ **fahrbarer ~** (Kfz) / floor jack ‖ **hydraulischer ~** (Kfz) / hydraulic jack ‖ **~annahme** *f* (Kfz) / jacking point ‖ **~ansatzpunkt** *m* (Kfz) / jacking point
**Wagen•hubvorrichtung** *f* (für den Wagenwechsel in Streckenvortrieben) (Bergb) / cherry-picker* *n* ‖ **~kasten** *m* (Bahn) / body *n*, coach body, coachwork *n* ‖ **~kilometer** *m* / car kilometre ‖ **~kippvorrichtung** *f* (Bergb, Masch) / tipple* *n*, tipper *n*, tilter *n* ‖ **~körper** *m* (Kfz) / bodywork *n* ‖ **~kuppler** *m* (Bergb) / flatter *n* ‖ **~ladung** *f* (Kfz) / truckload *n* ‖ **~ladungstarif** *m* (Bahn) / CL-rate *n*, carload-lot rate ‖ **~laufschild** *n* (Bahn) / destination panel, destination board ‖ **~lösen** *n* (der Schreibmaschine - als Tätigkeit) / carriage release ‖ **~löser** *m* (der Schreibmaschine) / carriage release ‖ **~nachzug** *m* (Spinn) / jacking *n* ‖ **~nachzugvorrichtung** *f* (Spinn) / jacking motion *n* ‖ **~papiere** *n pl* (Kfz) / registration documents, vehicle registration documents ‖ **~plane** *f* (Leinen) (Kfz) / canvas cover ‖ **~rücklauf** *m* (der Schreibmaschine) / carriage return, CR ‖ **~rücklaufsperre** *f* (Bergb) / monkey *n* ‖ **~rücklauftaste** *f* (der Schreibmaschine) / carriage return, carrier return key, return key ‖ **~schmiere** *f* / axle grease, cart grease ‖ **~schuß** *m* (Eichenschnittholzsortiment von besonderer Güte) (Tischl) / wainscot* *n* ‖ **~sperre** *f* (Bergb) / monkey *n* ‖ **~spinner** *m* (Spinn) / mule* *n*, self-actor mule ‖ **~standgeld** *n* (Bahn) / waggon detention charges, demurrage *n* ‖ **~tuch** *n* (Tex) / tarpaulin *n*, tarp *n* ‖ **~tür** *f* (Kfz) / car door ‖ **~umlauf** *m* (eine Gleisanlage) (Bergb) / tub circuit, mine-car circuit ‖ **~untergestell** *n* (Bahn) / underframe *n* (of a railway vehicle) ‖ **~verdeck** *n* (bei Lastwagen) (Kfz) / canvas cover ‖ **~verzug** *m* (Spinn) / carriage gain* ‖ **~wechsel** *m* (in den Tagesanlagen) (Bergb) / banking* ‖ **~wechsel** (im Förderkorb) (Bergb) / decking *n* ‖ **~wechselkühlofen** *m* (Glas) / pan lehr ‖ **~zug** *m* (Bergb) / gang* *n*
**Wäge•pipette** *f* (Chem) / weighing pipette ‖ **~satz** *m* / set of weights ‖ **~sensor** *m* (Kraftsensor, durch den eine Massekraft bei Waagen in ein masseproportionales elektrisches Signal umgeformt wird) / weighing cell ‖ **~stück** *n* (Phys) / weight* *n*, balance weight (calibrated) ‖ **~wert** *m* (DIN 1305) / weight value (of the load) ‖ **~zelle** *f* / weighing cell

1372

**Wagging-Schwingung** f (Spektr) / wagging n, wagging vibration, wag vibration
**Waggon** m (Bahn) / railway carriage, car n (US), railway coach, coach n (GB), railroad car (US), rail car (US) ‖ **für palettiertes Ladegut** (Bahn) / pallet waggon ‖ ~**waage** f (Bahn) / waggon balance
**Wagner-Abgleich** m (nach K.W. Wagner, 1883 - 1953) (Elektr) / Wagner balance ‖ ~**-Erdung** f (ein dritter, zusätzlicher Brückenzweig, den man in Wechselstrommeßbrücken einfügt, deren Brückenelemente z.B. aus hochohmigen Impedanzen bestehen) (Eltech) / Wagner earth connexion, Wagner earth connection, Wagner ground connection (US) ‖ ~**-Meerwein-Umlagerung** f (eine anionotrope intramolekulare Umlagerung) (Chem) / Wagner-Meerwein rearrangement, Wagner rearrangement
**Wagners Reagens** (wäßrige Iod-Kaliumiodidlösung) (Chem) / Wagner's reagent, Wagner's solution
**Wagnersch-e Erde** (zur Beseitigung der störenden Erdkapazität bei Wechselstrommeßbrücken - nach J.Ph. Wagner, 1799-1879) (Eltech) / Wagner earth*, Wagner ground (US) ‖ ~**er Hammer** (nach J.P. Wagner, 1799-1879) (Eltech) / electrical hammer break ‖ ~**e Hilfserde** (Eltech) / Wagner earth*, Wagner ground (US) ‖ ~**er Hilfszweig** (Eltech) / Wagner earth connexion, Wagner earth connection, Wagner ground connection (US)
**Wagniskapital** n / risk capital, venture capital
**Wägung** f / weighing n ‖ **einfache** ~ (Phys) / direct weighing ‖ **Gaußsche** ~ (Phys) / double weighing, Gauss method (of weighing), Gaussian weighing method, transposition n
**Wahl** f (Güte, Güteklasse) / grade n, quality n, class n ‖ ~ (Auswahl) / selection n, choice n ‖ ~ (Fernsp) / dialling n, dialing n (US) ‖ ~ / facultative* adj ‖ **erste** ~ (Qualität) (Masch) / prime choice ‖ **freie** ~ (Fernsp) / hunting* n ‖ **zweite oder dritte** ~ (der Waren) / middlings pl ‖ ~ f **bei aufliegendem Hörer** (Fernsp) / on-hook dialling ‖ ~ **der Schriftgröße** (Typog) / font sizing ‖ ~ **der Sprache** (EDV) / choice of language ‖ ~ **erfolglos** (Schnittstellenleitung) (Fernsp) / abandon call ‖ ~ f **mit aufgelegtem Handapparat** (Fernsp) / on-hook dialling
**Wahl-abbruch** m (eines Modems) (Fernsp) / abort of dialling ‖ ~**abrufzeichen** n (Fernsp) / proceed-to-select signal
**Wählaufforderung** f (Fernsp) / proceed-to-dial n
**Wahl-aufforderungszeichen** n (Fernsp) / proceed-to-select signal ‖ ~**auswerter** m (Fernsp) / selection code interpreter, selection code analyzer
**wähl-bar** adj (Variante) / optional adj ‖ ~**baustein** m (Fernsp) / dialling chip ‖ ~**bereitschaft** f (Fernsp) / proceed-to-select condition, PTS condition
**Wahl-bewerter** m (Fernsp) / selection code interpreter, selection code analyzer ‖ ~**bewertungsprogramm** n (EDV) / selection interpreting program
**Wähl-dauer** f (Fernsp) / dialling time ‖ ~**einleitungszeichen** n (Fernsp) / start-of-selection signal ‖ ~**einrichtung** f (Fernsp) / dialling equipment ‖ **elektronische** ~**einrichtung** (Fernsp) / electronic selector
**Wahlempfänger** m (Fernsp) / dial receiver
**wählen** v / select v, choose v ‖ ~ (mit Tastatur) (EDV, Fernm) / select v ‖ ~ (mit Wählscheibe) (Fernsp) / dial v ‖ **erneut** ~ (Fernsp) / redial v ‖ ~ n (Fernsp) / dialling n, dialing n (US) ‖ ~ **mit aufgelegtem Handapparat** (Fernsp) / on-hook dialling
**Wahlendezeichen** n (DIN 44302) (Fernsp) / end-of-selection signal*
**Wähler** m (elektromechanische Koppeleinrichtung) (Fernsp) / selector* n ‖ ~**stecker** m (Fernm) / selector plug* ‖ ~**system** n (Fernm) / switched (telecommunication) system
**wahlfähiger Verkehr** (Fernsp) / dial traffic
**Wählfinger** m (des Kreuzschienenwählers) (Fernsp) / selecting finger
**wahlfrei** adj / facultative* adj ‖ ~ (Verarbeitung, Zugriff) (EDV) / random attr ‖ ~**e Eintragung** (EDV) / optional entry ‖ ~**es Leistungsmerkmal** (Fernm) / optional facility ‖ ~**er Zugriff** (bei dem die Zugriffszeit vom Platz der Daten tatsächlich unabhängig ist) (EDV) / direct access*, random access*
**Wahlgeber** m (Fernsp) / dial transmitter
**Wähl-hebel** m (Automatikgetriebe) (Kfz) / selector lever, selector n, transmission selector lever ‖ ~**hebel** (Kfz) / selection lever, selection bar ‖ ~**hebelsperre** f (Automatikgetriebe) (Kfz) / selector lever lock
**Wahl-impuls** m (Fernsp) / dial pulse ‖ ~**kontrolle** f (Leistungsmerkmal bei Nebenstellenanlagen) (Fernsp) / barred code check
**Wählleitung** f (DIN 44302) (EDV) / switched line
**wahllos** adj (zufällig) / random attr ‖ ~ **verteilen** (Stats) / randomize v
**Wähl-nebenstellenanlage** f (Fernsp) / private automatic branch exchange*, PABX* ‖ ~**netz** n (Kommunikationsnetz, bei dem die Verbindung durch Anwahl des Teilnehmers hergestellt wird) (Fernsp) / switched network, dialling network, automatic network ‖ ~**pause** f **zwischen zwei Ziffern** (Fernm) / interdigital interval, interdigital pause

**Wahl-schalter** m (Fernm) / selector switch, multiple-contact switch, selector n ‖ ~**scheibe** f (des Reglerbügelautomaten - meistens mit internationalen Pflegekennzeichen) / heat selector dial
**Wähl-scheibe** f (des Reglerbügelautomaten) / heat selector dial ‖ ~**scheibe** (Fernsp) / dial* n, rotary dial
**Wahlstufe** f (Fernsp) / selection stage
**Wähl-system** n (Fernm) / switched (telecommunication) system ‖ ~**system** (Fernsp) / automatic telephone system, machine switching ‖ ~**tastatur** f (Fernsp) / pushbutton set, keypad n ‖ ~**ton** m (Hörton, der dem anrufenden Teilnehmer signalisiert, daß er nun wählen kann) (Fernsp) / dialling tone (GB), dial tone (US), alerting tone ‖ ~**verbindung** f (die über eines der öffentlichen Netze durch Anwählen eines Teilnehmers zustande kommt - als Gegensatz zur Festverbindung) (Fernm) / switched connection, switched connexion (GB) ‖ ~**verbindung** (Fernsp) / dial connection, dial connexion (GB) ‖ ~**vermittlungsstelle** f (Fernsp) / automatic telephone exchange ‖ ~**versuch** m (Fernsp) / dial attempt
**wahl-weise** adj / optional adj ‖ ~**weiser Halt** (bei numerisch gesteuerten Maschinen) (Masch) / optional stop ‖ ~**wiederholung** f (ein Leistungsmerkmal) (Fernsp) / last-number redialling, automatic redialling ‖ ~**wiederholungstaste** f (Fernsp) / redialling key, last number redial key
**Wählzeichen** n (Fernsp) / selection signal ‖ ~ (Fernsp) / dialling tone (GB), dial tone (US), alerting tone ‖ ~**folge** f (Fernsp) / selection signal
**Wahnkante** f (For) / wane* n, waney edge, dull edge
**wahnkantig** adj (For) / waney adj
**wahr** adj / true adj ‖ ~**e Anomalie** (Astr) / true anomaly ‖ ~**e Dichte** (Phys) / true density* ‖ ~**es Einfallen** (Geol) / true dip ‖ ~**e Fluggeschwindigkeit** (Luftf) / true airspeed*, T.A.S.* ‖ ~**e Formänderung** (Mech) / true strain ‖ ~**e Höhe über dem Meer** (Luftf) / true altitude ‖ ~**er Horizont** (Verm) / true horizon*, rational horizon*, celestial horizon, astronomical horizon ‖ ~**er Kurs** (Nav) / true track ‖ ~**e Lage** / true position ‖ ~**er Mittag** (bei dem tatsächlichen Durchgang der Sonne) (Astr) / mean noon* ‖ ~**er Mittag** (der tatsächliche Durchgang der Sonne durch den Meridian) (Astr) / apparent noon ‖ ~**er Ortsmittag** (nach der Sonne) (Astr) / local apparent noon, LAN ‖ ~**e Schublänge** m (wenn Richtung und relativer Betrag der Verschiebung angegeben werden) (Geol) / net slip ‖ ~**e Sonne** (Astr) / true Sun ‖ ~**e Sonnenzeit** (Astr, Meteor) / apparent solar time*, apparent time ‖ ~**e Spannung** (im Spannung-Dehnung-Diagramm) (Mech, WP) / true stress ‖ ~**er Wert** (der Meßgröße nach DIN 1319, T 1) (Instr) / true value ‖ ~**er Wert** (DIN 55350, T 13) (Stats) / true value ‖ ~**er zurückgelegter Kurs** (Schiff) / true course
**wahrgenommene Farbe** / perceived colour
**Wahrheit** f / truth n
**Wahrheits-bedingung** f (KI) / truth condition ‖ ~**droge** f (in demokratischen Ländern gesetzlich verboten) (Chem) / truth drug ‖ ~**erhaltung** f (KI) / truth maintenance, truth preserving ‖ ~**matrix** f (EDV) / truth table ‖ ~**menge** f (KI) / truth set, solution set ‖ ~**tabelle** f (z.B. einer Verknüpfungsfunktion) (EDV) / truth table ‖ ~**tafel** f (tabellarische Darstellung von Booleschen Gleichungen nach DIN 5474) (EDV) / truth table ‖ ~**wert** m (wahr oder falsch in der zweiwertigen Logik) (KI) / truth value ‖ ~**wertelogik** f (KI) / assertion logic, propositional logic, sentential logic ‖ ~**wertetafel** f (EDV) / truth table ‖ ~**werttabelle** f (EDV) / truth table
**wahrnehmbar** adj (beobachtbar) / observable adj ‖ ~ (Psychol) / noticeable adj, perceptible adj, perceivable adj ‖ ~**e Färbung** (Opt, Physiol) / perceptible hue
**Wahrnehmbarkeitsschwelle** f (minimale Leuchtdichteschwankung, die eine überwiegende Mehrzahl einer dieser Schwankung unterworfenen Bevölkerung wahrnehmen kann) (TV) / flicker threshold (the luminance at which flicker is just percecpible at a given repetition rate, with other variables held constant)
**Wahrnehmung** f (Beobachtung) (Psychol) / observation n ‖ ~ (meist eines Reizes) (Psychol) / perception* n ‖ **räumliche** ~ (Akus) / space perception
**Wahrnehmungs-schwelle** f (der Differenz - bei sehr sorgfältiger Beobachtung) / just perceptible difference, jpd ‖ **geometrisch-optische** ~**verzerrung** (Opt) / optical illusion, geometrical illusion
**wahrscheinlich** adj (Math, Stats) / probable adj ‖ ~**es Erz** (Bergb) / probable ore reserves ‖ ~**er Fehler** (der Zufallsfehler, dessen Wahrscheinlichkeit genau 0,5 ist) (Stats) / probable error, probable deviation, ecart probable ‖ ~ **höchstes Hochwasser** (Wasserb) / maximum probable flood ‖ ~**er Standort** (Schiff) / probable position ‖ ~ **vorhandenes Erz** (Bergb) / probable ore reserves ‖ ~**e Vorräte an Erz** (Bergb) / probable ore reserves
**Wahrscheinlichkeit** f (Math, Stats) / probability n ‖ **bedingte** ~ (Stats) / conditional probability* ‖ **inverse** ~ (Phys) / inverse probability ‖ **mit gleicher** ~ (Stats) / equiprobable adj ‖ **thermodynamische** ~

**Wahrscheinlichkeitsalgebra**
(Maxwell-Boltzmann-Statistik) (Phys) / statistical weight*, thermodynamic probability
**Wahrscheinlichkeits•algebra** f (Math, Stats) / probability algebra ‖ ⁓**dichte** f (Math, Stats) / probability density*, density function, probability density function, p. d. f. ‖ **bedingte** ⁓**dichte** (Stats) / conditional probability density ‖ ⁓**dichte der Ausfälle** (in der Zuverlässigkeitstheorie) (Stats) / probability density of failures ‖ ⁓**faktor** m (Reaktionskinetik) (Chem) / steric factor ‖ ⁓**grenzen** f pl (Ober- und Untergrenze, die einem geschätzten Wert zugeordnet wird) (Stats) / probability limits ‖ ⁓**häufigkeitsfunktion** f (Stats) / frequency function* ‖ ⁓**maß** n (Stats) / probability measure ‖ ⁓**netz** n (ein orthogonales Koordinatennetz) (Stats) / probability paper, normal probability paper ‖ ⁓**papier** n (Stats) / probability paper, normal probability paper ‖ ⁓**raum** m (Stats) / probability space ‖ ⁓**rechnung** f (Math, Stats) / probability calculus, probability theory ‖ ⁓**rechnung** s. auch Stochastik ‖ ⁓**stichprobe** f (Stats) / probability sample ‖ ~**theoretisch** adj (Math, Stats) / probabilistic adj ‖ ⁓**verteilung** f (einer zufälligen Variablen) (Stats) / probability distribution
**WAHUHA** (eine Spezialmethode der NMR-Spektroskopie) (Spektr) / WAHUHA (Waugh-Huber-Haeberlen pulse sequence)
**Wainscot** n (Tischl) / wainscot* n
**Waitstate** m (Zustand, bei dem der Prozessor auf die Daten von langsamen Perpheriegeräten wartet) (EDV) / wait state, waiting state, waiting mode, wait condition
**Wake-field** n (Kernphys) / wake field
**Wake-field-Beschleuniger** m (bei dem das Streufeld eines ringförmigen Primärstrahls komprimiert und danach zur Beschleunigung eines Sekundärstrahls auf sehr hohe Energie benutzt wird) (Kernphys) / wake-field accelerator
**Walaba** n (For) / wallaba n, wapa n
**Wald** m (For) / forest* n ‖ ⁓**abschätzung** f (For) / cruise n, cruising n, forest inventory (US), forest appraisement ‖ ⁓**bär** m (beim Fällen verursachte Beschädigung des Stammes) (For) / sloven n, cutting crest ‖ ⁓**bart** m (am gefällten Stamm) (For) / sloven n, cutting crest ‖ ⁓**bau** m (ohne Plural) (For) / silviculture* n, sylviculture n ‖ ~**baulich** adj (For) / silvicultural adj ‖ ⁓**baum** m (For) / forest tree ‖ ⁓**bestand** m (For) / forest stand, forest plantation ‖ ⁓**bewertung** f (For) / cruise n, cruising n, forest inventory (US), forest appraisement
**Waldboden** m (For) / forest soil, forest floor ‖ **brauner** ⁓ (ein Bodentyp des gemäßigten Klimas) (Bot) / brown earth*, brown forest soil* ‖ **Grauer** ⁓ (For) / greysem n ‖ ⁓**überzug** m (For) / forest cover
**Waldbrand** m (Schadfeuer in Wäldern) (For, Umwelt) / forest fire ‖ ⁓**beobachter** m (For, Umwelt) / fire lookout, towerman n (pl. -men)
**Waldensch•e Regel** (Chem) / Walden's rule ‖ ⁓**e Umkehrung** (nach P. Walden, 1863-1957) (Chem) / Walden inversion*
**Walden-Umkehr** f (Chem) / Walden inversion
**Wald•farm** f (For) / tree farm (US) ‖ ~**feucht** adj (For) / forest-dry adj, dried in the forest ‖ ⁓**fläche** f (For) / forest area ‖ **unbestockte** ⁓**fläche** (For) / blank n ‖ ~**frisch** adj (naß) (For) / green adj, fresh adj, alive adj, unseasoned adj ‖ ~**frisches Holz** (For) / green wood, green timber ‖ **Großer** ⁓**gärtner** (Blastophagus piniperda L. - ein Forstschädling) (For, Zool) / larger pine-shoot beetle, large pine pith-borer ‖ ⁓**gelände** n (mit Nutzholz) (For) / forestry n, timberland n (US), woodland* n ‖ ~**geschält** adj (unvollständig entrindet - Rohholz) (For) / partially barked, forest-stripped adj, forest-debarked adj ‖ ⁓**grenze** f (Linie, an der der Wald aufgrund von Klima- oder Bodenverhältnissen als geschlossenes Ganzes aufhört) (For) / timber-line n ‖ ⁓**gürtel** m (Bau, For) / wooded belt ‖ ⁓**hammer** m (For) / numbering hammer ‖ ⁓**hammer** m (zur Holzkennzeichnung) (For) / marking hammer
**waldig** adj (For) / wooded adj (having woods or many trees)
**Wald•kalkung** f (zur Düngung und zur Neutralisation saurer Böden) (For) / forest liming ‖ ⁓**kante** f (For) / wane* n, waney edge, dull edge ‖ ⁓**kanten abschneiden** (For) / list v ‖ ⁓**kanten beschneiden** (For) / list v ‖ ⁓**kantenbeschneidung** f (For) / listing* n ‖ ~**kantig** adj (For) / waney adj ‖ ⁓**kiefer** f (Pinus sylvestris L.) (For) / Scots pine*, Baltic redwood*, Scotch pine, Scots fir*, Scotch fir ‖ ⁓**klima** n (For) / forest climate ‖ ⁓**land** n (mit Nutzholz) (For) / forestry n, timberland n (US), woodland* n ‖ ⁓**landschaft** f (For) / boscage n, boskage n ‖ ⁓**lichtung** f (For) / clearing n, opening n (US), glade n ‖ ⁓**nutzung** f (For) / forest utilization, logging n
**Waldo** m (1 : 5-Modelle von Animationsobjekten, die z.B. zur Erprobung von Bewegungsabläufen dienen) (EDV) / waldo n
**Wald•pflanzmaschine** f (For) / tree planter ‖ ⁓**rechter** m (gesunder, wuchskräftiger gutgeformter älterer Baum, den man bei der Endnutzung eines Wandbestandes einzeln oder in Gruppen stehen läßt) (For) / hold-over n, reserve tree, remnant tree, veteran tree ‖ ~**reich** adj (For, Geog) / well-wooded adj, woody adj ‖ ~**reich** (For, Umwelt) / densely wooded ‖ ⁓**schaden** m (Schädigung der Nadel- und Laubbäume - Blattverfärbung, Blattfall bis hin zum Absterben der Bäume) (For, Umwelt) / forest damage, forest decline ‖ ⁓**schädlinge** m pl (For, Zool) / forest pests ‖ ⁓**schlag** m (For) / coupe* n, cut n, felling n, felling area ‖ ⁓**schutzstreifen** m (Landw) / shelter-belt n, windbreak n ‖ ⁓**span** m (am gefällten Stamm) (For) / sloven n, cutting crest ‖ ⁓**sterben** n (For, Umwelt) / dying-off of forests (caused by environmental pollution), waldsterben n (tree decline), forest decline (caused by environmental pollution) ‖ ⁓**streu** f (aus Laubwäldern) (For, Landw) / leaf litter ‖ ⁓**sukzession** f (For) / forest succession ‖ ~**trocken** adj (Zustand von Holz, das einige Zeit nach der Fällung im Walde gelagert hat) (For) / forest-dry adj, dried in the forest ‖ ⁓**tupelobaum** m (Nyssa sylvatica Marshall) (For) / black tupelo, blackgum n, pepperidge n, pipperidge n, sour gum, swamp tupelo ‖ ⁓**vegetationsabfolge** f (For) / forest succession ‖ ⁓**versetzung** f (Krist) / tree n, forest dislocation ‖ ⁓**weide** f (Landw) / woodland pasture, forest pasture ‖ ⁓**wertrechnung** f (For) / cruise n, cruising n, forest inventory (US), forest appraisement ‖ ⁓**wertschätzung** f (For) / cruise n, cruising n, forest inventory (US), forest appraisement ‖ ⁓**wirtschaft** f (For) / forestry n, forest management, woodland management ‖ ⁓**zecke** f (Ixodes ricinus) (Zool) / sheep tick, tick n, castor been tick ‖ ⁓**zone** f (mit Nutzholz) (For) / forestry n, timberland n (US), woodland* n
**Walke** f (Leder, Tex) / milling n (GB)*, fulling n (US)* ‖ ⁓ (Tex) / milling machine, fulling machine (US), fulling mill (US), stocks pl
**walken** v (Reifen) (Kfz) / flex v ‖ ⁓ (Leder, Tex) / mill v (GB), full v (US) ‖ ⁓ n (von Blechen, zur Verhinderung der Bildung von Fließfiguren oder Knickstellen bei der Weiterverarbeitung) (Hütt) / flex levelling ‖ ⁓ (Leder, Tex) / milling n (GB)*, fulling n (US)* ‖ ⁓ (von Hüten) (Tex) / bumping n
**Walkerde** f (montmorillonithaltiges Xerogel, das nicht im Wasser zerfällt, inaktivierter Bentonit) / fuller's earth*
**Walkererde** f (montmorillonithaltiges Xerogel, das nicht im Wasser zerfällt, inaktivierter Bentonit) / fuller's earth*
**Walker-Zirkulation** f (über dem tropischen Pazifik) (Meteor) / Walker circulation
**Walk•farbstoff** m (Tex) / milling dye, milling dyestuff ‖ ⁓**filz** m (Tex) / pressed felt, felt fabric ‖ ⁓**gelb** n (Tex) / milling yellow ‖ ⁓**hammer** m (Tex) / beater n
**Walkie-talkie** n (pl. -s) (Radio) / walkie-talkie n
**Walking-Code** m (ein Dezimalkode ohne Wertigkeit) (EDV) / walking code
**Walkman** m (pl. -men oder -s) (Akus, Radio) / Walkman (pl. -s), stereo cassette player
**Walk•maschine** f (Tex) / milling machine, fulling machine (US), fulling mill (US), stocks pl ‖ ⁓**narbenbildung** f (Fehler) (Leder) / pebbling n
**Walkout-Effekt** m (Abhängigkeit der Durchbruchspannung von der angelegten Spannung) (Eltronik) / walkout effect
**Walk•penetration** f (von Schmierfetten nach DIN 51804) / worked penetration ‖ ⁓**platte** f (Leder) / blocker n ‖ ⁓**rippe** f (Tex) / mill rig* ‖ ⁓**schwiele** f (Tex) / mill rig* ‖ ⁓**strieme** f (Tex) / mill rig*
**Walk-through** n (ein Verfahren, das die inhaltliche Richtigkeit und Vollständigkeit eines Plichtenheftes, einer Spezifikation oder eines Programms sicherstellen soll) (EDV) / walk-through n
**Walkzone** f (des Reifens) (Kfz) / flexing zone
**Wall** n (Geol) / rampart n
**Wallaby** n (pl. -s) (Leder) / wallaby leather ‖ ⁓**-Leder** n (Leder) / wallaby leather
**Wallace-Härtemesser** m (Instrument zur Härtebestimmung von Gummi mit einem sphärischen Indentor von 1/16") (Chem Verf) / Wallace pocket meter
**Wallach•-Reaktion** f (nach O. Wallach, 1847-1931) (Chem) / Wallach reaction ‖ ⁓**-Umlagerung** f (Chem) / Wallach rearrangement, Wallach transformation
**Wallberg** m (Geol) / esker* n, os n (pl. osar), asar n, serpent kame
**wallen** v / boil v, bubble v ‖ ⁓ n / boiling* n, bubbling n
**wallendes Bett** (im Reaktor zur katalytischen Hydrierung von Kohlenaufschlämmungen) (Chem Verf) / ebullient bed
**Wallis-Produkt** n (nach J. Wallis, 1616-1703) (Math) / Wallis product
**Wallonen** f pl (gerbstoffreiche Fruchtbecher mehrerer orientalischer Eichenarten) (Bot) / valonia n, valonea n ‖ ⁓**eiche** f (Quercus macrolepis Kotschy) (For) / valonia oak, valonia
**Wallriff** n (mit dem größeren Abstand zum Land) (Geol) / barrier reef*
**Wallstein** m (Hütt) / dam stone
**Walm** m (eine dreieckige, zur Schmalseite des Gebäudes geneigte Dachfläche, die von zwei Graten und von der Traufkante begrenzt wird) (Bau) / hipped end ‖ ⁓**dach** n (ungebrochene Dachformen) (Bau) / hipped roof*, hip roof, Italian roof* ‖ ⁓**gaube** f (eine Satteldachgaube mit abgewalmter Stirn- oder Giebelseite) (Bau) / hip dormer window, hipped dormer window, hip-roof dormer ‖ ⁓**gaupe** f (eine Satteldachgaube mit abgewalmter Stirn- oder Giebelseite) (Bau) / hip dormer window, hipped dormer window, hip-roof dormer ‖ ⁓**stein** m (gewölbter) (Bau) / bonnet tile* ‖ ⁓**stein** (Bau) / hip tile* (angular, round and bonnet) ‖ ⁓**ziegel** m

(Dachziegel zur Eindeckung der erhabenen Schnittkanten von Walmdachflächen) (Bau) / bonnet tile*
**Walnuß•baum** *m* (Juglans regia L.) (For) / walnut* *n* (GB), English walnut (US), Madeira nut ‖ **stark gemasertes ⁓baumholz** (For) / Circassian walnut ‖ **⁓öl** *n* / walnut oil ‖ **⁓schalenmehl** *n* / walnut shell flour
**Wal•öl** *n* / whale oil, blubber oil, train-oil *n* ‖ **⁓rat** *m n* (weißer Amber aus dem Pottwal) (Chem) / spermaceti* *n*, spermaceti wax, sperm *n* ‖ **⁓ratöl** *n* (Chem) / sperm oil, sperm *n* ‖ **⁓roßleder** *n* (Leder) / walrus leather
**Walsh•-Diagramm** *n* (das die Abhängigkeit der Molekülorbitale eines Moleküls vom Bindungswinkel darstellt) (Chem) / Walsh diagram (a correlation diagram that shows the variation of orbital energy with changes in molecular geometry) ‖ **⁓-Funktionen** *f pl* (spezielle Form der Sequenzfunktionen) (Math) / Walsh functions ‖ **⁓-Orbital** *n* (Phys) / Walsh orbital
**Walspeck** *m* (Speckschicht des Blau- und des Finnwales) / blubber *n*
**Waltenhofensches Pendel** (eine experimentelle Anordnung, die in anschaulicher Weise die Wirkung von Wirbelströmen zeigt - nach A.v. Waltenhofen, 1828-1914) (Phys) / Waltenhofen's pendulum
**Walter-Antrieb** *m* (luftsauerstoffunabhängiger Strahlantrieb nach H. Walter, 1900-1980) / Walter propulsion (hydrogen peroxide)
**Waltran** *m* / whale oil, blubber oil, train-oil *n*
**Wälz•abweichung** *f* (eine Verzahnungsabweichung) (Masch) / composite error ‖ **⁓achse** *f* (bei Wälzzylindern) (Masch) / pitch element ‖ **⁓achse** (eine geometrische Größe an Zahnradpaaren nach DIN 3960 und 3971) (Masch) / rolling axis, rolling line (US)
**Walz•apparat** *m* (For) / roller stretching machine, stretching rolls ‖ **⁓asphalt** *m* (HuT) / rolled asphalt
**Wälzband** *n* (das auf einem Rollbogen abwälzt) / roll band, tape *n* (US)
**Walz•blech** *n* (Glas) / marver* *n* ‖ **⁓blech** (Hütt) / rolled sheet ‖ **⁓blei** *n* (Hütt) / milled lead*, rolled lead ‖ **⁓bleiauskleidung** *f* (Hütt) / rolled-lead lining ‖ **⁓block** *m* (Hütt) / bloom* *n*, cog *n*, cogged ingot ‖ **⁓bördeln** *n* (des Bleches mit Bördelwalzen) (Hütt) / roller flanging ‖ **⁓draht** *m* (ein Erzeugnis beliebiger Querschnittsform, das in warmem Zustand unmittelbar von der Walze aus in Ringen in ungeordneten Lagen aufgehaspelt wird) (Hütt) / wire rod, rod *n* ‖ **⁓drücken** *n* (Masch) / shear spinning
**Walze** *f* / platen *n* ‖ **⁓** (Masch, Mech) / roll *n*, roller *n* ‖ **changierende ⁓** (Druck) / oscillating roller ‖ **freilaufende ⁓** (Druck) / idler* *n*, idling roller* ‖ **oszillierende ⁓** (Druck) / oscillating roller ‖ **schwimmende ⁓** (Tex) / swimming roller ‖ **⁓ f der Rundmaschine** (Hütt) / bending roll*
**Wälzegge** *f* (Landw) / roller harrow
**walzen** *v* (Kautschuk) (Chem Verf) / mill *v* ‖ **⁓** (HuT, Hütt) / roll *v* ‖ **⁓** (meistens Feinblech) (Hütt) / mill *v* ‖ **⁓** (Griff und Stand durch Glätten und Verdichten verbessern) (Leder) / roll *v* ‖ **⁓** *n* (mit Rollwerkzeugen) (Anstr) / roller coating* ‖ **⁓** (des Kautschuks) (Chem Verf) / milling *n* ‖ **⁓** (DIN 8583, T 2) (Hütt) / rolling *n* ‖ **⁓** (von Feinblechen) (Hütt) / milling *n* ‖ **⁓** (Verdichtung des Fasergefüges) (Leder) / rolling *n* ‖ **blockloses ⁓** (Hütt) / strand rolling, cast rolling ‖ **⁓ auf dem Steckel-Walzwerk** (Hütt) / Steckel rolling ‖ **⁓ mit maximaler Geschwindigkeit** (Hütt) / zoom rolling ‖ **⁓ mit voller Kraft** (Hütt) / zoom rolling ‖ **⁓ mit Zug** (Hütt) / draught *n*
**wälzen** *v* (auf ebener Platte) (Glas) / marver *v*, shape *v*, block *v*
**Walzen•abdruck** *m* (ein Oberflächenfehler) (Glas) / pluck *n*, roller impression ‖ **⁓abwelkmaschine** *f* (Leder) / rotary samming machine ‖ **⁓angriff** *m* (an einem Walzwerk) (Hütt) / bite *n* ‖ **⁓anlasser** *m* **mit Unterbrecher** (Eltech) / drum breaker starter* ‖ **⁓auftrag** *m* (Anstr) / roller coating* ‖ **⁓auftrag** (des Veredlungsmittels) (Pap) / knife-over-roll coating ‖ **⁓auftrag** (Plast) / roll coating ‖ **⁓auftragmaschine** *f* (mit Tauchwalze) (Plast) / roll coater ‖ **⁓bahnanlasser** *m* (bei denen die beweglichen Schaltstücke eine drehbare zylindrische Walze bilden, wobei die feststehenden Schaltstücke auf zugehörigen Ringsegmenten gleiten) / drum-type starter, drum-type controller ‖ **⁓bahnanlasser** (Eltech) s. auch Trommelbahnanlasser ‖ **⁓ballen** *m* (an Mischwalzwerken und Kalandern) (Masch) / roll barrel, roll body ‖ **⁓balligkeit** *f* (Masch) / roll crown ‖ **⁓beschichter** *m* (Plast) / roll coater ‖ **⁓beschichtung** *f* (Plast) / roll coating ‖ **⁓betätigung** *f* (an einem Walzwerk) (Hütt) / bite *n* ‖ **⁓bezug** *m* (Anstr) / sleeve *n* ‖ **⁓biegung** *f* (Hütt, Masch) / roll bending ‖ **⁓brecher** *m* (Aufber) / rolls* *pl*, roll crusher, rolling crusher, roller crusher, roll-type crusher ‖ **⁓breithalter** *m* (zur Ausbreitung der Ware vor der Aufwicklung auf den Warenbaum) (Web) / roller fabric spreader, roller temple ‖ **⁓drehknopf** *m* (der Schreibmaschine) / platen knob ‖ **⁓drehmaschine** *f* (Masch) / roll lathe, roll turning lathe ‖ **⁓druck** *m* (Tex) / roller printing, cylinder printing ‖ **⁓drucker** *m* (EDV) / barrel printer*, drum printer ‖ **⁓durchmesser** *m* (Hütt) / roll diameter ‖ **⁓egge** *f* (Landw) / roller harrow ‖ **⁓egreniermaschine** *f* (Tex) / roller gin ‖ **⁓entfleischmaschine** *f* (Leder) / cylinder fleshing machine ‖ **⁓förmig** *adj* / cylindrical *adj* ‖ **⁓förmig** (Bot) / terete* *adj* ‖ **⁓fräsen** *n* (Masch) / plain milling, roll milling, peripheral milling

**Walzprofilieren**

(US), slab milling ‖ **⁓fräser** *m* (Masch) / plain milling cutter, slab milling cutter, cylindrical milling cutter (US), slab cutter, regular milling cutter ‖ **⁓ganz** *m* (bei Sohlledern) (Leder) / milling glaze ‖ **⁓glas** *n* (Glas) / cylinder glass (blown or drawn), blown sheet (US) ‖ **⁓glas** (das aus geblasenen Walzen durch Strecken hergestellte Flachglas) (Glas) / flattened cylinder glass ‖ **⁓guß** *m* (Hütt) / roll casting ‖ **⁓karde** *f* (Spinn) / roller card, roller top card ‖ **⁓knicker** *m* (für dickstengliges Ackerfutter) (Landw) / crimper *n*, hay crusher, crusher *n* ‖ **⁓kratzer** *m* (Glas) / roller mark, roll mark (US), roller scratch, roll scratch ‖ **⁓krempel** *f* (Spinn) / roller card, roller top card ‖ **⁓krümelegge** *f* (Landw) / rotary harrow ‖ **⁓lager** *n* (als Rohrunterstützung) (HuT) / cylinder bearer ‖ **⁓leimauftragmaschine** *f* (For) / roll glue spreader ‖ **⁓leimmaschine** *f* (für Späne) (For) / roll glue spreader ‖ **⁓löser** *m* (der Schreibmaschine) / variable platen action lever ‖ **⁓markierung** *f* (Glas) / roller mark, roll mark (US) ‖ **⁓mühle** *f* (mit Walzen als Mahlkörper) (Masch) / roller mill*, roll-mill *n* ‖ **⁓rakel** *f* (Pap) / knife-over-roll coater ‖ **⁓rakelmaschine** *f* **für Gummiauftrag** (Chem Verf) / rubber spreader ‖ **⁓ringmühle** *f* (zur Gruppe der Ringmühlen zählendes Mahlaggregat) / ring-roller mill, ring-roll mill, roll-and-race mill ‖ **⁓rost** *m* (Masch) / roller grate ‖ **⁓säumer** *m* (Mehrblattkreissäge mit automatischem Vorschub) (For) / trimmer *n* ‖ **⁓schleifen** *n* (For) / drum sanding ‖ **⁓schleifen** (Hütt, Masch) / roll grinding ‖ **⁓schleifmaschine** *f* (Hütt, Masch) / roll grinding machine ‖ **⁓schrämlader** *m* (eine Maschine der schneidenden Gewinnung mit einer oder zwei Walzen) (Bergb) / shearer loader* ‖ **⁓spalt** *m* (Glas) / nip* *n* ‖ **⁓spalt** (Hütt) / roll gap ‖ **⁓ständer** *m* (Hütt) / roll housing ‖ **⁓stechknopf** *m* (der Schreibmaschine) / push-in platen variable ‖ **⁓stecker** *m* (Eltech) / cylindrical plug ‖ **⁓streichmaschine** *f* (Pap) / roll coater, kiss coater ‖ **⁓streichmaschine für Gummiauftrag** (Chem Verf) / rubber spreader ‖ **⁓streichverfahren** *n* (Pap) / roll coating ‖ **⁓stromwender** *m* (Eltech) / reversing commutator* ‖ **⁓stuhl** *m* (Anstr) / triple-roll mill, three-roll mill ‖ **⁓trockner** *m* (Nahr) / drum drier, roller drier ‖ **⁓vorschub** *m* (Masch) / roll feed* ‖ **⁓wehr** *n* (Wasserb) / cylinder weir, roller weir ‖ **⁓zapfen** *m* (Hütt) / roll neck, roll-pin *n*
**Wälzer** *m* (großes, dickes Buch) (Buchb) / tome *n*
**Walz•erzeugnis** *n* (Hütt) / rolled product ‖ **⁓fell** *n* (Plast) / rough sheet, crude sheet ‖ **⁓flansch** *m* (Masch) / rolled-in flange ‖ **⁓fräsen** *n* (Masch) / plain milling, roll milling, peripheral milling (US), slab milling
**Wälz•fräsen** *n* (Herstellung von Verzahnungen) (Masch) / gear hobbing, hobbing *n* ‖ **⁓fräser** *m* (Werkz) / hob* *n*, hobbing cutter* ‖ **⁓fräsmaschine** *f* (zur Verzahnen von Stirnrädern, Schneckenrädern und Sonderverzahnungen) (Masch) / roller milling machine ‖ **⁓fräsmaschine** (Verzahnmaschine zum Wälzfräsen) (Masch) / hobbing machine* ‖ **⁓frässchraubenradmaschine** *f* (Masch) / wormwheel hobbing machine
**Walz•gerüst** *n* (Hütt) / rolling stand, stand *n*, mill stand ‖ **⁓glas** *n* (Ornament- und Drahtglas) (Glas) / rolled glass ‖ **⁓grat** *m* (Hütt) / lap* *n*, rolling burr, back fin, seam *n*, lap seam ‖ **⁓gut** *n* (bereits gewalztes) (Hütt) / rolled product(s), rolled stock ‖ **⁓gut** (zum Walzen) (Hütt) / rolling stock ‖ **anklebendes ⁓gut** (Hütt) / cobble *n* ‖ **⁓hart** *adj* (Hütt) / as-rolled *adj* ‖ **⁓haut** *f* (Hütt) / rolling skin ‖ **⁓hautschicht** *f* (Hütt) / rolling skin
**Wälzhobelmaschine** *f* (Verzahnmaschine zur Herstellung von Außenverzahnungen im Einzel- oder Gruppenteilverfahren mit einem Hobelkamm) (Masch) / gear planer
**Walzkaliber** *n* (Hütt) / pass *n*, grooved pass, groove *n*
**Wälz•kegel** *m* (bei Zahnrädern) (Masch) / pitch cone ‖ **⁓kegel** *m pl* (bei Reibradgetrieben nach DIN 3971) (Masch) / rolling cones ‖ **⁓kolbenvakuumpumpe** *f* (eine Rotationsvakuumpumpe) (Vakuumt) / Roots pump ‖ **⁓kontakt** *m* (Eltech) / rolling contact ‖ **⁓kontakt** (zweier Maschinenelemente) (Masch) / rolling contact ‖ **⁓körper** *m* (eines Wälzlagers) (Masch) / rolling element
**Walzkraft** *f* (Hütt) / rolling force, roll force
**Wälz•kreis** *m* (des Zahnrads nach DIN 3960) (Masch) / circle of contact, rolling circle ‖ **⁓kurvengetriebe** *n* (Mech) / rolling cam mechanism
**Walz•lack** *m* (Anstr) / roller coating, roller coating finish ‖ **⁓lackierung** *f* (Anstr) / roller coating*
**Wälzlager** *n* (DIN 623, T 1 und DIN ISO 281) (Masch) / antifriction bearing*, rolling bearing*, rolling-contact bearing, roller bearing
**Walz•messing** *n* (Hütt) / malleable brass ‖ **⁓naht** *f* (Hütt) / rolling fin ‖ **⁓öl** *n* (Kühlschmiermittel beim Kaltwalzen von Eisen- und NE-Metallen) (Hütt) / rolling oil
**Wälzplatte** *f* (Glas) / marver *n*
**Walz•platte** *f* (meistens Kupfer) (Hütt) / cake slab, cake* *n* ‖ **⁓plattieren** *v* (im Walzwerk) (Hütt) / roll-clad *v*, roll-bond *v* ‖ **⁓prägen** *n* (Hütt) / rotary embossing ‖ **⁓produkt** *n* (Hütt) / rolled product ‖ **⁓profile** *n pl* (Hütt, Masch) / rolled-steel sections*, rolled sections ‖ **⁓profilieren** *n* (Hütt) / cold roll forming ‖ **⁓profilieren**

1375

**Wälzprüfgerät**

(Biegeumformen nach DIN 8586) (Hütt, Masch) / roll forming*, profile rolling, shape rolling
**Wälz•prüfgerät** n (zur Prüfung eines Zahnrades oder einer Zahnstange durch Wälzen mit einer Gegenverzahnung) (Masch) / rolling tester ‖ ~**prüfung** f (Masch) / rolling test ‖ ~**punkt** m (geometrische Größe an Zahnradpaaren nach DIN 3960) (Masch) / imaginary pitch point
**walz•rauh** adj (Hütt) / as rolled ‖ ~**rauher Zustand** (Hütt) / as-rolled condition
**Wälzreibung** f (Phys) / combined rolling and sliding friction
**Walz•richten** n (Biegeumformen nach DIN 8586) (Hütt) / reeling n, rotary straightening ‖ ~**richtung** f (Hütt) / rolling direction, direction of rolling ‖ ~**riß** m (Hütt) / rolling crack ‖ ~**runden** n (Biegeumformen nach DIN 8586) (Hütt) / roll bending
**Wälz•schaben** n (der Zahnräder) (Masch) / gear shaving ‖ ~**schabmaschine** f (Masch) / gear-shaving machine ‖ ~**schälen** n (der Zahnräder) (Masch) / skiving n ‖ ~**schälmachine** f (zum Wälzfräsen von Außen- und Innenverzahnungen) (Masch) / skiving machine ‖ ~**schleifen** n (Masch) / gear grinding by generation ‖ ~**schleifen** (von Zahnrädern) (Masch) / grinding-generating n, gear grinding by generating ‖ ~**schleifmaschine** f (Masch) / gear-grinding machine
**Walzschmieden** n (zwischen Formwalzen) (Masch) / roll forging*
**Wälzschraubtrieb** m (Masch) / recirculating ball screw and nut
**walz•schwarz** adj (Hütt) / black-rolled adj ‖ ~**schweißplattieren** v (Plattierschutzschichten herstellen) (Hütt) / roll-clad v, roll-bond v ‖ ~**segment** n (der Reckwalze) (Hütt) / roll segment ‖ ~**sicken** n (Hütt, Masch) / beading n ‖ ~**sinter** n (Hütt) / mill scale*, roll scale, rolling scale ‖ ~**spalt** m (Hütt) / roll gap ‖ ~**spaltlänge** f (Hütt) / gap length ‖ ~**splitter** m (auf dem Blech) (Hütt) / sliver n ‖ ~**splitter** m pl (Hütt) / mill chips ‖ ~**stab** m (Hütt) / rolled bar ‖ ~**staffel** f (Hütt) / separate roll line ‖ ~**stahl** m (durch Walzen hergestelltes Halbzeug oder Fertigerzeugnis) (Hütt) / rolled steel ‖ ~**stich** m (Hütt) / pass n ‖ ~**stirnfräsen** n (Masch) / shell end milling, side milling (US)
**Wälzstoßmaschine** f (Masch) / gear shaper
**Walz•straße** f (Hütt) / mill train ‖ **kontinuierliche** ~**straße** (Hütt) / continuous mill* ‖ **offene** ~**straße** (Hütt) / looping mill, in-line mill ‖ ~**textur** f (Hütt) / rolling texture, surface texture of a rolled product ‖ ~**verbindung** f / rolled joint ‖ ~**verdichten** n (Pulv) / roll compacting, roll compaction, powder rolling ‖ ~**verdichtung** f (HuT) / roller compaction
**Wälz•verfahren** n (bei der Zahnradherstellung) (Masch) / generation n ‖ ~**verschleiß** m (der beim Abrollen von Flächen unter Schlupf entsteht) (Masch, Mech) / rolling wear
**Walzwerk** n (zur Herstellung von Walzerzeugnissen) (Hütt) / rolling-mill* n, mill rolls, rolling plant, mill n, roll-mill n ‖ **eingerüstiges** ~ (Hütt) / single-stand rolling mill ‖ **enggestelltes** ~ (Hütt) / tight mill ‖ **halbkontinuierliches** ~ (Hütt) / semi-continuous (rolling) mill ‖ **kontinuierliches** ~ (Hütt) / continuous mill* ‖ **offenes** ~ (Hütt) / looping mill, in-line mill ‖ ~ n **mit mechanischen Führungen** (Hütt, Masch) / guide mill* ‖ ~ **mit Y-förmiger Walzenanordnung** (Hütt) / Y rolling mill
**Walzwerksantrieb** m (Hütt) / rolling-mill drive
**Wälz•werkzeug** n (Masch) / generating tool ‖ ~**winkel** m (Verdrehwinkel des abgewälzten Elements - eine geometrische Größe an Zahnradpaaren) (Masch) / rolling angle
**Walz•zunder** m (nach dem Warmwalzen) (Hütt) / mill scale*, roll scale, rolling scale ‖ ~**zustand** m (Hütt) / as-rolled condition
**Wälzzylinder** m (Masch) / circle of contact, rolling circle
**WAN** (EDV, Fernm) / wide-area network (WAN)
**Wand** f (eine Mondoberflächenformation) (Astr) / scarp n ‖ ~ (Bau) / wall n ‖ ~ (Kfz) / sidewall n, wall rubber ‖ ~ (Masch) / wall n ‖ **adiabate** ~ (Phys) / adiabatic wall ‖ **aussteifende** ~ (Arch) / tie wall* ‖ **diatherme** ~ (Phys) / diathermal wall ‖ **doppelschalige** ~ (Bau) / two-leaf wall ‖ **durchbrochene** ~ (Bau) / pierced wall ‖ **einsteinstarke** ~ (Bau) / whole-brick wall* ‖ **fensterlose** ~ (Bau) / blank wall ‖ **feuerhemmende** ~ (Bau) / fire-retarding wall, fire-resistive wall ‖ **ganzsteinstarke** ~ (Bau) / whole-brick wall* ‖ **gegliederte** ~ (Bau) / detailed wall ‖ **geneigte** ~ (Bau) / talus wall* ‖ **halbhohe** ~ (Bau) / dwarf wall ‖ **lasttragende** ~ (Bau) / load-bearing wall, bearing wall*, structural wall ‖ **nichttragende** ~ (Bau) / non-load-bearing wall, non-bearing wall*, self-supporting wall (US) ‖ **schallschluckende** ~ (Film) / tormentor n, tormenter n ‖ **schwarze** ~ ("Neger") (Film) / gobo* n, nigger n ‖ **tragende** ~ (Bau) / load-bearing wall, bearing wall*, structural wall ‖ **verkleidete** ~ (Bau) / veneered wall (a wall having a facing which is attached to the backing but, not being bonded to it, it cannot resist load equally with the backing) ‖ ~ f **der Betonwanne** (im Öltankraum) (Bau) / retaining wall ‖ ~ **mit Armaturen** (Klemp) / service wall ‖ ~ **mit Auflagung** (Arch) / battened wall* ‖ ~ **mit Lattenrost** (Arch) / battened wall*
**Wand•absorption** f / wall absorption ‖ ~**alkalität** f (lokaler Anstieg des pH-Wertes der Elektrolytlösung an der Grenzfläche der Metallelektrode als Folge einer elektrochemischen Reaktion, die Wasserstoffionen verbraucht oder Hydroxylionen erzeugt) (Chem) / wall alkalinity ‖ ~**anker** m (Bau) / wall anchor, joist anchor, masonry anchor ‖ ~**anschluß** m (Bau) / stopped end* (SE) ‖ ~**anschlußblech** n (Klemp) / valley flashing, soaker* n ‖ ~**aufhängung** f / wall suspension ‖ ~**auflagerknagge** f (Bau) / wall box*, beam box ‖ ~**auslaufventil** n (Masch) / bib tap, bib-cock* n, bib-valve* n ‖ ~**aussteifung** f (Bau) / wall bracing ‖ ~**balken** m (der unmittelbar auf der Wand liegt) (Bau, Zimm) / beam touching the wall (on the top) ‖ ~**bauplatte** f **aus Gips** (DIN 18163) (Bau) / gypsum wallboard ‖ ~**befestigung** f (Bau) / wall fastening ‖ ~**behang** m (Tex) / hangings* pl, tapestry n (wall covering)*, wallhanging n ‖ ~**bekleidung** f (Tex) / hangings* pl, tapestry n (wall covering)*, wallhanging n ‖ **untere** ~**bekleidung** (Tischl) / dado* n, dado framing ‖ ~**belag** m (im allgemeinen) / wallcovering n ‖ ~**belag** (Bau) / incrustation* n ‖ ~**belag** (Platten, Fliesen) (Bau) / tiling n ‖ ~**berohrung** f (im Feuerraum) / wall tubes ‖ ~**bespannung** f (Tex) / hangings* pl, tapestry n (wall covering)*, wallhanging n ‖ **schallschluckende textile** ~**bespannung** (Bau, Tex) / acoustextile* n ‖ ~**bild** n (Foto) / photomural n ‖ ~**bohrmaschine** f (Masch) / wall drilling machine ‖ ~**brett** n / bracket n ‖ ~**bügel** m (Zimm) / wall hanger* ‖ ~**dämmaß** n (Akus) / wall attenuation factor
**Wanddicke** f (Bau) / wall thickness, thickness of a wall ‖ ~ (Masch) / wall thickness ‖ **ungleichmäßige** ~ (im Behälterglas) (Glas) / settle mark (a wrinkled surface appearing on glassware as a result of uneven cooling during the forming process)
**Wanddicken•empfindlichkeit** f (bei Gußstücken mit unterschiedlicher Wanddicke) (Hütt) / section sensitivity ‖ ~**minderung** f (Bau) / wall thinning ‖ ~**steuerung** f (Plast) / wall-thickness control ‖ ~**unterschied** m (Glas) / slugged wall ‖ ~**zuwachs** m (Bau) / wall thickening
**Wand•druck** m (bei Behältern) / wall pressure ‖ ~**dübel** m (im Stemmloch) (Bau) / plug* n, peg n ‖ ~**durchführung** f (Bau, Eltech) / wall bushing, lead-in n ‖ ~**effekt** m (Kernphys) / wall effect*
**Wandel** m (bei der Panelbefragung) / change n
**wandelbar** adj / variable adj (size, number) ‖ ~ (mit einem Hang zur Umlagerung) (Chem) / fictile adj
**Wandelflugzeug** n (Luftf) / convertiplane* n
**wandeln** v (EDV, Eltronik) / transduce v
**Wandelstern** m (Astr) / planet* n
**Wander•arbeitnehmer** m / migrant worker ‖ ~**bett** n (Chem Verf) / moving bed ‖ ~**block** m (über 100 mm Größe) (Geol) / boulder* n, erratic n, glacial erratic ‖ ~**deckel** m (der Karde) (Spinn) / revolving flat ‖ ~**düne** f (in der vorherrschenden Windrichtung langsam vorrückende Düne) (Geol) / wandering dune, mobile dune, migratory dune
**Wanderfeld•bau** m (in tropischen Waldgebieten) (Landw) / shifting cultivation ‖ ~**induktionsmotor** m (Eltech) / travelling-field motor ‖ ~**linearmotor** m (Eltech) / travelling-field motor ‖ ~**magnetfeldröhre** f (Eltronik) / travelling-wave magnetron* ‖ ~**magnetron** n (Eltronik) / travelling-wave magnetron* ‖ ~**motor** m (Eltech) / linear induction motor, LIM ‖ ~**motor** (Eltech) / travelling-field motor ‖ ~**röhre** f (eine Lauffeldröhre) (Eltronik) / travelling-wave tube* (TWT) ‖ ~**verstärker** m (Fernm) / travelling-wave amplifier*, TW amplifier
**Wander•fläche** f (DIN 1304) (Kernphys) / migration area* ‖ ~**heuschrecke** f (Locusta migratoria) (Landw, Zool) / migratory locust ‖ ~**länge** f (in der Neutronendiffusionstheorie) (Kernphys) / migration length ‖ ~**maske** f (Film) / travelling matte ‖ ~**maskenbild** n (Film) / travelling matte shot*
**wandern** v / wander v, travel v ‖ ~ (Chem, Kernphys, Umwelt) / migrate v ‖ ~ n (Fernm) / roaming n ‖ ~ **auf dem Chromosom** (Gen) / chromosome walking
**wandernd** adj / migratory adj ‖ ~**er Lichtpunkt** (Eltronik) / flying spot ‖ ~**e Marke** / floating mark ‖ ~**er Weichmacher** (Plast) / migratory plasticizer
**Wander•nutsche** f (Chem Verf) / travelling-pan filter, TP filter ‖ ~**prüfung** f / patrol inspection (i.e., routine visits made to production stages to carry out inspection) ‖ ~**rost** m (Masch) / movable grate, travelling grate, shaking grate ‖ ~**schalung** f (eine bewegliche Schalung) (Bau, HuT) / travelling shuttering, travelling formwork ‖ ~**schrift** f / newscaster n ‖ ~**schutz** m (Bahn) / anticreeper n, rail anchor ‖ ~**sprenger** m (Vorrichtung zur Verteilung des Abwassers über die Oberfläche rechteckiger Tropfkörper) (Sanitär) / travelling distributor ‖ ~**stecker** m (Eltech) / flit-plug* n, wander-plug n ‖ ~**tisch** m (Kettenförderer für Stückgut mit Platten als Tragorgan) (Masch) / conveyor table
**Wanderung** f / wandering n, travelling n ‖ ~ (Anstr, Chem, EDV, Kernphys, Umwelt) / migration* n, wandering n
**wanderungs•beständig** adj (Anstr) / non-migrating adj ‖ ~**geschwindigkeit** f (mit der Ionen eines Elektrolyten in einem elektrischen Feld wandern) (Elektr) / migration speed, migration velocity

**Wanderwelle** f (leitungsgebundene) (Fernm) / transient wave ‖ ~ (Phys, Radio) / travelling wave*
**Wanderwellen•antenne** f (Radio) / travelling-wave antenna*, TW antenna* ‖ **~beschleuniger** m (Kernphys) / travelling-wave linear accelerator* ‖ **~-Linearbeschleuniger** m (Kernphys) / travelling-wave linear accelerator ‖ **~motor** m (rotierender Elektromotor für den unteren und mittleren Leistungsbereich, dessen Läufer, ein flacher Ring, durch mechanischen Kraftfluß von einer auf dem Stator umlaufenden mechanischen Wanderwelle mitgenommen wird) (Eltech) / travelling-wave motor ‖ **~röhre** f (eine Lauffeldröhre) (Eltronik) / travelling-wave tube* (TWT) ‖ **~verstärker** m (Fernm) / travelling-wave amplifier*, TW amplifier
**Wand•farbe** f (ein Innenanstrichstoff) (Bau) / wall paint, flat wall paint ‖ **~feld** n (Arch) / wall panel ‖ **~fernsprecher** m (Fernsp) / wall telephone set ‖ **~fliese** f (Bau) / wall tile, wall plate, wall panel, furring tile ‖ **~gebunden** adj (Festtreibstoff) (Luftf) / case-bonded adj ‖ **~giebel** m (z.B. beim Pantheon) (Arch) / engaged pediment ‖ **~griffstange** f (A) (Bau) / rail* n, handrail n ‖ **~haken** m (Bau) / wall hook* n ‖ **~hängend** adj (Bau) / wall-mounted adj, wall-hung adj ‖ **~heizung** f (bei oberirdischen Flüssigerdgasbehältern) / wall heating ‖ **~heizung** f (eine Flächenheizung nach dem Prinzip der Strahlungsheizung) (Bau) / wall heating (a concealed heating) ‖ **~isolator** n (Bau) / wall insulator* ‖ **~kanal** n (Eltech) / raceway n, electric raceway ‖ **~kleid** n / wallcovering n ‖ **~konsole** f (für Regale) / shelf nog ‖ **~konsole** (Bau) / bracket* n, console n (with an S-shaped scroll)*, wall-mounting bracket ‖ **~kopfabdichtung** f (aus Dachziegeln) (Bau) / tile creasing*, creasing n ‖ **~kran** m (entweder Wandlauf- oder Wanddrehkran) (Masch) / wall crane ‖ **~kratzer** m (der den Spülungskuchen beim Einbringen der Verrohrung mechanisch zerstören soll) (Erdöl) / scratcher n ‖ **~laufkran** m (Masch) / bracket crane
**Wandler** m (eine Vorrichtung, die eine am Eingang liegende zeitlich veränderliche physikalische Größe in eine am Ausgang abgreifbare, der Eingangsgröße äquivalente Größe umwandelt) (EDV, Eltronik, Regeln) / transducer* n, xducer n, electric transducer ‖ ~ (des vollautomatischen Kraftwagengetriebes) (Kfz) / converter n ‖ **aktiver** ~ (Fernm, Regeln) / active transducer* ‖ **auf kohärentes Licht empfindlicher** ~ (Eltronik) / laser pick-up ‖ **elektroakustischer** ~ (der akustische Schwingungen in elektrische oder elektrische in akustische umwandelt) (Akus, Eltronik) / electro-acoustic transducer, sound transducer ‖ **elektrooptischer** ~ (ein Halbleiterbauelement, in dem ein elektrischer Strom eine Strahlung im sichtbaren oder unsichtbaren Bereich des Lichts erzeugt) (Eltronik) / optical emitter ‖ **optisch-elektrischer** ~ / photoconverter n, photoelectric transducer ‖ **optoelektrischer** ~ (Eltronik) / optical receiver ‖ **passiver** ~ (Fernm, Regeln) / passive transducer ‖ **reversibler** ~ (Fernm) / reversible transducer* ‖ **reziproker** ~ (Akus) / reciprocal transducer ‖ **symmetrischer** ~ (Eltronik) / symmetrical transducer ‖ **unilateraler** ~ (Eltech) / unilateral transducer*, unidirectional transducer ‖ ~ m **zur Erzeugung negativer Widerstandskennlinien** (Fernsp) / negative-impedance converter*
**Wandlung** f (Meß-) (Eltronik) / transduction n
**wand•montiert** adj (Bau) / wall-mounted adj, wall-hung adj ‖ **~nahe Strömung** (Phys) / flow near the wall ‖ **~neigung** f (unten stärker) (Bau) / talus n ‖ **~öffnung** f (Bau) / wall opening ‖ **~ornamentik** f (Arch) / trim n ‖ **~pfeiler** m (Arch) / wall pier ‖ **~pfeiler** (Arch) s. auch Pediment ‖ **~platte** f (als Wandbelag) (Bau) / wall tile, wall plate, wall panel, furring tile ‖ **~plattenverkleidung** f (Bau) / tile hanging*, weather tiling* ‖ **~rauheit** f (Masch, Phys) / wall-surface roughness ‖ **~rauhigkeit** f (bei der Rohrströmung) (Masch, Phys) / wall-surface roughness ‖ **~reibung** f (Masch, Phys) / wall friction ‖ **~säule** f (Arch, Bau) / wall column ‖ (**eingebundene**) **~säule** (**meist Halbsäule**) (Arch, Bau) / attached column*, engaged column ‖ **~schale** f (bei der Hohlwand) (Bau) / withe n, wythe n, tier n (US) ‖ **~schalung** f (Bau) / wall sheathing ‖ **~schicht** f (Phys) / boundary layer*, friction layer ‖ **~schieferverkleidung** f (Bau) / slate hanging*, weather slating ‖ **~schiene** f (bei Regalsystemen) (Bau) / wall upright support ‖ **~schlitz** m (für die Schiebetür) (Bau) / pocket* n ‖ **~seitige Treppenwange** (Zimm) / wall string ‖ **~seitige Treppenwange** (Zimm) / wall string ‖ **obere ~sockelleiste** (Bau) / dado rail n, surbase n, dado capping* ‖ **~spannplakat** n (ein Werbemittel) / wall banner ‖ **~ständig** adj / wallbound adj ‖ **~starker Sturz** (Bau) / through lintel ‖ **~stärke** f (Bau) / wall thickness, thickness of a wall ‖ **~stärke** (z.B. eines Rohres) (Masch) / wall thickness ‖ **~steckdose** f (Eltech) / wall-socket* n, wall plug, wall receptacle, wall outlet (US) ‖ **~strahlelement** n (ein Fluidikelement) / wall-attachment amplifier, flip-flop amplifier ‖ **~strahlverstärker** m / wall-attachment amplifier, flip-flop amplifier ‖ **~tafel** f (globale dynamische Datenbasis) (EDV, KI) / blackboard n ‖ **~tafelmodell** n (KI) / blackboard model ‖ **~täfelung** f (Tischl) / wainscot n ‖ **obere Abschlußleiste der ~täfelung** (Bau) / dado rail n, surbase n, dado capping* ‖ **~temperatur** f (Temperatur der Oberfläche umströmter Körper mit oder ohne Wärmeübergang von der Strömung an den Körper oder vom Körper an die Strömung) (Phys) / wall temperature ‖ **~teppich** m (Tex) / tapestry carpet, tapestry n, tapisserie n ‖ **~überhitzer** m (Masch) / radiant wall superheater
**Wandung** f (eines Gefäßes) (Masch) / wall n
**Wand•verlust** m (ein Wärmeverlust) (Wärm) / heat loss through walls ‖ **~verschiebespeicher** m (EDV) / domain-tip memory, DOT memory, domain-tip propagation storage device ‖ **~verschiebung** f (Krist) / wall displacement, boundary displacement ‖ **~wange** f (Zimm) / wall string ‖ **~zubehör** n (Arch) / trim n
**Wange** f (des Rostes) / framing n ‖ ~ (eines Klostergewölbes) (Arch) / side n ‖ ~ (Außenwand des Schornsteins) (Bau) / jamb n (of a flue) ‖ ~ (Bau, Masch) / cheek n ‖ ~ (Bau, Zimm) / string* n, stair string, stair stringer, string-board n, stringer n (US) ‖ ~ (der Axt) (Werkz) / cheek n
**WangNet** n (proprietäres LAN mit Frequenzmultiplexverfahren) / WangNet n
**Wankachse** f (Verbindungslinie zwischen vorderem und hinterem Wankzentrum) (Kfz) / roll axis
**Wankelmotor** m (ein Kreiskolbenmotor nach F. Wankel, 1902-1988) (V-Mot) / Wankel engine*, Wankel rotary engine
**Wank•nutsäge** f (Zimm) / drunken saw*, wobble saw* ‖ **~nutsägeblatt** n (Zimm) / drunken blade, wobble blade ‖ **~stabilisator** m (Bahn) / antiroll bar ‖ **~widerstand** m (eines Fahrzeugaufbaus gegenüber Seitenneigung in schnell gefahrenen Kurven) (Kfz) / roll resistance, roll stiffness ‖ **~zentrum** n (Kfz) / roll centre
**Wanne** f / vat n, back* n, tub n, beck* n, bark n ‖ ~ / trough n ‖ ~ (für die Kopierflüssigkeit) / fountain n ‖ ~ (bei der Wannengründung) (Bau, HuT) / tank n ‖ ~ (Badewanne) (Bau, Klemp) / bath n, bath-tub n, bathing-tub n ‖ ~ (Geol) / basin* n ‖ ~ (Glas) / glass tank (furnace), tank furnace* n ‖ ~ (der Fahrbahn) (HuT) / sag n ‖ **~einhäusige** ~ (in der Schmelz- und Arbeitswanne durch ein Beheizungssystem gemeinsam beheizt werden) (Glas) / single-crown furnace ‖ **pneumatische** ~ (Chem Verf) / pneumatic trough ‖ **retrograde** ~ (in der CMOS-Technik) (Eltronik) / retrograde well
**Wannen•abdichtung** f (bei der Wannengründung) (Bau, HuT) / tanking* n ‖ **~arbeiter** m (der sich um die Glasschmelze kümmert) (Glas) / metal tender (a workman supervising the temperature and melting operations of a glass tank) ‖ **~ausrundung** f (vertikaler Übergangsbogen) (Bahn, HuT, Verm) / vertical curve* ‖ **~bassin** n (Teil des Oberofens von Wannenöfen, das die Glasschmelze aufnimmt) (Glas) / tank n ‖ **~form** f (Chem) / boat form, boat* n ‖ **~glas** n (Glas) / tank glass ‖ **~gründung** f (wenn die Sohlenplatte und Außenwände einen zusammenhängenden wannenförmigen Gründungskörper bilden, dessen äußerer Mantel aus einer wasserdruckhaltenden Dichtung besteht) (Bau, HuT) / tanking n ‖ **~hals** n (Glas) / tank neck ‖ **~konformation** f (Chem) / boot conformation ‖ **~lage** f (Schw) / gravity position, downhand position ‖ **~lagenschweißen** n (Schw) / gravity-position welding, down-hand-position welding ‖ **~muffe** f (Kab) / trough connector ‖ **~ofen** m (Glas) / glass tank (furnace), tank furnace* ‖ **querbeheizter ~ofen** (Glas) / side-port furnace ‖ **~ofen mit Querfeuerung** (Glas) / side-port furnace ‖ **~ofen mit Stiefeln** (Glas) / potette tank ‖ **~position** f (Schw) / gravity position, downhand position ‖ **~schmelze** f (Vorgang) (Glas) / tank melting ‖ **~stein** m (Glas) / tank block (a refractory block used to line the melting zone of a glass tank), flux block
**Wannier•-Funktion** f (die durch unitäre Transformation aus den Bloch-Funktionen eines Bandes ableitbare Funktion - nach G.H. Wannier, 1911-1983) (Kernphys) / Wannier function ‖ **~-Mott-Exciton** n (Kernphys) / Wannier-Mott exciton, Wannier exciton
**Wanten** f pl n pl (seitliche Abspannungen der Masten) (Schiff) / rigging n, shrouds pl
**Wanze** f (ein Miniabhörgerät) (Eltronik) / bug n
**Wanzen** (Abhörgeräte) **beseitigen** (Eltronik) / debug v ‖ ~ **einsetzen** (Eltronik) / bug v
**WAP** n (elektronischer Standard für die Kommunikation in drahtlosen Netzen, der den direkten Zugriff zum Internet von einem Handy aus ermöglicht) (Fernsp) / WAP n (wireless application protocol)
**Wapa** n (Holz aus Eperua falcata Aubl.) (For) / wallaba n, wapa n
**Wapu-Zange** f (Werkz) / slip-joint pliers, mechanic's pliers, water-pump pliers
**WaR** (nach A.P. von Wassermann, 1866-1925) (Med) / Wassermann reaction*
**Warburg-Dickens-Horecker-Schema** n (Biochem) / pentose phosphate pathway, hexose monophosphate shunt, pentose shunt*
**Warburgsch•es Atmungsferment** (Physiol) / Warburg's (yellow) enzyme, cytochrome oxidase ‖ **~es gelbes Atmungsferment** (nach O.H. Warburg, 1883-1970, benannt) (Physiol) / Warburg's (yellow) enzyme, cytochrome oxidase
**Ward-Identität** f (Kernphys) / Ward's identity

**Wardsch**

**Wardsche Identität** (in der Eichfeldtheorie) (Kernphys) / Ward's identity
**Ware** f / merchandise n, mdse, ware n, goods pl, wares pl, commodities pl || ~**n** f pl / merchandise n, mdse, ware n, goods pl, wares pl, commodities pl || ~ f (Keram) / cloth* n, fabric* n, textile* n, woven fabric, textile fabric (woven) || ~ s. auch Produkt || **balancierte** ~ (Web) / balanced cloth || **beanstandete** ~ / goods under claim || **braune** ~ (Eltronik) / brown goods || **doppelflächige** ~ (Tex) / double-knit fabrics (made by interlocking the loops from two strands of yarn with a double stitch), double knits || **einmal gebrannte** ~ (Keram) / once-fired ware || **glatte** ~ (Tex) / plain fabric* || **lagerfähige** ~ (Nahr) / keeper n || **plattierte** ~ (Maschenware) (Tex) / plated fabric || **porige** ~ (mit geschlossenen Poren) (Masch) / cellular n || **porige** ~ (Tex) / cellular fabric* || **schwarze** ~ (Erdöl, Schiff) / dirty cargo, black cargo || **ungebleichte** ~ (Tex) / greige goods*, grey goods*, gray goods (US) || **ungebrannte keramische** ~ (Formlinge) (Keram) / greenware n (a formed but unfired ceramic body) || **veredelte** ~ (Tex) / converted goods, converted fabrics || **weiße** ~ (z.B. Kühlschränke, Elektroherde usw.) (Eltech) / white goods || **weiße** ~ (Erdöl, Schiff) / white cargo, clean cargo || ~ f **erster Wahl** (Qualität) / first-quality ware pl || ~**n** f pl **mit hoher Umschlaghäufigkeit** / fast moving goods || ~ f **mit Lüsterglasur** (Keram) / lustreware n, lustre pottery, lusterware n (US) || ~ **zweiter Wahl** (Qualität) / seconds pl
**Waren•abzug** m (Web) / take-down n, drawing-off n || ~**abzugsbaum** m (Web) / cloth draw-off roller || ~**aufwickelvorrichtung** f (Web) / take-up motion* || ~**aufwindung** f (Web) / taking-up n || ~**aufzug** m / goods lift (GB) || ~**ausgangskontrolle** f / outcoming inspection || ~**ausgangsprüfung** f / outcoming inspection || ~**automat** m (z.B. Getränkeautomat) (z.B. Briefmarken-, Fahrkarten-, Parkscheinautomaten usw.) / vending machine || **die ganze** ~**bahn** (Web) / whole cloth || ~**baum** m (zum Abwickeln des fertigen, vom Warenabzugsbaum gelieferten Gewebes) (Web) / cloth beam, cloth roller || ~**beschauer** m (Web) / examiner n || ~**bezeichnung** f / product designation || ~**bild** n / appearance of the goods || **die ganze** ~**breite** (Web) / whole cloth || ~**dichte** f (Web) / gauge* n (knitted fabrics), set* n (woven fabrics), density n, sett* n, thickness n, gage n || ~**docke** f (Web) / cloth batch, batch n, fabric batch || ~**doppler** m (Tex) / piece doubler || ~**eingangskontrolle** f / goods inwards inspection, receiving inspection, incoming inspection || ~**eingangsprüfung** f / goods inwards inspection, receiving inspection, incoming inspection || ~**eingangsschein** m / receiving slip, reception slip || ~**fall** m (Tex) / drape n (of a fabric), draping n || ~**gewicht** n (Tex) / fabric weight || ~**griff** m (Tex) / feel of the goods, touch of the goods, handle of the goods || ~**lager** n / storehouse n || ~**länge** f (Tex) / piece* n, length of fabric, cloth n, length n, fabric length || ~**lift** m / goods lift (GB) || ~**masse** f (Tex) / fabric weight || **freier** ~**name** (Pharm) / generic name, non-proprietary name, common name || ~**posten** m / job lot || ~**probe** f / sample n, specimen n, free sample || ~**probe** (von Stoffen) (Tex) / pattern n || ~**rand** m (Web) / fell* n || ~**regulator** m (Web) / take-up motion*, taking-up motion, cloth take-up motion || ~**schaltung** f (die schrittweise Weiterbewegen der vom Kettbaum abgegebenen Kettfäden und das Aufwickeln des fertigen Gewebes auf den Warenbaum bewirkt) (Web) / take-up motion*, taking-up motion, cloth take-up motion || ~**schaumaschine** f (zur Kontrolle der Gewebe in der Ausrüstung - DIN 64990) (Tex) / perching machine, inspecting machine, cloth looking frame || ~**schiene** f (Galv) / cathode rail || ~**schluß** m (Web) / fell* n || ~**stand** m (Tex) / shape n || ~**strang** m (Tex) / rope n, roping n || ~**ursprung** m / origin of products || **grenzüberschreitender** ~**verkehr** / movement of goods across the frontier || ~**vorkontrolle** f (Tex) / perching* n, inspection n || ~**wirtschaftssystem** n (EDV) / merchandise management system || **[eingetragenes]** ~**zeichen** (**in der Warenzeichenrolle**) / registered trademark, trademark n || ~**zeichenschutz** m / trademark protection
**Warfarin** n (ein Kumarinderivat als Rodentizid) (Chem) / warfarin* n
**Waring-Problem** n (Math) / Waring's conjecture
**Waringsche Vermutung** (nach E. Waring, 1734 - 1798) (Math) / Waring's conjecture
**warm** adj (auch Farbe) / warm adj || ~ (für die Wintersaison) (Tex) / winter-weight attr || ~**es Anfahren** (Masch) / warm start-up || ~**es Docken** (Einschieben eines Laptops in eine Dockingstation, wobei der Rechner in Sparstrommodus läuft) (EDV) / warm docking || ~**e Farbe** (als wohltuend, beruhigend empfunden) / warm colour || ~ **halten** (Nahr) / stove v || ~**e Quelle** (Geol) / hot spring, thermal spring || ~**er Raum** (der Stirlingschen Luftmaschine) (Masch) / hot body, hot reservoir || ~**e Reserve** (Reservegerät) (Masch) / hot standby || ~**e Reserve** (Reserveelemente werden mit geringerer Belastung in das System einbezogen und haben dabei eine höhere Zuverlässigkeit - sie müssen aber bei Ausfall eines Elements erst voll zugeschaltet werden) (Stats) / redundancy n || ~**er und voller Griff** (Tex) / luxurious handle

**Warm•-** (Lager) (Masch) / overheated adj || ~**arbeitsstahl** m (ein Werkzeugstahl) (Hütt) / hot-work steel, hot-work tool steel || ~**aufwalzung** f (Hütt) / hot-rolled cladding || ~**auslagern** n (von Eisenwerkstoffen nach DIN 17014, T 1) (Hütt) / elevated temperature age hardening || ~**auslagerung** f (Hütt) / artificial ageing* || ~**auslagerung** (Hütt) / elevated temperature age hardening
**Warmbad** n / hot bath || ~**härten** n (Abschrecken) (Hütt) / marquenching n, hot quenching || ~**härten** (Anlassen) (Hütt) / martempering* n || ~**härten** (durch Abkühlen in einem Warmbad, dessen Temperatur in der Nähe des Martensitpunktes liegt und nachfolgendes beliebiges Abkühlen auf Raumtemperatur) (Hütt) / hot-bath hardening
**Warm•band** n (ein Flachzeug unter 600 mm Breite) (Hütt) / hot-rolled strip, hot band, hot strip || ~**bearbeitung** f (im allgemeinen) / hot-working n || ~**bearbeitung** (Hütt, Masch) / hot working, hot forming || ~**beton** m (vorgewärmter Frischbeton, dessen Temperatur zwischen 30 °C und 60 °C liegt) (Bau, HuT) / preheated concrete || ~**biegeversuch** m (WP) / hot-bending test || ~**blechwalzwerk** n (Hütt) / hot-plate mill || ~**blütig** adj (Physiol, Zool) / warm-blooded* adj, homoiotherm adj, homoiothermic adj, homoiothermous adj || ~**breitband** n (ein Flachzeug über 600 mm Breite) (Hütt) / hot-rolled (wide) strip || ~**breitbandwalzwerk** n (Hütt) / hot-strip rolling mill || ~**brüchig** adj (Hütt) / hot-short* adj, susceptible to hot fracture, brittle when hot, susceptible to hot cracking || ~**brüchigkeit** f (Hütt) / hot brittleness, hot shortness, susceptibility to hot cracking || ~**dach** n (ein luftdichtes, einschaliges Dach) (Bau) / non-ventilated (flat) roof
**Wärme** f (Hütt) / heat* n || ~ (als Energieform nach DIN 1341) (Phys) / heat* n (Physiol) / heat n
**Wärme-** (Wärm) / thermal adj, thermic adj, caloric adj
**Wärme, eingebrachte** ~ (in J) (Wärm) / heat input || **feuchte** ~ (z.B. bei der Klimaprüfung) (Wärm) / damp heat || **fühlbare** ~ (in Gasen enthaltene Wärme, soweit sie nur durch deren Wärmekapazität bedingt ist, also ohne Verbrennungswärme und ohne die latente Wärme) (Phys) / sensible heat* || **latente** ~ (Phys) / latent heat*, phase-change heat, transformation heat, transition heat || **nutzbare** ~ (Phys) / available heat || **sensible** ~ (Phys) / sensible heat*
**Wärme•abfall** m (Phys, Wärm) / heat drop* || ~**abfuhr** f (Phys) / heat dissipation, heat removal || ~**abfuhrelement** n (eines Transistors) (Eltronik) / heat sink*, dissipator n || ~**abführung** f (Phys) / heat dissipation, heat removal || ~**abführung ins Freie** / heat rejection to the atmosphere || ~**abgabe** f (Wärm) / heat loss, loss of heat, thermal loss || ~**ableiter** m (eines Transistors) (Eltronik) / heat sink*, dissipator n || ~**ableitung** f (Phys) / heat dissipation, heat removal || ~**ableitvorrichtung** f (eines Transistors) (Eltronik) / heat sink*, dissipator n || ~**absorption** f / heat absorption || ~**alterung** f / thermal ageing, thermosenescence n || ~**anstieg** m (Wärm) / heat rise || ~**äquator** m (Meteor) / thermal equator, heat equator || ~**äquivalent** n (elektrisches, mechanisches) (Phys) / equivalent of heat, energy equivalent || ~**aufnahme** f / heat absorption || ~**aufnahme von Stahl in den kritischen Punkten** (Hütt) / decalescence n || ~**ausbreitung** f (Wärm) / heat propagation || ~**ausbreitung** s. auch Wärmeübertragung || ~**ausdehnung** f (Phys) / thermal expansion, thermoexpansion n || ~**ausdehnungskoeffizient** m (Wärm) / thermal coefficient of expansion, coefficient of thermal expansion || ~**ausdehnungszahl** f (Wärm) / thermal coefficient of expansion, coefficient of thermal expansion || ~**austausch** m (Wärm) / heat transfer*, heat exchange*, HT, heat transport, thermal exchange || ~**austauscher** m (Masch, Wärm) / heat exchanger*, HX || **luftgekühlter** ~**austauscher** (Masch, Wärm) / air-fin heat exchanger || **großflächiger** ~**austauscher** (Masch, Wärm) / extended-surface heat exchanger || ~**bad** n (Chem) / heating bath || ~**beanspruchung** f (Phys) / thermal stress, heat stress || ~**bedarf** m (Heizlast) (Bau) / heating load || ~**bedarf** (z.B. in Gebäuden nach DIN 4701, T 1) (Bau, Wärm) / heat requirement, required heat || ~**beeinflußte Zone** (der Werkstoffbereich neben einer Schweißnaht, in dem durch die eingebrachte Schweißwärme eine Gefüge- und Eigenschaftsveränderung eingetreten ist) (Schw) / heat-affected zone (the zone within a base metal that undergoes structural changes but does not melt during welding, cutting, or breaking), HAZ || ~**behandelbar** adj (Hütt) / heat-treatable adj || ~**behandelte** (vergütete) **Faserplatte** (Bau, Tischl) / tempered hardboard
**Wärmebehandlung** f (des Betons) (Bau, HuT) / heat treatment || ~ (von Faserplatten) (For) / tempering n || ~ (DIN EN 10052, z.B. Glühen, Härten, Anlassen) (Hütt) / heat treatment*, thermal treatment || ~ (Med) / thermotherapy n || ~ (des Betons) (Bau, HuT) s. auch Dampfbehandlung und Dampfhärtung || **anschließende** ~ (Schw) / postheating* n || **für eine** ~ **bestimmt** (Hütt) / heat-treatable adj || ~ f **unterhalb der Pasteurisationstemperatur** (Nahr) / thermization n
**Wärmebehandlungs•anweisung** f (DIN 17023, T 1-3) (Hütt) / order for heat treatment, heat-treatment instruction || ~**dauer** f

1378

(Gesamtdauer des Temperatur-Zeit-Verlaufs von thermischen, thermochemischen und thermomechanischen Regimes der Wärmebehandlung) / heat-treatment period ‖ ~**ofen** *m* (DIN 24201) (Hütt) / heat-treatment furnace ‖ ~**unterweisung** *f* (Hütt) / order for heat treatment, heat-treatment instruction

**Wärme•beharrung** *f* (der Außenkonstruktion) (Bau) / heat inertia ‖ ~**belastbarkeit** *f* (Wärm) / thermal load capacity

**Wärmebelastung** *f* (z.B. der Heizflächen) (Masch) / heat release rate ‖ ~ (Physiol) / heat stress ‖ ~ (meistens durch Abwärme) (Umwelt) / thermal pollution ‖ ~ (Belastung der Gewässer mit technischer Abwärme) (Umwelt) / thermal pollution, heat pollution ‖ ~ (Wärm) / thermal load

**wärme•beständig** *adj* (formbeständig) / heat-resistant *adj*, heat-resisting *adj*, heatproof *adj*, heat-durable *adj* ‖ ~**beständig** (nicht durch Wärme zersetzbar) (Chem, Phys) / thermostable* *adj* ‖ ~**beständigkeit** *f* / heat resistance, heat stability ‖ ~**beständigkeit** (z.B. der Isolierstoffe) (Eltech) / temperature endurance ‖ ~**beständigkeitsklasse** *f* bis 220° C (bei Isolierstoffen) (Eltech) / class 220 insulation ‖ ~**beule** *f* (Geophys) / heat dome ‖ ~**bewegung** *f* (Phys) / thermal motion, thermal agitation ‖ ~**bilanz** *f* (Chem Verf) / heat balance*, heat budget, thermal balance ‖ ~**bilanz** (Geophys) / heat balance ‖ ~**bild** *n* (Opt, Phys) / thermogram *n* ‖ ~**bild- und Laserzielmarkierungsgerät** *n* (Mil) / thermal imaging and laser designating unit ‖ ~**bilddetektor** *m* (Mil) / thermographic detector ‖ ~**bildgerät** *n* (Opt, Phys) / thermograph *n* ‖ ~**brücke** *f* (ein Wärmeschutzmangel, der oft konstruktiv bedingt ist) (Bau) / heat bridge, heat build-up ‖ ~**charakteristik** *f* (Mil) / heat signature ‖ ~**dämmbeton** *m* (Bau, HuT) / heat-insulating concrete* ‖ ~**dämmender Beton** (Bau, HuT) / heat-insulating concrete* ‖ ~**dämmendes Glas** (bei Sonneneinstrahlung) (Glas) / solar-control glass ‖ ~**dämmschicht** *f* (im allgemeinen) (Bau, HuT, Wärm) / heat-insulating layer ‖ ~**dämmstoff** *m* (der die Fortleitung von Wärme in Gebäuden verhindert oder verlangsamt) (Bau) / lagging *n* ‖ ~**dämmung** *f* (Bau, Wärm) / heat insulation*, lagging* *n*, thermal insulation, thermal protection ‖ ~**dämmwiderstand** *m* (Bau, HuT, Wärm) / thermal insulance, coefficient of thermal insulation ‖ ~**dehnung** *f* (Vergrößerung des Stoffvolumens bei Zufuhr von Wärme) (Phys) / thermal expansion, thermoexpansion *n* ‖ ~**dehnzahl** *f* (Wärm) / thermal coefficient of expansion, coefficient of thermal expansion ‖ ~**dichte** *f* (in kJ/kg) (Wärm) / heat density ‖ ~**dissipation** *f* (Phys) / heat dissipation, heat removal ‖ ~**dom** *m* (Gebiet mit übernormalen geothermischen Gradienten) (Geophys) / heat dome ‖ ~**durchgang** *m* (bei zwei strömenden Medien, die durch eine Wand voneinander getrennt sind - DIN 1341) (Wärm) / heat passage, heat transfer ‖ ~**durchgangskoeffizient** *m* (DIN 1341) (Wärm) / heat transfer coefficient*, coefficient of heat transfer ‖ ~**durchgangswiderstand** *m* (Bau, HuT, Wärm) / thermal insurance, coefficient of thermal insulation ‖ ~**durchgangszahl** *f* (DIN 4108) (Bau, Wärm) / U-value *n*, thermal transmittance, air-to-air heat-transmission coefficient ‖ ~**durchlässig** *adj* / diathermanous* *adj*, diathermic *adj* ‖ ~**durchlässigkeit** *f* / diathermancy *n*, thermal transmittance ‖ ~**durchlaßzahl** *f* / diathermancy *n*, thermal transmittance ‖ ~**durchsatz** *m* (Phys) / heat throughput ‖ ~**durchschlag** *m* (Eltech) / thermal dielectric breakdown ‖ ~**einbruch** *m* (Meteor) / sudden onset of warm weather ‖ ~**eindringungskoeffizient** *m* (DIN 1341) (Wärm) / heat penetration factor ‖ ~**eindringungszahl** *f* (Wärm) / heat penetration factor ‖ ~**einfluß** *m* (Wärm) / thermal action, thermal effect, heat effect ‖ ~**einflußzone** *f* (in einer Schweißverbindung) (Schw) / heat-affected zone (the zone within a base metal that undergoes structural changes but does not melt during welding, cutting, or breaking), HAZ ‖ ~**einheit** *f* (Phys) / heat unit*, thermal unit* *n* ‖ ~**einwirkung** *f* (Wärm) / thermal action, thermal effect, heat effect ‖ ~**empfindlich** *adj* / heat-sensitive *adj* ‖ ~**energie** *f* (Phys) / thermal energy, thermic energy, heat energy ‖ ~**energie** (nutzbare) (Wärm) / thermal power ‖ **die in die Atmosphäre abgestrahlte** ~**energie der Erde** (Meteor) / terrestrial radiation*, earth radiation, eradiation *n*, terrestrial radiant energy ‖ ~**enthalpie** *f* (Wärm) / enthalpy* *n*, heat content, H ‖ ~**entwicklung** *f* (Phys) / heat evolution, heat development ‖ ~**entwicklungsgeschwindigkeit** *f* (ein Merkmal des Brandverhaltens) / heat-evolution velocity ‖ ~**entzug** *m* (Masch, Phys) / cooling *n* ‖ ~**erzeugung** *f* (Phys) / heat production, production of heat, heat generation, generation of heat ‖ ~**erzeugung mit Sonnenenergie** (Wärm) / solar heating ‖ ~**explosion** *f* (Chem Verf) / flash, flush ‖ ~**fest** *adj* / heat-resistant *adj*, heat-resisting *adj*, heatproof *adj*, heat-durable *adj* ‖ ~**festigkeit** *f* / heat resistance, heat stability ‖ ~**filter** *n* (gegen Überhitzung des Films, z.B. bei der Stillstandprojektion) (Film) / douser *n*, fire shutter ‖ ~**fixierung** *f* (des Bildes) / heat fixing ‖ ~**fluß** *m* (Wärm) / heat flow, thermal flow, heat flux ‖ ~**flußbild** *n* (Wärm) / heat-flow diagram, thermal-energy flow chart ‖ ~**flußdiagramm** *n* (Wärm) / heat-flow diagram, thermal-energy flow chart ‖ ~**flußvektor** *m* (Wärm) / thermal-flux vector ‖ ~**formbeständigkeit** *f* (Plast) / heat-distortion point, heat-distortion temperature ‖ ~**gefälle** *n* (Phys, Wärm) / heat drop* ‖ **elektrische Entladung bei** ~**gewitter** (Meteor) / heat lightning ‖ ~**gleichgewicht** *n* (Ende der Wärmeübertragung) (Phys) / thermal equilibrium, heat equilibrium ‖ ~**härtbar** (Wärm) / heat-curing *adj* ‖ ~**haushalt** *m* (Geophys) / heat budget ‖ ~**haushalt** (Wärm) / heat budget ‖ **transiente** ~**impedanz** (Eltronik) / transient thermal impedance

**Warmeinbau** *m* (HuT) / hot-laying *n*

**Wärmeinseleffekt** *m* (in der Stadtökologie) (Umwelt) / heat-island effect

**Warmeinsenken** *n* (Masch) / hot-die hobbing

**Wärme•integrationsanalyse** *f* / pinch point method ‖ ~**isolierender Beton** (Bau, HuT) / heat-insulating concrete* ‖ ~**isolierender Stoff** (Tex) / thermal fabric ‖ **lose** ~**isolierschüttung** (Bau) / granular-fill insulation ‖ ~**isolierung** *f* (Bau, Wärm) / heat insulation*, lagging* *n*, thermal insulation, thermal protection ‖ ~**kapazität** *f* (die Wärme, die zur Erwärmung eines Körpers um 1 K notwendig ist - DIN 1301, T 2 und 1345) (Phys) / heat capacity, thermal capacity* ‖ **spezifische** ~**kapazität** (DIN 1301, T 2) (Phys) / specific heat capacity* ‖ **effektive** ~**kapazität** (des Kalorimeters) (Phys, Wärm) / water equivalent*, thermal capacity, heat capacity, energy equivalent ‖ ~**keil** *m* (Schw) / heated triangular area ‖ ~**konvektion** *f* (Form der Wärmeübertragung) (Wärm) / convection of heat*, heat convection, heat transfer by convection, convection heat transfer

**Wärmekraft** *f* (Wärm) / thermal power ‖ ~**maschine** *f* (die Wärmeenergie in mechanische Arbeit umsetzt) (Masch) / heat engine, combustion engine ‖ ~**maschine mit äußerer Verbrennung** (z.B. Dampfmaschine) (Masch) / external-combustion engine ‖ ~**maschine mit innerer Verbrennung** (Verbrennungsmotor oder Gasturbine) (Masch) / internal-combustion engine*, I.C. engine ‖ ~**werk** *n* (Eltech) / thermal station* ‖ **konventionelles** ~**werk** (mit fossilem Brennstoff) / fossil-fuelled power station

**Wärme•kreislauf** *m* (Wärm) / heat cycle ‖ ~**kreisprozeß** *m* (Phys) / thermodynamic cycle, heat cycle ‖ ~**lehre** *f* (Wärm) / science of heat ‖ ~**lehre** (Wärm) s. auch Thermodynamik ‖ ~**leistung** *f* (z.B. eines Kessels) (Phys) / thermal output, heat output ‖ ~**leistung** (des Wärmetauschers) (Masch, Wärm) / heat exchanged ‖ ~**leitdetektor** *m* (Phys) / katharometer* *n* ‖ ~**leitend** *adj* (Wärm) / heat-conductive *adj* ‖ ~**leiter** *m* (Wärm) / conductor* *n* ‖ ~**leitfähigkeit** *f* (DIN 1341) (Wärm) / thermal conductivity*, K-value *n*, heat conductivity ‖ ~**leitfähigkeitsdetektor (WLD)** *m* (für die gaschromatografische Spurenanalyse) (Chem) / thermal conductivity detector, TCD ‖ ~**leitfähigkeitsmesser** *m* (Phys) / katharometer* *n* ‖ **Fouriersche** ~**leitgleichung** (Phys) / Fourier's heat conductivity equation ‖ ~**leitrohr** (Eltronik, Wärm) / heat pipe ‖ ~**leitung** *f* (Form der Wärmeübertragung nach DIN 1341) (Wärm) / conduction of heat*, heat conduction ‖ **instationäre** ~**leitung** (DIN 1341) (Phys) / instationary heat transmission ‖ **stationäre** ~**leitung** (DIN 1341) (Phys) / steady-state heat conduction

**Wärmeleitungs•sensor** *m* (elektrisch geheiztes Sensorelement, das durch die Wärmeleitung eines ihn umströmenden Mediums abgekühlt wird und dessen Widerstand sich dadurch meßbar ändert) / thermal-conduction sensor ‖ ~**vakuummeter** (bei dem der Meßdraht aus Bimetall besteht) (Vakuumt) / bimetallic strip gauge ‖ ~**vakuummeter** (im allgemeinen) (Vakuumt) / thermal conductivity vacuum gauge ‖ ~**vakuummeter** (bei dem der Meßdraht als Heißleiterwiderstand ausgebildet ist) (Vakuumt) / thermistor gauge ‖ ~**vakuummeter** (bei dem der Meßdraht als Thermoelement ausgebildet ist) (Vakuumt) / thermocouple gauge ‖ ~**vergleichsgerät** *n* (Phys) / thermal comparator*

**Wärme•leitweg** *m* (bei Zündkerzen) (V-Mot) / heat path, heat-transfer path ‖ ~**leitwert** *m* (DIN 1304 und 40121) (Phys) / thermal conductance ‖ ~**leitwiderstand** *m* (Phys) / thermal resistance (k/W), heat resistance ‖ ~**-Licht-Kopierer** *m* / heat/light copier ‖ ~**lichtquelle** *f* (meistens eine Glühlampe) (Eltech) / incandescent lamp*, incandescent filament lamp ‖ ~**liebend** *adj* (Bakteriol, Bot) / thermophilic* *adj*, thermophilous* *adj*, thermophil *adj* ‖ ~**lücke** *f* (Bahn) / interstice of rails ‖ ~**mantel** *m* (Chem Verf) / thermal jacket ‖ ~**mauer** *f* (Lufft, Phys) / heat barrier, thermal barrier ‖ ~**melder** *m* (Nebenmelder, der bei Erreichen einer bestimmten Temperatur selbsttätig eine Brandmeldung abgibt) / heat detector, heat-sensitive detector, heat-detection device ‖ ~**menge** *f* (Betrag an Wärmeenergie, der aufgrund eines Temperaturgefälles von einem Körper auf einen anderen übertragen wird - DIN 1341) (Phys, Wärm) / heat quantity, quantity of heat ‖ ~**messer** *m* (Wärm) / heat counter ‖ ~**mischung** *f* (Substanzgemisch, das aufgrund chemischer Reaktionen allmählich Wärme entwickelt - Gegensatz: Kältemischung) (Chem) / thermochemical mixture, heat-generating mixture ‖ ~**mitführung** *f* (Wärm) / convection of heat*, heat convection, heat transfer by convection, convection heat transfer

**wärmen**

**wärmen** v / warm v, warm up v, heat v, heat up v
**Wärmenachbehandlung** f (Hütt) / post-thermal treatment, postheating n ‖ ≈ (Schw) / postweld heat treatment
**Warmentgraten** n (Hütt) / hot trimming
**Wärme•ofen** m (DIN 24201) / heating furnace, reheating furnace ‖ ≈**ohm** n (veraltete Einheit des Wärmewiderstandes im thermischen Ohmschen Gesetz der Wärmeleitung = 0,86 K/W) (Phys) / thermal ohm* ‖ ≈**oxidation** f (Chem) / thermal oxidation ‖ ≈**peiler** m (Mil) / heat seeker ‖ ~**physikalisch** adj (Phys) / thermophysical adj ‖ ≈**plastizität** f (Plast) / thermoplasticity n ‖ ≈**pol** m (der Ort der Erdoberfläche mit den höchsten beobachteten Lufttemperaturen) (Geophys) / heat pole ‖ ≈**probe** f / heat test ‖ ≈**pumpe** f (Kompressions- oder Absorptions-) (Masch, Wärm) / heat pump* ‖ ≈**quelle** f (Wärm) / heat source, source of heat ‖ ≈**reaktion** f (Nukl) / thermal response* ‖ ≈**regler** m (Wärm) / thermoregulator n ‖ ≈**regulation** f (Physiol) / temperature regulation ‖ ≈**reservoir** n (Phys) / heat reservoir ‖ ≈**reservoir** (Phys) s. auch Wärmebad ‖ ≈**riß** m (im allgemeinen) (Wärm) / heat check ‖ ≈**rißbildung** f (bei der Dornbiegeprüfung) (Anstr) / heat flexibility ‖ ≈**rohr** n (Wärmeübertragungssystem mit zweifacher Phasenumleitung eines strömenden Mediums) (Chem Verf) / heat pipe ‖ ≈**rohr** (für den Wärmetransport zur Rückgewinnung von Abwärme oder zur automatischen Kühlung) (Raumf) / heat pipe ‖ ≈**rückgewinn** m (Abgasverwertung) (Wärm) / heat recovery, recovery of heat ‖ ≈**rückgewinnung** f (Wärm) / heat recovery, recovery of heat ‖ ≈**satz** m (z.B. Nernstscher) (Wärm) / heat theorem **Nernstscher** ≈**satz** (3. Hauptsatz der Thermodynamik) (Phys) / Nernst heat theorem*, third law of thermodynamics, Nernst-Simon statement ‖ ≈**schichtung** f (Geol) / thermal stratification ‖ ≈**schock** m (schroffer Temperaturwechsel) (Wärm) / thermal shock*, thermoshock n ‖ ≈**schockprüfung** f (Glas) / thermal-shock test ‖ ≈**schrank** m (Chem Verf) / warming box ‖ ≈**schrumpfung** f (Phys, Wärm) / heat shrinkage
**Wärmeschutz** m (Schutz vor Überhitzung) / thermal protection ‖ (alle Maßnahmen nach DIN 4108) (Bau) / heat insulation*, thermal insulation ‖ ≈ s. auch Wärmedämmung und Wärmedämmstoff ‖ ≈**filter** n (DIN 19040, T 10) (Film) / heat filter* ‖ ≈**glas** n (das den infraroten Wellenlängenbereich des Spektrums weitestgehend absorbiert) (Glas) / heat-protection glass ‖ ≈**glas** (Glas) / reflective-coated glass, reflective glass, heat-reflective glass, antisolar glass ‖ ≈**kleber** m (Plast) / lagging adhesive ‖ ≈**schild** m (Raumf) / heat-shield n ‖ ≈**verglasung** f (Kfz) / tinted windows, t/glass n
**Wärme•schwingung** f (Phys) / thermal vibration* ‖ ≈**senke** f (Eltronik, Masch, Phys) / heat sink ‖ ~**sensibel** adj / heat-sensitive adj ‖ ~**sensibilisieren** v (nur Infinitiv und Partizip) / heat-sensitize v ‖ ≈**signatur** f (Mil) / heat signature ‖ ≈**sinn** m (Physiol) / temperature sense ‖ ≈**spannung** f (Eigenspannung in Festkörpern mit ungleichmäßiger Temperaturverteilung) (Mech, WP) / thermal stress, heat stress ‖ ≈**spannungsriß** m (Mech, WP) / thermal-stress crack ‖ ≈**spannungsrißbildung** f (Mech, WP) / thermal-stress cracking ‖ ≈**speicher** m (Hütt, Masch) / regenerator* n, heat regenerator* (a discontinuous-flow heat exchanger) ‖ ≈**speicher** (im allgemeinen) (Wärm) / heat store, heat accumulator ‖ ≈**speichernd** adj (Wärm) / heat-storing adj ‖ ≈**speicherung** f (Wärm) / heat storage ‖ ≈**stabilisierung** f (Leder) / heat-setting n ‖ ≈**stabilität** f (WP, Wärm) / thermal stability, heat stability ‖ ≈**standfestigkeit** f (Eltech) / thermal endurance ‖ ≈**star** m (Med) / heat cataract ‖ ≈**stau** m (Wärm) / heat accumulation, heat build-up ‖ ≈**stauung** f (Wärm) / heat accumulation, heat build-up ‖ ≈**stein** m (für Wärmesteinerhitzer) (Wärm) / pebble n ‖ ≈**steinerhitzer** m (Chem) / pebble heater ‖ ≈**sterilisation** f / heat sterilization ‖ ≈**stoß** m (schroffer Temperaturwechsel) (Wärm) / thermal shock*, thermoshock n ‖ ~**strahlenabsorbierendes Glas** (Glas) / heat-absorbing glass ‖ ~**strahlenreflektierendes Glas** (ein Schutzglas) (Glas) / reflective-coated glass, reflective glass, heat-reflective glass, antisolar glass ‖ ≈**strahlung** f (als Phänomen im allgemeinen) (Wärm) / thermal radiation*, heat radiation ‖ ≈**strahlung** (Form der Wärmeübertragung) (Wärm) / radiant-heat transfer, radiation heat transfer, radiative heat transfer ‖ ≈**strahlungspyrometer** n (Wärm) / radiation pyrometer*, radiation thermometer ‖ ≈**strahlungsschweißen** n (Schw) / radiant-heat welding ‖ ≈**strom** m (als Vorgang nach DIN 1341) (Wärm) / heat flow, thermal flow, heat flux
**Wärmestrom** m (die je Zeiteinheit bewegte Wärmemenge in der Wärmeübertragung) (Wärm) / rate of heat flow, heat-flow rate ‖ ≈**-DDK** f (eine Art der dynamischen Differenzkalorimetrie) (Chem, Phys) / heat-flux DSC ‖ ≈**dichte** f (in W/m² nach DIN 1341) (Wärm) / heat-flux density ‖ **beginnende kritische** ≈**dichte** (Nukl) / departure from nucleate boiling, DNB ‖ ≈**linie** f (Phys, Wärm) / heat-flow line ‖ ≈**sensor** m (zum Wärmestrommessen an Oberflächen, in Bauteilen oder Materialproben) (Phys, Wärm) / heat-flow sensor
**Wärme•summensatz** m (Chem) / law of constant heat summation, Hess's law* ‖ ≈**tauscher** m (ein Apparat) (Masch, Wärm) / heat exchanger*, HX ‖ ≈**technik** f (Wärm) / heat engineering ‖ ~**technischer Isolierstoff** (Bau, HuT, Wärm) / lagging* n, heat insulator, insulant* n ‖ ~**technische Isolierung** (Bau, Wärm) / heat insulation*, lagging* n, thermal insulation, thermal protection ‖ **Nernstsches** ≈**theorem** (Phys) / Nernst heat theorem*, third law of thermodynamics, Nernst-Simon statement ‖ ≈**therapie** f (Med) / thermotherapy n ‖ ≈**tod** m (des Weltalls - nach dem 2. Hauptsatz der Thermodynamik) (Phys) / heat death (of the universe) ‖ ≈**tönung** f (Chem) / heat tonality ‖ ≈**tönungssensor** m (Gassensor zum Messen explosiver und brennbarer Gase, insbesondere von Kohlenmonoxid, in der Umgebungsluft und in Autoabgasen) (Phys, Wärm) / heating-effect sensor ‖ ≈**träger** m (Wärm) / heat-transport medium, heat carrier, heat-transfer medium ‖ **flüssiger** ≈**träger** (Wärm) / heat transfer fluid, heat-carrying fluid ‖ ≈**trägheit** f (Nukl) / thermal inertia*, thermal lag ‖ ≈**transport** m (Wärm) / heat transfer*, heat exchange*, HT, heat transport, thermal exchange ‖ ≈**transportmittel** n (flüssiges, gasförmiges oder festes) (Wärm) / heat-transport medium, heat carrier, heat-transfer medium ‖ ≈**trocknung** f (unter 82 °C) (Anstr) / force drying* ‖ ≈**übergang** m (DIN 1341) (Wärm) / heat transmission ‖ **endlicher** ≈**übergang an der Oberfläche** (Wärm) / finite heat transfer at the surface ‖ ≈**übergangskoeffizient** m (Wärm) / surface coefficient of heat transfer ‖ ≈**übertrager** m (Wärm) / heat-transport medium, heat carrier, heat-transfer medium ‖ ≈**übertragung** f (durch Leitung, Konvektion und Strahlung nach DIN 1341) (Wärm) / heat transfer*, heat exchange*, HT, heat transport, thermal exchange ‖ ≈**übertragungsmittel** n (Wärm) / heat-transport medium, heat carrier, heat-transfer medium ‖ ≈**übertragungsöl** n / heat transmission oil, heat-transfer oil ‖ ≈**übertragungssalz** n (Chem) / heat-transfer salt* ‖ ≈**umdruck** m (Tex) / heat-transfer printing, thermal transfer printing ‖ ≈**umlauf** m (natürlicher) (Wärm) / thermosiphon* n ‖ ~**unbeständig** adj (Biol, Chem) / thermolabile* adj ‖ ≈**unbeständigkeit** f (Biol, Chem) / thermolability n ‖ ≈**unbeständigkeit** (Eltech) / thermal instability* ‖ ≈**undurchlässigkeit** f (einer Wand) (Bau) / air-to-air resistance ‖ ≈**verbrauch** m (Wärm) / heat consumption ‖ **spezifischer** ≈**verbrauch** (Wärm) / heat rate ‖ ≈**verlust** m (Wärm) / heat loss, loss of heat, thermal loss ‖ ≈**wächter** m (Instr, Wärm) / thermal monitor ‖ ≈**wechselbeständigkeit** f (WP) / thermal shock resistance*, resistance to thermal shocks, temperature cycle resistance ‖ ≈**welle** (Meteor) / warm wave ‖ ≈**wert** m (Kennzahl für die thermische Belastbarkeit einer Zündkerze) (Kfz) / heat rating, heat range ‖ ≈**wert der Nahrungsstoffe** (in kJ) (Nahr) / energy value of a food, calorific value, CV ‖ ≈**widerstand** m (der reziproke Wert der Wärmedurchgangszahl) (Eltech) / thermal resistance* ‖ ~**widerstand** (Eltronik) / thermal impedance ‖ **spezifischer** ≈**widerstand** (Eltech) / thermal resistivity ‖ **äußerer** ≈**widerstand** (Kühlkörperwärmewiderstand, gekapseltes Bauelement) (Eltech) / thermal case-to-ambient resistance ‖ ≈**wirkung** f **des elektrischen Stroms** (nach dem Joule-Effekt) (Eltech) / Joule effect*, heating effect of a current ‖ ≈**zähler** m (Wärm) / heat counter ‖ ≈**zufuhr** f (Wärm) / heat input, heat addition, heat supply ‖ **isobare** ≈**zufuhr** (Phys) / isobaric heat input ‖ ≈**zuführung** f (Tätigkeit) (Wärm) / heat input, heat addition, heat supply ‖ ≈**zuwachs** n (nach der Einschaltung der Heizung) (Bau) / heat gain
**Warm•faltversuch** m (WP) / hot-bend test ‖ ~**fester Stahl** (z.B. austenitischer Stahl) (Hütt) / high-temperature steel ‖ ~**fester Werkstoff** (Masch, WP) / creep-resistant material ‖ ≈**festigkeit** f (Gieß, WP) / hot strength ‖ ≈**festigkeit** (des Stahls) (Hütt, WP) / high-temperature strength, elevated-temperature strength (US) ‖ ≈**fetten** n (mechanisches) (Leder) / hot stuffing, drum stuffing ‖ ≈**fließen** n (Masch) / hot flow ‖ ≈**fließpressen** n (im Temperaturbereich oberhalb der Rekristallisationstemperatur des Werkstoffs) (WP) / hot extrusion ‖ ≈**formen** n (Plast) / thermoforming n ‖ ≈**formgebung** f (Hütt, Masch) / hot working, hot forming ‖ ≈**formung** f (Plast) / thermoforming n ‖ ≈**fressen** n (ein Zahnschaden) (Masch) / hot seizing ‖ ≈**front** f (an der wärmere Luft gegen kältere vordringt) (Meteor) / warm front* ‖ ≈**gasschweißen** n (Plast) / hot-gas welding ‖ ≈**gasschweißen mit Deckstreifen** (Plast) / cover-strip welding, strip welding ‖ ≈**gesenk** n (Masch) / hot die ‖ ≈**gesenkschmieden** n (bei dem das Werkstück vor seiner Umformung angewärmt wird) (Hütt, Masch) / hot-die forging, hot-drop forging ‖ ≈**gesenkstahl** m (Hütt) / hot-die steel* ‖ ~**gewalzt** adj (Hütt) / hot-rolled* adj ‖ ~**gewalzter Bandstahl** (Hütt) / hot-rolled strip, hot band, hot strip ‖ ~**gezogen** adj (Hütt, Masch) / hot-drawn* adj ‖ ~**halten** v (nur Infinitiv und Partizip) (Glas, Hütt) / soak v ‖ ≈**halten** n (Glas, Hütt) / soaking* n ‖ ≈**halteofen** m (Glas) / glory-hole* n ‖ ≈**halteofen** (Hütt) / holding furnace ‖ ≈**halteplatte** f (Nahr) / hotplate n ‖ ≈**härte** f (Rotwarmhärte) (Hütt) / red hardness* ‖ ≈**härte** (im allgemeinen) (Hütt) / hot hardness ‖ ~**härtender Klebstoff** (Chem) / thermosetting adhesive ‖ ≈**haus** n (beheiztes - ab 18 °C) (Landw) / stove n (GB) (used especially for the cultivation of

1380

tropical exotics), forcing house, hothouse n ‖ ~-Kalt-Verfestigung f (Hütt) / hot-cold compacting ‖ ~kammerdruckgießen n (Gieß) / hot-chamber diecasting ‖ ~kammerdruckgießmaschine f (Gieß) / hot-chamber machine ‖ ~kammermaschine f (beim Druckguß) (Gieß) / hot-chamber machine ‖ ~kammerverfahren n (beim Druckguß) (Gieß) / hot-chamber diecasting ‖ ~kleben n (mit Band über Naht) (Plast) / heat-solvent tape sealing ‖ ~klebstoff m / hot-melt adhesive, fusion adhesive, dry adhesive (US), thermoplastic adhesive, hot-setting adhesive ‖ ~kreissägen n (Trennen von Halbzeugen mit Kreissägeblättern bei Werkstücktemperaturen im Bereich 600 bis 800 °C) (HuT, Masch) / hot circular-sawing ‖ ~laufeigenschaften f pl (während der Warmlaufphase) (Kfz) / cold drivability ‖ ~laufen sich ~ laufen (Masch) / warm up vi ‖ ~laufen n (Masch) / heating up (of a bearing) ‖ ~laufperiode f (Kfz) / warm-up period, warm-up n ‖ ~laufphase f (Kfz) / warm-up period, warm-up n ‖ ~laufzeit f (Kfz) / warm-up period, warm-up n ‖ ~leim m (Tischl) / hot glue, hot-application glue ‖ ~liegende Bandage (Versteifung der Kesselwand) (Masch) / tie bar ‖ ~lufterzeuger m (Masch) / air heater* ‖ ~luftstrahl m (Phys) / hot-air jet ‖ ~nachpressen n (Hütt) / hot repressing ‖ ~nieten n (Masch) / hot riveting

**Wärmofen** m / heating furnace, reheating furnace

**Warm•phosphatieren** n (50 - 80 °C) (Galv) / warm phosphating ‖ ~pilgergerüst n (Hütt) / hot pilger-rolling stand ‖ ~pilgerwalzanlage f (Hütt) / hot pilger-rolling plant (unit) ‖ ~polymer n (warmes Butadien-Styrol-Mischpolymer bei etwa 50° C) (Chem Verf) / hot rubber ‖ ~prägung f (wobei das Werkzeug von der Montagefläche her geheizt wird) (Buchb, Pap) / hot blocking, hot embossing ‖ ~pressen n (For, Masch, Pulv) / hot pressing* ‖ ~pressen (Plast) / compression moulding* ‖ ~riß m (der bei der Abkühlung von Gußteilen im Bereich des flüssig-festen bzw. plastischen Zustands entsteht) (Gieß, Hütt) / fire crack, hot crack ‖ ~riß (im allgemeinen) (WP) / heat check ‖ ~rißanfällig adj (Gieß, Hütt) / susceptible to hot cracking, susceptible to hot cracks ‖ ~rissig adj (Gieß, Hütt) / susceptible to hot cracking, susceptible to hot cracks ‖ ~säge f (in den Auslaufrollgängen der Walzenstraßen) (Hütt) / hot saw, hot iron saw ‖ ~schliff m (bei 30 bis 40 °C) (Pap) / hot grinding ‖ ~schrot n (Web) / hot chisel, hot sett ‖ ~schrotmeißel m (Web) / hot chisel, hot sett ‖ ~schweißen n (Plast) / heat sealing ‖ ~schweißen (Schw) / hot welding ‖ ~spritzen n (mit dem im Wasserbad auf etwas über 50 °C erwärmten Lack) (Anstr) / warm spraying ‖ ~spröde adj (Hütt) / hot-short* adj, susceptible to hot fracture, brittle when hot, susceptible to hot cracking ‖ ~sprödigkeit f (Hütt) / hot brittleness, hot shortness, susceptibility to hot cracking ‖ ~start m (eines Systems) (EDV) / warm start, warm boot ‖ ~start (eines Autos) (Kfz) / warm starting, hot starting ‖ ~startanreicherung f (letzte Anreicherungsphase nach dem Kaltstart) (Kfz) / warm-up enrichment ‖ ~stauchen n (Hütt) / hot upset forging, hot upsetting, hot heading ‖ ~strangpressen n (Hütt) / hot extrusion ‖ ~streckgrenze f (WP) / yield point at elevated temperature ‖ ~umformen n (Hütt, Masch) / hot working, hot forming ‖ ~umformer m (Hütt, Masch) / hot former ‖ ~umformung f (Hütt, Masch) / hot working, hot forming

**Wärmung** f (Phys) / warming n (increase in temperature), warming-up n, heating n, heating-up n

**Warm•verarbeitung** f (Hütt, Masch) / hot working, hot forming ‖ ~verformbar adj (Hütt, Masch) / suitable for hot work ‖ ~verformen n (Hütt, Masch) / hot working, hot forming ‖ durch ~ verformung bearbeitete Stahlerzeugnisse (Hütt) / wrought steel (GB) ‖ ~vergußmasse f / hot-pouring compound ‖ ~verpressen n (von Drahtanschlüssen bei Kleinmotoren) (Eltech, Schw) / hot staking ‖ ~versuch m (WP) / elevated temperature test ‖ ~walzen n (Hütt) / hot rolling ‖ ~walzwerk n (Hütt) / hot-rolling mill

**Warmwasser•becken** n / hot water basin, distribution basin, distribution pan ‖ ~behälter m (Masch) / hot well* ‖ ~bereiter m (meistens ohne Wärmeisolierung) (Bau) / boiler* n, water-heater n ‖ ~bereitung f mit Sonnenenergie (Bau) / solar water heating ‖ ~heizung f (ohne Umwälzpumpe) (Bau) / gravity-fed hot-water central heating ‖ ~Heizungssystem n (bei dem mit Wasser unter 100 °C geheizt wird) (Bau) / warm-water heating system ‖ ~röste f (Tex) / warm-water retting ‖ ~rotte f (Tex) / warm-water retting ‖ ~versorgung f / hot-water supply, HWS

**Warmzeit** f (Geol) / interglacial period, interglacial n, interglacial stage*

**Wärmzeit** f (Masch) / heating time

**Warm•ziehen** n (Hütt, Masch) / hot-drawing n ‖ ~zugfestigkeit f (WP) / hot tensile strength ‖ ~zugversuch m (DIN 50145) (WP) / hot tensile test

**Warn•anstrich** m (Anstr) / danger paint ‖ ~anzeige f / alarm indication, hazard warning ‖ ~anzeiger m (für den Piloten kleinerer Flugzeuge) (Luftf) / pilot warning indicator, PWI ‖ ~bake f (Bahn, Kfz) / count-down marker, distance marker ‖ ~blinkanlage f (die ein synchrones Aufblinken aller Blinkleuchten bewirkt) (Kfz) / hazard warning device, emergency signal system, warning blinker (US), hazard warning flashers (lights) ‖ ~blinkleuchte f (Kfz) / electric emergency lantern, warning lamp ‖ ~dosimeter n (Kernphys) / alarm dosimeter ‖ ~dreieck n (tragbare Warneinrichtung zur Sicherung liegengebliebener Fahrzeuge) (Kfz) / emergency reflective triangle (US), warning triangle (GB), advance warning triangle (GB), safety reflective triangle, triangular safety reflector ‖ ~einrichtung f / protective signalling plant

**warnen** v / warn v ‖ ~ (Gebirge) (Bergb) / crackle v, warn v

**Warn•fähigkeit** f (des Holzausbaus) (Bergb) / warning ability ‖ ~färbung f (Zool) / aposematic coloration*, warning coloration* ‖ ~funknetz n (Radio) / radio warning system ‖ ~gerät n (EDV) / alerter n, alerting device ‖ ~kleidung f (eine Schutzbekleidung) (Tex) / warning clothing, reflective clothing, high-visibility clothing ‖ ~leuchte f (Eltech) / pilot-lamp* n, signal lamp, warning lamp, tell-tale lamp ‖ ~melodie f (als Lichtwarner) (Kfz) / chime n ‖ ~schauzeichen n (auf Instrumententafeln) (Eltech, Instr) / flag indicator*, alarm flag*, flag alarm* ‖ ~schauzeichen (Luftf) / flag n ‖ ~signal n / warning signal ‖ ~signalgerät n (EDV) / alerter n, alerting device ‖ ~stoff m (z.B. bei Gasodorierung) (Chem, Zool) / alarming substance, warning substance ‖ ~system n / alarm system ‖ ~tafel f (für den Transport gefährlicher Güter) / orange panel

**Warnung** f (als Aufschrift) / WARNING (danger to life) ‖ ~ (als Aufschrift) / CAUTION (damage to equipment) ‖ ~ (im allgemeinen) / warning n

**Warnungszeichen** n (auf Seekarten vor Schiffsbehinderungen, deren Lage nicht genau bekannt ist) (Schiff) / vigia* n

**Warnzeichen** n (im Straßenverkehr) (Kfz) / warning sign ‖ ~ durch umlaufendes Lichtbündel (z.B. bei Rundumkennleuchten) / rotary light signal

**Warp** m n (Tex) / warp n ‖ ~ (festgedrehtes Kettgarn, ursprünglich aus Cheviotwolle) (Spinn) / warp n

**Warpanker** m (kleiner Anker zum Verholen des Schiffes, der mit einem Boot ausgebracht wird, um das Schiff mit der Warpleine weiterzuziehen) (Schiff) / warp anchor

**warpen** v (Schiff) / warp v ‖ ~ (Ortsveränderung eines Wasserfahrzeugs mit Hilfe eines zu diesem Zweck ausgebrachten Ankers) (Schiff) / warping n

**Warpleine** f (Schiff) / warping line

**Warrant** m (pl. -s) (besonderer Verpfändungsschein über lagernde Ware, beim sogenannten Zweischeinsystem neben dem Lagerschein ausgestellt) / warrant n

**Warren-Fachwerk** n (Bau, Masch) / Warren girder*, half-lattice girder*, Warren truss

**Warrington-Seil** n (ein Drahtseil in Parallelmachart) / Warrington rope

**wartbar** adj (F.Org, Masch) / maintainable adj, ensuring maintainability, serviceable adj

**Wartbarkeit** f / maintenance function ‖ ~ (erhöhte) (F.Org, Masch) / maintainability n, serviceability f

**Wartbarkeitsfunktion** f / maintenance function

**Wartebetrieb, abhängiger** ~ (DIN 44302) (EDV) / normal disconnected mode, NDM ‖ **unabhängiger** ~ (DIN 44302) (EDV) / asynchronous disconnected mode, ADM

**Warte•bit** n (EDV) / wait indicator ‖ ~bucht f (HuT) / waiting bay ‖ ~feld n (Fernsp) / waiting field, queue field, queueing field ‖ ~feldanzeige f (Fernsp) / waiting field display, queueing field display ‖ ~feldrelaissatz m (Fernsp) / queue set ‖ ~freigabe f (Luftf) / holding clearance ‖ ~gleis n (Bahn) / holding track ‖ ~halle f (des Flughafens) (Luftf) / lounge n ‖ ~höhe f (Luftf) / holding altitude* ‖ ~kreis m (Fernsp) / call parking ‖ ~liste f (für die Bearbeitung von Warteschlangen) (EDV, Math) / queue n, queue line, waiting queue, waiting list

**warten** v (EDV) / queue v, wait v ‖ ~ (im Sollzustand bewahren) (Masch) / maintain v, service v ‖ ~ auf Freiwerden der Nebenstelle (Fernsp) / wait for extension to become free ‖ ~ n auf Freiwerden (Fernsp) / parking on busy, camping on busy, queueing n

**wartend, zu ~es Bauteil** (Masch) / serviceable component ‖ ~e Belegung (Fernsp) / delayed call ‖ ~es Programm (EDV) / waiting program ‖ ~e Unterbrechung (EDV) / pending interrupt

**Warte•pflicht** f bei Gegenverkehr (ein Verkehrszeichen) (Kfz) / give priority to vehicles from opposite direction, priority for oncoming traffic ‖ ~punkt m (im Luftraum) (Luftf) / holding point*, holding fix (under air-traffic control) ‖ ~raum m (in der Luft) (Luftf) / holding area ‖ [gestaffelter] ~raum (Luftf) / stack n ‖ ~runde f (Luftf) / holding pattern* ‖ ~runde (rennbahnförmige) (Luftf) / race-track holding pattern

**Warteschlange** f (EDV, Math) / queue n, queue line, waiting queue, waiting list ‖ aus einer ~ entfernen (EDV, Fernsp) / dequeue v ‖ eine ~ bilden (EDV, Fernsp) / queue v ‖ in eine ~ einreihen (EDV, Fernsp) / queue vt ‖ verfügbare ~ (EDV) / available queue

**Warteschlangeneingangsliste**

**Warteschlangen • eingangsliste** f (EDV) / queue entries-added list ‖ ~**theorie** f (ein Teilgebiet der Unternehmensforschung) (EDV, Math) / queuing theory, theory of queues, waiting-line theory ‖ ~**verwaltung** f (EDV) / queue management
**Warteschleife** f (EDV) / wait loop ‖ ~ (Luftf) / holding pattern* ‖ ~**n** f pl (deren Gesamtheit im gestaffelten Warteraum) (Luftf) / stack n, holding stack
**Warte • speicher** m (EDV) / queueing memory ‖ ~**stapel** m (Luftf) / stack n, holding stack ‖ ~**station** jede Trabantenstation, die auf einen Empfangs- oder Sendeaufruf wartet f (DIN 44302) (EDV) / passive station ‖ ~**status** m (Zustand, bei dem der Prozessor auf die Daten von langsamen Perpheriegeräten wartet) (EDV) / wait state, waiting state, waiting mode, wait condition ‖ ~**stellung** f (Zustand, bei dem der Prozessor auf die Daten von langsamen Perpheriegeräten wartet) (EDV) / wait state, waiting state, waiting mode, wait condition ‖ ~**stellung** (bei Internverbindungen) (Fernsp) / hold-on n ‖ **in** ~**stellung auf günstige Witterung** (z.B. bei Offshore-Bohrarbeiten) (Erdöl) / waiting on weather, W.O.W. ‖ ~**system** n (in der Bedienungstheorie) (Math) / waiting system ‖ ~**verfahren** n (durch das ein Luftfahrzeug in einem festgelegten Luftraum gehalten wird, während es auf weitere Freigabe wartet) (Luftf) / holding procedure ‖ ~**verfahren durch Verringerung der Reisegeschwindigkeit** (unter Beibehaltung des geplanten Flugweges) (Luftf) / linear holding ‖ ~**vorgang** m (EDV) / queuing* n ‖ ~**wahrscheinlichkeit** f (daß eine eintreffende Anforderung warten muß) (EDV) / probability of waiting ‖ ~**zeit** f (EDV) / wait time*, waiting time, latency* n (a part of the total access time) ‖ ~**zeit** (bei Pflanzenschutzmitteln) (Landw) / waiting period, waiting time ‖ ~**zeit** (Begriff der Rückstandsproblematik in Lebensmitteln pflanzlicher oder tierischer Herkunft) (Nahr) / waiting time ‖ **arbeitsablaufbedingte** ~**zeit** (F.Org) / unavoidable delay ‖ ~**zustand** m (Zustand, bei dem der Prozessor auf die Daten von langsamen Perpheriegeräten wartet) (EDV) / wait state, waiting state, waiting mode, wait condition ‖ ~**zyklus** m (Zustand, bei dem der Prozessor auf die Daten von langsamen Perpheriegeräten wartet) (EDV) / wait state, waiting state, waiting mode, wait condition
**Wartung** f (Bewahrung des Sollzustandes) (F.Org, Masch) / maintenance n, servicing n, upkeep n ‖ **fernunterstützte** ~ (Masch) / remote-support maintenance ‖ **jährliche** ~ (F.Org, Masch) / yearly maintenance ‖ **laufende** ~ (Luftf) / routine maintenance ‖ **planmäßige** ~ (F.Org, Masch) / scheduled maintenance ‖ **verzögerte** ~ (EDV) / deferred maintenance (i.e., maintenance which is designed to correct an existing fault, which does not necessarily prevent continued operation of the system) ‖ **vorbeugende** ~ (Masch) / preventive maintenance, PM ‖ ~ f **mit Reparaturen** (EDV, Masch) / corrective maintenance ‖ ~ **ohne Wartungsvertrag, bei der die Störungsbeseitigung nach entsprechender Meldung aufgrund des entstandenen Aufwands** (Anfahrtzeichen, Ersatzteile, Arbeitszeit, Grundgebühr) **verrechnet wird** (EDV) / per-call service ‖ ~ **von Programmen** (EDV) / program maintenance ‖ ~ **von Software** (EDV) / software maintenance
**Wartungs • abnahmeschein** m (Luftf) / maintenance release ‖ ~**anlage** f (Masch) / maintenance system ‖ ~**arm** adj (Masch) / minimum-maintenance attr, low-maintenance attr, maintenance-saving adj ‖ ~**armut** f (Masch) / maintenance saving ‖ ~**aufwand** m (Kosten) (Masch) / maintenance expenses ‖ ~**aufwand** (geleistete Arbeit) (Masch) / effort required to keep a machine serviced ‖ ~**dienst** m (als Tätigkeit) / servicing n, service n ‖ ~**dienst** (technischer Außendienst beim Kunden) (EDV) / customer engineering, CE ‖ ~**dienst** (Masch) / maintenance service ‖ ~**feld** n (EDV) / maintenance console ‖ ~**frei** adj / maintenance-free adj ‖ ~**freies Lager** (Masch) / dry bearing ‖ ~**freundlich** adj (F.Org, Masch) / maintainable adj, ensuring maintainability, serviceable adj ‖ ~**freundlichkeit** f (F.Org, Masch) / maintainability n, serviceability n ‖ ~**gerecht** adj (F.Org, Masch) / easy-to-service attr, easy-to-maintain attr ‖ ~**kosten** pl / maintenance cost, maintenance charges, upkeep n ‖ ~**monteur** m (Masch) / maintenance man ‖ ~**personal** n (F.Org, Masch) / maintenance staff ‖ ~**plan** m (F.Org) / maintenance plan, maintenance chart, maintenance schedule ‖ ~**programm** n (EDV) / maintenance program ‖ ~**programmieren** n (EDV) / maintenance programming ‖ ~**programmierer** m (EDV) / maintenance programming ‖ ~**programmierung** f (EDV) / maintenance programming ‖ ~**prozessor** m (EDV) / maintenance processor ‖ ~**schild** n (Masch) / maintenance board, instruction board ‖ ~**stunde** f (F.Org) / maintenance man-hour, MMH ‖ ~**turm** m (Raumf) / service tower, servicing tower ‖ ~**- und Bedienungsanleitung** f (für einen bestimmten Wagentyp) (Kfz) / car maintenance manual ‖ ~**vertrag** m / maintenance agreement, service contract, service agreement
**Warum-Erklärung** f (KI) / why-explanation n
**Warve** f (eine Jahresschicht im Bänderton) (Geol) / varve n

**Warven • methode** f (der Geochronologie) (Geol) / varve dating ‖ ~**ton** m (Geol) / varved clay*, banded clay, leaf clay ‖ ~**zählung** f (Geol) / varve dating
**Warwe** f (innerhalb eines Jahres abgelagerte Sedimentschicht im Bänderton) (Geol) / varve n
**Warzen • birke** f (For) / silver birch, European white birch ‖ ~**förmig** adj / papilliform adj, papillate adj ‖ ~**förmig** (Bot) / verrucose* adj ‖ ~**schwamm** m (Coniophora cerebella Duby) (For) / Coniophora puteana*, cellar fungus ‖ ~**schweißen** n (Schw) / projection welding*
**warzig** adj (Min) / mammillary adj
**WAS** (Chem) / detergent surfactant
**wasch • aktiver Stoff** (in Tensiden, Wasch- und Reinigungsmitteln) (Chem) / detergent surfactant ‖ ~**anlage** f (Kfz) / car wash ‖ ~**artikel** m (Tex) / washable(s) n(pl)
**waschbar** adj / washable adj, launderable adj ‖ **in der Waschmaschine** ~ (Tex) / machine-washable* adj ‖ ~**es Kleid** (Tex) / washable dress
**Wasch • batterie** f (Tex) / washing range (continuous) ‖ ~**becken** n (Bau) / washbasin n, basin n, wash-hand basin ‖ ~**benzin** n (zur chemischen Reinigung geeignete Benzinsorte, Siedepunkt 80 - 110°) (Tex) / white spirit (for dry-cleaning) ‖ ~**berge** m pl (Aufber) / washery refuse, wash dirt, reject n, washed dirt ‖ ~**beständig** adj (DIN 55945, T 12) / washable adj ‖ ~**beständig** (Tex) / fast to washing, washproof adj ‖ ~**beton** m (Oberfläche eines Betons mit freigelegten Zuschlägen) (Bau, HuT) / exposed aggregate concrete, scrubbed concrete ‖ **abgebürsteter** ~**beton** (Bau, HuT) / scrubbed concrete ‖ ~**blau** n (Berliner Blau, Ultramarin oder Indigokarmin - zur Verhinderung der Gelbfärbung der Wäsche) (Tex) / laundry blue, bluebag n, dolly blue, blue n, new blue ‖ ~**brett** n (Glas, Keram) / washboard n (an unintended and undesirable wavy or rippled glass, glaze, or porcelain-enamelled surface) ‖ ~**brettschnitt** m (Schnittfehler, der beim Gattersägeschnitt der Schnittholzoberfläche das Aussehen eines Waschbretts in Form von schräg zur Schnittholzkante laufenden, in gleichen Perioden wiederkehrenden Wellen gibt) (For) / washboarding n, snake n ‖ ~**brettstraße** f (eine Straßenzustandsstrecke auf einem Automobilteslände mit stark ausgeprägten, wellenförmigen Querrillen unterschiedlicher Amplitude) (Kfz) / washboard course ‖ ~**brettstrecke** f (eine Straßenzustandsstrecke auf einem Automobilteslände mit stark ausgeprägten, wellenförmigen Querrillen unterschiedlicher Amplitude) (Kfz) / washboard course ‖ ~**bühne** f (Bergb) / buddling dish
**Wäsche** f (Brennstoffaufarbeitung) (Nukl) / stripping n ‖ ~ (zum Tragen) (Tex) / linen n ‖ ~ (Gesamtheit der zu waschenden bzw. gewaschenen Textilien) (Tex) / laundry n, wash n, washing n ‖ **schmutzige** ~ (Waschgut im Anlieferzustand in der Wäscherei) (Tex) / soiled linen, washing n (dirty) ‖ ~**blau** n (Tex) / laundry blue, bluebag n, dolly blue, blue n, new blue
**waschecht** adj (und bügelfrei) (Tex) / launderproof adj ‖ ~ (Tex) / fast to washing, washproof adj ‖ ~**es Blau** (Tex) / true blue
**Wäsche • klammer** f / clothes peg, clothespin n (US) ‖ ~**leine** f (Tex) / clothes-line n, line n
**waschen** v (Gas) (Chem Verf) / scrub v ‖ ~ (Wäsche) (Tex) / wash v ‖ ~ (Wolle) (Tex) / scour v ‖ " **nur allein** " (Aufschrift auf Pflegeetikett) (Tex) / wash by itself, wash separately ‖ ~ **und bügeln** v (Tex) / launder v ‖ ~ n / washing n, wash n ‖ ~ (Masch) / flush* n, flushing n, washing n, rinsing n ‖ ~ (im Wasser) (Tex) / wet cleaning ‖ ~ **des Freigoldes** (in der Pfanne) (Bergb) / gold panning ‖ ~ **in Natronlauge** (Tex) / caustic scouring
**Wäschepresse** f (Tex) / laundry press
**Wäscher** m (Chem Verf) / scrubber* n, washer n
**Wäscher** m (ein Naßabscheider) (Chem Verf) / scrubber* n, washer n
**Wäscherei** f / laundry n ‖ ~**abwässer** n pl (Sanitär) / laundry drains
**Wascherz** n (Aufber) / wash ore ‖ ~ (Seifenerz) (Bergb) / placer ore, pay gravel, stream ore
**Wäsche • schirm** m (Tex) / umbrella drier, outdoor rotary clothes drier, clothes hoist ‖ ~**schleuder** f (Tex) / spin-drier n, spinner drier, spinner n ‖ ~**spinne** f (ein Trockengestell zum Trocknen von Wäsche) (Tex) / umbrella drier, outdoor rotary clothes drier, clothes hoist ‖ ~**stärke** f (Chem, Tex) / laundry starch ‖ ~**trockner** m (Tex) / tumbler n, tumbler-drier n, tumble-drier n ‖ ~**zeichentinte** f (Tex) / marking-ink n, ink for marking linen
**Wasch • falten** f pl (Tex) / washer wrinkles, washer breaks, crow's-feet pl ‖ ~**fest** adj (Tex) / fast to washing, washproof adj ‖ ~**feste Appretur** (Tex) / washable finish ‖ ~**flasche** f (Chem) / wash-bottle n, gas-washing bottle ‖ ~**flotte** f (Tex) / washing liquor, detergent solution, washing bath ‖ ~**flüssigkeit** f (Tex) / washing liquid, wash liquid, washings pl ‖ ~**flüssigkeit** (in der Scheiben- und Scheinwerferwaschanlage) (Kfz) / washer liquid ‖ ~**gang** m (der Waschmaschine) (Tex) / wash cycle (of the washing machine) ‖ ~**gut** n (Tex) / laundry n, wash n, washing n ‖ ~**holländer** m (Pap) / potcher n ‖ ~**kaue** f (und Garderobe) (Bergb) / changehouse n, dryhouse n, wash-house, juthead baths ‖ ~**kleid** n (Tex) / washable dress ‖

⁓knitter m pl (Tex) / washer wrinkles, washer breaks, crow's-feet pl ∥ ⁓kohle f (Aufber) / cleaned coal, clean coal ∥ ⁓kraft f (waschaktive Eigenschaften) (Chem, Tex) / detergency n, washing power ∥ ⁓kraftverstärker m (der das Wasch- und Reinigungsvermögen von Tensiden unterstützt, ohne deswegen selbst über grenzflächenaktive Eigenschaften verfügen zu müssen) (Chem, Tex) / detergent booster ∥ ⁓lauge f (Tex) / detergent liquor, detergent solution ∥ schmutzbelastete ⁓lauge (Tex) / used detergent solution ∥ ⁓leder n (Sämischleder, das zur Reinigung verwendet wird - Fensterleder, Autoleder) (Leder) / wash leather* ∥ ⁓maschine f (mit Seife) (Tex) / soap machine, soaper n ∥ ⁓maschine (Strang- oder Breit-) (Tex) / washing-machine n, washer n ∥ ~maschinenfest adj (Tex) / machine-washable* adj

Waschmittel n (im weitesten Sinne) / washing agent, laundry agent ∥ ⁓ (Chem) / detergent n ∥ biologisch gut abbaubares ⁓ (Chem, Umwelt) / soft detergent ∥ wäßrige Lösung des ⁓s (Tex) / washing liquor ∥ ⁓ansatz m (Chem Verf) / slurry n ∥ ⁓beständigkeit f / resistance to detergents ∥ ⁓brei m (Chem Verf) / slurry n ∥ ⁓enzym n (z.B. Protease oder Amylase) (Biochem, Tex) / detergent enzyme ∥ ⁓verstärker m (Chem, Tex) / detergent booster

Wasch•öl n (Chem Verf) / wash oil ∥ ⁓öl (Absorptionsöl) (Erdöl) / scrubbing oil, stripping oil, absorption oil ∥ ⁓programm n / washing program ∥ ⁓pulver n / washing-powder n, detergent powder ∥ ⁓putz m (Bau) / scrubbed plaster, plaster with the aggregate in a clear medium ∥ ⁓rinne f (Bergb) / sluice* n, sluice box*, launder* n ∥ ⁓rinne (bei der Goldwäsche) (Bergb) / long tom* ∥ ⁓rohr n (ein Fanggerät) (Erdöl) / wash-over pipe ∥ ⁓rohstoff m (die technisch wichtigste Gruppe unter den Tensiden) (Chem) / detergent base material ∥ ⁓salon m / launderette n, washeteria n, laundrette n, laundromat n (US) ∥ ⁓samt m (ein Kordsamt) (Tex) / washable velvet ∥ ⁓soda f (Chem) / crystal carbonate, soda crystals, natron n, washing soda, crystal soda, sal soda, salt of soda ∥ ⁓tischbatterie f (Klemp) / basin mixer ∥ [geneigter] ⁓trog (Aufber) / strake* n ∥ ⁓trommel f (Pap) / drum washer* n ∥ ⁓turm m (zur Gas- und Abluftreinigung) (Chem Verf) / scrubber column, washing tower ∥ ⁓vergrauung f (Tex) / soil redeposition, redeposition of soil, SRD ∥ ⁓vermögen n (Chem, Tex) / detergency n, washing power ∥ ⁓vollautomat m / fully automatic washing machine ∥ ⁓wasser n (Spülwasser) / rinse water, rinsing water, scouring water, water for rinsing ∥ ⁓wasser (Chem Verf) / washwater n, washing water ∥ Bade- und ⁓wasser (Sanitär) / grey water ∥ ⁓wasserpumpe f (Schiff) / washing-water pump, washwater pump ∥ ⁓wirkung f (Erdöl) / detergency n ∥ ⁓wolle f (Tex) / scoured wool ∥ ⁓zelle f (Nukl) / wash cell ∥ ⁓zettel m (für ein Buch) (Druck) / blurb* n, publisher's note, review slip

wash and wear (Tex) / wash-and-wear attr, wash-and-use attr, self-smoothing adj

Washburn-Kern m (Gieß) / Washburn core, knock-off feeder core, breaker core

Washcoat m (Kfz) / wash coat

Washout n (Meteor) / below-cloud scavenging, wash-out n

Washprimer m (Anstrichmittel, das eine dünne haftungsvermittelnde Schicht auf der Metalloberfläche ergibt - DIN 55945) (für Metalle) (Anstr, Galv) / wash primer (solution used as a chemical pretreatment for metals), wash coat, etch primer, pretreatment primer ∥ ⁓-Haftgrundanstrichstoff m (mit Phosphorsäure als Härtekomponente) (Anstr) / phosphoric acid wash (surface wash for the preparation of structural steelwork and domestic fittings prior to painting)

WASL (EDV) / Windows Aspect Script Language, WASL

Wasser n / water* n ∥ ⁓- (Verkehr) / waterborne adj ∥ abgekochtes ⁓ / boiled water ∥ aggressives ⁓ / aggressive water ∥ am ⁓ / waterside attr, at the waterside, by the waterside, on the waterside ∥ angesäuertes ⁓ / acidulous water ∥ angreifendes ⁓ (Galv) / corrosive water ∥ aszendierendes ⁓ (Geol) / ascending water ∥ ausfällbares ⁓ (Gesamtgehalt der Atmosphäre an Wasserdampf) (Meteor) / precipitable water* ∥ boriertes ⁓ (Nukl) / borated water ∥ chemisch gebundenes ⁓ (Chem) / combined water ∥ deionisiertes ⁓ / demineralized water, deionized water*, demin water, deionate n ∥ demineralisiertes ⁓ / demineralized water, deionized water*, demin water, deionate n ∥ destilliertes ⁓ / distilled water ∥ deszendierendes ⁓ (Geol) / descending water ∥ durch ⁓ übertragene Krankheit (Med) / water-borne disease ∥ eisenhaltiges ⁓ (Geol) / chalybeate water ∥ emulgiertes ⁓ (Erdöl) / emulsified water ∥ entgastes ⁓ (Chem) / stripped water ∥ entlüftetes ⁓ / air-free water ∥ entspanntes ⁓ (bei dem durch geeignete, in ihm aufgelöste Netzmittel die Oberflächenspannung verlängert ist) (Chem Verf) / water with delayed-activity surface tension (treated with a wetting agent) ∥ erst offenes ⁓ (Klausel im Holzhandel) (For) / first open water, f.o.w. ∥ fließendes ⁓ (Sanitär) / running water, flowing water ∥ freies ⁓ (Chem) / free water, FW ∥ gebundenes ⁓ (Bot) / bound water* ∥ geschiebehaltiges ⁓ (Geol, Wasserb) / sediment water ∥ gewinnbares ⁓ (Geol) / gravity groundwater ∥ gipshaltiges ⁓ (Geol, Sanitär) / selenitic water ∥ grobdisperses ⁓ (Erdöl) / free water ∥ grobverteiltes ⁓ (Erdöl) / free water ∥ hartes (kalkhaltiges) ⁓ (Chem) / hard water*, scale-forming water ∥ hygroskopisches ⁓ (Wasserb) / adsorbed water, hygroscopic water ∥ ins ⁓ lassen (Boot) (Schiff) / launch v ∥ juveniles ⁓ (entstammt Magmenherden und wird im magmatischen Zyklus neu gebildet) (Geol) / juvenile water*, magmatic water, plutonic water ∥ kalkausscheidendes ⁓ (Masch) / scale-forming water ∥ konstitutiv gebundenes ⁓ (Chem) / water of constitution, constitutional water* ∥ mechanisch gebundenes ⁓ (Keram) / mechanical water (usually added to a body or slip to produce plasticity or workability, and which is removed by evaporation during drying or the early stages of firing), uncombined water, free water ∥ mit ⁓ verdünnbar (Anstr) / water-thinned adj ∥ mit ⁓ verdünnen / water v (down) ∥ mit ⁓ verdünnt (Anstr) / water-thinned adj ∥ mitgerissenes ⁓ (in Dampferzeugern) (Masch) / priming water (entrained with the steam) ∥ muriatisches ⁓ (ein Mineralwasser) (Med) / muriated water ∥ nicht mit ⁓ mischbar (Chem) / water-immiscible adj ∥ ruhiges ⁓ unter der Stromschnelle (Wasserb) / tail n ∥ salzhaltiges ⁓ / saline water ∥ schmutziges ⁓ (Bau, Sanitär) / foul water* ∥ schweres ⁓ (Kernphys) / heavy water* (deuterium oxide) ∥ sinkstoffhaltiges ⁓ (Geol, Wasserb) / sediment water ∥ stehendes, fauliges ⁓ (in einem Graben) (HuT) / ditchwater n ∥ stehendes ⁓ (Wasserb) / backwater n, catchment water ∥ terrestrisches ⁓ (Geol) / terrestrial water ∥ totes ⁓ (Wasserb) / backwater n, catchment water ∥ totes ⁓ ∥ tritiiertes ⁓ (Nukl) / tritiated water ∥ tropfbar flüssiges ⁓ (unter dem Einfluß der Schwerkraft in den Hohlräumen der Gesteine frei bewegliches Wasser) (Geol) / gravitational water, free water ∥ trübes ⁓ (Bau, Sanitär) / foul water* ∥ unter ⁓ setzen / submerge vt ∥ vadoses ⁓ (in der Erdkruste zirkulierendes, dem Wasserkreislauf angehörendes (v.a. Grund-)Wasser, das aus Sicker- und Niederschlagswasser entsteht) (Geol) / vadose water, wandering water, suspended (subsurface) water, held water ∥ voll ⁓ gesogen (HuT) / waterlogged adj, water-loaded adj, water-charged adj, sodden adj ∥ vollentsalztes ⁓ / demineralized water, deionized water*, demin water, deionate n ∥ vom ⁓ ausgehöhlt (abgeschliffen) (Geol, Wasserb) / water-worn adj, water-eroded adj ∥ vom ⁓ getragen / water-borne adj ∥ vulkanisches ⁓ (Geol) / volcanic water (water in or derived from magma at the earth's surface or at a relatively shallow depth) ∥ weiches ⁓ (Chem) / soft water*, non-scaling water ∥ ⁓ auf dem (weg) befördert / water-borne adj ∥ ⁓ n der Aerationszone (Geol) / perched water ∥ ⁓ entziehen / dewater v, unwater v ∥ ⁓ n für die Viehtränke (Landw, Wasserb) / stock water ∥ ⁓ für häusliche Zwecke / water for domestic use ∥ ⁓ machen (bei einem Leck) (Schiff) / make water ∥ ⁓ n mit hohem Chlorid-Sulfat-Gehalt (Geol) / mixed water ∥ ⁓ über dem Dauerfrostboden (Geol) / superpermafrost water ∥ ⁓ unter dem Dauerfrostboden (Geol) / subpermafrost water ∥ ⁓ unter der Sättigungszone (Wasserb) / internal water ∥ ⁓ zusetzen / water v (down)

Wasser•abflußleiste f (Bau) / canting strip*, water table* ∥ ⁓abflußrohr n (Hyd) / adjutage n, ajutage n ∥ ⁓abgabe f (Lieferung im allgemeinen) / delivery of water ∥ ⁓abgabe (eines Pflanzenbestandes an die Atmosphäre) (Bot) / fly-off n, evapotranspiration n ∥ ⁓abgabe (der Spülung) (Erdöl) / filter loss ∥ ⁓abgabe (einer Quelle) (Geol) / water yield ∥ ⁓abgebender Karstfluß (Geol) / lost river ∥ ⁓ablaufrinne f (Kfz) / rain channel, drain trough ∥ ⁓ablösbar adj / water-removable adj ∥ ⁓abperleffekt m (Tex) / drop-repellent effect, water-repellent effect ∥ ⁓abscheider m (zur Trennung von Kondenswasser und Abgas) (Kfz) / water separator ∥ ⁓abscheider (Gerät zum Sammeln und Abscheiden von Kondenswasser aus einer Druckluftanlage - DIN 24300) (Kfz) / water trap ∥ ⁓abscheider (Masch) / water separator, moisture separator ∥ ⁓abschrecken n (Hütt) / water quenching ∥ ⁓abschreckung f (Hütt) / water quenching ∥ ⁓absorption f (Phys) / water absorption, moisture absorption ∥ ⁓absorptionsröhrchen n (Chem) / water-absorption tube ∥ ⁓abspaltung f (Chem) / dehydration* n ∥ ~abstoßend adj (Chem, Phys) / hydrophobic adj, water-repellent adj, waterproofing adj

wasserabweisend adj (Chem, Phys) / hydrophobic adj, water-repellent adj, waterproofing adj ∥ ~es Ausfugen (nach innen abgeschrägtes) (Bau) / struck-joint pointing, weathered pointing* ∥ ~es Kolloid (Chem) / hydrophobic colloid* ∥ ~es Papier (DIN 6370) (Pap) / water-repellent paper ∥ ~e und wasserdichte Ausrüstung (Tex) / repellent finish

Wasser•ader f (Geol) / water vein ∥ ⁓aktivität f (Nahr) / activity of water ∥ ⁓aktivitätsmonitor m (Radiol) / water monitor*, water activity monitor ∥ ⁓analyse f (Chem, Sanitär) / water analysis ∥ ⁓ansammlung f (Bau, Wasserb) / accumulation of water, water accumulation ∥ provisorischer ⁓anschluß / temporary water connection ∥ ~anziehend adj (Chem, Phys) / hydrophilic adj ∥ ~anziehendes Kolloid (Chem) / hydrophilic colloid* ∥ ⁓äquivalent n (die Höhe der Wasserschicht, die sich über einer ebenen Fläche nach Schmelzen

Wasseräquivalent

1383

**Wasserarmaturen**

der Schneedecke ausbilden würde, wenn kein Schmelzwasser abfließt, versickert oder verdunstet) (Meteor) / water equivalent (of snow) ‖ ~**armaturen** f pl (Bau, Klemp) / water fittings ‖ ~**assel** f (Familie Asselota, Asselidae) (Zool) / sea slater ‖ ~**aufbereitung** f (für Dampferzeuger) (Masch) / water conditioning ‖ ~**aufbereitung** (Masch, Sanitär) / water treatment ‖ ~**aufbereitungsanlage** f (Masch, Sanitär) / water-treatment plant

**Wasseraufnahme** f (aus der Luft - bei Pflanzen) (Bot) / interception n ‖ ~ (Nahr, Radiol) / water ingestion ‖ ~ (Phys) / water absorption, moisture absorption ‖ ~**fähigkeit** f (Phys) / water absorbency, ability to absorb water ‖ ~**vermögen** n (Phys) / water absorbency, ability to absorb water

**Wasser•bad** n (Chem) / water bath ‖ ~**bad** (Behälter zum Heißwässern von Furnierholz) (For) / cooking vat ‖ ~**badumformer** m (zur Zusatzwassergewinnung) / water-bath desuperheater ‖ ~**ballast** m (Schiff) / water ballast* ‖ **auf ~basis** (Anstr) / water-thinned adj ‖ ~**basisspülung** f (Spülschlamm) (Erdöl) / water-base mud ‖ ~**bassin** n (Wasserb) / water basin ‖ ~**bau** n (als Anlage - DIN 4048, T 1) (Wasserb) / water retention and flow works ‖ ~**bau** (als Disziplin) (Wasserb) / waterway and hydraulic engineering, hydraulic engineering, water engineering ‖ ~**becken** n (Wasserb) / water basin ‖ ~**beckenreaktor** m (Nukl) / swimming-pool reactor*, pool reactor* ‖ ~**bedarf** m / water demand, water requirement(s) ‖ ~**bedarf** (für Bewässerungsprojekte) (Landw) / irrigation requirement, duty of water ‖ ~**bedarf für die Bewässerung** (Landw) / irrigation requirement, duty of water ‖ ~**behälter** m (Hochbehälter) / cistern n (a tank for storing water) ‖ ~**behälter** (im allgemeinen) (Masch) / water reservoir n ‖ ~**behandlung** f (Masch, Sanitär) / water treatment ‖ ~**behörde** f (eine kommunale Sonderordnungsbehörde) / water authority n ‖ ~**beize** f (mit wasserlöslichen Holz-Färbemitteln) (Anstr, For) / water stain* ‖ ~**benetzbar** adj / water-wettable adj ‖ ~**benetzungstest** m (Galv) / water break test ‖ ~**bereitstellung** f (Wasserb) / water supply ‖ ~**berieselung** f (Schutz von wertvollem Rundholz gegen Befall durch Pilze und Insekten sowie gegen Rißbildung und Verfärbung) (For) / water spraying ‖ ~**besatz** m (eines Sprengbohrlochs) (Bergb) / water-ampoule stemming ‖ ~**beschaffenheit** f (Qualität) (Sanitär) / water quality ‖ ~**beständig** adj / water-resistant adj, water-resisting adj ‖ ~**beständiger Anstrichstoff** (Anstr) / surface waterproofer ‖ ~**beständiger Belagstoff** (Masch) / surface waterproofer ‖ ~**beständigkeit** f (Masch) / water resistance ‖ ~**bestimmung** f **in Ölen** (nach Dean und Stark) (Chem) / Dean and Stark test method ‖ ~**bewirtschaftung** f (Wasserb) / water management ‖ ~**bilanz** f (Gegenüberstellung von Wassereinnahme und Wasserausgabe) (Wasserb) / water balance ‖ ~**bildung** f **durch Kondensation** (im Boden) (Geol) / hydrogenesis (pl -geneses) n ‖ ~**bindende Kraft** (des Bodens) (HuT, Wasserb) / water-holding capacity (the minimum possible water content to which a soil sample can be reduced by gravity drainage), WHC ‖ ~**bindungsvermögen** n (des Fleisches) (Nahr) / water-holding capacity ‖ ~**blau** n (saurer Triarylmethanfarbstoff) (Chem, Tex) / water blue, soluble blue ‖ ~**blei** n (Chem) / black lead ‖ ~**blüte** f (verstärktes Algenwachstum in Gewässern durch Eutrophierung) (Umwelt) / algal bloom, water bloom ‖ ~**bomber** m (zur /Wald/Brandbekämpfung) (Lufft) / water bomber*, fire bomber, water-bombing aircraft, fire-bombing aircraft ‖ ~**brotwurzel** f (eßbare Wurzelknolle der Colocasia esculenta (L.) Schott oder Colocasia esculenta 'Antiquorum') (Nahr) / taro n, old cocoyam, eddo n ‖ ~**chemie** f (Chem) / water chemistry, aquatic chemistry, hydrochemistry n ‖ ~**damm** m (der in einem Schacht oder einer Strecke das übrige Grubengebäude vor zufließendem Wasser schützt) (Bergb) / water dam

**Wasserdampf** m (Phys) / steam* n (no plural), water vapour ‖ **stark überhitzter** ~ / steam gas ‖ **voll** ~ (Phys) / steamy adj ‖ ~**destillation** f (eine Form der Trägerdestillation) (Chem) / steam distillation* ‖ ~**druck** m / water-vapour pressure ‖ ~**durchlässigkeit** f (Phys) / water-vapour transmission, water-vapour permeability, WVT ‖ ~**durchlässigkeit** (DIN 53122) (Tex) / moisture-vapour transmission (MVT) ‖ ~**durchlässigkeitsgrad** m (Phys) / water-vapour permeance ‖ ~**gehalt** m (Phys) / water-vapour content ‖ ~**heizung** f (Bau) / steam heating ‖ ~**laser** m (Phys) / water-vapour laser ‖ ~**strahlpumpe** f (mit Wasserdampf als Treibmittel) (Vakuumt) / steam ejector

**Wasser•-Dampf-Trennung** f (Chem Verf, Masch) / water-steam separation ‖ ~**dargebot** n (Wasserb) / water resources (available) ‖ **verläßliches** ~**dargebot** (Wasserb) / economic yield, safe yield (from a well or aquifer)

**wasserdicht** adj / waterproof adj, watertight adj ‖ ~ **ausrüsten** (Tex) / waterproof v, make waterproof ‖ ~ **imprägnieren** (Tex) / waterproof v, make hydrophobic ‖ ~**e Leuchte** (Eltech) / watertight fitting ‖ ~ **machen** / make watertight, make waterproof ‖ ~ **machen** (Wasserb) / stank v (to seal off or make watertight, especially with clay) ‖ ~**e Maschine** (Eltech) / watertight machine ‖ ~**er Melton** (Tex) / box cloth* ‖ ~**es Papier** (Pap) / waterproof paper* ‖ ~**es Plattformdeck** (Schiff) / watertight flat* ‖ ~**er Regenmantelstoff** (Tex) / slicker fabric ‖ ~**es Tor** (des Trockendocks) (Schiff) / caisson n

**Wasser•dichtheit** f / impermeability to water, waterproofness n ‖ ~**dichtigkeit** f / impermeability to water, waterproofness n ‖ ~**dichtmachen** n (Tex) / showerproofing* n, rainproofing n

**Wasserdruck** m (Phys) / water pressure ‖ ~**last** f (Phys) / water-pressure load ‖ ~**probe** f / water-pressure test, hydrostatic test ‖ ~**probe** (mit Wasser als Prüfmedium) (Masch) / hydraulic test*, test under hydraulic pressure ‖ **einer ~probe unterziehen** (Masch) / hydrotest v ‖ ~**versuch** m (ein Innendruckversuch mit Wasser als Druckmedium) / water-pressure test, hydrostatic test ‖ ~**versuch** (Masch) / hydraulic test*, test under hydraulic pressure ‖ ~**versuch** (Tex) / water-pressure test

**Wasser•durchsatz** m (in Kühltürmen) / water flow rate ‖ ~**durchströmt** adj (Rohr) / water-carrying adj ‖ ~**durchtränkt** adj (HuT) / waterlogged adj, water-loaded adj, water-charged adj, sodden adj ‖ ~**düsenweben** n (Web) / water-jet weaving ‖ ~**düsenwebmaschine** f (Web) / water-jet loom ‖ ~**ebene** f (Schiff) / water plane ‖ ~**echtheit** f (von Färbungen und Drucken nach DIN 54005 und DIN 54006) (Tex) / water fastness ‖ ~**ecke** f **bei der Naßförderung im Schiffshebewerk** (Wasserb) / wedge slope ‖ ~**einbruch** m (unerwartetes Einströmen großer Wassermassen in einen Grubenbau) (Bergb) / water inrush, water invasion, water incursion, inundation n, flush n ‖ ~**einpreßsystem** n (Erdöl) / water-injection system ‖ ~**elektrolyse** f (Spaltung des Wassers in Wasserstoff und Sauerstoff durch Elektrolyse) / electrolysis of water ‖ ~**empfindlich** adj / water-sensitive adj ‖ ~**empfindlichkeit** f (Kftst) / water susceptibility ‖ ~**endlast** f (bei Wellenleitern) (Fernm) / water load ‖ ~**enthärtung** f (Chem Verf) / water softening*, water demineralizing ‖ ~**enthärtung** f (Med, Sanitär) / water degermination ‖ ~**entnahmeberechtigter** m (Wasserb) / abstractor n, diverter n ‖ ~**entzug** m / dewatering* n, unwatering n ‖ ~**entzug durch Salz** (meistens durch Einsalzen oder durch Salzbehandlung - Rohhautkonservierung) (Leder) / salting n ‖ ~**ergiebigkeit** f (einer Quelle) (Geol) / water yield ‖ ~**erneuerung** f (Umwelt) / water renewal ‖ ~**erodiert** adj (Geol, Wasserb) / water-worn adj, water-eroded adj ‖ ~**erosion** f (Geol, Wasserb) / water erosion, wash n, hydraulic erosion ‖ ~**fahrzeug** n (Schiff) / watercraft n ‖ ~**fahrzeuge** n pl (Schiff) / watercraft n ‖ ~**fall** m (großer) / falls pl (a waterfall or cascade) ‖ ~**fall** / waterfall n ‖ ~**fallelektrizität** f (Elektr) / balloelectricity n ‖ ~**fallmodell** n (Software-Lebenszyklus, dessen Projektabschnitte durchlaufen werden und mit einem Validierungs- oder Verifizierungsprozeß enden) (EDV) / waterfall model ‖ ~**fangkasten** m (bei langen Rinnen) (Bau, Klemp) / cesspool* n, cesspit n, cess box, rainwater head, rainwater hopper, cistern head (US), conductor head (US), leader head (US) ‖ ~**farbe** f (Aquarell- und Temperafarbe) (Anstr) / watercolour n (artists' colour made by grinding suitable pigments into aqueous gums or shellac solution), watercolor n (US) ‖ ~**farbe** (wasserverdünnbare Mal- und Anstrichfarbe) (Anstr) / water paint* ‖ ~**farbe** (Anstr) / water-thinned paint, water-base paint ‖ ~**färbung** f (z.B. durch Eisenverbindungen oder Huminstoffe - DIN 38404, T 1) (Med, Sanitär) / water colour ‖ ~**fassungsanlage** f (Umwelt, Wasserb) / water-catchment plant ‖ ~**fassungsvermögen** n (HuT, Wasserb) / water-holding capacity (the minimum possible water content to which a soil sample can be reduced by gravity drainage), WHC ‖ ~**fest** adj / water-resistant adj, water-resisting adj ‖ ~**festes Klebemittel** (Chem) / hydraulic glue* ‖ ~**fester Leim** (Chem) / hydraulic glue* ‖ ~**festigkeit** f (Masch) / water resistance ‖ ~**-Feststoff-Verhältnis** n (einer Trübe) (Aufber) / pulp dilution ‖ ~**film** n / water film ‖ ~**filter** n (Sanitär) / water filter ‖ ~**-Fingering** n (Einsickerung in den Förderhorizont) (Erdöl) / water fingering, fingering n ‖ ~**fläche** f (als Flächenmaß) / surface of water, water surface ‖ ~**fläche** (als Bezugsebene) (Wasserb) / water level ‖ ~**fläche** (die als Start- und/oder Landefläche dient (Lufft) / water lane ‖ ~**fleck** m (als negative Erscheinung) / stain due to contamination with water ‖ ~**fleck** (ISO 8498) (Anstr, Tex) / water spot, stain due to water spotting ‖ ~**fleck** (Glasherstellung) (Glas) / crizzling* n ‖ ~**fleck** (Hütt) / water stain (localized light-to-dark and often iridescent residue with sharply outlined darker border left from evaporation of water acquired from mill processing, transit or storage) ‖ ~**flecken** m pl (Anstr) / water spotting ‖ ~**flecken** m pl (Foto) / drying marks ‖ ~**fleckiges Holz** (z.B. in der Nähe schwarzer Tannenäste) (For) / wetwood* n ‖ ~**flugplatz** m (im allgemeinen) (Lufft) / water aerodrome ‖ ~**flugplatz** (inländischer) (Lufft) / hydroport n ‖ ~**flugzeug** n (Lufft) / seaplane* n, hydro-aeroplane n, hydroplane n (a misnomer or US) ‖ ~**flugzeugschleppkanal** m (Lufft) / seaplane tank* ‖ ~**flugzeugstützpunkt** m (Lufft) / seaplane base ‖ ~**fluten** n (Erdöl) / water flooding, waterdrive n ‖ ~**flutung** f (Erdöl) / water flooding, waterdrive n ‖ ~**fotolyse** f (Biol) / water photolysis, biophotolysis n (of water)

**wasserfrei** adj (nach der Trocknung) / moisture-free adj, moistureless adj ‖ ~ (Chem) / anhydrous* adj, non-aqueous adj, free from water ‖

**~er Alkohol** (Chem) / absolute alcohol* (containing not less than 99% pure ethanol by weight), anhydrous alcohol ‖ **~er Plaster** (Estrichgips, Marmorgips) (Bau) / anhydrous gypsum plaster ‖ **~e Soda** (Chem) / calcined soda

**Wasser • freiraum** m (bei der passiven Aufnahme der Nährelemente) (Bot) / water-free space, WFS ‖ **~führend** adj (Geol) / aquiferous adj, water-bearing adj ‖ **~- oder gasführend** adj (Gestein) (Geol) / bleeding adj ‖ **~führende Spalte** (Geol) / water vein ‖ **~füller** m (ein wasserverdünnbarer Füller) (Anstr) / waterborne prime surfacer ‖ **~garten** m (ein Wasserbecken) (For) / log storage pond, log pond, mill-pond n ‖ **~gas** n (historische Bezeichnung für ein Industriegas) (Chem Verf) / water gas, semiproducer gas ‖ **karburiertes ~gas** (Chem Verf) / carburetted water gas, enriched water gas, C.W.G. ‖ **~-Gas-Gleichgewicht** n / water-gas equilibrium ‖ **~gasmaschine** f (eine alte Anlage zur diskontinuierlichen Wassergaserzeugung) (Chem Verf) / water-gas machine ‖ **~gasreaktion** f (Reduktion von Wasser mittels Kohlenstoffs) (Chem Verf) / water-gas reaction ‖ **~gasschweißen** n (Arbeitstechnik, die heute nicht mehr in Gebrauch ist) (Schw) / water-gas welding ‖ **~gasteer** m (der bei der Herstellung von Wassergas oder Generatorgas entsteht) (Chem Verf) / water-gas tar ‖ **~gebühr** f / water rate ‖ **~gebundene Schotterdecke** (HuT) / waterbound macadam* ‖ **~gefährdender Stoff** (Sanitär, Umwelt) / water pollutant, water impurity ‖ **~gefüllt** adj / water-filled adj ‖ **~gefüllte Betontanks** für Aufschlußbohrungen im Meer) (Erdöl) / concrete-island drilling system, CIDS ‖ **~gefülltes Bohrloch** (Bergb) / wet hole ‖ **~gefülltes Bruchloch** (Bergb) / flash n

**Wassergehalt** m (z.B. Frischmörtel, Frischbeton) (Bau, HuT) / water content ‖ (ein Bodenkennwert nach DIN 18121) (HuT) / moisture content, water content, free-water content, liquid-water content ‖ **natürlicher ~** (bei der Kohle) (Bergb) / bed moisture ‖ **optimaler ~** (beim Proctor-Versuch) (HuT) / optimum moisture content ‖ **~ m ohne Volumenverringerung** (HuT) / shrinkage limit (SL)

**Wasser • gehaltsprüfung** f **für Öl** (Chem) / Dean and Stark test method ‖ **~gekühlter Motor** (Eltech) / water-cooled motor* ‖ **~gekühlter Motor** (Kfz) / water-cooled engine* ‖ **~gekühlte Röhre** (Eltronik) / water-cooled valve* ‖ **~geld** n / water rate ‖ **~gesättigt** adj (HuT) / waterlogged adj, water-loaded adj, water-charged adj, sodden adj ‖ **~geschmiert** adj (Umwelt, Wasserb) / water-lubricated adj ‖ **~gewinnung** f (Quell- oder Regenwasser) (Umwelt, Wasserb) / water catchment ‖ **~gewinnungsanlage** f (Umwelt, Wasserb) / water-catchment plant

**Wasserglas** n (wäßrige Lösung von Alkalisilikaten) (Chem) / water glass ‖ **flüssiges ~** (Chem) / soluble glass, liquid glass ‖ **~ in Stücken** (Chem) / solid water-glass ‖ **~farbe** f (Anstr) / silicate water paint, silicate paint ‖ **~kitt** m / water-glass cement ‖ **~leim** m (ein Klebstoff auf Basis von Wasserglas) / water-glass glue

**Wasser • glätte** f (Kfz) / hydroplaning n, aquaplaning n ‖ **~gleichwert** m (des Schnees) (Meteor) / water equivalent (of snow) ‖ **~güte** f (Sanitär) / water quality ‖ **~güteklasse** f (Sanitär) / water quality ‖ **~gütewirtschaft** f (DIN 4045) (Sanitär) / water-quality management ‖ **~hahn** m (ein Auslaufventil an Hausinstallationen, dessen Durchlaß über eine Gewindespindel bis zum vollständigen Abschluß verstellbar ist) (Klemp) / water tap, water cock ‖ **kleiner ~hahn** (Klemp) / faucet* n ‖ **~haltevermögen** n (HuT, Wasserb) / water-holding capacity (the minimum possible water content to which a soil sample can be reduced by gravity drainage), WHC ‖ **~haltewert** m (HuT, Wasserb) / specific retention, water-retaining capacity (the ratio of the weight or volume of water which a soil will retain against the force of gravity to its own weight or volume) ‖ **~haltig** adj / water-containing adj ‖ **~haltige Soda** (Chem) / crystal carbonate, soda crystals, natron n, washing soda, crystal soda, sal soda, salt of soda

**Wasserhaltung** f (alle Maßnahmen, welche die Beherrschung des Wasserandrangs zu Baugruben, Baustellen und Bauwerken betreffen) (Bau, HuT) / drainage n ‖ **~** (Teilgebiet der bergmännischen Wasserwirtschaft) (Bergb) / drainage n ‖ **~** (Wasserb) / reach* n, pond* n, bay n

**Wasserhaltungs • arbeit** f (DIN 18305) (Bau, HuT) / drainage n ‖ **~bohrloch** n (Bergb) / drain hole* ‖ **~graben** m (bei der offenen Wasserhaltung) (HuT) / grip* n, catch drain, intercepting channel ‖ **~maschine** f (Bergb, HuT) / water engine ‖ **~pumpe** f (kleine) (Bergb) / sump pump ‖ **~stollen** m (Bergb) / drainage adit, gallery of efflux

**Wasser • härte** f (Eigenschaft des Wassers, die durch seinen Gehalt an Kalzium- und Magnesiumionen bestimmt wird) (Chem) / water hardness, hardness of water ‖ **~härten** n (Hütt) / water hardening ‖ **~härtender Stahl** (Hütt) / water-hardening steel ‖ **~härter** m (Hütt) / water-hardening steel ‖ **~härtestahl** m (Hütt) / water-hardening steel ‖ **~haushalt** m (Landw, Wasserb) / water regime, moisture regime ‖ **~haushalt** m (das Verhältnis von Wasserzufuhr und Wasserabfluß bzw. -verbrauch) (Wasserb) / water balance, water budget ‖ **~haut** f / water film ‖ **~hebung** f / drainage n, draining n ‖ **~hebung** (Bergb) / water hoisting ‖ **~hebung** (Bergb) s. auch Wasserhaltung und

**Wasserwirtschaft** ‖ **~heilbehandlung** f (Anwendung von Wasser zu Heilzwecken) (Med) / hydrotherapy* n, hydropathy n ‖ **~hell** adj / water-white adj ‖ **~holz** n (etwa drei bis fünf Monate im Wasser gelagertes Holz) (For) / waterlogged wood ‖ **~holz** (For) / rafted wood, raft-wood n ‖ **~horizont** m (Geol) / hydric layer, water layer ‖ **~hose** f (Windwirbel mit vertikaler Achse über dem Wasser - eine Großtrombe) (Meteor) / waterspout* n ‖ **kapillarer ~hub** (Bau) / capillary rise ‖ **~hyazinthe** f (Eichhornia crassipes (Mart.) Solms) (Umwelt) / water hyacinth

**wässerig** adj / aqueous* adj, watery adj ‖ **~es Holz** (For) / wetwood* n

**Wasser • -in-Fett-Emulsion** f (Chem) / water-in-fat emulsion ‖ **~-in-Öl-Emulsion** f (Chem) / water-in-oil emulsion, W/O emulsion ‖ **~inselprobe** f (mit der eine Metallfläche auf Fettfreiheit geprüft wird) (Galv) / water break test ‖ **~inseltest** m (Galv) / water break test ‖ **~kalander** m (Tex) / water calender, water mangle ‖ **~kalk** m (mit mehr als 10% Siliziumdioxid, Tonerde und Eisen) (Bau) / semi-hydraulic lime, water-burnt lime, water lime* ‖ **~kalorimeter** n (ein Mischungskalorimeter) (Phys) / water calorimeter ‖ **~kälteschutzanzug** m / immersion suit ‖ **~kanal** m (für hydrodynamische Versuche) (Luftf, Schiff) / hydrodynamic tank ‖ **~kanal** (Wasserb) / water channel ‖ **offener ~kanal** (Luftf) / water channel ‖ **~kanal** m **zur Untersuchung der Kavitation** (Luftf, Schiff) / cavitation tunnel, water tunnel* ‖ **~kanone** f (Bergb) / monitor* n, giant* n, hydraulic giant, hydraulic monitor ‖ **~kapazität** f (des Bodens) (HuT, Landw) / hydraulic capacity* ‖ **~kapazität** (HuT, Wasserb) / water-holding capacity (the minimum possible water content to which a soil sample can be reduced by gravity drainage), WHC ‖ **~kasten** m (des Feuchtwerks) (Druck) / fountain* n

**"Wasserkasten"** m (als Teil des Fahrzeuglüftungssystems) (Kfz) / plenum n (pl. -s or plena)

**Wasser • kasten** m (des Kühlers - unterer) (Kfz) / bottom tank ‖ **~kasten** (des Kühlers - oberer) (Kfz) / header tank, radiator header, top header ‖ **~keil** m (Wasserb) / wedge slope ‖ **~kerma** f (Wasser als Bezugsmaterial) (Kernphys) / water kerma ‖ **~kessel** m (Kochkessel) / kettle* n ‖ **~kesselreaktor** m (ein homogener Forschungsreaktor kleiner Leistung) (Nukl) / water-boiler reactor, water boiler ‖ **~kies** m (Min) / marcasite* n, white iron pyrites* ‖ **~klar** adj / water-white adj ‖ **~klosett** n (Bau, Sanitär) / water closet*, WC ‖ **~knappheit** f / water shortage ‖ **~körper** m (Wasserb) / water n, waters pl, body of water, water body ‖ **~korrosion** f (Galv) / aqueous corrosion

**Wasserkraft** f (die Energie, die in Wasser enthalten ist) (Eltech, Phys) / water power, hydropower n, hydroelectric power ‖ **~generator** m (Eltech) / hydroelectric generating set*, hydroelectric generator ‖ **~maschine** f (Masch) / hydraulic motor* ‖ **~maschinensatz** m (Eltech) / hydroelectric generating set*, hydroelectric generator ‖ **~werk** n (Eltech) / hydroelectric generating (or power) station*, water-power station, hydroelectric power plant, hydro n, hydroelectric power station* ‖ **~zentrale** f (Eltech) / powerhouse n

**Wasser • kran** m (zur Versorgung von Dampflokomotiven mit Speisewasser für den Lokomotivkessel) (Bahn) / water-crane n ‖ **~kreislauf** m (natürlicher) (Meteor) / hydrological cycle*, water cycle, hydrologic cycle ‖ **~kübel** m (zum Sümpfen von Grubenbauen) (Bergb) / dan n, bailer n, bailing bucket, chest n ‖ **~kühlmantel** m (Kfz, Masch) / water jacket ‖ **~kühlsatz** m (ein Flüssigkeitskühlsatz zur Abkühlung eines Wasserstromes) / packaged water chiller ‖ **~kühlung** f / water cooling ‖ **~kunst** f (Springbrunnen, Kaskade im Garten, vor allem in der Barockzeit) (Arch) / waterworks n(pl) ‖ **~lack** m (klare wäßrige Lösung von Harzen, die nach der Trocknung einen wasserunlöslichen Film ergibt - DIN 55945) (Anstr) / water paint*, water-borne coating, water varnish, water-base coating ‖ **~lager** n (For) / log storage pond, log pond, mill-pond ‖ **~lagerung** f (For) / water storage ‖ **~-Land-Flugzeug** n (Luftf) / amphibian* n ‖ **~lasur** f (Anstr, For) / water glaze, water glazing

**Wasserlauf** m (Geol, Hyd, Wasserb) / stream n, watercourse n ‖ **künstlicher ~** (Wasserb) / flume n, canal n, conduit* n ‖ **offener ~** (Hyd, Wärm) / open channel ‖ **unterirdischer ~** (Wasserb) / subterranean stream ‖ **verlierender ~** (der einen Teil seines Wassers in das Grundwasser abgibt) (Geol, Wasserb) / influent stream, losing stream ‖ **ganzjähriger ~** (mit jahreszeitlich unabhängigem, aber zeitweise unterbrochenem Abfluß) (Wasserb) / perennial stream

**Wasser • leiter** m (Geol) / hydric layer, water layer ‖ **~leitung** f (HuT, Wasserb) / water pipeline, water conduit, conduit* n ‖ **~leitungen legen** / water v ‖ **~licht** n (Schiff) / lifebuoy light ‖ **~lieferung** f **an Großabnehmer** / water supply

**Wasserlinien** f pl (durchgehendes echtes Wasserzeichen nach ISO 4046) (Pap) / laid lines ‖ **~** (Umrißlinien, welche bei angenommenem horizontalen Schnitt durch den Schiffskörper von der Innenkante der Außenhaut gebildet werden) (Schiff) / waterlines* pl ‖ **~ II** (durchgehendes Wasserzeichen in Maschinenrichtung gemäß Zolltarif - DIN 6730) (Pap) / waterlines pl ‖ **~korrosion** f (Schiff) / waterline corrosion, waterline attack, line corrosion ‖ **~modell** n

**Wasserlinienriß** (Schiff) / waterline model ‖ ~riß m (parallel zur Wasseroberfläche geführte Schnitte) (Schiff) / half-breadth plan ‖ ~schwerpunkt m (Hyd, Schiff) / centre of flotation ‖ ~völligkeitsgrad m (Schiff) / waterline coefficient
**Wasser•loch** n / water hole ‖ ~loser Offsetdruck (Druck) / driography n
**wasserlöslich** adj (Chem) / water-soluble adj ‖ ~es Bindemittel (Anstr) / water-soluble binder ‖ ~es Holzschutzmittel (For) / water-soluble wood preservative, water-borne (wood) preservative ‖ ~es (emulgierbares) Schneidöl (Masch) / soluble oil*, soluble cutting oil ‖ ~e Substanz (im Holz) (For) / water-soluble extractive ‖ ~es Vitamin (Biochem, Pharm) / water-soluble vitamin
**Wasser•lösung** f (Maßnahmen, die der Beseitigung von Wasseransammlungen dienen) (Bergb) / drainage n ‖ ~mangel m / water shortage ‖ ~mangel f (zum Entwässern der Gewebe) (Tex) / water calender, water mangle ‖ ~mangelmelder m (Masch) / low-water alarm* ‖ ~mann-Reaktion (WaR) f (nach A.P. von Wassermann, 1866-1925) (Med) / Wassermann reaction* ‖ ~mantel m (Hütt, Masch) / water jacket ‖ strömende ~masse (Wasserb) / water flow ‖ ~massenaufprall m (Wasserb) / water-mass impact ‖ die angestaute ~menge (Wasserb) / pondage n ‖ ~messer m (ein Durchflußanzeiger mit Momentanzeige) (Instr) / water meter ‖ ~messung f (Wasserb) / water metering ‖ ~messungslehre f (Wasserb) / hydrometry n ‖ ~-Methanol-Einspritzung f (Naßstart bei TL-Triebwerken) (Luftf) / water/methanol injection* ‖ ~mischer m (Klemp) / mixing tap, mixing faucet (US), mixing valve, combination tape assembly, mixer n ‖ ~mitriß m (Wasserb) / water carry-over ‖ ~molekül n (Chem) / water molecule ‖ ~monitor m (Radiol) / water monitor*, water activity monitor ‖ ~mörtel m (Bau) / hydraulic mortar*
**Wassern** m (Raumf) / splash-down n
**wässern** v / water v (down) / (Foto) / wash v, water v, rinse v ‖ ~ (Boden) (Landw) / water v ‖ ~ (um verknitterte Lederteile zu glätten) (Leder) / soak v ‖ ~ (in Wasser eintauchen) (Masch) / steep v, soak v, water v ‖ ~ (Nahr) / macerate v ‖ auf Moiré-Art ~ (Web) / water v ‖ mit dem Schlauch ~ / hose v ‖ ~ (Foto) / watering n ‖ ~ / washing* n, watering n, rinsing n ‖ ~ (Nahr) / maceration n
**Wasser•nase** f (Bau) / drip* n, weather check*, throat* n ‖ ~nebel m (Wasserstaub) / water spray ‖ ~nehmen n (Bahn, Schiff) / watering n ‖ ~nutzung f / water use, water usage ‖ ~nutzungsrecht n / water right(s) ‖ ~oberfläche f (Wasserb) / water level ‖ ~opal m (ein durch Wasserverlust trüb gewordener Edelopal, der durch Wasseraufnahme vorübergehend durchscheinend und farbenspielend wird) (Min) / hydrophane* n ‖ ~organismen m pl (Biol) / aquatic organisms ‖ ~paß m (Schiff) / boot-top line ‖ Kanadische ~pest (Elodea canadensis Michx.) (Bot) / Canadian pondweed ‖ ~pflanze f (Bot) / hydrophyte* n, aquatic plant, water plant ‖ ~pforte f (im Schanzkleid) (Schiff) / freeing port* ‖ ~posten m (Umwelt, Wasserb) / water-catchment plant ‖ ~potential n (das den Wasserzustand in biologischen Systemen und im Boden charakterisiert) (Biol, Bot) / water potential* ‖ ~probe f (DIN 4030) (Sanitär) / water sample ‖ ~probenahme f (Med, Sanitär) / water sampling ‖ ~pumpe f (Kfz) / water pump ‖ ~pumpe f (Masch) / water pump ‖ ~pumpenzange f (mit Gleitgelenk) (Werkz) / slip-joint pliers, mechanic's pliers, water-pump pliers ‖ ~putzstrahlen n (Gieß) / hydroblasting n, hydraulic blasting*, hydroblast cleaning, wet blasting, wet blast cleaning ‖ ~qualität f (Sanitär) / water quality ‖ ~quellbarkeit f (eines Bautenanstrichmaterials) (Anstr, Bau) / water-swellability n ‖ ~rad n (Masch) / waterwheel* n ‖ oberschlächtiges ~rad (Wasserb) / overshot wheel* ‖ unterschlächtiges ~rad (Wasserb) / undershot wheel* ‖ mittelschlächtiges ~rad (Wasserb) / breast (water) wheel, breast-wheel ‖ ~reaktor m (Nukl) / water reactor* ‖ ~recht n / water right(s) ‖ ~regime n (Landw, Wasserb) / water regime, moisture regime ‖ ~reich adj (Geol, Wasserb) / rich in water, abundant in water, abounding in water ‖ ~reinhaltung f (als systematische Tätigkeit) (Sanitär) / water quality management ‖ ~reinhaltung (in der Natur) (Sanitär, Umwelt) / water pollution control ‖ ~reinigung f (Sanitär) / water purification n ‖ ~reiser m (For) / epicormic branch, bole sprout ‖ ~reservoir n (Wasserb) / storage reservoir, impounding reservoir ‖ ~ringpumpe f (eine Verdrängerpumpe mit Wasser als Hilfsflüssigkeit) (Masch) / water-ring pump ‖ ~ringverdichter m (Masch) / liquid-piston-type compressor, liquid-ring compressor ‖ ~rinne f (Bau, HuT) / gutter* n
**Wasserrohr** n (kein Siederohr) (Masch) / water pipe, water tube ‖ ~ (Wasserb) / water pipe, conduit* n, water tube ‖ ~installation f (im Hause) (Bau, Klemp) / plumbing* n ‖ ~kessel m (Bahn, Masch) / water-tube boiler* ‖ ~kühler m (Kfz) / tube-and-fin radiator
**Wasser•rösche** f (Bergb) / ditch n, flume n ‖ ~rückgewinnung f (für Ballastzwecke) (Luftf) / water recovery* ‖ ~rückhaltevermögen n (des Bodens) (HuT, Wasserb) / specific retention, water-retaining capacity (the ratio of the weight or volume of water which a soil will retain against the force of gravity to its own weight or volume) ‖ ~rückhaltevermögen (ein Maß für die Wasseraufnahme in einem textilen Gut - DIN 53814) (Tex) / water retention value, WRV, hygroscopic property ‖ ~rückhaltevermögen s. auch Quellwert ‖ ~sack m (in Rohrleitungen unerwünschter Tiefpunkt, in dem sich Kondensat ansammeln kann, das den Durchfluß des Mediums behindert oder sperrt) / water pocket ‖ kranzförmige ~sammelrinne (im Schacht) (Bergb) / garland n, garland drain, water ring ‖ ~saphir m (ein Cordierit) (Min) / saphir d'eau*, water sapphire* ‖ ~satt adj (bei der Baustoffprüfung) (Bau, For, WP) / waterlogged adj ‖ ~säule f (z.B. mmWS, mWS) (Phys) / water column, WC ‖ ~schaden m (durch eindringendes oder versickertes Wasser entstandener Schaden) / water damage ‖ ~schall m (Schall im Medium Wasser - DIN 1320) (Akus) / water-borne sound, underwater sound, hydrosound n ‖ ~schallempfänger m (Akus) / subaqueous microphone* ‖ ~schalter m (Eltech) / expansion circuit-breaker* ‖ ~scheide f (Grenzlinie zwischen zwei Abfluß- oder Niederschlagsgebieten) (Wasserb) / divide n (US), watershed n, water parting, drainage divide, topographic divide ‖ ~schenkel m (das über den Blendrahmen vorspringende untere Fensterrahmenholz) (Bau) / sill* n, sill drip, cill n ‖ ~schild m (beim Reaktor) (Nukl) / water shield ‖ ~schlag m (z.B. am Kaffgesims) (Bau) / dripstone* n, weather moulding, weathering* n, drip mould* ‖ ~schlag (das sich als harter, metallischer Schlag auswirkende Zusammenstürzen eines wassergefüllten Hohlraumes in einer Rohrleitung) (Masch) / water hammer*, hammer blow, water shock, surge n ‖ ~schlag (ein Dampfschlag) (Masch) / vapour shock ‖ ~schlagerosion f (Geol) / liquid impingement erosion ‖ ~schleier m / water curtain ‖ ~schloß n (kammerförmige Anlage in Druckwasserleitungen) (Wasserb) / surge tank* ‖ ~schloß f mit Druckluftdämpfung (Wasserb) / air-chamber surge tank ‖ ~schöpfer m (mit dem Wasserproben ohne Vermischung aus bestimmter Tiefe bei gleichzeitiger Messung der Temperatur am Entnahmeort entnommen werden) (Ozean) / water sampler ‖ ~schräge f (Bau) / weathering* n ‖ ~schutz m (Sanitär, Umwelt) / water protection ‖ ~schutzgebiet n (Sanitär, Umwelt) / zone for the protection of water, restricted part of a water-catchment area, water-source protection area ‖ ~schwall m (Wasserb) / flush n ‖ ~schweinleder n (Leder) / carpincho leather, capybara leather ‖ ~seige f (in der Streckensohle befindlicher Graben, in dem die anfallenden Grubenwässer zum Schachtsumpf geleitet werden) (Bergb) / ditch n, flume n
**Wasserseite** f (der Lagerhalle) / seaside n (of a warehouse) ‖ ~ (des Kessels) / waterside n ‖ ~ f (der Staumauer) (Wasserb) / upstream side, water face, water slope, water end, upstream face
**wasserseitig** adj (Fläche des Kessels) / waterside attr ‖ ~e Böschung (der Talsperre) (Wasserb) / upstream slope ‖ ~e Böschung (des Flußdeiches) (Wasserb) / inside slope ‖ ~er Dammfuß (Wasserb) / upstream toe, heel n ‖ ~e Korrosion (an Kesselanlagen) (Galv) / waterside corrosion
**Wasser•sensor** m (zum Nachweis von Wasserdampf oder flüssigem Wasser) / water sensor ‖ [einziehbare] ~skis (Luftf) / hydroskis* pl ‖ ~sparend adj / water-saving adj ‖ ~speicher m (Wasserb) / storage reservoir, impounding reservoir ‖ ~speichergewebe n (z.B. bei Sukkulenten) (Bot) / water-storage tissue* ‖ ~speier m (in der Gotik meistens skurrile Figuren - Menschen, Fabelwesen, Tiere usw.) (Arch) / gargoyle* n ‖ ~speier (ein Rohr- oder Rinnenstück, welches das Niederschlagswasser von Dächern oder Terrassen in ausreichender Entfernung vom Mauerwerk frei ablaufen läßt) (Bau) / waterspout n ‖ ~spende f (einer Quelle) (Geol) / water yield ‖ ~sperrendes Mittel (Bau, HuT) / waterproofer n
**Wasserspiegel** m (Grundwasserspiegel) (Geol, Wasserb) / groundwater table, groundwater level, groundwater surface, water-table* n, GWT ‖ ~ (DIN 4049, T 1) (Wasserb) / water level ‖ ~absenkung f im Hauptfluß durch verminderte Nebenzuflüsse (Wasserb) / sympathetic retrogression n ‖ ~höhe f (eines Flusses) (Wasserb) / stage n (relative to a fixed datum or plane of reference), gauge height ‖ ~linie f (bei einem Wasserlauf) (Wasserb) / surface curve ‖ ~störung f (leichte) (Wasserb) / rip n ‖ ~unterschied m (am Wehr) (Wasserb) / afflux n (the variation between high-flood levels)
**Wasser•spiel** n (Arch) / waterworks n(pl) ‖ ~spreitung f (Ausbreiten von blättchenförmigen Metallpigmenten auf einer Wasserfläche) (Anstr) / water coverage (of metal pigments) ‖ ~sprung m (Übergang vom Schießen zum Strömen) (Wasserb) / hydraulic jump ‖ ~spülung f (Sanitär) / water-carriage system*
**Wasserstand** m (eines Flusses) (Wasserb) / stage n (relative to a fixed datum or plane of reference), gauge height ‖ ~ (im allgemeinen) (Wasserb) / water level (W.L.) ‖ bettbildender ~ (eines Flusses) (Wasserb) / bed-building stage ‖ mittlerer ~ (Ozean) / mean sea level ‖ mittlerer ~ (Wasserb) / mean water level ‖ Schwankungen f pl des ~es (eines Flusses) (Wasserb) / breathing n, river breathing
**Wasserstands•anzeiger** m (des Kessels) (Masch) / water gauge*, water glass, water-gauge glass, water-level indicator ‖ ~hahn m (Masch) / gauge cock* ‖ ~messung f (Wasserb) / gauging n

**Wasser•start** *m* (Luftf) / water take-off ‖ ⁓**stau** *m* (im Boden) (HuT) / perched water ‖ ⁓**stau** (Wasserb) / piling-up of water ‖ ⁓**staub** *m* / water spray ‖ ⁓**stein** *m* (in Rohren) (Masch) / scale *n*
**Wasserstoff (H)** *m* (Chem) / hydrogen* *n* ‖ **aktiver** ⁓ (Chem) / active hydrogen* ‖ **atomarer** ⁓ (ein Quantengas) (Chem) / active hydrogen*, atomic hydrogen* ‖ **monohydrogen** *n* ‖ **flüssiger** ⁓ (Chem) / liquid hydrogen (LH$_2$) ‖ **indizierter** ⁓ (Chem) / indicated hydrogen ‖ **interstellarer** ⁓ (Astr) / interstellar hydrogen* ‖ **ionogen gebundener** ⁓ (Chem) / replaceable hydrogen* ‖ **naszierender** ⁓ (besonders reaktionsfähig) (Chem) / nascent hydrogen ‖ **para-** (Chem) / parahydrogen* *n* ‖ **schwerer** ⁓ (Chem) / deuterium* *n*, heavy hydrogen* ‖ **spinpolarisierter atomarer** ⁓ (Kernphys) / spin-polarized atomic hydrogen
**Wasserstoff•abspaltung** *f* (Chem) / dehydrogenation *n* ‖ ~**ähnlich** *adj* / hydrogen-like *adj*, hydrogenic *adj* ‖ ~**ähnliches Ion** (das wie das Wasserstoffatom aus einem Kern und aus einem diesen umkreisenden Elektron besteht) (Phys) / hydrogenic ion ‖ ⁓**akzeptor** *m* (bei der Hydrierung) (Chem) / hydrogen acceptor ‖ ⁓**analyse** *f* / hydrogen analysis ‖ ⁓**angriff** *m* (Hütt) / hydrogen attack ‖ ⁓**ansammlung** *f* (im Werkstoff) (WP) / hydrogen build-up ‖ ~**arm** *adj* (Chem) / poor in hydrogen, low-hydrogen *attr* ‖ ~**arme Kohle** (Bergb, Kftst) / subhydrous coal ‖ ⁓**atom** *n* (Chem) / hydrogen atom ‖ ⁓**bakterien** *f pl* (Bakteriol, Raumf) / knallgas bacteria ‖ ⁓**behandlung** *f* (Erdöl, Kftst) / hydrotreating *n*, hydrogen treating ‖ ⁓**bindung** *f* (Chem) / hydrogen bond*, hydrogen bonding, hydrogen bridge ‖ ⁓**blasenbildung** *f* (ein Werkstoffehler) (Hütt) / hydrogen blistering ‖ ⁓**bombage** *f* (Nahr) / hydrogen swell ‖ ⁓**bombe** *f* (ein thermonuklearer Sprengkörper) (Mil) / hydrogen bomb*, H-bomb *n* ‖ ⁓**bombe** s. auch thermonukleare Bombe ‖ ⁓**brücke** *f* (Chem) / hydrogen bond*, hydrogen bonding, hydrogen bridge ‖ **intermolekulare** ⁓**brücke** (Chem) / intermolecular hydrogen bond ‖ **intramolekulare** ⁓**brücke** (Chem) / intramolecular hydrogen bridge ‖ ⁓**brückenbindung** *f* (Chem) / hydrogen bond*, hydrogen bonding, hydrogen bridge ‖ ⁓**donator** *m* (bei der Hydrierung) (Chem) / hydrogen donor ‖ ⁓**druck** *m* (Chem Verf) / hydrogen pressure ‖ ⁓**elektrode** *f* (Chem) / hydrogen electrode* (a reference electrode), Hildebrand electrode* ‖ **reversible** ⁓**elektrode** (Chem) / reversible hydrogen electrode, RHE ‖ ⁓**energietechnik** *f* / hydrogen energy technology ‖ ⁓**entwicklung** *f* (Chem Verf) / hydrogen generation, hydrogen evolution ‖ ⁓**entzug** *m* (Chem) / dehydrogenation *n* ‖ ⁓**flamme** *f* / hydrogen flame ‖ ⁓**flasche** *f* / hydrogen cylinder ‖ ⁓**gärung** *f* (Physiol) / hydrogen fermentation ‖ ⁓**gas** *n* (Chem) / hydrogen gas ‖ ⁓**gewinnung durch die Zersetzung von Wasserdampf durch Koks oberhalb von 500° C** (Chem Verf) / Bosch process* ‖ ⁓**halbelement** *n* / hydrogen half-cell ‖ ~**haltig** *adj* (Chem) / hydrogenous* *adj* ‖ ~**haltiger Moderator** (Nukl) / hydrogenous moderator ‖ ~**induzierte Korrosion** (Oberbegriff für eine Reihe von Phänomenen, die durch Wechselwirkung von Wasserstoff mit metallischen Werkstoffen hervorgerufen werden) (Galv) / hydrogen-induced corrosion ‖ ~**induzierte Rißbildung** (WP) / hydrogen-induced cracking, HIC, H-induced cracking ‖ ~**ion** *n* (Chem) / hydrogen ion*, hydrion *n* ‖ ⁓**ionenkonzentration** *f* (Chem) / hydrogen-ion concentration* ‖ ⁓**korrosion** *f* (Galv) / hydrogen-type corrosion, acid corrosion ‖ ⁓**korrosionstyp** *m* (Galv) / hydrogen-evolution type of corrosion ‖ ⁓**krankheit** *f* **des Kupfers** (in heißer wasserstoffhaltiger Atmosphäre - DIN 50900) (Hütt) / hydrogen embrittlement of copper, hydrogen brittleness of copper ‖ ⁓**kühlung** *f* (Eltech) / hydrogen cooling* ‖ ⁓**laser** *m* (Phys) / hydrogen laser ‖ ⁓**linie** *f* (im Wasserstoffspektrum) (Spektr) / hydrogen line ‖ ⁓**maser** *m* (Phys) / hydrogen maser ‖ ⁓**molekül** *n* (das einfachste und kleinste aller neutralen Moleküle) (Chem) / hydrogen molecule ‖ ⁓**normalelektrode** *f* (Chem) / normal hydrogen electrode, NHE, standard hydrogen electrode, SHE ‖ ⁓**peroxid** *n* (Chem) / hydrogen peroxide* ‖ ⁓**peroxidoxidation** *f* (ein Verfahren der chemischen Abwasserbehandlung) (Sanitär) / hydrogen-peroxide oxidation ‖ ⁓**polysulfid** *n* (Chem) / hydrogen persulphide ‖ ⁓**radikal** *n* (Chem) / hydrogen radical ‖ ⁓**radius** *m* (Bohrscher) / hydrogen radius ‖ ⁓**reiche Kohle** (Bergb, Kftst) / perhydrous coal ‖ ⁓**/Sauerstoff-Brennstoffzelle** *f* (eine unter formaler Umkehrung der Elektrolyse des Wassers arbeitende Brennstoffzelle) (Kftst) / hydro-oxygen cell, hydrogen-oxygen fuel cell ‖ ⁓**-Sauerstoff-Schneiden** *n* (Masch) / oxyhydrogen cutting ‖ ⁓**-Sauerstoff-Schweißen** *n* (Schw) / oxyhydrogen welding* ‖ ⁓**säure** *f* (außer Wasserstoff nur ein Element oder ein einfaches Radikal enthaltende Säure, z.B. HBr oder HCN) (Chem) / hydracid *n*, hydrogen acid, binary acid ‖ ⁓**schädigung** *f* (Sammelbezeichnung für Wasserstoffblasenbildung, Wasserstoffversprödung, Entkohlung und Wasserstoffangriff) (Hütt, WP) / hydrogen damage ‖ ⁓**skale** *f* (der Elektrodenpotentiale) (Chem) / hydrogen scale* ‖ ⁓**speicherung** *f* / hydrogen storage ‖ ⁓**speicherung in Mikroglaskugeln** / microcavity hydrogen storage ‖ ⁓**spektrum** *n* (Spektrum des Wasserstoffgases) (Spektr) / hydrogen spectrum ‖ ⁓**thermometer** *n* (Typ eines Gasthermometers in Verbindung mit einem Quecksilbermanometer) / hydrogen thermometer ‖ ⁓**thyratron** *n* (Eltronik) / hydrogen thyratron* ‖ ⁓**transfer** *m* (Chem) / hydrogen transfer ‖ ⁓**überspannung** *f* (Chem) / hydrogen overvoltage ‖ ⁓**verbindung** *f* (Chem) / hydrogen compound ‖ ⁓**versprödung** *f* (Hütt, WP) / hydrogen embrittlement* ‖ ⁓**zelle** *f* (Eltech) / Allan cell
**Wasser•stollen** *m* (Bergb) / drainage tunnel ‖ ⁓**stoß** *m* (Masch) / water hammer*, hammer blow, water shock, surge *n*
**Wasserstrahl** *m* / water jet, hydrojet *n* ‖ ⁓**antrieb** *m* (ein Reaktionsantrieb) / water-jet propulsion, hydrojet propulsion ‖ ⁓**entrinder** *m* (z.B. Streambarker oder Hansel-Entrinder) (For) / hydraulic debarker, hydraulic barker, jet barker, stream barker ‖ ⁓**entrindung** *f* (For) / hydraulic debarking, hydraulic barking, jet barking, stream barking ‖ ⁓**entrindungsmaschine** *f* (For) / hydraulic debarker, hydraulic barker, jet barker, stream barker ‖ ⁓**pumpe** *f* (Vakuumpumpe für geringes Vakuum) (Vakuumt) / water-jet pump* ‖ ⁓**schälmaschine** *f* (For) / hydraulic debarker, hydraulic barker, jet barker, stream barker ‖ ⁓**schneidgerät** *n* (Werkz) / water torch*
**Wasser•straße** *f* (DIN 4054) (Schiff, Wasserb) / waterway *n*, navigable waterway ‖ **künstliche** ⁓**straße** (Schiff, Wasserb) / artificial waterway ‖ **natürliche** ⁓**straße** (Wasserb) / natural waterway ‖ ⁓**strecke** *f* (Bergb) / blind level ‖ ⁓**streifen** *m* (beim Emaillieren) / water streak ‖ ⁓**streifen** *m pl* (Glas) / shorelines *pl* ‖ **mit geraden** ⁓**streifen** (Papier) (Pap) / cream-laid* *adj* ‖ ⁓**strom** *m* (Wasserb) / water flow ‖ ⁓**strudel** *m* (kreis- oder spiralförmige abwärtssaugende Bewegung im Wasser) (Wasserb) / whirlpool *n*, vortex *n* (pl. vortices or vortexes), whirl *n* ‖ ⁓**tank** *m* / water tank ‖ ⁓**tanker** *m* (Schiff) / water carrier ‖ ⁓**tasse** *f* (Auffangbecken eines Stahlbetonkühlturms) / cold water basin, collection basin ‖ ⁓**tauchlack** *m* (Anstr) / water-thinnable dipping coating ‖ ⁓**tiefe** *f* (Verm) / sounding* *n* ‖ ⁓**topf** *m* (topfförmiger Kondensatsammler einer Gasleitung mit einem bis zum Geländeniveau führenden Auspumprohr) (im allgemeinen) (Geol) / water-bearing bed ‖ ⁓**tragflügel** *m* (Schiff) / hydrofoil *n*, hydrovane* *n*, foil *n* ‖ ⁓**transport** *m* (Schiff, Wasserb) / water-carriage *n* ‖ ~**treibend** *adj* (Pharm) / diuretic *adj* ‖ ⁓**trieb** *m* (Erdöl) / water drive ‖ ⁓**trieblagerstätte** *f* (Erdöl) / water-drive reservoir ‖ ⁓**tropfen** *m* / water drop ‖ ⁓**tropfenechtheit** *f* (nach DIN 54008) (Tex) / fastness to water drops, water spotting fastness, resistance to water spotting ‖ ⁓**trübung** *f* (DIN 38404, T 2) (Sanitär) / water turbidity ‖ ⁓**turbine** *f* (Strömungsmaschine zur Umwandlung der potentiellen Wasserenergie in mechanische Energie) (Masch) / water turbine*, hydraulic turbine ‖ **amerikanische** ⁓**turbine** (eine Reaktionsturbine mit radial eintretendem Wasser und einem axialen Austritt) / American water turbine*, mixed-flow water turbine* ‖ ⁓**turm** *m* (ein Hochbehälter) (HuT) / water tower ‖ ~**überwachendes Gerät** (Radiol) / water monitor*, water activity monitor ‖ ⁓**überwachungsgerät** *n* (Radiol) / water monitor*, water activity monitor ‖ ⁓**uhr** *f* (Instr) / water meter ‖ ~**- und aschefrei** *adj* (Kohle) / dry, ash-free *adj*, DAF, daf, moisture- and ash-free, maf ‖ ⁓**- und Notverpflegungsausrüstung** *f* / water-and-ration kit ‖ ~**undurchlässig** *adj* / waterproof *adj*, watertight *adj* ‖ ~**undurchlässiger Beton** (DIN 1045) (HuT) / waterproof(ing) concrete ‖ ~**undurchlässige Verkleidung** (der Uferböschung) (Wasserb) / lining* *n* (to minimise seepage losses, resist erosion, withstand pressure, and in general improve flow conditions) ‖ ~**undurchlässigkeit** *f* / impermeability to water, waterproofness *n*
**Wasserung** *f* (Luftf) / alighting on water ‖ ⁓ (eines Raumschiffs) (Raumf) / splash-down *n*
**Wässerung** *f* / watering *n* ‖ ⁓ (Foto) / washing* *n*, watering *n*, rinsing *n* ‖ ⁓ (Nahr) / maceration *n*
**Wässerungs•gerät** *n* (Foto) / wash tank, washer *n* ‖ ⁓**kasten** *m* (Foto) / wash tank, washer *n* ‖ ⁓**schale** *f* (einfache Schale mit Ablauf und Wasserzufluß) (Foto) / tray washer ‖ ⁓**wanne** *f* (Foto) / wash tank, washer *n*
**wasser•unlöslich** *adj* (Chem) / water-insoluble *adj* ‖ ~**untersuchung** *f* (Chem, Sanitär) / water analysis ‖ ⁓**verbrauch** *m* / water consumption ‖ **Effektivität** *f* **des** ⁓**verbrauches** / water-use efficiency ‖ ⁓**verbrauchseffektivität** *f* / water-use efficiency ‖ ⁓**verdampfung** *f* (Phys) / water evaporation (rate) ‖ ~**verdrängend** *adj* (Anstr, Chem) / water-displacing *adj* ‖ ~**verdrängende Flüssigkeit** (Chem, Galv) / water-displacing liquid*, dewatering fluid ‖ ⁓**verdrängung** *f* (aus dem Reifenprofil, um Aquaplaning zu verhindern) (Kfz) / water disposal ‖ ~**verdünnbar** *adj* / water-dilutable *adj* ‖ ~**verdünnbar** (Anstr) / water paint*, water-thinned *adj*, water-thinnable *adj* ‖ ~**verdünnbarer Lack** (Anstr) / water paint*, water-borne coating ‖ ⁓**verfrachtet** *adj* (Geol) / water-borne *adj*, water-drifted *adj* ‖ ⁓**verkehr** *m* (Schiff, Wasserb) / water-carriage *n* ‖ ⁓**verlust** *m* (HuT, Landw) / conveyance loss (the loss of water, largely unavoidable, in irrigation and water-supply channels) ‖ ⁓**verlust während des Transports** (Wasserb) / conveyance loss ‖ ⁓**verschluß** *m* (Wasservorlage) (Masch) / flashback chamber ‖

1387

**Wasserverschluß**

~verschluß (Masch) / liquid seal ‖ ~verschluß (des Geruchsverschlusses) (Sanitär) / water seal*, seal* n ‖ ~verschmutzung f (Tätigkeit oder Unterlassung) (Sanitär, Umwelt) / water pollution ‖ ~verschmutzung (mit giftigen Stoffen oder Bakterien) (Sanitär, Umwelt) / water contamination ‖ ~versorgung f (Wasserb) / water supply ‖ unabhängige ~versorgung (Wasserb) / non-piped water supply ‖ abhängige ~versorgung (Wasserb) / piped-water supply ‖ zentrale ~versorgung (Wasserb) / central water supply ‖ ~versorgungsanlage(n) f(pl) (Wasserwerk + Wasserverteilung) (HuT, Wasserb) / waterworks n(pl) ‖ ~verteilung f (HuT, Wasserb) / water distribution ‖ ~verunreinigung f (Sanitär, Umwelt) / water pollution ‖ ~verunreinigung (Substanz) (Sanitär, Umwelt) / water pollutant, water impurity ‖ ~verwehung f (Austragen von Umlaufwasser aus den Lufteintrittsöffnungen von Kühltürmen durch Windeinfluß) (Masch) / windage n, blow-out n ‖ ~vorhang m (eine Löschanlage) / water curtain ‖ ~vorkommen n (Wasserb) / water resources (available) ‖ ~vorlage f (bei alten Azetylenentwicklern) (Masch) / flashback chamber ‖ ~vorräte m pl (Wasserb) / water reserves ‖ ~waage f (Bau, Instr) / spirit level ‖ ~welle f (Wasserb) / water wave ‖ ~werfer m (Bergb) / monitor* n, giant* n, hydraulic giant, hydraulic monitor ‖ ~werk n (Umwelt, Wasserb) / waterworks n(pl) ‖ ~werkstatt f (in der man die tierische Haut für die Gerbung vorbereitet) (Leder) / beamhouse n, yard n ‖ ~wert m (Kftst) / water susceptibility ‖ ~wert (ein Gerätefaktor für Kalorimeterteile) (Phys, Wärm) / water equivalent*, thermal capacity, heat capacity, energy equivalent ‖ ~widerstand m (als Eigenschaft) (Eltech) / water resistance ‖ ~widerstand (im allgemeinen) (Eltech) / water resistor* ‖ ~widerstand (Rheostat) (Eltech) / water rheostat* ‖ ~wirbel m (kreis- oder spiralförmige abwärtssaugende Bewegung im Wasser) (Wasserb) / whirlpool n, vortex n (pl. vortices or vortexes), whirl n ‖ ~wirbelbremse f (ein Bremsdynamometer) (Masch) / hydraulic brake* ‖ ~wirtschaft f (Entwässerungsmaßnahmen im weitesten Sinne) (Bergb) / mine drainage ‖ ~wirtschaft (DIN 4046 und 4049) (Wasserb) / water management, water (resources) policy ‖ ~wolke f (Meteor) / water cloud ‖ ~zähler m (ein Meßgerät, das in einer Wasserleitung die durchgeflossenen Wassermengen zählt und die Summe anzeigt) (Instr, Wasserb) / water-meter n ‖ ~zapfstelle f (Bau, HuT, Sanitär) / water-tap connection

**Wasserzeichen** n (echtes) (Pap) / watermark* n ‖ echtes ~ (DIN 6730) (Pap) / true watermark ‖ imitiertes ~ (DIN 6730) (Pap) / simulated watermark ‖ ~ n mit Schattierungen (Pap) / shadow-mark n, shadecraft watermark, shadow watermark, intaglio n ‖ ~papier n (Pap) / watermark paper, watermarked paper

**Wasser•zementwert** m (das Massenverhältnis von Wassergehalt und Zementgehalt) (HuT) / water-cement ratio ‖ ~zementwertgesetz n nach Abrams (HuT) / Abrams' law*, Duff Abrams' law ‖ ~zerfressen adj (Geol, Wasserb) / water-worn adj, water-eroded adj ‖ ~zisterne f / cistern n (a tank for storing water) ‖ ~zugabe f / water addition ‖ ~zusatz m / water addition

**wäßrig** adj / aqueous* adj, watery adj ‖ ~ (Anstr) / water-base attr, water-thinned adj, water-thinnable adj ‖ ~ (Nahr) / washy adj ‖ nicht ~ (Chem) / anhydrous* adj, non-aqueous adj, free from water ‖ ~es Anstrichmittel (Anstr) / water-base paint, water-base paint ‖ ~er Auszug (Chem) / water extract ‖ ~es Lösemittel (Chem) / aqueous solvent ‖ ~e Lösung (Chem) / aqueous solution ‖ ~e Lösung des Waschmittels (Tex) / washing liquor ‖ ~es Lösungsmittel (Chem) / aqueous solvent ‖ ~e Masse aus Waschrohstoffen, Polyphosphaten und weiteren Substanzen (bei der Herstellung von Waschpulvern) (Chem Verf) / slurry n ‖ ~e Phase (Phys) / water phase, aqueous phase ‖ ~es Phasensystem (Biochem) / aqueous phase system, APS

**Was-wäre-wenn-Analyse** f (EDV, KI) / what-if analysis
**Was-wäre-wenn-Seite** f (Druck, EDV) / what-if page (showing an alternative layout)
**Watchpoint** m (EDV) / watchpoint n
**Water** n (festgedrehtes Kettgarn) (Spinn) / water twist, water yarn (hard-twisted warp yarn)
**Water-Boiler-Reaktor** m (ein homogener Forschungsreaktor kleiner Leistung) (Nukl) / water-boiler reactor, water boiler
**Waterborne disease** f (Infektionskrankheit, deren Keime durch das Wasser verbreitet werden) (Med) / water-borne disease
**Watergarn** n (Spinn) / water twist, water yarn (hard-twisted warp yarn)
**Waterjacket** n (Hütt, Masch) / water jacket
**Waterproof** m (wasserabweisend ausgerüstete Textilie) (Tex) / waterproof n ‖ ~-Leder n (mit imprägnierenden Zusätzen) (Leder) / waterproof leather
**Watertwist** m (Spinn) / water twist, water yarn (hard-twisted warp yarn)
**Waterzwirn** m (Spinn) / water twist, water yarn (hard-twisted warp yarn)
**Watfähigkeit** f (als Eigenschaft) (Kfz) / fording ability, water-crossing ability, fording capacity ‖ ~ (als konkreter Wert) (Kfz) / fording depth

**Watson-Crick-Modell** n der Struktur des DNS-Moleküls (nach J.D. Watson, geb. 1928, und F.H.C. Crick, geb. 1916) (Biochem) / Watson-Crick DNA model
**Watt** n (pl.-en) (seichter Streifen des Meeresbodens, der bei Ebbe ganz oder teilweise trocken liegt - besonders an der Nordsee) (Ozean) / watten pl, wadden pl ‖ ~ (abgeleitete SI-Einheit der Leistung und des Wärmestroms, nach J. Watt, 1736-1819) (Phys) / watt* n ‖ ~angaben f pl (Eltech) / wattage n ‖ ~boden m (Geol) / tidal marsh, tidal flat
**Watte** f (für medizinische Zwecke) (Med) / medicated cotton wool, cotton wool*, absorbent cotton, surgery wool, cotton n (US) ‖ ~ (Tex) / wadding n, ouate n ‖ ~ (Tex) / batting n (layers of raw cotton or wool) ‖ ~bausch m (Med) / swab* n ‖ ~line f (leichtes, watteähnliches Zwischenfutter mit flaumiger Oberfläche) (Tex) / wadding n
**Wattenschlick** m (Geol, Ozean) / tidal silts
**Watte•stäbchen** n / cotton bud, cotton swab ‖ ~tupfer m (Med) / swab* n
**Wattgrenze** f (Verm) / low-water line, low-tide line
**Wattierstepperei** f (Tex) / quilting n
**wattierte Steppdecke** (Tex) / quilted blanket
**Wattierung** f (Tex) / wadding n, padding n ‖ ~ (aus neuen Fasern) (Tex) / batting n (layers of raw cotton or wool)
**Wattkomponente** f (Elektr) / active component*, in-phase component*, energy component*, power component*
**Wattlerinde** f (aus verschiedenen Akazienarten - z.B. Acacia catechu (L.f.) Willd., Acacia karroo Hayne oder Acacia mearnsii De Wild.) (Leder) / wattle bark
**wattlos** adj (Elektr) / reactive adj, wattless adj
**Wattmeter** n (Eltech) / wattmeter* (WM) n ‖ elektrodynamisches ~ (Eltech) / dynamometer wattmeter, electrodynamic wattmeter ‖ elektrodynamisches ~ mit Eisenkern (Eltech) / Sumpner wattmeter
**Watts-Bad** n (beim Vernickeln) (Galv) / Watts' bath, Watts' solution, Watts' nickel electrolyte
**Wattsch•er Fliehkraftregler** (Masch) / Watt governor* ‖ ~e Geradführung (Mech) / Watt linkage, Watt's linkage, Watt's straight-line mechanism
**Wattsekunde (Ws)** f (Elektr) / watt-second n
**Watts•-Elektrolyt** m (mit Nickelsulfat, Nickelchlorid und Borsäure) (Galv) / Watts' bath, Watts' solution, Watts' nickel electrolyte ‖ ~-Nickelelektrolyt m (Galv) / Watts' bath, Watts' solution, Watts' nickel electrolyte
**Watt•stunde** f (Elektr) / watt-hour* n ‖ ~verlust m (Eltech) / power loss* ‖ ~zahl f (Eltech) / wattage n
**Wava** n (For) / obeche* n, wawa* n, African whitewood*, arere n
**WAV-Datei** f (Akus, EDV) / WAV file (a sound file)
**Wavellit** m (Aluminiumtrihydroxiddiorthophosphat-5-Wasser) (Min) / wavellite* n
**Wavetable-ROM** n (EDV) / wavetable ROM
**Waxfinish** n (Tex) / wax finish
**Wb** (abgeleitete SI-Einheit des magnetischen Flusses) (Elektr, Mag) / weber* n
**WBA** (Hütt) / order for heat treatment, heat-treatment instruction
**W-Binder** m (ein Dreieckfachwerkbinder) (Zimm) / Fink truss, Belgian truss, French truss
**W-Boson** n (ein massives Vektorboson) (Kernphys) / W boson, W particle
**WC** n (Bau, Sanitär) / water closet*, WC
**WCOT-Säule** f (für die Kapillarchromatografie) (Chem) / wall-coated open tubular column, WCOT column
**WDM** (Fernm) / wavelength-division multiplexing (WDM)
**WE** (Eltech) / inverted rectifier*, inverter* n, dc-to-ac converter
**We** (Trägheitskraft/Oberflächenspannungskraft) (Phys) / Weber number, Rayleigh number 1, Weber's number
**Wear** f (Tex) / clothing n, clothes pl, apparel n, garments pl, wearing apparel
**Wearable Computer** m (tragbarer Klein- oder Kleinstrechner) (EDV) / wearable computer
**Weather-O-Meter** n (Prüfgerät zur künstlichen Bewitterung und schnellen Prüfung von Anstrichen auf Licht- und Wetterbeständigkeit) (Anstr) / weatherometer n
**weatherproof** adj (Masch, Meteor) / weatherproof adj, non-weathering adj
**Web** n (EDV) / World Wide Web*, WWW* ‖ ~ (bei semantischen Netzen) (KI) / web n
**Webautomat** m (nach DIN 63000) (Web) / automatic loom, automatic weaving machine ‖ einfacher ~ (Web) / plain loom ‖ mehrschütziger ~ (Web) / multipiece automatic loom
**Web•bändchen** n (z.B. für Teppichträger) (Tex) / tape n ‖ ~baum m (Web) / beam* n, loom beam
**Webbing** n (Plast) / webbing n
**Webblatt** n (Web) / reed* n, comb n

**Webeblatt** *n* (Web) / reed* *n*, comb *n* ‖ ⁓**bindemaschine** *f* (Web) / reed-binding machine
**Webeffekt** *m* (Web) / weave effect
**Webeleine** *f* (zwischen den Wanten angebrachte /eingewebte/ Leinen aus Tauwerk, die als Sprossen zum Besteigen der Masten dienen) (Schiff) / ratline *n*, ratlin *n*
**weben** *v* (Web) / weave *v* ‖ ⁓ *n* (Web) / weaving* *n* ‖ **mehrbahniges** ⁓ (Web) / multiwidth weaving ‖ **rechnerintegriertes** ⁓ (Web) / computer-integrated weaving, CIW ‖ **schützenloses** ⁓ (Web) / shuttleless weaving* ‖ **triaxiales** ⁓ (Web) / triaxial weaving
**Weber** *n* (abgeleitete SI-Einheit des magnetischen Flusses) (Elektr, Mag) / weber* *n* ‖ ⁓ *m* (Web) / weaver *n*
**Weberei** *f* (Tätigkeit) (Web) / weaving* *n* ‖ ⁓ (Betrieb) (Web) / weaving mill ‖ ⁓**vorbereitungsmaschine** *f* (DIN 62500) (Web) / weaving preparation machine ‖ ⁓**vorwerk** *n* (DIN 62500) (Web) / weaving preparation machine
**Weber-Fechnersches Gesetz** (Verhältnis von Reiz und Empfindung) (Physiol) / Weber-Fechner law*, Weber's law, Fechner law*
**Weber•glas** *n* (Web) / counting glass*, whaling glass* ‖ ⁓**kamm** *m* (Web) / reed* *n*, comb *n* ‖ ⁓**karde** *f* (Dipsacus sativus (L.) Honck.) (Bot, Tex) / teasel *n*, teazel *n*, teazle* *n* ‖ ⁓**knoten** *m* (Web) / weaver's knot ‖ ⁓**schiffchen** *n* (Web) / shuttle* *n* ‖ ⁓**-van Deensche Probe** (Chem, Med) / guaiac acid test* ‖ ⁓**zahl** (We) *f* (Trägheitskraft/Oberflächenspannungskraft) (Phys) / Weber number, Rayleigh number 1, Weber's number
**Web•etikett** *n* (Web) / woven label ‖ ⁓**fach** *n* (Zwischenraum zwischen hoch- und tiefgeführten Kettfäden beim Durchkreuzen des Schußfadens) (Web) / shed* *n* ‖ ⁓**fehler** *m* (Web) / weaving fault ‖ ⁓**fehler** (Doppelfaden) (Web) / flat *n* ‖ **harnischbedingter** ⁓**fehler** (Web) / harness skip, skip *n* ‖ **durch** ⁓**fehler verursachte Streifen** (Web) / section marks, warp bands ‖ ⁓**filz** *m* (ein Gewebe, bei dem der Filzcharakter durch die Ausrüstung erzielt wird) (Tex) / felted fabric ‖ ⁓**frottierware** *f* (ein- oder beidseitig mit Schlingen versehene Kettflorgewebe für Hand- und Badetücher, Bademäntel und modische Strandbekleidung) (Tex) / terry fabric*, terry cloth, terry towelling ‖ ⁓**garn** *n* (Web) / weaving yarn ‖ ⁓**geschirr** *n* (Web) / harness *n*, stave *n*, leaves *pl* ‖ ⁓**-Hosting** *n* (EDV) / Web hosting ‖ ⁓**kamm** *n* (Web) / reed* *n*, comb *n* ‖ ⁓**kante** *f* (Web) / list *n* (GB), listing* *n*, selvedge *n* ‖ **eingeschnittene** ⁓**kante** (Web) / nicked selvedge ‖ **eingerissene** ⁓**kante** (Web) / cut selvedge, bad listing, broken selvedge, damaged selvedge ‖ ⁓**kette** *f* (Web) / warp* *n* ‖ ⁓**kettenanknüpfmaschine** *f* (Web) / warp tying machine ‖ ⁓**kettenspannung** *f* (Web) / warp tension ‖ ⁓**lade** *f* (Web) / batten *n*, sley* *n*, slay *n*, lathe *n*, lay *n*, loom sley ‖ ⁓**litze** *f* (Web) / heald* *n*, heddle* *n* ‖ ⁓**litze für Drehergewebe** (Web) / doup *n*
**Webmaschine** *f* (DIN ISO 5247, T 2) (Web) / loom* *n*, weaving machine* ‖ **triaxiale** ⁓ (Web) / triaxial loom, triaxial weaving machine ‖ ⁓ *f* **mit beidseitigen Greifern** (Web) / bilateral rapier loom ‖ ⁓ **mit glatter Lade** (Web) / plain loom ‖ ⁓ **mit Harpune** (die den Schuß nach einer Seite durchzieht) (Web) / gripper-shuttle loom, projectile weaving machine
**Webmaschinen•flug** *m* (Web) / loom fly ‖ ⁓**gestell** *n* (Web) / loom framing ‖ ⁓**leistung** *f* (Web) / loom efficiency* ‖ ⁓**zubehör** *n* (DIN 63001) (Web) / waving-loom accessories
**Webmaster** *m* (EDV) / Webmaster *n*
**Web•muster** *n* (Web) / woven design, weave design, weave pattern ‖ ⁓**nest** *n* (Web) / skip *n*, tangle *n* ‖ ⁓**nutzeffekt** *n* (Web) / weaving efficiency
**Web-Page-Design** *n* (das Anlegen und Gestalten von Web-Seiten) (EDV) / Web page creation, Web authoring
**Webplüsch** *m* (Tex) / woven pile
**Web-Publishing** *n* (EDV) / Web publishing
**Web•schaft** *n* (Hubelement am Webstuhl) (Web) / heald shaft, heald frame ‖ ⁓**schiffchen** *n* (Web) / shuttle* *n* ‖ ⁓**schützen** *m* (DIN 63000) (Web) / shuttle* *n*
**Web-Seite** *f* (EDV) / Web page, WWW page
**Website** *f* (EDV) / Web site (an organized set of Web pages), site *n*, web site ‖ ⁓**-Management** *n* (EDV) / site management (the process of keeping a Web site up-to-date and well-organized)
**Websterit** *m* (Pyroxenit) (Geol) / websterite* *n*
**Webstersche Lösung** (hochbrechende Einbettungsflüssigkeit) (Min) / Webster solution
**Webstoff•e** *m pl* (Tex) / wovens *pl*, weaves *pl* ‖ ⁓**scheibe** *f* (Masch) / buff* *n*, buffing wheel, mop *n*, mop abrasive disk, buffing mop
**Webstuhl** *m* (mechanischer) (Web) / loom* *n*, weaving machine* ‖ ⁓**bremsleder** *n* (im Schützenkasten des Webstuhls) (Leder, Web) / swell leather, binder leather ‖ ⁓**gestell** *n* (Web) / loom framing ‖ ⁓**öl** *n* (Web) / loom oil
**Web-Technik** *f* (Eltronik) / web technique (a process developed by Westinghouse to produce thin sheets of silicon for solar cells)

**Web•technik** *f* (Web) / weaving technology ‖ ⁓**teppich** *m* (Tex) / woven carpet ‖ ⁓**velours** *m* (Tex) / woven velours ‖ ⁓**ware** *f* (Tex) / wovens *pl*, weaves *pl* ‖ ⁓**zettel** *m* (Web) / pegging plan
**Wechsel** *m* (im allgemeinen) / change *n* ‖ ⁓ (ein zwischen parallelen, gleichbelasteten Trägern rechtwinklig eingezogener Zwischenträger, der einem Teil dieser Träger als Auflager dient) (Bau, Zimm) / trimmer* *n* (GB), trimmer joist (GB), header *n* (US), header joist* (US) ‖ ⁓ (im Einfallen) (Geol) / reversal *n* ‖ ⁓ (der Flamme) (Glas) / changeover *n*, reversal *n* ‖ ⁓ (Richtungsumkehr) (Masch) / inversion of the direction ‖ **taktmäßiger** ⁓ / pulsation *n* ‖ ⁓**anteil** *m* (DIN 40110) (Elektr) / alternating (oscillating) component ‖ ⁓**aufbau** *m* (Kfz) / interchangeable body, swop body ‖ ⁓**balken** *m* (in den der Wechsel eingebunden ist) (Bau, Zimm) / trimming joist*, trimmer *n* ‖ ⁓**beanspruchung** *f* (Mech) / alternating stress*, fluctuating stress ‖ **thermische** ⁓**beanspruchung** (WP) / thermal cycling ‖ ⁓**betrieb** *m* (DIN 44302) (EDV, Fernm) / half-duplex transmission, half-duplex operation, half duplex* (HD, HDX), HD transmission ‖ ⁓**biegeprüfung** *f* (WP) / alternating bending test ‖ ⁓**boden** *m* (des MRP-Konverters) (Hütt) / replacement bottom ‖ ⁓**drehwuchs** *m* (ein Holzfehler) (For) / interlocked grain, double cross-grain ‖ ⁓**druckverfahren** *n* (ein Kesseldruckverfahren) (For) / alternating-pressure process ‖ ⁓**falz** *m* (an Schalungen) (Zimm) / rabbet joint ‖ ⁓**feld** *n* (Elektr) / alternating field ‖ ⁓**feld** (Phys) / alternating field ‖ ⁓**feldbeschleuniger** *m* (in dem die Teilchen unter Einhaltung bestimmter Phasenbeziehungen wiederholt der Wirkung hochfrequenter elektrischer Wechselfelder ausgesetzt sind - z.B. Betatron) (Nukl) / time-varying field accelerator ‖ ⁓**festigkeit** *f* (WP) / fatigue limit under reverse stress ‖ ⁓**flasche** *f* (bei schnellen Brütern) (Nukl) / handling flask, shielded container for refuelling ‖ ⁓**gelagert** *adj* (Geol) / interbedded *adj*, intercalated *adj*, interstratified *adj* ‖ ⁓**getriebe** *n* (Masch) / gearing *n*, gear transmission ‖ ⁓**größe** *f* (zeitlich veränderliche elektromagnetische Größe, deren Mittelwert Null ist) (Eltech) / alternating quantity ‖ ⁓**impuls** *m* (DIN 5483, T 1) (Fernm) / bidirectional pulse, bipolar pulse ‖ ⁓**induktion** *f* (Elektr) / mutual induction ‖ ⁓**induktivität** *f* (Eltech) / mutual inductance* ‖ ⁓**kassette** *f* (Foto) / changing magazine ‖ ⁓**kasten** *m* (Web) / drop box, change box ‖ ⁓**klinge** *f* (z.B. des Stanley-Messers) / disposable blade ‖ ⁓**komponente** *f* (Elektr) / alternating (oscillating) component ‖ ⁓**kontakt** *m* (Fernsp) / changeover contact ‖ ⁓**kontakt mit Unterbrechung** (Eltech) / break-before-make contact* ‖ ⁓**kontaktfeder** *f* (eines Kontaktsatzes) (Eltech) / swinger *n* ‖ ⁓**krümmer** *m* (kurzes, gekrümmtes und an den Enden mit Flanschen versehenes Rohr) (Masch) / changeover joint ‖ ⁓**lade** *f* (für den abwechselnden Lauf mehrerer Schützen) (Web) / drop-box sley, change-box sley, multiple-box lathe ‖ ⁓**lader** *m* (Kfz) / interchangeable body, swop body ‖ ⁓**ladersystem** *n* (Kfz) / multibody system ‖ ⁓**lager** *n* (Masch) / double thrust-bearing* ‖ ⁓**lagerung** *f* (Geol) / alternate structure, alternated stratification ‖ ⁓**lagerung** (Geol) / alternate stratification *n* ‖ **in** ⁓**lagerung** (Geol) / interbedded *adj*, intercalated *adj*, interstratified *adj* ‖ ⁓**lagerungsmineralien** *n pl* (Min) / mixed-layer clay minerals ‖ ⁓**last** *f* (WP) / alternating load ‖ ⁓**lichtempfindlichkeit** *f* (Eltronik) / dynamic luminous sensitivity (of a photoelectric device) ‖ ⁓**lichtzeichenanlage** *f* (Kfz) / traffic light(s), traffic signal, lights *pl*, road traffic signal system ‖ ⁓**magazin** *n* (Foto) / changing magazine ‖ ⁓**magnetisierung** *f* (Eltech) / alternating magnetization ‖ ⁓**maske** *f* (mehrfach verwendbare Metallfolie mit Durchbrüchen) (Eltronik) / metal-foil mask ‖ ⁓**motor** *m* (bei dem von einem flüssigen Kraftstoff zu einem gasförmige ohne Betriebsunterbrechung übergegangen werden kann) (Kfz) / dual-fuel engine
**wechseln** *v* / change *v* ‖ ⁓ (Feldfrüchte) (Landw) / rotate *v*
**wechselnd** *adj* (periodisch) / alternate *adj*, alternating *adj* ‖ ⁓**er Lastangriff** (bei der Werkstoffprüfung) (WP) / cyclical load variation ‖ ⁓**e Spannung** (Mech) / alternating stress*, fluctuating stress
**Wechsel•objektiv** *n* (Foto, Opt) / interchangeable lens ‖ ⁓**pflug** *m* (Landw) / alternate plough, two-way sulky plow (US) ‖ ⁓**platine** *f* (Web) / change hook ‖ ⁓**platte** *f* (eine leicht austauschbare Festplatte, die man ähnlich wie eine Diskette aus ihrem Schacht herausnehmen kann und - samt der auf ihr enthaltenen Daten - an einen anderen Ort mitnehmen kann) (EDV) / removable disk, exchangeable disk ‖ ⁓**plattenspeicher** *m* (EDV) / exchangeable disk store, EDS ‖ ⁓**polgenerator** *m* (Eltech) / heteropolar generator* ‖ ⁓**polig** *adj* (Eltech) / heteropolar *adj* ‖ ⁓**potential** *n* (Eltech) / alternating potential ‖ ⁓**punkt** *m* (Argumentwert der Klassengrenzen) (Math, Stats) / cell boundary ‖ ⁓**quersumme** *f* (Math) / alternating cross-sum ‖ ⁓**rad** *n* (Masch) / change gear (a gear used to change the speed of a driven shaft while the speed of the driving shaft remains constant) ‖ ⁓**rad** (der Leitspindeldrehmaschine) (Masch) / change wheel* *n* ‖ ⁓**räderschere** *f* (bei alten Drehmaschinen) (Masch) / quadrant *n*, gear quadrant, quadrant plate ‖ ⁓**rahmen** *m* (für Diapositive) (Foto) / slide mount ‖ ⁓**rahmen** (Gieß) / bolster *n* ‖ ⁓**reiber** *m* (Druck) / oscillating roller ‖ ⁓**richten** *v*

1389

**Wechselrichten**

(nur Infinitiv und Partizip) (Eltech) / invert v ‖ ~**richten** n (Eltech) / inversion n

**Wechselrichter** m (Stromrichter zum Umformen von Gleichstrom in ein- oder mehrphasigen Wechselstrom mit einstellbarer Frequenz) (Eltech) / inverted rectifier*, inverter* n, dc-to-ac converter ‖ **lastgeführter** ~ (ein Teil des Schwingkreisumrichters) (Eltech) / load-commutated inverter ‖ **selbstgeführter** ~ (Eltech) / self-commutated inverter ‖ **umlaufender** ~ (Eltech) / inverted rotary converter* ‖ ~**betrieb** m (Eltech) / inverter operation

**Wechsel·sack** m (Foto) / changing bag* ‖ **spektroskopischer** ~**satz** (Wechsel von gerad- und ungeradzahliger Multiplizität) (Chem) / alternation of multiplicities laws ‖ ~**schaftmaschine** f (Web) / cross-border dobby ‖ ~**schalter** m (ein Umschalter, mit dem die Lichtquelle von zwei räumlich voneinander getrennten Stellen beliebig ein- oder ausgeschaltet werden kann) (Eltech) / changeover switch ‖ ~**schichtminerale** n pl (Min) / mixed-layer clay minerals ‖ ~**schriftverfahren** n (EDV) / non-return-to-zero mark recording, NRZ 1, NRZ/M

**wechselseitig** adj / mutual adj ‖ ~ (z.B. beim Wechselverkehr) (Fernm) / two-way alternate, TWA ‖ **sich ~ verzahnen** / interlock v ‖ ~ **abhängig** / interdependent adj ‖ ~**e Abhängigkeit** / interdependence n ‖ ~**es Auftreten als Zweitlieferant** / alternate sourcing ‖ ~**e Diffusion** (Hütt) / interdiffusion n ‖ ~**e Induktion** (Eltech) / mutual induction ‖ ~**er Richtungsverkehr** (EDV, Fernm) / simplex* n, simplex operation, simplex transmission, simplexing n, one-way operation ‖ ~ **verzahnt** / interlocking adj ‖ ~**e Verzahnung** (Geol) / interfingering n

**Wechsel·spannung** f (die periodisch Richtung und Betrag wechselt) (Eltech) / alternating voltage, ac voltage, ACV ‖ ~**spannung** (Mech) / alternating stress*, fluctuating stress ‖ ~**spannungsverstärker** m (elektronische Schaltung zur Verstärkung von Wechselspannungssignalen /auch zur Strom- und Leistungsverstärkung/) (Eltronik) / a.c. voltage amplifier, AC voltage amplifier ‖ ~**sperre** f (bei Relais) (Eltech) / reciprocal interlocking ‖ ~**spiel** n / interaction* n ‖ ~**sprechanlage** f (Fernsp) / two-way telephone system, press-to-talk intercommunicating system ‖ ~**sprechanlage** (Fernsp) s. auch Gegensprechanlage ‖ ~**sprechbetrieb** m (Fernsp) / two-way communication ‖ ~**sprechen** n (Fernsp) / simplex n ‖ ~**sprechverbindung** f (Fernsp) / two-way communication ‖ ~**sprung** m (diskontinuierlicher Fließwechsel) (Wasserb) / hydraulic jump ‖ ~**spuleninstrument** n (Eltech) / change-coil instrument* ‖ ~**stabläufer** m (Eltech) / staggered-slot rotor ‖ **ständige Tüpfelung** (For) / alternate pitting ‖ ~**stellung** f / alternate position

**Wechselstrom** m (der periodisch Richtung und Betrag ändert) (Eltech) / alternating current*, a.c.*, AC, a-c ‖ **einphasiger** ~ (Elektr) / monophase alternating current, single-phase alternating current ‖ ~**erregte Synchronmaschine** (Eltech) / reaction generator ‖ ~**generator** m (Eltech) / ac generator*, AC generator, alternating-current generator, alternator n ‖ ~**-Gleichstrom-Lokomotive** f (Bahn) / a.c./d.c. locomotive ‖ ~**größe** f (z.B. Wirkspannung, Wirkstrom, Wirkleitwert usw.) (Eltech) / alternating quantity ‖ ~**-Josephson-Effekt** m (Eltronik) / ac Josephson effect ‖ ~**kommutatormotor** m (Eltech) / ac commutator motor* ‖ ~**kreis** m (Eltech) / ac circuit ‖ ~**leitfähigkeit** f (Elektr) / a.c. conductivity ‖ ~**maschine** f (Eltech) / alternating-current machine, ac machine ‖ ~**meßbrücke** f (zur Bestimmung von charakteristischen Größen von Wechselstromwiderständen) (Eltech) / ac bridge, alternating-current (measuring) bridge ‖ ~**motor** m (Eltech) / a.c. motor*, AC motor, alternating-current motor ‖ ~**netz** n (Eltech) / ac mains, ac network ‖ ~**quelle** f / alternating-current source, ac (power) source ‖ ~**relais** n (Eltech) / alternating-current relay ‖ ~**schweißung** f (Schw) / a. c. welding ‖ ~**-Spannungsabfall** m (Eltech) / impedance drop* ‖ ~**telegrafie** f (Teleg) / voice-frequency telegraphy, V.F. telegraphy, v-f telegraphy, sound telegraphy ‖ ~**widerstand** m (der in einem Wechselstromkreis auftretende Wirkwiderstand, induktiver Widerstand von Spulen und kapazitiver Widerstand von Kondensatoren) (Eltech) / ac resistance ‖ ~**zähler** m (der Wirkarbeit W in kWh mißt) (Eltech) / a.c.meter

**Wechsel·stuhl** m (Web) / box loom* ‖ ~**taktschrift** f (ein Schreibverfahren) (EDV) / two-frequency recording mode, pulse-width recording ‖ ~**tauchversuch** m (eine Korrosionsprüfung nach DIN 50905) (Galv) / alternate immersion test ‖ ~**tischbügelmaschine** f (Leder) / two-table plating machine ‖ ~**ventil** n (Absperrventil mit zwei sperrbaren Zuflüssen und einem Abfluß - DIN 24300) (Masch) / shuttle valve ‖ ~**verhakung** f (von Polymerketten) (Plast) / mutual interlocking ‖ ~**warm** adj (Physiol, Umwelt, Zool) / poikilothermal* adj, poikilothermic adj, poikilothermous adj, cold-blooded* adj ‖ ~**wegweiser** m (im Straßenverkehr) (Kfz) / variable-direction sign, changeable-direction sign ‖ ~**wert** m (Math) / varying value ‖ ~**winkel** m pl (an geschnittenen Parallelen) (Math) / alternate angles*

**Wechselwirkung** f / interaction* n ‖ ~ (Kernphys) / interactions pl between elementary particles ‖ ~ (Mech) / reaction* n, response n, retroaction n ‖ **chemische** ~ (Chem) / chemical interaction ‖ **direkte** ~ (Kernphys) / direct interaction ‖ **elektromagnetische** ~ (etwa 1/137) (Kernphys) / electromagnetic interaction* ‖ **elektroschwache** ~ (Kernphys) / electroweak interaction (electromagnetic + weak interaction) ‖ **fundamentale** ~**en** (Kernphys) / fundamental interactions ‖ **hydrophobe** ~ (Biochem) / hydrophobic interaction ‖ **inklusive** ~ (Kernphys) / inclusive interaction ‖ **interionische** ~ (Kernphys) / interionic action ‖ **kollektive** ~ (Kernphys) / collective interaction ‖ **kurzreichweitige** ~ (Kernphys) / short-range interaction ‖ **lokale** ~ (Kernphys) / point interaction ‖ **nichtadiabatische** ~ (Kernphys) / non-adiabatic interaction ‖ **schwache** ~ (etwa $10^{-14}$ - nach der Theorie von Glashow, Weinberg und Salam) (Kernphys) / weak interaction*, weak nuclear interaction ‖ **semiinklusive** ~ (Kernphys) / semi-inclusive interaction ‖ **transannulare** ~ (ein Proximitätseffekt) (Chem) / transannular interaction ‖ **zwischenmolekulare** ~ (Chem, Phys) / molecular interaction, intermolecular interaction ‖ **in** ~**treten** (Chem) / conjugate v ‖ **starke** ~ **(der Hadronen)** (Kernphys) / strong interaction*, strong nuclear interaction

**Wechselwirkungs·bild** n (Kernphys) / interaction representation, interaction picture, Tomonaga-Schwinger picture ‖ ~**darstellung** f (Kernphys) / interaction representation, interaction picture, Tomonaga-Schwinger picture ‖ ~**frei** adj / non-interacting adj ‖ ~**gesetz** n (drittes Newtonsches Gesetz) (Phys) / principle of action and reaction ‖ ~**prinzip** n (das dritte Newtonsche Axiom) (Phys) / Newton's third law of motion (action and reaction), law of action and reaction ‖ **Partner** m **in einem** ~**prozeß** (Phys) / interactant n ‖ ~**raum** m (Eltronik) / interaction space*

**Wechselzahl** f (die die Enzymaktivität charakterisiert) (Biochem) / turnover number, molecular activity

**Wechsler** m (Fernsp) / changeover contact ‖ ~ **ohne Unterbrechung** (Fernsp) / make-before-break contact*

**Wechte** f (Geol) / cornice n

**Weckamin** n (ein Sympathikomimetikum) (Pharm) / amphetamine* n

**Weckdienst** m (Fernsp) / wake-up service

**Wecker** m (EDV) / prompter n ‖ ~ (Fernsp) / bell n, ringer n (US)

**Weckstromkreis** m (Fernsp) / ringing circuit

**Weddellit** n (das aus dem sehr kalten Wasser des Weddellmeeres /Antarktis/ stammende tetragonale Kalziumoxalat) (Min) / weddellite* n

**Weddernburnscher Satz** (nach J.H.M. Weddernburn, 1882 - 1948) (Math) / Weddernburn's theorem

**Weddle-Regel** f (Math) / Weddle's rule*

**Weddlesch·e Formel** (Math) / Weddle's rule* ‖ ~**e Regel** (Math) / Weddle's rule*

**Weder-Noch-Schaltung** f (EDV) / NOR circuit

**Wedge-Bonding** n (bei dem der Bonddraht horizontal über die Bondfläche gehalten und von einem keilförmigen Werkzeug abgequetscht wird) (Eltronik) / wedge bonding

**Wedgwood** n (Keram) / Wedgwood n ‖ ~**-Geschirr** n (ein Steingutgeschirr - nach dem englischen Kunstkeramiker J. Wedgwood, 1730-1795) (Keram) / Wedgwood n ‖ ~**-Keramik** f (Keram) / Wedgwood n

**Wedgwood-Steinzeug** n (Keram) / Wedgwood n

**Wedgwood, cremefarbenes** ~**-Steinzeug** (Keram) / queen's-ware n (a variety of white or cream-coloured ware)

**Weeder** m (Landw) / weeder n

**Weft** n (Schußgarn) (Web) / filling yarn, weft yarn, weft thread, filling thread, weft* n, pick* n

**Weftgarn** n (Web) / filling yarn, weft yarn, weft thread, filling thread, weft* n, pick* n

**Weg** m / way n ‖ ~ (EDV, Fernm) / path* n ‖ ~ (Linienführung) (HuT) / route n ‖ ~ (HuT, Kfz) / road n ‖ ~ (Masch) / deflection v (of a spring), stroke n ‖ ~ (bei Grafen - eine offene Kantenfolge, in der alle Knoten verschieden sind) (Math) / path n ‖ ~ (Mech) / path n ‖ **geschlossener** ~ (bei Grafen) (Math) / cycle n ‖ **Hamiltonscher** ~ (vollständige Hamiltonsche Bahn) (Math) / Hamiltonian path ‖ **orthodromer** ~ (Luftf, Schiff) / great-circle route, great-circle course ‖ **V-förmiger** ~ (des Strahls bei der Spiegelung) (Opt) / vee path ‖ **zigzagförmiger** ~ / zigzag path ‖ **zurückgelegter** ~ / distance covered, distance travelled

**wegabhängige Nockensteuerung** (Masch) / continuous-path cam-type control

**wegätzen** v / etch away v

**Weg·bedingungen** f pl (in der numerischen Steuerung) (Masch) / preparatory functions ‖ ~**begrenzung** f (Regeln) / stop n

**weg·bleichen** v / bleach away v ‖ ~**brennen** v / burn away v, burn off v

**Wegdifferenz, optische** ~ (Opt, Spektr) / optical-path difference, OPD, optical retardation

**wegdrücken** v / press off v, force off v

**Wege·abbau** *m* (EDV, Fernm) / path takedown, path cleardown ‖ ~**auswahl** *f* (EDV, Fernm) / route selection, routing *n*, path selection ‖ ~**auswahlspeicher** *m* (Fernsp) / route-selection store, path-selection store ‖ ~**bau** *m* (HuT) / road construction ‖ ~**besetzton** *m* (Fernsp) / trunk-busy tone ‖ ~**gesteuerte Radialkolbenpumpe** (Masch) / pintle-ported radial-piston pump, valve-spindle radial-piston pump ‖ ~**löschung** *f* (EDV, Fernm) / path takedown, path cleardown ‖ ~**recht** *n* (eine Grunddienstbarkeit) / right of way

**Wegerung** *f* (Auskleidung der Tankdecke in Schiffsräumen, insbesondere in Stückgutladeräumen) (Schiff) / ceiling* *n*

**Wege·suche** *f* (Fernsp) / path hunting, path finding, path search, path searching ‖ ~**suchen** *n* (Fernsp) / path hunting, path finding, path search, path searching ‖ ~**ventil** *n* (ein Hydroventil nach DIN 24300) (Masch) / directional control valve ‖ ~**vielfach** *n* (Fernsp) / path multiple ‖ ~**voreinstellung** *f* (Fernsp) / path selection, route selection ‖ ~**wahl** *f* (EDV, Fernm) / route selection, routing *n*, path selection ‖ ~**zeit** *f* (Fahrt zur Arbeit) / travel time

**weg·fahren** *v* (Kfz) / drive off *v* ‖ ~**elektronische fahrsperre** (Kfz) / immobilizer *n* ‖ ~**fräsen** *v* (Masch) / remove by milling, mill off *v* ‖ ~**füllarbeit** *f* (Bergb) / clearing *n*, lashing* *n*, mucking* *n*, mucking out*, treatment of loose rock and ore ‖ ~**füllen** *n* (des Haufwerks) (Bergb) / clearing *n*, lashing* *n*, mucking* *n*, mucking out*, treatment of loose rock and ore

**weggebunden** *adj* (Presse) (Masch) / mechanical *adj*
**wegheben** *v* (Math) / cancel *v*
**Weglänge** *f* (Kernphys) / length of path ‖ **freie ~** (Kernphys) / mean free path* ‖ **mittlere freie ~** (Kernphys) / mean free path* ‖ **optische ~** (das Produkt aus der Brechzahl und der vom Licht in dem betreffenden Medium durchlaufenen Strecke) (Licht, Opt) / optical path*, optical distance*

**Weglängen·inkrement** *n* (Phys) / incremental path length ‖ ~**kompensiert** *adj* (Phys) / path-length-compensated

**weg·lassen** *v* (EDV) / omit *v* ‖ ~**laufen** *v* (Regeln) / runaway *n* ‖ ~**laufen der Frequenz** (Fernm) / frequency drift* ‖ ~**meißeln** *v* (Bau, Masch) / chop away *v*, chop out *v*

**Weg·messer** *m* (Kfz) / trip odometer, odometer *n*, tripmeter *n*, hodometer *n* ‖ ~**meßsystem** *n* (an CNC-Maschinen) (Masch) / position measuring system ‖ ~**meßwandler** *m* / displacement transducer

**wegnehmen** *v* / remove *v* ‖ **~** / take off *v*

**Wegoptimierung, bidirektionaler Druck mit ~** (EDV) / optimized bidirectional printing

**wegpumpen** *v* (Masch) / pump out *v*, pump off *v*, pump *v* dry

**Wegpunkt** *m* (für die Positionierung des Arbeitsorgans) / via point, waypoint *n* ‖ **~** (bereits vor dem Start im Flugplan festgelegter Navigationspunkt) (Luftf, Nav) / waypoint *n*, WP

**weg·räumen** *v* / clear *v* ‖ ~**räumen** *n* (Bau) / clearing *n* ‖ ~**reiben** *v* / rub *v* ‖ ~**rollen** *v* / roll away *v* ‖ ~**rosten** *v* / rust away *v*

**Wegsamkeit** *f* (Geol) / capacity of water migration

**weg·schaffen** *v* / remove *v* ‖ ~**schaufeln** *v* / shovel *v* (away) ‖ ~**schlagen** *vi* (Anstr) / sink *v* ‖ ~**schlagen** (durch Grundierung zu vermeidende uneinheitliche Aufsaugung der flüssigen Phase eines Anstrichmittels durch frischen oder alten porösen Putz) (Anstr) / sinking *n* ‖ ~**schlagen** (der Druckfarben) (Druck) / penetration *n*, strike-in *n*, ink setting ‖ ~**schleifen** *v* (Masch) / grind off *v*, grind away *v* ‖ ~**schneiden** *v* / cut away *v*, cut off *v*

**Weg-Schritt-Diagramm** *n* (grafische Darstellung für den Ablauf von Steuerungen) (Regeln) / sequence diagram

**wegspachteln** *v* (Bau) / trowel off *v*

**Wegspeicherung** *f* (bei Kurvensteuerung) (Masch) / path reference

**weg·sprengen** *adj* / blast out *v*, blast away *v* ‖ ~**spülen** *v* / rinse off *v*, wash away *v* ‖ ~**stemmen** *v* / chisel off *v* ‖ **gerade ~strecke** (Bahn, HuT) / straight run ‖ ~**streckenzähler** *m* (bei Landfahrzeugen) (Kfz) / trip odometer, odometer *n*, tripmeter *n*, hodometer *n* ‖ ~**suche** *f* (Fernsp) / path hunting, path finding, path search, path searching ‖ ~**übergang** *m* (höhengleicher Bahnübergang) (Bahn) / level crossing, grade crossing (US) ‖ ~**verschiebung** *f* (eine Lageabweichung) / displacement *n* ‖ ~**weiser** *m* (Kfz) / direction sign ‖ ~**weiser** (Pfahl, Pfosten) (Kfz) / signpost *n*, guide-post *n* ‖ ~**weiser** (Luftf) / destination panel, destination board ‖ **mit ~weisern versehen** (Kfz) / signpost *v*

**Wegwerf·artikel** *m pl* / disposables *pl*, throw-aways *pl* ‖ ~**filter** *n* (Chem) / disposable filter ‖ ~**filz** *m* (Tex) / disposable felt ‖ ~**verpackung** *f* / one-way package, non-returnable package, disposable package, carry-home pack, throw-away package, one-trip package (US), single-trip package (US)

**Weg-Zeit·-Diagramm** *n* (grafische Darstellungsform für Steuerungen, bei denen der Ablauf der Aktoren in Abhängigkeit von der Zeit dargestellt wird) (Regeln) / path-time diagram ‖ ~**-Schaubild** *n* (Regeln) / path-time diagram

**wegzoomen** *v* (EDV) / zoom down *v* (user interface)

**wegzusammenhängender Raum** (ein topologischer Raum) (Math) / path-connected space, pathwise connected space

**wehen** *v* (Fahne, Flagge) / wave *vi*

**Wehnelt·-Katode** *f* (eine Oxidkatode zur Erzeugung hoher Emissionsströme - nach dem deutschen Physiker A.R.B. Wehnelt 1871-1944) (Eltronik) / Wehnelt cathode ‖ ~**-Unterbrecher** *m* (Eltech) / electrolytic interrupter ‖ ~**-Zylinder** *m* (eine zylindrische Elektrode, die der Fokussierung eines aus einer Glühkatode austretenden Elektronenstromes dient) (Eltronik) / Wehnelt cylinder

**Wehr** *n* (eines Glockenbodens) (Chem Verf) / weir *n* ‖ **~** (feste oder mit beweglichen Verschlußorganen versehene Stauanlage nach DIN 4048) (Wasserb) / weir* *n*, barrage *n* ‖ **bewegliches ~** (Wasserb) / movable dam, movable weir ‖ **breitkroniges ~** (Wasserb) / broadcrested weir ‖ **hyperbolisches ~** (zur Messung des Wasserstandes) (Wasserb) / hyperbolic weir ‖ **parabolisches ~** (zur Messung des Wasserstandes) (Wasserb) / parabolic weir ‖ **provisorisches ~** (das man schnell entfernen kann) (Wasserb) / movable weir ‖ **~ ohne Seitenkontraktion** (Wasserb) / suppressed weir (a measuring weir)

**Wehr·boden** *m* (Wasserb) / apron* *n* ‖ ~**brücke** *f* (Wasserb) / weir bridge ‖ ~**chemie** *f* (Mil) / military chemistry, defence chemistry ‖ **senkrecht verschiebliche ~falle** (Wasserb) / suspended-frame weir ‖ ~**geologie** *f* (Geol) / military geology ‖ ~**haltung** *f* (Wasserb) / weir reach ‖ ~**körper** *m* (Wasserb) / weir body ‖ ~**krone** *f* (Wasserb) / crest of a weir (the top), weir crest ‖ ~**öffnung** *f* (Wasserb) / weir sluice ‖ ~**steg** *m* (Wasserb) / weir bridge ‖ ~**technik** *f* (Mil) / military technology, defence technology ‖ ~**teich** *m* (Wasserb) / storage reservoir, impounding reservoir ‖ ~**verschluß** *m* (Wasserb) / gate *n*, weir shutter

**Weibel-Schweißverfahren** *n* (ein Schmelzschweißverfahren, bei dem die Schweißwärme beim Stromdurchgang infolge des Ohmschen Widerstandes gewonnen wird) (Schw) / Weibel process

**weiblicher Rotor** (bei Verdichtern) (Masch) / female rotor

**Weibull-Verteilung** *f* (zwei- oder dreiparametrig - stetige Wahrscheinlichkeitsverteilung in der Theorie der Zuverlässigkeit) (Stats) / Weibull distribution

**weich** *adj* (nicht fest) / soft *adj* ‖ **~** (schwach) / tender *adj* ‖ **~** / mellow *adj* ‖ **~** (Röhre) (Eltronik) / soft* *adj*, gassy *adj* (US) ‖ **~** (kontrastarm) (Foto) / soft *adj* ‖ **~** (leichtschmelzbar) (Glas) / soft* *adj* ‖ **~** (Geschmack) (Nahr) / mellow *adj* ‖ **"weiche" Säure** (nach R.G. Pearson) (Chem) / soft acid ‖ **~ angemacht** (Beton) (HuT) / mushy *adj* ‖ **~es Ausblenden** (von Teilen eines bespielten Magnetbandes) (Akus, Mag) / post fading ‖ **~e Base** (nach Pearson) (Chem) / soft base ‖ **~e Bedachung** (Stroh, Rohr) (Bau) / thatching* *n* ‖ **~er Begrenzer** (EDV) / soft limiter ‖ **~e Begrenzung** (EDV) / soft limiting ‖ **~er Bilddurchlauf** (das übergangslose Verschieben eines Bildschirminhalts nach allen Richtungen) (EDV) / soft scrolling ‖ **~e Dachdeckung** (aus brennbaren Stoffen) (Bau) / flammable roof covering ‖ **~er dunkler Kohlenschieferton** (Geol) / coaly rashings ‖ **~e Faserplatte** (Bau, Tischl) / softboard *n*, soft fibreboard ‖ **~e Flamme** (Schw) / soft flame ‖ **~es Glas** (mechanisch) (Glas) / soft glass ‖ **~es Glas** (mit niedriger Erweichungstemperatur) (Glas) / soft glass ‖ **~er Griff** (Tex) / soft handle, soft feel ‖ **~es Gußeisen** (Hütt) / soft cast iron, SCI ‖ **~e Ionisierung** (Phys) / soft ionization ‖ **~er Kohlenstoffstahl** (Hütt) / dead-mild steel, dead-soft steel, extramild steel ‖ **~e Landung** (Luftf, Raumf) / soft landing ‖ **~er Laser** (Med, Phys) / soft laser ‖ **~es Laubholz** (z.B. Tulpenbaum) (For) / soft hardwood ‖ **~ machen** / soften *vt* ‖ **~ machen** *v* (Chem, Plast) / plastify *v*, plasticate *v*, plasticize *v*, soften *vt*, flux *v* ‖ **~er Maschinenfehler** (EDV) / soft machine check ‖ **~er Radiergummi zum Ausputzen** (wenn mit Blattgold gearbeitet wird) (Buchb) / gold rubber* ‖ **~e Röhre** (Eltronik) / soft valve, soft tube (US), gassy tube (US) ‖ **~e Röntgenstrahlung** (20,6 - 62 keV) **kV**) (Radiol) / soft X-radiation, soft X-rays *n* ‖ **~er Sand** (Bau) / soft sand, bricklayer's sand, builder's sand ‖ **~er Schauer** (Geophys) / soft shower ‖ **~es Schleifmittel** (For, Masch) / fine abrasive ‖ **~e Schwingung** (Kernphys) / soft mode ‖ **~e Seife** (Seife von streichfähiger Konsistenz, die aus billigen Pflanzenölen durch Verseifung mit Kalilauge hergestellt wird) (Chem) / soft soap*, liquid green soap ‖ **~er Stahl** (Hütt) / mild steel*, soft steel ‖ **~er Stahl** (mit 0,07 bis 0,15% C) (Hütt) / dead-mild steel, dead-soft steel, extramild steel ‖ **~e Strahlung** (Radiol) / soft radiation* ‖ **~er Supraleiter** (Elektr, Eltronik) / type I superconductor ‖ **~er Trennstrich** (EDV) / soft hyphen ‖ **~es Wasser** (Chem) / soft water*, non-scaling water ‖ **~e wasserführende Gesteinsschicht** (beim Schachtabteufen) (Bergb) / bibbles *pl* ‖ **~ werden** / soften *vi* ‖ **~es Ziel** (Mil) / soft target (an undefended target)

**Weich·agarmedium** *n* (ein Nährboden) (Bakteriol) / soft-agar medium ‖ ~**bast** *m* (For) / soft bark ‖ ~**bastfaser** *f* (Tex) / soft fibre ‖ ~**blei** *n* (Hütt) / soft lead ‖ ~**braunkohle** *f* (Bergb, Kftst) / brown lignite, lignite B (65-73,5° C), lignite *n* (loosely consolidated material), brown coal (unconsolidated material) ‖ ~**braunstein** *m* (Min) / manganomelane *n* ‖ ~**dichtend** *adj* (Armatur) (Masch) / resilient *adj*, soft *adj* ‖ ~**dichtung** *f* (Masch) / moulded packing, soft packing, flexible gasket ‖ **selbsttätige ~dichtung** (Masch) / self-acting seal of soft material

**Weiche** f (Bahn) / points pl (GB)*, turnout* n, switch* n (US) ‖ ~ (EDV) / branch* n, jump* n ‖ ~ (der konservierten Häute) (Leder) / soaking n ‖ **[elektrische]** ~ (Akus) / cross-over network*, dividing network* ‖ **auffahrbare** ~ **mit Rückführung der Zungen** (Bahn) / spring points* ‖ **aufschneidbare** ~ (Bahn) / trailable points ‖ **einfache** ~ (Bahn) / simple switch ‖ **feindliche** ~ (Bahn) / trap points, conflicting switch ‖ **spitzbefahrene** ~ (Bahn) / facing points* (GB), facing switch (US) ‖ **stumpfbefahrene** ~ (Bahn) / trailing points* (GB), trailing switch (US) ‖ **symmetrische** ~ (Bahn) / symmetrical turnout ‖ **tragbare** ~ (Bahn, HüT) / drop-on n ‖ **verriegelte** ~ (Bahn) / locked switch (US), locked points (GB)
**Weicheisen** n (Magnetwerkstoff aus Reineisen) (Hütt) / soft iron* ‖ ~**frequenzmesser** m (Eltech) / moving-iron frequency meter ‖ ~**instrument** n (Eltech) / moving-iron instrument*, soft-iron instrument*, iron-vane instrument, electromagnetic instrument*
**weichen** v (Brau) / steep v ‖ ~ (den ursprünglichen Quellungszustand der konservierten Haut entsprechend der Haut am lebenden Tier wiederherstellen sowie Schmutz, Konservierungsmittel und lösliche Eiweißkörper entfernen) (Leder) / soak v
**Weichen·abschnitt** m (Bahn) / switch section, section of points ‖ ~**antrieb** m (zum Bewegen der Weichenzungen) (Bahn) / point drive, point throw ‖ ~**filter** n (Radio) / frequency-band separation filter ‖ ~**grenzzeichen** n (Bahn) / switch localizer ‖ ~**hebel** m (Bahn) / points lever (GB), switch lever (US) ‖ ~**heizung** f (Bahn) / points heating, switch heating ‖ ~**motor** m (Bahn) / points motor, switch motor ‖ ~**schmierung** f (Bahn) / switch lubrication ‖ ~**sperre** f (Bahn) / switch lock, switch locking ‖ ~**steller** m / pointsman n, switchman n (US) ‖ ~**stellhebel** m (Bahn) / points lever (GB), switch lever (US) ‖ ~**stellvorrichtung** f (Bahn) / switch machine, points machine ‖ ~**stellwerk** n (Bahn) / signal-box n, signal tower (US) ‖ ~**straße** f (eine Aufeinanderfolge von Weichen) (Bahn) / set of points, set of single points ‖ ~**umstellung** f (Bahn) / reversing of points ‖ ~**wärter** m / pointsman n, switchman n (US) ‖ ~**zunge** f (Bahn) / switch blade*, switch point ‖ ~**zungenwurzel** f (Bahn) / heel n
**Weich·faser** f (z.B. Ramie) (Tex) / soft fibre ‖ ~**fäule** f (durch Schlauchpilze verursacht) (For) / soft rot*, spongy rot ‖ ~**fleck** m (durch ungleichmäßige Abkühlung auf der Oberfläche des Härtegutes) (Hütt) / soft spot ‖ ~**fleckigkeit** f (Masch) / local overheating when grinding ‖ ~**folie** f (Plast) / flexible film ‖ ~**gedrehtes Wollstrickgarn** (Tex) / Berlin wool ‖ ~**geglühter Draht** (Eltech) / soft wire, annealed wire ‖ ~**geglühtes Kupfer** (Eltech, Hütt) / annealed copper ‖ ~**geglühter Stahl** (Hütt) / spheroidized steel ‖ ~**geschlagen** adj (Seil mit wenig Zusatzdrehungen) / soft-laid adj ‖ ~**gewicht** n (Leder) / soaking weight ‖ ~**gezogen** adj (Hütt) / soft-drawn adj, SD ‖ ~**glas** n (Glas) / soft glass ‖ ~**glühen** n (DIN 17014) (Hütt) / spheroidizing n (annealing with the aim of causing spheroidization of the precipitated carbides), soft annealing ‖ ~**gummi** m (Kautschuk mit 1-4% Schwefel) / soft rubber, plasticized rubber ‖ ~**haarig** adj (Bot) / pilose* adj, pilous adj ‖ ~**harz** n (natürliches oder synthetisches Harz, das bei Normaltemperatur flüssig ist) (Anstr, Plast) / soft resin, flexible resin ‖ ~**harz** (z.B. Humulone und Lupulone) (Brau) / soft resin
**Weichheit** f / softness* n ‖ **seidenartige** ~ / silkiness n
**Weich·holz** n (z.B. Nadelhölzer, Erle, Pappel, Weide usw.) (For) / softwood n, non-porous wood ‖ ~**küpe** f (Tex) / blue vat ‖ ~**kupfer** n (Eltech, Hütt) / annealed copper ‖ ~**lot** n (DIN 1707) (Hütt, Klemp) / soft solder* (tinman's solder + plumber's solder) ‖ ~**lot** (mit < 35% Sn) (Hütt, Klemp) / wiping solder* ‖ ~**löten** n (unterhalb etwa 450 °C) (Hütt, Klemp) / soft soldering ‖ ~**lötverbindung** f (Hütt, Klemp) / soft-solder joint ‖ ~**lötverfahren** n (Hütt, Klemp) / soft soldering ‖ ~**machen** n (im allgemeinen) / softening n
**Weichmacher** m (DIN 55945) (Chem Verf, Plast) / plasticizer* n ‖ ~ (ein Textilhilfsmittel) (Tex) / softener n, softening agent ‖ **ohne** ~ (Chem Verf, Plast) / unplasticized adj ‖ **wandernder** ~ (Plast) / migratory plasticizer ‖ ~**alkohol** m (Chem Verf, Plast) / plasticizer alcohol ‖ ~**frei** adj (Chem Verf, Plast) / unplasticized adj ‖ ~**freies PVC** (Plast) / rigid PVC*, unplasticized PVC, UPVC ‖ ~**öl** n (Chem Verf, Plast) / rubber processing oil, processing oil ‖ ~**wanderung** f (Chem Verf, Plast) / plasticizer migration
**Weich·machung** f (Chem Verf, Plast) / plasticizing n ‖ ~**machungsmittel** n (Tex) / softener n, softening agent ‖ ~**magnetisch** adj (Eltech) / soft-iron attr ‖ ~**magnetischer Werkstoff** (Eltech) / soft magnetic material, soft ferromagnetic material ‖ ~**manganerz** (mit erdigem Pyrolusit) (Min) / black manganese, black manganese ore ‖ ~**masse** f (mit niedrigem Feldspatanteil) (Keram) / soft paste, pâte tendre ‖ ~**messing** n (kaltumformbar) (Hütt) / soft brass ‖ ~**metallklopfen** n (Klemp) / bossing* n, dressing n ‖ ~**packung** f (Masch) / moulded packing, soft packing, flexible gasket ‖ ~**paraffin** n (Schmelzpunkt 45 - 65 °C) (Chem) / soft paraffin ‖ ~**-PE** n (Chem, Plast) / low-density polyethylene, LDPE ‖ ~**pech** n (Erweichungspunkt 35 - 45° C) / soft pitch ‖ ~**plastisches Verfahren** (Keram) / soft-mud process ‖ ~**polyethylen** n (Chem, Plast) / low-density polyethylene, LDPE ‖ ~**polyvinylchlorid** n (Plast) / plasticized PVC ‖ ~**porzellan** n (mit niedrigem Feldspatanteil - Glühbrand bis 900° C, Glattbrand bis 1300° C) (Keram) / soft-paste porcelain, soft porcelain ‖ ~**porzellanmasse** f (Keram) / soft paste, pâte tendre ‖ ~**prozeß** m (Mälzerei) (Brau) / steeping n, steepage n ‖ ~**prozeß** (der erste Arbeitsprozeß in der Wasserwerkstatt) (Leder) / soaking n ‖ ~**-PVC** n (mit > 12% Weichmacher) (Plast) / plasticized PVC ‖ ~**schaumstoffe** m pl (DIN 7726) (Plast) / flexible-foam plastics ‖ ~**segment** n (eines Blockpolymers) (Chem) / soft segment ‖ ~**sektoriert** adj (EDV) / soft-sectored adj ‖ ~**sektorierung** f (EDV) / soft sectoring ‖ ~**spüler** m (der den harten Griff der Wäsche beseitigen soll) (Tex) / fabric conditioner, softening agent, fabric softener ‖ ~**spülmittel** n (Tex) / fabric conditioner, softening agent, fabric softener ‖ ~**stahl** m (Hütt) / mild steel*, soft steel ‖ ~**verpackung** f (der Ware) / flexible packing, flexible package ‖ ~**wasser** n (Chem) / soft water, non-scaling water ‖ ~**wasser** (Leder) / soak liquor ‖ ~**zeichner** m (Foto, Opt) / soft-focus lens* ‖ ~**zeichenscheibe** f (Foto, Opt) / diffusion attachment* ‖ ~**ziel** n (Mil) / soft target (an undefended target)
**Weide** f (Salix spp.) (For) / willow n ‖ ~ (Landw) / pasture n, pasture land, grazing n, grass n ‖ ~**belastbarkeit** f (Landw) / grazing capacity ‖ ~**erneuerung** f (Landw) / pasture renovation ‖ ~**gang** n (Landw) / grazing n, pasturing n ‖ ~**land** n (Landw) / pasture n, pasture land, grazing n, grass n ‖ ~**land** (natürliches) (Landw) / range n, rangeland n, grazing n (natural) ‖ **natürliches** ~**land** / rough grazing
**Weiden** n (Landw) / grazing n, pasturing n ‖ ~**eiche** f (Quercus phellos L.) (For) / willow oak ‖ ~**korb** m / wicker basket ‖ ~**rinde** f / wilow bark ‖ ~**rute** f (für die Korbflechterei) / osier n ‖ ~**sinkstück** n (im Buhnenbau) (Wasserb) / willow mattress
**Weide·periode** f (Landw) / grazing period ‖ **selbsttätige** ~**pumpe** (Landw) / cattle-operated pasture pump ‖ ~**vieh** n (Landw) / grazing stock ‖ ~**wirtschaft** f (Landw) / pastoral farming, pasture farming ‖ ~**zaungerät** n (Versorgungsgerät des Elektroweidezauns) (Landw) / electric fencer ‖ ~**zeit** f (Landw) / grazing period
**Weierstraßsch·es Konvergenzkriterium** (Math) / M-test of Weierstrass for uniform convergence*, Weierstrass' test for uniform convergence*, Weierstrass' M test ‖ ~**es Kriterium** (nach K. Weierstraß, 1815-1897) (Math) / M-test of Weierstrass for uniform convergence*, Weierstrass' test for uniform convergence*, Weierstrass' M test ‖ ~**es Vergleichskriterium** (Math) / M-test of Weierstrass for uniform convergence*, Weierstrass' test for uniform convergence*, Weierstrass' M test
**Weife** f (zum Umweifen) (Spinn) / reel n, swift n, cylinder n
**Weifen** n (Spinn) / reeling n
**Weigert-Effekt** m (Erzeugung von Anisotropien in Gelen durch linear polarisiertes Licht) (Phys) / Weigert effect
**Weiher** m (Umwelt) / pond* n
**Weihnachtsbaum** m (oberer Teil des Bohrkopfes) (Erdöl) / Christmas tree*, Xmas tree
**Weihrauch** m (Gummiharz von Boswellia-Arten) / frankincense n, olibanum n, incense n, gum thus, gum olibanum ‖ ~**kiefer** f (Pinus taeda L. - wichtiger Lieferant der Pinazeenprodukte) (For) / loblolly pine, frankincense pine
**Weil-Felix-Reaktion** f (nach E. Weil, 1880-1922, und A. Felix, 1887-1956) (Med) / Weil-Felix reaction*
**Weimutskiefer** f (For) / eastern white pine, Weymouth pine, northern white pine, white pine
**Wein** m (Nahr) / wine n ‖ **medizinischer** ~ (vinum medicatum) (Pharm) / medicinal wine ‖ ~**aroma** n (Nahr) / wine flavour ‖ ~**bau** m (Landw) / viniculture n, viticulture n, wine growing n ‖ ~**bauer** m (Landw) / wine-grower n, vine-dresser n ‖ ~**beeröl** n (Chem, Nahr) / oenanthic ether ‖ ~**behandlung** f (Nahr) / wine treatment ‖ ~**bereitung** f (Nahr) / winemaking n, production of wine, vinification n ‖ ~**bergpflug** m (Landw) / vineyard plough ‖ ~**bergraupe** f (Kfz, Landw) / vineyard track-laying tractor
**Weinberg-Salam-Glashow-Theorie** f (Kernphys) / Weinberg and Salam's theory*
**Weinberg-Salam·-Modell** n (der schwachen Wechselwirkungsprozesse) (Kernphys) / Weinberg-Salam model ‖ ~**-Theorie** f (nach S. Weinberg, 1933-, und A. Salam, 1926-1996) (Kernphys) / Weinberg-Salam's theory*
**Wein·ernte** f (Landw) / vintage n ‖ ~**essig** m (der ausschließlich durch Essigsäuregärung aus Wein hergestellt wurde) (Nahr) / wine vinegar ‖ **weißer** ~**essig** (Nahr) / white-wine vinegar ‖ ~**fach** n (alle Zweige des Weinbaues und der Weinherstellung) (Landw) / vitiviniculture n ‖ ~**fehler** m (Nahr) / defect in wine ‖ ~**gartenpflug** m (Landw) / vineyard plough ‖ ~**gartensche Ableitungsgleichungen** (Math) / Weingarten formulas, Weingarten equations ‖ ~**garten-Versetzung** f (ein Spezialfall der Somigliana-Versetzung) (Phys) / Weingarten dislocation ‖ ~**gegend** f (Landw) / wine-growing region, wine-growing area ‖ ~**geist** m (Ethanol) (Chem) / spirits of wine ‖ ~**geistige Ammoniaklösung** (Pharm) / spirit of ammonia ‖ ~**geläger** n (Nahr)

lees *pl*, sediment *n*, cloud *n*, sludge *n* ‖ ~haltig *adj* (Getränk) (Nahr) / containing wine ‖ ⁓händler *m* / wine-merchant *n*, vintner *n* ‖ ⁓hefe *f* (z.B. Saccharomyces cerevisiae) (Nahr) / wine yeast, wine ferments ‖ ⁓hefeöl *n* (zur Herstellung von Weinbrandessenzen und als Aromatisierungsmittel billiger Trinkbranntweine) (Chem, Nahr) / oenanthic ether ‖ ⁓herstellung *f* (Nahr) / winemaking *n*, production of wine, vinification *n*

Weinhold-Dewarsches Gefäß (Chem) / Dewar flask*, dewar *n*, Dewar vessel

Wein•jahrgang *m* (Nahr) / vintage *n* ‖ ⁓kunde *f* (Nahr) / oenology *n* ‖ ~kundlich *adj* (Nahr) / oenological *adj*

Weinland-Effekt *m* (zur Hypersensibilisierung oder zur Latensifikation) (Foto) / Weinland effect

Wein•lese *f* (Landw) / vintage *n* ‖ ⁓rebe *f* (Vitis vinifera L.) (Bot) / grapevine *n* ‖ ⁓rebenmotiv *n* (Arch) / pampre *n* ‖ ~rot *adj* / pigeon's blood *attr* ‖ ⁓rot *n* / wine *n*, wine-red *n*

Weinsäure *f* (E 334) (Chem) / tartaric acid*, 2,3-dihydroxybutanedioic acid ‖ DL-⁓ (Chem) / racemic acid*, uvic acid, the racemic form of the tartaric acid ‖ l-⁓ (Chem) / laevotartaric acid ‖ linksdrehende ⁓ (Chem) / laevotartaric acid ‖ para-⁓ (Chem) / racemic acid*, uvic acid, the racemic form of the tartaric acid

Weinschönung *f* (Vorklärung) (Nahr) / wine fining

Weinstein *m* (Chem) / tartar *n* ‖ **[gereinigter] (Kaliumhydrogentartrat)** (Chem) / cream of tartar* ‖ roher ⁓ (Chem) / argol *n*, crude cream of tartar ‖ ⁓rahm *m* (Chem) / cream of tartar ‖ ⁓säure (2,3-Dihydroxybutandisäure) (Chem) / (+)-tartaric acid, dextrorotatory tartaric acid, dextrotartaric acid ‖ ~verhindernd *adj* (Zusatz) (Nahr) / antitartaric *adj*

Weinstock, Echter ⁓ (Bot) / grapevine *n*

Wein•traubenkernöl *n* (Nahr) / grape-seed oil, raisin seed oil ‖ ⁓trübung *f* (Feststoffausscheidung - ein Weinfehler auf der Flasche) (Nahr) / turbid of wine (suspended matter)

Weise *f* (Akus) / tune *n*

weiß *adj* / white *adj* ‖ ~es (meistens gewachstes) Lebensmittelverpackungspapier (Pap) / delicatessen paper ‖ ~es Arsenik (Arsentrioxid) (Chem) / white arsenic* ‖ ~er Auspuffqualm (bei durchgebrannter Kopfdichtung) (Kfz) / white exhaust smoke ‖ ~es Blutkörperchen (Physiol) / leucocyte *n*, leukocyte *n* ‖ ~er Bolus (ein wasserhaltiges Aluminiumsilikat) (Geol, Min, Pharm) / bolus alba, white bole ‖ ⁓er Dammar (aus Vateria indica L. oder Vateria copallifera (Retz.) Alston) / piney dammar, piney resin, white dammar *n* ‖ ~er Essig (Chem, Nahr) / spirit vinegar ‖ ~e Farbe (z.B. für das Rinco-Verfahren) (Druck) / white ink ‖ ~er Feinsand (Geol) / silver sand ‖ ~es Fischbein / cuttlefish-bone *n*, cuttlebone *n* ‖ ~es Gußeisen (Hartguß aus Temperrohguß) (Hütt) / chilled cast iron, white cast iron ‖ ~es Hohlglas (Glas) / flint glass, white flint ‖ ~er Kaneel (Nahr) / Ceylon cinnamon ‖ ~er Kasten (kybernetisches System mit erkennbarer Struktur) (KI) / white box ‖ ~er Kellerschwamm (For) / white-pore fungus, white mining *n* ‖ ~e Kohle (Wasserkraft) / white coal ‖ ~e Ladung (Erdöl, Schiff) / white cargo, clean cargo ‖ ~er Leim / PVA adhesive, white glue ‖ ~es Leinöl (mit Kaliumpermanganat, Natriumsulfit und Salzsäure gebleichtes Leinöl) (Chem) / white linseed oil ‖ ~es Licht (alle Wellenlängen) (Licht, Phys) / white light*, white radiation* ‖ ~e Linie (spezielle Einrichtung von hydroakustischen Anlagen der Fischortung zur Sichtbarmachung nicht allzu dichter Fischschwärme über dem Grund) (Ozean) / white line ‖ ⁓es Loch (Zeitumkehr von Schwarzem Loch) (Astr) / white hole ‖ ~e Marken (in billiger und einfacher Verpackung ohne Markennamen) / no-name products, no-names *pl*, generic products (US) ‖ ~es Meranti (Shorea spp.) (For) / white meranti *n* ‖ ~er Phosphor (monotrope Modifikation) (Chem) / white phosphorus (WP) ‖ ~er Portlandzement (Bau, HuT) / white Portland cement ‖ ~e Produkte (in billiger und einfacher Verpackung ohne Markennamen) / no-name products, no-names *pl*, generic products (US) ‖ ~ rauchende Salpetersäure (Chem, Raumf) / white-fuming nitric acid (WFNA) ‖ ~er Raucher (Austrittsstelle am Meeresboden) (Bergb, Ozean) / white smoker ‖ ~er Raum (Druck) / white space ‖ ~es Rauschen (Rauschen, dessen spektrale Intensitätsdichte über den interessierenden Frequenzbereich konstant ist) (Akus) / white noise*, flat random noise* ‖ ~er Regenbogen (Meteor, Phys) / white rainbow ‖ ~es Roheisen (Hütt) / white iron* ‖ ~e Röntgenstrahlung (Radiol) / white radiation, continuous radiation ‖ ~er Rost (Masch) / white rust, wet storage stain ‖ ~er Saphir (Min) / white sapphire*, white corundum* ‖ ⁓e Scheinzypresse (Chamaecyparis thyoides (L.) Britton, Stearn et Poggenb.) (For) / white cedar ‖ ~e Schleierbildung (Anstr) / blushing* *n* (of nitrocellulose lacquers, spirit varnishes, and French polish), blush *n* ‖ ~er Strich (auf der Straße) (HuT) / white line ‖ ~er Tau (weiß aussehende, gefrorene Tautropfen) (Meteor) / white dew ‖ ~er Temperguß (Hütt) / white malleable iron, white-heart malleable cast iron ‖ ~er Ton (ein wasserhaltiges Aluminiumsilikat) (Geol, Min, Pharm) / bolus alba, white bole ‖ ~e Ware (z.B. Kühlschränke, Elektroherde usw.) (Eltech) / white goods ‖ ~e Ware (Erdöl, Schiff) / white cargo, clean cargo ‖ ~er Weinessig (Nahr) / white-wine vinegar ‖ ~es Werg (Schiff) / white oakum ‖ ~e Wickelpappe (aus weißem Holzstoff nach DIN 6730) (Pap) / white millboard ‖ ~er Zement (Bau, HuT) / white cement ‖ ⁓er Zwerg *m* (im Hertzsprung-Russell-Diagramm) (Astr) / white dwarf*

Weiß *n* (Anstr) / white *n* ‖ ⁓ (als Farbempfindung) (Opt, Phys) / white *n* ‖ gebrochenes ⁓ (Anstr) / off-white *n* ‖ Neuburger ⁓ / Neuburg chalk ‖ Pariser ⁓ (feingemahlene Kreide) (Anstr) / Paris white, Spanish white ‖ unreines ⁓ (Anstr) / off-white *n* ‖ ⁓ *n* gleicher Energien / equal-energy white

Weiß•abgleich *m* (die für die Erzielung natürlicher Farben erforderliche Justierung) (Film) / white balance ‖ ⁓abgleichanzeige *f* (bei Videokameras) (Film) / white-balance indicator ‖ ⁓alkaliboden *m* (Geol, Landw) / solonchak *n*, Solonchak soil, white alkali soil ‖ ⁓anlaufen *n* (Anstr) / blushing* *n* (of nitrocellulose lacquers, spirit varnishes, and French polish), blush *n* ‖ ⁓anteil *m* (Anstr, Bau, Pap, Tex) / whiteness *n* ‖ ⁓anteil *m* (Licht) / white content *n* ‖ ⁓arsenik *n* (Arsentrioxid) (Chem) / white arsenic* ‖ ⁓asbest *m* (Min) / chrysotile* *n*, Canadian asbestos*, chrysotile asbestos, serpentine asbestos ‖ ⁓ätze *f* (wenn der Farbstoff in gefärbten Gewebe durch Aufdruck geeigneter Pasten durch Oxidation oder Reduktion lokal zerstört wird) (Tex) / white discharge ‖ ⁓ausrüstung *f* (Tex) / whitening finish ‖ ⁓band *n* (elektrochemisch verzinntes Weißblech mit Dicken im Bereich von 0,15 bis 0,49 mm) (Galv) / electrolytic tin plate ‖ ⁓beize *f* (Galv) / white pickling ‖ ⁓beständigkeit *f* (nach der Reinigung) (Tex) / whiteness retention ‖ ⁓binder *m* (Anstr, Bau) / limer *n*

Weißblech *n* (Feinblech) (Hütt) / tin sheet ‖ ⁓ (verzinntes Schmiedeisen mit etwa 0,4 Gew.-% Zinnauflage - DIN 1616) (Hütt) / tin plate ‖ ⁓ dünn verzinntes (Hütt) / cokes* *pl* ‖ ⁓ *n* erster Wahl (Hütt) / prime sheets, primes *pl* ‖ ⁓ zweiter Wahl (Hütt) / waster *n*, seconds *pl*, second sheets

Weiß•bleierz *n* (Min) / cerussite* *n*, white lead ore* ‖ ⁓brennen *n* (von Zink) (Galv) / bright pickling ‖ ~brennender Ton (Keram) / white-burning clay ‖ ⁓bronze *f* (Hütt) / white bronze ‖ ⁓bruch *m* (Plast) / crazes *pl* ‖ ⁓buche *f* (Carpinus betulus L.); HB; Hornbaum; m. (For) / European hornbeam, hornbeam* *n*, yoke elm ‖ ⁓druck *m* (Fernm) / white-paper edition

Weiße *f* (Anstr, Bau) / milk of lime, limewash *n* ‖ ⁓ (die durch Vergleich mit Standardweiß ermittelt wird) (Anstr, Bau, Pap, Tex) / whiteness *n* ‖ ⁓ ins ⁓ gehend / whitish *adj*, whity *adj*

Weiß•eiche *f* (Quercus alba L.) (For) / white oak, stave oak ‖ ⁓einstrahlungstiefe *f* (Gieß) / chill depth

weißeln *v* (Anstr) / limewash *v*, whitewash *v*

Weißemail *n* / white enamel, white japan (ordinary air-drying white enamel)

weißen *v* (Anstr) / limewash *v*, whitewash *v* ‖ ⁓ *n* / whitening *n*

Weissenberg•Aufnahme *f* (eine Bewegtfilmaufnahme nach K. Weissenberg, 1893-1976) (Krist, Radiol) / Weissenberg method* ‖ ⁓-Effekt *m* (Hochkriechen mancher nicht-newtonscher Flüssigkeiten an einem in sie eintauchenden rotierenden Schaft - DIN 1342, T 1) (Phys) / Weissenberg effect ‖ ⁓-Kamera *f* (eine Röntgenkamera) (Krist, Radiol) / Weissenberg camera ‖ ⁓-Methode *f* (eine Bewegtfilmaufnahme nach K. Weissenberg, 1893-1976) (Krist, Radiol) / Weissenberg method* ‖ ⁓-Verfahren *n* (eine Bewegtfilmaufnahme nach K. Weissenberg, 1893-1976) (Krist, Radiol) / Weissenberg method*

Weiß•erle *f* / grey alder ‖ ⁓erstarrungstiefe *f* (Gieß) / chill depth ‖ ⁓esche *f* (Fraxinus americana L.) (For) / white ash ‖ ⁓färben *n* / whitening *n* ‖ ⁓fäule *f* (For) / white rot ‖ ⁓fichte *f* (For) / Alberta spruce, white spruce ‖ ⁓film *m* (z.B. als Vorspann) (Film) / white leader ‖ ⁓fingerkrankheit *f* (ein vibrationsbedingtes vasospastisches Syndrom, z.B. bei der Arbeit mit Druckluftwerkzeugen) (Med) / "white fingers", vibration white fingers, dead fingers* ‖ ⁓fondanbluten *n* (Tex) / bleeding into the white ground ‖ ⁓gares Leder (Leder) / Hungarian leather, whitleather *n* ‖ ⁓gegerbtes Leder (Leder) / Hungarian leather, whitleather *n* ‖ ⁓gehalt *m* (Anstr, Bau, Pap, Tex) / whiteness *n* ‖ ⁓gerber-Degras *m* (der bei der Sämischgerbung durch Entfetten der trandurchtränkten Leder gewonnen wird) (Chem, Leder) / sod oil ‖ ⁓gerbung *f* (Mineralgerbung mit Aluminiumsalzen) (Leder) / tawing *n* ‖ ⁓glas *n* / colourless glass ‖ ⁓glas (z.B. für den Behälterbau) (Glas) / flint glass, white flint ‖ ⁓glühend *adj* (Hütt) / white-hot *adj* (incandescent) ‖ ⁓glut *f* (über 1200° C) (Hütt) / white heat*, incandescence *n*, candescence *n* ‖ ⁓gold *n* (eine Gold-Palladium-Legierung) (Hütt) / white gold* ‖ ⁓golderz *n* (Silbergoldtellurid) (Min) / sylvanite* *n*, yellow tellurium* ‖ ⁓grad *m* (Anstr, Bau, Pap, Tex) / whiteness *n* ‖ ⁓kalk *m* (Bau) / fat lime*, rich lime* ‖ ⁓kalkäscher *m* (reiner) (Leder) / straight lime liquor* ‖ ⁓kalkhydrat *n* (DIN 19611) (Bau) / hydrated lime* (BS 890) ‖

**Weißklasse**

⁓**klasse** f / whiteness n ‖ ⁓**kompression** f (TV) / white compression, white saturation ‖ ⁓**lauge** f (Pap) / white liquor ‖ ⁓**leder** n (Leder) / Hungarian leather, whitleather n ‖ **technisches** ⁓**leder** (alaungegerbtes Rindleder, vor allem zur Herstellung von Schnüren aller Art für technische Zwecke) (Leder) / white hide leather, white lace leather ‖ ⁓**leim** / PVA adhesive, white glue

**weißlich** adj / whitish adj, whity adj ‖ ~ **gelb** / creamy-white adj

**Weiß•licht** n (alle Wellenlängen) (Licht, Phys) / white light*, white radiation* ‖ ⁓**lichtinterferometrie** f (Opt) / white-light interferometry ‖ ⁓**lochfäule** f (bei der das Holz nicht gleichmäßig, sondern von "Nestern" aus zerstört wird) (For) / pecky dry rot, peckiness n, pocket (dry) rot, white pocket rot ‖ ⁓**mehl** n (Nahr) / patent flour ‖ ⁓**messing** n (Hütt) / white brass ‖ ⁓**messung** f (Tex) / whiteness measuring ‖ ⁓**metall** n (ein Lagermetall nach DIN 1703) (Hütt, Masch) / white metal*, antifriction metal*, WM ‖ ⁓**metall auf Pb-Basis** (Hütt, Masch) / lead-base babbitt, lead-base Babbitt metal, white-metal bearing alloy ‖ ⁓**metallausguß** m (des Lagers) (Hütt, Masch) / white metal lining, antifriction metal lining, babbitting n (US) ‖ ⁓**nickelkies** m (Min) / chloanthite* n, cloanthite* n, white nickel* ‖ ⁓**öl** n (hochraffinierte Mineralölfraktion) (Nahr, Tex) / white oil, technical white oil ‖ **pharmazeutisches** ⁓**öl** (Nahr, Pharm) / paraffin oil, white mineral oil, paraffinum liquidum, liquid petrolatum, kerosine n, liquid paraffin*, medicinal white oil, medicinal paraffin oil ‖ ⁓**pappel** f (For) / white poplar, abele n ‖ ⁓**pech** n / Burgundy pitch ‖ ⁓**pegel** m (TV) / white reference level*, white level, white-level value ‖ ⁓**pigment** n (anorganisches Pigment nach DIN 55944) (Anstr) / white pigment ‖ ⁓**punkt** m (Opt) / white point, achromatic point ‖ ⁓**putz** m (S) (Bau) / gypsum plaster ‖ ⁓**reserve** f (Tex) / white resist ‖ ⁓**rost** m (Pflanzenkrankheiten durch Albugo-Arten) (Bot) / white rust ‖ ⁓**rost** (auf Zinkoberflächen) (Korrosionsprodukt des Zinks) (Masch) / white rust, wet storage stain ‖ ⁓**sättigung** f (TV) / white compression, white saturation

**Weisssch•er Bezirk** (in ferro- und ferrimagnetischen Stoffen - nach P. Weiss, 1865-1940) (Kernphys, Mag) / Weiss domain ‖ ⁓**e Indizes** (heute nicht mehr gebräuchlich) (Krist) / Weiss indices ‖ ⁓**es inneres Feld** (Mag) / Weiss molecular field ‖ ⁓**e Theorie** (des Ferromagnetismus) (Mag) / Weiss theory*

**Weiß•schälen** n (For) / clean barking, full barking ‖ ⁓**schliff** m (aus ungedämpften Holz) (Pap) / white mechanical pulp, white wood-pulp ‖ ⁓**schnitzen** n (For) / clean barking, full barking ‖ ⁓**spießglanz** m (Min) / valentinite* n ‖ ⁓**spitze** f (kurzzeitig zulässige Überschreitung des Weißwertes im Videosignal) (TV) / peak white*, white peak, picture white ‖ ⁓**standard** m (zur Kalibrierung der fotometrischen Skala von Farbmeßgeräten) / white standard ‖ ⁓**standardthermometer** n (zum Messen der beim Bewittern und Bestrahlen von weißen oder hellen Beschichtungen auftretenden Temperaturen) (Anstr) / white standard thermometer ‖ ⁓**stauchung** f (TV) / white compression, white saturation ‖ ⁓**tanne** f (Abies alba Mill.) (For) / silver fir ‖ ⁓**ton** m (Anstr) / shade of white ‖ ⁓**töner** m (Plast) / whitener n ‖ ⁓**töner** (Tex) / fluorescent whitening agent* (FWA), brightener n, fluorescent brightener*, optical bleach*, optical white*, optical brightener*, colourless dye, white dye, brightening agent* ‖ ⁓**torf** m (Geol) / white peat ‖ ⁓**trübung** f (der Innenwand von PVC-Blasformkörpern) (Plast) / whitening n ‖ ⁓**trübungsmittel** n (Keram) / white opacifier ‖ ⁓**ulme** f (Ulmus americana L.) (For) / American elm, white elm ‖ ⁓**vorläufer** m (TV) / leading white ‖ ⁓**wandreifen** m (Kfz) / white-sidewall tyre ‖ ⁓**wandring** m (zwischen Reifen und Felge) (Kfz) / whitewall ring, whitewall topper ‖ ⁓**wandtafel** f / white wallboard ‖ ⁓**ware** f (Keram) / ceramic whiteware, whiteware n ‖ ⁓**waren** n pl (Tex) / white goods, linen n ‖ ⁓**wäsche** f (weiße Textilien, die beim Waschen gekocht werden können) (Tex) / linen n ‖ ⁓**wert** m (TV) / white reference level*, white level, white-level value ‖ ⁓**wertbegrenzung** f (TV) / white-level clipping, white-level limiting ‖ ⁓**zeilenunterdrückung** f (bei Telefaxgeräten) (Fernm) / white-line skipping ‖ ⁓**zement** m (Handelsname eines Portlandzements, der aus weitgehend eisenfreien Rohstoffen hergestellt wurde) (Bau, HuT) / white cement ‖ ⁓**zeug** n (Tex) / white goods, linen n ‖ ⁓**zucker** m (Nahr) / white sugar, white crystals ‖ ⁓**zucker** (Nahr) / refined sugar ‖ ⁓**zuckerfabrik** f (Nahr) / sugar-refinery n

**Weisungsbefugnis** f / authority n, command authority

**Weisz-Ringofen** m (ein Heizblock für die Tüpfelanalyse) (Chem) / Weisz ring oven

**weit** adj / wide adj ‖ ~ **durchschossen** (Typog) / widely spaced ‖ **halten** (Spatien) (Typog) / keep out v ‖ ~ **er Laufsitz** (Masch) / loose fit, class 1 fit

**Weitbereichs•anlage** f (mit einer Reichweite über 500 km) (Radar) / route surveillance radar, RSR, en-route surveillance radar ‖ ⁓**netz** n (EDV, Fernm) / wide-area network (WAN)

**Weite** f / width n, breadth n ‖ **äußere** ⁓ (eines Kanals) / width over plates ‖ **lichte** ⁓ (bei rundem Querschnitt) (Masch) / inside diameter, ID, internal diameter ‖ **lichte** ⁓ (beim rechteckigen Querschnitt) (Masch) / clear width ‖ **mit bequemer** ⁓ (Tex) / oversized adj

**weiten** vt / stretch vt (the elastic) ‖ ⁓ n / stretching n

**weitere Aussichten** (Meteor) / further outlook

**weiter•befördern** v / forward v ‖ ⁓**beförderung** f / forwarding n ‖ **berufliche** ⁓**bildung** / continuing professional development ‖ ⁓**entwicklung** f / further development ‖ **~fahren** v (Kfz) / move on v

**Weitergabe** f (von Daten) (EDV) / dissemination n ‖ ⁓ (Offenlegung von Daten) (EDV) / disclosure n ‖ **unbeabsichtigte** ⁓ (EDV) / accidental disclosure ‖ ⁓ f (des Werkstücks) **mit automatischer Kontrolle** (Fertigungsstraße) (Regeln) / linking n ‖ ⁓**einrichtung** f (eine Fördereinrichtung) (Masch) / transfer feeder ‖ ⁓**menge** f (F.Org) / forwarding quantity, send-ahead quantity ‖ ⁓**stelle** f (Zwischensender) (Fernm) / repeater station, relay station, satellite station*

**weitergeben** v (Handhabeobjekte) / transfer v ‖ ~ (unbewertete Daten an sekundäre Ein-Ausgabegeräte übersenden - DIN 66254) (EDV) / relay v ‖ ~ (Fernm) / retransmit v ‖ ~ (ein Gespräch) (Fernsp) / transfer v ‖ ~ (von einer Bearbeitungsposition in eine andere) (Masch) / transfer v, forward v

**weiter•gehende Abwasserreinigung** (Verfahren oder Verfahrenskombinationen, welche in ihrer Reinigungswirkung über die herkömmliche, in der Regel mechanisch-biologische Abwasserreinigung hinausgehen und insbesondere solche Stoffe eliminieren, die im Ablauf einer mechanisch-biologischen Kläranlage noch enthalten sind - DIN 4045) (Sanitär) / advanced waste-water treatment, AWT, tertiary treatment, polishing n ‖ **~geteufter Tagesschacht** (Bergb) / subshaft n ‖ **~leiten** v / forward v ‖ ⁓**leitung** f / forwarding n ‖ **briefliche** ⁓**leitung** (Fernm) / physical forwarding ‖ **physikalische** ⁓**leitung erlaubt** (Fernsp) / physical forwarding allowed ‖ **physikalische** ⁓**leitung verboten** (Fernsp) / physical forwarding prohibited ‖ **~melden** v (Fernm) / pass on v, relay v ‖ **~reichen** v (eine Nachricht) (Fernm) / pass on v, relay v ‖ ⁓**reichen** v **von Kontrollinformationen** (ein Zugriffsverfahren für lokale Netze mit Ringstruktur) (EDV, Fernm) / token passing

**weiterreiß•festes Gewebe** (Plast, Tex) / ripstop n (nylon fabric that is woven so that a tear will not spread) ‖ ⁓**festigkeit** f (von Elastomeren) (WP) / tear-propagation resistance, tear-growth resistance, resistance to tear propagation, tear strength ‖ ⁓**festigkeit** (mit der eingeschnittenen Probe - nach DIN 53507) (WP) / slit tear resistance ‖ ⁓**versuch** m (der Gummiproben) (Chem Verf) / tear test ‖ ⁓**versuch** (an textilen Flächengebilden) (Tex) / tear growth test ‖ ⁓**versuch** (mit bogenförmiger Probe) (WP) / crescent tear test ‖ ⁓**widerstand** m (WP) / tear-propagation resistance, tear-growth resistance, resistance to tear propagation, tear strength

**Weiter•ruf** m (Fernsp) / periodic ring condition, peridic ringing condition ‖ **~schalten** v (Fernm) / relay v ‖ ⁓**schlag** m (Folgezug) (Hütt) / second draw(ing) ‖ **~senden** v (Fernm) / retransmit v ‖ **briefliche** ⁓**sendung** (Fernm) / physical forwarding ‖ **automatisches** ⁓**telegrafieren** (mit Zwischenspeicherung) (Teleg) / automatic retransmission ‖ **~teufen** v (Bergb) / deepen v ‖ **~transportieren** v (Film) (Foto) / wind on v, advance v ‖ ⁓**verarbeitung** f (Druck) / postprocessing n ‖ ⁓**verarbeitung** (F.Org) / subsequent processing ‖ ⁓**verarbeitung und Veredlung von Metallen** f (ein Teil der Metallurgie) (Hütt) / physical metallurgy ‖ ⁓**verarbeitung von Kohle** f (umfassender als coal upgrading) / coal technology ‖ ⁓**verbreitung** f (von Kernwaffen) (Mil, Nukl) / proliferation* ‖ **selbständige** ⁓**verbreitung** (von Viren) (EDV) / self-replication n ‖ ⁓**verkauf** m / resale n ‖ **~verkaufen** v / resell v ‖ ⁓**vermittlung der Verbindung** (Fernsp) / calling deflection ‖ ⁓**verwertung** f / alternate usage ‖ ⁓**verwertung** s. auch Recycling

**weit•gehend** adj (Änderung) / sweeping adj, wide-ranging adj, profound adj, far-reaching adj ‖ **~gesteppte** (Polier)**Scheibe** (Masch) / wide-stitch wheel ‖ **~halsflasche** f (Chem) / wide-mouth bottle ‖ **~halskolben** m (Chem) / wide-mouth flask, wide-neck flask ‖ **~holz** n / spring wood*, early wood* ‖ ⁓**läufig** adj (Arch) / rambling adj ‖ **~maschig** adj (Sieb) / coarse-mesh attr, wide-mesh attr, coarse-meshed adj, wide-meshed adj ‖ **~poriges Gel** (Chem) / large-pore gel ‖ **~reichend** adj (Weitstrecken-) / long-range* attr ‖ **~reichend** (Auswirkung) / far-reaching adj, wide-ranging adj ‖ **~ringig** adj (Holz) (For) / open-grained adj, wide-ringed adj, broad-ringed adj ‖ **~sichtig** adj (Opt) / long-sighted adj, far-sighted adj (US) ‖ ⁓**sichtigkeit** f (Opt) / hypermetropia* n, hyperopia* n, long-sightedness* n ‖ ⁓**spannige Aufwölbung** (Geol) / warping n ‖ **~ständig** adj (For) / sparse adj ‖ **~ständige Schieferung** (Geol) / spaced cleavage (widely) ‖ ⁓**strahl** m (der Taschenlampe) (Licht) / long-range pencil beam ‖ ⁓**strahler** m (ein Zusatzscheinwerfer) (Kfz) / spotlamp n, driving lamp ‖ ⁓**strahlregner** m (Landw) / long-range sprinkler ‖ ⁓**strecken-** / long-range* attr

**Weitung** f (der Großraum im Teilsohlenbau) (Bergb) / cavity n, room n, chamber n

**Weit•verkehrsbereich** m (Fernm) / long-haul traffic range, long-distance traffic range ‖ ~**verkehrsnetz** n (EDV, Fernm) / wide-area network (WAN)

**Weitwinkel-** / wide-angled adj, wide-angle attr ‖ ~**aufnahme** f (Foto) / wide-angle photograph ‖ ~**bereich** m (Foto) / wide-angle coverage ‖ ~**fräsen** n (Masch) / wide-angle milling ‖ ~-**Kameraobjektiv** n (für das Todd-AO-Verfahren) (Film) / bug-eye lens* ‖ ~**objektiv** n (Foto) / wide-angle lens* ‖ ~**okular** n (Opt) / wide-field eyepiece ‖ ~**radar** m n (Radar) / panoramic radar, panar n, all-around search radar ‖ ~**spiegel** m (Kfz) / wide-angle mirror

**weitwinklig** adj / wide-angled adj, wide-angle attr

**weizen•gelb** adj / golden-wheat attr, wheat-coloured adj ‖ ~**keimöl** n (fettes, goldgelbes Getreidekeimöl) (Nahr) / wheat germ oil ‖ ~**kleie** f (der Rückstand, der beim Vermahlen von Weizenmehl in Mengen um 15% anfällt) (Nahr) / wheat bran ‖ **feine** ~**kleie** (Landw) / shorts pl ‖ ~**mehl** n (Nahr) / wheat flour ‖ ~**mehl mit Backpulverzusatz** (Kuchenmehl) (Nahr) / self-raising flour, self-rising flour (US) ‖ ~**nachmehl** n (Nahr) / toppings pl ‖ ~**protein** n (Chem, Nahr) / wheat protein ‖ ~-**Roggen-Bastard** m (Bot, Landw) / triticale n (a hybrid cereal produced by crossing wheat and rye, grown as a fodder crop) ‖ ~**schrot** m (grober) (Nahr) / cracked wheat ‖ ~**stärke** f (Nahr) / wheat starch ‖ ~**steinbrand** m (verursacht durch Tilletia tritici) (Bot) / bunt n (of wheat)*, stinking smut ‖ ~**vollkornschrot** m (Nahr) / wholemeal (wheat) flour

**welk** adj (Auflösung, Garbe, Kategorie) (Math) / flabby adj ‖ ~**es Blatt** (eine Kunstflugfigur) (Luftf) / falling leaf ‖ ~ **werden** (Bot, Landw) / wilt vi, shrivel v, wither v

**Welke** f (Bot) / wilt* n ‖ ~**krankheit** f (Bot) / wilt* n

**welken** v (Bot, Landw) / wilt vi, shrivel v, wither v ‖ **zum** ~ **bringen** (Bot, Landw) / wilt vt

**Welkepunkt** m (Bot, Landw) / permanent-wilting point*, PWP

**welk•grün** adj / withered-leaf attr (shade) ‖ ~**grün** n / withered-leaf shade ‖ ~**silage** f (Landw) / wilted silage ‖ ~**stoff** m (dem man das unphysiologische Welken von Pflanzen anlasten kann) (Bot, Landw) / wilting agent

**Well•blech** n (Bau, Hütt) / corrugated iron*, corrugated sheet metal ‖ ~**blechverkleidung** f / corrugated-sheet covering ‖ ~**deck** n (Schiff) / well deck (an open space on the main deck of a ship, lying at a lower level between the forecastle and pop) ‖ ~**deckschiff** n (Schiff) / well-deck vessel

**Welle** f (eine Zustandsänderung in einem kontinuierlichen Medium) (Elektr, Phys) / wave* n ‖ ~ (auch der Kreissäge) (For, Masch) / arbor* n ‖ ~ (zur Übertragung von Drehmomenten) (Masch) / shaft n ‖ ~ (des Fliehkrafttachometers) (Masch) / arbor* n ‖ ~ (das Innenteil bei Rund- und Flachpassungen) (Masch) / shaft n ‖ ~**n** pl (Masch) / shafting n ‖ ~ f (Kälte-, Hitze-) (Meteor) / spell n ‖ ~ (Ozean, Wasserb) / wave n ‖ ~ (Pap) / flute n ‖ **abgeflachte** ~ (gegenüber der Sinusform) (Fernm) / flat-topped wave* ‖ **abgehende** ~ (Radio) / outward-travelling wave, outgoing wave ‖ **abklingende** ~ (Akus) / evanescent wave* ‖ **angetriebene** ~ (Masch) / driven shaft ‖ **ankommende** ~ (Phys) / oncoming wave, incoming wave ‖ **atmosphärische** ~ (im horizontalen Strömungsmuster, welches Perioden im Raum und/oder Zeit aufweist) (Meteor) / atmospheric wave ‖ **biegsame** ~ (Masch) / flexible shaft ‖ **bodenreflektierte** ~ (Radio) / ground-reflected wave ‖ **direkte** ~ (eine Raumwelle) (Radio) / direct wave*, direct ray*, ground ray* ‖ **ebene** ~ (DIN 1311, T 4 und DIN 1324, T 3) (Phys) / plane wave* ‖ **elektrische** ~ (Elektr, Phys) / electric wave ‖ **elektrische** ~ (Eltech, Masch) / synchro-system n, synchro-tie n, self-synchronous system, selsyn system ‖ **elektromagnetische** ~ (DIN 1324, T 3) (Phys) / electromagnetic wave*, EMW ‖ **elliptisch polarisierte** ~ (Opt) / elliptically polarized wave ‖ **fortschreitende** (elektromagnetische) ~ (Phys, Radio) / travelling wave* ‖ **geführte** ~ (Elektr, Fernm) / guided wave* ‖ **gekoppelte** ~ (Phys) / coupled wave ‖ **gemischte elektromagnetische** ~ (Elektr) / hybrid electromagnetic wave*, HEM wave*, HEW, HEM* ‖ **gepulste** ~ (WP) / pulsed wave ‖ **getriebene** ~ (Masch) / driven shaft ‖ **grüne** ~ (im Kraftfahrzeugverkehr) (Kfz) / green wave, linked lights, synchronized lights (US), tuned traffic lights (US) ‖ **harmonische** ~ (Phys) / harmonic wave ‖ **Hertzsche** ~**n** (elektromagnetische Wellen mit Frequenzen unter 3000 GHz) (Elektr) / Hertzian waves ‖ **hydromagnetische** ~ (Plasma Phys) / magnetohydrodynamic wave ‖ **ionenakustische** ~ (Akus) / ion-acoustic wave ‖ **kohärente** ~ (Phys) / coherent wave ‖ **kontinuierlich abgestrahlte** ~ (bei der Ultraschallwerkstoffprüfung) (WP) / continuous wave ‖ **kreisförmig polarisierte** ~ / circularly polarized wave ‖ **lange** ~ (planetarische) (Geophys, Meteor) / Rossby wave* ‖ **links polarisierte** ~ (Eltronik) / left hand(ed) polarized wave ‖ **magnetoakustische** ~ (Kernphys) / magnetoacoustic wave, magnetosonic wave ‖ **magnetohydrodynamische** ~ (in einem Plasma, auf das ein Magnet einwirkt) (Plasma Phys) / magnetohydrodynamic wave ‖ **mehrfach besetzte** ~ (Masch) / shaft with multiple engagement ‖ **mit mehreren** ~**n** (Masch) / multishaft attr ‖ **modulierte** ~ (Radio) / modulated wave* ‖ **nicht sinusförmige** ~ (Eltech) / distorted wave* ‖ **periodische** ~ (Phys) / periodic wave ‖ **polarographische** ~ (Chem, Eltech) / polarographic wave ‖ **rechts polarisierte** ~ (Eltronik) / right-hand(ed) polarized wave ‖ **reflektierte** ~ (Phys) / reflected wave* ‖ **rücklaufende** ~ (Eltronik) / backward wave* (BW) ‖ **runde** ~ (Masch) / circular shaft ‖ **sinusförmige** ~ (Phys) / sinusoidal wave*, sine wave ‖ **solitäre** ~ (Phys) / soliton n, solitary wave ‖ **sphärische** ~ (Akus) / spheric wave, spherical wave ‖ **stehende** ~ (Fernm) / standing wave*, stationary wave* ‖ **troposphärische** ~ (Radio) / tropospheric wave* ‖ **ungedämpfte** ~ (Elektr) / continuous wave, CW ‖ **unmodulierte** ~**n** (Fernm) / unmodulated waves ‖ **unterbrochene ungedämpfte** ~**n** (Radio) / interrupted continuous waves* (I.C.W.), chopped continuous waves*, tonic train ‖ **von den** ~**n erodiert** (Wasserb) / wave-cut adj ‖ **von den** ~**n zerfressen** (Wasserb) / wave-cut adj ‖ **vorlaufende** ~ (Phys) / forward wave* (FW) ‖ **zurücklaufende** ~ (Phys) / back wave ‖ **zusammengesetzte** ~ (Phys) / complex wave* ‖ **zylindrische** ~ (Phys) / cylindrical wave ‖ ~**n** f pl **im Flachwasser** (Ozean) / shallow-water waves ‖ ~**n im Tiefwasser** (Ozean) / deep-water waves ‖ ~ f **mit Gegenströmung** (Wasserb) / rip n ‖ ~ **mit großer** (hoher) **Amplitude** (Phys) / high-amplitude wave ‖ ~ **mit kleiner** (niedriger) **Amplitude** (Phys) / low-amplitude wave ‖ ~ **mit maximaler Steilheit** (Kronenwinkel 120°) (Wasserb) / cycloidal wave

**Wellen•abdichtung** f (Vorgang) (Masch) / shaft sealing ‖ ~**aberration** f (Opt) / wave aberration ‖ ~**absorption** f (Phys) / wave absorption ‖ ~**achse** f (Masch) / shaft axis ‖ ~**alter** n (Verhältnis von Wellen- zu Windgeschwindigkeit) (Wasserb) / wave age ‖ ~**amplitude** f (Elektr, Phys) / wave amplitude ‖ ~**analysator** m (Phys) / wave analyser (GB), wave analyzer m (Geol, Wasserb) / wave attack ‖ **durch Abtragung beim** ~**angriff gebildete Terrasse** (Geol, Wasserb) / wave-cut terrace, wave-cut platform, wave-cut plain ‖ ~**antenne** f (Radio) / wave antenne ‖ **Beverage antenne* ‖ ~antenne mit waagerechten** (kapazitiv angekoppelten) **Querstabantennen** (Radio) / fishbone antenna* ‖ ~**antrieb** m (z.B. bei Rotorflugzeugen) (Luftf, Masch) / shaft drive ‖ ~**art** f (Phys) / wave mode ‖ ~**artig** adj / wavy adj ‖ ~**ausbreitung** f (Phys) / wave propagation ‖ ~**ausbreitungsgeschwindigkeit** f (Phys, Radio) / wave velocity*, wave celerity ‖ ~**band** n (Radio) / waveband* n ‖ ~**bereich** m (Radio) / waveband* n ‖ ~**bereichsschalter** m (Radio) / band switch ‖ ~**berg** m (Phys) / wave crest ‖ ~**beruhigungsöl** n (Schiff) / wave calming oil ‖ ~**bespült** adj (Phys, Wasserb) / wave-washed adj ‖ ~**bewegung** f (Phys, Wasserb) / wave motion, wave action ‖ ~**bild** n (modellhaft-anschauliches) (Kernphys) / wave model ‖ ~**bildung** f (Phys) / wave formation, wave generation ‖ ~**bock** m (zur Lagerung des sich außerhalb des Schiffskörpers befindlichen Teils der seitlichen Propellerwellen bei Mehrschraubenschiffen) (Schiff) / propeller bracket, propeller strut ‖ ~**boje** f (eine Kraftanlage) (Ozean) / wave buoy

**Wellenbrecher** m (bei Brücken) (HuT, Wasserb) / starling n, cutwater* n, pier cap* ‖ ~ (auf dem Vorschiff angebrachte Schutzwand gegen überkommende See) (Schiff) / breakwater n ‖ ~ (ein wellenreflektierendes Bauwerk ohne Landanschluß) (Wasserb) / breakwater* n (offshore), wave breaker ‖ ~ **schwimmender** ~ (vor dem Bug eines verankerten Schiffes schwimmende Holzstämme) (Wasserb) / floating harbour* ‖ ~ m **aus Autoreifen** (HuT, Wasserb) / tyre breakwater ‖ ~ **aus Steinschüttung** (Wasserb) / rubble-mound breakwater

**Wellen•bremse** f (Einrichtung, um die Welle bei Wartungsarbeiten gegen Drehung festzusetzen) (Schiff) / shaft brake ‖ ~**bund** m (zur Aufnahme von axialen Schubkräften) (Masch) / collar* n ‖ ~**dämpfung** f (DIN 40148, T 1) (Fernm, Phys) / wave attenuation ‖ ~**dichtung** f (Vorgang) (Masch) / shaft sealing ‖ ~**drehzahlregler** m (Masch) / shaft governor ‖ ~**dübel** m (ein Schwellendübel) (Bau) / corrugated fastener, wiggle nail ‖ ~**durchführung** f (Masch) / shaft passage, shaft duct ‖ ~**durchgang** m (Masch) / shaft passage, shaft duct ‖ ~**durchtritt** m (Masch) / shaft passage, shaft duct ‖ ~**durchtritt im Gehäuse** (Masch) / shaft exit in the casing ‖ ~**ende** n (Masch) / shaft end ‖ **zylindrisches** ~**ende** (nach DIN 73031) (Masch) / cylindrical shaft end ‖ ~**energie** f (aufgrund der Wellenbewegung gewonnene Energie) (Phys, Wasserb) / wave energy ‖ ~**energieumformer** m (z.B. in Stellenbosch) / wave-energy conversion plant ‖ ~**erosion** f (Wasserb) / wave erosion ‖ ~**fachwebmaschine** f (z.B. Contis, TWR oder ONA) (Web) / multiphase loom, waveshed loom ‖ ~**falle** f (Radio) / wave trap* ‖ ~**feder** f (Masch) / zigzag spring ‖ ~**filter** n (Eltech) / wave filter* ‖ **elektrisches** ~**filter** (Fernm) / electric-wave filter* ‖ ~**fläche** f (Krist) / wave surface ‖ ~**fläche** (die jeweils zusammenhängende Fläche aller derjenigen Punkte des Raumes, die sich im gleichen Schwingungszustand befinden) (Phys) / wavefront* n, wave surface ‖ ~**flächennormale** f (Krist) / wave normal ‖ ~**fluxen** n (Eltronik) / wave-fluxing n ‖ ~**form** f (Phys) / waveform* n, waveshape* n ‖ **verzerrte** ~**form** (Eltech) / distorted waveform ‖ ~**formanalysator** m

**wellenförmig**

(Phys) / wave analyser (GB), wave analyzer ‖ **~förmig** adj / wavy adj ‖ **~förmige Wolke** (Meteor) / billow cloud ‖ **~fortpflanzung** f (Phys, Radio) / wave propagation ‖ **~fortpflanzungsgeschwindigkeit** f (Phys, Radio) / wave velocity*, wave celerity ‖ **~front** f (die jeweils zusammenhängende Fläche aller derjenigen Punkte des Raumes, die sich im gleichen Schwingungszustand befinden) (Phys) / wavefront* n, wave surface ‖ **~frontspaltung** f (in zwei Teilwellenfronten) (Phys) / wavefront splitting, wavefront shearing ‖ **~frontwinkel** m (Phys) / wave tilt* ‖ **~funktion** f (eine vom Ort und der Zeit abhängige Funktion, die einer Wellengleichung genügt - DIN 1324, T 3) (Phys) / wavefunction* n ‖ **~furchen** f pl (wellenartige Gliederung einer Sedimentoberfläche) (Geol) / ripple-marks* pl, ripples pl ‖ **~gelenk** n (z.B. ein Kreuzgelenk) (Kfz) / universal joint* ‖ **~gelenk mit Längenausgleich** (Kfz) / plunging joint, slip joint (US) ‖ **~generator** m (für Erregung) (Eltech) / main-shaft-mounted auxiliary generator ‖ **~generator** (Schiff) / shaft-driven generator, shaft generator ‖ **~gerader Drehkondensator** (Fernm) / straight-line wavelength capacitor* ‖ **~geschwindigkeit** f (Phys, Radio) / wave velocity*, wave celerity ‖ **~gestaltung** f (der Lötwelle) (Eltronik) / wave shaping, wave forming ‖ **~gleichung** f (total-hyperbolische Differentialgleichung nach DIN 1324, T 3) (Phys) / wave equation*, equation of wave motion ‖ **Diracsche ~gleichung** (Kernphys) / Dirac equation ‖ **~gleichung** f **des Neutrinos** (relativistische Wellengleichung für ein Teilchen mit dem Spin s = 1/2 und der Masse m = 0) (Kernphys) / Weyl's equation, two-component equation of the neutrino ‖ **~gleitlagersitz** m (Masch) / journal* n ‖ **~gruppe** f (Phys) / wave group ‖ **~gruppe** (Phys) s. auch Wellenpaket ‖ **~höhe** f (Schiff) / wave height ‖ **~hose** f (flossenartige Verkleidung der Schraubenwelle von Mehrschraubenschiffen) (Schiff) / shaft bossings, shell bossings, bossings pl ‖ **~interferenz** f (Phys) / wave interference*, interference of waves ‖ **~kamm** m (meistens der höchste Teil des Wellenberges) (Phys, Wasserb) / wave crest ‖ **~kammer** f (des Wellenbrechers) (Wasserb) / wave chamber ‖ **~köper** m (Web) / wave twill ‖ **~kraftwerk** n (Eltech) / wave power station, wave energy plant ‖ **~kraftwerk** (das die hydrodynamische Energie der Meereswellen zur Elektrizitätserzeugung nutzt) (Eltech, Ozean) / wave-power station, wave energy plant ‖ **~krisis** f (Erscheinungen, die mit dem Erreichen der kritischen Machzahl zusammenhängen) (Phys) / wave crisis ‖ **~kupplung** f (Masch) / shaft coupling ‖ **~kurzzeichen** n (in den Zeichnungen) (Masch) / shaft designation, class of shaft

**Wellenlänge** f (DIN 5031, T 8) (Phys) / wavelength* n, w.l. ‖ **dominierende ~** (Phys) / dominant wavelength ‖ **effektive ~** (in der optischen Pyrometrie) (Phys) / Crova wavelength ‖ **effektive ~** (Radiol) / effective energy* ‖ **farbtongleiche ~** (Licht, Opt) / dominant wavelength* (of dominant hue) ‖ **maximale ~** (Phys) / maximum wavelength ‖ **minimale ~** (Phys) / minimum wavelength* ‖ **~ f des Lichtes** (Licht) / wavelength of light* ‖ **~ für maximale Empfindlichkeit** (DIN 41 855, T 2) (Eltronik) / peak sensitivity wavelength

**Wellenlängen·bestimmung** f (Phys) / wavelength determination ‖ **~dispersive Röntgenanalyse** (eine Elektronenstrahl-Mikroanalyse) (Spektr) / wavelength dispersive X-rays spectrometry, WD X-rays spectrometry ‖ **~einstellung** f (Fernm) / wavelength selection ‖ **~einstellung** (z.B. bei Refraktometern) (Opt) / wavelength adjustment, wavelength setting ‖ **~multiplex (WDM)** n (Fernm) / wavelength-division multiplexing (WDM) ‖ **~normal** n (Fernm) / wavelength standard ‖ **~schwerpunkt** m (Phys) / spectral centroid ‖ **~verschiebung** f (Phys) / wavelength shift ‖ **~wahl** f (Fernm) / wavelength selection

**Wellenleistung** f (im allgemeinen) (Masch) / shaft power ‖ **~** (Nutzleistung in PS) (Masch) / shaft power, shaft horse power, SHP, s. h. p. ‖ **abgegebene ~** (Masch) / shaft output, shaft power output ‖ **effektive ~** (Masch) / shaft output, shaft power output

**Wellenleiter** m (DIN 47301, T 1 - Oberbegriff für: Hohlleiter, Koaxialleitung und Lecher-Leitung) (Fernm) / waveguide* (WG) n ‖ **dielektrischer ~** (Fernm) / diline n, dielectric waveguide ‖ **geschlitzter ~** (Fernm) / slotted section, slotted waveguide, slotted line ‖ **keilförmiger ~** (Fernm) / tapered waveguide, tapered transmission line ‖ **OWG übermodierter ~** (Fernm) / overmoded waveguide ‖ **~ m im Sperrbetrieb** (Fernm) / waveguide below cut-off, cut-off waveguide, evanescent waveguide ‖ **~ mit herabgesetzter kritischer Frequenz** (Fernm) / evanescent waveguide

**Wellenleiter·beschleuniger** m (Fernm) / waveguide accelerator ‖ **~brücke** f (Fernm) / waveguide bridge ‖ **~dichtung** f (Fernm) / waveguide gasket ‖ **~dispersion** f (eine Art Streuung der Gruppenlaufzeit in den LWL) (Fernm) / waveguide dispersion ‖ **~flansch** m (Fernm) / waveguide flange ‖ **~knick** m (Fernm) / waveguide bend, waveguide elbow ‖ **~knie** n (Fernm) / waveguide bend, waveguide elbow ‖ **~-Kontaktblech** n (Fernm) / waveguide shim ‖ **~mode** m (Fernm) / waveguide mode*, mode n ‖ **~modulator** m (Modulator für optische Signalübertragungen, bei dem ein planarer Lichtwellenleiter sowohl das Transport- als auch das Modulatormedium für die in ihm geführte Lichtwelle bildet) (Fernm) / waveguide modulator ‖ **~öffnung** f (Fernm) / nozzle* n ‖ **~schalter** m (Fernm) / waveguide switch* ‖ **~schwingungsform** f (Fernm) / waveguide mode*, mode n ‖ **~taper** m (Lichtwellenleiterelement mit örtlich variablem Querschnitt zur möglichst verlustfreien optischen Verbindung zweier Wellenleiter mit unterschiedlichen Querschnittsgeometrien) (Fernm) / waveguide taper ‖ **~transformator** m (Fernm) / waveguide transformer* ‖ **~verjüngung** f (Fernm) / waveguide taper

**Wellen·linie** f / wavy line ‖ **~löten** n (zum Herstellen von Lötverbindungen auf gedruckten Leiterplatten) (Eltronik) / wave soldering, flow soldering ‖ **~mechanik** f (Phys) / wave mechanics* ‖ **~messer** m (Instr) / wavemeter* n ‖ **~nagel** m (Bau) / corrugated fastener, wiggle nail ‖ **~natur** f (Licht) / wave character ‖ **~normale** f (Krist) / wave normal ‖ **~normale** (Phys) / wave normal ‖ **~normalenrichtung** f (Krist, Opt) / wave normal direction ‖ **~optik** f (Opt) / wave optics ‖ **~ornament** n (Arch) / wave moulding ‖ **~paket** n (Überlagerung harmonischer ebener Wellen mit verschiedenen Frequenzen, verschiedenen Amplituden und Phasen) (Eltech, Phys) / wave packet* n ‖ **~papier** n (das als gewellte Bahn bei der Herstellung von Wellpappe verwendet wird) (Pap) / corrugating medium, corrugating material, fluting medium ‖ **~parameter** m (Elektr) / wave parameter ‖ **~pferdestärke** f (Masch) / shaft power, shaft horse power, SHP, s. h. p. ‖ **~plättchen** n (Opt) / wave plate, retardation plate ‖ **~polierring** m (Masch) / corrugated buff ‖ **~schalter** m (Masch) / shaft coupling ‖ **Klinge f mit ~schliff** / serrated blade ‖ **~schlucker** m (ein Überspannungsableiter) (Eltech) / surge modifier*, surge absorber* ‖ **~schnitt** m (For) / snake n ‖ **~schreiber** m (Eltech) / ondograph n ‖ **~schwanz** m (Phys) / wave tail* ‖ **~segelflug** m (in größeren Höhen, im Aufwind auf der Leeseite langgestreckter Gebirgszüge) (Luftf) / soaring on standing wave ‖ **~spannkraft** f (bei Flachriemengetrieben) (Masch) / elastic force of the shaft ‖ **~stirn** f (von der Richtung der Ausbreitung her gesehen) (Elektr, Phys) / wavefront* f ‖ **~störung** f (eine zyklonale Erscheinung im Wetterkartenbild) (Meteor) / wave disturbance ‖ **~strahlen** m pl (Phys) / wave radiation ‖ **~strahlgleichrichter** m (Eltech) / jet-wave rectifier* ‖ **~strecker** m (des Wellenleiters) (Fernm) / line stretcher* ‖ **~strom** m (Eltech) / bearing current ‖ **~stumpf** m (Masch) / stub shaft ‖ **~tal** n (Phys) / wave trough ‖ **~theorie** f (der Materie) (Phys) / wave theory*, undulatory theory ‖ **~tunnel** m (bei Hinterradantrieb) (Kfz) / driveshaft tunnel, transmission tunnel ‖ **~tunnel** (Schiff) / shaft tunnel, shaft alley ‖ **~turbine** f (auch beim Hubschrauber) (Luftf) / shaft turbine

**Wellentyp** m (in Wellenleitern) (Fernm) / waveguide mode*, mode n ‖ **~** (im allgemeinen) (Phys) / wave mode ‖ **~reinheit** f (Fernm) / mode purity ‖ **~wandler** m (Fernm) / mode converter, mode transducer, mode transformer ‖ **~wandlung** f (Fernm) / mode conversion

**Wellen·umschalter** m (Radio) / band switch ‖ **~vektor** m (Phys) / wave vector (a vector quantity that describes not only the magnitude of of a wave but also its direction) ‖ **~verzierung** f (Arch) / wave moulding ‖ **~wicklung** f (Eltech) / wave winding*, two-circuit winding*

**Wellenwiderstand** m (das geometrische Mittel aus Kurzschluß- und Leerlaufwiderstand) (Elektr) / characteristic impedance*, iterative impedance*, surge impedance ‖ **~** (Eltech) / natural impedance ‖ **~** (bei hoher Unterschallgeschwindigkeit) (Luftf) / compressibility drag* ‖ **~** (wenn sich das ganze Flugzeug in einer Überschallströmung befindet) (Luftf) / wave drag* ‖ **~** (reiner Druckwiderstand infolge Wellenbildung durch das Schiff) (Schiff) / wave resistance

**Wellen·wirkung** f (meistens mechanische) (Ozean) / wave action ‖ **~zahl** f (DIN 5031, T 8) (Phys) / wavenumber* n, repetency n ‖ **~zahlvektor** m (Phys) / wave vector (a vector quantity that describes not only the magnitude of of a wave but also its direction) ‖ **~zapfen** m (Masch) / journal* n ‖ **~zapfenlager** m (Masch) / journal-bearing n ‖ **~zentrum** n (Fernm) / wave centre n (Wasserb) / **~zerfressen** adj (Wasserb) / wave-worn adj ‖ **~zug** m (Radio) / wave train* ‖ **~zugfrequenz** f (Fernm) / group frequency

**Welle-Teilchen-Dualismus** m (die Tatsache, daß Materie je nach Versuchsbedingung als Welle /Feld/ oder Korpuskel in Erscheinung tritt) (Phys) / wave-particle duality*, wave-corpuscle duality

**Wellgetriebe** n (Masch) / harmonic drive

**wellig** adj / wavy adj ‖ **~** (Mischstrom) (Eltech) / rippled adj ‖ **~** (Bewegung) (Phys) / undulatory adj ‖ **~er Faserverlauf** (For) / wavy grain, wavy figure ‖ **~es Gewebe** (das auf dem Zuschneidetisch nicht glatt aufliegt) (Tex) / baggy cloth, crooked cloth, ridgy cloth, wavy cloth ‖ **~e Leiste** (Web) / slack selvedge, baggy selvedge, loose selvedge, wavy selvedge, stringy selvedge ‖ **~es Papier** (Pap) / wavy paper*

**Welligkeit** f (der Oberfläche) / waviness n ‖ **~** (der Emailglasur) / liver n (a defect in glazes and dry-process enamels characterized by a wave-like form of abnormally thick coating), livering n ‖ ~ (Wechselspannungsgehalt, Wechselstromgehalt nach DIN 4010) (Eltech) / ripple* n ‖ ~ (das Verhältnis der Maximal- und Minimalspannung längs einer Leitung) (Fernm) / voltage standing-wave ratio* (VSWR) ‖ ~ (DIN 4760) (Masch) / waviness n ‖ ~ (der Bewegung) (Phys) / undulation n

**Welligkeits•faktor** m (DIN 1344) (Fernm) / standing-wave ratio*, SWR, voltage standing-wave ratio, WSWR ‖ ~**filter** n (Eltech) / ripple filter*, smoothing filter* ‖ ~**frequenz** f (Eltech) / ripple frequency* ‖ ~**strom** m (Eltech) / ripple current

**Wellig•liegen** n (des Papiers) (Pap) / waviness n, wavy edges n (Pap) / cockling* n ‖ ~**werden** n (Pap) / cockling* n

**Welliné** m (aus Baumwolle für Morgenröcke, aus Wolle für Mäntel) (Tex) / ripple cloth

**Wellingtonie** f (For) / wellingtonia n

**Wellpapier** n (das zwischen zwei geriffelten Walzen gewellt worden ist - DIN 6730) (Pap) / fluted paper

**Wellpappe** f (Pap) / corrugated board*, corrugated fibreboard, cellular board, corrugated paperboard ‖ **doppelseitige** ~ (Pap) / double-faced corrugated board, double facer ‖ **dreiwellige** ~ (DIN 6730 - bestehend aus drei Lagen gewellten Papiers, die durch zwei Lagen Papier und Karton miteinander verklebt sind und deren Außenflächen ebenfalls mit je einer Lage Papier oder Karton beklebt sind) (Pap) / triple-wall corrugated fibreboard ‖ **einseitig beklebte** ~ (Pap) / single-faced corrugated fibreboard ‖ **einseitige** ~ (DIN 6730 - bestehend aus einer Lage gewellten Papiers, das auf Papier oder Pappe geklebt ist) (Pap) / single-faced corrugated fibreboard ‖ **einseitige** ~ (Pap) / single-faced corrugated board ‖ **einwellige** ~ (DIN 6730 - bestehend aus einer Lage gewellten Papiers, das zwischen zwei Lagen Papier oder Karton geklebt ist) (Pap) / single-wall corrugated fibreboard ‖ **zweiseitige** ~ (Pap) / single-wall corrugated fibreboard ‖ **zweiwellige** ~ (DIN 6730 - bestehend aus zwei Lagen gewellten Papiers, die durch eine Lage Papier oder Pappe miteinander verklebt sind und deren freie Außenflächen ebenfalls mit je einer Lage Papier oder Karton geklebt sind) (Pap) / double-double face corrugated fibreboard

**Wellpappen•druck** m (Druck) / corrugated-board printing ‖ ~**maschine** f (Pap) / corrugating machine ‖ ~**rohpapier** n (Pap) / corrugating medium, corrugating material, fluting medium

**Well•platte** f / corrugated panel, corrugated sheet ‖ ~**rad** n (eine einfache Maschine) (Phys) / wheel and axle, shaft-mounted wheel, axle-mounted wheel

**Wellrohr** n (Kfz, Masch) / bellows* n (or pl), sylphon bellows ‖ ~**ausgleicher** m (Masch) / corrugated expansion joint, bellows-type expansion joint ‖ ~**feder** f (Masch) / syphon bellows* ‖ ~**kompensator** m (Masch) / corrugated expansion joint, bellows-type expansion joint ‖ ~**manometer** m (Masch) / bellows gauge ‖ ~**membran** f (Masch) / syphon bellows*

**Well•siebboden** m (Chem Verf) / ripple tray* ‖ ~**stegträger** m (Holzträger mit I-förmigem Querschnitt - die Flansche bestehen aus Vollholz, der aus Sperrholz gefertigte Steg wird in wellenförmige Nuten eingeklebt) (Bau, Zimm) / corrugated-web girder ‖ ~**tafel** f (Bau) / corrugated sheet

**Wellung** f (sedimentäre Struktur) (Geol) / scalloping n, scallop n

**Welsche Haube** (Turmbekrönung oder Haubendach mit geschweifter Kontur) (Arch) / bulbous cupola

**Welt, reale** ~ (KI) / real world ‖ ~ f **aus Objekten mit drei ebenen Flächen** / trihedral world ‖ ~**achse** f (Astr) / polar axis* ‖ ~**all** n / cosmos n, universe n ‖ **expandierendes** ~**all** (Astr) / expanding universe* ‖ ~**datenwählnetz** n (EDV) / worldwide switched data network ‖ ~**faktenregel** f (KI) / world-fact rule ‖ **Internationale** ~**karte** (1 : 1 Million, Lamberts winkeltreue Abbildung, Polargebiete in stereografischer Abbildung) (Kart) / International Map of the World, I.M.W. ‖ ~**karte f der Deklination** (Geophys) / magnetic map* ‖ ~**koordinaten** f pl (eines Roboters) / absolute Cartesian coordinates, world coordinates ‖ ~**koordinaten** (geräteunabhängige kartesische Koordinaten) / world coordinates (WC)

**weltlich** adj (Arch) / vernacular adj, profane adj, secular adj

**Welt•linie** f (Beschreibung der Bewegung eines Punktes durch eine Kurve in der vierdimensionalen Raum-Zeit-Welt) (Math, Phys) / world-line n ‖ ~**luftfahrtkarte** f (der ICAO - Maßstab 1 : 1,000 000) (Luftf) / World Aeronautical Chart ‖ ~**meer** n (Geog) / ocean n ‖ ~**modell** n (KI) / world model ‖ ~**normalzeit** f / Universal Time Coordinated (UTC), Universal Coordinated Time, Coordinated Universal Time ‖ ~**organisation** f **für geistiges Eigentum** (gegründet 1967, Sitz: Genf) / World Intellectual Property Organization, WIPO ‖ ~**organisation für Meteorologie** (eine Sonderorganisation der Vereinten Nationen; gegründet 1951, Sitz: Genf) (Meteor) / World Meteorological Organization, WMO ‖ ~**postverein** m (eine Sonderorganisation der Vereinten Nationen, gegr. 1951, Sitz: Genf) (Fernm) / Universal Postal Union, UPU ‖ ~**punkt** m (Math, Phys) / world point ‖ ~**radius** m (Radius des gekrümmten dreidimensionalen Raums) (Math) / radius of the universe

**Weltraum** m / cosmos n, universe n ‖ ~ (jenseits der Erdatmosphäre bzw. des Sonnensystems) (Astr, Raumf) / space* n ‖ **[erd]ferner** ~ (Astr, Raumf) / deep space (beyond the gravitational influence of the Earth) ‖ **im** ~ **aussteigen** (Raumf) / spacewalk v ‖ ~**abwehr** f (Mil) / space defence ‖ ~**bahnhof** m (Raumf) / space mission launch centre ‖ ~**-Eignungsprüfung** f (von Bauteilen und Geräten) (Raumf) / qualification test* ‖ ~**fahrer** m (Raumf) / astronaut* n, space traveller, spaceman n, cosmonaut* n, spationaut* n ‖ ~**fahrt** f (Raumf) / astronautics* n, cosmonautics n ‖ ~**fahrt** f (ein Raumflug) (Raumf) / space flight, space travel ‖ ~**flug** m (Raumf) / space flight, space travel ‖ ~**forschung** f (Raumf) / space research* ‖ ~**gestützt** adj (Mil, Raumf) / space-based adj ‖ ~**kommunikation** f (Fernm) / space (radio)communication ‖ ~**kraftwerk** n (Eltech, Raumf) / space power plant ‖ **geostationäres** ~**kraftwerk** (Eltech, Raumf) / geostationary space power plant ‖ ~**mine** f (eine Antisatellitenwaffe) (Mil) / space mine ‖ ~**müll** m (ausgediente Objekte der Raumfahrt und Bruchstücke davon, die nach Missionsende im Orbit verbleiben) (Raumf) / space litter, space junk ‖ ~**polarplattform** f (Raumf) / polar platform* ‖ ~**recht** n / law of outer space, space law ‖ ~**schrott** m (Raumf) / space litter, space junk ‖ ~**simulationskammer** f (Raumf) / space simulator ‖ ~**simulator** m (Raumf) / space simulator ‖ ~**spaziergang** m (Raumf) / space walk ‖ ~**station** f (ständiger Stützpunkt für die Raumfahrt außerhalb der Hochatmosphäre) (Raumf) / space station*, orbital station, orbital base ‖ ~**teleskop** n (ein Spezialsatellit, der von einem Raumtransporter in die Umlaufbahn gebracht wird) (Raumf) / large space telescope, LST, space telescope ‖ ~**verteidigung** f (Mil) / space defence ‖ ~**waffen** f pl (Mil) / space weaponry

**Welt•stadt** f (z.B. New York, London, Berlin, Paris, Tokio usw.) (Arch) / global city ‖ **kopernikanisches** ~**system** (heliozentrische Planetentheorie) (Astr) / Copernican System* ‖ ~**transformation** f (eine zweidimensionale Umformung, die auf einer 3x3-Matrix beruht) (EDV) / world tranformation ‖ ~**vektor** m (im Minkowski-Raum) (Phys) / world vector ‖ ~**verbrauch** m (z.B. von Rohstoffen) / world consumption ‖ ~**weite Adresse** (Fernm) / all-station address, global address ‖ ~**weite Kompatibilität** (EDV, Eltech, Eltronik) / global compatibility ‖ ~**wetterwacht** f (ein Programm der Weltorganisation für Meteorologie) (Meteor) / World Weather Watch (WWW) ‖ ~**wissen** n (KI) / world knowledge, universal knowledge ‖ ~**zeit** f (die Zonenzeit des nullten Längenmeridians) / Greenwich Mean Time*, G.M.T.*, Greenwich Civil Time, Greenwich time, Universal Time*, zebra time, zulu time*, UT ‖ **koordinierte** ~**zeit** (EN 28601) / Universal Time Coordinated (UTC), Universal Coordinated Time, Coordinated Universal Time

**Wende** f / reversion n, reversal n, reversing n ‖ ~**bahnhof** m (Bahn) / reversing station ‖ ~**becken** (Luftf) / turning basin ‖ ~**feld** n (Eltech) / commutating field*, reversing field ‖ ~**fläche** f (Luftf) / turnaround area ‖ ~**flügel** m (Bau) / vertically pivoted window ‖ ~**formmaschine** f (Gieß) / turnover moulding machine ‖ ~**getriebe** n (zur Drehrichtungsumkehr) (Masch) / reverse gear ‖ ~**haken** m (zum Bewegen schwerer Baumstämme und Balken) (For) / cant hook, cant dog ‖ ~**haken** (Maschinenelement der Fachbildevorrichtungen an der Webmaschine) (Web) / catch hook ‖ ~**halbmesser** m (Kfz) / radius of turn, turning radius ‖ ~**hammer** m (HuT, Kfz) / hammerhead n ‖ ~**herz** n (der Drehmaschine) (Masch) / tumbler gear(s) ‖ ~**horizont** m (Kombination aus künstlichem Horizont und Wendezeiger) (Luftf) / turn-and-bank indicator combined with artificial horizon ‖ ~**jacke** f (Tex) / reversible jacket ‖ ~**kreis** m (Geog) / tropic* n ‖ ~**kreis** (Kfz) / turning circle ‖ ~**kreisdurchmesser** m (Durchmesser des kleinsten Kreises, der durch die am weitesten vorstehenden Fahrzeugteile bei größtem Lenkeinschlag beschrieben wird) (Kfz) / minimum turning circle ‖ ~**kreisel** m (Luftf) / rate gyroscope ‖ ~**kurve** f (Luftf) / base turn

**Wendel** f (Bergb) / spiral chute ‖ ~ (der Glühlampe) (Eltech) / coiled filament ‖ ~ (Eltech, Licht) / wreath filament*, filament* n ‖ ~ (Eltech, Masch) / spiral n ‖ ~ (Math) / helix* n (circular) (pl. helices or -es), cylindrical helix ‖ ~**antenne** f (die aus einseitig gespeisten, zu einer geraden Wendel gebogenen Leiter besteht) (Fernm, Radar) / helical antenna* ‖ ~**aufhängehöhe** f (Lichtschwerpunktabstand) (Eltech) / light-centre length* ‖ ~**ausleser** n (Trieur) (Landw) / seed grader of spiral type ‖ ~**beschleuniger** m (Kernphys) / helical accelerator, helix accelerator ‖ ~**bewehrung** f (Bau, HuT) / helical reinforcement, spiral reinforcement ‖ ~**bohrer** m (Masch) / twist drill* ‖ ~**draht** m (der Glühlampe) (Eltech, Licht) / wreath filament*, filament* n ‖ ~**fläche** f (eine Schraubenfläche, die durch eine Gerade beschrieben wird, welche sich an einer zu ihr senkrecht stehenden Achse emporschraubt) (Math) / right helicoid* ‖ ~**förderer** m (elektromagnetische Sortiereinrichtung beim

**wendelförmig**

automatischen Montieren) (Masch) / vibratory bowl feeder* ‖ ~**förmig** *adj* / helical *adj*, helicoidal *adj*, helicoid *adj* ‖ ~**leiter** *m* (Fernm) / helical waveguide* ‖ ~**leitung** *f* (Eltech) / helical line, helix* *n* (pl. helices or -es) ‖ ~**linearbeschleuniger** *m* (Kernphys) / helical accelerator, helix accelerator
**wendeln** *v* (einen Glühfaden) (Eltech) / coil *v*
**Wendel•potentiometer** *n* (Eltech) / Helipot* *n*, helical track potentiometer, multiturn potential divider, helical potentiometer, multiturn helical-wound potentiometer ‖ ~**pumpe** *f* (Masch) / spiral pump ‖ ~**rutsche** *f* (Masch) / spiral chute ‖ ~**scheider** *m* (zur Erzaufbereitung) (Aufber) / Humphrey's spiral ‖ ~**schwingförderer** *m* (Masch) / helicoidal vibrating conveyor ‖ ~**schwingrinne** *f* (Masch) / helicoidal vibrating conveyor ‖ ~**span** *m* (For) / curl *n* ‖ ~**span** (in Form einer Wendel) (Masch) / helical chip type A ‖ ~**stufe** *f* (Bau) / winder* *n*, turret step, turn tread*, wheeler *n*, wheeling step* ‖ ~**treppe** *f* (mit Treppenspindel) (Bau) / spiral stairs*, helical staircase, circular stairs, caracole* *n*, corkscrew staircase*, newel staircase, spiral staircase ‖ ~**treppe** (mit Treppenauge) (Bau) / geometrical stair* (with an open newel), open-newel stair* ‖ ~**treppenturm** *m* (z.B. in Blois) (Arch) / spiral-staircase tower
**wenden** *v* (Malz) (Brau) / turn *v* ‖ ~ (Strom) (Eltech) / commutate *v* ‖ ~ (Kfz) / turn *v* ‖ ~ (Richtung) (Masch) / reverse *v* ‖ ~ (z.B. einen Mantel) (Tex) / turn *v* ‖ ~ *n* (Mälzerei) (Brau) / turning *n* ‖ ~ (der Formhälfte) (Gieß) / roll-over *n*, turnover *n* ‖ ~ (Kfz) / U-turn *n*
**Wende•platte** *f* (Gieß) / turnover board*, rollover-board *n* ‖ ~**plattieren** *n* (Tex) / reverse plating ‖ ~**plattierung** *f* (Tex) / reverse plating ‖ ~**pol** *m* (Eltech) / compole* *n*, commutating pole*, interpole* *n*, compensating pole* ‖ ~**polwicklung** *f* (eine Erregerwicklung - DIN 42005) (Eltech) / commutating winding ‖ ~**prisma** *n* (geradsichtiges Umkehrprisma) (Opt) / reversing prism ‖ ~**punkt** *m* (Math) / point of inflexion, inflexion point, point of contraflexure ‖ ~**punkt einer Kurve** (die zwei Teile verschiedener Krümmung trennt) (Math) / point of inflexion on a curve* (at which the concavity changes)
**Wender** *m* (einer Kammwollkrempel) (Spinn) / stripper *n*, clearer roller
**Wende•radius** *m* (Kfz) / radius of turn, turning radius ‖ **äußerer** ~**radius** (Kfz) / outside turning radius ‖ ~**säule** *f* (ein Meißelhalter) (Masch) / reversing column ‖ ~**säule** (des Schleusentors) (Wasserb) / heel-post* *n*, quoin-post* *n* ‖ ~**schalter** *m* (Eltech) / reversing switch*, reverser *n* ‖ ~**schieber** *m* (beim Reißverschluß) (Tex) / reversible slider ‖ ~**schleife** *f* (Kfz) / turning loop ‖ ~**schneidplatte** *f* (eine Wegwerfplatte mit mehreren Schneidkanten aus Hartmetall oder Keramik - DIN 4968 und 4969) (Masch) / throw-away insert, disposable insert (tip, bit), indexable insert ‖ ~**stangen** *f pl* (Druck) / angle bars* (on rotary presses), turner bars* ‖ ~**tangente** *f* (die im Wendepunkt an eine Kurve gelegte Tangente) (Math) / inflexional tangent, flex tangent ‖ ~**- und Arbeitswalze** *f* (Spinn) / stripper and worker* ‖ ~**verbot** *n* (ein Verkehrszeichen) (Kfz) / no U turns ‖ ~**zeiger** *m* (ein kreiselgesteuertes Flugüberwachungsgerät) (Luftf) / turn indicator*, bank-and-turn indicator, turn-and-bank indicator*, rate-of-turn indicator, turn-and-slip indicator* ‖ ~**zug** *m* (je nach Fahrtrichtung von der Lokomotive gezogener oder geschobener Zug im Personenverkehr) (Bahn) / reversible train, pull-and-push train
**Wendigkeit** *f* (eines Fahrzeugs) (Kfz) / manoeuvrability *n*, manoeuvring ability
**Wendung** *f* (Drehung) / turn *n* ‖ ~ (Änderung des Krümmungsverhaltens) (Math) / inflexion* *n*, inflection *n*
**Wengé** *n* (das harte, kaffeebraune, schwarzgestreifte Holz von Millettia laurentii De Wild. aus dem Kongogebiet) (For) / wengé *n*
**wenig bildsam** (Keram) / short *adj* ‖ ~ **gebauscht** (Tex) / low-bulk *attr* ‖ ~ **resistent** (nach DIN 68364) (For) / slightly resistant ‖ ~ **standfestes Gestein** (Bergb, HuT) / weak ground, ravelling ground
**Wenigsprecher** *m* (Fernsp) / low-calling-rate subscriber
**wenn und nur wenn** (Math) / if and only if, iff*
**Wennersche Elektrodenanordnung** (beim Widerstandsverfahren) (Geol) / Wenner (electrode) array
**Wenn•-Klausel** *f* (EDV) / if-clause *n* ‖ ~**-Teil** *m* (einer Regel) / premise part, "if" part
**Wentzel-Kramers-Brillouin-Näherung** *f* (Lösung der eindimensionalen Schrödinger-Gleichung - nach G. Wentzel, 1898-1978, H.A. Kramers, 1894-1952, und L. Brillouin, 1889-1969) (Phys) / Wentzel-Kramers-Brillouin method, W.K.B. approximation, WKB method, Wentzel-Kramers-Brillouin-Jeffreys approximation
**"Wer da"-Zeichen** *n* (Fernm) / "Who are you" signal, WRU signal
**Werbe•-** / promotional *adj*, promo *adj* ‖ ~**agent** *m* / publicity agent ‖ ~**analyse** *f* (Untersuchung der Verbrauchergewohnheiten, der Marktlücken und der möglichen Werbemittel auf ihre Brauchbarkeit) / advertising analysis ‖ ~**argument** *n* (einzigartiges, das die Konkurrenz an den Verbraucher nicht herantragen kann) / unique selling proposition, USP ‖ **Grundton** *m* ("atmosphärische Verpackung") **der** ~**aussage** / flair *n*, tonality *n* ‖ ~**block** *n* / clutter *n* ‖ ~**durchsage** *f* (TV) / commercial break ‖ ~**einblendung** *f* (TV) / commercial break ‖ **verstärkter** ~**einsatz** / advertising drive (an organized effort) ‖ ~**erfolg** *m* / advertising success ‖ ~**etat** *m* / advertising appropriation ‖ ~**feldzug** *m* / advertising campaign ‖ ~**fernsehen** *n* (TV) / sponsored television ‖ ~**fonds** *m* / advertising appropriation ‖ ~**funk** *m* (Radio, TV) / commercial broadcasting ‖ ~**gag** *m* / publicity gimmick ‖ ~**grafik** *f* (Druck) / advertising art ‖ ~**kampagne** *f* / advertising campaign ‖ ~**konzeption** *f* / advertising conception ‖ ~**mappe** *f* (Druck) / advertising portfolio ‖ ~**material** *n* (Gesamtheit aller visuellen, audiovisuellen und Textelemente eines Werbemittels) / copy *n* ‖ ~**material** (z.B. Prospekte, Broschüren) (Druck) / promotional literature, promotion matter ‖ ~**melodie** *f* / jingle *n* (a short slogan or tune) ‖ **bewilligte** ~**mittel** / advertising appropriation ‖ ~**mittelkontakt** *m* / exposure *n*
**Werben, alle auf das** ~ **und die Bringung von Rundholz gerichtete Tätigkeiten** (For) / chance* *n*
**Werbe•periode** *f* / flight *n* (e.g. Christmas flight) ‖ ~**phase** *f* / flight *n* (e.g. Christmas flight) ‖ ~**plan** *m* / media plan ‖ ~**psychologie** *f* (ein Teilgebiet der angewandten Psychologie) / advertising psychology ‖ ~**schleppflug** *m* (Luftf) / sign-towing flight ‖ ~**sendezeit** *f* (Radio, TV) / spot *n* (commercial) ‖ ~**sendung** *f* (Radio, TV) / commercial *n* ‖ ~**sendung von 30 Sekunden Dauer** (Radio, TV) / thirty *n* ‖ ~**sendungsreichweite** *f* (Anzahl von Personen oder Haushalten) (Radio, TV) / commercial audience ‖ ~**sendungsreichweite** (Radio, TV) / commercial audience ‖ **gesungener** ~**slogan** / jingle *n* (a short slogan or tune) ‖ ~**spot** *m* / commercial *n* ‖ ~**strategie** *f* (übergreifendes Konzept einer Werbekampagne) / advertising strategy ‖ ~**streifen** *m* (z.B. um einen Bus herum) / waistband *n* ‖ ~**text** *m* (für ein Buch) (Druck) / blurb* *n*, publisher's note, review slip ‖ **argumentativer** ~**text** / argumentative copy ‖ **suggestiver** ~**text** / suggestive copy ‖ ~**texter** *m* / copywriter *n* ‖ ~**trägeranalyse** *f* (ein Bericht) / sweep *n* (to determine advertising rates), sweeps *pl* ‖ ~**trägerkontakt** *m* / exposure *n* ‖ ~**trägerpublikum** *n* **der Massenmedien** / admass *n* ‖ ~**vorspann** *m* (Film) / trailer* *n*, preview trailer ‖ **langfristige** ~**wirkung** / carry-over *n* ‖ ~**zettel** *m* (Druck) / throw-away* *n*
**Werbung** *f* / advertising *n*, publicity *n* ‖ **betrügerische** ~ / deceptive advertising ‖ **informative** ~ / informative advertising ‖ **irreführende** ~ / deceptive advertising ‖ **musikalische** ~ / jingle *n* (a short slogan or tune) ‖ **unterschwellige** ~ (die die Umworbenen unterhalb der Schwelle ihrer bewußten Wahrnehmung zu beeinflussen versucht) / subliminal advertising ‖ **vergleichende** ~ / comparative advertising, comparison advertising ‖ ~ *f* **am Einkaufsort** / point-of-purchase advertising, POP advertising ‖ ~ **im Einzelhandelsgeschäft** / point-of-purchase advertising, POP advertising
**Werbungstreibender** *m* (Radio, TV) / sponsor *n*
**Werdegang, beruflicher** ~ (als Bewerbungsunterlage) / career résumé
**Werder** *m* (Geog, Wasserb) / ait *n* (GB), eyot *n* (GB)
**werfen** *v* (Schatten) / cast *v*, project *v* ‖ ~ / throw *v* ‖ ~ (Phys) / cast *v* ‖ ~ (Anker) (Schiff) / drop *v* ‖ **sich** ~ (Luftf) / warp *vi* ‖ ~ *n* (bei der Akkumulatorplatten) (Eltech) / buckling* *n* ‖ ~ (For) / warp* *n*, warpage *n*
**Werfer** *m* (Startvorrichtung für Raketen[waffen]) (Mil, Raumf) / launcher *n*, rocket launcher
**Werft** *f* (Luftf) / repair facility ‖ ~ (Schiff) / shipyard *n*, dockyard *n* ‖ ~**industrie** *f* (Schiff) / shipbuilding industry ‖ ~**liegeplatz** *m* (Schiff) / shipyard berth
**Werg** *n* (kurzer Wirrfaserabfall beim Hecheln von Bastfasern) (Tex) / tow *n* ‖ **weißes** ~ (Schiff) / white oakum ‖ ~**garn** *n* (Spinn) / tow yarn (flax or hemp yarn), tow *n*
**Werk** *n* (Produktionsstätte) / factory *n*, mill* *n* (cotton mill, rolling mill, saw-mill, spinning mill) ‖ ~ (Eltech) / station* *n* ‖ **ab** ~ (eine Liefervereinbarung) / ex factory, ex mill (e.g., paper-mill, saw-mill), ex works, EXW ‖ **ab** ~ (Lieferung des Flugzeugs) (Luftf) / fly-away factory, FAF ‖ **im** ~ **aufgebrachte Schutzschicht** (Anstr) / shop-primer *n*, factory primer, mill primer, factory-applied coating ‖ **lebendes** ~ (die unter der Konstruktionswasserlinie liegenden Teile des Schiffs/Unterwasserschiff) (Schiff) / quick works ‖ **lebendes** ~ (Teil des Rumpfs, der unter der Wasserlinie liegt) (Schiff) / live work ‖ **totes** ~ (die über der Konstruktionswasserlinie liegenden Teile des Schiffs/Überwasserschiff) (Schiff) / upper works, dead works
**Werk•auftrag** *m* (F.Org) / job order ‖ **in Arbeit befindliche** ~**aufträge** (F.Org) / job orders in process ‖ ~**bahn** *f* (Bahn) / industrial railway, works railway, industrial railroad (US) ‖ ~**bank** *f* (Masch) / workbench *n*, bench *n* ‖ ~**besteller** *m* (bei dem Werkvertrag) / person ordering the work and services, agency ordering the work and services ‖ ~**blei** *n* (Hütt) / crude (pig) lead, virgin (pig) lead ‖ **unreines** ~**blei** (Hütt) / work lead*, base bullion* ‖ ~**bleiraffination** *f* (unter Luftzutritt) (Hütt) / softening* *n* ‖ ~**bühne** *f* (Bau) / drawing floor ‖ ~**bühne** (S) (hallenförmiger Raum auf Werften, auf dessen Fußboden der Linienriß im Maßstab 1 : 1 aufgetragen wird) (Schiff) / mould loft ‖ ~**druck** *m* (Druck) / book printing, bookprint *n*,

bookwork n ‖ ⁓**druckfarbe** f (Druck) / jobbing ink ‖ ⁓**druckpapier** n (Druck, Pap) / book paper, text paper (US) ‖ ⁓**einstellung** f (Masch) / factory set ‖ ⁓**foto** n (Film) / still n, action still ‖ ~**gemischter Transportbeton** (der von der Mischstelle zur Baustelle befördert wird - DIN 1045) (Bau, HuT) / ready-mixed concrete*, central mix concrete ‖ ⁓**holzbohrer** m (ein Klopfkäfer) (For) / anobium pertinax ‖ ⁓**holzkäfer** m (For) / anobium pertinax ‖ ⁓**kanal** m (Wasserb) / head race* (a channel along which water flows to a turbine form a forebay) ‖ ⁓**meister** m (F.Org) / foreman m (pl. foremen) ‖ ⁓**milch** f (Rohmilch für Weiterverarbeitung in der Molkerei) (Nahr) / manufacturing milk ‖ ⁓**mörtel** m (DIN 18557) (Bau) / factory mortar ‖ ⁓**norm** f / in-house standard ‖ ⁓**pilot** m (Luftf) / factory pilot ‖ ⁓**rad** n (herzustellendes Zahnrad) (Masch) / workpiece n (in gear manufacturing)
**Werks•angehöriger** m / company employee ‖ ⁓**attest** n / certificate of conformity
**Werksatz** m (Bau) / drawing floor
**Werks•bescheinigung** f / certificate of conformity ‖ ⁓**beschichtung** f (Anstr) / shop-primer n, factory primer, mill primer, factory-applied coating
**Werk•schiffahrt** f (Form der Spezialschiffahrt, bei der Verlader und Reeder dieselbe Person sind) (Schiff) / industrial shipping ‖ ⁓**schrift** f (Typog) / body type, book type ‖ ⁓**schutz** m (als Gesamtheit der Maßnahmen) (F.Org) / works security
**werks•eigen** adj / company-owned adj, factory-owned adj ‖ ⁓**gleis** n (Bahn) / works siding ‖ ⁓**grenze** f / works boundary ‖ ⁓**luft** f / plant air ‖ ⁓**mietwohnung** f (Bau) / company dwelling, company-owned flat ‖ ⁓**prüfung** f / in-shop testing, in-plant testing ‖ ~**seitig eingebaut** / factory-installed adj ‖ ~**seitig eingestellt** / factory-adjusted adj
**Werkstatt** f (F.Org) / shop n, workshop n ‖ **in der** ⁓ (F.Org) / on the floor ‖ ⁓**mechanische** (Masch) / machine shop ‖ ⁓ f **mit Fließfertigung** (F.Org) / flow shop ‖ ⁓**auftrag** m (F.Org) / shop order ‖ ⁓**beleg** m / job paper ‖ **im** ⁓**bereich** (F.Org) / on the floor ‖ ⁓**beschichtung** f (Anstr) / shop-primer n, factory primer, mill primer, factory-applied coating ‖ **auftragsbezogener** ⁓**bestand** (F.Org) / work in process, work in progress, WIP ‖ ⁓**bodenfläche** f / shop floor ‖ ⁓**ebene** f / shop floor
**Werkstätten-Informationssystem** n (übernimmt in Reparaturwerkstätten die gesamte Disposition, Lagerhaltung, Auftragsabwicklung und Kostenabrechnung) (EDV, F.Org) / repair-shop information system
**Werkstatt•flur** n / shop floor ‖ ⁓**halle** f / shed n ‖ ⁓**handbuch** n / shop manual ‖ ⁓**leuchte** f (geschützte) (Eltech) / factory fitting, mill fitting* ‖ ⁓**mechaniker** m / shopman n (US) (pl. -men) ‖ ⁓**mikroskop** n (Mikros) / workshop microscope ‖ ⁓**niet** m (Masch) / shop rivet* ‖ ⁓**praxis** f (Masch) / machine-shop practice, workshop practice ‖ ⁓**programmierung** f (EDV, Masch) / shop programming ‖ ⁓**-Reparaturdienst** m (EDV) / depot repair service (i.e., a service generally provided on a noncontractual basis permitting the user to send the faulty equipment to a repair depot) ‖ ⁓**schiff** n (Mil, Schiff) / repair-ship n ‖ ⁓**schlüssel** m (Nebenschlüssel) (Kfz) / valet key (for valet parking), secondary key ‖ ⁓**schweißen** n (Schw) / shop welding ‖ ⁓**unterlage** f (schriftliche) / job paper ‖ ~**verdrahtet** adj (Eltech) / shop-wired adj ‖ ⁓**wagen** m (Kfz) / workshop vehicle ‖ ⁓**wagen** (für Werkzeug) (Werkz) / roller cabinet ‖ ⁓**wagenheber** m (Kfz) / heavy-duty floor axle jack, garage jack ‖ ⁓**zeichnung** f / workshop drawing ‖ ⁓**zeichnung** / working drawing, shop drawing
**Werkstein** m (regelmäßig bearbeiteter Naturstein) (Bau) / ashlar* n, dimension stone, hewn stone ‖ **große** ⁓**e** (Bau) / scantling* n ‖ **in die obere Lagerfläche des** ⁓**s eingearbeitetes Loch** (für den kleinen Wolf) / lewis hole ‖ (**Natur**) ⁓ (meistens feinkörniger Sand- oder Kalkstein) (Bau) / freestone* n ‖ ⁓**mauerwerk** n (Bau) / ashlar n, ashlar masonry
**Werkstelle** f (Glas) / shop n
**Werkstoff** m (Buchb) / binding material, covering material ‖ ⁓ (Masch) / material n ‖ **anrißfreier** ⁓ (WP) / material without precrack ‖ **geprüfter** ⁓ (der gerade geprüft wird) (WP) / material under test ‖ **hartmagnetischer** ⁓ (Eltech) / hard magnetic material, hard ferromagnetic material ‖ **isotroper** ⁓ (Mech, WP) / isotropic material ‖ **keramischer** ⁓ (Keram) / ceramic n, ceramic material ‖ **leitender** ⁓ (Eltech) / conducting material, conductor material ‖ **magnetischer** ⁓ (Eltech) / magnetic material, magnetic n, magnetic substance ‖ **magnetisch harter** ⁓ (Eltech) / hard magnetic material, hard ferromagnetic material ‖ **magnetisch weicher** ⁓ (Eltech) / soft magnetic material, soft ferromagnetic material ‖ **magnetostriktiver** ⁓ (WP) / magnetostrictive material ‖ **membranaktiver** ⁓ (ein Mikrobizid) (Sanitär) / membrane-active compound ‖ **paramagnetischer** ⁓ (Eltech) / paramagnetic material, paramagnet n ‖ **starr-plastischer** ⁓ (WP) / plastic-rigid material, rigid-plastic material ‖ **verteilter** ⁓ (Erz) (Bergb) / disseminated values* ‖ **vollkommen elastisch-plastischer** ⁓ (WP) / perfectly plastic-elastic material ‖ **warmfester** ⁓ (Masch, WP) / creep-resistant material ‖ **weichmagnetischer** ⁓ (Eltech) / soft magnetic material, soft

ferromagnetic material ‖ ⁓ m **der Halbleitertechnik** (Eltronik, WP) / semiconducting material, semiconductor material
**Werkstoff•abmessung** f (Masch) / workable size ‖ **schichtförmiger** ⁓**abtrag** / removal of materials in layers ‖ ⁓**anforderungen** f pl (F.Org) / material requirements ‖ ⁓**bedarf** m (F.Org) / required material ‖ ~**bedingte Bruchgefahr** (Schw) / cracking due to the instrinsic properties of the material ‖ ⁓**charakteristik** f (WP) / material characteristic ‖ ⁓**chemie** f (Chem) / materials chemistry ‖ ⁓**dämpfung** f (die Eigenschaft von Werkstoffen, bei Wechselbeanspruchung einen Teil der mechanischen Schwingungsenergie infolge innerer Reibung und nichtelastischen Verhaltens in Wärme umzusetzen) (WP) / damping capacity (of the material) ‖ ⁓**datenbank** f (EDV) / materials data bank ‖ ⁓**eigenschaft** f (WP) / material property ‖ ⁓**einsparung** f (F.Org) / material saving ‖ ⁓**ermüdung** f (WP) / material fatigue ‖ ⁓**estigkeit** f (Masch, WP) / strength of materials ‖ ⁓**fluß** m (F.Org) / flow of materials, material(s) flow ‖ **freier** ⁓**fluß** (aus der Werkzeugöffnung) (Masch) / free-flow conditions ‖ ⁓**fluß** m **mit Schmierung** (Hütt, WP) / metal flow, Pearson type A ‖ ⁓**fluß ohne Schmierung** (Hütt, WP) / metal flow, Pearson type B ‖ ⁓**kennwert** m (WP) / material characteristic ‖ ⁓**kennwerte** m pl (WP) / material characteristics, performance characteristics of material ‖ ⁓**konstante** f (WP) / material constant, matter constant ‖ ⁓**liste** f / bill of materials, BOM ‖ ⁓**nummer** f (DIN 17007, T 1) (WP) / material number ‖ ⁓**prüfmaschine** f (DIN 51 220) (WP) / materials testing machine
**Werkstoffprüfung** f (WP) / testing of materials, materials testing ‖ **computergestützte** ⁓ (WP) / computer-aided (materials) testing, CAT ‖ **elektroinduktive** ⁓ (eine zerstörungsfreie Werkstoffprüfung) (Anstr, Eltech, Hütt) / eddy-current inspection, eddy-current test, eddy-current testing* ‖ **mechanisch-technologische** ⁓ (WP) / mechanical (materials) testing ‖ **rechnergestützte** ⁓ (WP) / computer-aided (materials) testing, CAT ‖ ⁓ f **mit Ultraschall** (WP) / ultrasonic testing* (UT), ultrasonic flaw detection, ultrasonic material testing, ultrasonic (material) inspection
**Werkstoff•recycling** n (WP) / materials recycling ‖ ⁓**rückgewinnung** f (WP) / materials recycling ‖ ⁓**schädigungsmechanik** f (WP) / damage mechanics ‖ ⁓**technik** f (Übertragung werkstoffwissenschaftlicher Grundkenntnisse auf die technische Anwendung von Werkstoffen) (WP) / materials engineering ‖ ⁓**techniker** m (WP) / materials engineer ‖ **sprühregenartiger** ⁓**übergang** (Schw) / spray transfer ‖ ⁓**verhalten** n (WP) / material behaviour ‖ ⁓**wissenschaft** f / material(s) science, science of materials, physical metallurgy ‖ ⁓**wissenschaft** s. auch Metallkunde ‖ ⁓**zugabe** f (Masch) / material allowance
**Werkstück** n (Einzelteil) (Masch) / part n ‖ ⁓ (Masch) / workpiece n ‖ **angearbeitetes** ⁓ (F.Org) / work in process, WIP ‖ **elektrisch leitendes** ⁓ (z.B. beim Plasmastrahlschneiden) (Masch) / conducting workpiece ‖ ⁓**abmessungen** f pl (Masch) / workpiece dimensions ‖ **selbsthemmendes** ⁓**abstützsystem** (Masch) / self-locking workpiece support system ‖ ⁓**aufspanntisch** m (Werkstückträger an vielen Werkzeugmaschinen) (Masch) / work-table n ‖ ⁓**aufspannvorrichtung** f (Masch) / fixture* n, chuck* n, chucking device ‖ ⁓**elektrode** f (z.B. beim elektrochemischen Abtragen) (Masch) / workpiece electrode ‖ ⁓**fördereinrichtung** f (Masch) / work-handling equipment ‖ ⁓**geometrie** f (Masch) / part geometry ‖ ⁓**kante** f **mit Schnittgrat** (Masch) / burred edge, rough edge ‖ ⁓**klemme** f (Spannelement der Planscheibe) (Masch) / faceplate jaw ‖ ⁓**konturprogrammierung** f (Masch) / part-contour programming ‖ ⁓**koordinate** f (bei numerischer Steuerung) (Masch) / part coordinate ‖ ⁓**kopf** m (Teil einer Kegelradhobelmaschine, der das Werkzeug aufnimmt und seine Schnittbewegung ausführt) (Masch) / workhead n ‖ ⁓**nullpunkt** m (Ursprung des Werkstückkoordinatensystems) (Masch) / work-piece zero point ‖ ⁓**puffer** m (Werkstückreserven zur Überbrückung des ungleichen Ausstoßvermögens oder des kurzfristigen Ausfalls von Abschnitten, Maschinengruppen bzw. einzelnen Maschinen oder Stationen) (Masch) / buffer n ‖ ⁓**schlitten** m (Masch) / movable table, workpiece carriage ‖ ⁓**spanner** m (Masch) / fixture* n, chuck* n, chucking device ‖ ⁓**spannkraft** f (bei Sägen) / workpiece chucking force ‖ ⁓**spannmittel** n (Masch) / fixture* n, chuck* n, chucking device ‖ ⁓**spannvorrichtung** f (Masch) / work-holding device, tool-holding device, work fixture ‖ ⁓**spannzeug** n (Masch) / work-holding device, tool-holding device, work fixture ‖ ⁓**speicher** m (der Fertigungsstraße) (Masch) / buffer n ‖ ⁓**speicher** (Masch) / workpiece store ‖ ⁓**tisch** m (z.B. einer Verzahnmaschine) (Masch) / work-table n ‖ ⁓**träger** m (der Fertigungsstraße) (Masch) / pallet n, platen n ‖ ⁓**träger** (bei Automaten) (Masch) / work carrier ‖ ⁓**vorlage** f (zwischen Werkstück und Aufspannplatte, zur Anpassung an verschiedene Werkstückformen - beim Räumen, nach DIN 1415) (Masch) / platen n ‖ **nichtgetaktete** ⁓**weitergabe** (F.Org) / non-synchronous transfer

**Werksumhüllung**

**Werks•umhüllung** f (Masch) / factory sheathing ‖ ~**verlegung** f (F.Org) / factory relocation, factory removal ‖ ~**wohnung** f (Bau) / company dwelling, company-owned flat ‖ ~**zeichnung** f / working drawing, shop drawing

**Werk•tag** m (F.Org) / workday n, working day ‖ ~**tagsverkehr** m / workday traffic, working-day traffic ‖ ~**tisch** m (Masch) / workbench n, bench ‖ ~**verbindungsbrücke** f (zwischen zwei Werksanlagen) (Bau) / interplant bridge ‖ ~**vertrag** m (zwischen Besteller und Unternehmer) / contract for work (and labour) ‖ ~**wohnung** f (Bau) / company dwelling, company-owned flat ‖ ~**zeichnung** f / workshop drawing

**Werkzeug** n (Programm, das das Entwerfen, Programmieren, Testen und Dokumentieren von Software unterstützt) (EDV) / software tool, tool n ‖ ~ (Plast) / mould n (for shaping plastics) ‖ ~ (Werkz) / tool n ‖ ~**e** n pl (als Sammelbegriff) (Werkz) / tooling n, outfit n, gear* n ‖ **mit** ~ **bearbeiten** (Masch, Werkz) / tool ‖ **mit** ~ **bestücken** (Masch, Werkz) / tool v, outfit v ‖ **mit** ~ **versehen** (Masch, Werkz) / tool v, outfit v ‖ **negatives** ~ (Plast) / female mould, negative mould ‖ **oszillierendes** ~ (z.B. eine Karosseriesäge) (Masch) / oscillating tool ‖ **positives** ~ (Plast) / male mould, positive mould ‖ **spanendes** ~ (DIN 6582) (Masch) / cutter* n, edge tool*, cutting tool* ‖ **zweistufiges** ~ (Masch, Plast) / follow die ‖ ~ n **mit geteilten Backen** (Plast) / split-mould n, split-cavity mould ‖ ~ **mit hoher Standzeit** (Werkz) / long-lived tool ‖ ~ **zum Blasen von Bodenwölbungen** (Plast) / re-entrant mould

**Werkzeug•aufnahme** f (am Revolverkopf) (Masch) / station* n ‖ ~**aufruf** m (bei CNC-Maschinen) (Masch) / tool function ‖ ~**ausrüstung** f (Werkz) / tooling n, outfit n, gear* n ‖ ~**bahn** f (bei numerischer Steuerung) (Masch) / tool path ‖ ~**bau** m (als Lehrfach) (Masch) / tool engineering ‖ ~**bau** (Herstellung von Werkzeugen) (Masch, Werkz) / toolmaking n, tool manufacturing ‖ ~**bau** (Herstellung von Formwerkzeugen) (Plast) / mouldmaking n ‖ ~**bestückung** f (Werkz) / tooling n, outfit n, gear* n ‖ ~**bezugsebene** f (eine Ebene durch den ausgewählten Schneidenpunkt, senkrecht zur angenommenen Schnittrichtung - DIN 6581) (Masch) / tool reference plane ‖ ~**bezugspunkt** m (Lagebeschreibung zwischen der Schneidenecke und eines Drehmeißels und dem Werkzeugträger durch Angabe der Abstandsmaße in X- und Z-Richtung zwischen der theoretischen Schneidenecke und dem Werkzeugbezugspunkt) (Masch) / tool reference point ‖ ~**bezugssystem** n (Werkzeugbezugsebene + Werkzeugorthogonalebene + Werkzeugschneidenebene nach DIN 6581) (Masch) / tool-in-hand system ‖ ~**brett** n (Werkz) / tool rack ‖ ~**bruch** m (Werkz) / tool breakage ‖ ~**dorn** m (Plast) / die mandrel ‖ ~**durchmesserversatz** m (bei numerischer Steuerung) (Regeln) / tool-diameter offset ‖ ~**eingriffansatz** m (Werkz) / tool-engaging lug ‖ ~**elektrode** f (z.B. beim elektrochemischen Abtragen) (Masch) / tool electrode ‖ ~**garnitur** f (Handwerkzeuge) (Werkz) / combination set* (of a fitter) ‖ ~**halter** m (Masch, Werkz) / tool-post* n, tool holder, cutter bar, tool carrier ‖ ~**haltung** f (Plast) / clamping n ‖ ~**heißkanal** m (Plast) / hot runner ‖ ~**kasten** m (mit Ober- und Unterkasten und Deckel) (Werkz) / cantilever toolbox ‖ ~**kasten** (Werkz) / toolbox n, kit n, service kit ‖ ~**kegel** m (Masch) / machine taper ‖ ~**keilmeßebene** f (Masch) / tool orthogonal plane ‖ ~**kiste** f (Werkz) / toolbox n, kit n, service kit ‖ ~**koffer** m (Werkz) / toolbox n, kit n, service kit ‖ ~**konstruktion** f (Masch) / tool design ‖ ~**konstruktion** (Plast) / mould design ‖ ~**koordinaten** f pl (Masch) / tool coordinates, part coordinates ‖ ~**korrektur** f (bei der numerischen Steuerung) (Regeln) / tool offset ‖ ~**lager** n (F.Org) / tool-room n ‖ ~**lebensdauer** f (Masch, Werkz) / tool life ‖ ~**leihschein** m (F.Org, Werkz) / tool order ‖ ~**macher** m (Masch) / toolmaker* n ‖ ~**macherdrehmaschine** f (Masch) / toolmakers' lathe ‖ ~**macherei** f (+ Vorrichtungsbauwerkstatt) (Masch) / tool-shop n ‖ ~**magazin** n (Masch, Werkz) / tool magazine ‖ ~**manipulator** m (Masch) / tool manipulator ‖ ~**maschine** f (spanende) (Masch) / machine tool*, chip-forming machine ‖ **automatische** ~**maschine** (Masch) / automatic n ‖ ~**maschine** f **mit Spannfutter** (Masch) / chucking machine*, chucker n ‖ ~**maschinensteuerrechner** m (EDV, Masch) / machine-tool control computer ‖ ~**formgebende** ~**öffnung** f (bei Umformwerkzeugen) (Masch) / die throat ‖ ~**orthogonalebene** f (eine Ebene durch den ausgewählten Schneidenpunkt, senkrecht zur Werkzeugschneidenebene - DIN 6581) (Masch) / tool orthogonal plane ‖ ~**peripherie** f (bei Robotern) (Werkz) / periphery of tool ‖ ~**positionierung** f (numerischer Steuerung) (Regeln) / cutter location, CL ‖ ~**positionsdaten** pl (numerische Steuerung) (Regeln) / cutter-location, CL data ‖ ~**regal** n (Werkz) / tool rack ‖ ~**satz** m (für bestimmte Aufgaben) (Masch, Werkz) / tooling n, gear n ‖ ~**satz** (Werkz) / combination set* (of a fitter) ‖ ~**schaft** m (Masch, Werkz) / tool shank ‖ ~**schärfmaschine** f (Masch) / tool-grinding machine, tool sharpener ‖ ~**schieber** m (Hobelsupport) (Masch) / ram* n ‖ ~**schiene** f (Landw) / toolbar n ‖ ~**schleifen** n (Masch) / tool grinding ‖ ~**schleifer** m (Masch) / tool grinder ‖ ~**schlitten** m (geradlinig verschiebbarer Werkzeugträger an Werkzeugmaschinen) (Masch) / carriage n, tool carriage (in any automatically operated machine) ‖ ~**schneide** f (Werkz) / tool edge ‖ ~**schneidenebene** f (eine Ebene durch den ausgewählten Schneidenpunkt, tangential zur Werkzeugschneide und senkrecht zur Werkzeugbezugsebene - DIN 6581) (Masch) / tool cutting-edge plane ‖ ~**schrank** m (Werkz) / tool cabinet ‖ ~**schuppen** m (Werkz) / tool shed, toolhouse n (US) ‖ ~**spanner** m (Masch) / fixture* n, chuck* n, chucking device ‖ ~**speicher** m (Masch, Werkz) / tool-storage unit ‖ ~**stahl** m (DIN 17350) (Hütt) / tool steel* ‖ **unlegierter** ~**stahl** (0,5-1,5% C) (Hütt) / plain carbon tool steel ‖ ~**standzeit** f (eine Standgröße eines Zerspanungswerkzeugs) (Masch, Werkz) / endurance n (of a tool), tool life (expressed in time units), service life (of a tool) ‖ ~**stößel** m (Hobelsupport) (Masch) / ram* n ‖ ~**system** n (Vielfalt von Wissensrepräsentationsschemen und Inferenzmechanismen zur Entwicklung von Expertensystemen) (KI) / tool kit ‖ ~**tasche** f (Werkz) / tool-bag n ‖ ~**träger** m (des Vielfachgeräts) (Landw) / toolbar n ‖ ~**-Verfahrweg** m (numerische Steuerung) (Regeln) / tool-path n ‖ ~**verschleiß** m (Werkz) / tool wear ‖ ~**verwaltung** f (Logistik) / tool management ‖ ~**wagen** m (Plast) / die support car ‖ ~**wechsel** m (Masch, Werkz) / tool change, tool changing ‖ **Doppelgreifer für den automatischen** ~**wechsel** (Masch) / double gripper for automatic tool change ‖ ~**wechselsystem** n **mit numerischer Steuerung** (F.Org) / tool-change NC system ‖ ~**wechselzeit** f (F.Org) / tool allowance ‖ ~**wechsler** m **an Robotern** (Masch) / robot tool-changing device ‖ ~**weg** m (Regeln) / tool-path n ‖ ~**werkstoff** m / tool material ‖ ~**winkel** (beim Ziehen) (Hütt) / die angle ‖ ~**winkel** (DIN 6581) (Masch) / tool angle

**Wermutöl** n (Med, Nahr) / oil of wormwood, wormwood oil, absinth oil

**Wernerit** m (Min) / scapolite* n, wernerite n

**Wernersche Theorie** (Koordinationslehre nach dem schweizerischen Chemiker A. Werner, 1866-1919) (Chem) / Werner's theory*

**Wert** m / value n ‖ **boolescher** ~ (EDV) / logical value, Boolean value ‖ **charakteristischer** ~ / characteristic value ‖ **dichtester** ~ (Stats) / mode* n, modal value* ‖ **gemeiner** ~ (im Steuerrecht) / market value ‖ **kalorischer** ~ (Nahr) / energy value of a food, calorific value, CV ‖ **kleinster ablesbarer** ~ (z.B. bei einem Nonius) (Instr) / least count ‖ **reiner** ~ (eines Spieles) (KI, Math) / pure value ‖ **reziproker** ~ (Math) / reciprocal* n ‖ **richtiger** ~ (DIN 55350, T 13) / conventional true value ‖ **sprunghaft sich ändernder** ~ / erratic value ‖ **wahrer** ~ (der Meßgröße nach DIN 1319, T 1) (Instr) / true value ‖ **wahrer** ~ (DIN 55350, T 13) (Stats) / true value ‖ ~ m **der Summe** (Math) / sum n ‖ ~**e durchlaufen** (Math) / vary v ‖ ~ m **im eingeschwungenen Zustand** (Phys) / steady-state value

**Wert•analyse** f (DIN 69910) / value analysis (VA), value engineering*, value management ‖ ~**astung** f (For) / pruning for quality ‖ ~**diskretes Signal** (die Signalamplitude kann nur eine begrenzte Anzahl unterschiedlicher Werte annehmen - DIN 40146, T 1) (Fernm) / discrete-value signal, discrete-level signal

**Werte•bereich** m (der Skale) (Instr) / range n, region n, range of scale ‖ ~**bereich** (Math) / codomain n, range n (of a function) ‖ **oberer** ~**bereich** (EDV, Instr) / high range ‖ **unterer** ~**bereich** (EDV, Instr) / low range ‖ ~**gruppe** f (Math) / value group ‖ ~**kontinuum** n / continuum of values ‖ ~**vorrat** m (Math) / codomain n, range n (of a function)

**Wert•funktion** f (Nukl) / value function*, separation potential*, separative potential ‖ ~**geber** m (virtuelles oder logisches Eingabegerät) (EDV) / valuator n ‖ ~**gruppe** f (Math) / value group

**Wertheim-Effekt** m (Änderung des magnetischen Zustandes eines ferromagnetischen Stabs oder Drahts unter Einfluß einer Torsionsspannung) (Mag) / Wiedemann effect*, Wertheim effect

**wert•höchstes Bit** (EDV) / most significant bit*, MSB*, highest-order bit ‖ ~**höheres Bit** (EDV) / high-order bit ‖ ~**holz** n (Holzsorten mit hohen Qualitätseigenschaften) (For) / high-grade timber, quality timber

**Wertigkeit** f (Chem, Phys, Umwelt) / valence n, valency* n ‖ ~ (beim Sortieren) (EDV) / weight n, priority n ‖ **biologische** ~ (ein Wertmaßstab für die ernährungsphysiologische Qualität von Eiweißkörpern) (Nahr) / biological value ‖ **biologische** ~ **der Proteine** (Nahr) / protein quality, protein value ‖ **elektrochemische** ~ (elektrische Ladung, die ein Atom in einem Molekül besäße, wenn dieses aus lauter Ionen aufgebaut wäre - eine vorzeichenbehaftete Kenngröße) (Chem) / oxidation number*, oxidation state ‖ **kovalente** ~ (Chem) / covalency n (GB)*, covalence n (US) ‖ **ökologische** ~ (Umwelt) / ecological valency ‖ **stöchiometrische** ~ (Chem) / stoichiometric valency

**Wertigkeitsstufe** f (Chem, Phys) / valence state, valence stage

**Wert•kartentelefon** n (Fernsp) / check card phone ‖ ~**kontinuierliches Signal** (die Signalamplitude kann jeden beliebigen Wert annehmen - DIN 40146, T 1) (Fernm) / continuous-value signal, continuous-level signal ‖ ~**mäßig** adj / qualitative adj, qual ‖ ~**mäßiger Lagerbestand** / stock value ‖ ~**menge** f (Math) / value set ‖ ~**minderung** f /

depreciation n ‖ ~**niedrigeres Bit** (EDV) / low-order bit ‖ ~**niedrigstes Bit** (EDV) / lowest-order bit, least significant bit (LSB) ‖ ~**schöpfung** f (Differenz von Bruttoproduktionswerten und den Vorleistungen der einzelnen Wirtschaftsbereiche) / value creation ‖ ~**stoff** m (Umwelt, WP) / valuable substance ‖ ~**stoffhaltige Lösung** (Aufber, Chem Verf) / pregnant solution ‖ ~**stoffmineral** n (Aufber, Bergb) / valuable mineral ‖ ~**titelpapier** n (hochwertiges Hadernpapier mit echtem mehrstufigem Wasserzeichen) (Pap) / security paper

**Wertung** f / evaluation n, valuation n

**Wert·urteil** n / value judgement ‖ ~**verlust** m / depreciation n (of money, currency, property) ‖ ~**voll** adj (in Verbindung mit Edelsteinnamen) (Min) / orient adj, oriental adj, Oriental adj ‖ ~**zeichenpapier** n (DIN 6730) (Pap) / security paper

**wesentlich** adj (grundlegend) / fundamental adj, ultimate adj, essential adj ‖ ~ (äußerst wichtig) / primordial adj ‖ ~ (z.B. Singularität) (Math) / essential adj ‖ ~**e Singularität** (isolierte) (Math) / isolated essential singularity*, essential singularity ‖ ~**e Ziffer** (gültige Ziffer mit Ausnahme führender Nullen) (Math) / significant figure*, significant digit*, sig. fig.* ‖ ~**er Zustand** (Stats) / essential state

**Wespengift** n / wasp venom

**Westamerikanisch·e Balsamtanne** (For) / subalpine fir, Alpine fir, Rocky Mountains fir ‖ ~**e Lärche** (Larix occidentalis Nutt.) (For) / western larch

**Westaustralisches Sandelholzöl** / Australian sandalwood oil, sandalwood oil

**Westcott-Flußdichte** f (Nukl) / Westcott flux*

**Westerly wave** f (eine atmosphärische Wellenströmung innerhalb der Westwinddrift) (Meteor) / westerly wave

**Western Red Cedar** n (handelsübliche Benennung des Holzes der Thuja plicata Donn ex D. Don) (For) / western red cedar, British Columbia red cedar, canoe cedar ‖ ~ **Red Cedar** (Thuja plicata Donn ex D. Don) (For) / giant arborvitae, western arborvitae ‖ ~**-Blotting** n (ein Blotting mit Übertragung von Proteinen - eine Analogiebildung zu Southern-Blotting) (Gen) / western blotting*, western blot, western blot test, immunoblotting n ‖ ~**-Transfer** m (Gen) / western blotting*, western blot, western blot test, immunoblotting n

**Westindisch·es Arrowroot** (die Stärke der Knolle der Maranta arundinacea L.) / arrowroot* n ‖ ~**es Mahagoni** (For) / West Indian mahogany, Cuban mahogany*, Spanish mahogany, Dominican mahogany, Madeira wood, West Indies ‖ ~**es Pfeilwurzmehl** (die Stärke der Knolle der Maranta arundinacea L.) / arrowroot* n ‖ ~**es Sandelholz** (For) / balsam torchwood ‖ ~**es Sandelholzöl** (ein etherisches Öl aus dem Balsambaum - Amyris balsamifera L.) / amyris oil, oil of West Indian sandalwood ‖ ~**es Satinholz** (von dem Rautengewächs Zanthoxylum flavum Vahl) (For) / West Indian satinwood, Jamaican satinwood

**Westinghouse·antrieb** m (Bahn) / geared-quill drive ‖ ~**bremse** f (eine alte einlösige Eisenbahnbremse - nach G. Westinghouse, 1846-1914) (Bahn) / Westinghouse brake

**Westliche Hemlocktanne** (For) / western hemlock, West Coast hemlock

**West-Lösung** f (zur Bestimmung der Brechungsindizes von Mineralien) (Chem, Min) / West's solution

**Weston·Normalelement** n (ein Cadmiumelement) (nach E. Weston, 1850-1936) (Elektr) / Weston standard cadmium cell*, standard Weston cadmium cell, Weston standard cell, Weston normal cell, standard cell*, cadmium cell* ‖ ~**-Standardelement** n (nach E. Weston, 1850-1936) (Elektr) / Weston standard cadmium cell*, standard Weston cadmium cell, Weston standard cell, Weston normal cell, standard cell*, cadmium cell*

**Westpunkt** m (Astr) / west point

**Westwind** m (Meteor) / westerly n, westerly wind ‖ **brave** ~**e** (in 40° südlicher Breite) (Meteor) / roaring forties ‖ **brave** ~**e** (in 50° südlicher Breite) (Meteor) / furious fifties ‖ **brave** ~**e** (in 60° südlicher Breite) (Meteor) / shrieking sixties ‖ **brave** ~**e** (Meteor) / prevailing westerlies

**Wetblue** n (Leder) / wet blue, wet-blue leather ‖ ~**-Leder** n (Leder) / wet blue, wet-blue leather

**Wet-Leasing** n (eines Flugzeugs - mit Treibstoffversorgung und Wartung) (Luftf) / wet lease*

**Wet-Look** m (ein glänzendes Leder oder eine glänzende Textilie, die den Anschein haben, feucht auszusehen) (Leder, Tex) / wet look

**Wettbewerb** m / competition n ‖ **unlauterer** ~ / unfair competition

**wettbewerbs·fähig** adj / competitive adj ‖ **nicht** ~**fähig** / uncompetitive adj ‖ ~**fähiges Preis-/Leistungsverhältnis** / competitive price/performance ratio ‖ ~**verzerrung** f / distortion of competition ‖ **unternehmenseigener** ~**vorteil** (z.B. auch die Organisation) / proprietary advantage

**Wetter** pl (Grubenluft) (Bergb) / air n, mine air ‖ ~ n (Meteor) / weather n ‖ ~**-** (Meteor) / meteorological adj ‖ **böse** ~ (Bergb) / white damp* ‖ **erstickende oder matte** ~ (Bergb) / choke-damp* n, afterdamp* n ‖ **explosive** ~ (Bergb) / explosive atmosphere ‖ **frische** ~ (Frischwetterstrom) (Bergb) / fresh air ‖ **giftige** ~ (Kohlenmonoxid) (Bergb) / white damp* ‖ **matte** ~ (bei denen der für die Atmung erforderliche Sauerstoffgehalt unter dem Normalwert von 21 Vol.-% liegt) (Bergb) / foul air, dead air ‖ **schlagende** ~ (Bergb) / firedamp* n, sharp gas*, gas* n, mine gas, dirt n (GB) ‖ **schlagende** ~ **löschen** (Bergb) / douse v, dowse v, douce v ‖ **schwefelwasserstoffhaltige** ~ (Bergb) / stink damp* ‖ **unter Einfluß des** ~**s entstandener Riß** / atmospheric crack ‖ **vom** ~ **unabhängig** / all-weather attr

**Wetter·abteilung** f (Bergb) / ventilating district ‖ ~**anzeiger** m (Meßgerät zur Feststellung des Prozentgehaltes verschiedener Gase im Wetterstrom) (Bergb) / air-measuring device ‖ ~**aufhauen** n (Bergb) / air raise, ventilation raise ‖ ~**bedingungen** f pl (Meteor) / meteorological conditions ‖ ~**beeinflußt** adj (Oberfläche) / etched adj ‖ ~**beobachtung** f (Meteor) / weather observation ‖ **mündliche** ~**beratung** (Luftf) / meteorological briefing, met briefing ‖ **mündliche** ~**beratung vor dem Fluge** (Luftf) / preflight briefing ‖ ~**bericht** m (Meteor) / meteorological report, weather report ‖ **letzter** ~**bericht** (Luftf, Meteor) / actuals pl ‖ ~**beständig** adj (Masch, Meteor) / weatherproof adj, non-weathering adj ‖ ~**bohrloch** n (Großbohrloch, das anstelle eines vertikalen oder geneigten Grubenbaus im Rahmen der Hauptbewetterung eine durchgehende Wetterverbindung für besseren Wetterversorgung einzelner Betriebspunkte herstellt) (Bergb) / ventilation borehole ‖ ~**brücke** f (meist beim flözgeführter Ausrichtung) (Bergb) / air crossing, overthrow n, air-bridge n ‖ ~**dach** n (zum Schutz des Eingangs) (Arch, Bau) / porch n (a covered shelter projecting in front of the entrance of a building) ‖ ~**dach** n (Kfz) / all-weather top ‖ ~**deck** n (freiliegendes, der Witterung ausgesetztes Deck) (Schiff) / weather deck ‖ ~**dienst** m (Gesamtheit der Einrichtungen zur Beobachtung des Wetters und Vorhersage der kommenden Wetterlage oder die Beobachtung selbst) (Meteor) / weather service, WS ‖ ~**dienststelle** f (Meteor) / weather station, meteorological station ‖ ~**durchhieb** m (Bergb) / air slit ‖ ~**echt** adj / fast to weathering, weatherproof adj ‖ ~**echtheit** f (von Färbungen und Drucken nach DIN 54071) (Tex) / fastness to weathering, weather resistance, weather stability, weatherproofness n, weathering resistance, weatherability n ‖ ~**elemente** n pl (Meteor) / meteorological elements ‖ ~**erkundung** f (Meteor, Mil) / weather reconnaissance ‖ ~**erkundungsflug** m (Luftf, Meteor, Mil) / meteorological reconnaissance flight ‖ **bedeutsame** ~**erscheinung(en)** (Luftf, Meteor) / significant weather ‖ ~**fahne** f (Bau, Meteor) / weathervane n, weathercock n ‖ ~**fahrsteiger** m (Bergb) / ventilation deputy ‖ ~**fest** adj (Masch, Meteor) / weatherproof adj, non-weathering adj ‖ ~**fester Baustahl** (Bau, HuT, Hütt) / weatherproof structural steel ‖ ~**fest machen** / weatherproof v ‖ ~**forschungsrakete** f (Meteor) / meteorological rocket ‖ ~**frontverlagerung** f (Meteor) / movement of weather front ‖ ~**fühligkeit** f (Med, Meteor) / meteorosensitivity n, sensitivity to weather ‖ ~**führung** f (um bestimmte Wetterströme zu einem Betriebspunkten hin- und dann wieder entsprechend abzuführen) (Bergb) / mine ventilation (system) ‖ ~**funk** m (Meteor, Radio) / meteorological broadcasting ‖ ~**gardine** f (Vorhang aus flexiblem Material zum Wetterabschluß oder zur Wetterlenkung in lokalem Einsatz) (Bergb) / brattice cloth*, check curtain, curtain n ‖ ~**glas** n (Schiff) / weather glass ‖ ~**hahn** m / weathercock n (a weathervane in the form of a cockerel) ‖ ~**hütte** f (Meteor) / screen n, shelter n ‖ ~**kanal** m (Verbindung zwischen Ausziehschacht und neben dem Schacht stehendem Hauptgrubenlüfter) (Bergb) / fan drift*, air duct ‖ ~**karte** f (Meteor) / weather map*, meteorological chart, weather chart ‖ **synoptische** ~**karte** (Meteor) / synoptic chart* ‖ ~**kartenschreiber** m (Übertragungsgerät für Wetterkarten auf dem Funkwege) (Meteor) / weather chart recorder ‖ ~**klappe** f (Bergb) / air gate ‖ ~**kreislauf** m (Meteor) / recirculation of air ‖ ~**kreuz** n (Bergb) / air crossing, overthrow n, air-bridge n ‖ ~**unterführte kreuzung** (Bergb) / undercast n ‖ ~**kriterium** n (Verhältnis des Kentermoments eines Schiffs zum Krängungsmoment durch Winddruck) (Schiff) / weatherliness n ‖ ~**kühler** m (Bergb) / air cooler ‖ ~**kurzschluß** (Verlustwetterstrom durch mangelhafte Trennung der Wetterwege) (Bergb) / short-circuiting of air, air leakage ‖ ~**kurzschluß** m (am Lüfter) (Bergb) / backlash n ‖ ~**küste** f (Schiff) / weather shore, windward shore ‖ ~**lage** f / atmospheric conditions ‖ ~**lage** (der Wetterzustand) (Meteor) / weather n ‖ ~**lampe** f (Bergb) / safety lamp*, miner's lamp*, Davy lamp*, mine lamp, permissible lamp (US), pit lamp (US) ‖ ~**lampe** (nach Koehler) (Bergb) / Koehler lamp (US) ‖ ~**leuchten** n (Widerschein ferner Gewitter am Horizont ohne vernehmbaren Donner) (Meteor) / sheet lightning* ‖ ~**lutte** f (Bergb) / duct* n, vent tube, ventilation pipe ‖ ~**maschine** f (Bergb) / air machine ‖ ~**meldung** f (Meteor) / meteorological report, weather report ‖ ~**meldung des Piloten** (Luftf) / pilot report, pirep n ‖ ~**meßstelle** f (im Grubengebäude besonders markierte Punkte für Wettermessungen) (Bergb) / air-measuring station ‖

**Wettermindestbedingung**

⁓**mindestbedingungen** *f pl* (Luftf) / weather minima*, meterological minima || ⁓**minima** *n pl* (Wettermindestbedingungen für Starts, Flugmanöver und Landungen) (Luftf) / weather minima*, meterological minima || **günstige** ⁓**periode** (z.B. für die Bohrarbeiten) (Erdöl) / weather window || ⁓**prognose** *f* (Meteor) / forecast* *n*, weather forecast || ⁓**radar** *m n* (zur Ermittlung der durch Niederschläge, Wolkenformationen, Nebel und Dunst gekennzeichneten Wetterlage) (Radar) / weather radar*, meterological radar, weather observation radar || ⁓**rakete** *f* (Meteor) / meteorological rocket || ⁓**rösche** *f* (ein Wetterweg) (Bergb) / air sollar || ⁓**satellit** *m* (Meteor) / meteorological satellite*, weather satellite, met satellite || ⁓**schacht** *m* (Bergb) / air shaft*, ventilation shaft || ⁓**schacht** (bei künstlicher Bewetterung) (Bergb) / fan shaft* || ⁓**schaden** *m* / weather damage || ⁓**scheide** *f* (ein Landschaftsteil, der Einfluß auf das Wetter ausübt) (Meteor) / weather divide || ⁓**scheider** *m* (Bergb) / split *n*, brattice* || ⁓**schenkel** *m* (Bau) / sill* *n*, sill drip, cill *n* || ⁓**schiff** *n* (für meteorologische Messungen ausgerüstetes Schiff in fester Position) (Meteor, Schiff) / weather-ship *n* || ⁓**schleuse** *f* (die mindestens aus zwei Wettertüren besteht) (Bergb) / airlock *n*, ventilation lock || ⁓**schutzbekleidung** *f* (Tex) / weatherproof clothing || ⁓**schutzverkleidung** *f* **mit Schiefer** (Bau) / slate hanging*, weather slating || ⁓**sicher** *adj* (Masch, Meteor) / weatherproof *adj*, non-weathering *adj* || ⁓**sohle** *f* (meist obere in Betrieb befindliche Sohle eines Grubengebäudes, auf der der Abwetterstrom zum Ausziehschaft geführt wird) (Bergb) / air level || ⁓**sprengstoffe** *m pl* (Bergb) / permitted explosives*, permissible explosives || ⁓**station** *f* (Meteor) / weather station, meteorological station || ⁓**steiger** *m* (für alle Teilgebiete der Grubenbewetterung, einschließlich Meßtechnik, zuständiger Steiger einer Schachtanlage mit abgeschlossenem Sonderlehrgang) (Bergb) / ventilation deputy || ⁓**strecke** *f* (im allgemeinen) (Bergb) / wind road*, air drift, ventilation road || **einziehende** ⁓**strecke** (Bergb) / blowing road* || **ausziehende** ⁓**strecke** (Bergb) / return airway*, return aircourse* || ⁓**strom** *m* (Volumenstrom an jedem beliebigen Punkt des bewetterten Grubengebäudes) (Bergb) / airflow *n*, ventilation current, air current || ⁓**symbole** *n pl* (auf Wetterkarten oder bei Wetterbeschreibungen verwendete Symbole) (Meteor) / weather symbols || ⁓**teilstrom** *m* (Bergb) / air split || ⁓**tuch** *n* (Bergb) / brattice cloth*, check curtain, curtain *n* || ⁓**tür** *f* (der Wetterschleuse) (Bergb) / air door* || ⁓**tür mit Durchlaßöffnung** (Bergb) / regulator door, air regulator, regulating door, regulator *n*, gauge door* || ⁓**überwachung** *f* **eines Fluges** (Luftf) / flight meteorological watch || ⁓**voraussage** *f* (Meteor) / forecast* *n*, weather forecast

**Wettervorhersage** *f* (Meteor) / forecast* *n*, weather forecast || **kurzfristige** ⁓ (Meteor) / short-period forecast, short-range forecast || **langfristige** ⁓ (Meteor) / long-period forecast, long-range forecast || **numerische** ⁓ (Meteor) / numerical forecasting* || ⁓ *f* **für die Schiffahrt** (Bergb) / shipping forecast || ⁓**karte** *f* (Luftf, Meteor) / prognostic chart*

**Wetter•warnung** *f* (Luftf, Schiff) / meteorological warning || ⁓**warte** *f* (meteorologische Beobachtungsstation mit lokalem Wettervorhersagedienst) (Meteor) / weather station, meteorological station || ⁓**weg** *m* (von Wettern durchströmter Grubenbau) (Bergb) / airway* || **unterführter** ⁓**weg** (Bergb) / undercast *n*

**wetzen** *v* (Masch, Werkz) / sharpen *v*, edge *v*, grind *v*, regrind *v*

**Wetz•stahl** *m* (Werkz) / sharpening steel, steel *n* || ⁓**stein** *m* (Masch) / whetstone* *n*, honestone* *n*, hone* *n*, rub-stone *n*, sharpening stone, stone *n* (a shaped piece of stone for grinding or sharpening, as a grindstone, millstone, or whetstone)

**Weyl-Gleichung** *f* (Kernphys) / Weyl's equation, two-component equation of the neutrino

**Weylsch•e Funktion** (nach H. Weyl, 1885 - 1955) (Math) / Weyl's function || ⁓**e Neutrinogleichung** (Kernphys) / Weyl's equation, two-component equation of the neutrino

**Weymouthskiefer** *f* (Pinus strobus L.) (For) / eastern white pine, Weymouth pine, northern white pine, white pine || ⁓**blasenrost** *m* (durch Cronartium ribicola) (For) / white-pine blister rust

**WEZ** (Fernsp) / end-of-selection signal* || ⁓ (Schw) / heat-affected zone (the zone within a base metal that undergoes structural changes but does not melt during welding, cutting, or breaking), HAZ

**wf** (nach der Trocknung) / moisture-free *adj*, moistureless *adj*

**WF₆** (Chem) / tungsten hexafluoride

**W-Faser** *f* (Fernm) / W-fibre *n*, W-type optical fibre

**Wg** (DIN 60001, T 4) (Tex) / vicuña* *n*, vicuna *n*

**Wh** (Elektr) / watt-hour* *n*

**Whatman-Papier** *n* (ein Filterpapier der Fa. Whatman Scientific Ltd.) (Chem, Pap) / Whatman paper (qualitative-, quantitative- and regular-grade)

**Wheatstone•-Brücke** *f* (eine Gleichstrommeßbrücke - nach Sir Ch. Wheatstone, 1802-1875) (Eltech) / Wheatstone bridge* || ⁓-**Brücke im Kasten** (eine Meßbrücke) (Eltech) / Post Office box*, P.O. box*, Post Office bridge*, P.O. bridge* || ⁓-**Schnelltelegraf** *m* (Teleg) / Wheatstone automatic system

**Wheelabrating** *n* (Gußputzen mit Stahlsand oder Stahlgußschrot) (Hütt) / Wheelabrating *n*

**Wheeler-Feynman-Theorie** *f* (nach J.A. Wheeler, geb. 1911, und R. Feynman, 1918-1988) (Phys) / Wheeler-Feynman theory

**Wheeler-Mühle** *f* (eine moderne Strahlmühle) / Wheeler mill, Jet-O-Mizer *n*

**When-Option** *f* (EDV) / when option

**Whetstone** *n* (Maßeinheit für die Rechenleistung eines Prozessors) (EDV) / Whetstone *n* || ⁓-**Test** *m* (mit Whetstone als Maßeinheit) (EDV) / Whetstone test

**Whewellit** *m* (aus der Oxalatgruppe) (Min) / whewellite* *n*

**WHG-Schweißen** *n* (Schw) / tungsten-hydrogen welding

**While-Option** *f* (EDV) / while option

**While-Schleife** *f* (EDV) / while loop

**Whipcord** *m* (Woll-, Halbwoll- oder Baumwollgewebe in Mehrgratsteilköper mit schnurartiger Schräggrippenwirkung) (Tex) / whipcord* *n*

**Whipkord** *m* (Tex) / whipcord* *n*

**Whipstock** *m* (Erdöl) / whipstock *n*

**Whirlpool** *m* (Bassin mit warmem, durch Düsen in brodelnde Bewegung gebrachten Wasser, in dem man sich sitzend oder liegend aufhält) (Bau) / jacuzzi *n*, whirlpool *n*

**Whisker** *m* (Wachstumsform eines Einkristalls mit besonderen physikalischen Eigenschaften) (Chem, Krist) / whisker* *n*, crystal whisker || ⁓ (auf Metalloberflächen unerwünscht aufwachsende feine haarartige Auswüchse) (Hütt) / whisker *n* || ⁓-**verstärkt** *adj* (Plast, WP) / whisker-reinforced *adj* || ⁓**werkstoff** *m* (WP) / whisker material

**Whiskey** *m* (pl. -s) (amerikanischer oder irischer aus Gerste oder Malz) (Nahr) / whisky *n*, whiskey *n* (US)

**Whisky** *m* (pl. -s) (schottischer - aus Roggen oder Mais) (Nahr) / whisky *n*, whiskey *n* (US) || ⁓**aroma** *n* (das beim Reifen in angekohlten Holzfässern /Bourbon/ oder alten Sherryfässern /Scotch/ entwickelt wird) (Nahr) / whisky flavour || ⁓**lacton** *n* (aus dem Eichenholz) (Nahr) / whisky lacton

**Whistler** *m* (von atmosphärischen Blitzentladungen ausgesandte niederfrequente elektromagnetische Welle mit fallender Tendenz - eine VLF-Emission) (Meteor, Radio) / whistler* *n*

**White lauán** *n* (Holz der Shorea sp.) (For) / white lauán || ⁓ **Meranti** (For) / white meranti

**Whitecoat** *m* (weißes Fell der Jungtiere von Robben) (Leder) / whitecoat *n*

**White-out** *m n* (extreme Tagesbeleuchtung bei bedecktem Himmel über verschneiten Gebieten, die durch wiederholte diffuse Reflexion des Lichtes zwischen der Erdoberfläche und der Wolkenunterseite vor allem in polaren Gegenden auftritt) (Meteor) / white-out* *n*

**White-Taylor-Zelle** *f* (eine Flüssigkristall-Farbstoffzelle) (Eltronik) / White-Taylor cell

**Whitewood** *n* (For) / tulipwood *n*, whitewood *n*, American whitewood

**Whitlockit** *m* (Min) / whitlockite* *n*

**Whittakersche Differentialgleichung** (nach Sir E.T. Whittaker, 1873-1956) (Math) / Whittaker differential equation

**Whitworth•-Feingewinde** *n* **mit verkürzten Flanken** (Masch) / Whitworth truncated fine thread || ⁓-**Gewinde** *n* (DIN ISO 1891) (Masch) / Whitworth screw-thread*, British Standard Whitworth thread*, Whitworth thread, BSW thread || ⁓-**Regelgewinde** *n* (nach Sir J. Whitworth, 1803-1887) (Masch) / Whitworth coarse thread

**Wh-Wirkungsgrad** *m* (Elektr) / watt-hour efficiency*

**W$_i$** (Luftf) / induced drag*

**wichsen** *v* (Schuhe, Stiefel) / wax *v*

**Wichs•leder** *n* (ein pflanzlich gegerbtes, auf der Fleischseite zugerichtetes und gefärbtes schwarzes Oberleder mit hohem Gehalt an Hartfett, das nicht unbedingt Wachs sein muß) (Leder) / waxed leather, waxy leather || ⁓**leinwand** *f* (A) (Tex) / waxcloth *n*, American cloth, oilcloth* *n*, waxed cloth

**Wichte** *f* (Quotient aus der Gewichtskraft und dem Volumen einer Stoffportion - DIN 1306) (Phys) / specific weight, weight density

**wichtig** *adj* (z.B. Erz) / major (ore) || **äußerst** ⁓ / primordial *adj* || ⁓**es Erz** (z.B. Wolframit für Wolfram) (Min) / major ore || ⁓**(st)er Maschinenteil** (für das Funktionieren der jeweiligen Maschine) (Masch) / critical component, critical part

**Wichtung** *f* (Math, Stats) / weighting *n*, weight *n*

**Wichtungsfaktor** *m* (Math, Stats) / weighting factor*, weight *n*

**Wickbold-Methode** *f* (Bestimmung nichtionischer Tenside in wäßriger Lösung nach DIN 38409, T 23) (Chem) / Wickbold method || ⁓ (DIN EN 41) (Erdöl) / Wickbold combustion method

**Wicke** *f* (Vicia L.) (Bot, Landw) / tare *n*, vetch *n*

**Wickel** *m* (Spinn) / batting *n* (lap of cotton for carding machines) || ⁓**abfall** *m* (bei Garnen) (Spinn) / lap waste || ⁓**automat** *m* / automatic

coiling machine, automatic coiler ‖ ˜**ballenpresse** f (Landw) / round baler, roll baler, rotobaler n ‖ ˜**band** n (Tex) / swathing band ‖ ˜**bandage** f (Tex) / swathing band ‖ ˜**behälter** m (Mehrlagenbehälter aus endlosen Spannlitzen) / wire-wound pressure vessel ‖ ˜**bildung** f (Kleinaufmachungen) (Spinn) / lapping n ‖ ˜**draht** m (Eltech) / winding wire ‖ ˜**elektrode** f (Eltech) / Manchester plate ‖ ˜**feder** f (Kfz) / contact coil, coil spring, clock spring ‖ ˜**feder** (Masch) / coil spring, coiled spring ‖ ˜**filter** n (eine Dieselrußfilterbauart) (Kfz) / wraparound filter ‖ ˜**form** f (Eltech) / former* n ‖ ˜**kehrstrecke** f (Tex) / lap drawing frame, ribbon lap machine, set frame, ribbon lapping machine, ribbon lapper ‖ ˜**kern** m (Akus, Film) / core* n, spool core ‖ ˜**keule** f (kegelförmige Isolierung auf der Isolierhülle) (Kab) / stress cone ‖ ˜**kleid** n (Bekleidungsstück so geschnitten, daß die einzelnen Stoffbahnen übereinander gewickelt werden /ohne Naht/) (Tex) / wrap-over dress, wraparound dress ‖ ˜**kondensator** m (mit einem Wickel aus metallisierter Isolierfolie) (Eltech) / wound capacitor, wrapped capacitor ‖ ˜**kopf** m (Eltech) / overhang n, end turns, end windings ‖ ˜**körper** m (Trag- und Stützkörper) (Spinn) / tube n, bobbin* n (empty), holder n ‖ ˜**körper** (eine Aufmachungseinheit) (Spinn) / package* n, yarn package ‖ ˜**lötstelle** f (Eltech) / wrapped and soldered joint, Western Union splice (US) ‖ ˜**lötverbindung** f (Eltech) / wrapped and soldered joint, Western Union splice (US) ‖ ˜**maschine** f (Hütt) / coiler n, coiling machine ‖ ˜**maschine** (von unten nach oben wickelnd) (Hütt) / upcoiler n ‖ ˜**maschine** (für Kaltband) (Hütt) / recoiler n ‖ ˜**maschine** (von oben nach unten wickelnd) (Hütt) / downcoiler n ‖ ˜**motor** m (des Tonbandgeräts) (Eltech) / reel motor, wind motor, rewind motor
**wickeln** v / wrap v ‖ ~ (Hütt) / coil v ‖ ~ (mit Band) (Kab) / lap v, tape v, wrap v, serve v ‖ ~ (Federn, Spulen) (Masch) / coil v, wind v ‖ ~ (Spinn) / lap v ‖ ~ n (Überführen der Garne in sogenannte Kleinaufmachungen verschiedener Formen) (Spinn) / lapping n
**Wickel•pappe** f (Pap) / handmade cardboard ‖ **graue** ~**pappe** (z.B. Buchbinderpappe) (Pap) / millboard* n ‖ **weiße** ~**pappe** (aus weißem Holzstoff nach DIN 6730) (Pap) / white millboard ‖ ˜**pistole** f (zum Wickeln von Drähten auf elektrische Anschlüsse) (Eltronik) / wire-wrapping gun, wire-wrapping tool, wrap tool ‖ ˜**platte** f (großformatige, im Einstufenätzverfahren oder im Auswaschverfahren hergestellte Ganzformdruckplatte für den Buchzylinder, die um den Formzylinder einer nach dem rotativen Druckprinzip arbeitenden Druckmaschine gespannt wird) (Druck) / wraparound plate, wrap-round plate* ‖ ˜**presse** f (Landw) / round baler, roll baler, rotobaler n ‖ ˜**raum** m (mehrschenkliger Trafo) (Eltech) / window* n ‖ ˜**raum** (Teil des Ankers) (Eltech) / winding space* ‖ ˜**rolle** f (eines Laufbildwerfers) (Film) / sprocket* n ‖ ˜**schablone** f (Eltech) / former* n ‖ ˜**schritt** m (Eltech) / back pitch ‖ ˜**strecke** f (Tex) / lap drawing frame, ribbon lap machine, set frame, ribbon lapping machine, ribbon lapper ‖ ˜**teller** m (Film) / winding plate, take-up plate, winding disk ‖ ˜**trommel** f (der Reifenbaumaschine) / building drum ‖ ˜**verbindung** f (zweier oder mehrerer elektrischer Anschlüsse durch Drähte mittels Wickeln um die Anschlußstifte) (Eltronik) / wrapped joint ‖ ˜**verfahren** n (zur Verarbeitung von Duroplasten) (Plast) / filament winding ‖ ˜**versuch** m (eine technologische Drahtprüfung) (WP) / wrapping test (for wire) ‖ ˜**vorrichtung** f (Masch) / winder n, winding device ‖ ˜**watte** f (Erzeugnis der Baumwollschlagmaschine) (Spinn) / lap* n, breaker lap ‖ ~ **aus Faserwerkstoffen** (WP) / winding angle
**Wickler** m (beim Papierstau) (Druck) / jam-up n ‖ ~ (ein Walzfehler) (Hütt) / cobble n ‖ ~ (Masch) / winder n, winding device
**Wicklung** f (des Förderseils auf der Scheibe) (Bergb) / lap* n ‖ ~ (Eltech) / winding* n ‖ ~ (auf der Hülse) (Spinn) / winding* n ‖ ~ **des Filaments bei einer Spulendrehbewegung** (Tex) / circuit n ‖ **abwärtscompoundierende** ~ (Eltech) / decompounding winding ‖ **angezapfte** ~ (Eltech) / tapped winding ‖ **äußere** ~ (Eltech) / outer winding ‖ **dreietagige** ~ (Eltech) / three-range winding ‖ **eingängige** ~ (Eltech) / simplex winding ‖ **gegenmagnetisierende** ~ (Eltech) / antipolarizing winding* ‖ **gesehnte** ~ (die Spulenweite ist meistens kleiner als die Polteilung) (Eltech) / chorded winding ‖ **in sich geschlossene** ~ (Eltech) / closed-coil winding* ‖ **induktionsfreie** ~ (Eltech) / non-inductive winding ‖ **innere** ~ (Eltech) / inner winding ‖ **kapazitätsarme** ~ (Eltech) / bank winding, banked winding ‖ **konzentrierte** ~ (Eltech) / concentrated winding ‖ **linksgängige** ~ (Eltech) / left-handed winding ‖ **mehrsträngige** ~ (Eltech) / multistrand winding ‖ **mit verteilter** ~ (Eltech) / distributed-wound adj ‖ **rechtsgängige** ~ (Eltech) / right-handed winding ‖ **unifilar wechselsinnige** ~ (Eltech) / Ayrton-Perry winding ‖ **verteilte** ~ (Eltech) / distributed winding* ‖ **wiedereintretende** ~ (Eltech) / re-entrant winding* ‖ **wilde** ~ (ohne Drahtführung) (Eltech) / random winding*, scramble winding ‖ **zweietagige** ~ (Eltech) / two-range winding ‖ **zweifache** ~ (Eltech) / duplex winding ‖ **zweilagige** ~ (Eltech) / double-layer winding*, two-layer winding, two-coil-side-per-slot winding ‖ ~ f **in geschlossenen Spulen** (Eltech) / tunnel winding*, pull-through winding, threaded-in winding ‖ ~ **mit einer Spule je Pol** (Eltech) / whole-coiled winding* ‖ ~ **mit Formspulen** (Eltech) / preformed winding ‖ ~ **mit parallelen Zweigen** (Eltech) / divided winding*
**Wicklungs•anfang** m (Eltech) / lead of winding, start of winding ‖ ˜**anzapfung** f (Eltech) / winding tap ‖ ˜**aufbau** m (Spinn) / winding n ‖ ˜**eingang** m (Eltech) / lead of winding, start of winding ‖ ˜**element** n (Eltech) / coil* n ‖ ˜**faktor** m (Eltech) / winding factor* (the product of the distribution factor and the pitch factor), winding coefficient* ‖ ˜**isolierung** f (Eltech) / winding insulation ‖ ˜**kopf** m (Eltech) / overhang n, end turns, end windings ‖ ˜**nennspannung** f / winding voltage rating (the voltage for which the winding is designed) ‖ ˜**nut** f (Eltech) / winding slot ‖ **geschlossene** ˜**nut** (Eltech) / closed slot*, tunnelling slot, tunnel slot* ‖ **offene** ˜**nut** (Eltech) / open slot* ‖ ˜**paar** n (Eltech) / pair of windings ‖ ˜**prüfung** f (DIN 42005) (Eltech) / high-voltage test* ‖ ˜**schema** n (Eltech) / winding diagram* ‖ ˜**schritt** m (Eltech) / coil pitch, coil span*, span of the coils ‖ **[relativer]** ˜**schritt** (Eltech) / winding pitch* ‖ ˜**sinn** m (Eltech) / winding direction ‖ ˜**sprung** m (Eltech) / span* n, throw* n ‖ ˜**strang** m (die Gesamtheit der Windungen, die zu einer Phase einer mehrphasigen Wicklung gehören) (Eltech) / winding phase, phase winding ‖ ˜**verlust** m (Eltech) / winding loss
**Wicksches Theorem** (Aussage über den Zusammenhang zwischen dem zeitgeordneten Produkt [T-Produkt] von Operatoren einer Quantenfeldtheorie mit einer Summe von Normalprodukten [N-Produkten] derselben Operatoren) (Kernphys) / Wick theorem, Wick's theorem
**Widal-Reaktion** f (Med) / Widal reaction*, Gruber's reaction
**Widder, hydraulischer** ~ (Masch) / hydraulic ram*, hydraulic ram pump ‖ ˜**punkt** m (Astr) / First Point of Aries* ‖ ˜**wolle** f (Tex) / buck's wool
**Wide-area-Network** n (EDV, Fernm) / wide-area network (WAN)
**Wide-bore-Kapillare** f (Chem) / wide-bore column
**Wider•druck** m (der Druck auf die Rückseite eines im Schöndruck bedruckten Druckträgers) (Druck) / perfecting n, back-up n, backing-up* n, second printing ‖ ˜**druck drucken** (Druck) / perfect up v ‖ ˜**druckform** f (in Schön- und Widerdruck) (Druck) / inner forme*, second forme, perfecting forme, inside forme ‖ ˜**haken** m (bei Nadeln) (Tex) / barb n ‖ ˜**hall** m (Akus, Phys) / echo* n ‖ ˜**hall** (Geol) / ringing n ‖ ˜**hallen** v / resound v ‖ ˜**hallen** (Akus) / echo v
**Widerlager** n (Massivkörper aus Mauerwerk oder Beton, auf dem sich ein Tragwerk abstützt) (HuT, Masch, Wasserb) / abutment* n ‖ ˜**mauer** f (HuT) / retaining wall ‖ ˜**pfeiler** m (HuT) / counterfort* n ‖ ˜**stollen** m (in der Staumauer) (Wasserb) / abutment gallery ‖ ˜**wand** f (HuT) / wing wall*, abutment wall
**Widerlegungs•graf** m (KI) / refutation graph ‖ ˜**theorem** n (KI) / refutation theorem
**widerlich riechend** / malodorous adj, foul-smelling adj, evil-smelling adj, ill-smelling adj, offensive adj, fetid adj, foetid adj, nauseous adj, objectionable adj, ~ **with a revolting smell**
**Wideroe-Bedingung** f (erste Grundbedingung des Betatrons - nach R. Wideroe, 1902-1996) (Nukl) / Wideroe condition
**wider•rechtlich** adj / unlawful adj, illegal adj ‖ ˜**schein** / sheen* n ‖ ˜**schein** s. auch Halbmattlackierung mit Eierschalenglanz ‖ ~**sinnig** adj (Verwerfung) (Geol) / antithetic adj (fault) ‖ ~**sinniger Drehwuchs** (bei rechtsgedrehten Stämmen) (For) / clockwise spiral grain, right-hand spiral grain ‖ ˜**spänigkeit** f (For) / raised grain ‖ ~**spiegeln** v (als Spiegelbild) / mirror v ‖ ~**spiegeln** (Phys) / reflect v ‖ ˜**spruch** m (im Patentrecht) / opposition n ‖ ~**sprüchlich** adj (in der Logik) / contradictory adj ‖ ~**sprüchlich** (inkonsistent) (Math) / inconsistent adj
**Widerspruchs•beweis** m (durch reductio ad absurdum) (Math) / proof by contradiction*, reductio ad absurdum proof* ‖ ~**frei** adj (konsistent) (Math) / consistent adj, compatible adj ‖ **syntaktische** ˜**freiheit** / syntactic consistency ‖ **semantische** ˜**freiheit** (KI) / semantic consistency ‖ ~**voll** adj (Math) / inconsistent adj
**Widerstand** m (eines schlecht verlaufenden Anstrichmittels) (Anstr) / pulling n, drag n ‖ ~ (als physikalische Größe) (Elektr) / resistance* n ‖ ~ (als Bauteil) (Eltech) / resistor* n, resistance n, resistor element ‖ ~ (z.B. beim Rammen) (HuT) / refusal n ‖ ~ (Kraft, die der Bewegung eines physikalischen Systems entgegenwirkt) (Phys) / resistance n ‖ **aerodynamischer** ~ (Phys) / aerodynamic drag, aerodynamic resistance ‖ **differentieller** ~ (Eltech) / incremental resistance* ‖ **differentieller** ~ (in Halbleitersystemen) (Eltronik) / differential resistance ‖ **gepaarter** ~ (Eltech) / resistor pair ‖ **hochohmiger** ~ (Elektr) / high ohmic resistance, high-value resistance ‖ **induktionsfreier** ~ (Eltech) / non-inductive resistor* ‖ **innerer** ~ (Eltech) / internal resistance ‖ **kapazitiver** ~ (Elektr) / capacitive reactance*, capacitative reactance* ‖ **komplexer** ~ (Masch) / vector impedance ‖ **konjugiert-komplexer** ~ (Fernm) / conjugate impedance ‖ **linearer** ~ (Eltech) / linear resistor*, ohmic resistor* ‖ **linear veränderlicher** ~ (Eltech) / linear taper ‖ **mit**

**Widerstand**

(Eltech) / resistive *adj* ‖ **negativer ~** (Eltronik) / negative resistance* ‖ **nichtlinearer ~** (Eltech) / non-linear resistor* ‖ **ohmscher ~** (Elektr) / d.c. resistance*, ohmic resistance*, true (ohmic) resistance* ‖ **ohmscher ~** (im Widerstandsofen) (Eltech) / resistor* *n* ‖ **ohmscher ~ des Mitsystems** (Eltech) / positive-sequence resistance ‖ **schädlicher ~** (aller Teile, die keinen Auftrieb erzeugen) (Luftf) / parasitic drag ‖ **spannungsabhängiger ~** (Eltronik) / varistor* (QVR) *n*, voltage-dependent resistor, VDR ‖ **spezifischer elektrischer ~** (Elektr) / resistivity *n* ‖ **spezifischer elektrischer ~** (Eltech) / resistivity* *n*, specific resistance* ‖ **spezifischer magnetischer ~** (Eltech) / reluctivity* *n*, specific reluctance ‖ **thermischer ~** (DIN 1341) (Eltech) / thermal resistance* ‖ **über einen ~ geerdet** (Eltech) / resistance-earthed *adj*, resistance-grounded *adj* (US) ‖ **unterbrochener ~** (Eltech) / open-circuit resistor ‖ **variabler ~** (Eltech) / variable resistance* ‖ **~ m des Stromweges durch den Halbleiter vom punktförmigen Anschlußkontakt zur Sperrschicht** (Eltronik) / spreading resistance ‖ **~ mit Anzapfung** (Eltech) / tapped resistor

**Widerstand-Kondensator-Transistor-Logik** *f* (EDV, Eltronik) / resistor-capacitor-transistor logic, RCTL

**Widerstands•abbrennstumpfschweißen** *n* (Schw) / resistance flash-welding*, flash-butt welding* ‖ **~abnahme** *f* (Eltech) / resistance drop*, resistance voltage drop ‖ **~abschmelzschweißen** *n* (Schw) / flash welding* ‖ **~abschwächer** *m* (Stoff, der Entgiftungsenzyme hemmt und damit die Resistenz bricht) (Biochem, Med) / antiresistant *n* ‖ **~abstimmung** *f* (Eltech) / resistance tuning ‖ **~abstufung** *f* (auf Wickelköpfen) (Eltech) / resistance grading ‖ **magnetische ~änderung** (Eltech, Mag) / magnetoresistive effect* *n*, magnetoresistive effect ‖ **~änderung f im Magnetfeld** (Eltech, Mag) / magnetoresistance* *n*, magnetoresistive effect ‖ **~anschlüsse** *m pl* **in Einreihenanordnung** (bei ECL-Technik) (Eltronik) / single-in-line package resistor terminators, sip resistor terminators ‖ **~bauelement** *n* (Eltech) / resistor* *n*, resistance *n*, resistor element ‖ **~behaftet** *adj* (Eltech) / resistive *adj* ‖ **~behafteter Draht** (Eltech) / resistance wire, resistive wire ‖ **~beheizt** *adj* (Eltech) / resistance-heated *adj* ‖ **~beiwert** *m* (der Proportionalitätsfaktor $C_w$) (Kfz, Luftf) / drag coefficient, coefficient of drag ‖ **~beiwert** (z.B. bei der Strömung) (Phys) / resistance coefficient ‖ **~belag** *m* (eine Leitungskonstante - der Widerstand elektrischer Leitungen bezogen auf die Leitungslänge) (Eltech) / resistance load per unit length ‖ **~belastung** *f* (Eltech) / resistive load* ‖ **negativer differentieller ~bereich** (beim Thyristor) (Eltronik) / negative-differential-resistance region ‖ **~bremsung** *f* (ein elektrisches Bremsverfahren) (Eltech) / potentiometer braking*, rheostat braking, rheostatic braking, resistance braking ‖ **~brücke** *f* (Eltech) / resistance bridge ‖ **~buckelschweißen** *n* (Schw) / resistance projection-welding* ‖ **~chip** *n* (Eltronik) / resistor chip ‖ **~dehnungsmesser** *m* (mit dem Dehnungsmeßstreifen) (Eltech) / resistance strain gauge*, electrical-resistance strain gauge*, potentiometric extensometer ‖ **~dehnungsmeßstreifen** *m* (ein ohmscher Meßgrößenumformer) (Eltech) / resistance (strain) gauge*, extensometer* *n*, strain gauge* ‖ **~dekade** *f* (Eltech) / resistance decade ‖ **~draht** *m* (Eltech) / resistance wire, resistive wire ‖ **~dreieck** *n* (Eltech) / impedance triangle* ‖ **~eigenschaft** *f* (im allgemeinen) (Elektr) / resistivity* *n*

**widerstandsfähig** *adj* (gegen Beschädigung oder Störung) / rugged *adj*, robust *adj*, sturdy *adj* ‖ **~** (z.B. Teppich) (Tex) / hard-wearing *adj* (GB), long-wearing *adj* (US), crush-resistant *adj* ‖ **~** (WP) / resistant *adj*, tough *adj*, strong *adj* ‖ **~ gegen Einbeulung** (z.B. Karosserieblech) (Hütt, Kfz) / dent-resistant *adj* ‖ **~ sein** / stand *v*, resist *v*, withstand *v* ‖ **~er Test** (Stats) / robust test (to outliers)

**Widerstandsfähigkeit** *f* / fastness *n* (to)* ‖ **~** (gegen Beschädigung oder Störung) / ruggedness *n*, robustness* *n*, sturdiness *n* ‖ **~** (WP) / resistance *n*, toughness *n* ‖ **~ physikalische ~** (Masch) / damage resistance ‖ **Steigerung f der ~** (gegen Beschädigung oder Störung) / ruggedization *n* ‖ **~ gegen Lösungsmittel** (Chem) / solvent resistance

**Widerstands•festigkeit** *f* (klimatische) (Masch, Meteor) / weathering resistance, weatherproofness *n* ‖ **~folie** *f* (Eltech) / resistive foil ‖ **~gatesensor** *m* (ein Halbleitersensor, der die Funktion des Bildaufnehmers wahrnimmt) / resistive-gate sensor, RGS ‖ **~gerade** *f* (durch den Arbeitspunkt im Ia/Ua-Kennlinienfeld) (Eltronik) / load line* ‖ **~gerät** *n* (Eltech) / resistor* *n*, resistance *n*, resistor element ‖ **~geschweißtes Rohr** (Schw) / electric resistance welded tube*, e.r.w. tube ‖ **~gesetz** *n* (über die Fallgeschwindigkeit von kugelförmigen Körpern in Flüssigkeiten und Gasen) (Phys) / Stokes' law*, Stokes's formula ‖ **~gitter** *n* (Hochspannung) (Eltech) / resistance grid* ‖ **~hartlöten** *n* (elektrisches) / resistance brazing ‖ **~härtung** *f* (Anstr) / resistance curing *n* ‖ **~heizung** *f* (Eltech) / resistance heating ‖ **~höhe** *f* (Hyd) / friction head ‖ **~-Kapazitäts-Kopplung** *f* (Eltronik) / RC coupling*, resistance-capacitance coupling* ‖ **~-Kapazitäts-Oszillator** *m* (Eltech) / resistance-capacitance oscillator*, RC oscillator ‖ **~-Kapazitäts-Schaltung** *f* (Eltech) / RC circuit ‖ **~kasten** *m* (Eltech) / resistance box* ‖ **~komponente** *f* (Eltech) / resistive component* ‖ **~kopf** *m* (ein Thermowiderstand) (Eltronik) / resistor bulb, bulb resistor ‖ **~kopplung** *f* (Eltech) / resistance coupling*, resistive coupling, RC ‖ **~kopplung** (Eltech) s. auch galvanische Kopplung ‖ **~körper** *m* (Eltech) / resistor* *n*, resistance *n*, resistor element ‖ **~kraft** *f* (beim Strömungswiderstand) (Phys) / drag force ‖ **~kraft** (WP) / resistance *n*, toughness *n* ‖ **~lampe** *f* (Eltech) / resistance lamp ‖ **~legierung** *f* (die sich durch besondere Konstanz und Stabilität des Widerstandswertes auszeichnet) (Eltech, Hütt) / resistor alloy, resistance alloy ‖ **~lichtbogenofen** *m* (Eltech) / resistance arc furnace ‖ **~loser Strommesser** (Eltech) / zero-resistance ammeter ‖ **elektrisches ~löten** (weich) (Schw) / resistance soldering ‖ **~magazin** *n* (Eltech) / resistance box* ‖ **~magnetometer** *n* (Mag) / resistance magnetometer ‖ **~manometer** *n* (Phys) / hot-wire manometer ‖ **~meßaufnehmer** *m* (der der Umformung nichtelektrischer Meßgrößen in elektrische Widerstände dient) (Eltronik) / resistance pick-up, resistive pick-up ‖ **~meßbrücke** *f* (Eltech) / resistance bridge ‖ **~messer** *m* (in Ohm geeichter Widerstandsmesser) (Eltech) / ohmmeter *n* ‖ **~messung** *f* (Eltech) / resistance measurement ‖ **elektrische ~messung** (eine Methode der Bohrlochmessung) (Erdöl) / resistive logging, resistivity logging ‖ **~methode** *f* (der Bohrlochmessung) (Erdöl) / resistive logging, resistivity logging ‖ **~moment** *n* (Masch) / section modulus* ‖ **~nahtschweißen** *n* (Schw) / resistance seam welding ‖ **~netz** *n* (Eltech) / resistive network, resistance network, resistor network ‖ **~netzwerk** *n* (Eltech) / resistive network, resistance network, resistor network ‖ **[elektrischer] ~ofen** (ein Schmelzaggregat) (Hütt) / resistance oven, (electric) resistance furnace ‖ **[indirekter] ~ofen** (Hütt) / resistor oven, resistor furnace ‖ **~operator** *m* (Masch) / vector impedance ‖ **~oszillator** *m* (Eltronik) / negative-resistance oscillator* ‖ **~polarisation** *f* (Elektr) / ohmic polarization* ‖ **~preßschweißen** *n* (Schw) / resistance forge welding, pressure resistance welding, resistance pressure welding ‖ **~punktschweißen** *n* (Schw) / spot-welding* *n*, resistance spot-welding ‖ **~rauschen** *n* (Eltronik) / thermal noise*, Johnson noise*, output noise*, resistance noise*, thermal agitation noise ‖ **~regelung** *f* (Regeln) / resistance control ‖ **~rollennahtschweißen** *n* (Schw) / resistance seam-welding* ‖ **~rollpunktschweißen** *n* (Schw) / resistance roller-spot-welding ‖ **~satz** *m* (Eltech) / resistance frame* ‖ **~schaltung** *f* (wenn ein Potentiometer als veränderbarer Widerstand eingesetzt wird) (Eltech) / resistive circuit ‖ **~schmelzschweißen** *n* (Schw) / resistance fusion welding ‖ **~schweißen** *n* (ein Preßschweißverfahren, bei dem der Wärmeeintrag in die Schweißzone über die Widerstandserwärmung erfolgt) (Schw) / resistance welding* ‖ **~sensor** *m* (Eltech) / resistive sensor ‖ **~spule** *f* (Eltech) / resistance coil ‖ **~stoßschweißen** *n* (Schw) / electropercussive welding ‖ **~strömung** *f* (Phys) / drag flow ‖ **~stumpfschweißen** *n* (Schw) / resistance butt-welding*, resistance upset-butt welding*, slow-butt welding* ‖ **~thermometer** *n* (Berührungsthermometer, bei dem die Temperaturabhängigkeit des elektrischen Widerstandes eines Leiters aus Metall oder aus halbleitenden Materialien als Meßeffekt benutzt wird) / resistance thermometer*, resistance pyrometer*, electrical resistance thermometer* ‖ **~trocknung** *f* (eine Art Elektrowärmetrocknung) (Anstr) / resistance curing ‖ **~überlapptschweißen** *n* (Schw) / resistance lap-welding* ‖ **~überspannung** *f* (Eltech) / ohmic overvoltage* ‖ **~verfahren** *n* (Geol) / resistivity method ‖ **~vermögen** *n* **gegen UV-Strahlen** / resistance to ultraviolet radiation, resistance to UV rays ‖ **~verstärker** *m* (Eltronik) / RC amplifier, resistance-coupled amplifier ‖ **~werkstoff** *m* (ein Leiterwerkstoff mit einem definierten und nicht zu kleinen elektrischen, rein ohmschen Widerstand) (Eltech) / resistive material, resistor material ‖ **~wert** *m* (Quotient aus Druckunterschied zwischen Anfangs- und Endpunkt durch Wetterstromquadrat) (Bergb) / mine resistance ‖ **~zweig** *m* (Eltech) / resistive branch

**Widerstand-Transistor-Logik** *f* (EDV) / resistor-transistor logic (RTL)

**wider•stehen** *v* / stand *v*, resist *v*, withstand *v* ‖ **~wärtig** *adj* (Geruch) / malodorous *adj*, foul-smelling *adj*, evil-smelling *adj*, ill-smelling *adj*, offensive *adj*, fetid *adj*, foetid *adj*, nauseous *adj*, objectionable *adj*, with a revolting smell

**Widia** *n* (F. Krupp, Widia-Fabrik, Hartmetall) (Hütt) / Widia (German range of sintered tungsten carbides with 3-13% Co)

**Widmannstättensch•es Gefüge** (nach A. Beck, Edler v. Widmannstätten, 1754-1849) (Hütt, Schw) / Widmannstätten structure* ‖ **~e Struktur** (nach A. Beck, Edler v. Widmannstätten, 1754-1849) (Hütt, Schw) / Widmannstätten structure*

**Widmungsexemplar** *n* (Druck) / presentation copy, dedication copy

**wie Essig** (Geschmack) (Nahr) / vinegary *adj*

**Wiechert-Gutenberg-Diskontinuität** *f* (nach J.E. Wiechert, 1861-1928, und B. Gutenberg, 1889-1960) (Geol) / Gutenberg discontinuity* (the seismic-velocity discontinuity at 2900 km), Wiechert-Gutenberg discontinuity

**Wiedemann•-Effekt** *m* (Mag) / Wiedemann effect*, Wertheim effect ‖ **~-Franz-Lorenzsches Gesetz** (nach L.V. Lorenz, 1829-1891) (Wärm) / Wiedemann-Franz law, Lorenz relation, Wiedemann-Franz ratio (the quotient of the thermal conductivity by the electric conductivity), Wiedemann, Franz and Lorenz'law ‖ **~-Franzsches Gesetz** (nach G.H. Wiedemann, 1826-1899, und R. Franz, 1827-1902) (Wärm) / Wiedemann-Franz law, Lorenz relation, Wiedemann-Franz ratio (the quotient of the thermal conductivity by the electric conductivity), Wiedemann, Franz and Lorenz'law
**Wiedemannsches Gesetz der Suszeptibilitätsaddition** (Chem) / Wiedemann's additivity law
**wieder absorbieren** (Chem, Phys) / reabsorb *v* ‖ ~ **anblasen** (einen Ofen) / refire *v* ‖ ~ **anfeuchten** / rewet *v* ‖ ~ **anlassen** (während des Flugs) (Luftf) / relight* *v* ‖ ~ **anlaufen lassen** (EDV) / restart *v*, reboot *v* ‖ ~ **anzünden** / relight *v* ‖ ~ **aufforsten** (For) / reafforest *v*, reforest *v* ‖ ~ **auffrischen** / renovate *v*, refresh *v* ‖ ~ **auffüllen** / refill *v*, replenish *v* ‖ ~ **aufkochen** / reboil *v* ‖ ~ **auflösen** (Chem) / reconstitute *v* ‖ ~ **auflösen** (Chem) / redissolve *v* ‖ ~ **aufschwemmen** *v* (Paraffingatsch) (Erdöl) / repulp *v* ‖ ~ **aufwickeln** / re-coil *v* ‖ ~ **befüllen** / refill *v*, replenish *v* ‖ ~ **benetzen** (Chem) / rewet *v* ‖ ~ **beschreibbar** (EDV) / rewritable *adj* ‖ ~ **beschreiben** / rewrite *v* ‖ ~ **bewalden** (For) / reafforest *v*, reforest *v* ‖ ~ **einfetten** / regrease *v* ‖ ~ **einfrieren** (Nahr) / refreeze *v* ‖ ~ **einfügen** / reinsert *v* ‖ ~ **einkuppeln** *v* (Masch) / re-engage *v* ‖ ~ **einlesen** (EDV) / reread *v* ‖ ~ **einrichten** (Werkzeugmaschine) (Masch) / reset *v* ‖ ~ **einrücken** (Masch) / re-engage *v* ‖ ~ **einschalten** (Masch) / re-engage *v* ‖ ~ **einschieben** / reinsert *v* ‖ ~ **einschmelzen** (Hütt) / remelt *v*, resmelt *v*, refuse *v* ‖ ~ **einschreiben** (EDV) / rewrite* *v* ‖ ~ **einsetzen** / restore *v* ‖ ~ **erscheinen** / reappear *v* ‖ ~ **flüssig werden** / reliquify *v* ‖ ~ **in Dienst stellen** (Mil) / recommission *v* ‖ ~ **instandsetzen** (in den Sollzustand) (Masch) / overhaul *v*, recondition *v*, restore *v*, rebuild *v*, remanufacture *f*, reservice *v* ‖ ~ **komprimieren** / recompress *v* ‖ ~ **lösen** (Chem) / redissolve *v* ‖ ~ **mahlen** / regrind *v* ‖ ~ **schmelzen** (Hütt) / remelt *v*, resmelt *v*, refuse *v* ‖ ~ **verglasen** (Bau) / reglaze *v* ‖ ~ **verschließen** / reclose *v* ‖ ~ **verschließen** (Kunststoffbeutel) (Plast) / reseal *v* ‖ ~ **zum Vorschein kommen** / reappear *v*
**Wieder•abstrahlung** *f* (Phys) / reradiation *n* ‖ **~anlassen** *v* (z.B. einen Kernreaktor) (Nukl) / restart *v*
**Wiederanlauf** *m* (eines Programms) (EDV) / restart *n*, program restart ‖ ~ (eines Programms) (bei dem man nach Anlageausfall nicht bis zum letzten Fixpunkt gehen muß) (EDV) / warm restart, warm reboot ‖ ~ (eines Programms), **bei dem man nach Anlageausfall bis zum letzten Fixpunkt zurückgehen muß** (EDV) / cold start, cold reboot ‖ ~**punkt** *m* (in dem ein abgebrochenes Programm wieder startet) (EDV) / restart point ‖ ~**zeit** *f* (bis zur Wiederherstellung des gewünschten Zustandes) / system recovery time
**Wieder•anruf** *m* (Fernsp) / automatic recall, recall *n* ‖ ~**anruf nach Zeit** (Fernsp) / timed recall ‖ ~**aufarbeitung** *f* (von bestrahlten Brennelementen) (Nukl) / regeneration* *n*, reprocessing *n* ‖ ~**aufbau** *m* (Bau) / reconstruction *n*, rebuilding *n* ‖ **aufbau eines Bildes** (wobei die mittelquadratische Abweichung des Bildes von ursprünglichen Bildern minimal ist) (Eltronik) / Wiener filtering, minimum mean square error restoration ‖ **~aufbereiten** *v* (verwendete Kernbrennstoffe) (Nukl) / regenerate *v*, reprocess *v* ‖ **~aufbereiten** (Umwelt) / reclaim *v*, regenerate *v*, recover *v*, regain *v* ‖ ~**aufbereitung** *f* (von verwendeten Kernbrennstoffen) (Nukl) / regeneration* *n*, reprocessing *n* ‖ ~**aufbereitung** (Umwelt) / reclaiming *n*, reclamation *n*, regeneration *n*, recovery* *n*, re-refining *n* ‖ **trockenchemische ~aufbereitung** (Nukl) / pyrochemical reprocessing ‖ ~**aufbereitungsanlage** *f* (Nukl) / reprocessing plant, fuel reprocessing plant, FRP ‖ ~**auffinden** *n* (von Informationen) (EDV) / retrieval *n*, data retrieval*, information retrieval, IR ‖ ~**auffrischung** *f* / renovation *n* ‖ **~aufgelöste Trockenmilch** (Nahr) / reconstituted milk, reconstituted powdered milk ‖ ~**aufheizungsperiode** *f* (eines keramischen Ofens) (Keram) / comeback *n* ‖ ~**aufkocher** *m* (Erdöl) / reboiler *n* ‖ ~**aufkohlen** *n* (Hütt) / recarburization *n* ‖ ~**aufkohlung** *f* (Hütt) / recarburization *n* ‖ ~**aufladbar** *adj* (Eltech) / rechargeable *adj*, deep-cycle *attr* (battery) ‖ **~aufladen** *v* (Akkumulator) (Eltech) / recharge *v* ‖ **katodische ~auflösung** (in der inversen Polarografie) (Chem) / cathodic stripping ‖ ~**aufrichten des Pols** (Tex) / pole recovery, pole resistance ‖ ~**aufrichtvermögen** *n* **des Pols** (Tex) / pole recovery, pole resistance ‖ ~**aufrollen** *n* (des Syntheseprozesses) (Chem) / deconvolution *n* ‖ **~auftauchen** *v* (Symptome) (Med) / recur *v* ‖ **~auftauchen** (Schädlinge) (Umwelt) / recur *v* ‖ ~**aufziehen** *n* **von Schmutz** (Tex) / soil redeposition, redeposition of soil, SRD ‖ ~**ausrichtung** *f* (HuT) / realignment *n* ‖ ~**ausstrahlung** *f* (Phys) / reradiation *n* ‖ ~**ausstrahlung** (Radio) / rediffusion *n* (relaying or rebroadcasting) ‖ **vom ~austrieb erzielter Ertrag** (z.B. beim Zuckerrohr) (Landw) / ratoon *n*, ratoon crop *n* ‖ ~**austritt** *m* (eines versiegten Flusses) (Geol, Wasserb) / resurgence *n*, emergence *n*, rise *n*, debouchure *n* ‖ **~befüllbar** *adj* (Verpackung) / refillable *adj* ‖ ~**begrünung** *f* (Revegetation) (Bot, Umwelt) / revegetation *n* ‖ **~beleben** *v* / reactivate *v*, revive *v* ‖ **~beleben** / regenerate *v* ‖ ~**belebung** *f* / reactivation* *n*, revivification *n* (of charcoal or metals) ‖ ~**belebung** (z.B. eines Ionenaustauschers) (Aufber, Chem) / regeneration* *n* ‖ ~**belebungsgerät** *n* (Pulmotor) (Bergb) / resuscitator *n*, reviving apparatus ‖ ~**belebungsmittel** *n* / regenerant *n* ‖ ~**belichtung** *f* (Foto) / re-exposure *n* ‖ **~benutzbar** *adj* / reusable *adj* ‖ ~**benutzung** *f* / reuse *n* ‖ ~**beschaffungswert** *m* / replacement value ‖ ~**einfügen** *n* **des Trägers** (Fernm) / reinsertion of carrier ‖ ~**einfügung** *f* / reinsertion *n* ‖ **berufliche ~eingliederung** / occupational resettlement ‖ ~**einrichtung** *f* (der Werkzeugmaschine) (Masch) / reset *n* ‖ ~**einschaltrelais** *n* (Eltech) / reclosing relay ‖ ~**einschaltsperre** *f* (Eltech) / reclosing lock-out ‖ ~**einschaltung** *f* (Eltech) / reconnection *n* ‖ **automatische ~einschaltung** (Eltech) / automatic reclosing ‖ ~**einschieben** *n* / reinsertion *n* ‖ ~**einstellbar** *adj* (Instr, Masch) / resettable *adj* ‖ **~einstellen** *v* (Instr, Masch) / reset *v* ‖ ~**eintretende Wicklung** (Eltech) / re-entrant winding*
**Wiedereintritt** *m* (in dichtere Schichten der Atmosphäre) (Raumf) / re-entry* *n*, entry* *n* (atmospheric) ‖ **aerodynamischer ~** (mit einer rein ballistischen oder einer flugzeugähnlichen Landung) (Raumf) / lifting re-entry
**Wiedereintritts•flugkörper** *m* (Mil) / re-entry vehicle, RV, REV ‖ ~**körper** *m* (Mil) / re-entry vehicle, RV, REV ‖ **mehrere gegen getrennte Ziele einsetzbare ~körper** (Mehrfachgefechtskopf mit MIRV-Technik) (Mil) / multiple independently targeted (or targetable) re-entry vehicle (type of missile), MIRV ‖ **gegen getrennte Ziele einsetzbarer ~körper** (Mil) / independently targetable re-entry vehicle ‖ ~**körper** *m* **mit mehreren Gefechtsköpfen** (Mil) / multiple re-entry vehicle (type of missile), M.R.V., MRV ‖ ~**korridor** *m* (Raumf) / re-entry corridor* ‖ **die obere Grenze des ~korridors überschreiten** (Raumf) / overshoot *v* ‖ **die untere Grenze des ~korridors überschreiten** (Raumf) / undershoot *v* ‖ ~**punkt** *m* (EDV) / re-entry point
**Wieder•entzündung** *f* / reignition *n* ‖ ~**erkennen** *n* (EDV, KI, Psychol) / recognition* *n* ‖ ~**erwärmung** *f* / reheat *n*, reheating *n* ‖ ~**findungsrate** *f* (Ausbeute der Probenaufbereitung) (Chem) / recovery *n*
**Wiedergabe** *f* (Darstellung) / display *n* ‖ ~ (Akus) / play-back* *n*, replay *n*, reproduction* *n* ‖ ~ (von Farben) (Foto) / rendition *n* ‖ ~ (Teleg) / restitution *n* ‖ ~ **rückwärts** (Fernm) / reverse motion ‖ ~**charakteristik** *f* (Akus) / playback characteristic, reproduction characteristic ‖ ~**kopf** *m* (des Magnettongeräts) (Akus, Mag) / reproduce head, reproducing head, magnetic reproducing head, playback head ‖ ~**maßstab** *m* / reproduction ratio ‖ ~**pegel** *m* (Akus) / playback level ‖ ~**qualität** *f* (Akus, Fernm) / quality* *n*, fidelity* *n* (of reproduction) ‖ ~**röhre** *f* (TV) / reproducing tube, reproduction tube ‖ ~**schärfe** *f* (durch Raster bedingt) (TV) / resolution* *n*, definition* *n* ‖ ~**spalt** *m* (beim Lichttonverfahren) (Film) / reproducing slit ‖ ~**taste** *f* (Akus) / replay button, playback button, play button ‖ ~**treue** *f* (Akus, Fernm) / quality* *n*, fidelity* *n* (of reproduction) ‖ **hohe ~treue** (eine Güteklasse für elektroakustische Übertragungseinrichtungen nach DIN 45500) (Akus, Fernm) / high fidelity*, hi-fi* ‖ ~**welle** *f* (in der Holografie) (Opt, Phys) / reference wave
**wiedergeben** *v* (grafisch darstellen) / display *v* ‖ ~ / reproduce *v*
**wiedergewinnen** *v* (aus Abfällen) / salvage *v* ‖ ~ (Verrohrung) (Erdöl) / salvage *v*
**Wiedergewinnung** *f* / recovery *n*, recuperation *n* ‖ ~ (EDV) / retrieval *n*, data retrieval*, information retrieval, IR ‖ ~ (der Verrohrung) (Erdöl) / salvage *n* ‖ ~ (Bergungs- bzw. Landeverfahren für Raumflugsysteme) (Raumf) / recovery *n*
**Wiedergewinnungs•adresse** *f* (EDV) / retrieval address ‖ ~**kessel** *m* (Lauge) (Chem Verf) / recovery boiler ‖ ~**verfahren** *n* (Raumf) / recovery *n*
**Wiederhacker** *m* (For) / rechipper *n*
**wiederherstellen** *v* (einen Zustand) / re-establish *v*, restore *v* ‖ ~ / reconstitute *v*, reconstruct *v*
**Wiederherstellung** *f* / recovery *n*, recuperation *n* (Restitution) / restitution *n* ‖ ~ (Bau) / reconstruction *n*, rebuilding *n* ‖ ~ (DIN 44302) (EDV) / recovery *n* ‖ ~ **der normalen Verhältnisse nach dem Netzausfall** (Eltech) / power-fail recovery
**wiederhol•bar** *adj* / repeatable *adj* ‖ ~**barkeit** *f* / repeatability *n* ‖ ~**bedingungen** *f pl* (DIN 1319, T 1 und 55350, T 13) / repeatability conditions ‖ ~**bewegung** *f* (F.Org) / repetitive movement ‖ **kritischer ~differenzbetrag** (DIN 55350, T 13) / repeatability critical difference
**wiederholen** *v* / repeat *v* ‖ ~ (z.B. ein Maschinenprogramm) (EDV) / roll back *v* ‖ ~ (eine Radiosendung) (Radio) / rebroadcast *v* ‖ **sich periodisch ~** / cycle *v*
**wiederholend, sich** ~ / repetitive *adj*, recurrent *adj*, repetitious *adj* ‖ **sich ~e Bewegung** (F.Org) / repetitive movement ‖ **~es Lernen** (direktes Abspeichern ohne Ableitung allgemeingültiger Fakten und Regeln) (KI) / rote learning

**Wiederholfertigung**

**Wiederhol•fertigung** f (als Gegensatz zu Einmal- bzw. Einzelfertigung) (F.Org) / repetitive production ‖ **⁓funktion** f (Math) / repeat function ‖ **⁓genauigkeit** f / repetitive accuracy ‖ **⁓grenze** f (DIN 55350, T 13) / repeatability limit ‖ **⁓präzision** f (Präzision unter Wiederholbedingungen nach DIN 1319, T 1 und 55350, T 13) / repeatability n ‖ **⁓präzision** (in der Prozeßanalyse) (Chem Verf) / within-run precision ‖ **⁓speicher** m (EDV) / retransmission buffer
**wiederholt auftretend** / repetitive adj, recurrent adj, repetitious adj ‖ **⁓ behandeln** / re-treat v ‖ **⁓ destillieren** (Chem) / redistil v, rerun v ‖ **⁓er Maschinenlauf** (EDV) / rerun* n ‖ **⁓e Reflexion** (Opt) / multiple reflection, repeated reflection
**Wiederholteil** n (F.Org, Masch) / common part
**Wiederholung** f / repetition n ‖ **⁓** (wiederholter Versuch) (EDV) / retry n ‖ **⁓** (der Prozedur) (EDV) / rerun* n ‖ **⁓** (der Nachricht) (Nav) / read-back n ‖ **⁓** (Radio, TV) / repeat n ‖ **automatische ⁓** (nach Ablauf der Kassette) (Akus, Eltronik) / autorepeat n ‖ **automatische ⁓** (auf der Tastatur) (EDV) / autorepeat n ‖ **automatische ⁓ des Verbindungsversuches** (Fernsp) / automatic repeat attempt ‖ **gegenläufige ⁓** (ähnlicher Nucleotidsequenzen) (Biochem) / inverted repeat
**Wiederholungs•-** / repetitive adj, recurrent adj, repetitious adj ‖ **⁓adressierung** f (EDV) / repetitive addressing ‖ **automatische ⁓anforderung** (tritt bei der Datenübertragung ein Fehler auf, wird die Übertragung automatisch wiederholt) (EDV) / automatic request for repeat, ARQ ‖ **⁓aufnahme** f (Film) / reshooting n ‖ **⁓befehl** m (EDV) / repetition instruction ‖ **⁓befragung** f zur Messung der Werbewirkung / advertising tracking ‖ **⁓besuch** m (bei den Befragten in einer Umfrage) (Stats) / callback n ‖ **⁓frequenz** f (Fernm) / repetition rate* ‖ **⁓gruppe** f (Zusammenstellung von Daten, die beliebig oft, unmittelbar hintereinander, innerhalb eines Datensatzes erscheinen kann) (EDV) / repeating group ‖ **⁓lauf** m (EDV) / rerun* n ‖ **⁓programm** n (EDV) / rerun routine, rollback routine ‖ **⁓prüfung** f (eine bitweise Prüfung von PCM-Empfangsdaten) (Fernm) / persistence check ‖ **⁓signal** n (Fernm) / repeating signal ‖ **⁓speicher** m (ein digitaler Speicher als Teil eines Bildschirmgeräts) (EDV) / refresh store, refresh memory, refresh storage ‖ **⁓versuch** m / retest n, retesting n ‖ **⁓versuch** n (EDV) / rollback attempt ‖ **⁓werbung** f / repeat advertising ‖ **⁓zähler** m (EDV) / rollback counter, repetition counter ‖ **⁓zeitspanne** f / recurrence interval, return period ‖ **⁓zwilling** m (Krist) / repeated twin ‖ **⁓zwillingsbildung** f (Krist) / polysynthetic twinning, oscillatory twinning
**Wieder•hydrierung** f (Chem) / rehydration n ‖ **⁓inkrafttreten** n (eines Patents) / restoration n ‖ **⁓käuen** v (Landw, Zool) / ruminate v ‖ **⁓käuen** n (Landw, Zool) / rumination* n ‖ **⁓kehr** f (der Spannung) (Eltech) / recovery n ‖ **⁓kehren** v (Schädlinge) (Umwelt) / recur v ‖ **wiederkehrend** adj / repetitive adj, recurrent adj, repetitious adj ‖ **regelmäßig ⁓** / periodic adj (pe-ri-od-ic), repetitive adj, periodical adj ‖ **stets ⁓er Text** (EDV) / repetitive text ‖ **⁓e Beanspruchung** (Mech, WP) / cyclic loading ‖ **⁓e Nova** (Astr) / recurrent nova* ‖ **⁓e Spannung** (die an den Anschlußklemmen der G-Sicherung nach dem Unterbrechen des Stromes auftritt) (Eltech) / recovery voltage*
**Wieder•kehrtheorem** n (Math) / recurrence theorem ‖ **⁓kehrzeit** f / recurrence interval, return period ‖ **⁓klebrigwerden** n (Anstr) / sweating-back n ‖ **⁓nutzbarmachung** f / salvage n ‖ **⁓programmierbar** adj (EDV) / reprogrammable adj ‖ **⁓programmierbares PROM** (EDV) / REPROM n, reprogrammable PROM ‖ **⁓programmierung** f (EDV) / reprogramming n ‖ **⁓urbarmachung** f (Landw, Umwelt) / reclamation n, backfilling n, restoration n ‖ **⁓verarbeiten** v (bereits gebrauchte Kunststoffgegenstände) (Plast) / recycle v ‖ **⁓verarbeitung** f / reuse n ‖ **⁓vereinigung** f (von Elektron-Loch-Paaren, z.B. in Halbleitern) (Eltronik, Kernphys) / recombination* n, recombination process ‖ **⁓verfestigung** f / resolidification n ‖ **⁓verkauf** m / resale n ‖ **⁓verkaufen** v / resell v ‖ **⁓verkaufswert** m / resale value, trade-in value ‖ **⁓verschließbar** adj (Kunststoffbeutel) / resealable adj ‖ **⁓verwendbar** adj / reusable adj ‖ **seriell ⁓verwendbar** (EDV) / serially reusable ‖ **⁓verwenden** v (beim Verarbeitungsprozeß anfallende Kunststoffabfälle) (Plast, Umwelt) / rework v, reprocess v ‖ **⁓verwenden** (wiederverwerten) (Umwelt) / recycle v ‖ **⁓verwendeter Kunststoffabfall** (Plast) / reworked material, reworked plastic, reprocessed plastic ‖ **⁓verwendung** f / reuse n ‖ **⁓verwendung** (Umwelt) / recycling* n ‖ **⁓verwerten** v (Umwelt) / recycle v ‖ **⁓verwertung** f (Umwelt) / recycling* n ‖ **⁓zündbar** adj (Rakete) (Raumf) / multi-impulse attr, multiburn attr ‖ **⁓zündspannung** f (Eltech) / restriking voltage* ‖ **⁓zündung** f (z.B. beim Brennversuch an Isolierstoffen) (Eltech) / restriking n ‖ **⁓zündung** (Eltech, Eltronik) / reignition n, restriking n ‖ **⁓zündung** (des Luftstrahltriebwerks) (Luftf) / air start ‖ **⁓zündung** (der Rakete) (Raumf) / restart n ‖ **⁓zusammenbau** m (nach der Demontage) (Masch) / reassembling n
**Wiegand•-Draht** m (für den Wiegand-Sensor) (Eltronik) / Wiegand wire ‖ **-Effekt** m (in ferromagnetischen und mechanisch speziell vorbehandelten Drähten) (Eltronik) / Wiegand effect ‖ **⁓-Sensor** m (ein Magnetfeldsensor, der meistens als berührungsloser Endlagenschalter eingesetzt wird) (Eltronik) / Wiegand sensor
**Wiege** f (Drehgestell) (Bahn) / bolster* n ‖ **⁓** (Bau, Masch) / cradle* n ‖ **⁓bescheinigung** f / weight card ‖ **⁓bunker** m (für Möllerung) (Hütt) / load cell weigh hopper ‖ **⁓karte** f / weight card ‖ **⁓latte** f (Bau, Zimm) / straight edge ‖ **⁓messer** n (Nahr) / chopper n, chopper knife
**wiegen** v (eine Masse feststellen) / weigh vt ‖ **⁓** vi (eine Masse haben) / weigh vi ‖ **⁓säge** f (For) / bellied cross-cut saw
**Wiege•rahmen** m (die Hintergabelkonstruktion für Motorräder) (Kfz) / rocking frame ‖ **⁓schnittschere** f (Masch) / guillotine shears
**Wiegmann-Binder** m (Bau) / French truss*, Belgian truss*, Fink truss*
**Wieling** f (für Boote) (Schiff) / fender n
**Wien•-Brücke** f (nach M. Wien, 1866-1938) (eine Wechselstrommeßbrücke mit frequenzabhängigen Abgleichbedingungen) (Eltech) / Wien bridge* ‖ **⁓-Brücke-Oszillator** m (Eltronik) / Wien-bridge oscillator* ‖ **⁓-Effekt** m (Eltech) / Wien effect*
**Wiener Jersey** (Tex) / single jersey*, plain jersey, single knits, plain knits ‖ **⁓ Kalk** (reiner, feinstgemahlener, gebrannter Dolomit - ein Feinstschleif- und Putzmittel) / Vienna lime (a high-magnesia lime specially prepared for use as a buffing and polishing material) ‖ **⁓ Methode** (eine operationale Semantik) (EDV) / Vienna definition method
**Wiener-Integral** n (Funktionalintegral) (Math, Phys) / Wiener integral
**wienern** v / rub up v, polish v, shine v, furnish v
**Wienerscher Prozeß** (einer Brownschen Standardbewegung - nach N. Wiener, 1894-1964) (Math) / Wiener process, Gaussian noise
**Wien•-Filter** n (Phys) / Wien filter, Wien selector ‖ **⁓-Geschwindigkeitsfilter** n (Phys) / Wien filter, Wien selector ‖ **⁓-Robinson-Brücke** f (ein Sonderfall der Wien-Brücke - nach J. Robinson, 1884 - 1956) (Eltech) / Wien-Robinson bridge
**Wiensch•e Brücke** (eine Wechselstrommeßbrücke mit frequenzabhängigen Abgleichbedingungen) (Eltech) / Wien bridge* ‖ **⁓es Strahlungsgesetz** (ein Grenzfall des Planckschen Strahlungsgesetzes nach DIN 5031, T 8) (Phys) / Wien's radiation law, Wien radiation law ‖ **⁓es Verschiebungsgesetz** (nach W. Wien, 1864-1928 - DIN 5031, T 8) (Eltech, Licht) / Wien's displacement law ‖ **⁓es Verschiebungsgesetz + Wiensches Strahlungsgesetz** (nach W. Wien, 1864-1928) (Phys) / Wien's laws* ‖ **⁓e Verschiebungskonstante** (w = 2,8978 . $10^{-3}$ K.m) (Phys) / Wien's displacement constant
**Wiese, "auf der grünen ⁓" errichtete Anlage** (Bau) / grass-roots plant, green-field plant ‖ **einschürige ⁓** (Landw) / meadow of one cut ‖ **zweischürige ⁓** (Landw) / meadow of two cuts
**Wiesen•egge** f (Landw) / reversible spiked chain harrow, pasture harrow, grass harrow ‖ **⁓erz** n (Min) / bog iron ore*, morass ore, meadow ore ‖ **⁓kalk** m (Geol) / meadow chalk, bog lime ‖ **⁓mäander** m (Geol, Wasserb) / river meander ‖ **⁓mergel** m (toniger Kalk) (Geol) / meadow marl ‖ **⁓ritzer** m (Landw) / pasture ripper, pasture rejuvenator ‖ **⁓walze** f (Landw) / meadow roller, grassland roller
**Wiesner-Reaktion** f (Nachweisreaktion für Lignin im verholzten Material) (Chem, For) / Wiesner reaction
**Wiggler** m (Nukl) / wiggler n, wiggler magnet ‖ **⁓magnet** m (eine von einem hochenergetischen Elektronenstrahl durchlaufene Struktur vieler hintereinander angeordneter kurzer Ablenkmagnete mit abwechselnder Polarität zur Erzeugung sehr starker Synchrotronstrahlung) (Nukl) / wiggler n, wiggler magnet
**Wiggle-Signal** n (rauschähnliches Ausgangssignal beim Lesen bestimmter Magnetkernspeicher) (EDV) / wiggle n
**Wiggsino** n (Kernphys) / swiggs n, wiggsino n
**WIG-Impulslichtbogenschweißen** n (Schw) / pulsed tungsten-arc welding, pulsed TIG welding
**Wigner•-Eckart-Theorem** n (bei der Vektoraddition von Drehimpulsen) (Phys) / Wigner-Eckart theorem ‖ **⁓-Effekt** m (Änderung in den physikalischen Eigenschaften des Graphits beim Reaktorbetrieb als Folge atomarer Gitterstörungen durch Neutronen hoher Energie und andere energiereiche Teilchen - nach E. Wigner, 1902-1995) (Nukl) / Wigner effect*, discomposition effect* ‖ **⁓-Energie** f (bei Bildung struktureller Fehlordnung) (Kernphys) / Wigner energy* ‖ **⁓-Kerne** m pl (Kernphys) / Wigner nuclides* ‖ **⁓-Kraft** f (nach E. Wigner, 1902-1995) (Kernphys) / Wigner force* ‖ **⁓-Kristall** m (eine Struktur von Ionen in einer Paul-Falle) (Phys) / Wigner crystal ‖ **⁓-Nuklide** n pl (die wichtigsten Spiegelkerne) (Kernphys) / Wigner nuclides*
**Wignersches Drei-jot-Symbol** (bei der Vektoraddition von Drehimpulsen) (Phys) / three-j number, Wigner three-j symbol
**Wigner•-Seitz-Methode** f (zur Berechnung der Bandstruktur) (Phys) / Wigner-Seitz method ‖ **⁓-Seitz-Zelle** f (ein Raumteil eines Kristalls) (Krist) / Wigner-Seitz cell (a specific choice of primitive unit cell for a Bravais lattice)

**WIG-Schweißen** *n* (Schw) / tungsten inert-gas welding*, TIG welding, gas tungsten-arc welding*, GTA welding, GTAW, TIG*
**Wijs-Lösung** *f* (Lösung von Iodmonochlorid in Eisessig zur Bestimmung der Iodzahl von Ölen und Fetten) (Chem) / Wijs' special solution, Wijs' iodine monochloride solution
**Wilcoxon-Test** *m* (Stats) / Mann-Whitney U-test, Wilcoxon-Mann-Whitney test, U test ‖ ~ **für gepaarte Stichproben** (Stats) / Wilcoxon's matched-pairs signed ranks test, Wilcoxon's signed ranks test, signed ranks test
**wild** *adj* (For, Landw) / wild *adj* ‖ **~e Deponie** (Sanitär, Umwelt) / fly dumping, indiscriminate dumping ‖ **~ eruptierende Sonde** (Erdöl) / wild well, blowing well ‖ **~e Hefen** (auf Früchten, Blütennektaren und Wundsäften von Pflanzen; auf Wein, sauren Gurken, Sauerkraut oder Essig) (Bot, Nahr) / wild yeasts, secondary yeasts ‖ **~er Narben** (Leder) / spoiled grain ‖ **~e Schwingung** (Akus, Phys) / spurious (free) oscillation ‖ **~e Schwingung** (Elektr, Phys) / spurious oscillation*, parasitic oscillation* ‖ **~e Seide** (z.B. Tussahseide, Eriaseide, Yamamaiseide) (Tex) / wild silk ‖ **~er Streik** (F.Org) / wildcat strike ‖ **~e Wicklung** (ohne Drahtführung) (Eltech) / random winding*, scramble winding
**Wildbach** *m* (Geol) / torrent *n*, mountain tract, mountain torrent, torrential stream ‖ **~artig** *adj* (Geol) / torrential *adj* ‖ **~schlucht** *f* (Geol) / flume *n*, ravine *n*, gulch *n* ‖ **~verbauung** *f* (Wasserb) / regulation of torrents
**Wildcard** *f* (EDV) / wildcard character, wildcard *n*, wildcard symbol
**Wildcat-Bohrung** *f* (Erstbohrung in bislang durch Bohrmaßnahmen nicht erschlossenen Gebieten) (Erdöl) / wildcatting* *n*, wildcat drilling, wildcat *n* (drilling operation seeking unproven oil possibilities)
**Wild•feuertoxin** *n* (Bot) / tabtoxin *n* ‖ **~flößerei** *f* (For) / loose floating (of wood) ‖ **~gewickelt** *adj* (Eltech) / random-wound *adj*, scramble-wound *adj*
**Wildhaber-Novikow-Verzahnung** *f* (Masch) / Wildhaber-Novikov gears
**Wild•haut** *f* **ohne Brandzeichen** (Leder) / native hide ‖ **~hefen** *f pl* (auf Früchten, Blütennektaren und Wundsäften von Pflanzen; auf Wein, sauren Gurken, Sauerkraut oder Essig) (Bot, Nahr) / wild yeasts, secondary yeasts ‖ **~kautschuk** *m* (von nicht kultivierten Pflanzen) (Bot) / wild rubber ‖ **~kraut** *n* (Bot, Landw) / weed* *n* ‖ **~krautbekämpfungsmittel** *n* (Chem, Landw, Umwelt) / herbicide *n*, weedkiller *n*, weedicide *n* (a chemical weedkiller) ‖ **~lebende Tiere und Pflanzen** (Bot, Umwelt, Zool) / wildlife *n* ‖ **~leder** *n* (ein Rauhleder aus Wildfellen, dessen Narben abgestoßen wurde) (Leder) / buckskin *n*, napped leather ‖ **~lederimitation** *f* (Tex) / suede-like *n*, suede *n* ‖ **~mangoöl** *n* (aus verschiedenen westafrikanischen Irvingia-Arten) (Nahr) / wild mango oil, dika oil
**Wildman-Maschine** *f* (eine Spezialrundwirkmaschine der Kammzugwirkerei) (Tex) / Wildman machine
**Wild•pflanze** *f* (Bot, Pharm, Umwelt) / wild plant ‖ **~reis** *m* (Zizania sp.) (Bot) / wild rice ‖ **~schaden** *m* (For, Landw) / damage by game ‖ **~seide** *f* (Tex) / wild silk ‖ **~tierbestand** *m* (Umwelt, Zool) / wildlife *n* (wild animals collectively) ‖ **~tiere und Pflanzen** (Bot, Umwelt, Zool) / wildlife *n* ‖ **~verbißmittel** *n* (For) / deer repellent ‖ **~verbißschutzmittel** *n* (For) / deer repellent ‖ **~wachsend** *adj* (For, Landw) / wild *adj* ‖ **~wasser** *n* (Geog, Wasserb) / white water, wild water ‖ **~wechsel** (ein Verkehrszeichen) (Kfz) / wild animals ‖ **~werden** *n* (des Biers) (Brau) / gushing *n*
**Wilfley-Schütteltherd** *m* (Aufber) / Wilfley table*
**Wilhelmy-Methode** *f* (zur Bestimmung des Randwinkels X einer Flüssigkeit der Oberflächenspannung Y beim Kontakt mit Festkörpern, die sich durch Einfachheit auszeichnet und frei von Korrekturfaktoren ist) (Phys) / Wilhelmy method
**Wilkinson-Katalysator** *m* (nach G. Wilkinson, 1921-1996) (Chem) / Wilkinson's catalyst
**Willemit** *m* (Zinkorthosilikat) (Min) / willemite* *n*
**Willesden-Papier** *n* (für Bauwerksabdichtungen - mit Kupfertetramminhydroxid getränkt) (Bau) / Willesden paper
**Williams-Kern** *m* (Gieß) / Williams core
**Williamsons Violett** (Anstr) / Berlin blue, Prussian blue, iron blue, ferrocyanide blue, Chinese blue, bronze blue
**Williamson-Synthese** *f* (Herstellungsmethode für symmetrische und unsymmetrische Dialkylether und Alkylarylether - nach A. W. Williamson, 1824-1904) (Chem) / Williamson's synthesis, Williamson ether synthesis
**Williams-Trichter** *m* (eine wirksame Steigerform) (Gieß) / Williams riser
**Williot-Plan** *m* (Masch) / Williot diagram*
**Williotscher Verschiebungsplan** (Masch) / Williot diagram*
**willkürlich verteilt** / scattered at random
**Willstätter-Lignin** *n* (For) / Willstätter lignin
**Wilson•-Dichtung** *f* (Vakuumt) / Wilson seal ‖ **~-Kammer** *f* (nach Ch.T. R. Wilson, 1869-1959) (Kernphys) / Wilson chamber*, Wilson cloud chamber ‖ **~-Kammer** (Kernphys) s. auch Expansions-Nebelkammer ‖ **~-Parameter** *m* (ein Ordnungsparameter in der Eichtheorie) (Phys) / Wilson parameter
**Wilsonsch•e Nebelkammer** (nach Ch.T. R. Wilson, 1869-1959) (Kernphys) / Wilson chamber*, Wilson cloud chamber ‖ **~er Satz** (in der Zahlentheorie - nach Sir John Wilson, 1741-1793) (Math) / Wilson's theorem
**Wilton-Teppich** *m* (gemusterter Rutenteppich mit aufgeschnittenem Flor - aus Wilton/Wiltshire) (Tex) / Wilton *n*
**Wimmern** *n* (Akus) / whine* *n*, wow* *n*
**Wimmerwuchs** *m* (ungerichteter, meist wellenförmiger Verlauf der Fasern oder Jahrringe) (For) / wave grain, wavy figure
**Wimp** *n* (Astr, Kernphys) / wimp *n* (weakly interactive massive particle), WIMP *n*
**WIMP** *n* (EDV) / WIMP* *n* (windows, icons, menus, pointers)
**Wimpel** *m* (Flagge, deren Höhe kleiner ist, als ihre Länge und deren Seiten in der Regel nicht parallel verlaufen) (Schiff) / pendant *n*, pennant *n*
**Wimpelschaltung, symmetrische ~** (Eltech) / symmetrical pennant cycle
**WIMP-Schnittstelle** *f* (EDV) / WIMP interface, WIMP *n*
**Wimshurst-Influenzmaschine** *f* (nach J. Wimshurst, 1832-1903) (Eltech) / Wimshurst machine*
**Winceyetteflanell** *m* (Tex) / winceyette* *n*
**Winchester•festplatte** *f* (Zugriffsarm, Schreib-Lese-Köpfe und Magnetscheiben bilden eine hermetische Einheit) (EDV) / Winchester plate, Winchester disk, Winchester *n* ‖ **~laufwerk** *n* (abgeschlossenes Plattenlaufwerk mit mehreren Magnetspeicherplatten und jeweils einem Lese-/Schreibkopf pro Fläche) (EDV) / Winchester-disk drive, Winchester drive ‖ **~platte** *f* (mit einer Gleitschicht auf der Oberfläche versehene Festplatte) (EDV) / Winchester plate, Winchester disk, Winchester *n* ‖ **~technik** *f* (EDV) / Winchester technology ‖ **~technologie** *f* (EDV) / Winchester technology
**Wind** *m* (Hütt) / blast *n*, air *n* ‖ **~** (Meteor) / wind* *n* ‖ **~** (steifer, stürmischer) (Meteor) / gale *n* (a very strong wind) ‖ **ageostrophischer ~** (der vom geostrophischen Wind abweicht) (Meteor) / ageostrophic wind ‖ **anabatischer ~** (mit aufwärts gerichteter Bewegungskomponente) (Meteor) / anabatic wind ‖ **antitriptischer ~** (bei dem der Luftdruckgradient nur durch die Reibungskraft kompensiert wird und die Coriolis-Kraft nicht zur Geltung kommt) (Meteor) / antitriptic wind ‖ **dem ~ ausgesetzt** / windswept *adj*, windy *adj* ‖ **elektrischer ~** (Elektr) / electric wind*, static breeze, convective discharge ‖ **elektrostatischer ~** (Elektr) / electric wind*, static breeze, convective discharge ‖ **geostrophischer ~** (der Wind bei geradlinigen Isobaren, wenn ein Gleichgewichtszustand zwischen der Gradientkraft und der Corioliskraft besteht) (Meteor) / geostrophic wind ‖ **halber ~** (Schiff) / beam wind ‖ **katabatischer ~** (mit abwärts gerichteter Bewegungskomponente) (Meteor) / gravity wind, katabic wind*, drainage wind ‖ **leichter ~** (Meteor) / light breeze ‖ **nichtgeostrophischer ~** (Meteor) / ageostrophic wind ‖ **rückdrehender ~** (Kfz, Luftt, Meteor) / backing wind ‖ **schraler ~** (ein zum Ziel ungünstiger Wind, der in einem spitzen Winkel von vorn einfällt) (Schiff) / scanty wind ‖ **schwacher ~** (Meteor) / gentle breeze ‖ **solarer ~** (ständig von der Sonne abströmender Partikelstrom, der den interplanetaren Raum erfüllt und auch die Erde einhüllt - von der Sonde GENESIS untersucht) (Astr) / solar wind* ‖ **starker ~** (Windstärke 6 nach der Beaufort-Skala) (Meteor) / strong breeze ‖ **steifer ~** (nach der Beaufort-Skala) (Meteor) / moderate gale ‖ **stellarer ~** (Astr) / stellar wind ‖ **stürmischer ~** (Windstärke 8 nach der Beaufort-Skala) (Meteor) / fresh gale ‖ **thermischer ~** (Meteor) / thermal wind* ‖ **übergeostrophischer ~** (Meteor) / supergeostrophic wind ‖ **vom ~ ausgehöhlt** (abgeschliffen) (Geol) / wind-worn *adj*, wind-eroded *adj* ‖ **vorherrschender ~** (Meteor) / prevailing wind ‖ **zyklostrophischer ~** (der Wind bei gekrümmten Isobaren) (Meteor) / cyclostrophic wind ‖ **~ *m* an einem bestimmten Punkt** (Meteor) / spot wind, spot *n*
**Wind•abdrift** *f* / wind drift ‖ **~ablagerung** *f* (Geol) / aeolian deposit* ‖ **~absatzboden** *m* (Geol, HuT) / aeolian soil, eolian soil (US) ‖ **~abstellzeit** *f* (Hütt) / off-blast period ‖ **~abtrag** *m* (Windschliff) (Geol) / wind abrasion, wind corrasion, wind shaping ‖ **~abtragung** *f* (Deflation) (Geol) / deflation* *n*, eolation *n* ‖ **~abweiser** *m* / air deflector, wind deflector ‖ **~angriff** *m* (HuT) / wind loading ‖ **~angriffsfläche** *f* (als rechnerische Größe) (Bau) / area exposed to the wind ‖ **~angriffsfläche** *f* (als konkrete Oberfläche) (Bau) / surface exposed to the wind ‖ **mit ~antrieb** / wind-driven *adj* ‖ **~aufschüttung** *f* (Geol) / aeolian accumulation ‖ **~belastung** *f* (HuT) / wind loading ‖ **~berücksichtigung** *f* (Lufft) / wind accountability ‖ **~bestäubung** *f* (Bot) / wind pollination* ‖ **~betrieben** *adj* / wind-driven *adj* ‖ **~blocker** *m* (bei Kabrios) (Kfz) / antibuffet screen, draught stop ‖ **~brecher** *m* (Landw) / shelter-belt *n*, windbreak *n* ‖ **~brett** *n* (am Giebel) (Bau) / barge board*, verge board*, gable

## Windbruch

board* ‖ ⁓bruch m (Holz) (For) / blowdown timber, blowdowns pl, wind-fallen wood ‖ ⁓bruch m (Bau) / windbreak n, windfall n, windbreakage n, blowdown n ‖ ⁓bruchholz n (For) / blowdown timber, blowdowns pl, wind-fallen wood ‖ ⁓-chill-Index m (eine Abkühlungsgröße) (Meteor) / wind-chill index, wind-chill factor* ‖ ⁓dicht adj / wind-tight adj ‖ ⁓drehung f (Meteor) / wind shift (sudden change in wind direction) ‖ ⁓dreieck n (Luftf) / triangle of velocities, velocity triangle, wind diagram (US) ‖ ⁓dreieck (vektorielle Darstellung des scheinbaren Windes, des Fahrtwindes und des wahren Windes zur Ermittlung des wahren Windes) (Luftf, Schiff) / wind triangle ‖ ⁓drift f (Mil) / windage n ‖ ⁓druck m (Druckkraft des Windes auf die Einheit der angeströmten Fenster) (HuT, Meteor) / wind pressure ‖ ⁓druck (Hütt) / blast pressure ‖ ⁓düse f (Hochofen) (Hütt) / tuyère* n, twyer(e)* n

**Winde** f (eine Schliere, die durch geringe Differenz in der Lichtbrechung zum umgebenden Glas nur wenig kontrastiert) (Glas) / ream* n ‖ ⁓ (im allgemeinen - kleines Handhebezeug zum Heben oder zum Heranziehen von Lasten) (Masch) / winch n (a hoisting machine) ‖ **hydraulische** ⁓ (eine kurzhubige Winde) (Masch) / hydraulic jack*, hydraulic pillar jack ‖ **kurzhubige** ⁓ (Masch) / jack* n (a machine for raising a heavy weight through a short distance), lifting jack ‖ **mechanische** ⁓ (Masch) / power hoist ‖ **mit einer** ⁓ **hochziehen** / winch v, wind v, windlass v ‖ ⁓ f **für große Hubhöhen** (z.B. Seilwinde, Flaschenzug) (Masch) / winch* n

**Windeisen** n (für Reibahlen) (Masch) / reamer wrench
**Windekrone** f (Spinn) / reel n, swift n, cylinder n
**Windelmull** n (Tex) / diaper cloth
**winden** v / wind v, reel v ‖ ⁓ / winch v, wind v, windlass v ‖ ⁓ (Masch) / jack v, jack up v, lift by jack ‖ ⁓ (Masch) / coil v, wind v ‖ **sich** ⁓ / twist vi
**Windendeck** n (des Frachtschiffs - auf dem die Ladeeinrichtungen angeordnet sind) (Schiff) / winch deck
**Windenergie** f / wind energy, wind power ‖ ⁓anlage f (Eltech) / wind power station, wind power plant, wind-electric power station, wind-energy conversion system, WCES ‖ ⁓konverter m (Eltech) / wind power station, wind power plant, wind-electric power station, wind-energy conversion system, WCES
**Winden•haus** n (auf dem Oberdeck von Frachtschiffen) (Schiff) / winch house ‖ ⁓schlepp m (eine Startart für Segelflugzeuge) (Luftf) / winch launch* ‖ ⁓start m (eine Startart für Segelflugzeuge) (Luftf) / winch launch*
**Winder** m (Foto) / winder n
**Wind•erhitzer** m (Hütt) / hot-blast stove*, Cowper stove*, hot-blast stove* ‖ ⁓erhitzerschacht m (Hütt) / Cowper chamber ‖ ⁓erodiert adj (Geol) / wind-worn adj, wind-eroded adj ‖ ⁓erosion f (die abtragende Wirkung des Windes) (Geol) / wind erosion ‖ ⁓erzeugte Strömung (Ozean) / wind-generated current ‖ ⁓fächer m (z.B. oszillierender) (Masch) / fan* n ‖ ⁓fahne f (eine Strömungssonde) / wind vane ‖ ⁓fahne (Bau, Meteor) / weathervane n ‖ ⁓fahnenstabilität f (Luftf) / weathercock stability* ‖ ⁓fall m (For) / windbreak n, windfall n, windbreakage n, blowdown n ‖ ⁓fallholz n (For) / blowdown timber, blowdowns pl, wind-fallen wood ‖ ⁓fall-Loss m (Verlust, der auf außergewöhnliche Veränderungen der Marktlage zurückzuführen ist) / windfall loss ‖ ⁓fall-Profit m (Gewinn, der durch außergewöhnliche Veränderungen der Marktlage entsteht) / windfall profit, windfall gain ‖ ⁓fall-Profit (Erdöl) / windfall profit ‖ ⁓fang m (Bau) / airlock n ‖ ⁓fangtür f (Bau) / storm door (an additional outer door for protection in bad weather or winter) ‖ ⁓farm f (Konzentration von Windgeneratoren) (Eltech) / wind farm ‖ ⁓fege f (einfacher Getreidereiniger) (Landw) / winnower n ‖ ⁓fege (Landw) s. auch Saatgutbereiter ‖ ⁓fläche f (Bau) / wind-exposed surface ‖ ⁓form f (Hochofen) (Hütt) / tuyère* n, twyer(e)* n ‖ ⁓formebene f (Hütt) / tuyère level ‖ ⁓frischen v (Hütt) / convert v ‖ ⁓frischen n (Hütt) / air converting, converting* n, converter refining ‖ ⁓frischen (Hütt) s. auch Blasen ‖ ⁓frischverfahren n (Hütt) / air converting, converting* n, converter refining ‖ ⁓gebläse n (Gieß, Hütt) / air blower ‖ ⁓gefälle n (Meteor) / wind gradient ‖ ⁓generator m (Eltech) / wind-driven generator*, windmill n, aerogenerator n, wind generator ‖ ⁓gepeitscht adj / windswept adj, windy adj ‖ ⁓geräusche n pl (beim Fahren) (Kfz) / wind noise ‖ ⁓geschützt (beim Offenfahren) (Kfz) / buffet-free adj ‖ ⁓geschwindigkeit f (Luftf, Meteor) / wind speed, wind velocity, WV, W/V ‖ barisches ⁓gesetz (Meteor) / baric wind law ‖ ⁓gradient m (Meteor) / wind gradient ‖ ⁓hose f (eine Großtrombe) (Meteor) / whirlwind n ‖ ⁓hutze f (Bau) / cowl* n, hood* n, chimney cowl, chimney terminal, tall-boy* n, chimney cap, flue terminal
**windig** adj / windy adj, blowy adj
**Windkammer** f (bei Konvertern) (Hütt) / blast box, wind box, air box
**Windkanal** m (Luftf) / wind tunnel*, WTL ‖ **geschlossener** ⁓ (mit geschlossener Meßstrecke) (Luftf) / closed-jet wind tunnel* ‖ **intermittierender** ⁓ (Luftf) / intermittent wind tunnel ‖ **offener** ⁓ (ohne Luftrückführung) (Luftf) / open-jet wind tunnel*, non-return-flow wind tunnel* ‖ **transsonischer** ⁓ (Luftf) / transonic tunnel ‖ **transsonischer** ⁓ **mit durchbrochenen Wänden** (Luftf) / ventilated wind tunnel* ‖ ⁓ m **Eiffelscher Bauart** (Luftf) / Eiffel wind tunnel* ‖ ⁓ **für hohe Unterschallgeschwindigkeiten** (Ma < 1) (Luftf) / high-speed wind tunnel* ‖ **für hypersonische Strömungen** (Ma => 5) (Luftf) / hypersonic wind tunnel, hypervelocity tunnel ‖ ⁓ **für Überschallgeschwindigkeiten** (Luftf) / supersonic wind tunnel*, supersonic tunnel ‖ ⁓ **Göttinger Bauart** (bei dem ein Axialgebläse die Luft im geschlossenen Kreislauf umwälzt - Ma =< 0,2) (Luftf) / Göttingen wind tunnel*, return-flow wind tunnel*, Göttingen-type tunnel ‖ ⁓ **mit intermittierender** (kurzzeitiger) **Arbeitsweise** (Luftf) / intermittent wind tunnel ‖ ⁓ **ohne Luftrückführung** (Eiffelscher Bauart) (Luftf) / open-jet wind tunnel*, non-return-flow wind tunnel* ‖ ⁓waage f (Luftf) / aerodynamic balance*, wind-tunnel balance
**Wind•kanter** m (ein Gesteinsbruchstück, das durch Windschliff eine oder mehrere Kanten erhalten hat) (Geol) / ventifact* n, windkanter n, wind-shaped stone, wind-cut stone ‖ ⁓kappe f (Akus) / wind bag* n ‖ ⁓kappe (Schornsteinaufsatz) (Bau) / cowl* n, hood* n, chimney cowl, chimney terminal, tall-boy* n, chimney cap, flue terminal ‖ ⁓kasten m (bei Stahlwerkskonvertern) (Hütt) / blast box, wind box, air box ‖ ⁓kessel m (zum Ausgleich des pulsierenden Volumenstromes in Kolbenpumpen) (Masch) / air chamber (a pressure vessel)
**Windkraft•anlage** f (Eltech) / wind power station, wind power plant, wind-electric power station, wind-energy conversion system, WCES ‖ ⁓anlage mit horizontaler Achse (Windturbine) (Eltech, Masch) / horizontal-axis wind turbine, HAWT ‖ ⁓anlage mit vertikaler Achse (Windturbine) (Eltech, Masch) / vertical-axis wind turbine, VAWT ‖ ⁓generator m (Eltech) / wind-driven generator*, windmill n, aerogenerator n, wind generator ‖ ⁓maschine f (Eltech) / wind-driven generator*, windmill n, aerogenerator n, wind generator ‖ ⁓maschine (Eltech) / wind power station, wind power plant, wind-electric power station, wind-energy conversion system, WCES ‖ ⁓werk n (Eltech) / wind power station, wind power plant, wind-electric power station, wind-energy conversion system, WCES
**Wind•kühlfaktor** m (Meteor) / wind-chill index, wind-chill factor* ‖ ⁓kühlindex m (Meteor) / wind-chill index, wind-chill factor* ‖ ⁓rechtweisender ⁓kurs m (Meteor) / true heading ‖ ⁓last f (ein Lastfall) (Bau, HuT) / wind load*, wind force ‖ ⁓latte f (Bau) / sway rod*, wind brace, sway brace ‖ ⁓lauf m (Kfz) / cowl n, cowl panel, scuttle n ‖ ⁓laufblech n (Kfz) / cowl n, cowl panel, scuttle n ‖ ⁓laufgitter n (Kfz) / cowl screen ‖ ⁓leitblech n (Kfz) / spoiler n, air dam ‖ ⁓leitflügel m (Kfz) / air wing ‖ ⁓leitung f (Hütt) / blast-pipe n ‖ ⁓leitung (z.B. bei der Bessemerbirne) (Hütt) / elbow pipe ‖ ⁓mantel m (des Kupolofens) (Gieß) / wind belt, air case ‖ ⁓maschine f (Film, TV) / wind machine ‖ ⁓menge f (neben dem Kokssatz die wichtigste Einflußgröße in Kupolofenschmelzbetrieb) (Gieß) / blast volume, air volume ‖ ⁓mengenregler m (Gieß, Hütt) / blast regulator ‖ ⁓meßradar m (Radar) / wind-finding radar ‖ ⁓motorpumpe f (HuT) / wind pump ‖ ⁓mühle f (Masch) / windmill n ‖ ⁓mühlen v (Luftf) / windmill v ‖ ⁓mühlenbetrieb m (bei Luftschraubenantriebsanlagen) (Luftf) / windmilling n ‖ ⁓mühlender Propeller (Autorotation) (Luftf) / windmilling propeller ‖ ⁓mulde f (Geol) / blow-out n

**Window** n (ein definierter Bildschirm-Teilbereich zur Darstellung von /grafischen/ Informationen) (EDV) / window* n, screen window ‖ ⁓-Manager m (EDV) / window manager
**Windows** n (developed and marketed by Microsoft Corporation) (EDV) / Microsoft Windows n (Microsoft), MS Windows n ‖ ⁓ Aspect Script Language (EDV) / Windows Aspect Script Language, WASL ‖ ⁓ Internet Name Service (zur Auflösung von Computernamen in IP-Adressen) (EDV) / Windows Internet Name Service, WINS ‖ ⁓-Tastatur (105 Tasten, sonst wie MF-II) (EDV) / Windows keyboard ‖ ⁓-Umgebung f (EDV) / Windows environment
**Wind•park** m (benachbarte Aufstellung von Windkraftanlagen an einem Standort, der durch ein hohes Windenergieangebot gekennzeichnet ist) (Eltech) / wind farm ‖ ⁓pulsation f (von Bauwerken) (Bau) / wind pulsation ‖ ⁓rad n (Masch) / windmill n ‖ ⁓radar m (zur Höhenwindmessung) (Radar) / wind radar ‖ ⁓radpumpe f (HuT) / wind pump ‖ ⁓registriergerät n (Meteor) / anemograph* n ‖ ⁓richtung f (die Himmelsrichtung, aus der der Wind weht) (Meteor) / wind direction ‖ vorherrschende ⁓richtung (Meteor) / prevailing wind direction ‖ ⁓richtungsanzeiger m (Luftf) / wind-direction indicator, WD indicator, WDI ‖ ⁓richtungsanzeiger s. auch Windsack und Landekreuz ‖ ⁓ring m (des Kupolofens) (Gieß) / wind belt, air case ‖ ⁓ringleitung f (Hütt) / bustle pipe*, bustle main ‖ ⁓rippeln f pl (Geol) / wind ripples ‖ ⁓rispe f (Bau) / sway rod*, wind brace, sway brace ‖ ⁓rose f (Meteor) / wind-rose* n ‖ ⁓rose (auf der Karte gedruckt) (Nav) / compass rose ‖ ⁓sack m (zur weithin sichtbaren Anzeige der Bodenwindrichtung) (Luftf) / windsock* n,

wind-sleeve *n*, wind stocking\*, wind cone ‖ ⁓**schaden** *m* (durch Windeinwirkung verursachter Schaden) / wind damage ‖ ⁓**schatten** *m* (das im Lee eines Hindernisses liegende windgeschützte Gebiet) (Meteor) / wind shadow ‖ **im ⁓schatten fahren** (Kfz) / draft *v* ‖ ⁓**scherung** *f* (das Aneinandervorbeigleiten zweier unmittelbar benachbarter Luftschichten) (Luftf) / wind shear\* ‖ ⁓**schieber** *m* (Hütt) / blast valve

**windschief** *adj* (Math, Opt) / skew *adj* ‖ ⁓**e Geraden** (Math) / skew lines\* ‖ ⁓**e Kettenfahrleitung** (Bahn, Eltech) / inclined catenary construction\* ‖ ⁓**er Strahl** (seitlich vom Hauptstrahl liegender Strahl) (Opt) / skew ray ‖ ⁓**es Vierseit** (Math) / skew quadrilateral

**Wind·schiefe** *f* (ein Schnittholzfehler) (For) / twist *n*, twisting *n* ‖ ⁓**schiefwerfen** *n* (For) / twist *n*, twisting *n*

**Windschliff** *m* (Geol) / wind abrasion, wind corrasion, wind shaping ‖ ⁓ (Ergebnis) (Geol) / wind polish, desert polish ‖ ⁓ (Tätigkeit) (Geol) / wind polishing

**wind·schlüpfig** *adj* (Masch) / streamlined *adj* ‖ ⁓**schnittig** *adj* (Masch) / streamlined *adj* ‖ ⁓**schott** *n* (Kfz) / antibuffet screen, draught stop ‖ ⁓**schreiber** *m* (Meteor) / anemograph\* *n*

**Windschutz** *m* (als Vorrichtung im allgemeinen) / windshield *n* ‖ ⁓**anlage** *f* (lebende Anlage) (Landw) / shelter-belt *n*, windbreak *n* ‖ ⁓**korb** *m* (Akus) / wind bag\* ‖ ⁓**scheibe** *f* (Kfz) / windscreen *n* (GB), windshield *n* (US), screen *n* (GB) ‖ **geklebte ⁓scheibe** (Kfz) / bonded windscreen ‖ ⁓**scheibe** *f* **aus Verbundglas** (Kfz) / laminated windscreen ‖ ⁓**scheibendichtung** *f* (Kfz) / windscreen rubber mould, windshield rubber ‖ ⁓**scheibengummi** *m* (Kfz) / windscreen rubber mould, windshield rubber

**Wind·schwankung** *f* (Meteor) / wind variation ‖ ⁓**see** *f* (Ozean) / wind sea ‖ ⁓**seitig** *adj* / windward *adj* ‖ ⁓**sichten** *n* (Aufber) / air classification, pneumatic separation, air separation, air floating, air sweeping, pneumatic classification ‖ ⁓**sichter** *m* (maschinelle Anlage zur Klassierung eines Körnergemisches im Luftstrom) (Aufber) / air classifier\*, air separator, pneumatic separator, pneumatic classifier, air-swept classifier, air elutriator\* ‖ ⁓**sichter** (für sehr feines Gut) (Pulv) / infrasizer *n* ‖ ⁓**sichter** (für sehr feines Gut) **nach Haultain** (Pulv) / Haultain infrasizer *n* ‖ ⁓**sprung** *m* (Meteor) / wind shift (sudden change in wind direction) ‖ ⁓**stärke** *f* (z.B. nach der Beaufort-Skala) (Meteor) / strength of the wind, wind force, wind strength ‖ ⁓**stau** *m* (besonders bei höheren Windgeschwindigkeiten auftretender Staueffekt an Hindernissen, der mit einer Erhöhung des Luftdrucks auf der Luvseite verbunden ist) (Bau, HuT) / wind surge ‖ ⁓**still** *adj* (Meteor) / windless *adj*, calm *adj* ‖ ⁓**stille** *f* (Meteor) / calm *n* ‖ ⁓**stillepunkt** *m* (Luftf, Meteor) / no-wind position, air position\* ‖ ⁓**strebe** *f* (Bau) / sway rod\*, wind brace, sway brace ‖ ⁓**transportierter Sand** / blown sand\*, blowing sand, windblown sand, wind-borne sand ‖ ⁓**turbine** *f* (eine Windkraftmaschine zum Antrieb von Arbeitsmaschinen, welche die in bewegter Luft enthaltene Energie ausnutzt) (Masch) / wind-driven turbine, wind turbine, aeroturbine *n* ‖ ⁓**turbinenpumpe** *f* (HuT) / wind pump ‖ **mittelgroße ⁓umwandlungsanlage** / medium-size wind conversion system, MECS ‖ ⁓**umwandlungssystem** *n* / wind conversion system

**Windung** *f* (einer spiralförmigen Konstruktion) (Arch) / spire *n* ‖ ⁓ (DIN 42005) (Eltech) / turn *n* ‖ ⁓ (Draht) (Hütt) / curl *n*, snarl *n* ‖ ⁓ (einer Spirale) (Math) / whorl *n* ‖ ⁓ (zweite Krümmung) (Math, Mech) / torsion\* *n* ‖ ⁓ (des Flusses) (Wasserb) / bend *n*, curve *n*, rincon *n* ‖ **verteilte ⁓** (Eltech) / distributed winding\*

**Windungs·isolierung** *f* (Eltech) / interturn insulation (between adjacent turns, often in the form of strips), turn isolation applied to provide electrical separation between turns of a coil ‖ ⁓**linien** *f pl* (Innenfehler beim Gißen) (Keram) / wreathing *n* (a slightly raised crescent on the inside wall of slip-cast ware) ‖ ⁓**prüfung** *f* (Eltech) / turn-to-turn test, interturn test ‖ ⁓**schluß** *m* (zwischen benachbarten Windungen) (Eltech) / turn-to-turn short circuit ‖ ⁓**sinn** *m* (des Gewindes) (Masch) / hand *n* ‖ ⁓**spannung** *f* (Eltech) / turn-to-turn voltage ‖ ⁓**verhältnis** *n* (Eltech) / ratio *n* (of a transformer), turns ratio\*, transformer ratio\*, transformation ratio\* ‖ ⁓**zahl** *f* (Phys) / topological quantum number ‖ ⁓**zwischenlage** *f* (eine Windungsisolation) (Eltech) / turn separator

**Wind·vektor** *m* (die Darstellung des Windes durch einen Vektor) (Meteor) / wind vector ‖ ⁓**verband** *m* (zur Aufnahme und zur Weiterleitung von Windlasten) (Bau) / wind bracing (by sway rods) ‖ ⁓**verstrebung** *f* (Bau) / wind bracing (by sway rods) ‖ ⁓**verteilung** *f* (Luftf) / wind distribution ‖ ⁓**vogelviereck** *n* (Math) / deltoid *n* ‖ ⁓**wärts gelegen** / windward *adj* ‖ ⁓**welle** *f* (Ozean) / wind wave ‖ ⁓**welle beim Sturm** (Ozean) / storm surge, storm wave, surge *n* ‖ ⁓**werk** *n* (schwere Hubeinrichtung) (Eltech, Masch) / winding gear\*, winding plant\* ‖ ⁓**werkskatze** *f* (Masch) / winding gear trolley, open winch crab ‖ ⁓**widerstand** *m* (Luftf, Schiff) / wind resistance ‖ ⁓**wirklänge** *f* (Med) / fetch\* *n* ‖ ⁓**wirkung** *f* (Meteor) / wind effect ‖ ⁓**wurf** *m* (For) / windbreak *n*, windfall *n*, windbreakage *n*, blowdown *n* ‖ ⁓**zerfressen** *adj* (Geol) / wind-worn *adj*, wind-eroded *adj* ‖ ⁓**zufuhr** *f* (Gieß, Hütt) / air supply ‖ ⁓**zug** *m* / draught\* *n*, draft *n* (US)

**Wing body** *n* (Gegensatz: Lifting body) (Luftf) / wing body, flying body
**Wingine-Chip** *m* (EDV) / Wingine chip (special video chip developed by Chips Technologies to accelerate Windows)
**Winglet** *n* (kleiner profilierter Hilfsflügel an den Flügelspitzen eines Flugzeugtragflügels) (Luftf) / winglet *n*
**Wink** *n* (poröses Polyethylenscheibchen als fester Träger) (Chem) / wink *n* ‖ ⁓ (1/2000 min) (F.Org) / wink *n*

**Winkel** *m* (Bau) / corner *n* ‖ ⁓ (eine scharfe Änderung der Hohlleiterachse) (Fernm) / corner\* *n*, elbow *n*, bend\* *n* ‖ ⁓ (Hütt) / angle\* *n*, angle steel\*, angle iron (metal section) ‖ ⁓, L-iron\* *n* ‖ ⁓ (ein Zeichengerät) (Masch) / set square (GB), triangle *n* ‖ ⁓ (Meßwerkzeug) (Masch) / engineer's square, machinist's square ‖ ⁓ (ebener, räumlicher bzw. in DIN 1315) (Math) / angle\* *n* ‖ ⁓ (mit einem Maß zwischen 0 und 89,99 bwz. 90,1 und 179,99°) (Math) / oblique angle ‖ ⁓ (Meßwerkzeug mit einer Anschlagkante) (von 90°) (Zimm) / try square\*, square *n*, builder's square ‖ **anliegender ⁓** (Math) / adjacent angle ‖ **brechender ⁓** (beim Prisma) (Opt) / refracting angle ‖ **brechender ⁓** (z.B. bei Prismen) (Phys) / angle of refraction\*, refraction angle ‖ **ebener ⁓** (in rad gemessen - DIN 1301 und 1315) (Math) / plane angle ‖ **eingeschlossener ⁓** (Math) / included angle ‖ **einspringender** (überstumpfer) **⁓** (in einem konkaven Vieleck) (Math, Verm) / re-entrant angle\* ‖ **entgegengesetzt liegender ⁓** (Math) / opposite angle ‖ **erhabener ⁓** (Math) / reflex angle\*, convex angle ‖ **Eulersche ⁓** (nach L. Euler, 1707-1783) (Math) / Eulerian angles\* ‖ **gegenüberliegender ⁓** (Math) / opposite angle ‖ **gestreckter ⁓** (Math) / straight angle\* ‖ **halber ⁓** (Math) / semi-angle *n* ‖ **kritischer ⁓** (bei der Reflexion der Raumwelle in der Ionosphäre) (Radio) / critical angle\* ‖ **Machscher ⁓** (der halbe Öffnungswinkel des Machschen Kegels und der Machschen Linien) (Luftf) / Mach angle\* ‖ **orientierter ⁓** (mit Anfangs- und Endschenkel) (Math) / directed angle ‖ **parallaktischer ⁓** (im nautischen Dreieck) / angle of parallax, parallactic angle ‖ **parallaktischer ⁓** (Astr) / parallactic angle\* ‖ **parallaktischer ⁓** (Foto) / angular parallax ‖ **räumlicher ⁓** (in sr gemessen - DIN 1301 und 1315) (Math) / solid angle\* ‖ **rechter ⁓** (Math) / right angle\* ‖ **sphärischer ⁓** (Math) / spherical angle ‖ **spitzer ⁓** (Math) / acute angle\* ‖ **streifender ⁓** (Opt, Phys) / grazing angle\* ‖ **stumpfer ⁓** (Math) / obtuse angle\* ‖ **toter ⁓** (Raum, der durch den Rückspiegel nicht eingesehen werden kann) (Kfz) / blind spot ‖ **toter ⁓** (Masch) / dead angle\* ‖ **toter ⁓** (beim Faxen) (Teleg) / clip position, dead sector ‖ **überstrichener ⁓** (Math) / described angle ‖ **überstumpfer ⁓** (zwischen 180° und 360°) (Math) / reflex angle\*, convex angle ‖ **umschlungener ⁓** (bei Treibriemen) (Masch) / angle of contact\*, angle of wrap, contact angle ‖ **vorspringender ⁓** (Bau) / salient angle ‖ ⁓ *m* **am Keil** (Masch, Phys) / wedge angle\* ‖ ⁓ **an der Schneide** (Masch) / tool angle\* ‖ ⁓ **bei einem Minimum von Ablenkung** (Opt) / angle of minimum deviation\* ‖ ⁓ *m pl* **mit sich paarweise deckenden Schenkeln** (Math) / coterminal angles\* ‖ ⁓ *m* **zwischen dem Hobeleisen und der Hobelsohle** (Tischl) / pitch *n* ‖ ⁓ **zwischen den optischen Achsen** (eines zweiachsigen Kristalls) (Krist) / optic angle, axial angle\* ‖ ⁓ **zwischen zwei benachbarten Elektronenpaaren** (Kernphys) / interpair angle, electron-pair angle

**Winkel·** / angled *adj*, angling *adj*, angular *adj* ‖ ⁓**abstand** *m* (geozentrisches Äquatorialsystem) (Astr) / angular distance\* (of stars) ‖ ⁓**abweichung** *f* (des Anströmwinkels) (Phys) / angularity *n* ‖ ⁓**artiger Bruch** (WP) / chevron-type break ‖ ⁓**aufgelöste Auger-Elektronenspektroskopie** (Spektr) / angular dependent Auger spectroscopy, ADAS, angle-resolved Auger electron spectroscopy, ARAES ‖ ⁓**aufgelöste Fotoelektronenspektroskopie** (Spektr) / angle-resolved photoelectron spectroscopy, ARPES, angle-dispersed photoelectron spectroscopy, ADPES, ADES ‖ ⁓**auflösungsvermögen** *n* (Opt, Spektr) / angular resolving power ‖ ⁓**band** *n* (Zimm) / dragon tie\*, angle tie\*, angle brace\* ‖ ⁓**beschleunigung** *f* (Einheit = Radiant durch Sekundenquadrat) (Phys) / angular acceleration ‖ ⁓**biegestanze** *f* (Masch) / angle bender, vee bending tool ‖ ⁓**biegewerkzeug** *n* (Masch) / angle bender, vee bending tool ‖ ⁓**brett** *n* (Zimm) / pitch board, step mould, gauge board ‖ ⁓**dach** *n* (Firstwinkel = 90°) (Arch) / square roof ‖ ⁓**deck** *n* (Landedeck eines Flugzeugträgers) (Luftf, Schiff) / angled deck\*, canted deck\* (US) ‖ ⁓**diskordanz** *f* (Geol) / angular unconformity, disconformity\* *n*, nonconformity *n*, angular discordance ‖ ⁓**diversität** *f* (Radio) / angle diversity ‖ ⁓**-Diversity** *f* (Radio) / angle diversity ‖ ⁓**dreiteilung** *f* (Math) / trisection of an angle ‖ ⁓**eikonal** *n* (Opt) / angle eikonal ‖ ⁓**eisen** *n* (zur Eckversteifung) (Bau) / angle cleat\* ‖ ⁓**endmaß** *n* (ein keilförmiges Endmaß) (Masch) / angle gauge ‖ ⁓**fehler** *m* / angular error, angle error ‖ ⁓**fehler** (bei den LWL) (Fernm) / angular misalignment ‖ ⁓**fehler** (Radio) / squint\* *n* ‖ ⁓**feld** *n* (Winkel als Gebiet der Ebene) (Math) / angle\* *n* ‖ ⁓**fläche** *f* (Math) / angular domain ‖ ⁓**flansch** *m* (Masch) / angle flange ‖ ⁓**fluchtung** *f* (Masch) / angular alignment ‖ ⁓**fluktuation** *f* (Radar) / glint *n* (of a complex target) ‖ ⁓**förmig** *adj* / angled *adj*, angling *adj*, angular *adj* ‖ ⁓**fräser** *m* (ein Formfräser mit winklig zueinander

1409

**Winkelfräser**

stehenden Schneiden - nach DIN 1823 und 1833) (Masch) / angle cutter (a form cutter), angle milling cutter, single-angle milling cutter (US) ‖ ~**fräser mit doppelseitiger Schräge** (für Drallspannuten) (Masch) / double-angle cutter ‖ ~**frequenz** f (DIN 1311, T 1) (Phys) / angular frequency*, pulsatance* n, radian frequency*, circular frequency ‖ ~**funktionen** f pl (Math) / trigonometrical functions*, circular functions* ‖ ~**gelenk** n (Masch) / angle joint ‖ ~**genauigkeit** f / angular accuracy ‖ ~**geschwindigkeit** f (bei einer gleichmäßigen Drehbewegung) (Phys) / angular velocity*, angular speed ‖ ~**getreue Übersetzung** (DIN 868) (Masch) / true-angle ratio ‖ ~**getriebe** n (Kfz) / bevel gears, bevel gear ‖ ~**getriebe** (Masch) / angle transmission ‖ ~**gleichung** f (Math) / angle equation ‖ ~**griff** m (für Steckschlüsseleinsätze) (Werkz) / offset handle ‖ ~**haken** m (ein Gerät für den Handsatz) (Typog) / composing stick*, setting stick* ‖ ~**haken mit Schraubenverschluß** (Typog) / screw composing-stick ‖ ~**halbierende Ebene** (zwischen den sich kreuzenden Wellenachsen) (Kfz) / bisecting plane ‖ ~**halbierende** f (Halbgerade, die einen Winkel halbiert) (Math) / bisector n (of an angle) ‖ ~**halbierung** f (Math) / angle bisection ‖ ~**hebel** m (rechtwinklig) (Masch, Mech) / rectangular lever ‖ ~**hebel** (Kniehebel) (Masch, Mech) / bell crank, bell-crank lever ‖ ~**hebel** (Mech) / lever of third class, third-class lever
**winkelig** adj / angled adj, angling adj, angular adj
**Winkel•instrument** n (ein einfaches optisches Instrument zum Abstecken fester Winkel) (Opt) / optical instrument (to mark out fixed angles) ‖ ~**kaliber** n (Hütt) / angle pass ‖ ~**kantenabrichtmaschine** f (Tischl) / surface-planing and edge-jointing machine ‖ ~**kodierer** m / angular-motion transducer (shaft encoder) ‖ ~**kongruenz** f (Math) / congruence of angles ‖ ~**konsole** f (Masch) / angle bracket* ‖ ~**konstanz** f (nach dem seligen Steno) (Krist) / constancy of interfacial angles ‖ ~**konstanzgesetz** n (Krist) / law of constant interfacial angles, law of constancy of interfacial angles, law of constant angles ‖ ~**kopf** m (Plast) / cross-head n (an extruder head) ‖ ~**korrektur** f (Verm) / correction of angles* ‖ ~**korrelation** f (Math) / angle correlation ‖ ~**kreuz** n (Verm) / cross-staff* n ‖ ~**kurbel** f (Masch) / bell crank ‖ ~**lage** f / angular position, angularity n ‖ ~**leiste** f (Tischl) / angle fillet ‖ ~**lineal** n (Masch) / adjustable set square ‖ ~**maß** n (Bau, Zimm) / angle gauge* ‖ ~**maß** (ein Meß- und Zeichengerät) (Masch) / engineer's square, machinist's square ‖ ~**maß** (Wert der physikalischen Größe "ebener Winkel" nach DIN 7182, T 1) (Math) / angular measure ‖ ~**messer** m (im allgemeinen) / angle meter ‖ ~**meßgerät** n (Verm) / quadrant* n ‖ ~**meßokular** n (Opt) / protractor eyepiece ‖ ~**messung** f (im allgemeinen) / angular measurement ‖ ~**messung** (Krist, Math, Verm) / goniometry n ‖ ~**modulation** f (FM+PM) (Radio) / angle modulation* ‖ ~**paar** n (z.B. ein Scheitel- oder Nebenwinkelpaar) (Math) / pair of angles ‖ ~**pinsel** m (Anstr) / spout brush, striker n ‖ ~**prisma** n (Bau, Verm) / sitesquare n ‖ ~**prisma** (ein Winkelinstrument) (Opt, Verm) / optical square* ‖ ~**profil** n (Hütt) / angle* n, angle steel*, angle iron (metal section)*, L-iron* n ‖ ~**prüfkopf** m (Materialprüfung mit Ultraschall mit Schrägeinschallung) (Akus, WP) / angle probe ‖ ~**raum** m (Math) / angular domain ‖ **nicht ~recht** / out-of-square attr ‖ ~**reflektor** m (Radar, Radio) / corner reflector* ‖ ~**reflektorantenne** f (eine Antenne, deren Reflektor von zwei unter beliebigem Winkel sich schneidenden ebenen Flächen gebildet wird) (Radar, Radio) / corner-reflector aerial (consisting of a feed and a corner reflector), corner-reflector antenna ‖ ~**ring** m (Packung) (Masch) / V-ring n ‖ ~**ringpackung** f (Masch) / V-packing n ‖ ~**rohr** n (Klemp, Masch) / ell* n, elbow* n ‖ ~**roller** n (Anstr) / corner roller ‖ ~**schälversuch** m (bei Metallklebungen) (WP) / T-peel test ‖ ~**schenkel** m (Math) / angle side, angle leg ‖ ~**schere** f (Klemp) / angle shears, elbow snips ‖ ~**schleifer** m (Werkz) / angle grinder ‖ ~**schraubendreher** m (beidseitig abgewinkelt) (Masch, Werkz) / offset screwdriver, angle screwdriver ‖ ~**schraubenzieher** m (Masch, Werkz) / offset screwdriver, angle screwdriver ‖ ~**schrumpfung** f (nach einem Schweißprozeß eingetretene Änderung des Winkels zwischen zwei durch die Schweißnaht miteinander verbundenen Teilen gegenüber deren Ausgangslage) (Schw) / angular contraction ‖ ~**spannung** f (in der Baeyerschen Spannungstheorie) (Chem) / Baeyer tension, Baeyer strain ‖ ~**spiegel** m (ein Rückspiegel) (Kfz) / angular mirror ‖ ~**spiegel** (Licht) / bimirror* n ‖ ~**spiegel** (mit drei aufeinander senkrecht stehenden Spiegelflächen) (Opt) / corner reflector, triple mirror, triple reflector ‖ ~**spiegel** (Kfz) s. auch asphärischer Spiegel ‖ ~**stahl** m (DIN 1022) (Hütt) / angle* n, angle steel*, angle iron (metal section)*, L-iron* n ‖ **gleichschenkliger ~stahl** (Hütt) / angle with equal legs ‖ **ungleichschenkliger ~stahl** (Hütt) / unequal-sided angle steel, angle with unequal legs ‖ ~**stecker** n (Eltech) / angle plug ‖ ~**stirnfräser** m (zur Herstellung von Schwalbenschwanzführungen - nach DIN 842) (Masch) / dovetail cutter, single-angle milling cutter (US) (for the machining of dovetail guides) ‖ ~**stoß** m (im rechten Winkel - DIN 1912, T 1) (Schw) / corner joint ‖ ~**stück** n (ein Ansatzrohr) (Klemp, Masch) / ell* n, elbow* n ‖ ~**stück** (Masch) / bracket n ‖ ~**stück mit einseitiger Muffe** (ein Ansatzrohrstück) (Klemp, Masch) / street elbow, street ell ‖ ~**stufe** f (Bau) / winder* n, turret step, turn tread*, wheeler n, wheeling step* ‖ ~**stutzen** m (Klemp, Masch) / ell* n, elbow* n ‖ ~**summe** f (z.B. 360° in einem Viereck) (Math) / angular sum, sum of angles ‖ ~**szintillation** f (Radar) / glint* n (of a complex target) ‖ ~**teilung** f (Math) / angle division, angular division ‖ ~**tisch** m (Masch) / knee n ‖ ~**transformation** f (Math) / angular transformation ‖ ~**treu** adj (Kart) / angle-preserving adj ‖ ~**treue Projektion** (Kart) / conformal projection ‖ ~**treue** f (Kart) / preservation of angles ‖ ~**verband** m (Verbindung sich kreuzender Hölzer) (Tischl, Zimm) / angle joint ‖ ~**verbinder** m (zur Verbindung sich kreuzender oder winkelrecht stoßender Hölzer) (Tischl, Zimm) / angle connector ‖ ~**vergrößerung** f (bei subjektiv benutzten optischen Instrumenten) (Opt) / magnifying power (angular) ‖ ~**verhältnis** n (das Verhältnis des Sehwinkels, unter dem man einen Gegenstand mit Hilfe eines optischen Instruments sieht, zu dem, unter welchem er mit bloßem Auge erscheint) (Opt) / angular magnification* ‖ ~**verlagerung** f (von zwei Wellen zueinander) (Masch) / angular misalignment ‖ ~**versatz** m (Masch) / angular misalignment ‖ ~**verschiebung** f (Phys) / angular displacement*, angle displacement ‖ ~**verschraubung** f (ein Fitting) (Klemp) / elbow screw joint, elbow coupling ‖ ~**verschraubung mit Innengewinde** (Klemp) / elbow screw joint with female thread ‖ ~**verteilung** f (die Verteilung einer Wellen- oder Teilchenstrahlung in Abhängigkeit vom Winkel, den die Verbindungslinie zwischen Entstehungsort der Strahlung und Meßpunkt mit einer fest vorgegebenen Richtung bildet) (Phys) / angular distribution ‖ ~**voreilung** f (Eltech) / angular advance ‖ ~**zahn** m (eines Fräsers) (Masch) / straight-back tooth, flat relieved tooth (US)
**Winken** n (Schiff) / semaphore flag signalling, semaphore n
**Winkern** n (Schiff) / semaphore flag signalling, semaphore n
**Winkerverfahren** n (ein optisches Signalisierungsverfahren) (Schiff) / semaphore flag signalling, semaphore n
**Winkler•Gasbürette** f (zur Gasanalyse) (Chem) / Winkler burette ‖ ~**-Generator** (ein alter Gaserzeuger nach F. Winkler, 1888-1950) (Chem Verf) / fluidized-bed gasifier, Winkler generator ‖ ~**-Verfahren** n (ein altes Verfahren zur Kohleverflüssigung im Wirbelschichtverfahren - nach F. Winkler, 1888-1950) (Chem Verf) / Winkler system
**winklig** adj / angled adj, angling adj, angular adj
**Winkligbiegen** n (Masch) / angle bending, angular bending
**Winkligkeit** f (DIN 7184, T 1) / angularity n
**w-ino** n (Kernphys) / w-ino n, wino n
**Wino** n (Kernphys) / w-ino n, wino n
**WINS** (EDV) / Windows Internet Name Service, WINS
**Winsch** f (eine Winde) (Schiff) / winch n
**Winsorisation** f (bei der in der geordneten Stichprobe eine vorher festgelegte Anzahl größter bzw. kleinster Werte durch ihre nächstgelegenen Werte in der reduzierten Stichprobe ersetzt werden) (Stats) / winsorisation n
**WINS-Server** m (EDV) / WINS server
**Winter, Ausstattung für den ~** (einsatz) (Luftf) / winterization n ‖ ~**annuelle Pflanze** (Bot) / winter annual* n ‖ ~**annuelle** f (Bot) / winter annual* ‖ ~**bau** m (bei dem besondere Vorkehrungen notwendig sind) (Bau, HuT) / winter working, cold-weather working, construction in winter ‖ ~**betonieren** n (Bau, HuT) / winter concreting ‖ ~**betrieb** m (F.Org) / winter operation ‖ ~**dienst** m (Kfz) / snow and ice control
**Winter-Eichberg-Latour-Motor** m (Eltech) / Winter-Eichberg-Latour motor
**Winter•eiche** f (Quercus petraea (Matt.) Liebl.) (For) / sessile oak, durmast oak ‖ ~**einjährige Pflanze** (Bot) / winter annual* ‖ ~**fenster** n (Bau) / storm-window* n ‖ ~**freibord** (Schiff) / winter freeboard ‖ ~**freibord-Tiefgang** (Schiff) / winter draught ‖ ~**garten** m (der meist mit der Wohnung verbunden ist) (Arch, Bau) / winter garden, conservatory n ‖ ~**grünöl** n (etherisches Öl aus den Blättern der Gaultheria procumbens L.) / wintergreen oil, oil of wintergreen, wintergreen n, gaultheria oil, betula oil, teaberry oil, checkerberry oil ‖ ~**hart** adj (Bot) / winter-hard adj ‖ ~**hochwasser** n (z.B. infolge von Eisversetzung) (Wasserb) / winter flood
**Winterisieren** n (Entfernung hochschmelzender Triacylgyceride aus Speiseölen durch Abfiltrieren oder Zentrifugieren) (Nahr) / winterisation n
**Winter•öl** n (Kfz) / winter-grade oil ‖ ~**reifen** m (Kfz) / mud-'n'-snow tyre, snow tyre, mud-and-snow tyre, M+S tyre, winter tyre ‖ ~**rohr** n (am unteren Umfang der Kühlturmschale von Naturzugkühltürmen) / ice prevention ring, de-icing ring, freezing protection ring ‖ ~**ruhe** f (Bot) / winter dormancy ‖ ~**schlaf** m (Bot, Landw, Zool) / hibernation* n, winter sleep ‖ ~**schur** f (Tex) / winter

clip ‖ ⁓**smog** m (Umwelt) / London smog ‖ ⁓**solstitium** n (am 21./22. Dezember) (Astr) / winter solstice* ‖ ⁓**sonnenwende** f (am 21./22. Dezember) (Astr) / winter solstice* ‖ ⁓**spritzung** f (gegen Überwinterungsformen der Obst- und Weinbauschädlinge) (Landw) / dormant spraying ‖ ⁓**stein-Säure** f (nichtproteinogene Aminosäure, die Bestandteil der Taxus-Alkaloide ist) (Chem) / Winterstein's acid ‖ ~**tauglich** adj (Kfz) / winterized adj ‖ ⁓**tiefgang** m (der dem Winterfreibord entspricht) (Schiff) / winter draught ‖ ⁓**tiefladelinie** f (Schiff) / winter-load waterline ‖ ⁓**tür** f (Bau) / storm door (an additional outer door for protection in bad weather or winter) ‖ ⁓**verdünnung** f (leichtflüchtige Verdünnung für Autoreparaturlacke) (Anstr) / fast reducer ⁓**verdünnungsmittel** n (für Autoreparaturlacke) (Anstr) / fast reducer

**Winzer** m (Landw) / wine-grower n, vine-dresser n

**Wipe** m (Film) / wipe n

**Wipe-on-Platte** f (Druck) / wipe-on plate

**Wipfel** m (For) / top n, tree-top n ‖ **astlos bis zum** ⁓ **auslaufend** (Baumstamm) (For) / excurrent adj ‖ ⁓**bruch** m (meistens durch Schneefall) (For) / top break ‖ ~**dürr** adj (Baum) (For) / stag-headed adj, top-dry adj ‖ ⁓**dürre** f (For) / stag-headedness n, die back ‖ ⁓**feuer** n (ein Waldbrand) (For) / crown fire

**Wipp•auslegerkran** m (Masch) / derricking jib crane*, luffing-jib crane ‖ ⁓**drehkran** m (Masch) / derricking jib crane*, luffing-jib crane ‖ ⁓**drehkran** (bei dem die Last beim Einziehen des Auslegers annähernd horizontal bleibt) (Masch) / level-luffing crane*

**Wippe** f (Takel zum Heben von Lasten) (Schiff) / whip n ‖ ⁓ (Web) / jack n

**wippen** v (Fahrzeug) / bounce v ‖ ~ / see-saw v ‖ ⁓ n (des Wippkrans mit horizontalem Lastweg) (Masch) / level-luffing n, derricking n, luffing n ‖ ⁓**schalter** m (Eltech) / rocker switch, rocker n

**Wipper** m (zum Entladen von Förderwagen) (Bergb) / tippler n, tipper n, dump n

**Wipp•kran** m (bei dem die Reichweite des Auslegers durch Kippen verändert werden kann) (Masch) / derricking jib crane*, luffing-jib crane ‖ ⁓**schalter** m (Eltech) / rocker switch, rocker n ‖ ⁓**tisch** m (bei Scheren mit beweglichem Untermesser) (Hütt) / rising table ‖ ⁓**tisch** (am Walzgerüst) (Hütt) / tilting table ‖ ⁓**tisch** (bei Scheren mit beweglichem Obermesser) (Hütt) / depressing table

**Wirbel** m (whirl n, swirl n) ‖ ⁓ (kreisförmig oder spiralig rotierender Stofftransport in Fluiden) / eddy* n, vortex n (pl. vortices or vortexes) ‖ ⁓ (ein Beschlag) (Bau) / swivel n ‖ ⁓ (örtlich begrenzte, spiralförmige Faserabweichung, hervorgerufen durch Überwallungen, die sich bei der Furnieraufbereitung durch Aufrauhungen unangenehm bemerkbar macht) (For) / crotch n, curl n ‖ ⁓ m pl (For) / curly grain ‖ ⁓ m (Meteor) / whirlwind ‖ ⁓ (ein Teil des Wirbelschäkels) (Schiff) / swivel n ‖ **[starker]** ⁓ / vortex* n (pl vortices or vortexes) ‖ **freier** ⁓ (ein materiell existierender Wirbel, der sich kräftefrei in der Strömung bewegt) (Luftf) / trailing vortex*, free vortex ‖ **stationärer** ⁓ (Phys) / stationary vortex ‖ ⁓ **mit vertikaler Rotationsachse** (z.B. Zyklon) (Meteor) / eddy n

**Wirbel•ablösung** f (Phys) / vortex shedding ‖ ⁓**achse** f (Phys) / vortex axis ‖ ~**behaftet** adj (Hyd) / rotational adj

**Wirbelbett** n (Chem Verf) / fluidized bed*, fluid bed ‖ **brodelndes** ⁓ (Chem Verf) / boiling bed* ‖ ⁓**katalysator** m (Chem Verf) / fluidized-bed catalyst, fluid-bed catalyst ‖ ⁓**reaktor** m (Chem Verf) / fluidized-bed reactor, fluid-bed reactor ‖ ⁓**vergasung** f (Chem Verf) / fluidized-bed gasification, fluid-bed gasification

**Wirbel•bewegung** f (Phys) / vorticity n ‖ ⁓**blech** n (Luftf) / swirl vane* ‖ ⁓**brenner** m (Masch) / turbulent burner, sprayer burner, vortex burner ‖ ⁓**diffusion** f (Chem Verf) / eddy diffusion* ‖ ⁓**egge** f (Landw) / swirl harrow ‖ ⁓**erzeuger** m (Luftf) / vortex generator*, turbulator n ‖ ⁓**faden** m (flüssiger Inhalt einer Wirbelröhre) (Phys) / vortex filament ‖ ⁓**fallschacht** m (Absturzbauwerk in der Kanalisation, bestehend aus einem senkrechten Rohr mit speziell ausgebildeter Drallkammer als Einlauf, die die Drehbewegung des Wassers im Schacht erzeugt) (Sanitär) / vortex drop shaft ‖ ⁓**feld** n (mit der Eigenschaft der Quellfreiheit) (Eltech, Phys) / rotational field*, vortical field ‖ ⁓**feuerung** f (eine Feuerungskonstruktion) (Masch) / vortex furnace ‖ ⁓**fluß** m (Phys) / turbulent flux, vortex flux, vorticity flux ‖ ~**frei** adj (Phys) / irrotational adj, non-rotational adj ‖ ~**freies Feld** (Eltech, Phys) / irrotational field*, non-vortical field, irrotational vector field, lamellar vector field, non-rotational field ‖ ⁓**generator** m (Luftf) / vortex generator*, turbulator n ‖ ⁓**größe** f (Meteor) / vorticity n ‖ ⁓**kammer** f (Nebenbrennraum im Zylinderkopf des Dieselmotors) (V-Mot) / swirl chamber*, turbulence chamber ‖ ⁓**kammerdieselmotor** m (V-Mot) / swirl-chamber diesel engine ‖ ⁓**kammermotor** m (V-Mot) / swirl-chamber diesel engine ‖ ⁓**kern** m (Phys) / vortex centre ‖ ⁓**keule** f (an den Enden von Tragflügeln oder Leitwerksteilen) (Luftf) / karman n ‖ ⁓**kolk** m (Wasserb) / pothole n ‖ ⁓**linie** f (die überall tangential zum Drehungsvektor verläuft) (Phys) / vortex line ‖ **magnetische** ⁓**linie** (in einem Supraleiter 2. Art) (Phys) / quantized magnetic flux line ‖ **magnetische** ⁓**meißel** m (im Messerkopf einsetzbarer Formmeißel zum Gewindewirbeln) (Masch) / thread whirling cutter, cutter for planetary thread milling (US) ‖ ⁓**montage** f (Film) / whirl cross-cutting

**wirbeln** vt (z.B. Wasser zu Schaum) / churn vt ‖ ~ v (strudeln) / eddy v ‖ ~ / swirl v

**wirbelnd** adj / turbulent adj

**Wirbel•packung** f (Kolonneneinbauteil) (Chem Verf) / vortex packing ‖ ⁓**plüsch** m (Tex) / plush with whirl effect ‖ ⁓**punkt** m (Zustand, bei dem in einer Wirbelschicht das Festbett in ein Fließbett übergeht) (Chem, Hütt) / fluidizing point ‖ ⁓**punkt** (Math) / vortical point ‖ ⁓**rohr** n (zur Zerlegung eines Gasstromes in einen warmen und einen kalten Teilstrom) (Masch) / vortex tube ‖ ⁓**rohr** (das von der Gesamtheit der durch eine kleine geschlossene Kurve gehenden Wirbellinie gebildet wird) (Phys) / vortex tube ‖ ⁓**schachtbecken** n (rundes Regenbecken mit annähernd tangentialem Einlauf und mittig gelegenem Ablauf zur Verbesserung des Schlammaustrags bei Entleerung) (Sanitär) / vortex shaft basin ‖ ⁓**schäkel** m (der Kette) (Schiff) / swivel shackle

**Wirbelschicht** f (Chem Verf) / fluidized bed*, fluid bed ‖ **zirkulierende** ⁓ (Chem Verf) / circulating fluidized bed (at a high recycle ratio), fast fluidized bed ‖ ⁓**feuerung** f (wenn die Kohle zusammen mit Zuschlagstoffen durch von unten eingeblasene Verbrennungsluft in Schwebe gehalten wird) (Chem Verf) / fluid-bed firing, fluidized-bed firing ‖ ⁓**ofen** m (zum Rösten feinkörnigen Erzes nach dem Wirbelschichtverfahren) (Chem Verf) / fluid-bed roaster, boiling-bed roaster ‖ ⁓**röstofen** m (Chem Verf) / fluid-bed roaster, boiling-bed roaster ‖ ⁓**vergasung** f (Chem Verf) / fluidized-bed gasification, fluid-bed gasification

**Wirbel•schleppe** f (Luftf) / wake* n, wash n ‖ **sich auflösende** ⁓**schleppe** (Luftf) / dissipation trails, distrails n ‖ ⁓**schwader** m (Landw) / rotary swather ‖ ⁓**sinterbeschichten** n (Anstr, Plast) / whirl sintering, fluid-bed powder sintering, fluidized-bed coating ‖ ⁓**sintern** n (mit aufgewirbeltem Pulver von Kunststoffen mit engem Schmelzbereich) (Anstr, Plast) / whirl sintering, fluid-bed powder sintering, fluidized-bed coating ‖ ⁓**sinterpulver** n (Anstr, Plast) / fluidized-bed coating powder ‖ ⁓**straße** f (Hyd, Luftf) / Kármán vortex street*, von Kármán vortex street, Kármán street*, vortex street*, vortex trail, vortex train, street n

**Wirbelstrom** m (durch Induktion in einem Eisenkern entstehender elektrischer Strom, der eine Erwärmung des Eisenkerns hervorruft) (Eltech) / eddy current ‖ ⁓**bremse** f (Eltech) / eddy-current brake*, eddy brake ‖ ⁓**brenner** m (Masch) / turbulent burner, sprayer burner, vortex burner ‖ ⁓**dämpfung** f (Eltech) / magnetic damping*

**Wirbelströme** m pl (in Metallen) (Eltech) / eddy currents*, Foucault currents*

**Wirbelstrom•erwärmung** f / eddy-current heating ‖ ⁓**prüfmethode** f (Hütt) / eddy-current flaw detection ‖ ⁓**prüfung** f (Hütt) / eddy-current flaw detection ‖ ⁓**scheibe** f (Mag) / Arago's disk

**Wirbelströmung** f (Phys) / rotational flow

**Wirbelstrom•verfahren** n (DIN EN ISO 2360) (Anstr, Eltech, Hütt) / eddy-current inspection, eddy-current test, eddy-current testing* ‖ ⁓**verluste** m pl (eine Art Eisenverluste) (Eltech) / eddy-current loss

**Wirbel•sturm** m (nicht tropischer, sondern z.B. atlantischer) (Meteor) / extratropical cyclone, extratropical storm, extratropical low ‖ ⁓**sturm** (ein Luftwirbel, in dem mittlere Windstärken größer als Windstärke 8 auftreten) (Meteor) / revolving storm, rotary storm ‖ **tropischer** ⁓**sturm** (z.B. Hurrikan, Taifun oder Willy-Willy) (Meteor) / tropical revolving storm*, tropical cyclone ‖ ⁓**thermometer** n (Luftf) / vortex thermometer ‖ ⁓**ventil** n (zur Steuerung von Flüssigkeitsströmen) (Masch) / vortex valve ‖ ⁓**walze** f (Luftf) / wing-tip vortex ‖ ⁓**wind** m (Meteor) / whirlwind* n, twister n ‖ ⁓**zähigkeit** f (scheinbare Erhöhung der Zähigkeit bei der Turbulenz) (Phys) / eddy viscosity ‖ ⁓**zentrum** n (Phys) / vortex centre

**Wirebar** m (Kupfer) (Hütt) / wirebar* n

**Wireline-Arbeit** f (bei Offshore-Bohrungen) (Erdöl) / wire-line operation

**Wire-Wrap•-Pistole** f (Eltronik) / wire-wrap gun ‖ ⁓**-Technik** f (lötfreie Verbindungstechnik) (Eltronik) / wire-wrap technology, wire wrapping

**Wirk•anteil** m (Elektr) / active component*, in-phase component*, energy component*, power component* ‖ ⁓**bewegung** f (die resultierende Bewegung aus Schnittbewegung und gleichzeitig ausgeführter Vorschubbewegung - DIN 6580) (Masch) / resultant cutting motion ‖ ⁓**bezugsebene** f (eine Ebene durch den betrachteten Schneidenpunkt, die senkrecht zur Wirkrichtung steht) (Masch) / effective reference plane ‖ ⁓**druckdurchflußmesser** m / differential-pressure flowmeter ‖ ⁓**druckgaszähler** m / differential-pressure flowmeter ‖ ⁓**einstellwinkel** m (Masch) / working cutting-edge angle

**wirken** v (auf) / act v (on) ‖ ⁓ (wenn mehrere Maschen zugleich vorgeformt und dann zu einzelnen Maschen ausgearbeitet werden) (Tex) / knit v

**wirkend**

**wirkend** *adj* / effective *adj*
**Wirkenergie** *f* (Phys) / active energy
**Wirkerei** *f* (ein Unternehmen) (Tex) / hosiery factory, hosiery mill ‖ ≃ (ein Zweig der Textiltechnik) (Tex) / machine knitting, knitting *n*, mechanical knitting
**Wirk•faktor** *m* (Verhältnis der Wirkleistung zur Scheinleistung) (Elteh) / power factor*, pf*, cos *, p.f., PF ‖ ≃**flor** *m* (Tex) / warp-knitted pile fabric ‖ **fellartiger** ≃**florpelz** (aus Chemiefasern, in Phantasiefarbtönen) (Tex) / fun fur ‖ ≃**frottierware** *f* (Tex) / knitted terry goods ‖ ≃**fuge** *f* (DIN 8580) (Elteh) / action interface ‖ ≃**gardine** *f* (Tex) / knitted curtain, warp-knit curtain ‖ ≃**garn** *n* (Spinn) / knitting yarn (for machine-knitted goods) ‖ ≃**geschwindigkeit** *f* (momentane Geschwindigkeit des betrachteten Schneidenpunktes in Wirkrichtung nach DIN 6580) (Masch) / resultant cutting velocity ‖ **nichtproteinogene** ≃**gruppe** (eines Enzyms) (Biochem) / cofactor *n* ‖ ≃**komponente** *f* (Elektr) / active component*, in-phase component*, energy component*, power component* ‖ ≃**last** *f* (Elteh) / active load, resistive load ‖ ≃**legung** *f* (Tex) / lapping *n* ‖ ≃**leistung** *f* (die von einem Wirkwiderstand aufgenommene und von einem Leistungsmesser angezeigte elektrische Leistung - DIN 40110, T 1) (Elteh) / active power*, actual power, real power, true watts*, active volt-amperes* ‖ **aufgenommene** ≃**leistung** (Elteh) / active input ‖ ≃**leistungsabgabe** *f* (Masch) / output* *n*, power output* ‖ ≃**leistungsmesser** *m* (Elteh) / active-power meter ‖ ≃**leitwert** *m* (Elektr) / conductance* *n*, electric conductance ‖ **negativer** ≃**leitwert** (Radio) / negative conductance
**wirklich** *adj* / effective *adj* (yield, demand) ‖ ~ / real *adj* (not imaginary) ‖ ~**e Berührungsfläche** (die Mikrokontakte) / true area of contact ‖ ~**e Berührungsfläche** (Masch, Mech) / asperity* *n* ‖ ~**e Dichte** (Phys) / true density*
**Wirk•maschine** *f* (Tex) / knitting frame, knitting machine, knitting loom ‖ ≃**maschine zur Herstellung von Längen** (Tex) / legger *n*, legging machine ‖ ≃**nadel** *f* (Tex) / knitting needle ‖ ≃**organ** *n* (eines Industrieroboters) (Masch) / effector *n* ‖ ≃**plüsch** *m* (Web) / knitted pile, knitted high-pile fabric ‖ ≃**prinzip** *n* (Pharm) / principle *n* (of action) ‖ ≃**raum** *m* (der Arme, der Beine) (F.Org) / action space ‖ ≃**raum der Beine** (Kfz, Masch) / leg-room *n* ‖ ≃**richtung** *f* (die momentane Richtung der Wirkbewegung) (Masch) / resultant cutting
**wirksam** *adj* / active *adj* ‖ ~ (effektiv) / effective *adj* ‖ ~**er Bereich** (Regeln) / effective range ‖ ~**es Chlor** (Chem) / available chlorine, active chlorine, free available chlorine ‖ ~**e Fläche** / active area ‖ ~**es Licht** / actinic light ‖ ~**es Licht** (Licht) s. auch Ultraviolettstrahlung ‖ ~**e Masse** (Elektr) / active material* ‖ ~**e Masse** (bei Batterien) (Elteh) / active materials (the materials of the plates that react chemically to produce electric energy when the cell discharges and that are restored to their original composition, in the charged condition, by oxidation and reduction processes produced by the charging current) ‖ ~**e Öffnung** (des Objektivs) (Foto) / effective aperture ‖ ~**e Porosität** (Pulv) / effective porosity ‖ ~**e Reichweite** (Radio) / effective range ‖ ~**e Sieböffnung** (Masch, Pulv) / effective sieve aperture size* ‖ ~**e Spannweite** (Bau, HuT) / effective span* ‖ ~**e Steigung** (der Flügelblätter der Luftschraube) (Luftf) / effective pitch ‖ ~**e Wellenlänge** (Phys) / Crova wavelength
**Wirksamkeit, asymptotische** ≃ (einer Folge von Tests) (Stats) / asymptotic efficiency ‖ **relative biologische** ≃ (Radiol) / relative biological effectiveness, rbe, RBE ‖ ≃ *f* **eines Steuerstabes** (Nukl) / control rod worth*, rod worth, reactivity worth *n* (of a control rod)
**Wirk•samt** *m* (Tex) / knitted velvet ‖ ≃**spalt** *m* (zwischen Werkzeugelektrode und Werkstück beim elektrochemischen Abtragen) (Masch) / working gap ‖ ≃**spannung** *f* (eine Wechselstromgröße) (Elteh) / active voltage*
**Wirkstoff** *m* (Biol, Pharm) / active substance, active agent ‖ ≃ (Chem, Med) / agent *n* ‖ ≃ (in Mineralölprodukten) (Erdöl) / additive *n*, dope *n* ‖ **antimikrobieller** ≃ / microbicide *n* ‖ **polymergebundene** ≃ (Pharm) / polymeric drugs ‖ ≃ *m* **des Sonnenschutzmittels** (Chem) / sunscreen agent ‖ ≃ **gegen Vergaservereisung** (Kfz) / anti-icing agent, anti-icing additive ‖ ≃ **zur Steigerung der Oxidationsbeständigkeit** (von Kraftstoffen) (Kftst) / anti-oxidant additive, gum inhibitor ‖ ≃ **zur Vergaserreinigung** (Kfz) / carburettor detergent
**Wirkstoff•bibliothek** *f* (Pharm) / drug library ‖ **computergestütztes** ≃**design** (Pharm) / computer-aided drug design, CADD ‖ ~**haltiges Öl** (Erdöl) / additive oil, additive-treated oil, fortified oil ‖ ≃**öl** *n* (Elteh) / inhibited oil* (mineral transformer oil to which a synthetic oxidation inhibitor has been added) ‖ ≃**zusatz** *m* (bei Schmierstoffen) (Erdöl) / fortification *n* ‖ ≃**zusatz, der** *m* **das Quietschen der Reibpartner mindert** (in legierten Ölen) (Elteh, Masch) / antisquawk agent
**Wirk•strom** *m* (eine Wechselstromgröße) (Elektr) / active current* ‖ ≃**stuhl** *m* (Tex) / knitting frame, knitting machine, knitting loom ‖ ≃**substanz** *f* (Biol, Pharm) / active substance, active agent ‖ ≃**teppich** *m* (Tex) / knitted carpet

**Wirkung** *f* / effect *n*, action* *n* ‖ **additive** ≃ (Summation von Einzelwirkungen) / additive effect ‖ **katalytische** ≃ (Chem) / catalytic action ‖ **kumulative** ≃ / cumulative effect, cumulative action ‖ **optische** ≃ (Opt) / dioptric power, focal power ‖ **selektive** ≃ / selectivity *n* ‖ **ungewollte** ≃ / spurious effect ‖ ≃ **des Lösungsmittels** *m* (Chem) / solvent action ‖ ≃ *f* **gleichioniger Zusätze** (Chem) / common ion effect
**Wirkungsablauf, mit geschlossenem** ≃ (Regeln) / closed-loop *attr*
**Wirkungs•bereich** *m* / range of effectiveness ‖ ≃**bereich** (Gültigkeitsbereich) / scope *n* ‖ ≃**breite** *f* (eines Medikaments, eines Pestizids) (Chem, Pharm) / spectrum of activity ‖ ≃**funktion** *f* (Mech) / action integral, Hamilton's principal function
**Wirkungsgrad** *m* (im allgemeinen) / effectiveness *n* ‖ ≃ (elektrischer, mechanischer, thermischer) (Elteh, Masch, Phys) / efficiency* *n*, efficiency ratio* ‖ **Carnotscher** ≃ (im Carnotschen Kreisprozeß) (Phys) / Carnot efficiency, thermal efficiency of the Carnot cycle, efficiency of Carnot cycle ‖ **isothermischer** ≃ (die Güte des Verdichters kennzeichnender Wert) (Masch) / isothermal efficiency* ‖ **mechanischer** ≃ (DIN 1940) (Masch) / mechanical efficiency* ‖ **thermischer** ≃ (z.B. in Kreisprozessen) (Phys) / thermal efficiency* ‖ **volumetrischer** ≃ (bei Strömungsmaschinen) (Masch) / volumetric efficiency* ‖ ≃ *m* **bei optimaler Anpassung** (Elteh) / available power efficiency* ‖ ≃ **in Ah** (Elektr) / ampere-hour efficiency* ‖ ≃ **in Wattstunden** (Elektr) / watt-hour efficiency* ‖ ~**günstig** *adj* / efficient *adj*
**Wirkungs•größe** *f* (Regeln) / action quantity ‖ ≃**integral** *n* (das zwischen zwei festen Zeitpunkten genommene Zeitintegral der Lagrange-Funktion eines physikalischen Systems) (Mech) / action integral, Hamilton's principal function ‖ ≃**kette** *f* (Mech) / chain of acting elements ‖ ≃**kette** (meistens geschlossene) (Regeln) / loop *n* ‖ **offener** ≃**kreis** (Regeln) / open loop ‖ ≃**linie** *f* (der angreifenden Kräfte) (Mech) / line of action, action line, application line ‖ ~**los** *adj* / ineffective *adj*, ineffectual *adj* ‖ ≃**orientiertes Screening** (Chem) / target-oriented screening ‖ ≃**plan** *m* (Regeln) / signal-flow graph ‖ ≃**prinzip** *n* (z.B. Hamiltonsches, Maupertuissches) (Mech) / minimal principle, integral variational principle ‖ ≃**prinzip** (Pharm) / principle *n* (of action) ‖ ≃**quantum** *n* (Phys) / Planck's constant, quantum of action
**Wirkungsquerschnitt** *m* (Kernphys, Phys) / cross section* ‖ **differentieller** ≃ (in Streuquerschnitt) (Kernphys) / differential cross section* ‖ **doppeltdifferentieller** ≃ (Kernphys) / spectro-angular cross section, double differential cross section ‖ **thermischer** ≃ (Kernphys) / thermal cross section* ‖ **totaler** ≃ (Kernphys) / total cross section* ‖ ≃ *m* **für Neutronen** (Kernphys) / neutron cross section ‖ ≃ **für thermische Neutronen** (Kernphys) / thermal cross section*
**Wirkungs•stärke** *f* (Pharm) / strength *n* ‖ ≃**variable** *f* (Mech) / action variable ‖ ~**voll** *adj* / effective *adj* ‖ ≃**weg** *m* (Wirkungskette) (Regeln) / loop *n* ‖ ≃**weise** *f* (Masch) / mode of operation, operating principle ‖ ≃**weise** (Masch) / action pattern ‖ ≃**weise des Lösungsmittels** (Chem) / solvent action
**Wirk•verbrauchszähler** *m* (ein Wechselstromzähler) (Elteh) / watt-hour meter* ‖ ≃**verlust** *m* (Elteh) / resistive loss ‖ ≃**viskosität** *f* (DIN 13 343) (Phys) / dynamic viscosity ‖ ≃**ware** *f* (auf Wirkmaschinen hergestellte textile Maschenware) (Tex) / knitwear* *n*, piece of knitting, knittings *pl*, knits *pl*, hosiery *n* ‖ ≃**warenfabrik** *f* (Tex) / hosiery factory, hosiery mill ‖ ≃**weg** *m* (den der betrachtete Schneidenpunkt auf dem Werkstück in Wirkrichtung schneidend zurücklegt) (Masch) / resultant cutting path length, effective travel ‖ ≃**weg** (des Windes auf der Wasseroberfläche) (Med) / fetch* *n* ‖ ≃**widerstand** *m* (der Quotient aus Wirkleistung und dem Quadrat des Effektivwertes des Wechselstromes) (Elteh) / effective resistance*, active resistance ‖ ≃**winkel** *m* (DIN 6581) (Masch) / working angle ‖ ≃**zeit** *f* (bei Bremsen) (Kfz) / operating time
**Wirr•fasern** *f pl* (Tex) / random fibres ‖ ≃**faservlies** *n* (in dem die Spinnfasern bzw. Filamente jede beliebige Richtung einnehmen) (Tex) / random-laid nonwoven fabric, random-fibre nonwoven ‖ ≃**flor** *m* (Tex) / randomized web, random web, non-oriented web ‖ ≃**seide** *f* (Tex) / refuse silk ‖ ≃**stoff** *m* (ein Kampfstoff) (Mil) / incapacitant *n* ‖ ≃**vlies** *n* (DIN 61210) (Tex) / random-laid nonwoven fabric, random-fibre nonwoven
**Wirt** *m* (Biol, Chem, Landw) / host* *n* ‖ ≃ (EDV) / host program (for a virus) ‖ **endgültiger** ≃ (Biol, Chem) / final host, definitive host
**Wirtel** *m* (Arch) / band *n* ‖ ≃ (schmaler) (Arch) / bandelet *n*, bandelet *n*, bandelette *n*
**Wirt-Gast•-Beziehung** *f* (Chem) / host-guest relation ‖ ≃**-Chemie** *f* (Chem) / host-guest relation ‖ ≃**-Komplex-Chemie** *f* (Chem) / host-guest complexation chemistry
**wirtschaftlich** *adj* / economic *adj* ‖ ~**e Lastverteilung** (Elteh) / economic dispatch (the distribution of total generation requirements among alternative sources for optimum system economy with due consideration of both incremental generating costs and incremental transmission losses) ‖ ~**e Reichweite** (Luftf) /

most economical range* ‖ ~es **Verhältnis Stahl/Beton** (bei Stahlbetonkonstruktionen) (HuT) / economic ratio* ‖ ~e **Vertretbarkeit** / economic practicability
**Wirtschaftlichkeit** f / economy n, economic viability
**Wirtschafts•dünger** m (Stallmist, Jauche, Kompost, Gülle usw.) (Landw) / manure n, natural manure ‖ ~**flug** m (Teil der kommerziellen zivilen Luftfahrt) (Luftf) / aerial work ‖ ~**futter** n (Landw) / farm-produced fodder ‖ ~**geografie** f (Zweig der Anthropogeografie, der die räumliche Ordnung und die räumliche Organisation der Wirtschaft untersucht) (Geog) / economic geography, geoeconomy n ‖ ~**geologie** f (Geol) / economic geology* ‖ ~**glas** n (Glas) / oven glass (for preparation and cooking of food) ‖ ~**gut** n (Glas) / asset n ‖ **immaterielle** ~**güter** / intangibles pl, intangible assets ‖ **materielle** ~**güter** (als Bilanzposten) / tangible assets, tangibles pl ‖ ~**ingenieur** m / industrial engineer ‖ **angebotsorientierte** ~**politik** / supply-side economics ‖ ~**prüfer** m / chartered accountant ‖ ~**prüfung** f / audit n ‖ ~**spionage** f / industrial espionage ‖ ~**wald** m (For) / commercial forest
**Wirts•faktor** m **für Integration** (Biochem) / integration host factor ‖ ~**gitter** n (in dem reguläre Gitterionen durch geringe Mengen von Gastionen ersetzt werden) (Krist) / host lattice ‖ ~**kristall** m (Krist) / host crystal ‖ ~**material** n (Chem, Phys) / host* n ‖ ~**mineral** n (Min) / host mineral ‖ ~**molekül** n (bei Einschlußverbindungen) (Chem) / host molecule ‖ ~**substanz** f (Chem, Phys) / host* n ‖ ~**zelle** f (Biol, Gen) / host cell
**wisch•beständig** adj (DIN 55945) (Anstr) / resistant to wiping, wipe-resistant adj ‖ ~**beständig** (Druck) / smudge-proof adj, non-smudge attr, smear-resistant adj ‖ ~**beständigkeit** f (Anstr) / wipe resistance, resistance to wiping ‖ ~**blatt** n (DIN 72786) (Kfz) / wiper blade ‖ ~**blende** f (Verbindung zweier Szenen durch einen Reißschwenk) (Film) / wipe* n
**Wischen, durch** ~ **entfernen** / wipe v, wipe off v, wipe away v
**Wischer** (kurzzeitige Entladung) (Elektr) / snap-over n ‖ ~ m (Film) / whip-pan n, zip pan, swish pan, whizz-pan* n ‖ ~ (Kfz) / wiper n ‖ ~ (Kfz) / screen wiper, windshield wiper, wiper n ‖ ~ (Klemp) / wiping cloth, pad n, mole n ‖ ~**bildung** f (Benetzungsstörung, die auftritt, wenn eine lackierte Oberfläche vor dem Überlackieren durch ungleichmäßiges Schleifen, unsachgemäßes Reinigen mit Lösungsmitteln oder ungenügende Fremdbenetzung /Wassertropfen/ keine einheitliche Oberflächenspannung mehr aufweist) (Anstr) / ghosting n ‖ ~**blatt** n (Kfz) / wiper blade ‖ ~**gummi** m (Kfz) / wiper-blade element, blade rubber ‖ ~**meldung** f (kurzzeitig anstehende Meldung über einen Vorgang im fernüberwachten Objekt) (Regeln) / fleeting alarm
**Wisch•feld** n (Kfz) / wiped area ‖ ~**fest** adj (Anstr) / resistant to wiping, wipe-resistant adj ‖ ~**fest** (Druck) / smudge-proof adj, non-smudge attr, smear-resistant adj ‖ ~**festigkeit** f (Anstr) / wipe resistance, resistance to wiping ‖ ~**fläche** f (Kfz) / wiped area ‖ ~**gummi** m (Kfz) / wiper-blade element, blade rubber ‖ ~**kontakt** m (ein Relaiskontakt, der bei Erregung oder Entregung des Relais oder bei beiden Vorgängen vorübergehend schließt oder öffnet) (Eltech) / wiping contact ‖ ~**leiste** f (Bau) / skirting board*, scrub board, skirting n, baseboard* n, mopboard* n (US), subbase n (US), washboard* n (US) ‖ ~**löten** n (spezielles Verfahren des Tauchlötens, bei dem die Leiterplatte auf der Oberfläche des Lötbades hin und her bewegt wird) (Eltronik) / wiping soldering ‖ ~**relais** n (bei dem nur kurzzeitig während des Ein- oder Ausschaltvorganges ein Kontakt betätigt wird) (Eltech) / wiping relay, impulse relay ‖ ~**test** m (Nukl) / smear test*, wipe test* ‖ **im** ~**verfahren aufgetragene Schutzschicht** (Galv) / wipe coating ‖ ~**verzinnen** n (Herstellen einer Schicht durch Aufschmelzen und Verwischen von Zinn auf den Trägerstoff) (Galv) / tin wiping ‖ ~**walze** f (Druck) / dampener n, dampening roller*, damping roller ‖ ~**-/Waschanlage** f (für Scheiben oder Scheinwerfer) (Kfz) / wiper and washer system ‖ ~**wasser** n (Druck) / fountain solution, damping solution, fountain water, damping water ‖ ~**wasserzusatz** m (Druck) / fountain additive
**Wishart-Verteilung** f (eine k-dimensionale Verallgemeinerung der Chi-Quadrat-Verteilung) (Stats) / Wishart distribution
**Wishmore** n (For) / nyankom n, niangon n, wishmore n
**Wismut** n (Chem) / bismuth* n ‖ ~**blende** f (Min) / eulytite n, eulytine n ‖ ~**glanz** m (Min) / bismuthinite* n, bismuth glance* n ‖ ~**spat** m (Min) / bismutite* n, bismuth spar
**Wissen** n (KI) / knowledge n ‖ **analytisches** ~ (KI) / analytic knowledge ‖ **deklaratives** ~ (als Gegensatz zu prozeduralem Wissen) (KI) / declarative knowledge ‖ **erkenntnistheoretisches** ~ (KI) / epistemological knowledge ‖ **fachbezogenes** ~ (KI) / domain-specific knowledge ‖ **fallorientiertes** ~ (KI) / case-based knowledge ‖ **gebietsbezogenes** ~ (KI) / domain-specific knowledge ‖ **gesammeltes** ~ (KI) / compiled knowledge ‖ **immanentes** ~ (KI) / immanent knowledge ‖ **propositionales** ~ (KI) / propositional knowledge ‖ **prozedurales** ~ (KI) / procedural knowledge ‖ **situatives** ~ (KI) / situational knowledge ‖ **zeitliches** ~ (KI) / temporal knowledge
**Wissens•bank** f (EDV, KI) / knowledge base (KB) ‖ ~**basiert** adj (EDV, KI) / knowledge-based adj ‖ ~**basis** f (EDV, KI) / knowledge base (KB) ‖ ~**brocken** m (KI) / chunk of knowledge
**Wissenschaft, exakte** ~ (die messende, nachprüfbare Methoden oder logische und mathematische Beweise verwendet) / exact science ‖ **interdisziplinäre** ~ / interdisciplinary science, interface science ‖ **kognitive** ~ (über die kognitiven und perzeptiven Fähigkeiten des Menschen, die simulative Modelle benutzt) / cognitive science
**wissenschaftlich** adj / scientific adj ‖ **nicht** ~ / unscientific adj ‖ ~**es Zeichen** (Druck, EDV) / scientific character
**Wissenschafts•park** m (ein Gebiet, meistens um die Hochschulen, auf dem Pilotindustrie und Forschung angesiedelt sind) / science park ‖ ~**theorie** f (philosophische Grundlagendisziplin, die sich mit der theoretischen Klärung der Voraussetzungen, Strukturen und Zielen wissenschaftlicher Aussagen, Methoden und Systembildung befaßt) / philosophy of science
**Wissens•datenbank** f (Komponente zur expliziten Beschreibung von Wissen) (EDV, KI) / knowledge base (KB) ‖ ~**einheit** f (KI) / unit of knowledge ‖ ~**element** n (KI) / chunk of knowledge ‖ ~**erwerb** m (KI) / knowledge acquisition ‖ ~**fortschreibung** f (KI) / knowledge updating ‖ ~**ingenieur** m (ein Mehrfachspezialist, der auf dem Gebiet der Expertensysteme arbeitet) (KI) / knowledge engineer ‖ **elementare** ~**menge** (KI) / chunk of knowledge ‖ ~**repräsentation** f (Darstellung von vorliegendem Wissen auf einem Rechner) (EDV, KI) / knowledge representation, representation of knowledge ‖ ~**repräsentationssprache** f (KI) / knowledge representation language, KRL ‖ ~**repräsentationssystem** n (KI) / knowledge representation system, KRS ‖ ~**repräsentationstheorie** f (KI) / knowledge-representation theory ‖ ~**spektrum** n (KI) / knowledge spectrum ‖ ~**stück** n (elementares) (KI) / chunk of knowledge ‖ ~**technik** f (KI) / knowledge engineering ‖ ~**transfer** m (KI) / knowledge transfer ‖ ~**verarbeitung** f (rechnergestützte) (EDV, KI) / knowledge processing ‖ ~**verarbeitungssystem** n (EDV, KI) / knowledge information processing system, KIPS
**Wiswesser-Linearnotation (WLN)** f (eine von W.J. Wiswesser 1938 vorgeschlagene lineare Notation für chemische Strukturen) (Chem) / Wiswesser Line Notation (WLN), Wiswesser line-formula chemical notation
**Withamit** m (roter Epidot von Glencoe in Schottland) (Min) / withamite* n
**Withanolid** n (Chem) / withanolide n
**Witherit** m (Bariumkarbonat) (Min) / witherite* n (an orthorhombic mineral of the aragonite group)
**Witterung** f (Geol) / weather n ‖ ~ (Meteor) / weather n ‖ **feuchte** ~ (Meteor) / humid weather
**Witterungs•bedingungen** f pl / atmospheric conditions ‖ ~**beständig** adj (Masch, Meteor) / weatherproof adj, non-weathering adj ‖ ~**beständige Armatur** (Eltech) / weatherproof fitting ‖ ~**beständiger Stahl** (Hütt) / weather-resistant steel, weathering steel ‖ ~**beständigkeit** f (Außenbeständigkeit) (Anstr, WP) / outdoor durability n ‖ ~**beständigkeit** (Masch, Meteor) / weathering resistance, weatherproofness n ‖ ~**einfluß** m / atmospheric influence ‖ ~**schaden** m / weather damage
**Wittig•-Horner-Reaktion** f (Chem) / Wittig-Horner reaction, Wittig-Emmons reaction ‖ ~**-Olefinsynthese** f (Chem) / Wittig reaction ‖ ~**-Reaktion** f (zur Gewinnung substituierter Alkene aus Aldehyden bzw. Ketonen mit Hilfe von Alkylidenphosphoranen) (Chem) / Wittig reaction (nach G. Wittig, 1897-1987) (Chem) ‖ ~**-Umlagerung** f (nach G. Wittig, 1897-1987) (Chem) / Wittig ether rearrangement
**Wittsche Farbentheorie** (nach O. N. Witt, 1853-1915) (Chem) / Witt theory of the mechanism of dyeing
**WK** / world coordinates (WC) ‖ ~ (Geol, Landw) / field moisture capacity, field capacity*
**WKB-Methode** f (Lösung der eindimensionalen Schrödinger-Gleichung - nach G. Wentzel, 1898-1978, H.A. Kramers, 1894-1952, und L. Brillouin, 1889-1969) (Phys) / Wentzel-Kramers-Brillouin method, W.K.B. approximation, WKB method, Wentzel-Kramers-Brillouin approximation
**WKB-Näherung** f (Lösung der eindimensionalen Schrödinger-Gleichung - nach G. Wentzel, 1898-1978, H.A. Kramers, 1894-1952, und L. Brillouin, 1889-1969) (Phys) / Wentzel-Kramers-Brillouin method, WKB method, Wentzel-Kramers-Brillouin-Jeffreys approximation
**WL** (großes Spiel) (Masch) / loose fit, class 1 fit ‖ ~ (DIN 60001, T 4) (aus Lama spp.) (Tex) / llama n, llama fibre*, llama wool
**W-Lademethode** f (Eltech) / W charging method
**Wlassow-Gleichung** f (der kinetischen Energie von Plasmen - nach A.A. Wlassow, 1908-1975) (Plasma Phys) / Vlasov equation, collisionless Boltzmann equation

**Wlassow-Plasma** *n* (nach A.A. Wlassov, 1908-1975) (Plasma Phys) / Vlasov plasma

**WLD** (für die gaschromatografische Spurenanalyse) (Chem) / thermal conductivity detector, TCD

**WLN** (eine von W.J. Wiswesser 1938 vorgeschlagene lineare Notation für chemische Strukturen) (Chem) / Wiswesser Line Notation (WLN), Wiswesser line-formula chemical notation

**WM** (Bergb) / air machine || ~ (DIN 60001, T 4) (Tex) / mohair* *n*

**W-Motor** *m* (ein Kolbenflugmotor mit W-förmiger Anordnung dreier Zylinderreihen) (Luftf) / W-engine *n*, broad arrow, broad-arrow engine

**WN-Schweißen** *n* (Schw) / resistance seam welding

**W-N-Verzahnung** *f* (Masch) / Wildhaber-Novikov gears

**w₀** (HuT) / water-cement ratio

**WO** (für Schafwolle nach DIN 60001, T 4) (Tex) / wool* *n* || ~ (Tex) / sheep wool, sheep's wool

**Wobbe-Index** *m* (bei Brenngasen) (Chem) / Wobbe index, Wobbe number (for any gas passing through a given orifice)

**Wobbel•frequenz** *f* (Fernm) / wobbling frequency, sweeping frequency, warble frequency || ~**generator** *m* (Eltronik, Fernm) / wobbulator *n*, sweep generator, sweeper* *n*, warble-tone generator || ~**geschwindigkeit** *f* (Eltronik) / sweep rate || ~**hub** *m* (Eltronik) / sweep range || ~**kondensator** *n* (Fernm) / warbler *n*

**wobbeln** *v* (Eltronik) / sweep *v*, wobble *v* || ~ *n* (Eltronik) / sweeping *n* || ~ (periodische Frequenzänderung einer Wechselgröße durch eine Frequenz, die wesentlich geringer ist) (Fernm) / wobble *n*, warble *n*, sweeping *n*

**Wobbel•sender** *m* (Eltronik, Fernm) / wobbulator *n*, sweep generator, sweeper* *n*, warble-tone generator || ~**ton** *m* (Fernm) / warble tone*

**Wobbe-Zahl** *f* (Maß für die Energielieferung eines Gasbrenners und Kriterium für die Austauschbarkeit von Brenngasen) (Chem) / Wobbe index, Wobbe number (for any gas passing through a given orifice)

**Wobble-Hypothese** *f* (in der Molekulargenetik) (Gen) / wobble hypothesis

**Wobbler** *m* (ein Signalgenerator) (Eltronik, Fernm) / wobbulator *n*, sweep generator, sweeper* *n*, warble-tone generator || ~ (zur Verschlüsselung) (Fernm) / warbler *n* || ~ (des Durchstrahlungsmikroskops) (Mikros) / wobbler *n*

**Wochen•schaukameramann** *m* (Film) / newsreel cameraman || ~**tag** *m* (DIN 1355, T 1) / weekday *n*

**wöchentliche Förderung** (in Tonnen) (Bergb) / weekly tonnage

**W/O-Emulsion** *f* (Chem) / water-in-oil emulsion, W/O emulsion

**Woge** *f* (Ozean, Wasserb) / wave *n* || **seismische** ~ (Geophys, Ozean) / seismic sea wave, tidal wave (produced by seaquake, hurricane, or strong wind) || **seismische** ~ (Geophys, Ozean)

**Wogen** *n* (kombiniertes Querschwingen und Wanken) (Bahn) / galloping *n* || ~**förmige Wolke** (Meteor) / billow cloud

**Wohl-Abbau** *m* (von Aldohexosen zu Aldopentosen - nach A. Wohl, 1863 - 1939) (Chem) / Wohl degradation

**wohldefiniert** *adj* (KI, Math) / well-defined *adj*

**Wöhler-Kurve** *f* (aus Versuchen gewonnener Zusammenhang zwischen Spannungsamplitude und Anzahl der ertragbaren Lastwechsel - nach A. Wöhler, 1819-1914) (Mech, WP) / stress-number curve*, S/N curve*

**Wöhlersche Harnstoffsynthese** (nach F. Wöhler, 1800-1882) (Chem) / Wöhler's synthesis

**Wöhler-Schaubild** *n* (Lastspielzahl X Spannungsausschlag) (Mech, WP) / stress-cycle diagram, S/N diagram

**Wohl•fahrtsstaat** *m* (Versorgungsstaat) / welfare state || ~**formuliert** *adj* (Aussage, Problem, Programm, Satz) (EDV, KI, Math) / well-formed *adj* || ~**formulierte Formel** (EDV, Math) / well-formed formula || ~**geordnete Menge** (Math) / well-ordered set* || ~**geruch** *m* / fragrance *n*, perfume *n*, scent *n*, pleasant smell || ~**geruch** (süßlicher) / sweet scent || ~**ordnende Menge** (Math) / well-ordering set || ~**ordnungssatz** *m* (nach Zermelo) (Math) / well-ordering principle || ~**riechend** *adj* / fragrant *adj*, odoriferous *adj*, odorous *adj*, aromatic *adj*, redolent *adj*, pleasant-smelling *adj*

**Wohlsche Zustandsgleichung** (spezielle thermische Zustandsgleichung) (Phys) / Wohl equation of state

**wohl•schmeckend** *adj* (Nahr) / tasteful *adj*, palatable *adj*, tasty *adj*, delicious *adj* || ~**standsmüll** (Umwelt) / refuse of the affluent society || ~**unterscheidbar** *adj* (Math) / well-distinguishable *adj*

**Wohn•**- (Bau) / residential *adj* || ~**anhänger** *m* (Kfz) / caravan *n* (GB), mobile home (US), trailer *n* (US), house trailer (US), van *n* (GB) || ~**anhängergespann** *n* (Kfz) / outfit *n* (car + caravan) || ~**bereich** *m* (Bau) / living area || ~**bezirk** *m* (Bau, Umwelt) / residential area, residential district || ~**dichte** *f* (Bau, Umwelt) / housing density, living density || ~**einheit** *f* (Bau) / residential unit, dwelling unit, home unit || ~**fläche** *f* (DIN 283) (Bau) / floor area || ~**gebäude** *n* (Bau) / dwelling house, residential premises, residential building || ~**gebäude** (Etagenhaus) (Bau) / block of flats, apartment house (US), apartment building (US) || ~**gebiet** *n* (Bau, Umwelt) / residential area, residential district || ~**gift** *n* (Bau, Umwelt) / toxic substance (used in buildings) || ~**haus** *n* (Bau) / dwelling house, residential premises, residential building || ~**haus mit Nebengebäuden und Grundstück** (Bau) / messuage* *n* || ~**haus** (meistens Doppelhaus) **mit versetzten Geschoßebenen** (Bau) / split-level house || **mehrstöckiges** ~**haus ohne Personenaufzug** (Bau) / walk-up *n* (US), walk-up apartment house || ~**mobil** *n* (Kfz) / motorhome *n* (US) || ~**raum** *m* (Arch, Bau) / living space, habitable space || ~**siedlung** *f* (Arch, Bau) / estate *n*, housing estate || ~**siedlungsplan** *m* (Arch, Bau) / housing scheme || ~**stadt** *f* (die keine oder nur wenige Arbeitsstätten aufweist) (Arch, Bau) / residential town || ~**stätte** *f* (Bau) / dwelling *n* (a house, flat, or other place of residence) || ~**straße** *f* (in einem reinen Wohnbezirk) (Bau, Kfz) / residential street, residential road || ~**textile Stoffe** (Tex) / home textiles, indoor furnishings || ~**turm** *m* (in mittelalterlichen Burgen) (Arch) / donjon *n*, keep *n* (innermost)

**Wohnung** *f* (im Stockwerk) (Bau) / flat *n* (GB), apartment *n* (US) || ~ (Bau) / dwelling *n* (a house, flat, or other place of residence) || ~ (abgeschlossene) (Bau) / residential unit, dwelling unit, home unit

**Wohnungs•**- (Bau) / residential *adj* || ~**bau** *m* (Arch, Bau) / residential building, residential construction || **sozialer** ~**bau** (Bau) / publicly assisted housebuilding, housing project (US) || ~**bauprogramm** *n* (Bau) / housing programme || ~**sanitärzelle** *f* (Bau, Sanitär) / mechanical core, sanitary core, service core, plumbing unit*, plumbing services, core module, pod *n* || ~**scheidewand** *f* (Bau) / party wall || ~**textilien** *pl* (Tex) / furnishing fabrics || ~**trennwand** *f* (Bau) / party wall || ~**zwischenwand** *f* (Bau) / party wall

**Wohn•viertel** *n* (Arch, Bau) / residential quarter, residential section (US) || ~**wagen** *m* (Kfz) / caravan *n* (GB), mobile home (US), trailer *n* (US), house trailer (US), van *n* (GB) || **kleiner** ~**wagen** (Kfz) / caravanette *n* (GB) || ~**wert** *m* (Bau) / liveability *n*, livability *n* || ~**zimmer** *n* (Bau) / sitting room, reception room, living room

**Wölb-** (Schw) / reinforced *adj*

**wölben** *v* (Arch) / vault *v*, arch *v* || **sich** ~ (Arch) / spring *vi* || ~ *n* (dreidimensionales bei Flachglas) (Glas) / bending *n*

**Wölber** *m* (ein Gewölbestein) (Bau) / arch stone*, voussoir* *n*, arch brick*

**Wölb•höhe** *f* (im Mittelpunkt der Probe gemessene Ausbeulung im Augenblick des Berstens) (Pap) / bulge height || ~**naht** *f* (eine Kehlnaht) (Schw) / convex fillet weld, reinforced seam, weld with reinforcement, camber weld || ~**spiegel** *m* (Opt) / convex mirror* || ~**stein** *m* (Bau) / arch stone*, voussoir* *n*, arch brick* || ~**test** *m* (zur Ermittlung der Wölbelastizität) (Web) / vaulting test

**Wölbung** *f* (der Schallplatte) (Akus) / warping *n* || ~ (Bau) / vault *n* || ~ (bei gedruckten Schaltungen) (Eltronik) / bow *n*, warpage *n* || ~ (HuT, Masch) / camber* *n* || ~ (Luftf) / camber* *n* || ~ (z.B. der Riemenscheibe nach DIN 111) (Masch) / crown *n* || ~ (Maß der Gipfligkeit einer Häufigkeitskurve) (Stats) / kurtosis* *n*

**Wölbungsklappe** *f* (eine einfache Flügelklappe) (Luftf) / plain flap*, camber flap*

**Wölb•versuch** *m* (Web) / vaulting test || ~**ziegelbogen** *m* (Arch, Bau) / gauged arch (segmental arch of tapered bricks)

**Wolf** *m* (Bau) / lewis* *n*, lewisson* *n* || ~ (Spinn) / willow *n*, willey *n* || **kleiner** ~ (zum Heben von härteren Steinen) (Bau) / lifting lewis, lifting pins, lewis* *n* || **Pariser** ~ (zweiteiliger - zum Versetzen der Werksteine) (Bau) / two-prong lewis

**Wolfeit** *m* (Mineral der Zwieselit-Wolfeit-Gruppe mit Fe > Mn) (Min) / wolfeite *n*

**Wolff-Kishner-Reduktion** *f* (nach L. Wolff, 1857 - 1919, und N.M. Kishner, 1867 - 1935) (Chem) / Wolff-Kishner reduction

**Wolfram (W)** *n* (Chem) / tungsten* *n*, wolfram* *n* || ~- (Chem) / tungstic *adj* || ~**(VI)-** (Chem) / tungstic *adj*

**Wolframat** *n* (Chem) / tungstate *n* || ~**keramik** *f* (Keram) / tungstate ceramics

**Wolframato•arsenat** *n* (Chem) / tungstoarsenate *n* || ~**borsäure** *f* (Chem) / tungstoboric acid, borotungstic acid || **12-**~**phosphorsäure** (Chem) / phosphotungstic acid, PTA, phosphowolframic acid, heavy acid || **12-**~**phosphorsäure** (Chem)

**Wolfram•bandlampe** *f* (Eltech) / tungsten ribbon lamp || ~**blau** *n* (zusammenfassende Bezeichnung für leuchtendblaue Wolframoxide von Wertigkeitsstufen zwischen 5 und 6) / tungsten blue || ~**bogen** *n* (Eltech) / tungsten arc* || ~**bogenlampe** *f* (Eltech) / tungsten arc lamp || ~**borid** *n* (WB₂) (Chem) / tungsten boride || ~**bronze** *f* (Mischverbindung, die Alkali- oder Erdalkali-, Wolfram(IV)- und Wolfram(VI)-oxid enthält) (Anstr) / tungsten bronze* || ~**carbid** *n* (Chem) / tungsten carbide || ~**chlorid** *n* (Chem) / tungsten chloride || ~**dicarbid** *n* (W₂C) (Chem) / ditungsten carbide || ~**dikarbid** *n* (Chem) / ditungsten carbide || ~**disulfid** *n* (Chem) / tungsten disulphide, tungsten(IV) sulphide || ~**elektrode** *f* (Eltech) / tungsten electrode || ~**glühfaden** *n* (Eltech) / tungsten filament || ~**glühfaden mit Thoriumzusatz** (Eltech) / thoriated tungsten filament, thoriated emitter || ~**heizfaden** *m* (Eltech) / tungsten filament || ~**hexabromid**

*n* (Chem) / tungsten hexabromide ‖ ⁓**hexacarbonyl** *n* (Chem) / tungsten hexacarbonyl, tungsten carbonyl ‖ ⁓**hexafluorid** *n* (Chem) / tungsten hexafluoride ‖ ⁓**hexakarbonyl** *n* (Chem) / tungsten hexacarbonyl, tungsten carbonyl ‖ ⁓-**Inertgas-Schweißen** *n* (Schutzgas-Lichtbogenschweißen mit einem Edelgas als Schutzgas und einer nichtabschmelzenden Elektrode aus Wolfram) (Schw) / tungsten inert-gas welding*, TIG welding, gas tungsten-arc welding*, GTA welding, GTAW, TIG*
**Wolframit** *n* (Min) / wolframite* *n* (the principal ore of tungsten)
**Wolfram • karbid** *n* (Chem) / tungsten carbide ‖ **ein gesintertes** ⁓**karbid** / diamondite *n* ‖ ⁓**karbidbohrer** *m* (Werkz) / tungsten carbide drill ‖ ⁓**lampe** *f* (Eltech) / tungsten lamp* ‖ ⁓**legierung** *f* (Hütt) / tungsten alloy* ‖ ⁓**leuchtfaden** *m* (Eltech) / tungsten filament ‖ ⁓**monocarbid** *n* (WC) (Chem) / tungsten (mono)carbide ‖ ⁓**monokarbid** *n* (Chem) / tungsten (mono)carbide ‖ ⁓**nitrid** *n* (Chem) / tungsten nitride ‖ ⁓**ocker** *m* (Min) / tungstite* *n*, tungstic ochre* ‖ ⁓**(VI)-oxid** *n* (Chem) / tungsten trioxide, tungstic trioxide, tungsten(VI) oxide, tungstic anhydride ‖ ⁓**oxidchlorid** *n* (rotes) (Chem) / tungsten oxychloride ‖ **[gelbe]** ⁓**säure** (Chem) / tungstic acid*, tungsten(VI) oxide hydrate ‖ ⁓**schnellarbeitsstahl** *m* (Hütt) / tungsten high-speed steel ‖ ⁓**schutzgasschweißen** *n* (Schw) / tungsten inert-gas welding*, TIG welding, gas tungsten-arc welding*, GTA welding, GTAW, TIG* ‖ ⁓**schwammkörper** *m* (Vorratskatode) (Chem) / porous tungsten ‖ ⁓**silicid** *n* (Chem) / tungsten silicide ‖ ⁓**silizid** *n* (Chem) / tungsten silicide ‖ ⁓**stahl** *m* (Hütt) / tungsten steel ‖ ⁓**(IV)-sulfid** *n* (Chem) / tungsten disulphide, tungsten(IV) sulphide ‖ ⁓**trioxid** *n* (Chem) / tungsten trioxide, tungstic trioxide, tungsten(VI) oxide, tungstic anhydride ‖ ⁓-**Wasserstoff-Schweißen** *n* (Schw) / tungsten-hydrogen welding
**Wolf-Rayet-Sterne** *m pl* (nach Ch.J.E. Wolf, 1827-1918, und G.A.P. Rayet, 1839 - 1906) (Astr) / Wolf-Rayet stars*
**Wolfsbergit** *m* (Min) / chalcostibite *n*
**Wolfsche Zahl** (nach R. Wolf, 1816-1893) (Astr) / relative sunspot number, Wolf number, Zurich number
**Wolfs • milch** *f* (Euphorbia L. - ein Kautschukträger) (Bot) / euphorbia *n* ‖ ⁓**milchgewächse** *n pl* (die sich auch als Rohstoff für die Gewinnung von Kraftstoffen eignen) (Bot) / Euphorbiaceae* *pl* ‖ ⁓**ton** *m* (Akus) / wolf *n*, wolf tone, wolf note* ‖ ⁓**zahnung** *f* (des Kreis- oder Kettensägeblattes) (For) / brier teeth
**Wolke** *f* (Meteor) / cloud* *n* ‖ **amboßähnliche** ⁓ (Cumulonimbus incus) (Meteor) / anvil cloud*, incus *n* (pl.incudes), thunderhead *n* ‖ **hohe** ⁓**n** (eine Wolkenfamilie, wie z.B. Cirrocumuli) (Meteor) / high clouds ‖ **irisierende** ⁓ (Meteor) / iridescent cloud* ‖ **linsenförmige** ⁓ (Meteor) / lenticularis *n* (pl. -res), lenticular cloud ‖ **mittelhohe** ⁓**n** (etwa 2400 bis 5300 m) (Luftf, Meteor) / medium clouds, CM, middle clouds ‖ **Oortsche** ⁓ (nach J.H. Oort, 1900-1992) (Astr) / Oort's cloud ‖ **orografische** ⁓ (z.B. Föhn oder "rauchender Berg") (Meteor) / orographic cloud ‖ **stratiforme** ⁓ (Meteor) / layer cloud, stratiform cloud ‖ **tiefe** ⁓**n** (eine Wolkenfamilie, meistens unter 1800 m) (Luftf, Meteor) / low clouds ‖ **wellenförmige** ⁓ (Meteor) / billow cloud ‖ **wogenförmige** ⁓ (Meteor) / billow cloud ‖ **zerrissene** ⁓**n** (Luftf, Meteor) / ragged clouds
**Wolken • analyse** *f* (Meteor) / nephanalysis *n* ‖ ⁓**bildung** *f* (Anstr) / clouding* *n*, blooming* *n* ‖ ⁓**bildung** (Meteor) / cloud formation ‖ ⁓**blitz** *m* (Meteor) / intracloud lightning ‖ ⁓**bruch** *m* (Meteor) / cloudburst *n*, torrential rainstorm, rain gush, rain gust ‖ ⁓**cluster** *m* (Meteor) / cloud cluster ‖ ⁓**fahne** *f* (Meteor) / banner cloud ‖ ⁓**fetzen** *m pl* (Luftf, Meteor) / ragged clouds ‖ ⁓**förmige Trübung** (in einer Formteilen) (Plast) / cloud *n* ‖ ⁓**frei** *adj* (Luftf, Meteor) / clear air ‖ ⁓**höhenmesser** *m* (Luftf, Meteor) / ceilometer *n* ‖ ⁓**klassifikation** *f* (die Einteilung der Wolken nach genetischen oder morphologischen Gesichtspunkten) (Meteor) / cloud classification ‖ ⁓**kratzer** *m* (Bau) / skyscraper *n* ‖ ⁓**kratzermolekül** *n* (bei Sandwichverbindungen) (Chem) / skyscraper molecule ‖ ⁓**los** *adj* (im allgemeinen) (Meteor) / cloudless *adj* ‖ ⁓**los** (Luftf, Meteor) / sky clear, SKC ‖ ⁓**marmorpappe** *f* (Pap) / mist-grey board ‖ ⁓**obergrenze** *f* (der oberste Teil einer Wolke oder Wolkenschicht, angegeben in Metern über Grund) (Luftf, Meteor) / cloud top ‖ ⁓**physik** *f* (ein Teilgebiet der Meteorologie) (Meteor) / cloud physics ‖ ⁓**pilz** *m* (Nukl) / mushroom cloud, nuclear cloud ‖ ⁓**scheinwerfer** *m* (zur Messung der Wolkenhöhe bei Nacht) (Luftf, Meteor) / ceiling projector, ceiling light, cloud searchlight ‖ ⁓**schlauch** *m* (rüsselartiger) (Meteor) / funnel cloud, funnel *n* ‖ ⁓**spiegel** *m* (Meteor) / nephoscope* *n* ‖ ⁓**stockwerk** *n* (ein Höhenbereich) (Meteor) / cloud level ‖ ⁓**straße** *f* (in geordneter Form hintereinander auftretende Konvektionswolken, die sich bei Kaltluftadvektion über Flachland bzw. flachem Hügelland oder über See aufgrund dynamischer oder thermischer Instabilität parallel zur Windrichtung bilden) (Meteor) / cloud street ‖ ⁓**streifen** *m* (Meteor) / plume of cloud(s) ‖ ⁓**symbol** *n* (Meteor) / cloud symbol ‖ ⁓**untergrenze** *f* (Luftf, Meteor) / ceiling *n*, cloud base, cloud ceiling ‖ ⁓**zugmesser** *m* (Meteor) / nephoscope* *n* ‖

**Wolkigkeit** *f* (starke) (Pap) / wildness *n*, wild look-through ‖ ⁓ (Pap) / cloudiness *n*, cloud effect
**Woll •** - (Tex) / woollen *adj*, woolen *adj* (US) ‖ ⁓**abfall** *m* / wool waste ‖ ⁓**abgang** *m* / wool waste ‖ ~**artig** *adj* / woolly *adj*
**Wollaston-Draht** *m* (Platin-, Aluminium- oder Golddraht) / Wollaston wire
**Wollastonit** *m* (Kalziummetasilikat) (Min) / wollastonite* *n*, tabular spar* ‖ ⁓ (-2M) (Min) / parawollastonite *n*
**Wollaston-Prisma** *n* (Polarisationsdoppelprisma - nach W.H. Wollaston, 1766-1828) (Opt) / Wollaston prism*, Wollaston polarizing prism
**Wollastonsches Prisma** (Polarisationsdoppelprisma - nach W.H. Wollaston, 1766-1828) (Opt) / Wollaston prism*, Wollaston polarizing prism
**Woll • ballen** *m* (Tex) / wool bale, bale of wool ‖ ⁓**batist** *m* (Tex) / wool batiste *n* ‖ ⁓**baum** *m* (For) / kapok-tree *n*, silk-cotton tree, ceiba *n* ‖ **dicke, gestrickte** ⁓**bekleidung** (für den Winter) (Tex) / woollies *pl* ‖ ⁓**bezeichnung** *f* **nach Feinheit** (Zahlenwerte, die einen Hinweis auf die Ausspinngrenze der betreffenden Wolltype geben) (Tex) / quality terms ‖ ⁓**büschel** *n* (Tex) / lock *n* ‖ ⁓**dickenmesser** *m* (Mikros, Tex) / lanameter *n* (for measuring the thickness and the surface development of the wool fibre)
**Wolle** *f* (von Schaf und Ziege) (Tex) / wool* *n* ‖ **abgebeizte** ⁓ (Tex) / pelt wool ‖ **abgeschorene** ⁓ (Tex) / sheared wool, shorn wool ‖ **an der Spitze stärker angefärbte** ⁓ (Fehler) (Tex) / tippy wool* ‖ **angeblaute** ⁓ (Tex) / wool from the blue vat ‖ ⁓ **aus** (Tex) / woollen *adj*, woolen *adj* (US) ‖ **beste** ⁓ **eines Vlieses** (Tex) / picklock *n* ‖ **chlorierte** ⁓ / chlorinated wool ‖ **durch Fremdkörper verunreinigte** ⁓ (Tex) / moity wool ‖ **entfettete** ⁓ (Tex) / scoured wool ‖ **entschweißte** ⁓ (Tex) / scoured wool ‖ **filzige** ⁓ (Tex) / matted wool, stringy wool, cotty wool, felted wool, cotts *pl* ‖ **gechlorte** ⁓ (Tex) / chlorinated wool ‖ **gewolfte** ⁓ (Tex) / willowed wool ‖ **grobe, extralange** ⁓ (Tex) / strong wool ‖ **gute, dichte, lange** ⁓ (Tex) / shafty wool ‖ **in der** ⁓ **gefärbt** (Tex) / wool-dyed *adj*, stock-dyed *adj* ‖ **Indische** ⁓ **erster Qualität** (Tex) / joria* *n* ‖ **karbonisierte** ⁓ (Tex) / carbonized wool ‖ **klettenhaltige** ⁓ (Tex) / burry wool ‖ **klettige** ⁓ (Tex) / burry wool ‖ **Kurzfasern enthaltende** ⁓ (Tex) / noily wool ‖ **langstapelige** ⁓ (18 bis 51 cm) (Tex) / long wool ‖ **leicht verfilzte** ⁓ (Tex) / matted wool, stringy wool, cotty wool, feltcd wool, cotts *pl* ‖ **mit feiner** ⁓ (Schaf) (Tex, Zool) / fine-woolled *adj* ‖ **nichtweiße** ⁓ (Tex) / black wool ‖ **regenerierte** ⁓ (Tex) / recovered wool, regenerated wool ‖ **rückengewaschene** ⁓ (DIN 60004) (Tex) / back-washed wool ‖ **sortierte** ⁓**n gleicher Qualität** (Tex) / sorts *pl* ‖ **vegetabilische** ⁓ (Tex) / kapok* *n*, Java cotton, ceiba *n*, capoc *n*, silk cotton ‖ **verfärbte** ⁓ (Tex) / stained wool ‖ **zeichenhaltige** ⁓ (Tex) / painted wool ‖ ⁓ *f* **des Corriedale-Schafes** (Kombinationszüchtung aus Merino- und Langwollschafen in Australien, Nordamerika und Südafrika) (Tex) / Corriedale wool ‖ ⁓ **mit Stichelhaaren** (Tex) / kempy wool ‖ ⁓ **tragend** (z.B. Schaf, Kamel, Kaninchen, Ziege) (Tex) / laniferous *adj*, lanigerous *adj* ‖ ⁓ *f* **vom einjährigen Schaf** (Tex) / shearling *n* ‖ ⁓ **von schlechtgenährten Schafen** (Tex) / hungry wool, hungry *n* ‖ ⁓ **von zweijährigen Schafen** (Tex) / teg wool ‖ ⁓ **zweiter Wahl** (Tex) / seconds *pl*
**Wollechtfarbstoff** *m* (Tex) / wool fast dyestuff
**wollen** *adj* (Tex) / woollen *adj*, woolen *adj* (US) ‖ ~**er Westenstoff in Brighton-Bindung** (Tex) / brighton *n*
**Wolle • programm** *n* (bei Waschautomaten) (Tex) / woolen cycle ‖ ⁓**qualitätsbezeichnung** *f* (Tex) / quality terms ‖ ⁓-**Seide-Mischgewebe** *n* (Tex) / wool-and-silk union
**Woll • faden** *m* (als Sonde) (Luftf, Phys) / tuft *n*, air-current probe ‖ ⁓**fadenmethode** *f* (Luftf) / tufting method ‖ ⁓**fadensonde** *f* (Luftf, Phys) / tuft *n*, air-current probe ‖ ⁓**farbig** *adj* (Tex) / wool-dyed *adj*, stock-dyed *adj* ‖ ⁓**farbstoff** *m* (Tex) / wool dyestuff, wool dye ‖ ⁓**faser** *f* (Tex) / wool fibre ‖ **beim Kämmen abfallende** ⁓**fasern** (Tex) / robbings *pl* ‖ **[gereinigtes]** ⁓**fett** (Chem, Tex) / lanolin* *n* ‖ ⁓**fettgewinnung** *f* **durch Hypochloritverfahren** (aus den Wollwaschabwässern) (Chem Verf, Tex) / Raeve process ‖ ⁓**fettgewinnung durch Säureverfahren** *f* (aus den Wollwaschabwässern) (Chem Verf, Tex) / acid cracking ‖ ⁓**filz** *m* (Tex) / wool felt ‖ ⁓**filzpappe** *f* (Bau) / rag felt ‖ **dunkelblauer** ⁓**fries** (Tex) / pilot-cloth *n* ‖ ⁓**garn** *n* (Spinn) / wool yarn, spun wool, woollen yarn ‖ ⁓**gewebe** *n* (Tex) / woollen *n*, wool cloth, woolen *n* (US), woollen fabric ‖ ⁓**gewebe mit Leinenoptik** (Tex) / cool wool ‖ ⁓**gras** *n* (Eriophorum sp.) (Bot) / cotton-grass *n* ‖ ⁓**haare** *n pl* (Tex) / downy hairs, down *n*, fluff *n* ‖ **mit** ⁓**haaren** (Tex) / woolly *adj*
**wollig** *adj* (Bot, Zool) / woolly *adj* ‖ ⁓ (Bot, Zool) / lanate* *adj*, lanuginose* *adj*
**Woll • kämmaschine** *f* (Spinn) / wool combing machine, wool comber ‖ ⁓**kämmen** *n* (DIN 60415) (Spinn) / wool combing ‖ ⁓**kämmerei** *f* (Betrieb) (Spinn) / wool combing works ‖ ⁓**kämmerei** *f* (Tätigkeit) (Spinn) / wool combing ‖ ⁓**kammgarn** *n* (Spinn) / worsted (spun) yarn ‖ ⁓**kammgarnspinnen** *n* (Spinn) / worsted-system spinning, worsted system, worsted spinning ‖ ⁓**kämmstuhl** *m* (Spinn) / wool combing machine, wool comber ‖ ⁓**kammzug** *m* (Spinn) / combed top, wool

**Wollkammzugband**

top ‖ ⁓**kammzugband** n (Spinn) / combed top, wool top ‖ ⁓**karde** f (Tex) / wool card ‖ ⁓**klassifizierung** f (handelsübliche Zusammenstellung von Kurzbezeichnungen für Wolltypen nach Feinheit, Länge, Kräuselung und Ausgeglichenheit, Farbe, Glanz, Reinheit und Bruchfestigkeit zu Sortimenten zusammengefaßt) (Tex) / wool classification ‖ ⁓**kratze** f (Tex) / wool card ‖ ⁓**krempel** f (Tex) / wool card ‖ ⁓**mischkammgarn** n (Spinn) / woolblend-worsted n ‖ ⁓**musselin** m (Tex) / mousseline-de-laine n, wool muslin ‖ ⁓**muster** n (Tex) / wool sample ‖ ⁓**öl** n (Tex) / wool oil ‖ ⁓**plüsch** m (Tex) / wool plush ‖ ⁓**protein** n (Chem, Tex) / wool protein ‖ ⁓**provenienz** f (Herkunftsbezeichnung für Schurwolle, die meist auch einen Hinweis auf Qualität gibt) (Tex) / wool provenance, wool provenience (US) ‖ **drittbeste** ⁓**qualität** (Tex) / choice n, choice wool ‖ ⁓**rips** m (Tex) / Russel n, Russell cord ‖ ⁓**sachen** f pl (Tex) / woollens* pl ‖ ⁓**sack** m / woolpack n ‖ ⁓**sackverwitterung** f (der grobkörnigen Massengesteine) (Geol) / spheroidal weathering, spherical weathering ‖ ⁓**samt** m (Tex) / worsted velvet ‖ ⁓**schädlinge** m pl (z.B. Diebkäfer, Kleidermotten, Pelzkäfer usw.) / wool pests, wool vermin ‖ ⁓**schere** f (für die Schafschur) (Landw) / sheep clippers, sheep shears ‖ ⁓**schmälzmittel** n (Tex) / wool oil ‖ ⁓**schmiere** f (Tex) / suint n, yolk n ‖ ⁓**schuppenmaskierung** f (Tex) / scale masking ‖ ⁓**schweiß** m (Tex) / suint n, yolk n ‖ ⁓**siegel** n (internationale Schutzmarke für reine Schurwolle und andere Qualitätsmerkmale) (Tex) / woolmark n ‖ ⁓**siegelartikel** m (Tex) / woolmark-quality article ‖ ⁓**siegelprogramm** n (Tex) / woolen cycle ‖ ⁓**sortiererkrankheit** f (eine Form von Milzbrand - eine Berufskrankheit) (Med) / wool-sorters' disease* ‖ ⁓**spicköl** n (Tex) / wool oil ‖ ⁓**stoff** m (Tex) / woollen n, wool cloth, woolen n (US), woollen fabric ‖ **schwarzweiß karierter** ⁓**stoff** (Tex) / shepherd's check, shepherd's plaid ‖ ⁓**weichgedrehtes** ⁓**strickgarn** (Tex) / Berlin wool ‖ **vom** ⁓**typ** (Tex) / wool-like adj (manmade fibre) ‖ ⁓**veredlung** f (Tex) / wool processing ‖ ⁓**vlies** n (zusammenhängendes Wollkleid) (Tex) / fleece n ‖ ⁓**wachs** n (Rohwollfett) (Chem, Tex) / wool grease, wool fat, wool oil, wool wax ‖ ⁓**wachs** (Adeps lanae anhydricus) (Pharm) / anhydrous lanolin (US) ‖ ⁓**wachsalkohol** m (unverseifbare Fraktion von Wollwachs) (Chem) / wool wax alcohol, lanolin alcohol ‖ ⁓**ware** f (Kleider, Anzüge) (Tex) / woollens pl, woolens pl (US), woolen garments ‖ ⁓**wäsche** f (Wäsche der zur Weiterverarbeitung vorgesehenen Wolle) (Tex) / wool scouring, wool washing ‖ **isoelektrische** ⁓**wäsche** (Tex) / isoelectric wool washing ‖ ⁓**wäschereiabwässer** n pl (Sanitär) / wool-scouring wastewater ‖ ⁓**waschmaschine** f (DIN 64100) (Tex) / wool-washing machine, wool-scouring plant, scourer n, scouring machine ‖ ⁓**weberei** f (Tätigkeit) (Web) / wool weaving

**WOL-Probe** f (WP) / WOL specimen, wedge-opening load specimen

**Wolter-Teleskop** n (nach H. Wolter, 1911-1978) (Astr) / X-ray telescope*

**Woltman-Zähler** m (zur Durchflußmessung strömender Flüssigkeiten verwendeter Volumenzähler, bei dem ein dem Laufrad einer Axialturbine ähnlicher Strömungskörper von der Flüssigkeit in Drehung versetzt wird - nach R. Woltman, 1757 - 1837) (Instr) / Woltman current meter

**Wood • -Effekt** m (Foto) / Wood effect ‖ ⁓**-Elektrolyt** m (mit $NiCl_2$ und HCl) (Galv) / Wood electrolyte ‖ ⁓**-Glas** n (für Woodlicht-Lampen) (Glas) / Wood's glass* ‖ ⁓**-Legierung** f (50 % Bi, 25 % Pb, 12,5 % Cd und 12,5 % Sn - Schmelzpunkt bei 60° C) (Hütt) / Wood's metal

**Woodlicht-Lampe** f (Quecksilberdampflampe als Quelle für UV-Strahlung - nach R.W. Wood, 1868 - 1955) / Wood-light lamp

**Wood-Metall** n (50 % Bi, 25 % Pb, 12,5 % Cd und 12,5 % Sn - Schmelzpunkt bei 60° C) (Hütt) / Wood's metal

**Woodsches Metall** (50 % Bi, 25 % Pb, 12,5 % Cd und 12,5 % Sn - Schmelzpunkt bei 60° C) (Hütt) / Wood's metal

**Woods-Saxon-Potential** n (bei Kernmodellen) (Kernphys) / Wood's -Saxon potential

**Woodward-Hoffmann-Regel** f (von der Erhaltung der Orbitalsymmetrie - nach R.B. Woodward, 1917-1979, und R. Hoffmann, geb. 1937) (Chem) / Woodward-Hoffmann rule

**Woofer** m (Akus) / woofer* n, boomer m, bass loudspeaker, bass speaker

**Wool-Press-Ausrüstung** f (für Stoffe aus Wolle-Polyester und Wolle-Acryl) (Tex) / Wool Press n

**Word-Spotting** n (EDV) / word spotting

**Word-wrap** n (ein Hilfsmittel bei der Texterstellung) (EDV) / word wrap

**Work • -Factor-Verfahren** n (ein System vorbestimmter Zeiten) (F.Org) / work-factor process ‖ ⁓**flow** m (EDV) / workflow n ‖ ⁓**group** f (EDV) / workgroup n ‖ ⁓**group-Drucker** m (netzwerkfähiger Drucker für Arbeitsgruppen) (EDV) / workgroup printer ‖ ⁓**shop** m (pl. -s) (Seminar) / workshop n

**Workstation** f (EDV) / workstation* n ‖ **grafische** ⁓ (EDV) / graphics workstation ‖ **laufwerklose** ⁓ (bei On-line-Publishing) (EDV) / diskless workstation ‖ ⁓**-Publizieren** n (eine Art elektronisches Publizieren) (EDV) / workstation publishing

**World Wide Web** n (EDV) / World Wide Web*, WWW*

**WORM** f (EDV) / write once, read many disk, WORM disk ‖ ⁓**-Platte** f (EDV) / write once, read many disk, WORM disk

**Worst-Case-Bedingungen** f pl (Zusammentreffen aller ungünstigen Bedingungen bei einem Bauteil oder Gerät, wobei sich die Bedingungen innerhalb der zulässigen Betriebsbedingungen befinden) / worst-case conditions

**Worstedgarn** n (Spinn) / combed wool, combing-wool n, worsted wool, wool for worsted spinning

**Wort** n (EDV) / word* n ‖ ⁓ (in der Telegrafie) (Teleg) / telegraph word ‖ **alphabetisches** ⁓ (EDV) / alphabetic word ‖ **begleitende** ⁓**e** (Film, TV) / voice-over n ‖ **ganzes** ⁓ (EDV) / full word ‖ **numerisches** ⁓ (EDV) / numerical word, numeric word ‖ **übergeschlossenes** ⁓ (z.B. beim Satz von Wörterbüchern) (Typog) / turnover* n ‖ **untergeschlossenes** ⁓ (Typog) / turnover* n ‖ **Wörter pro Minute** (EDV) / words per minute

**Wort • abstand** m (vom Dokumentanfang) (EDV) / word offset ‖ ⁓**adresse** f (EDV) / word address ‖ ⁓**algebra** f (in der Semantik) / term algebra ‖ ⁓**artangabe** f (EDV) / part-of-speech label ‖ ⁓**ausgabe** f (EDV) / word output ‖ ⁓**auswahlregister** n (EDV) / word-select register ‖ ⁓**begrenzungszeichen** n (EDV) / word delimiter, word separator character ‖ ⁓**bildung** f (KI) / word formation ‖ ⁓**-Bild-Zeichen** n (ein Warenzeichen) / combined mark ‖ ⁓**endezeichen** n (EDV) / end-of-word mark, end-of-word character

**Wörteralgebra** f (EDV, Math) / polynomial algebra

**Wörterbuch** n (EDV) / dictionary n ‖ **automatisches** ⁓ (bei der maschinellen Übersetzung) (EDV) / automatic dictionary ‖ **elektronisches** ⁓ (EDV) / electronic dictionary

**Wort • erkennung** f (KI) / word recognition ‖ ⁓**erkennungsalgorithmus** m (KI) / word-recognition algorithm ‖ ⁓**experten-Parsing** n (KI) / word-expert parsing ‖ ⁓**feld** n / semantically related words, lexical set ‖ ⁓**grenze** f (Druck, EDV) / word boundary ‖ **auf** ⁓**grenze ausgerichtet** (Druck, EDV) / word-aligned adj ‖ ⁓**hypothese** f (KI) / word hypothesis ‖ ⁓**kassette** f (Akus) / audiobook n ‖ ⁓**konstante** f (EDV) / full-word constant, word constant ‖ ⁓**länge** f (EDV) / word length* ‖ **feste** ⁓**länge** (EDV) / fixed word length ‖ **variable** ⁓**länge** (EDV) / variable word length ‖ ⁓**laut** m / wording n, wordage n ‖ ⁓**leitung** f (EDV) / word line ‖ ⁓**marke** f (EDV) / word mark ‖ ⁓**maschine** f (EDV) / word-oriented computer, word-oriented machine ‖ ⁓**maschine** s. auch Stellenmaschine ‖ ⁓**muster** n (KI) / word pattern ‖ ~**organisiert** adj (EDV) / word-organized adj ‖ ~**organisierter Speicher** (DIN 44300) (EDV) / word-organized memory (WOM), word-organized storage ‖ ~**orientiert** adj (EDV) / word-oriented adj ‖ ~**orientierter Rechner** (der die Operanden als Wort fester Länge speichert) (EDV) / word-oriented computer, word-oriented machine ‖ ⁓**problem** n (Math) / word problem, identity problem ‖ ⁓**stamm-Retrieval** n (KI) / word-stem retrieval ‖ ⁓**stelle** f (EDV) n (pl. lemmata or lemmas), entry n ‖ ⁓**steuerung** f (EDV) / word control ‖ ⁓**struktur** f (EDV) / word structure n ‖ ⁓**taktzeit** f (Verarbeitungszeit je Wort) (EDV) / word time ‖ ⁓**trennzeichen** n (EDV) / word delimiter, word separator character ‖ ⁓**verstümmelung** f (Fernm) / clipping* n ‖ ~**weise parallelarbeitend** (EDV) / word-organized adj ‖ ⁓**zählung** f (EDV) / word count ‖ ⁓**zeichen** n (ein Warenzeichen) / word mark ‖ ⁓**zeit** f (Verarbeitungszeit je Wort) (EDV) / word time ‖ ⁓**zwischenraum** m (Typog) / interword space, space between words

**Woulfe-Flasche** f (DIN 12480 und 12481) (Chem) / Woulfe's bottle, Woulfe bottle

**Woulfesche Flasche** (eine dickwandige Glasflasche mit 2 oder 3 Hälsen und mitunter einem kurz über dem Boden befindlichen Ansatz - nach P. Woulfe, 1727-1803) (Chem) / Woulfe's bottle, Woulfe bottle

**WP** (DIN 60001, T 4) (Wolle des Schafkamels Alpaka) (Tex) / alpaca* n

**wp-Kalkül** m (EDV) / wp calculus, calculus of weakest preconditions

**WPM** (EDV) / words per minute

**W-Profilfaser** f (Fernm) / W-fibre n, W-type optical fibre

**W-Profillichtwellenleiter** m (LWL, bei dem die Brechzahl nach außen hin wieder ansteigt, so daß das Profil eine W-Form erhält) (Fernm) / W-fibre n, W-type optical fibre

**WPS** (Masch) / shaft power, shaft horse power, SHP, s. h. p.

**Wrack** n (Masch) / wreckage n ‖ ⁓ (Schiff) / wreck n ‖ ⁓**boje** f (Schiff) / wrack buoy ‖ ⁓**rutschstrecke** f (Luftf) / wreckage trail ‖ ⁓**teile** n pl (Masch) / wreckage n ‖ ⁓**tonne** f (Schiff) / wrack buoy

**Wrackung** f (eines Rahmens, so daß eine Diagonale länger, die andere kürzer wird) (Schiff) / racking* n

**Wrap-around-Platte** f (Druck) / wraparound plate, wrap-round plate*

**wrappen** v (Eltronik) / wrap v

**Wrap-Pistole** f (die in der Wire-Wrap-Technik einen Spezialdraht um einen Pfosten wickelt) (Eltronik) / wire-wrap gun

**Wrap-Stift** m (EDV) / wrap pin

**Wrasen** *m* / vapours *pl* (water) ‖ ⁓**abzug** *m* / vapour escape
**wringen** *v* (Tex) / wring *v* (out) ‖ ⁓ *n* (Tex) / wringing *n*
**Write-ahead-Log** *m* (die wichtigste Implementierungstechnik zur Erzielung transaktionsorientierter Fehlertoleranz in Datenbanksystemen) (EDV) / write-ahead log
**Write-once-Cache** *m* (EDV) / write-once cache
**Write-protect-Bit** *n* (Cache) (EDV) / write-protect bit, WP bit
**Write-through-Cache** *m* (EDV) / write-through cache
**Wronski-Determinante** *f* (nach J.M. Hoene-Wronski, 1778-1853 benannt) (Math) / Wronskian* *n*
**WRS** (KI) / knowledge representation system, KRS
**W-R-Sterne** *m pl* (deren Spektren ausschließlich helle anstatt dunkle Linien enthalten) (Astr) / Wolf-Rayet stars*
**WRV** (Tex) / water retention value, WRV, hygroscopic property
**Ws** (Elektr) / watt-second *n*
**WS** (z.B. mmWS, mWS) (Phys) / water column, WC ‖ ⁓ (DIN 60001, T 4) (Tex) / cashmere wool, cashmere *n*, cashmere hair
**WSA-Glas** *n* (Glas) / heat-absorbing glass
**WSG** (Schw) / tungsten inert-gas welding*, TIG welding, gas tungsten-arc welding*, GTA welding, GTAW, TIG*
**WSG-Theorie** *f* (Kernphys) / Weinberg and Salam's theory*
**WSI-Integration** *f* (die in den neunziger Jahren erreicht wurde) (EDV, Eltronik) / wafer-scale integration (WSI)
**WSI-Integrationstechnik** *f* (bei der eine integrierte Schaltung die gesamte Fläche eines Wafers beansprucht) (EDV, Eltronik) / wafer-scale integration (WSI)
**WSO** (Luftf, Mil) / weapon-system officer, WSO
**WSR-Glas** *n* (Glas) / reflective-coated glass, reflective glass, heat-reflective glass, antisolar glass
**W-Sterne** *m pl* (Astr) / Wolf-Rayet stars*
**wSZ** (Astr, Meteor) / apparent solar time*, apparent time
**WT** (Fernsp) / dialling tone (GB), dial tone (US), alerting tone ‖ ⁓ (Teleg) / voice-frequency telegraphy, V.F. telegraphy, v-f telegraphy, sound telegraphy
**W-Teilchen** *n* (Kernphys) / W boson, W particle
**W-Ton** *n* (Fernsp) / dialling tone (GB), dial tone (US), alerting tone
**W-Typ-** (Faser) (Tex) / wool-like *adj* (manmade fibre)
**Wuchs** *m* (Biol, Krist) / growth* *n*, growing *n* ‖ **exzentrischer** ⁓ (For) / eccentric growth ‖ **von hohem** ⁓ (Bot) / tall *adj* ‖ ⁓**fehler** *m* (For) / growth-related defect, defect in growth ‖ ⁓**form** *f* (eines Baumes) (For, Landw) / growth habit (of a tree) ‖ ⁓**klasse** *f* (For) / growth class ‖ ⁓**koeffizient** *m* (Phys) / growth coefficient ‖ ⁓**spannung** *f* (For) / growth stress ‖ ⁓**stoff** *m* (Sammelbezeichnung für Stoffe, die das Wachstum fördern) (Biol) / growth substance ‖ ⁓**stoffherbizid** *n* (das in seiner Wirkung dem natürlichen Pflanzenhormon Auxin entspricht) (Chem, Landw) / hormone weed-killer ‖ ⁓**stoffherbizide** *n pl* (selektive Herbizide auf der Basis von Phenoxykarbonsäuren, deren Salzen und Estern - z.B. MCPA, MCPB und MCPP) (Chem, Landw) / phenoxy herbicides
**Wucht** *f* (Mech) / impact* *n*, impulsive force
**wuchten** *v* (Masch, Mech) / balance *v* ‖ ⁓ *n* (Masch, Mech) / balancing *n* ‖ **niedertouriges** ⁓ (Masch, Mech) / low-speed balancing
**Wucht • gewicht** *n* (Masch) / balance weight, balancing weight ‖ ⁓**gewicht** (Blei) (Masch) / lead (balancing) weight ‖ ⁓**rinnensieb** *n* / rocking channel screen
**Wu-Experiment** *n* (das zum ersten Male die Verletzung der Parität bewies - nach Frau Chien-Shiung Wu, 1912-1997) (Kernphys) / Wu experiment
**Wulcherlöffel** *m* (Glas) / marver *n*
**wulchern** *v* (Glas) / marver *v*, shape *v*, block *v*
**Wulfenit** *n* (Bleimolybdat) (Min) / wulfenite* *n*, yellow lead ore
**Wulff-Netz** *n* (ein Gradnetz nach G.W. Wulff, 1863-1925) (Geog, Krist) / stereographic net, Wulff net, stereo net
**Wulffsches Netz** (Geog, Krist) / stereographic net, Wulff net, stereo net
**Wulgerlöffel** *m* (Glas) / marver *n*
**wulgern** *v* (in einem Wulgerlöffel bei der Stuhlarbeit) (Glas) / marver *v*, shape *v*, block *v*
**Wullenweber-Antenne** *f* (Kreisgruppenantenne zur Bestimmung der Einfallsrichtung eines Funksignals) (Radio) / Wullenweber antenna
**Wulst** *m f* / head *n*, swelling *n*, enlargement *n*, bead *n* ‖ ⁓ (Zierglied) (Arch) / roll moulding, roll *n* ‖ ⁓ (z.B. im Walzenspalt) (Chem Verf, Hütt) / bank *n* ‖ ⁓ (Blechteil) (Hütt) / bulge *n* ‖ ⁓ (des Wulststahls) (Hütt) / bulb *n* ‖ ⁓ (des Reifens) (Kfz) / bead *n* ‖ ⁓ (beim Thermitschweißen) (Schw) / collar *n* ‖ ⁓ (beim Widerstandsschweißen) (Schw) / fin *n* ‖ ⁓ (Tex) / bead *n* ‖ ⁓ s. auch Bulb und Sicke ‖ ⁓**band** *n* (zum Schutz des Luftschlauches gegen Ausscheuerung durch Reifenwulste) (Kfz) / chafer *n*, bead chafer strip *n* ‖ ⁓**band** (Kfz) s. auch Felgenband ‖ ⁓**bug** *m* (Schiff) / bulbous bow ‖ ⁓**draht** *m* (des Reifens) (Kfz) / bead wire ‖ ⁓**fahne** *f* (des Reifens) (Kfz) / flipper *n* ‖ ⁓**felge** *f* (Kfz) / clincher rim, clinch rim ‖ ⁓**gewebe** *n* (Kfz, Tex) / chafer fabric ‖ ⁓**kernfahne** *f* (Kfz) / flipper *n* ‖ ⁓**leinen** *n* (Kfz, Tex) / chafer fabric ‖ ⁓**leiste** *f* (Arch) / roll moulding, roll *n* ‖ ⁓**rand** *m* / beaded edge ‖ ⁓**reifen** *m* (Kfz) / clincher tyre ‖ ⁓**stumpfschweißen** *n* (eine Art Widerstandspreßschweißen) (Schw) / pressure butt welding ‖ ⁓**winkelstahl** *m* (Hütt) / bulb angle steel (pl. bulb angles)
**Wundbalsam, Indianischer** ⁓ (Chem) / balsam of Peru*, Peru balsam, Peruvian balsam, Indian balsam
**Wundbenzin** *n* (Pharm) / surgical spirit*, benzine *n*
**Wundererde, sächsische** ⁓ (Min) / teratolite *n*
**Wund • fäule** *f* (durch das Eindringen von holzzerstörenden Pilzen in das Stamminnere) (For) / wound rot ‖ ⁓**geriebene Stelle** (Leder, Med) / gall* *n* ‖ ⁓**gewebe** *n* (das nach größeren Verletzungen des Baumes entsteht) (For) / wound tissue* ‖ ⁓**gummi** *n* (von verletzten Laubholzbäumen) (For) / wound gum, traumatic resin ‖ ⁓**harzkanal** *m* (bei Nadelhölzern unter Einfluß eines Wundreizes) (For) / traumatic resin duct, traumatic canal ‖ ⁓**holz** *n* (ein Sondergewebe) (For) / wound wood ‖ ⁓**kallus** *m* (Bot, For) / callus* *n* (pl. calluses), callous *n* (pl. callouses) ‖ ⁓**kern** *m* (For) / traumatic heartwood ‖ ⁓**kernholz** *n* (For) / traumatic heartwood ‖ ⁓**kork** *m* (infolge Wundverletzung nach Rindenverletzung von einem gesonderten Korkkambium gebildeter Kork, der zum Wundabschluß führt) (For) / wound cork ‖ ⁓**rinde** *f* (For) / wound bark ‖ ⁓**ring** *m* (For) / traumatic ring ‖ ⁓**scheuern** *v* (Häute im Faß - nur Infinitiv und Partizip) (Leder) / scuff *v* ‖ ⁓**starrkrampf** *m* (Med) / tetanus* *n* ‖ ⁓**streichen** *v* (nur Infinitiv oder Partizip) (Leder) / chafe in scudding ‖ ⁓**überwallung** *f* (ringförmige) (For) / traumatic ring
**Wunschausstattungspaket** *n* (gegen Aufpreis) (Kfz) / optional package
**Wünschelrute** *f* / dowsing rod, dowser *n*, divining rod
**Wunschkennzeichen** *n* (Kfz) / vanity plate (a vehicle licence plate bearing a distinctive or personalized combination of letters, numbers, or both)
**Wurf** *m* (Jungtiere) (Landw) / litter *n* ‖ ⁓ (Phys) / throw *n* ‖ **horizontaler** ⁓ (Phys) / horizontal throw ‖ **schiefer** ⁓ (Phys) / inclined throw ‖ **schräger** ⁓ (Phys) / oblique throw ‖ **senkrechter** ⁓ (Phys) / vertical throw ‖ **waagerechter** ⁓ (Phys) / horizontal throw ‖ ⁓**bahn** *f* (Mech) / trajectory *n* ‖ **[militärische]** ⁓**einrichtung** (z.B. ein Katapult, ein Raketenwerfer) (Mil) / projector *n*
**Würfel** *m* (Anordnung von Prozessoren) (EDV) / cube *n* ‖ ⁓ (Galv) / square *n* ‖ ⁓ (Math) / cube* *n* ‖ **in** ⁓ **schneiden, formen, pressen** / cube *v* ‖ ⁓**antenne** *f* (Radio) / cubical antenna*, cubical aerial ‖ ⁓**artig zersplittertes Glas** (Glas) / dice *n* ‖ ⁓**bindung** *f* (eine Leinwandbindung) (Web) / hopsack weave*, matt weave, basket weave, Celtic weave ‖ ⁓**bruch** *m* (Erkennungsmerkmal einer Destruktionsfäule) (For) / cubical rot ‖ ⁓**druckfestigkeit** *f* (des Betons in N/mm$^2$) (HüT) / cube strength ‖ ⁓**druckfestigkeitsprüfung** *f* (des Mörtels) (HüT) / mortar-cube test ‖ ⁓**eiserzeuger** *m* / cube ice maker ‖ ⁓**erz** *n* (Eisen(III)-hexahydroxidtriorthoarscnat) (Min) / pharmacosiderite* *n*, cube ore ‖ ⁓**festigkeit** *f* (HüT) / cube strength ‖ ⁓**förmig** *adj* / cube-shaped *adj*, cubical *adj* ‖ ⁓**förmiger Zerfall** (bei Trockenfäule) (For) / cubical rot ‖ ⁓**fries** *m* (Arch) / billet *n* ‖ ⁓**gitter** *n* (das dreidimensionale Analogon zum Quadratnetz der Ebene) (Krist) / cubic lattice ‖ ⁓**größe** *f* / cube size ‖ ⁓**kohle** *f* (80-120 mm - Steinkohle) (Bergb, Kftst) / large cobbles (6 to 3 in.), cobbles *pl* (4 to 2 in.)* ‖ ⁓**kopf** *m* (Masch) / square head *n* ‖ ⁓**muster** *n* (Tex) / dice pattern, check pattern ‖ **kontrastreiche** (meistens schwarzweiße) ⁓**musterung** (Tex) / shepherd's check, shepherd's plaid
**Würfeln** *n* (Nahr) / dicing *n*
**Würfel • presse** *f* (zur Herstellung würfelförmiger Futtermittel) (Landw) / cuber *n*, cubing machine ‖ ⁓**prüfung** *f* (HüT) / mortar-cube test ‖ ⁓**schneider** *m* (Nahr) / dicing cutter, dicing machine ‖ ⁓**schneider** (Plast) / dicer *n*, cube dicer (US), cutter *n* (GB) ‖ ⁓**textur** *f* (Hütt) / cube texture ‖ ⁓**verdopplung** *f* (Math) / duplication of the cube ‖ ⁓**zucker** *m* (Nahr) / cube sugar
**Wurf • feuerung** *f* (Masch) / sprinkling stoker, sprinkler *n* ‖ ⁓**förderer** *m* (Masch) / directional-throw conveyor ‖ ⁓**gebläse** *n* (bei unempfindlichem Gut) (Landw) / impeller fan ‖ ⁓**geschüttete Spanplatte** (For, Tischl) / gravity-spread particle board ‖ ⁓**gestreute Spanplatte** (For, Tischl) / gravity-spread particle board ‖ ⁓**gewicht** *n* (Mil) / throw-weight *n* ‖ ⁓**kraft** *f* (des Löschmittelstrahls) / impact pressure (of extinguishing agent) ‖ ⁓**probe** *f* (WP) / shock test ‖ ⁓**rad** *n* (Sanitär) / impeller *n* ‖ ⁓**rauhputz** *m* (ein Außenputz auf einer Trockenputzschicht) (Bau) / Tyrolean finish ‖ ⁓**schaufellader** *m* (Bergb) / overhead shovel loader, flip-over bucket loader, rocker shovel ‖ ⁓**sendung** *f* (Druck) / throw-away* *n* ‖ ⁓**sieb** *n* / riddle* *n*, screen* ‖ ⁓**strahllüfter** *m* (beim Belegungsverfahren) (Sanitär) / surface paddle ‖ ⁓**weite** *f* / throw *n* ‖ ⁓**weite** (bei einem Regner) (Landw) / spraying range, range of jet ‖ ⁓**weite** (Luftf, Mil) / range *n*, shot *n*
**würgeln** *v* (Spinn) / rub *v* ‖ ⁓ *n* (Spinn) / rubbing *n*
**Würgel • strecke** *f* (Spinn) / apron frame, rubbing drawer, rubbing frame ‖ ⁓**werk** *n* (DIN 64119) (Spinn) / rubbing leathers, condenser leathers, rotafrotteur *n*, rubbing section ‖ ⁓**zeug** *n* (DIN 64119) (Spinn) / rubber leather, rubbing leather

**Würge•verbindung** f (bei Adern eines Außenkabels) (Kab) / twist joint, twisted joint ‖ **~zange** f (Bergb) / crimping pliers, crimper n
**Wurm** m (EDV) / computer worm, worm n, worm program ‖ **~gang** m (im allgemeinen) (For) / shot hole ‖ **~loch** n (For) / borer hole, wormhole n ‖ **~mittel** n (im allgemeinen) (Chem, Med) / vermicide n, vermifuge n ‖ **~mittel** (Pharm) / anthelmintic* n ‖ **~-Programm** n (ein eigenständiges Programm, das nur in Netzwerkumgebungen auftritt; ein Wurm kann sich im Gegensatz zu einem Trojanischen Pferd vervielfältigen, infiziert aber keine anderen Programme) (EDV) / computer worm, worm n, worm program ‖ **~samenöl** n (aus Chenopodium ambrosioides var. anthelminticum (L.) A. Gray) (Pharm) / chenopodium oil, American wormseed oil, goosefoot oil, oil of chenopodium, wormseed oil ‖ **~samenöl** (Pharm) / wormseed oil (of the Levant wormwood), Baltimore oil ‖ **~stich** m (For) / shot hole ‖ **~tötendes Mittel** (Chem, Med) / vermicide n, vermifuge n ‖ **~widriges Mittel** (Chem, Med) / vermicide n, vermifuge n
**Würstcheninstabilität** f (Plasma Phys) / sausage instability
**Wursters Rot** (semichinonartiges Radikalkation) (Chem, Foto) / Wurster's red
**Wurstersches Salz** (nach C. Wurster, 1856-1913) (Chem) / Wurster's salt
**Wurst•masse** f (Nahr) / meat-mix n, meat emulsion, sausage meat ‖ **~vergiftung** f (Med, Nahr) / sausage-poisoning n ‖ **~vergiftung** s. auch Botulismus
**Wurtzit** m (Zinksulfid) (Min) / wurtzite* n ‖ **~struktur** f (Eltronik, Krist) / wurtzite structure
**Wurtz-Synthese** f (Chem) / Fittig's synthesis*, Wurtz synthesis*
**Würze** f (eine im Verlauf der Bierherstellung anfallende Flüssigkeit) (Brau) / wort n ‖ **~** (zur Bier- oder Essigherstellung) (Brau) / gyle n ‖ **~** (alle der Geschmacksverbesserung von Speisen dienende flüssige oder pastöse Zubereitungen oder auch Würzsoßen) (Nahr) / seasoning n **die von den Maischetrebern abgetrennte ~** (Nahr) / wash n ‖ **gehopfte ~** (Brau) / hopped wort ‖ **ungehopfte ~** (Brau) / sweet wort ‖ **verzuckerte ~** (bei der Herstellung des amerikanischen Whiskeys) (Nahr) / wort n
**Würze•ablauf** m (Brau) / run-off n ‖ **~grant** m (Brau) / underback n, grant n ‖ **~kühler** m (Brau) / wort cooler
**Wurzel** f (Bot, Geol, Landw, Lufft, Math, Schw) / root* n ‖ **~** (der einzige Knoten eines Baumes, der keinen Vorgänger besitzt) (EDV, Math) / root n ‖ **~** (der Turbinenschaufel) (Masch) / root n ‖ **~** (in die Erde reichender Unterbau) (Wasserb) / root n **aus der ~ austreiben** (Landw) / ratoon v ‖ **dreifache ~** (Math) / triple root ‖ **einfache ~** (Math) / simple root ‖ **mehrfache ~** (Math) / repeated root, multiple root **mit ~n durchsetzt** (Bot, For, Landw) / rooty adj, rooted adj
**Wurzel•anlauf** m (Bot, For) / root collar, root swelling ‖ **spannrückiger ~anlauf** (Stammanlauf) (Bot, For) / buttress n ‖ **~auskreuzen** n (Schw) / root chipping ‖ **~baum** m (Grafentheorie) (Math) / rooted tree ‖ **gerichteter ~baum** (ein gerichteter Graf, der keine Maschen und Schleifen enthält) (Math) / directed tree ‖ **~bedingung** f (Math) / root condition ‖ **~bindefehler** m (Schw) / lack of root fusion ‖ **~brand** m (Bot, For) / damping-off* n (of seedlings) ‖ **~druck** m (Bot) / root pressure* ‖ **~durchfall** m (Schw) / excessive penetration ‖ **~einbrand** m (Schw) / root penetration (the depth of penetration of the weld metal into the root of a joint), penetration at the root ‖ **~exponent** m (Math) / index of a root ‖ **~fäule** f (Erweichung und Zersetzung des Wurzelgewebes infolge Befalls mit Fäulniserregern oder Fadenwürmern) (Bot, For) / root rot ‖ **~fehler** m (Schw) / root defect, root flaw ‖ **~funktion** f (Math) / root function ‖ **~furnier** n (z.B. Bruyère) (For) / root veneer, stump veneer ‖ **~gleichung** f (bei der mindestens eine der Gleichungsvariablen einmal im Radikand einer Wurzel auftritt) (Math) / radical equation ‖ **~haar** n (Bot) / root hair* ‖ **~hals** m (Bot) / root neck, root collar ‖ **~halsgalle** f (Bot) / crown gall* ‖ **~halstumor** m (Bot) / crown gall* ‖ **~harz** n / pine oil, steam-distilled pine oil ‖ **~harz** (aus totem Kernholz der Stümpfe und der Äste) / wood rosin ‖ **~herbizid** n (Unkrautvernichtungsmittel, das über das Wurzelsystem wirkt) (Landw) / soil-acting herbicide*, soil herbicide ‖ **~holz** n (besonders gemasertes Holz des Wurzelstocks und des unteren, im Boden verbleibenden Stammteils) (For) / root wood ‖ **~kletterer** m (eine Gruppe der Kletterpflanzen) (Bot) / root climber ‖ **~knolle** f (Bot, Pharm) / tuber* n ‖ **~körper** m (Math) / splitting field, decomposition field ‖ **~krebs** m (Bot) / crown gall* ‖ **~kriterium** n (ein Konvergenzkriterium für Reihen) (Math) / root test (Cauchy's), radical test ‖ **Cauchysches ~kriterium** (Math) / Cauchy radical test ‖ **~lage** f (V-Naht) (Schw) / penetration run, penetration pass ‖ **~lage** (bei Mehrlagenschweißungen erzeugte erste Schweißgutschicht - DIN 1912) (Schw) / root pass, root run, root pass weld, root sealer bed, first pass, stringer n (US), stringer bead (US) ‖ **~maß** n (meistens Randabstand) (Bau) / back gauge, back mark ‖ **~naher (mikrobieller) Lebensraum** (Bot) / rhizosphere* n ‖ **~naht** f (Schw) / root pass, root run, root pass weld, root sealer bed, first pass, stringer n (US), stringer bead (US) ‖ **~nekrose** f (Bot, For) / root necrosis ‖ **~nußholz** n (als Ausstattungsholz) (For) / burr walnut ‖ **~öffnung** f (Schw) / root opening, root gap, opening of the root of the weld ‖ **~ort** m (Regeln) / root locus* n ‖ **~raum** m (Bot) / rhizosphere* n ‖ **~raumverfahren** n (einer Pflanzenkläranlage) (Sanitär) / root-zone method ‖ **~rechnung** f (Math) / evolution* n, extracting a root, finding a root ‖ **~reich** adj (Bot, For, Landw) / rooty adj, rooted adj ‖ **~reißzahn** m (bei Baggern) (HuT) / root ripper tooth ‖ **~riß** m (Schw) / root crack ‖ **~satz m von Vieta** (Math) / Vieta formula ‖ **~schweißen** n (Schw) / root welding ‖ **~schweißung** f (Schw) / root welding ‖ **~seite** f (Schw) / root side ‖ **~seitiges Nachschweißen** (Schw) / backing run (on the root side), sealing run (on the root side) ‖ **~spalt** m (Schw) / root gap ‖ **~stärke** f (Bot, Chem) / root starch ‖ **~stock** m (Bot) / rhizome* n, root stalk, rootstock* n ‖ **~terpentinöl** n / pine oil, steam-distilled pine oil ‖ **~tiefe** f (Lufft) / depth of wing root ‖ **~überhöhung** f (Schw) / root excess weld metal, root reinforcement n ‖ **~umgebung** f (Bot) / rhizosphere* n ‖ **~verzeichnis** n (EDV) / root directory (the basic directory of an hierarchical file system /having no parent directory/) ‖ **~werk** n (Bot, For, Landw) / roots pl ‖ **~wert** m (Math) / value of a root ‖ **~zeichen** n (Math) / root sign, radical sign, radical n **der obere waagrechte Strich des ~zeichens** (Druck, Math) / vinculum n (pl. -cula), rule n ‖ **~ziehen** n (Math) / evolution* n, extracting a root, finding a root ‖ **~zone** f (Bot, For) / rooting zone ‖ **~zone** (Geol) / root zone (the zone or original attachment of the root of a nappe; that zone in the crust from which thrust faults emerge)
**würzen** v (Nahr) / season v, spice v ‖ **~** n (Nahr) / seasoning n
**Würzepfanne** f (Brau) / wort-copper n, wort boiler, copper n
**würzig** adj (Wein) (Nahr) / spicy adj
**Würzmittel** n (Gewürze, Würzstoffe, Gewürzmischungen, -konzentrate und -zubereitungen) (Nahr) / seasoning agent
**Wüste** f (Geog, Geol) / desert* n ‖ **tropische ~** (Geog, Geol) / trade-wind desert
**Wüsten•bildung** f (Umwelt) / desertification* n ‖ **~gürtel** m (Geog) / desert belt ‖ **~lack** m (lackartig glänzende, meist braunschwarze Mineralkruste auf einzelnen Steinen oder Felsflächen) (Geol) / desert varnish, desert crust, desert patina, desert lacquer ‖ **~rose** f (Geol) / desert rose, rock rose* ‖ **~sand** m (ein Flugsand) (Geol) / desert sand ‖ **ebenes ~tal** (in Mexico und im Südwesten der Vereinigten Staaten) (Geol) / bolsón n
**Wüstit** m (ein Mineral der Periklas-Reihe) (Min) / wüstite n
**W-Verdichter** m (Masch) / W compressor
**WW** (Kernphys) / interactions pl between elementary particles
**WW-Taste** f (Fernsp) / redialling key, last number redial key
**WWW** (EDV) / World Wide Web*, WWW* ‖ **~-Seite** f (EDV) / Web page, WWW page
**Wyoming-Bentonit** m (Geol) / sodium bentonite, Wyoming bentonite
**Wyomingit** m (Geol) / wyomingite* n
**WYSIWYG-Benutzerfläche** f (EDV) / WYSIWYG interface
**Wz** (für eingetragene Warenzeichen) / R
**WZ** / Greenwich Mean Time*, G.M.T.*, Greenwich Civil Time, Greenwich time, Universal Time*, zebra time, zulu time*, UT
**W/Z** (HuT) / water-cement ratio
**w/z-Wert** m (HuT) / water-cement ratio

# X

**X** (Chem) / xanthosine *n*, xanthine riboside
**X** (ein vorgestellter Buchstabe für Kautschuke mit Carboxylgruppen) (Chem Verf) / X
**X-Ablenk•platte** *f* (Eltronik) / horizontal deflection electrode, horizontal deflection plate, x-plate *n* ‖ ~**verstärker** *m* (z.B. bei Oszilloskopen) (Eltronik) / X-axis amplifier, horizontal amplifier (for signals intended to produce horizontal deflection)
**XABS** (Kurzzeichen für Copolymere aus Acrylnitril, Butadien und Styrol und einem weiteren Monomer) (Chem) / XABS
**x-Achse** *f* (des Flugzeugs) (Luftf) / longitudinal axis*, x-axis *n* (p. x-axes), OX ‖ ~ (der Gaußschen Zahlenebene, auf der die reellen Zahlen abgetragen werden) (Math) / real axis* (of the Argand diagram), x-axis *n*, axis of reals, axis of abscissas ‖ ~ *f* (der Gaußschen Zahlenebene, auf der die reellen Zahlen abgetragen werden) (Math) / real axis* (of the Argand diagram), x-axis *n*, axis of reals, axis of abscissas
**Xan** (2,6-Purindiol) (Biochem) / xanthine* *n*
**XANES** (Phys) / X-ray absorption near-edge structure, XANES
**X-Antenne** *f* (Radio) / double-V antenna, fan dipole
**Xanthan** *n* (von Xanthomonas campestris und verwandten Bakterien produziertes anionisches Heteropolysaccharid) (Chem) / xanthan gum ‖ ~ (als Verdickungs- und Geliermittel und Trägerstoff nach E 415) (Nahr) / xanthan gum
**Xanthat** *n* (Salz oder Ester einer Xanthogensäure) (Chem) / xanthate* *n* ‖ ~**kneter** *m* (Chem Verf) / xanthating churn ‖ ~**mühle** *f* (eine Sonderform der Zahnscheibenmühle) (Chem Verf) / xanthating churn
**Xanthen** *n* (Dibenzo-γ-pyran) (Chem) / xanthene* *n* (tricyclic dibenzopyran) ‖ ~**farbstoffe** *m pl* (Chem) / xanthene dyestuffs*
**Xanthenol, 9-**~ (Chem) / xanthydrol *n*
**Xanthenon, 9-**~ (Dibenzo-γ-pyron) (Chem) / xanthone *n*
**Xanthieren** *n* (Chem) / xanthation *n*
**Xanthierung** *f* (Chem) / xanthation *n*
**Xanthin** (Biochem) / xanthine* *n* ‖ ~**dehydrase** *f* (Biochem) / xanthine oxidase, Schardinger enzyme ‖ ~**oxidase** *f* (ein Flavoprotein) (Biochem) / xanthine oxidase, Schardinger enzyme
**Xantho•genat** *n* (Derivat der Dithiokohlensäure-*O*-ester) (Salz oder Ester einer Xanthogensäure) (Chem) / xanthate* *n* ‖ ~**genieren** *v* (Chem) / xanthate *v* ‖ ~**genieren** (Tex) / churn *v* ‖ ~**genieren** (Chem) / xanthation *n* ‖ ~**genierung** *f* (Chem) / xanthation *n* ‖ ~**genierung** (Tex) / churning *n* ‖ ~**gensäure** *f* (Chem) / xanthic acid, xanthogenic acid
**Xanthon** *n* (Dibenzo-γ-pyron) (Chem) / xanthone *n*
**Xantho•phylle** *n pl* (Gruppenname für oxygenierte Karotinoide) (Bot, Chem) / xanthophylls* *pl* ‖ ~**phyllit** *m* (ein Clintonit) (Min) / xanthophyllite* *n* ‖ ~**proteinreaktion** *f* (eine Nachweisreaktion für Proteine) (Chem) / xanthoprotein reaction, xanthoproteic reaction ‖ ~**proteinsäure** *f* (Chem) / xanthoproteic acid
**Xanthopsie** *f* (Med, Opt) / xanthopsia* *n*, yellow vision*
**Xantho•pterin** *n* (des Zitronenfalters) (Chem) / xanthopterin *n* ‖ ~**siderit** *m* (Min) / xanthosiderite *n* ‖ ~**sin** (Chem) / xanthosine *n*, xanthine riboside ‖ ~**toxin** *n* (ein Furocumarin) (Chem) / xanthotoxin *n*
**Xanthydrol** *n* (Chem) / xanthydrol *n*
**Xao (X)** (ein Nucleosid) (Chem) / xanthosine *n*, xanthine riboside
**X-Band** *n* (mittlere Wellenlänge von ungefähr 3 cm) (Radar) / X-band* *n*, Cx-band* *n*
**X-Boson** *n* (Kernphys) / X boson, superheavy boson
**Xbox** *f* (eine Microsoft-Spielkonsole) (EDV) / Xbox *n*
**X-Chromosom** *n* (ein Geschlechtschromosom) (Gen) / X-chromosome* *n*, sex chromosome
**Xe** (Chem) / xenon* *n*
**XE** (eine veraltete Einheit der Länge in der Röntgenspektroskopie) (Radiol) / X-unit *n*, siegbahn *n*
**X-Einheit** *f* (eine veraltete Einheit der Länge in der Röntgenspektroskopie) (Radiol) / X-unit *n*, siegbahn *n*
**XENIX** *n* (eine Variante des Betriebssystems UNIX für Mini- und Mikrocomputer) (EDV) / XENIX *n*
**Xeno•biotika** *n pl* (Stoffe, die einem bestimmten Ökosystem von Natur aus fremd sind) (Umwelt) / xenobiotics *pl* ‖ ~**blastisch** *adj* (Geol) / xenoblastic *adj* ‖ ~**cryst** *f* (Geol) / xenocryst* *n*, chadacryst *n* ‖ ~**gamie** *f* (Bot) / cross-pollination* *n*, allogamy* *n*, cross-fertilization* *n*, amphimixis *n* ‖ ~**gener Einschluß** (Geol) / xenolith* *n*, exogenous inclusion, accidental inclusion, inclusion *n* ‖ ~**lith** *m* (Fremdgesteinseinschluß in magmatischen Gesteinen)

(Geol) / xenolith* *n*, exogenous inclusion, accidental inclusion, inclusion *n* ‖ ~**morph** *adj* (Geol, Min) / allotriomorphic* *adj*, xenomorphic* *adj*, anhedral* *adj*
**Xenon (Xe)** *n* (Chem) / xenon* *n* ‖ **gefilterte** ~**bogenstrahlung** (Strahlung zur Simulation der Globalstrahlung bei künstlichen Bewitterungsprüfungen nach DIN 53231) (Anstr) / filtered xenon-arc radiation ‖ ~**(VI)-fluorid** *n* (Chem) / xenon hexafluoride ‖ ~**(IV)-fluorid** (Chem) / xenon tetrafluoride ‖ ~**lampe** *f* (Film) / xenon lamp* *f* ‖ ~**peak** *n* (Nukl) / xenon peak ‖ ~**reaktivitätsreserve** *f* (Nukl) / xenon override ‖ ~**säure** *f* (Chem) / xenic acid ‖ ~**spitze** *f* (Nukl) / xenon peak ‖ ~**vergiftung** *f* (eine Brennstoffvergiftung) (Nukl) / xenon poisoning
**Xenotest** *m* (eine Lichtechtheitsprüfung) (Tex) / Xenotest *n*
**Xenotim** *m* (Yttriumphosphat) (Min) / xenotime* *n*
**Xenotransplantat** *n* (Med) / xenograft *n*
**xerisch** *adj* (Bot) / xeric* *adj*
**Xero•gel** *n* (getrocknetes Lyogel) (Chem) / xerogel *n* ‖ ~**grafie** *f* (ein elektrostatisches Trockendruck- oder elektrofotografisches Verfahren) (Druck) / xerography* *n*, solid-state printing ‖ ~**grafisch** *adj* (Druck, EDV) / xerographic *adj* ‖ ~**grafischer Drucker** (EDV) / xerographic printer* ‖ ~**kopie** *f* / xerox *n*, xerograph *n* ‖ **eine** ~**kopie machen** / xerox *v* ‖ ~**kopieren** *v* / xerox *v* ‖ ~**morph** *adj* (mit der Eigenschaft, dauernd oder wenigstens vorübergehend die Wasserabgabe zu hemmen) (Bot) / xeromorphic* *adj* ‖ ~**phil** *adj* (Bot) / xerophilous *adj* ‖ ~**phyt** *m* (Pflanze mit Anpassung an Standorte mit Wassermangel) (Bot) / xerophyte* *n* ‖ ~**radiografie** *f* (Radiol) / xeroradiography* *n* ‖ ~**tolerant** *adj* (Mikroorganismus) (Biol) / xerotolerant *adj*
**Xe-Vergiftung** *f* (eine Brennstoffvergiftung) (Nukl) / xenon poisoning
**XF-Harz** *n* (Chem, Plast) / xylene-formaldehyde resin, xylenol resin
**X-Glied** *n* (Eltech) / bridge network*, lattice network*, lattice section
**Xi-Hyperon** *n* (ein Baryon) (Kernphys) / Xi particle*, cascade particle*, xi-hyperon *n*
**Xi-Teilchen** *n* (Kernphys) / Xi particle*, cascade particle*, xi-hyperon *n*
**x-Koordinate** *f* (der Gaußschen Zahlenebene, auf der die reellen Zahlen abgetragen werden) (Math) / real axis* (of the Argand diagram), x-axis *n*, axis of reals, axis of abscissas
**XL-Kamera** *f* (Film) / existing-light camera, XL camera
**X-Lochung** *f* (Lochung in der 11. Zeile einer Lochkarte) (EDV) / x punch, eleven punch
**X-Modem** *n* (Standardprotokoll zum Übertragen von Daten) (EDV) / X-modem *n*
**XMS-Speicher** *m* (EDV) / extended memory*, XMS*
**X-Naht** *f* (Schw) / double-V weld, double-vee weld, double-V butt (groove) weld
**XOD** (Biochem) / xanthine oxidase, Schardinger enzyme
**Xografie** *f* (dreidimensionale Bilder in Farben und das entsprechende Herstellungsverfahren) (Druck) / xography *n*
**Xonotlit** *m* (ein Dreierbänder) (Min) / xonotlite* *n*
**XON/XOFF-Zeichen** *n pl* (vom Terminal erzeugte Zeichen für die Datenübertragung in Start-Stop-Arbeitsweise zwischen Terminal und Rechner) (EDV) / XON/XOFF characters
**XOR** (EDV, Regeln) / antivalence *n*, exclusive OR, anticoincidence *n*, non-equivalence *n*, EXOR, XOR
**XP-Gespräch** *n* (Fernsp) / personal call, person-to-person call (US)
**X-Platte** *f* (des Elektronenstrahloszilloskops) (Eltronik) / X-plate* *n*, horizontal deflection plate, horizontal deflection electrode
**XPS** (KI) / expert system* (XPS)
**XPS-Methode** *f* (Spektr) / X-ray photoelectron spectroscopy (XPS), electron spectroscopy for chemical application (ESCA), induced electron emission spectroscopy, IEE spectroscopy
**XP-Virus** *m* (EDV, KI) / XP virus
**X-Rahmen** *m* (Längsträger aus Rund- oder Ovalrohr so gebogen, daß sich die Längsträger in der Mitte bis auf wenige Zentimeter nähern und die Konstruktion bei Draufsicht als x-förmiger Gesamtverband erscheint) (Kfz) / X-frame *n*
**X-Schneide** *f* (Bergb) / X-bit *n*
**X-Schnitt** *m* (Krist) / X-cut *n*
**X.-Serie** *f* **der CCITT-Empfehlungen** (Empfehlungen der Studiengruppe VII zum Thema Datenübertragung) (Fernm) / X.-series of standards or recommendations
**X-Spule** *f* (Kreuzspule mit schrägen Flanken) (Tex) / pineapple cone, bicone *n*
**X-Stück** *n* (Masch) / blind *n*, blank *n*, blank flange*, blind flange
**XS-Werkzeug** *n* (KI) / expert-system tool
**X-Test** *m* (von van der Waerden) (Stats) / X test
**XUV** (Phys) / extreme ultraviolet, EUV ‖ ~**Strahlung** *f* (extrem kurzwellige UV-Strahlung) (Phys) / extreme ultraviolet radiation, XUV radiation
**X-Verstärker** *m* (Eltronik) / X-axis amplifier, horizontal amplifier (for signals intended to produce horizontal deflection)

**XXM-Satellit** *m* (ein von der ESA betriebenes Röntgenlaboratorium in einer Erdumlaufbahn) (Astr) / X-ray multimirror satellite (XMMS)
**XY-Anzeige** *f* (Darstellung zweier Variablen im kartesischen Koordinatensystem) (Eltronik) / X-Y display (a rectilinear coordinate plot of two variables)
**Xylan** *n* (eine Polyose) (Chem) / xylan *n*
**Xylem** *n* (Bot) / xylem* *n* ‖ **primäres** ~ (Bot, For) / primary xylem* ‖ **sekundäres** ~ (Bot, For) / secondary wood, secondary xylem* ‖ ~**parenchym** *n* (Bot, For) / wood parenchyma, xylem parenchyma
**Xylenmoschus** *m* (ein künstlicher Moschus) (Chem) / musk xylene, musk xylol
**Xylenol** *n* (Dimethylphenol) (Chem) / xylenol* *n* ‖ ~**harz** *n* (Chem, Plast) / xylene-formaldehyde resin, xylenol resin ‖ ~**orange** *n* (ein Metallindikator) (Chem) / xylenol orange
**Xylensulfonsäure** *f* (Chem) / xylenesulphonic acid
**Xylidin** *n* (Chem) / xylidine *n*, xylidene *n*, dimethylaniline *n* ‖ ~ (Chem) / xylidine *n*, xylidene *n*, dimethylaniline *n*
**Xylit** *m* (Holzbestandteile der Braunkohle) (Bergb, Geol) / lignite* *n* ‖ ~ (ein Zuckeralkohol - E 967) (Chem, Nahr) / xylitol *n*, xylite *n*
**xylitische Braunkohle** (Bergb) / bituminous wood, board coal, wood coal, woody lignite, xyloid coal, xyloid lignite
**Xylitol** *n* (ein Pentit) (Chem, Nahr) / xylitol *n*, xylite *n*
**xylo•-2-Hexulose** *f* (Chem) / sorbose* *n* ‖ ~**ketose** *f* (Chem) / xylulose *n*, xyloketose *n* ‖ ~**klischee** *n* (Druck) / wood-block *n*, woodcut *n*
**Xylol** *n* (aromatischer Kohlenwasserstoff in reiner Darstellung) (Chem) / xylene* *n*, dimethylbenzene* *n*, xylol* *n* ‖ ~ (als Handelsprodukt) (Chem) / xylol* *n* ‖ **meta-**~ (Chem) / meta-xylene *n* ‖ **ortho-**~ (Chem) / ortho-xylene *n* ‖ **para-**~ (Chem) / para-xylene *n* ‖ ~**formaldehydharz** *n* (ein Novolak) (Chem, Plast) / xylene-formaldehyde resin, xylenol resin
**Xylo•lith** *m* (Bau) / xylolite *n* ‖ ~**meter** *n* (ein Raummeßgerät) (For) / xylometer *n*
**Xylonsäure** *f* (eine 2,3,4,5-Tetrahydroxypentansäure) (Chem) / xylonic acid
**Xylose** *f* (Chem) / wood sugar*, xylose* *n*
**Xylotrihydroxyglutarsäure** *f* (Chem) / xylotrihydroxyglutaric acid
**Xylulose** *f* (Chem) / xylulose *n*, xyloketose *n*
**Xylyl•bromid** *n* (α-Bromxylol) (Chem) / α-bromoxylene *n*, xylyl bromide ‖ ~**endiisocyanat** *n* (Chem) / xylylene diisocyanate ‖ ~**endiisozyanat** *n* (Chem) / xylylene diisocyanate ‖ ~**säure** *f* (Chem) / xylic acid, xylylic acid, dimethylbenzoic acid
**XY-Schreiber** *m* (ein Meßschreiber) (EDV) / x-y recorder*, X-Y plotter, graph plotter, coordinate plotter
**XYY-Syndrom** *n* (Gen) / XYY syndrome*
**XYZ-Analyse** *f* (in der die nach der ABC-Analyse gewichteten Materialien nach ihrer Vorhersagegenauigkeit geordnet werden) / xyz analysis
**X-Zeit** *f* (Raumf) / T-time *n*

# Y

**y** / yocto-, y
**Y** / yotta-, Y
**Y** (Chem) / yttrium* n
**Y-Ablenk•platte** f (Eltronik) / vertical deflection electrode, vertical deflection plate, Y plate ‖ ≃**verstärker** m (z.B. bei Oszilloskopen) (Eltronik) / Y-axis amplifier, vertical amplifier (for signals intended to produce vertical deflection)
**y-Achse** f (des Flugzeugs) (Luftf) / lateral axis*, y-axis n (pl. y-axes), OY ‖ ~ (der Gaußschen Zahlenebene, auf der die rein imaginären Zahlen abgetragen werden) (Math) / imaginary axis*, y-axis n, axis of imaginaries ‖ ~ (Math) / axis of ordinates, y-axis* n ‖ ≃ f (Math) / axis of ordinates, y-axis* n
**YAG** m (Yttrium-Aluminium-Granat - ein ferromagnetischer Granat) (Eltech, Min) / yttrium-aluminium garnet (YAG)
**Yagi•-Antenne** f (nach H. Yagi, 1886-1976) (Radio) / Yagi-Uda antenna (a linear end-fire array consisting of a driven element, a reflector element, and one or more director elements), Yagi antenna* ‖ ≃-**Uda-Antenne** f (nach H. Yagi, 1886-1976) (Radio) / Yagi-Uda antenna (a linear end-fire array consisting of a driven element, a reflector element, and one or more director elements), Yagi antenna*
**Yag-Laser** m (Phys) / yttrium-aluminium-garnet laser, YAG laser
**Yahoo** m (EDV) / Yahoo n (a Web search engine)
**Yamamaiseide** f (wilde Seide, die von den Raupen des Jamamaispinners stammt und der Maulbeerseide sehr ähnlich ist, Erzeugerland Japan) (Tex) / yamamai silk
**Yang** n (rotbraunes, hartes, schweres Konstruktionsholz aus Ostasien - Dipterocarpus turbinatus C.F. Gaertn.) (For) / eng* n, in* n, keruing n
**Yang-Mills-Feld** n (Eichtransformation in der Quantenfeldtheorie) (Phys) / Yang-Mills field, Yang-Mills gauge field
**Yardang-Landschaft** f (morphologische Landschaftsform, die durch Windausblasung in extrem ariden Gebieten entstanden ist) (Geol) / yardang n, yarding n, jarding n
**Yarran** (For) / yarran n
**Yarrow-Kessel** m (ein Schiffskessel) (Masch, Schiff) / Yarrow boiler*
**Yatessch•e Kontinuitätskorrektur** (Stats) / Yates correction, Yates modified chi-square test ‖ ≃**e Korrektur** (um eine bessere Annäherung der Verteilung der Testgröße an die χ²-Verteilung mit einem Freiheitsgrad zu erreichen) (Stats) / Yates correction, Yates modified chi-square test
**Yb** (Chem) / ytterbium* n
**Y/C-Buchse** f (Film) / S terminal
**Y-Chromosom** n (ein Geschlechtschromosom - Gegensatz zu X-Chromosom) (Gen) / Y-chromosome* n
**Yellow Cable** n (Verkabelungsart von Ethernet-Netzwerken) (EDV) / yellow cable ‖ ≃ **cake** m (mit 70 bis 80% U - das zu Brennstoff für Kernreaktoren verarbeitet wird - meistens Ammoniumdiuranat) (Nukl) / yellow-cake n ‖ ≃ **Ground** (Geol) / yellow ground* ‖ ≃ **Metall** n (seewasserbeständiges Messing mit etwa 60% Cu und 40% Zn) (Hütt) / yellow metal, yellow brass ‖ ≃ **Pine** f (For) / shortleaf pine
**Yercum-Faser** f (aus der Rinde der Schwalbenwurzgewächsart Calotropis gigantea (L.) Dryand.) / yercum fibre, mudar fibre, madar fibre, muddar fibre
**Y-förmig•es Verbindungsstück** (Klemp) / Y-tube n, Y-shape connecting tube ‖ ≃**es Zwischenabzweigstück** (Klemp) / Y-tube n, Y-shape connecting tube
**y-Gitterwert** m (Kart) / easting* n
**Y-Gurt** m (zur Sicherung eines Säuglings im Babysitz) (Kfz) / Y-belt n
**Y-Horizont** m (durch künstliche Auflagerung auf den Boden entstandener Bodenhorizont) (Geol) / Y horizon
**YIG** m (Yttrium-Eisen-Granat - ein ferromagnetischer Granat) (Eltech, Min) / yttrium-iron garnet (YIG)
**YIG-Filter** n (Eltech) / YIG filter*
**y-Kenngröße** f (Eltronik) / Y-parameter* n, admittance parameter
**y-Koordinate** f (Math) / axis of ordinates, y-axis* n
**Ylang-Ylang-Öl** n (das etherische Öl der Cananga odorata (Lam.) Hook. f. et Thomson) / ilang-ilang oil, ylang-ylang oil, oil of ilang-ilang
**Y-Legierung** f (eine Art Duraluminlegierung der Gattung Al-Cu-Ni nach DIN 1713 - RR.58 in Großbritannien und AU2GN in Frankreich) (Hütt) / Y-alloy n
**Ylem** n (Big-Bang-Kosmologie) (Kernphys) / ylem* n

**Ylid** n (bei der Wittigschen Darstellung der Alkenen aus Karbonylverbindungen) (Chem) / ylid n, ylide n
**Y-Lochung** f (Lochung in der 12. Zeile einer Lochkarte) (EDV) / y punch, twelve punch
**Y-Meson** n (Kernphys) / upsilon particle, Y particle
**YmodemG** n (EDV) / YmodemG n
**Y-Muffe** f (zur Verbindung eines Abzweigkabels mit einem Hauptkabel, wobei die Achsen beider Kabel annähernd parallel sind) (Kab) / Y joint, breeches joint
**Y-Naht** f (Schw) / single-V butt joint with (wide) root faces
**yocto-** (Vorsatz vor Einheiten mit der Bedeutung $10^{-24}$) / yocto-, y
**Yoderit** m (ein dem Kyanit ähnliches Mineral, das ihn umwächst) (Min) / yoderite* n
**Yoghurt** m f n (Nahr) / yoghurt n, yoghurt n
**Yohimbin** n (Methylester der Johimbinsäure - das Hauptalkaloid in vielen Aspidosperma-Arten) (Chem, Med) / yohimbine* n ‖ ≃**säure** f (Chem) / yohimbic acid
**Yokota-Glas** n (Glas) / silver-activated phosphate glass, Yokota glass
**Yongummi** n / ghatti gum, gum ghatti, gum gattie, Indian gum
**York-Lösung** f (Chem, Tex) / York solution
**York-Reagens** n (ein Faserreagens) (Chem, Tex) / York solution
**yotta-** (Vorsatz vor Einheiten mit der Bedeutung $10^{24}$) / yotta-, Y ‖ ≃ / yotta-, Y
**Young•-Gleichung** f (Bestimmung des Kontaktwinkels im Benetzungsgleichgewicht) (Aufber, Phys) / Young's equation* ‖ ≃-**Helmholtz-Theorie** f des Farbensehens (Phys) / Young-Helmholtz theory of colour vision* ‖ ≃-**Interferenzprinzip** n (nach Th. Young, 1773 - 1829) (Licht) / Young's interference principle ‖ ≃-**Interferometer** n (Licht) / Young's two-slit interferometer, Young's double-slit interferometer, Young interferometer
**Youngsch•er Doppelspalt** (Licht) / Young's two-slit interferometer, Young's double-slit interferometer, Young interferometer ‖ ≃**e Interferenz am Doppelspalt** (Licht) / Young's two-slit interference ‖ ≃**er Modul** (ein E-Modul) (Phys) / Young's modulus* ‖ ≃**er Modul** (Phys) s. auch E-Modul
**Y-Platte** f (Eltronik) / vertical deflection electrode, vertical deflection plate, Y plate
**Ypsilon-Teilchen** n (Kernphys) / upsilon particle, Y particle
**Yrast-Zustand** m (Kernphys) / yrast state
**Y-Risse** m pl (die sich aus drei geraden Rissen zusammensetzen und die Form eines "Y" bilden) (For) / Y cracks
**Y-Schnitt** m (Krist) / Y-cut n
**Y-segmentierte Trommel** (Leder) / Y-sectioned drum
**Y-Signal** n (TV) / luminance signal*, Y signal*
**Ysopöl** n (ein etherisches Öl aus Hyssopus officinalis L.) / hyssop oil
**Y-Stück** n (Klemp) / Y-tube n, Y-shape connecting tube
**Y-Teilchen** n (Kernphys) / upsilon particle, Y particle
**Ytong** m (Warenzeichen für einen dampfgehärteten Porenbeton nach DIN 4164) (Bau) / Ytong n
**Ytterbium (Yb)** n (Chem) / ytterbium* n ‖ ≃**(III)-oxid** n (Chem) / ytterbium oxide, ytterbia n
**Ytter•erden** f pl (Seltene Erden) (Chem) / ytter earths (oxides of the rare-earth metals yttrium and scandium and the lanthanides europium to lutetium) ‖ ≃**erden** (Chem) s. auch Ceriterden ‖ ≃**spat** m (Min) / xenotime* n
**Yttrium (Y)** n (Chem) / yttrium* n ‖ ≃**orthoaluminat** (Chem, Eltronik) / yttrium orthoaluminate (YAP) ‖ ≃**oxid** n (Chem) / yttrium oxide, yttria n
**Yttro•cerit** m (ein Fluorit) (Min) / yttrocerite* n ‖ ≃**krasit** m (ein orthorhombisches Titanat) (Min) / yttrocrasite n ‖ ≃**tantalit** m (Min) / yttrotantalite n, yttrocolumbite n ‖ ≃**zerit** m (ein Fluorit) (Min) / yttrocerite* n
**Yuccafaser** f (für die Seilerei) (Tex) / yucca fibre, Adam's needle
**Yugawaralith** m (Min) / yugawaralite n
**Yukawa-Potential** n (ein Zweiteilchenpotential nach H. Yukawa, 1907-1981) (Kernphys) / Yukawa potential*
**Y-Verstärker** m (Eltronik) / Y-axis amplifier, vertical amplifier (for signals intended to produce vertical deflection)
**y-Vierpolparameter** m (Eltronik) / Y-parameter* n, admittance parameter
**Y-Walzwerk** n (Hütt) / Y rolling mill
**Y-Zirkulator** m (Eltech) / Y circulator

# Z

z / zepto-
Z / zetta-, Z
**ZAAS** (Spektr) / Zeeman-effect atomic absorption spectrometry, ZAA spectrometry, ZAAS
**ZAB** (Druck, EDV) / line spacing, line distance
**z-Achse** f (des Flugzeugs) (Luftf) / vertical axis, z-axis n (pl. z-axes), OZ, normal axis*, lift axis* ‖ ~ (in der analytischen Geometrie des Raumes die dritte Koordinate eines Punktes in einem kartesischen Koordinatensystem) (Math) / z co-ordinate, applicate axis, z-axis n (pl. z-axes)
**Z-Achsen•modulation** f (Eltronik) / z-axis modulation* ‖ **~verstärker** m (Eltronik) / Z-axis amplifier
**Zacke** f / tooth* n (pl. teeth), jag n ‖ ~ (beim Überschwingen) (Eltech) / spike* n ‖ ~ (im Elektrokardiogramm) (Eltech) / spike n, peak n ‖ ~ (des Emulsionssterns) (Kernphys) / prong n ‖ **mit ~n versehen** (Masch) / jag vt
**zacken** v (Masch) / jag vt ‖ ~ m / tooth* n (pl. teeth), jag n ‖ **~bogen** m (Arch) / multifoil arch ‖ **~firn** m (Geol) / penitent ice, penitent snow, nieve penitente ‖ **~förmig** adj (Masch) / jagged adj, nicked adj ‖ **~frei** adj (Masch) / without jags ‖ **~krümler** m (Landw) / star-wheel harrow ‖ **~lauf** m (Hütt) / sawtooth dirt trap ‖ **~litze** f (Tex) / rickrack braid, ricrac braid ‖ **~messer** n / serrated knife ‖ **~schere** f (Tex) / pinking scissors, pinking shears ‖ **~schrift** f (als Tätigkeit) (Akus) / variable-area recording ‖ **~schrift** (als Produkt des Longitudinal- bzw. Transversalverfahrens) (Akus) / variable-area track*
**zackig** adj (Bruch) / hackly adj ‖ ~ (sägeartig) / serrate* adj, dentate* adj ‖ ~ (Masch) / jagged adj, nicked adj ‖ **~ reißen** (Masch) / jag vt ‖ **~ schneiden** (Masch) / jag vt
**Zaffer** m (ein Naturfarbstoff) / safflower n ‖ ~ (ein rötliches bis bläuliches Gemisch aus Kobaltoxiden und Arsenaten, verunreinigt mit Nickelverbindungen) (Min) / zaffre* n, zaffer n (US)*
**Zagai** n (Curtisia dentata (Burm. f.) N.E. Br.) (For) / assegai n, assegai wood
**zäh** adj / ropy adj, viscid adj ‖ ~ (hochschlagfest) / high-impact attr ‖ ~ (Ansprechen des Motors) (Kfz) / sluggish adj, spongy adj ‖ ~ (Masch, Phys) / viscous adj ‖ ~ (Fleisch, Bonbon) (Nahr) / chewy adj ‖ ~ (Fleisch) (Nahr) / stringy adj, tough adj, leathery adj ‖ ~ (WP) / tough adj, tenacious adj ‖ **~er Bruch** (Mech, WP) / ductile fracture, plastic fracture ‖ **~e Faser** (Tex) / tough fibre ‖ **~e Kohle** (Bergb, Kftst) / heath coal
**zäh•elastisch** adj (Klebstoff) / toughened adj ‖ **~flüssig** adj / sluggish adj ‖ **~flüssig** (Phys) / semi-fluid adj, semi-liquid adj, thick adj, viscid adj ‖ **~flüssiger Verkehr** (Kfz) / slow-moving traffic ‖ **~gepolt** adj (Kupfer, 0,2-0,5 % Sauerstoffgehalt) (Hütt) / tough-pitch* attr
**Zähigkeit** f (von Druckfarben) (Druck) / tack* n ‖ ~ (DIN 51550) (Masch, Phys) / viscosity* n ‖ ~ (das plastische Formänderungsvermögen bis zum Bruch - DIN 1342, T 1) (WP) / toughness* n (resistance to fracture by blows), tenacity* n
**Zahl** f (Math) / number* n ‖ **Abbesche ~** (für die Kennzeichnung eines optischen Mediums) (Opt) / Abbe number, Abbe constant, Vee value, reciprocal relative dispersion, nu-value n, constringence n, V value ‖ **Alfvénsche ~** (Phys) / Alfvén number ‖ **algebraische ~** (wenn sie Lösung einer algebraischen Gleichung mit ganzzahligen Koeffizienten ist) (Math) / algebraic number* ‖ **befreundete ~en** (zwei natürliche Zahlen a, b, deren Teilersummen σ (a), σ (b) die Gleichung σ (a) = σ (b) = a + b erfüllen) (Math) / friendly numbers*, amicable numbers* ‖ **benannte ~** (Symbol zur Kennzeichnung einer Größe) (Math) / concrete number, denominate number ‖ **Bernoullische ~en** (Math) / Bernoulli's numbers* ‖ **binäre ~** (Math) / binary number ‖ **Carmichaelsche ~** (Math) / pseudoprime n, Carmichael number ‖ **defiziente ~** (Math) / deficient number, defective number ‖ **doppeltlange ~** (EDV) / double-length number, double-precision number ‖ **einstellige ~** (EDV, Math) / digit* n, one-place number, numeric character, one-digit number, single-digit number ‖ **endliche ganze ~** (Math) / finite integer ‖ **Eulersche ~** (e) (als Basis der natürlichen Exponentialfunktion) (Math) / exponential n ‖ **figurierte ~** (Math) / figurate number ‖ **ganze ~** (Math) / integer* n, whole number, integer number, integral number, interger part ‖ **gemischte ~** (z.B. 76 1/2) (Math) / mixed number ‖ **größte ganze ~** (Math) / integral part, integer part ‖ **hyperkomplexe ~** (Math) / quaternion n, hypercomplex number ‖ **imaginäre ~** (eine komplexe Zahl, deren Realteil null ist) (Math) / imaginary number*, imaginary n ‖ **irrationale ~** (Math) / irrational number*, irrational n ‖ **komplexe ~** (Ausdruck für eine Einheit aus reeller und imaginärer Zahl) (Math) / complex number* ‖ **Liouvillesche ~** (Math) / Liouville number ‖ **Ludolfsche ~** (eine transzendente irrationale Konstante - nach Ludolph van Ceulen, 1540-1610) (Math) / pi* ‖ **magische ~en** (die Protonen- oder Neutronenzahlen 2, 8, 20, 28, 50, 82 und 126; Kerne mit diesen Nukleonenzahlen sind besonders stabil) (Kernphys) / magic numbers* ‖ **mehrfach benannte ~** (Math) / compound number ‖ **natürliche ~** (DIN 5473) (Math) / natural number*, positive integer ‖ **negative ~** (eine reelle Zahl, die kleiner als 0 ist) (Math) / negative number ‖ **nicht negative ~** (Stats) / non-negative number ‖ **p-adische ~** (von K. Hensel) (Math) / p-adic number ‖ **positive ~** (eine reelle Zahl, die größer als 0 ist) (Math) / positive number ‖ **pythagoreische ~en** (Math) / Pythagorean numbers, Pythagorean triple ‖ **quadratfreie ~** (Math) / square-free number ‖ **rationale ~** (Math) / rational number* ‖ **reelle ~** (die auf der reellen Achse der Zahlenebene darstellbar ist) (Math) / real number* ‖ **relative ~** (Math) / relative number, signed number ‖ **Reynoldssche ~** (Phys) / Reynolds number*, Reynolds criterion, Damköhler number ‖ **runde ~** (Math) / round number, round figure ‖ **starkes Gesetz der großen ~en** (Math) / strong law of large numbers ‖ **stöchiometrische ~** (DIN 13 345) (Chem) / stoichiometric factor ‖ **submagische ~** (Kernphys) / submagic number ‖ **transfinite ~en** (Kardinalzahlen, Ordinalzahlen) (Math) / transfinite numbers*, transfinites pl ‖ **transzendente ~** (z.B. die Kreiszahl e) (Math) / transcendental number, transcendent number ‖ **ungerade ~** (eine ganze Zahl, welche nicht durch 2 teilbar ist) (Math) / odd number, uneven number ‖ **vieldeutige ~** (EDV) / polyvalent number ‖ **vollkommene ~** (eine natürliche Zahl n, die gleich der Summe ihrer natürlichen Teiler einschließlich 1, aber außer n ist) (Math) / perfect number* ‖ **vorzeichenlose ~** (Math) / signless number, unsigned number ‖ **zusammengesetzte ~** (die sich als Produkt anderer natürlichen Zahlen darstellen läßt) (Math) / composite number ‖ **zweistellige ganze ~** (Math) / two-digit integer, two-figure integer ‖ **~ f der Drehschwingungen je Umdrehung** (Masch) / order number* ‖ **~ der logischen Inferenzen pro Sekunde (Lips)** (EDV) / logical inferences per second (LIPS) ‖ **~ doppelter Genauigkeit** (EDV) / double-length number, double-precision number ‖ **~ doppelter Länge** (EDV) / double-length number, double-precision number ‖ **~ doppelter Wortlänge** (EDV) / double-length number, double-precision number ‖ **~ e** (Math) / number e, base of natural logarithms ‖ **~ mit Vorzeichen** (Math) / relative number, signed number ‖ **~ ohne Vorzeichen** (Math) / signless number, unsigned number
**Zähl•ader** f (Fernsp) / meter wire*, M-wire* n ‖ **~apparat** m (Pap) / counting machine* ‖ **~ausbeute** f (Kernphys) / counter efficiency
**zahlbar** adj (im voraus, gegen Dokumente) / payable adj
**Zahlbereich** m (Math) / number domain
**Zähl•bit** n (EDV) / counter bit ‖ **~dekade** f (eine elektronische Zähleinheit zur Zählung von diskreten Eingangsinformationen /Impulsen/, die nach zehn Eingangsinformationen wieder ihre Ausgangslage annimmt) (Eltronik) / counting decade
**Zahleigenschaft** f (einer Menge) (Math) / cardinality n, power n
**zahlen** v / pay v
**zählen** v (zu) / rank v (among) ‖ ~ (mit dem Messer) (Instr) / meter v ‖ ~ (Kernphys, Nukl, Radiol) / count v ‖ ~ (DIN 1319, T 1) (Math) / count v ‖ ~ n (Ermittlung der Wertes der Meßgröße "Anzahl der Elemente einer Menge" - DIN 1319, T 1) (Math) / counting n ‖ ~ (Nukl) / count* n
**Zahlen•angaben** f pl / figures pl, numerical data ‖ **~aufgabe** f (Math) / numerical problem ‖ **~bereich** m (Math) / number domain ‖ **~code** m / numerical code, numeric code
**zahlend•er Fahr-(Flug)gast** (Luftf) / revenue passenger ‖ **~e Last** (Luftf, Raumf) / payload* n, PL ‖ **~er Passagier** (Luftf) / revenue passenger
**Zahlendarstellung** f (Math) / number notation, number representation ‖ **~ mit fester Basis** (Math) / fixed-radix system, fixed-base system
**Zahlenebene** f (Gaußsche) (Math) / Argand diagram, complex (number) plane ‖ **Gaußsche ~** (Darstellung der komplexen Zahlen durch Vektoren in einer Ebene) (Math) / Argand diagram*, complex (number) plane
**Zahlenfolge** f (Math) / number sequence, number scale ‖ **arithmetische ~** (Math) / arithmetic progression*, arithmetic sequence ‖ **eigentlich divergente ~** (Math) / properly divergent sequence ‖ **geometrische ~** (Math) / geometric sequence, geometrical progression, GP, geometric progression ‖ **harmonische ~** (Math) / harmonic progression* ‖ **unbeschränkte ~** (Math) / unbounded sequence
**Zahlen•funktion** f (Math) / numerical function ‖ **~geber** m (Fernsp) / keysender*, sender* n ‖ **~gerade** f (Math) / numerical axis, number line, arithmetical continuum*, real line ‖ **~gleichung** f (Math) / numerical equation ‖ **~größe** f (Math) / numerical quantity ‖ **~intervall** n (Math) / number interval ‖ **~kode** m / numerical code, numeric code ‖ **~kolonne** f (Typog) / column of figures ‖ **~kontinuum**

1422

*n* (Math) / numerical axis, number line, arithmetical continuum*, real line ‖ **Riemannsche ~kugel** (Math) / Riemann sphere ‖ **~menge** *f* (z.B. der natürlichen Zahlen) (Math) / number set ‖ **~paar** *n* (Math) / number pair, couple of numbers, pair of numbers ‖ **~quadrat** *n* (magisches) / magic square ‖ **~rechnen** *n* (Math) / numerical computation ‖ **~strahl** *m* (Math) / number ray ‖ **~system** *n* (System von Zahlzeichen oder Ziffern, durch die sich nach gewissen Regeln alle natürlichen Zahlen eindeutig darstellen lassen) (Math) / number system ‖ **oktales ~system** (EDV, Math) / octal number system, octal numeration system, octal system ‖ **dyadisches ~system** (Math) / dyadic number system ‖ **~system *n* zur Basis 20** (Math) / vicenary number system ‖ **~theoretisch** *adj* (Math) / number-theoretic *adj* ‖ **~theorie** *f* (die die Eigenschaften natürlicher Zahlen untersucht) (Math) / number theory, theory of numbers ‖ **elementare ~theorie** (Math) / elementary number theory ‖ **pythagoreisches ~tripel** (Math) / Pythagorean numbers, Pythagorean triple ‖ **~wert** *m* (DIN 1313) (Math) / numerical value ‖ **~wertgleichung** *f* (welche die Beziehung zwischen Zahlenwerten von Größen wiedergibt - DIN 1313) (Math) / numerical-value equation

**Zähler** *m* (Untersetzer) (Eltech) / scaler* *n*, scaling circuit* ‖ **~** (mit Summenanzeige) (Eltech, Instr, Masch) / integrating meter*, meter* *n*, integrating instrument ‖ **~** (nicht integrierender) (Instr) / counter* *n* ‖ **~** (eines Bruches) (Math) / numerator* *n* ‖ **~** (Nukl) / counter* *n*, counter tube, radiation counter* (tube), counting tube* ‖ **~** (Pap) / counting machine* ‖ **dekadischer ~** (Eltronik, Nukl) / decade counter ‖ **oszillierender ~** (Eltech) / oscillating meter ‖ **programmierbarer ~** (EDV) / programmable counter ‖ **voreingestellter ~** (Instr) / preset counter ‖ **~** *m* **mit Maximumanzeige** (Eltech) / maximum-demand indicator*

**Zähler•ablesung** *f* (als Tätigkeit) / meter reading, counter reading ‖ **~absperreinrichtung** *f* (bei Gaszählern) / meter cock (US), meter control (cock), meter stop (US) ‖ **~anzeige** *f* (Wert) / counter reading, count *n* ‖ **~eichung** *f* (Eltech, Instr) / meter calibration

**Zählereignis** *n* (Nukl) / count* *n* ‖ **parasitäre ~se** (Nukl) / spurious counts*, spurious pulses*

**Zähler•hahn** *m* / meter cock (US), meter control (cock), meter stop (US) ‖ **~konstante** *f* (die Zahl der Läuferumdrehungen je Ableseeinheit) (Eltech) / meter constant ‖ **~raum** *m* (Bau) / utility room ‖ **~rückstellung** *f* / counter reset ‖ **~stand** *m* / counter reading, count *n* ‖ **~tafel** *f* (Eltech) / meter board, meter panel ‖ **~umschaltwerk** *n* (Fernsp) / discriminator* *n* ‖ **~-Zeitgeber-Schaltkreis** *m* (EDV) / counter-time circuit (CTC) ‖ **~-Zeitgeber-Schaltung** *f* (in Mikroprozessoren) (EDV) / counter-time circuit (CTC)

**Zähl•fehler** *m* / counting error ‖ **~fläschchen** *n* (zur Flüssigkeitsszintillationsmessung) (Nukl, Radiol) / vial *n*

**Zahlfracht** *f* / revenue cargo

**Zähl•frequenzmesser** *m* (Eltech) / counter/frequency meter ‖ **~geometrie** *f* (bei Dosimetern) (Kernphys) / counting geometry ‖ **~gerät** *n* (Untersetzer) (Eltech) / scaler* *n*, scaling circuit* ‖ **~höhenlinie** *f* (verbreitert gezeichnete Höhenlinie auf den Karten) (Kart) / index contour

**Zähligkeit** *f* (der Drehachse) (Krist) / multiplicity *n*

**Zähl•impuls** *m* (Nukl) / count* *n* ‖ **~impuls** (Regeln) / counting pulse, count *n* ‖ **~kette** *f* (Instr) / counting chain

**Zahlkörper** *m* (Math) / field of numbers, number field

**Zähl•kreis** *m* (Eltech) / counting circuit ‖ **~ratenmeßgerät** *n* (Nukl) / count ratemeter* ‖ **~register** *n* (ein Register zum Zählen von Impulsen und Speichern des Zählergebnisses) (Instr) / counting chain ‖ **~relais** *n* (mit Arbeits- und Ruhekontakt und Zahlenrolle zur Ziffernanzeige) (Eltech) / register relay ‖ **~richtung** *f* (DIN 5489) (Elektr) / reference direction ‖ **~rohr** *n* (Meßinstrument zum Nachweis und zur Zählung ionisierender Teilchen und Strahlungsquanten) (Nukl) / counter* *n*, counter tube, radiation counter* (tube), counting tube* ‖ **~rohr, das** *n* **die Kontamination der Hände mißt** (Nukl) / hand monitor* ‖ **~rohr** *n* **für Flüssigkeiten** (Nukl) / liquid counter* ‖ **~rohrbereich** *m* (Nukl) / counter range* ‖ **~rohrdiffraktometer** *n* (z.B. für die Kristallstrukturanalyse) (Krist) / X-ray diffractometer*, roentgen diffractometer ‖ **~röhre** *f* (z.B. Dekadenzählröhre) (Eltronik) / counter tube*, counting tube* ‖ **~rohrgesteuert** *adj* (Nukl) / counter-controlled *n* ‖ **~rohrteleskop** *n* (Zählrohrkombination) (Kernphys) / counter tube telescope, telescope *n*, counter telescope ‖ **~schälchen** *n* (Kernphys) / planchet *n* ‖ **~schaltung** *f* (Eltech) / counting circuit ‖ **~stoß** *n* (Nukl) / count* *n*

**Zahlsymbol** *n* (Math) / figure *n*, numeral *n*, numeric character

**Zählung** *f* (Nukl) / count* *n*

**Zahlung, in ~ gegebener Wagen** (Kfz) / trade-in car ‖ **~en leisten** / pay *v* ‖ **~** *f* **nach Leistungsabschnitten** (Bau, Masch) / progress payment ‖ **~ ohne Abzug innerhalb von 30 Tagen** / payment as net within thirty days

**Zahlungs•bedingungen** *f pl* / terms of payment ‖ **~einstellung** *f* / suspension of payments, stoppage of payments ‖ **~verkehr** *m* (automatischer, elektronischer) / funds transfer (automated, electronic) ‖ **elektronischer ~verkehr** (EDV) / electronic funds transfer* (system) (EFT (S)) ‖ **~ziel** *n* / due date

**Zähl•vorgang** *m* (einmaliger) / counting event ‖ **~waage** *f* / counting weight ‖ **~werk** *n* (Instr) / counter* *n*

**Zahlzeichen** *n* (Math) / figure *n*, numeral *n*, numeric character

**Zahme Eberesche** (For) / service tree

**Zahn** *m* (einer Raspel) (For) / tip *n* ‖ **~** (des Kettenrads) (Masch) / sprocket *n* ‖ **~** (Masch) / tooth* *n* (pl. teeth) ‖ **~** (Daumen) (Masch) / cog* *n* ‖ **überholender ~** (in der Kinematik) (Masch) / hunting tooth* ‖ **Zähne** (eines Greifers) / claws *pl*, tines *pl* ‖ **~** *m* **des Reißverschlusses** (Tex) / scoop *n*, separate element

**Zahn•amalgam** *n* (Med) / dental amalgam ‖ **~antrieb** *m* (Masch) / gear driving, gear drive ‖ **~balken** *m* (Zimm) / joggle beam ‖ **~bein** *n* (Med) / dentine* *n*, dentin *n* (US) ‖ **~bogen** *m* (Masch) / segmental rack, segmental wheel (an arc of toothed wheel), tooth sector ‖ **~breite** *f* (DIN 3960) (Masch) / tooth width, facewidth *n* ‖ **~brust** *f* (diejenige Seite des Sägezahnes, die beim Beginn des Schnittes dem Werkstück zugekehrt ist) (For, Werkz) / rake face ‖ **~brustlinie** *f* (For, Werkz) / rake line ‖ **~dicke** *f* (DIN 3960) (Masch) / tooth thickness* *n* ‖ **~dickensehne** *f* (DIN 3960) (Masch) / chordal thickness* ‖ **~dickenwinkel** *m* (Zentriwinkel zu dem Bogen, der von den Flankenlinien eines Zahnes auf dem Planradkreis begrenzt wird - DIN 3971) (Masch) / tooth thickness angle ‖ **~eingriff** *m* (Masch) / tooth engagement, tooth contact (US) ‖ **~einschnitt** *m* (Zimm) / indent* *n* ‖ **~eisen** *n* (Bau) / claw chisel*, stonecutter's chisel ‖ **~eisen** (ein Steinmetzwerkzeug - ein Meißel mit gezahnter Schneidebahn) (Bau) / waster* *n* (mallet-headed)

**Zähnezahl** *f* / number of teeth, tooth number

**Zahn•federbacke** *f* (Masch) / alligator jaw (of a chuck) ‖ **~flanke** *f* (Seitenfläche des Zahnes) (Masch) / tooth flank ‖ **~flankenschleifen** *n* (Masch) / grinding-generating *n*, gear grinding by generating ‖ **~flankenschleifmaschine** *f* (Masch) / gear-grinding machine ‖ **~flankenspiel** *n* (bei einem Radpaar) (Masch) / backlash* *n* ‖ **~folge** *f* (aufeinanderfolgende Räumzahngruppen) (Werkz) / group of successive teeth, set of teeth ‖ **~form** *f* (For) / sawtooth profile ‖ **~form** (Gestalt des Zahnes in Projektion auf die Blattebene nach DIN 8000) (Masch) / tooth form ‖ **~formfräser** *m* (Masch, Werkz) / gear cutter*, finishing gear milling cutter, gear-cutting tool ‖ **~formvorfräser** *m* (Masch) / gashing cutter, stocking cutter (US) ‖ **~fries** *m* (Arch) / indented frieze ‖ **~fuß** *m* (Teil des Zahnes zwischen Teilzylinder und Fußzylinder) (Masch) / tooth root ‖ **~fußflanken-Eingriffslänge** *f* (Masch) / arc of approach* ‖ **~fußhöhe** *f* (des Zahnrads) (Masch) / dedendum* *n* (pl. dedenda) ‖ **~gesperre** *n* (Masch) / tooth locking mechanism ‖ **~gold** *n* (Hütt, Med) / dental gold ‖ **~grund** *m* (zwischen zwei Zähnen gelegenes Stück des Radkörpers) (Masch) / tooth gullet ‖ **~gruppenfolge** *f* (Werkz) / group of successive teeth, set of teeth ‖ **~hobel** *m* (Handhobel zum Egalisieren von Flächen und Aufrauhen zu verleimender Flächen) (Tischl, Werkz) / toothing plane ‖ **mit dem ~hobel bearbeiten** (Tischl) / tooth *v* ‖ **~höhe** *f* (DIN 3960) (Masch) / tooth height

**Zahnkanten•abrundmaschine** *f* (Masch) / gear-chamfering machine, tooth-chamfering machine ‖ **~abrundung** *f* (Masch) / tooth chamfer ‖ **~anfasen** *n* (Masch) / tooth chamfer ‖ **~anfaßmaschine** *f* (Masch) / gear-chamfering machine, tooth-chamfering machine ‖ **~ausschrägung** *f* (Masch) / tooth chamfer ‖ **~fräsmaschine** *f* (Masch) / gear-chamfering machine, tooth-chamfering machine

**Zahn•keilriemen** *m* (Kfz) / cogged V-belt ‖ **~kelle** *f* (Bau) / serrated trowel ‖ **~kette** *f* (deren Laschen zahnförmig ausgebildet sind) (Masch) / inverted-tooth chain, silent chain ‖ **~kette** (des Reißverschlusses) (Tex) / chain *n* ‖ **~kolloidmühle** *f* (Chem Verf, Masch) / annular gear colloid mill ‖ **~kopf** *m* (Masch) / tooth crest ‖ **~kopffläche** *f* (des Zahnrades) (Masch) / top land, crest area, tip area (US) ‖ **~kopfflanken-Eingriffslänge** *f* (Masch) / arc of recess* ‖ **~kopfhöhe** *f* (Masch) / addendum* *n* (pl. addenda) ‖

**Zahnkranz** *m* (der Formulartrommel) (EDV) / rim gear ‖ **~** (Masch) / ring gear, scroll gear ‖ **~** (des Spannfutters) (Masch) / scroll *n* ‖ **~futter** *n* (Masch) / scroll chuck* ‖ **~-Kopiermaschine** *f* (eine Kontaktkopiermaschine) (Film) / sprocket printer, sprocket drum printer ‖ **~scheibe** *f* (der hydrodynamischen Kupplung) (Masch) / drive plate (of the torque converter), flexplate *n*

**Zahn•kupplung** *f* (ausrückbare) (Masch) / claw clutch* ‖ **~linie** *f* (Typog) / serrated line, serrated rule ‖ **~lücke** *f* (bei Sägezähnen) (For) / gullet* *n*, throat* *n* ‖ **~lücke** (Leerraum zwischen zwei benachbarten Zähnen) (Masch) / tooth gap, flute *n* (US), tooth space ‖ **~lückengrund** *m* (abgerundeter - bei Sägen) (For) / gullet* *n*, throat* *n* ‖ **~lückengrundfläche** *f* (des Zahnrades) (Masch) / bottom land, gullet area, tooth root surface ‖ **~lückenhärten** *n* (Hütt) / tooth-gap hardening ‖ **~profil** *n* (DIN 3960) (Masch) / tooth profile ‖ **~pumpe** *f* (Masch) / gear pump*, gear-type pump, gearwheel pump ‖ **~putzmittel** *n* (Chem) / dentifrice *n*

**Zahnrad**

**Zahnrad** n (im Getriebe) (Masch) / gearwheel* n, toothed wheel*, gear* n ‖ **ungleichmäßig übersetzendes ~** (Masch) / gear for non-uniform transmission ‖ **~antrieb** m (Masch) / gear driving, gear drive ‖ **~bahn** f (Bahn) / rack railway, cog railway, cog-wheel railway ‖ **~entgratmaschine** f (Masch) / gear-deburring machine
**Zahnräder•paar** n (Masch) / gear pair (basic gear-drive mechanism) ‖ **~vorgelege** n (Masch) / back gear*, back gearing
**Zahnrad•fertigung** f (Masch, Uhr) / gear-tooth forming*, gear manufacturing, gear-tooth generating, toothing n, gear manufacture ‖ **~fräser** m (Masch, Werkz) / gear cutter*, finishing gear milling cutter, gear-cutting tool ‖ **~fräsmaschine** f (Masch) / gear miller ‖ **~getriebe** n (Masch) / gears pl, gearing n ‖ **~getrieben** adj (Masch) / gear-driven adj ‖ **~herstellung** f (Masch, Uhr) / gear-tooth forming*, gear manufacturing, gear-tooth generating, toothing n, gear manufacture ‖ **spanende ~herstellung** (Masch) / gear cutting ‖ **~kräuseln** (Tex) / gear crimping ‖ **~lokomotive** f (Bahn) / rack-rail locomotive, rail locomotive ‖ **~paar** n (Masch) / gear pair (basic gear-drive mechanism) ‖ **~prüfmaschine** f (Masch) / universal gear testing machine, gear roll testing machine ‖ **~pumpe** f (eine Verdrängerpumpe) (Masch) / gear pump, gear-type pump, gearwheel pump ‖ **~rohling** m (Masch) / gear blank ‖ **~rollmaschine** f (zum Glattwalzen der Zahnflanken vorverzahnter Werkstücke) (Masch) / gear-rolling machine ‖ **schrägverzahnter ~satz** (Masch) / helical gear ‖ **~schaben** n (Masch) / gear shaving ‖ **~schabmaschine** f (Masch) / gear-shaving machine ‖ **~schälen** n (Masch) / skiving n ‖ **~schleifmaschine** f (Masch) / gear-grinding machine ‖ **~schneidrad** n (Masch) / gear-shaping cutter ‖ **~stange** f (Bahn) / rack n ‖ **~stoßmaschine** f (Verzahnmaschine zur Herstellung von gerad- oder schrägverzahnten Stirnrädern im stetigen Wälzverfahren mit einem Schneidrad) (Masch) / gear shaper ‖ **~texturierung** f (Tex) / gear crimping ‖ **~verdichter** m (Masch) / gear compressor ‖ **~vorgelege** n (Masch) / back gear*, back gearing ‖ **~werkstoff** m / gear material
**Zahn•riemen** m (z.B. zum Antrieb der obenliegenden Nockenwelle) (Kfz) / toothed belt ‖ **~riemen** (Masch) / timing belt, cogged belt, synchronous belt ‖ **~ring** m (Masch) / annular gear ‖ **~ringmühle** f (eine Kolloidmühle) (Chem Verf, Masch) / annular gear colloid mill ‖ **~rolle** f (Film) / sprocket* n, sprocket-wheel n, feed sprocket, sprocket drum ‖ **~rücken** m (diejenige Seite des Zahnes, die nach dem Schnittvorgang beim Verlassen des Werkstückes diesem zugekehrt ist) (For, Werkz) / tooth back ‖ **~schaden** m (Masch) / tooth damage
**Zahnscheibe** f (Fotozellen-Unterbrecher) (Eltech) / chopper disk* ‖ **~** (eine Schraubensicherung nach DIN 6797) (Masch) / antiturn washer, tooth-lock washer, toothed-lock washer, multiteeth lock washer, tooth washer ‖ **außengezahnte ~** (Masch) / external-tooth lock washer ‖ **außengezahnte kegelige ~** (Masch) / countersunk external-tooth lock washer ‖ **~, Form A** f (Masch) / external-tooth lock washer ‖ **~, Form V** (Masch) / countersunk external-tooth lock washer
**Zahn•scheibenmühle** f / toothed-disk mill ‖ **~schmelz** m (Med) / enamel n ‖ **~schnitt** m (in der ionischen Säulenordnung) (Arch) / dentils* pl, denticulation n ‖ **~schwelle** f (gezahnte Überlaufschwelle an Ablaufrinnen von Absetzbecken, bestehend aus einer Vielzahl von Dreieckswehren, zur gleichmäßigen Abnahme des Abwassers, die nachträglich und höhenverstellbar an die Betonkonstruktion der Rinnen montiert wird und spätere Nacheinstellung zum Ausgleich von Setzungen ermöglicht) (Sanitär) / dentated sill, dragon's teeth ‖ **~segment** n (Masch) / segmental rack, segmental wheel (an arc of toothed wheel), tooth sector ‖ **~seitenüberstand** m (durch Schränkung oder Stauchung - bei den Sägeblättern) (For) / tooth projection (a spring or swage set) ‖ **~spitze** f (oberster Teil des Zahnkopfes) (Masch) / tooth tip ‖ **~spitzenlinie** f (For) / tooth line
**Zahnstange** f (DIN 3960 und 3998) (Masch) / rack* n ‖ **schrägverzahnte ~** (Masch) / helical rack ‖ **Telfener ~** (HuT) / Telfener rack
**Zahnstangen•antrieb** m (Masch) / rack-and-pinion drive ‖ **~fräseinrichtung** f (Masch) / rack milling attachment ‖ **~fräser** m (Masch) / rack milling cutter, rack cutter ‖ **~lenkgetriebe** n (Kfz) / rack-and-pinion steering-gear* ‖ **~satz** m (Masch) / rack-and-pinion* n ‖ **~winde** f (Masch) / rack-and-lever jack
**Zahn•stollen** m (Masch) / cutter blade, blade n ‖ **~stollen** (Masch) / hob-blade insert ‖ **~streifen** m pl (Druck) / gear marks* pl ‖ **~teilung** f (bei Sägen) (Werkz) / gullet n ‖ **~teilung im Teilkreis** (Masch) / circular pitch* ‖ **~trommel** f (Masch) / sprocket-wheel* n, bracket chain wheel ‖ **~türkis** m (Min) / bone turquoise*, odontolite* n ‖ **~- und Keilverbindung** f (Masch) / splined joint
**Zahnung** f (Masch) / indentation n
**zahnungsartige Rauhigkeit** (Masch) / indentation n
**Zahnungsteil** m (der Räumnadel) (Masch) / tooth portion
**Zahn•unterschnitt** m (Masch) / tooth undercut ‖ **~walze** f (HuT) / indenter* n (a roller with a pattern cast on its surface), branding iron*, crimper* n, indenting roller ‖ **~wehholz** n (aus Zanthoxylum americanum Mill.) (For) / toothache tree, prickly-ash n ‖ **~weite** f (nach DIN 3960) (Masch) / tooth distance, tooth span measurement ‖ **~winkel** m (Masch) / tooth angle ‖ **~zement** m (Med) / cement n, cementum n
**Zähpolen** n (letzte Arbeitsstufe der pyrometallurgischen Kupfergewinnung, bei der die Reduktion letzter Kupferoxidreste mit Anthrazit oder Holzkohle bedeckt wird) (Hütt) / tough poling
**Zanella** m (Tex) / Italian cloth, zanella n
**Zange** f (der Scheibenbremse) / brake calliper, calliper n ‖ **~** (ein Lastaufnahmemittel) (Masch) / lifting tongs ‖ **~** (der Kämmaschine) (Spinn) / nipper jaw ‖ **~** (ein Handwerkszeug) (Werkz) / tongs* pl ‖ **~** (bei einem Pfettendach) (Zimm) / tie n, tie-beam
**Zangen•anleger** m (Eltech) / tong-test ammeter*, split-core current transformer, hook-on meter ‖ **~balken** m (im Kraftwerk) (Eltech) / grappling beam ‖ **~ende** n (eines Rohlings oder eines Schmiedestücks) (Masch) / tong hold ‖ **~greifer** m (Masch) / pincer gripper ‖ **~kran** m (Gieß) / dogging crane ‖ **~kran** (Hütt) / ingot tongs crane ‖ **~maul** n (als Größe) (Werkz) / jaw capacity ‖ **~planken** f pl (HuT) / walings* pl, wales pl (US) ‖ **~spannfutter** n (Masch) / collet chuck*, collet* n ‖ **~stromwandler** m (Eltech) / tong-test ammeter*, split-core current transformer, hook-on meter ‖ **~transport** m (bei Nähmaschinen) (Tex) / top-grip feed, gripper feed
**Zanzibar-Kopal** m / Zanzibar gum, Zanzibar copal, animé n
**Zapatero** n (Gossypiospermum praecox) (For) / Maracaibo boxwood, zapatero n, West Indian boxwood
**zapfen** v (Latex) (For) / tap v ‖ **~** (Zimm) / tenon v ‖ **~** m (bei Nadelhölzern) (Bot) / strobilus* n (pl. -bili), strobile* n, cone* n ‖ **~** (hölzerner Zapfen zum Verschließen des Spundlochs bei Fässern) (Brau) / bung n, spigot n, plug n, stopper n, spile n ‖ **~** (Gieß) / closing wedge n ‖ **~** (ein Glasfehler) (Glas) / tit n (an imperfection consisting of a protrusion on a glass article) ‖ **~** (des Konverters) (Hütt) / trunnion n, hollow trunnion ‖ **~** (der Walze) (Hütt, Masch) / neck n ‖ **~** (bei Lagern in Meßinstrumenten) (Instr) / pivot* n ‖ **~** (Masch) / peg n, pin* n ‖ **~** (Schraubenende nach DIN 918) (Masch) / dog point ‖ **~** (langer - der Stellschraube) (Masch) / full dog point ‖ **~** (kurzer - der Stellschraube) (Masch) / half dog point ‖ **~** (der Netzhaut) (Med, Opt) / cone* n ‖ **~** (beim Reißverschluß) (Tex) / trunnion n ‖ **~** (in der Schwalbenschwanzverbindung) (Tischl, Zimm) / dovetail* n, swallowtail* n, pin n ‖ **~** (zugearbeitetes Holzende) (Zimm) / tenon* n ‖ **~** (Zimm) / dowel pin
**Zapfen-, [offene] ~ und Schlitzverbindung** f (Tischl, Zimm) / tenon-and-slot mortise*
**Zapfen, blinder ~** (Zimm) / stub tenon*, joggle* n ‖ **durchgehender ~** (Zimm) / through-tenon n ‖ **eingelegter ~** (Zimm) / false tenon ‖ **geächselter ~** (z.B. bei der Fußzargenverbindung) (Tischl) / tusk tenon*, axled tenon ‖ **gestemmter Einschnitt für ~** (Tischl, Zimm) / tenon hole, dowel hole, mortise* n, mortice* n ‖ **mit ~ verbinden** (Masch) / peg v ‖ **mit ~ versehen** (Zimm) / tenon v ‖ **~ schneiden** (Zimm) / tenon v ‖ **~ tragen** (For) / cone n
**Zapfen•band** n (einfacher Drehbeschlag) (Bau) / pivot hinge ‖ **~düse** f (bei Vorkammer- und Wirbelkammermotoren) (Kfz) / pintle nozzle ‖ **~gelagerte Kugel** (Masch) / trunnion-mounted ball ‖ **~kreuz** n (des Kreuzgelenks) (V-Mot) / spider n ‖ **~lager** n (Masch) / trunnion bearing, pin bearing ‖ **~lagerung** f (Masch) / trunnion mounting*
**Zapfenloch** n (Tischl, Zimm) / tenon hole, dowel hole, mortise* n, mortice* n ‖ **blindes ~** (Zimm) / blind mortise*, stopped mortise*, dead mortise ‖ **Seite** f **des ~s** (Zimm) / cheek* n ‖ **~ schneiden** (Tischl, Zimm) / mortise v ‖ **~bohrer** m (Bau, Zimm) / dowel hole drill, dowel bit, dowel drill
**Zapfen•marke** f (durch Faßzapfen verursachte Narbenbeschädigung) (Leder) / peg mark ‖ **~reibung** f (Instr, Mech) / pivot friction ‖ **~reibung** (Masch) / journal friction (of the axle in a journal bearing) ‖ **~säge** (für schwalbenschwanzförmige Zapfen) (Tischl) / foxtail saw ‖ **~säge** (kleine, mit 12 Zähnen je Zoll) (Tischl) / dovetail saw* ‖ **~säge** (Zimm) / tenon saw ‖ **~-Schlitz-Verbindung** f (ein Winkelverband) (Zimm) / mortise-and-tenon joint, mortise joint ‖ **~schlüssel** m (Masch, Werkz) / pin spanner ‖ **~schlüssel** (Werkz) / pin wrench, pin spanner wrench ‖ **~schneidemaschine** f (einseitige, doppelseitige) (Tischl, Zimm) / tenoning machine, tenoner n ‖ **~schneid- und Schlitzmaschine** f (Tischl, Zimm) / mortising machine ‖ **~schraube** f (Masch) / shoulder screw ‖ **~sehen** n (Opt) / photopic vision* ‖ **~senker** m (Masch) / piloted counterbore ‖ **~spitzsenker** m (Masch) / piloted countersink ‖ **~streichmaß** n (Zimm) / mortise gauge* ‖ **~- und Schlitzverbindung** f (mit einem Scherzapfen) (Zimm) / bridle joint* ‖ **~verbindung** f (ein Winkelverband) (Zimm) / mortise-and-tenon joint, mortise joint ‖ **~verkeilung** f (Tischl) / foxtail wedging, fox wedging*
**Zapf•hahn** m (Kfz) / nozzle n, filler gun, gas hose nozzle (US) ‖ **~hahn** (Klemp) / draw-off pipe, draw-off valve ‖ **kleiner ~hahn** (Masch) / faucet* n ‖ **~loch** n (Brau, Tischl) / bunghole n, tap hole ‖ **~pistole** (am Ende des Zapfschlauchs) (Kfz) / nozzle n, filler gun, gas hose

1424

nozzle (US) ‖ ⁓säule f (Kfz) / petrol pump (GB), gasoline pump (US) ‖ ⁓schlauch m (der Zapfsäule) (Kfz) / dispensing hose, filling hose ‖ ⁓schnitt m (um Latex zu gewinnen) (For) / tapping cut, tapping incision ‖ ⁓stelle f (zur Wasserentnahme) / hydrant n ‖ ⁓stelle (Bau, HuT) / consumer point
**Zapfung** f (ein Winkelverband) (Zimm) / mortise-and-tenon joint, mortise joint
**Zapf•ventil** n (Kfz) / nozzle n, filler gun, gas hose nozzle (US) ‖ **⁓welle** f (am Traktor zum unmittelbaren Antrieb von Arbeitsmechanismen der angehängten oder angebauten Landmaschinen) (Kfz, Landw) / power take-off shaft, p.t.o. shaft ‖ ⁓wellenleistung f (Kfz, Landw) / power take-off power, p.t.o.power
**Zapklappe** f (eine alte Spreizklappe zur Profilveränderung und Vergrößerung der tragenden Fläche) (Luftf) / Zap flap
**Zaponlack** m (physikalisch trocknender Klar- oder Transparentlack nach DIN 55945) (Anstr) / zapon lacquer
**zappen** v (TV) / zap v, flick v, switch v ‖ ⁓ n (TV) / zapping n
**Zapper** m (TV) / zapper n, switcher n
**Zapping** n (TV) / zapping n
**Zaragonsäure** f (Biochem) / zaragozic acid
**Zaratit** m (Nickelsmaragd) (Min) / zaratite n
**Zarge** f (einer Dose) / body n ‖ ⁓ (tragende Rahmenkonstruktion für Fenster, Türen, Tische, Stühle usw.) (Zimm) / frame n (oblique)
**Zariski-Topologie** f (nach O. Zariski, 1899-1986) (Math) / Zariski's topology, spectral topology
**zart** adj / tender adj ‖ ⁓ (Nahr) / tender adj ‖ ⁓-Lösung f (ein Faserreagens) (Chem, Tex) / Zart solution ‖ ⁓macher m (pflanzliches proteolytisches Enzym, das nach dem Einspritzen das Fleisch schneller zum Reifen bringt) (Nahr) / tenderizer n
**Zäsium (Cs)** n (Chem) / caesium* n, cesium n (US)* ‖ ⁓chlorid n (Chem) / caesium chloride ‖ ⁓chloridstruktur f (ein verbreiteter Strukturtyp für Verbindungen der allgemeinen Zusammensetzung AB) (Eltronik, Krist) / caesium chloride structure ‖ ⁓chloridtyp m (ein verbreiteter Strukturtyp für Verbindungen der allgemeinen Zusammensetzung AB) (Eltronik, Krist) / caesium chloride structure ‖ ⁓element n (Eltech) / caesium cell* ‖ ⁓iodid n (Chem) / caesium iodide ‖ ⁓uhr f (eine Atomuhr) / caesium clock*, caesium-beam atomic clock ‖ ⁓zelle f (Eltech) / caesium cell*
**Zaubertinte** f / invisible (writing) ink
**Zaum, Froudescher** ⁓ / Froude brake* ‖ **Pronyscher** ⁓ (Leistungsmesser anhand von Zapfenreibung) (Masch) / Prony brake, prony brake
**Zaun** m (zur Umfriedung von Grundstücken) / fence* n, fencing n ‖ ⁓brett n (Bau) / picket* n ‖ ⁓latte f (Bau) / pale n ‖ ⁓pfahl m (Bau) / picket* n
**ZB** (in der Vermittlungsstelle) (Fernsp) / central battery*, common battery*, CB
**Z-Blatt-Mischer** m (Chem Verf) / z-blade mixer, sigma-type mixer, Baker-Perkins mixer, Werner-Pfleiderer mixer
**Z-Bogen** m (zum Dehnungsausgleich bei Rohrleitungen) (HuT) / Z bend
**Z Boson** n (Kernphys) / Z particle, Z boson (a gauge boson of the weak interaction)
**ZBP** (EDV) / central console
**ZC-Auswerteschiene** f (EDV) / ZC-interpreter n
**ZCAV-System** n (EDV) / zoned-constant angular velocity, ZCAV
**Z-Chromosom** n (Gen) / Z-chromosome* n
**ZD** (For) / top-end diameter, top diameter, small-end diameter
**Zdansky-Lonza-Verfahren** n (zur Herstellung von reinem Wasser- und Sauerstoff) (Chem Verf) / Zdansky-Lonza process
**Z-Diagramm** n (F.Org, Stats) / Zee chart (a graphical depiction showing single values, progressive totals, and cumulative totals in comparison with each other, using the same two axes), Z chart
**Z-Diode** f (Halbleiterdiode mit pn-Übergang, die im Sperrbereich einen scharf ausgeprägten Spannungsdurchbruch bei einer definierten Durchbruchspannung besitzt) (Eltronik) / Zener diode*, breakdown diode*, Zener n ‖ **stromstabilisierende** ⁓ (eine Halbleiterdiode) (Eltronik) / field-effect diode, FED, Zener diode regulator
**Z-DNA** f (eine linksgängige "Wendeltreppe" mit zickzackförmigem "Handlauf") (Biochem) / Z-DNA n
**Z-Draht** m (Tex) / Z-twist n, regular twist ‖ ⁓-Garn n (Spinn) / open-band twine, right-hand twine, Z-twisted yarn
**z-Drehung** f (Tex) / Z-twist n, regular twist
**Z-Drehung** f (Tex) / Z-twist n, regular twist
**ZE** (EDV) / central processing unit* (CPU), central processor*, processing unit ‖ ⁓ (eine regenerierte Proteinfaser, z.B. Vicara) (Tex) / maize protein fibre, zein fibre
**Zeatin** n (das wirksamste Cytokinin) (Biochem) / zeatin n
**Zeaxanthin** n (ein Xanthophyll der Maiskörner, der Judenkirsche und der Sanddornfrüchte - E 161) (Chem, Nahr) / zeaxanthin n

**Zebra•-Batteriesystem** n (Eltech, Kfz) / zebra-battery system (zero-emission battery research activity) ‖ ⁓holz n (For) / African zebrawood, zebrano n, zebrana n
**Zebrano** n (dunkelgestreiftes Holz einiger westafrikanischer Bäume der Gattung Microberlinia) (For) / African zebrawood, zebrano n, zebrana n
**Zebrastreifen** m (breite weiße Streifen auf der Fahrbahn, durch die der Fußgängerschutzweg markiert wird) (Kfz) / zebra crossing (GB)
**Zeche** f (Bergb) / mine* n ‖ ⁓**, deren Kohle in betriebseigenen Anlagen weiterverarbeitet wird** (Bergb) / captive mine ‖ ⁓ f **für Absatzkohle** (für den Markt) (Bergb) / commercial mine
**Zechen•kohle** f (Bergb) / mine coal ‖ ⁓koks m (Bergb, Kftst) / by-product coke ‖ ⁓kraftwerk n (Bergb) / pit-head power station, colliery power station
**Zecke** f (Zool) / sheep tick, tick n, castor been tick ‖ ⁓n f pl (auffallend große Milben - Ektoparasiten an Wirbeltieren) (Zool) / Ixodides pl, Ixodes pl, ticks pl
**Zeckenbekämpfungsmittel** n (Pharm) / ixocide n
**Zeder** f (Cedrus sp.) (For) / cedar* n
**Zedern•baumlakkolith** m (mit baumartigen Apophysen und Lagergängen im Nebengestein) (Geol) / cedar-tree laccolith* ‖ ⁓blätteröl n (meist von Thuja occidentalis L.) / thuja oil, cedar-leaf oil, arborvitae oil ‖ ⁓holzöl n (Immersionsöl oder für die Parfümerie) / cedarwood oil ‖ ⁓ölpapier n (Pap) / cedarized paper
**Zedoaraöl** n (Pharm) / zedoary oil
**Zedrat** n (Nahr) / candied peel (of Citrus medica)
**Zedrelaholz** n (rotes, leicht spaltbares, aromatisch riechendes Holz der Zedrele /Cedrela odorata L./, das besonders für die Herstellung von Zigarrenkisten verwendet wird) (For) / Spanish cedar wood
**Zeeman•-Atomabsorptionsspektrofotometrie** f (Spektr) / Zeeman-effect atomic absorption spectrometry, ZAA spectrometry, ZAAS ‖ ⁓-**Aufspaltung** f (Spektr) / Lorentz line-splitting, Zeeman splitting ‖ ⁓-**Effekt** m (longitudinaler, transversaler, normaler, anomaler - nach P. Zeeman, 1865-1943) (Phys, Spektr) / Zeeman effect* ‖ **anomaler** ⁓-**Effekt** (Phys, Spektr) / anomalous Zeeman effect ‖ **normaler** ⁓-**Effekt** (Phys, Spektr) / normal Zeeman effect ‖ ⁓-**Triplett** n (Spektr) / Zeeman triple ‖ ⁓-**Verschiebung** f (Spektr) / Zeeman displacement, Zeeman shift
**Zehneck** n (Math) / decagon n
**Zehner•block** m (EDV) / numeric keyboard, numeric keypad*, numeric pad ‖ ⁓**bruch** m (Math) / decimal fraction*, decimal n ‖ ⁓**faktor** m (Anzahl der Nullen) (Math) / decimal multiplier ‖ ⁓**komplement** n (Math) / tens complement, ten's complement ‖ ⁓**logarithmus** m (zur Basis 10) (Math) / Briggs logarithm*, common logarithm*, Briggsian logarithm ‖ ⁓**potenz** f (Math) / decimal power, power of ten ‖ ⁓**stelle** f (Math) / tens place, decimal place ‖ ⁓**system** n (Stellenwertsystem zur Basis 10) (Math) / decimal (number) system* ‖ ⁓**tastatur** f (Tastaturfeld) (EDV) / numeric keyboard, numeric keypad*, numeric pad ‖ ⁓**teiler** n (Fernm) / decade scaler, scale-of-ten* n, decascaler n, decimal scaler ‖ ⁓**übertrag** m (EDV) / decimal carry ‖ ⁓**übertragung** f **bei Subtraktion** (Math) / borrow n
**zehn•fach** adj / tenfold adj ‖ ⁓**fachteiler** m (Fernm) / decade scaler, scale-of-ten* n, decascaler n, decimal scaler ‖ ⁓**fachuntersetzer** n (Fernm) / decade scaler, scale-of-ten* n, decascaler n, decimal scaler ‖ ⁓**fingermaschinenschreibkraft** f / touch typist
**zehntel•normallösung** f (Chem) / decinormal solution ‖ ⁓**wertdicke** f (Nukl) / tenth-value thickness*, tenth-value layer, TVL ‖ ⁓**wertschichtdicke** f (Nukl) / tenth-value thickness*, tenth-value layer, TVL
**Zehrgebiet** n (eines Gletschers) (Geol) / zone of ablation, zone of wastage, region of melting
**Zeichen** n (im allgemeinen) / sign n ‖ ⁓ (ein Element einer endlichen, als Zeichenvorrat bezeichneten Menge) (EDV) / character* n, char, CHAR ‖ ⁓ (Fernm) / mark* n, signal* n ‖ ⁓ (im Ruhestrombetrieb) (Fernm) / -space* n ‖ ⁓ (HuT, Verm) / conventional sign* ‖ ⁓ (Math) / sign n ‖ **abdruckbares** ⁓ (Druck) / printable character, printer character ‖ **astronomisches** ⁓ (z.B. für die Planeten, Konstellationen und Tierkreissternbilder) (Astr) / astronomical symbol, astronomical sign ‖ **beliebiges** ⁓ (EDV) / wild character, wild char ‖ **benutzerdefinierbare** ⁓ (EDV) / user-definable characters ‖ **chemisches** ⁓ (Chem) / chemical symbol* ‖ **hochgestelltes** ⁓ (Druck, EDV) / superscripted character, superscript n ‖ **hochstehendes** ⁓ (Druck, EDV) / superscripted character, superscript n ‖ **höchstwertiges** ⁓ (EDV) / most significant character, MSC ‖ **leeres** ⁓ (EDV) / forbidden character, meaningless character ‖ **logisches** ⁓ (EDV) / logical symbol*, logical sign (for Boolean functions), logic symbol ‖ **negatives** ⁓ (Math) / minus sign, negative sign ‖ **nichtnumerisches** ⁓ (EDV, Math) / non-numeric character ‖ **numerisches** ⁓ (EDV, Math) / numeric character ‖ **positives** ⁓ (Math) / plus sign, positive sign ‖ **terminales** ⁓ (EDV) / terminal n ‖ **tiefgestelltes** ⁓ (Druck, EDV) / subscripted character, subscript n ‖

## Zeichen

**tiefstehendes ~** (Druck, EDV) / subscripted character, subscript *n* ‖ **übergroßes ~** (EDV) / extra-high character ‖ **verdeckte ~** (beabsichtigte Funkstörung) (Mil, Radio) / clouded signals ‖ **wissenschaftliches ~** (Druck, EDV) / scientific character ‖ **~** *n* **für Datenübertragungsumschaltung** (EDV) / data-link escape character ‖ **~ für die Darstellung eines Vorzeichens** (EDV) / sign digit ‖ **~ für Unendlich** (Math) / infinity sign ‖ **~ geben** (Fernm) / signal *v*, signalize *v*, signalise *v* (GB) ‖ **~ pro Sekunde (Z/s)** (EDV) / characters per second* (cps) ‖ **~** *n* "**Umschaltung Buchstaben**" (EDV) / letter shift character, LET ‖ **durch ~abfühlung lesen** (EDV) / mark-sense *v* ‖ **zentraler ~abgabekanal** (Fernsp) / common signalling channel ‖ **~abgleichung** *f* (die Zuordnung von benachbarten, zu Gruppen gehörenden Bits zu Zeichen) (EDV, Fernm) / character alignment ‖ **~abstand** *m* (EDV) / character spacing, intercharacter spacing, intercharacter space ‖ **~abstand** (EDV) / pitch *n*, print pitch ‖ **fester ~abstand** (EDV) / constant pitch ‖ **proportionaler ~abstand** (EDV) / proportional pitch ‖ **~abtasten** *n* (der Bleistiftzeichen auf den Lochkarten - heute nicht mehr benutzt) (EDV) / mark sensing ‖ **~automat** *m* (EDV) / plotter* *n*, graphic plotter, data plotter ‖ **~begrenzung** *f* (DIN 66233, T 1) (EDV) / character boundary ‖ **~block** *m* (pl. -s oder -blöcke) / sketchbook *n*, sketch pad ‖ **~box** *f* (Fernm) / character box ‖ **~brett** *n* / drawing board, drafting board ‖ **~büro** *n* / drawing office ‖ **~darstellendes Gerät** (DIN 66254) (EDV) / character-imaging device ‖ **~darstellung** *f* / character representation ‖ **~dichte** *f* (DIN ISO 5652) (EDV) / packing density* (data stored per unit of length, area, or volume of a storage medium), bit density, character packing density, recording density ‖ **~dichte** (EDV) / print density (horizontally) ‖ **~drucker** *m* (ein mechanischer Drucker) (EDV) / character printer, character-at-a-time printer ‖ **~drucker mit Flachbettzufuhr** (EDV) / flat-bed-feed printer ‖ **~ebene** *f* (Math) / projection plane, plane of projection ‖ **~element** *n* (Fernm) / signal component*, signal element* ‖ **optische ~erkennung** (EDV) / optical character recognition*, O.C.R., OCR* ‖ **[automatische] ~erkennung (optische oder magnetische)** (EDV) / character recognition* ‖ **~erkennungssoftware** *f* (EDV) / character-recognition software ‖ **~erklärung** *f* (Typog) / caption* *n*, legend* *n*, underline *n*, cutline *n* ‖ **~feder** *f* (für technische Zeichnungen) / lettering pen ‖ **~fehlstelle** *f* (EDV) / void *n* ‖ **~feld** *n* (bei Datensichtgeräten nach DIN 66 233, T 1) (EDV) / character area ‖ **~fenster** *n* (der Bereich, in dem das Ergebnis von Zeichenoperationen auf dem Bildschirm erscheint) (EDV) / viewport *n* ‖ **~fläche** *f* (des Plotters - als Formatangabe) (EDV) / plotting size ‖ **~fläche** *f* (des Plotters - als konkrete Oberfläche) (EDV) / plotting surface ‖ **~flexibilität** *f* (EDV) / character flexibility ‖ **~folge** *f* (EDV, Typog) / character string ‖ **offene ~folge** *f* / open string ‖ **~folge** *f* **zwischen Hochkommas** (EDV, Typog) / quoted string ‖ **~folgeklammern** *f pl* (EDV) / string quotes ‖ **~gabe** *f* (Fernm) / signalling *n*, signaling *n* (US) ‖ **durchgehende ~gabe** (Fernm) / end-to-end signalling ‖ **~gabenachricht-Ursprung** *m* (EDV) / originating point code (OPC) ‖ **~gabestrecke** *f* (Fernm) / signalling link, signalling data link ‖ **~gebunden** *adj* (Fernm) / character-oriented *adj* ‖ **~gebung** *f* (Fernm) / signalling *n*, signaling *n* (US) ‖ **optische ~gebung** (Licht- und Flaggensignale, Rauchzeichen) (Opt) / optical communication, visual communication ‖ **~gehalt** *m* (Fernm) / intelligence *n* ‖ **~generator** *m* (eine Funktionseinheit, die die kodierte Repräsentation eines Zeichens in die grafische Repräsentation eines Zeichens für die Darstellung umwandelt) (EDV, Eltronik) / character generator ‖ **~gerät** *n* (zum Zeichnen von Kurven und Einzelpunkten) (EDV) / plotter* *n*, graphic plotter, data plotter ‖ **flacharbeitendes ~gerät** (EDV) / flatbed plotter ‖ **mechanisches ~gerät** (mit Tuschestift oder Kugelschreibermine) (EDV) / pen plotter, pen-on-paper plotter ‖ **~gerätdrucker** *m* (EDV) / plotter printer ‖ **~geschwindigkeit** *f* (EDV, Fernm) / character rate ‖ **~grenze** *f* (EDV) / character boundary ‖ **~haltige Wolle** (Tex) / painted wool ‖ **~karton** *m* (Pap) / drawing board ‖ **~karton** (auf der Platte des Meßtisches) (Verm) / manuscript sheet ‖ **~kette** *f* (EDV, Typog) / character string ‖ **~kettenfunktion** *f* (EDV) / string function ‖ **~kettenoperator** *m* (EDV) / string operator ‖ **~kode** *m* (Fernsp) / signal code* ‖ **~kohle** *f* (Kohlestift zum Zeichnen) / charcoal *n* ‖ **~komponente** *f* (Fernm) / signal component*, signal element* ‖ **~kopf** *m* (der Zeichenmaschine) / drawing head ‖ **~kreide** *f* / crayon *n* ‖ **~lehre** *f* (KI) / symbology *n* ‖ **~lesen** *n* (EDV) / character reading ‖ **~leser** *m* (EDV) / character reader ‖ **~lochkarte** *f* (EDV) / mark sense card (carrying marks made with some conductive material to be sensed electrically) ‖ **~maschine** *f* (Gerät für technisches Zeichnen) / draughting machine, drafting machine (US) ‖ **~maschine** *f* (EDV) / character-oriented computer, character-oriented machine ‖ **~maschine mit Geradführung** / draughting machine with parallel motion, parallel-motion protractor ‖ **~matrix** *f* (EDV) / character matrix ‖ **~mittenabstand** *m* (EDV) / character pitch ‖ **~modus** *m* (als Gegensatz zu Grafikmodus) (EDV) / character display mode ‖ **~neigung** *f* (EDV) / character skew ‖ **~orientiert** *adj* (Fernm) / character-oriented *adj* ‖ **~orientiertes Terminal** (Fernm) / character-oriented terminal ‖ **~papier** *n* (holzfreies oder hadernhaltiges, gut geleimtes, radierfestes Papier von über 90 g/m² Flächengewicht und geringer Vergilbungsneigung) (Pap) / drawing paper ‖ **~papier** (für Schulen) (Pap) / school paper, construction paper ‖ **~papier mit einem aufgedruckten Netz zweier sich rechtwinklig schneidender Geradenscharen** (Pap) / cross-section paper, quadrille paper, profile paper ‖ **~papier mit Karomuster** (z.B. Millimeter- oder Statikpapier) (Pap) / graph paper (printed with a network of small squares to assist the drawing of graphs or other diagrams) ‖ **~** *n* **oder Druckpapier mit rauher Oberfläche** (Pap) / cartridge paper* ‖ **~parallel** *adj* (EDV) / character-parallel *adj* ‖ **~parität** *f* (EDV) / vertical parity ‖ **~programm** *n* (EDV) / plotting program ‖ **~puffer** *m* (der vorgeschaltet wird, wenn Zeichen von Datenträgern in die EDV-Anlage eingelesen werden) (EDV) / character buffer ‖ **~rate** *f* (EDV, Fernm) / character rate ‖ **~regel** *f* (Math) / rule of signs ‖ **~rolle** *f* (beim Patentamt) / register *n* ‖ **~rundung** *f* (beim Zeilensprungverfahren) (TV) / character rounding ‖ **~satz** *m* (endliche Menge von Zeichen) (EDV) / character set ‖ **~satz, der nur Großbuchstaben enthält** (EDV) / monocase font (only upper case) ‖ **~satzkassette** *f* (die in einen besonderen Steckplatz des Druckers eingeschoben wird, damit er auch Schriften drucken kann, die nicht zu seiner Standardbestückung gehören) (EDV) / font cartridge ‖ **~schablone** *f* / appliqué *n* ‖ **~schild** *n* (Kfz) / signpost *n* ‖ **~schräglauf** *m* (EDV) / character skew ‖ **~schreibröhre** *f* (Eltronik) / character-writing tube ‖ **Zeichenschritt** *m* / code element ‖ **~** (in der Textverarbeitung, bei den Druckern) (EDV) / pitch *n*, print pitch ‖ **~** (dessen Signalparameter sich nicht in einem Zeitintervall verändert) (Fernm) / signal element* ‖ **fester ~** (EDV) / constant pitch ‖ **proportionaler ~** (EDV) / proportional pitch ‖ **Zeichen•schutz** *m* / trademark protection ‖ **~seriell** *adj* (EDV) / character-serial *adj*, serial by character ‖ **~setzung** *f* (Typog) / punctuation *n* ‖ **~sperre** *f* (Fernsp) / silent period ‖ **~stab** *m* (der Zeichenmaschine) (Masch) / straight edge ‖ **~stäbe** *m pl* (der Zeichenmaschine) (Masch) / adjustable set square ‖ **~stift** *m* (Graphitstift) / lead pencil, pencil *n* ‖ **~stift** (EDV, Instr) / pen *n* ‖ **~stiftplotter** *m* (Fernm) / pen plotter, pen-on-paper plotter ‖ **~strecke** *f* (Fernm) / signalling link, signalling data link ‖ **~subroutine** *f* (EDV) / character subroutine ‖ **~tafel** *f* (in der darstellenden Geometrie) (Math) / projection plane ‖ **~teilmenge** *f* (EDV) / character subset ‖ **~teilvorrat** *m* (EDV) / character subset ‖ **~test** *m* (Math, Stats) / sign test (e.g. Wilcoxon's matched pairs signed rank test) ‖ **~tisch** *m* (im allgemeinen) / drawing table, drafting table ‖ **~tisch** (flacharbeitendes Zeichengerät) (EDV) / plotting board, plotting table ‖ **~träger** *m* (Fernm) / signal* *n*, signal carrier ‖ **~trennung** *f* (bei Fernschreibern) (Teleg) / spacing *n* ‖ **~trickfilm** *m* (Film) / animated cartoon ‖ **~tusche** *f* / drawing ink ‖ **~umschaltung** *f* (ein CCITT-Steuerzeichen für Datenübertragung) (EDV) / data link escape ‖ **~verarbeitende Maschine** (EDV) / character-handling machine ‖ **~verstümmelung** *f* (Vorgang) (Fernm) / garbling *n* ‖ **~verstümmelung** (des Nachrichtentextes - Ergebnis) (Fernm) / garble *n*, corruption *n* ‖ **~verzerrung** *f* (Teleg) / telegraph distortion, signal distortion ‖ **~vorlage** *f* / drawing pattern ‖ **~vorrat** *m* (endliche Menge von Zeichen) (EDV) / character set ‖ **zu kodierender ~vorrat** (dem ein anderer Zeichenvorrat nach bestimmten Zuordnungsvorschriften zugeordnet wird) (EDV) / source alphabet, source set ‖ **frei definierbarer ~vorrat** (im Bildschirmtext) (EDV, TV) / dynamically redefinable character set, DRCS ‖ **~vorrat** *m* **für die Kodierung** (der nach bestimmten Zuordnungsvorschriften dem zu kodierenden Zeichenvorrat zugeordnet wird) (EDV) / target alphabet, target set ‖ **~vorratsuntermenge** *f* (EDV) / character subset ‖ **~wechsel** *m* (Fernm) / inversion *n* ‖ **~wechsel** (Math) / variation in sign ‖ **~weise arbeitendes Terminal** (Fernm) / character-oriented terminal ‖ **~weise drucken** (Druck, EDV) / print character by character ‖ **~welle** *f* (Fernm) / marking wave*, keying wave* ‖ **~winkel** *m* (ein Zeichengerät) (Masch) / set square (GB), triangle *n* ‖ **zeichnen** *v* (Form, Linien) / delineate *v*, trace *v* ‖ **~** (Karte, Plan) / plot *v* ‖ **~** (mit dem Plotter) (EDV) / plot *v*, plot out *v* ‖ **~** / draw *v* ‖ **~** *n* / drawing *n* ‖ **~** (von geometrischen Figuren - z.B. ein Schulfach) / geometrical drawing ‖ **~** (EDV) / plotting *n* ‖ **automatisches ~** (mit dem Rechner) (EDV) / automated draughting ‖ **computerunterstütztes ~** (EDV) / computer-assisted drauwing, CAD ‖ **rechnerunterstütztes ~** (EDV) / computer-assisted drauwing, CAD ‖ **technisches ~** / engineering drawing, technical drawing, mechanical drawing ‖ **Zeichner** *m* / draughtsman* *n*, draftsman *n* (US)* ‖ **~** (oder Zeichnerin) / draughtsperson *n*, draftsperson *n* (US)

**zeichnerisch** *adj* (grafisch) / graphic *adj*, graphical *adj* ‖ ~ (in einem Diagramm dargestellt) / diagrammatic *adj*, diagrammatical *adj* ‖ **~e Lösung** (Math) / graphic solution
**Zeichnung** *f* (DIN 199, T 1) / drawing *n* ‖ ~ (Narbenporen) (Leder) / definition *n* ‖ **lavierte** ~ / wash drawing ‖ **maßstäbliche** ~ (Masch) / scale drawing ‖ **schematische** ~ / schematic *n*, schematic drawing, key plan
**Zeichnungs•angaben** *f pl* **für Oberflächen** (Masch) / surface-roughness data for drawings ‖ **~bemaßung** *f* / drawing dimensioning ‖ **~entwurf** *m* / preliminary drawing ‖ **~folge-Rechenmethode** *f* (bei der Getriebeanalyse) (Masch) / graphic-computational method ‖ **~format** *n* (DIN 823) / drawing format ‖ **~freie Stelle** (z.B. in der Lithografie) (Druck) / non-image area ‖ **~kopie** *f* (als Ergebnis) (Druck) / tracing* *n* ‖ **~kopierer** *m* / drawings copier ‖ **~maßstab** *m* / scale of the drawing ‖ **~nummer** *f* / drawing number ‖ **~raster** *m* (Arch) / planning grid*, modular grid ‖ **~schreibmaschine** *f* / typewriter for drawings ‖ **~schriftfeld** *n* (Masch) / title block ‖ **~stückliste** *f* (F.Org) / drawing bill of materials ‖ **~träger** *m* (Träger zur Herstellung von Leiterbildoriginalen als Grundlage für die Herstellung von Leiterplatten) (Eltronik) / drawing substrate ‖ **~überlagerung** *f* (bei der numerischen Steuerung) (Masch) / overplot *n* ‖ **~zeichen** *n* (EDV) / drawing character
**Zeigegerät** *n* (Oberbegriff für Eingabegeräte wie Maus oder Trackball) (EDV) / pointing device
**zeigen** *v* (z.B. Thermometer) / show *v* ‖ ~ (EDV) / point (place the pointer over an item) *v* ‖ ~ (Film) (Film) / show *v*, project *v*, screen *v* ‖ ~ (Meßinstrument) (Instr) / indicate *v*, read *v*
**Zeiger** *m* (Datenobjekt, das Adressen auf eine Stelle enthält, an der sich ein beliebig komplexes Datum befindet) (EDV) / pointer *n* ‖ ~ (der eine Marke repräsentiert) (EDV) / pointer *n* ‖ ~ (Darstellung einer Sinusgröße im Zeigerdiagramm) (Eltech) / phasor *n* ‖ ~ (bewegliches Organ eines anzeigenden Meßgeräts) (Instr, Masch) / pointer *n*, arm *n*, needle *n*, index *n* (pl. indexes or indices) ‖ ~ (Uhr) / hand *n* ‖ ~ (EDV) s. auch Cursor und Maus ‖ **lanzettförmiger** ~ (Instr) / lancet pointer ‖ **rotierender** ~ (Eltech) / rotary phasor ‖ **ruhender** ~ (DIN 5438, T 3) (Eltech) / static phasor ‖ ~ *m* **der Scheinleistung** (Elektr) / vector power
**Zeiger•abgriff** *m* (Erfassung der Zeigerbewegung eines Meßinstruments zur Erzeugung eines entsprechenden Signals) (Instr) / pointer tapping ‖ **~ausschlag** *m* (Instr) / pointer deflection, needle deflection ‖ **voller** **~ausschlag** (Instr) / full-scale deflection, FSD*, full deflection ‖ **~bild** *n* (mit grafisch dargestellten Sinusgrößen in der Gaußschen Zahlenebene) (Eltech) / phasor diagram ‖ **~diagramm** *n* (mit grafisch dargestellten Sinusgrößen in der Gaußschen Zahlenebene) (Eltech) / phasor diagram ‖ **~differenz** *f* (Eltech) / phasor difference ‖ **~dreieck** *n* (mit grafisch dargestellten Sinusgrößen in der Gaußschen Zahlenebene) (Eltech) / phasor diagram ‖ **~fortschaltezeit** *f* (EDV) / pointer increment time ‖ **~frequenzmesser** *m* (bei dem die Frequenz des Meßsignals in eine analoge Gleichspannung umgewandelt wird) (Eltech) / pointer-type frequency meter ‖ **~instrument** *n* (Instr) / pointer instrument ‖ **~literal** *n* (EDV) / pointer literal ‖ **~nullstellung** *f* (Instr) / pointer zero position ‖ **~pflanze** *f* (Bot, Geol) / indicator plant (that grows exclusively or preferentially on soil rich in a given metal or other element), indicator* *n*, soil plant ‖ **~stellung** *f* (Instr) / pointer position ‖ **~summe** *f* (Eltech) / phasor sum ‖ **~variable** *f* (EDV) / pointer variable ‖ **~wellentrieb** *m* (Uhr) / motion work
**Zeile** *f* (einer Matrix, einer Lochkarte) / row *n* ‖ ~ (des Videotextes) / row *n* ‖ ~ (des PSE) (Chem) / row *n* ‖ ~ (Druck, EDV, TV) / line* *n* ‖ ~ (im Gefüge) (Krist) / band *n* ‖ **ausgehende** ~ **eines Absatzes** (Typog) / club line*, break line ‖ **eine** ~ **höher gehen** (EDV) / move one line up ‖ **eine** ~ **tiefer gehen** (EDV) / move one line down ‖ **gegossene** ~ (der alten Zeilensetzmaschine) (Typog) / slug* *n* ‖ ~ **innerhalb einer** ~ (Typog) / intraline *attr* ‖ **laufende** ~ (z.B. in der Textverarbeitung) (EDV) / current line ‖ **letzte** ~ **eines Absatzes** (freibleibender, nicht mit Schrift gefüllter Raum am Ende der letzten Zeile eines Absatzes) (Typog) / club line*, break line* ‖ **nächste** ~ (Druck) / following line ‖ **neue** ~ (Zeilenumschaltung bei der Schreibmaschine) (Druck, EDV) / new line, NL
**Zeilen•ablenkung** *f* (TV) / horizontal deflection, horizontal sweep ‖ **~abstand** *m* (Abstand zwischen zwei aufeinander folgenden Schriftlinien, der ein ganzes oder gebrochenes Vielfaches eines Grundzeilenabstandes beträgt - DIN 9757) (Druck, EDV) / line spacing, line distance ‖ **Einstellung des ~abstandes** (Mechanismus der Schreibmaschine) / line-spacing selector ‖ **Einstellung des ~abstands** (bei der Schreibmaschine) / line spacing ‖ **senkrechtes ~abtasten** (TV) / vertical scanning*, vertical sweep ‖ **~abtaster** *m* (Luftf) / line scanner ‖ **~abtastgerät** *n* (ein Aufklärungssensor) (Luftf) / line scanner ‖ **~abtastung** *f* (TV) / line scanning*, linear scanning, linear scan* ‖ **~adresse** *f* (EDV) / row address ‖ **~adressenimpuls** *m* (Signal für die Zeilenadressierung bei Halbleiterspeichern mit matrixförmiger Anordnung der Speicherzellen, wie z.B. bei den RAMs) (EDV) / row-address strobe (RAS), row enable, RE ‖ **~adressierung** *f* (EDV) / line addressing ‖ **~anordnung** *f* **längs** (Formulardia) (EDV) / conic mode ‖ **~anordnung quer** (Formulardia) (EDV) / cine mode ‖ **~anzahl** *f* (einer Druckseite, einer Spalte) (EDV) / number of lines ‖ **~artiger Einschluß** (Gieß) / stringer *n* ‖ **~auslastung** *f* (bei Druckern) (EDV) / line usage ‖ **~ausschließende Schreibmaschine** / justifying typewriter ‖ **~ausschluß** *m* **ohne Silbentrennung** (EDV, Typog) / hyphenless justification ‖ **~austastlücke** *f* (TV) / line blanking interval ‖ **~austastung** *f* (TV) / horizontal blanking*, line blanking ‖ **~bauweise** *f* (bei der die Stirnseiten der Baublöcke offen bleiben) (Arch) / linear building ‖ **~binär** *adj* (EDV) / row-binary *adj* ‖ **~dichte** *f* (EDV) / vertical line spacing, print density (vertical) ‖ **~diode** *f* (TV) / damper diode ‖ **~drucker** *m* (heute nur bei Thermodruckern) (EDV) / line printer* (LP), line-at-a-time printer ‖ **~editor** *m* (EDV) / line editor ‖ **~einfügung** *f* (Typog) / line insertion ‖ **~ende** *n* (Druck, EDV) / line end, end of line ‖ **~endezeichen** *n* (EDV) / end-of-line character ‖ **~endröhre** *f* (TV) / line output valve ‖ **~erzeugung** *f* (bei Druckern) (EDV) / line generation ‖ **~fall** *m* (Anordnung der Zeilen einer Satzgruppe) (Druck) / line arrangement ‖ **~fang** *m* (TV) / horizontal hold ‖ **~feld** *n* (in der Tabellenkalkulation) (EDV) / row field, row category ‖ **~folgeverfahren** *n* (TV) / line-sequential system* ‖ **~fräsen** *n* (eine Art Nachformfräsen) (Masch) / traverse milling, incremental copy milling ‖ **~frequenz** *f* (z.B. in der CCIR-Norm) (TV) / line frequency* ‖ **~gefüge** *n* (Krist) / banded structure ‖ **~index** *m* (Math) / row index ‖ **~länge** *f* (Druck, EDV) / line length, line width, line measure, line size ‖ **~längenangabe** *f* (EDV) / line-size option ‖ **~lineal** *n* (EDV) / forms layout gauge ‖ **~matrix** *f* (die nur aus einer Zeile besteht) (Math) / row matrix, single-row matrix ‖ **typografischer ~messer** (Typog) / type gauge, type scale ‖ **~/min** (eine Angabe bei Druckern) (EDV) / lines per minute (lpm) ‖ **~modus** *m* (auf dem Bildschirm) (EDV) / line mode ‖ **~norm** *f* (im Rahmen der CCIR-Norm) (TV) / line standard ‖ **~nummer** *f* (Druck, EDV) / line number ‖ **eingebaute ~nummerfunktion** (EDV) / LINENO builtin function ‖ **~offset** *n* (nach DIN 45060) (TV) / line offset ‖ **~paarigkeit** *f* (eine Bildstörung) (TV) / line pairing, line twinning ‖ **~paarung** *f* (TV) / line pairing, line twinning ‖ **~rang** *m* (einer Matrix) (Math) / row rank ‖ **~rauschen** *n* (TV) / clamper noise ‖ **~reißen** *n* (die örtlich und zeitlich unregelmäßige Verlagerung von Zeilen in horizontaler Richtung als Folge gestörter Horizontalsynchronisation) (TV) / line tearing, tearing *n* ‖ **~restwertanzeige** *f* (am Bildschirm beim Eingeben von Texten) (EDV) / residual line length display ‖ **~rücklauf** *m* (TV) / line flyback* ‖ **~satz** *m* (Typog) / slug composition ‖ **~schalter** *m* (der Schreibmaschine) / carriage return, carrier return key, return key ‖ **~schalt- und Wagenrücklauftaste** *f* / line space and carrier return key ‖ **~schaltung** *f* (der Schreibmaschine) / line spacing ‖ **~schlupf** *m* (TV) / line slip* ‖ **~schritt** *m* (Bewegung des Papiers senkrecht zur Schreibstelle um einen vorher eingestellten Zeilenabstand nach DIN 9757) (EDV) / line feed (LF) ‖ **~sequente Abtastung** (TV) / sequential scanning* ‖ **~sequentialverfahren** *n* (TV) / line-sequential system* ‖ **~sequentielle Übertragung** (TV) / line-sequential system* ‖ **~setz- und -gießmaschine** *f* (Typog) / line-casting machine*, linecaster *n* ‖ **~parabolische ~signale** (ein Fehler) (TV) / line bend ‖ **~speicherumsetzung** *f* (TV) / line-store conversion ‖ **~speicherwandlung** *f* (TV) / line-store conversion ‖ **~sprungfehler** *m* (TV) / line pairing, line twinning ‖ **~sprungverfahren** *n* (zur Erzeugung des flimmerfreien Bildes) (TV) / interlaced scanning*, progressive interlace*, line jump scanning ‖ **~stärke** *f* (TV) / line width* ‖ **~streifigkeit** *f* (TV) / clamper noise ‖ **~struktur** *f* (sekundäre) (Krist) / banded structure ‖ **~summe** *f* (bei Doppelreihen oder Matrizen) (Math) / sum by rows, row sum ‖ **~synchronisation** *f* (TV) / line synchronization* ‖ **~transformator** *m* (in dem die aus den übertragenen Synchronsignalen gewonnene Horizontalablenkfrequenz in die sägezahnförmigen Ablenkströme umgeformt wird, die den Ablenkspulen zugeführt werden) (TV) / flyback transformer, horizontal output transformer, line output transformer (LOPT) ‖ **~umbruch** *m* (Druck, EDV) / line break ‖ **automatischer ~umbruch** (Druck, EDV) / wordwrap *n*, wraparound *n* ‖ **~umsetzer** *m* (TV) / standards converter*, television system converter ‖ **~unterdrückung** *f* (TV) / line suppression ‖ **~vektor** *m* (Elemente einer Zeile der Matrix als Vektor) (Math) / row vector*, single-row vector ‖ **~versatz** *m* (eine Bildstörung) (TV) / periodical line displacement ‖ **~vorschub** *m* (COBOL) (EDV) / line skipping ‖ **~vorschub** (DIN 66303) (EDV) / line feed (LF) ‖ **~vorschub** (Textverarbeitung - vorwärts, rückwärts) (EDV) / indexing *n* ‖ **~vorschubzeichen** *n* / line-feed character, LF character, new-line character, NL character ‖ **automatischer ~wechsel** (bei der Texteingabe) (EDV) / wrap *n*, wrap mode ‖ **~weise** *adv* / line by line ‖ **~weiser Betrieb** (des Printers) (EDV) / line by line ‖ **~weise drucken** (Druck, EDV) / print line by line ‖ **~weise Ordnung** (EDV) / row-major order ‖ **~wobbelung** *f* (bei der Zeilenunterdrückung)

**Zeilenzahl** (TV) / spot wobble* || ~zahl f (EDV) / number of lines || ~zahl (Anzahl der Textzeilen, die auf einem Bildschirm auf einmal dargestellt werden können) (EDV) / line capacity || ~zähler m (EDV) / line counter || ~zähler m pl (Typog) / runners* pl (in a poem or play)

**Zein** n (Prolamin des Maises) (Chem) / zein n || ~faser f (Tex) / maize protein fibre, zein fibre

**Zeisel-Methode** f (nach S. Zeisel, 1854-1933) (Chem) / Zeisel's method*

**Zeisesches Salz** (eine platinorganische Verbindung nach W. Ch. Zeise, 1789-1847) (Chem) / Zeise's salt (the first pi complex discovered, in 1825)

**Zeit** f (DIN 1301, T 1) (Astr, Phys) / time* n || **abhängig von der ~** / time-dependent adj || **beobachtete ~** (F.Org) / observed time || **die ~ neu einstellen** / retime v || **gebührengünstige ~** (Fernsp) / cheap-rate period || **Mitteleuropäische ~** / Central European Time, C.E.T. || **mittlere ~ zwischen zwei Stößen** (Phys) / mean free time* || **nach ~ bezahlte Arbeit** (F.Org) / timework n || **unabhängig von der ~** / time-independent adj || **ungenutzte ~** (bei Betriebssystemen) (EDV) / idle time || **ungenutzte ~** (F.Org) / idle time || **universelle ~** (die von über den Raum verteilten, mit Lichtsignalen synchronisierten Uhren gemessen wird) (Phys) / universal time || **verkehrsstarke ~** (Kfz) / rush hour || **zur ~ vergriffen** (Buch) (Druck) / out of print at present, OPP || **~ f bis zum Beginn der Reparatur** (meistens systembedingte Ausfallzeit) (Masch) / awaiting repair time || **~ der höchsten Einschaltquoten** (TV) / prime time (US), peak viewing time || **~ für auftragsfremde Tätigkeit** (F.Org) / diverted time || **~ für natürliche Bedürfnisse und arbeitsbedingte Erholungspausen** (F.Org) / allowed time || **~ für planmäßige Wartung** (F.Org) / scheduled maintenance time || **~ für vorbeugende Wartung** (F.Org) / routine maintenance time || **~ für zusätzliche Wartung** (Masch) / supplementary maintenance time || **~ je Arbeitsvorgang** (die zur Ausführung der den Arbeitsvorgang bildenden Teilvorgänge erforderlich ist) (F.Org) / cycle time || **~ je Einheit** (Teil der Auftragszeit) (F.Org) / time per unit || **~ über Ziel** (Luftf, Mil) / time over target (TOT) || **~ von Abstich zu Abstich** (Hütt) / tap-to-tap time || **~ zwischen Überholungen** (Luftf) / time between overhauls*, TBO, tbo*, overhaul period* || **~ zwischen zwei Operationen** (F.Org) / interoperation time

**Zeit • abflußfaktor** m (in Kanalnetzen) (Sanitär) / time-flow parameter || ~**abhängig** adj / time-dependent adj || ~**abhängige Größe** (DIN 5483, T 3) / time-dependent quantity || ~**abhängigkeit** f / time dependence || ~**ablaufüberprüfungsgerät** n (Eltronik) / timing verifier || ~**ablaufwerk** n (Eltech) / time limiter

**Zeitablenk • einrichtung** f (Eltronik) / sweep generator (in an oscilloscope), time-base generator* || ~**generator** m (Eltronik) / sweep generator (in an oscilloscope), time-base generator* || ~**gerät** n (Oszillograf) (Eltronik) / sweep generator (in an oscilloscope), time-base generator* || ~**platte** f (Eltronik) / X-plate* n, horizontal deflection plate, horizontal deflection electrode || ~**schaltung** f (Eltronik) / time-base circuit, sweep circuit || ~**spannung** f (Eltronik) / sweep voltage

**Zeit • ablenkung** f (Eltronik) / sweep n || **lineare ~ablenkung** (Eltronik) / linear sweep || ~**abschaltung** f (Fernm) / time-out n || ~**abschnitt** m (ohne Unterbrechung - DIN 69900) / period* n, time segment || ~**abstand** m / time interval || ~**achse** f (Phys) / time axis || **gedehnte ~achse** (Eltronik) / expanded sweep* || ~**achsenorientierte Kette** (Math) / time-line chain || ~**alter** n (ein chronologischer Abschnitt) (Geol) / era n || ~**angaben** f pl / time data, time characteristics || ~**ansagegerät** n (Schallspeichergerät, das dem Teilnehmer auf Anfrage die Uhrzeit bekanntgibt) (Fernsp) / speaking clock (GB) || ~**anzeige** f / time display || ~**artig** adj (raumzeitliche Lage zweier Weltpunkte) (Phys) / timelike adj || ~**artiger Vektor** (Phys) / timelike vector || ~**aufgelöste Spektroskopie** (Spektr) / time-resolved spectroscopy || ~**auflösung** f (EDV, Spektr, Umwelt) / temporal resolution, time resolution || ~**aufnahme** f (F.Org) / time measurement, timing n || ~**aufnahme** f (Foto) / time exposure || ~**aufwand** m (F.Org) / investment in time, time needed || ~**aufwendig** adj / time-consuming adj || ~**auslöseeinrichtung** f (Eltech) / time-limit attachment* || ~**automat** m (Foto) / aperture-priority camera || **kreisförmige ~basis** (Eltronik) / circular time base* || ~**basisdehnung** f (Eltronik) / time-base extension || ~**basisgerät** n (Eltronik) / sweep generator (in an oscilloscope), time-base generator* || ~**basislinie** f (Eltronik) / time base* || ~**begrenzungsrelais** n (Eltech) / time-limit relay* || ~**belichtung** f (Foto) / time exposure* || ~**berechnung** f / timing n || ~**bereich** m (Fernm, Math) / time domain || ~**bereichsverfahren** n (Regeln) / time-domain method || ~**bewertung** f (Phys) / time weighting || ~**bezogen** adj / time-related adj || ~**bezogene Größe** (DIN 5476) / time-related quantity || ~**bilanz** f / time balance || ~**charakteristik** f (Regeln) / time response (an output, expressed as a function of time), dynamic response || ~**dauer** f / period* n, time segment || ~**dauer bis zum Anfangseinsatz** (in der Seismik) (Geophys) / arrival time || ~**dauer einer Werbesendung** (Radio, TV) / spot n (commercial) || ~**dehner** m (Film) / slow-motion camera || ~**dehngrenze** f (WP) / creep strain limit in tensile test, time yield limit || ~**dehnung** f (relativistische) (Phys) / time dilation*, time dilatation || ~**diebstahl** m (rechnerspezifisches Delikt, das sich auf die unbefugte Benutzung von DV-Anlagen bezieht) (EDV) / theft of computer time || ~**dilatation** f (Phys) / time dilation*, time dilatation || ~**diskretes Signal** (das nur zu diskreten Zeitpunkten vorhanden bzw. definiert ist - DIN 40146, T 1) (Fernm) / discrete-time signal || ~**diskretes System mit unendlicher Impulsantwort (IIR)** (Eltronik) / infinite impulse response (system) (IIR) || ~**diskriminator** m (ein Schaltkreis der Impulstechnik) (Eltronik) / time discriminator* || ~**dither** n (zeitlich unregelmäßig sich wiederholender Vorgang) (Eltronik) / time dither || ~**domäne** f (Spektr) / time domain || ~**domänenreflektometer** n (Opt) / time-domain reflectometer || ~**duplex** n (ein Pingpongschema für Ortsanschlußleitung, ISDN-B-Kanal) (Fernm) / time-division duplex, TDD, burst mode || ~**einheit** f (aus der Zeitmessung hervorgehende Größe zur Einteilung der Zeit nach DIN 1301, T 1) / time unit, unit of time || ~**einrichtung** f / timer n || ~**einsparungsprämie** f (für die Zeiteinsparung gegenüber der Vorgabezeit) (F.Org) / premium bonus (payment may or may not be directly proportional to results) || ~**einstellrad** n (Foto) / shutter speed dial || ~**einstellung** f / timing n || **falsche ~einstellung** / mistiming n || ~**erfassung** f (im allgemeinen) / time recording || ~**erfassungsterminal** n (EDV) / time-acquisition terminal || ~**ermittlung** f (F.Org) / time determination || ~**event** m n / time event || ~**fehlerausgleicher** m (digitaler - bei Schrägspur-Videoaufzeichnungen) (Akus) / time-base corrector, TBC* || ~**fenster** n (EDV) / window of time || ~**festigkeit** f (WP) / fatigue strength || ~**folgeroboter** m / sequential robot || ~**folgeverfahren** n pl (TV) / sequential colour systems* || ~**funktion** f (z.B. ein Schwingungsbild - Funktion, deren unabhängige Veränderliche die Zeit ist) (Phys) / time function, function of time || ~**gabe** f / timing n

**Zeitgeber** m (tagesperiodischer Außenfaktor, der die innere Uhr synchronisiert) (Physiol) / zeitgeber n, Zeitgeber n || ~**frequenz** f (EDV) / clock frequency* || ~**schaltung** f (Eltech) / timing circuit, clock circuit, time circuit || ~**sensor** m (Kfz) / timing sensor || ~**spur** f (EDV) / clock track*, clock marker track

**zeit • geordnetes Produkt** (Phys) / chronological product, Dyson's chronological product, time-ordered product || ~**gesetz** n (Chem) / rate equation, rate law || ~**gesetz** (lineares, parabolisches - bei Oxidations-, Diffusions- und Korrosionsvorgängen) (Chem) / time law || ~**gesteuerter Anflug** (Luftf) / timed approach || ~**gesteuertes Multitasking** (EDV) / time-sharing n, time-sliced multitasking || ~**getrenntlageverfahren** n (ein Pingpongschema für Ortsanschlußleitung, ISDN-B-Kanal) (Fernm) / time-division duplex, TDD, burst mode || ~**gleich** adj / simultaneous adj || ~**gleichung** f (der periodisch sich ändernde Unterschied zwischen wahrer und mittlerer Sonnenzeit) (Astr) / equation of time* || ~**glied** n (Baustein, der das Zeitverhalten von Signalen ändert) (Eltronik) / timer n, timing element || ~**haftstelle** f (DIN 41852) (Eltronik) / trap* n || ~**impulszählung** f (Fernsp) / time-pulse metering || ~**integral** n / time integral || ~**intervall** n / time interval || ~**invariant** adj / time-invariant adj || ~**karte** f (Bahn, Kfz) / season ticket (for a period of travel), commutation ticket (US) || ~**kode** m (Eltech) / time code* || ~**kode** (der bei der Aufnahme mit aufgezeichnet wird - bei Camcordern) (Film) / time code || ~**kompressionsmultiplex** n (Fernm) / time-compression multiplexing, TCM || ~**konstante** f (Maß für die Geschwindigkeit, mit der sich die Ausgangsgröße eines Bauelements ihrem Endwert nähert, nachdem eine sprunghafte Änderung der Eingangsgröße aufgetreten ist) (Eltech, Phys) / time constant* || **aperiodische ~konstante** (bei umlaufenden Maschinen) (Eltech) / aperiodic time constant || ~**konstantenbereich** m (Nukl) / period range* || ~**kontinuierliches Signal** (zu jedem beliebigen Zeitpunkt ist ein Signalwert vorhanden bzw. definiert - DIN 40146, T 1) (Fernm) / continuous-time signal || ~**kontraktion** f (Phys) / time contraction || ~**kriechgrenze** f (WP) / creep limit for useful life || ~**lage** f (Fernm) / time lobe, slot n, time slice || ~**lagenwechsel** m (Fernm) / time-slot interchange (TSI)

**zeitlich** adj / temporal adj || ~ **abhängig** / time-dependent adj || ~ **aufeinander abgestimmt** / timed adj || ~**e Auflösung** (EDV, Spektr, Umwelt) / temporal resolution, time resolution || ~**es Auflösungsvermögen** (EDV, Spektr, Umwelt) / temporal resolution, time resolution || ~ **begrenzter Einsatz** (Mil) / temporary duty, TDY || ~ **definierter Impuls** (Phys) / timed pulse || ~ **falsche Einstellung** / mistiming n || ~ **festgelegt** / timed adj || ~**e Festlegung** / timing n || ~ **gebunden** / timed adj || ~ **gemittelt** / time-averaged adj || ~**er Impulsverlauf** (Phys) / pulse intensity change with time || ~**e Kohärenz** (Phys) / time coherence, temporal coherence, coherence in time || ~ **korrigieren** / retime v || ~**er mittlerer Grenzwert** (Stats) /

time-weighted average, TWA ‖ ~e **Schwankung** (der Werte) / variation with time ‖ ~**er Setzungsverlauf** (einer Bodenprobe) (HuT) / consolidation time curve, consolidation curve ‖ ~e **Steuerung** / timing *n* ‖ ~e Steuerung der Güte des optischen Resonators (im Riesenimpulslaser) (Eltronik, Phys) / Q-switching\* *n* ‖ ~ **unabhängig** / time-independent *adj* ‖ ~ **unbeständig** (Chem) / tempolabile\* *adj* ‖ ~ **veränderliches Signal** (Fernm) / time-variant signal ‖ ~**er Verlauf** (einer Kurve) / history *n*, time history ‖ ~**er Verlauf** (des Überschallknalls) (Phys) / signature *n* ‖ ~e **Versetzung** (Phys, TV) / time shift\* ‖ ~**es Wissen** (KI) / temporal knowledge
Zeit•**logik** *f* / temporal logic ‖ ~**lohn** *m* (F.Org) / time-wage *n* ‖ **mit dem** ~**lohn bezahlte Arbeit** (F.Org) / timework *n* ‖ ~**lohnarbeit** *f* (F.Org) / timework *n* ‖ ~**los** *adj* / timeless *adj* ‖ ~**lupe** *f* (Film) / slow motion ‖ ~**lupe rückwärts** (Film) / reverse slow motion ‖ ~**lupenkamera** *f* (Film) / slow-motion camera ‖ ~**lupenwiedergabe** *f* (TV) / replay *n*, instant replay ‖ ~**lupenwiederholung** *f* (TV) / replay *n*, instant replay ‖ ~**marke** *f* (EDV) / time-stamp *n* ‖ ~**marke** (Oszillograf / Eltronik) / time mark, time marker ‖ ~**markengeber** *m* (Eltronik) / time-mark generator ‖ ~**markengenerator** *m* (Signalgenerator zur Erzeugung der für die Eintastung von Zeitmarken in ein Oszillogramm erforderlichen Spannung) (Eltronik) / time-mark generator ‖ ~**markierung** *f* (Eltronik) / time marking ‖ ~**maß** *n* (z.B. Sekunde) / measure of time ‖ ~**maßstab** *n* (Eltronik) / time scale ‖ ~**messer** *m* (Instr) / time-measuring instrument, timer *n*, timepiece *n* ‖ ~**meßgerät** *n* (Instr) / time-measuring instrument, timer *n*, timepiece *n* ‖ ~**messung** *f* (F.Org) / time measurement, timing *n* ‖ ~**messungslehre** *f* (Uhr) / horology\* *n* ‖ ~**mittelwertbildung** *f* / life averaging ‖ ~**modulierter Puls** (DIN 5483, T 1) (Fernm) / interval-modulated pulse train
**Zeitmultiplex** *n* (zeitlich gestaffelte Übertragung verschiedener Nachrichten über dasselbe Frequenzband) (Fernm, Fernsp) / time-division multiplex\*, TDM ‖ ~ **mit Vielfachzugriff** (Fernm) / time-division multiple access\* (TDMA) ‖ ~**anschluß** *m* (Fernm) / time-division multiplex terminal ‖ ~**betrieb** *m* (Fernm, Fernsp) / time-division multiplexing, time-division multiplex operation ‖ **digitales** ~**-Durchschaltenetz** (Fernsp) / digital time-division multiplex network ‖ ~**durchschaltung** *f* (Fernm) / time-division switching
**zeit• multiplexierte Sprachübertragung** (Fernm) / time-assignment speech interpolation (TASI) ‖ ~**nehmer** *m* (F.Org) / time study man, assistant time study engineer ‖ ~**norm** *f* (der analytisch-experimentell ermittelte, technologisch notwendige Zeitaufwand zur Ausführung einer Arbeitsverrichtung unter Beachtung des Leistungsbezugsmaßes) (F.Org) / time standard ‖ ~**normativ** *n* (der analytisch-experimentell ermittelte, technologisch notwendige Zeitaufwand zur Ausführung einer Arbeitsverrichtung unter Beachtung des Leistungsbezugsmaßes) (F.Org) / time standard ‖ **dynamische** ~**normierung** (ein nichtlineares Verfahren zur zeitlichen Anpassung von Test- und Referenzmustern bei der Spracherkennung) (EDV) / dynamic time warping ‖ ~ **optimale Programmierung** (EDV) / optimum programming, minimum-access programming, minimum-delay programming ‖ ~**pfeil** *m* (Phys) / time arrow ‖ ~**plan** *m* (F.Org, KI, Regeln) / time schedule ‖ ~**planregelung** *f* (Regeln) / time schedule closed-loop control ‖ ~**plansteuerung** *f* (Regeln) / time schedule open-loop control ‖ ~**planung** *f* (F.Org, KI, Regeln) / time scheduling ‖ ~**planungskomponente** *f* (Scheduler) (KI) / scheduler *n* ‖ ~ **proportional** *adj* / time-proportional *adj* ‖ ~**punkt** *m* (der durch Uhren angegeben wird) (Phys, Uhr) / point of time ‖ ~**punkt der Drucklegung** (Druck) / press time ‖ ~**quant** *n* (Chronon) / chronon *n* ‖ ~**quantelung** *f* (Phys) / time quantization ‖ ~**quantisierung** *f* (Phys) / time quantization ‖ ~**raffende Prüfung** (Masch, Stats) / accelerated test ‖ ~**raffer** *m* (Unterdrehen während der Aufnahme) (Film) / accelerated motion, fast motion, quick motion ‖ ~**rafferaufnahme** *f* (Film) / time-lapse shooting ‖ ~**rafferfotografie** *f* **für die Arbeitsablauf- und Arbeitszeitstudien** (F.Org) / memomotion photography ‖ ~**raffer-Videorekorder** *m* (Akus) / time-lapse recorder ‖ ~**rahmen** *m* (F.Org) / time frame ‖ ~**raster** *m* (zugewiesene Zeit) (Lufft) / slot *n*, window *n* ‖ ~**raubend** *adj* / time-consuming *adj* ‖ **vorgegebener fester** ~**raum** (F.Org) / time fence ‖ ~**raum** *m* **zwischen Alarm und Eintreffen an der Unfallstelle** / response time ‖ ~**reaktion** *f* (z.B. die Landolt-Reaktion) (Chem) / time reaction ‖ ~**referenzserver** *m* (EDV) / reference time server (a server that provides time for connected time servers and workstations) ‖ ~**reihe** *f* (Math, Stats) / time series ‖ ~**reihenanalyse** *f* (Math, Stats) / time-series analysis, analysis of time series ‖ ~**relais** *n* (mit beabsichtigtem Zeitverhalten) (Eltech) / timing relay, time relay, time-lag relay, delay relay ‖ ~**relais mit Glyzerindämpfung** (Eltech) / sucker *n* ‖ ~**richtung** *f* (Phys) / direction of time ‖ **durch** ~**richtwerte erfaßte Arbeiten** (F.Org) / controlled work ‖ ~**schachtelung** *f* (Fernm) / time slicing ‖ ~**schalter** *m* (Eltech) / time-switch\* *n*, TS ‖ ~**schalter** (Eltech, Regeln) / timer\* *n* (in equipment) ‖ **fotoelektrischer**

**Zeitzähler**

~**schalter** (spezieller Typ eines Belichtungsautomaten) (Foto) / photo-timer *n* ‖ ~**schaltuhr** *f* (Eltech, Foto) / time-switch\* (TS) *n*, TS ‖ ~**schaltung** *f* (als Sammelname der Bauteile) (Eltech) / timing circuitry ‖ ~**schaltung** (Eltech) / timing circuit, clock circuit, time circuit ‖ ~**schaltwerk** *n* (Eltech, Foto) / time-switch\* (TS) *n*, TS ‖ ~**scheibe** *f* (EDV) / time slice\* ‖ ~**scheiben-Multitasking** *n* (EDV) / time-sharing *n*, time-sliced multitasking ‖ ~**scheibenverfahren** *n* (EDV) / time slicing ‖ ~**schlitz** *m* (des Sprachkanals) (Fernm) / time slot, slot *n*, time slice ‖ ~**schloß** *n* / time lock ‖ ~**schreiber** *m* (Uhr) / chronograph\* *n* ‖ ~**schwingfestigkeit** *f* (WP) / fatigue strength ‖ ~**-Setzungs-Linie** *f* (in der Bodenmechanik) (HuT) / time-consolidation curve ‖ ~**skala** (Geol) / timescale\* *n* ‖ ~**skale** *f* (Geol) / timescale\* ‖ **geologische** ~**skale** (Geol) / geological timescale ‖ ~**spanne** *f* / period\* *n*, time segment ‖ ~**spanne** (Dauer eines Vorgangs ohne Begrenzung durch Termine - z.B. zwei Monate) / time span, span *n*, space *n* (of time) ‖ ~**sparend** *adj* / time-saving *adj* ‖ ~**spektrum** *n* (Phys) / time spectrum ‖ ~**sperre** *f* (Fernm) / time-out *n* ‖ ~**staffelung** *f* / time staggering
**Zeitstand•bruch** *m* (WP) / creep rupture\* ‖ ~**bruchversuch** *m* (WP) / stress-rupture test ‖ ~**festigkeit** *f* (ruhende Spannung, die nach bestimmter Belastungszeit zum Bruch führt) (WP) / long-time stress-rupture strength ‖ ~**kriechgrenze** *f* (WP) / creep limit for useful life ‖ ~**schaubild** *n* (WP) / diagram of stress vs. creep rate ‖ ~**verhalten** *n* (WP) / creep behaviour ‖ ~**versuch** *m* (bis zum Bruch) (Hütt) / creep-rupture test ‖ ~**versuch** (DIN 50118) (WP) / long-time creep test, long-time static test ‖ ~**zugfestigkeit** *f* (WP) / tensile creep strength
**Zeit•stempel** *m* (EDV) / time-stamp *n* ‖ ~**stetig** *adj* (Stats) / time-continuous *adj* ‖ ~**steuerung** *f* / timing *n* ‖ ~**steuerungsschaltung** *f* (Eltech) / timing circuit, clock circuit, time circuit ‖ ~**stichprobe** *f* (systematische, in regelmäßigen Zeitabständen durchgeführte Beobachtung zur Ermittlung von bestimmten Abläufen und Verhaltensweisen) / time sampling ‖ ~**strecke** *f* (EDV) / time path ‖ ~**studie** *f* (F.Org) / time study, stop-watch time study ‖ ~**summenmeßgerät** *n* (Instr) / elapsed-time meter ‖ **nach** ~**takt steuern** (Regeln) / clock *v* ‖ ~**-Temperatur-Austenitisierungs-Schaubild** *n* (Hütt) / time-temperature-austenitization diagram, TTA diagram ‖ ~**-Temperatur-Umwandlungsschaubild** *n* (Hütt) / time-temperature-transformation diagram, TTT diagram ‖ ~**überlappter Mehrfachzugriff** (Fernm) / time-division multiple access\* (TDMA) ‖ ~**überwachung** *f* (nach Zeitvorgaben) (Fernm) / time-out *n* ‖ ~**umkehr** *f* (Inversion der Zeitkoordinate) (Phys) / time reversal ‖ ~**umkehrinvarianz** *f* (Phys) / T invariance ‖ ~**unabhängig** *adj* / time-independent *adj*
**Zeitung, kleinformatige** (Boulevard) ~ (Druck) / tabloid newspaper\* ‖ ~ *f* **on-demand** (Druck, EDV) / newspaper on demand
**Zeitungs•ausschnitt** *m* / press cutting, press clipping (US), clipping *n* (US) ‖ ~**ausschnittsagentur** *f* / press clipping agency, clipping agency (US), clipping bureau (US) ‖ ~**ausschnittsbüro** *n* / press clipping agency, clipping agency (US), clipping bureau (US) ‖ ~**druck** *m* (Druck) / newspaper printing ‖ ~**druckpapier** *n* (Pap) / newsprint\* *n*, newspaper *n* ‖ ~**format** *n* (Druck) / newspaper size ‖ ~**offsetdruck** *m* (Druck) / newspaper web-offset printing ‖ ~**papier** *n* (Pap) / newsprint\* *n*, newspaper *n* ‖ **hochwertiges** ~**papier** (für Tiefdruck) (Pap) / super news ‖ ~**seitenübertragung** *f* (EDV, Fernm) / newspaper page transmission
**Zeit•verhalten** *n* (Regeln) / time response (an output, expressed as a function of time), dynamic response ‖ ~**verlauf** *m* (z.B. einer Funktion) / history *n*, time history ‖ ~**versetzt** *adj* (Bearbeitung) / time-shifted *adj*, deferred *adj* ‖ ~**versetzung** *f* (Phys, TV) / time shift\* ‖ ~**verwaltung** *f* (EDV) / time management
**Zeitverzögerung** *f* / time delay ‖ ~ (beim Einschalten eines Thyristors) (Eltronik) / gate-controlled delay time ‖ ~ (voreingestelltes Zeitintervall, in dem ein Triggerereignis nicht erkannt wird) (Eltronik) / time-in *n* ‖ **abhängige** ~ (Eltech) / inverse time-lag\* ‖ **feste** ~ / definite time-lag\*, constant time-lag\*, fixed time-lag\*, independent time-lag\*
**Zeit•verzug** *m* / time delay ‖ ~**verzugsrelais** *n* (Eltech) / timing relay, time relay, time-lag relay, delay relay ‖ ~**waage** *f* (zur Bestimmung des Ganges von mechanischen Uhren) (Uhr) / electronic timing machine
**zeitweilig** *adj* / temporary *adj* ‖ ~e **Belastung** (Bau) / live load\*, superload *n*, superimposed load ‖ ~e **Hörschwellenverschiebung** (Akus) / temporary threshold shift\* (TTS) ‖ ~e **Lagerung** (Masch) / temporary storage ‖ ~e **Lagerung** (Nukl) / interim storage, intermediate storage ‖ ~**er Rostschutz** (beim Versand) (Hütt) / temporary film\*
**zeit• weise vermietete Leitung** (Fernsp) / part-time leased circuit (line) ‖ ~**wert** *m* / advertising value, current value ‖ ~**wertlackierung** *f* (zeitwertgerechte Lackierung auf Altlackierungen) (Anstr, Kfz) / current-value coating ‖ ~**zähler** *m* (Eltech) / hour-counter\* *n*, hour

1429

meter* ‖ ~zeichen n (Fernm) / time signal ‖ ~zone f (Fernm, Geog) / time zone, time belt (US) ‖ ~zonenzähler m (Fernm) / time and zone meter ‖ ~zuschlag m (F.Org) / allowance n ‖ ~zuschlag für Ausschuß (F.Org) / reject allowance

**ZEKE-Spektroskopie** f (Spektr) / zero-kinetic-energy spectroscopy, ZEKE spectroscopy

**Zella** f (pl. -llae) (Kultraum des altgriechischen Tempels) (Arch) / naos (pl naoi) n, cella n (pl. -ae)

**Zell • adhäsion** f (Biol, Zyt) / cell adhesion ‖ ~bauweise f (Masch) / cellular construction, cellular design ‖ ~bildung f (durch Wandern von Versetzungen) (Krist) / cell formation, cellularization n ‖ ~bildung (im Schaumstoff) (Plast) / nucleation n ‖ ~biologie f (Biol, Zyt) / cytobiology n

**Zelle** f / cubicle n (a small partitioned-off area of a room) ‖ ~ (Biol, Zyt) / cell* n ‖ ~ (Speicherzelle) (EDV) / storage cell, memory cell ‖ ~ (EDV) / data cell ‖ ~ (Eltech) / cell* n, electric cell ‖ ~ (eines Silos) (Landw) / cell n ‖ ~ (alle Teile des Flugzeugs mit Ausnahme von Triebwerk und Ausrüstung) (Luftf) / airframe* n ‖ ~ (z.B. Azorenhoch) (Meteor) / cell n ‖ ~ (z.B. Lunar Excursion Module) (Raumf) / module* n ‖ Heiße ~ (für chemisches Experimentieren mit hochradioaktiven offenen Präparaten - DIN 25401, T8) (Chem, Kernphys) / cave n, hot cell ‖ **lebende** ~ (Biol, Zyt) / living cell ‖ **lichtelektrische** ~ (Eltronik) / photoelectric tube*, photoelectric cell* (PEC), photosensitive tube, photocell* n, phototube* n, cell* n ‖ **nasse** ~ (Chem, Eltech) / wet cell* ‖ **Pffersche** ~ (zur quantitativen Erfassung der Osmose) (Phys) / Pfeffer cell ‖ **pflanzliche** ~ (Bot) / plant cell ‖ **reduzierte** ~ (die bestimmte Minimaleigenschaften hat) (Krist) / reduced cell ‖ **unipolare** ~ (Eltech) / monopolar cell

**Zellehre** f (Zyt) / cytology* n, cell biology

**Zelleinbruch** m (ein Trocknungsfehler) (For) / collapse shrinkage, collapse n (resulting from faulty kilning) ‖ ~ (For) / collapse n (shrinkage), crimps pl (resulting from faulty kilning)

**Zellen • ausleser** m (Trieur) (Landw) / cell grader n ‖ ~beton m (Bau) / cellular concrete, porous concrete ‖ ~bibliothek f (EDV) / cell library ‖ ~brenner m (Masch) / cell-type burner ‖ ~deckel m (DIN 40729) (Eltech, Kfz) / cell cover ‖ ~dolomit m (Geol) / cellular dolomite ‖ ~doppelboden m (Schiff) / cellular double bottom* ‖ ~fangedamm m (Wasserb) / double-wall cofferdam, cellular cofferdam ‖ ~filter n (Trommelfilter mit einer Anzahl voneinander getrennten Zellen, die über einen Steuerkopf abschnittsweise unter Vakuum gesetzt werden) (Sanitär) / vacuum rotary filter, rotary suction filter ‖ ~förmige Schaltanlage (Eltech) / cellular-type switchboard*, cubicle-type switchboard* ‖ ~funk m (Mobilfunk) (Fernm) / cellular radio* ‖ ~gefäß n (DIN 40729) (Eltech) / jar n ‖ ~kühlturm m / multicell cooling tower, rectangular mechanical draught cooling tower ‖ ~lehre f (Zyt) / cytology* n, cell biology ‖ ~methode f (zur Berechnung der Bandstruktur) (Phys) / Wigner-Seitz method ‖ ~netzwerk n (Fernsp) / cellular radio-telephone network ‖ ~pol m (DIN 40729) (Eltech, Kfz) / cell terminal ‖ ~prüfer m (Akkumulatoren) (Eltech) / cell tester* ‖ ~prüfer (für Batteriebelastungsprüfung) (Eltech, Kfz) / battery charge tester, battery tester ‖ ~pumpe f (Masch) / vane pump ‖ ~rad n (Masch) / bay wheel ‖ ~radschleuse f (Trockensiergerät, bei dem ein sich drehendes Rad Zellen eines bestimmten Inhalts öffnet, so daß eine volumenmäßig genaue Zugabe des zu dosierenden Stoffes in Abhängigkeit von der Drehgeschwindigkeit erfolgt) (Sanitär) / rotating batch metering unit ‖ ~schmelz m (Emailmalerei) / cloisonné n (enamel) ‖ ~strom m (Eltech) / cell current ‖ ~trennwand f (einer Batterie) (Eltech) / cell partition ‖ ~verbinder m (DIN 40729) (Eltech) / cell connector ‖ ~verdichter m (Drehkolbenverdichter mit mehreren, die Arbeitsräume bildenden Drehkolben) (Masch) / sliding-vane compressor ‖ ~verschluß m (Eltech) / inspection plug

**Zellerbach-Entrinder** m (eine Wasserstrahlentrindungsmaschine) (For) / hydraulic (oscillating) wigwag debarker

**Zell • fraktionierung** f (Zyt) / cell separation ‖ ~fusion f (Zyt) / cell fusion* ‖ ~gefäß n (z.B. die Zinkelektrode bei Leclanché-Elementen) (Eltech) / can n ‖ ~gift n (das Cytolyse auslöst und wichtige Zellfunktionen zum Erliegen bringt) (Biochem, Biol, Zyt) / cytotoxin* n ‖ ~glas n (die im Viskoseverfahren hergestellte alkalische Lösung von Cellulosexanthogenat) (Chem Verf) / cellulose film (regenerated) ‖ ~glas s. auch Cellophan ‖ ~grenze f (annähernd lineares versetzungsreiches Gebiet) (Krist) / cell boundary ‖ ~gummi m (Oberbegriff, der alle porösen bzw. zellförmigen Produkte aus Kautschuk und Latices umfaßt; ein Produkt mit geschlossenen Poren) (Plast) / cellular rubber (closed-cell) ‖ **geschlossenzelliger** ~gummi (Plast) / closed-cell cellular rubber ‖ ~horn n (Chem Verf) / celluloid* n ‖ ~kautschuk m (Plast) / cellular rubber (closed-cell) ‖ ~kern m (Zyt) / nucleus* n (pl. nuclei), cell nucleus ‖ ~kleister m (Chem) / methyl cellulose* (MC) ‖ ~klonierung f (Gen, Zyt) / cell cloning ‖ ~kollaps m (ein Trocknungsfehler) (For) / collapse n (shrinkage), crimps pl (resulting from faulty kilning) ‖ ~kontakt m

(Zyt) / cell junction, junction n ‖ ~körper m (enthält Zellkern und Zellplasma) (Biochem) / cell body ‖ ~kultur f (Biol, Zyt) / cell culture ‖ ~linie f (Zyt) / cell line* ‖ ~masse f (Biomasse, die als Ergebnis des Wachstums und der Vermehrung von Mikroorganismen sowie pflanzlicher und tierischer Zellen gebildet wird) (Biol) / cell mass ‖ ~membran f (Biol) / cellular membrane, cell membrane, plasmalemma* n, plasma membrane*

**Zellobiose** f (Chem) / cellobiose* n, cellose* n

**Zelloidin** n (Chem, Mikros) / celloidin n

**Zellon** n (Anstr, Luftf) / dope n ‖ ~lack m (Anstr, Luftf) / dope n

**Zellophan** n (Plast) / cellophane n

**Zell • reaktion** f (eine elektrochemische Reaktion, die in einer galvanischen Zelle meist freiwillig, oder - bei der Elektrolyse - erzwungenermaßen abläuft) (Eltech) / cell reaction ‖ ~rückführung f (Maßnahme zur Erhöhung der aktiven Mikroorganismenmasse bei kontinuierlichen Fermentationsprozessen) (Chem Verf) / cell recycling ‖ ~saft m (Bot, For) / sap* n ‖ ~separation f (Zyt) / cell separation ‖ ~skelett n (Biol, Zyt) / cytoskeleton n ‖ **fluoreszenzaktivierter** ~sortierer (Zyt) / fluorescence-activated cell sorter, FACS ‖ ~sortierung f (Zyt) / cell separation

**ZELL-Start** m (Luftf) / zero-length launching, Zell n

**Zellstoff** m (ein Polysaccharid) (Bot, Chem) / cellulose* n ‖ ~ (For, Pap) / pulp* n ‖ ~ (Vollzellstoff) (Pap) / chemical pulp* ‖ **halbchemischer** ~ (Chem Verf, Pap) / semi-chemical pulp* ‖ **harter** ~ (wenig aufgeschlossener) (Pap) / hard pulp ‖ ~ m mit über 90 % Alphazellulose (Pap) / alpha pulp* ‖ ~auflösung f (zu Halbstoff) (Pap) / pulping* n, cooking n, digestion n, defibration* n ‖ ~aufschluß m (Chem Verf, For, Pap) / full chemical pulping ‖ ~bleiche f (Pap) / pulp bleaching ‖ ~entwässerungsmaschine f (Pap) / presse-pâte n, pulp machine, pulp drier, pulp drying machine ‖ ~harz n (Pap) / pitch* n ‖ ~holz n (für chemisches Aufschlußverfahren) (Chem Verf, For, Pap) / pulpwood n (for chemical pulp) ‖ ~kocher m (Pap) / digester* n ‖ **einlagige** ~pappe (Pap) / wood-pulp board, pulpboard n ‖ ~watte f / cellulose wadding, cellucotton n

**Zell • strom** m (Eltech) / cell current ‖ ~teilung f (Zyt) / cytokinesis (pl -kineses) n

**zellular** adj (Zyt) / cellular adj ‖ **digitales ~es System** (Standard der Handies im E-Netz) (Fernsp) / digital cellular system, DCS ‖ ~er Automat (EDV) / cellular automaton*, CA ‖ ~es Funktelefonnetz (Fernsp) / cellular radio-telephone network ‖ ~e Konvektion (Meteor) / cellular convection

**zellulär** adj (Zyt) / cellular adj

**Zellular • automat** m (eine reguläre Anordnung endlicher Automaten, deren jeder Eingabeinformationen von einer endlichen Anzahl benachbarter Automaten erhält) (EDV) / cellular automaton*, CA ‖ ~konvektion f (Meteor) / cellular convection ‖ ~konvektion (Phys) / Bénard effect ‖ ~methode f (zur Berechnung der Bandstruktur) (Phys) / Wigner-Seitz method

**Zellulase** f (Biochem) / cellulase* n

**Zelluloid** n (Chem Verf) / celluloid* n

**Zellulose** f (ein Polysaccharid) (Bot, Chem) / cellulose* n ‖ $\alpha$-~ (Chem) / alpha-cellulose n ‖ **abgepreßte** ~ (Chem Verf) / pressed cellulose ‖ **aus reiner** ~ (Pap) / woodfree adj, groundwood-free adj ‖ $\beta$-~ (Chem) / beta-cellulose n ‖ **mikrokristalline** ~ (als Füllstoff in Backwaren) (Nahr) / microcrystalline cellulose ‖ **regenerierte** ~ (Hydratzellulose) (Chem Verf) / regenerated cellulose ‖ ~ f aus den kürzeren Linters 2. Schnittes (Chem Verf) / chemical cotton

**Zellulose • azetat** (CA - DIN 7728, T 1) n (Chem) / cellulose acetate*, acetylcellulose* n, CA ‖ ~azetatpropionat n (Chem) / cellulose acetate propionate ‖ ~azetobutyrat n (Chem) / cellulose acetate butyrate, CAB* ‖ ~azetophthalat n (Chem, Pharm) / cellulose acetate phthalate ‖ ~derivat n (Chem) / cellulose derivative, cellulosic n ‖ ~erzeugnis n (Chem) / cellulose derivative, cellulosic n ‖ ~ester m (Chem) / cellulose ester* ‖ ~ether m (Chem) / cellulose ether ‖ ~faser f (Bot) / cellulose fibre ‖ ~faser (Chem, Tex) / cellulosic fibre ‖ ~füllstoff m (Chem Verf) / cellulose filler ‖ ~hydrat n (nicht korrekte Bezeichnung für mechanisch gequollene und chemisch regenerierte Zellulose) (Chem) / cellulose hydrate* ‖ ~karbamat n (Chem) / cellulose carbamate ‖ ~lack m (Anstr) / cellulose lacquer* ‖ ~nitrat n (Chem) / nitrocellulose* n, cellulose nitrate ‖ **esterlösliches** ~nitrat (Chem) / regular soluble nitrocellulose, RS nitrocellulose ‖ ~nitratlack m (Anstr) / cellulose nitrate lacquer, nitrocellulose material, cellulose n ‖ ~pfropfkopolymer n (Chem) / cellulose graft copolymer ‖ ~propionat n (Chem) / cellulose propionate ‖ ~triazetat n (Chem) / cellulose triacetate ‖ ~umhüllung f (Schw) / cellulosic coating, cellulose covering ‖ ~xanthogenat n (Chem, Umwelt) / cellulose xanthate*

**zellulosisch • es Endlosgarn** (Spinn) / artificial silk ‖ ~e Faser (Chem, Tex) / cellulosic fibre

**Zell • verschmelzung** f (Zyt) / cell fusion* ‖ ~wand f (Zyt) / cell wall* ‖ ~wandlose Zelle (Zyt) / protoplast n ‖ ~wolle f (Tex) / staple rayon viscose rayon, viscose staple (fibre) ‖ ~-**Zell-Kontakt** m (Zyt) / cell junction, junction n

**Zelt**•**bahngewebe** n (Tex) / tent cloth, tent fabric, camping fabric ‖ ~**caravan** m (Kfz) / trailer tent ‖ ~**dach** n (Bau) / tentlike roof, pyramidal roof, pyramid roof ‖ ~**dachkonstruktion** f (Bau) / tentlike roof, pyramidal roof, pyramid roof ‖ ~**dachkonstruktion** (Vorgang) (Bau) / tentlike roofing ‖ ~**leinwand** f (Tex) / tent canvas ‖ ~**stoff** m (Tex) / tent canvas

**Zement** m (Lösung von Kautschuk in Kohlenwasserstoffen) / rubber cement, rubber solution, cement n ‖ ~ (feingemahlenes hydraulisches Bindemittel nach DIN 1164 oder DIN EN 197) (Bau, HuT) / cement* n ‖ ~ n (Geol) / cement* n ‖ **farbiger** ~ (Bau, HuT) / coloured cement* ‖ **feuerfester** ~ (hydraulisch abbindende, aus Tonerdeschmelzzement und Magerungsmitteln bestehende feuerfeste Masse) (HuT) / refractory cement*, fire cement* ‖ **frühhochfester** ~ (mit schneller Anfangserhärtung) (Bau, HuT) / high-early-strength cement ‖ **hydraulischer** ~ (unter Wasser erhärtend) (Bau, HuT) / hydraulic cement* ‖ **hydrophobierter** ~ (Bau, HuT) / water-repellent cement, waterproof cement, hydrophobic cement*, water-resistant cement, waterproofed cement ‖ **langsam erhärtender** ~ (DIN 1164) (Bau, HuT) / slow-setting cement ‖ **makroporenfreier** ~ (Bau, HuT) / macro-defect-free cement, MDFC ‖ **schnellabbindender** ~ (Bau, HuT) / rapid-hardening cement, quick-setting cement, fast-setting cement, high-speed cement ‖ **schnellbindender** ~ (Bau, HuT) / rapid-hardening cement, quick-setting cement, fast-setting cement, high-speed cement ‖ **stark tonerdehaltiger** ~ (Bau, HuT) / high-alumina cement* (BS 915) ‖ **weißer** ~ (Bau, HuT) / white cement ‖ ~ m **mit hohem Sulfatwiderstand** (entweder Portland- oder Hochofenzement) (Bau, HuT) / sulphate-resisting cement ‖ ~ **mit hohem Tonerdegehalt** (Bau, HuT) / high-alumina cement* (BS 915) ‖ ~ **mit niedriger Hydratationswärme** (in den ersten 7 Tagen höchstens 65 cal/g nach DIN 1164) (Bau, HuT) / low-heat cement (BS 1370)

**Zementanstrich** m (Bau) / cement rendering

**Zementation** f (Geol) / cementation* n ‖ ~ (Hütt) / carburizing* n, carburization n, carbon case-hardening, cementation* n, carbonization* n, carburising n

**Zementations**•**effekt** m (in Karbonatgesteinen durch Evaporation) (Geol) / macadam effect ‖ ~**zone** f (Bergb) / cementation zone, supergene sulphide zone ‖ ~**zone** (unterhalb der Oxidationszone von Erzlagerstätten befindlicher Bereich, in dem sich an vorhandenen Primärerzen der, aus der Oxidationszone herabsickerndern, Lösungen im Bereich des sauerstoffarmen Bodenwassers niederschlägt) (Geol) / zone of cementation*

**Zement**•**auskleidung** f (Bau) / cement lining ‖ ~**ausstrich** m (statt Blechverwahrung) (Bau) / cement fillet* ‖ ~**bazillus** m (stäbchenförmige Kristalle des Ettringits) (Bau, HuT) / cement bacillus ‖ ~**beton** m (Bau) / cement concrete ‖ **kunstharzmodifizierter** ~**beton** (Bau, HuT) / polymer cement concrete, PCC ‖ **kunstharzmodifizierter** ~**beton** (mit wasseremulgierten EP-Harzen) (Bau, HuT) / epoxy cement concrete, ECC ‖ ~**betonfahrbahndecke** f (Bau, HuT) / concrete pavement, concrete surfacing ‖ ~**blau** (Anstr) / manganese blue ‖ ~**brei** m (Bau) / cement slurry ‖ ~**brennofen** m / cement kiln (a rotary kiln in which limestone and other ingredients are calcined to produce portland cement ‖ ~**chemie** f (Chem) / cement chemistry ‖ ~**echtheit** f (Tex) / fastness to cement ‖ ~**einspritzung** f (Bau, HuT) / grouting* n, artificial cementing, injection n (under pressure) ‖ ~**estrich** m (DIN 18560) (Bau) / cement screed, cement flooring ‖ ~**estrich mit Granitzuschlag** (Bau) / granolithic* n, grano n, granolithic screed ‖ ~**farbe** f (zur Anfärbung von Zementmörteln) (Bau) / cement paint ‖ ~**gebundene3 Spanplatte** (mineralisch gebundene) (For, Tischl) / cement-bonded particle board ‖ ~**gehalt** m (des Betons nach DIN 1045) (Bau) / cement content ‖ ~**gel** n (das während der Hydratation des Zements aus dem Zementleim entsteht) (Bau) / cement gel ‖ ~**grau** adj / cement-grey adj

**Zementieren** n (beim Schachtabteufen) (Bergb) / grouting method of shaft sinking, cementation method of shaft sinking ‖ ~ (Bergb, Erdöl) / cementation n, cementing n ‖ ~ (DIN 17014, T 1) (Hütt) / carburizing* n, carburization n, carbon case-hardening, cementation* n, carbonization* n, carburising n

**Zementier**•**maschine** f (eine Schuhmaschine) / cementing machine, cementer ‖ ~**pumpe** f (Bau, Erdöl, HuT) / injection pump ‖ ~**substanz** f (Bau, HuT) / injection fluid

**zementierter Nagel** (der mit Lösungen von Kolophonium in Spiritus behandelt wird) / cement-coated nail

**Zementierung** f (Bau, HuT) / grouting* n, artificial cementing, injection n (under pressure) ‖ ~ (Bergb, Erdöl) / cementation n, cementing n ‖ ~ **durch gegenläufigen Kreislauf** (Erdöl) / reverse circulation cementing

**Zementinjektion, mit** ~**en verfestigter Boden** (Bau, HuT) / cement-stabilized soil

**Zementit** m (chemische Verbindung eines Metalls mit Kohlenstoff, vorzugsweise auf das Eisenkarbid $Fe_3C$ bezogen) (Hütt) / cementite* n ‖ **freier** ~ (Hütt) / free cementite* ‖ **kugeliger** ~ (Hütt) / spheroidite n ‖ ~**lamelle** f (Hütt) / cementite lamella

**Zement**•**Kalk-Mörtel** m (Bau) / cement mortar* (1 cement : 2 lime : 9 sand), compo* n (1 cement: 2 lime: 9 sand) ‖ ~**kanone** f (Bau, HuT) / cement gun* ‖ ~**klinker** m (Probe nach DIN 1164, T 6) (Bau) / furnace clinker*, clinker* n ‖ ~**kuchen** m (Bau) / cement pat ‖ ~**kuchen** (HuT) / pat n ‖ ~**kupfer** n (aus der Elektrolytlösung durch Zugabe von Eisenschrott niedergeschlagen) (Hütt) / cement copper* ‖ ~**leim** m (Gemisch aus Zement und Wasser) (Bau, Bergb, HuT) / neat cement*, neat cement paste ‖ ~**milch** f (Bau, Bergb, HuT) / neat cement*, neat cement paste ‖ ~**mörtel** m (Gemisch aus Zement, Sand und Wasser sowie gegebenenfalls Zusätzen, das als Mauermörtel oder Putzmörtel verwendet wird) (Bau) / cement mortar*, cement plaster, patent plaster, hard-wall plaster ‖ **reiner** ~**mörtel** (ohne Zuschläge) (Bau, HuT) / neat grout, neat cement (without aggregate) ‖ ~**mörteldichtungsrand** m (Bau, HuT) / cement fillet*, weather fillet* ‖ ~**mühle** f (zur Zerkleinerung des Zementklinkers im Rahmen der Zementherstellung) / cement mill (in which rock is pulverized to powder form for use primarily in the production of cement) ‖ ~**ofen** m / cement kiln (a rotary kiln in which limestone and other ingredients are calcined to produce portland cement) ‖ ~**paste** f (Bau, Bergb, HuT) / neat cement*, neat cement paste ‖ ~**prüfung** f (nach DIN 1164 und DIN EN 196) (Bau) / cement testing ‖ ~**putz** m (Bau) / cement facing, cement finish ‖ ~**sand** m (ein Formsand) (Gieß) / cement sand ‖ ~**sandformverfahren** n (Herstellung von verlorenen Formen, bei der der Formstoff vorwiegend aus Quarzsand und 7-12% Portlandzement als Bindemittel besteht) (Gieß) / cement-sand process ‖ ~**schachtofen** m / cement kiln (a rotary kiln in which limestone and other ingredients are calcined to produce portland cement) ‖ ~**schlämme** f (Bau) / cement grout*, grout* n ‖ ~**schlempe** f (Wasser-Zement-Mischung) (Bau) / cement grout*, grout* n ‖ ~**schwarz** n (als billiges Farbpigment verwendetes Mangandioxid) / manganese black ‖ ~**schwemmstein** m (DIN 1059) (Bau) / cement pumice stone ‖ ~**silo** m (HuT) / cement silo, cement store, bulk-cement plant ‖ ~**stahl** m (als Einsatz für die Herstellung des Tiegelstahls) (Hütt) / blister steel*, blister bar* ‖ ~**stahl** (Hütt) / case-hardened steel ‖ ~**stein** m (erhärteter Zementleim) (Bau) / hardened neat cement paste ‖ ~**stopfen** m (im Bohrloch) (Erdöl) / cement plug ‖ ~**unterlagsboden** m (Bau) / cement screed, cement flooring ‖ ~**verfestigung** f (des Baugrunds) (Bau, HuT) / soil-cement n, soil cementation ‖ ~**verfestigung** (des Baugrunds) s. auch Zementeinspritzung

**Zener**•**Diode** f (eine Halbleiterdiode nach C.M. Zener, 1905-1993) (Eltronik) / Zener diode*, breakdown diode*, Zener n ‖ ~-**Durchbruch** m (elektrischer Durchbruch, der durch den Übergang von Elektronen aus dem Valenzband in das Leitungsband als Folge des Tunneleffekts bei starken elektrischen Feldern entsteht - DIN 41852) (Eltronik) / Zener breakdown* ‖ ~-**Effekt** m (Eltronik) / Zener effect* ‖ ~-**Effekt** (Dämpfung in polykristallinen Materialien) (WP) / Zener effect ‖ ~-**Impedanz** f (Eltronik) / Zener impedance ‖ ~-**Knick** m (Übergang der Kennlinie einer Siliziumdiode im Sperrbereich vom waagerechten Verlauf in den Steilanstieg) (Eltronik) / Zener knee ‖ ~-**Rauschen** (in der Nähe des Zener-Knicks auftretende unregelmäßige Stromschwankungen, die beim Schreiben der Kennlinie auf einem Oszilloskopen als Flackern sichtbar werden) (Eltronik) / Zener noise ‖ ~-**Spannung** f (DIN 41852) (Eltronik) / Zener voltage, reverse breakdown voltage, Zener breakdown voltage ‖ ~-**Strom** m (Eltronik) / Zener current

**Zenit** m (dem Nadir an der Himmelssphäre gegenüberliegender höchster Punkt, genau senkrecht über dem Beobachter) (Astr) / zenith* n

**zenital** adj (Astr, Kart) / zenithal adj ‖ ~**regen** m (zur Zeit des Sonnenhöchststandes auftretender, meist von heftigen Gewittern begleiteter Starkregen im Bereich der Tropen) (Meteor) / zenithal rain

**Zenit**•**distanz** f (der Winkelabstand eines Gestirns vom Zenit des Beobachtungsortes, gemessen in Grad von 0° bis 180°) (Astr) / zenith-distance* n, co-altitude n ‖ ~**okular** n (Verm) / diagonal eyepiece* ‖ ~**refraktion** f (eine Refraktionsanomalie, die bei besonderen Witterungsverhältnissen auftritt und Sterne betrifft, die im Zenit stehen) (Astr) / zenithal refraction ‖ ~**teleskop** n (zur Zeitbestimmung) (Astr) / photographic zenith tube*, PZT ‖ ~**teleskop** (Astr) / zenith telescope*

**Zensorierung** f (Ausschaltung des Einflusses fragwürdiger Stichprobenwerte und Ausreißer) (Stats) / censoring n

**Zensuren** f pl **für die innere Sicherheit** (der Autoinsassen) (Kfz) / crashworthiness rating

**Zensurkopie** f (Film) / censor copy

**Zensus** m (pl. -) (Stats) / census of population

1431

**zentesimal** *adj* (auf der Zahl 100 beruhend) (Math) / centesimal *adj*
**zenti•-** / **centi-*** ‖ ⁓- (Vorsatz für 10⁻², Kurzzeichen c) / centi-* ‖ ⁓**grammethode** *f* (Chem) / semimicroanalysis *n*, semimicromethod *n*
**Zentil** *n* (das dem Fall q = 100 entspricht) (Stats) / percentile* *n*
**Zenti•metereinstellung** *f* (Masch) / inching* *n* ‖ ⁓**meterwelle** *f* (3-30 GHz) (Radio) / centimetre wave, centimetric wave ‖ ⁓**normal** *adj* (0,01 n) (Chem) / centinormal *adj*
**zentral** *adj* (Verfahrensablaufsteuerung) / centralized *adj*, central *adj* ‖ ⁓ / central *adj*, centric *adj* ‖ ⁓**e Anordnung** / centrality *n* ‖ ⁓**e Ansaugöffnung** (Pumpe, Verdichter) (Masch) / eye* *n* ‖ ⁓**e Chiralität** (Chem) / central chirality ‖ ⁓**e Datenbank** (EDV) / data centre ‖ ⁓**e Differenz** (Math) / central difference (of a function) ‖ ⁓**es Dogma** (der Molekularbiologie) (Biol) / central dogma ‖ ⁓**es Drucksystem** (Leistungsmerkmal bei Textsystemen) (EDV) / shared printing system ‖ ⁓**er Grenzwertsatz** (ein Hauptresultat der Wahrscheinlichkeitstheorie) (Stats) / central limit theorem ‖ ⁓**e Kollineation** (projektive Geometrie) (Math) / perspectivity *n* ‖ ⁓**er Kommunikationsprozessor** (für digitale Kommunikationssysteme) (EDV) / central communications processor, CCP ‖ ⁓**es Kräftesystem** (Mech) / central force system, concurrent force system ‖ ⁓**es Nervensystem** (Med) / central nervous system, CNS ‖ ⁓**er Router** (EDV, Fernm) / central router ‖ ⁓**e Schnittstelle** (in der Vermittlungsstelle des LOC-Glasfasersystems von Raynet) (Fernm) / office interface unit, OIU ‖ ⁓**er Schwimmer** (bei Wasserflugzeugen - als Gegensatz zu Stützschwimmern) (Luftf) / main float* ‖ ⁓**e Steuerung** (Regeln) / central control, centralized control ‖ ⁓**er Stoß** (zweier starrer Körper mit maximaler Impulsübertragung) (Phys) / central collision, central impact ‖ ⁓**es Stützelement** (bei Mehrfaserkabeln) (Kab) / central strength-member ‖ ⁓**e Wasserversorgung** (Wasserb) / central water supply ‖ ⁓**er Zeichenabgabekanal** (Fernsp) / common signalling channel
**Zentral•-** / central *adj*, centric *adj* ‖ ⁓**atom** *n* (in einer Koordinationseinheit) (Chem) / central atom* ‖ ⁓**aufbereitungsanlage** *f* (für mehrere Erzgruben - die als Lohnanlage arbeitet) (Aufber) / customs plant* ‖ ⁓**batterie** *f* (in der Vermittlungsstelle) (Fernsp) / central battery*, common battery*, CB ‖ ⁓**bau** *m* (bei dem im Gegensatz zum Langhausbau alle Teile auf einen Mittelpunkt bezogen sind) (Arch) / centralized building ‖ ⁓**bedienungsplatz** *m* (EDV) / central console ‖ ⁓**bewegung** *f* (Mech) / central motion ‖ ⁓**differential** *n* (Kfz) / interaxle differential, centre differential ‖ ⁓**differentialsperre** *f* (Kfz) / centre-differential lock
**Zentrale** *f* (eines Unternehmens) / headquarters *pl*, head office ‖ ⁓ (Fernsp) / exchange *n*, central exchange ‖ ⁓, telephone exchange central (US) ‖ ⁓ (Gerade durch das Zentrum einer Figur oder durch die Mittelpunkte zweier Kreise) (Math) / central *n*, central line ‖ **hydroenergetische** ⁓ (Eltech) / hydroelectric generating (or power) station*, water-power station, hydroelectric power plant, hydro *n*, hydroelectric power station* ‖ **meteorologische** ⁓ (innerhalb des globalen Datenverarbeitungssystems der Weltwetterwacht) (Meteor) / meteorological centre
**Zentral•einheit** *f* (eines Digitalrechners) (**ZE**) (EDV) / central processing unit* (CPU), central processor*, processing unit ‖ ⁓**einheitszeit** *f* (EDV) / CPU time (US), processor time ‖ ⁓**einspritzung** *f* (mit dem Einspritzventil, z.B. Mono-Jetronic oder CFI) (Kfz) / single-point injection, SPI ‖ ⁓**fach** *n* (Web) / centre shed ‖ ⁓**feld** *n* (Kernphys) / central field ‖ ⁓**feld** (Phys) / central force field ‖ ⁓**fenster** *n* (der Diskette) (EDV) / central window *n* ‖ ⁓**heizung** *f* (Bau) / central heating ‖ ⁓**ion** *n* (Phys) / central ion
**Zentralisator** *m* (Math) / centralizer *n*
**zentralisieren** *v* / centralize *v*
**Zentral•kanal-Zeichengabe** *f* (Fernm) / common-channel signalling ‖ ⁓**körper** *m* (Gravitationskörper) (Astr) / primary *n* (orbited by a smaller satellite or companion), primary body ‖ ⁓**kraft** *f* (Phys) / central force* ‖ ⁓**kraftfeld** *n* (Phys) / central force field ‖ ⁓**linie** *f* (Mech) / line of centres ‖ ⁓**mischverfahren** *n* (ein  Bodenmischverfahren) (HuT) / mixed-in-plant *n*, plant-mix *n* (mixed-in-plant) ‖ ⁓**moment** *n* (Phys) / central moment ‖ ⁓**nervensystem** *n* (Med) / central nervous system, CNS ‖ ⁓**perspektive** *f* (bei der Zentralprojektion) (Math) / central perspective, linear perspective ‖ ⁓**potential** *n* (der Zentralkräfte) (Mech) / central potential* ‖ ⁓**projektion** *n* (Kart, Math) / central projection*, perspective projection ‖ **azimutale** ⁓**projektion** (Kart) / gnomonic projection ‖ ⁓**prozessor** *m* (EDV) / central processor, CP ‖ ⁓**punkt** *m* (bei der Zentralsymmetrie) (Math) / centre of symmetry, symmetry centre ‖ ⁓**rad** *n* (eines Planetengetriebes) (Masch) / central gear ‖ ⁓**rad** (Masch) s. auch Sonnenrad ‖ ⁓**recheneinheit** *f* (EDV) / central processing unit* (CPU), central processor*, processing unit ‖ ⁓**rechner** *m* (der Firma) (EDV) / mainframe computer ‖ ⁓**rohrrahmen** *m* (Kfz) / central-tube frame (with a fork at both ends and central cross members) ‖ ⁓**schmierung** *f* (als System) (Masch) / central lubricating system*, centralized lubricating system ‖ ⁓**schwimmer** *m* (Luftf) / main float* ‖ ⁓**sekundenzeiger** *m* (Uhr) / sweep-second hand, sweep hand ‖ ⁓**speicher** *m* (nach DIN 44300) (EDV) / main memory*, main storage, main store ‖ ⁓**spinner** *m* (Kab) / concentric lapping machine ‖ ⁓**stellwerk** *n* (Bahn) / centralized control point ‖ ⁓**stern** *m* (im Mittelpunkt eines planetarischen Nebels) (Astr) / central star ‖ ⁓**steuerung** *f* (Regeln) / central control, centralized control ‖ ⁓**stoß** *m* (Phys) / central collision, central impact ‖ ⁓**strahl** *m* (vom Mittelpunkt des Brennflecks durch die Mitte des Strahlenaustrittsfensters verlaufender Strahl) (Radiol) / central ray ‖ ⁓**symmetrie** *f* (Biol, Krist, Math) / central symmetry ‖ ⁓**symmetrisch** *adj* (mit einem Symmetriezentrum, z.B. Figur) (Biol, Krist, Math) / centrosymmetric *adj*, centrosymmetrical *adj* ‖ ⁓**symmetrische Funktion** (Math) / odd function* ‖ ⁓**uhrenanlage** *f* (eine Normaluhr) (Eltech) / master clock*, driving clock ‖ ⁓**vermittlungsstelle** *f* (Fernsp) / central exchange ‖ ⁓**verriegelung** *f* (Kfz) / central locking, central door (and boot) locking ‖ **fernbedienbare** ⁓**verriegelung** (Kfz) / remote-control central locking ‖ ⁓**verschluß** *m* (Foto) / central shutter, diaphragm shutter (between-the-lens) ‖ ⁓**verschluß** (an Behältnismöbeln) (Tischl) / central-locking device ‖ ⁓**verschlußnabe** *f* (Kfz) / central-locking hub, locking hub, spline hub, splined hub, Rudge hub ‖ ⁓**vulkan** *m* (Geol) / central-point volcano (after a central eruption) ‖ ⁓**wert** *m* (Math, Stats) / median* *n* ‖ ⁓**wertbereich** *m* (bei Toleranzen) (Masch) / median band ‖ ⁓**wickler** *m* (Kab) / concentric lapping machine ‖ ⁓**zylinder** *m* (mit allen Leitungsbahnen) (Bot) / stele* *n*, central cylinder*
**Zentrat** *n* (Sanitär) / centrate *n*, centrifuge effluent
**zentrier•bohren** *v* (nur Infinitiv) (Masch) / centre *v* ‖ ⁓**bohren mit Schutzsenkung** (Masch) / centre-drill *v* ‖ ⁓**bohren** *n* (Anbringen einer Bohrung mit kegeliger Sitzfläche an der Werkstückstirnfläche zur Festlegung der Drehachse) (Masch) / centring* *n*, centering *n* (US) ‖ ⁓**bohrer** *m* (DIN 333) (Masch) / centre drill*, centring drill, combination drill, Slocombe drill ‖ ⁓**bohrung** *f* (DIN 332, T 1) (Masch) / centre hole *n* ‖ ⁓**dorn** *m* (Werkzeugspanner an Bohr- und Fräswerken) (Masch) / centring pin, centering pin (US) ‖ ⁓**einrichtung** *f* (Schw) / centring clamp, clamp *n*
**zentrieren** *v* (auswuchten, richten) (Masch) / true *v* ‖ ⁓ (Masch) / centre *v*, center *v* (US) ‖ ⁓ (Masch) / centre *v* ‖ ⁓ (Einmitten) (Masch) / centring* *n*, centering* *n* (US) ‖ ⁓ (Masch) / centring* *n*, centering *n* (US)
**Zentrier•feder** *f* (Masch) / centring spring ‖ ⁓**klammer** *f* (im Rohrleitungsbau ein Gerät, mit dem ein anzuschweißendes Rohr an die verschweißte Leitung unter Einhaltung des richtigen Schweißspaltes angeklammert wird) (Schw) / centring clamp, clamp *n* ‖ ⁓**korb** *m* (einer Verrohrungsschneidvorrichtung) (Erdöl) / centralizer *n* ‖ ⁓**rohr** *n* (Nukl) / centring tube, centering tube (US) ‖ ⁓**scheibe** *f* (beim Zeichnen) (Instr) / horn-centre* *n* ‖ ⁓**senken** *v* (nur Infinitiv oder Partizip) (Masch) / centre-drill *v* ‖ ⁓**stift** *m* (Masch) / centrepin *n*, centring pin *n* ‖ ⁓**stift** (Nukl) / centring pin, centering spigot, centering pin (US), centering spigot (US)
**zentriert•es optisches System** (Opt) / centred optical system ‖ ⁓**e Zufallsgröße** (mit Erwartungswert Null) (Stats) / centralized random variable
**Zentrierung** *f* (Masch) / centring* *n*, centering* *n* (US) ‖ ⁓ (Ausrichtung) (Masch) / location* *n* ‖ ⁓ (Verm) / centre* *n* ‖ **[gewellte] scheibenförmige** ⁓ (Akus) / spider* *n*, inside spider*
**Zentrierungslinie** *f* (von Reifen) (Kfz) / GG groove
**Zentrier•vorrichtung** *f* (Eltech, Masch) / pilot fit, spigot fit ‖ ⁓**winkel** *m* (Masch) / centre square* ‖ ⁓**zapfen** *m* (Sockelstift) (Eltronik, Masch) / spigot* *n*
**zentrifugal** *adj* (Phys) / centrifugal *adj* ‖ ⁓**anlasser** *m* (Eltech) / centrifugal starter* ‖ ⁓**barriere** *f* (ein Zentrifugalpotential) (Kernphys) / centrifugal barrier ‖ ⁓**beschleunigung** *f* (Phys) / centrifugal acceleration ‖ **relative** ⁓**beschleunigung** (Masch) / relative centrifugal force, RCF ‖ ⁓**chromatografie** *f* (Chem) / centrifugal-layer chromatography, CLC ‖ ⁓**dehnungskonstante** *f* (in der Molekülspektroskopie) (Spektr) / centrifugal distortion constant ‖ ⁓**extraktor** *m* (für die Flüssig-Flüssig-Extraktion) (Chem Verf) / centrifugal extractor ‖ ⁓**guß** *m* (Gieß) / centrifugal casting*, centrispinning *n*, spun casting ‖ ⁓**kraft** *f* (in einem rotierenden Bezugssystem) (Phys) / centrifugal force* ‖ ⁓**moment** *n* (ein Flächenmoment zweiter Ordnung) (Phys) / centrifugal moment* ‖ ⁓**potential** *n* (Kernphys) / centrifugal potential ‖ ⁓**pumpe** *f* (eine Bauart der Kreiselpumpe) (Masch) / centrifugal pump* ‖ ⁓**regler** *m* (Regeln) / mechanical governor, flyweight governor, centrifugal governor, ballhead governor, flyball governor, pendulum governor*, governor *n*, spring-loaded (mechanical) governor* ‖ ⁓**regulator** *m* (Regeln) / mechanical governor, flyweight governor, centrifugal governor, ballhead governor, flyball governor, pendulum governor*, governor *n*, spring-loaded (mechanical) governor* ‖ ⁓**separator** *m* (zur Rückgewinnung von Kühlschmiermitteln) / centrifugal separator ‖ ⁓**streuer** *m* (Landw) / spinning fertilizer distributor, disk fertilizer distributor ‖ ⁓**trockner** *m* (Nahr) / whizzer* *n*

**Zentrifugat** *n* (das bei der Zentrifugierung abgetrennte Schlammwasser) (Sanitär) / centrate *n*, centrifuge effluent
**Zentrifuge** *f* / centrifuge* *n*, centrifugal *n* ‖ ~ (Nahr) / separator *n* ‖ **sieblose** ~ (in welcher der Schleuderraum durch einen ungelochten Mantel umgrenzt ist) / solid-wall centrifuge, solid-bowl centrifuge
**Zentrifugen • ablauf** *m* (Sanitär) / centrate *n*, centrifuge effluent ‖ ~**anreicherung** *f* (Nukl) / centrifuge enrichment*, centrifuge separation*, separation by centrifugal phenomena ‖ ~**glas** *n* (Chem) / centrifuge tube ‖ ~**methode** *f* (der Isotopentrennung) (Nukl) / centrifuge enrichment*, centrifuge separation*, separation by centrifugal phenomena ‖ ~**spinnen** *n* (Plast, Spinn) / centrifugal pot spinning, pot spinning, can spinning
**zentrifugieren** *v* / centrifuge *v*, centrifugate *v* ‖ ~ *n* (Isotopentrennung) (Nukl) / centrifuge enrichment*, centrifuge separation*, separation by centrifugal phenomena
**Zentrifugierverfahren** *n* (Anstr) / centrifuging *n*
**zentripetal** *adj* (Phys) / centripetal *adj* ‖ ~**beschleunigung** *f* (Phys) / centripetal acceleration (of a body that is moving in a circle) ‖ ~**kraft** *f* (in einem rotierenden Bezugssystem) (Phys) / centripetal force*
**zentrisch** *adj* / in-centre *attr*, on-centre *attr*, centric *adj*, centrical *adj* ‖ ~**e Streckung** (Math) / homothety *n*, homothetic transformation
**zentrisch-ähnlich** *adj* (Figur) (Math) / homothetic *adj*, radially related
**Zentriwinkel** *m* (der von zwei Radien eines Kreises gebildet wird) (Math) / central angle* (angle subtended by the arc at the centre), angle at centre
**Zentromer** *n* (Ansatzstelle der sich bei der Kernteilung ausbildenden Spindelfasern am Chromosom) (Gen) / centromere* *n*
**zentrosymmetrisch** *adj* (mit einem Symmetriezentrum, z.B. Figur) (Biol, Krist, Math) / centrosymmetric *adj*, centrosymmetrical *adj*
**Zentrum** *n* (Math) / centre* *n* (GB), center(US) *n* ‖ ~ (einer ebenen Figur) (Math) / centre of area, centroid* *n* ‖ **aerodynamisches** ~ (Luftf, Phys) / aerodynamic centre, AC ‖ **einsames** ~ (Chem) / Lewis acid site ‖ **galaktisches** ~ (Mittelpunkt des Milchstraßensystems) (Astr) / galactic centre ‖ **gesellschaftliches** ~ (Arch) / public and municipal facility ‖ **Lewis-saures** ~ (Chem) / Lewis acid site ‖ **prochirales** ~ (Chem) / prochiral centre ‖ ~ *n* **des Beugungssaums** (Opt) / fringe centre
**Zentrumbohrer** *m* (DIN 7483) (Werkz) / centre-bit* *n*
**Zeolith** *n* (Min) / zeolite* *n* ‖ ~**enthärtung** *f* (Chem Verf) / zeolite process*, sodium-cycle softening
**zeolithisch** *adj* (Chem) / zeolitic *adj*
**Zeolithkatalysator** *m* (Erdöl) / zeolite catalyst
**zeotrop** *adj* (Chem) / zeotropic *adj*
**Zephir** *m* (gemustertes Baumwollgewebe, eine Reißwollsorte und ein feiner Wollmusselin) (Tex) / zephyr *n* ‖ ~**garn** *n* (weiches Kammgarn mit geringer Drehung) (Spinn) / zephyr yarn
**Zephyr** *m* (Tex) / zephyr *n*
**Zeppelin** *m* (Korbwindschutz) (Film) / basket windshield ‖ ~**antenne** *f* (ein endgespeister Halbwellendipol mit abgestimmter Speiseleitung) (Radio) / Zepp antenna*
**zepto-** (Vorsatz vor Einheiten mit der Bedeutung 10$^{-21}$) / zepto- ‖ ~ / zepto-
**Zer** (Ce) *n* (Chem) / cerium* *n* ‖ ~**(IV)-** (Chem) / ceric *adj* ‖ ~**(III)-** (Chem) / cerous *adj*
**Zerat** *n* (wasserfreies Wachw-Fettgemisch für Kosmetika) (Chem) / cerate *n*
**zerbrechen** *vi* / shatter *vi* ‖ ~ *v* (nach der Explosion) / blow out *v*, explode *v* ‖ ~ / break *v*, fracture *v*
**zerbrechlich** *adj* / tender *adj* ‖ ~ / breakable *adj*, fragile *adj*, brittle *adj*
**zerbröckeln** *vt* / crumble *v*, break *v* into small pieces ‖ ~ *vi* / crumble *vi* (away) ‖ ~ *v* (Geol, HuT) / slake *v* ‖ ~ *n* (Geol, HuT) / slaking *n*
**zerdrücken** *v* (zu Brei) / mash *v* (potatoes, bananas) ‖ ~ (Nahr) / mash *v* (potatoes)
**Zerealien** *pl* (Bot, Landw, Nahr) / cereals *pl*, cereal *n* ‖ ~ (Nahr) / cereals *pl* (a breakfast food)
**Zerebrosid** *n* (ein Glykolipid) (Chem, Physiol) / cerebroside* *n*
**Zereisen** *n* (Hütt) / ferrocerium *n*
**Zerepidot** *m* (Min) / allanite* *n*, orthite* *n*, cerine *n*
**Zeresin** *n* (Chem Verf) / ceresine wax, ceresin *n*
**Zerewitinoffs Reagens** (Chem) / Zerewitinoff reagent, Cerevitinov reagent
**Zerewitinow-Reagens** *n* (Methylmagnesiumiodid - zum Nachweis von aktiven Wasserstoffatomen in Carboxy-, Thiol-, Amino-, Imino- oder Hydroxygruppen organischer Verbindungen) (Chem) / Zerewitinoff reagent, Cerevitinov reagent
**Zerfall** *m* (z.B. des Gießkerns) (Gieß) / collapse *n* ‖ ~ (radioaktiver - DIN 25401, T 1) (Kernphys) / disintegration* *n*, decay *n* ‖ **eutektoider** ~ (im festen Zustand) (Hütt) / eutectoid breakdown ‖ **leptonischer** ~ (Kernphys) / leptonic decay ‖ **natürlicher** ~ (Kernphys) / natural decay, natural disintegration ‖ **nichtleptonischer** ~ (Kernphys) / non-leptonic decay ‖ **pulvriger** ~ **der Metalloberfläche** (in kohlenstoffhaltigen Gasen bei hohen Temperaturen) / metal dusting ‖ **radioaktiver** ~ (Kernphys) / radioactive decay*, radioactive disintegration, radioactive transformation ‖ **strahlender** ~ (Kernphys) / radiative decay ‖ **verzweigter** ~ (Kernphys) / multiple decay*, multiple disintegration*, branching *n* ‖ **würfelförmiger** ~ (bei Trockenfäule) (For) / cubical rot ‖ **Zerfälle/s** (Einheit der Impulsrate) (Kernphys) / disintegrations per second ‖ ~ *m* **der Maskierung** (bei der Chromgerbung) (Leder) / breakdown of the masking ‖ ~ **im Ruhezustand** (Kernphys) / S event ‖ ~ **in Ruhe** (Kernphys) / S event
**zerfallen** *v* (Chem) / decompose *vi* ‖ ~ (For) / rot *v*, rot away *v* ‖ ~ (Geol, HuT) / slake *v* ‖ ~ (Kernphys) / disintegrate *v*, decay *vi* ‖ ~ **in der Hitze** / decompose under heating ‖ ~ *n* (Geol, HuT) / slaking *n*
**zerfallender Kegelschnitt** (Math) / singular conic section, degenerate conic section
**Zerfallhilfsmittel** *n* (für Tabletten) (Pharm) / tablet disintegrant
**Zerfalls • anteil** *m* (Kernphys) / branch *n*, decay branch, disintegration branch ‖ ~**energie** *f* (Kernphys) / disintegration energy, decay energy ‖ ~**geschwindigkeit** *f* (Kernphys) / disintegration rate, decay rate ‖ ~**konstante** *f* (Kernphys) / disintegration constant*, decay constant*, transformation constant*, radioactive decay constant, radioactive constant ‖ ~**neigung** *f* (z.B. von Gießkernen) (Gieß) / collapsibility *n* ‖ ~**produkt** *n* (Chem) / decomposition product ‖ ~**produkt** (Kernphys) / decay product*, product of decay, disintegration product ‖ ~**prozeß** *m* (Kernphys) / disintegration* *n*, decay *n* ‖ ~**rate** *f* (Kernphys) / disintegration rate, decay rate ‖ ~**reaktion** *f* (Chem) / decomposition reaction ‖ ~**reihe** *f* (Kernphys) / decay series, family* *n*, decay chain, transformation series ‖ **zugehörige** ~**reihe** (Kernphys) / collateral series ‖ **radioaktive** ~**reihe** (Kernphys) / radioactive chain*, radioactive family, radioactive series*, transformation series, decay series, radioactive decay series ‖ ~**schema** *n* (Kernphys) / disintegration scheme, decay scheme ‖ ~**schlacke** *f* (Hütt) / slaking slag ‖ ~**verhältnis** *n* (Phys) / branching ratio ‖ ~**wahrscheinlichkeit** *f* (Kernphys) / probability of decay, probability of disintegration ‖ ~**wärme** *f* (Kernphys) / decay heat ‖ ~**zeit** *f* (Kernphys) / decay time, disintegration time ‖ ~**zweig** *m* (Kernphys) / branch *n*, decay branch, disintegration branch
**Zerfällungskörper** *m* (eines Polynoms) (Math) / splitting field, decomposition field
**Zerfaserer** *m* (Pap, Tex) / shredder *n*
**zerfasern** *vt* / fray *vt*, unravel *v* ‖ ~ *v* (Cellulose) (For) / disintegrate *v* ‖ ~ (Pap) / fiberize *v*, defiberize *v*, defibre *v*, defibrate *v*, shred *v*
**Zerfaserungsgrad** *m* (Pap) / freeness *n*, wetness *n*, slowness *n*
**zer • fließen** *v* (Chem) / deliquesce *v* ‖ ~**fließen** (Chem, Phys) / deliquescence* *n* ‖ ~**fließlich** *adj* (Eigenschaft fester, stark hygroskopischer Stoffe, sich in dem aus der Luftfeuchtigkeit aufgenommenen Wasser allmählich aufzulösen) (Chem, Phys) / deliquescent *adj* ‖ ~**fließlichkeit** *f* (Chem, Phys) / deliquescence* *n*
**Zerfluorit** *m* (ein Fluorit) (Min) / yttrocerite* *n*
**zer • fransen** *v* / fray *v*, frazzle *v*, unravel *v* ‖ ~**fressen** *v* (Metall) / corrode *vt*, eat away *v* ‖ **von Motten** ~**fressen** (Tex) / moth-eaten *adj* ‖ ~**fressend** *adj* (Galv) / corrodent *adj*, corrosive *adj* ‖ ~**gehen** *v* (im Wasser, im Mund) / melt *v* ‖ ~**gehen** (zerfließen) (Chem) / deliquesce *v* ‖ ~**gehen lassen** (Nahr) / clarify *v* (melt in order to separate out impurities) ‖ ~**gehen** *n* (Zerfließen) (Chem, Phys) / deliquescence* *n* ‖ ~**glas** *n* (mit Zerdioxid) (Glas) / ceria glass ‖ ~**gliedern** *v* (Math, Phys) / decompose *v* ‖ ~**hacken** (zu Hackschnitzeln) (For) / hog *v* ‖ ~**hacken** *v* (Eltech, Eltronik) / chop *v* ‖ ~**hacken** (zu Hackschnitzeln) (For) / hog *v* ‖ ~**hacken** *v* (Eltech, Eltronik) / chopping *n* ‖ ~**hacker** *m* (für Meßzwecke) (Eltech) / chopper* *n*, vibrator *n* ‖ ~**hacker** (For) / hog *n*, hogging machine, hogger *n*, chopping machine, chipping machine, chipper *n* ‖ ~**hackerverstärker** *m* (Eltech) / chopper amplifier *n*, chopper-stabilized amplifier*
**Zerimetrie** *f* (Chem) / ceriometry *n*, cerometry *n*
**Zeriterden** *f pl* (leichte Seltene Erden) (Chem) / cerite earths
**Zerkleinerer** *m* **von Nahrungsmittelabfällen** (Nahr) / food waste disposer
**zerkleinern** *v* / crush *v*, buck *v* ‖ ~ (Fische im Bohrloch) (Erdöl) / mill *v* ‖ ~ (durch Sprengen) (HuT) / fragment *v* ‖ ~ *n* (Aufber) / crushing *n* ‖ ~ (von Fischen im Bohrloch) (Erdöl) / milling *n* ‖ ~ (Film) / shredding *n* (of film offcuts) ‖ ~ (HuT) / fragmentation *n* ‖ ~ (Masch) / reduction *n*, size reduction ‖ ~ (Plast) / granulation *n*, pelletization* *n* (of extruded strands)
**zerkleinert • es Pulver** (Pulv) / comminuted powder* ‖ ~**e Schamotte** (Keram) / grog *n* (a ground mixture of refractory materials) ‖ ~**er und mit Bindemitteln verpreßter Naturglimmer** (Mikanit, Mikafolium) (Eltech) / micafolium* *n*
**Zerkleinerung** *f* (Aufber) / crushing *n* ‖ ~ (durch Sprengen) (HuT) / fragmentation *n* ‖ ~ (Masch) / reduction *n*, size reduction ‖ ~ (Plast) / granulation *n*, pelletization* *n* (of extruded strands) ‖ **kryogene** ~ (Aufber) / cryocomminution *n* ‖ ~ *f* **mit Korngrößenbegrenzung** (Aufber) / arrested crushing*

**Zerkleinerungs•anlage** f (für Erze) (Bergb) / mill n (GB)*, mill plant, crushing plant ‖ ~**anlage** (Masch) / size-reduction equipment ‖ ~**grad** m (Masch) / reduction ratio ‖ ~**organ** n (z.B. Läufer im Kollergang) (Aufber) / muller* n ‖ ~**pulver** n (Pulv) / comminuted powder*

**zer•klüften** v / fracture v ‖ ~**klüftet** adj (Bergmassiv) (Geol) / craggy adj ‖ ~**klüftet** (Küste) (Geol) / deeply indented ‖ ~**klüftet** (durch Bodenrisse) (Geol) / fissured adj ‖ ~**klüftung** f (Geol) / fissuration n ‖ ~**knall** m (eines Druckbehälters durch Überdruck) (Masch) / burst n, bursting n ‖ ~**knallen** v (detonieren) / detonate vi ‖ ~**knallen** (zerplatzen) / burst vi, explode v, blow apart v ‖ ~**knautschen** v (wie z.B. bei einem frontalen Zusammenstoß) (Kfz) / concertina vt ‖ ~**knautschen** (Tex) / crease v, crumple v, rumple v, wrinkle v, scrumple v ‖ ~**knittern** v (Papier) / crumple v, scrumple v ‖ ~**knittern** (Tex) / crease v, crumple v, rumple v, wrinkle v, scrumple v ‖ ~**knittert** adj (faltig) / creased adj ‖ ~**knittert** (Tex) / creased adj, crumpled adj ‖ ~**knüllen** (Papier) / crumple v, scrumple v ‖ ~**kochen** v (bis zum Zerfallen kochen lassen) / cook to pieces, cook to rags ‖ ~**kochen** (Nahr) / boil down v ‖ ~**körnen** v / granulate v, grain v ‖ ~**körnen** n / granulation n, graining n ‖ ~**kratzen** v / scratch vt, scuff v ‖ ~**krümeln** v / crumble v, break v into small pieces ‖ ~**lapptes Kartennetz** (nach Goode) (Kart) / Goode's interrupted homolosine projection ‖ ~**lassen** v (Butter) (Nahr) / clarify v (melt in order to separate out impurities) ‖ ~**lassen** (Fett) (Nahr) / melt v

**zerlegbar** adj (Chem) / decomposable adj ‖ ~ (Eltech) / demountable* adj ‖ ~ (Masch) / knockdown adj, take-apart adj ‖ ~ (Math) / reducible adj ‖ ~**er Behälter** / joinable container ‖ ~**e Brücke** (HuT) / sectional bridge ‖ ~**er Container** / joinable container ‖ ~**e Kulisse** (Film, TV) / breakaway* n ‖ ~**es Polynom** (Math) / reducible polynomial, factorable polynomial

**zerlegen** v (nach Korngrößen) (Aufber, Chem Verf) / size v, fractionate v, grade by sizes ‖ ~ (Chem) / decompose vt ‖ ~ (DIN 8591) (Masch) / disassemble v, take down v, tear down v, dismantle v, strip v, strip down v, demount v, dismount v ‖ **elektrolytisch** ~ (Chem, Eltech) / electrolyze v (US), electrolyse v

**Zerleger** m pl (Umwelt) / decomposers* pl

**zerlegt, in Einzelteile** ~ (für Versand) (Masch) / knocked-down adj

**Zerlegung** f (Chem) / degradation n, disintegration n, breakdown n, decomposition* n ‖ ~ (einer Aufgabe, eines Tasks) (KI) / decomposition n ‖ ~ (einer Menge) (Math) / partition n ‖ ~ (der Kräfte) (Mech) / resolution n ‖ **kanonische** ~ (Math) / canonical form, standard form ‖ ~ f **der Kräfte** (Mech) / resolution of forces* ‖ ~ **einer Menge** (in Untermengen) (Math) / partition of a set ‖ ~ **in Bildelemente** (EDV) / pixelization n, pixillation* n ‖ ~ **in Linearfaktoren** (einer quadratischen Form) (Math) / factoring n, factorization n ‖ ~ **in Silben** (EDV) / syllabification n ‖ ~ **von Kräften** (Mech) / resolution of forces*

**Zerlegungs•gesetz** n (Math) / distributive law ‖ ~**gleich** adj (zwei einfache Polygone) (Math) / equivalent by dissection ‖ ~**gleichheit** f (Math) / equivalence by dissection ‖ ~**raum** m (Math) / quotient space, factor space ‖ ~**satz** m (Math) / decomposition theorem

**zermahlen** v / mill v

**Zermelo**-**Axiom** n (Math) / axiom of choice ‖ ~-**Fraenkelsches Axiom** (nach E.F.F. Zermelo, 1871 - 1953, und A. A. Fraenkel, 1891-1965) (Math) / Zermelo-Fraenkel axiom ‖ ~-**Skolem-Axiom** n (Math) / Zermelo-Skolem axiom

**Zer-Mischmetall** n (Hütt) / cerium misch metal, misch metal of cerium

**Zermürbung** f (des Riemens) (Masch) / wear n

**Zero Reader** m (kombinierter Anzeiger, der wahlweise die Meßwerte des künstlichen Horizontes, des Kreiselmagnetkompasses und des Höhenmessers auf einem Kreuzzeigerinstrument darstellt) (Luftf) / Zero Reader ‖ ~-**Beat** m (Fernm) / zero beat ‖ ~-**Bias-Röhre** f (mit Steuergitter auf Masse) (Radio) / zero-bias valve ‖ ~-**Flag** n (wenn das Ergebnis einer logischen Operation Null ist) (EDV) / zero flag, Z flag ‖ ~-**Fuel-Weight** n (Luftf) / zero fuel weight*, ZFW ‖ ~-**Lash** n (Ventilstößelkonstruktion mit Längenausgleich) (Kfz) / zero lash ‖ ~-**Schnitt-System** n (Film) / zero frame editing

**Zerotinsäure** f (Chem) / cerotic acid, cerinic acid, hexacosanoic acid

**Zero-Twist-Verfahren** n (Spinn) / zero-twist spinning

**Zer(IV)-oxid** n (Chem, Glas) / cerium(IV) oxide, cerium dioxide, ceria n ‖ ~ (als Polierstoff für hochwertige Glaserzeugnisse) (Opt) / ceri-rouge n, cerium rouge

**zer•platzen** v / burst vi, explode v, blow apart v ‖ ~**platzen** n / blow-out n, exploding n, bursting n ‖ ~**pulvern** v / pulverize v, powder v, pulverise v (GB), reduce to powder ‖ ~**pulvern** n / pulverization n, pulverisation n (GB) ‖ ~**pulvert** adj / powdered adj, pulverized adj, powdery adj, pulverulent adj ‖ ~**pulverung** f / pulverization n, pulverisation n (GB) ‖ ~**quetschen** v / crush v, squash vt ‖ ~**quetschen** v / mash v (potatoes, bananas) ‖ ~**quetschen** (Nahr) / mash v (potatoes) ‖ ~**rachelung** f (des Hanges) (Geol) / rilling n

**Zerrdruck** m (beim Streckformen von Kunststoffolien) (Plast) / distorted print

**zer•reibbar** adj / friable adj, triturable adj, grindable adj ‖ ~**reibbarkeit** f (Anstr, Pharm) / grindability n, triturability n, friability n ‖ ~**reiben** v (Anstr, Pharm) / grind v, triturate v, mill v ‖ ~**reiben** n (Anstr, Pharm) / grinding n, trituration n, milling n ‖ ~**reiblich** adj / friable adj, triturable adj, grindable adj ‖ ~**reiblichkeit** f (des Kokses, der Kohle) / abradability n

**Zerreiche** f (Quercus cerris L.) (For) / turkey oak, Adriatic oak, cerris n

**Zerreiß•arbeit** f (beim Zugversuch) (WP) / work-to-break n ‖ ~**bild** n (WP) / tensile stress-strain curve

**Zerreißen** n / tearing n

**Zerreiß•festigkeit** f (bei der Ermittlung der Reißlänge) (WP) / tear resistance, tearing strength, tear strength ‖ ~**festigkeit** (die beim Zugversuch auftretende Höchstkraft geteilt durch den ursprünglichen Querschnitt) (WP) / tensile strength, TS, ultimate tensile strength, UTS ‖ ~**maschine** f (Spinn) / willow n, willey n ‖ ~**maschine** (WP) / tensile testing machine*, tension testing machine ‖ ~**prüfung** f (WP) / tensile test*, tension test ‖ ~**stab** m (für den Zugversuch) (WP) / tensile bar, tensile specimen

**zer•rieseln** v (z.B. Calciummetasilicat) (Chem Verf) / perish v, dust v ‖ ~**rieseln** n (z.B. von Wollastonitmassen) (Chem Verf, Hütt) / dusting n ‖ ~**rissen** adj (Küste) (Geol) / ragged adj ‖ ~**rissene Wolken** (Luftf, Meteor) / ragged clouds

**Zerrlinse** f (Opt) / distorting lens

**Zerrungs•bruch** m (Geol) / tension fault ‖ ~**gebiet** n (Geol) / tension zone

**Zerrunsung** f (des Hanges) (Geol) / rilling n

**zerruschelter Ton** (Geol) / slickensided clay, stiff-fissured clay

**zer•sägen** v / saw v ‖ ~**sägen** n / sawing n ‖ ~**schellen** v (Luftf) / crash v ‖ ~**schellen** (Schiff) / smash vi, be wrecked ‖ ~**schlagen** vt / shatter vt, smash vt ‖ ~**schlagen** v (ein Faß) / stave v ‖ ~**schluchtung** f (Geol) / gully erosion ‖ ~**schmettern** vt / shatter vt, smash vt ‖ ~**schneiden** (in Scheiben) / slice v, slice up v ‖ ~**schneiden** (mit Verschnitt - z.B. eines Blechstreifens) (Masch) / cropping* n ‖ ~**schrammen** v / scratch vt, scuff v

**zersetzen** v (Chem) / decompose vt ‖ **sich** ~ (Chem) / decompose vi ‖ **sich** ~ (For) / rot v, rot away v ‖ **sich** ~ (Kernphys) / disintegrate vi, decay vi

**Zersetzer** m pl (Umwelt) / decomposers* pl

**Zersetzung** f (Chem) / degradation n, disintegration n, breakdown n, decomposition* n ‖ ~ (For) / decay n ‖ **autokatalytische** ~ (Chem) / autocatalytic decomposition ‖ **strahlenchemische** ~ (Kernphys) / radiolysis* n (pl. -lyses) ‖ **thermische** ~ (Phys) / thermal degradation, thermal decomposition ‖ ~ f (des Holzes) **durch Pilze** (For) / fungal decay

**Zersetzungs•destillation** f (Chem, For) / dry distillation, pyrogenic distillation ‖ ~**destillation** (z.B. trockene Destillation) (Chem Verf) / destructive distillation* ‖ ~**geschwindigkeit** f (Chem, Phys) / decomposition rate ‖ ~**reaktion** f (Chem) / decomposition reaction ‖ ~**spannung** f (bei der Elektrolyse) (Eltech) / decomposition voltage*, decomposition potential ‖ ~**temperatur** f (Chem, Phys) / decomposition temperature ‖ ~**wärme** f (im allgemeinen) (Chem, Phys) / heat of decomposition

**zer•siedelte und chaotisch bebaute Stadtrandzone** (Bau) / subtopia n (GB) ‖ ~**siedlung** f (der Landschaft mit Streusiedlungen) (Arch) / landscape loading by development ‖ ~**siedlung der Stadtrandgebiete** (ungeplante flächenhafte Ausdehnung von Städten) (Arch) / urban sprawl, sprawl n (the expansion of an urban or industrial area into the adjoining countryside in a way perceived to be disorganized and unattractive)

**zerspanbar** adj (Werkstoff) (Masch) / machinable adj (with a machine-tool)

**Zerspanbarkeit** f (Masch) / machinability* n

**zerspanen** v (Masch) / machine v, cut a chip ‖ ~ n (Masch) / machining n, metal cutting

**Zerspaner** m (For) / flaker n, chipper n, hogger n

**Zerspan•kraft** f (Summe aller Kräfte, die am Schneidkeil eines Zerspanwerkzeuges wirken - DIN 6584) (Masch) / cutting force, resultant cutting force ‖ ~**leistung** f (Masch) / cutting power, cutting capacity, cutting performance

**Zerspanung** f (Bearbeitung durch Abtrennen von Stoffteilchen auf mechanischem Wege) (Masch) / machining n, metal cutting

**Zerspanungs•maschine** f (For) / flaker n, chipper n, hogger n ‖ ~**maschine** (Masch) / machine working with stock removal ‖ ~**maschine mit Spannfutter** (Masch) / chucking machine*, chucker n ‖ ~**schema** n (die Arbeitsverteilung auf einzelne Räumzähne) (Masch) / cutting layout ‖ ~**werkzeug** n (Masch) / metal-cutting tool

**Zerspanwerkzeug** n (Masch) / metal-cutting tool ‖ **einschneidiges** ~ (Werkz) / single-point cutting tool

**zer•splittern** vi / shatter vi ‖ ~**splittern** v / fragmentize v, fragment vt, fragmentate v ‖ ~**splittern** vi / jag vi ‖ ~**splittern** vt (Masch) / jag vt ‖ ~**splitterung** f / fragmentation n ‖ ~**spratzen** v (Lava) (Geol) / puff up v ‖ ~**springen** vi / shatter vi ‖ ~**springen** / crack vi, break vi ‖ ~**springen** v (zerplatzen) / burst vi, explode v, blow apart v ‖

≈**springen** *n* (bei zu rascher Abkühlung) (Keram) / dunting *n* (the cracking of fired ware which has been cooled too rapidly) ‖ **~stampfen** *v* (im Mörser) / grind *v*, bray *v* ‖ **~stampfen** / pulp *vt* ‖ **~stampfen** (Aufber, Bergb) / stamp* *v* ‖ **~stäuben** *v* / atomize *v*, spray *v*, pulverize *v*, pulverise *v* (GB), nebulize *v* ‖ **~stäuben** (feste Stoffe) / powder *v*, pulverize *v*, pulverise *v*
**Zerstäuber** *m* (Instr) / atomizer *n*, nebulizer *n*, sprayer *n* ‖ ≈ (des Brenners) (Masch) / atomizer* *n*, nebulizer *n* ‖ ≈ (des Schmelzlösebehälters) (Masch) / shatter nozzle ‖ ≈**glocke** *f* (Anstr) / atomizing bell, spray bell ‖ ≈**katode** *f* (Eltronik) / sputter cathode ‖ ≈**scheibe** *f* (bei Scheibenzerstäubern) / atomizer disk
**Zerstäubung** *f* von Festkörpern durch Ionenbeschuß (Eltronik) / sputter coating, sputtering* *n*
**Zerstäubungs•brenner** *m* (Masch) / nebulizer burner, atomizer burner ‖ ≈**test** *m* (Galv) / atomizer test ‖ ≈**trockner** *m* (Chem Verf) / spray drier, spray tower ‖ ≈**trocknung** *f* (z.B. zu Trockenmilch) (Chem Verf) / spray drying*
**zerstörbar** *adj* / destructible *adj*
**zerstören** *v* (devastieren) / devastate *v* ‖ ~ / destroy *v*, demolish *v* ‖ ~ (Bau) / ruin *vt*, pull down ‖ **durch Beschallung ~** (Akus) / sonicate *v*
**zerstörend** *adj* / destructive *adj* ‖ **~es Auslesen** (EDV) / destructive read-out, DRO ‖ **~es Lesen** (EDV) / destructive read-out*, destructive read-out operation, destructive read operation, DRO, DR ‖ **~e Prüfung** (WP) / destructive testing ‖ **~es Prüfverfahren** (WP) / destructive testing
**zerstörerischer Virus** (EDV) / destructive virus
**zerstörte Bohrkrone** (durch Überlastung) (Bergb) / burned bit
**Zerstörung** *f* / destruction *n* ‖ ≈ (Bau, HuT) / demolition *n*, pulling down, taking down, razing ‖ ≈ (Masch) / breakdown *n* ‖ **geschützt gegen mutwillige ~** / vandal-safe *adj* ‖ **Schutzmaßnahme f gegen mutwillige ~** / antivandalism measure ‖ **thermische ~** (Eltronik) / thermal runaway*, thermal breakdown, thermal catastrophe ‖ ≈ *f* (des Absperrbauwerkes) durch Abrutschen des durchnäßten Bodens (Sohle und/oder Flanken) (HuT, Wasserb) / flow failure
**zerstörungsfrei•es Lesen** (EDV) / non-destructive readout*, NDRO, non-destructive read operation ‖ **~e Prüfung** (DIN 54111, T 1) (WP) / non-destructive testing*, NDT* ‖ **~e Prüfung** / non-destructive examination, NDE ‖ **~es Prüfverfahren** (WP) / non-destructive testing*, NDT*, non-destructive examination, NDE
**Zerstörungsprüfung** (WP) / destructive testing
**zer•stoßen** *v* / grind *v*, bray *v* ‖ **~strahlen** (Kernphys) / annihilate *v* ‖ ≈**strahlung** *f* (Kernphys) / annihilation* *n*, pair annihilation
**zerstreuen** *v* (Licht) / disperse *v* ‖ ~ / (Math, Phys) / scatter *v* ‖ ~ (Opt) / scatter *v*, diffuse *v*, diverge *v* ‖ ~ *n* (Eltronik) / debunching* *n* ‖ ≈ (Opt) / scattering* *n*, diffusion *n* ‖ ~ s. auch Streuung
**zerstreuender Meniskus** (Opt) / diverging meniscus, negative meniscus
**zerstreut reflektierender Körper** (Opt) / diffuse reflector ‖ **poriges Laubholz** (z.B. Ahorn, Birke, Buche, Erle, Linde, Pappel) (For) / diffuse-porous wood*
**Zerstreuungs•kreis** *m* (Foto, Opt) / circle of confusion*, circle of least confusion*, confusion circle*, blur circle ‖ ≈**linse** *f* (Opt) / divergent lens*, diverging lens ‖ ≈**spiegel** *m* (Opt) / convex mirror* ‖ ≈**vermögen** *n* (Licht) / dispersive power*
**zer•stückeln** *v* / dismember *v* ‖ ≈**stückelung** *f* (von Speicherplätzen) (EDV) / fragmentation *n*
**Zer(IV)-sulfat** *n* (Chem) / cerium(IV) sulphate
**zerteilen** *v* / part *v*, part off *v*, sever *v* ‖ ~ / divide *v* ‖ ≈ *n* (ein spanloser Trennvorgang nach DIN 8588) (Masch) / severing *n*
**Zerteilung** *f* / division* *n*
**Zertifizierung** *f* (Überprüfung der Richtigkeit von Ergebnissen) / certification *n* ‖ ≈ (von Produkten, von Qualitätssicherungssystemen) / certification *n*
**Zertifizierungs•organ** *n* / certifying body, certification body ‖ ≈**stelle** *f* / certifying body, certification body
**zer•trümmern** *vt* / shatter *vt*, smash *vt* ‖ **~trümmern** *v* (zersplittern) / fragmentize *v*, fragment *vt*, fragmentate *v* ‖ ≈**trümmerung** *f* (Zersplitterung) / fragmentation *n* ‖ ≈**trümmerung** *n* / shattering *n*, smashing *n* ‖ ≈**trümmerungsstern** *m* **in der Kernspuremulsion** (Kernphys) / emulsion star, star* *n*, nuclear star
**Zerussit** *m* (Min) / cerussite* *n*, white lead ore*
**Zerylalkohol** *m* (Hexacosan-1-ol) (Chem) / ceryl alcohol
**Zession** *f* / cession *n*
**Zetafunktion** *f* (Math) / zeta function ‖ **Riemannsche ≈** (Math) / Riemann zeta function*, zeta function*
**Zetan** *n* (Chem) / cetane* *n*, hexadecane* *n*
**Zetanol** *n* (Hexadecan-1-ol) (Chem) / cetyl alcohol*
**Zetan•zahl** *f* (Kftst) / cetane number* ‖ ≈**zahlverbesserer** *m* (Kftst) / cetane number improver, ignition accelerator, Diesel ignition improver
**Zeta•-Pinch** *m* (magnetisches Kompressionsverfahren zur Erzeugung eines Plasmas sehr hoher Temperatur) (Plasma Phys) / zeta pinch (the current is passed axially through the plasma and the magnetic field forms round it) ‖ ≈**-Pinch** s. auch Theta-Pinch ‖ ≈**-Potential** *n* (Chem) / zeta potential*, electrokinetic potential*
**Zetenzahl** *f* (Kftst) / cetene number
**zetta-** (Vorsatz vor Einheiten mit der Bedeutung $10^{21}$) / zetta-, Z
**Zettel** *m* (DIN 61050) (Web) / warp* *n* ‖ **[Klebe-, Anhänge-]**≈ / label *n*, tag *n*, tie-on label ‖ ≈**baum** *m* (ein Vorbaum) (Web) / warp beam, weaver's beam, yarn beam, loom beam ‖ ≈**kasten** *m* / paper slip box ‖ ≈**kötzer** *m* (Spinn) / twist cop ‖ ≈**maschine** *f* (DIN 62500) (Web) / beam warping machine, direct warping machine, full-width warper
**zetteln** *v* (auf den Zettelbaum wickeln) (Web) / warp *vt* ‖ ~ (Web) / beam *v*, take up *v* ‖ ≈ *n* (Web) / beaming *n*, beam-warping *n*, direct warping, turning-on *n*, batching *n*, batching-up *n* ‖ ≈ (Web) / section warping, sectional warping ‖ ≈ (auf einen Zettelbaum nach DIN 61050) (Web) / warping *n*
**zetten** *v* (Landw) / ted *v* ‖ ≈ *n* (Breitwerfen und Auflockern der Mähschwade) (Landw) / tedding *n*
**Zetter** *m* (Maschine zum Lockern und Lüften von frisch gemähtem Grünfutter und zum Heuwenden) (Landw) / tedder *n*
**Zetyl•alkohol** *m* (Hexadecan-1-ol) (Chem) / cetyl alcohol* ‖ ≈**pyridiniumchlorid** *n* (Chem) / cetylpyridinium chloride ‖ ≈**säure** *f* (Chem) / palmitic acid*, hexadecanoic acid, cetylic acid
**Zeug** *n* (Tex) / cloth *n*, fabric *n*, textile* *n*, woven fabric, textile fabric (woven) ‖ ≈**baum** *m* (Web) / cloth beam, cloth roller ‖ ≈**druck** *m* (Tex) / printing *n*, textile printing
**Zeugen•berg** *m* (Geol) / outlier* *n*, farewell rock ‖ ≈**schaltung** *f* (Fernsp) / witness circuit
**Zeugogeosynklinale** *f* (Geol) / zeugogeosyncline *n*, yoked basin
**Zeunerit** *m* (Min) / zeunerite *n*
**Zeunersches Schieberdiagramm** (G. Zeuner, 1828-1907) (Masch) / Zeuner valve diagram*
**Zf** (Fernm, Radio) / intermediate frequency*, i-f, IF*
**ZF** (Fernm, Radio) / intermediate frequency*, i-f, IF*
**Z-Flag** *n* (EDV) / zero flag, Z flag
**ZF-Modulation** *f* (Radio) / intermediate-frequency modulation
**Z-förmige Bauklammer** (mit in gegensätzlicher Richtung abgewinkelten Enden) (Bau) / bitch* *n*
**Z-Funkfeuer** *n* (Markierungsfeuer, das zum Kennzeichnen des Standorts eines 4-Kursfunkfeuers dient, da über diesem Standort kein Signal des 4-Kursfunkfeuers empfangen werden kann - Schweigekegel oder Nullkegel) (Luftf) / Z marker beacon*, Z marker, Z beacon
**ZF-Verstärker** *m* (Fernm) / intermediate-frequency amplifier*
**ZFW** (Luftf) / zero fuel weight*, ZFW
**Z-Grat-Körper** *m* (Web) / right-hand twill, left-to-right twill, Z-twill
**Zibeline** *f* (ein strichappretierter Kammgarn- oder Streichgarnstoff) (Tex) / zibeline *n*, zibeline
**Zibelingarn** *n* (Wollgarn mit abstehenden Fasenenden) (Spinn) / zibeline yarn
**Zibet** *n* (ein Duftrohstoff aus den Zibetdrüsen der Afrika-, der asiatischen und der chinesischen Zibetkatze) (Chem) / civet *n* ‖ ≈**baum** *m* (For) / durian tree, durian *n*
**Zibeton** *n* (der Hauptgeruchsträger von Zibet) (Chem) / civetone *n*
**Zickzack** *m* **der Fahrleitung** (Verwendung von Fahrleitungsmasten abwechselnd mit langem und kurzem Ausleger) (Bahn, Eltech) / stagger of contact wire ‖ ≈**arbeit** *f* (Tex) / oversewing *n* ‖ ≈**egge** *f* (Landw) / zigzag harrow ‖ ≈**falte** *f* (Geol) / zigzag fold (a kink fold, the limbs of which are of unequal length) ‖ ≈**falz** *m* (Buchb) / accordion *n* (US), concertina fold*, fanfold *n*, accordion fold ‖ ≈**filter** *n* (spulensparende Bandpaßschaltung) (Fernm) / zigzag filter ‖ ≈**köper** *m* (Web) / zigzag twill, pointed twill ‖ ≈**muster** *n* (Tex) / zigzag pattern ‖ ≈**nähmaschine** *f* (die Gerad- und Zickzacknähte herstellt) (Tex) / zigzag sewing machine ‖ ≈**naht** *f* (Tex) / zigzag seam ‖ ≈**nietung** *f* (Masch) / staggered riveting ‖ ≈**ofen** *m* (Keram) / zigzag kiln (a type of kiln in which the dividing walls are staggered in a manner so as to force the heat to flow through the kiln in a zigzag pattern) ‖ ≈**schaltung** *f* (der Unterspannungswicklung von Verteilertransformatoren) (Eltech) / zigzag connection*, interconnected star connection* ‖ ≈**steuerung** *f* / zigzag control ‖ ≈**streufluß** *m* (Mag) / zigzag leakage* (flux) ‖ ≈**verbindung** *f* (Eltech) / zigzag connection*, interconnected star connection* ‖ ≈**walzwerk** *n* (Hütt) / cross-country mill, staggered mill
**Ziegel** *m* (Bau, Keram) / brick* *n*, building brick, block *n* (US) ‖ **[bunte]** ≈ **mit rauher Oberfläche** (Bau) / rustics* *pl*, tapestry bricks* ‖ **abgeschrägter** ≈ (z.B. Spitzkeil, Widerlagerstein) (Bau) / splay brick*, cant brick*, slope brick, slope* *n* ‖ **ausgeschrägter** ≈ (z.B. Spitzkeil, Widerlagerstein) (Bau) / splay brick*, cant brick*, slope brick, slope* *n* ‖ **gepreßter** ≈ (in einem Preßverfahren hergestellt) (Keram) / pressed brick* ‖ **gewöhnlicher** ≈ (Bau) / common brick* ‖ **glasierter** ≈ (Bau, Keram) / glazed brick*, enamelled brick*, enamel brick ‖ **hochgestellter** ≈ (Bau) / brick-on-edge *n* ‖ **in einem bildsamen Verfahren hergestellter** ≈ (Keram) / moulded brick ‖

1435

**Ziegel**

leicht zu behauende ~ (weiche) (Bau) / cutters* pl, rubbers* pl ‖ mit ~n decken (Bau) / tile v ‖ mittelmäßig fester ~ (Bau) / semi-engineering brick ‖ **Teilstück des** ~**s** (Bau) / clip n ‖ **zu scharf gebrannte** ~ (Bau, Keram) / hard stocks* ‖ ~ m **aus einer sandausgestreuten Form** (Bau, Keram) / sand-faced brick ‖ ~ **für den Innenausbau** (Bau, Keram) / backing brick, inner-wall brick ‖ ~ **für den Wohnungsbau** (Bau, Keram) / housebrick n ‖ ~ **für massive leichte Trennwände** (Bau, Keram) / backing brick, inner-wall brick ‖ ~ **in Normalformat** (Bau) / standard modular brick ‖ ~ m pl **3. Wahl** (zu schwach gebrannte) (Bau) / grizzle bricks*, place bricks*, samel bricks*, samels pl

**Ziegel•brennerei** f (Keram) / brickyard n, brickworks pl, brickfield n ‖ ~**brennofen** m (Keram) / brick-kiln n

**Ziegelei** f (Keram) / brickyard n, brickworks pl, brickfield n

**Ziegel•erde** f (Geol, Keram) / brick earth* ‖ ~**erz** n (Rotkupfererz als Verwitterungsprodukt, insbesondere von Kupferkies, gemengt mit pulverigem Limonit) (Min) / tile ore* ‖ ~**format** n (Bau) / brick size ‖ ~**format** (+ Fugendicke) (Bau) / brick format ‖ ~**leiste** f (S) (Abdeckung der Dachfläche am Giebel) (Bau) / verge* n, barge n ‖ ~**mauerwerk** n (Bau) / brickwork n, brick masonry ‖ **imitiertes** ~**mauerwerk** (Bau) / bricking* n ‖ ~**mehl** n (Keram) / grog* n ‖ ~**ofen** m (Keram) / brick-kiln n ‖ ~**pflaster** n (Bau, HuT) / brick paving ‖ ~**presse** f (Keram) / brick press ‖ ~**rot** adj / brick-red adj, brick-red adj, terracotta attr ‖ ~**scherben** m (Keram) / brick body ‖ **auskragende** ~**schicht** (Arch, Bau) / belt* n, belt course*, string course* ‖ **aufrechtstehende** ~**schicht** (Bau) / soldier* n ‖ **auskragende** ~**schichten** (Arch, Bau) / oversailing courses*, sailing courses*, cantilevering courses ‖ ~**schutt** m (Bau) / rubble* n ‖ ~**splitt** m (gebrochenes Ziegeltrümmergut oder Ziegeleibruch) (Bau) / crushed brick(s) ‖ ~**staub** m (der beim Brennen von Ziegeln anfällt) (Keram) / grog* n ‖ **deformierter** ~**stein** (Bau) / shipper* n ‖ **unterbrannte** (lachsfarbene) ~**steine** (Bau) / chuffs* pl, shuffs* pl, merch bricks, chuff bricks ‖ **maßgerechtes behauenes** ~**stück** (Bau) / clip n ‖ ~**tee** m (Nahr) / brick tea ‖ ~**ton** m (Geol, Keram) / brick clay* ‖ ~**-U-Schale** f (Bau, Keram) / U-shaped brick, U-moulded brick (block) ‖ ~**verblendung** f (Bau) / brick veneer ‖ ~**verkleidung** f (Bau) / brick veneer ‖ ~**zange** f (Bau) / brick fork

**Ziegen•haar** n (z.B. Mohär, Kaschmirwolle und die Wolle der Hausziege) (Tex) / goat hair ‖ **feines** ~**leder** (aus der Gegend um das Kap der Guten Hoffnung) (Buchb) / oasis goat ‖ ~**rücken** m (Geog, Geol) / hogback* n, hog's back ridge ‖ ~**wolle** f (Tex) / goat hair

**Ziegler•-Alkohol** m (ein synthetischer Fettalkohol) (Chem) / Ziegler alcohol ‖ ~**-Katalysator** m (Chem) / Ziegler catalyst* ‖ ~**-Natta-Katalysator** m (nach K. Ziegler, 1898-1973, und G. Natta, 1903-1979) (Chem Verf) / Ziegler-Natta catalyst ‖ ~**-Natta-Polymerisation** f (eine Insertionspolymerisation) (Chem) / Ziegler-Natta polymerization ‖ ~**-Polymerisation** f (die nach Mechanismen der Koordinationspolymerisation verläuft) (Chem) / Ziegler-Natta polymerization ‖ ~**-Prozeß** m (Chem Verf) / Ziegler process, Natta-Ziegler process ‖ ~**-Verdünnungsprinzip** n (Chem) / Ruggli-Ziegler dilution principle

**zieh•anfällig** adj (Tex) / prone to snagging ‖ ~**balken** m (im Pittsburgh-Verfahren) (Glas) / draw-bar n ‖ ~**bank** f (Hütt) / draw bench, drawing bench ‖ ~**barkeit** f (Hütt, Masch) / drawability* n ‖ ~**bedingungen** f pl (Hütt) / drawing conditions ‖ ~**dorn** m (Hütt) / drawing mandrel ‖ ~**druck** m (Hütt) / drawing pressure ‖ ~**düse** f (für die Herstellung von Glasfilamenten) (Glas) / bushing* n ‖ ~**düse** (beim Fourcault-Verfahren) (Glas) / debiteuse n ‖ ~**düse** (beim Drahtziehen) (Hütt) / die* n, drawing die, whirtle n, wire-drawing die ‖ ~**düsenleistung** f (in Tonnen - bei der Drahtherstellung) (Hütt) / die tonnage ‖ ~**effekt** m (Teleg, TV) / tailing n ‖ ~**eisen** n (aus Stahl) (Hütt) / die* n, drawing die, whirtle n, wire-drawing die ‖ ~**eisen** (Hütt) / drawing plate

**ziehen** v (schleppen) / drag v ‖ ~ / pull v ‖ ~ (in der grafischen Datenverarbeitung, mit gedrückter Maustaste) (EDV) / drag v ‖ ~ (eine Freileitung) (Eltech) / string v ‖ ~ (Glas) / draw v ‖ ~ (Draht, Stäbe, Rohre und Profile) (Hütt) / draw v, draft v ‖ ~ (Kfz) / trail v ‖ ~ (die Steuersäule zum Körper des Piloten hin) (Luftf) / pull v, pull up v ‖ ~ (eine Parallele) (Math) / draw v (a parallel) ‖ ~ (eine Naht) (Schw) / run vt ‖ ~ (Probe) (Stats) / sample v ‖ **sich** ~ (Rauch hinter der Dampflokomotive) (Bahn) / trail vi ‖ **sich** ~ (Phys) / stretch vi, extend vi ‖ ~ **auf die Faser** (Farbstoff) (Tex) / go on to the fibre ‖ ~ n (einmaliger Vorgang) / draw n ‖ ~ / drag n ‖ ~ (eines schlecht verlaufenden Anstrichmittels) (Anstr) / pulling n, drag n ‖ ~ (Bahn, Kfz) / pull n, traction n, pulling n ‖ ~ (bei den Stuckarbeiten) (Bau) / running* n (moulds) ‖ ~ (in der grafischen Datenverarbeitung) (EDV) / dragging n ‖ ~ (Fernm) / locking n, lock-in* n, pull-in n ‖ ~ (der Modelle) (Gieß) / drawing of patterns*, lifting of patterns* ‖ ~ (Ziehumformung von Drähten, Stäben, Rohren und Profilen) (Hütt) / drawing* n, draught n ‖ ~ (der Steuersäule) (Luftf) / pulling n ‖ ~ (Mech) / pulling n, pull n ‖ ~ (der Probe) (Stats) / sampling* n ‖ ~ (Tex) / snagging n ‖ **hydrostatisches** ~ (mit flüssigen Wirkmedien als Druckübertragungsmitteln) (Masch) / hydroforming* n, Hydroform process ‖ ~ **des Bildes** (Film) / ghost n, ghost travel ‖ ~ **im Anschlag** (Masch) / first draw, first drawing, cupping n, initial draw ‖ ~ **im Nachzug** (Hütt) / redrawing n ‖ ~ **im Weiterschlag** (Hütt) / redrawing n ‖ ~ **mit Zurücklegen** (Stats) / sampling with replacement, drawing with replacement ‖ ~ **ohne Zurücklegen** (Stats) / sampling without replacement, drawing without replacement ‖ ~ **über einen Stopfen** (nahtloser Rohre) (Hütt) / bar drawing ‖ ~ **unsymmetrischer Teile** (z.B. Karosserieteile) (Hütt) / drawing of non-symmetrical parts

**ziehender Schnitt** (ein Scherschnitt - DIN 8588) (Masch) / oblique shearing

**Zieher** m (Tex) / snag n (a rent or tear in fabric) ‖ ~ (Web) / pull n ‖ ~**anfälligkeit** f (Tex) / snagging n ‖ ~**beständig** adj (Tex) / snag-resistant adj ‖ ~**beständigkeit** f (Tex) / snagging resistance, snag resistance

**Zieherei** f (eine Betriebsabteilung) (Hütt) / drawing shop

**Zieh•fähigkeit** f (Hütt, Masch) / drawability* n ‖ ~**feder** f / ruling pen ‖ ~**fett** n (reaktives, nichtreaktives) (Hütt) / drawing grease, wire-drawing grease ‖ ~**flüssigkeit** f (zum Vermindern der Reibung beim Ziehen und Tiefziehen verwendete, meist fetthaltige Flüssigkeit) (Hütt) / drawing lubricant ‖ ~**glas** n (Glas) / drawn glass (from a glass-melting tank) ‖ ~**hacke** f (Landw) / bow hoe ‖ ~**harmonikakontakt** m (ein Leiterplattensteckverbinder) (Eltronik) / accordion n, accordion contact ‖ ~**herd** m (der Ziehkammer bei dem Libbey-Owens-Verfahren) (Glas) / drawing pot ‖ ~**hülse** f (Masch) / draw sleeve ‖ ~**kammer** f (in der Fourcaultschen Ziehanlage) (Glas) / drawing chamber (of a glass-melting tank) ‖ ~**kammerbrenner** m (Glas) / piccolo burner ‖ ~**kante** f (beim Tiefziehen) (Hütt) / die radius ‖ ~**kissen** n (ein Pressenzubehör) (Masch) / die cushion, cushion n ‖ ~**klinge** f (Tischl) / scraper* n ‖ ~**klingengratzieher** m (einer Ziehklingenschleifmaschine) (Tischl) / scraper sharpener, burnisher n ‖ ~**klingenhobel** m (in eine Haltevorrichtung eingespannte Ziehklinge zum Nachputzen von Flächen, insbesondere von Harthölzern und Maserfurnieren) (Tischl) / scraper plane ‖ ~**klingenmaschine** f (Holzbearbeitungsmaschine zum Blankziehen, Putzen oder Glätten von Holzoberflächen mittels Messerkante bzw. Messergrats) (Tischl) / scraping machine, scraper n (mechanical) ‖ ~**klingenschleifmaschine** f (Werkzeugmaschine zum Schleifen und Vorrichten von Maschinenziehklingen) (Tischl) / scraper-grinding machine, scraper-sharpening machine n (Tischl) / ~**kraft** f (die zum Ausführen einer Ziehoperation von der Presse aufzubringende Kraft) (Masch) / drawing force ‖ ~**leiste** f (bei Tiefziehwerkzeugen) (Hütt) / draw bead, drawing bead

**Ziehl-Neelsen-Färbung** f (Mikros) / Ziehl-Neelsen stain, Ziehl's stain

**Zieh•maschine** f (zum Abziehen von Glassträngen in vertikaler oder horizontaler Richtung) (Glas) / drawing machine ‖ ~**maschine** (Hütt) / draw bench, drawing bench ‖ ~**messer** n (For, Zimm) / drawknife* n, drawing knife, draw shave, spokeshave n, drawing shave, cleaning knive ‖ ~**messer** (zum Nutenziehen, wobei die Breite des Ziehmessers die Nutbreite bestimmt) (Masch) / keyway broach ‖ ~**öl** n (Hütt) / drawing oil ‖ ~**pappe** f (Pap) / moulded board ‖ ~**punkt** m (EDV) / sizing handle ‖ **von hoher** ~**qualität** (wichtig für die Weiterverarbeitung von Qualitätsblechen) (Hütt) / drawing-quality attr ‖ ~**räumen** n (Masch) / pull-broaching n ‖ ~**ring** m (der konkave formgebende Teil eines Tiefziehwerkzeugs) (Hütt) / drawing die ‖ ~**ring** (zum Tiefziehen) (Plast) / clamping ring, ring n ‖ ~**schacht** m (über der Ziehkammer der Fourcaultschen Ziehanlage) (Glas) / drawing pit ‖ ~**schalung** f (waagerecht auf dem Boden bewegte Teilschalung - in Betonwerken) (HuT) / travelling form ‖ ~**schlauch** m (Kab) / single-ended cable grip ‖ ~**schlitten** m (Hütt) / drawing sledge ‖ ~**schmiergemisch** n (Hütt) / drawing compound ‖ ~**schmiermittel** n (Hütt) / drawing lubricant ‖ ~**schnur** f (Tex) / simple cord ‖ ~**schußfaden** m (Tex) / hang pick, hang shot ‖ ~**seife** f (Schmiermittel beim Ziehen von Draht) (Hütt) / drawing grease, wire-drawing grease ‖ ~**seife** (Hütt) / drawing soap ‖ ~**sicke** f (Hütt) / draw bead, drawing bead ‖ ~**spachtel** m (Anstr) / knifing filler, knifing stopper ‖ ~**spalt** m (das Spiel zwischen Ziehstempel und Ziehring) (Hütt) / die clearance ‖ ~**spannung** f (Hütt) / drawing stress ‖ ~**stein** m (aus Hartmetall) (Hütt) / die* n, drawing die, whirtle n, wire-drawing die ‖ ~**steingehäuse** n (Hütt) / draw plate*, draw ring ‖ ~**steinhalter** m (Hütt) / draw plate, draw ring ‖ ~**steinleistung** f (Hütt) / die tonnage ‖ ~**steinwinkel** m (Hütt) / die angle ‖ ~**stempel** m (die Hauptziehbewegung ausführender konvexer Teil eines Tiefziehwerkzeugs) (Hütt) / drawing punch ‖ ~**strumpf** m (Kab) / single-ended cable grip ‖ ~**strumpf für Kabel** (Eltech) / cable grip* ‖ ~**teil** n (Hütt, Masch) / drawn part, drawpiece n ‖ ~**textur** f (Hütt) / drawing texture ‖ ~**tiefe** f (Hub des Ziehstempels zwischen dem Aufsetzen auf den Zuschnitt und dem unteren Umkehrpunkt) (Hütt) / depth of draw(ing) ‖ ~**treppe** f (zum Dachboden) (Bau) / loft ladder (folding or concertina), disappearing stair, attic stairs (US), attic ladder ‖ ~**trichter** m (bei der Rohrherstellung) (Hütt) / bell n ‖

⁓**verhältnis** *n* (als Maß für die Verformung beim Ziehen) (Hütt) / drawing ratio, severity of the draw ‖ ⁓**vermögen** *n* (Hütt, Masch) / drawability* *n* ‖ ⁓**vermögen** (des Farbstoffs oder des Hilfsmittels) (Tex) / absorptive capacity ‖ ⁓**werkzeug** *n* (Hütt) / drawing die, draw die ‖ ⁓**winkel** *m* (Hütt) / die angle ‖ ⁓**wulst** *m f* (Hütt) / draw bead, drawing bead

**Ziel** *n* (im allgemeinen) / target *n* ‖ ⁓ (für eine Zahlung festgesetzte Frist) / credit *n* ‖ ⁓ (einer bewußten Handlung) (KI) / goal *n* (implies ambitious endeavour or struggle), objective *n*, aim *n* ‖ ⁓ (Math) / codomain *n*, range *n* (of a function) ‖ ⁓ (Radar) / target* *n* ‖ **angewiesenes** ⁓ (Mil) / intended target ‖ **bewegliches** ⁓ (Mil, Radar) / moving target ‖ **plötzlich auftauchendes** ⁓ (mitten auf dem Radarschirm) (Radar) / pop-up target ‖ **sich bewegendes** ⁓ (Mil, Radar) / moving target ‖ **weiches** ⁓ (Mil) / soft target (an undefended target) ‖ ⁓ *n* **jenseits des Radarhorizonts** (Radar) / transhorizon target ‖ ⁓**e vortäuschen** (Eloka) (Eltronik, Mil) / spoof *v*

**Ziel•achse** *f* (Opt, Verm) / line of collimation*, line of sight*, sight line ‖ ⁓**adresse** *f* (in einem Datennetz) (EDV) / destination address ‖ ⁓**anflug** *m* (Luftf, Mil) / pass *n* ‖ ⁓**anflug auf Störsender** (Luftf, Mil) / home on jam, HOJ, homing on jamming ‖ ⁓**anflugfühler** *m* (Luftf, Mil) / homing sensor ‖ ⁓**anfluggerät** *n* (Luftf, Mil) / homing device, seeker *n* ‖ ⁓**automatische ansteuerung** (Mil, Nav) / homing guidance (that form of missile guidance wherein the missile steers itself toward a target by means of a mechanism actuated by some distinguishing characteristic of the target), homing *n* ‖ ⁓**ansteuerungslogik** *f* (Luftf, Mil) / homing logic ‖ ⁓**auflösung** *f* (Radar) / target discrimination ‖ ⁓**aufnahmegerät** *n* (ein Röntgenapparat) (Radiol) / spot-film device ‖ ⁓**aufschaltung** *f* (automatische) (Radar) / lock-on *n* ‖ ⁓**bahnhof** *m* (Bahn) / destination station ‖ ~**basierend** *adj* (KI) / goal-based *adj* ‖ ⁓**baum** *m* (KI) / goal tree ‖ ⁓**beleuchter** *m* (Mil) / target designator ‖ ⁓**beleuchtungsgerät** *n* (Mil) / target designator ‖ ⁓**bereich** *m* (EDV) / distribution area *n* ‖ ⁓**bereich** (EDV) / destination area ‖ ⁓**bereich** (Mil) / target area ‖ ⁓**bohren** *n* (Herstellen eines Bohrlochs, durch das ein bestimmter Punkt im Gebirge oder im Grubengebäude erreicht werden soll) (Bergb, Erdöl) / directional drilling* ‖ ⁓**charakteristik** *f* (Radar) / signature *n* ‖ ⁓**datei** *f* (EDV) / destination file, target file ‖ ⁓**designator** *m* (Mil) / target designator ‖ ⁓**diskette** *f* (EDV) / target disk, destination floppy-disk, receiving floppy-disk ‖ ⁓**dokument** *n* (EDV) / destination document ‖ ⁓**drohne** *f* (Mil) / target drone

**zielen** *v* (auf) / point *v* (at) ‖ ~ (eine Waffe auf etwas richten) / aim *v*, sight *v* ‖ ⁓ *n* / aiming *n*, sighting *n*

**Ziel•entfernung** *f* (Mil, Radar) / target distance ‖ ⁓**erfassung** *f* (Mil, Radar) / target acquisition ‖ ⁓**erfassungsradar** *m n* (Mil) / target acquisition radar, acquisition radar ‖ ⁓**erfassungsradar großer Reichweite** (Radar) / perimeter acquisition radar, PAR ‖ ⁓**erkennbarkeit** *f* **gegenüber Bodenechos** (Radar) / subclutter visibility ‖ ⁓**feld** *n* (EDV) / aiming field, aiming symbol ‖ ⁓**fernrohr** *n* (Opt) / rifle sight, riflescope *n* (US)

**Zielflug** *m* (Luftf, Nav) / homing *n* ‖ ⁓**funkfeuer** *n* (Luftf) / homer* *n* (a homing aid for aircraft), homing beacon ‖ ⁓**gerät** *n* (ein Funkpeilgerät) (Luftf) / homing indicator, homing device, homer* *n* ‖ ⁓**hafen** *m* (Luftf) / aerodrome of intended landing ‖ ⁓**hilfsmittel** *n* (Luftf, Nav) / homing aid* ‖ ⁓**lenkung** *f* (Mil, Nav) / homing guidance (that form of missile guidance wherein the missile steers itself toward a target by means of a mechanism actuated by some distinguishing characteristic of the target), homing *n* ‖ ⁓**platz** *m* (Luftf) / aerodrome of intended landing ‖ ⁓**zeug** *n* (Luftf, Mil, Nav) / target plane

**Ziel•fluktuation** *f* (Schwankung der Zielparameter, wenn das Phasenzentrum bei einer Änderung des Aspektwinkels, durch Zielvibration oder Windeinflüsse und damit auch in Abhängigkeit von der Zeit wandert) (Radar) / target fluctuation ‖ ⁓**folgeantenne** *f* (zur Verfolgung eines bewegten Zieles) (Radar) / tracking antenna ‖ ⁓**foto** *n* (Foto) / photo-finish photography, race-finish photography ‖ ⁓**fotografie** *f* (Foto) / photo-finish photography, race-finish photography ‖ ⁓**funktion** *f* (EDV) / objective function, performance function ‖ ⁓**funktion** (bei einer Optimierung) (Math) / target function ‖ ⁓**gerät** *n* (Mil) / sight *n*, backsight *n*, peep-sight *n* ‖ ⁓**geräusch** *n* (Radar) / target noise (random variations) ‖ ~**gerichtet** *adj* (KI) / goal-directed *adj*, goal-driven *adj*, goal-oriented *adj* ‖ ~**gesteuert** *adj* (Vorgehensweise bei Rückwärtsverkettung) (KI) / goal-directed *adj*, goal-driven *adj*, goal-oriented *adj* ‖ ⁓**gruppe** *f* (bei Werbemaßnahmen) / target group ‖ ⁓**information** *f* (Mil) / target information ‖ ⁓**kamera** *f* (die den Moment des Passierens der Ziellinie festhält und eine genaue Ermittlung der Reihenfolge der eintreffenden Sportler ermöglicht) (Film, Foto) / photo-finish camera, race-finish camera ‖ ⁓**kern** *m* (Kernphys) / target nucleus ‖ ⁓**knoten** *m* (Endpunkt eines Abschnitts im Güterstrom) (Bahn) / destination station ‖ ⁓**knoten** (des Grafen) (KI) / goal node ‖ ⁓**kreis** *m* (Markierungskreis auf dem Bildschirm als Cursor) (EDV) / aiming circle ‖ ⁓**land** *n* / country of destination ‖ ⁓**linie** *f* (Opt, Verm) / line of collimation*, line of sight*, sight line ‖ ⁓**marke** *f* (Verm) / target *n*, traverse target ‖ ⁓**meldung** *f* (die von einem Ziel stammt) (Radar) / target plot ‖ ⁓**menge** *f* (bei mengentheoretischer Definition der Funktion) (Math) / codomain *n*, range *n* (of a function) ‖ ~**orientiert** *adj* (KI) / goal-directed *adj*, goal-driven *adj*, goal-oriented *adj* ‖ ⁓**position** *f* (numerische Steuerung) (Masch) / target position ‖ ⁓**programm** *n* (wenn die entsprechende Zielsprache die Maschinensprache ist) (EDV) / object program ‖ ⁓**prozessor** *m* (für den ein Cross-Compiler einen übersetzten Kode erzeugt) (EDV) / target processor ‖ ⁓**publikum** *n* (bei der Werbung) / target audience ‖ ⁓**punkt** *m* (Verm) / target *n*, traverse target ‖ ⁓**raum** *m* (in dem abgebildet wird) (Math) / target space ‖ ⁓**rauschen** *n* (Radar) / target noise (random variations) ‖ ⁓**schleppflug** *m* (Luftf) / flight with towed target ‖ ⁓**sprache** *f* (DIN 44300) (EDV) / object language ‖ ⁓**sprache** (natürliche Sprache, in die übersetzt wird) (EDV) / target language ‖ ⁓**spur** *f* (Radar) / track *n* ‖ ⁓**strahl** *m* (Opt, Verm) / line of collimation*, line of sight*, sight line ‖ ⁓**struktur** *f* (beim wirkungsorientierten Screening) (Chem) / target *n* ‖ ⁓**suche** *f* (Mil, Nav) / homing guidance (that form of missile guidance wherein the missile steers itself toward a target by means of a mechanism actuated by some distinguishing characteristic of the target), homing *n* ‖ ⁓**suchend** *adj* (Funktion) (KI) / goal-seeking *v* ‖ ⁓**suchkopf** *m* (Mil) / homing head, seeker head ‖ ⁓**suchlenkung** *f* (Eigenlenkverfahren für Flugkörper - aktive, passive) (Mil, Nav) / homing guidance (that form of missile guidance wherein the missile steers itself toward a target by means of a mechanism actuated by some distinguishing characteristic of the target), homing *n* ‖ **thermische** ⁓**suchlenkung** (auf Wärmekontrast ansprechende) (Mil) / heat homing ‖ **halbaktive** ⁓**suchlenkung** (Mil) / semi-active homing (guidance - a bistatic-radar system) ‖ **semiaktive** ⁓**suchlenkung** (Mil) / semi-active homing (guidance - a bistatic-radar system) ‖ ⁓**suchverfahren** *n* (Mil, Nav) / homing guidance (that form of missile guidance wherein the missile steers itself toward a target by means of a mechanism actuated by some distinguishing characteristic of the target), homing *n* ‖ ⁓**symbol** *n* (EDV) / aiming field, aiming symbol ‖ ⁓**tafel** *f* (Verm) / target *n*, traverse target ‖ ⁓**variable** *f* (Math) / task variable

**Zielverfolgung** *f* (Mil) / target tracking ‖ ⁓ (Radar) / tracking* *n*

**Zielverfolgungs•antenne** *f* (Raumf) / tracking antenna ‖ ⁓**gerät** *n* (Mil) / tracker *n* ‖ ⁓**radar** *m n* (Mil) / tracking radar ‖ ⁓**radar mit größerer Anzahl gleichartiger Einzelstrahler, die über gesteuerte Phasenschieber und Verstärker angeschlossen sind** (mit elektrisch schwenkbarer Charakteristik) (Radar) / phased-array radar ‖ ⁓**radar mit phasengesteuerten Antennen** (Radar) / phased-array radar ‖ ⁓**radaranlage** *f* (Luftf, Raumf) / Doppler navigation system, Doppler velocity and position, Doppler tracking, dovap *n*, Doppler tracking ‖ ⁓- **und Suchradar(system)** *n* (Radar) / track-while-scan* *n*, TWS, tracking while scanning

**Ziel•vermittlungsstelle** *f* (an die die Verkehrssenken angeschlossen sind, welche das Ziel von Nachrichtenverbindungen sind) (Fernm) / terminating exchange ‖ ⁓**vermittlungsstelle** (Fernsp) / destination exchange ‖ ⁓**vorrichtung** *f* (Diopter) (Mil) / sight *n*, backsight *n*, peep-sight *n* ‖ ⁓**vortäuscher** *m* (Eloka) (Eltronik, Mil) / spoofer *n* ‖ ⁓**vortäuschung** *f* (Eloka) (Eltronik, Mil) / spoofing *n*, spoofing traffic, spoof jamming ‖ ⁓**wahl** *f* (Fernsp) / destination speed dialling, automatic full-number dialling, automatic speed dialling ‖ ⁓**wahltaste** *f* (Fernsp) / name key ‖ ⁓**weite** *f* (Verm) / target distance ‖ ⁓**zeichen** *n* (in der grafischen Datenverarbeitung) (EDV) / aiming field, aiming symbol ‖ ⁓**zelle** *f* (Med) / target cell*

**Zier•-** / decorative *adj* ‖ ⁓**band** *n* (ein Beschlag) (Bau) / ornamented hinge, ornamental hinge ‖ ⁓**band** (Tex) / fancy tape ‖ ⁓**beschlag** *m* (ein Baubeschlag) (Bau) / finish hardware ‖ ⁓**buchstabe** *m* (im allgemeinen) (Typog) / fancy letter, ornamental letter, decorative letter ‖ ⁓**buchstaben** *m pl* (verschnörkelte, meist kursive Buchstaben) (Typog) / swash letters* ‖ ⁓**element** *n* (oberhalb einer Öffnung, z.B. eine Fensterverdachung) (Arch) / head moulding*

**zierend** *adj* / ornamental *adj*

**Zier•giebel** *m* (über einem Portikus) (Arch) / pediment* *n* ‖ **[kleiner]** ⁓**giebel** (Arch) / gablet *n* ‖ ⁓**gitter** *n* (Bau) / grille* *n* ‖ ⁓**glied** *n* (Arch) / head moulding* ‖ ⁓**gurt** *n* (Arch) / fascia *n*, facia *n* ‖ ⁓**kante** *f* / decorative border ‖ ⁓**kappe** *f* (Kfz) / decorative cover ‖ ⁓**kapsel** *f* (DIN 5066) / fancy cap ‖ ⁓**konsole** *f* (Arch) / modillion *n* ‖ ⁓**leiste** *f* (Druck, Typog) / ornamental border, decorative border ‖ ⁓**leiste** (Kfz) / trim strip, trim moulding ‖ ⁓**linie** *f* (EDV) / patterned line ‖ ⁓**linie** (Typog) / fancy line, ornamental line, fancy rule, ornamental rule ‖ ⁓**porzellan** *n* (Figuren, Vasen, Zierteller, Zierdosen usw.) (Keram) / ornamental china, decorative china ‖ ⁓**profil** *n* (Arch, Bau) / moulding* *n* ‖ ⁓**profil** (Bau) / coving *n* (a concave arch or arched moulding), cove *n* ‖ ⁓**stein** *m* (Bau) / decorative stone ‖ ⁓**stich** *m* (Tex) / fancy stitch, decorative stitch, ornamental stitch ‖ ⁓**streifen** *m* (Kfz) / car trim, trim strip, body-side tape stripe ‖ ⁓**teile** *n pl* (als Sammelbegriff) / ornamentation *n* ‖ ⁓**verband** *m* (Bau) / decorative

**Ziervignette**

bond ‖ ˜**vignette** *f* **in Blumenform** (Druck) / flowers* *pl*, floret *n*, flourish *n*, fleurons *pl*
**ZIF-Einbauplatz** *m* (EDV) / ZIF socket (Intel design of motherboard sockets for easy replacement of CPU chips), zero-insertion-force socket
**Ziffer** *f* (Stellungssymbol, z.B. in einer Strukturformel) (Chem) / numeral *n* ‖ ˜ (EDV, Math) / digit* *n*, one-place number, numeric character, one-digit number, single-digit number ‖ ˜ (ein Zahlzeichen) (Math) / figure *n*, numeral *n*, numeric character ‖ **arabische** ˜ (Math) / Arabic numeral, digit *n* ‖ **bedeutsame** ˜ (gültige Ziffer mit Ausnahme führender Nullen) (Math) / significant figure*, significant digit*, sig. fig.* ‖ **höchstwertige** ˜ (Math) / leftmost position ‖ **niedrigstwertige** ˜ (Math) / rightmost position ‖ **römische** ˜ (Math, Typog) / Roman numeral ‖ **römische** ˜**n** (des Zifferblatts) (Uhr) / chapters* *pl* ‖ **signifikante** ˜ (gültige Ziffer mit Ausnahme führender Nullen) (Math) / significant figure*, significant digit*, sig. fig.* ‖ **tiefstehende** ˜**n** (eine Art Index) (Druck, EDV, Typog) / inferior figures*, inferior numbers ‖ ˜ *f* **mit Zahlenwert** (gültige Ziffer mit Ausnahme führender Nullen) (Math) / significant figure*, significant digit*, sig. fig.*
**Zifferblatt** *n* (Instr, Uhr) / dial* *n*, face *n* (of a clock)
**Ziffern•anzeige** *f* (EDV) / digital display, numeric display ‖ ˜**anzeige** (in der Meßtechnik nach DIN 2257, T 1) (Instr) / numerical reading ‖ ˜**lochung** *f* (EDV) / numeric punching ‖ ˜**rechner** *m* (EDV) / digital computer* ‖ ˜**schrittwert** *m* (DIN 2257, T 1) / numerical interval ‖ ˜**skale** *f* (in der Meßtechnik nach DIN 1319, T 2) / numeric scale ‖ ˜**skale** s. auch Digitalanzeige ‖ ˜**taste** *f* (EDV) / number key ‖ ˜**umschaltung** *f* (EDV, Fernm) / figures shift ‖ ˜**wahl** *f* **mit Schleifenimpulsgabe** (Fernsp) / loop dialling*, loop-disconnect pulsing* ‖ ˜**zähler** *m* (Instr) / digital counter
**Zigaretten•anzünder** *m* (am Armaturenbrett des Autos) (Kfz) / cigar lighter, lighter *n*, cigarette lighter ‖ ˜**klebemittel** *n* / cigarette adhesive ‖ ˜**papier** *n* (Pap) / cigarette paper
**Zigarrenantenne** *f* (Radio) / cigar antenna
**zigarrenförmig** *adj* (gestreckt) / prolate *adj*
**zigzagförmiger Weg** / zigzag path
**Zikkurat** *f* (pl. -s) (monumentaler stufenförmiger Tempel der sumerischen, babylonischen und assyrischen Baukunst) (Arch) / ziggurat* *n*
**Zimm-Diagramm** *n* (zur Molmassenbestimmung bei Polymeren) (Chem) / Zimm plot
**Zimmer** *n* (Bau) / room *n*, chamber *n* ‖ **bewohnbares** ˜ (Bau) / habitable room ‖ ˜ *n* **für Wohnzwecke** (Bau) / habitable room ‖ ˜**antenne** *f* (Radio, TV) / indoor antenna, indoor aerial, internal antenna, inside antenna, room antenna
**Zimmerei** *f* (Zimm) / carpentry *n*
**Zimmerer** *m* (Zimm) / carpenter *n*, chippie *n* ‖ ˜**hammer** *m* (auf der einen Seite gespalten, zum Herausziehen von Nägeln) (Zimm) / claw-hammer* *n* ‖ ˜**handwerk** *n* (Zimm) / carpentry *n*
**Zimmer•flucht** *f* (bei der die Türen an einer Achse liegen, so daß bei geöffneten Türen eine Durchsicht möglich ist) (Arch) / enfilade *n* ‖ ˜**handwerk** *n* (Zimm) / carpentry *n* ‖ ˜**hauer** *m* (Bergb) / mine carpenter, timberman *n* (pl. -men), timberer *n* ‖ ˜**holzwerk** *n* (Bau) / trim *n*
**Zimmerling** *m* (Bergb) / mine carpenter, timberman *n* (pl. -men), timberer *n*
**Zimmermann** *m* (Zimm) / carpenter *n*, chippie *n*
**Zimmermann-Reaktion** *f* (Chem, Med) / Zimmermann reaction
**Zimmermanns•axt** *f* (Werkz, Zimm) / carpenter's axe ‖ ˜**bohrer** *m* (mit Ringgriff) (Zimm) / gimlet *n*, wimble *n*, auger *n* ‖ ˜**gewerk** *n* (Zimm) / carpentry *n* ‖ ˜**hammer** *m* (Zimm) / claw-hammer* *n* ‖ ˜**holz** *n* **für Bauarbeiten** (Bau, Zimm) / building timber ‖ ˜**mäßige Holzverbindung** (Zimm) / carpentry joint ‖ ˜**winkel** *m* (Werkz, Zimm) / carpenter's square
**Zimmermann-Verfahren** *n* (Sanitär) / Zimmermann process
**zimmern** *v* (Bergb) / timber *v*, crib *v* ‖ ˜ (Zimm) / carpenter *v*
**Zimmertemperatur** *f* (Bau) / room temperature, RT
**Zimmerung** *f* (Bergb) / timbering *n*
**Zimmer•verband** *m* (Zimm) / timber construction, timbered construction ‖ ˜**werk** *n* (Bau) / framing* *n*, framework* *n*, frame* *n* ‖ ˜**werksatz** *m* (Zimm) / assembled piece of carpentry
**Zimoccaschwamm** *m* (fester, flacher Schwamm) / Zimocca sponge, Zimocca *n*
**Zimolit** *m* (hellgrauer Ton) (Min) / cimolite *n*
**Zimt** *m* (Ceylon-, Padang-, chinesischer) (Nahr) / cinnamon *n* ‖ ˜**ahorn** *m* (Acer griseum (Franch.) Pax) (For) / paperbark maple ‖ ˜**aldehyd** *m* (3-Phenyl-2-propenal) (Chem) / cinnamaldehyde* *n*, cinnamic aldehyde *n* ‖ ˜**alkohol** *m* (3-Phenyl-2-propen-1-ol) (Chem) / cinnamic alcohol, cinnamyl alcohol ‖ ˜**blätteröl** *n* (aus Cinnamomum zeylanicum Blume) / nikkel oil, oil of cinnamon leaves, cinnamon-leaf oil ‖ ~**braun** *adj* / cinnamon-coloured *adj*, cinnamonic *adj*, cinnamon *attr* ‖ ~**farben** *adj* / cinnamon-coloured *adj*, cinnamonic *adj*, cinnamon *attr* ‖ ~**farbig** *adj* / cinnamon-coloured *adj*, cinnamonic *adj*, cinnamon *attr* ‖ ˜**öl** *n* (Zimtblätter- oder Zimtrindenöl) (Chem, Nahr, Pharm) / oil of cinnamon, rectified oil of cassia, cinnamon oil ‖ **Chinesisches** ˜**öl** (aus Cinnamomum aromaticum Nees) / cassia oil*, Chinese (cinnamon) oil* ‖ ˜**säure** *f* (3-Phenylacrylsäure) (Chem) / cinnamic acid*, 3-phenylpropenoic acid, benzalacetic acid ‖ ˜**säurebenzylester** *m* (Chem) / benzyl cinnamate ‖ ˜**säurecinnamylester** *m* (Chem) / styracine *n* ‖ ˜**säureester** *m* (Chem) / cinnamate *n*
**Zinchona-Alkaloid** *n* (Pharm) / cinchona alkaloid
**Zinchonin** *n* (Chem, Pharm) / cinchonine* *n*
**Zincke-Aldehyd** *m* (eine Pyridiniumverbindung nach T. Zincke, 1843 - 1928) (Chem) / Zincke aldehyde
**Zinckenit** *m* (Blei(II-antimon(III)-sulfid) - nach J.K.L. Zincken, 1790-1862, benannt) (Min) / zinckenite* *n*, zinkenite *n*
**Zincon** *n* (Reagens auf Cu und Zn) (Chem) / zincon *n*
**Zincrometal** *n* (ein mit Dacromet und Zincromet vorbeschichtetes Stahlband) (Hütt) / Zincrometal *n*
**Zindeltaft** *m* (Tex) / sarsenet *n*, sarcenet *n*
**Zineb** *n* (Zinkethylenbisdithiokarbamat - ein pilztötendes Präparat) (Chem) / zineb *n*
**Zineol** *n* (Chem) / cineole *n*, eucalyptole *n*
**Zingana** *n* (For) / African zebrawood, zebrano *n*, zebrana *n*
**Zingeron** *n* (Chem) / zingerone *n*
**Zingiberen** *n* (Hauptbestandteil des Ingweröls, des Curcumaöls und des Veilchenblütenöls) (Chem) / zingiberine *n*, zingiberene *n*
**Zingiberon** *n* (Chem) / zingerone *n*
**Zink** (Zn) *n* (Chem) / zinc* *n* ‖ ˜ (DIN 1706) (Hütt) / zinc *n* ‖ ˜- (Chem) / zincic *adj* ‖ **aus** ˜ (Chem) / zincy *adj*, zinky *adj*, zinken *adj* ‖ **gekörntes** ˜ (Chem) / zinc shot ‖ **geraspeltes** ˜ (Chem) / zinc shavings ‖ ˜**acetat** *n* (Chem) / zinc acetate, zinc ethanoate ‖ ˜**alkyldithiophosphat** *n* (ein Wirkstoff für Mineralschmieröle) (Chem, Masch) / zinc alkyl dithiophosphate ‖ ˜**alkyle** *n pl* (Chem) / zinc alkyls*, zinc dialkyls ‖ ˜**amalgam** *n* (Chem) / zinc amalgam ‖ ˜**arsenat(III)** *n* (Chem) / zinc arsenite, zinc metaarsenite ‖ ˜**arsenit** *n* (Chem) / zinc arsenite, zinc metaarsenite ‖ ˜**asche** *f* (Chem) / putty powder
**Zinkat** *n* (Chem) / zincate* *n*, hydrozincate *n*
**Zink•ätzung** *f* (ein grafisches Hochdruckverfahren) (Druck) / zinc etching, zinc engraving ‖ ˜**ätzung** (Druck) s. auch Zinkografie ‖ ˜**aufdampfverfahren** *n* (Galv) / zinc vapour deposition (ZVD) ‖ ˜**auflage** *f* (Galv) / galvanized coating, zinc coat, zinc coating, zinc deposit ‖ ˜**azetat** *n* (Chem) / zinc acetate, zinc ethanoate ‖ ˜**bad** *n* (Galv) / zinc (plating) bath, bath of molten zinc, galvanizing bath ‖ ˜**band** *n* (DIN 9772) (Hütt) / strip zinc, zinc strip ‖ ˜**becher** *m* (z.B. der Leclanché-Zelle) (Eltech) / zinc container, zinc cup ‖ ˜**bergwerk** *n* (Bergb) / zinc ore mine ‖ ˜**blech** *n* (dünnes) (Hütt) / zinc sheet ‖ ˜**blech** (grobes) (Hütt) / zinc plate ‖ ˜**blende** *f* (Min) / sphalerite* *n*, blackjack *n*, zinc blende* ‖ ˜**blende mit Bleiglanz als Begleiter** (Min) / mock lead, mock ore ‖ ˜**blendenstruktur** *f* (auch bei Halbleiterkristallen) (Eltronik, Krist) / zinc-blende (crystal) structure ‖ ˜**blendetyp** *m* (Eltronik, Krist) / zinc-blende (crystal) structure ‖ ˜**blumenmuster** *n* (bei feuerverzinkten Blechen) (Galv) / spangles *pl* ‖ ˜**blumenstruktur** *f* (bei feuerverzinkten Blechen) (Galv) / spangles *pl* ‖ ˜**blüte** *f* (basisches Zinkkarbonat, lokal wichtiges Zinkerz) (Min) / hydrozincite* *n*, zinc bloom* ‖ ˜**borat** *n* (Chem, Keram, Med) / zinc borate ‖ ˜**borophosphat** *n* (ein Korrosionsschutzpigment) (Anstr, Chem) / zinc borophosphate ‖ **alkalische** ˜-**Braunstein-Batterie** (Eltech) / alkaline manganese battery ‖ ˜**carbonat** *n* (Chem, Keram) / zinc carbonate ‖ ˜**chlorid** *n* (ZnCl₂) (Chem, For, Tex) / zinc chloride ‖ ˜**chromat** *n* (normales) (Anstr, Chem) / zinc chromate ‖ ˜**chromatgrundierung** *f* (Anstr) / zinc chromate primer* ‖ ˜**cyanid** *n* (Zn(CN)₂) (Chem, Galv) / zinc cyanide ‖ ˜**dampf** *m* / zinc vapour ‖ ˜**dialkyle** *n pl* (Chem) / zinc alkyls*, zinc dialkyls ‖ ˜**dimethyldithiokarbamat** *n* (Chem) / ziram *n* ‖ ˜**dithionit** *n* (Chem) / zinc hydrosulphite, zinc dithionite ‖ ~**dotiert** *adj* / zinc-doped *adj* ‖ ˜**druck** *m* (ein photolytisches Flachdruckverfahren, bei dem eine Zinkplatte als Druckform verwendet wird) (Druck) / zincography *n*, zinc-plate printing ‖ ˜**druckguß** *m* (Gieß) / zinc die casting ‖ ˜**druckplatte** *f* (in Strichmanier) (Druck) / zincograph *n*, zinco* *n*, zinc printing plate
**Zinke** *f* (Landw) / tooth *n* (pl. teeth), prong *n*, tine *n* ‖ ˜ (einer Zinkenegge) (Landw) / spike *n* ‖ ˜ (Tischl, Zimm) / pin* *n* (dovetail, swallowtail, right) ‖ ˜ s. auch Schwalbenschwanzzinke ‖ **gedeckte** ˜ (Zimm) / covered dovetail
**Zink•echtgrün** *n* (Anstr) / zinc green, zinc fast green ‖ ˜**elektrolyt** *m* (Galv) / zinc bath, zinc electrolyte
**Zinken** *m* (Landw) / tooth *n* (pl. teeth), prong *n*, tine *n* ‖ ˜ (Tischl, Zimm) / pin* *n* (dovetail, swallowtail, right) ‖ ˜**eckverbindung** *f* (Tischl) / combed joint (an angle joint), cornerlocked joint, laminated joint ‖ ˜**egge** *f* (mit starren oder seltener gelenkigen Eggenfeldern, in die als Werkzeuge für Bodenbearbeitung Eggenzinken eingeschraubt

sind) (Landw) / spike-tooth harrow, spiked harrow, toothed harrow ‖ ~säge f (Tischl) / dovetail saw*
**Zinkentsilberung** f (Hütt) / zinc desilverization
**Zinkenverbindung** f (eine Flächenverbindung) (Tischl) / combed joint (an angle joint), cornerlocked joint, laminated joint
**Zink•fieber** n (kennzeichnende, aber harmlose Berufskrankheit - ein Metalldampffieber) (Med) / zinc chills ‖ ~**finger** m (Strukturmotiv einer Familie von Proteinen) (Biochem) / zinc finger ‖ ~-**Flakes** pl (blättchenförmiges Zinkpigment) (Anstr) / zinc flakes ‖ ~**flitter** m (auf der Oberfläche von feuerverzinkten Werkstücken) (Galv) / spangles pl ‖ ~**fluorid** n ($ZnF_2$) (Chem, Galv, Keram) / zinc fluoride ‖ ~**formiat** n (Chem) / zinc formate ‖ ~**führend** adj (Geol) / zinciferous adj ‖ ~**gelb** n (ein Zinkchromat von geringer Deckfähigkeit - Kaliumzinkchromat) (Anstr) / zinc yellow, zinc chrome ‖ ~**grau** n (Malerfarbe) (Anstr) / zinc grey, diamond grey, platinum grey, silver grey ‖ ~**grün** n (Anstr) / zinc green, zinc fast green ‖ ~**halogenid** n (Chem) / zinc halide (a binary compound of zinc and a halogen) ‖ ~**haltig** adj / zincky adj, zinky adj, zincy adj ‖ ~**hexafluorosilicat** n (Chem, For) / zinc hexafluorosilicate ‖ ~**hexafluorosilikat** n (auch ein Holzschutzmittel) (Chem, For) / zinc hexafluorosilicate ‖ ~**hydroxid** n (Chem) / zinc hydroxide ‖ ~**iodid** n (Chem) / zinc iodide ‖ ~**iodstärkepapier** n (Chem) / zinc iodide starch paper
**Zinkit** m (Min) / zincite* n (a minor ore of zinc), red oxide of zinc*, red zinc ore*
**Zink•karbonat** n (Chem, Keram) / zinc carbonate ‖ ~**klischee** n (in Strichmanier) (Druck) / zincograph n, zinco* n, zinc printing plate ‖ ~**-Kohle-Zelle** f (Eltech) / Leclanché cell*, sal-ammoniac cell ‖ ~**krone** f (optisches Glas) (Glas) / zinc crown glass ‖ ~**-Kupfer-Legierung** f (etwa 75% Zn und Rest Cu) (Hütt) / platina n ‖ ~**legierung** f (DIN 1743) (Hütt) / zinc alloy ‖ ~**leim** m (10 Tl. ZnO, 40 Tl. Glycerin, 15 Tl. Gelatine, Rest Wasser) (Med, Pharm) / Unna's paste ‖ ~**-Luft-Batterie** f (Eltech, Kfz) / zinc oxygen battery ‖ ~**-Mangandioxid-Element** n (Eltech) / Leclanché cell*, sal-ammoniac cell ‖ ~**mangel** m (Med) / zinc deficiency ‖ ~**molybdat** n (ein Rauchgasunterdrücker) (Anstr, Chem, Plast) / zinc molybdate ‖ ~**monochromat** n ($ZnCrO_4$) (Anstr, Chem) / zinc chromate ‖ ~**naphthenat** (Anstr, Chem) / zinc naphthenate ‖ ~**nitrat** n (Chem, Galv, Tex) / zinc nitrate
**Zinkografie** f (nach A. Senefelder) (Druck) / zincography n, zinc-plate printing
**Zinkorthophosphat** n (Chem) / zinc phosphate, zinc orthophosphate, tribasic zinc phosphate
**Zinkosit** m (Min) / zinkosite n
**Zink•oxid** n (ZnO) (Chem, Pharm) / zinc oxide* ‖ ~**oxidpapier** n (ein Kopiermaterial für die Elektrofotografie) (Pap) / zinc-oxide paper ‖ ~**phenolsulfonat** n (Chem) / zinc phenolsulphonate ‖ ~**phosphat** n (Chem) / zinc phosphate, zinc orthophosphate, tribasic zinc phosphate ‖ ~**phosphatanstrichstoff** m (Anstr) / zinc phosphate paint ‖ ~**phosphatieren** v (Galv) / zinc-phosphate vt ‖ ~**phosphatierung** f (Galv) / zinc phosphating ‖ ~**phosphid** n (Chem) / zinc phosphide ‖ ~**pigment** n (ein anorganisches Pigment - kugelförmiges oder blättchenförmiges) (Anstr) / zinc pigment ‖ ~**platte** f (in Strichmanier) (Druck) / zincograph n, zinco* n, zinc printing plate ‖ ~**pulver** n / zinc powder, powdered zinc ‖ **handelsübliches** ~**pulver** (zum Diffusionsverzinken) (Galv) / blue powder ‖ ~**pumpe** f (Masch) / zinc pump ‖ ~**punkt** m (Erstarrungspunkt von Zink = 692,73 K) (Phys) / zinc point ‖ ~**reich** adj / zinc-rich adj, rich in zinc ‖ ~**rost** n (Masch) / white rust, wet storage stain ‖ ~**schaum** m (Hütt) / zinc scum ‖ ~**schicht** f (eine Korrosionsschutzschicht) (Galv) / galvanized coating, zinc coat, zinc coating, zinc deposit ‖ ~**schutz** m (mit einer Mindestreinheit von 99,7 % - in Form von Ringen, Stangen oder Platten als Schutz vor Korrosion für Stahlteile) (Schiff) / zinc protector* ‖ ~**schutzschicht** f (Galv) / galvanized coating, zinc coat, zinc coating, zinc deposit ‖ ~**seife** f (Chem) / zinc soap ‖ ~**selenid** n (Chem) / zinc selenide ‖ ~**silicofluorid** n (Chem, For) / zinc hexafluorosilicate ‖ ~**silikatgrundierung** f (Anstr) / zinc silicate primer ‖ ~**spat** m (Min) / smithsonite* n, dry bone* (ore - the honeycombed variety), szaskaite n ‖ ~**spinell** m (Zinkaluminat) (Min) / gahnite* n, zinc spinel*
**Zinkstaub** m (kugelförmiges Zinkpigment) (Anstr, Aufber) / zinc dust*, metallic zinc dust ‖ **wasserlösliche Dispersion auf der Basis** ~ **und Chromsäure** (bei der Herstellung des Zincrometalls) / Dacromet n ‖ ~**anstrichstoff** m (ein Grundbeschichtungsstoff) (Anstr) / zinc-rich paint, zinc-rich primer, zinc-dust paint ‖ ~**beschichtung** f (Anstr) / zinc-dust paint coating, painting-galvanizing n, zinc-rich paint coating ‖ ~**destillation** f (Chem Verf) / zinc-dust distillation ‖ ~**farbe** f (ein Grundbeschichtungsstoff) (Anstr) / zinc-rich paint*, zinc-rich primer, zinc-dust paint ‖ ~**-Silikat-Grundanstrichstoff** m (Anstr) / zinc silicate primer ‖ ~**-Silikat-Primer** m (Anstr) / zinc silicate primer
**Zink•stearat** n (Chem) / zinc stearate ‖ ~**stearatbeschichtet** adj (Schleifpapier) / stearate-coated adj ‖ ~**sulfat** n ($ZnSO_4$) (Chem) / zinc sulphate ‖ ~**sulfid** n (ZnS) (Chem) / zinc sulphide ‖ ~**sulfidpigment** n (ein Weißpigment, das mindestens 98% ZnS enthält) (Anstr) / zinc-sulphide pigment ‖ ~**sulfidschirm** m (Radiol) / zinc sulphide screen, ZnS screen ‖ ~**sulfidweiß** n (Anstr) / zinc sulphide white, ZnS white ‖ ~**tellurid** n (Eltronik, Hütt) / zinc telluride* ‖ ~**überzug** m (Galv) / galvanized coating, zinc coat, zinc coating, zinc deposit
**Zinkung** f (eine Holzverbindung für Ecken) (Tischl) / combed joint (an angle joint), cornerlocked joint, laminated joint
**Zink•vitriol** n (Zinksulfat-7-Wasser) (Min) / goslarite* n, zinc vitriol, white copperas*, white vitriol* ‖ ~**weiß** n (aus metallischem Zink hergestelltes Pigment mit basischem Charakter) (Anstr) / zinc white, Chinese white ‖ ~**zulage** f (beim Furnieren) (For, Tischl) / zinc caul ‖ ~**zyanid** n (Chem, Galv) / zinc cyanide
**Zinn** (Sn) n (Chem) / tin* n ‖ ~ (DIN 1704) (Hütt) / tin ‖ ~**(II)-** (Stanno-) (Chem) / stannous adj ‖ ~**(IV)-** (Stanni-) (Chem) / stannic adj ‖ **vierwertiges** ~ (Chem) / stannic tin ‖ **zweiwertiges** ~ (Chem) / stannous tin
**Zinnabarit** m (Min) / cinnabar* n
**Zinnabscheidung, autokatalytische** ~ (Galv) / autocatalytic tin plating
**Zinnabstrich** m (im Verzinnungsbad) (Hütt) / scruff n (a mixture of tin oxide and iron-tin alloy formed as dross on a moulten tin-coating bath)
**Zinnamat** n (Chem) / cinnamate n
**Zinn•amylazetat** n (Chem) / cinnamyl acetate ‖ ~**asche** f (Zinndioxid) (Chem) / tin ash ‖ ~**auflage** f (Galv) / tin coating, tin coat, tin deposit ‖ ~**bad** n (Galv) / tin bath ‖ ~**beize** f (z.B. Zinnoxalat, Zinnacetat) (Tex) / tin mordant ‖ ~**bergwerk** n (Bergb) / stannary n, tin ore mine ‖ ~**beschwerung** f (Tex) / tin loading ‖ ~**blech** n (grobes) (Hütt) / tin plate ‖ ~**blech** (dünnes) (Hütt) / sheet tin, tin sheet ‖ ~**-Blei-Lot** (ein Weichlot mit etwa 65% Sn) (Klemp) / tinman's solder* ‖ ~**bronze** f (Hütt) / tin bronze ‖ ~**bund** m **des Webblattes** (Web) / tin binding of reed ‖ ~**butter** f (halbfeste Masse) (Chem) / butter of tin (tin(IV) chloride-5-water) ‖ ~**(II)-chlorid** ($SnCl_2$) (Chem) / tin(II) chloride, stannous chloride, tin dichloride (tin salts) ‖ ~**(IV)-chlorid** ($SnCl_4$) (Chem) / tin(IV) chloride, stannic chloride, tin tetrachloride ‖ ~**(II)-chlorid-2-Wasser** (Chem) / tin crystals, tin salt ‖ ~**(II)-chromat** (Chem) / tin(II) chromate, stannous chromate ‖ ~**dichlorid** n ($SnCl_2$) (Chem) / tin(II) chloride, stannous chloride, tin dichloride (tin salts) ‖ ~**difluorid** n (Chem, Med) / tin(II) fluoride, stannous fluoride, tin difluoride ‖ ~**dioxid** n ($SnO_2$) (Chem) / tin(IV) oxide, tin dioxide, stannic oxide*, tin peroxide, stannic anhydride
**Zinne** f (Arch) / battlement n, crenellation n, embattlement n ‖ **mit** ~**n versehen** (Arch) / embattlemented* adj, battlemented adj
**Zinnelektrolyt** m (Galv) / tin bath
**Zinnen•kranz** m (Arch) / battlement n, crenellation n, embattlement n ‖ ~**zahn** m (als Gegensatz zum Einschnitt im Zinnenkranz) (Arch) / merlon* n
**Zinn•erz** n (meistens verquarztes) (Geol) / squat n ‖ ~**erzbergmann** m (Bergb) / tinner n, tin miner ‖ ~**feile** f (mit Einhieb) (Werkz) / tin file ‖ ~**(IV)-fluorid** (Chem) / tin(IV) fluoride, stannic fluoride, tin tetrafluoride ‖ ~**(II)-fluorid** (Chem, Med) / tin(II) fluoride, stannous fluoride, tin difluoride ‖ ~**folie** f / tin foil ‖ ~**führend** adj (Geol) / tin-bearing adj, stanniferous adj ‖ ~**gekrätz** n (Hütt) / scruff n (a mixture of tin oxide and iron-tin alloy formed as dross on a moulten tin-coating bath) ‖ ~**geschrei** n / cry of tin, tin cry ‖ ~**gießer** m / pewterer n ‖ ~**glasurware** f (z.B. Delft) (Keram) / tin-glazed ware ‖ ~**haltig** adj (Geol) / tin-bearing adj, stanniferous adj ‖ ~**(II)-hydroxid** n (Chem) / stannous hydroxide*, tin(II) hydroxide* ‖ ~**-Indium-Oxid** n (Chem, Eltronik) / tin-indium oxide, TIO ‖ ~**(IV)-iodid** (Chem) / tin(IV) iodide, stannic iodide, tin tetraiodide, tin iodide ‖ ~**kies** m (Min) / stannite* n, tin pyrites*, bell-metal ore* ‖ ~**krätze** f (Hütt) / scruff n (a mixture of tin oxide and iron-tin alloy formed as dross on a moulten tin-coating bath) ‖ ~**kristallgröße** f (Min) / tin crystal size ‖ ~**lactat** n (Chem) / tin lactate ‖ ~**laktat** (Chem) / tin lactate ‖ ~**legierung** f (Hütt) / tin alloy ‖ ~**lot** n / tin solder ‖ ~**marke** f / touch-mark n ‖ ~**monoxid** n (Chem) / tin(II) oxide, stannous oxide* ‖ ~**-Nickel-Auftrag** m (als Oberflächenschicht) (Galv) / tin-nickel n
**Zinnober** m (ein Quecksilbererz) (Min) / cinnabar* n ‖ ~**grüner** ~ (Chem) / chrome oxide green, leaf green ‖ ~**grün** (als allgemeine Farbnuance) / cinnabar green ‖ ~**grün** (Chromgrün) (Anstr) / chrome green, lead chrome green ‖ ~**rot** adj / tango attr, tangerine adj (a deep orange-red colour), vermilion adj ‖ ~**rot** n (heute als Anstrichstoff ohne Bedeutung) (Anstr) / vermilion n, English vermilion, Chinese red, vermilion red
**zinn•organische Verbindungen** (Chem) / organotin compounds ‖ ~**(II)-oxalat** n (Chem) / stannous oxalate, tin oxalate ‖ ~**(II)-oxid** (SnO) (Chem) / tin(II) oxide, stannous oxide ‖ ~**(IV)-oxid** (Chem) / tin(IV) oxide, tin dioxide, stannic oxide*, tin peroxide, stannic anhydride ‖ ~**oxid-Gassensor** m (der über eine Leitfähigkeitsänderung zum Nachweis von reduzierenden Gasen

**Zinnpest**

geeignet ist) / tin-oxide gas sensor ‖ ⁓**pest** f (an alten Zinngeräten) / tin pest, tin plague ‖ ⁓**(II)-pyrophosphat** n (Chem) / stannous pyrophosphate ‖ ⁓**salz** n (Dihydrat des Zinn(II)-chlorids) (Chem) / tin salt, tin salts ‖ ⁓**säure** f (im allgemeinen) (Chem) / stannic acid ‖ ⁓**schicht** f (eine Korrosionsschutz- und Einlaufschicht) (Galv) / tin coating, tin coat, tin deposit ‖ ⁓**schmelze** f (beim Feuerverzinnen) (Galv) / tin bath, bath of molten tin, molten tin ‖ ⁓**schrei** m (knirschendes Geräusch beim Biegen eines Zinnstabes) / cry of tin, tin cry ‖ ⁓**schutzschicht** f (Galv) / tin coating, tin coat, tin deposit ‖ ⁓**seife(n)** f (pl) (Geol) / tin placer ‖ ⁓**stein** m (Min) / cassiterite* n, tin-stone* n ‖ ⁓**stein** (gelblicher) (Min) / rosin tin, resin tin ‖ ⁓**steinseife(n)** f(pl) (Geol) / tin placer ‖ ⁓**(II)-sulfat** m (Chem, Galv) / tin(II) sulphate, stannous sulphate ‖ ⁓**(II)-sulfid** (SnS) (Chem) / tin(II) sulphide, stannous sulphide, tin protosulphide, tin monosulphide ‖ ⁓**(IV)-sulfid** (SnS₂) (Chem) / tin(IV) sulphide, stannic sulphide, tin bisulphide ‖ ⁓**tetrachlorid** n (SnCl₄) (Chem) / tin(IV) chloride, stannic chloride, tin tetrachloride ‖ ⁓**tetrafluorid** n (Chem) / tin(IV) fluoride, stannic fluoride, tin tetrafluoride ‖ ⁓**tetraiodid** n (Chem) / tin(IV) iodide, stannic iodide, tin tetraiodide, tin iodide ‖ ⁓**überzug** m (Galv) / tin coating, tin coat, tin deposit ‖ ⁓**-Vanadium-Gelb** n (Chem, Keram) / tin-vanadium yellow (80 to 90% of tin oxide and 10 to 20% of vanadium oxide) ‖ ⁓**waldit** m (Min) / zinnwaldite* n (a mineral of the mica group) ‖ ⁓**wasserstoff** m (Chem) / stannane* n, tin(IV) hydride* ‖ ⁓**-Zink-Auftrag** m (Hütt) / tin-zinc* n

**Zins** m (Math) / interest n
**Zinsen** pl (Math) / interest n
**Zinseszins** m (Math) / compound interest
**Zinsformel** f (Math) / interest formula
**Zintl-Phase** f (eine Gruppe der intermetallischen Verbindungen nach E. Zintl, 1898-1941) (Chem, Hütt) / Zintl phase
**Zintlsche Phase** (Chem, Hütt) / Zintl phase
**Ziolkowski-Gleichung** f (Raumf) / fundamental rocket equation, rocket equation
**Ziolkowskij-Gleichung** f (nach K.E. Ziolkowskij, 1857-1935) (Raumf) / fundamental rocket equation, rocket equation
**Zipfel** m (eines Strahlungsdiagramms) (Fernsp, Radar, Radio) / lobe* n, radiation lobe ‖ ⁓ (ein Glasfehler) (Glas) / tit n (an imperfection consisting of a protrusion on a glass article) ‖ ⁓ (beim Tiefziehen) (Hütt) / ear n, tip n, distortion wedge, scallop n ‖ ⁓**bildung** f (beim Tiefziehen) (Hütt) / earing* n, scallop development
**Zipfelung** f (Hütt) / earing* n, scallop development
**Zip-Laufwerk** n (EDV) / Zip drive, ZIP drive
**Zipp** m (A) (Tex) / zip fastener, slide fastener (US), zipper n (US), zip n
**Zippeit** m (Min) / zippeite n
**Zipper** m (A) (Tex) / zip fastener, slide fastener (US), zipper n (US), zip n
**Zippverschluß** m (A) (Tex) / zip fastener, slide fastener (US), zipper n (US), zip n
**Zip-Reaktion** f (eine Ringreaktion zur Herstellung makrozyklischer Verbindungen) (Chem) / zip reaction
**Zip-Speicher** m (der etwa so viel faßt wie 120 Disketten) (EDV) / zip memory
**Ziram** n (Zinkdimethyldithiokarbamat - ein pilztötendes Präparat; auch als Repellent gegen Wildverbiß und Vogelfraß) (Chem) / ziram n
**Zirbelkiefer** f (Pinus cembra L.) (For) / Swiss pine, stone pine, cembra pine, Cembrian pine, arolla n, arolla pine
**Zircaloy** n (Zirconiumspeziallegierung, z.B. für Brennstabhüllen) (Hütt) / zircaloy* n
**Zirconat(IV)** n (Chem) / zirconate(IV)* n
**Zirconium** n (Chem) / zirconium* n ‖ ⁓**beryllid** n (Chem, Nukl) / zirconium beryllide ‖ ⁓**carbid** n (Chem, Masch) / zirconium carbide ‖ ⁓**chlorid** n (Chem) / zirconium chloride ‖ ⁓**(IV)-chlorid** n (Chem, Tex) / zirconium(IV) chloride, zirconium tetrachloride ‖ ⁓**diacetatoxid** n (Chem) / zirconyl acetate ‖ ⁓**diborid** n (Chem) / zirconium diboride, zirconium boride ‖ ⁓**dichloridoxid** n (Chem, Erdöl, Tex) / zirconium oxychloride, zirconyl chloride ‖ ⁓**dioxidsonde** f / zirconium-dioxide probe ‖ ⁓**hydrid** n (Chem, Mil) / zirconium hydride ‖ ⁓**lampe** f (Licht, Phys) / zirconium lamp ‖ ⁓**legierung** f (Hütt) / zirconium alloy ‖ ⁓**licht** n (Licht, Phys) / zirconium light ‖ ⁓**nitrid** n (sehr harte, silberähnliche Kristalle, verwendet zur Herstellung von hochfeuerfesten Werkstoffen) (Chem) / zirconium nitride ‖ ⁓**orthosilicat** n (Chem) / zirconium orthosilicate, zirconium silicate ‖ ⁓**(IV)-oxid** n (Chem) / zirconium(IV) oxide*, zirconia* n, zirconium dioxide, zirconic anhydride ‖ ⁓**oxidhydroxid** n (Chem) / zirconyl hydroxide ‖ ⁓**silicat** n (Chem) / zirconium orthosilicate, zirconium silicate ‖ ⁓**silizid** n (Chem, Nukl) / zirconium silicide ‖ ⁓**(IV)-sulfat** n (Chem, Tex) / zirconium(IV) sulphate ‖ ⁓**tetrachlorid** n (Chem, Tex) / zirconium(IV) chloride, zirconium tetrachloride

**Zirconyl • acetat** n (Chem) / zirconyl acetate ‖ ⁓**chlorid** n (Chem, Erdöl, Tex) / zirconium oxychloride, zirconyl chloride ‖ ⁓**verbindungen** f pl (Chem) / zirconyl compounds
**zirkadiane Rhythmik** (Biol) / circadian rhythm*, diurnal rhythm
**Zirkas** m (Tex) / Batavia twill
**Zirkel** m (Instr) / compasses* pl, compass n ‖ **feststellbarer** ⁓ (Instr) / lock-joint dividers, lock-joint compasses ‖ ⁓ m **mit Mineneinsatz** (Instr) / bows pencil ‖ ⁓ **mit Stellbogen** (Instr, Werkz) / quadrant dividers*, quadrant compasses ‖ ⁓ **mit Ziehfedereinsatz** (Instr) / bows pen
**Zirkelit** m (Calciumeisenzirconat) (Min) / zirkelite n
**Zirkelkonstruktion** f (nur mit dem Zirkel auszuführende geometrische Konstruktion in der Zeichenebene) (Math) / construction with ruler and compasses, ruler and compass construction
**Zirkit** m (Mischgestein aus Zirkon und Baddeleyit) (Min) / zirkit n
**Zirkon** m (Zirkoniumorthosilikat, das technisch wichtigste Zr-Mineral) (Min) / zircon* n ‖ ⁓ (Min) s. auch Hyazinth
**Zirkonat(IV)** n (Chem) / zirconate(IV)* n
**Zirkonfeuerfesterzeugnis** n (mit ZrSiO₄) (Hütt, Keram) / zircon refractory
**Zirkonium (Zr)** n (Chem) / zirconium* n ‖ **elektrolytisches Diffusionsbeschichten mit** ⁓ **über Zirkoniumfluorid als Zwischenstufe** (Galv) / zirconiding ‖ ⁓**beryllid** n (Chem, Nukl) / zirconium beryllide ‖ ⁓**chlorid** n (z.B. -dichlorid, -trichlorid oder -tetrachlorid) (Chem) / zirconium chloride ‖ ⁓**(IV)-chlorid** n (Chem, Tex) / zirconium(IV) chloride, zirconium tetrachloride ‖ ⁓**diazetatoxid** n (Chem) / zirconyl acetate ‖ ⁓**diborid** n (das als feuerfester Werkstoff zur Herstellung von Tiegeln und zur Ummantelung von Thermoelementen dient) (Chem) / zirconium diboride, zirconium boride ‖ ⁓**dichloridoxid** n (Octahydrat) (Chem, Erdöl, Tex) / zirconium oxychloride, zirconyl chloride ‖ ⁓**dioxid** n (Zirkoniumerde) (Chem) / zirconium(IV) oxide*, zirconia* n, zirconium dioxide, zirconic anhydride ‖ ⁓**dioxidsonde** f (Sensor für den Sauerstoffgehalt eines Gases) / zirconium-dioxide probe ‖ ⁓**hydrid** n (Verbindung des Zirkoniums mit Wasserstoff, die keine genaue stöchiometrische Zusammensetzung aufweist) (Chem, Mil) / zirconium hydride ‖ ⁓**karbid** n (Chem, Masch) / zirconium carbide ‖ ⁓**lampe** f (Licht, Phys) / zirconium lamp ‖ ⁓**legierung** f (Hütt) / zirconium alloy ‖ ⁓**licht** n (Licht, Phys) / zirconium light ‖ ⁓**nitrid** n (sehr harte, silberähnliche Kristalle, verwendet zur Herstellung von hochfeuerfesten Werkstoffen) (Chem) / zirconium nitride ‖ ⁓**orthosilikat** n (Chem) / zirconium orthosilicate, zirconium silicate ‖ ⁓**(IV)-oxid** n (Chem) / zirconium(IV) oxide*, zirconia* n, zirconium dioxide, zirconic anhydride ‖ **teilweise stabilisiertes** ⁓**(IV)-oxid** (Chem) / partially stabilized zirconia ‖ ⁓**oxidhydroxid** n (Chem) / zirconyl hydroxide ‖ ⁓**silikat** n (Zr[SiO₄]) (Chem) / zirconium orthosilicate, zirconium silicate ‖ ⁓**silizid** n (Chem, Nukl) / zirconium silicide ‖ ⁓**(IV)-sulfat** n (Chem, Tex) / zirconium(IV) sulphate ‖ ⁓**tetrachlorid** n (Chem, Tex) / zirconium(IV) chloride, zirconium tetrachloride
**Zirkon • porzellan** n (Keram) / zircon porcelain ‖ ⁓**sand** m (Gieß, Min) / zircon sand (with considerable amounts of circonia) ‖ ⁓**schlichte** f (Gieß) / zircon coating ‖ ⁓**stein** m (über 1750 °C einsetzbar) (Hütt, Keram) / zircon brick, zirconia brick
**Zirkonylverbindungen** f pl (veraltete Bezeichnung für Zirconiumoxid....-Verbindungen) (Chem) / zirconyl compounds
**Zirkulante** f (Math) / circulant* n
**zirkular** adj / circular adj ‖ ~**e Chromatografie** (Chem) / circular chromatography, radial chromatography, radial-paper chromatography ‖ ~**er Dichroismus** (Chem, Krist, Opt) / circular dichroism, C.D. ‖ ~**e Interpolation** (Math) / circular interpolation ‖ ~**e Kurve** (Math) / circular curve ‖ ~**e Polarisation** (Radio) / circular polarization* ‖ ~ **polarisiert** (DIN 5483, T 3) (Opt) / circularly polarized
**zirkulär** adj / circular adj
**Zirkular • beschleunigung** f (Einheit = Radiant durch Sekundenquadrat) (Phys) / angular acceleration* ‖ ⁓**bewegung** f (Phys) / circular motion ‖ ⁓**chromatografie** f (Chem) / circular chromatography, radial chromatography, radial-paper chromatography ‖ ⁓**dichroismus** m (Chem, Krist, Opt) / circular dichroism, C.D. ‖ ⁓**geschwindigkeit** f (Phys) / angular velocity*, angular speed ‖ ⁓**geschwindigkeit** (Raumf) / circular velocity* ‖ ⁓**polarisation** f (der abgestrahlten Welle) (Radio) / circular polarization* ‖ ⁓**polarisiert** adj (Opt) / circularly polarized
**Zirkulation** f (Luftf, Meteor) / circulation* n ‖ ⁓ (Masch, Phys) / circulation n ‖ ⁓ (ein Umlaufintegral) (Math) / circulation* n ‖ **allgemeine** ⁓ **der Atmosphäre** (Meteor) / general circulation, planetary circulation ‖ ⁓ f **der Atmosphäre** (allgemeine) (Meteor) / general circulation, planetary circulation
**Zirkulations • färbeapparat** m (bei dem das zu färbende Material ruht und die Färbeflotte durch dieses Material gepumpt wird) (Spinn) /

circulation dyeing apparatus, circulation dyeing machine, circulation apparatus ‖ ~**freie Potentialströmung** (Phys) / streamline motion* ‖ ~**gas** n / recycle gas ‖ ~**quant** n (Phys) / quantum of circulation ‖ ~**satz** m **nach Bjerknes** (W. Bjerknes, 1862-1951) (Meteor) / Bjerknes circulation theorem*
**Zirkulator** m (Eltronik, Radar) / circulator* n
**zirkulieren** v / circulate vi
**zirkulierend•e elektrische Ladung** (Elektr) / circulating charge ‖ ~**e Wirbelschicht** (Chem Verf) / circulating fluidized bed (at a high recycle ratio) / fast fluidized bed
**zirkum•aural** adj (das Ohr umschließend nach DIN 1320) (Akus, Physiol) / circumaural adj ‖ ~**lunar** adj (Astr, Raumf) / circumlunar adj ‖ ~**polarstern** m (Stern, dessen Winkelabstand vom sichtbaren Himmelspol kleiner ist als die Höhe des Pols über dem Beobachtungshorizont) (Astr) / circumpolar star* ‖ ~**skription** f (KI) / circumscription n ‖ ~**stellar** adj (in der Umgebung eines Sterns befindlich) (Astr) / circumstellar adj
**Zirrokumulus** m (pl. -li) (Meteor) / cirrocumulus* n (pl. cirrocumuli), Cc
**Zirrostratus** m (pl. -ti) (Meteor) / cirrostratus* n (pl. cirrostrati), Cs
**Zirrus** m (pl. - oder Zirren) (Meteor) / cirrus* n (pl. cirri), Ci
**zischen** v / whiz v, zip v ‖ ~ (Fernm) / hiss* v, fry v ‖ ~ (Nahr) / sizzle v, frizzle v
**zischender Bogen** (Eltech) / hissing arc, frying arc*
**zislunar** adj (vor dem Mond liegend - von der Erde aus gesehen) (Astr, Raumf) / cislunar adj
**Zissoide** f (des Diokles - eine ebene rationale Kurve 3. Ordnung) (Math) / cissoid* n
**Zisterne** f (Sammel- und Speicherbehälter - meistens für Niederschlagswasser) / cistern n, tank n
**Zistrosenöl** n (Chem) / labdanum shrub oil, sweet cistus oil
**Zitrakonsäure** f (Chem) / citraconic acid, cis-methylbutenedioic acid, methylmaleic acid
**Zitral** n (Chem) / citral* n ‖ ~ **A** (Chem) / geranial* n (an isomer of citral), citral* a, trans-citral n
**Zitrat** n (Chem) / citrate* n ‖ ~**löslich** adj (Chem) / citrate-soluble adj
**Zitrazinsäure** f (Chem) / citrazinic acid
**Zitrin** (Quarzvarietät) (Min) / citrine* n, yellow quartz*, Madagascar topaz*, quartz topaz*, Bohemian topaz, topaz quartz
**Zitronat** n (Nahr) / candied peel (of Citrus medica)
**Zitronellal** n (ein Terpenaldehyd) (Chem) / citronellal* n
**Zitronellöl** n (ein etherisches, in der Parfümerie verwendetes Öl, das durch Wasserdampfdestillation getrockneter Cymbopogongräserarten gewonnen wird) / citronella oil, oil of citronella
**Zitronen•essenz** f (Nahr) / lemon essence ‖ ~**gelb** n (Anstr) / lemon chrome, lemon chrome yellow, lemon yellow ‖ ~**granulat** n (Nahr) / lemon chips ‖ **Afrikanisches** ~**holz** (For) / movingui n, ayan n ‖ ~**öl** n (Nahr) / lemon oil ‖ ~**presse** f (Nahr) / lemon-press n, lemon-squeezer n, reamer n (US) ‖ ~**saft** m (Nahr) / lemon juice ‖ ~**säure** f (2-Hydroxy-1,2,3-propantricarbonsäure) (Chem) / citric acid (2-hydroxypropane-1,2,3-tricarboxylic acid)* ‖ ~**säureester** m (Chem) / citric-acid ester, ethyl citrate ‖ ~**säuretriethylester** m (Chem) / triethyl citrate ‖ ~**säurezyklus** m (von Sir H.A. Krebs [1900-1981] entdeckt) (Biochem) / citric acid cycle*, Krebs cycle, TCA cycle, tricarboxylic acid cycle*
**Zitrusfrüchte** f pl (Nahr) / citrus fruits
**Zitrusöl** n (Nahr) / lemon oil
**Zitter•bewegung** f (des Schneidwerkzeugs) (Eltronik) / chatter* n ‖ ~**bewegung** (eines freien Elektrons unter dem statistisch um den Wert Null schwankenden elektromagnetischen Feld) (Phys) / zitterbewegung n
**Zittern** n (vertikales - eine Fernkopiererstörung) / judder n (transverse)
**Zitterpappel** f (For) / aspen n, trembling poplar ‖ **Amerikanische** ~ (Populus tremuloides Michx.) (For) / trembling aspen, quaking aspen
**Zitwer** (aus Rhizomknollen der in Südasien heimischen Pflanze Curcuma zedoaria (Christm.) Roscoe.) (Nahr) / zedoary n ‖ ~**blütenöl** n (Pharm) / wormseed oil (of the Levant wormwood), Baltimore oil ‖ ~**wurzelöl** n (aus dem Rhizom der Curcuma zedoaria (Christm.) Roscoe.) (Pharm) / zedoary oil
**Zitz** m (Tex) / chintz* n
**Zivilflugzeug** n (Lufft) / civil aircraft
**Zivilisationskrankheit** f (Med) / civilization disease
**zivilisatorische Strahlenexposition** (Kernphys, Radiol) / man-made exposure
**Z-Kalander** m (Vierwalzenkalander mit z-förmiger Stellung der Walzen) (Chem Verf, Masch) / Z-calender n
**Z-Karte** f (F.Org, Stats) / Zee chart (a graphical depiction showing single values, progressive totals, and cumulative totals in comparison with each other, using the same two axes), Z chart
**z-Kenngröße** f (Eltronik) / z-parameter n

**ZKM** (Instr) / two-coordinate measuring instrument, XY (measuring) instrument
**Z-Köper** m (wenn die Köpergrate von links nach rechts steigen) (Web) / Z-twill n
**z-Matrix** f (Schema, in dem die Formelzeichen der z-Vierpol-Parameter zusammengefaßt werden) (Elektr) / z matrix
**Z-Meßstrom** m (bei Z-Dioden) (Eltronik) / knee current
**z-Mittel** n (von Makromolekülen) (Chem) / z average ‖ ~ f **der Molmasse** (Chem) / z-average molar mass
**Zmodem** n (EDV) / Zmodem (protocol that allows for error correction and error detection; if a link is broken during a transfer, Zmodem can redial and pick up transfer without having to start over)
**Zn** (Chem) / zinc* n
**ZNA** (Fernsp) / satellite PABX, secondary PABX
**ZN-Katalysator** m (Chem Verf) / Ziegler-Natta catalyst
**ZNS** (Med) / central nervous system, CNS
**ZnS-Leuchtstoff** m (Licht) / ZnS-type phosphor
**Zobelfilter** n (Eltech) / Zobel filter (designed according to image parameter technique)
**ZOD-Dia** n (Foto) / zero-order-diffraction diapositive
**Zodiakallicht** n (eine schwache Lichterscheinung am nächtlichen Himmel längs der Ekliptik) (Astr) / zodiacal light*
**Zodiakus** m (Astr) / zodiac n, Zodiac* n
**Zoelly-Dampfturbine** (die nach dem Gleichdruckprinzip arbeitet - nach H. Zoelly, 1862 - 1937) (Masch) / Zoelly steam turbine
**Zoisit** m (Kalziumaluminiumhydroxotisilikat) (Min) / zoisite* n (an orthorhombic mineral of the epidote group)
**Zölestin** m (Min) / celestine* n (the principal ore of strontium), celestite n
**Zoll** m (veraltende angloamerikanische Längeneinheit = 2,54 cm) / inch n ‖ ~**abfertigung** f / customs clearance
**Zollager** n / customs warehouse, bonded warehouse
**Zoll•-Dezimalsystem** n (der Bemaßung) (Masch) / complete decimal system ‖ ~**flugplatz** m (Lufft) / customs aerodrome, customs airport ‖ ~**frei** adj / free of duty, duty-free adj ‖ ~**freihafen** m / duty-free port, free port ‖ ~**gewicht** n (im Außenhandel) / dutiable weight ‖ ~**gewinde** n (Masch) / inch thread ‖ ~**kontingent** n / tariff quota
**Zöllnersche Täuschung** (optische Täuschung, bei der die Parallelgeraden zusammenlaufen - nach K.F. Zöllner, 1834-1882) (Opt) / Zöllner's lines, Zöllner illusion
**Zoll•satz** m / customs rate ‖ ~**stock** m (zusammenklappbarer Maßstab) / folding rule, zigzag rule ‖ ~**stocktasche** f (Tex) / rule pocket ‖ ~**tarif** m / customs rate ‖ **unter** ~**verschluß** / in bond
**Zölostat** m (Astr) / coelostat* n
**Zombie** m (EDV) / zombie n (a defunct process)
**zonal** adj / zonal* adj, zonary* adj ‖ ~**er Index** (Maß für den mittleren zonalen geostrophischen Wind zwischen zwei Breitenkreisen, gegeben durch die Differenz der mittleren geopotentiellen Höhen längs dieser Breitenkreise in einer Isobarenfläche) (Meteor) / zonal index* ‖ ~**index** m (Maß für den mittleren zonalen geostrophischen Wind zwischen zwei Breitenkreisen, gegeben durch die Differenz der mittleren geopotentiellen Höhen längs dieser Breitenkreise in einer Isobarenfläche) (Meteor) / zonal index*
**Zonalität** f / zonality n
**Zonalzirkulation** f (Meteor) / zonal flow, zonal circulation
**Zonar•-** / zonal* adj, zonary* adj ‖ ~**aufbau** m (Krist, Min) / zoning* n, zonal structure, zonary structure ‖ ~**bau** m (Krist, Min) / zoning* n, zonal structure, zonary structure ‖ ~**struktur** f (z.B. an Turmalinen) (Krist, Min) / zoning* n, zonal structure, zonary structure
**Zonation** f (synökologische Bezeichnung für das räumliche Nebeneinander verschiedenartiger Lebensräume) (Umwelt) / zonation n ‖ ~ (Umwelt) s. auch Biotop
**Zone** f (Bereich) / region n, area n ‖ ~ / zone* n ‖ ~ (Eltronik) / region n ‖ ~ (Zonenzeit) (Fernm, Geog) / time zone, time belt (US) ‖ ~ (Geol) / belt n ‖ **druckfreie** ~ (Druck, EDV) / print exclusion area ‖ **Einteilung** f **in** ~**n** / zoning* n ‖ **empfangstote** ~ (Fernm, Nav) / cone of silence*, silent zone ‖ **Fresnelsche** ~ (bei Beugungserscheinungen) (Licht, Radar) / Fresnel zone, half-period zone* ‖ **in** ~**n unterteilt** / zonate adj, zonated adj, zoned adj ‖ **neutrale** ~ (Eltech) / neutral zone*, neutral zone, NA* ‖ **thermisch beeinflußte** ~ (Schw) / heat-affected zone (the zone within a base metal that undergoes structural changes but does not melt during welding, cutting, or breaking), HAZ ‖ **tote** ~ (im Reflexionsschatten der Ionosphäre) (Radar, Radio, TV) / blind spot*, shadow* n ‖ **verbotene** ~ (Phys) / forbidden band*, band gap ‖ **verkehrsberuhigte** ~ (aus Gründen des Umweltschutzes) (Kfz) / environmental zone ‖ **wärmebeeinflußte** ~ (der Werkstoffbereich neben einer Schweißnaht, in dem durch die eingebrachte Schweißwärme eine Gefüge- und Eigenschaftsveränderung eingetreten ist) (Schw) / heat-affected zone (the zone within a base metal that undergoes structural changes but does not melt during welding, cutting, or breaking), HAZ ‖

**Zone**

**zugangsbeschränkte3** ~ (EDV) / restricted area ‖ ~ *f* **des aufgeschmolzenen Grundwerkstoffs** (Schw) / fusion zone ‖ ~ **des Schweigens** (Akus) / zone of silence* ‖ ~ **des Sickerwassers** (Geol) / vadose zone* ‖ ~ **erhöhter Beanspruchung** (Bergb) / stress zone*
**Zonen-** / zonal* *adj*, zonary* *adj* ‖ ~**achse** *f* (Krist) / zone axis, zonal axis ‖ ~**aufbau** *m* (Krist, Min) / zoning* *n*, zonal structure, zonary structure ‖ ~**berechtigung** *f* (Luftf) / zone rating ‖ ~**bildung** *f* / zoning* *n* ‖ ~**bit** *n* (EDV) / zone bit ‖ ~**bunker** *m* (Bergb) / zonal bunker ‖ ~**ebene** *f* (Krist) / zone plane ‖ ~**einteilung** *f* / zoning* *n* ‖ ~**einweisungsgerät** *n* (Radar) / zone position indicator, ZPI ‖ ~**elektrophorese** *f* (Chem) / zone electrophoresis ‖ ~**faktor** *m* (bei Teilschwicklungen) (Eltech) / distribution factor*, breadth coefficient*, breadth factor* ‖ ~**-Floating-Verfahren** *n* (Eltronik, Hütt) / floating-zone melting, float-zone process ‖ ~**folge** *f* (Folge von Halbleiterzonen mit unterschiedlicher Störstellendichte) (Eltronik) / sequence of regions ‖ ~**förmig** *adj* / zonal* *adj*, zonary* *adj* ‖ ~**homogenisierung** *f* (Zonenschmelzverfahren zum Erreichen des für den Halbleitergrundkörper notwendigen Leistungstyps) (Eltronik) / zone levelling ‖ ~**index** *m* (Krist) / index of the zone ‖ ~**kontrollsumme** *f* (EDV) / hash total (summation for checking purposes of one or more corresponding fields of a file that would ordinarily not be summed) ‖ ~**kristall** *m* (Mischkristall mit einem Konzentrationsgefälle) (Krist) / zoned crystal ‖ ~**kristallisation** *f* (Eltronik, Krist) / zone(d) crystallization ‖ ~**linse** *f* (Opt) / zone plate* ‖ ~**lochung** *f* (EDV) / zone punching ‖ ~**löschung** *f* (EDV) / overpunch *n*, zone punch ‖ ~**nivellierung** *f* (gleichmäßige Verteilung eines der Schmelzzone zugeführten Fremdstoffes in einem länglichen Tiegel aus Graphit oder Quarz) (Eltronik) / zone levelling ‖ ~**platte** *f* (eine Platte, die mit einem System von abwechselnd durchsichtigen und undurchsichtigen Ringen versehen ist und eine optische Abbildung lediglich durch Beugung erzeugt) (Opt) / zone plate* ‖ ~**reinigung** *f* (Hochreinigung von Metallen, Halbleitern, anorganischen und organischen Verbindungen durch Zonenschmelzen) (Eltronik, Hütt) / zone refining*, zone purification* ‖ **einmalige** ~**reinigung** (die wiederholt wird, um den Reinigungseffekt zu steigern) (Eltronik, Hütt) / zone pass ‖ ~**schmelze** *f* (Eltronik, Hütt) / zone melting* (process) ‖ ~**schmelzen** *n* (Eltronik, Hütt) / zone melting* (process) ‖ ~**schmelzverfahren** *n* (Eltronik, Hütt) / zone melting* (process) ‖ ~**schmelzverfahren nach dem Schwebezonenverfahren** (Eltronik, Hütt) / floating-zone melting, float-zone process ‖ ~**symbol** *n* (die in eckigen Klammern angegebene Richtung einer Zonenachse) (Krist) / zone symbol ‖ ~**system** *n* (der Belichtung) (Foto) / zone system ‖ ~**übergang** *m* (Eltronik) / junction* (JC) *n*, semiconductor junction* ‖ ~**verbandsgesetz** *n* (ein kristallographisches Grundgesetz nach Ch.S. Weiss, 1780-1856) (Krist) / zone law of Weiss, law of zones, Weiss zone law ‖ ~**weise** *adj* / zonated *adj*, zoned *adj* ‖ ~**wanderrost** *m* (bei Dampferzeugern mit großen Leistungen) (Masch) / zone travelling grate ‖ ~**weise Erwärmung** (Phys) / scanning heating*, progressive heating* ‖ ~**zeit** *f* (die für größere Gebiete auf der Erde festgelegt ist) (Astr) / zone time*, ZT
**Zoner** *m* (Fernsp) / zoner *n*
**Zonung** *f* / zoning* *n*
**Zoologie** *f* (Zool) / zoology *n*
**zoologisch** *adj* (Zool) / zoological *adj*
**Zoom** *n* (Film, Foto) / zoom lens*, variable-focus lens*, varifocal lens*, zoom *n*, pancratic lens
**Zoomarinsäure** *f* (Chem) / zoomaric acid
**Zoom•automatik** *f* (mit Mikromotor zur automatischen Brennweiteneinstellung) (Film) / motor-driven zoom, power zoom ‖ ~**bereich** *m* (Film) / zoom range ‖ ~**box** *f* (EDV) / zoom box
**zoomen** *v* (EDV) / zoom *v* ‖ ~ (Film, Foto) / zoom* *v* ‖ ~ *n* (EDV) / zooming *n* ‖ ~ (Film) / zooming *n* **ruckfreies** ~ (Film) / smooth zooming
**Zoom•fahrt** *f* (Film) / zooming *n* ‖ ~**feld** *n* (EDV) / zoom box ‖ ~**fenster** *n* (EDV) / zoom window ‖ ~**hebel** *m* (Film) / zoom handle, zoom lever, zoom rod ‖ ~**kopieren** (Foto) / zooming *n* ‖ ~**objektiv** *n* (Film, Foto) / zoom lens*, variable-focus lens*, varifocal lens*, zoom *n*, pancratic lens
**Zooplankton** *n* (tierisches Plankton) (Ozean, Umwelt) / zooplankton* *n*
**Zoosterin** *n* (Chem) / zoosterol *n*
**Zootoxin** *n* (Toxin aus Tieren) (Chem) / zootoxin *n*
**Zopf** *m* / tress *n* ‖ ~ (For) / top end, top *n*, top log, head log ‖ ~**bildung** *f* (das Festsetzen sich miteinander verspinnender Textilien und anderer fadenförmiger Stoffe im Abwasser an Hindernissen und Einbauten im Strömungsquerschnitt) (Sanitär) / plaiting *n* ‖ ~**block** *m* (For) / top end, top *n*, top log, head log ‖ ~**durchmesser** *m* (For) / top-end diameter, top diameter, small-end diameter ‖ ~**ende** *n* (oberes Stammende als Gegensatz zu Stockende) (For) / top end, top *n*, top log, head log ‖ ~**geflecht** *n* (Weichpackung) (Masch) / plaited packing, square-braided packing ‖ ~**muster** *n* (Tex) / plait pattern, plaited pattern ‖ ~**schutz** *m* (Maßnahmen zur Verhinderung von Zerstörungen der den Witterungseinflüssen besonders ausgesetzten Zopfteile von Masten, Stangen usw.) (For) / top protection ‖ ~**stück** *n* (For) / top end, top *n*, top log, head log ‖ ~**trocken** *adj* (Baum) (For) / stag-headed *adj*, top-dry *adj* ‖ ~**trocknis** *f* (For) / stag-headedness *n*, die back ‖ ~**umfang** *m* (For) / top girth* ‖ ~**ware** *f* (nicht mehr handelsübliches Kiefernschnittholzsortiment, an das nur die Forderung "gesund" und Krümmung bis 4 cm auf 2,50 m gestellt wurde) (For) / tops *pl* (red deal), topwood *n*
**Zorn-Lemma** *n* (Math) / Zorn's lemma
**Zornsches Lemma** (hat jede wohlgeordnete Kette einer halbgeordneten Menge A eine obere Schranke, so hat A ein maximales Element - nach M. Zorn, 1906-1993) (Math) / Zorn's lemma
**zottig** *adj* (Bot, Zool) / villose* *adj*, villous* *adj*, shaggy* *adj* ‖ ~ (Tex) / shaggy *adj*
**ZPE-Ring** *m* (ein Integritätsbereich) (Math) / unique factorization domain, unique factorization ring, factorial ring
**ZPI-Ring** *m* (Math) / Dedekind domain, Dedekind ring
**ζ-Potential** *n* (Chem) / zeta potential*, electrokinetic potential*
**ZP-Papier** *n* (DIN 6730) (Pap) / sulphite packaging paper
**Z-Profil** *n* (Formstahl) (Hütt) / Z-section *n*, Z-beam *n*
**Z-Querschnitt** *m* (Hütt) / Z-section *n*, Z-beam *n*
**Zr** (Chem) / zirconium* *n*
**ZRE** (EDV) / central processing unit* (CPU), central processor*, processing unit
**Zr-Legierung** *f* (Hütt) / zirconium alloy
**Z/s** (EDV) / characters per second* (cps)
**Z-Schnitt** *m* (Krist) / zero cut
**Z-Spannung** *f* (Eltronik) / Zener voltage, reverse breakdown voltage, Zener breakdown voltage
**Z-Stahl** *m* (Hütt) / zed *n*, zee *n* (US), zed section ‖ ~ (Hütt) s. auch Z-Profil ‖ **rundkantiger** ~ (Hütt) / zed section with rounded edges
**Z-Stapel** *m* (eine Stapelart für Gleisschwellen aus Holz) (For) / sleeper pile
**Z-Strom** *m* (Eltronik) / Zener current
**ZT** (Bau) / room temperature, RT
**ZTA•-Diagramm** *n* (Hütt) / time-temperature-austenitization diagram, TTA diagram ‖ ~**-Schaubild** *n* (Hütt) / time-temperature-austenitization diagram, TTA diagram
**Z-Teilchen** *n* (ein massives Vektorboson) (Kernphys) / Z particle, Z boson (a gauge boson of the weak interaction)
**ZTL** (die Zusatzluft durchströmt einen besonderen Niederdruckverdichter) (Luftf) / turbofan* *n*, fan-jet *n*, by-pass turbojet *n*
**Z-Transformation** *f* (eine Funktionaltransformation, die sich aus der Fourier-Transformation ableiten läßt) (Fernm, Math) / z-transformation *n*
**Z-Transformierte** *f* (Math) / z-transform *n*
**ZTU•-Diagramm** *n* (in dem das Umwandlungsvermögen von Stählen nach dem Austenitisieren bei isothermem Halten auf verschiedenen Temperaturen oder bei kontinuierlicher Abkühlung dargestellt wird) (Hütt) / time-temperature-transformation diagram, TTT diagram ‖ ~**-Schaubild** *n* (Hütt) / time-temperature-transformation diagram, TTT diagram
**zu** *adv* (Wasserhahn) / off *adv*
**ZÜ** (Masch) / reheater *n*, RH
**Zubau** *m* (Bau) / annex(e) *n*
**Zubehör** *n* (die Gesamtheit aller von einem Gerät getrennten Zusatzeinrichtungen, die zur Erfüllung der in den technischen Daten angegebenen Funktionen des Gerätes notwendig sind) / accessories *pl* ‖ ~ (Nachrüstteile) (Kfz) / aftermarket equipment ‖ ~**teil** *n* / accessory *n*
**zubereiten** *v* (Chem, Pharm) / prepare *v*
**Zubereitung** *f* (ein Gemisch, ein Gemenge oder eine Lösung) (Chem, Pharm) / preparation *n* ‖ **pulverförmige** ~ **schwer verarbeitbarer klebriger, zäh- und dünnflüssiger Materialien** (Chem Verf) / dry liquid
**zubessern** *v* (Bad) (Leder) / mend *v*, replenish *v*
**Zubringbewegung** *f* (des Werkstücks) (Masch) / feed motion
**zubringen** *v* (Zeit) / spend *v*
**Zubringer** *m* (EDV) / offering port, feeder port ‖ ~ (HuT, Kfz) / feeder road, accommodation road, feeder *n* ‖ ~ (Schiff) / feeder *n* ‖ **Leitungsadresse des** ~**s** (EDV) / line-address of the offering port, offering-port line address ‖ ~ *m* **zur Anschlußstelle** (HuT, Kfz) / slip-road (GB) ‖ ~**bündel** *n* (Fernsp) / offering trunk group ‖ ~**bus** *m* (auf dem Flugfeld) (Luftf) / airside (transfer) bus ‖ ~**flugzeug** *n* (Luftf) / feeder-line aircraft, feederliner *n*, commuter aircraft ‖ ~**kanal** *m* (Fernm) / offering channel ‖ ~**luftfahrzeug** *n* (Luftf) / feeder-line aircraft, feederliner *n*, commuter aircraft ‖ ~**pumpe** *f* (vorgeschaltete) / booster pump* ‖ ~**speicher** *m* (EDV) / auxiliary memory, backing store*, backing storage ‖ ~**teilgruppe** *f* (Fernsp) / grading* *n*, grading group* ‖ ~**übertragung** *f* (eine

**Zuführung**

Außenübertragung) (Radio) / outside broadcast transmission ‖ ⁓**verkehr** m (Bahn, Kfz, Luftf) / shuttle service
**Zubruchbauen** n (Bergb) / caving* n (controlled)
**Zucht** f (Bakteriol, Biol) / cultivation n, culture* n ‖ ⁓ (Landw) / breeding n, culture n, raising n (livestock), production n, rearing n
**züchten** v (Bakterien, Bienen, Perlen) (Bakteriol, Landw) / cultivate v, culture v ‖ ~ (Eltronik, Krist) / grow v ‖ ~ (Tiere) (Landw) / breed v, raise v, rear v ‖ ~ (Bienen) (Landw) / keep v ‖ ⁓ n (Bakteriol, Biol) / cultivation n, culture* n ‖ ⁓ (der Kristalle) (Eltronik, Krist) / growing* n
**Züchter** m (Landw) / grower n
**Zucht•keim** m (Chem) / seed crystal*, seed n ‖ ⁓**linie** f (Landw, Zool) / strain n ‖ ⁓**sorte** f (Bot, Landw) / select cultivar
**Züchtung** f (Bakteriol, Biol) / cultivation n, culture* n ‖ ⁓ (der Kristalle) (Eltronik, Krist) / growing* n ‖ ⁓ (Landw) / breeding n, culture n, raising n (livestock), production n, rearing n ‖ ⁓ **im Treibhaus** (Landw, Nahr) / forcing n ‖ ⁓ **transgener Tiere für pharmazeutische Zwecke** (Gen, Pharm) / pharming n
**Zucker** m (Chem) / sugar* n ‖ ⁓- (Chem) / saccharoidal adj, sucrosic adj ‖ - / saccharine adj ‖ **brauner** ⁓ (Nahr) / soft sugar, brown sugar ‖ **einfacher** ⁓ (Chem) / monosaccharide* n, monose n, simple sugar ‖ **in** ⁓ **verwandeln** (Chem) / saccharify vt, sugar v ‖ **L-**⁓ (Nahr) / left-handed sugar ‖ **mit** ⁓ **süßen** (od. bestreuen) (Nahr) / sugar vt ‖ **nichtreduzierender** ⁓ (Chem) / non-reducing sugar ‖ **raffinierter** ⁓ (Nahr) / refined sugar ‖ **reduzierender** ⁓ (Chem) / reducing sugar ‖ **stückiger** ⁓ (Nahr) / lump sugar
**Zucker•ahorn** m (Acer saccharum Marshall) (For) / sugar maple, rock maple ‖ **Deutscher** ⁓**ahorn** (For) / Norway maple, European maple ‖ ⁓**alkohol** m (im allgemeinen) (Chem) / sugar alcohol ‖ ⁓**anhydrid** n (Chem) / sugar anhydride ‖ ~**artig** adj / saccharine adj ‖ ⁓**ausschlag** m (weißliche Ausschwitzung von Zuckerstoffen auf der Lederoberfläche) (Leder) / sugar spew ‖ ⁓**austauschstoff** m (der anstelle von Saccharose zur Süßung von Lebensmitteln verwendet wird - z.B. Isomalt, Mannit, Sorbit) (Nahr) / sugar substitute, carbohydrate sweetener, bulk sweetener, caloric sweetener, nutritive sweetener ‖ ⁓**birke** f (Betula lenta L.) (For) / sweet birch, cherry birch, black birch ‖ ⁓**couleur** f (ein Farbstoff - E 150) (Nahr) / caramel n, caramel colour ‖ ⁓**dicarbonsäure** f (Chem) / sugar dicarboxylic acid ‖ ⁓**dicksaft** m (Nahr) / treacle n, sugar-house molasses ‖ ⁓**dikarbonsäure** f (Chem) / sugar dicarboxylic acid ‖ ⁓**ester** m (Saccharosepolyester von Fettsäuren) (Chem) / sugar ester, sucrose ester ‖ ⁓**ether** m (Chem) / sugar ether ‖ ⁓**fabrik** f (Nahr) / sugar factory, sugar refinery ‖ ⁓**gast** m (Chem, Landw, Pap, Zool) / silverfish n ‖ ⁓**gehalt** m (Chem) / sugar content ‖ ⁓**glasur** f (Nahr) / icing, frosting n (US), sugar coating ‖ ⁓**guß** m (Nahr) / sugar coating ‖ ⁓**haltig** adj / saccharine adj ‖ ⁓**haus** n (derjenige Teil einer Rohzuckerfabrik, in dem die Zuckerlösung zu festem Zucker umgearbeitet wird) (Nahr) / sugar-house n ‖ ⁓**hirse** f (Sorghum dochna (Forssk.) Snowden) (Nahr) / sorgo n, sweet sorghum, sugar sorghum n ‖ ⁓**hut** m (Nahr) / loaf sugar, cone sugar, sugarloaf, sugar cone ‖ ⁓**kalk** m (Pharm) / saccharated lime ‖ ⁓**kand** m (Nahr) / candy n, candy sugar, sugar candy ‖ ⁓**kandis** m (Nahr) / candy n, candy sugar, sugar candy ‖ ⁓**kandl** m (A) (Nahr) / candy n, candy sugar, sugar candy ‖ ⁓**kiefer** f (Pinus lambertiana Douglas (Chem, For) / sugar-pine n, Lambert pine ‖ ⁓**kohle** f (poröse Kohle aus Karamel) (Chem) / sugar charcoal* ‖ ⁓**körnige Struktur** (Geol) / saccharoidal texture*, sucrose texture ‖ ⁓**kulör** n (Nahr) / caramel n, caramel colour ‖ ~**liefernde Kultur** (Bot, Landw) / sugar crop ‖ ~**liefernde Pflanze** (Bot, Landw) / sugar plant* ‖ ⁓**lösung** f (Chem) / sugar solution
**zuckern** v (Nahr) / sugar vt
**Zucker•papier** n (Nahr, Pap) / sugar-wrap paper ‖ ⁓**pflanze** f (Bot, Landw) / sugar plant* ‖ ⁓**phosphat** n (Chem) / sugar phosphate ‖ ⁓**raffinerie** f (Nahr) / sugar-refinery ‖ ⁓**refraktometer** n (Chem) / sugar refractometer ‖ ⁓**reif** m (auf der Oberfläche der Schokolade) (Nahr) / sugar bloom ‖ ⁓**reihe** f (Chem) / sugar series
**Zuckerrohr** n (Saccharum L. sp.) (Bot, Landw) / sugar cane ‖ **mehrjährig genutztes** ⁓ (Landw) / ratoon cane ‖ ⁓**abfälle** m pl (als Brennstoff) / cane trash, trash n ‖ ⁓**staublungenkrankheit** f (infolge ständiger Einatmung von Zuckerrohrstaub) (Med) / bagassosis* (pl -oses) n ‖ ⁓**wachs** n / sugar-cane wax
**Zucker•rübe** f (Beta vulgaris var. altissima Döll) (Bot, Landw) / sugar beet ‖ ⁓**rüben-Erntemaschine** f (Landw) / sugar-beet harvester* ‖ ⁓**rübenschnitzel** n pl (vor der Extraktion) (Landw, Nahr) / beet slices, cossettes pl, sugar-beet chips, sugar-beet cossettes ‖ **ausgelaugte** ⁓**rübenschnitzel** (Landw, Nahr) / beet pulp, sugar-beet pulp, exhausted slices ‖ ⁓**säure** f (zur Lactonbildung neigende Polyhydroxycarbonsäure) (Chem) / sugar acid ‖ ⁓**säure** (D-Glukozuckersäure) (Chem) / saccharic acid, glucaric acid ‖ ⁓**schaum** m (zur Herstellung der vergorenen Maische bei der Rumbrennerei) (Nahr) / skimmings pl ‖ ⁓**sirup** m (64%ige Lösung von Saccharose in Wasser) (Nahr) / syrup n, sirup n (US) ‖ ~**süß** adj ‖

saccharine adj ‖ ⁓**tensid** n (Chem) / sugar surfactant ‖ ⁓**überzug** m (bei Dragés) (Pharm) / sugar coating
**Zuckerung** f (Zusatz von Zucker zum Most oder zum Jungwein) (Nahr) / addition of sugar
**Zucker•waage** f (eine Senkspindel zur Bestimmung der Dichte einer Zuckerlösung) (Chem) / saccharometer* n ‖ ⁓**watte** f (Nahr) / candyfloss n (the fairground confection of spun sugar), cotton candy (US) ‖ ⁓**würfel** m (Nahr) / sugar lump, sugar cube ‖ ⁓**zerfall** m / sugar fragmentation
**zudämmen** v (Wasserb) / dam v, dam up v, dike v, dyke v, stem v, impound v, pond v, back v, retain v, hold back v
**zudecken** v / cover v, blanket v
**zudosieren** v (Masch) / meter v, proportion v, dose v
**Zudosierung** f (zudosierte Menge pro Zeiteinheit) / metering rate, feeding rate ‖ ⁓ (Masch) / metering n, proportioning n, dosing n, dosage n
**zudrehen** v (Wasserhahn) / turn off v
**zufächeln** v (mit der Hand bei der Geruchsprobe) (Chem) / fan v (vapour towards nose)
**Zufahrt** f (Kfz) / drive n (GB), approach road, approach way, approach n
**Zufahrts•rampe** f (HuT, Kfz) / access ramp ‖ ⁓**rinnenmarker** m (Luftf) / taxi-channel marker* ‖ ⁓**straße** f (HuT, Kfz) / access road ‖ ⁓**weg** m (Kfz) / drive n (GB), approach road, approach way, approach n
**Zufallausfall** m / random failure
**zufällig** adj / accidental adj ‖ ~ (Stats) / random attr ‖ ~**e Abweichung** (DIN 1319, T 3) (Stats) / chance difference ‖ ~**e Anordnung** (Stats) / random order, randomization n ‖ ~**e Berührung** (durch Unaufmerksamkeit) (Eltech) / inadvertent contact ‖ ~**es Ereignis** (Stats) / random event ‖ ~**er Fehler** (DIN 1319, T 3) (Stats) / random error, accidental error ‖ ~**es Feld** (Stats) / random field ‖ ~**e Folge** (Stats) / random sequence ‖ ~**er Prozeß** (Stats) / random process, stochastic process ‖ ~**e Variable** (Math) / random variable*, variate n ‖ ~**e Veränderliche** (Math) / random variable*, variate* n ‖ ~ **verteiltes Rauschen** (Akus) / random noise*, stochastic noise*, fluctuation noise
**Zufälligkeitstest** m (ein statistischer Test) (Stats) / test of randomness
**Zufalls•-** (Stats) / random attr ‖ ⁓**abweichung** f (Stats) / chance difference ‖ ⁓**auswahl** f (Stats) / random sampling ‖ ~**bedingt** adj (Stats) / random attr ‖ ~**bedingte Belastung** (Mech) / random loading, incident loading ‖ ~**bedingter Fehler** (Stats) / random error, accidental error ‖ ⁓**belastung** f (Mech) / random loading, incident loading ‖ ⁓**experiment** n (abstrakte Formulierung eines zufälligen Versuchs) (Stats) / random experiment ‖ ⁓**fehler** m (Stats) / random error, accidental error ‖ ⁓**feld** n (Stats) / random field ‖ ⁓**generator** m / random number generator, random event generator, REG ‖ ~**gesteuertes Stichprobenverfahren** (Stats) / random sampling
**Zufallsgröße** f (Math) / random variable*, variate* n ‖ **diskrete** ⁓ (Stats) / discrete random variable ‖ **mehrdimensionale** ⁓ (Stats) / random vector ‖ **standardisierte** ⁓ (Stats) / standardized random variable ‖ **zentrierte** ⁓ (mit Erwartungswert Null) (Stats) / centralized random variable
**Zufalls•impulsserie** f (Fernm) / random pulse ‖ ⁓**knäuel** n (Gen) / random coil ‖ ⁓**koinzidenz** f (zweier Ereignisse) (Kernphys) / random coincidence* ‖ ⁓**mechanismus** m (bei Mehrsubstratreaktionen) (Biochem) / random mechanism ‖ ⁓**orientierung** f (Krist) / random orientation ‖ ⁓**signal** n (Fernm) / random signal ‖ ⁓**stichprobe** f (Stats) / random sample ‖ **ungeschichtete** ⁓**stichprobe** (Stats) / simple random sample ‖ ⁓**variable** f (Math) / random variable*, variate n ‖ **standardisierte** ⁓**variable** (Stats) / standardized random variable ‖ ⁓**vektor** m (Stats) / random vector ‖ ⁓**veränderliche** f (Math) / random variable*, variate* n ‖ ⁓**wirt** m (Biol, Landw) / accidental host, optional host ‖ ⁓**zahl** f (Stats) / random number ‖ ⁓**zahlengenerator** m / random number generator, random event generator, REG ‖ ⁓**zahlenreihe** f (EDV, Math) / random number series* ‖ **umrechnen auf** ⁓**zeichen** (Math) / randomize v ‖ ⁓**ziffer** f (Math) / random digit
**Zufluchtshafen** m (Schiff) / harbour of refuge
**Zufluß** m (in Flüssigkeitsvolumen) / flow n ‖ ⁓ (z.B. des Landsees) (Geog) / feeder* n ‖ ⁓**ganglinie** f (Wasserb) / inflow hydrograph (showing inflow into a reservoir) ‖ ⁓**geschwindigkeit** f (Wasserb) / approach velocity
**Zufuhr** f (zugeführtes Material) / supplies pl ‖ ⁓ (von Material) / supply n ‖ ⁓ (Wärm) / input n, supply n, addition n
**zuführen** v / feed v ‖ **wieder** ~ / return v
**Zufuhrkanal** m (Triebwasserkanal) (Wasserb) / head race* (a channel along which water flows to a turbine form a forebay) ‖ ⁓ (Wasserb) / feeder* n, lead n (li:d), inlet channel
**Zuführung** f (Fernm) / feed n, feeding n ‖ ⁓ (des Schlittens) (Masch) / run-up n ‖ ⁓ (von Wärme) (Wärm) / input n, supply n, addition n ‖ **automatische** ⁓ (Masch) / power feed* ‖ **fehlerhafte** ⁓ (EDV) /

**Zuführung**

misfeed n ‖ ⁓ f **mit der Vorderseite nach oben** (EDV) / face-up feed ‖ ⁓ **mit der Vorderseite nach unten** (EDV) / face-down feed
**Zuführungs•einrichtung** f (Masch) / applicator n ‖ ⁓**fehler** m (EDV, Masch) / misfeed n ‖ ⁓**gerät** n (Masch) / applicator n ‖ ⁓**mechanismus** m (Hütt) / feed n, feeder* n, feeding device ‖ ⁓**rohr** n (beim Einpflügen des Kabels) (Kab) / feed tube ‖ ⁓**tisch** m (der Spaltmaschine) (Leder) / feed table ‖ ⁓**wagen** m (des Gatters) (For) / saw carriage, logsaw carriage
**Zuführ•walze** f (Spinn) / toothed roller, toothed feed roller ‖ ⁓**walzen** f pl (Druck) / feed rollers*
**Zug** m (der Auftrieb, die Rauchführung) / draught* n, draft n (US) ‖ ⁓ (Zugluft) / draught* n, draft n (US) ‖ ⁓ (Entscheidung eines Spielers während einer Partie) / move n, play n ‖ ⁓ (Bahn) / train n ‖ ⁓ (Bahn, Kfz) / pull n, traction n, pulling n ‖ ⁓ (das einzelne Rauchrohr) (Bau) / flue* n ‖ ⁓ (Ziehumformung von Drähten, Stäben, Rohren und Profilen) (Hütt) / drawing* n, draught n ‖ ⁓ (beim Drahtziehen) (Hütt) / pass n ‖ ⁓ (von Wagen) (Kfz) / train n ‖ ⁓ (Kfz) / combination n (of vehicles) ‖ ⁓ (Griff zum Ziehen) (Masch) / pull-handle n ‖ ⁓ (des Kessels) (Masch) / pass n ‖ ⁓ (Masch, Schiff) / uptake* n ‖ ⁓ (Mech) / pulling n, pull n ‖ ⁓ (Spinn) / top* n, combed sliver, worsted sliver ‖ **aeromagnetischer** ⁓ (Bahn) / aeromagnetic train ‖ **ausgeglichener** ⁓ (Bau) / balanced flue ‖ **einachsiger** ⁓ (Mech) / simple tension ‖ **entgegenkommender** ⁓ (Bahn) / train in the opposite direction ‖ **fahrerloser** ⁓ (Bahn) / unmanned train ‖ **geschlossener** ⁓ (Bahn) / train load ‖ **künstlicher** ⁓ (Masch) / forced draught*, induced draught*, mechanical draught ‖ **leichter** ⁓ (nach der Beaufortskala) (Meteor) / light air ‖ **natürlicher** ⁓ (Masch) / natural draught* ‖ **reiner** ⁓ (Mech) / simple tension ‖ ⁓ m **an der Zugstange** (Bahn) / drawbar pull* ‖ ⁓ **aus der Stadt heraus** (Bahn) / down train ‖ ⁓ **des Räumwerkzeugs** (Masch) / broaching pass ‖ ⁓ **in Richtung Stadt** (Bahn) / up train
**Zugabe** f / addition n ‖ ⁓ (Masch) / allowance n (for machining) ‖ ⁓, **die den Verzug des Modells ausgleichen soll** (Gieß) / distortion allowance ‖ ⁓ **von Süßwasser** (Frischwasser) (Umwelt) / freshening n ‖ ⁓**wasser** n (+ Oberflächenfeuchte des Zuschlags = Anmachwasser) (Bau, HuT) / addition water
**Zug•abfertigung** f (Bahn) / train dispatching ‖ ⁓**abstand** m (zeitlich) (Bahn) / headway n ‖ ⁓**achse** f (Mech) / axis of tension, axis of traction
**Zugang** m / entrance n, entry n ‖ ⁓ (in der Lagerkartei) / entry n ‖ ⁓ (Masch) / access n, ingress n ‖ **abgehender** ⁓ **verhindert** (ein Leistungsmerkmal) (Fernsp) / outgoing calls barred, OCB ‖ **digitaler** ⁓ (Fernm) / digital access ‖ **hybrider** ⁓ (EDV) / hybrid access ‖ **integrierter digitaler** ⁓ (Fernm) / integrated digital access, IDA ‖ ⁓ m **zum Netz** (EDV) / network access
**zugänglich** adj / accessible adj ‖ **nicht** ⁓ / inaccessible adj
**Zugänglichkeit** f / accessibility* n ‖ **leichte** ⁓ (Masch) / easy access, ease of access
**Zugangs•anbieter** m (EDV) / access provider ‖ ⁓**berechtigung** f (EDV) / log-on authorization ‖ ⁓**beschränkte Zone** (EDV) / restricted area ‖ ⁓**folge** f (EDV) / entry sequence ‖ ⁓**gebühr** f (EDV) / access charge ‖ ⁓**konflikt** m (Fernm) / access contention ‖ ⁓**kontrolle** f (zu einem bewachten Raum) (Masch) / access control ‖ ⁓**kontrollsystem** n **mit Hilfe von biometrischen Daten** (z.B. Fingerabdruck, Stimme usw.) (EDV, Mil) / biometric access control ‖ ⁓**loch** n (Eltronik) / access hole ‖ ⁓**öffnung** f (für Unterhaltungsarbeiten an Ausrüstungen) (Bau, Masch) / access door ‖ ⁓**öffnung** (in Glove-boxes) (Nukl) / transfer port* ‖ ⁓**protokoll** n (ISDN) (EDV) / access protocol ‖ ⁓**punkt** m **des Vermittlungsdienstes** (Fernm) / network-service access point ‖ **natürlichsprachliches** ⁓**system** / natural-language interface, NLI, NL interface ‖ ⁓**tür** f (kleine - für Unterhaltungsarbeiten) (Bau, Masch) / access door ‖ ⁓**zahl** f (zum Ansteuern bestimmter Einrichtungen einer Vermittlungsstelle) (Fernsp) / access code
**Zug•anker** m (Arch, Bau) / stay-bar n ‖ ⁓**anker** (auf Zug beanspruchter Bolzen zur Befestigung von Maschinen, Verankerung von Bauwerken) (Bau, Masch) / through bolt ‖ ⁓**anker** (Zimm) / tie-beam* n ‖ ⁓**arbeit** f (bei den Stuckarbeiten) (Bau) / running* n (moulds) ‖ ⁓**auflösung** f (Bahn) / splitting-up n (of trains) ‖ ⁓**band** n (des Riemens) / tension band ‖ ⁓**band** (Zimm) / tie-beam* n ‖ **⁓beanspruchtes Element** (Bau, Masch) / tie* n, tie member, tension member ‖ ⁓**beanspruchung** f (Mech, WP) / tensioning n, tensile stress ‖ **⁓bedient** adj (Weiche) (Bahn) / train-operated adj ‖ ⁓**beeinflussung** f (Eisenbahnsicherung) (Bahn) / train control*, ATC system, automatic train control (system) ‖ **induktive** ⁓**beeinflussung** (Bahn) / inductive train-control system, automatic train stop ‖ **punktförmige** ⁓**beeinflussung mit Zwangsbremsung** (Bahn) / intermittent train control with automatic train stop ‖ ⁓**begleitpersonal** n (Bahn) / train crew ‖ ⁓**begrenzer** m (Abbrandverminderer) (Bau) / draught limiter ‖ **⁓belastbar** adj (Mech) / tensile adj ‖ ⁓**belastung** f (Mech) / tensile loading ‖ **automatischer** ⁓**betrieb** (Bahn) / automatic train operation* ‖ ⁓**bewehrung** f (die ausschließlich auf Zug beansprucht wird) (HuT) / tensile reinforcement ‖ ⁓**bildung** f (Bahn) / marshalling n, making-up

of trains, train formation ‖ ⁓**bildungsplan** m (Bahn) / train formation plan, train formation diagram ‖ ⁓**bremse** f (Bahn) / train brake* ‖ ⁓**bruch** m (WP) / tensile fracture ‖ ⁓**brücke** f (HuT) / draw-bridge* n ‖ ⁓-/**Dehnungsverhalten** n (Mech, WP) / tensile performance ‖ ⁓**diagonale** f (Mech) / tension diagonal ‖ **⁓dicht** adj (abgedichtet - z.B. Fenster) (Bau) / draughtproof adj ‖ ⁓**druckumformen** n (Umformen eines festen Körpers, wobei der plastische Zustand im wesentlichen durch eine zusammengesetzte Zug- und Druckbeanspruchung erreicht wird - DIN 8584) (Hütt, Masch) / forming under a combination of tensile and compressive conditions, tension-pressure forming, pull-pressure forming
**zugefroren** adj (Hafen, See) / ice-bound adj
**zugeführt•e Leistung** (Eltech, Mech) / input n (power), power input ‖ **~e Spannung** (Elektr) / applied voltage
**zugehörig** adj (Teile) / related adj ‖ **~e Zerfallsreihe** (Kernphys) / collateral series
**Zugehörigkeitsfunktion** f (in der Fuzzy-Logik) (Math) / membership function
**Zugeinheit, mehrteilige** ⁓ (Bahn) / multiple-unit train*
**zugekauftes Produkt** (F.Org) / buy-out product
**zugelassen** adj (meistens staatlich anerkannt) / authorized adj ‖ ~ (angemeldet, registriert) / registered adj ‖ ~ (nach Anmeldung) / registered adj ‖ ~ (z.B. Lebensmittelzusatzstoffe) / legally permitted ‖ **nicht** ~ (EDV) / illegal adj, forbidden adj ‖ **~er Energiebereich** (Kernphys) / allowed band* n ‖ **~e Überschreitung** (der Emissionswerte - kurzfristige) (Umwelt) / permissible excursion
**Zugelastizität** f (DIN 53835) (Phys) / elasticity of elongation*, tensile elasticity
**Zügelgurtbrücke** f (HuT) / cable-stayed bridge
**zugemauerte Tür** (Bau) / dead door
**Zug•-E-Modul** m (WP) / tensile elasticity module ‖ **~entlastet** adj (Bau, Masch) / non-tension attr
**zugerichtetes Holz** (Zimm) / wrought timber, wrot timber, dressed timber*, surfaced timber
**zugeschärfte Kante** (Keram) / featheredge n (a thin sharp edge)
**zugeschnitten** adj (für etwas konkret vorgesehen) / custom-made adj (US), custom-built adj, custom attr, customized adj ‖ **~es Bauholz** (Bau, For) / scantlings* pl ‖ **~e Fensterscheibe** (Bau) / glazing size, glass size ‖ **~e Preßbahn** (Plast) / varnished sheet ‖ **~e Stoffbahn** (Tex) / fabric panel
**zugespitzt** adj / pointed adj ‖ ~ (zusammenlaufend) / tapered adj
**zugewachsen** adj (Gang) (Geol) / crustified adj (said of a vein in which the mineral filling is deposited in layers on the wall rock), healed adj
**Zug•fahrtrechner** m (Bahn, EDV) / train performance processor ‖ ⁓**fahrzeug** n (für einen Anhänger) (Kfz) / towing car, towcar n ‖ ⁓**feder** f (Masch) / tension spring, extension spring*, spring loaded in tension ‖ ⁓**feder** (Uhr) / mainspring* n ‖ ⁓**festigkeit** f (bei den mechanisch-technologischen Prüfungen) (Pap) / zero-span tensile strength ‖ ⁓**festigkeit** (DIN 53404) (Tex) / tensile strength* n ‖ ⁓**festigkeit** (die beim Zugversuch auftretende Höchstkraft geteilt durch den ursprünglichen Querschnitt) (WP) / tensile strength, TS, ultimate tensile strength, UTS ‖ ⁓**festigkeitsprüfgerät** n (WP) / tensile testing machine*, tension testing machine ‖ ⁓**festigkeitsprüfung f der Streifenprobe** (Tex, WP) / strip test ‖ ⁓**fließspannung** f (WP) / yield strength in tension
**Zugfolge** f (Bahn) / headway n ‖ ⁓ (räumlicher Abstand) (Bahn) / interval between two trains, distance between trains, spacing of trains ‖ ⁓ (Reihenfolge) (Bahn) / sequence of trains, train order ‖ ⁓**abstand** m (Bahn) / interval between two trains, distance between trains, spacing of trains ‖ ⁓**stelle** f (Bahn) / block post, end of block section
**Zug•förderung** f (Bahn) / traction n ‖ **elektrische** ⁓**förderung** (Bahn) / electric traction* n ‖ **~freies Be- und Entlüftungssystem** (Kfz) / draught-free flow-through ventilation ‖ ⁓**funk** m (öffentlicher und nichtöffentlicher) (Bahn, Fernm) / radio-service on trains, train radio (telephony) ‖ ⁓**gattung** f (z.B. Eil- oder Schnellzug) (Bahn) / type of train, sort of train ‖ ⁓**geschirr** n (Web) / lowering harness ‖ ⁓**gewicht** n (Bahn) / tonnage of a train, train load ‖ ⁓**glied** n (auf Zug beanspruchte Bewehrung im Stahlbetonbau) (Bau, HuT) / tension steel ‖ ⁓**glied** (Bau, Masch) / tie* n, tie member, tension member ‖ ⁓**griff** m (Masch) / pull-handle n ‖ ⁓**gurt** m (Kfz) / tie-down strap ‖ ⁓**haken** m (Kfz) / towing hook, drawhook ‖ ⁓**haken** (Bahn) / drawhook n, drag-hook n, coupling hook ‖ ⁓**hakenleistung** f (Kfz) / hitch power ‖ ⁓**halt** m (Bahn) / train stop ‖ ⁓**handbremse** f (Kfz) / pull-on brake ‖ ⁓**hauptgleichung** f (Mech, WP) / principal tension equation ‖ ⁓**holz** n (ein helles Reaktionsholz auf der Oberseite von Laubhölzern) (For) / tension wood* n ‖ ⁓**holz** (For) s. auch Rotholz ‖ ⁓**holzfaser** f (For) / tension-wood fibre
**zügig** adj (Druckfarbe) (Druck) / tacky* adj ‖ ⁓**keit** f (auch von Salben und Salbengrundlagen) (Druck, Pharm) / tack n
**Zug•isolator** m (ein Freileitungsisolator) (Eltech) / tension insulator* n ‖ ⁓**kanal** m (Masch, Schiff) / uptake* n ‖ ⁓**kilometer** m (Bahn) /

train-kilometre n ‖ ~kraft f (am Radumfang) (Bahn, Landw, Masch) / tractive force*, tractive effort* ‖ ~kraft (bei der Ermittlung der Zugfestigkeit) (Masch, WP) / tensile force, tension force ‖ ~kühlofen m (Glas) / pan lehr ‖ ~länge f (Bahn) / train length ‖ ~last f (Bahn) / tonnage of a train, train load ‖ ~last (Kfz) / towing capacity, trailing capacity ‖ ~last (Mech) / tensile load ‖ ~laufanzeiger m (Bahn) / train describer*, destination indicator*, route indicator on platforms ‖ ~leine f / pull cord ‖ ~leistung f (Zugkraftentwicklung) (Kfz, Schiff) / traction n ‖ ~leistung (einer Presse) (Masch) / lifting power ‖ ~luft f / draught* n, draft n (US) ‖ ~luftschutz m an Kippflügelfenstern (Bau) / hopper* n ‖ ~maschine f (Straßenzugmaschine, Ackerschlepper) (Kfz) / tractor n ‖ ~maschine (als Flurförderer) (Kfz) / shop tractor, tow tractor ‖ ~maschine (Masch) / traction-engine* n ‖ ~maul n (Kfz) / towing gear ‖ ~meldeeinrichtung f (Bahn) / train describer* ‖ ~meldestelle f (Bahn) / train announcing point ‖ ~messer m (bei Feuerungsanlagen) / draught gauge*, draught indicator ‖ ~messer n (For, Zimm) / drawknife* n, drawing knife, draw shave, spokeshave n, drawing shave, cleaning knive ‖ formschlüssige ~mittel (Masch) / positive belts and chains ‖ ~mittelgetriebe n (ein Getriebe, das mindestens ein nur gegen Zugbeanspruchung widerstandsfähiges Mittel zur Bewegungsübertragung hat - z.B. Riemen- oder Kettengetriebe) (Masch) / chain and belt drive, belt and chain drive, flexible gear ‖ ~mitteltrieb m (Masch) / flexible drive ‖ ~name m (Bahn) / name of train ‖ ~niet m (Masch) / rivet in tension ‖ ~nummernanzeiger m (Bahn) / train number indicator ‖ ~nummernmeldeanlage f (Bahn) / train number indicator ‖ ~probe f (meistens runde) (WP) / tensile bar, tensile specimen ‖ ~probe mit Mittelriß (WP) / centre-cracked tensile specimen, CCT specimen ‖ ~propeller m (Luftf) / tractor* n, tractor propeller, tractor airscrew ‖ ~propellerflugzeug n (Luftf) / tractor airplane, tractor aeroplane ‖ ~prüfmaschine f (DIN 51221) (WP) / tensile testing machine ‖ ~räumen n (bei dem das Werkzeug in Schnittrichtung auf Zug beansprucht wird) (Masch) / pull-broaching n ‖ ~richtung f (bei der Säge) (For) / stroke direction

**Zugriff** m (Methode oder System zum Wiederauffinden einer gespeicherten Information) (EDV) / access n ‖ **abgesetzter** ~ (EDV) / remote access* (RA) ‖ **autorisierter** ~ (der aufgrund vorher übertragener Rechte ausdrücklich erlaubt ist) (EDV) / authorized access ‖ **berechtigter** ~ (EDV) / authorized access ‖ **direkter** ~ (EDV) / direct access*, random access* ‖ **eingeschränkter** ~ (EDV) / restricted access ‖ **halbdirekter** ~ (EDV) / semi-direct access ‖ **indirekter** ~ (EDV) / indirect access ‖ **inhaltsbezogener** ~ (EDV) / content access ‖ **nichtautorisierter** ~ (EDV) / unauthorized access ‖ **paralleler** ~ (EDV) / simultaneous access, parallel access ‖ **schneller** ~ (EDV) / fast access, immediate access ‖ **sequentieller** ~ (durch sequentielles Lesen aller Daten zwischen Start- und Zielpositionen) (EDV) / sequential access ‖ **serieller** ~ (EDV) / serial access* ‖ **sofortiger** ~ (EDV) / fast access, immediate access ‖ **unberechtigter** ~ (EDV) / unauthorized access ‖ **wahlfreier** ~ (bei dem die Zugriffszeit vom Platz der Daten tatsächlich unabhängig ist) (EDV) / direct access*, random access* ‖ **zyklischer** ~ (in bestimmten Intervallen) (EDV) / cyclic access ‖ ~ **m auf Daten** (EDV) / data access ‖ ~ **mit Schreibberechtigung** (EDV) / write access

**Zugriffs•arm** m (beim Magnetplattenspeicher) (EDV) / access arm ‖ ~berechtigung f (das Vorhandensein des Zugriffsrechts) (EDV) / access authorization ‖ ~berechtigungsstufe f (EDV) / access permission level ‖ ~beschränkung f (EDV) / access restriction ‖ ~-Clipping n (von Paketen) (Fernm) / freeze-out n ‖ ~ebene f (EDV) / access level ‖ ~kamm m (eine Festplatte, an dem die Schreib-/Leseköpfe befestigt sind) (EDV) / yoke n ‖ ~konkurrenz f (Fernm) / access contention ‖ ~kontrolle f (EDV) / access control ‖ ~kontrollregister n (EDV) / access control register ‖ ~methode f (EDV) / access method ‖ indexsequentielle ~methode (auf Daten einer Datei, deren Sätze sequentiell in Schlüsselfolge gespeichert sind) (EDV) / indexed-sequential access method*, ISAM, index-sequential access method ‖ ~modul n (EDV) / access module, AM ‖ ~möglichkeit f (auf Dateien) (EDV) / accessibility n ‖ ~pfad m (die Folge von Knoten in einer Datenstruktur, auf die zum Auffinden der gewünschten Information in einem zurückgegriffen werden muß) (EDV) / access path ‖ ~priorität f (EDV) / access priority ‖ ~protokoll n (EDV) / access protocol ‖ ~rate f (die Anzahl an Zugriffen pro Zeiteinheit etwa pro Sekunde) (EDV) / access rate ‖ ~recht n (EDV) / access right ‖ ~schutz m (EDV) / access protection ‖ ~sicherung f (EDV) / access protection ‖ ~sperre f (EDV) / privacy lock, access lock, access control lock ‖ ~strategie f (EDV) / access strategy ‖ ~stufe f (EDV) / access level ‖ ~teuerung f (bei Bildplattenspielern) (Eltronik) / automated coded access control ‖ ~zeit f (die nach dem Anlegen der Adresse eines Speichers vergeht, bis gültige Daten auf dem Datenbus anliegen) (EDV) / access time ‖ ~zeitfreie Speicherung (EDV) / high-speed storage, zero-access storage, rapid storage

**Zug•ringe** m pl (Druck) / propellers* pl, draw rollers ‖ ~ringschlüssel m (Werkz) / heavy-duty wrench ‖ ~rollen f pl (Druck) / propellers* pl, draw rollers ‖ ~rollen f pl (Spinn) / drawing rollers* ‖ ~säge f mit Gruppenzahnung (Werkz) / Spearfast cross-cut saw ‖ ~schalter m (Eltech) / pull switch*, ceiling switch* ‖ ~scheit n (Landw) / swingletree n ‖ ~scherfestigkeit f (WP) / shear stress by tensile loading ‖ **schlepper** m (in einem Flurfördersystem) (Kfz) / shop tractor, tow tractor ‖ ~schließe f (bei Schalenmauern) (Bau) / wall tie*, tie iron ‖ ~schlußlampe f (Bergb) / trip lamp (a removable self-contained mine lamp, designed for marking the rear end of a train /trip/ of mine cars) ‖ ~schlußleuchte f (Bahn) / tail lamp, tail-light n ‖ ~schlußmeldeanlage f (Bahn) / train tail system ‖ ~schlußsignal n (das am letzten Fahrzeug eines Zugs angebracht ist) (Bahn) / rear-light n, rear lamp ‖ ~schnur f / pull cord ‖ ~schranke f (Bahn) / draw-gate n, draw barrier ‖ ~schraube f (Luftf) / tractor* n, tractor propeller, tractor airscrew ‖ ~seil n (der Zweiseil-Umlaufbahn) (HuT) / traction rope*, hauling rope*, haulage rope ‖ ~seil (HuT) / pull rope ‖ ~seite f (einer Kette, eines Riemens) (Masch) / tight strand ‖ ~spannung f (Mech, WP) / tensile stress* ‖ ~spannung (bei einer benetzenden Flüssigkeit in einer Kapillare mit einem Kontaktwinkel unter 90° C) (Phys) / capillary attraction ‖ ~spannung (in einer Kapillare mit einem Kontaktwinkel über 90°) (Phys) / capillary repulsion ‖ ~spannungsfeld n (Masch, Mech) / tensile stress field ‖ ~spannungsriß m (WP) / tension crack ‖ ~spannungsverschluß m (Druck) / tension plate lock-up* ‖ ~spannzange f (Masch, Werkz) / draw-in collet ‖ ~spindel f (der Drehmaschine, die den Vorschubantrieb vom Spindelstock auf den Schloßkasten überträgt) (Masch) / feed shaft, feed rod ‖ ~spindeldrehmaschine f (Masch) / production lathe ‖ ~stab m (Mech) / tension rod*, tie rod* ‖ ~stange f (Bahn, Masch) / drawbar n, drag-bar n, draught-bar n ‖ ~stange (Erdöl) / pitman n (pl. pitmans) ‖ ~stange (z.B. eines Backenbrechers) (Masch) / pitman n (pl. pitmans) ‖ ~stärke f (natürlicher Druckunterschied am Schornsteinfuß zwischen Außenluft und Gas im Schornstein) (Bau) / draught n, draft n (US) ‖ ~strebe f (des Fachwerkträgers) (Zimm) / diagonal tie ‖ ~stück n (am Reißverschluß) (Tex) / pull n ‖ ~stufe f (bei Stoßdämpfern) (Kfz) / rebound n (stage) ‖ ~telefon n (heute fast obsolet) (Bahn, Fernsp) / train telephone ‖ ~tisch m (für Stukkateure) (Bau) / bench n ‖ ~traktor m (bei Druckern) (EDV) / pull tractor ‖ ~umformen n (DIN 8582 und 8585) (Masch) / forming under tensile conditions, tensile forming, tensile deformation, tension deformation ‖ ~- und Leitspindel-Drehmaschine f (Masch) / screw-cutting lathe* ‖ ~verformung f (Mech) / tensile strain ‖ ~verformungsrest m (die bleibende Deformation bzw. der plastische Anteil von Vulkanisaten unter Zugbeanspruchung) (Chem Verf) / tension set ‖ ~verlust m (Masch) / draught loss ‖ ~versuch m (DIN 50145) (WP) / tensile test*, tension test ‖ ~versuch in Dickenrichtung (über die ganze Materialdicke) (WP) / through-thickness tension testing ‖ ~wechselbahnhof m (Bahn) / junction station ‖ ~zerlegung f (Bahn) / splitting-up n (of trains) ‖ ~zone f (z.B. beim Spannbeton) (Bau, HuT) / tension area ‖ ~zusammenstellung f (Bahn) / marshalling n, making-up of trains, train formation

**Zuhaltekraft** f (Plast) / locking force, closing force, clamping force
**Zuhaltemechanismus** m (des Schlosses) (Masch) / tumbler n
**Zuhaltung** f (Bauteil von Tür- und Möbelschlössern) (Masch) / tumbler n
**Zuhaltungsbartschlüssel** m (Masch) / tumbler key
**zuhauen** v / hew v ‖ ~ n (grobes) (Zimm) / flogging* n
**zuheilen** v (Anstr) / heal v
**Zuhochtreiben** n (des Förderkorbes) (Bergb) / overwinding n, overtravel n
**zuhören** v (dauernd - die Empfangsstation) (Fernm, Radio) / stand by v
**Zuhörer** m (Akus) / listener n
**zuklinken** v / latch vt
**zuknallen** v (Tür) / slam v, bang v
**zuknöpfen** v / button v, button up v
**Zukunfts•chancen** f pl / outlook n (for the future), prospect for the future ‖ ~orientiert adj / future-oriented adj ‖ ~perspektiven f pl / outlook n (for the future), prospect for the future
**Zuladung** f (Summe der Massen von Besatzung, Nutzlast, Kraft- und Schmierstoffen, die ein Luftfahrzeug aufnehmen kann) (Luftf) / useful load*
**Zulage** f (Bau) / drawing floor ‖ ~ (For) / caul n
**zulassen** v (z.B. Farbstoffe in der Lebensmittelindustrie) / permit v
**zulässig** adj / permissible adj, admissible adj ‖ ~ (tolerabel) / tolerable adj ‖ ~ (den Sicherheitsvorschriften entsprechend) (Masch) / safe adj ‖ ~ (Basis, Bereich, Lösung) (Math) / feasible adj ‖ **nicht** ~ (EDV) / illegal adj, forbidden adj ‖ ~**es Abmaß** (Masch) / allowable limit ‖ ~**e Abnutzung** (bei Kommutatoren) (Eltech) / wearing depth* ‖ ~**e Belastung** (HuT, Mech) / safe load*, allowable load ‖ ~**e Belastung** (Masch) / load-bearing capacity, load capacity, bearing strength,

**zulässig**

bearing capacity, load-carrying capacity, capacity *n* ‖ **~er Bereich** (Math) / feasible region ‖ **~e Bodenbelastung** (z.B. in einer Ausstellungshalle) (Masch) / safe floor load ‖ **~er Böschungswinkel** (HuT) / critical slope ‖ **~es Gesamtgewicht** (Kfz) / maximum permissible weight ‖ **~e Geschwindigkeit** (Phys, Wasserb) / permissible velocity (the highest velocity at which water may be carried through a structure canal, or conduit without excessive damage) ‖ **~e Grenzlast** (HuT, Mech) / safe load*, allowable load ‖ **~e Höchstkonzentration** (Chem) / maximum allowable concentration, MAC, maximum acceptable concentration ‖ **~e Lösung** (Math) / feasible solution ‖ **~er Schlag** (bei Drehteilen) (Masch) / run-out allowance ‖ **~e Spannung** (Eltech) / permissible voltage ‖ **~e Spannung** (Festigkeitswert des verwendeten Werkstoffes dividiert durch einen Sicherheitsbeiwert) (Mech, WP) / working stress*, allowable stress (the maximum stress officially allowed to be applied to a given material in service) ‖ **~er Übergang** (Phys, Spektr) / allowed transition*, permitted transition

**Zulässigkeitsprüfung** *f* (ob Verbindung zulässig) (EDV) / barring check
**Zulassung** *f* / licence *n* ‖ **~** / approval *n* ‖ **~** (Kfz) / licensing *n*, registration *n* ‖ **~** (im Lebensmittelrecht) (Nahr) / clearance *n*, legal permission ‖ **befristete** **~** / temporary admission ‖ **~ *f* des Pflanzenschutzmittels** (Chem Verf, Landw) / label clearance ‖ **~ zum Flug** (Luftf) / flight clearance
**Zulassungs•behörde** *f* / licensing authority ‖ **~nummer** *f* (Pharm) / licensing number ‖ **~prüfung** *f* (Luftf) / certification test ‖ **~prüfung für den Weltraumeinsatz** (Raumf) / qualification test* ‖ **~stelle** *f* / accrediting authority
**Zulauf** *m* (ein Flüssigkeitsvolumen) / inflow *n* ‖ **~** (Gieß) / runner* *n*, runner-gate* *n* ‖ **~bohrung** *f* (am Pumpenzylinder einer Einspritzpumpe) (V-Mot) / induction port*, inlet port*
**zulaufen** *v* (schmal, eng, spitz) / taper *v*
**zulaufend** *adj* (verjüngt) / tapered *adj*
**Zulauf•gerinne** *n* (Wasserb) / feeder* *n*, lead *n* (li:d), inlet channel ‖ **~geschwindigkeit** *f* (Wasserb) / approach velocity ‖ **erforderliche ~höhe** (Masch) / net positive suction head, NPSH ‖ **~kanal** *m* (Wasserb) / head race* (a channel along which water flows to a turbine form a forebay) ‖ **~kanal** (Wasserb) / feeder* *n*, lead *n* (li:d), inlet channel ‖ **~kanal** (Wasserb) / channel of approach, approach channel ‖ **~leitung** *f* (Masch) / intake line, inlet line ‖ **~rinne** *f* (beim Owens-Verfahren) (Glas) / pot spout (from a glass tank to a revolving pot) ‖ **~rinne** (Wasserb) / feeder* *n*, lead *n* (li:d), inlet channel ‖ **~seite** *f* (der Wasserturbine) (Wasserb) / upstream *n* ‖ **~strecke** *f* (Wasserb) / channel of approach, approach channel ‖ **~wehr** *n* (des Glockenbodens) (Chem Verf) / influent weir
**zulegieren** *v* (Hütt) / alloy *v* ‖ **~** *n* (Hütt) / alloying *n*
**zuleiten** *v* / feed *v*
**Zuleitung** *f* (Eltech) / feeder* *n*, incoming feeder*, supply line, lead* *n* (li:d), supply line ‖ **~** (Fernm) / feed *n*, feeding *n*
**Zuleitungs•kanal** *m* (Wasserb) / head race* (a channel along which water flows to a turbine form a forebay) ‖ **~kanal** (Wasserb) / feeder* *n*, lead *n* (li:d), inlet channel ‖ **~kanal** (Wasserb) / channel of approach, approach channel
**Zulieferbetrieb** *m* / subcontractor *n*
**Zulieferer** *m* / subcontractor *n* ‖ **~betrieb** *m* / components plant ‖ **~industrie** *f* / supporting industry, supply industry, satellite industry
**Zuliefer•firma** *f* / vendor *n* ‖ **~industrie** *f* / supporting industry, supply industry, satellite industry ‖ **~teil** *n* (Masch) / bought-out component, bought-in component, part from supplier
**Zuluft** *f* (die gesamte einem Raum zugeführte Luft - DIN 1946) / ingoing air ‖ **~auslaß** *m* (Sanitär) / supply outlet
**Zulu-Zeit** *f* (in der NATO) / Greenwich Mean Time*, G.M.T.*, Greenwich Civil Time, Greenwich time, Universal Time*, zebra time, zulu time*, UT
**zumachen** *v* / close *v*, shut *v*
**zumauerbare Ofentür** (Hütt) / wicket *n* (a temporay refractory door in a furnace)
**zumauern** *v* (eine Öffnung) (Bau) / brick *v*, wall *v*, brick up *v* ‖ **~** (z.B. Tür- oder Fensteröffnung) (Bau) / wall up *v*, block up *v*, brick up *v* ‖ **~** (Strecken mit Bergen) (Bergb) / wall off *v*
**zumessen** *v* (Bau, HuT) / batch *v*, gauge *v* ‖ **~** (Masch) / meter *v*, proportion *v*, dose *v*
**Zumeß•gefäß** *n* (Bau, HuT) / gauge box*, batch box*, gauging box ‖ **~pumpe** *f* (Masch) / metering pump, proportioning pump ‖ **~schlitz** *m* (Kfz) / metering port
**Zumessung** *f* (Bau, HuT) / batching *n*, gauging *n* ‖ **~** (Masch) / metering *n*, proportioning *n*, dosing *n*, dosage *n*
**Zumeßventil** *n* (ein Speiseventil) (Masch) / feeder valve ‖ **~** (Masch) / measuring valve, metering valve
**zunageln** *v* / nail down *v*, nail up *v*
**zunähen** *v* / sew *v*, sew up *v*
**Zunahme** *f* / rise *n*, increase *n* (in) ‖ **~** (bei Maschenwaren) (Tex) / widening *n* ‖ **~** s. auch Zuwachs

**Zünd•abstand** *m* (V-Mot) / firing interval ‖ **~anlage** *f* (bei Ottomotoren) (V-Mot) / ignition system* ‖ **konventionelle ~anlage** (Kfz) / Kettering ignition system, conventional ignition system ‖ **~aussetzer** *m* (V-Mot) / misfiring* *n*, misfire *n*, missing *n* ‖ **~bereich** *m* (Phys) / flammability range, flammability limits ‖ **~beschleunigend** *adj* (V-Mot) / pro-ignition *attr*, ignition-improving *adj* ‖ **~beschleuniger** *m* (Zusatz zur Verbesserung der Zündwilligkeit bei Dieselkraftstoffen) (Kftst) / cetane number improver, ignition accelerator, Diesel ignition improver ‖ **~brenner** *m* (Masch) / start-up burner, ignitor *n* ‖ **~drehzahl** *f* (der Gasturbine) (Masch) / firing speed ‖ **~durchschlagsichere Maschine** (Bergb, Eltech) / dust-ignition-proof machine ‖ **~einsatzpunkt** *m* (Eltronik) / ignition point ‖ **~einsatzsteuerung** *f* (Eltronik) / phase control, phase-angle control ‖ **~einstellung** *f* (V-Mot) / ignition timing* ‖ **~elektrode** *f* (Eltronik) / pilot electrode*, ignitor* *n*, keep-alive electrode*, starter electrode, trigger electrode*, starter* *n*, ignition electrode ‖ **~empfindlich** *adj* / ignitable *adj* ‖ **~empfindlichkeit** *f* / ignitability *n*, ignition sensibility
**zünden** *v* (eine Sprengladung) (Bergb) / fire *v*, shoot *v*, blow *v* ‖ **~** (Zündschnur) (Bergb) / ignite *v*, spit *v* ‖ **~** (einen Lichtbogen) (Eltech) / strike *v*, draw *v* ‖ **~** (Glimmlampe) (Eltronik) / fire *v* ‖ **~** (Eltronik) / ignite *v* ‖ **~** (Triebwerk) (Raumf) / fire *v* ‖ **~** (V-Mot) / ignite *v* ‖ **~** *n* / ignition* *n*
**Zündende** *n* (der Elektrode) (Schw) / starting end
**Zünder** *m* (zur Einleitung der Zündung von Explosivstoffen) (Bergb, Mil) / fuse* *n*, fuze *n* (US), igniter* *n*, primer* *n*
**Zunder** *m* (Walzzunder) (Hütt) / mill scale*, roll scale, rolling scale ‖ **~** (Korrosionsprodukt auf Metallen, das in oxidierenden Gasen entsteht) (Hütt) / scale *n*, cinder *n* ‖ **~** (Hütt, Masch) / hammer scale*, forging scale, forge scale, blacksmith's scale ‖ **eingewalzter ~** (Hütt) / trickle scale, rolled-in scale
**Zünder, elektrischer ~** (Eltech) / discharger* *n*, firing machine
**Zunder•armglühen** *n* (Hütt) / annealing free from scale ‖ **~ausblühung** *f* (örtlich verstärkte Verzunderung als Folge lokalen Zusammenbrechens der Schutzwirkung vorliegender Zunderschichten) (Hütt) / scale efflorescence ‖ **~beständig** *adj* (Hütt) / non-scaling *adj*, scaling-resistant *adj* ‖ **~beständigkeit** *f* (Hütt) / scale resistance ‖ **~bildung** *f* (Oxidationsvorgang an der Oberfläche von Stahl durch die Einwirkung heißer Gase) (Hütt) / scaling *n*, formation of scale, scale formation ‖ **~brechwalzwerk** *n* (Hütt) / scale-breaker stand, scale breaker
**Zünderdraht** *m* (Bergb) / leg wire
**Zunder•eindruck** *m* (Hütt) / scale pit ‖ **~frei** *adj* (Hütt) / scale-free *adj*, free from scale, scaleless *adj* ‖ **~freiglühen** *n* (Hütt) / annealing free from scale ‖ **~geschwindigkeit** *f* (Hütt) / scaling (oxidation) rate ‖ **~grenztemperatur** *f* (Hütt) / scaling-limit temperature ‖ **~holz** *n* (heute obsolet) (For) / touchwood *n* ‖ **~konstante** *f* (bei der Hochtemperaturkorrosion) / scale constant
**zundern** *v* (Hütt) / scale *v* ‖ **~** *n* (Hütt) / scaling *n*, formation of scale, scale formation
**Zunder•narbe** *f* (Hütt) / scale pit ‖ **Echter ~schwamm** (Fomes fomentarius) (For) / tinder fungus, tinder *n*
**zünd•fähig** *adj* / ignitable *adj* ‖ **~fähigkeit** *f* / flammability *n*, inflammability *n*, ignitability *n* ‖ **~fähigkeit** / ignitability *n*, ignition sensibility ‖ **~flamme** *f* (z.B. in Geräten zur Bestimmung des Flammpunktes nach DIN EN 456 : 1991 -09) / ignition flame ‖ **~flamme** (z.B. des Gaswasserheizers) / pilot-light *n* ‖ **~folge** *f* (beabsichtigte zeitliche Aufeinanderfolge des Zündens von Sprengladungen in einem Zündgang) (Bergb) / firing order, firing sequence ‖ **~folge** (DIN 73021) (V-Mot) / firing order* ‖ **~freudigkeit** *f* von Dieselkraftstoffen, durch einen Cetanzahlwert ausgedrückt (Kftst) / cetane rating, cetane number rating, CNR ‖ **~freudigkeit** von Kraftstoffen, durch einen Oktanzahlwert ausgedrückt (Kftst) / octane rating, octane number rating, ONR ‖ **~funke** *m* (Eltech, Kfz) / spark* *n* ‖ **~gang** *m* (gemeinsames Zünden zusammengehöriger Sprengladungen) (Bergb) / group of shots, round of shots ‖ **~gang** (gemeinsames Zünden zusammengehöriger Sprengladungen) (Bergb) / round *n* (of shots), group (of shots) ‖ **~gewölbe** *n* (bei Wassergaserzeugung) (Kftst) / ignition arch ‖ **~grenzen** *f pl* (Explosionsgrenzen) / explosive limits, limits of explosion, explosion limits ‖ **~grenze** *f* (untere und obere ~) / limit of flammability, flammability limit, limit of inflammability ‖ **~holz** *n* / match *n* ‖ **~holzparaffin** *n* (mit Schmelzpunkt zwischen 30 und 40° als Imprägniermittel für Zündhölzer) / match wax ‖ **~hütchen** *n* / detonator *n*, blasting cap ‖ **~hütchen** (Bergb) / blasting cap, ignition cap ‖ **~hütchen** (Chem) / percussion cap ‖ **~hütchen** (Mil) / primer *n* ‖ **~impuls** *m* (Eltronik) / trigger pulse*, ignition pulse ‖ **~impulstransformator** *m* (Eltech) / peaking transformer* ‖ **~kabel** *n* (V-Mot) / spark-plug lead, spark-plug cable, high tension lead, HT lead

**Zündkerze** f (zum Anfahren der Gasturbine) (Luftf) / igniter plug* ‖ ~ (DIN 72501, DIN 72502) (V-Mot) / sparking plug*, spark plug, plug n ‖ **nasse** ~ (V-Mot) / full-soaked spark plug
**Zündkerzen•-Entstörstecker** m (zum unmittelbaren Aufstecken auf eine Zündkerze) (V-Mot) / sparking-plug suppressor ‖ ~**gehäuse** n (V-Mot) / sparking-plug body, spark-plug shell (US) ‖ ~**kabel** n (V-Mot) / spark-plug lead, spark-plug cable, high tension lead, HT lead ‖ ~**lehre** f (V-Mot) / spark-plug gauge ‖ ~**leitung** f (V-Mot) / spark-plug lead, spark-plug cable, high tension lead, HT lead ‖ ~**schlüssel** m (ein Schraubenschlüssel) (V-Mot, Werkz) / spark-plug spanner, spark-plug wrench ‖ ~**sitz** m (V-Mot) / spark-plug seat ‖ ~**stecker** m (V-Mot) / spark-plug connector, spark-plug cap ‖ ~**verschmutzung** f (V-Mot) / fouling* n
**Zünd•kondensator** m (V-Mot) / ignition capacitor ‖ ~**kreis** m (Eltech, V-Mot) / ignition circuit ‖ ~**kriterium** n (Nukl) / ignition criterion ‖ ~**lichtbogen** m (Schw) / pilot arc ‖ ~**lichtpistole** f (V-Mot) / timing light, strobe light ‖ ~**marke** f (V-Mot) / timing mark ‖ ~**maschine** f (tragbare Vorrichtung, mit der Strom erzeugt wird, mit dem die Zündmittel gezündet werden) (Bergb, Eltech, HuT) / exploder n, blaster n, blasting unit, blasting machine ‖ ~**maschinenhandgriff** m (Bergb, Eltech) / firing key ‖ ~**papier** n (pyrotechnisches Zündmittel) (Pap) / touch paper, saltpetre paper ‖ ~**pille** f (Bergb) / fusehead n, priming drop, primer* n, fuse ball ‖ ~**pulver** n (fürs aluminothermische Schweißen) (Schw) / ignition powder ‖ ~**punkt** m (niedrigste Temperatur eines brennbaren Stoffes, bei der sich dieser Stoff bzw. dessen Staub, Dampf oder Gas an der Luft entzündet) (Phys) / ignition temperature*, ignition point ‖ ~**quelle** f (Phys) / source of ignition ‖ ~**satz** m (Bergb) / fusehead n, priming drop, primer* n, fuse ball ‖ ~**satz** (mit dem ein Sprengsatz gezündet wird) (Bergb) / priming composition ‖ ~**schalter** m (Schalter für Zündung und Starter) (Kfz) / ignition switch ‖ ~**schaltkreis** m (Eltech, V-Mot) / ignition circuit ‖ ~**schloß** n (für die Aufnahme des Zündschlüssels zum Betätigen des Zündschalters) (Kfz) / ignition lock ‖ ~**schlüssel** m (Kfz) / ignition key ‖ **ohne** ~**schlüssel** (Start) (Kfz) / keyless adj ‖ ~**schlüsseldrehung** f (Kfz) / turn of the ignition key ‖ ~**schnur** f (zum Zünden von Sprengladungen) (Bergb) / fuse* n, fuse cord, blasting fuse* ‖ ~**schnur** (für die angewandte Seismik) (Geol) / primacord n, primacord fuse ‖ **detonierende** ~**schnur** (Bergb) / detonating fuse* ‖ ~**schnur** f mit einer Brenngeschwindigkeit weit über 1000 m/s (Bergb) / instantaneous fuse* ‖ ~**sicherheit** f (V-Mot) / ignition reliability
**Zündspannung** f (einer Funkenstrecke) (Eltronik) / breakdown voltage ‖ ~ (der Gasentladungslampe) (Eltronik) / starting voltage*, striking voltage*, ionizing voltage*, striking potential*, starter voltage*, ignition voltage ‖ ~ (des Thyristors) (Eltronik) / gate trigger voltage ‖ ~ (nach dem Paschenschen Gesetz) (Eltronik, Phys) / sparking potential*, sparking voltage, sparkover potential* ‖ ~ (V-Mot) / ignition voltage
**Zündspannungs•angebot** n (V-Mot) / secondary available voltage ‖ ~**bedarf** m (V-Mot) / required (ignition) voltage ‖ ~**nadel** f (auf dem Leuchtschirm des Oszilloskops) (Kfz) / firing line, firing spike, ignition peak
**Zünd•sprengstoff** m (z.B. Bleiazid oder Knallquecksilber) / initiating agent, primary explosive, initiating explosive ‖ ~**spule** f (ein Transformator in der Zündanlage eines Ottomotors nach DIN 72531) (V-Mot) / ignition coil*, spark coil*, coil ‖ ~**stein** m (z.B. aus Cermetall) / lighter flint ‖ ~**steuerung** f (V-Mot) / ignition control ‖ ~**stoff** m / initiating agent, primary explosive, initiating explosive ‖ ~**strecke** f (der Gasentladungslampe) (Eltronik) / starter gap ‖ ~**strom** m (Eltronik) / gate trigger current ‖ ~**system** n (theoretische Grundlage für die Zündanlage) (V-Mot) / ignition system* ‖ **elektronisches** ~**system** (V-Mot) / electronic ignition system ‖ ~**temperatur** f (Phys) / ignition temperature*, ignition point
**Zündung** f (Bergb, V-Mot) / ignition* n, firing* n ‖ ~ (eines Lichtbogens) (Eltech) / striking n ‖ **verteilerlose** ~ (V-Mot) / distributorless ignition
**Zündungs•aussetzer** m (V-Mot) / misfiring* n, misfire n, missing n ‖ ~**steuerung** f (V-Mot) / ignition control ‖ ~**unterbrecher** m (Kfz) / breaker n, contact breaker
**Zünd•verbesserer** m (Kftst) / cetane number improver, ignition accelerator, Diesel ignition improver ‖ ~**verstellung** f (früh oder spät) (V-Mot) / ignition timing* ‖ ~**verstellwinkel** m (V-Mot) / angle of advance*, advance angle ‖ ~**verteiler** m (V-Mot) / distributor n, ignition distributor ‖ ~**verteilerstecker** m (V-Mot) / distributor connector ‖ ~**verzögerung** f (Bergb) / ignition delay ‖ ~**verzug** m (zwischen Einspritzbeginn und Selbstzündung von Dieselkraftstoff im Dieselmotor) (V-Mot) / ignition lag*, ignition delay ‖ ~**vorrichtung** f (Bergb, Mil) / fuse* n, fuze n (US), igniter* n, primer* n ‖ ~**willigkeit** f (eines Kraftstoffs) (Kftst) / ignitability n, readiness to ignite, inflammability n ‖ ~**willigkeitsverbesserer** m (Kftst) / cetane number improver, ignition accelerator, Diesel ignition improver ‖ ~**winkel** m (Eltronik) / firing angle* ‖ ~**winkel** (V-Mot) / ignition angle, firing angle

**Zündzeit** f / ignition time ‖ ~ (beim Einschalten eines Thyristors) (Eltronik) / gate-controlled turn-on time ‖ ~ (Eltronik) / firing time*
**Zündzeitpunkt** m (V-Mot) / ignition point ‖ ~**einstellung** f (V-Mot) / ignition timing* ‖ ~**marke** f (z.B. auf Steuergehäusedeckel) (V-Mot) / timing indicator ‖ **kalibriertes Unterdrucksignal für die** ~**verstellung** (Kfz) / ported vacuum advance, PVA
**zunehmen** v (Mond) (Astr) / wax v
**Zunge** f (des Schuhes) / tongue n (in a shoe) ‖ ~ (des Rechenschiebers) / slide n, sliding insert, sliding piece ‖ ~ (Akus) / reed* n ‖ ~ (Teil der Zungenschiene) (Bahn) / switch blade*, switch point ‖ ~ (Schornsteinzunge) (Bau) / withe* n, mid-feather* n, bridging* n ‖ ~ (Verm) / salient* n ‖ ~ (Zool) / tongue* n
**Zungen•band** n (als Beschlag) (Bau) / tee hinge*, T-hinge n ‖ ~**beckensee** m (Geol) / finger lake ‖ ~**elektrode** f (zur Bestimmung des Oberflächenwiderstandes) / reed comb electrode ‖ ~**frequenzindikator** m (Eltech) / vibrating-reed instrument, vibration-reed frequency meter, vibrating-reed frequency meter n ‖ ~**frequenzmesser** m (mit Vibrationsmeßwerk) (Eltech) / vibrating-reed instrument, vibration-reed frequency meter, vibrating-reed frequency meter n ‖ ~**frequenzrelais** n (Eltech) / tuned relay* ‖ ~**kontakt** m (Eltech) / wedge contact* ‖ ~**lautsprecher** m (Akus) / reed loudspeaker* ‖ ~**nadel** f (Tex) / latch needle ‖ ~**schiene** f (zur Seite hin bewegliche Schiene der Weiche) (Bahn) / tongue rail, tongue blade ‖ ~**schloß** n (Bau, Kfz) / tongue lock ‖ ~**verschluß** m (Bau, Kfz) / tongue lock ‖ ~**weiche** f (Bahn) / point switch, split switch ‖ ~**weiterreißversuch** m (Tex) / tongue-tear test ‖ ~**wurzel** f (Bahn) / heel n ‖ **Abstand zwischen der** ~**wurzel** (Weiche) **und dem Herzstück** (Bahn) / lead track*
**Zunyit** m (ein Silikat mit $Si_5O_{16}$-Gruppen) (Min) / zunyite n
**Zuordner** m (Fernm) / translator n
**Zuordnung** f (EDV) / allocation n (of store space), assignment n (of a device) ‖ ~ (eines Wertes) (Math) / assignment n ‖ ~ (Math) / mapping* n, transformation* n, map* n ‖ **relativer Adressen** (EDV) / displacement assignment
**Zuordnungs•problem** n (das z.B. mit der ungarischen Methode gelöst wird) (EDV, KI) / assignment problem ‖ ~**routine** f (EDV) / allocator routine ‖ ~**sprache** f (in einem Wörterbuch - in der die Entsprechungen zugeordnet sind) / target language ‖ ~**vorschrift** f (bei Funktionen) (Math) / rule of assignment
**zupfen** v (rupfen) / pick v, pluck v ‖ ~ (die Fleischseite mechanisch bearbeiten, um längere Lederfasern zu erzielen) (Leder) / tease v
**Zupfer** m (Tex) / plucking machine ‖ ~ (des Reißverschlusses) (Tex) / pull n
**Zupfmaschine** f (Tex) / plucking machine
**zur Zeit vergriffen** (Buch) (Druck) / out of print at present, OPP
**Zürcher Oxid** (mit hoher Sprungtemperatur) (Chem) / Zurich oxide
**Zurechnung** f (der Kosten den einzelnen Kostenträgern) / allocation n
**Zürgelbaum, Südlicher** (Celtis australis L.) (For) / nettle tree
**Zurichtbogen** m (im allgemeinen) (Druck) / make-ready sheet ‖ ~ (zwischen Bleifuß und Druckstock) (Druck) / interlay* n ‖ ~ (der unter die Bleifußmontage von Druckstöcken gelegt wird) (Druck) / underlay* n ‖ ~ (der um den Zylinder gelegt wird) (Druck) / overlay n
**zurichten** v / prepare v, fit v ‖ ~ (Ziegel) (Bau) / gauge v ‖ ~ (für den Fortdruck) (Druck) / make v ready ‖ ~ (EDV) / crop v ‖ ~ (nach der Gerbung) (Leder) / dress v, finish v
**Zurichterei** f (in Walzwerken) (Hütt) / dressing shop, finishing shop
**Zurichtung** f (vorbereitender Arbeitsgang für den Fortdruck) (Druck) / making-ready n, make-ready* n ‖ ~ (nach der Gerbung) (Leder) / dressing n, currying n (and finishing), finish n ‖ **im Faß** (Leder) / drumming n ‖ ~ **von oben** (Druck) / overlay* n ‖ ~ **von unten** (Druck) / interlay n
**zurren** v (Kfz) / tie down v ‖ ~ (Schiff) / seize v, lash v ‖ ~ n (mit Zurringen oder Ketten) (Schiff) / seizing n, lashing n
**Zurrgurt** m (Kfz) / tie-down strap
**Zurück•ätzen** n (Eltronik) / desmearing n, etch-back n ‖ ~**bauen** v (Bergb) / retreat v ‖ ~**bildung** f / reconversion n ‖ ~**bleibende Ladung** (Elektr) / retained charge ‖ ~**bleibende Lagerung** (Geol) / offlap n, regressive overlap n ‖ ~**bleibende Magnetisierung** (Eltech, Mag) / residual magnetization* ‖ ~**brennen** n (Schw) / burn-back n ‖ ~**drehen** v / turn back v ‖ ~**drehen** (Gewindebohrer) (Masch) / back out v ‖ ~**fahren** v (Kfz) / back v, reverse v, move back ‖ ~**falten** v / fold back v ‖ ~**federnd** adj / resilient adj ‖ ~**fließen** v (Tex) / flow back v ‖ ~**förderung** f **der abgesaugten Luft** (ins Innere des Containments) (Nukl) / re-venting n ‖ ~**führen** v / return v ‖ ~**führung** f **auf die Bahn** (Raumf) / orbital catch-up n ‖ ~**funken** v (Kontakt zwischen einer Planetensonde) (Radio) / return v ‖ ~**gebliebenes Gebiet** (eine Gebietskategorie nach dem Raumordnungsgesetz des Bundes) / underdeveloped area n ‖ ~**gelegte Fahrstrecke** (in km oder m) (Kfz, Schiff) / kilometrage n, mileage n ‖ ~**gelegte Strecke** (Kfz) / distance covered, distance travelled ‖ ~**gelegter Weg** / distance covered, distance travelled ‖ **in sich** ~**geworfen** (Licht) (Licht) / reflected adj ‖ ~**geworfen werden** (Licht) / reflect vi, back vi ‖ ~**halten** v (z.B. in

**Zurückhaltung**

Vertiefungen) / trap v ‖ ⁓haltung f (Hyd, Med) / retention* n, solute retention ‖ ⁓holen v / withdraw v ‖ ⁓holen n der Musterkette (Web) / lagging-back n ‖ ⁓klappen v / fold back v ‖ ⁓klatschen v (Häute im Faß) (Leder) / drop back v ‖ ⁓knallen n (V-Mot) / blowing back, blowback* n ‖ ⁓laden v / reload v ‖ ⁓lassen v / leave v ‖ ⁓laufen v / run back v ‖ ⁓laufende Welle (Phys) / back wave v ‖ ⁓legen v (Ware) / put aside v, keep v, set v ‖ ⁓leiten v / return v ‖ ⁓leiten (Strahlen) (Opt) / redirect v ‖ ⁓nahme f / withdrawal n ‖ ⁓nahme (beim Zahnradprofil) (Masch) / easing-off n, ease-off n, tip relief ‖ ⁓oxidieren v (Chem) / reoxidize v, oxidize back v ‖ ⁓prallen v (Phys, WP) / spring back v, rebound v ‖ ⁓rollen n (EDV) / scroll-down n, roll-down n ‖ ⁓rufen v (Fernsp, Kfz) / recall v ‖ ⁓schalten v (Kfz) / gear down v, downshift v (US), shift down v ‖ ⁓schären v (Web) / rebeam v ‖ ⁓schiebbar adj / retractable adj ‖ ⁓schieben v (gleitend) / slide backwards v ‖ ⁓schieben v / retract v ‖ ⁓schlagen v (Flamme) / flash back v, strike back v ‖ ⁓schlagen n (Masch) / flashback n, blowback n ‖ ⁓schneiden v (For) / trim v, shorten v ‖ ⁓schneiden n unerwünschter Vegetation (im Auf- und Jungwuchs) (For) / slashing n ‖ ⁓schnellen n (Masch) / resilience n ‖ ⁓schrauben v (Gewindebohrer) (Masch) / back out v ‖ ⁓schwingen n (eine Längsschiffsschwingung) (Schiff) / scending n ‖ ⁓setzen v (Instr) / clear* v, reset* v, restore* v ‖ ⁓setzen (Kfz) / back v, reverse v, move back ‖ ⁓setzung f (Zurückgehen in einem Lösungsbaum an einen bestimmten Knoten, von dem aus erneut eine Lösung versucht wird) (KI) / backtracking n ‖ ⁓springen v (federnd) (Phys, WP) / spring back v, rebound v ‖ ⁓spulen v (Tonband) / rewind v ‖ ⁓stehende Lamelle (Eltech) / low segment ‖ ⁓stellbar adj / resettable adj ‖ ⁓stellen v / reset v ‖ ⁓stellen (einen Hebel) (Masch) / return v (to original position) ‖ ⁓stellen n der Stoppuhr auf Null (Uhr) / snap-back n ‖ ⁓stellung f (Eltech, Eltronik, Masch) / reset* n ‖ ⁓stoßen v / repel v ‖ ⁓stoßen (beim Parken) (Kfz) / back v, reverse v, move back ‖ ⁓strahlen v (Phys) / reradiate v, reflect v ‖ ⁓strahlend adj (Phys) / reflecting adj, reflective adj, retroreflective adj ‖ ⁓strahlung f (Opt) / retroreflection, reflex reflection ‖ ⁓strahlung f (Phys) / reradiation* n, reflection* n, back radiation, back reflection ‖ ⁓verfolgung f (eines Teils während des Fertigungszyklus - durch besondere Kennzeichnung) (F.Org) / traceability n ‖ ⁓weisen v / reject v ‖ ⁓weisung f (F.Org) / rejection n ‖ ⁓weisung des Einspruchs (im Patentrecht) / rejection of the opposition ‖ ⁓werfen v (Phys) / reflect v (back) ‖ ⁓ziehbar adj / retractable adj ‖ ⁓ziehen v / retract v ‖ ⁓ziehen v (einen Bohrer) / withdraw v

**zurühren** v / mix in v

**Zusammen·arbeit** f (zwischen zwei Anlagenteilen) / interoperation n ‖ ⁓backen v / bake v (together) ‖ ⁓backen (Koks, Klinker) / cake v ‖ ⁓backen (Pulv) / sinter v ‖ ⁓backen n (Koks, Klinker) / caking n ‖ ⁓ballen v (Aufber, Chem Verf, Hütt) / pelletize v, pellet v, ball v, ball up v ‖ ⁓bau m (Masch) / assembly n, fitting* n, assembling n ‖ fester ⁓bau (Masch) / permanent assembly ‖ ⁓bauen v (nach vorhergegangenem Zerlegen) (Masch) / reassemble v ‖ ⁓bauen (Masch) / assemble v ‖ ⁓bauhalle f (Masch) / fitting shop*, assembly shop, assembly room, erecting shop*, assembly hall ‖ ⁓bauzeichnung f (DIN 199, T 1) / assembly drawing, general assembly drawing ‖ ⁓brauen v (Nahr) / concoct v ‖ ⁓brechen n (des Potentials) (Elektr) / breakdown n ‖ ⁓brechenlassen n des Systems (um z.B. durch den Speicherauszug zu geschützten Daten zu gelangen) (EDV) / thrashing n (intentional, deliberate), threshing n

**Zusammenbruch** m (eine fehler- oder störungsbedingte Beendigung eines Rechnerlaufs) (EDV) / crash n, abend n ‖ ⁓ (des Potentials) (Elektr) / breakdown n ‖ ⁓ (des Fahrwerks) (Luftf) / collapse n ‖ ⁓ (des Feldes) (Phys) / collapse n ‖ ⁓ (Plast) / collapse n

**zusammen·drängen** v / crowd v ‖ ⁓drehen v / twist together ‖ ⁓drückbar adj / compressible adj ‖ nicht ⁓drückbar / incompressible adj ‖ ⁓drückbarkeit f (Volumenelastizität) (Phys) / compressibility* n ‖ ⁓drücken v / crush v, squash vt ‖ ⁓drücken / compress v ‖ ⁓drücken / compression n ‖ ⁓drückung f der Synchronisierung (TV) / synchronization compression ‖ ⁓fallen v (Bleisatz) (Typog) / pie vi, pi v (US) ‖ ⁓falten v / double v, double up v ‖ ⁓fassen (Werte) / pool v ‖ zyklisch ⁓fassen (Signale) (Fernm) / interleave v ‖ ⁓fassung f / summary n ‖ ⁓fließen n (Geol) / confluence n, conflux n ‖ ⁓fließend adj / confluent adj flowing together or merging ‖ ⁓fließende Flüsse (Geog, Geol) / confluent rivers ‖ ⁓fluß m (Stelle, an der zwei Flüsse zusammentreffen) (Geog, Geol) / confluence n ‖ ⁓fluß (Tätigkeit) (Geol) / confluence n, conflux n ‖ ⁓frieren n / adfreezing n ‖ ⁓fügen v (z.B. zwei Dateien) (EDV) / coalesce vt, conflate v ‖ ⁓fügen (Masch) / join v, bond v, joint v ‖ ⁓fügen (Bau) / jointing* n ‖ ⁓führung f (in einem Programmablaufplan) (EDV) / junction n ‖ ⁓gebacken adj (Geol) / welded adj ‖ ⁓geflicktes System (EDV) / kludge n ‖ ⁓gelegte Fläche (Landw) / consolidated area ‖ ⁓geschmolzene Metallpartikeln (Abfall bei spanabhebender Bearbeitung) (Masch) / smear metal* ‖ ⁓geschoben werden (z.B. ein Pkw bei einem frontalen Zusammenstoß) (Kfz) / concertina v ‖ ⁓geschustertes System (EDV) / kludge n ‖ ⁓geschweißtes Rohr (aus mehreren kürzeren) (Erdöl) / jointer n

**zusammengesetzt·er Ausdruck** (EDV) / multiterm expression ‖ ⁓er Balken (Zimm) / built-up beam, compound beam ‖ ⁓e Beanspruchung (Mech) / composite load ‖ ⁓es Bild (Foto) / composite photograph ‖ ⁓er Bogen (aus Kreisbogenstücken, wie z.B. der Korbbogen) (Math, Verm) / compound curve* ‖ ⁓e Farben / secondary colours* ‖ ⁓er Köper (Web) / stitched twill, combined twill ‖ ⁓er Leiter (z.B. Stahl-Alu) (Eltech) / composite conductor* ‖ ⁓e Mikroschaltung (Eltronik) / microassembly n ‖ ⁓es Mikroskop (Mikros) / compound microscope* ‖ ⁓er Name (Chem) / conjunctive name, conjunction name ‖ ⁓er Operator (Phys) / composite operator ‖ ⁓es Planetengetriebe (Masch) / compound planetary gear train ‖ ⁓es Profil (Hütt) / built-up section ‖ ⁓es Protein (Biochem) / conjugated protein ‖ ⁓e Reaktion (Chem) / step reaction ‖ ⁓e Strahlung (Phys) / complex radiation ‖ ⁓er Träger (aus mehreren Teilen) (Bau) / built-up girder ‖ ⁓er Vektor (in der grafischen Datenverarbeitung) (EDV) / composite vector, line segment ‖ ⁓e Welle (Phys) / complex wave* ‖ ⁓e Zahl (die sich als Produkt anderer natürlicher Zahlen darstellen läßt) (Math) / composite number

**Zusammenhalt** m (der Teilchen nach DIN 8580) / interlocking of particles

**zusammenhängend** adj / continuous adj ‖ ⁓ (z.B. ein Seitenende, das unbedingt als Einheit abgebildet werden muß) (Druck) / unbreakable adj ‖ ⁓ (Speicherbereich) (EDV) / contiguous adj ‖ ⁓ (z.B. topologischer Raum) (Math) / connex adj ‖ ⁓es Gebiet (Math) / connected domain ‖ ⁓er Graf (wenn es zwischen zweien seiner Knotenpunkte mindestens einen verbindenden Weg gibt) (EDV) / connected graph ‖ ⁓e Phase (Chem, Phys) / dispersion medium*, dispersive medium, continuous phase, external phase

**Zusammen·hangskomponente** f (eines Punktes eines topologischen Raumes) (Math) / component n ‖ ⁓hangskraft f (Phys) / cohesion* n ‖ ⁓hangszahl f (nach E. Betti, 1823-1892) (Math) / connectivity number, Betti number ‖ ⁓klammern v (Papiere) / clip together v ‖ ⁓klang m (Akus) / consonance* n

**zusammenklappbar** adj / collapsible adj, folding adj, foldaway attr, collapsing adj, fold-down attr ‖ ⁓er Gewindebohrer (zur Erzeugung von Innengewinden) (Masch) / collapsible tap* ‖ ⁓e Kulisse (Film, TV) / book flat, wing flat ‖ ⁓e optische Bauteile (Opt) / folding optics ‖ ⁓e Rahmenstütze (für Arbeitsbühne) (Bau) / trestle n

**zusammen·kleben** v / stick together v ‖ ⁓kleben (Film) / splice v ‖ ⁓kleben n / adhesive bonding, bonding n ‖ ⁓lagerung f (Krist) / clustering n ‖ ⁓laufen v / converge v (to) ‖ ⁓legbarer Container / coltainer n ‖ ⁓legbare optische Elemente (Opt) / folding optics ‖ ⁓legen v / double v, double up v ‖ ⁓legen (Masch) / assemble v ‖ ⁓legen n (Masch) / assembly n, fitting* n, assembling n ‖ ⁓mischen v / mix v ‖ ⁓mischen v (eine Speise) (Nahr) / concoct v ‖ ⁓mischen n (Tätigkeit) / mixing* n ‖ ⁓mischen n von Text und Grafik (Druck, EDV) / text-and-graphics integration ‖ ⁓nähen v (Tex) / sew together, stitch together ‖ ⁓nähen (in Falten) (Tex) / gather v, ruche v, frill v ‖ ⁓nähen n (in Falten) (Tex) / gathering n ‖ ⁓nieten v (Masch) / rivet v ‖ ⁓packen v (ein Programm oder eine Datei) (EDV) / crunch v ‖ ⁓passen v / fit together v ‖ ⁓passen (Einzelteile) (Masch) / mate v ‖ ⁓passen v (von Einzelteilen) (Masch) / mating n ‖ ⁓prall m / collision v ‖ ⁓prallen v / collide v ‖ ⁓pressen v / compress v ‖ ⁓pressen n / compression n ‖ ⁓quetschen v / squeeze v, squash v ‖ ⁓rechnen v (Math) / add v, total v ‖ ⁓rollen v / curling-up n ‖ ⁓sacken v (Bau, HuT) / subsidence* n, settlement* n ‖ ⁓schalten (Eltech) / couple v ‖ ⁓schalten (vorübergehend - mit Steckerkabel) (Eltech) / patch v, patch in* v ‖ ⁓schaltung f (Eltech) / interconnexion n (GB), interconnection n ‖ vorübergehende ⁓schaltung (mit Hilfe von Steckerkabeln oder Steckschnüren) (Eltech) / patch* n ‖ vorläufige ⁓schaltung (Fernm) / lash-up* n, hook-up* n ‖ ⁓schein m (Astr) / appulse* n ‖ ⁓schiebbar adj / telescopic adj ‖ ⁓schieben v / slide together v ‖ ⁓schlagen (von Seilen) (Kab, Masch) / stranding n, layer-stranding n ‖ ⁓schluß m (der Betriebe) / amalgamation n, merger n ‖ ⁓schmelzen v / fuse together v ‖ ⁓schmelzen n des Kerns (bei dem am meisten gefürchteten Reaktorstörfall) (Nukl) / core meltdown, core melt ‖ ⁓schneiden v (eine Kopie) (Film) / tighten up v ‖ ⁓schnüren v / strap v ‖ ⁓schrauben v / screw together v, bolt together v ‖ ⁓schub m (eines Stempels) (Bergb) / yield n ‖ ⁓schub (Geol) / shortening n ‖ ⁓schweißen (Schw) / weld v (together) ‖ ⁓setzbar adj (zu einer bestimmten Konfiguration) / configurable adj ‖ ⁓setzen v (Furniere) (For) / match v

**Zusammensetzung** f (Chem) / composition* n ‖ ⁓ (Math, Phys) / composition n ‖ ⁓ (des Gewebes) (Tex) / content n ‖ chemische ⁓ (Chem) / chemical composition ‖ ⁓ f der Geschwindigkeiten (Phys) / composition of velocities ‖ ⁓ der Kräfte (Phys) / composition of forces ‖ ⁓ in % / percentage composition

**zusammen·sinken** v (WP) / collapse v ‖ ⁓sinken n (bei der Druckfeuerbeständigkeitsprüfung) (Keram) / collapse n ‖ ⁓sinken (der Zellstruktur) (Plast) / collapse n ‖ ⁓spiel n / interplay n,

**Zuschnittreste**

interaction n ‖ ⁓**stellung** f (Masch) / assembly n, fitting* n, assembling n ‖ ⁓**stellung** (Masch) / gauge block ‖ ⁓**stellung** (von Spalten) (Typog) / upmake* n ‖ ⁓**stellung der Kopiervorlagen für den Tiefdruck** (auf einer Glasplatte) (Druck) / planning n ‖ ⁓**stellungszeichnung** f / assembly drawing, general assembly drawing
**Zusammenstoß** m / collision n ‖ ⁓ (mit) / impingement n (on, upon), collision* n (with) ‖ ⁓ (Kfz) / crash n, collision n ‖ **schwerer** ⁓ (Bahn, Kfz) / smash-up n ‖ ⁓ m **beim Restart** (EDV) / restart collision ‖ ⁓ **im Fluge** (Luftf) / mid-air collision, aerial collision, in-flight collision ‖ ⁓ **in der Luft** (Luftf) / mid-air collision, aerial collision, in-flight collision ‖ ⁓ **mit der Gefäßwand** (Chem, Phys) / wall collision
**zusammenstoßen** v / collide v ‖ ⁓ (Masch, Schiff) / foul v, collide v
**Zusammenstoß·warnlicht** n (Luftf) / anticollision beacon*, collision beacon ‖ ⁓**warnsystem** (Luftf) / collision avoidance system*, CAS*
**zusammentragen** ⁓ (einzelne Blätter) (Buchb) / collate v ‖ ⁓**tragen** (gefalzte Bogen) (Buchb) / gather v ‖ ⁓**tragen** n (von gefalzten Bogen) (Buchb) / gathering* n ‖ ⁓**tragen** (von einzelnen Blättern) (Buchb) / collating n, collation n ‖ ⁓**wachsen** v / intergrow v, grow together v ‖ ⁓**wachsen** n / intergrowth n ‖ ⁓**wachsen von Poren** (WP) / microvoid coalescence, MVC ‖ ⁓**wirken** n / interplay n, interaction n ‖ ⁓**zählen** v (Math) / add v, total v ‖ ⁓**zählen** n (Bildung einer Summe) (Math) / summation n ‖ ⁓**zählung** f (Math) / summation n ‖ ⁓**ziehbar** adj (Bot, Zool) / contractile adj
**zusammenziehen** v (mit Gurten) / cinch v ‖ ⁓ (in Falten) (Tex) / gather v, ruche v, frill v ‖ ⁓ n / cinching n ‖ ⁓ (in Falten) (Tex) / gathering n ‖ ⁓ **der Filmrollen** (durch Festhalten des Wickels und Ziehen an den Kanten) (Film) / cinching* n ‖ ⁓ **der Maschen** (Tex) / slurgalls pl, slurgalling n
**Zusammen·ziehung** f (ein Anstrichschaden) (Anstr) / crawling* n, shrivelling n ‖ ⁓**zimmern** v (z.B. Möbel) / knock together v
**Zusatz** m / admixture n, addition n ‖ ⁓ (EDV) / addition record ‖ ⁓ (in Mineralölprodukten) (Erdöl) / additive n, dope n ‖ ⁓ (markierter - in der Isotopenverdünnungsanalyse) (Kernphys) / spike n ‖ ⁓ (Färberei) (Tex) / tempering n ‖ ⁓ - (Hilfs-) / auxiliary adj, ancillary adj ‖ ⁓ - / additional adj, extra attr ‖ **drückender** ⁓ (regelndes Schwimmittel) (Aufber) / depressing agent*, depressant n, depressor n, surface-tension depressant, bathotonic reagent ‖ **staubbildungverhindernder** ⁓ (Anstr) / antidust agent ‖ ⁓ m **von** **TiO₂ bei der Glaserstellung** (z.B. zur Gelbfärbung usw.) (Glas) / titanizing* n ‖ ⁓**antenne** f (zum Versorgen der Strahlungslücken) (Radio) / gap filler ‖ ⁓**arbeit** f / extra work ‖ ⁓**arbeiten** f pl **gegen Aufpreis** (Bau) / extras* pl, variations* pl ‖ ⁓**ausrüstung** f / ancillary equipment, ancillary n ‖ ⁓**batterie** f (Eltech) / booster battery ‖ ⁓**bit** n (EDV) / additional bit, extra bit ‖ ⁓**blatt** n (bei Patentunterlagen) / additional sheet ‖ ⁓**bremsleuchte** f (Kfz) / auxiliary stop light ‖ ⁓**datensatz** m (EDV) / addition record ‖ ⁓**dienstmerkmal** n (Fernm) / additional service attribute ‖ ⁓**draht** m (eine Lieferform des Zusatzwerkstoffes) (Masch, Schw) / filler wire, welding wire, weld wire ‖ ⁓**düse** f (des Vergasers) (Kfz) / high-speed auxiliary jet ‖ ⁓**einrichtung** f / add-on device ‖ ⁓**einrichtung** (optionale) / option n, optional facility, optional feature ‖ ⁓**einrichtung** (der Drehmaschine) (Masch) / attachment n ‖ ⁓**einstellung** f (Film) / added take, non-script take ‖ ⁓**enthalpie** f (eine Mischungsenthalpie) (Phys) / excess enthalpy ‖ ⁓**feder** f (Masch) / overload spring, overloader n, helper spring ‖ ⁓**frei** adj (Erdöl) / undoped adj ‖ ⁓**frei** (Ottokraftstoff) (Kftst) / additive-free adj ‖ ⁓**gas** n (in der Chromatografie) (Chem Verf) / make-up gas ‖ ⁓**generator** m (Eltech) / booster ‖ ⁓**gerät** n / attachment n, accessory n, add-on equipment ‖ ⁓**gerät** n (Masch, Schw) / filler metal*, filler n, added metal (US) ‖ ⁓**heizgerät** n (Bau) / background heater (GB) ‖ ⁓**heizofen** n (Bau) / background heater (GB) ‖ ⁓**heizung** f (Kfz) / auxiliary heating ‖ **elektrische** ⁓**heizung** (innerhalb der Schmelze) (Glas) / boosting n, boost melting ‖ ⁓**komponente** f (bei der Azeotropdestillation) (Chem Verf) / entrainer n ‖ ⁓**kosten** pl / incremental cost
**zusätzlich** adj / additional adj, extra attr ‖ ⁓ **eingebaute Vorrichtung** / add-on device ‖ ⁓**e Energie(quelle)** / back-up energy, standby energy ‖ ⁓**es Merkmal** (einer Maschine) / subsidiary feature ‖ ⁓**es Notkühlsystem** (Nukl) / special emergency heat removal system, SEHR system
**Zusatz·licht** n (Foto) / booster light ‖ ⁓**logik** f (EDV) / additional logic ‖ ⁓**lösungsmittel** n (Ersatz von Verlust oder Verbrauch) (Chem) / make-up solvent ‖ ⁓**luft** f / secondary air ‖ ⁓**luftbohrung** f (Kfz) / air-bleed passage ‖ ⁓**maschine** f (Eltech) / booster n ‖ ⁓**maschine in Gegenschaltung** (Eltech) / negative booster ‖ ⁓**maschine mit Differentialerregung** (Eltech) / differential booster* ‖ ⁓**material** n (zum Füllen von Schweißfugen, Lötfugen oder Lötspalten verwendeter Werkstoff) (Masch, Schw) / filler metal, filler n, added metal (US) ‖ ⁓**metall** n (für den alten Bleisatz - heute obsolet) (Typog) / reviver n ‖ ⁓**mittel** m (meistens in der Textilindustrie) / auxiliary n, auxiliary agent ‖ ⁓**mittel** n (Chem Verf) / addition agent ‖ ⁓**mittel** (in Mineralölprodukten) (Erdöl) / additive n, dope n ‖

⁓**mittel zu Spinnlösungen und -schmelzen** (zur Modifizierung der Eigenschaften eines Spinnerzeugnisses) (Spinn) / modifier n ‖ ⁓**optik** f (Foto) / ancillary optics ‖ ⁓**paket** n / additive package ‖ ⁓**patent** n (zu einem Hauptpatent) / patent of addition ‖ ⁓**permeabilität** f (Eltech) / incremental permeability* ‖ ⁓**programm** n (als Erweiterung) (EDV) / add-in n ‖ ⁓**pumpe** f / booster pump ‖ ⁓**speisegerät** n (Eltech) / booster n ‖ ⁓**stab** n (eine Lieferform des Zusatzwerkstoffes) (Schw) / filler rod, welding rod*
**Zusatzstoff** m / admixture n ‖ ⁓ (bei der Azeotropdestillation) (Chem Verf) / entrainer n ‖ ⁓ (Chem Verf) / addition agent ‖ ⁓ (in Mineralölprodukten) (Erdöl) / additive n, dope n ‖ ⁓ (im Galvanisierbad) (Galv) / addition agent* ‖ ⁓, **der Reaktionen zwischen Bestandteilen von Wirkstoffgemischen verhindert** (Chem) / safener n ‖ **künstlicher hydraulischer** ⁓ (Bau) / gaize n ‖ **ohne Fremd- und** ⁓**e** (Nahr) / E-free adj
**Zusatzstrom, elektrostatischer** ⁓ (in der Polarografie) (Chem) / migration current
**Zusatz·transformator** m (Eltech) / booster transformer* ‖ ⁓**verluste** m pl (die nicht oder nur ungenau lokalisierbar sind) (Eltech) / stray losses* ‖ ⁓**verstärker** m (Akus) / booster amplifier* ‖ ⁓**wasser** n / make-up water ‖ ⁓**wein** m (Nahr) / blend wine ‖ ⁓**werkstoff** m (Masch, Schw) / filler metal*, filler n, added metal (US) ‖ **stabförmiger** ⁓**werkstoff** (Schw) / filler rod, welding rod* ‖ ⁓**wicklung** f (Eltech) / auxiliary winding*
**Zuschaltechip** m (Fernsp) / connection chip, connexion chip
**zuschalten** v (Eltech) / switch in v, switch on v
**Zuschalthebel** m (für das Zuschalten des Allradantriebs) (Kfz) / selection lever, selection bar
**Zuschaltung, manuelle** ⁓ **des Allradantriebs** (Kfz) / manual four-wheel drive selection ‖ ⁓ f **des Allradantriebs** (Kfz) / four-wheel drive selection, four-wheel drive engagement
**Zuschärfungsfläche** f (Masch) / bezel n
**Zuschauerschaft** f (Radio, TV) / audience n ‖ ⁓ **einer Werbesendung** (Gesamtzahl der Personen oder Haushalte, die sich eine Werbesendung anschauen) (Radio, TV) / commercial audience
**Zuschauerzahl** f (Radio, TV) / viewing figure ‖ **durchschnittliche Hörer- oder** ⁓ (Radio, TV) / average audience, AA
**Zuschlag** m / loading material, loading agent, loader n (for cheapening or weighting) ‖ ⁓ (Erteilung von Aufträgen) / awarding of contracts ‖ ⁓ (Gebühr) / surcharge n ‖ ⁓ (F.Org) / allowance n ‖ ⁓ (DIN 4226) (HuT) / aggregate* n, concrete aggregate ‖ ⁓ (Hütt) / flux* n ‖ **feinkörniger** ⁓ (meistens unter 4,75 mm) (Bau, HuT) / fine aggregate* ‖ **grober** ⁓ (HuT) / coarse aggregate* ‖ **grobkörniger** ⁓ (HuT) / coarse aggregate* ‖ ⁓ **mit** / surcharged adj ‖ **mit** ⁓ **belegen**, **surcharge** v ‖ ⁓ m **für Erholung und persönliche Bedürfnisse** (F.Org) / relaxation allowance
**zuschlagen** v (Tür) / slam v, bang v
**Zuschläger** m (beim Handschmieden) (Masch) / hammerman* n, striker n
**Zuschlag·erz** n (Hütt) / fluxing ore ‖ ⁓**faktor** m **für Beschläge** (Luftf) / fitting factor ‖ ⁓**gebühr** f / surcharge n ‖ ⁓**gemisch** n (Bau, HuT) / all-in aggregate ‖ ⁓**gemisch mit Ausfallkörnung** (in dem eine oder mehrere Korngruppen gänzlich oder fast ganz fehlen) (Bau, HuT) / gap-graded aggregate ‖ ⁓**hammer** m (bis 15 kg Masse, mit zwei Händen bedient) (Masch) / aboutsledge* n ‖ ⁓**kalk** m (Hütt) / fluxing lime ‖ ⁓**kalk** (Hütt) / fluxstone n ‖ ⁓**kalkulation** f (F.Org) / costing method using burden rates, addition calculation ‖ ⁓**pflichtig** adj / surcharged adj
**Zuschlagstoff** m / loading material, loading agent, loader n (for cheapening or weighting) ‖ ⁓ (Kies als Betonzuschlag) (Bau, HuT) / ballast* n ‖ ⁓ (HuT) / aggregate* n, concrete aggregate ‖ ⁓ (Hütt) / flux* n ‖ **feinkörniger** ⁓ (meistens unter 4,75 mm) (Bau, HuT) / fine aggregate* ‖ **gut abgestufter** ⁓ (DIN 1045) (Bau, HuT) / dense-graded aggregate
**zuschließen** v / lock v
**zuschmelzen** v (Eltech) / seal in v, seal* v
**zuschmelzen** v (Eltech) / sealing-in* n, seal* n
**zuschnallen** v / buckle vt (fasten with a buckle)
**Zuschneideliste** f (Tischl, Zimm) / cutting list*
**zuschneiden** v (auf Paneele, auf entsprechende Leiterplattenabmessung) (Eltronik) / panel v ‖ ⁓ (nach den Kundenwünschen) (For) / custom-tailor v ‖ ⁓ (Leder, Tex) / cut v ‖ ⁓ (Dichtring) (Masch) / split v ‖ ⁓ n (Leder, Tex) / cutting n
**Zuschneideplan** m (Tex) / layout n
**Zuschneider** m (Tex) / cutter n, garment cutter
**Zuschneideraum** m (Tex) / cutting room
**Zuschneiderei** f (Tex) / cutting room
**Zuschneide·schablone** f (Tex) / template n ‖ ⁓**tisch** m (Tex) / cutting table, cutting board
**Zuschnitt** m (als Produkt) (Leder, Tex) / cut n ‖ ⁓ (Masch) / blank* n ‖ ⁓**maß** n (For) / raw measure ‖ ⁓**reste** m pl (For) / trimmings pl, off-cuts pl

1449

**Zuschreiben**

**Zuschreiben** *n* (eines Wertes) (Math) / assignment *n*
**Zuschuß** *m* (Bogen, die über die Anzahl der Auflagebogen hinaus in allen Druckverfahren für das Einrichten der Druckmaschine und als Ersatz für technisch bedingten Ausschuß benötigt werden) (Druck) / overs* *pl*, oversheets *pl* ‖ ~**bogen** *m pl* (Druck) / spoils* *pl*
**zuschütten** *v* (Graben) (HuT) / fill up *v*, back fill *v*
**zuschweißen** *v* (Löcher) (Schw) / weld shut *v*
**zusetzen** *v* (beimischen) / admix *v* ‖ **sich ~** (Masch) / load *v*, glaze *vi*, foul *v*, clog *v* ‖ ~ *n* (Druck) / ink spread ‖ ~ (von Geotextilien) (HuT, Tex) / blinding *n*, clogging *n* ‖ ~ (der Schleifscheibe) (Masch) / loading *n*, glazing *n*, fouling *n*, clogging *n* ‖ ~ (Masch) / blinding *n*, clogging *n*, blocking *n*, plugging *n*
**Zuspeisestrom** *m* (Masch) / side stream
**Zuspeisung** *f* (z.B. aus den einzelnen Kühlstufen im Kältemittelverdichter) (Masch) / side stream ‖ ~ (bei einem Prozeßverdichter) (Masch) / injection *n*
**zusperren** *v* / lock *v*
**Zuspielrecorder** *m* (ein Teil des elektronischen Schnittplatzes) (Film) / slave recorder
**zuspitzen** *v* (Masch) / point *v* ‖ ~ *n* (Masch) / pointing *n*
**Zuspitzung** *f* (Verhältnis der Spitzentiefe zur Wurzeltiefe) (Luftf) / taper ratio ‖ ~ (Masch) / tapering *n*
**Zussmanit** *n* (ein Phyllosilikat) (Min) / zussmanite* *n*
**Zustand** *m* / state* *n*, status *n* ‖ ~ (als qualitätsmäßige Angabe) / condition *n*, state *n* ‖ ~ (Kernphys, Luftf) / configuration *n* ‖ ~ (des Wagens) (Kfz) / condition *n* ‖ **amorpher** ~ (Chem, Phys) / amorphous state ‖ **angeregter** ~ (ein stationärer Zustand größerer Energie, verglichen mit dem Grundzustand) (Phys) / excited state ‖ **ausgeschalteter** ~ (Eltech) / off-state *n* ‖ **eingeschalteter** ~ (Eltech) / on-state *n* ‖ **eingeschwungener** ~ (Fernm) / steady state* ‖ **freier** ~ (Phys) / free state ‖ **gebundener** ~ (der Zustand eines Systems von wenigstens zwei Teilchen oder Körpern, bei dem zur völligen Abtrennung eines beliebigen Teilsystems eine positive Arbeit aufgewendet werden muß) (Phys) / bound state* ‖ **geordneter** ~ (Phys) / ordered state* ‖ **globaler** ~ (eines Automaten) (EDV) / non-local state, global state ‖ **in gutem** ~ (Boden) (Landw) / in good heart ‖ **in schlechtem** ~ (Boden) (Landw) / out of heart ‖ **korrespondierende Zustände** (in der Thermodynamik) (Phys) / corresponding states* ‖ **kristalliner** ~ (Krist) / crystalline state ‖ **kritischer** ~ (Phys) / critical state* ‖ **logischer** ~ (EDV) / logic state ‖ **lokaler** ~ (eines Automaten) (EDV) / local state ‖ **metastabiler** ~ (Phys) / metastable state* ‖ **nichteingeschalteter** ~ (Eltech) / off-state *n* ‖ **passiver** ~ (einer Metalloberfläche) (Galv) / passivity* *n* ‖ **quantenmechanischer** ~ (Phys) / quantum state ‖ **stationärer** ~ (jeder Zustand eines physikalischen Systems, der gekennzeichnet ist durch zeitliche Konstanz gewisser Beobachtungsgrößen im Sinne eines dynamischen oder statistischen Gleichgewichts) (Phys) / stationary state ‖ **supraleitender** ~ (Elektr) / superconducting state ‖ **tadelloser** ~ (z.B. eines Buches) / mint condition ‖ **überkritischer** ~ (Kernphys) / supercriticality *n* ‖ **unterkritischer** ~ (Kernphys) / subcriticality *n* ‖ **unwesentlicher** ~ (Stats) / inessential state ‖ **walzrauher** ~ (Hütt) / as-rolled condition ‖ **wesentlicher** ~ (Stats) / essential state ‖ ~ *m* **der See** (Meteor, Ozean) / sea state, state of sea, sea conditions ‖ ~ **des Himmels** (Luftf, Meteor) / state of sky ‖ ~ **schärfster Abbildung** (Mikros) / focus *n* ‖ ~ **vor dem Bruch** (Hütt) / prefracture state
**zustande kommen** (von Gesprächen) (Fernsp) / mature *v*
**zuständige Behörde** (für die Erteilung der Erlaubnis) / licensing authority
**Zustands•änderung** *f* (Phys) / change of state*, change of phase, phase change ‖ **isotherme ~änderung** (Phys) / isothermal process* ‖ **adiabatische ~änderung** (Änderung des physikalischen Zustandes eines eingeschlossenen Gases ohne Wärmeaustausch mit der Umgebung) (Phys) / adiabatic change* ‖ ~**anzeige** *f* / status indication ‖ ~**art** *f* (Chem, Phys) / state of matter*, state of aggregation ‖ ~**beschreibung** *f* (Fernm) / status description ‖ ~**bit** *n* (EDV) / status bit, flag *n*
**Zustandsdiagramm** *n* (grafisch dargestellte Zustandstabelle) (EDV) / state diagram ‖ ~ (das thermodynamische Eigenschaften mehrkomponentiger Stoffe in verschiedenen Phasen darstellt) (Hütt, Phys) / constitution diagram*, equilibrium diagram*, phase diagram* ‖ ~ (WP) / diagram of stress vs. creep rate ‖ **binäres** ~ (Hütt, Phys) / binary diagram ‖ **quaternäres** ~ (Hütt, Phys) / quaternary diagram* ‖ **ternäres** ~ (Hütt, Phys) / ternary diagram*, triangular diagram ‖ ~ *n* **eines binären Systems** (Hütt, Phys) / binary diagram ‖ ~ **eines ternären Systems** (Hütt, Phys) / ternary diagram*, triangular diagram
**Zustands•dichte** *f* (die Dichte der für die Ladungsträger innerhalb des Valenz- und Leitungsbandes möglichen Energiezustände) (Eltronik) / density of states ‖ ~**flag** *f* (EDV) / status flag ‖ ~**form** *f* (Kernphys, Luftf) / configuration *n* ‖ ~**form der Materie** (Chem, Phys) / state of matter*, state of aggregation ‖ ~**funktion** *f* (Phys) / state function*, function of state ‖ **rheologisches ~gesetz** (Phys) / rheological equation
**Zustandsgleichung** *f* (Beziehung zwischen thermodynamischen Zustandsgrößen) (Phys) / equation of state*, state equation ‖ **kalorische** ~ (Phys) / caloric equation of state ‖ **reduzierte** ~ (Phys) / reduced equation of state ‖ **rheologische** ~ (Phys) / rheological equation ‖ **thermische** ~ (Phys) / thermal equation of state ‖ **van-der-Waalssche** ~ (Chem) / van der Waals' equation*, van der Waals' equation of state ‖ **Wohlsche** ~ (spezielle thermische Zustandsgleichung) (Phys) / Wohl equation of state ‖ ~ *f* **idealer Gase** (Phys) / ideal-gas law, ideal-gas equation
**Zustandsgröße** *f* (DIN 1345) (Phys) / state quantity ‖ ~ (Phys) s. auch Zustandsfunktion ‖ **kalorische** ~ (Phys) / caloric property of state ‖ **reduzierte** ~ (Phys) / reduced parameter ‖ **thermische** ~ (Phys) / thermal property of state
**Zustands•integral** *n* (Phys) / integral of state ‖ ~**Korrelationsdiagramm** *n* / state-correlation diagram ‖ ~**meldung** *f* (EDV) / status message, status signal ‖ ~**meldung** (Fernsp) / status report ‖ ~**orientierte Instandhaltung** (Masch) / predictive maintenance ‖ ~**prüfung** *f* (EDV) / static check ‖ ~**raum** *m* (meist abgeschlossenes, mehrdimensionales Gebiet, das durch den Statusvektor aufgespannt wird) (EDV) / state space ‖ ~**register** *n* (das die Informationen über aktuelle Zustände eines Prozessors oder Peripheriebausteines beinhaltet) (EDV) / status register ‖ ~**schaubild** *n* (Hütt, Phys) / constitution diagram*, equilibrium diagram*, phase diagram* ‖ ~**strecke** *f* **mit sinusförmigen Querrillen** (Kfz) / sine-wave course ‖ ~**summe** *f* (in der Quantenstatistik) (Phys, Stats) / partition function, zustandssumme *n*, sum over states, sum of states ‖ **Plancksche ~summe** (Phys, Stats) / partition function, zustandssumme *n*, sum over states, sum of states ‖ ~**tabelle** *f* (Zusammenhang zwischen den Eingaben und dem gegenwärtigen Zustand sowie den Ausgaben und dem nächsten Zustand von Speicherelementen in Schaltnetzwerken) (EDV) / state table ‖ ~**variable** *f* (in der Thermodynamik) (Phys) / state variable, variable of state, state parameter ‖ ~**vektor** *m* (DIN 1311, T3) (EDV) / status vector ‖ ~**wert** *m* / truth-value *n* (of logical statement) ‖ ~**wort** *n* (EDV) / status word
**Zustellbewegung** *f* (des Fräswerkzeuges oder der Schleifscheibe) (Masch) / infeed *n*, downfeed *n*
**zustellen** *v* (Hütt) / line *v*
**Zustellspindel** *f* (Masch) / feed screw*
**Zustellung** *f* / delivery *n* ‖ ~ (Auskleidung oder Ausmauerung von Feuerungsanlagen und Industrieöfen) (Hütt) / lining *n* ‖ ~ (des Fräswerkzeuges oder der Schleifscheibe) (Masch) / infeed *n*, downfeed *n* ‖ **basische** ~ (Hütt) / basic lining ‖ **saure** ~ (Hütt) / acid bottom and walls, acid lining
**zustopfen** *v* (ein HF-Empfänger) (Fernm) / block *v*
**Zustrom** *m* **in die Städte** (Landw) / rural exodus, urban drift
**zustutzen** *v* (Landw) / trim *v*
**zutage heben** (Bergb) / hoist *v* ‖ ~ **liegen** (Geol) / outcrop *v*, crop out *v*, crop up *n*, come up to the grass ‖ ~ **streichen** (Geol) / outcrop *v*, crop out *v*, crop up *n*, come up to the grass ‖ ~ **treten** (Geol) / outcrop *v*, crop out *v*, crop up *n*, come up to the grass
**Zutat** *f* (jeder Stoff, einschließlich der Zusatzstoffe, der bei der Herstellung eines Lebensmittels verwendet wird und unverändert oder verändert im Enderzeugnis vorhanden ist) (Nahr) / ingredient *n* ‖ ~**en** *f pl* (für die Konfektion) (Tex) / findings *pl*
**Zuteiler** *m* (EDV) / dispatcher *n* ‖ ~**routine** *f* (EDV) / dispatcher *n*
**Zuteilregister** *n* (Fernsp) / assignment register
**Zuteilung** *f* **auf besetzte Nebenstelle** (Fernsp) / camp-on *n* ‖ ~ **von Frequenzen an einzelne Funkstellen** (Radio) / frequency assignment
**Zuteilungs•problem** *n* (das z.B. mit der ungarischen Methode gelöst wird) (EDV, KI) / assignment problem ‖ ~**strategie** *f* (die Regel, nach der unter mehreren lauffähigen Prozessen derjenige Prozeß ausgewählt wird, dem der Rechnerkern als nächstem zugeteilt wird) (EDV) / scheduling discipline
**Zutritt** *m* (Masch) / access *n*, ingress *n* ‖ **den ~ verhindern** / prevent from entering
**Zutritts•kontrolle** *f* (Masch) / access control ‖ ~**kontrollterminal** *n* (EDV) / entry control terminal
**Zutropfen** *n* / dropwise addition
**zuverlässig** *adj* / reliable *adj*, dependable *adj*
**Zuverlässigkeit** *f* (DIN 40042 und DIN 55350) / reliability *n* (the ability of a single item or unit to perform a required function under stated conditions for a stated period of time)* ‖ ~ **des Systems** / system reliability, system serviceability
**Zuverlässigkeits•kenngröße** *f* / reliability characteristic ‖ ~**schwachstelle** *f* / reliability flaw ‖ ~**technik** *f* / reliability engineering ‖ ~**theorie** *f* / reliability theory, theory of reliability
**zuviel pumpen** / overpump *v*
**zuvorkommen** *v* (einer Sache) / prevent *v*

**zuvorkommendes Abfangen** (EDV) / wilful intercept, willfull intercept (US)
**Zuwachs** *m* / growth* *n*, increment *n*, accretion* *n*, increase *n* ‖ ~ (Steigen) / rise *n*, increase *n* (in) ‖ ~ (z.B. in eine Durchmesserklasse) (For) / recruitment *n* ‖ ~ (For) / accretion *n*, growth *n*, increment *n* ‖ ~ (einer Strahlungsgröße); Build-up;n. (Radiol) / build-up* *n* ‖ ~- / incremental *adj*, growth *attr* ‖ **fünfprozentiger** ~ / five per cent increase ‖ **jährlicher** ~ (durch einen auf dem Querschnitt erscheinenden konzentrischen Ring dargestellt) (For) / annual growth, annual increment, seasonal increment ‖ **laufender jährlicher** ~ (For) / current annual increment ‖ ~ **der Wanddicke** (Bau) / wall thickening ‖ ~ **eines Jahres** (durch einen auf dem Querschnitt erscheinenden konzentrischen Ring dargestellt) (For) / annual growth, annual increment, seasonal increment ‖ ~ **um 10** / increment by ten, increase by ten
**Zuwachs•bemaßung** *f* (DIN 406, T 3) (Masch) / point-to-point dimensioning, chain dimensioning, incremental dimensioning ‖ ~**bohrer** *m* (For) / increment borer, accretion borer ‖ ~**rate** *f* / rate of increase
**zuweisen** *v* (allokieren) (EDV) / allocate *v* (memory area, peripheral unit)
**Zuweisung** *f* (EDV) / allocation *n* (of store space), assignment *n* (of a device) ‖ ~ (eines Wertes) (Math) / assignment *n* ‖ ~ **von Frequenzen an einzelne Funkdienste** (Flughäfen, Polizei usw.) (Fernm) / frequency allocation*
**Zuweisungs•anweisung** *f* (EDV) / assignment statement ‖ ~**problem** *n* (das z.B. mit der ungarischen Methode gelöst wird) (EDV, KI) / assignment problem
**Zuwider•handelnde** *m* / offender *n* (against rule) ‖ ~**handlung** *f* (z.B. beim Zoll) / infringement *n* (of) ‖ ~**handlung** (gegen) / non-compliance *n* (with), non-observance *n*, contravention *n*
**ZV** (Kfz) / central locking, central door (and boot) locking
**z-Verteilung** *f* (Stats) / z-distribution *n*
**z-Vierpol-Parameter** *m* (Kenngröße bei der Vierpolsatzschaltbilddarstellung von Transistoren) (Eltronik) / z-parameter *n*
**ZV-Port** *m* (EDV) / Zoomed Video port (a PC card standard boosting video playback), ZV port
**ZV-Schnittstelle** *f* (EDV) / zoomed-video interface
**ZVSt** (Fernsp) / central exchange
**Zwang** *m* / constraint *n* ‖ ~**durchlaufkessel** *m* (z.B. Benson-Kessel) (Masch) / once-through boiler* ‖ ~**lauf** *m* (Masch, Phys) / constrained motion ‖ ~**läufige kinematische Kette** (Masch) / constrained kinematic chain ‖ ~**läufigkeit** *f* (Masch) / constraint* *n* ‖ ~**laufkessel** *m* (Masch) / forced-circulation boiler*, forced-flow boiler*
**Zwangs•auslösung** *f* (Fernsp) / forced release ‖ ~**bedingung** *f* / constraint *n* ‖ ~**belüftung** *f* (mit Ventilatoren) (Masch) / fan ventilation, mechanical ventilation, forced ventilation ‖ ~**bewegung** *f* (Masch, Phys) / constrained motion ‖ ~**bremsung** *f* (Bahn) / automatic train stop*, automatic braking ‖ ~**entlüftung** *f* (Kfz) / automatic ventilation (system) ‖ ~**geführt** *adj* (Masch) / guided *adj* ‖ ~**kommutierung** *f* (Eltech) / forced commutation* ‖ ~**konvektion** *f* (Phys) / forced convection ‖ ~**kraft** *f* / constraining force ‖ ~**lizenz** *f* / compulsory licence ‖ ~**lüftung** *f* (Masch) / fan ventilation, mechanical ventilation, forced ventilation ‖ ~**mischer** *m* (Anstr) / pug mixer, pug mill ‖ ~**öffnender Positionsschalter** (für Sicherheitsfunktionen) (Eltech) / position(al) switch with positive opening operation ‖ ~**schaltung** *f* **für Licht am Tage** (in den skandinavischen Ländern) (Kfz) / day-running light, daytime-running light ‖ ~**schiene** *f* (Bahn) / side rail*, check rail* ‖ ~**schließung** *f* (eines Ventils) (Masch) / forced closing (of a valve) ‖ **volle** ~**schmierung** (einschließlich Kolbenbolzen und Zylinderwänden) (Masch) / full-force feed* ‖ ~**schwingung** *f* (Phys) / forced oscillations*, forced vibrations*, constrained oscillation, constrained vibration ‖ ~**steuerung** *f* (z.B. der Ventile von Viertaktmotoren) (Kfz) / desmodromics *n* ‖ ~**synchronisiertes Netz** (EDV) / despotic (synchronized) network ‖ ~**umlaufkühlung** *f* (Kfz) / forced-circulation cooling, pump-circulated cooling ‖ ~**umwälzschleife** *f* (des Kühlmittels) (Nukl) / recirculation loop, coolant recirculation loop ‖ ~**weg** *m* (zur Vermeidung von Kollisionen oder wegen kriegerischer Ereignisse) (Schiff) / compulsory course, compulsory track, prescribed route
**Zwangumlaufkessel** *m* (z.B. La-Mont-Kessel) (Masch) / forced-circulation boiler*, forced-flow boiler*
**Zwanzig•eck** *n* (Math) / eiconagon *n* ‖ ~**flach** (Krist, Math) / icosahedron* *n* (pl. -hedrons or -hedra) ‖ ~**flächner** *m* (Krist, Math) / icosahedron* *n* (pl. -hedrons or -hedra)
**Zweck•bau** *m* (Arch) / functional building ‖ ~**bestimmt** *adj* / dedicated *adj* (exclusively assigned or allocated) ‖ ~**bestimmung** *f* (z.B. der finanziellen Mittel) / earmarking *n*
**Zwecke** *f* (Masch) / tack* *n*
**Zwecken** *n* (von Pelzwaren) (Leder) / straining *n*

**zweck•gebunden** *adj* (z.B. Kredit) / tied *adj* ‖ ~**mäßige Fugenausbildung** (entweder konkave oder V-förmige) (Bau) / tooled joint ‖ ~**orientiert** *adj* / dedicated *adj* (exclusively assigned or allocated)
**Zwei•achsentheorie** *f* (Eltech) / two-reaction theory* ‖ ~**achsig** *adj* / biaxial *adj* ‖ **[optisch]** ~**achsig** (Krist, Min) / biaxial* *adj*, diaxial *adj* ‖ ~**achsiges Nachformen** (Masch) / double-axis tracing ‖ ~**achsiger Theodolit** (Verm) / repeating theodolite, American transit, double-centre theodolite ‖ ~**adreßbefehl** *m* (EDV) / two-address instruction, one-plus-one address instruction ‖ ~**adreßformat** *n* (EDV) / two-address format ‖ ~**adreßmaschine** *f* (verwendet Zweiadreßbefehle) (EDV) / two-address computer ‖ ~**adreßrechner** *m* (EDV) / two-address computer ‖ ~**adrige Leitung** (Eltech) / twin flexible cord, twin flex ‖ ~**adrige Litze** (Eltech) / twin flexible cord, twin flex ‖ ~**armiger Hebel** (wenn Kraft und Last, vom Drehpunkt aus gesehen, auf verschiedenen Seiten des Hebels angreifen) (Mech) / first-order lever, first-class lever, lever of first class ‖ ~**atomig** *adj* (Chem, Kernphys) / diatomic *adj* ‖ ~**atomiges Molekül** (Chem) / diatomic molecule ‖ ~**äugig** *adj* (Opt) / binocular *adj* ‖ ~**äugige Spiegelreflexkamera** (Foto) / twin-lens reflex camera* ‖ ~**-aus-fünf-Code** *m* (EDV) / two-out-of-five code ‖ ~**-aus-fünf-Kode** *m* (EDV) / two-out-of-five code ‖ ~**-aus-sieben-Code** *m* (EDV) / two-out-of-seven code ‖ ~**-aus-sieben-Kode** *m* (zur binären Verschlüsselung von Dezimalziffern) (EDV) / two-out-of-seven code ‖ ~**backenbohrfutter** *n* (Werkzeugspanner an Bohrmaschinen) (Masch) / two-jack drill chuck ‖ ~**badchromgerbung** *f* (vor allem von Ziegenfellen) (Leder) / two-bath chrome tannage ‖ ~**badentwickler** *m* (Film) / two-bath developer ‖ ~**badverfahren** *n* (Chemischreinigung) (Tex) / two-bath (dry cleaning) ‖ ~**bahnen-Schnelldrucker** *m* (EDV) / dual-carriage printer ‖ ~**bahniger Drucker** (EDV) / dual-carriage printer ‖ ~**bandkabel** *n* (Kab) / twin-band cable ‖ ~**bandkopierung** *f* (TV) / double-track printing ‖ ~**bandprojektor** *m* (Film) / two-track projector ‖ ~**basig** *adj* (Chem) / dibasic *adj* ‖ ~**basige Säure** (Chem) / diacid *n*, dibasic acid* ‖ ~**basisch** *adj* (Säure) (Chem) / dibasic *adj* ‖ ~**basische Säure** (Chem) / diacid *n*, dibasic acid* ‖ ~**bettig** *adj* (z.B. Strickmaschine) (Tex) / rib *attr* ‖ ~**bettige Strickmaschine** (Tex) / rib-knitting machine ‖ ~**bett-Schüttgut-Katalysator** *m* (Kfz) / dual-bed pellet catalytic converter ‖ ~**bettverfahren** *n* (bei den Katalysatoren) (Kfz) / dual-bed method, dual-bed process ‖ ~**deutigkeit** *f* (KI, Regeln) / ambiguity *n*
**zweidimensional** *adj* (Math, Phys) / two-dimensional *adj*, two-D, bidimensional *adj* ‖ ~**e Chromatografie** (Chem) / two-dimensional chromatography ‖ ~**e NMR-Spektroskopie** (Spektr) / two-dimensional NMR spectroscopy, 2D NMR spectroscopy, two-D NMR spectroscopy ‖ ~**e Normalverteilung** (Stats) / bivariate normal distribution ‖ ~**e Strömung** (Phys) / two-dimensional flow, 2-D flow, two-D flow ‖ ~**e Verteilung** (Stats) / bivariate distribution
**Zweidrahtendleitung** *f* (Eltech) / two-wire termination
**zweidrähtig** *adj* / two-wire *attr* ‖ ~**es Garn** (Spinn) / two-ply yarn, twofold yarn
**Zweidraht•leitung** *f* (Fernm) / two-wire circuit* ‖ ~**leitung** (Fernsp) / two-wire line (subscriber) ‖ ~**leitung** (EDV, Eltronik) / verdrillte ~**leitung** / twisted pair ‖ ~**system** *n* (Eltech) / two-wire system*, insulated-return system* ‖ ~**übertragungsverfahren** *n* **mit Richtungstrennung durch Echokompensation** (Fernm) / adaptive echo cancellation ‖ ~**-Zeitgetrenntlageverfahren** *n* (Fernm) / burst-mode transmission technique
**Zwei•druckdampfturbine** *f* (Masch) / mixed-pressure turbine* ‖ ~**ebenenleiterplatte** *f* (die auf beiden Seiten Leiterbahnen trägt) (Eltronik) / dual-side mounting pc board, two-sided printed circuit board, double-sided printed circuit board ‖ ~**ebenenwicklung** *f* (Eltech) / two-plane winding, two-tier winding, two-range winding ‖ ~**eck** *n* (Math) / digon *n* ‖ **sphärisches** ~**eck** (Math) / lune* *n*, gore *n*, spherical lune ‖ ~**eckig** *adj* / biangular *adj* ‖ ~**elektrodenanordnung** *f* (Eltech) / two-electrode configuration ‖ ~**elektronenbindung** *f* (Chem) / two-electron bond ‖ ~**elektronenrekombination** *f* (Kernphys) / dielectronic recombination, two-electron recombination ‖ ~**elementig** *adj* (z.B. Boolesche Algebra) (Math) / two-element *attr* ‖ ~**-Energierichtungs-Stromrichter** *m* (Eltech) / reversible convertor
**Zweier•anschluß** *m* (Fernsp) / two-party line ‖ ~**komplement** *n* (Ergänzung der Zahl auf die nächsthöhere Zweierpotenz) (EDV) / two's complement*, twos complement, complement on two ‖ ~**logarithmus** *m* (Math) / binary logarithm ‖ ~**pack** *n* / twin pack, two-unit package ‖ ~**packung** *f* / twin pack, two-unit package ‖ ~**stoß** *m* (wenn zwei Körper zusammenstoßen) (Phys) / binary collision, two-particle collision, two-body collision, dual collision ‖ ~**system** *n* (Math) / dyadic number system ‖ ~**teiler** *m* (Fernm) / scale-of-two* *n*
**Zwei•etagenzwirnmaschine** *f* (Spinn) / double-deck twisting machine, double-deck twister ‖ ~**etagige Wicklung** (Eltech) / two-range winding

**zweifach** adj / double adj, duple adj, dual adj, twofold adj ‖ ~ **ausfertigen** / duplicate v ‖ ~ **geladen** (Phys) / doubly charged, double-charged adj ‖ ~ **gezwirnt** (Spinn) / double-twisted adj ‖ ~**es Kämmen** (Spinn) / double combing ‖ ~ **koordinativ gebunden** (Chem) / dicoordinate(d) adj ‖ ~ **koordiniert** (Chem) / dicoordinate(d) adj ‖ ~ **negativ** / dinegative adj ‖ ~ **positiv** / dipositive adj ‖ ~ **substituiert** (Chem) / disubstituted adj ‖ ~ **unendliche Reihe** (Math) / double series ‖ ~ **ungesättigt** (Chem) / di-unsaturated adj ‖ ~**e Wicklung** (Eltech) / duplex winding
**Zweifach•expansionsmaschine** f (Masch) / compound engine* ‖ ~**färbung** f (Mikros) / double staining ‖ ~**flammrohr** n (V-Mot) / dual downpipe, dual headpipe ‖ ~**frei** adj (Phys) / bivariant* adj, divariant adj ‖ ~**garn** n (Spinn) / two-ply yarn, twofold yarn ‖ ~**impulsschrift** f **mit Rückkehr nach Null** (EDV) / return-to zero recording ‖ ~**konusantenne** f (eine breitbandige Dipolantenne) (Radio) / biconical antenna ‖ ~**konushornantenne** f (Radio) / biconical horn* ‖ ~**operationsverstärker** m (EDV) / dual operational amplifier ‖ ~**rollenkette** f (Masch) / double roller chain ‖ ~**streuung** f (Ablenkung eines Teilchenstrahls an zwei verschiedenen Targets) (Kernphys) / double scattering ‖ ~**treibstoff** (Raumf) / bipropellant* n, bi-fuel n ‖ ~**treibstoff** (Raumf) / diergol n ‖ ~**untersetzer** m (Fernm) / scale-of-two* n ‖ ~**wirkende Presse** (Masch) / double-action press*, double-acting press
**Zwei•fadenlampe** f (Kraftfahrzeug-Glühlampe mit zwei Leuchtkörpern) (Kfz) / double-filament bulb, double-filament lamp ‖ ~**fädig** adj (Tex) / double-thread attr ‖ ~**fädige Nähmaschine** (Tex) / two-thread sewing machine ‖ ~**familienhaus** n (Bau) / two-family house, two-family dwelling, duplex n (US), duplex house (US)
**Zweifarben•** ~ / two-coloured adj, two-colour attr, dichromatic adj, bicoloured adj, bicolour adj ‖ ~**-** (Tex) / two-tone attr, two-toned adj ‖ ~**druck** m (Druck) / two-colour process*, two-colour printing ‖ ~**prozeß** m (Foto) / two-colour process*
**zweifarbig** adj / two-coloured adj, two-colour attr, dichromatic adj, bicoloured adj, bicolour adj ‖ ~ (in verschiedenen Richtungen) / dichroic adj ‖ ~ (Vorlage) (Druck) / bitonal adj, bitone attr ‖ ~**e Fadenkaromusterung** (Tex) / tattersall check, tattersall n ‖ ~**e Eiche** (Quercus bicolor Willd.) (For) / swamp white oak
**Zwei•farbigkeit** f (Krist) / dichroism* n ‖ ~**-F-Bombe** f (Mil) / fission-fusion bomb, 2F-bomb n, two-F bomb
**Zweifel, Ergebnisse von** ~ (für die günstigste Schaufelstellung bei Strömungsmaschinen) (Masch, Phys) / Zweifel's results
**Zwei•feldfenster** n (Bau) / two-light window ‖ ~**feldmotor** m (Eltech) / split-field motor ‖ ~**feldrahmen** (Bau, HuT) / two-bay frame ‖ ~**filmmodell** n (zur Beschreibung des Stoffdurchgangs durch eine Grenzfläche) (Chem, Phys) / two-film model (theory) ‖ ~**filmtheorie** f (Chem, Phys) / two-film model (theory) ‖ ~**flach** n (Math) / dihedron n (pl. -hedrons or -hedra), dihedral* n ‖ ~**flächig** adj (Krist, Math) / dihedral adj ‖ ~**flächige Jerseyware** (Tex) / double-knit fabrics (made by interlocking the loops from two strands of yarn with a double stitch), double knits ‖ ~**flächige Rundstrickware** (Tex) / double-knit fabrics (knitted on circular knitting machine), double knits ‖ ~**flammig** adj / two-torch attr ‖ ~**flankenwälzfehler** m (nach DIN 3960 und 3971) (Masch) / two-flank pitch error ‖ ~**flankenprüfung** f (bei Zahnrädern) (Masch) / running check (without backlash in the master gear) ‖ ~**flankenwandler** m (Eltronik) / dual-slope converter, dual slope ‖ ~**florig** adj (Tex) / double-pile attr ‖ ~**flügelig** adj (Fenster) (Bau) / double-casement attr ‖ ~**flügeliges Fenster** (Bau) / two-light window ‖ ~**flügelige Tür** (Bau) / double-wing door, double door ‖ ~**flüssigkeitenmodell** n (bei supraflüssigem Helium - nach L. Tisza bzw. C.J. Gorter und H.B.G. Casimir) (Phys) / two-fluid model ‖ ~**flutig** adj / double-flow attr ‖ ~**flutiger Kühlturm** (Querstromkühlturm mit zwei gegenüberliegenden Lufteintrittsöffnungen und Kühleinbauflächen) / double-flow cooling tower ‖ ~**flutige Turbine** f (eine Wasserturbine) (Masch) / double-flow turbine* ‖ ~**fonturige Maschine** (Tex) / two-section machine ‖ ~**fonturige Raschelmaschine** (Tex) / double-needlebar raschel machine ‖ ~**fotonenfluoreszenz** f (Phys) / two-photon fluorescence ‖ **doppler-freie** ~**fotonenspektroskopie** (die Zweifotonenanregung mit entgegenlaufenden Laserstrahlen benutzt) (Spektr) / Doppler-free two-photon spectroscopy ‖ ~**frequenzlaser** m (Phys) / two-frequency laser
**Zweig** m (bei einem Netzwerk eine direkte elektrische Verbindung zwischen zwei Knotenpunkten) (Eltech) / branch n ‖ ~ (einer Doppelleitung) (Eltech) / limb n ‖ ~ (der Meßbrücke) (Eltech) / leg n (of a bridge) ‖ ~ (Fernm) / branch* n, arm* n ‖ ~ (For) / secondary branch ‖ ~ (Kernphys) / branch n, decay branch, disintegration branch ‖ ~ (einer Kurve, einer analytischen Funktion) (Math) / branch n ‖ **akustischer** ~ / acoustic branch* ‖ **kleiner** ~ (For) / sprig n ‖ **mit herabhängenden** ~**en** (Baum) (Bot) / weeping adj ‖ **optischer** ~ (Krist) / optic branch* ‖ **positiver** ~ (Spektr) / R branch

**Zweigang•achse** f (Kfz) / two-speed axle ‖ ~**bohrer** m (Werkz) / dual-speed drill, two-speed drill
**zweigängig•es Gewinde** (Masch) / two-start thread*, double-start thread ‖ ~**e Schnecke** (Plast) / double-thread extrusion screw ‖ ~**e Wicklung** (Eltech) / duplex winding
**Zweigang•schlagbohrer** m (Werkz) / two-speed percussion drill ‖ ~**-Verteilergetriebe** n (Kfz) / two-speed transfer box, high-or-low-ratio transfer box
**zwei•gehäusig** adj (Turbine) (Masch) / double-housing attr ‖ ~**gehäusiger Turboverdichter** (Masch) / two-casing centrifugal compressor ‖ ~**gelenkbogen** m (HuT) / two-hinged arch, two-hinged arch, two-hinge arch, two-pin arch ‖ ~**gelenkrahmen** m (Bau, HuT) / two-hinged frame, two-pinned frame ‖ ~**geschossig** adj (Bau) / two-storeyed adj, two-storied adj (US), two-storey attr, two-story attr (US), two-floored adj ‖ ~**geschoßig** adj (A) (Bau) / two-storeyed adj, two-storied adj (US), two-storey attr, two-story attr (US), two-floored adj ‖ ~**geteilt** adj (geteilt) / split adj ‖ ~**geteilt** / bipartite adj
**Zweigleis** n (Bahn) / divergent route
**Zwei•gitterröhre** f (eine Mehrgitterröhre) (Eltronik) / tetrode* n ‖ ~**gleisiger Betrieb** (Bahn) / double-track running ‖ ~**gleisige Eisenbahnbrücke** (Bahn) / double-track railway bridge ‖ ~**gliedrig** adj (Math) / binomial adj ‖ ~**glimmergranit** (Geol) / two-mica granite ‖ ~**gruppen-Diffusionstheorie** f (Kernphys) / two-group theory ‖ ~**gruppentheorie** f (eine Gruppendiffusionstheorie) (Kernphys) / two-group theory
**Zweigschalter** m (Eltech) / branch switch*
**Zwei•handbetätigung** f (Masch) / two-hand control ‖ ~**handschaltung** f (z.B. als Handschutz bei Pressen) (Masch) / two-handed switching ‖ ~**handstart** m (Sicherheitseinrichtung, damit nur mit gleichzeitiger Betätigung durch beide Hände eine Maschine oder Anlage gestartet werden kann) (Masch) / two-hand starting ‖ ~**hordenarre** f (Brau) / two-floor kiln ‖ ~**kammerklystron** n (Eltronik) / two-cavity klystron ‖ ~**kanter** m (Windkanter mit zwei Kanten) (Geol) / zweikanter n ‖ ~**kernig** adj (Chem, Phys) / dinuclear adj ‖ ~**klangfanfare** f (Kfz) / two-tone horn, dual-trumpet horn (US), twin horn ‖ ~**klanghorn** n (Kfz) / two-tone horn, dual-trumpet horn (US), twin horn ‖ ~**klangkompressorfanfare** f (Kfz) / two-tone horn, dual-trumpet horn (US), twin horn
**Zweikomponenten•anstrich** m (mit begrenzter Tropfzeit) (Anstr) / two-component coating ‖ ~**fasern** f pl (Spinn) / conjugate fibres, bicomponent fibres* ‖ ~**kleber** m (Anstr) / two-component adhesive, two-part adhesive, mixed adhesive, two-pack adhesive ‖ ~**klebstoff** m (ein Reaktionskleback) (Anstr) / two-component adhesive, two-part adhesive, mixed adhesive, two-pack adhesive ‖ ~**lack** m (ein Reaktionslack) (Anstr) / two-package system lacquer, two-pack varnish, two-can system lacquer, two-pack material ‖ ~**legierung** f (Hütt) / binary alloy ‖ ~**polyurethananstrichstoff** m (Anstr) / two-package urethane coating ‖ ~**polyurethanlack** m (Anstr) / two-package urethane coating ‖ ~**-Strombezugstarif** m (Eltech) / two-part tariff*, contract-rate tariff* ‖ ~**system** n (Hütt, Phys) / binary system*, two-component system ‖ ~**toner** m (mit Entwickler) (Druck) / dry toner ‖ ~**waage** f (zur Berechnung des Auftriebes) (Lufft) / two-component balance
**zwei•komponentiger Spinor** (Math) / two-component spinor ‖ ~**konusantenne** f (Radio) / biconical antenna ‖ ~**koordinatenmeßgerät** n (Instr) / two-coordinate measuring instrument, XY (measuring) instrument ‖ ~**kopfgießverfahren** n (bei 2K-Lacken) (Anstr) / sandwich process ‖ ~**köpfige Besatzung** (Lufft) / two-crew n ‖ ~**körperbewegung** f (Astr) / two-body motion, Keplerian motion ‖ ~**körperkräfte** f pl (Mech) / two-body forces* ‖ ~**körperproblem** n (die Bewegung zweier Punktmassen unter dem alleinigen Einfluß der Kräfte, die sie aufeinander ausüben) (Mech) / two-body problem
**Zweikreis•abstimmung** f (Radio) / two-circuit tuning ‖ ~**anlage** f (aus getrennten Teilen, die aber der gleichen Funktion dienen) (Masch) / double plant ‖ ~**anlage** f (Druckwasserreaktor) (Nukl) / dual-cycle plant (with secondary-side steam cycle) ‖ ~**bremsanlage** f (die zur Erhöhung der Sicherheit in zwei voneinander unabhängige Bremskreise getrennt ist) (Kfz) / dual braking system, dual-circuit braking system ‖ ~**bremse** f (Kfz) / dual braking system, dual-circuit braking system ‖ ~**goniometer** n (Krist) / two-circle goniometer
**zweikreisiges Reflexionsgoniometer** (Krist) / two-circle goniometer
**Zweikreis•ölumlauf** m (Masch) / dual-circuit oil circulation ‖ ~**schaltung** f (für Zählerprüfung) (Eltech) / two-circuit method (for meter testing) ‖ ~**triftröhre** f (Eltronik) / two-cavity klystron ‖ ~**verstärker** m (Eltech) / double-tuned amplifier
**Zwei•kugelmessung** f (zur Bestimmung der Zahndicke) (Masch) / two-ball testing ‖ ~**lagendruckbehälter** m / double-skin pressure vessel ‖ ~**lagenschweißen** n (Schw) / two-pass welding ‖ ~**lagensieb** n (mit zwei übereinander angeordneten Siebebenen) / double-deck screen

**zweilagig** *adj* / double-layer *attr*, two-layer *attr* ‖ ~**er Putz** (DIN 18550) (Bau) / two-coat work* ‖ ~**er Putz** (Oberputz + Unterputz auf Latten) (Bau) / set-work* *n* ‖ ~ **putzen** (Bau) / render and set* *v*, render-set *v* ‖ ~**e Wicklung** (Eltech) / double-layer winding*, two-layer winding, two-coil-side-per-slot winding
**zwei•läufige U-Treppe** (mit Halbpodest) (Bau) / open-newel stair* ‖ ~**leiterkabel** *n* (Eltech) / twin cable*, loop cable*, double-core cable, two-conductor cable, two-core cable ‖ ~**leiternetz** *n* (Eltech) / two-wire system*, insulated-return system* ‖ ~**leitersystem** *n* (Eltech) / two-wire system*, insulated-return system* ‖ ~**linser** *m* (Foto, Opt) / doublet* *n*, doublet lens ‖ ~**lochmutter** *f* (DIN 547) (Masch) / round nut with drilled holes in one face ‖ ~**lochschlüssel** *m* (für Flanschmuttern) (Masch, Werkz) / flange spanner (for flange nuts) ‖ ~**maischverfahren** *n* (Brau) / two-mash method ‖ ~**mannblattsäge** *f* (mit gekrümmtem Blatt) (For) / pit-saw* *n*, cleaving saw*, long saw* ‖ ~**mannsäge** *f* (Zugsäge + Spaltsäge) (For) / double-handed saw, two-handled saw ‖ ~**meißeldrehmaschine** *f* (Masch) / duplex lathe* ‖ ~**metallkolben** *m* (Boden aus Leichtmetall, Schaft aus Grauguß) (Kfz) / two-metal piston, dual-metal piston* ‖ ~**motoren-** (Masch) / twin-engined *adj*, bimotored *adj*, bimotor *adj* ‖ ~**motorig** *adj* (Masch) / twin-engined *adj*, bimotored *adj*, bimotor *adj* ‖ ~**motoriges Luftfahrzeug** (Luftf) / twin *n*, twin-engine aircraft ‖ ~**ohrig** *adj* (Akus) / binaural* *adj* ‖ ~**ösenschuh** *m* / twin-eyelet shoe, two-eyelet shoe ‖ ~**parameterschar** *f* (Math) / two-parameter family ‖ ~**parametrige Schar** (Math) / two-parameter family ‖ ~**personenspiel** *n* (EDV) / two-person game
**Zweiphasen•Dreileitersystem** *n* (Eltech) / two-phase three-wire system* ‖ ~**druck** *m* (bei dem im ersten Arbeitsgang Druckfarben, die lediglich Farbstoff, Verdickung und Wasser enthalten, aufgedruckt werden; in dem zweiten Arbeitsgang erfolgen dann das Imprägnieren mit Chemikalien und die Fixierung der Farbstoffe auf der Faser) (Tex) / two-phase printing ‖ ~**ernte** *f* (z.B. Rüben) (Landw) / two-phase harvesting, two-stage harvesting ‖ ~**kernbombe** *f* (Mil) / fission-fusion bomb, 2F-bomb *n*, two-F bomb ‖ ~**methode** *f* (ein Verfahren zur Lösung linearer Optimierungsprobleme) (EDV) / two-phase method ‖ ~**motor** *m* (Eltech) / two-phase motor, Ferraris motor ‖ ~**reinigung** *f* / two-phase cleaning, diphase cleaning ‖ ~**-Sperrprotokoll** *n* (ein Synchronisationsverfahren, das die Synchronisation von Transaktionen mittels Objektsperren realisiert) (EDV) / two-phase locking protocol ‖ ~**strömung** *f* (Phys) / two-phase flow ‖ ~**titration** *f* (Chem) / two-phase titration
**zwei•phasig** *adj* (Eltech, Phys) / two-phase* *attr*, quarter-phase *attr*, diphasic *adj*, diphase* *adj* ‖ ~**phasige Bahnsteuerung** (bei CNC-Maschinen) (Masch) / velocity vector control contouring system, contouring system by velocity vector control ‖ ~**platinen-Doppelhub-Schaftmaschine, Bauart / Hattersley** (DIN 63000) (Web) / Hattersley dobby ‖ ~**-plus-Eins-Adreßbefehl** *m* (EDV) / three-address instruction, two-plus-one-address instruction, triple-address instruction
**Zweipol** *m* (Stromkreis, Bauelement oder Baugruppe mit zwei Anschlußklemmen - DIN 4899) (Eltech) / two-terminal network, one-port network, two-pole *n* ‖ ~**fieldistor** *m* (Eltronik) / nesistor *n*
**zweipolig** *adj* (Eltech) / double-pole* *attr*, two-pole *attr* ‖ ~, bipolar *adj* ‖ ~**er Schalter** (Eltech) / 2-pole switch, two-pole switch ‖ ~**er Stecker** (Eltech) / two-pin plug, two-pin connector
**Zweipol•impedanz** *f* (Eltech) / driving-point impedance ‖ ~**kondensator** *m* (mit zwei Anschlüssen für jede Einzelkapazität) (Eltech) / two-terminal capacitor ‖ ~**quelle** *f* (Elektr) / Thevenin generator ‖ ~**stecker** *m* (Eltech) / two-pin plug, two-pin connector ‖ ~**theorie** *f* (Eltech) / Norton's theorem*
**Zwei•prismen-Jacquardmaschine** *f* (Web) / double-cylinder machine (jacquard) ‖ ~**prismenmaschine** *f* (Web) / double-cylinder machine (jacquard) ‖ ~**pulsgleichrichter** *m* (Eltech) / two-phase rectifier ‖ ~**punkteform** *f* (einer Geraden) (Math) / two-point form ‖ ~**punktegleichung** *f* (Math) / two-point equation
**Zweipunkt•funktion** *f* (Math) / two-point function ‖ ~**funktion** (Phys) / propagator *n* ‖ ~**funktion** (Phys) / Feynman propagator ‖ ~**glied** *n* (Regeln) / two-point element, on-off element, relay *n*, two-step element ‖ ~**gurt** *m* (z.B. Beckengurt) (Kfz) / two-point seat belt ‖ ~**korrelation** *f* (Turbulenz) (Phys) / double correlation ‖ ~**landung** *f* (Luftf) / wheeler *n*, 2-point landing, level landing ‖ ~**regelung** *f* (Regeln) / on-off control*, on-off system, two-position system, ON-OFF control, on/off-control *n* ‖ ~**-Regelungssystem** *n* (bei dem das Stellglied nur zwei Zustände, z.B. "Ein" oder "Aus", fähig ist) (Regeln) / two-point control system, bang-bang *n*, on-off control system ‖ ~**sicherheitsgurt** *m* (Kfz) / two-point seat belt ‖ ~**thermostat** *m* / snap-acting thermostat
**Zwei•quantenvernichtung** *f* (Kernphys) / two-photon annihilation ‖ ~**radfahrzeug** *n* (Kfz) / single-track vehicle ‖ ~**rädrig** *adj* / two-wheel *attr* ‖ ~**radschlepper** *m* (Kfz) / walking tractor, two-wheel tractor ‖ ~**rampenumsetzer** *m* (Eltronik) / dual-slope converter, dual slope ‖ **integrierender** ~**rampenumsetzer** *m* (Eltronik) / dual-slope converter ‖

~**rampenverfahren** *n* (Methode der Analog-Digital-Umsetzung) (Eltronik) / dual-slope method ‖ ~**raupenfahrwerk** *n* (HuT) / two-crawler track assembly ‖ ~**reihenkorrelation** *f* (Stats) / biserial correlation
**zweireihig** *adj* (Lager, Nietverbindung) (Masch) / double-row *attr* ‖ ~ (Jackett) (Tex) / double-breasted *adj* ‖ ~**e Determinante** (Math) / double-row determinant ‖ ~**e Doppelscheibenegge** (Landw) / tandem disk harrow ‖ ~**e Matrix** (Math) / double-row matrix ‖ ~**es Rillenkugellager** (DIN 625, T 3) (Masch) / double-row grooved ball bearing
**Zweirichtungs•antrieb** *m* (Eltech) / reversing drive, reversible drive ‖ ~**betrieb** *m* (EDV, Fernm) / duplex* *n*, duplexing *n*, duplex transmission, full duplex, duplex operation ‖ ~**thyristordiode** *f* (DIN 41786) (Eltronik) / bidirectional diode-thyristor (thyristor ac power controller), Diac *n* (General Electric Company) ‖ ~**thyristortriode** *f* (DIN 41786, DIN 41855) (Eltronik) / bidirectional triode-thyristor (a three-terminal thyristor, Triac *n* (General Electric Company) ‖ ~**transistor** *m* (Eltronik) / bidirectional transistor ‖ ~**zähler** *m* (DIN 44300) (EDV) / reversible counter
**Zwei•rohrkessel** *m* (Masch) / double-tube boiler ‖ ~**rohr-Pumpenwarmwasserheizung** *f* (Wärm) / two-pipe pumped system ‖ ~**rohr-Schwerkraftwarmwasserheizung** *f* (Wärm) / two-pipe gravity system, separate gravity system ‖ ~**rohrstoßdämpfer** *m* (Kfz) / double-tube dashpot ‖ ~**rollenmessung** *f* (zur Bestimmung der Zahndicke) (Masch) / two-cylinder testing ‖ ~**rumpfschiff** *n* mit kleiner Wasserlinienfläche (Schiff) / SWATH ship, small-waterplane-area twin-hull ship ‖ ~**säulenbauart** *f* (der Presse) (Masch) / two-column construction ‖ ~**säulenbühne** *f* (in der Autowerkstatt) (Kfz, Masch) / two-post hoist ‖ ~**säulenpresse** *f* (Masch) / two-column press ‖ ~**säulentechnik** *f* (der Ionenchromatografie) (Chem) / suppressor-column ion chromatography ‖ ~**säurig** *adj* (Base) (Chem) / dibasic *adj* ‖ ~**schalenfehler** *m* (Opt) / astigmatism* *n* ‖ ~**schalengreifer** *m* (des Krans oder des Baggers) (HuT, Masch) / clamshell *n*, clamshell bucket, clamshell grab, grapple (a special-purpose tined grab that works on the principle of the clamshell) ‖ ~**schalengreifkorb** *m* (des Krans oder des Baggers) (HuT, Masch) / clamshell *n*, clamshell bucket, clamshell grab, grapple (a special-purpose tined grab that works on the principle of the clamshell) ‖ ~**schalenladelöffel** *m* (des Krans oder des Baggers) (HuT, Masch) / clamshell *n*, clamshell bucket, clamshell grab, grapple (a special-purpose tined grab that works on the principle of the clamshell) ‖ ~**schaliges Hyperboloid** (Math) / hyperboloid of two sheets* ‖ ~**schaliges Mauerwerk** (mit Luftschicht) (Bau) / hollow wall(ing)*, cavity wall* ‖ ~**scheibenkupplung** *f* (Kfz, Masch) / double-disk clutch ‖ ~**scheibenläppmaschine** *f* (Masch) / twin-wheel lapping machine ‖ ~**scheiben-Wankelmotor** *m* (V-Mot) / two-rotor Wankel engine ‖ ~**schichtenfilm** *m* (Foto) / double-coated film* ‖ ~**schichtig** *adj* / double-layer *attr*, two-layer *attr* ‖ ~**schichtiger Putz** (DIN 18550) (Bau) / two-coat work* ‖ ~**schichtstruktur** *f* (Min) / two-layer structure ‖ ~**schichtwicklung** *f* (Eltech) / double-layer winding*, two-layer winding, two-coil-side-per-slot winding ‖ ~**schienen-** (Bahn, Eltech) / double-rail *attr* ‖ ~**schienenkatze** *f* (Bahn, Eltech) / double-rail crab, crab running on two rails ‖ ~**schienenlaufkatze** *f* (Masch) / double-rail crab, crab running on two rails ‖ ~**schienig** *adj* (Bahn, Eltech) / double-rail *attr* ‖ ~**schlag** *m* (Mech) / double link, double joint, crank with (attached) coupling link ‖ ~**schlitz** *m* (Sonderform einer Triglyphe) (Arch) / diglyph *n* ‖ ~**schlitzmagnetron** *n* (Eltronik) / split-anode magnetron* ‖ ~**schneidig** *adj* (Werkzeug) (Masch, Werkz) / double-edge(d) *adj* ‖ ~**schneidige Axt** (Werkz) / double-bit axe ‖ ~**schneidige Handsäge** (eine Seite für Längs-, eine für Querschnitt gezahnt) (Werkz) / cabinet saw ‖ ~**schneidige Säge** (Werkz) / double-cut saw ‖ ~**schnittige Nietverbindung** (Masch) / double-shear riveting joint ‖ ~**schnittige Überlappung** (Masch) / double-shear lap ‖ ~**schnürig** *adj* (geradschäftiger Stamm, der in jeder Richtung durch ebene Längsschnitte zerlegt werden kann) (For) / straight *adj* ‖ ~**schraubenschiff** (Schiff) / twin-screw ship, twin-screw vessel, two-screw ship, two-propeller ship ‖ ~**schrauber** *m* (Schiff) / twin-screw ship, twin-screw vessel, two-screw ship, two-propeller ship ‖ ~**schrittdiffusion** *f* (Eltronik) / two-step diffusion ‖ ~**schrittig** *adj* (Algorithmus) / two-step *attr* ‖ ~**schürige Wiese** (Landw) / meadow of two cuts ‖ ~**schurwolle** *f* (Tex) / double-clip wool ‖ ~**seilbahn** *f* (HuT, Masch) / bicable* *n*, bicable ropeway ‖ ~**seilförderung** *f* (Bergb) / two-rope hoisting ‖ ~**seilgreifer** *m* (HuT, Masch) / Hayward clamshell, Hayward grab bucket, double-chain grab ‖ ~**seil-Luftseilbahn** *f* (mit zwei Tragseilen und einem Zugseil) (HuT, Masch) / twin-cable ropeway, tramway *n*, double-rope tramway (US) ‖ ~**seilschwebebahn** *f* (HuT, Masch) / twin-cable ropeway, tramway *n*, double-rope tramway (US)
**Zweiseiten•bandmodulation** *f* (Fernm) / double-sideband modulation, DSM, DSB modulation ‖ ~**bandsender** *m* (Radio) / double-sideband

**Zweiseitenfräsmaschine**

transmitter\* || ~fräsmaschine f (For) / two-side moulding machine || ~kipper m (HuT) / two-way tipper || ~kleberauftrag m (For) / double spread || ~stoff m (Tex) / reversible n, double-face[d] fabric, double-face n

**zweiseitig** adj (bilateral) / bilateral adj || ~ (auf beiden Seiten) / two-sided adj, double-sided adj || ~ (Plüsch) (Tex) / double-sided adj || ~es Bedrucken von Druckbogen mit zwei Druckformen (Druck) / sheet-work\* n || ~e Doppelweiche (Bahn) / tandem turnout diverging from opposite hand || ~er Furnierschneider (beiderseits gezahnte Tischlersteifsäge) (For, Tischl) / veneer saw (with double-sided blade) || ~ gerichtetes Mikrofon (Akus) / bidirectional microphone\*, bilateral microphone || ~er Hebel (wenn Kraft und Last, vom Drehpunkt aus gesehen, auf verschiedenen Seiten des Hebels angreifen) (Mech) / first-order lever, first-class lever, lever of first class || ~es Ideal (Math) / two-sided ideal || ~er Impuls (Fernm) / bidirectional pulse, bipolar pulse || ~e Kehlnaht (Schw) / double fillet weld, fillet weld each side of tee || ~e Laplace-Transformation (Math) / bilateral Laplace transform, two-sided Laplace transform || ~er linearer Induktionsmotor (Eltech) / double-sided linear induction motor, double-sided LIM, DLIM || ~er Linearmotor (Eltech) / double-sided linear motor, double-sided LIM, DLIM || ~es Modell (Gieß) / match-plate pattern || ~e Modellplatte (Gieß) / turnover board\*, rollover-board n || ~e Richtantenne (Radio) / bidirectional antenna || ~ saugender Turbokompressor (Masch) / double-entry turbocompressor || ~e Spitzhacke (Werkz) / pickaxe\* n, pick n, pickax n (US) || ~er Test (ein Signifikanztest) (Stats) / two-tailed test, two-tail test, two-sided test || ~e Wellpappe (Pap) / single-wall corrugated fibreboard || ~keit f (des Papiers oder der Pappe - nach DIN 6730) (Pap) / two-sidedness n

**Zwei•sitzer** m (Kfz) / two-seater n, double-seater n, 2-place n || **offener ~sitzer** (Kfz) / roadster n || ~spaltiger Druck (Druck) / two-column printing || ~spaltinterferometer n (Licht) / Young's two-slit interferometer, Young's double-slit interferometer, Young interferometer || ~spitzniet m (Masch) / bifurcated rivet\* || ~spurig adj (Verkehrsstraße) (HuT, Kfz) / dual-lane attr || ~stabwicklung f (Eltech) / double-layer winding\*, two-layer winding, two-coil-side-per-slot winding

**Zweiständer•exzenterpresse** f (Masch) / double-sided eccentric press || ~hobelmaschine f (Masch) / double-housing planer, double-housing planing machine, double-column planer, double-column planing machine || ~langfräsmaschine f (Masch) / portal-type milling machine || ~maschine f (Masch) / two-column machine || ~presse f (Masch) / straight-sided press, double-sided press

**Zwei•stärkenglas** n (Opt) / bifocal glass, bifocal n, bifocal lens || ~stegiger Träger (Masch) / double-webbed girder\* || ~stellenwirkung f / two-position action || ~stellig adj (Prädikat) (Math) / binary\* adj || ~stellige ganze Zahl (Math) / two-digit integer, two-figure integer || ~stellige Relation (Math) / binary relation || ~stellungsschalter m (Eltech) / on-off switch, ON/OFF switch || ~stift- (Sockel von Lampen mit Bajonettsockel) (Eltech) / bipost adj, bipin adj || ~stöckig adj (Bau) / two-storeyed adj, two-storied adj (US), two-storey attr, two-story attr (US), two-floored adj || ~stöckige Brücke (HuT) / double-deck bridge

**Zweistoff•druckzerstäuber** m (Masch) / twin-fluid atomizer, blast atomizer || ~düse f / two-fluid atomizing nozzle, two-phase nozzle || ~legierung f (Hütt) / binary alloy || ~lösung f (Chem) / binary solution || ~motor m (z.B. Diesel-/Gas-) (Kfz) / dual-fuel engine || ~raketentriebwerk n (Raumf) / bipropellant rocket engine, bipropellant rocket motor || ~system n (Hütt, Phys) / binary system\*, two-component system

**Zweistrahl•instabilität** f (Plasma Phys) / two-stream instability || ~interferenz f (Opt) / two-beam interference || ~interferometer n (Opt) / two-beam interferometer, double-pass type interferometer || ~oszilloskop n (Eltronik) / dual-beam oscilloscope, dual-trace oscilloscope || ~röhre f (Eltronik) / double-beam cathode-ray tube\* || ~spektrometer n (Spektr) / twin-beam spectrometer, double-beam spectrometer, dual-beam spectrometer || ~verfahren n (Spektr) / two-beam method, double-beam technique

**zwei•strähniges Garn** (Spinn) / two-ply yarn, twofold yarn || ~streifige Kopie (eine Rolle enthält den Bildinhalt, die andere den zugeordneten Licht- oder Magnetton) (Film) / unmarried print || ~strömig adj / double-flow attr || ~strominstabilität f (Plasma Phys) / two-stream instability || ~stromtriebwerk n (die Zusatzluft durchströmt einen besonderen Niederdruckverdichter) (Luftf) / turbofan\* n, fan-jet n, by-pass turbojet\* || ~stromturbinenluftstrahltriebwerk n (die Zusatzluft durchströmt einen besonderen Niederdruckverdichter) (Luftf) / turbofan\* n, fan-jet n, by-pass turbojet\*

**Zweistufen•-** / double-stage attr, two-stage attr, two-step attr || ~fluß m der Kommunikation (Fernm) / two-step-flow of communication || ~-Kreiskolbenmotor m (V-Mot) / twin-rotor engine || ~relais n (Fernsp) / two-step relay\* || ~verfahren n / two-stage process, two-step process

**zweistufig** adj / double-stage attr, two-stage attr, two-step attr || ~er Druckgasbrenner (Masch) / two-stage pressure-gas burner\* || ~er Kompressor (Masch) / two-stage compressor || ~e Oberstufe (eine Komponente des US-Raumtransportersystems) (Raumf) / inertial upper stage, IUS || ~e Verbrennung (bei Dieselmotoren) (V-Mot) / two-stage combustion || ~er Verdichter (Masch) / two-stage compressor || ~es Verfahren / two-stage process, two-step process || ~es Werkzeug (Masch, Plast) / follow die

**Zwei•stundenlack** m (Anstr) / two-hour varnish || ~systemlokomotive f (Bahn) / two-system locomotive

**zweit•e Ableitung** (Math) / second derivative || ~er (nachfolgender) Arbeitsgang (mit Umspannung des Werkstücks) (Masch) / second-operation work\* || ~er Atomschlag (Mil) / second strike || ~e Ausfertigung machen / duplicate v || ~e Bisektrix (Krist, Math, Opt) / obtuse bisectrix || ~es Blatt (mit vereinfachtem Briefkopf als Fortsetzungsblatt bei Briefen) (EDV, Pap) / second sheet || ~es Diagonalverfahren (nach G. Cantor, 1845-1918) (Math) / diagonal procedure, Cantor's diagonal method || ~er Durchbruch (vorzugsweise bei Bipolartransistoren) (Eltronik) / second breakdown || ~e Eulersches Integral (Math) / gamma function\* || ~er Gang (Kfz) / second n || ~e Gärung (beim Schaumwein) (Nahr) / second fermentation, secondary fermentation || ~en Grades (Gleichung) / quadratic adj || ~e Gregory-Newtonsche Formel (nach J. Gregory, 1638-1675) (Math) / Gregory-Newton forward interpolation formula, Gregory-Newton forward difference formula || ~e Harmonische (Phys) / second harmonic (a component the frequency of which is twice the fundamental frequency) || ~es Hauptkriterium (Math) / Cauchy's convergence test\*, Cauchy integral test, integral convergence test || ~er Hauptsatz der Thermodynamik (Phys) / second law of thermodynamics, entropy principle || ~er Impulssatz (ein starrer Körper kann drehungsfrei sein, wenn die Summe aller Drehmomente verschwindet) (Mech) / momentum theorem, theorem of moments || ~es Kellergeschoß (das ganz unter der Erdoberfläche liegt) (Bau) / subbasement || ~es Kriechstadium (Bau, Hütt, Masch, WP) / secondary creep, steady-state creep || ~er Leitweg (Fernm) / secondary route, second-choice route || ~er Luftfahrzeugführer (Luftf) / co-pilot n, second pilot || ~es Moment (Stats) / second moment || ~e Oberschwingung (Phys) / third harmonic || ~er Pilot (Luftf) / co-pilot n, second pilot || ~e Plancksche Strahlungskonstante (Phys) / second radiation constant || ~e Potenz (Math) / square n, square number || ~e Quantisierung (Wellenquantisierung) (Kernphys) / second quantization || ~e Reinigungsstufe (Sanitär, Umwelt) / secondary treatment || ~er Schall (ungedämpfte Temperaturwellen, die mit Dichteschwingungen des Phononengases verbunden sind) (Phys) / second sound || ~er Schlag (Mil) / second strike || ~es Sintern (Hütt) / resintering n || ~er Substituent (Chem) / second substituent || ~es unterirdisches Geschoß (Bau) / subbasement || ~e Unterputzschicht (beim dreilagigen Außenputz) (Bau) / floating coat, browning coat, topping coat, floating\* n, brown coat, browning n

**Zweitabschaltsystem** n (Nukl) / secondary shutdown system\*

**Zwei•tafelprojektion** f (ein Abbildungsverfahren der darstellenden Geometrie) (Math) / projection on two planes, two-plane projection || ~takter m (V-Mot) / two-stroke engine, two-cycle engine, two-stroker n

**Zweitakt•gemisch** n (Kfz) / lubricated gasoline (US), petroil mixture, petrol-oil mixture, lubricated petrol, gas-oil mixture || ~gemischbehälter m (an der Tankstelle) (Kfz) / two-stroke blending pump || ~motor m (V-Mot) / two-stroke engine, two-cycle engine, two-stroker n || kolbengesteuerter ~motor (V-Mot) / piston-ported two-stroke engine || ~prozeß m (V-Mot) / two-stroke cycle\* || ~verfahren n (bei Zweitaktmotoren) (V-Mot) / two-stroke cycle\*

**zweitangentiger Knoten** (bei dem alle Scharkurven bis auf eine im Knoten die gleiche Tangente haben) (Math) / double tangential knot

**Zweit•anmelderschutz** m (in Patentrecht) / second-applicant protection || ~ausstrahlung (Film, TV) / second showing || ~belichtung f (Foto) / double exposure\*, superimposition exposure || ~dampf m (Masch, Nukl) / secondary steam, secondary vapour

**zwei•teilen** v (Math) / bisect v || ~teiler m (Fernm) / scale-of-two\* n

**zweiteilig** adj (geteilt) / split adj || ~ / bipartite adj || ~ (Kleid) (Tex) / two-piece attr || ~e Aufzugstür (meistens eine Falt- oder Schiebetür) (Masch) / biparting door || ~e Form (formgebendes Werkzeug) (Glas) / hinged mould, split mould || ~e Kardanwelle (Kfz) / divided driveshaft, divided prop shaft, split prop shaft, double-section driveshaft || ~es Kleid (Tex) / two-piece n || ~e Längswelle mit Zwischenlager (Kfz) / double-section longitudinal driveshaft with intermediate bearing || ~es Leichtmetallrad (Kfz) / two-piece alloy wheel || ~es Objektiv (Foto, Opt) / doublet\* n, doublet lens || ~e Tür

(des Aufzugs) / bi-parting door ‖ ~e **Tür** (horizontal geteilt) (Bau) / Dutch door, stable door
**Zweitemperatur-Kühlschrank** *m* / two-temperature refrigerator
**Zweit • empfänger** *m* (Fernm) / second receiver ‖ ~**exemplar** *n* / duplicate *n*, dupe *n*, dup *n* ‖ ~**handschiff** *n* (Schiff) / second-hand ship ‖ ~**hersteller** *m* (Zulieferbetrieb, der bestimmte Produkte in Lizenz fertigt) / second source
**Zwei • tiegelverfahren** *n* (bei der Glasfaserherstellung) (Glas, Opt) / double-crucible process, DC process, crucible process ‖ ~**tischmaschine** *f* (Karussellmaschine mit zwei Tischen in einer Ebene) (Glas) / two-table machine
**zweit • klassiger Branntkalk** (mit Asche und Schlacke vermischt) (Bau, Chem) / small lime, lime ashes ‖ ~**lieferant** *m* (Hersteller, der ein pinkompatibles Bauelement aus unabhängiger Fertigung liefert) (Eltronik) / second source ‖ ~**luft** *f* / secondary air ‖ ~**nebenstellenanlage** *f* (Fernsp) / satellite PABX, secondary PABX
**Zwei • ton-** (Tex) / two-tone *attr*, two-toned *adj* ‖ ~**tonvorlagen** *f pl* (schwarzweiß) (Druck) / bitones *pl* ‖ ~**topfverfahren** *n* (bei dem die anzuwendende Masse erst kurz vor dem Einsatz aus zwei Präparationen gemischt wird) (Anstr) / two-pack process
**Zweitor** *n* (ein Netzwerk mit zwei Eingangs- und zwei Ausgangsklemmen - DIN 4899) (Eltech) / quadripole* *n*, four-pole *n*, two-terminal pair network*, two-port network ‖ **erdsymmetrisches** ~ (Elektr) / balanced two-port network ‖ **längssymmetrisches** ~ (Elektr) / symmetrical two-port network ‖ **lineares** ~ (Elektr) / linear two-port ‖ **reziprokes** ~ (Elektr) / reciprocal two-port network ‖ ~ *n* **in Kreuzschaltung** (Eltech) / bridge network*, lattice network*, lattice section ‖ ~ **in L-Schaltung** (Fernm) / L-network* *n* ‖ ~ **in T-Schaltung** (Eltech) / T-network* *n*, Y-network* *n*, T-section *n* ‖ ~ **in überbrückter T-Schaltung** (Fernm) / bridged-T network
**Zwei • tourenmaschine** *f* (Schnelldruckpresse für den Buchdruck) (Druck) / two-revolution press, two-revolution *n* ‖ ~**tourenpresse** *f* (Druck) / two-revolution press, two-revolution *n*
**Zweitquartier** *n* (Bau) / snapped header*, snap header, half-bat *n*, blind header
**Zwei • trägerhängekran** *m* (Masch) / double-girder suspension crane ‖ ~**trägerlaufkran** *m* (Masch) / double-girder overhead travelling crane ‖ ~**trommelkessel** *m* (Masch) / two-drum boiler, bidrum boiler ‖ ~**trümig** *adj* (Bergb) / two-compartment *attr* ‖ ~**trümiger Bremsberg** (Bergb) / double-track plane ‖ ~**trümmig** *adj* (Bergb) / two-compartment *attr*
**Zweit • schlag** *m* (Mil) / second strike ‖ ~**schlagfähigkeit** *f* (Mil) / second-strike capability ‖ ~**speicher** *m* (bei Rechnersystemen mit Speicherhierarchie) (EDV) / secondary memory*, secondary storage, secondary store ‖ ~**substituent** *m* (Chem) / second substituent
**zweitürig** *adj* (Kfz) / two-door *attr*
**Zweit • wagen** *m* (Kfz) / second car ‖ ~**weg** *m* (Fernm) / secondary route, second-choice route ‖ ~**wuchs** *m* (For) / second growth
**Zwei • -und-Zwei-Twill** *n* (Web) / two-and-two twill, Harvard twill, sheeting twill ‖ ~**vektorsystem** *n* (z.B. zur Schaffung einer vertikalen Schubkomponente bei Senkrechtstartflugzeugen) (Luftf) / composite thrust, composite thrust system ‖ ~**ventilkopf** *m* (Kfz) / two-valve head ‖ ~**walzenkalander** *m* (Pap) / two-roll calender
**Zweiwege • hahn** *m* (Masch) / two-way cock, two-way tap, two-way stropcock, two-way valve ‖ ~**katalysator** *m* (als Bauteil der Auspuffanlage) (Kfz) / two-way catalytic converter, HC/CO oxidizing converter, conventional oxidation catalytic converter, oxidizing converter ‖ ~**lautsprecher** *m* (Radio) / two-way speaker ‖ ~**palette** *f* / two-way (entry) pallet (entry from two directions) ‖ ~**schlepper** *m* (Landw) / two-way tractor ‖ ~**stellventil** *n* (entweder zur Vereinigung von zwei Medienströmen zu einem Gesamtstrom oder zum Teilen eines Medienstroms in zwei Ströme) (Masch) / two-way control valve ‖ ~**ventil** *n* (Masch) / two-way valve
**Zweiweg • gleichrichter** *m* (zur Gleichrichtung einer Wechselspannung) (Eltech) / full-wave rectifier ‖ ~**gleichrichter** (Eltech) s. auch Graetz-Schaltung ‖ ~**gleichrichtung** *f* (Eltech) / full-wave rectification* ‖ ~**hahn** *m* (Masch) / two-way cock, two-way tap, two-way stropcock, two-way valve ‖ ~**maschine** *f* (eine Sondermaschine) (Masch) / two-path machine ‖ ~**schaltdiode** *f* (Eltronik) / bidirectional diode-thyristor (thyristor ac power controller), Diac *n* (General Electric Company) ‖ ~**schaltung** *f* (eine Gleichrichterschaltung) (Eltech) / full-wave rectification* ‖ ~**thyristor** *m* (Eltronik) / bidirectional diode-thyristor (thyristor ac power controller), Diac *n* (General Electric Company) ‖ ~**ventil** *n* (Masch) / two-way valve ‖ ~**verkehr** *m* (Radio) / two-way communication
**Zweiwellen • getriebe** *n* (an Werkzeugmaschinen) (Masch) / double-shaft gearing, twin-shaft gearing ‖ ~**-Propellerturbinenluftstrahltriebwerk** *n* (Luftf) / twin-shaft turboprop ‖ ~**pumpe** *f* (Masch) / canned pump ‖ ~**triebwerk** *n* (eine Gasturbinenbauart) (Luftf) / twin-shaft engine, two-shaft engine ‖ ~**turbine** *f* (Luftf) / twin-shaft turbine*

**zweiwellig • es TL-Triebwerk** (Luftf) / two-spool jet engine, split-compressor engine ‖ ~**e Wellpappe** (DIN 6730 - bestehend aus zwei Lagen gewellten Papiers, die durch eine Lage Papier oder Pappe miteinander verklebt sind und deren freie Außenflächen ebenfalls mit je einer Lage Papier oder Karton geklebt sind) (Pap) / double-double face corrugated fibreboard
**zweiwertig** *adj* (Chem) / divalent* *adj*, bivalent* *adj* ‖ ~ (Alkohol, Phenol) (Chem) / dihydric *adj* ‖ ~ (Variable, Funktion, Logik, Relation) (Math) / binary *adj*, two-valued *adj*, double-valued *adj* ‖ ~**er Alkohol** (Chem) / dihydric alcohol, diol *n* ‖ ~**e Atomgruppe** (Chem) / diad *n* ‖ ~**es Eisen** (Chem) / ferrous iron ‖ ~**es Lager** (das eine beliebig gerichtete Kraft, jedoch kein Kraftmoment aufnehmen kann) (Masch) / two-valued bearing ‖ ~**e Logik** / binary logic, two-valued logic ‖ ~**e Säure** (Chem) / diacid *n*, dibasic acid* ‖ ~**es Zinn** (Chem) / stannous tin
**Zwei • wicklungstransformator** *m* (als Gegensatz zu Spartransformator) (Eltech) / two-winding transformer ‖ ~**zählig** *adj* / double *adj*, duple *adj*, dual *adj*, twofold *adj* ‖ ~**zählige** (Drehungs)**Achse** (um 180°) (Krist) / diad *n* (axis), digyre *n* ‖ ~**zähnig** *adj* (Ligand) (Chem) / bidentate* *adj* ‖ ~**zähniger Ligand** (Chem) / bidentate ligand* ‖ ~**zeilige Sumpfzypresse** (Taxodium distichum (L.) Rich.) (For) / bald cypress, swamp cypress ‖ ~**zentrenbindung** *f* (Chem) / two-centre bond ‖ ~**zonenschnecke** *f* (Plast) / two-section screw ‖ ~**zugkessel** *m* (Masch) / two-pass boiler ‖ **zweckmeßgerät** *n* (Eltech) / dual-purpose meter ‖ ~**zylinder-Boxermotor** *m* (Kfz) / flat-twin *n*, flat-two *n*, flat twin-cylinder engine ‖ ~**zylindergarn** *n* (Spinn) / condenser yarn* ‖ ~**zylinderspinnen** *n* (Spinn) / double condenser spinning, cotton condenser spinning, condenser spinning ‖ ~**zylinderspinnverfahren** *n* (bei dem das Garn nicht in Streckwerken, sondern von einem Lieferwalzenpaar aus in einem weiten Verzugsfeld unter einer bestimmten Verzugsdrehung verzogen und anschließend fertiggesponnen wird) (Spinn) / double condenser spinning, cotton condenser spinning
**Zwerchdach** *n* (Bau) / transverse roof
**Zwerg** *m* (Astr) / dwarf star*, dwarf *n* ‖ **Brauner** ~ (Astr) / brown dwarf ‖ **Gelber** ~ (Astr) / yellow dwarf ‖ **Roter** ~ (im Hertzsprung-Russell-Diagramm) (Astr) / red dwarf ‖ **Schwarzer** ~ (ausgekühlter Weißer Zwerg) (Astr) / black dwarf
**Zwerg • hirse** *f* (Eragrostis tef (Zuccagni) Trotter) (Landw) / teff *n*, teff grass, love grass ‖ ~**kiefer** *f* (For) / dwarf pine, mugho pine, mugo pine ‖ ~**palmenfaser** *f* / palmetto fibre ‖ ~**relais** *n* (Eltech) / midget relay ‖ ~**stern** *m* (ein Stern mit relativ kleinem Durchmesser und daher relativ geringer absoluter Helligkeit) (Astr) / dwarf star*, dwarf *n* ‖ ~**trennwand** *f* (Bau) / dwarf partition ‖ ~**wuchs** *m* (Biol) / nanism* *n*, dwarfism* *n*
**Z-Wert** *m* (Ionisierungsstärke von Lösemitteln) (Chem) / Z value
**Zwickel** *m* (ein störender Hohlraum in Kabeln und Leitungen) (Kab) / interstice *n* ‖ ~ (Plast) / intermixing zone (between twin screws) ‖ ~ (keilförmiger Einsatz) (Tex) / gore *n* (a triangular or tapering piece of material used in making a garment, sail or umbrella) ‖ ~ (Tex) / godet* *n* (Tex) / gusset *n* ‖ ~**füllung** *f* (Kab) / filler *n*, cable filler ‖ ~**naht** *f* (Tex) / gusset seam ‖ ~**raum** *m* (Kab) / interstice *n*
**zwicken** *v* (den Schaft eines Schuhs über den Leisten ziehen und befestigen) / last *v* ‖ ~ *n* (in der Schuhherstellung) / lasting *n*
**Zwicker** *m* (Bau) / gallet *n*, spall *n*, garnet *n*
**Zwicky-Objekt** *n* (nach F. Zwicky, 1898 - 1974) (Astr) / Zwicky object
**Zwickzement** *m* (für Schuhfabrikation) / lasting cement
**Zwiebel** *m* (als morphologischer Begriff) (Bot) / bulb* *n* ‖ ~ *f* (der sich verjüngende Teil eines durch Ziehen oder durch Auslaufen aus einer Düse entstehenden Stranges) (Glas) / meniscus *n* (pl. -sci), onion *n* ‖ ~**dach** *n* (Arch) / imperial* *n*, imperial roof, imperial dome ‖ ~**fische** *m pl* (Typog) / pie *n*, pi *n* (US) ‖ ~**fische** *m pl* s. auch Fisch ‖ ~**haube** *f* (eine Turmbedachung) (Arch) / onion dome ‖ ~**hautpapier** *n* (Pap) / onion-skin paper*, onion skin ‖ ~**look** *n* (Tex) / layering *n* ‖ ~**marmor** *m* (Geol) / cipolin* *n*, cipollino *n* (a highly decorative marble with a whitish ground traversed by veins or bands of green) ‖ ~**muster** *n* (in blauen Farbtönen gehaltenes Porzellandekor mit stilisierten Granatäpfeln) (Keram) / pomegranate pattern ‖ ~**schalenpapier** *n* (Pap) / onion-skin paper*, onion skin ‖ ~**schalige Verwitterung** (Geol) / onion-skin weathering, onion weathering
**Zwiegelenk** *n* (Mech) / double link, double joint, crank with (attached) coupling link
**Zwielicht** *n* (Astr) / twilight* *n*
**Zwienaht** *f* (in der Schuhherstellung) / inverted seam, Norwegian seam
**Zwiesel**, [unechter] (For) / crotch *n*, crutch *n*, curl *n*, forked growth ‖ **falscher** ~ (For) / crotch *n*, crutch *n*, curl *n*, forked growth ‖ ~**bildung** *f* (For) / forking *n*
**zwieselig** *adj* (For) / forked *adj*
**Zwieselit** *m* (Mineral der Zwieselit-Wolfeit-Gruppe mit Fe > Mn) (Min) / zwieselite *n*
**Zwieselung** *f* (For) / forking *n*

**Zwieselwuchs** *m* (For) / forking *n*
**Zwikker-Reaktion** *f* (Nachweis von Barbitursäurederivaten mit Co(II)-nitrat und Pyridin) (Chem, Pharm) / Zwikker's test
**Zwilch** *m* (Tex) / drill* *n*, ticking *n*
**Zwillich** *m* (Tex) / drill* *n*, ticking *n*
**Zwilling** *m* (fester Körper, der aus zwei Einkristallen derselben Kristallart in bestimmter relativer Orientierung besteht) (Krist) / twin crystal, twinned crystal*, macle* *n* ‖ ~**e** *m pl* (Nachfolgerknoten in Grafen) / twins *pl* ‖ **Bavenoer** ~ (Krist) / Baveno twin ‖ **Brasilianer** ~ (Min) / Brazilian twin ‖ **gegittertes Lamellenwerk von** ~**en** (nach dem Albit- und nach dem Periklingesetz, z.B. bei Mikroklinen) (Geol) / crossed twinning, gridiron twinning ‖ **Japaner** ~ (Min) / Japanese twin ‖ **lamellare** ~**e** (Krist) / polysynthetic twins ‖ **mimetischer** ~ (scheinbar höhersymmetrische Zwillingsstöcke) (Krist) / mimetic twin ‖ **polysynthetische** ~**e** (Krist) / polysynthetic twins ‖ **schmetterlingsförmiger** ~ (z.B. beim Kalzit) (Krist, Min) / butterfly twin
**Zwillings•achse** *f* (eine Digyre) (Krist) / twinning axis, twin axis ‖ ~**antrieb** *m* (für Walzstraßen) (Hütt) / twin-drive *n*, dual drive ‖ ~**ausbildung** *f* (Krist) / twinning* *n* ‖ ~**bandsäge** *f* (For) / twin-band saw ‖ ~**bereifung** *f* (bei Nutzfahrzeugen, Baumaschinen und Traktoren) (HuT, Kfz) / dual fitment, dual assembly ‖ ~**bildung** *f* (Krist) / twinning* *n* ‖ **mechanische** ~**bildung** (Krist) / mechanical twinning ‖ ~**blasverfahren** *n* (Plast) / Siamese blow *n* ‖ ~**bogen** *m* (Arch) / gemel arch ‖ ~**bürste** *f* (Eltech) / split brush ‖ ~**ebene** *f* (eine Symmetrieebene) (Krist) / twinning plane (common to and across which the individual crystal or components of a crystal twin are symmetrically arranged or reflected), twin plane ‖ ~**ebene** (Krist) / composition plane (of a contact twin), twinning plane ‖ ~**fenster** *n* (Arch) / jumelle window, gemel window ‖ ~**flugzeug** *n* (Luftf) / composite aircraft ‖ ~**gesetz** *n* (das ein Zwillingsindividuum in die Orientierung eines benachbarten Individuums überführt) (Krist) / twin law, twinning law ‖ ~**gleitung** *f* (eine homogene Gitterdeformation) (Krist) / twin gliding, twin slippage, translation gliding ‖ ~**grenze** *f* (eine Sonderform der Korngrenze) (Krist) / twin boundary ‖ ~**kondensator** *m* (Eltech) / twin capacitor ‖ ~**kristall** *m* (Krist) / twin crystal, twinned crystal*, macle* *n* ‖ ~**lamellen** *f pl* (Krist) / twin bands ‖ ~**lamellierung** *f* (Krist) / twin bands ‖ ~**lichtbogenschweißen** *n* (Schw) / twin-arc welding ‖ ~**-Luftschrauben** *f pl* (Luftf) / coaxial propellers*, contrarotating propellers ‖ ~**paradoxon** *n* (Beispiel zur Auswirkung der Zeitdilatation nach der speziellen Relativitätstheorie) (Phys) / clock paradox, twin paradox ‖ ~**prisma** *n* (Opt) / biprism* *n* ‖ ~**prüfung** *f* (EDV) / twin check* ‖ ~**pumpe** *f* (eine Kolbenpumpe mit zwei Zylindern und zwei von einer gemeinsamen Kurbelwelle betätigten Kolbenstangen) (Masch) / two-throw pump ‖ ~**rad** *n* (Kfz) / JJD wheel, twin wheel, wheel with double rim ‖ ~**räder** *n pl* (Masch) / twin wheels ‖ ~**räumen** *n* (gleichzeitiges Räumen von zwei Werkstücken mit zwei Werkzeugen auf einer Räummaschine) (Masch) / twin broaching ‖ ~**schleuse** *f* (Wasserb) / double lock* ‖ ~**streifen** *m pl* (Krist) / twin bands ‖ ~**tüpfel** *m pl* (zwei gegenständig angeordnete Hoftüpfel) (For) / twin pits ‖ ~**verwachsung** *f* (Krist) / twinning* *n*
**Zwinge** *f* / holdfast *n* (securing an object to a wall or other surface) ‖ ~ (Masch) / collet* *n*, collar* *n* ‖ ~ (eine Spannvorrichtung) (Masch) / clamp* *n*, cramp* *n* ‖ ~ (ein Verleimwerkzeug) (Tischl) / cramp* *n* ‖ ~ (z.B. Feilenheftzwinge) (Werkz) / ferrule*, ferrel *n* ‖ **mit einer** ~ **versehen** (Werkz) / ferrule *v*
**zwingen** *v* / force *v*
**zwingend** *adj* / mandatory *adj*
**Zwirn** *m* (DIN 60000) (Spinn) / twist* *n*, twisted yarn, twisted thread, thread* *n* ‖ **kordierter** ~ (Zwirn mit Spezialdrehung) (Spinn) / cord yarn ‖ ~**dreieck** *n* (Spinn) / twist triangle, doubling triangle
**zwirnen** *v* (Seide) (Spinn) / throw *v* ‖ ~ (Spinn) / twist *v*, ply *v*, twine *v* ‖ ~ *n* **auf der Ringzwirnmaschine** (Spinn) / ring twisting*
**Zwirner** *m* (Spinn) / twisting frame, twister *n*, twiner *n*, twisting machine ‖ ~ (Seide) (Tex) / throwster* *n*
**Zwirnerei** *f* (ein Veredlungsbetrieb) (Tex) / doubling mill
**Zwirn•fixierung** *f* (Tex) / twist setting ‖ ~**kops** *m* (Spinn) / twist cop ‖ ~**maschine** *f* (Spinn) / twisting frame, twister *n*, twiner *n*, twisting machine ‖ ~**selfaktor** *m* (Spinn) / twiner mule, mule doubler ‖ ~**spannung** *f* (Spinn) / twisting tension, doubling tension ‖ ~**spindel** *f* (Spinn) / twisting spindle, doubling spindle
**Zwirnung, starke** ~ (Spinn) / hard twist*
**Zwischen•-** / intermediate *adj* ‖ ~**abfluß** *m* (unterirdischer oberflächennaher Abfluß von Wasser) (Geol) / interflow *n* ‖ ~**ablage** *f* (EDV) / clipboard *n* (a temporary storage within Windows) ‖ ~**ablage** (F.Org) / bank *n*, float *n* ‖ ~**ablesung** (Instr) / intermediate reading ‖ ~**ablesung** (Verm) / intermediate sight* ‖ **Y-förmiges** ~**abzweigstück** (Klemp) / Y-tube *n*, Y-shape connecting tube ‖ ~**achsausgleichgetriebe** *n* (Kfz) / interaxle differential, centre differential ‖ ~**achse** *f* (Krist) / intermediate axis ‖ ~**anflug** *m* (Luftf) / intermediate approach ‖ ~**ansage** *f* (Radio) / continuity *n* (the linking of broadcast items by a spoken commentary) ‖ ~**anstrich** *m* (zwischen Grund- und Schlußanstrich) (Anstr) / intermediate coat ‖ ~**atomar** *adj* (Kernphys) / interatomic *adj* ‖ ~**bahn** *f* (Raumf) / interim orbit ‖ ~**bahnhof** *m* (Bahn) / way station (US) ‖ ~**balken** *m* (Zimm) / intermediate joist ‖ ~**band** *n* (Phys) / interband *n* ‖ ~**basenstrom** *m* (Eltronik) / interbase current* ‖ ~**basisstrom** *m* (Eltronik) / interbase current* ‖ ~**bau** *m* (des Reifens) (Kfz) / breaker *n* ‖ ~**bauteil** *n* (aus gebranntem Ton) (Bau, Keram) / hollow tile, pot *n*, hollow block ‖ ~**behälter** *m* (beim Strangguß) (Gieß) / tundish *n*, trough *n*, transfer ladle ‖ ~**behälter** (für Druckausgleich und Zwischenkühlung in Kompressoren) (Masch) / receiver *n* ‖ ~**betrieblich** *adj* / intercompany *attr*, interplant *attr* (US) ‖ ~**beziehung** *f* (Axiom der Geometrie) (Math) / relation of between(ness)
**Zwischenbild** *n* (reelles, vom Objektiv gebildet) (Mikros) / primary image *n* (Opt) / intermediate image ‖ ~**ikonoskop** *n* (TV) / image iconoscope ‖ ~**kodierung** *f* (TV) / interframe coding ‖ ~**orthikon** *n* (Fernsehaufnahmeröhre mit Ladungsspeicher) (TV) / image orthicon* (IO) (a low-electron-velocity camera tube)
**Zwischen•boden** *m* (Masch) / false bottom* ‖ ~**brett** *n* (bei Paletten) / stringer board ‖ ~**bündelkambium** *n* (Bot) / interfascicular cambium* ‖ ~**bunker** *m* (Aufber, Bergb, Erdöl) / surge bin*, surge tank*, surge hopper ‖ ~**code** *m* (Masch) / intermediate code ‖ ~**dampf** *m* (Masch) / reheat steam ‖ ~**deck** *n* (Schiff) / between-deck *n*, 'tween-deck *n* ‖ ~**decke** *f* (Bau) / intermediate ceiling ‖ ~**einrichtung** *f* (zwischen DEE und Umsetzer) (EDV) / intermediate equipment ‖ ~**eiszeit** *f* (Geol) / interglacial period, interglacial *n*, interglacial stage* ‖ ~**elektrodenkapazität** *f* (Eltronik) / interelectrode capacitance*, internal capacitance* ‖ ~**ergebnis** *n* (EDV, Math) / intermediate result ‖ ~**ergebniskeller** *m* (EDV) / operand stack ‖ ~**erhitzung** *f* (der Turbinenanlage) (Masch) / reheat *n* ‖ ~**fall** *n* (Nukl) / accident *n*, fault *n*, failure *n* ‖ ~**flügel** *m* (zusätzlicher Dunkelsektor eines Umlaufverschlusses) (Film) / antiflicker blade ‖ ~**form** *f* (DIN 8580) (Masch) / intermediate form ‖ ~**fraktion** *f* (Chem) / intermediate cut ‖ ~**frequenz** *f* (Fernm, Radio) / intermediate frequency*, i-f, IF* ‖ ~**frequenzmodulation** *f* (in einer der ZF-Stufen des Senders) (Radio) / intermediate-frequency modulation ‖ ~**frequenzverstärker** *m* (Fernm) / intermediate-frequency amplifier* ‖ ~**frucht** *f* (Landw) / catch crop ‖ ~**füllung** *f* (Bau, HuT) / packing* *n*, infilling *n* ‖ ~**futter** *n* (Masch) / cathead* *n*, spider* *n* ‖ ~**futter** (Tex) / interlining* *n* ‖ ~**futterstoff** *n* (Tex) / interlining* *n* ‖ ~**gebirge** *n* (starre Scheitelung des Orogens) (Geol) / median mass, betwixt mountains, zwischengebirge *n*, intermountain *n*, intermontane basin ‖ ~**geglüht** *adj* (Hütt) / annealed-in-process *adj* ‖ ~**gelagert** *adj* (Geol) / interbedded *adj*, intercalated *adj*, interstratified *adj* ‖ ~**gelagerte Schicht** (Geol) / interbed *n* (of one kind of rock material occuring between or alternating with beds of another kind) ‖ ~**gerade** *f* (zwischen zwei Kurven) (HuT) / straight *n* ‖ ~**geschirr** *n* (Verbindungselement zwischen Förderseil und Förderkorb) (Bergb) / intermediate gear, foot-hook chain, communicator *n* ‖ ~**geschoßdachkranz** *m* (umlaufendes) (Bau) / skirt-roof *n* ‖ ~**gewebe** *n* (Tex) / intercalated fabric, interlining cloth ‖ ~**gewölbe** *n* (Arch) / interposed vault
**Zwischengitter•atom** *n* (auf einem Zwischengitterplatz) (bei Additionsbaufehlern) (Krist) / interstitial atom, interstitial *n* ‖ ~**defekt** *m* (Krist) / interstitial vacancy ‖ ~**fehlstelle** *f* (Krist) / interstitial vacancy ‖ ~**platz** *m* (meistens unbesetzt) (Krist) / interstice* *n*, interstitial position, interstitial site ‖ ~**stelle** *f* (Krist) / interstice* *n*, interstitial position, interstitial site ‖ ~**verbindungen** *f pl* (Chem) / interstitial compounds*, intercalation compounds
**Zwischen•glas** *n* (zur Herstellung von Schmelzverbindungen zwischen Gläsern verschiedener Wärmedehnung) (Glas) / intermediate sealing glass, solder glass (US) ‖ ~**glied** *n* (Geol) / intermediate *n* ‖ ~**glied** (Masch) / link* *n* ‖ ~**glied** (Masch) / intermediate *n*, intermediate link ‖ ~**glühen** *n* (ein Rekristallisationsglühen zwischen zwei Bearbeitungs- oder Behandlungsstufen - bei Draht, Blech und Knetlegierungen) (Hütt, Masch) / process annealing*, intermediate annealing, interannealing *n* ‖ ~**gummi** *m* (des Luftreifens) (Kfz) / squeegee *n* ‖ ~**gut** *n* (klassiertes, das verwertbare und nicht verwertbare Anteile in verwachsener Form enthält) (Aufber) / middlings* *pl*, middles *pl* ‖ **armes** ~**gut** (Aufber) / skimmings *pl*, skimpings *pl* ‖ ~**halbbildkodierung** *f* (TV) / inter-field coding ‖ ~**halt** *m* (Luftf) / intermediate stop, stopover *n*, stopoff *n* ‖ ~**hebel** *m* (in der Lenkung) (Kfz) / idler arm ‖ ~**hülse** *f* (Masch) / adapter *n* ‖ ~**kammer** *f* (der Verbunddampfmaschine) (Masch) / receiver *n* ‖ ~**kasten** *m* (Gieß) / cheek *n* ‖ ~**kern** *m* (Kernphys) / compound nucleus* ‖ ~**knotenleitung** *f* (Fernm) / internodal line ‖ ~**knotenverbindung** *f* (bei Grafen) / internode connection ‖ ~**kode** *m* (Masch) / intermediate code ‖ ~**kopie** *f* (Film) / intermediate copy ‖ ~**kornvolumen** *n* (in der Gelchromatografie) (Chem) / interstitial void volume, interparticle volume, void volume, interstitial volume ‖ ~**kreis** *m* (Eltech, Radio) / intermediate circuit ‖ ~**kreis-Gleichstromumrichter** *m* (Eltech) / indirect d.c. convertor ‖

**Zwischenzeilenabtastverfahren**

~**krempel** f (Spinn) / intermediate card, second breaker (card) ∥
~**kühler** m (Luftf, Masch) / intercooler* n, intermediate cooler ∥
~**kühlung** f (Masch) / intermediate cooling, intercooling n ∥
~**kuppeln** (Kfz) / double clutching

**Zwischenlage** f (Zwischen•schicht) / intermediate layer, interlayer n ∥ ~ (Gesteinsmittel) (Bergb) / parting n ∥ ~ (bei Leiterplatten) (Eltronik) / interface layer, inner layer n ∥ ~ (sehr dünne, meistens andersfarbige Schicht) (Geol) / band n ∥ ~ (Mech) / intermediate position ∥ ~ (zwischen der Deckschicht und der Einlage bei Pappe) (Pap) / underliner n ∥ ~ **bei Metalldachdeckungen** (ungesandete Pappe, phenolfreie Pappe, Ölpapier) (Bau) / underlay n, sarking n

**Zwischenlagen•karton** m (Druck) / slip-sheet board ∥ ~**papier** n (Pap) / interleaving paper, interleave paper ∥ ~**verbindung** f (Eltronik) / interply connection

**Zwischenlager** n (Masch) / intermediate bearing ∥ **zweiteilige Längswelle mit** ~ (Kfz) / double-section longitudinal driveshaft with intermediate bearing

**Zwischen•lagerung** f (Geol) / interstratification n ∥ ~**lagerung** (für radioaktive Abfälle) (Nukl) / interim storage, intermediate storage ∥ ~**landeflughafen** m (für Transit oder Transfer) (Luftf) / intermediate airport ∥ ~**landung** f (Zwischenhalt auf einem langen Flug) (Luftf) / en-route landing, transit landing, en-route stop n ∥ ~**landung** (Luftf) / stop n (e.g. refuelling stop) ∥ ~**landung** (Unterbrechung unbestimmter Länge) (Luftf) / intermediate stop, stopover n, stopoff n ∥ **technische** ~**landung** (Luftf) / operational stop ∥ ~**laterne** f (der Stopfbuchsdichtung) (Masch) / intermediate lantern ring ∥ ~**latte** f (bei einem Dach mit doppelter Lattung) (Bau) / counterlath n, cross-lath n ∥ ~**legebogen** m (Druck) / set-off sheet ∥ ~**legen** v / sandwich v (between) ∥ ~**leiterwirkung** f (Galv) / bipolar action, bipolarity n ∥ ~**leitung** f (Fernsp) / link* n, trunk* n, link line ∥ **~liegende Trenn- oder Dämmschicht** (unter dem Estrich) (Bau) / underlay n, underlayment n ∥ ~**linsenverschluß** m (Foto) / between-lens shutter* ∥ ~**mantel** m (Kab) / intersheath* n ∥ ~**maske** f (in der Fotolithografie) (Eltronik) / intermediate n ∥ ~**mauerwerk** n (Bau) / pier* n ∥ ~**mittel** m (Bergb) / parting n ∥ ~**mittel** (Geol) / interbed n, intercalated bed ∥ **~molekular** adj (Chem, Phys) / intermolecular adj ∥ **~molekulare Kräfte** (Chem, Phys) / intermolecular forces* ∥ **~molekulare Wechselwirkung** (Chem, Phys) / molecular interaction, intermolecular interaction ∥ ~**negativ** n (Film, Foto) / internegative n, intermediate negative ∥ ~**original** n (eine zusätzlich hergestellte Kopie vom Original, die zur Herstellung von Vervielfältigungen verwendet wird, um das Original zu schonen) (Foto) / master n ∥ ~**pfanne** f (beim Strangguß) (Gieß) / tundish n, trough n, transfer ladle ∥ ~**pfeiler** m (Zimm) / prick post ∥ ~**pfosten** m (Zimm) / prick post ∥ ~**phase** f (Chem) / intermediate phase, interphase n ∥ ~**phasenzeichnung** f (im Zeichentrickfilm) (Film) / in-between-drawing* n ∥ ~**platte** f (als Auflager in der Montage von vorgefertigten Betonteilen) (HuT) / insert n ∥ ~**podest** n m (zwischen zwei Geschossen) (Bau) / half-space landing, half-space* n, half landing n ∥ **panchromatisches** ~**positiv vom Farbnegativ** (Film) / pan master from colour ∥ ~**produkt** n (Chem) / intermediate* n, intermediate compound, intermediate product, intermediate substance ∥ ~**produkt** (z.B. Grieß oder Dunst, die dem nächsten Walzenstuhl zugeführt werden können) (Nahr) / middlings pl ∥ ~**programm** n (EDV) / interlude n (a routine or program designed to perform minor preliminary operations usually of a housekeeping type, before the main routine is entered), pre-program n ∥ ~**prüfung** f (während des Herstellungsprozesses) (Chem Verf) / in-process inspection, in-process testing ∥ ~**prüfung während der Fertigung** (Masch) / in-process testing, in-line inspection ∥ ~**pumpe** f / booster pump* ∥ ~**pumpwerk** n (zur Hebung von Abwasser in weiträumigen Kanalisationssystemen) (Sanitär) / intermediate pumping station, booster (pumping) station ∥ ~**rad** n (Masch) / idle wheel*, cock wheel, idler wheel, intermediate wheel*, idler* n

**Zwischenraum** m / clearance* n, space n, interspace n, spacing n ∥ ~ (DIN 66303) (Druck, EDV) / space* (SP) n ∥ ~ (Zwischenraumzeichen nach DIN 66009) (EDV) / space character (SP, SPC), space (zwischen zwei Beeten) (Landw) / passageway n, walkway n ∥ **[regulierbarer]** ~ (zwischen den beiden formgebenden Walzen bei dem Kontinue-Walzverfahren) (Glas) / nip* n ∥ ~**mehrfacher** ~ (Druck, EDV) / multiple space (MS) ∥ **mit** ~ (angeordnet) / spaced adj

**Zwischenräume schaffen** / interspace v

**Zwischenraum•taste** f (der Schreibmaschine) / space bar, space key, blank key ∥ ~**zeichen** (ZWR) n (EDV) / space character (SP, SPC), space n

**Zwischen•reagens** n (Chem) / mediator n ∥ ~**reaktionskatalyse** f (Chem) / intermediate reaction catalysis ∥ ~**regenerator** m (ISDN) (Fernm) / repeater* n, regenerative repeater ∥ ~**register** n (EDV) / temporary register ∥ ~**reinigung** f (Galv) / intermediate cleaning ∥ ~**relais** n (Eltech) / auxiliary relay ∥ ~**ring** m (Foto) / extension tube* ∥

~**rohrfahrt** f (Erdöl) / intermediate casing, protective casing ∥ ~**rost** m (im Kühlschrank) / shelf n ∥ ~**schalter** m (Eltech) / intermediate switch*, two-way double-pole reversing switch ∥ ~**schaltstellung** f (Eltech) / transition stop* ∥ ~**schaltung** f (Eltronik) / interfacing circuit, interface circuit

**Zwischenschicht** f / intermediate layer, interlayer n ∥ ~ (meist stromlos abgeschiedene) (Eltech, Galv) / strike n ∥ ~ (Eltronik) / interface layer, inner layer n ∥ ~ (Foto) / substratum n (pl. -ata), subbing n ∥ ~ (des Katalysators) (Kfz) / wash coat ∥ **als** ~ **einlegen** / sandwich v (between)

**Zwischen•schichtung** f (Geol) / interstratification n ∥ **mit** ~**schichtung** (anderer Gesteine) (Bergb) / broken adj ∥ ~**schieben** v / sandwich v (between) ∥ ~**schlag** m (Leerraum zwischen den einzelnen Textspalten einer Seite) (Druck, EDV) / gutter space, gutter n ∥ ~**schnitt** m (eine Zwischenszene, die den Ablauf der geschilderten Vorgänge verdeutlicht) (Film) / continuity shot, insert n ∥ ~**schnitt** (Zusammensetzen zweier Sequenzszenen) (Film) / intercut n ∥ ~**sohle** f (des Californiaschuhs) / platform n ∥ ~**sohle** (eine durchgehende Sohle) / through sole, through middle, mid-sole n, middle sole, intersole n ∥ ~**sparren** m (Leergebinde) (Bau, HuT) / common rafter*, spar n, rafter spar, intermediate rafter* ∥ ~**speicher** m (EDV) / temporary memory*, temporary storage ∥ ~**speicher** (Speicherbereich im Arbeitsspeicher) (EDV) / intermediate storage, intermediate store, intermediate memory ∥ ~**speichersteuerregister** n (EDV) / scratch-pad control register (SPCRS) ∥ ~**speicherung** f (EDV) / temporary storage ∥ ~**sprache** f (EDV) / intermediate language ∥ ~**staatliches Gespräch** (Fernsp) / international call ∥ ~**städtischer Fluglinienverkehr** (Luftf) / intercity air service ∥ ~**stapeln** / intermediate piling ∥ ~**station** f (Bahn) / way station (US) ∥ ~**stecker** m (Eltech) / adapter* n, plug adapter, adapter plug, attachment plug ∥ ~**stein** m (Glas) / tuckstone n ∥ ~**stoff** n (Chem) / intermediate* n, intermediate compound, intermediate product, intermediate substance ∥ ~**strecken** n **auf dem Baum** (Leder) / green fleshing on the beam ∥ ~**stromland** n (Geol) / interfluve* n, intervalley ridge ∥ ~**stück** n (Chem) / adapter n (an accessory appliance), adaptor n ∥ ~**stück** (Zwischenglied) (Masch) / intermediate n, intermediate link ∥ ~**stück mit Außengewinde** (Masch) / male adapter ∥ ~**stück mit Innengewinde** (Masch) / female adapter

**Zwischenstufe** f (Hütt) / bainite* n ∥ ~ (Radio) / buffer stage*, buffer n ∥ **mittlere** ~ (Hütt) / intermediate bainite ∥ **obere** ~ (Hütt) / upper bainite ∥ **untere** ~ (Hütt) / lower bainite

**Zwischenstufen•gefüge** n (metallografische Bezeichnung eines Unterkühlungsgefüges des Eisens) (Hütt) / bainite* n ∥ ~**umwandeln** n (Hütt) / austempering ∥ ~**vergütung** f (Hütt) / austempering n

**Zwischen•summe** f (EDV, Math) / subtotal n, batch total ∥ **Möglichkeit der** ~**summenbildung** (EDV) / subtotals capability ∥ ~**ton** m (Druck) / intermediate tone ∥ ~**träger** m (Fernm, TV) / intercarrier n ∥ ~**träger** (ein bei Mehrfachmodulation als modulierendes Signal benutzter Modulationsträger oder ein Modulationsprodukt) (TV) / subcarrier* n ∥ ~**transformator** m (Eltech) / interposing transformer ∥ ~**trocknung** f (nach der Gerbung für eine spätere Weiterverarbeitung) (Leder) / crusting n ∥ ~**tubus** m (Foto) / extension tube* ∥ ~**überhitzer** m (der den in der Dampfturbine bereits teilweise entspannten Dampf wieder überhitzt) (Masch) / reheater n, RH ∥ ~**überhitzerschiene** f (Masch) / reheat steam range ∥ **~überhitzter Dampf** (Masch) / reheat steam ∥ ~**überhitzung** f (Masch) / reheating* n, resuperheating* n ∥ ~**überschrift** f (Druck) / subheading n, subhead n ∥ ~**verbindung** f (im allgemeinen) / intermediate* n, intermediate compound, intermediate product, intermediate substance ∥ ~**verkauf vorbehalten** (eine Handelsklausel in Kaufvertragsangeboten) / subject to prior sale ∥ ~**verstärker** m (Fernm) / repeater* n, regenerative repeater ∥ **durch** ~**verstärker übertragen** (Fernm) / relay v ∥ ~**verteiler** m (Fernsp) / intermediate distribution frame*, I.D.F.* ∥ ~**wahl** f (Fernsp) / interdialling ∥ ~**wahlzeit** f (Fernm) / interdigital interval, interdigital pause ∥ ~**wand** f (Bahn) / bulkhead n, partition n, divider n, dividing wall ∥ ~**wand** (Bau) / partition n, screen n ∥ ~**wand** (Bot) / septum* n (pl. septa) ∥ **selbsttragende** ~**wand** (Bau, Zimm) / trussed partition* ∥ ~**wässerung** f (Foto) / intermediate wash ∥ ~**welle** f (Bahn, Eltech) / jack shaft* ∥ ~**welle** (zwischen zwei Maschinen) (Eltech) / spacer shaft ∥ ~**welle** (Masch) / countershaft* n, intermediate shaft, lay shaft* n ∥ ~**wertsatz** m (z.B. Satz von Bolzano) (Math) / intermediate-value theorem, location principle, location theorem ∥ ~**wirt** n (Biol) / intermediate host* ∥ ~**zahnrad** n (Masch) / intermediate gear n ∥ ~**zeichen** (DIN 66254) (EDV) / space character n ∥ ~**zeichenstrom** m (Teleg) / spacing current ∥ ~**zeichenwelle** f (Fernm) / spacing wave*, back wave* ∥ ~**zeilenabtasten** n (TV) / interlaced scanning*, progressive interlace*, line jump scanning ∥ ~**zeilenabtastung** f (TV) / interlaced scanning*, progressive interlace*, line jump scanning ∥ ~**zeilenabtastverfahren** n (TV) / interlaced scanning*, progressive

1457

interlace*, line jump scanning ‖ ⁓**zeit** f (zwischen zwei Operationen) (F.Org) / interoperation time ‖ **~zellenstimulierendes Hormon** (Biochem) / interstitial cell-stimulating hormone*, lutropin n, luteinizing hormone*, ICSH*, LH ‖ ⁓**zellig** adj (Biol) / intercellular* adj ‖ ⁓**ziehen** n (Hütt) / redrawing n ‖ ⁓**zug** m (beim Tiefziehen) (Hütt) / redrawing n ‖ ⁓**zustand** m (Chem, Phys) / inter-state n, intermediate state ‖ ⁓**zustand** (der hochangeregte Zustand eines Compoundkerns) (Kernphys) / compound state
**Zwitschern** n (Film) / canaries* pl
**Zwitterion** n (Ion, das Ladungen entgegengesetzten Vorzeichens im gleichen Molekül trägt) (Chem) / zwitterion* n, amphoteric ion, ampholyte ion, dual ion*, dipolar ion
**zwitterionische Polymerisation** (Chem) / zwitterionic polymerization
**Zwitterstecker** m (Eltech) / gender changer, sexless connector, hermaphroditic connector
**Zwölfeck** n (Math) / dodecagon* n
**Zwölfer • lochung** f (EDV) / y punch, twelve punch ‖ ⁓**system** n (Math) / duodecimal system*
**Zwölf • flächner** m (Krist, Math) / dodecahedron* n (pl. dodecahedra) ‖ ⁓**kant** n m (Math) / dodecagon* n ‖ ⁓**stiftsockel** m (Eltronik) / duodecal base ‖ ⁓**tonleiter** f (Akus) / chromatic scale ‖ ⁓**zahnkopf** n (Masch) / 12-point flange head, bihexagonal head, bihexagon head ‖ ⁓**zahnschraube** f (Masch) / bihexagonal head screw, 12-point flange screw ‖ ⁓**zylinder** m (V-Mot) / twelve-cylinder engine ‖ ⁓**zylindermotor** m (V-Mot) / twelve-cylinder engine ‖ ⁓**zylinder-V-Motor** m (V-Mot) / V-12 engine, V-twelve engine, Vee-twelve n, V-12
**ZWR** (EDV) / space character (SP, SPC), space n
**Zyan ·** - (Chem) / cyanic adj ‖ ⁓**akrylat** n (Chem) / cyanoacrylate n ‖ ⁓**akrylatkleber** m (Chem) / cyanoacrylate adhesive (super glue) ‖ ⁓**amid** n (Amid der Zyansäure) (Chem) / cyanamide n, urea anhydride ‖ ⁓**amidverfahren** n (zur Ammoniakgewinnung) (Chem Verf) / cyanamide process*
**Zyanat** n (Chem) / cyanate* n
**Zyan • badhärten** n (Einsatzhärten, bei dem die Randschicht des Werkstücks durch Karbonitrieren im Zyanbad aufgekohlt und aufgestickt wird) (Hütt) / cyanide hardening*, cyaniding n ‖ ⁓**blau** adj (grünstichig blau) / cyanic adj ‖ ⁓**bromid** n (Chem) / cyanogen bromide, bromine cyanide ‖ ⁓**ethylierung** f (Chem) / cyanoethylation n ‖ ⁓**guanidin** n (Chem) / dicyandiamide n, cyanoguanidine n ‖ ⁓**hydrin** n (Chem) / cyanhydrin* n, cyanohydrin* n, cyanalcohol n
**Zyanid** n (Salz der Blausäure) (Chem) / cyanide* n ‖ **freies** ⁓ (bei komplexen Zyanidverbindungen) (Chem) / free cyanide ‖ **gebundenes** ⁓ (Zyanidionen, die in der Form eines Schwermetall-Komplexes vorliegen) (Chem) / combined cyanide
**Zyanidanol** n (Chem) / quercetin n
**Zyanid • bad** n (Hütt) / cyanide bath ‖ ⁓**entgiftung** f (Chem) / cyanide detoxication ‖ ⁓**fresser** m (Aufber, Hütt) / cyanicide* n
**Zyanidin** n (Chem) / cyanidin n
**Zyanid • laugenbad** n (Bergb) / cyanidation vat ‖ ⁓**laugerei** f (Hütt) / cyaniding* n, cyanide process, cyanidation n ‖ ⁓**laugung** f (Gold- und Silbergewinnungsverfahren) (Hütt) / cyaniding* n, cyanide process, cyanidation n ‖ ⁓**schmelze** f (Hütt) / cyanide bath ‖ ⁓**verbraucher** m (Aufber, Hütt) / cyanicide* n
**Zyanierung** f (Chem) / cyanation n, cyanidation n
**Zyanin** n (Chem) / cyanin* n ‖ ⁓**blau** n (Foto) / quinoline blue ‖ ⁓**farbstoff** m (kationischer Polymethinfarbstoff) / cyanine dye ‖ ⁓**farbstoff** s. auch Chinolinblau
**Zyanit** m (Aluminiumoxidorthosilikat) (Min) / disthene* n, cyanite* n, kyanite* n
**Zyankali** n (Chem) / potassium cyanide*
**Zyanoakrylsäureester, 2-**⁓ (Chem) / cyanoacrylate n
**Zyano • azetamid** n (Chem) / cyanoacetamide n, malonamide nitrile ‖ ⁓**essigsäure** f (Chem) / cyanoethanoic acid, malonic (acid) mononitrile, cyanoacetic acid ‖ ⁓**ethylierung** f (Chem) / cyanoethylation n ‖ ⁓**ferrat(II)** n (Chem) / ferrocyanide* n, hexacyanoferrate(II) n, cyanoferrate(II) n ‖ ⁓**ferrat(III)** (Chem) / ferricyanide* n, hexacyanoferrate(III) n, cyanoferrate(III) n ‖ ⁓**genes Glykosid** (z.B. Amygdalin) (Biochem, Bot) / cyanogenetic glycoside, cyanogenic glycoside, cyanophoric glycoside ‖ ⁓**hydrin** n (Chem) / cyanhydrin* n, cyanohydrin* n, cyanalcohol n ‖ ⁓**kobalamin** n (Antiperniziosafaktor) (Biochem) / cyanocobalamin n, cyanocobalamine n, liver factor ‖ ⁓**metrie** f (Chem) / cyanometry n ‖ ⁓**platinat(II)** n (Chem) / platinocyanide n, cyanoplatinate(II) n ‖ ⁓**typie** f (Herstellung von Blaupausen) (Druck) / blueprint* n, blue-printing n, cyanotype* n
**Zyan • radikal** n (Chem) / cyanogen n (a univalent radical) ‖ ⁓**salzschmelze** f (Hütt) / cyanide bath ‖ ~**sauer** adj (-zyanat) (Chem) / cyanic adj ‖ ⁓**säure** f (HO-C≡N) (reizt zu Tränen und verursacht auf der Haut die Bildung schmerzhafter Blasen) (Chem) / cyanic acid

**Zyanur • chlorid** n (Chem) / cyanuric chloride ‖ ⁓**farbstoffe** m pl (Chem, Tex) / cyanuric dyes* ‖ ⁓**säure** f (Chem) / cyanuric acid*, pyrolithic acid ‖ ⁓**säuretriamid** n (Chem) / melamine n
**Zyanwasserstoff** m (gasförmige Blausäure) (Chem) / hydrocyanic acid*, prussic acid*, hydrogen cyanide* ‖ ⁓**säure** f (Chem) / hydrocyanic acid*, prussic acid*, hydrogen cyanide*
**zybotaktisch** adj (Chem) / cybotactic adj ‖ ~**e Struktur** (Entmischungserscheinung in submikroskopischen Bereichen von Lösungen) (Chem) / cybotaxis n (pl. cybotaxes)
**Zygote** f (die befruchtete Eizelle nach der Verschmelzung der beiden Geschlechtskerne) (Gen) / zygote* n
**Zyklamat** n (Zyklohexylsulfamat, wie z.B. Assugrin, Ilgonetten) (Chem, Nahr) / cyclamate n (a non-nutritive sweetener)*
**Zyklamrot** n / cyclamen pink, cyclamen red
**Zyklan** n (eine isozyklische Kohlenstoffverbindung) (Chem) / cycloalkane* n, cyclane* n, cycloparaffin* n
**Zyklenzahl** f (WP) / number of cycles
**zyklisch** adj / cyclical adj, cyclic adj ‖ ~ (Chem) / cyclic adj ‖ ~ **zusammenfassen** (Signale) (Fernm) / interleave v ‖ ~**er Abbau** (Bergb) / cyclic mining, conventional mining ‖ ~**es Adenosin-3',5'-monophosphat** (Biochem) / cyclic adenylic acid, cyclic AMP, cyclic adenosine 3',5'-monophosphate*, cAMP* ‖ ~**es Adenosinmonophosphat** (Biochem) / cyclic adenylic acid, cyclic AMP, cyclic adenosine 3',5'-monophosphate*, cAMP* ‖ ~**e Adreßfolge** (im Kernspeicher) (EDV) / wraparound n ‖ ~**es Anhydrid** (Chem) / cyclic anhydride ‖ ~**e Anordnung** (Math) / circular permutation* ‖ ~**e Arbeitsmethode** (Bergb) / cyclic mining, conventional mining ‖ ~**e Beanspruchung** (Mech, WP) / cyclic loading ‖ ~**e Blattverstellung** (Lufft) / cyclic pitch control*, azimuth control ‖ ~**e Blockprüfung** (auf Richtigkeit einer übertragenen Nachricht) (EDV) / cyclic redundancy check (CRC) ‖ ~**e Blocksicherung** (EDV) / cyclic redundancy check (CRC) ‖ ~**e Determinante** (Math) / circulant* n ‖ ~**e Dreiecksspannungsvoltammetrie** (Chem) / cyclic triangular-wave voltammetry ‖ ~**e Funktion** (Math) / cyclic function ‖ ~**es GMP** (Biochem) / cyclic GMP ‖ ~**e Gruppe** (Math) / cyclic group ‖ ~**es Guanosinmonophosphat** (Biochem) / cyclic GMP ‖ ~**e Kette** (Chem) / closed chain ‖ ~**er Kohlenwasserstoff** (Chem) / cyclic hydrocarbon ‖ ~**e Kurve** (die Bahnkurve eines mit einer ebenen starren Scheibe fest verbundenen Punktes bei stetiger Abrollbewegung an einer ebenen Polbahn, z.B. die Trochoide, speziell die Zykloide) (Math) / cyclic curve ‖ ~**e Permutation** (Math) / cyclic permutation ‖ ~ **permutierter Kode** (EDV) / cyclic permuted code ‖ ~**es Programm** (das Befehle enthält, die in Abhängigkeit von Testergebnissen wenigstens zweimal durchlaufen werden können) (EDV) / cyclic program ‖ ~**e Programmierung** (als Gegensatz zu "gestreckte Programmierung") (EDV) / loop coding ‖ ~**e Stellenverschiebung** (EDV) / cyclic shift*, cycle shift, circular shift*, end-around shift*, logical shift*, ring shift*, rotation shift* ‖ ~**e Stellenwertverschiebung** (EDV) / cyclic shift*, cycle shift, circular shift*, end-around shift*, logical shift*, ring shift*, rotation shift* ‖ ~**e Symmetrie** (in Drehstromnetzen nach DIN 13 321) (Eltech) / cyclic symmetry ‖ ~**e Symmetrie** (Math) / cyclosymmetry n, cyclic symmetry ‖ ~**er Teilchenbeschleuniger** (Nukl) / cyclic accelerator ‖ ~**es Ureid** (z.B. Barbitursäure) (Chem) / cyclic ureide ‖ ~**e Verbindung** (Chem) / cyclic compound*, ring compound n ‖ ~**es Verschieben** (EDV) / cyclic shift*, cycle shift, circular shift*, end-around shift*, logical shift*, ring shift*, rotation shift* ‖ ~**e Verschiebung** (EDV) / circular shift, end-around shift, ring shift ‖ ~**e Vertauschung** (Math) / cyclic permutation ‖ ~**er Zugriff** (in bestimmten Intervallen) (EDV) / cyclic access
**zyklisieren** vt (Chem) / cyclize vt ‖ ~ n (Eltech) / cycle operation, cyclic operation
**zyklisierende Polymerisation** (z.B. von 1,6-Heptadien) (Chem) / cyclopolymerization n
**zyklisierter Kautschuk** (Chem Verf) / cyclized rubber*
**Zyklisierung** f (Chem) / cyclization n, ring closure
**Zyklo •** - (Chem) / cyclic adj ‖ ⁓**addition** f (Chem) / cycloaddition n ‖ ~**aliphatisch** adj (Chem) / alicyclic* adj, cycloaliphatic adj, aliphatic-cyclic* ‖ ⁓**alkan** n (Chem) / cycloalkane* n, cyclane* n, cycloparaffin* n ‖ ⁓**alken** n (Chem) / cycloalkene n, cycloolefin n ‖ ⁓**amylose** f (Chem) / cyclodextrin n, Schardinger dextrin ‖ ⁓**butadien** n (Chem) / cyclobutadiene n ‖ ⁓**butan** n (ein Kohlenwasserstoff der Cycloalkanreihe) (Chem) / cyclobutane* n ‖ ⁓**dextrin** n (Chem) / cyclodextrin n, Schardinger dextrin ‖ ⁓**eliminierung** f (Chem) / cycloelimination n, cycloreversion n, retrocycloaddition n ‖ ⁓**genese** f (Bildung von Zyklonen) (Meteor) / cyclogenesis n (pl. -geneses) ‖ ⁓**heptatrien** n (Chem) / tropilidene n, cycloheptatriene n ‖ ⁓**hexan** n (Anstr, Chem, Spektr) / cyclohexane* n, hexamethylene* n ‖ ⁓**hexanol** n (Anstr, Chem) / cyclohexanol n, hexahydrophenol* n ‖ ⁓**hexanon** n (Anstr, Chem) / cyclohexanone* n ‖ ⁓**hexanonoxim** n (Chem) / cyclohexanone oxime ‖ ⁓**hexanonperoxid** n (Chem) / cyclohexanone peroxide ‖ ⁓**hexylamin** n (Chem) / cyclohexylamine* n,

cyclohexanamine* *n* ‖ ~**hexylazetat** *n* (Chem) / cyclohexyl acetate ‖ ~**hexylsulfamidsäure** *f* (Chem) / cyclohexylsulphamidic acid
**Zykloide** *f* (eine Rollkurve) (Math) / cycloid* *n* ‖ **verkürzte** ~ (Math) / curtate cycloid* ‖ **verlängerte** ~ (Math) / prolate cycloid* ‖ **verschlungene** ~ (Math) / prolate cycloid*
**Zykloiden•bewegung** *f* (von Elektronen in gekreuzten elektrischen und magnetischen Feldern infolge der Lorentz-Kraft) (Phys) / cycloidal motion ‖ ~**massenspektrometer** *n* (Nukl, Spektr) / trochoidal mass analyser*, cycloidal mass spectrometer ‖ ~**pendel** *n* (mit dem man Isochronie für beliebige Ausschläge erzielen kann) (Phys) / cycloidal pendulum ‖ ~**verzahnung** *f* (Masch) / cycloidal teeth*
**Zyklo•kautschuk** *m* (Chem Verf) / cyclized rubber* ‖ ~**kohlenwasserstoff** *m* (Chem) / cyclic hydrocarbon ‖ ~**lyse** *f* (Auflösung von Zyklonen) (Meteor) / cyclolysis *n* (pl. -lyses) ‖ ~**metrische Funktion** (Math) / inverse trigonometrical function*, antitrigonometrical function
**Zyklon** *m* (Fliehkraftabscheider) (Aufber) / cyclone* *n* ‖ ~ (tropischer Wirbelsturm) (Meteor) / cyclone* *n*, tropical revolving storm
**Zyklone** *f* (ein Tiefdruckgebiet) (Meteor) / cyclone* *n*
**Zyklon•feuerung** *f* (eine spezielle Art der Schmelzkammerfeuerung) / cyclone furnace ‖ ~**kessel** *m* (Masch) / cyclone-fired boiler ‖ ~**rührer** *m* (Chem Verf) / rotor cage impeller, squirrel-cage impeller, cyclone impeller
**Zyklo•oktadien** *n* (Chem) / cyclooctadiene* *n* ‖ ~**oktaschwefeloxid** *n* (Chem) / cyclooctasulphur oxide ‖ ~**oktatetraen** *n* (Chem) / cyclo-octatetraene (COT) ‖ ~**olefin** *n* (Chem) / cycloalkene *n*, cycloolefin ‖ ~**oligomerisation** *f* (Chem) / cycloologomerization *n* ‖ ~**paraffin** *n* (Chem) / cycloalkane* *n*, cyclane* *n*, cycloparaffin* *n*
**Zyklopenmauerwerk** *n* (aus sehr großen Steinen mit vieleckigen, unregelmäßigen, aber dicht schließenden Fugen) (Bau) / cyclopean* *n*, cyclopean masonry
**Zyklo•pentadien** *n* (Chem) / cyclopentadiene *n* ‖ ~**pentadienyl** *n* (Chem) / cyclopentadienyl *n* ‖ ~**pentan** *n* (Chem) / cyclopentane* *n*, pentamethylene* *n* ‖ ~**pentanol** *n* (Chem) / cyclopentanol *n*, cyclopentyl alcohol
**zyklopisch** *adj* (Mauer, Mauerwerk) (Bau) / cyclopean *adj*
**Zyklo•polymerisation** *f* (Chem) / cyclopolymerization *n* ‖ ~**pores Holz** (For) / ring-porous wood* ‖ ~**propan** *n* (Chem, Med) / cyclopropane* *n*, trimethylene *n* ‖ ~**propenfettsäure** *f* (Fettsäure mit Zyklopropenring) (Chem) / cyclopropenalcanoic acid ‖ ~**reversion** *f* (Chem) / cycloelimination *n*, cycloreversion *n*, retrocycloaddition *n* ‖ ~**schwefel** *m* (Chem) / cyclic sulphur ‖ ~**silan** *n* (Chem) / cyclosilane *n* ‖ ~**silikat** *n* (z.B. Benitoit) (Min) / cyclosilicate* *n*, ring silicate ‖ ~**stereoisomerie** *f* (Chem) / cyclostereoisomerism *n* ‖ ~**strophischer Wind** (der Wind bei gekrümmten Isobaren) (Meteor) / cyclostrophic wind ‖ ~**styl** *m* (ein alter Schablonendrucker) / cyclostyle *n* ‖ ~**them** *n* (Kleinzyklus bei Sedimenten) (Geol) / cyclothem *n* ‖ ~**trimethylentrinitramin** (Chem) / cyclotrimethylene trinitroamine ‖ ~**trimethylentrinitramin** (Chem) s. auch Hexogen
**Zyklotron** *n* (Nukl) / cyclotron* *n* ‖ **sektorfokussierendes** ~ (Nukl) / isochronous cyclotron, sector cyclotron ‖ ~ *n* **mit epizykloidenähnlichen Ionenbahnen** (Nukl) / epicyclotron *n* ‖ ~**frequenz** *f* (die Umlauffrequenz eines Elektrons im homogenen Magnetfeld) (Kernphys) / cyclotron frequency*, gyrofrequency *n*, gyromagnetic frequency
**zyklotronisch** *adj* (Nukl) / cyclotron *attr*
**Zyklotronresonanz** *f* (Kernphys, Phys) / cyclotron resonance*, diamagnetic resonance
**Zykloverbindung** *f* (Chem) / cyclic compound*, ring compound
**Zyklus** *m* (EDV) / cycle* *n* ‖ ~ (pl. Zyklen) (Geol) / cycle *n* ‖ ~ (eine Anordnung von Objekten zur Beschreibung gewisser Permutationen) (Math) / cycle* *n* ‖ ~ (Math) / cycle *n*, circuit *n* ‖ ~ (Phys) / cycle* *n* ‖ **biogeochemischer** ~ (Umwelt) / biogeochemical cycle ‖ **fester** ~ (festgespeichertes Unterprogramm für die Steuerung bestimmter Operationen) (EDV, Masch) / fixed cycle ‖ **hydrologischer** ~ (Meteor) / hydrological cycle*, water cycle, hydrologic cycle ‖ **magmatischer** ~ (Geol) / igneous cycle, magmatic cycle
**Zyklus•impuls** *m* (EDV) / P-pulse *n*, commutator pulse ‖ ~**zählregister** *n* (EDV) / cycle count register ‖ ~**zeit** *f* (die kleinstmögliche Zeitspanne zwischen dem Beginn des ersten und dem Beginn des zweiten von zwei aufeinanderfolgenden gleichartigen, zyklisch wiederkehrenden Vorgängen) (Chem, F.Org) / cycle-time* *n*, cycle *n*
**Zylinder** *m* (Spuren im Plattenspeicher) (EDV) / cylinder *n* ‖ ~ (Masch) / cylinder* *n* ‖ ~ (der Kolbenpumpe) (Masch) / barrel *n* ‖ ~ (Masch, Mech) / roll *n*, roller *n* ‖ ~ (Math) / cylinder *n*, general cylinder ‖ ~ (Gehäuse, in dem sich der Kolben auf- und abbewegt) (V-Mot) / cylinder *n* ‖ **elliptischer** ~ (Math) / elliptic cylinder ‖ **hyperbolischer** ~ (Math) / hyperbolic cylinder ‖ **nebeneinanderliegende** ~ (Masch) / side-by-side cylinders ‖ **parabolischer** ~ (Math) / parabolic cylinder ‖ **schräg abgeschnittener** ~ (senkrechter Kreiszylinder) (Math) / obliquely truncated right circular cylinder ‖ ~ *m* **ohne Zylinderkopf** (Masch) / cylinder barrel*
**Zylinder•-** / cylindrical *adj* ‖ ~**abbildung** *f* (z.B. nach Mercator) (Kart) / cylindrical projection, cylindrical map projection ‖ ~**antenne** *f* (Radio) / cylindrical antenna ‖ ~**ausgleich** *m* (Druck) / overlay* *n* ‖ ~**bedingung** *f* (Phys) / cylindrical condition ‖ ~**bezugsleder** *n* (Spinn) / roller leather (for covering rollers of cotton spinning machinery) ‖ ~**blasverfahren** *n* (zur Herstellung von Walzenglas) (Glas) / cylinder process ‖ ~**block** *m* (bei wassergekühlten Motoren nach DIN 6260) (V-Mot) / engine block, cylinder block, block *n* ‖ ~**bohrmaschine** *f* (Masch) / cylinder boring mill ‖ ~**bohrung** *f* (Innendurchmesser eines Arbeitszylinders - DIN 1940) (V-Mot) / cylinder bore* ‖ **Nacharbeiten in der unrundgelaufenen** ~**bohrung** (Ausbohren oder Honen) (V-Mot) / cylinder refinishing ‖ ~**bohrwerk** *n* (Masch) / cylinder boring mill ‖ ~**buchse** *f* (V-Mot) / liner* *n* ‖ ~**bügelmaschine** *f* (Tex) / rotary ironer ‖ ~**deckel** *m* (Masch) / cylinder head, cylinder cover ‖ ~**dipol** *m* (breitbandige Dipolantenne) (Radio) / cylindrical dipole (a dipole, all of whose transverse cross sections are the same, the shape being circular) ‖ ~**einspritzpumpe** *f* (Lufft) / direct-injection pump* ‖ ~**fläche** *f* (Math) / cylindrical surface ‖ ~**flachformpresse** *f* (Zylinder gegen Fläche) (Druck) / cylinder press* ‖ ~**form** (Abweichung von der Kreiszylinderform nach DIN 7184, T 1) (Masch) / cylindricity *n*, cylindricity tolerance, cyl. tol. ‖ ~**führung** *f* (Masch) / cylindrical guide ‖ ~**funktion** *f* (Lösung der Besselschen Differentialgleichung) (Math) / Bessel function*, cylinder function ‖ ~**hackmaschine** *f* (For) / drum chipper, drum hog ‖ ~**huf** *m* (Math) / ungula of right circular cylinder, wedge of right circular cylinder ‖ ~**kern** *m* (des Zylinderschlosses) (Bau, Tischl) / cylinder core, cylinder plug ‖ ~**kondensator** *m* (Eltech) / cylindrical capacitor, concentric capacitor (a fixed or variable capacitor whose plates are concentric cylinders) ‖ ~**kondensator** (Eltech) / tubular capacitor (a fixed capacitor consisting of a wound section enclosed in a cylindrical can or tube) ‖ ~**koordinaten** *f pl* (Math, Verm) / cylindrical co-ordinates*, cylindrical polar co-ordinates
**Zylinderkopf** *m* (einer Schraube) (Masch) / cheese-head *n* ‖ ~ (der obere Abschluß des Arbeitsraums von Verbrennungsmotoren) (V-Mot) / cylinder head* ‖ ~ **mit Innensechskant** (einer Schraube) (Masch) / hexagon socket head ‖ ~ **mit bei einem Hülsenschiebemotor** (V-Mot) / junk-head ring, junk ring* ‖ ~**schraube** *f* (Masch) / fillister-head screw
**Zylinder•laufbuchse** *f* (trockene, nasse - nach DIN 6260) (V-Mot) / liner* *n* ‖ **trockene** ~**laufbuchse** (V-Mot) / dry liner*, dry cylinder sleeve ‖ **nasse** ~**laufbuchse** (V-Mot) / wet liner, wet cylinder sleeve ‖ ~**läufer** *m* (Eltech) / cylindrical rotor*, round rotor ‖ ~**lauffläche** *f* (Kfz) / cylinder liner surface ‖ ~**linse** *f* (Film, Opt) / cylindrical lens* ‖ ~**mantel** *m* (Math) / cylindrical surface ‖ ~**öl** *n* (Öl mit Viskosität über 20cST/100° - DIN 51510) / cylinder oil* ‖ ~**plättmaschine** *f* (Tex) / rotary ironer ‖ ~**presse** *f* (zum Pressen von Tuchen) (Tex) / lustring press, roller press, rotary cloth press* ‖ ~**projektion** *f* (z.B. nach Mercator) (Kart) / cylindrical projection, cylindrical map projection ‖ ~**reihe** *f* (rechts oder links - bei einem V-Motor) (Kfz, Lufft) / bank* *n* ‖ ~**rollenlager** *n* (DIN 5412) (Masch) / cylindrical-roller bearing ‖ ~**säge** *f* (z.B. zum Einschneiden von Faßdauben für Flüssigkeitsfässer) (Werkz) / crown saw, cylinder saw* ‖ ~**schaft** *m* (z.B. eines Bohrers oder Stirnfräsers) (Masch) / parallel shank, straight shank, plain shank ‖ ~**schale** *f* (Trommeln, Sammler, Rohre, Rohrleitungen) (Masch) / cylindrical shell ‖ ~**schleifen** (auf der Zylinderschleifmaschine, deren Trommeln mit Sandpapier bespannt sind) (For) / drum sanding ‖ ~**schlichtmaschine** *f* (Tex) / cylinder sizing machine ‖ ~**schliffverbindung** *f* (Chem) / cylinder ground joint ‖ ~**schloß** *n* (ein Sicherheitsschloß) (Bau, Tischl) / cylinder lock, night lock, Yale lock ‖ ~**schnecke** *f* (Schnecke mit zylindrischer Hüllform, deren Flanken von Schraubenflächen gebildet werden - zur Paarung mit dem Globoidrad) (Masch) / cylindrical worm ‖ ~**schraube** *f* **mit Schlitz** (DIN 84) (Masch) / slotted cheese-head screw (GB), cheese-head screw* ‖ ~**schraubenradgetriebe** *n* (Masch) / spiral gear* ‖ ~**schraubenradpaar** *n* (Masch) / spiral gear* ‖ ~**sicherheitsventil** *n* (Schiff) / relief valve, cylinder escape valve ‖ ~**spaltmagnetron** *n* (mit Spalthohlraumresonatoren) (Eltronik) / hole-and-slot magnetron, hole-and-slot anode magnetron, hole-and-slot-type magnetron ‖ ~**spule** *f* (Eltech) / solenoid* *n* ‖ ~**stift** *m* (DIN 7) (Masch) / parallel pin, straight pin ‖ ~**symmetrisches Molekül** (Spektr) / symmetric rotor ‖ ~**trockner** *m* (Pap) / cylinder drier, Yankee drier ‖ **8-**~**-V-Motor** (V-Mot) / V-eight engine, V-8 engine, V-8 ‖ ~**walke** *f* (die zur Entspannung, Verdichtung und Verfilzung von Wollgeweben dient) (Tex) / cylinder milling machine, cylinder fulling machine (US) ‖ ~**wand** *f* / cylinder wall ‖ ~**wand** (als Ganzes gesehen - ohne Zylinderkopf) (Masch, V-Mot) / cylinder barrel* ‖ ~**welle** *f* (DIN 1324, T 3) (Phys) / cylindrical wave* ‖ ~**welt** *f* (von Einstein) (Astr) / Einstein (static)

**Zylinderwicklung**

universe ‖ ~**wicklung** f (Eltech) / concentric winding* ‖ ~**zahl** f (nach DIN 1940) (V-Mot) / number of cylinders
**zylindrisch** adj / cylindrical adj ‖ ~**e Abbildung** (z.B. nach Mercator) (Kart) / cylindrical projection, cylindrical map projection ‖ ~**e Antenne** (Radio) / cylindrical antenna ‖ ~**es Biertransportfaß** (Brau) / keg n ‖ ~**e Bohrung** (DIN 625) (Masch) / cylindrical bore ‖ ~**e Brennkammer** (ohne Einschnürung) (Luftf) / throatless chamber ‖ ~**e Druckform** (Druck) / plate cylinder ‖ ~**er Druckformträger** (der Rotationsmaschine) (Druck) / plate cylinder ‖ ~**es Gewinde** (Masch) / parallel screw thread, straight thread ‖ ~**e Kreuzspule** (DIN 61 800) (Spinn) / cylindrical cheese, parallel cheese ‖ ~**e Kreuzspule mit kurzem Hub** (Spinn) / short traverse cheese ‖ ~**es Rohrgewinde** (Masch) / national gas straight thread (US) ‖ ~**es Rohrgewinde für mechanische Verbindungen mit Gegenmutter** (Masch) / straight pipe thread for loose-fitting mechanical joints with locknuts (US) ‖ ~**e Schraubendruckfeder** (Masch) / cylindrical helical compression spring ‖ ~**e Schraubenfeder** (Masch) / cylindrical helical spring ‖ ~**er Schraubenkopf** (Masch) / cheese-head n ‖ ~**e Schraubenzugfeder** (Masch) / cylindrical helical extension spring ‖ ~**er Senker** (Masch) / counterboring cutter ‖ ~**e Senkung** (Masch) / counterboring n ‖ ~**e Welle** (Masch) / cylindrical shaft ‖ ~**e Welle** (Phys) / cylindrical wave ‖ ~**es Wellenende** (nach DIN 73031) (Masch) / cylindrical shaft end
**Zylindrischdrehen** n (Masch) / plain turning
**Zylindrizität** f / cylindricity n
**Zymase** f (ein aus zellfreien Hefe-Preßsäften isoliertes Enzymgemisch) (Biochem) / zymase* n, zymase complex (found in yeast)
**zymogen** adj (in ein Enzym übergehend) (Biochem) / zymogenic adj ‖ ~ n (Biochem) / proenzyme n, zymogen* n
**Zymol** n (Chem) / cymene* n
**Zymologie** f (Lehre von der Gärung) (Biochem) / zymology n
**Zymosan** n (Biochem) / zymosan n
**Zymo•technik** f (Biochem) / zymotechnology n ‖ ~**technisch** adj (Biochem) / zymotechnical adj
**zymotisch** adj (Gärung erregend) (Biochem) / zymotic adj
**Zypressenöl** n (etherisches Öl der Echten Zypresse) (Pharm) / cypress oil
**Zyprischer Terpentin** (aus der Terpentipistazie - Pistacia terebinthus L.) / Chian turpentine
**Zyrtolith** m (durch Kernzerfall isotropisierter Zirkon) (Min) / cyrtolite n
**Zystein** n (Baustein der Eiweißkörper) (Biochem) / cysteine* n, Cys* ‖ ~**säure** f (Biochem) / cysteinic acid
**Zystin** n (Disulfid des Cysteins) (Biochem) / cystine* n, dicysteine n ‖ ~**brücke** f (Chem) / disulphide bond, disulphide bridge, intrachain disulphide bond
**Zytase** f (Biochem) / cytase* n
**Zytidin** n (Biochem) / cytidine n, Cyd
**Zytisin** n (Alkaloide aus Laburnum anagyroides Medik., Sophora japonica, L., Baptisia tinctoria (L.) Vent. und Ulex europaeus L.) (Chem, Pharm) / cytisine n, sophorine n, ulexine n, baptitoxine n
**Zyto•biologie** f (Biologie der Zellen) (Biol, Zyt) / cytobiology n ‖ ~**biologie** s. auch Zytologie ‖ ~**chemie** f (Chem, Zyt) / cytochemistry n ‖ ~**chrom** n (Chem) / cytochrome* n ‖ ~**chromoxidase** f (Physiol) / Warburg's (yellow) enzyme, cytochrome oxidase ‖ ~**kin** n (Zyt) / cytokine n ‖ ~**kinese** f (Zyt) / cytokinesis (pl -kineses) n ‖ ~**kinin** n (ein Pflanzenwuchsstoff) (Physiol) / cytokinin* n ‖ ~**logie** f (Wissenschaft und Lehre von der Zelle, ihrem Aufbau und ihren Funktionen) (Zyt) / cytology* n, cell biology ‖ ~**lyse** f (Zyt) / cytolysis n (pl. -lyses) ‖ ~**plasma** n (Zyt) / cytoplasm* n ‖ ~**plasmatisch** adj (Zyt) / cytoplasmic adj ‖ ~**sin** n (Biochem) / cytosine* n, Cyt ‖ ~**skelett** n (Biol, Zyt) / cytoskeleton n ‖ ~**somen** n pl (Zyt) / microbodies* pl ‖ ~**statisch** adj (das Zellwachstum hemmend) (Biochem, Zyt) / cytostatic adj ‖ ~**toxin** n (Biochem, Biol, Zyt) / cytotoxin* n ‖ ~**toxisch** adj (Biochem, Biol, Zyt) / cytotoxic adj (toxic or poisonous to cells)
**ZZ Ceti-Sterne** m pl (pulsationsveränderliche Weiße Zwerge des Spektraltyps DA mit charakteristischen Perioden zwischen 2 und 20 Minuten und geringen Amplituden) (Astr) / ZZ Ceti stars
**ZZK** (Fernsp) / common signalling channel
**ZZZ** (EDV) / cycle count register ‖ ~ (Fernm) / time and zone meter

Prof. Gunter Neubert, Dresden:

# Kurzgefaßte Gegenüberstellung der Fachwortbildung im Englischen und Deutschen

# A short comparative study of English and German word-formation principles in science and technology

| | |
|---|---|
| **Aufgaben eines Wörterbuchs**<br>AS = Ausgangssprache<br>ZS = Zielsprache | Ein zweisprachiges Übersetzungswörterbuch dient dazu, für die W ö r t e r eines Texts in der Ausgangssprache (AS) die der Funktion des neu zu erstellenden Texts entsprechenden Wörter in der Zielsprache (ZS), genannt Ä q u i v a l e n t e, zu gewinnen und darüber hinaus genügend I n f o r m a t i o n e n, um die Äquivalente im ZS-Text richtig gebrauchen zu können. Gegebenenfalls gehören dazu auch Informationen über die Bedeutung der AS-Wörter. Oft finden wir hinter einem AS-Stichwort im Wörterbuch nicht nur ein, sondern mehrere ZS-Wörter. |
| Synonymie | Sind deren Bedeutungen annähernd gleich, handelt es sich um S y n o n y m e, wie z. B. bei *Gerät / device, apparatus, mechanism*, und wir benötigen helfende Angaben, weil wir in der Regel nicht jedes angegebene Wort in jedem Zusammenhang verwenden können – z. B. Angaben über etwaige Beschränkungen der Gebräuchlichkeit auf bestimmte Fachgebiete, Länder, Produkthersteller, bestimmte Nachbarwörter und Nebenbedeutungen. Sind die Bedeutungen |
| Polysemie | unterschiedlich, spricht man von P o l y s e m i e, wie z. B. bei *Feder* / (Paßfeder) *key*; (bei Brettern) *feather*; (Sprungfeder) *spring*. In diesem Falle benötigen wir Angaben, mit denen wir die im AS-Text gemeinte Bedeutung des Wortes erkennen und das richtige Äquivalent wählen können – z. B. Synonyme der AS, in sachlichen Beziehungen zum gegebenen Wort stehende Wörter oder, wie in vielen Einträgen dieses Wörterbuchs, das Fachgebiet, einschlägige Normen, Definitionen bzw. Verweise auf Literatur mit Definitionen, Textbeispiele usw. |
| | Angesichts der riesigen und zudem noch ständig wachsenden Anzahl von Wörtern in Naturwissenschaft und Technik scheint ein Wörterbuch, das alle Wörter enthält, sofort illusorisch. Eine wichtige Eigenschaft der Sprachen gestattet zwar keine vollständige, jedoch eine praktikable Lösung dieses quantitativen Problems. Diese Eigenschaft besteht darin, daß die den einzelnen Sprachen zugrundeliegenden Systeme r e g e l h a f t e Möglichkeiten zur Bildung von |
| Wortbildung nach Regeln | Wörtern für neu zu Benennendes enthalten, und zwar mit wenigen Ausnahmen aufbauend auf den bereits v o r h a n d e n e n Wörtern und einer überschaubaren Menge von Wortbildungs - e l e m e n t e n. Allerdings gibt es einige Einschränkungen, die es nicht erlauben, ein Wörterbuch – unter der Voraussetzung, daß die Wortbildungsregeln Nachschlagewerken entnommen |
| WBP = Wortbildungsprodukt | werden können – auf ausschließlich die Grundwörter und -elemente zu reduzieren: (1) Manche eigentlich regelgemäßen Wortbildungsprodukte (WBP) sind aus irgendeinem Grunde nicht gebräuchlich (So kann *-ung* an *besprech/en*, aber nicht an *sprech/en* angehängt werden; *-ess* an *steward*, aber nicht an *teacher*). (2) Es gibt WBP, deren Bildungsregeln zwar leicht erkennbar, aber nicht mehr (genauer: in der Gegenwart nicht) anwendbar sind (*Gebüsch, Gebälk* werden ohne weiteres als [Gesamtheit von Büschen bzw. Balken] verstanden, *wooden* als [made of wood], jedoch pflegen *Ge-* und das englische *-en* heute mit diesen Bedeutungen für Neubildungen nicht benutzt zu werden. (3) In der Regel sind selbst transparente WBP unvollkommen selbstdeutig (Ist eine *Rohrführung* eine [Führung für Rohre] oder eine [rohrförmige Führung]?). (4) Neue WBP wandern in den Wortschatz und behalten trotz Wandlung des zugrundeliegenden Begriffs infolge wissenschaftlich-technischen Fortschritts ihre äußere sprachliche Gestalt (Ein *Bleistift* enthält längst kein Blei mehr). |
| **Aufgaben der Wörter** | Bevor wir uns in diesem kurzgefaßten Überblick mit den Wortbildungsregeln beschäftigen, wenden wir uns nochmals den WBP zu, wie sie uns in den Texten entgegentreten. Sie haben dort u. a. eine von zwei Aufgaben zu erfüllen: (1) Sie benennen Fachbegriffe – dann sind es |
| benennende WBP | Fachwörter oder Termini; wir nennen sie b e n e n n e n d e WBP (die Unterscheidung zwischen Fachwörtern und Termini ist etwas problematisch und soll uns in diesem Überblick nicht in-teressieren). (2) Sie dienen dem gestrafften Ausdruck von Aussagen, für die auch |
| satzwertige WBP | satzartige Fügungen stehen könnten – diese nennen wir s a t z w e r t i g e WBP. Verschiedene Grade solcher ausdrucksstraffenden Wortbildung sind aus dem folgenden Beispiel erkennbar:<br>(a) „*Wenn sich das Werkstück abkühlt*, können Oberflächenspannungen entstehen."<br>(b) „*Beim Abkühlen des Werkstücks* können …"<br>(c) „*Bei (der) Abkühlung des Werkstücks* können …"<br>(d) „*Bei (der) Werkstückabkühlung* können …" |
| | Nun kann das satzwertige WBP *Werkstückabkühlung* durchaus auch einen Fachbegriff benennen, sogar schon im unmittelbar folgenden Satz des Texts, beispielsweise wenn die verschie- |

| | |
|---|---|
| Wortaufgabe vom inhaltlichen Zusammenhang abhängig | denen technischen Verfahren der [Werkstückabkühlung], die zu verwendenden Öfen, die Einflußfaktoren usw. besprochen werden. WBP als Ergebnisse ausdrucksstraffender oder benennender Wortbildung unterscheiden sich äußerlich nicht, und ein aus dem Textzusammenhang herausgelöstes Wort erlaubt einen eindeutigen Rückschluß auf seine aktuelle Funktion meist |
| Wortaufgabe am isolierten WBP schwer erkennbar | nicht. Für das Übersetzen ist das insofern bedeutsam, als einerseits für ein benennendes Wort der AS i. a. auch in der ZS ein benennendes Wort geschrieben werden sollte, während andererseits satzwertige WBP und satzartige Fügungen im Prinzip gegeneinander austauschbar sind. Weil sich deutsche und englische Fachtexte der Ausdrucksstraffung durch Wortbildung in unterschiedlicher Weise bedienen, muß der Übersetzer häufig solche WBP selbst bilden, um den Fachstil zu treffen, z. B. bei den folgenden Aussagen: |

- „When *the velocity* is further *increased*, the sediment transport becomes more intense." / „Bei weiterer *Geschwindigkeitserhöhung* wird der Sedimenttransport verstärkt."
- „If the spindle *can be locked*, ..." / „Bei *klemmbarer* Spindel ..."
- „castings *difficult to mould*" / „*formschwierige* Gußteile"

Beispiel: deutsche satzwertige WBP für englische Fügungen

Und als Extremfall der Ausdrucksstraffung in beiden Sprachen eine Aussage etwa des Inhalts [Wenn der auf Temperaturbeständigkeit zu prüfende Baustoff aufflammt, was nicht mit Sicherheit eintritt, aber möglich ist, müssen die Flammen sofort gelöscht werden]:

- „*Auftretende* Flammen sind sofort zu löschen." / "*Any* flames shall be immediately extinguished." Es entsteht eine scheinbare Wortgleichung *auftretend = any*, die verständlicherweise so nicht in einem Wörterbuch stehen kann.

| | |
|---|---|
| Wortklassen | Wörter werden in den verschiedenen grammatischen Wortklassen benötigt. Das Englische gestattet es häufig, ein Wort unverändert in mehreren Wortklassen zu verwenden, z. B. |

- als Substantiv und Verb: *hammer* und *to hammer*, *coke* und *to coke*, *engineer* und *to engineer*, *airmail* und *to airmail*;
- als Substantiv und Adjektiv: *chemical*;
- als Adjektiv und Verb: *warm* und *to warm*, *dirty* und *to dirty*.

Im Deutschen macht es Wortklassenwechsel – abgesehen von der Substantivierung wie *bearbeiten / das Bearbeiten, weiß / das Weiß* – erforderlich, daß bestimmte Wortbildungsoperationen vollzogen werden. Das zeigen die deutschen Äquivalente der obigen englischen Beispielwörter: *Hammer* und *hämmern* (Umlaut, Suffigierung), *Koks* und *verkoken* (Präfigierung, Suffigierung), *Luftpost* und *mit Luftpost befördern* o. ä. (Hinzufügen weiterer Wörter), *Chemikalie* und *chemisch* (unterschiedliche Suffixe), *warm* und *wärmen*, *schmutzig* und *verschmutzen*. Für das ausgelassene Wort *to engineer* versuchen Sie doch einmal selbst, deutsche Entsprechungen zu bilden.

| | |
|---|---|
| unvollkommener Wortklassenwechsel | Wenn zusammengesetzte Wörter neben substantivischer auch in verbaler Form benötigt werden (*Luftkühlung* und „Der Motor ist *luftgekühlt*.", *Gasaufkohlung* und *gasaufgekohlt*), zeigt sich, daß die betreffenden Verben im Deutschen häufiger als im Englischen syntaktisch nicht vollwertig verwendbar sind: Es ist nicht üblich zu formulieren „wir *luftkühlen* den neuen Motor", „ich *gasaufkohle*". Aus diesem Grunde kann der Wörterbuchautor Einträge wie *luftkühlen / to air-cool, gasaufkohlen / to gas-carburize* nicht schreiben, sondern nimmt als Stichwörter Substantive und /oder Partizipien ins Wörterbuch auf, was der Wörterbuchbenutzer bei der Bildung der benötigten ZS-Formen berücksichtigen muß. |
| **Wortbildungsverfahren** | Für die Bildung von Wörtern – benennender wie satzwertiger – stehen in den Fachsprachen von Naturwissenschaft und Technik in erster Linie zur Verfügung: |

  a) das Anhängen von Nachsilben (Suffixen), genannt Suffigierung (*Teil – teil/en, Teil/ung, teil/bar*);
  b) das Voransetzen von Vorsilben (Präfixen), genannt Präfigierung (*An/teil, zer/teilen, un/teilbar*);
  c) das Bilden einer Zusammensetzung (*Empfangs/teil, Teil/bild*) oder einer Wortgruppe (*gebrochener Teil* eines Bruchs).

**Suffigierung**
Suffixe im Deutschen: *-bar, -er, -heit, -ung, -ig, -tion, -iv, -al, ...*
Suffixe im Englischen: *-able, -ness, -er, -al, -ation, -age, -ant, -ent, -ize, -ify, ...*

Suffixe überführen meist Wörter in eine andere Wortklasse, bringen aber auch eine eigene Bedeutungskomponente ins WBP ein.

Viele deutsche und englische Suffixe haben eine recht vage Bedeutung. *-ung* z. B. kann einen Zustand, einen Vorgang, einen Gegenstand anzeigen, sogar bei e i n e m Wort, so daß ein Satz wie „*Abdeckung* erfolgte durch *Abdeckung* mit einer *Abdeckung*." nicht fehlerhaft, sondern nur ungewöhnlich und verwirrend wäre. Wegen dieser Bedeutungsvagheit lassen sich einfach und zuverlässig zu benutzende Tabellen „deutsches Suffix / englisches Suffix" leider nicht aufstellen. Dem Übersetzer sei empfohlen, einsprachige Wörterbücher der Gemeinsprache zu befragen, in denen die Suffixe in gesonderten Einträgen ausführlich erläutert sind. Allerdings gibt es ein paar fachsprachliche Besonderheiten. So kann mittels *-bar* ausgedrückt werden, daß es o b j e k t i v  m ö g l i c h  ist, den in der Basis des WBP genannten Vorgang am Bezugsobjekt auszuführen: *spanbarer Werkstoff, verstellbarer Spindelstock*. In Wissenschaft und Technik dienen *-bar*-Bildungen oft aber lediglich dem im Deutschen besonders

*-bar* für unpersönlichen Ausdruck

üblichen unpersönlichen Ausdruck, und es ist mit Sätzen wie „Es war ein Druckanstieg *beobachtbar*." gemeint, daß der Druck angestiegen ist und dies von uns beobachtet wurde. Als englische Übersetzung kann geschrieben werden: "We *observed* an increasing pressure." – Einige Suffixe sind fachlich sehr präzis definiert, z. B. *-an/-ane, -en/-ene, -in/-ine* in der Chemie.

Wortgruppenstraffung

Suffixbildungen gestatten ausdrucksökonomische Straffung von Wortgruppen. So können aus Wortgruppen gebildet werden: mittels *-ig* Adjektive (Bohrmaschine *mit drei Spindeln – dreispindlige* Bohrmaschine, analog *festwandiger* Behälter, *gleichphasiges* Signal), mittels *-er* Substantive (Motor *mit kurzem Hub – Kurzhuber*, analog *Starrflügler, Zweischrauber*). Das Englische kommt oft auch ohne Suffix aus. Hier die Äquivalente zu den Beispielwörtern: *three-spindle* drilling machine, *rigid-walled* tank, *in-phase* signal, *short-stroke* engine, *fixed-wing* aircraft, *twin-screw* vessel, wobei wie im Deutschen die Grundbegriffe entfallen können, wenn es die Textumgebung zuläßt, also z. B. *twin-screw / Zweischrauber*.

suffixartig verwendete Wörter

Suffixbildungen sind zum Muster für ganze Reihen von WBP und zum Anlaß der Entwicklun von selbständigen Wörtern in Richtung Suffix geworden. Einige Beispiele: *-arm* (*wasserstoffarm, verlustarm*), *-frei* (*luftfrei, blendfrei*), *-echt* (*kochecht, lichtecht*),

*-empfindlich* mit den Bedeutungen [reagierend auf etwas] (*beschleunigungsempfindlicher* Sensor) und [gefährdet durch etwas] (*beschleunigungsempfindlicher* Computer), *-beständig, -sicher* u. a. m. Im Englischen ist diese Tendenz nicht so deutlich. Verwendet werden WBP wie *stress-free/spannungsfrei, acceleration-sensitive / beschleunigungsempfindlich*, und besonders hingewiesen sei auf die häufigen WBP mit *-type* (*bed-type* machine/Maschine in Bettausführung, *Bett*maschine). Häufig aber finden sich im Englischen für die deutschen Suffigierungen Bildungen nach Mustern ohne Suffix, z. B. *unstressed / spannungsfrei, poor in hydrogen* und *low-hydrogen* für *wasserstoffarm*.

Relativadjektive

Übersetzungsschwierigkeiten bereiten mitunter die Relativadjektive; das sind adjektivische WBP, die eher Beziehungen (Relationen) als Eigenschaften ausdrücken: *anwendungstechnische* Parameter [Parameter in bezug auf die Anwendung], *betriebliche* Anwendung [Anwendung im Betrieb], *konstruktive* Maßnahmen [Maßnahmen in bezug auf die Konstruktion], die hoffentlich auch *konstruktiv* im Sinne von [vorwärtsbringend] sind – es muß beachtet werden, daß Adjektive durchaus in beiderlei Funktion auftreten können. Wenn sie als Relativadjektive im Wörterbuch nicht verzeichnet sind, hilft entweder ein fiktives Umwandeln in eine Zusammensetzung (*anwendungstechnische* Parameter → *Anwendungsparameter* → *application* parameters, *betriebliche* Anwendung → ,*Betriebs*anwendung' → *mill* application, ,*Konstruktionsmaßnahmen*' → *design* measures) oder die Auflösung (*webtechnische* oder *webereitechnische* Einflußgrößen → factors *referring to (the technology of) weaving*).

Mit Hilfe von P r ä f i x e n können die Bedeutungen von Wörtern verändert, aber auch neue WBP gebildet werden, mit denen die komprimierte Wiedergabe komplexer Inhalte möglich

**Präfigierung**
Präfixe im Deutschen: *a-, ab-, an-, anti-, be-, bi-, ent-, er-, ex-, fehl-, ge-, in-, miß-, ...*
Präfixe im Englischen: *a-, anti-, be-, bi-, ex-, non-, un-, ...*

ist: [(einen Hochofen) mit Gicht beschicken] *begichten*, [mit Drähten versehen] *verdrahten*, [einen Grat entfernen] *entgraten*, [kalt werden] *erkalten*.

Auch die Bedeutungen vieler Präfixe sind ziemlich vage. *ver-* z. B. hat – bei den ausgesprochen fachlichen Wörtern – mindestens vier Grundbedeutungen, die abhängig von der Bedeutung des Basiswortes noch vielfältig schattiert sein können:
- [verwandeln, verarbeiten, verformen]: *verkohlen, verkoken, verdüsen, verdünnen, vermahlen, verbauen, verbiegen, ...*
- [versehen mit etwas, insbesondere an der Oberfläche]: *verkupfern, verkleiden, verblenden, ...*
- [verbinden]: *verschrauben, vernieten, verkleben, ...*
- [verschieben]: *verlagern, verdrehen, verrücken, ...*

Das geht so weit, daß mit e i n e m Präfix gänzlich entgegengesetzte Handlungsrichtungen ausgedrückt werden: *ausspänen* [aus einer Bohrung Späne entfernen] – *ausbetonieren* [einen Hohlraum mit Beton ausfüllen], *abmanteln* [einen Mantel entfernen] – *abkapseln* [mit einer Kapsel versehen].

**Analogiebildungen**

Bewußt sind in den Bedeutungserläuterungen der *ver-*-Beispiele wieder *ver-*-Bildungen verwendet worden, und zwar solche, die irgendwie ursprünglicher, vertrauter, alltäglicher als die dahinter angeführten Wortbildungsbeispiele anmuten. Offensichtlich fungieren sie als Muster bei der Bildung und beim erstmaligen Hören oder Lesen neuer WBP. Dieses A n a l o g i e -  p r i n z i p , d. h. die Anlehnung von WBP an gut bekannte Wörter, wird auch bei den anderen Wortbildungsverfahren genutzt.

**Bildung von Adjektiven und Substantiven**

Präfixe sind im Deutschen auch bei der Bildung von Adjektiven aus Substantiven nach dem Modell des Partizips II beteiligt: [mit Rippen ausgestattet] *verrippt* oder *berippt* oder *gerippt*, [mit Zähnen ausgestattet] *gezahnt*, z. B. *gezahntes Wellenende*; sowie bei der Bildung von Substantiven aus Substantiven nach dem Modell der Verbalsubstantive: [Ausstattung mit Messern] *Bemesserung*, [Bedeckung mit Wald] *Bewaldung*. Diese WBP erwecken den Anschein, daß ihnen Verben zugrundeliegen, und so ist es auch nicht auszuschließen, daß bei entsprechendem Ausdrucksbedarf weitere verbale Formen dieser Wörter verwendet werden. Hinsichtlich des Nachschlagens im Wörterbuch und der Suche nach englischen Äquivalenten sei an das beim Wortklassenwechsel Gesagte erinnert.

Im Englischen sind für all diese Wortbildungsbedürfnisse Präfixe weit weniger oft erforderlich, wie die Äquivalente einiger der deutschen Beispielwörter zeigen: *begichten / to charge* oder *to burden, verdrahten / to wire, entgraten / to deburr*, aber auch *to burr* (weil die Absicht der Handlung bei einem Begriff wie [Grat] eben klar ist), *erkalten / to cool, verkohlen / to char* (auch *to carbonize*, d. h. mit dem Suffix *-ize*), *verdünnen / to thin, verkupfern / to copper, verschrauben / to bolt* oder *to screw, verblenden / to face, gerippt / ribbed* oder *finned, Bemesserung /* (in der Papierindustrie) *filling*.

**Verdeutlichungspräfigierung**

Verben erhalten in deutschen Fachtexten häufig ein Präfix, das allenfalls die Handlung verdeutlicht oder ihr Abgeschlossensein andeutet, ansonsten aber wenig Bedeutung einbringt. Das ist beim Vergleich mit dem Englischen besonders augenfällig, wo Präfixe in dieser Funktion kaum vorkommen. So werden Prüfstücke aus einer Probemenge e n t nommen, nicht *genommen* (aber: test pieces are *taken*), Kakaokernbruch wird a b gepreßt (the nib is *pressed*), der Kuchen anschließend v e r mahlen (the cake is *ground*); ein Mittelwert wird e r rechnet (the arithmetic mean is *calculated*), Schwefeldioxid wird in der Atmosphäre v o r gefunden oder a n getroffen (sulphur dioxide is *found*), ein Wert wird a u s gewählt (*chosen* oder *selected*), eine Platte f e s t geklemmt (*clamped*).

**Zusammensetzung und Wortgruppe**

Werden selbständige Wörter zu einem WBP verbunden, entsteht eine Z u s a m m e n s e t -  z u n g oder eine W o r t g r u p p e . Im Deutschen ist die Unterscheidung formal leicht, denn Zusammensetzungen werden stets zusammen- oder mit Kopplungsbindestrich geschrieben; im Englischen fällt die Unterscheidung schwerer, denn Zusammenschreibung ist nicht häufig und die Setzung des Bindestrichs in der Sprachpraxis ziemlich willkürlich (richtiger: sie folgt Regeln anderer Art).

Die Abgrenzung der benennenden und der satzwertigen Wortgruppen (*kinetische Energie, schwarzer Körper, Schleifen von Hand, System mit einem Freiheitsgrad*) von „gewöhnlichen" Wortfolgen (*kinetische Betrachtung, schwarzer Anstrich*) ist oft nicht leicht – das Entscheidungskriterium ist die für den nicht im Fach Stehenden oft schwer einschätzbare Begrifflichkeit des Benannten. Der wortbildende Fachvertreter zieht die Zusammensetzung vor, weil sie eben diese Begrifflichkeit des Benannten deutlicher zutage treten läßt: deshalb *Finite-Elemente-Methode* für die *Methode der finiten Elemente*. Das gilt in Fachtexten auch für Partizipien I (*stromführende Leitung*) und II (*hartgebrannter Stein*), die nach den heutigen Regeln der deutschen Rechtschreibung gewöhnlich nicht zusammengeschrieben werden. Das Englische bildet in mancher Hinsicht WBP dieser Art freizügiger als das Deutsche: *single-degree-of-freedom system* (*System mit einem Freiheitsgrad*), *in-the-mill drying* (*Mahltrocknung*).

**Benennungsaufgaben**

Damit wir uns beim Übersetzen der zahlreichen und verschiedengestaltigen WBP, die in Fachtexten auftreten, des Wörterbuchs möglichst erfolgreich bedienen können, wollen wir uns mit zwei wichtigen Aufgaben bei der Benennung von Begriffen etwas näher befassen. Das sind (1) die Zuordnung eines Begriffs zu einer der begrifflichen Kategorien, die im betreffenden Fachgebiet von Wichtigkeit sind (Kategorisierung): und (2) die Angabe spezieller Merkmale, die den betreffenden Begriff von anderen ähnlichen unterscheiden (Spezifizierung). Beim WBP *Spiralbohrer* ordnet das Suffix *-er* den Begriff der Kategorie „Werkzeuge" zu; *Spiral-* nennt ein Formmerkmal, das ihn beispielsweise vom Begriff [Löffelbohrer] unterscheidet.

**grundlegende Begriffskategorien**

Die grundlegenden Begriffskategorien eines Fachgebiets lassen sich aus dessen allgemeinen Aufgaben ableiten, z. B. für die Technik vielleicht wie folgt: Vom Menschen **P** werden mit Hilfe technischer Mittel **M** technische Vorgänge **V** an technischen Objekten **O** vollzogen, wobei die Eigenschaften **C** von **P** und der **M**, **V** und **O** bedeutsam sind und auf wissenschaftliche Weise erfaßt werden. Als System schematisch dargestellt, zeigen sich folgenden Wirkbeziehungen:

$$\begin{array}{ccc} C\,(P) & & C\,(M) \\ \diagdown & & \diagup \\ P & \rightarrow & M \\ & & \downarrow \\ & & V \rightarrow O \\ & \diagup & \diagdown \\ & C\,(V) & C\,(O) \end{array}$$

**Kategorisierung durch Suffixe**

Suffixe wie *-er* oben in *Spiralbohrer* kategorisieren oft nicht eindeutig: *-er* kann auch der Kategorie **P** zuordnen (*Dreher*), ferner der Kategorie **C** („Das Schiff ist ein *Zweischrauber*"). Aus diesem und weiteren Gründen werden zur Kategorisierung neben Suffixen auch Wörter des allgemeinen wissenschaftlich-technischen Wortschatzes herangezogen. Mit Wörtern kann im Bedarfsfall tatsächlich eindeutig kategorisiert werden (*Bohrer* → *Bohrwerkzeug* und *Bohrarbeiter*) und innerhalb einer Kategorie weiter aufgegliedert (*Bohrwerkzeug, Bohrmeißel, Bohreinrichtung, Bohrgerät, Bohrmaschine* usw.).

**Verfahrensweise beim Übersetzen**

Die Bedeutung kategorisierend verwendeter Wörter ist oft relativ breit und unbestimmt, so daß beim Übersetzen eine größere Freiheit der Wortwahl besteht und im Wörterbuch keine sehr präzisen Wortäquivalenzen angegeben werden können (also nicht *Maschine = machine* und *Einheit = unit*, sondern eher *Maschine, Einheit = machine, unit*). WBP mit kategorisierenden Bestandteilen werden für Fachtexte ständig ad hoc gebildet und können deshalb nicht vollzählig im Wörterbuch stehen. Zur Unterstützung des Übersetzenden seien deshalb hier die häufigsten Wörter aufgezählt, die im Deutschen und Englischen für die Kategorien **M**, **V** und **O** benutzt werden, und zwar jeweils alphabetisch und nicht als Äquivalenten p a a r e, sondern - g r u p p e n, aus denen treffende Wörter herausgesucht werden können:

| für die Kateg. | im Deutschen | im Englischen |
|---|---|---|
| M | -anlage, -apparat, -baugruppe, -einheit, -gerät, -glied, -körper, -maschine, -material, -mechanismus, -medium, -mittel, -organ, -stoff, -stück, -system, -teil, -vorrichtung, -werkzeug, … | *agent, apparatus, assembly, component, device, element, equipment, facility, gear, installation, jig, machine, material, mechanism, medium, member, plant, set, substance, system, tool, unit, …* |
| V | -ablauf, -aktion, -behandlung, -betrieb, -bewegung, -funktion, -methode, -operation, -prozeß, -tätigkeit, -technik, -technologie, -verfahren, -vorgang, … | *activity, function, method, mode, motion, operation, practice, procedure, process, run, technique, technology, treating, treatment, way, work, working, …* |
| O | -artikel, -erzeugnis, -gegenstand, -gut, -material, -objekt, -produkt, -stoff, -stück, -substanz, -teil, -ware, -werkstoff, -werkstück, … | *article, component, material, object, part, piece, product, stock, substance, ware, work, workpiece, …* |

**Eigenbedeutung bewahrt**

Ein gewisses Maß ihrer Eigenbedeutung haben diese Wörter freilich behalten, wie beim Durchgehen der Listen unschwer zu erkennen ist. Außerdem haben sich in einigen Fällen Fachgebietsgepflogenheiten herausgebildet, so daß es sich beim Übersetzen empfiehlt, im Wörterbuch nach sachlich verwandten WBP möglichst desselben Fachgebiets zu suchen. So ist deutsch *-ware* zur Einordnung in die Kategorie **O** im wesentlichen auf die Glas-, Textil-, Holztechnik und Keramik beschränkt; *-gut* wird für die **O** der spanenden Bearbeitung nicht verwendet. Einige Wörter kategorisieren außerdem nicht eindeutig: Ein *Heizkörper* ist ein [**M** zum Heizen], ein *Formkörper* ein [geformtes **O**]; ein *Paßstück* ist ein **M**, ein *Gußstück* ein **O**; ein *Drehteil* kann ein **M** [ein Teil, das seine Funktion drehend ausübt] oder ein **O** [ein auf der Drehmaschine bearbeitetes Teil] sein.

**Kategorisierung nicht immer eindeutig**

**Ergänzung des ersten Bestandteils**

Weil bei den Kategorisierungs-WBP der Bedeutungskern im ersten Bestandteil liegt, kann es sein, daß sie sowohl bei der Formulierung von Sätzen als auch zur Bildung komplexerer Wörter mit Ergänzungen versehen werden müssen, die sich auf eben den ersten Bestandteil beziehen: *konstruktive Entwicklungsphase* für [Phase der konstruktiven Entwicklung], *innerbetriebliche Durchlaufzeit* für [Zeit des innerbetrieblichen Durchlaufs], *landwirtschaftliche Maschinenfabrik* ist keine [landwirtschaftliche Fabrik], sondern eine [Fabrik landwirtschaftlicher Maschinen], *wissenschaftlicher Gerätebau, angewandter Mathematiker* (Kategorisierung durch das Suffix *-er*!), *Sterngruppe dritter Größe* (nicht die Gruppe, sondern die Sterne sind dritter Größe), *seltene Erdenoxide*. Das wird mitunter als fehlgebildet bezeichnet und mit Hilfe abwegiger Bildungen wie der *geräucherte Fischladen* diskreditiert. Beim Übersetzen aus dem Englischen entstehen solche Fügungen oft unbemerkt, weil dort Wortgruppen aus Adjektiv und Substantiv (*bibliographic information*) ohne weiteres zu Gliedern von WBP gemacht werden können (*bibliographic information interchange / bibliographischer Informationsaustausch*, aber eigentlich [Austausch bibliographischer Informationen]). Diese Fügungen sind unbedenklich, solange in fachlicher Hinsicht Eindeutigkeit gewährleistet ist.

**Spezifizierung**

Das Begriffskategoriensystem von vorhin zeigt uns gleichzeitig, durch welche Merkmale Begriffe im allgemeinen zu s p e z i f i z i e r e n sind. Beispielsweise wird ein **M** dadurch spezifiziert, daß es einen b e s t i m m t e n **V** an einem b e s t i m m t e n **O** ausführt und daß es selbst sowie dieser **V** und dieses **O** jeweils durch b e s t i m m t e **C** charakterisiert sind.

| | |
|---|---|
| Kürzung für den jeweiligen Text | Eine solche Menge von spezifizierenden Merkmalen wird auch durchaus sprachlich zum Ausdruck gebracht, wenn auch eher in Sätzen – denken wir an Definitionen oder Erklärungen – als in WBP: Bildungen wie *einfachwirkender Arbeitszylinder für Nenndruck 10 bar mit einseitiger Kolbenstange und Federrückführung* oder *cap fixed eye with spherical plain bearing mounting* (eine Befestigungsart bei Zylindern der Ölhydraulik) sind in den meisten Fachtextsorten nicht brauchbar (beide Bildungen entstammen Normen). Solche überlangen WBP werden für den jeweiligen Text zurechtgekürzt, entweder auf ein ausschließlich in diesem Text ausreichendes Minimum an Wortbestandteilen (der *einseitige Zylinder*, this *spherical cap mounting*), wobei Bildungen entstehen mögen, die sonst im Fachgebiet gar nicht üblich sind, – oder im Deutschen wie im Englischen in neuerer Zeit gern auf Anfangsbuchstaben der Wortbestandteile. Die allgemeinere sprachliche Lösung des Kürzungsproblems, bei der WBP mit weit geringerer Bezogenheit auf den jeweiligen Text, also viel breiterer Verwendbarkeit in den verschiedenen Texten des Fachgebiets entstehen, beruht auf dem Prinzip |
| Prinzip der Motivation als Andeutungsprinzip | der M o t i v a t i o n (genauer: der morphematisch-semantischen Motivation): Aus der Gesamtheit der begrifflichen Merkmale werden wenige w e s e n t l i c h e Merkmale als M o t i v e herausgegriffen, mit denen der Begriff a n g e d e u t e t wird. |
| Rolle des Betrachtungsstandpunkts | Ob ein Merkmal wirklich wesentlich ist, kann der Benennende nur entscheiden, wenn er einen bestimmten Standpunkt bezieht, von dem aus er die Merkmale betrachtet. Dieser B e t r a c h t u n g s s t a n d p u n k t kann ein eingebürgerter permanenter oder ein eben gewählter, ein aktueller Standpunkt sein. Ein p e r m a n e n t e r Standpunkt spiegelt sich so wider, daß in |
| permanenter Standpunkt | Texten unterschiedlicher Orientierung immer dieselben, gleichsam fixierten Benennungen verwendet werden. So wird das Wort *Sinterbronze*, in dem das Motiv *sinter* das Verfahren der Herstellung dieser Art Bronze nennt, auch in Anwendertexten benutzt, obwohl dem Anwender das Herstellungsverfahren eigentlich gleichgültig ist. Ihm kommt es vielmehr auf die Eigenschaften der Bronze an, die aber offensichtlich durch *sinter* ausreichend genau angedeutet werden. – Es sei hier angemerkt, daß viele Schwierigkeiten der Normung von Terminologie darauf zurückzuführen sind, daß kein Betrachtungsstandpunkt gefunden werden kann, der für alle Betroffenen gleichermaßen akzeptabel ist. |
| aktueller Standpunkt | Andererseits können sich in den Wörtern eines Texts a k t u e l l e, d. h. durch die soeben vorgetragenen Überlegungen des Autors bedingte Standpunkte niederschlagen. Es ist beispielsweise denkbar, daß ein Anwender für den Begriff [Sinterbronze] *Lagerbronze* (also ein Anwendungsobjekt) oder *Selbstschmierbronze* (also eine Eigenschaft) schreibt. Oder: In einem Zeitschriftenaufsatz wurde ein bestimmtes Begriffspaar in dreierlei Weise betrachtet, und zwar die beiden Abschnitte des Förderorgans eines Gurtbandförderers, die beim Umlauf des an sich endlosen Gurtbands entstehen. Vom Autor wurden sie benannt: (a) bei der Behandlung des konstruktiven Aufbaus des Förderers *oberer Trum* und *unterer Trum*; (b) bei den Betrachtungen über den Abstand der Tragrollen *Arbeitstrum* und *Leertrum* (weil jetzt die Last auf den Trumen interessiert); (c) bei der Analyse der an den Umlenktrommeln wirkenden Kräfte *auflaufender Trum* und *ablaufender Trum*. |
| Einzelsprachen motivieren unterschiedlich | Es wäre nun zu erwarten, daß das Deutsche und das Englische identisch motivieren, wenn die behandelten Sachverhalte identisch sind. Aber es gibt auch bei der Motivation Unterschiede, die kaum aus sachlichen, sondern eher aus kulturellen Verschiedenheiten herrühren, und solche existieren – meist historisch bedingt – auch in Naturwissenschaften und Technik. So heißt es *Laub*holz / *broadleaved* (= breitblättrig) timber und *Nadel*holz / *coniferous* (= zapfentragend) timber; *Kolben*verdichter / *reciprocating* compressor; *Betriebs*bremse / *foot* brake. |
| aktuelle Spezifizierungsrichtung | Die beiden folgenden Sätze „Bei der Konstruktion des neuen Motors sind wir von *Kupfer-* auf Aluminiumband übergegangen." und „Unser Werk produziert *Kupfer*draht und *-band*." zeigen, daß die Spezifizierungsrichtung auch innerhalb e i n e s Wortes standpunktabhängig sein kann. Im ersten Falle interessiert bei *Kupferband* der Werkstoff, aus dem das Band besteht: es spezifiziert das Wort *Kupfer* das Wort *Band*; im zweiten Falle interessiert die Form, in der der Werkstoff *Kupfer* geliefert wird: das Wort *Band* spezifiziert das Wort *Kupfer*. |

**Spezifizierung durch mehrere Merkmale aus einer Kategorie**

Es soll nun noch der in der Technik nicht seltene Benennungsfall der Spezifizierung durch mehrere Merkmale derselben Kategorie erwähnt werden, wie z. B. beim *Hebdrehwähler*, der schon etwas angejahrten Wähleinrichtung, bei der sich im Arm sowohl hebt als auch dreht. Sind die Merkmale gleichrangig, könnte ihre Reihenfolge eigentlich beliebig sein, so daß Synonyme wie *Schrumpfdehnen* und *Dehnschrumpfen*, *motor-generator* und *generator-motor* zu erwarten sind. Meist hat sich aber nur eines der möglichen WBP eingebürgert: üblich ist für die Maschine im Pumpspeicherwerk, die in Spitzenzeiten als Turbine, in Niedriglastzeiten als Pumpe fungiert, das Wort *Pumpenturbine*, jedoch nicht *Turbinenpumpe*. Im Englischen werden die zwischen den Merkmalen bestehenden Beziehungen häufiger als im Deutschen mit ausgedrückt: bei Gleichrangigkeit mittels eines *and* (*flapper-and-nozzle valve / Düse-Prallplatten-Ventil, gas-and-air mixture / Gas-Luft-Gemisch, lifting and tipping device / Hubkippvorrichtung*) bzw. mittels mehrmaliger Kategorisierung z. B. durch *-er* (*harvester-thresher / Mähdrescher, cooler-mixer / Kühlmischer*); wenn die Richtung einer Wirkung relevant ist (*oil-to-air cooler / Öl-Luft-Wärmetauscher, digital-(to-)analog converter / Digital-Analog-Umsetzer, length-to-diameter ratio / Länge(n)-Durchmesser-Verhältnis*); wenn die Anteile von Bedeutung sind (*oil-in-water emulsion / Öl-(in-)Wasser-Emulsion, water-in-oil emulsion / Wasser-(in-)Öl-Emulsion*).

**Wahl bzw. Gewinnung der Wortbildungsbausteine**

Auf welche Weise werden nun die Bausteine für WBP gewählt bzw. gewonnen?

**Umdefinition von Wörtern der Gemeinsprache**

Ausgangspunkt wissenschaftlicher Überlegungen sind oft Vorstellungen aus dem Alltag. Die Bedeutungen der dafür gebräuchlichen Wörter werden durch die wissenschaftliche Durchdringung präzisiert bzw. gewandelt, was sich manchmal längere Zeit hinzieht, manchmal per Definition sozusagen sprunghaft erfolgt. Beispiele für diese U m d e f i n i t i o n sind aus der Physik *Kraft / force, Leistung / power, Masse / mass*, aus der Wahrscheinlichkeitsrechnung *Erwartung / expectation, Häufigkeit / frequency, Ereignis / event*, aus der Elektrotechnik *Widerstand / resistance, Strom / current*. Übersetzungsschwierigkeiten ergeben sich nicht nur, weil die allgemeinsprachigen Wörter mit ihren unscharfen Bedeutungen und oft unterschiedlichen Äquivalenten im Gebrauch bleiben, sondern auch weil Umdefinieren in den einzelnen Sprachen und Fachgebieten oft zu unterschiedlichen Ergebnissen führt. So gibt es neben der physikalischen *Leistung* in der Technik viele andere *Leistungen*, die im Englischen nicht durch das oben angeführte *power* wiedergegeben werden können, sondern: *capacity* bei einer Bedeutung etwa von [Leistungsvermögen], *output* [erbrachte Leistung], *efficiency* [erbrachte Leistung im Vergleich zum Leistungsvermögen], *performance* u.a.m. Aber das Wort *power* seinerseits hat neben [physikalische Leistung] weitere fachliche Bedeutungen wie *Potenz* in der Mathematik, [mit Hilfskraft] wie in *power tool*, [Energie] wie in *power station* usw. entwickelt. Eine andere, sehr häufige Verfahrensweise des Umdefinierens verläuft über Sprachgrenzen hinweg, sie nutzt den vom Alltäglichen abhebenden, terminologisierenden Charakter des fremden Wortes. Heute ganz besonders aus dem englischen Sprachgebiet werden mit den neuen Dingen und Begriffen deren Bezeichnungen in der umdefinierten, eingeengten Bedeutung übernommen: *chip* – im weiteren Sinne [Span, Holzstückchen, Splitter] – hat im Deutschen fachlich wohl nur die mikroelektronische Bedeutung. Und ein Beispiel aus dem Gebiet der Asbestsanierung: Hier bedeutet im Deutschen *Containment* einen ganz bestimmten Typ von [Umhüllung, Einhausung].

**metaphorische Verwendung vertrauter Wörter**

Die wissenschaftlich-technische Bedeutung umdefinierter Wörter kann aus ihrer Alltagsbedeutung nicht zuverlässig abgeleitet werden, sie zu erkennen wird aber mit Sicherheit erleichtert. Verstehenserleichterung tritt auch ein, wenn ein neuer Begriff mit Hilfe einer Metapher benannt wird, d.h. mit Hilfe des Wortes für einen vertrauten Begriff aus einem vertrauten Gefilde des Alltags oder aus einem allgemein gut bekannten Fachgebiet aufgrund von Ä h n l i c h k e i t der Funktion, der Form, der räumlichen Anordnung usw. Man mag meinen, daß für diese bildhafte Art der Wortgewinnung – wie bei *Fuß* (eines Maschinengestells), *Arm* (eines Rührers), *Auge* (eines Pleuels), *Bett* (einer Maschine), *Manschette* (einer Dichtung), bei *Krokodilklemme, Bananenstecker, Fischbauchträger* u.v.a.m. – in unserer sachlichen Zeit kein Platz mehr sei. Ein Blick aber auf die besonders stürmisch voranschreitenden Gebiete wie

| | |
|---|---|
| Übernahme des Bildes beim Übersetzen | die Informations- und Kommunikationstechnik bezeugt das Gegenteil: *schreiben, lesen, Befehl, Kellerspeicher, Warteschlange, intelligentes Terminal, Rechnerarchitektur* sind Metaphern aus verschiedenen „Bildspender"bereichen. Viele dieser Wörter sind übersetzt oder nicht-übersetzt aus dem Englischen übernommen worden, wobei auch das „Bild" mit ins Deutsche gelangt ist. Das kann der Übersetzer, wenn er auf neue Wörter trifft, für die er Äquivalente finden muß, durchaus bewußt nachvollziehen. So entstehen nämlich auch bei mehrfachem Übersetzen an verschiedenen Orten noch am ehesten einigermaßen ähnliche ZS-Neuwörter. Es erweist sich überdies als erstaunlich schwierig – auch Fachwortbildung kann Sprachk u n s t sein –, ein die Fachwelt so überzeugendes Bild zu finden, daß sich das neue Wort fest einbürgert. – In den schon länger etablierten Fachgebieten wie dem Maschinenbau, der Elektrotechnik sind die Bilder im Englischen und Deutschen oft verschieden: |
| unterschiedliche Bilder im Englischen und Deutschen | [Fallklotz einer Ramme] *monkey* (klettert rasch auch senkrecht) / *Bär* (fällt massig nieder), [walzenförmiges Getriebeteil mit spiralig umlaufender Verzahnung] *worm* / *Schnecke, herring-bone gear* / *pfeilverzahntes* Rad, *Geneva (cross) mechanism* (nach dem gleicharmigen Kreuz der Genfer Konvention) / *Malteserkreuz*getriebe (nach dem Zeichen dieses Ordens). |
| metonymische Übertragung von Wörtern | Von der Wortübertragung aufgrund sachlicher B e z i e h u n g e n, genannt Metonymie, sind für uns von Wichtigkeit: die Verwendung der Benennung der Handlung für das Mittel zu ihrem Vollzug (*Steuerung, Lenkung, Austrag* z. B. an einer Lebensmittelmaschine), für das Objekt (*Mischung, Austrag* jetzt das ausgetragene Gut), für die Objektmenge, auch je Zeiteinheit (*Fang, Durchsatz, Austrag*); des Werkstoffes für den Gegenstand (Steig*eisen*, *Glas* für den Becher), der Form für den Gegenstand (*Biberschwanz*, ein Dachziegeltyp; es werden *Profile* gewalzt), der Größe für den Wert (es werden bestimmte *Innendurchmesser* gefertigt), der Einheit für die Meßgröße (*Ampere*meter, *Coulo*metrie, hoch*ohmig*). Sich einstellende Mehrdeutigkeit (wie bei *Austrag* oder bei *control* = [Steuer- bzw. Regelvorgang], [-einrichtung, -system], [Bedienelement] kann durch Anhängen kategorisierend-spezifizierender Wörter aufgehoben werden (*Austragvorrichtung, Austraggut, Austragmenge; control process, control system, control lever*). |
| Eigennamen für Mengen von Individuen | E i g e n n a m e n von Personen, geographischen Objekten, mythologischen Gestalten usw. werden besonders in den Naturwissenschaften verwendet, wenn größere Mengen von Individuen zu benennen sind: in der Mineralogie und Geologie (*Freibergit, Goethit*), Chemie (*Einsteinium, Germanium, Thorium, Polonium*), Biologie, Medizin, Astronomie. Da sie nicht an eine bestimmte Sprache gebunden sind, stellen sie eine der Möglichkeiten dar, internationalen Benennungsbedarf zu befriedigen, Vereinbarungen vorausgesetzt wie z. B. bei den Namen der chemischen Elemente, der Einheiten. Mit Eigennamen können ferner komplexe Erscheinungen, Prozesse usw. benannt werden (*Gauß*verteilung, *Bessel*funktion, *Hilbert*raum, *Hall*effekt, *Röntgen*strahlen, *Schmidt*sche Reaktion), wobei aber nur für den Eingeweihten Verstehenserleichterung eintritt. Aus verschiedenen Gründen sind solche WBP im Deutschen und Englischen manchmal nicht identisch: *Röntgenstrahlen / X rays, Nonius / vernier, Siemens-Martin-Ofen / open-hearth furnace*. |
| Eigennamen für komplexe Begriffe | |
| fremde Wörter und Elemente | F r e m d e W ö r t e r u n d E l e m e n t e dringen seit eh und je mit übernommenen neuen Begriffen in die einzelnen Sprachen ein, heute ins Deutsche besonders in den *High-tech*-Gebieten (das ist schon das erste Beispiel) aus dem Englischen (*Hardware, Software, Job, Hashtechnik, Label, linken, Chip, bonden*). Dem Charakter des englischen Wortschatzes entsprechend, sind sie oft lateinisch-griechischen Ursprungs (*Prozedur, Computer, Assembler, Implementierung, interrupt*fähig), so daß mit ihrem Beibehalten die internationale Kommunikation erleichtert wird, sind doch die „klassischen" Sprachen noch immer Quell für Neubildungen in vielen Sprachen der Gegenwart. Mitunter gibt es Anpassungsprobleme, z. B. c- oder k-Schreibung (*Komputer* ?), Grad der Übereinstimmung zwischen Schreibung und Aussprache (*recyclebar* oder *recycelbar* oder ganz anders?). |
| Anzeige von Definiertheit | Fremde Elemente werden aber auch bewußt genutzt, und zwar um anzuzeigen, daß die Begriffe, mit denen sich der sie verwendende Textautor auseinandersetzt, als wissenschaftlich definiert gelten sollen. (Daß man mit Fremdwörtern auch Pseudowissenschaftlichkeit kaschieren |

fremde Elemente als natürliche Mittel zur Wortschatzerweiterung

kann, sei nur angemerkt.) Gegenüber heimischen Wörtern haben sie den Vorzug, von emotionalen Nebenbedeutungen unbeeinträchtigt verwendet werden zu können – so vertraut ist man ja mit den fremden Wörtern nicht. Gegenüber Eigennamen und Abkürzungen bieten sie den Vorteil, daß man ihre Bedeutung in Wörterbüchern der Herkunftssprache nachschlagen kann und daß sie bekannte (zumindest ebenfalls nachschlagbare) sprachliche Eigenschaften hinsichtlich Aussprache, Betonung, Formenbildung, eventueller Veränderungen bei der Flexion und Wortbildung haben. Von den übernehmenden Sprachen werden sie allerdings an deren Gesetze angepaßt, so daß beispielsweise mitunter erhebliche Ausspracheunterschiede eintreten: *Phäno'men / phe'nomenon, Kompo'nente / com'ponent, hexago'nal / he'xagonal*. Bedingt durch unterschiedliche Wortschatzentwicklung, ist internationale Identität der Bedeutungen nicht immer vorhanden; es gibt eine Reihe sog. f a l s c h e r   F r e u n d e des Übersetzers wie *momentum / Bewegungsgröße*, nicht *Moment; tachometer / Drehzahlmesser*, nicht *Tachometer*. Deshalb führt auch das oben erwähnte Nachschlageverfahren nicht sicher zum Erfolg: Schlägt man z. B. hinsichtlich des Wortes *Hydraulik* – ein Technikgebiet, in dem Energie und Signale heute im wesentlichen mit Hilfe von Mineralölen transportiert werden – in einem Griechisch-Wörterbuch nach, erhält man die Auskunft *hydor* = Wasser.

Kürzung

Sehr verbreitet ist die K ü r z u n g  von WBP. Handelt es sich um lediglich für den aktuellen Text geltende Kürzel, können sie natürlich nicht im Wörterbuch gefunden, sondern müssen am Textanfang gesucht werden. Viele Kürzungen werden aber „auf Dauer" geschaffen, oder sie bürgern sich ein. In der sprachlichen Praxis werden, wenn auch mit unterschiedlicher Häufigkeit, die folgenden Kürzungsmöglichkeiten genutzt: Kürzung auf die Anfangsbuchstaben (*Pkw, laser, E*-Technik, *U*-Bahn), Weglassen von Buchstabengruppen am Ende (*Labor / lab*, *Alpha*zeichen von *Alphabet*zeichen), am Anfang (*Bus / bus* von lat. *omnibus* = für alle) und gemischt (*smog* aus *smoke* und *fog*, *electret* aus *electricity* und *magnet*, *motel* aus *motor(ists)* und *hotel*, *Ester* aus *Essigether*). Manchmal entstehen element-artige Gebilde, die die Bildung von Wortreihen für verwandte Begriffe gestatten (*-aser* in *maser, laser, raser*, *-istor* von *Transistor* – dieses aus *transferred across a resistance* – in *Thyristor, Thermistor, Varistor*). Bei verbreiteten Kürzungen kann das Empfinden für die Langform nicht nur in der übernehmenden Sprache verlorengehen, so daß WBP wie *NC-control / NC-Steuerung* (das *C* ist Kürzung von *control*, also [Steuerung]), *RAM-Speicher* (*M* von *memory*), *ATF-Öl* (*automatic transmission fluid*) nicht als tautologisch gelten. Im Englischen ist die Schreibung oft sehr variabel: *NC, N. C., n. c., n/c*, alles für *numerical control*.

Dem Leser dieser sicher viel zu knappen Ausführungen, der als Wörterbuchbenutzer und Übersetzer mit den Problemen der Fachwortbildung stets am Einzelwort konfrontiert wird, seien zum Schluß diese Probleme nochmals, jedoch in anderer, eben vom Einzelfall bedingter Sicht überblicksartig aufgezählt: Es gibt zwischen den Wörtern in einem deutschen und einem englischen Fachtext
–   begriffliche Unterschiede, die sich in begrenzter Äquivalenz zwischen Wörtern der beiden Sprachen äußern, was sich oft erst bei sehr genauer Kenntnis des jeweiligen Fachgebiets offenbart;
–   Unterschiede in der Motivation, die sich in der Wahl unterschiedlicher begrifflicher Merkmale und damit unterschiedlicher sprachlicher Elemente der Wörter äußern;
–   Unterschiede in den Quellen, aus denen die Wörter bzw. ihre Elemente bezogen worden sind;
–   Unterschiede in den Formstrukturen, so daß z. B. deutsche Zusammensetzung (wie *Energiequelle, Gesamtlänge*) und englische Wortgruppe (*source of energy, total length*), aber auch gleichsam das Gegenteil, nämlich deutsche ausführliche Bildung (wie *pneumatische Logiksteuerung mit bewegten Teilen*) und englische Wortreihung (*moving-parts air logic control device*) einander entsprechen.

Ein F a c h w o r t  i m  T e x t ist – dies dem Wörterbuchbenutzer nahe zu bringen, war das Ziel dieser Darlegungen – nicht nur ein Wörterbuchnachschlagefall, sondern ein ganzes Bündel von Problemen. Das dem Fachwörterbuch für die Übersetzung von Wörtern entnommene Wissen bedarf der Ergänzung sowohl um Wissen über die Regelwerke der beiden Sprachen (das u. a. den im folgenden Literaturverzeichnis aufgeführten Nachschlagewerken und Wörterbüchern der Gemeinsprache entnommen werden kann) als auch um Wissen über das im Text behandelte Fach und seine Einbettung in die Gesamtkultur des jeweiligen Sprachgebiets.

## Weiterführende Literatur

ARNTZ, R.; PICHT, H.: Einführung in die Terminologiearbeit. Hildesheim, Zürich, New York: Olms, ²1989
BARNHART, R. K.: The American Heritage Dictionary of Science. Boston: Houghton Mifflin Company, 1988
BEIER, R.: Englische Fachsprache. Stuttgart, Berlin, Köln, Mainz: Kohlhammer, 1980
DIN 2330 bis 2343
DROZD, L.; SEIBICKE, W.: Deutsche Fach- und Wissenschaftssprache. Wiesbaden: Brandstetter, 1973
FELBER, H.: Terminology manual. Paris: UNESCO und Infoterm, 1984
FELBER, H.; BUDIN, G.: Terminologie in Theorie und Praxis. Tübingen: Narr, 1989
HAHN, W. v.: Fachkommunikation: Entwicklung, linguistische Konzepte, betriebliche Beispiele. Berlin: de Gruyter, 1983
HOFFMANN, L.: Kommunikationsmittel Fachsprache. Berlin: Akademie, ³1987
HOHNHOLD, I.: Übersetzungsorientierte Terminologiearbeit. Stuttgart: InTra, 1990
MÖHN, D.; PELKA, R.: Fachsprachen. Eine Einführung. Tübingen: Niemeyer, 1984
QUIRK, R.; ...: A Comprehensive Grammar of the English Language. London, New York: Longman
REINHARDT, W.; KÖHLER, C.; NEUBERT, G.: Deutsche Fachsprache der Technik. Ein Ratgeber für die Sprachpraxis. Hildesheim, Zürich, New York: Olms, ³1992
REINHARDT, W.; NEUBERT, G. (Gesamtred.): Das deutsche Fachwort der Technik. Bildungselemente und Muster. Leipzig: Enzyklopädie, 1984
SAGER, J. C.: A practical course in terminology processing. Amsterdam, Philadelphia: Benjamins, 1990
SAGER, J. C.; DUNGWORTH, D.; MCDONALD, P. F.: English special languages. Wiesbaden: Brandstetter, 1980
VDI-Richtlinien 2270 bis 2278 und 3771 bis 3772